Schmidt-Futterer

Mietrecht

SCHMIDT-FUTTERER

Mietrecht

Großkommentar des Wohn- und Gewerberaummietrechts

Bürgerliches Gesetzbuch (§§ 535–580a, 138, 1568a BGB), Verordnung über die verbrauchsabhängige Abrechnung der Heiz- und Warmwasserkosten, Wirtschaftsstrafgesetz (§§ 4, 5 WiStG) und Zivilprozessordnung (§§ 283a, 712, 721, 765a, 794a, 885, 885a, 940a ZPO)

Herausgegeben von

Hubert Blank

Bearbeitet von

Hubert Blank
Richter
am Landgericht a. D.

Prof. Dr. Ulf P. Börstinghaus
Richter
am Amtsgericht Dortmund

Norbert Eisenschmid
Rechtsanwalt

Prof. Dr. Siegbert Lammel

Dr. Hans Langenberg
Vors. Richter
am Landgericht a. D.

Prof. Dr. Arnold Lehmann-Richter
Hochschule für Wirtschaft und Recht
Berlin

Elmar Streyl
Vors. Richter
am Landgericht Krefeld

13., neu bearbeitete Auflage

2017

C.H.BECK

Zitiervorschlag:

z. B. *Börstinghaus* in Schmidt-Futterer § 557 BGB Rdn. 14
oder Schmidt-Futterer/*Börstinghaus* § 557 BGB Rdn. 14

www.beck.de

ISBN 978 3 406 69938 2

Wilhelmstraße 9, 80801 München
Umschlaggestaltung, Druck und Bindung: Druckerei C. H. Beck, Nördlingen
(Adresse wie Verlag)

Satz: Jung Crossmedia Publishing GmbH, Lahnau

Gedruckt auf säurefreiem, alterungsbeständigem Papier
(hergestellt aus chlorfrei gebleichtem Zellstoff)

Vorwort zur 13. Auflage

Seit dem Erscheinen der 12. Auflage wurde das Mietrecht durch die höchstrichterliche Rechtsprechung weiter entwickelt und zum Teil in wesentlichen Teilen verändert. Hervorzuheben sind insbesondere die Entscheidungen zur Aufgabe der bisherigen Rechtsgrundsätze zur Wirksamkeit von Renovierungsklauseln bei Übergabe einer renovierungsbedürftigen Wohnung (BGH Urteil vom 18.3.2015 – VIII ZR 185/14), zur Quotenhaftungsklausel (BGH Urteil vom 18.3.2015 – VIII ZR 242/13), zum Schadensersatz bei Verletzung der sog. „Anbietpflicht" (BGH Urteil vom 14.12.2016 – VIII ZR 232/15) oder zu den Anforderungen an eine Betriebskostenabrechnung (BGH Urteil vom 20.1.2016 – VIII ZR 93/15). Von grundsätzlicher Bedeutung sind weiter zahlreiche Entscheidungen, durch die bisher streitige Fragen behandelt werden, zum Beispiel die Urteile zur Rechtzeitigkeit der Mietzahlung (BGH Urteil vom 5.10.2016 – VIII ZR 222/15), zur Höhe der Nutzungsentschädigung bei Vorenthaltung der Mietsache (BGH Urteil vom 18.1.2017 – VIIU ZR 17/16), zur doppelten Schriftformklausel (BGH Urteil vom 25.1.2017 – XII ZR 69/16), zur Abrechnungsfrist bei der Vermietung von Eigentumswohnungen (BGH Urteil vom 25.1.2017 – VIII ZR 249/15), zum Eigenbedarf für Gesellschafter (BGH Urteil vom 14.12.2016 – VIII ZR 232/15), zum Vorkaufsrecht des Mieters bei der Umwandlung von Miet- in Eigentumswohnungen (BGH Urteile vom 6.4.2016 – VIII ZR 143/15 und vom 7.12.2016 – VIII ZR 70/16), zur Bedeutung des § 314 Abs. 1 BGB bei der fristlosen Kündigung (BGH Urteil vom 13.7.2016 – VIII ZR 296/15) oder zur Kündigung wegen Zahlungsverzugs bei Mietzahlung durch das Jobcenter (BGH Urteil vom 29.6.2016 – VIII ZR 173/15), usw. Für die Praxis ist die Kenntnis dieser Entscheidungen und der hierzu veröffentlichten Stellungnahmen von maßgeblicher Bedeutung. Dies war Anlass für die nunmehr vorliegende Auflage.

Die Kommentierungen folgen dem in der Vorauflage beschriebenen Prinzip. Im Mittelpunkt der Kommentierung steht eine dem Grundsatz wissenschaftlicher Redlichkeit verpflichtete und zugleich praxisnahe Darstellung der Rechtslage. Rechtsprechung und Literatur sind bis etwa März 2017 berücksichtigt.

Im Frühjahr 2017 | Herausgeber und Autoren

Es haben bearbeitet
(Vorschriften ohne Bezeichnung sind solche des BGB)

Hubert Blank:	Vor § 535 (§ 1568a); Nach § 535 (§§ 4, 5 WiStG, § 138 BGB); §§ 540–543; § 545; § 549; § 551; § 553; § 555; § 565; §§ 568, 569; §§ 572–578a; § 580a
Ulf P. Börstinghaus:	§§ 556d–§ 559b; § 561
Norbert Eisenschmid:	§ 535; §§ 536–536d; §§554a; 555a–555f; Nach § 561
Siegbert Lammel:	§ 544; § 550; § 556c; §§ 562–562d; §§ 1–12 HeizkostenV
Hans Langenberg:	§§ 537–539; § 552; §§ 556–556b; § 560; § 579
Arnold Lehmann-Richter:	§§ 712, 721, 765a, 794a, 885, 885a ZPO
Elmar Streyl:	§§ 546–548; §§ 563–564; §§ 566–567b; §§ 570, 571; § 580; §§ 283a, 940a ZPO

Verzeichnis der ausgeschiedenen Bearbeiter

Wolfgang Schmidt-Futterer bis 3. Auflage

Hans-Herbert Gather: 7. bis 9. Auflage

Verzeichnis der im Kommentar erläuterten oder mitbehandelten Bestimmungen

(in der Reihenfolge der Bearbeitung)

Inhaltsübersicht

Übersicht

Abkürzungs- und Literaturverzeichnis

a. A.	andere(r) Ansicht
a. a. O.	am angegebenen Ort
a. E.	am Ende
a. F.	alte Fassung
a.K.	außer Kraft
a. M.	andere(r) Meinung
AbbauG	Gesetz über den Abbau der Wohnungszwangswirtschaft und über ein soziales Miet- und Wohnrecht v. 23.6.1960 (BGBl. I S. 389)
abl.	ablehnend
ABl.	Amtsblatt
Abs.	Absatz
Abschn.	Abschnitt
abw.	abweichend
AcP	Archiv für die civilistische Praxis
ADSp	Allgemeine Deutsche Spediteurbedingungen
AEB	Allgemeine Bedingungen für die Einbruchdiebstahlversicherung
AERB	Allgemeine Bedingungen für die Versicherung gegen Schäden durch Einbruchdiebstahl und Raub
AfA	Absetzungen für Abnutzung
AFB	Allgemeine Feuerversicherungsbedingungen
AFG	Arbeitsförderungsgesetz (a.K. seit 1.1.1999)
AFWoG	Gesetz zum Abbau der Fehlsubventionierung im Wohnungswesen v. 13.9.2001 (BGBl. I S. 2414)
AG	Amtsgericht; Aktiengesellschaft; Die Aktiengesellschaft (Zeitschrift); Ausführungsgesetz
AGB	Allgemeine Geschäftsbedingungen
AGBE	Bunte, Entscheidungssammlung zum AGBG, Bde. 1–6
AGBG	Gesetz zur Regelung des Rechts der Allgemeinen Geschäftsbedingungen (a.K. seit 1.1.2002)
AGG	Allgemeines Gleichbehandlungsgesetz (AGG) v. 14.8.2006 (BGBl. I S. 1897)
AGlB	Allgemeine Versicherungsbedingungen für die Glasversicherung
AHG	Gesetz über Altschuldenhilfen für Kommunale Wohnungsunternehmen, Wohnungsgenossenschaften und private Vermieter in dem in Artikel 3 des Einigungsvertrages genannten Gebiet (Altschuldenhilfe-Gesetz) v. 23.6.1993 (BGBl. I S. 944, 986)
AIM	AnwaltInfo Mietrecht
AIZ	Allgemeine Immobilienzeitung
AKBGB/(Bearbeiter)	Alternativkommentar zum BGB, 1979ff. (Mietrechtsteil bearbeitet von *Derleder*)
AktG	Aktiengesetz v. 6.9.1965 (BGBl. I S. 1089)
allg. M.	allgemeine Meinung
ALR	Allgemeines Landrecht für die Preußischen Staaten (1794)
Alt.	Alternative
amtl.	amtlich
AMVO	Altbaumietenverordnung (a.K. seit 1.1.1988)
AnfG	Anfechtungsgesetz v. 5.10.1994 (BGBl. I S. 2911)
Anh.	Anhang
Anl.	Anlage
Anm.	Anmerkung
AnwBl	Anwaltsblatt
AnwZert MietR	AnwaltsZertifikatOnline Miet- und Wohnungseigentumsrecht
AO	Abgabenordnung i. d. F. der Bek. v. 1.10.2002 (BGBl. I S. 3866, ber. 2003 I S. 61)
ApoG	Gesetz über das Apothekenwesen (Apothekengesetz – ApoG) i. d. F. der Bek. v. 15.10.1980 (BGBl. I S. 1993)
ARB	Allgemeine Bedingungen für die Rechtsschutzversicherung
ArbStättV	Verordnung über Arbeitsstätten (Arbeitsstättenverordnung – ArbStättV) v. 12.8.2004 (BGBl. I S. 2179)
arg.	argumentum
Art.	Artikel
ASF	Allgemeine Sicherheitsvorschriften für Fabriken und gewerbliche Anlagen
AStB	Allgemeine Bedingungen für die Versicherung gegen Sturmschäden
Aufl.	Auflage
AusfV	Ausführungsverordnung
AVB	Allgemeine Versicherungsbedingungen
AVBEltV	Verordnung über Allgemeine Bedingungen für die Elektrizitätsversorgung von Tarifkunden vom 21.6.1979
AVBFernwärmeV	Verordnung über Allgemeine Bedingungen für die Versorgung mit Fernwärme v. 20.6.1980
AVBGasV	Verordnung über Allgemeine Bedingungen für die Gasversorgung von Tarifkunden vom 21.6.1979
AVBWasserV	Verordnung über allgemeine Bedingungen für die Versorgung mit Wasser v. 20.6.1980
AWB	Allgemeine Bedingungen für die Leitungswasserversicherung
Az.	Aktenzeichen
Bach/Langheid	Aktuelle Rechtsfragen der Versicherungspraxis, RWS-Skript Nr. 179, 2. Aufl. 1990
BAFin	Bundesanstalt für Finanzdienstleistungsaufsicht (bis 2002: BAV)

BAG	Bundesarbeitsgericht; Bundesaufsichtsamtsgesetz
BAGE	Entscheidungen des Bundesarbeitsgerichts (Amtliche Sammlung)
Bamberger/Roth/(Bearbeiter)	Kommentar zum Bürgerlichen Gesetzbuch, 3. Aufl. 2012 (Mietrechtsteil bearbeitet von *Ehlert, Hannappel, Herrmann* und *Wöstmann*)
BAnz.	Bundesanzeiger
Bärmann	Wohnungseigentumsgesetz, Kommentar, 12. Aufl. 2013
Bärmann/Pick	Wohnungseigentumsgesetz 19. Aufl. 2010
Barthelmess	Wohnraumkündigungsschutzgesetz, Miethöhegesetz, Kommentar, 5. Aufl. 1995
Battis/Krautzberger/Löhr	Baugesetzbuch, Kommentar, 12. Aufl. 2014
BauGB	Baugesetzbuch i. d. F. der Bek. v. 23.9.2004 (BGBl. I S. 2414)
BaukZuschG	Gesetz zur Änderung des Zweiten Wohnungsbaugesetzes, anderer wohnungsbaurechtlicher Vorschriften und über die Rückerstattung von Baukostenzuschüssen v. 21.7.1961 (BGBl. I S. 1041)
Baumbach/Hopt	Handelsgesetzbuch, Kommentar, 36. Aufl. 2014
Baumbach/Lauterbach/Albers/Hartmann	Zivilprozessordnung, Kommentar, 73. Aufl. 2015
Baumgärtel/Laumen/Prütting	Handbuch der Beweislast, 3. Aufl. 2010
BauR	Baurecht
BAV	Bundesaufsichtsamt für das Versicherungswesen (seit 2002: BAFin)
BayGW	Zeitschrift für das gemeinnützige Wohnungswesen in Bayern
BayHZ	Bayerische Hausbesitzerzeitung
BayObLG	Bayerisches Oberstes Landesgericht
BayObLGZ	Entscheidungen des Bayerischen Obersten Landesgerichts in Zivilsachen (Amtliche Sammlung)
BayVBl.	Bayerische Verwaltungsblätter
BayWoBindG	Bayerisches Wohnungsbindungsgesetz i. d. F. der Bek. v. 23.7.2007 (GVBl. S. 562, ber. S. 781)
BB	Der Betriebs-Berater
BBahnG	Bundesbahngesetz v. 13.12.1951 (BGBl. I S. 955)
BBauBl.	Bundesbaublatt
BBergG	Bundesberggesetz (BBergG) v. 13.8.1980 (BGBl. I S. 1310)
Bd.	Band
Bde.	Bände
BDSG	Bundesdatenschutzgesetz (BDSG) i. d. F. der Bek. v. 14.1.2003 (BGBl. I S. 66)
Bechinger	Wohnraummietrecht und Gewerberaummietrecht, 2016
Beck'scher Bilanz-Kommentar	Handels- und Steuerbilanz, 7. Aufl. 2010
BeckRS	Beck-Rechtsprechung
Begr.	Begründung
Beierlein/Kinne/Koch/Stackmann/Zimmermann	Der Mietprozess, 2006
Beil.	Beilage
Bek.	Bekanntmachung
Belz	Handbuch des Wohnungseigentums, 3. Aufl. 1996
ber.	berichtigt
BergArbWoFöG	Gesetz zur Förderung des Bergarbeiterwohnungsbaues im Kohlenbergbau i. d. F. der Bek. v. 25.7.1997 (BGBl. I S. 1942)
BerlinFG	Berlinförderungsgesetz i. d. F. der Bek. v. 2.2.1990 (BGBl. I S. 173)
Beschl.	Beschluss
Bespr.	Besprechung
bestr.	bestritten
betr.	betreffend
BetrKostUÄndV	Betriebskostenumlage-Änderungsverordnung v. 27.7.1992 (BGBl. I S. 1415)
BetrKostUV	Betriebskosten-Umlageverordnung v. 17.6.1991 (BGBl. I S. 1270)
BetrKV	Verordnung über die Aufstellung von Betriebskosten (Betriebskostenverordnung – BetrKV) v. 25.11.2003 (BGBl. I S. 2346)
BetrVG	Betriebsverfassungsgesetz i. d. F. der Bek. v. 25.9.2001 (BGBl. I S. 2518)
Beuermann	Miete und Mieterhöhung bei preisfreiem Wohnraum, 3. Aufl. 1999
ders.	Mietenüberleitungsgesetz und Miethöhegesetz, 2. Aufl. 1997
Beuermann/Blümmel	Das neue Mietrecht 2001, 2001
BeurkG	Beurkundungsgesetz v. 28.8.1969 (BGBl. I S. 1513)
BewG	Bewertungsgesetz (BewG) v. 1.2.1991 (BGBl. I S. 230)
BezG	Bezirksgericht
BfA	Bundesversicherungsanstalt für Angestellte
BFH	Bundesfinanzhof
BFH/NV	Sammlung amtlicher nicht veröffentlichter Entscheidungen des Bundesfinanzhofs
BFHE	Sammlung der Entscheidungen und Gutachten des Bundesfinanzhofs (Amtliche Sammlung)
BGB	Bürgerliches Gesetzbuch (BGB) i. d. F. der Bek. v. 2.1.2002 (BGBl. I S. 42)
BGB-InfoV	Verordnung über Informations- und Nachweispflichten nach bürgerlichem Recht (BGB-Informationspflichten-Verordnung – BGB-InfoV) i. d. F. der Bek. v. 5.8.2002 (BGBl. I S. 3002)
BGBl.	Bundesgesetzblatt (Teil I, II, III)
BGG	Gesetz zur Gleichstellung behinderter Menschen (Behindertengleichstellungsgesetz – BGG) v. 27.4.2002 (BGBl. I S. 1467)
BGH	Bundesgerichtshof

BGHR	BGH-Rechtssprechung, hrsgg. von den Richtern des Bundesgerichtshofs in Zivilsachen
BGHSt	Entscheidungen des Bundesgerichtshofs in Strafsachen (Amtliche Sammlung)
BGHZ	Entscheidungen des Bundesgerichtshofs in Zivilsachen (Amtliche Sammlung)
BGleiG	Gesetz zur Gleichstellung von Frauen und Männern in der Bundesverwaltung und in den Gerichten des Bundes (Bundesgleichstellungsgesetz – BGleiG) v. 30.11.2001 (BGBl. I S. 3234)
Bieber/Ingendoh	AnwaltFormulare Geschäftsraummiete, 2007
Biergans	Renten und Raten in Einkommensteuer und Steuerbilanz, 4. Aufl. 1993
BImSchG	Gesetz zum Schutz vor schädlichen Umwelteinwirkungen durch Luftverunreinigungen, Geräusche, Erschütterungen und ähnliche Vorgänge (Bundes-Immissionsschutzgesetz – BImSchG) i. d. F. der Bek. v. 26.9.2002 (BGBl. I S. 3830)
BImSchV	Bundes-Immissionsschutzverordnung (1.–36. Verordnung)
BKleingG	Bundeskleingartengesetz (BKleingG) v. 28.2.1983 (BGBl. I S. 210)
Bl.	Blatt
Blank	Mietrecht von A–Z, 19. Aufl. 2015
Blank/Börstinghaus	Miete, Kommentar, 5. Aufl. 2017
Bley/Mohrbutter	Vergleichsordnung, Großkommentar, 4. Aufl. 1979ff.
BlGBW	Blätter für Grundstücks-, Bau- und Wohnungsrecht
Blöcker/Pistorius	Die Betriebskosten in der Wohnungswirtschaft, 5. Aufl. 2009
Blümmel	Heizung und Heizkostenabrechnung, 2. Aufl. 1991
BMF	Bundesministerium der Finanzen
BMG	1.–9. Bundesmietengesetz
BMJ	Bundesministerium der Justiz
BMVBS	Bundesministerium für Verkehr, Bau und Stadtentwicklung
BMWi	Bundesministerium für Wirtschaft und Technologie
Böhle	Das Verbot der Zweckentfremdung von Wohnraum, 2. Aufl. 1994
Böhme	Allgemeine Bedingungen für die Rechtsschutzversicherung (ARB), Kommentar, 12. Aufl. 2007
Bongartz	Schönheitsreparaturen als Mieterpflicht, 1991
Börstinghaus, C.	Mietminderungstabelle, 3. Aufl. 2013
Börstingshaus, U.	Miethöhe-Handbuch, 2. Aufl. 2016
ders.	Flächenabweichungen in der Wohnraummiete 2012
Börstinghaus/Clar	Mietspiegel – Probleme der Erstellung und Anwendung aus juristischer und statistischer Sicht, 2. Aufl. 2013
Börstinghaus/Eisenschmid	Arbeitskommentar Neues Mietrecht, 2001
Börstinghaus/Eisenschmid	Arbeitskommentar Mietrechtsänderung 2013, 2013
Börstinghaus/Eisenschmid	Modernisierungs-Handbuch, 2014
Börstinghaus/Hannig	Euro-Umstellung im Miet- und Wohnungseigentumsrecht, 2000
Börstinghaus/Meyer	Die Mietzinserhöhung bei Wohnraummietverträgen in den neuen Bundesländern, 1995
Both/Neuhaus	ZAP-Formularbuch Mietrecht, 2001
BPersVG	Bundespersonalvertretungsgesetz (BPersVG) v. 14.3.1974 (BGBl. I S. 693)
BR	Bundesrat
BRAGO	Bundesgebührenordnung für Rechtsanwälte (a.K. seit 1.7.2004)
BR-Drucks.	Drucksache des Bundesrates
Bremer	Der Sachverständige, 2. Aufl. 1972
BremWoBindG	Bremisches Wohnungsbindungsgesetz v. 18.11.2008 (BrGBl. S. 392)
BSG	Bundessozialgericht
BSGE	Entscheidungen des Bundessozialgerichts (Amtliche Sammlung)
BSHG	Bundessozialhilfegesetz (a.K. seit 1.1.2005)
BSK	Allgemeine Geschäftsbedingungen der Berufsfachgruppe Schwertransporte und Kranarbeiten
bspw.	beispielsweise
BStBl.	Bundessteuerblatt (Teil I und II)
BT-Drucks.	Drucksachen des Deutschen Bundestages
Bub	Das Finanz- und Rechnungswesen der Wohnungseigentümergemeinschaft, 2. Aufl. 1996
Bub/Treier	Handbuch der Geschäfts- und Wohnraummiete, 4. Aufl. 2014
Buchholz	Sammel- und Nachschlagewerk der Rechtsprechung des Bundesverwaltungsgerichts
Buchst.	Buchstabe
Bunjes/Geist	Umsatzsteuergesetz, Kommentar, 9. Aufl. 2009
II. BV	Verordnung über wohnungswirtschaftliche Berechnungen (Zweite Berechnungsverordnung – II. BV) i. d. F. der Bek. v. 12.10.1990 (BGBl I S. 2178)
BVerfG	Bundesverfassungsgericht
BVerfGE	Entscheidungen des Bundesverfassungsgerichts (Amtliche Sammlung)
BVerwG	Bundesverwaltungsgericht
BVerwGE	Entscheidungen des Bundesverwaltungsgerichts (Amtliche Sammlung)
BVM	Allgemeine Bedingungen für die Mietverlust-Versicherung
bzgl.	bezüglich
bzw.	beziehungsweise
c. i. c.	culpa in contrahendo
CUR	Contracting und Recht
d. h.	das heißt
DAR	Deutsches Autorecht

Dauner-Lieb/Heidel/Ring	AnwaltKommentar BGB, 5 Bde., 2005
DBA	Abkommen zur Vermeidung der Doppelbesteuerung (Doppelbesteuerungsabkommen)
DEMV	Deutscher Einheitsmietvertrag
DGVZ	Deutsche Gerichtsvollzieherzeitung
Dietz	Hausratversicherung 84, 2. Aufl. 1988
DIN	Deutsche Industrienorm
DMB	Deutscher Mieterbund e. V.
DMT	Deutscher Mietgerichtstag e. V.
DMT-Bilanz	10 Jahre Mietrechtsreformgesetz – Eine Bilanz, herausgegeben von U. Börstinghaus und M. Artz im Auftrag des Deutschen Mietgerichtstages e. V., 2011
DMW	Deutsche Medizinische Wochenschrift
DNotZ	Deutsche Notarzeitung
DÖV	Die Öffentliche Verwaltung
DRiZ	Deutsche Richterzeitung
Drucks.	Drucksache
DS	Der Sachverständige
DStR	Deutsches Steuerrecht
DtZ	Deutsch-Deutsche Rechts-Zeitschrift
Dürkes/Felber	Wertsicherungsklauseln, 10. Aufl. 1992
DV(O)	Durchführungsverordnung
DVP	Deutsche Verwaltungs-Praxis – Fachzeitschrift für Wissenschaft und Praxis in der öffentlichen Verwaltung
DW	Die Wohnungswirtschaft
DWA	Deutsches Wohnungs-Archiv
DWE	Der Wohnungseigentümer
DWW	Deutsche Wohnungswirtschaft
Dyong/Heix/Fischer-Dieskau	Wohnungsbaurecht, Losebl.-Kommentar, Stand: September 2016
EEWärmeG	Gesetz zur Förderung Erneuerbarer Energien im Wärmebereich (Erneuerbare-Energien-Wärmegesetz – EEWärmeG) v. 7.8.2008 (BGBl. I S. 1658)
EFG	Entscheidungen der Finanzgerichte
EG	Europäische Gemeinschaft; Einführungsgesetz
EGBGB	Einführungsgesetz zum Bürgerlichen Gesetzbuche i. d. F. der Bek. v. 21.9.1994 (BGBl. I S. 2494, ber. 1997 I S. 1061)
EGMR	Europäischer Gerichtshof für Menschenrechte
EheG	Ehegesetz (a.K. seit 1.7.1998)
EichO	Eichordnung
Einf.	Einführung
Einl.	Einleitung
Eisenschmid/Wall	Betriebskosten-Kommentar, 3. Aufl. 2010
Elzer/Riecke	Mietrechtskommentar, 2009
Emmerich/Sonnenschein	Miete, Handkommentar, 11. Aufl. 2014
EMWG	Entscheidungen aus dem Miet-, Wohnungs- und Grundstücksrecht
EnEG	Gesetz zur Einsparung von Energie in Gebäuden (Energieeinsparungsgesetz – EnEG) i. d. F. der Bek. v. 1.9.2005 (BGBl. I S. 2684)
EnEV	Verordnung über energiesparenden Wärmeschutz und energiesparende Anlagentechnik bei Gebäuden v. 24.7.2007 (BGBl. I S. 1519)
ErbbauRG	Gesetz über das Erbbaurecht (Erbbaurechtsgesetz – ErbbauRG) v. 15.1.1919 (RGBl. S. 72, ber. S. 122) (bis 29.11.2007: ErbbauVO)
Erman/(Bearbeiter)	BGB, Kommentar, 14. Aufl. 2014 (Mietrechtsteil bearbeitet von *Lützenkirchen und Dickersbach)*
Ernst/Zinkahn/Bielenberg	Baugesetzbuch, Losebl.-Kommentar, 2014
EStDV	Einkommensteuer-Durchführungsverordnung 2000 (EStDV 2000) v. 10.5.2000 (BGBl. I S. 717)
EStG	Einkommensteuergesetz (EStG) i. d. F. der Bek. v. 8.10.2009 (BGBl. I S. 3366)
EStR	Einkommensteuer-Richtlinien 2008 (EStR 2008) v. 16.12.2005 (BStBl. I Sondernr. 1)
etc.	et cetera
EuGH	Gerichtshof der Europäischen Gemeinschaft
EuGÜbK	Übereinkommen der Europäischen Gemeinschaft über die gerichtliche Zuständigkeit und die Vollstreckung gerichtlicher Entscheidungen in Zivil- und Handelssachen v. 27.9.1968 (BGBl. 1972 II S. 774)
EWiR	Entscheidungen zum Wirtschaftsrecht
F + B	F + B Forschung und Beratung für Wohnen, Immobilien und Umwelt GmbH
F.	Fach
f.	folgende
FA MietRWEG	Harz/Riecke/Schmid, Handbuch des Fachanwalts Miet- und Wohnungseigentumsrecht, 5. Aufl. 2015
FamRZ	Zeitschrift für das gesamte Familienrecht
ff.	fortfolgende
FG	Finanzgericht
FGG	Gesetz über die Angelegenheiten der freiwilligen Gerichtsbarkeit (a.K. seit 1.9.2009)
FGPrax	Praxis der freiwilligen Gerichtsbarkeit
FinA	Finanzamt
Fischer	Strafgesetzbuch, Kommentar, 57. Aufl. 2010
FLF	Finanzierung, Leasing, Factoring

Fn.	Fußnote
Franken/Dahl	Mietverhältnisse in der Insolvenz, 2. Aufl. 2006
Freywald	Heizkosten-Abrechnung leicht gemacht, 5. Aufl. 1994
Fritz	Gewerberaummietrecht, 4. Aufl. 2005
FS	Festschrift
FWW	Die freie Wohnungswirtschaft
GastG	Gaststättengesetz i. d. F. der Bek. v. 20.11.1998 (BGBl. I S. 3418)
Gather	Schönheitsreparaturen und Instandsetzung bei Wohn- und Gewerberaum, 4. Aufl. 2016
GBO	Grundbuchordnung i. d. F. der Bek. v. 26.5.1994 (BGBl. I S. 1114)
GdW	Bundesverband Deutscher Wohnungsunternehmen e.V. (früher: Gesamtverband der Wohnungswirtschaft e.V.)
GE	Das Grundeigentum
Geldmacher	Vereinbarung und Abrechnung von Nebenkosten im preisfreien Wohnraum, 1988
gem.	gemäß
GenG	Gesetz betreffend die Erwerbs- und Wirtschaftsgenossenschaften (Genossenschaftsgesetz – GenG) i. d. F. der Bek. v. 16.10.2006 (BGBl. I S. 2230)
GewO	Gewerbeordnung i. d. F. der Bek. v. 22.2.1999 (BGBl. I S. 202)
GewStG	Gewerbesteuergesetz (GewStG) i. d. F. der Bek. v. 15.10.2002 (BGBl. I S. 4167)
GewStR	Gewerbesteuer-Richtlinien 2009 (GewStR 2009) v. 28.4.2010 (BStBl. I Sondernr. 1 S. 2)
GG	Grundgesetz für die Bundesrepublik Deutschland v. 23.5.1949 (BGBl. S. 1)
ggf.	gegebenenfalls
Ghassemi-Tabar/Guhling/Weitemeyer	Gewerberaummiete
Gies I	Nebenkosten – Betriebskosten im Mietrecht, Kölner Anwaltverein, Heft 99, 1998
Gies II	Nebenkosten im Mietrecht II, Kölner Anwaltverein, Heft 101, 1998
gif	Gesellschaft für Immobilienwirtschaftliche Forschung e.V.
Gitter	Gebrauchsüberlassungsverträge (Handbuch des Schuldrechts, Bd. 7), 1988
GKG	Gerichtskostengesetz (GKG) v. 5.5.2004 (BGBl. I S. 718)
GmbH	Gesellschaft mit beschränkter Haftung
GmbHG	Gesetz betreffend die Gesellschaften mit beschränkter Haftung (GmbHG) i. d. F. der Bek. v. 20.5.1898 (RGBl. S. 846)
GMBl.	Gemeinsames Ministerialblatt
GmSOGB	Gemeinsamer Senat der obersten Gerichtshöfe des Bundes
GoA	Geschäftsführung ohne Auftrag
Gottwald	Zwangsvollstreckung, 5. Aufl. 2005
Gramlich	Mietrecht, Textausgabe zur Wohnraummiete mit Erläuterungen, 13. Aufl. 2015
GrEStG	Grunderwerbsteuergesetz (GrEStG) i. d. F. der Bek. v. 26.2.1997 (BGBl. I S. 418, ber. S. 1804)
GRMG	Gesetz zur Regelung der Miet- und Pachtverhältnisse über Geschäftsräume und gewerblich genutzte unbebaute Grundstücke (Geschäftsraummietengesetz) v. 25.6.1952 (BGBl. I S. 338)
GrStG	Grundsteuergesetz (GrStG) v. 7.8.1973 (BGBl. I S. 965)
Grundmann	Mietrechtsreformgesetz, 2001
1. GrundMV	Erste Grundmietenverordnung v. 17.6.1991 (BGBl. I S. 1269)
2. GrundMV	Zweite Grundmietenverordnung v. 27.7.1992 (BGBl. I S. 1416)
grunds.	grundsätzlich
GRUR	Zeitschrift für gewerblichen Rechtsschutz und Urheberrecht
GS	Gedächtnisschrift
GuT	Gewerbemiete und Teileigentum
GVBl.	Gesetz- und Verordnungsblatt
GVG	Gerichtsverfassungsgesetz (GVG) i. d. F. der Bek. v. 9.5.1975 (BGBl. I S. 1077)
GVGA	Geschäftsanweisung für Gerichtsvollzieher
GvKostG	Gesetz über Kosten der Gerichtsvollzieher (Gerichtsvollzieherkostengesetz – GvKostG) v. 19.4.2001 (BGBl. I S. 623)
GVW	Gesetz zur dauerhaften Verbesserung der Wohnungssituation im Land Berlin v. 14.7.1987 (BGBl. I S. 1625)
GW	Gemeinnütziges Wohnungswesen
GWB	Gesetz gegen Wettbewerbsbeschränkungen (GWB) i. d. F. der Bek. v. 15.7.2005 (BGBl. I S. 2114, ber. 2009 I S. 3850)
GWW	Gemeinnütziges Wohnungswesen
h. L.	herrschende Lehre
h. M.	herrschende Meinung
Haas, L.	Das neue Mietrecht – Mietrechtsreformgesetz, 2001
Haas, R.	Der Sachverständige des Handwerks, 6. Aufl. 2009
HaftpflG	Haftpflichtgesetz i. d. F. der Bek. v. 4.1.1978 (BGBl. I S. 145)
HambGE	Hamburger Grundeigentum
Hannemann/Wiegner	Wohnraummietrecht, 3. Aufl. 2010
Hannemann/Wiek/Emmert	Handbuch des Mietrechts, 6. Aufl. 2015
Harbauer	Rechtsschutzversicherung, Kommentar, 8. Aufl. 2010
Harsch	Schönheits- und Kleinreparaturen im Mietverhältnis, 1998
Hartmann	Kostengesetze, Kommentar, 44. Aufl. 2014
Harz/Junker/v. Rechenberg/Sternel	Miet- und Wohnungseigentumsrecht, 2009

Harz/Schmid	Die Allgemeinen Geschäftsbedingungen im Mietrecht, 1997
HausratsV	Verordnung über die Behandlung der Ehewohnung und des Hausrats (a.K. seit 1.9.2009)
HaustürWiG	Gesetz über den Widerruf von Haustürgeschäften und ähnlichen Geschäften (a.K. seit 1.1.2002)
HeimG	Heimgesetz i. d. F. der Bek. v. 5.11.2001 (BGBl. I S. 2970)
HeimsicherungsVO	Verordnung über die Pflichten der Träger von Altenheimen, Altenwohnheimen und Pflegeheimen für Volljährige im Fall der Entgegennahme von Leistungen zum Zweck der Unterbringung eines Bewohners oder Bewerbers (HeimsicherungsV) v. 24.4.1978 (BGBl. I S. 553)
Heintz	Vorkaufsrecht des Mieters, 1998
HeizAnlV	Verordnung über energiesparende Anforderungen an heizungstechnische Anlagen und Warmwasseranlagen (Heizungsanlagen-Verordnung – HeizAnlV) i. d. F. der Bek. v. 4.5.1998 (BGBl. I S. 851)
HeizkostenV	Verordnung über die verbrauchsabhängige Abrechnung der Heiz- und Warmwasserkosten (Verordnung über Heizkostenabrechnung – HeizkostenV) i. d. F. der Bek. v. 5.10.2009 (BGBl. I S. 3250)
Herlitz/Viehrig	Die Betriebskosten in der Wohnungswirtschaft, 6. Aufl. 2017 (Vorauflagen von Blöcker/Pistorius)
Herrlein/Kandelhard	Mietrecht, Kommentar, 4. Aufl. 2010
HGB	Handelsgesetzbuch v. 10.5.1897 (RGBl. S. 219)
Hinz/Ormanschick/Riecke/Scheff	Das neue Mietrecht, 2001
HKA	Die Heizkostenabrechnung
HmbGE	Hamburger Grundeigentum
HmbWoBindG	Gesetz zur Sicherung der Zweckbestimmung von Sozialwohnungen in der Freien und Hansestadt Hamburg (Hamburgisches Wohnungsbindungsgesetz – HmbWoBindG) v. 19.2.2008 (HmbGVBl. S. 74)
HMR	Handbuch des gesamten Mietrechts (bis 1951)
Horst	Praxis des Mietrechts, 2. Aufl. 2009
HRR	Höchstrichterliche Rechtsprechung
Hrsg.	Herausgeber
hrsgg.	herausgegeben
Hs.	Halbsatz
Hügel/Salzig	Mietkauf (und andere Formen des Grundstücks-Ratenkaufs), 2. Aufl. 2010
HuW	Haus und Wohnung
i. d. F.	in der Fassung
i. d. R.	in der Regel
i. E.	im Ergebnis; im Einzelnen
i. S. d.	im Sinne der/des
i. S. v.	im Sinne von
i.Ü.	im Übrigen
i. V. m.	in Verbindung mit
i. Zw.	im Zweifel
IFS	Institut für Sachverständigenwesen e. V.
IfS	Institut für Stadtforschung und Strukturpolitik GmbH
Immenga/Mestmäcker	Kommentar zum Gesetz gegen Wettbewerbsbeschränkungen, 2 Bde., 5. Aufl. 2014
IMR	Immobilien- und Mietrecht
ImmoWertV	Immobilienwertermittlungsverordnung
infoM	One-page-Fachinformationen für Mietrecht und Immobilien
insb.	insbesondere
InsO	Insolvenzordnung (InsO) v. 5.10.1994 (BGBl. I S. 2866)
InVo	Insolvenz & Vollstreckung
i-t	immo-telex
JA	Juristische Arbeitsblätter
Jauernig	BGB, Kommentar, 15. Aufl. 2014
Jessnitzer/Frieling	Der gerichtliche Sachverständige, 12. Aufl. 2006
JM	juris Die Monatszeitschrift
JMBl.	Justizministerialblatt
Joachim	Wohnraummietvertrag, 2002
JR	Juristische Rundschau
JurBüro	Das juristische Büro
jurisPK	Juris-Praxiskommentar
jurisPR	Juris-Praxisreport
jurisPR-MietR	juris Praxisreport Mietrecht herausgegeben von RA N. Eisenschmid
jurisPR-BGHZivilR	juris Praxisreport Rechtsprechung des BGH in Zivilsachen, herausgegeben von RA Dr. Geisler
JuS	Juristische Schulung
Justiz	Die Justiz
JVEG	Gesetz über die Vergütung von Sachverständigen, Dolmetscherinnen, Dolmetschern, Übersetzerinnen und Übersetzern sowie die Entschädigung von ehrenamtlichen Richterinnen, ehrenamtlichen Richtern, Zeuginnen, Zeugen und Dritten (Justizvergütungs- und -entschädigungsgesetz – JVEG) v. 5.5.2004 (BGBl. I S. 718, 776)

JW	Juristische Wochenschrift
JZ	Juristen-Zeitung
Kap.	Kapitel
KG	Kammergericht; Kommanditgesellschaft
KGaA	Kommanditgesellschaft auf Aktien
Kilger/Huber	Anfechtungsgesetz, Kommentar, 10. Aufl. 2006
Kilger/K. Schmidt	Insolvenzgesetze, Kommentar, 17. Aufl. 1997
Kinne/Schach/Bieber	Miet- und Mietprozessrecht, 7. Aufl. 2013
Kissel/Mayer	Gerichtsverfassungsgesetz, Kommentar, 7. Aufl. 2012
Klein-Blenkers/Heinemann/Ring (Hrs.)	Miete/WEG/Nachbarschaft, 1. Aufl. 2016
KO	Konkursordnung (a.K. seit 1.1.1999)
Komm.	Kommentar
Kossmann	Der Wohnraummietvertrag, 2. Aufl. 1998
Kossmann/Meyer-Abich	Handbuch der Wohnraummiete, 7. Aufl. 2014
KostO	Gesetz über die Kosten in Angelegenheiten der freiwilligen Gerichtsbarkeit (Kostenordnung) i. d. F. der Bek. v. 26.7.1957 (BGBl. I S. 960)
KostRspr	Kosten-Rechtsprechung, Entscheidungssammlung, 2006
KreisG	Kreisgericht
Kreuzberg/Wien	Handbuch der Heizkostenabrechnung, 8. Aufl. 2013
KSchG	Kündigungsschutzgesetz (KSchG) i. d. F. der Bek. v. 25.8.1969 (BGBl. I S. 1317)
KStG	Körperschaftsteuergesetz (KStG) i. d. F. der Bek. v. 15.10.2002 (BGBl. I S. 4144)
KTS	Zeitschrift für Konkurs-, Treuhand- und Schiedsgerichtswesen
Kuppler	Heizkosten richtig erfassen und verteilen, 3. Aufl. 2004
KWG	Gesetz über das Kreditwesen (Kreditwesengesetz – KWG) i. d. F. der Bek. v. 9.9.1998 (BGBl. I S. 2776)
Lademann/(Bearbeiter)	Einkommensteuergesetz, Losebl.-Kommentar, Stand: September 2008
LAG	Gesetz über den Lastenausgleich (Lastenausgleichsgesetz – LAG) i. d. F. der Bek. v. 2.6.1993 (BGBl. I S. 845); Landesarbeitsgericht
Lammel	Heizkostenverordnung, Kommentar, 4. Aufl. 2015
ders.	Wohnraummietrecht, 3. Aufl. 2007
Landfermann	Gesetz zur Erhöhung des Angebots an Mietwohnungen, 1983
Lang/Weidmüller	Genossenschaftsgesetz, Kommentar, 37. Aufl. 2011
Langenberg/Zehelein	Betriebskosten- und Heizkostenrecht, 8. Aufl. 2016
ders.	Schönheitsreparaturen, Instandsetzung, Rückgabe 5. Aufl. 2015
Larenz	Lehrbuch des Schuldrechts Bd. I, 14. Aufl. 1987
Lefèvre	Die Heizkostenabrechnung, 1986
Leipziger Kommentar/*(Bearbeiter)*	Leipziger Kommentar zum StGB, 12. Aufl. 2006 ff.
LG	Landgericht
Lindner-Figura	Lindner-Figura/Oprée/Stellmann, Geschäftsraummiete, 4. Aufl. 2017
ders.	Lindner-Figura/Stellmann, Geschäftsraummiete. Die AGB-Ampel, 2015
LM	Lindenmaier-Möhring, Nachschlagewerk des BGH in Zivilsachen
LMK	Kommentierte BGH-Rechtsprechung Lindenmaier-Möhring
Löfflad	Mieterhöhungen bei Wohnraummietverträgen, 4. Aufl. 2008
Losebl.	Loseblatt
LPachtG	Landpachtgesetz (a.K. seit 1.7.1986)
LPachtVG	Gesetz über die Anzeige und Beanstandung von Landpachtverträgen (Landpachtverkehrsgesetz – LPachtVG) v. 8.11.1985 (BGBl. I S. 2075)
LPartG	Gesetz über die Eingetragene Lebenspartnerschaft (Lebenspartnerschaftsgesetz – LPartG) v. 16.2.2001 (BGBl. I S. 266)
LR/*(Bearbeiter)*	Landmann/Rohmer, Gewerbeordnung, Losebl.-Kommentar, 2 Bde., 56. Aufl. 2010
Ls.	Leitsatz
LStDV	Lohnsteuer-Durchführungsverordnung (LStDV 1990) i. d. F. der Bek. v. 10.10.1989 (BGBl. I S. 1848)
LStR	Lohnsteuer-Richtlinien 2008 (LStR 2008) v. 10.12.2007 (BStBl. I Sondernr. 1)
Lützenkirchen	Anwaltshandbuch Mietrecht, 5. Aufl. 2015
ders.	Betriebskostenpraxis, 2002
ders.	Neue Mietrechtspraxis, 2001
ders.	Wohnraummiete, 2002
ders.	Mietrecht, Kommentar, 2. Aufl. 2015
Lützenkirchen A–Z	Betriebskosten A–Z, 6. Aufl. 2014
LVA	Landesversicherungsanstalt
LWoFG BW	Landesgesetz zur Förderung von Wohnraum und Stabilisierung von Quartierstrukturen (Landeswohnraumförderungsgesetz – LWoFG) v. 11.12.2007 (GBl. S. 581)
LZ	Leipziger Zeitschrift für Deutsches Recht
m. abl. Anm.	mit ablehnender Anmerkung
m. zust. Anm.	mit zustimmender Anmerkung
m. w. N.	mit weiteren Nachweisen
MaBV	Makler- und Bauträgerverordnung
MAH	Münchener Anwaltshandbuch, hrsgg. von Hannemann/Wiegner, 3. Aufl. 2010
Martin	Sachversicherungsrecht, 3. Aufl. 1992
MDR	Monatsschrift für Deutsches Recht
MedR	Medizinrecht

MedSachv	Der Medizinische Sachverständige
MHG	Gesetz zur Regelung der Miethöhe (a.K. seit 1.9.2001)
MietNovG 2015	Gesetz zur Dämpfung des Mietanstiegs auf angespannten Wohnungsmärkten und zur Stärkung des Bestellerprinzips bei der Wohnungsvermittlung (Mietrechtsnovellierungsgesetz) vom 21.4.2015 (BGBl. I S. 610)
Mietprax-*(Bearbeiter)*	Mietrecht in der Praxis, hrsgg. von U. Börstinghaus, 5. Ordner
Mietprax-AK	Arbeitskommentar, Rechtsprechung des BGH in Mietsachen, von Börstinghaus und Eisenschmid
Mietprozess	Der Mietprozess. Handbuch von Beierlein, Kinne, Koch, Stackmann, Zimmermann, 2006
MietRÄndG	Gesetz zur Änderung mietrechtlicher Vorschriften; Erstes ~ v. 29.7.1963 (BGBl. I S. 505); Zweites ~ v. 14.7.1964 (BGBl. I S. 457); Drittes ~ v. 21.12.1967 (BGBl. I S. 1248); Viertes ~ v. 21.7.1993 (BGBl. I 1257)
MietRÄndG 2013	Gesetz über die energetische Modernisierung von vermietetem Wohnraum und über die vereinfachte Durchsetzung von Räumungstiteln (Mietrechtsänderungsgesetz – MietRÄndG) vom 11.3.2013 (BGBl. I S. 434)
MietRB	Der Mietrechtsberater
Mietrecht express	Infobrief zum Praxishandbuch
Mietrecht kompakt	Mietrecht kompakt. Aktueller Informationsdienst zum Miet- und WEG-Recht
MietRRG	Mietrechtsreformgesetz vom 19.6.2001 (BGBl. I S. 1149)
MietRVerbG	Gesetz zur Verbesserung des Mietrechts und zur Begrenzung des Mietanstiegs sowie zur Regelung von Ingenieur- und Architektenleistungen v. 4.11.1971 (BGBl. I S. 1745)
MieWo/*(Bearbeiter)*	Miet- und Wohnungsrecht, Texte und Erläuterungen, hrsgg. von M. Schmid
Mittelstein	Die Miete nach dem Rechte des Deutschen Reiches, Handbuch, 4. Aufl. 1932
MJ	MieterJournal (Zeitschrift des Mietervereins zu Hamburg)
MM	Mietrechtliche Mitteilungen (Beilage der Zeitschrift MieterMagazin – Organ des Berliner Mietervereins e. V.)
MMV	Mustermietvertrag, hrsgg. vom BMJ, 1976 (BAnZ.-Beil. Nr. 22/76)
ModEnG	Modernisierungs- und Energieeinsparungsgesetz (a.K. seit 1.1.2002)
ModM	Modernisierungsmagazin
Mot.	Motive zu dem Entwurf eines Bürgerlichen Gesetzbuches für das Deutsche Reich (Bde. I–V)
MRK	Menschrechtskonvention
MSchG	Mieterschutzgesetz v. 15.12.1942 (RGBl. I S. 712)
MÜG	Gesetz zur Überleitung preisgebundenen Wohnraums im Beitrittsgebiet in das allgemeine Miethöherecht (Mietenüberleitungsgesetz) v. 6.6.1995 (BGBl. I S. 748)
Mugdan	Die gesammten Materialien zum Bürgerlichen Gesetzbuch für das Deutsche Reich, 5 Bde., 1899
Müller	Der Sachverständige im gerichtlichen Verfahren, 3. Aufl. 1988
Münchener Vertragshandbuch	Münchener Vertragshandbuch, hrsgg. von Langenfeld, Bd. 5 Bürgerliches Recht I, 7. Aufl. 2013 (Mietrechtsteil bearbeitet von *Blank*)
MünchKomm-*(Bearbeiter)*	Münchener Kommentar zum BGB, 7. Aufl. 2016 (Mietrechtsteil bearbeitet von *Bieber, Schmid/Zehelein, Artz* und *Häublein*)
MünchKomm-Ins *(Bearbeiter)*	Münchener Kommentar zur Insolvenzordnung 2. Aufl. 2007, 2008
MünchKomm-ZPO/ *(Bearbeiter)*	Münchener Kommentar zur Zivilprozessordnung, 4. Aufl. 2012
Münstermann/Hannes	Verbraucherkreditgesetz, Kommentar, 1991
MWoAEG	Gesetz zur Erhöhung des Angebots an Mietwohnungen v. 20.12.1982 (BGBl. I S. 1912)
MwSt.	Mehrwertsteuer
Musielak	Kommentar zur ZPO 12. Aufl. 2015
n. F.	neue Fassung/Folge
NdsRpfl	Niedersächsische Rechtspflege
NDV	Nachrichtendienst des Deutschen Vereins für öffentliche und private Fürsorge
neg. RE	negativer Rechtsentscheid
Neuhaus	Handbuch der Geschäftsraummiete, 5. Aufl. 2014.
NJ	Neue Justiz
NJOZ	Neue Juristische Online-Zeitschrift
NJW	Neue Juristische Wochenschrift
NJWE-MietR	NJW-Entscheidungsdienst Mietrecht
NJW-RR	NJW-Rechtsprechungsreport
NMV	Verordnung über die Ermittlung der zulässigen Miete für preisgebundene Wohnungen (Neubaumietenverordnung 1970 – NMV 1970) i. d. F. der Bek. v. 12.10.1990 (BGBl. I S. 2203)
Nörr/Scheyhing/Pöggeler	Sukzessionen, 2. Aufl. 1999
Nr(n).	Nummer(n)
NRW	Nordrhein-Westfalen
NTS	Nato-Truppenstatut
NutzEV	Nutzungsentgeltverordnung (NutzEV) i. d. F. der Bek. v. 24.6.2002 (BGBl. I S. 2562)
NVersZ	Neue Zeitschrift für Versicherung und Recht
NWB	Neue Wirtschaftsbriefe
NZI	Neue Zeitschrift für Insolvenzrecht
NZM	Neue Zeitschrift für Miet- und Wohnungsrecht
NZV	Neue Zeitschrift für Verkehrsrecht

o. g.	oben genannt
Oertmann	Die Geschäftsgrundlage – Ein neuer Rechtsbegriff, 1921
OFD	Oberfinanzdirektion
OHG	offene Handelsgesellschaft
OLG	Oberlandesgericht
OLGZ	Rechtsprechung der Oberlandesgerichte in Zivilsachen
Oppler	Unwirksame Mietvertragsklauseln nach dem ABG-Gesetz, 1992
OVG	Oberverwaltungsgericht
OWi	Ordnungswidrigkeit
OWiG	Gesetz über Ordnungswidrigkeiten (OWiG) i. d. F. der Bek. v. 19.2.1987 (BGBl. I S. 602)
p.a.	per annum
Pahlke	Die Rechtsstellung des Mieters von Wohnraum in der DDR, 1983
Palandt/(Bearbeiter)	BGB, Kommentar, 76. Aufl. 2017 (Mietrechtsteil bearbeitet von *Weidenkaff*)
PartGG	Gesetz über Partnerschaftsgesellschaften Angehöriger Freier Berufe (Partnerschaftsgesellschaftsgesetz – PartGG) v. 25.7.1994 (BGBl. I S. 1744)
PE	Privates Eigentum (Zeitschrift)
Pergande	Wohnraummietrecht, Kommentar
Peruzzo	Heizkostenabrechnung nach Verbrauch, 6. Aufl. 2009
Peters	Handbuch zur Wärmekostenabrechnung, 14. Aufl. 2010 (Minol Messtechnik)
Pfeifer	Betriebskosten bei Wohn- und Geschäftsraummiete, 2002
ders.	Die neue Heizkostenverordnung, 4. Aufl. 2010
Pieper	Sachverständige im Zivilprozeß, 1982
PiG	Partner im Gespräch (Schriftenreihe des Evangelischen Siedlungswerkes in Deutschland e. V.)
Plönes	Barthelmess, Nies, Plönes, Handbuch des öffentlich geförderten Wohnungsbaus, 1999
PreisstopVO	Verordnung über das Verbot von Preiserhöhungen (Preisstopverordnung) v. 26.11.1936 (RGBl. I S. 955)
Prölss	Prölss/Martin, Versicherungsvertragsgesetz, Kommentar, 29. Aufl. 2015
Prölss/Schmidt/Frey	Versicherungsaufsichtsgesetz, Kommentar, 11. Aufl. 1997
Prütting/Gehrlein	ZPO-Kommentar, 7. Aufl., 2015
PuR	Praxis und Recht, Zeitschrift
pVV	positive Vertragsverletzung
PWW	Prütting/Wegen/Weinreich, BGB-Kommentar, 10. Aufl., 2015
r + s	Recht und Schaden
RdL	Recht der Landwirtschaft
RdM-IfS	RdM-Informationsdienst für Sachverständige
Rdn.	Randnummer
RE	Rechtsentscheid
RE Miet	Thieler/Frantzioch/Uetzmann, Rechtsentscheide Mietrecht
Rechtshandbuch Immobilien/*(Bearbeiter)*	Rechtshandbuch Immobilien, hrsgg. von Koeble/Grziwotz, Losebl., 2 Bde., 24. Aufl. 2017
Rechtspfleger; Rpfl; Rpfleger	Der Deutsche Rechtspfleger
RegE	Regierungsentwurf
RES	Landfermann/Heerde, Sammlung der Rechtsentscheide in Wohnraummietsachen, Bde. 1–8, 1980–1991
RG	Reichsgericht
RGBl.	Reichsgesetzblatt
RGRK/*(Bearbeiter)*	BGB-Kommentar, 12. Aufl. 1974 ff. (Mietrechtsteil bearbeitet von *Gelhaar*)
RGSt	Entscheidungen des Reichsgerichts in Strafsachen
RGZ	Entscheidungen des Reichsgerichts in Zivilsachen
Riecke/Mack	Schönheitsreparaturen, 3. Aufl. 2007
RiM	Müller/Oske/Becker, Rechtsentscheide im Mietrecht, 1989
Rips/Eisenschmid	Neues Mietrecht, 2001
RMG	Reichsmietengesetz v. 24.3.1922 (RGBl. I S. 273)
Rodenberg/Sobota	Die Nebenkosten im Wohnungsmietrecht, 7. Aufl. 1997
Roquette	Das Mietrecht des BGB, Systematischer Kommentar, 1966
RpflegerG	Rechtspflegergesetz
Rspr.	Rechtsprechung
RsprN	Rechtsprechungsnachweis(e)
RuS	Recht und Schaden
RVG	Gesetz über die Vergütung der Rechtsanwältinnen und Rechtsanwälte (Rechtsanwaltsvergütungsgesetz – RVG) v. 5.5.2004 (BGBl. I S. 718, 788)
RWS	Kommunikationsform Recht – Wirtschaft – Steuern
S.	Seite; Siehe (am Satzanfang)
s.	siehe
s. u.	siehe unten; siehe unter
Samm/Hafke	Grundbesitz und Wertsicherungsklauseln, 2. Aufl. 1987
Schach	Schönheitsreparaturen, 5. Aufl. 2002
Schaub	Arbeitsrechts-Handbuch, 15. Aufl. 2013
Schilling/Heerde	Mietrecht in den neuen Bundesländern Stand: August 1992

Schlegelberger	Handelsgesetzbuch, Kommentar, 5. Aufl. 1973ff.
SchlHA	Schleswig-Holsteinischer Anzeiger
Schlo/Coe/Gra	Schlosser/Coester-Waltjen/Graba, AGB-Gesetz, Kommentar, 1977
Schmid/Harz	Mietrecht, 5. Aufl. 2017
ders.	Miete und Mietprozeß, 4. Aufl. 2004
ders.	Handbuch der Mietnebenkosten, 14. Aufl. 2014
Schmidt, J.	Gewerbeimmobilien vermieten und verwalten, 2006
Schmidt, L.	Einkommensteuergesetz, Kommentar, 36. Aufl. 2017
Schneider/Herget	Streitwert-Kommentar für den Zivilprozess, 12. Aufl. 2007
Schönke/Schröder/(Bearbeiter)	StGB, Kommentar, 29. Aufl. 2014
Schubart/Kohlenbach/Wienicke	Wohn- und Mietrecht, Losebl.-Kommentar, Stand: Juni 2010
SchuldRAnpG	Gesetz zur Anpassung schuldrechtlicher Nutzungsverhältnisse an Grundstücken im Beitrittsgebiet (Schuldrechtsanpassungsgesetz – SchuldRAnpG) v. 21.9.1994 (BGBl. I S. 2538)
Schulz	Gewerberaummiete, 4. Aufl. 2015
Seldeneck	Betriebskosten im Mietrecht, 1999
SeuffA	Seufferts Archiv für Entscheidungen der obersten Gerichte
SGB	Sozialgesetzbuch
SGb	Die Sozialgerichtsbarkeit (Zeitschrift)
SGLN 79	Sonderbedingungen für gleitenden Neuwertversicherung von Wohn-, Geschäfts- und landwirtschaftlichen Gebäuden
Soergel/(Bearbeiter)	BGB, Kommentar, 13. Aufl. 2000ff. (Mietrechtsteil bearbeitet von *Kummer* und *Heintzmann*)
sog.	so genannt
Sölch/Ringleb/List	Umsatzsteuergesetz, Kommentar, 4. Aufl. 1992ff.
SozklG	Gesetz über eine Sozialklausel in Gebieten mit gefährdeter Wohnungsversorgung v. 22.4.1993 (BGBl. I S. 487)
st. Rspr.	ständige Rechtsprechung
StAnZ	Staatsanzeiger
Staub/(Bearbeiter)	Großkommentar zum HGB, 4. Aufl. 1982ff.
Staudinger/(Bearbeiter)	BGB-Kommentar, 2014 (Mietrechtsteil bearbeitet von *Emmerich, Rolfs* und *Weitemeyer*)
StBauFG	Städtebauförderungsgesetz (a.K. seit 1.7.1987)
StBerG	Steuerberatungsgesetz (StBerG) i. d. F. der Bek. v. 4.11.1975 (BGBl. I S. 2735)
Stein/Jonas/(Bearbeiter)	ZPO, Kommentar, 21. Aufl. 1995
StEK	Steuerklasse in Karteiform
Sternel	Mietrecht, 3. Aufl. 1988
Sternel (aktuell)	Mietrecht aktuell, 4. Aufl. 2009
StGB	Strafgesetzbuch (StGB) i. d. F. der Bek. v. 13.11.1998 (BGBl. I S. 3322)
Stöber	Forderungspfändung, 16. Aufl. 2013
ders.	Zwangsversteigerungsgesetz, 21. Aufl. 2016
StPO	Strafprozeßordnung (StPO) i. d. F. der Bek. v. 7.4.1987 (BGBl. I S. 1074, ber. S. 1319)
str.	streitig
Stuhrmann/Wollny	Besteuerung der Bauherrengemeinschaften und Immobilienfonds, 1985
TA Lärm	Sechste Allgemeine Verwaltungsvorschrift zum Bundes-Immissionsschutzgesetz (Technische Anleitung zum Schutz gegen Lärm – TA Lärm) v. 26.8.1998 (GMBl. S. 503)
Tacke	Leasing, 1989
Tewes	Steuerlich anerkannte Bauherrenmodelle
Thomas/Putzo	ZPO, Kommentar, 38. Aufl. 2017
TME	Taschenlexikon miet- und wohnungsrechtlicher Entscheidungen
u. Ä.	und Ähnliche(s)
u. a.	unter anderem; und andere
u. U.	unter Umständen
Ulmer/Brandner/Hensen	AGB-Recht, Kommentar, 12. Aufl. 2016
UmwG	Umwandlungsgesetz (UmwG) v. 28.10.1994 (BGBl. I S. 3210, ber. 1995 I S. 428)
Urt.	Urteil
UStG	Umsatzsteuergesetz (UStG) i. d. F. der Bek. v. 21.2.2005 (BGBl. I S. 386)
usw.	und so weiter
ÜVWoGG	Verordnung zur Durchführung des § 42 des Wohngeldgesetzes (Überleitungsverordnung zum Wohngeldgesetz – ÜVWoGG) v. 17.12.1990 (BGBl. I S. 2830)
UWG	Gesetz gegen den unlauteren Wettbewerb (UWG) i. d. F. der Bek. v. 3.3.2010 (BGBl. I S. 254)
v.	vom; von
VAG	Gesetz über die Beaufsichtigung der Versicherungsunternehmen (Versicherungsaufsichtsgesetz – VAG) i. d. F. der Bek. v. 17.12.1992 (BGBl. 1993 I S. 2)
VerBAV	Veröffentlichungen des Bundesaufsichtsamtes für das Versicherungswesen (früher: für das Versicherungs- und Bausparwesen)
VerglO	Vergleichsordnung (a.K. seit 1.1.1999)
VermG	Gesetz zur Regelung offener Vermögensfragen (Vermögensgesetz – VermG) v. 9.2.2005 (BGBl. I S. 205)
VerschG	Verschollenheitsgesetz i. d. F. der Bek. v. 15.1.1951 (BGBl. I S. 63)
VersR	Versicherungsrecht
VG	Verwaltungsgericht

VGB . . . . Allgemeine Bedingungen für die Neuwertversicherung von Wohngebäuden gegen Feuer-, Leitungswasser- und Sturmschäden
VGH . . . . Verwaltungsgerichtshof
vgl. . . . . vergleiche
VHB . . . . Allgemeine Bedingungen für die Neuwertversicherung des Hausrats gegen Feuer-, Einbruchdiebstahl-, Beraubungs-, Leitungswasser-, Sturm- und Glasbruchschäden
vhw . . . . Vereinigte Hamburger Wohnungsbaugenossenschaft eG
VIZ . . . . Zeitschrift für Vermögens- und Immobilienrecht
VO . . . . Verordnung
VOB . . . . Verdingungsordnung für Bauleistungen (Teil A und B)
VOBl. . . . . Verordnungsblatt
Vogel . . . . Mandatspraxis Mietrecht, 2001
VOPR . . . . Verordnung über Maßnahmen auf dem Gebiet des Mietpreisrechts v. 29.11.1951 (BGBl. I S. 920)
Vorbem. . . . . Vorbemerkung
VP . . . . Die Versicherungs-Praxis (früher: Feuerversicherung und Feuerschutz)
VRS . . . . Verkehrsrechtssammlung
VStG . . . . Vermögensteuergesetz (VStG) i. d. F. der Bek. v. 14.11.1990 (BGBl. I S. 2467)
VStR . . . . Vermögensteuer-Richtlinie 1995 v. 17.1.1995 (BStBl. I Sondernr. 2)
VuR . . . . Verbraucher und Recht (Zeitschrift)
VVG . . . . Gesetz über den Versicherungsvertrag (Versicherungsvertragsgesetz – VVG) v. 23.11.2007 (BGBl. I S. 2631)
VW . . . . Versicherungswirtschaft
VwGO . . . . Verwaltungsgerichtsordnung (VwGO) i. d. F. der Bek. v. 19.3.1991 (BGBl. I S. 686)
VwIG . . . . Sonderbedingungen für Neuwertversicherung von Industrie und Gewerbe

WährG . . . . Währungsgesetz (a.K. seit 1.1.2002)
Wall . . . . Betriebs- und Heizkosten-Kommentar, 4. Aufl. 2015
Warnecke . . . . Betriebskosten 7. Aufl. 2014
Warn Rspr. . . . . Rechtsprechung des Reichsgerichts, hrsgg. von Warnmeyer
WBVG . . . . Gesetz zur Regelung von Verträgen über Wohnraum mit Pflege- und Betreuungsleistungen (Wohn- und Betreuungsvertragsgesetz – WBVG) v. 29.7.2009 (BGBl. I S. 2319)
WEG . . . . Gesetz über das Wohnungseigentum und das Dauerwohnrecht (Wohnungseigentumsgesetz) v. 15.3.1951 (BGBl. I S. 175, ber. S. 209)
Weirich . . . . Grundstücksrecht, 3. Aufl. 2006
Weitnauer . . . . Wohnungseigentumsgesetz, Kommentar, 9. Aufl. 2004
Wellmann . . . . Der Sachverständige in der Praxis, 5. Aufl. 1988
Westphalen, Graf von . . . . . Der Leasingvertrag, 5. Aufl. 1998
ders. . . . . Vertragsrecht und AGB-Klauselwerke, 35. Aufl. 2014
Wetekamp . . . . Mietsachen – Handbuch zur Wohnraummiete, 4. Aufl. 2007
WFB . . . . Wohnungsförderungsbestimmungen
WGG . . . . Gesetz über die Gemeinnützigkeit im Wohnungswesen v. 29.2.1940 (RGBl. I S. 437)
WGG-DV . . . . VO zur Durchführung des WGG i. d. F. v. 24.11.1969 (BGBl. I. S. 2141)
WHG . . . . Gesetz zur Ordnung des Wasserhaushaltes (Wasserhaushaltsgesetz)
wi . . . . Wohnungswirtschaftliche Informationen (Zeitschrift), hrsgg. vom GdW
Wieczorek/(Bearbeiter) . . . . Zivilprozeßordnung und Nebengesetze, Großkommentar, 3. Aufl. 1999
WImmoT . . . . Weimarer Immobilienrechtstage (Dokumentation)
WiStG . . . . Gesetz zur weiteren Vereinfachung des Wirtschaftsstrafrechts (Wirtschaftsstrafgesetz 1954) i. d. F. der Bek. v. 3.6.1975 (BGBl. I S. 1313)
WKSchG . . . . Zweites Wohnraumkündigungsschutzgesetz v. 18.12.1974 (BGBl. I S. 3603)
WM . . . . Wertpapier-Mitteilungen
WMR . . . . Wohnflächen und Mietwertrichtlinie
WoBauÄndG . . . . Gesetz zur Änderung des Zweiten Wohnungsbaugesetzes, anderer wohnungsbaurechtlicher Vorschriften und über die Erstattung von Baukostenzuschüssen v. 21.7.1961 (BGBl. I S. 1041)
WoBauG (I. und II.) . . . . . Erstes Wohnungsbaugesetz v. 24.4.1950 (BGBl. I S. 83), Zweites Wohnungsbaugesetz i. d. F. der Bek. v. 19.8.1994 (BGBl. I S. 2137)
WoBauR/*(Bearbeiter)* . . . . . Dyong/Heix/Fischer-Dieskau, Wohnungsbaurecht, Losebl.-Kommentar, September 2016
WoBindG . . . . Gesetz zur Sicherung der Zweckbestimmung von Sozialwohnungen (Wohnungsbindungsgesetz – WoBindG) i. d. F. der Bek. v. 13.9.2001 (BGBl. I S. 2404)
WoFG . . . . Gesetz über die soziale Wohnraumförderung (Wohnraumförderungsgesetz – WoFG) v. 13.9.2001 (BGBl. I S. 2376)
WoGG . . . . Wohngeldgesetz (WoGG) v. 24.9.2008 (BGBl. I S. 1856)
WoGSoG . . . . Wohngeldsondergesetz (a.K. seit 1.1.2005)
WoGV . . . . Wohngeldverordnung (WoGV) i. d. F. der Bek. v. 19.10.2001 (BGBl. I S. 2722)
Wolf/Eckert/Ball . . . . Handbuch des gewerblichen Miet- und Pachtrechts, 10. Aufl. 2009
Wolf/Lindacher/Pfeiffer . . . . AGB-Recht, 6. Aufl. 2013
WoVermG . . . . Gesetz zur Regelung der Wohnungsvermittlung vom 4.11.1971 (BGBl. I S. 1745)
WPg . . . . Die Wirtschaftprüfung
WRP . . . . Wettbewerb in Recht und Praxis
WuH . . . . Wohnung und Haus
WuM . . . . Wohnungswirtschaft und Mietrecht

z. B. . . . . zum Beispiel
z. T. . . . . zum Teil

z. Zt.	zur Zeit
ZA-NTS	Zusatzabkommen zum Natotruppenstatut
ZAP	Zeitschrift für die Anwaltspraxis (zit. nach Fach und Seite)
ZAP-Ost	ZAP – Ausgabe Ost – Das Recht der neuen Bundesländer
ZdWBay	Zeitschrift der Wohnungswirtschaft Bayern
ZFG	Zeitschrift für das gesamte Genossenschaftswesen
ZfgWBay	Zeitschrift für gemeinnütziges Wohnungswesen in Bayern
ZfIR	Zeitschrift für Immobilienrecht
ZfS	Zeitschrift für Schadensrecht
ZGB	Zivilgesetzbuch der Deutschen Demokratischen Republik
Ziff.	Ziffer
ZIP	Zeitschrift für Wirtschaftsrecht und Insolvenzpraxis
zit.	zitiert
ZMR	Zeitschrift für Miet- und Raumrecht
Zöller/(Bearbeiter)	ZPO, Kommentar, 30. Aufl. 2013
ZOV	Zeitschrift für offene Vermögensfragen
ZPO	Zivilprozessordnung i. d. F. der Bek. v. 5.12.2005 (BGBl. I S. 3202, ber. 2006 I S. 431 und 2007 I S. 1781)
ZRP	Zeitschrift für Rechtspolitik
ZSEG	Gesetz über die Entschädigung von Zeugen und Sachverständigen (a.K. seit 1.7.2004)
ZSW	Zeitschrift für das gesamte Sachverständigenwesen
ZUM	Zeitschrift für Urheber- und Medienrecht
ZVersWiss	Zeitschrift für die gesamte Versicherungswissenschaft
ZVG	Gesetz über die Zwangsversteigerung und die Zwangsverwaltung i. d. F. der Bek. v. 20.5.1898 (RGBl. S. 713)
ZWE	Zeitschrift für Wohnungseigentum
ZwVbVO	Zweckentfremdungsverbotsverordnung (Berlin; nicht mehr anwendbar)
zzgl.	zuzüglich

Bürgerliches Gesetzbuch (BGB)

In der Fassung der Bekanntmachung vom 2. Januar 2002 (BGBl. I S. 42, ber. S. 2909, erneut ber. BGBl. 2003 I S. 738), zuletzt geändert durch Gesetz vom 21.2.2017 (BGBl. I S. 258)

Titel 5. Mietvertrag, Pachtvertrag

Untertitel 1. Allgemeine Vorschriften für Mietverhältnisse

Vorbemerkung zu § 535 BGB

Systematische Übersicht

Alphabetische Schnellübersicht

I. Grundbegriffe

1. Mietvertrag/Mietverhältnis

1 **a) Entgeltlicher Überlassungsvertrag.** Nach der Legaldefinition in § 535 BGB ist unter einem Mietvertrag ein Vertrag über die Überlassung einer beweglichen oder unbeweglichen Sache gegen Zahlung eines Entgelts zu verstehen.[1] Die Eigentumsverhältnisse sind gleichgültig. Der Vermieter muss nicht Eigentümer sein. Der Eigentümer kann umgekehrt seine eigene Sache mieten. Vereinbaren die Miteigentümer eines Grundstücks, dass dieses einem der Miteigentümer zur alleinigen Nutzung gegen Zahlung eines Entgelts überlassen werden soll, so ist das Vertragsverhältnis nach ständiger Rechtsprechung des BGH[2] als Mietverhältnis zu bewerten. Zugleich liegt aber auch eine einstimmige Vereinbarung der Miteigentümer über die Benutzung des gemeinschaftlichen Gegenstands gemäß § 745 Abs. 1 BGB vor, aus der eine unmittelbare Zahlungsverpflichtung der nutzenden gegenüber den übrigen Miteigentümern resultiert.[3] Jeder Miteigentümer kann die Forderung zur Leistung an alle Eigentümer alleine gerichtlich geltend machen (§ 432 Abs. 1 BGB).[4] Dasselbe gilt für einen entsprechenden Vertrag, der zwischen den Erbbauberechtigten geschlossen wird.[5] Zwischen dem Gläubiger und dem Schuldner darf allerdings keine Identität bestehen. Ein Alleineigentümer kann deshalb nicht zugleich Mieter sein. Erwirbt ein Mieter den Mietgegenstand so erlischt das Mietverhältnis durch Konfusion.[6]

2 Wesentlich ist, dass das Nutzungsverhältnis auf einem zivilrechtlichen Vertrag beruht. Werden Wohnräume oder sonstige Räume auf Grund öffentlichrechtlicher Vorschriften zugewiesen, so liegt keine Miete, sondern ein öffentlich-rechtliches Nutzungsverhältnis vor.[7]

3 Davon abgesehen kommt es nicht darauf an, wie die Parteien das Vertragsverhältnis bezeichnen. Maßgeblich ist nur, dass die Sache gegen ein Entgelt überlassen wird. Deshalb liegt Miete vor, wenn einem Kaufinteressenten die Sache vor Abschluss des Kaufvertrags überlassen wird und vereinbart ist, dass der Nutzer hierfür ein Entgelt zu bezahlen hat. Dies gilt auch dann, wenn das Entgelt vereinbarungsgemäß auf den Kaufpreis anzurechnen ist.[8] Ebenso ist es als Miete zu bewerten, wenn

---

[1] BGHZ 82, 354, 357 = NJW 1982, 820; BGHZ 123, 166, 169 = NJW 1993, 3131.
[2] BGH (VIII ZR 184/66) WPM 1969, 298; BGH (II ZR 59/72) NJW 1974, 364; BGH (II ZR 94/96) NJW 1998, 372; BGH (II ZR 324/98) NZM 2001, 45.
[3] BGH NJW 1998, 372.
[4] BGH NZM 2001, 45, 46.
[5] BGH (VIII ZR 16/10) NZM 2010, 898 = WuM 2010, 711 = ZMR 2011, 109.
[6] BGH (VIII ZR 323/14) NZM 2016, 467 Rz. 18.
[7] AG Bad Bramsted WuM 1998, 415 betr. die Dienstwohnung eines Pastors.
[8] Ähnlich OLG Köln NZM 1999, 710: Danach sind in einem solchen Fall die Vorschriften des Mietrechts entsprechend anzuwenden.

dem Vertragspartner ein **schuldrechtliches Wohnrecht** eingeräumt wird.[9] Das Entgelt kann hier in der Übernahme der Betriebskosten[10] (bei einer Eigentumswohnung in der Übernahme des Wohngeldes) aber auch in der Zahlung eines einmaligen Betrages bestehen. Werden dagegen alle Kosten vom Wohnungsgeber übernommen, so liegt eine **Leihe** vor. (zur Abgrenzung Leihe/Schenkung s. unten Rdn. 13a,b)Gleiches kann gelten, wenn das Entgelt lediglich symbolische Bedeutung hat und keine adäquate Bewertung des Nutzungsinteresses darstellt. Diese Grundsätze gelten auch für „Nutzungsverträge" über Grundstücke, die nach dem Recht der DDR abgeschlossen worden sind.[11]

Gestattungs- oder Nutzungsverträge über die Nutzung von Grundstücksteilen sind Miet- 4
verträge, wenn hierfür ein Entgelt bezahlt wird.[12] Wegen der Kabelanschlussverträge s. u. Rdn. 13.

Es ist nicht erforderlich, dass die Sache einem Mieter zum Alleingebrauch überlassen wird. Die 5
Einräumung eines Mitbenutzungsrechts genügt. So sind beispielsweise die zwischen dem Betreiber eines Flughafens und den einzelnen Fluggesellschaften bestehen Verträge über die Überlassung des Flugplatzes zum Starten, Landen und Abstellen der Flugzeuge als Mietverträge zu bewerten.[13]

Die Überlassung der Sache muss eine Hauptpflicht des Vertragsverhältnisses sein. Deshalb liegt 6
kein Mietvertrag vor, wenn ein Golf-Club einer Firma gestattet, auf Entfernungstafeln, die vom Golf-Club aufzustellen sind, Werbung zu betreiben. Hauptpflicht ist hier nicht die Überlassung einer Sache, sondern die Einräumung des Rechts auf Werbung. Ein solcher Vertrag ist einem Vertrag über die Verpachtung eines Rechts gleichzustellen.[14] Ebenso liegt Rechtspacht vor, wenn der Betreiber eines Sportstadions einem Dritten gestattet, an den Banden Werbetafeln anzubringen.[15] Anders sind jene Fälle zu beurteilen, in denen die Eigentümer von Gebäuden einem Dritten erlauben, an den Wandflächen Werbetafeln anzubringen oder die Wandflächen werblich zu nutzen; hier ist der betr. Gebäudeteil als Mietgegenstand anzusehen.

Enthält ein Vertrag teils werkvertragliche, teils mietvertragliche Elemente **(„Typenverschmel- 6a**
zungsvertrag") so kommt es für die rechtliche Einordnung darauf an, wo der wirtschaftliche Schwerpunkt des Vertrages liegt. Maßgeblich sind hierfür zunächst die getroffenen Vereinbarungen. Bei Fehlen ausdrücklich getroffener Abreden ist der mutmaßliche Parteiwille ausschlaggebend. Dieser bestimmt sich nach dem Vertragszweck, der Interessenlage der Beteiligten und nach der Verkehrssitte.[16] Ein Vertrag über die entgeltliche Überlassung von innerhalb einer Veranstaltungshalle gelegenen abgetrennten Räumlichkeiten ist i. d. R. als Mietvertrag zu bewerten. Dies hat zur Folge, dass eventuelle Mängel bei der Durchführung einer Veranstaltung grundsätzlich keinen Einfluss auf die Verpflichtung des Mieters zur Zahlung des Entgelts haben.[17] Nur im Ausnahmefall kann hier auf werkvertragliche Regelungen zurückgegriffen werden. Entsprechendes gilt für Mietverträge mit dienstvertraglichen Elementen.

Das Mietverhältnis beginnt mit dem Abschluss des Mietvertrags (nicht mit der Überlassung des 7
Mietgegenstands an den Mieter) und endet mit dem Ablauf der Zeit für die es eingegangen ist oder – im Falle der Kündigung- mit dem Ablauf der Kündigungsfrist (§ 542 BGB). Bei der Beendigung durch fristlose Kündigung kommt es auf den Zugang der Kündigungserklärung beim Kündigungsempfänger an. Für die **Anfechtung** gilt: Wird die auf den Abschluss des Mietvertrags gerichtete Erklärung vor der Überlassung an den Mieter wirksam angefochten, so entfällt der Mietvertrag nach Allgemeiner Ansicht mit Wirkung ex tunc. Streitig ist, ob eine Anfechtung auch nach der Überlassung erfolgen kann. Zu dieser Frage werden in Rechtsprechung und Literatur unterschiedliche Ansichten vertreten. **(1)** Nach einer Ansicht wird die Befugnis zur Anfechtung nach Überlassung der Mietsache an den Mieter durch das Recht zur fristlosen Kündigung aus wichtigem Grund gem. § 543 BGB verdrängt.[18] **(2)** Nach anderer Meinung ist die Anfechtung zwar möglich; hierdurch wird das Mietverhältnis aber entgegen § 142 Abs. 1 BGB nicht rückwir-

---

9 BGH NZM 1998, 105.
10 BGH (V ZR 191/14) NJW 2016, 1242.
11 BGH NZM 2005, 66.
12 BGHZ 117, 236, 238 betr. Rechte für eine Stromleitung; BGHZ 123, 166 betr. Die Rechte für eine Öl- und Salzwasserleitung.
13 OLG Düsseldorf NZM 2002, 21, 22.
14 BGH NJW-RR 1994, 558 = WPM 1994, 557.
15 BGH NZM 1999, 461.
16 KG MDR 2015, 1357.
17 KG a. a. O.
18 LG Wuppertal WuM 1999, 39; *Weitemeyer* in FS Blank S. 445.

kend (ex tunc), sondern nur mit Wirkung ab Zugang der Anfechtungserklärung (ex nunc) beseitigt.[19] **(3)** Nach herrschender Meinung gelten beim Mietverhältnis keine Besonderheiten; danach bewirkt die Anfechtung, dass das Mietverhältnis rückwirkend vernichtet wird.[20] Die Entscheidungen des BGH[21] sind zur Geschäftsraummiete ergangen; sie betreffen jeweils eine Anfechtung wegen arglistiger Täuschung. Die der Entscheidung zugrunde liegenden Erwägungen dürften aber auch für die Wohnraummiete und für die Irrtumsanfechtung gelten.[22]

8 Bei der Wohnraummiete sind bei der Anfechtung auch soziale Gesichtspunkte zu berücksichtigen. Deshalb ist die Anfechtung nach Treu und Glauben ausgeschlossen, wenn sich eine fehlerhafte Angabe des Mieters betr. seine Einkommensverhältnisse nicht auf das Mietverhältnis ausgewirkt hat.[23]

Anfechtungsgründe sind: der Inhaltsirrtum, der Erklärungsirrtum, der Übermittlungsirrtum, der Eigenschaftsirrtum und die arglistige Täuschung. In der Praxis sind insbesondere von Bedeutung[24] **Irrtum über den Vertragsinhalt:** Die Blankounterzeichnung eines Mietvertrags berechtigt nicht zur Anfechtung. Gleiches gilt für die Unterzeichnung eines Vertrags ohne ihn gelesen zu haben. In beiden Fällen fehlt es am Irrtum.[25] **Verletzung von Aufklärungspflichten durch den Mieter:** Insoweit ist zu unterscheiden zwischen den Fällen der Täuschung durch eine falsche Erklärung und den Fällen der Täuschung durch Verschweigen. Eine Täuschung durch eine falsche Erklärung ist anzunehmen, wenn eine zulässige Frage falsch beantwortet wird.[26] Die Beantwortung unzulässiger Fragen ist dagegen folgenlos.[27] Die Einschränkung des Fragerechts folgt aus dem Recht des Mieters auf „informationelle Selbstbestimmung"; hierbei handelt es sich um eine Ausprägung des allgemeinen Persönlichkeitsrechts (Art. 2 Abs. 1 GG). (Einzelheiten § 543 Rdn. 204) Die Abgrenzung zwischen den zulässigen und den unzulässigen Fragen ist im Wege einer Interessenabwägung zu finden. Zu den zulässigen **Fragen des Vermieters** zählen bei der **Wohnungsmiete:** Fragen nach dem Familienstand des Mieters, nach den Einkommens- und Vermögensverhältnissen,[28] nach dem Arbeitgeber,[29] nach Haustieren, nach der Person und Anschrift des Vorvermieters, der Dauer des vorangegangenen Mietverhältnisses und der Erfüllung der mietvertraglichen Pflichten.[30] Unzulässig sind Fragen nach der Religionszugehörigkeit, nach Heiratsabsichten, Schwangerschaften, Kinderwünschen, Vereinszugehörigkeiten, Parteimitgliedschaften. Wird nach „Mietschulden" gefragt, so muss der Mieter lediglich die berechtigten und noch offenen Zahlungsverpflichtungen angeben.[31] Bei der **Gewerbemiete** darf der Vermieter nach dem Geschäftszweck, dem Sortiment (bei Ladengeschäften) und nach der Zahl der Angestellten fragen. Der Vermieter muss die Diskriminierungsverbote in § 1 AGG beachten; davon abgesehen steht es ihm frei eine Vermietung aus ethischen Gründen abzulehnen. Deshalb liegt ein Anfechtungsgrund vor, wenn der Geschäftszweck verschleiert wird. So muss der Betreiber eines Textilgeschäftes offen legen, dass er in erster Linie Textilien einer von der rechtsradikalen Szene bevorzugten Marke („Thor Steinar") vertreiben will.[32] Der **Mieter** darf fragen nach Mängeln, nach der Höhe der Betriebskosten, ob (in einem Hochhaus) einzelne Wohnungen an Prostituierte vermietet sind, nach früher erzielten Umsätzen, nach der Konkurrenzsituation (bei der Geschäftsraummiete), ob das Mietobjekt unter Zwangsver-

---

19 LG Mannheim ZMR 1990, 303; AG Hamburg NZM 1998, 233.

20 BGHZ 178, 16 = NZM 2008, 886; NJW 2009, 1266 = GuT 2008, 330 = ZMR 2009, 103 mit Anm. *Rolfs/Schlüter* LMK 2008, 271832; BGH (XII ZR 192/08) NJW 2010, 3382; KG NZM 2002, 21; *N. Fischer* NZM 2005, 567; *Emmerich* NZM 1998, 692, 694; *Rolfs* in: Staudinger § 542 Rdn. 182; *Bub* in: Bub/Treier Kap II Rdn. 2209; *Palandt/Weidenkaff* § 536 Rdn. 12.

21 BGH a. a. O.

22 *Rolfs/Schlüter* a. a. O.

23 LG Wiesbaden WuM 2004, 399.

24 Dazu: *N. Fischer* WuM 2006, 3.

25 *N. Fischer* WuM 2006, 3, 7.

26 LG München I GE 2009, 1317.

27 LG Itzehoe WuM 2008, 281.

28 BGH (VIII ZR 107/13) NJW 2014, 1954; LG München I a. a. O.

29 LG München I a. a. O.

30 BGH (VIII ZR 107/13) NJW 2014, 1954.

31 LG Itzehoe WuM 2008, 281.

32 BGH (XII ZR 192/08) NJW 2010, 3362; OLG Naumburg NZM 2009, 128 = GuT 2009, 17; KG Urt. v. 28.5.2009 – 8 U 223/08; LG Magdeburg ZMR 2008, 461; LG Berlin ZMR 2009, 121; kritisch hierzu *Wietz* WuM 2016, 323, 328: danach obliegt dem Mieter nur dann eine Aufklärungspflicht, wenn er nach den Umständen mit ablehnenden oder feindlichen Aktionen Dritter auf den Verkauf der fraglichen Marke rechnen musste.

waltung steht oder ob eine Zwangsversteigerung angeordnet ist.[33] Eine aus § 241 Abs. 2 BGB abzuleitende Aufklärungspflicht besteht für den Mieter, wenn er auf Grund der bestehenden Einkommensverhältnisse die Miete nicht bezahlen kann. Gleiches wird gelten, wenn über das Vermögen des Mietinteressenten das Insolvenzverfahren eröffnet wurde.[34] **Verletzung von Aufklärungspflichten durch den Vermieter:** Grundsätzlich ist davon auszugehen, dass jede Vertragspartei eigenverantwortlich entscheiden muss, ob die Eingehung des Vertrages für sie vorteilhaft ist oder nicht. Ausgehend von diesem Grundsatz ist es Sache der jeweiligen Partei, die für oder gegen einen Vertragsschluss sprechenden Umstände selbst zu ermitteln. Deshalb ist der Vermieter i. d. R. nicht verpflichtet, den Mieter über Umstände aufzuklären, die sich möglicherweise nachteilig auf dessen Entschluss zur Anmietung auswirken können. Ausnahmsweise besteht eine vorvertragliche Aufklärungspflicht hinsichtlich derjenigen Umstände und Rechtsverhältnisse, **(1)** die von besonderer Bedeutung für den Entschluss der anderen Vertragspartei zur Eingehung des Vertrages sind und **(2)** deren Mitteilung nach Treu und Glauben erwartet werden kann.[35] Hinsichtlich des letztgenannten Merkmals setzt die Aufklärungspflicht voraus, dass die aufklärungsbedürftige Partei selbst keine aussichtsreichen Möglichkeiten hat oder aufgrund mangelnder Anhaltspunkte oder Unerfahrenheit keinen Anlass sehen muss, sich über die konkreten Umstände durch Nachfrage Klarheit zu verschaffen. Dabei ist zu berücksichtigen ob der Mieter Anlass hatte, hinsichtlich der konkreten Umstände beim Vermieter nachzufragen, wenn er nicht selbst aufgrund der örtlichen Gegebenheiten eigene Recherchen hätte anstellen können und müssen.[36] Ist der Eigentümer eines Grundstücks im Besitz von Unterlagen, aus denen sich eine Belastung des Grundstücks mit Schadstoffen und die Notwendigkeit von Sanierungsmaßnahmen ergibt, so muss er diese Unterlagen einem potentiellen Mieter oder Pächter ungefragt zugänglich machen. Das Vorenthalten dieser Unterlagen ist als arglistige Täuschung zu bewerten, die zur Anfechtung berechtigt.[37] Ebenso muss der Vermieter offenbaren, wenn die Wohnung verborgene Mängel aufweist, die eine dauerhafte Nutzung ausschließen oder erheblich beeinträchtigen. In der Literatur wird vertreten, dass der Vermieter den Mietinteressenten auf eine bevorstehende Modernisierungsmaßnahme hinweisen muss.[38] Dies trifft zu, weil die Modernisierung zu erheblichen Gebrauchsbeschränkungen und zu einer weitreichenden Mieterhöhung führen kann; auf Grund dieser Umstände muss der Vermieter in Erwägung ziehen, dass der Mieter bei entsprechender Aufklärung von einer Anmietung Abstand genommen hätte. Dagegen ist der Verpächter von Geschäftsräumen nicht verpflichtet, den Pächter über die zu erzielende Rendite aufzuklären. Ebenso ist der Verpächter nicht verpflichtet, den Pächter über die Höhe der ortsüblichen Pacht zu informieren.[39] Eine Aufklärungspflicht besteht nur dann, wenn der Pächter konkrete Fragen stellt. Diese müssen wahrheitsgemäß beantwortet werden.[40] In subjektiver Hinsicht ist erforderlich, dass der Aufklärungspflichtige die Notwendigkeit einer Aufklärung erkennt.[41]

Die **Umdeutung** einer unwirksamen Anfechtungserklärung in eine außerordentliche Kündigung ist gem. § 140 BGB möglich, wenn die formellen und materiellen Voraussetzungen der Kündigung vorliegen und anzunehmen ist, dass das Mietverhältnis auf jeden Fall beendet werden soll.[42] **9**

Die **rückwirkende Vernichtung des Mietvertrags** hat zur **Folge,** dass die jeweiligen Leistungen der Parteien nach Bereicherungsgrundsätzen (§§ 812ff. BGB) abgewickelt werden müssen. Hierfür gilt die **„Saldotheorie"**[43] **(1)** Der Vermieter hat Anspruch auf Ersatz des Wertes seiner Leistung (§ 818 Abs. 2 BGB). Die Höhe dieses Anspruchs richtet sich nach dem Mietwert. Dies ist die ortsübliche Miete einschließlich der ortsüblichen Nebenkosten. **(2)** Hierbei handelt es sich um **10**

---

[33] Abweichend: *N. Fischer:* Danach muss der Vermieter von sich aus über Zwangsverwaltung und Zwangsversteigerung informieren.

[34] LG Bonn WuM 2006, 24; AG Hamburg-St. Georg ZMR 2011, 303: wenn die Mietinteressentin bereits mehrfach die eidesstattliche Versicherung abgegeben hat und gleichwohl eine Wohnung zu einer Gesamtmiete von 2.800.– EUR anmieten will.

[35] BGH NJW 1979, 2243; NJW 1996, 13139; NJW 2001, 64.

[36] OLG Düsseldorf Urteil vom 7.10.2016 – 7 U 143/15.

[37] OLG Zweibrücken Urteil vom 2.3.2017 – 4 U 154/15.

[38] *Wietz* WuM 2016, 323, 332.

[39] OLG Düsseldorf GuT 2007, 88 = DWW 2007, 147.

[40] OLG Düsseldorf a. a. O.

[41] BGH (XII ZR 192/08) NJW 2010, 3362.

[42] BGH NJW 2006, 2696 = NZM 2006, 653 = WuM 2006, 445 = ZMR 2006, 682 = DWW 2006, 422.

[43] BGHZ 178, 16 = NZM 2008, 886; NJW 2009, 1266 = GuT 2008, 330 = ZMR 2009, 103 m. Anm. *Rolfs/Schlüter* LMK 2008, 271832.

steuerbaren Umsatz, weil der Wertersatz an die Stelle der Miete tritt; der Vermieter hat also Anspruch auf die auf den Wertersatz entfallende Mehrwertsteuer. **(3)** Die Höhe der Nebenkosten muss der Vermieter konkret darlegen, z. B. durch eine Betriebskostenabrechnung. **(4)** Einen Anspruch auf Herausgabe des durch die Untervermietung erzielten Gewinns hat der Vermieter nicht. **(5)** Der Mieter hat Anspruch auf Rückzahlung der Kaution.

10a Im Falle eines **Vermieterwechsels** gilt folgendes: Wird die auf den Vertragsschluss gerichtete Willenserklärung vor dem Eigentumsübergang wirksam angefochten, so erlischt das Mietverhältnis; der Erwerber tritt lediglich in das Abwicklungsverhältnis ein. Wird ein bestehendes Anfechtungsrecht nicht ausgeübt („schwebende Anfechtungslage"), so kommt nach h. M. im Falle der Veräußerung mit dem Erwerber ein neues Mietverhältnis zustande (Novation; Einzelheiten § 566 BGB Rdn. 9ff). Dies hat u. a. zur Folge, dass das Anfechtungsrecht des Veräußerers mit dem Eigentumsübergang erlischt. Ist das mit dem Erwerber entstehende Mietverhältnis mit einem Anfechtungsrecht des Mieters behaftet, so bleibt es erhalten; es muss gegenüber dem Erwerber ausgeübt werden. Das Anfechtungsrecht des Mieters bleibt dagegen erhalten; die Anfechtungserklärung muss gegen de Erwerber gerichtet werden.[44] In der Literatur wird die Theorie die Novation teilweise abgelehnt und vertreten, dass der Erwerber im Falle der Veräußerung in vollem Umfang in das Mietverhältnis eintritt, weil aus § 566 BGB zu einer gesetzlichen Vertragsübernahme führt (Einzelheiten § 566 BGB Rdn. 9ff.) Aus der Theorie der Vertragsübernahme folgt, dass schwebende Anfechtungslagen die Veräußerung überdauern. Bei der Anfechtung durch den Mieter ist der Erwerber Anfechtungsgegner. Aus § 242 BGB folgt indessen, dass die Ausübung der Anfechtung rechtsmißbräuchlich ist, wenn sich der Anfechtungsgrund nicht mehr auf das Mietverhältnis auswirkt.[45]

10b Die **Anfechtungs- und Gewährleistungsregeln sind nebeneinander anwendbar,** weil durch die jeweiligen Rechtsinstitute unterschiedliche Sachverhalte geregelt werden. Die Anfechtungsregeln dienen dem Schutz der Entschließungsfreiheit des Mieters; das Gewährleitungsrecht regelt die Rechtsfolgen einer Leistungsstörung.[46] Von diesem Grundsatz gelten mehrere **Ausnahmen:**[47] **(1)** Ist der Mangel dem Mieter auf Grund grober Fahrlässigkeit unbekannt geblieben, so sind die Gewährleistungsrechte ausgeschlossen. Eine Anfechtung kommt in diesem Fall ebenfalls nicht in Betracht. Dies folgt aus einer teleologischen Reduktion des § 119 Abs. 2 BGB. **(2)** Ebenso ist die Anfechtung nach § 242 BGB ausgeschlossen, wenn der Vermieter den Mangel unverzüglich beseitigt. **(3)** Fälle des Doppelirrtums sind nicht über § 119 Abs. 2, sondern über § 313 Abs. 2 BGB (Wegfall der Geschäftsgrundlage) zu lösen.

11 Wird das **Mietverhältnis durch Vertrag aufgehoben,** so richtet sich der Beendigungszeitpunkt nach den Vereinbarungen im Mietaufhebungsvertrag. Ist dort keine Regelung getroffen, so endet das Mietverhältnis mit dem Vertragsschluss (§ 271 Abs. 1 BGB).

12 **Entgelt** ist jede Gegenleistung, die der Mieter zu erbringen hat (Miete, § 535 Abs. 2 BGB). Üblicherweise wird ein Entgelt in Form regelmäßig wiederkehrender Zahlungen vereinbart. Als Entgelt kommen aber auch beliebige andere Leistungen oder Gebrauchsgewährungen in Betracht.[48] Miete i. S. v. § 535 BGB liegt auch dann vor, wenn vereinbart ist, dass das Entgelt in Form einer einmaligen Zahlung oder Leistung zu erbringen ist (Einmalmiete).[49] Miete ist deshalb auch dann anzunehmen, wenn die Parteien eines Grundstückskaufvertrags vereinbaren, dass der Verkäufer gegen eine Ermäßigung des Kaufpreises wohnen bleibt.[50] Gleiches gilt, wenn die Parteien eines Kaufvertrages über ein Grundstück vereinbaren, dass der Besitz auf den Käufer übergehen soll und dieser bis zur Bezahlung des Kaufpreises ein Nutzungsentgelt zu entrichten hat.[51] Auf die Höhe des Entgelts kommt es nicht an. Ein Mietverhältnis ist deshalb auch dann anzunehmen, wenn nur eine Gefälligkeitsmiete vereinbart ist, oder wenn der Mieter lediglich die Betriebskosten oder sonstige Lasten zu tragen hat. Anders kann es sein, wenn dem Nutzer die Sache bisher unentgeltlich überlassen wurde

---

[44] *Kandelhard* in Herrlein/Kandelhard Mietrecht § 566 BGB Rdn. 17; **a. A.** *Emmerich* in Staudinger § 566 BGB Rdn. 42: danach ist die Anfechtungserklärung gegenüber dem Veräußerer zu erklären.

[45] S. § 566 BGB Rdn. 125f und *Dötsch* ZMR 2011, 257, 263.

[46] *Dötsch* NJW 2011, 457, 458; *Emmerich* in Staudinger Vorbem. § 535 Rdn. 70ff; *N. Fischer* WuM 2006, 3, 5; *Palandt/Weidenkaff* § 536 Rdn. 12.

[47] *Dötsch* a. a. O.

[48] BGH NJW-RR 1994, 971 = WuM 1994, 460; GuT 2003, 15, 17; *Emmerich* in Staudinger, § 535 Rdn. 86.

[49] BGH NJW-RR 1989, 589; BGHZ 117, 236, 238 = NJW-RR 1992, 780; BGHZ 123, 166, 170 = NJW 1993, 3131; BGHZ 137, 106 = NJW 1998, 595 = WuM 1998, 104 = NZM 1998, 105.

[50] RG WarnRspr. 1927 Nr. 52, S. 77.

[51] BGH ZMR 2001, 881.

und sich der Nutzer verpflichtet, für eine vorübergehende Zeit die Betriebskosten zu übernehmen.[52] I. d. R. wird die Miete in Geld entrichtet; Miete liegt allerdings auch dann vor, wenn der Mieter das Entgelt für die Überlassung der Sache in Form von Dienstleistungen, Werkleistungen oder Warenlieferungen zu erbringen hat.[53] Ist beispielsweise vereinbart, dass der Nutzer eines Hauses zur Durchführung von Sanierungsarbeiten verpflichtet ist und dass er den Wert der Investitionen „abwohnen" darf, so liegt i. d. R. Miete vor. Voraussetzung ist allerdings, dass die Investitionen auf vertraglicher Grundlage getätigt werden.[54] Gegenleistung kann auch die Überlassung des Gebrauchs eines Grundstücks sein.[55] Nach der Auffassung des OLG Hamm[56] liegt Miete vor, wenn ein Grundstückseigentümer seiner langjährigen Hausangestellten durch Testament ein lebenslanges freies Wohnen im Hause einräumt; das Entgelt ist hier in den in früherer Zeit erbrachten Diensten zu sehen.

Der Vertrag zwischen dem Betreiber einer Breitbandkabelverteileranlage und dem Gebäudeeigentümer ist nur dann als Mietvertrag zu bewerten, wenn der Betreiber der Kommunikationseinrichtung für die Nutzung bestimmter Grundstücksteile (Kellerräume, Kabelschächte, etc.) ein Entgelt zu entrichten hat. Der Umstand, dass die in dem Gebäude befindlichen Wohnungen infolge des Anschlusses des Gebäudes an das Breitbandkabelnetz besser vermietet werden können, reicht für die Annahme eines Entgelts nicht aus.[57] 13

Die Darlegungs- und Beweislast für die Entgeltlichkeit der Gebrauchsüberlassung trägt grundsätzlich der Vermieter. Anders ist es bei Verträgen unter Kaufleuten. Hier gilt § 354 HGB, so dass der Mieter die Unentgeltlichkeit darlegen und beweisen muss.[58]

Abgrenzung Leihe/Schenkung. Wird eine Immobilie unentgeltlich einem Dritten zur Nutzung überlassen, so liegt eine Leihe vor. Stehen dem Entleiher auch die Mieteinnahmen oder sonstige Nutzungen zu, stellt sich die Frage, ob hierauf die Vorschriften über die Schenkung anzuwenden sind. Die Frage ist deshalb von Bedeutung weil zur Gültigkeit eines Vertrags, durch den eine Leistung schenkweise versprochen wird, die notarielle Beurkundung des Versprechens erforderlich ist (§ 518 Abs. 1 Satz 1 BGB). Nach der Rechtsprechung des BGH ist § 518 BGB unanwendbar weil das Eigentum an den Räumen nicht auf den Nutzungsberechtigten übergeht sondern beim Eigentümer verbleibt.[59] Eine lange Laufzeit des Vertrags, das Recht zur Vermietung oder die Verpflichtung des Eigentümers zur Instandhaltung ändert an dieser Bewertung nichts.[60] Anders kann es allenfalls sein, wenn die leihweise überlassene Sache nach Ablauf der Leihzeit wirtschaftlich wertlos ist. 13a

Nach der gesetzlichen Regelung in § 605 Nr. 1 BGB kann der Verleiher kann die Leihe kündigen wenn er infolge eines nicht vorhergesehenen Umstandes der verliehenen Sache bedarf. Ist diese Vorschrift abbedungen, so wird vereinzelt die analoge Anwendung des § 518 Abs. 1 BGB in Erwägung gezogen.[61] Der BGH[62] folgt dieser Ansicht nicht: Hierfür bestehe kein Bedürfnis, weil dem Eigentümer das (nicht abdingbare) Kündigungsrecht aus wichtigem Grund gem. 314 BGB verbleibt 13b

b) Vertragsschluss. aa) Der Mietvertrag kommt zustande, wenn sich die Parteien über alle wesentlichen Punkte geeinigt haben, über die sie eine **Einigung** erzielen wollen (§ 154 Abs. 1 Satz 1 BGB). Haben sich die Parteien über einen Punkt, über den eine Vereinbarung getroffen werden sollte, in Wirklichkeit nicht geeinigt, so gilt das Vereinbarte, sofern anzunehmen ist, dass der Vertrag auch ohne eine Einigung zu diesem Punkt geschlossen worden wäre (§ 155 BGB). Mindestens muss eine Einigung über den wesentlichen Vertragsinhalt vorliegen **(essentialia negotii).** Hierzu gehört die Einigung über den Mietgegenstand. Dieser muss im Mietvertrag individuell bestimmt werden; zumindest muss er bestimmbar sein.[63] Weiter gehört hierzu die Einigung über die Entgeltlichkeit der Gebrauchsüberlassung. Ein konkreter Mietpreis muss nicht vereinbart werden; 14

[52] OLG Stuttgart NZM 2008, 838.
[53] OLG Köln DWW 1996, 189 betr. Übereignung von Stahlbehältern und Beleuchtungsanlagen gegen Überlassung mehrerer Hallen.
[54] KG NZM 2008, 837.
[55] BGH MDR 1994, 796.
[56] OLG Hamm MDR 1992, 673.
[57] OLG Brandenburg GE 2000, 1474; **a. A.** OLG Köln NJW-RR 1997, 741.
[58] OLG Rostock NZM 1999, 967.
[59] BGH (XII ZR 33/15) NJW 2016, 2652.
[60] BGH a. a. O.
[61] *Häublein* in MünchKomm § 598 Rdn. 14.
[62] BGH (XII ZR 33/15) NJW 2016, 2652.
[63] BGH GuT 2003, 15, 16; NJW 2007, 1817 = NZM 2007, 445 = ZMR 2007, 519 = GuT 2007, 519.

es genügt, wenn sich die Parteien auf eine bestimmbare Miethöhe einigen. Fehlt jeder Hinweis auf die Miethöhe, so gilt analog §§ 612 Abs. 2, 632 Abs. 2 BGB die ortsübliche Miete als vereinbart.[64] Ortsüblich ist bei freifinanziertem Wohnraum die ortsübliche Vergleichsmiete i. S. v. § 558 Abs. 2 BGB, bei öffentlich gefördertem Wohnraum die preisrechtlich zulässige Kostenmiete und bei Gewerberaum die Marktmiete. Im Streitfall ist die Miethöhe vom Vermieter unter Beachtung der hier dargelegten Grundsätze nach billigem Ermessen zu bestimmen (§§ 315, 316 BGB). Entspricht die Festsetzung nicht der Billigkeit, so wird die Bestimmung durch Urteil getroffen.

15 Die tatsächliche Nutzung der Mietsache begründet für sich allein kein Mietverhältnis.[65] Ebenso kann ein gescheiterter Mietvertrag nicht in ein vertragliches entgeltliches Nutzungsverhältnis besonderer Art umgedeutet werden.[66] Wird die Mietsache jedoch vor dem Vertragsschluss überlassen, weil die Parteien über die endgültigen Vertragsbedingungen noch verhandeln wollen, so kann bereits ein vorläufiges Mietverhältnis anzunehmen sein, auf Grund dessen der Mieter die Miete schuldet.[67] Ein gewerbliches Mietverhältnis kann der Vermieter ohne Angabe von Gründen kündigen.[68] Gleiches gilt für ein Mietverhältnis über Wohnraum. Die speziellen Kündigungsschutzvorschriften sind unanwendbar, weil diese ein Vertragsverhältnis voraussetzen. Eine entsprechende Anwendung scheidet aus, weil der Mieter mangels einer Einigung über die Vertragsbedingungen nicht auf den Bestand des Mietverhältnisses vertrauen darf. Werden die Vertragsverhandlungen in der Folgezeit endgültig eingestellt und sind sich die Parteien in einem solchen Fall einig, dass der Vertrag zu den Konditionen durchgeführt werden soll, über die bereits eine Einigung erzielt wurde, so kommt hierdurch ein Mietverhältnis zustande.[69] Ebenso genügt es für die Annahme eines Mietvertrags, wenn der Mieter die Mietsache über viele Jahre hinweg nutzt und dafür ein Entgelt bezahlt. Es ist nicht erforderlich, dass der Vertrag ausdrücklich schriftlich oder mündlich geschlossen wurde.[70]

16 Ist ein schriftlicher Mietvertrag vereinbart, so ist im Zweifel der Vertrag nicht geschlossen, bis die Beurkundung erfolgt (§ 154 Abs. 2 BGB). Dies gilt auch dann, wenn die Parteien einzelne Punkte schriftlich festgehalten haben (sog. „Punktation“, § 154 Abs. 1 Satz 2 BGB).[71] Der Zweifelssatz greift allerdings nicht, wenn sich die Parteien auf die Essentialia geeinigt und sich über Monate hin entsprechend dieser Einigung verhalten haben.[72]

17 Hängt die Wirksamkeit eines Mietvertrags von der Genehmigung einer Behörde ab, so ist er bis zur Erteilung der Genehmigung schwebend unwirksam. Die Erteilung der Genehmigung wirkt i. d. R. zurück, so dass der Vertrag in diesem Fall als von Anfang an wirksam anzusehen ist. Über die Frage, ob ein Mietvertrag zu seiner Wirksamkeit der Genehmigung der Behörde bedarf, haben die Zivilgerichte allein zu entscheiden. An einen Verwaltungsakt, durch den eine von der Behörde für erforderlich gehaltene Genehmigung versagt wird, sind die Gerichte nicht gebunden. Ein Mietvertrag ist nämlich nicht deshalb genehmigungsbedürftig, weil ihn eine Behörde irrtümlich für genehmigungsbedürftig hält.[73]

18 **bb)** In der Praxis werden Mietverträge (insbesondere über Gewerberäume) gelegentlich zu einem Zeitpunkt abgeschlossen, zu dem sich das **Mietobjekt noch im Planungsstadium** befindet. In solchen Verträgen wird häufig vereinbart, dass das Mietverhältnis zu einem bestimmten Zeitpunkt oder mit dem Eintritt eines bestimmten Ereignisses (z. B. der Bezugsfertigkeit) beginnen soll. Solche Vereinbarungen sind regelmäßig als Fälligkeitsregelungen zu bewerten.[74] Ein Mietvertrag unter einer aufschiebenden Bedingung wird nur ausnahmsweise vorliegen, so z. B. wenn der Eintritt des Ereignisses nach den Vorstellungen der Parteien nicht als sicher, sondern nur als möglich angesehen wird. Unklare Verträge müssen nach der Interessenlage ausgelegt werden.[75]

19 Eine nach Vertragsschluss erfolgte Planungsänderung führt zur Unmöglichkeit der Vertragserfüllung, wenn auf Grund der Abweichung ein völlig anderes Mietobjekt („Aliud“) entsteht. Gering-

---

[64] BGH NJW-RR 1992, 517; NJW 1997, 2671 = ZMR 1997, 501; NJW 2003, 1317 = NZM 2003, 314 = WuM 2003, 263 = ZMR 2003, 415.
[65] LG Duisburg ZMR 1997, 81.
[66] BGH NZM 2000, 183.
[67] OLG Hamburg ZMR 2003, 179; OLG Karlsruhe WuM 2012, 666; **a. A.** OLG Hamburg ZMR 2015, 293.
[68] OLG Karlsruhe WuM 2012, 666.
[69] OLG Düsseldorf MDR 2012, 759.
[70] BGH (XII ZR 48/10) WuM 2012, 323 unter Rz 17.
[71] OLG Brandenburg ZMR 2010, 23.
[72] BGH NZM 2005, 704 = GuT 2005, 206 = ZMR 2005, 777 unter Nr. II 2b; KG WuM 2005, 336.
[73] BGH WuM 2004, 299 = NZM 2004, 340.
[74] *Hau* DWW 2008, 82.
[75] Dazu BGH NZM 1998, 157.

fügige Grundrissänderungen und Flächenabweichungen reichen für diese Annahme nicht aus,[76] können aber als Mangel der Mietsache zu bewerten sein.[77] Eine Vertragsanpassung wegen einer Veränderung der Geschäftsgrundlage kommt nur in Betracht, wenn der die Veränderung bewirkende Umstand zum Risikobereich beider Parteien gehört. Dies ist im Regelfall zu verneinen, weil die Planung und Ausführung des Bauvorhabens allein Sache des Vermieters ist.[78] Die Vereinbarung eines formularmäßigen Änderungsvorbehalts ist möglich, wenn sich der Vermieter unwesentliche oder zweckmäßige Änderungen sowie Änderungen aufgrund behördlicher Auflagen vorbehält. In diesem Fall setzt die Vertragsanpassung voraus, dass die Änderung sachlich geboten war. Hierfür ist der Vermieter darlegungs- und beweispflichtig.[79] Die Klausel darf aber nicht so gefasst werden, dass jede Planungsänderung unabhängig von ihrer sachlichen Begründung automatisch zu einer Vertragsanpassung führt. In diesem Fall hätte es der Vermieter in der Hand, durch willkürliche Planabweichungen die Mietsache zu verändern und so einen höheren Mietzins zu erreichen. Eine solche Klausel verstößt gegen § 308 Nr. 4 BGB.[80] Diese Rechtsfolge gilt über § 307 Abs. 1 BGB auch für den kaufmännischen Rechtsverkehr. Eine durch Individualvertrag vereinbarte Vertragsanpassung ist an § 315 BGB zu messen. Danach muss der Vermieter eine einseitige Leistungsbestimmung nach billigem Ermessen treffen. Auch hier ist erforderlich, dass der Vermieter auf die Interessen des Mieters gebührend Rücksicht nimmt. Für Mietanpassungen ab einer bestimmten Größenordnung und sonstige Änderungen von Gewicht ist dies zu verneinen, weil die Vertragsanpassung nicht dazu führen darf, dass die Kalkulationsgrundlage des Mieters vollständig in Frage gestellt wird[81]. Zur Frage der Rechtsfolgen bei verspäteter Übergabe s. § 535 Rdn. 9.

Bei der Vermarktung von noch zu errichtenden Gewerbeobjekten[82] verpflichten die Projekt- **19a**
entwickler oder zukünftigen Vermieter die jeweiligen Mietinteressenten zur Abgabe eines **Angebots zum Abschluss eines Mietvertrags.** In diesen Fällen ist die Übergabe des Mietobjekts an den Mieter als Annahme des Angebots des Mieters zu bewerten. Dies führt zu der Frage, ob das Angebot nach Ablauf einer längeren Zeit überhaupt noch angenommen werden kann. Nach § 147 Abs. 2 BGB kommt es darauf an, wann der Antragende (also der Mieter) die Annahme „unter regelmäßigen Umständen" erwarten darf. Nach der hier vertretenen Ansicht kommt es insoweit auf den Zeitpunkt der Fertigstellung des Projekts an. Bei einer verspäteten Übergabe erlischt das Angebot. Klauseln in Allgemeinen Geschäftsbedingungen, nach denen das Angebot des anderen Teils unbefristet fortbesteht und von dem Verwender jederzeit angenommen werden kann, verstoßen gegen das Verbot, dass sich der Verwender unangemessen lange oder nicht hinreichend bestimmte Fristen für die Annahme eines Angebots vorbehält (§ 308 Nr 1 Halbsatz 1 BGB).[83]

cc) Der Mietvertrag kann mündlich oder schriftlich abgeschlossen werden. Lediglich bei Miet- **20**
verträgen über eine längere Laufzeit als einem Jahr ist Schriftform erforderlich (§ 550 BGB). Haben die Parteien vereinbart, dass der Vertragsinhalt schriftlich niedergelegt werden soll, so kann diese Vereinbarung in unterschiedlicher Weise ausgelegt werden. Denkbar ist zum einen, dass die **Schriftform als Wirksamkeitsvereinbarung** („konstitutiv") vereinbart worden ist. In diesem Fall ist der Mietvertrag nicht geschlossen, bis die Beurkundung erfolgt ist (§ 154 Abs. 2 BGB; Einzelheiten s. § 550 BGB). Denkbar ist aber auch, dass die **Schriftform lediglich zu Beweiszwecken** („deklaratorisch") dienen soll. In diesem Fall kommt der Mietvertrag durch mündliche Vereinbarung zustande. Jede Partei hat auf Grund der Beurkundungsvereinbarung einen Anspruch darauf, dass die Gegenpartei bei der Erstellung der Vertragsurkunde mitwirkt. Bei Widersprüchen zwischen dem mündlich vereinbarten und der Vertragsurkunde gilt die mündliche Regelung; jede Partei hat einen Anspruch darauf, dass die Gegenpartei an der Berichtigung der Vertragsurkunde mitwirkt.

Anders ist es, wenn die Vertragsurkunde von beiden Seiten gewollt vom Inhalt der mündlichen **21**
Vereinbarungen abweicht. Wird das Entgelt (z. B. aus steuerlichen Gründen) in einem schriftlichen Vertrag nur zum Schein vereinbart oder stimmt das wirkliche Entgelt mit dem in einem schriftlichen Vertrag vereinbarten Entgelt nicht überein, so ist zu unterscheiden: Bildet die Steuerhinter-

[76] OLG Celle ZMR 1996, 209 betr. die Vergrößerung der Nutzfläche von 66 m^2 auf 84 m^2.
[77] OLG Düsseldorf ZMR 2001, 346 betr. Verbundpflaster aus Betonsteinen statt Böden aus Beton.
[78] OLG Celle a. a. O.
[79] OLG Celle a. a. O.
[80] OLG Celle a. a. O.
[81] OLG Celle a. a. O. betr. eine Mieterhöhung um mehr als 30%.
[82] S. dazu *Dastis* ZfIR 2012, 169.
[83] BGH Teilurteil vom 25.10.2013 – V ZR 12/12.

ziehung den Hauptzweck des Vertrags, so ist dieser nichtig.[84] Wäre der Vertrag dagegen auch ohne die Steuerhinterziehung zu den wirklichen Bedingungen geschlossen worden, so ist der Vertrag wirksam. Es gelten die wirklichen (mündlich vereinbarten) Bedingungen.[85]

22 Im Zweifel spricht eine Vermutung dafür, dass die Schriftform als Wirksamkeitsvoraussetzung vereinbart worden ist.[86] Dies gilt insbesondere dann, wenn der Mietvertrag aus zahlreichen Einzelregelungen besteht, die wegen ihrer Fülle gar nicht Gegenstand einer möglichen mündlichen Einigung sein können. Hiervon ist insbesondere auszugehen, wenn die Parteien zur Regelung ihrer Rechtsbeziehungen einen (umfangreichen) Formularvertrag verwenden wollen. Indiz für einen lediglich deklaratorischen Charakter ist es demgegenüber, wenn die Parteien das Mietverhältnis im Anschluss an die Vertragsverhandlungen in Vollzug setzten und sich wie Vertragspartner verhalten. Beweispflichtig dafür, dass die Schriftform lediglich deklaratorischen Charakter haben soll, ist der Vermieter.[87]

23 **dd)** Im Mietvertrag kann vereinbart werden, dass dem Mieter ein **Vorkaufsrecht** zustehen soll. Im Unterschied zum dinglichen Vorkaufsrecht bedarf das schuldrechtliche Vorkaufsrecht zur seiner Wirksamkeit nicht der Eintragung ins Grundbuch. Ein im Mietvertrag vereinbartes schuldrechtliches Vorkaufsrecht verpflichtet den Vermieter dem Mieter im Falle der Veräußerung der Mietsache das Recht zum Vorkauf zu gewähren. Ein solches Vorkaufsrecht kann zwar neben dem dinglichen Vorkaufsrecht vereinbart werden; jedoch beinhaltet das dingliche Vorkaufsrecht nicht zugleich eine entsprechende schuldrechtliche Verpflichtung.[88] Ob neben einem dinglichen Vorkaufsrecht auch eine schuldrechtliche Verpflichtung gewollt ist, muss sich aus dem Mietvertrag ergeben. Nach der Rechtsprechung des BGH ist dies anzunehmen, „wenn die Vorkaufsberechtigung bereits vom Vertragsschluss an und unabhängig von der Eintragung des Vorkaufsrechts im Grundbuch bestehen soll. Ob den Vertragsparteien dabei bewusst gewesen ist, dass sie neben dem dinglichen auch ein schuldrechtliches Vorkaufsrecht vereinbaren, ist … grundsätzlich ohne Belang.[89]

Wird in einem Mietvertrag ein **schuldrechtliches Vorkaufsrecht** vereinbart, so muss das gesamte Vertragswerk **notariell beurkundet** werden.[90]. Wird die notarielle Form nicht beachtet, so gilt nach § 139 BGB, dass im Zweifel das gesamte Rechtsgeschäft nichtig ist. Der Verstoß gegen die Formvorschrift hat also nicht nur zur Folge, dass das Vorkaufsrecht nicht besteht; vielmehr ist auch der Mietvertrag unwirksam. Eine Ausnahme gilt allerdings dann, wenn die Parteien den Mietvertrag auch ohne das Vorkaufsrecht abgeschlossen hätten. In diesem Fall kann der Mieter zwar kein Vorkaufsrecht ausüben; der Mietvertrag als solcher ist aber wirksam. Ob ein solcher Ausnahmefall vorliegt muss anhand des mutmaßlichen Parteiwillens ermittelt werden, wobei diejenige Partei die für die Annahme eines solchen Willens maßgeblichen Tatsachen vortragen und beweisen muss, die aus dem Mietvertrag Rechte für sich herleiten will. Dabei genügt es nicht, wenn die darlegungspflichtige Partei lediglich behauptet, dass ein Ausnahmefall vorliegt; vielmehr müssen konkrete Umstände und Tatsachen genannt werden, die für den Willen zum Abschluss eines Mietvertrags unter Verzicht auf das Vorkaufsrecht sprechen.[91] Enthält der Vertrag eine **salvatorische Klausel,** so führt dies zu einer Umkehr der Beweislast: die für die Nichtigkeit des Vertrags maßgeblichen Tatsachen muss derjenige darlegen und beweisen, der den Vertrag entgegen der Erhaltungsklausel für unwirksam hält.[92] Ist der Vertrag nichtig, so richten sich die Rechte und Pflichten der Parteien nach den §§ 985 ff. BGB. Der Eigentümer hat Anspruch auf eine Nutzungsentschädigung; dieser schuldet dem Besitzer seinerseits Ersatz der Verwendungen. Die wechselseitigen Leistungen sind zu saldieren. Verbleibt ein Saldo zu Gunsten des Besitzers, so steht diesem gegenüber dem Herausgabeanspruch des Eigentümers ein Zurückbehaltungsrecht zu.[93] Eine Haftung nach den Grundsätzen der c. i. c. scheidet im Allgemeinen aus, weil die Beachtung gesetzlicher Formvorschriften zu den

---

[84] BGH ZMR 2003, 731 = NJW 2003, 2742.
[85] BGH a. a. O.
[86] **A. A.** OLG München ZMR 1997, 293.
[87] LG Berlin GE 1996, 925.
[88] BGH (V ZR 161/12) NJW 2014, 622 unter Rz 10, 11 m. w. N.
[89] BGH (V ZR 161/12) NJW 2014, 622 unter Rz 17 betr. einen Fall in dem die Eintragung des dinglichen Rechts ins Grundbuch versehentlich unterblieben ist.
[90] BGH GE 1994, 1049 = DWW 1994, 283; NZM 2008, 644; OLG Düsseldorf ZMR 2001, 101; WuM 2005, 194.
[91] BGH a. a. O.
[92] BGH NJW 2003, 347; OLG Düsseldorf WuM 2005, 195.
[93] OLG Düsseldorf WuM 2005, 194, 196.

Obliegenheiten beider Parteien gehört.[94] Vergleichbare Grundsätze gelten, wenn sich der Mieter vertraglich verpflichtet, das Mietobjekt später käuflich zu erwerben.[95] Anders ist es, wenn der Erwerb lediglich in Aussicht gestellt wird.

ee) Der einem Anwesenden gemachte Antrag auf Abschluss eines Mietvertrags kann nur sofort 24
angenommen werden **(§ 147 Abs. 1 BGB).** Abweichende Vereinbarungen sind möglich. Sie können auch konkludent getroffen werden, z. B. wenn zwischen den Verhandlungspartnern klar ist, dass die Entscheidung über den Vertragsschluss von einem abwesenden Dritten getroffen werden soll, oder wenn sich die eine oder andere Partei eine Überlegungsfrist ausbedungen hat. In diesem Fall gilt **§ 147 Abs. 2 BGB.**[96] Danach kann ein Antrag nur bis zu dem Zeitpunkt angenommen werden, in welchem der Antragende den Eingang der Antwort unter regelmäßigen Umständen erwarten darf. Die nach § 147 Abs. 2 BGB maßgebende Frist ist nach objektiven Maßstäben zu bestimmen. Die Frist beginnt mit der Abgabe der Erklärung und nicht erst mit deren Zugang bei dem Empfänger. Sie bestimmt sich vor allem nach der Art des Angebots. Bei eilbedürftigen Verträgen ist die Frist kürzer, bei umfangreichen, komplexen Verträgen von großer wirtschaftlicher Bedeutung kann sie länger sein. Die Organisationsstruktur großer Unternehmen, die Erfordernisse der internen Willensbildung bei Gesellschaften oder juristischen Personen oder auch absehbare Urlaubszeiten spielen bei der Fristbemessung ebenfalls eine Rolle. Als Richtlinie gilt insoweit, „dass die Annahmefrist des § 147 Abs. 2 BGB bei Mietverträgen – selbst solchen über Gewerberaum mit hohen Mieten und Unternehmen mit komplexer Struktur als Annehmenden – **in der Regel zwei bis drei Wochen** nicht übersteigt".[97] Bei der Wohnungsmiete können folgende Fristen als üblich angesehen werden: **(1)** Übermittlung des Vertrags an den Entscheidungsträger, falls sich dieser nicht am Ort der Hausverwaltung befindet ca. 2–3 Werktage; **(2)** Bearbeitungs- und Überlegungszeit ca. 2–3 Werktage; **(3)** Übermittlung des Vertrags an den Mietinteressenten ca. 2–3 Werktage.[98] Bei Mietverhältnissen von weit reichender Bedeutung ist die Annahme noch rechtzeitig, wenn sie zweieinhalb Wochen nach dem Zugang des Angebots erklärt wird.[99] S. dazu auch Rdn. 19a.

ff) Jede Partei ist berechtigt, bis zur endgültigen Einigung von dem in Aussicht gestellten Ver- 25
tragsschluss Abstand zu nehmen. Ein **Abbruch der Vertragsverhandlungen** kann allerdings Schadensersatzansprüche zur Folge haben. Es gelten folgende Grundsätze:[100]

aaa) Bei Verträgen, zu deren Wirksamkeit die **notarielle Beurkundung nicht erforderlich** 26
ist, kann der Verhandlungspartner dem anderen Teil zum Schadensersatz verpflichtet sein, wenn **(1)** der Vertragsschluss nach dem Verhandlungsstand als sicher anzusehen war; **(2)** der andere Teil im Vertrauen auf das Zustandekommen des Vertrags Aufwendungen gemacht hat und **(3)** der Verhandlungspartner den Vertragsschluss ohne triftigen Grund ablehnt.[101] An die Annahme eines hinreichend sicheren Vertragsschlusses sind strenge Anforderungen zu stellen. Die Übersendung eines (nicht unterzeichneten) Mietvertragsformulars reicht ebenso wenig aus, wie die Anforderung eines Gehaltsnachweises oder einer SchuFA-Auskunft.[102] Erforderlich sind konkrete Umstände, die den Vertragsschluss als sicher erscheinen lassen. Diese Umstände muss der Gläubiger substantiiert vortragen.

bbb) Bei Verträgen, die der **notariellen Form bedürfen,** hängt der Schadensersatzanspruch 27
von weitergehenden Voraussetzungen ab. Dies beruht auf der Erwägung, dass die Parteien durch den Formzwang vor einem übereilten Vertragschluss geschützt werden sollen. Deshalb muss auch die Schadensersatzpflicht wegen Verschuldens bei den Vertragsverhandlungen von strengen Voraussetzungen abhängen, weil durch das Haftungsrisiko ein indirekter Zwang zum Vertragschluss ausgeübt wird. Bei formbedürftigen Rechtsgeschäften setzt der Schadensersatzanspruch neben den oben Nr. (1) bis (3) genannten Kriterien weiter voraus, **(4)** dass der Ausschluss der Ersatzpflicht nach den gesamten Umständen mit Treu und Glauben schlechthin nicht zu vereinbaren ist oder **(5)** dass die Weigerung zum Vertragschluss eine besonders schwerwiegende Treupflichtverletzung darstellt.

---

94 BGH NZM 2008, 644 = NJW 2008, 2771 = GuT 2008, 282 = ZMR 2008, 883 unter Nr. II 2b.
95 OLG Stuttgart Urteil vom 28.7.2014 – 5 U 40/14.
96 BGH (XII ZR 5/15) NJW 2016, 1441; KG WuM 1999, 323.
97 BGH a. a. O.
98 KG a. a. O.
99 OLG Naumburg NZM 2004, 825 betr. die Gewerberäume zu einem Mietpreis von 35.000 € pro Monat; ebenso OLG Dresden NZM 2004, 826.
100 BGH WuM 1996, 324.
101 BGHZ 76, 343; WPM 1969, 595, 597; WPM 1975, 923, 9 25; OLG Düsseldorf ZMR 2000, 23.
102 AG München ZMR 2014, 296.

28 Von einem Ausschluss der Ersatzpflicht mit schwerwiegenden Folgen i. S. d. unter (4) genannten Kriteriums kann etwa dann ausgegangen werden, wenn hierdurch die Existenz des anderen Teils gefährdet würde.[103] Die Annahme einer besonders schwerwiegenden Treupflichtverletzung i. S. v. (5) setzt einen vorsätzlichen Verstoß voraus; sie liegt insbesondere dann vor, wenn der Verhandlungspartner eine in Wirklichkeit nicht vorhandene Abschlussbereitschaft vorspiegelt.[104] Gleiches gilt, wenn der Verhandlungspartner eine früher bestehende Abschlussbereitschaft aufgibt, ohne dies dem anderen Teil zu offenbaren.

Für die Anfechtung des Mietvertrags s. Rdn. 7.

29 **gg) Energieausweis.** Liegt dem Vermieter ein Energieausweis vor, und wird das Mietobjekt in kommerziellen Medien zur Vermietung angeboten, so muss die **Immobilenanzeige** gem **§ 16a EnEV 2007** (Eingef. durch Art. 1 Nr. 14 V v. 18.11.2013 BGBl. I 3951 mWv 1.5.2014) folgende **Pflichtangaben** enthalten: (1) die Art des Energieausweises; (2) den im Energieausweis genannten Wert des Endenergiebedarfs oder Endenergieverbrauchs für das Gebäude; (3) die im Energieausweis genannten wesentlichen Energieträger für die Heizung des Gebäudes; (4) bei Wohngebäuden das im Energieausweis genannte Baujahr und (5) bei Wohngebäuden die im Energieausweis genannte Energieeffizienzklasse. Bei Nichtwohngebäuden ist bei Energiebedarfs- und bei Energieverbrauchsausweisen als Pflichtangabe der Endenergiebedarf oder Endenergieverbrauch sowohl für Wärme als auch für Strom jeweils getrennt aufzuführen. Bei Verletzung der hier genannten Pflichten kann die Behörde ein Bußgeld verhängen.[105]

Gem. **§ 16 Abs. 2 EnEV 2007** muss der Vermieter dem Mietinteressenten bei der **Besichtigung der Immobilie** den Energieausweis oder eine Kopie hiervon vorzulegen; die Vorlagepflicht wird auch durch einen deutlich sichtbaren Aushang oder ein deutlich sichtbares Auslegen während der Besichtigung erfüllt. Findet keine Besichtigung statt, hat der Vermieter den Energieausweis oder eine Kopie hiervon dem Mietinteressenten unverzüglich vorzulegen, spätesten dann, wenn der Interessent ihn hierzu auffordert. Unverzüglich nach Abschluss des Mietvertrags hat der Vermieter dem Mieter den Energieausweis oder eine Kopie hiervon zu übergeben.

30 Nach dem Wortlaut des § 16 Abs. 2 EnEV 2007 folgt, dass der Energieausweis nur „bei der Vermietung", also vor dem Abschluss des Mietvertrags zugänglich zu machen ist. Danach besteht die Informationspflicht gegenüber dem **Mietinteressenten.** Der **Bestandsmieter** hat keinen Anspruch aus § 16 Abs. 2 auf Information.[106] Die von einem Teil der Literatur zu § 13 Abs. 4 EnEV 2004 vertretene abw. Ansicht[107], steht mit der nunmehrigen Regelung in der EnEV 2007 nicht im Einklang. Aus den Allgemeinen Grundsätzen des Mietrechts kann ebenfalls keine Informationspflicht gegenüber dem Bestandsmieter abgeleitet werden.

31 Mietinteressent in diesem Sinne **(potenzieller Mieter)** ist, wer sich ernsthaft für einen Vertragsschluss interessiert und vom Vermieter ernsthaft als Mieter in Erwägung gezogen wird.[108] Der Mietinteressent hat allerdings keinen **Anspruch** gegen den Vermieter **auf Erstellung eines Energieausweises.**[109] Die aus § 16 Abs. 2 EnEV folgende Pflicht des Vermieters zur Vorlage des Energieausweises ist nur dann klagbar, wenn zwischen dem Mietinteressenten und dem potentiellen Vermieter bereits eine schuldrechtliche Beziehung besteht, wie beispielsweise bei einem Mietvorrecht oder einem Vormietrecht. In allen anderen Fällen liegt eine **unklagbare Verbindlichkeit** vor. Dem an der Information interessierten bleibt nichts anderes übrig, als von der Anmietung Abstand zu nehmen, wenn der Vermieter die Vorlage verweigert. Nach Vertragsschluss hat der Mieter einen einklagbaren Anspruch auf Übergabe des Energieausweises.

32–34 nicht besetzt

35 Fraglich ist, ob der Mieter **Gewährleistungsansprüche** geltend machen kann, wenn der in dem Energieausweis dokumentierte Zustand in Wirklichkeit nicht besteht. Für die Anwendung der §§ 536ff. BGB kommt es darauf an, ob der vertraglich geschuldete Zustand der Wohnung durch den Energieausweis konkretisiert wird. Dies ist im Allgemeinen zu verneinen.[110] Etwas

---

[103] BGHZ 12, 286; 23, 249.
[104] BGH NJW 1975, 43.
[105] s. dazu *Frenz* ZMR 2017, 217, 221.
[106] *Horst* NZM 2008, 145; *Friers* WuM 2008, 255, 258; *Flatow* NJW 2008, 2886, 2888.
[107] *Sternel* NZM 2006, 495; *Flatow* NJW 2008, 2886, 2888.
[108] *Flatow* NJW 2008, 2886, 2888 und NZM 2008, 785, 790.
[109] *Sternel* NZM 2006, 495.
[110] AG Köln/LG Köln GE 2015, 256; *Horst* NZM 2006, 1, 3; *Flatow* NJW 2008, 2886, 2888; NZM 2008, 785, 791.

anderes kann gelten, wenn der Vermieter zusichert, dass er für die dokumentierte Beschaffenheit einstehen will. Gegenstand einer Zusicherung können solche Eigenschaften sein, die auf Dauer der Mietsache anhaften. Der Energie**bedarf** kann als Eigenschaft zugesichert werden; der Energie**verbrauch** dagegen nicht.[111] Die Vorlage des Energieausweises reicht für eine Zusicherung nicht aus. Eine Haftung des Vermieters aus § 241 Abs. 2 BGB kann in Betracht kommen, wenn der Vermieter schuldhaft von einem inhaltlich unzutreffenden Energieausweis Gebrauch macht und dem Mieter hieraus ein Schaden entsteht. Beweispflichtig hierfür ist der Mieter. Irrt sich der Mieter auf Grund des Energieausweises über die energetische Beschaffenheit der Mietsache, so kann außerdem ein Anfechtungsgrund vorliegen.

Teilweise wird vertreten, dass die **Kosten der Erstellung eines Energieausweises** als Betriebskosten (sonstige Kosten i. S. v. § 2 Nr. 17 BetrKV) auf den Mieter umgelegt werden können. Es handele sich um Kosten, die durch den bestimmungsgemäßen Gebrauch des Gebäudes entstehen. Das Merkmal der laufenden Entstehung liege ebenfalls vor, weil der Ausweis alle 10 Jahre erneuert werden muss.[112] Nach der hier vertretenen Ansicht handelt sich weder um Betriebs- noch um Verwaltungskosten, sondern z. T. um Baunebenkosten (in den Fällen des § 16 Abs. 1 EnEV) oder um Nebenkosten der Vermietung (in den Fällen des § 16 Abs. 2 EnEV), die nicht umlagefähig sind. **36**

hh) Behördliche Genehmigung nach § 144 Abs. 1 Nr. 2 BauGB. Liegt das Mietobjekt in einem Sanierungsgebiet, so bedarf ein Mietvertrag gem. § 144 Abs. 1 Nr. 2 BauGB der behördlichen Genehmigung, wenn er auf längere Zeit als ein Jahr abgeschlossen oder verlängert wird. Das Antragsrecht steht beiden Vertragsparteien zu; es genügt allerdings, wenn eine Partei den Antrag stellt.[113] Bis zur Erteilung der Genehmigung ist der Mietvertrag schwebend unwirksam.[114] Bis zur Erteilung der Genehmigung besteht keine Leistungspflicht. Die Parteien sind gleichwohl an den Vertrag gebunden. Sie sind darüber hinaus verpflichtet, auf die Erteilung der Genehmigung hinzuwirken und alles zu unterlassen, was der Erteilung im Wege stehen könnte.[115] Wird die Mietsache vor Erteilung der Genehmigung übergeben, so erwirbt der Mieter ein Recht zum Besitz.[116] Der Vermieter hat in diesem Fall einen Anspruch auf Nutzungsentschädigung. Mit der Erteilung der Genehmigung wird der Vertrag rückwirkend wirksam. Wird die Genehmigung versagt, wird der Vertrag endgültig unwirksam. Entfällt die Genehmigungspflicht nach dem Vertragsschluss, so ist der Vertrag als von Anfang an wirksam anzusehen.[117] **36a**

ii) Vertragsänderung/Novation. Soll der Mietgegenstand während der Vertragszeit ausgetauscht werden, so stehen im Grundsatz zwei Gestaltungsmodelle zur Verfügung. Die Parteien können zum einen den bestehenden Mietvertrag dahingehend abändern, dass der Vermieter an Stelle des ursprünglichen Mietobjekts (vorübergehend oder auf Dauer) ein anderes Mietobjekt zur Verfügung stellen soll **(Vertragsänderung).** In diesem Fall bleiben alle sonstigen Regelungen des Ursprungsvertrags erhalten. Zum anderen können die Parteien aber auch den Ursprungsvertrag aufheben und einen neuen Mietvertrag über die Ersatzwohnung abschließen (sog. **„Novation"**). Sind die Vereinbarungen nicht eindeutig, so ist durch Auslegung zu ermitteln, was die Parteien gewollt haben. Die Vertragsänderung ist dabei die Regel und die Novation die Ausnahme. Für die Annahme einer Novation ist ein dahingehender eindeutiger Vertragswille erforderlich; er darf nicht unterstellt werden.[118] **36b**

c) Formularmietverträge. Wird ein Mietverhältnis unter Verwendung eines Formularvertrags ausgestaltet, so sind die Regelungen der §§ 305–310 BGB zu beachten. Diese Vorschriften gelten seit dem 1. 1. 2002. In der Zeit vom 1. 4. 1977 bis zum 31. 12. 2001 galt das Gesetz zur Regelung Allgemeiner Geschäftsbedingungen (AGBG), dessen §§ 9 Abs. 1 und 5 im Wesentlichen den §§ 307, 305 c Abs. 2 BGB entsprechen. Vor dem 1. 4. 1977 war das Recht der Allgemeinen Geschäftsbedingungen nicht gesetzlich geregelt. Jedoch war bereits damals anerkannt, dass Allgemeine Geschäftsbedingungen eng auszulegen sind und dass Unklarheiten zu Lasten des Verwenders gehen. Dies wurde damit begründet, dass sich der „Unterwerfungswille" des Vertragspartners nur auf solche Bedingungen be- **37**

---

111 *Flatow* NJW 2008, 2886, 2890; NZM 2008, 785, 791.
112 *Brückner* GE 2008, 836, 839 ff.; **a. A.** *Stangl* ZMR 2008, 14, 24; *Pfeifer* MietRB 2007, 239, 243; *Flatow* NZM 2008, 785, 795.
113 *Kreikenbohm/Niederstetter* ZMR 2010, 5.
114 BGH NJW-RR 1993, 13, 14; *Kreikenbohm/Niederstetter* ZMR 2010, 5, 6.
115 *Kreikenbohm/Niederstetter* ZMR 2010, 5, 7 m. w. N.
116 *Kreikenbohm/Niederstetter* ZMR 2010, 5, 7.
117 KG NZM 2008, 129, 131; *Kreikenbohm/Niederstetter* ZMR 2010, 5, 9.
118 BGH (VIII ZR 192/09) WuM 2010, 565; BGH (VIII ZR 50/12) WuM 2013, 165.

zieht, mit denen „billiger- und gerechterweise" zu rechnen ist.[119] Deshalb sind auch Altmietverträge, die vor dem 1.4.1977 abgeschlossen wurden, nach den §§ 305c Abs. 2, 307 BGB zu beurteilen.[120]. Zweck der Regelungen ist der Verbraucherschutz; insbesondere soll der Vertragspartner des Formularverwenders gegen unbillige, unklare und überraschende Klauseln geschützt werden. Es gelten folgende Grundsätze:

38 **aa) Geltungsbereich der §§ 305–310 BGB.** Die Regelungen der §§ 305–310 BGB gelten für die Gestaltung rechtsgeschäftlicher Schuldverhältnisse durch Allgemeine Geschäftsbedingungen. Nach § 305 Abs. 1 BGB zählen hierzu alle „für eine Vielzahl von Verträgen vorformulierten Vertragsbedingungen". Weiterhin gelten die Vorschriften für vorformulierte einseitige rechtsgeschäftliche Erklärungen des anderen Teils, die im Zusammenhang mit einem Vertragsverhältnis stehen. Es spielt keine Rolle, ob dem Vertragspartner eine Wahlmöglichkeit zwischen mehreren Alternativen eingeräumt wird.[121] Verwenden die Parteien ein von einem Dritten entworfenes Vertragsmuster, so sind die dort enthaltenden Klauseln als „Allgemeine Geschäftsbedingungen" anzusehen.[122] Die Vorschrift des § 305 Abs. 1 BGB setzt weiter voraus, dass der Verwender die vorformulierten Vertragsbedingungen der anderen Vertragspartei „stellt". Teilweise wird vertreten, dass das **Merkmal des Stellens** nur gegeben ist, wenn die andere Vertragspartei keine realen Möglichkeiten zum Aushandeln hat.[123] Nach richtiger Ansicht genügt es, wenn eine Partei der anderen einen konkreten (einseitigen) Gestaltungsvorschlag unterbreitet.[124] Hinsichtlich des Stellens muss jede einzelne Klausel gesondert betrachtet werden).[125] **Verwender** kann grundsätzlich nur eine Vertragspartei sein. Insolvenz-, Zwangs-, Nachlassverwalter und Testamentsvollstrecker handeln beim Vertragsschluss für einen Dritten. Deshalb ist derjenige Verwender, der auf Grund des Handelns der genannten Personen Vertragspartei geworden ist. Bei einer Vermietung durch eine Erbengemeinschaft können nur die einzelnen Mitglieder Verwender sein. Maßgeblich ist, auf wessen Initiative der Formularvertrag in die Verhandlungen eingeführt wurde und wer seine Verwendung verlangt hat.[126] Bei der Wohnungsmiete ist dies i. d. R. der Vermieter. Jedoch kann auch der Mieter „Verwender" von Allgemeinen Geschäftsbedingungen sein.[127] Bei einem Vertrag zwischen einem Unternehmer (z. B. einem Wohnungsunternehmen) und einem Verbraucher (einem Wohnungsmieter) gilt gem. § 310 Abs. 3 Nr. 1 BGB die gesetzliche Vermutung, dass der Unternehmer die Allgemeinen Geschäftsbedingungen gestellt hat. Diese Vermutung gilt nicht, wenn die Verwendung des Formularvertrags durch den Verbraucher verlangt worden ist. Hierfür ist der Unternehmer darlegungs- und beweispflichtig. Für Verträge zwischen Verbrauchern (Privatleuten) gilt keine gesetzliche Vermutung. Bei der Geschäftsraummiete werden die Vertragsbedingungen gelegentlich von den Mietern ausgewählt, insbesondere bei der Anmietung von Ladenräumen durch große Einzelhandelsunternehmen. In diesen Fällen ist der Mieter als Verwender anzusehen. Die dem Mieter ungünstigen Klauseln sind dann nicht unter AGB-Gesichtspunkten zu prüfen.[128] Für die Anwendung der §§ 305ff. BGB spielt es keine Rolle, ob die eine Partei der anderen wirtschaftlich oder intellektuell überlegen ist. Maßgeblich ist allein, dass der Vertragspartner des Verwenders auf die Ausgestaltung der Geschäftsbedingungen keinen Einfluss nehmen kann.[129] Einigen sich die Vertragsparteien auf ein bestimmtes Vertragsformular, so ist streitig, ob keine der Parteien Verwender ist[130] oder ob beide Parteien als Verwender anzusehen sind.[131] Der BGH stellt in dem Urteil vom 17.2.2010[132] klar, dass diese Frage für die Anwendung der §§ 305ff. BGB keine Rolle spielt, weil diese Vorschriften nur die Rechtsbeziehungen zwischen einem Verwender und einer anderen Vertragspartei, nicht aber

---

[119] BGH NJW 1961, 212 unter Ziff. 2.

[120] BGH (VIII ZR 294/09) NJW 2010, 2877; BGH (XII ZR 205/09) NJW 2012, 54 unter Rz. 10; BGH (XII ZR 56/11) NJW 2014, 3722 unter Rz. 10.

[121] BGH (VIII ZR 143/12) NZM 2013, 230 betr. Verzicht des Mieters auf die Rechte aus § 566 Satz 2 BGB.

[122] BGH NJW 2010, 1131.

[123] *Eckpfeiler-Coester* in Staudinger E Rdn. 25 S. 226.

[124] Palandt/*Grüneberg* § 305 Rdn. 10; *Stoffels* WuM 2011, 268, 270.

[125] *Stoffels* a. a. O.

[126] BGH (VIII ZR 67/09) BGHZ 184, 259 = NJW 2010, 1131.

[127] LG Berlin ZMR 2012, 441 betr. eine Modernisierungsvereinbarung unter Verwendung eines von einer professionellen Mieterberatung entwickelten Formulars.

[128] OLG Oldenburg NZM 2003, 439.

[129] BGH (VIII ZR 67/09) BGHZ 184, 259 = NJW 2010, 1131.

[130] Palandt/*Grüneberg* § 305 BGB Rdn. 13.

[131] *Schlosser* in Staudinger § 305 BGB Rdn. 31.

[132] BGH (VIII ZR 67/09) BGHZ 184, 259 = NJW 2010, 1131.

zwischen zwei Verwendern regeln. Das Merkmal des Stellens ist erfüllt, wenn die Formularbestimmungen auf Initiative einer Partei oder ihres Abschlussgehilfen in die Verhandlungen eingebracht und ihre Verwendung zum Vertragsschluss verlangt werden.[133] Der (einseitige) Wunsch einer Partei, bestimmte von ihr bezeichnete vorformulierte Vertragsbedingungen zu verwenden, ist grundsätzlich ausreichend.[134] Unerheblich ist, wer die Geschäftsbedingungen entworfen hat. Am Merkmal des „Stellens" fehlt dagegen, wenn die Einbeziehung von vorformulierten Geschäftsbedingungen sich als Ergebnis einer freien Entscheidung desjenigen darstellt, der mit dem Verwendungsvorschlag konfrontiert wird.[135] Nach der Ansicht des OLG Rostock[136] gilt dasselbe, wenn die Aufnahme der Vertragsbedingung auf einem Vorschlag eines Dritten (im Entscheidungsfall des Kaufinteressenten) erfolgt und die vertragsschließenden Parteien diesen Vorschlag gemeinsam akzeptieren und in den Vertrag aufnehmen. Voraussetzung ist stets, dass der Vertragspartei in der Auswahl der in Betracht kommenden Vertragstexte frei ist und insbesondere Gelegenheit erhält, alternativ eigene Textvorschläge mit der effektiven Möglichkeit ihrer Durchsetzung in die Verhandlungen einzubringen. Hierzu genügt es nicht wenn der Verwender der Geschäftsbedingen den Vertragspartner auffordert „Anmerkungen oder Änderungswünsche" mitzuteilen. Hierdurch wird zwar eine gewisse Verhandlungsbereitschaft signalisiert;[137] für die Annahme einer effektiven Möglichkeit zur Durchsetzung eigener Vertragstexte müssen weitere Umstände vorliegen. Für die Annahme einer Einigung i. d. S. genügt es nicht, wenn der Vermieter mehrere Vertragsmuster anbietet und dem Mieter die Auswahl überlässt. Vielmehr muss der Vermieter den Mieter ernsthaft fragen, ob er ein von ihm gewünschtes Formular vorschlagen möchte. Ob der Mieter in diesem Fall von der ihm eingeräumten Wahlmöglichkeit Gebrauch macht, spielt keine Rolle.[138] Zur Kritik dieser Rechtsprechung s. J. Schmidt NZM 2016, 377: danach entsprechen die strengen Anforderungen des BGH zum „Stellen" und „Aushandeln" von AGB nicht den Gepflogenheiten der Praxis. Der Verfasser empfiehlt dass eine Partei einen schriftlichen Vertragsentwurf verfasst und dass sodann alle Änderungen und Ergänzungen im Änderungsmodus verfasst werden, so dass der Gang der Verhandlungen dokumentiert ist. Auf diese Weise könne die beweisbelastete Partei beweisen, dass über den Vertragsinhalt verhandelt wurde.

Ist das **Formular von einem Makler ausgewählt** worden, so kommt es darauf an, auf wessen **38a**
Initiative es zurückgeht, dass der Makler das Formular ausgewählt hat.[139] Wird das Vertragsformular von einem vom Vermieter beauftragten Makler ausgewählt, so gilt das Formular als vom Vermieter „gestellt". Der Makler ist nicht „Dritter", sondern Abschlussgehilfe des Vermieters.[140] Teilweise wird die Ansicht vertreten, dass die Rolle des Verwenders bei Unklarheiten unabhängig von der Herkunft des Formulars zu bestimmen sei; danach ist maßgeblich, ob eine bestimmte Klausel den Interessen des Vermieters oder jenen des Mieters dienen soll.[141] Diese Ansicht trifft nicht zu. Der Inhalt einer Klausel ist grundsätzlich kein Kriterium für die Anwendung der §§ 305ff. BGB. Im Einzelfall kann allerdings aus dem Inhalt der Klausel auf eine bestimmte Marktstärke einer Partei geschlossen werden. Dies kann in Verbindung mit anderen Anhaltspunkten den Schluss auf die Inanspruchnahme einseitiger Gestaltungsmacht rechtfertigen.[142]

Gedruckte Formulare, die in größerer Zahl hergestellt und zur Verwendung in einer unbe- **39**
stimmten Vielzahl von Fällen gedacht sind, fallen immer unter § 305 BGB; es ist nicht erforderlich, dass der Erwerber des Formulars eine mehrfache Verwendung plant.[143] Vergleichbares gilt, wenn die Partei eine von einem Dritten verfasste Klausel verwendet.[144] Auch hier ist nicht erforderlich, dass die Klausel von der Partei mehrfach verwendet werden soll. Es genügt, wenn die Klausel auch von anderen Personen verwendet werden soll. Bei Vertragstexten, die mit einem **Textverarbeitungsgerät** hergestellt und gespeichert sind, kommt es auf die Absicht zur mehrmaligen Verwen-

---

133 BGH (VIII ZR 67/09) NJW 2010, 1131; BGH (VIII ZR 26/15) NJW 2016, 1230.
134 BGH (VIII ZR 26/15 Rn. 12) NJW 2016, 1230.
135 BGH (VIII ZR 67/09) NJW 2010, 1131; BGH (VIII ZR 26/15) NJW 2016, 1230 Rn. 18.
136 OLG Rostock MDR 2015, 861.
137 BGH (VIII ZR 26/15) NJW 2016, 1230.
138 *Pfeiffer* LMK 2010, 304510.
139 BGH NJW 1995, 2034.
140 BGH (VIII ZR 143/10) WuM 2011, 96 = ZMR 2011, 370 unter Rz 7; AG Hannover WuM 2009, 728, 729; *Stoffels* WuM 2011, 268, 269.
141 OLG Düsseldorf WuM 1994, 467.
142 BGH NJW 2010, 1131.
143 BGH NJW 1991, 843.
144 LG Freiburg WuM 2008, 334.

dung an. Auch **maschinengeschriebene** und selbst **handgeschriebene Verträge** oder Vertragsteile fallen unter § 305 BGB, wenn der Vertrag oder Vertragsteil mehrmals verwendet werden soll. Streitig ist, ob eine **mündliche Zusatzabrede,** die vom Vermieter immer wieder verwendet wird, unter § 305 BGB fällt. Die Frage ist zu bejahen, weil die Vorschrift nicht voraussetzt, dass die Klausel schriftlich formuliert worden ist.[145] Nach der Rechtsprechung genügt es, wenn der Verwender die Absicht hat, den Vertragstext oder Teile hiervon **3- bis 5-mal zu verwenden.**[146] Es ist nicht erforderlich, dass die Vertragstexte bereits mehrmals verwendet worden sind; die Absicht zur mehrmaligen Verwendung genügt.[147] Deshalb sind die §§ 305 ff. BGB bereits bei der ersten Verwendung anzuwenden.

40 Allgemeine Geschäftsbedingungen liegen auch dann vor, wenn die Vertragsbedingungen in mehreren Verträgen sprachlich unterschiedlich gefasst, in ihrem Kerngehalt aber identisch sind.[148] Wird eine vorgedruckte Klausel hand- oder maschinenschriftlich **ergänzt,** so bleibt sie eine Formularklausel, wenn der Gehalt der Klausel durch die Ergänzung nicht verändert wird (unselbstständige Ergänzungen, Einfügung einer Zahl, eines Betrags, eines Datums, Beschreibung des Mietobjekts.[149] Gleiches gilt, wenn die Klausel durch **Ankreuzen** kenntlich gemacht wird[150] oder wenn der Verwender zwischen mehreren vorgedruckten Klauseln eine oder mehrere auswählt.[151] Wird eine Klausel dagegen so verändert, dass sich ein anderer Sinn ergibt, so ist zu unterscheiden. Eine Formularklausel liegt vor, wenn bereits der Vertragstext die zu beanstandende Regelung enthält. Ergibt sich die Unangemessenheit der Regelung aus der Ergänzung, so ist im Einzelfall zu prüfen, ob eine Individualerklärung oder eine Formularklausel gegeben ist. Der letztgenannte Fall ist anzunehmen, wenn der Verwender den Formularvertrag regelmäßig in der gleichen Weise abändert.[152]

41 **Beweispflichtig** für die tatsächlichen Voraussetzungen des § 305 Abs. 1 Satz 1 BGB ist derjenige, der den Schutz dieser Vorschriften in Anspruch nehmen will.[153] Das ist i. d. R. der Mieter. Bei Mietverträgen, die bereits nach dem äußeren Anschein als Formularvertrag zu erkennen sind (gedruckte Verträge), genügt es, wenn der Vertrag vorgelegt wird. Ist der Formularcharakter zweifelhaft (maschinengeschriebene oder handgeschriebene Verträge oder Vertragsteile), so muss der Mieter vortragen, dass der Vermieter den Vertrag oder eine bestimmte Klausel häufiger verwendet hat oder dass er dies beabsichtigt. Es ist nicht erforderlich, dass genau die gleiche Klausel mehrmals verwendet wird. Vielmehr genügt es, wenn der Regelungsgehalt der Klausel identisch ist.

42 Zu der Behauptung der mehrmaligen Verwendung muss der Vermieter im Prozess wahrheitsgemäß Stellung nehmen (§ 138 Abs. 1 ZPO). Eine Erklärung mit Nichtwissen (§ 138 Abs. 4 ZPO) ist nicht zulässig, weil es sich insoweit um Tatsachen handelt, die der Wahrnehmung des Vermieters unterliegen. Ungenügend ist es auch, wenn sich der Vermieter lediglich darauf beruft, dass eine bestimmte Klausel handschriftlich in das Vertragsformular eingefügt worden ist (§ 305 Abs. 1 Satz 2 BGB).[154]

43 Der Grundsatz, wonach handschriftliche oder maschinenschriftliche Abänderungen von Formularverträgen oder Zusätze zu solchen Verträgen ein **Indiz gegen den Formularcharakter** darstellen, gilt bei der Miete grundsätzlich nur dann, wenn die Abänderungen oder Zusätze im Hinblick auf Besonderheiten des Einzelfalls insbesondere mit Rücksicht auf die Person des Mieters verfasst sind. Bei Zusätzen oder Abänderungen, die auf eine bestimmte gleichförmige Vermietungs-

---

145 BGHZ 115, 391, 394; NJW 1988, 410; LG Frankfurt/M. WuM 1984, 125 betr. eine mündliche Zusatzabrede über Renovierungspflichten; AG Münster NZM 2016, 163 betr. Gebühren für den Abschluss des Mietvertrags; *Palandt/Grüneberg* § 305 Rdn. 8.

146 BGH NJW 1985, 852; NJW 1981, 2344; NJW 1998, 2286; *Palandt/Grüneberg* § 305 Rdn. 9: Die untere Grenze liegt bei 3 Verwendungen.

147 OLG Stuttgart NJW 1979, 223.

148 OLG Düsseldorf WuM 2003, 621 = ZMR 2003, 921 = DWW 2004, 19 m. Anm. *Schach* GE 2003, 1590.

149 BGHZ 99, 205; 102, 158; NJW 1992, 504; WuM 2005, 346 = NZM 2005, 419; BGH NJW-RR 2006, 1236 = NZM 2006, 579 = WuM 2006, 385.

150 *Miethaner* NJW 2010, 3121, 3125.

151 BGH NJW-RR 1986, 54; NJW 1992, 504; NJW 1996, 1208; OLG Hamburg VersR 1995, 325, 326; VersR 1995, 403.

152 BGH NJW 1992, 503; NJW 1996, 1208.

153 BGH NJW 1992, 2162; OLG Düsseldorf GE 2011, 1680.

154 Ähnlich *Willemsen* NJW 1982, 1122: Den Verwender treffe eine prozessuale Mitwirkungspflicht; er handle treuwidrig, wenn er die typische Unkenntnis und Beweisnot seiner Vertragspartner hinsichtlich der in seiner Geschäftssphäre liegenden Umstände ausnutze, obwohl er selbst durch Vorlage seiner Vertragsunterlagen zur Aufklärung des Sachverhalts beitragen könne.

praxis hindeuten (Tierhaltungsverbote, Vereinbarungen über die Durchführung von Schönheits- oder Kleinreparaturen, Vertragsabschlußgebühren, Bearbeitungsgebühren, Einzugs- und oder Auszugskostenpauschalen, Mahngebühren, Aufrechnungsverbote, Besichtigungsklauseln, Beweislastregeln, Haftungsausschlüsse, Schriftformklauseln und Ähnliches) gilt die Indizwirkung nicht.[155]

Eine zur mehrmaligen Verwendung bestimmte Vertragsklausel unterliegt nicht der Inhaltskon- 44
trolle nach den §§ 305c–309 BGB, wenn sie „zwischen den Vertragsparteien **im Einzelnen ausgehandelt**" wurde **(§ 305 Abs. 1 Satz 3 BGB).** Aushandeln ist mehr als Verhandeln. Ein Aushandeln ist nur anzunehmen, wenn der Verwender den gesetzesfremden Kerngehalt der Klausel „inhaltlich ernsthaft zur Disposition stellt und dem Verhandlungspartner Gestaltungsfreiheit zur Wahrung eigener Interessen einräumt mit zumindest der realen Möglichkeit, die inhaltliche Ausgestaltung der Vertragsbedingungen zu beeinflussen". Der Klauselverwender muss sich „deutlich und ernsthaft" zur Änderung der Klausel bereit erklären.[156] Der Umstand, dass der Vertragspartner die Klausel „erst nach intensiver juristischer Prüfung gebilligt hat" genügt für das Aushandeln nicht.[157] Für die Annahme des Aushandelns genügt es allerdings nicht, dass die betr. Klausel auf einem gesonderten Formular niedergelegt oder zusätzlich in ein gedrucktes Vertragsformular eingefügt worden ist. Einem solchen Umstand kommt für sich allein auch keine Indizwirkung zu. Unerheblich ist auch, ob die Parteien die Klausel „erörtert", „besprochen" oder „erläutert" haben.[158] Ebenso liegt kein Aushandeln vor, wenn sich der Mieter durch Ankreuzen mehrerer Alternativen für die eine oder andere Vertragsregelung entscheiden muss (z. B. zwischen der Übernahme von Schönheitsreparaturen verbunden mit einem Mietnachlass und der gesetzlichen Regelung verbunden mit einer höheren Miete.[159] Maßgeblich ist vielmehr, ob die Klausel vom Verwender ernsthaft zur Disposition gestellt worden ist, so dass die Gegenpartei die Möglichkeit hatte, auf die Vertragsbedingungen Einfluss zu nehmen.[160] Dies setzt voraus, dass der Verwender seine Verhandlungsbereitschaft gegenüber dem anderen Teil zum Ausdruck bringt.[161] Nach der Ansicht des OLG Düsseldorf genügt es nicht, wenn der Klauselverwender erklärt, dass er „für Änderungswünsche offen" sei.[162] Spricht die Erscheinungsform des Textbildes und der Inhalt einer Klausel dafür, dass diese zur mehrmaligen Verwendung bestimmt ist, so muss der Verwender diesen Anschein widerlegen. Den Verwender trifft in diesem Fall die **Darlegungs- und Beweislast,** dass die Klausel entgegen dem Anschein ausgehandelt wurde.[163] Ein wichtiges Indiz für das Aushandeln liegt vor, wenn der vorgedruckte Text erkennbare Änderungen aufweist. Unter besonderen Umständen kann allerdings auch bei unverändertem Text ein Aushandeln angenommen werden, wenn es nach gründlicher Erörterung bei dem vorformulierten Text verbleibt.[164] In der Regel ist hierzu erforderlich, dass der Verwender hinsichtlich der in Frage stehenden Klausel um Alternativvorschläge bittet oder solche von sich aus zur Diskussion stellt.[165] Deshalb muss der Vermieter die näheren Umstände des Aushandelns vortragen und insbesondere darlegen, welche Alternativen zur Wahl gestanden haben. Haben die Parteien in einem gedruckten Formularvertrag zahlreiche Klauseln abgeändert oder gestrichen oder wurde das Formular durch Zusätze ergänzt, so kann hierin ein Indiz für das Aushandeln liegen.[166]

Die in vielen Mietvertragsformularen verwendete Klausel, nach der der Mieter bestätigt, dass er 45
den Vertrag gelesen, dass ihm Gelegenheit zu Verhandlungen über die einzelnen Klauseln gegeben worden sei und dass der Vermieter Verhandlungsbereitschaft gezeigt habe, ändert an der Rechtslage nichts.[167] Ein Formular wird nicht deshalb zum ausgehandelten Vertrag, weil die für die Annahme eines Aushandelns erforderlichen Tatsachen formularmäßig bestätigt werden: „Könnte der Verwender allein durch eine solche Klausel die Darlegung eines Aushandelns stützen, bestünde die Gefahr

---

155 LG Saarbrücken NZM 2000, 1179.

156 BGH (VIII ZR 137/12) NJW 2013, 1668; WuM 2013, 293.

157 BGH (VII ZR 222/12) NZM 2013, 159 unter Rz. 10ff; OLG Saarbrücken NZM 2016, 50.

158 OLG Düsseldorf WuM 1994, 459; OLG Saarbrücken NZM 2016, 50.

159 *Kraemer* PiG 75 (2006), 37, 40.

160 BGH NJW 1988, 410; NJW 1988, 2465; NJW 1992, 1107; NJW 1992, 2759, 2760; GuT 2008, 339 = GE 2008, 1049 unter Nr. 2a; OLG Düsseldorf a. a. O.; LG Berlin GE 2008, 869.

161 AG Frankfurt/M. WuM 1996, 24.

162 OLG Düsseldorf WuM 2003, 621 = ZMR 2003, 921 = DWW 2004, 19 m. Anm. *Schach* GE 2003, 1590.

163 BGH (VII ZR 53/03) BGHZ 157, 102 = NJW 2004, 502 betr. Bauvertrag; BGH (VIII ZR 137/12) NJW 2013, 1668; WuM 2013, 293 betr. Mietvertrag.

164 BGH (VII ZR 222/12) NJW 2013, 856.

165 OLG Saarbrücken NZM 2016, 50.

166 LG Berlin GE 2015, 657.

167 BGH NJW 1977, 432, 624.

der Manipulation und der Umgehung der Schutzes der §§ 305ff BGB."[168] Ebensowenig können sich die Parteien individualvertraglich darauf einigen, dass es sich bei dem Regelungswerk um einen Individualvertrag handelt. Dies folgt aus der Erwägung, dass „die §§ 305ff BGB selbst im unternehmerischen Rechtsverkehr nicht der Disposition der Vertragsparteien unterliegen, sondern zwingendes Recht sind".[169] Sind einzelne Klauseln ausgehandelt, so hat dies keine „Ausstrahlungswirkung" auf andere Klauseln.[170] Sind jedoch zusammengehörende Regelung teils durch Formularvertrag, teils individualvertraglich (hier: starre Fristen) geregelt, so ist der gesamte Regelungskomplex nach den Grundsätzen des AGB-Rechts zu beurteilen.[171] Für den unternehmerischen Geschäftsverkehr gelten keine Besonderheiten.[172]

46 **Individualvereinbarungen** haben stets Vorrang vor Allgemeinen Geschäftsbedingungen (§ 305b BGB). Es spielt keine Rolle, ob die Vereinbarung schriftlich oder lediglich mündlich getroffen worden ist. Ist zwischen den Parteien streitig, ob neben den schriftlichen auch mündliche Vereinbarungen bestehen, so ist diejenige Partei beweispflichtig, die aus der mündlichen Zusatzabrede Rechte für sich herleiten will. An den Beweis sind hohe Anforderungen zu stellen. Es gilt die Vermutung, dass der Inhalt des Vertrags durch die Vertragsurkunde vollständig und richtig wiedergegeben wird.

47 Enthält der Vertrag eine **Schriftformklausel,** so ist zu unterscheiden:

Eine Formularklausel, wonach Änderungen und Ergänzungen zum schriftlichen Vertrag nicht getroffen worden sind (sog. **„Bestätigungsklausel"**); gibt nur die Gesetzeslage wieder, wonach die schriftliche Vertragsurkunde die Vermutung der Vollständigkeit und Richtigkeit hat.[173] Jeder Partei steht der Gegenbeweis offen.

48 Ist streitig, ob die Parteien eine mündliche Zusatzvereinbarung getroffen haben und dabei übereinstimmend von der Verbindlichkeit des mündlich Vereinbarten ausgegangen sind, so trägt derjenige die Beweislast, der aus der mündlichen Vereinbarung Rechte für sich herleiten will. Die beweispflichtige Partei muss hierbei zum einen substantiiert darlegen wann, wo, zwischen wem und unter welchen Umständen die Zusatzvereinbarung getroffen worden ist. Außerdem muss die beweispflichtige Partei die tatsächlichen Umstände vortragen, aus denen sich die Gültigkeit der mündlichen Vereinbarung ergibt; insbesondere ist in diesem Zusammenhang darzulegen, warum die Beurkundung unterblieben ist.[174] Nach der Rechtsprechung ist bei der Annahme mündlicher Zusatzvereinbarungen Zurückhaltung geboten.[175] Es muss klar erkennbar sein, dass die formfreie Absprache gelten soll, weil anderenfalls der Zweck der Schriftformabrede verfehlt würde. Der Umstand, dass sich die Parteien entsprechend der mündlichen Abrede verhalten haben, bildet allerdings ein gewichtiges Indiz dafür, dass die Parteien beim Abschluss des Änderungsvertrags das Schriftformerfordernis beseitigen wollten.

49 Eine Klausel, wonach **Änderungen und Ergänzungen schriftlich getroffen werden müssen,** hat nach ihrem Wortlaut nicht zur Folge, dass mündliche Vereinbarungen unwirksam wären. Vielmehr begründet eine solche Klausel lediglich eine Verpflichtung beider Parteien zur Beachtung der Schriftform. Gleichwohl verstößt die Klausel gegen § 307 Abs. 1 BGB, weil beim Mieter der Eindruck erweckt wird, dass mündliche Abreden generell unwirksam seien; auf diese Weise könnte der Mieter von der Durchsetzung der ihm zustehenden Rechte abgehalten werden.[176] Eine solche Klausel ist unwirksam.[177] Nach anderer Ansicht sind solche Klauseln wirksam. Auch nach dieser Meinung können die Parteien aber trotz der Schriftformklausel mündliche Vereinbarungen treffen.[178] Dabei ist nicht erforderlich, dass die Parteien ausdrücklich vereinbaren, dass die Schriftform-

---

168 BGH (VII ZR 248/13) NJW 2014, 1725.

169 BGH (VII ZR 248/13) NJW 2014, 1725.

170 *Miethaner* NJW 2010, 3121, 3126.

171 LG Berlin GE 2017, 477 betr. eine individualvertraglich getroffene Vereinbarung über „starre" Renovierungsfristen in einer Formularklausel über die Übertragung der Schönheitsreparaturen auf den Mieter; s. Rdn. 448.

172 OLG Saarbrücken NZM 2016, 50; *Miethaner* NJW 2010, 3121, 3126.

173 BGH NJW 1985, 2329; MDR 2000, 19; OLG Düsseldorf DWW 1990, 363; *Bub* in Bub/Treier Kap. II Rdn. 989, 1788, 1789.

174 *Heile/Landwehr* in Bub/Treier Kap. II Rdn. 2519.

175 BGHZ 66, 378.

176 Vgl. BGH NJW 1991, 1750 = WuM 1991, 381.

177 OLG Frankfurt/M. WuM 1992, 57; *Sternel* Mietrecht (1988) Rdn. I 210; *Sternel* Mietrecht aktuell (2009) Rdn. II 245.

178 OLG Düsseldorf DWW 2001, 248.

klausel auf die mündliche Regelung nicht angewendet werden soll. Es genügt vielmehr, wenn sich aus den Gesamtumständen ergibt, dass die mündliche Regelung ernsthaft gewollt ist. Ein solcher Fall wird insbesondere dann vorliegen, wenn sich die Parteien entsprechend der mündlichen Vereinbarung verhalten.[179] Der BGH hat die Frage der Wirksamkeit bislang offengelassen. In dem Urteil vom 25.1.2017 führt er aus, dass die Klausel jedenfalls wegen des Vorrangs der Individualvereinbarung nach § 305b BGB wirkungslos bleibt.[180] Daraus folgt: Mündliche oder durch Schriftwechsel vereinbarte Vertragsänderungen sind auch dann wirksam, wenn der Mietvertrag eine doppelte Schriftformklausel enthält.

Eine Klausel, wonach nachträgliche **Änderungen und Ergänzungen des Vertrags nur wirksam** sind, wenn diese schriftlich getroffen werden, verstößt gegen § 307 Abs. 1 BGB. Eine solche Klausel hätte zur Folge, dass sich eine Vertragspartei in keinem Fall auf eine mündliche Vereinbarung berufen könnte. Hierin liegt ein Verstoß gegen Treu und Glauben, weil mündliche Individualvereinbarungen trotz einer formularvertraglichen Schriftformklausel jedenfalls dann wirksam sind, wenn beide Parteien von der Wirksamkeit des mündlich vereinbarten ausgegangen sind.[181] 50

Die **salvatorische Erhaltungsklausel** („Sollten einzelne Bestimmungen dieses Vertrags ganz oder teilweise gegen zwingendes Recht verstoßen oder aus anderen Gründen nichtig oder unwirksam sein, so bleibt die Gültigkeit der übrigen Bestimmungen unberührt") ist wirksam. Eine solche Klausel entspricht für den AGB-Bereich der gesetzlichen Rechtsfolge (§ 306 Abs. 1 BGB) 51

Die **salvatorische Ergänzungsklausel** („Die nichtige oder unwirksame Bestimmung ist durch eine solche zu ersetzen, die dem wirtschaftlich Gewollten in zulässiger Weise am nächsten kommt") ist dagegen unwirksam. Die Klausel weicht für den AGB-Bereich von der gesetzlichen Rechtsfolge ab, weil nach § 306 Abs. 2 BGB an die Stelle der unwirksamen Klausel die gesetzlichen Vorschriften treten. 52

Enthält der Vertrag sowohl eine Erhaltungs- als auch eine Ergänzungsklausel, so bleibt jedenfalls die Erhaltungsklausel wirksam. Dies gilt auch dann, wenn die betr. Regelungen in einer Klausel enthalten sind („Sollten einzelne Bestimmungen dieses Vertrags ganz oder teilweise gegen zwingendes Recht verstoßen oder aus anderen Gründen nichtig oder unwirksam sein, so bleibt die Gültigkeit der übrigen Bestimmungen unberührt. Die nichtige oder unwirksame Bestimmung ist durch eine solche zu ersetzen, die dem wirtschaftlich Gewollten in zulässiger Weise am nächsten kommt").[182] 53

In einem Mietvertrag der vor dem 1.10.2016 abgeschlossen wurde ist eine formularvertragliche Klausel wirksam, wonach **Anzeigen und Erklärungen schriftlich** erfolgen müssen (§ 309 Nr. 13 BGB a. F. i. V. m. Art. 229 § 37 EGBGB). Für Mietverträge die nach dem 30.9.2016 vereinbart werden, ist **§ 309 Nr. 13 BGB** in der Fassung des Gesetzes zur Verbesserung der zivilrechtlichen Durchsetzung von verbraucherschützenden Vorschriften des Datenschutzrechts vom 17.2.2016 (BGBl. I S. 233) zu beachten. Danach sind Klauseln unwirksam, die für Anzeigen und Erklärungen eine strengere Form als die Textform vorsehen. Dies betrifft beispielsweise die Anzeige eines Mangels gem. § 536c BGB, die Abmahnung bei Vertragsverstößen gem § 543 Abs. 3 BGB, den Widerspruch gegen die Vertragsverlängerung gem. § 545 BGB, die Einwendung gegen eine Betriebskostenabrechnung gem. § 556 Abs. 3 Satz 5 BGB oder die Aufrechnungserklärung gem. § 556b BGB). Ebenso sind Klauseln unwirksam, nach denen die Wirksamkeit dieser Erklärungen an ein besonderes Zugangserfordernis (z. B. durch Einschreiben) geknüpft wird. Die gesetzlich vorgeschriebene Schriftform bleibt hiervon unberührt. Deshalb bedarf beispielsweise die Kündigungserklärung (§ 568 BGB), der Widerspruch des Mieters gegen die Kündigung nach § 574b BGB) oder die Ausübung des Vorkaufsrechts (§ 577 BGB) nach wie vor zwingend der Schriftform. 53a

Wird ein **befristeter Formularmietvertrag durch eine individualvertragliche Vereinbarung verlängert,** so sind auch auf den verlängerten Vertrag die AGB-Regeln anzuwenden.[183] Etwas anderes gilt, wenn die Parteien in der Verlängerungsvereinbarung einzelne Klauseln des Ursprungsvertrags durch individualvertragliche Regelungen ersetzen oder abändern. Dann müssen die ersetzten oder abgeänderten Klauseln als Individualvereinbarungen behandelt werden. 54

---

179 OLG Düsseldorf a. a. O. für mündlichen Mietaufhebungsvertrag.
180 BGH Urteil vom 25.1.2017 – XII ZR 69/16, juris Rn. 16.
181 OLG Frankfurt WuM 1992, 57; OLG München NJW-RR 1989, 1499 = WuM 1989, 128.
182 BGH NJW 2005, 2225 = NZM 2005, 502 = GuT 2005, 143 = ZMR 2005, 691.
183 BGH a. a. O.

55 **bb) Anwendungsgrundsätze. aaa) Einbeziehung in den Vertrag/Transparenzgebot.** Nach § 305 Abs. 2 BGB wird eine Formularklausel nur dann Vertragsbestandteil, wenn der Verwender dem anderen Teil die Möglichkeit verschafft, in zumutbarer Weise von ihrem Inhalt Kenntnis zu nehmen. Nach § 305 Abs. 2 Nr. 2 BGB muss der Verwender dabei auch eine für ihn erkennbare körperliche Behinderung der anderen Vertragspartei berücksichtigen. Die Behinderung muss für den Vermieter erkennbar sein. Bei Zweifeln trägt der Vermieter die Beweislast.[184] Ein Fall des § 305 Abs. 2 BGB liegt insbesondere dann vor, wenn der andere Teil sehbehindert ist. Es ist ausreichend, wenn der Vermieter einem sehbehinderten Mieter die Möglichkeit verschafft, sich den Text des Vertrags von einer Person seines Vertrauens vorlesen zu lassen.[185] Sonstige Behinderungen, wie Analphabetismus oder Verständnisschwierigkeiten eines der deutschen Sprache nicht mächtigen Ausländers werden von der Bestimmung nicht erfasst. Der Vermieter ist aber verpflichtet, auf einen erkennbaren Analphabeten Rücksicht zu nehmen (§ 241 Abs. 2 BGB). Es genügt, wenn der Analphabet die Möglichkeit erhält, sich den Text des Vertrags von einer Person seines Vertrauens erklären zu lassen. Bei einer Verletzung der sich aus § 241 Abs. 2 BGB ergebenden Pflicht haftet der Vermieter gem. §§ 280 Abs. 1, 311 Abs. 2 BGB auf Schadensersatz.[186] Vergleichbare Grundsätze gelten bei Verhandlungen mit einem der deutschen Sprache nicht hinreichend kundigen Ausländer.[187]

56 Weiterhin muss ein Formularvertrag ein Mindestmaß an Übersichtlichkeit aufweisen (§ 307 Abs. 1 Satz 2 BGB). Dies gilt nicht nur für die Gestaltung der einzelnen Klauseln, sondern auch für den Umfang des Vertragswerks, der in einer vertretbaren Relation zur Bedeutung des Rechtsgeschäfts stehen muss.[188] Klauseln, die unmittelbar den Preis der vertraglichen Hauptleistung bestimmen, sind der Inhaltskontrolle entzogen.[189] Das **Transparenzgebot** gilt jedoch gem. § 307 Abs. 3 Satz 2 BGB auch für preisbestimmende oder leistungsbeschreibende Klauseln (Beispiel: Betriebskostenumlagevereinbarung). Grundsätzlich müssen in einem Formularvertrag die dort geregelten Rechte und Pflichten eines Vertragspartners möglichst klar, durchschaubar und vollständig dargestellt werden.[190] Das **Transparenzgebot**[191] verlangt, dass die tatbestandlichen Voraussetzungen und die Rechtsfolgen einer anspruchsbegründenden Klausel so genau beschrieben werden, dass für den Verwender keine ungerechtfertigten Beurteilungsspielräume entstehen.[192] Dazu gehört auch, dass Allgemeine Geschäftsbedingungen wirtschaftliche Nachteile und Belastungen soweit erkennen lassen, wie dies nach den Umständen gefordert werden kann.[193] Das Transparenzgebot besteht nur im Rahmen des Möglichen.[194] Ob eine Klausel transparent ist, beurteilt sich nach der Rechtskenntnis eines durchschnittlichen mit Geschäften der fraglichen Art befassten Vertragspartners. Auf Sonderkenntnisse des konkreten Vertragspartners kommt es nicht an.[195] Das Transparenzgebot kann verletzt sein, wenn die Klausel lediglich eine Verweisung auf eine nicht abgedruckte gesetzliche Bestimmung enthält.[196] Wird eine gesetzliche Regelung durch eine Formularklausel variiert, so sind die Anforderungen an Klarheit und Verständlichkeit durch einen Vergleich der Klausel mit der Gesetzesbestimmung zu prüfen.[197] Infolgedessen verletzt eine Klausel das Transparenzgebot, wenn sie vermeidbare Unklarheiten und Spielräume enthält, und sie genügt dem Verbot, wenn sie im Rahmen des rechtlich und tatsächlich Zumutbaren die Rechte und Pflichten des Vertragspartners des Klauselverwenders so klar und präzise wie möglich umschreibt".[198] Unklare oder unverständliche

---

184 *Heinrichs* WuM 2002, 643, 644.
185 *Heinrichs* a. a. O.
186 *Heinrichs* a. a. O.
187 *Heinrichs* WuM 2002, 643, 645.
188 OLG Schleswig NJW 1995, 2859.
189 BGH (XI ZR 166/14) NJW 2016, 560 Rn. 16.
190 St. Rspr.: BGHZ 106, 42, 49 = NJW 1989, 222; BGHZ 112, 115, 117 = NJW 1990, 2383; BGHZ 115, 177, 185 = NJW 1991, 3025; BGH NJW-RR 1996, 783.
191 Dazu *Häublein* WuM 2016, 468.
192 BGH NZM 2004, 93, 95.
193 BGH (XII ZR 56/11) NJW 2014, 3722.
194 BGHZ 112, 115, 119 = NJW 1990, 2383; NZM 1998, 710, 711; strenger: BGH NJW 2008, 1438 = NZM 2008, 363 = WuM 2008, 278 = ZMR 2008, 527.
195 BGH NJW 1995, 2286, 2277; BGH (XII ZR 56/11) NJW 2014, 3722; *H. Schmidt* NZM 2012, 495, 496.
196 OLG Schleswig RE 27.3.1995 NJW 1995, 2858 betr. § 568 BGB a. F. = 545 BGB n. F.; *Heinrichs* NJW 1996, 1381, 1383.
197 BGH NZM 2004, 93, 95.
198 BGH a. a. O.

Klauseln sind unwirksam (§ 307 Abs. 1 BGB). Schließlich enthält das Transparenzgebot auch ein Täuschungsverbot. Der Verbraucher soll hinsichtlich seiner gesetzlichen Rechte nicht in die Irre geführt werden. Kein Verstoß gegen das Transparenzgebot liegt bei solchen Klauseln vor, die lediglich die gesetzliche Rechtsfolge wiedergeben. Die Pflicht des Klauselverfassers hinsichtlich der Transparenz einer Regelung reicht nicht weiter als die Pflicht des Gesetzgebers.[199] Anders kann es sein, wenn die Klausel die gesetzliche Regelung dergestalt variiert, dass der Eindruck einer vom Gesetz abweichenden Rechtsfolge entsteht.[200]

bbb) Überraschende Klausel. Formularklauseln, die nach den Umständen, insbesondere nach dem äußeren Erscheinungsbild des Vertrags so ungewöhnlich sind, dass der Vertragspartner des Verwenders mit ihnen nicht zu rechnen braucht, werden nicht Vertragsbestandteil (§ 305c Abs. 1 BGB). Ein Überraschungseffekt im Sinne dieser Vorschrift kann sich insbesondere aus der Stellung der Klausel im Gesamtwerk der allgemeinen Geschäftsbedingungen ergeben. Das ist etwa der Fall, wenn sie in einem systematischen Zusammenhang steht, in dem der Vertragspartner sie nicht zu erwarten braucht.[201] Maßgebliches Kriterium ist nicht die Unbilligkeit, sondern die Ungewöhnlichkeit und das darauf beruhende Überraschungsmoment, der „Überrumpelungseffekt“. Wird der Mieter von Gewerberaum durch Formularvertrag verpflichtet, die Verwaltungskosten zu tragen, so fehlt der Überrumpelungseffekt, wenn sich die Kosten im Rahmen des ortsüblichen halten; dann kann der Gewerbemieter die Kostenbelastung „wenigstens im Groben abschätzen. Auf die konkrete Höhe dieser Kosten im Einzelfall kommt es dagegen nicht an, insoweit wird der Mieter nur durch den Wirtschaftlichkeitsgrundsatz geschützt.[202] Bei der Beurteilung des Überrumpelungseffekts kommt es nicht auf die individuellen Fähigkeiten des konkreten Vertragspartners, sondern auf den Erfahrungshorizont eines durchschnittlichen Mieters (Vermieters) an.[203] Das Überraschungsmoment entfällt, wenn die Klausel durch **Fettdruck** oder auffällige Schrift deutlich hervorgehoben ist oder wenn der Verwender vor Vertragsschluss auf die Klausel **besonders hingewiesen** hat.[204] Steht fest, dass eine Klausel nach dem äußeren Erscheinungsbild des Vertrags ungewöhnlich ist, so muss der Verwender **beweisen,** dass er auf die Klausel besonders hingewiesen hat oder dass der Vertragspartner aus anderen Gründen mit der Klausel rechnen musste. Eine vorgedruckte Erklärung, wonach der Vertragspartner bestätigt, dass er den Vertragstext gelesen hat und dass ihm alle Klauseln erläutert worden sind, reicht hierfür nicht aus (s. Rdn. 45). 57

ccc) Auslegungsgrundsätze/Unklarheitenregel. Allgemeine Geschäftsbedingungen sind bei der Auslegung wie revisible Rechtsnormen zu behandeln.[205] Dabei ist in erster Linie vom Wortlaut der Klausel auszugehen. Lässt der Wortlaut mehrere Auslegungsmöglichkeiten zu, so ist zunächst zu fragen, ob die Parteien die Klausel übereinstimmend in demselben Sinn verstehen.[206] In diesem Fall ist für die Anwendung des § 305c BGB kein Raum. Bei einem unterschiedlichen Verständnis ist derjenigen Auslegung der Vorzug zu geben, die zu einem vernünftigen, widerspruchsfreien und den Interessen beider Vertragsparteien gerecht werdendem Ergebnis führt. Es ist zu fragen, „wie der Vertragstext aus der Sicht der typischerweise an Geschäften dieser Art beteiligten Verkehrskreise zu verstehen ist“.[207] Insoweit kommt es auf die Vorstellung „verständiger und redlicher Vertragspartner“ an.[208] Verbleiben nicht behebbare Zweifel, so geht dies nach der Unklarheitenregel (§ 305c Abs. 2 BGB) zu Lasten des Verwenders.[209] In diesem Fall richtet sich die Fest- 58

[199] *Horst* DWW 2011, 129, 130.
[200] Vgl. *Hau* NZM 2006, 561.
[201] BGH (XII ZR 109/08) NJW 2010, 671 = ZMR 2010, 351; BGH (XII ZR 189/08) NJW 2010, 3152 = ZMR 2011, 360.
[202] BGH (XII ZR 56/11) NJW 2014, 3722.
[203] BGH NJW 1995, 2637, 2638.
[204] BGH NJW 1996, 191.
[205] St. Rspr.; zuletzt BGH (VIII ZR 404/12), NJW 2014, 2269; BGH Urt.3.12.2014 – VIII ZR 224/13 Rz. 16.
[206] BGH (XI ZR 145/08), NJW 2009, 3422 Rn. 16; BGH (VIII ZR 152/15) NZM 2016, 307; OLG Düsseldorf DWW 2007, 392 [LS].
[207] St. Rspr. BGH (VIII ZR 337/11) NJW 2013, 291 Rz. 16; BGH Urt. v. 3.12.2014 – VIII ZR 224/13 unter Rz. 16 betr. Schönheitsreparaturen.
[208] BGH NJW 1993, 1381 unter Nr. I 2; BGH NJW-RR 2007, 1697 unter Nr. II 1b; BGH NJW 2007, 3776 unter Nr. II 1; BGH NJW 2008, 1218 unter Nr. II 2a–bb; BGH NJW 2009, 578 unter Nr. II 2b; BGH (VIII ZR 224/13) NZM 2015, 79 Rz. 16; BGH (VIII ZR 152/15) NZM 2016, 307; BGH (XII ZR 183/13) NZM 2016, 315.
[209] BGH NZM 2006, 137; BGH (VIII ZR 224/13) NZM 2015, 79 Rz. 16. BGH (XII ZR 183/13) NZM 2016, 315 betr. Grundsteuererhöhung; OLG Saarbrücken NZM 2016, 50 betr. Verlängerungsklausel.

legung ihres Inhalts nach derjenigen Auslegung, die sich bei der dem Vertragspartner vorteilhafteren Lesart ergibt. Ist beispielsweise vereinbart, dass vom Verbot der Tierhaltung „Kleintiere" ausgenommen sind, so zählen zu den Kleintieren auch Kaninchen, weil diese Tierart bei einer „kundenfreundlichen" Lesart noch zu den Kleintieren gezählt werden kann. Weiterhin ist die Unklarheitenregel auf solche Klauseln anwendbar, die nach Ausschöpfung der in Betracht kommenden Auslegungsregeln unklar bleiben; solche Klauseln sind unwirksam.[210] Ergibt sich die Unklarheit aus dem Umstand, dass derselbe **Sachverhalt in mehreren Klauseln unterschiedlich behandelt** wird, so gilt diejenige Klausel, die den Vertragspartner am wenigsten belastet.[211] Lässt sich dies nicht feststellen, weil der Vertragspartner durch jede Klausel im selben Maße belastet wird (z. B. Verpflichtung zur Rückgabe der Mietsache in renoviertem Zustand einerseits; Verpflichtung zur Zahlung der Renovierungskosten bei Mietende andererseits), so sind alle Klauseln unwirksam.

59 **ddd) Kundenfeindliche Auslegung.** Für die Auslegung von Formularklauseln gelten nicht die Vorschriften der §§ 133, 157 BGB.[212] Es kommt also weder auf die Vorstellungen der Parteien noch auf die Umstände des Einzelfalls an. Vielmehr sind Formularklauseln generell-abstrakt entsprechend ihrem Wortlaut auszulegen. Maßgeblich ist dabei, wie die Klausel üblicherweise von Vermietern und Mietern verstanden wird.[213] Eine Ausnahme gilt, wenn die konkreten Vertragsparteien eine Klausel übereinstimmend in einem bestimmten Sinne verstehen: dann ist diese übereinstimmende Bedeutung maßgeblich.[214] Davon abgesehen ist für die Wirksamkeitskontrolle derjenige Klauselinhalt maßgeblich, der sich bei der dem Vertragspartner (dem „Kunden") nachteiligsten Lesart ergibt (Prinzip der kundenfeindlichen Auslegung).[215] Dieser Grundsatz gilt auch im Individualprozess.[216] So ist beispielsweise die Klausel: „Die Tierhaltung ist ausgeschlossen" insgesamt unwirksam, weil von dem Wortlaut der Klausel bei kundenfeindlicher Auslegung auch Kleintiere wie Aquariumsfische oder Ziervögel erfasst werden.[217]

60 **eee) Verbot der geltungserhaltenden Reduktion.** Klauseln, die den Vertragspartner unbillig belasten, werden nicht mit einem gerade noch zulässigen Inhalt aufrechterhalten.[218] Die Regelungen der §§ 305ff. BGB sollen die Verwender von Formularverträgen zu einer ausgewogenen Vertragsgestaltung veranlassen, die den Interessen beider Vertragsteile Rechnung trägt; damit stünde es nicht im Einklang, wenn die Grenzen des Zulässigen folgenlos überschritten werden könnten. Ist beispielsweise vereinbart, dass der Mieter Kleinreparaturen bis zu einem Betrag von 150 € zu tragen hat, so ist diese Klausel nicht etwa in Höhe des gerade noch zulässigen Betrages von 100 € wirksam; vielmehr ist sie insgesamt unwirksam. An dieser Rechtsfolge ändert sich nichts, wenn das Vertragswerk oder Teile hiervon mit der salvatorischen Klausel versehen werden, dass die Klauseln nur „soweit gesetzlich zulässig" gelten sollen. Ein solcher Zusatz ist unwirksam, weil er gegen das Verständlichkeitsgebot verstößt.[219] In der Literatur wird allerdings vereinzelt die Ansicht vertreten, dass ein absolutes Reduktionsverbot nicht zwingend erforderlich ist; vielmehr sei in den Fällen eines „punktuellen Formulierungsmissgriffs" eine Relativierung angezeigt mit der weiteren Folge, dass die Klausel entsprechend dem Parteiwillen in ihrem wirksamen Teil aufrecht erhalten bleibt.[220]

61 Von den insgesamt unwirksamen Klauseln sind jene Klauseln zu unterscheiden, die aus einer zulässigen und einem unzulässigen Teil bestehen. In Fällen dieser Art gilt der Grundsatz, dass die Klausel mit dem zulässigen Inhalt aufrechterhalten bleibt, wenn der zulässige und der unzulässige Klauselteil **inhaltlich und sprachlich voneinander getrennt werden** können.[221] Ein Teil der Rechtsprechung und Literatur bedient sich zum Zwecke der Abgrenzung des sog. „blue pencil-

---

210 BGH NJW 1984, 1818.
211 OLG Düsseldorf NZM 2016, 821 betr. Neufestsetzung der Betriebskostenvorauszahlung bei einer Veränderung der Höhe der Betriebskosten.
212 **A. A.** BGH NZM 2006, 137 = GuT 2006, 68 Rdn. 13.
213 BGH NJW 1982, 2776; NJW 1982, 2628; **a. A.** *Schmidt-Salzer* JZ 1995, 223.
214 BGH NJW 1995, 1494.
215 BGH NJW 1992, 1099.
216 BGH WuM 2008, 340; BGH (VIII ZR 47/11) WuM 2011, 618 = ZMR 2012, 97 unter Rz 8; *Heinrichs* NJW 1996, 1381, 1384.
217 BGH WuM 1993, 109.
218 BGH NJW 1982, 2309; NJW 1983, 1322; NJW 1989, 2404.
219 BGH NJW 1993, 1061; NJW 1996, 1407; BGH Beschlüsse vom 20.11.2012 und vom 5.3.2013 VIII ZR 137/12; *Heinrichs* NJW 1997, 1407, 1411.
220 *Kappus* NZM 2011, 674 betr. die sog. „Farbwahlklausel" in einer Renovierungsvereinbarung.
221 BGH NJW 1983, 1320; NJW 1987, 1073; NJW 1997, 3437.

tests".[222] Bei dieser „Theorie" kommt es darauf an, ob eine Klausel mit einem sinnvollen und wirksamen Inhalt aufrecht erhalten bleibt, wenn der missbilligte Teil weggestrichen wird. Der „blue-pencil-test" führt in vielen Fällen zum richtigen Ergebnis; eine wertende Beurteilung kann er allerdings nicht ersetzen.[223] Auch die formale Trennbarkeit einer Klausel führt nicht immer zur Rechtsfolge der Teilunwirksamkeit. Gesamtunwirksamkeit kann eintreten, wenn eine Klausel aus einem wirksamen und einem unwirksamen Teil besteht und die beiden Teile einen Summierungseffekt aufweisen, so dass der Mieter durch das Zusammenspiel der beiden Klauselteile unbillig belastet wird.[224] Gleiches gilt, wenn wirksame und unwirksame Klauselteile dazu führen, dass die Gesamtregelung intransparent wird oder wenn der Verbraucher durch die Gestaltung der Klausel getäuscht wird. In Fällen dieser Art spielt es keine Rolle, ob die zur Prüfung stehenden Regelungen in einer einzigen Klausel enthalten sind oder ob der Vertrag mehrere Klauseln enthält, von denen ein Teil wirksam, ein anderer Teil unwirksam ist. Wenn die mehreren Klauseln denselben Regelungsgegenstand betreffen, sind sie (einschließlich ihrer individualvertraglichen Zusätze) insgesamt unwirksam, wenn ein Summierungseffekt zu Lasten des Verbrauchers eintritt oder wenn das Transparenzgebot/Täuschungsverbot verletzt ist.[225] Nach der Rechtsprechung des BGH wird durch eine Regelung über die Überwälzung der Schönheitsreparaturen auf den Mieter „eine einheitliche, nicht in Einzelmaßnahmen aufspaltbare Rechtspflicht" begründet mit der weiteren Folge, dass die Unwirksamkeit einer Teilregelung zur Unwirksamkeit der Gesamtreglung führt. Danach hat die Unwirksamkeit einer starren Fristenreglung die Unwirksamkeit einer bei isolierter Betrachtung wirksamen Klausel über das Lackieren von Fensterrahmen und Türen zur Folge.[226] Gleiches gilt wenn eine bei isolierter Betrachtung wirksame Renovierungsklausel mit einer unwirksamen sog. „Fachhandwerkerklausel" verbunden wird.

cc) Unwirksame Klauseln. Die Kriterien für die Wirksamkeitskontrolle einzelner Klauseln ergeben sich aus §§ 307–309 BGB. Nach **§ 307 Abs. 1 BGB** ist eine Klausel unwirksam, wenn sie den Vertragspartner entgegen den Geboten von Treu und Glauben unangemessen benachteiligt. Eine Formularklausel benachteiligt den Vertragspartner des Verwenders entgegen den Geboten von Treu und Glauben unangemessen, wenn der Verwender missbräuchlich eigene Interessen auf Kosten des Vertragspartners durchzusetzen versucht, ohne von vornherein die Interessen seines Partners hinreichend zu berücksichtigen und ihm einen angemessenen Ausgleich zuzugestehen.[227] Dabei ist ein generalisierender, überindividueller Prüfungsmaßstab und eine von den Besonderheiten des Einzelfalls losgelöste typisierende Betrachtungsweise zugrunde zu legen.[228] Maßgeblich sind die Verhältnisse bei Vertragsschluss.[229] Eine nachträgliche Veränderung der tatsächlichen Verhältnisse bleibt ebenso unberücksichtigt, wie ein Wandel der Anschauungen und Beurteilungsmaßstäbe.[230] Für die tatsächlichen Voraussetzungen des § 307 Abs. 1 BGB ist derjenige darlegungs- und beweispflichtig, der aus einem Verstoß gegen diese Vorschrift Rechte für sich herleiten will.[231] Soweit einzelne Klauseln unwirksam sind, gelten die gesetzlichen Vorschriften (§ 306 Abs. 2 BGB). Die Klausel ist mithin an der Gesetzesnorm zu messen. Es ist zu fragen, ob die Abweichung mit den wesentlichen Grundgedanken der gesetzlichen Regelung zu vereinbaren ist (§ 307 Abs. 2 Nr. 1 BGB).[232] Die Vereinbarungen über den Mietpreis unterliegen nicht der Inhaltskontrolle, wohl aber **Preisnebenabreden.** Zwar hat auch eine Preisnebenabrede mittelbar Auswirkungen auf den Preis. Im Unterschied zur Preisabrede wird in ihr aber nicht das Entgelt für die Leistung bestimmt. Vielmehr tritt sie an die Stelle der gesetzlichen Rechtsfolge und ändert diese zum Vorteil des Klauselverwenders ab.[233] Zu den gesetzlichen Regelungen zählen auch die Bestimmungen über die ergänzende Vertragsauslegung (§§ 157, 133 BGB). Jedoch kommt eine ergänzende Vertragsauslegung nur in Betracht, wenn sich die Gesetzeslücke nicht durch dispositives Gesetzesrecht füllen 62

---

222 BayObLG RE 12.5.1997 BayObLGZ 1997 Nr. 26 betr. eine Klausel mit einer wirksamen Übertragung der Schönheitsreparaturen und einer unwirksamen Kleinreparaturklausel; LG Bremen NJW-RR 1989, 1080.
223 Anders wohl: *Häuble* in ZMR 2005, 94.
224 BGH NJW 2003, 2234.
225 S. dazu auch *Heinrichs* WuM 2005, 155, 158.
226 BGH (VIII ZR 21/13) NJW 2015, 1874.
227 St. Rspr. zuletzt BGH (VIII ZR 242/13) NJW 2015, 1871 betr. Quotenabgeltungsklausel.
228 BGH (X ZR 76/11) NJW 2012, 2107 Rn. 10.
229 *Heinrichs* NJW 1996, 1381, 1385; *Medicus* NJW 1995, 2577, 2579.
230 *Heinrichs* a. a. O.
231 BGH NJW 1996, 388, 389.
232 OLG Jena NZM 2012, 642.
233 BGH (VII ZR 222/12) NZM 2013, 159 unter Rz. 16.

lässt und dies zu einem Ergebnis führt, das den beiderseitigen Interessen nicht mehr in vertretbarer Weise Rechnung trägt, sondern das Vertragsgefüge einseitig zugunsten des Kunden verschiebt.[234] Fehlt ein gesetzliches Pendant zur Vertragsregelung so richtet sich die Inhaltskontrolle nach § 307 Abs. 2 Nr. 2 BGB. Danach kommt es darauf an, ob auf Grund der Vertragsklausel die Erreichung des Vertragszwecks gefährdet wird. Orientiert sich eine Klausel in einem Gewerbemietvertrag an einer für die Wohnungsmiete geltenden Regelung, so sind bei der Prüfung die Gesichtspunkte des sozialen Mieterschutzes nicht zu berücksichtigen.[235] Die Wirksamkeit des Mietvertrags im Übrigen bleibt von der Unwirksamkeit einzelner Klauseln unberührt (§ 306 Abs. 1 BGB). Die Ausnahmevorschrift des § 306 Abs. 3 BGB, wonach Gesamtunwirksamkeit eintritt, wenn das Festhalten am Vertrag eine unzumutbare Härte für eine Vertragspartei darstellen würde, hat bei der Miete keine praktische Bedeutung. Entsteht durch die Unwirksamkeit der Klausel eine Lücke, weil das Gesetz für den durch die unwirksame Klausel geregelten Sachverhalt keine Regelung vorsieht und bietet die ersatzlose Streichung der Klausel keine angemessene, den typischen Interessen des Klauselverwenders und Vertragspartners Rechnung tragende Lösung, so ist der Vertrag im Wege der ergänzenden Auslegung zu vervollständigen.[236] Es gilt dann diejenige Regelung, die der unwirksamen Klausel am nächsten kommt.

63 Der Verwender eines Formularvertrags kann sich nicht auf die Unwirksamkeit einzelner Klauseln berufen.[237] Er muss sich an solchen Regelungen festhalten lassen, die dem Kunden im Einzelfall günstig sind.[238] Dies folgt aus dem Umstand, dass niemand Vorteile aus einer rechtswidrigen Vertragsgestaltung ziehen darf.

64 Enthält der Mietvertrag neben der Formularklausel eine **Individualvereinbarung mit konkretisierenden, ergänzenden oder abw. Regelungen,** so gilt Folgendes: **(1)** Ist der Regelungsgegenstand identisch, so geht die Individualvereinbarung vor (§ 305b BGB); es ist lediglich die Individualvereinbarung zu prüfen. **(2)** Ergänzen sich die beiden Vereinbarungen, so richtet sich die Prüfung der Formularklausel nach § 307 BGB. Gegenstand der Prüfung ist die Formularklausel einschließlich der individualvertraglichen Ergänzungen. Führt die Gesamtheit der Regelungen zu einer unbilligen Belastung des Kunden so hat dieser Summierungseffekt die Unwirksamkeit der Formularklausel zur Folge. **(3)** Die Individualvereinbarung ist nicht an § 307 BGB zu messen. Hier sind folgende Kriterien maßgeblich **(3.1.)** Ist die Individualvereinbarung von der Wirksamkeit der Formularklausel abhängig, so hat die Unwirksamkeit der Formularklausel zwangsläufig die Unwirksamkeit der Individualvereinbarung zur Folge. **(3.2.)** Bilden die beiden Vereinbarungen wegen ihres sachlichen Zusammenhangs ein einheitliches Rechtsgeschäft i. S. d. § 139 BGB, so ist im Falle der Nichtigkeit der Formularklausel das gesamte Rechtsgeschäft nichtig.

Die Verwendung unwirksamer Geschäftsbedingungen führt nicht nur zu den Rechtsfolgen des § 306 BGB. Daneben kommt auch eine Haftung aus Verschulden bei Vertragsschluss sowie eine Haftung aus Pflichtverletzung in Betracht. Die Haftung aus Verschulden bei Vertragsschluss setzt voraus, dass bereits die Einbeziehung der unwirksamen Klausel zu einem Schaden führt, z. B., weil der Kunde auf die Wirksamkeit der Klausel vertraut.[239] Eine Haftung aus Pflichtverletzung ist in Erwägung zu ziehen, wenn der Verwender der Klausel entweder Rechte aus der unwirksamen Vereinbarung herleitet oder nicht auf die Unwirksamkeit der Klausel hinweist, obwohl es hierzu einen konkreten Anlass gibt.[240]

65 **dd) Änderung der Rechtsprechung/Vertrauensgrundsatz.** Eine Änderung der obergerichtlichen Rechtsprechung ist auch für solche Mietverhältnisse zu beachten, die vor der Änderung abgeschlossen wurden aber noch nicht abgewickelt sind. Es handelt sich um einen Fall der rechtlich unbedenklichen sog. „unechten Rückwirkung".[241] Etwas anderes gilt, wenn die Rückwirkung in

---

[234] BGH NJW 2009, 578 = NZM 2009, 209 = WuM 2009, 131 unter Nr. II 3.
[235] OLG Jena NZM 2012, 642.
[236] BGHZ 143, 103, 120; BGH NJW 2006, 3778 = NZM 2006, 924 = WuM 2006, 677 = ZMR 2007, 28 = DWW 2007, 17 unter II 2d.
[237] BGH NJW 1998, 2279; NJW-RR 2005, 34; WuM 2006, 31 = ZMR 2006, 599.
[238] BGHZ 94, 55 = NJW 1985, 1535; NJW 1987, 2506; NZM 1998, 718, 719; OLG Koblenz WuM 1999, 694.
[239] *Schmidt* WuM 2010, 191, 194.
[240] *Schmidt* a. a. O.
[241] BVerfGE 74, 129, 155; BGHZ 132, 6 = NJW 1996, 924, 925 unter Nr. II 6a; BGH NJW 1996, 1467; BGH NZM 2007, 363 unter Rdn. 28ff.; NJW 2008, 1438 = NZM 2008, 363 = WuM 2008, 278 = ZMR 2008, 527 unter Nr. II 2c.

rechtlich geschützte Positionen eingreift. Hiervon ist auszugehen, wenn die von der Rückwirkung betroffene Partei mit der Fortgeltung der bisherigen Rechtslage rechnen durfte und dieses Vertrauen bei der Abwägung mit den Belangen des Vertragspartners und dem Anliegen der Allgemeinheit den Vorrang genießt.[242] Ein solcher Fall liegt insbesondere dann vor, wenn die Rückwirkung für die betroffene Partei zu einer unbilligen und unzumutbaren Härte führen würde. Hier ist die Rechtsprechungsänderung nach dem Grundsatz des Vertrauensschutzes auf zukünftige Rechtsbeziehungen zu beschränken.[243] Bei einer Änderung der Rechtsprechung zur Wirksamkeit von Formularklauseln ist ein solcher Ausnahmefall nicht gegeben, weil der Schutzzweck der AGB-Vorschriften entgegensteht.[244]

Die Änderung einer gefestigten Rechtsprechung unterliegt der **verfassungsrechtlichen Kon- 65a trolle.** Prüfungsmaßstab ist Art 3 Abs. 1 i. V. m. Art 20 Abs. 3 GG. Danach ist die Aufgabe einer gefestigten Rechtsprechung als „judikatives Unrecht" zu bewerten, wenn sie willkürlich erfolgt. Dies ist der Fall, wenn ein schützenswertes Vertrauen in den Fortbestand der Rechtsprechung anzuerkennen ist und die Änderung der Rechtsprechung auf sachfremden Erwägungen beruht. An der erstgenannten Voraussetzung fehlt es, wenn die Änderung der Rechtsprechung einer vorhersehbaren Entwicklung folgt oder wenn in der juristischen Diskussion Vorbehalte gegen die Rechtsprechung geäußert werden. Die letztgenannte Voraussetzung liegt vor, wenn für die Aufgabe der bisherigen Rechtsprechung keine stichhaltigen Gründe vorliegen.[245]

ee) Verbraucherverträge (§ 310 Abs. 3 BGB). Die Regelung des § 310 Abs. 3 BGB ent- 66 spricht dem früheren § 24a AGB-Gesetz. Diese Vorschrift ist am 20.7.1996 in Kraft getreten. Durch § 24a AGBG wurde die Richtlinie 93/13/EWG des Rates der EG vom 5.4.1993 über missbräuchliche Klauseln in Verbraucherverträgen (EG-VRL) in nationales Recht umgesetzt. Ein „Verbrauchervertrag" liegt vor, wenn der Mietvertrag zwischen einem Unternehmer als Vermieter und einer natürlichen Person als Mieter abgeschlossen wird. In diesem Fall soll der Verbraucher (hier: der Mieter) in seiner rollenspezifischen Unterlegenheit geschützt werden.

aaa) Voraussetzungen des § 310 Abs. 3 BGB. Die Vorschrift des § 310 Abs. 3 BGB ist auf 67 Verträge zwischen einem „Unternehmer" und einem „Verbraucher" anwendbar.

Als **„Unternehmer"** gilt, wer in Ausübung seiner gewerblichen oder selbstständigen beruf- 68 lichen Tätigkeit handelt (§ 14 BGB). Unternehmer ist auch der private Vermieter, der in Ausübung der Anlage und Verwaltung seines Vermögens, Mietwohnungen auf dem Markt anbietet und so am Wettbewerb teilnimmt.[246] Anders ist es, wenn dem Vermieter nur wenige Wohnungen gehören.[247] Teilweise wird vertreten, dass für die Unternehmereigenschaft die „Anzahl und Komplexität der Geschäftsvorfälle einer- und der daraus folgenden Professionalität des Vermieters" maßgeblich sein soll.[248] Nach der hier vertretenen Ansicht ist darauf abzustellen, ob der Vermieter für die Bewirtschaftung seiner Immobilien eine professionell organisierte Verwaltung benötigt. Für die Frage, ob ein Vermieter als Unternehmer anzusehen ist, kommt es also nicht auf den Wert der Immobilien, sondern auf den Umfang der vom Vermieter betriebenen Geschäfte an. Wer ein großes oder wertvolles Objekt an einen oder mehrere Mieter vermietet, handelt im Rahmen privater Vermögensverwaltung und nicht als Unternehmer. Die Vermietung zahlreicher Wohnungen an wechselnde

---

242 BVerfGE 72, 175, 196; BGHZ 132, 6 = NJW 1996, 924, 925 unter Nr. II 6a; BGH NJW 1996, 1467; BGH NZM 2007, 363 unter Rdn. 29; NJW 2008, 1438 = NZM 2008, 363 = WuM 2008, 278 = ZMR 2008, 527 unter Nr. II 2c.

243 BGH NZM 2007, 363 unter Rdn. 30; s. dazu auch *Horst* NZM 2007, 185.

244 BGHZ 132, 6 = NJW 1996, 924, 925 unter Nr. II 6b. Kritisch hierzu *Lammel* ZMR 2016, 341 zur geänderten Rechtsprechung des BGH betreffend der in der Praxis häufigen Renovierungsklausel durch Urteil vom 18.3.2015 – VIII ZR 185/14 (BGHZ 204, 302 = NJW 2015, 1593): danach ist aus Gründen des verfassungsrechtlich gebotenen Vertrauensschutzes zu differenzieren: die bislang für wirksam erachteten Klauseln, die vor der Verkündung des Urteils vom 18.3.2015 vereinbart wurden, sind weiterhin als wirksam anzusehen. Die geänderte Rechtsprechung sollte nur für die nach diesem Zeitpunkt abgeschlossenen Verträge gelten.

245 Vgl. *Broker* NJW 2012, 2996.

246 OLG Düsseldorf WuM 2003, 621 = ZMR 2003, 921 = DWW 2004, 19 m. Anm. *Schach* GE 2003, 1590.

247 So BayObLG GE 1993, 703 = DWW 1993, 196 zum HaustürWG für einen Eigentümer mit 2 Wohnungen; ebenso AG Magdeburg DWW 1997, 155; s. aber auch LG Mannheim ZMR 1994 Heft 3 [Grüne] S. III, wonach geschäftsmäßiges Handeln zu bejahen ist, wenn der Vermieter Eigentümer von 10 Wohnungen ist, die von einem Dritten verwaltet werden; ebenso OLG Düsseldorf WuM 2003, 621, 623 für den Eigentümer von zwei Wohngebäuden; LG Görlitz WuM 2000, 542 für einen Eigentümer von 11 Wohnungen; AG Mülheim/Ruhr WuM 1995, 431 für einen Eigentümer von 13 Wohnungen; AG Frankfurt/M. WuM 1998, 418 und AG Köln WuM 2007, 123 für einen Eigentümer von 6 Wohnungen; **a. A.** *Harsch* WuM 2008, 201.

248 *Mediger* NZM 2015, 186, 187.

Mieter spricht dagegen für eine professionelle Tätigkeit, insbesondere, wenn der Vermieter ein Büro und einen organisierten Geschäftsbetrieb unterhält. Maßgeblich sind die Umstände des Einzelfalls.[249] Der Vermieter wird nicht deshalb zum Unternehmer, weil der die Verwaltungstätigkeit einem professionellen Verwalter übertragen hat.[250] Im Gegenteil liegt hierin ein Indiz dafür, dass die Vermietung der privaten Vermögensverwaltung zuzuordnen ist. Das Kammergericht hat private Vermögensverwaltung angenommen und die Unternehmereigenschaft verneint für einen Eigentümer, der als niedergelassener Arzt tätig ist und über fünf Häuser mit jeweils 20 Mietwohnungen bzw. Gewerbeeinheiten besitzt, die er mit Hilfe einer Hausverwaltung verwaltet.[251]

69 **Verbraucher** ist jede natürliche Person, die ein Rechtsgeschäft zu Zwecken abschließt, die überwiegend weder ihrer gewerblichen noch ihrer selbständigen beruflichen Tätigkeit zugerechnet werden können. Somit sind Mietverhältnisse über Geschäftsräume vom Anwendungsbereich der Vorschrift ausgenommen. Die Abgrenzung ist auch hier nach generellen Kriterien zu treffen. Maßgeblich ist nur, ob der Vertrag zum Zwecke oder im Rahmen einer selbstständigen Gewerbetätigkeit geschlossen worden ist. Die Umstände des Einzelfalls sind unbeachtlich. Unerheblich ist, ob der Verbraucher durch einen geschäftserfahrenen Berater vertreten wird. Ebenso kommt es nicht darauf an, ob der Gewerbetreibende im konkreten Fall wenig Geschäftserfahrung hatte. Deshalb liegt Unternehmerhandeln vor, wenn ein sog. „Existenzgründer" einen Mietvertrag über Geschäftsräume abschließt.[252] Bei Mischmietverträgen kommt es darauf an, welche Art der Nutzung überwiegt, was auf Grund einer Beurteilung ex ante festzustellen ist.[253] Streitig ist, ob es für die Abgrenzung allein auf den objektiv zu ermittelnden Zweck ankommt[254] oder ob die dem Vertragspartner erkennbaren Umstände maßgeblich sind.[255] Der BGH hat die Frage bisher noch nicht entschieden. Darlegungs- und beweispflichtig für die Zuordnung des Geschäfts zum privaten Rechtskreis ist der Verbraucher. Im Zweifel ist allerdings zugunsten des Verbrauchers zu entscheiden[256]. Eine **Wohnungseigentümergemeinschaft** ist weder eine natürliche, noch eine juristische Person, sondern ein rechtsfähiger Verband sui generis. Hierauf ist § 13 BGB entsprechend anzuwenden, wenn der Gemeinschaft wenigstens ein Verbraucher angehört und sie ein Rechtsgeschäft zu dem Zweck abschließt, der weder einer gewerblichen noch einer selbständigen beruflichen Tätigkeit dient. Es spielt keine Rolle ob die Gemeinschaft durch einen gewerblichen Verwalter vertreten wird. Die Anwendung verbraucherschützender Normen ist nur dann ausgeschlossen, wenn die Wohnungseigentümergemeinschaft ausschließlich aus Unternehmern besteht.[257] Eine gewerbliche Tätigkeit im Sinne der §§ 13, 14 BGB ist eine planmäßige und auf Dauer angelegte wirtschaftlich selbständige Tätigkeit unter Teilnahme am Wettbewerb. Hierzu zählt nicht die Verwaltung eigenen Vermögens. Der Abschluss von Verträgen durch die Wohnungseigentümergemeinschaft zum Zwecke der Verwaltung oder Versorgung der Wohnungseigentumsanlage ist in der Regel nicht als gewerbliche Tätigkeit anzusehen.[258] Dieselben Grundsätze gelten für die **BGB-Gesellschaft.**[259]

70 **bbb) Rechtsfolgen des § 310 Abs. 3 BGB.** Die Vorschriften der §§ 305–309 BGB sind beim Vorliegen eines Verbrauchervertrags mit folgenden Maßgaben anzuwenden:

71 **(1)** Allgemeine Geschäftsbedingungen gelten als vom Vermieter gestellt, es sei denn, dass sie durch den Mieter in den Vertrag eingeführt wurden. Diese Vorschrift ist insbesondere dann von Bedeutung, wenn das Vertragsformular von einem Dritten – z. B. einem Makler – ausgewählt wird. Solche Verträge unterliegen der Inhaltskontrolle.[260] Die Vorschrift gilt aber nicht nur für Drittbedingungen, sondern für alle vorformulierten Bedingungen, auch wenn sie vom Vermieter selbst entworfen oder formuliert worden sind.[261] Wird ein vom Mieter vorgeschlagenes Formular verwendet, – was vom Vermieter zu beweisen ist – scheidet eine Inhaltskontrolle aus. Im Streitfall

---

[249] BGHZ 149, 80, 87; OLG Düsseldorf MDR 2010, 858.
[250] *Horst* DWW 2015, 2, 4; **a. A.** *Lehmann-Richter* NZM 2011, 57, 61.
[251] KG GE 2015, 57.
[252] BGH NZM 2005, 342.
[253] *Heinrichs* NJW 1996, 2190, 2191.
[254] *Micklitz* in MünchKomm § 13 BGB Rdn. 35; *Schmidt-Räntsch* in Bamberger/Roth § 13 BGB Rdn. 9.
[255] *Palandt/Ellenberger* § 13 BGB Rdn. 4.
[256] BGH NJW 2009, 3780 unter Rdn. 10.
[257] BGH (VIII ZR 243/13) NJW 2015, 3228 Rz. 28, 30 betr. Abschluss eines Energielieferungsvertrag durch eine aus 241 Wohneinheiten bestehende Wohnungseigentümergemeinschaft.
[258] BGH a. a. O. Rz. 50.
[259] BGHZ 149, 80.
[260] *Heinrichs* NJW 1996, 2190, 2192.
[261] BGH MDR 1999, 666; *Wille* VersR 1995, 1404, 1416.

muss der Verbraucher darlegen und beweisen, dass die Klausel für eine Vielzahl von Verträgen bestimmt ist. Der Unternehmer muss beweisen, dass die Vertragsbedingung ausgehandelt wurde.[262]

(2) Die §§ 305c Abs. 2, 306, 307–309 BGB sind auf vorformulierte Vertragsbedingungen auch dann anzuwenden, wenn diese nur **zur einmaligen Verwendung** bestimmt sind und soweit der Verbraucher auf Grund der Vorformulierung auf ihren Inhalt keinen Einfluss nehmen konnte. Die für § 305 Abs. 1 BGB geltenden Grundsätze (s. Rdn. 37) können auch hier angewandt werden. Zur Verteilung der **Beweislast** werden unterschiedliche Ansichten vertreten. Nach einer Ansicht muss der Verbraucher lediglich beweisen, dass die Vertragsbedingung vom Unternehmer vorformuliert wurde; der Unternehmer muss beweisen, dass der Verbraucher auf den Inhalt der Klausel Einfluss nehmen konnte.[263] Nach anderer Meinung trägt der Verbraucher die Beweislast für alle Tatbestandsmerkmale des § 310 Abs. 3 Nr. 2 BGB. Der Verbraucher muss sowohl beweisen, dass die Klausel vorformuliert ist als auch, dass er auf deren Inhalt keinen Einfluss nehmen konnte.[264] In vielen Fällen wird der Beweis des ersten Anscheins gegen die Möglichkeit einer Einflussnahme des Verbrauchers auf die Vertragsbedingungen sprechen. Dies gilt insbesondere bei umfangreichen Mietverträgen mit komplizierten Klauseln.[265] 72

(3) Bei der Beurteilung der unangemessenen Benachteiligung nach § 307 BGB sind auch die den Vertragsschluss begleitenden Umstände zu berücksichtigen. Der abstrakt-generelle Kontrollansatz des § 307 BGB wird bei den Verbraucherverträgen um eine konkret-individuelle Kontrolle ergänzt. Hierbei können die Geschäftserfahrung des Vermieters, die Unerfahrenheit des Mieters, (aber auch die umgekehrte Konstellation!) sowie eine Überrumplungssituation berücksichtigt werden. Auf Grund des Ergebnisses der konkret-individuellen Kontrolle können die gegen die Klausel bestehenden Bedenken verstärkt aber auch entkräftet werden.[266] 73

ccc) Zeitlicher Geltungsbereich. Obwohl der Vorläufer des § 310 Abs. 3 BGB – die Vorschrift des § 24a AGBG – erst am 20.7.1996 in Kraft getreten ist, sind die dort enthaltenen Grundsätze auch bei älteren Verträgen zu beachten. Insoweit ist anerkannt, dass die Richtlinie 93/13/EWG schon vor ihrer Umsetzung bei der Auslegung des AGB-Gesetzes mit zu berücksichtigen war (sog. „richtlinienkonforme Auslegung").[267] 74

d) Widerspruchsrecht des Mieters bei außerhalb von Geschäftsräumen des Wohnungsunternehmens geschlossenen Verträgen (§§ 312ff BGB). aa) Überblick. Bei Verträgen über die Vermietung von Wohnraum zwischen einem Unternehmen (Wohnungsunternehmen) und einem Verbraucher (Mieter) sind die **§§ 312ff BGB** in der Fassung des Gesetzes zur Umsetzung der Verbraucherrichtlinie vom 20.9.2013 (BGBL S. 3642) zu beachten. Für die Wohnungsmiete sind insbesondere die §§ 312b, 312d Abs. 1 und 312g von Bedeutung: diese Vorschriften übernehmen im Kern die Regelungen des § 312 BGB a. F. über die sog. **„Haustürgeschäfte"** Danach steht dem Mieter ein Widerrufsrecht gem. § 355 BGB zu, wenn der Vertrag außerhalb von Geschäftsräumen des Vermieters geschlossen wurde. Gleiches gilt für Mietänderungsverträge. Die übrigen Vorschriften der §§ 312ff BGB dürften bei der Wohnungsmiete keine Rolle spielen. Dies gilt insbesondere für § 312c (s. dazu Rdn. 89–92). Für den Begriff des Wohnraummietverhältnisses s. Rdn. 94ff). Bei Mischmietverträgen kommt es darauf an, ob diese als Wohnraummietverträge zu bewerten sind. Dies richtet sich nach der „Schwerpunkttheorie" (s. Rdn. 107ff). 75

bb) Voraussetzungen des Widerrufsrechts bei „Haustürgeschäften". aaa) Verbrauchervertrag i. S. von § 310 Abs. 3 BGB. Nach der Legaldefinition in § 310 Abs. 3 BGB ist unter einem Verbrauchervertrag ein Vertrag zwischen einem Unternehmer und einem Verbraucher zu verstehen (zu den Begriffen s. Rdn. 68, 69). Zu den Verträgen zählen auch Vereinbarungen, die im Wege eines gerichtlichen oder außergerichtlichen Vergleichs geschlossen werden.[268] Es spielt nach dem Wortlaut und dem Sinn des § 310 Abs. 3 BGB keine Rolle, ob der Vertrag durch ausdrückliche wechselseitige Willenserklärungen zustande gekommen ist oder ob der Wille des Mieters zum Vertragsschluss aus einem bestimmten tatsächlichen Verhalten abgeleitet wird. Deshalb gilt das Wider- 76

---

262 BGHZ 176, 140 = NJW 2008, 2250 = WuM 2008, 395 unter Nr. II 3a; *Basedow* in MünchKomm § 310 Rdn. 12; *Schlosser* in Staudinger § 310 Rdn. 60; *Palandt/Grüneberg* § 305 Rdn. 23 und § 310 Rdn. 12.

263 Vgl. *v. Westphalen* BB 1996, 2101; *Bunte* DB 1996, 1389, 1392.

264 BGHZ 176, 140 = NJW 2008, 2250 = WuM 2008, 395; *Basedow* in MünchKomm § 310 Rdn. 66; *Palandt Grüneberg* § 310 Rdn. 17; *Becker* in Bamberger/Roth § 310 Rdn. 21; *Heinrichs* NJW 1996, 2190, 2193.

265 *Palandt/Grüneberg* § 310 Rdn. 17.

266 *Heinrichs* NJW 1996, 2190, 2194.

267 BGH WPM 1995, 482; *Scholz* WuM 1995, 573; *Heinrichs* NJW 1995, 154.

268 *Mediger* NZM 2015, 185, 187.

rufsrecht auch für Verträge, die auf konkludenten Handlungen beruhen (Einzelheiten § 557 Rdn. 18ff). Für die in der Praxis häufige Mietänderung durch Briefwechsel s. unten Rdn. 90.

77 **bbb) Entgeltliche Leistung des Wohnungsunternehmens.** Die Regelung des § 312 BGB a. F. war auf alle Verträge anwendbar, die eine „entgeltliche Leistung zum Gegenstand" hatten. Der Entgeltbegriff bezog sich dabei auf den Vertrag als solchen, so dass auch Verträge erfasst wurden, durch die der Mieter auf ein ihm zustehendes vermögenswertes Recht verzichtet hat. Damit galt § 312 BGB a. F. auch für Mietaufhebungsverträge, Verträge über eine nachträgliche Befristung des Mietverhältnisses oder Modernisierungsverträge, durch die der Mieter auf ihm zustehende Rechte verzichtet. Demgegenüber setzt § 312 BGB n. F. voraus, dass die jeweiligen Verträge „eine entgeltliche Leistung des Unternehmers" (§ 312 Abs. 1 BGB), also des Vermieters, zum Gegenstand haben. Ein solcher Fall liegt immer dann vor, wenn der Mieter durch den Vertrag zur Zahlung eines Entgelts oder zum Verzicht auf ein vermögenswertes Recht verpflichtet wird. In der Sache hat sich also gegenüber § 312 BGB a. F. nichts geändert. Deshalb gilt § 312 nach wie vor für alle Verträge durch die die wechselseitigen Vertragsbeziehungen modifiziert werden, also nicht nur bei Erhöhung oder Herabsetzung der Miete oder der Betriebskosten sondern auch bei Mietaufhebungsverträgen.[269] Eine (einseitige) Räumungsverpflichtung des Mieters steht dem Mietaufhebungsvertrag gleich.[270] Es spielt keine Rolle, ob der Vertrag für den Mieter nachteilig ist oder ihm lediglich Vorteile bringt. Es ist allein Sache des Mieters sich für oder gegen den Vertrag zu entscheiden. Nach **§ 312 Abs. 2 Nr. 3 BGB** besteht bei Verträgen „über den Bau von neuen Gebäuden oder **erhebliche Umbaumaßnahmen** an bestehenden Gebäuden" kein Widerrufsrecht. Damit sind Werkverträge zwischen dem Bauherrn und dem Bauunternehmer gemeint. Bei einem Vertrag über die Duldung von Erhaltungs- oder Modernisierungsmaßnahmen zwischen den Mietvertragsparteien besteht ein Widerrufsrecht. Dies gilt auch dann, wenn der Vertrag auf Initiative des Mieters geschlossen wird. Nach seinem Wortlaut gilt **§ 312g Abs. 1 BGB** nur für Verträge, nicht für einseitige Rechtsgeschäfte; jedoch wird man hierauf § 312g analog anwenden müssen.

78 **ccc) Vertragsschluss außerhalb von Geschäftsräumen des Wohnungsunternehmens (§ 312b BGB). (1) Anwendungsbereich (§ 312b Abs. 1).** Nach der Legaldefinition in § 312b Abs. 1 BGB sind unter dem Begriff der „Außerhalb von Geschäftsräumen geschlossene(n) Verträge" solche Verträge zu verstehen,

„1. die bei gleichzeitiger körperlicher Anwesenheit des Verbrauchers und des Unternehmers an einem Ort geschlossen werden, der kein Geschäftsraum des Unternehmers ist.
2. für die der Verbraucher unter den in Nummer 1 genannten Umständen ein Angebot abgegeben hat,
3. die in den Geschäftsräumen des Unternehmers oder durch Fernkommunikationsmittel geschlossen werden, bei denen der Verbraucher jedoch unmittelbar zuvor außerhalb der Geschäftsräume des Unternehmers bei gleichzeitiger körperlicher Anwesenheit des Verbrauchers und des Unternehmers persönlich und individuell angesprochen wurde, oder
4. die auf einem Ausflug geschlossen werden, der von dem Unternehmer oder mit seiner Hilfe organisiert wurde, um beim Verbraucher für den Verkauf von Waren oder die Erbringung von Dienstleistungen zu werben und mit ihm entsprechende Verträge abzuschließen.

Dem Unternehmer stehen Personen gleich, die in seinem Namen oder Auftrag handeln."

79 Für die **Begründung eines Mietverhältnisses** sind diese Vorschriften nicht anzuwenden, wenn der Mieter die Wohnung zuvor besichtigt hat **(§ 312 Abs. 4 Satz 2 BGB).** Deshalb besteht kein Widerrufsrecht, wenn der **Mietvertrag im Anschluss an eine Wohnungsbesichtigung** in der besichtigten Wohnung oder an einem beliebigen anderen Ort abgeschlossen wird. Es muss sich aber um eine Besichtigung vor Vertragsschluss handeln. Eine Sammelbesichtigung mit anderen Mietinteressenten genügt. Ob die Wohnung zu Zeitpunkt der Besichtigung bereits leersteht oder noch von einem anderen Nutzer bewohnt wird, spielt keine Rolle. Jedoch muss der Mietinteressent Gelegenheit zu einer umfassenden Besichtigung aller Räume erhalten. Teilweise wird vertreten, dass es genügt, wenn der Mieter die wesentlichen Teile der Wohnung besichtigt hat[271]. Nach der hier vertretenen Ansicht ist zu unterscheiden: Das Widerufsrecht ist ausgeschlossen, wenn der Mieter aus freien Stücken auf die Besichtigung der Gesamtwohnung verzichtet. Anders ist es,

---

269 *Mediger* a. a. O.
270 AG Hanau WuM 2015, 543.
271 *Mediger* a. a. O.

wenn ihm die Besichtigung von Teilen der Wohnung verwehrt wird. Deshalb gilt das Besichtigungsprivileg nicht, wenn der derzeitige Nutzer den Zutritt zu einzelnen Räumen verweigert oder den Mietinteressenten nach unangemessen kurzer Zeit aus der Wohnung weist. Diesem Verlangen müssen der Mietinteressent und der Vermieter Folge leisten. Ein Anspruch auf Besichtigung gegenüber dem Nutzer steht dem Mietinteressenten nicht zu. Der Vermieter kann das ihm zustehende Besichtigungsrecht nicht eigenmächtig erzwingen sondern benötigt – bei Weigerung des Mieters – zu seiner Ausübung einen entsprechenden Titel. Fraglich ist, ob ein Widerrufsrecht besteht, wenn der Mieter zwar die Wohnung aber nicht die zur Wohnung gehörenden Zubehörräume, wie Keller- oder Speicherräume, oder einen zur Wohnung gehörenden Stellplatz oder eine mitvermietete Garage besichtigt hat. Dies dürfte in der Praxis beispielsweise von Bedeutung sein, wenn der Mieter nach Vertragsschluss feststellt, dass der Stellplatz zum Abstellen seines Fahrzeugs ungeeignet ist. Auch hier kommt es darauf an, ob der Mieter freiwillig auf die Besichtigung verzichtet hat. Sind **mehrere Mieter** Vertragspartner, so ist erforderlich, dass alle Mieter die Wohnung besichtigen.[272] Jedoch ist zu beachten, dass sich die Mieter – wie beim Vertragsschluss – auch bei der Besichtigung wechselseitig vertreten können.[273] Hiervon ist regelmäßig auszugehen, wenn die Mieter die Räume als gemeinsame Wohnung anmieten und nur einer der Mieter die Mietsache vor Vertragsschluss besichtigt hat. Liegt keine Vertretungssituation vor, so besteht das Widerrufsrecht, das allerdings nur von demjenigen Mieter ausgeübt werden kann, der den Vertrag ohne Besichtigung abgeschlossen hat.[274] Der Widerspruch führt zur Rückabwicklung des Gesamtvertrags, wenn der Vermieter – wie üblich – nur an alle Mieter vermieten wollte. Ein **zeitlicher Zusammenhang** zwischen der Besichtigung und dem Vertragsschluss ist dem Gesetz nicht zu entnehmen. Jedoch muss das Objekt der Besichtigung mit dem späteren Vertragsgegenstand identisch sein. Die **Besichtigung einer baugleichen „Musterwohnung"** ist unzureichend. Erst recht genügt es nicht, wenn dem Mieter lediglich ein Prospekt über die Wohnung ausgehändigt wird. Eine virtuelle Besichtigung, z. B. im Internet, ersetzt die reale Besichtigung nicht.

Unter dem **Begriff der „Begründung" im Sinne von § 312 Abs. 4** ist ausschließlich der Ab- **80**
schluss eines bisher nicht bestehenden Mietvertrags zu verstehen. Bei der Wohnungsmiete kommt es gelegentlich vor, dass der Erwerber eines Wohnhauses die Mieter in ihren Wohnungen aufsucht um mit ihnen neue Mietverträge auszuhandeln und abzuschließen. Kommt ein solcher Vertrag zustande, so wird der bisher bestehende Mietvertrag durch einen anderen Mietvertrag ersetzt, es wird aber kein Mietverhältnis begründet. Für solche Verträge gilt § 312b BGB.

Ebenso gilt die Vorschrift bei allen Mietänderungsverträgen, die außerhalb der Geschäftsräume **81**
des Wohnungsunternehmens abgeschlossen werden, also für die typischen **„Haustürgeschäfte".** Wie bereits unter der Geltung des § 312 BGB a. F. zählen hierzu insbesondere die freiwilligen Mieterhöhungsvereinbarungen nach § 557 BGB;[275] Vereinbarungen über die Übernahme von Betriebskosten,[276] oder eine Erhöhung der Betriebskostenvorauszahlungen.[277] Nach § 312 Abs. 3 Nr. 1 BGB a. F. bestand kein Recht zum Widerruf, wenn die Verhandlungen über den Vertragsschluss oder die Vertragsänderung „auf vorhergehende Bestellung" des Mieters in dessen Wohnung geführt worden sind (§ 312 Abs. 3 Nr. 1 BGB). Diese Ausnahme besteht nicht mehr.

(2) Begriff der Geschäftsräume (§ 312b Abs. 2 BGB). Geschäftsräume sind die Gewerbe- **82**
räume, in denen der Unternehmer seine Tätigkeit dauerhaft ausübt, i. d. R. also die Büroräume des Wohnungsunternehmens. Den Geschäftsräumen des Wohnungsunternehmens sind die Geschäftsräume des für den Vermieter tätigen Hausverwalters oder Maklers gleichzustellen. Nicht zu den Geschäftsräumen zählen insbesondere: die Privatwohnung des Mieters oder des Vermieters, Versammlungsräume innerhalb einer Wohnanlage, oder Räume in Hotels oder Gaststätten in welchen das Wohnungsunternehmen eine Mieterversammlung abhält. Eine leerstehende, dem Vermieter gehörende oder zur Vermietung bestimmte Wohnung zählt ebenfalls nicht zu den Geschäftsräumen des Vermieters, auch wenn dieser die Wohnung zu Vertragsverhandlungen und Abschluss von Mietverträgen nutzt. Wird ein Vertrag im Wege eines **gerichtlichen Vergleichs** geschlossen, so zählt der Gerichtsaal nicht zu den Geschäftsräumen. Deshalb ist auch hier erforderlich, dass der Ver-

---

[272] *Mediger* a. a. O.
[273] *Artz/Brinkmann/Pielsticker* ZAP 2015, 189; *Hau* NZM 2015, 435, 439; *Lindner* ZMR 2016, 356.
[274] **A. A.** *Lindner* ZMR 2016, 356, 357: danach muss das Widerrufsrecht von allen Mietern ausgeübt werden.
[275] LG Mannheim ZMR 1994 Heft 3 [Grüne] S. III; LG Wiesbaden a. a. O.
[276] AG Frankfurt/M. WuM 1998, 418.
[277] LG Mannheim a. a. O.

mieter über das Widerrufsrecht informiert; anderenfalls kann der Mieter den Vertrag widerrufen, auch wenn der Vergleich selbst unwiderruflich geschlossen wurde. Allerdings dürfte hier § 312 Abs. 2 Nr. 1 lit. b einschlägig sein. Danach ist eine Widerrufsbelehrung bei notariell beurkundeten Verträgen entbehrlich, wenn der Notar darüber belehrt, dass die Informationspflichten und das Widerrufsrecht nach entfallen. Dasselbe muss nach § 127a BGB gelten, wenn der Richter eine entsprechende Belehrung erteilt.[278] Nach anderer Ansicht ist das Widerrufsrecht gem. § 312g Abs. 2 Nr. 13 generell ausgeschlossen. Danach besteht bei notariell beurkundeten Verträgen kein Widerrufsrecht; der notariellen Beurkundung sei die richterliche Protokollierung gleichzustellen.[279]

83 **cc) Informationspflichten des Wohnungsunternehmens (§ 312d BGB i. V. m. Art. 246a EGBGB).** Bei außerhalb von Geschäftsräumen geschlossenen Verträgen ist das Wohnungsunternehmen verpflichtet, den Mieter nach Maßgabe des Artikels 246a EGBGB zu informieren.

Bei Miet- und Mietänderungsverträgen muss der abzuschließende Vertrag oder die den Vertrag ergänzende Information Angaben enthalten über:

(1) den Vertragsgegenstand; (2) den Namen, die Anschrift und die Telefonnummer des Wohnungsunternehmens; (3) das vom Mieter zu bezahlende Entgelt; (4) gegebenenfalls die Laufzeit des Vertrags und die Modalitäten seiner Beendigung; (5) Die Identität der Person, die für den Vermieter (das Wohnungsunternehmen) handelt; (6) Falls dem Mieter ein Widerrufsrecht zusteht muss er über die Bedingungen, die Fristen und das Verfahren für die Ausübung des Widerrufsrechts informiert werden. Der Vermieter kann diesen Teil der Informationspflicht dadurch erfüllen, dass er das in der Anlage 1 zu Art. 246a § 1 Abs. 2 Satz 2 EGBGB vorgesehene Muster für die Widerrufsbelehrung zutreffend ausgefüllt in Textform übermittelt; (7) Ein Muster-Widerrufsformular ist beizufügen.

84 Die Erfüllung der Informationspflicht kann erst erfolgen, wenn der Vertrag zustande gekommen ist. Geht das Angebot – wie i. d. R. – vom Vermieter aus, so kommt der Vertrag durch die ausdrücklich erklärte oder durch konkludente Handlung zum Ausdruck gebrachte Annahme durch den Mieter zustande. In einem solchen Fall muss der Vermieter die Informationspflichten nach Zustandekommen des Vertrags erfüllen.

85 **dd) Widerrufsrecht des Mieters (§ 312g Abs. 1 i. V. m. § 355 BGB).** Dem Mieter steht bei außerhalb von Geschäftsräumen geschlossenen Verträgen ein Widerrufsrecht gemäß § 355 BGB zu. Wird dieses Recht ausgeübt, so sind der Mieter und das Wohnungsunternehmen an ihre auf den Abschluss des Vertrags gerichteten Willenserklärungen nicht mehr gebunden. Bis zur Erklärung des Widerrufs ist die Willenserklärung des Mieters schwebend wirksam; mit dem Widerruf wird sie unwirksam (Modell der schwebenden Wirksamkeit). Ist der Anspruch des Vermieters bereits tituliert, so kann der Mieter seine Rechte wahren, indem er ein Rechtsmittel einlegt. Nach Eintritt der Rechtskraft kann der Mieter Vollstreckungsgegenklage (§ 767 ZPO) erheben.

86 Der Widerruf erfolgt durch Erklärung gegenüber dem Vermieter (Wohnungsunternehmen). Der Widerruf kann auch mündlich erklärt werden.[280] Aus der Erklärung muss der Entschluss des Mieters zum Widerruf des Vertrags eindeutig hervorgehen. Der Widerruf muss keine Begründung enthalten. Zur Fristwahrung genügt die rechtzeitige Absendung des Widerrufs. Die **Widerrufsfrist** beträgt 14 Tage. Sie beginnt mit Vertragsschluss, soweit nichts anderes bestimmt ist. Die Widerrufsfrist beginnt nicht, bevor der Vermieter den Mieter entsprechend den Anforderungen des Art. 246a § 1 Absatz 2 Satz 1 Nummer 1 EGBGB unterrichtet hat. Wird die Informationspflicht nach Vertragsschluss erfüllt, beginnt die Frist mit dem Zugang der Information, sie endet 14 Tage später. Das Widerrufsrecht erlischt spätestens zwölf Monate und 14 Tage nach dem Vertragsschluss (§ 356 Abs. 3 BGB).

87 Im Falle des Widerrufs hat der Mieter keinen Nutzungsersatz zu zahlen. Der Widerruf hat zur weiteren Folge, dass die Parteien „an ihre auf den Abschluss des Vertrags gerichteten Willenserklärungen nicht mehr gebunden" sind **(§ 355 Abs. 1 BGB).** Der Widerspruch wandelt den Vertrag ex nunc in ein Rückgewährschuldverhältnis um (§ 355 Abs. 3 BGB). Der ehemalige Mieter hat die Wohnung unverzüglich zurückzugeben. Im Falle der Vorenthaltung hat der Vermieter Anspruch auf Wertersatz (§ 357 Abs. 8 BGB) in Höhe des Gebrauchswerts der Mietsache.[281] Dieser ist mit der ortsüblichen Miete i. S. des § 546a BGB identisch. Ein spezielles Problem ergibt sich, wenn

---

[278] *Hau* NZM 2015, 435.
[279] AG Hanau WuM 2015, 543, 544.
[280] *Artz/Brinkmann/Pielsticker* ZAP 2015, 189.
[281] *Lindner* ZMR 2016, 356, 357.

der Vermieter den Mieter nicht oder fehlerhaft über das Widerrufsrecht informiert hat. In diesem Fall beginnt die Widerrufsfrist nicht zu laufen; dem Mieter steht dann bis zu dem in § 356 Abs. 3 Satz 2 bestimmten Zeitpunkt (12 Monate und 14 Tage) ein Widerrufsrecht zu. Wird es zu einem späten Zeitpunkt ausgeübt, so muss der Vermieter die bis dahin erfolgten Mietzahlungen an den Mieter herausgeben; ein Anspruch auf Nutzungsentschädigung steht dem Vermieter nicht zu. Dies folgt aus § 357 Abs. 8 BGB, weil das dort maßgebliche Tatbestandsmerkmal der „Erbringung von Dienstleistungen" auch Mietverträge umfasst.[282] Für diese Verträge schuldet der Mieter nur dann Wertersatz wenn er vom Vermieter ausdrücklich verlangt hat, dass dieser mit der Leistung vor Ablauf der Widerrufsfrist beginnt. Der Mieter wohnt deshalb in der Zeit bis zum Widerruf umsonst.

Teilweise wird vertreten, dass sich das Mietverhältnis gem. **§ 545 BGB** auf unbestimmte Zeit **87a**
verlängert, wenn der Mieter nach erfolgtem Widerruf den Mietgebrauch fortsetzt und weder der Vermieter noch der Mieter der Gebrauchsfortsetzung widerspricht.[283] Dieser Ansicht ist nicht zu folgen, weil in dem Widerruf nach § 312g BGB zugleich ein Widerspruch gegen die Gebrauchsfortsetzung zu sehen ist.

ee) Beweislastfragen. Im Streitfall muss der Vermieter beweisen, dass der Mieter die Woh- **88**
nung besichtigt hat. Der Mieter muss beweisen, dass der Vertrag außerhalb von Geschäftsräumen des Vermieters geschlossen wurde. Der Vermieter muss beweisen, dass er nicht als Unternehmer i. S. des § 14 BGB gilt (s. Rdn. 68). Ebenso muss der Vermieter beweisen, dass der Mieter den Vertrag in Ausübung einer selbstständigen Erwerbstätigkeit abgeschlossen hat. Ist der Beginn der Widerrufsfrist streitig, so trifft die Beweislast den Vermieter (§ 361 Abs. 3 BGB). Der Mieter muss die Erklärung des Widerspruchs und dessen Zugang beim Vermieter beweisen.

e) Fernabsatzverträge (§ 312c BGB). In der Praxis der Wohnungsunternehmen ist es allge- **89**
mein üblich, dass **Mieterhöhungen im Wege wechselseitiger schriftlicher Erklärungen** vereinbart werden: Das Wohnungsunternehmen übermittelt dem Mieter per Brief ein Mieterhöhungsverlangen (§ 558a Abs. 1 BGB) und der Mieter stimmt dem Mieterhöhungsverlangen durch schriftliche Erklärung zu. Auf diese Weise wird der Mietvertrag hinsichtlich der Preisvereinbarung abgeändert (§ 558b Abs. 1 BGB). Dieses Verfahren erfüllt die tatsächlichen Voraussetzungen des § 312c BGB. Nach der Legaldefinition in § 312c Abs. 1 fallen unter den Begriff der „Fernabsatzverträge" solche „Verträge, bei denen der Unternehmer oder eine in seinem Namen oder Auftrag handelnde Person und der Verbraucher für die Vertragsverhandlungen und den Vertragsschluss ausschließlich Fernkommunikationsmittel verwenden, es sei denn, dass der Vertragsschluss nicht im Rahmen eines für den Fernabsatz organisierten Vertriebs- oder Dienstleistungssystems erfolgt." Zu den Fernkommunikationsmitteln in diesem Sinne zählen nach der ausdrücklichen Regelung in § 312c Abs. 2 auch Briefe, Telefonanrufe, Telekopien, E-Mails und sogar SMS-Nachrichten. Teilweise wird vertreten, dass die Regelungen über den Fernabsatzvertrag nur anzuwenden sind, wenn der Fernabsatz „Hauptgegenstand des Vertriebs" ist.[284] Dabei wird verkannt, dass § 312c dem Verbraucherschutz dient; für Schutz des Verbrauchers kann es aber keine Rolle spielen, ob der Unternehmer seine Waren ausschließlich oder nur zum Teil nach einem Fernabsatzsystem vertreibt. Deshalb genügt es hinsichtlich des in § 312c Abs. 1 geforderten „Vertriebs- oder Dienstleistungssystems", wenn ein Teil der Geschäfte des Unternehmens durch Fernabsatzverträge getätigt wird. Dies ist bei Wohnungsunternehmen der Fall, weil nahezu alle Mieterhöhungen auf diesem Wege durchgesetzt werden.

Bei dieser am **Wortlaut des § 312c orientierten Auslegung** der Vorschrift hätte der Mieter **90**
auch dann ein Widerspruchsrecht, wenn er das Mieterhöhungsverlangen durch Telefonanruf akzeptiert oder wenn er keine ausdrückliche Erklärung abgibt aber durch die Zahlung der erhöhten Miete stillschweigend zum Ausdruck bringt, dass er mit der Mieterhöhung einverstanden ist (Einzelheiten § 557 Rdn. 18ff). Dies folgt aus der Erwägung, dass auch ein tatsächliches Verhalten als Fernkommunikationsmittel i. S. des § 312c bewerten werden muss, wenn damit ein bestimmter Wille des Mieters für den Vermieter erkennbar zum Ausdruck kommt. Diese Grundsätze gelten nicht nur für die Mieterhöhung, sondern für alle Mietänderungsverträge die durch Vertrag zustande kommen. Dagegen ist § 312c unanwendbar, wenn der Mietvertrag durch einseitige Erklärung des Wohnungsunternehmens abgeändert wird. Dies gilt etwa für die Mieterhöhung nach einer Modernisierung gem. § 559 BGB oder für die Anpassung der Betriebskostenvorauszahlung gem. § 560

---

[282] *Lindner* ZMR 2016, 356, 357.
[283] *Lindner* ZMR 2016, 356, 360.
[284] *Mediger* NZM 2015, 185, 190.

Abs. 4 BGB.[285] Erklärungen über Tatsachen sowie Mitteilungen werden von § 312c ebenfalls nicht erfasst. Hierzu zählt die Betriebskostenabrechnung, die nach der Rechtsprechung des BGH eine reine Wissenserklärung darstellt, die Ankündigung einer Modernisierung und dergleichen.

91 Folgt man dieser Auslegung, so obliegen dem Wohnungsunternehmen zum einen die unter Rdn. 83 dargestellten Informationspflichten (§ 312d BGB). Zum anderen steht dem Mieter das Widerrufsrecht des § 312g Abs. 1 BGB zu (s. Rdn. 87). Natürlich ergibt es keinen Sinn, wenn der Vermieter bereits mit der Übermittlung des Angebots die nach § 312d geschuldeten Informationen übermittelt, weil im Zeitpunkt des Zugangs beim Mieter noch kein Vertrag besteht. Vielmehr muss der Vermieter die Informationspflichten nach Zustandekommen des Vertrags übermitteln. Die Widerspruchsfrist beginnt dann mit dem Zugang der Information; sie endet 14 Tage später.

92 Nach der hier vertretenen Auffassung ist **§ 312c auf Mietänderungsvereinbarungen** der hier angesprochenen Art **nicht anzuwenden.**[286] In den die Wohnungsmiete betreffenden Vorschriften (§ 312 Abs. 3 Nr. 1, Abs. 4, § 312g Abs. 1) ist der Fernabsatzvertrag zwar ausdrücklich genannt; die Vorschriften sind allerdings missglückt. Tatsächlich ist nicht zu verkennen, dass die Regelung des § 312c auf den traditionellen Versandhandel und andere Handelsformen, insbesondere auf den Vertrieb von Waren über das Internet zugeschnitten ist. Nach den dort üblichen Geschäftsmodellen unterbreitet das Unternehmen einer unbestimmten Zahl von Verbrauchern durch Katalog und/ oder Übermittlung von sonstigem Werbematerial ein Warenangebot (invitatio ad offerendum). Der Verbraucher gibt unter Verwendung eines Fernkommunikationsmittels ein Kaufangebot ab, das der Unternehmer durch die Zusendung der Ware konkludent annimmt. Hier ist es sinnvoll, wenn das Unternehmen dem Verbraucher mit der Ware die nach § 312d geschuldeten Informationen übermittelt. Bei der Wohnungsmiete ist die Situation gänzlich anders. Hier gibt der Vermieter als Unternehmer ein Angebot ab, das vom Mieter ausdrücklich oder konkludent angenommen wird. Zum anderen wird das jeweilige in Betracht kommende Rechtsgeschäft im Rahmen einer bereits bestehenden Vertragsbindung zwischen vertrauten Partnern geschlossen, wobei der Mieter durch zahlreiche gesetzliche Bestimmungen zusätzlichen Schutz genießt. Schließlich ist zu berücksichtigen, dass der Vermieter nach den §§ 558ff BGB einen gesetzlichen Anspruch auf den Änderungsvertrag hat. Deshalb ist es sachgerecht, die hier angesprochenen Mietänderungsverträge, die im Rahmen eines bereits bestehenden Mietvertrags abgeschlossen werden vom Anwendungsbereich des § 312c auszunehmen.

92a Nach einer vermittelnden Ansicht ist zu unterscheiden: Bei einer Mieterhöhung nach § 557 Abs. 1 BGB besteht das Widerrufsrecht. Bei Mieterhöhungen nach § 558 BGB, die der Vermieter auch gegen den Willen des Mieters im Wege der Klage durchsetzen kann ist § 312c unanwendbar, jedoch gilt der Ausschluss des Widerrufsrechts nur, soweit der Vermieter nicht mehr als die ortsübliche Vergleichsmiete verlangt. Hinsichtlich des überschießenden Betrags kann der Mieter seine Zustimmung widerrufen.[287]

92b **f) Verbraucherstreitbeilegungsgesetz (VSBG).** Das Gesetz über die alternative Streitbeilegung in Verbrauchersachen (Verbraucherstreitbeilegungsgesetz – VSBG) vom 19.2.2016 (BGBl. I S. 254) regelt die Voraussetzung und das Verfahren für die Beilegung von Streitigkeiten zwischen einem Unternehmen und dem Verbraucher durch private oder behördliche Verbraucherschlichtungsstellen. Es gilt mithin in erster Linie für den Verkauf von Waren und die Breitstellung von Dienstleistungen. Jedoch umfasst das Gesetz auch Streitigkeiten aus Mietverträgen, wenn das Mietverhältnis zwischen einem Unternehmer als Vermieter und einer Privatperson (Verbraucher) als Mieter besteht (s. Rdn. 124ff.). Mithin gilt das Gesetz für Wohnungsunternehmen, nicht aber für den privaten Vermieter.

---

285 *Artz/Brinkmann/Pielsticker* ZAP 2015, 189.

286 Im Ergebnis ebenso: LG Berlin GE 2016, 1391; AG Spandau GE 2015, 1463; *Mediger* NZM 2015, 186, 190; *Horst* DWW 2015, 2, 6; *Beuermann* GE 2015, 561, 562; *Lützenkirchen* Mietrecht § 535 Rdn. 71h; *Hinz* WuM 2016, 76, 83; **anders** *Artz/Brinkmann/Pielsticker* ZAP 2015, 189, 196 *Hau* NZM 2015, 435, 439; *Pitz-Paal* GE 2015, 556, 559; *Lindner* ZMR 2015, 261, 264; differenzierend *Kroll* GE 2016, 699, 703. Danach ist zu unterscheiden: Bei einer Mieterhöhung nach § 557 Abs. 1 BGB besteht das Widerrufsrecht. Bei Mieterhöhungen nach § 558 BGB, die der Vermieter auch gegen den Willen des Mieters im Wege der Klage durchsetzen kann ist § 312c unanwendbar, jedoch gilt der Ausschluss des Widerrufsrechts nur, soweit der Vermieter nicht mehr als die ortsübliche Vergleichsmiete verlangt. Hinsichtlich des überschießenden Betrags kann der Mieter seine Zustimmung widerrufen.

287 *Kroll* GE 2016, 699, 703.

aa) Zweck des VSBG. Das VSBG dient dem Verbraucherschutz. Können sich die Vertragsparteien über ihre wechselseitigen Rechte und Pflichten nicht einigen, so soll der Verbraucher (Mieter) die Möglichkeit haben die Verbraucherschlichtungsstelle anzurufen. Die Verbraucherschlichtungsstelle führt auf Antrag eines Verbrauchers (Mieters) das Verfahren zur außergerichtlichen Beilegung von Streitigkeiten durch (§ 4 Abs. 1 VSBG). Dieses Verfahren ist für den Verbraucher kostengünstiger als das Verfahren vor den ordentlichen Gerichten. Eine Gebühr wird grundsätzlich nur vom Unternehmer (Vermieter) erhoben (zwischen 190.– € und 380.– € je nach Streitwert). Von dem Verbraucher wird nur dann eine Gebühr (in Höhe von 30.– €) erhoben, wenn der Antrag als missbräuchlich anzusehen ist (§ 31 VSBG). Das Streitbeilegungsverfahren tritt nicht an die Stelle des gerichtlichen Verfahrens. Der Rechtsweg steht dem Verbraucher also anstelle oder neben dem Streitbeilegungsverfahren offen. **92c**

bb) Verfahren. Träger der Verbraucherschlichtungsstelle kann ein eingetragener Verein (§ 3 VSBG) oder eine von der Behörde eingerichtete Schlichtungsstelle (§ 28 VSBG) sein. Die Entscheidungen werden durch einen sog. „Streitmittler" getroffen. Dieser muss die Befähigung zum Richteramt besitzen oder zertifizierter Mediator sein (§ 6 VSBG). Als Streitmittler kann auch ein Gremium bestellt werden, dem sowohl Vertreter von Verbraucherinteressen als auch von Unternehmerinteressen angehören. In diesem Fall müssen beide Seiten in gleicher Anzahl vertreten sein (§ 7 Abs. 5 VSBG). Die Teilnahme am Schlichtungsverfahren ist freiwillig. Voraussetzung ist demnach, **(1)** dass sich das Wohnungsunternehmen generell bereit erklärt hat am Streitbeilegungsverfahren teilzunehmen und **(2)** dass der Mieter anlässlich eines konkreten Streitfalls die Durchführung eines Streitbeilegungsverfahrens beantragt. Die Parteien können sich im Streitbeilegungsverfahren durch einen Rechtsanwalt oder durch eine andere Person, soweit diese zur Erbringung außergerichtlicher Rechtsdienstleistungen befugt ist, vertreten lassen (§ 13 VSBG), erforderlich ist dies allerdings nicht. Die Entscheidung im Streitbeilegungsverfahren ergeht in Form eines Schlichtungsvorschlags. Der Schlichtungsvorschlag soll am geltenden Recht ausgerichtet sein und soll insbesondere die zwingenden Verbraucherschutzgesetze beachten. Der Schlichtungsvorschlag ist mit einer Begründung zu versehen, aus der sich der zugrunde gelegte Sachverhalt und die rechtliche Bewertung des Streitmittlers ergeben (§ 19 VSBG). Den Parteien steht es frei ob sie den Vorschlag annehmen oder ablehnen. **92d**

cc) Informationspflichten des Unternehmers. Dem Wohnungsunternehmen obliegt die in § 36 VSBG geregelte Informationspflicht. Die Regelung in § 36 VSBG gilt, wenn das Unternehmen eine Webseite unterhält oder Allgemeine Geschäftsbedingungen verwendet. In diesem Fall ist das Wohnungsunternehmen verpflichtet, den Mieter leicht zugänglich, klar und verständlich **(1)** in Kenntnis zu setzen davon, inwieweit es bereit oder verpflichtet ist, an Streitbeilegungsverfahren vor einer Verbraucherschlichtungsstelle teilzunehmen, und **(2)** auf die zuständige Verbraucherschlichtungsstelle hinzuweisen, wenn sich der Unternehmer zur Teilnahme an einem Streitbeilegungsverfahren vor einer Verbraucherschlichtungsstelle verpflichtet hat oder wenn er auf Grund von Rechtsvorschriften zur Teilnahme verpflichtet ist; der Hinweis muss Angaben zu Anschrift und Webseite der Verbraucherschlichtungsstelle sowie eine Erklärung des Unternehmers, an einem Streitbeilegungsverfahren vor dieser Verbraucherschlichtungsstelle teilzunehmen, enthalten. **(3)** Diese Informationen müssen auf der Webseite des Unternehmens erscheinen, wenn das Unternehmen eine Webseite unterhält, und/oder zusammen mit seinen Allgemeinen Geschäftsbedingungen gegeben werden, wenn das Unternehmen Allgemeine Geschäftsbedingungen verwendet. **92e**

2. Miete von Räumen

Für die Miete von Räumen, die keine Wohnräume sind, gilt § 578 Abs. 2 BGB. Hierunter fallen sowohl Geschäftsräume als auch sonstige Räume die anderen als Wohnzwecken dienen. Unter einem Raum ist ein allseits mit Wänden, Fußboden und Decke abgeschlossener Gebäudeteil zu verstehen. Es ist allerdings weder erforderlich, dass der Gebäudeteil vollständig abgeschlossen ist (auch eine nach zwei Seiten offene Halle ist ein Raum) noch wird vorausgesetzt, dass der Mieter den gesamten Raum nutzen darf. Raummiete liegt auch dann vor, wenn lediglich Teile des Raumes vermietet werden, etwa ein Stellplatz in einer Sammelgarage. Die Innenbereiche beweglicher Sachen (Wohnwagen, Container) gehören nicht zu den Räumen, wohl aber eine auf Dauer erstellte Baracke, auch wenn sie im Unterschied zu einem herkömmlichen Gebäude relativ einfach demontiert oder abgerissen werden kann. **93**

3. Mietverhältnis über Wohnraum

94 **a) Wohnraum.** Mietverhältnisse über Wohnraum sind nach der Terminologie des BGB solche Mietverhältnisse über Räume, die zu Wohnzwecken vermietet werden. Maßgeblich sind hierbei die zwischen den Parteien getroffenen Vereinbarungen. **Wohnraummiete** liegt vor, wenn die Räume dem Mieter vertragsgemäß zur Befriedigung seiner eigenen Wohnbedürfnisse und/oder der Wohnbedürfnisse seiner Familie dienen sollen. In Anwendung dieses Grundsatzes hat der BGH entschieden, dass ein Mietvertrag zwischen dem Eigentümer eines Wohnhauses und einem Werkunternehmen, wonach der Eigentümer verpflichtet sein soll, die Wohnungen an Angestellte des Werkunternehmens zu vermieten nicht als Wohnraum- sondern als Gewerberaummietvertrag zu bewerten ist.[288] Ebenso kann eine juristische Person keinen Wohnbedarf haben. Deshalb liegt kein Wohnraumietverhältnis vor, wenn eine juristische Person Räumlichkeiten anmietet um sie einem Gesellschafter, einem Geschäftsführer oder einem sonstigen Mitarbeiter als Wohnung zu überlassen.[289]Wird ein von einer juristischen Person angemietetes Objekt vom Geschäftsführer teils zu Wohnzwecken, teils zu Geschäftszwecken genutzt, so ist dieses Mietverhältnis als Geschäftsraummietverhältnis zu bewerten; es kommt nicht darauf an, in welchem Bereich der Schwerpunkt der Nutzung liegt.[290] Für die Kündigungsfrist gilt in einem solchen Fall § 580a Abs. 2 BGB. Die speziellen Schutzvorschriften zugunsten des Wohnungsmieters (Kündigungsschutz, Schutz vor Mieterhöhungen, Beschränkung der Höhe der Kaution usw.) gelten nicht. Soll dieser Schutz dem Nutzer der Mietsache zugute kommen, so muss er vertraglich vereinbart werden. Dies ist möglich, weil bei der Geschäftsraummiete weitgehende Vertragsfreiheit herrscht. Hierzu genügt es i. d. R. nicht, wenn der Mietvertrag als „Wohnraummietvertrag" bezeichnet wird. Durch eine solche Bezeichnung kommt nur zum Ausdruck, dass die Mietsache nur zu Wohnzwecken benutzt werden darf.[291] Wird das Objekt vom Gesellschafter oder Geschäftsführer ausschließlich zu Wohnzwecken genutzt, so gilt für die Kündigung § 580a Abs. 1 BGB; auch in diesem Fall sind die speziellen Schutzvorschriften zugunsten des Wohnungsmieters nur anwendbar, wenn dies vertraglich vereinbart ist. Dieselben Grundsätze gelten für Gesellschaften ohne eigene Rechtspersönlichkeit (Außen-GbR, OHG, KG).[292] Zur Frage, ob eine Personengesellschaft wegen Eigenbedarfs für einen Gesellschafter kündigen kann, s. § 573 BGB Rdn. 47).

95 **Zum Wohnen gehört** die Führung eines Haushalts, die Zubereitung von Speisen und die Einnahme der Mahlzeiten, das Waschen der Wäsche, die Körperpflege, die Pflege der Geselligkeit und das Schlafen, sowie die Ausübung beruflicher Tätigkeiten ohne Außenwirkung,[293] wie etwa die Tätigkeit eines Schriftstellers, eines Geisteswissenschaftlers, die den Unterricht vor- und nachbereitende Tätigkeit eines Lehrers, die Telearbeit eines Angestellten und ähnliches.

95a Dagegen sind **„geschäftliche Aktivitäten"** freiberuflicher oder gewerblicher Art, die nach außen in Erscheinung treten nicht vom Wohngebrauch umfasst.[294] Für die Abgrenzung kommt es maßgeblich auf die Außenwirkung an. Von einer Außenwirkung kann nach der Ansicht des BGH[295] ausgegangen werden, wenn der Mieter die Wohnung als seine Geschäftsadresse angibt,[296] wenn er in der Wohnung Kunden empfängt oder wenn er dort Mitarbeiter beschäftigt.

95b Der Mieter kann im Einzelfall nach Treu und Glauben einen **Anspruch auf Erteilung der Erlaubnis** haben, wenn von der beabsichtigten Tätigkeit „keine weitergehenden Einwirkungen auf die Mietsache oder Mitmieter ausgehen, als bei einer üblichen Wohnungsnutzung."[297] Dies setzt in der Regel voraus, dass der Mieter keine Mitarbeiter beschäftigt und der Kundenverkehr nicht ins Gewicht fällt. Für die tatsächlichen Voraussetzungen des Anspruchs auf Erteilung der Erlaubnis trägt der Mieter die Beweislast.[298] Zur Kündigung s. § 573 BGB Rdn. 24a.

---

[288] BGH NJW 1981, 1377.
[289] **A. A.** *Gregor* WuM 2008, 435, 438: Danach liegt eine Wohnraummiete immer dann vor, wenn die Mietsache durch eine beliebige Person zum Wohnen genutzt werden soll.
[290] BGH NJW 2008, 3361 = NZM 2008, 804 = GuT 2008, 361.
[291] OLG Frankfurt/M ZMR 2011, 120.
[292] BGH NJW-RR 2007, 1460 = NZM 2007, 639 = WuM 2007, 457 für Kommanditgesellschaft.
[293] BGH NJW 2009, 3157.
[294] BGH NJW 2009, 3157; BGH (VIII ZR 213/12) NJW 2013, 1806 betr. Erteilung von Musikunterricht in der Wohnung gegen Entgelt.
[295] BGH (VIII ZR 213/12) NJW 2013, 1806.
[296] BGH (VIII ZR 149/13) NZM 2013, 786; LG Berlin GE 2015, 512.
[297] BGH (VIII ZR 213/12) NJW 2013, 1806.
[298] BGH a. a. O; BGH (VIII ZR 213/12) NJW 2013, 1806.

Es ist nicht erforderlich, dass sich der Mieter selbst in den Räumlichkeiten aufhält. Wer für den getrennt lebenden oder geschiedenen Ehegatten eine separate Wohnung anmietet, handelt zur Befriedigung familiärer Wohnbedürfnisse. Gleiches gilt, wenn Eltern für ein auswärts berufstätiges oder studierendes Kind eine Wohnung oder ein Zimmer anmieten.[299] **96**

Die Bewertung eines Mietverhältnisses als Wohnraummietverhältnis hängt auch nicht davon ab, dass der jeweilige Bewohner, – sei es der Mieter, sei es einer seiner Familienangehörigen –, von der Mietsache einen umfassenden Wohngebrauch machen kann. Wohnraummiete liegt auch dann vor, wenn vereinbart ist, dass die Sache nur in eingeschränkten Umfang benutzt oder mitbenutzt werden darf (etwa nur zum Schlafen; oder nur während der Werktage). Erforderlich ist lediglich, dass die Räumlichkeiten dem Mieter nach den übereinstimmenden Vorstellungen der Vertragsparteien ganz oder zum Teil, vorübergehend oder auf Dauer als Lebensmittelpunkt dienen sollen. Dies folgt aus der Erwägung, dass die zum Wohnen dienenden Räumlichkeiten einen besonderen Schutz genießen am dem auch solche Mieter teilhaben sollen, die sich keine vollwertige Wohnung leisten können; gerade jene Mieter sind i. d. R. besonders schutzbedürftig. Ein Mietverhältnis über Wohnraum i. S. d. BGB liegt deshalb auch dann vor, wenn wohnsitzlosen Personen einzelne Räume in einer Behelfsunterkunft vermietet werden (s. aber auch Rdn. 161). Unerheblich ist es, ob die Räumlichkeiten als Wohnung geeignet sind. Ein zu Wohnzwecken vermieteter aber hierzu nicht geeigneter Raum entspricht zwar nicht den vertraglichen Vereinbarungen; gleichwohl liegt ein Wohnraummietverhältnis vor. **97**

Werden Räume in einem im Übrigen leerstehenden Gebäude an eine Einzelperson gegen (ein i. d. R. geringes) Entgelt überlassen, damit die Immobilie vor Vandalismusschäden geschützt ist (sog. **„Hauswächter“**),[300] so ist der Überlassungsvertrag – unabhängig von seiner Bezeichnung – als Mietvertrag zu bewerten. In der Regel wird ausdrücklich oder stillschweigend vereinbart, dass die Überlassung lediglich für die Zeit des Leerstands der Immobilie erfolgt. In diesem Fall gilt der Wohnraum als zum vorübergehenden Gebrauch i. S. des § 549 Abs. 2 Nr. 1 BGB vermietet. **97**

Ein Wohnraummietverhältnis ist auch dann anzunehmen, wenn die Mietsache zwar zu gewerblichen Zwecken geeignet ist, aber gleichwohl zu Wohnzwecken vermietet wird (Beispiele: Vermietung eines Büros oder eines Ladenraums als Wohnung; Vermietung eines Bauernhauses mit Scheune, Stallungen und Weideland zu Wohnzwecken). Etwas anderes kann gelten, wenn der Mieter die Sache sowohl zu Wohnzwecken als auch zu Gewerbezwecken nutzen darf. In diesem Fall ist ein Mischraummietverhältnis gegeben. **98**

Der Umstand, dass der Mieter die Räume lediglich als **Zweitwohnung** oder **Ferienwohnung** nutzt, spielt für die Einordnung des Vertragsverhältnisses als Wohnraummietverhältnis keine Rolle. Die gesetzlichen Regelungen über das Wohnraummietverhältnis beruhen zwar durchweg auf dem Gedanken des Mieterschutzes, sie setzen allerdings nicht voraus, dass der Mieter im Einzelfall schutzbedürftig ist. Auf das Ob und den Umfang der tatsächlichen Nutzung kommt es deshalb nicht an: Der Mieter hat ein Gebrauchsrecht, keine Gebrauchspflicht. **99**

Nutzt der Mieter die Wohnräume zu anderen als Wohnzwecken, ohne hierzu berechtigt zu sein, so liegt ein vertragswidriger Gebrauch vor. Der Charakter des Mietverhältnisses ändert sich dadurch nicht, weil es für die Einordnung des Mietverhältnisses nur auf den Inhalt der vertraglichen Regelungen und nicht auf den tatsächlichen Gebrauch ankommt. Der Vermieter muss also weiterhin die für die Wohnraummiete geltenden Schutzvorschriften beachten; der Mieter handelt trotz eigener Vertragsuntreue nicht rechtsmissbräuchlich, wenn er sich hierauf beruft. Der Vermieter kann wegen der Vertragsverletzungen des Mieters gegen diesen allerdings nach §§ 541, 543 Abs. 2 Nr. 2 BGB vorgehen. Im Einzelfall ist zu prüfen, ob die Parteien den ursprünglich vereinbarten Mietgebrauch nach Vertragsschluss ausdrücklich oder konkludent geändert haben. **100**

b) Wohnung. Vom Begriff des „Wohnraums“ ist der Begriff der „Wohnung“ zu unterscheiden. Der Begriff der Wohnung wird verwendet in §§ 549 Abs. 2, 559, 573, 573 a, 575, 1093 BGB. Wohnraum ist jeder Raum der zu Wohnzwecken vermietet ist. Unter einer Wohnung versteht man dagegen in Anlehnung an DIN 283 Blatt 1 Nr. 1.1. die Summe der Räume, „welche die Führung eines Haushalts ermöglichen, darunter stets eine Küche oder einen Raum mit Kochgelegenheit. Zu einer Wohnung gehören außerdem Wasserversorgung, Ausguss und Abort“. Die Toilette kann auch außerhalb des Abschlusses liegen.[301] Es spielt keine Rolle, ob diese von mehreren Wohnpar- **101**

[299] Ebenso *Sternel,* Mietrecht, 1988, Rdn. I 145.
[300] Vgl. FAZ Nr. 254 vom 1.11.2013 S. 43.
[301] LG Köln ZMR 1999, 560; *Sonnenschein* NZM 2000, 1, 2.

teien benutzt wird. Anders ist es, wenn der Mieter Räume und Einrichtungen einer anderen Wohnung in Anspruch nehmen muss.[302] Ein Bad ist nicht wesentlicher Bestandteil einer Wohnung.[303] Der Wohnungsbegriff spielt insbesondere bei § 573a BGB eine Rolle, weil dort dem Vermieter ein von Gründen unabhängiges Kündigungsrecht eingeräumt wird, wenn sich die vermietete Wohnung in einem vom Vermieter selbst bewohnten Wohngebäude „mit nicht mehr als zwei Wohnungen" befindet (Einzelheiten s. § 573a BGB). Zum Begriff „Räume zum Wohnen" s. Rdn. 94.

101a **c) Gerichtliche Zuständigkeit.** Für Streitigkeiten aus einem Wohnraummietverhältnis ist in erster Instanz stets das Amtsgericht zuständig. Behauptet der Vermieter, dass das Mietverhältnis als Geschäftsraummiete zu beurteilen sei und verteidigt sich der Mieter mit Gegenrechten die nur bei Annahme eines Wohnungsmietvertrags bestehen, so ist streitig, ob sich die Zuständigkeit nach dem Vortrag des Vermieters[304] oder nach den Einwendungen des Mieters richtet.[305] Dieselbe Streitfrage stellt sich, wenn zwischen den Parteien streitig ist, ob überhaupt ein Mietverhältnis besteht. Die erstgenannte Ansicht trifft zu. Maßgeblich ist die Erwägung, dass der Streitgegenstand von der klagenden Partei bestimmt wird mit der weiteren Folge, dass sich die Zuständigkeit ausschließlich nach dem Vortrag des Klägers richtet.

4. Geschäftsraummiete

102 Geschäftsräume sind alle Räume, die zu anderen als Wohnzwecken vermietet worden sind (Ladenräume, Lagerräume, Büros, Arztpraxen, Kanzleien, Fabrikationsräume Garagen, usw.). Maßgeblich ist auch hier nicht die tatsächliche Nutzung, sondern der vereinbarte Zweck. Werden Räumlichkeiten zu gewerblichen Zwecken vermietet und ist über die Art der Gewerbenutzung nichts vereinbart, so darf der Mieter in den Räumen grundsätzlich jedes legale Gewerbe ausüben. Eine ergänzende Auslegung des Mietvertrags wird allerdings regelmäßig ergeben, dass von dem Begriff der „gewerblichen Zwecke" nur solche Tätigkeiten erfasst werden, die üblicherweise in vergleichbaren Räumen ausgeübt werden. Die Ausübung der Prostitution in einem Mehrfamilienhaus gilt allgemein als anstößig; deshalb ist diese Form der Gewerbetätigkeit auch dann vertragswidrig, wenn damit keine konkrete Belästigung der Mitbewohner verbunden ist. Der Erlass des Prostitutionsgesetzes hat hieran nichts geändert.[306] Gleiches gilt für Tätigkeiten durch die unüblicher Lärm oder Schmutz verursacht wird. Die vertragliche bestimmte Nutzungsart bleibt für das Mietverhältnis und seine Abwicklung bestimmend, auch wenn der Mieter die Nutzungsart ändert.[307] Dies gilt auch dann, wenn der Vermieter von der Änderung der Nutzungsart Kenntnis hat.[308] Anders ist es allerdings, wenn der Vertragszweck durch Vereinbarung geändert wird. Für den Vertragszweck kommt es nicht darauf an, ob die Räume zu Gewerbezwecken benutzt werden dürfen oder ob dem das Verbot der Zweckentfremdung entgegensteht. Ein Verstoß gegen ein öffentlichrechtliches Zweckentfremdungsverbot führt nicht zur Unwirksamkeit des Mietvertrags,[309] sondern ist gegebenenfalls als Mangel zu bewerten, wenn die weiteren Voraussetzungen des § 536 BGB gegeben sind. Gleiches gilt, wenn die Räume auf Grund ihrer Beschaffenheit nicht zu dem vereinbarten Zweck benutzt werden können. Der Zweck ergibt sich in vielen Fällen bereits aus der Art des Raumes (z. B. bei der Anmietung einer Garage) Sind Räume sowohl als Geschäftsräume als auch als Wohnräume nutzbar, so kommt es für die Bestimmung des Vertragszwecks auf die übereinstimmenden Vorstellungen der Parteien über die Art der Raumnutzung an. Eine fehlerhafte oder zur Umgehung von Schutzbestimmungen gewählte Bezeichnung in der Mietvertragsurkunde ist unbeachtlich.[310] Steht beispielsweise fest, dass ein von einem Journalisten gemietetes Appartement diesem zur Wohnung dienen soll, so liegt auch dann ein Wohnraummietverhältnis vor, wenn das Vertragsverhältnis in der Vertragsurkunde als „Agentur" bezeichnet worden ist. Ist der Inhalt der wirklich getroffenen Vereinbarungen aber nicht zu ermitteln, so kann die Bezeichnung in der Vertragsurkunde durchaus als Indiz für das wirklich gewollte gewertet werden.

---

[302] LG Köln WuM 1985, 63.
[303] *Sonnenschein* a. a. O.; **a. A.** LG Berlin GE 1999, 507.
[304] KG NJW-RR 2008, 1465; OLG Köln ZMR 2010, 36; ZMR 2011, 226; ZMR 2016, 250.
[305] OLG Düsseldorf NZM 2008, 479.
[306] **A. A.** AG Aachen ZMR 2007, 1 m. abl. Anm. *Sauren.*
[307] OLG Celle ZMR 1999, 470.
[308] OLG Düsseldorf WuM 2004, 193 = DWW 2004, 125.
[309] BGH NJW 1994, 320.
[310] BGH WuM 1986, 274 = ZMR 1986, 278 m. w. N.; LG Frankfurt WuM 1992, 112.

Hiervon ist die Frage zu unterscheiden, ob die Parteien eines Geschäftsraummietverhältnisses vereinbaren können, dass für das Vertragsverhältnis die für die Wohnraummiete geltenden Vorschriften anwendbar sein sollen. Diese Frage ist zu bejahen. In einem solchen Fall liegt ein Geschäftsraummietverhältnis vor, das nach dem Parteiwillen wie ein Wohnraummietverhältnis behandelt werden soll. Hierzu genügt es i. d. R. nicht, wenn der Mietvertrag als „Wohnraummietvertrag" bezeichnet wird. Durch eine solche Bezeichnung kommt nur zum Ausdruck, dass die Mietsache nur zu Wohnzwecken benutzt werden darf.[311] Empfehlenswert ist eine Vereinbarung des Inhalts, dass auf das Mietverhältnis die Regelungen des Wohnraummietrechts gem. § 549ff BGB Anwendung finden.[312] Aus rechtlicher Sicht genügt es aber auch, wenn die Parteien zur Regelung ihrer Vertragsbeziehungen ein für die Wohnraummiete gedachtes Formular verwenden, in dem die hierfür maßgebenden Schutzvorschriften wiedergegeben sind.[313] Bei einem auf längere Dauer befristeten Hauptmietvertrag muss sich dies aus der Vertragsurkunde ergeben. Anderenfalls kann ein solches Mietverhältnis nach § 550 BGB gekündigt werden.[314] Die Bewertung des Vertragsverhältnisses als Wohnraum- oder Geschäftsraummiete richtet sich – wie Allgemein im Vertragsrecht – zwar nicht nach der Art des gewählten Formulars sondern nach den übereinstimmenden Vorstellungen der Parteien. Jedoch kann der Inhalt der Vertragsregelungen als Indiz für den Parteiwillen gewertet werden. Behauptet der Vermieter, dass das Mietverhältnis als Geschäftsraummiete zu beurteilen sei und verteidigt sich der Mieter mit Gegenrechten die nur bei Annahme eines Wohnungsmietvertrags bestehen, so stellt sich die Frage nach der Beweislast. Diese ist dem Vermieter zuzuweisen, wenn der Wortlaut des schriftlichen Vertrags die Annahme nahelegt, dass von den Parteien die Geltung von Wohnraummietrecht gewollt ist. 103

Zu den Geschäftsräumen zählen auch diejenigen Räume, die nach dem Vertragszweck zur **Weitervermietung oder zur anderweitigen Überlassung an Dritte** bestimmt sind.[315] Dann ist der Vertragszweck nämlich nicht die Überlassung von Wohnraum, sondern die Ermöglichung der Weitervermietung. Das aber ist ein wirtschaftlicher und kein Wohnzweck."[316] Dabei kommt es nicht darauf an, ob der Mieter aus der Weitervermietung einen Gewinn erzielt (z. B. bei der gewerblichen Zwischenvermietung) oder die Überlassung an den Dritten aus altruistischen oder sonstigen Gründen kostengünstig oder unentgeltlich erfolgt. Maßgeblich ist allein, dass statt des Mieters oder seiner Familie ein Dritter Räumlichkeiten als Wohnung nutzen soll. Deshalb liegt keine Wohnraummiete vor, wenn eine juristische Person oder Personenhandelsgesellschaft Räumlichkeiten anmietet, um sie dem Geschäftsführer oder sonstigen Mitarbeitern als Wohnung zu überlassen.[317]. Dies gilt auch dann, wenn der Wohnungsnutzer namentlich benannt wird.[318] Gleiches gilt für folgende Fallgestaltungen: Anmietung von Wohnungen durch ein Wirtschaftsunternehmen zum Zwecke der Unterbringung von Betriebsangehörigen;[319] Anmietung mehrerer Wohnungen durch 104

---

311 OLG Frankfurt/M ZMR 2011, 120; KG ZMR 2016, 860; OLG Brandenburg Urteil vom 9.3.2016 – 4 U 88/15, juris.

312 So der Vorschlag von *Schüller* GE 2016, 247, 249.

313 OLG Naumburg WuM 1995, 142 betr. Mietvertrag zwischen dem Eigentümer und einer Kirchengemeinde über eine Wohnung, die einem kirchlichen Mitarbeiter überlassen werden soll, wenn das Vertragverhältnis unter Verwendung eines Formularmietvertrags für Wohnräume abgeschlossen worden ist und der Vermieter in der Folgezeit mehrmals den Mietzins unter Beachtung des (früheren) MHG erhöht hat; OLG Hamburg DWW 1998, 50 betr. den Mietvertrag mit einem Unternehmen, das in den Räumen Betriebsangehörige unterbringen will; LG Berlin ZMR 2016, 31 betr. Vereinbarung der für Wohnraum maßgeblichen Mieterhöhungsvorschriften in einem mit „Wohnraum-Mietvertrag" überschriebenen Formular; LG Berlin GE 2011, 1484 betr. Mietverhältnis mit einem Verein, der in den Wohnungen Vereinsmitglieder unterbringen will.

314 KG GE 2016, 257.

315 S. BGH (VIII ZR 235/81) ZMR 1983, 211 unter Ziff. II 3a: Danach liegt kein Mietvertrag über Wohnraum vor, „wenn die vermieteten Räume zwar zum Wohnen geeignet sind, der vertragsgemäße Gebrauch der Räume durch den Mieter für die Vertragspartner aber gerade nicht im Wohnen, sondern im Weitervermieten liegt.

316 OLG Brandenburg Urteil vom 9.3.2016 – 4 U 88/15, juris; **A. A.** *Gregor* WuM 2008, 435, 438: Danach liegt Wohnraummiete immer dann vor, wenn die Mietsache durch eine beliebige Person zum Wohnen genutzt werden soll.

317 KG ZMR 2016, 860; LG Berlin ZMR 2016, 29; LG Frankfurt WuM 1990, 335; LG Hamburg NJW-RR 1992, 842 = ZMR 1992, 343; **a. A.** LG München I WuM 1991, 37 betr. die Anmietung von Räumen durch eine OHG zur Benutzung als Wohnung durch die Gesellschafter.

318 **A. A.** LG Frankfurt ZMR 1991, 348.

319 BGH NJW 1981, 1377; s. a. OLG Karlsruhe DWW 1994, 80.

ein Studentenwerk zum Betrieb eines Studentenwohnheims;[320] Anmietung von Wohnungen durch die Bundesrepublik zur Unterbringung von Angehörigen der Stationierungsstreitkräfte;[321] Vermietung einer Eigentumswohnung an ein Vermietungsunternehmen zum Zwecke der Weitervermietung an Dritte;[322] Anmietung eines Hauses durch einen gemeinnützigen Verein zur Förderung der Rehabilitation psychisch Kranker, falls einzelne Zimmer an die Kranken weitervermietet werden sollen;[323] Anmietung durch einen gemeinnützigen Verein zur Weitervermietung an von ihm betreute Jugendliche;[324] Anmietung einer Wohnung durch eine GmbH wenn die Räume entsprechend dem Vertragszweck aus sozialen Gründen an Dritte weitervermietet werden. Der Umstand, dass die jeweiligen Endmieter besonders schutzbedürftig sind, spielt keine Rolle;[325] Anmietung einer Wohnung durch einen gemeinnützigen Verein zum Zwecke der Weitervermietung an Studenten zum Selbstkostenpreis;[326] Anmietung eines Hauses durch einen Verein zum Zwecke der Weitervermietung einzelner Zimmer an Vereinsmitglieder;[327] Anmietung einer Eigentumswohnung durch die Wohnungseigentümergemeinschaft zum Zwecke der Unterbringung eines Hausmeisters;[328] Anmietung von Räumlichkeiten zum Betrieb eines Wohnheims;[329] Vereinbarung zwischen dem Inhaber eines Hotels und der Stadtverwaltung über die Aufnahme von Obdachlosen[330] oder Asylbewerbern gegen Entgelt. Auch hier kann allerdings Wohnraummietrecht anwendbar sein, wenn die Parteien dies vereinbart haben (s. Rdn. 103).

105 Hat der Mieter Räumlichkeiten angemietet, von denen er **einen Teil selbst bewohnt** und einen anderen Teil an Dritte untervermietet, so liegt ein Mischraummietverhältnis vor (s. Rdn. 107 ff.).

106 Die hier wiedergegebene Rechtsprechung hat in der Vergangenheit zu einer Benachteiligung derjenigen Mieter geführt, die ihre Wohnung nicht vom Eigentümer sondern von einem Dritten angemietet hatten. Der Gesetzgeber hat diesen Missstand allerdings durch das Vierte Mietrechtsänderungsgesetz mit der Schaffung des § 549 a BGB (jetzt: § 565 BGB) beseitigt. Die in früherer Zeit geäußerte Kritik an der von der Rechtsprechung praktizierten Abgrenzung zwischen Wohnraum- und Geschäftsraummiete[331] dürfte damit gegenstandslos sein.

5. Mischraummiete

107 Darf der Mieter die Räumlichkeiten vereinbarungsgemäß sowohl zu Wohn- als auch zu Gewerbezwecken nutzen, so liegt ein Mischraummietverhältnis vor. Es kommt dabei nicht darauf an, ob der Mieter einen bestimmten Teil der Räumlichkeiten ausschließlich gewerblich nutzt und in dem anderen ausschließlich wohnt (z. B. Gaststätte mit Wirtewohnung) oder ob er die Räume in Ihrer Gesamtheit sowohl zum Wohnen als auch zu Gewerbezwecken nutzt. Ein Mischraummietverhältnis kann auch dann vorliegen, wenn eine Wohnung zusammen mit einer Garage vermietet wird[332] oder wenn ein Mieter einen Teil der Räume vereinbarungsgemäß selbst bewohnt und einen anderen Teil untervermietet.[333] Ebenso liegt ein Mischraummietverhältnis vor, wenn der Mieter die gesamte Mietsache ohne räumliche Abgrenzung einzelner Teile des Mietgegenstands sowohl zu Wohnzwecken als auch zu Gewerbezwecken nutzen darf („Wohnbüro").[334]

108 Die Parteien haben i. d. R. die Wahl, ob sie ihre Rechtsbeziehungen in einem einzigen Vertrag regeln oder ob sie mehrere Mietverträge abschließen (z. B. bei einem Mietverhältnis über eine Wohnung und eine Garage oder bei einem Mietverhältnis über Gaststättenräume und einer Wirtewohnung). Bilden mehrere Mietgegenstände eine wirtschaftliche Einheit, so ist im Zweifel davon

[320] BGH WPM 1982, 1390.
[321] BGH NJW 1985, 1772.
[322] BGH RE 21.4.1982 BGHZ 84, 90 = NJW 1982, 1696.
[323] OLG Karlsruhe RE 24.10.1983 NJW 1984, 373.
[324] BGH NJW 1996, 2862 = WuM 1996, 537 = ZMR 1996, 537.
[325] KG GE 2016, 257.
[326] OLG Braunschweig RE 27.6.1984 WuM 1984, 237.
[327] OLG Frankfurt RE 14.7.1986 NJW-RR 1986, 1211 = WuM 1986, 273; OLG Hamburg NZM 1998, 758; **a. A.** OLG Köln ZMR 2004, 31; LG Berlin GE 2011, 1484.
[328] BayObLG WuM 1985, 51.
[329] LG Hamburg NJW-RR 1986, 441 = ZMR 1986, 122.
[330] OLG Köln NJW-RR 1991, 1292 = WuM 1991, 394.
[331] *Eckert* WuM 1984, 273; *Eickhoff* WuM 1984, 271; *Sternel*, Mietrecht, 1988, Rdn. I 146.
[332] OLG Düsseldorf WuM 2007, 65, 66.
[333] OLG Stuttgart RE 7.11.1985 NJW 1986, 322.
[334] **A. A.** BayObLG RE 25.3.1986 ZMR 1986, 193 = WuM 1986, 205.

auszugehen, dass die Parteien ein einheitliches Mietverhältnis gewollt haben.[335] Dies gilt auch dann, wenn der Mieter einer Wohnung nach einigen Jahren eine Garage hinzumietet; in einem solchen Fall wird angenommen, dass der ursprüngliche Wohnungsmietvertrag um die Garage erweitert wird.[336] Ein Indiz für die rechtliche Selbstständigkeit des Garagenmietvertrags kann es allerdings darstellen, wenn Wohnung und Garage auf verschiedenen Grundstücken gelegen sind.[337] Bei der Verwendung **mehrerer Mietvertragsurkunden** spricht eine tatsächliche Vermutung für die rechtliche Selbständigkeit der jeweiligen Mietverhältnisse.[338] Dies gilt insbesondere, wenn die Verträge unterschiedliche Kündigungsfristen ausweisen. Zwar kann die Vermutung widerlegt werden, wenn besondere Umstände für die Zusammengehörigkeit der Mietgegenstände vorliegen. Hierfür reicht es aber nicht aus, dass die Wohnung und die Garage auf demselben Grundstück gelegen sind.[339] Haben die Parteien nur ein **einziges Formular** verwendet, so spricht die Vermutung umgekehrt für die rechtliche Einheit des Mietverhältnisses.[340] Auch diese Vermutung kann allerdings widerlegt werden. Hiervon ist auszugehen, wenn die jeweiligen Grundstücke rechtlich selbständig sind,[341] oder wenn die Parteien unterschiedliche Vertragslaufzeiten[342] oder Kündigungsbedingungen[343] vereinbart haben. Die Ausweisung unterschiedlicher Mietpreise reicht hierfür allerdings nicht aus.[344] Die Ausweisung unterschiedlicher Mietpreise reicht hierfür allerdings nicht aus.[345] Haben die Parteien das Mietverhältnis in der Vergangenheit – etwa bei früheren Mieterhöhungen – als rechtliche Einheit behandelt, so kann hierin ebenfalls ein Indiz gegen die rechtliche Selbständigkeit liegen. Der Umstand, dass der Vertrag über die Wohnung schriftlich, der Vertrag über die Garage aber mündlich geschlossen worden ist, spielt keine Rolle, weil auch schriftliche Verträge wirksam mündlich ergänzt werden können. Eine in dem Wohnraummietvertrag enthaltene Schriftformklausel ändert hieran nichts; in den meisten Fällen wird die Schriftform nicht beachtet, weil die Parteien nicht daran denken.[346] Streitig ist, ob eine Formularklausel in einem Mietvertrag über eine Wohnung mit Garage, wonach bezüglich der Garage ein „selbstständiges und unabhängiges Mietverhältnis" begründet werden soll, wirksam ist,[347] oder gegen § 307 Abs. 1 BGB verstößt.[348] Nach der hier vertretenen Ansicht ist die Klausel wirksam, wenn sichergestellt ist, dass das Mietverhältnis über die Garage im Falle der Beendigung des Wohnraummietvertrags vom Mieter beendet werden kann. Außerdem muss sich die Klausel an der systematisch richtigen Stelle des Mietvertrags befinden (§ 305c BGB).[349] Ein Mischmietverhältnis kann auch während der Mietzeit begründet werden. Wird einem Mieter beispielsweise auf Grund einer nachträglichen Vereinbarung gestattet, einen Teil seiner Wohnung als Pension zu nutzen und hierfür ein Gewerbezuschlag von 10% der Wohnungsmiete vereinbart, so entsteht ein Mischmietverhältnis, dessen Schwerpunkt die Wohnungsnutzung bildet.[350]

Für das Mischraummietverhältnis gelten entweder die Vorschriften über die Wohnraummiete **109**
oder die Vorschriften über die Geschäftsraummiete. Es findet immer nur das eine oder das andere Recht Anwendung; eine Aufspaltung des Mischraummietverhältnisses dergestalt, dass bezüglich

---

335 OLG Düsseldorf WuM 2007, 65, 66 = DWW 2007, 66.
336 OLG Karlsruhe RE 30.3.1983 NJW 1983, 1499; LG Wuppertal NJWE-MietR 1996, 122; AG Gelsenkirchen WuM 2012, 196: jedenfalls dann, wenn die Miete einheitlich bezahlt und die Betriebskosten einheitlich abgerechnet werden.
337 BayObLG WuM 1991, 78.
338 BGH (VIII ZR 251/10) NJW 2012, 224 für ein Mietverhältnis über eine Wohnung und eine Garage; BGH (VIII ZR 245/12) WuM 2013, 421; BGH (VIII ZR 254/13) GE 2013, 1650; BGH B. v. 11.3.2014 – VIII ZR 374/13; anders bei der Vermietung einer Gaststätte mit Wirtewohnung: *Lehmann-Richter* WImmoT 2010, 159, 161.
339 BGH (VIII ZR 254/13) GE 2013, 1650.
340 OLG Düsseldorf WuM 2007, 65, 66 = DWW 2007, 66.
341 BGH a. a. O.
342 LG Berlin ZMR 1987, 18.
343 BGH (VIII ZR 245/12) WuM 2013, 421; BGH (VIII ZR 422/12) WuM 2013, 536 betr. unterschiedliche Kündigungsfristen.
344 LG Baden-Baden WuM 1991, 34.
345 LG Baden-Baden WuM 1991, 34.
346 LG Wuppertal NJWE 1996, 122.
347 So AG Frankfurt WuM 1986, 254.
348 So LG Baden-Baden WuM 1991, 34.
349 *Lehmann-Richter* WImmoT 2010, 159, 162.
350 LG Berlin ZMR 2010, 962.

der zu Wohnzwecken genutzten Räumlichkeiten Wohnraummietrecht und bezüglich der übrigen Räumlichkeiten Geschäftsraummietrecht anzuwenden wäre, ist nicht möglich.[351]

Für die Zuordnung kommt es darauf an, in welchem Bereich das Mietverhältnis seinen **Schwerpunkt** hat. Maßgeblich hierfür ist in erster Linie der Parteiwille, also die gemeinsamen und übereinstimmenden Vorstellungen der Parteien darüber, wie der Mieter das Objekt nutzen soll und welche Art der Nutzung im Vordergrund steht.[352] Entscheidend ist insoweit nicht, ob die Parteien in der Vertragsurkunde das Mietverhältnis als Wohn- oder Geschäftsraummietverhältnis bezeichnen; vielmehr ist auf den wirklichen Willen der Parteien abzustellen. Ein hiervon abw., bloß vorgetäuschter Nutzungszweck ist unbeachtlich.[353] Im Zweifelsfall können die Parteien aber durch eine vertragliche Regelung klarstellen, nach welchem Recht das Mietverhältnis beurteilt werden soll. In dem Urteil des BGH vom 16.4.1986 hat der BGH entschieden, dass der Schwerpunkt i. d. R. auf der gewerblichen Nutzung liege, wenn der Mieter die Mietsache benötigt um seinen Lebensunterhalt zu bestreiten.[354] In dem genannten Urteil ging es um die Miete eines ca 340 qm großen Einfamilienhauses durch einen Rechtsanwalt, der in einen Teil der Räume (ca 170 qm) seine Kanzlei betrieb während er in den übrigen Räumen wohnte. Die instanzgerichtliche Rechtsprechung und die h. M. in der Literatur hat diese Bewertung in der Folgezeit übernommen. Nach dem **Grundsatzurteil des BGH vom 9.7.2014**[355] gilt jedoch folgendes: Der Umstand, dass ein Mieter die Mietsache benötigt, um seinen Lebensunterhalt zu bestreiten, lässt „keine tragfähigen Rückschlüsse auf einen im Bereich der Geschäftsraummiete liegenden Vertragsschwerpunkt zu." Für die Bestimmung des Nutzungsschwerpunkts sind die vertraglichen Abreden maßgebend, wobei es – wie allgemein – auf den wirklichen Willen der Parteien ankommt. Ein im Vertrag nur vorgetäuschter Wille ist unbeachtlich. Fehlt eine ausdrückliche Abrede, so muss der Nutzungsschwerpunkt auf Grund von Indizien ermittelt werden. Solche **Indizien** sind: **(1)** Die Art des verwendeten Vertragsformulars. Trägt das Formular die Überschrift „Wohnraummietvertrag" oder enthält es die für die Wohnraummiete maßgeblichen Vorschriften, so spricht dies für einen in der Wohnungsnutzung liegenden Schwerpunkt. Umgekehrt gilt dasselbe. **(2)** Die Verwendung und der Inhalt von Fragebögen betreffend die Selbstauskunft des Mieters über seine persönlichen und wirtschaftlichen Verhältnisse. **(3)** Die Gestaltung des Mietvertrag; so kann eine Rolle spielen, ob die gewerbliche Nutzung in der Vertragsurkunde als Vertragszweck besonders hervorgehoben wird oder ob sie lediglich „gestattet" ist. **(4)** Das Verhältnis der für die jeweilige Nutzung vorgesehenen Flächen. **(5)** Die Verteilung der Gesamtmiete auf die jeweiligen Nutzugsbereiche. **(6)** Regelungen betreffend die Umsatzsteuer. **(7)** Regelungen betreffend die Höhe der Kaution. **(7)** Die baulichen Gegebenheiten. **(8)** Das Verhalten der Parteien vor und nach dem Vertragsschluss. **(9)** Die Vertragslaufzeit, wobei für die Geschäftsraummiete eine Befristung üblich ist und dergleichen.

109a Die Benutzung eines Teils der Wohnung zu **beruflichen Zwecken** ist immer Wohnraumnutzung (s. Rdn. 95). Ist ein ganzes Haus vermietet, das aus mehreren Wohnungen besteht, von denen der Mieter eine selbst bewohnt und die anderen untervermietet, so hängt die Zuordnung davon ab, ob es dem Mieter in erster Linie darauf ankommt, für sich selbst eine Wohnung zu schaffen, oder ob die Anmietung mit anschließender Untervermietung zum Zwecke der Einkommenserzielung erfolgt.[356] Bei der Gleichwertigkeit von Wohn- und Gewerbezwecken ist Wohnraummiete anzunehmen.[357]

110 Maßgeblich ist immer der bei Vertragsschluss vereinbarte Zweck. Dieser Zweck wird weder durch eine vertragswidrige Nutzung des Mieters, noch durch unzulässige Mietpreisforderungen des Vermieters geändert.[358] Eine Änderung der Zweckbestimmung ist nur durch Vereinbarung möglich.[359] Eine stillschweigende Nutzungsänderung ist denkbar, jedoch ist insoweit Zurückhaltung angebracht.

---

[351] BGH WuM 1986, 274 = ZMR 1986, 278; BGH (VIII ZR 376/13) NJW 2014, 2864.

[352] BGH (VIII ZR 376/13) NJW 2014, 2864; OLG Düsseldorf WuM 2007, 65, 66; OLG Karlsruhe WuM 2012, 666.

[353] BGH (VIII ZR 376/13) NJW 2014, 2864; LG Berlin GE 1993, 377; LG Frankfurt WuM 1992, 112.

[354] BGH (VIII ZR 60/85) WuM 1986, 274.

[355] BGH (VIII ZR 376/13) NJW 2014, 2864.

[356] OLG Stuttgart RE v. 7.11.1985, NJW 1986, 322.

[357] BGH (VIII ZR 376/13) NJW 2014, 2864; *Sternel*, Mietrecht, 1988, Rdn. I 143; s. hierzu auch *Bühler* ZMR 2010, 897.

[358] BGH (VIII ZR 376/13) NJW 2014, 2864.

[359] KG GE 1995, 1205.

Sind gewerbliche Räume und Wohnräume auf Grund eines einheitlichen Vertrags vermietet und **steht es dem Mieter frei,** ob und in welchem Umfang er die Räume zu Wohnzwecken nutzt, so setzt die Anwendung von Wohnraummietrecht voraus, dass die Räume tatsächlich ganz oder überwiegend zu Wohnzwecken genutzt werden.[360] **111**

Die für die Einordnung des Vertrags maßgeblichen Tatsachen und Indizien muss diejenige Partei **beweisen,** die hieraus Rechte für sich herleiten will. Spricht die Vermutung für ein einheitliches Mietverhältnis, so muss der Vermieter die dagegen sprechenden Indizien beweisen. Spricht umgekehrt die Vermutung für die rechtliche Selbständigkeit der Verträge, so muss der Mieter die für das Gegenteil sprechenden Indizien beweisen.[361] Kündigt der Vermieter ohne Beachtung der für die Wohnraummiete geltenden Vorschriften, so muss er beweisen, dass der Gewerbezweck überwiegt. Gleiches gilt, wenn streitig ist, ob der Vermieter eine Mieterhöhung auf eine den Vorschriften des § 557b BGB nicht entsprechende Indexklausel stützen kann. Macht der Mieter einen Anspruch auf Erteilung einer Untermieterlaubnis nach § 553 BGB geltend, so muss er beweisen, dass der Mietvertrag als Wohnraummietvertrag zu bewerten ist.[362] Für die **Kündigung von Mischraummietverhältnissen** s. § 573 Rdn. 69. **112**

Die **gerichtliche Zuständigkeit** folgt dem materiellen Recht: Liegt der Schwerpunkt des Vertrags in der Wohnraumnutzung oder sind Wohnraumnutzung und Gewerbenutzung gleichrangig, so ist nach **§ 23 Nr. 2a GVG** das Amtsgericht zuständig. Hat das Mietverhältnis seinen Schwerpunkt in der Gewerbenutzung, so gelten die Allgemeinen Zuständigkeitsbestimmungen[363] Bei **§ 794 Abs. 1 Nr. 5 ZPO** ist fraglich, ob die **Titulierung des Räumungsanspruchs durch eine notarielle Urkunde** bereits dann ausscheidet, wenn hiervon auch Wohnraum betroffen ist oder ob sich die Behandlung eines Mischmietverhältnisses auch hier nach der Schwerpunkttheorie richtet. Das OLG Oldenburg[364] folgt der erstgenannten Ansicht. Maßgeblich ist der Gesichtspunkt des Mieterschutzes: durch die Beschränkung des § 794 Abs. 1 Nr. 5 ZPO soll verhindert werden, dass der Wohnungsmieter kurzfristig seine Wohnung verliert und auf diese Weise obdachlos wird. Darüber hinaus zieht das Gericht in Erwägung, dass die Einordnung des Mietverhältnisses im Einzelfall schwierig sein kann; deshalb soll hierüber nicht der Gerichtsvollzieher, sondern das Gericht entscheiden. **112a**

Umsatzsteueroption bei Mischraummiete. Nach der Rechtsprechung des Bundesfinanzhofs umfasst die Option des Vermieters für die Umsatzsteuer bei der Vermietung von Mischräumen von vornherein nur die unternehmerisch genutzten Gebäudeteile, nicht die zu Wohnzwecken genutzten Räume.[365] Ist in einem Mischmietvertrag vereinbart, dass der Mieter Umsatzsteuer auf die Miete zu bezahlen hat, so ist eine Aufteilung vorzunehmen. Die Pflicht zur Zahlung von Umsatzsteuer besteht nur für die gewerblich genutzten Räume, während für die Wohnräume keine Umsatzsteuer zu zahlen ist.[366] Haben die Parteien gleichwohl vereinbart, dass auch für den auf die Wohnräume entfallenden Mietzinsanteil Umsatzsteuer zu zahlen ist, so kommen nach der Rechtsprechung des BGH[367] zwei Auslegungsmöglichkeiten in Betracht: **(1)** Zum einen ist denkbar, dass die Vereinbarung zur Zahlung der Umsatzsteuer ins Leere geht, weil es für nicht steuerpflichtige Umsätze aus Vermietung keine gültige Mehrwertsteuer gibt. Nach dieser Auslegung gilt, dass eine in Wirklichkeit nicht anfallende Mehrwertsteuer auch nicht geschuldet wird. Von dieser Auslegung ist regelmäßig auszugehen, wenn die Preisvereinbarung auf einer fehlerhaften Bewertung der steuerlichen Gegebenheiten beruht und anzunehmen ist, dass dem Vermieter nur die Nettomiete zustehen soll. **(2)** Denkbar ist allerdings auch, dass sich die Parteien auf einen Endbetrag geeinigt **112b**

---

360 OLG Köln WuM 1996, 266.

361 BGH (VIII ZR 251/10) NJW 2012, 224 = WuM 2012, 14 = ZMR 2012, 176 für ein Mietverhältnis über eine Wohnung und eine Garage, wenn sich die jeweiligen Mietgegenstände auf verschiedenen Grundstücken befinden.

362 Ebenso *Sternel,* Mietrecht, 1988, Rdn. I 159.

363 BGH (VIII ZR 376/13) NJW 2014, 2864; **a. A.** *Bühler* ZMR 2010, 897, 920, danach gilt § 23 Nr. 2a GVG, wenn Wohnraum in irgendeiner Form mitbetroffen ist; ähnlich: *Wietz* NZM 2015, 145, 151: Danach ist die sachliche Zuständigkeit des Amtsgerichts immer dann gegeben, wenn die Anwendung des Wohnraummietrechts nach dem Tatsachenvortrag einer Partei ernsthaft in Betracht kommt. Dies gilt auch, wenn sich lediglich der Mieter hierauf beruft.

364 OLG Oldenburg Urteil vom 22.7.2014 – 12 U 46/14.

365 BFH NJWE-MietR 1996, 211 betr. Gaststätte mit Wirtewohnung; BFH DWW 2016, 192 betr. gewerblich genutzte Einliegerwohnung jew. m. w. N.

366 OLG Celle Beschluss vom 7.7.2016 – 2 U 37/16, juris.

367 BGH (XII ZR 79/07) NZM 2009, 237.

haben und die Angabe der Nettomiete lediglich einen erläuternden Charakter hat. In diesem Fall gilt die Bruttomiete als vereinbart. Auf die umsatzsteuerrechtlichen Gegebenheiten kommt es bei dieser Sachlage nicht an.

6. Grundstücksmiete

113 Für die Vermietung eines Grundstücks gilt § 578 Abs. 1 BGB. Grundstücksmiete ist der Sammelbegriff für die Miete von unbebauten und bebauten Grundstücken sowie von Grundstücksteilen, z. B. der Miete einer Hauswand zu Reklamezwecken, die Miete einer Dachfläche oder die Miete eines Stellplatzes für ein Kraftfahrzeug oder einen Wohnwagen. Grundstücksmiete liegt auch dann vor, wenn der gemietete Bereich mit Wasser bedeckt ist; deshalb ist auch auf die Miete eines Bootsliegeplatzes Grundstücksmiete anzuwenden.[368] Auch die Raummiete ist Grundstücksmiete[369] (s. a. § 578 BGB)

114 Hat der Mieter ein unbebautes Grundstück gemietet und hierauf mit Zustimmung des Vermieters ein Gebäude errichtet, so gilt hinsichtlich der in dem Gebäude befindlichen Wohnungen folgendes: Wird das Gebäude nicht wesentlicher Bestandteil des Grundstücks (z. B. Behelfsheim, Baracke), so stehen die Wohnungen im Eigentum des Mieters. Zwischen ihm und dem Vermieter des Grundstücks besteht hinsichtlich der Wohnungen kein Mietvertrag; Mietgegenstand ist also lediglich das unbebaute Grundstück; die Vorschriften über die Wohnungsmiete sind auch dann unanwendbar, wenn der Mieter das Gebäude selbst bewohnt.[370] Werden die Wohnungen von dem Mieter des Grundstücks weitervermietet, so ist das Rechtsverhältnis zwischen dem Grundstücksmieter und den Wohnraumnutzern aber als Wohnraummietverhältnis zu bewerten. Wird das Grundstücksmietverhältnis beendet, so kann der Grundstücksvermieter auch von den Wohnungsnutzern Räumung verlangen (§ 985 BGB). Der Gebäudeeigentümer kann mit dem Grundstücksvermieter allerdings vereinbaren, dass die Kündigung des Grundstücks nur unter den für die Wohnraummiete geltenden Voraussetzungen möglich sein soll. Denkbar ist auch, dass die Parteien des Grundstücksmietvertrags nach der Errichtung des Gebäudes einen weiteren Mietvertrag über das Gebäude schließen. Dies gilt auch dann, wenn das Gebäude nur Scheinbestandteil des Grundstücks ist, weil dem Mieter auch seine eigene Sache vermietet werden kann. Ein solcher Mietvertrag kann auch konkludent geschlossen werden, so beispielsweise, wenn der Grundstücksmieter nach der Errichtung des Gebäudes eine höhere Miete zahlt. Besitzt der Mieter sein Gebäude aufgrund eines mit dem Grundstückseigentümer geschlossenen Mietvertrags, so liegt ein Wohnraummietverhältnis vor, wenn der Mieter das Gebäude vereinbarungsgemäß als Wohnung für sich oder seine Familie nutzt. Im Falle der Vermietung des Gebäudes an Dritte ist das Mietverhältnis als Geschäftsraummietverhältnis zu bewerten; es gelten die oben in Rdn. 104 dargelegten Grundsätze. Wird das Gebäude wesentlicher Bestandteil des Grundstücks, so ist zu fragen, ob sich der Grundstücksmietvertrag nach den Vorstellungen der Parteien auch auf das Gebäude bzw. auf die darin befindlichen Wohnungen erstrecken soll. Dies ist nicht schon dann der Fall, wenn der Mieter zur Nutzung des Gebäudes berechtigt ist. Maßgeblich ist vielmehr, ob er für das Gebäude ein zusätzliches Entgelt bezahlt. Ist das der Fall, so liegt hinsichtlich des Gebäudes grundsätzlich Miete vor, wobei sich die Zuordnung zur Wohnraummiete nach dem Nutzungszweck richtet. Das Entgelt kann auch hier darin bestehen, dass der Mieter die für die Errichtung des Gebäudes erbrachten Kosten oder den Wert seiner Arbeitsleistungen „abwohnen" darf.

7. Mietvorvertrag

115 Ein Vorvertrag ist anzunehmen, wenn **(1)** sich die Parteien noch nicht über alle Punkte des Mietverhältnisses geeinigt haben, **(2)** sie davon ausgehen, dass die noch offenen Punkte in einem später abzuschließenden Vertrag geregelt werden sollen **(3)** und sich die Parteien gleichwohl bereits vor Abschluss des endgültigen Vertrags binden wollen. Mietvorverträge werden häufig über solche Mietobjekte geschlossen, die zum Zeitpunkt des Vertragsschlusses noch nicht fertig gestellt sind. Hier kann es sinnvoll sein, wenn sich die Parteien über die spätere Vermietung zu bestimmten Rahmenbedingungen in einem Vorvertrag einigen und die Einzelheiten dem später abzuschließenden Hauptvertrag vorbehalten. Für das wirksame Zustandekommen eines Vorvertrags reicht es aus,

---

368 *Gregor* WuM 2008, 435.
369 **A. A.** *Gregor* a. a. O.
370 BGH NJW 1984, 2878 = MDR 1984, 1019 = ZMR 1984, 404.

wenn sich die Parteien darüber einig sind, dass dem Mietinteressenten das Mietobjekt überlassen werden soll und Klarheit über die wesentlichen Mietbedingungen besteht. Zu den wesentlichen Mietbedingungen gehört die Einigung über das Mietobjekt, die Mietdauer und die Entgeltlichkeit. Ist kein bestimmter Mietzins vereinbart, so kann die Auslegung ergeben, dass die angemessene oder die ortsübliche Miete als geschuldet gilt.[371] Dem Klarheitsgebot ist Genüge getan, wenn die Parteivereinbarungen ein solches Maß an Bestimmbarkeit und Vollständigkeit enthalten, dass der Inhalt des Vertrags im Streitfall richterlich festgestellt werden kann. Alle weiteren Einzelheiten können späteren Verhandlungen vorbehalten werden. Bei einem sukzessiven Fortgang der Verhandlungen ist zu beachten, dass bei einer Einigung über weitere Vertragspunkte der Vorvertrag um diese Punkte erweitert werden kann.[372]

Der Mietvorvertrag kann mündlich oder schriftlich geschlossen werden; § 550 BGB ist nicht anwendbar.[373] Ein konkludenter Vertragsschluss ist möglich, allerdings ist hier Zurückhaltung angebracht; der Bindungswille muss zweifelsfrei feststehen. Deshalb kommt kein Mietvorvertrag zustande, wenn der Vermieter dem Mieter die Überlassung der Wohnung in Aussicht stellt, das Versprechen aber nicht erfüllt.[374] Haben die Parteien einen schriftlichen Mietvertrag entworfen, diesen aber nicht erfüllt, so liegt hierin kein mündlicher Mietvorvertrag. Ein formunwirksamer Mietvertrag kann nicht in einem Mietvorvertrag umgedeutet werden.[375] **116**

Mit dem Abschluss des Vorvertrags entsteht zwischen den Parteien ein Vertragsverhältnis. Hauptpflicht ist für beide Teile der Abschluss des Hauptvertrags; es genügt allerdings auch, wenn sich nur ein Vertragspartner zum Vertragsschluss verpflichtet.[376] Die aus dem Vertrag verpflichteten Parteien sind gehalten, auf den Abschluss des Hauptvertrags hinzuwirken und im Rahmen der hierauf zielenden Handlungen die näheren Vertragsbedingungen auszugestalten und festzulegen.[377] Aus dem Vorvertrag folgt eine Verhandlungspflicht.[378] Daneben bestehen vertragliche Nebenpflichten; insbesondere müssen die Parteien alles unterlassen, was dem Abschluss des Hauptvertrags im Wege stehen könnte. Werden diese Verpflichtungen verletzt, so kann der jeweils andere Vertragsteil Schadenersatz verlangen. Treten Umstände ein, bei deren Vorliegen die Parteien eines Mietvertrags zur Kündigung berechtigt wären, so haben die Parteien des Vorvertrags ein Rücktrittsrecht.[379] Daneben besteht ein Rücktrittsrecht aus § 242 BGB, das dann ausgeübt werden kann, wenn infolge des Verhaltens der Gegenpartei die Vertrauensgrundlage erschüttert wird.[380] Hiervon kann auch dann ausgegangen werden, wenn der im Vorvertrag in Aussicht gestellte Vertragsbeginn erheblich überschritten wird.[381] **117**

Der Hauptmietvertrag muss entsprechend den Vereinbarungen im Vorvertrag abgeschlossen werden. Ist nach dem Vorvertrag vereinbart, dass ein längerfristiges Mietverhältnis begründet werden soll, so sind beide Parteien zur Mitwirkung am Zustandekommen des schriftlichen Hauptvertrags (§ 550 BGB) verpflichtet.[382] Fehlen im Vorvertrag besondere Vereinbarungen über den Inhalt des späteren Hauptvertrags, so regeln sich die beiderseitigen Rechte und Pflichten grundsätzlich nach den gesetzlichen Vorschriften der §§ 535 ff. BGB. Im Übrigen muss der Inhalt des Hauptvertrags nach Treu und Glauben unter Berücksichtigung der Vorstellungen der Parteien ermittelt werden. Weigert sich eine Partei endgültig, den Hauptvertrag zu den Bedingungen des Vorvertrags abzuschließen, so kann die andere Partei vom Vertrag zurücktreten. Eine unberechtigte Kündigung des Vorvertrags oder die Weigerung zum Abschluss des Hauptvertrags stellt außerdem eine Pflichtverletzung dar, die den anderen Teil zum Schadensersatz berechtigt.[383] An die Annahme einer endgültigen Erfüllungsverweigerung sind allerdings strenge Anforderungen zu stellen: Die Weigerung zum Vertragsschluss muss außer Zweifel stehen.[384] Stattdessen kann die andere Partei auch auf Er- **118**

371 BGH NJW-RR 1992, 517; NZM 2002, 910, 912.
372 BGH ZMR 1993, 55 = MDR 1993, 341.
373 BGH LM § 566 BGB Nr. 1.
374 LG Mannheim MDR 1971, 48.
375 BGH ZMR 1963, 62; BB 1969, 1456.
376 BGH WPM 1973, 238.
377 BGH NJWE-MietR 1996, 56.
378 LG Limburg WuM 2013, 663.
379 BGH NJW 1958, 1531.
380 BGH NJW 1958, 1531.
381 OLG Koblenz NZM 1998, 405 für eine Überschreitung von 8 Monaten.
382 BGH NJW 2007, 1817 = NZM 2007, 445 = GuT 2007, 126 = ZMR 2007, 519.
383 BGH a. a. O.
384 BGH ZMR 1993, 55.

füllung klagen. Im Regelfall ist der Erfüllungsanspruch im Wege der Leistungsklage auf die Annahme eines von der klagenden Partei abgegebenen Angebots geltend zu machen.[385] Die Erfüllungsklage kann mit einer Klage auf Leistung aus dem Hauptvertrag verbunden werden.[386] Da die Klage auf den Abschluss des Hauptvertrags zu richten ist, muss der Klageantrag den Inhalt des Hauptvertrags wiedergeben;[387] stimmt der Antrag hiermit nicht überein, so ist die Klage abzuweisen.[388] Anderenfalls wird der Beklagte antragsmäßig verurteilt. Mit der Rechtskraft des Urteils gilt der Hauptvertrag nach § 894 ZPO als zustande gekommen.

119 Ist die Erhebung einer Klage auf Abschluss des Hauptvertrags nicht möglich, weil die berechtigte Partei aus Rechtsgründen nicht in der Lage ist, ein entsprechendes Angebot abzugeben, so kann eine Leistungsklage auf Abgabe eines konkreten Angebots erhoben werden.[389] Ein solcher Fall kann vorliegen, wenn bestimmte Details der Mietsache zwar der Gegenpartei, nicht aber dem Berechtigten bekannt sind. Ist auch dies nicht möglich, weil der Gegenpartei nach dem Inhalt des Vorvertrags ein Gestaltungsspielraum zusteht, so kommt die Erhebung einer Feststellungsklage in Betracht.[390]

120 Die Erfüllungsklage des Mieters (Klage auf Abschluss eines Mietvertrags) ist auch dann zulässig, wenn das Mietobjekt abredewidrig einem Dritten überlassen worden ist. Der Vertrag mit dem Dritten ist wirksam. Es ist Sache des Vermieters, dafür zu sorgen, dass der mit dem Dritten geschlossene Vertrag wieder aufgelöst wird. Gelingt dies nicht, so kann der Mieter Schadenersatz verlangen.[391] Eine (isolierte) Klage des Vermieters auf Zahlung des Mietzinses oder eine Klage des Mieters auf Überlassung der Mietsache ist dagegen unzulässig. Der aus einem noch anzuschließenden Mietvertrag abzuleitende Besitzverschaffungsanspruch kann nicht durch einstweilige Verfügung gesichert werden.[392]

121 Die für das Zustandekommen eines Vorvertrags maßgeblichen Tatsachen müssen diejenige Person darlegen und **beweisen,** die aus dem Vertrag Rechte für sich herleiten will. Hierzu muss der Darlegungspflichtige vortragen, dass zwischen den Parteien ein Vorvertrag (und kein endgültiger Mietvertrag) gewollt war.[393] Außerdem müssen die Umstände dargelegt werden, aus denen sich der rechtskräftige Bindungswille herleiten lässt.[394] Die Übergabe der Schlüssel kann u. U. Indiz für einen endgültigen Mietvertrag sein; dies gilt nicht, wenn die Schlüsselübergabe lediglich zum Zweck der Renovierung erfolgt.[395]

8. Vormietrecht

122 Das Vormietrecht ist in seiner Funktion dem Vorkaufsrecht vergleichbar; §§ 463ff. BGB gelten entsprechend.[396] Der Berechtigte hat die Möglichkeit, eine bestimmte Mietsache zu den Bedingungen, die der Vermieter mit einem Dritten getroffen hat, anzumieten. Das Vormietrecht begründet also den Vorrang einer bestimmten Person vor anderen Mietinteressenten. Die Vereinbarung über das Vormietrecht ist in jedem Fall formlos wirksam (arg. § 464 Abs. 1 Satz 2 BGB).[397] Der durch § 566 BGB bezweckte Erwerberschutz wird hierdurch nicht tangiert, weil der Erwerber an ein Vormietrecht nicht gebunden ist. Das Vormietrecht verpflichtet den Vermieter nicht, dem Berechtigten die Sache vorrangig anzubieten. Der Vermieter ist lediglich verpflichtet, den Berechtigten über den Abschluss eines Mietvertrags zu informieren. Die Information hat grundsätzlich durch Übersendung einer Abschrift des Mietvertrags zu erfolgen. Macht der Berechtigte von dem Vormietrecht Gebrauch, so tritt er nicht in den mit dem ursprünglichen Mieter geschlossenen Mietvertrag ein; viel-

---

385 BGH NJW 1994, 1272, 1273; NZM 2002, 910, 912.
386 BGH NJW 1986, 2822, 2842; NJW 2001, 1285; OLG Koblenz NZM 1998, 405; vgl. auch OLG Düsseldorf NJOZ 2010, 490.
387 OLG Köln DWW 1992, 210.
388 OLG Köln a. a. O.
389 BGH a. a. O.
390 BGH NZM 2002, 910, 912.
391 BGH ZMR 1993, 55.
392 OLG Celle ZMR 2009, 113.
393 *Hau* DWW 2008, 82.
394 BGH MDR 1980, 749.
395 LG Limburg WuM 2013, 663.
396 BGHZ 55, 71, 75; BGH NZM 2002, 910, 913; OLG Hamm ZMR 2016, 868 m. Anm. *Burbulla* ZMR 2017, 42.
397 *Palandt/Weidenkaff* Einf. vor § 535 Rdn. 5; **a. A.** *Kania* ZMR 1976, 1; *Sternel,* Mietrecht, 1988, Rdn. I 226.

mehr kommt zwischen dem Berechtigten und dem Vermieter ein Mietverhältnis zu den Bedingungen des abgeschlossenen Vertrags zustande. Der ursprüngliche Vertrag besteht weiterhin fort. Da der Vermieter deshalb auch dem ursprünglichen Mieter gegenüber zur Erfüllung verpflichtet ist, muss er sich für den Fall der Ausübung des Vormietrechts ein Rücktrittsrecht einräumen lassen (§ 572 Abs. 1 BGB). Bei der Wohnraummiete kann dieses Recht nur bis zur Überlassung der Mietsache ausgeübt werden. Der ursprüngliche Mietvertrag kann auch durch Vereinbarung zwischen dem Vermieter und dem ursprünglichen Mieter aufgehoben werden. Der Bestand des zwischen dem Vermieter und dem Berechtigten bestehenden Mietvertrags wird hierdurch nicht berührt. Anders ist es in bestimmten Fällen der Anfechtung (s. § 577 BGB Rdn. 23a). Hat der Vermieter die Sache dem ursprünglichen Mieter überlassen, so kann der Berechtigte Schadensersatz wegen Nichterfüllung verlangen. Gegenüber dem Wohnraummieter hat der Vermieter kein Kündigungsrecht nach § 573 Abs. 1 BGB. Der Berechtigte kann gleichwohl auf Erfüllung klagen, weil es durchaus denkbar ist, dass sich die Parteien des Mietvertrags auf eine freiwillige Vertragsaufhebung einigen; es liegt also kein Fall der Unmöglichkeit vor. Wurde die Sache dem Berechtigten überlassen, so hat der ursprüngliche Mieter dieselben Ansprüche (Erfüllung/Schadensersatz), wenn sich der Vermieter kein Rücktrittsrecht vorbehalten hat. Die Ausübung des Vormietrechts kann rechtsmißbräuchlich sein, wenn der Berechtigte nicht in der Lage ist, die nach dem Mietvertrag geschuldeten Pflichten zu erfüllen.[398]

Auf eine Vormietklausel in einem von einem gewerblichen Mieter gestellten **Formularmiet-** **122a**
vertrag sind die Vorschriften der §§ 305ff anzuwenden. Fehlt es an einer hinreichend deutlichen drucktechnischen Hervorhebung, so dürfte ein Verstoß gegen § 305c vorliegen.[399] Außerdem dürfte die Klausel gegen § 307 Abs. 2 BGB verstoßen, wenn das Vormietrecht nach dem Wortlaut der Klausel auch dann ausgeübt werden kann, wenn der Vermieter das Mietverhältnis wegen einer Vertragsverletzung des Berechtigten nach § 543 kündigen könnte.[400]

9. Abschlussoption

Die Abschlussoption kann in der Form eines sofort abgeschlossenen bedingten Mietvertrags be- **123**
gründet werden. In diesem Fall entsteht durch die Einräumung einer Abschlussoption ein Anspruch auf die Vermieterleistung (Überlassung des Mietgegenstands), der durch die spätere Erklärung des Mieters bedingt ist, dass er die Rechte aus dem Vertrag geltend mache (Potestativbedingung).[401] Ist der aufschiebend bedingte Mietvertrag für eine längere Zeit als ein Jahr abgeschlossen, so bedarf der Optionsvertrag der **Schriftform** (§ 550 BGB). Die Ausübung der Option ist formlos möglich. Ist für die Ausübung der Option keine Frist bestimmt, so ist in entsprechender Anwendung des § 544 BGB anzunehmen, dass der Mieter nach Ablauf von 30 Jahren mit der Ausübung des Optionsrechts ausgeschlossen wird. Treten vor der Ausübung des Optionsrechts Umstände ein, bei deren Vorliegen die Parteien zur fristlosen Kündigung berechtigt wären, so besteht ein **Rücktrittsrecht.**

Von einem Optionsrecht spricht man auch in jenen Fällen, in denen der Eigentümer einer **124**
Sache einem Mietinteressenten ein **Mietangebot** unterbreitet und diesem das Recht einräumt, das Angebot innerhalb einer bestimmten Frist anzunehmen (s. dazu OLG Saarbrücken ZMR 2016, 371). Hier ist das Mietangebot formlos wirksam; im Fall der Annahme muss der Mietvertrag aber schriftlich geschlossen werden, wenn er längere Zeit als 1 Jahr dauern soll.

Ob die Parteien einen aufschiebend bedingten Mietvertrag oder einen Mietvorvertrag abge- **125**
schlossen haben oder ob der Vermieter ein Mietangebot mit längerer Annahmefrist abgegeben hat, ist oft schwer festzustellen, weil die entsprechenden Gestaltungsmöglichkeiten keinen fest umrissenen Inhalt haben, sondern Ausfluss der Vertragsgestaltungsfreiheit sind. Anstelle der hier verwendeten Begriffe werden gelegentlich auch andere Bezeichnungen gebraucht, so dass selbst die Verwendung einer bestimmten Bezeichnung nur als Indiz für einen bestimmten Gestaltungswillen angesehen werden kann.[402]

Zur Verlängerungsoption s. § 542 BGB Rdn. 184.

---

398 OLG Hamm ZMR 2016, 868.
399 *Leo/Kappus* NZM 2013, 665, 667.
400 *Leo/Kappus a. a. O.*
401 Vgl. BGHZ 47, 387, 391; LM § 433 Nr. 16 jew. für den rechtsähnlichen Fall des Ankaufsrechts.
402 S. dazu OLG Hamburg ZMR 2001, 889.

10. Anmietrecht

126 Unter einem Anmietrecht versteht man eine Vereinbarung, wonach der Vermieter verpflichtet ist, die Mietsache zunächst einem bestimmten Interessenten anzubieten. Eine solche Vereinbarung ist formlos möglich. Deshalb kann ein Vertrag über ein Anmietrecht auch durch konkludente Handlungen zustande kommen. Allerdings sind hieran strenge Anforderungen zu stellen. Aus dem Umstand. dass zwischen den Parteien bereits ein Mietvertrag besteht, kann kein Recht auf die Anmietung weiterer Mietgegenstände abgleitet werden. Deshalb hat der Mieter einer Wohnung keinen Anspruch, dass ihm ein Garagenstellplatz vermietet wird. Dies gilt auch dann, wenn solche Plätze zur Verfügung stehen und nach einer vom Vermieter geführten Interessentenliste vergeben werden. Auch in diesem Fall ist der Vermieter frei, welchem Mieter er einen Stellplatz vermietet.[403] Ist im Vertrag über die Bedingungen des Anmietrechts nichts geregelt, so liegen die Mietbedingungen im Ermessen des Vermieters; dieser ist verpflichtet, die Mietbedingungen nach billigem Ermessen (§§ 315–319 BGB) auszuwählen. Mangels einer besonderen Absprache sind dies die marktüblichen Bedingungen. Treten Umstände ein, die zur fristlosen Kündigung berechtigen, so kann der Vermieter vom Vertrag zurücktreten. Wird die Sache unter Verletzung der Anbietpflicht an einen Dritten vermietet, so gelten die für den Mietvorvertrag und das Vormietrecht dargelegten Grundsätze (s. Rdn. 115, 122).

126a Ebenso kann der Eigentümer mit einem Dritten vereinbaren, dass dieser berechtigt sein soll, die Mietsache im Falle der Beendigung des bestehenden Mietverhältnisses selbst zu mieten (Anmietrecht) oder einen Nachmieter zu benennen (Mieterbenennungsrecht). Entscheidet sich der Dritte für das Mieterbenennungsrecht so muss der vorgeschlagene Mieter in der Lage sein, das Mietobjekt entsprechend seiner Zweckbestimmung zu nutzen und die Verpflichtungen aus dem Mietverhältnis zu erfüllen. Hierfür ist der Dritte beweispflichtig. Kann der Beweis nicht geführt werden, so steht dem Eigentümer ein Ablehnungsrecht zu.[404] Ob der Dritte in diesem Fall weitere Mieter benennen oder die Sache selbst mieten kann, richtet sich nach den Vereinbarungen im Einzelfall.

11. „Letter of Intent" („Absichtserklärung")

127 Der „Letter of intent" ist kein gesetzlich geregeltes oder von der Rechtsprechung anerkanntes Rechtsinstitut, sondern eine aus dem angelsächsischen Rechtskreis stammende Praxis zur Strukturierung von Vertragsverhandlungen über umfangreiche Vertragskomplexe. Der „letter of intent" soll den Stand der Vertragsverhandlungen und die zwischen den Parteien erzielten Teilergebnisse wiedergeben und bestimmte vereinbarte Verhaltenspflichten, etwa zur Verschwiegenheit, festhalten. Je nach dem Inhalt der getroffenen Vereinbarungen kann der „letter of intent" als bloßes Verhandlungsprotokoll, als Absichtserklärung zum Abschluss eines Mietvertrags, als Vorvertrag, als Abschlussoption, als Anmietrecht oder sogar als bindender Vertrag bewertet werden.[405]

II. Sonderformen der Raumnutzung

1. Werkwohnungen

128 Ist der Wohnungsnutzer zu **Dienst- oder Arbeitsleistungen** verpflichtet, so ist zu unterscheiden: Steht die Verpflichtung zur Arbeitsleistung im Vordergrund und wurde die Wohnung ohne Abschluss eines Mietvertrags überlassen, damit der Verpflichtete die Arbeit sachgerecht erledigen kann, so ist von einer **Dienstwohnung** auszugehen. Rechtsgrundlage für die Wohnungsnutzung ist kein Mietvertrag sondern ein Dienstvertrag (§ 576b BGB; s. dort). Besteht neben dem Arbeits- oder Dienstvertrag ein besonderer Mietvertrag, so liegt eine **Dienstmietwohnung** vor, wenn der Mietvertrag mit Rücksicht auf das Bestehen des Arbeitsverhältnisses abgeschlossen worden ist; fehlt diese Verknüpfung zwischen Dienst und Mietvertrag, so liegt ein **gewöhnliches Mietverhältnis** vor. Trotz einer bestehenden Verknüpfung von Dienst- und Mietvertrag kann von einem gewöhnlichen Mietverhältnis auszugehen sein, wenn die Dienstleistungen im Verhältnis zum wirtschaftlichen Wert der Wohnung von untergeordneter Bedeutung sind, so wenn der Mieter einen Teil

[403] BGH (VIII ZR 268/09) WuM 2010, 678.
[404] OLG Hamburg ZMR 2016, 369.
[405] Ein Muster eines „letter of intent" findet sich bei *Lindner-Figura* NZM 2000, 1193.

des Mietzinses durch Gartenpflegearbeiten oder Hausmeistertätigkeiten von geringem Umfang zu erbringen hat (s. i. Ü. § 576 BGB).

2. Nutzungsverträge der Genossenschaften

Die Nutzungsverträge der Wohnungsgenossenschaften sind Mietverträge, auf die Wohnraum- **129**
mietrecht Anwendung findet.[406] Es gilt die Besonderheit, dass die Genossenschaft ihre Mitglieder gleich behandeln muss.[407] Jedoch wird der **Gleichbehandlungsgrundsatz** nur verletzt, wenn die Genossenschaft gleiche Gegebenheiten unterschiedlich behandelt. Eine unterschiedliche Behandlung muss willkürfrei sein und auf sachlich nachvollziehbaren Kriterien beruhen.[408] Lässt eine Wohnungsgenossenschaft an einem Mehrfamilienhaus Modernisierungs- und Instandsetzungsarbeiten durchführen und hat ein Teil der Mieter wegen der damit verbundenen Beeinträchtigungen die Miete gemindert und ein anderer Teil hierauf verzichtet, so ist der genossenschaftsrechtliche Grundsatz der Gleichbehandlung der Mitglieder nicht verletzt, wenn die Genossenschaft die jeweiligen Mietergruppen hinsichtlich der Mieterhöhung unterschiedlich behandelt.[409] Enthalten die Nutzungsverträge eine unwirksame Renovierungsklausel, so kann die Genossenschaft die Miete gegenüber denjenigen Mitgliedern erhöhen, die den Abschluss einer wirksamen Nachtragsvereinbarung abgelehnt haben.[410] Dagegen ist der Gleichbehandlungsgrundsatz verletzt, wenn die Genossenschaft ein Mitglied auf Zustimmung zur Mieterhöhung bis zur ortsüblichen Vergleichsmiete in Anspruch nimmt, weil dieser Wohnungsnutzer wegen häufiger Beschwerden einen erhöhten Verwaltungsaufwand verursacht. Hier fehlt es an einem sachlich nachvollziehbaren Grund, weil sich die ortsübliche Miete nicht am Verhalten einzelner Nutzer sondern am Wohnwert orientiert.[411]

Nach § 65 Abs. 1 GenG hat jedes Mitglied das Recht, seine **Mitgliedschaft** durch **Kündigung** **129a**
zu beenden. Der Gläubiger eines Mitglieds kann das Kündigungsrecht an dessen Stelle ausüben, wenn er einen Pfändungs- und Überweisungsbeschluss betreffend das Geschäftsguthaben erwirkt hat und eine Zwangsvollstreckung in das Vermögen des Mitglieds innerhalb der letzten sechs Monate fruchtlos verlaufen ist (§ 66 Abs. 1 GenG). Wird über das Vermögen des Mieters das Insolvenzverfahren eröffnet, so kann das Mitgliedschaftsrecht vom Insolvenzverwalter gekündigt werden; das Geschäftsguthaben steht dann den Gläubigern des Mieters zur Verfügung.[412] Die Regelung des § 109 Abs. 1 Satz 2 InsO steht der Kündigung nicht entgegen. Demgegenüber ist die Kündigung der **Mitgliedschaft in einer Wohnungsgenossenschaft** durch den Gläubiger oder den Insolvenzverwalter ausgeschlossen, wenn die Mitgliedschaft Voraussetzung für die Nutzung der Wohnung des Mitglieds ist und das Geschäftsguthaben des Mitglieds höchstens das Vierfache des auf einen Monat entfallenden Nutzungsentgelts ohne die als Pauschale oder Vorauszahlung ausgewiesenen Betriebskosten oder höchstens 2.000 Euro beträgt (§ 67c GenG). Diese Vorschrift ist allerdings erst am 19.7.2013 in Kraft getreten. Für Kündigungen vor diesem Zeitpunkt hat der BGH entschieden, dass der Insolvenzverwalter die Mitgliedschaft kündigen kann. Für die **Altfälle (Zugang der Kündigung vor dem 19.7.2013)** gilt, dass die Regelung des § 109 Abs. 1 Satz 2 InsO der Kündigung der Mitgliedschaft nicht entgegensteht.[413] Das Nutzungsverhältnis über die Wohnung wird durch die Kündigung der Mitgliedschaft nicht berührt; (s.§ 573 Rdn. 212). Für die Kündigung des Mietverhältnisses gelten die Regeln des Wohnungsmietrechts. Diese sind auch dann (entsprechend) anzuwenden, wenn das Nutzungsverhältnis nicht als Mietvertrag sondern als körperschaftsrechtliches Rechtsverhältnis oder als Rechtsverhältnis besonderer Art ausgestaltet ist. Der Kündigungsgrund des § 573 Abs. 2 Nr. 1 BGB scheidet allerdings aus, weil weder die Stellung des Insolvenzantrags des Schuldners noch dessen Überschuldung als Verletzung mietvertraglicher Pflichten bewertet werden kann.[414] Der Kündigungsgrund des § 573 Abs. 1 BGB kommt in Betracht, wenn der Schuldner eine übergroße Wohnung nutzt und ein anderes Mitglied der Genos-

---

[406] OLG Karlsruhe RE 21.1.1985 WuM 1985, 77 = ZMR 1985, 122; LG Dresden WuM 1998, 216.
[407] BGH NJW 1960, 2142.
[408] AG Köln WuM 2015, 628.
[409] BGH NZM 2010, 121.
[410] AG Schöneberg GE 2009, 1195 m. Anm. *Börstinghaus*, jurisPR-MietR 24/2009 Anm. 4.
[411] AG Köln WuM 2015, 628.
[412] BGH NZM 2009, 479.
[413] BGH (IX ZR 276/13) WuM 2014, 682.
[414] C. *Fritz* WuM 2012, 183.

senschaft Bedarf an einer größeren Wohnung hat; hier ist die Genossenschaft gehalten dem Schuldner die kleinere Wohnung anzubieten.[415] Ebenso liegt ein Kündigungsgrund vor, wenn die Mitgliedschaft in der Genossenschaft beendet ist und die Wohnung für die Versorgung eines anderen Mitglieds benötigt wird (s. § 573 Rdn. 212). Der Bedarf für einen Dritten, der sich bereit erklärt Mitglied der Genossenschaft zu werden, reicht aus.[416] Das Ausscheiden des Mitglieds aus der Genossenschaft kann demnach den Verlust der Wohnung zur Folge haben. Gleichwohl kann der Mieter die zwangsweise Beendigung der Mitgliedschaft i. d. R. nicht verhindern. Für das Auseinandersetzungsguthaben besteht kein Pfändungsschutz. Die Regelung des § 765a ZPO ist ebenfalls unanwendbar.[417] Dies gilt nach der Rechtsprechung des BGH auch dann, wenn der Mieter das Guthaben oder einen Teil hiervon zum Erhalt der Wohnung benötigt. Dem Mieter ist es zuzumuten, insoweit öffentliche Hilfen in Anspruch zu nehmen.[418]

3. Heimverträge und ähnliche Verträge

130 Auf Verträge über die Überlassung von Wohnraum die zwischen einem Unternehmer (Heimträger) und einem volljährigen Verbraucher (Heimbewohner) abgeschlossen werden, ist seit dem 1.10.2009 das Wohn- und Betreuungsvertragsgesetz (WBVG) vom 29.7.2009 (BGBl. I S. 2319) anwendbar. Für Heimverträge i. S. v. § 5 Abs. 1 Satz 1 HeimG, die vor dem 1.10.2009 abgeschlossen wurden, gilt das Gesetz ab dem 1.5.2010. Das WBVG übernimmt die bisher in §§ 5–9 HeimG enthaltenen Regelungen, geht jedoch – insbesondere im Bereich des Verbraucherschutzes – über das HeimG hinaus. Das WBVG begründet einen eigenständigen Vertragstyp.[419] Jedoch können eventuelle Regelungslücken unter Rückgriff auf das allgemeine Schuldrecht geschlossen werden.

131 **a) Anwendungsbereich.** Das Gesetz gilt für Alters- und Pflegeheime, wenn der Heimträger sowohl zur Überlassung von Wohnraum als auch zur Erbringung von Pflege- oder Betreuungsleistungen verpflichtet ist, die der Bewältigung eines durch Alters- Pflegebedürftigkeit oder Behinderung bedingten Hilfebedarfs dienen (§ 1 Abs. 1 Satz 1 WBVG). Bei dem Heimträger muss es sich um einen „Unternehmer" i. S. d. § 14 BGB handeln. Darunter fallen natürliche und juristische Personen sowie rechtsfähige Personengesellschaften, die das Heim in Ausübung ihrer gewerblichen oder selbständigen beruflichen Tätigkeit betreiben. Auch gemeinnützige Organisationen und Vereine zählen zum Kreis der Unternehmer, wenn sie gewerblich handeln; eine Gewinnerzielungsabsicht ist nicht erforderlich. Der Heimbewohner muss volljährig sein; maßgeblich ist nicht der Zeitpunkt des Vertragsschlusses, sondern der Zeitpunkt zu dem der Vertrag in Vollzug gesetzt wird. Auf Jugendwohnheime und ähnliche Einrichtungen ist das WBVG nicht anzuwenden.

131a Stets ist erforderlich, dass in dem Heim auch Pflege- oder Betreuungsleistungen angeboten werden. Auf reine Wohnheime ist das Gesetz nicht anzuwenden. Ebenso genügt es nicht, wenn der Heimträger sog. „Service-Leistungen" wie Hausmeister-, Reinigungs- oder Fahrtdienste anbietet. Jedoch ist andererseits nicht erforderlich, dass der Heimbewohner auf die Pflege oder Betreuung akut angewiesen ist.

131b Grundsätzlich ist es möglich, dass hinsichtlich der Überlassung des Wohnraums einerseits und der Pflege- und Betreuungsleistungen andererseits verschiedene, rechtlich getrennte Verträge abgeschlossen werden. Hier bestimmt § 1 Abs. 2 WBVG, dass das Gesetz entsprechend anzuwenden ist, wenn die jeweiligen Verträge miteinander verkoppelt werden. Dies ist der Fall, wenn **(1)** der Mietvertrag über Wohnraum in seinem Bestand von dem Vertrag über die Pflege- und Betreuungsleistungen abhängig ist, oder **(2)** eine Kündigung des Vertrags über die Pflege- und Betreuungsleistungen die Beendigung des Mietvertrags zur Folge haben soll, oder **(3)** der Heimträger nur zur Vermietung von Wohnraum bereit ist, wenn der Heimbewohner zugleich einen Vertrag über Pflege- und Betreuungsleistungen abschließt. Dies gilt auch, wenn die Leistungen von verschiedenen Unternehmen geschuldet werden, es sei denn, diese sind nicht rechtlich oder wirtschaftlich verbunden.

131c **b) Informationspflichten des Heimträgers.** Der Heimträger ist verpflichtet, den künftigen Heimbewohner vor Vertragsschluss in Textform und in leicht verständlicher Sprache über sein Leis-

---

[415] *C. Fritz* WuM 2012, 183, 184.
[416] A. A. *Fritz* a. a. O.
[417] BGH (VII ZB 41/08) NZM 2009, 916 = WuM 2009, 752 = ZMR 2010, 274; BGH (IX ZB 120/10) WuM 2011, 40.
[418] BGH (IX ZB 120/10) WuM 2011, 40.
[419] *Palandt/Weidenkaff* § 1 WBVG Rdn. 3.

tungsangebot und die Nutzungsbedingungen zu informieren. Die (umfangreichen) Einzelheiten sind in § 3 WBVG geregelt. Ein Prospekt genügt, wenn dessen Inhalt den gesetzlichen Anforderungen entspricht. Bei unterlassener oder fehlerhafter Information ist der später abgeschlossene Vertrag gleichwohl wirksam. Er kann aber vom Heimbewohner fristlos gekündigt werden (§ 3 Abs. 4 Satz 1 i. V. m. § 6 Abs. 2 Satz 2 WBVG). Daneben können Schadensersatzansprüche wegen Verschuldens bei den Vertragsverhandlungen in Betracht kommen.

c) Vertragsschluss. Der Vertrag muss schriftlich abgeschlossen werden (§ 6 Abs. 1 Satz 1 **131d** WBVG). Ebenso ist die Schriftform bei allen Änderungsverträgen zu beachten. Für einen geschäftsunfähigen Heimbewohner muss sein gesetzlicher Vertreter handeln. Wird der Heimbewohner durch einen Betreuer vertreten, so muss der Vertrag durch das Betreuungsgericht genehmigt werden (§ 1907 Abs. 3 BGB). Wird der Vertrag von einem geschäftsunfähigen Heimbewohner geschlossen, so führt dies – abw. von § 105 Abs. 1 BGB – nicht zur Nichtigkeit des Rechtsgeschäfts. Vielmehr hängt die Wirksamkeit des Vertrags von der Genehmigung eines Bevollmächtigten oder Betreuers ab. Wird die Genehmigung erteilt, so wird der Vertrag rückwirkend wirksam, bei Verweigerung unwirksam. Nach § 4 Abs. 2 Satz 2 WBVG ist § 108 Abs. 2 BGB entsprechend anzuwenden, so dass der Heimträger den Schwebezustand beenden kann.

Ein Verstoß gegen das Schriftformerfordernis führt nicht zur Unwirksamkeit des Vertrags. Viel- **131e** mehr kann die Schriftform jederzeit nachgeholt werden. Bis zu diesem Zeitpunkt gilt folgendes: **(1)** Alle (an sich zulässigen) Vereinbarungen, die zum Nachteil des Heimbewohners von den Regelungen des WBVG abweichen, sind unwirksam; eventuelle Leistungen, die der Heimträger auf Grund solcher Vereinbarungen erbracht hat, sind nach § 812 BGB auszugleichen. **(2)** Der Heimbewohner kann den Vertrag fristlos kündigen.

Der schriftliche Vertrag muss die Leistungen des Heimträgers nach Art, Inhalt und Umfang ein- **131f** zeln beschreiben, das Entgelt getrennt nach den einzelnen Leistungen (Überlassung der Wohnung; Betreuungs- und Pflegeleistungen) sowie das Gesamtentgelt angeben sowie ausweisen, dass die vorvertragliche Information zum Vertragsinhalt geworden ist (§ 6 Abs. 3 WBVG).

d) Laufzeit. Der Vertrag wird grundsätzlich auf unbestimmte Zeit abgeschlossen; er endet mit **131g** dem Tod des Heimbewohners, ohne dass es einer Kündigung bedarf. Jedoch kann vereinbart werden, dass der dem Verbraucher überlassene Wohnraum bis zu einer Dauer von 2 Wochen nach dessen Tod zum Zwecke der Verwahrung des Nachlasses gegen Zahlung des darauf entfallenden Entgelts weiter genutzt werden kann (§ 4 WBVG). Hat der Verbraucher in den ihm überlassenen Räumen mit einem Angehörigen einen gemeinsamen Haushalt geführt, so endet das Recht zur Nutzung des Wohnraums mit dem Ablauf des dritten Kalendermonats nach dem Sterbetag (§ 5 WBVG).

e) Zulässiges Entgelt. Nach § 7 Abs. 2 Satz 1 WBVG muss das Entgelt „insgesamt und nach **132** seinen Bestandteilen im Verhältnis zu den Leistungen angemessen" sein. Maßgeblich ist das übliche Entgelt vergleichbarer Unternehmen unter Berücksichtigung der Besonderheiten des Heims hinsichtlich seiner Ausstattung und der Qualität der Leistungen. Erhält der Heimbewohner Leistungen der Pflegeversicherung gem. SGB XI oder Sozialhilfe gem. SGB XII, so gelten die dort festgelegten Entgelte als vereinbart. Wird die zulässige Höhe überschritten, so ist die Vereinbarung insoweit unwirksam. Die Beweislast für die Unangemessenheit des Entgelts trägt nach allgemeinen Grundsätzen der Heimbewohner.[420]

Ist das jeweilige Entgelt – wie üblich – nach Zeitabschnitten bemessen, so wird es mit Ablauf der **132a** jeweiligen Abschnitte fällig. Dies gilt auch für denjenigen Teil des Entgelts, der auf die Überlassung des Wohnraums entfällt; § 556b Abs. 1 BGB ist unanwendbar. Die Vereinbarung einer Vorleistungspflicht dürfte gegen § 16 WBVG verstoßen.[421] Die Vereinbarung des Einzugsermächtigungsverfahrens ist wirksam. Zur Erteilung eines Dauerauftrags kann der Heimbewohner nicht verpflichtet werden.

Die Minderung des Entgelts muss – anders als bei der Miete – gegenüber dem Heimbetreiber **132b** geltend gemacht werden.[422] In § 7 Abs. 5 WBVG ist geregelt, dass sich das Entgelt um die ersparten Aufwendungen verringert, wenn der Heimbewohner länger als drei Tage abwesend ist.

f) Erhöhung des Entgelts. Der Heimträger hat einen Anspruch auf die Erhöhung des Ent- **132c** gelts, wenn die in § 9 WBVG bestimmten Voraussetzungen gegeben sind. In materiellrechtlicher

---

420 *Palandt/Weidenkaff* § 7 WBVG Rdn. 4.
421 *Drasdo* NJW 2010, 1174, 1176; *Palandt/Weidenkaff* § 7 WBVG Rdn. 4.
422 *Drasdo* NZM 2015, 602, 604.

Hinsicht setzt die Erhöhung voraus, dass sich die bisherige Berechnungsgrundlage verändert und dass die Erhöhung angemessen ist (§ 9 Abs. 1 WBVG). In Betracht kommt eine Erhöhung der Sach- und Personalkosten. Erhöhte Investitionsaufwendungen (z. B. im Rahmen von Modernisierungsmaßnahmen) sind nur zu berücksichtigen, soweit sie nach Art des Betriebs notwendig sind und nicht durch öffentliche Förderung gedeckt werden.

132d Nach § 9 Abs. 1 Satz 1 WBVG kann der Heimträger die Erhöhung „verlangen". Hieraus folgt in formeller Hinsicht, dass die Erhöhung im Wege der Vertragsänderung durchgesetzt werden muss. Dem Heimträger steht kein einseitiges Gestaltungsrecht, sondern lediglich ein Anspruch zu, den er gegenüber dem Heimbewohner geltend machen muss.[423] Die Rechtslage ist dieselbe wie bei der Anpassung der Miete an das ortsübliche Entgelt nach § 558 BGB. Der Heimträger hat die Erhöhung schriftlich geltend zu machen und zu begründen. Aus dem Erhöhungsverlangen müssen sich das erhöhte Entgelt und der Zeitpunkt ergeben, zu dem dieses verlangt wird. Außerdem muss durch eine Gegenüberstellung der bisherigen und der neuen Entgeltbestandteile offengelegt werden, in welchen Positionen sich die Berechnungsgrundlage ändert. Der Heimbewohner hat ein Recht zur Einsicht in die Kalkulationsunterlagen. Aus dem Schutzzweck des WBVG kann abgeleitet werden, dass diese grundsätzlich nicht am Geschäftssitz des Heimträgers, sondern im Heim bereitzulegen sind. Anders kann es sein, wenn der Heimbewohner durch einen Betreuer oder einen sonstigen Dritten vertreten wird.

132e Stimmt der Heimbewohner dem Erhöhungsverlangen zu, so schuldet er das erhöhte Entgelt vier Wochen nach Zugang des Erhöhungsverlangens. Eine Frist für die Annahme des Erhöhungsangebots ist im WBVG nicht bestimmt; deshalb gelten insoweit die allgemeinen Vorschriften der §§ 147 ff. BGB. Wegen § 6 WBVG hat der Heimträger Anspruch darauf, dass die Annahmeerklärung schriftlich erteilt wird. Stimmt der Heimbewohner nicht zu, so muss der Heimträger Klage auf Zustimmung zur Vertragsänderung erheben; eine Zahlungsklage ist unzulässig. Der Heimbewohner kann das Vertragsverhältnis nach § 11 Abs. 1 Satz 2 WBVG kündigen; in diesem Fall tritt die Erhöhung nicht ein.

132f **g) Vertragsanpassung bei Änderung des Pflege- oder Betreuungsbedarfs.** Ändert sich der Pflege- oder Betreuungsbedarf, so hat der Heimbewohner einen gesetzlichen Anspruch gegen den Heimträger auf eine entsprechende Anpassung der Leistungen (§ 8 Abs. 1 Satz 1 WBVG). Der Heimträger ist verpflichtet, die Anpassung anzubieten. Die Anpassungserklärung bedarf der Schriftform; sie ist zu begründen. In ihr sind die bisherigen und die angepassten Leistungen sowie die jeweils geschuldeten Entgelte gegenüberzustellen (§ 8 Abs. 3 WBVG). Der Heimbewohner kann das Änderungsangebot abw. von § 150 Abs. 2 BGB auch teilweise annehmen (§ 8 Abs. 1 Satz 2 WBVG). Je nach dem Umfang der vereinbarten Leistungsänderung ändert sich das Entgelt. Einen Anspruch auf Zustimmung zur Vertragsänderung hat der Heimbetreiber nicht; er kann das Vertragsverhältnis aber nach § 12 Abs. 1 Nr. 2b WBVG kündigen.

132g Die Anpassungspflicht kann vertraglich ausgeschlossen werden (§ 8 Abs. 4 WBVG). Die Ausschlussvereinbarung muss bei Vertragsschluss getroffen werden und bedarf der Schriftform. Sie setzt voraus, dass der Heimträger hieran ein berechtigtes Interesse hat. Hiervon ist auszugehen, wenn der Heimträger auf Grund der beschränkten Ausstattung des Heims oder aus personellen Gründen zur Versorgung, Pflege oder Betreuung von Personen mit bestimmten Krankheitsbildern nicht in der Lage ist. Der Grund des Ausschlusses ist in der Ausschlussvereinbarung anzugeben.

132h **h) Kaution.** Der Heimträger kann mit dem Heimbewohner vereinbaren, dass dieser eine Sicherheit für die Erfüllung seiner Verbindlichkeiten zu zahlen hat (§ 14 WBVG). Werden hinsichtlich der Überlassung des Wohnraums und der Pflege- und Betreuungsleistungen verschiedene, rechtlich getrennte Verträge abgeschlossen, so darf die Sicherheit nur für die Erfüllung der Verpflichtungen aus dem Vertrag über die Überlassung von Wohnraum vereinbart werden. Gleiches gilt für die Fälle des § 36 Abs. 1 Satz 1 SGB XI (häusliche Pflege). Mit Heimbewohnern, die Leistungen nach den §§ 42 und 43 SGB XI beziehen (Kurzzeitpflege, vollstationäre Pflege), kann keine Sicherheit vereinbart werden (§ 14 Abs. 4 WBVG). Soweit die Vereinbarung einer Sicherheit möglich ist, darf diese das Doppelte des monatlichen Entgelts nicht überschreiten. Wird die Obergrenze überschritten, so bleibt die Vereinbarung bis zur gesetzlich zulässigen Höhe erhalten. Möglich sind Sicherheiten jeder Art. Grundsätzlich richtet sich die Art der Sicherheit nach den vertraglichen Vereinbarungen. Jedoch hat der Heimbewohner in allen Fällen das Recht, die Sicherheit

[423] BGH (III ZR 279/15) NZM 2016, 561 Rn. 21.

durch Bürgschaft oder Garantie einer Bank, eines Kreditversicherers oder einer öffentlich-rechtlichen Körperschaft zu erbringen.

Der Heimbewohner kann eine Barkaution in drei gleichen monatlichen Raten zahlen, wobei die erste Rate in Höhe von einem Drittel des Kautionsbetrags bei Beginn des Vertragsverhältnisses fällig ist. Der Heimbetreiber hat die Barkaution von seinem Vermögen getrennt für jeden Heimbewohner einzeln bei einem Kreditinstitut zu dem für Spareinlagen mit dreimonatiger Kündigungsfrist üblichen Zinssatz anzulegen. Eine Anlage der Sicherheiten auf einem Sammelkonto ist nicht zulässig. Die bei § 551 Abs. 3 BGB mögliche Vereinbarung einer anderen Anlageform besteht nicht. Die Zinsen stehen – auch soweit ein höherer Zinssatz erzielt wird – dem Heimbewohner zu und erhöhen die Sicherheit (§ 14 Abs. 4 WBVG). **132i**

i) Kündigung durch den Heimbewohner. Der Heimbewohner kann einen unbefristeten Vertrag jederzeit ohne Angabe von Gründen ordentlich kündigen. Ein befristeter Kündigungsausschluss verstößt gegen § 16 WBVG und ist unwirksam. Die Kündigung bedarf der Schriftform. Wird die Kündigung spätestens am 3. Werktag eines Kalendermonats erklärt, endet das Vertragsverhältnis zum Ablauf desselben Monats. Wird die Kündigung wegen der Erhöhung des Entgelts erklärt, so endet das Mietverhältnis zu dem Zeitpunkt, zu dem die Erhöhung wirksam werden soll. **132j**

Ein Recht zur außerordentlichen fristlosen Kündigung besteht **(1) Vertragsreue:** innerhalb von zwei Wochen nach Beginn des Vertragsverhältnisses bzw. nach Aushändigung einer Vertragsausfertigung (§ 11 Abs. 2 WBVG); hierdurch soll dem Heimbewohner ein „Wohnen auf Probe" ermöglicht werden. **(2) wichtiger Grund:** wenn ein wichtiger Grund vorliegt und dem Heimbewohner die Fortsetzung des Vertrags bis zum Ablauf der Kündigungsfrist nicht zugemutet werden kann (§ 11 Abs. 3 WBVG); es gelten vergleichbare Voraussetzungen wie bei §§ 314 Abs. 1, 543 Abs. 1 BGB. Im Unterschied zu diesen Regelungen wird durch § 11 Abs. 3 WBVG allerdings keine Abmahnung vorgeschrieben; sie ist deshalb auch nicht erforderlich. **132k**

j) Kündigung durch den Heimbetreiber. Ein Recht zur ordentlichen Kündigung besteht nicht. Ebenso ist die sog. „Änderungskündigung" zum Zwecke der Erhöhung des Entgelts ausgeschlossen (§ 12 Abs. 2 WBVG). **132l**

Der Heimbetreiber kann allerdings kündigen, wenn ein wichtiger Grund vorliegt (§ 12 Abs. 1 WBVG). Hierzu zählen insbesondere: **(1) Betriebseinstellung oder -beschränkung:** Die beabsichtige Einstellung, wesentliche Einschränkung oder Veränderung des Betriebs, wenn die Fortsetzung des Vertrags für den Heimbetreiber eine unzumutbare Härte bedeuten würde. Es handelt sich um eine außerordentliche befristete Kündigung. Wird sie bis zum 3. Werktag eines Monats erklärt, so endet das Vertragsverhältnis zum Ablauf des übernächsten Monats. **(2) Bedarfsänderung:** Eine fristlose Kündigung ist möglich, wenn der Heimbewohner eine Anpassung des Vertrags abgelehnt hat und der Heimbetreiber deshalb die erforderlichen Pflege- und Betreuungsleistungen nicht erbringen kann (s. o. g). Die Kündigung setzt hier weiter voraus, dass dem Heimbewohner eine Annahmefrist gesetzt und dass die Kündigung angedroht wurde. **(3) Pflichtverletzung:** Der Heimbetreiber kann fristlos kündigen, wenn der Heimbewohner seine vertraglichen Pflichten schuldhaft so gröblich verletzt, dass dem Heimbetreiber die Fortsetzung des Vertrags nicht zugemutet werden kann. Eine Abmahnung ist – anders als nach § 543 Abs. 3 BGB – nicht vorgeschrieben. Aus dem Schutzzweck des WBVG kann aber hergeleitet werden, dass nur solche Pflichtverletzungen eine fristlose Kündigung rechtfertigen, bei deren Vorliegen auch bei der Wohnraummiete ohne Abmahnung gekündigt werden kann (§ 543 Abs. 3 Satz 2 Nr. 1 und 2 BGB) **(4) Zahlungsverzug:** Ebenso ist eine fristlose Kündigung möglich, wenn der Heimbewohner in Zahlungsverzug gerät; hinsichtlich der Höhe des Rückstands gelten die selben Kriterien wie für die fristlose Kündigung bei der Miete nach § 543 Abs. 2 Nr. 3 BGB. Anders als nach § 543 Abs. 2 Nr. 3 BGB muss dem Heimbewohner eine Zahlungsfrist gesetzt und die Kündigung angedroht werden. Ebenso gelten die Regelungen in § 543 Abs. 2 Nr. 3 Satz 2 BGB (Ausschluss der Kündigung bei Zahlung des Rückstands vor Zugang der Kündigungserklärung) und in § 569 Abs. 3 Nr. 2 BGB (Unwirksamkeit der Kündigung bei nachträglicher Zahlung). **132m**

Die Aufzählung der Gründe für eine Kündigung aus wichtigem Grund ist nicht abschließend („insbesondere"). Als weitere Gründe kommen solche in Betracht, die eine Kündigung eines Wohnraummietverhältnisses nach § 543 Abs. 1 BGB rechtfertigen (s. dort). In allen Fällen muss die Kündigung schriftlich erklärt und begründet werden. **132n**

k) Gewährleistung und Vertragsstörungen. Nach § 7 Abs. 1 WBVG ist der Heimbetreiber verpflichtet, dem Heimbewohner den Wohnraum in einem zum vertragsgemäßen Gebrauch geeigneten Zustand zu überlassen und während der Vertragsdauer in diesem Zustand zu erhalten sowie **132o**

die vereinbarten Pflege- oder Betreuungsleistungen nach dem allgemein anerkannten Stand fachlicher Erkenntnisse zu erbringen. Zu der dem Heimbetreiber obliegenden Instandhaltungspflicht zählt auch die Verpflichtung zur regelmäßigen Durchführung von Schönheitsreparaturen. Diese Verpflichtung kann – anders als bei der Miete – nicht dem Heimbewohner auferlegt werden (§ 16 WBVG).

132p Zeigt sich ein Mangel des Wohnraums, so ist dieser vom Heimbewohner anzuzeigen. Ist die Anzeige erfolgt und wird der Mangel gleichwohl nicht beseitigt, kann der Heimbewohner eine Kürzung des Entgelts „verlangen" (§ 10 Abs. 1 WBVG). Anders als bei der Miete tritt die Minderung also nicht kraft Gesetzes ein, sondern muss geltend gemacht werden. Eine besondere Form ist nicht vorgeschrieben. Allerdings ist Geschäftsfähigkeit erforderlich, weil das Verlangen nach Kürzung des Entgelts als geschäftsähnliche Handlung zu bewerten ist. Der Heimbewohner kann auch rückwirkend (bis zu 6 Monate) mindern. Einen überzahlten Betrag kann der Heimbewohner nach § 812 BGB zurückverlangen; dies gilt auch dann, wenn die Zahlung nicht unter Vorbehalt der Rückforderung geleistet wurde.

132q Bei unterlassener Mängelanzeige besteht keine Minderungsbefugnis. Jedoch gilt dies nur, wenn die Unterlassung schuldhaft erfolgt. Am Verschulden wird es insbesondere fehlen, wenn der Heimbewohner auf Grund seines Alters oder Gesundheitszustands zu einer Mängelanzeige nicht mehr in der Lage ist. Wird das Entgelt vom Träger der Sozialhilfe gezahlt, so steht der Kürzungsbetrag dem Träger der Sozialhilfe zu.

132r Neben dem Kürzungsrecht nach § 10 WBVG hat der Heimbewohner den Erfüllungsanspruch; außerdem steht ihm ein Zurückbehaltungsrecht am Entgelt zu. Ebenso kann der Heimbewohner Schadensersatzansprüche geltend machen.

132s **l) Verträge mit Angehörigen.** Interessenten für einen Heimplatz erscheinen zu den Verhandlungen und zum Abschluss des Heimvertrags häufig in Begleitung von Angehörigen oder sonstigen Vertrauenspersonen. Manche Heimbetreiber versuchen die Begleitperson zur Unterzeichnung einer Vereinbarung zu bewegen, nach der sich die Begleitperson verpflichtet, neben dem Heimbewohner für die Ansprüche des Heimbetreibers aus dem Heimvertrag zu haften. Eine solche Praxis verstößt gegen § 14 Abs. 1 WBVG. Danach kann der Unternehmer (Heimbetreiber) von dem Verbraucher (Heimbewohner) Sicherheiten für die Erfüllung seiner Pflichten aus dem Vertrag nur verlangen, wenn dies im Vertrag vereinbart ist. Nach der Ansicht des BGH ist der in dieser Vereinbarung vorgesehene Schuldbeitritt als „Sicherheit" im Sinne des § 14 Abs. 1 WBVG zu bewerten.[424] Zwar ist diese Sicherheit nicht vom Heimbewohner sondern von einem Dritten zu erbringen; dies spielt allerdings keine Rolle, weil die Regelung des § 14 WBVG nach dem Schutzzweck der Norm auch auf Dritte erstreckt werden muss, die für den Heimbewohner handeln. Dies führt zu der weiteren Frage, ob in der Aushändigung der „Beitrittserklärung" ein „Verlangen" im Sinne von § 14 WBVG zu sehen ist. Dies ist zweifelsfrei zu bejahen, wenn die Unterzeichnung des Schuldbeitritts Voraussetzung für den Abschluss des Heimvertrags ist. Aber auch bei freigestellter Unterzeichnung ist die vom Heimbetreiber geübte Praxis geeignet, die durch § 14 WBVG geschützte Entscheidungsfreiheit zu gefährden, weil mit der Aushändigung der Erklärung ein gewisser Erwartungsdruck verbunden ist. Folgerichtig kommt der BGH zum Ergebnis, dass das Verlangen nach einem Schuldbeitritt gegen § 14 WBVG verstößt, „wenn der Beitritt des Dritten im Wohn- und Betreuungsvertrag nicht vereinbart ist". Ob ein Schuldbeitritt – bei Vereinbarung im Betreuungsvertrag – überhaupt als zulässige Sicherheit anzusehen ist, hat der BGH – da nicht entscheidungserheblich – offengelassen. Die Frage ist nach der hier vertretenen Ansicht im Regelfall zu verneinen (s. für das vergleichbare Problem bei der Mietkaution: § 551 BGB Rdn. 56).

4. Hotelaufnahmeverträge

133 Sind Mietverträge mit dienst- und werkvertraglichen Elementen. Der Schwerpunkt liegt auf der Miete, so dass die §§ 535 ff. BGB anwendbar sind. Der für die Wohnraumiete typische Bestandsschutz und der Schutz vor Mieterhöhungen gilt hier allerdings nicht, weil es sich um Mietverhältnisse handelt, die auf eine vorübergehende Zeit abgeschlossen werden (§ 549 Abs. 2 Nr. 1 BGB).

---

[424] BGH (III ZR 263/14) NZM 2015, 635.

5. Leihe

Wird eine **Sache unentgeltlich überlassen,** so liegt eine Leihe vor (zum Begriff des Entgelts s. Rdn. 12).[425] Es gelten die Vorschriften der §§ 598ff. BGB. Der Verleiher muss nicht Eigentümer der Wohnung sein. Deshalb kann ein solcher Leihvertrag auch zwischen dem Mieter der Wohnung als Verleiher und einem Dritten als Entleiher abgeschlossen werden.[426] Ein Leihvertrag ist auch dann formlos wirksam, wenn er auf längere Zeit als ein Jahr oder auf Lebenszeit abgeschlossen wird; § 550 BGB ist nicht analog anwendbar.[427] Der Entleiher darf die Sache kostenfrei benutzen, er genießt allerdings auch keinen Bestandschutz. Ist eine Leihzeit weder bestimmt, noch aus dem Zweck der Leihe zu entnehmen, so kann der Verleiher die Sache jederzeit zurückfordern (§ 604 Abs. 3 BGB); einer Kündigung bedarf es nicht. Die Zweckerreichung kann ein lebenslanges Wohnen voraussetzen, so wenn dem Entleiher Räume übergeben werden, damit er sie als Wohnung für sich ausbauen kann[428] oder wenn der Entleiher bestimmte Leistungen für den Eigentümer erbracht hat.[429] Bei bestimmter Leihzeit, wozu auch die Überlassung einer Wohnung auf Lebenszeit gehört[430] gelten die (außerordentlichen) Kündigungsrechte des § 605 Nr. 1–3 BGB. Bei den Nr. 1 und 2 handelt es sich um ähnliche Tatbestände wie bei § 573 Abs. 2 BGB (vertragswidriger Gebrauch, Eigenbedarf, Absicht zur anderweitigen wirtschaftlichen Verwertung).[431] Nach Nr. 3 kann der Verleiher kündigen, wenn der Entleiher stirbt. Daneben ist die außerordentliche Kündigung aus wichtigem Grund möglich,[432] wenn dem Verleiher die Fortsetzung des Leihverhältnisses nicht mehr zugemutet werden kann, etwa, weil sich der Entleiher einer schweren Straftat zum Nachteil des Verleihers schuldig gemacht hat.[433] Dem Entleiher einer Wohnung kann eine Räumungsfrist nach § 721 ZPO und Vollstreckungsschutz nach § 765a ZPO gewährt werden. Hierfür gelten die für die Miete maßgeblichen Grundsätze. **134**

Lässt der Wortlaut eines schriftlichen Vertrags sowohl die Annahme eines Leihvertrags als auch die Annahme eines Mietvertrags zu, so kommt es maßgeblich darauf an, welche Vorstellungen die Parteien beim Vertragsschluss hatten. Dies muss durch eine Beweisaufnahme ermittelt werden.[434] Ist streitig, ob für den Gebrauch einer Sache die Zahlung eines Entgelts vereinbart worden ist, so ist diejenige Partei für die Entgeltvereinbarung **beweispflichtig,** die den Mietzins geltend macht. Dies beruht auf der Erwägung, dass jede Partei diejenigen Tatsachen beweisen muss, aus denen sie die von ihr beanspruchten Rechte herleitet. Eine Ausnahme gilt analog § 354 HGB, wenn beide Parteien Vollkaufleute sind. Hier besteht die Vermutung, dass die Überlassung der Sache gegen Entgelt geschieht. Es findet also eine Umkehr der Beweislast statt mit der Folge, dass der Nutzer bei ungeklärtem Sachverhalt einen Mietzins bezahlen muss.[435] Die Höhe des Mietzinses kann der Vermieter gem. §§ 315, 316 BGB nach billigem Ermessen bestimmen. Maßgeblich ist hierbei die ortsübliche Miete.[436] **135**

Von der Leihe ist das **Gefälligkeitsverhältnis** zu unterscheiden. Ein Gefälligkeitsverhältnis ist stets unentgeltlich, uneigennützig und rechtlich unverbindlich. Wird eine Wohnung im Rahmen eines Gefälligkeitsverhältnisses überlassen, so kann sie jederzeit zurückgefordert werden. Für die Abgrenzung zur Leihe ist der Rechtsbindungswille maßgebend. Dabei kommt es darauf an, ob der Entleiher aus dem Handeln des Verleihers einen solchen Willen entnehmen kann.[437] Gesichtspunkte für die Annahme eines Leihvertrags sind die wirtschaftliche Bedeutung der Gebrauchsüberlassung, ihre Dauer, und das schutzwürdige Interesse des Entleihers am Erhalt der Gebrauchsmöglichkeit.[438] Ist der Rechtsbindungswille streitig, so trägt derjenige die **Beweislast,** der hieraus **136**

[425] OLG Koblenz DWW 2011, 214.
[426] OLG Koblenz a. a. O.
[427] BGH NJW 1982, 820; NJW 1985, 1553; OLG Köln ZMR 1994, 260; ZMR 1999, 758.
[428] LG Göttingen WuM 1992, 440.
[429] OLG Köln NJW-RR 1995, 751 betr. Pflegedienste, Beteiligung an den Kosten einer Modernisierung.
[430] OLG Koblenz NJW-RR 1996, 843.
[431] OLG Koblenz a. a. O.; OLG Köln ZMR 1999, 758.
[432] BGH NJW 1982, 820; OLG Köln ZMR 1994, 260.
[433] Vgl. OLG Köln a. a. O. betr. vorsätzliche Brandstiftung.
[434] BGH (V ZR 276/11) WM 2012, 314 = ZMR 2012, 692.
[435] OLG Rostock ZMR 1999, 553.
[436] OLG Düsseldorf ZMR 1995, 534.
[437] BGHZ 21, 102, 106 = NJW 1956, 1313.
[438] OLG Köln NJW-RR 1995, 752.

Rechte für sich herleiten will. Bei Vollkaufleuten spricht die Vermutung für den rechtlichen Bindungswillen.

6. Dingliches Wohnrecht/Mieterdienstbarkeit

137 **a) Inhalt und Bedeutung.** Das dingliche Wohnrecht nach § 1093 BGB ist eine besondere Form der beschränkten persönlichen Dienstbarkeit; deshalb gelten hierfür die §§ 1020–1024, 1026–1029, 1031, 1034, 1036, 1037 Abs. 1, 1041, 1042, 1044, 1049, 1050, 1057, 1061 und 1062 BGB (§§ 1090 Abs. 2, 1093 Abs. 1 Satz 2 BGB). Sie gewährt dem Berechtigten das Recht, „ein **Gebäude** oder einen **Teil eines Gebäudes** unter Ausschluss des Eigentümers als Wohnung zu benutzen" (§ 1093 Abs. 1 BGB). Bezieht sich das Wohnrecht nicht auf das gesamte Gebäude, sondern nur auf eine bestimmte Wohnung, so darf der Berechtigte die zum gemeinschaftlichen Gebrauch der Bewohner bestimmten Anlagen und Einrichtungen – auch solche, die sich außerhalb des Gebäudes befinden[439] – mitbenutzen (§ 1093 Abs. 3 BGB). Der Eigentümer ist allerdings nicht verpflichtet, diese Anlagen und Einrichtungen unverändert beizubehalten. Er kann sie vielmehr verändern oder umgestalten, wenn dies dem Berechtigten zugemutet werden kann.[440] Zu einer ersatzlosen Beseitigung der Anlagen und Einrichtungen ist der Eigentümer i. d. R. nicht befugt. In der Praxis wird ein dingliches Wohnrecht vor allem im Zusammenhang mit der Übertragung von Grundstücken im Familienkreis bestellt: Die Eltern übereignen das selbst bewohnte Einfamilienhaus an ihre Kinder und bestellen zugleich ein dingliches Wohnrecht zu ihren Gunsten um sich auf diese Weise das weitere Nutzungsrecht an dem Haus zu sichern.

138 **b) Entstehung des Wohnrechts.** Das dingliche Wohnrecht setzt eine Einigung zwischen dem Eigentümer und dem Berechtigten über die Entstehung des Rechts und dessen Eintragung im Grundbuch voraus. Das schuldrechtliche Verpflichtungsgeschäft bedarf der notariellen Beurkundung.[441] Streitig ist, ob die für die Bestellung des Wohnrechts erforderlichen Willenserklärungen formfrei abgegeben werden können[442] oder ob auch insoweit notarielle Beurkundung erforderlich ist.[443] Ein dingliches Wohnrecht kann auch an einer **Eigentumswohnung** bestellt werden. Nach der obergerichtlichen Rechtsprechung wird das Stimmrecht in diesem Fall geteilt: Es steht dem Berechtigten zu, soweit die Beschlussfassung der Eigentümergemeinschaft die Benutzung dieser Räume und die Mitbenutzung der zum gemeinschaftlichen Gebrauch der Bewohner bestimmten Anlagen und Einrichtungen berührt.[444] Im Übrigen verbleibt das Stimmrecht beim Eigentümer. Diese Ansicht ist abzulehnen: Nur der Eigentümer ist Mitglied der Gemeinschaft; deshalb kann das Stimmrecht nur von ihm ausgeübt werden. Der Eigentümer ist lediglich im Verhältnis zum Berechtigten verpflichtet, bei der Ausübung des Rechts die Interessen des Berechtigten zu wahren.

139 An einer **Garage** oder einem Tiefgaragenstellplatz kann kein Recht nach § 1093 BGB bestellt werden.[445] Soll der Berechtigte das Recht zur Benutzung einer Eigentumswohnung und das Recht zur Benutzung der Garage erwerben, so verbleibt den Beteiligten deshalb nur die Möglichkeit, das Wohnungseigentum und das Teileigentum zu vereinigen,[446] oder schuldrechtlich das Recht zur Mitbenutzung zu vereinbaren.

140 Der **Ausschluss des Eigentümers** gehört zu den wesentlichen Merkmalen des dinglichen Wohnrechts. Deshalb ist die gleichzeitige Bestellung eines dinglichen Wohnrechts sowohl für den Eigentümer als auch für einen Dritten gesetzlich ausgeschlossen, ohne dass es darauf ankommt, ob der Eigentümer ein schutzwürdiges Interesse an einer solchen Bestellung hat.[447] Daraus folgt weiter, dass beispielsweise ein Ehegatte der Alleineigentümer einer Wohnung ist, dem anderen Ehegatten kein dingliches Wohnrecht einräumen kann, wenn die Räume als Familienwohnung benutzt werden sollen.[448]

141 **c) Inhalt des Wohnrechts. aa) gesetzliche Regelung.** Der Berechtigte darf die Wohnung nicht umgestalten (§§ 1093 Abs. 1, 1037 Abs. 1 BGB). Er muss die üblichen **Wartungsarbeiten**

---

[439] BayObLG WuM 1988, 164.
[440] BayObLG WuM 1997, 116.
[441] BGH DNotZ 1968, 93.
[442] So OLG Bremen Urteil vom 10.3.2015 – 5 U 15/14, juris.
[443] Vgl. BGH (XII ZR 11/89) NJW-RR 1991, 205 betr. Vorkaufsrecht.
[444] BGH WuM 1977, 186 = ZMR 1977, 182.
[445] BayObLG WuM 1988, 165.
[446] BayObLG a. a. O.
[447] KG MDR 1985, 499.
[448] **A. A.** OLG Stuttgart FamRZ 1990, 1260; LG Lüneburg NJW-RR 1990, 1037.

durchführen (§§ 1093 Abs. 1, 1041 BGB). **Schönheitsreparaturen** und die **Instandsetzungen** obliegen dem Eigentümer (§§ 1093 Abs. 1, 1041, 1050 BGB); der Mieter muss diese Maßnahmen dulden (§§ 1093 Abs. 1, 1044 BGB). Entsteht dem Inhaber des Wohnrechts infolge der Verletzung der Instandhaltungspflicht ein Schaden, so ist der Eigentümer zum Ersatz verpflichtet.[449] Zur Durchführung von **Modernisierungsmaßnahmen** ist der Eigentümer nicht verpflichtet. Umgekehrt ist der Berechtigte grundsätzlich auch nicht zur Duldung von Modernisierungsmaßnahmen verpflichtet, weil § 554 BGB im Verhältnis zwischen dem Eigentümer und dem Berechtigten nicht gilt. Ein Duldungsanspruch des Eigentümers kann sich aber aus § 242 BGB ergeben, wenn die Interessenabwägung ergibt, dass die Weigerung der Duldung rechtsmissbräuchlich ist.[450] Zum anderen sind die Regelungen der §§ 1093 Abs. 1, 1090 Abs. 2, 1020 BGB zu beachten. Danach hat der Berechtigte das Interesse des Eigentümers bei der Ausübung des Wohnrechts tunlichst zu schonen. Aus der **Verpflichtung zur schonenden Ausübung des Wohnrechts** kann sich ergeben, dass der Berechtigte bestimmte Veränderungen entschädigungslos hinnehmen muss.[451] Eine wesentliche Behinderung der Wohnungsnutzung muss der Berechtigte allerdings nicht hinnehmen. Wird die Wohnung reparaturbedürftig, so hat der Berechtigte eine **Anzeigepflicht;** gleiches gilt, wenn die Sache zerstört oder beschädigt wird, oder wenn sich ein Dritter ein Recht an der Sache anmaßt (§§ 1093 Abs. 1, 1042 BGB). Inhaltlich entspricht diese Pflicht der Anzeigepflicht des Mieters nach § 536c BGB; eine Verletzung dieser Pflicht hat Schadensersatzansprüche zur Folge. Weil der Eigentümer weit reichende Instandhaltungs- und Instandsetzungspflichten hat, steht ihm auch ein **Besichtigungsrecht** zu.[452] Macht der Berechtigte notwendige oder nützliche **Verwendungen** auf die Sache, so kann er hierfür nach den Vorschriften über die Geschäftsführung ohne Auftrag Ersatz verlangen (§§ 1093 Abs. 1, 1049 BGB). Die Ersatzansprüche des Eigentümers wegen einer Veränderung oder Verschlechterung und die Verwendungsersatz- und Wegnahmeanspüche des Berechtigten verjähren in sechs Monaten; für den Beginn und den Eintritt der **Verjährung** gelten §§ 548 Abs. 2 und 3 BGB (§§ 1093 Abs. 1, 1057 BGB).

Der Berechtigte darf die Wohnung nur **zum eigenen Gebrauch nutzen.** Er ist berechtigt, seine „Familie sowie die zur standesmäßigen Bedienung und zur Pflege erforderlichen Personen in die Wohnung aufzunehmen" (§ 1093 Abs. 2 BGB). Die Partnerin (der Partner) einer nichtehelichen Lebensgemeinschaft darf ebenfalls in die Wohnung aufgenommen werden, wenn sowohl der Berechtigte als auch der Partner unverheiratet sind und das Verhältnis auf Dauer angelegt ist.[453] Zu einer **Vermietung** ist der Berechtigte nicht befugt.[454] Die Vorschrift des § 553 BGB ist weder unmittelbar noch entsprechend anwendbar. Jedoch ist eine Vermietung durch Berechtigten möglich, wenn der Eigentümer zustimmt. Ausnahmsweise kann der Eigentümer nach § 242 BGB verpflichtet sein, eine Vermietung an einen Dritten zu gestatten.[455] Der Anspruch des Berechtigten auf Erteilung der Erlaubnis hängt dabei von zwei Voraussetzungen ab: Zum einen kommt es darauf an, ob nach Lage und Art der Räume eine Nutzung durch andere Personen ohne Beeinträchtigung des Eigentümers durchgeführt werden kann. Zum anderen ist maßgeblich, ob der Berechtigte auf die Vermietung dringend angewiesen ist, was insbesondere dann nahe liegt, wenn er sich in einer existenzbedrohenden Notlage befindet.[456] Die Gestattung der Fremdnutzung ist i. d. R. nicht zumutbar, wenn sich die Wohnung in einem Ein- oder Zweifamilienhaus befindet. Liegt die Wohnung dagegen in einem Gebäude mit mehreren Mietparteien, so wird die Zumutbarkeit grundsätzlich zu bejahen sein.[457] Von einer Notlage ist auszugehen, wenn der Berechtigte beispielsweise in ein Alters- oder Pflegeheim umziehen muss und die Heimkosten nicht aus eigener Tasche bezahlen kann. Der Umstand, dass ein Teil der Pflegekosten mit Leistungen der Sozialhilfe oder der Pflegeversicherung bestritten werden können, ist hierbei ohne Bedeutung.[458] 142

---

449 OLG München MDR 2015, 885 betr. Unterbrechung der Wasserversorgung infolge gebrauchsuntauglicher Leitungen.
450 LG Düsseldorf WuM 1988, 166.
451 OLG München NJWE-MietR 1996, 193 betr. die Duldung des Wegfalls eines Fensters im Badezimmer gegen Installation einer Entlüftungsanlage bei beabsichtigtem Anbau.
452 **A. A.** LG Fulda NJW-RR 1989, 777 = ZMR 1989, 258. LG Essen WuM 2016, 108.
453 BGH NJW 1982, 1868 = ZMR 1982, 286; AG Ahrensburg MDR 1980, 936.
454 BGH (V ZR 206/11) MDR 2012, 1278; OLG Oldenburg WuM 1995, 591 = ZMR 1995, 24.
455 OLG Celle NZM 2008, 337.
456 OLG Köln ZMR 1995, 256.
457 *Brückner* NJW 2008, 1111.
458 OLG Köln a. a. O.

143 Auch der Eigentümer ist nicht berechtigt, die nicht benutzte Wohnung zu vermieten.[459] Erklärt der Berechtigte aber gegenüber dem Eigentümer, dass dieser die Wohnung vermieten könne, so steht der Mietzins dem Eigentümer zu. Der Berechtigte kann keinen Bereicherungsanspruch geltend machen, weil der Eingriff in das Wohnrecht mit Erlaubnis des Berechtigten, also mit Rechtsgrund erfolgt.[460]

143a Bei einer **unberechtigten Vermietung** durch den Eigentümer oder den Berechtigten steht dem jeweils anderen Teil kein Bereicherungsanspruch (§ 812 Abs. 1 Satz 1 BGB) zu. Die Beteiligten können den jeweils anderen Teil nur auf Unterlassung der Vermietung in Anspruch nehmen.[461]

144 Mangels einer besonderen Vereinbarung muss der Berechtigte für die Einräumung des Wohnrechts kein **Entgelt** bezahlen. Streitig ist, ob dies auch hinsichtlich der Betriebskosten gilt.[462] Teilweise wird aus §§ 1093 Abs. 1, 1041 BGB, wonach der Berechtigte für die Erhaltung der Sache zu sorgen hat, gefolgert, dass dieser auch sämtliche Betriebskosten tragen muss.[463] Nach anderer Ansicht hat der Berechtigte nur die verbrauchsbedingten Betriebskosten zu tragen.[464] Nach der **Rechtsprechung des BGH**[465] hat der Berechtigte auch bei einem unentgeltlichen Wohnrecht die verbrauchsabhängigen Kosten (z. B. für Strom, Heizung und Warmwasser) zu tragen, weil es sich insoweit nicht um Kosten der Wohnung, sondern um Kosten der Ausübung des Wohnungsrechts handelt. Darüber hinaus kann der Eigentümer auch die verbrauchsunabhängigen Kosten auf den Berechtigten umlegen, wobei es nicht darauf ankommt, ob der Berechtigte die Wohnung nutzt. Der BGH kommt zu diesem Ergebnis auf Grund einer Interessenabwägung: Zum einen sei es nicht sachgerecht, den Eigentümer über die Instandhaltungs- und Instandsetzungskosten hinaus auch mit den Betriebskosten zu belasten. Zum anderen sei die Unterscheidung zwischen den verbrauchabhängigen und den verbrauchsunabhängigen Betriebskosten wegen der damit verbundenen Abgrenzungsprobleme auch nicht angezeigt.

145 **bb) Vertragliche Regelungen.** Die Parteien können schuldrechtlich etwas abw. vereinbaren. Häufig wird geregelt, dass der Berechtigte ein bestimmtes monatliches Entgelt oder die auf die Wohnung entfallenden Betriebskosten zu tragen hat (mietzinsähnliche Form).[466] Insoweit genügt es, wenn sich die Beteiligten darüber einig sind, dass der Berechtigte ein der Miete vergleichbares Entgelt zahlen soll; die konkrete Höhe des Entgelts ist dann im Wege der ergänzenden Vertragsauslegung oder analog §§ 612 Abs. 2, 632 Abs. 2 BGB zu bestimmen.[467] Ergänzend hierzu kann vereinbart werden, dass der Eigentümer vom Berechtigten die Einwilligung zur Löschung des Wohnungsrechts verlangen kann, wenn der Berechtigte mit der Zahlung des Entgelts in Verzug gerät.[468] Ist schuldrechtlich vereinbart, dass der Wohnrechtsinhaber die Betriebskosten zu tragen hat, so hat der Eigentümer nur dann Anspruch auf Zahlung eines Vorschusses, wenn dies vertraglich vereinbart ist.[469] Für die Betriebskostenabrechnung gelten die Regelungen in § 556 Abs. 3 BGB entsprechend.[470] Der Berechtigte kann sich zur Übernahme der Instandhaltung und Instandsetzung der Wohnung verpflichten.[471] Er kann auf Entschädigungsansprüche für geschaffene Einrichtungen und Wertverbesserungsmaßnahmen verzichten.[472] Der Eigentümer kann die Drittüberlassung oder die Vermietung erlauben. Die Erlaubnis kann auch schlüssig erklärt werden. Sie schließt ohne weiteres auch das Recht des Berechtigten ein, den Mietzins vom Mieter zu verlangen.[473] Sie muss vom jeweiligen Eigentümer erteilt werden und ist gegenüber Eigentumsnachfolgern nur wirksam, wenn

---

[459] BGH (V ZR 206/11) MDR 2012, 1278.
[460] OLG Oldenburg WuM 1995, 591 = ZMR 1995, 24.
[461] BGH (XII ZB 479/11) NJW 2012, 1956.
[462] So z. B. KG WuM 2006, 576.
[463] LG Köln WuM 1988, 166.
[464] AG Bochum WuM 1984, 301: Wasser, Strom, Heizung; AG Rendsburg WuM 1989, 185: Wasser, Heizung, Müll; LG Duisburg WuM 1988, 167: Wasser, Abwasser, Heizung, Müll und Schornsteinfegergebühren, nicht aber Straßenreinigung und Gebäudeversicherung.
[465] BGH (V ZR 57/11) NJW 2012, 522 = WuM 2012, 38.
[466] S. dazu BGH WPM 1965, 649; WPM 1966, 1088; NJW 1997, 2671 = ZMR 1997, 501; OLG Köln NZM 1998, 930 = WuM 1998, 165 = ZMR 1998, 226.
[467] BGH NJW 1997, 2671 = ZMR 1997, 501.
[468] OLG Köln WuM 1998, 165 = ZMR 1998, 226 = NZM 1998, 930.
[469] BGH (V ZR 196/09) NZM 2010, 666.
[470] BGH (V ZR 36/09) NJW 2009, 3644.
[471] BayObLG MDR 1985, 495; LG Gießen RPfl 1986, 174.
[472] OLG Hamburg ZMR 1983, 60.
[473] BGH WPM 1972, 886.

sie im Grundbuch eingetragen worden ist. Eine Ausnahme gilt dann, wenn das Eigentum im Wege der Gesamtrechtsnachfolge übergegangen ist, weil der Erbe kraft Gesetzes für alle Verbindlichkeiten des Erblassers einstehen muss. Eine einmal erteilte Erlaubnis kann nur beim Vorliegen wichtiger Gründe widerrufen werden.[474]

Eine vertragliche Vereinbarung, durch die der Umfang des Wohnrechts erweitert oder be- **146**
schränkt wird, kann **in das Grundbuch eingetragen** werden. Hierzu gehört das Recht zur Drittüberlassung und zur Vermietung. Ebenso können die zur näheren Ausgestaltung des Wohnrechts dienenden Nebenpflichten eingetragen werden. Hierzu gehört z. B. eine Pflicht zur Beheizung.[475] Zahlungspflichten sind Hauptpflichten und damit nicht eintragungsfähig.[476]

d) Wohnrecht und Miete. Die schuldrechtlichen Vereinbarungen der Parteien über die Ent- **147**
stehung und den Inhalt des Wohnrechts sind nicht als Mietvertrag zu bewerten. Ein dingliches Wohnrecht und ein Mietvertrag können allerdings nebeneinander bestehen: Es gelten folgende **Grundsätze: (1)** Bestellt ein Eigentümer an der von ihm vermieteten Wohnung ein dingliches Wohnrecht zugunsten eines Dritten, so tritt der Berechtigte gemäß §§ 567, 578 BGB auf der Vermieterseite in das Mietverhältnis ein. **(2)** Überträgt ein Vermieter das Eigentum an einer vermieteten Wohnung auf einen Dritten unter gleichzeitiger Bestellung eines dinglichen Wohnrechts zu seinen Gunsten, so bleibt das Mietverhältnis hiervon unberührt (§ 567 BGB). **(3)** Bestellt der Vermieter dem Mieter an der bisherigen Wohnung ein dingliches Wohnrecht, so werden die schuldrechtlichen Ansprüche nicht Inhalt des dinglichen Rechts. Vielmehr hat die Bestellung des dinglichen Wohnrechts zur Folge, dass der bisherige Mieter von nun an anstelle seiner bislang mietvertraglichen Rechte das dingliche Wohnungsrecht erwirbt und dafür als Entgelt künftig monatlich wiederkehrende Geldleistungen erbringt, die er zuvor als Miete gezahlt hatte. Der Sache nach ist dies ein Rechtskauf i. S. v. § 433 Abs. 1 Satz 2 BGB. Dabei kann die Auslegung der Entgeltabrede ergeben, dass der Besteller des Wohnrechts das Recht haben soll, eine Erhöhung des Entgelts künftig unter den gleichen Voraussetzungen zu verlangen, unter denen § 558 BGB einem Vermieter gestattet, den Mieter auf Zustimmung zur Mieterhöhung in Anspruch zu nehmen.[477] **(4)** Die Parteien können vereinbaren, dass neben dem dinglichen Wohnrecht ein Mietvertrag bestehen soll. Hierfür sind klare und eindeutige Regelungen erforderlich. Auf keinen Fall kann das Mietrecht über § 1093 BGB dinglich gesichert werden. Endet das Mietverhältnis, so hat dies nicht das Erlöschen des Wohnrechts zur Folge.[478] Etwas anderes kann gelten wenn die Parteien das Wohnungsrecht vom Bestehen des Mietvertrags abhängig machen.

e) Leistungsstörungen. Überschreitet der Berechtigte den ihm zustehenden Gebrauch, **148**
(Hausfriedensstörungen, unbefugte Drittüberlassung, Vermietung), so kann der Eigentümer nicht kündigen. Er ist vielmehr auf die Rechte aus § 1004 BGB beschränkt. Im Falle einer unerlaubten Vermietung hat der Eigentümer keinen Anspruch auf den Mietzins; dieser steht dem Berechtigten zu.[479] Kommt der Berechtigte mit vertraglich vereinbarten Zahlungen in Verzug, so kann der Eigentümer lediglich Leistungsklage erheben. Gegen Störungen durch den Eigentümer kann der Berechtigte nach § 858 ff. BGB vorgehen.

f) Beendigung des Wohnungsrechts. Der Inhaber eines lebenslangen dinglichen Wohn- **149**
rechts kann zu Lebzeiten auf das Recht verzichten. Der **Verzicht** erfolgt durch Aufgabeerklärung des Berechtigten (§ 875 BGB). Das Recht erlischt jedoch erst, wenn es im Grundbuch gelöscht ist. Vor diesem Zeitpunkt kann der Berechtigte die Aufgabeerklärung widerrufen.[480] Ein gesetzlicher Anspruch auf Aufgabe des Wohnrechts steht dem Eigentümer weder aus § 313 BGB (Wegfall der Geschäftsgrundlage) noch aus § 242 BGB zu.[481] Ist dem Eigentümer das weitere Zusammenleben

---

474 *Schmidt-Futterer* ZMR 1967, 163.

475 LG Trier MittBayNot 1994, 545.

476 LG Itzehoe RPfl 1994, 159 betr. die Pflicht zur Zahlung bestimmter Betriebskosten; LG Braunschweig WuM 1976, 270 = ZMR 1977, 244 betr. Pflicht zur Zahlung eines Entgelts; OLG Frankfurt NJW-RR 1992, 345 und BayObLG NJW-RR 1993, 283 betr. Unentgeltlichkeit der Wohnungsnutzung; **a. A.** BayObLG JurBüro 1980, 1568 betr. Nutzungsentgelt; OLG Schleswig WuM 1995, 44 betr. die Kostenübernahme für Schönheitsreparaturen und für bestimmte Betriebskosten.

477 OLG Frankfurt WuM 1989, 147.

478 BGH NZM 1999, 139.

479 BGHZ 59, 51, 53; OLG Oldenburg ZMR 1994, 159.

480 OLG Brandenburg ZMR 2012, 407.

481 BGH (V ZR 208/15) ZMR 2016, 822.

mit dem Berechtigten auf Grund einer schweren Verfehlung des Berechtigten nicht zuzumuten, so muss er der Überlassung an den Dritten zustimmen (s. Rdn. 282a).

149a Das Wohnungsrecht endet, wenn die Räume zerstört oder nachhaltig unbewohnbar werden; in diesem Fall tritt Unmöglichkeit nach § 326 BGB ein.[482] Gleiches gilt, wenn die Ausübung des Rechts aus rechtlichen Gründen nach objektiver Betrachtungsweise dauernd ausgeschlossen ist.[483] Ein unbefristetes oder lebenslanges Wohnrecht erlischt mit dem Tod des Berechtigten (§§ 1090 Abs. 2, 1061 BGB). Ein befristetes Wohnrecht erlischt mit dem Ablauf der Befristung, ein bedingtes Wohnrecht mit dem Eintritt der Bedingung. Ein persönliches Ausübungshindernis des Berechtigten lässt das Wohnrecht unberührt. Deshalb bleibt das Wohnungsrecht bestehen, wenn der Berechtigte die Wohnung vorübergehend oder auf Dauer verlässt.[484] Gleiches gilt wenn der Berechtigte den Wohngebrauch nicht mehr ausüben kann und aus diesem Grunde in ein Pflegeheim umzieht.[485]. Diese Entscheidung lässt das Wohnungsrecht grundsätzlich unberührt, weil es i. d. R. niemals auszuschließen ist, dass der Berechtigte in die Wohnung zurückkehrt, sei es weil sich sein Gesundheitszustand gebessert hat, sei es, weil er sich in seiner Wohnung pflegen lassen will.[486] Eine eng begrenzte Ausnahme kann gelten, wenn die Rückkehr in die Wohnung objektiv ausgeschlossen ist, etwa weil der Berechtigte dauerhaft auf eine Versorgung angewiesen ist, die nur in einer Klinik oder einem Heim erfolgen kann.[487] Besteht die Möglichkeit, dass der Berechtigte wieder in die Wohnung zurückkehrt, um sich dort pflegen zu lassen, so darf er die Räume während seiner Abwesenheit einem Familienangehörigen – aber grundsätzlich keinem Dritten – überlassen. Zu einer Vermietung ist der Berechtigte nur befugt, wenn der Eigentümer dies erlaubt.[488] Im Ausnahmefall kann der Berechtigte einen gesetzlichen Anspruch (§ 242 BGB) auf Erteilung der Erlaubnis haben (s. Rdn. 142).

150 In bestimmten Fällen kann dem Berechtigten nach den Grundsätzen des Wegfalls der Geschäftsgrundlage (§ 313 BGB) statt des Wohnrechts ein **Zahlungsausgleich in Geld** zustehen. Ein solcher Fall kann vorliegen, wenn das persönliche Verhältnis zwischen dem Eigentümer und dem Berechtigten zerrüttet ist.[489] Allerdings sind die Grundsätze über den Wegfall der Geschäftsgrundlage nur bei einer unvorhergesehenen Änderung der tatsächlichen Umstände anwendbar.[490] Daran fehlt es, wenn das Ausübungshindernis aus dem Alter oder dem Gesundheitszustand des Berechtigten herrührt. Mit dem Eintritt solcher Umstände ist nämlich stets zu rechnen.[491]

151 Aus den vertraglichen Vereinbarungen kann sich ergeben, dass der Eigentümer im Falle einer **dauernden Verhinderung des Berechtigten** zur Vermietung berechtigt sein soll. Fehlt eine Vertragsregelung, so ist zu prüfen, ob eine von den Parteien nicht vorhergesehene planwidrige Regelungslücke vorliegt und ob diese nach den Regeln über eine ergänzende Vertragsauslegung geschlossen werden kann. Die Annahme einer planwidrigen Regelungslücke ist nahe liegend, wenn sich aus den Umständen ergibt, dass der dauernde Leerstand einer zur Vermietung geeigneten Wohnung von den Parteien nicht gewollt ist.[492] Die danach erforderliche Lückenfüllung richtet sich stets nach den Umständen des Einzelfalls. Maßgeblich ist „was redliche und verständige Parteien in Kenntnis der Regelungslücke nach dem Vertragszweck und bei sachgemäßer Abwägung ihrer beiderseitigen Interessen nach Treu und Glauben vereinbart hätten". Hierbei gelten nach Meinung des BGH[493] die folgenden Grundsätze: **(1)** Der Umstand, dass der Berechtigte dauerhaft pflegebedürftig und dass die Wohnung zur Vermietung geeignet ist, spricht für eine **Berechtigung**

---

[482] BGH LM zu § 1093 BGB Nr. 6; OLG Karlsruhe BWNotZ 1990, 171.

[483] OLG Schleswig ZMR 2007, 369; *Joost* in MünchKomm § 1093 Rdn. 23; *Mayer* in Staudinger § 1093 Rdn. 56; *Brückner* NJW 2008, 1111.

[484] BGH (V ZR 163/06) NJW 2007, 1884 Rz. 13; BGH (V ZR 206/11) MDR 2012, 1278; BGH (V ZR 208/15) ZMR 2016, 822 betr. längere Freiheitsstrafe; OLG Saarbrücken NZM 2011, 215.

[485] BGH NZM 2007, 381 = WuM 2007, 139; NZM 2009, 251 = WuM 2009, 184; OLG Celle NZM 2008, 337; OLG Oldenburg NZM 2008, 339; OLG Hamm NZM 2008, 143; OLG Oldenburg ZMR 1994, 507 für den Fall, dass sich noch Möbel und persönliche Habe des Berechtigten in der Wohnung befinden; OLG Saarbrücken WuM 2010, 759; *Brückner* NJW 2008, 1111.

[486] BGH a. a. O.; OLG Schleswig ZMR 2007, 369.

[487] OLG Schleswig a. a. O.

[488] BGH NZM 2007, 381 = WuM 2007, 139.

[489] BGH NJW-RR 1995, 77; NJW-RR 2002, 853.

[490] OLG Celle NZM 2008, 337.

[491] BGH NZM 2007, 381 = WuM 2007, 139; Urt. v. 9.1.2009 – V ZR 268/07; OLG Hamm NZM 2008, 143.

[492] BGH NZM 2009, 251.

[493] BGH a. a. O.

des Eigentümers zur Vermietung. **(2)** Eine **Verpflichtung** zur Vermietung entspricht i. d. R. nicht dem hypothetischen Parteiwillen. **(3)** Wird die Wohnung vermietet, so kann der hypothetische Parteiwille ergeben, dass das Entgelt dem Berechtigten zustehen soll, wenn das Wohnungsrecht Teil der Altersversorgung des Berechtigten darstellt. **(4)** Nutzt der Eigentümer die Wohnung für eigene private Zwecke oder überlässt er sie kostenfrei einem nahen Angehörigen, so ist im Zweifel nicht anzunehmen, dass er dem Berechtigten für diese Art der Nutzung ein Entgelt zahlen muss.

Das Wohnrecht kann unter einer **auflösenden Bedingung** bestellt werden (§ 158 Abs. 2 BGB). **152** Es muss sich allerdings um eine Bedingung handeln, deren Eintritt mit der gebotenen Eindeutigkeit bestimmbar ist.[494] Insbesondere kann vereinbart (und ins Grundbuch eingetragen) werden, dass das Wohnrecht mit der Aufgabe des Wohnsitzes oder dann beendet sein soll, wenn der Berechtigte „das Anwesen nicht nur vorübergehend verlässt".[495] Auf diese Weise ist es möglich, das Wohnrecht an den tatsächlichen Bedarf des Berechtigten zu binden.

Besteht neben dem Wohnrecht ein Mietvertrag und ist der Mieter auf Grund des beendeten **153** Mietvertrags zur Räumung verurteilt worden, so bleibt das Wohnrecht gleichwohl bestehen. Der ehemalige Mieter hat zwar kein Recht zum Bezug der Wohnung; dem steht das rechtskräftige Räumungsurteil entgegen. Die Rechtskraft dieses Urteils ist aber zeitlich begrenzt: die Bindungswirkung entfällt, wenn eine Änderung des Sachverhalts eintritt.[496]

Hat der Wohnberechtigte einen **Betreuer** und will dieser die Löschung eines dem Betreuten **153a** zustehenden Wohnungsrechts bewilligen, so bedarf dies der Genehmigung des Familiengerichts. Dies folgt zum einen aus den §§ 1908i Abs. 1, 1821 Abs. 1 Nr. 1 BGB, weil die Löschung eines Wohnungsrechts eine Verfügung über ein Recht an einem Grundstück darstellt. Zum anderen bedeutet die Aufgabe des Wohnungsrechts eine endgültige Wohnungsauflösung, die der Betreuer nur mit Genehmigung des Familiengerichts veranlassen darf (§ 1907 Abs. 1 BGB entspr). Über die Erteilung der Genehmigung im Wege einer Interessenabwägung zu entscheiden. Eine Genehmigung scheidet grundsätzlich aus, wenn eine Rückkehr des Berechtigten in die Wohnung in Betracht kommt. Anders ist es, wenn eine Rückkehr in die Wohnung ausgeschlossen ist und der Berechtigte die Ausübung des Wohnrechts keinem Dritten überlassen kann.[497]

g) Abgrenzungen. Vom dinglichen Wohnrecht sind die beschränkte persönliche Dienstbarkeit, **154** die Reallast (Wohnungsreallast) und das lebenslange (obligatorische) Wohnrecht zu unterscheiden.

Eine **beschränkte persönliche Dienstbarkeit** liegt vor, wenn dem Berechtigten lediglich ein **155** Mitbenutzungsrecht eingeräumt wird. Im Unterschied zum dinglichen Wohnrecht darf die Wohnung im Falle einer beschränkten persönlichen Dienstbarkeit gemäß § 1090 BGB vom Berechtigten nur in eigener Person genutzt werden. Die Aufnahme von Familienangehörigen oder sonstigen Personen ist unzulässig. Eine entsprechende Anwendung des § 1093 Abs. 2 BGB ist nicht möglich.[498] Für das **Verhältnis von Dienstbarkeit (§ 1090 BGB) zum Mietvertrag (§ 535 BGB)** gilt folgendes:

(1) Selbständige Dienstbarkeit ohne Mietvertrag. Nach § 1090 Abs. 1 BGB kann ein **155a** Grundstück in der Weise dinglich belastet werden, dass derjenige, zu dessen Gunsten die Belastung erfolgt, berechtigt ist, das Grundstück in einzelnen Beziehungen zu benutzen, oder dass ihm eine sonstige Befugnis zusteht, die den Inhalt einer Grunddienstbarkeit bilden kann (beschränkte persönliche Dienstbarkeit). Schließen die Parteien einen Vertrag durch den sich der Grundstückseigentümer zur Bestellung der Dienstbarkeit verpflichtet (Dienstbarkeitsvereinbarung), so ist dieses Rechtsverhältnis i. d. R. auch dann nicht als Mietvertrag zu bewerten, wenn darin Vereinbarungen zur Ausgestaltung der Dienstbarkeit enthalten sind. Üblich ist insbesondere, dass in der Dienstbarkeitsvereinbarung ein Nutzungsentgelt bestimmt wird. Die Dienstbarkeit als solche ist kein Dauerschuldverhältnis, sie kann deshalb nicht durch Kündigung beendet werden. Jedoch kann vereinbart werden, dass der Grundstückseigentümer das Recht haben soll, den Vertrag über die Bestellung der Dienstbarkeit einseitig zu beenden und dass der Berechtigte in einem solchen Fall verpflichtet ist, die Zustimmung zur Aufhebung der Dienstbarkeit zu erteilen.[499] Ebenso kann die Beendigungserklärung (Kündigung) als auflösende Bedingung der Dienstbarkeit ausgestaltet werden.

494 BayObLG MittBayNot 1990, 174; LG Frankfurt RPfl 1993, 331.
495 BayObLG WuM 1998, 34, 35.
496 BGH NZM 1999, 138.
497 BGH (XII ZB 479/11) NJW 2012, 1956.
498 AG Lörrach WuM 1983, 55.
499 BGH (V ZR 51/13) NZM 2014, 790.

155b **(2) Dienstbarkeit als Sicherung des Mietvertrags.** Die Parteien können allerdings auch vereinbaren, dass ein (schuldrechtlicher) Miet- oder Pachtvertrag durch die Bestellung einer beschränkten persönlichen Dienstbarkeit dinglich gesichert werden soll. Die Rechtsbeziehungen zwischen den Parteien richten sich in diesem Fall allein nach dem Mietvertrag. In der Sicherungsabrede ist zu regeln unter welchen Voraussetzungen der Berechtigte auf die Dienstbarkeit zurückgreifen darf.

155c **(3) Mietvertrag und Dienstbarkeit.** Schließlich können die Parteien sowohl einen Mietvertrag abschließen als auch eine davon unabhängige Dienstbarkeit vereinbaren.

155d **(4)** Welche der hier genannten Gestaltungen vorliegt ist im Zweifel durch Auslegung zu ermitteln. I. d. R. dürfte die unter (1) genannte Variante gewollt sein. Die unter (2) genannte Variante dürfte vorliegen, wenn es dem Mieter in erster Linie darauf ankommt, sich gegen den Verlust des Mietbesitzes im Fall der Zwangsversteigerung des Grundstücks oder bei der Insolvenz des Eigentümers zu sichern. In diesen Fällen kann sich der Mieter auf das dingliche Nutzungsrecht aus der Dienstbarkeit berufen, wenn der Erwerber von seinem Sonderkündigungsrecht aus § 57 a ZVG Gebrauch macht. Die unter (3) beschriebene Möglichkeit ist nur ausnahmsweise anzunehmen, wenn die Parteien eine zweifelsfreie, i. d. R. ausdrückliche Abrede getroffen haben.[500]

156 Bei der **Reallast** hat der Berechtigte nicht nur die alleinige Nutzungsbefugnis; der Eigentümer ist vielmehr darüber hinaus verpflichtet, die Sache in einem gebrauchsfähigen Zustand zu erhalten, insbesondere die Schönheitsreparaturen zu tragen.[501] Anders als die Dienstbarkeit gewährt die Reallast kein unmittelbares Nutzungsrecht. Vielmehr ist der Eigentümer weiterhin Besitzer des Grundstücks; er ist lediglich verpflichtet, die Benutzung durch den Berechtigten zu dulden.

157 Bei der Veräußerung eines Wohnhauses kann vereinbart werden, dass dem Veräußerer ein **lebenslanges schuldrechtliches (obligatorisches) Wohnrecht** an einer in dem Haus gelegenen Wohnung zustehen soll. Dieses Recht kann durch eine Reallast dinglich gesichert werden. Wird ein **lebenslanges Wohnrecht** durch **letztwillige Verfügung** zugewendet, so kann es sich hierbei sowohl um ein dingliches Recht nach § 1093 BGB als auch um eine bloß mietrechtliche Bindung handeln. Ein dingliches Recht ist nur anzunehmen, wenn der ernsthafte Wille zur Grundstücksbelastung zweifelsfrei ermittelt werden kann.[502] Maßgeblich ist der Wortlaut der letztwilligen Verfügung und die Interessenlage. Im Zweifel ist kein dingliches Recht, sondern lediglich ein lebenslanges Mietrecht zugewendet.[503]

157a Auch beim schuldrechtlichen Wohnrecht stellt sich die Frage, ob der Berechtigte vom Verpflichteten eine Ausgleichszahlung verlangen kann, wenn er die Wohnung krankheits- oder altersbedingt nicht mehr nutzen kann. Dies richtet sich nach den zwischen den Parteien getroffenen Vereinbarungen. Nach der Rechtsprechung ist eine ergänzende Vertragsauslegung in Erwägung zu ziehen, wenn der Bestellungsvertrag eine von den Parteien nicht vorhergesehene planwidrige Regelungslücke enthält.[504] Die danach erforderliche Lückenfüllung richtet sich stets nach den Umständen des Einzelfalls. Maßgeblich ist „was redliche und verständige Parteien in Kenntnis der Regelungslücke nach dem Vertragszweck und bei sachgemäßer Abwägung ihrer beiderseitigen Interessen nach Treu und Glauben vereinbart hätten".[505] Hat der Bestellungsvertrag Versorgungscharakter, so liegt es nahe, dem Wohnrechtsinhaber für den Fall des Umzugs in ein Pflegeheim zum Ausgleich für die Aufgabe der Wohnung eine Geldrente zuzubilligen. Voraussetzung ist allerdings, dass dem Verpflichteten die Vermietung der freigewordenen Wohnung zugemutet werden kann. Daran kann es fehlen, wenn zwischen den Parteien ein persönliches Näheverhältnis besteht oder wenn die vom Wohnrecht umfassten Räumlichkeiten keine abgeschlossene Wohnung bilden.[506] Die Geldrente richtet sich nach dem Mietwert.

158 **h) Mieterdienstbarkeit.**[507] **aa)** Die Parteien eines gewerblichen Mietverhältnisses können vereinbaren, dass die Nutzung des Grundstücks (als Lager, Verkaufsraum, Betriebstätte etc.) durch den Mieter dinglich abgesichert wird. Zu diesem Zweck kann im Mietvertrag oder in einer besonderen Sicherungsabrede geregelt werden, dass sich der Vermieter verpflichtet, zugunsten des Mie-

---

500 BGH a. a. O.
501 Zur Abgrenzung vgl. OLG Hamm MDR 1976, 46; LG Aachen WuM 1979, 9; BayObLG MDR 1981, 759.
502 LG Gießen WuM 1996, 478 = ZMR 1996, 611.
503 LG Gießen a. a. O.
504 BGH (V ZR 168/07) NJW 2009, 1348 = WuM 2009, 184 = ZMR 2009, 434.
505 BGH a. a. O.
506 OLG Karlsruhe WuM 2011, 228.
507 Dazu *Stapenhorst/Voß* NZM 2003, 873, 877; *Krüger* NZM 2012, 377.

ters eine beschränkte persönliche Dienstbarkeit (§§ 1090–1093 BGB) eintragen zu lassen. Durch die Dienstbarkeit wird das Grundstück dergestalt belastet, dass der Gebrauch des Grundstücks nur dem Mieter zusteht. Die Grunddienstbarkeit wirkt gegen Jedermann.

bb) Die Mieterdienstbarkeit schützt den Mieter vor dem Verlust der Mietsache, wenn das 159
Eigentum im Wege der Zwangsversteigerung auf einen Dritten übergeht. Zwar besteht ein Sonderkündigungsrecht (§ 57a ZVG), mit der Folge dass das Mietverhältnis endet, wenn der Erwerber von dem Kündigungsrecht Gebrauch macht. Das Nutzungsrecht auf Grund der Dienstbarkeit besteht gleichwohl weiter. Zugunsten des Mieters entsteht ein sog. „Ersatznutzungsrecht", das den Mieter weiterhin zum Besitz und zur Nutzung der Mietsache berechtigt.[508] Der Mieter schuldet für die Ausübung der Dienstbarkeit ein Ausübungsentgelt. Diese Rechtsfolge gilt allerdings nur, wenn die Dienstbarkeit vor den Rechten der beitreibenden Gläubiger eingetragen ist. Eine nachrangig eingetragene Dienstbarkeit erlischt (§ 52 Abs. 1 Satz 2 ZVG)

cc) Ein vergleichbarer Schutz besteht im Falle der Insolvenz des Vermieters. Nach § 111 InsO 160
hat ein Sonderkündigungsrecht derjenige, der vermietete Räume oder ein Grundstück vom Insolvenzverwalter erwirbt. Dieses Kündigungsrecht kann nicht vertraglich ausgeschlossen werden. Fraglich ist, ob sich der Vermieter verpflichten kann, zugunsten des Mieters eine beschränkte persönliche Dienstbarkeit eintragen zu lassen. Dies ist zu bejahen.[509] Das Kündigungsrecht als solches wird durch die Dienstbarkeit nicht berührt. Der Erwerber ist auch nicht rechtlos, weil ihm anstelle der Miete ein Ausübungsentgelt zusteht.

dd) In dem Mietvertrag kann geregelt werden, dass die Dienstbarkeit erlischt, wenn ein be- 160a
stimmtes Ereignis eintritt **(Dienstbarkeit unter auflösender Bedingung, § 158 Abs. 2 BGB).** Fraglich kann sein, ob die Insolvenz des Mieters als auflösende Bedingung für den Bestand der Dienstbarkeit vereinbart werden kann. Das Problem folgt aus § 112 InsO. Nach dieser Regelung ist die Kündigung des Mietverhältnisses durch den Vermieter im Falle der Insolvenz des Mieters in bestimmten Fällen ausgeschlossen; vertragliche Lösungsklauseln sind nach h. M. unwirksam.[510] Auf die Dienstbarkeit ist diese Vorschrift allerdings nicht anwendbar.[511] Zum einen erfasst § 112 InsO nach seinem Wortlaut nur das (schuldrechtliche) Miet- oder Pachtverhältnis und nicht die dingliche Sicherung des daraus folgenden Nutzungsrechts. Zum anderen ist eine entsprechende Anwendung des § 112 InsO auf das dingliche Recht auch entbehrlich, weil die schuldrechtliche Befugnis zur Nutzung der Mietsache durch den Wegfall der Dienstbarkeit nicht beeinträchtigt wird.[512]

ee) Mietvertrag und Nießbrauch. Die Bestellung eines Nießbrauchs und die Vereinbarung 160b
eines Miet- oder Pachtverhältnisses schließen sich nicht aus. Vielmehr können beide Rechtsinstitute nebeneinander bestehen. Hiervon ist insbesondere dann auszugehen, wenn der Nießbrauch gewährt wird um einem Mieter oder Pächter gegen eine Insolvenz des Vermieters oder Verpächters zu sichern. Wird ein Nießbrauch bestellt, obwohl über das Grundstück bereits ein Miet- oder Pachtverhältnis besteht, so hat dies nicht zur Folge, dass das Miet- oder Pachtverhältnis erlischt.[513]

7. Unterbringung Obdachloser

Nach den Polizeigesetzen der Länder kann die Verwaltungsbehörde die notwendigen Maßnah- 161
men ergreifen, um eine Gefahr für die öffentliche Sicherheit oder Ordnung abzuwenden (sog. polizeiliche Generalklausel). Dabei ist allgemein anerkannt, dass unfreiwillige Obdachlosigkeit als Störung der öffentlichen Sicherheit zu bewerteten ist. Grundsätzlich muss sich die behördliche Abwehrmaßnahme gegen den sog. **„Störer"** richten; das ist derjenige, von dem die Gefahr ausgeht. I. S. d. Polizei- und Ordnungswidrigkeitenrechts ist der ehemalige Mieter als Störer anzusehen.[514] Wurde ein Mietverhältnis über eine Wohnung vom Vermieter gekündigt, so gilt der Vermieter als Nichtstörer, weil der durch die Beendigung des Mietverhältnisses drohende Wohnungsverlust im Einklang mit der Rechtsordnung steht.[515]

---

508 *Krüger* NZM 2012, 377.
509 *Stapenhorst/Voß* a. a. O.
510 *Eckert* in MünchKomm § 112 InsO Rdn. 16.
511 BGH (V ZB 11/10) NJW-RR 2011, 882 = GuT 2011, 159.
512 BGH a. a. O.
513 OLG Schleswig Urteil vom 8.12.2016 – 7 U 47/15, juris.
514 OVG Lüneburg NJW 2010, 1094.
515 OVG Lüneburg a. a. O.

161a Der Mieter muss alles versuchen, um die Obdachlosigkeit zu vermeiden.[516] Gelingt ihm dies nicht, so kann die Behörde den ehemaligen Mieter in eine **Notunterkunft** einweisen. Die Einweisung dient nur der vorübergehenden Unterbringung. Die dauerhafte Sicherung einer Unterkunft ist Sache der Träger der Leistungen zur Grundsicherung, nicht der Polizeibehörden.[517] Einen Anspruch auf Verlängerung der Einweisungszeit hat der Obdachlose nur, wenn feststeht, dass es keine Möglichkeit gibt, sich eine Ersatzwohnung zu beschaffen.[518]

161b Eine **Wiedereinweisung in die bisherige Wohnung** kommt nur in Betracht, wenn die Voraussetzungen des **polizeilichen Notstands** gegeben sind.[519] Im Allgemeinen setzt dies voraus, **(1)** dass der ehemalige Mieter nicht in der Lage ist, sich eine Ersatzwohnung zu beschaffen; **(2)** dass die Behörde die Obdachlosigkeit nur durch Wiedereinweisung in die bisherige Wohnung vermeiden kann; **(3)** dass eine Abwägung zwischen den Grundrechten des ehemaligen Mieters (Art. 2 Abs. 2 Satz 1 GG: Recht auf Leben und körperliche Unversehrtheit) und des Vermieters (Art. 14 GG: Recht auf Verfügung über das Eigentum) vorgenommen wird.

161c Wird einem Obdachlosen zur Vermeidung eines rechts- und ordnungswidrigen Zustands eine Wohnung oder ein Raum in einer **gemeindeeigenen Obdachlosenunterkunft** zugewiesen, so richten sich die Rechtsbeziehungen zwischen der Einweisungsbehörde und dem Obdachlosen i. d. R. nach öffentlichem Recht. Die Obdachlosenbehörde ist nicht verpflichtet, dem Obdachlosen eine Wohnung zur Verfügung zu stellen; es genügt eine Unterkunft, die vorübergehend Schutz vor den Unbilden des Wetters bietet und Raum für die notwendigsten Lebensbedürfnisse lässt.[520] Die Mindestanforderungen an eine menschenwürdige Unterkunft sind beispielsweise erfüllt, wenn eine fünfköpfige Familie in einer 52 qm großen Vier-Zimmer-Wohnung mit Heizung und Kalt- und Warmwasserversorgung untergebracht ist. Auf den Einbau einer Dusche hat der Untergebrachte keinen Anspruch.[521] Bei Alleinstehenden ist auch eine Unterbringung in Sammelunterkünften mit Tages- und Schlafräumen zulässig. Der Obdachlose muss aber die Möglichkeit haben, sich ganztägig in der Unterkunft aufzuhalten.[522] Das Zusammenleben mit Menschen anderer Staats- oder Volkszugehörigkeit ist dem Obdachlosen grundsätzlich zuzumuten.[523] Etwas anderes kann gelten, wenn der Obdachlose hierdurch in seiner Gesundheit ernsthaft gefährdet wird, beispielsweise weil zwischen den Angehörigen seiner Staats- oder Volkszugehörigkeit und jener der anderen Obdachlosen starke ethnische Spannungen bestehen. Der in eine Obdachlosenunterkunft eingewiesene hat keinen Anspruch darauf, in dieser Unterkunft zu verbleiben. Eine von der Gemeinde verfügte Umsetzung ist nur rechtswidrig wenn sie willkürlich – d. h. ohne sachlichen Grund – erfolgt.[524] Die Räumung der Unterkunft kann durch die Behörde verfügt werden. Für die Erhebung einer Räumungsklage vor dem Zivilgericht ist kein Raum.[525]

162 Wird der Obdachlose in seine bisherige Wohnung **wieder eingewiesen,** so gelten für die Rechtsbeziehungen zwischen dem Obdachlosen und der Einweisungsbehörde die Ausführungen oben Rdn. 161. Die Rechtsbeziehungen zwischen dem Eigentümer der Wohnung und der Behörde richten sich ebenfalls nach öffentlichem Recht. Eine Einweisung gegen den Willen des Eigentümers ist nur möglich, wenn der Obdachlose nicht anderweitig untergebracht werden kann.[526] Größere Gemeinden sind dabei grundsätzlich verpflichtet, Obdachlosenunterkünfte zu schaffen und zu unterhalten. Die Einweisung ist nur für eine vorübergehende Zeit – i. d. R. für 6 Monate – möglich Der Eigentümer hat Anspruch auf diejenige Nutzungsentschädigung, die ein Wohnungsnutzer nach Ablauf der Mietzeit zu zahlen hätte (s. § 546 a BGB). Außerdem hat die Behörde den auf den Eingewiesenen entfallenden Betriebskostenanteil zu bezahlen.[527] Ist der Mieter einer Gaststätte mit Wirtewohnung nach Beendigung des Mietverhältnisses wieder in die Wohnung eingewiesen worden, so muss die Einweisungsbehörde den Vermieter nicht nur hinsichtlich der Wohn-

---

516 OVG Greifswald NJW 2010, 1096.
517 OVG Greifswald NJW 2010, 1096; VGH Mannheim NJW 1993, 1027.
518 OVG Greifswald NJW 2010, 1096.
519 OVG Greifswald NJW 2010, 1096; OVG Lüneburg NJW 2010, 1094.
520 OVG Münster DWW 1992, 180; VGH Baden-Württemberg VBlBW 1993, 146; ZMR 1997, 206.
521 VGH Baden-Württemberg ZMR 1993, 240.
522 OVG Münster a. a. O.
523 VGH Baden-Württemberg Justiz 1994, 386.
524 VGH Baden-Württemberg ZMR 1993, 386.
525 VGH Baden-Württemberg Justiz 1991, 476; ZMR 1993, 239.
526 VG Köln WuM 1990, 579; VGH Baden-Württemberg ZMR 1997, 206.
527 *Schoenenbroicher* MDR 1993, 97.

räume, sondern hinsichtlich der gesamten Mietsache entschädigen.[528] Etwas anderes gilt, wenn der Mieter die Gaststättenräume zurückgegeben und der Vermieter die Teilleistung angenommen hat; eine Verpflichtung zur Annahme der Teilleistung besteht allerdings grundsätzlich nicht.

Nach Beendigung der Einweisungszeit hat der Eigentümer einen allgemeinen verwaltungs- 163
rechtlichen **Folgenbeseitigungsanspruch.** Dieser Anspruch verpflichtet die Verwaltungsbehörde, dem Eigentümer die Wohnung „geräumt und gesäubert" herauszugeben.[529] Der Umstand, dass der Eingewiesene für den Fall der Zwangsräumung mit einer Selbsttötung droht, steht dem Erlass und Vollzug der Räumungsanordnung grundsätzlich nicht entgegen. Allerdings sind die zum Schutz des Eingewiesenen erforderlichen Maßnahmen zu ergreifen. Die Polizeibehörde kann nach den Polizeigesetzen der Länder eine Person in Gewahrsam nehmen, wenn dies zur Verhinderung einer Selbsttötung erforderlich ist. Nach den Unterbringungsgesetzen der Länder darf eine psychisch kranke Person gegen ihren Willen in einer Heilanstalt untergebracht werden, wenn eine Gesundheits- oder Lebensgefahr auf andere Weise nicht zu beseitigen ist. Sind Kurzschlusshandlungen zu befürchten, so kann und muss die Behörde zu der Räumung einen Psychiater oder sonstiges Personal beiziehen, damit im Ernstfall sofortige Hilfe möglich ist.[530]

Außerdem umfasst der Folgenbeseitigungsanspruch auch das Recht auf **Beseitigung der Schä- 164
den und Abnutzungen,** die während der Einweisungszeit entstanden sind.[531] Hatte die Behörde die Räumlichkeiten vor der Beschlagnahme instand gesetzt, so kann das Verlangen nach erneuter Instandsetzung allerdings rechtsmissbräuchlich sein.[532] Generell gilt, dass der Vermieter nur dasjenige verlangen kann, was er ohne die Beschlagnahme hätte. Wegen der während der Mietzeit entstandenen Veränderungen und Verschlechterungen kann der Eigentümer deshalb nur den ehemaligen Mieter in Anspruch nehmen. Ist streitig, ob ein Schaden während der Mietzeit oder während der Zeit der Wiedereinweisung entstanden ist, so gilt folgende Verteilung der **Darlegungs- und Beweislast:** Der Vermieter muss darlegen und beweisen, dass die Mietsache bei Mietbeginn unbeschädigt war und dass sie nach Beendigung der Einweisungszeit beschädigt ist. Die Einweisungsbehörde muss darlegen, dass die Schäden bereits zum Zeitpunkt der Wiedereinweisung vorhanden gewesen sind.[533] Diese Beweiserleichterung zugunsten des Vermieters beruht auf der Erwägung, dass die Einweisungsbehörde gehalten ist, den Zustand der Wohnung zum Zeitpunkt der Wiedereinweisung beweiskräftig festzustellen. Die einweisende Behörde befindet sich in einer ähnlichen Situation wie ein Vermieter zum Zeitpunkt des Beginns eines Mietverhältnisses. a. dort ist es üblich, ein Protokoll über den Wohnungszustand zu erstellen und dieses vom Mieter unterzeichnen zu lassen. Eine solche Verfahrensweise ist auch der Einweisungsbehörde möglich, weil sie sowohl gegenüber dem Vermieter als auch gegenüber dem Eingewiesenen ein Recht zum Betreten der Wohnung zum Zwecke der Durchführung einer Bestandsaufnahme hat.[534] Kann die Behörde keine Stellungnahme abgeben, weil sie keine Feststellungen über den Wohnungszustand getroffen hat, so geht das zu ihren Lasten. Der Umstand, dass auch der Vermieter in der Lage gewesen wäre, entsprechende Feststellungen zu treffen, ändert hieran nichts.[535]

Der Folgenbeseitigungsanspruch ist vor den Verwaltungsgerichten geltend zu machen (Freima- 165
chungsklage in der Form einer Leistungs- oder Verpflichtungsklage). Unter Umständen kann das Verwaltungsgericht auch eine einstweilige Anordnung nach § 123 VwGO erlassen, wenn diese Maßnahme erforderlich ist, um den Eigentümer vor schweren und unmittelbaren, anders nicht abwendbaren Nachteilen zu bewahren.[536] Für die Schadensersatzklage sind die Zivilgerichte zuständig.

Bleibt die Behörde nach Ablauf der Einweisungsfrist untätig, obwohl der Eigentümer die Woh- 166
nung herausverlangt hat, so kann dieser stattdessen den Gerichtsvollzieher mit der Durchführung der Räumung beauftragen, weil der Räumungstitel durch die Beschlagnahme nicht verbraucht

---

[528] OLG Hamm ZMR 1995, 25.

[529] BGH NJW 1995, 2918, 2919; VGH Baden-Württemberg NJW 1990, 2770; ZMR 1986, 582; ZMR 1997, 206; OVG Münster NVwZ 1991, 905; OVG Berlin NVwZ 1992, 501; VG Neustadt NJW 1965, 833; **a. A.** OLG Köln ZMR 1994, 112.

[530] VGH Baden-Württemberg ZMR 1997, 206.

[531] OLG Köln a. a. O.

[532] OVG Berlin NVwZ 1991, 691.

[533] BGH NJW 1996, 315.

[534] BGH a. a. O.

[535] BGH a. a. O.

[536] *Kopp* § 123 VwGO Rdn. 13; *Eyermann/Fröhler* § 123 VwGO Rdn. 8ff.

wird. Hatte der Gerichtsvollzieher bereits vor der Beschlagnahme einen Vollstreckungsversuch unternommen, so ist diese Vollstreckungsmaßnahme fortzusetzen; ein erneuter Vollstreckungsauftrag ist nicht erforderlich.[537] Die durch die Vollstreckung entstanden Kosten sowie die Reinigungskosten kann der Eigentümer als Schadensersatz von der Behörde ersetzt verlangen. Der Ersatzanspruch ergibt sich in diesem Fall aus § 839 BGB i. V. m. Art. 34 GG (Amtshaftungsanspruch). Allerdings ist hier § 839 Abs. 3 BGB zu beachten.[538] Nach dieser Vorschrift tritt die Ersatzpflicht nicht ein, wenn der Eigentümer es vorsätzlich oder fahrlässig unterlassen hat, den Schaden durch Gebrauch eines Rechtsmittels abzuwenden. Hier kommt es im Einzelfall darauf an, aus welchen Gründen der Eigentümer von der Erhebung einer verwaltungsgerichtlichen Klage Abstand genommen hat. Hiervon abw. wird aber auch die Ansicht vertreten, dass dem Eigentümer in diesem Fall ein Anspruch auf Kostenerstattung aus berechtigter öffentlich-rechtlicher Geschäftsführung ohne Auftrag gegen die Einweisungsbehörde zusteht.[539]

167 Zwischen dem Eigentümer und dem Eingewiesenen bestehen keine vertraglichen Rechtsbeziehungen. Deshalb kann sich der Eingewiesene wegen der Art und des Umfangs der Wohnungsnutzung, wegen Wohnungsmängeln und dergleichen nur an die Behörde halten.

8. Verwahrungsvertrag (§§ 688–700 BGB)

168 Durch den Verwahrungsvertrag wird der Verwahrer verpflichtet, eine ihm vom Hinterleger übergebene bewegliche Sache aufzubewahren. Im Unterschied zur Miete wird nicht die Überlassung eines Raumes, sondern die Aufbewahrung einer Sache geschuldet (Gewährung von Raum und Übernahme der Obhut). Gegenstand der Aufbewahrung kann nur eine bewegliche Sache sein. Die Unterscheidung zwischen Miete und Verwahrung ist von wesentlicher Bedeutung für die Haftung im Falle der Beschädigung oder des Diebstahls der Sache durch Dritte. Beispielsfälle: Ein Vertrag über das Abstellen eines PKW auf einem bewachten Parkplatz oder in einem bewachten Parkhaus ist im Zweifel Verwahrung; häufig wird allerdings in Allgemeinen Geschäftsbedingungen Miete vereinbart. Der Vertrag über die Überlassung einer Einzelgarage auf Dauer oder auf vorübergehende Zeit ist im Zweifel Miete.

9. Mietverträge mit werkvertraglichen Elementen

169 Ein Vertrag über die Aufstellung eines **Baugerüstes** ist als Mietvertrag zu bewerten, wenn das Gerüst auf längere Zeit überlassen werden soll. In diesem Fall steht nicht das werkvertragliche Element des Aufstellens, sondern die Gebrauchsüberlassung im Vordergrund.[540] Ist die Dauer der Gebrauchsüberlassung von untergeordneter Bedeutung, so liegt ein Werkvertrag vor. Ein Vertrag über die Überlassung eines **Zeltes** ist auch dann Mietvertrag, wenn der Vermieter auch das Auf- und Abschlagen schuldet.[541] Die gleichen Grundsätze gelten für **Messestände,** Wohn- oder Büro**container,** und dergleichen. Verträge über die Überlassung von **Maschinen oder Fahrzeugen mit Bedienungspersonal,** sind Mietverträge, wenn der Gewahrsam und die Obhutspflicht auf den Mieter übergehen.

10. Pacht (§§ 581 ff. BGB)

170 Miete ist ein Vertrag über die Überlassung von Sachen; der Pachtvertrag bezieht sich dagegen auf den Pachtgegenstand, der aus Sachen und Rechten bestehen kann. Der Mieter ist lediglich zum Gebrauch der Sache befugt; der Pächter ist darüber hinaus berechtigt, aus der bestimmungsgemäßen Verwertung der Pachtsache einen Ertrag zu ziehen (Fruchtziehungsrecht). Ein Pachtvertrag liegt vor, wenn der Vertragsgegenstand nach Beschaffenheit, Eigenart, Einrichtung und Ausstattung geeignet ist, als unmittelbare Quelle für Erträge zu dienen.[542] Dies setzt voraus, dass dem Pächter Inventar zur Verfügung gestellt wird.[543] Die dem Pächter zustehenden Erträge können in einem gewerblichen Gewinn, den Feldfrüchten eines Grundstücks, den Fischen eines Gewässers oder dem

---

537 LG Bonn ZMR 1990, 346.
538 BGH NJW 1995, 2918, 2920.
539 *Schoenenbroicher* MDR 1993, 97.
540 Vgl. OLG Düsseldorf VersR 1974, 1113.
541 OLG Hamm NJW-RR 1995, 525.
542 BGH NJW 1979, 2351.
543 OLG Karlsruhe WuM 2012, 666.

Holz eines Waldes bestehen. Wird eine vollständig eingerichtete Golfanlage zur Nutzung überlassen, so ist dies als Pachtverhältnis zu bewerten.[544] Die Erträge stehen dem Pächter nur in den Grenzen einer ordnungsmäßigen Wirtschaftsführung zu. Ob im Einzelfall ein Mietvertrag oder ein Pachtvertrag vorliegt, richtet sich nicht nach der von den Beteiligten gewählten Bezeichnung; entscheidend ist vielmehr, ob nur das Gebrauchsrecht oder darüber hinaus auch das **Fruchtziehungsrecht** übertragen werden sollte. Dem Fruchtziehungsrecht muss allerdings eine gewisse Bedeutung zukommen. Ist der Mieter eines Grundstücks berechtigt, sich die Früchte der auf dem Grundstück stehenden Pflanzungen anzueignen, so führt dieses Fruchtziehungsrecht jedenfalls dann nicht zur Annahme eines Pachtverhältnisses, wenn das Rechtsverhältnis nicht vorrangig von dem Fruchtziehungsrecht geprägt wird.[545] Bei der Überlassung von Räumen kommt es darauf an, ob diese mit einer zur Fruchtziehung geeigneten Ausstattung überlassen werden sollen. Nur wenn dies zutrifft, ist Pacht anzunehmen.[546] Werden leere Räume zu gewerblichen Zwecken überlassen, liegt i. d. R. ein Mietvertrag vor; werden dagegen Geschäftsräume überlassen, die nach ihrer Einrichtung und Ausstattung als unmittelbare Ertragsquelle geeignet sind, ist ein Pachtvertrag anzunehmen.[547] Die Überlassung des Inventars ist somit für die Beurteilung der Vertragsart wesentlich; unerheblich ist dabei, ob das Inventar vom Verpächter oder einem Dritten überlassen wird.[548] Nach der Rechtsprechung des BGH[549] reicht es aus, dass der Verpächter in irgendeiner Weise zur Beschaffung des Inventars beigetragen hat (z. B. durch Gewährung eines Anschaffungsdarlehens oder durch Vermittlung einer günstigen Erwerbsmöglichkeit). Es ist nicht erforderlich, dass der Verpächter das gesamte Inventar zur Verfügung stellt. Vielmehr genügt es, wenn dem Pächter ein betriebsfertig eingerichtetes Objekt mit teilweise vom Verpächter gestelltem Inventar überlassen wird. An der Rechtsnatur des Vertrages ändert sich nichts, wenn der Pächter das Inventar später austauscht. Werden in einem einheitlichen Vertrag Räume teils zu Wohnzwecken, teils zu Ertragszwecken überlassen, kommt es für die rechtliche Beurteilung darauf an, welcher Vertragszweck der wesentliche ist. Bestreitet der Mieter aus dem Ertrag der Gewerberäume seinen Lebensunterhalt, so wird regelmäßig die Pacht im Vordergrund stehen.[550] Überlässt der Eigentümer vertraglich einem anderen die Ausbeutung der Bodenbestandteile des Grundstücks, so liegt i. d. R. ein Pachtvertrag und kein Kaufvertrag vor.[551]

Für die Verpachtung **land- und forstwirtschaftlicher Grundstücke** gelten die §§ 585 ff. **171**
BGB. Nach § 585 a BGB bedarf ein Landpachtvertrag, der für längere Zeit als zwei Jahre geschlossen wird, der schriftlichen Form. Wird die Form nicht beachtet, so gilt der Vertrag als für unbestimmte Zeit geschlossen. Die Parteien sind verpflichtet, bei Beginn des Pachtverhältnisses eine Beschreibung der Pachtsache anzufertigen, aus der sich ihr Umfang sowie der Zustand, in dem sie sich bei der Überlassung befindet, festgestellt werden soll. Weigert sich ein Vertragsteil bei der Anfertigung der Beschreibung mitzuwirken, oder ergeben sich bei der Anfertigung Meinungsverschiedenheiten tatsächlicher Art, so kann jeder Vertragsteil verlangen, dass eine Beschreibung durch einen Sachverständigen angefertigt wird, der auf Antrag durch das Landwirtschaftsgericht ernannt wird. Diese Regelung gilt nicht, wenn seit der Überlassung der Pachtsache mehr als 9 Monate vergangen sind (§ 585 b BGB). Bei der Landpacht trifft den Verpächter die Erhaltungspflicht und den Pächter die gewöhnliche Ausbesserungspflicht. Unter die Erhaltung fallen alle Instandhaltungs- und Instandsetzungsmaßnahmen, die zur Beseitigung von Mängeln erforderlich sind. In den Verantwortungsbereich des Pächters fallen alle Maßnahmen, die als Folge des üblichen Gebrauchs des Pachtgegenstands nach dem gewöhnlichen Lauf der Dinge von Zeit zu Zeit regelmäßig in kürzeren oder längeren Abständen zur Erhaltung bzw. Wiederherstellung der Gebrauchsfähigkeit der Pachtsache erforderlich werden. Hierzu zählen in erster Linie laufende Wartungs- und Pflegearbeiten, Schönheitsreparaturen, sowie Maßnahmen, die wegen üblicher Witterungseinflüsse oder häufiger oder typischer Betriebsrisiken geboten sind.[552] Bezüglich der Kündigung ist in § 594 a BGB geregelt,

544 OLG Hamm Urteil vom 6.5.2011 – 30 U 15/10 unter Rz 123.
545 BGH NJW-RR 2009, 21 = NZM 2009, 30 = GuT 2008, 357 = ZMR 2009, 106 unter Nr. II 1.
546 BGH NJW 1981, 103 = ZMR 1981, 306.
547 RGZ 138, 202.
548 RGZ 119, 206; 114, 243.
549 BGH WuM 1991, 335.
550 OLG Köln ZMR 2007, 114 = GuT 2007, 11 betr. die Überlassung einer 4-Zimmerwohnung und 5 Gästezimmern mit Frühstücksraum zum Betrieb einer Pension.
551 BGH WPM 1973, 386.
552 BGH WuM 1993, 123.

dass jeder Vertragsteil das Pachtverhältnis spätestens am 3. Werktag eines Pachtjahres für den Schluss des nächsten Pachtjahres kündigen kann. Der Pächter kann aber vom Verpächter die Fortsetzung des Pachtverhältnisses verlangen, wenn bei der Betriebspacht der Betrieb seine wirtschaftliche Lebensgrundlage bildet, oder wenn bei der Pacht eines Grundstücks der Pächter auf dieses Grundstück zur Aufrechterhaltung seines Betriebes, der seine wirtschaftliche Lebensgrundlage bildet, angewiesen ist und die vertragsmäßige Beendigung des Pachtverhältnisses für den Pächter oder seine Familie eine Härte bedeuten würde, die auch unter Würdigung der berechtigten Interessen des Verpächters nicht zu rechtfertigen ist (§ 595 BGB). Endet das Pachtverhältnis, so sollen die Parteien erneut eine Beschreibung der Pachtsache anfertigen, aus der sich der Zustand bei Vertragsbeendigung ergibt. Bei Meinungsverschiedenheiten kann wiederum vom Landwirtschaftsgericht ein Sachverständiger ernannt werden.[553]

172 Für die Pacht von **Kleingärten** (Schrebergärten) gilt das Bundeskleingartengesetz (BKleinG) vom 28.2.1983 (BGBI. I S. 210), zuletzt geändert durch Artikel 11 des Gesetzes vom 19. September 2006 (BGBl. I S. 2146). Das Gesetz gilt nur für Kleingärten, die Teil einer Kleingartenanlage sind. Dies setzt voraus, dass mehrere Kleingärten mit gemeinschaftlichen Einrichtungen (Wege, Parkplätze, Wasser- und Energieversorgungsanlagen, etc.) zusammengefasst sind. Nach der Rechtsprechung müssen mindestens fünf Parzellen vorhanden sein.[554] Die Pachtverträge müssen stets auf unbestimmte Zeit abgeschlossen werden; befristete Verträge gelten als auf unbestimmte Zeit geschlossen (§ 6 BKleingG). Eine **Kündigung** durch den Verpächter ist nur möglich, wenn wichtige Gründe vorliegen. Die Kündigung bedarf der Schriftform. Die einzelnen Kündigungstatbestände sind dabei in §§ 8, 9 des Gesetzes abschließend geregelt. Nach § 8 BKleingG kann der Verpächter fristlos kündigen, wenn der Pächter mit der Entrichtung der Pacht für mindestens ein Vierteljahr in Verzug ist und nicht innerhalb von zwei Monaten nach Mahnung in Textform die fällige Pachtforderung erfüllt oder der Pächter oder von ihm auf dem Kleingartengrundstück geduldete Personen so schwerwiegende Pflichtverletzungen begehen, insbesondere den Frieden in der Kleingärtnergemeinschaft so nachhaltig stören, dass dem Verpächter die Fortsetzung des Vertragsverhältnisses nicht zugemutet werden kann.

173 Daneben bestehen sechs **Tatbestände der ordentlichen befristeten Kündigung.** Nach § 9 BKleingG kann der Verpächter kündigen, wenn **(1)** der Pächter ungeachtet einer in Textform abgegebenen Abmahnung des Verpächters eine nicht kleingärtnerische Nutzung fortsetzt oder andere Verpflichtungen, die die Nutzung des Kleingartens betreffen, nicht unerheblich verletzt, insbesondere die Laube zum dauernden Wohnen benutzt, das Grundstück unbefugt einem Dritten überlässt, erhebliche Bewirtschaftungsmängel nicht innerhalb einer angemessenen Frist abstellt oder geldliche oder sonstige Gemeinschaftsleistungen für die Kleingartenanlage verweigert. **(2)** die Beendigung des Pachtverhältnisses erforderlich ist, um die Kleingartenanlage neu zu ordnen, insbesondere um Kleingärten auf eine bestimmte Größe zu beschränken, die Wege zu verbessern oder Spiel- oder Parkplätze zu errichten. **(3)** der Eigentümer selbst oder einer seiner Haushaltsangehörigen einen Garten kleingärtnerisch nutzen will und ihm anderes geeignetes Gartenland nicht zur Verfügung steht; der Garten ist unter Berücksichtigung der Belange der Kleingärtner auszuwählen. **(4)** planungsrechtlich eine andere als die kleingärtnerische Nutzung zulässig ist und der Eigentümer durch die Fortsetzung des Pachtverhältnisses an einer anderen wirtschaftlichen Verwertung gehindert ist und dadurch erhebliche Nachteile erleiden würde. **(5)** die als Kleingarten genutzte Grundstücksfläche alsbald der im Bebauungsplan festgesetzten anderen Nutzung zugeführt oder alsbald für diese Nutzung vorbereitet werden soll; die Kündigung ist auch vor Rechtsverbindlichkeit des Bebauungsplans zulässig, wenn die Gemeinde seine Aufstellung, Änderung oder Ergänzung beschlossen hat, nach dem Stand der Planungsarbeiten anzunehmen ist, dass die beabsichtigte andere Nutzung festgesetzt wird, und dringende Gründe des öffentlichen Interesses die Vorbereitung oder die Verwirklichung der anderen Nutzung vor Rechtsverbindlichkeit des Bebauungsplans erfordern. **(6)** die als Kleingartenanlage genutzte Grundstücksfläche für bestimmte öffentliche Zwecke benötigt wird.

174 Wird ein Kleingartenpachtvertrag gekündigt, hat der Pächter einen Anspruch auf angemessene Entschädigung für die von ihm eingebrachten oder gegen Entgelt übernommenen Anpflanzungen und Anlagen, soweit diese im Rahmen der kleingärtnerischen Nutzung üblich sind. Dieser An-

---

553 Zum Ganzen s. *Pikalo* NJW 1986, 1472.

554 BGH NZM 2006, 18.

spruch ist fällig, sobald das Pachtverhältnis beendet und der Kleingarten geräumt ist (§ 11 BKleingG).

Stirbt der Kleingärtner, endet der Kleingartenpachtvertrag mit dem Ablauf des Kalendermonats, der auf den **Tod des Kleingärtners** folgt. Ein Kleingartenpachtvertrag, den Eheleute oder Lebenspartner gemeinschaftlich geschlossen haben, wird beim Tode eines Ehegatten oder Lebenspartners mit dem überlebenden Ehegatten oder Lebenspartner fortgesetzt. Der überlebende Ehegatte oder Lebenspartner kann die Vertragsfortsetzung binnen eines Monats nach dem Todesfall in Textform gegenüber dem Verpächter ablehnen (§ 12 BKleingG). Die Erben eines Pächters treten nach der gesetzlichen Regelung lediglich in das Abwicklungsverhältnis ein, mit der Folge, dass sie gegenüber dem Verpächter zur Räumung und Herausgabe verpflichtet sind. Die Regelungen der §§ 563ff. BGB sind weder unmittelbar noch entsprechend anzuwenden.[555] Will ein Pächter erreichen, dass das Pachtverhältnis bei seinem Tode mit seinen Erben fortgesetzt wird, so muss er dies mit dem Verpächter vereinbaren. Nach § 13 BKleingG sind lediglich solche Vereinbarungen unwirksam, die zum Nachteil des Pächters von der gesetzlichen Regelung abweichen. Die hier behandelte Nachfolgeregelung ist dem Pächter vorteilhaft und deshalb wirksam.[556] **175**

Der **höchstzulässige Pachtzins** ist gesetzlich begrenzt (§ 5 BKleingG). Als Pacht darf höchstens der vierfache Betrag der ortsüblichen Pacht im erwerbsmäßigen Obst- und Gemüseanbau, bezogen auf die Gesamtfläche der Kleingartenanlage verlangt werden. Liegen ortsübliche Pachtbeträge im erwerbsmäßigen Obst- und Gemüseanbau nicht vor, so ist die entsprechende Pacht in einer vergleichbaren Gemeinde als Bemessungsgrundlage zugrunde zu legen. Ortsüblich im erwerbsmäßigen Obst- und Gemüseanbau ist die in der Gemeinde durchschnittlich gezahlte Pacht. Ist die vereinbarte Pacht niedriger oder höher als die Höchstpacht, kann die jeweilige Vertragspartei der anderen Vertragspartei in Textform erklären, dass die Pacht bis zur Höhe der Höchstpacht herauf- oder herabgesetzt wird. Aufgrund der Erklärung ist vom ersten Tage des auf die Erklärung folgenden Zahlungszeitraums an die höhere oder niedrigere Pacht zu zahlen. Die Vertragsparteien können die Anpassung frühestens nach Ablauf von drei Jahren nach Vertragsschluss oder der vorhergehenden Anpassung verlangen. Im Falle einer Erklärung des Verpächters über eine Pachterhöhung ist der Pächter berechtigt, das Pachtverhältnis spätestens am 15. Werktag des Zahlungszeitraums, von dem an die Pacht erhöht werden soll, für den Ablauf des nächsten Kalendermonats zu kündigen. Kündigt der Pächter, tritt eine Erhöhung der Pacht nicht ein. **176**

11. Immobilienleasing.

Bei einem gewöhnlichen Gewerbemietvertrag kann eine verschuldens- und verursachungsunabhängige Reparatur und Instandhaltungspflicht zwar individualvertraglich, nicht aber durch Formularklausel vereinbart werden. Anders ist es beim Immobilienleasing BGH Urteil vom 26.11.2014 – XII ZR 120/13. Bei diesem Vertragstyp beschafft und finanziert der Leasinggeber eine Immobilie, die dem Leasingnehmer sodann auf (gewöhnlich lange) Zeit gegen Entgelt überlassen wird. Für das Immobilienleasing ist typisch, dass der Leasingnehmer die Instandhaltungslast trägt und dass mit dem Entgelt die Herstellungs- und Finanzierungskosten abgedeckt werden. Die Bezeichnung des Vertragswerks als „Leasingvertrag" kann als Indiz für diesen Vertragstyp gewertet werden. Maßgeblich für die Einordnung ist aber nicht die von den Parteien gewählte Bezeichnung sondern der Inhalt des Vertrags. Konstituierende Merkmale des Mietvertrag ist die Überlassung des Mietgegenstandes auf Zeit. Immobilienleasing liegt vor, wenn neben diesen Merkmalen weitere Faktoren vorliegen: Diese sind: **(1)** Der **Vertragszweck:** Er besteht regelmäßig darin, einem Unternehmen die zur Geschäftstätigkeit erforderlichen Räumlichkeiten zur Verfügung zu stellen. **(2)** Der **Mietgegenstand:** Er ist regelmäßig noch nicht vorhanden, sondern wird vom Leasinggeber beschafft und finanziert. **(3)** Das **Entgelt:** Es wird regelmäßig so bemessen, dass die Herstellungs- und Finanzierungskosten gedeckt sind. **(4)** Die **Sachgefahr:** Das Risiko der Abnutzung und Beschädigung der Immobilie liegt beim Leasingnehmer. Dieser ist zur Unterhaltung der Immobilie verpflichtet, als wäre er Eigentümer. Gleiches gilt für eine eventuell erforderliche Reparatur. **(5) Ankaufsrecht:** Häufig steht dem Leasingnehmer ein Ankaufsrecht zu; allerdings ist dies nicht zwingend. Nach der Grundsatzentscheidung des BGH vom 25.1.1989[557] ist auf das (im Ge- **176a**

---

555 BGH NJW-RR 2007, 850 = NZM 2007, 285 = WuM 2007, 127 = ZMR 2007, 351.

556 *Otte* in Ernst/Zinkahn/Bielenberg/Krautzberger, Baugesetzbuch, § 12 BKleingG Anm. 4; **a. A.** *Stang,* Bundeskleingartengesetz, § 12 Rdn. 3.

557 BGH (VIII ZR 302/87) BGHZ 106, 304 = NJW 1989, 1279.

setz nicht geregelte) Immobilienleasing in erster Linie Mietrecht anzuwenden. Deshalb wird überwiegend vertreten, dass langfristige Verträge der gesetzlichen Schriftform bedürfen.[558] Abweichend hiervon hat das KG entschieden, dass die Regelungen der §§ 550, 578 BGB auf Immobilien-Leasingverträge nicht entsprechend anwendbar sind. Insbesondere sei das Kündigungsrecht wegen eines Formmangels mit der rechtlichen und wirtschaftlichen Natur des Leasingvertrags nicht vereinbar.[559]

III. Allgemeines Gleichbehandlungsgesetz (AGG)

1. Zielsetzung und Anwendungsbereich

177 Beim Abschluss, der Durchführung und der Beendigung von Mietverhältnissen ist das Allgemeine Gleichbehandlungsgesetz vom 14.8.2006 (BGBl. I S. 1897 – AGG) zu beachten. Ziel des Gesetzes ist es, „Benachteiligungen aus Gründen der Rasse oder wegen der ethnischen Herkunft, des Geschlechts, der Religion oder Weltanschauung, einer Behinderung, des Alters oder der sexuellen Identität" zu verhindern oder zu beseitigen (§ 1 AGG). Eine Benachteiligung aus den genannten Gründen ist gem. § 2 Abs. 1 Nr. 8 AGG auch insoweit unzulässig, als sie „den Zugang zu und die Versorgung mit Gütern und Dienstleistungen, die der Öffentlichkeit zur Verfügung stehen" betrifft. Dies gilt nach dem ausdrücklichen Wortlaut der Vorschrift auch für den Zugang zu und die Versorgung mit Wohnraum. Die besondere Hervorhebung des Wohnraums hat nur klarstellende Bedeutung. Die Regelung des § 2 Abs. 1 Nr. 8 AGG gilt auch für die Vermietung von Geschäftsräumen und beweglichen Sachen.

178 **a) Sachlicher Anwendungsbereich.** Die Regelung in § 2 Abs. 1 Nr. 8 AGG setzt voraus, dass die zur Vermietung angebotenen Objekte **„der Öffentlichkeit zur Verfügung stehen".** Diese Formulierung entspricht Art. 3 Abs. 1 lit. h der Richtlinie 2000/43/EG vom 29.6.2000 (sog. „Antirassismusrichtlinie"). In der Literatur wird z. T. die Ansicht vertreten, dass Wohnraum nur dann der Öffentlichkeit zur Verfügung steht, wenn er einer unbestimmten Vielzahl von Personen angeboten wird.[560] In diesem Sinne stehen etwa die öffentlichen Verkehrsmittel, Parkhäuser, Theater, Schwimmbäder oder die Bildungseinrichtungen der Öffentlichkeit zur Verfügung.[561] Diese Ansicht trifft nicht zu.[562] Wohn- oder Geschäftsraum steht der Öffentlichkeit zur Verfügung, wenn er durch Anzeigen in Tageszeitungen, durch Makler oder auf andere Weise angeboten wird.[563] Auch die invitatio ad offerendum ist ein Angebot in diesem Sinn.[564] Nicht öffentliches Anbieten liegt vor, wenn der Vermieter bestimmte Personen anspricht. Öffentliches Anbieten, wenn ein unbestimmter Personenkreis angesprochen wird. Es genügt, wenn die Räume einer begrenzten Öffentlichkeit angeboten werden, z. B. nur den Mitarbeitern eines Unternehmens oder nur den Mitgliedern einer Genossenschaft.[565] Dagegen ist das AGG unanwendbar, wenn der Mietinteressent von leer stehendem Wohnraum erfährt und sich um die Wohnung bewirbt. Anders ist es, wenn ein Wohnungsunternehmen Bewerberlisten führt und die freiwerdenden Wohnungen jeweils einem bestimmten Bewerber angeboten werden.[566] Hier kann eine Benachteiligung i. S. v. §§ 2, 3 AGG vorliegen, wenn der Eigentümer bestimmte von § 1 AGG geschützte Personengruppen nicht in die Bewerberliste aufnimmt. In diesem Fall erfährt der Angehörige der geschützten Gruppe eine weniger günstige Behandlung als eine andere Person (§ 3 Abs. 1 AGG). Gleiches gilt, wenn der Eigentümer bei der Auswahl des konkreten Bewerbers gegen das Diskriminierungsver-

---

558 *Leonhard* in: Ghassemi-Tabar/Guhling/Weitemeyer vor § 535 BGB Rdn. 53; Palandt/*Weidenkaff* vor § 535 Rdn. 48; *Engel* NZM 1998, 785, 786.

559 KG Urteil vom 24.11.2016 – 8 U 70/15.

560 *Meier-Reimer* NJW 2006, 2577, 2580, 2581; *Thüsing* NJW 2003, 3441, 3442; *Palandt/Ellenberger* § 2 AGG Rdn. 9.

561 *Thüsing* in MünchKomm § 2 AGG Rdn. 36.

562 *Hinz* DWW 2007, 181, 182; *Schmidt-Rentsch* NZM 2007, 6; *Derleder* NZM 2007, 625;.

563 *Rolfs* NJW 2007, 1489, 1490; *Lützenkirchen* in Lützenkirchen, AHB-Mietrecht, B Rdn. 179; *Eisenschmid* WuM 2006, 475, 477; *Hinz* ZMR 2006, 742, 743; *ders.* DWW 2007, 181, 182; *Schmidt-Räntsch* in FS Blank S. 381, 390; *ders.* NZM 2007, 6, 10; *Zorn* WuM 2006, 591, 592; *Horst* MDR 2006, 1266, 1267; *Warnecke* DWW 2006, 268: *Eimers* GE 2006, 1078; *Wagner/Potsch* JZ 2006, 1085, 1087; *Börstinghaus* MietPrax-AK Anm. D I.

564 *Horst* MDR 2006, 1266, 1267; **a. A.** *Warnecke* DWW 2006, 268, 272.

565 *Lützenkirchen* in Lützenkirchen, AHB-Mietrecht, 3. Aufl., B Rdn. 180.

566 **A. A.** *Horst* MDR 2006, 1266, 1267.

bot verstößt. In diesen Fällen der Nichtbegründung zivilrechtlicher Schuldverhältnisse ist das AGG anwendbar.[567]

b) Persönlicher Anwendungsbereich. Das AGG gilt für denjenigen, dem die Entscheidung über den Vertragsschluss oder einer Maßname bei der Durchführung oder Beendigung des Vertrags obliegt. Das ist i. d. R. der Vermieter. Wird der Mieter von einem Verwalter ausgewählt, der hinsichtlich der Auswahl den Weisungen des Vermieters unterliegt, so muss sich der Vermieter dessen Verhalten zurechnen lassen (§ 278 BGB). Wird die Auswahl dem Verwalter überlassen, so hat dieser das AGG zu beachten.[568] Gleiches gilt, wenn der Vermieter einen Makler mit der Vermittlung eines Mietvertrags beauftragt und dem Makler die Vorauswahl der Mietinteressenten überlassen wird. Überlässt der Wohnungsverwalter oder der Makler die Besichtigung der Wohnung einem Mitarbeiter oder einem Angestellten des Hauseigentümers und kommt es im Vorfeld der Besichtigung oder während der Besichtigung zu diskriminierenden Handlungen, so muss der Wohnungsverwalter oder Makler hierfür einstehen.[569] Bei der echten Nachmieterklausel obliegt die Auswahl des Ersatzmieters dem Mieter. Deshalb muss der Mieter das AGG beachten.[570] Nichts anderes gilt, wenn der Vermieter ohne vertragliche Verpflichtung dem Mieter die Auswahl eines Nachmieters überlässt oder wenn der Mieter auf Grund seiner Marktmacht über das Zustandekommen des Vertrags entscheiden kann.[571] Für die Ablehnung eines Untermieters durch den (Haupt)vermieter s. § 553 Rdn. 13. 179

c) Zeitlicher Anwendungsbereich. Soweit Benachteiligungen wegen der Rasse oder der ethnischen Herkunft in Frage stehen, gilt das Gesetz für Mietverhältnisse, die nach dem 17.8.2006 zustande gekommen sind. Geht es um Benachteiligungen auf Grund des Geschlechts ist das Gesetz anwendbar, wenn das Mietverhältnis am 1.12.2006 oder später begründet wurde. Bei Verträgen, die zu einem früheren Zeitpunkt abgeschlossen worden sind, muss das Gesetz ab den genannten Zeitpunkten bei der Durchführung und Beendigung beachtet werden (§ 33 Abs. 2 und 3 AGG). 180

2. Massengeschäfte, massenähnliche Geschäfte, sonstige Mietverhältnisse, Näheverhältnisse

Hinsichtlich der Schutzwirkung unterscheidet das AGG vier Gruppen von Mietverhältnissen, nämlich Massengeschäfte (§ 19 Abs. 1 Nr. 1 AGG), massenähnliche Geschäfte (§ 19 Abs. 1 Nr. 1 Alt. 2 AGG), sonstige Mietverhältnisse (§ 19 Abs. 2 AGG) und Näheverhältnisse (§ 19 Abs. 5 AGG). 181

a) Bei den **Massengeschäften** gilt das Diskriminierungsverbot in vollem Umfang. Benachteiligungen aus Gründen der Rasse oder wegen der ethnischen Herkunft, des Geschlechts, der Religion, einer Behinderung, des Alters oder der sexuellen Identität sind untersagt. Zu den Massengeschäften zählen Mietverhältnisse die „typischerweise **ohne Ansehen der Person** zu vergleichbaren Bedingungen in einer Vielzahl von Fällen zustande kommen" **(§ 19 Abs. 1 Nr. 1 Alt. 1 AGG).** 182

aa) Das Tatbestandsmerkmal: „in einer Vielzahl von Fällen". Für das Massengeschäft ist zunächst kennzeichnend, dass es in einer „Vielzahl von Fällen" abgeschlossen wird. Dem Gesetz ist nicht zu entnehmen, was unter einer Vielzahl von Fällen zu verstehen ist. Eine ähnliche Formulierung verwendet § 305 Abs. 1 Satz 1 BGB zur Definition der Allgemeinen Geschäftsbedingungen. Es sind Bedingungen, die „für eine Vielzahl von Verträgen" vorformuliert wurden. Nach obergerichtlicher Rechtsprechung setzt dies voraus, dass die Geschäftsbedingung mindestens dreimal verwendet werden soll.[572] Ein Teil der Literatur vertritt die Ansicht, dass der Begriff in § 19 Abs. 1 Nr. 1 AGG in derselben Weise zu verstehen ist. Danach ist das Tatbestandsmerkmal erfüllt, wenn ein Vermieter mindestens 3 Mietverhältnisse zu denselben Bedingungen abschließen will.[573] Näher liegt die Annahme, dass durch den Begriff der „Vielzahl" zwischen dem Großvermieter und dem Kleinvermieter unterschieden werden soll. Diese Unterscheidung kann in Abgrenzung zu § 19 Abs. 5 Satz 3 AGG gewonnen werden. Nach dieser Vorschrift ist die Vermietung von Wohnraum „i. d. R. kein Geschäft i. S. d. Absatzes 1 Nr. 1, wenn der Vermieter insgesamt nicht mehr 183

---

567 *Schwab* DNotZ 2006, 649, 659.
568 *Derleder* NZM 2009, 310; **a. A.** LG Aachen NZM 2009, 318; s. aber auch OLG Köln NZM 2010, 294.
569 OLG Köln NJW 2010, 1676 = NZM 2010, 294 = WuM 2010, 81 = ZMR 2010, 444.
570 *Zorn* WuM 2006, 591, 593.
571 *Schmidt-Räntsch* NZM 2007, 6, 11.
572 BGH NJW 1998, 2286, 2287; NJW 2002, 138, 139.
573 *Thüsing* in MünchKomm § 19 AGG Rdn. 37; ähnlich *Lützenkirchen* in Lützenkirchen, AHB-Mietrecht, B Rdn. 216.

als 50 Wohnungen vermietet" (§ 19 Abs. 5 Satz 3 AGG). Hieraus folgt im Umkehrschluss, dass das Tatbestandsmerkmal bei Großvermietern mit einem Wohnungsbestand von mehr als 50 Wohnungen regelmäßig gegeben ist[574].

183a Vereinzelt wird in der Literatur die Ansicht vertreten, dass ein Vermietungsvorgang immer dann unter § 19 Abs. 1 Nr. 1 AGG fällt, wenn der Vermieter über mehr als 50 Wohnung verfügt.[575] Dies kann jedoch weder aus dem Wortlaut, noch aus der Gesetzessystematik abgeleitet werden.[576] Nach dem Gesetz wird vermutet, dass der Vermieter bei der Vermietung **kein** Massengeschäft tätigt, wenn er über nicht mehr als 50 Wohnung verfügt. Die Vermutung kann widerlegt werden, wie sich aus der Formulierung „i. d. R." ergibt.[577] Bei größeren Wohnungsbeständen gilt nach dem Gesetz nur die Vermutung, dass ein Vermieter mit einem Bestand von mehr als 50 Wohnungen Mietverträge in einer Vielzahl von Fällen abschließen wird. Diese Vermutung ist auch gerechtfertigt, weil es bei größeren Wohnungsunternehmen erfahrungsgemäß zu häufigen Mieterwechseln kommt. Daraus folgt jedoch nicht, dass es sich bei den Vermietungsvorgängen stets um Massengeschäfte handelt. Die weiteren Tatbestandsmerkmale des Abs. 1 Nr. 1 wären sonst überflüssig. Auch aus der Gesetzesbegründung ist nicht abzuleiten, dass der Gesetzgeber von einer solchen Vermutung ausgeht. Dort ist lediglich ausgeführt, dass die Regelung bei großen Wohnungsanbietern **„vielfach"** angewendet werden kann, nicht dass sie stets angewendet werden muss.[578]

184 **bb) Das Tatbestandsmerkmal: „zu vergleichbaren Bedingungen".** Für das Massengeschäft ist typisch, dass die Ware oder die Dienstleistung jedermann zu den gleichen Bedingungen zur Verfügung steht. Eine Differenzierung der Tarife oder Preise nach einzelnen Personengruppen steht dieser Annahme nicht entgegen. Wesentlich ist nur, dass die Bedingungen und Tarife nicht zwischen dem Leistungserbringer und dem einzelnen Kunden ausgehandelt werden. Nach der Gesetzesbegründung ist das Merkmal der Gleichbehandlung „letztlich Spiegelbild der Tatsache, dass der Anbieter bei der Auswahl des Vertragspartners nicht unterscheidet".[579] Maßgeblich sei eine „typisierende Betrachtungsweise", so dass das Merkmal auch dann vorliegt, wenn einzelne Vertragspartner „wegen eines besonderen Verhandlungsgeschicks im Einzelfall Preisnachlässe erreichen".[580] Bei der Vermietung von Wohnungen ist diese Tatbestandsvoraussetzung gegeben, wenn die Wohnungen durchweg zu einem vorgegebenen Preis vermietet werden und der Vermieter Formularverträge mit gleichem oder vergleichbarem Inhalt verwendet. Werden die Preise und die Mietbedingungen dagegen in jedem Einzelfall auf Grund von Verhandlungen bestimmt, so ist das Tatbestandsmerkmal nicht erfüllt. Dies wird vielfach bei der Vermietung von Geschäftsräumen zutreffen.

185 **cc) Das Tatbestandsmerkmal: „ohne Ansehen der Person".** Das Tatbestandsmerkmal „ohne Ansehen der Person" wird weder im Gesetz noch in den Richtlinien definiert. Nach der Gesetzesbegründung wird ein Schuldverhältnis „ohne Ansehen der Person" begründet, durchgeführt oder beendet, wenn hierbei die in § 1 genannten Merkmale typischerweise keine Rolle spielen". Die Einordnung soll dabei nach „einer allgemeinen typisierenden Betrachtungsweise" erfolgen.[581] Nach dieser Definition wäre die Vermietung einer Wohnung als Massengeschäft zu definieren, wenn die Kriterien des § 1 AGG nämlich die Rasse, ethnische Herkunft, das Geschlecht, die Religion, die Weltanschauung, die Behinderung, das Alter und die sexuelle Identität bei der Vergabe von Wohnungen für ein typisches Wohnungsunternehmen keine Rolle spielen. Eine Unterscheidung nach Geschäften mit typischem Diskriminierungscharakter und diskriminierungsfreien Geschäften ergibt nach dem Schutzzweck des AGG allerdings keinen Sinn, weil auf diese Weise eine bestehende Diskriminierungspraxis fortgeschrieben würde; dies will das AGG aber gerade verhindern.[582]

186 Nach dem Sinn und Zweck des AGG ist es angebracht, das Tatbestandsmerkmal „ohne Ansehen der Person" entsprechend dem Wortsinn zu interpretieren. Danach fallen hierunter solche Geschäfte bei denen es ausschließlich auf die Veräußerung einer Ware oder das Erbringen einer

---

[574] Palandt/*Grüneberg* § 19 AGG Rdn. 3.
[575] *Horst* MDR 2006, 1266.
[576] *Schwab* DNotZ 2006, 649, 661; *Lützenkirchen* in Lützenkirchen, AHB-Mietrecht, B Rdn. 238.
[577] *Rolfs* NJW 2007, 1489, 1490; *Schmidt-Räntsch* NZM 2007, 6, 11; *Warnecke* DWW 2006, 268, 271.
[578] BT-Drucks. 16/1780 S. 42.
[579] BT-Drucks. 16/1780 S. 42.
[580] BT-Drucks. 16/1780 S. 42.
[581] BT-Drucks. 16/1780 S. 42.
[582] Ähnlich *Maier-Reimer* NJW 2006, 2577, 2579.

Dienstleitung ankommt. Es handelt sich um Geschäfte, die üblicherweise auch telefonisch, schriftlich, per Internet oder über einen Vertreter abgewickelt werden. Paradigmatisch für diese Art von Geschäften ist die Miete eines Hotelzimmers oder einer Ferienwohnung oder der Kauf beliebiger Wirtschaftsgüter. Einziges Kriterium für den Vertragsschluss ist bei solchen Geschäften i. d. R. nur die Zahlungsfähigkeit und -bereitschaft des Kunden. Bei der Vermietung von Wohn- und Geschäftsräumen handelt es sich i. d. R. nicht um Massengeschäfte, weil der typische Vermieter seine Entscheidung über die Vergabe einer Wohnung von einem persönlichen Kontakt mit dem Interessenten abhängig machen wird. Dieser erfolgt spätestens bei der Wohnungsbesichtigung, die dem Vertragsschluss in nahezu allen Fällen vorausgeht. Hiervon geht letztlich auch der Gesetzgeber aus. In der Gesetzesbegründung ist hierzu ausgeführt: „Bei der Überlassung von Räumen wird es sich meist nicht um Massengeschäfte i. S. d. ersten Alternative handeln, denn die Anbieter von Wohn- und Geschäftsraum wählen ihren Vertragspartner regelmäßig individuell nach vielfältigen Kriterien aus dem Bewerberkreis aus“.[583]

b) Massenähnliche Geschäfte. Massenähnliche Geschäfte sind solche Geschäfte „bei denen das Ansehen der Person nach der Art des Schuldverhältnisses eine nachrangige Bedeutung hat und die zu vergleichbaren Bedingungen in einer Vielzahl von Fällen zustande kommen. Diese Geschäfte unterliegen ebenfalls einem umfassenden Benachteiligungsverbot. 187

Auch bei diesen Geschäften ist es erforderlich, dass sie in einer Vielzahl von Fällen zu vergleichbaren Bedingungen getätigt werden. Wegen dieser Tatbestandsmerkmale wird auf die Ausführungen unter Rdn. 184 verwiesen. 188

aa) Das Tatbestandsmerkmal „Art des Schuldverhältnisses“. Wie oben Rdn. 185 ausgeführt besagt das Tatbestandsmerkmal „ohne Ansehen der Person“ in § 19 Abs. 1 Nr. 1 Alt. 1 AGG, dass die Person des Vertragspartners bei der Entscheidungsfindung keine Bedeutung hat. Bei den massenähnlichen Geschäften hat das Tatbestandsmerkmal dagegen eine Bedeutung; diese muss allerdings „nach der Art des Schuldverhältnisses“ nachrangig sein. 189

Der Wortlaut des Abs. 1 Nr. 1 stellt nicht auf die konkrete Vermietungspraxis einzelner Unternehmen, sondern auf die „Art des Schuldverhältnisses“ ab.[584] Betrachtet man die gesetzliche Ausgestaltung der Miete in den §§ 535ff. BGB, so ergibt sich, dass dort den persönlichen Beziehungen zwischen den Vertragsparteien ein hoher Stellenwert zukommt. Der Mieter kann das Recht zum Gebrauch der Mietsache nach der gesetzlichen Regelung nur persönlich ausüben. Er kann dieses Recht weder einem Dritten abtreten, noch kann er die Sache ohne Erlaubnis des Vermieters einem Dritten zum Gebrauch überlassen. Die unbefugte Gebrauchsüberlassung gilt als wichtiger Grund für die Beendigung des Mietverhältnisses: der Vermieter ist in diesem Fall zur fristlosen Kündigung berechtigt (§ 543 Abs. 2 Nr. 2 BGB). Ein Mieterwechsel ist i. d. R. nur mit Zustimmung des Vermieters möglich. Eine Ausnahme gilt nur beim Tod des Mieters (§§ 563ff., 1922 BGB). Aber selbst hier steht dem Vermieter gegenüber dem Erben ein außerordentliches Kündigungsrecht zu (§ 564 BGB). Sonstigen Rechtsnachfolgern kann der Vermieter kündigen, wenn in deren Person ein wichtiger Grund vorliegt (§ 563 Abs. 4 BGB). Diese gesetzlichen Regelungen werden von der Rechtsprechung seit jeher eng ausgelegt: So wird beispielsweise die Aufnahme eines Sozius durch einen Freiberufler (Arzt, Rechtsanwalt, Steuerberater) als unerlaubte Gebrauchsüberlassung an einen Dritten bewertet. Gleiches gilt, wenn ein Alleinmieter die Wohnung nach der Scheidung seinem früheren Ehegatten überlässt (s. § 553 BGB Rdn. 7, 8 m. w. N.). Diese Regelungen zeigen, dass das Mietverhältnis einen starken persönlichen Bezug aufweist. 190

Interpretiert man das Tatbestandsmerkmal „Art des Schuldverhältnisses“ in diesem Sinne, so wäre die Anwendung des § 19 Abs. 1 Nr. 1 Alt. 2 AGG bei der Miete immer ausgeschlossen. Die Regelung in § 19 Abs. 5 Satz 3 AGG wäre dann aber überflüssig. Dies spricht dafür, dass das Tatbestandsmerkmal „Art des Schuldverhältnisses“ eine andere Bedeutung hat. Offenbar hat das Gesetz das typische Verhalten von Anbietern der betr. Waren und Dienstleistungen im Auge. Danach kommt es darauf an, ob das Ansehen des Vertragspartners für mittlere oder größere Wohnungsunternehmen bei der Begründung, der Durchführung und der Beendigung von Mietverträgen von nachrangiger Bedeutung ist. 191

---

583 BT-Drucks. 16/1780 S. 42; ebenso: *Schwab* DNotZ 2006, 649, 660; *Hinz* 2006, 742 und DWW 2007, 181; *Warnecke* DWW 2006, 268, 271; *Eisenschmid* WuM 2006, 475, 477; *Lützenkirchen* in Lützenkirchen, AHB-Mietrecht, B Rdn. 220.

584 *Thüsing* in MünchKomm § 19 AGG Rdn. 40.

192 **bb) Das Tatbestandsmerkmal: „nachrangige Bedeutung".** Das Tatbestandsmerkmal der „nachrangigen Bedeutung" ist im Gesetz allerdings nicht definiert. Auch in den EG-Richtlinien findet sich keine Definition dieses Tatbestandsmerkmals. Die Gesetzesbegründung bietet ebenfalls keine Definition sondern begnügt sich mit dem Hinweis, dies werde „vielfach der Fall sein, wenn ein großer Wohnungsanbieter eine Vielzahl von Wohnungen anbietet".[585] In der Literatur wird vertreten, dass das Tatbestandsmerkmal vorliegt, wenn „das Ansehen der Person des Vertragspartners … zwar bei der Entscheidungsfindung Berücksichtigung findet, aber anderen Faktoren erheblich höheres Gewicht zukommt".[586]

193 Im Allgemeinen wird bei der Auswahl potentieller Mieter neben der finanziellen Solidität auch die generelle Vertrauenswürdigkeit und die persönliche Eignung für die Nutzung der Wohnung von Bedeutung sein. Deshalb wird von einem Teil der Literatur zu Recht die Ansicht vertreten, dass die Vermietung von Wohnraum i. d. R. nicht als massenähnliches Geschäft bewertet werden kann.[587]

194 Im Einzelfall kann dies anders sein. Je kleiner die Einheit, desto wichtiger ist eine homogene Sozialstruktur für eine harmonische oder jedenfalls konfliktarme Durchführung des Vertragsverhältnisses.[588] Bei großen Einheiten spielt das „Ansehen der Person" eine geringere Rolle. Es kann aber auch dort nicht ohne weiteres als nachrangig bezeichnet werden.

195 Zum anderen kommt es auf die Art und wirtschaftlichen Ausrichtung des Wohnungsunternehmens an. Ein ausschließlich gewinnorientiertes Unternehmen wird bei einer Vermietungsentscheidung vorrangig Renditegesichtspunkte berücksichtigen. Für ein kirchliches oder kommunales Wohnungsunternehmen gelten andere Grundsätze. Zwar muss auch ein solches Unternehmen wirtschaftlich erfolgreich sein. In diesem Rahmen wird sich ein solches Unternehmen aber auch an anderen Zielen, etwa karitativen oder siedlungspolitischen Erwägungen orientieren. Das Verhalten von Wohnungsgesellschaften bei der Begründung, Durchführung und Beendigung von Mietverhältnissen kann sich also je nach Ausrichtung des Unternehmens unterscheiden. Dem muss bei der Beurteilung der Frage, ob die fraglichen Geschäfte als massenähnliche Geschäfte zu bewerten sind, Rechnung getragen werden.

196 Demnach erscheint die Ansicht des Gesetzgebers vertretbar, dass bei einem großen, ausschließlich gewinnorientierten Wohnungsanbieter das Ansehen der Person nachrangig sein **kann.**[589] Unbeschadet hiervon gilt jedoch, dass die Bewertung eines Vermietungsvorgangs als massenähnliches Geschäft stets eine auf den Einzelfall bezogene Tatsachenbewertung voraussetzt. Kein massenähnliches Geschäft liegt vor, wenn auf Grund der Mieterauswahl deutlich wird, dass das Wohnungsunternehmen eine bewusste Mieterauswahl trifft.[590] Hiervon ist i. d. R. auszugehen, wenn **(1)** die Vergabe der Wohnungen nach einer vorgegebenen Struktur erfolgt; **(2)** bindende Entscheidungsvorgaben für die Sachbearbeiter bestehen; **(3)** Mieterfragebögen verwendet werden; **(4)** die Vorlage von Einkommensnachweisen Voraussetzung für den Abschluss des Mietvertrags ist; **(5)** vor dem Abschluss des Mietvertrags ein persönlicher Kontakt zwischen dem Wohnungsinteressenten und dem für die Entscheidung über die Wohnungsvergabe zuständigen Sachbearbeiter erfolgt; **(6)** der Vermietungsvorgang schriftlich dokumentiert wird.

197 Die **Begriffe „Rasse" und „ethnische Herkunft"** sind i. S. d. Antirassismus-Richtlinie 2000/43/EG in einem umfassenden Sinn zu verstehen. Unzulässig ist jede Benachteiligung auf Grund der Rasse, der Hautfarbe, der Abstammung,[591] des nationalen Ursprungs oder des Volkstums. Eine unterschiedliche Behandlung wegen der Staatsangehörigkeit fällt nicht unter § 19 AGG. Das **Merkmal „Geschlecht"** will in erster Linie einer Diskriminierung der Frauen entgegenwirken; unzulässig ist aber auch die Diskriminierung von Männern, von Hermaphroditen und Transsexuellen. Der **Begriff der Religion** ist in einem umfassenden Sinne zu verstehen. Darunter fallen nicht nur die großen Weltreligionen, sondern alle Formen des Theismus und der Spiritualität, der Glaube an Schöpfungsmythen sowie der Atheismus. Politische Ideologien (Faschismus, Kom-

---

585 BT-Drucks. 16/1780 S. 43.
586 *Thüsing* in MünchKomm § 19 AGG Rdn. 42.
587 *Schwab* DNotZ 2006, 649, 660; *Horst* MDR 2006, 1266; *Warnecke* DWW 2006, 268, 271; *Zorn* WuM 2006, 591, 592; *Wackerbarth* ZIP 2007, 453, 454.
588 *Thüsing* in MünchKomm § 19 AGG Rdn. 47.
589 **A. A.** wohl *Schwab* DNotZ 2006, 649, 660: Danach ist die Annahme der Gesetzesbegründung generell unzutreffend.
590 Ebenso: *Lützenkirchen* in Lützenkirchen, AHB-Mietrecht, B Rdn. 234.
591 AG Tempelhof-Kreuzberg WuM 2015, 73 betr. Mieter türkischer und arabischer Herkunft.

munismus) und Überzeugungen werden nicht erfasst; dies folgt aus dem Umstand, dass der Begriff der Weltanschauung zwar in § 1 AGG, nicht aber in § 19 Abs. 1 AGG verwendet wird. Der **Begriff der „Behinderung"** ist i. S. d. Vorschriften des Sozialrechts zu verstehen (§ 2 Abs. 1 Satz 1 SGB IX, § 3 BGG). Nach diesen Vorschriften gelten Menschen als behindert, „wenn ihre körperliche Funktion, geistige Fähigkeit oder seelische Gesundheit mit hoher Wahrscheinlichkeit länger als sechs Monate von dem für das Lebensalter typischen Zustand abweichen und daher ihre Teilhabe am Leben in der Gesellschaft beeinträchtigt ist". Der **Begriff der „sexuellen Identität"** entspricht der Regelung in § 75 BetrVG. Erfasst werden homosexuelle Männer[592] und Frauen, Bisexuelle, Transsexuelle und zwischengeschlechtliche Menschen. Unter dem **Begriff „Alter"** fällt jedes Lebensalter. Andere als die in § 1 AGG genannte Personengruppen, z. B. kinderreiche Familien, werden vom AGG nicht erfasst. Eine entsprechende Anwendung der Vorschriften des AGG auf andere als die in § 1 AGG genannten Gruppen ist nicht möglich.

c) Sonstige Mietverhältnisse. Bei den **sonstigen Mietverhältnissen** i. S. v. **§ 19 Abs. 2 AGG** besteht ein eingeschränktes Diskriminierungsverbot. Zu den sonstigen Mietverhältnissen zählen alle Mietverhältnisse außer den Massengeschäften und den Näheverhältnissen. Nach § 19 Abs. 5 Satz 3 AGG gilt kraft Gesetzes die Vermutung, dass kein Massengeschäft vorliegt, wenn der Vermieter insgesamt nicht mehr als 50 Wohnungen vermietet **(Kleinvermieter).** Hinsichtlich des Kleinvermieterstatus kommt es auf nicht auf die tatsächlich vermieteten Wohnungen, sondern darauf an, welche Wohnungen zur Vermietung bestimmt sind.[593] Hat ein Kleinvermieter seine Wohnungen einem Verwaltungsunternehmen zur Vermietung in seinem – des Eigentümers Namen – überlassen und hat dieses Unternehmen das Verfügungsrecht über mehr als 50 Wohnungen, so ist streitig, ob auf den Bestand des Eigentümers[594] oder auf den Gesamtbestand des Verwaltungsunternehmens[595] abzustellen ist. Der Wortlaut des § 19 Abs. 5 Satz 3 AGG spricht auf den ersten Blick für die erstgenannte Ansicht, weil dort der Begriff „Vermieter" verwendet wird. Allerdings ist anzumerken, dass der Begriff „Vermieter" nicht i. S. d. BGB gebraucht wird. Danach ist Vermieter, wer auf Grund eines Vertrages verpflichtet ist, dem Mieter eine bestimmte Sache zum Gebrauch zu überlassen. Nach dem AGG kann unter dem Begriff des Vermieters auch derjenige zu verstehen sein, der Wohnungen zu vergeben hat. Da die Diskriminierung regelmäßig bei der Auswahl der Wohnungsinteressenten erfolgt, ist es sachgerecht auf die Person des Auswahlberechtigten abzustellen. Dieselbe Problematik ergibt sich bei Wohnungen, hinsichtlich derer einem Dritten ein Mieterbenennungsrecht zusteht (z. B. Werkwohnungen). Hier muss der „Vermieter" an denjenigen vermieten, den der Rechtsinhaber vorschlägt. Deshalb muss auch hier auf den Auswahlberechtigten abgestellt werden. Die Regelung des § 19 Abs. 5 Satz 3 AGG begründet nur eine Vermutung zugunsten des Kleinvermieters. Der Mietinteressent kann die Vermutung widerlegen.[596] 198

Untersagt ist eine „Benachteiligung aus Gründen der Rasse oder wegen der ethnischen Herkunft … bei der Begründung, Durchführung und Beendigung" von Mietverhältnissen. Die bei den Massengeschäften zu beachtenden Diskriminierungsverbote wegen des Geschlechts, der Religion oder Weltanschauung, einer Behinderung, des Alters oder der sexuellen Identität gelten bei den sonstigen Mietverhältnissen nicht. 199

d) Näheverhältnis. Wird durch das Mietverhältnis ein besonderes **Nähe oder Vertrauensverhältnis** zwischen den Parteien oder zwischen einer Partei und den Angehörigen der Gegenpartei begründet, so gilt kein Diskriminierungsverbot **(§ 19 Abs. 5 AGG).** Ein Näheverhältnis kann nach § 19 Abs. 5 Satz 2 AGG angenommen werden, „wenn die Parteien oder ihre Angehörigen Wohnraum auf demselben Grundstück nutzen". Der Begriff des Grundstücks ist nicht i. S. d. Katasterrechts, sondern i. S. d. allgemeinen Sprachgebrauchs zu verstehen. Maßgeblich ist, ob das Grundstück als Einheit wahrgenommen wird.[597] Deshalb kann ein Näheverhältnis vorliegen, wenn eine Wohnanlage auf mehreren rechtlich selbstständigen Grundstücken errichtet ist. Nach dem Sinn des Gesetzes fallen nur kleinere Wohnanlagen unter § 19 Abs. 5 AGG. Als „Daumenregel" gilt, dass ein Näheverhältnis vorliegt, wenn der Vermieter nicht mehr als 4 Wohnungen vermietet. Bei größeren Anlagen muss das Näheverhältnis begründet werden.[598] Zu den Angehörigen in diesem 200

---

592 S. LG Köln NZM 2016, 165 betr. Vermietung einer Villa für „Hochzeitsfeier."

593 *Hinz* ZMR 2006, 826, 827; ähnlich *Lützenkirchen* MietRB 2006, 249.

594 *Börstinghaus* MietPrax-AK D II; *Hinz* ZMR 2006, 826, 827; *Rolfs* NJW 2007, 1489, 1490.

595 *Lützenkirchen* MietRB 2006, 249, 250 und AHB-Mietrecht B Rdn. 292.

596 *Eisenschmid* WuM 2006, 475.

597 *Rolfs* NJW 2007, 1489, 1490.

598 *Schmidt-Räntsch* NZM 2007, 6, 11.

Sinne zählen die engen Familienangehörigen, also insbesondere Eltern, Kinder, Geschwister, Ehe- und Lebenspartner sowie solche Verwandten und Verschwägerten, die zum Vermieter ein besonderes persönliches Verhältnis haben. Auf die Rechtsprechung zu § 573 Abs. 2 Nr. 2 BGB betr. die Abgrenzung der engen von den sonstigen Familienangehörigen bei der Eigenbedarfskündigung (s. § 573 BGB Rdn. 54) kann zurückgegriffen werden.[599]

3. Benachteiligung

201 Das Gesetz unterscheidet zwischen einer unmittelbaren und einer mittelbaren Benachteiligung.

202 **a) Begriff der „Benachteiligung".** Der im AGG verwendete Begriff der „Benachteiligung" bedeutet etwas anderes als „Diskriminierung". Unter „Diskriminierung" versteht man im allgemeinen Sprachgebrauch „die rechtswidrige, sozial verwerfliche Ungleichbehandlung".[600] Der Begriff Benachteiligung ist dagegen wertneutral. So gesehen gibt es gerechtfertigte und ungerechtfertigte Benachteiligung. Allgemein gilt: Eine Benachteiligung liegt vor, wenn die Ungleichbehandlung aus den in § 19 Abs. 1 oder Abs. 2 AGG genannten Gründen erfolgt. Diese Gründe sind abschließend und einer Erweiterung nicht zugänglich. Ungerechtfertigt ist die Benachteiligung, wenn keiner der in den §§ 5, 8–10 und 20 AGG genannten Rechtfertigungsgründe vorliegt. Für die Miete sind von Bedeutung: die positiven Maßnahmen (§ 5 AGG), die integrationspolitischen Maßnahmen (§ 19 Abs. 3 AGG) und die sachlich gerechtfertigte Benachteiligung (§ 20 AGG).

203 **b) Unmittelbare Benachteiligung.** Eine unmittelbare Benachteiligung liegt vor, wenn eine Person aus den in § 1 AGG genannten Gründen „eine weniger günstige Behandlung erfährt, als eine andere Person in einer vergleichbaren Situation erfährt, erfahren hat oder erfahren würde" (§ 3 Abs. 1 AGG). Eine objektive Ungleichbehandlung reicht aus; ein Verschulden ist nicht erforderlich.[601]

204 Das AGG gilt bereits im **Vorfeld der Vermietung.** Deshalb liegt ein Verstoß gegen das Benachteiligungsverbot vor, wenn ein Vermieter den Wunsch eines Mietinteressenten nach einer Wohnungsbesichtigung aus den in § 1 AGG genannten Gründen verweigert.[602] Gleiches gilt, wenn ein Wohnungsunternehmen Wartelisten führt und einen Bewerber unter Verstoß gegen Gleichbehandlungsgrundsätze nicht in die Liste aufnimmt oder wenn ein in die Liste aufgenommener Bewerber bei der Wohnungsvergabe unter Verstoß gegen Gleichbehandlungsgrundsätze übergangen wird. In Fällen dieser Art kann der übergangene verlangen, dass er in die Bewerberliste aufgenommen und bei der Wohnungsvergabe berücksichtigt wird.

205 Weiter gilt das AGG bei der **Auswahl des Mieters.** Aus dem AGG folgt allerdings nicht, dass die vom Gesetz geschützten Personen (also die auf Grund ihrer Rasse oder wegen der ethnischen Herkunft usw. möglicherweise Benachteiligten) gegenüber den sonstigen Personengruppen zu bevorzugen sind. Gibt es mehrere Wohnungsinteressenten, so gilt der Grundsatz der Vertragsfreiheit. Der Vermieter kann nach freiem Ermessen entscheiden, mit wem er den Mietvertrag abschließt. Er ist nicht gehalten, seine Entscheidung zu begründen; insoweit besteht keine Notwendigkeit, Vermietungsgespräche zu dokumentieren oder unter Zeugen zu führen.[603] Das Gericht hat lediglich zu prüfen, ob eine unzulässige Benachteiligung vorliegt. Dies muss der Benachteiligte darlegen und beweisen.

205a **Asylbewerber, Flüchtlinge oder subsidiär Schutzberechtigte** haben Anspruch auf eine Unterkunft als Sachleistung, die häufig in der Form der Unterbringung in einer von der Gemeinde angemieteten Wohnung erbracht wird. Die jeweiligen Asylbewerber zählen i. d. R. auf Grund ihrer ethischen Herkunft zu den vom AGG geschützten Personen. Dies führt zu der Frage, ob der Vermieter gegen das AGG verstößt, wenn er den Abschluss eines Mietvertrags mit der Gemeinde im Hinblick auf die unterzubringenden Personen ablehnt. Die Frage stellt sich deshalb, weil nach § 2 Abs. 1 Nr. 8 AGG eine Benachteiligung im Sinne des Gesetzes vorliegt, wenn einer nach § 1 AGG geschützten Person der „Zugang … zur Versorgung … von Wohnraum" verwehrt wird. Die Weigerung des Vermieters zum Abschluss eines solchen Mietvertrags könnte deshalb als unmittelbare Benachteiligung i. S. von § 3 Abs. 1 AGG bewertet werden. Allerdings wird dabei verkannt, dass die Vermietung von Räumen an eine Gemeinde zur vorübergehenden Unterbringung von Perso-

---

599 BT-Drucks. 16/1780 S. 43; *Eisenschmid* WuM 2006, 475; *Hinz* ZMR 2006, 826, 828.
600 BT-Drucks. 16/1780 S. 30.
601 *Rolfs* NJW 2007, 1489, 1491.
602 Dazu LG Aachen NZM 2009, 318 m. Anm. *Derleder* NZM 2009, 310; OLG Köln NZM 2010, 294.
603 *Schmidt-Räntsch* NZM 2007, 6, 12; **a. A.** *Horst* MDR 2006, 1266, 1269; *Warnecke* DWW 2006, 269, 275.

nen als Gewerbenutzung gilt, zu der der Eigentümer eines Wohnhauses nicht verpflichtet ist. Hat der Vermieter allerdings einen Mietvertrag mit der Gemeinde zu dem vorbezeichneten Zweck abgeschlossen, so muss er die von der Mieterin ausgewählten Personen ohne Rücksicht auf deren Herkunft akzeptieren.

Insbesondere Asylberechtigte. Es gilt der Grundsatz, dass der Vermieter mit einer durch Art. 1 geschützten Person keinen Mietvertrag abschließen muss, wenn er auch an einen Interessenten deutscher Herkunft mit gleichen individuellen Eigenschaften nicht vermieten würde. Deshalb ist der Vermieter nicht gehindert einen Asylbewerber, Asylberechtigten, Flüchtling oder subsidiär Schutzberechtigten als Mieter aus sachlich gerechtfertigten Gründen abzulehnen. Solche Gründe liegen beispielsweise vor, wenn der Mietinteressent über kein ausreichendes Einkommen verfügt oder wenn seine Aufenthaltsberechtigung und -dauer ungeklärt ist. **205b**

Bei der **Vermietung einer Eigentumswohnung** sind weitere Besonderheiten zu beachten.[604] **205c**
Ist die Vermietung des Sondereigentums zu gewerblichen Zwecken nach der Teilungserklärung ausgeschlossen, so scheidet eine Vermietung an eine Gemeinde zum Zweck der Unterbringung von Asylberechtigten, Flüchtlingen oder subsidiär Schutzberechtigten aus (s. Rdn. 205a). Bei der Vermietung durch den Eigentümer gilt zwar das Verbot der Benachteiligung gem. § 3 AGG. Die Ablehnung einer durch § 1 AGG geschützten Person aus Sachgründen (Rdn. 205b) ist aber auch hier möglich. Bei der Bewertung der Sachgründe sind auch die Interessen der anderen Wohnungseigentümer zu berücksichtigen.

Dem Vermieter steht es frei, bestimmte Wohnungen für einen bestimmten Mieterkreis zu reservieren. Die Auswahlkriterien müssen jedoch AGG-neutral sein. So kann ein kommunales Wohnungsunternehmen große Wohnungen für kinderreiche Familien vorhalten. Wird ein kinderloser Ausländer abgelehnt, so liegt keine Benachteiligung vor. Anders ist es, wenn die Wohnungen nur an inländische Familien mit Kindern vergeben werden; in diesem Fall verstößt die Ablehnung eines kinderreichen Ausländers gegen das AGG. **206**

Teilweise wird vertreten, dass ein ausländischer Wohnungsbewerber ohne Verstoß gegen das AGG abgewiesen werden kann, wenn die übrigen Mieter den Bewerber wegen seiner Herkunft oder Rasse ablehnen und für den Fall seines Einzugs mit der Kündigung drohen.[605] Diese Ansicht trifft nicht zu.[606] Die Ablehnung des Ausländers ist als Benachteiligung i. S. v. § 19 Abs. 1 oder Abs. 2 AGG zu bewerten, weil sie im Hinblick auf dessen ethnische Herkunft erfolgt. Die Regelung des § 20 AGG ist auf Benachteiligungen auf Grund der ethnischen Herkunft nicht anwendbar. Sonstige Rechtfertigungsgründe sind nicht ersichtlich. Auf wirtschaftliche Nachteile kann sich der Vermieter nicht berufen, weil das angedrohte Verhalten der Hausbewohner sozialethisch verwerflich ist. **207**

Vergleichbare Grundsätze gelten, wenn der Vermieter einen ausländischen Mietbewerber allein deshalb ablehnt, weil er mit anderen Ausländern schlechte Erfahrungen gemacht hat.[607] Es liegt eine Benachteiligung vor; ein Rechtfertigungsgrund besteht nicht, weil negative Erfahrungen mit einer konkreten Person nicht auf andere Angehörige derselben ethnischen Gruppe übertragen werden dürfen.[608] Jedoch kann der Vermieter einen konkreten Mietinteressenten auf Grund früherer schlechter Erfahrungen ablehnen.[609] **208**

Der Rechtfertigungsgrund des § 19 Abs. 3 AGG kann vorliegen, wenn der Vermieter die zwischen bestimmten Volksgruppen bestehenden Spannungen berücksichtigt, wie sie beispielsweise zwischen Türken und Kurden, Serben und Kroaten, oder zwischen Palästinensern und Israelis bestehen. **209**

Teilweise wird die Ansicht vertreten, dass eine unmittelbare Diskriminierung vorliegt, wenn der Vermieter einen Ausländer deshalb ablehnt, weil dieser keine Aufenthaltserlaubnis hat; anders soll es sein, wenn der Vermieter den Ausländer ablehnt, weil er eine längere Vertragsbindung anstrebt.[610] Nach der hier vertretenen Ansicht liegt in beiden Fällen keine Diskriminierung vor. Der Ablehnungsgrund betrifft nicht alle Personen einer bestimmten ethnischen Herkunft, sondern nur solche **210**

---

604 Dazu *Ehmann* ZWE 2016, 342–361.
605 *Horst* MDR 2006, 1266, 1268, *Derleder/Sabetta* WuM 2005, 10; *Hinz* DWW 2007, 181, 186.
606 Wie hier *Börstinghaus* ZAP (2006) Fach 4 S. 1042; *Schiess-Rütimann* WuM 2006, 12, 14; *Rolfs* NJW 2007, 1489, 1493.
607 *Derleder/Sabetta* WuM 2005, 3, 6; *Hinz* DWW 2007, 181, 186.
608 *Hinz* ZMR 2006, 742, 746.
609 *Rolfs* NJW 2007, 1489, 1491.
610 *Hinz* DWW 2007, 181, 185.

ohne Aufenthaltserlaubnis. Darüber hinaus knüpft dieses Auswahlkriterium nicht an die ethnische Herkunft, sondern an die Staatsangehörigkeit an. Eine darin liegende mittelbare Benachteiligung dürfte jedenfalls durch § 3 Abs. 2 AGG gerechtfertigt sein.[611]

211 Mangelnde Deutschkenntnisse eines Bewerbers rechtfertigen die Ablehnung nicht, weil Sprachkenntnisse mit der Durchführung eines Mietverhältnisses nichts zu tun haben.[612]

212 Das AGG gilt auch für **Maßnahmen betr. die Beendigung des Mietverhältnisses.** Kommt es zwischen einem inländischen und einem ausländischen Mieter zu wechselseitigen Vertragsverletzungen und kann durch die Kündigung eines der beiden Mieter der Hausfrieden wiederhergestellt werden, so kann der Vermieter nach seiner Wahl beiden Mietern oder einem der Mieter kündigen. Aus dem AGG folgt nicht, dass die vom Gesetz geschützten Personen (also die auf Grund ihrer Rasse oder wegen der ethnischen Herkunft usw. möglicherweise Benachteiligten) gegenüber den sonstigen Personengruppen zu bevorzugen sind. Das Auswahlermessen des Vermieters wird durch das AGG nur insoweit beschränkt, als sich die Entscheidung nicht an den Kriterien des § 19 Abs. 1 oder Abs. 2 AGG orientieren darf. Dieser Grundsatz gilt auch bei der Eigenbedarfskündigung. Der Vermieter kann demjenigen Mieter kündigen, dessen Wohnung er am geeignetsten erachtet.

212a Schließlich zählen hierzu Maßnahmen, durch die **bestimmte Mietergruppen ohne hinreichenden Grund** gegenüber anderen Mietergruppen **benachteiligt** werden. Zwar ist der Vermieter nicht verpflichtet alle Mieter gleich zu behandeln. Eine Benachteiligung auf Grund der ethnischen Herkunft kann aber vorliegen, wenn der Erwerber eines Miethauses nach dem Eigentümerwechsel gegenüber Mietern türkischer und arabischer Herkunft die Miete drastisch erhöht, während er gegenüber deutschen Mietern und Mietern europäischer Herkunft keine Mieterhöhung geltend macht. Die ethnischen Herkunft muss nicht das Hauptmotiv der Benachteiligung sein; eine Mitursächlichkeit genügt.[613]

213 **c) Mittelbare Benachteiligung.** Eine mittelbare Benachteiligung ist gegeben, „wenn dem Anschein nach neutrale Vorschriften, Kriterien oder Verfahren" Personen benachteiligen können, es denn, dass die betr. Vorschriften, Kriterien oder Verfahren durch ein rechtmäßiges Ziel sachlich gerechtfertigt sind (§ 3 Abs. 2 AGG). Ein ausländischer Mietinteressent wird mittelbar benachteiligt, wenn seine Ablehnung auf Umstände gestützt wird, die nur oder jedenfalls überproportional bei Ausländern vorliegen,[614] z. B. ungesicherte Aufenthaltserlaubnis, Kinderreichtum, häufige Besuche durch Angehörige der Großfamilie, Feiern religiöser Feste in der Wohnung, Sonderwünsche (Parabolantenne). Hier ist zu fragen, ob die Ablehnung des Ausländers „durch ein rechtmäßiges Ziel sachlich gerechtfertigt" ist und dies „zur Erreichung des Ziels angemessen und erforderlich" ist. Anzuerkennen sind insbesondere wirtschaftliche Gesichtspunkte.[615] Außerdem kann berücksichtigt werden, ob der Mietinteressent in der Lage ist, sich in die Hausgemeinschaft einzufügen. Die Sprachkenntnisse eines Mieters spielen im Allgemeinen keine Rolle.[616] Zulässige Auswahlkriterien sind: Wartelisten, Einkommen, gesicherter Arbeitsplatz, Verhältnis der Größe der Familie zur Größe der Wohnung.[617]

214 Die Grenze zwischen den zulässigen und den unzulässigen Benachteiligungen ist fließend. Wird ein Interessent für einen Pachtvertrag über eine Metzgerei deshalb abgelehnt, weil er Türke ist, so liegt eine unmittelbare Benachteiligung vor. Eine mittelbare Benachteiligung kann gegeben sein, wenn die Ablehnung darauf gestützt wird, dass der Interessent schächtet. Hier kommt es allerdings auf das Motiv der Ablehnung an. Steht die ethnische Herkunft des Interessenten im Vordergrund, so ist eine mittelbare Benachteiligung gegeben. Erfolgt die Ablehnung aus anderen, z. B. aus tierschützerischen Motiven, so fehlt es an der Kausalität zwischen der Benachteiligung und der ethnischen Herkunft.[618]

215 **d) Anweisung zur Benachteiligung.** Die Anweisung einer Person zur Benachteiligung gilt nach **§ 3 Abs. 5 AGG** ebenfalls als Benachteiligung. Die „Anweisung" muss vorsätzlich geschehen. Die Tatsache der Anweisung genügt; es ist nicht erforderlich, dass die Anweisung ausgeführt wird.[619]

---

[611] *Rolfs* NJW 2007, 1489, 1491.
[612] **A. A.** *Hinz* DWW 2007, 181, 185.
[613] AG Tempelhof-Kreuzberg WuM 2015, 73.
[614] *Rolfs* NJW 2007, 1489, 1491.
[615] *Hinz* ZMR 2006, 742, 745; *Schiess-Rütimann* WuM 2006, 12, 14.
[616] **A. A.** *Hinz* ZMR 2006, 742, 745.
[617] *Rolfs* NJW 2007, 1489, 1491 f.
[618] *Schmidt-Räntsch* NZM 2007, 6, 12.
[619] *Lützenkirchen* in Lützenkirchen, AHB-Mietrecht, 3. Aufl., B Rdn. 199.

e) Kausalität. Zwischen der Benachteiligung des Mietinteressenten und der Weigerung des Vermieters zum Vertragsschluss muss ein Zusammenhang bestehen (§ 19 Abs. 1 AGG). Lehnt der Vermieter einen Interessenten mit diskriminierender Begründung ab, so bleibt dieses Verhalten ohne Sanktion, wenn der Benachteiligte die Wohnung ohnehin nicht gemietet hätte, etwa weil sie für ihn zu groß, zu klein, zu teuer oder ungeeignet ist. **216**

f) Gerechtfertigte Benachteiligung nach § 5 AGG. Eine unterschiedliche Behandlung ist gem. § 5 AGG zulässig, wenn durch geeignete und angemessene Maßnahmen bestehende Nachteile wegen eines in § 1 genannten Grundes verhindert oder ausgeglichen werden sollen. **217**

g) Gerechtfertigte Benachteiligung nach § 19 Abs. 3 AGG. Bei der Vermietung von Wohnraum ist eine unterschiedliche Behandlung zulässig, wenn sie im Hinblick auf die Schaffung und Erhaltung sozial stabiler Bewohnerstrukturen und ausgewogener Siedlungsstrukturen sowie ausgeglichener wirtschaftlicher, sozialer und kultureller Verhältnisse erfolgt. Diese Regelung steht mit § 6 Satz 1 Nr. 3 und 4 WoFG im Einklang und ist in diesem Sinne auszulegen.[620] Ziel ist u. a. die Integration von Immigranten. Die Anwendung dieser Vorschrift setzt grundsätzlich voraus, dass der Vermieter ein konkretes Vermietungskonzept hat[621] und dass er danach handelt. Im Streitfall hat das Gericht nur zu prüfen, ob das Vermietungskonzept des Vermieters von 19 Abs. 3 AGG gedeckt ist und ob die konkrete Entscheidung über den Vertragsschluss damit im Einklang steht. Das Gericht kann nicht prüfen, ob ein anderes Konzept oder eine andere Entscheidung zweckmäßiger wären.[622] Es ist allerdings zweifelhaft, ob die Regelung mit der Richtlinie 2000/43/EG (Antirassismuslinie) übereinstimmt. Die Richtlinie sieht Ausnahmen nur für positive Maßnahmen vor.[623] **218**

h) Gerechtfertigte Benachteiligung nach § 20 AGG. Eine unterschiedliche Behandlung wegen der Religion oder Weltanschauung, einer Behinderung, des Alters, der sexuellen Identität oder des Geschlechts ist zulässig, wenn hierfür ein sachlicher Grund vorliegt. Für eine Benachteiligung aus Gründen der Rasse oder der ethnischen Herkunft gilt § 20 AGG nicht. Die sachlichen Gründe sind in § 20 Abs. 1 Satz 2 Nr. 1–4 AGG beispielhaft aufgezählt. Für die Miete sind von Bedeutung: Maßnahmen zur Gefahrvermeidung, zur Verhütung von Schäden, zum Schutz der Intimsphäre, zum Schutz der persönlichen Sicherheit, zur Erlangung besonderer Vorteile, zur Verwirklichung der Religionsfreiheit und ähnliche Maßnahmen. **219**

4. Rechtsfolgen der Benachteiligung

a) Ein Vertrag, der unter Verletzung des AGG mit einem Dritten geschlossen wird, ist wirksam.[624] Eine Ausnahme kann gelten, wenn der Dritte und der Vermieter zum Nachteil des Diskriminierten in sittenwidriger Weise zusammenwirken. **220**

b) Der Benachteiligte hat nach **§ 21 AGG** folgende Rechte: **221**

aa) Beseitigungs-/Unterlassungsanspruch. Besteht der Verstoß gegen das AGG in einem bestimmten Verhalten des Vermieters, so kann der Benachteiligte Beseitigung der Beeinträchtigung verlangen. Sind weitere Beeinträchtigungen zu besorgen, so kann der Benachteiligte auf Unterlassung klagen (§ 22 Abs. 1 AGG).

bb) Anspruch auf Vertragsschluss. Weigert sich der Vermieter mit dem Benachteiligten einen Vertrag abzuschließen, so kann dieser den Abschluss eines Vertrages verlangen, wenn dieser ohne Verstoß gegen das Benachteiligungsverbot erfolgt wäre; es handelt sich um einen Schadensersatzanspruch i. S. v. § 21 Abs. 2 Satz 1 AGG) in Form der Schadensbeseitigung.[625] Ist die Gegenleistung (z. B. die Miethöhe) nicht bestimmt, so ist zu prüfen ob diese nach §§ 315, 316 BGB bestimmt werden kann, beispielsweise weil der Vermieter üblicherweise zu bestimmten Bedingungen vermietet. Sind die Vertragsbedingungen völlig offen, scheidet ein Anspruch auf Vertragschluss aus. Ist die Mietsache einem Dritten überlassen worden, so kann der Vermieter nicht mehr leisten; ein Anspruch auf Abschluss eines Vertrags kommt dann nicht mehr in Betracht (§ 275 BGB). Auch ist der Vermieter nicht verpflichtet, dem Interessenten eine andere Wohnung anzubieten.[626] **222**

---

[620] *Eisenschmid* WuM 2006, 475.
[621] *Roth* ZdW Bay 2007, 4, 10; *Hinz* ZMR 2006, 826, 828; *Rolfs* NJW 2007, 1489, 1490.
[622] *Lützenkirchen* in Lützenkirchen, AHB-Mietrecht, 3. Aufl., B Rdn. 269.
[623] *Metzger* WuM 2007, 47, 49; *Hinz* ZMR 2006, 826 und DWW 2007, 181, 187.
[624] *Schmidt-Räntsch* NZM 2007, 6, 14.
[625] *Schmidt-Räntsch* NZM 2007, 6, 15; *Hinz* ZMR 2006, 826, 831; *Maier-Reimer* NJW 2006, 2577, 2582; *Eisenschmid* WuM 2006, 475; *Rolfs* NJW 2007, 1489, 1494; **a. A.** *Börstinghaus* Mietprax aktuell G II 1; *Armbrüster* NJW 2007, 1494.
[626] *Rolfs* NJW 2007, 1489, 1494.

223 **cc) Schadensersatzanspruch, Schmerzensgeld.** Erleidet der Benachteiligte einen Schaden, so ist der Vermieter zum Schadensersatz verpflichtet. Die Regelung des § 284 BGB (Ersatz frustrierter Aufwendungen anstelle des Schadensersatzanspruchs statt der Leistung) ist auf den Anspruch aus § 21 Abs. 2 Satz 1 AGG entsprechend anwendbar. Zwar ersetzt § 21 Abs. 2 AGG in erster Linie die Haftung aus § 280 Abs. 1 BGB i. V. m. § 241 Abs. 2 BGB. § 21 Abs. 2 AGG gibt aber auch einen Folgenbeseitigungsanspruch, der mit dem Leistungsanspruch vergleichbar ist. Dies rechtfertigt die analoge Anwendung des § 284 BGB.[627]

224 Wegen eines Schadens, der nicht Vermögensschaden ist, kann eine angemessene Entschädigung in Geld verlangt werden (§ 21 Abs. 2 AGG). Der Entschädigungsanspruch dient in erster Linie der Kompensation von Nachteilen die der Mieter infolge der Benachteiligung erlitten hat; nach anderer Ansicht ist die Höhe des Anspruchs so zu bemessen, dass der Vermieter von künftigen Diskriminierungen abgehalten wird.[628] Die Ansprüche bestehen nur, wenn der Vermieter schuldhaft handelt. Das Verschulden wird allerdings vermutet. Der Vermieter muss beweisen, dass ihn kein Verschulden trifft. Teilweise wird vertreten, dass eine Entschädigung nach § 21 Abs. 2 Satz 3 AGG nur bei einer vorsätzlichen Diskriminierung verlangt werden kann.[629] Dem ist zuzustimmen, weil Verstöße gegen das Diskriminierungsverbot ähnlich zu bewerten sind, wie Verstöße gegen das allgemeine Persönlichkeitsrecht. In diesen Fällen besteht der Entschädigungsanspruch nur bei schwerwiegenden Persönlichkeitsverletzungen. Allerdings ist anzumerken, dass § 21 Abs. 2 AGG keine derartige Einschränkung enthält. Richtlinie für die Höhe der Entschädigung ist eine dreifache Monatsmiete.[630] In der Rechtsprechung werden aber auch erheblich höhere Beträge zuerkannt.[631] Daneben kommt eine Haftung aus §§ 823 Abs. 1 i. V. m. § 831 Abs. 1 Satz 1 BGB in Betracht. Nach § 823 Abs. 1 BGB haftet unter anderem derjenige auf Schadensersatz, der ein „sonstiges Recht eines anderen widerrechtlich verletzt". Zu den sonstigen Rechten in diesem Sinne zählt auch das allgemeine Persönlichkeitsrecht, das u. a. Schutz vor Diskriminierung bietet.[632]

225 **dd)** Teilweise wird vertreten, dass **einseitige Willenserklärungen** gem. § 134 BGB nichtig sind, wenn sie gegen das Benachteiligungsverbot verstoßen.[633] Allerdings sprechen zwei Gründe gegen die Anwendung des § 134 BGB. Zum einen wird im AGG die Rechtsfolge der Nichtigkeit nicht erwähnt; vielmehr ist in § 19 Abs. 1 und 2 AGG bestimmt, dass bestimmte Benachteiligungen „unzulässig" sind. Bei solchen Formulierungen kann man davon ausgehen, dass das Gesetz nicht als Verbotsgesetz gelten soll. Zum anderen sind die Rechtsfolgen bei Verstößen gegen das AGG in § 21 ausdrücklich geregelt. Danach kann „der Benachteiligte … bei einem Verstoß gegen das Benachteiligungsverbot … die Beseitigung der Beeinträchtigung verlangen". Dies bedeutet, dass der Benachteiligte bei einem Verstoß gegen das AGG die Initiative ergreifen muss. Eine solche Vorschrift hat auch gegenüber einer Kündigung Bedeutung, wenn bei der Wahl des Kündigungsempfängers Verstöße gegen das Auswahlermessen eine Rolle spielen. Der Benachteiligte kann in einem solchen Fall verlangen, dass die Beeinträchtigung unterbleibt oder anders gewendet, dass der Vermieter aus der Kündigung keine Rechte herleitet.

226 **c) Darlegungs- und Beweislastregeln.** Der Kläger muss zunächst vortragen, dass er zu dem Personenkreis gehört, der durch das AGG geschützt ist. Wenn dieser Vortrag bestritten wird, ist darüber Beweis zu erheben. Beweispflichtig ist der Kläger. Es gelten die Allgemeinen Grundsätze.

227 Der Kläger muss weiter vortragen, dass er unmittelbar oder mittelbar benachteiligt worden ist. Bei der unmittelbaren Benachteiligung i. S. v. § 3 Abs. 1 AGG müssen die Tatsachen vorgetragen werden, aus denen sich ergibt, dass der Kläger „eine weniger günstige Behandlung erfährt, als eine andere Person in einer vergleichbaren Situation erfährt, erfahren hat oder erfahren würde". Bei der mittelbaren Benachteiligung i. S. v. § 3 Abs. 2 AGG muss vorgetragen werden, dass der Kläger auf Grund anscheinend neutraler Vorschriften, Kriterien oder Verfahren benachteiligt worden ist. Ist die Benachteiligung durch einen Dritten erfolgt, so muss der Kläger vortragen, dass der Beklagte

---

[627] *Schmidt-Räntsch* NZM 2007, 6, 14.

[628] AG Tempelhof-Kreuzberg WuM 2015, 73.

[629] *Hinz* ZMR 2006, 826, 830.

[630] *Hinz* ZMR 2006, 826, 830; *Börstinghaus* Mietprax aktuell G II 43; vgl. für das Arbeitsrecht § 611 a Abs. 3 Satz 1 BGB.

[631] AG Tempelhof-Kreuzberg WuM 2015, 73: 15.000.– € für Benachteiligung von Mietern türkischer und arabischer Herkunft, s. Rdn. 212a.

[632] OLG Köln NJW 2010, 294 = NZM 2010, 294 = WuM 2010, 81 = ZMR 2010, 444.

[633] *Hinz* ZMR 2006, 826, 829; *Rolfs* NJW 2007, 1489, 1492.

den Dritten entsprechend angewiesen hat. Im Streitfall ist Vollbeweis erforderlich, Glaubhaftmachung genügt nicht.

Schließlich muss der Kläger Vermutungstatsachen vortragen, die den Schluss rechtfertigen, dass die Benachteiligung auf einem unzulässigen Grund beruht. Hierfür genügt es nicht, dass in der Person des Klägers die Merkmale des § 19 Abs. 1 Nr. 1 AGG (Rasse, ethnische Herkunft, Geschlecht, Religion, Behinderung, Alter, sexuelle Identität) oder des § 19 Abs. 2 AGG (Rasse, ethnische Herkunft) vorliegen. Vielmehr muss der Kläger Tatsachen vortragen und beweisen, die es wahrscheinlich machen, dass die Merkmale des § 19 Abs. 1 Nr. 1 oder Abs. 2 AGG der Grund für die Benachteiligung sind. Behauptungen „ins Blaue hinein" sind – wie Allgemein – unzulässig.[634] Zulässig ist es dagegen, wenn das übliche Verhalten des Beklagten als Indiz für eine konkrete Benachteiligung bewertet wird. Verfügt ein Vermieter etwa über zahlreiche Wohnungen und hat er in der Vergangenheit stets Ausländer als Mieter abgelehnt, so rechtfertigt dies den Schluss, dass die Ablehnung des ausländischen Klägers auf Grund seiner Herkunft erfolgt ist. Erklärt ein Vermieter gegenüber einem ausländischen Mietinteressenten wahrheitswidrig, die Wohnung sei bereits vergeben, so kann die spätere Vermietung an einen Inländer als Diskriminierungsindiz gewertet werden. Bei der Wohnungs- und Gewerbemiete sind auch sog. „Testing-Verfahren" zulässig, bei denen Testpersonen eingesetzt werden, um das Verhalten eines bestimmten Vermieters zu überprüfen. 228

Spricht der Anschein für eine Benachteiligung, so muss der Beklagte darlegen und beweisen, welche Gründe für die konkrete Entscheidung maßgeblich waren (§ 22 AGG). Dabei muss es sich nicht um Sachgründe handeln. Waren mehrere gleichwertige Mietinteressenten vorhanden, so kann sich der Vermieter willkürlich für einen von ihnen entscheiden. 229

d) Fristen. Die Ansprüche nach § 21 Abs. 1 und 2 AGG müssen innerhalb von zwei Monaten geltend gemacht werden (§ 21 Abs. 5 AGG). Es handelt sich nicht um eine Verjährungs- sondern um eine Ausschlussfrist. Die Frist des § 21 Abs. 5 AGG ist keine Klagefrist. Vielmehr muss der Anspruch innerhalb der Frist gegenüber dem Vermieter geltend gemacht werden. Nach Fristablauf kann der Anspruch nur geltend gemacht werden, wenn der Benachteiligte ohne Verschulden an der Einhaltung der Frist verhindert war (§ 21 Abs. 5 Satz 2 AGG). 230

e) Passivlegitimation. Die Ansprüche sind grundsätzlich gegenüber dem Vermieter geltend zu machen. Dies gilt auch dann, wenn die Benachteiligung durch einen Erfüllungsgehilfen des Vermieters erfolgt. Anders ist es, wenn der Vermieter dem Dritten die Auswahl des Mieters, den Vertragsschluss oder die Entscheidung über eine Vertragsbeendigung überlassen hat. In diesem Fall ist der Dritte passiv legitimiert.[635] 231

f) Konkurrenzen. Neben der Haftung nach dem AGG kommt eine Haftung nach den Grundsätzen der c. i. c. (§§ 241 Abs. 2, 282, 311 Abs. 2 BGB) oder Vertragsverletzung (§ 280 BGB) in Betracht.[636] Durch die Diskriminierung eines Mietinteressenten kann außerdem das Allgemeine Persönlichkeitsrecht des Betroffenen (§ 823 Abs. 1 BGB) verletzt sein.[637] Die Vorschrift des § 823 Abs. 2 BGB wird durch das AGG verdrängt.[638] 232

5. Antidiskriminierungsstelle und Antidiskriminierungsverbände

Die Antidiskriminierungsstelle (§§ 25ff. AGG) soll beim Bundesministerium für Familie, Senioren, Frauen und Jugend eingerichtet werden. Zu den Aufgaben der Antidiskriminierungsstelle gehören die Öffentlichkeitsarbeit, die Durchführung wissenschaftlicher Untersuchungen zu den Benachteiligungen sowie die Durchführung geeigneter Maßnahmen zur Unterbindung von Benachteiligungen. Wer glaubt, dass er entgegen den Vorschriften des AGG benachteiligt worden ist, kann sich an diese Stelle wenden. Die Antidiskriminierungsstelle kann den Benachteiligten beraten oder eine solche Beratung vermitteln. Darüber hinaus kann sie eine gütliche Beilegung zwischen den Beteiligten anstreben. 233

Antidiskriminierungsverbände (§ 23 AGG) sind Personenzusammenschlüsse die entsprechend ihrem Satzungszweck die Interessen der Benachteiligten wahrnehmen. Diese Verbände dürfen nicht gewerbsmäßig handeln. Sie sind befugt, die Benachteiligten rechtlich zu beraten und in gerichtlichen Verfahren (ohne Anwaltszwang) als Bevollmächtigte der Benachteiligten aufzutreten. 234

634 BT-Drucks. 16/1780 S. 48.
635 *Derleder* NZM 2009, 310; **a. A.** LG Aachen NZM 2009, 318.
636 *Palandt/Ellenberger* § 3 AGG Rdn. 10.
637 OLG Köln NZM 2010, 294; *Derleder* NZM 2009, 310, 311.
638 *Palandt/Ellenberger* a. a. O.

Die Benachteiligten können außerdem ihre Ansprüche an einen Antidiskriminierungsverband abtreten und diesen zur Einziehung der Forderung ermächtigen.

IV. Die Vertragsparteien

1. Vermieter

235 **a) Berechtigung zur Vermietung.** Vermietungsberechtigt ist derjenige, der die Sache auf Grund dinglichen oder vertraglichen Rechts einem anderen überlassen darf. Wer Vertragspartei wird, richtet sich nach dem übereinstimmenden Willen der Parteien. Eine fehlerhafte Bezeichnung in der Vertragsurkunde schadet nicht. Maßgeblich ist stets was die Parteien wirklich wollen. Der Eigentümer und der Vermieter müssen auch nicht identisch sein. Diese Grundsätze gelten auch für formgebundene Geschäfte. Deshalb ist die Schriftform auch dann gewahrt, wenn die Person des Mieters in der Vertragsurkunde falsch bezeichnet ist.[639]

236 **aa) Eigentümer. aaa) Geschäftsunfähige/beschränkt geschäftsfähige Eigentümer.** Ist der Eigentümer geschäftsunfähig (§ 104 BGB), so muss der Mietvertrag durch den gesetzlichen Vertreter abgeschlossen werden. Wird ein Mietvertrag mit dem Geschäftsunfähigen geschlossen, so wird der Vertrag gleichwohl wirksam, wenn der Vertreter den Vertrag nach Wegfall der Geschäftsunfähigkeit genehmigt (§ 141 BGB).[640] Ist der Eigentümer in der Geschäftsfähigkeit beschränkt, so ist der Mietvertrag nur wirksam, wenn der Vertrag entweder durch den gesetzlichen Vertreter abgeschlossen wird oder wenn der gesetzliche Vertreter einwilligt (§ 107, 108 ff. BGB). Eine Generaleinwilligung für alle Vermietungsgeschäfte ist denkbar; sie kommt aber in der Praxis so gut wie nicht vor. Hat der gesetzliche Vertreter den Minderjährigen mit Genehmigung des Familiengerichts zum selbstständigen Betrieb eines Erwerbsgeschäfts ermächtigt, so ist der Minderjährige auch für solche Vermietungen unbeschränkt geschäftsfähig, welche der Geschäftsbetrieb mit sich bringt (§ 112 BGB); auch diese Vorschrift ist praktisch bedeutungslos.

237 Ein Miet- oder Pachtvertrag, der länger als ein Jahr nach dem Eintritt der Volljährigkeit eines Minderjährigen fortdauern soll, bedarf stets der **Genehmigung des Familiengerichts,** gleichgültig, ob der Vertrag nach §§ 106, 112 BGB durch den Minderjährigen oder ob er durch den Vormund (§ 1822 Nr. 5 BGB) oder die Eltern (§ 1643 Abs. 1 BGB) geschlossen worden ist. Genehmigungsbedürftig sind befristete Mietverträge nach denen die Kündigungsbefugnis für die genannte Zeit ausgeschlossen ist. Hierzu gehören auch Mietverträge auf Lebenszeit des Vermieters oder Mieters. Den befristeten Mietverträgen stehen jene Mietverträge gleich, in denen der Vermieter für die in § 1822 Nr. 5 BGB genannte Zeit auf das Recht zur ordentlichen Kündigung verzichtet hat. Die kraft Gesetzes – insbesondere nach § 573 BGB – bestehenden Kündigungsbeschränkungen genügen zur Anwendung des § 1822 Nr. 5 BGB nicht. Dies gilt auch dann, wenn damit faktisch eine längerfristige Bindung des Minderjährigen an den Mietvertrag verbunden ist. Die Genehmigung zum Abschluss eines Mietvertrags kann auch nachträglich erteilt werden; in diesem Fall wirkt sie zurück. Einseitige Rechtsgeschäfte – etwa die Ausübung einer Option – müssen vorher genehmigt werden; anderenfalls ist das Rechtsgeschäft unwirksam (§ 1831 BGB).

238 **bbb) Personen-Handelsgesellschaften (OHG, KG).** Eigentümer der Sache kann auch eine OHG oder KG sein. Bei der OHG besteht ein gesetzliches Vertretungsverhältnis. Nach § 125 Abs. 1 HGB ist grundsätzlich jeder Gesellschafter zur Vertretung der Gesellschaft ermächtigt. Deshalb kommt der Mietvertrag mit der Gesellschaft zustande, wenn einer der Gesellschafter die Sache vermietet. Eine Ausnahme gilt, wenn dieser Gesellschafter von der Vertretung ausgeschlossen ist oder wenn im Gesellschaftsvertrag Gesamtvertretung vereinbart wurde (§ 125 Abs. 2 HGB). Eine Kommanditgesellschaft wird gem. §§ 161 Abs. 2, 164, 170, 125 bis 127 HGB durch den persönlich haftenden Gesellschafter (Komplementär) vertreten. Die Vertretungsmacht kann im Gesellschaftsvertrag beschränkt werden. Ein Vertrag, den der Komplementär unter Missachtung der internen Beschränkung der Vertretungsbefugnis mit einem Dritten abschließt ist auch dann wirksam, wenn der Dritte die Beschränkung der Vertretungsbefugnis kennt. Eine Ausnahme gilt im Falle der Kollusion, wenn der Komplementär und der Dritte bewusst zum Nachteil der Gesellschaft zusammenwirken.[641] Der Mietvertrag kommt nicht mit den Gesellschaftern, sondern mit der rechtlich selbst-

---

639 BGH (IX ZR 279/13) BGHZ 204, 83 = NJW 2015, 1109 Rz. 19 ff.
640 LG Berlin GE 1994, 1317.
641 OLG Saarbrücken Urteil vom 22.4.2015 – 2 U 22/14, juris.

ständigen Gesellschaft zustande (§ 124 HGB). Zur Wahrung der Schriftform reicht es aus, wenn eine als Vermieterin auftretende Gesellschaft so klar bezeichnet ist, dass sie unzweifelhaft identifiziert werden kann. Dazu bedarf es weder einer genauen Bezeichnung der Gesellschaftsform noch der Nennung der einzelnen Gesellschafter.[642] Jeder vertretungsberechtigte Gesellschafter kann Erklärungen für die Gesellschaft abgeben und entgegennehmen. Wegen der Selbstständigkeit der Gesellschaft kann ein Mieter nicht mit Ansprüchen, die ihm gegen einen Gesellschafter zustehen, gegen Gesellschaftsforderungen aufrechnen. Ein Wechsel der Gesellschafter hat auf den Mietvertrag keinen Einfluss. Wandelt sich die Rechtsform der Gesellschaft (z. B. von einer KG in eine Gesellschaft Bürgerlichen Rechts) unter Beibehaltung der Identität der Gesellschaft, so ändert sich an den Vertragsverhältnissen nichts. Insbesondere ist hierzu die Mitwirkung des Mieters entbehrlich.[643] Wird die KG in eine GbR und anschließend in eine GmbH umgewandelt, so ist diejenige Gesellschaft klagebefugt, die zum Zeitpunkt der Anhängigkeit des Rechtsstreits die Vermieterstellung innehat. Dies gilt auch dann, wenn die klagende Gesellschaft aus anderen Gesellschaftern besteht.[644] Wird der Mieter Mitglied der Gesellschaft, so bleiben die Vertragsbeziehungen hiervon ebenfalls unberührt. Für Verbindlichkeiten der Gesellschaft haften die Gesellschafter der OHG als Gesamtschuldner (§ 128 HGB). Bei der KG haften lediglich die persönlich haftenden Gesellschafter unbeschränkt, die Kommanditisten haften nur mit der Höhe ihrer Einlage (§ 161 HGB). Scheidet ein Gesellschafter (bei der KG: ein persönlich haftender Gesellschafter) aus, so haftet er weiterhin für diejenigen Verbindlichkeiten, die während der Zeit seiner Mitgliedschaft zur Gesellschaft entstanden sind. Gleiches gilt, wenn ein OHG-Gesellschafter in eine Stellung als Kommanditist zurück tritt. Bezüglich der später entstehenden Verbindlichkeiten gilt eine Nachhaftung. Diese Nachhaftung ist auf die Zeit von 5 Jahren – gerechnet vom Zeitpunkt der Eintragung ins Handelsregister – beschränkt (§ 160 HGB). Rechtsgrundlage für die einzelnen Schuldverpflichtungen ist der Mietvertrag mit der Folge, dass die Verpflichtungen mit dem Vertragsschluss als entstanden gelten, auch wenn sie erst später fällig werden.[645] Die der Nachhaftung unterliegenden Ansprüche müssen innerhalb des Nachhaftungszeitraums geltend gemacht werden. Eventuell bestehende Gewährleistungsansprüche wegen eines Mangels der Mietsache können auch während der Nachhaftungszeit geltend gemacht werden. Wegen der Umwandlung in eine GmbH s. Rdn. 391.

ccc) Juristische Personen (GmbH, AG). Juristische Personen sind rechtlich selbstständig (§ 13 GmbHG; § 1 AktG). Die GmbH wird durch die Geschäftsführer (§ 35 GmbHG), die AG durch den Vorstand vertreten (§ 78 AktG). Die Gesellschaft wird Partei des Mietvertrags. Für die aus dem Mietverhältnis entstehenden Verbindlichkeiten haftet nur das Gesellschaftsvermögen (§ 13 Abs. 2 GmbHG; § 1 Abs. 1 Satz 2 AktG). Alle rechtsgeschäftlichen Erklärungen müssen von und gegenüber den vertretungsberechtigten Organen der Gesellschaft abgegeben werden. 239

ddd) BGB-Gesellschaft. Eine BGB-Gesellschaft liegt vor, wenn sich mehrere Personen durch Vertrag zur Verfolgung gemeinsamer Zwecke zusammenschließen (§ 705 BGB). Dieser Zweck kann auch die Vermietung einer Sache sein, die mehreren Personen gehört. Der Gesellschaftsvertrag kann dabei auch mündlich geschlossen werden. Ein konkludenter Vertragsschluss ist ebenfalls möglich. Für die Annahme eines konkludenten Vertragschlusses kann bereits die Tatsache der gemeinsamen Vermietung ausreichen. Hinsichtlich der Teilnahme am Rechtsverkehr ist zwischen der Außen-GbR und der Innen-GbR zu unterscheiden. Eine **Außen-GbR** liegt vor, wenn die Gesellschaft nach außen in Erscheinung treten und als Rechtsträgerin Rechte und Pflichten begründen will. Von einer **Innen-GbR** spricht man, wenn im Außenverhältnis alle Gesellschafter im eigenen Namen auftreten. Dem ist die **stille Gesellschaft** gleichzustellen bei der im Außenverhältnis nur ein Gesellschafter auftritt.[646] 240

Die Außen-GbR ist rechts- und parteifähig, soweit sie durch Teilnahme am Rechtsverkehr eigene Rechte und Pflichten begründet.[647]. Eine Begrenzung auf bestimmte Gesellschaftstypen besteht nicht. Auch eine **Ehegatten-Grundstücksgesellschaft** oder eine **Sozietät aus Freiberuflern** kann eine Außen-GbR bilden. Ein Gesamthandsvermögen ist nicht erforderlich.[648] 241

---

642 OLG Hamm NZM 1998, 720.
643 OLG Hamm NZM 1998, 720.
644 KG NZM 2001, 520.
645 BGH NJW 2000, 208, 206; KG NZM 2006, 19.
646 *Kraemer* NZM 2002, 465, 466f.
647 BGH NJW 2001, 1056; MDR 2003, 639; OLG Rostock DWW 2002, 331.
648 BGH NZM 2001, 299; *Kraemer* NZM 2002, 465, 467.

242 Nach der Rechtsprechung des BGH ist die GbR auch grundbuchfähig.[649] Steht ein Grundstück im Eigentum einer GbR, so ist sie unter Nennung sämtlicher Gesellschafter in das Grundbuch einzutragen (§§ 47 Abs. 2, 82 Satz 3 GBO). Eigentümer bleibt die GbR als Verband. Deshalb begründet § 899a BGB öffentlichen Glauben nicht für das Eigentum der Gesellschafter am Gesellschaftsvermögen, sondern nur dafür, dass diese Gesellschafter der GbR sind.[650] Für die Eintragung ist erforderlich, dass die Gesellschaft von anderen Gesellschaften bürgerlichen Rechts unterschieden werden kann. Dabei ist in der instanzgerichtlichen Rechtsprechung und in der Literatur umstritten, welche Anforderungen an den Identitätsnachweis zu stellen sind. Nach der Rechtsprechung des BGH erfolgt die Identifizierung der Gesellschaft ausschließlich über die Benennung der Gesellschafter (§ 47 Abs. 2 S. 1 GBO). Deshalb genügt es, wenn die Gesellschafter gegenüber dem Grundbuchamt erklären, dass sie als alleinige Gesellschafter einer aus ihnen bestehenden Gesellschaft bürgerlichen Rechts handeln. Eines weiteren Identitätsnachweises bedarf es nicht.[651]

243 Sind die Gesellschafter mit dem Zusatz „als Gesellschafter bürgerlichen Rechts" eingetragen, so ist ein solcher Eintrag dahingehend zu verstehen, dass die GbR als Eigentümerin eingetragen ist.[652]

244 Ist die GbR auf Grund der Eintragung im Grundbuch als Eigentümerin anzusehen, so folgt hieraus noch nicht, dass sie als Außen-GbR am Rechtsverkehr teilnehmen kann oder muss.[653] Dieser Umstand kann auch nicht als Indiz für eine Außen-GbR gewertet werden, weil auch eine Innen-GbR Grundvermögen haben kann.[654]

245 Maßgeblich für die Existenz einer Außen-GbR ist zunächst der Wille der Gesellschafter.[655] Ist eine GbR nach dem Gesellschaftsvertrag als Innen-GbR angelegt, so wird sie nicht zur Außen-GbR, wenn einer der Gesellschafter die Gesellschaft verpflichtet. Jedoch sind die Gesellschafter einer Innen-GbR nicht gehindert im Einzelfall als Außen-GbR aufzutreten, wenn sie dies wollen. Umgekehrt können sich auch die Gesellschafter einer Außen-GbR persönlich verpflichten. In der Literatur wird deshalb teilweise vorgeschlagen, die Außen-GbR nur bei einer gesellschaftstypischen Ausstattung mit einem Namen, einem Geschäftssitz und einer Organisation anzuerkennen.[656] Dem Urteil des BGH vom 29.1.2001[657] ist diese Einschränkung jedoch nicht zu entnehmen.[658]

246 Ist die Gesellschaft als Außen-GbR angelegt, so kommt es weiter darauf an, ob sie sich als solche verpflichten will. Im Zweifel muss dies durch Auslegung ermittelt werden. Maßgeblich ist, ob der Mieter davon ausgehen darf, dass nicht die einzelnen Gesellschafter, sondern die Gesellschaft als solche Vertragspartei sein soll.[659] Der Parteibezeichnung kommt hier eine maßgebliche Bedeutung zu.[660] Wichtigstes Indiz für die Außen-GbR ist die Verwendung eines Gesamtnamens, sei es in der Form eines Sachnamens (Grundstücksgesellschaft Bahnhofstr. 13) oder eines Personennamens (Gebrüder Meyer GbR). Tritt die GbR unter einem Sachnamen oder unter einer Kurzbezeichnung in Erscheinung, so spricht die Vermutung für eine Außen-GbR. Sind dagegen alle Gesellschafter namentlich genannt ohne einen Hinweis auf die Rechtsform des Zusammenschlusses, so gilt die Vermutung nicht.[661] Ist im Kopf eines schriftlichen Mietvertrags eine Außen-GbR genannt und wird der Vertrag nur von einem der Gesellschafter unterzeichnet, so wird teilweise die Ansicht vertreten, dass nur der unterzeichnende Gesellschafter Vertragspartei wird.[662] Dagegen spricht die Erwägung, dass der Unterzeichner eines Mietvertrags i. d. R. nicht für sich selbst sondern für den Vermieter, also die Außen-GbR handeln will. Deshalb wird im Zweifel die Gesellschaft Vertragspartei.[663] Ist zweifelhaft, ob der Vertrag mit der Gesellschaft oder (nur) mit den Gesellschaftern zustande gekommen ist, so trägt diejenige Partei die Beweislast, die sich auf das Bestehen der Außengesellschaft beruft.[664]

---

[649] BGH NJW 2009, 594 = NZM 2009, 94 = GuT 2008, 489.
[650] BGH (V ZB 84/10) NJW 2011, 615 = DWW 2011, 104.
[651] BGH (V ZB 194/10) NJW 2011, 1958 = DWW 2011, 219.
[652] *Wertenbruch* NZG 2006, 408, 414.
[653] *Kraemer* NZM 2002, 465, 471.
[654] *Häublein* PiG 70 (2005), 39, 43; *Kraemer* NZM 2002, 465, 471; **a. A.** Jacoby ZMR 2001, 409, 410.
[655] *Häublein* PiG 70 (2005), 39, 41.
[656] *Ulmer* ZIP 2001, 585, 592.
[657] BGHZ 146, 341 = NJW 2001, 1956 = NZM 2001, 299 = WuM 2001, 134 = ZMR 2001, 338.
[658] *Kraemer* NZM 2002, 465, 467.
[659] *Häublein* PiG 70 (2005), 39, 47.
[660] *Häublein* PiG 70 (2005), 39, 47; *Kraemer* NZM 2002, 565, 467.
[661] OLG Bamberg GuT 2011, 50; *Jacoby* ZMR 2001, 409, 410; *Weitemeyer* ZMR 2004, 153, 157.
[662] OLG Rostock ZMR 2001, 29.
[663] So *Weitemeyer* ZMR 2004, 153, 159.
[664] *Häublein* PiG 70 (2005), 39, 43.

Die **Rechts- und Parteifähigkeit** der Außen-GbR hat folgende **Konsequenzen:**

(1) Wahlrecht für Verträge. Die BGB-Gesellschaft kann unter ihrem Namen Verträge abschließen. Eine Außen-GbR hat die Wahl, ob sie den Mietvertrag als Gesellschaft abschließt oder ob die einzelnen Gesellschafter Vertragspartner werden. Ist **Schriftform** vorgeschrieben, so muss sich aus der Vertragsurkunde ergeben, wer Vertragspartner sein soll. Nach der Rechtsprechung des BGH ist bei der Vermietung durch eine Außen-GbR die gesetzliche Schriftform grundsätzlich nur gewahrt, wenn die Vertragsurkunde von allen Gesellschaftern unterzeichnet wird. Die Gesellschafter können zwar ein Mitglied der Gesellschaft mit ihrer Vertretung beauftragen. In diesem Fall muss die Unterschrift des Unterzeichners aber mit einem Zusatz versehen werden, aus dem sich ergibt, dass der Unterzeichner nicht nur im eigenen Namen sondern zugleich für die übrigen Gesellschafter gehandelt hat.[665] Die Zahlung oder Entgegennahe der Miete durch einen der Gesellschafter kann nur dann als Genehmigung bewertet werden, wenn alle Gesellschafter mit der betreffenden Handlung einverstanden sind.[666] Fraglich ist allerdings, ob diese strengen Anforderungen an die Schriftform auch dann gelten, wenn sich aus den übrigen Umständen zweifelsfrei ergibt, dass die Gesellschaft Vertragspartei werden will.[667] 247

(2) Einseitige Rechtsgeschäfte müssen entweder vom Alleinvertretungsberechtigten oder von sämtlichen Gesamtvertretungsberechtigten oder von einem Bevollmächtigten vorgenommen werden. Handelt die GbR nicht durch alle Gesellschafter, so kann der Erklärungsempfänger wegen der fehlenden Registerpublizität die Erklärung gem. § 174 BGB zurückweisen.[668] 248

(3) Ein **Wechsel im Mitgliederbestand** hat keinen Einfluss auf den Fortbestand der mit der Gesellschaft bestehenden Rechtsverhältnisse;[669] § 566 BGB ist unanwendbar, weil es sich beim Gesellschafterwechsel nicht um einen Eigentümerwechsel, sondern um einen internen Vorgang innerhalb der GbR handelt.[670] Ist der Mietvertrag mit einer GbR als Vermieterin abgeschlossen, so werden die Rechtsbeziehungen zwischen den Mietvertragsparteien durch den Gesellschafterwechsel nicht berührt.[671] Der neu eintretende Gesellschafter haftet auch für die vor seinem Eintritt begründeten Verpflichtungen des Mieters mit seinem Privatvermögen;[672] die für § 566 typische Zäsur tritt nicht ein. Scheiden Gesellschafter aus, so wird das Mietverhältnis mit den verbleibenden fortgesetzt. Bleibt nur noch ein Gesellschafter übrig, so wird das Mietverhältnis mit diesem fortgesetzt; die GbR erlischt ohne weiteres.[673] Einer Liquidation bedarf es nicht.[674] Den ausscheidenden Gesellschafter trifft eine Nachhaftung, beschränkt auf 5 Jahre (§§ 736 Abs. 2 BGB, 160 HGB). Anders als nach § 160 Abs. 1 Satz 2 HGB beginnt die Haftung bei der GbR nicht mit dem Eintrag in ein Register, sondern mit der Kenntnis des Gläubigers vom Ausscheidungstatbestand.[675] Wird das Grundstück nach der Auflösung der GbR durch den verbleibenden Gesellschafter als Alleineigentümer veräußert, so ist § 566 BGB anzuwenden. 248a

Hat eine **Innen-GbR** einen Mietvertrag als Vermieterin abgeschlossen und findet in der Folgezeit ein Gesellschafterwechsel statt, so wird teilweise die Ansicht vertreten, dass das mit den ursprünglichen Gesellschaftern bestehende Mietverhältnis fortbesteht. Ein Gesellschafterwechsel führt nur dann zu einem Vermieterwechsel, wenn dies vereinbart wird. An dieser Vereinbarung muss der Mieter mitwirken.[676] Die GbR wird danach ebenso behandelt wie eine gewöhnliche Mehrheit von Vermietern. Nach der Rechtsprechung des BGH ist § 566 BGB dagegen zumindest entsprechend 249

---

665 BGH NJW 2003, 3053, 3054 = NZM 2003, 801; NZM 2004, 97; OLG Rostock DWW 2002, 331; OLG Naumburg NZM 2004, 825; *Kraemer* NZM 2002, 465, 471.

666 LG Krefeld GE 2015, 919.

667 *Weitemeyer* NZG 2006, 10, 13; s. a. OLG Dresden NZM 2004, 826, 829: Danach ist ein auf das Vertretungsverhältnis hinweisender Zusatz entbehrlich, wenn über den Unterschriften ein „Stempelaufdruck mit dem Namen und der Anschrift der GbR" angebracht wird.

668 *Kraemer* NZM 2002, 465, 471.

669 OLG Düsseldorf GE 2003, 527.

670 *Häublein* PiG 70 (2005), 39, 56 und in MünchKomm § 566 Rdn 17; *Börstinghaus* PiG 70 (2005), 65, 71; *Weitemeyer* ZMR 2004, 153, 160; *Emmerich* in Staudinger § 566 Rdn. 51; *Jacoby* ZMR 2001, 409, 413.

671 *Sick* ZMR 2011, 438, 439.

672 BGH(II ZR 385/99) NJW 2003, 1445.

673 *Börstinghaus* PiG 70 (2005), 65, 71.

674 *Kraemer* NZM 2002, 465, 468; **a. A.** *Sick* ZMR 2011, 438, 445: danach ist aus Gründen des Mieterschutzes davon auszugehen, dass die GbR als Abwicklungsgesellschaft fortbesteht.

675 *K. Schmidt* NJW 2001, 993, 994.

676 *Jacoby* ZMR 2001, 409, 417.

anzuwenden, wenn die Gesellschafter gem. § 47 GBO (s. Rdn. 242) eingetragen sind.[677] Der Mietvertrag wird mit der GbR in ihrer neuen Zusammensetzung fortgesetzt. Einer Eintragung der neuen Gesellschafter ins Grundbuch bedarf es nicht. Eigentümerin wird die Gesellschaft in der neuen Zusammensetzung. Der Wechsel der Beteiligungsverhältnisse ist lediglich im Wege der Grundbuchberichtigung zu dokumentieren. Die analoge Anwendung des § 566 BGB rechtfertigt sich aus dem Zweck der Vorschrift, die verhindern soll, dass der Mieter irgendwann mehreren Eigentümern gegenübersteht, die nicht Vermieter sind.

250 **(4)** Die BGB-Gesellschaft kann unter ihrem Namen klagen **(Aktivprozess).** Sind entsprechend der gesetzlichen Regelung alle Gesellschafter vertretungsbefugt, so müssen alle Gesellschafter an der Klagerhebung und der Prozessführung mitwirken.[678] Anderenfalls ist die klagende Partei nicht in der gesetzlich vorgeschriebenen Form vertreten. Weigert sich ein Gesellschafter aus gesellschaftswidrigen Gründen an der Geltendmachung einer Gesellschaftsforderung mitzuwirken, so muss er in einem besonderen Verfahren auf Zustimmung zur Prozessführung in Anspruch genommen werden.[679] Nach anderer Ansicht kann die Gesellschaft in einem solchen Fall wirksam durch die restlichen Gesellschafter vertreten werden. Diese sind dann zur Erhebung einer Klage befugt.[680] Die Gesellschaft muss in der Klagschrift identifizierbar und unverwechselbar bezeichnet werden. Dies kann geschehen durch die exakte Angabe der Gesellschafter, des gesetzlichen Vertreters der Gesellschaft und der Bezeichnung unter der die Gesellschaft im Verkehr auftritt. Wird eine Klage unter dem Namen einer BGB-Gesellschaft erhoben, obwohl diese Gesellschaft überhaupt nicht oder nicht als Außengesellschaft existiert, so wird die Klage abgewiesen. Die Verfahrenskosten hat derjenige zu tragen, der den Prozess in Gang gesetzt hat.[681] Wird eine Mietforderung durch einzelne Gesellschafter geltend gemacht, obwohl die Gesellschaft Partei des Mietverhältnisses ist, so muss im Wege der Rubrumsberichtigung klargestellt werden, dass der Anspruch der Gesellschaft zusteht und dass diese aus diesem Grund Prozesspartei ist.[682]

251 **(5)** Die BGB-Gesellschaft kann unter ihrem Namen verklagt werden **(Passivprozess).** Ergeht ein Urteil zu Lasten der BGB-Gesellschaft, so kann der Gläubiger hieraus in das Gesellschaftsvermögen vollstrecken. Ein gegen die Gesellschaft ergangenes Urteil wirkt gem. § 129 Abs. 1 HGB auch gegen die Gesellschafter, indem es ihnen die Einwendungen nimmt, die schon der Gesellschaft abgesprochen wurden.[683] Umgekehrt gilt dies nicht: ein gegen alle Gesellschafter ergangenes Urteil wirkt nur für und gegen die Parteien des Rechtsstreits in dem das Urteil ergangen ist (§ 325 ZPO). Mangels einer gesetzlichen Regelung wirkt ein solches Urteil nicht für und gegen die Gesellschaft.[684]

252 **(6) Haftung.** Die einzelnen Mitglieder haften persönlich für die Erfüllung der mietvertraglichen Verpflichtungen als Gesamtschuldner.[685] Dies gilt auch dann, wenn die Mitglieder der BGB-Gesellschaft durch einen oder mehrere Geschäftsführer vertreten werden. Die Geschäftsführer einer BGB-Gesellschaft begründen beim Handeln namens der Gesellschaft nicht nur eine Haftung der Gesamthand (mit dem Gesellschaftsvermögen), sondern daneben grundsätzlich auch eine Haftung der Gesellschafter persönlich (mit dem Privatvermögen).[686] Die Mitglieder der BGB-Gesellschaft können ihre Haftung auf das Gesellschaftsvermögen begrenzen, wenn sie im Gesellschaftsvertrag die Vollmacht der vertretungsberechtigten Gesellschafter entsprechend begrenzen. Nach früherer Rechtsprechung des BGH[687] war eine derartige **Haftungsbeschränkung** auch gegenüber dem Vertragspartner der Gesellschaft wirksam, wenn die eingeschränkte Vertretungsbefugnis für diesen erkennbar gewesen ist. Dies wurde insbesondere dann angenommen, wenn der Vertragspartner vor Vertragsschluss auf die Haftungsbeschränkung hingewiesen wurde. Diese Rechtsprechung hat der BGH in dem Urteil vom 27. 9. 1999[688] aufgegeben. Nach dieser Entschei-

---

677 BGHZ 132, 82 = NJW 1998, 1220 = WuM 1998, 341; ebenso *Häublein* PiG 70 (2005), 39, 62.
678 OLG Stuttgart NZM 2010, 876.
679 OLG Stuttgart a. a. O.
680 OLG Düsseldorf DWW 2003, 124 = ZMR 2003, 424.
681 BGH a. a. O.
682 BGH NJW-RR 2006, 42 = NZM 2005, 942 = WuM 2005, 791.
683 BGH (II ZR 249/09) NJW 2011, 2048, 2049.
684 BGH a. a. O.
685 BGH MDR 2003, 639.
686 BGH ZMR 1990, 212 = MDR 1990, 815, st. Rspr.
687 BGHZ 61, 59, 67.
688 BGH WuM 1999, 703; fortgeführt in BGH NZM 2005, 218 = ZMR 2005, 282.

dung hat ein einseitiger Hinweis des Geschäftsführers keine Haftungsbeschränkung gegenüber dem Vertragspartner zur Folge. Vielmehr wird eine Haftungsbeschränkung nur dann wirksam, wenn es dem Geschäftsführer gelingt „die Beschränkung in den individuell ausgehandelten Vertrag aufzunehmen". Deshalb kann der Kläger neben der Gesellschaft auch die Gesellschafter persönlich (oder nur die Gesellschafter) verklagen.

Eine Haftungsbeschränkung kann auch mündlich vereinbart werden. Besteht ein schriftlicher Mietvertrag, so besteht allerdings die Vermutung, dass hierdurch der Vertragsinhalt vollständig und richtig wiedergegeben wird. Wer sich auf eine mündliche Vereinbarung beruft, muss beweisen, dass die Urkunde unrichtig oder unvollständig ist und dass das mündlich besprochene Gültigkeit haben soll.[689] **253**

Darüber hinaus haften die Gesellschafter für die gesetzlichen Verbindlichkeiten ihrer geschäftsführenden Gesellschafter (z. B. aus Delikt) in Analogie zu § 31 BGB mit ihrem Privatvermögen.[690] **254**

Eine Haftungsbeschränkung wirkt auch gegenüber dem Zwangsverwalter.[691] **255**

(7) Vollstreckung. Ergeht ein Urteil zu Lasten der Gesellschaft **und** der Gesellschafter, so kann der Kläger nicht nur in das Gesellschaftsvermögen, sondern auch in das Privatvermögen der Gesellschafter vollstrecken. Die Zwangsvollstreckung in das Gesellschaftsvermögen setzt voraus, dass in dem Titel die Gesellschafter aufgeführt sind. Dies gilt auch für die Anordnung der Zwangsverwaltung und der Zwangsversteigerung. Die in dem Titel aufgeführten Gesellschafter müssen mit den im Grundbuch eingetragenen übereinstimmen. Hat sich der Gesellschafterbestand geändert, so muss die Änderung sowohl im Grundbuch als auch im Titel nachvollzogen werden. Der Nachweis im Titel ist in entsprechender Anwendung des § 727 ZPO durch Erteilung einer Rechtsnachfolgeklausel zu erbringen (s. aber auch Rdn. 256a). Die Zustellung des Titels an eine GbR kann entweder durch Zustellung an alle Gesellschafter oder durch Zustellung an einen zur Geschäftsführung befugten Gesellschafter erfolgen.[692] **256**

(8) Wird im Falle des Gesellschafterwechsels oder des Ausscheidens eines Gesellschafters das Grundbuch nicht berichtigt, so ist die Vollstreckung gegen die noch im Grundbuch eingetragen ehemaligen Gesellschafter möglich. Nach der Rechtsprechung des BGH gelten bei der Vollstreckung in das Grundstück einer GbR nämlich die im Grundbuch eingetragenen Gesellschafter solange als Schuldner bis das Grundbuch berichtigt wird.[693] Dies gilt nicht nur beim Gesellschafterwechsel, sondern auch beim Tod eines Gesellschafters.[694] Einer Rechtsnachfolgeklausel bedarf es in diesem Fall nicht. Wird die Gesellschaft nach dem Ausscheiden eines oder mehrerer Gesellschafter aufgelöst, so besteht die Rechtsfähigkeit der (Außen)Gesellschaft bis zum Abschluss der Liquidation fort. **256a**

(9) Nach § 105 Abs. 2 HGB kann eine Personengesellschaft, die nur eigenes Vermögen verwaltet oder deren Unternehmen keinen in kaufmännischer Weise eingerichteten Gewerbebetrieb erfordert, die Rechtsform einer Personenhandelsgesellschaft, also einer OHG oder einer KG wählen. Der **Rechtsformwechsel** erfolgt im Wege der Anmeldung zum Handelsregister. Bei dieser Form der Umwandlung findet kein Vermieterwechsel statt, weil die Identität der Gesellschaft gewahrt bleibt. Es handelt sich nicht um den Wechsel einer Vertragspartei, weil die frühere GbR und die nunmehrige OHG ein und dieselbe Gesellschaft darstellen.[695] Die GbR hat lediglich ihren rechtlichen Charakter geändert.[696] **257**

Eine Personenhandelsgesellschaft kann gem. §§ 190ff. UmwG in eine Kapitalgesellschaft umgewandelt werden. Mit der Eintragung der neuen Rechtsform besteht die Personenhandelsgesellschaft als Kapitalgesellschaft fort (§ 202 Abs. 1 Nr. 1 UmwG). Auch dieser Vorgang fällt nicht unter § 566 BGB. **258**

Eine GbR kann nicht in eine GmbH umgewandelt werden, weil der übertragende Rechtsträger eine Personenhandelsgesellschaft sein muss (§§ 3, 124, 191 UmwG). Jedoch ist es möglich, die GbR zunächst in eine OHG oder KG und diesen Rechtsträger wiederum in eine GmbH umzuwandeln.[697] **259**

---

689 BGH NJW-RR 1989, 1323, 1324; NZM 2005, 218.
690 BGH MDR 2003, 639.
691 BGH ZMR 2003, 827 = WuM 2003, 510.
692 BGH (V ZB 84/10) NJW 2011, 615 = DWW 2011, 104.
693 Zuletzt: BGH (V ZB 253/10) NJW 2011, 1449 Rn. 14ff.
694 BGH (V ZB 201/14) NZM 2016, 286.
695 *Jacoby* ZMR 2001, 409, 413.
696 Vgl. BGH NJW 1967, 821 für den Fall der Anmietung von Geschäftsräumen durch eine GbR.
697 *Mayer* ZEV 2005, 325, 331.

260 **eee) Gesamthandsgemeinschaft ohne eigene Rechtspersönlichkeit (Erbengemeinschaft; Gütergemeinschaft).** Das Eigentum an der Sache kann mehreren Personen zustehen, die in einer Gesamthandsgemeinschaft ohne eigene Rechtspersönlichkeit verbunden sind.

261 Eine **Erbengemeinschaft** kommt kraft Gesetzes zustande, wenn der Erblasser mehrere Erben hinterlässt; in diesem Fall wird der Nachlass gemeinschaftliches Vermögen der Erben (§ 2032 Abs. 1 BGB). Die Erbengemeinschaft ist weder rechtsfähig noch parteifähig. Die Grundsätze zur Rechtsfähigkeit der Gesellschaft bürgerlichen Rechts[698] und zur Rechtsfähigkeit der Gemeinschaft der Wohnungseigentümer[699] sind nicht auf die Erbengemeinschaft zu übertragen.[700] Maßgeblich hierfür sind zwei Gesichtspunkte. Zum einen ist die Erbengemeinschaft nicht dazu bestimmt, dauerhaft am Rechtsverkehr teilzunehmen. Zum anderen verfügt die Erbengemeinschaft nicht über gesetzliche Organe, durch die sie im Rechtsverkehr handeln könnte.

262 Die Verwaltung des Nachlasses steht den Erben gemeinschaftlich zu. Jeder Erbe ist den anderen gegenüber verpflichtet, an Maßregeln mitzuwirken, die zur ordnungsgemäßen Verwaltung erforderlich sind (§ 2038 Abs. 1 BGB). Können sich die Erben nicht einigen, so ist die Entscheidung durch Stimmenmehrheit zu treffen. Besteht die Gemeinschaft nur aus 2 Personen und sind die Erbteile verschieden groß, so kann der Mehrheitserbe allein entscheiden.[701] Gleiches gilt bei einer Vielzahl von Erben, wenn der Anteil eines Erben mehr als 50% beträgt. Über den Nachlassgegenstand als solchen können die Erben nur gemeinschaftlich verfügen (§ 2040 Abs. 1 BGB). Die Entscheidung über die **Vermietung eines Grundstücks** ist als Verwaltungsmaßnahme i. S. v. § 2038 BGB zu bewerten; hierüber kann die Erbengemeinschaft durch Mehrheitsbeschluss entscheiden.[702] Gleiches gilt für die Einziehung der Miete. Die Art und Weise der Vermietung muss allerdings den Grundsätzen ordnungsgemäßer Verwaltung entsprechen. Maßgeblich ist der „Standpunkt eines vernünftig und wirtschaftlich denkenden Beurteilers".[703] Ist ein ordnungsgemäß gefasster Mehrheitsbeschluss zustande gekommen, so ist die Mehrheit berechtigt, die überstimmten Erben zu vertreten und einen Mietvertrag mit Wirkung für und gegen diese abzuschließen.[704] Fehlt es an einem wirksamen Mehrheitsbeschluss und schließt die Mehrheit gleichwohl einen Mietvertrag ab, so handeln diejenigen, die für die überstimmten Erben auftreten, als Vertreter ohne Vertretungsmacht; in diesem Fall gelten die §§ 177ff. BGB.[705] Die dargelegten Grundsätze schließen es nicht aus, dass die Erbengemeinschaft die Verwaltung einem oder mehreren Mitgliedern überträgt. Ebenso können sich die Erben in einer Gesellschaft Bürgerlichen Rechts zusammenschließen und in dieser Rechtsform Mietverträge abschließen. Die **Kündigung eines Mietverhältnisses** stellt nach der Rechtsprechung eine Verfügung über die Rechte aus dem Mietvertrag und die aus diesem Vertrag folgende Mietzinsforderung dar.[706] Gleichwohl ist § 2038 BGB vorrangig, mit der Folge, dass die Kündigung mehrheitlich beschlossen werden kann, wenn diese Maßnahme einer ordnungsgemäßen Verwaltung entspricht.[707] Die überstimmten Erben haben ein aus § 2040 Abs. 1 BGB hergeleitetes „Vetorecht": Auf deren Antrag hat das Gericht zu prüfen, ob der Mehrheitsbeschluss den Anforderungen einer ordnungsgemäßen Verwaltung genügt. Daran fehlt es wenn die Wohnung von einem Mitglied der Erbengemeinschaft gemietet ist und eine Weitervermietung auf Grund besonderer Umstände unwahrscheinlich ist.[708]

263 Eine **Gütergemeinschaft** entsteht, wenn dies durch Ehevertrag vereinbart wird. In diesem Fall werden das Vermögen des Mannes und das Vermögen der Frau gemeinschaftliches Vermögen. Zu dem Gesamtgut gehört auch das Vermögen, das der Mann oder die Frau während der Gütergemeinschaft erwerben (§§ 1415, 1416 BGB).

264 Für diese Gesamthandsgemeinschaften ohne eigene Rechtspersönlichkeit gelten folgende **Grundsätze:**

---

[698] BGHZ 146, 341.
[699] BGHZ 163, 154.
[700] BGH NJW 2006, 3175 = NZM 2006, 944 = WuM 2006, 695 = ZMR 2007, 26 = GE 2006, 1612.
[701] BGH (XII ZR 151/10) NJW 2013, 166.
[702] BGH NJW 1971, 1265, 1266.
[703] BGH (XII ZR 151/10) NJW 2013, 166.
[704] BGH a. a. O.; *Palandt/Weidlich* § 2038 Rdn. 5.
[705] BGH a. a. O.
[706] BGH FamRZ 2006, 1026.
[707] BGH NZM 2010, 161.
[708] LG Berlin GE 2016, 1386.

Die Gemeinschaft besitzt – anders als die Außen-GBR – keine eigene Rechtspersönlichkeit. Der Mietvertrag kommt deshalb nicht mit der Gemeinschaft als solcher, sondern mit den einzelnen Mitgliedern der Gemeinschaft zustande.[709] Bei Mietverhältnissen mit einer längeren Laufzeit als einem Jahr ist die Schriftform zu beachten. Die gesetzliche Schriftform ist grundsätzlich nur gewahrt, wenn alle Mitglieder der Gemeinschaft im Mietvertrag namentlich aufgeführt sind. Ausnahmsweise genügt es, wenn ein potentieller Erwerber des Mietobjekts in der Lage ist, anhand der Vertragsurkunde die Mitglieder der Gemeinschaft zu ermitteln.[710] Darüber hinaus ist für die Einhaltung der Schriftform weiter erforderlich, dass sämtliche Vertragspartner die Vertragsurkunde unterzeichnen. Wird die Urkunde durch einen Vertreter unterzeichnet, so muss das Vertretungsverhältnis in der Urkunde durch einen das Vertretungsverhältnis anzeigenden Zusatz hinreichend deutlich zum Ausdruck kommen.[711] 265

Hinsichtlich der Pflichten aus dem Mietvertrag sind die Mitglieder der Gemeinschaft Gesamtschuldner (§ 427 BGB). Hinsichtlich der Rechte sind sie Gesamthandsgläubiger (keine Gesamtgläubiger i. S. v. § 428 BGB). Rechtsgeschäftliche Erklärungen (Mieterhöhungserklärung, Abmahnung, Kündigung, etc.) müssen von allen Mitgliedern abgegeben werden und allen Mitgliedern zugehen.[712] Vertretung ist auch hier zulässig. Ist der Erklärungsgegner zugleich Mitglied der Gemeinschaft, so ist er von der Mitwirkung wegen des sonst bestehenden Interessenkonflikts ausgeschlossen.[713] Der Mieter kann nur gegen Forderungen der Gemeinschaft aufrechnen. Eine Aufrechnung mit Forderungen, die ihm gegen einzelne Mitglieder der Gemeinschaft zustehen, ist ausgeschlossen (§§ 719 Abs. 2, 2040 Abs. 2 BGB). 266

Hinsichtlich der Mietforderung besteht zwischen den mehreren Vermietern eine Forderungsgemeinschaft i. S. v. § 432 Abs. 1 BGB. Dies hat zur Folge, dass der Mieter nur an alle Gläubiger gemeinsam zahlen kann. Eine Ausnahme gilt, wenn einer der Vermieter aufgrund einer Empfangsvollmacht zur Entgegennahme der Leistung berechtigt ist. Liegt ein solcher Ausnahmefall nicht vor, so kommt der Mieter in Zahlungsverzug, wenn er den Mietzins nicht zu Händen aller Vermieter zahlt.[714] Jeder Vermieter ist befugt, vom Mieter Leistung an sich selbst und die übrigen Vermieter zu verlangen (§§ 432 Abs. 1, 2039 BGB).[715] Eine Ausnahme gilt, wenn das begehrte Urteil nur mit Wirkung für und gegen alle Vermieter ergehen kann (z. B. bei einer Klage auf Feststellung der Nichtigkeit des Mietvertrags).[716] In diesem Fall muss die Klage von allen Vermietern erhoben werden. Leistung an sich allein kann ein Gesamthandsgläubiger nur fordern, wenn er die Mitberechtigung der übrigen Mitgläubiger durch Abtretung oder auf andere Weise erworben hat.[717] 267

Die einzelnen Mitglieder haften persönlich für die Erfüllung der mietvertraglichen Verpflichtungen. Die **Verwaltung des gemeinschaftlichen Gegenstands** steht den Teilhabern gemeinschaftlich zu. Die insoweit erforderlichen Maßnahmen können gem. § 745 Abs. 1 BGB durch Stimmenmehrheit beschlossen werden. Zur Verwaltung eines Grundstücks gehören auch der Abschluss und die Kündigung eines Mietvertrags. Auf Antrag der überstimmten Teilhaber hat das Gericht zu prüfen, ob der Mehrheitsbeschluss den Anforderungen einer ordnungsgemäßen Verwaltung genügt. Dies ist aus objektiver Sicht zu beurteilen. Maßstab ist der Standpunkt eines vernünftig und wirtschaftlich denkenden Beurteilers. 268

fff) Bruchteilsgemeinschaft. Das Eigentum an der Sache kann mehreren Personen gemeinsam nach Bruchteilen zustehen. In diesem Fall spricht man von einer Bruchteilsgemeinschaft (§ 741 BGB). Die Bruchteilsgemeinschaft unterscheidet sich von der BGB-Gesellschaft dadurch, dass die mehreren Eigentümer keinen gemeinsamen Zweck verfolgen. Das jeweilige Interesse erschöpft sich am Miteigentum an der Sache. Demgegenüber setzt die BGB-Gesellschaft stets einen Gesellschaftsvertrag voraus, in dem vereinbart ist, dass sich mehrere Personen zur Verfolgung eines ge- 269

---

709 BGH WuM 2002, 601 = ZMR 2002, 907 für die Erbengemeinschaft.
710 BGH WuM 2002, 601 = ZMR 2002, 907 für die Erbengemeinschaft.
711 BGH WuM 2002, 601 = ZMR 2002, 907 für die Erbengemeinschaft.
712 OLG Düsseldorf NJWE-MietR 1996, 172 für die Kündigung.
713 BGHZ 56, 47; OLG Düsseldorf ZMR 1998, 25, 27; LG Mannheim DWW 1997, 151 betr. die Kündigung einer Erbengemeinschaft gegenüber einem Mieter, der seinerseits Mitglied der Erbengemeinschaft ist.
714 OLG München NZM 1998, 474.
715 OLG Oldenburg ZMR 1994, 508; OLG Düsseldorf ZMR 1998, 25.
716 OLG Celle DWW 1994, 118 = ZMR 1994, 514.
717 LG Aachen WuM 1994, 461.

meinsamen Zwecks zusammenschließen. Die Bruchteilsgemeinschaft ist demnach eine „Interessengemeinschaft ohne Zweckgemeinschaft".[718]

270 Eine Bruchteilsgemeinschaft liegt i. d. R. vor, wenn Eheleute gemeinsam ein Haus oder eine Eigentumswohnung erwerben. Weiterhin entsteht eine Bruchteilsgemeinschaft wenn eine Wohnung und eine Garage auf Grund eines einheitlichen Mietvertrags vermietet worden ist und die Wohnung einerseits, die Garage andererseits an verschiedene Personen veräußert wird. In diesem Falle erhält der Mieter zwei Vertragspartner, nämlich den Eigentümer der Wohnung und den Eigentümer der Garage.[719] Die Bruchteilsgemeinschaft hat keine eigene Rechtspersönlichkeit. Für die Vermietung gelten dieselben Grundsätze wie für die Gesamthandsgemeinschaft; auf die Ausführungen zu Rdn. 260–268 wird verwiesen. Die Verwaltung der Mietsache steht den Teilhabern gemeinsam zu (§ 744 Abs. 1 BGB). In § 745 Abs. 2 BGB ist bestimmt, dass jeder Teilhaber eine dem Interesse aller Teilhaber entsprechende Verwaltung verlangen kann. Hierzu gehört auch die Durchsetzung einer wirtschaftlich angemessenen Mieterhöhung.[720] Verweigert ein Teilhaber seine Mitwirkung an einer solchen Verwaltung, so kann dies Schadensersatzansprüche zur Folge haben.[721].

271 Wird der gemeinschaftliche Gegenstand von einem der Teilhaber vermietet, so wirkt der Mietvertrag nur dann gegen den anderen Teilhaber, wenn dieser dem Verrag zustimmt. Wird die Zustimmung nicht erteilt, so ist der Mietvertrag mit dem vermietenden Teilhaber zwar wirksam; dieser ist aber gegen den Willen des anderen Teilhabers nicht berechtigt, die Mietsache dem Mieter zu überlassen. Hat der vermietende Teilhaber die Sache dem Mieter überlassen, so steht dem anderen Teilhaber gegenüber dem Mieter der Herausgabeanspruch aus §§ 985, 1011 BGB zu.

272 **ggg) Eigentümergemeinschaft.** Die Wohnungseigentümergemeinschaft als Verband ist nicht ohne weiteres zur Vermietung von Gemeinschaftseigentum berechtigt. Zwar besitzt die Wohnungseigentümergemeinschaft Teilrechtsfähigkeit. Dies gilt aber nur für Rechtsgeschäfte aus dem Verwaltungsbereich im Außenverhältnis. Bei der Vermietung von Gemeinschaftseigentum handelt es sich dagegen um eine besondere Form der Ausübung des Gebrauchs des gemeinschaftlichen Eigentums (§ 15 Abs. 2 WEG). Dieses Recht steht den Wohnungseigentümern zu.[722] Über den ordnungsgemäßen Gebrauch des gemeinschaftlichen Eigentums können die Wohnungseigentümer mit Stimmenmehrheit entscheiden. Was ordnungsgemäß ist, muss nach der Verkehrsauffassung bestimmt werden; dabei steht den Eigentümern ein gewisser Ermessensspielraum zu. Maßgeblich sind die Umstände des Einzelfalls.[723] I. d. R. entspricht die Entscheidung zur Vermietung von Gemeinschaftseigentum einer ordnungsgemäßen Verwaltung. Ausnahmen sind denkbar; allerdings müssen für den Ausnahmefall besondere Umstände vorliegen.[724]

273 Das Recht zur Vermietung von Gemeinschaftseigentum kann durch Beschluss auf den Verband übertragen werden (§ 15 Abs. 2 WEG). In diesem Fall muss der Mietvertrag vom Verwalter abgeschlossen werden.[725] Vermieter wird der Verband. Ein Wechsel in der personellen Zusammensetzung der Wohnungseigentümer ist unbeachtlich. Ein mit der Wohnungseigentümergemeinschaft abgeschlossener Mietvertrag ist i. d. R. mit dem rechtsfähigen Verband, nicht mit den einzelnen Eigentümern geschlossen; dies gilt auch dann, wenn die Gemeinschaft nicht ausdrücklich als Vertragspartner genannt wird.[726] Eine Ausnahme wird nur bei sehr kleinen Gemeinschaften in Betracht kommen. Für den Mieter ist diese Vertragsgestaltung nachteilig, weil ihm als Haftungsvermögen nur das Verwaltungsvermögen zur Verfügung steht.[727]

274 Wird ein Beschluss der Wohnungseigentümer über die Vermietung von Gemeinschaftseigentum für unwirksam erklärt, so bleibt die Wirksamkeit eines bereits abgeschlossenen Mietvertrags hiervon unberührt. Ist der Mietvertrag vom Verwalter als Vertreter der Wohnungseigentümer abgeschlossen worden, so können auch die überstimmten Eigentümer keine Herausgabeansprüche gegen den Mieter geltend machen.

---

[718] *Palandt/Sprau* § 741 Rdn. 1.
[719] BGH NJW 2005, 3781 = NZM 2005, 941 = WuM 2005, 790 = ZMR 2006, 30.
[720] OLG Düsseldorf ZMR 1999, 21.
[721] OLG Düsseldorf a. a. O.
[722] *Drasdo* in FS Blank S. 617, 621.
[723] *Kreuzer* in FS Blank S. 651, 655.
[724] BGH NZM 2000, 1010.
[725] *Kreuzer* in FS Blank S. 651, 657.
[726] BGH NJW 2005, 2061, 2068.
[727] *Drasdo* in FS Blank S. 617, 623.

bb) Erbbauberechtigter. Der Erbbauberechtigte ist anstelle des Grundstückseigentümers zur Vermietung berechtigt. Erlischt das Erbbaurecht, so tritt der Grundstückseigentümer gem. § 566 BGB in das Mietverhältnis ein (§ 30 Abs. 1 ErbbauRG). Erlischt das Erbbaurecht durch Zeitablauf, so kann der Eigentümer das Mietverhältnis mit dreimonatiger Frist kündigen. Bei der Wohnraummiete muss Schriftform eingehalten werden. Die Kündigung kann nur für einen der beiden ersten Termine erfolgen, für die sie zulässig ist. Für die Kündigung von Wohnraum müssen außerdem berechtigte Interessen i. S. v. § 573 BGB vorliegen. Der Mieter kann den Grundstückseigentümer unter Bestimmung einer angemessenen Frist zur Erklärung darüber auffordern, ob er von dem Kündigungsrecht Gebrauch machen will. In diesem Fall kann die Kündigung nur bis zum Fristablauf erfolgen. Erlischt das Erbbaurecht vorzeitig, so entsteht das Sonderkündigungsrecht nicht. 275

cc) Nießbraucher. Der Nießbraucher (§ 1030ff. BGB) ist ebenfalls anstelle des Eigentümers zur Vermietung berechtigt. Hat der Nießbraucher ein Grundstück über die Dauer des Nießbrauchs hinaus vermietet, so wird das Mietverhältnis nach Beendigung des Nießbrauchs mit dem Eigentümer fortgesetzt (§ 1056 Abs. 1 BGB). Der Eigentümer hat ein Sonderkündigungsrecht nach § 1056 Abs. 2 BGB (s. dazu § 542 BGB Rdn. 133). Die Kündigung muss bei der Wohnraummiete schriftlich erklärt werden; sie ist grundsätzlich an keine Frist gebunden. Es müssen Kündigungsgründe i. S. v. § 573 BGB vorliegen und im Kündigungsschreiben mitgeteilt werden. Der Mieter hat allerdings die Möglichkeit, den Eigentümer unter Bestimmung einer angemessenen Frist zur Erklärung darüber aufzufordern, ob er von dem Kündigungsrecht Gebrauch mache. In diesem Fall kann die Kündigung nur bis zum Ablauf der Frist erfolgen (1056 Abs. 3 BGB). 276

Überträgt ein Eigentümer ein von ihm vermietetes Grundstück an einen Dritten, und lässt er sich zugleich einen Nießbrauch an diesem Grundstück einräumen, so bleibt er Vermieter (§ 567 BGB). Für die Verteilung der **Instandhaltungs- und Instandsetzungspflichten** zwischen dem neuen Eigentümer und dem Nießbraucher gelten in diesem Fall die Vorschriften der §§ 1041 und 1050 BGB. Nach § 1041 BGB hat der Nießbraucher „für die Erhaltung der Sache in ihrem wirtschaftlichen Bestand zu sorgen. Ausbesserungen und Erneuerungen liegen ihm nur insoweit ob, als sie zu der gewöhnlichen Unterhaltung der Sache gehören". Zu den Erhaltungsmaßnahmen zählen die normalen Verschleißreparaturen, während größere Reparaturen, wie die Erneuerung eines Daches oder dergleichen Aufgabe des Eigentümers sind.[728] In § 1050 BGB ist bestimmt, dass der Nießbraucher „Veränderungen oder Verschlechterungen der Sache, welche durch die ordnungsmäßige Ausübung des Nießbrauchs herbeigeführt werden" nicht zu vertreten hat. Zu dem Verhältnis des § 1050 BGB zu § 1041 BGB werden unterschiedliche Ansichten vertreten: **(1)** Nach einer Meinung wird § 1041 BGB durch § 1050 BGB eingeschränkt: Danach trifft den Nießbraucher keine Reparaturpflicht, wenn die Abnutzung auf der ordnungsmäßige Ausübung des Nießbrauchs beruht.[729] **(2)** Nach h. M. wird § 1050 BGB durch § 1041 BGB eingeschränkt: Danach betrifft § 1050 BGB nur solche Abnutzungen, die der Nießbraucher nicht nach § 1041 BGB zu beseitigen hat.[730] 277

Macht der Nießbraucher „Verwendungen auf die Sache, zu denen er nicht verpflichtet ist", kann er sie nach den Vorschriften über die Geschäftsführung ohne Auftrag ersetzt verlangen. 278

Die gesetzliche Verteilung der Instandhaltungs- und Instandsetzungspflichten kann vertraglich (mit schuldrechtlicher Wirkung) abw. von § 1041 BGB geregelt werden.[731] 279

Der Nießbraucher kann die Mietsache auch **an den Eigentümer vermieten.** In diesem Fall geltend hinsichtlich des Rechtsverhältnisses zwischen dem Nießbraucher und dem Eigentümer in Ansehung der Mietsache die allgemeinen Vorschriften des Mietrechts. Eine Besonderheit gilt hinsichtlich der Instandhaltung der Mietsache. Beim gewöhnlichen Mietverhältnis ist der Vermieter gegenüber dem Mieter zur Instandhaltung und Instandsetzung verpflichtet (§ 535 Abs. 1 BGB). Im Verhältnis des Nießbrauchers zum Eigentümer gilt, dass der Nießbraucher lediglich für die Erhaltung der Sache in ihrem wirtschaftlichen Bestand zu sorgen hat (§ 1041 Satz 1 BGB). Ausbesserungen obliegen ihm nur insoweit, als sie zu der gewöhnlichen Unterhaltung der Sache gehören (§ 1041 Satz 2 BGB). Hierzu zählen solche Maßnahmen, die bei ordnungsgemäßer Bewirtschaftung regelmäßig, und zwar wiederkehrend innerhalb kürzerer Zeitabstände zu erwarten sind, ins- 280

---

[728] BGH NJW-RR 2003, 1290, 1292; NJW 1993, 3198, 3199; NJW-RR 2005, 1321, 1322 = NZM 2005, 780.

[729] OLG Karlsruhe RPfl 2005, 686, 688; *Palandt/Bassenge* § 1050 Rdn. 1.

[730] BGH NJW 2009, 1810; OLG Zweibrücken OLGZ 1984, 460, 461; *Frank* in Staudinger, 2002, § 1041 Rdn. 2 und § 1050 Rdn. 2; *Pohlmann* in MünchKomm § 1041 Rdn. 3 und § 1050 Rdn. 1 ff.; *Wegmann* in Bamberger/Roth § 1050 Rdn. 3.

[731] BGH NJW 2009, 1810 unter Rn 18; *Frank* in Staudinger Vorbem. §§ 1030 Rdn. 18.

besondere normale Verschleißreparaturen.[732] Alle sonstigen Instandhaltungsmaßnahmen sind Sache des Eigentümers. Daraus folgt, dass dem Eigentümer grundsätzlich keine mietvertraglichen Instandhaltungs- und Gewährleistungsansprüche zustehen, wenn es um andere als die gewöhnlichen Unterhaltungsmaßnahmen geht.[733] Etwas anderes gilt nur dann, wenn sich aus dem Mietvertrag ergibt, dass die Instandhaltungs- und Instandsetzungspflicht abw. von § 1041 BGB geregelt werden soll.[734]

281 **dd) Dinglich Wohnberechtigter.** Der Inhaber eines dinglichen Wohnrechts (§ 1093 BGB) ist nur dann zur Vermietung berechtigt, wenn der Eigentümer dies gestattet. Die Gestattung kann auch schlüssig erklärt werden. Sie schließt ohne weiteres auch das Recht des Wohnungsberechtigten ein, den Mietzins vom Mieter zu verlangen.[735] Die Gestattung muss vom jeweiligen Eigentümer erteilt werden und ist gegenüber dem Rechtsnachfolger nur wirksam, wenn sie im Grundbuch eingetragen worden ist. Eine Ausnahme gilt dann, wenn das Eigentum im Wege der Gesamtrechtsnachfolge (Erbfolge) übergegangen ist, weil der Erbe kraft Gesetzes für alle Verbindlichkeiten des Erblassers haftet. Eine einmal erteilte Gestattung kann nur beim Vorliegen wichtiger Gründe widerrufen werden.[736] Ist die Vermietung ohne Gestattung erfolgt, oder ist diese wirksam widerrufen, so kann der Eigentümer verlangen, dass der Wohnungsnutzer die Sache an den Wohnberechtigten zurückgibt (§ 1004 BGB). Der Mietzins und die Nutzungsentschädigung stehen auch im Fall der unberechtigten Vermietung dem Wohnberechtigten zu; der Eigentümer hat auch gegenüber dem Wohnberechtigten keinen Anspruch auf Herausgabe des Mietzinses.[737]

282 Im Ausnahmefall kann der Eigentümer nach § 242 BGB verpflichtet sein, eine Vermietung an einen Dritten zu gestatten. Der Anspruch des Berechtigten auf Erteilung der Erlaubnis hängt dabei von zwei Voraussetzungen ab: Zum einen kommt es darauf an, ob nach Lage und Art der Räume eine Nutzung durch andere Personen ohne Beeinträchtigung des Eigentümers durchgeführt werden kann. Zum anderen ist maßgeblich, ob der Berechtigte auf die Vermietung dringend angewiesen ist, was insbesondere dann nahe liegt, wenn er sich in einer existenzbedrohenden Notlage befindet.[738] Die Zumutbarkeit der Fremdnutzung ist regelmäßig zu verneinen, wenn sich die Wohnung des Berechtigten in einem Ein- oder Zweifamilienhaus befindet. Bei größeren Wohneinheiten mit mehreren Mietparteien ist die Zumutbarkeit dagegen zu bejahen. Eine Existenzgefährdung ist beispielsweise anzunehmen, wenn der Berechtigte in ein Pflegeheim wechseln muss und den Erlös aus der Vermietung zur Bezahlung der Pflegekosten benötigt. Der Umstand, dass ein Teil der Pflegekosten mit Leistungen der Sozialhilfe oder der Pflegeversicherung bestritten werden können, spielt hierbei keine Rolle.[739]

282a Hat der Berechtigte gegenüber dem Eigentümer eine **schwere Straftat** begangen, so kann der Eigentümer verlangen, dass der Wohnungsberechtigte „von der persönlichen Benutzung seines Rechtes Abstand nimmt und die Ausübung des Wohnungsrechts nach Maßgabe von § 1092 Abs. 1 Satz 2 BGB einem Dritten überlässt."[740] Ein Anspruch auf Aufgabe des Wohnrechts steht dem Eigentümer weder aus § 313 BGB (Wegfall der Geschäftsgrundlage) noch aus § 242 BGB zu. Ist dem Eigentümer das weitere Zusammenleben mit dem Berechtigten auf Grund der Verfehlung nicht zuzumuten, so muss er der Überlassung an den Dritten zustimmen.[741]

283 **ee) Betreuer.** Die Bestellung eines Betreuers für einen körperlich oder geistig behinderten Eigentümer berührt die Geschäftsfähigkeit des Eigentümers nicht.[742] Hier kommt es im Einzelfall darauf an, ob der Betreute voll geschäftsfähig ist (z. B. bei körperlicher Behinderung) oder ob Geschäftsunfähigkeit (§ 104 Nr. 2 BGB) vorliegt. Für den geschäftsunfähigen Eigentümer muss der Betreuer als gesetzlicher Vertreter tätig werden. Hierzu ist er in der Lage, wenn er für den Aufgabenbereich der Vermögenssorge bestellt worden ist. Willenserklärungen des Betreuten sind nichtig.

---

[732] BGH NJW-RR 2003, 1290 unter Nr. II 3b; NZM 2005, 780 unter Nr. II 2a.
[733] BGH NZM 2005, 780 betr. Erneuerung einer Elektroinstallation einer Wohnung wegen Sicherheitsmängeln.
[734] BGH a. a. O.
[735] BGH WPM 1972, 886.
[736] *Schmidt-Futterer* ZMR 1967, 163.
[737] BGHZ 59, 51; OLG Oldenburg ZMR 1994, 507; *Joost* in MünchKomm § 1092 Rdn. 4 und § 1093 Rdn. 16; *Ring* in Staudinger § 1092 Rdn. 6; *Palandt/Bassenge* § 1093 Rdn. 12.
[738] OLG Köln ZMR 1995, 256.
[739] OLG Köln a. a. O.
[740] BGH (V ZR 208/15) ZMR 2016, 822.
[741] BGH a. a. O. Rz. 27.
[742] BayObLG NJW 1990, 775.

Eine ähnliche Rechtsfolge gilt, wenn das Familiengericht einen Einwilligungsvorbehalt nach § 1903 BGB angeordnet hat. In diesem Fall ist der Betreute einem beschränkt Geschäftsfähigen gleichgestellt, mit der Folge, dass die § 108ff. BGB gelten (s. Rdn. 236). Der geschäftsfähige Eigentümer kann für sich selbst handeln. Daneben hat der Betreuer – soweit sein Aufgabenbereich reicht – die Stellung eines gesetzlichen Vertreters. Durch die vom Betreuer geschlossenen Verträge wird der Betreute berechtigt und verpflichtet. Unter Umständen kann der Betreuer selbst für die vertraglichen Verbindlichkeiten haften; dies gilt insbesondere dann, wenn der Betreuer dem Vertragspartner eine besondere persönliche Gewähr für die ordnungsgemäße Erfüllung des Vertrags gegeben hat.[743] Wird ein und dieselbe Sache sowohl durch den geschäftsfähigen Eigentümer als auch durch den Betreuer vermietet, so liegt eine **Doppelvermietung** vor. Bei der Doppelvermietung sind beide Verträge wirksam. Jeder Mieter hat gegen den Vermieter einen Anspruch auf Überlassung der Mietsache. Dem Vermieter steht es frei, welchen Vertrag er erfüllt; auf die zeitliche Abfolge der jeweiligen Vertragsabschlüsse kommt es nicht an.[744] Das Recht zum Besitz steht demjenigen Mieter zu, dem die Sache überlassen worden ist; der andere Mieter kann nur Schadensersatz verlangen. (s. aber § 1907 Abs. 3 BGB). Ähnlich ist es, wenn dieselbe Sache zu unterschiedlichen Mietbedingungen an denselben Mieter vermietet wird. Der Eigentümer kann die Sache nach seiner Wahl zu den Bedingungen eines der beiden Mietverträge überlassen; erleidet der Mieter hierdurch einen Schaden, weil er die Sache auf Grund des anderen Vertrags zu besseren Bedingungen erhalten hätte, so kann er gegenüber dem Eigentümer Schadensersatzansprüche geltend machen. Der Schadensausgleich zwischen dem Eigentümer und dem Betreuer richtet sich nach §§ 1908i Abs. 1 Satz 1, 1833 BGB. In diese Rechtslage darf ein Gericht nicht eingreifen. Insbesondere kann dem Vermieter nicht untersagt werden, die Mietsache an den Konkurrenten zu übergeben.[745] Die jeweiligen Mieter können den Herausgabeanspruch im Wege der Klage geltend machen. Das einstweilige Verfahren wird von der Rechtsprechung für unzulässig erachtet, wenn der Vermieter (oder der Betreuer) die Sache einem der Mieter übergeben hat und dieser nicht zur Rückgabe bereit ist.[746] Der Schadensersatzanspruch kann nach § 281 BGB durchgesetzt werden.

Ein Miet- oder Pachtvertrag über Geschäftsraum oder bewegliche Sachen, der für längere Zeit **284** als vier Jahre geschlossen wird, bedarf der **Genehmigung des Familiengerichts.** Wird Wohnraum vermietet, so besteht das Genehmigungserfordernis bei allen – auch bei unbefristeten – Mietverträgen (§ 1907 Abs. 3 BGB). Hierdurch soll in erster Linie verhindert werden, dass der Betreuer die Wohnung des Betreuten unkontrolliert weitervermietet. Die Vorschrift gilt aber über den Gesetzeszweck hinaus auch für solche Räume, die der Betreute nicht selbst bewohnt hat. Das Genehmigungserfordernis gilt auch dann, wenn der Vertrag vom Betreuer mit Zustimmung des geschäftsfähigen Eigentümers abgeschlossen wird. Für Verträge des geschäftsfähigen Eigentümers, die ohne Mitwirkung des Betreuers zustande gekommen sind, gilt das Genehmigungserfordernis dagegen nicht.

Die **Kündigung eines Mietverhältnisses** über eine dem Betreuten gehörende vermietete **285** Wohnung bedarf ebenfalls der Genehmigung des Familiengerichts (§ 1812 BGB).[747] Auf diese Weise soll der Betreute vor dem Verlust künftiger Mietzinsansprüche geschützt werden. Eine ohne Genehmigung ausgesprochene Kündigung ist unwirksam (§ 1831 Satz 1 BGB).

Für die Erteilung und Wirkung der Genehmigung des Familiengerichts gelten die §§ 1828– **286** 1831 BGB. Unter einer Genehmigung ist die vorherige Zustimmung i. S. v. § 183 BGB zu verstehen. Dies folgt aus § 1831 Satz 1 BGB. Eine ohne vorherige Zustimmung erklärte Kündigung wird durch eine nachträglich erteilte Genehmigung nicht geheilt. Vielmehr muss der Kündigungsberechtigte eine neue Kündigung aussprechen.[748]

Ist die Genehmigung erteilt, so hängt die Wirksamkeit einer Kündigung nicht von der Vorlage **287** der Genehmigung ab. Bei Nichtvorlage der Genehmigung kann der Kündigungsempfänger die Kündigung aber nach § 174 BGB zurückweisen. Es gelten dieselben Grundsätze wie bei der Zurückweisung einer Kündigung wegen unterlassener Vorlage der Vollmachtsurkunde.[749]

---

743 BGH NJW 1995, 1213.

744 BGH MDR 1962, 398; Brandenburgisches OLG MDR 1998, 98; *Emmerich* in Staudinger § 536 Rdn. 47; *Ehlert* in Bamberger/Roth § 536 Rdn. 36; *Kandelhard* in Herrlein/Kandelhard § 536 Rdn. 55.

745 Brandenburgisches OLG MDR 1998, 98 betr. Unzulässigkeit einer einstweiligen Verfügung.

746 KG MDR 1999, 927.

747 OLG Hamm MDR 1991, 251; LG Berlin MDR 1973, 503; LG Köln WuM 1997, 219.

748 *Rolfs* in: Staudinger § 542 Rdn. 65f.

749 Zweifelnd *Rolfs* in Staudinger § 542 Rdn. 66.

288 **ff) Hausverwalter.** Das zwischen dem Eigentümer und dem rechtsgeschäftlich bestellten Hausverwalter bestehende Vertragsverhältnis **(Innenverhältnis)** ist entweder als Dienstvertrag (§§ 611 ff. BGB), Geschäftsbesorgungsvertrag (§ 675 BGB) oder als Verwaltungsvertrag eigener Art[750] zu bewerten. Zu der letztgenannten Gruppe zählt auch der sog. „Mietgarantievertrag" durch den sich der Verwalter verpflichtet, an den Eigentümer eine garantierte Mindestmiete zu bezahlen.

289 Von dem Innenverhältnis ist das **Außenverhältnis** zu unterscheiden. Danach ist zu beurteilen, ob und in welchem Umfang die Erklärungen des Verwalters gegenüber dem Mieter für und gegen den Eigentümer wirken. Hierfür stehen zwei Rechtsinstitute zur Verfügung, nämlich die **Stellvertretung** nach § 164 BGB und die **Ermächtigung** nach § 185 Abs. 1 BGB. Die Stellvertretung unterscheidet sich von der Ermächtigung dadurch, dass der Stellvertreter die Erklärung im fremden Namen abgibt, während der Ermächtigte im eigenen Namen handelt. Bei der Hausverwaltung wird die Vertretungsmacht nahezu ausschließlich im Wege der Vollmacht erteilt.

290 Nach h. M. ist das **Vollmachtsverhältnis** gegenüber dem Auftragsverhältnis **abstrakt.** Daraus folgt, dass sich die Handlungsmacht des Verwalters grundsätzlich allein nach dem Inhalt und dem Umfang der Vollmachtsurkunde richtet. Insbesondere sind die auf Grund wirksamer Vollmacht erklärten Handlungen des Verwalters auch dann gegenüber dem Eigentümer wirksam, wenn der Verwalter die Handlung im Innenverhältnis nicht hätte vornehmen dürfen.

291 Für den Vertragschluss sowie für alle nachfolgenden Rechtsgeschäfte und geschäftsähnliche Handlungen, die im Namen des Eigentümers getätigt werden müssen, benötigt der Verwalter eine **Vollmacht** oder eine Ermächtigung des Eigentümers. Die Vollmacht kann entweder durch Erklärung gegenüber dem Bevollmächtigten oder durch Erklärung gegenüber dem Dritten, dem gegenüber die Vertretung stattfinden soll, erteilt werden. Nach derselben Weise richtet sich auch das Erlöschen der Vollmacht.

292 Die Vollmacht bedarf auch dann keiner bestimmten **Form,** wenn der Mietvertrag als solcher formbedürftig ist. Der **Umfang der Vollmacht** richtet sich ausschließlich nach dem Willen des Vollmachtgebers. Maßgeblich sind allerdings nicht dessen Vorstellungen. Vielmehr kommt es auf den Inhalt der Bevollmächtigung an; bei schriftlicher Bevollmächtigung ist die Vollmachtsurkunde maßgeblich. Dabei ist streitig, ob durch die allgemeine Hausverwaltungsvollmacht auch der Ausspruch einer Kündigung gedeckt wird (s. dazu § 542 BGB Rdn. 47).

293 Bei der Stellvertretung und der Ermächtigung gilt der **Offenheitsgrundsatz.** Er besagt, dass der Hausverwalter die Fremdbezogenheit seiner Erklärungen offen legen muss. Dies spielt insbesondere beim **Vertragsschluss** eine Rolle. Gibt der Verwalter nicht zu erkennen, dass er im Namen des Eigentümers handelt, so kommt das Mietverhältnis mit ihm und nicht mit dem Eigentümer zustande (§ 164 Abs. 2 BGB). Insbesondere kann aus der Verwendung des Begriffs „Hausverwalter" oder „Hausverwaltung" im Text der Mietvertragsurkunde nicht geschlossen werden, dass der Verwalter für den Eigentümer handeln wollte.[751] Wird der Verwalter als Vertragspartei in Anspruch genommen, so muss er beweisen, dass er nur als Vertreter gehandelt hat.[752]

294 **Einseitige Willenserklärungen** – etwa eine Kündigung – muss der Verwalter im Namen des Eigentümers abgeben. Wird der Offenheitsgrundsatz verletzt, so ist die Kündigung unwirksam. Eine **verdeckte Stellvertretung** ist bei der Kündigung nicht zulässig.[753] Für die Mieterhöhungserklärung nach § 558 BGB gilt dasselbe: Der Verwalter kann keine Mieterhöhungserklärung aus eigenem Recht abgeben,[754] selbst dann nicht, wenn – wie beim „Mietgaranten" – der Erfolg der Mieterhöhungserklärung dem Verwalter und nicht dem Eigentümer zugute kommt. Allerdings ist zu beachten, dass es genügt, wenn sich die Fremdbezogenheit aus den Umständen ergibt. Insoweit kann regelmäßig davon ausgegangen werden, dass ein Hausverwalter für den Eigentümer und Vermieter handelt, wenn er das Mietverhältnis kündigt. Hier ist es unschädlich, wenn der Verwalter nicht ausdrücklich erklärt, dass er im Namen des Vermieters handle.[755]

295 Bei der **Ermächtigung** gelten ähnliche Grundsätze. Von einem Teil der Literatur wird die Ansicht vertreten, dass die von einem Ermächtigten abgegebene Erklärung nur wirksam ist, wenn der

---

750 OLG Karlsruhe RE 24.7.1981 WuM 1981, 249.

751 AG Berlin-Wedding GE 1991, 885; **a. A.** OLG Düsseldorf ZMR 2003, 351.

752 *Sternel,* Mietrecht, 1988, Rdn. I 7.

753 LG Köln WuM 1997, 219 für Kündigung durch einen Betreuer; LG München I WuM 1989, 282 für Mieterhöhungserklärung; AG Augsburg MittBayNot 1992, 329; AG Waiblingen WuM 1991, 20.

754 LG Berlin GE 1990, 497.

755 BGH (VIII ZR 231/13) NJW 2014, 1803 für Mieterhöhung nach § 558 BGB; LG Berlin GE 1994, 1447 betr. Mieterhöhung; LG Bremen WuM 1993, 605 für Kündigung.

Ermächtigte offenlegt, dass er ein dem Vermieter zustehendes Recht im eigenen Namen geltend macht.[756] Dies beruht auf der Erwägung, dass der Mieter eine Erklärung analog §§ 180 Abs. 1, 174 BGB oder analog § 182 Abs. 3, 111 BGB zurückweisen kann, wenn ihr keine Urkunde beigefügt ist, aus der sich das Recht des Ermächtigten zur Geltendmachung des Rechts ergibt. Nur auf diese Weise könne der Mieter eine doppelte Inanspruchnahme vermeiden. Der BGH teilt diese Ansicht nicht „Denn der Mieter, der aus dem Mietvertrag von einer anderen Person als seinem ursprünglichen Vermieter in Anspruch genommen wird, kann sich zunächst dessen Berechtigung nachweisen lassen, wenn er Zweifel daran hat, ob eine entsprechende Vollmacht oder Ermächtigung vorliegt oder ein Rechtsübergang nach § 566 BGB stattgefunden hat."[757]

Wird die **Vollmacht gegenüber dem Verwalter erteilt** und macht dieser hiervon Gebrauch, so ist es für die Wirksamkeit des Rechtsgeschäfts nicht erforderlich, dass die Vollmachtsurkunde vorgelegt wird. Besonderheiten gelten für einseitige empfangsbedürftige Rechtsgeschäfte, insbesondere für die Kündigung eines Mietverhältnisses und für die Abgabe von Mieterhöhungserklärungen.[758] Für diese Fälle bestimmt **§ 174 Satz 1 BGB,** dass die Erklärung unwirksam wird, wenn der Bevollmächtigte eine Vollmachtsurkunde nicht vorlegt und der Erklärungsempfänger das Rechtsgeschäft aus diesem Grunde unverzüglich zurückweist. Dasselbe gilt bei der Ermächtigung. Hier muss der Verwalter das Ermächtigungsschreiben vorlegen, andernfalls kann der Erklärungsempfänger die Erklärung nach §§ 182 Abs. 3, 111 BGB zurückweisen. Weitere Einzelheiten § 542 BGB Rdn. 37. **296**

Wird die **Vollmacht gegenüber dem Mieter erteilt,** so besteht kein Zurückweisungsrecht **(§ 174 Satz 2 BGB).** Das OLG Frankfurt[759] vertritt in diesen Zusammenhang die Ansicht, dass für die Information des Mieters keine besondere Form vorgesehen sei. Deshalb reiche es aus, wenn der Verwalter zusammen mit der in Frage stehenden Rechtshandlung eine fotokopierte Vollmacht vorlege, aus der sich seine Vertretungsbefugnis ergebe. Hierdurch werde der Mieter über Bestand, Inhalt und Umfang der Vollmachtsurkunde informiert, so dass das Zurückweisungsrecht ausgeschlossen sei. Der Sinn und Zweck des § 174 Satz 2 BGB wird dabei allerdings verkannt. Eine ausreichende In-Kenntnis-Setzung des Mieters über die Bevollmächtigung des Verwalters nach § 174 Satz 2 BGB kann nur dann angenommen werden, wenn die in Frage stehende Information der Rechtshandlung vorausgeht. Die Gleichzeitigkeit von Rechtshandlung und Information reicht nicht aus. Ebenso ist es unzureichend, wenn die Information nachgereicht wird. **297**

Für die **Vertretung des Vermieters im gerichtlichen Verfahren** ist **§ 79 Abs. 2 ZPO** zu beachten.[760] Danach kann sich der Vermieter nur durch einen Rechtsanwalt oder die in Abs. 2 Nr. 1–4 aufgeführten Personen (Beschäftigte, Familienangehörige, Verbraucherzentralen, registrierte Inkassodienstleister) vertreten lassen. Der Hausverwalter zählt nicht zum Kreis der vertretungsberechtigten Personen. **298**

Der Hausverwalter kann allerdings im Wege der **gewillkürten Prozessstandschaft** für den Vermieter tätig werden, wenn er hierzu im Einzelfall ermächtigt ist (eine Generalermächtigung genügt nicht)[761] und er ein eigenes rechtlich schützenswertes Interesse an der gerichtlichen Geltendmachung hat. Dabei handelt es sich um die Geltendmachung eines fremden Rechts im eigenen Namen. Bei dieser Form der Prozessführung kann der Verwalter beispielsweise rückständige Mietzinsen im eigenen Namen einklagen. Auch Gestaltungsrechte – etwa der Anspruch auf Zustimmung zur Mieterhöhung – können im Wege der Prozessstandschaft geltend gemacht werden; die Prozessstandschaft setzt insbesondere nicht voraus, dass das geltend gemachte Recht abtretbar ist.[762] Der prozessualen Geltendmachung eines fremden Rechts im Wege der Prozessstandschaft entspricht in materiellrechtlicher Hinsicht die Ermächtigung oder Einwilligung nach § 185 BGB. Im Rahmen des § 185 BGB ist anerkannt, dass ein Dritter auch zur Geltendmachung nicht abtretbarer Rechte ermächtigt werden kann;[763] für die gerichtliche Durchsetzung eines solchen Rechts kann **299**

---

756 *Dickersbach* in: Lützenkirchen, Mietrecht § 558a Rdn. 18; *Schultz* in: Bub/Treier Kap III Rn. 1136; *Sternel* Mietrecht Aktuell Rdn IV 81.

757 BGH (VIII ZR 203/13) NJW 2014, 1802 betr. Mieterhöhungserklärung durch Erwerber einer Wohnung vor dessen Eintragung ins Grundbuch.

758 OLG Hamm RE 28.5.1982 NJW 1982, 2076 = WuM 1982, 204.

759 NJW-RR 1996, 10.

760 Dazu *Dickersbach* NZM 2009, 726.

761 LG Görlitz WuM 1997, 682; AG Köln NZM 2009, 737.

762 **A. A.** LG Berlin GE 1990, 497; AG Köln WuM 1989, 579.

763 BGH WuM 1998, 99.

nichts anderes gelten. Ein gerichtliches Urteil ergeht auf den Namen des Verwalters, der aus dem Titel auch im eigenen Namen vollstrecken kann. Diese Regelungen sind dann sinnvoll, wenn der Verwalter dem Eigentümer beispielsweise eine bestimmte Miete garantiert hat und demgemäß das Mietausfallrisiko zu tragen hat.

300 Will der Verwalter ein dem Eigentümer zustehendes Recht im eigenen Namen geltend machen, so bedarf er dazu nach der hier vertretenen Auffassung einer **besonderen Ermächtigung,** aus der sich diese Befugnis ergibt. Die allgemeine Prozessvollmacht reicht dazu nicht aus. Vielmehr muss sich aus der Vollmacht ausdrücklich das Recht zur Prozessführung im eigenen Namen ergeben.[764]

301 Nach allgemeiner Ansicht ist die Prozessführung im Wege der Prozessstandschaft nur möglich, wenn der Kläger ein **eigenes schutzwürdiges Interesse** an der Geltendmachung des Rechts hat.[765] In der Rechtsprechung wird ein solches Interesse zum Teil bejaht,[766] überwiegend aber verneint.[767] Ein eigenes rechtliches Interesse liegt vor, wenn der Verwalter in irgendeiner nicht nur unerheblichen Weise am Prozessergebnis partizipiert. Bei dem Mietgaranten ist ein solches Interesse offensichtlich, weil diesem der Mietzins zugute kommt. Beim treuhänderisch tätigen Verwalter kann ein eigenes Interesse gegeben sein, wenn dieser ein Erfolgshonorar[768] oder eine vom Mieteingang abhängige Vergütung erhält[769] oder wenn vom Prozessergebnis eine Schadensersatzpflicht des Verwalters gegenüber dem Eigentümer abhängt. Der für nahezu jede Verwaltung typische Umstand, dass der Verwalter dem Eigentümer gegenüber rechenschaftspflichtig ist, soll für die Annahme eines schutzwürdigen Interesses dagegen nicht ausreichen.[770]

302 Die instanzgerichtliche Rechtsprechung lässt es teilweise bereits genügen, wenn die Verwaltung so angelegt ist, dass der **Eigentümer im Hintergrund** steht und der Verwalter gegenüber dem Mieter wie ein Eigentümer auftritt.[771] Tragender Grund dieser Rechtsprechung ist die – insbesondere bei der Verwaltung von Eigentumswohnungen – bestehende typische Interessenlage. Der Kapitalanleger schaltet ja gerade deshalb einen Verwalter ein, weil er nur an der Rendite interessiert ist und mit der Vermietung als solcher möglichst wenig zu tun haben will und regelmäßig auch wenig zu tun hat. Dem soll es entsprechen, dass der Verwalter auch die gerichtlichen Angelegenheiten im eigenen Namen erledigt. Dieser Rechtsprechung ist zuzustimmen: Die tragenden Grundsätze der Prozessstandschaft werden durch die restriktive Zulassung dieses Rechtsinstituts bei der Hausverwaltung ins Gegenteil verkehrt. Tatsächlich besteht im Allgemeinen ein Bedürfnis an der Begrenzung der Prozessstandschaft, weil sichergestellt werden muss, dass die jeweiligen Rechtsträger durch die willkürliche Übertragung der Prozessführungsbefugnis keine Vorteile erlangen, die sie im Falle eigener Prozessführung nicht hätten. So könnte der Geschäftsherr etwa als Zeuge in eigener Sache aussagen, wenn er berechtigt wäre, die Prozessführung auf den Gehilfen zu übertragen. Deshalb wird für die Prozessstandschaft im Allgemeinen vorausgesetzt, dass der Gehilfe als Prozessstandschafter nur zugelassen werden kann, wenn er nicht nur fremde Rechte geltend macht, sondern darüber hinaus ein eigenes rechtliches Interesse an der Prozessführung hat. Bei der Hausverwaltung ist die Situation regelmäßig umgekehrt: Hier ist der Verwalter als sachkundiger Geschäftsherr und „Quasi-Partei" anzusehen. Deshalb verkehrt es den Sinn der Beschränkung der Prozessstandschaft ins Gegenteil, wenn man den Verwalter als Prozesspartei ausschließt und als Zeugen zulässt.

Außerdem kann der Vermieter eine Mietzinsforderungen an den Hausverwalter abtreten. Bei der **Vollabtretung** ist die Prozessführungsbefugnis unproblematisch. Bei der **Abtretung zur Einziehung** kann der Hausverwalter eine Forderung im Mahnverfahren bis zur Abgabe an das Streitgericht geltend machen, allerdings nur, wenn er nach § 10 Abs. 1 Satz 1 Nr. 1 des Rechtsdienstleistungsgesetzes registriert ist (§ 79 Abs. 2 Satz 2 Nr. 4 ZPO).

---

[764] **A. A.** LG Bremen WuM 1993, 605.

[765] St. Rspr.: vgl. BGH NJW 1987, 2018; NJW-RR 1989, 1104; NJW 1990, 1117; LG Kassel ZMR 1992, 548; LG Berlin GE 1993, 317.

[766] LG Darmstadt WuM 1990, 445; LG Bremen WuM 1993, 605 jeweils für den Verwalter von Eigentumswohnungen.

[767] KG NZM 2007, 85 = ZMR 2007, 111; LG Görlitz WuM 1997, 682; LG Saarbrücken WuM 1998, 421; LG Kiel WuM 1998, 233; LG Berlin NJW-RR 1993, 1234; GE 1990, 497; AG Dortmund WuM 2001, 633; AG Wuppertal WuM 1993, 416; AG Köln WuM 2008, 676, 677.

[768] LG Berlin GE 1990, 257; **a. A.** *Sternel,* Mietrecht, 1988, Rdn. V 18.

[769] Vgl. BGH NJW 1988, 1210.

[770] LG Hamburg WuM 1991, 599; wohl auch LG Saarbrücken WuM 1998, 421.

[771] LG Darmstadt WuM 1990, 445; LG Bremen WuM 1993, 605; **a. A.** KG a. a. O.

Die allgemeine Hausverwaltervollmacht beinhaltet zugleich eine umfassende **Empfangsvollmacht.** Der Mieter kann eine für den Vermieter bestimmte Erklärung entweder gegenüber dem Verwalter oder gegenüber dem Vermieter abgeben. Aus der Erklärung muss allerdings ersichtlich sein, dass sie für den Vermieter bestimmt ist. Es genügt insoweit, wenn sich die Person des Adressaten aus den Umständen ergibt. Hat der Mieter beispielsweise gegenüber dem Verwalter gekündigt, so wirkt die Kündigung bei bestehender Empfangsvollmacht auch dann gegenüber dem Vermieter, wenn dessen Person in dem Kündigungsschreiben nicht genannt wird. 303

Die Empfangsvollmacht gilt, bis sie widerrufen wird. Der **Widerruf** muss aus Gründen der Rechtsklarheit in eindeutiger Weise erfolgen. Ist beispielsweise das Mietverhältnis durch den Vermieter persönlich gekündigt worden, so liegt darin keineswegs ein konkludent erklärter Widerruf der Verwaltungsvollmacht. Deshalb kann der Mieter einen Kündigungswiderspruch nach § 574 BGB auch gegenüber dem Verwalter abgeben. 304

Im gerichtlichen Verfahren muss stets der Vermieter persönlich in Anspruch genommen werden. Eine gewillkürte Prozessstandschaft ist nur möglich, wenn Rechte des Vermieters eingeklagt werden, nicht dagegen wenn der Vermieter verklagt werden soll **(Passivprozess).** Hat der Verwalter zulässigerweise im eigenen Namen Klage erhoben, etwa auf rückständigen Mietzins, so kann der Mieter dagegen mit Gegenforderungen aufrechnen. Ist eine Aufrechung aber nicht möglich oder nicht genügend und müssen die Gegenforderungen deshalb im Wege der Widerklage geltend gemacht werden, so ist diese Klage gegen den Vermieter und nicht gegen den Verwalter zu richten. 305

Der Eigentümer hat gegen den Verwalter einen gesetzlichen **Anspruch auf Auskunft und Rechnungslegung** (§§ 666, 675 BGB). Dieser Anspruch besteht über die Beendigung des Verwaltervertrags hinaus. Zur Rechnungslegung gehört eine geordnete Zusammenstellung der Einnahmen und Ausgaben unter Beifügung der Belege.[772] Die Zusammenstellung muss hinreichend klar und verständlich sein, so dass sie der Eigentümer ohne Hinzuziehung eines Sachverständigen verstehen kann. Die Übergabe der Verwaltungsunterlagen genügt nicht. Der Eigentümer ist insbesondere nicht verpflichtet, sich die gewünschten Erkenntnisse durch Auswertung der Unterlagen selbst zu verschaffen. Störungen des Erinnerungsvermögens führen nicht zur Unmöglichkeit der Erfüllung, solange das Gedächtnis nicht die einzige Erkenntnisquelle ist. Der Eigentümer ist allerdings verpflichtet, dem Verwalter die für die Rechnungslegung erforderlichen Unterlagen wieder zur Verfügung zu stellen. Der Auskunftsanspruch kann entfallen, wenn er jahrelang nicht geltend gemacht worden ist. Eine Ausnahme gilt, wenn der Eigentümer nachweisen kann, dass sich nachträglich Zweifel an der Zuverlässigkeit des Verwalters ergeben haben.[773] 306

gg) Zwangsverwalter.[774]Die Zwangsverwaltung ist neben der Zwangsversteigerung und der Zwangshypothek die dritte Art der Zwangsvollstreckung in das unbewegliche Vermögen. Die Gläubiger des Grundstückseigentümers sollen bei dieser Art der Vollstreckung nicht aus dem Objekt, sondern aus den Erträgnissen des Objekts befriedigt werden. Deshalb hat der Zwangsverwalter das Grundstück anstelle des Eigentümers nach wirtschaftlichen Gesichtspunkten zu verwalten, damit die Erträgnisse an die berechtigten Gläubiger verteilt werden können. Der Zwangsverwalter ist nicht Vertreter des Vermieters, sondern ein amtliches Organ. Im Rahmen der Zwangsverwaltung ist der Zwangsverwalter berechtigt, Mietverträge im eigenen Namen abzuschließen, Mieterhöhungsverlangen auszusprechen, zu kündigen und alle sonstigen mit der Verwaltung der Mietsache in Zusammenhang stehenden Vereinbarungen zu treffen.[775] Zu diesen Maßnahmen ist der Verwalter im Interesse einer wirtschaftlichen Verwaltung auch verpflichtet. Bei der Ausübung seiner Tätigkeit steht dem Zwangsverwalter ein gewisses Ermessen zu. Danach kann er zwischen mehreren wirtschaftlich sinnvollen Entscheidungen wählen; er darf aber keine Entscheidungen treffen, die wirtschaftlich unvernünftig sind.[776] Insbesondere hat er dafür zu sorgen, dass leerstehende Wohnungen vermietet werden. Insoweit genügt es allerdings, wenn der Zwangsverwalter einen Makler mit der Vermittlung von Mietverträgen beauftragt.[777] Der Verwalter ist verpflichtet, die Bonität des Mieters zu überprüfen.[778] Die Vermietung muss mindestens zu den ortsüblichen Bedingungen erfolgen. Deshalb handelt der Verwalter pflichtwidrig, wenn er Wohn- oder Gewerberäume, ohne 307

772 OLG Saarbrücken NZM 1999, 1008.
773 OLG Saarbrücken a. a. O.
774 Dazu *Reismann* WuM 1998, 287.
775 LG Berlin NJWE-MietR 1996, 221 betr. Verzicht auf Eigenbedarfskündigung.
776 KG GE 2014, 390.
777 OLG Köln NZI 2011, 959.
778 OLG Düsseldorf Beschluss vom 22.7.2014 – 22 U 52/14.

Notwendigkeit zu einem unüblich niedrigen Mietpreis vermietet,[779] oder wenn er den Mietvertrag abschließt ohne die Bonität des Mieters zu überprüfen und der Eigentümer deshalb einen Schaden erleidet. In diesem Fall hat der Eigentümer Anspruch auf Schadensersatz; dieser ist entsprechend der Differenz zwischen der erzielten und der erzielbaren Miete zu bemessen.[780] Kommt es infolge der Zahlungsunfähigkeit des Mieters zu einem Mietausfall, so hat der Verwalter auch diesen Schaden zu ersetzen. Für die tatsächlichen Voraussetzungen des Schadensersatzanspruchs ist der Eigentümer darlegungs- und beweispflichtig.[781]

307a **Wohnt der Schuldner** zur Zeit der Beschlagnahme **auf dem Grundstück,** so sind ihm die für seinen Hausstand unentbehrlichen Räume zu belassen (§ 149 Abs. 1 ZVG). Der Schuldner hat hierfür kein Entgelt zu entrichten. Zum Hausstand zählen grundsätzlich alle Personen, die zur Zeit der Beschlagnahme auf dem Grundstück wohnen. Dazu gehören die Ehepartner, Kinder, Eltern, Geschwister, nichteheliche Lebenspartner, Kinder des Lebenspartners oder Hauspersonal. Auch wenn die Kinder volljährig sind, können sie in den Hausstand der Eltern aufgenommen sein.[782] Der Schuldner und die durch § 149 Abs. 1 ZVG privilegierten Personen (Familien- und Hausstandsangehörige) haben nur Anspruch auf die „unentbehrlichen Räume". Die entbehrlichen Räume sind an den Zwangsverwalter zum Zweck der Vermietung herauszugeben. Anderenfalls müssen die Nutzer dieser Räume gem. § 812 BGB eine Nutzungsentschädigung bezahlen. Allerdings sind hierbei zwei Besonderheiten zu beachten: **(1)** Zum einen besteht weder eine Herausgabe- noch eine Zahlungspflicht, wenn die an sich entbehrlichen Räume nicht vermietet werden können. Davon ist in der Regel auszugehen, wenn die unentbehrlichen und die entbehrlichen Räume Teil einer einheitlichen Wohnung sind. **(2)** Sind die Räume trennbar, so muss der Zwangsverwalter zunächst bestimmen, welche Räume weiterhin vom Schuldner oder seinen Angehörigen genutzt werden dürfen; der Anspruch auf die Nutzungsentschädigung entsteht erst, wenn der Verwalter diese Bestimmung getroffen hat.

307b Die Vorschrift des § 149 Abs. 1 ZVG setzt zweierlei voraus: (1) zum einen muss der Eigentümer die Räume kraft seines Eigentums bewohnen; dies ist nicht der Fall, wenn er die Wohnung an einen Dritten (z. B. an einen Familienangehörigen) vermietet und er in der Folgezeit sein Besitz- oder Mitbesitzrecht vom Dritten ableitet.[783] (2) zum anderen ist erforderlich, dass der Eigentümer in der Wohnung einen eigenen Hausstand führt. Hat der Eigentümer die Wohnung vollständig an einen Dritten (z. B. seiner Ehefrau) vermietet, so ist § 149 Abs. 1 ZVG unanwendbar.[784] Die zwischen dem Zwangsverwalter und dem Mieter bestehenden Rechtsbeziehungen richten sich allein nach dem Mietvertrag. Es kommt nicht darauf an, ob der Mieter auf einen Teil der Räume verzichten könnte. Die Vereinbarung einer besonders günstigen Miete gilt auch im Verhältnis zum Zwangsverwalter. Die Gläubiger des Eigentümers können den Abschluss eines für sie ungünstigen Mietvertrags nach § 3 AnfG anfechten. Anfechtbar ist eine Rechtshandlung, die der Eigentümer in den letzten zehn Jahren vor der Anfechtung mit dem Vorsatz, seine Gläubiger zu benachteiligen, vorgenommen hat, wenn der andere Teil zur Zeit der Handlung den Vorsatz des Schuldners kannte. Zur Anfechtung sind aber nur die Gläubiger berechtigt. Die Darlegungs- und Beweislast für die tatsächlichen Voraussetzungen des Anfechtungstatbestands trägt der Gläubiger. Hinsichtlich der Benachteiligung genügt bedingter Vorsatz. Hiervon ist auszugehen, wenn der Schuldner die Benachteiligung des Gläubigers erkennt und billigend in Kauf nimmt. Bei diesem Tatbestandsmerkmal handelt es sich um eine innere Tatsache, die in der Regel nur mittelbar aus objektiven Tatsachen hergeleitet werden kann. Indizien hierfür sind: Das Missverhältnis zwischen der Leistung des in beengten finanziellen Verhältnissen lebenden Schuldners und der Gegenleistung des Begünstigten; die Unmittelbarkeit des Eintritts der Nachteile beim Gläubiger; das Ausmaß der Benachteiligung sowie ein besonderes Näheverhältnis des Schuldners zum Begünstigten.[785] Dem Zwangsverwalter steht das Anfechtungsrecht nicht zu.[786]

---

[779] KG a. a. O.: Abschluss eines auf 5 Jahre befristeten Mietvertrags zu einer Miete weit unterhalb der Marktmiete; LG Berlin GE 2012, 63 betr. Vermietung von Räumen, deren Mietwert mit ca 13.– €/qm anzusetzen ist, zu einer Miete von 7.– €/qm.

[780] LG Berlin a. a. O.

[781] OLG Düsseldorf Beschluss vom 22.7.2014 – 22 U 52/14.

[782] BGH (IX ZR 72/14) NZM 2016, 888.

[783] BGH (IX ZR 224/12) NZM 2014, 194 Rz. 10; BGH (IX ZR 72/14) NZM 2016, 888 Rz. 16.

[784] BGH (IX ZR 224/12) NZM 2014, 194.

[785] BGH (IX ZR 68/14) MDR 2015, 978.

[786] BGH (IX ZR 224/12) NZM 2014, 194.

Der Zwangsverwalter tritt nur dann in die bereits bestehenden Mietverhältnisse ein (§ 152 Abs. 2 ZVG) wenn die Mietsache dem Mieter vor der Beschlagnahme überlassen worden ist. Durch diese Rechtsfolge wird kein Rechtsübergang sondern eine Änderung der Verwaltungsbefugnis bewirkt.[787] Der Zwangsverwalter kann alle Rechte aus dem Mietverhältnis geltend machen. Er kann die Mieten einziehen und erhöhen, das Mietverhältnis kündigen, Schadenersatzansprüche oder Ansprüche auf Durchführung von Schönheitsreparaturen geltend machen. Hat ein Mieter die **Miete im Voraus** bezahlt, so ist die Zahlung auch gegenüber dem Zwangsverwalter wirksam (§§ 1192, 1124 Abs. 1 BGB), wenn die Zahlung vor der Beschlagnahme (§ 146 Abs. 1 ZVG) erfolgt. Eine Ausnahme gilt gem. § 1124 Abs. 2 BGB für Zahlungen, die „sich auf die Miete … für eine spätere Zeit als den zur Zeit der Beschlagnahme laufenden Kalendermonat“ beziehen; erfolgt die Beschlagnahme nach dem fünfzehnten Tage des Monats, so ist die Verfügung jedoch insoweit wirksam, als sie sich auf die Miete oder Pacht für den folgenden Kalendermonat bezieht. Solche Zahlungen sind den Grundpfandgläubigern gegenüber unwirksam. Der Zeitpunkt der Beschlagnahme richtet sich nach §§ 146 Abs. 1, 22 Abs 2 S. 2 ZVG. Danach wird die Beschlagnahme dem Mieter gegenüber erst mit dem Zeitpunkt wirksam, in welchem sie ihm bekannt oder das Zahlungsverbot ihm zugestellt wird. Maßgeblich ist also die Kenntnis des Mieters von der Beschlagnahme. **307c**

Von diesem Grundsatz besteht eine wichtige **Ausnahme:** Hat der Mieter einen **abwohnbaren Baukostenzuschuss** geleistet, so muss der Zwangsverwalter die Verrechnung dieser Leistung als Mietzahlung akzeptieren. Diese Rechtsfolge wird aus § 242 BGB abgeleitet. Sie beruht auf der Erwägung, dass der Eigentümer mit der bestimmungsgemäßen Verwendung des Baukostenzuschusses einen Sachwert schafft, der auch dem Grundpfandgläubiger in Form einer Wertsteigerung des Grundstücks zugute kommt. Nach der Rechtsprechung setzt die Berücksichtigung eines abwohnbaren Baukostenzuschusses als Mietvorauszahlung voraus, **(1)** dass der Mieter den Baukostenzuschuss oder eine entsprechende Bauleistung mit Rücksicht auf das Mietverhältnis erbringt; **(2)** dass der Baukostenzuschuss aus dem Vermögen des Mieters stammt und **(3)** dass der Baukostenzuschuss oder eine entsprechende Bauleistung tatsächlich zum Auf- oder Ausbau des Mietgrundstücks verwendet wird.[788] Die unter der Ziff (1) genannte Voraussetzung ist nicht gegeben, wenn der Mieter dem Vermieter ein vom Mietvertrag unabhängiges Darlehen gewährt, das durch Verrechnung mit der Miete getilgt werden soll. Ebenso fehlt es an dieser Voraussetzung, wenn der Mieter die Kosten für eine Baumaßnahme übernimmt, die beim Vertragsschluss bereits abgeschlossen war. Gleiches gilt, wenn der Mieter die Leistungen vor Abschluss des Mietvertrags erbringt. Ob der Mieter den Baukostenzuschuss in Geld oder in Form von Arbeitsleistungen erbringt, spielt keine Rolle. Bei einer Geldleistung werden auch solche Zahlungen dem Mieter zugerechnet, die ein Dritter für den Mieter erbringt, sei es dass der Dritte dem Mieter ein günstiges Darlehen gewährt oder diesem eine bestimmte Geldsumme schenkweise zuwendet. Bei Arbeitsleistungen kommt dem Mieter auch die Mithilfe dritter Personen zugute, wenn diese für den Mieter tätig geworden sind. **307d**

Ist im Mietvertrag vereinbart, dass die Miete für die gesamte Laufzeit des Vertrags im Voraus zu bezahlen ist **(Einmalmiete)** und hat der Mieter seine Zahlungspflicht vor der Beschlagnahme erfüllt, so stellt sich die Frage, ob und in welchem Umfang die Zahlung gegen den Zwangsverwalter wirkt. Diese Frage ist im Gesetz nicht eindeutig geregelt, weil § 1124 Abs. 2 BGB auf die periodische Mietzahlung zugeschnitten ist. In dem Urteil vom 25. 4. 2007 hat der BGH entschieden, dass § 1124 Abs. 2 BGB nicht anzuwenden ist, wenn eine als „Einmalmiete“ zu bewertende Zahlung als Gegenleistung für die **Einräumung eines lebenslangen Wohnrechts** vereinbart wurde.[789] Diese Entscheidung beruht auf der Erwägung dass in einem solchen Fall unklar bleibt „welcher Anteil (der Mietzahlung) rechnerisch auf einen Monat entfällt). In einer späteren Entscheidung hat der BGH allerdings ausgeführt, es sei offen, „ob an dieser Rechtsprechung uneingeschränkt festzuhalten ist“.[790] Zwingend erscheint dies nicht, weil auch solche Einmalzahlungen einen zukünftigen Nutzungszeitraum abdecken und regelmäßig auf einer Kalkulation eines realistischen Entgelts bemessen nach einem realistischen Nutzungszeitraum beruhen. **307e**

Die Sonderbehandlung der Einmalmiete ist allerdings nur dann angezeigt, wenn der vereinbarte Betrag „nicht auf der Grundlage periodischer Zeitabschnitte (etwa Monate oder Jahre) bemessen **307f**

---

[787] BGH NJW 2003, 3342; NJW 2005, 2926; NZM 2005, 639; *Börstinghaus* NZM 2004, 481, 489.

[788] BGH (VIII ZR 166/10) WuM 2012, 210.

[789] BGH NJW 2007, 2919 unter Ziff II 1 a; vgl. auch BGHZ 137, 106 = NJW 1998, 595 zu dem rechtsähnlichen Problem bei der Anwendung des § 566 c BGB.

[790] BGH (VIII ZR 103/13) NJW 2014, 2720 unter Rz. 21.

wird".[791] Ist die Berechnung des Monatsbetrags dagegen möglich, so gilt § 1124 Abs. 2 BGB uneingeschränkt.[792] Dies gilt nicht nur für einen **Mietvertrag mit fester Laufzeit** sondern immer dann, wenn der Mieter auf Grund einer im Mietvertrag getroffenen Vereinbarung eine **nach wiederkehrenden Zeitabschnitten kalkulierte Miete** im voraus bezahlt hat.

307g **Abweichende Vereinbarungen.** Die Vorschrift des § 1124 Abs. 2 BGB dient dem Schutz der Grundpfandgläubiger. Die Parteien des Mietvertrags können die in diesen Regelungen vorgesehene Rechtsfolge nicht abweichend regeln. Eine an den Vermieter gezahlte Miete kann der Mieter vom Empfänger der Leistung nach § 812 Abs. 1 Satz 2 Alt 2 BGB zurückfordern, weil der mit der Zahlung verfolgte Zweck (Erfüllung der aus dem Mietvertrag folgenden Zahlungspflicht) auf Grund der Rechtsfolgen des § 1124 Abs. 2 BGB nicht erreicht werden kann.

308 Ist nicht der Eigentümer, sondern ein **Dritter Partei des Mietvertrags,** so kommt es hinsichtlich des Umfangs der Beschlagnahme darauf an, ob die Mietforderung wirtschaftlich dem Eigentümer oder einem davon unabhängigen Dritten gebührt; nur im erstgenannten Fall hat der Verwalter Zugriff auf die Miete.[793]

308a Ist der Mieter nach den Vereinbarungen des Hauptmietvertrags zur **Untervermietung** berechtigt, so stehen ihm die Einnahmen aus dem Untermietvertrag zu. Die Anordnung der Zwangsverwaltung über das Grundstück ändert hieran grundsätzlich nichts, weil hierdurch lediglich die Forderungen aus dem Hauptmietverhältnis erfasst werden. Etwas anderes gilt jedoch auch hier, wenn der Untermietzins wirtschaftlich dem Grundstückseigentümer zugute kommt. Dann ist davon auszugehen, dass der Untermietvertrag nur zum Schein abgeschlossen wurde um die Erträgnisse des Grundstücks den Gläubigern des Grundstückseigentümers zu entziehen. Der Grundstückseigentümer ist dann so zu behandeln als habe er selbst an den Untermieter vermietet. Voraussetzung für die Annahme des Ausnahmefalls ist, dass der Grundstückseigentümer und der Hauptmieter an der Benachteiligung der Gläubiger zusammenwirken.[794]

309 Der Zwangsverwalter muss alle den Vermieter treffenden Pflichten erfüllen. Wird über eine **vermietete Eigentumswohnung** die Zwangsverwaltung angeordnet, so muss der Zwangsverwalter einen Teil der Mieteinahmen zur Bezahlung des Hausgeldes verwenden. Dies gilt für das laufende Hausgeld. Die Ansprüche der Wohnungseigentümergemeinschaft auf rückständige Hausgelder und Sonderumlagen, die im Zeitpunkt der Beschlagnahme bereits fällig waren sind nur zu berücksichtigen, wenn die Gemeinschaft wegen dieser Ansprüche die Zwangsverwaltung betreibt.[795]

309a Wegen der Ansprüche aus dem Vertrag ist der Zwangsverwalter aktiv und passiv legitimiert. Dies gilt grundsätzlich nur bis zur Beendigung der Zwangsverwaltung.[796] Die Haftung des Zwangsverwalters ist auf das Verwaltungsvermögen beschränkt. Bei der Titulierung ist darauf zu achten, dass diese Beschränkung im Rubrum zum Ausdruck kommt, damit der Zwangsverwalter nicht persönlich in Anspruch genommen werden kann.[797] Ein bereits titulierter Anspruch ist auf den Zwangsverwalter umzuschreiben.[798] In Rechtsprechung und Literatur ist streitig, wer nach der Anordnung einer Zwangsverwaltung für die **Abrechnung der Betriebskosten** zuständig ist. Drei Ansichten werden vertreten: Nach einer Ansicht muss der Zwangsverwalter nur über diejenigen Betriebskostenvorauszahlungen abrechnen, die in der Zeit der Zwangsverwaltung geleistet werden.[799] Nach anderer Meinung muss der Zwangsverwalter über den gesamten Abrechnungszeitraum abrechnen, wenn er während des Abrechnungszeitraums bestellt worden ist. Ein Guthaben muss der Zwangsverwalter ausbezahlen; Nachforderungen muss er einziehen.[800] Liegt der gesamte Abrechnungszeitraum vor der Beschlagnahme, so soll der Vermieter zur Abrechung verpflichtet sein.[801] Nach der Auffassung des BGH[802] ist der Zwangsverwalter für den laufenden und für alle zurückliegenden

---

[791] So bereits BGH NJW 2007, 2919 unter Ziff II 1 a.
[792] BGH (VIII ZR 103/13) NJW 2014, 2720.
[793] BGH NZM 2004, 433 unter Nr. II 2 c; KG GE 2008, 988.
[794] OLG Celle Urteil vom 8.3.2012 – 2 U 102/11.
[795] BGH (V ZR 131/11) NJW 2012, 1293.
[796] BGH (VIII ZR 189/09) NZM 2010, 698 = WuM 2010, 518.
[797] LG Berlin GE 1997, 431.
[798] LG Berlin GE 1997, 431.
[799] *Zipperer* ZfIR 2006, 691, 693.
[800] OLG Hamburg NJW-RR 1990, 151.
[801] LG Berlin GE 1990, 1083.
[802] BGH NZM 2003, 472 = WuM 2003, 338 = ZMR 2003, 418 = GE 2003, 1016.

Abrechnungszeiträume zuständig, soweit die entsprechenden Abrechnungen fällig und noch nicht erledigt sind.[803] Diese Auffassung überzeugt: Der Zwangsverwalter ist gem. § 152 Abs. 1 ZVG verpflichtet, alle rückständigen Mieten geltend zu machen. Die Betriebskosten sind Teil der Miete; die Höhe dieses Mietanteils wird durch die Betriebskostenabrechnung ermittelt. Folgerichtig ist es Sache des Zwangsverwalters eine Betriebskostenabrechnung zu erstellen, die Nachzahlungsansprüche geltend zu machen und die Guthaben auszuzahlen. Unerheblich ist dabei, ob der Zwangsverwalter die Betriebskostenvorauszahlungen erhalten hat oder ob diese dem Vermieter zugeflossen sind.[804]

Für die Dauer der Zwangsverwaltung tritt der Verwalter in die Rechte und Pflichten aus einer **Kautionsvereinbarung** ein. Daraus folgt: Ist die Kaution gesetzeskonform vom Vermögen des Vermieters getrennt angelegt, so kann der Zwangsverwalter an Stelle des Vermieters über die Sicherheit verfügen. Ist die Kaution nicht gesetzeskonform angelegt, aber vorhanden, so muss der Zwangsverwalter die Kaution vom Vermieter herausverlangen und für eine solche Anlage Sorge tragen. Weitere Einzelheiten: § 551 BGB Rdn. 111. **310**

Der **Eigentümer** ist **nicht zur Vermietung berechtigt.** Vermietet er trotzdem, so ist der Mietvertrag gegenüber dem Mieter wirksam. Der Eigentümer kann aber nur erfüllen, wenn der Zwangsverwalter zustimmt. Es gilt dieselbe Rechtslage wie bei der Vermietung einer Sache durch den Nichtberechtigten (s. Rdn. 337). Stimmt der Verwalter nicht zu, so ist der Mietvertrag gegenüber dem Verwalter unwirksam. Der „Mieter" schuldet deshalb keinen Mietzins, sondern lediglich eine Nutzungsentschädigung nach § 812 BGB und für den Fall, dass der Zwangsverwalter den Räumungsanspruch geltend macht, auch eine Nutzungsentschädigung nach § 987 Abs. 1 BGB (ab Rechtshängigkeit). Der Bereicherungsanspruch fällt nicht unter § 148 Abs. 2 ZVG; er ist dem Mietzinsanspruch auch nicht gleichzustellen, mit der weiteren Folge, dass der Zwangsverwalter diese Ansprüche nicht geltend machen kann.[805] **311**

In die **sonstigen Verträge** zwischen dem Eigentümer und Dritten, die mit der Bewirtschaftung des Grundstücks in Zusammenhang stehen (z. B. in Dienst oder Arbeitsverträge), tritt der Zwangsverwalter nicht ein. Deshalb muss ein Hauswart, der eine Wohnung auf Grund eines Mietvertrags nutzt, den Mietzins an den Zwangsverwalter bezahlen, während er sich wegen der Hauswartsvergütung nur an den Eigentümer halten kann.[806] Etwas anderes gilt, wenn die Hauswartsleistung als solche Teil des Mietzinses ist (Ersetzungsbefugnis) oder wenn das Entgelt für die Überlassung der Wohnung vereinbarungsgemäß in Form von Hauswartsleistungen erbracht wird. **312**

Die **Zwangsverwaltung endet,** wenn der **Anordnungsbeschluss aufgehoben** wird. In diesem Fall tritt der Eigentümer in die vom Zwangsverwalter begründeten Mietverträge ein. Die vom Zwangsverwalter abgegebenen Erklärungen (Mieterhöhung, Kündigung, Abmahnung, etc.) bleiben wirksam. Ein Mieterhöhungsverlangen, das der Eigentümer während der Zeit der Zwangsverwaltung ausgesprochen hat bleibt auch dann unwirksam, wenn die Zwangsverwaltung in der Folgezeit beendet wird.[807] Gleiches gilt für eine Kündigungserklärung. **313**

Die Zwangsverwaltung endet außerdem mit der Erteilung des **Zuschlags in der Zwangsversteigerung.** Die Mieten stehen ab dem Zeitpunkt des Eigentumserwerbs (Erteilung des Zuschlags) dem Erwerber zu. Soweit der Zwangsverwalter nach diesem Zeitpunkt Mietzahlungen entgegennimmt, hat er sie an den Erwerber herauszugeben. Dies gilt auch für die Betriebskostenvorauszahlung.[808] Hieraus wird teilweise geschlossen, dass der Erwerber umgekehrt auch für eine Unterdeckung einzustehen hat.[809] Der BGH teilt diese Ansicht nicht. Nach seiner Meinung fehlt es an einer Anspruchsgrundlage. In Betracht kommt insoweit eine analoge Anwendung von § 670 BGB. Diese Vorschrift bestimmt für das Auftragsrecht, dass der Auftraggeber zum Ersatz der Aufwendungen verpflichtet ist, die der Beauftragte zum Zwecke der Ausführung des Auftrags für erforderlich halten durfte. Der BGH führt hierzu aus, dass die Voraussetzungen für eine analoge Anwendung der Vorschrift nicht gegeben sind, weil der Regelungszweck des § 670 BGB nicht auf die Zwangs- **314**

---

803 Ebenso *Haarmeyer/Wutzke/Förster/Hintzen,* Zwangsverwaltung, 2. Aufl., § 6 ZwVerwVO Rdn. 19; *Wolf/Eckert/Ball* Rdn. 1492; *Derleder* NZM 2009, 8, 14.

804 BGH NZM 2003, 472 = WuM 2003, 338 = ZMR 2003, 418 = GE 2003, 1016; NJW-RR 2005, 1029 = NZM 2005, 596 = WuM 2005, 460 = ZMR 2005, 603 = GE 2005, 858.

805 OLG Hamm ZMR 1993, 568.

806 LG Berlin GE 1996, 1369.

807 AG Dortmund WuM 1994, 546.

808 BGH (IX ZR 156/06) NJW-RR 2008, 323 = NZM 2008, 100.

809 *Engels* RPfleger 2008, 91, 92.

verwaltung übertragen werden kann. Zwar ist der Zwangsverwalter verpflichtet, die für die Unterhaltung und den Betrieb des Grundstücks erforderlichen Betriebskosten zu bezahlen. Diese Pflicht besteht allerdings nicht gegenüber dem späteren Erwerber, sondern folgt – als Amtspflicht – aus § 152 ZVG.

314a Forderungen aus der Zeit vor der Wirksamkeit des Zuschlags bleiben Zwangsverwaltungsmasse. Der Zwangsverwalter ist berechtigt, diese Forderungen einzuziehen. Insoweit ist er auch trotz Beendigung der Zwangsverwaltung aktiv legitimiert, weil er seine Tätigkeit ordnungsgemäß abschließen muss.[810] Für Passivprozesse gilt dasselbe.[811] Deshalb kann der Mieter den Zwangsverwalter auch nach Zuschlagserteilung wegen solcher Forderungen in Anspruch nehmen, die während der Zeit der Zwangsverwaltung fällig geworden sind.[812] Für die nach Erteilung des Zuschlags entstehenden Verbindlichkeiten haftet nur der Erwerber. Für Pflichtverletzungen während der Zeit der Zwangsvollstreckung haftet der Zwangsverwalter nach allgemeinen Grundsätzen. Grundsätzlich muss der Eigentümer beweisen, dass der Schaden infolge der Tätigkeit oder Untätigkeit des Zwangsverwalters eingetreten ist. Eine Beweislastumkehr in Form der Beweisvereitelung findet statt, wenn feststeht, dass der Zwangsverwalter eine zum Schutz des Geschädigten bestehende Pflicht verletzt hat. In diesem Fall muss der Zwangsverwalter beweisen, dass der Schaden auch bei pflichtgemäßem Verhalten eingetreten wäre.[813]

314b Am Zwangsverwaltungsverfahren sind außer dem Gläubiger und dem Schuldner unter anderem diejenigen beteiligt, „welche … ein Miet- oder Pachtrecht" an dem Grundstück … bei dem Vollstreckungsgericht anmelden und auf Verlangen des Gerichts oder eines Beteiligten glaubhaft machen" (§ 9 ZVG). In der Literatur ist streitig, ob auch ein Untermieter zu diesem Personenkreis gehört.[814] Der BGH hat diese Frage bisher noch nicht entschieden.[815] Jedenfalls hat der Untermieter im Allgemeinen kein Rechtsschutzbedürfnis an der Einlegung einer Erinnerung, weil er durch die Zwangsverwaltung nicht betroffen wird.[816] Der Zwangsverwalter tritt lediglich in die Rechtsstellung des Eigentümers (Hauptvermieter) ein; die Rechtsbeziehungen zwischen dem Mieter (Untervermieter) und dem Untermieter bleiben unverändert. Die Mieten aus dem Untermietvertrag stehen nach wie vor dem Mieter (Untervermieter) zu. Eine Ausnahme kommt in Betracht, wenn durch das Untermietverhältnis lediglich eine Verlagerung der Mieteinnahmen bezweckt wird, etwa um diese den Gläubigern zu entziehen.

314c Mit der Anordnung der Zwangsverwaltung verliert der Eigentümer die **Prozessführungsbefugnis.** Diese geht auf den Zwangsverwalter als gesetzlichen Prozessstandschafter über.[817] Es gelten die Regeln über den Parteiwechsel. Der Zwangsverwalter übernimmt einen zwischen dem Eigentümer und dem Mieter anhängigen Prozess in dem Stadium, in dem er sich im Zeitpunkt der Anordnung der Zwangsverwaltung befindet. Aus dem Rechtsgedanken der §§ 85, 86 InsO ist abzuleiten, dass die Übernahme nicht der Zustimmung des beklagten Mieters bedarf.[818]

314d Hat der Verwalter gegen einen Mieter einen **Titel auf Räumung und Herausgabe** des der Beschlagnahme unterliegenden Mietobjekts erstritten, stellt sich die Frage, ob der Erwerber die Zwangsvollstreckung aus dem Räumungstitel betreiben darf. Dies ist zu verneinen, weil der Erwerber nicht Rechtsnachfolger des früheren Zwangsverwalters ist. Dies folgt aus der Erwägung dass im Falle des Rechtserwerbs durch Erteilung des Zuschlags das Eigentum nicht übertragen, sondern in der Person des Erwerbers neu begründet wird. Eine **Titelumschreibung** nach § 726 Abs. 1 ZPO ist deshalb nicht möglich.[819] Eine Titelumschreibung ist in den Fällen der vorliegenden Art aber auch entbehrlich. Durch die vom Zwangsverwalter erklärte Kündigung wird das Mietverhältnis beendet. Der Mieter hat mithin gegenüber dem Erwerber kein Recht zum Besitz. Deshalb kann der Erwerber aus dem Zuschlagsbeschluss die Zwangsvollstreckung auf Räumung und Herausgabe be-

---

[810] BGH ZMR 1993, 91;BGH NZM 2009, 715; BGH (IX ZR 89/08) NZM 2009, 715; BGH (XII ZR 181/08) NZM 2010, 676.

[811] LG Berlin GE 1997, 427.

[812] LG Berlin a. a. O. für einen Aufwendungserstattungsanspruch gem. § 538 Abs. 2 BGB.

[813] BGH NZM 2005, 700 = WuM 2005, 597 betr. die Verwahrlosung einer vermieteten Eigentumswohnung während der Zeit der Zwangsvollstreckung.

[814] Bejahend: *Stöber,* ZVG § 9 Anm. 2.10; verneinend: *Steiner/Hagemann* § 9 ZVG Rn. 87.

[815] BGH (V ZB 9/11) NZM 2012, 115.

[816] BGH a. a. O.

[817] BGH (VIII ZR 301/13) NZM 2006, 312; BGH (XII ZR 181/08) NZM 2010, 676.

[818] LG Krefeld GE 2015, 919.

[819] BGH (VII ZB 47/10) GuT 2012, 277.

treiben (§ 93 Abs. 1 ZVG). Auf den vom Zwangsverwalter erwirkten Titel ist der Erwerber also nicht angewiesen.

Steuerliche Pflichten des Zwangsverwalters (s. dazu grundlegend: BFH NZM 2015, 677). **(1)** Der Zwangsverwalter gilt hinsichtlich der Verwaltung der Immobilie als Vermögensverwalter im Sinne von § 34 Abs. 3 AO. Als solcher hat er neben dem Grundstückseigentümer die steuerlichen Pflichten zu erfüllen. **(2)** Die steuerlichen Pflichten des Zwangsverwalters sind in gegenständlicher und zeitlicher Hinsicht beschränkt. Die Pflicht zur Abführung der Steuer beschränkt sich auf die liquiden Miet- und Pachteinnahmen aus den seiner Verwaltung unterliegenden Grundstücken für die Dauer der Zwangsverwaltung. Mit seinem Privatvermögen haftet der Zwangsverwalter nur bei vorsätzlicher oder grob fahrlässiger Pflichtverletzung. **(3)** Die Eröffnung des Insolvenzverfahrens hat auf die Pflichten des Zwangsverwalters keinen Einfluss. Dessen Pflichten gehen erst dann auf den Insolvenzverwalter über, wenn das Zwangsverwaltungsverfahren aufgehoben oder einstweilen eingestellt wird. **(4)** Die Steuerpflicht des Zwangsverwalters besteht hinsichtlich der **Einkommenssteuer;** die früher vertretene gegenteilige Ansicht[820] hat der BFH in dem Urteil vom 10. 2. 2015[821] aufgegeben. Dies führt zu der Frage, wie der Zwangsverwalter die Höhe der geschuldeten Steuer ermitteln soll, weil dies von den persönlichen Verhältnissen des Schuldners und davon abhängt ob bei anderen Einkünften verrechenbare Verluste vorliegen.[822] Insoweit ist der Zwangsverwalter auf die Mitwirkung des Schuldners angewiesen. Wird diese verweigert, so muss der Zwangsverwalter davon ausgehen, dass die Einkünfte aus Vermietung zu dem höchstmöglichen Satz zu versteuern sind. Außerdem besteht die Steuerpflicht für die auf die Mieten und Pachten entfallende **Umsatzsteuer** sowie auf die **KFZ-Steuer** wenn das Fahrzeug als Zubehör des Grundstücks vorrangig der Verfügung des Zwangsverwalters unterliegt. 314e

hh) Insolvenzverwalter. Die Eröffnung des Insolvenzverfahrens setzt einen Antrag voraus (§ 13 InsO). Antragsberechtigt sind der Schuldner oder der Gläubiger. Voraussetzung ist, dass ein Insolvenzgrund vorliegt (Zahlungsunfähigkeit, drohende Zahlungsunfähigkeit, Überschuldung bei juristischen Personen) und dass die Kosten des Verfahrens gedeckt sind. Das Gericht kann einen vorläufigen Insolvenzverwalter bestellen. Man unterscheidet zwischen dem sog. „schwachen" und dem „starken" Insolvenzverwalter. 315

Der **schwache Insolvenzverwalter** – wie er regelmäßig bestellt wird – hat kein Verfügungsrecht über die Mietsache. Die Verwaltungs-, Verfügungs- und Prozessführungsbefugnis verbleibt beim Schuldner. Aufgabe des Insolvenzverwalters ist es, den Verfügungen des Vermieters zuzustimmen oder die Zustimmung zu versagen. Zur Führung eines Prozesses ist der schwache Insolvenzverwalter nicht befugt. 316

Die Bestellung eines **„starken" Insolvenzverwalters** ist in der Praxis selten. Dem starken Insolvenzverwalter wird das Verfügungsrecht über die Insolvenzmasse übertragen. Dem Vermieter wird ein Verfügungsverbot nach § 21 Abs. 2 Nr. 2 Alt. 1 InsO auferlegt. Der starke Insolvenzverwalter tritt gewissermaßen an die Stelle des Vermieters. Er ist prozessführungsbefugt. 317

Bei der **Vermietung von Immobilien** bleibt der Bestand des **vollzogenen Mietvertrags** von der Eröffnung des Insolvenzverfahrens unberührt: Der Mietvertrag ist auch der Insolvenzmasse gegenüber wirksam (§ 108 Abs. 1 InsO). Der Insolvenzverwalter muss das Mietverhältnis gegenüber dem Mieter erfüllen. Er ist an Stelle des Vermieters zur Mangelbeseitigung verpflichtet. Dies gilt auch dann, wenn die Mängel bereits vor der Eröffnung des Insolvenzverfahrens vorhanden gewesen sind.[823] Der Mieter hat die **Miete** einschließlich aller Nebenkosten[824] an den Insolvenzverwalter zu bezahlen. Sonderkündigungsrechte bestehen nicht. 318

Hat der Mieter **vor Insolvenzeröffnung** eine **Mietvorauszahlung** an den Vermieter geleistet, so ist diese Zahlung gegenüber der Insolvenzmasse nur insoweit wirksam, als sie sich auf den Mietzins für den zur Zeit der Eröffnung des Verfahrens laufenden Kalendermonat bezieht. Ist die Eröffnung nach dem 15. Tag des Monats erfolgt, so ist die Verfügung auch für den folgenden Kalendermonat wirksam (§ 110 Abs. 1 InsO). Maßgeblich ist, wann der Mieter von der Eröffnung des Insolvenzverfahrens Kenntnis erlangt hat. 319

---

820 BFH DB 1958, 1203.
821 BFH NZM 2015, 677.
822 S. *Drasdo* NZM 2016, 518.
823 BGH WuM 2003, 338 = ZMR 2003, 418 = NZM 2003, 472; *Wolf/Eckert/Ball* Rdn. 1519.
824 BGH NJW 1986, 3206.

320 Hat der Mieter **nach der Eröffnung** des Verfahrens an den Vermieter geleistet, so wird er frei, wenn er zur Zeit der Leistung die Eröffnung des Verfahrens nicht kannte.

321 Hat der Mieter **vor der öffentlichen Bekanntmachung** der Eröffnung geleistet, so wird vermutet, dass er die Eröffnung nicht kannte (§ 82 InsO). In § 110 Abs. 2 InsO ist ausdrücklich geregelt, dass die im Wege der Zwangsvollstreckung erfolgte Verfügung einer rechtsgeschäftlichen Verfügung gleichsteht. Die darüber hinausgehende Vorauszahlung kann der Mieter vom Vermieter zurückverlangen: Allerdings handelt es sich bei dem Rückforderungsanspruch um eine einfache Insolvenzforderung.

322 Von der Mietvorauszahlung in diesem Sinne sind diejenigen Zahlungen zu unterscheiden, die vom Vermieter vereinbarungsgemäß zur **Finanzierung** eines Neubaus, zum Wiederaufbau, zur Wiederherstellung, zum Ausbau oder zur Erweiterung des Gebäudes verwendet worden sind mit der Maßgabe, dass der Mieter berechtigt sein soll, die Vorausleistungen abzuwohnen. Nach einer in der Nachkriegszeit entwickelten Rechtsprechung des BGH sind diese Leistungen der Insolvenzmasse gegenüber wirksam, wobei es nicht darauf ankommt, ob sie als Mieterdarlehen, Baukostenzuschuss oder Mietvorauszahlung bezeichnet worden sind.[825] Diese Rechtsprechung beruht auf dem Umstand, dass die Grundstückseigentümer für den Wiederaufbau kriegsbeschädigter Immobilien häufig auf Aufbauhilfen von Mietern angewiesen waren mit der weiteren Folge, dass die Bereitschaft zur Vermietung von der Hingabe eines sicherungslosen Kredits oder eines Baukostenzuschusses abhängig gemacht wurde. Diese besondere Situation besteht heute nicht mehr. Deshalb ist zweifelhaft, ob diese Rechtsprechung weiterhin Bestand hat.[826]

323 Hat der Vermieter die **Mietzinsforderung abgetreten,** und hat der Gläubiger (Zessionar) dem Vermieter das Recht zur Einziehung der Mieten entzogen, so ist der schwache vorläufige Insolvenzverwalter verpflichtet, die im Eröffnungsverfahren eingezogenen Mieten an den Gläubiger abzuführen. Dies gilt auch dann, wenn es nicht zu einer Verfahrenseröffnung kommt.[827] Die Abtretung ist anfechtbar, wenn es nach dem Eröffnungsantrag vorgenommen worden ist und der Gläubiger (Zessionar) den Eröffnungsantrag kannte (§ 130 Abs. 1 Nr. 2 InsO). Hinsichtlich der Kenntnis kommt es nicht auf den Zeitpunkt des Abtretungsvertrags sondern auf das Entstehen der jeweiligen Mietzinsforderungen an, weil es sich hierbei nicht um eine betagte sondern um eine befristete Forderung handelt.[828] Dies hat zur Folge, dass Mietzinsen, die nach Kenntnis vom Eröffnungsantrag entstehen, nicht mehr dem Zessionar sondern dem Insolvenzverwalter zustehen.[829]

323a Nach §§ 129 Abs. 1, 131 Abs. 1 Nr. 1 InsO kann der Insolvenzverwalter u. a. solche Rechtshandlungen anfechten, die einem Insolvenzgläubiger eine Sicherung oder Befriedigung gewährt, die er nicht oder nicht in der Art oder nicht zu der Zeit zu beanspruchen hatte **(Anfechtung wegen inkongruenter Deckung),** wenn die Handlung im letzten Monat vor dem Antrag auf Eröffnung des Insolvenzverfahrens oder nach diesem Antrag vorgenommen worden ist. Eine Pfändung von Mietforderungen im Wege der Zwangsvollstreckung ist als inkongruent anzusehen, wenn sie in der „kritischen" Zeit (drei Monate vor dem Antrag auf Eröffnung des Insolvenzverfahrens oder danach) erlangt worden ist.[830] Bei der Pfändung künftiger Mietforderungen, richtet sich der für die Anfechtung des Pfändungspfandrechts maßgebliche Zeitpunkt nach dem Beginn des Nutzungszeitraums, für den die Mietrate geschuldet war.[831] Soweit sich das Pfandrecht nämlich auf künftige Mietzinsansprüche bezieht, entsteht es erst mit der Fälligkeit der jeweiligen Mieten.

323b Nach §§ 129 Abs. 1, 134 InsO ist eine **unentgeltliche Leistung des Vermieters** anfechtbar, wenn sie innerhalb von vier Jahren vor dem Antrag auf Eröffnung des Insolvenzverfahrens vorgenommen und die Insolvenzgläubiger dadurch benachteiligt wurden. Eine unentgeltliche Leistung in diesem Sinne liegt auch dann vor, wenn der Vermieter eine Wohnung unentgeltlich überlasst. Eine teilweise unentgeltliche Leistung kann angenommen werden, wenn der Vermieter eine Wohnung zu einem unüblich niedrigen Mietzins vermietet.[832] Nach der Ansicht des OLG München kann eine nach der Rechtslage mögliche aber unterlassene Mieterhöhung anfechtbar sein, wenn sie Ausfluss einer bewussten Entscheidung ist; in der bloße Untätigkeit liegt dagegen keine der An-

---

825 BGH NJW 1952, 867; BGHZ 15, 296.
826 Kritisch hierzu auch *Wolf/Eckert/Bal* Rdn. 1393.
827 BGH NJW-RR 2007, 989.
828 BGH NZM 2007, 212.
829 OLG Brandenburg ZMR 2008, 287.
830 BGH NJW-RR 2008, 1441.
831 BGH NJW 2010, 444.
832 OLG München NZM 2013, 855 für Nachlassinsolvenz.

fechtung unterliegende Willensbetätigung.[833] Nach der hier vertretenen Ansicht führt eine Anfechtung auch dann nicht zum Ziel, wenn der Nachweis gelingt, dass der Vermieter bewusst von einer Mieterhöhung abgesehen hat, etwa um einem Verwandten oder Bekannten eine besonders preisgünstige Wohnung zur Verfügung zu stellen. Eine vereinbarte Miete ist für die Parteien solange bindend, bis sie abgeändert wird. Dies setzt eine Mieterhöhungserklärung voraus, die immer nur für die Zukunft, nicht für die Vergangenheit wirkt (§ 558b BGB). Bereicherungsansprüche kommen im Hinblick auf die eindeutige Gesetzeslage nicht in Betracht.

Wird eine auf den Abschluss eines Mietvertrags gerichtete Erklärung wegen Irrtums (§ 119 **323c**
BGB) oder Täuschung (§ 123 BGB) angefochten, so hat dies zur Folge, dass der Vertragsschluss rückwirkend entfällt. Der Mieter ist in einem solchen Fall rechtsgrundloser Besitzer, so dass er die Mietsache an den Vermieter herausgeben muss. Bei der Insolvenzanfechtung nach **§ 129 InsO** ist dies anders. Dabei handelt es sich nicht um ein Gestaltungsrecht, sondern um einen **schuldrechtlichen Anspruch,** der außergerichtlich oder gerichtlich geltend zu machen ist. Die Insolvenzanfechtung hat also nicht die Unwirksamkeit der Rechtshandlung zur Folge. Zwar kann der anfechtende Insolvenzverwalter dem Erfüllungsanspruch des Mieters den Einwand der Anfechtbarkeit entgegensetzen. Im Verhältnis der Parteien untereinander bleibt der Mietvertrag aber bestehen. Der Vermieter muss also weiterhin leisten.[834]

Solange das Mietverhältnis dauert, kann der Mieter mangels Fälligkeit des Rückzahlungsan- **324**
spruchs weder die **Kaution** zurückfordern noch mit dem Rückzahlungsanspruch gegen Mietzinsforderungen aufrechnen.

Nach Beendigung des Mietverhältnisses hat der Mieter gem. § 47 InsO ein Aussonderungsrecht, **325**
wenn die Kaution entsprechend § 551 BGB auf einem Treuhandkonto angelegt war. Bestehen Verbindlichkeiten aus dem Mietverhältnis, so kann der Insolvenzverwalter gegen den Rückzahlungsanspruch aufrechnen. Anderenfalls kann der Mieter die Kaution auf Grund des Aussonderungsrechts zurückverlangen.

War die Kaution entgegen § 551 BGB nicht auf einem Treuhandkonto des Vermieters angelegt, **326**
so gilt sie im Falle der Vermieterinsolvenz als zum Vermögen des Vermieters gehörend. Der Mieter wird Insolvenzgläubiger mit dem Recht auf anteilmäßige Befriedigung. Der Mieter kann auch bei Beendigung des Mietverhältnisses nicht gegen rückständige Mietzinsansprüche oder Schadensersatzforderungen aufrechnen. Die Aufrechnung ist nach § 95 Abs. 1 Satz 3 InsO ausgeschlossen, weil der Rückforderungsanspruch aus der Kaution später fällig wird, als die Mietzins- oder Schadensersatzansprüche.

Handelt es sich bei dem Vermieter um eine juristische Person, so kann unter Umständen der **327**
Geschäftsführer oder sonstige Vertretungsberechtigte persönlich wegen unerlaubter Handlung (§§ 823 Abs. 2 BGB, 266 StGB) auf Rückzahlung der Kaution in Anspruch genommen werden.[835]

Nach § 165 InsO kann der Insolvenzverwalter beim zuständigen Gericht (Amtsgericht § 2 InsO) **328**
die Zwangsversteigerung oder die Zwangsverwaltung betreiben. Wird die Mietsache versteigert, so hat der Ersteher ein Kündigungsrecht nach § 57a ZVG. Dieses **Sonderkündigungsrecht** bewirkt, dass ein auf bestimmte Zeit abgeschlossenes Mietverhältnis vorzeitig beendet werden kann. Bei der Wohnraummiete müssen darüber hinaus Kündigungsgründe i. S. v. § 573 BGB vorliegen.[836] Dieselben Grundsätze gelten, wenn das Grundstück von dem Insolvenzverwalter freiwillig veräußert wird (§ 111 InsO).

Gehört zur Insolvenzmasse eine vermietete **Eigentumswohnung,** so ist der Insolvenzverwalter **329**
verpflichtet, für eine ordnungsgemäße Bewirtschaftung des Wohnungseigentums zu sorgen und die dazu notwendigen Kosten aus der Masse aufzubringen. Aus diesem Grunde muss er an den Verwalter der Eigentümergemeinschaft das Hausgeld bezahlen. Zahlt der Mieter im Falle der Vermieterinsolvenz die Nebenkosten direkt an den Verwalter der Wohnungseigentümergemeinschaft, so wirkt die Zahlung insoweit schuldbefreiend gegenüber dem Insolvenzverwalter, als die Insolvenzmasse dadurch von einer Masseverbindlichkeit entlastet wird. Für das Maß der Entlastung kommt es darauf an, ob sich die Zahlungen auf die jeweils laufenden oder aber auf die bei Insolvenzeröffnung rückständigen Forderungen beziehen. Die rückständigen Forderungen sind einfache Masseforderungen, so dass die Insolvenzmasse durch die hierauf entfallenden Zahlungen nicht in Höhe der ge-

---

833 OLG München a. a. O.
834 BGH (IX ZR 282/13) ZInsO 2014, 2318.
835 OLG Frankfurt WuM 1989, 138; **a. A.** OLG Düsseldorf NJW 1989, 1171; DWW 1993, 333.
836 BGH RE 21.4.1982 BGHZ 84, 90 = NJW 1982, 178.

zahlten Beträge, sondern nur in Höhe der Insolvenzquote entlastet wird. Bezüglich der laufenden Forderungen wird die Insolvenzmasse in voller Höhe entlastet.[837]

330 War die **Mietsache** zur Zeit der Eröffnung des Insolvenzverfahrens **noch nicht überlassen,** so ist die Regelung des § 108 Abs. 1 Satz 1 InsO – entgegen ihrem Wortlaut- nicht anzuwenden.[838] In diesen Fällen kann der Insolvenzverwalter die Mietsache überlassen (§ 103 Abs. 1 InsO); er ist hierzu aber nicht verpflichtet. Lehnt der Verwalter die Erfüllung ab, so besteht der Mietvertrag zwar fort; dem Mieter stehen aber keine Erfüllungs- sondern nur Schadensersatzansprüche zu. Diese Ansprüche kann der Mieter nicht als Massegläubiger sondern nur als (gewöhnlicher) Insolvenzgläubiger geltend machen (103 Abs. 2 Satz 1 InsO). Dieselbe Rechtsfolge gilt, wenn das Mietverhältnis zwar in Vollzug gesetzt war, der Mieter aber den Besitz an der Wohnung bei Insolvenzeröffnung freiwillig wieder aufgegeben hatte.[839] Ein solcher Sachverhalt liegt nach der Ansicht des BGH auch dann vor, wenn sich der Mieter anlässlich einer Sanierungsmaßnahme zum vorübergehenden Auszug aus der Wohnung verpflichtet.[840] Eine Besitzaufgabe liegt nicht vor, wenn der Mieter die Wohnung anlässlich von Sanierungs- oder Modernisierungsmaßnahme zwar verlässt, dort aber weiterhin Einrichtungsgegenstände aufbewahrt. An der Freiwilligkeit der Besitzaufgabe kann es fehlen, wenn der Mieter kraft Gesetzes zur vorübergehenden Räumung der Wohnung verpflichtet ist. Eine solche Verpflichtung kann angenommen werden, wenn Erhaltungsmaßnahmen bei einem baufälligen Haus nicht anders erledigt werden können und sichergestellt ist, dass die Baumaßnahme tatsächlich durchgeführt wird und die Finanzierung geregelt ist (vgl. § 555a Rdn. 34).

331 Wird über das Vermögen des Vermieters einer **beweglichen Sache** das Insolvenzverfahren eröffnet, so gilt § 103 InsO. Ist der Vertrag nicht oder nicht vollständig erfüllt, so kann der Insolvenzverwalter anstelle des Vermieters den Vertrag erfüllen und die Erfüllung vom anderen Teil verlangen (§ 103 Abs. 1 InsO). Lehnt der Verwalter die Erfüllung ab, so kann der Mieter eine daraus sich ergebende Forderung nur als Insolvenzgläubiger geltend machen (§ 103 Abs. 2 Satz 1 InsO). Nach der Rechtsprechung des BGH führt die Eröffnung des Insolvenzverfahrens nicht zu einem Erlöschen der beiderseitigen Erfüllungsansprüche. Vielmehr bleiben diese Ansprüche bestehen; sie verlieren lediglich vorläufig – nämlich bis zum Erfüllungsverlangen des Insolvenzverwalters – ihre Durchsetzbarkeit;[841] die frühere Rechtsprechung des BGH[842] ist überholt. Nach § 103 Abs. 2 Satz 2 InsO kann der Mieter den Verwalter zur Ausübung seines Wahlrechts auffordern. In diesem Fall muss der Verwalter unverzüglich erklären, ob er die Erfüllung verlangen will. Unterlässt er dies, so kann er auf Erfüllung nicht bestehen (§ 103 Abs. 2 Satz 3 BGB).

332 **ii) Nachlass- und Abwesenheitspfleger.** Ein Nachlasspfleger (§ 1960ff. BGB) wird vom Nachlassgericht bestellt, wenn ein Bedürfnis für die Sicherung des Nachlasses besteht. Die Nachlasspflegschaft kann von Amts wegen oder auf Antrag angeordnet werden. Bei der Nachlasspflegschaft von Amts wegen ist ein Sicherungsbedürfnis erforderlich; bei der Nachlasspflegschaft auf Antrag ist dies nicht der Fall.[843] Ist der Nachlass wertlos, so muss die Nachlasspflegschaft auf Kosten der Staatskasse eingerichtet werden.[844] Ein Bedürfnis für die Einrichtung einer Nachlasspflegschaft besteht insbesondere dann, wenn der Erbe unbekannt oder wenn ungewiss ist ob der Erbe die Erbschaft annimmt. Gleiches gilt gem. § 1961 BGB wenn die Bestellung eines Nachlasspflegers zum Zwecke der gerichtlichen Geltendmachung eines Anspruchs, der sich gegen den Nachlass richtet, von dem Berechtigten beantragt wird. Hierzu zählt auch der Fall, dass ein Mieter verstirbt und ein Erbe nicht vorhanden oder nicht zu ermitteln ist.[845] Dann bedarf es eines Nachlasspflegers, der die Kündigung des Mietverhältnisses entgegennehmen und für dessen Abwicklung, insbesondere die Rückgabe der Mietsache sorgen kann. War der verstorbene Mieter mittellos, so kann der Nachlasspfleger einen Antrag auf Eröffnung des Nachlassinsolvenzverfahrens stellen; gegebenenfalls kann er die Einrede der Dürftigkeit des Nachlasses erheben (§§ 1990f BGB). Ist Vermögen vorhanden, sind aber die Erben (noch) unbekannt, so kann es für den Vermieter vorteilhaft sein, einen Titel gegen die unbekannten Erben, vertreten durch den Nachlasspfleger zu erwirken.

---

837 BGH NJW 1986, 3206.
838 BGH NJW 2007, 3715.
839 BGH Urteil vom 11.12.2014 – IX ZR 87/14.
840 BGH a. a. O.
841 BGH NJW 2002, 2783; NZM 2007, 500, 501.
842 BGH NJW 1995, 1966.
843 OLG Zweibrücken DWW 2015, 212.
844 *Wotte/Ungerer* NZM 2012, 412, 413.
845 OLG München NJW-RR 2012, 842.

Der Nachlasspfleger ist der gesetzliche Vertreter des Erben. Dehalb kann er auch Mietverträge im eigenen Namen abschließen, jedoch wirken diese unmittelbar für und gegen die Erben. Da die Nachlasspflegschaft eine besondere Form der allgemeinen Pflegschaft darstellt, gelten die für die Pflegschaft maßgeblichen Vorschriften, u. a. auch §§ 1915, 1822 BGB). In entsprechender Anwendung des § 1822 Nr. 5 BGB bedarf ein Mietvertrag, der für längere Zeit als ein Jahr abgeschlossen werden soll, der Genehmigung des Nachlassgerichts (§ 1962 BGB). Der Erbe ist neben dem Nachlasspfleger zum Abschluss von Mietverträgen berechtigt; deshalb kann es hier zu Kollisionen kommen, wie bei der Doppelvermietung im Falle der Betreuung (s. Rdn. 283). **332a**

Bei der Nachlasspflegschaft ist die **Haftung auf den Nachlass beschränkt.** Wird das Mietverhältnis nicht beendet, so wird es mit dem Fiskus als dem gesetzlichen Erben fortgesetzt; dessen Haftung ist auf den Nachlass beschränkt. Schließt der Vermieter mit dem Nachlasspfleger einen Aufhebungsvertrag, so sind die Räumungskosten bei wertlosem Nachlass vom Vermieter zu tragen.[846] **332b**

Ein abwesender Volljähriger, dessen Aufenthalt unbekannt ist, erhält für seine Vermögensangelegenheiten einen Abwesenheitspfleger (§ 1911 BGB). Es gelten dieselben Grundsätze wie bei der Nachlasspflegschaft. **333**

jj) Nachlassverwalter. Die Nachlassverwaltung (§ 1981 ff. BGB) wird vom Nachlassgericht auf Antrag eines Erben angeordnet. Sie hat – anders als die Nachlasspflegschaft – nicht die Sicherung des Nachlasses, sondern die Befriedigung der Nachlassgläubiger zum Ziel. Der Nachlassverwalter ist nicht Vertreter des Erben, sondern amtliches Organ[847] zur Verwaltung des Nachlasses. Solange die Nachlassverwaltung besteht, ist der Erbe nicht zum Abschluss von Mietverträgen berechtigt. Das Verwaltungsrecht eines Testamentsvollstreckers ruht. Mietverträge können also nur vom Nachlassverwalter abgeschlossen werden. Die Verträge wirken für und gegen den Erben. Im Übrigen gelten hier dieselben Grundsätze wie für die Zwangsverwaltung (s. Rdn. 308). **334**

kk) Testamentsvollstrecker. Der Testamentsvollstrecker (§ 2197 BGB) wird vom Erblasser bestimmt. Er ist Träger eines privaten Amtes[848] und handelt als Treuhänder im eigenen Namen für den oder die Erben. Mietverträge kann er im eigenen Namen abschließen. Die Folgen seines Handelns treffen aber nicht ihn selbst, sondern den Nachlass. Allerdings gilt dies nur dann, wenn sich der Testamentsvollstrecker nach außen erkennbar als solcher ausweist. („N. N. als Testamentsvollstrecker für den Nachlass des XY"). Soweit die Testamentsvollstreckung reicht, können die Erben hinsichtlich des Nachlasses keine Verwaltungsmaßnahme treffen. Schließen die Erben dennoch einen Mietvertrag ab, so handeln sie als Nichtberechtigte (s. Rdn. 337).Die Ansprüche aus dem Mietvertrag kann nur der Testamentsvollstrecker gerichtlich geltend machen (§ 2212 BGB). Der Mieter kann eine Klage wegen seiner Ansprüche aus dem Mietvertrag aber sowohl gegen den Testamentsvollstrecker als auch gegen die Erben richten (§ 2213 Abs. 1 Satz 1 BGB). Werden lediglich die Erben verklagt, so kann aus dem Titel nur in das Eigenvermögen der Erben vollstreckt werden; zur Vollstreckung in den Nachlass ist stets ein (Duldungs-)Titel gegen den Testamentsvollstrecker erforderlich (§ 2213 Abs. 3 BGB, § 748 Abs. 2 ZPO). Wird nur der Testamentsvollstrecker verklagt, so ist auf Grund dieses Titels eine Vollstreckung in den Nachlass (§ 748 Abs. 1 BGB), nicht aber in das Eigenvermögen des Testamentsvollstreckers oder der Erben möglich. Nach Beendigung der Testamentsvollstreckung werden die Erben Vermieter. **335**

b) Vermietung vom Nichtberechtigten. Ist der Eigentümer zur Vermietung berechtigt und wird die Sache durch einen hierzu nicht berechtigten Dritten vermietet, so liegt eine Vermietung vom Nichtberechtigten vor. Ein solcher Mietvertrag ist wirksam. Der Eigentümer kann die Sache allerdings vom Mieter herausverlangen, wenn der Vermieter gegenüber dem Eigentümer nicht zum Besitz berechtigt gewesen ist (§§ 985, 986 BGB). War der Vermieter zwar zum Besitz, aber nicht zu dessen Überlassung an den Mieter berechtigt, so kann der Eigentümer vom Mieter verlangen, dass dieser die Sache an den Vermieter zurückgibt (§ 986 Abs. 1 Satz 2 BGB). Die genannten Rechtsfolgen gelten nicht, wenn der Eigentümer in die Vermietung einwilligt oder diese genehmigt. Die Genehmigung wirkt zurück (§ 184 BGB), so dass eine von Anfang an berechtigte Vermietung vorliegt. Die Genehmigung kann auch stillschweigend erteilt werden, so wenn der Vertrag mit Wissen des Berechtigten vollzogen wird.[849] Nicht anders sind diejenigen Fälle zu bewerten, in denen ein **336**

---

846 *Wotte/Ungerer* NZM 2012, 412, 414.
847 RGZ 135, 307.
848 BGHZ 25, 275.
849 BGH GE 2003, 523, 524 für jahrelange Durchführung eines durch einen Vertreter ohne Vertretungsmacht geschlossenen Mietvertrags.

Eigentümer die Sache einem Verwalter mit der Weisung übergibt, dass dieser sie im eigenen Namen vermieten soll. Der Mietvertrag kommt hier zwar mit dem Verwalter zustande; der Mieter kann sich aber auch gegenüber dem Eigentümer auf ein Recht zum Besitz berufen.[850]

337 Dieselben Grundsätze gelten, wenn die Sache durch einen Eigentümer vermietet wird, der nicht zum Alleinbesitz berechtigt ist. Ein solcher Fall kann vorliegen, wenn eine im Eigentum mehrerer Personen stehende Sache von einem der Miteigentümer vermietet wird. Ein solcher Mietvertrag ist wirksam; er bindet die übrigen Miteigentümer aber nicht.[851] Auch hier können die übrigen Miteigentümer vom Mieter die Herausgabe verlangen. Wird die Vermietung durch die übrigen Miteigentümer genehmigt, so ändert sich an den Vertragsverhältnissen nichts; insbesondere werden die Mitmieter nicht Partei des Mietvertrags.[852] Die Genehmigung hat aber zur Folge, dass eine berechtigte Vermietung vorliegt, so dass sich der Mieter auch gegenüber den Miteigentümern auf ein Recht zum Besitz berufen kann. Die Genehmigung kann auch durch schlüssiges Verhalten erfolgen.[853] Für eine solche Genehmigung spricht i. d. R., wenn die Miteigentümer über eine längere Zeit die Vermietungsgeschäfte eines Eigentümers dulden, ohne jeweils etwas dagegen zu unternehmen.[854]

338 Eine Vermietung vom Nichtberechtigten liegt auch dann vor, wenn ein Bauträger (Veräußerer) die Wohnung an den Erwerber zum Zwecke der Vermietung übergibt und sich das Eigentum bis zur völligen Bezahlung des Kaufpreises vorbehält. Zahlt der Erwerber nicht, so kann der Veräußerer vom Kaufvertrag zurücktreten. Hier erhebt sich die Frage, ob der Bauträger die Wohnung vom Mieter gem. § 985 BGB herausverlangen kann. Die Interessenlage lässt sich mit jenen Fällen vergleichen, in denen ein Mieter die Wohnung nicht vom Eigentümer, sondern von einer Vermietungsgesellschaft angemietet hat. Für diesen Bereich gilt § 565 BGB; diese Regelung muss aus Gründen der Rechtslogik auch auf die hier fragliche Problematik angewendet werden.

2. Mieter

339 **a) Eheleute. aa)** Wohnräume werden häufig an Eheleute überlassen. In einem solchen Fall kann der Mietvertrag entweder mit einem oder mit beiden Ehegatten geschlossen werden. Grundsätzlich kommt der Mietvertrag zwischen denjenigen Personen zustande, die am **Vertragsschluss** beteiligt gewesen sind. Beim mündlichen Vertrag sind dies diejenigen Personen, die ein Vertragsangebot abgegeben haben und diejenigen, von denen das Angebot angenommen worden ist. Beim schriftlichen Vertrag kommt es darauf an, wer im Kopf der Vertragsurkunde als Mieter aufgeführt ist und wer den Vertrag unterzeichnet hat. Es ist nicht erforderlich, dass die Eheleute im Kopf des Vertrags namentlich benannt werden; es genügen Bezeichnungen wie „Eheleute", „Familie", „Herr und Frau", „Herr XY und seine Ehefrau" und dergleichen. In einem solchen Fall kommt der Mietvertrag mit beiden Ehegatten zustande, wenn beide die Vertragsurkunde unterzeichnen. Wird der Mietvertrag nur von einem Ehegatten unterschrieben, so wird der andere Ehegatte Vertragspartei **(1)** wenn der Unterzeichnende den Mietvertrag zugleich als **bevollmächtigter Vertreter** des anderen Ehegatten unterzeichnet (§ 164 BGB) oder **(2)** der Unterzeichnende als **vollmachtloser Vertreter** gehandelt hat und der andere Ehegatte dieses Handeln in der Folgezeit genehmigt (§§ 177 Abs. 1, 182, 184 Abs. 1 BGB). Fehlt es hieran, so kommt der Vertrag entweder überhaupt nicht (falls der Vermieter nur an beide Eheleute zusammen vermieten wollte) oder nur mit einem der Ehegatten (falls dem Vermieter die Zahl seiner Vertragspartner gleichgültig ist) zustande (s. aber auch unten Rdn. 343). Die Rechtsprechung der Oberlandesgerichte neigt bei der Unterzeichnung durch nur einen Ehegatten im Falle der Wohnungsmiete allerdings zu der Annahme, dass dieser zugleich in Vertretung und mit Vollmacht des anderen Ehegatten unterschrieben habe.[855] Dies soll insbesondere dann gelten, wenn „bei den Vertragsverhandlungen deutlich wird, dass beide Ehegatten/Partner Mieter werden sollen, und wenn insbesondere auch der nicht unter-

---

[850] LG Berlin NJW-RR 1994, 781.

[851] OLG Karlsruhe RE 10.2.1981 NJW 1981, 1278 = WuM 1981, 179.

[852] **A. A.** *Roquette* § 535 Rdn. 98; *Sternel,* Mietrecht, 1988, Rdn. I 4; zweifelnd dagegen OLG Karlsruhe a. a. O.

[853] BGH NJW 1953, 58.

[854] OLG Karlsruhe a. a. O.

[855] OLG Düsseldorf WuM 1989, 362; OLG Oldenburg ZMR 1991, 268; OLG Schleswig ZMR 1993, 69; ebenso LG Berlin GE 1995, 565; AG Gießen/LG Gießen WuM 2008, 591; ähnlich *Sternel,* Mietrecht, 1988, Rdn. I 22; *Kossmann* § 9 Rdn. 3;.A: *Streyl* NZM 2011, 377, 378.

zeichnende Teil an den Vertragsverhandlungen beteiligt worden ist".[856] Der BGH hat diese Frage für die Wohnungsmiete noch nicht entschieden. Er hat aber deutlich gemacht, dass bei formbedürftigen Mietverträgen über Gewerberäume und bei formbedürftigen Pachtverträgen die Schriftform nur gewahrt ist, wenn die Urkunde erkennen lässt, dass der unterschreibende Ehegatte zugleich im Namen des anderen tätig geworden ist.[857] Dieser Ansicht ist zuzustimmen. Für die Wohnungsmiete kann nichts anderes gelten. Auch hier muss sich die Vertretungsabsicht aus der Vertragsurkunde selbst ergeben, etwa durch den Zusatz „i. V.";[858] anderenfalls könnte der Zweck der Schriftform nicht erreicht werden: Zwischen den Parteien bestünde zwar Klarheit über den Inhalt der getroffenen Vereinbarungen; es bliebe aber unklar, wer Vertragspartner geworden ist. Für die Annahme einer Vertretungsbefugnis spricht deshalb nur dann eine Vermutung, wenn eine typische Vertretungssituation vorliegt, etwa wenn ein Ehegatte aus rechtlichen oder tatsächlichen Gründen an der Unterschrift verhindert ist.[859] Die Vorschrift des **§ 1357 BGB** ist nicht anwendbar.[860] Zwar gilt die Regelung auch für Dauerschuldverhältnisse.[861] Jedoch fallen unter die Schlüsselgewalt nur solche Rechtsgeschäfte, über die sich Eheleute üblicherweise nicht vorher zu verständigen pflegen.[862] Die Anmietung einer Ehewohnung zählt dazu im Allgemeinen nicht. Eine Ausnahme wird gelten, wenn die Anmietung einer Ehewohnung dringend ist und einer der Eheleute daran nicht mitwirken kann, etwa weil er krank ist oder sich an einem anderen Ort aufhält. Vereinbarungen im laufenden Mietverhältnis zählen i. d. R. ebenfalls nicht zu den Geschäften zur Deckung des Lebensbedarfs, weil der Wohnbedarf bereits gedeckt ist.[863]

Ist im Kopf des Vertrags nur einer der Eheleute aufgeführt und wird die Urkunde nur von dem 340
im Vertrag Genannten unterzeichnet, so wird nur dieser Ehegatte Partei des Mietvertrags. Wird ein solcher Vertrag von beiden Eheleuten unterzeichnet, so kommt es darauf an, ob dem Vermieter die Zahl seiner Vertragspartner gleichgültig ist oder ob er nur mit dem namentlich Aufgeführten abschließen wollte. Im erstgenannten Fall werden beide Eheleute Vertragspartner; im letztgenannten Fall geht die Unterschrift des nicht als Vertragspartner Genannten ins Leere. Für die Unklarheiten auf der Vermieterseite s. Rdn. 413).

Die hier dargestellten Grundsätze gelten auch für **Wohnungen in den neuen Bundeslän- 341
dern,** wenn der Mietvertrag nach dem 2. 10. 1990 abgeschlossen worden ist. Ist der Mietvertrag dagegen vor dem 3. 10. 1990 abgeschlossen worden, so richten sich die Vertragsbeziehungen nach dem in der früheren DDR geltenden Zivilgesetzbuch (ZGB). Nach § 100 Abs. 3 ZGB wurden auch dann beide Ehegatten Mieter, wenn nur ein Ehegatte den Mietvertrag abgeschlossen hat. Eine Ausnahme galt für Werkwohnungen; hier kam der Mietvertrag mit dem Mitarbeiter des Betriebes als Mieter zustande (§ 130 Abs. 1 ZGB). An den unter der Geltung des ZGB begründeten Vertragsverhältnissen hat sich durch den Beitritt nichts geändert.[864]

Der ursprünglich am Vertragsschluss unbeteiligte Ehegatte kann während der Mietzeit durch 342
Vertrag mit dem Vermieter unter Zustimmung des Mieters dem Mietvertrag beitreten (§§ 145 ff., 241 BGB). Der **Vertragsbeitritt** setzt voraus, dass sich der Beitretende und der Vermieter über die Erweiterung des Mietvertrags einig sind und der Ursprungsmieter damit einverstanden ist. Ein solcher Vertrag kann ausdrücklich aber auch stillschweigend vereinbart werden. Von der letztgenannten Möglichkeit ist auszugehen, wenn sich der ursprünglich nicht am Vertragsschluss beteiligte Ehegatte während der Mietzeit wie ein Mieter verhält und die Vertragsparteien (Vermieter und Mieter) dies akzeptieren.[865] Hierfür genügt es, wenn der Beitretende Mieterrechte im eigenen Namen geltend macht und die übrigen am Vertrag Beteiligten dies akzeptieren. Es kommt dabei nicht darauf an, ob der Beitretende eigene Rechte und Pflichten aus dem Mietverhältnis begründen will und ob er ein entsprechendes Erklärungsbewusstsein oder einen Rechtsbindungswillen hat. Maß-

---

856 OLG Schleswig a. a. O.
857 BGH NJW 1994, 1650; ebenso RGZ 96, 286, 289.
858 LG Mannheim WuM 1987, 414.
859 LG Mannheim ZMR 1993, 415; AG Potsdam GE 1996, 1305.
860 LG Mannheim a. a. O.; LG Berlin GE 1995, 1343; LG Hamburg, GE 2011, 615; AG Potsdam a. a. O.; *Paschke* WuM 2008, 59.
861 BGH WuM 2004, 293.
862 *Palandt/Brudermüller* § 1357 Rdn. 1; *Streyl* NZM 2011, 377.
863 BGH (VIII ZR 326/14) WuM 2016, 353 Rn. 25 betr. eine Vereinbarung, wonach die im Mietvertrag vereinbarten Vorauszahlungen künftig als Betriebskostenpauschale gelten sollen.
864 LG Görlitz WuM 1995, 649.
865 BGH NJW 2005, 2620 = NZM 2005, 659 = WuM 2005, 570 = ZMR 2005, 781 = GE 2005, 1121.

geblich ist allein, dass der Vermieter die Äußerungen des Beitretenden als Willenserklärung versteht und dass der Beitretende dies erkennen kann.[866]

343 **bb)** Sind **beide Eheleute Mieter,** so können beide die Rechte aus dem Mietvertrag geltend machen. Jeder der Eheleute ist für sich allein befugt, Ansprüche gegen den Vermieter durchzusetzen (z. B. auf Schadenersatz, auf Aufwendungsersatz, auf Rückzahlung der Kaution, auf Herstellung eines vertragsgemäßen Zustands[867] usw.). Allerdings kann der einzelne Mieter nicht Leistung an sich alleine, sondern nur Leistung an alle verlangen[868] Gestaltungsrechte, wie z. B. die Kündigung, müssen von allen Mietern gemeinsam ausgeübt werden. Auch Vertragsänderungen können nur von beiden Mietern gemeinsam vereinbart werden. Deshalb ist eine Mieterhöhungsvereinbarung nur wirksam, wenn beide Mieter mit der Mieterhöhung einverstanden sind. Für die Erfüllung der mietvertraglichen Verpflichtungen haften die Eheleute als Gesamtschuldner.

343a Wird die **Ehewohnung im Falle des Getrenntlebens** von einem der Mieter weiter genutzt, so kann der Vermieter die Miete von jedem der Ehegatten weiterhin in voller Höhe verlangen. Für das Verhältnis der mehreren Mieter zueinander gilt § 426 Abs. 1 Satz 1 BGB. Danach sind die Gesamtschuldner im Verhältnis zueinander zu gleichen Anteilen verpflichtet, „soweit nicht ein anderes bestimmt ist." Für Eheleute gilt der Grundsatz dass jeder Mieter im Innenverhältnis zur Hälfte für die Miete aufzukommen hat. Anders ist es nach § 426 Abs. 1 Satz 1 BGB, wenn „ein anderes bestimmt" ist; hierfür ist derjenige Mieter darlegungs- und beweispflichtig, der sich auf die anderweitige Bestimmung beruft.[869] In der Entscheidung für das Getrenntleben liegt im Allgemeinen keine Bestimmung über die Wohnkosten. Vielmehr ist danach zu differenzieren ob es sich um eine nach der Trennung der Eheleute gewählte oder um eine aufgedrängte Wohnsituation handelt.[870] Eine gewählte Wohnsituation liegt i. d. R. vor, wenn die Ehewohnung von einem der Mieter auf Dauer weitergenutzt werden soll. In diesem Fall ist im Zweifel gewollt, dass die Miete von dem in der Wohnung verbleibenden Mieter alleine zu tragen ist. Anders ist es, wenn dem in der ehemals gemeinsamen Ehewohnung zurückbleibenden Ehegatten diese Wohnsituation „aufgedrängt" wurde. Hiervon ist im Zweifel auszugehen wenn Einverständnis zwischen den Ehegatten darüber besteht, dass die Wohnung lediglich für die nach der Kündigung noch verbleibende Mietzeit von einem der Ehegatten weiter genutzt werden soll. Hat der in der Ehewohnung verbliebene Ehegatte nach dem Ablauf der Kündigungsfrist eine billigere Wohnung bezogen, so schuldet der andere Mieter als Ausgleich die Hälfte des Differenzbetrags zwischen der Miete für die Ehewohnung und der Miete für die billigere Wohnung.[871] Ebenso kann die Ausgleichspflicht in besonders gelagerten Fällen entfallen, so z. B., wenn der in der Wohnung verbliebene Ehegatte die Räume auch zu gewerblichen Zwecken nutzt.[872] Hat der Vermieter mit einem der Ehegatten einen Vergleich über restliche Mietzinsen geschlossen, so ist der Vergleich nach den Grundsätzen des Fehlens der Geschäftsgrundlage anzupassen, wenn beim Abschluss des Vergleichs eine von dem anderen Ehegatten erfolgte Zahlung unberücksichtigt geblieben ist. Dabei ist die Höhe der Zahlung und der aus dem Vergleich erkennbare Umfang des Nachgebens zu berücksichtigen.[873] Gestaltungsrechte wie etwa das Recht zur Mieterhöhung nach § 558 BGB oder das Kündigungsrecht muss der Vermieter gegenüber beiden Eheleuten ausüben.

344 Wird die **Mietsache beschädigt,** weil einer der Mieter die Grenzen des Vertragsgebrauchs überschritten hat, so wird teilweise die Ansicht vertreten, dass nach § 425 Abs. 1 BGB der Grundsatz der Einzelwirkung gilt. Hieraus wird abgeleitet, dass der andere Mieter nicht haftet, wenn ihn an der Beschädigung kein Verschulden trifft.[874] Etwas anderes soll gelten, wenn unklar ist, welcher Mieter den Schaden verursacht hat und die Verschlechterung aus der „Gesamtsphäre" der Mieter stammt.[875] Nach der hier vertretenen Ansicht liegt in Fällen der vorliegenden Art regelmäßig die

---

[866] BGH a. a. O.
[867] BGH NJW-RR 2005, 596 = NZM 2005, 335 = WuM 2005, 237 = ZMR 2005, 436 = DWW 2005, 104 = GE 2005, 429 betr. den Anspruch eines Mieters auf Erteilung der Erlaubnis zur Installation einer Parabolantenne; LG Kassel WuM 1994, 534.
[868] BGH a. a. O.
[869] OLG Bremen NJW 2016, 2125.
[870] OLG Bremen a. a. O.
[871] OLG Bremen a. a. O.
[872] OLG Dresden ZMR 2003, 419.
[873] OLG Köln ZMR 1995, 22.
[874] LG Flensburg ZMR 2008, 896; ebenso *Palandt/Weidenkaff* § 538 Rdn. 7.
[875] LG Berlin NJW-RR 2002, 1452; LG Flensburg ZMR 2008, 896.

in § 425 Abs. 1 BGB bestimmte Ausnahme vor. Danach gilt der Grundsatz der Einzelwirkung nicht, wenn sich aus dem Schuldverhältnis ein anderes ergibt. Hiervon ist bei der Miete regelmäßig auszugehen, weil die mehreren Mieter zur Rückgabe einer unbeschädigten Mietsache verpflichtet sind.[876]

Wird der **Hausfrieden** nur von einem der Ehegatten **gestört** oder fällt nur einem der Ehegatten eine schuldhafte Vertragsverletzung zur Last, so muss der Vermieter dennoch gegenüber beiden Eheleuten kündigen. In diesem Fall wird das Mietverhältnis auch gegenüber dem nicht störenden Ehegatten beendet, weil es bei der Kündigung wegen Vertragsverletzungen ausreicht, wenn nur einer der mehreren Mieter den Kündigungstatbestand verwirklicht **345**

Will ein Ehegatte das Mietverhältnis insgesamt beenden, so kann er gegen den in der Wohnung verbliebenen Partner einen **Rechtsanspruch auf Mitwirkung an der Kündigung** haben, wenn weder unterhaltsrechtliche Gründe noch Gesichtspunkte der nachehelichen Solidarität entgegenstehen.[877] Ansonsten kann er nach der hier vertretenen Auffassung nur auf Grund eines dreiseitigen Vertrags aus dem Mietverhältnis ausscheiden. An diesem Vertrag müssen der Vermieter und alle Mieter mitwirken. Der Aufhebungsvertrag kann auch durch konkludente Handlungen zustande kommen. Hierfür genügt es nicht, wenn der ausziehende Mieter gegenüber dem Vermieter kündigt und dieser auf die Kündigung nicht reagiert. Ein zwischen dem Vermieter und einem von mehreren Mietern geschlossener Aufhebungsvertrag ist nach der hier vertretenen Auffassung nur wirksam, wenn der verbleibende Mieter ausdrücklich oder stillschweigend zustimmt; s. i. Ü. nach § 542 BGB Rdn. 2ff.[878] Nach anderer Auffassung ist ein solcher Vertrag im Verhältnis zwischen dem Vermieter und dem am Vertragsschluss beteiligten Mieter wirksam; dieser Mieter bleibt allerdings dem anderen Mieter im Innenverhältnis verpflichtet.[879] Der BGH hat die Streitfrage bisher noch nicht entschieden.[880] Für das Verfahren nach § 1568 a BGB anlässlich der Scheidung s. Rdn. 355ff. **346**

In bestimmten Fällen kann sich der in der Wohnung verbliebene Mieter allerdings nach § 242 BGB nicht darauf berufen, dass er einem zwischen dem Vermieter und dem ausgezogenem Mieter geschlossenen Aufhebungsvertrag nicht zugestimmt hat. Ein solcher Fall wird vorliegen, wenn auf Grund konkreter Anhaltspunkte ausgeschlossen werden kann, dass der ausgezogene Mieter in die Wohnung zurückgekehrt, der verbliebene Mieter die Wohnung seit längerer Zeit alleine nutzt und sich sein Interesse auf eventuelle Ausgleichsansprüche im Innenverhältnis beschränkt. In einem solchen Fall muss sich der Mieter so behandeln lassen, als habe er die Zustimmung zu einer Vertragsentlassung des anderen Mieters erteilt.[881] Der Vermieter kann dann wegen der unter Rdn. 344 beschrieben Rechte den verbliebenen Mieter alleine in Anspruch nehmen. **347**

cc) Kommt der **Mietvertrag nur mit einem der Ehegatten** zustande, so stehen die Rechte aus dem Mietverhältnis nur dem Mieter zu. Der Ehegatte des Mieters ist aber in den **Schutzbereich des Mietvertrags** miteinbezogen. Erleidet der Ehepartner infolge einer vom Vermieter verschuldeten Vertragsverletzung, z. B. einer Verletzung der Verkehrssicherungspflicht, einen Schaden, so kann er den Vermieter aus vertraglichem Recht in Anspruch nehmen. Er steht damit besser als ein beliebiger Dritter, der insoweit auf Ansprüche aus deliktischem Recht beschränkt ist. Liegt die Schadensursache in einem anfänglichen Mangel der Mietsache, so haftet der Vermieter auch gegenüber dem Ehepartner des Mieters unabhängig davon, ob er den Mangel zu vertreten hat. Wird umgekehrt der Vermieter durch den Ehepartner geschädigt, so haftet dieser nur nach Deliktsrecht; unbeschadet dessen gilt für diesen Anspruch aber die kurze vertragliche Verjährungsfrist des § 548 BGB.[882] Diese Rechtsgrundsätze beruhen im Wesentlichen auf der Erwägung, dass es unbillig wäre, einem Dritten, der zwar vertragslos aber bestimmungsgemäß mit der Mietsache in Berührung kommt, den vertraglichen Schutz zu versagen.[883] **348**

---

[876] Vgl. BGHZ 65, 226 unter Nr. A II 2b.

[877] OLG Köln ZMR 2006, 770, 771.

[878] Ebenso BayObLG WuM 1983, 107, 108; OLG Koblenz NJW 1984, 244; LG Heidelberg WuM 1993, 342; *Rolfs* in Staudinger § 542 Rdn. 157; *Sternel,* Mietrecht, 1988, Rdn. III 338.

[879] *Wolf/Eckert/Ball* Rdn. 1048.

[880] BGH WuM 2004, 280 = NZM 2004, 419 = DWW 2004, 148 = NJW 2004, 1797.

[881] BGH NJW 2004, 1797 = NZM 2004, 419 = WuM 2004, 280 für die Mieterhöhung; BGH WuM 2005, 341 für die Kündigung.

[882] BGH NJW 1976, 1843; BGHZ 49, 278; BGHZ 71, 175; OLG Köln NJW-RR 1991, 1292 = WuM 1991, 364.

[883] BGH ZMR 1978, 180.

349 Gegen **Besitzstörungen** kann sich der Ehegatte des Mieters aus eigenem Recht wehren. Der Mieter kann das Mietverhältnis alleine kündigen; er bedarf dazu nicht der Zustimmung seines Ehegatten. Für die Erfüllung der Verpflichtungen aus dem Mietvertrag haftet der Mieter alleine. Für die wirksame Ausübung von Gestaltungsrechten (Kündigung, Mieterhöhung) genügt es, wenn die Erklärung gegenüber dem Mieter abgegeben wird. Der Ehegatte kann weder auf Zahlung des Mietzinses noch auf Erfüllung anderer Mieterpflichten in Anspruch genommen werden. Soweit es um die Erfüllung der Obhutspflicht, der Pflicht zur Wahrung des Hausfriedens, der Pflicht zur Reinigung der gemeinschaftlichen Hausteile und um ähnliche Pflichten geht, ist der Ehegatte aber als Erfüllungsgehilfe des Mieters anzusehen, mit der Folge, dass der Mieter für das Verschulden seines Ehegatten einzustehen hat. Deshalb kann der Vermieter dem Mieter kündigen, wenn dessen Ehegatte den Hausfrieden stört.

350 In Rechtsprechung und Literatur ist umstritten, ob eine **Räumungsklage** gegenüber beiden Ehegatten, also auch gegenüber demjenigen Ehegatten, der nicht Partei des Mietvertrages ist, erhoben werden muss. Nach richtiger Ansicht ist dies zu bejahen, weil dem Ehegatten ein eigenständiges Besitzrecht an der Wohnung (abgeleitet aus der Verpflichtung zur Lebensgemeinschaft; § 1353 Abs. 1 Satz 2 BGB) zugestanden werden muss.[884] Dementsprechend kann der Nichtmieter-Ehegatte Erinnerung einlegen, wenn der Vermieter den Herausgabeanspruch vollstreckt, obwohl sich das Räumungsurteil nur gegen den Mieter richtet. Im Einzelfall kann die Berufung auf das Besitzrecht treuwidrig sein. Hieran ist etwa zu denken, wenn der Mieter den Ehegatten ohne Wissen des Vermieters in die Wohnung aufgenommen hat.[885] Nach der Gegenmeinung ist der Ehegatte ohne weiteres verpflichtet, mit dem Mieter zu räumen.[886] Diese Ansicht beruht auf der Erwägung, dass für die Vollstreckung zwischen dem Vollbesitz und dem „akzessorischen oder abgeschwächten Besitz" zu unterscheiden sei. Der letztgenannte Besitz sei vollstreckungsrechtlich nicht geschützt. Deshalb kann der Vermieter gegen alle Wohnungsnutzer vollstrecken, wenn er einen Titel gegen den Mieter hat.[887] Die in diesem Zusammenhang teilweise vertretene Rechtsansicht, dass die Klage gegen den Nichtmieter-Ehegatten mangels Rechtsschutzbedürfnisses abgewiesen werden müsse[888] hat das OLG Schleswig allerdings durch Rechtsentscheid vom 17.11.1992[889] zutreffend zurückgewiesen. Der Vermieter kann also in jedem Fall ohne Rechtsnachteile stets beide Ehegatten auf Räumung und Herausgabe in Anspruch nehmen. Ausnahmsweise kann das Rechtsschutzbedürfnis für eine Räumungsklage gegen einen bereits ausgezogenen Mieter entfallen, wenn dieser erklärt, nicht mehr in die Wohnung einziehen zu wollen.[890] Eine solche Erklärung ist für den Mieter verbindlich; beruft sich ein Mieter gleichwohl auf sein Besitzrecht, so handelt er widersprüchlich und damit rechtsmissbräuchlich (§ 242 BGB). Die **Kinder** eines Ehepaares haben keinen eigenständigen Besitz, solange sie minderjährig sind. Deshalb müssen die Kinder mit den Eltern räumen. Ein besonderer Titel ist hierzu nicht erforderlich. Einer gleichwohl erhobenen Räumungsklage fehlt das Rechtsschutzbedürfnis.[891] Teilweise wird die Ansicht vertreten, dass die Kinder mit dem Eintritt der Volljährigkeit selbstständigen Besitz erlangen.[892] Diese Ansicht trifft nicht zu.[893] Im Einzelfall kann etwas anderes gelten. Dies setzt allerdings voraus, dass die Änderung der Besitzverhältnisse nach außen eindeutig erkennbar geworden ist.[894] Hiervon kann beispielsweise ausgegangen werden, wenn ein volljähriges Kind auch nach Beendigung seiner Ausbildung und trotz wirtschaftlicher Selbstständigkeit weiterhin in der elterlichen Wohnung verbleibt. Maßgeblich sind die für den Vermieter erkennbaren Umstände.

---

[884] BGHZ 159, 383, 384f.; NJW 2004, 3041 = NZM 2004, 701 = WuM 2004, 555 = ZMR 2004, 738 = DWW 2004, 300; NJW 2008, 1959 = NZM 2008, 400 = WuM 2008, 364 = ZMR 2008, 695 = DWW 2008, 263 m. Anm. *Bruns* ZMR 2008, 697 und *Scholz* ZMR 2009, 99; NJW-RR 2008, 869 = NZM 2008, 281 = WuM 2008, 233 unter Nr. II 2a; OLG Frankfurt WuM 2003, 640; OLG Jena WuM 2002, 221; LG Hamburg WuM 1992, 549; LG Mannheim ZMR 1992, 253.

[885] OLG Frankfurt a. a. O.

[886] LG Berlin ZMR 1992, 395; *Pauly* ZMR 2005, 337.

[887] *Pauly* a. a. O.

[888] LG Kiel WuM 1982, 304; LG Darmstadt WuM 1981, 113.

[889] OLG Schleswig ZMR 1993, 69.

[890] LG Berlin GE 2003, 529.

[891] LG Lüneburg NZM 1998, 232.

[892] So AG Berlin-Lichtenberg NZM 2006, 120.

[893] BGH NJW 2008, 1959 = NZM 2008, 400 = WuM 2008, 364 = ZMR 2008, 695 = DWW 2008, 263 m. Anm. *Bruns* ZMR 2008, 697 und *Scholz* ZMR 2009, 99; AG Kassel ZMR 2016, 77.

[894] BGH a. a. O.

Zur Frage, unter welchen Voraussetzungen der Mieter seinen Ehegatten **nach Abschluss des Mietvertrags** in die Wohnung aufnehmen darf s. § 540 BGB Rdn. 23. Zur Erforderlichkeit eines Räumungstitels, wenn zum Haushalt des Mieters Kinder und sonstige Verwandte gehören s. § 540 BGB Rdn. 29. 351

Ist nur einer der Eheleute Mieter, so kann die Wohnung auch im Fall der **Ehescheidung** von ihm alleine gekündigt werden. Dies hat u. U. zur Folge, dass der in den Räumen verbliebene Nichtmieter-Ehegatte die Wohnung verliert. Gleichwohl verstößt eine solche Kündigung grundsätzlich nicht gegen § 138 BGB, weil das zwischen den Eheleuten bestehende Innenverhältnis den Vermieter nichts angeht.[895] Ebenso kann der Mieter mit dem Vermieter einen Mietaufhebungsvertrag abschließen. Der Schutz des in der Wohnung verbliebenen Ehegatten muss über das Familiengericht erfolgen, das die Wohnung einem der Eheleute zuweisen kann (s. Rdn. 365, 370). Hat der Vermieter gegen den in der Wohnung verbliebenen Ehegatten Räumungsklage erhoben und ist das Zuweisungsverfahren anhängig, so kann das Mietgericht den Räumungsrechtsstreit bis zur Entscheidung über die Zuweisung aussetzen (§ 148 ZPO). Die Aussetzung steht im Ermessen des Gerichts. Aus verfassungsrechtlichen Gründen müssen die Gerichte „die von Art. 6 Abs. 1 GG geschützten Belange der familiären Gemeinschaft und des Kindeswohls berücksichtigen und in ihre Abwägungsentscheidung einbeziehen".[896] 352

Nach Ansicht des OLG Hamburg[897] kann jeder Ehegatte im Falle des Getrenntlebens oder der Ehescheidung von dem anderen Ehegatten verlangen, dass dieser an der Abgabe einer gemeinsamen Kündigungserklärung mitwirkt. Diese Ansicht beruht auf der Erwägung, dass die für eheähnliche Gemeinschaften entwickelten Grundsätze (s. Rdn. 382) auf Eheleute entsprechend anzuwenden sind. Dieser Ansicht ist nicht zu folgen,[898] weil den Eheleuten das Verfahren nach § 1568a BGB zur Verfügung steht.[899] Lediglich der in der Wohnung verbliebene Ehegatte kann verlangen, dass der andere Ehegatte bei der Auflösung des Mietverhältnisses mitwirkt.[900] 353

dd) Verfahren nach § 1568a BGB anlässlich der Scheidung. Das Verfahren nach § 1568a BGB ersetzt seit dem 1.9.2009 die Regelungen der Hausratsverordnung, die mit Wirkung zum 1.9.2009 ersatzlos aufgehoben wurde. Anstelle des früheren gerichtlichen Zuweisungsverfahrens tritt eine zivilrechtliche Anspruchsgrundlage für die Wohnungsüberlassung. Die Vorschrift besteht aus sechs Absätzen, in denen teils familienrechtliche (Abs. 1 und 2), teils mietrechtliche Sachverhalte (Abs. 3–6) geregelt sind. Die Absätze 1 und 2 regeln den Fall, dass sich die Eheleute nicht über die künftige Nutzung der Ehewohnung einigen können. 354

Abs. 1: „Ein Ehegatte kann verlangen, dass ihm der andere Ehegatte anlässlich der Scheidung die Ehewohnung überlässt, wenn er auf deren Nutzung unter Berücksichtigung des Wohls der im Haushalt lebenden Kinder und der Lebensverhältnisse der Ehegatten in stärkerem Maße angewiesen ist als der andere Ehegatte oder die Überlassung aus anderen Gründen der Billigkeit entspricht."

Abs. 2: „Ist einer der Ehegatten allein oder gemeinsam mit einem Dritten Eigentümer des Grundstücks, auf dem sich die Ehewohnung befindet, oder steht einem Ehegatten allein oder gemeinsam mit einem Dritten ein Nießbrauch, das Erbbaurecht oder ein dingliches Wohnrecht an dem Grundstück zu, so kann der andere Ehegatte die Überlassung nur verlangen, wenn dies notwendig ist, um eine unbillige Härte zu vermeiden. Entsprechendes gilt für das Wohnungseigentum und das Dauerwohnrecht."

Die Voraussetzungen des Anspruchs auf Überlassung der Wohnung sind im Wesentlichen mit den Zuweisungskriterien der früheren Hausratsverordnung identisch. Insoweit bringt die Regelung nichts Neues (Einzelheiten unter aaa).

Die Abs. 3–6 geben den Eheleuten einen Anspruch gegen den Vermieter auf Umgestaltung oder Neubegründung eines Mietverhältnisses.

---

895 *Rolfs* in Staudinger § 542 Rdn. 12; **a. A.** LG Bamberg FamRZ 1957, 258 m. Anm. *Bosch* und *Brühl*.
896 BVerfG WuM 2006, 503.
897 OLG Hamburg NZM 2001, 640.
898 Ebenso LG Düsseldorf WuM 1996, 36.
899 Dazu *Götz/Brudermüller* Rdn. 154ff.
900 LG Aachen NJW-RR 1996, 462.

Abs. 3: „[1]Der Ehegatte, dem die Wohnung überlassen wird, tritt
1. zum Zeitpunkt des Zugangs der Mitteilung der Ehegatten über die Überlassung an den Vermieter oder
2. mit Rechtskraft der Endentscheidung im Wohnungszuweisungsverfahren an Stelle des zur Überlassung verpflichteten Ehegatten in ein von diesem eingegangenes Mietverhältnis ein oder setzt ein von beiden eingegangenes Mietverhältnis allein fort. [2]§ 563 Absatz 4 gilt entsprechend."

Abs. 4: „Ein Ehegatte kann die Begründung eines Mietverhältnisses über eine Wohnung, die die Ehegatten auf Grund eines Dienst- oder Arbeitsverhältnisses innehaben, das zwischen einem von ihnen und einem Dritten besteht, nur verlangen, wenn der Dritte einverstanden oder dies notwendig ist, um eine schwere Härte zu vermeiden."

Abs. 5: „[1]Besteht kein Mietverhältnis über die Ehewohnung, so kann sowohl der Ehegatte, der Anspruch auf deren Überlassung hat, als auch die zur Vermietung berechtigte Person die Begründung eines Mietverhältnisses zu ortsüblichen Bedingungen verlangen. [2]Unter den Voraussetzungen des § 575 Absatz 1 oder wenn die Begründung eines unbefristeten Mietverhältnisses unter Würdigung der berechtigten Interessen des Vermieters unbillig ist, kann der Vermieter eine angemessene Befristung des Mietverhältnisses verlangen. [3]Kommt eine Einigung über die Höhe der Miete nicht zustande, kann der Vermieter eine angemessene Miete, im Zweifel die ortsübliche Vergleichsmiete, verlangen."

Abs. 6: „In den Fällen der Absätze 3 und 5 erlischt der Anspruch auf Eintritt in ein Mietverhältnis oder auf seine Begründung ein Jahr nach Rechtskraft der Endentscheidung in der Scheidungssache, wenn er nicht vorher rechtshängig gemacht worden ist."

Diese Regelungen sind mietrechtlicher Natur. Sie haben eine gewisse funktionelle Ähnlichkeit mit den Eintritts- und Nachfolgeregelungen beim Tod eines Mieters (§§ 563ff. BGB). Für **eingetragene gleichgeschlechtliche Lebenspartner** gelten die gleichen Regelungen wie für Eheleute (§§ 14, 17 LPartG i. V. m. § 1568a BGB)

355 **aaa) Der Anspruch auf Wohnungsüberlassung. (1) Wohnungsmiete (§ 1568a Abs. 1 BGB).** Können sich die Eheleute nicht über die künftige Ehewohnung einigen, so gilt die gesetzliche Zuweisungsregelung in § 1568a Abs. 1 BGB. Als **Ehewohnung** gilt jede Räumlichkeit die von den Eheleuten während der Ehezeit gemeinsam zum Wohnen benutzt wurde. Auf die Dauer und Intensivität der Nutzung kommt es nicht an (. Deshalb kann auch eine auf Dauer angemietete Ferienwohnung oder ein Wochenendhaus Gegenstand einer Regelung nach § 1568a BGB sein.[901] Die Eigenschaft als Familienwohnung bleibt erhalten, wenn ein Ehegatte die Räume nicht oder nur selten nutzt, etwa weil er an einem anderen Ort berufstätig ist oder sich in Strafhaft befindet. Maßgeblich ist allein, dass die Eheleute die Räume noch als gemeinsame Wohnung ansehen. Anders ist es, wenn einer der Eheleute die Wohnung auf Dauer verlassen hat;[902] der Auszug während der Trennungszeit genügt für diese Annahme nicht. Dies folgt aus dem Umstand, dass die Wohnung solange als Ehewohnung gilt, bis einer der Eheleute seinen Nutzungswillen endgültig aufgibt.[903]

355a Der **Anspruch auf Überlassung** der Wohnung setzt voraus, dass ein Ehegatte auf deren Nutzung in stärkerem Maße angewiesen ist als der andere Ehegatte. Hierbei sind alle Umstände des Einzelfalls, vor allem aber das Wohl der Kinder zu berücksichtigen. Die Zuweisungskriterien der früheren HausRV und die dazu ergangene Rechtsprechung sind weiterhin anwendbar.[904] Wird das Kindeswohl durch einen Wohnungswechsel beeinträchtigt, so wird die Wohnung grundsätzlich demjenigen Elternteil zugesprochen, bei dem die Kinder verbleiben sollen. Für den nicht sorgeberechtigten Ehegatten ist es als Alleinstehendem zudem einfacher, auf dem Wohnungsmarkt eine Ersatzwohnung zu finden. Auf diese Weise ist die Übertragung der elterlichen Sorge und die Zuweisung der Wohnung häufig miteinander verknüpft. Gleichwohl sind weder die Kinder noch das Jugendamt am Zuweisungsverfahren beteiligt.

356 Ist der Gesichtspunkt des Kindeswohls nicht ausschlaggebend, kommt es vor allem auf die Lebensverhältnisse der Ehegatten wie Alter und Gesundheitszustand sowie ihre Einkommens- und

---

[901] *Büte* FPR 2010, 537.

[902] Vgl. OLG Frankfurt FamRZ 2015, 1898.

[903] BGH (XII ZR 143/11) NJW 2013, 2507.

[904] BT-Drucks. 16/10798 S. 33; *Götz/Brudermüller* FamRZ 2009, 1261, 1262; *Götz* NZM 2010, 383; *Büte* FPR 2010, 537.

Vermögensverhältnisse an. Dem wirtschaftlich stärkeren und gesundheitlich stabileren Ehegatten ist es i. d. R. eher zuzumuten, sich um eine Ersatzwohnung zu kümmern. Auch die Nähe der Wohnung zum Arbeitsplatz eines Ehegatten kann hier von Bedeutung sein. Schließlich ist zu berücksichtigen, welcher Ehegatte sich besser in die übrige Hausgemeinschaft einfügen kann. Dieser Umstand spielt insbesondere dann eine Rolle, wenn es in der Vergangenheit zu Vertragsverletzungen durch einen der Ehepartner gekommen ist. Auf die Ursachen der Ehescheidung und die Schuld am Scheitern der Ehe kommt es dagegen nicht an, falls nicht ausnahmsweise das Fehlverhalten eines Ehegatten derart ins Gewicht fällt, dass eine Außerachtlassung dieses Umstandes bei der Zuweisung der Wohnung zu unbilligen Ergebnissen führen würde.

(2) Eigentum und ähnliche Rechtsverhältnisse (§ 1568 a Abs. 2 BGB). Ist einer der Ehe- 357 gatten allein oder gemeinsam mit einem Dritten Eigentümer des Grundstücks, auf dem sich die Ehewohnung befindet, oder steht einem Ehegatten allein oder gemeinsam mit einem Dritten ein Nießbrauch, das Erbbaurecht oder ein dingliches Wohnrecht an dem Grundstück zu, so kann der andere Ehegatte die Überlassung nur verlangen, wenn dies notwendig ist, um eine unbillige Härte zu vermeiden. Entsprechendes gilt für das Wohnungseigentum und das Dauerwohnrecht.

Die Regelung entspricht im Wesentlichen § 3 HausRV; die hierzu ergangene Rechtsprechung 358 ist weiterhin anwendbar.[905] An das Vorliegen einer unbilligen Härte sind strenge Anforderungen zu stellen.[906] Sind beide Ehegatten dinglich berechtigt, richtet sich die Zuweisung nach Abs. 1, es sei denn eines der dinglichen Rechte geht dem andern hinsichtlich der Nutzungsbefugnis vor.[907] So gebührt dem Inhaber eines dinglichen Wohnrechts oder dem Nießbraucher der Vorrang gegenüber dem Eigentümer.

Auf Grund der Zuweisung ist der begünstigte Ehegatte gegenüber dem Eigentümer zum Besitz 359 berechtigt. Wird das **Haus oder die Wohnung vom Eigentümer veräußert,** so geht das Eigentum auf den Erwerber über. An einer Veräußerung ohne Mitwirkung des Ehegatten ist der Eigentümer nur gehindert, wenn die Voraussetzungen des § 1365 BGB (Verfügung über das Vermögen als Ganzes) gegeben sind. Ist die Veräußerung wirksam, so ist der Erwerber an die Zuweisung nicht gebunden, weil hierdurch allein kein Mietverhältnis zustande kommt. Dies hat zur Folge, dass dem Erwerber gegenüber dem Besitzer der Herausgabeanspruch aus § 985 BGB zusteht. Außerdem hat der Erwerber nach § 987 BGB Anspruch auf eine Nutzungsentschädigung in Höhe des Mietwerts der Immobilie.[908] Gegen den Verlust der Wohnung im Falle der Veräußerung der Immobilie ist der begünstigte Ehegatte geschützt, wenn das Familiengericht die Begründung eines (befristeten) Mietverhältnisses zwischen dem Eigentümer und dessen Ehegatten anordnet. Hierauf hat der begünstigte Ehegatte einen Anspruch (§ 1568 a Abs. 5 BGB). Für den Inhalt des Vertrags gelten die ortsüblichen Bedingungen (unten ccc). An dieses Mietverhältnis ist der Erwerber nach § 566 BGB gebunden. Die Anordnung eines Veräußerungsverbots dürfte demgegenüber mangels einer gesetzlichen Grundlage unzulässig sein.[909]

bbb) Umgestaltung der Vertragsverhältnisse (§ 1568 a Abs. 3 BGB). (1) Mietverhältnis 360 **mit beiden Eheleuten.** Sind beide Eheleute Mieter und einigen sie sich anlässlich der Scheidung über die künftige Nutzung der Ehewohnung, so bedarf es keiner Mitwirkung des Vermieters, wenn die bisherigen Vertragsbeziehungen unverändert fortbestehen sollen. Anders ist es, wenn das Mietverhältnis mit dem in der Wohnung verbleibenden Ehegatten als alleinigem Mieter fortgesetzt werden soll. Ist der Vermieter mit einer solchen Lösung einverstanden, so kann der Mietvertrag durch dreiseitigen Vertrag entsprechend geändert werden.

Ist der Vermieter mit der Entlassung eines Ehegatten nicht einverstanden, so haben die Mieter 361 gem. **§ 1568 a Abs. 3 BGB** einen gesetzlichen **Anspruch** gegen den Vermieter auf die **Umgestaltung des Mietvertrags.** Die Mieter müssen gegenüber dem Vermieter erklären, dass der Mietvertrag mit einem von ihnen allein fortgesetzt werden soll. Der Zugang der Mitteilung hat die Vertragsänderung zur Folge: Das Mietverhältnis wird mit dem in der Wohnung verbliebenen Ehegatten alleine fortgesetzt; der andere Ehegatte scheidet aus dem Mietverhältnis aus. Erfolgt die Mitteilung bereits vor Rechtskraft der Scheidung, so wird die Vertragsänderung erst mit Rechtskraft

---

[905] *Götz/Brudermüller* FamRZ 2009, 1261, 1262.
[906] *Götz* NZM 2010, 383, 384.
[907] *Götz/Brudermüller* a. a. O.
[908] OLG München Beschluss vom 7. 1. 2016 – 13 U 3004/15, juris.
[909] Palandt/*Brudermüller* § 1361 b BGB Rdn. 17 m. w. N.

des Scheidungsurteils wirksam.[910] Der 2. Senat des OLG Hamm[911] leitet aus dieser Rechtlage ab, dass Eheleute zwar einen einklagbaren Anspruch gegen den Ehepartner auf Mitwirkung an der Abgabe einer gemeinsamen Erklärung gegenüber dem Vermieter betreffend die Umgestaltung des Mietverhältnisses über die Ehewohnung haben. Das Gericht ist allerdings der Ansicht, dass dem jeweiligen Ehepartner vor Abschluss des Scheidungsverfahrens kein Rechtsschutzbedürfnis an der gerichtlichen Durchsetzung der Mitwirkungshandlung zusteht. Der 12. Senat des OLG Hamm teilt diese Ansicht nicht. Der scheidende Ehegatte habe ein berechtigtes Interesse an der Befreiung von den nach Rechtskraft der Scheidung entstehenden Verbindlichkeiten aus dem Mietverhältnis. Deshalb sei es ihm nicht zuzumuten mit der Geltendmachung des Mitwirkungsanspruchs bis zur Rechtskraft des Scheidungsurteils zuzuwarten.[912] Da der scheidende Ehegatte erst mit Rechtkraft des Scheidungsurteils aus dem Mietverhältnis entlassen wird haftet er bis zu diesem Zeitpunkt kraft Gesetzes für die Mietverbindlichkeiten. Deshalb kann die Verpflichtung zur Mitwirkung an der Umgestaltungserklärung nicht davon abhängig gemacht werden, dass der antragstellende Ehegatte eine diesbezügliche Erklärung abgibt.[913]

361a Die **Erklärung ist gegenüber dem Vermieter abzugeben.** Durch Anträge an das Gericht wird diese Erklärung nicht ersetzt. Dies gilt auch dann, wenn ein Ehegatte beim Familiengericht die Zuweisung an den anderen beantragt und dieser erklärt, dass er sich dem Antrag anschließe.[914]

361b Ein **Anspruch aus § 1568a besteht nicht mehr, wenn das Mietverhältnis bereits beendet ist.** Im Falle der ordentlichen befristeten Kündigung endet das Mietverhältnis mit dem Ablauf der Kündigungsfrist; bis zu diesem Zeitpunkt ist eine Zuweisung der Ehewohnung möglich. Hiervon abweichend vertritt das Kammergericht die Ansicht, dass eine Wohnungszuweisung bereits dann ausscheidet, wenn ohnehin feststeht, dass sich der Vermieter aus dem Mietverhältnis wirksam, und sei es mit einer Frist gelöst hat.[915] Nach der hier vertretenen Ansicht sind solche Umstände im Rahmen des Abs. 3 zu berücksichtigen (s. Rdn. 370k).

362 Für die Mitteilung der Ehegatten ist keine besondere **Form** vorgesehen.[916] Bei befristeten Mietverträgen oder bei einem vereinbarten Kündigungsausschluss von mehr als einem Jahr dürften beide Mietvertragsvertragsparteien einen Anspruch auf Mitwirkung zur formwahrenden (§ 550 BGB) Vertragsumgestaltung haben. Aus dem Wortlaut der Vorschrift folgt, dass die Erklärung von **beiden Ehepartnern** abgegeben werden muss („Mitteilung der Ehegatten ..."). Jedoch setzt das Gesetz keine gemeinsame Erklärung der Ehepartner voraus; vielmehr können die Erklärungen sukzessive abgegeben werden.[917] Fraglich kann sein, welche Rechtsfolge gilt, wenn sich die Eheleute zwar über die künftige Nutzung der Ehewohnung einig sind und sich ein Ehegatte gleichwohl weigert, die Erklärung abzugeben. Nach der hier vertretenen Ansicht folgt aus der Einigung eine Verpflichtung zur Mitwirkung an der Umgestaltung der Rechtsverhältnisse. Der Anspruch auf Mitwirkung an der Erklärung nach Abs. 3 kann deshalb im Wege der Klage geltend gemacht werden.[918]

363 Nach der gesetzlichen Regelung tritt ein Ehegatte „an Stelle des zur Überlassung verpflichteten Ehegatten" in das Mietverhältnis ein. Die **Überlassungspflicht** kann sich aus dem Überlassungsanspruch nach Abs. 1 aber auch aus der (freiwilligen) Einigung der Eheleute über die künftige Wohnungsnutzung ergeben. Wesentlich ist, dass die Eheleute bei der freiwilligen Einigung nicht an die Vorgaben des Abs. 1 gebunden sind.

363a **Mietbesitz, Mieterrechte und -pflichten.** Die Vertragsänderung hat zur Folge, dass das Recht zum Mietbesitz dem verbleibenden Ehegatten alleine zusteht. Die damit zusammenhängenden Ansprüche auf Herstellung eines vertragsgemäßen Zustands, auf Mängelbeseitigung sowie Unterlassungsansprüche bei einer Störung des Mietgebrauchs können nur noch vom verbleibenden Alleinmieter geltend gemacht werden. Die vom Vermieter erteilten Erlaubnisse und Gestattungen (Untermieterlaubnis; Erlaubnis zur Tierhaltung, zur gewerblichen Mitbenutzug der Wohnung, zum Abstellen von Fahrzeugen etc) bleiben selbstverständlich bestehen.

---

910 *Götz* NZM 2010, 383, 385; WImmoT 2010, 119, 126; *Schulz* FPR 2010, 541, 542.
911 OLG Hamm GE 2015, 381.
912 OLG Hamm NZM 2016, 441.
913 OLG Hamm NZM 2016, 441.
914 KG GE 2013, 942.
915 KG GE 2013, 942.
916 *Götz/Brudermüller* FamRZ 2009, 1261, 1262.
917 *Büte* FPR 2010, 537, 539.
918 So wohl auch *Götz/Brudermüller* FamRZ 2009, 1261, 1263.

Für alle fälligen Verbindlichkeiten haften die Ehegatten gemeinsam als Gesamtschuldner. Für die noch nicht fälligen Verbindlichkeiten haftet der verbleibende Ehegatte allein. Eine **Mithaftung** des ausscheidenden Ehegatten **für künftige Mietforderungen** ist im Gesetz nicht vorgesehen. Die Parteien können allerdings vereinbaren, dass der ausscheidende Ehegatte weiterhin für die Erfüllung der mietvertraglichen Pflichten haftet; § 551 BGB steht dem nicht entgegen.[919] **363b**

Betriebskostenabrechnung. Die Betriebskosten sind Teil der Miete. Für diese haften mehrere Mieter als Gesamtschuldner (§§ 421, 427 BGB). Bei einer Mietermehrheit kann der Vermieter nach seinem Belieben jeden Schuldner oder nur einzelne Mieter in Anspruch nehmen. Entgegen einer teilweise vertretenen Meinung[920] ist eine Betriebskostenabrechnung auch dann wirksam, wenn sie nur einem von mehreren Mietern zugeht.[921] Daraus folgt, dass der Vermieter sämtliche Betriebskosten gegenüber demjenigen Ehegatten abrechnen kann, mit dem das Mietverhältnis fortgesetzt wurde. Dieser schuldet eine Betriebskostennachzahlung in voller Höhe, weil er während der gesamten Abrechnungsperiode Mieter gewesen ist. Hat der in Anspruch genommene Mieter die Nachforderung bezahlt, so geht die Forderung des Vermieters gegen den früheren Mitmieter auf ihn über (§ 426 Abs. 2 S. 1 BGB). Der frühere Mitmieter ist zum anteiligen Ausgleich verpflichtet. Die Höhe der Ausgleichsansprüche richtet sich nach familienrechtlichen Regeln. Dabei kommt es insbesondere darauf an, wer in der Zeit der gemeinsamen Wohnungsnutzung für die Miete aufzukommen hatte. **363c**

Stattdesssen kann der Vermieter auch getrennte Abrechnungen erteilen. Der ausgeschiedene Ehegatte haftet allerdings (als Gesamtschuldner) nur für die Betriebskosten, die während seiner Mietzeit entstanden sind. Derjenige Ehegatte dem die Wohnung überlassen wurde haftet für die Betriebskosten der gemeinsamen Wohnzeit als Gesamtschuldner neben dem ausgeschiedenen, für den Rest haftet er allein. **363d**

Ergibt sich aus der Abrechnung ein Guthaben, so steht dieses den Mietern als Gesamthandsgläubigern (Mitgläubigern) zu. Jeder Mieter kann Zahlung an sich und die Mitmieter verlangen. Der Vermieter muss das Guthaben zu Händen aller Mieter auszahlen. Dies gilt unabhängig davon, ob die Abrechnung allen oder nur einzelnen Mietern zugegangen ist oder ob einer von mehreren Mieter während der Abrechnungsperiode aus dem Mietverhältnis ausgeschieden ist. Die (ehemaligen) Eheleute müssen die Voraussetzungen schaffen, dass der Vermieter das Guthaben mit befreiender Wirkung auszahlen kann. **363e**

Kündigung. Kommt der verbleibende Ehegatte in Zahlungsverzug, so kann der Vermieter gem. § 543 Abs. 2 Nr. 3 BGB kündigen. Außerdem kann der **Vermieter** das Mietverhältnis nach § 563 Abs. 4 BGB **kündigen,** wenn in der Person des verbleibenden Mieters ein **wichtiger Grund** vorliegt. Hierfür gilt – unabhängig von der Dauer des Mietverhältnisses – die dreimonatige Kündigungsfrist des § 573d Abs. 2 BGB. Ein wichtiger Grund i. S. v. § 563 Abs. 4 BGB liegt vor, wenn dem Vermieter die Fortsetzung des Mietverhältnisses mit dem Eingetretenen nicht zugemutet werden kann und die Gründe hierfür in der Person des neuen Mieters liegen.[922] Maßgeblich sind die Umstände des Einzelfalls, die das Gericht auf Grund einer umfassenden Interessenabwägung festzustellen hat. Ein Verschulden ist nicht erforderlich. Ein **wichtiger Grund** ist anzunehmen, wenn konkrete Anhaltspunkte dafür vorliegen, dass der Dritte den Hausfrieden stören oder die Mietsache beschädigen könnte, etwa weil sich der Dritte bereits in früherer Zeit in dieser Weise verhalten hat. Gleiches gilt, wenn der Rechtsnachfolger mit dem Vermieter persönlich verfeindet ist oder wenn er einen anstößigen Lebenswandel führt. Bei der Vermietung einer Genossenschaftswohnung kann ein wichtiger Grund gegeben sein, wenn der Nachfolger nicht Mitglied der Genossenschaft ist und dies auch nicht werden will.[923] Nach h. M. liegt ein wichtiger Grund außerdem dann vor, wenn der Eingetretene nicht in der Lage ist, die Miete zu bezahlen.[924] Bei der Beurteilung der Zahlungsfähigkeit sind allerdings öffentliche Hilfen (Wohngeld, Sozialhilfe) zu berücksichtigen. **364**

---

919 *Götz* WImmoT 2010, 119, 130.

920 LG Berlin GE 2006, 1235; *Kinne* in: Kinne/Schach/Bieber Miet- und Mietprozessrecht § 556 BGB Rdn. 68a; *Sternel* Mietrecht aktuell (2009) Rdn. V 304.

921 BGH NZM 2010, 577; LG Frankfurt ZMR 2009, 365, 366; *Blank/Börstinghaus* § 556 BGB Rdn. 140.

922 *Rolfs* in Staudinger § 563 Rdn. 48; *Häublein* in MünchKomm § 563 Rdn. 26; *Blank/Börstinghaus* § 563 Rdn. 64; *Palandt/Weidenkaff* § 563 Rdn. 23.

923 *Götz* NZM 2010, 383, 385.

924 *Landwehr* in Bub/Treier Kap. II Rdn. 2618; *Hinz* in Dauner-Lieb u. a. Anwaltskommentar § 563 Rdn. 42; *Kossmann,* Handbuch der Wohnraummiete, § 16 Rdn. 35.

365 Die mietrechtlichen Regelungen in § 1568a Abs. 3 BGB sind nach ihrer Rechtsnatur zwingend. Es besteht ausschließlich das außerordentliche Kündigungsrecht nach § 563 Abs. 4 BGB. Ein Grund zu ordentlichen Kündigung nach § 573 Abs. 1 BGB besteht nicht. Eine Vereinbarung, wonach dem Vermieter im Falle der Scheidung der Mieter ein Kündigungs- oder Lösungsrecht zustehen soll, ist unwirksam (§§ 573 Abs. 4, 569 Abs. 5 Satz 2 BGB). Ebenso kann das Mietverhältnis nicht unter der auflösenden Bedingung der Scheidung geschlossen werden.

366 **(2) Mietverhältnis mit einem Ehegatten.** Ist nur **ein Ehegatte Partei des Mietvertrags** und sind sich die Eheleute darin einig, dass der Mieter in der Wohnung verbleiben soll und der andere Ehegatte die Wohnung verlässt, so ist eine Mitwirkung des Vermieters entbehrlich.

367 Sind sich die **Eheleute mit dem Vermieter** darin **einig,** dass das Mietverhältnis mit dem anderen Ehegatten fortgesetzt werden soll, so müssen die Vertragsbeziehung geändert werden. Erforderlich ist eine **Vereinbarung über einen Mieterwechsel.** Der Mieterwechsel kann in unterschiedlicher Weise vollzogen werden. Zum einen können die bisherigen Parteien ihr Mietverhältnis beenden; sodann kann der Vermieter mit dem Nachfolger ein neues Mietverhältnis zu den Bedingungen des bisherigen (oder zu anderen Bedingungen) begründen.

368 Zum anderen kann der Mieterwechsel durch **Vertragsübernahme** vollzogen werden. Die Vertragsübernahme ist im Gesetz nicht geregelt. Für das Zustandekommen der Vertragsübernahme genügt es, wenn sich der Mieter und sein Nachfolger über die Vertragsübernahme einig sind und der Vermieter zustimmt. Ebenso kann die Vertragsübernahme zwischen dem Vermieter und dem (bisherigen oder zukünftigen) Mieter vereinbart werden. In diesem Fall muss der nicht am Vertragschluss Beteiligte dem Rechtsgeschäft zustimmen.[925]

369 Die Vertragsübernahme hat zur Folge, dass der bisherige Mieter aus dem Vertrag entlassen und das Vertragsverhältnis mit dem neuen Mieter zu den bisher bestehenden Bedingungen fortgesetzt wird. Die Vertragsübernahme führt in der Regel nicht zu einer vollständigen Schuldübernahme: wegen aller bereits fälligen Verbindlichkeiten (z. B. rückständige Miete; Schadensersatzansprüche) kann der Vermieter nur den bisherigen Mieter in Anspruch nehmen. In die noch nicht fälligen Verbindlichkeiten (z. B. Schönheitsreparaturen vor Ablauf der Renovierungsfristen; Verpflichtung zur Beseitigung von baulichen Veränderungen bei Ende der Mietzeit) tritt der neue Mieter ein.

370 Eine **weitergehende Haftung des neuen Mieters** für die bereits fälligen Verbindlichkeiten seines Vorgängers bedarf der ausdrücklichen **Vereinbarung.** In diesem Fall spricht man von einem **befreienden Schuldnerwechsel.** Dieser hat zur Folge, dass der bisherige Mieter frei wird. Der befreiende Schuldnerwechsel muss zwischen dem Vermieter und dem neuen Mieter vereinbart werden (§ 414 BGB). Der bisherige Mieter muss lediglich an seiner Entlassung aus dem Mietverhältnis mitwirken; einer Mitwirkung an der Schuldbefreiung bedarf es nicht. Daneben kann die Schuldübernahme auch zwischen den beiden Mietern vereinbart werden; in diesem Fall hängt die Wirksamkeit der Schuldübernahme von der Genehmigung des Vermieters ab (§ 415 BGB).

370a Ist der **Vermieter mit dem Mieterwechsel nicht einverstanden,** so hat der Mieter gem. § 1568a Abs. 3 BGB einen gesetzlichen **Anspruch** gegen den Vermieter auf die **Umgestaltung des Mietvertrags.** Die Eheleute müssen gegenüber dem Vermieter erklären, dass das Mietverhältnis mit dem anderen Ehegatten fortgesetzt werden soll: Mit dem Zugang der Mitteilung tritt der Ehegatte in das von dem anderen Ehegatten begründete Mietverhältnis ein. Es gilt die unter bbb) (1) dargestellte Rechtsfolge. Auch hierbei handelt es sich nicht um einen befreienden Schuldnerwechsel, so dass der eintretende Ehegatte nicht für die bereits fälligen Verbindlichkeiten des ausscheidenden Mieters haftet.

370b Die Erklärung muss auch in diesem Fall durch beide Eheleute – also auch durch den Nichtmieter – erfolgen.[926]

370c **Übergang des Mietbesitzes, Erfüllungs- und Gewährleistungsansprüche, Erlaubnisse.** Im Zeitpunkt der Vertragsänderung gehen der Mietbesitz und die damit zusammenhängenden Ansprüche auf den eintretenden Ehegatten über. Hierzu zählen der Anspruch auf Herstellung eines vertragsgemäßen Zustands, der Anspruch auf Mängelbeseitigung sowie Unterlassungsansprüche bei einer Störung des Mietgebrauchs. Die vom Vermieter erteilten Erlaubnisse und Gestattungen (Untermieterlaubnis; Erlaubnis zur Tierhaltung, zur gewerblichen Mitbenutzug der Wohnung, zum Abstellen von Fahrzeugen etc) bleiben bestehen.

---

[925] BGH NZM 2005, 584 = GuT 2005, 154 unter Ziff. II 1.
[926] *Götz* NZM 2010, 383.

Übergang sonstiger Rechte und Pflichten. Der Übergang der sonstigen Rechte und Pflichten aus dem Mietverhältnis richtet sich nach dem Zeitpunkt der Fälligkeit der jeweiligen Ansprüche und Verbindlichkeiten. Der ausscheidende Ehegatte haftet weiterhin (allein) für alle fälligen Verbindlichkeiten. Hierzu zählen die rückständigen Mieten einschließlich der rückständigen Betriebskostenvorauszahlungen. Eine Mithaftung des eintretenden Ehegatten für die Verbindlichkeiten des Ausscheidenden ist im Gesetz – anders als im Falle der Rechtsnachfolge beim Tod des Mieters (§ 563b Abs. 1 Satz 1 BGB) – nicht vorgesehen. Umgekehrt haftet der ausscheidende Ehegatte auch nicht für künftige Mietforderungen. Hat der Vermieter vor dem Wirksamwerden der Vertragsübernahme eine Mieterhöhungserklärung abgegeben, so tritt der Mietnachfolger in die sich hieraus ergebenden Verbindlichkeiten ein. **370d**

Vergunstmiete. Grundsätzlich gelten die bisherigen Vereinbarungen über das Entgelt für die Gebrauchsüberlassung fort. Probleme können sich ergeben, wenn zwischen den Vertragsparteien eine sog. „Vergunstmiete" vereinbart ist. Solche Vereinbarungen beruhen i. d. R. auf den persönlichen Beziehungen zwischen dem Vermieter und einem der Ehegatten. Paradigmatisch ist die Überlassung einer Wohnung durch die Eltern eines Ehegatten gegen Übernahme der Betriebskosten oder zu einer besonders günstigen Miete. Hier stellt sich die Frage, ob die Mietpreisvereinbarung fort gilt, wenn die Wohnung dem anderen Ehegatten überlassen wird. Die Frage ist zu bejahen; der Vermieter hat allerdings die Möglichkeit der Mieterhöhung (§ 558ff BGB). Hat der Vermieter bereits vor dem Wirksamwerden der Vertragsübernahme eine Mieterhöhungserklärung abgegeben, so tritt der Mietnachfolger in die sich hieraus ergebenden Verbindlichkeiten ein.

Abrechnung von Betriebskosten. Betriebskosten müssen wie bei einem vertraglichen Mieterwechsel abgerechnet werden. Der Vermieter ist zwar nicht zu einer Zwischenabrechnung verpflichtet.[927] Bei der regulären Abrechnung am Ende des Abrechnungszeitraums müssen die für das betreffende Mietverhältnis entstandenen Betriebskosten unter Berücksichtigung der jeweiligen Vorauszahlungen aber zeitanteilig zwischen dem Ausscheidenden (bis zum Zeitpunkt der Wirksamkeit der Vertragsübernahme) und dem Eintretenden (ab diesem Zeitpunkt) aufgeteilt werden. **370e**

Aufwendungsersatzansprüche/Bereicherungsansprüche **370f**

§ 536a Abs. 2 Nr. 1 und 2 BGB. Aufwendungsersatzansprüche aufgrund einer berechtigten Mangelbeseitigung durch den Mieter werden mit dem Abschluss dieser Maßnahmen fällig; diese Ansprüche verbleiben mithin beim Mieter. Hier ist zu beachten, dass diese Ansprüche in sechs Monaten nach Beendigung des Mietverhältnisses verjähren (§ 548 Abs. 2 BGB). Beim Mieterwechsel nach § 1536a Abs. 3 Alt. 1 BGB endet das Mietverhältnis in dem oben II genannten Zeitpunkt.

§ 539 BGB. Für Aufwendungsersatzansprüche für notwendige oder nützliche Verwendungen gilt dasselbe. Nach der Rechtsprechung des BGH zählen zu diesen Ansprüchen alle Maßnahmen, „die das Grundstück in seinem Bestand verbessern".[928]

§§ 555a Abs. 3, 555d Abs. 6 BGB. Aufwendungsersatzansprüche auf Grund der Duldung einer Erhaltungs- oder Modernisierungsmaßnahme werden mit dem Anfall der Kosten fällig. Der Anspruch nach §§ 555a Abs. 3, 555d Abs. 6 ist allerdings kein Ersatzanspruch i. S. von § 548 Abs. 2 BGB, sondern eine Art Entschädigungsanspruch; hierfür gilt die allgemeine Verjährungsfrist von 3 Jahren.[929]

§ 547 BGB. Der Anspruch aus § 547 BGB auf Erstattung einer Mietvorauszahlung unterliegt ebenfalls nicht der kurzen Verjährung. Grundsätzlich gilt, dass nur solche Aufwendungsersatzansprüche des Mieters der kurzen Verjährungsfrist unterliegen, die sich aus dem Zustand der Mietsache ergeben.[930]

§§ 812ff BGB. Hat der Mieter aufgrund einer unwirksamen Renovierungsklausel Schönheitsreparaturen ausgeführt, so stehen ihm gegen den Vermieter Bereicherungsansprüche zu.[931] Hier ist streitig, ob für diesen Anspruch die allgemeine Verjährungsfrist von drei Jahren (§§ 195ff BGB) gilt[932] oder ob auf diese Ansprüche die kurze Verjährungsfrist des § 548 Abs. 2 BGB anzuwenden

---

927 *Blank/Börstinghaus* § 556 BGB Rdn. 172.

928 BGH NJW 2011, 1866.

929 *Lammel* § 548 BGB Rdn. 27; *Sternel* Rdn. IV 636; *Kandelhard* in: Herrlein/Kandelhard 4. Aufl. § 548 BGB Rdn. 33; **a. A.** LG Köln WuM 1991, 588; *Witt* NZM 2012, 545; Palandt/*Weidenkaff* § 548 BGB Rdn. 6; *Bieber* in MünchKomm § 548 Rdn. 20; *Emmerich* in: Staudinger § 548 BGB Rdn. 20; *Ehlert* in: Bamberger/Roth § 548 BGB Rdn. 37.

930 BGHZ 98, 235, 236; Kandelhard PIG 62, 263, 272.

931 BGHZ 181, 188 = NZM 2009, 541.

932 So *Blank* NZM 2010, 97, 102; WuM 2010, 234f; *Eisenschmid* WuM 2010, 459, 469; *Jakoby* ZMR 2010, 335; *Wiek* WuM 2010, 535, 536.

ist.[933] Die letztgenannte Ansicht hat zur weiteren Folge, dass die Verjährungsfrist erst mit dem rechtlichen Ende des Mietverhältnisses beginnt. Deshalb kann der Mieter auch für solche Renovierungsmaßnahmen Ersatz verlangen, die sehr weit zurückliegen.

370g **Kaution.** Hat der Mieter eine Kaution bezahlt, so wird der daraus folgende Rückzahlungsanspruch fällig, wenn der Vermieter übersehen kann, welche Ansprüche ihm aus dem beendeten Mietvertrag zustehen. Deshalb könnte man daran denken, dass der Vermieter die Kaution an den ausscheidenden Mieter auszahlen muss. Dabei wird allerdings verkannt, dass die Kaution die Risiken des Vermieters aus der Überlassung der Mietsache absichern soll. Deshalb kann die Kautionsabrede dahingehend ausgelegt werden, dass die Kaution an den Mietbesitz geknüpft ist mit der weiteren Folge, dass sie beim Vermieter verbleibt, bis das mit dem Mietnachfolger bestehende Mietverhältnis endet.[934] Diese Rechtsfolge wird auch bei dem ähnlich gelagerten Problem der Rechtsnachfolge beim Tod des Mieters vertreten.[935] Ein eventueller Ausgleich zwischen den Eheleuten ist nach den Regeln des Familienrechts vorzunehmen.

370h **Schadensersatzansprüche.** Bei Schadensersatzansprüchen des Vermieters wegen einer Beschädigung der Mietsache ist zu unterscheiden: Ist der Schaden durch den Mieter verursacht worden, so hat der Vermieter einen Anspruch auf Naturalherstellung oder Geldersatz (§ 249 BGB). Diese Ansprüche kann der Vermieter nur gegenüber dem ausscheidenden Mieter geltend machen; hierfür gilt die kurze Verjährung des § 548 Abs. 2 BGB. Ist der Schaden erst nach dem Wirksamwerden der Vertragsübernahme entstanden, so haftet der Nachfolger allein. Aufgrund dieser Rechtsfolge ist der Vermieter gut beraten, wenn er anläßlich des Vertragsübergangs ein Protokoll über den Wohnungszustand fertigt.

370i **Schönheitsreparaturen.** Sind die Schönheitsreparaturen zum Zeitpunkt des Vertragsübergangs fällig, so kann der Vermieter nur den Ausscheidenden auf Erfüllung oder Schadensersatz in Anspruch nehmen. Werden die Schönheitsreparaturen erst nach diesem Zeitpunkt fällig, so haftet der eintretende Ehegatte allein. Eine Aufteilung der Haftung, je nach der Nutzungszeit von Mieter und Rechtsnachfolger ist nicht möglich.

Die Verjährungsproblematik

Ansprüche des Vermieters. Nach § 548 Abs. 1 BGB verjähren die Ersatzansprüche des Vermieters wegen Veränderungen oder Verschlechterungen der Mietsache in sechs Monaten. Die Verjährung beginnt mit dem Zeitpunkt, in dem er die Mietsache zurückerhält. Die Regelung über den Verjährungsbeginn beruht auf der gesetzgeberischen Erwägung, dass der Vermieter die Mietsache nach der Rückerlangung auf Schäden untersuchen und eventuelle Ersatzansprüche geltend machen kann.[936] Für die Frage der Rückerlangung kommt es deshalb grundsätzlich auf den Zeitpunkt an, in dem der Vermieter freien Zugang zur Mietsache hat. Darüber hinaus muss der Vermieter zur Ausübung der unmittelbaren Sachherrschaft in der Lage sein. Dies ist erst dann der Fall, wenn der Mieter den Besitz vollständig und unzweideutig aufgegeben und der Vermieter den Besitz wiedererlangt hat.[937] Eine Rückgabe in diesem Sinne findet beim Vertragsübergang nach § 1568a Abs. 3 nicht statt. Jedoch ist anerkannt, dass die Verjährung im Falle des rechtsgeschäftlichen Mieterwechsels ohne Besitzrückübertragung beginnt, wenn der bisherige Mieter die Mietsache im Einverständnis mit dem Vermieter dem Nachfolgemieter übergibt.[938] Diese Rechtsprechung beruht auf der Erwägung, dass der Vermieter in einem solchen Fall freiwillig auf die (vorübergehende) Erlangung der unmittelbaren Sachherrschaft verzichtet und dass er sich aus diesem Grunde so behandeln lassen muss, wie wenn er die Sache zurückerhalten hätte.[939] Fraglich ist, ob dieser Rechtsgedanke auch auf den gesetzlichen Mieterwechsel nach § 1568a Abs. 3 BGB anzuwenden ist[940] Hierfür sprechen gute Gründe. Jedoch ist zu bedenken, dass der Vermieter in den Fällen des § 1568a BGB keine

---

[933] So die h. M: BGH NJW 2011, 1866; *Emmerich* in Staudinger § 548 Rdn. 10; *Gsell* NZM 2010, 71, 76; *Kinne* GE 2009, 358, 390; *Klimke/Lehmann-Richter* WuM 2006, 653, 655; *Lehmann-Richter* WuM 2009, 1023, 1028; *Paschke* WuM 2010, 30, 34; *Roth* NZM 2011, 62, 64.

[934] Im Ergebnis ebenso: *Schmid* GE 2010, 1247, 1253; *Schulz* FPR 2010, 541, 544.

[935] *Blank/Börstinghaus* § 563 BGB Rdn. 33.

[936] Prot. II 194.

[937] BGH NJW 1991, 2416, NZM 2004, 98; NJW 2004, 774; ZMR 2006, 754, 756; NJW 2012, 144; BGH (VIII ZR 402/12) NJW 2014, 684; OLG Düsseldorf MDR 2012, 1155.

[938] BGH NJW 1968, 2241 betr. vereinbarte Übertragung des Mietbesitzes vom Mieter auf den Untermieter; OLG Karlsruhe NJW-RR 1994, 594 betr. rechtsgeschäftlich vereinbarter Mieterwechsel.

[939] BGH a. a. O.; OLG Karlsruhe a. a. O.

[940] So *Streyl* § 548 BGB Rdn. 58.

Möglichkeit hat, sich vorübergehend in den Besitz der Mietsache zu setzen. Zwar wird man dem Vermieter ein Besichtigungsrecht zubilligen müssen. Nach der Rechtsprechung des BGH setzt die Rückgabe im Sinne des § 548 BGB aber eine Änderung der Besitzverhältnisse zugunsten des Vermieters voraus, weil dieser erst durch die unmittelbare Sachherrschaft in die Lage versetzt wird, sich ungestört ein umfassendes Bild von etwaigen Veränderungen oder Verschlechterungen der Sache zu machen.[941] Dass der Vermieter (vorübergehend) die Möglichkeit erhält, während des (fortdauernden) Besitzes des Mieters die Mieträume zu besichtigen, genügt demgegenüber nicht.[942] Eine höchstrichterliche Entscheidung zu dem hier aufgezeigten Problem ist noch nicht ergangen.

Ansprüche des Mieters. Der Anspruch des Mieters auf Erstattung einer Aufwendung verjährt ebenfalls in sechs Monaten. Die Verjährung beginnt mit dem rechtlichen Ende des Mietverhältnisses. Hinsichtlich der Ansprüche des weichenden Ehegatten ist dies der Zeitpunkt zu dem er aus dem Mietverhältnis ausscheidet.

Kündigungsbefugnisse des Vermieters. Der Vermieter kann die Vertragsübernahme nicht hindern. Ein Vetorecht steht ihm nicht zu. **370j**

Kündigung nach § 563 Abs. 4 BGB. Jedoch ist in § 1568 a Abs. 3 Satz 2 BGB bestimmt, dass die Vorschrift des § 563 Abs. 4 BGB entsprechend gilt. Danach kann der Vermieter das Mietverhältnis mit dem Rechtsnachfolger des ursprünglichen Mieters außerordentlich mit der gesetzlichen Frist kündigen, wenn in der Person des Eintretenden ein wichtiger Grund vorliegt. Dies gilt auch dann, wenn die Vertragsübernahme nach § 1568 a Abs. 3 Nr. 2 BGB – also durch gerichtliche Entscheidung – erfolgt. Das Familiengericht ist nicht gehindert, einen wichtigen Grund im Sinne des § 563 Abs. 4 BGB bereits bei der Entscheidung über die Wohnungszuweisung zu berücksichtigen. Hierauf kann der Vermieter hinwirken, weil er am Zuweisungsverfahren beteiligt ist (§ 204 FamFG). Es ist auch sachgerecht, wenn dieser Umstand bereits im Zuweisungsverfahren geprüft und berücksichtigt wird. Es ergibt nämlich keinen Sinn, die Ehewohnung einem Ehegatten zuzuweisen, dem der Vermieter nach § 563 Abs. 4 BGB kündigen kann. In diesem Zusammenhang ist anzumerken, dass die Kündigung nach § 563 Abs. 4 BGB auch dann nicht ausgeschlossen ist, wenn das Familiengericht zum Ergebnis kommt, dass kein wichtiger Grund vorliegt. Ein Räumungsverfahren ist in diesem Fall als Mietsache i. S. v. § 23 Nr. 2 a GVG zu bewerten über die nicht das Familiengericht, sondern das Mietgericht zu entscheiden hat. Dieses ist an die Zuweisungsentscheidung des Familiengerichts nicht gebunden. Denn diese Entscheidung betrifft nur die zwischen den Eheleuten bestehende Überlassungsverpflichtung, nicht das Verhältnis des Mietnachfolgers zum Vermieter. **370k**

Für die Kündigung nach §§ 1568 a Abs. 3 Satz 2, 563 Abs. 4 BGB gilt – unabhängig von der Dauer des Mietverhältnisses – die dreimonatige Kündigungsfrist des § 573 d Abs. 2 BGB. Ein wichtiger Grund i. S. von § 563 Abs. 4 BGB liegt vor, wenn dem Vermieter die Fortsetzung des Mietverhältnisses mit dem Eingetretenen nicht zugemutet werden kann und die Gründe hierfür in der Person des neuen Mieters liegen.[943] Maßgeblich sind die Umstände des Einzelfalls, die das Gericht auf Grund einer umfassenden Interessenabwägung festzustellen hat. Ein Verschulden ist nicht erforderlich. Ein wichtiger Grund ist anzunehmen, wenn konkrete Anhaltspunkte dafür vorliegen, dass der Dritte den Hausfrieden stören oder die Mietsache beschädigen könnte, etwa weil sich der Dritte bereits in früherer Zeit in dieser Weise verhalten hat. Gleiches gilt, wenn der Rechtsnachfolger mit dem Vermieter persönlich verfeindet ist oder wenn er einen anstößigen Lebenswandel führt. Bei der Vermietung einer Genossenschaftswohnung kann ein wichtiger Grund gegeben sein, wenn der Nachfolger nicht Mitglied der Genossenschaft ist und dies auch nicht werden will.[944] Nach h. M. liegt ein wichtiger Grund außerdem dann vor, wenn der Eingetretene nicht in der Lage ist, die Miete zu bezahlen.[945] Bei der Beurteilung der Zahlungsfähigkeit sind allerdings öffentliche Hilfen (Wohngeld, Sozialhilfe) zu berücksichtigen. **370l**

Sonstige Kündigungsgründe. Daneben stehen dem Vermieter alle regulären Kündigungsgründe nach den §§ 543, 569 Abs. 2, 573 ff BGB) zu. Dies gilt auch für die erleichterte Kündigung eines Mietverhältnisses über eine Wohnung in einem vom Vermieter selbst bewohnten Gebäude **370m**

---

941 BGHZ 98, 59, 62; NJW 1961, 2416; BGH NJW 2006, 2399; NJW 2012, 144 st. Rspr.
942 BGH NJW 2006, 2399 m. w. N.
943 *Rolfs* in: Staudinger § 563 BGB Rdn. 48; *Häublein* in: MünchKomm § 563 BGB Rdn. 26; *Blank/Börstinghaus* § 563 BGB Rdn. 64; Palandt/*Weidenkaff* § 563 BGB Rdn. 23.
944 *Götz* NZM 2010, 383, 385.
945 *J. Emmerich* in: Bub/Treier Kap. II Rdn. 2969; *Hinz* in: Dauner-Lieb u. a. Anwaltskommentar § 563 BGB Rdn. 42; *Kossmann* Handbuch der Wohnraummiete § 16 Rdn. 35.

mit nicht mehr als zwei Wohnungen (§ 573a BGB). Ein Vertragswechsel gegen den Willen des Vermieters dürfte bei dieser Wohnungsgruppe keinen Sinn ergeben.

370n Die gesetzlichen Kündigungsrechte können bei der Wohnungsmiete nicht vertraglich erweitert werden. Eine Vereinbarung, wonach dem Vermieter im Falle der Scheidung der Mieter ein Kündigungs- oder Lösungsrecht zustehen soll, ist unwirksam (§§ 573 Abs. 4, 569 Abs. 5 Satz 2 BGB). Ebenso kann das Mietverhältnis nicht unter der auflösenden Bedingung der Scheidung geschlossen werden (§ 572 Abs. 2 BGB).

370o **(3) Werkwohnungen (§ 1568a Abs. 4 BGB).** Hier kann der Mieter, dem die Wohnung mit Rücksicht auf ein Dienstverhältnis überlassen wurde, die Begründung eines Mietverhältnisses mit seinem Ehegatten nur verlangen, wenn der Vermieter einverstanden oder dies notwendig ist, um eine schwere Härte zu vermeiden **(§ 1568a Abs. 4 BGB).** Nach ihrem Wortlaut gilt die Regelung sowohl für werkeigene und werkfremde Werkmietwohnungen als auch für Werkdienstwohnungen.

370p **3.1. Werkmietwohnungen.** Bei der **Werkmietwohnung** regelt Abs. 4 nur den Fall, dass der Arbeitnehmerehegatte alleiniger Mieter der Wohnung ist. Nur in diesem Fall kommt die „Begründung" eines Mietverhältnisses mit dem anderen Ehegatten in Betracht. Die Anspruchsregelung in Abs. 1 wird hier durch eine zusätzliche Voraussetzung ergänzt. Der Überlassungsanspruch setzt neben den Kriterien des Abs. 1 auch das Einverständnis des Arbeitgebers oder (alternativ) eine schwere Härte voraus.[946] Die besonderen Voraussetzungen des Abs. 4 sind auch bei der freiwilligen Einigung zu beachten.

370q Fraglich ist, welche Rechtsfolge gilt, wenn **beide Ehegatten Mieter** sind. In diesem Fall ist Abs. 4 nach seinem Wortlaut unanwendbar, weil die Regelung die **Fortsetzung** des Mietverhältnisses nicht umfasst. Die Vorschrift beruht auf der Erwägung, dass der Arbeitgeber ein gewichtiges Interesse am Fortbestand der Zweckbindung hat. So gesehen ergäbe es einen Sinn, die besonderen Voraussetzungen des Abs. 4 im Falle der funktionsgebundenen Werkwohnungen zu beachten; bei den nicht funktionsgebunden Werkwohnungen spielt es für die Zweckbindung dagegen keine Rolle wer von den beiden Arbeitnehmern die Wohnung weiterhin benutzt. Allerdings unterscheidet § 1568a BGB – anders als § 576 BGB – nicht zwischen den beiden Wohnungsgruppen. Deshalb erscheint es sachgerecht, Abs. 4 nur auf den ausdrücklich geregelten Fall anzuwenden.

370r **3.2. Werkdienstwohnungen.** Bei der **Werkdienstwohnung** beruht die Überlassung der Wohnung auf dem Arbeitsvertrag. Sind beide Eheleute Arbeitnehmer des Vermieters und ist beiden die Wohnung als Dienstwohnung zugewiesen (z. B. bei einer Hauswartwohnung), so kommt die „Begründung eines Mietverhältnisses" von vorneherein nicht in Betracht. Besteht nur mit einem der Ehegatten ein Arbeitsvertrag, so setzt die Begründung eines Mietverhältnisses mit dem anderen Ehegatten die Änderung des Arbeitsvertrages voraus. Hierfür fehlt es an einer rechtlichen Grundlage. Abs. 4 muss deshalb einschränkend dahingehend ausgelegt werden, dass die Regelung nur für die Werkmietwohnung gilt.[947]

370s **ccc) Anspruch auf Begründung eines Mietverhältnisses bei fehlendem Mietvertrag (§ 1568a Abs. 5 BGB).** Besteht kein Mietvertrag über die Ehewohnung, so kann der Ehegatte, der Anspruch auf Überlassung der Wohnung hat, die Begründung eines Mietverhältnisses zu den ortsüblichen Bedingungen verlangen. Ein Mietvertrag zu den Bedingungen der §§ 535ff. BGB kommt nicht in Betracht. Vielmehr hat der Mieter abw. von der gesetzlichen Regelung neben der Grundmiete die Betriebskosten und die Schönheitsreparaturen zu tragen. Im Übrigen muss der Mietvertrag mit den zwingenden Vorschriften des Mietrechts im Einklang stehen; falls ein Formularmietvertrag verwendet wird, müssen die jeweiligen Klauseln einer Prüfung nach §§ 305ff BGB standhalten.[948] Kommt eine Einigung über die Höhe der Miete nicht zustande, kann der Vermieter eine angemessene Miete, im Zweifel die ortsübliche Vergleichsmiete, verlangen. Unter den Voraussetzungen des § 575 Abs. 1 BGB kann der Eigentümer verlangen, dass das Mietverhältnis befristet wird. Gleiches gilt, wenn die Begründung eines unbefristeten Mietverhältnisses unter Würdigung der berechtigten Interessen des Eigentümers unbillig ist.

370t Die Regelung gilt zunächst für die unter III. 2. dargestellten Fälle. An einem Mietverhältnis fehlt es auch, wenn der **Alleinmieter** die **Wohnung gekündigt** hat und die Kündigungsfrist abgelaufen ist.[949] Voraussetzung ist hier, dass die Wohnung noch im Besitz eines der Ehegatten ist. Ein An-

---

[946] *Götz/Brudermüller* FamRZ 2009, 1261, 1264.
[947] *Götz/Brudermüller* NJW 2010, 5, 6; *Götz* WImmoT 2010, 119, 124.
[948] *Abramenko* ZMR 2012, 334.
[949] *Götz* NZM 2010, 383; WImmoT 2010, 119, 131.

spruch auf (erneute) Überlassung der (ehemaligen) Ehewohnung besteht nicht. Hat der Vermieter gekündigt, so kommt es darauf an, ob das Mietverhältnis hierdurch beendet wurde. Ist dies zu bejahen, weil ein Kündigungsgrund vorlag, so kommt ein Anspruch auf Neuabschluss eines Mietvertrags nicht in Betracht. Eine unwirksame Kündigung beendet das Mietverhältnis nicht.

ddd) Jahresfrist (§ 1568 a Abs. 6 BGB). Nach **§ 1568 a Abs. 6** erlischt der Anspruch auf Eintritt in den Mietvertrag oder auf Fortsetzung des Vertrags ein Jahr nach Rechtskraft der Endentscheidung in der Scheidungssache, wenn er nicht vorher rechtshängig gemacht worden ist. Nach dem Wortlaut der Regelung soll dies nur „in den Fällen der Absätze 3 und 5" gelten. Entgegen dem Wortlaut ist die Jahresfrist aber nicht nur in den Fällen der Abs. 3 und 5 sondern auch im Fall des Abs. 4 zu beachten.[950] Ebenso ist nach Ablauf der Jahresfrist keine gerichtliche Entscheidung nach Abs. 1 möglich.[951] **370u**

eee) Beendigung des Mietverhältnisses. In vielen Fällen werden die Eheleute kein Interesse an der Umgestaltung des Vertragsverhältnisses haben, weil sie sich die Wohnung nach der Scheidung nicht mehr leisten können oder wollen. Ein unbefristetes Mietverhältnis kann in diesem Fall problemlos mit der Frist des § 573 c BGB gekündigt werden. Anders ist es bei befristeten Mietverhältnissen i. S. v. § 575 BGB und in den Fällen einer wirksamen Kündigungsausschlussvereinbarung. Hier ist die ordentliche Kündigung ausgeschlossen; ein außerordentliches Kündigungsrecht für den Fall der Scheidung ist in § 1568 a BGB nicht vorgesehen. Nach der Rechtsprechung kann der Mieter einen aus § 242 BGB ableitbaren Anspruch auf vorzeitige Vertragsentlassung haben, wenn er hieran ein berechtigtes Interesse hat und dem Vermieter einen geeigneten und zumutbaren Ersatzmieter stellt.[952] Ein solches Interesse ist regelmäßig auch dann zu bejahen, wenn eine Ehe scheitert und die bisherige Ehewohnung für einen Nutzer zu groß oder zu teuer ist.[953] **370v**

fff) Gerichtliches Verfahren. Für Streitigkeiten zwischen den Eheleuten betr. die künftige Wohnungsnutzung (Abs. 1 und 2) ist das Familiengericht zuständig, bei dem das Scheidungsverfahren anhängig ist (§ 23 b Abs. 1 Nr. 8 GVG; §§ 111 Nr. 5, 200 Abs. 1 Nr. 2, 201 Nr. 1 FamFG). Dieses entscheidet nach dem Gesetz über das Verfahren in Familiensachen und in den Angelegenheiten der freiwilligen Gerichtsbarkeit (FamFG). Der Vermieter ist im Zuweisungsverfahren zu beteiligen, sobald der Antrag beim Familiengericht eingegangen ist (§ 204 Abs. 1 FamFG). Die Antragsschrift ist nicht nur dem anderen Ehegatten, sondern auch dem Vermieter zur Äußerung mitzuteilen. Die Mitteilung ist auf denjenigen Teil der Antragsschrift beschränkt, dessen Inhalt den Vermieter betrifft (§ 139 Abs. 1 FamFG). Im isolierten Verfahren ergibt sich das Erfordernis der Mitteilung aus §§ 23 Abs. 2, 41 Abs. 1 FamFG. Als Beteiligter hat der Vermieter Anspruch auf rechtliches Gehör (§ 34 Abs. 1 FamFG). Er ist zum Termin zu laden. In der Regel ist mit ihm mündlich zu verhandeln (§ 207 BGB). Im Verbund ist jedoch § 139 Abs. 2 FamFG zu beachten: danach ist der Vermieter von der Teilnahme an der mündlichen Verhandlung insoweit ausgeschlossen werden, als die Wohnungszuweisungssache nicht Gegenstand der Verhandlung ist. Der Richter ist an die Vorschläge dieser Beteiligten allerdings nicht gebunden. **370w**

Über die **Überlassungsverpflichtung** entscheidet das **FamG** durch Beschluss. Zugleich kann die Räumungsverpflichtung des betroffenen Ehegatten tituliert werden (§ 209 Abs. 1 FamFG). Wird lediglich die Überlassungsverpflichtung tituliert, so kann hieraus nicht nach § 885 ZPO, sondern nur nach § 888 ZPO vollstreckt werden.[954] Die Regelung des § 721 ZPO gilt nicht, jedoch kann das FamG im Rahmen der Überlassungsentscheidung eine Räumungsfrist anordnen. Soweit eine solche Entscheidung möglich ist, wird auch § 765 a ZPO verdrängt; im Übrigen bleibt diese Vorschrift anwendbar.[955] Die Entscheidungen in Ehewohnungssachen werden erst mit Rechtskraft wirksam und sind erst dann vollstreckbar (§ 86 Abs. 2 FamFG). In Eilfällen kann das FamG jedoch hinsichtlich der Überlassungsverpflichtung eine einstweilige Anordnung (§§ 49 ff. FamFG) erlassen; eine Räumungsanordnung ist im einstweiligen Verfahren nicht möglich. Das einstweilige Verfahren setzt nicht voraus, dass ein Hauptsacheverfahren anhängig ist (s. weiter Rdn. 372). Die **Vollstreckung einer Entscheidung des Familiengerichts zur Räumung und Herausgabe** der (Ehe-)Wohnung richtet sich gem. § 95 FamFG nach der ZPO. Deren Vorschriften gelten für das **370x**

---

950 *Götz/Brudermüller* FamRZ 2009, 1261, 1265.
951 OLG Bamberg Beschluss vom 3.11.2016 – 2 UF 154/16, juris; *Götz/Brudermüller* a. a. O.
952 BGH WuM 2003, 204.
953 S. nach § 542 Rdn. 13.
954 *Schuschke* NZM 2010, 137, 138.
955 *Schuschke* NZM 2010, 137, 139.

gesamte Vollstreckungsverfahren. **Zuständig** hierfür ist nicht das Familiengericht, sondern das **Vollstreckungsgericht.** Dieses kann dem Räumungsschuldner Vollstreckungsschutz nach § 765a gewähren.[956]

370y Im isolierten Verfahren gehören die **Kosten** des Vermieters als Drittbeteiligtem (§ 204 FamFG) zu den Verfahrenskosten über die nach billigem Ermessen zu entscheiden ist (§ 81 FamFG). Ist der Vermieter ohne sein Zutun in das Verfahren hineingezogen worden, so entspricht es i. d. R. billigem Ermessen, dass dessen Kosten den Eheleuten auferlegt werden. Im Scheidungsverbundverfahren hat der beteiligte Vermieter seine Kosten selbst zu tragen (§ 150 Abs. 3 FamFG). Gegen die Entscheidung des Familiengerichts steht dem Vermieter als Beteiligtem ein **selbständiges Beschwerderecht** zu (§ 59 FamFG) über das er zu belehren ist (§ 39 FamFG). Die Beschwerde ist binnen einer Frist von einem Monat einzulegen (§ 63 FamFG). Es besteht kein Anwaltszwang (§ 114 Abs. 1 FamFG).

370z Fraglich ist, welches Gericht über **Streitigkeiten zwischen dem Vermieter und dem Mieter** zuständig ist, die nach der Umgestaltung des Mietverhältnisses entstehen. Nach der hier vertretenen Ansicht handelt es hierbei um Streitigkeiten i. S. v. § 23 Nr. 2a GVG, über die nicht das Familiengericht, sondern das Mietgericht zu entscheiden hat.[957] Im Falle des § 1568a Abs. 5 entscheidet das Familiengericht nur über die Begründung des Mietverhältnisses. Zur Entscheidung über die Rechte und Pflichten der jeweiligen Vertragsparteien während der Mietzeit (Gewährleistung, Mieterhöhung, Kündigung, Untermiete, Recht zur Aufnahme Dritter etc) ist nicht das Familiengericht, sondern das Mietgericht zuständig.[958] Eine Ausnahme gilt bei Änderungen der Sachlage, die zur Folge haben, dass der Bestand oder der Inhalt des Mietvertrags nunmehr unbillig ist. Für solche Änderungsvereinbarungen ist das Familiengericht zuständig.

Besteht das **Mietverhältnis zwischen getrennt lebenden oder geschiedenen Eheleuten,** so gelten für die gerichtliche Zuständigkeit nach der Rechtsprechung des BGH[959] folgende Grundsätze:

(1) Eine Zivilrechtsstreitigkeit, die einen inhaltlichen (sachlichen) Zusammenhang mit der Trennung der Eheleute, der Scheidung oder der Aufhebung der Ehe aufweist, ist von dem Familiengericht zu entscheiden. **(2)** Ein inhaltlicher (sachlicher) Zusammenhang liegt vor, wenn die Streitigkeit aus einem Rechtsgeschäft resultiert, das die wirtschaftliche Entflechtung der (vormaligen) Eheleute betrifft. Der Zusammenhang kann dabei rechtlicher oder wirtschaftlicher Art sein. **(3)** Der Begriff des Zusammenhangs ist „großzügig zu beurteilen". Es sind lediglich solche Fälle auszuscheiden, in denen der familienrechtliche Bezug völlig untergeordnet ist. **(4)** Auch Streitigkeiten aus Mietverträgen zwischen den Eheleuten können sonstige Familiensachen sein, wenn bei der Begründung, Durchführung oder Auflösung des Mietvertrags ein Zusammenhang in dem oben dargelegten Sinn besteht. Dies gilt auch für gewerbliche Mietverträge. **(5)** Bei der Beurteilung der Frage, ob die Rechtssache einen familienrechtlichen Bezug aufweist, ist nicht nur der Vortrag des Klägers, sondern auch das Verteidigungsvorbringen zu berücksichtigen. Bleibt die Frage streitig, muss der Kläger die für den gewählten Rechtsweg maßgeblichen Tatsachen beweisen.

371 **ggg)** Nach **§ 1361b BGB** besteht die Möglichkeit einer richterlichen **Zuweisung der Ehewohnung** bereits **vor Einleitung eines Scheidungsverfahrens.** Diese Maßnahme ist allerdings nicht zur Vorbereitung einer Scheidung gedacht, so dass der bloße Wunsch der Ehepartner, künftig getrennt zu leben, für eine richterliche Zuweisung nicht ausreicht. Voraussetzung für eine Zuweisung ist vielmehr, dass das weitere Zusammenleben für einen der Ehepartner eine unbillige Härte darstellt. Hierbei ist auch das Wohl der im Haushalt lebenden Kinder zu berücksichtigen **(§ 1361b Abs. 1 BGB).** Bloße Unbequemlichkeiten oder Belästigungen genügen nicht; andererseits ist es nicht erforderlich, dass Gewalttaten drohen.[960] Psychische Gewalt, wie Anschreien, Psychoterror reicht jedoch ebenso aus wie Vandalismus oder Randalieren. Steht einem Ehegatten allein oder gemeinsam mit einem Dritten das Eigentum, das Erbbaurecht oder der Nießbrauch an dem Grundstück zu, auf dem sich die Ehewohnung befindet, so ist dies besonders zu berücksichtigen; Entsprechendes gilt für das Wohnungseigentum, das Dauerwohnrecht und das dingliche Wohnrecht. Die Zuweisung an den Nichteigentümer ist also auch in einem solchen Fall nicht ausgeschlossen. Eine

---

956 OLG Frankfurt NJW-RR 2013, 776.
957 Wohl ebenso *Götz/Brudermüller* NJW 2010, 5, 11.
958 *Abramenko* ZMR 2012, 334, 336.
959 BGH (XII ZB 652/11) NJW 2013, 616.
960 *Weber-Monecke* FPR 2010, 555.

auf das Eigentum gestützte Herausgabeklage (§ 985 BGB) ist während der Trennungszeit unzulässig.[961] Eine Umdeutung des Antrags auf Herausgabe des Eigentums in einen Antrag auf Wohnungszuweisung kommt nicht in Betracht kommt, weil einer solche Umdeutung das schutzwürdige Interesse des Gegners entgegensteht.[962]

Eine Herausgabeklage ist erst dann möglich, wenn der Ehegatte, der die Wohnung verlassen hat, diese endgültig aufgibt. Nach der Regelung in **§ 1361 b Abs. 4 BGB** wird unwiderleglich vermutet, dass der weichende Ehegatte dem in der Ehewohnung verbliebenen Ehegatten das alleinige Nutzungsrecht überlassen hat, wenn er binnen sechs Monaten nach seinem Auszug eine ernstliche Rückkehrabsicht dem anderen Ehegatten gegenüber nicht bekundet. Hier wird in der Literatur die Ansicht vertreten, dass mit dem Eintritt der Vermutungswirkung die Eigenschaft als Ehewohnung verloren geht.[963] Der BGH teilt diese Ansicht nicht.[964] Nach seiner Ansicht steht nach sechsmonatlicher Untätigkeit des weichenden Ehegatten lediglich fest, dass dem verbleibenden Ehegatten die Ehewohnung überlassen wurde, mit der weiteren Folge, dass der andere Ehegatte alles zu unterlassen hat, was geeignet ist, die Ausübung dieses Nutzungsrechts zu erschweren oder zu vereiteln (§ 1361 b Abs. 3 BGB). Die Untätigkeit des weichenden Ehegatten bewirkt also nicht, dass die Überlassung auf Dauer fortbesteht, also endgültig ist. **371a**

Hat der Ehegatte, gegen den sich der Antrag richtet, den anderen Ehegatten widerrechtlich und vorsätzlich am Körper, der Gesundheit oder der Freiheit verletzt oder mit einer solchen Verletzung oder der Verletzung des Lebens widerrechtlich gedroht, ist in der Regel die gesamte Wohnung zur alleinigen Benutzung zu überlassen (§ 1361 b Abs. 2 BGB). Unter Abs. 2 fallen alle Gewalttaten im Sinne von § 1 Abs. 1 Satz 1 GewaltschutzG.[965] Der Anspruch auf Wohnungsüberlassung ist nur dann ausgeschlossen, wenn keine weiteren Verletzungen und widerrechtlichen Drohungen zu besorgen sind, es sei denn, dass dem verletzten Ehegatten das weitere Zusammenleben mit dem anderen wegen der Schwere der Tat nicht zuzumuten ist. Der Vermieter ist am Zuweisungsverfahren nicht beteiligt, weil seine Rechtsstellung nicht tangiert wird: in die Vertragsbeziehungen kann im Verfahren nach § 1361 b BGB nämlich nicht eingegriffen werden.[966] Im Falle der Zuweisung hat der andere Ehegatte alles zu unterlassen, was geeignet ist, die Nutzung zu erschweren. Ist der andere Ehegatte alleiniger Mieter, so darf er das Mietverhältnis insbesondere nicht kündigen. Eine gleichwohl erklärte Kündigung ist gegenüber dem Vermieter aber wirksam. **371b**

hhh) In dringenden Fällen kann das Familiengericht nach § 49 FamFG, § 1361 b BGB eine **einstweilige Anordnung** zur vorläufigen Regelung der Benutzungsverhältnisse an der Ehewohnung treffen. Da die einstweilige Anordnung aufgrund eines Eilverfahrens ergeht, in dem der Sachverhalt nur in groben Zügen aufgeklärt wird, darf das Gericht nur vorläufig die Benutzung der Wohnung im Verhältnis der Ehegatten untereinander regeln. Bevor gerichtlich festgestellt ist, dass die Ehe endgültig gescheitert ist – und erst recht vor Anhängigkeit eines Scheidungsverfahrens –, kommt der Erlass einer einstweiligen Anordnung nur in Fällen in Betracht, in denen ohne die gerichtliche Maßnahme (psychischer oder physischer) Schaden für einen Ehegatten oder die Kinder droht.[967] Das Gericht kann die Wohnung einem Ehegatten zur alleinigen Benutzung zuweisen oder zu Lasten des Störers ein Betretungsverbot erlassen. Das Gericht kann den Parteien aber nicht aufgeben, es zu unterlassen, einen anderen Mann oder eine andere Frau in die Wohnung aufzunehmen, weil dies in die Lebensführung eines der Eheleute eingreifen würde.[968] **372**

Das Familiengericht kann die Rechtsverhältnisse hinsichtlich der Nutzungsbefugnis der Ehewohnung bei einer **Veränderung der tatsächlichen Verhältnisse** anderweitig regeln.[969] Insbesondere kann ein solcher Fall angenommen werden, wenn die Zuweisung an die Ehefrau mit Rücksicht auf die Kinder erfolgt ist und diese nach Erreichen der Volljährigkeit die Wohnung verlassen haben. **372a**

961 BGH (XII ZR 143/11) NJW 2013, 2507; BGH (XII ZR 487/15) NJW 2017, 260.
962 BGH (XII ZR 487/15) NJW 2017, 260.
963 *Weber-Monecke* in MünchKomm § 1361 b Rdn. 25.
964 BGH (XII ZR 487/15) NJW 2017, 260.
965 *Weber-Monecke* FPR 2010, 555, 556.
966 OLG München EzFamR aktuell 1993, 310; OLG Hamm FamRZ 1987, 1277; **a. A.** OLG Koblenz FamRZ 1987, 406.
967 OLG Schleswig FamRZ 1990, 546; OLG Köln FamRZ 1994, 632; OLG Rostock FamRZ 1995, 558.
968 OLG Köln FamRZ 1995, 1424; *Dörr/Hansen* NJW 1996, 2698, 2707.
969 BGH (XII ZR 487/15) NJW 2017, 260.

372b **iii)** Die Ansprüche aus den §§ 1361b und 1568a BGB setzen voraus, dass das Mietverhältnis noch besteht. Dies führt zu der Frage, ob eine **Kündigung des Mietverhältnisses** durch den Alleinmieter rechtsmissbräuchlich (§ 242 BGB) ist. Als Grundlage für ein Kündigungsverbot ist die Regelung des § 1353 BGB in Erwägung zu ziehen; danach sind die Ehegatten einander zur ehelichen Lebensgemeinschaft verpflichtet; „sie tragen füreinander Verantwortung." Ein aus § 242 BGB abgeleitetes Kündigungsverbot wirkt jedoch nur zwischen den Ehegatten, nicht gegenüber dem Vermieter.[970] Eine Ausnahme kommt in Betracht, wenn die Parteien des Mietvertrags in kollusiver Weise zum Nachteil eines Ehegatten zusammenwirken. Durch die gesetzlichen Regelungen ist der Nicht-Mieter-Ehegatte nur unzureichend geschützt. Zwar kann er gegenüber dem anderen Ehegatten ein gerichtliches Kündigungsverbot erwirken. Auch dieses wirkt aber nur gegenüber dem Ehegatten, nicht gegenüber dem Vermieter. Eine durch den Mieter-Ehegatten ausgesprochene Kündigung ist relativ unwirksam, mit der Folge, dass dem Nicht-Mieter-Ehegatten Schadensersatzansprüche zustehen. Das Mietverhältnis wird durch die Kündigung aber beendet; ein absolutes Kündigungsverbot findet im Gesetz keine Stütze.[971]

373 **ee) Maßnahmen nach dem Gewaltschutzgesetz** vom 11.12.2001 (BGBl. I S. 3513).[972] Das GewSchG ist anwendbar, wenn eine Person vorsätzlich den Körper, die Gesundheit oder die Freiheit einer anderen Person widerrechtlich verletzt und weitere Verletzungshandlungen zu befürchten sind (§ 1 Abs. 1 GewSchG). In diesem Fall kann das Gericht auf Antrag der verletzten Person Maßnahmen zur Abwendung weiterer Verletzungen treffen. Führen die verletzte Person und der Täter einen auf Dauer angelegten gemeinsamen Haushalt, so kann das Gericht unter anderem anordnen, dass der Täter die Wohnung der verletzten Person zur alleinigen Benutzung überlässt (§ 2 Abs. 1 GewSchG). I. E. gelten folgende **Grundsätze: (1)** Nach § 1 Satz 1 GewSchG ist unter **„Gewalt"** die Körperverletzung, die Gesundheitsverletzungen und die Freiheitsberaubung zu verstehen. Nach § 1 Abs. 2 GewSchG fällt unter den Gewaltbegriff auch die Androhung dieser Verletzungshandlungen, der Hausfriedensbruch sowie die Belästigung durch unerwünschtes Nachstellen (sog. „Stalking") oder durch unerwünschte Telefonanrufe und dergleichen. Der Begriff der „Gewalt" kann in einem umfassenden Sinn als „physische oder physische Aggression gegen eine andere Person" verstanden werden.[973] Es ist nicht erforderlich, dass die Tat in der Wohnung begangen wird. **(2)** Das GewSchG unterscheidet zwischen den **Allgemeinen Maßnahmen** zum Schutz vor Gewalt und Nachstellungen (§ 1 GewSchG) und den **speziellen Maßnahmen** zur Regelung der Wohnungsnutzung (§ 2 GewSchG). Die Maßnahmen nach § 1 GewSchG sind in allen Fällen möglich, in denen eine Person durch Anwendung oder Androhung von Gewalt oder durch Nachstellung in ihren Rechten beeinträchtigt wird. Maßnahmen nach § 2 GewSchG kommen dagegen nur dann in Betracht, wenn die Parteien zum Zeitpunkt der Tat einen auf Dauer angelegten Haushalt geführt haben. **(3)** Nach § 2 Abs. 1 Satz 3 Nr. 1 GewSchG kann die verletzte Person vom Täter verlangen, ihr die gemeinsam genutzte Wohnung zur alleinigen Benutzung zu überlassen. Das FamG kann sowohl den Anspruch auf Überlassung gem. § 2 GewSchG als auch die Räumungsverpflichtung titulieren. Wird lediglich die Überlassungsverpflichtung tituliert, so kann hieraus nur nach § 888 ZPO vollstreckt werden.[974] Handelt es sich bei den Parteien um getrennt lebende Ehegatten oder besteht bei einem Ehegatten Trennungsabsicht, so wird § 2 GewSchG durch **§ 1361b BGB** als **lex specialis** verdrängt.[975] Bei Eheleuten ohne Trennungsabsicht und bei sonstigen Partnerschaften ist § 2 GewSchG anwendbar. **(4)** Grundsätzlich gilt, dass eine Wohnungszuweisung nur in solchen Fällen in Betracht kommt, in denen **Wiederholungsgefahr** besteht oder weitere Verletzungen zu befürchten sind. Ausnahmsweise genügt aber auch eine vereinzelte Gewalttat, wenn diese so schwer ist, dass der verletzten Person ein weiteres Zusammenleben mit dem Täter nicht zugemutet werden kann (§ 2 Abs. 3 Nr. 1 GewSchG). **(5)** Die Wohnungszuweisung setzt weiter voraus, dass die verletzte Person innerhalb von 3 Monaten nach der Tat die Überlassung der Wohnung verlangt (§ 2 Abs. 3 Nr. 2 GewSchG). Der **Überlassungsanspruch** muss gegenüber dem Täter **schriftlich** geltend gemacht werden. Bei der dreimonatigen Frist handelt es sich um eine Ausschlussfrist. Im Fall der Fristversäumung kann auch dann keine Wiedereinsetzung gewährt werden, wenn das Opfer die

970 OLG Frankfurt ZMR 2014, 279; *Schulz* FPR 2010, 541, 542.
971 *Brudermüller* FuR 2003, 433.
972 Dazu *Brudermüller* in FS Blank S. 109ff.; *Götz/Brudermüller* Rdn. 120ff.
973 *Brudermüller* in FS Blank S. 109, 111.
974 *Schuschke* NZM 2010, 137, 138.
975 *Brudermüller* FamRZ 2003, 1705, 1707.

Frist schuldlos versäumt hat. Zu beachten ist jedoch, dass die Frist mit jeder Gewalttat von neuem beginnt. **(6)** Das Gericht wird nicht von Amts wegen, sondern nur auf Antrag der verletzten Person tätig. Zuständig für den **Antrag** ist das **Familiengericht,** wenn die Parteien einen auf Dauer angelegten gemeinsamen Haushalt führen (§§ 23a Abs. 1 Nr. 1 GVG, 111 Nr. 6, 210 FamFG). Die Zuständigkeit des Familiengerichts besteht nicht nur für Eheleute, sondern für alle Personen, die in einen auf Dauer angelegten gemeinsamen Haushalt zusammenleben. Für das Vollstreckungsverfahren ist stets das Gericht des ersten Rechtszugs zuständig (§§ 86, 95 Abs. 1 Nr. 4 FamFG). **(7)** Die Entscheidung über die Wohnungszuweisung erfolgt auf der Grundlage einer **Interessenabwägung.** Dabei ist zu beachten, dass der Opferschutz vorrangig ist. Eine Wohnungszuweisung scheidet nur dann aus, wenn „besonders schwerwiegende Belange des Täters" entgegenstehen (§ 2 Abs. 3 Nr. 3 GewSchG). **(8)** Ist das **Opfer alleiniger Mieter,** so wird ihm die Wohnung zugewiesen. Die Zuweisung erfolgt in diesem Fall unbefristet (arg. e § 2 Abs. 2 GewSchG). **(9)** Haben **Täter und Opfer** die Wohnung **gemeinsam gemietet,** so ist die Dauer der Wohnungsüberlassung zu befristen (§ 2 Abs. 2 Satz 1 GewSchG). **(10)** Ist der **Täter alleiniger Mieter,** so ist die Dauer der Überlassung an die verletzte Person auf 6 Monate zu befristen (§ 2 Abs. 2 Satz 2 GewSchG). Die verletzte Person ist verpflichtet, die Zeit der Wohnungszuweisung zur Wohnungssuche zu nutzen. Die Ausführungen zu § 574 BGB betr. die Ersatzraumbeschaffungspflicht (Rdn. 30) gelten auch hier. Die Dauer der Zuweisung kann um höchstens 6 Monate verlängert werden, wenn es der verletzten Person nicht gelingt innerhalb der Frist angemessenen Wohnraum zu finden. Die verletzte Person muss nachweisen, dass sie sich innerhalb der Frist um eine Ersatzwohnung bemüht hat. Die Entscheidung über die Verlängerung erfolgt auf Grund einer Interessenabwägung; eine Verlängerung scheidet aus, wenn die verletzte Person ihre Obliegenheit zur Ersatzraumsuche nicht erfüllt hat oder wenn überwiegende Belange des Täters einer Verlängerung entgegenstehen. **(11)** Nach § 2 Abs. 4 GewSchG hat der Täter alles zu unterlassen, was die Wohnungsnutzung durch die verletzte Person beeinträchtigt. Eine **Klage** gegen den Wohnungsnutzer **auf Räumung** ist als unzulässig abzuweisen. Eine gegenüber dem Vermieter erklärte Kündigung ist jedoch im Verhältnis zum Vermieter wirksam mit der weiteren Folge, dass das Mietverhältnis beendet wird. Gegenüber dem Wohnungsnutzer verstößt die **Kündigung** gegen § 2 Abs. 4 GewSchG; aus diesem Grunde hat das Opfer Schadensersatzansprüche gegenüber dem Täter. **(12)** Der Täter ist auf Grund des Mietvertrags mit dem Vermieter weiterhin zur **Zahlung der Miete** verpflichtet. Stellt der Täter die Mietzahlungen ein, so kann der Vermieter wegen Zahlungsverzug kündigen (§ 543 Abs. 2 Nr. 3 BGB) und den Wohnungsnutzer auf Räumung in Anspruch nehmen. **(13)** Eventuelle **Ausgleichsansprüche** richten sich nach dem zwischen dem Opfer und dem Täter bestehenden Innenverhältnis. Die Wohnungszuweisung ändert hieran nichts. Jedoch kann der Täter verlangen, dass der Wohnungsnutzer eine Nutzungsentschädigung bezahlt, wenn dies der Billigkeit entspricht (§ 2 Abs. 5 GewSchG). **(14)** Neben der Wohnungszuweisung kann das Gericht eine Reihe von **flankierenden Maßnahmen** anordnen (§ 1 Abs. 1 GewSchG). Hierzu gehören insbesondere: das Verbot die dem Opfer zugewiesene Wohnung zu betreten, das Verbot sich in einem bestimmten Umkreis der Wohnung aufzuhalten, das Verbot bestimmte andere Orte aufzusuchen, an denen sich die verletzte Person regelmäßig aufhält und das Verbot Verbindung zu der verletzten Person aufzunehmen. **(15)** Ob dem Gewalttäter aufgegeben werden kann, eine in der unmittelbaren Umgebung der Schutzperson gelegene Wohnung aufzugeben, ist der Regelung in § 1 GewSchG nicht eindeutig zu entnehmen. Insoweit ist zu bedenken, dass § 1 GewSchG keine Anspruchsgrundlage für die dort aufgezählten Maßnahmen darstellt. Vielmehr setzt die Vorschrift voraus, dass die dort aufgeführten Maßnahmen materiellrechtlich zulässig sind. Deshalb kommt es für die zu entscheidende Rechtsfrage maßgeblich darauf an, ob ein Gewalttäter nach materiellem Recht zur Aufgabe seines Wohnsitzes gezwungen werden kann. Der BGH sieht die Rechtsgrundlage in einer entsprechenden Anwendung des § 1004 BGB.[976] Diese Vorschrift gibt dem Eigentümer ein Abwehrrecht im Falle einer rechtswidrigen Beeinträchtigung des Eigentums und kann entsprechend bei Beeinträchtigungen anderer Rechtsgüter, insbesondere des Körpers, der Gesundheit und der Freiheit angewendet werden. Der BGH führt hierzu aus, dass der Umfang des Abwehrrechts im Wege einer Interessenabwägung zu ermitteln sei. Hierbei seien das Besitzrecht des Gewalttäters an der Wohnung (Art 14 GG) und das Recht der Schutzperson auf körperliche Unversehrtheit (Art. 2 Abs. 2 GG) zu berücksichtigen. Vom Ergebnis dieser auf den Einzelfall bezogenen Abwägung hängen Art und Umfang der Abwehransprüche ab. In diesem Rahmen kann das Gericht auch ein Gebot zur Auf-

[976] BGH (XII ZB 373/11) NJW 2014, 1381 unter Rz 13.

gabe des Wohnsitzes aussprechen, wenn sich eine solche Maßnahme mit Blick auf das Recht des Gewalttäters als verhältnismäßig erweist.

374 **b) Nichteheliche Gemeinschaften.** Für den **Vertragsschluss** gelten dieselben Regeln wie für Eheleute (s. Rdn. 340). Die Lebensgefährten haften für die Miete gem. § 427 BGB als Gesamtschuldner. Der Vermieter kann jeden Mieter oder beide in Anspruch nehmen. Bis zur vollständigen Tilgung der Miete bleiben sämtliche Mieter verpflichtet. Der Ausgleichsanspruch zwischen den Mietern richtet sich nach § 426 Abs. 1 BGB. Danach sind die Gesamtschuldner im Verhältnis zueinander zu gleichen Anteilen verpflichtet, „soweit nicht ein anderes bestimmt ist". Die anderweitige Bestimmung kann sich dabei auch aus der besonderen Gestaltung der Lebensverhältnisse der mehreren Mieter ergeben. Haben Eheleute gemeinsam eine Wohnung gemietet und verfügt nur einer der Eheleute über ein regelmäßiges Einkommen, so ist anerkannt, dass die Miete im Innenverhältnis vom allein verdienenden Ehepartner aufzubringen ist; ein Ausgleichsanspruch scheidet in diesem Fall aus.[977] Für die nicht eheliche Lebensgemeinschaft gilt nichts anderes.[978]

375 Für die **spätere Aufnahme** eines Partners oder einer Partnerin vertritt die h. M. die Ansicht, dass hierzu eine Erlaubnis des Vermieters erforderlich sei (§ 540 BGB Rdn. 30).

376 Die Frage, ob dem Partner der nichtehelichen Gemeinschaft ebenfalls die **Schutzwirkungen des Mietvertrages** zugute kommen, ist umstritten. Im Allgemeinen setzt die Einbeziehung eines Dritten in die Schutzwirkungen des Mietvertrags voraus, dass **(1)** der Dritte mit der Leistung des Vermieters naturgemäß in Berührung kommt, **(2)** der Mieter ein Interesse an der Einbeziehung des Dritten hat **(3)** dies für den Vermieter erkennbar ist und **(4)** der Dritte keine eigenen Ansprüche gegen den Mieter hat.[979] Das OLG Hamm hat die Einbeziehung des Lebensgefährten in der Entscheidung vom 14.12.1976 verneint.[980] Allerdings ging es hierbei um einen Fall, in dem die Aufnahme des Dritten vertragswidrig war. In dem Rechtsentscheid vom 17.8.1982 hat das OLG Hamm die Frage ausdrücklich offen gelassen.[981] Vom OLG Hamburg wird die Einbeziehung bejaht, allerdings ohne nähere Begründung.[982] Der BGH hat die Einbeziehung des Untermieters verneint.[983]. Dies hat seinen Grund in der Erwägung, dass der Untermieter eigene vertragliche Ansprüche gegen seinen Vermieter hat. Auf den Partner der nichtehelichen Gemeinschaft kann dieser Gedanke nicht übertragen werden. Im Übrigen hat der BGH verschiedentlich ausgeführt, dass der Kreis der in den Schutzbereich fallenden Personen nicht zu weit[984] jedenfalls aber nicht uferlos[985] ausgedehnt werden dürfe. Betrachtet man die obergerichtliche Rechtsprechung, so wird allerdings deutlich, dass der Kreis der in den Schutzbereich einbezogenen Personen in Wirklichkeit doch sehr weit ist.[986] Im Hinblick auf diese Rechtsentwicklung und den Rechtsgrund des Haftungsprivilegs kann es nicht zweifelhaft sein, dass auch der Partner einer nichtehelichen Gemeinschaft in den Schutzbereich des Vertrags einbezogen ist.[987] Hiervon gilt allerdings eine wichtige Ausnahme: Hatte der Mieter kein Recht zur Aufnahme des Dritten, so ist für eine Einbeziehung kein Raum. Dies folgt aus der Erwägung, dass die Behandlung eines Dritten als Quasi-Vertragspartner nur dann möglich ist, wenn der Dritte die Mietsache rechtmäßig und bestimmungsgemäß nutzt und nutzen darf.[988]

377 Nach der Rechtsprechung des BGH ist zur **Räumung** einer Ehewohnung grundsätzlich ein Titel gegen beide Eheleute erforderlich (s. Rdn. 351). In der instanzgerichtlichen Rechtsprechung und in der Literatur ist streitig, ob für eheähnliche Gemeinschaften dieselben Grundsätze gelten. Hierzu werden im Wesentlichen drei Meinungen vertreten: **(1)** Teilweise wird angenommen, dass

---

[977] BGH FamRZ 1995, 216.
[978] BGH NJW 2010, 868.
[979] BGH (VI ZR 174/11) NZM 2013, 147.
[980] OLG Hamm ZMR 1977, 241.
[981] OLG Hamm NJW 1982, 2876 = ZMR 1983, 49.
[982] OLG Hamburg WuM 1989, 68.
[983] BGH ZMR 1979, 310; BGH (VI ZR 174/11) NZM 2013, 147.
[984] BGH NJW 1976, 1844 m. w. N.
[985] BGH ZMR 1979, 310.
[986] BGH NJW 1976, 1843 betr. einen selbstständigen Werkunternehmer, der im Auftrag des Mieters die Mietsache nutzt; BGHZ 49, 278; BGHZ 71, 175 betr. Angestellte oder sonstige Mitarbeiter des Mieters; OLG Köln NJW-RR 1991, 1292, betr. einen Obdachlosen, der in einem von der Gemeinde angemieteten Hotel wohnt.
[987] Ebenso *de Witt/Huffmann,* Nichteheliche Lebensgemeinschaft, 1983, Rdn. 120.
[988] Vgl. BGH ZMR 1978, 180.

ein Titel gegen den Mieter ausreicht.[989] **(2)** Nach der Gegenmeinung benötigt der Vermieter grundsätzlich einen Titel gegen alle Wohnungsnutzer, unabhängig davon ob diese Mieter sind.[990] **(3)** Nach einer vermittelnden Ansicht ist zwar regelmäßig ein Titel gegen den Lebensgefährten erforderlich; jedoch soll eine Ausnahme gelten, wenn der Mieter den Lebensgefährten ohne Wissen des Vermieters in die Wohnung aufgenommen hat[991]. Nach der **Ansicht des BGH** kommt es entscheidend darauf an, ob der **Lebensgefährte Mitbesitzer** der Wohnung geworden ist.[992] Nur in diesem Fall ist für die Zwangsräumung ein Titel gegen den Lebensgefährten erforderlich. Wesentlich ist, dass für den Mitbesitz keine Vermutung spricht.[993] Vielmehr muss in jedem Einzelfall geprüft werden, ob der Mieter dem Lebensgefährten ein eigenständiges Besitzrecht einräumen wollte. Anhaltspunkte hierfür sind: die Anzeige des Mieters an den Vermieter von der Aufnahme des Lebensgefährten und die Anmeldung des Lebensgefährten nach den Meldegesetzen. Ebenso kann die Anbringung eines Schildes mit dem Namen des Lebensgefährten an der Wohnungstür oder am Briefkasten als Indiz für den Mitbesitz gewertet werden.[994] Im Streitfall muss der Mieter beweisen, dass er dem Lebensgefährten Mitbesitz eingeräumt hat. Eindeutige Kriterien für oder gegen die Annahme von Mitbesitz gibt es allerdings nicht. Dem Vermieter ist deshalb zu empfehlen, auch den Lebensgefährten auf Räumung in Anspruch zu nehmen. In einem solchen Fall besteht zwar die Gefahr, dass der Lebensgefährte sein Besitzrecht bestreitet und dass die gegen ihn gerichtete Räumungsklage mit einer für den Vermieter nachteiligen Kostenfolge abgewiesen wird. Jedoch kann der Vermieter auf Grund des Titels gegen den Mieter problemlos vollstrecken. Wird hingegen nur der Mieter auf Räumung verklagt, muss der Vermieter damit rechnen, dass die Zwangsvollstreckung am Besitzrecht des Lebensgefährten scheitert. Ist unklar, welche Personen sich in der Wohnung aufhalten, sollte der Vermieter vor Einleitung des Räumungsverfahrens beim Mieter eine entsprechende Auskunft einholen. Wird die Auskunft verweigert oder eine falsche oder unvollständige Auskunft erteilt, so wird sich der alleinverklagte Mieter im Vollstreckungsverfahren nach Treu und Glauben (§ 242 BGB) nicht auf das Besitzrecht seines Lebensgefährten berufen können. Ein besonderer Titel gegen den Partner ist entbehrlich, wenn dieser bereit ist, mit dem Mieter zu räumen.[995]

Die minderjährigen **Kinder der Lebensgefährten** haben kein Besitzrecht.[996] Daran ändert sich **378**
nichts, wenn die Kinder nach Eintritt der Volljährigkeit in der Wohnung der Eltern verbleiben.[997] Der Umstand, dass der Angehörige einen Beitrag zu den Wohnkosten leistet ändert daran nichts Im Einzelfall kann etwas anderes gelten. Dies setzt allerdings voraus, dass die Änderung der Besitzverhältnisse nach außen eindeutig erkennbar geworden ist.

Nach den Rechtsbeziehungen zwischen den Vertragspartnern richtet es sich auch, ob und unter **379**
welchen Voraussetzungen der Mieter von seinem Partner verlangen kann, dass dieser im Falle der **Beendigung der Partnerschaft** die Wohnung verlässt. Besteht ein Untermietverhältnis, so muss der Mieter zunächst kündigen und – falls der Untermieter sich weigert, auszuziehen – Räumungsklage erheben. Besteht kein Untermietverhältnis, so ist zwischen folgenden Fallgestaltungen zu unterscheiden:

aa) Haben **beide Partner** den Mietvertrag unterzeichnet, so sind sie beide **Mieter** und haben **380**
demgemäß ein Besitzrecht an der Wohnung. Keiner der Partner kann vom anderen die Räumung der Wohnung verlangen. Zieht einer der Partner freiwillig aus, so haftet er gegenüber dem Vermieter weiter für den Mietzins, und zwar in voller Höhe (§ 421 BGB). Für das Verhältnis der Mieter untereinander gilt die Regelung des § 426 Abs. 1 Satz 1 BGB. Danach müssen die Mieter die Miete zu gleichen Teilen tragen. Allerdings können die Mieter etwas anderes vereinbaren. Eine solche

---

[989] LG Darmstadt DGVZ 1980, 110; LG Freiburg WuM 1989, 571; LG Lübeck JurBüro 1992, 196; LG Berlin DGVZ 1993, 173; *Scherer* DGVZ 1993, 161, 163; *H. Schneider* DGVZ 1986, 4, 6; *Walker* in Schuschke/Walker, Vollstreckung und vorläufiger Rechtsschutz, 3. Aufl., § 885 ZPO Rdn. 14.

[990] *Baumbach/Albers/Lauterbach/Hartmann* § 885 ZPO Rdn. 15.

[991] OLG Hamburg NJW 1992, 3308; KG NZM 2003, 105; LG Mönchengladbach DGVZ 1996, 74; LG Hamburg DGVZ 2005, 164; *Hüßtege* in Thomas/Putzo § 885 ZPO Rdn. 4d.

[992] BGH NJW 2008, 1959 = NZM 2008, 400 = WuM 2008, 364 = ZMR 2008, 695 = DWW 2008, 263 m. Anm. *Bruns* ZMR 2008, 697 und *Scholz* ZMR 2009, 99.

[993] Ebenso *Schuschke* NZM 2005, 10, 11; *Becker-Eberhard* FamRZ 1994, 1296, 1303.

[994] Vgl. OLG Hamburg ZMR 2012, 99.

[995] **A. A.** LG Wuppertal ZMR 2007, 458: Danach soll der Gerichtsvollzieher verpflichtet sein, zu prüfen, ob die Lebensgefährtin Mitbesitzerin oder Besitzdienerin ist.

[996] BGH NJW 2008, 1959 = NZM 2008, 400 = WuM 2008, 364 = ZMR 2008, 695 = DWW 2008, 263 m. Anm. *Bruns* ZMR 2008, 697 und *Scholz* ZMR 2009, 99.

[997] AG Wiesbaden WuM 2005, 633.

Vereinbarung kann auch stillschweigend getroffen werden. Sind sich die Mieter einig, dass einer von ihnen die Wohnung weiter nutzen und der andere ausziehen soll, so kommt damit i. d. R. zum Ausdruck, dass der Zurückbleibende die Miete alleine tragen muss.[998] Aus dem zwischen den Partnern bestehenden Innenverhältnis kann sich allerdings auch ergeben, dass diese verpflichtet sind, an der Auflösung des Mietverhältnisses mitzuwirken; die Mieterschutzvorschriften gelten weder unmittelbar noch analog.[999] Die nichteheliche Partnerschaft ist rechtlich als bürgerlich-rechtliche Gesellschaft i. S. v. §§ 705 ff. BGB zu bewerten.[1000] Im Fall der Beendigung der Gesellschaft muss das Gesellschaftsvermögen auseinandergesetzt werden. Dieselbe Rechtsfolge gilt, wenn man das Innenverhältnis als Gemeinschaft i. S. v. §§ 741 ff. BGB[1001] ansieht: Nach § 723 BGB kann grundsätzlich jeder Gesellschafter die Gesellschaft kündigen, nach § 749 BGB kann jeder Teilhaber die Auflösung der Gemeinschaft verlangen. Die mietrechtlichen Kündigungsfristen (§ 573c BGB) gelten hier nicht, weil die jederzeitige Aufhebung in der Natur einer nichtehelichen Gemeinschaft liegt.[1002] Ist die Personengemeinschaft aufgelöst, so sind deren ehemalige Mitglieder untereinander schuldrechtlich zur Mitwirkung bei der Auflösung des Mietverhältnisses verpflichtet.

381 Bei einem **befristeten Mietverhältnis** besteht die Verpflichtung in der Mitwirkung bei der Abgabe eines an den Vermieter gerichteten Angebots zum Abschluss eines Mietaufhebungsvertrags.[1003] Diese Verpflichtung entfällt, wenn der Vermieter weder zum Abschluss eines Aufhebungsvertrags bereit noch dazu verpflichtet ist (s. dazu Anh. 1 zu § 542 BGB Rdn. 10 ff.). In diesem Fall kann der ausziehende Partner von dem in der Wohnung verbleibenden verlangen, dass dieser ihn im Innenverhältnis von der Bezahlung des Mietzinses freistellt.[1004]

382 Bei einem **unbefristeten Mietverhältnis** muss der Partner bei der Kündigungserklärung – Ausspruch einer ordentlichen befristeten Kündigung – mitwirken.[1005] Dies gilt auch dann, wenn sich der ausziehende Partner zuvor (in einem gerichtlichen Vergleich) verpflichtet hat, dem anderen die Wohnung zu überlassen. Eine solche Verpflichtung gilt nur solange, als der von beiden Partnern abgeschlossene Mietvertrag besteht. Die Frage der Zustimmung zur Kündigung wird von dieser Verpflichtung nicht erfasst.[1006] Die Mitwirkung an einer Kündigung mit sofortiger Wirkung kann – da eine fristlose Kündigung rechtlich ausgeschlossen ist – nicht verlangt werden.[1007] Dieser Anspruch kann im Wege der Leistungsklage geltend gemacht werden. Der Anspruch auf Mitwirkung zum Ausspruch der gemeinsamen Kündigung im Falle der Beendigung der Lebensgemeinschaft folgt aus § 730 BGB, weil sich die Rechtsverhältnisse der bisherigen Lebensgefährten an der Wohnung nach den Grundsätzen einer GbR richten. Endet die Lebensgemeinschaft, so muss jeder Lebensgefährte an der Auflösung des Mietverhältnisses mitwirken. Dies gilt auch dann, wenn gemeinsame Kinder vorhanden sind und die Mutter mit den Kindern in der Wohnung verbleiben möchte.[1008] Die für Eheleute und Lebenspartner bestehenden Möglichkeiten der Umgestaltung von Mietverhältnissen im Falle der Scheidung (s. Rdn. 354 ff) stehen der eheähnlichen Lebensgemeinschaft nicht zur Verfügung; die Regelungen des § 1568a BGB sind weder unmittelbar noch analog anzuwenden. Nach der hier vertretenen Ansicht liegt zwar eine Gesetzeslücke vor; diese kann aber nur vom Gesetzgeber geschlossen werden. Eine Verweigerung führt zur Schadensersatzpflicht in Form eines Freistellungsanspruchs. Dies hat i. E. zur Folge, dass der sich weigernde Mieter den Mietzins im Innenverhältnis allein zu tragen hat.

383 Die Mitwirkung an Vertragsverletzungen (z. B. Zahlungseinstellung, um eine fristlose Kündigung des Vermieters zu provozieren) kann in keinem Fall verlangt werden.

---

998 OLG Köln ZMR 2004, 32.

999 OLG Köln WuM 1999, 521 = NZM 1999, 998.

1000 OLG Hamm BB 1976, 529; OLG München ZMR 1994, 216; OLGR 1996, 163; LG München NJW-RR 1996, 163; LG Gießen WuM 1996, 273; *J. Emmerich* in Bub/Treier Kap. II Rdn. 578; *Sternel,* Mietrecht aktuell, 2009, Rdn. 76a.

1001 So LG Heidelberg WuM 1977, 31; LG Berlin NJW-RR 1995, 463; *Finger* WuM 1993, 581, 582; *Palandt/Weidenkaff* § 535 Rdn. 7.

1002 LG Karlsruhe WuM 1996, 146; ähnlich LG Gießen WuM 1996, 273: Danach liegt im Auszug aus der gemeinsamen Wohnung eine konkludent erklärte Kündigung nach § 723 BGB.

1003 **A. A.** LG Gießen WuM 1996, 273: Danach ist der Ablauf der Mietzeit abzuwarten.

1004 OLG Düsseldorf NZM 1998, 72.

1005 LG Gießen WuM 1996, 273; LG Konstanz WuM 2000, 675; AG Hannover WuM 1996, 768 m. Anm. *Finger.*

1006 OLG Düsseldorf WuM 2007, 567.

1007 LG Gießen WuM 1996, 273.

1008 LG Berlin GE 2017, 476.

Teilweise wird vertreten, dass der Vermieter verpflichtet sei, dem in der Wohnung verbliebenen Mieter auf dessen Wunsch einen Fortsetzungsmietvertrag zu angemessenen (d. h. ortsüblichen) Bedingungen anzubieten.[1009] Dem ist zuzustimmen; die zur sog. „Anbietpflicht" entwickelten Grundsätze (s. § 573 BGB Rdn. 119) gelten auch für die hier fraglichen Fallgestaltungen. **384**

Gerichtliches Verfahren. Nach § 23 Nr. 2 GVG ist für Streitigkeiten über Ansprüche aus einem Mietverhältnis über Wohnraum oder über den Bestand eines solchen Mietverhältnisses das Amtsgericht zuständig. Dies gilt unabhängig vom Streitwert. Haben die Partner einer nichtehelichen Lebensgemeinschaft eine Wohnung gemietet, so stellt sich die Frage, ob Streitigkeiten zwischen den Partnern aus dem Gemeinschaftsverhältnis – z. B. wegen der Beteiligung an der Miete oder der Mitwirkung an der Kündigung – von § 23 Nr. 2 GVG erfasst werden. Die Frage spielt eine Rolle, wenn der Streitwert mehr als 5.000.– € beträgt. Das OLG München vertritt die Ansicht, dass für solche Streitigkeiten das Landgericht in erster Instanz zuständig ist. Eine Streitigkeit aus einem „Mietverhältnis" setzt voraus, dass sich die Parteien als „Vermieter" und „Mieter" gegenüberstehen. Für Streitigkeiten zwischen den Mietern gelten die Allgemeinen Zuständigkeitsregeln.[1010] **384a**

bb) Weitgehend ungeklärt ist die Rechtslage, wenn **nur einer der beiden Partner Mieter** ist und zwischen den Partnern auch kein Untermietverhältnis besteht. Mangels besonderer vertraglicher Beziehungen ist der nichtmietende Partner oft rechtlos gestellt und schutzlos dem Räumungsverlangen des anderen Partners ausgeliefert. Kündigungsschutzvorschriften sind zwischen den Partnern nämlich nicht anwendbar. Grundsätzlich kann der Mieter vom Lebenspartner verlangen, dass dieser die Wohnung verläßt.[1011] Beim Vorliegen besonderer Umstände kann ein solches Räumungsverlangen allerdings rechtsmissbräuchlich (§ 242 BGB) sein (Räumung zur Unzeit; Verlangen nach sofortiger Räumung). Verbotene Eigenmacht ist im Übrigen auch hier unzulässig, so dass der ausgesperrte Partner im Wege der einstweiligen Verfügung grundsätzlich Wiedereinräumung des Besitzes verlangen kann.[1012] **385**

Eine Vereinbarung, wonach der Mieter nach Beendigung der Partnerschaft die Wohnung räumt und der Nichtmieter in der Wohnung zurückbleibt, bedarf der Mitwirkung des Vermieters. Der Mieter ist ohne Erlaubnis des Vermieters nämlich nicht berechtigt, die Wohnung dem Nichtmieter zum alleinigen Gebrauch zu belassen. Auf die Erteilung der Erlaubnis hat der Mieter keinen Anspruch; § 553 BGB gilt nur, wenn der Mieter in der Wohnung verbleibt. Eine unerlaubte Gebrauchsüberlassung ist vertragswidrig (§ 541 BGB) und berechtigt den Vermieter nach Abmahnung zur Kündigung gem. § 543 Abs. 2 Nr. 2 BGB.[1013] Einen Anspruch auf Abschluss eines Mietvertrags hat der Partner nicht. Die Grundsätze über die sog. „Anbietpflicht" (s. o. Rdn. 384) sind hier unanwendbar, weil diese Grundsätze voraussetzen, dass zwischen dem Wohnungsinhaber und dem Vermieter in früherer Zeit ein Vertragsverhältnis bestanden hat. Wegen der Maßnahmen nach dem GewSchG s. Rdn. 374. **386**

cc) Aufnahme eines Lebensgefährten durch den Eigentümer. Nimmt der Eigentümer einen Lebensgefährten in die ihm gehörende Wohnung auf, so geschieht dies nach der Ansicht des BGH grundsätzlich nicht auf vertraglicher Grundlage (etwa einer Leihe) sondern auf einer rein tatsächlichen Gestattung der Mitbenutzung.[1014] Die Parteien können zwar einen Leihvertrag abschließen; hierfür müssen aber konkrete tatsächliche Anhaltspunkte vorliegen. Anders als dem Ehe- oder Lebenspartner steht dem Lebensgefährten auch kein gesetzliches Recht auf einen eigenständigen Mitbesitz an der gemeinsam genutzten Wohnung zu. Daraus folgt ohne weiteres, dass der Lebensgefährte die Wohnung verlassen muss, wenn der Eigentümer dies will. Die Partner einer eheähnlichen Gemeinschaft können die hier dargelegten Rechtsfolgen vermeiden, wenn sie die Wohnungsnutzung vertraglich regeln. Insbesondere kann der Eigentümer seinem Partner ein unentgeltliches Wohnrecht auf Lebenszeit einräumen. Ein solcher Vertrag ist als Leihvertrag zu bewerten, der nach der Rechtsprechung des BGH auch formlos möglich ist.[1015] **387**

[1009] *Finger* a. a. O.; **a. A.** LG Konstanz WuM 2000, 675.
[1010] OLG München NJW-RR 2014, 80.
[1011] AG Neuruppin WuM 2010, 142.
[1012] Vgl. aber auch AG Bruchsal FamRZ 1981, 447, wonach ein solches Verlangen in bestimmten Fällen rechtsmissbräuchlich sein kann.
[1013] AG Neukölln GE 1996, 1433.
[1014] BGHZ 176, 262 = NJW 2008, 2333 = WuM 2008, 498.
[1015] BGHZ 82, 354 = NJW 1982, 820 = WuM 1982, 212 = ZMR 1983, 67; NJW 1985, 1553.

388 **c) Wohngemeinschaften.** Tritt eine Wohngemeinschaft unter einem bestimmten Namen nach außen in Erscheinung, so ist die Gemeinschaft (als Gruppe ihrer jeweiligen Mitglieder) als Außen-GbR Trägerin von Rechten und Pflichten.[1016] Aus dem Schutzzweck des § 573 BGB folgt, dass der mit der GbR geschlossene Vertrag als Wohnraummietvertrag zu bewerten ist,[1017] obwohl eine Gesellschaft an sich nicht zu „Wohnzwecken" mieten kann. Ein Wechsel der Mitglieder ist nicht von der Zustimmung des Vermieters abhängig, weil kein Mieterwechsel erfolgt; allerdings kann ein Zustimmungsvorbehalt vereinbart werden.[1018] Das ausscheidende Mitglied haftet nach § 736 Abs. 2 HGB i. V. m. § 160 HGB für die nach seinem Ausscheiden fälligen Mietforderungen. Das eintretende Mitglied haftet für Altforderungen. Hat sich der Vermieter jedoch die Zustimmung zum Mitgliedswechsel ausbedungen, so liegt hierin ein Verzicht auf die Nachhaftung.[1019] Das Mietverhältnis kann allerdings auch so ausgestaltet werden, dass die einzelnen Mitglieder Partei des Mietvertrags werden oder dass der Mietvertrag nur mit einem Mitglied der Wohngemeinschaft abgeschlossen wird mit der Maßgabe, dass der Mieter berechtigt sein soll, einer bestimmten Anzahl von Dritten den selbstständigen oder unselbstständigen Mietgebrauch zu überlassen. In jedem Fall gilt, dass die Räume grundsätzlich nur von denjenigen Personen genutzt werden dürfen, die entweder Mieter sind, oder denen nach den Vereinbarungen im Mietvertrag die Benutzung – etwa als Untermieter – gestattet ist. Der Vermieter ist grundsätzlich nicht verpflichtet, einem Mieterwechsel zuzustimmen (sehr streitig, s. § 540 BGB Rdn 19). Nach anderer Ansicht haben die Mieter einen Anspruch gegen den Vermieter, dass dieser einem Mieterwechsel zustimmt. Dieser Anspruch sei bei der Vermietung an eine Wohngemeinschaft vertragsimmanent. Deshalb genügt es nach dieser Ansicht, wenn der Mieterwechsel dem Vermieter angezeigt wird. Der Vermieter könne dem Mieterwechsel nur aus wichtigem Grund widersprechen. Dies sei der Fall, wenn ein solventer Mieter aus dem Vertrag ausscheiden will und an dessen Stelle ein Mieter treten soll, dessen Bonität zweifelhaft ist.[1020] Soll die Gemeinschaft zum Auswechseln der Bewohner berechtigt sein, so kann es auch sinnvoll sein, wenn die Räume an einzelne Gründungsmitglieder vermietet werden mit der Maßgabe, dass diese zum Abschluss einer bestimmten Zahl von Untermietverträgen berechtigt sein sollen (s. i. Ü. § 540 BGB Rdn. 17).

388a Nach dem jeweiligen Vertragsmodell richtet sich die Haftung der Bewohner für die Miete, die sonstigen Vertragspflichten und für eventuelle Mietschäden. Grundsätzlich gilt, dass der Vermieter nur diejenigen Personen in Anspruch nehmen kann, die Partei des Mietvertrags sind. Sind die Mieter zum Parteiwechsel berechtigt, so kann dieser im Wege der schlichten Vertragsübernahme (s. Rdn. 417 c) aber auch im Wege des befreienden Schuldnerwechsels (s. Rdn. 419) vollzogen werden. Im erstgenannten Fall haftet der neu eintretende Mieter nicht für die vor seinem Eintritt entstandenen Verbindlichkeiten (Altschulden). Beim befreienden Schuldnerwechsel tritt der eintretende Mieter auch hinsichtlich der Altverbindlichkeiten an die Stelle des Ausscheidenden. Die schlichte Vertragsübernahme ist die Regel, der befreiende Schuldnerwechsel bedarf der ausdrücklichen Vereinbarung;[1021] s. im Übrigen Rdn. 417 ff).

388b Für die **Ausübung des Hausrechts** gelten folgende **Grundsätze:**[1022] **(1)** Das Hausrecht steht demjenigen zu, der zum Besitz der Räume berechtigt ist und die tatsächliche Sachherrschaft über die Wohnung ausübt. Die Rechtsstellung des jeweiligen Bewohners als Eigentümer, Mieter, Untermieter oder sonstiger Nutzer spielt keine Rolle. **(2)** Hinsichtlich der den einzelnen Mitgliedern zugewiesenen Zimmern steht das Hausrecht dem jeweiligen Bewohner alleine zu. **(3)** Hinsichtlich der Gemeinschaftsräume kann jeder Bewohner das Hausrecht ohne Mitwirkung der anderen ausüben. **(4)** Jeder Hausrechtsinhaber ist berechtigt, Dritten das Betreten der Wohnung und der Gemeinschafträume zu erlauben; ebenfalls ist jeder Hausrechtsinhaber befugt, Dritte aus der Wohnung zu weisen. **(5)** Treffen die Bewohner bei der Ausübung des Hausrechts widersprüchliche Entscheidungen, so ist über den Vorrang auf Grund einer Interesseabwägung zu entscheiden. Dabei ist sowohl das Recht des jeweiligen Mitbewohners, im privaten Bereich ungehindert Besucher empfangen zu können, als auch das Recht eines anderen, in seiner Privatsphäre vor unliebsamen Störern

---

[1016] *Kraemer* NZM 2002, 465, 467.
[1017] *Kraemer* NZM 2002, 465, 468; *Streyl* NZM 2011, 377, 382.
[1018] *Jacobs* NZM 2008, 111, 117.
[1019] *Jacobs* NZM 2008, 111, 119.
[1020] LG Berlin WuM 2016, 553.
[1021] AG Köln WuM 2016, 209.
[1022] S. OLG Hamm NZM 2016, 310.

geschützt zu werden, zu berücksichtigen. **(6)** Zu einer auf längere Dauer angelegten Übertragung des Besitzes auf einen Dritten ist der einzelne Bewohner im Zweifel nicht befugt.

d) Inhaberfirmen/BGB-Gesellschaft/Personenhandelsgesellschaft. S. hierzu zunächst Rdn. 240ff. Zusätzlich ist folgendes zu bedenken: Handelt es sich bei dem Mieter um eine Einzelfirma, so sollte außer dem Namen der Firma auch dessen Inhaber angegeben werden. Gleiches gilt für Gesellschaften ohne eigene Rechtspersönlichkeit. Vertragspartner wird in diesem Fall der Firmeninhaber. Dieser haftet auch persönlich für die Erfüllung der mietvertraglichen Verpflichtungen, insbesondere für die Zahlung der Miete. Wegen möglicher Haftungsbeschränkungen vgl. Rdn. 252. Nach allgemeinen Grundsätzen gilt, dass der Eintritt von Gesellschaftern in den Betrieb eines Einzelkaufmanns keinen Einfluss auf das Mietverhältnis ausübt. Insbesondere hat der Eintritt von Gesellschaftern nicht zur Folge, dass die neu gegründete Gesellschaft kraft Gesetzes Vertragspartei wird. Hierzu ist vielmehr die Mitwirkung des Vermieters erforderlich. In Rechtsprechung und Literatur ist umstritten, ob eine das Geschäft eines Einzelkaufmanns übernehmende – aber nicht in den Mietvertrag eintretende – Gesellschaft für die nach der Übernahme entstehenden Mietzinsschulden einzustehen hat.[1023] Der BGH hat die Streitfrage bisher noch nicht entschieden.[1024] Für die Annahme einer Haftung spricht, dass die übernehmende Gesellschaft in den Genuss der Mietsache kommt; deshalb ist es sachgerecht, wenn ihr eine Haftung für die Miete auferlegt wird. **389**

Tritt jemand als persönlich haftender Gesellschafter oder als Kommanditist in das Geschäft eines Einzelkaufmanns ein, so haftet die Gesellschaft, auch wenn sie die frühere Firma nicht fortführt, für alle im Betrieb des Geschäfts entstandenen Verbindlichkeiten des früheren Geschäftsinhabers (§ 28 HGB). Die Regelung des § 28 HGB gilt kraft Gesetzes für Einzelhandelsgeschäfte. Ob die Regelung entsprechend auf die Rechtsverhältnisse der freien Berufe angewendet werden muss, ist obergerichtlich noch nicht geklärt. Der BGH hat die Frage bislang offen gelassen.[1025] Das OLG Naumburg hat die Frage bejaht.[1026] **390**

Ist an eine Personenhandelsgesellschaft (OHG, KG) vermietet, so kommt das Mietverhältnis mit der rechtlich selbstständigen Gesellschaft zustande (s. Rdn. 238). Für die Verbindlichkeiten haften aber die Gesellschafter (bei der KG: die persönlich haftenden Gesellschafter) Für den **Wechsel der Rechtsform des Mieters** gilt Folgendes: Im Allgemeinen ist ein Mieterwechsel nur möglich, wenn der Vermieter zustimmt. Bei der formwechselnden Umwandlung gem. §§ 190, 191 UmwG bleibt die Identität des Vertragspartners gewahrt. Als formwechselnde Rechtsträger kommen hier Personenhandelsgesellschaften, Partnerschaftsgesellschaften, Kapitalgesellschaften, eingetragene Genossenschaften, rechtsfähige Vereine, Versicherungsvereine auf Gegenseitigkeit sowie Körperschaften des öffentlichen Rechts in Betracht. Rechtsträger der neuen Rechtsform kann eine GbR, eine Personenhandelsgesellschaft, eine Partnerschaftsgesellschaft, eine Kapitalgesellschaft oder eine eingetragene Genossenschaften sein (§ 191 UmwG). Das Mietverhältnis geht im Falle der Umwandlung auf die neu gegründete Gesellschaft über. Die Zustimmung des Vermieters ist hierzu nicht erforderlich. Maßgeblich für den Übergang der Mieterrechte und -pflichten ist derjenige Zeitpunkt, zu dem die neu gegründete Gesellschaft ins Handelsregister eingetragen wird. Mit diesem Zeitpunkt gilt die frühere Gesellschaft als aufgelöst; deren Vermögen und Verbindlichkeiten gehen auf die neue Gesellschaft über (§ 20 UmwG). Die Gesellschafter einer Personenhandelsgesellschaft haften für ihre bisherigen Verbindlichkeiten, wenn sie vor Ablauf von fünf Jahren nach der Verschmelzung fällig und daraus Ansprüche gegen sie in einer in § 197 Abs. 1 Nr. 3–5 BGB bezeichneten Art festgestellt sind (rechtskräftig festgestellte Ansprüche, Ansprüche aus vollstreckbaren Vergleichen oder vollstreckbaren Urkunden sowie Ansprüche, die durch die im Insolvenzverfahren erfolgte Feststellung vollstreckbar geworden sind) oder eine gerichtliche Vollstreckungshandlung vorgenommen oder beantragt wird (§ 45 Abs. 1 UmwG). Eine weitergehende Haftung kann gelten, wenn die Gesellschaft den Vermieter über die Umwandlung im Unklaren lässt und die Gesellschafter weiterhin so auftreten, als habe sich nichts geändert. In diesem Fall kann die Berufung der Gesellschafter auf die Haftungsbeschränkung rechtsmissbräuchlich sein.[1027] Bei der Umwandlung eines von einem Einzelhandelskaufmann betriebenen Unternehmens in eine Personen- oder Kapitalgesellschaft gelten dieselben Grundsätze, wenn ein unternehmensbezogener Mietvertrag vorliegt; **391**

[1023] Dafür OLG Naumburg ZMR 2007, 116; *Beuthien* NJW 1993, 1737, 1739; dagegen *Landwehr* in Bub/Treier Kap. II Rdn. 2606.

[1024] S. BGH NZM 2001, 621 = ZMR 2001, 702.

[1025] BGH NJW 2001, 2251 = NZM 2001, 621 = ZMR 2001, 702 = DWW 2002, 27.

[1026] OLG Naumburg ZMR 2007, 116.

[1027] OLG Düsseldorf DWW 1992, 341.

in diesem Fall steht für den Vermieter die Bonität des Unternehmens und weniger die Person des Mieters im Vordergrund.[1028]

392 Scheidet ein Gesellschafter aus der GbR oder einer Personenhandelsgesellschaft aus oder tritt er (bei der OHG) in eine Stellung als Kommanditist zurück, so besteht die persönliche Haftung des früheren Gesellschafters für Gesellschaftsverbindlichkeiten fort, wenn diese vor Ablauf von fünf Jahren nach dem Ausscheiden fällig werden (§§ 736 Abs. 2 BGB, 160 HGB). Die Ansprüche auf Zahlung von Miete werden durch den Abschluss des Mietvertrags begründet. Daraus folgt, dass ein zum 1.5.2010 ausgeschiedener Gesellschafter für alle Mietzinsansprüche haftet, die bis zum 30.4.2015 fällig werden. Die **Nachhaftung** besteht auch dann, wenn ein ursprünglich befristeter Mietvertrag nach dem Ausscheiden eines Gesellschafters über den vertraglich bestimmten Endpunkt hinaus auf Grund einer Verlängerungsklausel fortgesetzt[1029] oder wenn das Mietverhältnis kraft gesetzlicher Anordnung gem. § 545 BGB verlängert wird.[1030] In diesen Fällen wird kein neues Mietverhältnis begründet, sondern das ursprüngliche Mietverhältnis fortgesetzt. Anders ist es, wenn die Gesellschaft nach dem Ausscheiden eines Gesellschafters einen neuen Mietvertrag oder einen Verlängerungsvertrag abschließt. Für die Nachhaftung ist weiter erforderlich, dass die Ansprüche gegen den ausgeschiedenen Gesellschafter in einer in § 197 Abs. 1 Nr. 3–5 BGB bezeichneten Art festgestellt sind oder eine gerichtliche Vollstreckungshandlung vorgenommen oder beantragt wird. Der Vermieter muss also innerhalb der 5-Jahres-Frist Klage erheben (§§ 160 Abs. 1 HGB, 197 Abs. 1 Nr. 3, 204 Abs. 1 BGB). Die Frist beginnt mit dem Ende des Tages, an dem das Ausscheiden in das Handelsregister des für den Sitz der Gesellschaft zuständigen Gerichts eingetragen wird. Einer Feststellung oder Klagerhebung bedarf es nicht, soweit der Gesellschafter den Anspruch schriftlich anerkannt hat (§ 160 HGB).

393 **e) Juristische Personen.** Wird der Mietvertrag mit einer juristischen Person abgeschlossen, so wird diese Vertragspartner (s. zunächst Rdn. 239). Die Gesellschafter haften nicht. Der Wechsel der Gesellschafter hat auf den Mietvertrag keinen Einfluss. Allerdings kann der Mietvertrag so abgeschlossen werden, dass sowohl die Gesellschaft als auch die Gesellschafter (oder der Geschäftsführer) Mieter sind („Der Vermieter vermietet an die XY GmbH und deren Gesellschafter (Geschäftsführer), die Herren A, B und C folgende Räume …") In diesem Fall werden auch die Gesellschafter (Geschäftsführer) Vertragspartner. Sie haften neben der GmbH gesamtschuldnerisch für die Erfüllung der mietvertraglichen Verpflichtungen.[1031] Sind im Kopf der Mietvertragsurkunde als Mieter sowohl eine GmbH als auch deren Geschäftsführer aufgeführt und wird der Vertrag vom Geschäftsführer ohne weiteren Zusatz unterzeichnet, so werden sowohl die GmbH als auch derer Geschäftsführer Partei des Mietvertrags. Will der Geschäftsführer eine Eigenhaftung vermeiden, so muss er entweder seinen Namen im Kopf des Mietvertrags streichen oder seine Unterschrift mit einem Zusatz versehen (z. B. „i. V.") aus dem sich ergibt, dass er die Unterschrift nur als Geschäftsführer der GmbH und nicht als Person leiste.[1032] Der Vermieter ist nicht gehalten, einen ausländischen Mieter auf die mit der persönlichen Verpflichtung verbundenen Risiken hinzuweisen. Dies gilt auch dann, wenn der Mieter der deutschen Sprache nicht hinreichend mächtig ist und er deshalb den Mietvertrag nicht versteht.[1033]

393a Zu beachten ist, dass die Gesellschafter (Geschäftsführer) der GmbH einen Schaden der Mieterin auch dann nicht im eigenen Namen geltend machen können, wenn sie selbst dem Mietvertrag beigetreten sind.[1034] Die genannten Personengruppen haben in Fällen dieser Art nur dann eigene Ansprüche, wenn sie als Gesellschafter infolge des verminderten Gewinns bei eventuellen Gewinnausschüttungen benachteiligt werden oder wenn ein Geschäftsführer wegen des Verhaltens des Vermieters seine Stellung und damit seine Geschäftsführerbezüge verliert.

394 Befindet sich eine juristische Person im Gründungsstadium, so kommt es darauf an, ob die Gründer den Mietvertrag im Namen der künftigen juristischen Person abschließen oder ob sie in eigenem Namen handeln.[1035] Im erstgenannten Fall kommt der Mietvertrag zunächst mit den Gründern

---

[1028] OLG Karlsruhe NJW-RR 2008, 1698 = NZM 2009, 84 = ZMR 2009, 34.

[1029] BGH NZM 2002, 604.

[1030] KG NJOZ 2010, 24.

[1031] Für unklare Vertragsgestaltungen vgl. OLG Düsseldorf ZMR 1997, 75: danach wird im Zweifel vermutet, dass der für eine GmbH handelnde Geschäftsführer zugleich im eigenen Namen handelt, § 162 Abs. 2 BGB.

[1032] KG NZM 2014, 912.

[1033] KG a. a. O.

[1034] BGH NZM 1998, 718.

[1035] Vgl. dazu *Ghassemi-Tabar/Eckner* NJW 2012, 806.

zustande, die i. d. R. eine GbR bilden. Mit der notariellen Beurkundung des Gesellschaftsvertrages gehen die Rechte und Pflichten aus dem Mietverhältnis auf die juristische Person über.[1036] Die Gründer scheiden aus dem Vertragsverhältnis aus. Handeln die Gründer beim Vertragsschluss im eigenen Namen, so muss nach der notariellen Beurkundung des Gesellschaftsvertrags ein Mieterwechsel vereinbart werden. Dies kann bereits im Ursprungsvertrag geschehen („Der Vermieter vermietet an die Herren A, B und C folgende Räume … Die Mieter haben die Absicht, eine GmbH zu gründen. Die Firmengründung ist dem Vermieter schriftlich mitzuteilen. Mit dem Eingang der Mitteilung tritt die GmbH anstelle der bisherigen Mieter in alle Rechte und Pflichten aus dem Mietverhältnis ein"). Wird die GmbH nicht gegründet, so besteht das Mietverhältnis mit den im Vertrag genannten Personen. Im Falle der Gründung wird das Mietverhältnis auf Grund der Vereinbarung mit der GmbH fortgesetzt. Die Vor-GmbH ist im Prozess aktiv und passiv parteifähig.[1037] Handeln die Gründer sowohl im Namen der künftigen juristischen Person als auch im eigenen Namen, so kann der Gründer seine persönliche Haftung auf die Zeit vor dem Eintrag der Gesellschaft ins Handelsregister beschränken. Hierfür genügt es, wenn der Vermieter beim Vertragsschluss ausdrücklich auf die beschränkte Dauer der Mithaftung hingewiesen wird. Im Streitfall muss dies der Gründer beweisen.[1038] Wird keine Haftungsbeschränkung vereinbart, so endet die Haftung nicht, wenn die Gesellschaft durch Eintrag ins Handelsregister rechtsfähig wird.

f) Betreuer. Vgl. zunächst Rdn. 283. Der geschäftsfähige Betreute kann ein Mietverhältnis 395 selbst kündigen, Mieterhöhungsvereinbarungen abschließen oder sonstige Rechtsgeschäfte tätigen. Hat dieser einen Betreuer mit dem Aufgabenbereich der Aufenthaltsbestimmung, oder betrifft der Aufgabenbereich des Betreuers das Mietverhältnis, so muss der Betreuer die Kündigung des vom Betreuten gemieteten Wohnraums dem Familiengericht mitteilen (§ 1907 Abs. 2 Satz 1 BGB). Die Kündigung eines geschäftsunfähigen Betreuten ist nichtig. Hier muss der Betreuer kündigen. Kündigungsberechtigt ist der Betreuer für die Vermögenssorge, wenn Geschäftsraum gemietet ist. Soll die Wohnung des Betreuten gekündigt werden, so muss der Betreuer für die Aufenthaltsbestimmung oder für den Aufgabenkreis der Wohnung bestimmt sein (arg. e § 1907 Abs. 2 Satz 1 BGB).[1039] Zur Kündigung eines Wohnraummietverhältnisses bedarf der Betreuer der Genehmigung des Familiengerichts. Dies gilt über den Wortlaut des § 1907 Abs. 1 Satz 1 BGB hinaus auch dann, wenn die Wohnung nicht vom Betreuten gemietet worden ist; maßgeblich ist nur, dass der Betreute in den Räumen lebt. Für Mietaufhebungsverträge zwischen dem Betreuer und dem Vermieter (§ 1907 Abs. 1 Satz 2 BGB) oder für ähnliche Maßnahmen die zum Verlust der Wohnung führen (z. B. Akzeptanz einer offensichtlich unwirksamen Kündigung) gilt dasselbe (§ 1907 Abs. 2 Satz 2 BGB).

Für die Erteilung und Wirkung der Genehmigung des Familiengerichts gelten die §§ 1828– 396 1831 BGB. Unter einer Genehmigung ist die vorherige Zustimmung i. S. v. § 183 BGB zu verstehen. Dies folgt aus § 1831 Satz 1 BGB. Eine ohne vorherige Zustimmung erklärte Kündigung wird durch eine nachträglich erteilte Genehmigung nicht geheilt. Vielmehr muss der Kündigungsberechtigte eine neue Kündigung aussprechen.[1040]

Ist die Genehmigung erteilt, so hängt die Wirksamkeit einer Kündigung nicht von der Vorlage 397 der Genehmigung ab. Bei Nichtvorlage der Genehmigung kann der Kündigungsempfänger die Kündigung aber nach § 174 BGB zurückweisen. Es gelten dieselben Grundsätze wie bei der Zurückweisung einer Kündigung wegen unterlassener Vorlage der Vollmachtsurkunde[1041] (s. § 542 BGB Rdn. 49). Die in der Wohnung lebenden Familienangehörigen des Betreuten haben gegen die Genehmigung der Kündigung durch das Familiengericht kein Beschwerderecht. Dies gilt auch dann, wenn der Betreute nach Zugang der Kündigung beim Vermieter verstirbt und der oder die Familienangehörigen den Mieter beerben. Ein Eintritt in das Mietverhältnis nach § 563 BGB kommt ebenfalls nicht in Betracht, weil diese Vorschrift voraussetzt, dass das Mietverhältnis im Zeitpunkt des Todes des Mieters noch besteht.[1042]

1036 OLG München ZMR 1997, 458; *J. Emmerich* in Bub/Treier Kap. II Rdn. 682.
1037 BGH MDR 1998, 338.
1038 OLG Brandenburg NZM 2003, 154: Danach besteht keine Haftungsbeschränkung, wenn der Gründer den Mietvertrag mit seinem Namen und dem Zusatz: „Mithaftender Gesellschafter" unterschreibt.
1039 **A. A.** *Bobenhausen* RPfl 1994, 13: Vermögenssorge.
1040 *Rolfs* in Staudinger § 543 Rdn. 65.
1041 *Rolfs* a. a. O.
1042 KG FamRZ 2010, 494.

398 Ist die Beendigung eines Wohnraumietverhältnisses zu befürchten (z. B. auf Grund einer Kündigung des Vermieters oder bei Mietrückständen), so hat der Betreuer dies dem Familiengericht mitzuteilen, wenn sein Aufgabenkreis das Mietverhältnis oder die Aufenthaltsbestimmung umfasst (§ 1907 Abs. 2 Satz 1 BGB). Der Zugang einer Mieterhöhungserklärung oder der Abschluss einer Mieterhöhungsvereinbarung ist nach dem Sinn und Zweck des § 1907 BGB ebenfalls dem Familiengericht mitzuteilen, wenn zu befürchten ist, dass der Betreute den Mietpreis nicht bezahlen kann und deshalb die Wohnung verlieren könnte.

399 Soll einem volljährigen geschäftsunfähigen Mieter gekündigt werden, und ist weder ein gesetzlicher Vertreter vorhanden, noch ein Betreuer bestellt, so hat der Vermieter die Möglichkeit, beim zuständigen Familiengericht die Bestellung eines Betreuers anzuregen.[1043] Zwar ist grundsätzlich erforderlich, dass ein Fürsorgebedürfnis aus der Sicht des Betroffenen besteht: die Betreuung dient dem Schutz des Betreuten, nicht dem Interesse dritter Personen. Allerdings ist anerkannt, dass ein Betreuer im Ausnahmefall auch im ausschließlichen Interesse eines Dritten bestellt werden kann, wenn die Geltendmachung von Rechten gegen den Betroffenen in Frage steht und der Dritte daran ohne die Bestellung eines Betreuers gehindert wäre.[1044]

400 **g) Insolvenzverwalter.** Mietverhältnisse des Schuldners über unbewegliche Gegenstände oder Räume bestehen mit Wirkung für die Insolvenzmasse fort (§ 108 Abs. 1 InsO). Demgegenüber hat der Insolvenzverwalter bei Mietverträgen über bewegliche Sachen gem. § 103 Abs. 1 InsO ein Wahlrecht: er kann sowohl Erfüllung verlangen, als auch diese ablehnen. Sind sowohl Räume als auch bewegliche Sachen vermietet, so kommt es darauf an, in welchem Bereich der Vertrag seinen Schwerpunkt hat. Liegt der Schwerpunkt auf der Raummiete, so wird § 103 InsO durch § 108 Abs. 1 InsO verdrängt. Das Mietverhältnis besteht also insgesamt fort.[1045] Die hieraus folgenden Verbindlichkeiten sind Masseverbindlichkeiten (§ 55 Abs. 1 Nr. 2 InsO), die der Insolvenzverwalter vorab zu erfüllen hat (§ 209 Abs. 1 InsO). Die bis zur Insolvenzeröffnung entstandenen Mietrückstände sind Insolvenzforderungen hinsichtlich derer der Vermieter lediglich anteilige Befriedigung entsprechend der Insolvenzquote verlangen kann. Rechnet der Vermieter nach Eröffnung des Insolvenzverfahrens über die Betriebskosten betreffend einen Zeitraum ab, der vor der Verfahrenseröffnung liegt, so zählt ein Abrechnungssaldo zugunsten des Vermieters zu den Insolvenzforderungen.[1046] Dies folgt aus dem Umstand, dass die abgerechneten Betriebskosten Teil der Miete sind, die der Mieter für den Abrechnungszeitraum schuldet.

401 Dies gilt auch für einen Mietvertrag zwischen einem Gesellschafter und der Gesellschaft. Die früher bestehenden Vorschriften über das Eigenkapitalersatzrecht (§ 32a Abs. 3 GmbHG a. F.) wonach dem Insolvenzverwalter ein Recht auf unentgeltliche Nutzung der Mietsache zustand, sind nicht mehr anzuwenden.[1047]

401a Wird das Mietverhältnis durch den Insolvenzverwalter des Mieters gekündigt, so stehen dem Vermieter u. U. Schadensersatzansprüche zu, die gem. § 109 Abs. 1 Satz 3 InsO als Insolvenzforderungen im Verfahren anzumelden sind. Nimmt der Insolvenzverwalter die Mietsache nicht in Besitz, so stellt der Anspruch des Vermieters auf Nutzungsentschädigung nur eine Insolvenzforderung dar.[1048] Gleiches gilt hinsichtlich der Ansprüche des Vermieters auf Schadensersatz wegen verspäteter Räumung oder Schlechterfüllung der Räumungspflicht.[1049] Anders ist es, wenn der Insolvenzverwalter die Sache weiternutzt und dabei den Vermieter vom Besitz ausschließt.[1050] In diesem Fall stehen dem Vermieter Ansprüche auf Nutzungsentschädigung zu; diese Ansprüche zählen zu den Masseverbindlichkeiten.[1051] Unter Umständen liegt ein solcher Fall bereits dann vor, wenn sich in der Mietsache Gegenstände befinden, die der Verwaltungsbefugnis des Verwalters unterliegen. Für die Nutzung ist der Vermieter darlegungs- und beweispflichtig.[1052] Erfüllungsansprüche des Vermieters wegen Veränderungen des tatsächlichen Zustands der Mietsache (Rückbau) sind Insolvenzforde-

---

[1043] BayObLG WuM 1996, 275.
[1044] BayObLG a. a. O. m. w. N.
[1045] BGH (IX ZR 279/13) NJW 2015, 1109 Rz. 28ff.
[1046] OLG Düsseldorf ZInsO 2014, 502.
[1047] BGH (IX ZR 279/13) NJW 2015, 1109 Rz. 33ff.
[1048] BGH NJW 2007, 1591; GE 2009, 322.
[1049] BGH (IX ZR 207/06) GE 2009;322; BGH (IX ZR 66/05) NJW 2007, 1591 = WuM 2007, 387; OLG Düsseldorf ZMR 2012, 13.
[1050] BGH a. a. O.
[1051] BGH (IX ZR 66/05) NJW 2007, 1591 = WuM 2007, 387; OLG Düsseldorf ZMR 2012, 13.
[1052] OLG Düsseldorf ZMR 2012, 13.

rungen, wenn die Veränderung vor Verfahrenseröffnung vorgenommen wurde. Veränderungen, die vom Insolvenzverwalter vorgenommen wurden, sind Masseverbindlichkeiten. Veränderungen, die vom Insolvenzverwalter vorgenommen wurden, sind Masseverbindlichkeiten. Eine „Neumasseverbindlichkeit" ist auch nach der Anzeige der Masseunzulänglichkeit als Masseverbindlichkeit zu erfüllen. Eine „Neumasseverbindlichkeit" entsteht, wenn der Insolvenzverwalter trotz Anzeige der Masseunzulänglichkeit die Mietsache weiter nutzt.[1053]

Nach **§ 129 Abs. 1 InsO** kann der Insolvenzverwalter eine die Insolvenzgläubiger benachteiligende Rechtshandlung, die der Schuldner vor der Eröffnung des Insolvenzverfahrens vorgenommen hat, anfechten. Zu den Rechtshandlungen in diesem Sinn zählen im Falle der Mieterinsolvenz auch **Zahlungen des Mieters auf rückständige Miete an den Vermieter.** Bei einem Mietvertrag zum Zwecke der **gewerblichen Weitervermietung** kann der Vermieter den Anspruch auf die Miete nur gegenüber dem Mieter geltend machen. Weist der Mieter vor Eröffnung des Insolvenzverfahrens den Endmieter an die Miete unmittelbar an den Hauptvermieter zu bezahlen, so wird der Vermieter in einer Art und Weise befriedigt, auf die er nach dem Hauptmietvertrag keinen Anspruch hat. In der Insolvenz des Mieters benachteiligen derartige Direktzahlungen die übrigen Gläubiger, weil die Mietzahlungen des Endmieters nicht in die Insolvenzmasse fließen, sondern ausschließlich dem Vermieter zugute kommen.[1054] Die Anfechtung bewirkt, dass der Vermieter die Zahlungen der Insolvenzmasse zurückgewähren muss (§ 143 Abs. 1 InsO). Der Vermieter kann Befriedigung entsprechend den Regelungen der InsO verlangen. Die **Anfechtungsgründe** sind in den §§ 130ff. InsO geregelt. Nach § 133 Abs. 1 InsO liegt ein Anfechtungsgrund im Falle der vorsätzlichen Gläubigerbenachteiligung vor. Der Tatbestand setzt voraus, **(1)** dass die Zahlung in den letzten zehn Jahren vor dem Antrag auf Eröffnung des Insolvenzverfahrens geleistet wurde; **(2)** dass der Mieter hierbei mit dem Vorsatz der Gläubigerbenachteiligung gehandelt hat und **(3)** dass der Vermieter zur Zeit der Entgegennahme der Zahlungen den Vorsatz des Mieters kannte. Im Einzelnen: **Zu (1):** Für den Begriff der Zahlungsunfähigkeit gilt die Legaldefinition in § 17 Abs. 2 InsO. Danach ist zahlungsunfähig, wer nicht in der Lage ist, seine fälligen Zahlungspflichten zu erfüllen. Zahlungsunfähigkeit ist in der Regel anzunehmen, wenn der Schuldner seine Zahlungen eingestellt hat. Die Zahlungsunfähigkeit kann aus bestimmten Beweisanzeichen abgeleitet werden. Nach der Rechtsprechung liegen solche Beweisanzeichen vor, wenn der Mieter Ratenzahlungsvereinbarungen über erhebliche Beträge geschlossen hat,[1055] wenn Lastschriften zurück gegeben werden,[1056] wenn Steuern Sozialbersicherungsbeiträge oder Löhne nicht mehr bezahlt werden[1057] oder wenn der Mieter mit der Bezahlung von Mieten in einer Höhe in Verzug gerät, die den Vermieter zur fristlosen Kündigung berechtigen würden.[1058] Für die Vorsatzanfechtung reicht es allerdings aus, wenn Zahlungsunfähigkeit droht. Hiervon ist auszugehen, wenn der Mieter voraussichtlich nicht in der Lage sein wird, seine Zahlungspflichten im Zeitpunkt ihrer Fälligkeit zu erfüllen (§ 18 Abs. 2 InsO). Dies ist auf Grund einer Prognose festzustellen, wobei die gesamte Vermögenslage des Mieters zu berücksichtigen ist. Der vorhandenen Liquidität und den Einnahmen, die bis zu diesem Zeitpunkt zu erwarten sind, müssen die Verbindlichkeiten gegenüber gestellt werden, die bereits fällig sind oder die bis zu diesem Zeitpunkt voraussichtlich fällig werden. Das sind alle Zahlungspflichten, deren Fälligkeit im Prognosezeitraum nicht sicher, aber überwiegend wahrscheinlich ist. Ergibt die Prognose, dass der Eintritt der Zahlungsunfähigkeit wahrscheinlicher ist als deren Vermeidung, droht Zahlungsunfähigkeit.[1059] **Zu (2):** Ergibt die Prognose, dass Zahlungsunfähigkeit droht, so stellt dies ein starkes Beweisanzeichen für den Benachteiligungsvorsatz des Mieters dar. In diesen Fällen handelt der Mieter dann nicht mit Benachteiligungsvorsatz, „wenn er aufgrund konkreter Umstände – etwa der sicheren Aussicht, demnächst Kredit zu erhalten oder Forderungen realisieren zu können – mit einer baldigen Überwindung der Krise rechnen kann. Droht die Zahlungsunfähigkeit, bedarf es konkreter Umstände, die nahe legen, dass die Krise noch abgewendet werden kann".[1060] Diese Grundsätze gelten auch, wenn eine kongruente Leistung angefochten wird.[1061] 402

1053 BGH WuM 2004, 545.
1054 BGH (IX ZR 58/10) NZM 2011, 408 = GuT 2011, 59.
1055 BGH (IX ZR 134/10) ZInsO 2011, 1410.
1056 BGH (IX ZR 70/08) ZInsO 2010, 1598.
1057 BGH (IX ZR 38/04) ZInsO 2008, 378.
1058 OLG Hamburg GuT 2012, 129 m. Anm. Cymutta.
1059 BGH (IX ZR 93/11) NJW-RR 2014, 235.
1060 BGH (IX ZR 93/11) NJW-RR 2014, 235.
1061 BGH (IX ZR 13/12) NJW 2013, 611; OLG Koblenz Urteil vom 18.11.2014 – 3 U 713/14.

Anders kann es sein, wenn der Schuldner für die Zahlung eine adäquate Gegenleistung erhält, so dass ein Leistungsaustausch gleich einem Bargeschäft vorliegt.[1062] Mietzahlungen zur Erhaltung des Mietbesitzes zählen hierzu nicht. **Zu (3):** Die Kenntnis des Vermieters von der Benachteiligungsabsicht muss auf Grund der konkreten Umstände des Einzelfalls festgestellt werden. Die Kenntnis wird vermutet, wenn der Vermieter wusste, dass die Zahlungsunfähigkeit des Mieters drohte und dass die Handlung die übrigen Gläubiger benachteiligte (§ 133 Abs. 1 InsO). Sind die Gesellschafter der Mieterin mit den Eigentümern und Vermietern des Mietobjekts personell identisch, so liegt es auf der Hand, dass die Vermieter den Vorsatz des Mieters kennen.[1063]

Der Insolvenzverwalter muss sowohl den Benachteiligungsvorsatz des Mieters als auch die Kenntnis des Vermieters beweisen. Wird der Vermieter durch einen Rechtsanwalt vertreten, so spielt es keine Rolle, wenn dieser aus seiner Tätigkeit für andere Gläubiger des Mieters wusste, dass der Mieter zahlreiche Verbindlichkeiten hatte. Der Vermieter muss sich die Kenntnis seines Anwalts nicht zurechnen lassen, weil dieser gegenüber seinen anderen Mandanten zur Verschwiegenheit verpflichtet ist.[1064]

402a Steht ein vermietetes **Grundstück unter Zwangsverwaltung,** so kann der Insolvenzverwalter des Mieters eine von diesem an den Zwangsverwalter erbrachte Mietzahlung ebenfalls wegen Gläubigerbenachteilung anfechten. Durch die §§ 155, 10 ZVG wird die Anfechtung nicht ausgeschlossen. Nach § 155 Abs. 2 ZVG hat der Zwangsverwalter zwar die Überschüsse aus den Erträgnissen des Grundstücks nach einer in § 10 ZVG bestimmten Rangfolge zu verteilen. Hierdurch wird allerdings kein Vorrang der in § 10 ZVG bestimmten Gläubiger gegenüber den Gläubigern des insolventen Mieters begründet. Für die Kenntnis vom Benachteiligungsvorsatz kommt es stets auf die Person des Zahlungsempfängers an. Anfechtungsgegner ist der Zwangsverwalter; dieser ist auch zur Erfüllung des Rückgewähranspruchs verpflichtet.[1065]

402b In **§ 129 Abs. 2 InsO** ist geregelt, dass eine **Unterlassung** einer Rechtshandlung gleichsteht. Der BGH[1066] führt dazu aus, dass eine Gleichstellung der Unterlassung mit einer Rechtshandlung voraussetzt **(1)** dass die Unterlassung auf einer Willensbetätigung beruht, also bewusst und gewollt erfolgt und dass **(2)** der Unterlassende die Benachteiligung der übrigen Gläubiger in Kauf genommen hat; es genügt nicht, dass die Bevorzugung eines einzelnen Gläubigers lediglich hingenommen wird. Unterlässt es der Schuldner, dessen Konten durch seinen Gläubiger gepfändet sind, ein weiteres Konto zu eröffnen und Zahlungen seiner Schuldner auf dieses freie Konto zu leiten, steht diese Unterlassung einer Rechtshandlung nicht gleich.

402c Wird die Miete für einen vom GmbH-Gesellschafter abgeschlossen Gewerbemietvertrag von der GmbH bezahlt, so ist diese Zahlung im Falle der Insolvenz der GmbH grundsätzlich nur anfechtbar, wenn die Forderung des Vermieters gegen den Mieter wirtschaftlich wertlos ist. Hiervon ist auszugehen, wenn der Mieter die Miete nicht bezahlen könnte, weil der Vermieter in diesem Fall die Forderung nicht durchsetzen kann. Die Zahlungsunfähigkeit muss der Insolvenzverwalter beweisen.[1067]

403 Gegen Ansprüche des Mieters kann der Vermieter aufrechnen, wenn die Aufrechnungslage bereits bei Verfahrenseröffnung bestanden hat (§ 94 InsO). Eine Aufrechnung mit Ansprüchen auf Zahlung rückständiger Miete gegen ein Guthaben des Mieters aus einer Betriebskostenabrechnung ist nach der Ansicht des BGH auch dann möglich, wenn der Mietzinsanspruch bereits vor Eröffnung des Insolvenzverfahrens fällig geworden ist und die Abrechnung über die Betriebskosten erst nach Insolvenzeröffnung erfolgt.[1068]

404 Wurde im **Eröffnungsverfahren** ein vorläufiger Insolvenzverwalter bestellt (§ 21 Abs. 2 Nr. 1 InsO), so zählen zu den Masseverbindlichkeiten auch die Ansprüche auf die Miete, wenn und soweit der vorläufige Insolvenzverwalter für das von ihm verwaltete Vermögen die Gegenleistung in Anspruch genommen hat (§ 55 Abs. 2 Satz 2 InsO). Andererseits bestimmt § 108 Abs. 2 InsO, dass ein Vermieter oder Verpächter Ansprüche für die Zeit vor der Eröffnung des Insolvenzverfahrens nur als Insolvenzgläubiger geltend machen kann. Für das **Verhältnis von § 55 Abs. 2 Satz 2 InsO zu**

[1062] OLG Koblenz a. a. O.
[1063] Vgl. BGH (IX ZR 93/11) NJW-RR 2014, 235.
[1064] OLG Hamburg ZInsO 2011, 1066.
[1065] OLG Dresden NZI 2014, 923.
[1066] BGH (IX ZR 31/12) NZM 2014, 516.
[1067] OLG Koblenz ZIns 2015, 2319.
[1068] BGH NZM 2005, 342.

§ 108 Abs. 2 InsO gilt Folgendes:[1069] **(1)** § 55 Abs. 2 InsO ist gegenüber § 108 Abs. 2 InsO als spezielle Regelung vorrangig, wenn es um die Rechtsfolgen des Handelns eines vorläufigen Insolvenzverwalters geht. **(2)** § 55 Abs. 2 InsO gilt nur dann, wenn die Verfügungsbefugnis über das Vermögen des Mieters auf den vorläufigen Insolvenzverwalter übergegangen ist. **(3)** Hinsichtlich der Verfügungsbefugnis ist zu unterscheiden: **(3a)** das Gericht kann anordnen, dass Verfügungen des Mieters nur mit Zustimmung des vorläufigen Insolvenzverwalters wirksam sind [§ 21 Abs. 2 Nr. 2 InsO; sog. „schwacher Insolvenzverwalter"]. **(3b)** das Gericht kann dem Mieter aber auch ein allgemeines Verfügungsverbot auferlegen, mit der Folge, dass die Verfügungsbefugnis in vollem Umfang auf den vorläufigen Insolvenzverwalter übergeht [§ 22 Abs. 1 InsO; sog. „starker Insolvenzverwalter"]. **(4)** Die dem Vermieter günstige Regelung des § 55 Abs. 2 InsO gilt nur, wenn das Gericht einen „starken" vorläufigen Insolvenzverwalter bestellt hat, also in den unter 3)b) dargestellten Fällen. Auf den vorläufigen Insolvenzverwalter mit Zustimmungsvorbehalt (§ 21 Abs. 2 Nr. 2 Alt. 2 InsO; sog. „schwacher" (vorläufiger) Verwalter ist § 55 Abs. 2 InsO nach ständiger Rechtsprechung weder unmittelbar noch analog anwendbar.[1070] Erklärt der starke Insolvenzverwalter, dass er das Mietverhältnis fortsetzen will, so wird dadurch hinsichtlich des Anspruchs auf die Miete eine Masseverbindlichkeit begründet (§ 55 Abs. 2 InsO). Für die Erklärungen des schwachen Insolvenzverwalters gilt dies nicht. Der Vermieter kann nur eine Insolvenzforderung zur Insolvenztabelle anmelden.

Hat der Mieter die **Miete durch Einzugsermächtigung bezahlt,** und wird sodann über das Vermögen des Mieters das Insolvenzverfahren eröffnet und ein vorläufiger Insolvenzverwalter bestellt, so war in früherer Zeit streitig, ob der Insolvenzverwalter der Abbuchung der Miete widersprechen kann. Nach der **früheren Rechtsprechung** des IX. Zivilsenats (Insolvenzsenat) erlosch die Forderung des Gläubigers nicht mit deren Gutschrift, sondern erst mit der Genehmigung des Schuldners (sog. **Genehmigungstheorie**). Dies galt auch für den Fall der Schuldnerinsolvenz. Soweit der Schuldner die Buchung nicht vor Beantragung des Insolvenzverfahrens bereits genehmigt hatte, konnte der vorläufige Insolvenzverwalter der Buchung widersprechen.[1071] Demgegenüber vertrat der XI. Zivilsenat (Bankensenat) die Ansicht, dass die Erfüllung bereits mit der vorbehaltslosen Gutschrift auf dem Gläubigerkonto eintritt (sog. „Erfüllungstheorie").[1072] 405

Seit dem 31.10.2009 ist das Lastschriftverfahren gesetzlich in den **§§ 675c ff. BGB** geregelt. Danach gilt folgendes: **(1)** Die Banken und Sparkassen können durch Allgemeine Geschäftsbedingungen eine von der Genehmigungstheorie abw. Parteivereinbarung vorsehen. Autorisiert der Mieter mit der dem Vermieter erteilten Einzugsermächtigung zugleich seine Bank, die Zahlung auszuführen, so ist die Belastungsbuchung auf seinem Konto von Anfang an wirksam. **(2)** Bis zur Umsetzung dieser Regelung müssen die Gerichte prüfen, ob der Mieter die Belastungsbuchung nicht bereits konkludent genehmigt hat. Hiervon ist bei Dauerschuldverhältnissen wie dem Mietverhältnis regelmäßig auszugehen, wenn der Mieter dem Einzug der Miete früher nicht widersprochen hat und er auch dem aktuellen Einzug nach Ablauf einer angemessenen Prüffrist nicht widerspricht.[1073] **(3)** Für die Wohnraummiete ist zusätzlich zu beachten, dass der Insolvenzverwalter (Treuhänder) den Einzug nicht widerrufen darf, wenn der Mieter die Miete aus einem Einkommen oder Vermögen bezahlt hat, das dem Pfändungsschutz unterliegt. Zum Schonvermögen zählen das Wohngeld oder andere Sozialleistungen sowie der pfändungsfreie Betrag des Arbeitseinkommens. Ist das Arbeitseinkommen höher als der pfändungsfreie Betrag, so muss der Verwalter dem Mieter Gelegenheit geben zu entscheiden, welche Lastschrift aus dem Schonvermögen bedient werden soll.[1074]

Wird das Mietverhältnis nach der Insolvenzeröffnung beendet und gibt der Insolvenzverwalter die Mietsache gleichwohl nicht zurück, so liegt eine Vorenthaltung i. S. v. § 546a BGB vor. Den schwachen Insolvenzverwalter trifft gegenüber dem Vermieter allerdings keine Pflicht zur Mietzahlung, es sei denn, der Insolvenzverwalter habe eine entsprechende Zusage mit Garantiecharakter abgegeben. Ohne eine solche Zusage stehen dem Vermieter auch keine Schadensersatzansprüche zu, wenn der Insolvenzverwalter die Sache weiter nutzt, hierfür aber nichts bezahlt. Anders ist es bei einer Gebrauchsfortsetzung durch den starken Insolvenzverwalter. Hier hat der Vermieter 406

1069 BGH NZM 2002, 859.
1070 BGH NJW 2008, 1442 = NZM 2008, 365 = GuT 2008, 152 = ZMR 2008, 442.
1071 BGH NJW 2005, 675; NJW 2008, 63.
1072 BGH NJW 2008, 3348.
1073 BGH (XI ZR 236/07) NJW 2010, 3510.
1074 BGH NJW 2010, 3517, dazu *Cymutta* WuM 2010, 667; *Langen/Lang* NJW 2010, 3484.

Anspruch auf Zahlung einer **Nutzungsentschädigung** nach § 546a BGB. Dieser Anspruch wird von der Rechtsprechung nicht als Schadensersatzanspruch, sondern als vertragsähnlicher Anspruch bewertet. Dies hat unter anderem zur Folge, dass auch die Nutzungsentschädigung zu den Masseverbindlichkeiten gehört, so dass der Vermieter auch insoweit vorzugsweise befriedigt wird.[1075]

407 Eine andere Rechtsfolge tritt allerdings dann ein, wenn das Mietverhältnis bereits vor Insolvenzöffnung beendet worden ist. In diesem Fall gilt die Nutzungsentschädigung nur dann als bevorzugte Masseverbindlichkeit, wenn der Insolvenzverwalter die Mietsache für die Masse nutzt (Anspruch aus rechtloser Bereicherung der Masse, § 55 Abs. 1 Nr. 3 InsO). Anderenfalls kann der Vermieter nur anteilige Befriedigung aus der Masse verlangen.[1076] Bei **beendetem Mietverhältnis** ist zwischen dem Herausgabeanspruch und dem Räumungsanspruch zu unterscheiden.[1077] Auf Grund des **Herausgabeanspruchs** ist der Mieter verpflichtet, dem Vermieter unmittelbaren Besitz an der Mietsache zu verschaffen. Der Vermieter hat ein Aussonderungsrecht. Durch den Anspruch wird die Gesamtvollstreckungsmasse verpflichtet. Ist der Vermieter allerdings in der Lage, den Besitz zu ergreifen, so ist die Aussonderung vollzogen. Die mietvertragliche **Räumungspflicht** hat zum Inhalt, dass der Mieter die Mietsache in einem vertragsgemäßen Zustand zurückzugeben hat. Notfalls ist der Mieter verpflichtet, diesen Zustand herzustellen. Durch diesen Anspruch wird die Gesamtvollstreckungsmasse grundsätzlich nicht verpflichtet. Vielmehr zählen die für die Herstellung des vertragsgemäßen Zustands erforderlichen Kosten zu den Gesamtvollstreckungsforderungen. Der Vermieter kann seine Forderung (Erfüllung oder Schadensersatz) nur zum Vermögensverzeichnis anmelden.

407a Für den Anspruch auf Nutzungsentschädigung genügt es, wenn der Verwalter allein über die Schlüssel verfügt und in der Mietsache Sachen einlagert[1078] oder wenn er einen Untermietvertrag fortsetzt und den Untermietzins zugunsten der Masse einzieht.[1079] Der Anspruch auf die Nutzungsentschädigung setzt allerdings eine Vorenthaltung i. S. des § 546a BGB voraus; daran fehlt es, wenn der Vermieter die Rücknahme unter Hinweis auf den nicht vertragsgemäßen Zustand der Mietsache ablehnt. Die Kosten für die Herstellung des vertraglich geschuldeten Zustands sind keine Masseschuld, wenn der Mietvertrag bereits vor der Insolvenzeröffnung beendet wurde.[1080]

408 Nach § 60 InsO haftet der Insolvenzverwalter auf **Schadensersatz,** wenn er eine insolvenzspezifische Pflicht verletzt. Darunter versteht man solche Pflichten, die sich aus der Insolvenzordnung ergeben. Hierzu zählt auch die Pflicht, eine vom Schuldner gemietete Sache nach Beendigung der Mietzeit an den Vermieter zurückzugeben. Unterbleibt die Rückgabe auf Grund eines schuldhaften Verhaltens des Insolvenzverwalters, so schuldet der Insolvenzverwalter zwar keine Nutzungsentschädigung. Jedoch kann dem Vermieter ein Schadensersatzanspruch gegen den Verwalter zustehen.[1081] Erklärt der schwache Insolvenzverwalter, dass er keine Miete mehr zahlen werde, kann der Vermieter fristlos nach § 543 Abs. 1 BGB kündigen, weil ihm die Fortsetzung des Mietverhältnisses in diesem Fall nicht mehr zuzumuten ist; ein Schadensersatz kommt hier nicht in Betracht.[1082] Ebenso liegt ein Kündigungsgrund nach § 543 Abs. 1 BGB vor, wenn der Vermieter den schwachen Insolvenzverwalter zu einer Erklärung über die Bereitschaft zur Mietzahlung auffordert und sich der Insolvenzverwalter hierzu nicht erklärt.[1083]

408a Nach **§ 61 InsO** haftet der Insolvenzverwalter auf Schadensersatz, wenn eine Masseverbindlichkeit, die durch eine Rechtshandlung des Insolvenzverwalters begründet worden ist, aus der Insolvenzmasse nicht voll erfüllt werden kann. Diese Regelung gilt auch, wenn der Insolvenzverwalter die rechtlich zulässige Kündigung eines Mietverhältnisses unterlässt, obwohl er erkennt, dass die Insolvenzmasse zur Erfüllung der Mietforderung nicht ausreicht.[1084] Hat der Insolvenzverwalter das Mietverhältnis aber unmittelbar nach Insolvenzeröffnung gekündigt, so zählen die Mieten, die während des Laufs der Kündigungsfrist fällig werden, zwar zu den Masseverbindlichkeiten. Gleich-

---

[1075] BGH NJW 1994, 516.
[1076] BGH a. a. O.
[1077] BGH NJW 2001, 2966.
[1078] BGHZ 130, 38, 44; BGH (IX ZR 279/13) NJW 2015, 1109 Rz. 78.
[1079] BGH WPM 2007, 840 Rz. 21.
[1080] BGH (IX ZR 279/13) NJW 2015, 1109 Rz. 82.
[1081] BGH NJW 2007, 1596 betr. die Verletzung der Rückgabepflicht infolge einer unerlaubten Untervermietung.
[1082] *Pape* ZMR 2009, 885, 887.
[1083] *Pape* ZMR 2009, 885, 887.
[1084] BGH (IX ZR 75/11) NJW 2012, 1361.

wohl hat der Vermieter keinen Schadensersatzanspruch gegen den Insolvenzverwalter. Dieser haftet nur für die Erfüllung solcher Masseverbindlichkeiten die durch eine Rechtshandlung des Insolvenzverwalters begründet worden sind. Für Verbindlichkeiten, die ohne Zutun des Insolvenzverwalters kraft Gesetzes entstehen, haftet der Insolvenzverwalter nicht.[1085]

Übt der Mieter in gemieteten Räumen eine **selbstständige Tätigkeit** aus und wird der Betrieb nach der Eröffnung des Insolvenzverfahrens weitergeführt, wobei die Verwaltungsbefugnis auf den Verwalter übergegangen ist (§ 80 Abs. 1 InsO), so haftet die Insolvenzmasse für die Miete. Will der Verwalter keine Risiken für die Insolvenzmasse eingehen, so kann er gem **§ 35 Abs. 2 InsO** gegenüber dem Schuldner erklären, dass Ansprüche aus dieser Tätigkeit nicht im Insolvenzverfahren geltend gemacht werden können. Teilweise wird vertreten, dass Verbindlichkeiten aus Dauerschuldverhältnissen bis zur wirksamen Kündigung weiterhin die Masse treffen.[1086] Nach h. M. können diese Verbindlichkeiten nach dem Wirksamwerden der Freigabeerklärung nur noch gegen den Schuldner geltend gemacht werden.[1087] **408b**

Nach **§ 21 Abs. 2 Nr. 5 InsO** kann das Insolvenzgericht im Fall der **Betriebsfortführung** anordnen, dass Gegenstände, die für die Fortführung des Betriebs von erheblicher Bedeutung sind, nicht ausgesondert werden dürfen. Hierzu kann auch die Mietsache gehören. Dies hat zur Folge, dass der Vermieter die Mietsache auch dann nicht herausverlangen kann, wenn er den Mietvertrag gekündigt hat und das Mietverhältnis beendet ist. Wegen der Ansprüche des Vermieters verweist die Vorschrift auf § 169 Satz 2 InsO. Danach sind die Mieten erst ab dem Zeitpunkt zu zahlen, der 3 Monate nach der Anordnung liegt. Nach der Ansicht des LG Berlin[1088] ist die Miete entgegen § 169 Satz 2 InsO in analoger Anwendung des § 55 Abs. 2 Satz 2 InsO sofort weiter zu bezahlen. Das KG[1089] hat die entsprechende Anwendung des § 55 Abs. 2 Satz 2 InsO abgelehnt. Der BGH hat diese Frage noch nicht entschieden. **408c**

Kann ein Vermieter ein **Vermieterpfandrecht** geltend machen (§ 562 BGB), so hat er das Recht, sich aus den Pfandgegenständen vorzugsweise zu befriedigen (Absonderungsrecht). Hinsichtlich der Mietrückstände besteht das Absonderungsrecht allerdings nur für diejenigen Rückstände, die im letzten Mietjahr vor der Insolvenzeröffnung entstanden sind (§ 50 Abs. 2 InsO). An den Gegenständen die der Schuldner nach der Eröffnung des Insolvenzverfahrens einbringt entsteht kein Pfandrecht (§ 81 InsO).[1090] Das Recht zur Verwertung der dem Pfandrecht unterliegenden Gegenstände steht dem Insolvenzverwalter zu (§ 166 Abs. 1 InsO). Der Insolvenzverwalter muss den Erlös an den Vermieter auskehren (§ 170 InsO). Schuldet der Mieter dem Vermieter Mietzins für mehrere Monate oder schuldet er neben der Miete Schadensersatz und reicht der aus der Verwertung der Pfandgegenstände erzielte Erlös nicht zur Tilgung sämtlicher Verbindlichkeiten aus, so wird vereinzelt die Ansicht vertreten, dass der Insolvenzverwalter gem § 366 Abs. 1 BGB die Tilgungsreihenfolge bestimmen kann.[1091] Der BGH teilt diese Ansicht nicht. Danach ist § 366 Abs. 1 BGB nicht anzuwenden, wenn der Insolvenzverwalter im Rahmen der Gesamtvollstreckung einen dem Pfandrecht des Vermieters unterliegenden Gegenstand gem. § 166 Abs. 1 InsO verwertet und den Erlös an den Vermieter auskehrt. Eine gleichwohl vorgenommene Tilgungsbestimmung des Insolvenzverwalters ist unwirksam. An deren Stelle tritt die gesetzliche Tilgungsfolge nach § 366 Abs. 2 BGB. Dach wird unter mehreren fälligen Schulden diejenige getilgt, welche dem Gläubiger geringere Sicherheit bietet. Das ist bei mehreren Mietzinsforderungen die jeweils älteste Forderung, weil diese vor den jüngeren Forderungen verjähren.[1092] **409**

Aus der Barkaution, die der Mieter vor Insolvenzeröffnung geleistet hat, kann sich der Vermieter durch Aufrechnung befriedigen. **410**

Im Falle der **Insolvenz eines Zwischenmieters** kann der Insolvenzverwalter frei entscheiden, ob er die vom Endmieter gezahlte Miete an den Vermieter weiterleitet. Unterlässt er dies, so kann der Vermieter zwar wegen Zahlungsverzugs kündigen. Der Vermieter hat aber auch in diesem Fall keinen Schadensersatzanspruch.[1093] Etwas anderes kommt auch dann nicht in Betracht, wenn der **410a**

1085 OLG Düsseldorf ZInsO 2014, 502.
1086 Z. B. *Uhlenbruck/Hirte* InsO § 35 Rdn. 101.
1087 BGH (IX ZR 75/11) NJW 2012, 1361; LG Krefeld NZI 2010, 485.
1088 LG Berlin ZInsO 2008, 629.
1089 KG ZInsO 2009, 35.
1090 *Dahl* NZM 2008, 585, 589.
1091 OLG Dresden NZM 2012, 84.
1092 BGH (IX ZR 69/14). ZInsO 2014, 2320.
1093 BGH NZM 2008, 365.

Insolvenzverwalter erklärt hat, dass die Kündigung ausgeschlossen ist und der Vermieter im Vertrauen auf diese Erklärung die Kündigung unterlässt.[1094]

411 **Miet- und Pachtverhältnisse über unbewegliche Gegenstände oder Räume** bestehen mit Wirkung für die Insolvenzmasse fort (§ 108 Abs. 1 Satz 1 InsO). Der Insolvenzverwalter hat ein **Sonderkündigungsrecht** (§ 109 Abs. 1 Satz 1 InsO), das auch für befristete Mietverhältnisse gilt und dessen Ausübung an keine Frist gebunden ist. Weitere Einzelheiten s. § 542 BGB Rdn. 136. Ist der Mieter Mitglied einer **Genossenschaft,** so kann der Insolvenzverwalter das Recht des Mieters zur Kündigung der Mitgliedschaft (§ 65 Abs. 1 GenG) an Stelle des Mieters ausüben, wenn er einen Pfändungs- und Überweisungsbeschluss betr. das Geschäftsguthaben erwirkt hat und eine Zwangsvollstreckung in das Vermögen des Mitglieds innerhalb der letzten sechs Monate fruchtlos verlaufen ist (§ 66 Abs. 1 GenG analog).[1095] Demgegenüber ist die Kündigung der Mitgliedschaft in einer **Wohnungsgenossenschaft** durch den Gläubiger oder den Insolvenzverwalter ausgeschlossen, wenn die Mitgliedschaft Voraussetzung für die Nutzung der Wohnung des Mitglieds ist und das Geschäftsguthaben des Mitglieds höchstens das Vierfache des auf einen Monat entfallenden Nutzungsentgelts ohne die als Pauschale oder Vorauszahlung ausgewiesenen Betriebskosten oder höchstens 2.000 Euro beträgt (§ 67c GenG). Diese Vorschrift ist allerdings erst am 19.7.2013 in Kraft getreten. Für Kündigungen vor diesem Zeitpunkt hat der BGH entschieden, dass der Insolvenzverwalter die Mitgliedschaft kündigen kann. Die Regelung des § 109 Abs. 1 Satz 2 InsO steht der Kündigung nicht entgegen.[1096] s. a. § 542 BGB Rdn. 136. Ist die Mitgliedschaft beendet, so ist das Geschäftsguthaben an den Insolvenzverwalter auszuzahlen (§ 73 GenG).

411a **Insolvenzverschleppung.** Der Mieter ist im Falle seiner Überschuldung verpflichtet einen Insolvenzantrag zu stellen. Bei der Vermietung an eine Gesellschaft ist diese Verpflichtung vom vertretungsberechtigten Organ zu erfüllen. Hierdurch soll zum einen das restliche noch vorhandene Gesellschaftsvermögen erhalten werden. Zum anderen sollen potentielle Gläubiger dafür bewahrt werden, mit einer insolvenzreifen Gesellschaft in Geschäftsbeziehungen zu treten. Bei einem schuldhaften Verstoß gegen das Verbot der Insolvenzverschleppung haften die vertretungsberechtigten Personen den geschädigten Gläubigern auf Schadensersatz. Die Haftung setzt voraus, dass zwischen der unterlassenen oder verzögerten Antragstellung ein ursächlicher Zusammenhang besteht. Insoweit kann zwischen den sog. „Neugläubigern" und den sog. „Altgläubigern" unterschieden werden. Neugläubiger ist, wer einer insolvenzreifen Gesellschaft „im Vertrauen auf deren Solvenz noch Geld- oder Sachmittel zur Verfügung gestellt hat, ohne einen entsprechend werthaltigen Gegenanspruch oder eine entsprechende Gegenleistung zu erlangen."[1097] Für den Schaden des Neugläubigers muss der Verpflichtete im Falle der schuldhaften Insolvenzverschleppung einstehen. Altgläubiger ist demgegenüber, wer mit der Gesellschaft vor Insolvenzreife Geschäftsbeziehungen eingegangen ist. Hier fehlt es am ursächlichen Zusammenhang zwischen der Insolvenzverschleppung und dem Schaden. Da ein Vermieter nicht in der Lage ist, das Mietverhältnis im Falle der Insolvenz zu beenden (s. § 542 Rdn. 138, 147) gilt folgendes: „Ein Vermieter, der dem Mieter vor Insolvenzreife Räume überlassen hat, ist regelmäßig Altgläubiger und erleidet keinen Neugläubigerschaden infolge der Insolvenzverschleppung, weil er sich bei Insolvenzreife nicht von dem Mietvertrag hätte lösen können".[1098]

412 Wird über das Vermögen des Mieters einer **beweglichen Sache** das Insolvenzverfahren eröffnet, so gilt § 103 InsO. Ist der Vertrag nicht oder nicht vollständig erfüllt, so kann der Insolvenzverwalter anstelle des Mieters den Vertrag erfüllen und die Erfüllung vom anderen Teil verlangen (§ 103 Abs. 1 InsO). Lehnt der Verwalter die Erfüllung ab, so kann der Vermieter eine daraus sich ergebende Forderung nur als Insolvenzgläubiger geltend machen (§ 103 Abs. 2 Satz 1 InsO). Nach der Rechtsprechung des BGH führt die Eröffnung des Insolvenzverfahrens nicht zu einem Erlöschen der beiderseitigen Erfüllungsansprüche. Vielmehr bleiben diese Ansprüche bestehen; sie verlieren lediglich vorläufig – nämlich bis zum Erfüllungsverlangen des Insolvenzverwalters – ihre Durchsetzbarkeit;[1099] die frühere Rechtsprechung des BGH[1100] ist überholt. Nach § 103 Abs. 2 Satz 2 InsO

1094 *Pape* ZMR 2009, 885, 887.

1095 BGH NJW 2009, 1820 = WuM 2009, 302 = GE 2009, 649; *Fandrich* in Pöhlmann/Fandrich/Bloehs, GenG, 3. Aufl., § 65 Rdn. 7.

1096 BGH (IX ZR 276/13) WuM 2014, 682; BGH NJW 2009, 1820.

1097 BGH (II ZR 394/12) NJW 2014, 698.

1098 BGH a. a. O.

1099 BGH NJW 2002, 2783; NZM 2007, 500, 501.

1100 BGH NJW 1995, 1966.

kann der Vermieter den Verwalter zur Ausübung seines Wahlrechts auffordern. In diesem Fall muss der Verwalter unverzüglich erklären, ob er die Erfüllung verlangen will. Unterlässt er dies, so kann er auf Erfüllung nicht bestehen (§ 103 Abs. 2 Satz 3 BGB). Für die Insolvenz des Mieters folgt hieraus, dass die weitere Fortsetzung des Vertrags von der Entscheidung des Insolvenzverwalters abhängt. Wählt der Verwalter die Erfüllung, so behält der Vermieter den Anspruch auf die Miete. Macht der Verwalter das Erfüllungsverlangen nicht geltend, so kann der Vermieter den Anspruch auf die Miete nicht durchsetzen. Ebenso endet das Besitzrecht des Mieters. Aus diesem Grunde muss der Insolvenzverwalter die Mietsache an den Vermieter herausgeben. Einer Kündigung bedarf es nicht.[1101] Wird die Herausgabepflicht nicht erfüllt, so kann der Vermieter für die Dauer der Vorenthaltung eine Nutzungsentschädigung verlangen (§ 546a BGB). Dieser Anspruch ist nicht davon abhängig, ob den Mieter ein Verschulden trifft. Bei dem Anspruch auf die Nutzungsentschädigung nebst Zinsen handelt es sich um eine Masseverbindlichkeit, die im Wege der Leistungsklage gegen den Insolvenzverwalter durchgesetzt werden kann.[1102] Zwar stellen Ansprüche auf Nutzungsentschädigung aus einem bereits vor Eröffnung des Insolvenzverfahrens beendeten Mietverhältnis grundsätzlich auch dann Insolvenzforderungen dar, wenn sie erst nach der Eröffnung fällig werden.[1103] Anders ist es jedoch, wenn der Verwalter die Mietsache nach der Eröffnung des Verfahrens für die Masse in Anspruch nimmt.

Das **Verbraucherinsolvenzverfahren** ist ein vereinfachtes Insolvenzverfahren.[1104] Mit der Eröffnung des Verfahrens verliert der Mieter die Befugnis über sein Vermögen zu verfügen. Der Mietvertrag wird mit dem Treuhänder (Insolvenzverwalter) fortgesetzt. Mietforderungen aus der Zeit vor der Verfahrenseröffnung sind Insolvenzforderungen (§ 108 Abs. 3 InsO); Forderungen aus der Zeit danach sind Masseforderungen (§ 55 Abs. 2 Nr. 2 InsO). Der Treuhänder kann ein Mietverhältnis über Wohnraum nicht kündigen. Er kann jedoch gem. § 109 Abs. 1 Satz 2 InsO erklären, dass Vermieteransprüche, die nach Ablauf einer Frist von drei Monaten nach Abgabe der Erklärung fällig werden, nicht mehr im Insolvenzverfahren geltend gemacht werden können (s. § 542 Rdn. 143). **412a**

h) Nachlasspfleger. Ist der Mieter verstorben und sein Erbe unbekannt, so hat das Gericht gem. § 1961 BGB „einen Nachlasspfleger zu bestellen, wenn die Bestellung zum Zwecke der gerichtlichen Geltendmachung eines Anspruchs, der sich gegen den Nachlass richtet, von dem Berechtigten beantragt wird." Die Einrichtung der Pflegschaft setzt nicht voraus, dass der Vermieter seine Ansprüche gegen den Nachlass sogleich gerichtlich geltend machen will. Vielmehr genügt es, wenn der Vermieter mit dem Rechtsnachfolger des verstorbenen Mieters über die Auflösung des Mietverhältnisses verhandeln will und eine Kündigung mit anschließender Räumungsklage lediglich für den Fall erwogen wird, dass die Verhandlungen über die Mietaufhebung scheitern.[1105] Existiert kein Nachlassvermögen bzw. ist der Nachlass voraussichtlich eher dürftig, so steht dies der Anordnung einer Nachlasspflegschaft nicht entgegen.[1106] **412b**

i) Mietvertrag zugunsten Dritter. aa) Zustandekommen: Der echte Vertrag zugunsten Dritter ist in § 328 BGB geregelt.[1107] Bei diesem Vertragstyp kommt der Mietvertrag zwischen dem Vermieter und dem Mieter zustande. Jedoch soll das Recht auf die Leistung nicht dem Mieter sondern einem Dritten zustehen. Dieser erwirbt aufgrund des Vertrags zugunsten Dritter das Recht, die Leistung vom Vermieter (d. h. die Erfüllung des Mietvertrags) zu fordern. Der Dritte wird aber nicht Vertragspartei; auch seine Mitwirkung am Vertragsschluss ist entbehrlich. Jedoch kann der Dritte das erworbene Recht gegenüber dem Mieter zurückweisen; in diesem Fall gilt das Recht als nicht erworben (§ 333 BGB). Das Schicksal des Vertrags richtet sich in diesem Fall nach den Umständen des Einzelfalls, i. d. R. wird die Auslegung zur Anwendung der Vorschriften über die Unmöglichkeit (§§ 275, 326 Abs. 1 BGB) führen. **412c**

bb) Praktische Bedeutung: Bei der Miete ist ein Vertrag zugunsten Dritter in Erwägung zu ziehen, wenn Eltern für ihr studierendes Kind eine Wohnung anmieten oder wenn ein Unternehmen oder eine Gemeinde Mietverträge zum Zwecke der Unterbringung von Arbeitnehmern, Asylbewerbern oder Obdachlosen abschließt. Die Annahme eines Vertrags zugunsten Dritter ist in solchen Fällen allerdings nicht zwingend. Denkbar ist auch, dass dem Mieter lediglich das vertragliche **412d**

1101 BGH NZM 2007, 500, 501.
1102 BGH NZM 2007, 500, 501.
1103 BGH NJW 2007, 1591.
1104 Dazu *Flatow* NZM 2011, 607.
1105 OLG Köln WuM 2011, 226.
1106 OLG Zweibrücken DWW 2015, 212.
1107 Dazu *Lehmann-Richter* ZMR 2010, 813ff.

Recht eingeräumt werden soll, die Wohnung einem Dritten zu überlassen oder die Räume an einen Dritten weiterzuvermieten. In diesem Fall erwirbt der Dritte kein Recht auf die Leistung; er wird lediglich in die Schutzwirkungen des Mietvertrags einbezogen. Haben die Parteien hierüber keine eindeutigen Vereinbarungen getroffen, so richtet sich die Abgrenzung nach der Interessenlage. Im Fall der Anmietung einer Wohnung durch die Eltern eines Studenten wird im Zweifel ein Mietvertrag zugunsten eines Dritten i. S. von § 328 BGB anzunehmen sein. Bei der Anmietung von Wohnungen zum Zwecke der Unterbringung beliebiger Dritter spricht die Vermutung für einen Mietvertrag mit dem Recht zur Weitervermietung oder Gebrauchsüberlassung an einen Dritten.[1108]

412e **cc) Rechtsfolgen:** Die Mietzahlung ist Sache des Mieters. Der Anspruch auf Gebrauchsüberlassung und Gebrauchserhaltung (Mangelbeseitigung) steht sowohl dem Mieter als auch dem Dritten zu. Das Recht des Dritten folgt aus § 328 Abs. 1 BGB. Das Recht des Vermieters ergibt sich aus dem Mietvertrag, weil die Miete die Gegenleistung für die Gebrauchsüberlassung ist; folgerichtig kann dem Mieter das Recht auf die Leistung nicht verwehrt werden. Der Mieter kann allerdings nicht Gebrauchsüberlassung an sich, sondern nur an den Dritten verlangen. Im Falle des Mangels ist die Miete gemindert. Die damit in Zusammenhang stehende Mangelanzeige kann sowohl vom Mieter als auch vom Dritten erfüllt werden. Kennt der Dritte einen bei der Übergabe bestehenden Mangel, so ist diese Kenntnis dem Mieter zuzurechnen.[1109] Sowohl der Mieter als auch der Dritte können den Mangel selbst beseitigen, wenn sich der Vermieter in Verzug befindet; der Aufwendungsersatzanspruch nach § 536a Abs. 2 BGB steht demjenigen zu, der den Mangel beseitigt hat. Modernisierungen und Instandsetzungsmaßnahmen muss der Dritte dulden; ein eventueller Aufwendungsersatz nach § 554 Abs. 4 BGB steht ihm zu. Hinsichtlich der Interessenabwägung ist auf die Person des Dritten, soweit es um die Höhe der Miete geht, auf die Person des Mieters abzustellen. Eine Vermieterkündigung ist gegenüber dem Mieter zu erklären; der Dritte ist lediglich über die Vertragsbeendigung zu informieren, damit er sich auf die Räumung einstellen kann. Der Mieter kann das Mietverhältnis kündigen; einer Zustimmung des Dritten bedarf es nicht.[1110] Dem Dritten steht kein Kündigungsrecht zu. Hierfür besteht kein Bedürfnis, weil der Dritte weder zum Gebrauch der Wohnung noch zur Mietzahlung verpflichtet ist. Dies gilt auch für die Kündigung wegen mangelhafter Mietsache oder Gesundheitsgefährdung. Nach Beendigung des Mietverhältnisses ist die Rückgabepflicht sowohl vom Dritten als auch vom Mieter zu erfüllen.[1111] Für die Zwangsräumung genügt allerdings ein Teil gegen den Dritten, weil nur er unmittelbaren Besitz an der Wohnung hat. Wegen der Nutzungsentschädigung kann der Vermieter nur den Mieter in Anspruch nehmen, weil dieser Anspruch an die Stelle des Anspruchs auf die Miete tritt. Entsteht durch die verspätete Rückgabe ein Schaden, so haften der Dritte und der Mieter als Gesamtschuldner. Gleiches gilt für die Haftung wegen der Mietschäden. Der Dritte haftet aus Delikt, der Mieter aus Vertrag.[1112]

3. Unklare Vertragsverhältnisse

413 Der Mietvertrag kommt zwischen denjenigen Personen zustande, die miteinander vertragliche Beziehungen eingehen wollen. Bei schriftlichen Mietverträgen können diese Personen meist unschwer festgestellt werden. Bei unklaren Parteibezeichnungen („Erbengemeinschaft XY", „Firma Josef K.") kommt es darauf an, welche natürlichen Personen hinter der Parteibezeichnung stehen. Im Beispielsfall sind dies die Mitglieder der Erbengemeinschaft bzw. der oder die Inhaber der Firma.

414 Bei **unternehmensbezogenen gewerblichen Mietverträgen** gelten folgende Grundsätze: **(1)** Hatten die vertragsschließenden Parteien übereinstimmende Vorstellungen über die Person des Vertragspartners, so sind diese Vorstellungen maßgebend. Auf den Wortlaut des schriftlichen Vertragstextes kommt es dann nicht an.[1113] **(2)** Im Zweifel kommt der Vertrag mit dem Unternehmen zustande. Ist das Unternehmen eine juristische Person, so wird diese Vertragspartner. Bei Inhaberfirmen wird der Inhaber Vertragspartei und nicht derjenige, der für den Inhaber handelt.[1114] Dies

---

[1108] *Lehmann-Richter* ZMR 2010, 813, 816.
[1109] *Lehmann-Richter* ZMR 2010, 813, 817.
[1110] *Lehmann-Richter* ZMR 2010, 813, 819.
[1111] **A. A.** *Lehmann-Richter* ZMR 2010, 813, 820: danach ist nur der Dritte zur Rückgabe verpflichtet.
[1112] **A. A.** *Lehmann-Richter* ZMR 2010, 813, 821: danach haftet nur der Dritte.
[1113] BGH NJW-RR 1996, 1458; OLG Köln NZM 1999, 1097.
[1114] BGH NJW-RR 1997, 527; NJW 1995, 43; NJW 1990, 2678; NJW 1986, 1675; OLG Köln NZM 1999, 1097; OLG Brandenburg NZM 1999, 1098.

gilt auch dann, wenn der Inhaber falsch bezeichnet ist oder über ihn Fehlvorstellungen existieren.[1115] **(3)** Behauptet ein Vermieter, dass sich der Verhandlungspartner persönlich verpflichten wollte, so muss er dies darlegen und beweisen. Voraussetzung sei „ein sehr substantiierter Vortrag, der es verständlich werden lässt, warum der andere Teil gerade auf eine persönliche Haftung des Handelnden Wert gelegt hat und diese ausdrücklich vereinbart haben soll".[1116] **(4)** Die vorgenannten Grundsätze gelten nur, wenn die Unternehmensbezogenheit des Geschäfts zweifelsfrei feststeht.[1117] Bleibt unklar, ob ein Mietvertrag mit einer natürlichen Person oder mit einer noch zu gründenden GmbH zustande gekommen ist, so ist derjenige als Vertragspartner anzusehen, der im Vertrag als solcher genannt ist und der die Vertragsurkunde unterzeichnet hat (§ 164 Abs. 2 BGB).[1118]

Sind im Kopf des Mietvertrags mehrere Personen als Vermieter aufgeführt, haben aber nicht alle **415**
Personen unterzeichnet, so kommt der Mietvertrag nur mit den Unterzeichnern zustande. Eine Ausnahme gilt, wenn der Unterzeichner zugleich für die übrigen im Kopf des Vertrags aufgeführten Personen gehandelt hat und handeln durfte. Eine Einzelvollmacht ist nicht erforderlich. Es genügt, wenn die im Kopf des Vertrags aufgeführten Personen gemeinschaftliche Eigentümer des Mietobjekts sind und der Unterzeichner allgemein bevollmächtigt ist, alle mit der Vermietung im Zusammenhang stehenden Geschäfte zu tätigen.[1119] Hat der Unterzeichner als vollmachtloser Vertreter gehandelt, so kommt es darauf an, ob das Vertreterhandeln von der im Kopf des Vertrags aufgeführten Person genehmigt wird (§§ 177 Abs. 1, 184 Abs. 2 BGB). In diesem Fall wird der Genehmigende Mitvermieter und zwar rückwirkend. Eine solche Genehmigung kann auch konkludent erklärt werden, etwa indem die im Kopf genannte Person eventuelle Ansprüche an den unterzeichnenden Vermieter abtritt.[1120] Ist im Kopf des Mietvertrags nur eine Person auf der Vermieterseite genannt, haben aber mehrere unterzeichnet, so werden alle Unterzeichner Vermieter, wenn der Mieter in der zeitlichen Folge nach den Vermietern unterschreibt. Unterschreiben die Vermieter nach dem Mieter, so gehen die Unterschriften der nicht im Kopf des Vertrags genannten Personen ins Leere. Etwas anderes gilt, wenn der Mieter mit der Vertragserweiterung auf der Vermieterseite einverstanden ist. Wegen der Unklarheiten auf der Mieterseite s. Rdn. 340).

Bei mündlich geschlossenen Mietverträgen sind die Vertragsverhältnisse oft schwer festzustellen. **416**
I. d. R. spricht die Vermutung dafür, dass mehrere Eigentümer auch gemeinsam Vermieter werden und dass sich mehrere Wohnungsnutzer zugleich gemeinsam als Mieter vertraglich binden wollen. Bei einem Vertragsschluss durch einen Makler oder Hausverwalter spricht die Vermutung dafür, dass diese Personen nur als Vertreter für einen anderen handeln.[1121] Mieten Eltern eine Wohnung für ihre Kinder, so gilt umgekehrt die Vermutung, dass der Mietvertrag mit den Eltern zustande kommen soll. Ist zweifelhaft, ob der Mietvertrag auf der Vermieterseite mit dem Eigentümer oder mit dem Nießbraucher zustande gekommen ist, so spricht die Vermutung für den Nießbraucher, weil dieser zur Vermietung berechtigt ist.

4. Wechsel der Vertragsparteien

a) Mieterwechsel. Der Mieterwechsel kann in unterschiedlicher Weise vollzogen werden. **417**
Zum einen können die bisherigen Parteien ihr Mietverhältnis beenden; sodann kann der Vermieter mit dem Nachfolger ein neues Mietverhältnis zu den Bedingungen des bisherigen begründen. Zum anderen kann der Mieterwechsel durch dreiseitigen Vertrag vollzogen werden. Ein solches Rechtsgeschäft wird als **Vertragsübernahme** bezeichnet. Die Vertragsübernahme ist im Gesetz nicht geregelt. Für das Zustandekommen der Vertragsübernahme genügt es, wenn sich der Mieter und sein Nachfolger über die Vertragsübernahme einig sind und der Vermieter zustimmt. Sind die Vertragsregelungen unklar, so ist das Gewollte durch Auslegung zu ermitteln. Dabei spricht eine Vermutung für die Wahl der Zustimmungslösung, wenn der Mieterwechsel im Interesse des Mieters er-

[1115] BGH NJW 1990, 2678; OLG Brandenburg a. a. O.

[1116] OLG Brandenburg a. a. O.; abw. KG NZM 2001, 587.

[1117] OLG Düsseldorf GuT 2003, 7.

[1118] OLG Düsseldorf a. a. O; OLG Düsseldorf GE 2016, 856.

[1119] LG Hamburg WuM 1994, 423.

[1120] OLG Düsseldorf ZMR 2000, 210.

[1121] S. Brandenburgisches OLG ZMR 1997, 598: „Stellt der Vertreter … klar, als Hausverwalter zu handeln, wird dieser Äußerung regelmäßig der Erklärungswert beizumessen sein, im Namen des Grundstückseigentümers handeln zu wollen."

folgt.[1122] Ebenso kann die Vertragsübernahme zwischen dem Vermieter und dem (bisherigen oder zukünftigen) Mieter vereinbart werden. In diesem Fall muss der nicht am Vertragschluss Beteiligte dem Rechtsgeschäft zustimmen.[1123]

417a Wird der Mieterwechsel zwischen dem Vermieter und dem Altmieter vereinbart so bedarf dieser Vertrag der Schriftform.[1124] Der BGH begründet dies mit dem Zweck der Schriftform. Diese soll sicherstellen, dass ein Grundstückserwerber hinreichende Informationen über einen Mietvertrag erhält, wobei nicht nur der Vertragsinhalt, sondern auch die Person des Mieters von Bedeutung ist. Dabei ist nicht erforderlich, dass sich die Information aus dem Mietvertrag selbst ergibt. Vielmehr genügt es, wenn der Neumieter, der sich auf sein Besitzrecht beruft, dem Erwerber eine Urkunde vorhalten kann, aus der sich im Zusammenhang mit dem zwischen dem Altmieter und dem Vermieter geschlossenen Mietvertrag seine Mieterstellung ergibt. Für die Wahrung der Schriftform reicht es aus, wenn die Änderungsvereinbarung mit dem Ursprungsvertrag verbunden wird oder wenn die Vereinbarung auf den Ursprungsvertrag Bezug nimmt;[1125] die Zustimmung des Neumieters ist formlos möglich.[1126] Der BGH leitet diese Rechtsfolge aus § 182 Abs. 2 BGB ab, wonach die Zustimmung eines Dritten zu einem Vertrag nicht der für den Vertrag bestimmten Form bedarf. Deshalb kann die Zustimmung auch aus einem konkreten (konkludentem) Verhalten der zustimmungspflichtigen Partei abgeleitet werden. Dasselbe gilt sinngemäß, wenn die Änderungsvereinbarung zwischen dem Vermieter und dem Neumieter oder zwischen den Mietern getroffen wird.

417b Wird der Mieterwechsel durch **dreiseitigen Vertrag** vereinbart, so bedarf dieser Vertrag der Schriftform, wenn die Parteien die ursprüngliche Laufzeit von mehr als einem Jahr beibehalten wollen.

417c Die Vertragsübernahme hat zur Folge, dass der bisherige Mieter aus dem Vertrag entlassen und das Vertragsverhältnis mit dem neuen Mieter zu den bisher bestehenden Bedingungen fortgesetzt wird. Die Vertragsübernahme führt i. d. R. nicht zu einer vollständigen Schuldübernahme: Wegen aller bereits fälligen Verbindlichkeiten (z. B. rückständige Miete; Schadensersatzansprüche) kann der Vermieter nur den bisherigen Mieter in Anspruch nehmen. In die noch nicht fälligen Verbindlichkeiten (z. B. Schönheitsreparaturen vor Ablauf der Renovierungsfristen; Verpflichtung zur Beseitigung von baulichen Veränderungen bei Ende der Mietzeit) tritt der neue Mieter ein.

418 Die Zustimmungserklärung des nicht am Vertrag beteiligten Vermieters ist eine Willenserklärung, die angefochten werden kann, wenn ein Anfechtungsgrund gegeben ist. Die Anfechtung muss gegenüber beiden Mietern erklärt werden, da auch die Zustimmung zum Mieterwechsel gegenüber beiden Mietern erfolgt. Ebenso ist es nach der Ansicht des BGH erforderlich, dass gegenüber beiden Mietern ein Anfechtungsgrund vorliegt. Dies bedeutet im Falle einer Anfechtung wegen arglistiger Täuschung, dass die Anfechtung nur dann Erfolg hat, wenn beide Mieter eine arglistige Täuschung verübt haben oder wenn ein Mieter die durch den anderen verübte Täuschung gekannt oder infolge grober Fahrlässigkeit nicht gekannt hat.[1127]

419 Eine weitergehende Haftung des neuen Mieters für die bereits fälligen Verbindlichkeiten seines Vorgängers bedarf der ausdrücklichen Vereinbarung. In diesem Fall spricht man von einem **befreienden Schuldnerwechsel.** Dieser hat zur Folge, dass der bisherige Mieter frei wird. Der befreiende Schuldnerwechsel muss zwischen dem Vermieter und dem neuen Mieter vereinbart werden (§ 414 BGB). Der bisherige Mieter muss lediglich an seiner Entlassung aus dem Mietverhältnis mitwirken; einer Mitwirkung an der Schuldbefreiung bedarf es nicht. Daneben kann die Schuldübernahme auch zwischen den beiden Mietern vereinbart werden; in diesem Fall hängt die Wirksamkeit der Schuldübernahme von der Genehmigung des Vermieters ab (§ 415 BGB). Die Vorschrift des § 550 BGB gilt in beiden Fällen.

420 Bei der gewerblichen Miete ist **§ 25 HGB** zu beachten. Danach haftet der Erwerber eines Handelsgeschäfts, wenn er dieses unter der bisherigen Firma fortführt, für alle im Betrieb des Geschäfts begründeten Verbindlichkeiten des früheren Inhabers. Wird das Handelsgeschäft in gemieteten Räumen fortgeführt, so muss der Erwerber auch für die Verbindlichkeiten aus dem Mietverhältnis

---

[1122] BGH NJW 1998, 531, 532.

[1123] BGH NJW-RR 2005, 958 = NZM 2005, 584 = GuT 2005, 154 = ZMR 2005, 610 = GE 2005, 791 unter Nr. II 1.

[1124] BGHZ 72, 394 = NJW 1979, 369; BGH NZM 2002, 291 [LS]); NJW 2003, 2158; NZM 2005, 340; NZM 2005, 584; BGH (XII ZR 38/12) NJW 2013, 1083.

[1125] BGH NJW 1998, 62.

[1126] BGHZ 154, 171 = NJW 2003, 2158; NZM 2005, 584; BGH (XII ZR 38/12) NJW 2013, 1083.

[1127] BGH NJW 1998, 531 Rdn. 27.

einstehen. Erforderlich ist, dass die früheren und die jetzigen Betriebsräume identisch sind.[1128] Die Regelung des § 25 HGB gilt nur für das vollkaufmännische Gewerbe[1129] und setzt eine Unternehmensübertragung voraus; hierfür genügt es, wenn das Unternehmen in seinen wesentlichen Teilen fortgeführt wird.[1130]

b) Vermieterwechsel. Tritt der Vermieterwechsel infolge eines Eigentümerwechsels ein, so gilt § 566 BGB; (s. dort). Erfolgt der Vermieterwechsel im Zuge des Austausches eines gewerblichen Zwischenvermieters, so gilt § 565 Abs. 1 Satz 2 BGB (s. dort). **421**

Ein vertraglich vereinbarter Vermieterwechsel wirkt ex nunc mit der Folge, dass bereits fällige Mietzins- und Nebenkostenansprüche beim ursprünglichen Vermieter verbleiben. Für die Rückzahlung einer Kaution haftet der neue Vermieter nur, wenn sie ihm übergeben worden ist. Die Regelung des § 566a Satz 1 BGB ist auf den vertraglichen Vermieterwechsel nicht anwendbar. Verwendungsersatzansprüche, die zum Zeitpunkt der Schuldübernahme bereits fällig waren, muss der Mieter gegenüber dem früheren Vermieter geltend machen. Die Parteien können allerdings auch vereinbaren, dass mit dem Vermieterwechsel zugleich ein Übergang der bereits fälligen Ansprüche verbunden sein soll (Schuldübernahme). In diesem Fall muss der neue Vermieter auch für sämtliche Verbindlichkeiten des früheren Vermieters einstehen. **422**

Der vertraglich vereinbarte Vermieterwechsel setzt die die Mitwirkung des Mieters voraus. Die Beteiligten können entweder einen dreiseitigen Vertrag über den Vermieterwechsel abschließen. Es genügt aber auch, wenn der Mieter dem Vermieterwechsel zustimmt oder diesen genehmigt (§ 182 BGB).[1131] Die Schriftform des § 550 BGB ist gewahrt, wenn der alte und der neue Vermieter ihre Vereinbarung schriftlich niederlegen. Eine Verbindung der Urkunde über den Vermieterwechsel mit der Mietvertragsurkunde ist nicht erforderlich. Das Einverständnis des Mieters ist formlos gültig (§ 182 BGB).[1132] Wird das Einverständnis in Form der Genehmigung erteilt, so wirkt es ex tunc (§ 184 Abs. 1 BGB). Die Zustimmung wirkt ex nunc. Zweifelhaft ist, ob es für die Annahme eines konkludenten Einverständnisses ausreicht, wenn der Mieter den Erwerber wie einen Vermieter behandelt, etwa durch Zahlung der Miete, Geltendmachung von Mängeln und dergleichen. I. d. R. wird der Mieter die genannten Handlungen vornehmen, weil er irrig glaubt, dass die Vertragsrechte und -pflichten auf den Erwerber übergegangen sind. In diesem Fällen kann aus den Handlungen nicht auf einen rechtsgeschäftlichen Willen geschlossen werden.[1133] **423**

Eine **Formularklausel,** wonach sich der Mieter verpflichtet, einen späteren Vermieterwechsel zu genehmigen, verstößt nicht gegen § 309 Nr. 10 BGB, weil diese Vorschrift nur für Kauf-, Dienst- oder Werkverträge gilt. Ein Verstoß gegen § 307 BGB liegt ebenfalls nicht vor: es ist zwar nicht zu verkennen dass der Mieter bei der vorab erklärten Genehmigungsbereitschaft nicht sicherstellen kann, ob der neue Vermieter zur Übernahme der bereits fälligen Verpflichtungen bereit ist; dies trifft aber auch auf den gesetzlichen geregelten Fall des Vermieterwechsels in § 565 Abs. 1 Satz 2 BGB zu. Nach der Rechtsprechung stellen formularmäßige Vertragsübertragungsklauseln, die dem Verwender das Recht einräumen, seine vertragliche Stellung als Vermieter von Gewerberäumen jederzeit auf eine andere Person zu übertragen, nicht generell eine unangemessene Benachteiligung dar. Vielmehr ist, wenn der Mieter Unternehmer ist, eine am Maßstab des § 307 BGB ausgerichtete Prüfung der Umstände des Einzelfalls vonnöten. Dabei ist auf der Vermieterseite ein grundsätzliches Interesse eines gewerblichen, als Gesellschaft organisierten Vermieters anzuerkennen, einen wirtschaftlich für sinnvoll erachteten künftigen Wandel der Rechtsform oder Rechtsinhaberschaft durch die Möglichkeit einer Bestandsübernahme zu erleichtern. Dem wird ein Interesse des Mieters entgegenzuhalten sein, sich über Zuverlässigkeit und Solvenz des Vermieters zu vergewissern. Dieses Mieterinteresse wird um so eher Beachtung fordern, je stärker das Vertragsverhältnis von einem besonderen Interesse des Mieters an der Person eines bestimmten Vermieters (mit)geprägt wird.[1134] Entsprechend dieser Grundsätze vertritt der BGH die Ansicht, dass Vertragsübertragungsklauseln in sog. „Automatenaufstellverträgen" grundsätzlich gegen § 307 BGB versto- **424**

1128 OLG Düsseldorf NZM 1998, 332 für die Weiterführung einer Gaststätte.

1129 BGH NJW 1982, 577; NJW 1992, 112, 113.

1130 BGH NJW 1992, 911.

1131 BGH NJW 1985, 2528; BGH NJW 2003, 2158.

1132 BGH NJW 2003, 2158; vgl. auch BGH NJW-RR 2005, 958 = NZM 2005, 584 = GuT 2005, 154 = ZMR 2005, 610 unter Nr. II 2a.

1133 Ebenso: *Eckert* in FS Blank S. 129, 136; **a. A.** KG ZMR 2003, 835.

1134 BGH (XII ZR 171/08) NJW 2010, 3708 mit Anm. *Disput* NZM 2010, 886 und Anm. *Hübner* ZMR 2011, 615.

ßen.[1135] Tragender Grund ist die Erwägung, dass bei Verträgen dieser Art die Zuverlässigkeit des Automatenaufstellers eine gewichtige Rolle spielt. Dieser habe nicht nur die Geräte zur Verfügung zu stellen und diese zu warten sondern auch die erwirtschafteten Gelder zu entnehmen und hierüber abzurechnen. Dagegen hat der BGH eine Vertragsübertragungsklausel in einem Mietvertrag über Ladenräume mit einer Aktiengesellschaft als Vermieterin für wirksam angesehen.[1136] Diese Entscheidung beruht auf der Erwägung, dass das Interesse des „gewerblichen als Gesellschaft organisierten Vermieters" an der Übertragung der Vermieterrechte auf eine GbR vorrangig ist, weil das Mietverhältnis keinen personalen Einschlag aufweist und das Interesse des Mieters an der ordnungsmäßigen Vertragserfüllung durch den Vermieterwechsel nicht tangiert wird.

V. Mietgarantien

425 Man unterscheidet zwischen der Mietgarantie und der Vermietungsgarantie. Bei einer „Mietgarantie" übernimmt der Garantiegeber das Risiko für einen Mieteingang in bestimmter Höhe. Wird der Mieteingang nicht erzielt, so muss der Garant für die Differenz einstehen. Es kommt grundsätzlich nicht darauf an, worauf der Minderertrag zurückzuführen ist. Der Garant haftet insbesondere auch im Falle der Insolvenz des Mieters.

426 Bei der „Vermietungsgarantie" übernimmt der Garant das Risiko für die Vermietung des Objekts zu einem bestimmten Mietpreis. Der Garant haftet, wenn kein Mieter gefunden wird. Ist das Objekt aber vermietet und wird der Mieter zahlungsunfähig, so haftet der Garant nicht.

426a Neben der Mietgarantie und der Vermietungsgarantie existiert als dritte Form die „Erstvermietungsgarantie". Danach hat der Mietgarant dafür einzustehen, dass das Mietobjekt zu einem bestimmten Zeitpunkt vermietet ist. Anderenfalls schuldet der Mietgarant die Miete bis zum Zeitpunkt der Vermietung. Mit dem Abschluss des ersten Mietvertrags erlöschen die Verpflichtungen des Mietgaranten.[1137]

427 Die Abgrenzung ist oft schwierig, weil es – wie allgemein – nicht allein darauf ankommt, wie die „Garantie" von den Parteien bezeichnet worden ist. Maßgeblich ist, was diese gewollt haben. Allerdings kann die von den Parteien gewählte Vertragsbezeichnung ein gewisses Indiz für das Gewollte sein. Von gewisser Bedeutung ist weiterhin, ob der Garant die Möglichkeit hat, die Bonität der Mietinteressenten zu prüfen. Die Möglichkeit der Bonitätsprüfung spricht für die Übernahme einer Mietgarantie; ist dies dem Garanten verwehrt, so wird nur eine „Vermietungsgarantie" vorliegen.[1138] Formulierungsbeispiele finden sich bei Burbulla NZM 2011, 345.

[1135] BGH (VIII ZR 350/82) NJW 1985, 53; BGH(VIII ZR 35/83) NJW 1985, 56 betr. Musikbox und Geldspielautomat; BGH (VIII ZR 196/89) NJW-RR 1990, 1076 betr. Spielautomaten.
[1136] BGH a. a. O.
[1137] *Burbulla* NZM 2011, 345, 346.
[1138] BGH NZM 2003, 434.

§ 535 Inhalt und Hauptpflichten des Mietvertrags

(1) [1]Durch den Mietvertrag wird der Vermieter verpflichtet, dem Mieter den Gebrauch der Mietsache während der Mietzeit zu gewähren. [2]Der Vermieter hat die Mietsache dem Mieter in einem zum vertragsgemäßen Gebrauch geeigneten Zustand zu überlassen und sie während der Mietzeit in diesem Zustand zu erhalten. [3]Er hat die auf der Mietsache ruhenden Lasten zu tragen.

(2) Der Mieter ist verpflichtet, dem Vermieter die vereinbarte Miete zu entrichten.

Systematische Übersicht

Alphabetische Schnellübersicht

A. Die Pflicht des Vermieters zur Gewährung des Gebrauchs

1 Gem. § 535 Abs. 1 Satz 1 BGB wird der Vermieter durch den Mietvertrag verpflichtet, dem Mieter den Gebrauch der Mietsache während der Mietzeit zu gewähren. Werden die Mieträume dem Mieter zum ausschließlichen Gebrauch überlassen, muss ihm der Vermieter im Regelfall auch den **unmittelbaren Besitz** gem. § 854 BGB überlassen.[1] Hierzu gehört auch die Übergabe der Haus- und Wohnungsschlüssel[2] (s. Rdn. 523ff.). Ist die Besitzübertragung nicht erforderlich, hat der Vermieter dafür zu sorgen, dass der freie Zugang zum Objekt[3] eingeräumt wird.

2 Die Pflicht zur Gebrauchsgewährung ist eine **Hauptleistungspflicht.** Sie wird in § 535 Abs. 1 Satz 2 BGB dahingehend präzisiert, dass der Vermieter die gemietete Sache dem Mieter in einem zu dem vertragsgemäßen Gebrauch geeigneten Zustand zu überlassen und sie während der Mietzeit in diesem Zustand zu erhalten hat. Mit dem Begriff „gewähren" in § 535 BGB wird verdeutlicht, dass die Pflicht des Vermieters nicht nur in der einmaligen Handlung des Überlassens besteht, sondern der Vermieter während der gesamten Mietzeit dem Mieter den vertragsgemäßen Gebrauch ermöglichen muss und ggf. auch zu einem positiven Tun verpflichtet ist.[4] Er muss also die Sache beim Mieter belassen und sie darüber hinaus in einem zum vertragsgemäßen Gebrauch geeigneten Zustand erhalten. Die **Erhaltungspflicht** betrifft insbesondere die Instandhaltung und Instandsetzung der Mietsache sowie die Pflicht zur Unterlassung und Abwehr von Störungen des Mietgebrauchs durch Dritte[5].

---

[1] BGHZ 65, 137 zu § 571 BGB a. F.
[2] OLG Düsseldorf MDR 2012, 140; LG Berlin NJW-RR 1988, 203; *Leo* NZM 2012, 707, 709.
[3] BGH ZMR 1989, 212 = NJW-RR 1989, 589 = MDR 1989, 628; OLG Düsseldorf 2012, 140.
[4] *Kraemer/Ehlert* in Bub/Treier III. B Rdn. 2772; *Knops* in Herrlein/Kandelhard § 535 Rdn. 15.
[5] OLG Düsseldorf GuT 2007, 438; LG Stendal NZM 2005, 783.

I. Zeitlich

1. Beginn des Mietverhältnisses

Der Zeitpunkt, zu dem die Mieträume an den Mieter zu überlassen sind, muss nicht mit dem Beginn des Mietverhältnisses übereinstimmen[6]. Letztendlich wird sich die Pflicht des Vermieters zur Raumüberlassung aus dem Mietvertrag oder aus sonstigen Vereinbarungen der Parteien ergeben. Häufig werden dem Mieter die Räume schon vor Beginn des Mietverhältnisses überlassen, um z. B. noch vor dem Einzug Verschönerungsarbeiten vornehmen zu können. Mit der **vorzeitigen Raumüberlassung** kann aber der Beginn des Mietverhältnisses vorverlagert werden. Dies wird beispielsweise angenommen, wenn die Parteien auch schon für diesen Zeitraum eine Miete vereinbart haben.[7] Für die Annahme eines Mietverhältnisses ist nämlich die Vereinbarung einer Mietzahlung zwingend[8] (s. vor § 535 BGB Rdn. 3ff.). Zur Frage der Anwendung mietvertraglicher Vorschriften bei Leistungsstörungen vgl. § 536 BGB Rdn. 549. 3

Erfolgt die vorzeitige Überlassung der Mieträume dagegen kostenlos, handelt es sich nach einer verbreiteten Auffassung in der Literatur um ein **Überlassungsverhältnis** eigener Art.[9] Eine andere Meinung geht davon aus, dass die für den ersten Zeitabschnitt zu entrichtende Miete diese Zeitspanne mit abdeckt[10]. Beide Auffassungen gewähren dem Vermieter einen Bereicherungsanspruch für diese Zeit der Nutzung durch den Mieter, wenn dem künftigen Mieter die Mietsache im Vorgriff auf einen noch abzuschließenden Mietvertrag überlassen wurde und es dann nicht zum Vertragsschluss kommt.[11] 4

Der Vermieter hat mit der vorzeitigen Übergabe sein Besitzrecht, und damit seine Sachherrschaft aufgegeben. Der Mieter genießt auch schon in dieser Zeit **Hausrecht.** Dennoch kann er in dieser „Vormietphase" aus Treu und Glauben (§ 242 BGB) gehalten sein, gewisse Beeinträchtigungen und Eingriffe Dritter, z. B. wegen noch auszuführender baulicher Schlussmaßnahmen, hinzunehmen. Mit der Besitzeinräumung trifft den Mieter auch für die Zeit vor Vertragsbeginn eine **Obhutspflicht** (s. dazu Rdn. 275ff.).[12] 5

Hat der Vermieter dem Mieter lediglich das vorzeitige **Unterstellen von Umzugsgut** gestattet, liegt weder ein vorzeitiger Beginn des Mietverhältnisses noch ein sonstiges Überlassungsverhältnis, sondern lediglich ein unentgeltlicher Verwahrungsvertrag gem. § 688 BGB vor.[13] In diesen Fällen ist die Haftung des Vermieters gem. §§ 690, 277 auf die Sorgfalt in eigenen Angelegenheiten beschränkt. Dies ergibt sich auch aus dem allgemeinen Grundsatz, dass der fremdnützig Handelnde nur gemildert haftet.[14] Die Nähe zum Mietrecht rechtfertig jedoch die entsprechende Anwendung dieser Vorschriften, wenn dem Mieter weiter gehende Nutzungsrechte, wie z. B. die Durchführung von Renovierungsarbeiten, eingeräumt werden. 6

Hat der Vermieter dem Mieter **die Schlüssel** übergeben, liegt darin regelmäßig auch die Übergabe des unmittelbaren Besitzes. Der Mieter begeht daher keine Besitzstörung i. S. d. § 858 BGB, sondern „nur" eine Pflichtverletzung, wenn er abredewidrig die gemieteten Räume vorzeitig bezieht. Anders kann der Fall dann zu beurteilen sein, wenn der Vermieter bei der Schlüsselübergabe noch einen Schlüssel für sich zurückbehält. Dann führt u. U. der Einzug des Mieters zu einer verbotenen Eigenmacht, die ihn verpflichtet, die Räume herauszugeben (§ 861 BGB). 7

Haben die Parteien vereinbart, dass der **Mietbeginn** eine gewisse Zeit hinausgeschoben werden soll, wenn der Vormieter nicht rechtzeitig räumt, ist dies bei einer formularvertraglichen Vereinbarung grundsätzlich unwirksam. Der Wohnraummieter erwartet regelmäßig den Einzug zum jeweiligen Auszugstermin seiner bisherigen Wohnung und geht daher von einem **absoluten Fixgeschäft** aus. Anders kann dies auch bei Gewerberaum nicht zu beurteilen sein, da auch dort der Mieter regelmäßig für einen bestimmten Termin Vorleistungen trifft. Bei zulässigen Individualvereinbarungen darf die Zeit allerdings nicht zu lange bemessen werden. Die zeitliche Verschiebung 8

---

6 S. dazu *Emmerich* in Staudinger vor § 535 Rdn. 69.
7 OLG Karlsruhe ZMR 2013, 339.
8 *Eisele* WuM 1997, 533, 534, vgl. KG GE 1998, 796.
9 *Kraemer/von der Osten* in Bub/Treier III. A Rdn. 2305; *Eisele* WuM 1997, 533, 534; zum Gewerberaummietverhältnis siehe OLG Rostock GE 2014, 1058 mit Anmerkung *Fritz* in jurisPR-MietR 21/2014 Anm. 1.
10 *Häublein* in MünchKomm § 535 BGB Rdn. 66.
11 *Kraemer/von der Osten* in Bub/Treier III. A Rdn. 2305.
12 *Emmerich* in Staudinger § 535 BGB Rdn. 93; *Weimar* WuM 1971, 180.
13 **A. A.** wohl AG Hamburg WuM 1987, 249.
14 *Eisele* WuM 1997, 533, 535 m. w. N.; Beurteilung im Einzelfall BGHZ 21, 102.

um mehr als einen Monat ist nicht mehr zumutbar, da die Überlassung der Mietsache eine **Kardinalpflicht** des Vermieters ist (vgl. auch Rdn. 18). Sog. **Mietverträge vom Reißbrett** bilden eine Ausnahme. Sie werden regelmäßig zu einem Zeitpunkt abgeschlossen, in dem sich das Mietobjekt noch im Planungsstadium befindet. In solchen Verträgen wird häufig vereinbart, dass das Mietverhältnis mit dem Eintritt eines bestimmten Ereignisses, z. B. der Bezugsfertigkeit, der Fertigstellung oder der Übergabe, beginnen soll.[15] Eine derartige Regelung ist als Fälligkeitsregelung zulässig.[16] Ggf. ist der Inhalt einer solchen Vertragsklausel durch Auslegung zu ermitteln.[17] Für die Wirksamkeit des Vertrages genügt es, wenn der Mietbeginn zum Zeitpunkt des Vertragsschlusses bestimmbar ist (s. auch Rdn. 18).[18]

2. Leistungsstörungen

9 Hat der Vermieter eine Sache vermietet, die von Anfang an nicht oder nicht mehr existiert, gelten die allgemeinen Regeln über die **Leistungsstörungen** (zum Anspruch des Mieters vgl. § 311 a Abs. 2 BGB). Entgegen der Rechtslage vor der Schuldrechtsreform zum 1. 1. 2002[19] ist ein solcher Vertrag nicht nichtig (§ 306 BGB a. F.), sondern gem. § 311 a Abs. 1 BGB wirksam. (Einzelheiten s. unter § 536 Rdn. 529 ff).

10 Ist die Mietsache existent, aber von Anfang an mangelhaft, dann ist die Leistung des Vermieters, nämlich die Überlassung der Mietsache zu dem vertragsgemäßen Gebrauch, von Anfang an unmöglich. In diesen Fällen werden die allgemeinen Regeln über die Leistungsstörungen durch die §§ 536 ff. BGB verdrängt, selbst wenn die Mietsache für den vertraglich vorgesehenen Gebrauch völlig untauglich ist und dieser Fehler nie behoben werden kann.[20] Das gilt nach bisheriger Rechtsprechung aber erst nach Überlassung der Mietsache an den Mieter.[21] Abweichend von diesem Grundsatz haftet der Vermieter daneben auch nach den allgemeinen Regeln der Leistungsstörung, wenn der Vermieter den Mangel bewusst verschwiegen hat und es nicht zur Überlassung der Mietsache an den Mieter kam[22] (Einzelheiten s. § 536 Rdn. 529 ff.).

11 Befindet sich das Mietobjekt bei Abschluss des Mietvertrages noch im Planungsstadium, kann der Vermieter einen Änderungsvorbehalt, z. B. hinsichtlich der Fläche, aufnehmen, der allerdings wegen § 308 Nr. 4 BGB i. V. m. § 307 BGB dem Mieter zumutbar sein muss.[23] Die Abweichung ist zumutbar, wenn sich der Vermieter „unwesentliche oder zweckmäßige Änderungen sowie Änderungen auf Grund behördlicher Auflagen" vorbehält, weil sie dann sachlich geboten sind. Führt die Abweichung vom ursprünglichen Planungsstadium zu einem „aliud", ist **Unmöglichkeit** anzunehmen.[24] Bei gewerblichen Mietverhältnissen ist die Vereinbarung einer Bruttomietfläche auch unter dem Gesichtspunkt des § 307 BGB zulässig. Die Berechnung der **Bruttomietfläche** erfolgt regelmäßig nach Maßgabe der DIN 277. Unter der so definierten Fläche versteht man die Summe der Grundflächen aller Grundrissebenen eines Bauwerkes, die anhand der äußeren Maße der Bauteile einschließlich Bekleidung (z. B. Putz) zu berechnen sind und die Grundflächen der Außenmauern somit einschließt.[25]

---

[15] *Voß* ZfIR 2006, 44.

[16] *Blank/Börstinghaus* § 535 Rdn. 36.

[17] BGH NJW-RR 1998, 801 = NZM 1998, 156; OLG Köln GuT 2006, 14.

[18] BGH NJW 2006, 139 = GuT 2006, 11 = NZM 2006, 54 = GE 2006, 50 = ZMR 2006, 115; BGH WuM 2003, 263 = NJW 2003, 1317 = NZM 2003, 314 = GE 2003, 587.

[19] Gesetz zur Modernisierung des Schuldrechts (BGBl. I 2001, 3138).

[20] BGH NJW 1999, 635; WuM 1981, 92 = NJW 1980, 777 = MDR 1980, 306 = ZMR 1980, 105; BGHZ 93, 142 = NJW 1985, 1025 = MDR 1985, 394 = WPM 1985, 419; *Oehler* JZ 1980, 794; *Hassold* NJW 1974, 1743, 1745; *Emmerich* in Staudinger Vorbem. zu § 536 BGB Rdn. 4 ff. m. w. N.; **a. A.** OLG Celle NJW 1973, 2289; *Wolf/Eckert/Ball* Rdn. 250; *Gather* DWW 1997, 169.

[21] BGH WuM 1999, 324 = NJW 1999, 635 = MDR 1999, 287 = ZMR 1999, 305; NJW 1997, 2813 = MDR 1997, 923 = ZMR 1997, 565 = ZIP 1997, 1594 = ZfIR 1997, 523; dazu kritisch *Timme* NJW 2000, 930 sowie *Sternel* EWiR 1997, 971 und *Tröster* NZM 1998, 697; OLG Hamm WuM 1998, 151 = ZMR 1998, 90; *Oehler* JZ 1980, 794; *Simon* WuM 2000, 575; **a. A.** BGHZ 93, 142 = NJW 1985, 1025 = MDR 1985, 394 = WPM 1985, 419; *Kandelhard* in Herrlein Vorbem. vor §§ 536 ff. BGB Rdn. 21.

[22] BGH NJW 1997, 2817 = MDR 1997, 923 = ZIP 1997, 1594; *Oehler* JZ 1980, 794; **a. A.** BGHZ 93, 142 = NJW 1985, 1025 = MDR 1985, 394 = WPM 1985, 419.

[23] Vgl. OLG Düsseldorf NZM 2001, 989 mit zusätzlichem Hinweis auf § 3 AGB-Gesetz.

[24] OLG Celle ZMR 1996, 209; OLG Hamm, ZMR 1998, 90 = WuM 1998, 151 = NJW-RR 1998, 152.

[25] BGH NZM 2001, 234 = NJW-RR 2001, 439; vgl. OLG Düsseldorf NJW-RR 2000, 1681 (Verstoß gegen § 3 AGB-Gesetz); Einzelheiten s. *Eisenschmid* in Eisenschmid/Wall, Rdn. 4407 ff.

Der Vertrag bleibt gültig bei jeglicher Unmöglichkeit (§§ 275, 311a BGB) oder in bestimmten Fällen der Unzumutbarkeit (§ 275 Abs. 2, 3 BGB). Ersteres ist insbesondere anzunehmen, wenn der Vormieter trotz beendeten Mietverhältnisses nicht rechtzeitig auszieht und der Vermieter die Räume nicht bzw. nicht rechtzeitig übergeben kann.[26] Hier liegt kein **Rechtsmangel,** sondern nur ein **tatsächliches Leistungshindernis** vor. Einzelheiten s. unter § 536 BGB (Rdn. 532 und § 536a Rdn. 25). **12**

Haben Vermieter und Mieter einen kalendermäßig bestimmten Überlassungstermin vereinbart, nimmt der Mieter diesen Termin aber nicht wahr und kommt dadurch in Annahmeverzug, so behält der Vermieter im Falle der **nachträglichen Unmöglichkeit** nach § 326 Abs. 2 BGB den Anspruch auf den Mietzins.[27] **13**

Der Vermieter kann aber auch aus Verzug haften, wenn die Leistung noch nachholbar ist. Bei der Raummiete kommt dies beispielsweise in Betracht, wenn das Mietverhältnis erst mit der **tatsächlichen Übergabe** des bezugsfertigen[28] Mietobjekts beginnen soll.[29] **14**

II. Räumlich

1. Übergabe

Der Vermieter hat dem Mieter den unmittelbaren Besitz der Mietsache zu verschaffen. Was der Vermieter im Einzelfall tun muss, um seiner Pflicht zu genügen, dem Mieter die Mietsache zum Gebrauch zu überlassen und sie während der Mietzeit zu erhalten, richtet sich nach der Art und dem Umfang des Gebrauchs, der dem Mieter nach dem Vertrag gestattet ist. Generell ist erforderlich, dass der Vermieter den Mieter durch **Übergabe sämtlicher Schlüssel** in die Lage versetzt, die Mietsache vertragsgemäß zu nutzen.[30] Dieser Pflicht kommt der Vermieter nicht nach, wenn er dem Mieter lediglich den Zugang zur Mietsache ermöglicht, ohne ihm auch die Schlüssel zu übergeben. In diesen Fällen kann der Mieter nämlich die Räume nicht ausreichend gegen den Zutritt unbefugter Personen sichern.[31] Andererseits reicht allein die Schlüsselübergabe nicht aus, wenn der Mieter den Besitz nicht übernehmen kann, weil der frühere Mieter noch nicht geräumt hat (vgl. auch § 536a BGB Rdn. 25). Allerdings kann der Vermieter vereinbaren, dass die Schlüsselübergabe und Besitzeinräumung von der Zahlung der ersten Miete und von der Zahlung der ersten Kautionsrate abhängig gemacht wird (s. § 551 Rdn. 62). Das soll auch bei einer entsprechenden Formularklausel gelten.[32] **15**

Der Mieter kann nicht verpflichtet werden, bei Beginn des Mietverhältnisses die Schlüssel, die ihm erstmalig Zugang zu der Mietsache gewähren, auf eigene Kosten herstellen zu lassen. Damit verstößt der Vermieter gegen seine **Kardinalpflicht,**[33] dem Mieter den Besitz der Mietsache einzuräumen. Eine entsprechende Formularvereinbarung verstößt gegen § 307 Abs. 2 BGB.[34] Eine Individualvereinbarung gleichen Inhalts scheitert an § 242 BGB. **16**

Erfordert die Übergabe keine Übertragung des Besitzes, so erfüllt der Vermieter seine Pflicht dadurch, dass er dem Mieter den **ungestörten Zutritt** zu der Mietsache ermöglicht.[35] **17**

Haben die Parteien in einem Formularmietvertrag vereinbart, dass der Vermieter für die rechtzeitige Übergabe der Mieträume nur bei Vorsatz und grober Fahrlässigkeit haften soll, dann verstößt eine solche Abrede gegen § 307 BGB. Auch im gewerblichen Mietrecht gehört die pünktliche Übergabe zu den Kernpflichten des Vermieters.[36] Daher liegt ein Verstoß gegen § 308 Nr. 1 i. V. m. § 307 BGB vor, wenn der Verpächter formularmäßig vereinbart, dass das Pachtverhältnis mit der **18**

---

26 Vgl. OLG Düsseldorf MDR 1990, 725.
27 BGH WuM 1991, 25 = NJW-RR 1991, 267 = ZMR 1991, 57 = MDR 1991, 524.
28 Zur Bezugsfertigkeit eines Hauses OLG Hamm Der Bausachverständige 2007, 5.
29 BGH WuM 1992, 687 = NJW 1992, 3226 = ZMR 1993, 7 = MDR 1992, 1147 = GE 1992, 1209; LG Berlin GE 1993, 919.
30 OLG Düsseldorf MDR 2012, 140; LG Berlin NJW-RR 1988, 203; AG Potsdam WuM 1995, 34; *Leo* NZM 2012, 707, 709.
31 LG Berlin NJW-RR 1988, 203.
32 LG Bonn ZMR 2009, 529.
33 OLG Düsseldorf DWW 1993, 197.
34 LG Berlin NJW-RR 1988, 203.
35 BGH WuM 1989, 229 = ZMR 1989, 212 = NJW-RR 1989, 589 = MDR 1989, 628.
36 OLG Düsseldorf DWW 1993, 197.

Fertigstellung des Gebäudes beginnt und der Zeitpunkt der Raumüberlassung völlig unbestimmt ist (s. aber Rdn. 8).[37]

19 Der Ausschluss der Haftung für **leichte Fahrlässigkeit** ist unzulässig (§ 307 Abs. 2 Nr. 2 BGB), wenn der Vermieter damit vermeiden will, für Schäden, die aus einem Mangel der Mietsache resultieren, einzustehen[38] und das Schadensrisiko für den Mieter in tatsächlicher Hinsicht nicht beherrschbar ist. Letzteres ist beim Wohnraummieter regelmäßig anzunehmen, wenn der Mangel an der Mietsache dort auftritt, wo der Mieter keinen unmittelbaren Zugriff hat. Denn einerseits ist der Mangel für den Mieter außerhalb seiner Einflusssphäre nicht immer erkennbar, so dass er einen drohenden Folgeschaden nicht abwenden kann,[39] und zum anderen kann er sich gegen diese Schäden üblicherweise nicht versichern, da er nicht Hauseigentümer ist. Andererseits ist es dem Hauseigentümer zumutbar, selbst eine Versicherung abzuschließen und die Kosten gem. § 556 BGB auf die Mieter umzulegen. Die vorstehenden Überlegungen gelten auch für das gewerbliche Mietverhältnis, weil es sich bei den Instandhaltungspflichten um **Kardinalpflichten** handelt[40] und zudem einem Vertragspartner grundsätzlich nur das Risiko zumutbar ist, das in seine Einflusssphäre fällt[41] (vgl. auch § 536a Rdn. 178ff.).

2. Bestandteile der Mietsache

20 Mit dem Abschluss des Mietvertrages erwirbt der Mieter das Recht, die Mietsache **in ihrer Gesamtheit** zu nutzen. Im Gegenzug ist er verpflichtet, den Mietzins zu entrichten. Ist allerdings der Vermieter von Räumen vertraglich verpflichtet, diese vor Bezug auszubauen, kann er vor der Durchführung der entsprechenden Arbeiten keinen Mietzins verlangen.[42]

21 Der Umfang des Vertragsgegenstandes bzw. des Nutzungsrechts ergibt sich aus dem Vertrag oder sonstigen Vereinbarungen der Parteien. Dabei ist zu prüfen, ob dem Mieter die Nutzung einer bestimmten Sache **lediglich gestattet** wird[43] oder ob sie vom **Mietgebrauch erfasst** ist.[44] Fehlt zu den einzelnen Punkten eine Vereinbarung oder sind nur unvollständige Abreden getroffen worden, muss der Umfang des Gebrauchsrechts durch Auslegung des Vertrages gem. § 157 BGB nach Treu und Glauben und der Verkehrsanschauung ermittelt werden. So spricht beispielsweise die im Mietvertrag verankerte Pflicht des Mieters, Gartengeräte auf eigene Kosten bereit zu halten, dafür, dass die Gartennutzung nicht nur gestattet, sondern Bestandteil des Vertragsumfanges ist.[45] Andererseits kann mangels anderweitiger Vereinbarung die widerspruchslose Nutzung einer Dachterrasse oder die aus temporären Gründen erteilte Erlaubnis zum Abstellen von Fahrrädern auf dem Hof[46] oder die Nutzung eines Kellerverschlags[47] lediglich eine Gestattung und somit vom Vermieter frei widerruflich sein.[48] Soweit dies zum vertragsgemäßen Gebrauch erforderlich ist, hat der Mieter auch das Recht, nicht mitgemietete Gebäudeteile zu nutzen, wie z. B. die Außenwand zur Anbringung eines Praxisschildes (s. Rdn. 25ff., 202, 334ff.). So darf ein Mieter auch ohne besondere Vereinbarung einen mit dem PKW befahrbaren und ausreichend befestigten Zugangsweg nutzen. Die Nutzung kann sich aber nur auf das Be- und Entladen, nicht auf das Parken eines PKW,[49] erstrecken.

22 Der Vermieter kann bei der Vermietung gewerblicher Räume formularmäßig vereinbaren, dass während des laufenden Mietverhältnisses in zumutbarem Umfang bei Erstattung der Aufwendungen dem Mieter anstelle der **angemieteten Nebenräume** andere Räume und Flächen **zugewiesen** werden dürfen. Für eine ähnliche Regelung hinsichtlich der Hauptmietfläche besteht bei Vertragsgestaltungen durch Allgemeine Geschäftsbedingungen kein Raum.[50]

---

[37] LG Mannheim WuM 1999, 686.
[38] BGH MDR 2002, 330 mit Anm. *Lützenkirchen;* **a. A.** OLG Stuttgart NJW 1984, 2226.
[39] BGH NJW-RR 1998, 1426 = MDR 1998, 1403.
[40] BGH WuM 2002, 141 = NJW 2002, 673 = ZMR 2002, 184 = NZM 2002, 116; *Joachim* WuM 2003, 183, 186; *Günter* NZM 2016, 569, 575; *Franke* DWW 2005, 4, 6.
[41] BGH NJW-RR 1998, 1426 = MDR 1998, 1403.
[42] BGH NZM 1998, 766 = NJW-RR 1998, 1464.
[43] Vgl. LG Berlin NZM 2000, 457 zur Kellernutzung; *Sternel* NZM 1998, 833, 842.
[44] AG Lörrach WuM 1998, 662.
[45] LG Hamburg WuM 2000, 180.
[46] LG Berlin GE 2011, 1087; AG Hamburg ZMR 2012, 963; *Pfeilschifter,* jurisPR-MietR 2/2012 Anm. 4.
[47] AG Spandau GE 2016, 919; AG Wedding GE 2016, 1156.
[48] Vgl. KG GE 2012, 1561 = ZMR 2013, 181 = NZM 2013, 579 zu Gemeinschaftsflächen; WuM 2009, 654 = GE 2009, 1552.
[49] LG Lübeck WuM 1990, 336 = NJW-RR 1990, 1353.
[50] *Bub* in Bub/Treier II Rdn. 1095.

a) Wohnumfeld. Bei Vermietung eines Neubaus ist selten schon das gesamte Gebäude oder das Wohnumfeld fertig gestellt. Mangels besonderer Vereinbarungen besteht in diesen Fällen eine stillschweigende Übereinstimmung dahingehend, dass die Unfertigkeiten alsbald beseitigt werden.[51] Anders als bei der Vermietung im Altbau ist es bei der Vermietung einer Wohnung in einem noch nicht ganz fertig gestellten Neubau regelmäßig Grundlage des Mietvertrages, dass die Arbeiten am Neubau in dem hierzu erforderlichen und üblichen Zeitraum fertig gestellt werden.[52] Je nach Zustand des Objektes kann ein **Fertigstellungszeitraum** von einem halben bis einem Jahr angemessen sein. Die Parteien können auch vertraglich vereinbaren, zu welchem Zeitpunkt der Vermieter die Fertigstellung der gesamten Wohnanlage schuldet. 23

Dass der Mieter in einem solchen Fall zunächst den vollen Mietzins zahlt, hindert ihn nicht, die Miete **zu mindern,** wenn der Vermieter die Fertigstellung der Mietsache verzögert. Regelmäßig nimmt der Mieter einer noch nicht fertig gestellten Wohnung zwar gewisse Unzulänglichkeiten in Kauf, jedoch nur mit der Maßgabe, dass die Arbeiten bis zum vertraglich vereinbarten Zeitpunkt, oder in Ermangelung einer Absprache, bis zu einem Zeitpunkt erledigt werden, mit dem er bei gewöhnlichem Verlauf der **Restarbeiten** rechnen konnte.[53] 24

b) Grundstücks- und Gebäudeteile. Regelmäßig kann der Mieter davon ausgehen, dass das Treppenhaus,[54] der Fahrstuhl,[55] Wasch- und Trockenräume[56] sowie Flure, soweit sie für den Zugang zu der Wohnung und zu den mitvermieteten Gemeinschaftsräumen durchschritten werden müssen, **mitbenutzt** werden dürfen, auch wenn sie selbst nicht Gegenstand des Mietvertrages, also vermietet sind.[57] Das Nutzungsrecht wird aber vom vertragsgemäßen Gebrauch erfasst.[58] Auch ein nachträglich eingebauter Fahrstuhl wird somit Gegenstand des aus dem Mietvertrag abgeleiteten **Nutzungsrechtes,** auch wenn der Mieter die durch den nachträglichen Einbau vorgenommene Mieterhöhung nicht zahlt[59] (siehe auch Vorbem. zu §§ 555a–557f Rdn. 8). Balkone und Terrassen gelten grundsätzlich als mitvermietet, wenn sie von der Wohnung aus zugänglich sind.[60] 25

Zu den mitvermieteten **Gemeinschaftsanlagen** zählen auch z. B. Kinderspielplätze, wenn sie jedenfalls ausschließlich den Mietern einer bestimmten Wohnanlage zugeordnet sind.[61] Ob Nebenräume, Garagen, Hof- oder Gartenflächen vom mietvertraglichen Nutzungsumfang mit erfasst sind, muss im Einzelfall nach dem Vertragsinhalt entschieden werden.[62] Je stärker der Mieter auf die Nutzung der jeweiligen Gemeinschaftsfläche angewiesen ist, desto eher wir man von einer vertraglichen Verpflichtung des Vermieters ausgehen müssen, dem Mieter auch ein Nutzungsrecht einzuräumen.[63] Da der Vermieter verpflichtet ist, den **Zugang** zu dem Mietobjekt zu gewährleisten,[64] muss er zumindest bei gewerblichen Räumen die Be- und Entladung auf dem Hof zulassen, wenn dies bei verständiger Würdigung der Interessen für den Mieter erforderlich erscheint.[65] Zum vertragsgemäßen Gebrauch eines Kundenparkplatzes gehört mangels anderweitiger Absprachen auch die Selbstnutzung durch den Mieter oder dessen Angestellte.[66] 26

Der Nutzung von Gemeinschaftsflächen können mietvertragliche Absprachen zur Nutzung zugrunde liegen oder nur einfache Gestattungen. Während im ersten Fall dem Mieter Erfüllungs- 27

---

[51] OLG Hamburg WuM 1995, 653 = ZMR 1995, 533 = MDR 1996, 358 = GE 1996, 49.
[52] LG Mannheim WuM 1974, 52.
[53] Vgl. LG Konstanz WuM 2011, 361.
[54] AG Köln WuM 1997, 470; AG Altona WuM 1990, 144.
[55] LG Hamburg ZMR 1977, 154 = NJW 1976, 1320; AG München NZM 2001, 93; AG Charlottenburg 1990, 423.
[56] LG Münster WuM 1998, 723; AG Spandau ZMR 2003, 121; GE 1984, 925.
[57] KG GE 2012, 1561 = ZMR 2013, 181 = NZM 2013, 579; GE 1999, 252.
[58] BGH (V ZR 46/06) WuM 2007, 29 = GuT 2006, 371 = NJW 2007, 146 = GE 2006, 1611 = NZM 2007, 37 = MietPrax-AK § 535 BGB Nr. 27; KG GE 2012, 1561.
[59] AG München NZM 2001. 93.
[60] AG Berlin-Köpenick MM 1997, 410; AG Eschweiler WuM 1994, 427.
[61] LG Berlin MM 1997, 192; LG Freiburg ZMR 1976, 210; LG Berlin GE 1992, 989 ablehnend für Autostellplatz; vgl. *Kinne* GE 2000, 1394, 1398.
[62] BGH (VIII ZR 268/09) = WuM 2010, 678 = MietPrax-AK § 535 BGB Nr 43 = GE 2010, 1614; AG Trier WuM 2007, 67; 2006, 143; AG Hamburg-Blankenese ZMR 2000, 307.
[63] *Flatow* NZM 2007, 432; siehe auch BGH (V ZR 46/06) WuM 2007, 29 = = GuT 2006, 371 = GE 2006, 1611 = NZM 2007, 37 = MietPrax-AK § 535 BGB Nr. 27.
[64] AG Köln WuM 1978, 140; WuM 1981, 183.
[65] LG Lübeck WuM 1990, 336 = NJW-RR 1990, 1353; AG Augsburg WuM 1998, 438.
[66] OLG Düsseldorf DWW 2003, 52.

und Gewährleistungsansprüche zustehen, wenn ihm die Nutzung versagt wird, hat er im zweiten Fall lediglich einen Anspruch im Rahmen einer Ermessensdisposition des Vermieters[67] (s. Rdn. 21). Bei der Miete von Geschäftsräumen kann auch die Außenwand des Hauses, soweit die Wand den gemieteten Räumen entspricht, auch ohne besondere Absprache zu Werbezwecken als mitvermietet gelten. Entscheidend dafür ist aber die örtliche Verkehrssitte[68] (s. Rdn. 598f.).

28 **c) Keller/Dachboden.** Der Mieter hat nur dann Anspruch auf einen **Kellerraum** oder auf einen Teil des **Dachbodens**[69], wenn dies vertraglich vereinbart wurde.[70] Wurde nur allgemein auf das Vorhandensein eines solchen Raumes hingewiesen, hat der Mieter keinen Anspruch auf einen bestimmten Raum. Vielmehr kann ihm der Vermieter einen entsprechenden Keller oder Dachverschlag zuweisen. Die Mieter im Haus haben nicht das Recht, die mitvermieteten Räume ohne Zustimmung des Vermieters zu tauschen.

29 Der Keller unterliegt keinen besonderen **Nutzungsbeschränkungen.** Der Mieter kann daher alles lagern und abstellen, was üblicherweise auch zum Wohngebrauch gerechnet wird[71] oder mit diesem in Zusammenhang steht, also auch Gegenstände der Freizeitgestaltung. Es ist ihm allerdings nicht gestattet, den Keller als gewerblich genutzte Lagerstätte zu verwenden oder gefährliche Güter zu lagern. In einem Fahrradkeller darf beispielsweise kein Heizmaterial gelagert werden.[72]

30 **d) Garage und Abstellplatz. aa) Alleinige Vermietung.** Die Anmietung einer **Garage** oder eines **Abstellplatzes** folgt grundsätzlich den gleichen Regeln wie die Anmietung eines Gewerberaums. Ebenso gelten die Rechtsgrundsätze über Gewerberaum für die Vermietung von Parkflächen innerhalb einer Sammelgarage oder einer offenen Parkfläche. Spezielle Regelungen über ein Garagenmietverhältnis gibt es nur im Rahmen der NutzEV bzw. nach dem SchuldRAnpG.[73] In diesen Fällen gelten für die Bemessung der Entgelte besondere Regelungen.

31 **bb) Vermietung mit Wohnraum.** Wird eine **Garage zusammen mit Wohnraum** vermietet, ist regelmäßig anzunehmen, dass die Parteien ein einheitliches Mietverhältnis wollten. Ähnliche Abgrenzungsprobleme stellen sich beim Vertrag über „Betreutes Wohnen"[74] mit den Elementen Miete und Betreuung (siehe dazu Rdn. 699ff.) oder bei einem einheitlichen Vertrag über Räume, die gleichermaßen zum Wohnen sowie zur Ausübung eines Gewerbes (siehe dazu Rdn. 237ff.) überlassen werden. Für die Anwendung des Rechts auf den (typengemischten) Vertrag über Wohnraum mit Garage bzw. Stellplatz[75] gibt es zwei Lösungen, nämlich die gemischte Anwendung des Wohnraummietrechts mit dem Gewerberaummietrecht oder die ausschließliche Anwendung des Wohnraum – oder Gewerberaummietrechts.[76] Für die Anwendung nur eines Rechtsgebietes spricht das Argument der Rechtssicherheit.[77] Ob mit dieser Maßgabe Wohnraum- oder Gewerberaummietrecht Anwendung findet, richtet sich nach der sog. Übergewichtstheorie.[78] Daher richtet sich dieses Rechtsverhältnis regelmäßig nach dem Wohnraummietrecht, da bei einem solchen Mischraummietverhältnis regelmäßig der Schwerpunkt des Vertragsverhältnisses[79] auf der Wohnraummiete liegt (vgl. auch vor § 535 BGB Rdn. 109ff.).

32 Allerdings kann es im Einzelfall zweifelhaft sein, ob eine vom gleichen Vermieter angemietete Garage Bestandteil des Wohnungsmietvertrages ist oder ob der Garagenmietvertrag ein isoliertes Vertragsverhältnis darstellt. Die Entscheidung über die Art des Rechtsverhältnisses hat zum einen Einfluss auf die Kündigung, da ein einheitlicher Vertrag grundsätzlich auch nur einheitlich gekün-

---

[67] *Sternel* PiG 2012, 47, 49.

[68] BGH BB 1957, 382 = ZMR 1957, 255; BB 1954, 83; KG GE 1987, 997.

[69] Zum Begriff Mansardenzimmer LG Verden ZMR 2013, 288.

[70] *Kraemer/Ehlert* in Bub/Treier III. B Rdn. 2775.

[71] In Einfamilienhaus auch zur Lagerung von Kleidern und Lebensmitteln sowie zum Waschen und Trocknen – LG Berlin GE 2013, 1205.

[72] OLG Karlsruhe WuM 1999, 51.

[73] Zum Kündigungsrecht bei sog. Garagengemeinschaften BGH (XII ZR 210/09) MietPrax-AK § 542 BGB Nr 6 mit Anm. *Eisenschmid* = ZMR 2012, 261 = MDR 2012, 79 = GE 2012, 261; umfassend *Horst* GE 1996, 1262ff.

[74] *Lehman-Richter* WImmoT 2010, 153, 167.

[75] BGH (VIII ZR 422/12) WuM 2013, 536 = MietPrax-AK § 535 BGB Nr 57 m. Anm. *Eisenschmid* = NZM 2013, 726 = ZMR 2014, 108 – für Stellplätze gelten die gleichen Grundsätze wie für Garagen.

[76] Siehe hierzu *Lehmann-Richter* WImmoT 2010, 153, 156, der die Unterscheidung nach Absorptions- und Kombinationsmethode trifft.

[77] *Lehmann-Richter* WImmoT 2010, 153, 157.

[78] BGH WuM 1986, 274, ZMR 1986, 278 = GE 1986, 697; NJW 1979, 309 = ZMR 1979, 49 = MDR 1979, 394.

[79] Kritisch zur Schwerpunkttheorie (Übergewichtstheorie) *Rinke*, ZMR 2001, 963.

digt werden kann. Zum anderen ist sie für die Frage der Mieterhöhung von Bedeutung, da die einseitige Erhöhung der Garagenmiete bei einem einheitlichen Vertrag nur über eine Mieterhöhung nach §§ 557ff. BGB möglich ist. Eine **Änderungskündigung** für die Garage bliebe dem Vermieter im Fall eines einheitlichen Vertrages versagt.

Wird die Garage oder der Stellplatz bei Anmietung der Wohn- oder Gewerberäume bei dem **33**
gleichen Vermieter angemietet, ist bei rechtlicher und wirtschaftlicher Einheit der Verträge regelmäßig von einem einheitlichen Vertragsgegenstand auszugehen, der eine Teilkündigung der Garage ausschließt.[80] Das gilt auch, wenn – in einer Eigentumsanlage – die Räume von einer Verwaltung einheitlich vermietet werden,[81] obwohl unterschiedliche Eigentumsverhältnisse vorliegen. Mietet der Mieter neben der Wohnung mit einem getrennten Vertrag eine Garage dazu, was auch erst nach Jahren erfolgen kann, spricht eine tatsächliche Vermutung für die rechtliche Selbständigkeit der jeweiligen Vereinbarungen.[82] Diese Vermutung ist durch Nachweis besonderer Umstände zu widerlegen[83], z. B. dadurch, dass die Garage auf dem Hausgrundstück der Wohnung gelegen ist[84] oder diese zwar auf einem abgetrennten Grundstück liegt, das aber mit dem Hausgrundstück vom äußeren Erscheinungsbild her eine Einheit bildet[85] oder dem Mieter schon bei Vertragsschluss über die Wohnung die nächste freie Garage zugesagt wurde.[86] Ein zeitlicher Zusammenhang der geschlossenen Verträge ist nicht erforderlich. Dies wird damit begründet, dass die Parteien den zuvor geschlossenen Wohnungsmietvertrag jederzeit einvernehmlich ändern oder ergänzen können und der rechtliche und wirtschaftliche Zusammenhang zwischen Wohnung und Garage unabhängig davon besteht, zu welchem Zeitpunkt die Garage hinzugemietet worden ist.[87]

Für getrennte Verträge spricht z. B. eine besondere Kündigungsvereinbarung der Parteien über **34**
die Garage.[88] Ein Indiz für einen gesonderten Vertrag ist auch gegeben, wenn die Garage zu einem anderen Anwesen gehört[89] oder wenn der Mieter nur ein vorübergehendes Interesse an ihr erklärt; insbesondere wenn für die Wohnung und die Garage gesonderte und unterschiedliche Vertragslaufzeiten vereinbart werden. Auch wenn der Vermieter zum Ausdruck gebracht hat, dass er die Garage später möglicherweise unabhängig von der Wohnung für sich benötigt, kann ein **getrenntes Vertragsverhältnis** vereinbart sein.

Verkauft der Vermieter die Garage, tritt der Erwerber als Mitvermieter in den einheitlichen **35**
Mietvertrag ein.[90] Wird nach **Umwandlung** einer Miet- in eine **Eigentumswohnung** diese verkauft, tritt der Erwerber vollständig in den Mietvertrag ein und haftet somit auch für die an den Mieter vermieteten Räumlichkeiten, die nunmehr nach Umwandlung im Gemeinschaftseigentum der WEG-Gemeinschaft stehen.[91] Diese Entscheidung hat der BGH aus Praktikabilitätserwägungen getroffen, da aufgrund der mit der Vervielfältigung der Vermieterstellung verbundenen Probleme eine sachgerechte Handhabung des Vertragsverhältnisses nicht mehr möglich erscheint.

Der über eine Wohnung und eine Garage geschlossene einheitliche Mietvertrag wird durch die Veräußerung der Wohnung und der Garage an verschiedene Erwerber dagegen nicht in mehrere

---

80 OLG Düsseldorf WuM 2007, 65; AG Gelsenkirchen WuM 2012, 196 = ZMR 2012, 450; AG Berlin-Köpenick WuM 2008, 401; AG Münster WuM 1980, 56; AG Kassel WuM 1979, 257.

81 AG Köln WuM 1993, 611.

82 BGH (VIII ZR 245/12) WuM 2013, 421 = MietPrax-AK § 535 BGB Nr. 55 = GE 2013, 941; (VIII ZR 254/13) MietPrax-AK § 535 BGB Nr. 59 = GE 2013, 1650; (VIII ZR 165/13) MietPrax-AK § 535 BGB Nr. 58 = GE 2013, 1454; (VIII ZR 374/13) MietPrax-AK § 535 BGB Nr. 61; NJW 1981, 274.

83 BGH (VIII ZR 251/10) WuM 2012, 14 = MietPrax-AK § 542 BGB Nr. 5 = NJW 2012, 224 = NZM 2012, 78 = ZMR 2012, 176 = GE 2012, 58.

84 OLG Karlsruhe, Rechtsentscheid, WuM 1983, 166 = NJW 1983, 1499 = ZMR 1984, 273; LG Wuppertal NJWE-MietR 1996, 122; LG Köln WuM 1992, 264 = ZMR 1992, 251; LG Berlin MDR 1987, 142 = ZMR 1987, 18 = WuM 1987, 211 LG Duisburg WuM 1987, 211 = NJW-RR 1986, 1211; AG Hannover WuM 1989, 6.

85 LG Frankfurt/Main WuM 2012, 495.

86 AG Gelsenkirchen WuM 2012, 196 = ZMR 2012, 450.

87 OLG Karlsruhe, Rechtsentscheid, WuM 1983, 166 = NJW 1983, 1499 = ZMR 1984, 273; **a. A.** AG Kassel WuM 1979, 257; LG Waiblingen ZMR 1977, 237.

88 AG Neukölln GE 2000, 131; **a. A.** AG Kassel WuM 1979, 257.

89 BGH (VIII ZR 251/10) WuM 2012, 14 = MietPrax-AK § 542 BGB Nr. 5 = NJW 2012, 224 = NZM 2012, 78 = ZMR 2012, 176 = GE 2012, 58; BayObLG WuM 1991, 78 = NJW-RR 1991, 651 = ZMR 1991, 174 = GE 1991, 343.

90 BayObLG WuM 1991, 78 = NJW-RR 1991, 651 = ZMR 1991, 174 = GE 1991, 343.

91 BGH WuM 1999, 390 = NJW 1999, 2177 = ZMR 1999, 546 = NZM 1999, 553.

Mietverhältnisse aufgespalten.[92] Die Erwerber treten vielmehr in den einheitlichen Mietvertrag ein. Ihr Verhältnis bestimmt sich nach den Regelungen über die Bruchteilsgemeinschaft.

36 Wird vertraglich zwischen den Parteien geregelt, dass der Mieter ein Mitbenutzungsrecht an einer Garage oder einem Stellplatz haben soll, wird damit lediglich der Umfang des Mietgebrauchs im Rahmen des Hauptmietverhältnisses beschrieben. Diese Regelung hat daher grundsätzlich keinen eigenständigen Charakter.

37 **e) Garten. aa) Einfamilienhaus.** Bei der Vermietung eines Einfamilienhauses ist auch ohne ausdrückliche Vereinbarung nach der Verkehrsanschauung regelmäßig davon auszugehen, dass **der Garten mitvermietet** ist.[93]

38 **bb) Mehrfamilienhaus.** Bei Mehrfamilienhäusern ist Voraussetzung für einen Anspruch des Mieters auf Nutzung, dass der Garten ganz oder teilweise durch ausdrückliche Vereinbarung mitvermietet oder zumindest durch jahrelange alleinige Nutzung eine konkludente Vertragserweiterung eingetreten ist.[94] Es gibt kein **Gewohnheitsrecht,** wonach der Mieter einer Erdgeschosswohnung ohne weiteres auch den Hausgarten benutzen darf. Anderes kann bei Altverträgen vor 1990 im Gebiet der ehemaligen DDR gelten, da die Mitbenutzung zumindest eines Teils des Gartens durch die Mieter üblich war.[95]

39 Liegt eine mietvertragliche Regelung nicht vor, ist zu prüfen, ob möglicherweise eine unentgeltliche **Gestattung** (Rdn. 21) anzunehmen ist, die allerdings jederzeit aus sachlichen Erwägungen widerrufen werden kann[96].

40 **f) Einrichtungen und Zubehör.** Häufig sind die Wohnungen bei der Vermietung mit Möbeln und Einrichtungsgegenständen ausgestattet. Dieses Zubehör gilt im Zweifel bei Anwendung der Auslegungsregel des § 311 c BGB als mitvermietet. Das betrifft z. B. Einbauschränke jedweder Art, insbesondere die Vermietung der Wohnung mit einer Spüle[97] und/oder einem Herd in der Küche. Ebenso fallen komplette Einbauküchen[98] oder Öfen[99] unter diese Regel. Hierzu gehören aber auch vom Vermieter gestellte Geräte und Maschinen, die zum gemeinschaftlichen Gebrauch aller Mieter aufgestellt wurden, wie z. B. Waschmaschinen in der Waschküche.[100]

41 Derartiges Zubehör gehört somit zum vertragsgemäßen Gebrauch der Mietsache.[101] Entfernt der Vermieter die Sachen gegen den Willen des Mieters, z. B. im Rahmen einer Instandsetzungs- oder Modernisierungsmaßnahme, muss er sie auch wieder einbringen.[102] Den Vermieter trifft für diese mitvermieteten Sachen auch die Instandhaltungs- und Instandsetzungspflicht.[103] Dabei kommt es nicht darauf an, ob der Vermieter das **Zubehör** selbst in die Wohnung eingebracht hat, oder ob er die vom Vormieter zurückgelassenen Sachen in der Wohnung belässt und in diesem Zustand weitervermietet, ohne den Mieter ausdrücklich darauf hinzuweisen, dass die Sachen nicht mitvermietet sind und vom Vormieter stammen.[104]

42 Mitvermietet sind aber auch Bestandteile und feste Einrichtungen der zum ausschließlichen oder zum Mitgebrauch vermieteten Räume, wie z. B. Fenster, Türen, Versorgungsanschlüsse, Heizkörper, Sanitärinstallationen usw. Mangels ausdrücklicher Vereinbarung hat der Mieter bei mitvermieteten Einzelöfen die Brennstoffkosten zu tragen.[105]

42a In bestimmten Regionen des Wohnungsmarktes ist festzustellen, dass eine bei Anmietung der Wohnung überlassene Einbauküche dem Mieter geliehen wird. Ein Leihvertrag hat für den Ver-

---

[92] BGH WuM 2005, 790 = NJW 2005, 3781 = NZM 2005, 941 = GE 2005, 1548 = ZMR 2006, 30 = MietPrax-AK § 566 BGB Nr. 5 mit Anm. *Eisenschmid;* AG Köln WuM 2007, 11.

[93] OLG Köln WuM 1994, 272 = NJW-RR 1994, 334 = ZMR 1994, 111 = DWW 1994, 50; LG Kassel WuM 1988, 155; AG Hamburg-Bergedorf ZMR 2013, 357; AG Berlin-Spandau WuM 1994, 24; *Sonnenschein* NJW 1997, 1270, 1279; *Kraemer/Ehlert* in Bub/Treier III. B Rdn. 2775.

[94] LG Aachen DWW 1991, 22; AG Solingen WuM 1980, 112; s. i. E. *Artz* WuM 2005, 215.

[95] KreisG Greifswald WuM 1992, 356.

[96] KG WuM 2009, 654; KG WuM 2007, 68; *Sternel* PiG 2012, 47, 60.

[97] LG Berlin GE 1997, 243 = NJW-RR 1997, 1097; LG Konstanz WuM 1989, 67.

[98] LG Dresden WuM 2001, 336; zur Nutzungsdauer LG Berlin GE 2001, 1404 = MM 2002, 114 (20–25 Jahre).

[99] AG Landsberg WuM 2007, 12.

[100] *Kraemer/Ehlert* in Bub/Treier III. B Rdn. 2781.

[101] *Emmerich* in Staudinger § 535 BGB Rdn. 5f.

[102] LG Berlin GE 1997, 1341 = NZM 1998, 432.

[103] *Kinne* GE 2000, 1394, 1398.

[104] AG Köln WuM 1997, 647; *Kinne* GE 2000, 1394, 1398.

[105] AG Schwäbisch-Hall WuM 1997, 118.

mieter den Vorteil, dass er für eventuelle Reparaturen der verliehenen Einrichtung nicht verantwortlich ist. Gegen diese zunehmende Praxis bestehen allerdings erhebliche Bedenken. Wenn nicht etwas anderes vereinbart ist, gehört die Kücheneinrichtung nach allgemeiner Meinung zur Mietsache. Ist die Vereinbarung unklar, wird man durch Auslegung zu dem gleichen Ergebnis kommen. Das gilt auch dann, wenn die Küche ausdrücklich mitvermietet ist. In allen diesen Fällen ist daher § 535 Abs. 1 Satz 2 BGB zu beachten, wonach der Vermieter die vermietete Sache in dem vertragsgemäßen Zustand zu erhalten hat. Das ist unproblematisch.

Schwierigkeiten bereiten die Fälle, bei denen der Vermieter ausdrücklich etwas anderes vereinbart hat, z. B. dass die Einbauküche nicht zur Mietsache gehört und dem Mieter unentgeltlich zur Leihe überlassen wird. Dabei sind zwei Fälle zu unterscheiden:

Eine solche Vereinbarung kann wirksam **individualvertraglich** getroffen werden. Die Leistungen des jeweiligen Vertragstypus sind grundsätzlich von den Parteien einzuhalten. Allerdings stellt sich ein Problem dann, wenn die Leistungen miteinander kollidieren. In diesem Fall ist der Vertragstyp heranzuziehen, der den wirtschaftlichen und rechtlichen Schwerpunkt bildet.[106] Verlangt somit der Vermieter aufgrund des Leiheverhältnisses vom Mieter, den Kühlschrank oder den Gasherd zu reparieren, dann kollidiert diese Forderung mit § 538 BGB, wonach Verschlechterungen der Sache, die durch den vertragsgemäßen Gebrauch entstehen, vom Mieter nicht zu vertreten sind. Bei derartigen Mischverträgen hat der BGH die Schwerpunkttheorie angewendet. Fehlt eine entsprechende Vereinbarung ist der Nutzungsschwerpunkt anhand von Indizien zu ermitteln.[107] Insbesondere die Verwendung nur eines Vertragsformulars für beide Leistungen ist ein starkes Indiz für die alleinige Anwendung des Mietrechts.[108] Dass der Vermieter möglicherweise eine andere Rechtsfolge wollte, ist ein unbeachtlicher Motivirrtum. 42b

Erfolgt die Vereinbarung **formularvertraglich**, gelten die gleichen Überlegungen. Daneben kann die Vereinbarung gegen § 305c Abs. 1 BGB verstoßen, wenn nach den Gesamtumständen die Klausel ungewöhnlich ist und der Mieter damit nicht zu rechnen brauchte. Das ist eine Frage des Einzelfalls. Nach hier vertretener Auffassung wird man aber im Regelfall von der Ungewöhnlichkeit der Klausel ausgehen müssen. Zu dem gleichen Ergebnis kommt man über die Inhaltskontrolle nach § 307 BGB, wenn in der Regelung eine unangemessene Benachteiligung des Mieters zu sehen ist. Eine solche Vereinbarung dürfte mit den wesentlichen Grundgedanken eines Mietvertrages nicht vereinbar sein. Denn die Miete hat als Leitbild, dass die Wohnung sowie die zur Nutzung überlassenen Gegenstände vom Vermieter zu erhalten sind (§ 538 BGB).[109] 42c

Der Mieter darf die mitvermieteten Gegenstände und Einbauten grundsätzlich nicht ohne Einwilligung des Vermieters **entfernen und durch neue ersetzen.**[110] In Ausnahmefällen ist der Mieter aber berechtigt, zur Herstellung des gebrauchsfähigen Zustandes eine Einrichtung, begrenzt auf die Dauer des Mietverhältnisses, zu entfernen.[111] 43

Unbeschadet hiervon bleibt das Recht des Mieters, die Mietsache im Rahmen des vertragsgemäßen Gebrauchs **umzugestalten** (vgl. Rdn. 419ff.) oder sie nach Maßgabe des § 554a BGB nach seinen Bedürfnissen einzurichten (Einzelheiten s. dort). Zudem kann der Mieter zusätzliche Einrichtungsgegenstände in die Wohnung einbringen, soweit dadurch nicht Substanzverletzungen zu befürchten sind.[112] 44

g) Teilüberlassung. Grundsätzlich ist bei der Übergabe der Mieträume von einer **unteilbaren Leistung** gem. § 266 BGB auszugehen. Der Mieter kann die Leistung ablehnen, ohne in **Annahmeverzug** zu geraten, wenn der Vermieter nur einen Teil der Mietsache übergeben will. Das kann im Einzelfall anders liegen, wenn der Vermieter nur einzelne, abtrennbare Räume nicht übergeben kann, die neben Wohn- oder Gewerberäumen mitvermietet wurden (z. B. eine Garage).[113] Anders liegt der Fall, wenn der Vermieter von vornherein nur einen Teil der geschlossenen Räumlichkeit (z. B. Wohnung) vermietet. Wird der andere Teil der Räumlichkeiten ohne Zustimmung des Mieters an Dritte vergeben, wird dies regelmäßig eine Besitzstörung darstellen.[114] 45

---

[106] Palandt/*Grüneberg,* Überbl. v. § 311 Rdn. 26.
[107] *Blank*/Börstinghaus, Mietrecht, § 535 Rdn. 26.
[108] BGH (VIII ZR 376/13) WuM 2014, 539 = NJW 2014, 2864.
[109] Zur Mieterhöhung in ähnlichen Fällen siehe Börstinghaus, § 558a BGB Rdn. 54ff.
[110] LG Berlin GE 1997, 243 = NJW-RR 1997, 1097.
[111] LG Konstanz WuM 1989, 67 für eine Spüle.
[112] AG Frankfurt/M. WuM 2001, 239.
[113] *Fritz,* Gewerberaummietrecht, Rdn. 265.
[114] LG Berlin ZMR 2014, 793.

46 Die Unteilbarkeit der Leistung wirkt sich auf das **Kündigungsrecht** aus, weil dieses grundsätzlich nur bezüglich der gesamten Mietsache ausgeübt werden kann.[115]

III. Beweislast

47 Der Vermieter ist für den vertragsgemäßen Zustand der Mietsache bei Übergabe beweispflichtig. Zur Beweislast bei Vorliegen eines Mangels s. § 536 Rdn. 488ff.

B. Die Pflicht des Vermieters zur Gebrauchserhaltung

I. Allgemeines

1. Bestimmung des vertragsgemäßen Zustandes

48 Der Umfang der Pflicht des Vermieters zur **Gebrauchserhaltung**[116] richtet sich grundsätzlich nach dem Zustand der Mietsache bei Vertragsschluss sowie danach, was die Parteien als vertragsgemäß vereinbart haben. Im Einzelfall kann es aber schwierig sein, den vertragsgemäßen Zustand des Gebäudes bzw. der Räume zu ermitteln, weil sich das Gesetz zu dem maßgebenden Standard nicht äußert.[117] Insbesondere bei Altbauten stellt sich die Frage, ob der **Standard** zum Zeitpunkt der Errichtung des Gebäudes, der Vermietung der Wohnung oder der konkreten Beurteilung zu gelten hat. Da das Äquivalenzverhältnis von Leistung und Gegenleistung gewahrt werden soll, ist zur Bestimmung des vertraglichen Umfangs der Erhaltungspflicht der Mietsache durch den Vermieter grundsätzlich auf den Zeitpunkt des Vertragsschlusses abzustellen[118] (s. auch § 536 Rdn. 19ff.).

49 Das kann im Einzelfall bedeuten, dass der Vermieter bei der Vermietung die Wohnung auf einen **aktuellen technischen Stand** bringen muss. Denn der Mieter einer nicht modernisierten Altbauwohnung kann mangels abw. vertraglicher Vereinbarung jedenfalls einen Mindeststandard erwarten, der ein zeitgemäßes Wohnen ermöglicht und den Einsatz der für die Haushaltsführung allgemein üblichen elektrischen Geräte erlaubt[119]. Rechtlich stoßen derartige Vereinbarungen aber leicht an Grenzen, da die formularvertragliche Einschränkung des Gebrauchs wegen mangelhafter Versorgung mit Wasser, Strom und Heizenergie regelmäßig gegen § 307 Abs. 1 BGB verstößt.[120]

50 Welche Beschaffenheitsmerkmale ohne besondere Absprache geschuldet werden, ist abschließend nicht geklärt. Wird eine Altbauwohnung vermietet, kommt es grundsätzlich darauf an, was im Zeitpunkt der Errichtung des Gebäudes üblich war.[121] Das betrifft insbesondere den Wärme- und Schallschutz sowie die Sanitär – und Elektroinstallationen. Auszugehen ist aber auch vom Vertragszweck. Wird dem Mieter eine Wohnung überlassen, muss sie ohne wesentliche Störungen oder Gefährdungen genutzt werden können.[122] Deshalb dürfen z.B. in Wohnhäusern keine gesundheitsgefährdenden Materialien verwendet werden (vgl. § 536 Rdn. 23ff., 169), die Innentreppen müssen verkehrssicher genutzt werden können[123] und es muss ein Mindestmaß an Schallschutz vorhanden sein. Allerdings muss der Vermieter nicht auf spezielle Bedürfnisse des Mieters eingehen. Bestimmte für Altbauwohnungen **typische Unzulänglichkeiten** hat der Mieter hinzunehmen. Mietet der Wohnungssuchende beispielsweise eine Altbauwohnung an, kann er nicht ohne weiteres erwarten, dass in dem Keller feuchtigkeitsempfindliche Gegenstände gelagert werden[124] oder dass Knarrgeräusche, hervorgerufen durch den „Obermieter", vermieden werden können. Auch Zuglufterscheinungen soll der Mieter eines Altbaus hinzunehmen haben.[125] Haben die Vertragspar-

---

[115] OLG Köln OLGR Köln 1993, 272; einschränkend OLG Karlsruhe WuM 1997, 202 = GE 1997, 367 = MDR 1997, 449 = ZMR 1997, 283 = DWW 1997, 187.
[116] BGH ZMR 2003, 418, Herstellungsanspruch des Mieters ist im Insolvenzverfahren Masseschuld.
[117] AG Büdingen WuM 1998, 281, *Sonnenschein* NJW 1997, 1270, 1280; *Both* NZM 2002, 934.
[118] *Sonnenschein* NJW 1997, 1270, 1280.
[119] BGH WuM 2010, 235; WuM 2004, 527 = GE 2004, 1090 = NJW 2004, 3174 = ZMR 2004, 807 = MietPrax-AK § 535 BGB Nr. 7; *Pfeifer* juris-PRMietR 7/2010 Anm. 2.
[120] *Drettmann* WuM 2012, 535, 539.
[121] BGH WuM 2004, 715 = MDR 2005, 743 = NJW 2005, 218 = GE 2004, 1586 = MietPrax-AK § 535 BGB Nr. 13; vgl. *Derleder* NZM 2012, 487, 490.
[122] *Blank* MDR 2009, 181.
[123] OLG Dresden NZM 2006, 865.
[124] LG Osnabrück WuM 2004, 233; LG Mannheim WuM 1998, 663; AG Ansbach ZMR 2013, 638.
[125] LG Karlsruhe DWW 2005, 426.

teien eine Vorauszahlung auf Heizkosten vereinbart, liegt in dieser Absprache die Erklärung des Vermieters, dass er eine funktionierende Heizungsanlage bereitstellt.[126]

Die **Größe des Mietobjektes** bildet immer wieder einen Streitpunkt zwischen den Vertragsparteien, da häufig unzureichende vertragliche Regelungen über diesen Punkt getroffen werden. Allerdings sind die Parteien nicht verpflichtet, eine konkrete Vereinbarung über die Größe zu treffen. Dieses Unterlassen kann zu einer Pflicht der **Nachberechnung** der Raumgröße führen, wenn sich durch Abriss oder Anbau die Größe des Objektes verändert und der Vermieter darauf eine Mieterhöhung bzw. der Mieter eine Mietsenkung verlangt oder wenn der Vermieter eine Betriebskostenabrechnung mit dem qm-Schlüssel (vgl. § 556 BGB) vornehmen muss. **51**

Haben die Vertragsparteien dagegen eine bestimmte Größe des Objektes in den Mietvertrag aufgenommen, und weicht die tatsächliche Größe von der vereinbarten Größe ab, löst dies ggf. Gewährleistungsfolgen aus (s. dazu § 536 Rdn. 54 ff.).

Zwar findet man in Wohnungsmietverträgen häufig Angaben zur Größe des Mietobjektes, selten aber Hinweise auf die **Berechnungsgrundlage.**[127] Regelmäßig werden daher die II. BV sowie die in weiten Teilen übereinstimmende WoFlVO als Berechnungsregeln herangezogen werden können.[128] In Mietverträgen über gewerbliche Objekte werden dagegen häufig Verweise auf die DIN 277 oder die GIF-Richtlinien[129] aufgenommen (s. nach § 566 a BGB). Die Parteien sind grundsätzlich frei, alle denkbaren **Berechnungsmaßstäbe** zu vereinbaren[130], z. B. die inzwischen außer Kraft gesetzte DIN 283, die als Grundlage einer Flächenberechnung in Betracht kommen[131]. Sie sind auch frei, in die Berechnung der Wohnfläche bestimmte Flächen einzubeziehen oder auszunehmen[132], auch wenn diese bei Anwendung der WoFlVO oder der II. BV nicht zur Wohnfläche zählen würden.[133] Haben die Parteien eine Berechnungsgrundlage wie die II. BV vereinbart, müssen sie sich auch dann daran festhalten lassen, wenn es sich bei dem Mietobjekt um ein Fachwerkhaus handelt, das die II. BV nicht im Blick gehabt hat.[134] **52**

Die formularvertragliche Vereinbarung einer Berechnungsgrundlage zur Ermittlung von Wohnflächen in Wohnraummietverträgen ist aber an § 307 BGB zu messen.[135] Danach sind Allgemeine Geschäftsbedingungen unwirksam, wenn sie den Schuldner entgegen den Geboten von Treu und Glauben unangemessen benachteiligen. Die Vereinbarung einer Berechnungsgrundlage zur Ermittlung der Wohnfläche ist keine **Preisvereinbarung**[136]. Die andere Auffassung verkennt, dass die Berechnungsgrundlage nicht nur den Mietpreis bestimmt, wenn eine qm-Miete vereinbart ist, sondern auch die Beschaffenheit der Mietsache beschreibt[137] und damit gewährleistungsrechtlich von Bedeutung ist. Berechnungsklauseln zur Wohnfläche können daher einer Inhaltskontrolle nach §§ 307 ff. BGB unterworfen werden[138]. Darüber hinaus sind derartige Klauseln der Kontrolle nach § 305 c BGB unterworfen. **53**

Die Vereinbarung zur Ermittlung der Wohnfläche nach DIN 277 wäre unangemessen[139], da die dort ermittelte **Nettofläche** anderen Kriterien unterliegt als dies z. B. bei der Wohnflächen-Verordnung der Fall ist.[140] Die DIN 277 beinhaltet Maßstäbe für die Ermittlung und den Vergleich **54**

---

126 KG ZMR 2011, 279.

127 S. dazu *Gante,* WuM 2008, 525; *Langenberg,* PiG, Bd. 75, 2006, 119.

128 BGH WuM 2005, 712 = NZM 2005, 861 = GE 2005, 1349 = MietPrax-AK § 536 BGB Nr. 12; s. LG Münster ZMR 2008, 630.

129 Richtlinien der Gesellschaft für immobilienwirtschaftliche Forschung e. V. (GIF); siehe dazu auch *Börstinghaus* WImmoT 2016, 87, 105 f.

130 S. LG Krefeld WuM 2008, 593; siehe z. B. auch die Wohnflächen- und Mietwertrichtliniue (WMR) – dazu *Börstinghaus* WImmoT 2016, 87, 106 ff.

131 AG Trier WuM 2006, 90; Hinweise zur Vertragsgestaltung bei *Leo* MDR 2004, 259.

132 LG Köln ZMR 2017, 311 zur Gewerberaummiete.

133 BGH (VIII ZR 39/09) WuM 2010, 150 zum Galeriegeschoss; WuM 2010, 150 = NZM 2010, 196 = GE 2010, 336 = NJW 2010, 1064 (VIII ZR 242/08); WuM 2009, 662 = GE 2009, 1487 zu Souterrainräumen; AG Hamburg-Altona ZMR 2012, 778 zum Galeriegeschoss.

134 BGH (VIII ZR 218/08) WuM 2009, 514 = NJW 2009, 2880.

135 **A. A.** AG Berlin-Charlottenburg GE 2012, 1318.

136 *Eisenschmid* in Eisenschmid/Wall Rdn. 4023 ff.

137 BGH (VIII ZR 295/03) WuM 2004, 336 = NZM 2004, 453.

138 **A. A.** für Gewerberaum KG ZMR 2004, 753; Schul/Wichert ZMR 2002, 633, 636.

139 OLG Düsseldorf WM 2002, 42 = NZM 2002, 262 = ZMR 2002, 214; unklar BGH WuM 2004, 337 a. A. LG Berlin GE 2012, 1318.

140 Dazu ausführlich *Börstinghaus* WImmoT 2016, 87, 103 f.

der Kosten von Hochbauten, d. h. sie dient der Bewertung von Baukörpervolumina[141]. So kennt die DIN 277 keine Wohnflächen, sondern nur **Brutto-, Konstruktions-** oder **Nettoflächen.** Daher werden typische Merkmale einer Wohnung wie **Dachschrägen** unter dem Gesichtspunkt der gewerblichen Nutzung und nicht der Wohnraumnutzung bewertet.[142] Eine solche Klausel wäre zudem als überraschende Klausel nach § 305c BGB zu werten. Das Gleiche gilt für die Vereinbarung, die Wohnraumgröße nach Grundflächen zu ermitteln.[143] Die Vereinbarung der DIN 283 oder der WoFlVO wäre dagegen AGB-rechtlich unbedenklich.

55 Im Gewerberaummietverhältnis kann die Vereinbarung einer Berechnungsgrundlage für die Ermittlung von **Gewerbeflächen im Einzelfall als Preisvereinbarung** gesehen werden (zur Wohnraumfläche s. Rdn. 53), wenn die Beschreibung der Berechnungsart mit der qm-Miete derart gekoppelt ist, dass sich daraus die geschuldete Vertragsmiete ermitteln lässt[144]. Dann sind solche Geschäftsbedingungen nicht nach § 307 Abs. 1 und 2 BGB zu beurteilen. In Betracht kommt aber ein Verstoß nach § 305c BGB, wenn es sich um eine überraschende Klausel handelt. Die Vereinbarung der Anwendung der DIN 277 bei Gewerbeflächen ist i. d. R. weder unangemessen noch überraschend[145], da diese „Norm" im gewerblichen Bereich eingeführt und bekannt ist[146]. Bedenken können immer dann bestehen, wenn eine Brutto-Flächen-Klausel vereinbart wird, ohne dass der Vertragspartner deutlich und klar darauf hingewiesen wird. Das gilt insbesondere für die formularmäßige Vereinbarung einer GIF-Richtlinie[147], eines sog. Achsmaßes[148] oder einer eigenen Flächendefinition des Klauselverwenders.

56 Haben die Parteien keine ausdrückliche Vereinbarung über die Berechnungsgrundlagen geschaffen[149] und besteht über die tatsächliche Größe des Mietobjektes Streit, stellt sich regelmäßig die Frage, nach welchen Kriterien die Fläche zu ermitteln ist[150]. Es gibt keinen allgemeinen Sprachgebrauch, der mit dem **Begriff der Wohnfläche** deren Berechnung nach festgelegten Regeln verbindet[151]. Daher muss durch Auslegung gem. § 157 BGB nach Treu und Glauben ermittelt werden, welche Berechnungsmethoden die Parteien vereinbart hätten, wenn der nicht geregelte Fall bedacht worden wäre[152]. Dabei kommt eine besondere Bedeutung der am Mietort (Palandt/Heinrichs § 269 BGB Rdn. 5) herrschenden **Verkehrssitte** zu, welche die Ermittlung der Wohnfläche nach bestimmten Kriterien festlegt.[153] Eine Verkehrssitte ist bejaht worden bei der Berechnung von **Dachgeschossflächen**[154]. Danach bleiben Flächen unter Schrägen bei der Wohnflächenberechnung unberücksichtigt, soweit der Raum über ihnen eine lichte Höhe von weniger als 1 m hat. Soweit diese Höhe zwischen 1 m und 2 m liegt, werden die Flächen nur zur Hälfte angerechnet. Nach Auffassung des BayObLG[155] ist es sachgerecht, aus Praktikabilitätsgründen bei der Berechnung von **Balkonen, Loggien** und **Dachterrassen** im Wohnungseigentum auf die DIN 283 abzustellen und diese Flächen zu einem Viertel der Wohnfläche zuzuschlagen. Eine Verkehrssitte zur Berechnung von Balkonen, Loggien und Dachterrassen ist nach Auffassung des Gerichts aber noch nicht feststellbar.[156] Für

---

141 Vgl. *Isenmann* ZMR 1986, 114.

142 OLG Düsseldorf GE 2012, 616.

143 **A. A.** LG Berlin GE 2005, 619.

144 So wohl auch *Scheffler* NZM 2005, 41, 43.

145 Vgl. aber OLG Düsseldorf NJW-RR 2000, 1681 = NZM 2001, 989.

146 *Schul/Wichert* ZMR 2002, 633, 636.

147 Dazu *Börstinghaus* WImmoT 2016, 87, 105f.

148 *Scheffler* NZM 2005, 41, 42 m. w. N.

149 Kritisch zur „Vereinbarungslösung" *Lammel* jurisAnwZert MietR 8/2009 Anm. 1; dagegen *Hinz* WuM 2008, 633 mit Berechnungsbeispielen.

150 S. dazu ausführlich *Eisenschmid* in Eisenschmid/Wall, Rdn. 4017ff.

151 BGH (V ZR 91/89) NJW 1991, 912 = MDR 1991, 515 = GE 1991, 239; BGH (VIII ZR 44/03) WuM 2004, 337 = GE 2004, 680 = ZMR 2004, 495 mit Anm. *Schul/Wichert* 2004; zum Begriff der Mietraumfläche s. BGH (VIII ZR 244/08) WuM 2010, 27 = MietPrax-AK § 536 BGB Nr. 28 = NJW 2010, 293 = NZM 2010, 80 = GE 2010, 119; zum Begriff der Nutzfläche im Mietvertrag s. LG Hildesheim GE 2010, 623.

152 BGH (VIII ZR 44/03) WuM 2004, 337; Palandt/*Heinrichs* § 157 Rdn. 7.

153 BGH (VIII ZR 164/08) WuM 2009, 733 = MietPrax-AK § 536 BGB Nr. 29 = NJW 2010, 292 = NZM 2010, 36 = GE 2010, 54.

154 BGH (VIII ZR 44/03) WuM 2004, 337; WM 1997, 625 = NJW 1997, 2874 = MDR 1997, 1012; LG Mannheim WM 1989, 11; LG München I WuM 2006, 91.

155 BayObLG 1996, 294 = NJW 1996, 2106 = MDR 1996, 789.

156 So auch LG Hamburg ZMR 2013, 284; zur Ortsüblichkeit bei „gedeckten Freisitzen" vgl. BGH WuM 2009, 733.

die Berechnung der Wohnfläche hat das OLG Celle[157] eine Verkehrsauffassung dahingehend bejaht, dass jedenfalls die II. BV oder die DIN 283 maßgebliche Berechnungsgrundlagen darstellen. Eine allgemeine Verkehrssitte für die Anwendung eines konkreten Verfahrens zur Ermittlung der Wohnflächen hat sich aber noch nicht herausgebildet[158]. Eine örtliche Verkehrssitte für die Anwendung der II. BV ist für Berlin bestätigt worden[159] Dort sei es ortsüblich, die Fläche von Terrassen[160] zur Hälfte auf die Wohnfläche anzurechnen.[161]

Ist mit diesen Methoden keine Berechnungsgrundlage zu finden, ist davon auszugehen, dass sich **57** die Parteien stillschweigend darauf geeinigt haben, dass die Wohnfläche nach den §§ 42–44 II. BV bzw. nach der Wohnflächenverordnung berechnet werden soll[162]. Das gilt auch für Wohnraum in einer Wohnungseigentumsanlage. Sofern nach dem Gesamtcharakter des Gebäudes Wohnraum dominiert, schadet es nicht, wenn auch einzelne Teileigentumseinheiten nach der WoFlVO bewertet werden.[163] Die DIN 283 spielt insoweit keine Rolle mehr. Entscheidend ist im freifinanzierten Wohnungsbau für die stillschweigende Einigung der Zeitpunkt des Vertragsabschlusses, da die WoFlVO[164] erst am 1.1.2004 in Kraft getreten ist. Vor diesem Zeitpunkt abgeschlossene Verträge richten sich in den vorgenannten Fällen nach den §§ 42–44 II. BV. Für den sozialen Wohnungsbau gelten dagegen die maßgeblichen gesetzlichen Bestimmungen. Bei Anwendung der II. BV können somit für die Flächenermittlung von Balkonen, Loggien, Dachgärten und gedeckten Freisitzen[165] unabhängig von ihrer Lage, Ausrichtung und Nutzbarkeit die Grundflächen bis zur Hälfte angerechnet werden.[166] Bei Anwendung der WoFlVO sind die Grundflächen regelmäßig mit einem Viertel anzusetzen.

2. Instandhaltung und Modernisierung

Der Vermieter ist nach dem Gesetz zur Instandhaltung (s. Einzelheiten unter Rdn. 63ff.) be- **58** rechtigt und verpflichtet[167]. Die Instandhaltung dient in erster Linie der Erhaltung und Wiederherstellung des vertragsgemäßen Zustandes. Ihr wirtschaftlicher Wert ist daher in die Miete eingeflossen, soweit nicht der Vermieter die Instandhaltungspflicht wirksam auf den Mieter übertragen hat.[168] Im Einzelfall kann die Instandhaltungspflicht aber auch zu einer Änderung des vertragsgemäßen Gebrauchs führen. So, wenn der Vermieter einen Leitungsdefekt zum Anlass nimmt, auf eine andere Energieart umzusteigen und dies für den Mieter zumutbar ist.[169] Zum Anspruch des Mieters auf Verbesserung der technischen Ausstattung des Wohnraums vgl. § 536 Rdn. 36ff.

§ 555a Abs. 1 BGB, wonach der Mieter Einwirkungen auf die Mietsache zu dulden hat, die zur **59** Erhaltung der Mieträume oder des Gebäudes erforderlich sind, stellt sicher, dass nicht der Mieter wegen seines Unverletzlichkeitsanspruchs (Art. 13 GG) den Vermieter an notwendigen Reparatur- und Instandsetzungsarbeiten hindert (Einzelheiten s. bei § 555a BGB).

Der Mieter muss sogar hinnehmen, dass der Vermieter im laufenden Mietverhältnis den **Ver- 60** **tragsgegenstand** ändert. § 555d BGB bestimmt, dass bei Vorliegen bestimmter Voraussetzungen der Mieter **Modernisierungsarbeiten** des Vermieters dulden muss. Das schließt ein, dass der Mie-

---

157 NJW-RR 1999, 816 = NZM 1999, 879.

158 OLG Düsseldorf, Urt. v. 22.2.1989 Az.: 9 U 232/88; OLG Hamm, Beschluss vom 18.9.1991, Az: 12 W 17/91; OLG Koblenz, IBR 1995, 191.

159 KG IBR 2001, 202; zur Anrechnung von Balkonflächen nach Berliner Mietspiegel s. KG ZMR 2004, 909; LG Berlin ZMR 2004, 942.

160 Zur Definition der Terrasse siehe AG Landau (Pfalz) WuM 2014, 740 sowie *Börstinghaus* jurisPR-MietR 7/2015 Anm. 4; *ders.* WImmoT 2016, 87, 105f.

161 LG Berlin GE 2011, 1086.

162 BGH (VIII ZR 244/08) WuM 2010, 27 = MietPrax-AK § 536 BGB Nr. 28 = NJW 2010, 293 = NZM 2010, 80 = GE 2010, 119; (VIII ZR 164/08) WuM 2009, 733 = MietPrax-AK § 536 BGB Nr. 29 = NJW 2010, 292 = NZM 2010, 36 = GE 2010, 54; (VIII ZR 231/06) WuM 2007, 441 = NJW 2007, 2624 = NZM 2007, 595 = MDR 2007, 1183 = ZMR 2007, 764 = GE 2007, 1047 = MietPrax-AK § 536 BGB Nr. 18 mit Anm. *Eisenschmid;* LG Frankfurt/M. NZM 2009, 81; *Langenberg* NZM 2009, 76; **a. A.** LG Krefeld NZM 2008, 800.

163 LG Itzehoe ZMR 2014, 290.

164 Vgl. zur Wohnflächenberechnung § 536 Rdn. 52; *Eisenschmid* in Eisenschmid/Wall Rdn. 4000ff.

165 Zum Begriff des gedeckten Freisitzes vgl. BGH WuM 2009, 733 = MietPrax-AK § 536 BGB Nr. 29 = NJW 2010, 292 = NZM 2010, 36 = GE 2010, 54; *Eisenschmid* in Eisenschmid/Wall, Rdn. 4262f; *Börstinghaus* WImmoT 2016, 87, 105f.

166 BGH (VIII ZR 86/08) WuM 2009, 344; AG Coesfeld WuM 2009, 663; kritisch *Lammel* jurisPR-Mietrecht 14/2009 Anm. 1.

167 AG Fürth GE 2005, 677.

168 *Dose* NZM 2009, 381.

169 LG Hannover WuM 1991, 478 = NJW-RR 1991, 1355 = ZMR 1991, 482.

ter nicht nur den Vermieter selbst, sondern auch die Handwerker in seine Wohnung lassen muss, damit die Arbeiten ordnungsgemäß geplant und durchgeführt werden können. Auch insoweit wird das Gebrauchsrecht des Mieters schon durch das Gesetz **eingeschränkt.**

3. Besonderheiten bei Wohnungseigentum

61 Bei einer vermieteten Eigentumswohnung ändert sich an der Instandhaltungs- und Instandsetzungspflicht des Vermieters nichts, auch wenn er bezüglich der Gemeinschaftsräume wegen der Eigentümergemeinschaft nur begrenzte Einwirkungsmöglichkeiten hat.[170] Das gilt auch, wenn die Wohnung während des laufenden Mietverhältnisses in eine **Eigentumswohnung umgewandelt und veräußert** worden ist. Entgegen einer früher vertretenen Auffassung[171] hat der BGH[172] nunmehr klargestellt, dass die Wohnungseigentümergemeinschaft nicht in den Mietvertrag eintritt, auch wenn der zur veräußerten Wohnung gehörende Nebenraum nach der Teilungserklärung im Gemeinschaftseigentum aller Wohnungseigentümer steht. Der Erwerber der Wohnung ist vielmehr auch bezüglich des dazugehörenden Nebenraumes alleiniger Vermieter und damit auch allein für die Instandhaltung verantwortlich.

62 Die **Zwangsvollstreckung** aus einem Titel auf Durchführung von Instandsetzungsmaßnahmen richtet sich bei einer **vermieteten Eigentumswohnung** nicht nach § 887 ZPO, sondern nach § 888 ZPO,[173] wenn die Mitwirkung der Eigentümergemeinschaft erforderlich ist, weil die durchzuführenden Arbeiten auch das Gemeinschaftseigentum betreffen. Erforderlich ist aber, dass dem Schuldner (Vermieter) insoweit Versäumnisse anzulasten sind, als er sich nicht ausreichend um die Mitwirkung bzw. Zustimmung der anderen Wohnungseigentümer bemüht hat. Hat der Mieter den Vermieter erfolgreich auf die Durchführung von Instandsetzungsmaßnahmen verklagt, kann bei späterer Anordnung der Zwangsverwaltung der Titel zur Vollstreckung gegen den Zwangsverwalter umgeschrieben werden.[174]

II. Erhaltungspflicht

1. Allgemeines

63 **a) Vermieter.** Der Vermieter ist verpflichtet, den vertragsgemäßen Gebrauch während der Mietzeit zu gewähren. Hierfür muss er die Wohnung, die zur Ausstattung der Wohnung gehörenden Bauteile und Einrichtungen[175], den Hausflur[176] und andere gemeinschaftlichen Hausteile, das Haus und das auf dem Hausgrundstück befindliche Umfeld instandhalten und ggf. instandsetzen (s. § 555 a Abs. 1 BGB zur Duldungspflicht des Mieters). Diese Pflichten des Vermieters sind Hauptpflichten. Formularklauseln, die den Vermieter von seiner Pflicht zur Überlassung der Mietsache im vertragsgerechten Zustand freizeichnen sollen, sind daher wegen Verstoßes gegen § 307 Abs. 2 Nr. 1 BGB unwirksam. Nur soweit die Klausel den Inhalt der Leistungspflichten konkretisiert und dabei das Risiko der Nutzbarkeit nicht auf den Mieter verlagert, ist sie zulässig.[177] Für den Umfang der Erhaltungspflicht ist § 538 BGB von wesentlicher Bedeutung. Diese Vorschrift bestimmt, dass die „normale" – vertragsgemäße – Abnutzung der Mietsache zu Lasten des Vermieters geht.[178] Im Rahmen der Erhaltungspflicht kann es geboten und vom Mieter hinzunehmen sein, dass die Mietsache unwesentlich und ohne Wertverlust verändert wird.[179] Andererseits ist der Vermieter gehalten, bei Beseitigung der Schäden möglichst den ursprünglichen Zustand der Mietsache wieder her-

---

170 KG, Rechtsentscheid, WuM 1990, 376 = NJW 1990, 3218 = NJW-RR 1990, 1166 = ZMR 1990, 336 = DWW 1990, 232 = GE 1990, 811; OLG Zweibrücken, Rechtsentscheid, WuM 1995, 144 = MM 1995, 143 = NJW-RR 1995, 270 = GE 1995, 419 = ZMR 1995, 119.

171 KG WuM 1993, 423 = ZMR 1993, 380.

172 BGH (VIII ARZ 1/98) WuM 1999, 390 = NJW 1999, 2177 = MDR 1999, 985 = DWW 1999, 291.

173 OLG Düsseldorf WuM 2002, 272; OLG Zweibrücken WuM 1995, 144 = GE 1995, 419 = ZMR 1995, 119 = NJW-RR 1995, 270; BayObLG WuM 1993, 766; KG WuM 1990, 376 = ZMR 1990, 336 = DWW 1990, 232 = NJW-RR 1990, 1166.

174 LG Berlin GE 1997, 431.

175 BGH (VIII ZR 96/11) MietPrax-AK § 535 BGB Nr. 46 = WuM 2011, 618.

176 KG WuM 1984, 42 = GE 1984, 81; LG München I WuM 1993, 736; AG Berlin-Schöneberg MM 1994, 211.

177 *Drettmann* WuM 2012, 535, 539.

178 OLG Düsseldorf GE 2012, 267.

179 Unklar insoweit LG Berlin NZM 2001, 986.

zustellen.[180] Tritt ein Mangel wiederholt auf, ist der Vermieter verpflichtet, nicht nur erneut die jeweils konkrete Einzelmaßnahme zur Beseitigung durchzuführen, sondern eine grundlegende und nachhaltige Sanierung zur Fehlerbehebung vorzunehmen.[181]

Den Vermieter trifft darüber hinaus eine **Überwachungspflicht,** insbesondere **Prüfungs-** und **Wartungspflicht.**[182] Danach hat er das Mietobjekt im angemessenen Zeitabstand zu überprüfen, ob es sich noch in einem zum vertragsgemäßen Gebrauch geeigneten Zustand befindet. Das schließt erforderliche Wartungsarbeiten bestimmter Anlagen, z. B. eines Wasserboilers oder des Rauchwarnmelders[183], ein, sofern nicht die Wartung wirksam auf den Mieter übertragen wurde. Zum Anspruch des Mieters auf Verbesserung der technischen Ausstattung des Wohnraums vgl. § 536 BGB Rdn. 36. 64

Die Überwachungspflicht findet aber nach Treu und Glauben dort ihre Grenze, wo die Kontrolle einen unzumutbaren Aufwand erfordert und keine Gewähr für eine dauerhafte Funktionstauglichkeit bietet.[184] Auch für nur abstrakt denkbare Schadensrisiken muss der Vermieter keine Vorkehrungen treffen.[185] So ist der Vermieter im Regelfall nicht verpflichtet, eine in der Erde liegende Wasserleitung auszugraben, um sich über den Erhaltungszustand der Rohre Gewissheit zu verschaffen.[186] Das gilt gleichermaßen für in den Wänden verlegte Wasserrohre.[187] Ohne besondere Anhaltspunkte ist der Vermieter auch nicht verpflichtet, die Dachrinne und Abflussrohre regelmäßig zu überprüfen[188]. Lassen aber häufige **Verstopfungen** der **Abwasserrohre** auf eine Zusetzung der Rohre schließen, ist der Vermieter gehalten, die Leitungen jährlich überprüfen zu lassen.[189] Er kann diese Aufgaben nicht formularvertraglich auf den Mieter übertragen.[190] 65

Weiterhin ist zu beachten, dass eine Überwachungs- und Kontrollpflicht nur insoweit besteht, als der Vermieter auch Zugang zu den Gebäudeteilen und **Gemeinschaftseinrichtungen** hat. Die Anforderungen an den Vermieter, die mitvermieteten technischen Einrichtungen laufend zu überprüfen, dürfen nicht überspannt werden.[191] Sind die Räume und Einrichtungen ausschließlich dem Mieter überlassen worden, darf sich der Vermieter auf die Mängelanzeige des Mieters nach § 536 c BGB verlassen.[192] 66

Der Pflicht zur Instandhaltung und Instandsetzung kann der Vermieter nur nachkommen, wenn ihm auf der anderen Seite das Recht gewährt wird, die Mieträume zu betreten. Rechtsprechung sowie Schrifttum haben daher eine entsprechende **Duldungspflicht** des **Mieters** aus § 242 BGB bejaht.[193] Die Pflicht des Mieters zur Gewährung **des Zutritts** ist über den Fall der Instandsetzung und Instandhaltung hinaus zu erweitern auf den Fall, dass der Vermieter im Zuge einer Umwandlung des Objektes in Eigentumswohnungen eine **Bauprüfung** zur Erteilung der Abgeschlossenheitsbescheinigung durchführen muss.[194] 67

Soweit der Vermieter in den Mietvertrag auch Gemeinschaftsanlagen einbezogen hat, erstreckt sich seine Pflicht zur Erhaltung des vertragsgemäßen Gebrauchs auch darauf. Müssen Geräte ersetzt werden, beschränkt sich die Pflicht des Vermieters – soweit nicht vertragliche Vereinbarungen entgegenstehen –, auf die Aufrechterhaltung eines funktionsfähigen Grundbestandes.[195] Der Vermieter muss daher nicht das neueste Modell eines **Ersatzgerätes** einbauen lassen. 68

Hat der Vermieter dem Mieter die Räume schon vor Beginn des Mietverhältnisses überlassen (vgl. Rdn. 3ff.), dann ist er vom Beginn der Überlassung an zur Instandhaltung und Instandsetzung 69

180 LG Berlin WuM 2017, 14: kein Ersatz durch Holz für Fliesen des Terrassenbelags; LG Stuttgart WuM 2015, 477 = NJW-RR 2015, 1494 = NZM 2015, 892: kein Austausch des Teppichbodens gegen Laminatfußboden; AG Hamburg-Altona NZM 2007, 515; *Scholz,* jurisPR-MietR 16/2015 Anm. 1.

181 OLG Düsseldorf GuT 2007, 363 = GE 2008, 54.

182 OLG Schleswig ZMR 2012, 947; Ruff DWW 2006, 411; *Voelskow* PiG 16, 1984, 33, 37.

183 *Cramer* ZMR 2016, 505.

184 BGH WuM 1993, 123 = NJW-RR 1993, 521 = MDR 1993, 866 = ZMR 1993, 151; LG Berlin GE 1990, 1079.

185 OLG München NJWE-MietR 1996, 177.

186 BGH BB 1957, 494.

187 AG Menden ZMR 1999, 34.

188 OLG Düsseldorf GE 2012, 1228.

189 LG Berlin GE 2000, 283; 1992, 1045; 1988, 413.

190 KG GE 2013, 1274.

191 BGH VersR 1966, 81.

192 LG Hamburg ZMR 1991, 440 = DWW 1992, 83; *Emmerich* in Staudinger § 535 BGB Rdn. 32.

193 *Bieber* in MünchKomm § 554 BGB Rdn. 12.

194 LG Hamburg WuM 1994, 425.

195 LG Berlin WuM 1998, 481; MM 1997, 192.

verpflichtet. Ob dies auch für den Zeitraum nach der Beendigung des Mietverhältnisses gilt, wenn dem Mieter eine Räumungsfrist gewährt wurde, ist umstritten.[196]

70 **b) Mieter.** Gem. § 538 BGB hat der Mieter die vertragsgemäße „normale" Abnutzung nicht zu vertreten. Daher muss er nur für darüber hinausgehende Schäden eintreten, soweit er diese gem. § 276 BGB zu vertreten hat. Für Dritte haftet er unter Umständen im Rahmen des § 278 BGB, soweit sie mit Wissen und Wollen des Mieters die Mietsache benutzt haben (siehe aber Rdn. 297). Dritte sind nicht nur Familienmitglieder des Mieters, sondern auch dessen Besucher und Handwerker, die er in die Wohnung bestellt hat. Der Mieter kann sich nicht damit entlasten, dass er hinsichtlich dieser Personen einer ausreichenden **Auswahl-** und **Überwachungspflicht** nachgekommen ist. Der Vermieter ist berechtigt, aber nicht verpflichtet, Schäden zu beheben, die der Mieter verursacht und zu vertreten hat.

2. Vertragliche Abwälzung der Erhaltungspflicht auf den Mieter

71 **a) Mietwohnungen.** Die vertragliche Abwälzung von Instandsetzungsmaßnahmen auf den Wohnungsmieter ist nur in sehr engen Grenzen möglich. Derartige Absprachen sind, auch wenn sie individualvertraglich getroffen werden, eng auszulegen.[197] Eine Vornahmeklausel ist im Rahmen einer formularmäßigen Abwälzung generell unzulässig.[198] Hat er sie zulässig individualvertraglich mit dem Mieter vereinbart, kann der Vermieter nicht erwarten, dass der Mieter die Arbeiten wie ein Fachbetrieb ausführt.[199]

72 Üblicherweise werden die Kosten der Instandhaltung bzw. Instandsetzung formularvertraglich auf den Mieter abgewälzt. Der BGH hat unter den Kosten der Instandhaltung in Anlehnung an § 28 Abs. 1 II. BV (s. Rdn. 76) die Kosten verstanden, die zur Erhaltung des bestimmungsgemäßen Gebrauchs aufgewendet werden müssen, um die durch Alterung, Abnutzung oder Witterungseinwirkung entstehenden baulichen oder sonstigen Mängel ordnungsgemäß zu beseitigen.[200] Eine formularvertragliche Klausel zur **Kostentragung** von **Kleinreparaturen** ist nur zulässig, wenn sie gegenständlich begrenzt ist[201] und eine Betrags-Höchstgrenze sowohl für die Reparatur im Einzelfall[202] als auch für die Summe der Reparaturen innerhalb eines bestimmten Zeitraums angibt.[203] Die Vereinbarung einer Kleinreparaturklausel, die eine Kostenbeteiligung des Mieters bis zu einem bestimmten Höchstbetrag vorsieht, berechtigt den Vermieter nicht, bei größeren Reparaturen den vereinbarten Höchstbetrag als anteiligen Reparaturbeitrag zu verlangen. Bei größeren Schäden ist der Mieter somit ganz frei.[204] Unzulässig ist es, durch eine Formularklausel den Mieter anteilig zur Kostenbeteiligung für die Beseitigung einer Rohrverstopfung in Anspruch zu nehmen, wenn sich der Schadensverursacher nicht ermitteln lässt[205] (Einzelheiten s. bei § 538 BGB). Beschränkt sich die Rohrverstopfung auf die vermieteten Räume[206], haften mehrere Mieter auch dann als Gesamtschuldner, wenn sich der Verursacher nicht ermitteln lässt.[207] Das grundsätzliche Verbot im Wohnraummietverhältnis, Reparaturkosten auf die Mieter formularmäßig abzuwälzen, darf nicht da-

[196] So *Eisenschmid* ZfgWBay 1988, 85, 87; **a. A.** *Voelskow* PiG 16, 1984, 33, 39.

[197] *Sternel* Mietrecht aktuell (2009) Rdn. II 154; Erman/*Lützenkirchen* § 535 Rdn. 136f.; s. auch *Hau* NZM 2006, 561.

[198] BGH BGHZ 118, 194 = WuM 1992, 355 = NJW 1992, 1759 = MDR 1992, 669 = DWW 1992, 207 = ZMR 1992, 332 = GE 1992, 663; BayObLG NJW-RR 1997, 1371; OLG Frankfurt/M. WuM 1997, 609.

[199] OLG Köln WuM 1995, 582 = ZMR 1994, 562.

[200] BGH (XII ZR 158/01) GuT 2005, 213 = MietPrax-AK § 538 BGB Nr. 17 = ZMR 2005, 844 = DWW 2005, 372 = NZM 2005, 863; WuM 2004, 290 = NZM 2004, 417 = GE 2004, 613 = ZMR 2004, 430 = MietPrax-AK § 2 Nr. 17 BetrKV Nr. 1 = DWW 2004, 180.

[201] AG Zossen WuM 2015, 476.

[202] BGH (VIII ZR 343/08) WuM 2010, 235 = MietPrax-AK § 536 BGB Nr 31 = NZM 2010, 356 = ZMR 2010, 517 = GE 2010, 480; AG Bremen NZM 2008, 247 – 200 € ist unangemessen; AG Braunschweig ZMR 2005, 717 – 100 €; vgl. *Börstinghaus,* jurisPR-MietR 7/2006 Anm. 1 zur Mieterhöhung bei nicht vereinbarter Übernahme.

[203] BGH (XII ZR 158/01) NZM 2005, 863 = GuT 2005, 213 = ZMR 2005, 844 = DWW 2005, 372 = GE 2005, 1185 = MietPrax-AK § 538 BGB Nr. 17 mit Anm. *Eisenschmid;* BGHZ 108, 1 = WuM 1989, 324 = NJW 1989, 2247 = ZMR 1989, 327 = NJW-RR 1989, 1160 = DWW 1989, 195 = GE 1989, 669; AG Braunschweig ZMR 2005, 717 – 8% der Jahresmiete.

[204] OLG Düsseldorf DWW 2002, 328.

[205] OLG Hamm, Rechtsentscheid, WuM 1982, 201 = NJW 1982, 2005 = MDR 1982, 851 = ZMR 1982, 314 = DWW 1982, 214 = GE 1982, 695.

[206] So im Fall AG Bergheim ZMR 2008, 632.

[207] AG Gießen NJW-RR 2008, 392.

durch umgangen werden, dass der Formularmietvertrag bestimmte Einrichtungen, wie z. B. eine Einbauküche, dem Mieter nur leihweise überlässt und ihn für die Leihgabe zur Übernahme von Reparaturkosten verpflichtet.[208]

Werden die Schönheitsreparaturen und die Kleinreparaturen in Form einer einzigen Klausel auf **73** den Mieter übertragen, so sind die jeweiligen Klauselbestandteile gesondert zu bewerten. Die Unwirksamkeit eines Klauselteils führt deshalb nicht zur Unwirksamkeit der gesamten Klausel. Vielmehr bleibt diese mit ihrem wirksamen Teil aufrechterhalten[209] (Einzelheiten zu Vertragsgestaltungen mit Allgemeinen Geschäftsbedingungen s. vor § 535 Rdn. 37 ff.).

Für den preisgebundenen Wohnungsbau wird im Rahmen der Vorschriften zur Ermittlung der **74** **Kostenmiete** der Begriff **Instandhaltungskosten** definiert. Danach handelt es sich bei den Instandhaltungskosten um Kosten, die während der Nutzungsdauer zur Erhaltung des bestimmungsgemäßen Gebrauchs aufgewendet werden müssen, um die durch Abnutzung, Alterung und Witterungseinwirkung entstehenden baulichen oder sonstigen Mängel ordnungsgemäß zu beseitigen (§ 19 Abs. 2 WoFG; § 28 Abs. 1 II. BV). § 28 Abs. 3 Satz 1 II. BV unterstellt, dass sog. „kleine Instandhaltungen" vertraglich auf den Mieter abgewälzt werden dürfen. Daraus ist aber kein Sonderrecht für diesen Wohnungsbestand abzuleiten. Vielmehr unterliegen formularvertragliche Regelungen über die Instandsetzungspflicht des Mieters im preisgebundenen Wohnraum den gleichen Grundsätzen, wie sie auch für den freifinanzierten Wohnungsbau gelten. Gem. Satz 2 des § 28 Abs. 3 II. BV umfassen kleine Instandhaltungen nur das Beheben kleiner Schäden an den Installationsgegenständen für Elektrizität, Wasser und Gas, den Heiz- und Kocheinrichtungen, den Fenster- und Türverschlüssen sowie den Verschlussvorrichtungen für Fensterläden. Wegen § 305 c Abs. 2 BGB sind Vertragsklauseln, die den Umfang der Haftung erweitern sollen, eng auszulegen.[210] Diese reine Kostenregelung berührt allerdings nicht die Pflichten aus § 535 BGB, so dass der Pflichtenkatalog des Vermieters unbeschadet des Kostenansatzes zu bestimmen ist.

Der Mieter von Wohnraum kann nicht dazu verpflichtet werden, anstelle einer Kostenüber- **75** nahme für erforderliche Reparaturleistungen eine besondere **Versicherung** zugunsten des Vermieters gegen eventuelle **Sachschäden** abzuschließen.[211] Das gilt auch für private Sach- und Haftpflichtversicherungen des Mieters[212] (s. hierzu insbesondere Rdn. 84 ff.). Unzulässig ist es auch, den Mieter für Schäden an der Mietsache formularvertraglich haftbar zu machen, die durch Dritte verursacht wurden und vom Mieter nicht zu vertreten sind.[213]

b) Gewerberaum. Dem Mieter von Gewerberaum können durch formularmäßige Überbür- **76** dung der Erhaltungslast nicht nur die Kosten, sondern grundsätzlich auch sämtliche Reparaturverpflichtungen auferlegt werden. Dies hängt u. a. mit den unterschiedlichen Risiken und Abnutzungen zusammen, die bei der Überlassung von Gewerberaum im Vergleich zu Wohnungen auftreten.[214] Voraussetzung für die Annahme einer wirksamen „Übertragungs"-Klausel ist aber, dass dem Mieter nicht das **Herstellungsrisiko** übertragen wird.[215] Das kann der Fall sein, wenn beispielsweise unzumutbare Aufwendungen erforderlich sind, um das Objekt konzessionsgerecht herstellen und für den vereinbarten Vertragszweck nutzen zu können.

Die Schäden müssen zudem dem **Mietgebrauch** oder dem **Risikobereich** des Mieters zuzu- **77** ordnen sein,[216] z. B. Schäden, die von Anlagen und Maschinen in den Mieträumen ausgehen, und es bedarf einer eindeutigen vertraglichen Vereinbarung. Anderenfalls verstößt eine solche Instandsetzungsklausel gegen § 307 BGB. Etwas anderes kann für die formularmäßige Abwälzung von Schönheitsreparaturen gelten, wenn dem Mieter für die Durchführung der Anfangsrenovierung ein angemessener Ausgleich gewährt wird oder wenn sie ihm freigestellt wird.[217]

---

208 So der Mietvertrag des Stuttgarter Haus- und Grundbesitzervereins e. V., Version 9/2001 (§ 24 Abs. 3).
209 BayObLG NJW-RR 1997, 1371.
210 AG Hamburg-Barmbek GE 2011, 957.
211 LG Düsseldorf WuM 1990, 336.
212 LG Berlin WuM 1993, 261; GE 1993, 159.
213 AG Düren WuM 2010, 292.
214 *Gather* DWW 1997, 169, 181; zur Übertragung der Vermieterstellung siehe Hübner ZMR 2011, 615.
215 *Drettmann* in Graf von Westphalen, Geschäftsraummiete Rdn. 38.
216 BGH (XII ZR 158/01) GuT 2005, 213 = DWW 2005, 372 = MDR 2006, 17 = GE 2007, 1112 = Miet-Prax-AK § 538 BGB Nr. 17; OLG Köln WuM 1994, 274 = NJW-RR 1994, 524 = ZMR 1994, 158 = DWW 1994, 119; OLG Düsseldorf DWW 1992, 241 = BB 1992, 1815; *Dose* NZM 2009, 381, 385.
217 BGH WuM 1987, 306 = ZMR 1987, 415 = MDR 1987, 927 = NJW 1987, 2575 = DWW 1987, 219.

78 Wirksam ist eine Vereinbarung, die den Mieter verpflichtet, „die laufende Instandhaltung und Instandsetzung im Inneren der Räume" vorzunehmen.[218] Ist dagegen lediglich bestimmt, dass die Räume mit der erforderlichen Sorgfalt zu behandeln und in einem ordnungsgemäßen Zustand zu erhalten oder zurückzugeben sind, reicht dies für die Überbürdung der grundsätzlich dem Vermieter obliegenden Erhaltungslast nicht aus.[219]

79 Formularmäßige Übertragungen der Instandhaltungs- und Instandsetzungspflicht sind wegen der auf den Mieter abgewälzten erheblichen Risiken auch im gewerblichen Mietverhältnis grundsätzlich eng auszulegen.[220] Daher kann der Vermieter bei Vereinbarung einer **Kleinreparaturklausel** mit einem Höchstbetrag diesen nicht als anteilige Beteiligung des Mieters bei größeren Reparaturen verlangen. Übersteigen die Reparaturkosten den vereinbarten Höchstbetrag, ist der Mieter vielmehr frei.[221] Im Übrigen ist zu differenzieren: Die vollständige Freizeichnung des Vermieters von jeglichen Reparaturverpflichtungen würde den Mieter mit einem nicht voraussehbaren Risiko belasten, da er auch für solche Mängel einstehen müsste, die schon vor Vertragsbeginn vorhanden waren.[222] Hat der Mieter daher formularvertraglich die Instandsetzung der Mietsache übernommen, betrifft dies mangels ausdrücklicher weiter gehender Vereinbarung nur die Reparatur der durch den Mietgebrauch entstandenen Mängel und nicht die Beseitigung der durch Dritte verursachten Schäden.[223] Ebenso kann der Mieter durch eine solche Klausel nicht verpflichtet werden, nicht mehr reparaturfähige Teile der Mietsache zu ersetzen[224] (s. im Einzelnen § 536 Rdn. 465ff.).

80 Ebenfalls ist es mit § 307 BGB nicht vereinbar, wenn der Mieter für die **Unterhaltung an „Dach und Fach"**[225] – s. dazu § 536 Rdn. 467 – aufzukommen hat, weil dies bedeuten würde, dass er auch für die Erhaltung der Dachsubstanz und der tragenden Gebäudeteile zu sorgen hat, da der Begriff alle Arbeiten am Mauerwerk eines Hauses erfasst.[226] Dies würde zu einem unüberschaubaren Kostenrisiko für die Mieter führen.[227] Auch die Haftungsbeschränkung auf eine vom Vermieter zu verantwortende „grobe Vernachlässigung des Grundstücks" ist nicht wirksam.[228] Weitere Einzelheiten s. § 536 Rdn. 438ff.

81 Für **gemeinsam** von mehreren Mietern genutzte **Flächen und Anlagen** ist eine vollständige Überbürdung der Kosten wegen § 307 BGB unzulässig.[229] Zum einen werden dadurch Kosten auf den Mieter übertragen, die nicht durch seinen Mietgebrauch veranlasst sind, und zum anderen werden ihm Kosten für Schäden auferlegt, die von Dritten verursacht wurden. Eine begrenzte Umlage, z. B. von 8% der Jahresmiete als Höchstbetrag kann u. U. zulässig sein, wenn z. B. die Schäden auf Abnutzung, Alterung oder Witterungseinflüsse zurückzuführen sind und der Mieter sich nicht schon mit anderen Beiträgen, z. B. an eine Werbegemeinschaft, für die Gesamtanlage mietvertraglich verpflichtet hat.[230] Im Übrigen muss die Vereinbarung so gestaltet sein, dass sich der Mieter wenigstens ein grobes Bild davon machen kann, welche zusätzlichen Kosten auf ihn zukommen können.[231] Daher genügt es nicht, z. B. die Tragung der Kosten für „übliche" Versicherungen oder den

---

[218] OLG Köln WuM 1994, 274 = NJW-RR 1994, 524 = ZMR 1994, 158 = DWW 1994, 119.

[219] OLG Düsseldorf ZMR 1999, 627 = DWW 1999, 294 = NZM 2000, 464; NJW-RR 1992, 1096 = BB 1992, 2031 = DWW 1992, 365.

[220] OLG Brandenburg ZMR 2003, 909; OLG Koblenz WuM 1990, 16 = NJW-RR 1990, 20 = ZMR 1989, 464 = GE 1990, 649; *Emmerich* in Staudinger § 535 BGB Rdn. 66.

[221] OLG Düsseldorf DWW 2002, 238.

[222] OLG Naumburg WuM 2000, 241 = NJW-RR 2000, 823 = ZMR 2000, 383 = NZM 2000, 1183; OLG Köln WuM 1994, 274 = ZMR 1994, 158 = NJW-RR 1994, 524 = DWW 1994, 119.

[223] KG NJW-RR 2003, 586; s. auch zur Verjährung BGH WuM 1987, 154 = NJW 1987, 2072 = ZMR 1987, 210 = NJW-RR 1987, 1037 = MDR 1987, 575.

[224] KG MDR 2000, 447.

[225] Zum Begriff vgl. OLG Hamm ZMR 1988, 260; *Disput/Hübner* ZfIR 2007, 836, 838; *Weimar* BlGBW 1980, 69; WuM 1956, 85.

[226] OLG Hamburg MDR 1967, 845; s. auch OLG Brandenburg ZMR 2003, 909; vgl. auch OLG Frankfurt/M. WuM 1992, 56 = NJW-RR 1992, 396 = ZMR 1992, 198 zum Mietvertrag über Wohnraum; *Sternel* Mietrecht aktuell (2009) Rdn. II 154; *Kraemer* in Bub/Treier III. A Rdn. 2622.

[227] KG NJW-RR 2003, 586; OLG Dresden NJW-RR 1997, 395 = NJWE-MietR 1997, 106 = GE 1996, 1237; *Disput/Hübner* ZfIR 2007, 836, 838.

[228] OLG Hamm NJW-RR 1996, 969.

[229] BGH (XII ZR 158/01) DWW 2005, 372 = NZM 2005, 863 = GuT 2005, 213 = GE 2005, 1185 = ZMR 2005, 844 = ZfIR 2005, 692 mit Anm. *Schmid* = MietPrax-AK § 556 BGB Nr. 17 mit Anm. *Eisenschmid;* LG Augsburg ZMR 2007, 697; s. auch *Hoff* ZMR 2006, 415; *Dose* NZM 2009, 381, 385.

[230] *Horst* DWW 2008, 42, 50; *Wolf* in: Lindner-Figura/Opreé/Stellmann, Kap. 13, Rdn. 185 – 10%.

[231] *Joachim* GuT 2007, 4; *Geldmacher* Mietrecht kompakt 2005, 181, 183.

„Betrieb" bzw. die „Unterhaltung" zu vereinbaren.[232] Soweit der Mieter verpflichtet ist, die **Erhaltungslast** zu tragen, obliegt ihm – sofern die Beschädigung auf den Mietgebrauch zurückzuführen ist – im Streitfall die **Beweislast,** dass er den Schaden nicht verschuldet hat.[233] Weitere Einzelfragen s. § 536 Rdn. 438ff.

Eine formularmäßige[234] Vereinbarung, wonach der Vermieter zu keinerlei Instandhaltungs- und Instandsetzungsmaßnahmen am gesamten Mietobjekt verpflichtet ist **(sog. Freizeichnungsklausel),** kann aus wirtschaftlicher Sicht für den Vermieter notwendig sein, wenn das Objekt nach Ablauf der Mietzeit abgerissen wird. Dann fehlt es an einem Interesse zur ordnungsgemäßen Instandhaltung. Gleichwohl verstößt diese Klausel auch dann gegen § 307 BGB, wenn sie im kaufmännischen Verkehr verwendet wird.[235] Dies ist gleichfalls für den unternehmerischen Geschäftsverkehr i. S. d. § 310 BGB anzunehmen.[236] 82

Eine Variante der Freizeichnungsklausel ist die Haftungsfreizeichnung für Mietmängel. Sie schränkt die Instandhaltungspflicht des Vermieters erheblich ein. Ihre Wirksamkeit hängt davon ab, ob das Risiko für den Mieter kalkulierbar ist, indem er sich z. B. versichern kann.[237] 83

c) Versicherungsabschlüsse. aa) Mieter. Der Vermieter von Gewerberaum kann ein besonderes Interesse am Abschluss einer **Versicherung** durch den Mieter haben, wenn dies seinen wirtschaftlichen Zielvorstellungen nützt. Gegen eine Verpflichtung des gewerblichen Mieters zum Abschluss einzelner Versicherungen bestehen grundsätzlich keine Bedenken[238]. Allerdings ist es unangemessen, den Mieter durch AGB-Klausel zu verpflichten, ausreichende Versicherungen abzuschließen.[239] Beim Wohnraummieter ist dies wegen der zusätzlichen Absicherung zur Kaution bedenklich, weil dieser Mieterverpflichtung keine zusätzliche Leistung des Vermieters gegenübersteht.[240] 84

Von Interesse sind insbesondere **Glasversicherungen**[241] gegen Schaufensterscheiben, Brandversicherungen oder Betriebsunterbrechungsversicherungen, weil sie die wirtschaftliche Situation des Mieters abdecken und damit die fortlaufende Mietzahlung sichern. Die Abrede über den Abschluss einer Versicherung kann einen Haftungsausschluss zugunsten des Vermieters beinhalten.[242] Der Mieter wird hierdurch nicht über Gebühr benachteiligt, weil die Versicherung auch ihm zugute kommt. Soweit die Versicherung im Schadensfall leistet, gehen die Ansprüche gem. § 86 VVG nur insoweit über, als sie mietvertraglich oder nach anderen Vorschriften begründet sind und der Schadensverursacher nicht mitversichert ist.[243] Das ist beim Mieter der Fall.[244] Im Verhältnis zum Vermieter bedeutet die Pflicht zum Abschluss der Versicherung aber regelmäßig die Erklärung, dass der Mieter von der Haftung im Falle des Versicherungseintritts freigestellt wird.[245] Unterlässt der Mieter vertragswidrig den Abschluss der Versicherung, so haftet er für die Schäden, die der Versicherer ersetzt hätte; also auch für solche, die er nicht verursacht und nicht zu vertreten hat.[246] 85

bb) Vermieter. Auch der Raummieter hat ein Interesse daran, dass der Vermieter sich gegen wirtschaftliche Risiken absichert. Da er den Vermieter hierzu nicht zwingen kann, bedarf dies einer vertraglichen Vereinbarung. Zahlt der Mieter mit der Grundmiete[247] bzw. über die Betriebskosten die anteiligen Kosten einer (Gebäude)Versicherung (was regelmäßig der Fall sein wird), kann er von einem entsprechenden Versicherungsschutz ausgehen. In diesen Fällen ist in der Vergangenheit eine 86

---

232 OLG Düsseldorf GE 2016, 1565.
233 BGH WuM 1978, 90 = ZMR 1977, 3320; LG Düsseldorf DWW 1992, 241 = BB 1992, 1815.
234 Vgl. OLG Saarbrücken NZM 2003, 438 zur Individualvereinbarung.
235 OLG Dresden NJW-RR 1997, 395 = GE 1996, 1237; OLG Hamm NJW-RR 1996, 969.
236 Zum Begriff des Unternehmers s. § 14 BGB sowie Artikel 2 lit. c der EG Richtlinie über missbräuchliche Klauseln in Verbraucherverträgen (Abl. EG Nr. L 95 S. 29).
237 BGH (VIII ARZ 1/01) WuM 2002, 141 = NZM 2002, 116 = NJW 2002, 673 = DWW 2002, 67 = ZMR 2002, 184.
238 *Schmid* ZMR 2001, 587, 588.
239 OLG Düsseldorf ZMR 2017, 161.
240 *Jendrek* DWW 2003, 142.
241 LG Wuppertal ZMR 2016, 879.
242 *Wolf/Eckert/Ball* Rdn. 741.
243 *Wolf/Eckert/Ball* Rdn. 851.
244 BGH NZM 2000, 688 = NJW-RR 2000, 1110; WuM 1991, 206 = NJW-RR 1991, 527 = ZMR 1991, 168.
245 OLG Hamm NZM 1998, 346.
246 OLG Düsseldorf WuM 1994, 674 = DWW 1995, 110 = DWW 1995, 110.
247 BGH (IV ZR 378/02) NJW 2006, 3712 = NZM 2006, 949; (IV ZR 116/05) WuM 2006, 624 = NJW 2006, 3711 = NZM 2006, 946; WuM 2007, 144 = MietPrax-AK § 538 BGB Nr. 27 = NZM 2007, 340.

stillschweigende Begrenzung der Haftung für die Verursachung von Schäden auf Vorsatz und grobe Fahrlässigkeit angenommen worden.[248] Mit seiner Entscheidung vom 3.11.2004 wurde vom BGH[249] endgültig diese **„haftungsrechtliche Lösung"** für den Fall des Regresses des Versicherers aufgegeben. Diese Lösung ging von einem konkludenten Haftungsverzicht zwischen Vermieter und Mieter für den Fall der leichten Fahrlässigkeit aus, wenn der verursachte Schaden durch einen (Haftpflicht-)Versicherer erfasst wurde. Wollte der Versicherer nach Schadenszahlung an den Vermieter gem. § 67 VVG a. F. (§ 86 VVG) beim Mieter Regress nehmen, traf diesen die volle Beweislast. Da die übergeleiteten Ansprüche regelmäßig auf pVV gestützt wurden, musste sich der Vermieter nach herrschender Auffassung insoweit entlasten, dass die Schadensursache nicht aus seinem **Gefahrenkreis** stammte. Konnte er diesen Beweis erbringen, hatte der Mieter dazulegen und zu beweisen, dass er den Schaden nicht zu vertreten hatte. Die **„haftungsrechtliche Lösung"** führte somit dazu, dass der Mieter zwar wegen leichter Fahrlässigkeit nicht haftete, aber ggf. sich wegen grober Fahrlässigkeit oder Vorsatz entlasten musste[250]

87 Nunmehr ist der **„versicherungsrechtlichen Lösung"** zu folgen.[251] Diese geht von einem konkludenten Verzicht zwischen Versicherer und Vermieter aus, wonach der Mieter bei nur **leichter Fahrlässigkeit** nicht haften soll. Diese Vertragsauslegung beruht auf der Erkenntnis, dass der Vermieter im Regelfall die Vertragsbeziehungen mit dem Mieter nicht unnötig belasten will und sich der Mieter wegen den mit den Betriebskosten bzw. der Miete gezahlten Versicherungsbeiträgen bei einem Regressfall in der Erwartung getäuscht sieht, im Schadensfall nicht in Anspruch genommen zu werden. Zudem liegt diese Lösung auch im Interesse des Vermieters, der sich so die Liquidität des Mieters zwecks Zahlung der Miete erhält. Der Regressverzicht bezieht sich nicht auf Fälle der **grob fahrlässigen** Herbeiführung des Schadens, auch nicht in der Weise, dass der Gebäudeversicherer nur in Höhe der den Mieter nach § 81 Abs. 2 VVG treffenden Kürzungsquote Regress nehmen kann. Ein so weitgehender Regressverzicht entspricht nicht mehr den Interessen der Parteien des Gebäudeversicherungsvertrags.[252] Einbezogen in den Haftungsausschluss sind bei einem Gewerberaummieter dessen Arbeitnehmer, freie Mitarbeiter, Aushilfskräfte und sonstige Personen mit einer besonderen Nähe zum Mietobjekt.[253]

Dieser Grundsatz der versicherungsrechtlichen Lösung gilt allerdings nicht im umgekehrten Fall zwischen Versicherer und Mieter, wenn dieser mietvertraglich zum Abschluss einer eigenen Geschäftsversicherung verpflichtet wird und der Vermieter fahrlässig für einen Schaden haftet.[254]

88 Darüber hinaus ist der Vermieter grundsätzlich mietvertraglich verpflichtet, im Schadensfall zunächst den Versicherer in Anspruch zu nehmen. Der Mietvertrag ist somit ergänzend im Sinne einer **Verschonungspflicht** auszulegen.[255] Handelt er dieser Pflicht zuwider, liegt darin eine mietvertragliche Pflichtverletzung[256] (zur Beweislastregelung vgl. § 536 Rdn. 485ff.). Daher kann der Mieter dem Vermieter die dolo-petit-Einrede entgegenhalten, wenn dieser ihm unmittelbar in Regress nehmen will. Grundsätzlich unerheblich ist auch, dass der Vermieter bei Inanspruchnahme der Versicherung möglicherweise eine erhöhte Prämie zahlen muss.[257]

88a Dem Mieter bleibt somit jedenfalls bei einfacher Fahrlässigkeit der Erfüllungsanspruch nach § 535 BGB sowie das Recht zur Mietminderung (§ 536 BGB), wenn der Vermieter die Mietsache nicht zu einem für den vertragsgemäßen Gebrauch geeigneten Zustand wieder herstellt.[258]

---

[248] BGH NJW-RR 2000, 1110; OLG Düsseldorf NJWE-MietR 1997, 152 = ZMR 1997, 228; BGH NJW 1996, 715; s. dazu umfassend *Schwintowski* WuM 2007, 305.

[249] BGH (VIII ZR 28/04) WuM 2005, 57 = NZM 2005, 100 = ZMR 2005, 116 = GE 2005, 123 = Miet-Prax-AK § 538 BGB Nr. 12 mit Anm. *Eisenschmid.*

[250] BGH NJW 1996, 715 = WuM 1996, 212 = ZMR 1996, 184; kritisch *Armbrüster* NJW 1997, 177.

[251] OLG Düsseldorf GE 2016, 1382; Zur versicherungsrechtlichen Lösung umfassend *Wietz/Streyl* WuM 2015, 131; *Martinek,* JM 04/2015, 155 (Anmerkung).

[252] BGH (IV ZR 52/14) NZM 2017, 29 = NJW-RR 2017, 22.

[253] LG Krefeld GE 2015, 1288 = ZMR 2017, 48.

[254] BGH (XII ZR 6/12) VersR 2013, 318 = GE 2013, 209 = MDR 2013, 266.

[255] BGH (VIII ZR 48/13) MietPrax-AK § 538 BGB Nr. 63 = GE 2014, 661.

[256] BGH (VIII ZR 191/13) WuM 2015, 88 = NJW 2015, 699 = NZM 2015, 245 = GE 2015, 181; so auch schon BGH (VIII ZR 28/04) WuM 2005, 57 = MietPrax-AK § 538 BGB Nr. 12 = NZM 2005, 100; BGH (V ZR 62/06) WuM 2007, 33 = NJW 2007, 292 = ZMR 2007, 464; OLG Oldenburg ZMR 2008, 716 = NJW-RR 2008, 1181; *Prölss* ZMR 2005, 241.

[257] BGH (VIII ZR 191/13) WuM 2015, 88 = NJW 2015, 699 = NZM 2015, 245 = GE 2015, 181; **a. A.** *Prölss* ZMR 2005, 241, 243 bei erheblichen Prämienerhöhungen, was der BGH offen gelassen hat.

[258] **A. A.** LG Berlin GE 2015, 1462 m. zu Recht kritischer Anm. *Beuermann* GE 2015, 1435.

Bei der Feststellung der groben Fahrlässigkeit ist von Bedeutung, ob mehrere Schadensursachen in Betracht kommen. Wird dies bejaht, so ist bei der Beurteilung des Verschuldens von der dem Mieter günstigsten Möglichkeit auszugehen.[259] Der Vermieter kann vom Mieter bei Vertragsverletzungen Schadensersatz fordern oder ihn auf Unterlassung in Anspruch nehmen.[260] Ist der Mieter haftpflichtversichert, gilt zwischen den Versicherern das „Teilungsabkommen Mieterregress"[261]. Für den Ausgleichsanspruch des Gebäudeversicherers gegen den Haftpflichtversicherer des Mieters gelten die gleichen Beweislastregeln wie für den Anspruch des Vermieters gegen den Mieter.[262] Der Ausgleichsanspruch verjährt gem. § 195 BGB in 3 Jahren. **89**

d) Verletzung der Erhaltungspflicht. Bei einem Verstoß des Vermieters gegen seine **Erhaltungspflichten** kann der Mieter den Erfüllungsanspruch aus § 535 BGB geltend machen. Die Pflicht des Vermieters zur Instandsetzung entsteht mit der Kenntnis vom Mangel. Der Vermieter kommt seiner Pflicht zur unverzüglichen Mängelbeseitigung nicht nach, wenn er nur den Anrufbeantworter der gewöhnlich von ihm beauftragten Fachfirma bespricht. Denn allein dadurch ist nicht sichergestellt, dass eine Mängelbeseitigung in zumutbarer Zeit erfolgt.[263] Neben dem Erfüllungsanspruch hat der Mieter Gewährleistungsrechte aus §§ 536, 536a Abs. 1 BGB. In bestimmten Fällen hat der Mieter neben dem Recht auf Minderung und dem Schadensersatzanspruch auch das Recht zur Ersatzvornahme und entsprechender Kostenerstattung (s. § 536a Abs. 2 BGB). **90**

3. Wegfall der Erhaltungspflicht

a) Vertragsende. Die Erhaltungspflicht des Vermieters entfällt nicht zwingend bei **Vertragsende.** Vielmehr kann er auch in dem Zeitraum zwischen der rechtlichen Beendigung des Mietvertrages und der Räumung nach § 242 BGB verpflichtet sein, notwendige Instandsetzungsarbeiten vorzunehmen[264] (s. Rdn. 251). Allerdings hat der Mieter keinen vertraglichen Erfüllungsanspruch. **91**

b) Nutzungsänderung. Bei einer Nutzungsänderung des Grundstücks entfällt die Erhaltungspflicht des Vermieters nur insoweit, als die Änderung der Nutzungsart auch zu anderen vertraglichen Abreden hinsichtlich des vertragsgemäßen Gebrauchs geführt hat. Allein die Aufgabe der Nutzung eines Teils der gemieteten Räumlichkeiten durch den Mieter führt hinsichtlich dieses Teils der Mietsache nicht zur **Befreiung der Instandhaltungspflichten** des Vermieters.[265] **92**

c) Beschädigung. Die Erhaltungspflicht des Vermieters entfällt, wenn der Mieter den Schaden **schuldhaft selbst** herbeigeführt hat. Hier kann der Vermieter nach seiner Wahl Schadensbeseitigung oder Schadensersatz verlangen (§ 249 BGB). Verlangt der Vermieter Schadensersatz, ist er zur Herstellung eines mangelfreien Zustandes der Mietsache verpflichtet. **93**

d) Untergang. Während der Vermieter nach §§ 535 BGB zur Instandsetzung des Mietobjektes verpflichtet ist, auch wenn die Aufwendungen erheblich sind,[266] fehlt eine entsprechende Vorschrift für die Wiederherstellung bei vollständiger Zerstörung des Mietobjektes. Bei vollständiger **Zerstörung des Mietobjektes** gelten daher die allgemeinen Regeln, wonach der Vermieter von seiner Hauptleistungspflicht, nämlich der Gewährung des Gebrauchs der vermieteten Sache, bei **Unmöglichkeit** frei wird (§ 275 Abs. 1 BGB). Damit entfällt zugleich die Verpflichtung zum **Wiederaufbau**, wenn die Räumlichkeiten zerstört wurden[267] oder wenn bei nur teilweiser Zerstörung der Wiederaufbau aus finanziellen Gründen dem Vermieter nicht zumutbar ist[268] (Einzelheiten sowie zur Frage der Opfergrenze s. Rdn. 248 ff. sowie unter § 536 BGB Rdn. 557 f.). Hat der Mieter die Unmöglichkeit nicht zu vertreten, verliert der Vermieter allerdings den Anspruch auf die Gegenleistung, also den Anspruch auf den Mietzins. **94**

---

259 OLG Düsseldorf NJWE-MietR 1997, 152 = ZMR 1997, 228.
260 AG Potsdam GE 1996, 1251.
261 Vgl. Teilungsabkommen Mieterregress, herausgegeben vom Gesamtverband der Deutschen Versicherungswirtschaft (GDV) – Fassung November 2008.
262 BGH (IV ZR 129/09) WuM 2011, 579 = ZMR 2010, 515 = MDR 2010, 571.
263 LG Berlin MM 1994, 175.
264 *Eisenschmid* ZfgWBay 1988, 85, 87; **a. A.** *Voelskow* PiG Nr. 16, 1984, 33, 39.
265 LG Berlin MM 1999, 395.
266 LG Osnabrück WuM 1992, 119.
267 BGH NJW 1976, 1506; WuM 1977, 5 = ZMR 1977, 332.
268 BGH WuM 1990, 546 = ZMR 1991, 19 = NJW-RR 1991, 204; OLG Karlsruhe WuM 1995, 307 = NJW-RR 1995, 849 = ZMR 1995, 201 = DWW 1995, 315 = GE 1995, 561; zur Kritik vgl. *Franke* ZMR 1996, 295.

III. Schönheitsreparaturen

95 Die gesetzliche Instandhaltungspflicht des Vermieters erfasst auch die zum vertragsgemäßen Gebrauch erforderlichen Schönheitsreparaturen.[269] Sie sind bei Bedarf nach der gesetzlichen Regelung somit vom Vermieter durchzuführen. Der Mieter muss somit grundsätzlich die Wohnung nur besenrein zurückgeben, also nur grobe Verschmutzungen beseitigen.[270] Hat er diese nicht vertraglich auf den Mieter abgewälzt (zur Verpflichtung zur Durchführung von Schönheitsreparaturen durch den Mieter s. § 538 BGB; zur Bewertung dieser Verpflichtung als Teil des Mietzinses, s. Rdn. 646f.), muss er die Wohnung farblich so neutral gestalten, dass sie jedem Mieter zugemutet werden kann.[271] Dies ist z. B. bei weiß gestrichener Raufasertapete der Fall. Hingegen hat der Mieter keinen Anspruch auf eine Muster- oder Textiltapete[272] oder farbliche Besonderheiten. Hat der Mieter die Wohnung dagegen in Kenntnis der Renovierungsbedürftigkeit ohne Vorbehalt angemietet, dann hat er die Wohnung als vertragsgemäß anerkannt, so dass der Vermieter keine **Anfangsrenovierung** schuldet.[273] Der Vermieter bleibt aber zur laufenden Renovierung[274] verpflichtet (Einzelheiten s. bei § 538).

96 Das Gebrauchsrecht des Mieters erstreckt sich auch auf die **farbliche Gestaltung** der Wohnung. Daher steht es ihm grundsätzlich frei, welchen dekorativen Zustand er im laufenden Mietverhältnis für seine Wohnung wählt.[275] Der auch verfassungsrechtlich geschützte Bereich des Wohnens umfasst das Recht, die Wohnung nach eigenen geschmacklichen Vorstellungen zu dekorieren. Dieses Recht hat der Mieter auch, wenn der Vermieter zur Durchführung der laufenden Schönheitsreparaturen verpflichtet ist. Etwas anderes kann sich ergeben, wenn der Mieter die Wohnung zurückgibt, weil das Mietverhältnis beendet ist. Dann wird seine freie Lebensgestaltung nicht mehr berührt und sie kann damit die Vermieterinteressen nicht überlagern. In diesem Fall kann sich die Rückgabe der Wohnung ohne Beseitigung der einzelnen Arbeiten des Mieters als Vertragsverletzung darstellen, z. B. wenn seine Dekoration anderen „nachfolgenden" Mietern nicht zumutbar ist und der Vermieter zur Beseitigung der Maßnahmen **unzumutbare** hohe **Aufwendungen** vornehmen muss. Das wäre u. a. der Fall, wenn der Mieter die Fenster- und Türrahmen schwarz oder mit anderen für derartige Gewerke ungewöhnlichen Farben lackiert hat.[276]

97 Inzwischen hat der BGH[277] bei Beurteilung einer vereinbarten Farbwahlklausel für Tapeten festgehalten, dass dem Vermieter ein Interesse nicht daran abzusprechen ist, die Wohnung am Ende des Mietverhältnisses mit einer Dekoration zurückzuerhalten, die von möglichst vielen Mietinteressenten akzeptiert wird. Setzt eine Farbwahlklausel den Mieter zwar mit der Beschränkung auf helle, neutrale und deckende Farben vielleicht einen etwas engeren Rahmen, legt ihn aber nicht auf eine bestimmte Dekorationsweise fest, so stellt sie auf eine Bandbreite ab, die zu den unterschiedlichsten Einrichtungsstilen passt und deshalb für weite Mieterkreise annehmbar ist. Eine solche Farbwahlklausel, die sich auf den Zeitpunkt der Rückgabe der Wohnung bezieht, stellt keine unangemessene Benachteiligung des Mieters dar. Denn dieser könnte während der Mietzeit nach Belieben dekorieren und selbst entscheiden, ob er beispielsweise mit einem farbigen Anstrich in Kauf nehmen will, dass er am Ende des Mietverhältnisses einen Neuanstrich in neutralen Farben

---

[269] BGH WuM 1985, 46 = NJW 1985, 480 = ZMR 1985, 84 = MDR 1985, 400 = JZ 1985, 428; zum Umfang vgl. BGH (VIII ZR 222/09) WuM 2010, 231.

[270] BGH (VIII ZR 124/05) WuM 2006, 513 = NJW 2006, 2915 = MietPrax-AK § 538 BGB Nr 24 = NZM 2006, 691 = ZMR 2006, 843 = DWW 2006, 370 = MDR 2007, 205 = GE 2006, 1158 = AG Düsseldorf NZM 2012, 343.

[271] LG Aachen WuM 1998, 596; AG Schwandorf DWW 1988, 217; zur farblichen Gestaltung durch den Mieter bei Rückgabe der Wohnung s. LG Hamburg ZMR 1999, 405 = DWW 1999, 152 = NZM 1999, 838.

[272] AG Schöneberg WuM 1989, 560 = MM 1989, Nr. 5, 28 = ZMR 1989, 430.

[273] LG Berlin ZMR 1990, 420 = GE 1991, 523.

[274] Ein zu weites Verständnis für den Begriff Renovierung hat OLG Koblenz MDR 2014, 1136.

[275] BGH (VIII ZR 50/09) WuM 2010, 142 = GE 2010, 405 = NZM 2010, 236 = DWW 2010, 100; (VIII ZR 37/07) WuM 2008, 213 = GE 2008, 533 = NZM 2008, 318 = NJW 2008, 1439 = MDR 2008, 617–618 = ZMR 2008, 524 = MietPrax-AK § 538 BGB Nr. 33 mit Anm. *Eisenschmid;* LG Mannheim NZM 2003, 511; LG Lübeck NZM 2002, 485; LG Hamburg ZMR 1999, 405 = DWW 1999, 152 = NZM 1999, 838; *Schach* jurisPR-MietR 7/2010 Anm. 3.

[276] LG Aachen WuM 1988, 300 = DWW 1988, 46; AG Schöneberg GE 2009, 55; str., vgl. LG Hamburg ZMR 1999, 405 = DWW 1999, 152 = NZM 1999, 838; s. § 548 Rdn. 98ff.; **a. A.** OLG Koblenz GE 2015, 1287 für roten Farbanstrich in einer Bar.

[277] BGH (VIII ZR 244/07) WuM 2008, 472 = NJW 2008, 2499 = MietPrax-AK § 538 BGB Nr. 35 = GE 2008, 1045 = MDR 2008, 1028.

anbringen muss, obwohl die Dekoration noch nicht abgenutzt ist, oder ob er es vorzieht, die Schönheitsreparaturen schon während des Mietverhältnisses entsprechend der Farbwahlklausel in hellen, neutralen und deckenden Farben auszuführen. Dies gilt auch bei Verwendung einer sog. Holzklausel.[278] Es ist nach Auffassung des BGH für den Mieter zumutbar, unter Berücksichtigung der Farbwahlklausel bei Rückgabe der Wohnung sich ggf. im laufenden Mietverhältnis bei der Farbauswahl zu beschränken oder bei der Rückgabe der Mietwohnung einen Neuanstrich vorzunehmen, ohne dass Abnutzungserscheinungen vorliegen müssen.[279] Die dem Mieter nach § 242 BGB obliegende Pflicht der Wohnungsrückgabe in neutralen hellen Farben hat er auch dann zu erfüllen, wenn der Mieter keine Schönheitsreparaturen schuldet oder wenn die Schönheitsreparaturen nach dem Fristenplan noch nicht fällig sind.[280]

Eine Sonderregelung zu Schönheitsreparaturen ergibt sich bei Heimverträgen (s. Rdn. 699ff.), für die das WBVG[281] gilt. Gem. § 7 Abs. 1 WBVG ist der Unternehmer verpflichtet, dem Verbraucher den Wohnraum in einem zum vertragsgemäßen Gebrauch geeigneten Zustand zu überlassen und während der vereinbarten Vertragsdauer in diesem Zustand zu erhalten. Von dieser Regelung darf zum Nachteil des Verbrauchers nicht abgewichen werden (§ 16 WBVG). Die Pflicht des Unternehmers zur Durchführung von Schönheitsreparaturen ist somit zwingend. **98**

C. Nebenpflichten des Vermieters

I. Fürsorgepflicht

Neben der Pflicht des Vermieters, dem Mieter den ungestörten, vertragsgemäßen Mietgebrauch zu sichern[282], indem er zielgerichtete Eingriffe in den Mietgebrauch zu unterlassen oder abzuwenden hat, trifft den Vermieter darüber hinaus auch eine Pflicht, durch **Vorsorge** Beeinträchtigungen des Mietgebrauchs zu vermeiden. Diese Fürsorgepflicht stellt einen Unterfall sowohl der allgemeinen Überlassungs- und Erhaltungspflicht als auch der **Verkehrssicherungspflicht**[283] des Vermieters dar. **99**

Die mietvertragliche Fürsorgepflicht des Vermieters bedeutet zunächst, dass er grundsätzlich alle Einwirkungen auf die Mietsache zu unterlassen hat, die den Mieter beeinträchtigen oder gar schädigen können.[284] Sie kann den Vermieter aber auch zu **einem positiven Tun** verpflichten, die Mietsache so zu erhalten, dass dem Mieter kein Schaden entsteht[285] bzw. Gefahren für das Eigentum des Mieters verhindert oder abgewendet werden.[286] Daraus folgt, dass der Vermieter die Mietsache auf mögliche Gefahren überprüfen muss. So ist er beispielsweise gehalten, die nach den Umständen zumutbaren und erforderlichen Schutzvorrichtungen gegen Hochwasser vorzunehmen.[287] **100**

Die Fürsorgepflicht beinhaltet zudem das Gebot, die Mieter **nicht willkürlich unterschiedlich zu behandeln** (s. dazu Rdn. 104ff.). Aus der Fürsorgepflicht des Vermieters kann sich nach Treu und Glauben (§ 242 BGB) im Einzelfall auch eine gesteigerte Pflicht zur Rücksichtnahme auf die Belange des Mieters ergeben, wenn diese für den Vermieter möglich und zumutbar ist.[288] Beispielsweise muss sich der Vermieter nach Durchführung von Bauarbeiten vergewissern, dass diese tatsächlich beendet sind und die Mietsache gefahrlos wieder benutzt werden kann.[289] Er muss auch dafür sorgen, dass durch bauliche Maßnahmen auf dem Nachbargrundstück das Mietobjekt nicht beschä- **101**

---

278 BGH (VIII ZR 283/07) WuM 2008, 722 = NJW 2009, 62 = NZM 2008, 926 = GE 2008, 1621 = MietPrax-AK § 538 BGB Nr. 37.

279 Zur Kritik vgl. *Eisenschmid* MietPrax-AK § 538 BGB Nr. 37.

280 BGH (VIII ZR 283/07) WuM 2008, 722 = NJW 2009, 62 = NZM 2008, 926 = GE 2008, 1621 = MietPrax-AK § 538 BGB Nr. 37; LG Berlin GE 2012, 690.

281 Gesetz zur Neuregelung der zivilrechtlichen Vorschriften des Heimgesetzes nach der Föderalismusreform v. 29.7.2009 (BGBl. I 2319).

282 BGH (XII ZR 6/12) GE 2013, 209 = MDR 2013, 266 = VersR 2013, 318; *Lammel,* Wohnraummietrecht, § 535 Rdn. 151; vgl. aber AG Wetzlar WuM 2009, 289 zur Ausstellung von Bescheinigungen.

283 *Emmerich* in Staudinger § 535 BGB Rdn. 82.

284 BGH NJW 1964, 33 = MDR 1964, 139.

285 OLG Koblenz ZMR 1993, 68; *Kraemer/Ehlert* in Bub/Treier III. B Rdn. 2835.

286 BGH WuM 1991, 83 = NJW-RR 1990, 1422 = MDR 1991, 238 = DWW 1990, 283.

287 OLG Düsseldorf NJW-RR 1988, 906 = ZMR 1988, 222; OLG Hamm WuM 1988, 349 = NJW-RR 1988, 529 = ZMR 1988, 138.

288 OLG Karlsruhe ZMR 1984, 18.

289 LG Berlin WuM 1990, 378 = GE 1990, 935.

digt wird und dadurch dem Mieter kein Schaden entsteht.[290] Weiterhin kann der Vermieter auch zu einer Warnung vor erhöhter Einbruchsgefahr verpflichtet sein und ggf. dem Mieter bei Verletzung dieser Pflicht haften.[291] Ist die Wohnung mit Kohleöfen überlassen, kann der Vermieter wegen der ihm obliegenden Fürsorgepflicht es nicht verbieten, wenn insbesondere ältere und körperlich behinderte Mieter in begrenztem Umfang Heizmaterial in der Wohnung lagern.[292] Der Vermieter kann verpflichtet sein, die Voraussetzungen für eine getrennte Abfallentsorgung zu schaffen.[293]

II. Schutzpflicht

102 Als Unterfall der allgemeinen Fürsorgepflicht hat der Vermieter auch **Schutzpflichten**[294] im engeren Sinne zu beachten. Derartige Schutzpflichten gegenüber dem Mieter kommen für den Vermieter dann in Betracht, wenn etwaige Gefahren nicht unmittelbar durch die Mietsache selbst drohen. So kann der Vermieter verpflichtet sein, den Mieter vor Störungen durch Nachbarn, Mitmieter oder sonstige Dritte zu bewahren.[295] Er hat dazu die erforderlichen und zumutbaren Maßnahmen und **Schutzvorkehrungen** zu treffen.[296] Die Störungen oder Gefahren müssen aber den Mietgebrauch und damit den räumlichen Bereich der Mietsache betreffen. Der Vermieter muss den Mieter über alle ihm bekannten Umstände aufklären, die eine Gefahr für die Rechtsgüter des Mieters bergen, damit dieser ggf. selbst ausreichend Vorsorge zur Schadensabwehr treffen kann.[297] Lassen daher **Diebstähle in einer Wohnanlage** ein erhöhtes Risiko für weitere Einbrüche erkennen, ist der Vermieter verpflichtet, hierauf hinzuweisen.[298] Das gilt auch beim Aufstellen eines **Baugerüstes,** wenn dadurch die Diebstahlsgefahr erhöht wird.[299]

Die Schutzpflicht des Vermieters wirkt auch zu Gunsten der Arbeitnehmer des Mieters.[300] Der Kreis der unter die Schutzpflicht fallenden Personen darf aber nicht uferlos ausgeweitet, sondern muss auf eine überschaubare, **klar abgrenzbare Personengruppe** beschränkt werden[301] (vgl. § 536a Rdn. 76f.).

103 Hat der Eigentümer eines Gebäudes dieses in Wohnungseigentum aufgeteilt und veräußert und ist er hinsichtlich einer Wohnung noch Eigentümer und Vermieter geblieben, bleiben die Schutzpflichten hinsichtlich des dort wohnenden Mieters bestehen.[302]

III. Pflicht zur Gleichbehandlung

104 Aus der dem Vermieter obliegenden Fürsorgepflicht kann sich auch die Pflicht zur Gleichbehandlung der Mietvertragsparteien ergeben. Zwar gibt es keinen allgemeinen **Gleichbehandlungsgrundsatz** im Mietrecht.[303] Der Vermieter hat aber über § 242 BGB das Willkürverbot aus Art. 3 GG zu beachten. Wegen der dem Mietrecht als Dauerschuldverhältnis innewohnenden Pflicht zum partnerschaftlichen Verhalten[304] kann es sich als missbräuchlich darstellen, wenn der Vermieter ohne jeden sachlichen Grund Differenzierungen vornimmt. Eine so verstandene Gleichbehandlung ist ihrer Natur nach auf kollektive Vorgänge beschränkt, die auf der Ebene der Gemeinschaft liegt.[305] Das gilt insbesondere für Regelungen innerhalb der Hausordnung. Indivi-

---

[290] OLG Karlsruhe NJW-RR 1988, 528 = ZMR 1988, 52.

[291] OLG Hamburg WuM 1989, 68 = NJW-RR 1988, 1481 = DWW 1988, 279.

[292] LG Berlin WuM 1967, 23.

[293] AG Hamburg-Blankenese ZMR 2010, 199.

[294] Allgemein zu Schutzpflichten und den Rechtsfolgen bei Verletzung s. *Blank* WuM 2004, 243, 244.

[295] LG Essen WuM 1998, 278.

[296] OLG Düsseldorf GE 2016, 856; KG NZM 2003, 27.

[297] BGH WuM 1991, 83 = NJW-RR 1990, 1422 = MDR 1991, 238 = DWW 1990, 283; Palandt/*Weidenkaff* § 535 Rdn. 59.

[298] OLG Hamburg WuM 1989, 68 = NJW-RR 1988, 1481.

[299] LG Berlin ZMR 2014, 792 zur Besitzstörung.

[300] OLG Rostock VersR 2000, 888.

[301] BGH WuM 1998, 106 = NJW 1998, 105 = ZMR 1998, 205.

[302] LG Hamburg WuM 1988, 262.

[303] *Weimar* MDR 1971, 108, 109; eher bejahend *Rathjen* MDR 1980, 713, 714; dagegen für Genossenschaftsmitglieder BGH NJW 1970, 1917 = MDR 1970, 917 = BB 1970, 1153; LG Offenburg WuM 1998, 289.

[304] AG Dortmund WuM 1978, 67 = ZMR 1978, 238; vgl. auch § 569a Abs. 2 BGB – Hausfriede –.

[305] *Häublein* in MünchKomm § 535 Rdn. 148; *Rathjen* MDR 1980, 713, 715; *Sternel* Mietrecht aktuell (2009) Rdn. VI 49.

dualvertragliche Abreden und Vereinbarungen unterliegen diesem Gebot nicht. Daher ist der Vermieter i. d. R. nicht verpflichtet, jedem seiner Mieter im Haus gleiche Mieten abzuverlangen oder in jeder Wohnung den gleichen Ausstattungsstandard zu gewährleisten.[306]

Allerdings kann bei den Gebrauchsrechten des Mieters nach Treu und Glauben das Willkürverbot zum Tragen kommen.[307] So ist z. B. **das Willkürverbot als Grundlage einer Gleichbehandlung** bei Gestattungen zur Hundehaltung,[308] zur Anlegung eines Gartenteiches,[309] zum Abstellen von Fahrzeugen auf dem Hof[310] oder zum Anbringen von Werbeflächen zu beachten. Ist eine sachliche Differenzierung für die unterschiedliche Behandlung der Mieter im Einzelfall nicht gerechtfertigt, kann sich insoweit aus dem Willkürverbot die Pflicht zur Gleichbehandlung ergeben.[311] Ist aber eine solche Erlaubnis als einzelvertragliche Regelung durch besondere Umstände des Mieters beeinflusst (Blindenhund; körperliche Behinderung, Krankheit etc.), wird das Willkürverbot nicht tangiert, wenn der Vermieter anderen Mietern diese Erlaubnis nicht erteilt.[312] Auch Gründe der Belastbarkeit und der Gemeinverträglichkeit können dazu führen, dass der Vermieter ab einer bestimmten Grenze weitere Erlaubnisse oder Genehmigungen ablehnen kann.[313] Bei zeitlich nachfolgenden Anträgen hat der Vermieter das Prioritätsprinzip zu beachten.[314] **105**

1. Der genossenschaftliche Gleichbehandlungsgrundsatz

Neben dem Mietverhältnis bestehende **Sonderbeziehungen** zwischen Mieter und Vermieter können für den Vermieter besondere Pflichten begründen, die auf das Mietverhältnis einwirken.[315] So kann der **genossenschaftliche Gleichbehandlungsgrundsatz** nicht nur die Mitgliedschaft innerhalb einer Genossenschaft prägen, sondern darüber hinaus auch Ausstrahlungen auf die förderrechtlichen Beziehungen der Mitglieder haben. Eine derartige Gleichbehandlung erfordert auch im Mietverhältnis eine willkürfreie, auf sachlich nachvollziehbare Kriterien gestützte Behandlung der Mitglieder, die den unterschiedlichen Verhältnissen Rechnung trägt.[316] Dabei sind bei Maßnahmen in einem nahen zeitlichen und sachlichen Zusammenhang einheitliche Maßstäbe zu Grunde zu legen.[317] Wird beispielsweise kurz nach Abschluss eines Mietvertrages über eine Genossenschaftswohnung eine andere Wohnung im Hause zu deutlich niedrigerem Mietzins vermietet, ohne dass dafür ein sachlicher Grund erkennbar ist, kann der Mieter wegen Verletzung des genossenschaftlichen Gleichbehandlungsgrundsatzes Herabsetzung des Mietzinses verlangen.[318] Ein erhöhter Verwaltungsaufwand, der wegen häufiger Beanstandungen eines Mieters entsteht, ist kein sachlicher Grund für eine Mieterhöhung nur gegenüber diesem Mieter.[319] Umgekehrt können die Genossen nicht verlangen, dass entgegen einzelner vertraglicher Vereinbarungen Leistungen nicht mehr gewährt werden, nur weil die Mehrheit der Genossen sie nicht mehr in Anspruch nehmen will.[320] Es verstößt auch nicht gegen den Gleichbehandlungsgrundsatz, wenn die Genossenschaft dem Bewohner freistellt, anlässlich einer Modernisierung die Miete zu mindern oder auf die Min- **106**

---

[306] LG Köln ZMR 2008, 718; LG Berlin GE 2003, 810; AG Potsdam WuM 2000, 179.

[307] OLG Karlsruhe ZMR 1984, 18; *Sternel* Mietrecht aktuell (2009) Rdn. VI 47.

[308] LG Berlin WuM 1987, 213 = GE 1989, 41; LG Freiburg WuM 1986, 247; LG Hamburg MDR 1982, 146; AG Leonberg WuM 1997, 210; AG Köln WuM 1978, 167.

[309] LG Dortmund WuM 2001, 278.

[310] LG Berlin GE 2011, 1087; AG Offenbach ZMR 2014, 297; *Gies*, jurisPR-MietR 3/2014, Anm. 4 zu AG Offenbach.

[311] LG Freiburg WuM 1993, 120; LG Dortmund WuM 1982, 276 zum Rotationsprinzip; AG Augsburg ZMR 1988, 355 zur Parabolantenne.

[312] *Rathjen* MDR 1980, 713, 716.

[313] AG Andernach WuM 1990, 492 = DWW 1990, 214.

[314] *Rathjen* MDR 1980, 713, 716.

[315] BGH NJW 1960, 2142 = MDR 1960, 908; vgl. *Keßler* Die Wohnungswirtschaft 2001, 34; zum Kündigungsrecht des Genossenschaftsanteils vgl. BGH WuM 2009, 302.

[316] BGH (VIII ZR 159/08) WuM 2009, 744 = MietPrax-AK § 558 BGB Nr 24 = MDR 2010, 76 = NZM 2010, 121 = GE 2010, 56; LG Köln ZMR 2014, 541 m. Anm. *Schmid;* LG Berlin NZM 2002, 289; ZAP 1999, 769 mit Anm. *Bultmann* GE 2000, 314.

[317] LG Berlin ZAP 1999, 769 mit Anm. *Bultmann* GE 2000, 314; *Börstinghaus,* jurisPR-Mietrecht 2/2009, Anm. 4.

[318] LG Berlin MM 1999, 209; GE 1999, 575; AG Schöneberg MM 1999, 209.

[319] AG Köln WuM 2015, 628.

[320] AG Hamburg-Altona WuM 2007, 258 = NZM 2008, 128 zum Weiterbetrieb einer Gemeinschaftswaschmaschine.

derung zu verzichten während im Gegenzug die Genossenschaft von ihrem Recht auf Mieterhöhung keinen Gebrauch macht[321] (weitere Einzelheiten s. vor § 535 Rdn. 129f.)

2. Das allgemeine Gleichbehandlungsgesetz (AGG)[322]

107 Das AGG ist auch im Mietrecht zu beachten. Von wohnungswirtschaftlicher Bedeutung ist insbesondere § 2 Nr. 8 AGG, wonach Benachteiligungen aus einem in § 1 AGG genannten Grund wie Rasse, ethnische Herkunft, Geschlecht, Religion oder Weltanschauung, Behinderung, Alter und sexuelle Identität unzulässig sind in Bezug auf den Zugang zu und die Versorgung mit Gütern und Dienstleistungen, die der Öffentlichkeit zur Verfügung stehen, einschließlich von Wohnraum. Mit Dienstleistungen sind nicht nur Werk- und Dienstverträge gemeint, sondern auch Mietverträge. Entscheidend ist, dass der angebotene Wohnraum „der Öffentlichkeit zur Verfügung stehen" muss. Erforderlich ist somit ein Angebot, das in der Öffentlichkeit für eine beliebige unbestimmte Gruppe abgegeben wird oder die Aufforderung an mögliche Interessenten, ihrerseits einen bindenden Antrag abzugeben[323] (invitatio ad offerendum). Praktisch geschieht das Angebot zum Vertragsschluss durch Anzeigen in Tageszeitungen, Schaufensterauslagen, Veröffentlichungen im Internet oder auf vergleichbare Weise.[324] Es kommt dabei nicht darauf an, wie groß die angesprochene Öffentlichkeit ist, sondern nur darauf, dass die Erklärung über die Privatsphäre des Anbietenden hinaus gelangt.

108 Für den Zivilrechtsverkehr kommt dem § 19 AGG eine entscheidende Bedeutung zu. Diese Vorschrift definiert den Anwendungsbereich der Diskriminierungstatbestände. Abs. 5 enthält Sondertatbestände für das Mietrecht. Ein Verschulden ist nicht erforderlich.[325] Die Benachteiligung kann bei Mietvertragsabschluss[326], bei der Durchführung des Mietvertrages[327] oder bei seiner Beendigung auftreten. Allerdings trifft das Diskriminierungsverbot gegenüber Mietinteressenten grundsätzlich nur den Vermieter, nicht Hilfspersonen wie Hausmeister oder Wohnungsverwalter[328] (weitere Einzelheiten s. vor § 535 BGB Rdn. 177ff.).

IV. Nebenleistungen

109 Der Vermieter ist verpflichtet, im Rahmen seiner Gebrauchsgewährungspflicht die notwendigen Leistungen zu erbringen, damit die Räume entsprechend ihrem vereinbarten Zweck genutzt werden können. Zu den notwendigen Leistungen gehören in erster Linie die Versorgung mit **Wärme, Energie** und **Wasser**[329] sowie die **Entsorgung von Abwässern**[330] **und Müll.**[331] In welchem Umfang der Vermieter die Leistungen erbringen muss, richtet sich zunächst nach dem Mietvertrag.[332] Darüber hinaus sind die Ortsüblichkeit, die Beschaffenheit des Mietobjektes sowie die Möglichkeit der Eigenversorgung durch den Mieter zu berücksichtigen.[333] Die Pflicht des Vermieters kann sich z. B. darauf beziehen, dass er die Versorgung und Entsorgung selbst veranlassen oder nur die erforderlichen Einrichtungen zur Verfügung stellen muss, wenn beispielsweise der Mieter mit einem Dritten einen Wärmelieferungsvertrag schließt.[334] Hinsichtlich der Elektrizitätsversorgung genügt der Vermieter seiner Gebrauchsgewährungspflicht, wenn er dem Mieter die

---

[321] BGH (VIII ZR 159/08) WuM 2009, 744 = MDR 2010, 76 = NZM 2010, 121 = GE 2010, 56.
[322] Gesetz v. 14.8.2006 (BGBl. I S. 1897).
[323] *Horst* MDR 2006, 1266, 1267; **a. A.** *Warnecke* DWW 2006, 268, 272.
[324] BT-Drucks. 16/1780, S. 32.
[325] *Rolfs* NJW 2007, 1489, 1491.
[326] S. dazu LG Köln NJW 2016, 510; LG Aachen NZM 2009, 318 = WuM 2009, 341 sowie OLG Köln (als Berufungsgericht) WuM 2010, 81 = NZM 2010, 294 = NJW 2010, 1676 = GE 2010, 484; *Derleder* NZM 2009, 310.
[327] AG Tempelhof-Kreuzberg WuM 2015, 73 zur Benachteiligung von Mietern mit türkischer und arabischer Herkunft.
[328] LG Aachen WuM 2009, 341.
[329] OLG Köln ZMR 1994, 325; LG Koblenz NJW-RR 1986, 506; AG Leipzig NJW-RR 1998, 1466.
[330] Zu den öffentlich-rechtlichen Pflichten des Vermieters bei Abwasserleitungen vgl. *Ruff* DWW 2006, 411, 412.
[331] *Kraemer/Schüller* in Bub/Treier III. B Rdn. 2881, 3224.
[332] *Schmid* DWW 1986, 140.
[333] *Schmid* DWW 1986, 140.
[334] Vgl. zum Anspruch des Vermieters auf Vertragsumstellung *Derleder* WuM 2000, 3.

technischen Möglichkeiten für den Abschluss eines Anschlussnutzungsvertrages mit einem Stromversorgungsunternehmen eröffnet.[335]

1. Einstellung der Nebenleistungen/Versorgungssperre

An den Nebenleistungen steht dem Vermieter kein **Zurückbehaltungsrecht** zu,[336] weil die Einstellung der Leistung, z. B. der Beheizung im Winter[337] oder das Abstellen der Wasserzufuhr[338] oder des Stroms[339] zur Unbewohnbarkeit führt. Deshalb erfüllen derartige Maßnahmen jedenfalls im Wohnraummietverhältnis den Tatbestand der Vertragsverletzung. Die Verweigerung der Nebenleistung wirkt i. E. wie die Ausübung des **Selbsthilferechts** bei der Räumung[340]. Dass ist aber, wie das materielle Recht und das Prozessrecht zeigen, im Regelfall unzulässig (siehe auch § 546 BGB Rdn. 116ff). **110**

Die Diskussion um ein Zurückbehaltungsrecht des Vermieters für derartige Nebenleistungen ist durch das KG[341] angestoßen und durch den XII. Zivilsenat des BGH fortgeführt[342] worden. Besitz und Gebrauch der Mietsache sollen danach unterschiedlich behandelt werden. Mit der Einstellung der vom Vermieter mietvertraglich zu gewährenden Versorgung werde nur der Gebrauch der Mietsache, nicht aber ihr Besitz beeinträchtigt. Diese Auffassung des KG hatte in der Literatur vereinzelt Zustimmung gefunden[343], das OLG Rostock hatte sich dieser Auffassung dagegen nicht angeschlossen.[344] Zu bedenken ist zudem, dass die Entscheidung des Kammergerichts ein beendetes gewerbliches Mietverhältnis betraf. Das KG hat dementsprechend in einer neueren Entscheidung ausdrücklich darauf hingewiesen, dass im laufenden Mietverhältnis die in der vorgenannten Entscheidung erklärte Trennung von Besitz und Gebrauch wegen der tief greifenden Wirkungen nicht in Betracht kommt[345]. Im laufenden Wohnraummietverhältnis würde die Einstellung der Lieferung von Wasser oder Heizenergie zu einem Mangel und ggf. zur Unbewohnbarkeit der Mietsache führen. Der Mieter könnte daher mit einer einstweiligen Verfügung wieder die Versorgung erzwingen[346]. **111**

Der BGH[347] hat einen besitzrechtlichen Schutz des Mieters abgelehnt. Der Senat hat aber in seiner Entscheidung dargelegt, dass sich ein Verbot der Versorgungssperre aus dem Mietvertrag oder – bei beendetem Mietverhältnis – aus Treu und Glauben (§ 242 BGB) ergeben kann.[348] Somit ist die Frage der Zulässigkeit einer Abtrennung von Versorgungsleistungen auf der vertraglichen und nicht auf der besitzrechtlichen Ebene zu suchen. Die dabei zu führende Abwägung des Besitzschutzinteresses des Mieters gem. Art. 14 GG einerseits mit dem Grundrechtsschutz des Vermieters aus Art. 14 andererseits muss sowohl die Eigenart des Vertrages (Wohnraummietverhältnis oder Gewerbemietvertrag) als auch besondere Belange des Mieters (z. B. Gesundheitsschutz) berücksichtigen. Auf der Interessenseite des Vermieters ist insbesondere zu fragen, ob er bei beendetem Vertrag eine Nutzungsentschädigung bekommt oder ob dem Vermieter unzumutbare Zahlungsrückstände drohen. **112**

Die Entscheidung des BGH stellt zunächst klar, dass bei einem laufenden Mietvertrag die Versorgungssperre grundsätzlich unzulässig ist.[349] Im Wohnraummietverhältnis rechtfertigt sich dies aus **113**

---

335 OLG Brandenburg GuT 2007, 203 = GE 2007, 1631.

336 *Börstinghaus* PiG 2007, 181, 187; *Weitemeyer* in Staudinger § 556 BGB Rdn. 80; *Streyl* WuM 2006, 234, 235; **a. A.** KG GE 2004, 1171 für Gewerberaum; *Schmid* DWW 1986, 140, 142.

337 OLG Hamburg WuM 1978, 169; AG Landau WuM 1986, 341 = ZMR 1984, 246.

338 LG Kassel WuM 1979, 51.

339 AG Miesbach WuM 1978, 109.

340 OLG Celle, NJW-RR 2005, 1383; *Hinz* WuM 2005, 615, 621.

341 KG GE 2004, 1171.

342 BGH (XII ZR 137/07) WuM 2009, 469 = NZM 2009, 482 = MietPrax-AK § 858 BGB Nr. 1 = ZMR 2010, 263 = NJW 2009, 1947.

343 *Blank/Börstinghaus,* 2. Aufl., § 535 BGB Rdn. 287; *Häublein* in MünchKomm § 535 BGB Rdn. 81; *Herrlein* NZM 2006, 527; *Mummenhoff* DWW 2005, 312; *Scheidacker* NZM 2007, 591; GE 2004, 1140; **a. A.** *Börstinghaus* PiG 2007, 181, 184; *Streyl* WuM 2006, 234, 236; vermittelnd *Hinz* WuM 2005, 615.

344 OLG Rostock GuT 2007, 372 = MDR 2007, 1249; *Streyl* DWW 2009, 82, 86.

345 KG GE 2005, 1429.

346 **A. A.** *Ulrici* ZMR 2003, 895, 897.

347 BGH (XII ZR 137/07) WuM 2009, 469 = NZM 2009, 482 = MietPrax-AK § 858 BGB Nr. 1 = ZMR 2010, 263 = NJW 2009, 1947; siehe auch AG Ludwigslust ZMR 2014, 375.

348 Siehe auch KG WuM 2011, 519 = ZMR 2011, 858 = GE 2011, 1082 = NZM 2011, 778; zustimmend *Emmert,* jurisPR-MietR 19/2011, Anm. 3; kritisch *Streyl* NZM 2011, 765.

349 So auch AG Bremen ZMR 2011, 726; **a. A.** AG Ludwigslust DWW 2013, 375.

dem Besitzschutz des Mieters gem. Art. 14 GG. Soweit das Mietverhältnis gekündigt wurde, reicht das Vorliegen anderer Vertragsverletzungen als Zahlungsverzug des Mieters für die Einleitung einer zulässigen Versorgungssperre durch den Vermieter regelmäßig nicht aus.[350] Das gilt auch im gewerblichen Mietverhältnis, wenn die Kündigung hinsichtlich ihrer materiellen Berechtigung umstritten ist, zumal damit der Streit um behauptete Mängel ins einstweilige Verfügungsverfahren verlagert würde.[351]

Bei beendetem Mietverhältnis wegen Zahlungsverzugs ist auch nach Vertragsende die weitere Versorgung der Räume mit Heizung und Warmwasser etc. für den Vermieter zumutbar, wenn der Mieter die geschuldete Nutzungsentschädigung zahlt[352] oder wenn der Mieter mit dem Versorgungsunternehmen einen eigenen Versorgungsvertrag abgeschlossen hat. Somit kommt die Versorgungssperre durch den Vermieter regelmäßig nur dann in Betracht, wenn das Vertragsverhältnis beendet und der Mieter mit erheblichen Mietzahlungen in Verzug ist[353] bzw. der Mieter nicht in der Lage ist, die Nutzungsentschädigung für die Zeit nach der Kündigung aufzubringen. Bei einer fristlosen Kündigung wegen Zahlungsverzugs ist allerdings zu bedenken, dass in diesem Fall eine Heilung durch Zahlung (§ 569 Abs. 3 Nr. 2 BGB) möglich ist. Da der Mieter innerhalb der Schonfrist die rückständige Miete begleichen und damit die Fortsetzung des Mietverhältnisses erzwingen kann, darf diese Regelung nicht durch die Ausübung einer Versorgungssperre unterlaufen werden; jedenfalls nicht in den Fällen, in denen der Mieter die laufenden Kosten zahlt.[354] Bei Wohnraummietverhältnissen ist zudem zu beachten, dass der Mieter gerade auf eine fristlose Kündigung die Wohnung nicht sofort räumen kann. Der Vermieter muss ihm daher eine nach Treu und Glauben zu bestimmende „Ziehfrist" einräumen, innerhalb der die Versorgungsleistungen aufrecht zu erhalten sind.[355] Das Gleiche gilt, wenn dem Mieter prozessual gem. § 721 ZPO oder § 765 a ZPO eine Räumungsfrist gewährt wurde, weil in diesen Fällen eine vom Vermieter veranlasste Einstellung der Versorgungsleistungen die richterliche Anordnung praktisch konterkarieren würde.[356]

114 Ungeklärt ist, ob der Mieter zu Teilzahlungen auf die ausstehenden Versorgungskosten berechtigt ist, um die Versorgungssperre abzuwenden, ohne dass dies aber Einfluss auf die Kündigungserklärung selbst hat. Im Hinblick auf das Wohnraumietrecht ist das zu bejahen, wenn der Mieter ausreichend Zeit hatte, sich um eine neue Unterkunft zu bemühen; anderenfalls würden das soziale Mietrecht und der Mieterschutz des Art. 14 GG ausgehebelt.

115 Die Abwägung der verfassungsrechtlich geschützten Interessen gebietet, dem Mieter die beabsichtigte Sperre rechtzeitig anzukündigen[357].

116 Besonderheiten bestehen im Wohnungseigentum. Zunächst können die Wohnungseigentümer durch Beschluss grundsätzlich eine Versorgungssperre gegen einen säumigen Wohnungseigentümer anordnen und umsetzen.[358] Wegen des damit verbundenen schwerwiegenden Eingriffs in das Wohnungseigentum bedarf es dazu jedoch einer vorangegangenen Androhung und eines erheblichen Rückstandes von mehr als 6 Monaten Hausgeld des Mitglieds der Gemeinschaft.[359] Der Mieter einer solchen von der Versorgungssperre der Wohnungseigentümergemeinschaft betroffenen Wohnung hat keine Möglichkeit, die Eigentümergemeinschaft zur Wiederaufnahme der Versorgung zu zwingen.[360] Ihm bleiben lediglich die mietrechtlichen Ansprüche gegen seinen Vermieter. Umstritten ist allerdings, ob der Mieter auch verpflichtet ist, bei der Versorgungssperre derart mitzuwirken, dass er den Zugang zu den (Miet-)Räumen gewähren muss, wenn dies für den Vollzug der Versor-

---

[350] LG Koblenz WuM 2012, 140; **a. A.** AG Lahnstein WuM 2012, 140 = NJW-RR 2010, 1522.

[351] KG ZMR 2015, 224; LG Heilbronn ZMR 2008, 716; s. auch KG GE 2009, 516; LG Berlin GE 2008, 518.

[352] AG Wiesbaden ZMR 2012, 368; AG Schöneberg GE 2010, 775; siehe aber AG Westerburg DWW 2012, 13; *Blank/Börstinghaus* § 535 BGB Rdn. 329.

[353] *Derleder* WuM 2011, 551, 552.

[354] *Häublein* in MünchKomm § 535 BGB Rdn. 81; *Leroy,* NJ 2013, 441, 443; siehe auch *Mummenhoff* WuM 2009, 437; i. E. ähnlich *Scheidacker* NZM 2010, 103, 109; **a. A.** *Streyl* DWW 2009, 82, 85; AG Waldshut-Tiengen DWW 2010, 23; AG Bergheim ZMR 2005, 53.

[355] *Leroy,* NJ 2013, 441, 444.

[356] AG Berlin-Schöneberg NJW-RR 2010, 1522 bei Vorliegen eines Antrages auf Räumungsfristverlängerung bzw. eines Vollstreckungsschutzantrages.

[357] *Herrlein* NZM 2006, 527, 531; *Börstinghaus* PiG 2007 (Nr. 79), 181, 191; vgl. auch *Pfeifer,* jurisPR-MietR 19/2007 Anm. 1.

[358] *Suilmann* ZWE 2012, 111; *Bonifacio* ZMR 2012, 330.

[359] BGH (V ZR 235/04) WuM 2005, 540 = NJW 2005, 2622 = NZM 2005, 626 = GE 2005, 1359.

[360] *Suilmann* ZWE 2012, 111, 113; *Bonifacio* ZMR 2012, 330, 332.

gungssperre erforderlich ist.[361] Nach zutreffender Auffassung ist eine derartige Mieterpflicht abzulehnen.[362]

Aber auch im gewerblichen Bereich gehört die Überlassung der Mietsache zum vertragsgemäßen Gebrauch zum Kernbereich der Vermieterleistungen, deren formularvertragliche Einschränkung für den Fall jedweder Zahlungsrückstände grundsätzlich unzulässig ist.[363] Für die Frage, ob der Vermieter nach Beendigung des gewerblichen Mietverhältnisses zur Versorgungsleistung verpflichtet bleibt, ist gem. § 242 BGB das Interesse des Mieters an der Aufrechterhaltung des Mietgebrauchs gegenüber dem Interesse des Vermieters an der Einstellung der Versorgungsleistung abzuwägen.[364] Unerheblich ist dabei das Interesse des Vermieters auf Räumung.[365] **117**

2. Contracting

In der mietrechtlichen Auseinandersetzung zum Contracting geht es im Wesentlichen um zwei Problemkreise. Zum einen stellt sich die Frage, ob der Vermieter sich seiner vertraglich übernommenen Heizpflicht entledigen darf und, wenn diese Frage verneint wird, ob der Vermieter den Mieter verpflichten kann, einen **Wärmeversorgungsvertrag** mit einem Contractor abzuschließen. Als Unterfall dieser Fragestellung ist zu untersuchen, ob der Vermieter, ohne die Zustimmung des Mieters einholen zu müssen, im laufenden Mietverhältnis von der Selbstversorgung auf das Contracting umsteigen und ob und ggf. unter welchen Voraussetzungen der Vermieter den **Wärmepreis** des Contractors an den Mieter weitergeben darf. Ziel des Contracting ist, durch optimierte Einstellungen und/oder Modernisierung der Heizanlage die Energiekosten zu senken. Dadurch entstehen im Idealfall Gewinneffekte sowohl auf Mieter-, Vermieter- und Contractor-Seite. **118**

a) Contracting mit Rahmenvertrag. Ist der Contractor nicht Erfüllungsgehilfe des Vermieters, sondern liefert er die Wärme aufgrund eines Rahmenvertrages mit dem Vermieter und aufgrund von Einzelverträgen mit den Mietern, liegt ein sog. **Direkt- oder Fullcontracting** vor. Dies ist in der Praxis ein immer wieder auftretendes Modell, das sich allerdings nicht durchgesetzt hat. **119**

Eine formularmäßige Vereinbarung, die den Mieter zum Vertragsschluss mit jedwedem Contractor verpflichtet, den der Vermieter bestimmt, ist gem. § 307 BGB unwirksam, da dem Mieter damit die Möglichkeit genommen wird, den am Markt günstigsten Wärmelieferungspreis zu wählen.[366] Diese Konstruktion ist nach der hier vertretenen Auffassung aber schon aus grundsätzlichen Erwägungen als rechtlich bedenklich einzustufen, denn sie soll den Vermieter von seiner Pflicht zur Beheizung der Wohnung freistellen. Er schuldet aber den vertragsgemäßen Gebrauch. Der wird aber mit einer solchen Vertragskonstellation nicht von Anfang an sichergestellt. Vielmehr verknüpft sie ihn mit dem Vorbehalt, dass der Contractor leistungsfähig bleibt. Dies lässt sich mit der bei der Vermietung übernommenen und nicht abdingbaren Garantie zur jederzeitigen Beheizung der Wohnung mit einer Sammelheizung nicht vereinbaren.

Daher entbindet diese Vertragskonstruktion den Vermieter nicht von der Pflicht, hinter dem Contractor als Garant einer jederzeitigen und technisch einwandfreien Beheizung der Wohnung zur Verfügung zu stehen. Der Vermieter wird somit auch bei diesen Vertragskonstruktionen nicht von seiner Erfüllungspflicht zur ordnungsgemäßen Beheizung der Wohnung befreit. Somit ist der Mieter bei Leistungsstörungen, deren Ursachen in der Sphäre des Contractors zu suchen sind, auch nicht von seinem mietvertraglichen Recht zur Mietminderung (§ 536 BGB) oder zur Geltendmachung von Schadensersatz (§ 536a BGB) ausgeschlossen. **120**

b) Contractor als Erfüllungsgehilfe des Vermieters. Von dem vorgenannten Fall unterscheidet sich das regelmäßig praktizierte Vertragsmodell, mit dem der Vermieter den Contractor beauftragt, ihm die Wärme zu liefern und die Wärmelieferungskosten zu Lasten der Mieter in Rechnung zu stellen. Zwischen Vermieter und Contractor gilt die FernwärmeVO, soweit nicht **121**

---

[361] So *Scholz* NZM 2008, 387, 390; *Scheidacker* NZM 2007, 591; zum Zutrittsrecht bei der Zwangsvollstreckung BGH (I ZB 126/05) WuM 2006, 632 = NJW 2006, 3352 = GE 2006, 1546 = ZMR 2007, 675.

[362] KG NZM 2006, 297; OLG Köln WuM 2000, 488; *Suilmann* ZWE 2012, 111, 114; Emmert, jurisPR-MietR 15/2006 Anm. 5.

[363] OLG Köln NZM 2005, 67 = ZMR 2005, 124; LG Münster WuM 2007, 274; **a. A.** KG GuT 2004, 228 NZM 2005, 65 = ZMR 2004, 905 = GE2004, 1171; *Herrlein* NZM 2006, 527; *Mummenhoff* jurisPR-MietR 11/2005, Anm. 4.

[364] KG ZMR 2015, 224.

[365] KG NJW-RR 2012, 15.

[366] AG Winsen (Luhe) WuM 2012, 603.

ein Betriebsführungscontracting vereinbart wird.[367] Diese Konstruktion ist jedenfalls mietrechtlich unbedenklich, wenn es zwischen Mieter und Vermieter zu Vertragsbeginn vereinbart wird und die Kosten nach § 2 Nr. 4c BetrKV dem Mieter berechnet werden. Für die Umlagefähigkeit der Kosten bedarf es einer eindeutigen vertraglichen Regelung.[368] Wendet der Mieter ein, dass der abgeschlossene Wärmelieferungsvertrag gegen den Wirtschaftlichkeitsgrundsatz verstößt, ist er bezüglich der hierfür maßgebenden Umstände darlegungspflichtig.[369]

122 **c) Umstellung im laufenden Mietverhältnis.** In der Vergangenheit hatte die Einschaltung eines Contractors im laufenden Mietverhältnis Probleme aufgeworfen, weil sich die Umlage eines Wärmepreises nach herrschender Auffassung als **Vertragsänderung** darstellte, die der Zustimmung des Mieters bedurfte.[370] Nach einigen Anläufen hatte der BGH mit seiner Entscheidung vom 27.6.2007 seine Rechtsprechung geändert und es für eine Umstellung ausreichen lassen, dass die Parteien die Kostenumlage vereinbart haben, wofür grundsätzlich der mietvertragliche Verweis auf Anlage 3 zu § 27 II. BV oder auf die BetrKV ausreichte.[371]

123 Mit dem Mietrechtsänderungsgesetz[372] hat sich die Rechtslage völlig verändert. Zulässig sind nunmehr unter bestimmten Voraussetzungen, insbesondere unter Einhaltung der Warmmietenneutralität, sowohl die Umstellung auf das Anlagencontracting als auch auf das Betriebsführungscontracting (siehe dazu § 556c BGB).[373] Eine Wärmelieferverordnung[374] regelt Details.

3. Einstweilige Verfügung bei der Einstellung von Nebenleistungen

124 Kommt der Vermieter aus den unterschiedlichsten Gründen der Verpflichtung nicht nach, die Versorgung der Wohnung mit Wasser und Energie über das vorhandene Leitungssystem aufrechtzuerhalten, kann der Mieter den Vermieter zur Einhaltung dieser Pflicht mit Hilfe einer einstweiligen Verfügung anhalten.[375] Die einstweilige Verfügung kann auch darauf gerichtet sein, dass der Vermieter durch Bezahlung der Gasrechnungen dafür sorgt, dass die Unterbrechung der Gaslieferung für die Gasheizung und die Warmwasserversorgungsanlage der Wohnanlage nicht durch das Gasversorgungsunternehmen angedroht oder durchgeführt wird. Dabei kann dahinstehen, ob der Vermieter berechtigt ist, die Gasrechnungen nicht mehr zu bezahlen, weil die Mieter mit der Zahlung der Nebenkosten im Rückstand sind[376] (zum Problem der Leistungsverfügung s. § 555d BGB Rdn. 83f.). Eine **einstweilige Verfügung** des Mieters **gegen** das **Versorgungsunternehmen** auf Wiederaufnahme der Lieferung ist – nach umstrittener Auffassung – nicht möglich, wenn das Unternehmen – was der Regelfall ist – Vertragspartner des Vermieters ist.[377]

125 Die **Vollstreckung** der **Heizpflicht** des Vermieters erfolgt nach § 887 ZPO. Handelt es sich um eine Eigentumswohnung, ist über § 888 ZPO (nicht! § 887 ZPO) zu vollstrecken, da zur Erforschung der Schadensursache und zur Beseitigung eines Heizungsausfalls Eingriffe in das Gemein-

---

[367] Zur Abgrenzung siehe BGH (VIII ZR 262/09) WuM 2012, 115 = GE 2012, 198 = DWW 2012, 97 = MDR 2012, 135 sowie *Emmert,* jurisPR-MietR 7/2012 Anm. 1.

[368] BGH (VIII ZR 244/06) WuM 2007, 445 = GE 2007, 1118 = ZMR 2007, 768 = MietPrax-AK § 2 Nr. 4 HeizkostenV Nr. 8.

[369] BGH (VIII ZR 73/06) WuM 2007, 393 = NZM 2007, 563 = GE 2007, 1051 = ZMR 2007, 685 = MietPrax-AK § 2 Nr. 4 HeizkostenV Nr. 7.

[370] BGH (VIII ZR 54/04) NJW 2005, 1776 = NZM 2005, 450 = GE 2005, 664 = DWW 2005, 195= ZMR 2005, 606 = MietPrax-AK § 2 Nr. 4 BetrKV Nr. 2 = WuM 2005, 387 mit Anm. *Derleder;* BGH (VIII ZR 84/04) WuM 2005, 456 = GE 2005, 916 = MietPrax-AK § 2 Nr. 4 BetrKV Nr. 3 mit Anm. *Eisenschmid;* BGH (VIII ZR 362/04) WuM 2006, 322 = MietPrax-AK § 2 Nr. 4 BetrKV Nr 5 = GE 2006, 838 = NZM 2006, 534 = NJW 2006, 2185 = ZMR 2006, 595; *Schmid* WuM 2005, 553; ZMR 2005, 592.

[371] BGH (VIII ZR 202/06) WuM 2007, 571 = GE 2007, 1310 = NZM 2007, 769 = DWW 2007, 368 = NJW 2007, 3060 = MietPrax-AK § 2 Nr. 4 HeizkostenV Nr. 9; bestätigt durch BGH (VIII ZR 145/10) WuM 2011, 219 = MietPrax-AK § 2 Nr. 4 BetrKV Nr 11 = GE 2011, 609 = CuR 2011, 87.

[372] BGBl. I, 2013, 434.

[373] Zu den offen gebliebenen Fragen siehe *Heix* WuM 2014, 511.

[374] BGBl. I 2013, 1509.

[375] AG Leipzig WuM 1998, 495 = MDR 1998, 1025 = NZM 1998, 716 = DWW 1998, 283 = NJW-RR 1998, 1466; *Börstinghaus* ZAP 2001, 871.

[376] AG Ludwigsburg NZM 1999, 122.

[377] So LG Gera WuM 1998, 496 = MDR 1998, 1024 = NZM 1998, 715 = NJW-RR 1998, 1466 = DWW 1998, 314; LG Frankfurt/M. WuM 1998, 495 = MDR 1998, 1023 = NZM 1998, 714 = NJW-RR 1998, 1467 = DWW 1998, 312; AG Siegen ZMR 1999, 645; s. *Hinz* WuM 2005, 621; *Hempel* WuM 1998, 646; **a. A.** AG Gera WuM 1998, 496 = DWW 1998, 314; AG Frankfurt/M. WuM 1998, 42 = DWW 1998, 312; *Schmitz-Justen* WuM 1998, 520.

schaftseigentum erforderlich sind. Hierüber muss der Vermieter eine Entscheidung der Wohnungseigentümergemeinschaft herbeiführen.[378] Gegen den Vermieter müssen daher so lange Zwangsgelder verhängt werden, bis er seine Verpflichtung erfüllt.

V. Wirtschaftlichkeitsgebot

Der Grundsatz der Wirtschaftlichkeit ist in der Rechtsprechung schon seit langem anerkannt und wurde mit der Mietrechtsreform zum 1.9.2001 neu belebt.[379] Der Gesetzgeber hat ihn für den Bereich der Betriebskosten in §§ 556, 560 BGB ausdrücklich erwähnt und hervorgehoben[380] (zum Wirtschaftlichkeitsgrundsatz bei den Betriebskosten[381] vgl. § 560 BGB Rdn. 71 ff.). Neben den §§ 556, 560 BGB, die das Gebot der Wirtschaftlichkeit für die Betriebskostenumlage festlegen, fand sich unter Geltung der Preisregelungen des sozialen Mietwohnungsbaus das Gebot der Wirtschaftlichkeit schon in § 24 Abs. 2 II. BV, wonach der Ansatz von **Bewirtschaftungskosten** dem Grundsatz einer ordnungsgemäßen Bewirtschaftung zu entsprechen hatte. Für das Gewerberaummietverhältnis gab und gibt es keine entsprechende gesetzliche Regelung. Dennoch gilt das Gebot der Wirtschaftlichkeit auch bei diesen Rechtsverhältnissen.[382] **126**

Das Wirtschaftlichkeitsgebot beschränkt sich nicht auf die Abrechnung, wie der Gesetzeswortlaut in §§ 556 Abs. 3 Satz 1 und § 560 Abs. 5 BGB vermuten lässt, sondern verpflichtet den Vermieter, schon bei der Verursachung der Betriebskosten dem Gebot Rechnung zu tragen. Die Aufnahme des Wirtschaftlichkeitsgebots bei den Betriebskosten war getragen von der Überlegung, dass ein auf lange Zeit angelegtes Vertragsverhältnis seinen Zweck nur erreichen kann, wenn jede Vertragspartei den erkennbaren Interessen der jeweils anderen Seite gebührend Rechnung trägt.[383] Dieser Grundsatz sollte nach der hier vertretenen Auffassung bei der Betriebskostenumlage nicht stehen bleiben, weil das dem § 242 BGB zu entnehmende Gebot der Rücksichtnahme (vgl. Rdn. 99 ff.) gebietet, die vermietete Wohnung in einem guten gebrauchsfähigen, d. h. wirtschaftlich gebotenen Zustand zu erhalten. Daher trifft den Vermieter bei von ihm zu vergebenden Aufträgen auch eine Preisermittlungspflicht.[384] **127**

Der BGH hat mit seinen Entscheidungen zur Modernisierungsmieterhöhung nach § 10 WoBindG (§ 559 BGB)[385] die Geltung eines allgemeinen Wirtschaftlichkeitsgrundsatzes in dem Sinne verneint, dass allein der mietrechtliche Kosten-Nutzen-Aspekt zu betrachten ist. Im Sinne des Umweltschutzes soll allein die nachhaltige Energieeinsparung ausreichen, ohne dass sie sich für den Mieter ökonomisch rechnen muss[386]. Aufgeweicht wird diese strikte Betrachtung für Modernisierungsmaßnahmen (§ 559 Abs. 1 BGB). Führt der Vermieter solche Maßnahmen durch, darf er nur die Kosten der **erforderlichen** Arbeiten seiner Mieterhöhungsberechnung zugrunde zu legen.[387] Somit müssen auf jeden Fall unnötige, unzweckmäßige oder überhöhte Aufwendungen für die Mietberechnung nach § 559 BGB außer Betracht bleiben.[388] Schwintowski[389] hat aus dem Umweltschutzgedanken den Schluss gezogen, dass der im Mietrecht allgemein geltende Wirtschaftlichkeitsgrundsatz neben dem mietrechtlichen Kosten-Nutzen-Verhältnis auch die Kosten für die Erhaltung der natürlichen Lebensgrundlagen zu beachten habe. **128**

---

[378] OLG Hamm WuM 1996, 568.

[379] BGH WuM 2008, 29 = NJW 2008, 440 = NZM 2008, 78 = GE 2008, 116 = MietPrax-AK § 556 Nr. 27 = ZMR 2008, 599 = DWW 2008, 143; (VIII ZR 78/06) WuM 2007, 393 = NZM 2007, 563 = GE 2007, 1051 = ZMR 2007, 685 = MietPrax-AK § 2 Nr. 4 HeizkostenV Nr. 7; ZIP 1989, 1084; OLG Hamm ZMR 1997, 300; OLG Düsseldorf WuM 1984, 54; vgl. *Eisenschmid* PiG 2002, 147 (Bd. 65).

[380] LG Berlin WuM 2004, 340 zu den Kosten der Messgeräte mit Anm. Wall.

[381] *Milger* NZM 2012, 657 ff.

[382] KG MDR 2011, 652; *Fritz*, Gewerberaummietrecht, 4. Aufl., Rdn. 137 d; *Beyer* GE 2008, 1472; 1473.

[383] *Langenberg*, Betriebskostenrecht, G Rdn. 6 ff.

[384] AG Dortmund ZMR 2016, 706.

[385] BGH (VIII ZR 149/03) WuM 2004, 285 = NJW 2004, 1738 = GE 2004, 620 = ZMR 2004, 424 = NZM 2004, 379 = MietPrax-AK § 10 WoBindG Nr. 2; NZM 2004, 379 = MietPrax-AK § 10 WoBindG Nr. 3.

[386] *Both* in Herrlein/Kandelhard, Mietrecht, § 559, Rdn. 72; **a. A.** *Kinne* GE 2000, 1070.

[387] BGH (VIII ZR 41/08) WuM 2009, 124 = NZM 2009, 150 = ZMR 2009, 351 = NJW 2009, 839 = DWW 2009, 64.

[388] *Börstinghaus* jurisPR-MietR 5/2009 Anm. 2.

[389] *Schwintowski* WuM 2006, 115, 118.

129 Da schon die Einsparung von Primärenergie (vgl. dazu § 555b Rdn. 56ff.) den Modernisierungstatbestand[390] erfüllt, muss nach der hier vertretenen Auffassung darüber nachgedacht werden, den Pflichtenkatalog der Vermieters bei der Wartung seiner Heizungsanlage neu zu definieren. Heizungsanlagen verlieren bei nur üblicher Wartung jährlich einen Teil ihres Wirkungsgrades. Die Einsparung von Primär- und Endenergie kann nicht nur über Modernisierungsmaßnahmen zur Energieeinsparung erfolgen, sondern auch durch geeignete Wartungsmaßnahmen, die den Wirkungsgrad der Heizungsanlage erhalten. Diese vergleichsweise einfachen Maßnahmen zur Energieeinsparung muss der Vermieter daher beachten. Zur Wartung gehört somit nach der hier vertretenen Auffassung nicht nur die Sicherstellung der Betriebsbereitschaft der Heizungsanlage, sondern auch die Aufrechterhaltung ihres Wirkungsgrades.

130 Im Bereich der Energieeinsparung und des Umweltschutzes wird der Gesetzgeber häufig tätig, um bestimmte erwünschte Zielvorstellungen umzusetzen.[391] Das Energieeinspargesetz (EnEG), die Heizkostenverordnung (HeizkV) sowie die Energieeinsparverordnung (EnEV) sollen z. B. helfen, **Energie einzusparen,** um damit den **Ausstoß von CO_2** zu mindern. Der mit dem Energieeinspargesetz, der Heizkostenverordnung und der Energieeinsparverordnung verbundene Pflichtenkatalog zu Lasten des Vermieters greift insoweit in das Mietverhältnis ein. Fraglich erscheint, ob die öffentlich-rechtlichen Verpflichtungen des Vermieters dem Mieter jedenfalls dann einen Anspruch gegen den Vermieter auf Einhaltung dieser gesetzlichen Vorgaben gewähren, wenn durch sie die Wirtschaftlichkeit des Hausbesitzes berührt ist.

131 Die Nichtbefolgung der gesetzlichen Auflagen durch den Eigentümer und Vermieter lässt sich als Vernachlässigung des Mietobjektes ansehen und führt zu einem Zustand baulicher Mängel, der Defizite im Bereich der Energieeinsparung und damit Handlungsbedarf aufweist (s. hierzu auch Rdn. 134ff.). Zwar ist das Mietobjekt bei Unterlassung der gebotenen Maßnahmen nicht defekt im Sinne eines Funktionsmangels, aber es entspricht nicht mehr den Anforderungen einer verantwortungsvollen und ordentlichen Geschäftsführung, da es den öffentlich-rechtlichen Auflagen zur Energieeinsparung nicht mehr genügt. Der als Modernisierungsvorhaben (Energieeinsparung, vgl. § 555b) formulierte gesetzliche Auftrag lässt sich – bei Unterlassen der gebotenen Maßnahme – in eine gesetzliche Instandsetzungspflicht umformulieren[392]. Hat der Vermieter aber eine gesetzliche Pflicht zur Herstellung eines bestimmten Zustandes, berührt dies den vertragsgemäßen Gebrauch. Denn die Überlassung der Wohnung zum vertragsgemäßen Gebrauch schließt – vorbehaltlich anderer Absprachen – regelmäßig ein, dass der Vermieter die gesetzlichen Anforderungen beachtet und einhält (s. beispielsweise BayObLG[393] bei Nichteinhaltung von neuen Grenz- und Richtwerten; vgl. § 536 Rdn. 23). Kommt er dieser vertraglichen Pflicht nicht nach, wirkt sich dies auf die Wertschätzung des Mietobjektes aus und stellt sich als Mangel der Mietsache dar[394]. Dem Mieter erwächst damit ein Anspruch auf Einhaltung der gesetzlichen Vorgaben durch den Vermieter, soweit mit dem Mangel eine Gebrauchsbeeinträchtigung verbunden ist.[395] Letztere kann angenommen werden, wenn der Mieter gegenüber einem den gesetzlichen Anforderungen genügenden Gebäude nur durch einen Energiemehrverbrauch die vertraglich geschuldeten Temperaturen erreichen kann.[396]

132 Weitere Beispiele gesetzlicher Modernisierungspflichten ergeben sich aus dem EEWärmeG[397] i. V. m. landesgesetzlichen Regelungen, wie z. B. das EWärmeG BW[398] oder das Hamburger Klimaschutzgesetz.[399]

---

390 BGH (VIII ZR 275/07) WuM 2008, 667 = WuM 2009, 40 mit Anm. *Eisenschmid* = MietPrax-AK § 554 BGB Nr. 3 = NZM 2008, 883 = NJW 2008, 3630 = GuT 2008, 359 = GE 2008, 1485; zustimmend *Flatow* jurisPR-Mietrecht 10/2008 Anm. 4 zur Fernwärme mit Kraft-Wärme-Koppelung.

391 Die Umsetzung der Agenda 21 zur Stadtentwicklung und zur Wohnungsversorgung; das Protokoll von Kyoto zur CO_2-Verminderung.

392 So i. E. auch *Artz* WuM 2008, 259, 262; **a. A.** *Flatow* WImmoT 2010, 53, 61.

393 BayObLG, Rechtsentscheid vom 4.8.1999 WuM 1999, 568 = DWW 1999, 350 = NZM 1999, 899 = ZMR 1999, 753 mit Anm. *Schläger.*

394 Die Wohnung entspricht jedenfalls nicht mehr der Sollbeschaffenheit: *Artz/Kessens,* Wohnraummietrecht – Gewährleistungsrecht, Berliner Wissenschaftsverlag 2008, S. 15; *Artz* WuM 2008, 259, 262; *Häublein* in MünchKomm § 536 Rdn. 8; siehe aber *Derleder* NZM 2012, 487, 493, der keinen Mangel, aber eine Nebenpflichtverletzung der Vermieters annimmt; **a. A.** *Blank* PiG 2012, 1, 2.

395 AG Gelsenkirchen WuM 1993, 735; *v. Seldeneck,* Betriebskosten, Rdn. 2657; wohl auch *Kraemer/Ehlert* in Bub/Treier III B Rdn. 3119; **a. A.** Brückner GE 2011, 1411; Horst DWW 2010, 133.

396 *Häublein* in MünchKomm § 536 Rdn. 8.

397 EEWärmeG v. 7.8.2008 – BGBl. I, 1658.

398 EWärmeG v. 20.11.2007 – GBl. S. 531; s. *Schläger* ZMR 2009, 339, 340.

399 Hamburger KlimaschutzG v. 25.6.1997 – GVBl. 2008 S. 1; s. *Schläger* ZMR 2009, 339, 340.

Ein anderes Beispiel in diesem Zusammenhang ist die gesetzliche Verpflichtung des Vermieters zum Einbau von **Wasseruhren,** wie sie derzeit im Land Hamburg gilt (vgl. § 39 Abs. 3 HBauO). Die Versäumung der Übergangsregelung bis zum 1.9.2004 gibt dem Mieter das Recht auf Einhaltung des gesetzlichen Auftrags. Kann man aber den vertragsgemäßen Gebrauch deshalb als beeinträchtigt ansehen, weil seine Ausübung mit Kosten verbunden ist, deren Ursachen in einem Gesetzesverstoß liegen (keine verbrauchsabhängige Abrechnung möglich!), kann von einem Fehler der Mietsache ausgegangen werden.[400] **133**

Die Rechtsprechung hat in einigen Fällen des Einbaus von unwirtschaftlichen Anlagen die Verletzung einer Hauptleistungspflicht bejaht und die Mietminderung zugelassen. Dabei ging es um Anlagen, die soviel Energie verbrauchten, dass ihr uneingeschränkter Betrieb sich als erhebliche Vertragsbeeinträchtigung darstellte. So hatten das OLG Hamm[401] für eine überdimensionierte Lüftungsanlage und das OLG Düsseldorf[402] für eine **überdimensionierte Heizungsanlage,** die einen gegenüber Standardanlagen um 60 Prozent erhöhten Energiebedarf aufwies, einen Mangel der Mietsache angenommen. In beiden Fällen war die Ausübung des Gebrauchs der Lüftungs- bzw. Heizungsanlage mit erheblichen Kosten verbunden, die allein auf die Unwirtschaftlichkeit zurückzuführen waren. Das KG[403] ist dieser Auffassung grundsätzlich gefolgt, soweit bei der Vermietung nicht ein Mindeststandard eingehalten wurde. **134**

Die in der Literatur und Rechtsprechung häufiger vertretene Auffassung geht davon aus, dass dem Mieter in den vorgenannten Fällen das Minderungsrecht nicht zusteht. Der Mieter sei bei unwirtschaftlichem Verhalten des Vermieters in seinem Gebrauch nicht beeinträchtigt.[404] Er müsse für die vertraglich geschuldeten und gewährten Leistungen lediglich mehr Geld aufwenden. Daher sei die Mietsache nicht mangelhaft, sondern nur zu teuer.[405] Zudem sei es zu weitgehend, dem Mieter in solchen Fällen auch einen Erfüllungsanspruch einräumen zu müssen, der auf einen Modernisierungszwang des Vermieters hinauslaufe. **135**

Der BGH[406] hat das Wirtschaftlichkeitsgebot im Zusammenhang mit den Betriebskosten so definiert, dass der Vermieter gegenüber dem Mieter die **vertragliche Nebenpflicht** hat, bei Maßnahmen und Entscheidungen, welche Einfluss auf die Höhe der letztlich von diesem zu tragenden Nebenkosten haben, auf ein angemessenes Kosten-Nutzen-Verhältnis Rücksicht zu nehmen. Folgt man dieser Auffassung, führt die „schuldhafte" Verletzung des Wirtschaftlichkeitsgebotes zu einer Schadensersatzpflicht (§ 280 BGB), also zur Freihaltung des Mieters von den verursachten Mehrkosten[407] (siehe auch § 560 BGB Rdn. 114ff.). Die Beweislast liegt zwar grundsätzlich bei demjenigen, der aus der Vorschrift Rechte herleiten will, also hier beim Mieter.[408] Da der Mieter aber keinen Einblick in die Sphäre des Vermieters hat, kann er diesen Beweis nicht erbringen. Daher trifft den Vermieter die sog. sekundäre Darlegungslast[409], wenn der Mieter einen Verstoß gegen den Wirtschaftlichkeitsgrundsatz in ausreichender Weise darlegen kann. **136**

Sieht man dagegen den Wirtschaftlichkeitsgrundsatz als **Bestandteil der Pflicht** zur Betriebskostenabrechnung gem. § 556 Abs. 3 BGB, darf der Vermieter nur solche Kosten auf den Mieter umlegen, die unter Einhaltung des Wirtschaftlichkeitsgebotes angefallen sind.[410] Auf ein Verschulden des Vermieters kommt es nicht an. Die Umlegung von Betriebskosten ist daher von vornherein auf die Kosten beschränkt, die bei wirtschaftlicher Betriebsführung entstehen.[411] Danach wäre der **137**

---

[400] *V. Seldeneck,* Betriebskosten, Rdn. 2654; vgl. hierzu auch OLG Hamm ZMR 1997, 300; OLG Düsseldorf WuM 1984, 54.

[401] OLG Hamm ZMR 1987, 300 = MDR 1987, 763.

[402] OLG Düsseldorf WM 1984, 54; **a. A.** BGH (XII ZR 80/12) NJW 2014, 685 = NZM 2014, 163 = GE 2014, 245; KG GE 2012, 1228 = MDR 2012, 1154; GE 2008, 990.

[403] KG ZMR 2012, 858; GuT 2008, 344.

[404] KG WuM 2006, 168 = GE 2007, 1427.

[405] BGH (XII ZR 80/12) NJW 2014, 685 = NZM 2014, 163 = GE 2014, 245; KG ZMR 2012, 858; *Blank* WuM 2008, 311, 312; *Langenberg* § 560 Rdn. 115; *Beyer* GE 2008, 1472, 1476.

[406] BGH (VIII ZR 340/10) WuM 2011, 513 = MietPrax-AK § 556 BGB Nr 77 = NJW 2011, 3028 = NZM 2011, 705 = GE 2011, 1225; (VIII ZR 243/06) WuM 2008, 29 = NZM 2008, 78 = NJW 2008, 440 = GE 2008, 116 = ZMR 2008, 195 = MietPrax-AK § 556 BGB Nr. 27 mit Anm. *Eisenschmid;* zur Angemessenheit s. OLG Celle WuM 2000, 130 = ZMR 1999, 238 = NZM 1999, 501; *Börstinghaus* MDR 2000, 1345.

[407] KG GE 2011, 545; AG Köln ZMR 2011, 222; *Schmid,* ZMR 2008, 599.

[408] AG Köln ZMR 2011, 559 zur Einführung der Mülltrennung.

[409] KG GE 2011, 545; dazu Zöller, ZPO, vor 284 Rd. 34.

[410] *Blank* WuM 2008, 311; *Schmid* ZMR 2007, 178; *von Seldeneck* Betriebskosten im Mietrecht, Rdn. 2644.

[411] So BGH (VIII ZR 41/08) WuM 2009, 124 = NZM 2009, 150 = MietPrax-AK § 550 BGB Nr. 3 = NJW 2009, 839 = ZMR 2009, 351 = GE 2009, 253 zu § 559 BGB; *Beyer* GE 2008, 1472, 1476.

Vermieter verpflichtet, bei der Umlage der Kosten deren Wirtschaftlichkeit zu belegen, wenn begründete Zweifel angebracht sind. Letztere Auffassung hat zur Folge, dass die unter Verstoß des Wirtschaftlichkeitsgrundsatzes verursachten Kosten direkt gekürzt, oder wenn sie vom Mieter schon gezahlt wurden, nicht als Schadensersatz, sondern als Bereicherungsanspruch geltend gemacht werden können.

138 Es kann auch daran gedacht werden, den Vermieter zur Einsparung von Wasser zu verpflichten, indem er sog. **Wassermengenregler** einbaut (vgl. § 555b Nr. 3 BGB). Dieser Fall unterscheidet sich von den vorgenannten Fällen darin, dass der Vermieter bei Unterlassung des Einbaus weder gegen eine gesetzliche Pflicht verstößt noch die Anlage selbst unwirtschaftlich arbeitet. Vielmehr besteht lediglich die Möglichkeit, mit zusätzlichen Maßnahmen die (Wasser-)Anlage für einen stärkeren Wirkungsgrad aufzurüsten. Es muss grundsätzlich dem Vermieter überlassen bleiben, zu welchen Bedingungen und Kriterien er den Wohnraum an den Markt bringt. Die unternehmerische Entscheidung kann in derartigen Fällen nicht durch Mieterentscheidungen ersetzt werden.[412] Ein solch weit gehendes Mieterrecht würde dem Verfassungsrang des Eigentums auf Vermieterseite nicht gerecht. So wie der Vermieter nicht die Maximalmiete einfordern darf, ist es dem Mieter nicht erlaubt, in jedem Fall die preiswerteste Miete zu verlangen. Nur wenn unter dem Gesichtspunkt von Treu und Glauben die Entscheidung des Vermieters sich als nicht mehr mit den Grundsätzen eines ordentlichen Kaufmanns vertreten lässt, also eines Kaufmanns, der zum einen wirtschaftlich denkt und zum anderen aber auch das Wohl seines Vertragspartners im Auge hat, ist eine andere Lösung geboten. In jedem Fall hat der Vermieter eine **Prüfpflicht** dahingehend, ob er eine bestimmte, dem Wirtschaftlichkeitsgebot Rechnung tragende Maßnahme umsetzen soll.[413] Führt die Prüfung zu einer Umsetzungspflicht, hat der Mieter auch einen Anspruch. Ähnliche Überlegungen sind zum **Müllmanagement** oder zum Einbau von **Wasseruhren** anzustellen, soweit letztere nicht ohnehin einer gesetzlichen Einbaupflicht unterliegen.

VI. Verkehrssicherung

139 Die Verkehrssicherungspflicht trifft denjenigen, der einen Verkehr auf dem Grundstück eröffnet, zulässt oder andauern lässt.[414] Sie verpflichtet den Hauseigentümer, das Grundstück nebst allen mitvermieteten Räumen und Flächen auf Gefahrenquellen zu überprüfen und diejenigen Maßnahmen zur Gefahrenabwehr zu treffen, die nach den Gesamtumständen zumutbar sind. Der hierfür anzulegende Maßstab richtet sich danach, was ein verständiger und umsichtiger, in vernünftigen Grenzen vorsichtiger Mensch für notwendig und ausreichend hält, um andere vor Schaden zu bewahren.[415] Das bedeutet, dass regelmäßig der Eigentümer Vorsorge dafür zu treffen hat, dass Dritte, namentlich die Mieter sowie ihre Angehörigen und Besucher, keinen vermeidbaren Schaden durch das Grundstück erleiden[416] (zur Übertragung von Verkehrssicherungspflichten s. Rdn. 149). Anknüpfungspunkt für die Haftung ist die Eröffnung des Verkehrs. Daher ist zunächst jeder Eigentümer als Verfügungsberechtigter zur Gefahrenabwendung verpflichtet. Die Verkehrssicherungspflicht gehört nicht zu den **Lasten des Grundstücks,** so dass die Übertragung der Lasten in einem notariellen Kaufvertrag auch nicht zur Übertragung der Verkehrssicherungspflicht führt.[417] Im Falle der Zwangsverwaltung trifft allerdings den Zwangsverwalter die Verkehrssicherungspflicht.[418] Ist das Haus im Ganzen vermietet, kann auch der Mierter verkehrssicherungspflichtig sein.

140 Für die Anforderungen an die Verkehrssicherungspflicht sind die Sicherungserwartungen des Verkehrs maßgebend[419] sowie die jeweiligen Umstände des Einzelfalls, insbesondere Größe und Zweck der Mietwohnung, Ortssitte und die Örtlichkeiten. Daher muss der Verkehrssicherungspflichtige auch solche Verhaltensweisen in Erwägung ziehen, die einer verbreiteten Gepflogenheit entsprechen. Das gilt auch dann, wenn die Gepflogenheit möglicherweise beanstandet werden könnte.[420] Natür-

---

412 LG Berlin ZMR 1989, 305.
413 *Langenberg,* WuM 2001, 523, 531.
414 OLG Zweibrücken VersR 1994, 1489.
415 BGH WuM 1990, 120 = NJW 1990, 1236 = MDR 1990, 611 = ZMR 1990, 138 = DWW 1990, 75.
416 BGH VersR 1977, 817; Thüringer Oberlandesgericht OLG-NL 1998, 3 zur Verkehrssicherungspflicht der Gemeinden als Träger der Straßenbaulast.
417 OLG Köln ZMR 1998, 344.
418 OLG Hamm WuM 2004, 675 = ZMR 2004, 511; Palandt/*Sprau* § 823 Rdn. 48.
419 BGH ZMR 1961, 360; OLG Köln NJW-RR 1995, 1178.
420 OLG Nürnberg NJW-RR 2002, 448; OLG Koblenz ZMR 1997, 417.

lich können sich die Anforderungen an die Verkehrssicherungspflicht im Laufe des Mietverhältnisses, z. B. durch eine **Nutzungsänderung** der Mietsache, ändern.[421]

Nicht erforderlich ist, dass jedermann Zugang zu dem Grundstück bzw. zu dem Grundstücksteil hat.[422] Es reicht aus, wenn der Zugang nur einem bestimmten Kreis von Verkehrsteilnehmern, z. B. den Mietern eines Hauses, offen steht, da die Verkehrssicherungspflicht nicht durch das Vertragsverhältnis ausgeschlossen wird. Daher muss der Zugang zum Haus zu jeder Jahreszeit gefahrlos begehbar sein. Darüber hinaus muss der Eigentümer aber auch in einem gewissen Umfang für die Sicherheit sog. **„Schleichwege"** oder **„Trampelpfade"** einstehen, wenn er die Benutzung dieser Wege durch den öffentlichen Verkehr zugelassen oder geduldet hat.[423] Das gilt selbst dann, wenn der Weg nicht vom Eigentümer geschaffen wurde, sondern durch ständiges Benutzen entstanden ist.[424] Ein Zulassen oder Dulden des Vermieters ist anzunehmen, wenn der betroffene Verkehrskreis davon ausgehen darf, dass die Benutzung des Weges nicht gegen den Willen des Eigentümers verstößt[425]. 141

Die Verkehrssicherungspflicht besteht gegenüber Erwachsenen[426] und Kindern. Dabei muss der Verkehrssicherungspflichtige auch mit unbefugtem und nicht ganz fern liegenden missbräuchlichem Verhalten rechnen.[427] Allerdings können keine Vorkehrungen gegen jede nur erdenkliche Gefahr erwartet werden (siehe auch § 536 BGB Rdn. 183 – Legionellen).[428] Insbesondere bei Kleinkindern muss der Verkehrssicherungspflichtige nicht mit einem Aufsichtsversagen der Eltern rechnen.[429] Die Pflichten sind herabgesetzt gegenüber Gefahren, die jedem vor Augen stehen müssen und vor denen man sich bei zumutbarer Vorsicht ohne weiteres selbst schützen kann.[430] In einem Wohngebiet darf man bei kleineren Straßen davon ausgehen, dass Fußgänger ihr Augenmerk auf die Straße richten. Daher muss der Verkehrssicherungspflichtige es nicht verantworten, wenn morgens um 7.00 Uhr ein Passant stürzt, weil auf dem Bürgersteig nasses **Laub** liegt.[431] 142

Im Einzelfall ist ein Mitverschulden zu prüfen.[432] Sind die für ein Mitverschulden maßgeblichen konkreten Verhältnisse am Unfallort nicht mehr mit hinreichender Sicherheit zu ermitteln, gehen die verbleibenden Zweifel zu Lasten des Verkehrssicherungspflichtigen.[433] 143

1. Prüfungs- und Überwachungspflicht

Die Verkehrssicherungspflicht darf nicht zu einer **Gefährdungs- oder Zufallshaftung** des Vermieters führen. Daher haftet der Vermieter grundsätzlich nicht für solche Schäden, die Dritte oder andere Hausbewohner infolge der Verletzung der Obhutspflicht einzelner Mieter erleiden[434]. Vielmehr darf der Vermieter in diesen Fällen darauf vertrauen, dass die jeweiligen Mieter ihre Sicherungspflichten erfüllen und insbesondere erkennbare Gefahren und Mängel anzeigen[435] (§ 536c Abs. 1 BGB). Die Verkehrssicherungspflicht als Kontroll- und Überwachungspflicht besteht in diesen Fällen nur dann, wenn der Vermieter einen konkreten Anhaltspunkt dafür hatte, dass der Mieter seinen Pflichten nicht nachgekommen ist.[436] 144

---

[421] *Gather* DWW 1996, 350; *Sonnenschein* NJW 1997, 1270, 1281.
[422] OLG Köln NJW-RR 1990, 224 = VersR 1990, 320 = MDR 1990, 340.
[423] OLG Düsseldorf WuM 1994, 484 = ZMR 1994, 365; s. aber AG Neuss WuM 1989, 10 = NJW-RR 1989, 206 = DWW 1988, 282; **a. A.** OLG Celle GE 2006, 971.
[424] OLG Brandenburg GE 1996, 733.
[425] BGH (VI ZR 155/02) NJW-RR 2003, 1459; OLG Hamm ZMR 2004, 511; *Grams* NZM 2011, 460, 461.
[426] BGH VersR 1965, 515.
[427] BGH VersR 1964, 825; OLG Nürnberg NJW-RR 2002, 448.
[428] BGH NJW-RR 1995, 1113; NJW 1978, 1629 = MDR 1978, 653; OLG Karlsruhe NJW-RR 1998, 1323; zur Verkehrssicherungspflicht zum Schutz vor Legionellen in Warmwassersystemen vgl. *Roth* ZdWBay 1997, 472; zur Haftung des Vermieters bei unterlassener Untersuchung der Wasserversorgungsanlage BGH (VIII ZR 161/14) WuM 2015, 412 = NJW 2015, 2111; *Pfeifer,* jurisPR-MietR 13/2015 Anm. 1.
[429] Vgl. BGH (VI ZR 189/05) WuM 2006, 388 = NJW 2006, 2326 = NZM 2006, 578 = GE 2006, 906 = ZMR 2006, 675 = MietPrax-AK § 823 BGB Nr. 1; OLG Hamm GE 2001, 1058.
[430] BGH NJW-RR 1995, 1178; OLG Düsseldorf ZMR 2015, 850 (nasse Treppe).
[431] LG Frankfurt/M. WuM 1994, 482.
[432] Vgl. dazu BGH MDR 1997, 738; OLG Frankfurt/M. GuT 2002, 90; LG Trier ZMR 2004, 588.
[433] BGH MDR 1997, 738.
[434] OLG Köln NZM 2005, 179 = MietRB 2004, 230 m. Anm. *Monschau;* **a. A.** LG Potsdam NZM 2005, 301.
[435] BGH (VIII ZR 321/07) WuM 2008, 719 = NZM 2008, 927 = NJW 2009, 143 = MDR 2009, 75 = GE 2008, 1555.
[436] OLG Frankfurt/M. WuM 2003, 319; OLG Karlsruhe WuM 1996, 226; LG Berlin GE 2011, 133.

145 Allgemein gilt, dass für „verdeckte Risiken" eine besondere Sicherungspflicht besteht.[437] Je größer das Risiko einer nicht kalkulierbaren und plötzlich auftretenden Drittwirkung ist, umso höher sind die Überwachungsanforderungen.

146 In diesem Rahmen ist der Vermieter grundsätzlich verpflichtet, die Mietsache zum Zwecke der Erfüllung seiner Erhaltungspflicht zu überprüfen. Er muss grundsätzlich Anzeichen für Störungen und entsprechenden Hinweisen von Mietern nachgehen[438], **mögliche typische Störquellen** laufend überwachen und gegebenenfalls Sachverständige hinzuziehen.[439] Das gilt insbesondere bei der Neuvermietung hinsichtlich der Elektroinstallationen. Der Vermieter ist zwar nicht im laufenden Mietverhältnis verpflichtet, Elektroanlagen ohne besonderen Anlass zu überprüfen.[440] Nach der hier vertretenen Auffassung muss der Vermieter aber wegen der von fehlerhaften Anlagen ausgehenden Gefährdungen vor Überlassung an den (neuen) Mieter prüfen, ob beispielsweise durch Maßnahmen des Vormieters ein Anlass zur Instandsetzung gegeben ist[441].

2. Haftungsfragen

147 Die Verletzung der Verkehrssicherungspflicht begründet nicht nur eine vertragliche, sondern auch eine deliktische Haftung. Nach beiden Anspruchsgrundlagen schuldet der Vermieter bei Gesundheits- und Körperschäden auch **Schmerzensgeld** (§§ 253 Abs. 2, 847 BGB).[442] Bei der vertraglichen Haftung wegen Schmerzensgeld ist nach Art. 229 § 8 EGBGB zu beachten, ob der Zeitpunkt der schädigenden Handlung vor dem 1.8.2002 oder nach dem 31.7.2002 lag. Die deliktische Haftung des Vermieters erfasst auch Handlungen seiner Verrichtungsgehilfen, soweit diese nicht schuldhaft gehandelt haben. Er kann sich aber gem. § 831 BGB durch den Nachweis der ordentlichen Auswahl und Überwachung entlasten. Die deliktische Haftung steht selbständig neben der vertraglichen Haftung, so dass auf erstere § 536b BGB[443] und auf letztere § 831 BGB nicht anwendbar ist. Die Verkehrssicherungspflicht trifft den Vermieter auch nach der Beendigung des Mietverhältnisses, also grundsätzlich auch dann, wenn der Mieter nach Ablauf der Kündigungsfrist noch in der Mietsache verbleibt.

148 Die Mieter untereinander haben keine vertraglichen, sondern allenfalls deliktische Ansprüche.[444] Dritte können sowohl den Vermieter als auch denjenigen in Anspruch nehmen, der mit der Erfüllung der Verkehrssicherungspflicht beauftragt wurde. Der Vermieter kann sich im Falle der Übertragung auf einen Dritten allerdings damit entlasten, dass er den Dritten gewissenhaft ausgewählt, mit der Aufgabe vertraut gemacht und überwacht hat. An die Überwachungs- und Aufsichtspflicht sind dabei strenge Anforderungen zu stellen.[445] Der Geschädigte muss sowohl die Pflichtverletzung als auch die Kausalität zwischen Pflichtverletzung und Schaden beweisen. Es gelten zu Gunsten des Geschädigten die Grundsätze des Anscheinsbeweises, den der Schädiger widerlegen kann.[446] Die Haftung kann wegen eines überwiegenden **Mitverschuldens** (§ 254 BGB) des Geschädigten entfallen.[447] Macht der Verkehrssicherungspflichtige ein Mitverschulden des Geschädigten geltend, trifft ihn die Darlegungs- und Beweislast.[448] Dabei handelt es sich um ein „Verschulden gegen sich selbst"[449], da die Einhaltung derjenigen Sorgfaltspflichten beanstandet wird,

---

[437] OLG Hamm MDR 1996, 696 = ZMR 1996, 206.

[438] AG Ratingen ZMR 2012, 112.

[439] *Halstenberg,* WuM 1993, 155, 159; OLG Celle ZMR 1996, 197 = NJW-RR 1996, 521 = NJWE-MietR 1996, 123; OLG Stuttgart MDR 1973, 588.

[440] BGH (VIII ZR 321/07) WuM 2008, 719 = NZM 2008, 927 = NJW 2009, 143 = MDR 2009, 75 = GE 2008, 1555.

[441] S. dazu jurisPR-Mietrecht 2/2002, Anm. *Eisenschmid.*

[442] S. Zweites Gesetz zur Änderung schadensersatzrechtlicher Vorschriften vom 19.7.2002, BGBl. I S. 2674; KG GE 2006, 908 zu Schimmelpilz.

[443] BGH ZMR 1961, 360.

[444] OLG Köln WuM 1995, 316 = NJW-RR 1995, 1480 = MDR 1995, 900 = ZMR 1995, 308 = DWW 1995, 188.

[445] BGH NJW 1952, 61 = BB 1954, 82.

[446] BGH MDR 1974, 217 = VersR 1974, 263; WuM 1986, 320 = NJW-RR 1986, 1350 = MDR 1987, 43 = ZMR 1986, 351.

[447] OLG Naumburg NZM 2016, 587; KG GE 2006, 908; OLG Hamm VersR 1997, 200; LG Hamburg DWW 1999, 150.

[448] KG GE 1999, 1496; *Blank/Börstinghaus* § 535 BGB Rdn. 368.

[449] BGH NZM 1998, 204 = ZMR 1998, 212 = DWW 1998, 82 = GE 1998, 241 = MDR 1998, 282.

die ein ordentlicher und verständiger Mensch zur Vermeidung eines eigenen Schadens aufzuwenden pflegt.

Die Überwälzung von Verkehrssicherungspflichten begegnet im Gewerberaummietverhältnis keinen grundsätzlichen Bedenken.[450] Die vollständige Übertragung der Verkehrssicherungspflicht setzt aber eine eindeutige und jeden Zweifel ausschließende Absprache der Vertragsparteien voraus.[451] Auch dann verbleibt dem Vermieter die Pflicht zur Überwachung des Verpflichteten. Bei Wohnraummietverhältnissen ist die Übertragung der Verkehrssicherungspflicht wegen des damit verbundenen Haftungsrisikos bedenklich, soweit die Übertragung **formularvertraglich** erfolgt[452] (vgl. Rdn. 139, 162). Eine Ausnahme hiervon wird man zulassen, wenn dem Mieter ein Einfamilienhaus vermietet wurde und der Mieter die vollständige alleinige Sachherrschaft über die Mietsache hat. 149

3. Einzelfälle

Fußböden müssen rutschfest sein, damit sich die Bewohner des Hauses oder auch Besucher normal und sicher bewegen können. Der Vermieter hat darauf zu achten, dass er für die **Treppenhausreinigung** das richtige Pflegemittel nimmt, um damit eine übermäßige Glätte des Fußbodens zu vermeiden.[453] Inhaber großer Kaufhäuser und Verbrauchermärkte unterliegen besonderen Sorgfaltspflichten hinsichtlich der Auswahl und der Unterhaltung des **Fußbodens.**[454] Löcher und Risse im **Teppichbelag** einer Treppe bedeuten selbst dann eine Gefährdung, wenn sie bei aufmerksamem Hinsehen erkennbar sind. Die Verkehrssicherungspflicht entfällt daher nicht, wenn die Schadhaftigkeit des Teppichs dem Mieter bekannt ist. Denn es ist auf die Dauer unvermeidlich, dass Mieter, die die Treppe täglich mehrmals benutzen, früher oder später die erforderliche erhöhte Aufmerksamkeit für die ihnen an sich bekannten Gefahrenstellen einmal nicht beachten und deshalb zu Schaden kommen.[455] 150

Der Eigentümer eines Mehrfamilienhauses verstößt gegen die Verkehrssicherungspflicht, wenn er bei für ihn erkennbarer Gefahrenlage, die sich aus der Verglasung einer Treppenhausaußenwand bzw. einer Haustür mit gewöhnlichem Fensterglas – anstatt **Sicherheitsglas** – ergibt, keine Abhilfe schafft[456] oder wenn er Unkrautvernichtungsmittel bzw. Rasendünger auf den Wegen und auf dem Rasen des Hausgrundstückes verwendet und dadurch eine Gefährdung der Gesundheit insbesondere der Kleinkinder des Mieters, befürchtet werden muss.[457] Kinderspielplätze auf dem Hausgrundstück muss der Vermieter besonders kontrollieren. In der Umgebung der **Spielplätze** ist das Gras kurz zu halten, damit eventuell herumliegende **Glasscherben** entdeckt und entfernt werden können.[458] 151

Ob der Vermieter spezielle Maßnahmen zum Schutz Dritter vor Dachlawinen ergreifen muss, wie z. B. die Installation eines **Schneefanggitters,** hängt auch von den jeweiligen Örtlichkeiten ab.[459] Grundsätzlich können solche Maßnahmen – soweit für den Eigentümer zumutbar – nur bei 152

---

450 BGH WuM 1996, 551 = NJW 1996, 2646 = GE 1996, 1301 = ZMR 1996, 477; *Schmid* GE 2012, 454; zur Verkehrssicherungspflicht des Inhabers eines Ladengeschäftes siehe *Grams* NZM 2011, 460ff; zur Schneeräumungspflicht und Kostenlast von Flachdächern siehe *Strauch* NZM 2011, 392ff.

451 BGH (VI ZR 126/07) WuM 2008, 235 = NJW 2008, 1440 = NZM 2008, 242; GE 1996, 1301; WuM 1996, 551 = NJW 1996, 2646 = GE 1996, 1301 = ZMR 1996, 477; NJW-RR 1988, 471 = MDR 1988, 485 = VersR 1988, 516; WuM 1986, 66 = NJW 1985, 484 ZMR 1985, 121 = MDR 1985, 311; LG Stuttgart WuM 1988, 399; AG Charlottenburg GE 2012, 1569; AG Frankfurt/M. WuM 1988, 153.

452 OLG Celle WuM 1990, 103 zur Fahrstuhlanlage; *Bub* in Bub/Treier II. Rdn. 1418; *Schultz* S. 4, 169; **a. A.** *Wolf/Eckert/Ball* Rdn. 834.

453 BGH WuM 1994, 218 = NJW 1994, 945 = ZMR 1994, 149 = MDR 1994, 613 = DWW 1994, 46 = VersR 1994, 324; NJW 1967, 154.

454 BGH NJW 1994, 2617 = MDR 1994, 988 = BB 1994, 1666; OLG Köln NJWE-MietR 1996, 178; LG Berlin GE 1990, 865.

455 OLG Köln NJWE-MietR 1996, 178; LG Potsdam NJW-RR 2004, 1018.

456 BGH WuM 1994, 480 = NJW 1994, 2232 = MDR 1994, 889 = GE 1994, 1113; OLG Koblenz DWW 1998, 112; vgl. aber BGH WuM 2006, 388 = NJW 2006, 2326 = NZM 2006, 578 = GE 2006, 906 = ZMR 2006, 675 = MietPrax-AK § 823 BGB Nr. 1.

457 LG München I WuM 1989, 500 = NJW-RR 1990, 217.

458 OLG Hamm DWW 1990, 203.

459 OLG Thüringen GE 2007, 365 = WuM 2007, 138; OLG Düsseldorf WuM 2012, 606 = GE 2012, 546 = NJW-RR 2012, 780 – keine Ortsüblichkeit in Wuppertal; LG Karlsruhe NZM 1998, 154; AG Hannover GE 2011, 488; AG Berlin-Spandau NJW-RR 2011, 1649 = NZM 2011, 857; AG Mannheim, Urt. v. 29.7.2011 – 10 C 120/11 – juris; AG Winsen NZM 1998, 155; *Strauch* NZM 2012, 524; *Mummenhoff* in jurisPR-MietR 4/2012 Anm. 4.

Vorliegen besonderer Umstände verlangt werden.[460] Als besondere Umstände, die zum Beispiel einen Warnhinweis des Eigentümers rechtfertigen können, sind die örtlichen Gegebenheiten, die Schneemenge, die Witterungslage, die Verkehrsverhältnisse sowie des Neigungswinkels des Daches anerkannt.[461]

153 Der Vermieter muss für eine ausreichend lange **Beleuchtung im Hausflur** und für die dauerhafte Betriebssicherheit der Beleuchtungsanlage sorgen.[462] 20 Sekunden Licht im Treppenhaus nach Betätigen eines Zeitschalters sind bei einem mehrgeschossigen Gebäude zu wenig, da in dieser Zeit bei durchschnittlicher Gehgeschwindigkeit nicht zwei Stockwerke begangen werden können.[463] Der Vermieter einer Wohnung ist im Rahmen der ihm obliegenden Verkehrssicherungspflicht auch für die Sicherheit der zu den Mieträumen führenden **Treppe** verantwortlich. Dabei erfasst diese Pflicht jedoch nicht alle erdenklichen von der Treppe ausgehenden Risiken.[464] Sie ist vielmehr auf solche Gefahrenquellen beschränkt, mit denen der Verkehr nach seinen vernünftigen Sicherheitserwartungen nicht zu rechnen braucht und auf die er sich nicht ohne weiteres selbst einstellen kann.[465] Zur Verkehrssicherung im Treppenhaus gehört daher auch, dass Stolpergefahren vermieden werden[466], insbesondere der auf der Treppe des Treppenhauses befindliche Teppichbelag so befestigt ist, dass er nicht durch einen losen Halt zu einem Sturz des Benutzers führen kann.[467] Bei Verstößen gegen Schutzgesetze (Gefahrenabwehr) ist darauf abzustellen, ob das Schutzgesetz schon bei Errichtung des Bauwerkes galt. Wegen unzumutbarer Belastungen des Gebäudeeigentümers gilt im Allgemeinen keine Nachrüstungspflicht.[468] Bezüglich der Ursächlichkeit zwischen Pflichtwidrigkeit und Schaden gibt es keinen Erfahrungssatz, dass derjenige, der beim Hinabsteigen der Treppe strauchelt, den nachfolgenden Sturz mit Hilfe eines Treppengeländers hätte abfangen oder abmildern können.[469]

154 Der Grundstückseigentümer haftet für die ausreichende **Standfestigkeit eines Baumes,** wenn er nicht eine Überprüfung nach Eintritt der Vegetationsperiode vorgenommen hat.[470] Der Vermieter ist auch verpflichtet, eine **Schachtabdeckung** im Garten für die Wasseruhr regelmäßig zu kontrollieren, damit für die Mieter keine Verletzungsgefahr besteht.[471] Als Hauseigentümer hat er zu bedenken, dass Material ermüdet und durch äußere Witterungseinflüsse Schäden hervorrufen kann. Dies muss er im Rahmen seiner Vorsorgemaßnahmen einplanen.[472]

155 Der Vermieter, dessen Haus eine **Ölzentralheizung** hat und der das Heizöl in einem Stahltank im Keller lagert, muss sicherstellen, dass die Heizungsanlage, insbesondere in Bezug auf den Korrosionsschutz, den Regeln der Technik entspricht. Er muss alles tun, was erforderlich ist, um das Auslaufen des Heizöls zu vermeiden.[473]

156 Aber auch der Mieter kann verkehrssicherungspflichtig sein, wenn er z. B. – wozu er mangels einer gegenteiligen Vereinbarung berechtigt ist – außen an den Fensterbrettern **Blumenkästen** anbringt (s. Rdn. 314ff.). Dann muss er diese ausreichend sichern, damit sie auch bei starkem Wind nicht herabstürzen können und so eine Verletzungsgefahr beispielsweise für Passanten darstellen. Ein Verstoß gegen diese Pflicht kann eine fristlose Kündigung rechtfertigen.[474]

157 Eine **Garageneinfahrt** muss nicht mehrmals täglich auf Verschmutzungen überprüft werden. Zeigen sich keine Auffälligkeiten ist eine tägliche Reinigung nicht erforderlich. Das gilt auch, wenn die Einfahrt zugleich als Zugangsweg zur Garage dient.[475]

---

460 BGH NJW 1955, 300 = BB 1955, 49; OLG Düsseldorf NZM 2013, 701 = MDR 2014, 332; OLG Dresden OLG-NL 1997, 177.
461 OLG Dresden WuM 1997, 377 = OLG-NL 1997, 177.
462 LG Berlin GE 1990, 867.
463 OLG Koblenz WuM 1997, 50 = ZMR 1997, 77 = DWW 1997, 25.
464 OLG Köln MDR 2001, 561.
465 OLG Hamm VersR 1997, 200.
466 LG Berlin WuM 2005, 49.
467 LG Berlin GE 1990, 865.
468 OLG Hamm VersR 1997, 200 zu Handläufen bei Wendeltreppe; ebenso LG Hamburg WuM 1999, 364 = ZMR 1999, 404 = DWW 1999, 150.
469 BGH MDR 1974, 217 = VersR 1974, 263; WuM 1986, 320 = NJW-RR 1986, 1350 = MDR 1987, 43 = ZMR 1986, 351.
470 OLG Zweibrücken VersR 1994, 1489.
471 AG Potsdam GE 1996, 1251.
472 OLG Hamburg DWW 1978, 173.
473 OLG Celle NJW 1995, 3197 = GE 1996, 675.
474 LG Berlin GE 2010, 203.
475 KG NJW-RR 2007, 374.

VII. Streupflicht

Die Streupflicht, also die Beseitigung von Schnee- und Eisglätte, kann auf einen Dritten, z. B. den Grundstücksanlieger übertragen werden, wenn eine Übertragung der Reinigungspflicht von den Gemeinden auf die Anlieger durch Gesetz oder Satzung vorgesehen ist. Entscheidend sind somit die jeweiligen landesgesetzlichen Regelungen.[476] **158**

1. Übertragung durch Gesetz

Die **Straßenreinigung,** insbesondere die **Schnee-** und **Eisbeseitigung,** ist grundsätzlich Sache der Gemeinde.[477] Diese kann aber durch Ortssatzung bzw. Gesetz die Reinigungspflicht insbesondere der Gehwege auf den Anlieger,[478] also in erster Linie auf den Grundstückseigentümer, übertragen. Mit der Gemeindesatzung dürfen keine Leistungspflichten begründet werden, die über die Anforderungen der die Gemeinde selbst treffenden allgemeinen Verkehrssicherungspflicht hinausgehen. Ggf. ist die Satzung durch Auslegung so zu lesen, dass keine Leistungspflichten des Anliegers begründet werden, die über die Grenze der Zumutbarkeit und Verhältnismäßigkeit hinausgehen.[479] Bei Hausgrundstücken, die in Wohnungseigentum aufgeteilt sind, sind die in einer Rechtsgemeinschaft stehenden Miteigentümer gemeinsam mit der Streupflicht belastet.[480] **159**

Die so auferlegte **Verkehrssicherungspflicht**[481] des Eigentümers kann z. B. nach dem preußischen Wegereinigungsgesetz (PrWegRG) bzw. nach den Landesstraßengesetzen (LStrG), soweit diese das PrWegRG abgelöst haben, mit Zustimmung der Ordnungs- bzw. Polizeibehörde einem Dritten, i. d. R. dem Mieter des Anwesens, übertragen werden. In diesem Fall haftet nur der Dritte. Der Anlieger ist dann selbst unter dem Gesichtspunkt der Aufsichts- und Überwachungspflicht nicht verantwortlich.[482] **160**

2. Übertragung durch Vereinbarung

a) Allgemeine Vertragsinhalte. Die Übertragung der Pflicht zur Schnee- und Eisbeseitigung kann jedenfalls individualvertraglich auch zwischen Anlieger (Vermieter) und Mieter erfolgen.[483] Die Verkehrssicherungspflicht verbleibt dabei aber prinzipiell – auch für den Schutz vor Glatteis – beim **Grundstückseigentümer;** ggf. neben derjenigen des Mieters oder Pächters.[484] **161**

Die **formularvertragliche** Überwälzung von Verkehrssicherungspflichten ist im Gewerberaummietverhältnis möglich.[485] Die vollständige Übertragung der Verkehrssicherungspflicht setzt aber eine eindeutige und jeden Zweifel ausschließende Absprache der Vertragsparteien voraus.[486] Allein durch die Vermietung und Verpachtung wird die Verkehrssicherungspflicht nicht auf den Mieter oder Pächter übertragen[487]. **162**

Bei Wohnraummietverhältnissen ist die Übertragung der Verkehrssicherungspflicht wegen des damit verbundenen Haftungsrisikos bedenklich, soweit die Übertragung **formularvertraglich** erfolgt[488] Man muss nämlich berücksichtigen, dass der Gesetzgeber in § 309 Nr. 7 a BGB die körper- **163**

---

[476] Vgl. den Überblick zu den einzelnen Landesgesetzen: *Beuermann*, GE 1997, 78; zum Umfang der Streupflicht: *Hurst* ZMR 1967, 67.

[477] OLG Celle VersR 1998, 604; zur Streupflicht der Gemeinde s. OLG Oldenburg GuT 2002, 90.

[478] Zum Begriff des Anliegers vgl. *Beuermann* GE 1997, 78; zum Begriff und zur Streupflicht des Hinterliegers vgl. *Müller-Hannemann* GE 1997, 528.

[479] BGH (VI ZR 254/16) NZM 2017, V.

[480] BGH WuM 1986, 66 = NJW 1985, 484 = ZMR 1985, 121 = MDR 1985, 311.

[481] **A. A.** zur Rechtsnatur der Straßenreinigungspflicht *Müller-Hannemann* GE 1997, 528.

[482] BGH NJW 1972, 1321; vgl. auch *Hurst,* a. a. O., S. 68; bedient sich die Kommune – auch privatrechtlich – eines Dritten, handelt dieser in Ausübung der ihm übertragenen Tätigkeit hoheitlich, KG GE 2014, 588; BGH (III ZR 68/14) NJW 2014, 3580 = GE 2014, 1581 = NZM 2014, 917.

[483] *Horst* MDR 2001, 187, 188.

[484] BGH VersR 1962, 238 m. w. N.; OLG Celle VersR 1998, 604; zu der Ausnahme s. u. b).

[485] BGH WuM 1996, 551 = NJW 1996, 2646 = GE 1996, 1301 = ZMR 1996, 477.

[486] BGH (VI ZR 126/07) WuM 2008, 235 = NJW 2008, 1440 = NZM 2008, 242; GE 1996, 1301; WuM 1996, 551 = NJW 1996, 2646 = GE 1996, 1301 = ZMR 1996, 477; NJW-RR 1988, 471 = MDR 1988, 485 = VersR 1988, 516; WuM 1986, 66 = NJW 1985, 484 ZMR 1985, 121 = MDR 1985, 311; OLG Hamm NZM 2013, 358; LG Stuttgart WuM 1988, 399; AG Frankfurt/M. WuM 1988, 153.

[487] Zur Streupflicht des Vermieters bei Vermietung eines Pkw-Stellplatzes vgl. OLG Düsseldorf GE 2008, 1196.

[488] OLG Celle WuM 1990, 103 zur Fahrstuhlanlage; *Bub* in Bub/Treier II. Rdn. 1418; *Schultz* S. 4, 169; **a. A.** LG Köln ZMR 2014, 541 m. Anm. *Schmid;* AG München, Urt. v. 29.11.2012 – 433 C 19179/11 zum Einfa-

liche Unversehrtheit unter einen besonderen Schutz gestellt hat und die Abwälzung der Verkehrssicherungspflicht auf den Mieter einem Haftungsausschluss sehr nahe kommt.[489] Daher ist eine wirksame formularmäßige Übertragung der Streupflicht nur bei einer entsprechenden Orts- oder Verkehrssitte zu bejahen, z. B. bei der Vermietung eines Einfamilienhauses oder bei der Pacht. Der Pächter eines Gaststättenbetriebes übernimmt mit der Pacht **stillschweigend die Pflicht,** auch für die Verkehrssicherung der Zugänge der Gastwirtschaft mit zu sorgen und damit die Verantwortung, soweit besondere Sicherungsmaßnahmen in Bezug auf die Gaststättenbesucher erforderlich werden.

164 **b) Verletzung der Kontroll- und Überwachungspflicht.** Der Verkehrssicherungspflichtige darf sich nicht mit der subjektiven Erwartung begnügen, ein von ihm beauftragter Dritter werde die Sicherungsmaßnahmen durchführen. Er muss sich vielmehr vergewissern, dass der Dritte sich dieser Aufgabe bewusst ist und ihr hinreichend nachkommen wird.[490] Dabei ist ein strenger Maßstab anzulegen.[491] Bei der Auswahl des Dritten kann ein **Auswahlverschulden** zur Haftung führen, wenn z. B. der Dritte wegen seines Alters oder Gesundheitszustandes zur Reinigung nicht mehr in der Lage ist. Bei der Auswahl kommt es nicht darauf an, ob der Dritte für einen eventuellen Haftungsfall finanziell ausreichend gesichert ist.[492] Maßgebend sind vielmehr nur seine persönlichen und fachlichen Voraussetzungen für die übernommene Verrichtung.[493]

165 Erst dann verengt sich die Verkehrssicherungspflicht des Eigentümers oder Vermieters als des ursprünglich allein Verantwortlichen auf eine **Kontroll-** und **Überwachungspflicht,**[494] die sich darauf erstreckt, ob der Mieter die vertraglich übernommenen Sicherungsmaßnahmen auch tatsächlich durchgeführt hat.[495] An die Überwachung wird ein strenger Maßstab angelegt.[496] Zu versicherungsrechtlichen Fragen vgl. Rdn. 84ff.

166 **c) Übertragung auf den Mieter.** Wird die dem Eigentümer meist durch Ortssatzung auferlegte Reinigungspflicht für die das Grundstück angrenzenden **Gehwege** durch einen Mietvertrag auf den Mieter übertragen, muss dies[497] konkret (vgl. Rdn. 162) vereinbart werden.[498] Dabei darf es zu keinen Unklarheiten hinsichtlich der verpflichteten Personen kommen.[499]

167 Daher ist ohne konkrete Vereinbarung auch nicht der **Erdgeschossmieter** zur Reinigung und zum Winterdienst[500] verpflichtet. Es reicht auch nicht aus, wenn sich die Pflicht allein aus der Hausordnung ergibt.[501] Insoweit gibt es auch keine gewohnheitsrechtliche Regelung.[502] Allerdings kann auch ohne besondere vertragliche Verpflichtung im Rahmen der ergänzenden Vertragsauslegung eine Streupflicht des Mieters begründet werden, wenn z. B. ein **Einfamilienhaus** angemietet wird und der Vermieter – für den Mieter erkennbar – die Reinigungspflicht nicht übernehmen kann.[503] Haben die Mieter eines Mehrfamilienhauses nach einem bestimmten **Reinigungsplan** faktisch die Schneebeseitigung und Streupflicht übernommen, so trifft den Vermieter hinsichtlich der Streupflicht im Schadensfall nach Deliktsrecht kein Verschulden; unabhängig davon, ob die Mieter aus rechtlicher Sicht zur Übernahme der Reinigung verpflichtet waren.[504] Im Rahmen

---

milienhaus; *Wolf/Eckert/Ball* Rdn. 834; OLG Frankfurt/M. WuM 1988, 399 = NJW 1989, 41 = NJW-RR 1989, 397; LG Marburg NJW-RR 1990, 1484; LG Frankfurt/M. NJW-RR 1988, 782 = WuM 1988, 120; LG Karlsruhe ZMR 2006, 698.

[489] *Sternel* Mietrecht aktuell (2009) Rdn. II 235a; vgl. OLG Dresden WuM 1996, 553 = NJWE-MietR 1996, 241; zur Kritik vgl. *Beuermann,* GE 1997, 78.

[490] BGH NJW-RR 1988, 471 = MDR 1988, 485.

[491] OLG Celle VersR 1998, 604.

[492] Dazu *Wagner* in MünchKomm § 823 Rdn. 301; zum Schmerzensgeldanspruch AG Berlin-Schöneberg GE 2011, 956.

[493] BGHZ 12, 75 = NJW 1954, 593.

[494] OLG Dresden NJWE-MietR 1996, 241.

[495] BGH NJW 1985, 270 = ZMR 1985, 56; NJW 1989, 1094 = ZMR 1989, 170 = MDR 1989, 532; zu den Kontrollpflichten einer Eigentümergemeinschaft, *Abramenko* ZWE 2014, 308f.

[496] BGH WuM 1986, 66 = NJW 1985, 484 = ZMR 1985, 121 = MDR 1985, 311; BGH VersR 1975, 42; NJW 1952, 61 = BB 1954, 82.

[497] OLG Hamm NZM 2013, 358.

[498] LG Berlin WuM 2016, 279.

[499] BGH WuM 1996, 551 = NJW 1996, 2646 = MDR 1996, 910 = ZMR 1996, 477 = GE 1996, 1301; LG Stuttgart WuM 1988, 399.

[500] Zum Rechtscharakter eines Winterdienstvertrages siehe LG Berlin GE 2011, 201.

[501] LG Frankfurt/M. WuM 1988, 120 = NJW-RR 1988, 782.

[502] *Fritz,* Gewerberaummietrecht, Rdn. 249.

[503] *Hurst* a. a. O. S. 69.

[504] OLG Dresden WuM 1996, 553 = NJWE-MietR 1996, 241.

eines Auswahlverschuldens ist zu prüfen, ob der am Schadenstag zuständige Bewohner die Kriterien der persönlichen Zuverlässigkeit und Geeignetheit erfüllt.[505]

aa) Umfang. Zu den **Reinigungsarbeiten** gehören, wenn nichts Besonderes vereinbart wurde, das Sauberhalten des Hauseinganges, der **Zuwege** zum Hof und Garten und des Zugangs zu den Mülltonnen[506] und der Tiefgarage[507] sowie die Reinigung des Bürgersteigs. Von der Reinigungspflicht werden somit alle bestimmungsgemäßen Zuwege des Mietobjektes erfasst.[508] 168

Der Umfang der Reinigungsarbeiten ist unter dem Gesichtspunkt der Zumutbarkeit und Verhältnismäßigkeit zu sehen.[509] Entscheidend sind somit die Umstände des Einzelfalls.[510] Dabei sind die örtlichen Verhältnisse von besonderer Bedeutung. Daher genügt es regelmäßig, wenn der Bürgersteig nicht über die gesamte Breite vom Schnee gesäubert, sondern ein für den **Fußgängerverkehr** ausreichend breiter Streifen gestreut wird.[511] Es genügt, wenn dieser es zwei Fußgängern gestattet, vorsichtig aneinander vorbeizugehen.[512]. Zudem liegt ein Verstoß gegen die Verkehrssicherungspflicht nur vor, wenn entweder eine allgemeine Glätte herrscht, also nicht nur einzelne Glättestellen vorhanden sind, oder wenn erkennbare Anhaltspunkte für eine ernsthaft drohende Gefahr aufgrund vereinzelter Glättestellen vorliegt.[513] 169

Sind keine detaillierten Vereinbarungen getroffen worden, richtet sich der **Zeitrahmen** für die Schnee- und Eisbeseitigung im Zweifel nach den Vorgaben der Ortssatzung.[514] Der Streupflichtige muss dann der Streupflicht je nach den örtlichen Verhältnissen mit dem Einsetzen des Tagesverkehrs, i. d. R. in der Zeit von 7.00 Uhr morgens (Wochenende 9.00 Uhr) bis 20.00 Uhr abends, nachkommen.[515] Zeitliche Begrenzungen der öffentlich-rechtlichen Wegereinigungspflicht sind im Rahmen der privatrechtlichen Verkehrssicherung unbeachtlich.[516] In der Nacht muss selbst dann nicht gestreut werden, wenn es schneit, es sei denn der Streupflichtige hat den Publikumsverkehr in der Nachtzeit zu vertreten.[517] Nach Beendigung eines anhaltenden Schneefalls setzt die Streupflicht tagsüber unmittelbar ein.[518] Dem streupflichtigen Mieter muss aber für die Erfüllung der Streupflicht eine den konkreten Verhältnissen angepasste Zeitspanne zugestanden werden.[519] Der Mieter muss bei **Dauerschneefall** die Streuarbeiten regelmäßig wiederholen.[520] Wenn eine außergewöhnliche Glättebildung es erfordert, muss derjenige, der seinen Betrieb für den allgemeinen Verkehr öffnet (z. B. ein Gastwirt) im Rahmen des Möglichen und Zumutbaren sehr viel häufiger streuen, als dies beispielsweise von einem privaten Hauseigentümer für den Gehweg vor seinem Haus gegenüber Passanten verlangt werden kann.[521] Allerdings entsteht die Streupflicht erst bei einer konkreten **Glättegefahr.**[522] Es ist nicht zumutbar, ständig den Gehweg nach Glättebildung zu kontrollieren, wenn nach der Wetterlage hierfür kein Anlass besteht. Sind somit nur vereinzelte Glättestellen vorhanden, ist regelmäßig nicht von einer allgemeinen Glättebildung, die eine Streupflicht begründen könnte, auszugehen.[523] Bei außergewöhnlicher Glättebildung (Blitzeis) kann auf Nebenstraßen kein Abstreuen erwartet werden.[524] 170

---

505 OLG Dresden WuM 1996, 553 = NJWE-MietR 1996, 241; zur Überwachungspflicht siehe KG GE 2015, 124.

506 OLG Frankfurt/Main NJW-RR 2002, 23 = NZM 2001, 1049 – Reinigungsbreite 0,5 m.

507 OLG Karlsruhe WuM 2009, 256 = NZM 2009, 452 = GE 2009, 515 = ZMR 2009, 623.

508 OLG Saarbrücken WuM 2000, 126.

509 BGH (VI ZR 254/16) NZM 2017, V.

510 BGH (VI ZR 138/11) GE 2012, 1035 = NJW 2012, 2727; MDR 1979, 825 = VersR 1979, 541; OLG München ZMR 2003, 259.

511 OLG Nürnberg DWW 2001, 60; *Hitpaß* ZdWBay 1999, 629, 631; *Horst* MDR 2001, 187, 188.

512 BGH (III ZR 8/03) NJW 2003, 3622 = NZM 2003, 958: dabei dürfte eine Breite von 1 bis 1,20 m erforderlich sein. 80 cm Breite ist zu gering: anders noch BGH (III ZR 216/67) VersR 1971, 416.

513 BGH (VI ZR 254/16) NZM 2017, V.

514 LG Köln WuM 1995, 107.

515 OLG Naumburg NJW-RR 2014, 1166; OLG Koblenz GuT 2008, 112 = DWW 2008, 176 = MDR 2008, 625; OLG Düsseldorf DWW 2001, 60; LG Berlin GE 2001, 1468; LG Kiel VersR 1978, 381; AG Prüm ZMR 2007, 547; *Zirngast* GE 2014, 232.

516 *Hitpaß* ZdWBay 1999, 629, 631.

517 OLG Koblenz GuT 2008, 112 = DWW 2008, 176 = MDR 2008, 625.

518 KG GE 1992, 99.

519 BGH (VI ZR 138/11) GE 2012, 1035 = NJW 2012, 2727; OLG Schleswig-Holstein VersR 1975, 431.

520 BGH WuM 1986, 66 = NJW 1985, 484 = ZMR 1985, 121.

521 BGH NJW 1985, 482 = MDR 1985, 481 = VersR 1985, 90.

522 OLG Düsseldorf MDR 2000, 519.

523 BGH (VI ZR 138/11) GE 2012, 1035 = NJW 2012, 2727.

524 OLG München GE 2010, 1266.

171 Ein **vorbeugendes Streuen** ist grundsätzlich nicht erforderlich[525], kann aber nach neuerer Rechtsprechung[526] bei sicheren Gefährdungslagen notwendig sein. Bei ständig sich erneuernder Glättebildung kann ausnahmsweise eine **Streupflicht entfallen,** wenn die Streumaßnahmen nur zu einer unwesentlichen und vorübergehenden Herabminderung der Glättegefahr führen würden.[527] Kann aber z. B. bei andauerndem **gefrierenden Sprühregen** durch Einsatz entsprechenden Streumaterials wenigstens zeitweise die Gefahr des Ausgleitens vermindert werden, liegt bei Unterlassung der Streuung eine Verletzung der Verkehrssicherungspflicht vor.[528] Diese weit gehende Haftung setzt aber voraus, dass die Gefahrminderung nicht nur über einen kurzen Zeitraum erreicht werden kann; anderenfalls müsste der Streupflichtige bei derartigen Witterungsverhältnissen ständig streuen.

172 Bei privaten und öffentlichen **Parkplätzen** werden regelmäßig geringere Anforderungen an die Räum- und Streupflicht gestellt.[529]

173 Beruft sich der Mieter darauf, dass wegen des starken Schneefalls oder anderer Umstände ein Streuen zwecklos sei,[530] trifft ihn hierfür die **Beweislast.**[531] Stürzt ein Dritter nach zeitlichem Ablauf der Streupflicht, hat er zu beweisen, dass sich der Unfall bei Erfüllung der Streupflicht in der vorgeschriebenen Zeit nicht ereignet hätte.[532]

174 **bb) Streumittel.** Mit der Verpflichtung des Mieters zur Übernahme der Streupflicht ist nicht gleichzeitig vereinbart, dass der Mieter auch die **Geräte und das Streumaterial** beschaffen muss. Vielmehr sind diese Hilfsmittel grundsätzlich vom Vermieter bereitzustellen.[533] Hobelspäne entfalten keine nennenswerte abstumpfende Wirkung und sind daher als Streumittel ungeeignet.[534]

175 **cc) Vertretung des Mieters.** Ist der Mieter z. B. wegen **Berufstätigkeit** oder **Urlaub** tagsüber abwesend, muss er für eine Vertretung sorgen. Sind jedoch weder Private noch gewerbliche Dritte zur Übernahme des Winterdienstes vor Ort bereit[535], wird der Mieter wegen Unmöglichkeit von der Leistung gem. § 275 Abs. 1 BGB frei.[536] Bei der Beauftragung des Vertreters ist es ausreichend, wenn sich der Mieter bei der Auswahl der Vertretungsperson kein Verschulden zukommen lässt. Eine zusätzliche Überwachungspflicht besteht nicht. Eine entgegenstehende Vereinbarung verstößt in derartigen Fällen gegen Treu und Glauben.[537] Für die Schnee- und Eisbeseitigung in einem Mehrfamilienhaus empfiehlt sich z. B. eine sog. **„Schneekarte",** die der Mieter nur weiterreichen darf, wenn er auf Grund der Witterungsverhältnisse seinen Winterpflichten nachkommen musste.[538] Der Mieter bleibt auch dann verpflichtet, wenn er nach dem Gewaltschutzgesetz[539] die Wohnung hat räumen müssen. Vertragliche Nebenpflichten wie Obhuts- und Sorgfaltspflichten bleiben von seiner Pflicht zur Räumung unberührt. Der ausgewiesene Mieter kann sich dann nicht darauf berufen, dass er wegen eines gerichtlichen Hausverbots solche Pflichten nicht erfüllen kann, da diese regelmäßig nicht höchstpersönlich zu erbringen sind (s. Rdn. 176 f.).

176 **dd) Alter und Gebrechlichkeit.** In der Vergangenheit war umstritten, ob der Mieter an der ihm übertragenen Pflicht zur Reinigung und zur Ausübung des Winterdienstes festgehalten werden kann, wenn er wegen der Folgen einer **Krankheit** oder wegen seines **Alters** dazu nicht mehr in der Lage ist.[540] Diese Konstellation könnte über § 275 Abs. 3 BGB gelöst wer-

---

[525] OLG Frankfurt/M. VersR 1987, 204; *Hitpaß* ZdWBay 1999, 629.

[526] KG GE 2015, 124; Brandenburgisches OLG WuM 2007, 137 = NJW-RR 2007, 974; OLG Frankfurt NZM 2004, 144 = NJW-RR 2004, 312.

[527] OLG Hamm VersR 1997, 68; VersR 1982, 1981; LG Berlin 1998, 861; *Hitpaß* ZdWBay 1999, 629.

[528] OLG Saarbrücken WuM 2000, 126; KG GE 1999, 1496.

[529] S. OLG Düsseldorf NZM 2008, 928 = NJW-RR 2008, 1696 m. w. N.

[530] AG Pankow-Weißensee GE 1998, 49.

[531] BGH VersR 1966, 90; BGH WuM 1986, 66 = NJW 1985, 484 = ZMR 1985, 121; KG GE 1999, 1496; OLG Hamburg MDR 1969, 483.

[532] BGH (VI ZR 163/08) WuM 2009, 677.

[533] AG Wuppertal WuM 1982, 114; AG Solingen WuM 1979, 239; **a. A.** AG Essen ZMR 1980, 316; AG Ebersberg WuM 1985, 258; *Hitpaß* ZdWBay 1999, 629, 632.

[534] OLG Hamm GE 2015, 321.

[535] Zum Rechtscharakter des Winterdienstvertrages vgl. AG Berlin-Mitte GE 2012, 408; AG Schöneberg GE 2011, 1234; *Mummenhoff,* jurisPR-MietR 4/2012, Anm. 4; *Beuermann* GE 2011, 1197.

[536] LG Münster WuM 2007, 69; WuM 2004, 193; vgl. AG Münster WuM 2005, 648.

[537] OLG Köln WuM 1995, 316.

[538] OLG Hamm WuM 1985, 299.

[539] BGBl. I 2001, 3513; dazu vor § 535 BGB Rdn. 373.

[540] Dafür: LG Kassel WuM 1991, 580; LG Düsseldorf WuM 1988, 400; LG Flensburg WuM 1987, 52 = ZMR 1988, 57; LG Wuppertal WuM 1987, 381; AG Bochum DWW 1988, 149; *Schmid* GE 2012, 454,

den.[541] Danach kann der Schuldner die Leistung verweigern, wenn er die **Leistung persönlich** zu erbringen hat und sie ihm unter Abwägung des seiner Leistung entgegenstehenden Hindernisses mit dem Leistungsinteresse des Gläubigers nicht zugemutet werden kann. Mit dieser Einrede kann sich der Mieter somit ggf. von seiner persönlichen Leistungspflicht befreien. Wegen § 275 Abs. 4 i. V. m. § 280 BGB kann der Vermieter bei Vertretenmüssen des Mieters jedoch Schadensersatz verlangen, wenn er eine Ersatzkraft zur Durchführung der ursprünglich dem Mieter obliegenden Reinigungspflichten einstellen muss. Anders liegt der Fall dann, wenn es sich nicht um eine **höchstpersönlich zu erbringende Leistung** handelt, was üblicherweise der Fall sein wird. Dann könnte dem Mieter ggf. § 275 Abs. 2 BGB zur Seite stehen, was aber regelmäßig abzulehnen ist[542]. Gem. § 275 Abs. 1 BGB wird der Mieter nur von der Leistung frei, wenn auch ein Dritter zur Übernahme der Arbeiten nicht gefunden werden kann.[543] Regelmäßig hat der Mieter daher nach überwiegender Auffassung für eine Vertretung zu sorgen, wenn er die Arbeiten wegen Krankheit oder Alter nicht mehr selbst erbringen kann.[544]

Diese Lösungen überzeugen indessen nicht[545], weil sie den Mieter einseitig belasten und der **177** Vermieter kein schutzwürdiges Interesse geltend machen kann. Kann der Mieter wegen seines Alters oder einer dauerhaften Krankheit die Arbeiten nicht mehr ausführen, muss ihn der Vermieter daher nach Treu und Glauben[546] von der Reinigungspflicht freistellen.[547] Dabei ist zu berücksichtigen, dass dem Mieter mit der Reinigungspflicht typische Verwaltungsaufgaben des Vermieters übertragen werden, die nicht einmal allein dem Mieter, sondern der gesamten Hausgemeinschaft zugute kommen. Darüber hinaus entsteht dem Vermieter kein finanzieller Schaden, weil er die neu entstehenden Kosten wegen der Beauftragung des Dritten als Betriebskosten auf den Mieter umlegen kann.[548] War für die Übernahme der Reinigungspflicht ein Mietnachlass vereinbart, kann der Mietzins nach Wegfall der Verpflichtung entsprechend angehoben werden.[549]

VIII. Aufklärungspflichten

Aus § 311 i. V. m. § 241 Abs. 2 BGB ergibt sich die Pflicht der Vertragsparteien, schon bei den **178** Vertragsverhandlungen Rücksicht auf die Interessen des jeweiligen Vertragspartners zu nehmen. Dies führt zu einer vorvertraglichen **Aufklärungspflicht.**[550] Diese Pflicht darf allerdings nicht zu weit gefasst werden.[551] Aber auch das in Vollzug gesetzte Mietverhältnis stellt Anforderungen sowohl an den Vermieter als auch an den Mieter, bei bestimmten Fallkonstellationen den jeweils anderen Vertragspartner zu informieren bzw. aufzuklären.[552] Die Anforderungen ergeben sich zunächst aus dem Gesetz, z. B. § 555 c – Modernisierungsankündigung, Schadensanzeige nach § 536 c BGB oder § 556 BGB – Betriebskostenabrechnung. Aber auch allgemeine Grundsätze aus Treu und Glauben können derartige Verpflichtungen nach sich ziehen (z. B. vorhersehbarer Eigenbedarf).

So besteht keine Pflicht, über rechtliche und tatsächliche Risiken aufzuklären, die allgemein mit **179** dem Abschluss eines Mietverhältnisses – auch gewerblichen – verbunden sind. Da die Mietvertragsparteien mit dem Vertragsschluss häufig unterschiedliche Interessen und Ziele verfolgen, muss sich grundsätzlich jeder Teil selbst und eigenverantwortlich über die allgemeinen Verhältnisse und Risiken informieren, zumal grundsätzlich jeder über die gleichen Informationsquellen verfügt.[553] Daher existiert keine allgemeine Pflicht des Vermieters, dem künftigen Mieter **sämtliche** ihm be-

455; dagegen: LG Hamburg WuM 1989, 622 = ZMR 1989, 422 = DWW 1990, 304; LG Darmstadt WuM 1988, 300; AG Münster WuM 1995, 36; AG Bonn WuM 1989, 498; AG Hamburg WuM 1986, 84; AG Frankfurt/M. WuM 1985, 19; zum Problem *Sternel*, Mietrecht aktuell (2009), Rdn. VI 283 ff.

541 A. A. *Schmid* GE 2012, 454, 456.

542 *Emmerich* in Staudinger § 535 BGB Rdn. 34.

543 LG Münster WuM 2004, 193; *Schmid* GE 2012, 454, 456.

544 *Horst*, MDR 2001, S. 187.

545 So wohl auch *Hitpaß* WuM 2011, 662, 664.

546 So im Ergebnis auch *Blank* in: Blank/Börstinghaus § 535 BGB Rdn. 403.

547 So im Ergebnis auch LG Köln NZM 2013, 359; *Hitpaß* WuM 2011, 662.

548 *Schmid*, NZM 2013, 669, 673.

549 AG Hamburg WuM 1986, 84.

550 *Kniep* WuM 2012, 305, 306 – über die Risiken bei der Installation von Mobilfunkantennen.

551 OLG Karlsruhe NJW 1994, 2100.

552 Dazu umfassend *Wietz*, WuM 2016, 323.

553 BGH NJW 1997, 3230 = MDR 1998, 91 zur Beratungspflicht beim Kaufvertrag; BGH NZM 2010, 517 = MDR 2010, 857 zum Mietkauf.

kannten Mängel der Mietsache zu offenbaren.[554] Umgekehrt kann der Mieter nicht verpflichtet werden, eine sog. Mietschuldenfreiheitsbescheinigung vom vorherigen Vermieter vorzulegen, weil der Mieter auf eine solche Bescheinigung keinen Anspruch hat.[555]

180 Nach ständiger Rechtsprechung des Bundesgerichtshofs besteht bei Verhandlungen über den Abschluss eines Vertrags für den Verhandlungspartner aber grundsätzlich die Verpflichtung, den anderen Teil jedenfalls über solche Umstände aufzuklären, die zur **Vereitelung des Vertragszwecks** geeignet sind.[556] Eine solche **Offenbarungspflicht** wird man unter Geltung des seit 1.1.2002 wirksamen Schuldrechts allerdings als Mindestpflicht ansehen müssen, da § 241 Abs. 2 BGB jede Partei des Schuldverhältnisses zur Rücksicht auf die Rechte, Rechtsgüter und Interessen des anderen Teils verpflichtet. Umstände, die geeignet sind, den Vertrag selbst in Frage zu stellen, gefährden den Vertragszweck und sind daher immer mitteilungspflichtig. Eine Offenbarungspflicht wurde in der Vergangenheit auch dann bejaht, wenn für den Verhandlungspartner erkennbar Umstände vorlagen, die der andere Teil nicht kannte, die aber für dessen Entschluss, den Vertrag abzuschließen, von wesentlicher Bedeutung sein könnten.[557] Solche Umstände sind z. B. eine in Zukunft zu erwartende Unterbrechung oder **Störung der Verkehrsanbindungen,** die hinsichtlich des Wertes der Gewerberäume einen erheblichen Faktor darstellen.[558] Über besondere Umstände bei der Wasserver- und -entsorgung ist der Vermieter bei Mietvertragsabschluss ebenfalls auskunftspflichtig, wenn z. B. das Grundstück nicht an die **Kanalisation** angeschlossen ist und dadurch **höhere Betriebskosten** als üblich anfallen. Der Vermieter kann vom Mieter Aufklärung darüber verlangen, dass dieser Waren vertreiben will, die den Ruf des Vermieters sowie seinen geschäftlichen Erfolg gefährden können.[559] Zu den Rechtsfolgen bei Verletzung vorvertraglicher Aufklärungspflichten vgl. § 536 Rdn. 552ff.

181 Eine öffentlich-rechtliche Aufklärungspflicht folgt aus § 16 Abs. 2 EnEV[560] über den energetischen Zustand des Hauses. Danach hat u. a. der Vermieter bei der Vermietung einer Wohnung oder einer anderen selbständigen Nutzungseinheit dem potenziellen Mieter einen Energieausweis entsprechend der Anlage 6 oder 7 der Verordnung vorzulegen, spätestens unverzüglich, nachdem der potentielle Mieter ihn hierzu aufgefordert hat. Die Vorlagepflicht wird auch durch einen deutlich sichtbaren Aushang oder ein deutlich sichtbares Auslegen während der Besichtigung erfüllt. Ist eine Besichtigung nicht vorgesehen oder kommt es aus anderen in der Person des Mieters liegenden Gründen nicht dazu, ergibt sich der Zeitpunkt der Vorlage mit der ersten Anfrage, die ein wirkliches Interesse deutlich macht.[561] Die Pflicht des Eigentümers, den Energiepass vorzulegen, bedeutet nicht gleichzeitig auch ein Recht des potentiellen Mieters gegen den künftigen Vermieter, von diesem die Einsicht verlangen zu können.[562]

182 Aus der Sicht des Wohnungssuchenden ist potentieller Mieter derjenige, der sich für die Wohnung ernsthaft bewirbt. Dies allein würde den Kreis der Berechtigten aber unzumutbar ausdehnen, da der Vermieter dann jedem, der ihn anschreibt, den Ausweis zugänglich machen müsste. Daher ist der Kreis der Mieter einzuengen auf diejenigen Bewerber, die vom Vermieter die Möglichkeit erhalten, die Wohnung zu besichtigen. Würde man den Kreis noch weiter einengen, z. B. auf die engere Auswahl des Vermieters, könnte letztendlich dieser selbst bestimmen, wer ein potentieller Mieter ist. Ein Mietinteressent könnte seine Eigenschaft als potentieller Mieter sehr schnell verlieren, wenn er z. B. aufgrund seines Interesses an dem energetischen Zustand der Wohnung den Energiepass nachfragt und dem Vermieter dies so missfällt, dass er ihn aus dem Kreis der Mitbewerber ausschließt.[563]

---

554 AG Hohenschönhausen NJWE-MietR 1997, 57.

555 BGH (VIII ZR 238/08) WuM 2009, 647 = GE 2009, 1485 = NZM 2009, 853.

556 BGH (XII ZR 63/04) GuT 2007, 12 = ZMR 2007, 183 = NJW-RR 2007, 298 = MDR 2007, 262; NJW 1985, 1769; 1974, 849; 1970, 653; LG Bonn NJW-RR 2006, 381 bei Insolvenz des Mieters.

557 BGH (XII ZR 63/04) GuT 2007, 12 = ZMR 2007, 183 = NJW-RR 2007, 298 = MDR 2007, 262; NJW 1989, 1793 = NJW-RR 1989, 1161 = MDR 1989, 441 = GE 1989, 353; AG Frankfurt/M. WuM 1998, 480.

558 AG Hohenschönhausen NJWE-MietR 1997, 57 zur Sperrung einer Straße wegen Bauarbeiten.

559 BGH (XII ZR 192/08) NJW 2010, 3362 = MietPrax-AK § 123 BGB Nr 3 = NZM 2010, 786 GE 2010, 1416; kritisch *Mettler* IMR 2014, 45 sowie *Emmerich* NJW 2011, 2321.

560 Fassung der Bekanntmachung v.18.11.2013, BGBl. I, 3951.

561 *Frenz* ZMR 2014, 852.

562 *Blank* WuM 2008, 311; *Horst* NZM 2008, 145; *Friers* WuM 2008, 255.

563 So wohl auch *Blank* WuM 2008, 311, 316.

Der Vermieter muss dem Mieter unverzüglich nach Vertragsschluss den Energiepass oder eine Kopie übergeben, und zwar regelmäßig am Ort der zu vermietenden Mietwohnung. Im Bestandsmietverhältnis gilt die öffentlich-rechtliche Pflicht nicht. Ebenso ist ein vertraglicher Anspruch zu verneinen.[564] **183**

Die Verpflichtung des Vermieters, den Energieausweis dem potentiellen Mieter vorzulegen, gilt nicht für Gebäude, die nicht in den Anwendungsbereich des § 1 EnEV fallen. Dies ist der Fall, wenn das Gebäude nur geringfügig oder gar nicht beheizt wird. Dabei ist an Tiefgaragen zu denken, an Lagerräume oder Keller. Außerhalb der Wohngebäude fallen nicht unter die Verordnung Kaufhäuser, Bankgeschäfte oder ähnliche Gebäude mit privaten Dienstleistungsangeboten sowie Baudenkmäler. **184**

Eine weitere öffentlich-rechtliche Aufklärungspflicht ergibt sich für den Vermieter aus § 16 Abs. 4 TrinkwVO[565]. Danach hat der Vermieter von Mehrfamilienhäusern mit einer Großanlage zur Wassererwärmung (u. a. Anlagen mit einem Speichervolumen von mehr als 400 Litern Inhalt) Wasseraufbereitungsstoffen und deren Konzentration wöchentlich aufzuzeichnen und die Aufzeichnungen sechs Monate lang für die Anschlussnehmer und Verbraucher (Mieter) während der üblichen Geschäftszeiten zugänglich zu halten oder auf Anfrage zur Verfügung zu stellen. Der verwendete Aufbereitungsstoff und seine Konzentration im Trinkwasser sind unverzüglich den betroffenen Mietern unmittelbar schriftlich bekannt zu geben. Ab 1. 12. 2013 hat der Vermieter auch über eventuell vorhandene Bleileitungen zu informieren. **185**

1. Wohnraum

a) Betriebskosten. Umstritten ist, in welchem Umfang sich der Mieter auf die Angaben des Vermieters zu den anfallenden Betriebskosten verlassen darf bzw. in welchem Maße der Vermieter verpflichtet ist, über die tatsächliche **Höhe der Betriebskosten** bei Abschluss des Mietvertrages Auskunft zu geben. In der Vergangenheit wurde hervorgehoben, dass es keinen Grundsatz oder Vertrauenstatbestand gebe, wonach sich die aus der Abrechnung ergebende Nachzahlung auf einen bestimmten Prozentsatz der Vorauszahlungen beschränken müsse.[566] Das gelte sowohl für Wohnraum- als auch für Gewerberaummietverhältnisse,[567] weil der Vermieter nicht verpflichtet sei, überhaupt Vorauszahlungen zu vereinbaren. Dies muss im Licht des § 241 Abs. 2 BGB heute anders bewertet werden. Da die Zahlung des Mietzinses und damit auch der Neben- und Betriebskosten zu den Hauptpflichten des Mieters aus dem Mietvertrag gehört, besteht wegen der nunmehr gesetzlich formulierten umfassenden Aufklärungspflicht der Vertragspartner kein Zweifel, dass der Vermieter eine möglichst umfassende **Aufklärungspflicht** hinsichtlich der voraussichtlichen Höhe der Betriebskosten hat.[568] Denn der Vermieter ist zur Rücksicht auf die Interessen des anderen Teils verpflichtet. Das gilt wegen § 311 BGB auch schon bei den Vertragsverhandlungen. Ein besonderes Interesse an der Höhe der Betriebskosten muss der Mieter nach der hier vertretenen Auffassung nicht zum Ausdruck bringen, weil der Umfang der Hauptleistungspflichten zu den Vertragsbestandteilen gehört, die üblicherweise nach dem Willen der Verhandlungspartner einer möglichst umfassenden und klaren Regelung bedürfen. Allgemein wird man daher in der Vereinbarung einer zu geringen Nebenkostenvorauszahlung die Verletzung einer Aufklärungspflicht annehmen können.[569] Schwankungen wegen der verbrauchsabhängigen Kosten und steigenden öffentlichen Gebühren sind hiervon ausgenommen, da deren Verursachung nicht in der beeinflussbaren Sphäre des Vermieters liegt. **186**

---

564 *Rips* WuM 2008, 379; **a. A.** *Blank* WuM 2008, 311 für den Fall, dass der Energiepass bei der Vermietung nicht zugänglich gemacht wurde.

565 TrinkwV v. 21. 5. 2001 idF vom 3. 5. 2011 (BGBl. I, 748).

566 OLG Stuttgart, Rechtsentscheid vom 10. 8. 1982, WuM 1982, 272 = NJW 1982, 2506 = MDR 1982, 1021 = ZMR 1982, 366 = GE 1982, 895; LG Lübeck WuM 1981, 45; AG Hamburg ZMR 2001, 628; so aber noch AG Eschweiler WM 1980, 233; AG Lübeck WuM 1980, 250; AG Kassel WM 1979, 254.

567 *Geldmacher* GE 2000, 1068.

568 LG München II ZMR 2002, 760.

569 OLG Naumburg NJW-RR 2002, 655; LG Berlin NZM 2002, 212; LG Arnsberg NJW-RR 1988, 397; LG Frankfurt/M. WuM 1979, 24 = ZMR 1979, 112; AG Göttingen WuM 2007, 574; AG Tiergarten MM 1993, 399; AG Leverkusen WuM 1990, 63; AG Rendsburg WuM 1990, 63 = NJW-RR 1988, 398; *Sternel,* Mietrecht aktuell (2009), Rdn. VII 251; **a. A.** *Scheffler* WuM 2008, 65.

187 Inzwischen hat sich der BGH[570] dieser Rechtsfrage angenommen. Sowohl der Entscheidung des VIII. als auch der des XII. Zivilsenats lag der Sachverhalt zu Grunde, dass es sich bei der Vermietung um eine Erstvermietung handelte. Der Vermieter konnte bei der Vermietung somit noch nicht mit Erfahrungswerten arbeiten. Mit seinen Entscheidungen hat sich der BGH grundsätzlich der OLG-Rechtsprechung[571] angeschlossen. Eine Pflichtverletzung des Vermieters im Zusammenhang mit der Vereinbarung von Vorauszahlungen wird deshalb nur dann bejaht, wenn besondere Umstände vorliegen, die einen Vertrauenstatbestand begründen[572]. Dies ist zum einen der Fall, wenn der Vermieter bewusst über den tatsächlichen Umfang der Mietbelastung täuscht. Das OLG Naumburg[573] hat für den Gewerberaummieter besondere Umstände dann angenommen, wenn die Nachzahlungsbeträge die Vorauszahlungen um das 7- bis 8-fache übersteigen. Bei einem derart auffälligen Missverhältnis von Vorauszahlungen und tatsächlicher Belastung kann sich selbst der gewerbliche Mieter dem Nachzahlungsanspruch des Vermieters entziehen. Darüber hinaus können besondere Umstände aber auch gegeben sein, wenn der Vermieter Umstände durch sein Verhalten gesetzt hat, die bei dem Mieter die Vorstellung erwecken können, mit den Vorauszahlungen würden die Nebenkosten im Wesentlichen abgegolten sein. Der letztere Fall kann vorliegen, wenn der Vermieter während der Verhandlungen auf **eine Gesamtbelastung hingewiesen** oder wenn er dem Mieter **auf Nachfragen** bestätigt hat, dass die Vorauszahlungen regelmäßig ausreichen. Eine ausdrückliche Zusicherung muss der Vermieter diesbezüglich nicht gemacht haben – was der BGH in seinen Entscheidungen aber (noch) nicht bestätigt hat.

188 Führt die falsche Vorstellung über die Höhe der Miete zu dem Entschluss des Mieters, die Wohnung anzumieten, ist der Vermieter zum Schadenersatz verpflichtet.[574]

189 Vereinbaren die Mietparteien eine **Änderung der Mietzinsstruktur**[575] (Nettomiete statt Bruttomiete), macht sich der Vermieter ebenfalls schadensersatzpflichtig, wenn er zu niedrige Betriebskostenvorschüsse festlegt und den Mieter hierüber nicht aufgeklärt hat.[576] Das gilt insbesondere dann, wenn die Umstellung auf Wunsch des Vermieters erfolgte.[577]

190 Der Schadensersatz beschränkt sich nicht auf die erste Abrechnungsperiode nach Vertragsschluss oder Vertragsänderung. Der Vermieter kann nur die erhöhten Nebenkosten verlangen, die über den tatsächlich angefallenen Kosten des dem Vertragsschluss vorangegangenen Abrechnungsjahres liegen.[578]

191 **b) Sonstiges.** Der Vermieter hat aber auch Aufklärungspflichten während des Vertragverhältnisses. Veränderungen der Mietsache, die für den Mieter von Bedeutung sein können (vgl. § 536 Rdn. 207 bei Modernisierung), oder neue Erkenntnisse über **Schadstoffe** in der Wohnung aufgrund von Gutachten hat er dem Mieter unverzüglich mitzuteilen.[579] Erfährt der Vermieter, dass er eine unwirksame Vertragsklausel zu Lasten des Mieters vereinbart hat, z. B. eine Schönheitsreparaturklausel mit starren Fristen, muss er den Mieter darüber aufklären. Der Vermieter ist verpflichtet, dem Mieter die **Postanschrift** mitzuteilen, unter der er für ihn erreichbar ist. Bedient sich der Vermieter eines Vertreters, muss dieser dem Mieter die Anschrift des Vermieters benennen, wenn der Vertreter zur Abhilfe der vom Mieter vorgebrachten Beanstandungen nicht in der Lage ist.[580]

---

570 BGH (VIII ZR 195/03) WuM 2004, 201 mit Anm. *Eisenschmid* = NJW 2004, 1102 = NZM 2004, 251 = ZMR 2004, 347 = MietPrax-AK § 556 BGB Nr. 4 für Wohnraum sowie BGH (XII ZR 21/02) NJW 2004, 2674 = NZM 2004, 619 = MDR 2004, 1177 = GuT 2004, 160 = MietPrax-AK § 556 BGB Nr. 5 mit Anm. *Börstinghaus* zu Gewerberaum.

571 OLG Hamm NZM 2003, 717; OLG Düsseldorf ZMR 2000, 604 = WuM 2000, 591; OLG Stuttgart WM 1982, 272 = NJW 1982, 2506; LG Berlin GE 2000, 893.

572 OLG Düsseldorf GuT 2007, 88; weitergehend *Eisenschmid,* Anm. zu BGH (VIII ZR 195/03) WuM 2004, 201.

573 NJW-RR 2002, 655.

574 LG Karlsruhe WuM 1998, 479; LG Frankfurt/M. WuM 1979, 24 = ZMR 1979, 112.

575 AG Berlin-Schöneberg GE 2007, 1321.

576 LG Berlin GE 1996, 322.

577 AG München NZM 2004, 421.

578 LG Lüneburg DWW 1996, 192; AG Frankfurt/M. WuM 1997, 252; AG Rendsburg WuM 1990, 63 = NJW-RR 1988, 398; *Maciejewski* MM 1997, 125; zum Umfang des Schadens vgl. *Geldmacher,* Anm. zu AG München ZMR 2000, 837.

579 AG Osnabrück WuM 2004, 336.

580 AG Recklinghausen WuM 1997, 485; **a. A.** AG Berlin-Tempelhof GE 2008, 1199, wonach der Mieter nur Anspruch auf Auskunft des Namens hat, weil sich die Anschrift aus dem Grundbuch ergebe.

Weigert sich der Vertreter, haftet er wie ein Vertreter ohne Vertretungsmacht, denn der Mieter hat in diesen Fällen ein berechtigtes Interesse, wenigstens den Vertreter belangen zu können.[581]

Weist der Vermieter den Mieter bei Anmietung der Wohnung lediglich darauf hin, dass die Elektroinstallation aus den 50iger Jahren stammt, reicht dies nicht aus, um den vertragsgemäßen Gebrauch vertraglich einzuschränken. Vielmehr schuldet der Vermieter auch in diesem Fall, dass normale Haushaltsgeräte durch den Mieter angeschlossen und benutzt werden können.[582] 192

Bei einer öffentlich-geförderten Mietwohnung hat der Vermieter die Pflicht, der zuständigen Behörde die Veräußerung der Wohnung sowie die **Umwandlung in eine Eigentumswohnung** unverzüglich schriftlich mitzuteilen (§ 32 Abs. 2 WoFG). Der Vermieter ist zudem grundsätzlich gehalten, für die Zeit der Mietpreisbindung dem Mieter eine Mietberechnung vorzulegen, damit er eventuelle Rückforderungsansprüche wegen überhöhter Mieten prüfen kann.[583] 193

2. Gewerberaum

Die Aufklärungspflicht wird verneint bei einer unterlassenen Aufklärung über mögliche Gesundheitsgefahren durch **elektromagnetische Wellen,** da die Umweltverträglichkeit solcher Strahlung durch die öffentliche Diskussion bekannt ist[584] (vgl. dazu im Einzelnen § 536 Rdn. 105 ff.). Es gehört ebenso nicht zu den vorvertraglichen Pflichten, ungefragt über die Rentabilität eines Pachtobjektes aufzuklären.[585] 194

Nach einer Entscheidung des BGH[586] soll der Vermieter nicht zu dem Hinweis verpflichtet sein, dass er mit einem anderen Mieter einen gleichartigen Wettbewerbsschutz vereinbart hat. Der Vermieter brauche nicht auf Umstände hinzuweisen, von denen er annehmen dürfe, dass nach ihnen gefragt werde, falls an einer Aufklärung Interesse bestehe. Dies ist hinnehmbar, wenn sich der Konkurrenzschutz des anderen Mieters nicht auf das Hauptgewerbe des neuen Mieters bezieht. Betrifft der Konkurrenzschutz des anderen Mieters aber das gleiche Gewerbe, ist der nunmehr geltende § 241 Abs. 2 BGB zu beachten. Auch wenn der Vermieter nicht alle Einzelheiten bei den Vertragsverhandlungen angeben muss und zudem der Gewerberaummieter eine gegenüber dem Wohnraummieter erhöhte Pflicht zur Selbsterkundung hat, so muss der Vermieter doch auf für ihn erkennbar wichtige Umstände hinweisen. Der **Wettbewerbsschutz** innerhalb der gleichen Branche ist sowohl für den Vermieter, aber auch für den Mieter von erheblicher Bedeutung. Die vertragliche Regelung des Vermieters mit einem Konkurrenten berührt die Rechte und Interessen des Mieters in herausragender Weise, so dass in diesen Fällen für den Vermieter eine Offenbarungspflicht anzunehmen ist. 195

Verschweigt der Vermieter beim Vertragsabschluss, dass eine **Zwangsverwaltung** und eine **Zwangsversteigerung** angeordnet worden ist, so kann der Mietvertrag sogar wegen arglistiger Täuschung angefochten werden.[587] 196

Führt die Verletzung **vorvertraglicher Beratungs- und Aufklärungspflichten** des Leasinggebers zu einer falschen Wahl des Leasinggegenstandes und damit dazu, dass der Leasinggeber seiner Hauptpflicht zur Verschaffung eines gebrauchstauglichen und funktionstüchtigen Leasinggutes nicht nachkommen kann, so ist der Leasinggeber so zu behandeln, als sei der Leasingnehmer zur Wandlung berechtigt.[588] 197

IX. Schutzwirkung für Dritte

Der Mietvertrag gehört zu den Schuldverhältnissen, in denen die Rechtsfigur des Vertrages mit Schutzwirkung Dritter Anwendung finden kann. Anspruchsberechtigt sind neben dem Mieter auch die Personen, die in den Schutzbereich des Mietvertrages einbezogen sind.[589] Diese Personen 198

581 OLG Frankfurt/M. NJW-RR 1987, 914; LG Köln WuM 1990, 13 = NJW-RR 1990, 152 = MDR 1990, 49.
582 BGH (VIII ZR 281/03) WuM 2004, 527 = GE 2004, 1090 = NJW 2004, 3174 = ZMR 2004, 807; AG Potsdam GE 1996, 1251.
583 LG Leipzig NZM 1999, 458.
584 OLG Karlsruhe NJW 1994, 2100.
585 OLG Düsseldorf GuT 2007, 88 (Parkhaus).
586 BGH NJW 1982, 376 = ZMR 1982, 11 = MDR 1982, 314.
587 OLG Hamm NJW-RR 1988, 784 = MDR 1988, 585.
588 OLG Koblenz NJW-RR 1989, 436.
589 BGH NJW 1983, 2935 = MDR 1983, 742; NJW 1977, 2208 = MDR 1978, 127; MDR 1968, 402.

haben bei Vorliegen eigener Schäden einen selbständigen vertraglichen Schadensersatzanspruch gegen den Vermieter (Vertrag mit Schutzwirkung für Dritte).[590] In den Genuss dieses Rechtsinstituts kommen nur solche Personen, die mit der Leistung des Vermieters wie der Mieter selbst in Berührung kommen **(Leistungsnähe)**[591] und denen der Mieter Schutz und Fürsorge zu gewähren hat **(Einbeziehungsinteresse)**[592]. Von letzterem kann in aller Regel nur dann ausgegangen werden, wenn zwischen dem Mieter und dem Dritten ein Rechtsverhältnis mit personenrechtlichem Einschlag besteht, wie es z. B. bei mietrechtlichen, familienrechtlichen oder arbeitsrechtlichen Beziehungen der Fall ist.[593] Das trifft bei Mietverträgen für Familienmitglieder, Hausangestellte oder sonstige Hilfspersonen und Arbeitnehmer zu,[594] die nach dem Inhalt des Mietvertrages bestimmungsgemäß an dem Gebrauch der Mietsache teilhaben oder ihn anstelle des Mieters für diesen ausüben[595] (vgl. § 536a Rdn. 76f.).

199 Schutzpflichten des Mieters gegenüber anderen Personen werden allgemein verneint.[596] Daher bestehen auch keine Schutzpflichten der Mieter in einem Mehrfamilienhaus untereinander.[597]

X. Nachvertragliche Pflichten

200 Nach Beendigung des Mietverhältnisses treffen den Vermieter besondere Abwicklungspflichten. So ist er z. B. verpflichtet, Leistungen des Mieters, auf die er keinen Anspruch mehr hat, zurückzugeben. Dies gilt für die Kaution ebenso wie für nicht abgewohnte Vorauszahlungen oder Rückzahlungen aus einer Betriebskostenabrechnung. Weiterhin kann der Vermieter verpflichtet sein, den Mieter trotz beendetem Mietverhältnis weiterhin mit Heizenergie, Strom und Wasser zu versorgen (s. Rdn. 109ff.). Zur Klärung streitiger Fragen ist ein eingesetzter Hausverwalter verpflichtet, dem Mieter die ladungsfähige Anschrift des Vermieters zu nennen. Dies gilt auch im laufenden Mietverhältnis.[598]

201 Aus Treu und Glauben ergeben sich für den Vermieter neben diesen speziellen Abwicklungspflichten noch weiter gehende **nachvertragliche** Auskunfts- und Mitteilungspflichten.[599] Darüber hinaus ist er gehalten, gewisse Rücksichten auf den ehemaligen Vertragspartner zu nehmen. So darf der Vermieter den Mieter nicht dadurch an der Wohnungssuche behindern, indem er auf Nachfrage anderer Vermieter über den Mieter unrichtige, einseitig negative oder bewusst vage gehaltene Auskünfte erteilt.[600] Auch Postsendungen des früheren Mieters, die in den Gewahrsam des Vermieters gelangen, hat er für den Mieter zu verwahren und auf Verlangen herauszugeben.[601] Die Erteilung einer Mietschuldenfreiheitsbescheinigung ist dem Vermieter allerdings nicht zumutbar.[602]

202 Auch im gewerblichen Bereich treffen den Vermieter häufig nachvertragliche Pflichten, wie die Duldung eines **Hinweisschildes** an der Hauswand mit der neuen Geschäftsadresse. Auf Wunsch des Mieters wird man diese Pflicht dem Vermieter u. U. auch bei einem Wohnraummietverhältnis auferlegen müssen, z. B. bei teilgewerblicher Nutzung. Die nachwirkende Treuepflicht gebietet es zudem, dass der Pächter, der nunmehr eine andere Gaststätte betreibt, nicht die Telefonnummer der

---

[590] BGHZ 49, 350.

[591] BGH NJW 1995, 1739; WuM 1978, 234 = NJW 1978, 883 = ZMR 1978, 180 gegen den Untermieter.

[592] BGH NJW 1973, 2059.

[593] BGH NJW 1977, 2208 = MDR 1978, 127 = VersR 1977, 1006.

[594] BGH (XII ZR 189/08) NJW 2010, 3152 = MietPrax-AK § 536b BGB Nr 7 = NZM 2010, 668 = ZMR 2011, 360; (VIII ZR 195/65) NJW 1968, 885; (VI ZR 24/82) NJW 1983, 2935 = MDR 1983, 742 = VersR 1983, 441; NJW 1977, 2208 = MDR 1978, 127 = VersR 1977, 1006; MDR 1968, 402; OLG Düsseldorf VersR 1974, 1113; vgl. BGHZ 2, 94 zum Krankenhausaufnahmevertrag.

[595] BGHZ 61, 227 = NJW 1973, 2059 = MDR 1974, 36.

[596] BGH (VIII ZR 173/66) NJW 1969, 41; *Kraemer/von der Osten* in Bub/Treier III Rdn. 2365.

[597] BGH NJW 1969, 41 = MDR 1969, 135 = BB 1968, 1402; OLG Celle VersR 1984, 1075; AG Dortmund WuM 2004, 469; zu vertraglichen Schutzpflichten des Mieters gegenüber der Allgemeinheit vgl. *Fritz* ZMR 1997, 553, 560.

[598] AG Aachen WuM 2009, 650.

[599] *Sonnenschein* PiG 20, 1985, 100.

[600] *Sonnenschein* PiG 46, 1995, 7, 18.

[601] LG Darmstadt MietRB 2014, 74 m. Anm. *Mettler.*

[602] BGH (VIII ZR 238/08) WuM 2009, 647 = NJW 2010, 1135 = NZM 2009, 853 = MietPrax-AK § 535 BGB Nr. 40; zum Mietschuldenerlass durch eine Mietschuldenfreiheitsbescheinigung AG Berlin-Spandau NJW-RR 2011, 1308 = GE 2011, 1563.

ehemaligen Gaststätte weiter verwendet, bis neue Telefonbücher und Restaurantführer erscheinen.[603]

Selbstverständlich können die Mietparteien auch durch Vereinbarung nachvertragliche Pflichten begründen, wie z. B. die Einräumung eines **Konkurrenzschutzes** für eine gewisse Übergangszeit. Zum Konkurrenzschutz vgl. Rdn. 543ff. 203

XI. Mitwirkungspflichten des Mieters

Der Mieter ist verpflichtet, bestimmte Maßnahmen des Vermieters zu dulden. Hierzu gehört die Duldungspflicht des Mieters von Maßnahmen des Vermieters bzw. seiner Erfüllungsgehilfen zur Vorbereitung und Durchführung von Instandsetzungsmaßnahmen bzw. Modernisierungen gem. §§ 555a, 555d BGB. 204

Anzusprechen ist hier auch das **Vermieterpfandrecht** gem. § 562ff. BGB. Danach muss der Mieter unter bestimmten Voraussetzungen dem Vermieter bei Beendigung des Mietverhältnisses nicht nur die Besichtigung der Wohnung gestatten, wenn dieser von seinem Pfandrecht Gebrauch machen will, sondern er muss ggf. auch die Verwertung seiner eingebrachten Sachen durch den Vermieter dulden. 205

1. Besichtigungsrecht und Betretungsrecht des Vermieters

Der Mieter kann ohne besondere vertragliche Abrede verpflichtet sein, den Vermieter zwecks **Besichtigung oder zwecks Durchführung notwendiger Arbeiten in die Wohnung** zu lassen.[604] Der Vermieter kann aber nicht jedweden Anlass zur Begründung für ein Besichtigungsrecht der Wohnung anführen.[605] Vielmehr müssen hierfür grundsätzlich besondere Umstände vorliegen, insbesondere solche, die für die Bewirtschaftung des Objektes notwendig sind.[606] Zudem ist der Vermieter zur schonenden Rechtsausübung gehalten. Er hat seinen Informationsbedarf möglichst in einem einzigen Besichtigungstermin zu befriedigen.[607] Dies ist verfassungsrechtlich geboten, weil bei der Abwägung der widerstreitenden Interessen dem Eigentumsrecht des Mieters und im Zusammenhang damit auch sein Recht aus Art. 13 GG, in seinen Mieträumen in Ruhe gelassen zu werden, ausreichende Bedeutung beigemessen werden muss.[608] **Routinekontrollen** zwecks Untersuchung der Wohnung auf ihren Allgemeinzustand sind daher unzulässig[609] – s. hierzu Rdn. 224. 206

Wann eine Kontrolle notwendig ist, muss den Erfordernissen des Einzelfalls entnommen werden[610]; wenn z. B. öfters Störungen, insbesondere bei älteren Anlagen, auftreten. Das gilt vor allem für Elektroinstallationen.[611] Dieser Grundsatz gilt aber gleichermaßen, wenn es darum geht, ob der Vermieter ordnungsgemäß installierte Öfen in der Wohnung des Mieters ohne besonderen Anlass einer regelmäßigen Kontrolle bezüglich der Funktionsfähigkeit und Dichtigkeit unterziehen soll. Bei ordnungsgemäß installierten Leitungen und Anlagen im privaten Wohnbereich kann nicht ohne weiteres von einer naheliegenden Gefahr ausgegangen werden. Der Grundstückserwerber 207

---

603 OLG Nürnberg NJW-RR 1999, 737.

604 Anders bei einem dinglich Wohnberechtigten gegenüber dem Eigentümer, LG Essen WuM 2016, 108.

605 AG Stuttgart-Bad Cannstatt WuM 2015, 148; **a. A.** AG Münster WuM 2009, 288.

606 LG Berlin GE 2016, 1385; LG Oldenburg ZMR 2012, 956; AG Coesfeld ZMR 2015, 452; WuM 2009, 112; AG Rheine WuM 2003, 315; *Blank/Börstinghaus,* § 535 BGB Rdn. 342; *Brückner* GE 2016, 33f.; *Horst* ZAP 1997, 1035, 1045; *Emmerich* in Staudinger § 535 BGB Rdn. 98; **a. A.** LG Tübingen GE 2008, 1055; LG Stuttgart ZMR 1985, 273; AG Saarbrücken ZMR 2005, 373; AG Köln WuM 2000, 209; s. auch *Wetekamp* Kap. 1 Rdn. 118ff.

607 AG Hamburg NZM 2007, 211.

608 BVerfG WuM 1993, 377 = NJW 1993, 2035 = MDR 1993, 728 = ZMR 1993, 405 = DWW 1993, 224 = GE 1993, 796; WuM 2004, 80 = NJW-RR 2004, 440 = NZM 2004, 186 = DWW 2004, 146 = ZMR 2004, 566 = MDR 2004, 266 = GE 2004, 610.

609 BGH (VIII ZR 289/13) WuM 2014, 495 = GE 2014, 1053 = NJW 2014, 2566 = NZM 2014, 635; LG München II, ZMR 2009, 371; AG Bonn NJW-RR 2006, 1387; *Willems* NZM 2015, 353, 356; *Dittert/Landvoigt* GE 2005, 468, 472; **a. A.** LG Tübingen GE 2008, 1055; AG Münster NZM 2000, 1030 – alle 2 Jahre –; AG Berlin-Schöneberg GE 2007, 453 siehe auch *Börstinghaus,* jurisPR-BGHZivilR 18/2014 Anm. 4; *Schach,* jurisPR-MietR 16/2014 Anm. 4; *Lützenkirchen* NJW 2007, 2152, 2153; *Steinig* GE 2000, 1452, 1453.

610 BGH VersR 1969, 754.

611 BGH (VIII ZR 310/10) WuM 2011, 465 = MietPrax-AK § 535 BGB Nr 46 = ZMR 2011, 938 = CuR 2011, 128 = GE 2011, 1013; (VIII ZR 321/07) WuM 2008, 719 = MietPrax-AK § 535 BGB Nr. 35 = NJW 2009, 143 = NZM 2008, 927 = GE 2008, 1555.

kann sich auf ein eigenes Besichtigungsrecht erst mit Eintragung im Grundbuch (§§ 566, 578 BGB) berufen.

208 Ist das Mietverhältnis gekündigt, muss der Vermieter die Möglichkeit haben, bei Beendigung des Mietverhältnisses die Wohnung zwecks Abnahme zu besichtigen. Darüber hinaus ist ihm zu gestatten, eventuellen Mietinteressenten schon vor Auszug des Mieters die Wohnung zu zeigen.[612] Voraussetzung ist aber, dass die Beendigung des Mietverhältnisses **mit ausreichender Sicherheit** feststeht.[613] Daran fehlt es beispielsweise, wenn der Mieter der Kündigung des Vermieters widersprochen hat oder ein Räumungsrechtsstreit anhängig ist.

209 Bei einem bevorstehenden Verkauf der Wohnung hat zunächst der Vermieter das Recht, die Wohnung zu besichtigen, um ausreichende Informationen über den Zustand der Wohnung, z. B. zur Vorbereitung des Verkaufsexposés, zu erhalten.[614] Darüber hinaus muss der Vermieter aber auch eine Besichtigung mit Kaufinteressenten oder mit einem Immobilienmakler durchführen können.[615] Der Mieter darf die Besichtigung durch den Vermieter oder Makler unter Begleitung des Kaufinteressenten nicht ablehnen. Die Weigerung des Mieters, eine Besichtigung zu dulden, kann im Einzelfall eine Kündigung durch den Vermieter rechtfertigen.[616] Ohne Begleitung des Vermieters ist der Kaufinteressent grundsätzlich nicht berechtigt, die Wohnung des Mieters zu betreten. Eine Ausnahme ist zuzulassen, wenn der Vermieter den Interessenten zur Besichtigung ermächtigt und ihn rechtzeitig vorher namentlich benannt hat. Dann darf sich der Mieter durch **Vorlage des Personalausweises** von der Identität des Besuchers überzeugen.[617] Der Vermieter hat regelmäßig selbst dann einen Anspruch, den Interessenten bei der Besichtigung zu begleiten, wenn zwischen den Mietvertragsparteien Spannungen bestehen.[618] Der Mieter muss auch hinnehmen, dass der Vermieter auf dem Grundstück des vermieteten Einfamilienhauses ein Hinweisschild aufstellt, wenn dadurch weitere Störungen nicht zu befürchten sind.[619]

210 Der Vermieter bzw. seine Beauftragten dürfen die Wohnung auch zur **Zählerablesung** betreten. So ist Voraussetzung für die Erstellung einer ordnungsgemäßen Betriebskostenabrechnung, dass die Wasser- und Heizungszähler rechtzeitig abgelesen werden. Das Recht zum Betreten der Wohnung zwecks Ablesung erfolgt aus der Umlagevereinbarung.[620] Darüber hinaus hat er ein berechtigtes Interesse, wenn der **Wohnraum aufgemessen** werden soll, weil beispielsweise der Mieter die im Mietvertrag angegebene Größe der Wohnung anzweifelt. Da der Vermieter einen Anspruch auf Durchführung vertraglich vereinbarter **Schönheitsreparaturen** haben kann[621], ist er berechtigt, zur Sicherung seines Anspruchs nach Ablauf der vereinbarten Regelfrist die Räume des Mieters zu begutachten.[622]

211 Will der Vermieter **Instandsetzungs-, Modernisierungs- oder Sanierungsarbeiten** durchführen, ergibt sich das Besichtigungsrecht regelmäßig schon aus §§ 555a, 555d BGB, ggf. aus § 809 BGB[623], um Art und Umfang der Bauarbeiten festzulegen. Hat der Mieter die danach festgelegten Maßnahmen zu dulden, muss er weitere Vorbereitungsarbeiten des Vermieters hinnehmen, beispielsweise die Wohnung detaillierter in Augenschein zu nehmen oder Messgeräte aufzustellen.[624] Kann der Mieter den Härteeinwand nach § 555d Abs. 2 BGB geltend machen, muss er dennoch die Besichtigung und das Betreten der Wohnung zulassen, wenn dies für die Durchführung der baulichen Maßnahmen am Restobjekt erforderlich ist.[625] Das gilt auch für die Durchführung einer

---

[612] AG Freiburg WuM 1983, 112.
[613] AG Ibbenbüren WuM 1991, 360; *Sonnenschein* NJW 1998, 2180, 2182.
[614] *Blank* in FS Seuss S. 277, 284.
[615] LG Frankfurt/M. NZM 2002, 696; AG Lüdenscheid WuM 1990, 489; zum Besichtigungsrecht eines Behördenvertreters vgl. OVG Hamburg WuM 1997, 204 *Blank* in FS Seuss S. 277, 278.
[616] BGH, Urt. v. 5.10.2010 – VIII ZR 221/09 = WuM 2011, 13 = MietPrax-AK § 543 BGB Nr 19 = ZMR 2011, 366 = GE 2011, 198; *Schach* GE 2011, 159 (Anmerkung).
[617] Weitergehend AG München WuM 1994, 425; vgl. auch LG Stuttgart WuM 1991, 578; LG Trier WuM 1993, 185.
[618] *Blank* in FS Seuss S. 277, 286.
[619] AG Hamburg WuM 1993, 603.
[620] Vgl. LG Hamburg DWW 1987, 164; LG Köln WuM 1985, 294.
[621] BGH WuM 2005, 383 = NZM 2005, 450 = ZMR 2005, 523 = NJW 2005, 1862 = MietPrax-AK § 538 BGB Nr. 15.
[622] *Schlüter* NZM 2006, 682.
[623] LG Augsburg, Beschl. v. 17.12.2004 – 7 S 3173/04.
[624] AG Pinneberg ZMR 2007, 459; AG Schöneberg GE 1987, 629; *Palandt/Sprau* § 809 Rdn. 9.
[625] Vgl. auch *Lützenkirchen* NJW 2007, 2152.

Bauprüfung zwecks Erteilung einer Abgeschlossenheitsbescheinigung.[626] Problematisch sind die Fälle, bei denen ein Sachverständiger in der Mieterwohnung zu Gunsten Dritter eine Messung vornehmen soll. In diesen Fällen soll der Wohnungsinhaber unter keinen Umständen zur Duldung verpflichtet sein.[627]

Ein **Besichtigungsrecht** des Vermieters besteht aber auch dann, wenn konkrete Anhaltspunkte 212 für einen **drohenden Schaden** gegeben sind. Diese können z. B. vorliegen, wenn wegen eines muffigen Geruchs der Verdacht auf Schimmelbildung vorliegt oder wenn in der Nachbarwohnung Feuchtigkeit auftritt und nicht ausgeschlossen werden kann, dass deren Ursache in der Mieterwohnung zu finden ist. Insbesondere bei einem begründeten Verdacht der **Verwahrlosung der Mieträume** muss dem Vermieter das Recht eingeräumt werden, sich vom Zustand der Räume zu überzeugen. Wird der Mieter mehrere Male nicht angetroffen und hat der Vermieter begründete Zweifel am Gesundheitszustand des Mieters, darf er die Wohnung auch ohne Einverständnis des Mieters betreten.[628]

Der Vermieter muss sich rechtzeitig für die **Besichtigung** anmelden[629] und den Mieter vorab 213 über den Grund der Besichtigung informieren.[630] Im Normalfall ist eine Vorlaufzeit von mindestens 24 Stunden ausreichend.[631] Wird das Besichtigungsrecht auch während der Arbeitszeit bejaht, was abzulehnen ist (vgl. Rdn. 218), muss bei berufstätigen Mietern eine längere Zeit zur **Voranmeldung** beachtet werden (ca. 7–14 Tage), denn der Vermieter darf von seinem Recht nur in möglichst schonender Weise Gebrauch machen und muss auf die Belange des Mieters Rücksicht nehmen.[632] Daher soll der Vermieter, der sein Besichtigungsrecht ausüben will, auch etwaige Urlaubszeiten des Mieters berücksichtigen.[633] Der Grund dieser Einschränkung des Vermieterrechts liegt darin, dass das Besitzrecht des Mieters an der Wohnung Eigentum i. S. d. Art. 14 GG ist.[634] Daher sind die beiden sich gegenüberstehenden Grundrechtspositionen des Mieters und des Vermieters im Einzelfall gegeneinander abzuwägen und zu einem angemessenen Ausgleich zu bringen.

Liegt keine Eilbedürftigkeit vor, ist eine 14-tägige Vorlaufzeit angemessen[635]. In besonders gela- 214 gerten Fällen, z. B. bei Gefahr im Verzug, ist die Besichtigung auch kurzfristig zu gestatten. Zudem ist der Mieter gehalten, wenn er längere Zeit abwesend oder verhindert ist, durch geeignete Maßnahmen die Besichtigung des Vermieters mit einer Vertrauensperson zu ermöglichen.[636]

Der Vermieter darf aus sachlichen Erwägungen eine oder mehrere Personen zur Besichtigung 215 mitbringen,[637] aber keinesfalls eine beliebige Anzahl **von Begleitern.**[638] Aus der Unverletzlichkeit der Wohnung gemäß Art. 13 GG[639] folgt, dass der Mieter von Wohnraum die Besichtigung nur durch solche Personen zu dulden hat, die dem Anlass der Besichtigung gerecht werden. Diese Voraussetzungen liegen z. B. bei einem Rechtsanwalt des Vermieters nicht vor, wenn die Wohnung besichtigt werden soll, um ihren Zustand oder eventuelle Schäden festzustellen oder um die Durchführung von Bauarbeiten vorzubereiten.[640] Geht es um den Verkauf der Wohnung, darf der Vermieter zum Besichtigungstermin seinen Ehepartner mitbringen.[641] Ein Wohnungsmieter kann die Duldung einer Wohnungsbesichtigung durch Kaufinteressenten davon abhängig machen, dass ihm

---

626 LG Hamburg WuM 1994, 425.
627 OLG Nürnberg WuM 1990, 143 = NJW-RR 1990, 908; einschränkend *Lützenkirchen* NJW 2007, 2152, 2153.
628 ThürVerfGH NZM 2004, 416.
629 AG Lüdenscheid WuM 1990, 489; AG Neuss WuM 1989, 364; AG Aachen WuM 1986, 87.
630 LG München NJW-RR 2009, 376.
631 AG Neustadt/Rübenberge WuM 1979, 143; AG Köln WuM 1986, 86; AG Braunschweig WM 1981, U19.
632 *Blank/Börstinghaus,* § 535 BGB Rdn. 340; *Unnütz* in FAMietRWEG, 8. Kap. Rdn. 10; AG Hamburg WuM 1999, 456; **a. A.** AG Wedding GE 1985, 155.
633 *Steinig* GE 2000, 1452, 1453.
634 BVerfG WuM 2004, 80; 1993, 377.
635 AG Berlin-Mitte GE 2009, 329; AG Schöneberg GE 2004, 822 – eine Woche.
636 AG Frankfurt/M. ZMR 2009, 45.
637 LG Frankfurt/M. NZM 2002, 696; *Steinig* GE 2000, 1452, 1453.
638 AG Schöneberg GE 2004, 822; *Brückner* GE 2016, 33, 39.
639 BVerfG WuM 1993, 377 = NJW 1993, 2035 = MDR 1993, 728 = ZMR 1993, 405 = DWW 1993, 224 = GE 1993, 796.
640 AG Berlin-Mitte GE 2009, 329; AG Neukölln MM 1987, 27; *Lützenkirchen* NJW 2007, 2152, 2153; zum Zutrittsrecht eines vom Gericht bestellten Sachverständigen vgl. BVerfG WuM 2001, 111.
641 LG Frankfurt/M. NZM 2002, 696.

vorab die Namen der Interessenten mitgeteilt werden.[642] Kein Besichtigungsrecht besteht im Übrigen für Personen, die dem Mieter auch unter Berücksichtigung der Vermieterinteressen unzumutbar sind.[643]

216 Die zwecks Besichtigung anwesenden Personen dürfen sich nicht beliebig lange in den Räumen des Mieters aufhalten. Nicht nur die Anzahl und Auswahl der Personen, sondern auch die Häufigkeit und Dauer der Besichtigungen werden durch den Besichtigungszweck begrenzt. Für Wohnungsbesichtigungen zwecks Verkaufs können 30–45 Minuten eingeplant werden.[644]

217 **Fotografien** darf der Vermieter ohne Zustimmung des Mieters nur fertigen, wenn diese zur Beseitigung von Schäden oder zur Beweissicherung[645] erforderlich sind.[646] Das ist beispielsweise nicht der Fall, wenn die Wohnung lediglich unordentlich ist, also Anhaltspunkte für eine Substanzgefährdung der Wohnung nicht vorliegen.[647] Unzulässig ist auch das Fertigen von Bildern der Wohnung gegen den Willen des Mieters, um diese im Internet zum Verkauf anzupreisen.[648]

218 Eine **Formularvereinbarung,** die dem Vermieter jederzeit Zutritt zur Wohnung gewährt, ist wegen Verstoßes gegen Art. 13 GG i. V. m. § 307 BGB unwirksam.[649] Die Überlassung des unbeschränkten Besitzes gehört nämlich zum Wesen des Mietvertrages.[650] In engen Grenzen ist die vertragliche Erweiterung des gesetzlichen Besichtigungsrechts allerdings zulässig. So können die Parteien vereinbaren, dass auch ohne besonderen Anlass die Wohnung in angemessenem Abstand, z. B. alle 2 Jahre, zur allgemeinen Feststellung des Zustandes besichtigt werden darf.[651] Die so vereinbarte Besichtigung muss auf die arbeitsfreie Zeit und ansonsten auf Notfälle beschränkt werden.[652] Es wird allerdings die Ansicht vertreten, dass das Besichtigungsrecht auch nachmittags an Werktagen wirksam vereinbart werden kann,[653] was aber wegen einer möglichen beruflichen Tätigkeit des Mieters abzulehnen ist.

219 Unzulässig ist auch eine Formularvereinbarung, mit der eine Verpflichtung des Mieters festgehalten wird, das Betreten der Wohnung zu bestimmten Zeiten oder innerhalb gewisser Zeiträume zu dulden.[654] Wird eine Besichtigung „während der üblichen Tageszeit werktags bis 19 Uhr" vereinbart, ist allerdings – bei entsprechender Ankündigung – eine Besichtigung des Vermieters an einem Samstag zwischen 11 und 12 Uhr gerechtfertigt.[655] Zudem kann der Vermieter sich durch eine Formularvereinbarung von seiner Ankündigungspflicht nicht freizeichnen.[656] Eine Formularvereinbarung ist gem. § 307 Abs. 1 BGB auch unwirksam, wenn sie dem Vermieter das Recht einräumt, die Wohnung zwecks Ausübung seines Vermieterpfandrechts zu betreten.[657]

220 Der Vermieter darf sich das Besichtigungsrecht nicht eigenmächtig durch **Selbsthilfe** erzwingen, auch wenn die Besichtigungszeiten vertraglich vereinbart sind.[658] Weigert sich der Mieter, die Besichtigung zuzulassen, kann der Vermieter bei Eilbedürftigkeit sein Besichtigungsrecht ausnahmsweise auch im Wege einer **einstweiligen Verfügung** (sog. Leistungsverfügung) durchsetzen.[659] Eilbedürftigkeit kann bei dringenden Instandsetzungsarbeiten gegeben sein[660] oder wenn

---

642 AG Tempelhof-Kreuzberg MM 2008, 39.
643 AG Hamburg WuM 1987, 379; *Brückner* GE 2016, 33, 39.
644 LG Frankfurt/M. NZM 2002, 696.
645 AG Schöneberg GE 2004, 822; **a. A.** AG Frankfurt/M. WuM 1998, 343.
646 *Blank/Börstinghaus,* § 535 BGB Rdn. 340.
647 LG Frankenthal/Pfalz WuM 2012, 141; AG Frankfurt/M. NZM 1999, 121 = NJW-RR 1999, 596.
648 AG Steinfurt GE 2014, 1145.
649 AG Münster WuM 2009, 288; zu Art. 13 GG vgl. BVerfG WuM 1993, 377 = NJW 1993, 2035 = MDR 1993, 728 = ZMR 1993, 405 = DWW 1993, 224 = GE 1993, 796.
650 LG München WuM 1994, 370.
651 AG Hamburg NZM 2007, 211 = NJW-RR 2007, 592; AG Münster WuM 2000, 328; AG Lübeck WuM 1993, 344; *Sternel* Mietrecht aktuell (2009) Rdn. II 120; *Sonnenschein* NJW 1998, 2180, 2181; *Palandt/Weidenkaff* § 535 Rdn. 82; *Wetekamp* Kap. 1 Rdn. 121.
652 AG Hamburg WuM 1992, 540; **a. A.** *Franke* DWW 1998, 300.
653 AG Freiburg WuM 1983, 112.
654 Siehe Beispiel bei *Sternel* Mietrecht aktuell (2009) Rdn. II 120; **a. A.** AG Freiburg WuM 1983, 112.
655 OLG Frankfurt/Main WuM 2011, 95.
656 AG Freiburg WuM 1983, 112; *Steinig* GE 2000, 1452, 1453.
657 *Drettmann* WuM 2012, 535, 542.
658 OLG Köln WuM 1977, 173; LG Berlin ZMR 1980, 278 = WuM 1980, 185.
659 LG Duisburg NZM 2006, 897; AG Neuss WuM 1986, 244 = NJW-RR 1986, 314; AG Wedding GE 1985, 155; *Blank/Börstinghaus,* § 535 BGB Rdn. 343; ablehnend: vgl. AG Ibbenbüren WuM 1991, 360; AG Spandau GE 1994, 711.
660 AG Hohenschönhausen GE 1997, 1175.

das Betreten der Wohnung zur Beseitigung von erheblichen Gefahren für Sachen oder Personen erforderlich ist.[661] Im Übrigen muss er seinen Anspruch auf gerichtlichem Wege mit Hilfe einer „Duldungs"-Klage durchsetzen.[662] Der Mieter kann zum Schadensersatz verpflichtet sein, wenn er dem Vermieter das Besichtigungsrecht rechtswidrig nicht gewährt.[663] Zum Selbsthilferecht darf der Vermieter nur bei Gefahr in Verzug unter den Voraussetzungen des § 229 BGB greifen.

Für gewerbliche Mietverhältnisse gilt kein weiter gehendes Besichtigungsrecht, da auch hier das Recht des Vermieters maßgeblich durch Art. 13, 14 GG beschränkt wird. Der Vermieter hat die Belange des Gewerberaummieters ebenso mit seinen Interessen abzuwägen wie er dies im Falle der Wohnraumvermietung tun muss.[664] Daher können die betrieblichen Belange es rechtfertigen, dass die Besichtigung außerhalb der Arbeitszeit bzw. Öffnungszeit stattfindet. **221**

Der **Gegenstandswert** bemisst sich nach dem Interesse des Vermieters. Unterscheidet man nach dem Anlass der Besichtigung[665], ist zu differenzieren, ob der Vermieter beispielsweise geltend gemachte Mängel begutachten – dann analog § 41 Abs. 5 GKG der Jahresbetrag einer möglichen Minderung – oder die Wohnung mit Mietinteressenten betreten will (Schätzung nach § 41 Abs. 1 GKG, § 3 ZPO[666] bzw. § 9 ZPO[667]). Wegen des Vorbereitungscharakters wird allgemein ein Abschlag verlangt.[668] Andererseits ist der Gegenstand immer die Wohnungsbesichtigung, während nur die Motive variieren. Es ist daher nach der hier vertretenen Auffassung angemessen, wenn der Streitwert in diesen Fällen immer gem. § 3 ZPO geschätzt wird. **222**

Die **Beschwer** bei einer dauerhaften Verpflichtung zur Duldung von Hausbesichtigungen überschreitet nicht den Betrag von 600 €.[669] **223**

2. Überwachung der Mietsache

Wohnungsunternehmen formulieren häufig das Bedürfnis, die Gründe für das Besichtigungsrecht auszudehnen und dem Vermieter auch dann Zutritt zu den vermieteten Räumen vertraglich einräumen zu lassen, wenn er seiner Kontroll- und Überprüfungspflicht bezüglich der technischen Anlagen in der Mietwohnung nachkommen will.[670] Dagegen ist nichts einzuwenden, wenn eine derartige vertragliche Pflicht besteht und der Vermieter die Kontrolle selbst ausübt. Bedient er sich dafür aber – was regelmäßig der Fall sein wird – technischen Personals, ist i. d. R. kein sachlicher Grund erkennbar, warum für diese Fälle neben der Fachkraft auch dem Vermieter ein Zutrittsrecht eingeräumt werden soll. Das gilt insbesondere für das Ablesen der Messgeräte **(Heizkostenverteiler).**[671] Bedient sich der Vermieter hierfür einer Messdienstfirma, braucht nicht er, sondern nur der Beauftragte des Unternehmens die Wohnung zu betreten. Der Mieter hat in jedem Fall das Recht, sich von den Handwerkern den Ausweis vorlegen zu lassen und sich die Namen zu notieren.[672] Kein zur Besichtigung berechtigender Anlass liegt vor, wenn der Vermieter die Wohnung nach Mängeln untersuchen will. Dem Zweck der Mängelfeststellung dient schon die Pflicht des Mieters zur Anzeige nach § 536c BGB.[673] **224**

XII. Beweisfragen

Macht der Mieter Schadensersatz wegen Verletzung vertraglicher Nebenpflichten geltend, obliegt ihm die Beweislast dafür, dass der Vermieter eine ihm objektiv obliegende Pflicht verletzt hat.[674] Dies **225**

[661] *Hinz* WuM 2005, 615, 623 mit Antragsformulierungen; *Börstinghaus* ZAP 2001, 865, 867.
[662] OLG Hamburg WuM 1978, 169; OLG Köln WuM 1977, 173; LG Berlin ZMR 1980, 278 = WuM 1980, 185; *Steinig* GE 2000, 1452, 1454.
[663] AG Wedding GE 1997, 749.
[664] *Lützenkirchen* NJW 2007, 2152, 2155.
[665] *Lützenkirchen* NJW 2007, 2152, 2156; *Schneider* in Lützenkirchen, Anwalts-Handb. MietR, 3. Aufl. N Rdn. 298; *Grüter,* Streitwerte und Anwaltsgebühren im Mietrecht, § 2 Rdn. 135.
[666] *Grüter,* Streitwerte und Anwaltsgebühren im Mietrecht, § 2 Rdn. 138.
[667] *Lützenkirchen* NJW 2007, 2152, 2156.
[668] *Lützenkirchen* NJW 2007, 2152, 2156; *Schneider* in Lützenkirchen, Anwalts-Handb. MietR, 3. Aufl. N Rdn. 298; *Grüter,* Streitwerte und Anwaltsgebühren im Mietrecht, § 2 Rdn. 136.
[669] BGH NJW-RR 2007, 1384.
[670] *Hanke* PiG 46, 1995, 83, 99.
[671] Zur Duldungspflicht LG Hamburg DWW 1987, 164; LG Köln WuM 1985, 294.
[672] AG München WuM 1994, 425.
[673] LG München II, ZMR 2009, 371; *Sonnenschein* PiG 46, 1995, 7, 25.
[674] BGH WuM 1978, 168 = NJW 1978, 2197 = MDR 1978, 835 = ZMR 1979, 74.

gilt selbst dann, wenn die Pflichtverletzung in einem Unterlassen, etwa der Verletzung einer Beratungs- oder Aufklärungspflicht, besteht.[675] Dass damit dem Mieter der Beweis **einer negativen Tatsache** aufgebürdet wird, ändert daran nichts. Der Vermieter muss je nach Lage des Falles die Behauptung der Unterlassung substantiiert bestreiten und der Mieter muss dann die Unrichtigkeit der Gegendarstellung beweisen.[676] Liegen die Umstände aus der Gegendarstellung allerdings nicht **im Kenntnis- und Gefahrenbereich** des Mieters, muss sich i. d. R. der Vermieter als Anspruchsgegner entlasten, wenn sich aus der Sachlage zunächst der Schluss rechtfertigt, dass er die ihm obliegende Sorgfaltspflicht verletzt hat und die Schadensursache aus seinem Gefahrenbereich hervorgegangen ist.[677]

226 Weil Verkehrssicherungspflichten sowie Schutzgesetze und Unfallverhütungsvorschriften typischen Gefährdungen entgegenwirken sollen, wird bei ihrer Verletzung der **Beweis des ersten Anscheins** anerkannt,[678] wenn sich in dem Schadensfall gerade diejenige Gefahr verwirklicht, der durch die Auferlegung bestimmter Verhaltenspflichten begegnet werden soll.[679]

227 In einem selbständigen Beweisverfahren ist es erforderlich, Einwendungen gegen Feststellungen des Sachverständigen schon im Verfahren zu treffen und nicht das – mögliche – Hauptverfahren abzuwarten. Ist nämlich im Beweisverfahren vom Beweisgegner eine mögliche und zumutbare Einwendung unterlassen worden, so trifft ihn im Hauptprozess die volle Beweislast dafür, dass das im Beweisverfahren erzielte Beweisergebnis unzutreffend ist.[680] Dieses Ergebnis ist deshalb problematisch, weil damit die Parteien faktisch gezwungen werden, sich auch im selbständigen Beweisverfahren anwaltlich vertreten zu lassen.

D. Das Recht des Mieters zum vertragsgemäßen Gebrauch

228 Es versteht sich fast von selbst, dass der Mieter innerhalb seines Lebensmittelpunktes einen Abwehranspruch gegen Eingriffe von außen hat. Der Mieter kann daher unerwünschten Gästen grundsätzlich den Zutritt zu seiner Wohnung verwehren. Zu den nicht erwünschten Gästen kann auch der Vermieter gehören, denn er darf den vertragsgemäßen Gebrauch des Mieters nicht ohne Not stören. Der Schutz der Wohnung aus Art. 13 GG gilt über die Drittwirkung von Grundrechten auch im Mietrecht. Die Wohnung des Mieters ist unverletzlich. Innerhalb dieser unverletzlichen Sphäre vollzieht sich der Kernbereich des vertragsgemäßen Gebrauchs. Die Pflicht zur Gewährung des vertragsgemäßen Gebrauchs ist das zentrale Kriterium im Mietrecht[681] und beschreibt eine **Kardinalpflicht**[682] des Vermieters. Die Abgrenzung zwischen vertragsgemäßem und vertragswidrigem Gebrauch kann im Einzelfall schwierig sein. Konflikte können sich insbesondere bei vermieteten Eigentumswohnungen ergeben.[683] Für die Ausfüllung des Begriffs „vertragsgemäßer Gebrauch" sind in erster Linie die vertraglichen Vereinbarungen maßgebend. Daneben kommt es aber auch auf die Umstände, die Art und Lage des Mietobjektes sowie auf die beiderseitige Interessenlage an. Der Mietvertrag unterliegt der an den §§ 133, 157, 242 BGB orientierten Auslegung.[684] Zur Bestimmung des Umfangs des vertragsgemäßen Gebrauchs kann insbesondere auch die Verkehrsanschauung maßgebend sein.[685] Der vertragsgemäße Gebrauch wird zudem durch den Wandel der Anschauungen und des technischen Fortschritts bestimmt.[686] Alles in allem lässt sich die exakte Reichweite des vertragsgemäßen Gebrauchs nur im Einzelfall und nicht immer mit einer

---

[675] BGH WuM 1991, 83 = NJW-RR 1990, 1422 = MDR 1991, 238 = DWW 1990, 283.
[676] BGH NJW 1987, 1322 = MDR 1987, 666 = NJW-RR 1987, 607.
[677] BGH NJW 1987, 1322 = MDR 1987, 666 = NJW-RR 1987, 607.
[678] BGH WuM 1994, 218 = NJW 1994, 945 = MDR 1994, 613 = ZMR 1994, 149 = DWW 1994, 46.
[679] Zum Fall einer Ablehnung des Anscheinsbeweises vgl. OLG Hamm WuM 1996, 470.
[680] OLG Düsseldorf MDR 1988, 497 = ZMR 1988, 174 = DWW 1989, 85.
[681] *Kraemer/Ehlert* in Bub/Treier III. B Rdn. 2774.
[682] OLG Düsseldorf DWW 1993, 197.
[683] Siehe dazu umfassend *Häublein* NZM 2014, 97, 107 ff.
[684] OLG Hamburg ZMR 1995, 120.
[685] BGH (VIII ZR 2013/12) WuM 2013, 493 = MietPrax-AK § 563 BGB Nr 1 = NZM 2013, 456 = NJW 2013, 1806 = ZMR 2013, 623; (VIII ZR 149/13) WuM 2013, 554 = MietPrax-AK § 573 BGB Nr 46 = NZM 2013, 786; (VIII ZR 281/03) WuM 2004, 527 = GE 2004, 1090 = NJW 2004, 3174 = ZMR 2004, 807; OLG Köln WuM 1994, 272 = NJW-RR 1994, 334 = ZMR 1994, 111 = DWW 1994, 50; *Häublein* NZM 2014, 97, 107; *Eisenschmid,* Anm. zu BGH (VIII ZR 149/13) in jurisPR-MietR 21/2013 Anm. 1.
[686] BGH (XII ZR 23/04) GE 2006, 903 = NZM 2006, 582 = MietPrax-AK § 536 a BGB Nr 2; *Kraemer/Ehlert* in Bub/Treier III. B Rdn. 2799.

erforderlichen Verlässlichkeit bestimmen.[687] Der Vermieter kann nach Treu und Glauben verpflichtet sein, dem Mieter eine aus betrieblichen oder sonstigen Gründen notwendig werdende Änderung des vertragsgemäßen Gebrauchs zu gestatten. So kann der Vermieter z. B. allein durch die Veränderung der örtlichen Verhältnisse verpflichtet sein, dem Mieter die Zustimmung zur Errichtung einer Einfriedung um die von ihm gemietete Fläche zu geben.[688] Die Anforderungen, die an die Gebrauchstauglichkeit gestellt werden können, sind umso größer, je detaillierter die beabsichtigte Nutzung im Vertrag beschrieben ist.[689]

Der Mieter haftet nicht für Verschlechterungen der Mietsache, soweit sie auf den vertragsgemäßen Gebrauch zurückzuführen sind (§ 538 BGB). Der Pächter eines Tankstellengeländes haftet nicht für Bodenverunreinigungen, die lediglich durch den vertragsgemäßen Gebrauch der Pachtsache entstanden sind; es sei denn, die Vertragsparteien hätten kraft Vereinbarung dem Pächter die Erhaltungslast überbürdet.[690] **229**

I. Vertragszweck

1. Wohnraum

Bei einem Mietvertrag über eine Wohnung muss im Zweifel angenommen werden, dass der vertragsgemäße Gebrauch die Benutzung als Wohnung ist.[691] In diesem Rahmen erfasst **„Wohnen"** alles, was zur Benutzung der gemieteten Räume als existenziellem Lebensmittelpunkt des Mieters und seiner Familie gehört, also die gesamte Lebensführung des Mieters in allen ihren Ausgestaltungen und mit allen ihren Bedürfnissen.[692] Der Begriff des Wohnens umfasst somit eine auf eine gewisse Dauer angelegte eigenständige Gestaltung des häuslichen Lebens einschließlich der mit der Haushaltsführung verbundenen Tätigkeiten.[693] Bei der Verwirklichung seiner Wohnbedürfnisse kann sich der Mieter z. B. solcher Errungenschaften der Technik bedienen, die als wirtschaftliche Hilfsmittel aus dem gesamten Leben nicht mehr wegzudenken sind. Technische Neuerungen können folglich zu einer **Ausweitung** des vertragsgemäßen Gebrauchs führen, insbesondere dann, wenn sie für breite Schichten der Bevölkerung eine Selbstverständlichkeit geworden sind und damit zum allgemeinen Lebensstandard gehören[694] (s. dazu § 536 BGB Rdn. 36 ff.). **230**

Auch das **Sterben** in der angemieteten Wohnung gehört zum vertragsgemäßen Gebrauch.[695] Kann der Erbe die Wohnung nur mit dadurch bedingten Beeinträchtigungen (Leichengeruch) zurückgeben, fällt dies in den Risikobereich des Vermieters, da das Sterben keine schuldhafte Überschreitung des vertragsgemäßen Gebrauchs darstellt, unabhängig davon, ob der Tod auf natürliche Weise eintrat oder gewaltsam (Fremdeinwirkung oder Suizid) herbeigeführt wurde. **231**

Die Parteien können vertraglich festlegen, welcher Wohnungszustand vom Vermieter geschuldet wird. Grenzen ergeben sich aber aus dem Vertragszweck, der durch eine bestimmte Nutzung nicht konterkariert werden darf. Daher kann der Vermieter keine Räumlichkeiten zu Wohnzwecken vermieten, wenn diese nach öffentlich-rechtlichen Vorschriften hierzu ungeeignet sind.[696] Bei der Bestimmung des vertragsgemäßen Gebrauchs sind Art und Lage des Mietobjektes zu berücksichtigen, wobei eine erhebliche Rolle auch die jeweils maßgebliche Verkehrssitte spielt. Die Grenzen des zulässigen Mietgebrauchs sind daher fließend und hängen in besonderem Maße von den Umständen des Einzelfalls ab. Sowohl die Einhaltung der Obhutspflicht als auch die Pflicht zur Rücksichtnahme auf Vermieter und Mitbewohner spielen dabei eine zentrale Rolle. Nur auf **232**

---

687 *Häublein* NZM 2014, 97, 107.
688 OLG Frankfurt/M. WuM 1981, 63 = WPM 1980, 1051.
689 *Gather* DWW 1997, 169, 173.
690 OLG Düsseldorf NJW-RR 1993, 712 = DWW 1993, 138.
691 BayObLG, Rechtsentscheid vom 19.1.1981, WuM 1981, 80 = NJW 1981, 1275 = MDR 1981, 583 = ZMR 1982, 84 = DWW 1982, 121; LG Köln WuM 1997, 323; zum Begriff des Wohnraums vgl. BGH NJW 1979, 309 = ZMR 1979, 49 = MDR 1979, 394; WuM 1982, 109 = NJW 1981, 1377 = MDR 1981, 752 = DWW 1981, 239 = ZMR 1981, 332 = GE 1981, 434; MDR 1969, 657; OLG Köln WuM 1996, 266 = DWW 1996, 190.
692 Siehe auch EuGH NZM 2006, 29; Waffenlagerung von Sportschützen LG Hannover ZMR 2011, 212.
693 VG Berlin ZMR 1997, 749.
694 Vgl. BGH WuM 2004, 527 = GE 2004, 1090 = NJW 2004, 3174 = ZMR 2004, 807; KG WuM 1984, 42.
695 AG Bad Schwartau NZM 2002, 215; kritisch *Lange* ZMR 2006, 177.
696 KG GE 2016, 1504; LG Mannheim NJW-RR 1999, 1023 = NZM 1999, 407.

Grund all dieser Umstände zusammen kann von Fall zu Fall entschieden werden, was zu dem vertragsgemäßen Gebrauch gehört. Zu prüfen ist, inwieweit durch die konkrete Art der Ausgestaltung der Vermietung über das bei einem geordneten Zusammenleben unvermeidbare Maß hinaus ein Nachteil entsteht. Daher ist zweifelhaft, ob die Entscheidung des BGH[697], die die Vermietung von Eigentumswohnungen an täglich oder wöchentlich wechselnde (bezahlende) Feriengäste als Teil der zulässigen Nutzung ansieht, auf den Vermieter eines Mehrfamilienhauses übertragen werden kann. Dagegen spricht, dass zum einen der Wohnungseigentümer das Recht hat, mit seiner Wohnung nach Belieben zu verfahren, sofern ihm nicht die Teilungserklärung Beschränkungen auferlegt, während der Vermieter von Wohnungen in seinem Mehrfamilienhaus dem Mieter nicht nur die Wohnung als künftigen Lebensmittelpunkt übergibt, sondern bei typisierender Betrachtung der Mieter bei der Anmietung auch davon ausgehen kann, Teil einer sich durch länger andauernde Mietverhältnisse bildenden Hausgemeinschaft zu sein, die insoweit gleiche Interessen (Ruhe[698], Sauberkeit, Nachbarschaft) verfolgt. Diese Überlegungen kommen jedenfalls dann zum Tragen, wenn nicht der Vermieter, sondern der Mieter seine Wohnung an wechselnde zahlende Feriengäste vergibt. Eine solche Handlungsweise ist auch von einer erteilten Untermieterlaubnis nicht mehr gedeckt.[699]

233 Wird an den Mieter eine Eigentumswohnung vermietet, gelten grundsätzlich keine Besonderheiten. Allerdings kommt es immer wieder vor, dass der vermietende Wohnungseigentümer dem Mieter mehr Rechte einräumt, als ihm selbst, sei es durch die Teilungserklärung oder durch Beschluss, übertragen wurden. Mietvertraglich ist dies unerheblich. Auch bei entgegenstehender Beschlusslage der Gemeinschaft kann sich der Mieter gegenüber seinem Vermieter auf die Einhaltung der eingeräumten Gebrauchsrechte berufen.[700] Allerdings muss der Mieter damit rechnen, dass die anderen Wohnungseigentümer oder auch die Gemeinschaft in seinem Verhalten eine Eigentumsverletzung sehen und diese gem. § 1004 BGB[701] abwehren wollen. Kann der Mieter somit in dieser Situation seine Gebrauchsrechte nicht ausüben, liegt ein Rechtsmangel vor (siehe dazu § 536 Rdn. 281 ff.).

234 Letztendlich ist auch die Entscheidung des BVerfG vom 26.5.1993[702] in die Bewertung einzubeziehen, da nach dieser Entscheidung das **Besitzrecht des Mieters** an einer gemieteten Wohnung Eigentum i. S. d. Art. 14 Abs. 1 Satz 1 GG ist. Daraus ist zu schlussfolgern, dass die Frage des Gebrauchsrechtes jedenfalls nicht dadurch eingeschränkt werden kann, dass es sich bei dem Gebrauchsrecht nur um ein schuldrechtlich vereinbartes und nicht aus dem Eigentum abgeleitetes Recht handelt. Die Überlegungen und Bewertungen der Rechtsprechung zum Gebrauchsrecht innerhalb einer Wohnungseigentumsanlage können spätestens seit dieser Entscheidung des BVerfG zur Vertragsauslegung herangezogen werden.

2. Gewerberaum

235 Bei der gewerblichen Miete kommt dem Vertragszweck besondere Bedeutung zu.[703] Haben die Vertragsparteien bei der Vermietung gewerblicher Räume dennoch keine Vereinbarung über den Vertragszweck getroffen, kann der Mieter grundsätzlich die Räume zu jedem gewerblichen Zweck nutzen, da der Vertragszweck in diesem Fall alle denkbaren, mit der Rechtsordnung im Einklang stehenden vertraglichen Nutzungen umfasst[704] (zur Nutzungsänderung vgl. Rdn. 497). Der Betriebszweck an sich darf daher ordnungsrechtlichen oder strafrechtlichen Verboten nicht zuwiderlaufen.[705]

236 Häufig wird ein Vertrag abgeschlossen, mit dem unterschiedliche Zwecke verfolgt werden z. B. bei der Vermietung einer Gaststätte mit einer Wirtewohnung oder bei der Vermietung von Wohn-

---

697 BGH (V ZR 72/09) WuM 2010, 376 = NJW 2010, 3093 = ZMR 2010, 378 = NZM 2010, 285 = GE 2010, 345.

698 Siehe dazu LG Berlin WuM 2016, 555; WuM 2016, 734.

699 BGH (VIII ZR 210/13) NJW 2014, 622 = NZM 2014, 158 = GE 2014, 248 = ZMR 2014, 438 = MietPrax-AK § 543 BGB Nr 31 m. Anm. *Börstinghaus; Eisenschmid,* jM 2014, 362; zum Anspruch auf Erteilung einer Untermieterlaubnis bei Mietermehrheit LG Berlin GE 2016, 1280.

700 *Blank* WuM 2013, 94, 97.

701 *Dötsch* WuM 2013, 90; *Blank* WuM 2013, 94, 97.

702 BVerfG WuM 1993, 377 = NJW 1993, 2035 = MDR 1993, 728 = ZMR 1993, 405.

703 LG Bonn GE 2010, 1545.

704 *Blank/Börstinghaus* § 535 Rdn. 19; *Engel* MDR 2012, 1268, 1269.

705 *Bieber* PiG 2007, 119, 120.

raum mit einer Garage (siehe dazu Rdn. 31ff.). Bei einem solchen (typengemischten) Vertrag ist es häufig zweifelhaft, ob sich die vertraglichen Regeln nach dem Recht des Wohnraummietverhältnisses oder nach dem Recht der Gewerberaummiete richten (siehe dazu vor § 535 Rdn. 107ff.). Eine gemischte Anwendung der Rechtsgebiete scheidet jedoch aus.[706]

Die Entscheidung über die Art des Rechtsverhältnisses hat zum einen Einfluss auf die Kündigung, da ein einheitlicher Vertrag grundsätzlich auch nur einheitlich gekündigt werden kann. Eine **Änderungskündigung** nur für den gewerblichen Teil bliebe dem Vermieter bei Anwendung des Wohnraummietrechts versagt. Zum anderen ist das anzuwendende Recht für die Frage der Mieterhöhung von Bedeutung, da die Erhöhung der Miete für den Teil des Gewerberaums bei anzuwendendem Wohnraummietrecht nur einvernehmlich oder über eine Mieterhöhung nach §§ 557ff. BGB möglich ist. **237**

Ob mit dieser Maßgabe Wohnraum- oder Gewerberaummietrecht Anwendung findet, richtet sich nach der sog. Übergewichtstheorie.[707] Entscheidend ist somit, welche Nutzungsart überwiegt. Für die rechtliche Qualifizierung des Vertrages ist nicht die tatsächliche Nutzung entscheidend.[708] Vielmehr kommt es entscheidend auf die im Vertrag getroffene **Zweckbestimmung** an.[709] Sie kann auch formularvertraglich vereinbart[710] und nur durch eine ausdrückliche Vertragsabsprache geändert werden.[711] Werden sowohl die Wohnungsnutzung als auch die gewerbliche Nutzung zugelassen, kommt es maßgeblich darauf an, wo nach dem Parteiwillen der Schwerpunkt des Vertragsverhältnisses liegt.[712] Maßgeblich für die Beurteilung des Übergewichts der Nutzung nach dem Vertragszweck ist der Zeitpunkt des Vertragsabschlusses.[713] Ob der Mieter in den Räumen seine Berufstätigkeit ausübt und dort seinem **Einkommenserwerb** nachgeht, ist unerheblich.[714] **238**

Für die Ermittlung des nach dem Parteiwillen vorherrschenden Vertragszwecks ist bei Fehlen ausdrücklicher Regelungen auf objektive Umstände zurückzugreifen. Feste Regeln lassen sich nicht aufstellen. Folgende **Indizien** kommen in Betracht: Das Vertragsformular (Regelungsinhalte und Zuschnitt), die für die einzelnen Nutzungsarten vorgesehenen Flächen, die baulichen Gegebenheiten, Umstände im Vorfeld des Vertragsschlusses, ggf. das Verhalten der Parteien auch während der Durchführung des Vertrages. Ist danach von einer Gleichwertigkeit beider Nutzungen auszugehen, gelten die Vorschriften der Wohnraummiete, da ansonsten die für die Wohnraummiete geltenden zwingenden Vorschriften unterlaufen würden. Das wird man beispielsweise annehmen können beim sog. Co-Living, mit dem eine Büro- und Wohngemeinschaft unter einem Dach vereint wird. **238a**

Bei der gewerblichen Miete ist der Vertragszweck aber nicht nur für die Abgrenzung beim typengemischten Vertrag von Bedeutung, sondern insbesondere auch zur Bestimmung der Rechte und Pflichten der Vertragsparteien.[715] Der Vermieter kann z. B. vertraglich vereinbaren, dass ein bestimmtes Nutzungsrisiko beim Mieter liegen soll; so, wenn die beabsichtigte und vereinbarte Nutzung aus tatsächlichen oder rechtlichen Gründen nicht durchführbar ist.[716] Er darf die Vertragsklauseln aber nicht so abfassen, dass er sich von seinen **Kardinalpflichten** befreien lässt.[717] So ist es **238b**

---

[706] BGH (VIII ZR 376/13) WuM 2014, 539 = NJW 2014, 2864 = NZM 2014, 626.

[707] BGH WuM 1986, 274, ZMR 1986, 278 = GE 1986, 697; NJW 1979, 309 = ZMR 1979, 49 = MDR 1979, 394.

[708] OLG Düsseldorf NZM 2007, 799 = ZMR 2008, 121; WuM 2004, 193 = DWW 2004, 125; OLG Celle ZMR 1999, 470.

[709] BGH GuT 2008, 361 = NZM 2008, 804 = NJW 2008, 3361 = MDR 2008, 1329; OLG Karlsruhe WuM 2012, 666; KG ZMR 2010, 956; OLG Frankfurt, Urt. v. 4.4.2008 – 2 U 214/07 – Nachweis: juris; LG Berlin ZMR 2012, 275.

[710] *Bieber* PiG 2007, 119, 125f.

[711] KG Berlin GE 1995, 1205; OLG Hamburg NJW-RR 1997, 458; OLG Düsseldorf DWW 1992, 82.

[712] BGH WuM 1986, 274 = ZMR 1986, 278 = NJW-RR 1986, 877.

[713] KG Berlin GE 1995, 1205; LG Karlsruhe ZMR 2005, 870; *Mack-Oberth,* jurisPR-MietR 22/2008 Anm. 6.

[714] BGH (VIII ZR 60/85) WuM 1986, 274 = ZMR 1986, 278 = GE 1986, 697 = MDR 1986, 842; KG GE 1995, 1205; OLG Köln ZMR 2001, 963; vgl. auch BGH (VIII ZR 282/07) GuT 2008, 361 = NJW 2008, 3361 = MDR 2008, 1329 = MietPrax-AK § 580a BGB Nr. 1, dazu *Mummenhoff,* jurisPR-MietR 22/2014 Anm. 1; *Mack-Oberth,* jurisPR-MietR 22/2008 Anm. 6.

[715] LG Bonn GE 2010, 1545.

[716] LG Berlin GE 1999, 187.

[717] OLG Köln WuM 1994, 274 = ZMR 1994, 158 = DWW 1994, 119 NJW-RR 1994, 524; eine Besprechung von verschiedenen Vertragsklauseln sowie eine abw. Auffassung für die Fälle des strukturellen Ungleichgewichts der Verhandlungspositionen zu Gunsten des Mieters findet sich in *Thaler/Tachezy* NZM 2001, 184ff.

unzulässig, dem Pächter auch dann das Risiko der behördlichen Erlaubnis aufzubürden, wenn ihre Versagung auf vom Verpächter zu vertretenden Mängeln des Pachtobjekts beruht.[718] Eine unangemessene Benachteiligung des Mieters kann in der Freizeichnung des Vermieters liegen, Gewähr dafür zu übernehmen, dass die Geschäftsräume behördlichen Vorschriften entsprechen und der Mieter die aus der Versagung der Genehmigung folgenden bauordnungsrechtlichen Auflagen auf seine Kosten zu erfüllen hat.[719]

239 Ist dagegen vertraglich nichts Abweichendes vereinbart, hat der Vermieter dafür zu sorgen, dass der vereinbarte Vertragszweck verwirklicht werden kann[720] und die Räume zu dem vertraglich vereinbarten Zweck geeignet sind.[721] Daher trägt der Vermieter **grundsätzlich das Risiko,** dass das Gebäude zwecktauglich ist[722] und der vertraglich vereinbarten Nutzung keine öffentlich-rechtlichen Gebrauchsbeschränkungen entgegenstehen.[723] Für die Haftung des Vermieters ist nämlich entscheidend, welche Ziele die Parteien mit dem Vertrag verfolgten, also welche Geschäftsgrundlage der Vereinbarung zu Grunde lag.

240 Dagegen gehört aber die Erwartung, in dem Mietobjekt Gewinne und nicht Verluste zu erwirtschaften, grundsätzlich zum typischen **Risikobereich des Mieters.** Sie wird daher regelmäßig keine Geschäftsgrundlage sein.[724] Anderes ist nur in Ausnahmefällen denkbar. Wurde beispielsweise innerhalb eines Ladenzentrums eine Verkaufsfläche vermietet, dann kann unter bestimmten Voraussetzungen der mangelhafte Umsatz die Geschäftsgrundlage derart stören, dass der Mieter zur Kündigung berechtigt ist. Das ist insbesondere dann der Fall, wenn der Mieter auf Grund der noch nicht erwiesenen Funktionsfähigkeit des Einkaufszentrums auf das angewiesen ist, was ihm der Vermieter zur Attraktivität des Zentrums an die Hand gibt, und dieser ihn vertraglich umfassend bindet.[725]

241 Im Einzelfall kann auch das **Umfeld** Geschäftsgrundlage des Vertrages sein, wenn in Erwartung der daraus erwachsenen Laufkundschaft der Vertrag geschlossen wird. Das ist beispielsweise der Fall, wenn eine Metzgerei und ein Lebensmittelmarkt in einem Ladengeschäft nebeneinander liegende Räume anmieten, um so den Eindruck einer einheitlichen Verkaufsfläche zu vermitteln.[726] Dann ist der Betrieb des Nachbargeschäftes **Geschäftsgrundlage,** die bei Betriebseinstellung und Weitervermietung der Verkaufsfläche an ein Sportartikelgeschäft wegfällt.[727] Das Risiko von Veränderungen eines solchen Mietumfeldes, das in die Sphäre des Vermieters fällt, kann nicht dem Mieter aufgebürdet werden.[728] Dagegen liegt es grundsätzlich in der Risikosphäre des Mieters, wenn sich das Publikum ändert. Der Mieter kann aus dieser Tatsache keinen Anspruch auf Änderung des vertraglich vereinbarten Sortiments herleiten.[729]

242 Die in einem gewerblichen Mietvertrag vorangestellte **Präambel** wird nicht zum Vertragsinhalt und stellt auch nicht die Geschäftsgrundlage des Vertrages dar. Haben die Parteien den gegenwärtigen Vermietungszustand in die Präambel des Mietvertrags aufgenommen, kann der Mieter nicht von einer Vollvermietung eines **Einkaufszentrums** ausgehen.[730] Somit sichert der Vermieter mit einer Präambel auch keine Eigenschaften zu.[731] Die Präambel kann aber zur Auslegung einzelner Vertragsbestimmungen herangezogen werden.

243 Wird in der Vertragsurkunde ein vorgetäuschter Zweck angegeben, z. B. ein Gewerberaummietverhältnis, obwohl die Parteien wissen, dass das Mietobjekt überwiegend zum Wohnen genutzt

---

[718] BGH NJW-RR 1993, 519 = ZMR 1993, 320 = DWW 1993, 170.
[719] OLG Düsseldorf ZMR 1992, 446 = DWW 1992, 366.
[720] OLG Düsseldorf ZMR 2017, 161 zum Sichtschutz beim Betrieb einer Arztpraxis.
[721] *Schultz,* Gewerberaummiete, S. 99f.
[722] KG GuT 2009, 305; vgl. dazu OLG Düsseldorf GuT 2004, 81.
[723] BGH NJW-RR 1991, 1102; *Joachim* NZM 2009, 801, 803; *Wolf/Eckert/Ball* Rdn. 282.
[724] BGH ZMR 1995, 295, 297; NJW 1978, 2390 = MDR 1978, 924 = ZMR 1978, 263; *Keckemeti* NZM 1999, 115; *Waas* ZMR 2001, 493.
[725] OLG Koblenz NJW-RR 1989, 400; vgl. auch OLG Celle NJW 1978, 2510 = VersR 1979, 264; *Keckemeti* NZM 1999, 115.
[726] OLG München NZM 2000, 89.
[727] OLG München NZM 2000, 89.
[728] OLG Celle OLGZ 1990, 88.
[729] OLG Hamburg WuM 2003, 268 = ZMR 2003, 180 = GuT 2003, 91.
[730] BGH (XII ZR 149/02) NZM 2004, 618 = GE 2004, 1021 = GuT 2004, 164 = ZMR 2004, 664 = NJW-RR 2004, 1236 = MietPrax-AK § 536 BGB Nr. 5 mit Anm. *Eisenschmid.*
[731] OLG Rostock NZM 2003, 282.

werden soll, dann liegt ein **Scheingeschäft** mit der Folge des § 117 Abs. 2 BGB vor; das Mietverhältnis bleibt somit als Wohnraummietverhältnis wirksam.[732]

II. Erfüllungsanspruch

Wird der vertragsgemäße Gebrauch eingeschränkt oder entzogen, hat der Mieter gegen den Vermieter einen Anspruch auf Erfüllung der vertraglich vereinbarten Leistungen. Der Erfüllungsanspruch besteht auch dann, wenn es sich bei dem zu beseitigenden Fehler um einen nur unerheblichen Mangel handelt oder wenn eine zugesicherte Eigenschaft fehlt. Selbst wenn der Mieter die Gewährleistungsrechte nach § 536b BGB verloren hat, kann er den Erfüllungsanspruch geltend machen.[733] Unabhängig vom Zeitpunkt des Auftretens einer Beeinträchtigung besteht der Erfüllungsanspruch auch gegenüber dem Insolvenzverwalter als Masseschuld.[734] **244**

Der Erfüllungsanspruch kann aber ausgeschlossen sein, wenn die Beseitigung einer unerheblichen Minderung der Tauglichkeit einen unverhältnismäßigen Aufwand erfordern würde, der Mieter aber die Folgen mit nur geringem Aufwand beheben könnte. Ein solcher Fall liegt nach Auffassung des LG Berlin vor, wenn der Mieter bei der Wasserentnahme den Bleigehalt des Wasser durch vorheriges Ablaufenlassen auf ein gesundheitlich unbedenkliches Maß vermindern kann[735] (vgl. aber § 536 Rdn. 170). **245**

1. Opfergrenze

a) § 275 Abs. 1 BGB bestimmt, dass der Schuldner von seiner Primärleistungspflicht befreit ist, wenn ihm die Leistung unmöglich ist. Dabei kommt es nicht darauf an, ob es sich um eine anfängliche, nachträgliche, subjektive oder objektive **Unmöglichkeit** handelt. Die Unmöglichkeit i. S. d. § 275 Abs. 1 BGB ist als Einwendung ausgestaltet und daher von Amts wegen zu beachten. Führt beispielsweise das Verhalten des Mieters dazu, dass der Vermieter seine Leistung nicht erbringen kann, wird der Vermieter von seiner Leistungspflicht frei.[736] **246**

b) § 275 Abs. 3 BGB gibt dem Schuldner ein Leistungsverweigerungsrecht, wenn er eine **Leistung persönlich** zu erbringen hat (z. B. Schneeräumpflicht, s. Rdn. 153) und sie ihm unter Abwägung des seiner Leistung entgegenstehenden Hindernisses mit dem Leistungsinteresse des Gläubigers nicht mehr zugemutet werden kann. Somit werden Leistungserschwerungen insbesondere aus der persönlichen und individuellen Sphäre des Schuldners berücksichtigt. Die Vertragspflichten kollidieren somit mit höherrangigen Verpflichtungen oder Rechtsgütern (z. B. Gesundheit). **247**

c) Ein weiteres Leistungsverweigerungsrecht steht dem Schuldner gemäß § 275 Abs. 2 BGB zu. Danach kann der Schuldner die Leistung verweigern, soweit diese einen Aufwand erfordert, der unter Beachtung des Inhalts des Schuldverhältnisses und der Gebote von Treu und Glauben in einem **groben Missverhältnis zu dem Leistungsinteresse des Gläubigers** steht. Damit sollen Fälle erfasst werden, bei denen es zwar nicht naturgesetzlich ausgeschlossen, aber faktisch undurchführbar ist, dass die Leistung erbracht wird. Das Missverhältnis zwischen Gläubigerinteresse und Aufwand des Schuldners muss derart hoch sein, dass ein Beharren auf der Leistungspflicht sich als Verstoß gegen Treu und Glauben darstellen würde. Bei der Prüfung dieses Leistungsverweigerungsrechtes ist allein auf das Leistungsinteresse des Gläubigers abzustellen, die Interessenlage des Schuldners ist dagegen unerheblich.[737] Aus diesem Grund unterliegen alle Fälle der **sog. Opfergrenze**[738] nicht diesem Leistungsverweigerungsrecht, weil die Opfergrenze das Leistungshindernis vom Schuldner her betrachtet. Der sog. „wirtschaftlichen Unmöglichkeit" ist nach dieser Auffassung der Boden entzogen worden.[739] Insoweit wären die unter dem Gesichtspunkt der Opfergrenze er- **248**

---

[732] LG Frankfurt/M. WuM 1992, 112 = ZMR 1992, 542.

[733] BGH (XII ZR 139/05) GuT 2007, 208 = NZM 2007, 484 = ZMR 2007, 605 = MDR 2007, 1065 = MietPrax-AK § 536b BGB Nr. 9 mit Anm. *Eisenschmid;* Zum Streitwert vgl. LG Hamburg ZMR 1998, 294; LG Berlin GE 1999, 717.

[734] BGH (IX ZR 163/02) NZM 2003, 472 = ZMR 2003, 418 = WuM 2003, 338 = GE 2003, 1016.

[735] LG Berlin DWW 1987, 130.

[736] AG Münster ZMR 2008, 385.

[737] Reg. Entwurf, BR-Drucks. 338/01, S. 294.

[738] BGH NJW 1988, 699 = MDR 1988, 213; BGH NJW 1976, 235; OLG Hamburg WuM 2001, 542 = GE 2001, 1266; zu den Anforderungen im Prozess LG Berlin WuM 2016, 418.

[739] *Canaris* ZRP 2001, 329, 330.

gangenen Entscheidungen[740] obsolet, da sie an § 275 BGB a. F. anknüpfen und die Unmöglichkeitslehre auf diese Sachverhalte übertragen haben (vgl. zur Opfergrenze auch § 536 Rdn. 555ff.). Daher stellt diese Auffassung auf den **Wegfall der Geschäftsgrundlage** ab (§ 313 BGB), wonach der Vertrag den neuen Verhältnissen angepasst werden kann, wenn die tatbestandlichen Voraussetzungen vorliegen. Wegen der Überschneidungen von § 313 und § 275 Abs. 2 BGB wird angenommen, dass der Schuldner die Wahl haben müsse, ob er sich auf das Leistungsverweigerungsrecht nach § 275 Abs. 2 BGB beruft oder den Vertrag unter Anpassung der Bedingungen erfüllt.[741]

249 Der VIII. Zivilsenat des BGH ist dieser Auffassung nicht gefolgt und hat diesen Fall unter den Anwendungsbereich des § 275 Abs. 2 BGB gestellt.[742]

250 Soweit die Instanzrechtsprechung **hohe Anforderungen** an die Opfergrenze[743] gestellt hat, wird dies nach neuem Recht nicht anders sein (dazu § 536 Rdn. 557ff.). Wenn in der Vergangenheit die Opfergrenze nicht zugunsten des Schuldners bejaht wurde, wird er sich heute nicht auf den Wegfall der Geschäftsgrundlage berufen können, da mit dem neuen Recht regelmäßig keine andere Bewertung der Schuldnerverpflichtungen einhergeht.

2. Instandsetzungspflicht nach Vertragsbeendigung

251 Ist das Mietverhältnis beendet und nutzt der Mieter berechtigterweise dennoch die Räume, z. B. weil ihm eine Räumungsfrist eingeräumt wurde, ist die **Instandsetzungspflicht** des Vermieters begrenzt. Inwieweit der Vermieter kraft des gesetzlichen Abwicklungsschuldverhältnisses nach §§ 546a, 571 BGB noch zur Unterhaltung des Mietobjekts verpflichtet ist, obwohl ihn eine Primärleistungspflicht zur Gewährung des vertragsmäßigen Gebrauchs nicht mehr trifft, lässt sich nicht generell, sondern nur nach den Umständen des Einzelfalles nach Maßgabe des § 242 BGB beantworten.[744] Regelmäßig beschränkt sich seine **Unterhaltspflicht** aber auf Maßnahmen, die erforderlich sind, um die Mindestbedingungen des Wohnens aufrechtzuerhalten. Hierzu gehören die Sicherstellung der Lieferung von Strom, Wasser und Heizenergie sowie Maßnahmen der Gefahrenabwehr[745] (s. dazu Rdn. 110ff.).

3. Sonstiges

252 Ein Ausschluss des Erfüllungsanspruchs kommt unter dem Gesichtspunkt des Rechtsgedankens aus § 326 Abs. 2 BGB in Betracht, wenn der Mieter den **Mangel selbst schuldhaft** herbeigeführt hat und dem Vermieter deshalb schadensersatzpflichtig ist. Der Anspruch auf Erfüllung kann nicht verjähren, weil Erfüllungsansprüche nach § 535 Abs. 1 BGB vom Beginn des Mietverhältnisses an bis zu dessen Ende geschuldet werden. Vor dem Ende des Mietverhältnisses kann die Verjährung nicht beginnen.[746]

---

740 BGH NJW 1957, 826; BGH WuM 1990, 546 = NJW-RR 1991, 204 = ZMR 1991, 19; vgl. auch BGH WuM 1992, 133 = NJW 1992, 1036 = ZMR 1992, 140 = MDR 1992, 371; LG Berlin WuM 1978, 230; LG Hamburg NJW 1976, 1320 = ZMR 1977, 159.

741 *Dedek* in Henssler/Graf von Westphalen § 275 Rdn. 24.

742 BGH (VIII ZR 135/13) WuM 2014, 277 = GE 2014, 313; (VIII ZR 131/09) WuM 2010, 348 = NJW 2010, 2050 = GE 2010, 837 = MietPrax-AK § 536a BGB Nr. 6; (VIII ZR 342/03) NJW 2005, 3284 = NZM 2005, 820 = WuM 2005, 713 = GE 2005, 1348 = ZMR 2005, 935 = DWW 2005, 422 = GuT 2005, 262 = MDR 2006, 199; *Blank/Börstinghaus* § 535 BGB Rdn. 374; kritisch *Hirsch* ZMR 2007, 81.

743 BGH WuM 1990, 546 = ZMR 1991, 19; OLG Karlsruhe WuM 1995, 307 = ZMR 1995, 201 = GE 1995, 561 = DWW 1995, 315; BayObLG WuM 1995, 206 = ZMR 1995, 164 = DWW 1995, 110 = NJW 1995, 1439 = GE 1995, 305 zur ZweckentfremdungsVO; LG Hamburg WuM 1997, 433; vgl. LG Berlin GE 1995, 1013; WuM 1991, 538 = MM 1991, 265; LG Osnabrück WuM 1992, 119; LG Wuppertal WuM 1991, 178; AG Hannover WuM 1999, 331; AG Köpenick GE 2013, 215.

744 BGH (XII ZR 66/13) WuM 2015, 493 = GE 2015, 1022 = NJW 2015, 2795 = NZM 2015, 695 = ZMR 2015, 754 = MietPrax-AK § 546a BGB Nr 7; LG Hamburg NJW-RR 1986, 441 = ZMR 1986, 122.

745 BGH (XII ZR 137/07) NJW 2009, 1947 = WuM 2009, 469 = NZM 2009, 482 = MietPrax-AK § 858 BGB Nr. 1; LG Berlin MDR 1992, 478 = GE 1992, 265; LG Aachen MDR 1992, 578.

746 Zur formularvertraglichen Verlängerung der Verjährungsfrist siehe LG Frankfurt/Main NJW-RR 2011, 952.

III. Betriebspflicht des Mieters

Sowohl für den Wohnraummieter als auch für den Mieter von Gewerberaum gibt es grundsätzlich keine **Gebrauchspflicht.**[747] An seiner Verpflichtung zur Mietzinszahlung ändert dies nichts (§ 537 BGB). Mit der Nichtannahme der Mietsache kann der Mieter daher nicht in Schuldnerverzug, sondern allenfalls in (Gläubiger-)Annahmeverzug geraten.[748] Aus der fehlenden Gebrauchspflicht ergibt sich, dass der Mieter die Mietsache vorzeitig zurückgeben oder den Geschäftsbetrieb jederzeit einstellen kann.[749] Nur wenn sich aus der Eigenart des Mietobjektes besondere Obhutspflichten ergeben, kann zur Wahrung dieser Pflichten für den Mieter eine Gebrauchspflicht erwachsen.[750] 253

Dem gemäß hat das LG Lübeck[751] zutreffend ausgeführt, dass der Mieter eines innerhalb eines Ladenzentrums gelegenen **Supermarkts** ohne eine entsprechende Vereinbarung im Mietvertrag nicht verpflichtet ist, den Supermarkt auch wirklich zu betreiben.[752] Das trifft auch zu für sog. „Zugpferde" oder „Ankermieter".[753] Zudem gilt dieser Grundsatz für den Mieter eines Ladengeschäfts in einem „multifunktionalen Wohnzentrum und Einkaufszentrum", wenn sich nach der Eröffnung herausstellt, dass die Weiterführung nur Verluste einbringt und der Vermieter bei Vertragsschluss zu erkennen gegeben hat, dass er die Funktionsfähigkeit des Einkaufszentrums auch zu seinem Risiko gemacht hat.[754] 254

1. Die Vereinbarungen der Betriebspflicht

Der Vermieter kann aber ein Interesse daran haben, dass die an Gewerbetreibende oder an freiberuflich tätige Personen wie Ärzte, Rechtsanwälte und Architekten vermieteten Räume auch tatsächlich genutzt werden. Solche Objekte haben, wenn sie leer stehen, kein gutes Image, was sich nachteilig auf die Vermietbarkeit und damit auf den zu erzielenden Mietzins auswirkt. Das gilt gleichermaßen für ein **Einkaufscenter,** in dem alle Geschäfte von einer Durchgangshalle aus erreichbar sind. Bei dieser Konstellation hat der Vermieter nicht nur ein Interesse an der Vermietung der Räume, sondern auch daran, dass die Geschäfte betrieben werden und damit die Gesamtanlage für potenzielle Kunden interessant und attraktiv ist[755]. Daher sind Vereinbarungen über eine Betriebspflicht nicht ungewöhnlich. Sie verpflichten den Mieter selbst dann zur Fortführung des Betriebs, wenn er aus gesundheitlichen Gründen das Geschäft nicht weiterführen kann und sich eines Dritten bedienen muss. Dass dabei nur Verluste erwirtschaftet werden, lässt die Betriebspflicht nicht entfallen (s. aber Rdn. 263).[756] 255

Unter einer Betriebspflicht versteht man die Verpflichtung des Mieters, die angemieteten Räume während bestimmter Öffnungs- oder Kernzeiten zu dem im Mietvertrag festgelegten Gebrauchszweck zu nutzen.[757] Sie kann bei entsprechender Vereinbarung auch beinhalten, sämtliche bei Anmietung vorhandenen Aus- und Zugänge offen zu halten.[758] Die Vereinbarung einer Betriebspflicht muss nicht ausdrücklich erfolgen. Sie kann sich auch aus den Umständen der sonstigen Parteiabsprachen ergeben.[759] An die Annahme einer **schlüssig vereinbarten** Betriebspflicht sind 256

---

[747] BGH WM 1979, 184 = NJW 1979, 2351 = ZMR 1979, 238; WPM 1983, 531; LG Arnsberg ZMR 1980, 182; AG Hamburg NZM 1998, 477; *Jendrek* NZM 2000, 526; *Kraemer/von der Osten* in Bub/Treier III. A Rdn. 2316.

[748] *Emmerich* in Staudinger § 535 BGB Rdn. 91.

[749] LG Mannheim WuM 1982, 298 = ZMR 1983, 202.

[750] AG Mönchengladbach-Rheydt ZMR 1981, 210; *Jendrek* NZM 2000, 526, 527; zweifelhaft daher LG Hannover ZMR 1993, 280; vgl. auch LG Arnsberg ZMR 1980, 182; **a. A.** *Hamann* ZMR 2001, 581, 584.

[751] LG Lübeck NJW-RR 1993, 78.

[752] Umstritten; vgl. *Gather* DWW 2002, 54, 64 m. w. N.; *Wolf/Eckert/Ball* Rdn. 692.

[753] *Fritz* NJW 2009, 959, 961; LG Köln ZMR 2008, 457 mit krit. Anm. *Sasserath;* **a. A.** LG Hannover ZMR 1993, 280; *Michalski* ZMR 1996, 527.

[754] OLG Celle NJW 1978, 2510 = VersR 1979, 264; zum Begriff „Fachmarktkonzept" vgl. OLG Naumburg WuM 1997, 675 = NZM 1998, 373.

[755] KG NZM 2013, 731 = GE 2013, 681; OLG Karlsruhe GuT 2007, 16= GE 2007, 218 = MDR 2007, 577; OLG Rostock NZM 2004, 460 = MietRB 2004, 227 m. Anm. *Leo;* s. dazu ausführlich *Joachim* NZM 2004, 892.

[756] OLG Düsseldorf GE 2004, 296 = GuT 2004, 53.

[757] Daher kein Verstoß bei Schließung eines von zwei Eingängen, OLG Dresden GuT 2007, 296; zum Begriff der Betriebspflicht siehe *Eggersberger* in: Lindner-Figura/Oprée/Stellmann, Kap. 23 Rdn. 14.

[758] KG ZMR 2015, 707; **a. A.** OLG Dresden, NZM 2008, 131.

[759] *Günter* WuM 2012, 587, 590; *Jendrek* NZM 2000, 526, 527.

allerdings strenge Anforderungen zu stellen[760]. Allein das Interesse des Betreibers eines Shoppingcenters an einem umfassenden Warenangebot mit regem Betrieb zum Erhalt der Attraktivität und Kundenakzeptanz reicht dazu nicht aus. Ebenso begründet allein die Vereinbarung einer Umsatzmiete (s. Rdn. 268ff.) keine Betriebspflicht, auch wenn für den Vermieter daran unter wirtschaftlichem Gesichtspunkt ein Interesse besteht.[761] Vielmehr müssen weitere besondere Umstände vorliegen, um einen entsprechenden Vertragswillen anzunehmen. So hat das LG Hannover[762] entschieden, dass ein Gewerbemieter, der einen Lebensmittel-Supermarkt in einem Einkaufszentrum betreibt, nicht berechtigt ist, den Betrieb einzustellen, um ihn ca. 400 Meter zu verlagern, selbst wenn im Mietvertrag eine Betriebspflicht nicht ausdrücklich vereinbart ist. In dem Fall war das Gericht von einer konkludent vereinbarten Gebrauchspflicht ausgegangen, weil der Supermarkt eine Monopolstellung inne hatte und von beiden Parteien als Zugpferd für das Center angesehen wurde. Auch in der Vermietung „zu betrieblichen Zwecken" ist keine konkludente Vereinbarung über eine Betriebspflicht zu sehen.[763]

257 Eine Betriebspflicht kann grundsätzlich auch durch **Formularvertrag** vereinbart werden.[764] Das gilt selbst dann, wenn der Mieter aus gesundheitlichen Gründen den Geschäftsbetrieb nicht aufrechterhalten kann[765] oder das Betreiben des Geschäftes unrentabel ist, da die Rentabilität eines in gemieteten Räumen betriebenen Geschäftes bzw. Unternehmens grundsätzlich in die wirtschaftliche Risikosphäre des Mieters fällt[766] (vgl. Rdn. 240f.) und die formularmäßige Vereinbarung einer Betriebspflicht insoweit im Regelfall nicht als unangemessene Benachteiligung des Mieters zu werten ist.[767] Dennoch ist die Klausel aber als Ausnahme von der gesetzlichen Regelung, die nur ein Gebrauchsrecht und keine Gebrauchspflicht kennt[768], und wegen des nicht unerheblichen Risikos für den Mieter eng auszulegen.[769] Insbesondere muss geprüft werden, ob die Gründe einer Verletzung der Betriebspflicht im unzureichenden Betriebskonzept des Vermieters oder in einer unzureichenden Aufklärung (§ 241 Abs. 2 BGB) liegen können.[770] Eine Formularklausel ist regelmäßig gem. § 307 BGB unwirksam, wenn der Mieter durch sie gehindert wird, eine vorübergehende Betriebseinstellung wegen Betriebsferien, branchenüblichen Ruhetagen, Inventur oder zur Durchführung erforderlicher Schönheitsreparaturen[771] oder vertraglich vereinbarter Instandhaltungspflichten vorzunehmen.[772] Ausnahmen sind zuzulassen, wenn die vertraglichen Vereinbarungen erkennen lassen, dass die Pflicht zur dauerhaften Öffnung des Betriebes Niederschlag in der Miete gefunden hat[773] oder branchentypisch ist bzw. der Verkehrssitte entspricht, wie z. B. beim Betrieb eines Einkaufszentrums, der bei den Kunden regelmäßig eine durchgehende Öffnung suggeriert.[774] Bei dauerhafter persönlicher Verhinderung muss dem Mieter aber ein Recht zur Untervermietung eingeräumt werden.[775] Der Umstand allein, dass der Mieter einen Laden in einem Ein-

---

760 LG Köln ZMR 2008, 457 mit krit. Anm. *Sasserath; Späth* ZMR 2012, 917, 922; *Gather* ZAP 2008, Fach 4, 1137, 1146.

761 BGH WuM 1979, 184 = NJW 1979, 2351 = ZMR 1979, 238 = MDR 1979, 929; OLG Düsseldorf ZMR 1994, 402; *Wolf/Eckert/Ball* Rdn. 692; kritisch *Späth* ZMR 2012, 917.

762 LG Hannover ZMR 1993, 280; vgl. auch LG Arnsberg ZMR 1980, 182.

763 LG Köln ZMR 2008, 457 mit krit. Anm. *Sasserath.*

764 BGH (XII ZR 121/04) GuT 2007, 15 = ZMR 2007, 187 = MietPrax-AK § 535 BGB Nr. 28 mit Anm. *Eisenschmid;* NJW-RR 1992, 1032 = ZMR 1993, 57 = DWW 1993, 69; KG MDR 2004, 84; OLG Naumburg NZM 2008, 772; OLG Karlsruhe GuT 2007, 16 = GE 2007, 218 = MDR 2007, 577; OLG Celle NJW-RR 2008, 168; OLG Schleswig NZM 2000, 1008; LG Bamberg ZMR 2004, 581; *Günter* WuM 2012, 587, 590; *Leo* MietRB 2004, 21 mit Musterformulierung; *Wolf/Eckert/Ball* Rdn. 695; *Jendrek* NZM 2000, 526, 527; *Hamann* ZMR 2001, 581, 582; *Gather* GE 2001, 540; *Horst* DWW 2008, 42, 48.

765 OLG Düsseldorf GuT 2007, 206; *Joachim* GuT 2009, 3, 6.

766 BGH ZMR 1995, 295; NJW 1978, 2390 = MDR 1978, 924 = ZMR 1978, 263; *Günter* WuM 2012, 587, 591; *Joachim* GuT 2009, 3, 6; *Drasdo* NJW-Spezial 2009, 193.

767 BGH NJW-RR 1992, 1032 = ZMR 1993, 57 = DWW 1993, 69.

768 OLG Düsseldorf NZM 2001, 132.

769 Zur Auslegung vgl. OLG Hamburg GuT 2003, 57 = ZMR 2003, 254.

770 *Sternel,* Mietrecht aktuell (2009), Rdn. VI 244.

771 KG GuT 2010, 22 = GE 2010, 202; OLG Düsseldorf NZM 1999, 124–125 = NJW-RR 1999, 305 = ZMR 1999, 171 bei Beendigung des Mietverhältnisses; *Wolf/Eckert/Ball* Rdn. 699; *Dittert/Landvoigt* GE 2005, 468, 475.

772 *Würtenberger* NZM 2013, 12, 14; *Späth* ZMR 2012, 917, 923; *Hamann* ZMR 2001, 581, 582 m. w. N.

773 *Hamann* ZMR 2001, 581, 582.

774 OLG Naumburg NZM 2008, 772.

775 *Sternel,* Mietrecht aktuell (2009) Rdn. VI 243.

kaufszentrum gemietet hat, kann eine vorübergehende Betriebseinstellung aus vorgenannten Gründen nicht ausschließen.[776]

Das OLG Schleswig[777] hat eine gem. § 307 BGB unangemessene Benachteiligung des Mieters angenommen, wenn er neben der Betriebspflicht auch an die zu Vertragsbeginn bestimmte Geschäftsausrichtung gebunden (sog. Sortimentsbindung) und ihm zudem jeglichen Konkurrenz- oder Sortimentsschutz versagt wurde. Bei einer Verweigerung von jeglichem Konkurrenzschutz wird dem Mieter von Geschäftsraum, der ohnehin das Rentabilitätsrisiko zu tragen hat, grundsätzlich die Möglichkeit des Ausweichens in eine andere Geschäftsausrichtung genommen und ihm eine (ggf. kostensparende) Geschäftsaufgabe schlechthin versagt. Diese weit gehende Beschneidung der grundsätzlichen Dispositionsfreiheit des Mieters einerseits und die Versagung von jeglichem, an sich aus der Leistungstreuepflicht geschuldeten Wettbewerbsschutz andererseits, sind mit dem in § 307 BGB enthaltenen Verbot der Aushöhlung wesentlicher Vertragspflichten nicht vereinbar[778]. **258**

Neben der grundsätzlichen Verpflichtung zum Betrieb werden nicht selten auch konkrete Öffnungszeiten formularmäßig vereinbart. Ebenso sind formularvertragliche Festsetzungen der Betriebszeiten durch den Vermieter selbst oder durch eine Werbegemeinschaft[779] möglich. Dann handelt es sich um die Gewährung eines Leistungsbestimmungsrechts nach den §§ 315, 317 BGB. Diese Regelung unterliegt einer AGB-Kontrolle[780] und muss wegen des Transparenzgebotes (§ 307 BGB) erkennen lassen, wie das Bestimmungsrecht des Vermieters konkretisiert werden kann[781]. Die Leistungsbestimmung selbst unterliegt dem billigen Ermessen[782]. **259**

Häufig sind aber in den Verträgen auch vorgegebene Formulierungen wie „Ladenöffnungszeiten“[783] oder „gesetzliche Ladenöffnungszeiten“[784] zu finden oder die Regelung, dass die „gesetzlichen Bestimmungen“[785] zu beachten sind. In diesen Fällen sind regelmäßig die zum Zeitpunkt des Vertragsschlusses geltenden gesetzlichen Öffnungszeiten vereinbart, weil es sich um statische Verweisungen handelt.

Weitergehende Formulierungen können aber ggf. auch eine dynamische Bindung an die jeweiligen – sich möglicherweise ändernden – gesetzlichen Vorgaben nach dem **Ladenschlussgesetz bzw. den Ladenöffnungsgesetzen der Länder** beinhalten mit der Konsequenz, dass der Mieter bei einer Liberalisierung des Gesetzes seine Öffnungszeiten entsprechend ausdehnen muss. Daran ist zu denken, wenn die Attraktivität des Geschäftslokals gerade darin besteht, die Kundschaft auch in den Abendstunden oder an Sonn- und Feiertagen anzuziehen und dies im Vertrag Niederschlag gefunden hat.[786] Dann kann sich das Berufen des Vermieters auf die geänderten Öffnungszeiten aber u. U. als **missbräuchlich** (§ 242 BGB) darstellen, wenn der Mieter durch die geänderten Öffnungszeiten überfordert wäre. Das kann der Fall sein, wenn der Mieter aus Kostengründen zu einer zeitlichen Ausdehnung des Geschäftsbetriebs nicht in der Lage ist[787] oder wenn die Art des Geschäfts eine persönliche Betreuung der Kunden durch den Ladeninhaber erfordert. **260**

---

776 **A. A.** *Hamann* ZMR 2001, 581, 582.

777 OLG Schleswig NZM 2000, 1008; ebenso OLG Brandenburg ZMR 2015, 225; ablehnend: OLG Naumburg NZM 2008, 772; OLG Rostock NZM 2004, 460; OLG Hamburg GuT 2003, 57 = ZMR 2003, 254 für den Fall, dass keine Sortimentsbindung vereinbart wurde; s. auch *Stobbe/Tachezy* NZM 2002, 557, 559.

778 *Blank/Börstinghaus,* § 535 BGB Rdn. 316; *Dittert/Landvoigt* GE 2005, 468, 477; **a. A.** *Wolf/Eckert/Ball* Rdn. 695; *Neuhaus* II Rdn. 511; *Hübner/Griesbach/Fuerst in:* Lindner-Figura/Oprée/Stellmann, Kap. 14, Rdn. 168; offen gelassen BGH GuT 2010, 97 = NZM 2010, 361; *Würtenberger* NZM 2013, 12, 15; **a. A.** KG NZM 2013, 731 = GE 2013, 681.

779 Zur formularmäßigen Beitrittsverpflichtung in eine Werbegemeinschaft vgl. BGH (XII ZR 39/04) NJW 2006, 3057 = GE 2006, 1163 = GuT 2006, 224 = NZM 2006, 775 = ZMR 2006, 849 = MietPrax-AK § 535 BGB Nr. 26 mit Anm. *Eisenschmid;* BGH (XII ZR 146/14) ZMR 2016, 527 = NJW 2016, 2489 = MietPrax-AK § 535 BGB Nr. 68 (Anm. *Eisenschmid*); *Joachim* GuT 2007, 4; zur Zahlungsverpflichtung des Mieters an eine Werbegemeinschaft vgl. LG Berlin ZMR 2000, 761.

780 *Hamann* ZMR 2001, 581, 582.

781 BGH (XII ZR 13/05) NJW 2007, 2176 = NZM 2007, 516 = GuT 2007, 205 = GE 2007, 1117 = MDR 2007, 1124 = MietPrax-AK § 535 BGB Nr. 31 mit Anm. *Eisenschmid; Wiek,* Info M 2007, 174.

782 Vgl. hierzu *Jendrek* NZM 2000, 526, 528.

783 OLG Düsseldorf NJW-RR 1997, 648.

784 OLG Celle NJW-RR 1996, 585.

785 BGH (XII ZR 121/04) GuT 2007, 15 = ZMR 2007, 187 = MietPrax-AK § 535 BGB Nr. 28 mit Anm. *Eisenschmid.*

786 *Jendrek* NZM 2000, 526, 528.

787 *Dittert/Landvoigt* GE 2005, 468, 475; *Jendrek* NZM 2000, 526, 528.

261 Da mit der Föderalismusreform die Gesetzgebungskompetenz für die Festlegung von Ladenöffnungszeiten auf die Länder übergegangen ist[788], kann jedes Bundesland eigene Öffnungszeiten festlegen. Wurden bei einem Altvertrag vor 2006 dynamische Öffnungszeiten vereinbart, könnte dies für den Mieter eine erhebliche Belastung nach sich ziehen, wenn der Vermieter auf die Einhaltung der gesetzlichen Öffnungszeiten, z. B. rund um die Uhr, besteht. Hier ist der Mieter über §§ 242, 313 BGB zu schützen.[789]

262 Ein Verstoß gegen die Betriebspflicht führt zum Anspruch des Vermieters gem. § 541 BGB auf Erfüllung.[790] Der Vermieter behält seinen Mietzinsanspruch nach § 537 BGB. Der Verstoß gegen die vertraglich vereinbarte Betriebspflicht stellt eine zum Schadensersatz verpflichtende Vertragsverletzung dar[791] und berechtigt den Vermieter zur fristlosen Kündigung[792] nach § 543 Abs. 2 Nr. 2 BGB[793] oder nach § 543 Abs. 1 BGB.[794] Bei einer Kündigung muss dem Mieter ausreichend Zeit bleiben, die beendigungsbedingten **Abwicklungsmaßnahmen,** z. B. das Entfernen der Einrichtungen und Waren[795] oder die Vornahme von Schönheitsreparaturen, durchzuführen.[796] Durch ein Mitverschulden des Vermieters, z. B. wenn er einen angebotenen Nachmieter pflichtwidrig nicht akzeptiert, kann sich der Schadensersatzanspruch mindern.[797]

263 Dass der Mieter nur noch Verluste erwirtschaften kann, liegt in seiner Risikosphäre.[798] Es gilt das Prinzip der unbeschränkten Vermögenshaftung (§ 279 BGB). Dennoch wird vereinzelt angenommen, dass der Anspruch auf Einhaltung der Betriebspflicht unter dem Gesichtspunkt der Unmöglichkeit (§ 275 BGB) nicht durchsetzbar ist, wenn der Mieter zahlungsunfähig ist. Der Mieter kann nach dieser Auffassung nicht zu einer Handlung gezwungen werden, die ihm nicht möglich ist.[799]

264 Im Übrigen kann die wirksam vereinbarte Betriebspflicht im Einzelfall aus § 242 BGB (s. auch Rdn. 261) zu Gunsten des Mieters entfallen. Das ist beispielsweise der Fall, wenn der Vermieter ein größtenteils geräumtes Gebäude nach Auszug des letzten verbliebenen Mieters abreißen will. Ebenso können die Grundsätze des Wegfalls der Geschäftsgrundlage (§ 313 BGB) zu einer Vertragsanpassung ohne Betriebspflicht führen. Beim Fehlen einer **Konkurrenzschutzklausel** kann die Berufung auf die vereinbarte Betriebspflicht ebenfalls gegen § 242 BGB verstoßen.[800] Davon ist allerdings regelmäßig nicht auszugehen, wenn der Vermieter innerhalb eines Ladencenters an einen weiteren Mitbewerber vermietet (s. Rdn. 258f.). In derartigen Lagen muss der Mieter regelmäßig mit Konkurrenz rechnen.[801] Ist neben der Betriebspflicht und dem fehlenden Konkurrenzschutz jedoch der Mieter auch vertraglich an ein bestimmtes Sortiment gebunden, verstößt eine derartige Vertragsklausel wegen unangemessener Benachteiligung gegen § 307 BGB und ist unwirksam[802] (s. Rdn. 258).

265 Hat der Vermieter das Mietverhältnis fristlos gekündigt, ist das Vertragsverhältnis mit Zugang der Kündigung beendet. Daher endet zu diesem Zeitpunkt auch die Betriebspflicht, die vom Vermieter auch nicht für die Zeit bis zur Räumung eingefordert werden kann.[803] Eine formularmäßige Vereinbarung dahingehend, dass der Mieter auch dann eine Betriebspflicht bis zur Räumung hat, wenn das Mietverhältnis durch Kündigung beendet wurde, ist gem. § 307 BGB unwirksam. Da nach Vertragsbeendigung nur noch Rückabwicklungspflichten bestehen, wäre eine Regelung mit

---

788 Gesetz zur Änderung des Grundgesetzes v. 28.8.2006 – BGBl. I, 2034.
789 Einzelheiten bei *Voß* ZfIR 2007, 832, 834.
790 LG Lübeck NJW-RR 1993, 78; einschränkend *Jendrek* NZM 2000, 526, 528.
791 Zur Durchsetzung des Anspruchs auf Einhaltung der Betriebspflicht vgl. OLG Düsseldorf NJW-RR 1997, 648; zum Kündigungsrecht des Vermieters nach § 554a BGB vgl. OLG Düsseldorf NJWE-MietR 1997, 177.
792 BGH NJW-RR 1992, 1032 = ZMR 1993, 57 = DWW 1993, 69; *v. Brunn/Paschke/Emmerich* in Bub/Treier III. A Rdn. 83; *Jendrek* NZM 2000, 526, 528.
793 BGH WPM 1983, 531 für Pacht.
794 BGH NJW-RR 1992, 1032 = ZMR 1993, 57 = DWW 1993, 69.
795 *Hamann* ZMR 2001, 581, 585.
796 OLG Düsseldorf NZM 1999, 124 = ZMR 1999, 171 = MDR 1999, 289.
797 *Gather* DWW 2002, 54, 64.
798 OLG Celle NJW-RR 2008, 168; *Drasdo* NJW-Spezial 2009, 193.
799 OLG Karlsruhe GuT 2007, 16 = GE 2007, 218 = MDR 2007, 577; LG Köln NZM 2005, 621; *Pfeilschifter* jurisPR-MietR 7/2007 Anm. 5; *Drasdo* NJW-Spezial 2009, 193; *Späth* ZMR 2012, 917, 920; **a. A.** OLG Celle GuT 2007, 298; OLG Düsseldorf GuT 2007, 206.
800 *Fritz*, Gewerberaummietrecht, Rdn. 157.
801 OLG Naumburg NZM 2008, 772; *Joachim* NZM 2004, 892; *Jendrek* NZM 2000, 526, 529.
802 OLG Schleswig NZM 2000, 1008.
803 OLG Düsseldorf NZM 2001, 131 = ZMR 2001, 181 = GuT 2002, 47; *Dittert/Landvoigt* GE 2005, 468, 475.

dem Inhalt einer Betriebspflicht für den **Zeitraum nach Vertragsbeendigung** unangemessen, da sie wegen ihres schweren Eingriffs in das vertragliche Gefüge schon während der Vertragslaufzeit eng ausgelegt werden muss. Zwar gibt es auch nachvertragliche Pflichten der Vertragsparteien (s. Rdn. 200ff.). Diese können aber nicht so weit gehen, dass sie eine Vertragspartei zwingen, das Mietverhältnis faktisch fortzusetzen.

Die Durchsetzung einer mietvertraglichen Betriebspflicht kann grundsätzlich nicht im **einstweiligen Verfügungsverfahren** erfolgen (sehr umstritten), weil diese Verpflichtung weder als vertretbare Handlung nach § 887 ZPO noch als unvertretbare Handlung nach § 888 ZPO vollstreckt werden kann.[804] Zudem nimmt sie die Hauptsache vorweg. Dieser Grundsatz bedarf einer Einschränkung dann, wenn der Schuldner seiner Verpflichtung deshalb nachkommen kann, weil die Mitwirkungsbereitschaft eines Dritten, die für die Fortsetzung des Betriebs erforderlich ist, feststeht.[805] **266**

Der Streitwert für die Geltendmachung des Anspruchs auf Betriebspflicht beträgt eine Jahresmiete.[806] **267**

2. Die Umsatzmiete

Die Vereinbarung einer Umsatzmiete ist grundsätzlich zulässig. Mit ihr partizipiert der Vermieter am wirtschaftlichen Erfolg des Mieters. Die Umsatzmiete bietet dem Vermieter die Chance, bei gut gehenden Geschäften des Mieters einen Mietzins zu erhalten, der über der sonst am Markt erzielbaren ortsüblichen Miete liegt. Eine Spielart der Umsatzmiete ist die sog. einspeiseabhängige Miete, wenn bei der Vermietung von Flächen zum Betrieb von stromproduzierenden Anlagen (z. B. Photovoltaikanlage) die Miete abhängig gemacht wird von der produzierten und in das allgemeine Versorgungsnetz eingespeisten Strommenge.[807] Um nur bei einer positiven Entwicklung am Geschäft des Mieters teilzuhaben, wird die Umsatzmiete regelmäßig durch einen **Mindestfestzins** nach unten begrenzt.[808] Da die Bindung an den Umsatz auch im Falle seines Steigens nicht immer gleichzeitig auch mit einem steigenden Gewinn verbunden ist, sollte der Mieter als Sicherung einen **Höchstmietzins** vereinbaren.[809] Dies liegt auch im Interesse des Vermieters, da die Umsatzmiete beim Mieter zu einem indirekten Zwang führen kann, seine geschäftlichen Aktivitäten, zur Vermeidung einer zu hohen Miete, einzuschränken.[810] Bleibt der Umsatz gegenüber den Erwartungen des Vermieters zurück, kann er nicht verlangen, dass die vereinbarte Mindestmiete, die ihm die Deckung seiner Kosten bei zu niedrigem Umsatz des Mieters sichern soll, auf den Betrag der angemessenen, ortsüblichen qm-Miete für gleichartige Räume erhöht wird.[811] Andererseits hat der Mieter keinen Anspruch auf eine Herabsetzung des vereinbarten Mietzinses unter dem Gesichtspunkt der Minderung oder des Wegfalls der Geschäftsgrundlage, wenn der erwartete Umsatz nicht erreicht wird; es sei denn, der Vermieter hat in dieser Hinsicht bestimmte Zusicherungen abgegeben.[812] Die Vereinbarung einer Umsatzmiete bedeutet weder, dass der Mieter zur Aufrechterhaltung seines Betriebes verpflichtet ist,[813] noch dass er einen möglichst hohen Umsatz erwirtschaften muss.[814] **268**

---

804 OLG Rostock NZM 2016, 769 = GE 2016, 1274; OLG Hamburg NZM 2014, 273; KG NZM 2013, 731 = GE 2013, 681; OLG Celle NJW-RR 2008, 168; OLG Naumburg NJW-RR 1998, 873 = NZM 1998, 575; vgl. OLG Hamm NJW 1973, 1135 = MDR 1973, 681; vgl. dazu im Einzelnen *Peters/Welkerling* ZMR 1999, 369; *Jendrek* NZM 2000, 526, 530; *Fritz,* juris PR-MietR 6/2016 Anm. 3 zu LG Kassel ZMR 2016, 36; *Gather* ZAP 2008, Fach 4, 1187, 1199; GE 2001, 540, 541; *Stobbe/Tachezy* NZM 2002, 557, 559; für Zwangsvollstreckung vgl. OLG Hamburg NJW-RR 2014, 133; OLG Karlsruhe GE 2007, 218; KG MDR 2004, 84; NZM 2005, 620; OLG Celle NJW-RR 1996, 585; OLG Düsseldorf NJW-RR 1997, 648; OLG Frankfurt NJW-RR 1992, 171; *Hinz* WuM 2005, 615, 627; *Engel* MDR 2012, 1268, 1269; vgl. auch *Fritsche* Rpfleger 2005, 637, 640.

805 Vgl. dazu *Jendrek* NZM 2000, 526, 530; dagegen beim vermögenslosen Mieter LG Köln NZM 2005, 621.

806 KG ZMR 2006, 611.

807 *Aigner/Mohr* ZfIR 2009, 8, 11.

808 BFH BB 1984, 1793; *Fritz,* Gewerberaummietrecht, Rdn. 94; *Hubatsch* NZM 2015, 74, 75.

809 *Fritz,* Gewerberaummietrecht, Rdn. 94.

810 *Fritz,* Gewerberaummietrecht, Rdn. 94; *Lindner-Figura* NZM 1999, 492, 493.

811 BGH NJW 1969, 1383 = MDR 1969, 751 = BB 1969, 775.

812 OLG Düsseldorf NJWE-MietR 1996, 154.

813 BGH WM 1979, 184 = NJW 1979, 2351 = ZMR 1979, 238; *Wolf/Eckert/Ball* Rdn. 692; *Gather* GE 2001, 540.

814 OLG Celle ZMR 1973, 109.

269 Die Vereinbarung einer Umsatzmiete durch Individualvereinbarung begegnet keinen Bedenken. Die **formularvertragliche Festlegung** der Umsatzmiete wäre eine überraschende Klausel und gem. § 305 c BGB nicht Vertragsbestandteil.[815] Zulässig sind dagegen formularvertragliche Vereinbarungen zur Abgabe der Umsatzmeldungen, da sie nur die – immanente[816] – Pflicht des Mieters zu Rechnungslegung (§ 259 BGB) konkretisieren. Aus § 87 c HGB und § 259 BGB wird allerdings ein Verstoß gegen § 307 BGB hergeleitet, wenn die Vereinbarung nicht ausschließlich den Fall eines begründeten Verdachts auf die Unrichtigkeit der Umsatzzahlen betrifft.[817]

270 Bei der Vereinbarung einer Umsatzmiete kommt der Definition des **Umsatzbegriffes** eine besondere Bedeutung zu. Sie sollte im Interesse beider Parteien im Vertrag enthalten sein; und zwar so detailliert als möglich. Dabei sind die Parteien bei der Vertragsgestaltung völlig frei, da sie an keinen gesetzlich definierten Umsatzbegriff gebunden sind. Bei einer vertraglichen Bestimmung sollten daher Einzelregelungen getroffen werden, wie die Behandlung von Boni, Skonti, Warenentnahmen, Retouren und Personalrabatte. Für Ratenverkäufe und Kreditkartengeschäfte könnte eine Sonderregelung sinnvoll sein. Ebenso sollten künftige Umstände wie Geschäftserweiterungen Berücksichtigung finden.[818] Zunehmende Bedeutung erlangt in diesem Zusammenhang auch der Online-Handel, da dieser einen erheblichen Teil des Umsatzes beim Mieter ausmachen kann.[819] Findet sich im Vertrag keine Regelung, ist im Zweifel unter Gewinn der in der Handelsbilanz ermittelte Betrag und unter Umsatz die Bruttoeinnahmen einschließlich aller Steuern zu verstehen.[820] Hinsichtlich des erzielten Umsatzes hat der Vermieter – auch ohne gesonderte vertragliche Vereinbarung[821] – einen **Auskunftsanspruch** gegen den Mieter.[822] Wiederholt unrichtige Angaben des Mieters über seine Umsatzzahlen oder die Weigerung des Mieters zur Vorlage geeigneter Unterlagen zwecks Feststellung des Umsatzes berechtigen den Vermieter zur fristlosen Kündigung.[823]

271 Im Falle der **Betriebseinstellung** errechnet sich die Miete aus dem Betrag, der bei der vorgesehenen Verwendung in Betracht gekommen wäre.[824] Ist vertraglich eine Mindestmiete vereinbart worden, kann der Vermieter diese auch im Falle der Betriebseinstellung fordern, weil sie regelmäßig nur dazu dient, den Vermieter dagegen zu sichern, dass die Miete unter den Betrag absinkt, der zur Kostendeckung erforderlich ist.[825] Ist eine Umsatzmiete vereinbart, leitet sich daraus für den Mieter die Pflicht ab, dem Vermieter Auskünfte über die Umsätze zu geben und Einsicht in die entsprechenden Belege und Unterlagen zu gewähren (§ 259 BGB).[826] Umstritten ist der Umfang der Vorlagepflicht des Mieters.[827] Daher ist es sinnvoll, in einer Vereinbarung über die Umsatzmiete auch diesen Punkt zu bedenken.[828] Die Vereinbarung einer Vertragsstrafe für den Fall eines Verstoßes gegen die Betriebspflicht ist zulässig.[829]

272 Am Umsatz oder am Gewinn ausgerichtete Mietverträge sind bei **Apotheken** gem. § 8 Satz 2 ApoG verboten.[830] Von diesem Verbot werden auch sog. Schubladenverträge,[831] die die Parteien

---

[815] *Moeser,* Gewerblicher Mietvertrag, RWS Verlag 1998, C § 4 Rdn. 91; **a. A.** *Neuhaus* GuT 2005, 200.
[816] KG GE 2012, 265 = MDR 2012, 516; *Fritz,* Gewerberaummiete, Rdn. 94; *v. Brunn, Paschke, Emmerich* in: Bub/Treier III. A Rdn. 85.
[817] Offengelassen von KG GE 2012, 265 = MDR 2012, 516 (anhängig BGH (XII ZR 132/11); *Emde* WuM 1996, 740; gerichtliche Durchsetzung mit Stufenklage, vgl. *Ratjen* ZMR 2014, 940.
[818] *Lindner-Figura* NZM 1999, 492, 493.
[819] *Hubatsch* NZM 2015, 74ff.
[820] *V. Brunn/Paschke/Emmerich* in Bub/Treier III. A Rdn. 89; **a. A.** *Neuhaus* GuT 2005, 200; *Fritz,* Gewerberaummietrecht, Rdn. 95; *Lindner-Figura* NZM 1999, 492, 493, die an den Nettoumsatz anknüpfen.
[821] KG GE 2012, 265.
[822] LG Mannheim BB 1979, 19; *Neuhaus* GuT 2005, 200; v. *Brunn/Paschke/Emmerich* in Bub/Treier III. A Rdn. 85; *Fritz,* Rdn. 97.
[823] OLG Düsseldorf zu § 554a a. F.; LG Berlin GE 2011, 690.
[824] BGH WM 1979, 184 = NJW 1979, 2351 = ZMR 1979, 238 = MDR 1979, 929; *Fritz,* Gewerberaummietrecht, Rdn. 96; zum Insolvenzfall vgl. *Emmerich* in: Staudinger § 535 Rdn. 90.
[825] BGH NJW 1969, 1383 = MDR 1969, 751 = BB 1969, 775; WM 1979, 184 = NJW 1979, 2351 = ZMR 1979, 238 = MDR 1979, 929.
[826] *Fritz,* Gewerberaummietrecht, Rdn. 97; *Gather* DWW 2002, 54, 64.
[827] Vgl. OLG Düsseldorf MDR 1990, 720 = NJW-RR 1990, 1098; EWiR 1990, 655; *Lindner-Figura* NZM 1999, 492, 494 m. w. N.
[828] *Leo* MDR 2004, 259 mit Formulierungsvorschlägen zur Umsatzmiete; ebenso *Lindner-Figura* NZM 1999, 492, 494.
[829] OLG Rostock NZM 2004, 460; *Gather* ZAP 2008, Fach 4, 1187, 1198.
[830] BGH WuM 1999, 161; *Geldmacher* DWW 1999, 109, 111; zum Gewährleistungsrecht bei Vermietung von Apothekenbetriebsräumen siehe *Hinz,* NZM 2017, 233.
[831] *Saalfrank* NZM 2001, 971, 976.

neben den beanstandungsfreien Verträgen abschließen, oder verdeckte Umsatzvereinbarungen erfasst. Ob letztere vorliegen, entscheidet eine Bewertung des Gesamtgefüges der Vereinbarung dahingehend, ob die Parteien die Miete am Umsatz oder Gewinn ausgerichtet haben und der Vermieter dadurch an den Erträgen der Apotheke teilhat.[832] Mit dem Verbot einer am Umsatz ausgerichteten Miete soll sichergestellt werden, dass die Apotheken ohne Abhängigkeit zu Dritten ihrer öffentlichen Aufgabe in sachgerechter Weise nachkommen können.[833] Das Verbot führt zur Nichtigkeit des ganzen Vertrages und nicht zu einer Anpassung des unzulässigen Mietzinses.[834]

Soweit an Umsätzen orientierte Mietverträge über Apothekenräume zunächst zulässigerweise vereinbart wurden, sind sie nach Auslaufen der Übergangsregelung zum 31.12.1985[835] nicht insgesamt, sondern nur hinsichtlich der am Umsatz ausgerichteten Mietzinsvereinbarung unwirksam geworden. Die so entstandene Vertragslücke ist regelmäßig nach den Grundsätzen über den **Wegfall der Geschäftsgrundlage** zu schließen. Die festzusetzende Miete richtet sich weder nach den ortsüblichen Vergleichsmieten noch nach der zuletzt gezahlten (Umsatz) Miete, sondern ist unter Beachtung des hypothetischen Parteiwillens entsprechend der wirtschaftlichen Entwicklung der Apotheke zu bestimmen.[836] 273

Pachtverträge[837] über **Apotheken** sind grundsätzlich gem. § 12 ApoG nichtig. Soweit ausnahmsweise eine Verpachtung nach § 9 Abs. 1 ApoG[838] zulässig ist, darf auch ein am Umsatz oder am Gewinn orientierter Pachtzins vereinbart werden (§ 8 Satz 3 ApoG). 274

IV. Obhutspflicht des Mieters

Ebenso wie der Vermieter ist auch der Mieter zu **Schutz** und **Fürsorge** hinsichtlich seines Vertragspartners und der Mietsache verpflichtet. Dies hindert den Mieter aber nicht, gegenüber dem Vermieter seine Rechtspositionen zu wahren und durchzusetzen, etwa auch durch eine Strafanzeige.[839] Der Mieter muss die Mietsache schonend und pfleglich behandeln und alles unterlassen, was zu einem Schaden an der Mietsache führen kann.[840] Das ist u. a. der Fall, wenn der Mieter unerlaubt Betäubungsmittel in seiner Wohnung lagert.[841] Für das Handeln Dritter ist er nur verantwortlich, wenn ihm insoweit ein (Mit-)Verschulden vorgeworfen werden kann.[842] Die Obhutspflicht beschränkt sich nicht nur auf das Unterlassen von Beschädigungen der Mietsache sondern verlangt im zumutbaren und gebotenen Umfang auch ein positives Tun des Mieters zur Schadensvermeidung bzw. -abwendung.[843] Dies zeigt sich beispielsweise darin, dass der Mieter im Winter die Wohnung zur Verhinderung von Frostschäden beheizen oder andere Vorkehrungen treffen muss[844] oder gehalten ist, bei Regen die Fenster zu schließen. Ebenso ist er verpflichtet, dafür Sorge zu tragen, dass Wasser vom Balkon über eine dort vorgesehene Einrichtung abfließen kann[845] oder 275

832 BGH (IX ZR 76/00) NZM 2004, 190 = NJW 2004, 1523 = ZMR 2004, 328 = GuT 2004, 56; NJW-RR 1998, 803 = MDR 1998, 94.

833 BGH MDR 1990, 91 = ZMR 1998, 137 = DWW 1998, 17 = NZM 1998, 192; vgl. auch OLG Oldenburg NJW-RR 1990, 84; Einzelheiten zur Apothekerpacht *Geldmacher* DWW 1999, 109.

834 OLG München ZMR 1997, 297; *Geldmacher* DWW 1999, 109.

835 Art. 2 Abs. 3 des Gesetzes zur Änderung des Gesetzes über das Apothekenwesen vom 4.8.1980, BGBl. I 1980, 1142.

836 OLG Oldenburg NJW-RR 1990, 84.

837 Zu den Voraussetzungen einer Apothekenpacht vgl. *Saalfrank* NZM 2001, 971, 976.

838 Zur Auslegung des § 9 ApoG s. BGH DWW 1998, 17; WuM 1999, 161.

839 LG Frankfurt/Oder ZMR 2014, 209 zur Strafanzeige wegen Hausfriedensbruch.

840 BGH (VIII ZR 49/16) WuM 2017, 10 = NZM 2017, 145 = GE 2017, 165 – Betäubungsmittel in der Wohnung; KG GuT 2008, 113 = GE 2008, 599; LG Berlin ZMR 2011, 873; AG Düsseldorf GE 2015, 327 (Urinieren im Stehen; siehe aber LG Düsseldorf ZMR 2016, 201); AG Hamburg-Harburg ZMR 2011, 644 zu einem sog. Messie sowie *Emmert* in: jurisPR-MietR 6/2012 Anm. 4; *Kinne/Schach/Bieber,* Miet- und Mietprozessrecht, § 535 Rdn. 72.

841 BGH (III ZR 253/12) WuM 2013, 285 = MietPrax-AK Art. 14 GG Nr 1 m. Anm. *Börstinghaus* = NJW 2013, 1736 = NZM 2013, 421 = ZMR 2013, 616; *Mössner* in: Herberger/Martinek/Rüßmann u. a., jurisPK-BGB, 8. Aufl. 2017, § 573 BGB.

842 AG Saarbrücken, WuM 2016, 280.

843 *Kraemer* in FS Blank S. 281, 282: siehe LG Koblenz NZM 2014, 608 = NJW 2014, 2660 zur Pflege des Parkettbodens bei Hundehaltung; *Eisenschmid,* jurisPR-MietR 20/2014 Anm. 3.

844 LG Berlin GE 2014, 323.

845 AG Berlin-Neukölln GE 2011, 1557.

dass die Wohnung ausreichend gelüftet ist.[846] Zeigt sich in der Wohnung ein Mangel, muss der Mieter die Wohnung mit der gebotenen Sorgfalt nutzen, um den Schaden an der Wohnung möglichst gering zu halten.[847] Die Obhutspflicht beginnt, sobald dem Mieter die Sache überlassen ist. Sie ist somit unabhängig davon, ob der Mietvertrag bereits begonnen hat. Sie ruht nicht während der Abwesenheit des Mieters und auch dann nicht, wenn er den Gebrauch der Mietsache seit längerem aufgegeben hat.[848] Wohnt der Vermieter im selben Haus, ist die Obhutspflicht des Mieters jedenfalls hinsichtlich der Räume und Flächen ein geschränkt, die nicht vom Mietgebrauch erfasst werden, weil es in diesem Fall in erster Linie Sache des Vermieters ist, sich um den Zustand dieser Räume und Flächen zu kümmern.[849] Die Obhutspflicht endet nicht mit dem Ablauf der Mietzeit während der Zeit der Vorenthaltung. Die Obhutspflicht endet erst **bei Rückgabe** des Besitzes.[850] Sie gilt allgemein, auch ohne das konkrete Vorliegen einer Gefahrenlage.[851] Liegt aber eine konkrete Gefahrenlage vor, z. B. lang anhaltende Kälte, gilt die dem Mieter obwaltende Obhutspflicht[852] verstärkt.[853] Sie findet aber ihre Grenzen, wenn der Mieter wegen der kurzen Mietdauer von der Gefahrenlage keine Kenntnis hatte.[854]

276 Der Mieter muss bei längerer Abwesenheit für eine **ausreichende Kontrolle** sorgen und ggf. dem Vermieter den Zugang zu der Wohnung ermöglichen.[855] Hierfür kann der Mieter die Hilfe eines Dritten, i. d. R. eine Vertrauensperson, in Anspruch nehmen. Diese hat er dem Vermieter bekannt zu geben[856], oder der Mieter muss dem Vermieter selbst die Schlüssel übergeben.[857] Keinesfalls ist der Mieter verpflichtet, ohne Ausschöpfung der anderen Sicherungsmöglichkeiten, dem Vermieter oder einem Hausmeister die **Wohnungsschlüssel** zu überlassen[858]. Kommt die von dem Mieter beauftragte Person der dem Mieter obliegenden Obhutspflicht nicht nach, haftet der Mieter gem. § 278 BGB, weil der Dritte Erfüllungsgehilfe des Mieters ist. Das gilt auch bei vorsätzlichem Handeln, wenn der Erfüllungsgehilfe im Zeitpunkt der Handlung auf Veranlassung und im Interesse des Mieters die Obhut über das Mietobjekt ausübte.[859]

277 Den Mieter treffen aber nicht nur **Obhutspflichten,** die sich unmittelbar auf seine Wohnung oder sonstige gemieteten Teile beziehen. Seine Obhutspflicht erstreckt sich vielmehr auf alle Teile des Gebäudes – einschließlich des Grundstücks[860] –, mit denen der Mieter oder auf seine Veranlassung Dritte[861] in Berührung kommen,[862] also z. B. auf Gemeinschaftsräume und auf das Treppenhaus. Der Mieter muss daher auch ohne besondere Vereinbarung die ihm zugänglichen Räume schonend und sorgfältig behandeln, um Schäden zu vermeiden, die nicht auf einen vertragsgemäßen Gebrauch zurückzuführen sind. Hat der Mieter beispielsweise auf dem Balkon der Mietwohnung bepflanzte Blumentöpfe abgestellt, muss er auf Grund seiner Obhutspflicht Vorsorge treffen, dass auch während seiner Urlaubsabwesenheit die Balkonabflüsse nicht durch abfallende Blätter verstopft werden.[863]

278 Es ist grundsätzlich Sache des Vermieters und nicht des Mieters, die technischen Vorkehrungen gegen das Einfrieren von **Wasserleitungen** zu treffen.[864] Daher haftet der Mieter nicht für einen Wasserleitungsschaden infolge Frostes im Bad, wenn dort überhaupt keine Heizung vorhanden

---

846 *Breiholdt/Nierhaus* NZM 2012, 329, 330.
847 AG Kassel WuM 1996, 30.
848 OLG Düsseldorf WuM 1994, 461 = NJW-RR 1994, 1166 = MDR 1994, 1213.
849 *Emmerich* in Staudinger § 535 Rdn. 93.
850 BGH NJW 1967, 1803 = MDR 1967, 835 = VersR 1967, 1193; LG Hamburg ZMR 2011, 878; *Franke* DWW 2004, 172, 173.
851 BGH NJW 1972, 25; LG Düsseldorf NJW 1960, 2101.
852 BGH BGHZ 86, 204 = NJW 1983, 1049 = MDR 1983, 395 = ZMR 1983, 198 = GE 1983, 657.
853 AG Ibbenbüren WM 1998, 378; AG Hersbruck WuM 1986, 307.
854 OLG München ZMR 1989, 17.
855 AG Köln WuM 1986, 86; AG Hersbruck WuM 1986, 307; AG Tempelhof-Kreuzberg GE 1988, 781.
856 BGH NJW 1972, 34 = MDR 1972, 139 = VersR 1972, 70; NJW 1972, 25; OLG Naumburg VuR 2005, 471 mit Anm. *Sexauer.*
857 BGH NJW 1972, 25; LG Düsseldorf NJW 1960, 2101.
858 *Sternel,* Mietrrecht aktuell (2009), Rdn. VII 8; Zur Unwirksamkeit einer entsprechenden Vertragsklausel vgl. AG Schöneberg GE 2006, 1297.
859 OLG Düsseldorf MDR 1997, 927.
860 Vgl. insbesondere § 4 Abs. 2 BBodSchG (BGBl. I 1998, 502).
861 KG ZMR 2011, 33.
862 BGH NJW 1973, 2059.
863 LG Berlin ZMR 1982, 86 = MDR 1981, 584 = GE 1981, 437.
864 AG Ludwigshafen WuM 1981, 12.

ist.[865] Der Vermieter muss auch Vorsorge treffen, dass in der leer stehenden Wohnung eines Gebäudes mit weiteren Wohnungen eine ausreichende Beheizung erfolgt, um Wasserrohrbrüche durch Frostschäden auszuschließen. Durch Verletzung dieser Pflicht entstandene Schäden und Aufwendungen muss der Vermieter ersetzen.[866]

Aber auch der Mieter ist gehalten, in seinem Bereich alles zu tun, um einen Schaden abzuwenden oder zu minimieren. Der Mieter muss daher bei längerer Abwesenheit im Winter die Wohnung so beheizen, dass keine **Frostschäden** auftreten.[867] Bei großer Kälte gilt diese Obhutspflicht im verstärkten Umfang. Bei einem leer stehenden oder nicht genutzten Objekt des Mieters ist dieser grundsätzlich verpflichtet, die Wasserleitungen abzusperren und zu entleeren.[868] **279**

Der Mieter kann seiner Obhutspflicht nicht dadurch nachkommen, dass er den Vermieter über die Gefahr unterrichtet und ihm die erforderlichen Maßnahmen überlässt, weil es sich bei der Obhutspflicht um eine den Mieter treffende Verpflichtung handelt.[869] Die Obhutspflicht des Mieters geht aber nicht so weit, dass er die zur Mietsache gehörenden technischen Anlagen und Einrichtungen, wie z. B. **Gas- und Elektroleitungen,** laufend auf ihre Sicherheit hin überprüfen müsste.[870] Dies gehört vielmehr in den Bereich der Überwachungspflichten des Vermieters (s. dazu Rdn. 123). Der Betrieb einer Waschmaschine muss aber vom Mieter überwacht werden durch regelmäßige akustische oder optische Kontrollen[871] (s. auch Rdn. 325). **280**

Der Mieter ist nicht verpflichtet, den Netzstecker von technischen Geräten herauszuziehen, wenn diese nicht benutzt werden. Auch verletzt er nicht seine Obhutspflicht, wenn er moderne Geräte wie Fernseher, Videorecorder oder Computer im **Standby-Modus** belässt; auch wenn sich dann von dem Gerät aus ein Brandherd entwickelt.[872] Hat der Mieter mit Genehmigung des Vermieters eine Parabolantenne installiert, führt dies nicht zur Pflicht des Mieters, die Antenne regelmäßig durch einen Fachmann auf theoretisch mögliche Gefahren überprüfen zu lassen.[873] Das gilt auch für den Betrieb von Haushaltsmaschinen. Eine entsprechende Haftungsklausel, wonach der Mieter verschuldensunabhängig für Zufallsschäden haften soll, ist unwirksam.[874] Gegen derartige Schäden kann sich der Vermieter durch eine Versicherung schützen. **281**

Der Mieter kann vertraglich zur Erweiterung seiner Obhutspflicht verpflichtet werden.[875] Dies gilt aber mit Hilfe von Allgemeinen Geschäftsbedingungen auch im Geschäftsraummietverhältnis nicht uneingeschränkt. Befand sich der Mieter beispielsweise zum Zeitpunkt eines Rohrbruchs erst eine Woche lang im Besitz der Räume und wusste er infolgedessen noch nicht, dass ein Wasserleitungsrohr frostgefährdet war, ist eine Haftung ausgeschlossen.[876] Kennt der Mieter dagegen den genauen Verlegungsort der Leitungen, ist im gewerblichen Mietverhältnis eine vertragliche Überbürdung dieser Obhut möglich. **282**

Eine besondere Ausprägung der Obhutspflicht findet sich in § 536c BGB, wonach der Mieter zur Anzeige von Mängeln verpflichtet ist.[877] Die Verletzung einer allgemeinen Obhutspflicht führt regelmäßig zum Schadensersatz gem. § 280 Abs. 1 BGB, ggf. zum Schadensersatzanspruch nach § 823 BGB.[878] Steht die Pflichtverletzung des Mieters fest, kann im Rahmen des § 280 BGB eine Umkehr der Beweislast für den Bestand, den Zustand und die Wertbildenden Merkmale der Mietsache in Betracht kommen.[879] **283**

---

[865] OLG Frankfurt/M. NJW-RR 1991, 974.

[866] AG Potsdam WuM 1995, 699.

[867] BGH NJW 1969, 41 = MDR 1969, 135; OLG Karlsruhe WuM 1996, 226; OLG Hamm NJW-RR 1988, 530; LG Berlin ZMR 2014, 791; AG Schöneberg GE 2006, 1297.

[868] Vgl. OLG Frankfurt/M. WuM 1988, 175 = NJW-RR 1987, 611 zur Leitungswasserschadensversicherung.

[869] BGH BGHZ 86, 204 = NJW 1983, 1049 = MDR 1983, 395 = ZMR 1983, 198 = GE 1983, 657.

[870] *Hanke* PiG 46, 1995, 83, 86.

[871] OLG Oldenburg ZMR 2004, 581; LG München NJW-RR 1995, 869 = ZMR 1994, 478; AG Germersheim ZMR 1996, 92.

[872] OLG Köln WuM 1988, 278 = NJW-RR 1989, 597 = MDR 1989, 543 = DWW 1988, 278 = ZMR 1988, 381 bei implodierender Fernsehröhre.

[873] AG Köln WuM 1997, 487.

[874] LG Saarbrücken WuM 1989, 558 = NJW-RR 1987, 1496 für einen in Brand geratenen Wäschetrockner.

[875] *Siehe LG Köln* ZMR 2014, 541 m. Anm. *Schmid; Franke* DWW 1999, 78.

[876] OLG München ZMR 1989, 17.

[877] *Emmerich* in Staudinger § 535 BGB Rdn. 93.

[878] LG Koblenz NJW 2014, 2660 = NZM 2014, 608 zur Obhutspflicht bei erweitertem Nutzungsrecht; *Eisenschmid,* jurisPR-MietR 20/2014 Anm. 3: *Kraemer* in FS Blank S. 281, 285.

[879] LG Essen ZMR 2012, 442.

V. Einzelne Gebrauchsrechte

284 Der Vermieter hat dem Mieter den Gebrauch der vermieteten Sache während der Mietzeit zu gewähren. Das Gesetz schweigt dazu, mit welchen Inhalten dieses Gebrauchsrecht ausgestattet ist. Den §§ 538, 541 BGB kann man aber entnehmen, dass dem Mieter lediglich der vertragsgemäße Gebrauch erlaubt ist. Gemäß § 538 BGB hat der Mieter Veränderungen oder Verschlechterungen der gemieteten Sache, die durch den **vertragsgemäßen Gebrauch** herbeigeführt werden, nicht zu vertreten. § 541 BGB räumt dem Vermieter das Recht auf Unterlassung ein, wenn der Mieter den vertragswidrigen Gebrauch der gemieteten Sache ungeachtet einer Abmahnung des Vermieters **fortsetzt.**

285 Für die Praxis sind diese wenigen gesetzlichen Hinweise kaum hilfreich. Die Grenzen des vertragsgemäßen Gebrauchs sind deshalb im Einzelfall nur schwer zu bestimmen. In erster Linie wird der Vertrag hierüber Auskunft geben müssen. Das, was die Parteien im Mietvertrag wirksam vereinbart haben, ist vertragsgemäß. Gibt der Vertrag keine Auskunft, gilt das, was sich als Verkehrssitte durchgesetzt hat. Individualvereinbarungen dürfen nicht gegen gesetzliche Verbote verstoßen (§ 134 BGB), nicht sittenwidrig sein (§ 138 BGB) und unterliegen den allgemeinen Grenzen nach Treu und Glauben (§ 242 BGB), während formularvertragliche Regelungen oder Verbraucherverträge[880] außerdem im Lichte der Schutzbestimmungen gem. §§ 305 ff. BGB zu würdigen sind.

286 Der Mieter hat grundsätzlich ein Recht auf ungestörten Mietgebrauch. Der Vermieter hat daher alle Eingriffe zu unterlassen, die gegen das dem Mieter nach dem Vertrag und dem Gesetz eingeräumte Gebrauchsrecht verstoßen. Hierzu gehören beispielsweise das eigenmächtige Betreten der Mieträume durch den Vermieter, Zugangsbehinderungen[881] zu den Mieträumen durch Baumaßnahmen, die den gefahrlosen und bequemen Zutritt des Publikums zum Geschäft des Mieters einschränken,[882] die Duldung des Vermieters, dass Dritte den Mietgebrauch des Mieters stören,[883] wozu auch die Nichtbeachtung des vertragsimmanenten Konkurrenzschutzes (s. Rdn. 599 ff.) für den Gewerberaummieter gehört[884] sowie die Vorenthaltung von Versorgungsleistungen für die Mieträume mit Strom, Gas, Wasser und sonstigen Energieträgern[885] (s. dazu Rdn. 110 ff.).

1. Abstellplatz

287 Hat der Vermieter einen Stellplatz vermietet, ist er gehalten, diesen auch für den Mieter freizuhalten. Wird der Stellplatz durch einen Dritten belegt, ist dies ein zur Minderung berechtigender Mangel. Wurde ein beliebiger Stellplatz innerhalb einer Sammelgarage vermietet, muss der Vermieter dafür Sorge tragen, dass der Mieter jederzeit einen beliebigen Stellplatz nutzen kann. Eine geringfügige Unterschreitung der gesetzlichen Mindestbreite des Stellplatzes ist unbeachtlich, wenn der Mieter den Stellplatz dennoch nutzen kann.[886]

288 Der Mieter darf auf der für seinen PKW gemieteten Abstellfläche grundsätzlich kein anderes Verkehrsmittel, z. B. Fahrrad, Moped, Motorrad, abstellen.[887] Wurde eine beliebige, nicht individualisierte, **Abstellfläche** innerhalb einer Sammelgarage oder einer **Parkfläche** vermietet, hat der Vermieter wegen des knappen Parkraumes ein berechtigtes Interesse daran, dass dort nur PKW und nicht andere, größere Verkehrsmittel abgestellt werden.

2. Antenne

289 Der Mieter handelt im Rahmen des vertragsgemäßen Gebrauchs, wenn er sich Anlagen zum einwandfreien Rundfunk- und Fernsehempfang einrichten lässt. Sein Grundrecht auf Informationsfreiheit gibt ihm einen Anspruch auf die Anbringung einer Einzelantenne, so lange keine ausreichende Gemeinschaftsantenne vorhanden ist.[888] Der Vermieter muss der Installation zustimmen. Zum Anspruch auf Installation einer Parabolantenne s. Rdn. 468 ff.

---

880 Zum Begriff des Verbrauchers s. *Ebers* VuR 2005, 361.
881 KG ZMR 2015, 538.
882 BGH NJW 1981, 2405 = ZMR 1981, 368 = MDR 1982, 135 = GE 1982, 137.
883 BGH BGHZ 99, 182 = NJW 1987, 831 = MDR 1987, 399 = ZMR 1987, 138.
884 *Bub* in Bub/Treier II. Rdn. 1421.
885 *V. Martius/Ehlerrt/Schüller* in Bub/Treier III. A Rdn. 2744.
886 AG Sömmerda GE 1999, 1133.
887 AG Stuttgart WuM 2016, 346.
888 BVerfG WuM 1991, 573 = NJW 1992, 493 = ZMR 1992, 15 = GE 1991, 1245; LG Hamburg WuM 1978, 190 = ZMR 1978, 140.

Allerdings kann der Vermieter verlangen, dass die Antenne von einem **Fachmann** installiert wird. Auch den Ort der Befestigung kann der Vermieter bestimmen. Die Kosten für die Installation sowie für die Unterhaltung hat der Mieter zu tragen. Bei Beendigung des Mietverhältnisses muss der Mieter die Antenne auf eigene Kosten entfernen. Ist eine Gemeinschaftsantenne installiert, die nur den Empfang einzelner Programme erlaubt, darf der Mieter diese auf seine Kosten für den Empfang weiterer Programme aufrüsten.[889] Zur Umrüstung der Gemeinschaftsantenne auf eigene Kosten ist der Vermieter ohne vertragliche Regelung nicht verpflichtet.[890] Er muss auch keinen Empfang in **HD-Qualität** gewährleisten.[891] Andererseits darf der Vermieter nicht einseitig eine Gemeinschaftsantenne abbauen und den Mieter auf das Digitale Fernsehen (DVB-T) verweisen.[892] **290**

Hat die Hausanlage (Gemeinschaftsantenne) die Programme bislang über DVB-T (Terrestrischer Empfang) empfangen, konnten die Mieter bislang die über DVB-T empfangenen Programme der öffentlich-rechtlichen und privaten Sender teilweise sogar in HD-Qualität kostenlos empfangen. Dies ist inzwischen in ausgewählten Ballungsräumen durch Einführung von DVB-T2 HD nicht mehr möglich. Nicht betroffen ist z. Zt. das „flache Land", das aber bis Mitte 2019 ebenfalls DVB-T2 HD erhalten soll. Seit dem 29. März 2017 sind in den Ballungszentren zwar rund 40 Programme überwiegend hochauflösend in HD zu empfangen: Hierbei handelt es sich aber jeweils rund zur Hälfte um frei empfangbare öffentlich-rechtliche Programme einerseits und verschlüsselte private Programme auf der „freenet TV-Plattform" andererseits. **290a**

Die öffentlich-rechtlichen Rundfunkprogramme sind frei und ohne laufende Zusatzkosten auf allen geeigneten Geräten zu empfangen. Die Kosten für die terrestrische Verbreitung werden aus dem Rundfunkbeitrag gedeckt. Der größte Teil der HD-Programme privater Veranstalter ist ausschließlich im Programmpaket von „freenet TV" gegen eine Jahresgebühr von z. Zt. 69 Euro empfangbar.

Für den Mieter bedeutet dies, will er seine bisherige Programmvielfalt aufrechterhalten, dass er entweder einen neuen DVB-T2 HD fähigen Fernseher oder eine entsprechende Set-Top-Box erwirbt. Anderenfalls muss er sich mit dem Programmangebot der öffentlich-rechtlichen Sender zufriedengeben. Somit stellt sich die Frage, wer die Kosten dieser Umstellung zu tragen hat (siehe dazu § 555b Rdn. 97ff.). Zur Zahlung einer Abgabe nach dem UrhG bei Weiterleitung der Signale innerhalb einer Hausgemeinschaft, siehe Rdn. 489a.

3. Aufnahme Dritter

a) Familienangehörige. Zum vertragsgemäßen Gebrauch gehört die Aufnahme der nächsten Angehörigen, also des Ehegatten,[893] der Kinder[894], der Nichten und Neffen[895] – unabhängig vom Alter – sowie der Hausangestellten und des Pflegepersonals in der Wohnung.[896] Zu dem Kreis der Angehörigen gehören auch die Geschwister[897] sowie die Eltern des Mieters.[898] Das AG Limburg,[899] sieht in der Aufnahme des Schwiegersohnes keinen Verstoß gegen Vertragspflichten und nach Auffassung des AG Koblenz[900] darf nicht nur die Tochter[901], sondern auch das Enkelkind mit aufge- **291**

---

[889] AG Hamburg WuM 1990, 422.

[890] AG Hamburg WuM 1989, 557 = ZMR 1990, 21.

[891] BGH (VIII ZR 275/09) WuM 2010, 737 = MietPrax-AK § 535 BGB Nr 44 = DWW 2011, 56 = GE 2010, 1681.

[892] AG Neukölln NJW 2005, 371 = GE 2005, 131.

[893] BGH (XII ZR 143/11) WuM 2013, 485 = MietPrax-AK § 540 BGB Nr 5 = NJW 2013, 2507 = GE 2013, 999 = NZM 2013, 786 = ZMR 2013, 868; AG Trier FamRZ 1993, 547; nicht einer „Nebenfrau" LG Aachen WuM 1989, 633.

[894] LG Potsdam WuM 2012, 612 = GE 2012, 1565.

[895] BGH (VIII ZR 195/09) WuM 2010, 163 = NJW 2010, 1290 = NZM 2010, 271 = GE 2010, 408 = DWW 2010, 143; s. auch *Wiek* WuM 2010, 119, 121.

[896] *Emmerich* in Staudinger § 540 BGB Rdn. 4 m.w.N.

[897] BayObLG, Rechtsentscheid vom 24.11.1983, WuM 1984, 14 = MDR 1984, 316 = ZMR 1984, 89 = GE 1984, 431 für den Bruder des Mieters zu § 564b BGB; LG Kassel WuM 1989, 72; vgl. auch AG Berlin-Schöneberg GE 1990, 265 für Schwägerin; AG Neukölln GE 1991, 187 gegen den Stiefsohn, wenn der Mieter nicht mit in der Wohnung wohnt; **a. A.** BayObLG WuM 1984, 13 = ZMR 1984, 87 = MDR 1984, 316.

[898] BayObLG, Rechtsentscheid vom 6.10.1997, WuM 1997, 603.

[899] AG Limburg WuM 1989, 372.

[900] AG Koblenz WuM 1989, 175.

[901] Bejahend für Stiefkind LG Hamburg WuM 1997, 177 im Rahmen des § 564b BGB a. F. (= § 573 BGB n. F.).

nommen werden, was sich mit der BGH-Rechtsprechung vereinbaren lässt. Bei persönlichen engen Bindungen gehört auch der Schwager zum Kreis der Familienangehörigen.[902]

292 Allgemeine **Schranken** ergeben sich allenfalls bei **Überbelegung** (s. Rdn. 580f.) des Mietobjektes.[903] Da es sich bei den vorgenannten Personen nicht um Untermieter im engen Sinne handelt, zählt ihre Aufnahme in die Wohnung zum Kern des mietvertraglichen Gebrauchs.[904] Der Mieter muss dem Vermieter die Aufnahme der Person anzeigen. Die Rechtmäßigkeit der Aufnahme hängt aber nicht von der Zustimmung des Vermieters ab. Allerdings darf der Mieter nach h. M. die Räume seinen Angehörigen wegen § 540 Abs. 1 BGB nicht ohne Zustimmung des Vermieters zum alleinigen Gebrauch überlassen.[905] Dieser Fall ist aber nicht schon dann gegeben, wenn der Mieter sich nur noch selten in seiner Wohnung aufhält. Vielmehr setzt eine solche endgültige und selbständige Gebrauchsüberlassung an die Angehörigen voraus, dass der Mieter den Gewahrsam an der Wohnung vollständig aufgegeben hat und so die ihn treffenden Obhutspflichten nicht mehr wahrnehmen kann.[906]

293 Nach der obergerichtlichen Rechtsprechung zu § 549 BGB a. F.[907] bedurfte die Aufnahme eines Lebensgefährten oder Partners der Erlaubnis des Vermieters. Durch das Mietrechtsreformgesetz wurde die Rechtsstellung der nichtehelichen Lebensgemeinschaft und der Lebenspartnerschaft gestärkt. Der Lebensgefährte oder Partner hat nunmehr in wesentlichen Fragen eine dem Ehegatten bzw. dem Lebenspartner i. S. d. § 1 Abs. 1 LPartG vergleichbare Rechtsposition (vgl. §§ 555d Abs. 2, 563 Abs. 1 Satz 2, 563 Abs. 2 Satz 3, 574 BGB). Diese betreffen zwar das Mietverhältnis in Fällen, bei denen der Mieter seinen Partner schon in das Mietobjekt aufgenommenen hat. Die daraus teilweise gezogene Schlussfolgerung, dass auch die Aufnahme eines nichtehelichen Partners mietrechtlich keinen Hindernissen unterliegen soll[908], hat der BGH nicht geteilt[909]. Aus diesem Grunde kann die zu § 549 BGB a. F. vertretene Rechtsmeinung nicht aufrechterhalten bleiben. Der **Partner einer nichtehelichen Lebensgemeinschaft** ist dem Ehegatten des Mieters nicht gleichzustellen. Dies hat zur Folge, dass der Mieter den Partner nicht ohne Erlaubnis des Vermieters in die Wohnung aufnehmen darf. Allerdings hat der Mieter regelmäßig einen Rechtsanspruch auf Aufnahme des Lebensgefährten. Weitere Einzelheiten s. § 540 BGB Rdn. 31 ff.

294 **b) Besuch des Mieters.** Sowohl bei der Vermietung von Geschäftsräumen als auch bei der Wohnraummiete ist der Mieter uneingeschränkt berechtigt, Besuch zu empfangen. Es gehört zum grundrechtlich geschützten Rechtsbereich des Mieters aus Art. 2 GG, nach eigenem Belieben in seinen Räumen Besuch zu empfangen, solange dadurch nicht der Vertragszweck gestört, die Mietsache beeinträchtigt oder ein anderer Hausbewohner belästigt wird.[910] Wie lange der Besuch andauert, ob er unregelmäßig oder regelmäßig kommt, ist grundsätzlich unerheblich.[911] Er kann also nur einen Abend oder nur eine Nacht andauern oder sich gar über mehrere Monate hinziehen.

---

[902] BGH (VIII ZR 247/08) WuM 2009, 294 = NZM 2009, 353 = DWW 2009, 189 = GE 2009, 714; *Wiek* WuM 2010, 119, 121.

[903] BayObLG, Rechtsentscheid vom 14.9.1983, WuM 1983, 309 = NJW 1984, 60 = MDR 1984, 55 = ZMR 1984, 13 = GE 1983, 963; OLG Hamm, Rechtsentscheid vom 6.10.1982, WuM 1982, 323 = NJW 1983, 48 = MDR 1983, 133 = DWW 1982, 335 = ZMR 1983, 66 = GE 1982, 1039; OLG Karlsruhe, Rechtsentscheid vom 16.3.1987, WuM 1987, 180 = NJW 1987, 1952 = ZMR 1987, 263 = DWW 1987, 192; vgl. BGH WuM 1993, 529 = NJW 1993, 2528 = MDR 1993, 970 = ZMR 1993, 508 = MM 1995, 141 = GE 1993, 914 zu den Voraussetzungen der Kündigung nach § 553 BGB a. F. bei Überbelegung.

[904] BGH (XII ZR 143/11) WuM 2013, 485 = GE 2013, 999 = NJW 2013, 2507 = NZM 2013, 786 = ZMR 2013, 868 = MietPrax-AK § 540 BGB Nr. 5 m. Anm. *Börstinghaus;* BayObLG, Rechtsentscheid vom 24.11.1983, WuM 1984, 14 = MDR 1984, 316 = ZMR 1984, 89 = GE 1984, 431; LG Hamburg WuM 1999, 687; LG München I WuM 1997, 612.

[905] LG Frankfurt NJW-RR 1993, 143; WuM 1989, 237; LG Hannover ZMR 1993, 473; LG Berlin GE 1992, 1219; 1988, 409; AG Neukölln NJW-RR 1997, 584; kritisch *Sternel* PiG 2002, 121, 134.

[906] LG Hamburg NZM 2000, 379 = NJW-RR 2000, 602.

[907] OLG Hamm, Rechtsentscheid vom 23.10.1991, WuM 1991, 668 = NJW 1992, 513 = ZMR 1992, 20 = DWW 1991, 369; NJW-RR 1997, 1370.

[908] Vgl. 8. Aufl. § 535 Rdn. 229; *Wiek* WuM 2003, 693; *Beuermann* GE 2003, 1588; ablehnend *Lützenkirchen* MietRB 2004, 34.

[909] BGH (VIII ZR 371/02) WuM 2003, 688 = NJW 2004, 56 = NZM 2004, 22 = ZMR 2004, 100 = GE 2003, 1606 = MietPrax-AK § 540 BGB Nr. 1 mit Anm. *Eisenschmid;* zur Kritik s. *Sternel* Mietrecht aktuell (2009) Rdn. VI 161.

[910] LG Hagen WuM 1992, 430.

[911] LG Gießen ZMR 2000, 385; LG Mannheim WuM 1973, 5.

Dabei spielt es keine Rolle, ob es sich um Herren- oder Damenbesuch handelt.[912] Ausnahmsweise kann eine Einschränkung bei Mietverhältnissen über Räume angenommen werden, die Teil eines Wohnheimes sind. Aus dem **Heimzweck** kann sich das Verbot oder die Einschränkung für Besuch ergeben.

Die Abgrenzung zwischen „Besuch" und **„Untermieter"** kann schwer zu ziehen sein und hängt von den Umständen des jeweiligen Einzelfalls ab. So ist es einerseits bei einem Schüleraustausch nicht unüblich, dass Kinder mehrere Monate bis zu einem Jahr besuchsweise bei der Gastfamilie leben, während andererseits der Besuch eines entfernten Angehörigen oder Freundes schon nach 4 Wochen das zulässige Maß überschreiten kann. Auch Besuchsgewohnheiten innerhalb eines bestimmten Kulturkreises können maßgebend sein.[913] Die Aufnahme eines Au-pair-Mädchens ist als zulässig anzusehen. Das häufig zu findende Zeitkriterium von 6 Wochen ist nur ein grober Rahmen, der in typischen Fällen zur Abgrenzung ausreichen kann. In den anderen Fällen ist entscheidend, ob der aufgenommenen Person der selbständige Mietgebrauch der Wohnung eingeräumt ist oder ob es sich tatsächlich nur um eine vorübergehende, unselbständige Mitbenutzung der Wohnung handelt. Die Überlassung eines Haustürschlüssels ist dafür aber kein Indiz. 295

Das Recht des Mieters, jederzeit Besuch empfangen zu können, ergibt sich aus seinem **Hausrecht,** was an seine tatsächliche Sachherrschaft und den berechtigten Besitz anknüpft.[914] Es erstreckt sich auch auf den **Zugang** zu seinen Mieträumen.[915] Daher kann der Vermieter nicht bestimmten Personen das Betreten des Hauses verbieten und so das Hausrecht des Mieters unterlaufen. Eine Ausnahme von diesem Grundsatz ist nur anzunehmen, wenn der Besucher in der Vergangenheit wiederholt den **Hausfrieden** gestört[916] oder die gemeinschaftlich zu nutzenden Räume beschädigt oder verunreinigt hat.[917] Ist die Störung oder Gefährdung des Hausfriedens beseitigt, muss der Vermieter das **Hausverbot** unverzüglich aufheben. Das Besuchsrecht lässt sich bei der Wohnraummiete vertraglich wirksam weder aushebeln noch beschränken, da es zum Kernbereich des Nutzungsrechtes der Wohnung gehört.[918] Bei der Geschäftsraummiete ist eine vertragliche Einschränkung – nicht Ausschluss! – des Besuchsrechts, die sich schon aus dem Vertragszweck ergeben kann, zulässig. Ein Verbot, Ausländer besuchsweise zu empfangen, ist gem. § 138 BGB sittenwidrig.[919] 296

Der Mieter hat für Schäden und Störungen einzustehen, die von seinen Haushalts- und Familienangehörigen sowie von seinem Ehepartner verursacht werden.[920] Das gilt auch für solche Personen, die der Mieter in die Wohnung aufgenommen hat, ohne ihnen einen selbständigen Mietgebrauch einzuräumen. Im Übrigen haftet der Mieter für Schäden, die seine **Erfüllungsgehilfen** verursachen. Dies sind Arbeitnehmer, Betriebsangehörige, Kunden und Lieferanten, sowie die vom Mieter beauftragten Handwerker.[921] Zu den Erfüllungsgehilfen gehören nach umstrittener Ansicht nicht die Besucher des Mieters.[922] Entscheidend ist das Willensmoment i. S. d. § 278 BGB, d. h. der Dritte muss mit Wissen und Wollen im Pflichtenkreis des Mieters tätig geworden sein. Als Erfüllungsgehilfe kann daher keinesfalls derjenige Besucher angesehen werden, der gegen den nach außen manifestierten Willen des Mieters dennoch mit der Mietsache in Berührung kommt.[923] Aber auch dann, wenn der Besucher mit Willen oder auf Wunsch des Mieters das Haus betritt, wird der **Besucher** dadurch allein nicht sein Erfüllungsgehilfe. Der Besucher kommt zwar mit Willen des Mieters mit der Mietsache in Berührung, aber nicht in Erfüllung eines Vertragszwecks oder einer Verbindlichkeit. Zwischen Mieter und Besucher bestehen keine Rechtsbeziehungen, sondern nur Beziehungen tatsächlicher Art. Die allgemein bestehende Rechtspflicht des Besuchers, fremdes Eigentum zu respektieren und nicht rechtswidrig in einen fremden Rechtskreis einzugreifen,[924] 297

---

912 LG Duisburg WuM 1975, 123; AG Tübingen WuM 1979, 77.

913 Vgl. AG Spandau WuM 1989, 513.

914 OLG Hamm NZM 2016, 310 zur Wohngemeinschaft.

915 AG Altenkirchen WuM 1989, 175; AG München WuM 1986, 307 = NJW-RR 1986, 1144.

916 AG München ZMR 2015, 140; AG Wetzlar ZMR 2008, 634.

917 LG Mannheim WuM 1971, 116; LG Karlsruhe NJW 1961, 1166; LG Wuppertal ZMR 1960, 172.

918 LG Gießen NJW-RR 2001, 8.

919 AG Nürnberg WuM 1984, 295.

920 AG München WuM 2011, 212 = GE 2011, 957.

921 KG GuT 2008, 113 = GE 2008, 599; AG Ibbenbüren WuM 1977, 115 = ZMR 1978, 79.

922 *Schmid* IMR 2014, 452, 453; **a. A.** AG Hagen WM 1979, 15; *Gies* in FS Blank S. 177, 182.

923 *Gies* in FS Blank S. 177, 182; OLG München WuM 1989, 128; LG Würzburg NJW-RR 2011, 951; AG Köln WuM 1992, 118.

924 Dazu Erman/*Westermann* § 278 Rdn. 4.

kann keinen Haftungstatbestand des Mieters begründen.[925] Der Untermieter ist dagegen Erfüllungsgehilfe des Hauptmieters.

298 **c) Untervermietung. aa) Gesamter Wohnraum.** § 540 Abs. 1 Satz 1 BGB bestimmt, dass der Mieter ohne Erlaubnis des Vermieters nicht berechtigt ist, den Gebrauch des Mietobjektes einem Dritten zu überlassen, insbesondere die Sache weiter zu vermieten. Satz 1 regelt somit die Überlassung des gesamten Wohnraums an einen Dritten. Hierzu bedarf es immer der Erlaubnis des Vermieters.[926] Diese kann formlos oder gar stillschweigend erteilt werden. Formularregelungen, die die Erlaubnis an die Schriftform binden, sind unwirksam.[927] Der Anspruch auf Erteilung einer Untermieterlaubnis kann grundsätzlich nicht im Verfahren auf Erlass einer **einstweiligen Verfügung** geltend gemacht werden.[928] Der Streitwert bei einer Klage auf Erteilung der Untermieterlaubnis ist auf den 31/2-fachen Jahressatz der zu erwartenden Untermiete festzusetzen.[929] Es ist nach allgemeiner Meinung nicht erlaubt, die Wohnung durch Umzug in eine andere freizumachen und die aufgegebene Wohnung Familienangehörigen zu überlassen[930] (weitere Einzelheiten s. § 540 BGB Rdn. 24 ff.). Das soll auch dann gelten, wenn der Mieter ausziehen will und sein(e) Kind(er) in der Wohnung bleiben soll(en).[931]

299 Trägt der Mieter dem Vermieter seinen Wunsch zur Untervermietung vor, muss er gleichzeitig einen konkreten Untermieter, einschließlich des beabsichtigten Nutzungszwecks,[932] benennen, damit der Vermieter eventuelle Einwände gegen die Person des Untermieters oder gegen die Nutzung prüfen kann.

300 Verweigert[933] der Vermieter die Erlaubnis ohne hinreichenden Grund, kann der Mieter mit der gesetzlichen Frist von 3 Monaten (§ 573 d Abs. 2 i. V. m. § 580 a Abs. 4 BGB) kündigen. Dieses Kündigungsrecht kann auch im gewerblichen Mietrecht **formularvertraglich** nicht ausgeschlossen werden.[934] Die Kündigung setzt im Regelfall voraus, dass dem Vermieter ein konkreter Interessent benannt wird. Lehnt der Vermieter aber bei einer generellen Anfrage des Mieters unmissverständlich und endgültig die Untervermietung ab, dann zeigt er damit, dass er ungeachtet etwaiger Personen keine Erlaubnis erteilen will.[935] Weitere Einzelheiten § 540 Rdn. 41 ff.

301 **bb) Teil des Wohnraums.** Gemäß § 553 Abs. 1 BGB kann der Mieter die Erlaubnis zur Untervermietung verlangen, wenn für ihn nach dem Abschluss des Mietvertrages ein berechtigtes Interesse besteht, einen Teil des Wohnraumes einem Dritten zu überlassen (s. § 553 Rdn. 7 ff.). Dabei ist es nach Auffassung des BGH nicht erforderlich, dass der Mieter seinen Lebensmittelpunkt in der Wohnung hat.[936] Mit dieser Rechtsprechung hat der BGH die Grenzen zwischen § 540 BGB und § 553 BGB verwischt.

302 Der Vermieter ist nicht verpflichtet, dem Mieter eine generelle Untervermietungserlaubnis unter den Vorbehalt der Prüfung der Person des Untermieters zu erteilen.[937] Er hat ein berechtigtes Interesse daran, dass der Mieter den Dritten namentlich benennt (zum Auskunftsanspruch des gewerblichen Vermieters s. Rdn. 305). Der Vermieter soll prüfen können, ob der Erteilung der Er-

---

[925] LG Berlin ZMR 2014, 205; AG Neukölln GE 2013, 750.

[926] OLG Koblenz WuM 2012, 613 zur Einschaltung eines Maklers.

[927] *Drettmann* WuM 2012, 535, 542.

[928] LG Hamburg WuM 2000, 303.

[929] KG GE 2016, 1505.

[930] OLG Frankfurt/Main, Rechtsentscheid vom 10. 10. 1988, WuM 1988, 395 = NJW-RR 1989, 10 = MDR 1989, 67 = ZMR 1988, 461 GE 1988, 1109; LG Cottbus WuM 1995, 38 = NJW-RR 1995, 524 = ZMR 1995, 30; **a. A.** LG Hamburg ZMR 2013, 192; kritisch *Sternel* PiG 2002, 121, 134; zur Untervermietungserlaubnis des Inhabers eines dinglichen Wohnrechts vgl. OLG Celle MDR 1999, 87.

[931] OLG Frankfurt/Main, Rechtsentscheid vom 10. 10. 1988, WuM 1988, 395 = NJW-RR 1989, 10 = MDR 1989, 67 = ZMR 1988, 461 GE 1988, 1109; LG Cottbus WuM 1995, 38 = NJW-RR 1995, 524 = ZMR 1995, 30; AG Neuss NZM 1999, 309; **a. A.** LG Hamburg Urt. v. 15. 6. 2000 – 333 S 86/99 –; zur Untervermietungserlaubnis des Inhabers eines dinglichen Wohnrechts vgl. OLG Celle MDR 1999, 87.

[932] KG GE 2008, 1626.

[933] KG GE 2008, 1626 zum Schweigen als Verweigerung.

[934] BGH WuM 1995, 481 = NJW 1995, 2034 = MDR 1995, 1115 = ZMR 1995, 397 = GE 1995, 1007; LG Hamburg WuM 1992, 689 = NJW-RR 1992, 1363 = ZMR 1992, 452 = MDR 1992, 1149.

[935] KG, Rechtsentscheid vom 16. 9. 1996, WuM 1996, 696 = ZMR 1996, 648 = NJW-RR 1997, 333 = GE 1996, 1363 = NJWE-MietR 1997, 74; LG Nürnberg-Fürth WuM 1995, 587; LG Köln WuM 1994, 468; zur Kündigung wegen Vertragsverletzung siehe AG München WuM 2012, 614.

[936] BGH (VIII ZR 4/05) WuM 2006, 147 = NZM 2006, 220 = NJW 2006, 1200 = ZMR 2006, 261.

[937] BGH (VIII ZR 290/11) WuM 2012, 229 = GE 2012, 825 = MietPrax-AK § 553 BGB Nr. 2.

laubnis personenbezogene Gründe entgegenstehen (s. § 553 Rdn. 13).[938] Darüber hinaus muss der Mieter die Gründe der Untervermietung mitteilen und darlegen, dass diese Gründe erst nach Abschluss des Mietvertrages entstanden sind. Auch wenn der Vermieter die Erlaubnis „kategorisch" verweigert, führt dies nicht zu einem Anspruch nach § 242 BGB auf Erteilung einer Untervermietungserlaubnis „unter dem Vorbehalt der Person des Untermieters".

Der Vermieter kann im Fall des § 553 BGB einen Anspruch auf einen Untermietzuschlag haben **303** (vgl. auch § 553 Rdn. 22).[939] Dieser ist aber abhängig von den Umständen des Einzelfalls und kann daher nicht formularmäßig vereinbart werden.[940] Bei dem Untermietzuschlag handelt es sich um einen Teil der Grundmiete. Die Überlassung der gesamten Wohnung an einen Dritten fällt unter Abs. 1 des § 540 BGB.[941]

cc) Gewerberaum. Auch bei Gewerberäumen darf der Mieter nicht ohne weiteres die **304** Räume untervermieten.[942] Das gilt auch dann, wenn der Mieter einen Geschäftspartner aufnehmen will, dem die Mietsache zum selbständigen Mitgebrauch überlassen werden soll. Beschäftigten darf der Mieter aber im Rahmen ihrer betrieblichen Tätigkeit den Gebrauch der Räume überlassen.

Ist in einem Mietvertrag über Gewerberaum dem Mieter allgemein die Erlaubnis zur Unterver- **305** mietung zum Betrieb eines Gewerbes erteilt, so ist er gleichwohl nicht berechtigt, die Mietsache zur Ausübung eines Gewerbes unterzuvermieten, das ihm selbst nach dem Mietvertrag nicht gestattet ist.[943] Der Mieter muss dem Vermieter zur Person des Untermieters Auskünfte geben. Der Vermieter hat ein berechtigtes Interesse an der Prüfung, ob der Untermieter das Geschäft so betreiben kann, dass der „Goodwill" des Mietobjektes nicht beschädigt wird[944].

4. Balkon

Bauliche **Veränderungen** am und auf dem Balkon bedürfen der Genehmigung des Vermieters, **306** wenn sie nach außen sichtbar sind und damit das Erscheinungsbild des Hauses stören können. Der Mieter ist daher nicht berechtigt, auf dem Balkon eine Sichtschutzkonstruktion fest mit den Gebäudeteilen zu verbinden.[945] Daher ist auch das Anbringen von Netzen unzulässig, um ein Entweichen der Hauskatze zu verhindern[946]. Gleichfalls unzulässig ist es, ein Loch in die **Balkontür** zu schneiden, um der Katze einen freien Ausgang zu verschaffen.[947] Nicht mehr vom vertragsgemäßen Gebrauch gedeckt ist auch das Pflanzen von Bäumen auf dem Balkon. Das kann einer baulichen Veränderung gleich kommen.[948] Das Rauchen auf dem Balkon ist zulässig, auch wenn wirksam (s. Rdn. 516) individualvertraglich ein Rauchverbot für die Wohnung vereinbart wurde.[949] Allerdings darf durch das Rauchen kein Mitmieter belästigt werden[950] (siehe auch Rdn. 515), ggf. sind bestimmte Zeiten einzuhalten.[951] Zu Instandhaltungsmaßnahmen am Balkon ist der Mieter nicht verpflichtet.[952]

---

938 So wenn bekannt ist, dass der erwünschte Untermieter zu Gewalt und Zerstörung neigt; zur Haftung des Mieters beim Exzess des Untermieters siehe *Burbulla,* NZM 2013, 558.
939 Zum Umfang des Zuschlags siehe LG Berlin GE 2016, 1093, AG Hamburg ZMR 2008, 213.
940 *Drettmann* WuM 2012, 535, 542; *Sternel* Mietrecht aktuell (2009) Rdn. VI 58.
941 LG Berlin WuM 1991, 483.
942 *Kraemer/von der Osten* in Bub/Treier III. A Rdn. 2537.
943 BGH NJW 1984, 1031 = ZMR 1984, 275 = MDR 1984, 571 = GE 1984, 481 zum Betrieb eines Sex-Shops.
944 BGH (XIII ZR 92/04) GuT 2007, 19 = NZM 2007, 127 = ZMR 2007, 184 = DWW 2007, 64 = NJW 2007, 288 = MietPrax-AK § 540 BGB Nr. 2 mit Anm. *Eisenschmid.*
945 AG Köln ZMR 2011, 886; **a. A.** zur Anbringung einer Markise AG München ZMR 2014, 459.
946 AG Neukölln GE 2012, 691 = ZMR 2012, 881; AG Wiesbaden NZM 2000, 711 = NJW-RR 2000, 1031; **a. A.** AG Schorndorf WuM 2012, 494.
947 AG Erfurt WuM 2000, 629.
948 LG München ZMR 2017, 59 = GE 2016, 1567 = WuM 2017, 14 m. Anm. *Selk.*
949 Zum Unterlassungsanspruch des Nachbarn siehe AG Bonn WuM 1999, 452 = NZM 2000, 33.
950 BGH (V ZR 110/14) WuM 2015, 368 = GE 2015, 719 = NZM 2015, 448 = NJW 2015, 2023 = ZMR 2015, 679 = MietPrax-AK § 906 BGB Nr. 6 m. Anm. *Börstinghaus;* LG Düsseldorf GE 2014, 1062 (Kündigung berechtigt); LG Potsdam GE 2014, 801; LG Frankfurt/M NJW-Spezial 2014, 355 bei Doppelbalkon; LG Berlin GE 2013, 810; LG Hamburg WuM 2012, 496 (Minderung 5%); *Lehmann-Richter* PiG 99, 65, 69; *Jahreis* in: jurisPRMietR 25/2012 Anm. 1; *Artz* PiG 85, 229, 237.
951 LG Potsdam GE 2014, 801; AG München ZMR 2014, 838 = ZWE 2014, 363 zur Wohnungseigentumsanlage.
952 AG Bergheim WuM 2012, 495.

5. Berufsausübung in der Wohnung

307 Wohnräume dienen dem Wohnen und grundsätzlich nicht der gewerblichen Tätigkeit. Das bedeutet selbstverständlich nicht, dass der Mieter keinerlei berufliche Tätigkeit in seinen Räumen ausüben darf. Vielmehr hat sich das Tatbestandsmerkmal „vertragsgemäßer Gebrauch" dem Wandel der Wohn- und Arbeitsverhältnisse sowie der technischen Entwicklung anzupassen.[953] Der Mieter kann normale, gelegentliche **Büroarbeiten**[954] oder geschäftliche Besprechungen in seiner Wohnung vornehmen,[955] soweit der Charakter einer Wohnraumnutzung erhalten bleibt. Insbesondere ist gegen die gewerbliche Nutzung eines Telefax und eines Personalcomputers regelmäßig nichts einzuwenden.[956] Daher werden auch **Heimarbeitsplätze** am Computer durch den vertragsgemäßen Gebrauch gedeckt[957] oder Tätigkeiten, die ausschließlich die Durchführung von Telefonaten zum Inhalt haben.[958] Auch darf der Mieter die Wohnung als Maler, Schriftsteller, Musiker oder als sonstiger Künstler nutzen, selbst wenn mit diesen Tätigkeiten wesentliche Einkünfte erzielt werden.[959] Ebenso ist die Tätigkeit als Übersetzer oder Gutachter zulässig. Erlaubt ist auch die nebenberufliche Tätigkeit als Vertreter, wenn sich die **Nebentätigkeit** auf Telefongespräche zwecks Terminsvereinbarungen für Hausbesuche bei Kunden beschränkt.[960] Zum vertragsgemäßen Gebrauch gehören auch der Empfang und die Bewirtung von Geschäftsfreunden. Der Vermieter ist nicht berechtigt, vom Mieter den Nachweis einer Gewerbeerlaubnis zu fordern.[961]

308 Die (teil-)gewerbliche Nutzung kann untersagt werden, wenn sie gegen ein gesetzliches Verbot verstößt.[962] Ansonsten ist die Grenzziehung zwischen gerade noch zulässigem Gebrauch und zustimmungspflichtiger Tätigkeit fließend. Maßgeblich ist, ob die geschäftlichen Aktivitäten freiberuflicher oder gewerblicher Art nach außen in Erscheinung treten. Wird dies bejaht, liegt eine „erweiterte" Nutzung der Mietsache vor, die grundsätzlich den vertragsgemäßen Gebrauch überschreitet und daher vom Vermieter regelmäßig nicht geduldet werden muss.[963] Bei geringfügiger Außenwirkung kann der Vermieter im Einzelfall aber verpflichtet sein, seine Erlaubnis zu der weitergehenden Nutzung zu erteilen. So sind vereinzelte Verkaufstätigkeiten vom BGH als vom vertragsgemäßen Gebrauch umfasst angesehen worden, wenn die angebotenen Gegenstände nur zur persönlichen Nutzung vorgesehen waren.[964]

Der BGH hat seine Rechtsprechung allerdings deutlich verschärft. Er hat eine Überschreitung der zulässigen Nutzung auch angenommen, wenn der Mieter nur seine Wohnadresse als Gewerbeadresse beim Gewerbeamt angemeldet hat[965], ohne dass von der gewerblichen Tätigkeit nach außen eine Störung erfolgte. Die Entscheidung überzeugt nicht.[966] Ob der Senat damit generell eine Änderung der Rechtsprechung einläuten wollte, bleibt unklar.

309 Geht bei Aufrechterhaltung der Wohnung als Lebensmittelpunkt und noch üblicher Wohnraumnutzung von der gewerblichen Tätigkeit keine Belästigung für die anderen Mieter aus und ist keine Gefährdung des Mietobjektes zu besorgen[967], hält sich der Mieter im Rahmen des vertragsgemäßen Gebrauchs. Zwar kommt es nach Auffassung des BGH darauf an, ob der Mieter unter seiner Wohnanschrift ein Gewerbe angemeldet hat, unklar bleibt, ob der Vermieter gegen den ver-

---

953 Zum Wandel s. *Hentschel* WuM 2000, 638.

954 LG Hamburg WuM 1996, 532; 1992, 241; LG Stuttgart WuM 1992, 250; *Moraht* GE 2006, 628.

955 BGH (VIII ZR 165/08) WuM 2009, 517 = GE 2009, 1117 = NZM 2009, 658 = NJW 2009, 3157 = MietPrax-AK § 543 BGB Nr 15.

956 BGH (VIII ZR 165/08) WuM 2009, 517 = NZM 2009, 658 = NJW 2009, 3157 = MietPrax-AK § 543 BGB Nr. 15; AG Hamburg WuM 2009, 349; AG Köln WuM 1991, 577; AG Regensburg WuM 1991, 678.

957 Vgl. LG Berlin WuM 1974, 258; *Moraht* GE 2006, 628, 629.

958 AG Berlin-Charlottenburg MM 1992, 357.

959 LG Berlin MM 1993, 182.

960 AG Berlin-Charlottenburg MM 1992, 357.

961 AG Münster WuM 1988, 429.

962 Vgl. AG Köln WuM 1990, 162.

963 BGH (VIII ZR 213/12) WuM 2013, 493 = NJW 2013, 1806 = NZM 2013, 456 = ZMR 2013, 623 = MietPrax-AK § 563 BGB Nr 1 m. Anm. *Börstinghaus;* (VIII ZR 165/08) WuM 2009, 517 = MietPrax-AK § 543 BGB Nr 15 = NJW 2009, 3157 = NZM 2009, 658 = GE 2009, 1117.

964 BGH (VIII ZR 93/10) WuM 2011, 98 = MietPrax-AK § 541 BGB Nr 3 = NZM 2011, 151 = GE 2011, 682 = ZMR 2011, 367.

965 BGH (VIII ZR 149/13) WuM 2013, 554 = MietPrax-AK § 573 BGB Nr. 46 = NZM 2013, 786 = GE 2013, 1132 = ZMR 2014, 273; vgl. aber ähnlich gelagert LG Berlin GE 2015, 790; *Eisenschmid,* jurisPR-MietR 21/2013 Anm. 1 zu BGH (VIII ZR 149/13).

966 *Herrlein* NJW 2014, 1279, 1281.

967 LG Hamburg WuM 1993, 188; LG Osnabrück WuM 1986, 94.

tragsgemäßen Gebrauch der Mietsache verstößt, wenn er nur im Telefonbuch unter einer entsprechenden Bezeichnung geführt wird. Als zulässig wird von der Instanz-Rechtsprechung die Erteilung von **Nachhilfeunterricht** an einzelne Schüler, gelegentlicher Musikunterricht[968] oder die Betreuung von fremden Kindern als Tagesmutter[969] angesehen. Ebenso wurde die nebenberufliche Tätigkeit als Psychotherapeutin in geringem Umfang als zulässige Heimarbeit bewertet.[970] Wegen der Außenwirkung dieser Mieteraktivitäten dürfte im Hinblick auf die BGH-Rechtsprechung[971] jedoch nicht mehr von einem vertragsgemäßen Gebrauch ausgegangen werden. Vielmehr ist nunmehr zu fragen, ob der Vermieter wegen der Geringfügigkeit der durch die Außenwirkung folgenden Beeinträchtigungen verpflichtet ist, dem Mieter gleichwohl die erweiterte Nutzung einzuräumen. Überschreitet beispielsweise die Tätigkeit als Tagesmutter mit bis zu 5 Kleinkindern den Umfang einer Nachbarschaftshilfe, indem die Erbringung von Betreuungsdienstleistungen mit Erwerbscharakter im Vordergrund steht, handelt es sich um eine teilgewerbliche Nutzung der Wohnung.[972] Für die Umstände, die eine Pflicht des Vermieters zur weitergehenden Duldung begründen können, ist der Mieter darlegungs- und beweispflichtig.

Keine vertragsgemäße (übliche) Wohnraumnutzung liegt vor, wenn eine freiberufliche Tätigkeit in büromäßiger Organisation betrieben wird. Daher ist die Unterhaltung z. B. eines Büros mit lebhaftem **Kundenverkehr** nicht mehr in das Belieben des Mieters gestellt.[973] Ebenso ist die ausschließliche, freiberufliche Tätigkeit in der Wohnung, soweit mit Laufkundschaft gerechnet werden muss, ohne Einverständnis des Vermieters unzulässig.[974] Auch darf nicht ohne seine Zustimmung in der Wohnung eine Kindertagesstätte unterhalten werden.[975] **310**

Beschäftigt der Mieter aber Angestellte oder eröffnet er einen Betrieb mit Laufkundschaft, kommt ein Anspruch des Mieters auf Erweiterung seines Nutzungsrechtes regelmäßig nicht in Betracht. Es steht grundsätzlich im **freien Ermessen** (Ausnahme: s. Rdn. 309) des Vermieters, ob er einer vom Mieter gewünschten zustimmungspflichtigen gewerblichen Nutzung in der Wohnung sein Einverständnis geben will.[976] Insbesondere kann er die Zustimmung von einer Änderung der Vertragsbedingungen abhängig machen. Stimmt der Vermieter der vom Mieter gewünschten Nutzung nicht zu, nutzt der Mieter bei dennoch ausgeübter gewerblicher Tätigkeit die Wohnung vertragswidrig. Stimmt der Vermieter zu, richten sich die rechtlichen Folgen nach Art und Umfang der gewerblichen Nutzung. **311**

Wird eine Wohnung ausschließlich gewerblich genutzt, handelt es sich um ein Mietverhältnis über Gewerberaum. Bei nur teilgewerblicher Nutzung besteht ein Mischmietverhältnis, dessen Recht sich nach dem Schwerpunkt der Nutzungsart richtet[977] (vgl. dazu Rdn. 235 ff.). Maßgeblich hierfür ist in erster Linie die Vorstellung der Parteien darüber, wie der Mieter das Objekt nutzen soll und welche Art der Nutzung im Vordergrund steht.[978] Werden z. B. einem Rechtsanwalt oder Steuerberater Räume zur Nutzung als Kanzlei und zugleich als Wohnung überlassen, so wurde bislang allgemein angenommen, dass die Vermietung in erster Linie zu gewerblichen Zwecken erfolgt. Dies galt auch dann, wenn die Kanzleifläche kleiner war als die für Wohnzwecke gedachte.[979] Das lässt sich mit der Entscheidung des BGH[980] v. 9.7.2014 nicht mehr aufrechterhalten. **312**

---

968 AG Freiburg WuM 1991, 686.

969 LG Hamburg NJW 1982, 2387; AG Hamburg WuM 1989, 625; AG Stuttgart WuM 1988, 52; **a. A.** LG Berlin WuM 1993, 39 bei 5 Kindern; zur erforderlichen Genehmigung einer Wohnungseigentümergemeinschaft vgl. BGH (V ZR 204/11) WuM 2012, 515 = NZM 2012, 687 = GE 2012, 1105; *Rüscher,* jurisPRMietR 22/12 Anm. 3.

970 AG Berlin-Spandau MM 1997, 242.

971 BGH (V ZR 204/11) WuM 2012, 515 = NZM 2012, 687 = GE 2012, 1105; BGH (VIII ZR 165/08) WuM 2009, 517 = GE 2009, 1117 = NZM 2009, 658 = NJW 2009, 3157 = MietPrax-AK § 543 BGB Nr 15.

972 BGH (V ZR 204/11) WuM 2012, 515 = NZM 2012, 687 = GE 2012, 1105; LG Berlin GE 2013, 1588.

973 LG Hamburg WuM 1985, 263; LG Hannover ZMR 1959, 168; zur Prostitution LG Lübeck NJW-RR 1993, 525; AG Mönchengladbach-Rheyth ZMR 1993, 171.

974 LG Schwerin NJW-RR 1996, 1224; LG Berlin 1988, 947; LG Stuttgart WuM 1997, 215.

975 LG Berlin NJW-RR 1993, 907; AG München WuM 2001, 305.

976 Anders bei Anmietung eines Tennisplatzes, vgl. AG Neuss NJW-RR 1988, 915.

977 BGH WuM 1977, 234 = NJW 1977, 1394 = MDR 1977, 745 = ZMR 1986, 278; NJW 1979, 309 = MDR 1979, 394 = ZMR 1979, 49; OLG München ZMR 2007, 119; kritisch zur Schwerpunkttheorie *Rinke,* ZMR 2001, 963.

978 BGH WuM 1986, 274 = NJW-RR 1986, 877 = MDR 1986, 842 = ZMR 1986, 278; OLG Düsseldorf WuM 2002, 481 = ZMR 2002, 589; LG Berlin GE 2001, 771; 1999, 187.

979 KG KGR Berlin 2000, 359; LG Berlin GE 2001, 771.

980 BGH (VIII ZR 376/13) WuM 2014, 539 = NJW 2014, 2864.

Ein bloß vorgetäuschter Nutzungszweck, der die Schutzbestimmungen des Wohnraummieters umgehen soll, ist unbeachtlich[981] (s. Rdn. 243). Entscheidend ist somit nicht, wie das Vertragsverhältnis in der Vertragsurkunde formal bezeichnet wird.

313 Überwiegt trotz gewerblicher Tätigkeit die Wohnraumnutzung und enthält der Mietvertrag eine Regelung, wonach bei Nutzung zu anderen als Wohnzwecken ein vom Vermieter festzusetzender Gewerbezuschlag zu zahlen ist, dann soll dieser **Zuschlag** nach einem älteren Rechtsentscheid des BayObLG nicht Teil des Mietzinses werden.[982] Danach könnte der Zuschlag ohne Einhaltung der besonderen Voraussetzungen der §§ 557ff. BGB vereinbart – und erhöht – werden. Diese Auffassung ist allerdings zweifelhaft,[983] da auch bei gewerblicher Teilnutzung keine vertragliche Mischform anzunehmen ist, sondern entweder ein Wohnraummietverhältnis oder ein Gewerbemietverhältnis vorliegt (siehe dazu Rdn. 235ff.). Liegt ein Wohnraummietverhältnis vor, muss von dem Mietbegriff der §§ 556, 557 BGB ausgegangen werden. Zudem ist kein sachlicher Grund ersichtlich, warum ein derartiger Zuschlag anders behandelt werden soll als beispielsweise ein Untermietzuschlag. § 553 Abs. 2 BGB lässt eine Erhöhung der Miete zu, womit die Grundmiete gemeint ist.[984] Der Zuschlag geht also in der Miete auf[985], was für die Kappungsgrenze nach § 558 Abs. 3 BGB beachtlich ist. Bei der Ermittlung der ortsüblichen Miete darf der Vermieter den Mietspiegelwert angemessen erhöhen.[986] Ebenso ist bei einem Möblierungszuschlag zu verfahren. Zur Anbringung von Firmenschildern s. Rdn. 334ff.

6. Blumenkasten

314 Mangels einer gegenteiligen Vereinbarung ist der Mieter berechtigt, außen an den Fensterbrettern Blumenkästen anzubringen oder **Blumentöpfe** auf den Fensterbänken abzustellen.[987] Er muss diese ausreichend sichern, damit sie auch bei starkem Wind nicht herabstürzen können und keine Verletzungsgefahr darstellen[988] (s. Verkehrssicherungspflicht Rdn. 139ff.). Darüber hinaus muss der Mieter sicherstellen, dass das Mietobjekt nicht durch auslaufendes Wasser beschädigt wird.[989]

Wurde dem Mieter vertraglich das Aufstellen von Blumenkübeln gestattet, darf der Vermieter diese nicht eigenmächtig entfernen. Anderenfalls kann der Mieter gegen diese Besitzstörung mit Hilfe einer **einstweiligen Verfügung** vorgehen.[990]

315 Das Recht auf Gestaltung der Wohnung findet aber dort eine Grenze, wo allgemeine Flächen, die auch anderen Mietern zum Gebrauch überlassen sind, betroffen sind. So ist es dem Mieter ohne Einwilligung des Vermieters nicht erlaubt, außerhalb der Wohnung im Hausflur oder auf dem Grundstück Blumenarrangements aufzustellen.[991]

7. Briefkasten

316 Der Vermieter hat dafür zu sorgen, dass eine ordnungsgemäße Postzustellung möglich ist.[992] Daher ist er nicht nur verpflichtet, jedem Mieter im Haus einen funktionstüchtigen Briefkasten zur Verfügung zu stellen.[993] Der Vermieter hat auch dafür Sorge zu tragen, dass die Briefkästen vom Postzusteller erreicht werden können.[994] Die vom Vermieter angebrachten Briefkästen müssen ge-

---

[981] LG Berlin WuM 1993, 396 = GE 1993, 377; LG Frankfurt/M. WuM 1992, 112 = ZMR 1992, 542.

[982] BayObLG, Rechtsentscheid vom 25.3.1986, WuM 1986, 205 = NJW-RR 1986, 892 = MDR 1986, 676 = DWW 1986, 149 = GE 1986, 605; AG Hannover WuM 1991, 577.

[983] Siehe *Blank* WuM 2014, 641, 648.

[984] *Blank*/Börstinghaus § 535 BGB Rdn. 625.

[985] *Sternel*, Mietrecht aktuell, Rdn. IV 184; *Schach* in: Kinne/Schach/Bieber § 535 BGB Rdn. 69.

[986] *Blank*/Börstinghaus § 535 BGB Rdn. 627; **a. A.** *Bieber*/MüKo § 553 BGB Rdn. 11 zum Untermietzuschlag; *Riecke* in Prütting/Wegen/Weinreich, § 553 BGB Rdn. 12.

[987] OLG Köln WuM 1995, 582 = ZMR 1994, 562; **a. A.** LG Berlin GE 2011, 1230 = ZMR 2013, 42; AG Schöneberg GE 2001, 1678; LG Berlin MM 2001, 441 mit kritischer Anm. *Despang*.

[988] LG Berlin GE 2012, 1098; AG Charlottenburg ZMR 2013, 446; AG Berlin-Schöneberg MM 1990, 192.

[989] *Kraemer/von der Osten* in Bub/Treier III. A Rdn. 2361.

[990] AG Schöneberg ZMR 2000, 230.

[991] AG Münster WuM 2008, 664.

[992] AG Osnabrück WuM 2000, 329.

[993] LG Mannheim ZMR 1977, 305 = WuM 1976, 231; AG Mainz NJW-RR 1997, 265; AG Mainz WuM 1996, 701; AG Potsdam WM 1996, 760; AG Friedberg WuM 1978, 49 = ZMR 1978, 266.

[994] LG Frankfurt/Oder ZMR 2011, 552; *Bausch* NZM 2006, 917, 918.

eignet sein, normale **Briefformate** aufzunehmen.[995] Der Briefkasten muss somit DIN-gerecht sein und DIN A 4 Umschläge ohne Knick aufnehmen können.[996] Der Mieter braucht sich nicht auf einen für alle Mieter gemeinschaftlichen Briefkasten – wegen des Briefgeheimnisses – verweisen zu lassen. Kommt der Vermieter seiner Pflicht nicht nach, kann der Mieter einen eigenen Briefkasten außerhalb der Wohnungstür anbringen. Er muss aber hinsichtlich des Anbringungsortes Einvernehmen mit dem Vermieter herbeiführen.[997] Der Mieter darf den Briefkasten mit Hinweisen gegen unerwünschte Werbung bekleben.[998]

8. Dübel

Das Dübeln – auch durch Kacheln und Fliesen – ist ohne Zustimmung des Vermieters in angemessenem Umfang gestattet.[999] Die Angemessenheit bestimmt sich danach, ob mit den Dübeln Gegenstände an die Wand geschraubt werden, die zu den üblichen Geräten und Vorrichtungen in einem Haushalt gehören.[1000] Allein die Anzahl der verwendeten Dübel ist grundsätzlich nicht ausschlaggebend.[1001] Teilweise wird die Auffassung vertreten, der Mieter habe nur einen Anspruch auf Zustimmung zur Anbringung üblich dimensionierter und beschaffener Einrichtungen (Handtuchhalter, Papierhalter, Hängeschränkchen etc.)[1002] oder der Mieter müsse die Dübellöcher immer in die Fliesenfugen setzen.[1003] Diesen Meinungen kann nicht gefolgt werden, da gerade in der Einrichtung der Wohnung ein wesentliches Element der Persönlichkeit des Mieters zum Tragen kommt. Allerdings ist der Mieter im Rahmen seiner Obhutspflicht gehalten, schonend mit der Mietsache umzugehen und möglichst wenig Schäden durch das Dübeln zu verursachen. **317**

Hat der Mieter weder Schönheitsreparaturen noch eine Endrenovierung zu tragen, besteht keine Beseitigungspflicht von verkehrsüblichen Dübeln in Fliesen und Kacheln.[1004] Will der Vermieter das Recht auf Verwendung von Dübeln einschränken, muss er dies bei Mietbeginn zur individuell vereinbarten Vertragsgrundlage machen. Dann kann der Mieter entscheiden, ob die Wohnung unter diesen Bedingungen noch ihren Preis wert ist. Derartige Vereinbarungen müssen klar und verständlich sein. Eine **Formularklausel,** die den Mieter generell verpflichtet, bei Beendigung des Mietverhältnisses die hinterlassenen Dübellöcher zu entfernen und ordnungsgemäß und unkenntlich zu verschließen sowie durchgebohrte Kacheln durch gleichartige zu ersetzen, ist unwirksam, weil damit die Beseitigungspflicht des Mieters auch auf Fälle erstreckt würde, in denen das Anbringen von Dübeln und Bohren von Löchern zum vertragsgemäßen Gebrauch unerlässlich ist.[1005] **318**

Überschreitet der Mieter im Einzelfall die Grenzen der Angemessenheit und Zulässigkeit solcher baulicher Maßnahmen, ist er zum Schadenersatz verpflichtet.[1006] Die Beweislast für die übermäßige Verwendung von Dübeln, z. B. im Badezimmer, trägt der Vermieter.[1007] War dem Vermieter nicht zumutbar, Reservekacheln bzw. Reservefliesen vorzuhalten, kann er vom Mieter die Neuverfliesung verlangen, wenn der Vermieter die Kacheln bzw. Fliesen auch im Handel nicht mehr erhalten kann.[1008] **319**

---

995 LG Berlin MM 1990, 261.

996 AG Charlottenburg MM 2001, 402; *Bausch* NZM 2006, 917, 918.

997 *Kraemer* in Bub/Treier III. A Rdn. 2445.

998 AG München WuM 1989, 231.

999 BGH WM 1993, 109 = NJW 1993, 1061 = MDR 1993, 339 = ZMR 1993, 263 = DWW 1993, 74; LG Berlin GE 2002, 261; LG Hamburg WuM 2001, 359; LG Darmstadt NJW-RR 1988, 80; LG Aurich DWW 1989, 223; LG Göttingen WM 1990, 199; LG Mannheim MDR 1975, 231; AG Dortmund GE 2014, 1455.

1000 LG Mannheim MDR 1975, 231; AG Rheinbach NZM 2005, 822.

1001 OLG Köln WuM 1995, 582 = ZMR 1994, 562; LG Hamburg WuM 2001, 359.

1002 *Scheuer/Emmerich* in Bub/Treier V. A Rdn. 306.

1003 LG Berlin GE 2002, 261 = NZM 2003, 512; AG Köpenick GE 2012, 1639; *Scheuer/Emmerich* in Bub/Treier V. A Rdn. 306; **a. A.** AG Dortmund GE 2014, 1455.

1004 OLG Frankfurt/M. WuM 1992, 56 = NJW-RR 1992, 396.

1005 BGH WM 1993, 109; vgl. OLG Düsseldorf WuM 1994, 323 = ZMR 1994, 259 = NJW-RR 1994, 780; OLG Frankfurt/M. WuM 1992, 56 = NJW-RR 1992, 396.

1006 OLG München DWW 1986, 16 = NJW-RR 1986, 443; AG Mönchengladbach-Rheydt ZMR 2013, 724 (60 Dübel).

1007 LG Münster WuM 1999, 720.

1008 LG Göttingen ZMR 1990, 145.

9. Einbauten des Mieters

320 S. dazu Mietermodernisierung (Rdn. 419 ff.) sowie §§ 539, 546, 552 BGB.

10. Fahrstuhl

321 Der Mieter ist berechtigt, einen Fahrstuhl zu nutzen, da die Nutzung grundsätzlich vom Gebrauchsrecht umfasst wird.[1009] Das gilt auch für den Transport von Gütern – z. B. anlässlich eines Umzuges –, soweit die Aufzugsanlage für den Gütertransport geeignet und zugelassen ist.

322 Der Anspruch auf Nutzung des Fahrstuhls kann formularmäßig nicht ausgeschlossen werden, da der Mieter auf Grund hohen Alters oder einer Behinderung auf die Nutzung angewiesen sein kann. Das Vorhandensein eines Aufzuges für die Anmietung einer bestimmten Wohnung stellt für zahlreiche Mieter ein entscheidendes Kriterium und für viele Bauwerke mit einer größeren Anzahl von Geschossen regelmäßig eine Notwendigkeit dar. Daher führt der vertragliche Ausschluss der Nutzung zu einer unangemessenen Benachteiligung.[1010] Das gilt selbst für zeitliche Beschränkungen der Nutzung, z. B. auf eine bestimmte Tageszeit, da derartige Einschränkungen den Mieter an die Wohnung fesseln oder von ihrer Nutzung ausschließen können (s. Rdn. 324).[1011]

323 „Für etwaige, durch die Benutzung des Fahrstuhls entstehende Schäden haftet der Vermieter nur, soweit ihn vorsätzliches oder grob fahrlässiges Verschulden trifft", ist eine unangemessene und damit unwirksame Klausel,[1012] zumal sich der Vermieter gegen derartige, seinem Gefahrenkreis entstammende Risiken, versichern kann. Da zudem hinsichtlich der Schadensart keine Differenzierung vorgenommen wurde, liegt in der obigen Klausel ein Verstoß gegen § 309 Nr. 7 a BGB, weil danach der Ausschluss der Haftung des Verwenders für leichte Fahrlässigkeit bei Verletzung von Leben, Körper und Gesundheit unwirksam ist.

324 Gehört die Aufzugsanlage zum vertragsgemäßen Gebrauch, ist der Vermieter verpflichtet, die Aufzugsanlage rund um die Uhr[1013] **in Betrieb** zu halten und notfalls zu reparieren.[1014] Grenzen dieser Pflicht können sich unter dem Gesichtspunkt der Opfergrenze ergeben (s. Rdn. 211 ff.).

11. Fahrzeuge

325 Auch ohne ausdrückliche Erlaubnis ist der Mieter berechtigt, einen vom Vermieter der Mietergemeinschaft zur Verfügung gestellten Fahrradabstellplatz zu nutzen. Allerdings kann der Mieter keinen bestimmten Abstellplatz beanspruchen. Reicht der vorhandene Platz nicht aus oder steht kein **Abstellplatz** zur Verfügung, darf der Mieter das Fahrrad in seinem Keller oder in der Wohnung und ggf. auch im Hausflur abstellen (s. Rdn. 359 ff.). U. U. ist der Mieter zur Minderung berechtigt.[1015]

326 Ob der Mieter sein **Fahrrad** auf einem vorhandenen Hof abstellen kann, ist im Einzelfall nur nach der Zweckbestimmung des Hofes sowie nach der Zumutbarkeit für die Mitbewohner zu prüfen.[1016] Vermietet der Vermieter allerdings an einen Gewerbetreibenden oder Freiberufler mit Kundenverkehr, z. B. an eine Arztpraxis, muss er dulden, dass die Besucher ihre Fahrräder oder Kinderwagen auf dem Grundstück abstellen.[1017] Hat der Mieter einen PKW-Abstellplatz (s. Rdn. 287 f.) angemietet, darf er wegen des vereinbarten Vertragszwecks darauf grundsätzlich keine Fahrräder abstellen.[1018]

327 Grundsätzlich ist der Vermieter ohne besondere Absprache nicht verpflichtet, das Abstellen von Kraftfahrzeugen auf seinem Grundstück zu gestatten.[1019] Hat der Vermieter dem Mieter aber diese Möglichkeit eingeräumt, so kann ein vereinbartes Widerrufsrecht nur bei berechtigtem Interesse

---

[1009] LG Hamburg ZMR 1977, 154 = NJW 1976, 1320; *Emmerich* in Emmerich/Sonnenschein, Miete, § 535 Rdn. 6.

[1010] Einschränkend *Bub* in Bub/Treier II Rdn. 1396.

[1011] LG Frankfurt/M. WuM 1990, 271.

[1012] BGH (IX ZR 124/00) MDR 2002, 300 mit Anm. *Lützenkirchen;* OLG Celle WuM 1990, 103.

[1013] OLG Frankfurt/M. NZM 2004, 909 = NJW-RR 2004, 1667 = ZMR 2004, 818.

[1014] LG Berlin GE 1986, 449 = ZMR 1986, 89; LG Hamburg ZMR 1977, 154 = NJW 1976, 1320.

[1015] AG Menden WuM 2007, 190.

[1016] AG Berlin-Schöneberg GE 1990, 209; AG Berlin Charlottenburg GE 1982, 87; AG Berlin-Tiergarten GE 1981, 635; vgl. auch AG Münster WuM 1994, 198 vgl. *Sternel* Mietrecht aktuell (2009) Rdn. VI 149.

[1017] LG Hildesheim MDR 1961, 602.

[1018] Offen gelassen AG Schöneberg MM 1992, 319.

[1019] LG Oldenburg ZMR 1966, 208.

ausgeübt werden.[1020] Die jahrelange widerspruchslose Nutzung der Gemeinschaftsfläche durch den Mieter kann zur Erweiterung des Vertragsgegenstandes führen.[1021] Die Erlaubnis, im Hofraum des Anwesens zu parken, hat nicht zur Folge, dass der Mieter Anspruch auf einen bestimmten **Parkplatz** hat[1022]. Der Vermieter kann aber dem Mieter einen bestimmten Platz zuweisen.[1023]

Handelt es sich um ein gewerbliches Mietobjekt und gehört ein Kundenparkplatz zum vertrags- 328
gemäßen Gebrauch, versteht sich die vertragliche Regelung gemäß §§ 133, 157 BGB so, dass auch die außerhalb der üblichen Geschäftszeiten liegende Nutzung durch den Mieter bzw. dessen Angestellten erlaubt ist[1024].

Hat der Vermieter einen Teil seiner Grundstücksfläche in der Vergangenheit zum Abstellen von 329
Fahrzeugen zur Verfügung gestellt, darf er nicht ohne weiteres diese Fläche zur Einrichtung eines gebührenpflichtigen Parkplatzes verwenden. Liegt ein Mietvertrag über den Parkplatz vor, kann der Vermieter nur gem. § 573b BGB kündigen.[1025] Liegt eine Gestattung vor, kommt bei Vorliegen eines sachlichen Grundes auch ein Widerruf in Betracht.[1026]

Der Vermieter ist nicht berechtigt, den Mieter durch Formularvereinbarung das Halten und 329a
Fahren eines KfZ zu verbieten.[1027] Eine solche Klausel schränkt den Mieter unangemessen in seiner Handlungsfreiheit ein und hat zudem mit der Wohnung nichts zu tun. Eine Gebrauchsbeschränkung kann allerdings vereinbart werden, um z. B. die Zufahrtswege auf dem Vermietungsareal zu den Wohnungen vom Autoverkehr möglichst freizuhalten. Es muss dabei sichergestellt werden, dass für besondere Fallgestaltungen Ausnahmen zulassen werden, wie z. B. die Zufahrt für gehbehinderte Mieter. Hier wird es im Einzelfall auf eine umfassende Interessenabwägung, die schon im Wortlaut der Vertragsklausel angelegt ist, ankommen.[1028]

12. Feste

Ähnliche Maßstäbe wie bei der Musikausübung (s. Rdn. 461 f.) sind anzulegen, wenn es um die 330
Beurteilung von Festlichkeiten in der Wohnung oder in so genannten Partykellern sowie in Gartenanlagen geht. Auch durch Feiern dürfen Mitmieter nicht über das erträgliche Maß hinaus gestört werden. Das bedeutet, dass die zeitliche Grenze von 22 Uhr bis maximal 23 Uhr eingehalten werden muss. Auch die Anzahl der **Gäste** darf u. U. ein bestimmtes Maß nicht überschreiten und kann notfalls mit einer einstweiligen Verfügung begrenzt werden.[1029]

Aus dem Grundsatz der gegenseitigen Rücksichtnahme ergibt sich, dass regelmäßig wiederkeh- 331
rende, u. U. sogar wöchentliche, lärmintensive Partys nicht gestattet sind.[1030] Sie führen erfahrungsgemäß zu einer Belästigung der Mitmieter. Dies schließt allerdings nicht aus, dass Mieter und Wohnungseigentümer bei besonderen Anlässen in der Wohnung Feste feiern können, auch wenn hierdurch andere Mieter einmal gestört werden sollten.[1031] Insbesondere dann, wenn dies als Ausdruck traditioneller Geselligkeit in einem bestimmten Wohngebiet üblich ist.[1032] Generell können aber weder Mieter noch Wohnungseigentümer gegen einen Mieter bzw. Eigentümer durch Mehrheitsbeschluss die Anlässe oder zeitlichen Grenzen einer Feier festlegen.

Bei der Beurteilung familiärer wie auch nachbarschaftlicher Festivitäten ist sowohl auf die Be- 332
sonderheit des Anlasses als auch auf die regional bedingte Üblichkeit wie Karneval, Schützenfest, Silvester usw. abzustellen.[1033] Das **Gebot der Rücksichtnahme** erfordert aber gleichfalls, dass der

---

1020 LG Berlin GE 1992, 989; AG Reinbeck WuM 2000, 330; AG Düsseldorf WuM 1994, 426; AG Gießen WuM 1994, 198; *Sternel* Mietrecht aktuell (2009) Rdn. VI 149.

1021 LG Berlin GE 1994, 401; AG Gießen WuM 1994, 198; für den konkreten Fall verneinend AG Neubrandenburg WuM 1994, 262.

1022 LG Berlin GE 2005, 617.

1023 AG Miesbach WuM 1979, 213.

1024 OLG Düsseldorf GuT 2002, 173 = ZMR 2003, 107 = DWW 2003, 52.

1025 AG Reinbek WuM 2000, 329; AG Gießen WuM 1994, 198.

1026 KG WuM 2009, 654; LG Berlin GE 2011, 1087; GE 2005, 617; *Flatow* NZM 2007, 432.

1027 AG Münster WuM 2014, 408; LG Münster, Zurückweisungsbeschl. v. 3.6.2014 – 3 S 37/14 – juris. *Blank* jurisPR-MietR 12/2014 Anm. 1; Börstinghaus WImmoT 2014, 95, 103f.

1028 *Blank* jurisPR-MietR 12/2014 Anm. 1.

1029 AG Bad-Homburg NJW-RR 1992, 335.

1030 OLG Düsseldorf WuM 1990, 116 = NJW 1990, 1676 = ZMR 1990, 183 = DWW 1990, 118 = MDR 1990, 849.

1031 AG Köln MDR 1961, 852; *Barthelmess* in FS Blank S. 23, 54.

1032 LG Frankfurt/M. WuM 1989, 575 = NJW-RR 1990, 27.

1033 *Barthelmess* in FS Blank S. 23, 54.

Mieter den besonderen Umständen im Haus Rechnung trägt, z. B. die Rücksichtnahme auf kranke Nachbarn, auf Kinder oder auf die besondere Hellhörigkeit im Haus.

333 Für den von der Feier ausgehenden Lärm der Gäste ist der Mieter als Veranstalter[1034] verantwortlich.[1035]

13. Firmenschilder

334 Es ist für Gewerbetreibende bzw. Angehörige der freien Berufe selbstverständliches Recht, an der Außenfassade des Hauses Namens- oder Firmenschilder anzubringen. Die Größe des Schildes kann von den örtlichen Gegebenheiten und der Üblichkeit abhängig gemacht werden. Jedenfalls muss auch ein Hinweis auf die Büro- und Sprechstunden möglich sein. Wird ein Büro verlegt, sind sowohl der neue Mieter als auch der Vermieter verpflichtet, auf angemessene Zeit ein Schild zu dulden, das auf die neuen Räume des umgezogenen Mieters hinweist.[1036] Als angemessen ist ein Zeitraum von ca. 6 Monaten anzusehen.[1037]

335 Nutzt ein Mieter seine Wohnung in geringfügigem Umfang zulässigerweise teilgewerblich, hat der Vermieter auch grundsätzlich in diesen Fällen die Anbringung eines Schildes neben der **Hauseingangstür** und unter Umständen im **Treppenhaus** zu dulden.[1038] Dieser Auffassung ist jedenfalls dann zuzustimmen, wenn die Erlaubnis des Vermieters Kundenverkehr einschließt. In anderen Fällen, z. B. bei der Nutzung eines Zimmers als Büro, muss das Interesse des Vermieters als überwiegend angesehen werden,[1039] so dass der Mieter ohne besondere Erlaubnis des Vermieters nicht berechtigt ist, Werbe- oder Reklameeinrichtungen am Haus oder in den Fenstern anzubringen.[1040]

336 Der Ort und die Gestaltung des Firmenschildes sind mit dem Vermieter **einvernehmlich** festzulegen, da der Vermieter ein berechtigtes Interesse an der äußeren Gestaltung der Hausfassade hat. Insoweit kann der Vermieter auch formularvertraglich den Mieter auf bestimmte Vorgaben festlegen. Übt der Mieter seinen Beruf oder sein Gewerbe nicht in der Wohnung, sondern anderswo aus, hat er keinen Anspruch auf Anbringung eines Firmenschildes am Wohnhaus.

14. Funkantenne

337 Bei einer CB-Funksprechanlage[1041] handelt es sich nicht um ein für weite Schichten der Bevölkerung zum Allgemeingut gewordenes technisches Hilfsmittel, dessen Gebrauch zur Selbstverständlichkeit geworden ist und einem unbedingten Verkehrsbedürfnis entspricht.[1042] Eine Funksprechanlage ist auch nicht dem Fernsprecher mit seiner hohen wirtschaftlichen Bedeutung gleichzusetzen,[1043] da sie, anders als dieser, nicht den Charakter eines wirtschaftlichen Hilfsmittels hat, sondern ausschließlich der Freizeitbeschäftigung gewidmet ist. Darin unterscheidet sie sich auch vom gewerblichen Funkbetrieb (Funktaxi; Betriebsfunk). Ist im Mietvertrag das Anbringen einer Funkantenne am Haus oder auf dem Dach untersagt, muss sich der Mieter daran halten.[1044] Der Funkbetrieb ist erlaubt, wenn der Mieter mit einer Teleskopantenne aus der Wohnung heraus den Funkverkehr ausüben[1045] und im Übrigen sicherstellen kann, dass keine Störungen im Radio- und Fernsehempfang der Mitmieter auftreten.[1046] Ansonsten ist für die notwendige Zustimmung des Vermieters auch maßgebend, ob eine Antenne ohne **optische Beeinträchtigung** des Hauses angebracht werden kann[1047] und ob auch andere Mieter möglicherweise den Wunsch nach einer

---

[1034] Nach LImmSchG NW; vgl. OLG Düsseldorf WuM 1996, 56 = NJW 1995, 3134 = ZMR 1995, 415 = DWW 1995, 255.

[1035] OLG Düsseldorf WuM 1990, 116 = NJW 1990, 1676 = ZMR 1990, 183 = DWW 1990, 118 = MDR 1990, 849; AG Köln WuM 1987, 21.

[1036] OLG Düsseldorf NJW 1988, 2545 = NJW-RR 1988, 1360.

[1037] BGH NJW 1952, 867 = BB 1952, 503.

[1038] AG Tiergarten GE 1991, 577; *Gather* ZAP 2008, Fach 4, 1187, 1151.

[1039] LG Schwerin NJW-RR 1996, 1224.

[1040] *Kraemer/Schüller* in Bub/Treier III. B Rdn. 2871.

[1041] Einzelheiten s. bei *Siegert* NJW 1996, 2287.

[1042] BayObLG WuM 1981, 80 = NJW 1981, 1275 = ZMR 1982, 84 = DWW 1982, 121 = MDR 1981, 583; LG Köln GE 1981, 241.

[1043] AG Köln NZM 2000, 88; AG Schöneberg GE 1995, 763.

[1044] LG Karlsruhe WuM 1989, 496; LG Berlin MDR 1981, 57; LG Köln GE 1981, 241; AG Köln NZM 2000, 88; WuM 1980, 4.

[1045] *Siegert* NJW 1996, 2287; Vgl. auch AG Wedding GE 1992, 831.

[1046] AG Heilbronn NJW-RR 1991, 79.

[1047] LG Essen NJW-RR 1990, 782; AG Köln WuM 1998, 662.

Funkantenne äußern könnten.[1048] Bei der Abwägung der gegenseitigen Interessen können für den Mieter aber soziale Gründe sprechen, wie z. B. die Kontaktaufnahme zu anderen Menschen bei längerer Krankheit.[1049]

Innerhalb einer **Wohnungseigentumsanlage** stellt die Installation einer Funkantenne eine bauliche Maßnahme dar, die der Zustimmung aller Wohnungseigentümer bedarf.[1050] Die für diese bauliche Veränderung grundsätzlich erforderliche Zustimmung der übrigen Wohnungseigentümer ist aber ausnahmsweise entbehrlich, wenn die Veränderung für die übrigen Wohnungseigentümer keinen über das bei einem geordneten Zusammenleben unvermeidliche Maß hinausgehenden Nachteil i. S. d. § 14 WEG bedeutet.[1051] **338**

Sind die Räume zur gewerblichen Nutzung vermietet, so wird der Vermieter verpflichtet sein, die Anbringung einer Funkantenne zu gestatten, wenn der Betrieb einer Funkanlage zur Eigenart des Gewerbebetriebes gehört. Der Streitwert bei einer Unterlassungsklage bemisst sich nach dem ideellen Interesse des Vermieters bzw. Eigentümer an der Beeinträchtigung.[1052] **339**

15. Garage/Einstellplätze

Garagen darf der Mieter im Rahmen des Vertragszweckes nutzen. In diesem Zusammenhang ist häufig streitig, ob der Mieter in der Garage oder auf dem Stellplatz z. B. Fahrräder oder Motorräder abstellen oder dort Werkzeuge, Maschinen oder gar Hausrat lagern darf. Ist vertraglich nichts weiter vereinbart, muss der Umfang der Gebrauchsgewährung durch Auslegung des Vertrages ermittelt werden. Dabei ist an die Zweckbestimmung anzuknüpfen. Hierzu können Anhaltspunkte der Reichsgaragenordnung[1053] entnommen werden. Gem. § 1 Abs. 2 RGaO sind Garagen bauliche Anlagen oder Räume, die zum Einstellen von Kraftfahrzeugen bestimmt sind. Die Garagen dienen somit dem Kraftfahrzeug, also gem. § 1 Abs. 2 StVG einem Landfahrzeug, das durch Maschinenkraft bewegt wird, ohne an Bahngleise gebunden zu sein. Orientiert man sich daran, kann der Mieter daher neben einem Auto z. B. auch/oder sein Motorrad unterstellen, nicht jedoch sein Fahrrad. Dieses unverständliche Ergebnis zeigt, dass die Anknüpfung für den Gebrauch an eine öffentlich-rechtliche Vorschrift, die allein dem Verkehr dient, zu eng ist.[1054] Der Zweck des Garagenmietvertrages geht weiter. Zum einen will der Vermieter mit der Vermietung auch die Entlastung des **ruhenden Verkehrs** bewirken. Daher ist es dem Mieter in jedem Fall verboten, die Garage oder den Stellplatz so zu nutzen, dass die Unterbringung seines Kraftfahrzeugs nicht mehr möglich ist. Zum anderen soll die Garage aber regelmäßig dem Mieter auch dazu dienen, generell Fahrzeuge unterzustellen, um sie vor **Diebstahl und Beschädigung** zu schützen, wie z. B. Fahrräder und Motorräder. Regelmäßig verbindet der Mieter mit der Anmietung einer Garage auch die Vorstellung, dort mit dem Betrieb der Fahrzeuge verbundene Zubehörteile und erforderliche Werkzeuge unterzubringen. Es wäre zudem ein Verstoß gegen Treu und Glauben, wenn der Vermieter aus rein formalen Gesichtspunkten z. B. das Unterstellen von Fahrrädern in der Garage untersagen könnte, weil ein sachliches Interesse des Vermieters an einer solchen einengenden Regelung nicht erkennbar und ihm diese Erweiterung des Vertragszwecks zumutbar ist (s. auch Rdn. 325 f.). **340**

Etwas anderes gilt für **Stellplätze.** Gem. Abs. 1 der RGaO sind Einstellplätze unbebaute oder mit Schutzdächern versehene, weder dem ruhenden noch dem fließenden öffentlichen Verkehr dienende Flächen, die zum Einstellen von Kraftfahrzeugen bestimmt sind. Da sie keinen abgeschlossenen Raum, sondern lediglich eine ungeschützte abgesteckte Fläche bilden, sind sie grundsätzlich nur für das Abstellen eines PKW geeignet. **341**

Der Vermieter kann vertraglich festlegen, dass die Mietsache zum Abstellen eines PKWs überlassen wird und das gleichzeitige Abstellen weiterer kleinerer Fahrzeuge (z. B. Fahrräder, Mofas, Mopeds) nicht gestattet ist.[1055] **342**

1048 LG Heilbronn NJW-RR 1992, 77 = WuM 1992, 10.

1049 LG Berlin GE 1982, 41; **a. A.** LG Essen WuM 1980, 30; zu den Zustimmungsvoraussetzungen vgl. *Blank/Börstinghaus* § 535 BGB Rdn. 539.

1050 BayObLG WuM 1988, 98 = ZMR 1987, 30 = MDR 1987, 235; LG Stuttgart WuM 1991, 213 = NJW-RR 1990, 1167 = ZMR 1991, 191.

1051 BayObLG WuM 1990, 611 = NJW 1990, 3218 = NJW-RR 1990, 1167.

1052 LG Hamburg WuM 1991, 359.

1053 Verordnung über Garagen und Einstellplätze vom 17.2.1939 idF des Erlasses vom 13.9.1944 (RGaO).

1054 So aber *Schickedanz* ZMR 2008, 100, 101.

1055 *Lützenkirchen*, Wohnraummiete, S. 59.

343 Die Lagerung sonstiger[1056] oder gar brennbarer Gegenstände, wie Benzin und Öl, ist unzulässig. Der Vermieter muss für eine verkehrssichere Zufahrt sorgen und diese mangels anderweitiger Vereinbarung auch sauber halten.

16. Garten

344 Ein Gewohnheitsrecht, wonach der Mieter einer Erdgeschosswohnung ohne weiteres auch den Hausgarten benutzen darf, gibt es nicht. Der Erdgeschossmieter ist auch nicht gewohnheitsrechtlich zur Pflege eines Vorgartens verpflichtet. Ohne ausdrückliche Vereinbarung stellt der Garten im Zweifel eine Gemeinschaftseinrichtung dar, welche lediglich im Rahmen des Gemeinschaftszweckes (mit-)benutzt werden kann. Verstöße dagegen können im Einzelfall eine fristlose Kündigung rechtfertigen.[1057] Ist der Garten aber an eine oder mehrere Parteien vermietet, darf ihn auch der Vermieter selbst nicht mehr benutzen; es sein denn, er hat einen entsprechenden Vorbehalt vereinbart.[1058] Wurde dem Mieter die **Gartennutzung** lediglich unter Widerrufsvorbehalt gestattet, kann sie ohne triftigen Grund vom Vermieter nicht entzogen werden.[1059] Ist der Garten bei Abschluss des Mietvertrages noch nicht angelegt und haben die Parteien darüber keine weiteren Einzelheiten vereinbart, ist er dem Mieter in einem zur normalen Nutzung als **Hausgarten** geeigneten Zustand zu überlassen.[1060] Zur Nutzung eines Gartens gehört, dass neben den Kindern des Mieters auch deren Freunde im Garten spielen können.[1061] Der Mieter hat auch einen Anspruch auf Errichtung eines **Sandkastens.**[1062] Er darf auch **Gartenmöbel**[1063] oder ein Pavillon-Zelt[1064] aufstellen. Nach Auffassung des AG Regensburg[1065] sogar eine Parabolantenne. Dem Vermieter steht somit kein Direktionsrecht hinsichtlich der Gartengestaltung zu.[1066]

345 Ist über die Pflege des Gartens eine Vereinbarung getroffen worden, bleibt der Vermieter dennoch zur Instandhaltung und Instandsetzung verpflichtet.[1067] Wird der Garten von außen zerstört (z. B. durch Wildschweine), handelt es sich bei den Wiederherstellungsarbeiten nicht um Pflegemaßnahmen, sondern um Instandsetzungen, deren Kosten der Vermieter zu tragen hat.[1068] Bei Anmietung eines Einfamilienhauses ist mangels gegenteiliger Vereinbarung regelmäßig davon auszugehen, dass dem Mieter die Gartenpflege obliegt. Ihm sind ohne besondere Absprache aber nur einfache Pflegearbeiten zuzumuten.[1069] Das gilt selbst dann, wenn der Mieter nach dem Mietvertrag verpflichtet ist, den Garten des gemieteten Hausgrundstücks „gärtnerisch" zu unterhalten.[1070] Auch bei solchen ungenauen Absprachen können dem Mieter nur einfache und grundsätzliche **Pflegearbeiten** abverlangt werden, ohne dass er einen Fachmann hinzuziehen muss. Einfache Pflegearbeiten sind solche Arbeiten, die weder besondere Fachkenntnisse des Mieters noch einen besonderen Zeit- oder Kostenaufwand erfordern, wie z. B. das Rasenmähen oder das Umgraben von Beetflächen.[1071] Hierzu gehören somit nicht das Beschneiden von Bäumen und Büschen sowie das Vertikutieren und Düngen des Rasens. Mangels entgegenstehender Vereinbarung sind diese „höheren" Arbeiten vom Vermieter auszuführen. Der Mieter muss ihm hierzu – nach vorheriger Anmeldung – den Zutritt zum Grundstück gewähren.[1072] Hat sich der Mieter ohne besondere Vorgaben nur zur „Pflege" des Gartens verpflichtet, unterliegt in einem solchen Fall die Pflege im Einzelnen

---

[1056] AG München ZMR 2013, 817.
[1057] AG Köln ZMR 2012, 708 (ständig in den Garten urinierender Mieter).
[1058] *Sonnenschein* NJW 1997, 1270, 1279.
[1059] AG Bergisch-Gladbach WuM 1989, 498; *Sternel* PiG 2012, 47, 60.
[1060] Zur Ausfüllung des Begriffs „geeigneter Zustand" vgl. AG Neuss NJW-RR 1990, 1163.
[1061] AG Solingen, WuM 1980, 112.
[1062] AG Aachen WuM 1987, 83; zur Brunnennutzung vgl. AG Görlitz WuM 2004, 600.
[1063] AG Berlin-Mitte GE 2005, 1133; AG Schöneberg GE 2005, 1131.
[1064] LG Hamburg 2007, 681.
[1065] AG Regensburg WuM 2007, 287.
[1066] LG Köln ZMR 2011, 955.
[1067] LG Kassel WuM 1988, 155; AG Bocholt WuM 1987, 270.
[1068] LG Berlin WuM 2016, 168; AG Köpenick GE 2013, 1006; AG Schöneberg GE 2000, 1691.
[1069] LG Braunschweig WuM 2009, 288; LG Hamburg ZMR 2003, 265; LG Siegen WuM 1991, 85; offen gelassen AG Münster WuM 2011, 357.
[1070] LG Wuppertal WuM 2000, 353.
[1071] OLG Düsseldorf WuM 2004, 603, 606; LG Wuppertal WuM 2000, 353; LG Detmold WuM 1990, 289.
[1072] AG Burgwedel WuM 1990, 493.

nicht der Direktive durch den Vermieter.[1073] Dieser kann somit nicht anordnen, welche Pflanzen einzusetzen bzw. zu entfernen sind oder wann Unkraut gejätet werden muss. Vielmehr ist dem Mieter bei vereinbarter Gartennutzung und -pflege gestattet, diese Nutzung sehr weit und individuell auszugestalten.[1074] Zunehmend wird die Auffassung vertreten, dass der Mieter einen reinen Zier- oder Nutzgarten in einen ökologischen Garten umwandeln kann. In diesem Garten dürfen **Wildkräuter** wachsen; es darf aber nicht zu einer völligen Verwilderung und Vernachlässigung des Gartens kommen.[1075] Abhängig von der Größe des Gartens kann ein kleines **Spielhaus**[1076] oder **Gartenhaus** errichtet,[1077] ein kleiner Teich gestaltet[1078] oder neben dem Ziergarten auch ein Gemüsebeet und ein **Komposthaufen**[1079] angelegt werden. Der Garten kann auch mit Einrichtungen versehen werden, wie z. B. Wegsperren und Einfriedungen.[1080] Bei Beendigung des Mietverhältnisses ist der Mieter grundsätzlich gehalten, den ursprünglichen Zustand wieder herstellen.[1081] Dabei ist aber besonders zu prüfen, ob in der Geltendmachung des Anspruchs nicht ein Missbrauchstatbestand zu sehen ist. Hat der Mieter die Maßnahmen ausschließlich in seinem Interesse vorgenommen, kann von einem stillschweigenden Einverständnis der Parteien ausgegangen werden, dass der Mieter hierfür keinen Aufwendungsersatz verlangen kann.[1082]

Der Mieter kann beliebige Blumen säen und pflanzen. Cannabis darf der Mieter allerdings nicht **346**
anbauen – auch nicht für den Eigenbedarf.[1083] Ein Verbot kann auch für das Bewachsenlassen von Knöterich oder Geißblatt[1084] an der Hauswand ausgesprochen werden, soweit dadurch eine Beeinträchtigung der Bausubstanz befürchtet werden muss.[1085] Ob der Vermieter auch das Setzen von Sträuchern und kleinen Bäumen verbieten kann, hängt von der Beurteilung des Einzelfalls, hier insbesondere von der Größe des Gartens ab. Ein zusätzlicher Maßstab ist die Ortsüblichkeit und das landesrechtliche Nachbarrecht. In Wohnungseigentumsanlagen kann die vermietete Gartenfläche auch einen Sozialbezug aufweisen, der den Eigentümer bei entsprechender Vereinbarung berechtigt, wirksam die Gestaltung des Gartens festzulegen. Der optisch-ästhetische Gesamteindruck der Wohnanlage kann dabei für die gestalterische Entscheidung des Vermieters maßgeblich sein.[1086]

Nicht zugestanden wird dem Mieter, Sträucher und Bäume zu entfernen, welche der Vermieter **347**
oder ggf. auch der Mieter selbst[1087] zur Gestaltung des Grundstückes gepflanzt hatten. Häufig werden solche Bepflanzungen wesentlicher Bestandteil des Grundstücks; weil sie nicht nur zu einem vorübergehenden Zweck erfolgen.[1088] Zur Entfernung der Pflanzen bedarf es dann der ausdrücklichen Genehmigung durch den Vermieter.[1089] Mangels anderweitiger Vereinbarung ist der Mieter allerdings berechtigt, das Obst im Garten zu ernten.[1090] Liegt hinsichtlich der Gartengestaltung eine Vereinbarung vor, darf der Vermieter das Grundstück betreten, um die Einhaltung der vertraglichen Pflichten zu prüfen.[1091]

1073 OLG Düsseldorf WuM 2004, 603, 606 = GE 2005, 615; LG Köln WuM 1996, 402; **a. A.** LG Frankfurt/M. NZM 2005, 338 = NJW-RR 2005, 663 bei Vereinbarung der Pflege unter Bezugnahme auf § 2 Nr. 10 BetrKV.

1074 Vgl. LG Köln WuM 1996, 402; vgl. *Eisenschmid* in FS Seuss S. 224 f.

1075 LG Köln NJWE-MietR 1996, 243, AG Hamburg-Barmbek ZMR 2009, 455; *Wall* jurisPR-Mietrecht 25/09 Anm. 1; einschränkend *Schmid* DWW 2011, 243.

1076 AG Flensburg WuM 2016, 486.

1077 **A. A.** AG Brühl WuM 1989, 498.

1078 LG Lübeck WuM 1993, 669.

1079 AG Regensburg WuM 1985, 242.

1080 AG Münster WuM 1997, 486.

1081 LG Lübeck WuM 1993, 669.

1082 BGH (VIII ZR 387/04) WuM 2007, 443 = NZM 2007, 682 = MDR 2007, 1123 = GE 2007, 1049 = ZMR 2007, 684 = MietPrax-AK § 539 BGB Nr. 1 mit Anm. *Eisenschmid;* LG Berlin GE 2014, 872.

1083 LG Ravensburg WuM 2001, 608; LG Lüneburg WuM 1995, 708.

1084 AG Münster WuM 1990, 493.

1085 AG Bonn WuM 1993, 735; AG Münster DWW 1990, 423 für Geißblatt.

1086 LG Hamburg Wohnungseigentum 2000, 35.

1087 OLG Düsseldorf NZM 1998, 1020; LG Detmold NZM 2014, 434.

1088 LG Detmold NZM 2014, 434; vgl. auch LG Berlin GE 2014, 872; *Emmert,* jurisPR-MietR 15/2014 Anm. 1.

1089 AG Köln, Az: 151 C 1074/75.

1090 AG Leverkusen WuM 1994, 199.

1091 LG Köln ZMR 2011, 955.

348 Soweit es sich bei dem Garten um eine Gemeinschaftseinrichtung handelt, dürfen die Pflegekosten als Betriebskosten umgelegt werden (vgl. dazu § 556 Rdn. 156f.). Ansonsten trägt die Pflegekosten sowie die **Anschaffungskosten** der erforderlichen **Gerätschaften** der Mieter, der den Garten vertraglich nutzen darf. Ist dem Mieter allerdings eine bestimmte Gestaltung und Pflege des Gartens aufgegeben, muss der Vermieter mangels anderweitiger Vereinbarung die dafür notwendigen Gerätschaften zur Verfügung stellen.[1092]

349 Im Einzelfall kann dem Mieter ein Zurückbehaltungsrecht an seiner Pflegeleistung zustehen,[1093] z. B. wenn der Vermieter das Gartengrundstück nicht so übergibt, wie es vertraglich vereinbart wurde.

17. Gewerbe

350 Vermietet der Vermieter Räumlichkeiten zu gewerblichen Zwecken, hat er sie so herzurichten, dass sie die für den in Aussicht genommenen Gewerbebetrieb erforderlichen Eigenschaften besitzen. So gehört es zum Betrieb einer Praxis, dass die Hauseingangstür während der Geschäftszeiten geöffnet ist oder vom Kunden geöffnet werden kann.[1094] Der Vermieter muss insbesondere für eine ausreichende Tragfähigkeit der Decken Sorge tragen. Dieses Risiko darf der Vermieter grundsätzlich nicht mit Hilfe von **Formularklauseln** auf den Mieter abwälzen, soweit es sich bei den aufzustellenden Gegenständen um verkehrsübliche Einrichtungen handelt.[1095] Auch die Zugänge und Zufahrten müssen für eine normale Nutzlast ausgerichtet sein[1096] und einen problemlosen Betrieb des Gewerbes ermöglichen.[1097] Richtet der Vermieter die Räumlichkeiten auf Wunsch des Mieters ein, kann dadurch die Haftung ausgeschlossen sein. Insbesondere muss der Vermieter alle Arbeiten, die nach baupolizeilichen Vorschriften oder allgemeiner Verkehrsanschauung während der Mietzeit erforderlich sind, ausführen.

351 Der Mieter ist grundsätzlich nicht berechtigt, einen anderen als den vertraglich vereinbarten Geschäftszweig zu betreiben (s. Wettbewerb, Rdn. 599ff.). Daher liegt eine Vertragsverletzung vor, wenn sich aus dem Mietvertrag ergibt, dass die Mieträume als Büros genutzt werden sollten, und stattdessen in den Mieträumen **Asylbewerber** untergebracht werden.[1098] Es kommt in solchen Fällen nicht darauf an, ob dem Vermieter durch die anderweitige Nutzung ein Schaden droht.

352 Der Vermieter kann in Grenzen auch vertraglich vereinbaren, dass ein bestimmtes **Nutzungsrisiko** beim „gewerblichen" Mieter liegen soll; so, wenn die Mietzahlung auch dann in voller Höhe erfolgen soll, wenn die beabsichtigte Nutzung aus tatsächlichen oder rechtlichen Gründen nicht durchführbar ist.[1099] Eine solche Vereinbarung ist aber nur zulässig, wenn damit nicht das typische Vermieterrisiko auf den Mieter verlagert wird (§ 307 BGB; vgl. § 536 Rdn. 94).

353 Ob eine von dem Mieter von Geschäftsräumen beabsichtigte **Geschäftserweiterung** dem Zweck des Mietvertrages widerspricht und daher vertragswidrig ist, muss unter Würdigung aller Umstände des Einzelfalles nach den Grundsätzen von Treu und Glauben entschieden werden.[1100] Dem Mieter wird die Geschäftserweiterung grundsätzlich nicht versagt werden können, wenn das neue Geschäft nicht etwas wesentlich anderes ist.[1101] Dabei spricht zu seinen Gunsten im Wesentlichen das wirtschaftliche Interesse an der Ausweitung seines Betriebes; insbesondere wenn dies existenznotwendig ist.[1102] Für den Vermieter ist zu bedenken, ob mit der Erweiterung des Geschäftsbetriebs die vermieteten Räume einer verstärkten Abnutzung ausgesetzt sind, ob Konkurrenzschutzansprüche anderer Mieter entgegenstehen oder ob der Wert der Immobilie betroffen sein kann.

[1092] *Wall* in Eisenschmid/Wall, Rdn. 3564; einschränkend AG Ebersberg WuM 1985, 258.
[1093] LG Köln WuM 1996, 402.
[1094] LG Itzehoe ZMR 2010, 191.
[1095] OLG Frankfurt/M. WuM 1997, 609.
[1096] *Fritz*, Gewerberaummietrecht, Rdn. 72.
[1097] OLG Düsseldorf GuT 2002, 173 = ZMR 2003, 107 = DWW 2003, 52.
[1098] OLG Düsseldorf MDR 1991, 542 = ZMR 1991, 176 = DWW 1991, 80.
[1099] LG Berlin GE 1999, 187 = NZM 1999, 711.
[1100] BGH BB 1954, 246; zum Mieterwechsel als Betriebsübergang siehe *Wichert*, ZMR 2016, 756.
[1101] BGH NJW 1961, 307 = MDR 1961, 225 zur Umstellung eines Handwerksbetriebes auf industrielle Fertigung; BGH NJW 1957, 1833 = BB 1957, 1093 zur Erweiterung des Angebots in einer Milchbar auf alkoholische Getränke; OLG Düsseldorf MDR 1996, 467 = ZMR 1996, 258 = DWW 1997, 122 = NJWE-MietR 1996, 126 zum Verkauf von Fan- und Sportartikeln im Friseursalon.
[1102] OLG Düsseldorf MDR 1996, 467 = ZMR 1996, 258 = DWW 1997, 122 = NJWE-MietR 1996, 126.

18. Gerüche

Der Mieter darf seine Wohnung nicht bewusst ins **Treppenhaus** entlüften. Es kann dennoch kaum vermieden werden, dass durch Kochen entstehende Gerüche in den Hausflur dringen und so von den Mitbewohnern wahrnehmbar sind. Dies ist von den Mietbewohnern hinzunehmen, so dass der Mieter mit der Verwendung besonders exotischer Gewürze oder Knoblauch nicht ausgeschlossen werden kann.[1103] **354**

Stehen im Haus Gemeinschafts- und Wirtschaftsräume zur Verfügung, dürfen diese ebenfalls nicht in den Hausflur entlüftet werden. Die Mieter haben einen Anspruch darauf, dass z. B. Wasserdämpfe aus Wasch- und Trockenmaschinen, die in der **Waschküche** benutzt werden, nicht in die Wohnung dringen und das Wohlbefinden beeinträchtigen. **355**

Soweit allerdings Gestank, verursacht durch Schmutz und Unreinlichkeit in der Wohnung, ins Treppenhaus dringt, führt dies zu einer Gebrauchsbeeinträchtigung der Mitmieter. Der Vermieter kann dem Störer kündigen[1104] und muss ggf. die freiwerdende Wohnung instandsetzen.[1105] Auch Gestank im Treppenhaus, verursacht durch das unsachgemäße **Halten von Tieren** in den Nachbarwohnungen, stellt eine vertragswidrige Belästigung dar.[1106] **356**

Der Vermieter muss auch solche Geruchsbelästigungen abwenden, die von einem Grundstücksnachbarn ins Haus dringen.[1107] Ebenso ist er verpflichtet, Abfalltonnen so aufzustellen, dass eine Geruchsbelästigung in der Wohnung des Mieters sowie in dessen Zugangsbereich vermieden wird.[1108] **357**

Dringt durch **Grillen** auf dem Balkon, auf der Terrasse oder im Garten starker Geruch und Qualm in die Nachbarwohnungen, kann dies nicht nur einen Vertragsverstoß[1109], sondern auch einen Verstoß gegen landesrechtliche Immissionsschutzgesetze darstellen.[1110] Maßgebend sind die Umstände des Einzelfalls.[1111] **358**

Allgemeine Kriterien, die beim Grillen zu beachten sind, lassen sich aus einer Entscheidung des AG Halle (Saale)[1112] aus dem Jahre 2012 ableiten, mit der das Gericht eine ausgewogene Lösung zwischen den unterschiedlichen Eigentumsinteressen und der Sozialadäquanz des Grillens in den Sommermonaten gefunden und einen interessanten und nachvollziehbaren Lösungsansatz aufgestellt hat.[1113] Die Entscheidung erging zwar zu Nachbarn innerhalb einer Wohnungseigentümergemeinschaft. Sie lässt sich aber zwanglos auf Nachbarschaftsverhältnisse anderer Art, z. B. im Mehrfamilienhaus, übertragen. **358a**

Das Gericht hat folgende 4 Kriterien hervorgehoben, die sich verallgemeinern lassen: **358b**

1. Bei einer Wohnungseigentümergemeinschaft ergeben sich aus dem Näheverhältnis der Parteien zueinander besondere Rücksichtnahmepflichten. Dieser Grundsatz spielt durchgehend eine Rolle, wenn Menschen auf engen Räumen zusammenleben. Daher gilt die Rücksichtnahmepflicht auch im Mehrfamilienhaus oder bei Grundstücksnachbarn.
2. Bezogen auf die Grillaktivitäten ist die gestattete Anzahl der Grillvorgänge so auszulegen, dass dadurch eine tragbare Lösung für sämtliche Wohnungseigentümer/Mieter gefunden wird. Diesen Grundsatz könnte man beschreiben als sog. Übermaßverbot. Wer ein Recht geltend machen will, das geeignet ist, andere in ihrer Freiheit zu beschränken oder zu beeinträchtigen, darf dieses Recht nur in einer angemessenen Art und Weise und nur in einem Umfang wahrnehmen, der dem anderen gerade noch zumutbar ist.
3. Bei einer auf März bis Oktober beschränkten Grillzeit ist dem Recht auf ausgewogene Nutzung des Grundstücks durch die Mitwohnungseigentümer/Mieter insgesamt Genüge getan, wenn jede Partei drei Mal pro Monat grillen darf.

1103 AG Hamburg-Harburg WuM 1993, 39; AG Lünen DWW 1988, 283.
1104 AG Wetzlar NZM 2014, 238; AG Saarbrücken DWW 1994, 186.
1105 LG Berlin WuM 2011, 157; AG Münster WuM 2012, 372; AG Charlottenburg WuM 2011, 155.
1106 AG Münster WM 1995, 534.
1107 LG Köln WuM 1990, 385 zum Gebrauch eines Wäschetrockners.
1108 LG Osnabrück WuM 1997, 431.
1109 AG Hamburg MDR 1973, 853; AG Wedding MM 1990, 317; einschränkend AG Bonn WuM 1997, 325 = NJW-RR 1988, 10.
1110 OLG Düsseldorf WuM 1996, 56 = NJW 1995, 3134 = ZMR 1995, 415 = DWW 1995, 255 für LImSchG NW; OLG Köln MDR 1998, 98 zu § 906 BGB.
1111 BayObLG NJW-RR 1999, 957 zum WEG.
1112 AG Halle (Saale) Urt. v. 11.12.2012 – 10 C 1126/12.
1113 Jahreis, jursPR-MietR 16/2013 Anm. 6.

4. Eine Vorwarnzeit von 24 Stunden erscheint ausreichend aber auch erforderlich. Damit soll erreicht werden, dass sich die Nachbarn auf die geplanten Grillaktivitäten rechtzeitig einstellen können.

19. Hausflur

359 Grundsätzlich dient der Hausflur dem freien Zugang der Mieter, ihrer Angehörigen sowie ihrer Besucher zu den jeweiligen Wohnungen.[1114] Hier gilt der Rechtssatz, dass der Gebrauch von Gemeinschaftsräumen jedem Mieter in gleicher Weise zustehen muss.[1115] Dabei ist aber auch der Zweck des Gemeinschaftsraumes zu beachten, wobei dieses Kriterium nur Anhaltspunkt für eine mögliche Entscheidung über den Nutzungsumfang bieten kann, ansonsten aber die Umstände des Einzelfalles zu berücksichtigen sind.[1116] Daher hat eine umfassende Abwägung zwischen den Interessen des betroffenen Mieters, des Vermieters und ggf. der sonstigen Mitbewohner stattzufinden.[1117] Daraus folgt, dass das Abstellen von Gegenständen im Hausflur grundsätzlich unzulässig ist, soweit diese Gegenstände der Wohnungseinrichtung bzw. dem Wohnungsgebrauch des Mieters zuzuordnen sind.[1118] Daher gehört das Aufstellen eines Schuhregals,[1119] das Abstellen der Schuhe[1120] oder das Aufstellen einer Garderobe[1121] oder auch das aufhängen von Bildern[1122] im Hausflur nicht zum **vertragsgemäßen Gebrauch** der Mietsache.[1123] Auch das Abstellen von Abfalltüten vor der Wohnungstür ist nicht nur unhygienisch, sondern stellt darüber hinaus eine unzulässige Gebrauchsausübung dar.[1124] Dagegen ist das Auslegen einer Fußmatte vor der Wohnungseingangstür vom vertragsgemäßen Gebrauch gedeckt.[1125]

360 Nicht eindeutig ist die Rechtslage zur Erlaubnis des Abstellens eines **Kinderwagens** im Hausflur. Unzulässig ist es, Kinderwagen von fremden Kindern, die eine Mieterin als Tagesmutter betreut, im Hausflur abzustellen.[1126] Dagegen wird man das Abstellen des Kinderwagens eines Mieters im Hausflur als zulässig ansehen müssen, soweit Mitbewohner in der Nutzung und Zweckbestimmung des Hausflures (z. B. als Fluchtweg[1127]) nicht unangemessen eingeschränkt werden.[1128] Dabei hat das AG Köln[1129] keine Einschränkung der Mitbewohner gesehen, wenn der Kinderwagen vor der Briefkastenanlage im Hausflur abgestellt wird, die Erreichbarkeit der Briefkästen aber erhalten bleibt. Nach einer Entscheidung des AG Berlin-Wedding[1130] soll es dem Mieter sogar gestattet sein, den Kinderwagen durch Anbringen eines Metallringes im Mauerwerk des Hausflures zu sichern. Der Vermieter darf einen alternativen Abstellplatz zur Verfügung stellen.[1131] Werden die Bewohner wegen des ungünstigen Zuschnitts des Hausflures erheblich belästigt[1132] oder kann der Mieter mit

---

[1114] AG München WuM 1986, 307 = NJW-RR 1986, 1144 für einen Zeitungsboten; s. *Flatow* NZM 2007, 432, 433 (primäre Nutzungsrechte).

[1115] Daher kein Recht des Mieters zum Anstrich der Hauseingangstür von außen mit abweichender Farbe, AG Münster ZMR 2016, 637; **a. A.** LG Hamburg ZMR 2016, 782 für die Anbringung von Dekorationsobjekten.

[1116] AG Hannover WuM 1987, 118.

[1117] *Flatow* NZM 2007, 432, 433.

[1118] AG Köln WuM 1984, 2; *Schmid* DWW 2014, 45.

[1119] AG Köln WuM 1982, 86; *Kraemer/von der Osten* in Bub/Treier III. A Rdn. 2478.

[1120] Vgl. OLG Hamm ZMR 1988, 270 = MDR 1988, 677 = NJW-RR 1988, 1171 zur Verkehrssicherungspflicht.

[1121] OLG München NJW-RR 2006, 803 zum WEG; BayObLG NJW-RR 1998, 875 = NZM 1998, 336.

[1122] AG Köln ZMR 2011, 886.

[1123] Zur Ermittlung des Berufungsstreitwerts vgl. LG Mannheim WuM 1999, 224.

[1124] AG Köln WuM 1980, 41.

[1125] LG Berlin MM 1991, 264; AG Berlin Tempelhof-Kreuzberg MM 1999, 81; AG Schöneberg MM 1990, 131; AG Neukölln GE 2003, 1161 zur Wirksamkeit einer Verbotsklausel.

[1126] LG Hamburg WuM 1992, 188; *s. Flatow* NZM 2007, 432, 434 (sekundäre Nutzungsrechte).

[1127] AG Berlin-Schöneberg GE 2012, 135; AG Winsen WuM 1999, 452 = NZM 2000, 237.

[1128] LG Bielefeld WuM 1993, 37; LG Hamburg WuM 1992, 188; LG Berlin GE 1985, 735; AG Aachen WuM 2008, 94; AG Braunschweig WuM 2003, 354; AG Hamburg WuM 2000, 303; AG Schöneberg GE 1999, 987; AG Winsen WuM 1999, 452; AG Hanau WuM 1989, 366; AG Landau ZMR 1988, 65 = WuM 1988, 52 im Rahmen einer einstweiligen Verfügung; AG Hannover WuM 1987, 118; AG Berlin-Wedding MM 1986, 366; AG Hagen WuM 1984, 80; AG Friedberg WuM 1980, 85; *Kraemer/von der Osten* in Bub/Treier III. A Rdn. 2479; *Bierbaum* GE 2000, 716, 717.

[1129] AG Köln WuM 1995, 652.

[1130] AG Berlin-Wedding MM 1986, 366; **a. A.** LG Berlin GE 2009, 1495.

[1131] LG Berlin GE 2009, 1495.

[1132] AG Berlin-Charlottenburg WuM 1984, 80.

Hilfe eines Fahrstuhls den Kinderwagen problemlos zur Wohnung transportieren,[1133] ist das Abstellen zu unterlassen. Die gleichen Grundsätze gelten für **Krankenfahrstühle**[1134] oder **Rollatoren.**[1135]

Die Frage der Zulässigkeit des Abstellens von Fahrrädern oder Mopeds im Hausflur muss differenziert beantwortet werden. Bei diesen Gegenständen handelt es sich um Verkehrsmittel, welche nicht mit dem Gebrauch der Mietwohnung zusammenhängen.[1136] Dem Mieter wird es daher zumutbar sein, das **Fahrrad** nicht im Hausflur abzustellen, sondern in den Keller zu tragen. Gehört zum Hausgrundstück ein Hof, darf der Mieter dann sein Fahrrad dort abstellen, wenn der Vermieter nicht berechtigte Interessen, wie z. B. dadurch verursachte Störungen oder Belästigungen, einwenden kann.[1137] Steht dem Mieter kein Keller oder keine sonstige befriedete Abstellfläche (z. B. Hof) zur Verfügung, muss ihm der Vermieter allerdings – sofern die Größe des Hausflures dies zulässt – das Abstellen seines Fahrrades dort gestatten, da es in der heutigen Zeit wegen der Gefahr des Diebstahls unzumutbar erscheint, das Fahrrad auf der Straße stehen zu lassen.[1138] Das Abstellen von Mopeds im Hausflur oder im Gemeinschaftskeller gehört dagegen wegen der durch das Kraftstoffgemisch verursachten Geruchsbelästigung (Belästigung durch Zigarettenrauch siehe Rdn. 515) und Feuergefahr nicht zum allgemeinen Mietgebrauch.[1139] Bei Durchführung der erforderlichen Sicherheitsvorkehrungen kann es dem Mieter erlaubt sein, sein **Moped** im eigenen Keller abzustellen.[1140] Unzulässig ist es bei fehlender Gestattung, Blumentöpfe z. B. zur Verschönerung oder zum Überwintern im Hausflur aufzustellen.[1141] 361

Das Recht des Mieters zur Benutzung seiner Wohnung erstreckt sich auch auf die Mitbenutzung des Hausflures insoweit, als dass dort Sendungen, die nicht in den Briefkasten passen, abgelegt werden können, von wo aus die Mieter sie dann mitnehmen. Das gilt auch für den Fall, dass die Sendungen nicht individuell adressiert und für mehrere oder alle Mieter eines Hauses bestimmt sind. Entscheidend ist darüber hinaus, dass von den abgelegten Gegenständen keine Gefahren für das Mietobjekt oder die Mieter bzw. keine Belästigungen ausgehen.[1142] Aushänge des Vermieters im Hausflur bewirken nicht den Zugang der dort festgehaltenen Mitteilungen an den Mieter.[1143] 362

Allgemeine Geschäftsbedingungen, die von vornherein eine bestimmte „wohngemäße" Nutzung des Treppenhauses untersagen, z. B. Verbot des Abstellens eines Kinderwagens[1144] oder eines Rollators. sind regelmäßig unwirksam gem. § 307 BGB, wenn die die verfassungsrechtlich gebotene Abwägung der gegenseitigen Interessen vorwegnehmen und damit den Vertragszweck gefährden.[1145] 363

20. Hausfrieden

Den Begriff des Hausfriedens als Wesensmerkmal einer ungestörten Nutzung der Mietwohnung verwendet das Gesetz in § 569 Abs. 2 BGB. Diese Vorschrift regelt die fristlose Kündigung aus wichtigem Grund, wenn ein Vertragsteil in solchem Maße den Hausfrieden stört, dass dem anderen Teil die Fortsetzung des Mietverhältnisses nicht zugemutet werden kann.[1146] Der Vermieter kann gegenüber einer vertragstreuen Partei verpflichtet sein, gegenüber einem anderen Mieter wegen Störung des Hausfriedens zu kündigen.[1147] Der Vermieter hat aber nicht nur das Kündigungsrecht, vielmehr kann er den Mieter nach § 541 BGB auf Unterlassung der Störung in Anspruch nehmen 364

1133 AG Berlin-Charlottenburg GE 1998, 49.

1134 Vgl. AG Wennigsen WuM 1996, 468.

1135 LG Hannover WuM 2006, 189 = NZM 2007, 245; AG Recklinghausen GE 2014, 750; AG Hannover WuM 2006, 27 = NZM 2006, 819; *Flatow* NZM 2007, 432, 433.

1136 AG Berlin-Wedding GE 1986, 509.

1137 AG Schöneberg MM 1999, 442.

1138 AG Münster WuM 1994, 198.

1139 LG Augsburg NJW 1956, 1563.

1140 So auch LG Hannover NJW 1956, 798 mit allerdings nicht mehr zeitgemäßer Begründung; nach LG Berlin NJW 1957, 265 darf das Moped sogar in der Wohnung abgestellt werden.

1141 *Schmid* DWW 2014, 45, 47.

1142 BGH (V ZR 46/06) WuM 2007, 29 = GuT 2006, 371 = GE 2006, 1611 = NZM 2007, 37= MietPrax-AK § 535 BGB Nr. 27; kritisch *Derleder* NJW 2007, 812.

1143 *Schmid* WuM 2012, 486, 487.

1144 LG Hamburg WuM 1992, 188; Kraemer/von der Osten in Bub/Treier III Rdn. 2479.

1145 *Flatow* NZM 2007, 432, 436.

1146 Siehe AG Würzburg ZMR 2017, 70; AG Merzig ZMR 2013, 898; AG Berlin-Lichtenberg GE 2014, 877.

1147 AG Charlottenburg GE 2014, 1011; Bad Segeberg WuM 2000, 601.

und damit die Einhaltung des Hausfriedens durchsetzen.[1148] Ob der Vermieter vor Ausspruch der Kündigung den Unterlassungsanspruch als milderes Mittel geltend machen muss, wird die Rechtsprechung zu klären haben.[1149] Dagegen spricht, dass der Unterlassungsanspruch seiner Natur nach ein Erfüllungsanspruch ist und die Kündigung auf die Beendigung des Vertragsverhältnisses abzielt. Während der Unterlassungsanspruch lediglich den vertragswidrigen Gebrauch trotz Abmahnung erfordert, verlangt die Kündigung zugleich eine durch die Gebrauchsüberschreitung vorliegende Gefährdung der Mietsache. Es wäre daher nicht sachgemäß, den Vermieter immer auf das mildere Mittel zu verweisen (s. § 541 Rdn. 1).

365 **Ruhestörung** durch Kinderlärm,[1150] Schlagbohrmaschinen, Kirchenglocken,[1151] Spielplätze[1152] sowie Tennis- und Sportanlagen[1153] sind häufige Streitpunkte. Aber nicht bei jeder Einwirkung von außen liegt eine Störung des Hausfriedens vor. Zwar gehört zum vertragsgemäßen Gebrauch der Mietsache auch, dass der Mieter die Räume, die überwiegend dem Wohnen dienen, so nutzen kann, dass er nicht ständig durch Geräusche aus der Nachbarwohnung in seiner Privatsphäre gestört wird. Im Gegenzug muss aber bedacht werden, dass Artikel 2 Abs. 1 GG jedem das Recht auf freie Entfaltung der Persönlichkeit garantiert. Die hier zu treffende Grenzziehung zwischen den widerstreitenden Interessen ist nicht immer ganz einfach und zudem situationsabhängig, so dass es eine Vielzahl unterschiedlicher Entscheidungen gibt, die versuchen, Vorgaben für ein möglichst ungestörtes Zusammenleben zu geben. Kommt es dabei auf die Frage der Ortsüblichkeit an, ist diese nach den tatsächlichen Gegebenheiten zu beurteilen, wie sie angetroffen werden und nicht wie sie geplant waren.[1154]

366 Die allgemeinen **Ruhezeiten** sind einzuhalten, die regelmäßig mittags von 13.00 bis 15.00 Uhr und abends ab 22.00 Uhr bis morgens um 7.00 Uhr festzulegen sind.[1155] Nach Auffassung des BGH[1156] ist bei der Beurteilung einer Regelung zur Hausruhe zu berücksichtigen, um welche Wohnanlage es sich handelt (ältere oder jüngere Menschen),[1157] wie die baulichen Gegebenheiten und wie stark die **Hellhörigkeit** der Wohnungen[1158] sowie die Umgebungsgeräusche sind. Nach Auffassung des OLG Braunschweig[1159] bestehen an Wochenenden besondere Ruhezeiten; nämlich samstags morgens bis 8.00 Uhr und samstags abends ab 19.00 Uhr. Sonntags ist ganztägig Ruhe zu halten.

367 Die **Benutzung von Bad und Dusche** ist in einem Mehrfamilienhaus grundsätzlich auch während der Nachtzeit gestattet. Dabei ist es nach dem LImSchG zulässig, dass durch die dabei verursachten Geräusche andere Hausbewohner in ihrer Nachtruhe gestört werden. Die Dauer dieser Betätigung darf allerdings 30 Minuten nicht überschreiten.[1160] Mietrechtlich ist zu berücksichtigen, dass das Baden und Duschen zur allgemeinen Lebensführung gehört und daher grundsätzlich auch nicht für die Nachtzeit unterbunden werden darf.[1161]

21. Haushaltsmaschinen

368 Es gehört heute zum allgemein üblichen Gebrauch, elektrische Haushaltsgeräte zu verwenden, um sich das Leben in der Wohnung möglichst angenehm zu gestalten. Der Vermieter benötigt somit einen triftigen Grund, wenn er dem Mieter die Aufstellung einer Haushaltsmaschine untersagen will.[1162] **Formularklauseln,** die einen generellen Ausschluss bestimmter Haushaltsgeräte

---

1148 AG Stuttgart DWW 1995, 54; AG Münster WuM 1991, 96.
1149 Siehe bei unerlaubt vorgenommenen baulichen Maßnahmen des Mieters AG München ZMR 2012, 365.
1150 LG München WuM 1987, 121; AG Schöneberg MM 1995, 397; AG Charlottenburg MM 1993, 185; AG Hannover WuM 1987, 218.
1151 VG Würzburg Az: W 6 E 85 A 0787.
1152 OVG Koblenz WuM 1985, 378; VG Münster WuM 1987, 269.
1153 OVG Hamburg Baurecht 1996, 73; BVerwG Baurecht 1985, 652.
1154 BGH NJW 1958, 1776 = MDR 1958, 497.
1155 *Gather* DWW 1993, 345, 349; *Kraemer/von der Osten* in Bub/Treier III. A Rdn. 2567; *Kossmann* § 53 Rdn. 3; vgl. die jeweiligen LImSchG.
1156 BGH NJW 1998, 3713 = WuM 1998, 738 = ZMR 1999, 41 = GE 1999, 319 = NZM 1998, 955.
1157 Zum Problem der wechselnden Wohnstruktur in Miethäusern vgl. *Schmid* ZMR 1999, 301, 302.
1158 AG Würzburg ZMR 2017, 70.
1159 OLG Braunschweig WuM 1986, 353.
1160 OLG Düsseldorf WuM 1991, 288 = ZMR 1991, 226 = NJW 1991, 1625 = MDR 1991, 891.
1161 LG Köln WuM 1997, 323; einschränkend AG Rottenburg ZMR 1995, 163; OLG Düsseldorf WuM 1991, 288 = ZMR 1991, 226 = NJW 1991, 1625 zum ImSchG NW.
1162 LG Freiburg GE 2014, 804 = NZM 2014, 305; AG Hameln WuM 1994, 426.

vorsehen, verstoßen gegen § 307 BGB[1163]. Insbesondere in Neubauten ist das Aufstellen von Haushaltsmaschinen im Regelfall keine zustimmungsbedürftige Sondernutzung.[1164]

Das Aufstellen von Wasch- und Spülmaschinen in der Küche bzw. im Bad ist daher erlaubt, wenn die Ab- und Zuläufe gegen Wasserauslaufen gesichert sind.[1165] Das gilt selbst dann, wenn im Hause eine Waschanlage im Keller zur Verfügung steht.[1166] Auch das Benutzen von **Trockenmaschinen** gehört zum vertragsgemäßen Gebrauch, wenn eine ausreichende Abluftvorrichtung geschaffen ist.[1167] Soweit vertraglich nicht anderes vereinbart wurde, besteht aber auf einen **Waschmaschinenanschluss** kein Anspruch.[1168] Der Mieter kann sich einen solchen Anschluss aber auf eigene Kosten verlegen lassen. Dieser baulichen Änderung muss der Vermieter grundsätzlich zustimmen (s. Rdn. 426ff.). Stellt der Mieter seine eigene Waschmaschine in einem Waschraum auf, der als Gemeinschaftsraum genutzt wird, kann der Vermieter im Rahmen des billigen Ermessens Nutzungsregelungen treffen.[1169] **369**

Benutzt der Mieter die Wasch- oder Spülmaschine, hat er eine ständige optische und/oder akustische Überwachung sicherzustellen.[1170] Allgemein wird eine Verletzung der im Verkehr erforderlichen Sorgfalt angenommen, wenn in einer Etagenwohnung eine Waschmaschine in Betrieb genommen und nicht so beaufsichtigt wird, dass nach Austreten von Wasser aus der Maschine oder Platzen oder Abgleiten des Zuleitungsschlauches alsbald ein weiterer Wasseraustritt verhindert werden kann.[1171] Die Erfüllung dieser Obhutspflicht setzt voraus, dass der Mieter laufend Kontrollen durchführt.[1172] Denn es ist allgemein bekannt, dass die Schlauchverbindungen zu Geschirrspülmaschinen oder ähnlichen Maschinen und die dazugehörenden Teile besonders anfällig sind und bei einem Defekt erhebliche **Wasserschäden** auftreten können. Die Rechtsprechung hat daher in subjektiver Hinsicht grobe Fahrlässigkeit angenommen, wenn der Bewohner es am Schadenstag infolge eines Versehens oder Vergessens unterlassen hat, den Wasserhahn abzusperren.[1173] Nach Beendigung des Waschvorgangs muss der Mieter somit den Zulaufhahn schließen.[1174] **370**

Der Mieter haftet grundsätzlich für Vorsatz und Fahrlässigkeit. Allerdings ist die Haftung auf Vorsatz und grobe Fahrlässigkeit beschränkt, wenn der Vermieter die Umlage von (Haftpflicht-) Versicherungskosten vereinbart hat[1175]. Nach der vom BGH nunmehr vertretenen sog. „versicherungsrechtlichen Lösung"[1176] (vgl. Rdn. 87) ist der Versicherungsvertrag ergänzend dahingehend auszulegen, dass ihm ein Regressverzicht des Versicherers für die Fälle zu entnehmen ist, in denen der Mieter einen Schaden durch einfache Fahrlässigkeit verursacht hat. Das Haftungsprivileg setzt also nur voraus, dass eine Schadensversicherung besteht; es ist nicht erforderlich, dass der Mieter (über die Betriebskostenumlage) die Versicherungskosten trägt. Die sog. haftungsrechtliche Lösung (wonach das Haftungsprivileg aus der Übernahme der Versicherungskosten durch den Mieter abge- **371**

[1163] LG Aachen NZM 2004, 459; *Palandt/Weidenkaff* § 535 Rdn. 22 für Geschirrspüler.

[1164] LG Saarbrücken WuM 1989, 558 = NJW-RR 1987, 1496.

[1165] LG Freiburg GE 2014, 804 = NZM 2014, 305; AG Köln WuM 2001, 276; *Jahreis,* jurisPR-MietR 14/2014 Anm. 1; *Palandt/Weidenkaff* § 535 Rdn. 22; *Horst* ZAP Nr. 12, 1996, 604.

[1166] LG Aachen NZM 2004, 459; *Glaser* MDR 1969, 539.

[1167] AG Mülheim WuM 1981, 12.

[1168] AG Bayreuth WuM 1985, 260.

[1169] *Herlitz* in jurisPR-MietR 2/2014 Anm. 1 zu LG Wuppertal, Urt. v. 10.10.2013 – 9 S 2/13 – juris.

[1170] OLG Hamm WuM 1985, 253 = NJW 1985, 332 = MDR 1984, 668; OLG Stuttgart NJW 1975, 171 = MDR 1975, 54; LG Hamburg WuM 2003, 318; LG Mannheim ZMR 1991, 441.

[1171] OLG Oldenburg NJWE-MietR 1996, 194; OLG Düsseldorf NJW 1975, 171 = MDR 1975, 54 = VersR 1975, 159.

[1172] OLG Karlsruhe VersR 1992, 114; OLG Hamm WuM 1985, 253 = NJW 1985, 332 = MDR 1984, 668 = GE 1984, 1123; LG Landau WuM 1996, 29; LG Köln NJW-RR 1986, 1087; AG Germersheim ZMR 1996, 92; AG Wiesbaden NJW-RR 1992, 76; AG Frankfurt/M. ZfS 1994, 301; AG Berlin Charlottenburg GE 1981, 543; LG Berlin GE 1991, 881 zur Sorgfaltspflicht bei zahnärztlichem Behandlungsstuhl; **a. A.** LG Berlin ZfS 1985, 225; LG Gießen ZMR 1997, 301.

[1173] OLG Karlsruhe WuM 1987, 325; LG Köln NJW 1977, 810 = MDR 1977, 406.

[1174] OLG Karlsruhe VersR 1992, 114; LG Hamburg WuM 1987, 90 = VersR 1986, 564 zu § 61 VVG.

[1175] BGH (VIII ZR 28/04) WuM 2005, 57 = NZM 2005, 100 = ZMR 2005, 116 = GE 2005, 123 = MietPrax-AK § 538 BGB Nr. 12 mit Anm. *Eisenschmid;* BGH (IV ZR 116/05) NJW 2006, 3712 = NZM 2006, 949; (IV ZR 273/05) WuM 2006, 624 = NJW 2006, 3711 = NZM 2006, 946; (IV ZR 67/06) WuM 2007, 144 = MietPrax-AK § 538 BGB Nr. 27 = NZM 2007, 340.

[1176] Vgl. zuletzt: BGH (IV ZR 108/06) WuM 2008, 502 = NZM 2008, 782 = NJW-RR 2008, 1413; (IV ZR 129/09) WuM 2011, 579 = NJW-RR 2010, 691 = ZMR 2010, 515 = NZM 2010, 450; (VI ZR 196/10) WuM 2011, 575 = NZM 2011, 894 = GE 2011, 950.

leitet wurde[1177], hat der BGH aufgegeben. Darüber hinaus gelten die Grundsätze über den Regressverzicht aber auch dann, wenn der Vermieter keine Schadensversicherung abgeschlossen hat, der Mieter nach dem Mietvertrag aber verpflichtet ist, „die Kosten der Versicherung des Gebäudes gegen Feuer-, Sturm-, Wasser- sowie sonstige Elementarschäden" zu tragen.[1178] Der Verzicht des Vermieters auf eine solche Versicherung, ist im Übrigen so ungewöhnlich, dass der Vermieter hierauf hinweisen muss.[1179]

372 Treten Umstände auf, die so ungewöhnlich sind, dass der Mieter mit ihrem Eintritt nicht rechnen musste, entfällt eine Haftung. Tritt das Wasser z. B. wegen eines leichten Gefälles des Fußbodens verdeckt hinter einer Maschine aus und versickert unerkennbar in der Geschossdecke, ist dies vom Mieter nicht zu vertreten.[1180] Weiterhin braucht der Benutzer eines elektromagnetischen Wasserabsperrventils, das über einen längeren Zeitraum bei ständiger Benutzung einwandfrei funktioniert hat, grundsätzlich nicht damit zu rechnen, dass die Anlage wegen verborgener Mängel versagt, obwohl die Kontrollanzeige das Funktionieren der Anlage signalisiert.[1181]

373 Teilweise wird vertreten, dass der Vermieter die Erlaubnis der Installation von Haushaltsgeräten vom Abschluss einer **Haftpflichtversicherung** durch den Mieter abhängig machen kann.[1182] Dieser Auffassung kann nicht beigetreten werden. Es muss dem Mieter überlassen bleiben, ob und ggf. in welchem Umfang er sich gegen Haftpflichtschäden absichern will. Es gibt keine Pflicht zur Risikoabsicherung, solange jedenfalls im Regelfall ein möglicher Schaden aus dem versicherbaren Risiko auch bei nur durchschnittlichem Einkommen getragen werden kann und der Vermieter nicht generell befürchten muss, einen solchen Schaden nicht ersetzt zu bekommen. Dies ist daher anders zu bewerten, wenn der Mieter die Einwilligung des Vermieters zu einer umfangreichen baulichen Maßnahme in der Wohnung verlangt (vgl. Rdn. 433).

374 Grundsätzlich sind Geräusche von Haushaltsmaschinen wie Staubsauger oder Wasch- und Spülmaschinen, die ein Mitmieter unter Berücksichtigung der gebotenen Rücksichtnahme benutzt, von den Mitmietern hinzunehmen.[1183]

22. Hausordnung

375 Sinn einer Hausordnung ist es, Regeln zum reibungslosen Zusammenleben der Mietparteien und Hausbewohner, zum Schutz des Gebäudes sowie zur Aufrechterhaltung der allgemeinen Sicherheit und Ordnung im Haus, aufzustellen. Jede Mietpartei kann daher von jedem Mieter und vom Vermieter die Einhaltung der Hausordnung verlangen.[1184] Es geht bei der Hausordnung im Wesentlichen um ausführende Regelungen, also beispielsweise um die Gebrauchs- und Nutzungsregelungen gemeinschaftlicher Anlagen, wie die Aufstellung von Putz- und Reinigungsplänen, sowie um die Konkretisierung des **Gebots** gegenseitiger **Rücksichtnahme.** In der Hausordnung kann somit klargestellt werden, dass z. B. der Hof des Hauses, die Rasenflächen[1185] oder andere gemeinschaftliche Anlagen nur in einem bestimmten Umfang genutzt werden dürfen[1186], oder die Haustür (s. Rdn. 382f.) zu einer bestimmten Zeit abgeschlossen sein muss. Die Benutzung der Wasserinstallation darf aber nicht zur Vermeidung von Fließgeräuschen eingeschränkt werden, weil das Geräusch durch ein- und auslaufendes Wasser zu den normalen Wohngeräuschen gehört.[1187] Die Hausordnung regelt daher die formalen Aspekte des Zusammenlebens der Mieter in der Hausgemeinschaft, also die Regeln, die für die Aufrechterhaltung der Ordnung im Hause üblich sind, während die materielle Pflichtenaufteilung (zwischen Mieter und Vermieter) im Mietvertrag gere-

---

[1177] BGH (VIII ZR 41/95) BGHZ 131, 288 = WuM 1996, 212 = ZMR 1996, 184 = NJW 1996, 715.

[1178] LG Berlin GE 2011, 266; s. dazu auch *Armbrüster/Hauer* ZMR 2012, 544; dagegen kein Regressverzicht des Versicherers des Mieters gegenüber dem Vermieter, BHG (XII ZR 6/12) GE 2013, 209 = MDR 2013, 266 = VersR 2013, 318.

[1179] LG Berlin GE 2011, 266.

[1180] LG Gießen ZMR 1997, 301.

[1181] BGH WuM 1986, 145 = NJW-RR 1986, 438 = ZMR 1986, 116 = MDR 1986, 664.

[1182] *Gather* PiG 46, 1995, 61, 65; *Hanke* PiG 46, 1995, 83, 87f.; ablehnend LG Düsseldorf WuM 1990, 336 für den formularmäßigen Abschluss einer Einbruchversicherung.

[1183] LG Freiburg NZM 2014, 305; AG Mönchengladbach-Rheydt DWW 1994, 24.

[1184] OLG München WuM 1992, 238 = NJW-RR 1992, 1097.

[1185] AG Hamburg ZMR 2002, 673.

[1186] AG Siegen WuM 1998, 438.

[1187] LG Köln NJW-RR 1997, 1440.

gelt wird. Die Regelungen im Vertrag haben daher gegenüber den Regelungen in der Hausordnung Vorrang.

Die Regelungen der Hausordnung dürfen nicht willkürlich aufgestellt werden, sondern haben sich an den **Interessen der Bewohner** zu orientieren (vgl. Rdn. 105). Daher ist eine Regelung, wonach der Mieter die Waschküche nur ein über die andere Woche benutzen darf, unbillig, weil der Mieter dann seine Schmutzwäsche zu lange lagern müsste.[1188] **376**

Häufig werden in der Hausordnung bestimmte **Ruhezeiten** festgelegt (vgl. Rdn. 366). Will sich der Vermieter darauf nicht beschränken, sondern darüber hinaus für einzelne Aktivitäten allgemeine Vorgaben aufstellen, die die Lautstärke außerhalb der Ruhezeiten reglementieren sollen, so darf diese Regelung nur schwerwiegende, nach dem Empfinden eines verständigen Durchschnittsmenschen nicht mehr hinnehmbare Störungen erfassen.[1189] Bei Mietwohnungen muss dabei auf den Grundsatz der **Gleichbehandlung** geachtet werden[1190] (s. dazu Rdn. 104ff.). Der Regelungstatbestand muss hinreichend bestimmt und aus sich heraus von den Fällen zulässiger Betätigung abgrenzbar sein. **377**

Ist die Hausordnung nicht Bestandteil der Mietvertragsurkunde (z. B. weil sie auf einem gesonderten Blatt niedergelegt und nur im Hausflur ausgehängt ist) so darf sie lediglich Ordnungsbestimmungen enthalten. In einer solchen Hausordnung können keine zusätzlichen Pflichten zu Lasten des Mieters begründet werden.[1191] Enthält die Hausordnung nur unwesentliche Bestimmungen zum Mietgebrauch, ist für ihre wirksame Einbeziehung in den Mietvertrag kein Formzwang erforderlich, auch wenn es sich um einen langfristigen Mietvertrag handelt.[1192] Da die Hausordnung für das ganze Haus gelten soll, ist sie regelmäßig als allgemeine Geschäftsbedingung anzusehen und unterliegt damit den Regelungen der §§ 305ff. BGB[1193]. Gem. § 305 BGB wird sie nur Vertragsbestandteil, wenn der Mieter bei Vertragsschluss von ihr Kenntnis erlangen kann.[1194] Dies ist u. a. fraglich, wenn die Hausordnung lediglich im Treppenhaus ausgehängt wird, der Vermieter nicht gesondert darauf hingewiesen und der Mieter keine Gelegenheit erhalten hat, von ihr Kenntnis zu nehmen. Daher ist in diesen Fällen von einer fehlenden Einbeziehung der Hausordnung in den Mietvertrag auszugehen.[1195] Übergibt der Vermieter dem Mieter bei Vertragsschluss die Hausordnung, obliegt dem Vermieter hierfür die Beweislast. Eine **Klausel,** wonach „die bestehende Hausordnung Gegenstand des Mietvertrages ist", verstößt sowohl gegen § 307 BGB, weil ihr nicht zu entnehmen ist, welche Regelungen im Einzelnen die erwähnte Hausordnung enthält,[1196] als auch gegen § 309 Nr. 12 BGB, weil damit die Beweislast zu Lasten des Mieters verändert wird.[1197] Will der Vermieter eine getrennte Hausordnung, die auch materielle vertragliche Pflichten enthält, wirksam in den Mietvertrag einbeziehen, müssen die Klauselwerke aufeinander Bezug nehmen und dem Mieter überlassen werden.[1198] **378**

Der Vermieter kann die Hausordnung auch nachträglich aufstellen, soweit damit nicht zusätzliche Vertragspflichten begründet werden. Dies ist nicht der Fall, wenn lediglich die Vertragspflichten konkretisiert werden, wie z. B. die zeitliche Regelung über die Verpflichtung zur Treppenhausreinigung. Ebenso kann der Vermieter die Hausordnung, soweit es für eine ordnungsgemäße Verwaltung und Bewirtschaftung unerlässlich ist, einseitig ändern. Die Änderung steht allerdings unter dem Vorbehalt des § 315 BGB, so dass die Neuregelung nach billigem Ermessen erfolgen **379**

1188 AG Köln WuM 1983, 122.

1189 BGH NJW 1998, 3713 = WuM 1998, 738 = ZMR 1999, 41 = GE 1999, 319 = NZM 1998, 955; vgl. *Schmid* ZMR 1999, 301.

1190 *Schmid* ZMR 1999, 301, 302.

1191 *Blank* in FS Seuss S. 53.

1192 BGH WuM 1999, 516 = NZM 1999, 761–763 = ZMR 1999, 691 = DWW 1999, 320; **a. A.** OLG Naumburg WuM 2000, 671; s. insbesondere *Wiek* WuM 2001, 221.

1193 AG Köln WuM 2010, 230; *Barthelmess* in FS Blank S. 23, 49.

1194 Zum Schriftformerfordernis gem. § 566 BGB vgl. BGH WuM 1997, 667 = ZIP 1997, 2085 = EWiR 1997, 1121 mit Anm. *Eckert* = MDR 1998, 33 mit Anm. *Sternel* m. w. N.

1195 *Schmid* NJW 2013, 2145, 2147.

1196 LG München ZMR 1998, 295.

1197 BGH WuM 1991, 381 = NJW 1991, 1750 = MDR 1991, 628 = ZMR 1991, 290 = DWW 1991, 212 = GE 1991, 615.

1198 BGH WuM 1999, 286 = NJW 1999, 1104 = NZM 1999, 310; zur AGB-Problematik bei der Einbeziehung der Hausordnug in den Mietvertrag vgl. BGH WuM 1991, 381 = NJW 1991, 1750 = MDR 1991, 628 = ZMR 1991, 290 = DWW 1991, 212 = GE 1991, 615.

muss.[1199] Auch in diesem Fall dürfen dem Mieter keinesfalls neue Pflichten auferlegt oder bestehende Rechte eingeschränkt werden.[1200]

380 Benutzungsregelungen zum Gebrauch der gemieteten Räume sowie der Gemeinschaftsräume bzw. gemeinschaftlichen Einrichtungen sowie die Konkretisierung von Mieterpflichten können auch verbindlich durch eine Wohnungseigentümergemeinschaft bzw. deren Verwaltung (§ 21 Abs. 5 Nr. 1 WEG) getroffen werden, die der Vermieter als sachgerechte Änderung an den Mieter weitergeben kann. Neue Pflichten zu Lasten des Mieters darf aber auch eine **Wohnungseigentümergemeinschaft** nicht begründen.[1201] Eine Vertragsklausel, die den Mieter auch im Hinblick auf die Ausübung vertraglicher Rechte an Mehrheitsbeschlüsse einer Wohnungseigentümergemeinschaft bindet, ist als überraschende Klausel i. S. d. § 305 c BGB unwirksam.[1202]

381 Der Vermieter kann nach § 242 BGB im Einzelfall einen Anspruch auf einseitige materielle **Vertragsänderung** haben, wenn die getroffene Regelung z. B. der **Treppenhausreinigung** zu einer dauernden unzuträglichen Belastung führt.[1203] Die Ursache einer solchen Unzuträglichkeit darf aber nicht durch Verwaltungsschwierigkeiten des Vermieters begründet sein, weil diese in seinen eigenen Risikobereich fallen.[1204]

23. Haustürregelungen

382 Der Mietvertrag oder die Hausordnung sehen häufig vor, dass die Haustür innerhalb einer bestimmten Zeit aus **Sicherheitsgründen** (Einbruch; Diebstahl) vom Mieter verschlossen werden muss[1205]. Eine solche Regelung ist regelmäßig unzulässig.[1206] Die Bauordnungen der Länder regeln die Pflicht, dass die Außentür im Treppenhaus eines mehrgeschossigen Hauses als Fluchtweg erhalten bleiben muss[1207], damit sich die Bewohner im Gefahrenfall schnellstmöglich in Sicherheit bringen können. Das setzt voraus, dass die Tür mindestens von innen ohne Schlüssel geöffnet werden kann. Hierfür bieten sich sog. Panikschlösser an.[1208] Die Bauaufsichtsbehörden haben die Einhaltung der baulichen Anforderungen zu überwachen.[1209]

383 Dieser allgemeine Gedanke der Gefahrenabwehr ist auch für solche Gebäude nutzbar zu machen, die nicht unter die oben genannte Regelung der jeweiligen landesgesetzlichen Bauordnung fallen.[1210]

384 Verfügen Haustüren nicht über eine automatische Schließanlage und müssen mechanisch versperrt werden, kann darin allerdings ein Mangel zu sehen sein. Voraussetzung ist aber entweder eine vertragliche Regelung über diesen Punkt oder das Vorhandensein einer Schließanlage entspricht dem ortsüblichen Sicherheitsstandard vergleichbarer Wohn- oder Geschäftsräume.[1211] In Ausnahmefällen, z. B. bei konkreten Gefahrenlagen, kann der Mieter einen Anspruch haben, dass eine automatische Schließanlage installiert wird. Der grundsätzlich fehlende Anspruch des Mieters gegen seinen Vermieter auf Modernisierung des Wohnraums schließt im Einzelfall jedoch nicht aus, dass der Vermieter gehalten ist, im Rahmen seiner Fürsorge- und Sicherungspflicht den bisherigen Standard verbessernde Maßnahmen vorzunehmen, wenn diese notwendig sind, um die vom Vermieter geschuldete ungestörte Gebrauchsüberlassung weiterhin zu gewährleisten.[1212] Dieser Gedanke ist im Einzelfall auch auf die vom Mieter geforderte Installation von Alarmanlagen anzuwenden.

[1199] *Schmid* NJW 2013, 2145, 2147; *Barthelmess* in FS Blank S. 23, 49.
[1200] AG Emmendingen ZMR 2013, 893; AG Berlin-Mitte MM 1997, 241.
[1201] *Jacoby* ZMR 2012, 669, 674.
[1202] Siehe zur Wirksamkeit von Klauseln zur Einbeziehung von Hausordnungen einer Wohnungseigentümergemeinschaft in den Mietvertrag *Häublein* WuM 2009, 435.
[1203] **A. A.** AG Kerpen WuM 1997, 471; zur Ersatzvornahme siehe AG Bremen WuM 2012, 669.
[1204] AG Frankfurt/Oder WuM 1997, 432 = GE 1997, 493.
[1205] Zur Verpflichtung des Vermieters für eine solche Regelung s. AG Frankfurt/M. NZM 2005, 617.
[1206] *Ziebarth,* NZM 2014, 621, 622; **a. A.** LG Köln ZMR 2014, 541.
[1207] Vgl. beispielsweise §§ 17 Abs. 3, 37 Abs. 5 BauO NRW.
[1208] LG Frankfurt NJW-RR 2015, 968.
[1209] Vgl. § 61 BauO NRW.
[1210] A. A. LG Köln ZMR 2014, 541 m. kritischer Anm. *Schmid.*
[1211] *Breiholdt* PiG 2012, 29, 31.
[1212] BGH (III ZR 283/00) WuM 2001, 398 = NZM 2001, 686 = ZMR 2001, 704; BGH (VIII ZR 41/56) NJW 1957, 826; OLG Hamburg NJW-RR 1988, 1481; *Breiholdt* PiG 2012, 29, 31.

Heimarbeitsplatz

S. Rdn. 350ff. **385**

24. Heizung

386 **a) Heizpflicht des Mieters.** Für den Mieter besteht grundsätzlich keine Heizpflicht.[1213] Er muss lediglich Sorge tragen, dass nicht durch das unterlassene Heizen Schäden in der Wohnung auftreten können[1214], wie z. B. durch das Einfrieren von Wasserleitungen oder das Auftreten von Feuchtigkeit.

387 Hat der Vermieter eine bestimmte Heizungsart zur Verfügung gestellt, darf der Mieter diese grundsätzlich nicht einseitig ändern. Wird die angemietete Wohnung beispielsweise mit einer Zentralheizung beheizt, darf der Mieter die Heizart nicht einseitig auf Einzelöfen umstellen. Soweit durch die Einrichtung einer **alternativen Beheizungsart** nicht in die Bausubstanz eingegriffen wird und keine Nachteile für den Vermieter und die Mitbewohner zu verzeichnen sind, z. B. beim Anschluss von Elektroöfen oder Außenwandgasheizöfen, kann ausnahmsweise die alternative Beheizung der Wohnung durch den Mieter zulässig sein.[1215] Diese Voraussetzungen können z. B. vorliegen, wenn die Wohnung schon bei Anmietung neben einer Zentralheizung mit einem anderen Ofen ausgestattet war.[1216] Von der Kostentragungspflicht der durch die Zentralheizung bestehenden „festen" Betriebskosten kann sich der Mieter dadurch aber nicht befreien.

388 **b) Heizpflicht des Vermieters.** Grundsätzlich ist der Vermieter verpflichtet, die mitvermietete Heizungsanlage in betriebsbereitem Zustand zu halten und für ausreichendes Heizmaterial zu sorgen. In Einzelfällen, z. B. bei Vermietung eines Einfamilienhauses, ist es dagegen üblich, dass das Heizmaterial vom Mieter beschafft wird. Ist aber der Vermieter für die Beschaffung der Heizenergie zuständig, hat er sich rechtzeitig darum zu kümmern. Schwierigkeiten bei der Beschaffung des Heizmaterials gehen grundsätzlich zu seinen Lasten. Eine darauf abzielende **Haftungsfreizeichnung** ist wegen § 307 BGB regelmäßig unzulässig. Der Vermieter darf bei der Beschaffung des Heizmaterials keine unnötigen Mehrkosten verursachen (zum Wirtschaftlichkeitsgrundsatz s. Rdn. 126ff.). Allerdings ist er nicht gehalten, immer die billigste Einkaufsquelle zu nutzen.[1217]

389 Der Vermieter ist aus dem Mietvertrag (vgl. aber § 10 EnEV) grundsätzlich nicht verpflichtet, alte und technisch überholte Anlagen durch neue und moderne Anlagen zu ersetzen,[1218] es sei denn, sie sind mangelhaft[1219] und nicht mehr reparabel. Auch in der Auswahl der Energieart ist der Vermieter frei.[1220] Das gilt insbesondere für die Umstellung auf Contracting (s. Rdn. 118ff.). Hat sich der Vermieter ohne weiter gehende Absprachen mietvertraglich verpflichtet, die Beheizbarkeit der Mietsache zu gewährleisten, dann folgt aus § 535 BGB die Pflicht, eine wirtschaftlich arbeitende Heizungsanlage bereitstellen.[1221] Hieraus resultiert weiter die Pflicht des Vermieters, seine Heizanlage so einzustellen und zu betreiben, dass die Versorgung mit Wärme mit der geringst möglichen Energie erfolgen kann (s. auch Wirtschaftlichkeit, Rdn. 126ff.).

390 Ist der Vermieter vertraglich zur **Wärmelieferung** verpflichtet, darf er diese formularvertraglich nur unerheblich – gemessen am zeitgemäßen Wohnstandard – einschränken. Dabei ist als unterste Grenze eine **Raumtemperatur 20 C** anzusehen.[1222] In Lagerräumen und Verkaufsräumen können geringere Temperaturen ausreichend sein.[1223] Es gehört aber auch zu Vermieterpflicht, für eine **Regulierung der Wärme** zu Sorge zu tragen, die es dem Mieter ermöglicht, die Raumtemperatur, z. B. im Schlafzimmer, auf maximal 18 °C zu halten.[1224] Dies gehört zur Mindestausstattung einer Wohnung. Der Vermieter darf die Beheizung der Räume im laufenden Mietverhältnis nicht

---

1213 AG Steinfurt WuM 1981, 230; AG Tempelhof-Kreuzberg GE 1987, 283.
1214 AG Saarbrücken ZMR 2010, 698; *Emmerich* in Staudinger § 535 BGB Rdn. 94.
1215 BGH MDR 1964, 749; LG Berlin 1985, 1259; vgl. dagegen AG Berlin-Neukölln GE 1984, 489.
1216 AG Nürnberg WuM 1984, 109.
1217 LG Berlin GE 1984, 83; GE 1985, 483; AG Frankfurt/M. ZMR 1983, 199.
1218 LG Berlin GE 1986, 749.
1219 OLG Düsseldorf WuM 1984, 54 = MDR 1983, 229 = ZMR 1983, 377.
1220 OLG Düsseldorf WuM 1986, 16 = MDR 1985, 586 = ZMR 1985, 236; LG Hannover WuM 1991, 478 = NJW-RR 1991, 1355 = ZMR 1991, 482; AG Tempelhof-Kreuzberg GE 2005, 1357.
1221 OLG Düsseldorf WuM 1984, 54 = MDR 1983, 229 = ZMR 1983, 377.
1222 LG Berlin ZMR 1988, 634; LG Landshut WuM 1989, 175 = NJW-RR 1986, 640; AG Berlin-Köpenick GE 2010, 1424; AG Fürstenwalde GE 2005, 1131; *Emmerich* in Staudinger § 535 BGB Rdn. 62.
1223 LG Berlin NJW-RR 1992, 518 (15 °C bzw. 18 °C).
1224 LG Berlin WuM 2016, 347 = ZMR 2016, 623.

einstellen. Auch bei beendetem Mietverhältnis ist er regelmäßig zur Versorgung mit Wärme verpflichtet (s. Rdn. 110). Der Vermieter darf seine Beheizungspflicht für Störungen nicht ausschließen; das gilt insbesondere bei höherer Gewalt, behördlichen Anordnungen oder einer „sonstigen" Unmöglichkeit der Leistung, weil er dann aus allen möglichen Gründen die Beheizung verweigern könnte.[1225]

391 Die Heizverpflichtung kann formularmäßig nicht auf die vom Mieter „hauptsächlich" benutzten Räume beschränkt werden, weil es allein dem Bestimmungsrecht des Mieters unterliegt, welche Räume er nutzen will.[1226]

392 **aa) Sommerbeheizung.** Der Vermieter ist verpflichtet, die Wohnung so mit Wärme zu versorgen, dass sie zum vertragsgemäßen Gebrauch geeignet ist. Daher beschränkt sich seine Heizpflicht nicht auf die Wintermonate.[1227] Eine entsprechende Formularvereinbarung ist auch im gewerblichen Mietverhältnis unangemessen.[1228] Vielmehr muss der Vermieter stets so heizen, dass der Mieter die Wohnung vertragsgemäß nutzen kann.[1229] Dazu gehört, dass der Mieter auch an kalten Sommertagen die Wohnung auf eine **angemessene Temperatur** erwärmen kann. Weil eine kurzfristige Inbetriebnahme der Heizungsanlage extrem unwirtschaftlich ist, wird allgemein gefordert, dass die Beheizung der Wohnräume in den Sommermonaten nur dann gefordert werden kann, wenn die Raumtemperaturen nicht nur vorübergehend auf niedrige Werte absinken. Ein Zeitraum von drei Tagen ist nicht mehr vorübergehend. Die Inbetriebnahme der Heizungsanlage ist geboten, wenn die Innentemperatur der Wohnräume auf 16 Grad sinkt und in den nächsten ein bis zwei Tagen nicht mit dem Sollwert von 20 Grad gerechnet werden kann.[1230] Keinesfalls kann die Mehrheit der Mieter im Haus über die Heizpflicht entscheiden.[1231] Wegen des unterschiedlichen Wärmebedarfs der einzelnen Bewohner ist es dem Mieter allerdings zumutbar, bei kurzfristigen oder leichten Unterschreitungen der Solltemperatur auf eine Zusatzheizung zurückzugreifen.

393 Der **formularmäßige Ausschluss** der Beheizung im Sommer ist unwirksam.[1232]

394 **bb) Temperaturen.** Die Pflicht zur Beheizung besteht grundsätzlich während des gesamten Tages. Sowohl bei Wohnräumen als auch bei Gewerberaummietverhältnissen ist grundsätzlich eine Mindesttemperatur von 20 °C einzuhalten.[1233] Im Einzelfall können bei Vorliegen besonderer Umstände, z. B. bei Vermietung einer Lagerhalle, niedrigere Temperaturen als ausreichend angesehen werden.

395 Der Vermieter von Wohnraum ist berechtigt, in der Nachtzeit (24 Uhr bis 6 Uhr[1234]) im Interesse der Mitmieter des Hauses die Heizung aus Gründen der Energieeinsparung herunterzuschalten. Allerdings muss auch in dieser Zeit eine Temperatur von mindestens 16 °C[1235] erreichbar sein. Bei gewerblich genutzten Räumen können sich je nach vereinbartem Zweck Abweichungen ergeben.

396 Unwirksam ist eine **formularmäßige Vereinbarung,** wonach der Vermieter lediglich verpflichtet ist, die Wohnräume in der Zeit von 9 bis 22 Uhr zu beheizen.[1236] Auch die formularmäßige Vereinbarung einer Mindesttemperatur von lediglich 18 °C ist unzulässig.[1237] Die Vereinba-

---

1225 OLG Frankfurt/M. WuM 1992, 56 = NJW-RR 1992, 396 = ZMR 1992, 198.

1226 BGH WuM 1991, 381 = NJW 1991, 1750 = MDR 1991, 628 = GE 1991, 615 = ZMR 1991, 290 = DWW 1991, 212.

1227 LG Landshut WuM 1989, 175 = NJW-RR 1986, 640; *Pfeilschifter* WuM 1986, 199; *Häublein* in MünchKomm § 535 BGB Rdn. 77; Emmerich in Staudinger § 535 BGB Rdn. 62; **a. A.** *Bub* in Bub/Treier II. Rdn. 1400 für Formularvereinbarungen, wenn Ausnahmen vorgesehen sind.

1228 *Leo* NZM 2012, 707, 711.

1229 LG Göttingen ZMR 1988, 179; AG Schöneberg NZM 1998, 476; *Emmerich* in Emmerich/Sonnenschein, Miete, § 535 Rdn. 32.

1230 AG Schöneberg NJW-RR 1988, 1308; *Pfeilschifter* WuM 1986, 199; **a. A.** *Kinne* GE 2000, 1394, 1395.

1231 AG Köln WuM 1986, 136; vgl. auch LG Kaiserslautern MDR 1981, 143.

1232 LG Hamburg DWW 1988, 209 = ZMR 1988, 388 = WuM 1988, 151; *Emmerich* in Staudinger § 535 BGB Rdn. 62; **a. A.** *Bub* in Bub/Treier II. Rdn. 1400 für Formularvereinbarungen, wenn bei niedrigen Außentemperaturen Ausnahmen vorgesehen sind.

1233 BGH WuM 1991, 381 = NJW 1991, 1750 = ZMR 1991, 290 = GE 1991, 615; OLG Frankfurt/M. WuM 1992, 56 = ZMR 1992, 198 = NJW-RR 1992, 396; LG Berlin GE 1998, 905; AG Fürstenwalde GE 2005, 1131; AG Charlottenburg MM 2000, 223; *Bub* in Bub/Treier II. Rdn. 1402; AG Dortmund ZMR 2015, 453 – 21 Grad.

1234 Vgl. AG Hannover WuM 1984, 196; *Pfeilschifter* WuM 1986, 199.

1235 *Kinne* GE 2000, 1394, 1395 (15 °C); LG Berlin GE 1998, 905 (18 °C).

1236 OLG Frankfurt/M. WuM 1992, 56 = NJW-RR 1992, 396 = ZMR 1992, 198.

1237 LG Berlin GE 1991, 573; LG Göttingen ZMR 1988, 179.

rung einer bestimmten Temperatur für die vom Mieter hauptsächlich genutzten Räume ist unwirksam, weil der Begriff der „hauptsächlich genutzten Räume" nicht hinreichend bestimmbar ist.[1238]

c) Sonstiges. Soweit der Vermieter nach öffentlich-rechtlichen Vorschriften verpflichtet ist, eine Heizungsanlage mit **Thermostatventilen** auszustatten, begründet dies einen zivilrechtlichen Anspruch des Mieters gegen den Vermieter auf Einbau der Ventile[1239] (s. Wirtschaftlichkeit, Rdn. 126 ff.). **397**

25. Kabelfernsehen

Der Schutz des Art. 5 GG umfasst auch den Anschluss an das Kabelfernsehen.[1240] Der Vermieter ist auf Grund dieser Vorschrift allerdings nicht verpflichtet, das Haus mit einem **Breitbandkabelanschluss** oder einer **Parabolantenne** auszustatten.[1241] Hat er die Wohnung aber mit einer solchen Empfangsmöglichkeit vermietet, so hat der Vermieter den Fortbestand des Empfangs zu gewährleisten.[1242] Der Schutzbereich des Art. 5 GG ist gewahrt, wenn der Vermieter den Rundfunk- und Fernsehempfang grundsätzlich ermöglicht.[1243] Der Mieter darf somit selbst eine entsprechende Empfangseinrichtung installieren lassen.[1244] Der Mieter muss aber – wie auch bei der Parabolantenne – in solchen Fällen sämtliche Verpflichtungen aus dem Anschließungsvertrag mit dem Netzbetreiber übernehmen und die Installation der Leitung vom Übergabepunkt bis in die Wohnung fachgerecht ausführen lassen. Je nach dem Umfang des erforderlichen Eingriffs in die Bausubstanz muss der Mieter dem Vermieter Sicherheit leisten[1245] (s. Rdn. 431 ff.). Bei einem Auszug muss er die Leitung wieder entfernen und den ursprünglichen Zustand wieder herstellen, soweit mit dem Vermieter nichts anderes vereinbart wurde[1246] oder dieses Verlangen nicht willkürlich erscheint. **398**

Will der Mieter mit einer Servicegesellschaft den Kabelanschluss verlegen lassen, besteht regelmäßig das Problem, dass sich die Gesellschaft dafür vom Vermieter das Recht einräumen lässt, für eine Zeit zwischen 10–20[1247] Jahren mit den Mietern einen entsprechenden **Nutzungsvertrag** vereinbaren zu dürfen.[1248] Zu einer derartigen Zustimmung ist der Vermieter aber nicht verpflichtet, da ihm eine so lange Vertragsbindung nicht gegen seinen Willen zugemutet werden kann.[1249] **399**

Der Vermieter ist verpflichtet, eine Gemeinschaftsantenne auf neue Frequenzen bereits bestehender Sender umzurüsten.[1250] Problematisch ist die Frage, ob bei Zurverfügungstellung einer Hausempfangsanlage die Mieter eine Abgabe gem. §§ 11, 15 Abs. 3 UrhG zahlen müssen. Das hängt mit der Frage zusammen, ob die Übertragung und Wiedergabe der Sendungen öffentlich erfolgt. Das ist für die Wohnungseigentumsanlage höchstrichterlich verneint worden[1251] (siehe auch Rdn. 489 a). Für das Mietrecht liegt bislang nur eine bejahende Instanzentscheidung vor.[1252] **400**

Hat der Vermieter im Laufe des Mietverhältnisses einen Kabelanschluss legen lassen (zur Duldungspflicht s. § 555 d BGB), darf der Vermieter eine bis dahin den Mietern zur Verfügung gestellte

---

1238 OLG Celle WuM 1990, 103.

1239 AG Gelsenkirchen WuM 1993, 735; **a. A.** AG Charlottenburg GE 1991, 829.

1240 BVerfG WuM 1994, 251 = NJW 1994, 1147 = MDR 1994, 547 = ZMR 1994, 203 = DWW 1994, 148 = GE 1994, 396; WuM 1993, 231; WuM 1993, 229 = NJW 1993, 1252 = ZMR 1993, 259 = DWW 1993, 93; WuM 1992, 415; WuM 1991, 573 = NJW 1992, 493 = ZMR 1992, 15 = GE 1991, 1245.

1241 AG Bonn WuM 1990, 14.

1242 LG Kempten (Allgäu) WuM 2016, 345.

1243 AG Hamburg WuM 1989, 557 = ZMR 1990, 21.

1244 LG Siegen NJW-RR 1989, 521; LG Heidelberg WuM 1987, 17; AG Hamburg WuM 1991, 160; AG Bergheim WuM 1991, 340 einschränkend LG Kassel WuM 1989, 557; LG Berlin GE 1989, 93; AG Berlin-Neukölln GE 1992, 107.

1245 LG Heilbronn WuM 1992, 10 = NJW-RR 1992, 77 = MDR 1991, 862 = ZMR 1991, 388; AG Göttingen DWW 1989, 231 = ZMR 1991, 395; zur Installation einer Parabolantenne OLG Celle NJW 1994, 2160 = NJW-RR 1994, 977; OLG Karlsruhe, Rechtsentscheid vom 24.8.1993, WuM 1993, 525 = NJW 1993, 2815 = ZMR 1993, 511 = DWW 1993, 294 = GE 1993, 1151; AG Lübeck ZMR 1995, 79; vgl. auch AG Frankfurt/M. NZM 1999, 759.

1246 LG Düsseldorf NJWE-MietR 1997, 148; LG Karlsruhe WuM 1991, 536 = NJW-RR 1991, 1163.

1247 Zur Wirksamkeit der formularvertraglich vereinbarten Vertragslaufzeit vgl. BGH WuM 1997, 614 – 20 Jahre Laufzeit sind unangemessen; OLG Düsseldorf WuM 1997, 642 – 10 Jahre Laufzeit sind angemessen.

1248 Dazu OL München, Urt. v. 18.1.2006 – 20 U 4400/05 – juris.

1249 AG Wuppertal WuM 1991, 160; AG Berlin-Wedding GE 1991, 187; AG Siegburg WuM 1990, 493.

1250 AG Düsseldorf WuM 1990, 423.

1251 BGH (I ZR 228/14) WuM 2016, 79 = GE 2015, 1589 = NZM 2016, 127 = NJW 2016, 807.

1252 AG Charlottenburg GE 2016, 1391.

Gemeinschaftsantenne nicht ohne weiteres entfernen.[1253] Das gilt insbesondere dann, wenn über die Gemeinschaftsantenne weitere Rundfunkprogramme empfangen werden konnten.[1254] Haben die Mieter **eigene Antennen** installiert, müssen diese abgebaut werden, soweit sie damit nicht über den Kabelempfang hinaus Programme empfangen können.

401 Der Vermieter ist auch nicht berechtigt, den geschlossenen **Kabelservice-Vertrag** zu kündigen und die Mieter auf den Abschluss von Einzelverträgen zu verweisen[1255].

402 Im Zuge der Privatisierung der Kabelnetze haben inzwischen die privaten Investoren den Kapazitätsbereich erweitert, bieten digitale Programme (DVB-C) und auch Multimediadienstleistungen (s. Rdn. 484) an und stellen neben der bisherigen Grundversorgung Zusatzpakete gegen Aufpreis zusammen. Bei der Sendung digitaler Kabelprogramme (DVB-C) benötigt der Fernsehzuschauer, will er sein altes Gerät weiter benutzen, einen **Decoder** zum Empfang (s. auch Rdn. 468ff.). Zusätzlich gibt es verschärfte technische Anforderungen an die **Störstrahlfestigkeit** der Hausverteilernetze. Diese sind erforderlich, um Störungen bei benachbarten sonstigen Funkdiensten, etwa Flugfunk, Taxifunk oder Funkdienste von Polizei und Rettungsorganisationen zu verhindern. Zur Duldungspflicht des Mieters und ggf. zur Erhöhung der Miete bei Umrüstung des Hausverteilernetzes s. § 555d sowie § 559 BGB.

26. Kacheln

403 Hat der Mieter die Wandfliesen mit Farbe überstrichen und kann diese nicht mehr entfernt werden, ist der Vermieter berechtigt – unter Berücksichtigung des Abzugs Neu für Alt – die Fliesen auf Kosten des Mieters zu erneuern.[1256]

404 Muss der Vermieter auf Grund eines Wasserrohrbruchs einzelne Fliesen ersetzen und kann er gleichartige im Handel nicht mehr erhalten, muss er nicht das gesamte Badezimmer neu kacheln. Der Mieter ist in derartigen Fällen nach Treu und Glauben gehalten, die vollständige neue Verkachelung nur der betroffenen Wand hinzunehmen[1257] (zum Problem Dübel vgl. Rdn. 317ff.). Einfache **Bodenfliesen** auf dem Balkon können durch einen gestrichenen Estrich ersetzt werden.[1258]

27. Kinder

405 Zur vertragsgemäßen Nutzung der Wohnung gehört auch, dass Kinder in der Wohnung spielen dürfen. Auf die Ruhezeiten ist dabei aber Rücksicht zu nehmen (vgl. Rdn. 366). Generell ist davon auszugehen, dass die Mieter in einem Mehrfamilienhaus Lärmeinwirkungen hinnehmen müssen, wie sie in einem Haus mit mehreren Mietparteien unvermeidbar sind.[1259] Das gilt auch für üblichen **Kinderlärm,** der infolge des natürlichen Spiel- und Bewegungstriebes der Kinder unvermeidbar ist.[1260]

406 Störungen durch nächtliches Babygeschrei oder Lachen, Schreien und Weinen von Kleinkindern müssen von jedem Hausbewohner als natürliches Verhalten der Kinder hingenommen werden.[1261] Nur wenn dies auf Grund des Verständnisses der Kinder zumutbar ist,[1262] kann das Lärmen von Kindern zu den allgemeinen Ruhezeiten untersagt werden. Bei erwachsenen Kindern kann sich der Mieter nicht darauf berufen, er könne sich nicht immer durchsetzen.[1263] Allerdings ist wegen von ihren Kindern verursachten Lärms taubstummen Eltern kein Schuldvorwurf zu machen, wenn sie Maßnahmen zur Abhilfe getroffen hatten.[1264]

[1253] AG Osnabrück WuM 1999, 34; AG Freiburg WuM 1996, 285 zur Kostenumlage eingebauter Sperrfilter; **a. A.** AG Berlin-Mitte GE 1996, 681.
[1254] KG, Rechtsentscheid vom 27.6.1985, WuM 1985, 248 = ZMR 1985, 262 = NJW 1985, 2031 = DWW 1985, 204 = GE 1985, 729.
[1255] LG Kempten (Allgäu) WuM 2016, 345; AG Hohenschönhausen GE 2002, 1630.
[1256] LG Köln WuM 1997, 41.
[1257] AG Köln WuM 1997, 41.
[1258] LG Berlin GE 2001, 206.
[1259] OLG Düsseldorf ZMR 1997, 181; AG Kiel WuM 1986, 240.
[1260] OLG Düsseldorf ZMR 1997, 181; LG Berlin GE 2016, 1388; AG Kassel WuM 91, 558; AG Starnberg WuM 92, 471.
[1261] BGH WuM 1993, 277 = NJW 1993, 1656 = BGHZ 121, 248 = MDR 1993, 541 = ZMR 1993, 268 = VersR 1993, 879 = BBauBl. 1994, 215; AG Bergisch Gladbach WuM 1983, 236.
[1262] AG Neuss WuM 1988, 264.
[1263] LG Köln ZMR 1977, 332.
[1264] LG Regensburg NZM 1999, 220.

Kinder müssen sich ansonsten aber an die allgemeinen **Hausregeln** halten. Sie dürfen z. B. nicht in den Gemeinschaftsräumen oder im Hausflur Rollschuh, Inline oder Fahrrad fahren oder den Aufzug zum Spielen benutzen. **407**

Ob Kinder die zum Haus gehörenden Außenanlagen mitbenutzen dürfen, ist im Einzelfall zu entscheiden. Zunächst ist der Mietvertrag maßgebend. Findet sich im Vertrag keine Regelung, wird eine Nutzung von Zier- und Vorgärten generell zu verneinen sein, da diesen Gärten von ihrer Zweckbestimmung her ausschließlich eine optische Funktion beigemessen wird. Zum Haus gehörende **Hof- und Grünflächen** können dagegen regelmäßig zum Spielen genutzt werden.[1265] Das Spielen im geteerten Innenhof – sofern er nicht gewerblich genutzt wird – gehört ebenfalls zum vertragsgemäßen Gebrauch,[1266] was auch das Recht zum Aufstellen eines Sandkastens einschließen kann.[1267] Muss das Spielen auf den Hof- und Grünflächen erlaubt werden, dürfen auch fremde Kinder eingeladen werden.[1268] **408**

Problematisch ist die Nutzung von großen **Rasenflächen** in einer Wohnanlage. Auch hier kommt es aber auf die Zweckbestimmung an.[1269] Dient die Anlage der Ruhe der in den Wohnhäusern lebenden älteren Menschen, kann das Spielen auf diesen Flächen untersagt werden. Werden die Wohnungen dagegen verstärkt an Familien mit Kindern vermietet, kann das Verbot des Spielens auf solchen Freiflächen nicht wirksam sein. Denn es verstößt gegen die Fürsorgepflicht des Vermieters, bei solchen Örtlichkeiten die Kinder der Mieter auf der Straße spielen zu lassen, wenn kein erkennbarer anderer Nutzen der Rasenflächen für die Bewohner überwiegt. **409**

Die Eltern sind für das Verhalten ihrer Kinder im Rahmen der **Aufsichtspflicht** verantwortlich. Das Maß der gebotenen Aufsicht bestimmt sich nach Alter, Eigenart und Charakter des Kindes sowie danach, was den Eltern in ihren jeweiligen Verhältnissen zugemutet werden kann.[1270] Entscheidend ist, was verständige Eltern nach vernünftigen Anforderungen unternehmen müssen, um die Schädigung Dritter durch ihr Kind zu verhindern. **410**

Konkurrenzschutz

S. Rdn. 599ff. **411**

28. Lärm

Der Vermieter ist verpflichtet, den Mietgebrauch von Störungen Dritter freizuhalten.[1271] Das gilt insbesondere für Störungen durch Lärm (zum Lärm als Mangel vgl. § 536 BGB Rdn. 114ff.). Unerheblich ist, ob der Lärm von einer Sache, von Mitmietern,[1272] Nachbarn oder sonstigen Dritten ausgeht.[1273] Geräte und Maschinen, die im Freien benutzt werden, dürfen an Werktagen grundsätzlich nicht zwischen 20.00 h und 7.00 h benutzt werden. An Sonn- und Feiertagen ist die Benutzung ganztägig verboten.[1274] Diese **Lärmschutzvorgaben** gelten seit dem 6.9.2002 insbesondere für Rasenmäher, Heckenscheren, Rasentrimmer, Rasenkantenschneider und Schredder. Bestimmte Geräte, wie z. B. Grastrimmer, Graskantenschneider und Laubbläser dürfen zusätzlich nicht in der Zeit von 7.00 h bis 9.00 h, 13.00 h bis 15.00 h und 17.00 h bis 20.00 h benutzt werden, es sei denn, sie sind besonders geräuscharm[1275] oder der Einsatz dient der Gefahrenabwehr. Die nach **Landesrecht** zuständigen Emissionsschutzbehörden können weitere Ausnahmen zulassen. **412**

1265 LG Heidelberg WuM 1997, 38; AG Berlin-Wedding GE 2000, 1330.

1266 LG Berlin WuM 1987, 212 = NJW-RR 1986, 1144 = MDR 1986, 589 = ZMR 1986, 242 = GE 1986, 657.

1267 Aufstellen durch den Mieter vgl. AG Darmstadt WuM 1986, 211; AG Bonn WuM 1994, 20; Aufstellen durch den Vermieter AG Aachen WuM 1987, 83.

1268 LG Heidelberg WuM 1997, 38; AG Solingen WuM 1980, 112.

1269 KG NJW-RR 1998, 1546 zu einem Zufahrtsweg.

1270 BGH WuM 1986, 340 = NJW-RR 1987, 13 = MDR 1987, 131 = ZMR 1986, 433.

1271 LG Hamburg WuM 1987, 218; 1984, 79; LG Berlin MM 1995, 353; *Kraemer/Ehlert* in Bub/Treier III. B Rdn. 2774.

1272 LG Berlin WuM 1999, 329; LG Köln WuM 1990, 385; LG Offenbach DWW 1990, 273; AG Neuruppin WuM 2005, 653; zur Schadensersatzpflicht des lärmenden Mieters sowie zur Verjährung des Anspruchs AG Bremen WuM 2011, 362.

1273 LG Göttingen WuM 1990, 75.

1274 Geräte- und MaschinenschutzlärmVO (32. BImSchV) – BGBl. I 2002 S. 3478.

1275 Wenn sie mit dem EG Umweltzeichen nach Art. 8 der Verordnung Nr. 1980/2000/EG gekennzeichnet sind.

Bei Lärm aus Gewerbebetrieben[1276] gelten die Lärmgrenzen nach § 66 Abs. 2 BImSchG, der für nicht genehmigungsbedürftige Anlagen auf die Einhaltung diverser allgemeiner Verwaltungsvorschriften[1277] verweist. Allein der Umstand, dass der Mieter bei Anmietung von dem Bestehen eines Gewerbebetriebes gewusst hat, führt noch nicht zu einem Einverständnis des Mieters mit den Lärmbeeinträchtigungen, da er grundsätzlich auf die Einhaltung der Lärmschutzvorschriften vertrauen darf.[1278]

413 Allerdings prägen den vertragsgemäßen Gebrauch die Umstände, die für den Mieter bei Anmietung erkennbar waren, wie z. B. die Lage zu einem nahe gelegenen **Flughafen,**[1279] die in der Nähe liegende Autobahn oder der Zubringer. Derartige Lagenachteile schlagen sich nicht nur in der ortsüblichen Vergleichsmiete nieder, sondern auch im Umfang des vertragsgemäßen Gebrauchs. Für eine schleichende Verschlechterung der Wohnlage, z. B. durch ständig zunehmende Verkehrsströme, muss der Vermieter dagegen unter Umständen einstehen[1280] (vgl. § 536 Rdn. 142ff.).

29. Meinungsäußerung

414 Die Meinungsäußerung des Mieters mit Hilfe eines **Plakates** oder eines **Schildes** am Haus oder am Fenster seiner Wohnung ist nicht von vornherein zulässig oder unzulässig. Eine derartige für die Öffentlichkeit bestimmte Meinungsäußerung ist unzulässig, wenn damit in das Persönlichkeitsrecht des Vermieters widerrechtlich eingegriffen wird. Ob dies der Fall ist, muss durch Abwägung der unterschiedlichen Rechtsgüter ermittelt werden.[1281] Liegt keine einschränkende Abrede vor, geht das Grundrecht auf Meinungsfreiheit (Art. 5 GG) vor,[1282] wenn nicht ausnahmsweise besondere rechtliche Interessen des Vermieters entgegenstehen.[1283]

415 Im Einzelfall ist aber für die Bewertung der widerstreitenden Interessen auch der Mietvertrag maßgebend. Wird dort die Zustimmung des Vermieters für das Aushängen von Plakaten vereinbart, kann damit das Grundrecht auf freie Meinungsäußerung (Art. 5 GG) eingeschränkt sein.[1284] Derartige individuelle vertragliche Beschränkungen dürfen nicht den Kernbereich des **Grundrechtsschutzes** berühren. Soweit vorformulierte Vertragsklauseln das Recht zur Meinungsäußerung einschränken, sind diese eng auszulegen und strengen Maßstäben zu unterwerfen. Erlaubnisvorbehalte sind dahingehend auszulegen, dass der Vermieter grundsätzlich seine Zustimmung erteilen muss, es sei denn, dass er ein besonderes sachliches Interesse an der Versagung hat.

416 Verunstaltende Plakate sowie beleidigende Äußerungen sind regelmäßig unzulässig[1285]. Ebenso darf der Mieter grundsätzlich keine Aushänge im Treppenhaus oder an der Fassade des Hauses anbringen, weil dies den vertragsgemäßen Gebrauch überschreitet.[1286] Allerdings ist hier Anlass und Dauer der beabsichtigten Meinungsäußerung maßgeblich. Eine aus aktuellem Anlass ausgerichtete und kurzfristige Äußerung ist an großzügigeren Maßstäben zu messen, als allgemeine auf Dauer angelegte Äußerungen.

[1276] LG Hamburg WuM 1987, 218.

[1277] Technische Anleitung zur Reinhaltung der Luft – TA Luft – vom 27.2.1986, GMBl S. 95, ber. S. 202; Technische Anleitung zum Schutz gegen Lärm – TA Lärm – vom 16.7.1968, Beilage Bundesanzeiger Nr. 137.

[1278] *Sternel* PiG 31, 1989, 71, 81.

[1279] OLG Köln ZMR 1995, 71.

[1280] **A. A.** zum Flughafen Schönefeld LG Berlin GE 2013, 487.

[1281] BerlVerfGH NZM 2008, 517; BayObLG WuM 1983, 129 = ZMR 1983, 352 = MDR 1983, 580; Rechtsentscheid vom 4.11.1983, WuM 1984, 12 = NJW 1984, 496 = ZMR 1984, 85 = MDR 1984, 234 = GE 1984, 227; LG Berlin GE 1996, 803.

[1282] LG Aachen WuM 1988, 53; LG Hamburg WuM 1986, 134 = NJW 1986, 320 = NJW-RR 1986, 92 = ZMR 1985, 274; LG Darmstadt ZMR 1983, 13 = NJW 1983, 1201; LG Kassel WuM 1981, 211; AG Stuttgart-Bad Cannstatt WuM 1991, 28 = NJW-RR 1991, 780; AG Göttingen WuM 1988, 299; AG Freiburg WuM 1987, 144.

[1283] LG Tübingen WuM 1986, 116 = NJW 1986, 321 = NJW-RR 1986, 92; AG Nürnberg WuM 1983, 261; Kraemer/von der Osten in Bub/Treier III. A Rdn. 2446.

[1284] LG Hamburg WuM 1980, 247; vgl. aber AG Hamburg WuM 1979, 76 = ZMR 1979, 206.

[1285] LG Berlin GE 2016, 1215; LG München I, ZMR 2015, 856 – fette Kaugummidrecksau, dreckige Schweinedrecksau; LG Karlsruhe ZMR 2014, 43; LG Berlin GE 2005, 675; AG Hamburg-Blankenese ZMR 2016, 783; auch gegen Mitmieter LG Köln ZMR 2016, 705; zum Kündigungsgrund der erheblichen Pflichtverletzung nach § 543 BGB siehe BGH (VIII ZR 73/16) WuM 2017, 23 = NZM 2017, 26 = ZMR 2017, 154 = GE 2017, 45.

[1286] AG Wiesbaden ZMR 2003, 935; AG Ludwigsburg WuM 1989, 618; AG Berlin-Neukölln WuM 1983, 257.

Der Mieter kann auch berechtigt sein, in der Öffentlichkeit wahre Tatsachen und Werturteile gegen den Vermieter bekannt zu geben, soweit auch hier das Grundrecht der freien Meinungsäußerung reicht. So kann es zulässig sein, dem Vermieter schikanöses Verhalten,[1287] üble Spekulation[1288] oder gnadenlose Mietpreistreiberei[1289] vorzuwerfen. Die Meinungsäußerung ist dann nicht mehr gerechtfertigt, wenn es sich um Schmähkritik handelt, wenn also mit der Kritik nicht mehr die Auseinandersetzung in der Sache, sondern die Diffamierung der Person im Vordergrund steht.[1290] Eine Aufforderung zum **Mietboykott** ist nicht zulässig. **417**

Kein vertragswidriges Verhalten des Mieters liegt vor, wenn er sich gegenüber potentiellen Käufern über den Kaufpreis äußert und auf seine Rechte bei Umwandlung einer Miet- in eine Eigentumswohnung[1291] oder auf Mängel in der Wohnung[1292] hinweist. Zulässig ist ein Transparent mit der Aufschrift „Wir lassen uns nicht Luxussanieren".[1293] Dem Mieter ist auch gestattet, seine Mitbewohner sachlich über falsche **Wirtschaftlichkeitsberechnungen** oder unrichtige **Nebenkostenabrechnungen** zu informieren und vor vorschnellen Zustimmungen zu Mieterhöhungen zu warnen.[1294] Er darf sich auch mit anderen Bewohnern zu Mieterinitiativen zusammenschließen oder sich mit solchen Gruppen solidarisieren.[1295] Zudem ist der Mieter berechtigt, den Verkauf eines Hauses dadurch zu verhindern, dass er Blätter mit der Aufschrift „Mieter wehren sich erfolgreich" auslegt.[1296] Zur Kündigung in solchen Fällen s. § 543 BGB Rdn. 192. **418**

30. Mietermodernisierung

a) Grundsätze. Der Mieter kann einen Anspruch haben, die Mietsache zu verschönern und zu modernisieren.[1297] Der Anspruch kann sich aber nur auf die Maßnahme selbst beziehen, nicht dagegen auf vertragliche Bedingungen, die der Mieter zur Absicherung seiner Leistungen verlangt.[1298] Während das Gesetz die Duldungspflicht des Mieters bei Modernisierung und Instandhaltung durch den Vermieter in den §§ 555 a, 555 d BGB regelt, hat der Gesetzgeber **vergleichbare Bestimmungen** zur Duldungs- oder Zustimmungspflicht des Vermieters nur für den Ausnahmefall geschaffen, dass ein Mieter bauliche Maßnahmen durchführen will, die erforderlich sind, um die behindertengerechte Nutzung oder den Zugang zu ihr zu ermöglichen. Abgesehen von diesem Ausnahmefall regelt das Gesetz für den Vermieter lediglich dessen grundsätzliche Ausgleichspflicht, soweit er vom Mieter geschaffene Einrichtungen auch nach dessen Auszug behalten will (vgl. § 552 BGB). **419**

Gem. § 578 BGB gilt § 552 Abs. 1 BGB auch für Räume, die keine Wohnräume sind. Übernimmt der Vermieter die Einrichtungen des Mieters nicht, muss dieser spätestens beim Auszug alle Maßnahmen rückgängig machen und den ursprünglichen Zustand wieder herstellen (§ 258 Satz 1 BGB).[1299] Hat der Vermieter den Maßnahmen zugestimmt, wird die Pflicht zur Herstellung des ursprünglichen Zustandes regelmäßig entfallen,[1300] es sei denn, der Vermieter hat einen entsprechenden Vorbehalt gemacht. Die **Pflicht zur Beseitigung** entfällt gem. § 242 BGB aber auch dann, wenn der Vermieter das Gebäude nach Vertragsende völlig umbaut, so dass die Wiederherstellung des früheren Zustandes sinnlos wäre.[1301] Die Zustimmung des Vermieters zu den baulichen Maßnahmen des Mieters bedeutet aber nicht automatisch, dass die Maßnahmen in seinem Interesse liegen und er die Kosten zu übernehmen hat.[1302] **420**

[1287] OLG Frankfurt/M. WuM 1983, 84.

[1288] OLG Köln WuM 1981, 20; AG Schöneberg ZMR 2001, 982; vgl. auch AG Nürnberg WuM 1983, 261; **a. A.** LG München I WuM 1983, 263; AG München WuM 1989, 617.

[1289] OLG München WuM 1985, 55; LG München II WuM 1989, 616.

[1290] LG Berlin GE 2013, 1655; LG Lübeck ZMR 2013, 890; AG München WuM 2015, 355 – „Sie promovierter Arsch"; *Gies,* jurisPR-MietR 19/2015 Anm. 3 (zu AG München).

[1291] AG Nürnberg WuM 1983, 261.

[1292] OLG Celle WuM 1991, 538 = NJW-RR 1991, 781.

[1293] AG Berlin-Mitte WuM 2014, 482; *Kunze* in jurisPR-MietR 23/2014 Anm. 3.

[1294] LG Bonn WuM 1979, 172; LG Hamburg WuM 1978, 239 = MDR 1978, 494.

[1295] LG Kassel WuM 1981, 211.

[1296] BerlVerfGH NZM 2008, 517 = NJW-RR 2008, 1179.

[1297] Vgl. dazu umfassend *Damrau-Schröter* S. 110 ff.; *Sternel* PiG 16, 1984, 105 ff.

[1298] AG Potsdam WuM 2000, 179.

[1299] Siehe dazu *Lohmann/Ungerer,* ZMR 2013, 167; *Heitgress* WuM 1982, 31.

[1300] LG Hamburg WuM 1988, 305; **a. A.** LG Berlin MDR 1987, 234 = GE 1987, 39.

[1301] BGH BGHZ 96, 141 = WuM 1986, 57 = NJW 1986, 309 = MDR 1986, 226 = NJW-RR 1986, 89 = ZMR 1986, 48 = DWW 1985, 312 = GE 1986, 387.

[1302] LG Dortmund ZMR 2008, 376.

421 Soweit **Altverträge im Beitrittsgebiet** (Vertragsschluss vor dem 3.10.1990) nach dem 2.10.1990 beendet werden (Art. 232 § 2 Abs. 1 EGBGB), ist in diesem Zusammenhang § 112 ZGB von Bedeutung. Nach dieser Vorschrift entstand der Anspruch des Vermieters auf Wiederherstellung des ursprünglichen Zustandes, wenn der Mieter ohne Zustimmung des Vermieters bauliche Veränderungen durchgeführt hatte; es sei denn, diese baulichen Veränderungen führten zu einer Wohnungsverbesserung, die im gesellschaftlichen Interesse lag. Die Annahme eines gesellschaftlichen Interesses ist regelmäßig bei solchen Maßnahmen gerechtfertigt, die nicht nur einem persönlichen Interesse des Mieters dienten, sondern auch für einen Nachmieter sinnvoll waren.[1303] So stellt das Anbringen eines Fliesenspiegels im Bad eine im gesellschaftlichen Interesse liegende Maßnahme dar, da eine derartige Ausstattung nicht dem DDR-Standard entsprach.[1304] Im gesellschaftlichen Interesse erfolgten regelmäßig neben Fliesenarbeiten auch die Verlegung eines Kabelanschlusses sowie eines PVC-Fußbodenbelags, das Abhängen von Decken sowie der Einbau von Schränken zur Schaffung von Stauraum.[1305] Hat der Mieter dagegen lediglich bauliche Maßnahmen vorgenommen, die der Verschönerung der Wohnung dienten, ohne eine Wertverbesserung darzustellen, wie z. B. das Anbringen von nicht wärmedämmenden Deckenplatten oder eine Loggiaverglasung[1306], ist er bei Auszug zur Beseitigung verpflichtet.[1307] Die Prüfung eines gesellschaftlichen Interesses ist im Zusammenhang mit eventuellen Ansprüchen des Mieters auf Entschädigungsleistungen wegen § 112 Abs. 3 Satz 2 ZGB zu beachten[1308] und zwar auch dann, wenn die Maßnahmen vor In-Kraft-Treten des ZGB im Jahre 1976 durchgeführt wurden.[1309] Dies gilt für Mietverträge gleichermaßen wie auch für Pachtverträge.

422 **b) Verbote.** Hat der Vermieter dem Mieter formularvertraglich die Vornahme bestimmter Maßnahmen untersagt, bedeutet dies nicht automatisch, dass der Mieter die gewünschte Maßnahme nicht durchführen darf. Vielmehr kann sich der Vermieter auf ein solches Verbot nur berufen, wenn das Interesse des Mieters wegen schwerwiegender Gründe zurücktreten muss.[1310] Bringt nämlich ein solches Verbot dem Vermieter keinen Vorteil, dem Mieter aber nur Nachteile, dann kommt der Gedanke der **unzulässigen Rechtsausübung** zum Tragen. Daher ist in jedem Einzelfall zu prüfen, welchen Zweck die vom Vermieter verwendete Vertragsklausel verfolgte und ob sie unter dem heutigen Standpunkt ihren Sinn noch erfüllt.[1311] Daneben gilt § 307 BGB, wonach vorformulierte Vertragsklauseln den Mieter nicht entgegen dem Gebot von Treu und Glauben unangemessen benachteiligen dürfen. Derartige Verstöße sind regelmäßig bei formularvertraglichen Verboten anzunehmen, die übliche Gebrauchsrechte einschränken, wie z. B. das Verbot der Aufstellung von Haushaltsgeräten.

423 **c) Erlaubnisvorbehalte.** Regelmäßig zulässig sind dagegen Erlaubnisvorbehalte.[1312] Sie haben die Funktion, Unsicherheiten zu vermeiden und im Interesse beider Parteien ein Einvernehmen zu erzielen. Soweit für die Erlaubnis des Vermieters vertraglich die Schriftform vorgesehen ist, dient diese nur Beweiszwecken und schließt die Wirksamkeit eines mündlich erteilten Einverständnisses nicht aus. Der Erlaubnisvorbehalt bezieht sich nur auf Maßnahmen, die der Mieter im eigenen Interesse durchführt. Daher scheiden solche Maßnahmen aus, die der Mieter **mit Fremdgeschäftsführungswillen** durchführt, wie z. B. Maßnahmen nach § 536a Abs. 2 Nr. 1, 2 BGB oder im Rahmen der GoA (§ 539 BGB). Das in einem Erlaubnisvorbehalt zum Ausdruck kommende Ermessen des Vermieters darf dieser nicht missbrauchen.[1313] Vielmehr ist das Ermessen des Vermieters durch den Grundsatz von Treu und Glauben gebunden, der es gebietet, dass der Vermieter nicht ohne triftigen, sachbezogenen Grund dem Mieter Einrichtungen versagt, die diesem das Leben in der Mietwohnung angenehmer gestalten können.

[1303] LG Berlin ZMR 2000, 24; AG Zwickau WuM 1999, 217 = NZM 2000, 239.
[1304] AG Zwickau WuM 1999, 217 = NZM 2000, 240.
[1305] LG Berlin GE 2005, 621.
[1306] LG Berlin GE 2002, 1566.
[1307] AG Zwickau WuM 1999, 217 = NZM 2000, 239.
[1308] BGHZ 134, 170 = ZMR 1997, 174.
[1309] BGH WuM 1999, 334 = MDR 1999, 734.
[1310] *Damrau-Schröter* S. 107.
[1311] *Damrau-Schröter* S. 107.
[1312] Vgl. AG Hannover WuM 1999, 340.
[1313] BVerfG WuM 1991, 573 = ZMR 1992, 15 = NJW 1992, 493 = GE 1991, 1245; BGH NJW 1963, 1539 = MDR 1963, 672; BayObLG WuM 1981, 80 = NJW 1981, 1275 = MDR 1981, 583 = GE 1981, 533 = ZMR 1982, 84; AG Oldenburg WuM 1978, 83; *Damrau-Schröter* S. 95.

d) Maßnahmen zur Bestandserhaltung. Ist über das Recht des Mieters, bestimmte Einbauten und Umbauten vornehmen zu können, keine vertragliche Abrede getroffen worden, ist zu prüfen, ob im Einzelfall der Mieter vor Durchführung der Maßnahme die Zustimmung des Vermieters einholen muss. Aus § 536 a Abs. 2 Nr. 2 BGB ergibt sich, dass der Mieter in bestimmten Fällen **notwendige Verwendungen** auf die Sache machen kann, ohne vorher den Vermieter zu fragen. Der Mieter darf danach Maßnahmen zur Erhaltung des Bestands der Mietsache, wie beispielsweise die notwendige Erneuerung der für die Versorgung der Wohnung mit Gas, Wasser und Strom erforderlichen Leitungen oder die zum Schutz notwendige Errichtung einer Einfriedung,[1314] durchführen. **424**

Das LG Lüneburg[1315] schlussfolgert aus § 547 BGB a. F. (§ 536 a Abs. 2 Nr. 2 BGB) sowie aus der Regelung über den Verbleib und die Entschädigung von Einrichtungen des Mieters (§ 547 a BGB a. F.; §§ 539 Abs. 2, 552 BGB), dass der Mieter im Rahmen der Bestandserhaltung Maßnahmen durchführen kann, ohne den Vermieter fragen zu müssen. Bei fachmännischer Montage ist es danach dem Mieter ohne Rücksprache mit dem Vermieter erlaubt, z. B. Mischbatterien und WC-Becken auszutauschen oder eine Dunstabzugshaube zu installieren, soweit diese problemlos an einen (Not-)Schornstein angeschlossen werden kann.[1316] Auch der Einbau einer WC-Spülkasten-Spartaste[1317] oder das Anbringen eines Fliesenspiegels in der Küche wäre danach vom Vermieter zu dulden. **425**

e) Unterbliebene Vertragsabsprache. *Damrau-Schröter*[1318] greift zur Begründung eines Anspruchs des Mieters auf Durchführung einer Modernisierungsmaßnahme auf § 541 b BGB a. F. (§§ 555d–e BGB) zurück. In dem Umfang, wie dort der Mieter vor besonderen Härten geschützt werde, müsse auch der Vermieter vor baulichen Maßnahmen des Mieters geschützt werden. Insoweit sei **die Opfergrenze** auf beiden Seiten die Grenze des Zumutbaren und der noch schutzwürdigen Interessen. **426**

Dem ist zuzustimmen, denn letztlich bewegt sich die Frage der Zumutbarkeit in der Spannbreite einer umfassenden Interessenabwägung. Da das BVerfG[1319] den **Besitz des Mieters** an der **Wohnung als Eigentum** i. S. d. Art. 14 GG ansieht, wird damit der verfassungsrechtliche Grundstein für die einfachrechtliche Interessenabwägung gelegt. Die Grenzen des Gebrauchs und damit auch der Mietermodernisierung ergeben sich somit aus einer umfassenden Abwägung der widerstreitenden Interessen unter Wahrung der schutzwürdigen Belange beider Vertragsparteien. Je schwerer der bauliche Eingriff des Mieters ist, desto stärker gehen die Belange des Vermieters in die Interessenabwägung ein. Umgekehrt ist dem Interesse des Mieters stärker Rechnung zu tragen, je weniger der Vermieter an berechtigten Einwänden geltend machen kann. Dabei ist zu berücksichtigen, dass das Eigentumsrecht des Mieters nicht nur das Recht zur Nutzung der Wohnung umfasst, sondern auch den Zugang zur Wohnung.[1320] **427**

Bei der Abwägung der widerstreitenden Interessen sind aber auch außerhalb des Mietverhältnisses liegende Gesichtspunkte zu berücksichtigen, die von der verfassungsrechtlichen Wertordnung getragen werden und in das Mietverhältnis einwirken.[1321] So wird der Inhalt des Mietvertrages z. B. dadurch mitgeprägt, dass das Grundrecht auf Informationsfreiheit oder das verfassungsrechtliche Benachteiligungsverbot Behinderter Bestandteil der objektiven Wertordnung sind. Bei der Frage der Duldung von Mietermodernisierungsmaßnahmen muss daher der Umstand des Informationsbedürfnisses (zur Parabolantenne vgl. Rdn. 468 ff.) oder einer Behinderung des Mieters oder seines Haushaltsangehörigen mit in die Abwägung einfließen (s. hierzu § 554 a BGB). **428**

1314 OLG Frankfurt/M. WuM 1981, 63 = WPM 1980, 1051.

1315 LG Lüneburg WM 1995, 701; **a. A.** LG Berlin GE 1997, 243.

1316 AG Hamburg WuM 1983, 235; zur Mietermodernisierung gibt es vielfältige Rechtsprechung: Aufstellen von Leichtbauwänden LG Essen WM 1987, 257; Anbringung einer Holzvertäfelung LG Osnabrück WM 1986, 231; Einbau einer Gasetagenheizung LG Berlin GE 1995, 109; AG Lübeck DWW 1988, 143; Aufstellen eines Hochbettes AG Köln WuM 1987, 51; **a. A.** AG Wuppertal DWW 1980, 30; Einbau einer Einbauküche LG Konstanz WM 1989, 67; Aufstellen einer transportablen Duschkabine LG Berlin WM 1990, 421.

1317 *Fritz* ZMR 1997, 553, 554.

1318 *Damrau-Schröter* S. 120.

1319 BVerfG WuM 1993, 377 = NJW 1993, 2035 = MDR 1993, 728 = ZMR 1993, 405 = DWW 1993, 224 = GE 1993, 796; WuM 2004, 80 = NJW-RR 2004, 440 = NZM 2004, 186 = DWW 2004, 146 = ZMR 2004, 566 = MDR 2004, 266 = GE 2004, 610; zu den Auswirkungen der Entscheidungen auf das einfache Recht s. *Lange* ZMR 2004, 881.

1320 BVerfG WuM 2000, 298 = GE 2000, 670 = NZM 2000, 539.

1321 BVerfG WuM 2000, 298 = GE 2000, 670 = NZM 2000, 539; LG Duisburg ZMR 2000, 463 zum Einbau eines Treppenlifts.

429 **aa) Fehlende Beeinträchtigung.** Somit wird der Mieter für die Durchführung von **Verbesserungsmaßnahmen** regelmäßig dann keiner Zustimmung des Vermieters bedürfen, also praktisch frei schalten und walten können, wenn es sich bei den Maßnahmen um Arbeiten handelt, die weder das Mietobjekt in der Substanz noch die Wohnanlage oder Mitbewohner beeinträchtigen, da dem Mieter im Rahmen des Vertragszwecks der freieste Gebrauch gewährt werden soll.[1322] Bei Beendigung des Mietverhältnisses müssen sich aber die vorgenommenen Veränderungen leicht wieder beseitigen lassen.[1323] Dies ist regelmäßig anzunehmen, wenn der Mieter einen Teppichboden verlegt, eine transportable Duschkabine auf stellt,[1324] den Balkon mit einem Plexiglas-Vordach verkleidet[1325] oder moderne Haushaltsgeräte in der Küche installiert.[1326] Weitere Maßnahmen dieser Art sind das Anbringen von Dübeln und Haken, das Bohren von Löchern, das Modernisieren (Sicherungen) von Türen und Schlössern,[1327] das Anbringen von Verkleidungsplatten an Decken[1328] sowie das Installieren einer Klingelleitung[1329] oder das Aufstellen einer Einbauküche.[1330]

430 **bb) Berücksichtigung des Vertragszwecks.** Ob und in welchem Umfang der Vermieter zur Duldung von Mietereinbauten verpflichtet sein kann, die über den oben beschriebenen Umfang hinausgehen, richtet sich in erster Linie nach dem **Vertragszweck.**[1331] Dabei ist zu bedenken, ob der Mieter mit der Maßnahme lediglich einen Zustand herstellen will, wie er allgemein üblich ist, weil nur so die Wohnung dem gängigen Standard entspricht.[1332] Dem Mieter kann z. B. nicht der Gebrauch neuer technischer Einrichtungen verboten werden, wenn dadurch der ordnungsgemäße Gebrauch der Mietsache nicht in Frage gestellt wird.[1333] In diesen Fällen kann der Vermieter selbst bei einem vertraglichen Genehmigungsvorbehalt zur Zustimmung der Maßnahme verpflichtet sein.[1334] Sowohl bei der Geschäftsraum- als auch bei der Wohnraummiete gehören hierzu z. B. die Einrichtung eines **Telefons, Faxes** sowie **Online-Anschlusses**[1335] für einen Computer (vgl. Rdn. 466f.) oder die Anbringung einer Außensteckdose auf dem Balkon[1336]. Der Vermieter kann aber dem Mieter, z. B. bei der Anbringung von Außenrollläden[1337], Auflagen machen, wenn diese sachgerecht und angemessen sind.[1338] Auch ist der Einbau eines **Sicherheitsschlosses** eine vom Vermieter zu duldende Modernisierungsmaßnahme, da bei fachmännischem Einbau das Mietobjekt durch diese Maßnahme objektiv verbessert wird. Der Vermieter kann daher auch während der Mietzeit nicht verlangen, dass das Schloss beseitigt wird.[1339]

431 **f) Anspruch auf Sicherung.** Gibt der Vermieter dem Mieter die Zustimmung zu der geplanten Maßnahme, kann er im Gegenzug Sicherheitsmaßnahmen verlangen.[1340] Während nach dem Recht vor dem 1.9.2001 umstritten war, ob der Kautionsbetrag den Rahmen des § 551 BGB übersteigen durfte,[1341] ist nach der Einfügung des § 554a BGB klargestellt, dass der Vermieter neben der Kaution nach § 551 BGB eine angemessene Sicherheit verlangen kann. Es wäre nicht verständlich, die zusätzliche Sicherheit dem Vermieter nur bei Maßnahmen zur Barrierefreiheit zu gewähren und sie ihm bei anderen Modernisierungsmaßnahmen zu versagen.

1322 *Fritz* ZMR 1997, 553, 554.
1323 LG Essen WuM 1987, 257; *Halberstadt* WuM 1980, 120.
1324 LG Berlin WuM 1990, 421 = MM 1990, 21 = GE 1990, 869.
1325 Problematisch insoweit LG Nürnberg-Fürth WuM 1990, 422, weil damit die Außenfassade beeinträchtigt wird; vgl. auch AG Wiesbaden NJW-RR 2000, 1031 = NZM 2000, 711 sowie AG Schorndorf WuM 2012, 494 zum Katzennetz bzw. Katzengitter am Balkon.
1326 LG Konstanz WuM 1989, 67.
1327 *Rathjen* ZMR 1999, 458, 461.
1328 AG Tempelhof-Kreuzberg NZM 2002, 734.
1329 LG Berlin GE 1984, 863; AG Münster WuM 1983, 176.
1330 *Wetekamp* MietrechtKompakt 2012, 194.
1331 LG Hannover WuM 1984, 129; vgl. *Halberstadt* WuM 1980, 120.
1332 Siehe dazu *Meyer-Abich* NZM 2015, 520, 521.
1333 *Damrau-Schröter*, S. 98.
1334 LG Berlin ZMR 1975, 271 für Duschkabine; LG Hamburg WuM 1974, 145 für Fensterlüfter; ablehnend für eine CB-Dachfunkantenne BayObLG WuM 1981, 80 = NJW 1981, 1275 = MDR 1981, 583 = GE 1981, 533 =ZMR 1982, 84; AG Hamburg WuM 1998, 723 für die Verlegung eines Laminatfußbodens.
1335 *Meyer-Abich* NZM 2015, 520, 522.
1336 AG Hamburg WuM 2007, 505.
1337 LG Hamburg WuM 2007, 502; die durchschnittliche Nutzungsdauer wird mit 25–35 Jahren angenommen, die von Markisen mit 25 Jahren: *Wetekamp* Mietrecht kompakt 2011, 64, 66.
1338 *Sternel* PiG 16, 1984, 105, 112.
1339 LG Karlsruhe WuM 1998, 22.
1340 AG Hamburg WuM 1996, 29 = NJWE-MietR 1997, 123.
1341 So *Damrau-Schröter* S. 125f.; **a. A.** LG Berlin MM 1999, 441.

Die Sicherheitsleistung ist somit für den Duldungsanspruch des Mieters von erheblicher Bedeutung. Wenn der Mieter nämlich umfangreiche bauliche Maßnahmen plant, die einen erheblichen Eingriff in die Bausubstanz mit sich bringen, dann ist dies bei der Interessenabwägung zu berücksichtigen (vgl. Rdn. 426). Da der Mieter bei Beendigung des Mietverhältnisses zum **Rückbau** verpflichtet ist, hat der Vermieter ein Sicherheitsinteresse hinsichtlich der Erfüllung dieses Anspruchs. Der Vermieter muss somit keine Maßnahmen dulden, deren Rückbau finanziell nicht abgesichert ist.[1342] **432**

Besteht bei einer vom Mieter durchzuführenden baulichen Maßnahme ein erhebliches Schadensrisiko (vgl. aber Rdn. 373), führt eine sachgerechte Interessenabwägung dazu, dass der Vermieter die Einwilligung nur erteilen muss, wenn der Mieter eine entsprechende Haftpflichtversicherung abgeschlossen hat.[1343] Eine Haftungsübernahmeerklärung des Mieters reicht für das Sicherungsbedürfnis des Vermieters nicht aus, da diese nicht sicherstellt, dass jederzeit ausreichende Mittel zur Behebung eines Schadens zur Verfügung stehen. **433**

Der Vermieter kann seine Zustimmung aber auch von anderen Bedingungen abhängig machen, die seinem Interesse am Erhalt des Objektes und an einer möglichst störungslosen Durchführung der Arbeiten Rechnung tragen. So kann er den Mieter verpflichten, einen bestimmten zeitlichen Rahmen einzuhalten, um Störungen der Nachbarschaft möglichst zu vermeiden sowie auch eine Freistellungsvereinbarung zu treffen für den Fall der Minderung oder des Schadensersatzes anderer Mieter aufgrund der Baumaßnahme[1344] (zur Verpflichtung zum Rückbau s. Rdn. 445ff., zur Instandhaltung mietereigener Einrichtungen Rdn. 444). **434**

g) Regeln der Technik. Darüber hinaus hat der Mieter dafür zu sorgen, dass die baulichen Maßnahmen nach den anerkannten Regeln der Technik durchgeführt werden.[1345] Daher sind die Vorschriften der Bauordnung einzuhalten. **Eigenleistungen** kann der Mieter in diesen Fällen nur erbringen, wenn er durch eine entsprechende Ausbildung den Nachweis der **Fachkunde** erbracht hat. Der Mieter darf im Übrigen auch keine Hilfspersonen hinzuziehen, die den Schutz aus der Haftpflichtversicherung gefährden. **435**

Die Duldungspflicht des Vermieters setzt zudem voraus, dass nachteilige Folgewirkungen mit der baulichen Maßnahme des Mieters nicht zu befürchten sind.[1346] Daher ist es dem Mieter beispielsweise nicht gestattet, **Brunnenwasser** zur Toilettenspülung zu nutzen, wenn die Gefahr einer Verunreinigung der Wasserversorgung im öffentlichen Netz gegeben ist und damit eine Verminderung der Trinkwasserqualität hervorgerufen würde.[1347] Ebenso darf der Mieter keine **Styropor-Decken** anbringen, da diese bei einem Brand giftige Gase abgeben.[1348] Der Einbau eines Treppenliftes ist unzulässig, wenn er eine nachhaltige Verschlechterung der Bausubstanz nach sich zieht.[1349] Überwiegt aber das Interesse des Mieters an der baulichen Änderung deutlich dem entgegenstehenden Interesse des Vermieters, muss dieser den baulichen Eingriff hinnehmen.[1350] **436**

h) Störender Eindruck. Der Mieter darf ohne Zustimmung des Vermieters keine baulichen Maßnahmen durchführen, wenn sie störend wirken. Der Einbau einer Sauna – auch in den mitgemieteten Kellerräumen – kann das Gesamtbild des Hauses beeinträchtigen;[1351] in diesem Fall ist die Maßnahme genehmigungsbedürftig. Aus dem gleichen Grund darf die Fassade nicht umgestaltet, kein Rauputz aufgebracht[1352] oder Sprossenfenster durch großflächige Fenster ersetzt werden. Der Mieter darf daher am Balkon nur einen Sichtschutz bis zur Höhe des Handlaufs anbringen, wenn dadurch die Außenfassade nicht optisch verunstaltet wird.[1353] Der Einbau eines Fensterventilators ist dagegen zulässig.[1354] **437**

1342 *Damrau-Schröter* S. 126; so jetzt auch § 554a BGB für Maßnahmen zur Barrierefreiheit.
1343 *Damrau-Schröter* S. 123.
1344 *Wetekamp,* MietrechtKompakt 2012, 194, 195.
1345 *Damrau-Schröter* S. 125.
1346 LG Hamburg WM 1974, 145.
1347 LG Gießen WuM 1994, 681 = NJW-RR 1994, 1102.
1348 LG Braunschweig WuM 1986, 248 = NJW 1986, 322 = ZMR 1985, 274.
1349 LG Köln DWW 1998, 86.
1350 BVerfG WuM 2000, 298 = NJW 2000, 2658 = ZMR 2000, 435 = GE 2000, 670; LG Hamburg NZM 2001, 767; LG Duisburg ZMR 2000, 463.
1351 LG Hannover WuM 1984, 129; AG Dortmund WuM 1985, 263 gegen Sauna im Schlafzimmer.
1352 AG Kerpen WuM 1990, 198.
1353 AG Köln WuM 1999, 331.
1354 BGH MDR 1964, 749; *Sternel* PiG 16, 1984, 105, 110.

438 Das Aufstellen einer **Solar-Anlage** auf der Terrasse der Mietwohnung kann durch den vertragsgemäßen Gebrauch der Mietsache gedeckt sein, wenn der Gesamteindruck des Gebäudes erhalten bleibt und Mitbewohner nicht beeinträchtigt werden.[1355] Wird das äußere Erscheinungsbild des Hauses nicht beeinträchtigt, ist der Mieter auch berechtigt, zum Schutz vor Einbruch, Schall und Lichteinfall Außenjalousien anzubringen.[1356]

439 **i) Erheblicher Eingriff.** Weiterhin ist der Mieter an die Zustimmung des Vermieters gebunden, wenn die Maßnahme einen erheblichen Eingriff in die Bausubstanz mit sich bringt.[1357] Je umfangreicher und bautechnisch aufwendiger die Modernisierungsmaßnahme ist, desto weniger ist der Mieter berechtigt, die von ihm geplante Maßnahme ohne Einwilligung des Vermieters durchzuführen.[1358] Der BGH[1359] ist allerdings zugunsten des Vermieters weiter gegangen. Unabhängig von dem Umfang des Eingriffs in die bauliche Substanz gilt vorrangig das Interesse des Vermieters auf Optimierung der Mieteinnahmen. Ein erheblicher Eingriff in die Bausubstanz liegt z. B. vor, wenn der Mieter tragende Bauteile bearbeiten will[1360] und damit die Statik verändert. Gleiches gilt für Mauerdurchbrüche, die Installation einer Etagenheizung,[1361] den Einbau von Dusche, Handwaschbecken und Toilettenschüssel,[1362] das Verlegen von Wasserleitungen und Elektroinstallationen,[1363] Veränderungen an der Außenfassade sowie die Entfernung von festen Trennwänden.[1364] Auch der Ersatz alter Fenster durch solche, die in ihrer Konstruktionsart von den bisherigen Fenstern abweichen,[1365] oder der Austausch von Holzrahmenfenster durch Kunststofffenster ist nicht erlaubt,[1366] ebenso wie der Ausbau des Kellers zur Schaffung von zusätzlichem Wohnraum[1367] oder das Aufstellen eines großen Gartenhauses bei vereinbarter gärtnerischer Nutzung[1368] bzw. das Verändern einer stabilisierenden Bepflanzung an einer abschüssigen Böschung.[1369]

440 Der **Einbau von Wasseruhren** gehört ebenfalls nicht zu dem Bereich der genehmigungsfreien Mietermodernisierung. Er erfordert einen Eingriff in das Installationssystem und damit in die Bausubstanz. Der Mieter kann sich zur Durchsetzung seines Anliegens nur in Ausnahmefällen auf Treu und Glauben berufen, da wegen der Pflicht zur ordnungsgemäßen Wasserabrechnung die Installation eines Zählers nur bei einem Mieter in einem Mehrfamilienhaus wegen der systembedingten Ungenauigkeit keinen Sinn macht. Der Wassereinspareffekt sowie eine „gerechte" Verteilung sind nur gewährleistet, wenn die Wasseranschlüsse aller Wohnungen der Mieter eines Hauses mit Wasseruhren versehen werden[1370]. Darüber hinaus ist der Vermieter aus seiner Fürsorgepflicht heraus gehalten, den Einbau und die Wartung eines eingebauten Wasserzählers zu überwachen, um so eine ordnungsgemäße und vor allem vertragsgemäße Abrechnung allen Mietern gegenüber gewährleisten zu können. Dies kann er im Regelfall aber nur, wenn er die technische Seite der Maßnahme selbst betreut und sie mit den vertraglichen Vereinbarungen in Einklang bringen kann (zum Wirtschaftlichkeitsgebot vgl. Rdn. 126ff.).

441 Der Vermieter darf eine Erlaubnis zum Umbau bestimmter Einrichtungen und Ausstattungen aber nicht rechtsmissbräuchlich verweigern.[1371] Für die Annahme eines Rechtsmissbrauchs ist aber zu bedenken, dass dem Vermieter grundsätzlich die Befugnis zusteht, mit seiner Sache nach Belieben zu verfahren.[1372] In diesem Rahmen bewegt sich seine Entscheidung, es bei dem mit Abschluss

---

[1355] AG München WuM 1991, 537; **a. A.** AG Spandau GE 2013, 489 für das Aufstellen eines Pavillons.
[1356] AG Zeitz WuM 1998, 16.
[1357] *Meyer-Abich* NZM 2015, 520, 521.
[1358] *Damrau-Schröter* S. 106; ablehnend *Schmid* IMR 2012, 3, da der Mieter generell keinen Anspruch auf Modernisierung haben soll.
[1359] BGH (VIII ZR 10/11) WuM 2011, 671 = MietPrax-AK § 535 BGB Nr. 47 = ZMR 2012, 266 = MDR 2011, 1465; *Beyer,* Info M 2012, 463.
[1360] LG Lüneburg ZMR 2013, 804.
[1361] LG Berlin GE 1995, 429 = ZMR 1995, 594; LG Hamburg WuM 1981, 11.
[1362] AG Tiergarten GE 2000, 127.
[1363] AG Hannover WuM 1999, 340.
[1364] Vgl. BGH NJW 1974, 1463 = MDR 1974, 1014; *Kraemer/von der Osten* in Bub/Treier III. A Rdn. 2419.
[1365] AG Schöneberg ZMR 2000, 685; die Nutzungsdauer beträgt ca. 40 Jahre, *Wetekamp* Mietrecht kompakt 2011, 66.
[1366] LG Berlin MDR 1985, 57 = ZMR 1985, 50 = GE 1984, 761.
[1367] LG Hamburg WuM 1992, 190.
[1368] AG Brühl WuM 1989, 498.
[1369] AG Köln WuM 1991, 84.
[1370] **A. A.** AG Tiergarten GE 2003, 396.
[1371] BGH (VIII ZR 211/62) MDR 1964, 749; BGH (VIII ZR 252/61) NJW 1963, 1539 = MDR 1963, 672.
[1372] BGH NJW 1982, 2181 (III ZR 114/80) = ZMR 1982, 235; LG Berlin GE 2011, 201.

des Mietvertrages vereinbarten Zustand zu belassen und Investitionen erst nach Beendigung des Mietverhältnisses im Zusammenhang mit der Neuvermietung vorzunehmen.[1373]

Vereinzelt wird die Auffassung vertreten, der Vermieter könne seine Zustimmung zur Mietermodernisierung davon abhängig machen, dass sich der Mieter zur entschädigungslosen Beseitigung verpflichtet, wenn der Vermieter dies verlangt, weil er seinerseits eine vergleichbare Modernisierungsmaßnahme durchführen will.[1374] Dieser Meinung kann nicht zugestimmt werden, da der Mieter bei seinen Planungen auch die Nutzungsdauer seiner Investitionen verlässlich kalkulieren muss. **442**

Ein Verstoß des Mieters gegen die vorgenannten Grundsätze gibt dem Vermieter nicht in jedem Fall das Recht zu einer fristlosen Kündigung gem. § 543 Abs. 2 Nr. 2 BGB. Ein Interesse an einer sofortigen Vertragsbeendigung kann nur dann angenommen werden, wenn der Vermieter trotz Rückbaupflicht des Mieters bei Vertragsende durch die ungenehmigten baulichen Änderungen bereits während der Mietzeit erheblich beeinträchtigt würde.[1375] **443**

j) Erhaltungspflicht des Mieters. Ohne besondere Absprache mit dem Vermieter ist der Mieter verpflichtet, die modernisierte Sache in einem ordnungsgemäßen Zustand zu erhalten. Das ergibt sich bereits aus dem Wortlaut des § 535 BGB, wonach der Vermieter dem Mieter nur die „vermietete" Sache zu überlassen hat. Daher ist es für die Frage nach der Verantwortlichkeit unerheblich, ob die Einbauten in das Eigentum des Vermieters übergegangen sind.[1376] Auch die Zustimmung des Vermieters zur Mietermodernisierung lässt nicht darauf schließen, dass er die **Unterhaltungskosten** für diese Maßnahme übernehmen will. Das ergibt sich schon aus dem Rechtsentscheid des BayObLG,[1377] wonach der Vermieter grundsätzlich auf Grund von Einrichtungen, die der Mieter eingebracht hat, eine Mieterhöhung nicht stützen kann. Bekommt der Vermieter somit kein Entgelt für die Baulichkeit, kann er im Schadensfall auch nicht zur Erfüllungsleistung oder gar zur Übernahme der Gewährleistung herangezogen werden. **444**

k) Rückbau und Verwendungsersatz. § 539 Abs. 2 BGB berechtigt den Mieter, seine eingebrachten Einrichtungen wegzunehmen (Einzelheiten s. unter § 539 BGB[1378]). Der Vermieter muss daher dulden, dass der Mieter „seine" Einrichtungen abtrennt. **Einrichtungen** sind beispielsweise Wandschränke, Teppichböden und Gartenpflanzen. Dieser Duldungsanspruch hängt im Einzelnen davon ab, ob die Einrichtungen als Scheinbestandteile i. S. d. § 95 BGB im Eigentum des Mieters verblieben sind, oder ob der Mieter das Eigentum wegen § 946 BGB verloren hat. Im letzteren Fall hat der Vermieter nicht nur die Besitzergreifung, sondern auch die Aneignung zu dulden.[1379] Der Mieter hat grundsätzlich den ursprünglichen Zustand der Mietsache wieder herzustellen.[1380] Das gilt aber nicht, wenn der der Mieter mit Zustimmung des Vermieters langlebige Verbesserungen durchgeführt hat und ein Rückbau nicht nur einen erheblichen Aufwand erfordert, sondern auch zu einer deutlichen Verschlechterung der Mietsache führen würde.[1381] **445**

Im gewerblichen Mietverhältnis fallen grundsätzlich diejenigen Einrichtungen nicht unter das **Wegnahmerecht des Mieters,** zu deren Herstellung sich der Mieter vertraglich verpflichtet hat. Im Übrigen kann der Vermieter gewerblicher Räume vereinbaren, dass bestimmte Einrichtungsgegenstände vom Wegnahmerecht des Mieters ausgeschlossen sind,[1382] da § 578 Abs. 2 BGB nicht auf Abs. 2 des § 552 BGB verweist. **446**

Zulässig ist es auch, daneben den Verwendungsersatzanspruch des Mieters für die geschaffenen Einrichtungen auszuschließen, soweit diese Vereinbarung unter Kaufleuten individualvertraglich erfolgt.[1383] In diesen Fällen sind die Leistungen des Mieters im Zweifel Teil des Überlassungsentgelts[1384]. Dagegen wird ein **Bereicherungsanspruch** von einer derartigen Ausschlussklausel nicht **447**

[1373] BGH (VIII ZR 10/11) WuM 2011, 671 = MietPrax-AK § 535 BGB Nr. 47 = ZMR 2012, 266 = MDR 2011, 1465.

[1374] *Hanke* PiG 46, 1995, 83, 98.

[1375] OLG Düsseldorf WuM 1996, 410 = ZMR 1996, 651.

[1376] *Damrau-Schröter* S. 136.

[1377] BayObLG WuM 1981, 208 = NJW 1981, 2259 = GE 1981, 811 = ZMR 1982, 343 = DWW 1982, 121; bestätigt durch BGH (VIII ZR 315/09) WuM 2010, 569 = GE 2010, 1109 = NJW-RR 2010, 1384 = NZM 2010, 735 = MietPrax-AK § 558 BGB Nr. 27 m. Anm. *Börstinghaus.*

[1378] Siehe auch umfassend *Bruns,* NZM 2016, 873 ff; *Heinz* ZMR 2015, 440.

[1379] OLG Düsseldorf ZMR 2010, 959.

[1380] KG ZMR 2010, 956; AG Hamburg WuM 2008, 27.

[1381] LG Berlin GE 2010, 1269; AG Charlottenburg GE 2015, 1603.

[1382] BGH NJW 1958, 2109 = MDR 1959, 297 = BB 1958, 1186; LG Braunschweig ZMR 2008, 453.

[1383] BGH ZMR 1996, 122 = WPM 1996, 1265 = NJWE-MietR 1996, 33.

[1384] Siehe dazu OLG Rostock NZM 2005, 666.

erfasst. Dieser Anspruch ist gegeben, wenn der Vermieter durch die Investitionen des Mieters Vorteile erlangt, die er bei einer planmäßigen Abwicklung der Vertragsbeziehungen nicht hätte erlangen können. Die Höhe des Anspruchs bemisst sich in diesen Fällen nicht nach den Aufwendungen des Mieters oder der Wertsteigerung des Objektes, sondern danach, ob der Vermieter infolge der vorzeitigen Rückgabe eine höhere Miete oder Vorteile anderer Art erzielen konnte.[1385] Daraus folgt, dass bei einem Vermieterwechsel – auch im Wege der Zwangsversteigerung – der neue Vermieter, der die Mietsache vorzeitig zurückerhält, Bereicherungsschuldner ist, weil nur er den Vorteil realisieren kann.[1386]

448 Da § 539 Abs. 2 BGB nur Einrichtungen erfasst, ist nicht gesetzlich geregelt, wie der Mieter nach **sonstigen baulichen Maßnahmen,** die insbesondere die Substanz des Gebäudes verändert haben, die Mietsache zurückgeben muss. In Rahmen der allgemeinen Vertragsfreiheit können die Mietvertragsparteien hierzu gesonderte Vereinbarungen treffen.[1387] Ist dies unterblieben, muss nach allgemeinen Auslegungsregeln ermittelt werden, wie die Vereinbarung über die bauliche Maßnahme zwischen den Parteien zu verstehen war; z. B. ob der Mieter die Sache im veränderten Zustand mit oder ohne Entschädigung zurücklassen muss oder ob er zur Wiederherstellung des ursprünglichen Zustandes verpflichtet ist. Da ein Übergabeprotokoll nur den Ist-Zustand der Räume bei Übergabe feststellt, kann daraus grundsätzlich keine rechtliche Verpflichtung abgeleitet werden.[1388] Haben die Parteien vereinbart, dass Zuschüsse aus öffentlichen Haushalten bei der Berechnung einer dem Mieter nach Auszug zustehenden Entschädigung nicht zu berücksichtigen sind, ist die Regelung dahin auszulegen, dass die öffentliche Hilfe von dem Entschädigungsbetrag nicht abzuziehen ist.[1389]

449 Eine Rückbauverpflichtung des Mieters ist eine Hauptpflicht und kann auch durch Allgemeine Geschäftsbedingungen vereinbart werden.[1390] Ohne besondere Vereinbarung kann grundsätzlich aus der Einwilligung des Vermieters zum Umbau noch nicht geschlossen werden, dass der Mieter bei Vertragsende die Mietsache so belassen kann.[1391] Das wird anders gesehen, wenn der Mieter mit Zustimmung des Vermieters erhebliche Wertverbesserungen vorgenommen hat, die nur mit einem hohen Aufwand rückgängig gemacht werden können und mit dem wiederhergestellten alten Zustand die Mietsache entwertet würde.[1392] Eine Rückbauverpflichtung besteht aber dann, wenn die baulichen Maßnahmen nicht fachgerecht durchgeführt wurden und dementsprechend Mängel aufweisen.[1393] Der Rückbau einer fachgerechten, erlaubten Maßnahme muss vor Beendigung des Mietverhältnisses ausnahmsweise nur im Falle einer Vermietermodernisierung vom Mieter hingenommen und geduldet werden (vgl. § 555 d BGB – Härteeinwand greift nicht)[1394] Das Beharren des Vermieters auf der Verpflichtung des Mieters zur Wiederherstellung kann aber im Einzelfall gegen Treu und Glauben verstoßen, wenn sie wirtschaftlich unsinnig ist und wenn durch die Akzeptanz der Maßnahme dem Vermieter keine sonstigen Nachteile entstehen.[1395] Das in einem gewerblichen Mietvertrag dem Vermieter eingeräumte Recht, bei Ablauf des Vertrages die Wiederherstellung des alten Zustandes der vom Mieter für seine Zwecke umgebauten Räume verlangen zu können, entfällt, wenn der Vermieter nach Beendigung des Mietverhältnisses die Räume in der Weise umbauen will, dass die Wiederherstellungsarbeiten des Mieters wieder beseitigt werden müssten. Dem Vermieter steht auch kein Ausgleichsanspruch in Geld zu.[1396]

450 **m) Mustervertrag.** Im Jahre 1981 hat das Bundesministerium der Justiz (BMJ) in Zusammenarbeit mit den wohnungswirtschaftlichen Verbänden einen Mustervertrag herausgegeben, der die Rechte und Pflichten zwischen Mieter und Vermieter im Falle einer Modernisierung durch Mieter

---

[1385] BGH ZMR 1996, 122 = WPM 1996, 1265 = NJWE-MietR 1996, 33; OLG Rostock DWW 2005, 105; OLG München ZMR 1995, 406 = NJWE-MietR 1996, 10.
[1386] BGH GuT 2006, 32 = NJW-RR 2006, 294 = ZMR 2006, 185 = GE 2006, 380 = MietPrax-AK § 812 BGB Nr. 2; Urt. v. 29.4.2009 – XII ZR 66/07 = NZM 2009, 514 = NJW 2009, 2374; s. auch *Dittert,* jurisPR-Mietrecht 15/2009 Anm. 4.
[1387] OLG Düsseldorf GE 2012, 547 = MDR 2012, 634.
[1388] LG Potsdam ZMR 2009, 761.
[1389] LG Berlin NZM 1999, 220.
[1390] OLG Düsseldorf ZMR 2009, 754.
[1391] OLG Düsseldorf ZMR 2012, 438 = DWW 2012, 92.
[1392] LG Berlin GE 2010, 1269.
[1393] LG Berlin ZMR 1997, 243.
[1394] Vgl. AG Brandenburg an der Havel WuM 2003, 321.
[1395] LG Berlin GE 2015, 791.
[1396] BGH WuM 1986, 57 = NJW 1986, 309 = ZMR 1986, 48 = MDR 1986, 226 = DWW 1985, 312.

umfassend regelt.[1397] Neben dem **Kündigungsverzicht** des Vermieters werden auch die Probleme der Mieterhöhung sowie der Restwertentschädigung bei vorzeitigem Auszug angesprochen.[1398]

Hierzu sieht die Mustervereinbarung[1399] vor, dass der Vermieter als Ausgleich für die Mieterinvestitionen auf sein Kündigungsrecht wegen Eigenbedarfs für den Zeitraum der Abwohndauer verzichtet. Die Abwohndauer errechnet sich nach dem Investitionsumfang. Die Investition in Höhe einer Jahresnettomiete entspricht einer **Abwohndauer** von 4 Jahren. Der Kündigungsverzicht muss mindestens für 5 Jahre, soll aber höchstens für 15 Jahre vereinbart werden. Hinsichtlich des Restwertes der Mieterinvestition sieht die Mustervereinbarung vor, dass im Laufe des ersten Jahres nach Abnahme der Baumaßnahme 20% und in den jeweils folgenden Jahren 10% von den Aufwendungen des Mieters abzuziehen sind. Das gilt auch dann, wenn nachfolgende Modernisierungsmaßnahmen des Vermieters die neuen Einrichtungen des Mieters zerstören oder wertlos machen würden.[1400] **451**

Ungeklärt ist, wie sich die **Restwertentschädigung** errechnet, wenn der Mieter zur Durchführung der Maßnahme nicht rückzahlbare öffentliche Mittel erhalten hat, die unmittelbar weder dem Mieter noch dem Vermieter, sondern aus öffentlichem Interesse ausschließlich der Wohnung zugutekommen sollen. Richtigerweise müssen die öffentlichen Mittel den Mieterinvestitionen zugeschlagen werden,[1401] weil der Mieter auch das Risiko der Investition übernommen hat und diese ihm über das Wohnen allein unmittelbar zugute kommt. Der Vermieter profitiert von den gewährten Mittel dadurch, dass der Mieter bei Auszug ihm eine Wohnung mit besserem Standard zurückgibt. Dann ist es auch gerechtfertigt, dass er hierfür einen Ausgleich an den Investor zahlt. Unerheblich ist dabei, ob der Vermieter bei eigener Investition günstiger stünde, da diese ihm zum Zeitpunkt der Modernisierungsvereinbarung mit dem Mieter freigestanden hätte.[1402] **452**

Haben sich Mieter und Vermieter auf eine bauliche Maßnahme verständigt, die der Mieter gegen **Mietnachlass** durchführen soll, ist der Vermieter zur Gewährung der verminderten Miete nur verpflichtet, wenn der Mieter den sachgerechten Abschluss der vereinbarten baulichen Maßnahme nachweist.[1403] **453**

31. Mobilfunk/Basisstation

Man schätzt für die Errichtung des **sog. UMTS-Netzes,** das ist der Mobilfunkstandard der 3. Generation (3G), einen Bedarf von 65 000 bis 90 000 Mobilfunkbasisstationen,[1404] um der starken Nachfrage nach Mobiltelefonen gerecht zu werden. Z. Zt. gibt es ca. 70 000 Funkanlagenstandorte mit Mobilfunk.[1405] Der Ausbau schreitet wegen der LTE-Technologie und dem vermehrten Einsatz von Handys voran.[1406] Die geeigneten und notwendigen Standorte für die Errichtung und den Betrieb von Mobilfunkbasisstationen werden in großer Zahl angemietet.[1407] Grundsätzlich handelt der Vermieter, für den das ein lukratives Geschäft sein kann[1408], im Rahmen seiner Eigentumsfreiheit, wenn er auf dem Dach eine Mobilfunkantenne errichtet.[1409] Auf Grund des Dauerschuldverhältnisses mit seinen Mietern unterliegt er aber besonderen Aufklärungspflichten (vgl. Rdn. 178ff.). Der Vermieter hat somit dem Mieter die Gefahrlosigkeit der Anlage (siehe dazu § 536 Rdn. 105ff.) und den beabsichtigten Standort darzulegen. Letzterer darf nicht zu einer Beeinträchtigung des vertragsgemäßen Gebrauchs führen. **454**

1397 Ergebnisniederschrift über die Besprechung zur Mustervereinbarung Mietermodernisierung v. 23.3.1981 – nicht veröffentlicht.

1398 Zur Vertragsauslegung vgl. LG Berlin GE 2000, 472.

1399 „Mustervereinbarung – Modernisierung durch Mieter", abgedruckt in Anlage 3 zu § 559 BGB.

1400 Weitere Einzelheiten s. bei *Eisenschmid* ZRP 1981, 165.

1401 LG Berlin GE 2001, 418; MM Nr. 10, 1997, 322; Nr. 10, 1997, 321; **a. A.** GE 1996, 259.

1402 LG Berlin MM Nr. 10, 1997, 322.

1403 KG GE 2002, 52.

1404 *Martens/Appelbaum* NZM 2002, 642, 643; *Hitpaß* ZMR 2002, 572; *Lindner-Figura/Hartl,* NZM 2001, 401.

1405 Bundesnetzagentur: http://emf2.bundesnetzagentur.de/statistik.html.

1406 *Kniep* WuM 2015, 711.

1407 Zu den Besonderheiten solcher Verträge vgl. *Lindner-Figura/Hartl,* NZM 2001, 401ff; zu den Gestaltungsinstrumenten der Kommune s. *Kniep* WuM 2007, 611.

1408 *Hitpass,* Neue Medien, S. 41 (je nach Standort 5.000 – 20.000 €/a).

1409 AG Gießen WuM 2001, 546; *Frenzel* WuM 2002, 10; die Errichtung einer solchen Anlage auf dem Dach einer Wohnungseigentümergemeinschaft bedarf der Zustimmung aller Wohnungseigentümer – BGH (V ZR 48/13) NJW 2014, 1233 = ZMR 2014, 464 = NZM 2014, 201 = GE 2014, 399; zustimmend *Mummenhoff,* jurisPR-MietR 14/2014 Anm. 6.

455 Der Vermieter solcher Standorte muss allerdings auch darauf achten, dass er den Konkurrenzschutz – s. Wettbewerb Rdn. 599ff. – vertraglich regelt, um ggf. durch den vertragsimmanenten Konkurrenzschutz des Mieters nicht gehindert zu sein, den Standort auch an andere Betreiber zu vermieten. Daneben hat der Vermieter zu beachten, dass mögliche andere Mieter des Standortes, insbesondere Wohnraummieter, wenn die Station auf dem Dach des Hauses installiert werden soll, nicht in ihren vertraglichen Rechten beeinträchtigt werden.

456 Bei langfristigen Verträgen mit dem Netzbetreiber sollte der Vermieter darauf achten, dass er unter bestimmten Bedingungen ein Sonderkündigungsrecht eingeräumt bekommt; z. B. für den Fall, dass die Mieter mit Erfolg eine mit dem Betrieb der Basisstation verbundene Gesundheitsgefährdung geltend machen oder der Gesetzgeber die Grenzwerte[1410] ändert und damit eine Gesundheitsgefährdung der Mieter oder der Nachbarn ohne weiteres angenommen werden muss.[1411] Anderenfalls wäre er auf Dauer Minderungs- und Schadensersatzansprüchen gem. §§ 536, 536a BGB ausgesetzt.

457 Soweit der Vermieter für die Errichtung der **Mobilfunkantenne** auf dem vermieteten Anwesen ein Entgelt erhält, hat der Mieter einer freifinanzierten Wohnung davon keine Vorteile. Dies gilt auch für Sozialmietwohnungen, deren Mietberechnung der **Kostenmiete** im Rahmen der II. BV unterliegen. Derartige Zusatzeinnahmen sind keine Erträge i. S. d. § 31 II. BV und damit im Rahmen der Kostenmiete nicht mietmindernd zu berücksichtigen[1412].

32. Modernisierung

458 Nicht nur der Mieter, auch der Vermieter kann während des Mietverhältnisses in gewissen Grenzen bauliche Maßnahmen zwecks Modernisierung des Hauses oder des Wohnraums durchführen (Einzelheiten s. §§ 555b ff. BGB). Diese können nicht nur den Mietgebrauch des durch die Modernisierungsmaßnahme unmittelbar betroffenen Mieters, sondern auch den der übrigen Mieter, z. B. durch Lärm oder kurzzeitige Unterbrechung der Versorgung mit Wasser oder Strom, beeinträchtigen. Derartige **Minderungen** des Wohngebrauchs führen zur Haftung des Vermieters aus §§ 536ff. BGB. Im Übrigen ist der Vermieter verpflichtet, möglichst schonend zu modernisieren bzw. instandzusetzen und dabei nach dem jeweiligen Stand der Technik möglichst jegliche Beeinträchtigung zu vermeiden bzw. zu minimieren.[1413]

33. Müll

459 Der Vermieter hat ausreichende Anlagen für die **Abfallbeseitigung** und **Müllentsorgung** vorzuhalten[1414] und die Entsorgung sicherzustellen, indem z. B. die Mülltonnen entsprechend der kommunalen Müllsatzung an den Straßenrand geschafft werden. Ggf. hat er dafür Sorge zu tragen, dass durch bauliche Maßnahmen **Mülltourismus** verhindert wird.[1415] Führt ein besonders hohes Müllaufkommen auf Grund eines Umzuges zu Sonderleerungskosten, sind diese nicht zwingend vom Mieter zu tragen.[1416] Die mit einer Müllentsorgung verbundenen Lärmbelästigungen hat der Mieter hinzunehmen.[1417] **Biomüll**-Abfalltonnen dürfen nicht zu Geruchsbelästigungen der Mieter führen.[1418] Zum Aufstellen einer blauen Tonne (Papier) ist der Vermieter ohne gesonderte vertragliche Vereinbarung nicht verpflichtet.[1419]

460 Der Vermieter darf die **Müllschluckanlagen** des Hauses nicht zu bestimmten Zeiten schließen. Es gehört zum vertragsgemäßen Gebrauch der Mietsache, solche Anlagen auch an den Wochenenden zu benutzen.[1420] In der Rechtsprechung ist die Schließung einer Müllschluckanlage als eine unerhebliche Minderung der Gebrauchstauglichkeit angesehen worden.[1421] Dies schließt aber den

---

1410 Siehe dazu BVerfG WuM 2002, 261.
1411 *Kniep* DWW 2001, 322, 325.
1412 BGH (VIII ZR 310/04) WuM 2006, 26 = NZM 2006, 133 = ZMR 2006, 188 = MietPrax-AK § 31 II. BV Nr. 1.
1413 *Sternel* PiG 31, 1989, 71, 81.
1414 AG Köln WuM 1985, 261.
1415 *Wall* in Eisenschmid/Wall, Rdn. 3467; *Sternel,* Mietrecht aktuell (2009), Rdn. VII 212.
1416 AG Nürnberg NZM 2002, 655.
1417 AG Köln WuM 1991, 343; zum Abstellen von Mülltonnen auf dem Hof vgl. AG Brühl WuM 1997, 549.
1418 LG Osnabrück WuM 1997, 431.
1419 AG Hamburg-Blankenese GE 2011, 892.
1420 LG Berlin WM 92, 599.
1421 AG Hamburg WuM 1985, 260.

Herstellungsanspruch auf die Inbetriebnahme der Anlage nicht aus, es sei denn, der weitere Betrieb ist für den Vermieter schlechthin unzumutbar[1422] und die Einstellung des Betriebes der Anlage vom Mieter ausnahmsweise hinzunehmen (vgl. Rdn. 246ff.). Das ist beispielsweise der Fall, wenn die Gemeindesatzung verbindlich Sammelcontainer vorschreibt und die Mieter zur **Mülltrennung** verpflichtet sind. Ist nunmehr die hauseigene Müllschluckanlage für den Restmüll überdimensioniert, darf der Vermieter diese wegen der geänderten Geschäftsgrundlage beseitigen.[1423] Auch **Ungezieferplagen,** die nur durch eine Beseitigung der Anlage erfolgreich bekämpft werden können, lassen eine einseitige Stilllegung zu.[1424] Unzulässig (Verstoß gegen § 307 BGB) ist eine Vereinbarung in einem Wohnraummietvertrag, wonach eine Ungezieferbekämpfung Sache des Mieters ist.

34. Musik

Das Musizieren sowie das Hören von Musik in der Wohnung gehören als sozial übliches Verhalten selbstverständlich zum Wohngebrauch.[1425] Dabei ist aber auf die Nachbarn Rücksicht zu nehmen. Jede Mietpartei hat das Recht, von jedem Mieter und vom Vermieter die Einhaltung der Ruhezeiten zu verlangen.[1426] Umgekehrt ist aber jeder Mieter berechtigt, außerhalb der Ruhezeiten zu musizieren.[1427] Daher gelten zunächst die vertraglichen Abreden über die Einhaltung der Ruhezeiten (zu den Ruhezeiten vgl. Rdn. 367). Sind die Ruhezeiten in einer Hausordnung (vgl. Rdn. 375f.) geregelt, sind die dort angegebenen Zeiten maßgeblich.[1428] Innerhalb der **Ruhezeiten** ist sowohl beim Musizieren als auch beim Einsatz von Schallwiedergabegeräten in jedem Fall Zimmerlautstärke einzuhalten. Diesen sehr subjektiv ausgeprägten Begriff der Zimmerlautstärke[1429] hat das LG Berlin[1430] dahingehend konkretisiert, dass die entsprechende **Zimmerlautstärke** nicht überschritten ist, wenn Geräusche außerhalb der abgeschlossenen Wohnung nicht mehr oder kaum noch vernommen werden können. Die Hellhörigkeit des Hauses sowie sonstige Umstände spielen hierbei eine Rolle.[1431] Die Einhaltung der Zimmerlautstärke schließt praktisch das Spiel auf einem Instrument aus.[1432] **461**

Außerhalb dieser Ruhezeiten ist selbstverständlich das Gebot der Rücksichtnahme nicht aufgehoben. Dennoch kann der Vermieter außerhalb der Ruhezeiten das Musizieren grundsätzlich nicht verbieten.[1433] Die Ausübung von Musik gehört zum Grundrecht der freien Entfaltung der Persönlichkeit.[1434] Ausschlaggebend für die zulässige Dauer des Spielens kann das jeweilige Musikinstrument und die mit seiner spezifischen Tonlage verbundene Beeinträchtigung sein.[1435] Das zumutbare Maß ist jedenfalls überschritten, wenn der Mieter auf dem Contrabass noch nach 21.00 Uhr spielt.[1436] **462**

Generell wird man außerhalb der Ruhezeiten eine Höchstdauer für das Musizieren von rund 2–3 Stunden täglich ansehen können.[1437] Entscheidend sind aber immer die konkreten Wohnver- **463**

[1422] LG Berlin GE 2006, 1483; AG Wedding ZMR 2011, 561; AG Berlin-Mitte MM 1997, 241.

[1423] LG Mainz WuM 1999, 215.

[1424] LG Hamburg WuM 1999, 600.

[1425] BGH NJW 1998, 3713 = WuM 1998, 738 = ZMR 1999, 41 = GE 1999, 319 = NZM 1998, 955; vgl. auch LG Frankfurt/M. WuM 2006, 142 zum Aufstellen eines Klaviers.

[1426] OLG München WuM 1992, 238 = NJW-RR 1992, 1097 = MDR 1992, 670 = ZMR 1992, 246 = DWW 1992, 339.

[1427] BayObLG NJW 2001, 3635 zum WEG.

[1428] BGH GE 1999, 319; OLG München WuM 1992, 238 = NJW-RR 1992, 1097 = MDR 1992, 670 = ZMR 1992, 246 = DWW 1992, 339.

[1429] Umfassend zum Begriff der Zimmerlautstärke s. *Pfeifer* S. 5ff.

[1430] LG Berlin WuM 1963, 15.

[1431] BGH GE 1999, 319; *Skauradszun* ZMR 2010, 657, 661; *Gather* DWW 1993, 345, 350.

[1432] *Skauradszun* ZMR 2010, 657, 658.

[1433] BGH NJW 1998, 3713 für Saxophon; OLG Frankfurt/M. NJW-RR 2004, 14 für Klavier; OLG Oldenburg WuM 1977, 172 für Violine spielen; LG Köln ZMR 1977, 273 für Cello.

[1434] LG Düsseldorf DWW 1990, 87.

[1435] LG Nürnberg-Fürth WuM 1992, 253 = DWW 1992, 18; vgl. BayObLG WuM 1986, 148; OLG Hamm NJW 1981, 465; OLG Frankfurt/M. WuM 1984, 303 = NJW 1985, 2138 = DWW 1985, 26.

[1436] AG Berlin-Tiergarten, Urt. vom 17. 10. 80, Az: 248a O 45/79; zur Einhaltung der Ruhezeiten vgl. insbesondere BayObLG WuM 1986, 148 = NJW 1985, 2138 = MDR 1985, 676 = ZMR 1985, 208; OLG Zweibrücken ZMR 1990, 427 = MDR 1990, 1121.

[1437] BayObLG WuM 1986, 148 = NJW 1985, 2138 = MDR 1985, 676 = ZMR 1985, 208; OLG Karlsruhe NJW-RR 1989, 1179; OLG Hamm NJW-RR 1986, 500 = MDR 1986, 501 = DWW 1986, 78; AG Düsseldorf DWW 1988, 357.

hältnisse.[1438] So kann im Einzelfall die Bewohnerstruktur der Hausanlage eine Rolle spielen oder auch die baulichen Gegebenheiten, wie der Abstand der einzelnen Wohnungen zueinander, die Hellhörigkeit, der Pegel der Umgebungsgeräusche und die Art des Musizierens.[1439] Jede Mietpartei im Haus hat das Recht sowohl auf Einhaltung der vereinbarten Ruhezeiten als auch der vereinbarten Musizierzeiten.[1440] So kann der Umstand, dass der Mieter Berufsmusiker ist und der Vermieter dies bei Anmietung wusste, für die Dauer der zulässigen Übungszeit maßgeblich sein.[1441]

464 Die Zeiten für die Musikausübung können vertraglich festgelegt werden. Bei Verwendung von Formularmietverträgen und vorformulierten Hausordnungen gebietet es das gedeihliche Zusammenleben, eine mögliche Gleichbehandlung aller Mietparteien herbeizuführen[1442] (s. Rdn. 377), um bei unterschiedlichen Interessensphären den Hausfrieden aufrechterhalten zu können.[1443] Der völlige Ausschluss des Rechts auf Musikausübung ist mit einer Individualvereinbarung nur möglich, wenn der Vermieter gewichtige Interessen geltend machen kann.[1444] Das Musizierverbot durch **Formularverträge** verstößt gegen § 307 BGB und ist unzulässig.[1445]

35. Namensschilder

465 Hat der Mieter berechtigterweise seinen Lebenspartner aufgenommen, ist er auch berechtigt, zusätzlich ein Namensschild mit dem Namen des Partners am Klingeltableau anzubringen.[1446] Zu Firmenschilder s. Rdn. 334f.

36. Online-Anschlüsse

466 Der Vermieter ist verpflichtet, dem Mieter einen **Fernsprechanschluss** zu bewilligen und notfalls die erforderlichen Erklärungen gegenüber dem Netzbetreiber abzugeben.[1447] Neben der Benutzung eines Telefons ermöglicht dieser Anschluss auch die Verwendung eines Telefaxes sowie den Anschluss an diverse Online-Verbindungen sowie an das Internet. Auch im Privatleben sind diese Medien heute selbstverständlich, so dass die Möglichkeit ihrer Nutzung zum vertragsgemäßen Gebrauch gehört.

467 Ist der Mieter zur Untervermietung berechtigt, kann er vom Vermieter die erforderlichen Erklärungen zu Gunsten des Untermieters verlangen.

37. Parabolantenne

468 Der Grundsatz von Treu und Glauben gebietet, dass der Vermieter nicht ohne triftigen, sachbezogenen Grund dem Mieter Einrichtungen versagt, die diesem das Leben in der Mietwohnung angenehmer gestalten können, und durch die er als Vermieter nur unerheblich beeinträchtigt und die Mietsache nicht verschlechtert wird. Dieser Grundsatz wird im Rahmen des Rechts auf Anbringung einer Parabolantenne maßgeblich durch das Grundrecht auf Informationsfreiheit beeinflusst.[1448] Rundfunk- und Fernsehprogramme, deren Empfang in Deutschland möglich ist, sind allgemein zugängliche Informationsquellen i. S. d. Art. 5 GG. Soweit somit der Empfang dieser Programme von technischen Anlagen abhängt, die diese allgemein zugänglichen Informationsquellen erst individuell erschließen, erstreckt sich der Grundrechtsschutz auch auf die Beschaffung und Nutzung solcher Anlagen.[1449] Die Abwägung zwischen den Interessen des Mieters an der Teilhabe

---

[1438] LG Nürnberg-Fürth WuM 1992, 253 = DWW 1992, 18; LG Frankfurt/M. WuM 1990, 287; AG Frankfurt/M. WuM 1997, 430.

[1439] BGH NJW 1998, 3713 = WuM 1998, 738 = ZMR 1999, 41 = GE 1999, 319 = NZM 1998, 955.

[1440] LG Offenburg DWW 1990, 273; AG Ratingen WuM 1977, 257.

[1441] LG Flensburg DWW 1993, 102.

[1442] LG Freiburg WuM 1993, 120; *Barthelmess* in FS Blank S. 23, 48.

[1443] LG Freiburg WuM 1993, 120.

[1444] *Barthelmess* in FS Blank S. 23, 48; **a. A.** OLG München WuM 1988, 299 = NJW-RR 1986, 638 = DWW 1986, 118.

[1445] *Skauradszun* ZMR 2010, 657, 658; *Barthelmess* in FS Blank S. 23, 48; *Bub* in Bub/Treier II Rdn. 1536.

[1446] AG Berlin-Mitte MM 2000, 178.

[1447] LG Hannover DWW 1984, 170 = ZMR 1984, 308; AG Freiburg NJW-RR 1989, 716; AG Husum WuM 1986, 159; *Emmerich* in Emmerich/Sonnenschein, Miete, § 535 Rdn. 23.

[1448] BVerfG WuM 1991, 573 = NJW 1992, 493 = ZMR 1992, 15 = GE 1991, 1245.

[1449] BVerfG WuM 1994, 251 = NJW 1994, 1147 = MDR 1994, 547 = ZMR 1994, 203 = DWW 1994, 148 = GE 1994, 396; WuM 1993, 229 = NJW 1993, 1252 = MDR 1993, 533 = ZMR 1993, 259 = DWW 1993, 96; zum Grundrechtsschutz im Mietverhältnis *Rips* WuM 2015, 123.

der Informationsfreiheit (Art. 5 GG) und denen des Vermieters am Eigentumsschutz (Art. 14 GG) führt i. d. R. zu einem Übergewicht der Mieterinteressen, hinter denen das Eigentumsrecht des Vermieters regelmäßig zurückstehen muss.[1450] Der Mieter darf daher grundsätzlich eine eigene Parabolantenne aufstellen[1451] bzw. am Haus befestigen, wenn das Haus weder über eine Gemeinschaftsparabolantenne noch über einen Breitbandkabelanschluss verfügt und ungewiss ist, ob ein solcher Anschluss verlegt werden wird.[1452] Dabei hat der Mieter den Vermieter von allen dabei anfallenden Kosten und Gebühren freizustellen[1453] und Sicherheit für die Beseitigungskosten zu leisten[1454].

a) Installation trotz Kabelanschluss. Liegt allerdings ein **Breitbandkabelanschluss** vor, ist es dem Mieter regelmäßig versagt, daneben noch eine Parabolantenne zu installieren[1455], es sei den, die Parteien haben die Installation vereinbart oder sie werden vom Vermieter gestattet.[1456] Zwar führt bei einem entsprechenden Wunsch des Mieters der Verweis des Vermieters auf den Kabelanschluss zu einer Beschränkung der Informationsfreiheit des Mieters, da über die Parabolantenne Satellitenprogramme empfangen werden können, die nicht in das Kabelnetz eingespeist werden. Das BVerfG rechtfertigt diese Beschränkung aber mit einer typisierenden Betrachtungsweise, weil der Mieter über den Kabelanschluss sein Interesse, am Medienangebot teilzuhaben, weitgehend realisieren kann.[1457] Sein Recht, sich aus allgemein zugänglichen Quellen ungehindert zu unterrichten, wird also nicht wesentlich beeinträchtigt. **469**

Diese Auffassung wurde in jüngster Zeit wegen der geltenden europarechtlichen Regelungen in Frage gestellt.[1458] Bereits früher hatte der Europäische Gerichtshof für Menschenrechte aus Art. 10 der **Europäischen Menschenrechtskommission,** der dem Art. 5 GG auf europarechtlicher Ebene entspricht, ein weitgehendes Recht auf Benutzung von Parabolantennen abgeleitet. Begründet wurde dies mit der Bedeutung des freien Dienstleistungsverkehrs. Daraus folgerte Dörr,[1459] dass die bisherige Rechtsprechung der Fachgerichte und des Bundesverfassungsgerichts zur Verweigerung einer mietereigenen Parabolantenne keinen Bestand haben kann. Eine entsprechende Entscheidung des EuGH steht noch aus. Bis dahin ist an den Vorgaben des Bundesverfassungsgerichts festzuhalten[1460]. **470**

Somit sind im konkreten Fall besondere berechtigte Interessen, die bei der typisierenden Betrachtungsweise nicht miterfasst werden, in die Güter- und Interessenabwägung einzubeziehen und zu gewichten. Bei der Abwägung der gegenläufigen Interessen ist zu Gunsten des Mieters insbesondere zu berücksichtigen, in welchem Umfang er auf weitere, nicht in das Kabelnetz eingespeiste Programme zur Deckung seines Informationsbedürfnisses angewiesen ist. Daher ist bei der Abwägung und damit letztendlich bei der Frage der Duldungspflicht des Vermieters zu prüfen, ob beim Mieter **Sonderinteressen** vorliegen. Solche besonderen Interessen können z. B. durch den **471**

[1450] *Mehrings* NJW 1997, 2273, 2274.

[1451] LG Berlin GE 2003, 1330; GE 2005, 1126 zum Aufstellen einer mobilen Parabolantenne.

[1452] BVerfG WuM 1991, 573 = NJW 1992, 493 = ZMR 1992, 15 = GE 1991, 1245; OLG Naumburg WuM 1994, 17 = DWW 1994, 22; OLG Frankfurt, Rechtsentscheid vom 22.7.1992, WuM 1992, 458 = NJW 1992, 2490 = ZMR 1992, 435 = MDR 1992, 869; LG Erfurt GE 2001, 1467; LG Gera WuM 1994, 523; LG Kaiserslautern MDR 1993, 234 = NJW-RR 1993, 272 = ZMR 1993, 278 = DWW 1993, 201; LG Koblenz NJW-RR 1991, 1162; AG Münster WuM 2012, 139.

[1453] OLG Frankfurt, Rechtsentscheid vom 22.7.1992, WuM 1992, 458 = NJW 1992, 2490 = ZMR 1992, 435 = MDR 1992, 869, bestätigt durch BVerfG WuM 1993, 229 = NJW 1993, 1252 = MDR 1993, 533 = ZMR 1993, 259 = DWW 1993, 96 = GE 1993, 358.

[1454] AG Spandau GE 2006, 1619.

[1455] BVerfG WuM 1994, 251 = NJW 1994, 1147 = GE 1994, 396 = ZMR 1994, 203 = DWW 1994, 148 = MDR 1994, 547; WuM 1995, 693 = NJWE-MietR 1996, 1 = ZMR 1996, 12 = DWW 1995, 371 = GE 1995, 1407; WuM 1991, 573 = NJW 1992, 493 = ZMR 1992, 15 = GE 1991, 1245; BGH (VIII ZR 63/04) WuM 2007, 380 = GE 2007, 903 = MietPrax-AK § 535 BGB Nr. 29 mit Anm. *Eisenschmid;* LG Chemnitz NZM 2000, 960; LG Berlin GE 2000, 959; 1997, 1533; AG Berlin-Neukölln GE 1994, 709; vgl. umfassend zum Recht des Mieters auf Installation einer Parabolantenne *Mehrings* NJW 1997, 2273.

[1456] AG Frankfurt/Main, Urt. v. 27.7.2011 – 33 C 1957/11 (31) – Nachweis bei juris mit Anm. *Gies,* jurisPRMietR 6/2012 Anm. 1.

[1457] BVerfG WuM 1993, 229 = NJW 1993, 1252 = MDR 1993, 533 = ZMR 1993, 259 = DWW 1993, 96 = GE 1993, 358.

[1458] *Dörr* WuM 2002, 347.

[1459] *Dörr* WuM 2002, 347, 351.

[1460] BGH (VIII ZR 5/05) WuM 2006, 28 = NZM 2006, 98 = ZMR 2006, 195 = GE 2006, 112 = MietPrax-AK § 535 BGB Nr. 22 mit Anm. *Eisenschmid; Schach* GE 2006, 91; *Drasdo* NJW-Spezial 2006, 100.

Ausländerstatus begründet sein.[1461] Daher liegt kein Verstoß gegen den in Art. 3 GG normierten Gleichbehandlungsgrundsatz oder gegen das Diskriminierungsverbot gem. §§ 1, 2 Abs. 1 S. 1 Nr. 8 AGG vor, wenn im Einzelfall nicht dem deutschen, wegen seiner besonderen Situation aber dem ausländischen Mieter ein Anspruch auf Errichtung einer Parabolantenne anerkannt wird.[1462] Da auch bei deutschen Mietern außergewöhnliche Umstände zu berücksichtigen sind, die einen Fall vom typischen Durchschnittsfall erheblich unterscheiden, führt somit der Inländerstatus nicht notwendig zur Versagung und der Ausländerstatus nicht notwendig zur Anerkennung des Anspruchs auf Errichtung einer Parabolantenne[1463].

472 **b) Ausländische Mieter.** Ausländische Mieter, die in Deutschland dauerhaft leben, sind regelmäßig daran interessiert, ihre Heimatsender zu empfangen, um sich über das politische und kulturelle Geschehen **in ihren Herkunftsländern** zu unterrichten. Damit erhalten sie ihre sprachliche und kulturelle Verbindung zu ihrem Heimatland. Dies ist vom Schutzumfang der Informationsfreiheit gedeckt. Ausländischen Mietern darf somit nicht unter Verweis auf anderweitige Informationsquellen (Hörfunk, Zeitungen, Videobänder, Übersetzungen deutschsprachiger Sendungen durch Familienangehörige) ihr besonderes Informationsinteresse abgesprochen werden. Bei der erforderlichen Interessenabwägung ist aber zu berücksichtigen, in welchem Umfang der Mieter Programme seines Heimatlandes bereits ohne Parabolantenne empfangen kann.

473 Können ausländische Mieter ohne Parabolantenne keine ausländischen Programme aus ihrer Heimat empfangen, ist ihre Informationsfreiheit wesentlich eingeschränkt, weil sie vom Informationsfluss und vom Meinungskampf in ihrem Heimatland abgeschnitten sind.[1464] Der Vermieter muss daher regelmäßig die Installation einer Parabolantenne erlauben, wenn zwar ein Kabelanschluss im Haus vorhanden ist, aber ein ausländischer Mieter neben den dort angebotenen Fernsehprogrammen auch Programme in seiner Heimatsprache sehen will, die nur über eine Parabolantenne angeboten werden.[1465] Ist der Vermieter somit grundsätzlich verpflichtet, die Installation einer Parabolantenne zu dulden, kann er aber dennoch den Mieter verpflichten, für einzelne Risiken Vorsorge zu treffen. So darf mit der Anbringung kein erheblicher Eingriff in die **Bausubstanz** verbunden sein, der Mieter muss den Vermieter von allen anfallenden Kosten – auch Folgekosten – und Gebühren freistellen, die Antenne muss fachmännisch installiert werden und der Mieter hat das Haftungsrisiko des Vermieters abzudecken sowie ihm auf dessen Verlangen für die voraussichtlichen Kosten der Entfernung der Anlage Sicherheit zu leisten.[1466]

474 Wird bei einem Kabelanschluss der ausländische Mieter mit einem einzigen Heimatprogramm versorgt, kann dies zu einem Ausschluss des Duldungsanspruchs führen, wenn damit seinen durch den Ausländerstatus begründeten besonderen Interessen Rechnung getragen wird[1467]. Dies ist im Regelfall jedenfalls dann anzunehmen, wenn digitale Zusatzprogramme empfangen werden kön-

---

[1461] BVerfG WuM 2013, 413 = NZM 2013, 376 = GE 2013, 741 = NJW 2013, 2180; WuM 1994, 251 = NJW 1994, 1147 = GE 1994, 396 = ZMR 1994, 203 = DWW 1994, 148 = MDR 1994, 547; BGH (VIII ZR 67/08) WuM 2010, 29 = MietPrax-AK § 535 BGB Nr. 38 = NJW 2010, 436 = NZM 2010, 119 = ZMR 2010, 268 = GE 2009, 1150; kritisch *Volmer* ZMR 1999, 12.

[1462] BVerfG WuM 1994, 251 = NJW 1994, 1147 = GE 1994, 396 = ZMR 1994, 203 = DWW 1994, 148 = MDR 1994, 547; OLG Düsseldorf WuM 1993, 81 = NJW 1993, 1274 = MDR 1993, 233 = ZMR 1993, 119 = DWW 1993, 201 zum Anspruch gegenüber einer Wohnungseigentümergemeinschaft; zum Diskriminierungsverbot nach AGG siehe *Sternel* PiG 2014 (Bd. 97), 129, 131.

[1463] Anders wohl AG Frankfurt/M. ZMR 2005, 458.

[1464] OLG Karlsruhe, Rechtsentscheid vom 24.8.1993, WuM 1993, 525 = NJW 1993, 2815 = ZMR 1993, 511 = DWW 1993, 294 = GE 1993, 1151; OLG Hamburg WuM 1993, 527 = GE 1993, 1097; BVerfG NJW 1994, 1147 = GE 1994, 396 = ZMR 1994, 203 = DWW 1994, 148 = WuM 1994, 251 = MDR 1994, 547; LG Lübeck ZMR 1996, 143; LG Hagen ZMR 1996, 32 = DWW 1996, 52; zweifelhaft LG Heidelberg WuM 1993, 734.

[1465] Vgl. auch OLG Hamm, neg. Rechtsentscheid vom 3.9.1993, WuM 1993, 659 = ZMR 1993, 564 = DWW 1993, 331; OLG Stuttgart, neg. Rechtsentscheid vom 8.9.1993, WuM 1995, 306; OLG Hamburg, neg. Rechtsentscheid vom 30.8.1993, WuM 1993, 527 = GE 1993, 1097; LG Kleve ZMR 2000, 98; LG Bonn WuM 1993, 468; AG Tauberbischofsheim NJW-RR 1992, 1098; vgl. zu Berlin AG Berlin-Charlottenburg GE 1994, 291; AG Wedding GE 1994, 289.

[1466] BGH (VIII ZR 5/05) WuM 2006, 28 = NZM 2006, 98 = ZMR 2006, 195 = GE 2006, 112 = MietPrax-AK § 535 BGB Nr. 22 mit Anm. *Eisenschmid;* OLG Karlsruhe, Rechtsentscheid vom 24.8.1993, WuM 1993, 525 = NJW 1993, 2815 = ZMR 1993, 511 = DWW 1993, 294 = GE 1993, 1151; OLG Frankfurt/Main, Rechtsentscheid vom 22.7.1992, WuM 1992, 458 = NJW 1992, 2490 = MDR 1992, 869 = ZMR 1992, 435 = GE 1992, 871 = DWW 1992, 308.

[1467] BGH (VIII ZR 63/04) WuM 2007, 380 = GE 2007, 903 = MietPrax-AK § 535 BGB Nr. 29 mit Anm. *Eisenschmid*.

nen.[1468] Diese Rechtsfolge ist aber wegen des Abwägungsgebotes nicht zwingend.[1469] Beispielsweise kann dennoch ein Duldungsanspruch des Mieters auf Errichtung einer Parabolantenne bestehen, wenn das in das Netz eingespeiste ausländische Programm lediglich einige Stunden am Tag ausgestrahlt wird und im Wesentlichen nur Spielfilme und Werbung zeigt. Zugunsten des Mieters ist nämlich zu berücksichtigen, dass die Möglichkeit einer Auswahl und der zeitverschobenen Nutzung mehrerer Programme der Gefahr einseitiger Information entgegenwirkt. Zudem eröffnet eine breite Angebotspalette dem Fernsehnutzer Auswahlalternativen, die seinen Neigungen und Bedürfnissen entgegenkommen können.[1470] Angesichts der kleinen Zahl ausländischer Programme, die kostenlos in das inländische Kabelnetz eingespeist werden, besteht diese Möglichkeit meist nur mittels einer Satellitenempfangsanlage[1471] (s. aber Rdn. 482). Daher wird die grundlegende Bedeutung des Grundrechts auf Informationsfreiheit verkannt, wenn ein ausländischer Mieter, der die Zustimmung zur Errichtung einer Parabolantenne begehrt, ohne weitere erkennbare Begründung auf einen bereits bestehenden Kabelanschluss verwiesen wird, obwohl dieser ihm nur beschränkten oder gar keinen Zugang zu seinen Heimatprogrammen verschafft.[1472] Das ist beispielsweise anzunehmen bei einem gehörlosen Iraner, der auf untertitelte oder gebärdengedolmetschte Sendungen angewiesen ist, die nur über Parabolantennen angeboten werden.[1473]

Aus dem Abwägungsgebot folgt, dass sich ein Verbot der Installation einer Parabolantenne for- **475** mularmäßig nicht wirksam vereinbaren lässt. Wird die grundrechtlich geschützte Abwägung im Einzelfall durch eine Formularklausel ausgeschlossen, hält die Vertragsbestimmung der Inhaltskontrolle nach § 307 BGB nicht stand.[1474]

c) Abwägungskriterien. Nach Meinung mancher Instanzgerichte sollen in jedem Fall ein[1475] **476** oder zwei[1476] **Heimatsender im Kabel** ausreichen, um dem Mieter die Installation einer Parabolantenne zu untersagen. Das BVerfG hat aber entsprechend der hier dargestellten Grundsätze dazu festgestellt,[1477] dass ausländische Mitbürger auch die nicht im Kabel übertragenen Heimatprogramme durch eine eigene Parabolantenne empfangen dürfen, wenn nicht ausnahmsweise schwerwiegende Gründe gegen die Antenne sprechen.[1478]

Im Einzelfall können bei der Abwägung verschiedene Gesichtspunkte zum Tragen kommen. **477** Dabei ist aber zu beachten, dass keines der betroffenen Grundrechte (Art. 5 GG sowie Art. 14 GG) dem anderen grundsätzlich vorgeht.[1479] Entscheidend ist vielmehr, welche Beeinträchtigung im Rahmen des vorzunehmenden Interessenausgleichs schwerer wiegt.[1480] Dabei ist aber darauf zu achten, dass nur sachgerechte Gründe **in die Abwägung** einfließen. Dazu gehört auch, dass viele Sender inzwischen über Internet empfangen werden können.[1481] Im Einzelfall kann dies auch für

---

[1468] BVerfG WuM 2007, 379; BGH WuM 2007, 380 = GE 2007, 903 = MietPrax-AK § 535 BGB Nr. 29 mit Anm. *Eisenschmid;* LG Krefeld NZM 2007, 246 – ein Vollprogramm reicht; AG Hamburg-Bergedorf ZMR 2010, 45; **a. A.** *Mehrings* NJW 1997, 2273, 2275.

[1469] Siehe insbesondere VerfGH Berlin GE 2007, 1178; LG Krefeld NJW-RR 2007, 734; zweifelhaft LG Essen ZMR 1994, 476.

[1470] BVerfG WuM 1995, 693 = NJWE-MietR 1996, 1 = ZMR 1996, 12 = DWW 1995, 371 = GE 1995, 1407.

[1471] BVerfG NJW-RR 1994, 1232 = GE 1994, 1248.

[1472] BVerfG NJW 1994, 2143; WuM 1996, 264 = NJWE-MietR 1996, 121; LG Stuttgart NZM 1998, 1004; LG Essen WuM 1998, 344; AG Bremen WuM 1994, 381.

[1473] AG Hamburg-St. Georg NZM 2014, 435.

[1474] BGH (VIII ZR 207/04) WuM 2007, 381 = GE 2007, 982 = NZM 2007, 597 = MietPrax-AK § 535 BGB Nr. 30 mit Anm. *Eisenschmid;* LG Hamburg WuM 2008, 550; *Kinne* GE 2007, 938.

[1475] LG Frankfurt/M. WuM 1993, 668; LG Heidelberg WuM 1993, 734; LG Dortmund WuM 1993, 37; AG Arnsberg DWW 1995, 317 bei 2 Programmen.

[1476] LG Nürnberg-Fürth WuM 1997, 486.

[1477] BVerfG WuM 1995, 693 = ZMR 1996, 12 = DWW 1995, 371 = GE 1995, 1407; WuM 1994, 365.

[1478] Vgl. auch BayObLG, neg. Rechtsentscheid vom 25.3.1994, WuM 1994, 317 = NJW-RR 1994, 848 = ZMR 1994, 320 = GE 1994, 577.

[1479] LG Hanau NJW-RR 1999, 597 zum Empfang kurdischer Sender; AG München ZMR 2016, 786 zur Verwendung von Flachkabeln.

[1480] BVerfG WuM 1994, 251 = NJW 1994, 1147 = GE 1994, 396 = ZMR 1994, 203 = DWW 1994, 148 = MDR 1994, 547; *Mehrings* NJW 1997, 2273, 2275.

[1481] BGH (VIII ZR 268/12) WuM 2013, 476 = NJW 2013, 1168 = NZM 2013, 647 = GE 2013, 999; LG Frankfurt/M NJW-RR 2013, 1357; LG Wuppertal NZM 2012, 725; AG Frankenthal, Urt. v. 21.7.2016 – 3a C 183/16 – juris; AG München ZMR 2016, 786; AG Frankfurt/M ZMR 2015, 618; WuM 2014, 666 sowie Anm. *Jahreis* jurisPR-MietR 6/2015 Nr. 1.

den Widerruf einer unter Auflagen erteilten Erlaubnis ausreichen.[1482] Einem ausländischen Mieter kann die Installation einer Parabolantenne daher nicht mit der Begründung verwehrt werden, dass es dem Vermieter im Hinblick auf die Erhaltung des Hausfriedens nicht zumutbar ist, anderen Mietern gegenüber, bei denen ein derartiger Sonderbedarf nicht besteht, zu erläutern, warum nur den türkischen Mietern eine Erlaubnis erteilt wird.[1483] Es ist zudem auch fehlerhaft, die Duldung der Installation einer Parabolantenne nur deshalb zu versagen, weil andere Mieter dann ebenfalls eine Antenne installieren wollen.[1484] Ebenso ist es unzulässig, die Duldung der Installation der Antenne von der Programmqualität der zusätzlich zu empfangenden Heimatsender abhängig zu machen.[1485]

478 Andererseits kann aber einem eingebürgerten türkischen Staatsbürger die Anbringung einer Parabolantenne in einer Wohnungseigentumsanlage versagt werden, weil er mit der Annahme der deutschen Staatsbürgerschaft die Bindung an sein früheres Heimatland wesentlich gelockert hat.[1486] Die gleichen Erwägungen versagen einem seit drei Jahrzehnten in Deutschland lebenden Spätaussiedler das Recht auf den Empfang von Programmen aus dem polnischen Sprachraum.[1487] Dagegen schadet die Annahme der deutschen Staatsbürgerschaft einer Ehefrau jüdischer Herkunft nicht, wenn der Ehemann als Ansprechpartner für die jüdische Kulturgemeinde die sprachliche, kulturelle und religiöse Verbindung zum Heimatland aufrechterhält.[1488] Ein Dolmetscher kann ebenfalls ein beachtenswertes Interesse an mehreren ausländischen Programmen geltend machen.[1489] Kann ein schwerstbehinderter Mieter nur mit Hilfe einer Parabolantenne am kulturellen Leben teilhaben, ist dies regelmäßig bei der Abwägung mit den Vermieterinteressen vorrangig.[1490] Ebenso kann ein deutscher Mieter, der mit einem ausländischen Lebensgefährten nur zusammenlebt[1491] oder auch mit ihm verheiratet[1492] ist, die Anbringung einer Parabolantenne verlangen. Bei der Interessenabwägung auf Seiten des Mieters sind nämlich die Interessen des Ehepartners sowie die der Kinder mit zu berücksichtigen.[1493]

479 Grundsätzlich sind alle grundrechtlich geschützten Positionen in die Abwägung einzubeziehen.[1494] Hierzu gehören auch die Glaubens- und Bekenntnisfreiheit nach Art. 4 Abs. 1 GG sowie die ungestörte Religionsausübung nach Art. 4 Abs. 2 GG. Allerdings können diese Grundrechtspositionen das Abwägungsergebnis kaum beeinflussen, da das Recht auf die innere Freiheit des Mieters, zu glauben oder nicht zu glauben sowie die äußere Freiheit, den Glauben zu bekunden und zu verbreiten, durch die fehlenden Programme weder eingeschränkt noch beeinträchtigt wird. Hier kann der Mieter darauf verwiesen werden, dass er zur Information über seinen Glauben auch andere Informationsträger wie Druckwerke und das Internet beanspruchen kann und es ihm zudem möglich bleibt, seinen Glauben und seine Kultur zu praktizieren.

480 Auf Seiten des Vermieters ist dem Eigentumsgrundrecht aus Art. 14 Abs. 1 Satz 1 GG Rechnung zu tragen, welches sowohl vor **optischen und ästhetischen Beeinträchtigungen** des Wohnhauses schützt, als auch die Beachtung der örtlichen Gegebenheiten zwecks Installation einer Parabolantenne erfordert.[1495] Bei der Abwägung kann von Bedeutung sein, ob ein Gebäude architektonisch ansprechend ist, welchen Durchmesser die Parabolantenne hat und ob sie an einer das

---

1482 BGH (VIII ZR 268/12) WuM 2013, 476 = NJW 2013, 1168 = NZM 2013, 647 = GE 2013, 999; *Eisenschmid,* jurisPR-MietR 22/2013 Anm. 1; *Sternel,* PiG 2014 (Bd. 97), 129, 135.

1483 BVerfG NJW-RR 1994, 1232 = GE 1994, 1248.

1484 BVerfG WuM 1995, 693 = NJWE-MietR 1996, 1 = ZMR 1996, 12 = DWW 1995, 371 = GE 1995, 1407.

1485 BVerfG WuM 1993, 229 = NJW 1993, 1252 = ZMR 1993, 259 = DWW 1993, 93.

1486 BayObLG WuM 1995, 224 = NJW 1995, 337 = MDR 1995, 467 = GE 1995, 243, LG Berlin GE 2004, 181; AG Wedding GE 2005, 1495; AG Schöneberg GE 2000, 543; **a. A.** KG WuM 2007, 618 für einen kurdischen Mieter; AG Königswinter WuM 1999, 33.

1487 OLG Hamm MDR 1998, 527 = ZMR 1998, 188; LG Kaiserslautern NZM 2005, 739; AG Dortmund NZM 1999, 221; **a. A.** LG Landau/Pfalz NZM 1998, 474; AG Königswinter WuM 1999, 33.

1488 LG Wuppertal NZM 1999, 1043 = NJW-RR 1999, 1457.

1489 AG Frankfurt/M. DWW 1993, 334; LG Baden-Baden WuM 1997, 430 bei Auslandskorrespondent; **a. A.** LG Hamburg WuM 1994, 391.

1490 AG Stuttgart-Bad Cannstatt WuM 2015, 235; AG Leipzig WuM 2012, 369.

1491 OLG Hamm NJW-RR 2002, 1020; LG München I WuM 2004, 659.

1492 AG Remscheid NJWE-MietR 1997, 267.

1493 LG Wuppertal WuM 1997, 324; *Mehrings* NJW 1997, 2273, 2275.

1494 BGH (VIII ZR 260/06) WuM 2007, 678 = GE 2007, 1688 = NZM 2008, 37 = NJW 2008, 216 = MietPrax-AK § 535 BGB Nr. 32 mit Anm. *Eisenschmid;* vgl. auch *Lützenkirchen* MietRB 2008, 1; *Schach* GE 2007, 1661.

1495 Vgl. VerfGH Berlin MM 2002, 95 = GE 2002, 254; OLG München NJW-RR 2006, 592; AG Hamburg-Altona WuM 2008, 661; LG Berlin GE 2010, 1686.

Stadtbild prägenden Gebäudefassade oder an der der Straße abgewandten Seite installiert werden soll.[1496] Regelmäßig spielt bei den Entscheidungen[1497] im Rahmen der Interessenabwägung die optische Beeinträchtigung des Gebäudes eine erhebliche Rolle.[1498] Auch Gründe des **Denkmalschutzes** können maßgeblich sein.[1499] Dabei reicht es aber nicht aus, dass das Gebäude denkmalgeschützt ist oder in einem denkmalgeschützten Gemeindeteil liegt. Vielmehr ist immer im Einzelfall zu prüfen, ob konkrete Vorschriften des Denkmalschutzes dem Anbringen der Antenne entgegenstehen. So kann auch in einem denkmalgeschützten Haus der Vermieter dem Mieter nicht verbieten, im Inneren der Wohnung eine Parabolantenne anzubringen, auch wenn sie außen sichtbar ist.[1500] Neue technische Entwicklungen können zu Gunsten des Vermieters sprechen, wenn sie dem Mieter einen leichteren oder vermehrten Zugang zu den gewünschten Programmen bieten.[1501] So kann der Vermieter den Mieter auf die Installation eines **Decoders,** einer **D-Box**[1502] oder **Set-Top-Box**[1503] verweisen, was im Rahmen der Abwägung regelmäßig zu einem Verbot der Parabolantenne führen wird[1504]. Auch der Programmempfang über das **Internet** kann ausreichend sein.[1505] Allerdings entstehen mit diesen technischen Hilfsmitteln zu Lasten des Mieters einmalige Anschaffungskosten und/oder monatliche Gebühren.[1506] Zwar bedeutet die grundgesetzlich geschützte Informationsfreiheit nicht, dass der Mieter immer den preiswertesten Zugang zu den Informationen haben muss.[1507] Sind die Kosten aber unverhältnismäßig hoch[1508], dass sie einer Zugangsverweigerung gleichstehen, ist der Grundrechtsschutz tangiert.

Neben diesen Fragen ist für die Erlaubnis zur Installation weiterhin Voraussetzung, dass die Para- **481**
bolantenne an einem Ort aufgestellt wird, an dem sie optisch am wenigsten stört. Art. 14 GG schützt nämlich auch den ästhetischen Gesamteindruck des Hauses.[1509] Das Bestimmungsrecht für den Anbringungsort liegt – in den Grenzen von Treu und Glauben – beim Vermieter.[1510] Verletzt der Mieter die Pflicht, einen geeigneten Ort für die Antenne auszuwählen, kann der Vermieter verlangen, dass die unerlaubt an der Fassade angebrachte Antenne an einen anderen Ort, z. B. auf das

---

[1496] *Mehrings* NJW 1997, 2273, 2275.

[1497] Vgl. LG Stuttgart WuM 1992, 367; LG Koblenz WuM 1991, 578; LG Braunschweig DWW 1993, 18; LG Kleve NJW-RR 1993, 656; LG Dortmund WuM 1993, 37.

[1498] Vgl. auch LG Cottbus NZM 2014, 584; LG Hannover ZMR 2009, 759; LG Kaiserslautern NZM 2005, 739; LG Chemnitz NZM 2000, 960; LG Hamburg WuM 1999, 454; LG Freiburg WuM 1993, 669, 15; LG Krefeld DWW 1993, 141; LG Heidelberg WuM 1993, 734; LG Frankfurt/M. WuM 1993, 668; LG Freiburg WuM 1993, 669; LG Tübingen NJW-RR 1994, 849 = DWW 1994, 358 bei Denkmalschutz; AG Hamburg-Bergedorf ZMR 2011, 43; AG Herne WuM 2001, 277; AG Siegen WuM 1999, 454; AG Fulda WuM 1999, 453 = NZM 1999, 1045; AG Köln WuM 1999, 456; AG Aachen WuM 1994, 199; AG Lüdenscheid WuM 1993, 38; AG Reutlingen NJW-RR 1993; 15; AG Bergisch Gladbach WuM 1992, 367.

[1499] BVerfG NJW-RR 1994, 1232 = GE 1994, 1248; AG Schöneberg GE 2006, 583; AG Frankfurt/M. NJW-RR 1998, 1465; AG Gelsenkirchen-Buer DWW 1993, 369.

[1500] AG Gladbeck NZM 1999, 221.

[1501] AG Kerpen ZMR 2011, 964; weiterführend *Hitpaß* NZM 2012, 401, 404.

[1502] BVerfG WuM 2005, 235 = NZM 2005, 252 = GE 2005, 422 = NJW-RR 2005, 661; BGH (VIII ZR 118/04) WuM 2005, 237 = NZM 2005, 355 = ZMR 2005, 436 = DWW 2005, 104 = MietPrax-AK § 535 BGB Nr. 17 mit Anm. *Eisenschmid;* LG Lübeck NZM 1999, 1044; vgl. auch LG Kleve ZMR 2000, 98; *Maaß/Hitpaß* NZM 2000, 945, 952.

[1503] LG München WuM 2004, 659; LG Berlin GE 2003, 1613; LG Konstanz NZM 2002, 341 = WuM 2002, 210; LG Köln WuM 2001, 235; LG Lübeck NZM 1999, 1044.

[1504] **A. A.** LG Hamburg WuM 2008, 661.

[1505] BGH (VIII ZR 268/12) WuM 2013, 476 = NJW 2013, 1168 = NZM 2013, 647 = GE 2013, 999; Anmerkung *Eisenschmid,* jurisPR-MietR 22/2013 Anm. 1; LG Wuppertal NZM 2012, 725; AG Berlin-Mitte GE 2012, 1567; AG Augsburg GE 2011, 1561; AG Berlin-Wedding GE 2010, 1429; GE 2010, 1205; AG Frankfurt/M Info M 2008, 368; Theesfeld, jurisPR-MietR 5/2011 Anm. 1; *Gies,* jurisPR-MietR 6/2012 Anm. 1; zu den Voraussetzungen einer Verweisung auf das Internet siehe *Sternel* PiG 2014 (Bd. 97), 129, 133; **einschränkend** LG Berlin GE 2011, 1556; AG Bielefeld ZMR 2009, 690; **a. A.** AG Halle ZMR 2013, 124; näheres *Hitpaß* NZM 2012, 401, 405.

[1506] *Horst,* NJW 2005, 2654, 2656; *Beuermann* GE 2000, 506.

[1507] AG Dresden ZMR 2015, 456; LG Konstanz NZM 2002, 341 = WuM 2002, 210; LG Köln WuM 2001, 235.

[1508] Vgl. LG München I WuM 2004, 659; zu den Kosten bei Sozialhilfeempfängern s. *Horst,* NJW 2005, 2654, 2656; *Sternel* PiG 2014 (Bd. 97), 129, 133 sieht Belastungen von 30,– bis 40,– Euro als unproblematisch an.

[1509] BerlVerfGH NZM 2002, 560; Karlsruhe DWW 2000, 201; LG Erfurt GE 2001, 1467; AG Lörrach WuM 2004, 658.

[1510] BVerfG WuM 1996, 82 = ZMR 1996, 122 = GE 1996, 600; LG Karlsruhe DWW 2000, 201; LG Hamburg WuM 1998, 277; LG Düsseldorf ZMR 1997, 423; LG Koblenz WuM 1990, 490 = NJW-RR 1990, 782 = DWW 1990, 119; AG Bonn ZMR 2009, 44; AG Wedding GE 2003, 1083; vgl. auch OLG Frankfurt/M. MietRB mit Anm. Hogenschurz zur WEG.

Dach, umgesetzt wird.[1511] Der Vermieter darf die Erlaubnis zur **Installation** aber nicht davon abhängig machen, dass der Mieter sich an ein von ihm benanntes Unternehmen wendet.[1512] Die Befestigung der Parabolantenne darf zu keinen Substanzgefährdungen des Gebäudes führen.[1513] Allein das Betreten des Daches zum Zwecke der Installation einer Antennenanlage kann eine Besitzstörung (§ 862 BGB) darstellen, die mit einer einstweilige Verfügung untersagt werden kann.[1514] Das Aufstellen einer Parabolantenne in einem mit Sand gefüllten Eimer auf dem Balkon der gemieteten Wohnung und das Durch bohren des Kunststoffrahmens der Balkontür, um das Kabel in die Wohnung zu führen, verletzen und gefährden das Eigentum des Vermieters unzumutbar, wenn der Mieter sich nicht zur Schadensbeseitigung verpflichtet und das Haftungsrisiko für die Installation übernommen hat.[1515] Dagegen kann das Aufstellen der Antenne an einem Holzpfahl in der Grünanlage des Anwesens vom Vermieter zu dulden sein,[1516] sofern es baurechtlich zulässig ist.[1517]

482 Die Einführung des digitalen Fernsehens ermöglicht dem Konsumenten, Programmpakete mit ausländischen Heimatprogrammen gegen Entgelt zu erwerben. Damit hat der Vermieter die Möglichkeit, die Mieter künftig auf seinen Kabelempfang mit den **Sonderdiensten** zu verweisen und verschafft damit seinem Eigentumsrecht stärkeres Gewicht[1518]. Es kann davon ausgegangen werden, dass diese Entwicklung zu Lasten der Parabolantennen durchschlägt[1519].

Fraglich ist, welche Auswirkungen diese Entwicklung auf Bestandsmietverhältnisse hat. Durfte der Mieter die Parabolantenne mit Zustimmung des Vermieters installieren, kann ihm das daraus abgeleitete Recht nicht einseitig genommen werden. Eine Vertragsanpassung über das Rechtsinstitut des Wegfalls der Geschäftsgrundlage (§ 313 BGB) kommt wohl regelmäßig deshalb nicht in Betracht, weil die Fortsetzung des Vertrags(teils) dem Vermieter nicht unzumutbar ist, was sich aus seiner früher gegebenen Zustimmung ergibt.[1520] Insoweit ist auch für einen Widerruf nach Treu und Glauben (§ 242 BGB) kein Raum.[1521] Ein vertraglicher Widerrufsvorbehalt kann den Mieter bei Vorliegen eines sachlichen Grundes zum Rückbau der Parabolantenne verpflichten.[1522] Ist die Installation vom Vermieter lediglich gestattet worden, kann diese Erlaubnis aus sachlichen Gründen widerrufen werden. Ein solcher sachlicher Grund liegt vor, wenn der Mieter nunmehr seine Heimatprogramme ohne Eingriff in die Gebäudesubstanz aufgrund der modernen Technik empfangen kann.[1523]

483 **d) Formularvertrag.** Das Recht auf Installation einer Antenne oder eines Kabelanschlusses kann nicht formularmäßig durch eine Mietvertragsklausel ausgeschlossen werden, ohne dass eine Einzelfallprüfung vorgenommen wird.[1524] Allerdings ist es zulässig, **formularvertraglich** die Pflicht des Mieters zu vereinbaren, vor Installation der Antenne die Zustimmung des Vermieters einzuholen. Eine solche Klausel lässt den Parteien ausreichenden Beurteilungsspielraum bei der Interessenabwägung.[1525] Hat der Mieter eigenmächtig eine Parabolantenne montiert, darf der Vermieter allein deshalb nicht die Beseitigung der Antenne verlangen, wenn ihre Installation fachgerecht war und der Montage auch sonst keine sachlichen Einwände entgegengehalten werden können.[1526]

1511 LG Stuttgart WuM 1998, 661; LG Wiesbaden DWW 1995, 53.
1512 AG Hannover WuM 1999, 328.
1513 AG Köln WuM 1997, 40 bei Befestigung der Antenne auf dem Balkon.
1514 BezG Halle NJ 1991, 415.
1515 LG Bremen WuM 1995, 43; AG Hamburg-Bergedorf ZMR 2010, 45; ZMR 2011, 43; NZM 2014, 197; AG Neukölln GE 2004, 1097; **a. A.** LG Berlin GE 2010, 1686.
1516 AG Aachen WuM 1994, 199.
1517 AG Köln WuM 1997, 40.
1518 BVerfG WuM 2005, 235 = NZM 2005, 252 = GE 2005, 422 = NJW-RR 2005, 661; BGH (VIII ZR 118/04) WuM 2005, 237 = NZM 2005, 335 = ZMR 2005, 436 = GE 2005, 429 = NJW-RR 2005, 596 = MietPrax-AK § 535 BGB Nr. 17 mit Anm. *Eisenschmid;* LG Magdeburg ZMR 2004, 757.
1519 S. nur LG Berlin GE 2012, 1169; LG Düsseldorf NJW-RR 2005, 1603.
1520 A. A. Gies WuM 2012, 189; zum beeinträchtigten Erscheinungsbild des Gebäudes siehe *Sternel,* PiG 2014 (Bd. 97), 129, 137.
1521 **A. A.** LG Krefeld bei Gemeinschafts-Satellitenantenne.
1522 LG Berlin GE 2012, 1169 *Sternel,* PiG 2014 (Bd. 97), 129, 135.
1523 LG Krefeld WuM 2010, 293.
1524 BGH (VIII ZR 207/04) WuM 2007, 381 = NZM 2007, 597 = GE 2007, 982 = MietPrax-AK § 535 BGB Nr. 30; OLG Frankfurt WuM 1992, 56 = NJW-RR 1992, 396 = ZMR 1992, 198; LG Essen WuM 1998, 344; LG Kleve NJW-RR 1993, 656; AG Regensburg WuM 2011, 617; AG Eschweiler WuM 2000, 412; vgl. AG Altötting WuM 1992, 365 = NJW-RR 1992, 660 = DWW 1992, 28.
1525 VerfGH Berlin GE 2000, 1322 = ZMR 2000, 740.
1526 BGH (VIII ZR 5/05) WuM 2006, 28 = NZM 2006, 98 = ZMR 2006, 195 = GE 2006, 112 = MietPrax-AK § 535 BGB Nr. 22 mit Anm. *Eisenschmid;* AG Braunschweig WuM 2000, 413zur Verjährung des Beseitigungsanspruchs LG Halle/S. ZMR 2015, 644.

e) Multimedia. Mit der Einführung des digitalen Fernsehens entstehen neben qualitativen Verbesserungen Übertragungskapazitäten von bis zu 200 Programmen sowie die Möglichkeit der Inanspruchnahme aktiver Dienste (Multimedia). Derartige Empfangsanlagen erfordern neben dem Empfangsgerät auch eine **um- oder aufgerüstete Hausverteileranlage.** Zu diesem technischen Aufwand ist der Vermieter nicht verpflichtet, so dass es in seinem Ermessen liegt, ob er sein Anwesen mit der neuesten Technik ausrüstet. Entscheidet er sich für die Beibehaltung des analogen Empfangs, muss allerdings nach dem heutigen Stand der Technik ein ausreichender Fernsehempfang gewährleistet bleiben. **484**

f) Streitwert. Bei einem Prozess um die Zustimmung zur Errichtung einer Parabolantenne richtet sich die Berufungsbeschwer nach dem Interesse des Eigentümers, nicht jedoch nach den wirtschaftlichen Folgen einer Anbringung.[1527] Streiten sich die Parteien um die **Beseitigung einer Parabolantenne,** richtet sich der Streitwert nach den Kosten der Beseitigung, soweit nicht weitere wirtschaftliche Nachteile geltend gemacht werden.[1528] Eine andere Meinung geht von dem Interesse des Mieters an den zusätzlichen technischen Möglichkeiten aus[1529] und eine dritte Auffassung hält eine Kombination von den beiden vorgenannten Auffassungen für sachgerecht.[1530] Daran ändert sich auch nichts dadurch, dass der Vermieter einen Musterprozess aus generalpräventivem Interesse führen will.[1531] **485**

g) Die Beweislast. Der Mieter hat darzulegen und zu beweisen, dass er mit Hilfe einer Parabolantenne weitere Fernsehprogramme in seiner Heimatsprache empfangen kann.[1532] Da nach Auffassung des BVerfG ohne nähere Begründung ein greifbares Interesse an der Auswahl mehrerer Programme gegeben ist,[1533] muss der Mieter ein **besonderes Informationsinteresse** nicht dartun. **486**

Der Vermieter muss dartun, welche **konkreten Auswirkungen** mit der Installation der Parabolantenne auf sein Eigentum zu befürchten sind. Ohne eine solche Begründung darf nicht von einem Vorrang der Vermieterinteressen ausgegangen werden.[1534] **487**

h) Wohnungseigentum. Das grundrechtlich geschützte Informationsinteresse gilt nicht nur im Verhältnis Mieter zum Vermieter sondern auch im Verhältnis der Wohnungseigentümer untereinander.[1535] Dabei ist ebenfalls eine typisierende Betrachtung zu Grunde zu legen, so dass ein Wohnungseigentümer keinen Anspruch auf Installation einer Parabolantenne (bei vorhandenem Kabelanschluss) hat, nur weil er sich dem angelsächsischen Kulturkreis besonders hingezogen fühlt.[1536] Allerdings wird diese Linie durchbrochen von der Vorstellung, dass im Hinblick auf das Zusammenwachsen Europas und der Globalisierung ein abstraktes Fortbildungsinteresse für den Anspruch auf Installation einer Parabolantenne ausreicht.[1537] Ein generelles Verbot von Parabolantennen kann nicht durch **Mehrheitsbeschluss** angeordnet werden.[1538] Hat ein ausländischer Wohnungseigentümer in Verfolgung des Grundrechts auf Informationsfreiheit in der Wohnanlage eine Parabolantenne installiert, können die anderen Wohnungseigentümer die Beseitigung erst dann verlangen, wenn ein Beschluss unter Abwägung der gegenläufigen Interessen der Wohnungseigentümer herbeigeführt worden ist und dieser die Errichtung der Parabolantenne untersagt.[1539] Das Informationsinteresse eines Wohnungseigentümers kann dazu führen, dass die übrigen Wohnungseigentümer den Nachteil hinnehmen müssen, der mit dem **optischen Gesamteindruck** der **488**

1527 LG Bremen WuM 2000, 214.
1528 LG Berlin GE 2001, 1468; LG Kiel WuM 1996, 632; LG Bonn WuM 1993, 468; LG München I WuM 1993, 745.
1529 LG Erfurt GE 2001, 1467 (5.000 DM).
1530 Lg. Frankfurt/M. ZMR 2002, 758.
1531 LG Bonn WuM 1993, 468.
1532 *Mehrings* NJW 1997, 2273, 2275.
1533 BVerfG WuM 1995, 693 = NJWE-MietR 1996, 1 = ZMR 1996, 12 = DWW 1995, 371 = GE 1995, 1407.
1534 BVerfG NJW 1994, 2143; NJW-RR 1994, 1232 = GE 1994, 1248; BVerfG WuM 1994, 251 = NJW 1994, 547 = ZMR 1994, 203 = DWW 1994, 148 = GE 1994, 396.
1535 BVerfG WuM 1995, 304 = NJW 1995, 1665 = DWW 1995, 185 = GE 1995, 554.
1536 BayObLG GE 2001, 425.
1537 OLG Zweibrücken ZMR 2007, 143 = NJW-RR 2007, 300.
1538 BGH (V ZB 51/03) WuM 2004, 165 = ZMR 2004, 438 = GE 2004, 548 = NZM 2004, 227 = NJW 2004, 937; OLG Zweibrücken ZMR 2007, 143 = NJW-RR 2007, 300.
1539 AG Ludwigsburg WuM 1997, 65.

Wohnanlage mit einer auf dem Balkon aufgestellten Parabolantenne verbunden ist.[1540] Beruft sich der Wohnungsnutzer auf seine grundrechtlich geschützte Berufsfreiheit, weil er die Parabolantenne für seine Berufsausübung benötigt, ist dies bei der Interessenabwägung nur zu berücksichtigen, wenn die berufliche Nutzung nicht mehr stört, als eine Nutzung zu Wohnzwecken.[1541]

489 Die Grundrechte werden zivilrechtlich auch im Verhältnis des Mieters zur Wohnungseigentümergemeinschaft berücksichtigt. Bei einem Streit um die Erlaubnis zur Installation einer Parabolantenne kann der Mieter daher unmittelbar die Eigentümergemeinschaft in Anspruch nehmen (§ 14 Nr. 3 WEG). Dennoch ist es verfassungsrechtlich nicht zu beanstanden, den Mieter einer Eigentumswohnung zu verpflichten, den vermietenden Wohnungseigentümer zu verklagen.[1542] Dieser Weg ist für den Mieter aber verfahrensrechtlich komplizierter als eine Klärung unmittelbar im Verhältnis zur Eigentümergemeinschaft und hat den Nachteil, dass der Anspruch nur verzögert realisiert werden kann.[1543] Umgekehrt kann aber auch die Wohnungseigentümergemeinschaft den Mieter unmittelbar auf Entfernung einer Parabolantenne verklagen, wenn sie beispielsweise entgegen der Beschlusslage angebracht wurde.[1544]

489a Nicht vollständig geklärt ist auch die Frage, unter welchen Umständen die Nutzer der Fernsehübertragungen innerhalb einer Hausgemeinschaft eine Abgabe nach dem UrhG zahlen müssen.[1545] Nach Art. 8 Abs. 2 Satz 1 der Europäischen Richtlinie 2006/115/EG sollen die Mitgliedstaaten ein Recht vorsehen, dass bei Nutzung eines zu Handelszwecken veröffentlichten Tonträgers für eine öffentliche Wiedergabe die Zahlung einer Vergütung vorzusehen ist. Die Umsetzung dieses Rechts erfolgte u. a. durch § 15 UrhG. Danach wäre eine Abgabe zu zahlen, wenn mit dem Empfang durch eine Gemeinschaftsantenne und der Wiedergabe über das hauseigene Netz eine öffentliche Übertragung und Wiedergabe der Sendungen erfolgt. Gem. § 15 Abs. 3 S. 1 UrhG ist die Wiedergabe öffentlich, wenn sie für eine Mehrzahl von Mitgliedern der Öffentlichkeit bestimmt ist. Überträgt aber eine Wohnungseigentümergemeinschaft über Satellit ausgestrahlte und mit einer Gemeinschaftsantenne der Wohnanlage empfangene Fernseh- oder Hörfunksignale zeitgleich, unverändert und vollständig durch ein Kabelnetz an die angeschlossenen Empfangsgeräte der einzelnen Wohnungseigentümer weiter, handelt es sich nicht um eine öffentliche Wiedergabe im Sinne von § 15 Abs. 3 UrhG.[1546] Damit sind durch die Weiterleitung weder Schadensersatzansprüche oder Wertersatzansprüche von Urhebern, ausübenden Künstlern, Sendeunternehmen oder Filmherstellern noch Vergütungsansprüche der ausübenden Künstler gegen die Wohnungseigentümergemeinschaft begründet. Für das Mietrecht liegt bislang nur eine dies bejahende Instanzentscheidung vor.[1547] Eine Differenzierung zwischen der Hausanlage im Wohnungseigentum und im Mietwohnungsbau ist aber wegen der gleichen Empfangs- und Weiterleitungssituation abzulehnen, so dass die Entscheidung des I. Zivilsenats auf den Geschosswohnungsbau einheitlich anzuwenden ist.

Parkett

490 S. Rdn. 548.

Party

491 S. Rdn. 375 ff.

38. Pfennigabsätze

492 Damenschuhe mit Pfennigabsätzen können beim Betreten des Hauses oder der Wohnung Spuren hinterlassen. Ob diese noch durch den vertragsgemäßen Gebrauch gedeckt sind, muss im Einzelfall entschieden werden. Im Zweifel muss der Vermieter es hinnehmen, dass beim Gebrauch von

[1540] BGH (V ZB 51/03) WuM 2004, 165 = ZMR 2004, 438 = GE 2004, 548 = NZM 2004, 227 = NJW 2004, 937; vgl. aber zum Standortrecht der Eigentümergemeinschaft AG Bonn ZMR 2009, 44.
[1541] BayObLG NJW-RR 1998, 1704.
[1542] BVerfG NJW 1996, 2858.
[1543] Vgl. LG Hanau NJW-RR 1999, 597.
[1544] AG Hannover ZMR 2009, 695.
[1545] Siehe zum Mietrecht AG Charlottenburg GE 2016, 1391 sowie Rdn. 400.
[1546] BGH (I ZR 228/14) WuM 2016, 79 = GE 2015, 1589 = NZM 2016, 127 = NJW 2016, 807.
[1547] AG Charlottenburg GE 2016, 1391.

Pfennigabsätzen im Fußbodenbelag der Wohnung leichte Druckspuren zurückbleiben.[1548] Das gilt insbesondere für allgemein zugängliche Gemeinschaftsräume, Flure und Treppen. Der Mieter einer Wohnung mit Weichholzfußboden ist allerdings im Rahmen seiner **Obhutspflicht** gehalten, entweder zu verhindern, dass Pfennigabsätze in der Wohnung getragen werden oder er muss Schäden durch Teppiche und ähnliche Beläge von vornherein ausschließen.[1549] Diese Maßnahmen sind vor allem dann zu treffen, wenn der Mieter damit rechnen muss, dass die Wohnung des Öfteren mit Pfennigabsätzen betreten wird.

Im Rahmen eines gewerblichen Mietverhältnisses gehört das Tragen von Pfennigabsätzen zum **493** vertragsgemäßen Gebrauch.[1550] Der Mieter kann gar nicht verhindern, dass die Geschäftsräume von Kundinnen betreten werden, die Schuhe mit solchen Absätzen tragen. Ähnliches gilt für das Personal des Mieters.

Plakate

S. Rdn. 414ff. **494**

39. Nutzungsänderung

Bei Abschluss eines gewerblichen Mietvertrages liegt der Vertragszweck regelmäßig in der ver- **495** einbarten Nutzung[1551] des Objektes, z. B. als Arztpraxis oder Imbissstube. Der Vertragszweck kann sich stillschweigend aus den Umständen ergeben.[1552] Die Zweckbestimmung kann auch durch Formularvertrag vereinbart werden.[1553] Will der Mieter im laufenden Mietverhältnis die **Nutzung des Objektes** ändern oder erweitern, ist dies grundsätzlich eine Betriebsänderung, die in den Vertrag eingreift.[1554] Das bedeutet aber noch nicht, dass der Vermieter dem Mieter sein neues oder erweitertes Tätigkeitsfeld untersagen kann. Vielmehr ist zunächst zu untersuchen, ob der Mieter lediglich eine Geschäftserweiterung vornimmt, also das Kerngeschäft nur ausdehnt oder ob er die Nutzungsart, also das Kerngeschäft ändert oder neben dem Kerngeschäft eine weitere zusätzliche eigenständige geschäftliche Tätigkeit aufnimmt.[1555]

Die **Geschäftserweiterung,** z. B. die Erweiterung des Angebots einer Milchbar auf alkoholi- **496** sche Getränke,[1556] ist grundsätzlich zulässig, da dem Mieter anderenfalls zugemutet würde, sich neuen Marktbedingungen nicht anpassen zu dürfen. Allerdings darf der Zweck des Vertrages nicht entgegenstehen. So kann der Fall liegen, wenn der Tankstellenpächter auf seinem Mietgrundstück eine Mietwagenagentur betreiben will. Dabei handelt es sich um ein zusätzliches Geschäft anderer Qualität, welches über den eigentlichen Vertragszweck hinausgehen kann.[1557] Verstößt der Mieter gegen die Vereinbarung des Vertragszwecks, kann der Vermieter die unerlaubte Nutzung mit einem Unterlassungsanspruch untersagen.

Jede **Nutzungsänderung** bedarf als Vertragsänderung grundsätzlich der Zustimmung des Ver- **497** mieters[1558] (vgl. Rdn. 235ff.), es sei denn, die Vertragsparteien haben keine besondere Nutzungsart vereinbart, was in der Praxis selten vorkommen dürfte. Im Zweifel wird sich der Nutzungszweck nämlich auch stillschweigend aus den Umständen ergeben. Grundsätzlich steht es im freien Ermessen des Vermieters, ob er einer Nutzungsänderung zustimmen will. Die Grenze seiner **Ermessensausübung** wird durch § 242 BGB gezogen. Maßgebend ist, ob die Veränderungen dem Vermieter zuzumuten sind. Über die Zumutbarkeit muss unter Würdigung aller Umstände des Einzelfalles und bei Abwägung der unterschiedlichen Interessen nach den Grundsätzen von Treu und Glauben

---

1548 AG Freiburg WuM 1991, 262; *Emmerich* in Staudinger § 538 BGB Rdn. 3; s. AGB-Klausel zum Abschleifen von Parkett LG Berlin GE 1996, 925.

1549 LG Mannheim MDR 1974, 319; LG Essen NJW 1962, 1398.

1550 OLG Karlsruhe WuM 1997, 211 = NJW-RR 1997, 139.

1551 LG Koblenz NJW 2014, 2660 = NZM 2014, 608 zum Umfang des Nutzungsrechts; *Eisenschmid*, jurisPR-MietR 20/2014 Anm. 3.

1552 *Joachim* NZM 2009, 801, 802.

1553 *Bieber* PiG 2007, 119, 125f.; *Gather* DWW 2002, 54, 64.

1554 KG NZM 1999, 462; AG Aachen ZMR 2007, 41.

1555 OLG Hamm NZM 1999, 1051; *Joachim* NZM 2009, 801, 803.

1556 BGH NJW 1957, 1833; *Engel* MDR 2012, 1268, 1269.

1557 OLG Hamm NZM 1999, 1051.

1558 OLG Düsseldorf GE 2003, 321; OLG Frankfurt/M. MDR 2000, 825; LG Darmstadt ZMR 2017, 44 zur Unterbringung von Asylsuchenden.

entschieden werden.[1559] Bei der gewünschten Nutzungsänderung hat der Vermieter insbesondere zu bedenken, ob er mit der Einwilligung unter Umständen seine Konkurrenzschutzpflicht gegenüber einem anderen Mieter verletzt (s. Rdn. 545), ob durch die Nutzungsänderung eine Belästigung anderer Hausbewohner oder Nachbarn zu befürchten ist, ob die Änderung des Gewerbes mit einer stärkeren Abnutzung der Mietsache verbunden ist oder ihre spätere Vermietbarkeit erschwert wird.

498 **Einzelfälle:**

Die Umstellung eines reinen Handwerksbetriebes auf einen Fertigungsbetrieb kann für den Vermieter zumutbar sein.[1560]

499 Werden Räume zur Nutzung als Büroflächen vermietet, dürfen in diesen Räumen keine Asylbewerber untergebracht werden.[1561]

500 Ist Teileigentum in der Teilungserklärung einer Eigentumsanlage oder im Aufteilungsplan als „Laden", „Gewerbe" oder „Gaststätte" bezeichnet, liegt hierin i. d. R. eine Zweckbestimmung, die der Eigentümer zu beachten[1562] und als Vermieter an den Mieter weiterzugeben hat.

501 Bei der Zweckbestimmung „Gewerbe" steht nicht notwendigerweise eine Gewinnerzielungsabsicht im Vordergrund. Daher kann auch eine „Soziale Tagesstätte" in gewerblichen Räumen geführt werden[1563].

502 Die als „Laden"[1564] vorgesehenen Räume dürfen nicht als Sex-Shop und Sex-Kino,[1565] als Gaststätte,[1566] als Teestube mit Spielsalon,[1567] als Salatrestaurant ohne Alkoholausschank,[1568] als Kantine eines Sportvereins,[1569] als Schülerladen,[1570] als Imbissstube,[1571] als Eisdiele[1572] oder als Pizza-Lieferservice[1573] genutzt werden. Eine „Ladenwohnung" erlaubt den Betrieb eines Cafés für drogenabhängige oder – gefährdete Personen.[1574] Können Räume „zu beliebigen geschäftlichen Zwecken" genutzt werden, erlaubt dies dennoch keinen Bordellbetrieb.[1575]

503 Manche Bezeichnungen stellen aber keine Zweckbestimmung, sondern nur einen unverbindlichen Gestaltungsvorschlag dar, wie z. B. „Teeküche" oder „Wartezimmer". Die Vereinbarung als „Hobbyraum" ist aber eine Zweckbestimmung.[1576]

504 Ist Gewerberaum für eine Metzgerei vermietet worden, ist es nicht gestattet, dort ein Geschäft mit Damenoberbekleidung zu betreiben.[1577]

505 Hat der Mieter die Räume einer alteingesessenen Steuerberaterpraxis zum Weiterbetrieb dieser Praxis gemietet und gibt er diese Praxis vor Beendigung des Mietverhältnisses auf, kann er grundsätzlich vom Vermieter nicht die Erlaubnis verlangen, die Räume bis zum Mietende als Wohnung unterzuvermieten.[1578]

506 Mit der Zweckbestimmung „Eisdiele und Café" ist der Betrieb eines Pilslokals (Pilsbar) nicht vereinbar.[1579]

507 Ein vertragswidriger Gebrauch der Pachtsache liegt vor, wenn sie statt – wie vereinbart – zur Haltung eines Reitstalles des Pächters nur noch dazu dient, Fremdpferde unterzustellen und praktisch alles gewerbsmäßig unterverpachtet ist.[1580]

[1559] BGH NJW 1961, 307 = ZMR 1961, 102 = MDR 1961, 225; NJW 1957, 1833.
[1560] BGH NJW 1961, 307 = ZMR 1961, 102 = MDR 1961, 225.
[1561] OLG Düsseldorf ZMR 1991, 176 = DWW 1991, 80.
[1562] *Blank* WuM 2000, 523, 525.
[1563] OLG Zweibrücken NZM 2005, 868.
[1564] OLG Düsseldorf NZM 2003, 979 zur Kindertagesstätte.
[1565] LG Passau NJW 1983, 1683 = MDR 1983, 758 = ZMR 1983, 319.
[1566] BayObLG WuM 1985, 238; WuM 1985, 237 = ZMR 1985, 206.
[1567] BayObLG WuM 1985, 235; OLG Zweibrücken NJW-RR 1987, 464 = MDR 1987, 410 = ZMR 1987, 187.
[1568] KG WuM 1985, 236 = MDR 1985, 675 = DWW 1985, 238 = ZMR 1985, 207 = GE 1985, 995.
[1569] KG WuM 1986, 287 = NJW-RR 1987, 1073 = ZMR 1986, 296 = GE 1986, 703.
[1570] Einschränkend KG WuM 1992, 387 = NJW-RR 1992, 1102 = ZMR 1992, 351.
[1571] BayObLG ZMR 2000, 53.
[1572] OLG Schleswig MDR 2000, 759.
[1573] BayObLG NZM 1998, 335.
[1574] KG MDR 1999, 991.
[1575] KG NJW-RR 1987, 1160 = MDR 1987, 937 = ZMR 1987, 384.
[1576] BayObLG WuM 1990, 454 = NJW-RR 1991, 139.
[1577] LG Nürnberg-Fürth WuM 1991, 344.
[1578] OLG Koblenz NJW-RR 1986, 1343 = MDR 1986, 496.
[1579] OLG München WuM 1992, 326 = ZMR 1992, 306.
[1580] OLG Karlsruhe ZMR 1987, 419.

Ein Gastwirt ist nicht ohne weiteres berechtigt, den Verwendungszweck der von ihm gemieteten oder gepachteten Gastwirtschaft ganz oder wesentlich zu verändern.[1581] **508**

Eine wesentliche Änderung der vertraglichen Nutzung liegt auch vor, wenn anstelle einer vertraglich vereinbarten Zahnarztpraxis mit Labor nunmehr eine Tierarztpraxis für Kleintiere betrieben werden soll. Für eine derartige Nutzungsänderung muss der Vermieter seine Zustimmung geben.[1582] **509**

Es stellt keine Änderung der Betriebsart dar, wenn bei einem Imbiss-Laden der Verkauf nicht mehr zur Straße hin durch ein Fenster erfolgt, sondern innerhalb des Raumes.[1583] **510**

Wurden Gewerberäume zum Buchverkauf und als Begegnungsstätte vermietet, wobei Tee und Kaffe angeboten werden durften, ist es dem Mieter nicht zusätzlich gestattet, auch Pommes frites und andere Getränke anbieten.[1584] **511**

Sind dem Mieter die Gewerberäume zur Weitervermietung für ein Technologiezentrum überlassen, so umfasst die Vertragszweck nicht den Betrieb eines Call-Centers.[1585] **512**

40. Rauchen

Rauchen gehört zum vertragsgemäßen Gebrauch des Mieters.[1586] Das gilt grundsätzlich auch für übermäßiges Rauchen.[1587] Der Mieter muss daher keine besonderen Vorkehrungen zum Schutz der Mietsache treffen. Kommt es zu verstärkten Nikotinablagerungen, sind diese grundsätzlich vom Vermieter hinzunehmen. Für die Beurteilung, ob der vertragsgemäße Gebrauch überschritten wurde, kommt es darauf an, ob sich die Gebrauchsspuren noch mit Schönheitsreparaturen i. S. d. § 28 Abs. 4 Satz 3 II. BV beseitigen lassen, oder ob darüber hinausgehende Instandsetzungsarbeiten erforderlich werden[1588] (z. B. Putzabschlagung, Holzwerk abschleifen u. ä.). Im letzteren Fall hinterlässt der Tabakgenuss derart starke **Nikotinablagerungen,** dass sie einer Beschädigung der Mietsache gleichkommen.[1589] Wann die Grenze zur noch vertragsgemäßen Nutzung überschritten ist, lässt sich somit nur im Einzelfall belegen.[1590] Wegen der Kerngehalts der Gebrauchsnutzung einer Wohnung sind an die Prüfung strenge Anforderungen zu stellen.[1591] **513**

Der durch die Überschreitung der zulässigen Gebrauchsnutzung entstehende Schaden kann nur durch eine Vergleichsbetrachtung mit dem Zustand erfolgen, der ohne übermäßiges Rauchen eingetreten wäre. So stellen beispielsweise die Kosten des Anstreichens „Sowieso-Kosten" dar, die der Mieter nur bei wirksamer Überwälzung von Schönheitsreparaturen zahlen muss.[1592] **514**

Das allgemeine Gebot der gegenseitigen Rücksichtnahme kann zu einem Unterlassungsanspruch der Mitbewohner und des Vermieters führen.[1593] Im Hausflur wahrnehmbarer Zigarettenrauch ist, weil **gesundheitsschädlich**[1594], von den Nachbarn grundsätzlich nicht hinzunehmen.[1595] Dies gilt in besonderem Maße, wenn z. B. der Rauch in der Wohnung über den Hausflur **515**

1581 BGH BB 1954, 246.

1582 OLG Köln WuM 1997, 620 = DWW 1997, 121.

1583 KG GE 1987, 571.

1584 KG NZM 1999, 462.

1585 OLG Düsseldorf GE 2003, 321.

1586 BGH (VIII ZR 124/05) WuM 2006, 513 = NJW 2006, 2915 = NZM 2006, 691 = DWW 2006, 370 = ZMR 2006, 761 = MietPrax-AK § 538 BGB Nr. 24 mit Anm. *Eisenschmid; Börstinghaus* WuM 2012, 480; zur Vertragsauslegung siehe *Lehmann-Richter* NZM 2015, 513ff.

1587 LG Saarbrücken WuM 1998, 690; LG Köln WuM 1998, 596 = NZM 1999, 456; WuM 1991, 578 = NJW-RR 1991, 1162; AG Esslingen ZMR 2005, 199; siehe auch *Langenberg* zu § 538 Rdn. 99; **a. A.** LG Landshut-Tiengen DWW 2006, 287; AG Magdeburg WuM 2000, 303; AG Rosenheim WuM 1995, 583.

1588 BGH (VIII ZR 37/07) WuM 2008, 213 = GE 2008, 533 = NZM 2008, 318 = NJW 2008, 1439 = MDR 2008, 617–618 = ZMR 2008, 524.

1589 LG Koblenz ZMR 2006, 288; LG Paderborn NJW-RR 2000, 1110 = NZM 2000, 710 = MDR 2000, 878 mit Anm. *Dübbers;* LG Baden-Baden WuM 2001, 603; AG Cham ZMR 2002, 761; AG Tuttlingen NZM 1999, 1141 = MDR 1999, 992; AG Magdeburg NZM 2000, 657 = NJW-RR 2000, 1111; *Stapel* NZM 2000, 595, 596.

1590 *Stapel* ZMR 2092, 734, 735.

1591 Vgl. *Dübbers,* Anm. zu LG Paderborn MDR 2000, 878.

1592 *Börstinghaus* ZAP Fach 4, 2008, 1027, 1031; zum Schaden siehe *Eisenschmid* in: jurisPR-MietR 9/2008 Anm. 2.

1593 AG Hannover NZM 2000, 520 zum WEG; *Horst,* Vertragswidriger Gebrauch der Mietsache, ZAP Fach 4 S. 439, 443; **a. A.** *Paschke* NZM 2008, 266, 267; ausführlich LG Potsdam NZM 2014, 863.

1594 BGH (V ZR 110/14) WuM 2015, 368.

1595 LG Düsseldorf GE 2014, 1062; **a. A.** AG Reichenbach WuM 1994, 322.

entlüftet wird (vgl. Rdn. 311 ff.) oder gar im Hausflur selbst geraucht wird.[1596] Prozessrechtlich ist dabei zu beachten, dass der im Hausflur wahrnehmbare Zigarettenrauch einem konkreten Mieter zugeordnet werden kann.[1597] Dringt der Zigarettenrauch durch Wände und Decken in die Wohnung des Nachbarmieters, ist der Vermieter zur Abhilfe, ggf. durch Anbringung einer wirksamen Abdichtung, verpflichtet.[1598] Starkes Rauchen auf dem Balkon[1599] (siehe Rdn. 306) oder vor dem Hauseingang[1600] kann zur Mietminderung oder Kündigung[1601] führen und u. U. einen Unterlassungsanspruch des Nachbarn begründen.[1602] Dieser muss aber das sich aus den Raucherschutzgesetzen ergebende Indiz erschüttern, dass mit dem Rauchen im Freien keine Gesundheitsgefährdung einhergeht.[1603] Das Gebot der gegenseitigen Rücksichtnahme verpflichtet zu einer möglichst weitgehenden Vermeidung von Belästigungen der Nachbarn.[1604]

516 Wird in einer Anzeige die Wohnung als Nichtraucherwohnung bezeichnet oder ein „Nichtraucher" als Mieter (z. B. einer Einliegerwohnung) gesucht und gibt der Interessent auf die Frage, ob er Nichtraucher sei, an, er habe aufgehört zu Rauchen, so berechtigt das gelegentliche Rauchen des Mieters und seiner Gäste weder zur Arglist- noch zur Irrtumsanfechtung.[1605] Eine **formularmäßige Vereinbarung,** in der Wohnung nicht zu rauchen, verstößt gegen § 307 BGB[1606], da ein Kernbestand des vertraglichen Nutzungsrechts betroffen ist.[1607] Der Mieter müsste nämlich seine sozialen Kontakte in der Mietwohnung auf Nichtraucher beschränken. Das gilt auch – soweit nicht Gesetze das Rauchen ohnehin verbieten – für Gewerberäume[1608], da sonst ein bestimmter Kunden – oder Mitarbeiterkreis von vornherein ausgeschlossen wäre, was den Mieter unangemessen belasten würde. Ein gesetzliches (Rauch)Verbot wirkt sich auf das gewerbliche Mietverhältnis nicht aus, da nicht vorhersehbare Gesetzesvorschriften zum wirtschaftlichen Risiko der Vertragspartei gehören[1609] (zur Minderung bei gesetzlichem Rauchverbot vgl. § 536 Rdn. 63).

517 Das formularvertragliche Verbot des Rauchens in den Gemeinschaftsflächen und -räumen (Hausflur, Keller, Dachboden etc.) wird dagegen zu Recht für zulässig gehalten.[1610] Das formularvertragliche Verbot des Rauchens auf dem Balkon ist jedenfalls dann unzulässig, wenn es ungeachtet der jeweiligen Situation ohne Berücksichtigung der widerstreitenden Interessen gelten soll. **Individualvertraglich** lässt sich ein Rauchverbot vereinbaren.[1611] Eine Absprache dahingehend, auch die Besucher zum Nichtrauchen zu verpflichten, wäre als Vertrag zu Lasten Dritter unbeachtlich.[1612] Allerdings können sich dabei wegen des Summierungseffektes[1613] Probleme ergeben, soweit daneben auch formularvertraglich Schönheitsreparaturen vereinbart werden.[1614]

[1596] Siehe dazu BGH (VIII ZR 186/14) WuM 2015, 289 = NJW 2015, 1239; *Börstinghaus* WuM 2012, 480, 481.

[1597] LG Düsseldorf NZM 2016, 793.

[1598] AG Charlottenburg GE 2008, 1061.

[1599] LG Berlin NZM 2013, 727; LG Hamburg WuM 2012, 496 = GE 2012, 1498 (Minderung 5%); *Artz* PiG 85, 229, 237.

[1600] *Jahreis* in: juris PR-MietR 25/2012 Anm. 2.

[1601] Vgl. LG Düsseldorf GE 2014, 1062.

[1602] *Stapel* NZM 2000, 595, 596; vgl. aber LG Potsdam GE 2014, 801; AG Wennigsen WuM 2001, 487; AG Pankow/Weißensee GE 2005, 1126.

[1603] BGH (V ZR 110/14) WuM 2015, 368 = GE 2015, 719 = NZM 2015, 448 = NJW 2015, 2023 = ZMR 2015, 679 = MietPrax-AK § 906 BGB Nr. 6 m. Anm. *Börstinghaus; Börstinghaus,* NZM 2016, 418, 421.

[1604] *Lehmann-Richter* PiG 99, 65, 68; zur indiziellen Wirkung der Nichtraucherschutzgesetze siehe BGH (V ZR 110/14) WuM 2015, 368.

[1605] LG Stuttgart NJW-RR 1992, 1360–1361.

[1606] *Riecke,* ZMR 2017, 361, 367; *Harsch,* WuM 2009, 76, 77; *Börstinghaus* WImmoT 2015, 95, 105; *Paschke* NZM 2008, 265, 268; *Schläger,* Anm. zu BGH ZMR 2008, 524; kritisch *Sternel,* Mietrecht aktuell (2009), Rdn. VI 263; **a. A.** *Reichhardt/Dittmann* ZMR 2011, 925, 926; zu sog. Heilungsvereinbarungen s. *Klimke* WuM 2010, 8.

[1607] *Lehmann-Richter* PiG 99, 65, 70.

[1608] Zu den möglichen Auswirkungen eines gesetzlichen Rauchverbotes in gewerblichen Räumen, namentlich Gaststätten, vgl. *Leo/Ghassemi-Tabar* NZM 2008, 271 sowie *Paschke* NZM 2008, 265, 269.

[1609] *Wolf/Eckert/Ball* Rdn. 200; *Paschke* NZM 2008, 265, 270.

[1610] *Börstinghaus* WImmoT 2014, 95, 106; *Paschke* NZM 2008, 265, 268.

[1611] AG Rastatt DWW 2005, 331; *Börstinghaus* WuM 2012, 480, 485; *Harsch* WuM 2009, 78, 79, allerdings mit Vorbehalt; *Stapel* NZM 2000, 595, 596.

[1612] *Reichhardt/Dittmann* ZMR 2011, 925, 926; *Harsch* WuM 2009, 76, 78.

[1613] BGH (VIII ZR 163/05) WuM 2006, 306 = NJW 2006, 2116 = NZM 2006, 623 = ZMR 2006, 913 = MietPrax-AK § 538 BGB Nr. 22; BGH (XII ZR 108/13) WuM 2014, 326 = NJW 2014, 1444 = NZM 2014, 306 = GE 2014, 666 = MietPrax-AK § 538 BGB Nr. 62 m. Anm. *Eisenschmid.*

[1614] S. dazu *Paschke* NZM 2008, 265, 268.

41. Rauchmelder

Die Installation von Rauchmeldern in der gemieteten Wohnung gehört zum vertragsgemäßen Gebrauch.[1615] Sie sind mit geringem Aufwand zu installieren und dienen auch dem Schutz des Mietobjektes. Zu Fragen der (landes-)gesetzlichen Pflicht einer Installation und Modernisierung s. § 555b Rdn. 131. Ein Anspruch des Mieters auf Installation durch den Vermieter ist auch ohne gesonderte vertragliche Vereinbarung aus den vorgenannten Gründen (§ 535 Rdn. 131f.) zu bejahen, soweit die Landesgesetze eine entsprechende Einbaupflicht vorsehen.[1616] **518**

42. Reklame

Generell ist zu prüfen, ob eine allgemeine Verkehrssitte besteht, dass die **Außenwände** vermieteter Geschäftsräume ohne weiteres als zu Werbezwecken mitvermietet gelten[1617]. Selbst wenn dies angenommen würde, geht ein örtlicher abw. Verkehrsgebrauch vor.[1618] Allgemein ist es zulässig, nur auf Markenartikel in der Werbung hinzuweisen, obwohl damit unmittelbar für den Hersteller, aber nur mittelbar für den Geschäftsbetrieb geworben wird.[1619] **519**

Soweit dem Mieter die Fassade **zu Werbezwecken** zur Verfügung steht, kann er die Werbung auch durch Leuchtreklame betreiben, wenn diese einen anderen Mieter nicht stört. **520**

Die Nutzung der Fassade und Außenwände kann vom Vermieter auch **formularvertraglich** ausgeschlossen oder von seiner Zustimmung abhängig gemacht werden. Das gilt jedoch nicht für übliche Praxis- und Hinweisschilder, die zum Mietgebrauch gehören[1620] (vgl. Rdn. 334ff.). **521**

Schaukästen

S. Rdn. 589. **522**

43. Schlüssel

Die Haus- und Wohnungsschlüssel muss der Vermieter dem Mieter überlassen[1621], weil sonst ein ungestörter Mietgebrauch nicht möglich ist[1622]. Er hat somit einen Anspruch auf Aushändigung aller Schlüssel zu der Haus- und Wohnungstür sowie zu allen mitvermieteten Neben- und Gemeinschaftsräumen.[1623] Insbesondere darf der Vermieter nicht „für alle Fälle" einen Schlüssel zurückbehalten.[1624] Dagegen wird eingewendet, dass der Vermieter als Vertragspartner und Eigentümer der Wohnung das Recht und die Möglichkeit haben müsse, **bei Gefahr in Verzug** jederzeit die Wohnung auch ohne Zustimmung des Mieters betreten zu können. Der Mieter sei zivilrechtlich durch den Mietvertrag und strafrechtlich über § 123 StGB vor Missbrauch ausreichend geschützt. Diese Auffassung misst jedoch der Privatsphäre des Mieters zu wenig Bedeutung bei. In der Wohnung als Lebensmittelpunkt verwirklicht sich die Persönlichkeit des Mieters. Dieses überragende Schutzgut rechtfertigt es, bei Abwägung zwischen den betroffenen Rechtsgütern Eigentum und Persönlichkeit der Privatsphäre Vorrang einzuräumen, zumal das unbefugte Betreten der Wohnung zur Abwendung einer akuten Gefahr regelmäßig nicht rechtswidrig ist. **523**

Das Recht auf alleinigen Besitz des Schlüssels ist unverzichtbarer Bestandteil des Mietvertrages[1625] und gilt daher selbst dann, wenn der Mieter in Zahlungsverzug ist und der Vermieter deshalb **524**

1615 AG Hannover WuM 2008, 399; *Schumacher* NZM 2005, 642; *Harsch* WuM 2008, 521; zur Rechtslage beim Vermietereinbau vgl. *Drasdo* NJW-Spezial 2007, 145.
1616 *Breiholdt* PiG 2012, 29, 40.
1617 Verneinend OLG Saarbrücken MDR 2005, 1283.
1618 BGH BB 1954, 83; ZMR 1957, 225; OLG Düsseldorf NJW 1958, 1094.
1619 OLG Köln NJW 1955, 1072.
1620 *Fritz,* Gewerberaummietrecht, Rdn. 180.
1621 *Gaisbauer* DWW 1970, 43.
1622 OLG Düsseldorf WuM 2005, 655 = ZMR 2005, 710.
1623 OLG Celle, Wohnungseigentum 2008, 10; BayObLG ZMR 1996, 93 zum Garagentor in WEG-Anlage; LG Bonn ZMR 2012, 276 zur Tiefgarage; AG Wedding MM 1992, 246 zum Hoftor; *Gaisbauer* DWW 1970, 43.
1624 OLG Celle, Wohnungseigentum 2008, 10; AG Ellwangen WuM 1991, 340; AG Tecklenburg WuM 1991, 579; **a. A.** LG Baden-Baden GE 1981, 243; *Riecke/Vogel* ZMR 2003, 89, 91; *Lammel,* Wohnraummietrecht, § 535 Rdn. 140.
1625 AG Schöneberg MM 1993, 77; *Bub* in Bub/Treier II 1334 nur für Formularverträge.

das Mietverhältnis fristlos kündigen könnte.[1626] Ein Verstoß hiergegen stellt eine erhebliche Vertragsverletzung des Vermieters dar, die den Mieter zur fristlosen Kündigung berechtigt.[1627] Selbst wenn im Einverständnis mit dem Mieter ein Schlüssel beim Vermieter verbleibt, ist dieser nicht berechtigt, die Wohnung **ohne den Willen** des Mieters zu betreten. Der Vermieter würde anderenfalls **Hausfriedensbruch** begehen. Dem Mieter steht in diesem Fall ein Kündigungsrecht wegen unzumutbarer Fortsetzung des Mietverhältnisses gem. § 543 Abs. 1 BGB zu.[1628] Bei Beendigung des Mietverhältnisses hat der Mieter die Schlüssel zurückzugeben.[1629]

525 **a) Anzahl der Schlüssel.** Die Anzahl der dem Mieter zu überlassenden Schlüssel richtet sich zunächst nach dem Mietvertrag. Fehlt eine vertragliche Regelung, bemisst sich die Anzahl der zu überlassenden Haus- und Wohnungsschlüssel grundsätzlich nach der Zahl der Wohnungsnutzer.[1630] Darüber hinaus wird der Mieter einem Dritten die Schlüssel aushändigen dürfen, wenn dieser den Mieter bei der Wahrnehmung der mietvertraglichen Rechte und Pflichten unterstützt.[1631] Der Mieter kann nämlich soviel Haustürschlüssel verlangen, wie er für seine individuellen Zwecke benötigt.[1632] Hat der Mieter z. B. ältere Kinder, kann er auch für sie einen Schlüssel verlangen. Lebt er berechtigterweise mit seinem **Lebensgefährten** zusammen, kann er für diesen einen Schlüssel beanspruchen.[1633] Das Gleiche gilt für die Überlassung des Schlüssels an den **Zeitungs- oder Postboten,**[1634] an den zeitweiligen **Besucher,** an eine **Hausangestellte** und **Tagesmutter**[1635] oder an seinen (zulässigen) **Untermieter.**

526 Gestattet der Vermieter dem Mieter, die Garage zur Unterstellung seines Mofas mitzubenutzen, so hat er ihm auch die Garagenschlüssel auszuhändigen.[1636] Entsprechendes gilt bei der Mitbenutzung eines Heizungskellers.[1637]

527 Hat der Vermieter im laufenden Mietverhältnis die Türschlösser ausgewechselt, steht dem Mieter ein Anspruch auf Aushändigung derselben Schlüsselanzahl zu, die er auch für die gewechselten Schlösser besaß.[1638]

528 **b) Anfertigung zusätzlicher Schlüssel.** Benötigt der Mieter mehr Schlüssel, als ihm zur Zeit der Wohnungsübergabe überlassen wurden, kann er sich weitere Schlüssel in der erforderlichen Anzahl auch selbst anfertigen lassen. Er muss aber den Vermieter hiervon in Kenntnis setzen. Eine Einwilligung des Vermieters ist hierfür nicht erforderlich.[1639] Ist ein weiterer Schlüssel nur mit Zertifikat zu erlangen, hat der Vermieter die Zustimmung zur Herstellung zu erteilen.[1640]

529 **c) Überlassung des Schlüssels an Dritte.** Der Mieter muss bei längerer Abwesenheit für eine ausreichende Kontrolle der Wohnung sorgen oder einem Dritten, i. d. R. einer Vertrauensperson, **den Zugang zu der Wohnung gestatten** und dies dem Vermieter bekannt geben[1641] oder dem Vermieter selbst die Schlüssel übergeben[1642] (s. auch Rdn. 275 ff.). Keinesfalls ist der Mieter verpflichtet, ohne Ausschöpfung der anderen Sicherungsmöglichkeiten, dem Vermieter oder einem Hausmeister die Wohnungsschlüssel zu überlassen.

530 **d) Verlust eines Schlüssels.** Wenn der Mieter einen Schlüssel verliert oder wenn er ihm durch Unachtsamkeit gestohlen wird, hat er den Vermieter unverzüglich darüber zu unterrichten. Der Vermieter kann dann den Einbau eines neuen Schlosses **auf Kosten des Mieters** verlangen,

---

1626 OLG Düsseldorf DWW 1998, 342.
1627 AG Heidelberg WuM 1978, 69 = ZMR 1978, 239.
1628 OLG Celle, Wohnungseigentum 2008, 10; LG Berlin GE 1999, 572 = NJW-RR 2000, 676 = NZM 2000, 543; nicht dagegen dem Vermieter bei Strafanzeige durch den Mieter LG Frankfurt/Oder ZMR 2014, 209.
1629 Zu den Anforderungen an die Rückgabe der Mietsache i. S. d. § 548 Abs. 1 BGB vgl. BGH (VIII ZR 402/12) WuM 2013, 729 = GE 2013, 1647.
1630 LG Berlin GE 1985, 1259; AG Karlsruhe WuM 1997, 109.
1631 *Horst* MDR 1998, 189, 190.
1632 AG Schöneberg WuM 1991, 29.
1633 AG Charlottenburg MM 1990, 350.
1634 AG Mainz NJW-RR 2008, 100 = NZM 2007, 922; AG Meppen WuM 2003, 315; AG Wedding NJW-RR 1986, 314.
1635 AG Karlsruhe WuM 1997, 109 = NJWE-MietR 1997, 174; *Horst,* MDR 1998, 189.
1636 AG Bergisch-Gladbach WuM 1977, 96 = ZMR 1978, 24.
1637 LG Mannheim ZMR 1978, 140 = WuM 1978, 186.
1638 LG Berlin GE 1991, 351.
1639 *Landvoigt* GE 2007, 1301, 1302.
1640 LG Berlin MM 1991, 228.
1641 BGH NJW 1972, 34 = MDR 1972, 139 = VersR 1972, 70; NJW 1972, 25; AG Köln WuM 1986, 86.
1642 BGH NJW 1972, 25; LG Düsseldorf NJW 1960, 2101.

wenn ihm ein Verschulden vorzuwerfen ist;[1643] es sei denn, die Gefahr eines Missbrauchs des Schlüssels ist ausgeschlossen.[1644] Das Verhalten seiner Angestellten muss sich der Mieter zurechnen lassen.[1645] Das Hinterlassen der Schlüssel im Inneren eines auf öffentlich zugänglichen Straßen oder Plätzen abgestellten PKW ist ein Verstoß gegen die mietvertragliche Obhutspflicht, die Schlüssel sorgsam aufzubewahren.[1646] Dagegen kann der Verlust der Schlüssel aus einem Wertfach eines Krankenhauses dem Mieter nicht angelastet werden.[1647] Der Mieter kann nicht einwenden, dass seit dem Verlust des Schlüssels eine erhebliche Zeit verstrichen sei, ohne dass ein Missbrauch stattgefunden habe.[1648] Der Bruch eines Schlüssels wegen Materialermüdung kann dem Mieter nicht als Verschulden angelastet werden.[1649] Der Vermieter hat keinen Anspruch auf einen abstrakten Schaden. Er kann nur das verlangen, was er konkret für den Ersatz des Schlosses aufgewendet hat.[1650]

Dabei ist die **Schadensminderungspflicht** zu beachten. Daher ist z. B. ein Hotelbetreiber gehalten, eine Schließanlage zu installieren, die es ermöglicht, im Falle des Verlustes eines Hotelschlüssels den Umfang der auszutauschenden Schlösser auf die unmittelbar betroffenen Türen wie z. B. Haustür, Zwischentür oder Zimmertür zu begrenzen.[1651] 531

Zudem hat der Vermieter bei Übergabe der Schlüssel an den Mieter eine Warnpflicht, wenn der Verlust eines Schlüssels wegen der Schließanlage ungewöhnlich hohe **Ersatzbeschaffungskosten** verursacht. Die Verletzung dieser Warnpflicht führt zu einem Mitverschulden (§ 254 BGB) des Vermieters.[1652] 532

Wird dem Mieter einer Wohnung in einem Mehrfamilienhaus ohne sein Verschulden[1653] ein Schlüssel der **Zentralschließanlage** des Gebäudes entwendet, so hat der Vermieter gegen den Mieter keinen Anspruch auf Erstattung der Kosten einer Auswechselung der Schlösser und einer Erneuerung der Schlüssel der Zentralschließanlage. Mangels einer Gefährdungshaftung des Mieters hat der Vermieter bei einer Zentralschließanlage das Gefährdungsrisiko selbst zu tragen.[1654] Zur Rückgabe der Schlüssel bei Aufgabe der Wohnung[1655] vgl. im Einzelnen § 546 BGB. Durch den verlorenen Schlüssel kann die Schließanlage u. U. ihre Schutzfunktion nicht mehr ausüben, so dass in diesem Fall von einem Mangel der Mietsache auszugehen ist.[1656] 533

e) Einzelne Vertragsklauseln. Die Bestimmung in einem Formularmietvertrag, dass der Mieter sich fehlende Schlüssel auf eigene Kosten beschaffen muss, ist auf die Aushändigung der Schlüssel zu Beginn des Mietverhältnisses nicht anwendbar.[1657] 534

Unwirksam sind Bestätigungsklauseln über die Anzahl der bei Vertragsschluss übergebenen Schlüssel; es sei denn, der Mieter hat eine Empfangsquittung gesondert unterschrieben (§ 309 Nr. 12 lit. b BGB). 535

Eine – nicht ausgehandelte – Vertragsklausel, die den Mieter bei einem verlorenen Schlüssel verpflichtet, ohne Rücksicht auf ein Verschulden die Kosten eines neuen Schlosses mit Montage und Schlüssel zu tragen, enthält eine unangemessene Benachteiligung des Mieters, da er auch das Gefährdungsrisiko tragen soll.[1658] Eine solche Formularklausel bedarf einer Beschränkung auf diejenigen Fälle, bei denen der Mieter den Verlust der Schlüssel verschuldet hat, die Gefahr des Miss- 536

1643 LG Heidelberg GE 2013, 945; AG Brandenburg a. d. H. NZM 2015, 307; vgl. KG GuT 2008, 113 = GE 2008, 599; AG Witten ZMR 2003, 507; AG Hamburg NZM 2000, 618; AG Spandau GE 2013, 271.

1644 LG Berlin GE 2000, 1185; LG Münster WuM 1989, 508; LG Mannheim WuM 1977, 121 = ZMR 1978, 121; AG Kaiserslautern WuM 1980, 99.

1645 AG Frankfurt/Main GE 2010, 1750 = ZMR 2010, 862.

1646 KG ZMR 2008, 618.

1647 AG Ahrensburg GE 2010, 1750 = ZMR 2010, 858.

1648 AG Münster ZMR 2003, 583 = NJW-RR 2003, 1230.

1649 AG Halle NJW-RR 2009, 1526.

1650 LG Wiesbaden NZM 1999, 308; AG Rheinbach NZM 2005, 822; **a. A.** LG Karlsruhe ZMR 2014, 43; zum Verlust des Schlüssels durch Postversand AG Brandenburg a. d. H. NJW-RR 2014, 1227.

1651 LG Köln VersR 1994, 690; AG Wolfratshausen ZMR 2014, 47.

1652 AG Wolfratshausen ZMR 2014, 47; AG Bad Schwalbach NJWE-MietR 1997, 174; *Ruthe* NZM 2000, 365.

1653 Zum Verschulden beim Schlüsseldiebstahl vgl. KG DWW 2008, 145; zur Haftung des Mieters bei Verschulden LG Heidelberg GE 2013, 945.

1654 AG Hamburg WuM 1999, 687; AG Köln r+s 1990, 389.

1655 Vgl. OLG Brandenburg NZM 2000, 463; AG Brandenburg a. d. H. NJW-RR 2014, 1227.

1656 *Breiholdt* PiG 2012, 29, 33.

1657 LG Berlin NJW-RR 1988, 203; *Landvoigt* GE 2007, 1301.

1658 OLG Brandenburg ZMR 2004, 745, 747; LG Heidelberg ZMR 2014, 41; LG Hamburg WuM 1999, 327 = NZM 1999, 410; *Sternel* Mietrecht aktuell (2009) Rdn. II 243.

brauchs dieser verlorenen Schlüssel besteht und die Haftung des Mieters summenmäßig auf einen Höchstbetrag beschränkt ist.[1659] Unwirksam ist wegen Verstoßes gegen § 309 Nr. 5b BGB auch die Vereinbarung, bei Verlust des Schlüssels pauschal 25 DM zu bezahlen. Mit dieser Klausel wird dem Mieter nämlich nicht der Nachweis eingeräumt, dass ein neuer Schlüssel weniger Geld kostet.[1660]

537 Da der Mieter nicht verpflichtet ist, die angemieteten Räume auch zu nutzen (vgl. aber zur Betriebspflicht Rdn. 253 ff.), ist eine Klausel unwirksam, die ihm aufgibt, bei unterlassener Nutzung der Räume die Schlüssel schon vor Vertragsbeendigung zurückzugeben.[1661]

538 Ebenso unwirksam ist eine Klausel, welche die Kosten der Nachbestellung von Schlüsseln generell dem Mieter aufbürdet, weil der Mieter danach auch dann die Kosten tragen muss, wenn er für die Nachbestellung keine Veranlassung gegeben hat.[1662]

539 Ein gesondertes Schlüsselpfand kann bei Wohnraummietverhältnissen wegen § 551 BGB nicht erhoben werden. Bei gewerblichen Mietverträgen ist statt eines Schlüsselpfandes auch die vertragliche Vereinbarung möglich, eine Schlüsselversicherung abzuschließen, die auch bei fehlendem Verschulden des Mieters für den Verlust des Schlüssels eintritt.[1663]

44. Strom

540 Der Vermieter ist verpflichtet, die Mietsache dem Mieter in einem zum vertragsgemäßen Gebrauch geeigneten Zustand zu überlassen. Hierzu gehört auch, dass die Räume mit Strom versorgt werden können. Will der Vermieter daher die Räumlichkeiten ohne eine derartige **Energieversorgung** überlassen, muss dies ausdrücklich vereinbart werden. Anderenfalls hat der Mieter einen Anspruch darauf, dass die Wohnung an das allgemeine Stromnetz angeschlossen ist.

541 Auch der Strombezug selbst unterliegt der inhaltlichen Ausgestaltung durch eine Vereinbarung der Parteien. Ist hierüber keine Abrede getroffen worden, ist der Mieter im Zweifel selbst für den Bezug verantwortlich. Er wird Vertragspartner des von ihm ausgewählten Energieversorgungsunternehmens. Dies kann selbstverständlich auch Gegenstand einer mietvertraglichen Regelung sein. Eine Vereinbarung über den Strombezug kann aber auch so aussehen, dass entweder der Vermieter selbst beim Versorgungsunternehmen den Strom abnimmt und ihn dann an den Mieter weiter liefert, oder dass der Vermieter den Mieter verpflichtet, den Strom direkt von einem bestimmten Versorger (Dritten) abzunehmen. Indessen unterscheiden sich beide Vertragskonstruktionen im Kern nicht.[1664] In beiden Fällen wird nämlich der Mieter verpflichtet, den Strom von einem bestimmten Anbieter abzunehmen. Seine Auswahl hinsichtlich des Vertragspartners für den Strombezug wird ausgeschlossen. Dabei ist es aus Sicht des Mieters gleichgültig, ob der Stromlieferer sein Vermieter oder ein Dritter ist; in beiden Fällen liegt ein Koppelungsgeschäft vor, da mehrere Leistungen unterschiedlicher Art nur insgesamt ermöglicht werden.[1665]

542 Aufgrund der neuesten technischen Entwicklungen ist es auch dem Vermieter möglich, als Stromerzeuger seine Mieter mit dieser Energie zu versorgen. Betreibt beispielsweise der Vermieter in seinem Objekt eine Heizungsanlage mit Kraft-Wärme-Koppelung (KWK), kann er im Rahmen der Eigenversorgung (§ 3 Abs. 10 S. 3 KWKG) den damit erzeugten Strom den Mietern anbieten. Ein solcher Stromliefervertrag darf gem. § 309 Nr. 9 BGB die Laufzeit von zwei Jahren nicht überschreiten. Die Ausnahmeregelung für Versorger von Elektrizität gem. § 310 Abs. 2 BGB findet keine Anwendung, da Stromversorger nur solche Unternehmen sind, die andere mit Strom versorgen. Die ausschließliche Deckung des Eigenbedarfs fällt nicht darunter.[1666] Da aber die Mieter zu einem solchen Vertrag nicht verpflichtet werden können[1667], muss der Vermieter, wenn nicht das gesamte Haus versorgt wird, entsprechende Unterzähler installieren. Auch Strom, der mit erneuer-

---

1659 LG Berlin GE 1995, 945; AG Bad Schwalbach NJWE-MietR 1997, 174; **a. A.** AG Wedding GE 1987, 885; *Bub* in Bub/Treier II 1340.

1660 LG Berlin GE 1995, 945; *Heinrichs* NZM 2003, 1.

1661 OLG München WuM 1989, 128 = NJW-RR 1989, 1499.

1662 LG Berlin WuM 1993, 261 = GE 1993, 159.

1663 *Ruthe* NZM 2000, 365.

1664 **A. A.** *Both* DWW 1999, 274.

1665 BVerwG WuM 1999, 395 = NZM 1998, 885 = ZMR 1998, 725.

1666 Danner/*Theobald*, Energierecht, Bd. 1, § 3 B 1 EnWG Rdn. 147.

1667 BGH WuM 1993, 533 = NJW-RR 1993, 1159 = MDR 1993, 972 = ZMR 1993, 455 = GE 1993, 1089.

baren Energien wie Wind und Sonne erzeugt wird, kann im Wege des Direktverbrauchs durch Dritte (§§ 16 Abs. 3 Nr. 2, 33 Abs. 2, § 33 a Abs. 2 EEG) an die Mieter verkauft werden.[1668]

Es ist unzulässig, wenn sich der Vermieter mit einer **Formularklausel** vorbehält, die Zustimmung zum Gebrauch weiterer üblicher Elektrogeräte bei Überlastung des Stromnetzes nur dann zu geben, wenn sich der Mieter bereit erklärt, die Kosten für eine notwendige Netzmodernisierung zu tragen[1669] (s. zur Instandhaltungspflicht des Vermieters Rdn. 63 ff.). **543**

45. Störungen

Der Vermieter hat dafür zu sorgen, dass die Mieter nicht durch „ungebetene Besucher" gestört oder belästigt werden. Die Tiefgarage, das Treppenhaus sowie ggf. leer stehende Wohnungen[1670] müssen daher ausreichend gesichert sein.[1671] Liegen konkrete Umstände vor, aus denen sich ergibt, dass die Mieter zur Nachtzeit Störungen durch Dritte zu erwarten haben, so muss der Vermieter einen Hauswart, einen Mieter oder andere Hilfspersonen damit beauftragen, für das Verschließen der Haustür zwischen 22.00 Uhr und 6.00 Uhr Sorge zu tragen.[1672] Soweit in dieser Regelung ein Verstoß gegen das Gebot des **Brandschutzes** (Fluchtweg) gesehen wird, kann dem u. U. dadurch Rechnung getragen werden, dass ein Hausschlüssel im Hausflur, für jeden greifbar, aufgehängt wird (vgl. auch Rdn. 382 f.). **544**

Der Vermieter ist verpflichtet, die **Hauseingangstür** wenigstens mit einem Schnappschloss zu versehen, um für Unbefugte den Eintritt zum Flur und zum Treppenhaus technisch auszuschließen.[1673] **545**

46. Telekommunikations-Anlagen

Auf Grund der Verbreitung des **UMTS-Netzes** verstärken die Telekommunikations-Anbieter ihre Bemühungen, bundesweite Netze aufzubauen. Die Vermieter neigen häufig dazu, die Dächer ihrer Hauser an derartige Anbieter zu vermieten, um dort Verstärker und Antennen zu installieren.[1674] Die Mieter können derartige Verträge nach bislang h. M. nicht verhindern, wenn sich die Anlagen im Rahmen der gesetzlichen Grenzwerte halten (vgl. dazu auch Rdn. 454 sowie § 536 Rdn. 105 ff.). **546**

Tele-working

S. Rdn. 350. **547**

47. Teppichboden/Parkett

Ist die vermietete Wohnung mit einem Teppichboden ausgestattet, hat der Mieter diesen sorgfältig zu behandeln, damit er nicht beschädigt wird. Darüber hinaus muss der Mieter den Boden während der Mietzeit aufgrund der ihm obliegenden Obhutspflicht pflegen[1675] und ihn nach Beendigung des Mietverhältnisses in einem üblich gesäuberten Zustand zurückgeben. Laufspuren und abdrücke von Tischen, Schränken und Stühlen oder sonstigem Mobiliar hat der Mieter nicht zu vertreten. Leichte Kratzer am Boden sind vom Vermieter hinzunehmen.[1676] Ist der Teppich unansehnlich geworden, muss ihn der Vermieter ersetzen (siehe Rdn. 63). Er ist nicht berechtigt, den alten Teppichboden gegen einen Laminatfußboden auszutauschen.[1677] Ist ein von Mieter eingebrachter handelüblicher Teppich mitursächlich für das Auftreten von Fogging, hat der Mieter dies nicht zu vertreten[1678] (s. auch § 536 BGB Rdn. 240). Hat der Mieter allerdings den Teppich mit **548**

1668 Siehe dazu *Hahn/Naumann* NJW 2012, 818.
1669 OLG Frankfurt/M. WuM 1997, 609.
1670 LG Göttingen WuM 1990, 75.
1671 LG München I ZMR 1988, 434.
1672 LG Berlin ZMR 1987, 334 = GE 1987, 523.
1673 AG Potsdam WM 1996, 760; AG Hamburg WuM 1994, 676.
1674 Zu derartigen Antennenverträgen vgl. *Appelbaum/Martens* NZM 2002, 642.
1675 BGH (VIII ZR 166/08) WuM 2009, 225 = GuT 2008, 484 = NZM 2009, 126 = NJW 2009, 510 = DWW 2009, 23.
1676 *Schönemeier* WuM 2011, 148, 149.
1677 LG Stuttgart NJW-RR 2015, 1494 = WuM 2015, 477 = NZM 2015, 892; *Scholz*, jurisPR-MietR 16/2015 Anm. 1.
1678 BGH (VIII ZR 271/07) WuM 2008, 476 = ZMR 2008, 869 = NJW 2008, 2432 = GE 2008, 982 = MietPrax-AK § 536 a BGB Nr. 5.

dem Fußboden verklebt, ist er bei Beendigung des Mietverhältnisses für die ordnungsgemäße Beseitigung verantwortlich. Das gilt auch, wenn er den Teppich vom Vormieter übernommen hat.[1679] Bei einem Teppichboden wird von einer maximalen Lebensdauer von 10 Jahren ausgegangen[1680], bei einem PVC-Belag von 10–20 Jahren.[1681]

549 Anders liegt der Fall, wenn der Mieter wirksam Schönheitsreparaturen übernommen hat und diese bei Auszug fällig sind. Dann erfasst der Umfang der Schönheitsreparaturen nach § 28 Abs. 4 Satz 3 II. BV (Streichen des Fußbodens), der auch für den freifinanzierten Wohnraum gilt[1682], die Pflicht des Mieters, die Oberfläche des Fußbodenbelags in einen ansehnlichen Zustand zu versetzen. Daher muss der redliche Mieter davon ausgehen, dass er bei einem vermieteten Teppichboden weitergehende Maßnahmen ergreifen muss. Das bedeutet für einen Fußboden, der mit einem Teppichbelag versehen ist, dass der Teppich einer **Grundreinigung** zu unterziehen ist.[1683] Dies meint nicht die übliche Reinigung von dem sich allmählich ansammelnden Schmutz durch Staubsaugen, sondern eine Reinigung die gründlich und tiefenwirksam allen angesammelten Schmutz beseitigt. Weitergehende Pflichten, wie der Ersatz eines abgewohnten Teppichbodens, lassen sich aus einer wirksamen Schönheitsreparaturklausel nicht ableiten.[1684] Sind dagegen Schönheitsreparaturen nicht oder nicht wirksam auf den Mieter übertragen worden, ist der Vermieter verpflichtet, bei Fälligkeit eine entsprechende Grundreinigung des Teppichbodens vorzunehmen (§ 538 BGB).

550 Dagegen wird das Abschleifen und Versiegeln von **Parkettfußböden** nicht unter den in § 28 Abs. 4 Satz 1 II. BV gehörenden Begriff der Schönheitsreparaturen fallen. Diese Arbeiten erfordern einen deutlich höheren Arbeits- und Kostenaufwand als das Streichen des Fußbodens.[1685] Ein Abschleifen des Parkettbodens sowie seine Versiegelung ist alle 15–20 Jahre erforderlich.[1686]

48. Tierhaltung

551 **a) Allgemeines.** Trifft der Mietvertrag keine Aussage über die Tierhaltung, dann ist dem Mieter diese grundsätzlich gestattet, wenn sie Inhalt des vom Vermieter geschuldeten vertragsgemäßen Gebrauchs ist[1687]. Dies lässt sich nach Auffassung des BGH[1688] nicht allgemein, sondern nur im Einzelfall unter Abwägung der Interessen aller Beteiligten feststellen.[1689] Zu den **Beurteilungskriterien** zählen insbesondere Art, Größe, Verhalten und Anzahl der Tiere, Art, Größe, Zustand und Lage der Wohnung sowie des Hauses, in dem sich die Wohnung befindet, Anzahl, persönliche Verhältnisse, namentlich Alter, und berechtigte Interessen der Mitbewohner und Nachbarn, Anzahl und Art anderer Tiere im Haus, bisherige Handhabung des Vermieters sowie besondere Bedürfnisse des Mieters.[1690]

552 Wird im Mietvertrag die Tierhaltung ohne nähere Angaben erlaubt, darf der Mieter Haustiere in üblicher ‚Anzahl halten. Das schließt aus, dass sich der Mieter in den Wohnräumen als Züchter betätigt.[1691] Eine übermäßige Tierhaltung, die zu starken Belastungen der Mietsache[1692] oder zu unzumutbaren und unbilligen Belästigungen der Mitbewohner führt, ist vom vertragsgemäßen Ge-

---

1679 LG Mainz WuM 1996, 759; LG Berlin GE 1988, 629.
1680 AG Dortmund GE 2014, 1455 = NJW-RR 2014, 1482; AG Böblingen WuM 1998, 33.
1681 LG Wiesbaden WuM 1991, 540 (8–10 Jahre); AG Staufen WuM 1992, 430 (15 Jahre); AG Kassel WuM 1996, 757 (20 Jahre); siehe im einzelnen *Schönemeier* WuM 2011, 148.
1682 BGH WuM 1985, 46 = NJW 1985, 480; vgl. auch KG, Urt. v. 29.3.2004 – 8 U 286/03 = NZM 2005, 181 = ZMR 2004, 578 = GUT 2004, 172.
1683 BGH (VIII ZR 166/08) WuM 2009, 225 = GuT 2008, 484 = NZM 2009, 126 = NJW 2009, 510 = DWW 2009, 23.
1684 AG Schöneberg GE 2011, 1237.
1685 LG Berlin GE 1999, 983; *Sternel,* Mietrecht aktuell (2009) Rdn. II 159; so auch *Schach,* Juris-PR-MietR 8/2009 Anm. 2.
1686 LG Wiesbaden WuM 1991, 540.
1687 AG Bremen NJW-RR 2007, 959.
1688 BGH (VIII ZR 340/06) WuM 2008, 23 = NJW 2008, 218 = DWW 2008, 13 = ZMR 2008, 111 = NZM 2008, 78 = MietPrax-AK § 535 BGB Nr. 33 mit Anm. *Eisenschmid.*
1689 Zu den Abwägungskriterien siehe *Apitz* WuM 127, 129ff.
1690 Siehe dazu auch BGH (VIII ZR 329/11) WuM 2013, 152 = GE 2013, 346; LG Köln ZMR 2014, 453; AG Köln WuM 2017, 12.
1691 AG Berlin-Tiergarten MM 1991, 304; *Blank/Börstinghaus* § 535 BGB Rdn. 581.
1692 AG Frankfurt/M. WuM 2000, 569; AG Lichtenberg NJW-RR 1997, 774 = NJWE-MietR 1997, 175; OLG Saarbrücken ZMR 2014, 357 zum Verlust des Versicherungsschutzes einer Privathaftpflichtversicherung bei übermäßiger Tierhaltung.

brauch nicht gedeckt.[1693] Daher sind vertragliche Beschränkungen der Tierhaltung zulässig.[1694] Das Halten **exotischer Tiere,** auf die Mitbewohner allgemein mit Abscheu, Ekel oder Angst reagieren, gehört nicht zum Wohngebrauch.[1695] Dies verlangt der Hausfriede, da es u. a. zu den Pflichten des Vermieters gehört, den unbeschwerten und störungsfreien Wohngebrauch auch denen zu gewähren, die keine derartigen Tiere in ihrer Nähe haben wollen.[1696] Auch unter dem Gesichtspunkt des **Tierschutzes** ist das Halten exotischer Tiere oder sonstiger wild lebender Arten, z. B. Schlangen, nicht vom Mietgebrauch gedeckt; was gesetzlich, z. B. durch Artenschutz-Abkommen oder Verordnungen,[1697] verboten ist, kann nicht mietvertraglich erlaubt sein, da dem Vermieter nicht zuzumuten ist, gesetzeswidriges Halten von Tieren in seiner Wohnung dulden zu müssen.

Es bleibt das Halten von Kleintieren, wie Kanarienvögel, Kaninchen,[1698] Goldhamster,[1699] Fi- **553**
sche im Aquarium oder Schildkröten, Echsen[1700] und Leguane,[1701] auf die weder allgemein mit Abscheu reagiert wird noch bei denen Gesichtspunkte des Tierschutzes maßgebend sind. Gehen von diesen Tieren keine Belästigungen und Störungen aus, ist das Halten solcher Tiere nach h. M. vom allgemeinen vertragsgemäßen Gebrauch gedeckt[1702]. Dabei sind aber auch die äußeren Bedingungen, unter denen die ansonsten harmlosen Tiere leben, in die Bewertung einzubeziehen.[1703] Hunde und Katzen[1704], auch wenn es sich um kleine Rassen handelt, z. B. Yorkshire Terrier[1705] oder Miniatur-Bullterrier[1706], sind keine Kleintiere. Auch Frettchen gehören ebenso nicht mehr zu den Kleintieren[1707] wie auch ein Bienenvolk.[1708]

Unabhängig von der Größe der Tiere ist es vertragswidrig, **gefährliche Tiere** zu halten. Dies **554**
sind solche Tierarten, die sich bei generalisierender Betrachtung als gefährlich erwiesen haben. Dazu gehören auch bestimmte wild lebende, insbesondere nichtheimische Arten,[1709] wie z. B. Wildhunde, Bären, Hyänen, Wildkatzen, Krokodile, Riesenschlangen, Giftschlangen[1710], giftige Spinnen und Skorpione.

Das Aushängen eines Vogelhäuschens oder einer Futterglocke für Singvögel ist allgemein üblich **555**
und vom vertragsgemäßen Gebrauch gedeckt.[1711] Anders ist dies bei der Fütterung von Tauben. Von diesen Tieren gehen Verschmutzungen und Gesundheitsgefahren aus, so dass das Füttern eine Vertragsverletzung darstellt[1712], die zur Kündigung berechtigen kann.[1713]

1693 OLG Köln WE 1996, 234; AG Potsdam GE 2014, 939 – freilaufende Katze – *Flatow* in: jurisPR-MietR 23/2014 Anm. 1; AG Bremen WuM 2007, 124 – stundenlanges Bellen.

1694 KG MDR 1998, 1345 = NJW-RR 1998, 1385.

1695 OLG Karlsruhe NJW-RR 2004, 951 = NZM 2004, 551 zur Nutzung von Wohnungseigentum; OLG Frankfurt/M. NJW-RR 1990, 1430 = ZMR 1991, 113 bei Wohnungseigentum; LG Essen WuM 1991, 340 = NJW-RR 1991, 908 = ZMR 1991, 268 bei einer Ratte; AG Charlottenburg GE 1988, 1051; AG Rüsselsheim WuM 1987, 144 = ZMR 1987, 272 bei zwei Königsphyton; **a. A.** AG Bückeburg NZM 2000, 238 = NJW-RR 2000, 376; AG Bayreuth ZMR 2000, 764 bei 8 ungefährlichen Schlangen; AG Köln WuM 1990, 343 = NJW-RR 1991, 10 bei ungefährlichen Schlangen.

1696 **A. A.** *Balsam/Dallemand* S. 13.

1697 Siehe insbesondere RICHTLINIE 92/43/EWG DES RATES vom 21. Mai 1992 zur Erhaltung der natürlichen Lebensräume sowie der wildlebenden Tiere und Pflanzen, Amtsblatt der Europäischen Gemeinschaften, L 206 vom 22.07.1992, S. 7–50.

1698 AG Aachen WuM 1989, 236.

1699 LG Berlin GE 1982, 707.

1700 AG Essen ZMR 1996, 37 = NJW-RR 1996, 138.

1701 AG Köln WuM 1984, 78.

1702 BGH (VIII ZR 340/06) WuM 2008, 23 = NJW 2008, 218 = DWW 2008, 13 = ZMR 2008, 111 = NZM 2008, 78 = MietPrax-AK § 535 BGB Nr. 33 mit Anm. *Eisenschmid;* vgl. auch *Schläger* ZMR 2008, 114; *Schach* GE 2008, 18; zur Haltung eines Minischweines AG München WuM 2005, 649.

1703 *Steinig* ZdWBay 1997, 146 = GE 1997, 523 zu Aquarien mit großem Fassungsvermögen; vgl. LG Kaiserslautern WuM 1989, 177 zur Kleintierhaltung in großem Ausmaß.

1704 LG Landau/Pfalz ZMR 2013, 43.

1705 AG Berlin-Spandau ZMR 2911, 650; *Jahreis* in: PRMietR 24/2011, Anm. 1; **a. A.** LG Kassel WuM 1997, 260 = NZM 1998, 154.

1706 AG Berlin-Pankow/Weißensee ZMR 2011, 396.

1707 AG Berlin-Neukölln GE 2012, 1045; *Hartmann* in: jurisPR-MietR 24/2012 Anm. 4.

1708 AG Hamburg-Harburg ZMR 2014, 802.

1709 *Blank* NJW 2007, 729; NZM 1998, 5, 6.

1710 OLG Karlsruhe NJW-RR 2004, 951 = NZM 2004, 551 zum Wohnungseigentum.

1711 LG Berlin ZMR 2012, 440.

1712 AG Berlin-Schöneberg WuM 1990, 282.

1713 AG Nürnberg WuM 2017, 150; AG Frankfurt/M. WuM 1977, 66 = ZMR 1978, 50; vgl. auch AG Dortmund WuM 1980, 6.

556 **b) Hunde- und Katzenhaltung.** Ob die Hundehaltung in einem Mehrfamilienhaus zum vertragsgemäßen Gebrauch gehört, war lange umstritten. Richtungsweisend war der Rechtsentscheid des OLG Hamm,[1714] nach dem die Tierhaltung nicht zum vertragsgemäßen Gebrauch gehört. Nunmehr ist durch den BGH[1715] die Frage des vertragsgemäßen Gebrauchs zwar formal geklärt (s. Rdn. 551), was aber dem Rechtsanwender nicht sehr viel weiterhilft. Da über den vertragsgemäßen Gebrauch eine Abwägung im Einzelfall entscheidet, sind in jedem Fall die unter Rdn. 551 ff. dargestellten Abwägungskriterien zu beachten. Gleiches gilt für die Frage, ob das Halten anderer Haustiere (z. B. Katzen) zum vertragsgemäßen Gebrauch gehört.[1716]

557 Im **Einfamilienhaus** gehört die Hundehaltung regelmäßig zum vertragsgemäßen Gebrauch, weil sie neben dem Aspekt der Kommunikation auch der Sicherheit des Mietobjektes dient, da ein Hund auch eine Überwachungsfunktion gegen Einbruch wahrnimmt.

558 Das Halten von sog. **Kampfhunden**[1717] gehört weder im Mehrfamilienhaus[1718] noch im Einfamilienhaus zum vertragsgemäßen Gebrauch,[1719] weil durch diese Tiere Gefährdungen oder Belästigungen von Mitbewohnern oder Nachbarn zu befürchten sind.[1720] Für das Verbot dieser Tierhaltung braucht der Vermieter keine konkrete Gefährdung darzulegen.[1721]

559 **c) Vertragsabreden.** Mit Ausnahme der Kleintierhaltung[1722] ist der individualvertragliche Ausschluss der Tierhaltung zulässig. Er verstößt weder gegen die guten Sitten noch ist er aus anderen Gründen unzulässig.[1723] Auch eine diesbezügliche Vereinbarung der Wohnungseigentümer ist unbedenklich.[1724] Insbesondere sind gegen eine derartige Abrede keine verfassungsrechtlichen Bedenken zu erheben.[1725]

560 Wird die Tierhaltung durch Individualvereinbarung ausgeschlossen, darf dennoch unter ganz engen Voraussetzungen ein Tier aufgenommen werden, wenn sich beispielsweise das Berufen auf die Vertragsvereinbarung als **schikanös** darstellt. Der Vermieter darf sich daher nicht auf den Vertrag berufen, wenn der Mieter aus medizinischen[1726] oder gleichgewichtigen sonstigen Gründen (s. Rdn. 564) auf das Tier angewiesen ist (Blindenhund[1727]) und aus Sicht des Vermieters keine sachlichen Erwägungen gegen die Anschaffung des Hundes sprechen. Unter besonders engen Voraussetzungen kann der Vermieter darüber hinaus zum Schutz des Mieters zur Duldung der Tierhaltung verpflichtet sein.[1728] Der Einsatz eines Hundes zum Schutz bei Ausgängen zur Nachtzeit reicht dafür allerdings nicht aus.[1729]

[1714] OLG Hamm, Rechtsentscheid vom 13.1.1981, WuM 1981, 53 = NJW 1981, 1626 = MDR 1981, 406 = ZMR 1981, 153 = DWW 1981, 48.

[1715] BGH (VIII ZR 340/06) WuM 2008, 23 = NJW 2008, 218 = DWW 2008, 13 = ZMR 2008, 111 = NZM 2008, 78 = MietPrax-AK § 535 BGB Nr. 33.

[1716] Bisherige Rechtsprechung: Dafür: vgl. LG München I WuM 1999, 217; AG Bonn WuM 1994, 323; AG Sinzig NJW-RR 1990, 652; AG Düren WuM 1983, 59; AG Berlin-Schöneberg WuM 1990, 192; AG Dortmund WuM 1980, 206; dagegen: AG Hamburg NJW-RR 1992, 203.

[1717] Zum Begriff des „Kampfhundes" vgl. KG ZMR 2004, 704 = NZM 2004, 145 = MDR 2004, 272; *Neuhaus* DWW 2001, 45, 48.

[1718] LG Krefeld WuM 1996, 533 = NJW-RR 1997, 332 = NJWE-MietR 1997, 75; AG Spandau GE 2002, 670.

[1719] LG Gießen NJW-RR 1995, 12 = NJW 1995, 268; LG München I WuM 1993, 669; LG Krefeld NJW-RR 1997, 332; alle für Verbot im Mehrfamilienhaus; vgl. die unveröffentlichte Rechtsprechung bei *Koch* WuM 1997, 148, 149, 150; **a. A.** LG Berlin GE 2005, 871.

[1720] OLG Düsseldorf NJW-RR 2006, 1676 im WEG-Verfahren (Rottweiler); KG GE 2003, 127 im WEG-Verfahren (American Staffordshire-Terrier); OLG Köln WuM 1988, 123 = NJW-RR 1988, 12 = ZMR 1988, 97 = DWW 1988, 141 = GE 1988, 407; LG Kassel WuM 1997, 260 (Yorkshire-Terrier); LG Gießen NJW-RR 1995, 12 = NJW 1995, 268 (Bullterrier); LG Nürnberg DWW 1990, 338; allgemein zum Problem „Kampfhund" *Balsam/Dallemand* S. 36 ff.; vgl. auch HundeVO Berlin vom 5.11.1998 – GVBl Berlin, Nr. 44, 1998, 326; HundeVO Hamburg vom 14.12.1993, GVBl Hamburg 1993, 379 u. a. – Nachweise: *Gängel/Gansel* NJ 1999, 69.

[1721] AG Pankow/Weißensee GE 2000, 65.

[1722] AG Köln WuM 1984, 78; *Blank* NZM 1998, 5, 8.

[1723] *Blank* NZM 1998, 5, 8 m. w. N.

[1724] BGH WuM 1995, 447 = NJW 1995, 2036 = NJW-RR 1995, 1163 = ZMR 1995, 416 = GE 1995, 1215; Umstritten ist allerdings, ob ein unangefochtener Mehrheitsbeschluss der Wohnungseigentümer hierfür ausreichend ist, so BGH a. a. O.; **a. A.** KG WuM 1992, 150 = NJW 1992, 2577 = GE 1992, 325; OLG Karlsruhe ZMR 1988, 184 = DWW 1988, 91.

[1725] BVerfG WuM 1981, 77.

[1726] AG Waiblingen ZMR 2013, 901; vgl. auch Nachweise bei *Balsam/Dallemand* S. 56 f.

[1727] AG Hamburg-Blankenese WuM 1985, 256.

[1728] AG Münster WuM 1992, 116.

[1729] LG Lüneburg WuM 1995, 704.

Vielfach wird versucht, das Problem der Tierhaltung mit Hilfe restriktiver Formularklauseln zu regeln. Ein absolutes **formularmäßiges Tierhalteverbot,** welches auch Kleintiere umfasst, wird allgemein wegen Verstoßes gegen § 307 BGB als unwirksam angesehen.[1730] Wird aber die Tierhaltung unter Ausschluss der Kleintiere durch Formularklauseln untersagt, soll dies nach Auffassung des BVerfG[1731] jedenfalls unter verfassungsrechtlichen Gesichtspunkten zulässig sein. Die h. M. ging bislang davon aus, dass die Tierhaltung auch zivilrechtlich in zulässiger Weise durch einen Formularmietvertrag – soweit nicht die Kleintierhaltung betroffen ist – eingeschränkt werden kann.[1732] **561**

Diese Auffassung lässt sich nach der Entscheidung des BGH[1733] nicht mehr aufrechterhalten.[1734] Kann der vertragsgemäße Gebrauch erst nach Abwägung aller maßgeblichen Umstände bejaht oder verneint werden, muss auch eine Formularklausel diese Abwägung ermöglichen. Nimmt sie dagegen die Abwägung vorweg, ist sie unwirksam. Auch das BVerfG hat zum Bereich der Parabolantennen die Pflicht zur Interessenabwägung immer wieder hervorgehoben.[1735] Ein uneingeschränktes formularmäßiges Verbot der Hunde- und Katzenhaltung – auch unter Beachtung der zulässigen Kleintierhaltung – wäre mit dem Kernbereich des Nutzungsrechtes nicht mehr vereinbar. Die Bedeutung der Tierhaltung für den Wohnungsnutzer (s. Rdn. 556) verlangt, dass eine Abwägung zwischen den Interessen des Vermieters und denen des Mieters vorgenommen wird, bevor die Tierhaltung untersagt wird. Da Formularklauseln, welche die Tierhaltung generell ausschließen, gerade die Abwägung der unterschiedlichen Interessen verhindern wollen, liegt bei der Verwendung derartigen Klauseln ein Wertungsverstoß nach § 307 Abs. 2 BGB vor,[1736] der zur Unwirksamkeit der Klausel führt. **562**

Wird die Tierhaltung nicht generell verboten, sondern behält sich der Vermieter durch eine Formularklausel allgemein die Zustimmung zur Tierhaltung vor (beschränktes Verbot mit Erlaubnisvorbehalt), liegt darin die **Zusage,** über die Tierhaltung unter Beachtung der betroffenen Interessen im Einzelfall zu entscheiden.[1737] Derartige Klauseln sind daher zulässig, soweit sie die Wirksamkeit der Zustimmungserklärung von der Schriftlichkeit abhängig machen.[1738] **563**

Der Mieter wird bei Vereinbarung einer Vorbehaltsklausel regelmäßig davon ausgehen können, dass der Vermieter seiner Abwägungspflicht nachkommen und die Zustimmung nur bei gewichtigen Gründen versagen wird.[1739] So kann der Mieter auf das Tier unter gesundheitlich-psychischen und therapeutischen Gründen angewiesen sein.[1740] Bei seiner Entscheidung hat der Vermieter u. a. auch zu berücksichtigen, ob er die Tierhaltung anderen Mietern im Hause erlaubt hat,[1741] ob er als im gleichen Haus wohnender Vermieter selbst ein Tier hält[1742] und ob ein sachlicher Grund für eine Ungleichbehandlung vorliegt[1743] (s. Rdn. 104 ff.). Der Vermieter kann die Zustimmung versa- **564**

[1730] BGH (VIII ZR 168/12) WuM 2013, 295 = MietPrax-AK § 538 BGB Nr 58 = ZMR 2013, 618 = NJW 2013, 1526 = GE 2013, 678; BGH (VIII ZR 10/92) WuM 1993, 109 = NJW 1993, 1061 = MDR 1993, 339 = ZMR 1993, 263 = GE 1993, 359; LG Freiburg WuM 1997, 175; LG Hamburg WuM 1993, 120; LG Berlin GE 1993, 1273; AG Köln NJWE-MietR 1997, 244; AG Berlin-Charlottenburg MM 1985, 349.

[1731] BVerfG WuM 1981, 77 zum Verbot der Hundehaltung.

[1732] HM OLG Hamm, Rechtsentscheid vom 13.1.1981 WuM 1981, 53 = NJW 1981, 1626 = MDR 1981, 406 = ZMR 1981, 153 = DWW 1981, 48; BVerfG WuM 1981, 77; LG Hamburg WuM 1993, 120, LG Nürnberg-Fürth WuM 1981, 77; AG Waldshut-Tiengen DWW 2002, 234.

[1733] BGH (VIII ZR 340/06) WuM 2008, 23 = NJW 2008, 218 = DWW 2008, 13 = ZMR 2008, 111 = NZM 2008, 78 = MietPrax-AK § 535 BGB Nr. 33.

[1734] So auch *Sternel* Mietrecht aktuell (2009) Rdn. VI 224.

[1735] Vgl. Rdn. 352 ff.

[1736] LG Köln ZMR 2014, 453; so i. E. auch: *Kinne* ZMR 2000, 725, 732; *Blank* NZM 1998, 5, 8; *Dallemand/Balsam* ZMR 1997, 621, 623.

[1737] OLG Karlsruhe WuM 1981, 48 = DWW 1982, 123 = ZMR 1982, 344; LG Stuttgart WuM 1988, 121; LG München WuM 1985, 263 = NJW 1984, 2368; LG Mannheim WuM 1984, 78 = NJW 1984, 59; AG Köln WuM 1997, 366; *Bub* in: Bub/Treier, II Rdn. 1543; **a. A.** LG Köln ZMR 2010, 533; vgl. AG Hamburg-Bergedorf WuM 1991, 259 = NJW-RR 1991, 1413.

[1738] LG Freiburg WuM 1997, 175; LG Mannheim ZMR 1992, 545; AG Konstanz WuM 2007, 315; AG Köln NJWE-MietR 1997, 245.

[1739] AG Hamburg-Barmbek ZMR 2006, 535; AG Hamburg-Bergedorf NZM 2003, 898; AG Köln WuM 1988, 122; AG Bonn WuM 1990, 197 bei Katzenallergie des Nachbarn bzw. des Vermieters; AG Hamburg-Blankenese WuM 1985, 256 bei Blindenhund; *Blank/Börstinghaus* § 535 BGB Rdn. 567 m. w. N.

[1740] LG Hamburg WM 1996, 532; WuM 1997, 674.

[1741] LG Hamburg MDR 1982, 146; AG Köln WuM 1978, 167.

[1742] AG Lörrach WuM 1986, 247.

[1743] LG Berlin WuM 1987, 213 = GE 1989, 41; **a. A.** LG Hamburg WuM 1987, 212 = MDR 1986, 937 = ZMR 1986, 440; AG Kerpen ZMR 2010, 49.

gen, wenn wegen der Größe der Wohnung und der Anzahl der Bewohner eine artgerechte Haltung des Tieres nicht gewährleistet ist.[1744] Im Übrigen sind auch sonstige Umstände zu berücksichtigen, die einen anderweitigen Vertragswillen als den schriftlich fixierten ergeben können.[1745]

565 **d) Widerruf.** Entsprach die Tierhaltung bei Anschaffung des Tieres **dem vertragsmäßigen Gebrauch,** kann der Vermieter unter Umständen dennoch dieser Verwendung der Mietsache widersprechen. Da der Vermieter einen Mietvertrag aus wichtigem Grund kündigen und dem Mieter dadurch den Gebrauch der Mietsache in vollem Umfang entziehen kann, muss es ihm erst recht gestattet sein, aus wichtigem Grund den Gebrauch der Mietsache durch den Widerruf der allgemein erteilten Erlaubnis nur teilweise zu entziehen.[1746]

565a Hat der Vermieter, ohne dass die Tierhaltung zum vertragsgemäßen Gebrauch gehörte, die Zustimmung zur Tierhaltung erteilt, so kann er sie grundsätzlich nicht einseitig widerrufen[1747]. Kann der Vermieter für den Widerruf aber besondere Gründe anführen, ist dem Vermieterinteresse **Vorrang einzuräumen.** Ein solcher wichtiger Grund kann z. B. gegeben sein, wenn das Tier die Hausbewohner belästigt,[1748] gefährdet[1749] oder besondere Ruhestörungen verursacht[1750] und der Mieter diese Störungen nicht beseitigt. Auch der Gestank durch unsaubere Tierhaltung kann den Widerruf begründen und im Einzelfall sogar eine fristlose Kündigung rechtfertigen.[1751]

565b Zu beachten ist, dass der Widerruf den rechtsgeschäftlichen Anforderungen einer Kündigung entsprechen muss. Nur dann ist es gerechtfertigt, dem Mieter die Mietsache nicht in vollem Umfang, sondern nur teilweise hinsichtlich eines Gebrauchsrechts zu entziehen.[1752]

566 Selbst wenn im Mietvertrag ein Widerrufsvorbehalt vereinbart wurde, darf der Widerruf nicht willkürlich erfolgen.[1753] Insbesondere darf der Vermieter nicht unter gleichen Voraussetzungen gegen einen Mieter vorgehen und anderen Mietern die Erlaubnis erteilen.[1754] Weniger streng sind die Anforderungen an den Widerruf einer **bloßen Gestattung.** Hierfür reicht jeder sachliche Grund.[1755]

567 **e) Duldung der Tierhaltung.** Der Vermieter ist nach Treu und Glauben gehalten, sobald er von einer vertragswidrigen Tierhaltung Kenntnis erlangt, alsbald seine Rechte wahrzunehmen. Dies gilt aber nur innerhalb des jeweiligen Vertragsverhältnisses. Der Mieter kann nicht verlangen, dass der Vermieter gegenüber einem Nachbarmieter einschreitet.[1756] Nimmt der Vermieter die vertragswidrige Tierhaltung hin, kann er das Recht auf Unterlassung der Tierhaltung **verwirken.**[1757] Hat der Mieter mit Kenntnis des Vermieters über mehrere Jahre ein Tier gehalten, ohne dass es zu Störungen gekommen ist, darf der Vermieter grundsätzlich nicht mehr die Beseitigung des Tieres verlangen.[1758] Die Kenntnis eines Hausmeisters oder eines Prokuristen muss sich der Vermieter dabei grundsätzlich zurechnen lassen.[1759]

568 **f) Besuch mit Tieren.** Generell ist umstritten, ob der Mieter trotz eines vertraglichen Ausschlusses der Tierhaltung Tiere besuchsweise in der Wohnung aufnehmen darf. Ist die Tierhaltung individualvertraglich ausgeschlossen worden, wird dies abgelehnt.[1760] Steht die Tierhaltung unter einem Abwägungsvorbehalt, darf der Mieter auch einen Besucher empfangen, der ein Tier mit-

---

[1744] AG Kassel WuM 1987, 144; AG Bergisch-Gladbach WuM 1991, 341.
[1745] AG Leonberg WuM 1997, 210.
[1746] BGH (VIII ZR 237/82) NJW 1984, 1031 = GE 1984, 481 = ZMR 1984, 275.
[1747] Kein Widerrufsrecht durch unspezifizierte Formularklausel – LG Berlin GE 2013, 1340.
[1748] LG Hamburg WuM 1999, 453.
[1749] LG Nürnberg-Fürth WuM 1991, 93 = NJW-RR 1991, 460 = ZMR 1991, 29 = GE 1991, 937.
[1750] BayObLG WuM 1994, 392; OLG Düsseldorf WuM 1990, 122 = NJW 1990, 1677 = MDR 1990, 849 = ZMR 1990, 184 = DWW 1990, 117; LG Berlin GE 1993, 97; AG Hamburg-Wandsbeck WuM 1991, 94; AG Steinfurt WuM 1991, 260; AG Hamburg-Bergedorf WuM 1990, 489 = NJW-RR 1991, 461; AG Köln WuM 1980, 85.
[1751] LG Berlin NJW-RR 1997, 395; AG Hamburg-Altona WuM 1989, 624.
[1752] BGH (VIII ZR 237/82) NJW 1984, 1031 = GE 1984, 481 = ZMR 1984, 251.
[1753] AG Steinfurt WuM 1991, 260; Sternel, Mietrecht aktuell, Rdn. VI 67.
[1754] LG Berlin WuM 1987, 213 = GE 1989, 41; LG Freiburg WuM 1986, 247; LG Hamburg MDR 1982, 146; AG Leonberg WuM 1997, 210; AG Köln WuM 1978, 167.
[1755] LG Frankfurt/Main GE 2014, 1587; Sternel, Mietrecht aktuell, Rdn. VI 67a.
[1756] AG Zossen GE 2010, 769.
[1757] LG Berlin WuM 1984, 130 = GE 1982, 993; LG Frankenthal WuM 1990, 118.
[1758] LG Essen WuM 1986, 117 bei Duldung über 5 Jahre; AG Aachen WuM 1992, 601 = NJW-RR 1992, 906 = ZMR 1992, 454.
[1759] AG Köln WuM 1992, 596; *Balsam/Dallemand* S. 46 m. w. N.; **a. A.** AG Westerburg WuM 1992, 600.
[1760] LG Berlin GE 1988, 777 bei rechtskräftigem Unterlassungsurteil.

bringt.[1761] Bringt der Besucher das Tier jedoch regelmäßig mit und bleibt das Tier auch über Nacht, kann dies untersagt werden, wenn das Vermieterinteresse unter Abwägung aller Umstände (s. Rdn. 551) dies erfordert.

Ist der Mieter zur Unterlassung der Tierhaltung verurteilt worden, reicht es für eine Kündigung nicht aus, wenn das Tier „mehrfach" in dem Haus gesehen wurde.[1762] Der Mieter darf aber ein Unterlassungsurteil nicht dadurch umgehen, indem er den Hund verkauft und dann das Tier regelmäßig besuchsweise aufnimmt.[1763] **569**

g) Tod des Tieres. Problematisch bleibt, wie nach dem Tod eines Hundes zu verfahren ist, dessen Haltung auf Grund eines vertraglichen Vorbehalts genehmigt worden war. Hat es sich um eine Einzelfallerlaubnis – ohne dass die Voraussetzungen für einen Anspruch auf vertragsgemäßen Gebrauch zur Hundehaltung vorlagen – des Vermieters gehandelt,[1764] kann der Mieter nicht ohne weiteres ein neues Tier anschaffen. Der Mieter hat keinen **Bestandsschutz.**[1765] Vielmehr muss er sich erneut um die Zustimmung beim Vermieter bemühen. **570**

Ergibt dagegen die Auslegung der seinerzeit vom Vermieter erteilten Zustimmung, dass die Erlaubnis zur Tierhaltung allgemein, also grundsätzlich über den Tod des Tieres hinaus wirken soll,[1766] dann ist der Mieter befugt, ein neues gleichartiges Tier anzuschaffen. Im Zweifel wird man eine Vereinbarung dieser Art dahin auslegen müssen, dass der Mieter auch ein Tier aus einer anderen Gattung auswählen darf, wenn damit keine größeren Auswirkungen auf die Mietsache oder die Mitbewohner verbunden sind.[1767] **571**

h) Gegenstandswert. Der Streitwert bei Unterlassungsklagen wegen Tierhaltung wird unterschiedlich bewertet.[1768] Die überwiegende Rechtsprechung lässt das **Affektionsinteresse** unberücksichtigt[1769] und orientiert sich richtigerweise am Vermieterinteresse, welches sich festmacht an der Vermeidung möglicher Beschädigungen der Mietsache und denkbarer Belästigungen anderer Mieter.[1770] Der Wert des Tieres spielt ebenfalls keine Rolle[1771], ebenso die therapeutische Notwendigkeit der Tierhaltung[1772]. Teilweise wird auch darauf abgestellt, dass angeblich eine Wohnung mit Erlaubnis zur Tierhaltung zu höheren Mieten angeboten wird.[1773] **572**

Klagt der Mieter auf Erteilung der Erlaubnis zur Tierhaltung ist sein Interesse bei der Bemessung des Gebührenstreitwertes zu Grunde zu legen. Dabei ist die **Bedeutung der Tierhaltung** für die Lebensführung des Mieters zu berücksichtigen,[1774] was von Fall zu Fall unterschiedlich bewertet werden kann.[1775] Teilweise wird auf die fiktive Abnutzung der Wohnung durch das Tier abgestellt.[1776] Der Wert des Tieres spielt keine Rolle.[1777] **573**

Für die Beschwer im Berufungsverfahren gelten die gleichen Grundsätze.[1778] **574**

1761 AG Aachen WuM 1992, 432.
1762 LG Berlin GE 1993, 421.
1763 LG Berlin GE 1988, 777.
1764 AG Kassel WuM 1987, 144; AG Speyer DWW 1991, 372.
1765 OLG Celle ZMR 2003, 440 zum WEG.
1766 AG Neustrelitz WuM 1995, 535.
1767 *Blank* NZM 1998, 5, 9.
1768 Vgl. im Einzelnen *Dallemand/Balsam* WuM 1997, 23.
1769 LG München I NZM 2002, 820; LG Berlin GE 2000, 1184; LG Kiel WuM 1999, 586; **a. A.** LG Kassel WuM 1998, 296; LG Braunschweig WuM 1996, 291; LG Wiesbaden WuM 1994, 486; LG Hamburg WuM 1993, 469.
1770 LG München NZM 2002, 734 (3.000 DM); LG Berlin GE 1996, 470 (600 DM); 1993, 421; LG Hamburg WuM 1993, 477; LG Darmstadt WuM 1992, 117; AG Rüsselsheim WuM 1992, 117.
1771 LG München WuM 1992, 495; LG Hannover NdsRpfl 1989, 8; AG Kenzingen WuM 1986, 248; **a. A.** LG Hannover WuM 1985, 127.
1772 LG Berlin NZM 2001, 41.
1773 AG Rüsselsheim WuM 1987, 144.
1774 LG Berlin GE 2016, 1444; GE 2000, 677; LG Hamburg WuM 1986, 248.
1775 LG Mannheim ZMR 1992, 545.
1776 LG Hamburg WuM 1987, 232.
1777 LG Kassel WuM 1998, 296; LG Darmstadt WuM 1992, 117; LG Hannover WuM 1989, 567.
1778 LG Braunschweig WuM 1996, 291 (2.000 DM); LG Hamburg WuM 1996, 532 (3.000 DM); WuM 1993, 469 für Katze (1.000 DM); LG Mannheim ZMR 1992, 545; weitergehend *Balsam/Dallemand* S. 66 in Anknüpfung an § 90 a BGB.

49. Treppenhaus

575 Wird im Mietvertrag keine Regelung zur Treppenhausreinigung (zum Abstellen von Gegenständen siehe Rdn. 359ff.) getroffen, ist der Vermieter dafür verantwortlich. Die für die **Reinigung** entstehen Kosten kann er bei entsprechender vertraglicher Vereinbarung als Betriebskosten auf die Mieter umlegen (s. § 556 BGB Rdn. 149ff.).

576 Häufig wird in den Mietverträgen vereinbart, dass der Mieter für die Treppenhausreinigung zu sorgen hat. Regelmäßig wird er dann zusammen mit den anderen Mietern der Hausgemeinschaft verpflichtet sein, im Wechsel an bestimmten Wochentagen die Reinigung durchzuführen[1779]. Der Vermieter kann eine solche Regelung nicht mit Hilfe einer Mehrheitsentscheidung der Hausgemeinschaft zu Lasten der nicht zustimmenden Mieter ändern.[1780] Ist eine monatliche Regelung vereinbart, kann der Vermieter im Falle der Säumnis eine Ersatzkraft bestellen und die Kosten dem säumigen Mieter ohne Fristsetzung in Rechnung stellen.[1781]

577 Die Verpflichtung des Mieters erstreckt sich meist auf den zwischen zwei Stockwerken liegenden Treppenabschnitt. Soweit nichts anderes vereinbart ist, muss der Mieter daneben nicht auch die Kellertreppe oder den Kellerflur bzw. den Dachboden säubern, es sei denn, dies ist in einer bestimmten Region üblich (z. B. sog. Kehrwoche).

578 Zu welcher Uhrzeit der Mieter seiner Reinigungspflicht nachkommt, bleibt grundsätzlich ihm überlassen. Er kann die Arbeiten zu einer ihm genehmen Zeit erledigen.[1782]

579 Ist der Mieter verhindert, muss er mit seinen Nachbarn die Zeiten tauschen oder für eine Vertretung sorgen. Im Einzelfall kann es für den Mieter unzumutbar sein, bei nur kurzer Abwesenheit eine Vertretung zu organisieren[1783] (vgl. Rdn. 275). Kann der Mieter aus gesundheitlichen Gründen **seiner Reinigungspflicht** nicht mehr nachkommen, wird er gem. § 275 Abs. 3 BGB von seiner Leistungspflicht frei, wenn die Vereinbarung über die Reinigungspflicht im Einzelfall als persönliche Leistung des Mieters anzusehen ist (s. dazu Rdn. 176f.).

50. Überbelegung

580 Der Mieter darf seine Kinder, seinen Ehegatten und ggf. auch seine Eltern in die Wohnung aufnehmen (s. Rdn. 291). Schranken dieses Rechts ergeben sich aus dem Grundsatz, dass die Wohnung nicht überbelegt werden darf.[1784] Allgemeine Richtlinien oder Rechtsgrundsätze, wann eine Überbelegung vorliegt, gibt es nicht. In verschiedenen Bundesländern sind allerdings **Wohnungsaufsichtsgesetze** in Kraft,[1785] in denen bestimmte Mindestgrößen für Wohnraum vorgeschrieben sind. Diese Bestimmungen können u. a. als Orientierungswerte dienen, wenn es im Einzelfall um die Feststellung der Überbelegung geht.[1786]

581 Allgemein wird man von einer Überbelegung ausgehen können, wenn der Wohnraum so stark belegt ist, dass das Wohnverhältnis unter Berücksichtigung der örtlichen, häuslichen und familiären Verhältnisse in auffälliger Weise von den **sozial üblichen Wohnverhältnissen** abweicht. Eine Belegung von durchschnittlich 10 qm pro Person wird bei der Unterbringung von Familien als zulässig erachtet.[1787] Wegen der zusätzlichen Belastungen, die sich durch die Unterbringung von untereinander fremden Einzelpersonen im Vergleich zur Unterbringung von Familien ergeben, wird die zulässige Höchstzahl für die Unterbringung von Einzelpersonen niedriger, nämlich bei einer Richtzahl von höchstens 2 Einzelpersonen pro Zimmer angenommen[1788] (s. auch § 540 Rdn. 28ff.; § 543 Rdn. 60).

[1779] Beispiele: AG Bremen NJW-RR 2013, 78; AG Borken WuM 2007, 190; *Pfeifer,* jurisPR-MietR 10/2014 Anm. 1.

[1780] AG Magdeburg WuM 2002, 576.

[1781] AG Bremen NZM 2013, 757.

[1782] AG Reichenbach WuM 1994, 322.

[1783] AG Dortmund WuM 1988, 54.

[1784] BGHZ 92, 213 = WuM 1985, 7 = NJW 1985, 130 = ZMR 1985, 50 = DWW 1985, 24 = GE 1985, 85 zur Bildung einer Wohngemeinschaft; vgl. auch BVerwG MDR 1957, 251 = ZMR 1953, 170 zum Wohnraumbewirtschaftungsgesetz.

[1785] Z. B. Wohnungsaufsichtsgesetz Berlin i. d. F. vom 3.4.1990 – GVBl 90, 1081; Hessische Wohnungsaufsichtsgesetz v. 4.9.1974 – GVBl. I S. 395 –.

[1786] LG Berlin WuM 1987, 221.

[1787] OLG Frankfurt/M. WuM 1994, 713 = ZMR 1994, 378; BayObLG WuM 1994, 393 = NJW 1994, 1662; AG München ZMR 2016, 636.

[1788] OLG Stuttgart WuM 1992, 555 = NJW 1992, 3046 = ZMR 1992, 508; BayObLG WuM 1994, 393 = NJW 1994, 1662.

51. Videoüberwachung

Der Begriff Videoüberwachung wird mit verschiedenen Inhalten gebraucht. Man versteht darunter zunächst die reine Beobachtung. Darüber hinaus erfasst dieser Begriff aber auch das Aufzeichnen von Lebensvorgängen sowie ggf. die Verwertung und Verarbeitung (vgl. § 6b BDSG[1789]) des dabei gewonnenen Materials. Zudem kann die Videobeobachtung oder -überwachung auch die Möglichkeit der Individualisierung der beobachteten Personen und die Abgleichung des Bildmaterials mit anderen, bereits vorhandenen Daten beinhalten. Für die Beurteilung der Zulässigkeit solcher Beobachtungs- und Überwachungsmaßnahmen ist daher von Bedeutung, mit **welcher Zielrichtung die Kamera** eingesetzt wird. Dabei ist zudem die Prüfung eines rechtwidrigen Eingriffs unter Würdigung aller Umstände des Einzelfalls und durch Vornahme einer die (verfassungs-)rechtlich geschützten Positionen der Beteiligten berücksichtigenden Güter- und Interessenabwägung zu ermitteln.[1790] 582

Immer häufiger ist zu beobachten, dass sich Vermieter oder auch Mieter mit Hilfe einer Videoüberwachung im Hausflur, Fahrstuhl[1791] oder im Bereich der **Hauseingangs- oder Wohnungstür** vor ungebetenen Gästen und Besuchern schützen wollen.[1792] Für die Frage der Zulässigkeit solcher Systeme muss nach unterschiedlichen Gesichtspunkten differenziert werden. 583

Der ein befriedetes Grundstück allein bewohnende Eigentümer oder Mieter darf seinen **„Hoheitsbereich"** nach Belieben überwachen, da der ungebetene Besucher weiß, dass er fremden Besitz betritt.[1793] Hausflure in Mehrfamilienhäusern oder andere gemeinschaftsbezogene Flächen dürfen grundsätzlich nicht überwacht werden, da damit die Privatsphäre der Mitmieter und Besucher verletzt würde.[1794] Unbedenklich ist die Videoüberwachung aber dann, wenn sie den unmittelbaren „Hoheitsbereich" überschreitet und lediglich dazu dient, die zeitgleiche Beobachtung an einem anderen nach sachlichen Erwägungen ausgewählten Ort zu ermoglichen und damit die Funktion einer Wache an einem anderen Ort auszuüben,[1795] ohne dass die Aufnahmen gespeichert werden.[1796] Grundsätzlich gilt, dass nur derjenige Zugriff auf die Kamerabilder haben soll, der hiervon unmittelbar betroffen ist. Der Monitor kann somit, wenn die Klingel betätigt wurde, als elektronischer **Türspion** genutzt werden, damit sich die Bewohner ihren Besuch – nicht den des Nachbarn[1797] – vorher ansehen können (siehe auch Rdn. 588). 584

Besondere gesetzliche Regelungen finden sich für den öffentlichen Bereich. Sind die zu beobachtenden Räume **öffentlich zugänglich** i. S. d. § 6b BDSG, z. B. eine für jedermann zugängliche Tiefgarage,[1798] ein Flughafengebäude, Museen, Geschäfte und Warenhäuser sowie Bahnhöfe,[1799] muss im Falle der Installation einer Videoüberwachung § 6b BDSG beachtet werden.[1800] In diesen Fällen sind Überwachungssysteme regelmäßig nur zulässig, wenn sie zur Wahrnehmung des Hausrechts erforderlich sind, der Bewohner oder Besucher deutlich sowohl auf den Umstand der Bewachung sowie auf die verantwortliche Stelle hingewiesen wird (§ 6b Abs. 2 BDSG)[1801], und unter dem Gesichtspunkt des Persönlichkeitsschutzes (Recht auf informationelle Selbstbestimmung) keine Anhaltspunkte vorliegen, dass die schutzwürdigen Interessen des Betroffenen nicht überwiegen.[1802] 585

Der Begriff **„öffentlich zugängliche Räume"** hat noch keine klare Abgrenzung erfahren. Strittig ist insbesondere, ob unter den öffentlich zugänglichen Bereichen auch Hauseingangsbereiche, Treppenflure und Aufzüge[1803] oder auch Spielplätze zu verstehen sind. Nicht öffentlich zugänglich und damit nicht von § 6b BDSG erfasst sind Räume, die nur von einem bestimmten und abschließend definierten Personenkreis betreten werden können. Sie sind nicht öffentlich zugäng- 586

1789 Bundesdatenschutzgesetz – BDSG – BGBl. I 2001 S. 904.
1790 BGH (VI ZR 272/94) NJW 1995, 1955 = MDR 1995, 1125.
1791 KG WuM 2008, 663 = GE 2008, 1625.
1792 Siehe Beispiele bei *Hitpaß* ZMR 2006, 247.
1793 LG Hamburg ZMR 2011, 288; AG Brandenburg Mietrecht kompakt 2016, 37.
1794 AG München ZMR 2016, 551.
1795 OLG Koblenz NJW-RR 1999, 1394; ablehnend auch hierfür AG Wedding WuM 1998, 342.
1796 LG Berlin NZM 2001, 207.
1797 AG Hamburg-Wandsbek WuM 2008, 663; so auch BGH (V ZR 210/10) WuM 2011, 386 = NZM 2011, 512 = GE 2011, 825 = ZMR 2011, 734 zu einer Wohnungseigentumsanlage.
1798 Vgl. OLG Karlsruhe NZM 2002, 703; zum Hauseingangsbereich vgl. KG NZM 2002, 702.
1799 *Gola/Schomerus*, BDSG, § 6b Rdn. 8.
1800 *Stöber* NJW 2015, 3681, 3685.
1801 S. dazu DIN 33450 – „Video-Infozeichen".
1802 LG Berlin NZM 2001, 207.
1803 Zweifelnd *Elzer* NJW 2013, 3537, 3542.

lich, weil der Zugang regelmäßig nur für Personen gestattet ist, die in einer besonderen Beziehung zum Berechtigten stehen.[1804] Anders ist dies dann, wenn der Zugang einem unbegrenzten Personenkreis ermöglicht wird und ermöglicht werden soll, weil die Bewohner des Gebäudes auf freien Verkehr angewiesen sind.[1805] Da auch zu Wohngebäuden grundsätzlich jedermann Zugang haben soll, der mit einer sich dort befindlichen Person den Kontakt sucht (Besucher, Nachbarn, Briefträger, Postversandfirmen etc.), können im Regelfall auch die Zugangswege zu den Hauseingangstüren als öffentliche Räume gelten. Die Hausflure sind regelmäßig nicht öffentlicher Raum, es sei denn, sie sind bewusst frei zugänglich gehalten, um beispielsweise jederzeit den Zugang für jeden Interessenten zu einem im Haus arbeitenden Unternehmer oder Freiberufler (z. B. Arzt) zu gewährleisten. Auch im nicht öffentlichen Raum sind die Betroffenen von der Bilderfassung zu unterrichten (§ 4 Abs. 3 BDSG).

587 Aber auch ohne die Einordnung als öffentlich zugänglicher Raum wird die Überwachung durch Videokamera im Bereich des Wohnhauses selten zulässig sein, es sei denn, alle Betroffenen geben hierzu ihre Einwilligung (vgl. § 4 Abs. 1 BDSG). Dies ist allerdings nur ein theoretisch anzunehmender Fall.[1806] Sowohl die Mieter als auch der Vermieter selbst sind daher im Regelfall nicht befugt, durch Anbringung einer Videokamera Personenbewegungen auf allgemein zugänglichen Flächen, wie beispielsweise der Hausflur oder der Zugangsbereich zum Haus, zu kontrollieren.[1807] Das Persönlichkeitsrecht der Betroffenen wird das Überwachungsinteresse regelmäßig überwiegen. Die in der Beobachtung liegende Verletzung des Persönlichkeitsrechts (Art. 2 GG) kann nur gerechtfertigt sein, wenn andere grundrechtlich geschützte Güter dem entgegenstehen und höher zu bewerten sind. Dies kann im Privatbereich z. B. angenommen werden, wenn konkrete Anhaltspunkte dafür vorliegen, dass unmittelbare Angriffe auf die Bewohner bevorstehen[1808] oder konkret zu befürchten sind und diesem Angriff nicht anders zumutbar begegnet werden kann.[1809] Die Daten sind unverzüglich zu löschen, wenn sie zur Erreichung des Zwecks nicht mehr erforderlich sind oder schutzwürdige Interessen der Betroffenen einer weiteren Speicherung entgegenstehen (§ 6b Abs. 3 BDSG).

588 Will der **Vermieter** eines Mehrfamilienhauses den Mietern die Möglichkeit einräumen, die Haustür oder den Hausflur mit Hilfe einer Videokamera zu überwachen, richtet sich die Duldungspflicht des Mieters zur Installation derartiger Einrichtungen nach § 555d BGB,[1810] soweit im Einzelfall von einer **Modernisierung**[1811] auszugehen ist, anderenfalls nach § 242 BGB. Der Mieter muss die Maßnahme aber schon dann nicht dulden, wenn sie unter dem Gesichtspunkt des Datenschutzes unzulässig ist (siehe dazu § 555b Rdn. 52). Voraussetzung für die Zulässigkeit ist, dass die Aufnahmen nicht aufgezeichnet werden und die Überwachungsmöglichkeit für den jeweiligen Bewohner erst dann einsetzt, wenn sein Klingelknopf betätigt wurde[1812]. Nur dann ist der Bewohner befugt, in seinem Interesse den Hauseingangsbereich zu prüfen. Eine Speicherung der für diese Zwecke erhaltenen Daten ist schon deshalb unzulässig, weil mit der Prüfung des angekündigten Besuchs der Zweck der erhaltenen Bilddaten erfüllt ist und die Daten nicht mehr erforderlich sind. Die Überwachung des Mieters zur Kontrolle der Einhaltung seiner Vertragspflichten (z. B. Mülltrennung) ist unzulässig.[1813]

[1804] Gola/Schomerus aaO Anm. 9; Simitis/Scholz aaO Anm. 48.

[1805] VG Oldenburg (1 A 3850/12), Urt. v. 12.3.2013 – juris.

[1806] *Elzer* NJW 2013, 3537, 3539.

[1807] BGH (V ZR 210/10) WuM 2011, 386 = NZM 2011, 512 = GE 2011, 825 = ZMR 2011, 734 zu einer Wohnungseigentumsanlage; KG WuM 2008, 663 = GE 2008, 1625; AG München ZMR 2016, 551; AG Bergisch Gladbach NJW-RR 2016, 139.

[1808] OLG Zweibrücken NJW 2004, 374; AG Lichtenberg GE 2005, 435; *Hitpaß* ZdWBay 2001, 18, 22; *Drasdo,* NJW-Spezial 2006, 49; **a. A.** AG Köln NJW-RR 1995, 1226; zum Schutz des Wohnobjektes s. AG Zerbst NJW-RR 2003, 1595 = NZM 2003, 897; AG München ZMR 2016, 551.

[1809] BGH NJW 1995, 1955; OLG Zweibrücken NZM 2003, 719 = ZMR 2004, 380; AG München ZMR 2016, 551.

[1810] AG Schöneberg ZMR 2000, 684; zur Zustimmung innerhalb einer WEG-Anlage vgl. KG NZM 2002, 702; *Huff* NZM 2002, 688.

[1811] Eine bauliche Maßnahme bejaht *Huff* NZM 2002, 688.

[1812] BGH (V ZR 210/10) WuM 2011, 386 = NZM 2011, 512 = GE 2011, 825 = ZMR 2011, 734 zu einer Wohnungseigentumsanlage; BayObLG GE 2005, 135 – innerhalb einer Wohnungseigentümergemeinschaft; s. aber OLG Köln WuM 2007, 646 = ZMR 2008, 559.

[1813] AG München ZMR 2014, 550.

Der BGH hat **eine Persönlichkeitsverletzung** verneint, wenn allein die hypothetische Möglichkeit einer Kameraüberwachung besteht.[1814] Gleichwohl kann ein Eingriff in das Persönlichkeitsrecht vorliegen, wenn der Betroffene objektiv ernsthaft eine Überwachung befürchten muss. Maßgeblich sind jeweils die Umstände des Einzelfalls.[1815] Eine **verdeckte Videoüberwachung** ist regelmäßig unzulässig.[1816] Ob allein schon der Eindruck, es gebe eine Überwachung **(Attrappe),** eine Persönlichkeitsverletzung darstellen kann[1817], ist eine Frage des Einzelfalls. Die bloße Furcht des Nachbarn vor Überwachung reicht dazu im Regelfall nicht aus. **588a**

52. Warenautomat

Ob der Mieter die Außenwand für Werbezwecke oder zur Anbringung von Warenautomaten nutzen kann, richtet sich in erster Linie nach dem Mietvertrag. Fehlt eine vertragliche Regelung, so ist die jeweilige örtliche Verkehrssitte maßgeblich.[1818] Mangels einer anderweitigen Vereinbarung steht dem Mieter z. B. in Berlin nur die straßenwärts gelegene Hauswand zur Verfügung.[1819] **589**

Waschmaschine

S. Rdn. 368ff. **590**

53. Wasser

a) Kaltwasser. Der vertragsgemäße Gebrauch gibt dem Mieter das Recht, so viel Wasser zu verbrauchen, wie es seinem Wohnbedürfnis entspricht. Dies gilt aber nur für den Eigenverbrauch. Sofern für Dritte in nicht unerheblichem Umfang Wasser verbraucht wird, ist jeweils zu prüfen, ob dies noch zur vertragsgemäßen Nutzung gehört. Diese ist z. B. überschritten, wenn der Mieter ständig für Dritte die Wäsche wäscht oder regelmäßig Dritten, die nicht Besuch des Mieters sind, das Duschen oder Baden erlaubt. **591**

Anders ist dies, wenn der Verbrauch über Verbrauchsmessgeräte erfasst wird. In diesem Fall entsteht den Nachbarn durch übermäßigen Verbrauch von Wasser kein Nachteil. **592**

Der Mieter hat grundsätzlich keinen Anspruch auf **Installation einer Wasseruhr** auf eigene Kosten (s. Rdn. 440). Über besondere Umstände bei der Wasserver- und -entsorgung ist der Vermieter bei Mietvertragsabschluss auskunftspflichtig. **593**

b) Warmwasser. Hat das Wohnhaus eine zentrale Warmwasserversorgung, muss der Vermieter ganzjährig das Warmwasser in ausreichenden Mengen und üblicher Temperatur (Mindesttemperatur 40 Grad)[1820] zur Verfügung stellen. Eine zum Nachteil des Mieters **abw. Formularklausel** ist wegen ihres überraschenden Charakters nach § 305c BGB unwirksam.[1821] **594**

54. Wäschetrocknen

Hat der Vermieter eine Waschküche oder einen Trockenraum zur Verfügung gestellt, dürfen die Räume nicht vorenthalten werden[1822] und müssen für den vereinbarten Nutzungszweck ausreichend groß sein.[1823] Ist dem Mieter kein oder ein nicht ausreichender **Trockenraum** zur Verfü- **595**

1814 BGH (V ZR 265/10) WuM 2012, 48 = NZM 2012, 239 = GE 2012, 69; (VI ZR 176/09) WuM 2010, 306 = NJW 2010, 1533 = NZM 2010, 373 = ZMR 2010, 668; vgl. auch KG GE 2008, 1625; OLG Düsseldorf GE 2006, 575; AG Tempelhof-Kreuzberg GE 2010, 416; AG Hamburg-Wandsbek WuM 2008, 663; AG Berlin-Lichtenberg WuM 2008, 331 = NZM 2008, 802 = NJW-RR 2008, 1693; AG Aachen NZM 2004, 339; AG Tiergarten GE 2005, 493.

1815 Keine Verletzung des allgemeinen Persönlichkeitsrechts, wenn das eigene Grundstück durch die Kamera auf dem Nachbargrundstück erfasst, das Bild aber automatisch verpixelt wird, AG Wedding GE 2014, 1344.

1816 OLG Karlsruhe NJW 2002, 2799 = NZM 2002, 703; dagegen *Huff* NZM 2002, 688.

1817 BGH NJW 1995, 1955 – WEG – Verfahren; LG Berlin, DSB 2017, 67 m. Anm. *Vahle;* WuM 2005, 663; AG Frankfurt/M ZMR 2015, 619; AG München ZMR 2014, 550; s. *Horst* NZM 2000, 937, 939.

1818 BGH BB 1954, 83; OLG Saarbrücken MDR 2010, 1180; *Kutz* in: Tank/Baumgarten/Kutz, Gewerberaummiete, D127f.; *Emmerich* in Staudinger § 535 BGB Rdn. 11.

1819 KG GE 1987, 997.

1820 LG Berlin GE 1998, 905.

1821 *Bub* in Bub/Treier II. Rdn. 1406.

1822 AG Wiesbaden WuM 2012, 263; AG Köln WuM 2008, 94; WuM 1983, 122; *Gies,* jurisPR-MietR 16/2012 Anm. 1 zu AG Wiesbaden.

1823 AG Coesfeld WuM 1980, 206.

gung gestellt worden, hat er neben der Befugnis zum Aufstellen einer Waschmaschine auch das Recht, einen Trockner in seiner Wohnung aufzustellen (s. Rdn. 368ff.).[1824] Er ist aber verpflichtet, für eine ordnungsgemäße Ableitung des Kondenswassers zu sorgen.[1825]

596 Auch wenn vom Vermieter der Mietergemeinschaft ein Trockenplatz zur Verfügung gestellt wird, darf der Mieter die Wäsche in üblichem Umfang innerhalb der Wohnung, z. B. auf dem Balkon[1826] oder in anderen geeigneten Räumen trocknen[1827]. Durch ausreichendes Lüften ist dabei aber Sorge zu tragen, dass keine Feuchtigkeitsschäden entstehen.[1828] Es ist insbesondere unpraktikabel, das Trocknen der Wäsche auf sog. **„Kleinwäsche"** zu beschränken.[1829] Lässt man das Betreiben einer Waschmaschine in der Wohnung als vertragsgemäßen Gebrauch zu, kann man das Trocknen der gewaschenen und geschleuderten Wäsche nicht auf die „Kleinwäsche" reduzieren.[1830] Eine derartige Formularklausel ist unwirksam, da sie den vertragsgemäßen Gebrauch unzulässig einschränkt.[1831]

597 Während des Betriebs des Wäschetrockners muss der Mieter nicht ständig in der Wohnung bleiben. Eine **Klausel,** wonach der Mieter ohne Rücksicht auf eigenes Verschulden für alle Schäden, die durch das Aufstellen von Haushaltsmaschinen entstehen, haften soll, verstößt gegen § 307 Abs. 2 Nr. 1 BGB, soweit sie dem Mieter eine verschuldensunabhängige Haftung für alle Haushaltsmaschinen auferlegt.[1832]

Werbung

598 S. Rdn. 519.

55. Wettbewerb/Konkurrenzschutz

599 **a) Allgemeines.** Die Anmietung von Räumen zur Ausübung eines Betriebes umfasst das Recht des Mieters, dass in anderen Räumen des Hauses oder auf unmittelbar angrenzenden Grundstücken des Vermieters **kein Konkurrenzunternehmen** zugelassen wird.[1833] Die hieraus erwachsende Pflicht des Vermieters, weitere Räumlichkeiten grundsätzlich nicht an Konkurrenten zu vermieten, besteht als Ausfluss des vertragsgemäßen Gebrauchs der Mietsache auch ohne besondere vertragliche Vereinbarung.[1834] Ein Verstoß gegen diese Verpflichtung stört den vertragsgemäßen Gebrauch und stellt einen **Sachmangel** gem. § 536 BGB dar[1835] (Einzelheiten s. § 536 Rdn. 206ff.), der u. U. auch zur Kündigung berechtigt.[1836] Der Mieter hat somit gegen den Vermieter einen Erfüllungsanspruch dahingehend, die Konkurrenzsituation zu beseitigen bzw. zu verhindern.[1837] Verletzt der Vermieter vorvertragliche Aufklärungspflichten, sind Ansprüche des Mieters aus § 311 Abs. 2 i. V. m. § 280 BGB (c. i. c.) zu prüfen. Kein Mangel ist allerdings anzunehmen,

---

1824 **A. A.** LG Hamburg WuM 1989, 9 für das Aufstellen in der Gemeinschaftswaschküche.

1825 AG Altena WuM 1997, 470; OLG Düsseldorf WuM 1997, 514 zum Unterlassungsanspruch eines Wohnungseigentümers bei kondensierendem Wasser.

1826 LG Nürnberg-Fürth WuM 1990, 199; AG Brühl WuM 2001, 509.

1827 LG Düsseldorf, WuM 2008, 548; AG Düsseldorf WuM 2008, 248; *Kossmann* § 48 Rdn. 7.

1828 AG Hameln WuM 1994, 426.

1829 So *Horst,* ZAP Nr. 12, 1996, 604.

1830 Zur sog. Kleinwäsche s. AG Naumburg WuM 1992, 680.

1831 LG Frankfurt/M. WuM 1990, 271.

1832 LG Saarbrücken WuM 1989, 558 = NJW-RR 1987, 1496.

1833 BGH ZMR 1955, 200 = BB 1955, 181; BB 1960, 345; BGHZ 70, 79 = WuM 1978, 187 = NJW 1978, 585 = ZMR 1978, 210 = MDR 1978, 400; KG GuT 2005, 54; OLG Köln NJW-RR 1997, 751; *Wolf/Eckert/Ball* Rdn. 709; *Kraemer/Ehlert* in Bub/Treier III. B Rdn. 3003; *Häublein* in MünchKomm § 535 BGB Rdn. 139.

1834 BGH WuM 1979, 144 = NJW 1979, 1404 = ZMR 1979, 311; BGH BB 1960, 345; KG GE 2005, 1426; OLG Frankfurt/M. NZM 2004, 706; OLG Düsseldorf NZM 2001, 1033; ZMR 1997, 583 = MDR 1997, 1115 = NJW-RR 1998, 514 = NZM 1998, 307; OLG Köln NJW-RR 1997, 751; LG Karlsruhe WuM 1991, 83; zum Antrag des Mieters auf Erlass einer einstweiligen Verfügung vgl. OLG Hamm NJW-RR 1990, 1236.

1835 BGH (XII ZR 117/10) NJW 2013, 44 = NZM 2013, 52; OLG Brandenburg NZM 2010, 43; KG GuT 2007, 212 = NZM 2007, 566 = GE 2008, 541; OLG Düsseldorf ZMR 2014, 202; ZMR 2000, 451 = DWW 2000, 158; *Niklas,* ZMR 2015, 270, 273; *Bieber,* jurisPR-MietR 1/2013 Anm. 3; *ders.,* PiG 2007, 119, 132; *Gather* GE 2000, 1450; *Baumgarten* in: Tank/Baumgarten/Kutz, Gewerberaummiete, D 1228; *Engel* MDR 2012, 1268, 1269; **a. A.** OLG Dresden NZM 2010, 818 = MDR 2010, 1445 = GE 2011, 133.

1836 OLG Düsseldorf GE 2013, 1276.

1837 *Neuhaus* ZAP 2000, 1451, 1458.

wenn sich der zweite, spätere Mieter durch den gegenüber dem ersten Mieter eingeräumten Konkurrenzschutz beeinträchtigt fühlt[1838].

Unumstritten wie der Grundsatz des vertragsimmanenten Konkurrenzschutzes ist seine Eingrenzung in der Weise, dass der Vermieter nicht gehalten ist, dem Mieter jeden fühlbaren oder unliebsamen Wettbewerb fern zu halten.[1839] Wieweit diese Verpflichtung des Vermieters allerdings reicht, lässt sich im Einzelfall nur unter Würdigung der gesamten Umstände, insbesondere der Interessen beider Vertragsparteien nach Treu und Glauben mit Rücksicht auf die Verkehrssitte bestimmen.[1840] Im Wesentlichen kommt es daher darauf an, **welchen Besitzstand** der anmietende Mieter nach den bei Vertragsschluss erkennbaren Umständen erwarten durfte.[1841] Wer in Kenntnis einer Wettbewerbssituation Räume anmietet, wird i. d. R. keinen Konkurrenzschutz beanspruchen können. Anders ist dies dann, wenn der Betrieb des Konkurrenten Veränderungen erfährt.[1842] Im Übrigen gilt der Grundsatz der **Priorität,** so dass der zuerst einziehende Mieter Konkurrenzschutz gegenüber dem nachziehenden Mieter beanspruchen kann.[1843] **600**

Der vertragsimmanente Konkurrenzschutz bezieht sich auf den vereinbarten vertraglichen Gebrauch.[1844] Erst wenn der vertragsgemäße Gebrauch der Mietsache ermittelt wurde, ggf. durch Auslegung,[1845] ist der Umfang des Konkurrenzschutzes feststellbar.[1846] Daraus ergibt sich, dass die Kehrseite des Mieteranspruchs auf Konkurrenzschutz seine Pflicht ist, das betriebene Gewerbe grundsätzlich nicht zu verändern. Sonst könnte er damit eine Konkurrenzsituation zu einem anderen Mieter schaffen, dem seinerseits der Vermieter Konkurrenzschutz zugesagt hat[1847]. In der Regel wird daher im Vertrag der zulässige Geschäftsbereich des Mieters klar umrissen sein. Ergibt sich beispielsweise aus einer Abrede, dass eine **Sortimentserweiterung** mietvertragswidrig ist, kann der Mieter dafür keinen Wettbewerbsschutz beanspruchen. Vielmehr kann der Vermieter sogar Dritten gegenüber verpflichtet sein, gegen den Mieter wegen Konkurrenzschutzverletzung einzuschreiten.[1848] **601**

Die Verpflichtung des Mieters zum unveränderten Waren- oder Leistungsangebot gilt allerdings nicht uneingeschränkt, selbst wenn der Vertrag hierzu keine Regelung getroffen hat. So können Sortimentserweiterungen durchaus dem Hauptgeschäft zuzuordnen sein, so dass der Vermieter eine derartige Angebotserweiterung nicht untersagen kann; zu Nebenartikeln s. Rdn. 604. Ob eine vertragswidrige **Gebrauchserweiterung** bei der zusätzlichen Aufnahme eines weiteren Geschäftszweiges oder Sortiments bejaht werden kann, hängt von den Umständen des Einzelfalles ab. Wieweit die Verpflichtung eines Vermieters reicht, Wettbewerb von seinem Mieter fernzuhalten, lässt sich im Einzelfall nur unter Würdigung der gesamten Umstände, insbesondere der Interessen beider Vertragsparteien nach Treu und Glauben mit Rücksicht auf die Verkehrssitte bestimmen.[1849] **602**

Eine Abänderung oder Erweiterung des vereinbarten Mietgebrauchs ist vom Vermieter dann hinzunehmen, wenn einerseits der Mieter an ihr ein berechtigtes Interesse hat und andererseits legitime Interessen des Vermieters dadurch nicht beeinträchtigt werden.[1850] Der vertragsimmanente Konkurrenzschutz bezieht sich in diesen Fällen aber nicht automatisch auch auf das erweiterte Warenangebot. Es verstößt vielmehr gegen Treu und Glauben, wenn ein Vermieter, der die Erweite- **603**

[1838] BGH (VI ZR 244/52) BB 1954, 177.

[1839] BGHZ 70, 79 = WuM 1978, 187 = NJW 1978, 585 = ZMR 1978, 210 = MDR 1978, 400; KG GuT 2005, 54 = MietRB m. Anm. *Kurek; Wolf/Eckert/Ball* Rdn. 711; *Leo/Ghassemi-Tabar* NZM 2009, 227, 338; wohl anders der Kartellsenat des BGH NZM 2003, 597 = ZMR 2003, 651.

[1840] BGH ZMR 1960, 139 = BB 1960, 345; OLG Dresden MDR 1998, 211; *Kulik* NZM 1999, 546, 547.

[1841] BGH (XII ZR 40/10) MietPrax-AK § 535 BGB Nr. 49 = NJW 2012, 844 = MDR 2012, 271 = NJW 2012, 844 = GE 2012, 329 = NZM 2012, 196; *Eisenschmid* in: jurisPR-MietR 8/2012 Anm. 3; kritisch *Oprée/Reinhard* NZM 2013, 16, 20.

[1842] KG GE 2008, 409.

[1843] OLG Köln ZMR 2005, 861 = NZM 2005, 866 = NJW-RR 2005, 1680 = MDR 2006, 86; zu den Rechten im Einzelnen *Wolf/Eckert/Ball* Rdn. 731.

[1844] *Neuhaus* ZAP 2000, 1451, 1452.

[1845] OLG Brandenburg NZM 2010, 43.

[1846] Vgl. die Checkliste zur Überprüfung von Konkurrenzschutzansprüchen bei *Neuhaus* ZAP 2000, 1451, 1474.

[1847] OLG Köln NZM 2005, 868 = ZMR 2005, 861 = GuT 2005, 157 = MDR 2006, 86; *Bittner* MDR 2008, 1201.

[1848] *Leo/Ghassemi-Tabar* NZM 2009, 227, 338.

[1849] BGH ZMR 1960, 139 = BB 1960, 345.

[1850] OLG Düsseldorf WuM 1998, 320 = MDR 1996, 467 = ZMR 1996, 258 = DWW 1997, 122; s. auch BGH ZMR 1985, 374 = MDR 1986, 46 = NJW-RR 1986, 9 zur Auslegung von Vertragsklauseln über Nebenartikel.

rung des Sortiments gewähren lasst, dadurch eine Einschränkung seiner Befugnisse bei der Aufnahme neuer Ladenmieter erleiden soll.[1851] In jeden Einzelfall ist somit zu prüfen, ob die Duldung des Vermieters als Bestätigung der vom Mieter ausgeübten Vertragserweiterung und damit des Konkurrenzschutzes zu sehen ist, oder ob der Vermieter das erweiterte Warenangebot des Mieters nur hinnimmt, ohne daraus Vertragspflichten übernehmen zu wollen. Im ersten Fall muss der Mieter alsbald nach der Vermietung an einen Konkurrenten seinen Konkurrenzschutz geltend machen, wenn er ihn nicht wegen Verwirkung verlieren will. Im letzteren Fall kann der Mieter bei der Vermietung an einen Konkurrenten – hinsichtlich der Sortimentserweiterung – keine Einwände erheben. Allerdings wird auch der Vermieter gegen die Sortimentserweiterung durch den Mieter nichts unternehmen können (Verwirkung), wenn er diese über längere Zeit hingenommen hat.

604 **b) Nebenartikel.** Es ist nach den Umständen des einzelnen Falles abzuwägen, inwieweit nach Treu und Glauben unter Berücksichtigung der Belange der Parteien die Vermeidung von Konkurrenz geboten ist.[1852] Der Mieter muss beispielsweise im Allgemeinen dulden, dass der Vermieter Räume im gleichen Haus an einen Betrieb vermietet, der gleiche Waren als Nebenartikel führt,[1853] es sei denn, die Geschäftsräume würden dadurch nur noch in vermindertem Umfang brauchbar sein.[1854] Grundsätzlich erstreckt sich der vertragsimmanente Konkurrenzschutz daher nur auf die **Hauptartikel.**[1855] Ein Indiz für die Annahme eines Nebenartikels kann das Verhältnis seines Umsatzes zum Gesamtumsatz sein.[1856] Ändert ein Mieter die Konkurrenzsituation durch Veränderung seiner gewerblichen Tätigkeit, indem er bisher angebotene Nebenleistung zur Haupttätigkeit erhebt, und schafft dadurch eine echte Konkurrenzsituation, kann sich der andere Mieter auf den vereinbarten Konkurrenzschutz berufen.[1857]

605 Diese Differenzierung führt allerdings dann zu keinem sinnvollen Ergebnis, wenn ein Supermarkt mit seinen Nebenartikeln einem Einzelhandelsgeschäft Konkurrenz macht. Der z. B. nur 5%ige Anteil vom Umsatz im Supermarkt kann nämlich für den Einzelhändler schon existenzbedrohend sein. Der Supermarkt darf daher grundsätzlich auch mit Nebenartikeln keine Konkurrenz betreiben (s. auch unten Rdn. 623 f.).[1858] Wird ein Supermarkt so betrieben, dass er keine Differenzierung zwischen Haupt- und Nebenartikeln kennt, genießt er keinen Konkurrenzschutz hinsichtlich des gesamten Warensortiments, da sonst der Wettbewerb übermäßig eingeschränkt würde.[1859]

606 Bei der Abgrenzung ist entscheidend darauf abzustellen, dass als Hauptartikel diejenige Ware gilt, die wie in einem Fachgeschäft den Stil des Geschäfts bestimmt und diesem das ihm **eigentümliche Gepräge** gibt.[1860] Kann dies für einzelne Sortimente angenommen werden, dann ist auch insoweit zugunsten des Supermarkts ein Hauptartikel anzunehmen.[1861] Dabei kommt es auf die Gesamtwürdigung anhand der Verkehrsauffassung an sowie insbesondere darauf, ob der hinzukommende Mieter gleichartige Waren in einer Vielfalt, Auswahl, Geschlossenheit und Übersichtlichkeit anbietet, wie sie im Geschäft des zuerst vorhandenen Mieters angeboten werden.[1862] Die attraktive Lage des Gebäudes und Konkurrenz in der näheren Umgebung rechtfertigen es nicht, dass der Vermieter vom Konkurrenzschutz auch bei gleichem Warensortiment innerhalb des gleichen Hauses befreit ist.[1863]

[1851] BGH ZMR 1960, 139 = BB 1960, 345; *Gather in* FS Seuss S. 301, 308.

[1852] BGH BGHZ 70, 79 = WuM 1978, 187 = NJW 1978, 585 = ZMR 1978, 210 = MDR 1978, 400; OLG Karlsruhe NJW-RR 1990, 1234 = ZMR 1990, 214.

[1853] BGH NJW 1974, 2317 = MDR 1975, 133 = ZMR 1977, 110; BB 1957, 167; BB 1955, 181; vgl. auch *Wolf/Eckert/Ball* Rdn. 714.

[1854] OLG Köln WuM 1998, 342 = ZMR 1998, 347; OLG Frankfurt/M. NJW 1982, 707 = ZMR 1982, 208 = BB 1982, 694.

[1855] BGH ZMR 1985, 374 = MDR 1986, 46 = NJW-RR 1986, 9; OLG Hamm NJW-RR 1998, 1019 = MDR 1998, 585 = NZM 1998, 511.

[1856] *Fritz,* Gewerberaummietrecht, Rdn. 76 stellt auf den Wert von 5% des Gesamtumsatzes ab; *Bittner* MDR 2008, 1201, 1202.

[1857] KG NZM 2009, 621.

[1858] OLG Celle WuM 1992, 538 = ZMR 1992, 448 = DWW 1995, 216; *Fritz,* Gewerberaummietrecht, Rdn. 76; einschränkend OLG Hamm NJW-RR 1998, 1019 = MDR 1998, 585 = NZM 1998, 511; *Wolf/Eckert/Ball* Rdn. 714.

[1859] OLG Hamm MDR 1998, 585 = NZM 1998, 511 = NJW-RR 1998, 1019.

[1860] BGH NJW-RR 1986, 9 = ZMR 1985, 374 = MDR 1986, 46; BB 1957, 167; OLG Nürnberg NZM 2007, 567; *Kraemer/Ehlert* in Bub/Treier III. B Rdn. 2894.

[1861] *Bittner* MDR 2008, 1201, 1202.

[1862] *Kraemer/Ehlert* in Bub/Treier III. B Rdn. 2895.

[1863] OLG Frankfurt/M. NJW-RR 1988, 396; **a. A.** LG Frankfurt/M. NJW-RR 1989, 1246.

c) Freie Berufe. Die für gewerbliche Mieter aufgestellten Grundsätze gelten auch für die Vermietung von Praxisräumen an Angehörige der freien Berufe, wie z. B. Ärzte, Anwälte, Steuerberater und Architekten.[1864] Auch die **Angehörigen freier Berufe,** insbesondere Ärzte derselben Fachrichtung, stehen in wirtschaftlicher Konkurrenz.[1865] Es ist in jedem Einzelfall zu beurteilen, ob der Mieter einer Konkurrenzsituation ausgesetzt wird, die für ihn unzumutbar ist. Dabei spielt die Lage neben den Haupttätigkeitsbereichen eine entscheidende Rolle. **607**

Allerdings ist zu bedenken, dass die räumliche Nähe zu einer anderen Praxis nicht immer von solcher Bedeutung ist wie bei konkurrierenden Ladengeschäften oder Gaststätten.[1866] Der Einfluss der Laufkundschaft nimmt mit der Spezialisierung ab.[1867] Insbesondere die Wertschätzung anderer Kollegen sowie das Ansehen bei den Patienten beeinflusst in nicht unerheblichem Maße die Überweisungspraxis, die eine beachtliche Rolle spielt.[1868] Daher kann sich der Mieter dann nicht auf einen Konkurrenzschutz berufen, wenn bei der Vermietung der Räume in einem Gebäudekomplex für den Mieter erkennbar ist, dass die Vermietung auch an vergleichbare Berufsgruppen, wie z. B. Rechtsanwälte oder Ärzte, erfolgen soll; es sei denn, der Mieter kann sich auf eine vereinbarte Konkurrenzschutzklausel berufen.[1869] An einer maßgeblichen Konkurrenzverschärfung kann es fehlen, wenn in der näheren Umgebung des hinzukommenden Mieters schon zahlreiche Praxen von Konkurrenten existieren.[1870] **608**

Immer ist bei der Frage des vertragsimmanenten Konkurrenzschutzes zu prüfen, ob eine vertragliche Konkurrenzschutzklausel vorliegt, die den immanenten Schutz einschränken kann.[1871] Darüber hinaus ist zu untersuchen, ob mit der beanstandeten Tätigkeit der zum Vertragsgegenstand bestimmte und vereinbarte Geschäftszweck eingehalten wurde und ob der Mieter **mit dem Geschäftsprofil des Konkurrenten** rechnen musste. Letzteres muss sich der Mieter von Räumen zum Betrieb einer krankengymnastischen Praxis entgegenhalten lassen, wenn ein Orthopäde ebenfalls krankengymnastische und physiotherapeutische Behandlungen durch nichtärztliches Personal durchführen lässt. Derartige Tätigkeiten können nach der GOÄ abgerechnet werden und sind für einen Orthopäden weder untypisch noch ungewöhnlich.[1872] Keine Konkurrenzsituation entsteht für einen Radiologen, der in den gemieteten Räumen eine Röntgenpraxis betreibt, wenn der Vermieter im gleichen Gebäude Räume an einen Facharzt für Orthopädie und Sportmedizin überlässt, der dort ein Röntgengerät zur Diagnose seiner Patienten nutzt, ohne aber eine „Teilröntgenpraxis" zu betreiben.[1873] Anderes gilt allerdings zu Gunsten einer Praxis für Krankengymnastik bei der Vermietung an ein Rehabilitationszentrum, in dem eine „Erweiterte Ambulante Physiotherapie" (EAP) angeboten wird,[1874] weil Physiotherapie lediglich ein anderer Begriff für Krankengymnastik ist. **609**

d) Gewerbe. Auch wenn der Vermieter bei Abschluss des Mietvertrages auf eine andere, mit einem Konkurrenten vereinbarte, umfassende **Konkurrenzschutzklausel** nicht hingewiesen hat, liegt kein Verstoß gegen § 242 BGB vor. Der Vermieter ist nicht verpflichtet, einen entsprechenden **Hinweis** zu erteilen. Wer einen Vertrag schließt, hat sich grundsätzlich selbst darüber zu vergewissern, ob er für ihn von Vorteil ist oder nicht. Hierauf darf sich der andere Vertragsteil einstellen.[1875] **610**

Für ein bürgerlich-rustikales Restaurant kann im Rahmen des immanenten Konkurrenzschutzes eine Konkurrenzsituation durch den Verkauf von Imbissen in einem anderen Lokal in Betracht **611**

[1864] BGHZ 70, 79 = WuM 1978, 187 = NJW 1978, 585 = ZMR 1978, 210 = MDR 1978, 400; OLG Köln NZM 2005, 866 = ZMR 2005, 861 = GuT 2005, 157; *Niklas,* ZMR 2015, 270, 271; OLG Düsseldorf GE 2013, 1276 (Kampfkunstschule).

[1865] Vgl. OLG Karlsruhe NJW 1972, 2224; LG Düsseldorf NJW 1963, 1678; AG Sömmerda WuM 1998, 554; AG Dortmund ZMR 1961, 227; *Gather* in FS Seuss S. 301, 309; *Kraemer/Ehlert* in Bub/Treier III. B Rdn. 2899.

[1866] Zweifelnd Ehlert/*Kraemer* in Bub/Treier III. B Rdn. 2899.

[1867] *Leo/Ghassemi-Tabar* NZM 2009, 227, 340.

[1868] BGH WuM 1978, 187 = NJW 1978, 585 = ZMR 1978, 210 = MDR 1978, 400; *Gather* DWW 1997, 169, 175.

[1869] OLG Hamm NJW-RR 1991, 1483 = ZMR 1991, 295; *Kraemer* in Bub/Treier/Ehlert III. B Rdn. 2899; zur Frage des Unlauteren Wettbewerbs s. BGH WuM 1988, 28 = NJW 1987, 3132.

[1870] *Kraemer/Ehlert* in Bub/Treier III. B Rdn. 2899.

[1871] KG GuT 2010, 208 = GE 2010, 1338 = ZMR 2011, 30; Bieber, jurisPR-MietR 17/2010 Anm. 5.

[1872] OLG Hamm ZMR 1997, 581; OLG Düsseldorf DWW 2000, 158 = ZMR 2000, 451 zum Sportmediziner.

[1873] AG Sömmerda WuM 1998, 554.

[1874] SchlHOLG MDR 1998, 642.

[1875] BGH WuM 1979, 144 = NJW 1979, 1404 = ZMR 1979, 311; vgl. auch LG Köln WuM 1990, 379.

kommen, wenn dieselbe Verbrauchergruppe angesprochen wird.[1876] Das gilt auch zu Gunsten eines Imbissbetriebes, wenn von dem Konkurrenzbetrieb ebenfalls fertige Speisen angeboten werden, die nicht zu den speziellen Gerichten einer bestimmten Nationalität gehören.[1877] Pizzagerichte haben inzwischen eine derartige Verbreitung erfahren, dass sie zum normalen Sortiment eines Imbissbetriebes gehören.[1878] Kein Konkurrenzschutz besteht für einen „irischen Pub" gegenüber einer „Tapas Taverne" mit spanisch-mediterranem Ambiente.[1879]

612 **e) Räumliche Beschränkung.** Bei der Vermietung von Räumen an sonstige Gewerbetreibende spielt es eine Rolle, ob die Geschäftsräume im **Zentrum** einer Großstadt liegen, wo zwangsläufig schon mit Konkurrenz zu rechnen ist, oder ob sie sich im **Außenbezirk** befinden, in dem nicht ohne weiteres von Konkurrenz ausgegangen werden kann. Ein Konkurrenzschutz ist nämlich dann überflüssig, wenn die räumliche Nähe der wettbewerblichen Konkurrenz keinen Einfluss auf die Geschäftstätigkeit des Mieters hat.[1880] Der Vermieter einer an eine Spedition vermieteten Lagerhalle, der eine andere Halle auf dem selben Grundstück einer anderen Speditionsfirma mietweise überlässt, verletzt beispielsweise dann nicht seine Pflicht zum Konkurrenzschutz, wenn der Mieter die Lagerhalle vertragsgemäß nur zur Einlagerung von Möbeln benutzt, seine Geschäfts- und Büroräume aber auf einem ganz anderen Grundstück unterhält.[1881] Der Betreiber eines Betonwerkes, der auf den gepachteten Flächen Beton produziert, aber dort nicht verkauft, ist nicht vor der Ansiedlung eines weiteren Betonwerkes geschützt.[1882]

613 Im Rahmen der Vertragsfreiheit ist es möglich, dass der Eigentümer mehrerer Grundstücke sich ausdrücklich zu einem Konkurrenzschutz hinsichtlich aller oder mehrerer seiner Grundstücke verpflichtet, auch wenn diese räumlich nicht im Zusammenhang stehen.[1883] Ist diesbezüglich keine vertragliche Regelung getroffen worden, bezieht sich der Konkurrenzschutz nicht nur auf dasselbe Grundstück, sondern auch auf unmittelbare Nachbargrundstücke des selben Vermieters.[1884] Eine **unmittelbare Nachbarschaft** kann im Einzelfall schon zu verneinen sein, wenn die Grundstücke durch ein Fremdgrundstück getrennt sind.[1885] Sie ist aber nicht mehr gegeben, wenn die Grundstücke 350 m auseinander liegen,[1886] auch wenn sie an die als Fußgängerzone gestaltete Ladenstraße angrenzen. Eine Entfernung von nur 100 m reicht ebenfalls für die Annahme einer unmittelbaren Nachbarschaft nicht aus, wenn die Grundstücke an verschiedenen Straßen liegen.[1887] Gleiches gilt für den Betreiber einer Recycling-Anlage in einem Güterverkehrszentrum bei einer Entfernung zu seinem Konkurrenten von 4, 2 Straßenkilometern.[1888] Der Vermieter kann das Nachbargrundstück veräußern, **ohne den Erwerber** wettbewerbsmäßig binden zu müssen. Die Vermietung an einen Konkurrenten im Nachbarhaus auf dem gleichen Grundstück ist unzulässig.[1889] Dies kann der Vermieter nicht dadurch umgehen, dass er die Grundstücke grundbuchmäßig teilt. Der Vermieter darf das vermietete Grundstück aber auch nicht **aufteilen** und den abgetrennten Teil an ein Konkurrenzunternehmen veräußern.[1890] Unzulässig ist es auch, den Konkurrenzschutz dadurch **zu umgehen,** dass die Konkurrenz von einem Dritten ausgeübt wird, der entweder vom Vermieter abhängt oder diesen als Konzernunternehmen beherrscht.[1891] Für ein Nachbargrundstück besteht kein Konkurrenzschutz, wenn der Vermieter dieses erst nach Abschluss des Mietvertrages mit einem Konkurrenten erwirbt.[1892]

[1876] BGH NJW-RR 1988, 717; weitere Bespiele zum Konkurrenzschutz bei *Bieber* PiG 2007, 119, 128 ff.
[1877] KG GE 2002, 667.
[1878] OLG Hamm NJW-RR 1997, 459.
[1879] OLG Düsseldorf ZMR 2000, 171.
[1880] *Kulik* NZM 1999, 546, 547.
[1881] OLG Karlsruhe NJW-RR 1987, 848.
[1882] OLG Koblenz NJW-RR 1995, 1352.
[1883] BGH MDR 1968, 657 = BB 1968, 645 = WPM 1968, 699.
[1884] BGH ZMR 1955, 200 = BB 1955, 181; BB 1960, 345; BGHZ 70, 79 = WuM 1978, 187 = NJW 1978, 585 = ZMR 1978, 210 = MDR 1978, 400; LG Chemnitz ZMR 2002, 350; *Gather* in FS Seuss S. 301, 305; *Domrich* GE 1999, 1392.
[1885] OLG Rostock MDR 2005, 1222 = NZM 2006, 295; OLG Hamm NJW-RR 1991, 975.
[1886] BGH WuM 1979, 144 = NJW 1979, 1404 = ZMR 1979, 311.
[1887] BGH MDR 1968, 657 = BB 1968, 645 = WPM 1968, 699.
[1888] OLG Nürnberg NZM 2008, 843.
[1889] OLG Hamburg MDR 1964, 508; *Bieber,* Anm. zu OLG Rostock, Beschl. v. 10.1.2005 – 3 W 130/04 – MietRB 2005, 178.
[1890] OLG Koblenz NJW 1960, 1253.
[1891] OLG Karlsruhe ZMR 1990, 214 = NJW-RR 1990, 1234 = EWiR 1990, 667; *Sternel* EWiR 1990, 667.
[1892] *Kraemer/Ehlert* in Bub/Treier III. B Rdn. 2892.

Im Bereich der industriellen Fertigung besteht nur dann eine Konkurrenzschutzverpflichtung, wenn an Ort und Stelle der Fertigung überhaupt Wettbewerb um Kunden und Umsatz stattfindet.[1893] **614**

Auch der Franchisegeber[1894] ist zum Konkurrenzschutz verpflichtet, wenn sich der Franchisenehmer gegen Konkurrenz aus dem eigenen Franchise-System wehren muss. Aus der dem Franchise-Vertrag innewohnenden Treuepflicht ergibt sich, dass das Einzugsgebiet des Franchisenehmers (Gebietsschutz) nicht unverhältnismäßig begrenzt werden darf.[1895] **615**

f) Untermieter. Der Anspruch auf Schutz gegen Konkurrenz richtet sich auch gegen den Untermieter.[1896] Mit einer Untervermietung an einen Konkurrenten verstößt der Hauptmieter gegen seine vertraglichen Verpflichtungen aus dem Hauptmietvertrag.[1897] Der Hauptvermieter ist nicht verpflichtet, dem Hauptmieter die Untervermietung zu genehmigen, wenn dadurch eine Konkurrenzlage eintritt.[1898] **616**

Der Untermieter hat einen **Konkurrenzschutzanspruch** gegen seinen Vermieter, soweit vertragliche Abreden nicht entgegenstehen.[1899] Gegen den Hauptvermieter ist ein Konkurrenzschutz des Untermieters grundsätzlich ausgeschlossen, wenn er über die Vertragssituation als Untermieter aufgeklärt wurde.[1900] Kann der Hauptmieter gegenüber dem Hauptvermieter einen vertragsimmanenten oder vereinbarten Konkurrenzschutz geltend machen, bleibt ihm dieser bei der Untervermietung erhalten. In diesem Fall hat der Untermieter ggf. einen Anspruch an seinen Vermieter, dass dieser die Rechte gegenüber seinem Hauptvermieter geltend macht.[1901] Damit wird dem Untermieter mittelbarer Konkurrenzschutz gegen den Hauptvermieter zuteil, der aber wegen der Anknüpfung an den Anspruch des Hauptmieters nur bei Branchengleichheit in Betracht kommt.[1902] **617**

Im Einzelfall können auch Dritte zum Konkurrenzschutz verpflichtet sein. Das ist beispielsweise der Fall, wenn der Vermieter seine Pflicht zum Konkurrenzschutz dadurch umgehen will, dass er einen Dritten als **Strohmann** einschaltet[1903] oder wenn eine Konzernmutter den Mietvertrag rechtsmissbräuchlich abschließt.[1904] Bei einer Gesellschaft darf die Pflicht zum Konkurrenzschutz nicht dadurch unterlaufen werden, dass sich eine offene Handelsgesellschaft zum Konkurrenzschutz verpflichtet, ihr persönlich haftender Gesellschafter aber einen Konkurrenzbetrieb eröffnet.[1905] **618**

g) Beschränkungen des Mieters. In Einzelfällen kann es auch für den Vermieter von Bedeutung sein, dass der Mieter sich bestimmte wettbewerbsrechtliche Beschränkungen auferlegt. Das bedarf aber regelmäßig einer gesonderten vertraglichen Vereinbarung. So begründet ein Mietvertrag über Geschäftsräume nicht ohne weiteres die Pflicht, dass der Mieter für die Dauer des Mietverhältnisses kein anderes **gleichartiges Unternehmen** betreibt. Ebenso ist es nicht ohne besondere Vereinbarung Vertragsinhalt, dass der Mieter nach Beendigung des Vertrages kein gleichartiges Geschäft in anderen Räumen betreiben darf. Wird im Vertrag vereinbart, dass auch nach Beendigung des Vertragsverhältnisses ein Wettbewerbsverbot zu Gunsten der Mietsache gelten soll, sind bei der Bewertung einer solchen Abrede insbesondere die Wettbewerbs- und Berufsfreiheit zu beachten.[1906] Die Wettbewerbsbeschränkung muss daher **zeitlich begrenzt** sein, wobei i. d. R. ein Zeitraum von drei Jahren nach Beendigung des Mietverhältnisses als Obergrenze anzusehen ist[1907] (s. Rdn. 564f.). **619**

h) Konkurrierende Mieter. Der mietvertragliche Anspruch auf Konkurrenzschutz besteht grundsätzlich **nur gegenüber dem Vermieter.** Die Mieter untereinander sind nicht zum Kon- **620**

[1893] OLG Koblenz NJW-RR 1995, 1352; LG Koblenz NJW-RR 1993, 842.
[1894] Vgl. hierzu umfassen *Flohr* ZAP 2000, 1409.
[1895] Siehe hierzu *Domrich* GE 1999, 1392f.
[1896] LG Koblenz NJW-RR 1993, 842.
[1897] LG Traunstein DWW 1998, 213 = ZMR 1998, 566 mit Anm. *Schmid;* LG Oldenburg NJW-RR 1989, 81.
[1898] BGH NJW 1982, 376 = ZMR 1982, 11 = MDR 1982, 314.
[1899] *Leo/Ghassemi-Tabar* NZM 2009, 227, 338; *Fritz,* Gewerberaummietrecht, Rdn. 29.
[1900] *Kraemer/Ehlert* in Bub/Treier III. B Rdn. 3001.
[1901] *Kraemer/Ehlert* in Bub/Treier III. B Rdn. 3001.
[1902] *Fritz,* Gewerberaummietrecht, Rdn. 79.
[1903] OLG Hamm NJW-RR 1990, 1236.
[1904] OLG Karlsruhe NJW-RR 1990, 1234 = ZMR 1990, 214.
[1905] RGZ 136, 266.
[1906] BGH NJW 1957, 988; OLG Stuttgart NJW 1978, 2340.
[1907] OLG Stuttgart NJW 1978, 2340.

kurrenzschutz verpflichtet.[1908] Die Verpflichtung des einen Mieters gegenüber dem Vermieter hat auch grundsätzlich keine unmittelbare Schutzwirkung zugunsten des anderen Mieters. Ob dies anders beurteilt werden muss, wenn sich der Mieter verpflichtet, keine Konkurrenz bezüglich der im Anwesen vorhandenen anderen Mieter zu betreiben, hat der BGH ausdrücklich offen gelassen.[1909]

621 Auch der Teil- oder Sondereigentümer ist grundsätzlich nicht verpflichtet, den Mietern der Miteigentümer oder diesen selbst Konkurrenzschutz zu gewähren.[1910] Vielmehr haben sie entsprechende Wettbewerbstätigkeiten, da diese außerhalb des Regelungsbereiches des § 14 Nr. 1 WEG liegen[1911], hinzunehmen. Ungeklärt ist, ob der Vermieter diesbezüglich aufklärungspflichtig ist, wenn beispielsweise die Teilungserklärung keinen Konkurrenzschutz gewährt und aus dem Mietvertrag nicht erkennbar ist, dass es sich bei den Mietflächen um Teileigentum handelt.[1912]

622 Allein aus dem Verstoß gegen eine Konkurrenzschutzklausel ergibt sich kein Anspruch aus § 1 UWG. Ein Vertragsbruch ist nämlich, auch wenn er zu Wettbewerbszwecken erfolgt, nicht ohne weiteres zugleich ein **Wettbewerbsverstoß.** Das gilt sowohl im Verhältnis der Vertragspartner zueinander, als auch im Verhältnis zu Außenstehenden. Nur wenn besondere Unlauterkeitsmomente hinzutreten, kann im Einzelfall ein Vertragsbruch auch als Verstoß gegen § 1 UWG zu werten sein.[1913]

623 **i) Vertragsklauseln.** Die dem Vertrag immanente Verpflichtung zum Konkurrenzschutz kann individuell oder durch Allgemeine Geschäftsbedingungen ausgeschlossen, eingeschränkt, räumlich ausgedehnt oder auf Nebenartikel erstreckt werden.[1914] Wird der Konkurrenzschutz in einer Vertragsklausel zunächst ausgeschlossen und von einer gesonderten zusätzlichen Vereinbarung abhängig gemacht, dann muss die den Konkurrenzschutz aufgreifende Abrede wegen ihres Ausnahmecharakters zu Lasten des Mieters eng ausgelegt werden.[1915] Wird in dieser Form Konkurrenzschutz gegenüber einem „reinen" Versicherungsbüro vereinbart, ist die Vermietung an eine Agentur, die darüber hinaus auch Bausparverträge und Anlageberatung betreibt, zulässig.

624 Eine unangemessene Benachteiligung des Mieters gem. § 307 BGB liegt nicht vor, wenn die vermieteten Praxisräume in einem Gebäudekomplex eines großstädtischen Geschäftsviertels liegen, in dem sich weitere Arztpraxen verschiedener Fachrichtungen befinden.[1916] Ein Verstoß gegen § 307 BGB ist ebenfalls zu verneinen, wenn der Mieter verpflichtet wird, keine Waren zu führen, die bereits in einem anderen Geschäftslokal des Hauses angeboten werden. Nur dann, wenn der Wettbewerber ein **völlig gleiches Warenangebot** hat oder **gleiche Dienstleistungen** anbietet, erscheint es mit dem gesetzlichen Leitgedanken uneingeschränkter Überlassungspflicht des Vermieters unvereinbar und als Verstoß gegen die Benachteiligungsklausel des § 307 BGB, den Konkurrenzschutz abzubedingen.[1917]

625 Die Frage, ob sich eine Konkurrenzschutzklausel auch auf Nebenartikel bezieht, ist den Umständen des jeweiligen Einzelfalles zu entnehmen.[1918] Im Regelfall ist eine Konkurrenzschutzklausel im Sinne eines umfassenden Konkurrenzschutzes zu werten. Das gilt jedenfalls bei Vermietungen zum Betrieb eines **Supermarkts** im Verhältnis zu den im **Einkaufszentrum befindlichen Einzelhandelsgeschäften,** wenn die Artikel des Supermarkts das Angebot eines Fachgeschäfts

---

[1908] OLG Koblenz ZMR 1993, 72 = GE 1993, 93; zum Konkurrenzschutz der Teileigentümer vgl. *Fritz* NZM 2000, 633, 635.

[1909] BGH WuM 1988, 28 = NJW 1987, 3132 = NJW-RR 1987, 1448 = MDR 1988, 114 = ZMR 1987, 455 = DWW 1987, 351 = GE 1987, 1209; dagegen bejaht für Campingmieter ZMR 2005, 520.

[1910] OLG Brandenburg GuT 2009, 216.

[1911] BGH WuM 1986, 358 = ZMR 1986, 367 = NJW-RR 1986, 1335 = MDR 1987, 42.

[1912] So LG Karlsruhe WuM 1991, 83; *Fritz*, jurisPR-Mietrecht, 21/2009, Anm. 6.

[1913] BGH WuM 1988, 28 = NJW 1987, 3132 = NJW-RR 1987, 1448 = MDR 1988, 114 = ZMR 1987, 455 = DWW 1987, 351 = GE 1987, 1209.

[1914] KG GuT 2010, 208 = GE 2010, 1338 = ZMR 2011, 30; GuT 2008, 199 = NZM 2008, 248 = MDR 2008, 19; ZMR 2008, 616; *Bieber* PiG 2007, 119; *Emmerich* in Staudinger § 535 BGB Rdn. 23; *Schultz,* Gewerberaummiete, S. 163; *Fritz,* Gewerberaummietrecht, Rdn. 165; *Bub* in Bub/Treier II. B Rdn. 1422; *Kulik* NZM 1999, 546, 548; Horst DWW 2008, 42, 47 sowie *Bittner* MDR 2008, 1201, 1203 mit einzelnen Klausel-Vorschlägen.

[1915] KG GE 2002, 51.

[1916] OLG Düsseldorf GE 2007, 651 = NZM 2007, 357 (Radiologen); OLG Hamburg ZMR 1987, 94 = MDR 1987, 321 = DWW 1987, 72 = NJW 1987, 403.

[1917] OLG Düsseldorf NJW-RR 1992, 1290 = ZMR 1992, 445 = DWW 1992, 368; *Horst* DWW 2008, 42, 47; differenzierend *Fritz,* Gewerberaummietrecht, Rdn. 165.

[1918] BGH NJW-RR 1986, 9 = MDR 1986, 46 = ZMR 1985, 374 = BB 1985, 1564.

ganz oder zu einem erheblichen Teil mit abdecken.[1919] Kommt umgekehrt ein Fachgeschäft zu einem Supermarkt hinzu, so kann ein Warensegment des Supermarkts nur dann als Hauptartikel (s. Rdn. 604f.) dem Konkurrenzschutz unterliegen, wenn es nach Vielfalt, Auswahlmöglichkeit, Geschlossenheit und Übersichtlichkeit der Präsentation eines Fachgeschäfts entspricht. Das sind solche Artikel, die dem Stil des Geschäfts entsprechen und diesem das ihm eigentümliche Gepräge geben.[1920]

Die Abrede in einem Pachtvertrag, nach der dem Pächter in einem Kiosk das alleinige Recht **626** zum Verkauf von Speisen und Getränken innerhalb eines eingezäunten Naherholungsbereichs eingeräumt wird, ist wirksam und schließt die Verpachtung eines weiteren Kiosks mit gleichem Angebot aus.[1921] Es kann auch zugunsten des Vermieters für die Zeit **nach Vertragsbeendigung** ein Konkurrenzverbot vereinbart werden. So ist eine Konkurrenzschutzklausel in einem Pachtvertrag zulässig, durch die der Pächter einer Kfz-Werkstatt mit Tankstelle verpflichtet wird, innerhalb einer Frist von drei Jahren nach Beendigung des Pachtverhältnis im Umkreis von 5 km eine gleichartige gewerbliche Betätigung zu unterlassen.[1922]

Das Wettbewerbsverbot darf aber niemals über das hinausgehen, was zur Wahrung der schüt- **627** zenswerten Interessen des Vertragspartners geboten ist. Daher ist eine Wettbewerbsvereinbarung unwirksam, die einem Verpächter eines Imbissbetriebes für einen Zeitraum von 10 Jahren vertraglich untersagt, in der gesamten Stadt ein weiteres Imbisslokal zu betreiben. Eine solche Vertragsbestimmung geht sowohl hinsichtlich des zeitlichen, als auch hinsichtlich des örtlichen Geltungsbereichs weit über das angemessene Maß hinaus.[1923] Als unverhältnismäßig und damit unwirksam wurde auch die Klausel beurteilt, mit der dem Mieter bei rund achtjähriger Mietdauer ein nachvertragliches Wettbewerbsverbot von 5 Jahren auferlegt wurde.[1924]

E. Die Pflicht des Vermieters zur Lastentragung

Nach § 535 Abs. 1 Satz 3 BGB hat der Vermieter die auf der vermieteten Sache ruhenden Lasten **628** (vgl. § 103 BGB) zu tragen, also sämtliche öffentlich- und privatrechtlichen Lasten, die ihn als Eigentümer oder dinglich Berechtigten treffen. Die Verpflichtung des Vermieters betrifft sowohl die **öffentlich-rechtlichen Lasten** (z. B. Grundsteuer, Schornsteinfegergebühren, Straßen- oder Wegereinigungskosten, gemeindliche Müllabfuhrgebühren) wie auch die **privatrechtlichen** (z. B. aus einer Reallast gem. §§ 1105ff. BGB, aber auch die Zinsbelastungen aus einem durch Hypothek oder Grundschuld gesicherten Darlehen). Persönliche Lasten (z. B. Vermögenssteuer, Realsteuern, Gewerbesteuer oder die Feuerversicherungsprämie) fallen nicht unter die Vorschrift.[1925]

Die gesetzliche Regelung geht davon aus, dass der Vermieter die Kosten in den Mietzins einkal- **629** kuliert. Sie wiederholt damit nur, was sich bereits aus §§ 535 Abs. 1 Satz 2 BGB ergibt. Danach hat der Vermieter dem Mieter während des Mietverhältnisses ständig den Gebrauch der Mietsache in vertragsgemäßem Zustand zu gewähren. Soweit er hierzu Kosten aufwenden muss, hat er sie aus dem Mietzins zu bestreiten.

Die Lastenverteilung ist vertraglich abdingbar, wobei jedoch zwischen Wohnraum- und Gewer- **630** beraummietverhältnissen zu differenzieren ist. Bei Wohnraummietverträgen findet die Abdingbarkeit **ihre Grenzen** an der Bestimmung des Begriffs der Betriebskosten in der Betriebskosten-Verordnung. Die Betriebskostendefinition ist durch § 556 Abs. 1 Satz 2 BGB für alle Arten von preisfreiem Wohnraum verbindlich. Für preisgebundene Wohnungen i. S. d. NMV 1970 gilt bis zum 31. 12. 2003 die weitgehend mit der Betriebskosten-Verordnung identische Anlage 3 zu § 27 II. BV; ab dem 1. 1. 2004 die Betriebskostenverordnung. Bei Gewerberaummietverträgen kann der Vermieter den Mieter auch mit Kosten belasten, die durch den Betriebskostenkatalog nicht gedeckt sind.

[1919] OLG Köln NJW-RR 1998, 1017 = NZM 1998, 512; OLG Celle WuM 1992, 538 = ZMR 1992, 448 = DWW 1995, 216; *Kraemer/Ehlert* in Bub/Treier III. B 2895.

[1920] BGH ZMR 1985, 374 = MDR 1986, 46 = NJW-RR 1986, 9; OLG Hamm MDR 1998, 585 = NZM 1998, 511 = NJW-RR 1998, 1019; NJW-RR 1988, 911 = ZMR 1988, 136 = MDR 1988, 409.

[1921] OLG Düsseldorf DWW 1992, 139.

[1922] OLG Celle NJW-RR 1990, 974; zur Wirksamkeit einer 3 km-Klausel vgl. LG Berlin GE 2000, 57.

[1923] OLG Hamm MDR 1987, 320; zur Anwendung des § 139 BGB vgl. OLG Celle NZM 2000, 550 = ZMR 2000, 447.

[1924] OLG Celle NZM 2000, 550 = ZMR 2000, 447 (Blumenladen).

[1925] Vgl. BGH BB 1957, 1124.

631 Bei formularvertraglichen Vereinbarungen sind zugunsten der gewerblichen Vermieter ebenfalls die Grundsätze der Betriebskosten-Verordnung zu beachten. Abweichende Umlage-Vereinbarungen sind zwar möglich, verstoßen aber gegen § 307 BGB, wenn sie den gewerblichen Mieter beispielsweise zu Instandsetzungen **ohne Begrenzung** verpflichten, die weder dem Mietgebrauch noch der Risikosphäre des Mieters zuzuordnen sind und diesem damit die Erhaltungslast für die Mietsache auferlegt wird. Dieser Gedanke wird vom BGH übertragen auf die Kostenumlage für Beiträge zur Führung einer Werbegemeinschaft in einem Einkaufszentrum. Die Höhe der Beiträge zur Werbegemeinschaft muss bestimmbar sein, z. B. durch einen bestimmten Prozentsatz der Miete. Darüber hinaus muss eine Höchstgrenze im Vertrag festgeschrieben werden.[1926] Unwirksam sind auch Klauseln, die dem Mieter Kosten für Schäden auferlegen, die von Dritten verursacht worden sind und für deren Handeln er nicht einzustehen hat[1927] (s. auch Rdn. 79).

632 Der Begriff der Betriebskosten geht damit über die Lastenregelung in § 535 Abs. 1 Satz 3 BGB hinaus. In dem durch den Betriebskostenkatalog vorgegebenen Umfang kann der Vermieter auch persönliche Lasten, wie z. B. aus Hausmeisterverträgen, Gebäudesach- und Haftpflichtversicherungen und Stromlieferungsverträgen für die Hausbeleuchtung, auf den Mieter übertragen. Auf der anderen Seite zählen nicht alle Lasten des Grundstücks i. S. d. § 535 BGB zu den Betriebskosten. Erschließungskosten, verrentete Anliegerleistungen und ähnliche Kosten gehören nicht zu den Bewirtschaftungskosten im Sinne Betriebskosten-Verordnung, sondern entweder zu den Baukosten oder den Kapitalkosten (Einzelheiten zum Betriebskostenrecht s. unter §§ 556ff. BGB).

F. Die Pflicht des Mieters zur Bezahlung der Miete

I. Grundmiete

633 Der Mieter ist gem. § 535 Abs. 2 BGB verpflichtet, die vereinbarte Miete zu entrichten. Dies ist eine **Hauptleistungspflicht** des Mieters. Die Höhe der Miete wird begrenzt durch § 5 WiStG, wonach das Entgelt die ortsübliche Miete um nicht mehr als 20% – in Ausnahmefällen 50% – überschreiten darf (s. Anh. zu § 535 BGB). Weitere Grenzen des zulässigen Mietzinses ergeben sich aus den Vorschriften für den preisgebundenen Wohnungsbau (s. nach § 561 BGB) oder aus den Wohnraumförderungsgesetzen der Länder. Bei sog. Nutzungsverträgen in den östlichen Bundesländern über Erholungsgrundstücke (Datschengrundstücke) und Garagenflächen gilt die Nutzungsentgeltverordnung[1928] bzw. das Schuldrechtsanpassungsgesetz und für Kleingärten (Schrebergärten) die Bestimmungen des BKleingG.

634 Die Verpflichtung des Mieters von Wohnraum zur Zahlung der Miete, ist gemäß § 556b Abs. 1 BGB zu Beginn, spätestens **zum dritten Werktag**[1929] der einzelnen Zeitabschnitte zu erfüllen, nach denen sie bemessen ist (zur **Rechtzeitigkeitsklausel** s. § 536 Rdn. 449 sowie § 556b Rdn. 7, 11). Gem. § 579 Abs. 2 BGB gilt diese Regelung (§ 556b Abs. 1 BGB) auch für Mietverhältnisse über Räume, also insbesondere für Gewerberäume. Von dieser gesetzlichen Regel dürfen die Parteien aber abweichen, da § 556b Abs. 1 BGB – auch eingeschränkt formularvertraglich[1930] – abgeändert werden kann. Umstritten ist, ob die rechtzeitige Leistungshandlung des Mieters allein in der Überweisung liegt oder ob auch der fristgerechte Zahlungseingang auf dem Konto des Vermieters dazu gehört[1931]. Trotz der Entscheidung des Gerichtshofs der Europäischen Gemeinschaften[1932] vom 3. 4. 2008 ist davon auszugehen, dass auch im gewerblichen Bereich die Zahlung eine qualifizierte Schickschuld bleibt; mit dem Verlustrisiko bei Schuldner und dem Verzögerungsrisiko beim

[1926] BGH NJW 2006, 3057 = GE 2006, 1163 = GuT 2006, 224 = NZM 2006, 775 = ZMR 2006, 849 = MietPrax-AK § 535 BGB Nr. 26 mit Anm. *Eisenschmid;* kritisch: *Joachim* GuT 2007, 4.

[1927] BGH GuT 2005, 213 = GE 2005, 1185 = ZMR 2005, 844 = DWW 2005, 372 = NZM 2005, 863 = ZfIR 2005, 692 mit Anm. *Schmid* = MietPrax-AK § 538 BGB Nr. 17 mit Anm. *Eisenschmid.*

[1928] NutzungsentgeltVO (BGBl. 2002 I S. 2563); zu den Anforderungen an die Erhöhung des Nutzungsentgeltes s. BGH WuM 2008, 493 = MDR 2008, 1151 = MietPrax-AK § 3 NutzEV Nr. 2.

[1929] Zum Samstag als Werktag siehe BGH, Urt. v. 13.7.2010 – VIII ZR 129/09 = WuM 2010, 495 = GE 2010, 1111 = NJW 2010, 2879 = NZM 2010, 661 = ZMR 2010, 948; BGH, Urt. v. 13.7.2010 – VIII ZR 291/09.

[1930] OLG Hamm, Rechtsentscheid v. 15. 3. 1993, WuM 1993, 176 = NJW-RR 1993, 710 = MDR 1993, 336 = ZMR 1993, 217 = DWW 1993, 97 = GE 1993, 365; *Meist* ZMR 1999, 801.

[1931] Richtlinie 2000/35/EG des Europäischen Parlaments und des Rates vom 29. Juni 2000 zur Bekämpfung von Zahlungsverzug im Geschäftsverkehr.

[1932] EuGH NJW 2008, 1935; OLG Düsseldorf ZMR 2010, 958 = Gut 2010, 192.

Gläubiger.[1933] Der (Gewerberaum-)Mieter ist allerdings gehalten, die Zahlung so rechtzeitig auf den Weg zu bringen, dass er mit dem rechtzeitigen Eingang des Geldes beim Vermieter rechnen kann.[1934] Soll somit die Miete am dritten Werktag dem Vermieter zur Verfügung stehen, muss der Überweisungsauftrag grundsätzlich am letzten Werktag des Vormonats erteilt werden.[1935] Soweit der Zahlungsverzug nicht auf das Verhalten des Schuldners zurückzuführen ist, kann er hierfür nicht verantwortlich gemacht werden.[1936] Wird dies vom Mieter beachtet, haftet er für Verzugszinsen nicht.[1937] Für den privaten Verbraucher ist die Haftungsfrage nach der vorgenannten Entscheidung des BGH in dem Sinne geklärt, dass er seiner Leistungspflicht genügt, wenn die (Ein-)Zahlung (Überweisungsauftrag) nach Maßgabe des § 556b Abs. 1 BGB erfolgt.[1938] Damit ist die Miete rechtzeitig „entrichtet“. Die Formularklauseln, die dem Mieter, obwohl die Verzögerung von ihm nicht zu vertreten ist, das Risiko eines verzögerten Zahlungseingangs auf dem Konto der Vermieters auferlegen, sind gem. § 307 Abs. 1 Satz 1 BGB unwirksam.[1939] (Einzelheiten s. § 556b Rdn. 9).

Hinsichtlich der Fälligkeit bleibt § 551 BGB a. F. für bestehende Mietverhältnisse in der bis zum In-Kraft-Treten des Mietrechtsreformgesetzes geltenden Fassung anwendbar (Art. 229 § 3 Abs. 1 Nr. 7 EGBGB). Die neue **Fälligkeitsregelung** des § 556b Abs. 1 BGB betrifft somit nur Mietverhältnisse, die nach dem In-Kraft-Treten des Mietrechtsreformgesetzes neu abgeschlossen oder entsprechend vertraglich geändert werden. § 556b Abs. 2 BGB gilt dagegen für alle Mietverhältnisse. **635**

Eine gegenüber der Raummiete **abw. Regelung** findet sich in § 579 Abs. 1 BGB, der für bestimmte Mietverhältnisse die Fälligkeitsregelung des § 551 BGB in der bis zum 30.8.2001 geltenden Fassung unverändert übernommen hat. Ein sachlicher Grund ist für diese Ausnahme gegenüber der sonstigen Miete nicht erkennbar, obwohl die unterschiedlichen Regelungen hinsichtlich ihrer Folgen im Zusammenhang mit § 320 BGB differenziert zu sehen sind.[1940] § 579 Abs. 1 BGB ordnet an, dass die Miete für Grundstücke, für im Schiffsregister eingetragene Schiffe und für bewegliche Sachen am Ende des vereinbarten Zeitabschnittes zu entrichten ist, nachdem sie bemessen ist. **636**

Im Zusammenhang mit den neuen Vorschriften ab 1.9.2001 sind Zweifel hinsichtlich der Anwendbarkeit des § 320 BGB diskutiert worden. Diesbezüglich bringt die (alte) Fälligkeitsregelung der Miete in § 579 Abs. 1 BGB jedoch keine neuen Fragen. Anders ist dies aber wegen der normierten Fälligkeit der Miete zu Beginn des vereinbarten Zeitabschnittes für Mietverhältnisse, die unter den Anwendungsbereich des § 556b Abs. 1 BGB fallen. Aus der Begründung zum Gesetzentwurf[1941] ergibt sich jedoch, dass mit dieser Regelung über die Mietzahlungspflicht lediglich die Vertragswirklichkeit abgebildet werden sollte, ohne allerdings damit die Absicht zu verbinden, weiter gehende Beschränkungen der Mieterrechte vorzunehmen. Daher ist die Anwendung des § 320 BGB für den Mieter **nicht eingeschränkt**[1942] (s. auch § 556b Rdn. 12f.). Ein Blick auf § 556b Abs. 2 BGB bestätigt dieses Ergebnis. Dort ist ausdrücklich geregelt, dass dem Mieter wegen Forderungen aus §§ 536a, 539 BGB sowie aus ungerechtfertigter Bereicherung ein Zurückbehaltungsrecht zusteht, selbst wenn vertraglich etwas anderes geregelt wurde. Die Erwähnung des Zurückbehaltungsrechts in einer Vorschrift mit der Fälligkeitsregelung der Mietzahlung zeigt, dass das Zurückbehaltungsrecht unbeschadet der Fälligkeitsregelung in Absatz 1 fortbestehen soll.[1943] Zur Frage, ob der Vermieter die Überlassung der Mietsache von der Zahlung der ersten Mietzinsrate abhängig machen darf s. § 566b BGB Rdn. 13. **637**

Das neue Recht ab 1.9.2001 wirft die Frage auf, ob eine **Kombination von Vorfälligkeitsklausel und Aufrechnungsverbotsklausel** einer anderen Bewertung als bisher bedarf. Dieses Problem stellt sich nicht bei der Gewerberaummiete, da dort das Minderungsrecht schon nach al- **638**

[1933] *Häublein* PiG 2014 (Bd. 97), 35, 38; offen *Lehmann-Richter* PiG 2014 (Bd. 97), 21, 30.

[1934] *Blank*/Börstinghaus, Miete, § 556b BGB Rdn. 11.

[1935] *Blank*, jurisPR-MietR 4/2017 Anm. 1.

[1936] BGH (VIII ZR 222/15) WuM 2017, 31 = NZM 2017, 120 = ZMR 2017, 231 = GE 2017, 99.

[1937] EuGH NJW 2008, 1935; *Häublein* PiG 2014 (Bd. 97), 35, 38.

[1938] Dafür: LG Wuppertal NZM 2011, 855; AG Kassel NZM 2011, 856; zur Frage der Geldschuld als Schickschuld oder Bringschuld siehe *Herresthal* NZM 2011, 833, 838.

[1939] BGH (VIII ZR 222/15) WuM 2017, 31 = NZM 2017, 120 = ZMR 2017, 231 = GE 2017, 99; *Börstinghaus*, jurisPR-BGHZivilR 2/2017 Anm. 2.

[1940] Vgl. dazu *Sternel* WuM 2002, 244; *Langenberg* NZM 2001, 212, 215; *Hinz* NZM 2001, 264, 268; Börstinghaus/*Eisenschmid*, Arbeitskommentar Neues Mietrecht, S. 231.

[1941] BR-Drucks. 439/00, S. 130.

[1942] Vgl. *Sternel* WuM 2002, 244, der dieses Ergebnis mit einer teleologischen Reduktion begründet.

[1943] **A. A.** *Langenberg* WuM 2001, 523, 526.

tem Recht auch formularvertraglich eingeschränkt werden durfte.[1944] Der grundlegende Beschluss des BGH[1945] hat bei einer Kombination von Vorfälligkeitsklausel und Aufrechnungsverbotsklausel die Vorfälligkeitsklausel allerdings im Wohnraummietverhältnis für unwirksam erklärt, weil durch die Kombination das Minderungsrecht unzulässig eingeschränkt sei. Im Lichte des § 556b Abs. 1 BGB ist dieses Ergebnis für Neuverträge nach Inkrafttreten der Mietrechtsreform nicht mehr aufrecht zu erhalten. Der Gesetzgeber hat mit dieser Vorschrift die Vorauszahlung der Miete gesetzlich festgeschrieben und gleichzeitig in Abs. 2 des § 556b BGB die Möglichkeit des Mieters zur Aufrechnung und Zurückbehaltung erweitert. Entgegen einer anders lautenden vertraglichen Vereinbarung darf der Mieter nunmehr auch mit einer Forderung aus § 812 BGB aufrechnen oder ein Zurückbehaltungsrecht ausüben, wenn er seine Absicht dem Vermieter mindestens einen Monat vor Fälligkeit der Miete schriftlich angezeigt hat. Der Gesetzgeber hat mit dieser Vorschrift die Befugnisse des Mieters zur Aufrechnung bzw. Zurückbehaltung entsprechend erweitert.

639 Aus den Übergangsregeln ergibt sich jedoch **für Altverträge,** die vor dem 1.9.2001 abgeschlossen wurden, eine andere Bewertung. Mit In-Kraft-Treten des Mietrechtsreformgesetzes richtet sich die Fälligkeit der Miete gem. Art. 229 § 3 Abs. 1 Nr. 7 EGBGB für Mietverträge, die zum Zeitpunkt des In-Kraft-Tretens des Mietrechtsreformgesetzes bestanden (Altmietverträge) nach altem Recht. § 556b Abs. 1 BGB ist somit auf Altverträge nicht anwendbar. Dagegen gilt aber § 556b Abs. 2 BGB auch für Altverträge ab In-Kraft-Treten des Mietrechtsreformgesetzes, weil eine spezielle Übergangsregelung fehlt. Daraus kann sich eine andere Beurteilung der vereinbarten Kombinationsklauseln beim Minderungsrecht ergeben, da die Frage der Unwirksamkeit sich nach dem materiellen Regelungsgehalt, also bei Formular- und Verbraucherverträgen nach §§ 307, 309 Nr. 2, 3 BGB und bei Individualverträgen nach §§ 134, 138 BGB[1946] richtet. Da der BGH eine kurzfristige Verschiebung, also eine verzögerte Realisierung des Minderungsrechts für zulässig gehalten hat und dem Mieter die „verzögerte" Aufrechnung mit seinem Anspruch aus § 812 BGB möglich bleibt, wird sein Minderungsrecht nicht unzumutbar eingeschränkt.[1947]

640 Die gleichen Grundsätze sind anzuwenden, wenn die Wirksamkeit einer Kombination zwischen Vorfälligkeitsklausel und einer Klausel, die das Zurückbehaltungsrecht einschränkt, geprüft wird. Daher können auch solche Kombinationen zur Unwirksamkeit der Vorfälligkeitsklausel führen.[1948] Einzelheiten zu diesen Problemkreisen s. unter § 556b BGB.

641 Erhöhungen des Mietzinses für Wohnraum können nur im Rahmen der §§ 557ff. BGB (Einzelheiten s. dort) sowie für den Bestand des preisgebundenen Wohnungsbaus nach den Vorschriften des WoBindG geltend gemacht werden (Einzelheiten s. u. nach § 561 BGB). Mieterhöhungen für Wohnungen, die dem WoFG[1949] unterliegen, sind gem. § 28 WoFG nur im Rahmen der §§ 557ff. BGB möglich; höchstens jedoch auf die Miete nach den Förderbestimmungen (s. dazu nach § 561 BGB).

642 Der Mieter wird von der Verpflichtung zur Mietzahlung nicht dadurch frei, dass er die Mietsache aus einem in seiner Person liegenden Grunde nicht nutzt (s. auch § 537 BGB).

643 Die Art der Miete ist nicht festgelegt. Im Gegensatz zu den Kaufvorschriften hat der Gesetzgeber in § 535 Satz 2 BGB den Begriff „entrichten" verwendet. Es können somit alle Arten von Gegenleistung vereinbart werden, ohne den Charakter des Vertrages als Mietvertrag zu verändern.[1950] Häufig wird bei **typischen Werkdienstwohnungen** ein Teil des Mietzinses mit der Arbeitsleistung des Mieters entrichtet. Aber auch andere kleinere Tätigkeiten zu Gunsten des Vermieters, wie z. B. die Versorgung der Haustiere, Reinigungsarbeiten oder sonstige Haushalts- und Überwachungsdienste,[1951] können als Entgelte vereinbart werden. Die Gegenleistung kann selbst

---

[1944] *Horst* DWW 2008, 42, 43 mit weiteren Klauselbeispielen.

[1945] BGH WuM 1995, 28 = NJW 1995, 254 = ZMR 1995, 60 = MDR 1995, 142.

[1946] *Langenberg* WuM 2001, 523, 526; *Börstinghaus/Eisenschmid* § 556b S. 234.

[1947] BGH (VIII ZR 345/10) WuM 2011, 676 = MietPrax – AK § 556b BGB Nr. 6; BGH (VIII ZR 191/10) WuM 2011, 418 = MietPrax-AK § 543 BGB Nr. 20 = NJW 2011, 2201 = GE 2011, 947 = NZM 2011, 579; BGH (VIII ZR 337/06) WuM 2008, 152 = GE 2008, 113; WuM 1995, 28; *Derleder* WuM 2007, 599, 607; *Mummenhoff,* jurisPR-MietR 12/2008 Anm. 5.

[1948] **A. A.** *Lützenkirchen/Junker* D 38.

[1949] Wohnraumföderungsgesetz (WFG) vom 13.9.2001 (BGBl. 2001 I S. 2376).

[1950] BGH WuM 1989, 229 = NJW-RR 1989, 589 = MDR 1989, 628 = ZMR 1989, 212; zur Entgelttheorie des BGH für vom Mieter übernommene Schönheitsreparaturen s. BGH WuM 1985, 46 = NJW 1985, 480 = DWW 1985, 50.

[1951] LG Hamburg WuM 1993, 667; LG Aachen WuM 1989, 382 = ZMR 1989, 227.

in der Überlassung von Räumen oder eines Grundstücks bestehen[1952] – es handelt sich in diesen Fällen nicht um Tausch – oder in der Übernahme von öffentlichen Abgaben. Der Mietvertrag bildet auch in diesen Fällen **eine Einheit,** so dass der Vermieter den Vertrag z. B. nicht wegen der Dienstleistung kündigen und nunmehr für die Räume Geldzahlung verlangen kann.[1953]

Bei Geschäftsräumen steht es den Vertragspartnern grundsätzlich frei, über welche Höhe der Miete sie sich einigen. Die Höhe des Mietzinses ist im Zweifel durch Vertragsauslegung zu ermitteln, z. B., wenn der Mieter ein ihm eingeräumtes Optionsrecht wahrnimmt.[1954] Bleiben im Vertrag die Bedingungen offen, zu denen der Mieter nach Ablauf der Mietzeit weiter mieten kann, hat eine den beiderseitigen Interessen Rechnung tragende Auslegung dahingehend zu erfolgen, dass der Mieter die Räume nach Ablauf der Mietzeit zu einem angemessenen, d. h. orts- und marktüblichen Mietzins wieder mieten kann.[1955] **Die Grenze der Miethöhe** ergibt sich unter dem Gesichtspunkt des Wuchers (§ 291 StGB) und der Sittenwidrigkeit nach § 138 BGB[1956] (weitere Einzelheiten: Anh. zu § 535 BGB). **644**

Hinsichtlich der Zahlungsmodi ist der Vermieter von Geschäftsraum ebenfalls weitgehend frei. So kann er wirksam vereinbaren, dass die Miete z. B. für eine bestimmte Saison im Voraus zu zahlen ist.[1957] Zur Umsatzmiete vgl. Rdn. 268 ff. **645**

II. Schönheitsreparaturen

Die gesetzliche Erhaltungspflicht der Mietsache durch den Vermieter kann in einigen Bereichen auf den Mieter vertraglich übertragen werden. Das gilt sowohl für den Bereich der **Schönheitsreparaturen** wie auch für **Bagatellreparaturen.** Die vertragliche Überwälzung der Schönheitsreparaturen ist fast allgemein üblich, wenn auch nicht zur Verkehrssitte[1958] oder zum Gewohnheitsrecht geworden. Nachdem der VIII. Zivilsenat seine Rechtsprechung zu Schönheitsreparaturen geändert hat, können diese durch Formularvereinbarung wirksam auf den Mieter nur übertragen werden, wenn ihm eine renovierte Wohnung überlassen wurde.[1959] Einzelheiten zur vertraglichen Abwälzung s. Rdn. 63 ff. sowie § 538 BGB. **646**

In der Übernahme der Schönheitsreparaturen sieht die Rechtsprechung[1960] einen Teil des Entgeltes für die Mietsache, den der Vermieter bei der Bestimmung des Mietzinses einkalkuliert hat.[1961] Daher wird in der Übertragung der Schönheitsreparaturen die Übertragung einer **Hauptpflicht** gesehen, was zur Folge hat, dass eine Vertragsverletzung nach den dafür maßgebenden Normen zu beurteilen ist. Der Vermieter hat daher einen einklagbaren Erfüllungsanspruch, der sich gem. §§ 280, 281 BGB zum Schadensersatzanspruch wandelt. Dies gilt allerdings nur für den Anspruch bei Beendigung des Mietverhältnisses. Im laufenden Vertragsverhältnis ist die Umwandlung in einen Schadensersatzanspruch ausgeschlossen,[1962] da die Schönheitsreparaturen nur dem Mieter zugute kommen sollen. Der Vermieter kann aber einen Vorschuss vom Mieter in Höhe der erforderlichen Renovierungskosten fordern, wenn dieser sich in Verzug befindet.[1963] Weitere Einzelheiten s. § 538 BGB. **647**

[1952] BGH WuM 1994, 460 = NJW-RR 1994, 971 = MDR 1994, 796 = ZMR 1994, 457; LG Berlin GE 1984, 529.

[1953] LG Aachen WuM 1989, 382 = ZMR 1989, 227.

[1954] OLG Düsseldorf WuM 2000, 77.

[1955] BGH WuM 1992, 312 = NJW-RR 1992, 517 = ZMR 1992, 237.

[1956] Zur Ermittlung des unzulässigen Mietzinses vgl. *Gather* DWW 2002, 54, 55 m. w. N.

[1957] OLG Düsseldorf ZMR 1999, 388 = MDR 1999, 735 = WuM 2000, 34.

[1958] *Sonnenschein* PiG 46, 1995, 7, 22; einschränkend BGHZ 101, 253.

[1959] BGH (VIII ZR 185/14) WuM 2015, 338 = MietPrax-AK § 538 BGB Nr 65 = NZM 2015, 374 = GE 2015, 649 = ZMR 2015, 685; BGH (VIII ZR 242/13) WuM 2015, 343 = MietPrax-AK § 538 BGB Nr 66 = NJW 2015, 1871 = ZMR 2015, 690 = GE 2015, 721.

[1960] BGH WuM 1980, 241 = NJW 1980, 2347 = MDR 1981, 45 = ZMR 1980, 378 = JuS 1981, 145; NJW 1983, 446 = MDR 1983, 394 = ZMR 1983, 93 = DWW 1983, 17 = GE 1983, 117; Rechtsentscheid vom 30.10.1984, WuM 1985, 46 = NJW 1985, 480 = ZMR 1985, 84 = MDR 1985, 400 = JZ 1985, 428; OLG Hamm, Rechtsentscheid vom 14.7.1981, WuM 1981, 196 = NJW 1981, 2362 = MDR 1981, 1019 = ZMR 1981, 342.

[1961] Zweifelnd *Sonnenschein* PiG 46, 1995, 7, 22; *Hemming* WuM 1987, 110; *Eisenschmid* WuM 1980, 242.

[1962] BGH (VIII ZR 192/04) WuM 1990, 494 = NJW 1990, 2376 = NJW-RR 1990, 1231 = MDR 1991, 142 = DWW 1990, 266 = GE 1990, 1139 zu § 326 BGB a. F.

[1963] BGH WuM 2005, 383 = NZM 2005, 450 = ZMR 2005, 523 = NJW 2005, 1862 = GE 2005, 662 = MietPrax-AK § 538 Nr. 15 mit Anm. *Eisenschmid.*

III. Kleinreparaturen

648 Die Übertragung von Kosten für Kleinreparaturen auf den Mieter ist grundsätzlich zulässig.[1964] Da derartige Vereinbarungen aber den Kern des Mietverhältnisses betreffen, sind sie nur mit Zurückhaltung zuzulassen und im Zweifel eng und zu Lasten des Vermieters auszulegen. Wird die **Überwälzung von Kosten für Kleinreparaturen** im Rahmen eines Formularmietvertrages oder eines Verbrauchervertrages vereinbart, muss der Vermieter bestimmte Voraussetzungen für deren Wirksamkeit beachten[1965]. U. a. muss der Vermieter einen Höchstbetrag pro Jahr[1966] und eine Obergrenze pro einzelne Reparatur einhalten.[1967] Unangemessen ist daher eine Kostenbeteiligung an Reparaturen, die einen höheren Aufwand erfordern. Einzelheiten s. Rdn. 73ff. sowie § 538 BGB Rdn. 52ff. Nimmt man auch hier an, dass der Vermieter die Überwälzung der Reparaturkosten in den Mietzins einkalkuliert hat, muss bei der Pflicht des Mieters zur Kostentragung von einer Hauptpflicht ausgegangen werden. An der Leistungspflicht des Vermieters von Wohnraum ändert dies nichts, weil der Mieter wegen § 536 Abs. 4 BGB nur zur Kostentragung, nicht aber zur Durchführung von Kleinreparaturen verpflichtet werden darf.[1968]

IV. Nebenkosten/Betriebskosten

649 Nach § 535 Abs. 1 Satz 3 BGB hat der Vermieter die auf der vermieteten Sache ruhenden Lasten zu tragen. Da somit **alle Leistungen des Vermieters** durch den Mietzins abgegolten werden, ist die gesetzlich vorgesehene Miete die „Brutto-Warm-Miete". Nach der HeizkV[1969] ist der Vermieter allerdings verpflichtet, die Heiz- und Warmwasserkosten verbrauchsabhängig zu erfassen und auf die Nutzer zu verteilen, so dass die reine Warmmiete unzulässig ist, soweit nicht Ausnahmen (§§ 2, 11 HeizkV) greifen.

650 Die Vertragsparteien können aber auch vereinbaren, dass über Betriebskosten jährlich abgerechnet wird und der Mieter **monatliche Vorauszahlungen** auf die Betriebskosten leistet. Dabei dürfen aber bei Wohnraummietverhältnissen nur solche Betriebskosten als umlagefähig vereinbart werden, die gem. § 556 Abs. 1 i. V. m. der Betriebskostenverordnung bzw. in der Anlage 3 zu § 27 II. BV aufgeführt sind. Betriebskosten sind solche Kosten, die dem Eigentümer durch das Eigentum am Grundstück oder durch den bestimmungsmäßigen Gebrauch des Gebäudes oder der Wirtschaftseinheit, der Nebengebäude, Anlagen, Einrichtungen und des Grundstücks laufend entstehen. Weitere Einzelheiten dazu § 556 BGB. Bei anderen als Wohnraummietverhältnissen lassen sich auch **andere Kosten neben der Grundmiete** wirksam vereinbaren, z. B. Verwaltungskosten als Pauschalen in Abhängigkeit der Nettomiete.[1970]

651 Rechtlich gehören die Betriebskosten zum Mietzins, was aber im Gesetz nicht immer konsequent durchgehalten wird. So werden die Betriebskosten nicht berücksichtigt, wenn es um die zulässige Höhe einer Kaution gem. § 551 BGB geht. Andererseits kann der Vermieter beim Zahlungsverzug des Mieters gem. § 543 Abs. 2 BGB fristlos kündigen. Zum Mietzins, mit dem der Mieter **in Verzug** geraten muss, gehören auch periodische Zahlungen. Daher gehören die monatlichen Vorauszahlungen auf die Betriebskosten hier zum Mietzins, nicht aber die nach einer Abrechnung geforderte Schlusszahlung.[1971]

1964 BGH WuM 1989, 324 = NJW 1989, 2247 = NJW-RR 1989, 1160 = ZMR 1989, 327 = MDR 1989, 907.

1965 AG Leipzig ZMR 2004, 120; vgl. Lützenkirchen MietRB 2004, 23 mit Musterformulierung.

1966 AG Hannover WuM 2008, 721.

1967 BGH (XII ZR 158/01) NZM 2005, 863 = GuT 2005, 213 = ZMR 2005, 844 = DWW 2005, 372 = GE 2005, 1185 = MietPrax-AK § 538 BGB Nr. 17 mit Anm. *Eisenschmid;* zur zulässigen Höhe siehe *Emmert,* jurisPR-MietR 2/2014 Anm. 6 zu AG Bingen WuM 2013, 349.

1968 BGH WuM 1992, 355 = NJW 1992, 1759 = MDR 1992, 669 = ZMR 1992, 332 = DWW 1992, 207 = GE 1992, 663.

1969 Verordnung über die verbrauchsabhängige Abrechnung der Heiz- und Warmwasserkosten v. 2.12.2008 (BGBl. I S. 2375).

1970 AG Schöneberg ZMR 2000, 685.

1971 OLG Koblenz, Rechtsentscheid vom 26.7.1984, WuM 1984, 269 = NJW 1984, 2369 = ZMR 1984, 351 = GE 1984, 817.

V. Zuschläge

Für preisgebundene Wohnungen, auf die § 26 NMV 1970 anwendbar ist (vgl. § 50 WoFG), dürfen Zuschläge erhoben werden (s. auch Anh. zu § 561 BGB). Die Zuschläge sind neben der aus der Wirtschaftlichkeitsberechnung ermittelten Einzelmiete zulässig: **652**

- wenn die Wohnung mit Genehmigung der zuständigen Stelle ganz oder teilweise ausschließlich zu anderen als Wohnzwecken, insbesondere zu gewerblichen oder beruflichen Zwecken, benutzt wird und dadurch eine erhöhte Abnutzung möglich ist;
- wenn der Wohnraum untervermietet wird;
- wenn der Vermieter für die Wohnung Ausgleichszahlungen nach § 7 WoBindG entrichten muss;
- wenn erhöhte laufende Aufwendungen gedeckt werden sollen;
- wenn der Vermieter Nebenleistungen erbringt, die nicht allgemein üblich sind oder nur einzelnen Mietern zugutekommen;
- wenn durch Ausbau nach § 26 Abs. 7 NMV Zubehörräume neu geschaffen wurden.

Im freifinanzierten Wohnungsbau kommen Zuschläge regelmäßig dann in Betracht, wenn der Wohnraum auch teilgewerblich genutzt werden soll (s. Rdn. 313). **653**

VI. Umsatzsteuer

Mietverträge über Grundstücke sind grundsätzlich von der Umsatzsteuerpflicht befreit (§ 4 Nr. 12a UStG)[1972]. Die Befreiung erstreckt sich auch auf Nebenleistungen, wie die Lieferung von Strom, Heizwärme und Wasser durch den Vermieter[1973], nicht aber auf Dienstleistungen wie die Reinigung des Gebäudes. Ob eine steuerfreie Nebenleistung vorliegt, ist danach zu ermitteln, ob die Leistung zu einer Hauptleistung gehört. Das ist der Fall, wenn sie aus der Sicht des Durchschnittsverbrauchers im Vergleich zu der Hauptleistung nebensächlich ist, mit ihr eng – im Sinne einer wirtschaftlich gerechtfertigten Abrundung und Ergänzung – zusammenhängt und üblicherweise in ihrem Gefolge vorkommt. Sie darf für den Leistungsempfänger keinen eigenen Zweck haben, sondern sie muss das Mittel darstellen, um die Hauptleistung des Leistenden unter optimalen Bedingungen in Anspruch nehmen zu können.[1974] Eine einheitliche Leistung liegt nur dann vor, wenn zwei oder mehr Handlungen so eng miteinander verbunden sind, dass sie objektiv eine einzige untrennbare wirtschaftliche Leistung bilden, deren Aufspaltung wirklichkeitsfremd wäre.[1975] **654**

Der Vermieter kann bei Mietverträgen über Gewerberaum formlos[1976] unter den Voraussetzungen des § 9 Abs. 2 UStG zur Umsatzsteuer optieren.[1977] Ob der Vermieter von der Befugnis, die ihm § 9 Abs. 2 UStG eröffnet, Gebrauch macht, unterliegt seinem freiem Ermessen[1978]. Er ist auch dem Mieter gegenüber nicht verpflichtet, für die Mehrwertsteuer zu optieren. Das gilt auch für einen Erwerber, wenn nicht eine ausdrückliche vertragliche Regelung besteht[1979] (siehe dazu § 566 Rdn. 99). Selbst wenn der Mieter aus besonderen Gründen ein sehr starkes Interesse daran hat, dass der Vermieter die Option ausübt, handelt Letzterer nicht treuwidrig, wenn er sich ohne vertragliche Bindung darauf nicht einlässt.[1980] Für den Vermieter ist die Ausübung der Option dann von Interesse, wenn ihm dadurch die beim Bau oder beim mehrwertsteuerpflichtigen Erwerb anfallenden Vorsteuern erstattet werden können.[1981] Der Vermieter ist nur bei besonderer Vereinbarung (auch formularvertraglich) berechtigt, vom Mieter Umsatzsteuer auf die Miete zu verlangen. Für eine solche Vereinbarung genügt in dem vom Vermieter verwandten Formularvertrag die **655**

1972 Nicht befreit ist die Vermietung von Parkplätzen, Wohn- und Schlafräumen (§ 4 Nr. 12 Satz 2 UStG); zur Abgrenzung von nicht steuerbefreiten beweglichen Wirtschaftsgütern siehe *Herlitz,* WImmoT 2014, 151, 153.

1973 BFH, Urt. v. 15.1.2009 – V R 91/07 – juris; vgl. auch Urt. v. 9.12.1971 – V R 84/71 – juris; Urt. v. 21.7.1999 – V B 61/99 – juris.

1974 BFH, Urt. v. 15.1.2009 – V R 91/07 – juris.

1975 EuGH, Urt. v. 11.6.2009 – C-572/07 = ZMR 2009, 825; zur Verpachtung von Dachflächen zwecks Betriebs einer Photovoltaikanlage, siehe *Herlitz,* WImmoT 2014, 151, 154.

1976 Herlitz, WImmoT 2014, 151, 157, auch der Widerruf der Option ist formlos möglich.

1977 *Weitemeyer* NZM 2006, 881, 887.

1978 BGH WuM 1991, 282 = NJW-RR 1991, 647 = MDR 1991, 630 = ZMR 1991, 170 = GE 1991, 397.

1979 OLG München ZMR 2012, 621 = NZM 2012, 764.

1980 OLG Naumburg WuM 2000, 328.

1981 *Herrlein* ZMR 1996, 306.

Formulierung, dass der Mieter auf Verlangen des Vermieters Mehrwertsteuer zu zahlen hat, falls der Vermieter für die Umsatzsteuer optiert.[1982]

656 Aber allein die vertragliche Vereinbarung über die Pflicht zur Umsatzsteuerzahlung reicht nicht aus, um den Mieter wirksam zu verpflichten. Es obliegt nämlich **nicht der Dispositionsbefugnis** der Vertragsparteien, nach dem Gesetz steuerfreie Umsätze durch bloße Vereinbarung steuerpflichtig zu machen.[1983] Vielmehr muss der Vermieter den Umsatz auch als steuerpflichtig behandeln (§ 9 Abs. 1 UStG) und der Mieter muss das Grundstück für Umsätze verwenden oder zu verwenden beabsichtigen, die den Vorsteuerabzug nicht ausschließen (§ 9 Abs. 2 UStG), also für unternehmerische Zwecke.[1984]

657 § 27 Abs. 2 UStG regelt Ausnahmen von der Vorschrift des § 9 Abs. 2 UStG, wonach der Vermieter unter den erleichterten Voraussetzungen des § 9 Abs. 1 UStG auf die Umsatzsteuerfreiheit verzichten kann[1985]. § 9 Abs. 2 UStG ist nicht anzuwenden, wenn das auf dem Grundstück errichtete Gebäude

1. Wohnzwecken dient oder zu dienen bestimmt ist und **vor dem 1. 4. 1985** fertig gestellt worden ist,
2. anderen nichtunternehmerischen Zwecken dient oder zu dienen bestimmt ist und **vor dem 1. 1. 1986** fertig gestellt worden ist,
3. anderen als in den Nummern 1 und 2 bezeichneten Zwecken dient oder zu dienen bestimmt ist und **vor dem 1. 1. 1998** fertig gestellt worden ist,

und wenn mit der Errichtung des Gebäudes in den Fällen der Nummern 1 und 2 **vor dem 1. 6. 1984** und in den Fällen der Nummer 3 **vor dem 11. 11. 1993** begonnen worden ist.

658 Hat der Vermieter im laufenden Mietverhältnis für die Mehrwertsteuer gem. § 9 i. V. m. § 4 Nr. 12 UStG optiert, führt dies ohne vertragliche Regelung nicht zu der Pflicht des Mieters, einer diesbezüglich veränderten Zahlungsmodifikation zuzustimmen.[1986] Für den Verzicht auf die Steuerbefreiung genügt es, dass der Unternehmer die Steuer gegenüber dem Leistungsempfänger offen ausweist oder die Leistung tatsächlich der Versteuerung unterwirft.[1987] Kann der Mieter im Prozess weder die eine noch die andere Tatsache darlegen und beweisen, scheitert er mit einem Anspruch auf Ausstellung einer Rechnung mit Mehrwertsteuer.[1988] Ist aber eine Umsatzsteuer wirksam vereinbart, hat der Mieter einen Anspruch **auf gesonderte Ausweisung** (§ 14 UStG) des Steuerbetrages, um diesen als Vorsteuer(§ 15 UStG) geltend zu machen.[1989] Für eine wirksame Mietvereinbarung reicht es aus, wenn der Mieter die Miete „incl. Mehrwertsteuer" zu zahlen hat[1990]. Kann der Vermieter die gesonderte Ausweisung der Mehrwertsteuer nicht vornehmen, macht er sich schadensersatzpflichtig.[1991] Zahlt der Mieter trotz vereinbarter Umsatzsteuer nur den Nettomietzins, kann der Vermieter mit Wirkung auf das Mietverhältnis seine Umsatzsteueroption widerrufen. Anderenfalls könnte der Mieter den Vorsteuerabzug geltend machen, obwohl er seinerseits keine entsprechenden Steuern zahlt.[1992]

659 Eine Klausel, die den Vermieter formularvertraglich berechtigt, nach Vertragsschluss einseitig die Zahlung der Mehrwertsteuer zu verlangen, verstößt jedenfalls dann gegen § 307 BGB, wenn beide Vertragsparteien **nicht umsatzsteuerpflichtig** sind.[1993] Dies folgt in erster Linie aus steuerrechtlichen Gründen, weil die Steuerpflicht nicht der Dispositionsbefugnis der Parteien unterliegt (s.

1982 BGH (XII ZR 137/99) NZM 2001, 952 = NJW-RR 2002, 9 zur Fassung des § 27 Abs. 2 UStG 1993.

1983 BGH (XII ZR 292/02) GuT 2004, 159 = NZM 2004, 785 = ZMR 2004, 812 = GE 2004, 1230.

1984 BGH (XII ZR 79/07) NZM 2009, 237 = ZMR 2009, 436 = GE 2009, 840 = MietPrax-AK § 535 BGB Nr 37; *Herrlein* NZM 2013, 409, 413; zu den Ausnahmen s. *Ortmanns/Neumann* ZMR 2010, 91, 92; *Herlitz,* WImmoT 2014, 151, 156.

1985 Siehe Beispiele bei *Herrlein* NZM 2005, 648, 649.

1986 OLG Stuttgart NJW 1973, 2066; *Wolf/Eckert/Ball* Rdn. 449; *Fritz,* Gewerberaummietrecht, Rdn. 99, *Herrlein* NZM 2013, 49, 413; 2005, 648, 649.

1987 BFH BStBl II 1995, 426.

1988 OLG Düsseldorf ZMR 2001, 529.

1989 *Wolf/Eckert/Ball* Rdn. 455.

1990 BGH (XII ZR 292/02) GuT 2004, 159 = ZMR 2004, 812 = GE 2004, 1230 = NZM 2004, 785 = MietPrax-AK § 535 BGB Nr. 8.

1991 OLG Hamm NJW-RR 2003, 1593 = ZMR 2003, 925 m. Anm. *Kieserling;* s. auch *Herrlein* NZM 2005, 648, 649.

1992 OLG Hamm ZMR 1997, 457; *Herrlein* NZM 2013, 49, 413.

1993 LG Magdeburg WuM 1996, 700 = NJW-MietR 1996, 59 = ZMR 1997, 84; *Bub* NZM 1998, 789, 794.

Rdn. 656) und des Weiteren aus dem Umstand, dass für den Mieter bei der nachträglichen Option auf die Mehrwertsteuer diese keinen Durchlaufposten, sondern eine echte Mieterhöhung darstellen würde. Kein Verstoß gegen Treu und Glauben (§ 307 BGB) ist aber im Falle einer formularvertraglichen Vereinbarung über die Pflicht zur Zahlung der Umsatzsteuer anzunehmen, wenn der Vermieter die Möglichkeit der Option hat und für den Fall der Ausnutzung seiner steuerlichen Möglichkeiten den Mieter zur Zahlung der Mehrwertsteuer verpflichten kann.[1994]

Hat der Vermieter gewerblicher Räume im Mietvertrag nur für die Grundmiete die Zahlung einer Umsatzsteuer festgehalten, so kann dennoch im Wege **ergänzender Vertragsauslegung** angenommen werden, dass der Mieter auch zur Zahlung der Umsatzsteuer auf die abgerechneten Nebenkosten verpflichtet werden sollte.[1995] Weist die Betriebskostenabrechnung den Umsatzsteuerbetrag nicht gesondert aus, kann der Mieter ein **Zurückbehaltungsrecht** gem. § 273 BGB geltend machen.[1996] **660**

Davon zu unterscheiden ist der Fall, dass der Vermieter die Betriebskosten i. S. d. Anl. 3 zu § 27 II. BV oder i. S. d. Betriebskosten-Verordnung einschließlich der auf sie gezahlten Mehrwertsteuer umlegt. Dies ist sowohl bei der Wohnraummiete als auch grundsätzlich bei der Gewerberaummiete[1997] zulässig und zwar ungeachtet etwaiger vertraglicher Weitergabe-Klauseln. Der umsatzsteuerpflichtige Mieter hat dadurch keinen Nachteil, da er diese Steuer als Vorsteuer geltend machen kann. **661**

Auch die **Nutzungsentschädigung** gem. § 546a BGB kann der Umsatzsteuer unterliegen, weil es sich dabei nicht um einen Schadensersatzanspruch sondern um einen Anspruch eigener Art handelt, der an die Stelle des Mietzinsanspruchs tritt.[1998] Hieraus folgt, dass auch die Nutzungsentschädigung der Umsatzsteuer unterliegt, wenn der Vermieter hierfür hinsichtlich des Mietzinses optiert hat[1999] (zur Minderung s. § 536 Rdn. 320). Gleiches gilt für Ansprüche auf Nutzungsentschädigung gem. §§ 987, 990 BGB, da diese für die weitere Nutzung einer Sache zu zahlen sind und damit in der Gewährung einer Leistung ihre Ursache haben.[2000] **662**

Stellt sich bei vereinbarter Umsatzsteuer nach Vertragsschluss heraus, dass der Vermieter nicht umsatzsteuerpflichtig ist oder verzichtet bzw. verliert der Vermieter im Laufe der Mietzeit das Recht, Umsatzsteuer zu verlangen, braucht der Mieter grundsätzlich den in der Miete enthaltenen Steueranteil nicht weiter zu bezahlen[2001] und der Vermieter schuldet ggf. Schadensersatz.[2002] Der Zahlungsanspruch des Vermieters über die Nettomiete hinaus kommt jedoch unter dem Gesichtspunkt der ergänzenden Vertragsauslegung[2003] oder des Wegfalls der Geschäftsgrundlage in Betracht.[2004] **663**

Wird andererseits der Mieter im Laufe der Zeit nicht mehr umsatzsteuerpflichtig,[2005] entfällt die Option des Vermieters auf Umsatzsteuerbefreiung (vgl. § 9 Abs. 2 Satz 1 UStG), da er den Nachweis der Umsatzsteuerpflicht des Mieters nicht führen kann (Satz 2). **664**

[1994] BGH (XII ZR 137/09) NJW-RR 2002, 9 = NZM 2001, 952; *Bartholomai/Lindner-Figura/Stellmann* in: Lindner-Figura/Oprée/Stellmann, Kap. 10 Rdn. 99.

[1995] OLG Schleswig ZMR 2001, 618; OLG Düsseldorf WuM 1996, 211 = NJW-RR 1996, 1035 = ZMR 1996, 82 = DWW 1996, 251; s. auch BGH WuM 1981, 106 = NJW 1981, 976 = MDR 1981, 665 = ZMR 1981, 113 = GE 1981, 621; *Lindner-Figura* in: Lindner-Figura/Oprée/Stellmann, Kap. 5 Rdn. 109; zur Teiloption für Nebenleistungen *Haase* ZMR 2004, 795; *Schütz* NZM 2014, 417.

[1996] *Leo/Ghassemi-Tabar* NZM 2008, 187, 190 *Schütz* NZM 2014, 417, 419.

[1997] *Herrlein* NZM 2013, 49, 417; *Westphal* ZMR 1998, 262, 264.

[1998] BGH NJW 1974, 556 = MDR 1974, 484; bestätigt durch BGH WuM 1999, 161.

[1999] BGH NJW 1996, 1815 = NJW-RR 1996, 460 = MDR 1996, 354 = ZMR 1996, 131 = DWW 1996, 250 = GE 1996, 600; *Pietz/Oprée* in: Lindner-Figura/Oprée/Stellmann, Kap. 16 Rdn. 80.

[2000] BGH WuM 1999, 161; BGH MDR 1998, 94.

[2001] BGH (XII ZR 292/02) GuT 2004, 159 = ZMR 2004, 812 = GE 2004, 1230 = NZM 2004, 785 = MietPrax-AK § 535 BGB Nr. 8.; *Leo/Markus* NZM 2005, 167, 168.

[2002] OLG Hamm NZM 2003, 945; auf die für den Mieter mit dem Verlust des Vorsteuerabzugs verbundenen Gefahren weist *Herrlein,* NZM 2015, 73f., hin.

[2003] KG ZMR 2012, 860.

[2004] BGH (XII ZR 79/07) NZM 2009, 237 = MietPrax-AK § 535 BGB Nr 37 = ZMR 2009, 436 = GE 2009, 840; BGH (XII ZR 292/02) GuT 2004, 159 = ZMR 2004, 812 = GE 2004, 1230 = NZM 2004, 785 = MietPrax-AK § 535 BGB Nr. 8; KG GE 2012, 1316; zur Ausübung eines Optionsrechts bei Veräußerung siehe *Streyl* NZM 2012, 751.

[2005] Zur Bagatellgrenze s. *Herrlein* ZMR 1996, 306; *Rademacher* MDR 2000, 57, 60; zum Formulierungsvorschlag eines Auskunftsanspruchs zur Sicherung der Option vgl. *Rademacher* MDR 2000, 57, 60.

665 Haben die Parteien eines langfristigen Mietvertrages einen Mietzins einschließlich Umsatzsteuer (Brutto) vereinbart, so können nach § 29 UStG der Mieter **eine Mietsenkung** und der Vermieter **eine Mieterhöhung** verlangen, wenn sich der Umsatzsteuersatz entsprechend verändert.

VII. Weitere Mieterleistungen

666 Der Mieter kann auch andere Vermögensaufwendungen zu Gunsten der Mietsache, namentlich **Finanzierungsbeiträge,** erbringen. Dies ist grundsätzlich zulässig. Einschränkungen ergeben sich im Rahmen des § 9 WoBindG für den öffentlich geförderten Wohnungsbau sowie nach § 14 HeimG, wonach es dem Träger eines Heims grundsätzlich untersagt ist, sich Geld oder geldwerte Leistungen versprechen oder gewähren zu lassen (s. Rdn. 699ff.).

1. Mietvorauszahlung/Mieterdarlehen

667 Die Mietvorauszahlung ist ein vorausbezahlter Mietzins, der nicht vereinbarungsgemäß zu Bau- oder Instandsetzungsarbeiten an der vermieteten Sache geleistet wird und dessen Verwendung dem Vermieter freigestellt ist.[2006] Im Falle der Veräußerung tritt der Erwerber gem. § 566, 578 BGB in die Vereinbarung über die Mietvorauszahlung ein.[2007] Beim Tod des Mieters ist die Mietvorauszahlung auch gegenüber dem Ehegatten oder einem Angehörigen, der den Mietvertrag fortsetzt, wirksam (§ 563b Abs. 1, 2 BGB).

668 Das Mieterdarlehen ist ein Darlehen gem. § 607 BGB, das der Mieter dem Vermieter mit Rücksicht auf den Abschluss des Mietvertrages gewährt.[2008] In aller Regel erfolgt die Tilgung des Darlehens dadurch, dass die einzelnen Darlehensraten mit dem laufenden Mietzins bei Fälligkeit verrechnet werden. Bei der Mietvorauszahlung wird dagegen der Mietzins bereits mit der Hingabe des Zuschusses getilgt.

669 Ob im Einzelfall **ein Mieterdarlehen** oder **eine Mietvorauszahlung** mit dem Privileg des § 547 Abs. 2 BGB vorliegt, hängt im Wesentlichen nicht von der Vertragsgestaltung oder der Bezeichnung der Parteien, sondern von dem verfolgten **wirtschaftlichen Zweck** ab.[2009] Indizien für eine Mietvorauszahlung sind z. B. ein weit unter dem Kapitalmarkt vereinbarter Zins bzw. Unverzinslichkeit,[2010] eine Tilgung in kleinen Raten,[2011] insbesondere die Verrechnung mit der monatlichen Miete[2012] oder die Koppelung der Laufzeit an die Dauer des Mietverhältnisses.[2013] Für die Annahme eines Mieterdarlehens muss in jedem Fall ein vom Mietvertrag **abgekoppeltes Kreditgeschäft** vorliegen, sonst wird die Geldhingabe regelmäßig als verkappte Mietvorauszahlung zu werten sein. Wurde die Abrede getroffen, dass die Mietvorauszahlung oder das Mieterdarlehen zur **Herstellung oder Instandsetzung** von Wohnraum zu verwenden ist, handelt es sich um einen Finanzierungsbeitrag des Mieters. Ist der Finanzierungsbeitrag auch tatsächlich für die baulichen Maßnahmen verwendet worden, muss auch der Insolvenzverwalter[2014] oder der Ersteher in der Zwangsversteigerung diese Zahlungen gegen sich gelten lassen[2015] (s. dazu auch Vor § 535 BGB Rdn. 323). Die Vereinbarung einer Mietvorauszahlung oder eines Mieterdarlehens ist grundsätzlich ohne Einschränkungen zulässig.[2016] Bei Wohnraum ist die zwingende Vorschrift des § 547 BGB zu beachten, die die Zurückerstattung vorausbezahlter Miete regelt.

670 Auch wenn es sich bei dem Mieterdarlehen um ein vom Mietverhältnis rechtlich abgekoppeltes Kreditgeschäft handelt, sind doch vertragliche Überlagerungen möglich. Wie auch bei der Mietvorauszahlung kann sich im Einzelnen z. B. aus der Verrechnungsabrede ergeben, dass bis zur Tilgung

---

2006 Palandt/*Weidenkaff* Einf. v. § 535 Rdn. 112.
2007 BGH ZfJR 1998, 292; *Emmerich* in Staudinger § 566b Rdn. 13, 15; *von der Osten* in Bub/Treier III. A Rdn. 1935.
2008 Palandt/*Weidenkaff* Einf. v. § 535 Rdn. 114.
2009 BGH NJW 1971, 1658 = MDR 1971, 923.
2010 BGH BGHZ 54, 347; LG Berlin GE 1999, 1650; AG Neukölln GE 1999, 1650.
2011 BGH NJW 1970, 1124 = MDR 1970, 671.
2012 LG Berlin GE 1999, 1650; AG Neukölln GE 1999, 1650.
2013 *Von der Osten* in Bub/Treier III. A Rdn. 1929.
2014 BGH BGHZ 6, 202.
2015 BGH NJW 1967, 555 = MDR 1967, 297 = BB 1967, 56; *Klawikowski* Rpfleger 1997, 418; strittig: s. *Wolf/Eckert/Ball* Rdn. 1393f.).
2016 *Von der Osten* in Bub/Treier III. A Rdn. 1926; vgl. aber die Regelungen für den preisgebundenen Wohnungsbau – 9 WoBindG sowie § 28 I. WoBauG, § 50 II. WoBauG- Rdn. 686ff.

das Mietverhältnis vom Vermieter nicht durch eine ordentliche Kündigung beendet werden kann.[2017] Der Mieter bleibt dagegen zur Kündigung berechtigt, da er im Interesse des Vermieters das Darlehen bzw. die Mietvorauszahlung gegeben hat und ihm daraus keine Nachteile entstehen dürfen. Das kann vom Vermieter nicht durch eine vorzeitige Rückzahlung des Darlehens unterlaufen werden.

Das **Schriftformerfordernis des § 550 BGB** steht einer solchen langjährigen Bindung regelmäßig nicht entgegen. Dies ist überwiegende Ansicht, wenn der Mietvertrag selbst schriftlich abgeschlossen wurde.[2018] Bei nur mündlich abgeschlossenen Mietverträgen geht zwar die überwiegende Meinung davon aus, dass die Formvorschrift des § 550 BGB als zwingende Regelung die mündliche Vereinbarung einer längeren Mietzeit als ein Jahr nicht zulässt.[2019] Allerdings kann es rechtsmissbräuchlich sein, sich auf einen Formverstoß zu berufen.[2020] In den Fällen der vereinbarten Finanzierungsbeiträge wird bei einer Kündigung des Vermieters regelmäßig ein Verstoß gegen Treu und Glauben vorliegen, da der Mieter bei Hingabe der Mittel davon ausgehen darf, dass der begünstigte Vermieter am Mietverhältnis bis zum Ablauf der vereinbarten Tilgungszeit festhalten wird.[2021] **671**

Auch der Ausschluss eines Mieterhöhungsrechts für die Laufzeit der Mietvorauszahlung oder des Darlehens kann sich im Einzelfall aus der Vertragsabrede ergeben.[2022] In dem zeitlich befristetem Ausschluss des Mieterhöhungsrechts liegt aber regelmäßig keine stillschweigende Befristung eines unbefristeten Mietvertrages, der das Kündigungsrecht ausschließen kann.[2023] Andererseits wird sich aber regelmäßig aus einer vertraglichen Befristung oder aus dem Ausschluss des Kündigungsrechts auch **eine Einschränkung des Mieterhöhungsrechts** ergeben. Zu bedenken ist nämlich, dass der Vermieter im freifinanzierten Wohnungsbau eine (Grund-)Mieterhöhung in erster Linie zur Verbesserung der Rendite vornimmt und nicht zur Deckung seiner Betriebs- und Kapitalkosten. Da der Mieter seinerseits aber an die Konditionen seiner Mietvorauszahlung bzw. seines Darlehens gebunden ist, muss auch der Vermieter gem. § 242 BGB von einer Veränderung seiner Vertragskonditionen Abstand nehmen.[2024] **672**

Anders verhält es sich im **öffentlich-geförderten Wohnraum.** Der Vermieter erhält hier nur die Kostenmiete im Rahmen einer Wirtschaftlichkeitsberechnung. Seine Mieterhöhungsmöglichkeiten sind nur auf Kostendeckung angelegt. Daher verlangt die Prüfung, ob sich aus den Umständen der Ausschluss einer Mieterhöhung ergibt, eine dem Grundsatz von Treu und Glauben gerecht werdende und die Interessenlage der Parteien berücksichtigende Würdigung der gesamten Verhältnisse. Die Vereinbarung einer bestimmten Mietdauer und die Leistung einer Mietvorauszahlung bzw. eines Mieterdarlehens brauchen eine Mieterhöhung nicht auszuschließen, können aber als Beweisanzeichen dafür verwertet werden, dass eine Mieterhöhung nach dem Willen der Parteien (unter Umständen auch nur anteilig) ausgeschlossen sein soll.[2025] Für diese Annahme müssen aber noch weitere erhebliche Umstände hinzutreten.[2026] **673**

Darüber hinaus muss der Vermieter seitens des Mieters mit der Einrede nach Treu und Glauben (§ 242 BGB) rechnen, wenn er bauliche Maßnahmen durchführen will, die mit dem Zweck der Vorauszahlung oder Darlehenshingabe in Widerspruch stehen. **674**

Der Vermieter kann sich eine Mieterhöhung durch Vereinbarung einer **Mietanpassungsklausel** vertraglich vorbehalten.[2027] Allerdings ist der Mietanpassung nur die um die Tilgungsraten für die Mietvorauszahlung gekürzte Miete zu Grunde zu legen. Das gilt selbst dann, wenn eine nicht **675**

2017 LG Hannover WuM 1980, 57; MDR 1969, 845; LG Hagen WuM 1967, 171; LG Frankfurt/M. WuM 1965, 97; zum Baukostenzuschuss vgl. LG Hagen ZMR 1968, 86; LG Dortmund WuM 1965, 151; AG Karlsruhe WuM 1967, 38; zur Mietvorauszahlung AG Essen ZMR 1966, 332; weitergehend *von der Osten* in Bub/Treier III. A Rdn. 1965, wonach auch der Mieter von der Kündigung ausgeschlossen sein soll.

2018 OLG München DWW 1964, 158; LG Wiesbaden ZMR 1958, 299; LG Hannover MDR 1969, 845; zur Schriftform bei in elektronischer Form abgegebenen Willenserklärungen vgl. *Stellmann/Süss* NZM 2001, 969.

2019 BGH NJW 1960, 475; LG Bochum MDR 1970, 512; LG Braunschweig ZMR 1967, 202; LG Stuttgart ZMR 1967, 112; **a. A.** wohl OLG Stuttgart ZMR 1959, 325.

2020 BGHZ 65, 49 = NJW 1975, 1653; ZMR 1986, 230 = MDR 1986, 749 = NJW-RR 1986, 944; *Wolf/Eckert/Ball* Rdn. 142.

2021 LG Oldenburg ZMR 1957, 154; AG Wiesbaden ZMR 1966, 304; AG Essen ZMR 1966, 332; AG München MDR 1964, 152; wohl auch LG Essen ZMR 1966, 264; AG Karlsruhe ZMR 1966, 264.

2022 LG Kiel WuM 1979, 128 = ZMR 1979, 280 für Baukostenzuschuss; LG Hannover WuM 1980, 57; *Emmerich* in Staudinger § 557 BGB Rdn. 64.

2023 BGH WuM 1978, 82 = NJW 1976, 1351 = ZMR 1978, 203 = MDR 1976, 662.

2024 Einschränkend von der Osten in Bub/Treier III. A Rdn. 1931, 1965.

2025 BGHZ 26, 310 zu § 19 1. BMG.

2026 BGH ZMR 1969, 272.

2027 BGH WuM 1979, 99 = MDR 1979, 306 = ZMR 1979, 72 = BB 1978, 1749.

um die Vorauszahlung gekürzte Miete vereinbart wurde, da der Vermieter diese Vorauszahlung voll für sich verwenden konnte und insoweit keine Sicherung gegen eine Entwertung des Betrages benötigt.[2028]

676 Anders als bei der Mietvorauszahlung ist der **Erwerber des Grundstücks** (§ 566 BGB) nicht an die Darlehensabrede gebunden.[2029] Ist das Mietverhältnis beendet, muss der Vermieter bei Vereinbarung einer Mietvorauszahlung gem. § 547 BGB das restliche Kapital in einem Betrag und nicht etwa nach den Tilgungsbedingungen des Darlehensvertrages zurückzahlen.[2030] § 547 Abs. 2 BGB, wonach abw. Vereinbarungen bei einem Mietverhältnis über Wohnraum unzulässig sind, gilt für Vereinbarungen eines Mieterdarlehens nicht.[2031] Hat der Vermieter die vorzeitige Beendigung des Mietvertrages zu vertreten, ist er auch zur Verzinsung des restlichen Darlehensbetrages verpflichtet; ansonsten haftet er nur nach Bereicherungsrecht.

2. Baukostenzuschuss

677 Wird mit dem Finanzierungsbeitrag des Mieters eine Bau- oder Modernisierungsmaßnahme des Vermieters durchgeführt und dabei eine Erstattung der Mieterleistung oder ihre Verrechnung mit der Mietzahlung vereinbart, handelt es sich um eine Mietvorauszahlung oder um ein Mieterdarlehen (s. dazu Rdn. 680). Diese Finanzierungsleistungen werden auch als anrechenbare Baukostenzuschüsse bezeichnet. Wird dagegen vereinbart, dass die Mieterleistung weder vom Vermieter verrechnet noch bei Beendigung des Mietverhältnisses erstattet wird, also endgültig beim Vermieter verbleiben soll, handelt es sich um einen **sog. verlorenen Baukostenzuschuss.**[2032] Bei dem verlorenen Baukostenzuschuss handelt es sich dennoch nicht um eine unentgeltliche Zuwendung. Der Mieter will mit der Hingabe des Zuschusses als Gegenleistung das Recht erlangen, das zu errichtende oder zu modernisierende Objekt zu günstigeren Bedingungen zu bewohnen,[2033] in dem z. B. auf den Inhalt des Mietvertrages oder die Höhe des Mietzinses Einfluss genommen wird.

678 Bei der Geschäftsraummiete ist die Vereinbarung eines Baukostenzuschusses immer zulässig. Die **Kündigungsbeschränkungen** zu Lasten des Erstehers nach § 57 c ZVG, wonach der Ersteher von dem Sonderkündigungsrecht solange keinen Gebrauch machen darf, als Vorauszahlungen oder Zuschüsse des Mieters zur Schaffung oder Instandsetzung der Mieträume mit der Miete zu verrechnen oder noch nicht als getilgt anzusehen sind, wurden mit Wirkung zum 1. 2. 2007 aufgehoben[2034].

679 Soweit freifinanzierter Wohnraum vermietet ist, gilt das BaukZuschG,[2035] von dessen Vorschriften gem. § 5 BaukZuschG nicht zum Nachteil des Mieters abgewichen werden kann. Gem. § 1 BaukZuschG ist der verlorene Baukostenzuschuss eine nicht rückzahlbare bzw. nicht verrechenbare Zuwendung von Sach- und Arbeitsleistungen des Mieters oder eines Dritten, die zur Deckung der Herstellungskosten des Mietobjektes dienen. Dabei kann es sich um einen Neubau, Wiederaufbau, Ausbau oder um eine Erweiterung oder Wiederherstellung der Räume handeln.[2036] Das Gesetz betrifft darüber hinaus alle verlorenen Zuschüsse, die anlässlich der Vermietung einer Wohnung gewährt werden.[2037]

680 Ob ein verlorener Baukostenzuschuss oder eine Mietvorauszahlung vorliegt, ist im Einzelfall zu prüfen.[2038] Die vom Mieter an den Vermieter für besondere Einrichtungsgegenstände der Wohnung geleistete Abstandszahlung ist als verlorener Baukostenzuschuss zu werten, wenn die Gegenstände nicht in das Eigentum des Mieters übergehen oder seinem Wegnahmerecht unterliegen soll-

---

[2028] BGH WuM 1979, 99 = MDR 1979, 306 = ZMR 1979, 72 = BB 1978, 1749.

[2029] Vgl. auch LG Berlin GE 2010, 909 bei Koppelung mit der Mietzahlung.

[2030] Vgl. BGH NJW 1970, 1124 = MDR 1970, 671.

[2031] LG Berlin GE 1999, 1650; AG Neukölln GE 1999, 1650.

[2032] Zur steuerlichen Behandlung des verlorenen Baukostenzuschusses vgl. *von der Osten* in Bub/Treier III. A Rdn. 1954.

[2033] LG Frankfurt/M. WuM 1974, 220.

[2034] Art. 11 des Zweiten Gesetzes zur Modernisierung der Justiz (BGBl. 2006 I S. 3416) ist am 1.2.2007 in Kraft getreten.

[2035] Vgl. Art. VI § 1 des Gesetzes zur Änderung des Zweiten Wohnungsbaugesetzes, anderer wohnungsbaurechtlicher Vorschriften und über die Rückerstattung von Baukostenzuschüssen vom 21.7.1961 – BaukZuschG – (BGBl. I S. 969).

[2036] *Palandt/Weidenkaff* Einf. v. § 535 Rdn. 109.

[2037] OLG Düsseldorf MDR 1967, 133.

[2038] BGH NJW 1966, 1705; *von der Osten* in Bub/Treier III. A Rdn. 1952; zum Begriff des verlorenen Baukostenzuschusses siehe LG Dresden ZMR 2015, 120.

ten.[2039] Ein verlorener Baukostenzuschuss ist z. B. auch für Zahlungen des Mieters zur Errichtung einer Gemeinschaftsantenne angenommen worden.[2040] Von einem verlorenen Baukostenzuschuss ist auch auszugehen, wenn der Mieter anlässlich der Anmietung des Objektes an den Vermieter bestimmte Leistungen erbringt, wie z. B. die Übernahme der Mietschulden des Vorgängers oder sonstige finanzielle Zuwendungen, die den Vermieter zur Vermietung an den Mieter bewegen sollen.[2041] Bei öffentlich-geförderten Wohnungen ist allerdings § 9 WoBindG zu beachten.

Der Vermieter ist grundsätzlich nicht verpflichtet, den verlorenen Baukostenzuschuss ganz oder teilweise zurückzuzahlen. Vielmehr wird der Zuschuss abgewohnt. Soweit ein gezahlter Baukostenzuschuss nicht abgewohnt wurde, steht demjenigen ein Rückforderungsrecht gem. § 1 BaukZuschG i. V. m. § 547 BGB zu, der den Zuschuss geleistet hat.[2042] Der Vermieter haftet aber lediglich gem. §§ 812 ff. BGB, wenn die Beendigung des Mietverhältnisses wegen eines Umstandes erfolgt, den der Vermieter **nicht zu vertreten hat.** Bei einer Veräußerung des Grundstücks an einen Dritten geht die Verpflichtung zur Rückzahlung eines Baukostenzuschusses auf den Erwerber über (§ 566 BGB).[2043] Dabei sind aber grundsätzlich die engen Grenzen der §§ 566 b, 566 c BGB zu beachten. In diesem Rahmen wird der Veräußerer von seinen Verpflichtungen frei. Wegen der hierin liegenden Gefahren für die Mieter hat die Rechtsprechung eine weiter gehende Wirkung von Vorausverfügungen über den Mietzins gegenüber dem Erwerber angenommen.[2044] Kumulative Voraussetzungen dafür sind:[2045] 681

- Es muss eine Vorauszahlung des Mieters vereinbart sein,
- die Leistung (Geld oder Sachleistung des Mieters) muss von vornherein, also vor Erbringung,[2046] für den Aus- oder Aufbau des Mietgrundstücks im Zusammenhang mit dem Mietvertrag bestimmt gewesen sein,[2047]
- die Mittel sind – zumindest mittelbar – bestimmungsgemäß verwendet worden und haben den Wert des Grundstücks erhöht,[2048]
- zum Zeitpunkt des Eigentumsübergangs war die Werterhöhung noch vorhanden.[2049]

Beruht der verlorene Zuschuss des Mieters auf einer Vereinbarung **vor dem 29. 7. 1961** (In-Kraft-Treten des BaukZuschG), gilt er als für eine Mietdauer gewährt, die unter Berücksichtigung aller Umstände, insbesondere der Höhe des Zuschusses und des laufenden Mietzinses, der Billigkeit entspricht (§ 3 BaukZuschG). 682

Gem. § 2 BaukZuschG ist der Betrag in **Höhe einer Jahresmiete** durch eine Mietzeit von 4 Jahren als getilgt anzusehen, wenn der Zuschuss auf einer Vereinbarung beruht, die nach dem 29. 7. 1961 (In-Kraft-Treten des BaukZuschG) getroffen wurde. Maßgebend ist die ortsübliche Miete zur Zeit der Leistung. 683

Der Rückzahlungsanspruch kann sofort geltend gemacht werden. Er **verjährt** gem. § 4 BaukZuschG nach Ablauf eines Jahres von der Beendigung des Mietverhältnisses an. 684

Tritt ein **Mietnachfolger** in den Mietvertrag ein und erstattet dieser dem Mieter den noch nicht abgewohnten Teil des Baukostenzuschusses, dann kann der Nachfolgemieter ebenfalls bei vorzeitiger Beendigung des Mietvertrages den noch nicht abgewohnten Teil des Zuschusses vom Vermieter fordern.[2050] 685

Für **öffentlich-geförderten Wohnraum** gilt § 9 WoBindG, der auf das BaukZuschG Bezug nimmt. So sind gem. § 9 WoBindG i. V. m. § 6 BaukZuschG bei Sozialwohnungen verlorene Bau- 686

[2039] LG Köln WuM 1990, 485.
[2040] AG Aachen WuM 1986, 336.
[2041] **A. A.** LG Bonn WuM 1990, 419.
[2042] BGH (VIII ZR 207/64) NJW 1967, 561.
[2043] BGH (XII ZR 66/07) NJW 2009, 2374 = MietPrax-AK § 812 BGB Nr 6 mit Anm. *Börstinghaus* = ZMR 2009, 749 = GE 2009, 1246; BGH (XII ZR 43/02) = MietPrax-AK § 812 BGB Nr 2 mit Anm. *Börstinghaus* = ZMR 2006, 185 GE 2006, 380; BGH (V ZR 4/54) BGHZ 16, 31; Dittert, jurisPR-MietR 15/2009 Anm. 4.
[2044] Zur Wirksamkeit gegenüber dem Zwangsverwalter OLG Frankfurt ZMR 2012, 698.
[2045] Siehe ausführlich *Dötsch* NZM 2012, 296; Erman/*Lützenkirchen* § 566 c Rdn. 6.
[2046] Erman/*Lützenkirchen* § 566 c Rdn. 6.
[2047] BGH NJW 1967, 555 = MDR 1967, 297; BGHZ 37, 346; OLG Frankfurt/M. MDR 1983, 669.
[2048] BGHZ 53, 35; siehe auch BGH (IX ZR 26/01) NZM 2002, 758 = NJW-RR 2002, 1304 = MDR 2002, 1214 = GE 2002, 1190.
[2049] BGHZ 15, 296; LG Bochum WuM 1982, 135; siehe vertiefend *Dötsch* MietRB 2009, 216.
[2050] BGH NJW 1966, 1705.

kostenzuschüsse von Mietern grundsätzlich unzulässig. Für die Rückerstattung der Leistung und Verjährung des Anspruchs gilt § 9 Abs. 7 WoBindG.

687 Eine Ausnahme gilt gem. § 9 Abs. 4 WoBindG für den **Mietnachfolger.** Wurde ein verlorener Baukostenzuschuss von einem Dritten zugunsten des Wohnungssuchenden geleistet, der keine Verbindlichkeiten für diesen begründete (§ 28 I. WoBauG, § 50 II. WoBauG) und wurde dem Wohnungssuchenden wegen einer vorzeitigen Beendigung des Mietverhältnisses die Leistung ganz oder teilweise zurückerstattet, kann von dem Mietnachfolger ein verlorener Baukostenzuschuss in Höhe des Erstattungsbetrages verlangt werden.

688 Enthält der Mietvertrag über Geschäftsräume keine Vereinbarung über die Mietdauer, haben die Parteien jedoch vereinbart, dass ein von dem Mieter gezahlter Baukostenzuschuss innerhalb einer bestimmten Zeit auf die Miete angerechnet wird, dann läuft die Mindestmietzeit bis zu dem Zeitpunkt, in dem der Baukostenzuschuss abgewohnt ist[2051] (s. Abgrenzung zur Mietvorauszahlung Rdn. 667 ff. sowie zur Problematik bei der Auslegung einer mietvertraglichen Befristung und Beschränkung der Mieterhöhung Rdn. 672).

3. Abstandsvereinbarung

689 Gem. § 4a Abs. 1 WoVermittG ist eine Vereinbarung unwirksam, die den Wohnungssuchenden oder für ihn einen Dritten verpflichtet, ein Entgelt dafür zu leisten, dass der bisherige Mieter die gemieteten Wohnräume räumt.[2052] Die Zahlung ist also allein **für die Besitzaufgabe** gedacht. Dabei ist es unerheblich, ob die Vereinbarung mit dem Vormieter, mit dem Vermieter oder mit einem Dritten getroffen wird.[2053] Es kommt auch nicht darauf an, wem das Entgelt wirtschaftlich zugutekommt. Zweck der Vorschrift ist, die angesichts einer Wohnraumknappheit vielfach verlangten Abstandszahlungen für unwirksam zu erklären, soweit ihnen keine Leistung des bisherigen Mieters gegenübersteht.[2054] Unter den Begriff des Entgelts fallen vermögenswerte Leistungen aller Art, wie z. B. auch die Übernahme von bestehenden Mietschulden.[2055]

690 Die Vorschrift ist auf **Gewerberäume** nicht anzuwenden. Dort gilt für diese Fragen § 138 BGB.[2056]

691 Die Vorschrift schützt den Wohnungssuchenden und nicht den Investor.[2057] Daher sind Zahlungsvereinbarungen wirksam, die der Vermieter mit dem bisherigen Mieter im Rahmen eines **Mietaufhebungsvertrages** schließt. Das gilt auch, wenn die Zahlungen nur für die Besitzaufgabe des bisherigen Mieters geleistet werden.[2058] Der Vermieter kann mit dem Wohnungssuchenden allerdings nicht vereinbaren, dass dieser die Zahlung anstelle des Vormieters übernimmt. Eine derartige Regelung wäre gleichfalls ein Verstoß gegen § 4a Abs. 1 WoVermittG. In einer Ablösevereinbarung kann auch eine verdeckte – unwirksame – Abstandszahlung liegen.[2059]

692 Eine Ausnahme sieht das Gesetz in § 4 Abs. 1 Satz 2 WoVermittG vor, wonach die Erstattung von Kosten, die nachweislich **für den Umzug** entstehen, davon ausgenommen ist. Damit will das Gesetz Hilfestellungen zur Erleichterung des **Wohnungswechsels** ermöglichen.[2060] Das betrifft insbesondere solche Mieter, deren bisherige Wohnung durch den Auszug von Familienangehörigen zu klein geworden ist. Entsprechend erfasst der Begriff Umzug nicht nur die reinen Transportkosten, sondern alle umzugsbedingten Aufwendungen,[2061] wie z. B. die Renovierung der bisherigen oder der neuen Wohnung.

2051 LG Stuttgart NJW 1960, 1256; **a. A.** OLG Düsseldorf ZMR 2007, 446 = NZM 2007, 643; *von der Osten* in Bub/Treier III. A Rdn. 1955.

2052 So schon LG Hamburg WuM 1991, 533 = NJW-RR 1991, 1161 = DWW 1991, 340.

2053 *Emmerich* in Staudinger Vorbem. zu § 535 BGB Rdn. 106; *Blank* WuM 1993, 503, 513.

2054 BT-Drucks. 12/5224, S. 5; zur alten Rechtslage vgl. LG Hamburg NJW-RR 1991, 1160; LG Trier WuM 1991, 532.

2055 Zur steuerlichen Behandlung dieses Entgelts vgl. HessFG Kassel ZMR 1998, 238.

2056 Vgl. BGH NJW 1988, 1914 = NJW-RR 1988, 763 MDR 1979, 664 = NJW 1979, 758 = ZMR 1980, 83; KG Berlin 1993, 197; OLG Düsseldorf NJW-RR 1992, 1428 = ZMR 1992, 388; NJW-RR 1988, 948 = ZMR 1988, 175; OLG Karlsruhe WuM 1990, 286 = ZMR 1990, 300.

2057 OLG Dresden WuM 1997, 223.

2058 *Blank* WuM 1993, 503, 513.

2059 LG Frankfurt/M. WuM 1989, 166 = ZMR 1986, 202; vgl. auch OLG Düsseldorf ZMR 1992, 388 = NJW-RR 1992, 1428.

2060 *Blank* WuM 1993, 503, 514.

2061 *Blank* WuM 1993, 503, 514; *Blank/Börstinghaus* § 535 BGB Rdn. 645.

4. Ablösevereinbarung

Eine Ablösevereinbarung liegt vor, wenn der Wohnungssuchende mit dem ausziehenden Mieter oder dem Vermieter vereinbart, eine **Einrichtung oder ein Inventarstück** zu erwerben (§ 4a Abs. 2 Satz 1 WoVermittG). 693

Nach Auffassung des BGH soll § 4a WoVermittG entsprechend Anwendung finden zur Abgeltung von Aufwendungen des bisherigen Mieters zur Verbesserung der Mietsache, da auch in diesen Fällen dem Geldbetrag eine Gegenleistung gegenübersteht.[2062] Eine Gegenleistung kann z. B. in der Überlassung von Heizölbeständen oder Mobiliar sowie in Schönheitsreparaturleistungen und anteiligen, erbrachten Maklerprovisionen gesehen werden.[2063] 694

Da solche Verträge für den Wohnungssuchenden nur dann einen wirtschaftlichen Sinn haben, wenn er die Wohnung tatsächlich erhält, ist diese Vereinbarung im Zweifel **unter der aufschiebenden Bedingung** geschlossen, dass der Mietvertrag auch zustande kommt (Abs. 2 Satz 2). Die Vermutung für den aufschiebend bedingten Vertragsschluss kann widerlegt werden. Die Partei, die für sich aus dem Vertrag Rechte herleiten will, ist beweispflichtig.[2064] 695

Die Vereinbarung über das Entgelt ist unwirksam, soweit dieses in einem auffälligen Missverhältnis zum Wert der Einrichtung oder des Inventarstücks steht (Abs. 2 Satz 3). Bei der Prüfung, ob das vereinbarte Entgelt in einem auffälligen Missverhältnis steht,[2065] wird auf die Rechtsprechung zu § 138 BGB sowie zu § 5 Abs. 2 WiStG zurückgegriffen, da es sich um eine besondere Form des Wuchers handelt. Der **objektive Zeitwert des Gegenstandes** ist zu dem vereinbarten Preis in Beziehung zu setzen.[2066] Dann liegt regelmäßig ein **auffälliges Missverhältnis** vor, wenn das übliche Entgelt um mehr als 50% überschritten wird.[2067] Diese Voraussetzung hat der Nachmieter zu beweisen.[2068] Für die Annahme der Nichtigkeit einer solchen Vereinbarung ist ein persönlich vorwerfbares Verhalten des Vormieters oder des Vermieters nicht erforderlich.[2069] 696

Gem. § 5 Abs. 2 WoVermittG muss der Empfänger des Geldes die empfangene Leistung gem. §§ 812 ff. BGB zurückzahlen. § 817 Satz 2 BGB ist nicht anzuwenden. Die Preisvereinbarung bleibt nach Auffassung des BGH mit dem unbedenklichen Teil (objektiver Wert plus 50%) aufrechterhalten.[2070] 697

Für **Sozialmietwohnungen** ist zudem § 9 WoBindG zu beachten. Nach dieser Vorschrift ist eine Ablösevereinbarung mit dem Vermieter grundsätzlich unzulässig, wenn sie nicht durch die zuständige Stelle genehmigt wird (Abs. 6). Diese Vorschrift ist aber nicht analog auf das Verhältnis zwischen Vor- und Nachmieter anzuwenden.[2071] 698

5. Heim- und Betreuungsverträge

Sondervorschriften gibt es im Rahmen von Mietverhältnissen über Wohnungen oder Wohnplätze in Altenheimen, Altenwohnheimen, Pflegeheimen oder ähnlichen Einrichtungen, soweit sie dem Wohn- und Betreuungsvertragsgesetz (WBVG)[2072], das seit dem 1. 10. 2009 in Kraft ist, un- 699

[2062] BGH ZMR 1997, 401.

[2063] AG Dortmund WuM 1997, 54 = NJW-RR 1997, 1032.

[2064] *Blank* WuM 1993, 503, 514.

[2065] Vgl. dazu BGH WuM 1982, 158 = NJW 1982, 1040 = ZMR 1982, 124 = GE 1982, 81; KG Berlin GE 1993, 197; OLG Frankfurt/M. WuM 1984, 76; LG Frankfurt/M. NJW-RR 1992, 715; LG Hamburg WuM 1991, 533 = NJW-RR 1991, 1161 = DWW 1991, 340; NJW-RR 1991, 1160; LG Trier WuM 1991, 532.

[2066] OLG Köln WuM 2000, 555 = DWW 2000, 310 = GE 2001, 205.

[2067] BGH WuM 1997, 380 = DWW 1997, 220 = ZMR 1997, 401 = MDR 1997, 721; BayObLG WuM 1988, 318; OLG Köln WuM 1980, 36; GE 2001, 205; LG Köln WuM 1976, 34 = ZMR 1977, 256; LG Mannheim MDR 1977, 159 = WuM 1977, 77 = ZMR 1978, 95; *Blank* WuM 1993, 514; *Bub* in Bub/Treier II 2384.

[2068] KG GE 1998, 40.

[2069] Anders noch nach alter Rechtslage KG GE 1993, 197.

[2070] BGH WuM 1997, 380 = NJW 1997, 1845 = MDR 1997, 721 = DWW 1997, 220 = GE 1997, 796 = ZMR 1997, 401; OLG Köln GE 2001, 205; *Blank* WuM 1993, 514; *Emmerich* in Staudinger Vorbem. zu § 535 BGB Rdn. 107; **a. A.** OLG Hamburg WuM 1997, 333; *Bub* in Bub/Treier II 2385; *Beuermann* GE 1993, 1068, 1074.

[2071] BGH WuM 1982, 158 = NJW 1982, 1040 = ZMR 1982, 124 = MDR 1982, 401 = GE 1982, 81; KG GE 1998, 40.

[2072] Gesetz zur Neuregelung der zivilrechtlichen Vorschriften des Heimgesetzes nach der Föderalismusreform v. 29.7.2009 (BGBl. I S. 2319).

terliegen. Mit diesem Gesetz wurden die vertragsbezogenen Regelungen des HeimG[2073] herausgelöst und neu strukturiert.[2074] Es ist ab 1.5.2010 auch auf Altverträge, soweit sie Heimverträge § 5 Abs. 1 Satz 1 HeimG a. F. sind, anwendbar, die vor dem 1.10.2009 geschlossen wurden (§ 17 Abs. 1 WBVG). Hierzu können auch Anlagen zum **„Betreuten Wohnen"** gehören.[2075] Davon ist dann auszugehen, wenn sich die Mieter bei Abschluss des Mietvertrages verpflichten, mit einem Betreuungsunternehmen zu kontrahieren, das Leistungen für diese Wohnanlage vorhält[2076] (vgl. § 1 Abs. 1, 2 HeimG). Allerdings sind die Abgrenzungskriterien zwischen Wohnanlagen, die dem HeimG unterliegen und solchen, die als Anlagen des Betreuten Wohnens den allgemeinen Vertragsregeln unterliegen, nicht identisch mit den Abgrenzungskriterien des WBVG. Letzteres Gesetz ist gem. § 1 Abs. 1 nicht anzuwenden, wenn der Vertrag neben der Überlassung von Wohnraum ausschließlich die Erbringung von allgemeinen Unterstützungsleistungen, wie die Vermittlung von Pflege- und Betreuungsleistungen der hauswirtschaftlichen Versorgung oder Notrufdienste zum Gegenstand hat, während für die Nichtanwendung des HeimG gem. dessen § 1 Abs. 2 Satz 2 zusätzlich erforderlich ist, dass das Entgelt für diese Leistungen im Verhältnis zur Miete von untergeordneter Bedeutung ist.[2077] Werden somit neben der Überlassung von Wohnraum ausschließlich die Erbringung von allgemeinen Unterstützungsleistungen gewährt, deren Entgelt im Verhältnis zur Miete nicht von untergeordneter Bedeutung ist, findet nach dem Wortlaut zwar das HeimG Anwendung, nicht aber das WBVG. Für die Altverträge ist dies ohne Bedeutung, da für die Überführung der Vertragsregelungen auf das WBVG nur auf das Vorliegen des Heimvertrages abgestellt wird und daher allein dessen Voraussetzungen zu prüfen sind. Von Bedeutung ist dies aber für Neuverträge, die ab 1.10.2009 geschlossen werden bzw. geschlossen worden sind. Wenn für diese Verträge wegen einer Verpflichtung zur Annahme der Unterstützungsleistung von nicht nur untergeordneter Bedeutung zwar das HeimG Anwendung findet, können aber wegen der Anwendungsvoraussetzungen in § 1 Abs. 1 Satz 3 WBVG gleichwohl sich die vertraglichen Rechte und Pflichten aber nur nach den allgemeinen (mietrechtlichen) Vorschriften richten. Die Anwendung des HeimG bedingt somit nicht automatisch die Anwendung des WBVG.[2078] Diesen Widerspruch gilt es durch richterliche Rechtsfortbildung aufzulösen.

700 Im Rahmen des HeimG, das aufgrund der Föderalismusreform in die Gesetzgebungskompetenz der Länder übertragen wurde[2079] (vgl. Art. 74 Abs. 1 Nr. 7 GG), ist es dem Träger eines Heims untersagt, sich Geld oder geldwerte Leistungen versprechen oder gewähren zu lassen; vgl. § 14 Abs. 1 HeimG. Daher sind hier z. B. auch **Mieterdarlehen** oder **Mietvorauszahlungen** (vgl. Rdn. 667 ff.) grundsätzlich unzulässig. Von diesem Verbot sind auch Heimbewerber betroffen, wenn sie später Heiminsasse werden. Überträgt z. B. ein Heimbewerber sein Forderungsrecht an einem Girokonto auf den Heimträger und hält er nach Eintritt in das Heim diese Verfügung aufrecht, so hat der Heimträger nach dem Tode des Heimbewohners die ausgezahlten Beträge ohne Rechtsgrund erlangt.[2080]

701 Ausnahmen sind nur zugelassen, soweit nicht vertragliche Leistungen aus dem Heimvertrag abgegolten werden, bei **geringfügigen Leistungen,** in begrenztem Umfang **für Sicherheitsleistungen** sowie zum Bau, Erwerb und Betrieb oder zur Instandsetzung bzw. Ausstattung eines Heimplatzes (§ 14 Abs. 2 HeimG). Auch in einem solchen Austauschvertrag kann aber ein verbotswidriger Vermögensvorteil liegen, wenn die Leistung und die Gegenleistung in einem Missverhältnis stehen.[2081]

2073 I. d. F. vom 5.11.2001 (BGBl. I S. 2960), zuletzt geändert durch Art. 3 des Gesetzes v. 29.7.2009 (BGBl. I S. 2319).

2074 *Rasch* NDV 2010, 149.

2075 S. BGH (VIII ZR 187/03) WuM 2003, 573 = NZM 2004, 22 = NJW-RR 2004, 160 zum Kündigungsrecht.

2076 OVG Münster WuM 1999, 412; OVG Frankfurt/Oder NZM 2000, 396; zur Abgrenzung Heim – Betreutes Wohnen vgl. *Schlüter* NZM 2000, 530.

2077 Das ist nicht mehr der Fall, wenn das Entgelt die monatliche Bruttomiete um deutlich mehr als 20% überschreitet – BT-Drs. 14/5399, S. 19. Dem hat sich die Rechtsprechung angeschlossen – BGH (III ZR 293/04) NJW 2005, 2008 = MietPrax-AK § 542 BGB Nr. 3 = WuM 2005, 399; (IX ZR 3/13) MietPrax-AK § 535 BGB Nr. 60 = NZM 2014, 74 = NJW 2014, 389 = GE 2014, 250; siehe auch Pfeilschifter, jurisPR-MietR 17/2005 Anm. 2.

2078 Zum Anwendungsbereich des WBVG siehe *Drasdo* NZM 2015, 601 m. w. N.

2079 Inzwischen haben alle Länder eigene Gesetze erlassen.

2080 OLG Karlsruhe ZMR 1997, 184.

2081 BGHZ 110, 235 = WuM 1990, 260 = NJW 1990, 1603 = ZMR 1990, 268 = MDR 1990, 610.

Für die in Verträgen zwischen Heimpersonal und Heiminsassen versprochenen oder gewährten Vermögensvorteile wird bis zum Beweis des Gegenteils vermutet, dass sie im Zusammenhang mit einer Heimleistung stehen.[2082] **702**

Die Regelungen zur Kaution gem. § 14 Abs. 2 Nr. 4 HeimG sind ins WBVG verlagert und mit einigen Regelungen des § 551 BGB angereichert worden. Im Übrigen gibt es im WBVG auch Vorschriften zur Erhöhung des Entgelts (§ 9), zur Gewährleistung (§ 10)[2083] sowie zum Kündigungsrecht des Verbrauchers (§ 11) und des Unternehmers (§ 12). **703**

Hervorzuheben sind die durch das WBVG für den Unternehmer einzuhaltenden vorvertraglichen Informationspflichten (§ 3).[2084] Sie unterscheiden zwischen Informationen über das allgemeine und über das spezifische Leistungsangebot. Die Informationen werden grundsätzlich als Vertragsgrundlage einbezogen (§ 6 Abs. 3). Bei Verstößen gegen die vorvertragliche Informationspflicht steht dem Verbraucher ein jederzeitiges fristloses Kündigungsrecht zu mit dem Recht auf Schadensersatz, z. B. für Umzugskosten.[2085] **704**

Der **Heimvertrag** alter Prägung ist kein Mietvertrag. Er ist vielmehr ein gemischter Vertrag, der aus Elementen des Dienstvertrages, des Mietvertrages und des Kaufvertrages zusammengesetzt ist und so ein einheitliches Ganzes bildet.[2086] Der neue Wohn- und Betreuungsvertrag ist ein Vertrag eigener Art, der die Heimunterbringung spezialgesetzlich regelt.[2087] Die enge Verzahnung mit den öffentlich-rechtlichen Vorschriften des HeimG war wohl Anlass dafür, diesen Typenvertrag nicht ins BGB aufzunehmen.[2088] **705**

6. Vertragsabschlussgebühr

Die Vereinbarung einer Bearbeitungsgebühr, die der Mieter dem Vermieter für **das Ausstellen eines Mietvertrages** zu zahlen hat, wird von den Instanzgerichten überwiegend als wirksam angesehen.[2089] Die Gebühr muss sich aber in einem angemessenen Rahmen halten.[2090] Eine Grenze bildet die Kostendeckung. Überschreitet die Gebühr die Kostendeckung erhält sie den Charakter einer Vermittlungsgebühr und ist wegen § 2 Abs. 2 Nr. 2 WoVermittG unwirksam, da der Vermieter für die Vermittlung seiner eigenen Wohnungen keine Gebühr erheben darf.[2091] Vom LG Hamburg[2092] wurden ca. 50 € als kostendeckend und üblichen Kostenaufwand bei der Neuvermietung angesehen. Neben der Kostendeckung ist auch zu berücksichtigen, wie hoch die vereinbarte Nettokaltmiete im Übrigen ist. Übersteigt die vereinbarte Gebühr den monatlichen Mietzins, ist sie nichtig.[2093] **706**

Für **öffentlich-geförderte Wohnungen** ergibt sich aus § 9 Abs. 1 WoBindG die Unwirksamkeit einer einmaligen Leistung für die Überlassung des Wohnraums. Die Erhebung von Unkostenbeiträgen, Bearbeitungs- oder Vermittlungsgebühren für die Vermietung einer öffentlich-geförderten Wohnung ist daher unzulässig.[2094] **707**

Die **formularmäßige Vereinbarung** eines pauschalen Unkostenbeitrages für die Ausfertigung des Mietvertrages ist unwirksam;[2095] ebenso die Zahlung einer „Bearbeitungsgebühr" vor dem Ein- **708**

[2082] BGHZ 110, 235 = WuM 1990, 260 = NJW 1990, 1603 = ZMR 1990, 268 = MDR 1990, 610.

[2083] Zum Gewährleistungsrecht siehe *Drasdo* JM 2014, 404.

[2084] *Weber* NZM 2010, 337, 339.

[2085] *Rasch* NDV 2010, 149, 151.

[2086] *Drasdo* NZM 2008, 665, 673.

[2087] *Drasdo* NJW 2010, 1174, 1175.

[2088] Zu den Einflüssen des öffentlichen Rechts vgl. *Drasdo* NJW-Spezial 2012, 225f.

[2089] Allgemein zum Problem: *Moraht,* Juris PraxisReport MietR 4/2007 Anm. 6; **a. A.** AG Hamburg-Wandsbek WuM 2005, 47; *Blank/Börstinghaus* § 535 BGB Rdn. 650.

[2090] AG Hamburg WuM 1999, 215; AG Bochum WuM 1998, 595; AG Wuppertal WuM 1994, 194; AG Bremerhaven WuM 1994, 194.

[2091] Vgl. AG Witzenhausen WuM 1997, 333; AG Trier WuM 1991, 123; AG Köln NJW-RR 1989, 269; zur Vereinbarung mit dem Verwalter einer Wohnanlage vgl. AG Hamburg NZM 1999, 839; AG Hannover WuM 1989, 584.

[2092] LG Hamburg WuM 1990, 62; so auch AG Neuss WuM 1996, 532; AG Wuppertal WuM 1994, 194.

[2093] AG Hamburg ZMR 1999, 343 = NZM 1999, 460.

[2094] AG Berlin-Schöneberg GE 1981, 45; AG Köln WuM 1978, 55 = ZMR 1978, 286.

[2095] LG Hamburg WuM 2009, 452; AG Hamburg-Altona WuM 2009, 451; NZM 2006, 928 = NJW-RR 2007, 11 = ZMR 2007, 544; AG Norderstedt WuM 1989, 5; **a. A.** LG Itzehoe WuM 1989, 290.

zug[2096] oder eine ungenaue Angabe der auf den Mieter zukommenden Kosten, weil der Mieter darüber im Ungewissen gelassen wird, welche und ggf. wie viel Kosten zu erwarten sind.[2097]

709 Häufig wird ein Zahlungsversprechen auch für den **Abschluss eines Aufhebungsvertrages** verlangt. Individualvertraglich lassen sich solche Vereinbarungen wirksam treffen. Bei formularvertraglichen Vereinbarungen bzw. im Rahmen eines Verbrauchervertrages werden dagegen regelmäßig Bedenken zu erheben sein.[2098] Wegen des in einer solchen Klausel liegenden Überraschungseffektes ist eine solche Vorschrift regelmäßig gemäß § 305c BGB unwirksam.[2099] Denn mit ihr werden Bedingungen festgelegt, die regelmäßig essentieller Gegenstand der Verhandlungen sind, die zu einer einvernehmlichen Vertragsaufhebung führen.[2100] Muss der Mieter eine im Rahmen eines Verbrauchervertrages oder formularvertraglich vereinbarte pauschale Abgeltung für die Kosten der vorzeitigen einvernehmlichen Vertragsbeendigung entrichten, verstößt eine solche Regelung gegen § 309 Nr. 5b BGB, da sie dem Mieter nicht ausdrücklich den Nachweis gestattet, dass die Unkosten geringer als die vereinbarte Pauschale sind.[2101] In einem auf Wunsch des Mieters abgeschlossenen Mietaufhebungsvertrag über Wohnraum ist dagegen nach früherem Recht folgende Formularklausel als wirksam angesehen worden; mit dem Argument, dass sie erkennbar auf den Pauschalcharakter Hinweise und damit den Gegenbeweis zulasse, ohne dass dies besonders hervorgehoben werden müsse:[2102] „Für den erhöhten Verwaltungs- und Vermietungsaufwand Ihrer vorzeitigen Vertragsauflösung bezahlen Sie eine Pauschalabgeltung in Höhe von einer Monatsmiete – netto/kalt – ohne besonderen Nachweis des Vermieters." Diese Entscheidung überzeugte schon nach früherem Recht nicht, weil mit dem Begriff „Pauschal" der Kunde nicht auf einen möglichen Gegenbeweis geleitet wurde, sondern im Gegenteil davon abgehalten werden solle, Einzelnachweise für den Aufwand des Vermieters zu fordern. Inzwischen stellt § 309 Nr. 5b BGB klar, dass die Klausel ausdrücklich den Nachweis gestatten muss, ein Schaden sei gar nicht oder nur in wesentlich niedriger Höhe entstanden. Wird dies versäumt, erstreckt sich die Unwirksamkeit auf die Pauschalabrede im Ganzen.[2103]

Eine Formularklausel, in der sich der Verpächter auch für den Fall, dass das Pachtverhältnis auf Wunsch des Pächters vorzeitig einvernehmlich beendet wird, eine Vertragsstrafe versprechen lässt, ist auch im kaufmännischen Verkehr gem. § 307 BGB unwirksam, da der Kerngehalt des § 339 BGB tangiert ist.[2104]

710 Der Wohnungsverwalter ist nicht berechtigt, abw. von den Ausnahmen nach § 3 Abs. 3 WoVermittG von dem Mieter eine Bearbeitungsgebühr zu verlangen.[2105]

7. Einzugspauschale/Auszugspauschale

711 Eine Einzugspauschale dient dazu, eventuell **entstehende Schäden anlässlich eines Umzuges** im Bereich des Treppenhauses oder des Hauseinganges abzudecken. Diese Pauschale findet sich häufig bei Wohnungseigentumsanlagen und stellt eine Form der Instandhaltungsrücklage dar.

712 Will der Eigentümer diese Pauschale an den Mieter weitergeben, muss er – soweit er Allgemeine Geschäftsbedingungen verwendet – § 309 Nr. 5a BGB beachten. Danach ist eine solche Vereinbarung nur wirksam, wenn entweder die Höhe der vereinbarten Summe den üblicherweise zu erwartenden Schaden nicht übersteigt,[2106] was der Verwender im Prozess vorzutragen hat,[2107] oder dem Mieter ausdrücklich der Nachweis gestattet wird, dass ein Schaden nicht oder nicht in der Höhe entstanden ist (vgl. § 309 Nr. 5b BGB).

2096 LG Hamburg ZMR 2009, 534; AG Münster WuM 1985, 255; AG Neuss WuM 1996, 532 bei über 900 DM.

2097 OLG Celle WuM 1990, 103; AG München WuM 1994, 604.

2098 S. auch Darstellung bei *Bierbaum* GE 2000, 1525.

2099 Offen gelassen BGH NJW 1985, 57 = MDR 1985, 50.

2100 OLG Karlsruhe WuM 2000, 236 = ZMR 2000, 379 = GE 2000, 469.

2101 Vgl. OLG Karlsruhe WuM 2000, 236 = ZMR 2000, 379 = GE 2000, 469; LG Berlin 1996, 607; AG Hannover WuM 1987, 147; so auch i. E. AG Kamen WuM 1988, 109; *Heinrichs* NZM 2003, 1.

2102 OLG Hamburg, Rechtsentscheid vom 17.4.1990,WuM 1990, 244 = NJW-RR 1990, 909 = MDR 1990, 724 = ZMR 1990, 270 = DWW 1990, 174.

2103 *Heinrichs* NZM 2003, 1.

2104 BGH NJW 1985, 57 = MDR 1985, 50.

2105 AG Hamburg WuM 1999, 472.

2106 *Ulmer/Brandner/Hensen,* § 11 Nr. 5 Rdn. 14.

2107 BGHZ 67, 312 = WuM 1977, 180 = NJW 1977, 381 = MDR 1977, 393 = ZMR 1977, 155; **a. A.** *Ulmer/Brandner/Hensen,* § 11 Nr. 5 Rdn. 15.

Dagegen dient eine **sog. Auszugspauschale** dazu, dem Vermieter das Risiko für Schäden und Kosten abzudecken, die im Zusammenhang mit einem **vorzeitigen Auszug des Mieters** entstehen können. Diese wird teilweise als Vereinbarung einer unwirksamen Vertragsstrafe i. S. d. § 555 BGB[2108] oder als unzulässige Betriebskostenvereinbarung gem. § 556 BGB[2109] gesehen. Formularmäßige Vereinbarungen bzw. Vereinbarungen in Verbraucherverträgen verstoßen regelmäßig gegen § 309 Nr. 5b BGB, wenn sie den Abgeltungsanspruch des Vermieters nur pauschaliert festlegen und dem Mieter nicht ausdrücklich den Nachweis gestatten, der Aufwand sei nicht oder nicht in der vereinbarten Höhe entstanden.[2110] Das ist bei der Auszugspauschale der Fall, denn sie soll nicht für die Tatsache des Auszugs gezahlt werden, sondern für die durch den Auszug erhöhte Abnutzung und hat damit Schadensersatzfunktion.[2111] Daneben kann die Vereinbarung aber auch gegen § 305c BGB (überraschende Klausel) verstoßen, wenn z. B. nicht ein langfristiger Zeitmietvertrag, sondern nur ein auf unbestimmte Zeit geschlossener Vertrag unter Verkürzung der Kündigungsfristen vorzeitig beendet wird.[2112] **713**

Seit dem 1.9.2001 (Inkrafttreten des Mietrechtsreformgesetzes) dürfen gem. § 556 Abs. 1 BGB neben der Miete nur Betriebskosten verlangt werden. Eine Vereinbarung zum Nachteil des Mieters ist nach Abs. 4 der Vorschrift unwirksam. Da mit den **hier genannten Pauschalen** Aufwendungen gedeckt werden sollen, die zum Kern des Vermietungsgeschäfts gehören, sind sie mit der Mietzahlung gedeckt. Sie sind damit Bestandteil der Grundmiete, so dass eine Vereinbarung über die Erhebung solcher Kosten schon unter diesem rechtlichen Gesichtspunkt unangemessen und daher sowohl individualvertraglich als auch formularvertraglich[2113] unwirksam ist. **714**

8. Nutzungsentgelt

Gem. § 20 SchuldRAnpG kann der Grundstückseigentümer vom Nutzer die Zahlung eines Nutzungsentgelts nach der Nutzungsentgeltverordnung[2114] (NutzEV) verlangen. Betroffen sind Rechtsverhältnisse gem. § 1 SchuldRAnpG. Nutzer ist gem. § 4 SchuldRAnpG eine natürliche oder juristische Person des privaten oder öffentlichen Rechts, die aufgrund eines Überlassungs-, Miet-, Pacht- oder sonstigen Vertrages zur Nutzung eines Grundstücks berechtigt sind. § 20 Abs. 1 SchuldRAnpG i. V. m. der NutzEV regelt die Anpassung des in der DDR üblicherweise geforderten geringen Nutzungsentgeltes bis zum Erreichen der Ortsüblichkeit. Die NutzEV ist nicht mehr anzuwenden, wenn das ortsübliche Nutzungsentgelt erreicht ist. Dann gilt § 20 Abs. 3 SchuldRAnpG. **715**

Gem. § 6 Abs. 1 Satz 1 NutzEV bedarf die Erhöhungserklärung der Textform sowie einer Begründung.[2115] Satz 2 verlangt zudem die Angabe, dass mit dem Erhöhungsverlangen die üblichen Entgelte nicht überschritten werden. Dabei genügt aber eine entsprechende Erklärung. Überschreitet das verlangte Entgelt dennoch diese Grenze, macht dies das Erhöhungsverlangen nur in dem Umfang unwirksam, in dem sie das zulässige Maß überschreitet. **716**

Zur Begründung des Erhöhungsverlangens kann gem. § 6 NutzEV Bezug genommen werden auf: **717**

1. ein Gutachten des örtlich zuständigen Gutachterausschusses über die ortsüblichen Nutzungsentgelte für vergleichbar genutzte Grundstücke oder eine Auskunft des Gutachterausschusses über die in seinem Geschäftsbereich vereinbarten Entgelte nach § 7,
2. ein Gutachten eines öffentlich bestellten und vereidigten Sachverständigen über die ortsüblichen Nutzungsentgelte für vergleichbar genutzte Grundstücke,
3. entsprechende Entgelte für die Nutzung einzelner vergleichbarer Grundstücke; hierbei genügt die Benennung von drei Grundstücken.

[2108] AG Augsburg ZMR 1999, 257; unzulässig bei Mietaufhebungsvertrag AG Pinneberg WuM 1979, 214; **a. A.** OLG Hamburg WuM 1990, 244.

[2109] *Blank/Börstinghaus* § 535 BGB Rdn. 651.

[2110] BGH NJW 1985, 633; NJW 1997, 259 = MDR 1997, 139.

[2111] A. A. LG Berlin GE 2009, 655; *Bieber* in MünchKomm § 555 Rdn. 5.

[2112] OLG Karlsruhe WuM 2000, 236 = ZMR 2000, 379 = GE 2000, 469.

[2113] AG Münster NZM 2016, 163 zur Mieterwechselgebühr.

[2114] Nutzungsentgeltverordnung i. d. F. der Bekanntmachung v. 24.6.2002 – NutzEV – BGBl. I S. 2562.

[2115] BGH (XII ZR 3/05) WuM 2007, 631 = ZMR 2008, 28 = MDR 2008, 17 = MietPrax-AK § 20 SchuldRAnpG Nr. 1; (XII ZR 156/05) WuM 2008, 418 = MDR 2008, 676 = MietPrax-AK § 20 SchuldRAnpG Nr. 2.

718 Berechnungsgröße für das „Ausgangsentgelts“ zur schrittweisen Erhöhung des Entgeltes nach § 3 NutzEV ist das vereinbarte und nicht das am 2. 10. 1990 zulässige ortsübliche Entgelt.[2116] Der Eigentümer, der in der Vergangenheit von der Möglichkeit einer Entgelterhöhung keinen Gebrauch gemacht hat, kann die einzelnen Stufen zur Entgeltanpassung in einem Schritt durchführen, ohne dass er auf vorhergehende Erhöhungserklärungen Rücksicht nehmen muss[2117], da durch den Verzicht des Vermieters auf eine regelmäßige und zeitgemäße Anpassung des Nutzungsentgeltes der Nutzer in der Vergangenheit schon weniger bezahlt hat, als der Vermieter hätte verlangen können. Das Erhöhungsverlangen muss von allen Grundstückseigentümern abgegeben werden. Es bedarf der eigenhändigen Unterschrift, um nicht formnichtig zu sein.[2118]

719 Wird das Nutzungsentgelt gem. § 20 Abs. 3 SchuldRAnpG erhöht, bedarf die Erhöhungserklärung weder einer besonderen Begründung noch einer besonderen Nennung der Rechtsgrundlage. Es gibt keinen allgemeinen Rechtsatz, wonach der Eigentümer, der von einem ihm nach dem Gesetz zustehenden Recht Gebrauch macht, jeweils die gesetzliche Grundlage anzugeben hat.[2119] Eine Anpassung des Entgelts kann verlangt werden, wenn sich das ortsübliche Entgelt seit der letzten Anpassung um mehr als zehn Prozent geändert hat. Der Prozentsatz wird ermittelt durch Gegenüberstellung des ortsüblichen Entgelts zum Zeitpunkt der letzten Anpassung mit dem ortsüblichen Entgelt, das durch die seitdem getroffenen Pachtvereinbarungen gebildet wird. Das ortsübliche Entgelt ist nicht durch eine Spanne, sondern mit einem eindeutigen Betrag festzustellen. Bei Ausübung seines Schätzungsermessens ist der Richter nicht an schematische Vorgaben gebunden.[2120]

9. Bescheinigung für „haushaltsnahe Dienstleistungen“

720 Seit dem 1. 1. 2009 sind nach dem Gesetz zur Förderung von Familien und haushaltsnahen Dienstleistungen[2121] alle haushaltsnahen Dienst- und Handwerkerleistungen einschließlich Pflegeleistungen, die bisher an verschiedenen Gesetzesstellen erfasst waren, in einer Vorschrift zur Förderung privater Haushalte als Auftraggeber einer Dienstleistung bzw. als Arbeitgeber sozialversicherungspflichtig Beschäftigter zusammengefasst worden. Die Förderung wurde deutlich ausgeweitet auf einheitlich 20 Prozent der Aufwendungen.

Gem. § 35 a EStG können im Einzelnen mieterrelevant[2122] folgende steuerliche Ermäßigung beansprucht werden: bei Handwerkerleistungen für Renovierungs-, Erhaltungs- und Modernisierungsmaßnahmen höchstens 20 Prozent des Arbeitslohns. Materialkosten fallen nicht darunter. Die Höchstgrenze beträgt 1.200 €. Der Betrag kann direkt von der Steuerschuld abgezogen werden. Dies entspricht dem Arbeitslohn aus Handwerkerrechnungen in Höhe von 6.000 € (§ 35 a Abs. 3 EStG). Zu den Einzelheiten siehe § 556 BGB Rdn. 373.[2123]

[2116] BGH (XII ZR 206/06) WuM 2008, 493 = MDR 2008, 1151 = DWW 2008, 362 = MietPrax-AK § 3 NutzEV Nr. 2.

[2117] Vgl. BGH (XII ZR 205/06) WuM 2008, 356 = GE 2008, 920 = NZM 2008, 841 = MDR 2008, 852 = MietPrax-AK § 3 NutzEV Nr. 1.

[2118] BGH (XII ZR 176/04) WuM 2007, 271 = ZMR 2007, 524 = MDR 2007, 1009 = MietPrax-AK § 6 NutzEV Nr. 2.

[2119] BGH (XII ZR 156/05) WuM 2008, 418 = MDR 2008, 676 = MietPrax-AK § 20 SchuldRAnpG Nr. 2; BGH (XII ZR 3/05) WuM 2007, 631 = ZMR 2008, 28 = MDR 2008, 17 = MietPrax-AK § 20 SchuldRAnpG Nr. 1.

[2120] BGH (XII ZR 49/10) WuM 2012, 568 = MDR 2012, 830 = MietPrax-AK § 20 SchuldRAnpaG Nr. 5 = ZMR 2012, 766 = NZM 2012, 833.

[2121] Gesetz zur Förderung von Familien und haushaltsnahen Dienstleistungen (Familienleistungsgesetz – FamLeistG) v. 22. 12. 2008, (BGBl. I S. 2955).

[2122] Zu den haushaltsnahen Dienstleistungen bei der WEG vgl. *Lang* ZMR 2013, 951 m. w. N.

[2123] Siehe auch *Both,* ZMR 2015, 912 ff.

Anhang zu § 535 BGB:

Zivil- und strafrechtliche Grenzen der Mietpreisvereinbarung

Systematische Übersicht

Alphabetische Schnellübersicht

A. Wohnraummiete (§ 5 WiStG)

Gesetz zur weiteren Vereinfachung des Wirtschaftsstrafrechts (Wirtschaftsstrafgesetz 1954) [WiStG]

WiStG – § 5 Mietpreisüberhöhung

(1) Ordnungswidrig handelt, wr vorsätzlich oder leichtfertig für die Vermietung von Räumen zum Wohnen oder damit verbundene Nebenleistungen unangemessen hohe Entgelte fordert, sich versprechen lässt oder annimmt.

(2) [1]Unangemessen hoch sind Entgelte, die infolge der Ausnutzung eines geringen Angebots an vergleichbaren Räumen die üblichen Entgelte um mehr als 20 vom Hundert übersteigen, die in der Gemeinde oder in vergleichbaren Gemeinden für die Vermietung von Räumen vergleichbarer Art, Größe, Ausstattung, Beschaffenheit und Lage oder damit verbundene Nebenleistungen in den letzten vier Jahren vereinbart oder, von Erhöhungen der Betriebskosten abgesehen, geändert worden sind. [2]Nicht unangemessen hoch sind Entgelte, die zur Deckung der laufenden Aufwendungen des Vermieters erforderlich sind, sofern sie unter Zugrundelegung der nach Satz 1 maßgeblichen Entgelte nicht in einem auffälligen Missverhältnis zu der Leistung des Vermieters stehen.

(3) Die Ordnungswidrigkeit kann mit einer Geldbuße bis zu fünfzigtausend Euro geahndet werden.

I. Anwendungsbereich des § 5 WiStG

1 Bei der Vereinbarung des Mietzinses anlässlich der Begründung eines Mietverhältnisses sowie bei Erhöhungsvereinbarungen während der Mietzeit müssen bei der Wohnraummiete die durch § 5 WiStG vorgegebenen Obergrenzen beachtet werden. Die Vorschrift dient einem doppelten Zweck: zum einen sollen Wettbewerbsstörungen verhindert werden; mittelbar wird der Mieter vor überhöhten Mieten geschützt.[1] Die Regelung ist verfassungsgemäß.[2]

2 Die Regelung gilt auch dann, wenn der Mietpreis aufgrund einer Erhöhung nach **§ 559 BGB** zustande gekommen ist.[3] Ist eine Staffelmiete nach **§ 557a BGB** vereinbart, so wird die danach mögliche Mietpreisentwicklung ebenfalls durch § 5 WiStG begrenzt (s. im Einzelnen § 557a BGB Rdn. 71 ff.). Dabei kommt es darauf an, ob der aktuell geschuldete Mietzins die jeweils höchstzulässige Miete übersteigt; in diesem Umfang ist die Mietpreisvereinbarung unwirksam. Die Teilunwirksamkeit einer Staffel hat auf die Wirksamkeit der übrigen Staffeln keinen unmittelbaren Einfluss. Dies bedeutet, dass jede Staffel mit dem jeweils höchstzulässigen Mietzins aufrecht erhalten bleibt.[4] Dieselben Grundsätze gelten, wenn eine Indexmiete nach **§ 557b BGB** vereinbart ist. Auch hier wird die Mietentwicklung durch die jeweils höchstzulässige Miete begrenzt.[5] Die Erhöhung der Nutzungsentschädigung gem. **§ 546a BGB** nach der Beendigung des Mietverhältnisses fällt ebenfalls unter § 5 WiStG.[6]

3 Die Regelung gilt für Wohnräume aller Art, einschließlich derjenigen, die in § 549 Abs. 2 und 3 BGB genannt sind. Nach dem Wortlaut der Vorschrift werden auch solche Wohnräume erfasst die wegen ihrer außergewöhnlichen Beschaffenheit oder Lage außerhalb des eigentlichen Wohnungsmarktes stehen („Luxusobjekte", „Sonderobjekte"). Durch die Mietpreise solcher Objekte wird das allgemeine Preisgefüge jedoch nicht beeinträchtigt. Die potentiellen Mieter sind auch nicht schutzbedürftig. Dies rechtfertigt es, die genannten Wohnungsgruppen vom Bereich des § 5 WiStG auszunehmen.[7]

---

[1] *Herrlein* in Herrlein/Kandelhard § 5 WiStG Rdn. 3.

[2] BVerfG WuM 1995, 636; KG GE 1994, 991; **a. A.** *Beuermann* GE 1994, 942: verfassungswidrig, weil der im Tatbestand des § 5 WiStG enthaltene Begriff der „üblichen Entgelte" nicht hinreichend bestimmt sei.

[3] So OLG Karlsruhe RE 19.8.1983 WuM 1983, 314 = DWW 1983, 276 = NJW 1984, 62 = ZMR 1984, 201 zum früheren § 3 MHG.

[4] OLG Hamburg RE 13.1.2000 NZM 2000, 232; LG Frankfurt WuM 1996, 425; *Sternel,* Mietrecht aktuell, 2009, Rdn. III 32.

[5] *Börstinghaus* MDR 1995, 6.

[6] AG Nürtingen WuM 1982, 80.

[7] LG Hamburg ZMR 2000, 676; AG Hamburg ZMR 2003, 849; *Lammel* NZM 1999, 989, 992; *Mersson* DWW 2002, 220, 222; *Langenberg,* GS Sonnenschein, 2003, S. 489; *ders.* ZMR 2005, 97; s. a. Rdn. 73; abw.

II. Tatbestandsvoraussetzungen

1. Räume zum Wohnen

4 Der Tatbestand der Mietpreisüberhöhung ist gegeben, wenn der Vermieter für die Vermietung von Räumen zum Wohnen ein unangemessen hohes Entgelt fordert, sich versprechen lässt oder annimmt (§ 5 Abs. 1 WiStG).

5 Unter einem **Raum** ist ein allseits mit Wänden, Fußboden und Decke abgeschlossener Gebäudeteil zu verstehen. Es ist allerdings weder erforderlich, dass der Gebäudeteil vollständig abgeschlossen ist, noch wird vorausgesetzt, dass der Mieter den gesamten Raum nutzen darf. Raummiete liegt auch dann vor, wenn lediglich Teile des Raumes vermietet werden, etwa ein Schlafplatz in einer Sammelunterkunft. Es ist nicht erforderlich, dass der Raum Teil einer Immobilie ist. Eine Wohnung in einer auf Dauer erstellten Baracke fällt unter § 5 WiStG, auch wenn die Baracke im Unterschied zu einem herkömmlichen Gebäude relativ einfach demontiert oder abgerissen werden kann. Die Innenbereiche ursprünglich beweglicher Sachen (Wohnwagen, Container, Schiffe) gehören ebenfalls zu den Räumen, wenn der ursprüngliche Zweck aufgegeben worden ist und die Nutzung des Innenraums zum Aufenthalt überwiegt (aufgebockter Wohnwagen, fest installierter Container, auf Dauer verankertes Schiff).

6 Die Räume sind **zum Wohnen** bestimmt, wenn sie dem Mieter zur Befriedigung seiner eigenen Wohnbedürfnisse und/oder der Wohnbedürfnisse seiner Familie dienen sollen. Dies ist immer dann der Fall, wenn der Mieter die Räumlichkeiten in herkömmlicher Weise als Wohnung nutzen darf. In diesem Sinne gehört zum Wohnen die Führung eines Haushalts, die Zubereitung von Speisen und die Einnahme der Mahlzeiten, das Waschen der Wäsche, die Körperpflege, die Pflege der Geselligkeit und das Schlafen, sowie die Ausübung beruflicher Tätigkeiten die üblicherweise in der Wohnung ausgeübt werden.

7 Maßgeblich sind die Vereinbarungen im Mietvertrag. Deshalb gilt § 5 WiStG auch dann, wenn der Mieter in der Wohnung vertragswidrig ein Gewerbe ausübt. Umgekehrt ist § 5 WiStG unanwendbar, wenn der Mieter die Räume vertragswidrig zu Wohnzwecken nutzt.[8]

8 Der Tatbestand des § 5 WiStG hängt aber nicht davon ab, dass der jeweilige Bewohner, – sei es der Mieter, sei es einer seiner Familienangehörigen –, von der Mietsache einen **umfassenden Wohngebrauch** machen kann. Ein Raum zum Wohnen liegt auch dann vor, wenn vereinbart ist, dass die Sache nur in eingeschränkten Umfang benutzt oder mitbenutzt werden darf (etwa nur zum Schlafen; oder nur während der Werktage). Erforderlich ist lediglich, dass die Räumlichkeiten dem Mieter nach den übereinstimmenden Vorstellungen der Vertragsparteien ganz oder zum Teil, vorübergehend oder auf Dauer als Lebensmittelpunkt dienen sollen. Dies folgt aus der Erwägung, dass die zum Wohnen dienenden Räumlichkeiten einen besonderen Schutz genießen am dem auch solche Mieter teilhaben sollen, die sich keine vollwertige Wohnung leisten können; gerade jene Mieter sind i. d. R. besonders schutzbedürftig. Der Tatbestand des § 5 WiStG liegt deshalb auch dann vor, wenn wohnsitzlosen Personen einzelne Räume in einer Behelfsunterkunft[9] vermietet werden. Die Vermietung von Zimmern im Rahmen eines Hotel- oder Pensionsbetriebs fällt nicht unter § 5 WiStG.[10] Anders ist es, wenn der Hotel- oder Pensionsbetrieb aufgegeben wird und die Zimmer an Wohnungssuchende vermietet werden.

9 Unerheblich ist es, ob die Räumlichkeiten **als Wohnung geeignet** sind.[11] Ein zu Wohnzwecken vermieteter aber hierzu nicht geeigneter Raum entspricht zwar nicht den vertraglichen Vereinbarungen; gleichwohl liegt ein Wohnraummietverhältnis vor.

10 Streitig ist, ob die Vorschrift auch auf das Mietverhältnis zwischen einem Eigentümer und einem **gewerblichen Zwischenvermieter** anzuwenden ist. Dieses Mietverhältnis gilt nach zivilrechtlicher Betrachtungsweise als Geschäftsraummietverhältnis, weil der gewerbliche Zwischenvermieter die Räume nicht selbst bewohnt (s. Vor § 535 BGB Rdn. 104). Gleichwohl wird von einem Teil der Strafgerichte die Auffassung vertreten, dass es im Rahmen des § 5 WiStG ausreicht, wenn die Räume tatsächlich zum Wohnen bestimmt sind.[12] Die Zivilgerichte sind dagegen der Ansicht, dass

---

BGH NJW-RR 2006, 591 = NZM 2006, 291 = WuM 2006, 161 = ZMR 2006, 355 = DWW 2006, 161 – s. aber Rdn. 64.

[8] *Flintrop* in Hannemann/Wiegner MAH Wohnraummietrecht § 33 Rdn. 6; *Kinne* ZMR 1998, 473.

[9] Vgl. LG Köln WuM 1987, 202 für Räume in einem Hochbunker.

[10] *Flintrop* in Hannemann/Wiegner MAH Wohnraummietrecht § 33 Rdn. 5; *Kinne* ZMR 1998, 473.

[11] *Sternel* Mietrecht (1988) Rdn. III 56.

[12] OLG Frankfurt NJW 1993, 673; AG Frankfurt WuM 1993, 199.

der Begriff der „Räume zum Wohnen" mit dem Begriff des Wohnraummietverhältnisses identisch ist.[13] Diese Auffassung trifft zu: die Vorschrift des § 5 WiStG soll verhindern, dass eine Wohnungsmangelsituation zum Nachteil der Wohnungssuchenden insgesamt ausgenutzt wird (sog. „Sozialwucher"). Da der gewerbliche Zwischenvermieter nicht zu den geschützten Wohnungssuchenden gehört, muss das Hauptmietverhältnis aus dem Anwendungsbereich des § 5 WiStG – trotz des insoweit missverständlichen Wortlauts („Räume zum Wohnen") – ausgeklammert werden.[14] Im Übrigen kann wegen des Anwendungsbereichs des § 5 WiStG auf die Ausführungen Vor § 535 BGB Rdn. 68ff. verwiesen werden.

11 Auf **Mischraummietverhältnisse** (s. Vor § 535 BGB Rdn. 107ff.) ist § 5 WiStG nur anwendbar, wenn das Schwergewicht des Vertrags im Bereich des Wohnens liegt. Liegt das Schwergewicht im gewerblichen Bereich, so ist denkbar, dass die Preisvereinbarung wegen der Höhe des Mietzinses gegen die guten Sitten verstößt und damit nach § 138 Abs. 1 BGB unwirksam ist (s. u. Rdn. 94ff.)

2. Fordern, versprechen lassen, annehmen

12 Das Tatbestandsmerkmal **„fordert"** liegt vor, wenn im Zusammenhang mit der Vermietung von Räumen zum Wohnen ein unangemessenes Entgelt verlangt wird. Es ist nicht erforderlich, dass das Verlangen ein rechtlich bindendes Angebot zum Abschluss eines Mietvertrags darstellt. Es muss aber ernst gemeint und hinreichend konkretisiert sein. Das Verlangen muss insbesondere gegenüber einer bestimmten Person oder gegenüber einem überschaubaren Personenkreis abgegeben werden. Die Angabe eines unangemessenen Preises in einem Zeitungsinserat ist zivilrechtlich als unverbindliche Aufforderung an die Allgemeinheit zur Abgabe eines Mietangebots anzusehen. Der Tatbestand des § 5 WiStG wird damit noch nicht erfüllt.[15]

13 Das Tatbestandsmerkmal **„versprechen lässt"** ist anzunehmen, wenn der Mieter (oder Mietinteressent) seinerseits ein unangemessenes Entgelt anbietet und sich der Vermieter daraufhin zur Überlassung der Räume bereit erklärt. Dies ist dann der Fall, wenn die Beteiligten einen Mietvertrag oder Mietvorvertrag abschließen. Auf die zivilrechtliche Wirksamkeit des Vertrages kommt es aber nicht an. Der Tatbestand ist auch dann erfüllt, wenn der Vertrag später im Wege der Anfechtung vernichtet oder auf Grund vertraglicher Vereinbarungen rückwirkend aufgehoben wird.

14 Das Tatbestandsmerkmal **„annimmt"** ist gegeben, wenn der Vermieter ein unangemessenes Entgelt tatsächlich entgegennimmt. Bei Zahlung durch Überweisung liegt das Annehmen im Unterlassen der Rücküberweisung. Gegenüber dem Tatbestandsmerkmal „fordert" und „versprechen lässt" hat das Tatbestandsmerkmal „annimmt" dann keine eigenständige Bedeutung, wenn die Zahlung auf der Vereinbarung im Mietvertrag beruht. Als Hauptanwendungsfall dieser Tatbestandsvariante ist anzusehen, wenn der Mieter (i. d. R. irrtümlich) ein unangemessen hohes Entgelt zahlt, ohne vertraglich dazu verpflichtet zu sein. Hier darf der Vermieter die Zahlung nicht in voller Höhe annehmen. Ein Dritter (z. B. der Ehegatte des Vermieters) macht sich durch die Annahme des Geldes nicht strafbar, weil die Zahlung des Mieters als Leistung an den Vermieter zu bewerten ist. Dieselbe Rechtsfolge gilt, wenn der Mieter an denjenigen zahlt, dem der Vermieter die Mietzinsforderung abgetreten hat.

3. Mietobergrenze

15 Unangemessen hoch sind solche Entgelte, die infolge der Ausnutzung eines geringen Angebots an vergleichbaren Räumen die üblichen Entgelte in der Gemeinde um mehr als 20% übersteigen (§ 5 Abs. 2 Satz 1 WiStG). Nicht unangemessen hoch sind Entgelte, die zur Deckung der laufenden Aufwendungen des Vermieters erforderlich sind, sofern sie unter Zugrundelegung der üblichen Entgelte nicht in einem auffälligen Missverhältnis zu der Leistung des Vermieters stehen (§ 5 Abs. 2 Satz 2 WiStG). Die Regelung in § 5 Abs. 2 Satz 1 WiStG greift ein, wenn der vereinbarte Mietzins über der kostendeckenden Miete liegt. Die für den Vermieter günstigere Regelung des § 5 Abs. 2 Satz 2 WiStG kommt zur Anwendung, wenn der Vermieter lediglich einen kostendeckenden Mietzins verlangt.

---

[13] OLG Karlsruhe RE 24.10.1983 WuM 1984, 10 = ZMR 1984, 52; OLG Stuttgart RE 7.11.1985 WuM 1986, 10 = ZMR 1986, 52; OLG Celle WuM 1996, 562; AG Dortmund ZMR 1997, 85.
[14] *Mersson* DWW 2002, 220; **a. A.** *Bub* PiG 46, 191, 200.
[15] **A. A.** *Bub* PiG 47, 191, 291.

16 Unter dem **Begriff des Entgelts** sind die geldwerten Mieterleistungen zu verstehen, also die Grundmiete, die Betriebskosten, Gebühren aller Art, ein Baukostenzuschuss, ein Mieterdarlehen, die Verpflichtung zur Übernahme von Schönheitsreparaturen oder Kleinreparaturen; kurzum alles, was der Mieter für die Überlassung der Wohnung schuldet. In der Praxis spielt allerdings nur die Höhe der Grundmiete eine Rolle, weil nur diese Größe den Vergleich mit den üblichen Entgelten ermöglicht. Der Umstand, dass der Mieter darüber hinaus Betriebskosten, Schönheitsreparaturen und Kleinreparaturen tragen muss, kann regelmäßig vernachlässigt werden, weil die Belastung des Mieters mit diesen Leistungen allgemeiner Üblichkeit entspricht. Unübliche Mieterleistungen (z. B. Baukostenzuschüsse und Mieterdarlehen oder eine besonders hohe Betriebskostenpauschale) müssen allerdings besonders bewertet werden, weil solche Leistungen in den Vergleichswerten nicht enthalten sind.

17 **a) Berechnung der höchstzulässigen Miete nach § 5 Abs. 2 Satz 1 WiStG. aa) Ermittlung der ortsüblichen Miete.** Ausgangspunkt für die Frage der Mietpreisüberhöhung ist die ortsübliche Miete. Die Legaldefinition der ortsüblichen Miete in § 558 Abs. 2 BGB weicht im Wortlaut geringfügig vom Wortlaut des § 5 Abs. 2 Satz 1 WiStG ab. Hierin liegt aber kein sachlicher Unterschied. Beiden Vorschriften liegt der gleiche Mietbegriff zugrunde. Deshalb ist das ortsübliche Mietpreisniveau (die „üblichen Entgelte") im Rahmen des § 5 WiStG auf dieselbe Art und Weise zu ermitteln, wie im Mieterhöhungsverfahren nach § 558 BGB.

18 Hierzu kann auf einen **Mietspiegel** zurückgegriffen werden (s. deshalb auch unter Rdn. 85 und bei § 558c BGB Rdn. 12). Das Gericht ist nicht verpflichtet, einen Sachverständigen einzuschalten.[16] Falls die Richtigkeit des Mietspiegels substantiiert in Zweifel gezogen wird, muss sich das Gericht hiermit befassen.[17] Ist die Art und Weise des Mietspiegels dokumentiert, etwa durch einen Methodenbericht, so muss die Partei dazu Stellung nehmen.[18] Bei der Verwendung eines Mietspiegels ist darauf zu achten, dass der Mietspiegel nicht schematisch angewendet wird. Das Gericht darf sich nicht darauf beschränken, die Wohnung in die vorgegebenen Kategorien des Mietspiegels einzuordnen. Vielmehr sind alle Umstände des Einzelfalls zu berücksichtigen. Hierzu gehört beispielsweise eine nach dem Abschluss der Datenerhebungen zum Mietspiegel eingetretene Erhöhung des Mietpreisniveaus oder eine besonders aufwendige Renovierung der Wohnung durch den Vermieter bei Mietbeginn.[19]

19 Bei **qualifizierten Mietspiegeln** i. S. v. § 558d BGB wird vermutet, dass die dort ausgewiesenen Entgelte die ortsübliche Vergleichsmiete wiedergeben (§ 558d Abs. 3 BGB). Es handelt sich um eine Beweisregel. Sie gilt wegen ihres systematischen Zusammenhangs mit den Vorschriften über die Mieterhöhung nur in diesen Verfahren. Im Verfahren auf Rückerstattung überzahlter Miete oder im Verfahren nach dem OWiG gilt die Vermutungswirkung nicht.[20]

20 Es ist ebenfalls nicht zu beanstanden, wenn das Gericht die ortsübliche Miete ausschließlich durch einen Sachverständigen ermitteln lässt.[21] Das Gutachten muss dann aber auf einer hinreichend breiten Datenbasis erstattet werden. Daran fehlt es häufig. Manche Sachverständige beschränken sich darauf, aus relativ wenigen, willkürlich ausgewählten Vergleichsobjekten einen Durchschnittswert zu errechnen und diesen nach normativen Kriterien zu modifizieren. Auf diese Weise wird empirisches Material mit normativer Bewertung vermischt. Das Ergebnis ist scheinbar pfenniggenau, wegen der dürftigen empirischen Basis aber in Wirklichkeit zufällig.[22]

21 Die Strafgerichte neigen i. d. R. zur Einschaltung eines Sachverständigen, weil sie meinen, dass dieser den Besonderheiten des Einzelfalls besser gerecht werde.[23] Der Begriff der ortsüblichen Vergleichsmiete wird dabei verkannt. Nur das ortsübliche Preisniveau als solches – das immer eine Vielzahl von Einzelpreisen umfasst – darf von einem Sachverständigen ermittelt werden, weil nur

---

16 KG WuM 1992, 140; OLG Hamm WuM 1984, 238; ZMR 1995, 212; LG Stuttgart WuM 1990, 357; LG Frankfurt WuM 1994, 605; WuM 1998, 168; LG Hamburg WuM 1994, 696 betr. eine Wohnung in einer sog. „Adressenlage"; LG Hamburg WuM 1998, 490; NZM 2000, 1002; LG Berlin GE 1995, 67; GE 1996, 1486; ZMR 1998, 349; GE 1998, 859; LG Heidelberg WuM 2001, 346; AG Schöneberg NJWE MietR 1996, 67; **a. A.** LG Berlin NJWE-MietR 1996, 98; *Osmer* ZMR 1995, 53.

17 Vgl. BVerwG WuM 1996, 432, 434.

18 LG Hamburg WuM 1998, 490.

19 OLG Frankfurt WuM 1994, 436.

20 *Börstinghaus* NZM 2000, 1087, 1091; *Mersson* DWW 2002, 220, 223.

21 OLG Hamm a. a. O.

22 Vgl. OLG Karlsruhe NJW 1997, 3388, wo die ortsübliche Miete für Freiburg an Hand von vier (!) Vergleichsobjekten „ermittelt" worden ist.

23 OLG Karlsruhe NJW 1997, 3388.

dieses empirisch zu fassen ist. Die Zuordnung einer konkreten Wohnung zu einem bestimmten Preis innerhalb des vorgegebenen Niveaus muss nach normativen Kriterien erfolgen. Hierbei handelt es sich um Rechtsanwendung für die das Gericht und nicht der Sachverständige zuständig ist.

22 Die „**Richtlinien** zur wirksameren Bekämpfung von Mietpreisüberhöhungen nach § 5 Wirtschaftsstrafgesetz" sehen unter Nr. 4.6. vor, dass bei der Verwendung eines Mietspiegels stets vom Oberwert der Bandbreite ausgegangen werden muss. Diese Richtlinien binden die Gerichte allerdings nicht; im gerichtlichen Verfahren gilt, dass die Miete konkret für die betr. Wohnung festzustellen ist.[24] Es ist auch nicht erforderlich, dass die so gefundene Miete um einen „Sicherheitszuschlag" erhöht wird.[25]

23 Für das **Bußgeldverfahren** sind nach der Ansicht des KG[26] einige aus dem Zweifelssatz folgende Besonderheiten zu beachten. So soll die Einholung eines Sachverständigengutachtens umso nahe liegender sein, je mehr die konkrete Wohnung vom Durchschnitt der Wohnungen abweicht (modernisierte Wohnungen; schlechte Lage innerhalb bevorzugter Bezirke; hervorgehobene Wohnung innerhalb schlechter Lage, usw.). Sind umgekehrt keine Anhaltspunkte dafür vorhanden, dass der Sachverständige zu einem günstigeren Ergebnis als der Mietspiegel kommt, so besteht aber auch im Bußgeldverfahren kein Anlass für ein Sachverständigengutachten.[27] Bestehen nach zivilrechtlichen Grundsätzen verschiedene Auslegungsmöglichkeiten, so muss im Bußgeldverfahren die dem Vermieter günstigste Auslegung gewählt werden. Führen die Ermittlungen zu dem Ergebnis, dass das übliche Entgelt nicht in einem pfenniggenauen Betrag dargestellt werden kann, sondern „eine gewisse schmale Bandbreite aufweist", so sei das Gericht verpflichtet den obersten Wert der Bandbreite zugrunde zu legen.

24 Bei der **Verwendung veralteter Mietspiegel** muss für die zwischenzeitlich eingetretenen Veränderungen des Mietpreisniveaus ein Zuschlag hinzugerechnet werden. Das OLG Stuttgart hat in dem zu § 2 MHG a. F. ergangenen Rechtsentscheid vom 15. 12. 1993[28] die Ansicht vertreten, dass es nicht zulässig sei, wenn der Zuschlag im Wege der Schätzung auf Grund eines allgemeinen Preisindexes für die Lebenshaltungskosten oder eines undifferenzierten Wohnungsmietenindex ermittelt wird. Vielmehr sei „die Steigerung der ortsüblichen Vergleichsmiete zu ermitteln, die bei vergleichbaren Wohnungen in der Gemeinde eingetreten ist". Nach Meinung des OLG Stuttgart ist der Steigerungsbetrag i. d. R. durch einen Sachverständigen zu ermitteln. Dieser Vorschlag ist nicht praktikabel, weil solche Sachverständige nicht zur Verfügung stehen.[29] Die Rechtspraxis kommt zu einer realistischen Fortschreibung, indem sie die Werte älterer mit denen neuerer Mietspiegel vergleicht.[30] Eine Fortschreibung in Jahresabständen erscheint angemessen.

25 Behebbare **Mängel** beeinflussen den Mietpreis nicht.[31] Unbehebbare Mängel sind zu Lasten des Vermieters zu berücksichtigen.

26 Über diese allgemeinen Grundsätze hinaus, kann die Ermittlung des ortsüblichen Mietpreisniveaus nicht weiter formalisiert werden. Stets ist zu bedenken, dass der Begriff der ortsüblichen Miete zwar einen empirischen Kern hat; bei der Ermittlung der Miete im Einzelfall müssen daneben auch normative Kriterien berücksichtigt werden. Aus diesem Grund scheidet auch die Durchführung eines selbstständigen Beweisverfahrens mit dem Ziel der Ermittlung einer Mietpreisüberhöhung aus.[32]

27 **bb) Zuschläge für Möblierung** sind möglich und angebracht. Bezüglich der Höhe des Möblierungszuschlags gibt es keine übereinstimmenden Bewertungsgrundsätze. Sternel[33] hält einen Zuschlag auf die Jahresmiete von 27% aus dem Anschaffungspreis der Einrichtung für angemessen: dem liegt die Überlegung zugrunde, dass der Vermieter die gekauften Möbel mit 15% abschreiben wird und dass ihm eine Kapitalverzinsung von 12% zuzubilligen ist. Das AG München[34] hat dem

---

[24] OLG Hamburg WuM 1983, 20 = ZMR 1983, 100; LG Berlin GE 1991, 827; GE 1998, 743; LG Hamburg WuM 1998, 490.
[25] OLG Stuttgart WuM 1981, 225.
[26] KG GE 1994, 991.
[27] Ebenso LG Berlin GE 1994, 1265.
[28] WuM 1994, 58 = ZMR 1994, 109 mit Anm. *Blank* ZMR 1994, 137.
[29] *Blank* ZMR 1994, 137.
[30] Z. B. LG Berlin GE 1996, 925.
[31] OLG Stuttgart WuM 1981, 225; LG Berlin ZMR 1997, 468, 470.
[32] **A. A.** LG Köln WuM 1995, 490.
[33] *Sternel* Mietrecht (1988) Rdn. III 39.
[34] AG München WuM 1984, 250.

Vermieter einen Abschreibungssatz von 20% zugebilligt. Nach der Rechtsprechung des LG Mannheim[35] ist der Möblierungszuschlag im Einzelfall festzustellen: Maßgeblich für die Bemessung dieses Zuschlags ist insbesondere die Art der Einrichtung. Billige Möbel nutzen sich im Allgemeinen schneller ab und müssen häufiger ersetzt werden als hochwertige Gegenstände. Dem soll durch unterschiedliche Kostenansätze Rechnung getragen werden. Angemessen ist eine Abschreibung berechnet aus dem Zeitwert und der mutmaßlichen Restlebensdauer sowie eine Verzinsung in Höhe von 4%. Eine höhere Rendite ist bei der Vermietung von Wohnraum i. d. R. nicht zu erzielen. Stets ist Voraussetzung, dass der Zeitwert der Einrichtungsgegenstände zu ermitteln ist.[36]

cc) Ein **Zuschlag für gewerbliche Nutzung** ist ebenfalls möglich. Der Zuschlag darf allerdings nicht für Tätigkeiten vereinbart werden, die ohnehin vom Wohngebrauch gedeckt sind (s. Vor §§ 535ff. BGB Rdn. 95). Außerdem ist Voraussetzung, dass die fragliche Nutzung überhaupt ernsthaft ins Auge gefasst wird[37]. Für die Höhe des Zuschlags gibt es keine gesetzlichen Obergrenzen. Eine unmittelbare oder analoge Anwendung des § 26 Abs. 2 NMV kommt nicht in Betracht.[38] Jedoch ist zu prüfen, ob durch die Vereinbarung des Zuschlags die Obergrenzen des § 5 WiStG umgangen werden sollen. Maßgeblich ist insoweit, ob der Zuschlag im Hinblick auf die Gegebenheiten des Marktes ein realitätsgerechtes Entgelt für die vom Mieter in Anspruch genommene Gewerbenutzung darstellt. Man kommt zu angemessenen Ergebnissen, wenn man zunächst die jeweiligen Quadratmeterpreise für Wohnraum einerseits und für Gewerberaum andererseits ermittelt. Die Grundmiete für die gesamten Räumlichkeiten ist dann auf der Basis der ortsüblichen Wohnraummiete zu bestimmen, wobei die höchst zulässige Grundmiete 120% oder (bei entsprechend hohen laufenden Aufwendungen) maximal 150% dieser Miete betragen darf. Hinsichtlich des Zuschlags ist zunächst zu prüfen, in welchem Verhältnis die gewerbliche Nutzung zur Wohnungsnutzung steht. Dementsprechend ist für den gewerblich genutzten Teil ein Zuschlag in Höhe der Differenz zwischen der ortsüblichen Wohnungsmiete und der ortsüblichen Gewerbemiete zu errechnen. Es dürfte sachgerecht sein, wenn der höchstzulässige Zuschlag auf 200% der Differenz bemessen wird.[39] 28

Haben die Parteien keinen Zuschlag, sondern einen **einheitlichen Mietzins** vereinbart, so gilt für die Berechnung der höchstzulässigen Miete nichts anderes. Die höchstzulässige Miete kann nämlich nicht von einer bestimmten Preisgestaltung abhängen. 29

Der Zuschlag wird vom Mieter auch nach Beendigung der gewerblichen Nutzung geschuldet. Dies folgt aus der Erwägung, dass der Zuschlag auf einer vertraglichen Vereinbarung beruht, deren Wirksamkeit durch das tatsächliche Verhalten des Mieters nicht berührt wird.[40] Ein Widerruf der Regelung durch den Mieter ist ebenfalls ausgeschlossen.[41] Etwas anderes kann gelten, wenn der Zuschlag nach den Vereinbarungen der Parteien nur für eine vorübergehende Zeit gezahlt werden sollte. 30

Liegt das **Schwergewicht des Vertrags auf der Gewerbenutzung,** so gilt Gewerbemietrecht. Die höchstzulässige Miete richtet sich nicht nach § 5 WiStG, sondern nach den unter Rdn. 94ff. dargelegten Grundsätzen. 31

dd) Ist der Mieter nach den Vereinbarungen des Mietvertrags zur Untervermietung berechtigt, so ist ein **Untermietzuschlag** anzusetzen. Wegen der Einzelheiten und der Höhe dieses Zuschlags s. § 553 BGB Rdn. 17. 32

ee) Auch **Zuschläge für besondere Belastungen** sind denkbar, wobei für das Vorhandensein der Belastung konkrete Anhaltspunkte vorliegen müssen.[42] Stets ist zu beachten, dass der so genannte „Beschwerniszuschlag" nur für diejenigen Zeiträume zu gewähren ist, in denen die Be- 33

[35] LG Mannheim WuM 2000, 185.
[36] LG Hamburg GE 2016, 917.
[37] LG Hamburg WuM 1998, 491.
[38] LG Berlin GE 1995, 497.
[39] Ähnlich LG Berlin ZMR 1997, 469.
[40] LG Berlin ZMR 1997, 468; GE 1999, 1133.
[41] LG Berlin a. a. O.
[42] Vgl. OLG Stuttgart RE 26.2.1982 WuM 1982, 129: Ein Zuschlag zur ortsüblichen Miete, der mit der Eigenschaft der Mieter als Ausländer begründet ist, ist unzulässig; nur bei konkret feststellbaren Nachteilen oder Risiken kann ein Zuschlag gerechtfertigt sein; ebenso OLG Hamm RE 3.3.1983 WuM 1983, 108 betr. Zuschläge für die Vermietung von Wohnraum an eine studentische Wohngemeinschaft; LG Hamburg GE 2016, 917 betr. Zuschlag für Vermietung an „randständige Personen".

schwernis vorgelegen hat.[43] Auch hier gilt, dass der Zuschlag im Hinblick auf die Gegebenheiten des Marktes ein realitätsgerechtes Entgelt für die Mehrbelastung darstellen muss.

34 **ff) Besondere Mieterleistungen,** die sich aus der Sicht des Vermieters als geldwerter Vorteil darstellen, sind ebenfalls (zu Lasten des Vermieters) zu berücksichtigen. Hier kommen insbesondere Baukostenzuschüsse, Zuschüsse zur Wohnungsrenovierung[44] und andere Finanzierungsbeiträge[45] in Betracht, aber auch sonstige Mieterleistungen, die im Allgemeinen unüblich sind, wie etwa Hausmeisterdienste oder ähnliches.

35 **gg) Wesentlichkeitsgrenze 20%.** Ein überhöhter Mietpreis i. S. v. § 5 Abs. 2 Satz 1 WiStG ist anzunehmen, wenn die ortsübliche Miete um mehr als 20% überschritten wird. Maßgeblich hierfür ist in erster Linie die Grundmiete. Sind in der Grundmiete auch Betriebskosten enthalten, so können diese heraus gerechnet werden. Ist umgekehrt eine hohe Betriebskostenpauschale vereinbart, so ist der zur Deckung der Betriebskosten nicht benötigte Teil der Pauschale der Grundmiete zuzuschlagen.[46]

36 Bei **Staffelmietvereinbarungen** kommt es darauf an, ob der aktuell geschuldete Mietzins über der Wesentlichkeitsgrenze liegt.[47] Die früher vertretene gegenteilige Ansicht, wonach auf die Staffelmiete in ihrer Gesamtheit abzustellen sei wird aufgegeben; eine solche Berechnung ist in der Praxis nicht möglich, weil die Entwicklung des Preisniveaus nicht hinreichend genau prognostiziert werden kann (s. i. E. § 557a BGB Rdn. 71ff.).

37 **b) Berechnung der höchstzulässigen Miete nach § 5 Abs. 2 Satz 2 WiStG.** Nach § 5 Abs. 2 Satz 2 WiStG gilt eine Sonderregelung, wenn die Parteien lediglich einen Mietpreis vereinbart haben, der zur Deckung der laufenden Aufwendungen des Vermieters erforderlich ist. Nach der in der Zeit vom 1.9.1993 bis zum 31.8.2001 geltenden Gesetzesfassung war die Möglichkeit zur Berechnung der Miete nach den laufenden Aufwendungen auf zwei Gruppen von Mietverhältnissen beschränkt, nämlich auf Neubauwohnungen und auf Mietverhältnisse, bei denen der Vermieter den Mietzins schon vor dem 1.9.1993 nach den laufenden Aufwendungen berechnet hat oder hätte berechnen dürfen (s. dazu in der 7. Aufl. nach §§ 535, 536 BGB Rdn. 39, 59–64). Nach der ab 1.9.2001 geltenden Gesetzesfassung besteht diese Möglichkeit der Mietpreisberechnung für alle Mietverhältnisse.

38 **aa) Berechnung der laufenden Aufwendungen.** Nach der Vorstellung des Gesetzgebers soll die kostendeckende Miete für freifinanzierten Wohnraum in Anlehnung an § 8 Abs. 1 WoBindG ermittelt werden. In der Begründung des Gesetzentwurfs[48] heißt es dazu: „Die Wendung, „zur Deckung der laufenden Aufwendungen erforderlich" ist an § 8 Abs. 1 WoBindG angelehnt. Die dort für die Ermittlung der Kostenmiete im öffentlich geförderten Wohnungsbau in Bezug genommenen §§ 8a und 8b WoBindG sollen für die Beurteilung der Frage, ob die Miete für nicht preisgebundenen Wohnraum zur Deckung der laufenden Aufwendungen erforderlich ist, als Grundlage mit herangezogen werden. Außerdem können im Einzelfall weitere Umstände berücksichtigt werden, die sich aus der besonderen Gestaltung des Mietverhältnisses oder aus der Natur der Vermietung von nicht preisgebundenen Wohnungen ergeben". Hieraus muss geschlossen werden, dass die für frei finanzierten Wohnraum höchst zulässige Miete auf der Grundlage derjenigen Kostenansätze ermittelt werden muss, die der Gesetzgeber für die Berechnung der Kostenmiete entwickelt hat.[49]

39 Bei der **gewerblichen Zwischenvermietung** ist das vom Zwischenvermieter an den Hauptvermieter gezahlte Entgelt als „laufende Aufwendung" anzusehen. Da die Vermietung durch den Zwischenvermieter aber nicht zu einer höheren Miete führen soll, als die Miete unmittelbar vom Eigentümer, ist das vom Zwischenvermieter an den Hauptvermieter gezahlte Entgelt nur bis zur Höhe der Aufwendungen des Eigentümers zu berücksichtigen.[50]

---

[43] OLG Hamm RE 3.3.1983 WuM 1983, 108.

[44] AG Hamburg-Altona WuM 1996, 779.

[45] LG Hamburg WuM 1986, 346; AG Hamburg WuM 1986, 347.

[46] OLG Stuttgart RE 26.2.1982 WuM 1982, 129 = ZMR 1982, 176 = DWW 1982, 241.

[47] OLG Hamburg RE 13.1.2000 NJW-RR 2000, 458 = WuM 2000, 111 = NZM 2000, 232; KG RE 1.2.2001 NZM 2001, 283 = WuM 2001, 184; LG Frankfurt WuM 1996, 425; LG Berlin GE 1995, 77; *Weitemeyer* in Staudinger § 557a Rdn. 13; *Bub* in Bub/Treier Kap. II Rdn. 2263; *Sternel* Mietrecht (1988) Rdn. III 432.

[48] Gesetz zur Erhöhung des Angebots an Mietwohnungen BT-Drucks. 9/2079.

[49] Vgl. KG RE 22.1.1998 NZM 1998, 225 = WuM 1998, 208 = ZMR 1998, 279; LG Berlin ZMR 1995, 77.

[50] OLG Stuttgart RE v. 18.1.1990 WuM 1990, 102; abw. *Schläger* ZMR 1990, 241, 246.

40 Vermietungsbedingte **Steuerersparnisse** spielen bei der Berechnung der höchstzulässigen Miete keine Rolle.[51] Die hier vertretene Ansicht folgt aus der Erwägung, dass die einschlägigen Steuervorschriften nicht den Mieter entlasten, sondern dem Eigentümer einen Anreiz zur Investition in den Wohnungsbau geben sollen; deshalb ist es sachgerecht, wenn diese Vorteile beim Vermieter verbleiben.

41 Vereinzelt wird vertreten, dass die Vorschrift des § 5 Abs. 2 Satz 2 WiStG nur dann anwendbar sein soll, „wenn die **Gesamteinnahmen** hinter den gesamten laufenden Kosten zurückbleiben".[52] Diese Ansicht beruht auf der Erwägung, dass der Vermieter für die einzelne Wohnung keinen kostendeckenden Mietzins benötigt, wenn er aus der Vermietung des Gesamtanwesens einen zur Deckung der laufenden Aufwendungen ausreichenden Erlös erzielt. Im Wortlaut des § 5 Abs. 2 Satz 2 WiStG findet dieser Gedanke allerdings keine Stütze. Deshalb ist die genannte Ansicht abzulehnen.[53]

42 Die laufenden Aufwendungen sind in Anlehnung an die §§ 8 Abs. 1, 8a, 8b WoBindG, §§ 18–29 der II. BV zu errechnen. Danach sind folgende Kostenpositionen ansatzfähig:

43 **aaa) Eigenkapitalkosten (§ 20 der II. BV).** Eigenkapitalkosten sind die Zinsen für die Eigenleistungen. Hat der Vermieter das Haus als **Bauherr** errichtet, so bemisst sich die Höhe der Eigenleistung nach § 15 der II. BV. Hier sind insbesondere ansatzfähig: die eigenen Geldmittel des Vermieters, der Wert des vermietereigenen Baugrundstücks, der Wert der eigenen Arbeitsleistung in Höhe der üblichen Handwerkerpreise (ohne Mehrwertsteuer) und der Wert des vom Vermieter gestellten Baumaterials. Als eigene Geldmittel zählen auch Bausparguthaben einschließlich der Zinsen und der Prämien, Mittel aus Personalkrediten und Geldleistungen Dritter, die der Vermieter schenkweise erhalten hat. Zu den vermietereigenen Arbeitsleistungen gehört auch der Wert der Arbeit von Angehörigen oder sonstiger Dritter und zwar unabhängig davon ob der Vermieter diese Arbeitskräfte bezahlt hat. Maßgeblich für den Wertansatz ist der Zeitpunkt der Errichtung des Hauses. Dies gilt auch für Altbauten.[54] Für die Höhe der Verzinsung gilt § 20 Abs. 2 Satz 1 der II. BV: Ansatzfähig ist der marktübliche Zinssatz für erste Hypotheken.[55] Nach der instanzgerichtlichen Rechtsprechung ist der Zinssatz nach § 20 Abs. 2 Satz 2 der II. BV zu bestimmen. Danach kann der Vermieter für einen Eigenkapitalteil in Höhe von 15% der Gesamtkosten eine Verzinsung von 4% und für den darüber hinaus gehenden Teil eine Verzinsung von 6,5% verlangen.[56] Diese Ansicht stimmt mit dem Gesetzeszweck überein: Der Vermieter von freifinanziertem Wohnraum soll bei entsprechenden Aufwendungen die Kostenmiete – aber auch nicht mehr – verlangen können.[57] Nach dem Rechtsentscheid des OLG Stuttgart vom 8.11.1989[58] konnte das Eigenkapital aus dem Verkehrswert der Wohnung zum Zeitpunkt der Vermietung berechnet werden. Diese Rechtsprechung ist durch den Rechtsentscheid des BGH vom 5.4.1995[59] gegenstandslos. Danach ist für die Ermittlung des Eigenkapitals grundsätzlich die Höhe der Herstellungskosten maßgeblich. Diese Berechnungsweise gilt für diejenigen Vermieter, die das Haus selbst errichtet haben. Außerdem gilt diese Berechnungsweise für die Erben des Bauherrn.

44 Der **Käufer** (und gegebenenfalls dessen Erbe) kann die Eigenkapitalkosten aus den Erwerbskosten berechnen.[60] Gleiches gilt für den **Erwerber in der Zwangsversteigerung.** Aus der Entscheidung des BGH lässt sich nicht zweifelsfrei entnehmen, welche Berechnungsweise bei einer unentgeltlichen Übertragung unter Lebenden maßgeblich ist. Nach richtiger Ansicht ist diese Erwerbergruppe den Erben gleichstellen.

---

51 LG Mannheim WuM 1996, 161; LG Ravensburg WuM 1997, 121; **a. A.** LG Frankfurt WuM 1995, 443; AG Bergheim WuM 1999, 47; *Herrlein* in Herrlein/Kandelhard § 5 WiStG Rdn. 22; *Lammel* Wohnraummietrecht § 5 WiStG Rdn. 48: danach sind die Steuerersparnisse von den laufenden Aufwendungen abzuziehen; vgl. auch OLG Hamburg WuM 1992, 527, das den Erlass eines Rechtsentscheids über diese Frage abgelehnt hat.

52 LG Berlin GE 1998, 743 = WuM 1998, 421 = ZMR 1998, 557 m. abl. Anm. *Greiner;* ähnlich *Herrlein* in Herrlein/Kandelhard § 5 WiStG Rdn. 14, 23.

53 Ebenso *Beuermann* GE 1998, 711; *Greiner* ZMR 1998, 557.

54 BGH RE 5.4.1995 WuM 1995, 428 = ZMR 1995, 344 = DWW 1995, 280.

55 OLG Stuttgart RE 30.9.1988 NJW-RR 1989, 11 = WuM 1988, 395 = ZMR 1988, 463.

56 LG Berlin GE 1998, 681, 683; LG Hamburg WuM 1993, 595; ebenso *Flintrop* in Hannemann/Wiegner MAH Wohnraummietrecht § 33 Rdn. 25; **a. A.** *Pellegrino* NZM 1998, 889, 892.

57 **A. A.** *Schilling* FWW 1994, 81, der aufgrund der Unterschiede zwischen freifinanziertem und preisgebundenen Wohnraum eine Besserstellung des Vermieters von freifinanziertem Wohnraum für richtig hält.

58 OLG Stuttgart WuM 1990, 11.

59 A. a. O.

60 **A. A.** LG Frankfurt WuM 1998, 492; *Lammel* § 5 WiStG Rdn. 41.

45 In der Literatur wird zum Teil die Ansicht vertreten, dass Eigenkapitalkosten im Rahmen des § 5 WiStG überhaupt nicht ansatzfähig seien, weil es sich dabei nicht um eine wirkliche Belastung sondern um einen kalkulatorischen Kostenansatz handle.[61] Diese Ansicht verkennt, dass der Gesetzgeber dem Eigentümer von freifinanziertem Wohnraum zumindest diejenige Miete zubilligen will, die auch der Vermieter von preisgebundenem Wohnraum zu beanspruchen hat.[62] Die Berechnung der Kostenmiete aus den Erwerbskosten hat zur Folge, dass derjenige Vermieter, der ein Haus zu einem überhöhten Preis erworben hat, die darin befindlichen Wohnungen zu überhöhten Preisen weitervermieten darf.[63] Rechtspolitisch erscheint dies verfehlt. Dennoch kann das Gesetz nicht dahingehend korrigiert werden, dass bei unwirtschaftlichem Erwerb die Kapitalkosten lediglich aus dem üblichen Kaufpreis ermittelt werden.

46 Hat der Vermieter ein sanierungsbedürftiges Gebäude erworben und sodann eine **Modernisierung** durchgeführt, so können die Fremdkapital- und Eigenkapitalkosten aus der Summe der Erwerbs- und Modernisierungskosten errechnet werden.[64] Hiergegen wird von Teilen der Rechtsprechung[65] eingewandt, dass die Kosten der Finanzierung einer Modernisierung (Fremdkapitalkosten oder eine fiktive Eigenkapitalverzinsung für den Einsatz eigener Mittel) nicht zu den laufenden Aufwendungen zählen, weil die betr. Beträge auch bei einer Mieterhöhung nach § 3 MHG a. F. (= § 559 BGB n. F.) nicht berücksichtigt werden können. Diese Meinung überzeugt nicht, weil sie zu widersprüchlichen Ergebnissen führt: Wird die Modernisierung vom Veräußerer durchgeführt, so sind die auf die Modernisierung entfallenden Kosten im Kaufpreis enthalten; folgerichtig können sie auch bei der Berechnung der Kapitalkosten berücksichtigt werden (Rdn. 44). Erwirbt der Eigentümer dagegen ein modernisierungsbedürftiges Gebäude zu einem entsprechend niedrigerem Kaufpreis und führt er die Modernisierung anschließend auf eigene Kosten durch, so sind die effektiven Erwerbskosten dieselben; gleichwohl wäre nach der abgelehnten Meinung bei der Ermittlung der laufenden Aufwendungen nur der (reduzierte) Kaufpreis zugrunde zu legen. Diese Differenzierung steht weder mit dem Wortlaut des § 5 WiStG in Einklang, noch ist sie vom Sinn und Zweck der Vorschrift geboten

47 **bbb) Fremdkapitalkosten (§ 21 der II. BV).** Zu den Fremdkapitalkosten gehören die Zinsen für Fremdmittel, die laufenden Kosten der Bürgschaften für Fremdmittel (z. B. Landesbürgschaften für lb-Hypotheken), Erbbauzinsen und laufende Verwaltungskosten die im Zusammenhang mit der Darlehensaufnahme entstehen. Maßgeblich sind nicht die marktüblichen Zinsen, sondern die tatsächlich geschuldeten Zinsen.[66] Tilgungsleistungen dürfen nicht angesetzt werden. Bei einem Tilgungsdarlehen darf der vereinbarte Zinssatz zugrunde gelegt werden und zwar auch dann, wenn bei progressiver Tilgung die Zinsen niedriger und die Tilgungsbeträge höher werden (§ 21 Abs. 2 der II. BV). Ein Disagio hat auf die Berechnung der Zinsen keinen Einfluss, obwohl in diesem Fall der effektive Zinssatz höher ist als bei Auszahlung zu 100%. Im Rahmen des § 21 der II. BV kommt es nicht auf den Zinssatz sondern auf die Zinsbelastung an. Maßgeblich ist also immer derjenige Zins, der sich aus der Vereinbarung im Darlehensvertrag ergibt.[67] Dies gilt nach § 21 Abs. 3 Satz 2 der II. BV auch dann, wenn das Darlehen planmäßig zurückgezahlt worden ist. Zu einem anderen Ergebnis müssten die Vertreter derjenigen Ansicht kommen, die die Berücksichtigung von kalkulatorischen Kostenansätzen für unzulässig halten (s. Rdn. 45). Beim Erwerb des Hauses gelten für die Berechnung der Fremdkapitalkosten die Ausführungen unter Rdn. 44 sinngemäß. Für unverzinsliche und niedrig verzinsliche (Zinssatz unter 4%) Darlehen trifft § 22 der II. BV eine Sonderregelung. Hier dürfen Tilgungsleistungen, die den Satz von 1% übersteigen als Zinsersatz angesetzt werden. Der Ansatz richtet sich nach dem Maß der Tilgung; höchstens ist derjenige Betrag ansatzfähig, der sich bei einer Verzinsung des Darlehens in Höhe von 4% ergäbe.[68] Unberücksichtigt bleiben Mieterdarlehen und Mietvorauszahlungen.

---

[61] *Sternel* ZMR 1983, 73, 80; MDR 1983, 265, 356; z. Streitstand s. *Pellegrino* NZM 1998, 889.

[62] Wie hier BGH a. a. O.; KG RE 22.1.1998 NZM 1998, 225 = WuM 1998, 208 = ZMR 1998, 279; *Landfermann* a. a. O. S. 56; *Beuermann* a. a. O. Rdn 21; *Bub* PiG 47, 191, 210.

[63] *Gramlich* NJW 1983, 421.

[64] KG RE 22.1.1998 NZM 1998, 225 = WuM 1998, 208 = ZMR 1998, 279; *Sternel* Mietrecht aktuell (2009) Rdn.

[65] KG [2. Strafsenat] WuM 1992, 140; LG Berlin MM 1995, 352.

[66] LG Stuttgart DWW 1997, 271, 272.

[67] Zweifelnd: *Eisenschmid* WuM 1992, 221.

[68] Kritisch dazu: *Eisenschmid* a. a. O.

ccc) Abschreibung (§ 25 der II. BV). Die Abschreibung darf 1% der Baukosten nicht überschreiten. Zu den Baukosten gehören nicht die Kosten des Grundstücks und die Erschließungskosten (§ 5 Abs. 2 der II. BV). Soll die Kostenmiete aus den Erwerbskosten berechnet werden, muss die Abschreibung aus einem fiktiven Betrag errechnet werden (Erwerbskosten abzüglich Grundstückswert).[69] Maßgeblich ist der Wert zum Zeitpunkt des Erwerbs[70] und zwar auch dann, wenn zu diesem Zeitpunkt das Mietverhältnis bereits bestand[71]. Für bestimmte Anlagen und Einrichtungen dürfen Sonderabschreibungen angesetzt werden. Die jeweiligen Abschreibungssätze betragen von den Kosten **48**

- der Öfen und Herde . . . . . 3% (hierzu gehören auch Nachtstromspeicherheizungen)
- der Einbaumöbel 3%
- der Anlagen u. Geräte zur Versorgung mit Warmwasser, sofern sie nicht mit einer Sammelheizung verbunden sind 4%
- der Sammelheizung einschließlich einer damit verbundenen Anlage zur Versorgung mit Warmwasser . . . . . 3% (hierzu gehören auch Etagenheizungen)
- der Hausanlage bei eigenständig gewerblicher Lieferung von Wärme 0,5%
- und einer damit verbundenen Anlage zur Versorgung mit Warmwasser (hierzu gehört insbesondere die Fernheizung) 4%
- des Aufzugs 2%
- der Gemeinschaftsantenne . . . . . 9% (hierzu gehören auch Gemeinschaftsparabolantennen, nicht aber die Verteilanlage des Breitbandkabelanschlusses)
- der maschinellen Wascheinrichtung 9%

ddd) Verwaltungskosten (§ 26 der II. BV). Die Verwaltungskosten sind nach § 26 der II. BV pauschaliert. Die Pauschale betrug bis zum 31. 12. 2001 420 DM je Wohnung und Jahr. Dieser Betrag verändert sich am 1. 1. 2005 und am 1. 1. eines jeden darauf folgenden dritten Jahres um den Prozentsatz, um den sich der vom Statistischen Bundesamt festgestellte Verbraucherpreisindex für Deutschland für den der Veränderung vorausgehenden Monat Oktober gegenüber dem Verbraucherpreisindex für Deutschland für den der letzten Veränderung vorausgehenden Monat Oktober erhöht oder verringert hat. **49**

Die Verwaltungskostenpauschale beträgt pro Wohnung: **50**

– für die Zeit bis 31. 12. 2004: 230 €; für die Zeit vom 1. 1. 2005 bis 31. 12. 2007: 240,37 €; für die Zeit vom 1. 1. 2008 bis 31. 12. 2010: 254,80 €. Für die Zeit vom 1. 1. 2011 bis 31. 12. 2013: 264,23 Euro. Für die Zeit vom 1. 1. 2014 bis 31. 12. 2016: 279,35 Euro. Für die Zeit vom 1. 1. 2017 bis 31. 12. 2019: 284,62 Euro

Für Garagen und Einstellplätze beträgt die Pauschale:

– für die Zeit bis 31. 12. 2004: 30 €; für die Zeit vom 1. 1. 2005 bis 31. 12. 2007: 31,35 €; für die Zeit vom 1. 1. 2008 bis 31. 12. 2010: 33,23 €. Für die Zeit vom 1. 1. 2011 bis 31. 12. 2013: 34,46 Euro. Für die Zeit vom 1. 1. 2014 bis 31. 12. 2016: 36,43 Euro. Für die Zeit vom 1. 1. 2017 bis 31. 12. 2019: 37,12 Euro

eee) Betriebskosten (§ 27 der II. BV). Zum Begriff der Betriebskosten s. § 556 BGB Rdn. 72 ff. Ansatzfähig sind diejenigen Betriebskosten, die der Vermieter nicht gesondert auf den Mieter umlegen kann. Maßgeblich sind die Kosten zum Zeitpunkt des Abschlusses des Mietvertrags/der Änderungsvereinbarung. Sonstige Nebenkosten sind nicht ansetzbar.[72] **51**

fff) Instandhaltungskosten (§ 28 der II. BV). Die Instandhaltungskosten dürfen nicht in der tatsächlich anfallenden Höhe, sondern nur pauschaliert angesetzt werden. **52**

---

[69] AG Neukölln GE 1990, 767.

[70] **A. A.** *Gramlich* § 5 WiStG Anm. 3: jetziger Verkehrswert.

[71] **A. A.** *Beuermann* a. a. O. Rdn. 24 mit der Erwägung, der Erwerber könne nicht mehr geltend machen als sein Vorgänger.

[72] **A. A.** wohl *Schmid* BlGBW 1983, 65: „sämtliche Unkosten".

53 **Bis zum 31. 12. 2001** galt folgende Regelung:
Als Instandhaltungskosten dürfen je Quadratmeter Wohnfläche im Jahr angesetzt werden:
- für Wohnungen, die bis zum 31. 12. 1969 bezugsfertig geworden sind, höchstens 21 DM;
- für Wohnungen, die in der Zeit vom 1. 1. 1970 bis zum 31. 12. 1979 bezugsfertig geworden sind, höchstens 16,50 DM;
- für Wohnungen, die nach dem 31. 12. 1979 bezugsfertig geworden sind oder bezugsfertig werden, höchstens 13 DM.

Diese Sätze verringern sich, wenn in der Wohnung weder ein eingerichtetes Bad noch eine eingerichtete Dusche vorhanden ist, um 1,30 DM und bei eigenständig gewerblicher Lieferung von Wärme i. S. d. § 1 Abs. 1 Nr. 2 der HeizkostenVO um 0,35 DM.
Diese Sätze erhöhen sich für Wohnungen, für die ein maschinell betriebener Aufzug vorhanden ist, um 1,85 DM.
Trägt der Mieter die Kosten für kleine Instandhaltungen in der Wohnung, so verringern sich die Sätze um 1,90 DM.
Trägt der Vermieter die Kosten der Schönheitsreparaturen, so dürfen sie höchstens mit 15,50 DM je Quadratmeter Wohnfläche im Jahr angesetzt werden. Dieser Satz verringert sich für Wohnungen, die überwiegend nicht tapeziert sind, um 1,35 DM, für Wohnungen ohne Heizkörper um 1,05 DM und für Wohnungen, die überwiegend nicht mit Doppelfenstern oder Verbundfenstern ausgestattet sind, um 1,10 DM.
Für Garagen oder ähnliche Einstellplätze dürfen als Instandhaltungskosten einschließlich Kosten für Schönheitsreparaturen höchstens 125 DM jährlich je Garagen- oder Einstellplatz angesetzt werden.

54 **In der Zeit zwischen dem 1. 1. 2002 und dem 31. 12. 2004** dürfen angesetzt werden:
- für Wohnungen, deren Bezugsfertigkeit am Ende des Kalenderjahres weniger als 22 Jahre zurückliegt, höchstens 7,10 €;
- für Wohnungen, deren Bezugsfertigkeit am Ende des Kalenderjahres mindestens 22 Jahre zurückliegt, höchstens 9 €;
- für Wohnungen, deren Bezugsfertigkeit am Ende des Kalenderjahres mindestens 32 Jahre zurückliegt, höchstens 11,50 €.

Diese Sätze verringern sich bei eigenständig gewerblicher Leistung von Wärme i. S. d. § 1 Abs. 2 Nr. 2 der HeizkostenVO um 0,20 €.
Diese Sätze erhöhen sich für Wohnungen, für die ein maschinell betriebener Aufzug vorhanden ist, um 1 €.
Trägt der Mieter die Kosten für kleine Instandhaltungen in der Wohnung, so verringern sich die Sätze nach Absatz 2 um 1,05 €.
Trägt der Vermieter die Kosten der Schönheitsreparaturen, so dürfen sie höchstens mit 8,50 € je Quadratmeter Wohnfläche im Jahr angesetzt werden.
Für Garagen oder ähnliche Einstellplätze dürfen als Instandhaltungskosten einschließlich Kosten für Schönheitsreparaturen höchstens 68 € jährlich je Garagen- oder Einstellplatz angesetzt werden.
Diese Beträge verändern sich nach dem für die Verwaltungskosten geltenden Anpassungsmaßstab (s. o. Rdn. 49).

55 Demnach dürfen in der **Zeit zwischen dem 1. 1. 2005 und dem 31. 12. 2007** angesetzt werden:
- für Wohnungen, deren Bezugsfertigkeit am Ende des Kalenderjahres weniger als 22 Jahre zurückliegt, höchstens 7,42 €;
- für Wohnungen, deren Bezugsfertigkeit am Ende des Kalenderjahres mindestens 22 Jahre zurückliegt, höchstens 9,41 €;
- für Wohnungen, deren Bezugsfertigkeit am Ende des Kalenderjahres mindestens 32 Jahre zurückliegt, höchstens 12,02 €.

Diese Sätze verringern sich bei eigenständig gewerblicher Leistung von Wärme i. S. d. § 1 Abs. 2 Nr. 2 der HeizkostenVO um 0,20 €.
Diese Sätze erhöhen sich für Wohnungen, für die ein maschinell betriebener Aufzug vorhanden ist, um 1,05 €.

Trägt der Mieter die Kosten für kleine Instandhaltungen in der Wohnung, so verringern sich die Sätze nach Absatz 2 um 1,10 €.

Trägt der Vermieter die Kosten der Schönheitsreparaturen, so dürfen sie höchstens mit 8,88 € je Quadratmeter Wohnfläche im Jahr angesetzt werden.

Für Garagen oder ähnliche Einstellplätze dürfen als Instandhaltungskosten einschließlich Kosten für Schönheitsreparaturen höchstens 71,06 € jährlich je Garagen- oder Einstellplatz angesetzt werden.

Für die Zeit vom 1. 1. 2008 bis zum 31. 12. 2010 dürfen folgende Pauschalen angesetzt werden: 56

- für Wohnungen, deren Bezugsfertigkeit am Ende des Kalenderjahres weniger als 22 Jahre zurückliegt, höchstens 7,87 €;
- für Wohnungen, deren Bezugsfertigkeit am Ende des Kalenderjahres mindestens 22 Jahre zurückliegt, höchstens 9,97 €;
- für Wohnungen, deren Bezugsfertigkeit am Ende des Kalenderjahres mindestens 32 Jahre zurückliegt, höchstens 12,74 €.

Diese Sätze verringern sich bei eigenständig gewerblicher Leistung von Wärme i. S. d. § 1 Abs. 2 Nr. 2 der HeizkostenVO um 0,22 €.

Diese Sätze erhöhen sich für Wohnungen, für die ein maschinell betriebener Aufzug vorhanden ist, um 1,11 €.

Trägt der Mieter die Kosten für kleine Instandhaltungen in der Wohnung, so verringern sich die Sätze nach Abs. 2 um 1,17 €.

Trägt der Vermieter die Kosten der Schönheitsreparaturen, so dürfen sie höchstens mit 9,41 € je Quadratmeter Wohnfläche im Jahr angesetzt werden.

Für Garagen oder ähnliche Einstellplätze dürfen als Instandhaltungskosten einschließlich Kosten für Schönheitsreparaturen höchstens 75,34 € jährlich je Garagen- oder Einstellplatz angesetzt werden.

Die Instandhaltungskostenpauschale beträgt **in der Zeit vom 1. 1. 2011 bis 31. 12. 2013:** 56a

für Wohnungen, deren Bezugsfertigkeit am Ende des Kalenderjahres weniger als 22 Jahre zurückliegt, höchstens 8,16 Euro (bisher: 7,87 Euro);

für Wohnungen, deren Bezugsfertigkeit am Ende des Kalenderjahres mindestens 22 Jahre zurückliegt, höchstens 10,34 Euro (bisher: 9,97 Euro);

für Wohnungen, deren Bezugsfertigkeit am Ende des Kalenderjahres mindestens 32 Jahre zurückliegt, höchstens 13,21 Euro (bisher: 12,74 Euro).

Diese Sätze verringern sich bei eigenständig gewerblicher Leistung von Wärme im Sinne des § 1 Abs. 2 Nr. 2 der HeizkostenVO um 0,23 Euro (bisher: 0,22 Euro).

Diese Sätze erhöhen sich für Wohnungen, für die ein maschinell betriebener Aufzug vorhanden ist um 1,15 Euro (bisher: 1,11 Euro).

Trägt der Mieter die Kosten für kleine Instandhaltungen in der Wohnung, so verringern sich die Sätze nach Absatz 2 um 1,21 Euro (bisher: 1,17 Euro).

Trägt der Vermieter die Kosten der Schönheitsreparaturen, so dürfen sie höchstens mit 9,76 Euro (bisher: 9,41 Euro) je Quadratmeter Wohnfläche im Jahr angesetzt werden.

Für Garagen oder ähnliche Einstellplätze dürfen als Instandhaltungskosten einschließlich Kosten für Schönheitsreparaturen höchstens 78,13 Euro (bisher: 75,34 Euro) jährlich je Garagen- oder Einstellplatz angesetzt werden.

Die Instandhaltungskostenpauschale beträgt **in der Zeit vom 1. 1. 2014 bis 31. 12. 2016:** 56b

für Wohnungen, deren Bezugsfertigkeit am Ende des Kalenderjahres weniger als 22 Jahre zurückliegt, höchstens 8,62 Euro;

für Wohnungen, deren Bezugsfertigkeit am Ende des Kalenderjahres mindestens 22 Jahre zurückliegt, höchstens 10,93 Euro;

für Wohnungen, deren Bezugsfertigkeit am Ende des Kalenderjahres mindestens 32 Jahre zurückliegt, höchstens 13,97 Euro.

Diese Sätze verringern sich bei eigenständig gewerblicher Leistung von Wärme im Sinne des § 1 Abs. 2 Nr. 2 der HeizkostenVO um 0,24 Euro.

Diese Sätze erhöhen sich für Wohnungen, für die ein maschinell betriebener Aufzug vorhanden ist um 1,22 Euro.

Trägt der Mieter die Kosten für kleine Instandhaltungen in der Wohnung, so verringern sich die Sätze nach Absatz 2 um 1,28 Euro.

Trägt der Vermieter die Kosten der Schönheitsreparaturen, so dürfen sie höchstens mit 10,32 Euro je Quadratmeter Wohnfläche im Jahr angesetzt werden.

Für Garagen oder ähnliche Einstellplätze dürfen als Instandhaltungskosten einschließlich Kosten für Schönheitsreparaturen höchstens 82,60 Euro jährlich je Garagen- oder Einstellplatz angesetzt werden.

56c Für die **Zeit vom 1.1.2017 bis 31.12.2019** beträgt die Instandhaltungskostenpauschale

für Wohnungen, deren Bezugsfertigkeit am Ende des Kalenderjahres weniger als 22 Jahre zurückliegt, höchstens 8,78 Euro;

für Wohnungen, deren Bezugsfertigkeit am Ende des Kalenderjahres mindestens 22 Jahre zurückliegt, höchstens 11,13 Euro;

für Wohnungen, deren Bezugsfertigkeit am Ende des Kalenderjahres mindestens 32 Jahre zurückliegt, höchstens 14,23 Euro.

Diese Sätze verringern sich bei eigenständig gewerblicher Leistung von Wärme im Sinne des § 1 Abs. 2 Nr. 2 der HeizkostenVO um 0,24 Euro.

Diese Sätze erhöhen sich für Wohnungen, für die ein maschinell betriebener Aufzug vorhanden ist um 1,17 Euro.

Trägt der Mieter die Kosten für kleine Instandhaltungen in der Wohnung, so verringern sich die Sätze nach Absatz 2 um 1,30 Euro.

Trägt der Vermieter die Kosten der Schönheitsreparaturen, so dürfen sie höchstens mit 10,51 Euro je Quadratmeter Wohnfläche im Jahr angesetzt werden.

Für Garagen oder ähnliche Einstellplätze dürfen als Instandhaltungskosten einschließlich Kosten für Schönheitsreparaturen höchstens 84,15 Euro jährlich je Garagen- oder Einstellplatz angesetzt werden.

57 Für alle Instandhaltungspauschalen gilt:

Die kleinen Instandhaltungen umfassen nur das Beheben kleiner Schäden an den Installationsgegenständen für Elektrizität, Wasser und Gas, den Heiz- und Kocheinrichtungen, den Fenster- und Türverschlüssen sowie den Verschlussvorrichtungen von Fensterläden.

Schönheitsreparaturen umfassen nur das Tapezieren, Anstreichen oder Kalken der Wände und Decken, das Streichen der Fußböden, Heizkörper einschließlich Heizrohre, der Innentüren sowie der Fenster und Außentüren von innen.

Für Kosten der Unterhaltung von Privatstraßen und Privatwegen, die dem öffentlichen Verkehr dienen, darf ein Erfahrungswert als Pauschbetrag neben den vorstehenden Sätzen angesetzt werden.

Kosten eigener Instandhaltungswerkstätten sind mit den vorstehenden Sätzen abgegolten.

58 **ggg) Mietausfallwagnis (§ 29 der II. BV).** Durch das Mietausfallwagnis soll das Risiko einer Ertragsminderung abgedeckt werden, die durch uneinbringliche Rückstände von Mieten oder durch das Leerstehen von Wohnungen entsteht. Das Mietausfallwagnis beträgt 2% der Mieteinnahmen. Es handelt sich um einen kalkulatorischen Ansatz, der nach der hier vertretenen Ansicht zu berücksichtigen ist.[73] Das Ausfallwagnis darf allerdings nur aus der zulässigen Miete berechnet werden. Der Umstand, dass der Mieter eine Kaution bezahlt hat, steht der Berücksichtigung des Kostenansatzes dann nicht entgegen, wenn durch die Kaution nicht nur das Mietausfallrisiko abgedeckt werden soll. Davon ist im Regelfall auszugehen, weil die Kaution im Allgemeinen auch die Schadensersatzansprüche des Vermieters (z. B. wegen unterlassener Schönheitsreparaturen) sichern soll.

59 **bb) Untermietverhältnisse.** Hat der Vermieter die Wohnung selbst nur angemietet, so ist der vom Vermieter an den Eigentümer zu zahlende Mietzins als laufende Aufwendung i. S. v. § 5 WiStG anzusehen. Diese Aufwendungen können bis zur Höhe der laufenden Aufwendungen des Eigentümers als zur Kostendeckung erforderlich berücksichtigt werden.[74]

60 **cc) Wesentlichkeitsgrenze 50%.** Bei der Vereinbarung eines kostendeckenden Mietzinses liegt der Tatbestand der Mietpreisüberhöhung erst dann vor, wenn der vereinbarte Mietzins in einem auffälligen Missverhältnis zu der Leistung des Vermieters steht. Damit soll klargestellt werden, dass die Wuchergrenze des § 291 StGB nicht überschritten werden darf. Ein auffälliges Miss-

[73] **A. A.** *Sternel* und *Meyer* a. a. O.

[74] OLG Stuttgart RE 18.1.1990 NJW-RR 1990, 402 = WuM 1990, 102 = ZMR 1990, 140.

verhältnis kann angenommen werden, wenn der vereinbarte Mietpreis die ortsübliche Miete um mehr als 50% übersteigt.[75]

4. Ausnutzung eines geringen Angebots

Die Mietpreisüberhöhung setzt weiter voraus, dass der überhöhte Preis infolge der Ausnutzung eines **geringen Angebots** an vergleichbaren Räumen vereinbart werden konnte. Dabei ist zu beachten, dass die Mangelsituation **getrennt nach Wohnungsgruppen** festzustellen ist. Maßgeblich sind die Verhältnisse auf den Teilmärkten.[76] Ein ausreichendes Angebot an Luxuswohnungen und ein unzureichendes Angebot an Einfachwohnungen oder Durchschnittswohnungen kann dazu führen, dass der Vermieter der Luxuswohnung einen Mietpreis ohne Rücksicht auf § 5 WiStG vereinbaren kann, während der Vermieter der Einfach- oder Durchschnittswohnung durch die Vorschrift beschränkt wird.[77] 61

Für die Annahme einer **Mangelsituation** reicht es aus, wenn für bestimmte, nach allgemeinen Merkmalen abgrenzbare Mietergruppen infolge mangelnder Vertragsbereitschaft der Vermieter in ihrer Gesamtheit der Marktzugang verengt ist.[78] Gleiches gilt für andere Gruppen von Wohnungssuchenden, etwa für kinderreiche Familien, für den Menschen im hohen Lebensalter, für Gastarbeiter oder für Arbeitslose. Nach der **instanzgerichtlichen Rechtsprechung** verlangt die Annahme eines geringen Angebots keine Unterversorgung: ein geringes Angebot liegt bereits dann vor, wenn das Angebot die Nachfrage nicht spürbar überschreitet und der Vermieter als marktüberlegener Teil in der Lage ist, die Mietbedingungen zu bestimmen.[79] Auf statistische Feststellungen bezüglich der Wohnraumversorgung in bestimmten Großräumen[80] kommt es nicht an; maßgeblich sind die Verhältnisse in den Stadtteilen[81] für bestimmte Mietergruppen.[82] Der **BGH** neigt demgegenüber zu der Auffassung, dass das Tatbestandsmerkmal nicht vorliegt, wenn der Wohnungsmarkt ausgeglichen ist. Voraussetzung ist also, dass das Angebot hinter der Nachfrage zurückbleibt. Der BGH hat diese Frage aber nicht abschließend entschieden.[83] Nach der Rechtsprechung des BGH kommt es für die Frage, ob ein „geringes Angebot" vorliegt, nicht auf den konkreten Stadtteil an, in dem sich die Wohnung befindet. Maßgeblich ist die Marktlage im gesamten Stadtgebiet. In die Bewertung der Marktlage sind alle Wohngegenden einzubeziehen, „die nach ihrer Lage und Struktur dem Stadtteil ähnlich – also vergleichbar – sind, in welchem sich die gemietete Wohnung befindet". 62

Nach der hier vertretenen Ansicht kann ein geringes Angebot unter Umständen auch dann nicht verneint werden, wenn in einer bestimmten Gegend eine größere Anzahl von Wohnungen freisteht. Es ist zu prüfen, welche Gründe hierfür maßgeblich sind. Der Anwendung des § 5 WiStG steht es nicht entgegen, wenn der Leerstand darauf zurückzuführen ist, dass der Vermieter überhöhte Mieten fordert oder dass die Gegend vom Publikum deshalb noch nicht angenommen worden ist, weil sie als ehemaliges Dirnenviertel einen schlechten Ruf genießt.[84] 63

Als **Indiz für ein geringes Angebot** wird in der Rechtsprechung gewertet, wenn die Nachfragen Wohnungssuchender beim Wohnungsamt stark ansteigen[85] oder wenn die Marktmiete – also die übliche Miete bei Neuvermietungen – um ca. 15% höher ist als die ortsübliche Miete.[86] Weitere Indizien für ein geringes Angebot sind: statistische Daten, registrierte Wohnungslosenfälle, behördliche Bedarfsprognosen, die Bestimmung einer Gemeinde zu einem Gebiet mit gefährdeter 64

[75] BayObLG NZM 1998, 999, 1000; LG Darmstadt NJW 1972, 1244.

[76] BGH NJW-RR 2006, 591 = NZM 2006, 291 = WuM 2006, 161 = ZMR 2006, 355 = DWW 2006, 161; OLG Hamm RE 13.3.1986 NJW-RR 1986, 812 = DWW 1986, 177 = WuM 1986, 206 = ZMR 1986, 292; OLG Braunschweig WuM 1999, 684, 685; LG Frankfurt WuM 1996, 286; LG Hamburg WuM 2000, 94; NZM 2000, 180; WuM 2000, 426; *Beuermann* GE 1998, 1124; **a. A.** *Hentschel* MM 1998, 305.

[77] So zutreffend LG Frankfurt WuM 1996, 286; *Schilling* FWW 1994, 79.

[78] OLG Hamm RE 13.3.1986 NJW-RR 1986, 812 = DWW 1986, 177 = WuM 1986, 206 = ZMR 1986, 292 betr. eine studentische Wohngemeinschaft.

[79] LG Berlin ZMR 1998, 349; LG Hamburg WuM 1998, 491; AG Nürnberg WuM 1989, 312; LG Mannheim WuM 1999, 467 = NZM 2000, 86.

[80] Für Frankfurt/M. s. *van de Loo* WuM 1996, 131.

[81] *Riecke/v. Rechenberg* MDR 1998, 398; **a. A.** LG Berlin DWW 1998, 214, 216; LG Frankfurt MDR 1998, 397, 398 = WuM 1998, 169: Danach ist das gesamte Gemeindegebiet maßgeblich.

[82] LG Hamburg WuM 1989, 522.

[83] BGH(VIII ZR 44/04) NJW 2005, 2156 = WuM 2005, 471 = ZMR 2005, 530.

[84] OLG Köln WuM 1979, 85.

[85] AG Braunschweig/LG Braunschweig WuM 1990, 162.

[86] LG Braunschweig WuM 1983, 268.

Wohnraumversorgung durch landesrechtliche Rechtsverordnung;[87] die Geltung der Zweckentfremdungsverordnung,[88] Regierungsprogramme zur Förderung des Wohnungsbaus oder zunehmende Wohnungsmodernisierungen mit der Folge, dass sich das Angebot an Billigwohnungen verringert.[89] Hat sich das ortsübliche Mietpreisniveau in der Gemeinde in den letzen Jahren stärker entwickelt, als die allgemeinen Lebenshaltungskosten, so spricht dies ebenfalls für ein geringes Angebot. Häufig wird ein geringes Angebot als gerichtsbekannt unterstellt.[90] Für Luxuswohnungen gilt dieser Grundsatz nicht: hier muss der Mieter substantiiert darlegen, auf Grund welcher Umstände von einem geringen Angebot auszugehen ist.[91] Teilweise wird auch die Ansicht vertreten, dass die aufgeführten Umstände generell nicht als Indiz für eine Mangellage gewertet werden können.[92] Der BGH hat entschieden, dass die Geltung der Zweckentfremdungsverordnung kein ausreichendes Indiz für einen Mangel an Wohnungen von überdurchschnittlicher Qualität darstellt.[93]

65 **Indizien für ein geringes Angebot** sind:[94] wenn die Mietpreise schneller steigen als die allgemeinen Lebenshaltungskosten; wenn der Anteil der Wohnkosten am Einkommen größer wird statt kleiner; wenn die Zahl der Wohnungen geringer ist als die Zahl der Haushalte.

Indizien für ein ausreichendes Angebot sind ebenfalls denkbar. Hierzu gehören:[95] ein längerer Leerstand der Wohnung; Mietsenkungen bei der Neuvermietung und vergebliche Zeitungsinserate. Voraussetzung ist aber, dass die Wohnung zu einem ortsüblichen Preis angeboten wird.

66 Die Auslegung des Tatbestandsmerkmals der **„Ausnutzung"** ist umstritten. Nach der hier vertretenen Ansicht liegt ein Ausnutzen vor, wenn die Wohnungsmangellage der Grund für die hohe Mietforderung ist.[96] Es handelt sich nicht um ein subjektives Tatbestandsmerkmal,[97] sondern um eine strafrechtlich gebotene Klarstellung auf der Handlungsebene. Die bloße Kausalität zwischen Wohnungsmarktlage und hohem Mietpreis genügt für sich allein nicht. Vielmehr wird der Täter bestraft, weil er sich freiwillig für den Gesetzesverstoß entschieden und in diesem Sinne die Marktlage „ausgenutzt" hat. Ausnutzen bedeutet also das bewusste Zunutze machen der gegebenen Lage.[98] Eine weitergehende Bedeutung kommt diesem Tatbestandsmerkmal nicht zu.[99] Eine niedrige Gesinnung des Vermieters ist nicht erforderlich. Die individuelle Situation des Mieters spielt keine Rolle.[100] Es kommt insbesondere nicht darauf an, ob der Mieter Schwierigkeiten bei der Wohnraumsuche gehabt hat[101] oder ob er sich in einer Not- oder Zwangslage befunden hat. Deshalb kann der Tatbestand des § 5 WiStG auch dann erfüllt sein, wenn der Mieter im Verlauf der Mietzeit einem Mieterhöhungsverlangen des Vermieters zustimmt, obwohl er hierzu nach § 558

---

[87] LG Berlin ZMR 1998, 349; GE 1998, 859; LG Hamburg WuM 1998, 491.

[88] LG Mönchengladbach WuM 1997, 274; LG Hamburg a. a. O.; LG Berlin GE 1999, 252; MM 2000, 420; LG Mannheim WuM 1999, 467 = NZM 2000, 86.

[89] LG Hamburg WuM 1979, 63; WuM 1979, 199; WuM 1989, 522; WuM 1994, 696, wonach ein geringes Angebot vorliegt, wenn das örtliche Angebot die Nachfrage nicht um wenigstens 5% übersteigt.

[90] LG Stuttgart WuM 1989, 168 für preiswerte Wohnungen; LG Hamburg WuM 1978, 222 für preiswerte Einzimmerwohnungen; LG Hamburg WuM 1998, 491 für Wohnungen mit durchschnittlicher Ausstattung im Jahre 1995; LG Mannheim ZMR 1979, 62 für Gastarbeiterwohnungen; AG Köln WuM 1978, 76 für Gastarbeiterwohnungen.

[91] LG Frankfurt WuM 1996, 286, betr. eine Wohnung zum zulässigen Mietpreis von 4.400 DM; LG Berlin GE 1998, 299 und 745 betr. eine Wohnung zum Nettomietzins von 5.000 DM in einer Villenlage; LG Hamburg ZMR 2000, 676 für Wohnung in Spitzenlage zum Quadratmeterpreis von 50 DM; NZM 2000, 30 für Altbauvilla am Elbhang; AG Tempelhof-Kreuzberg für Haus zum Mietpreis von 3.500 DM; AG Bad Homburg NZM 1998, 665 für luxuriös ausgestattete Zwei-Zimmer-Dachstudiowohnung von ca. 60 m² zum Preis von 1.500 DM zuzüglich Nebenkosten.

[92] LG Berlin GE 1998, 551 = DWW 1998, 214; *Herrlein* in Herrlein/Kandelhard, Mietrecht § 5 WiStG Rdn. 8; *Lammel* Wohnraummietrecht § 5 WiStG Rdn. 27, 28.

[93] BGH NJW-RR 2006, 591 = NZM 2006, 291 = WuM 2006, 161 = ZMR 2006, 355 = DWW 2006, 161.

[94] S. dazu NZM 1998, 708.

[95] S. dazu *Beuermann* GE 1998, 1124, 1126.

[96] LG Hamburg NZM 2000, 1002, 1004.

[97] So aber OLG Hamburg RE 3.3.1999 NZM 1999, 363 = WuM 1999, 2 09 = ZMR 1999, 329; *Eisenhardt* WuM 1998, 259.

[98] OLG Braunschweig WuM 1999, 684, 685.

[99] Wie hier: *Sternel* Mietrecht aktuell (2009) Rdn. III 58 f.

[100] KG Beschluss vom 28.1.2000 Az.: 5 Ws(B) 716/99; LG Hamburg NZM 2000, 1002; ZMR 2000, 538; **a. A.** LG Köln ZMR 2001, 198; LG Hildesheim WuM 1999, 470.

[101] **A. A.** *Mersson* DWW 2002, 220.

BGB nicht verpflichtet wäre.[102] Für einverständliche Mieterhöhungen nach § 557 Abs. 1 BGB gilt nichts anderes.[103] Dies folgt aus dem Schutzzweck des § 5 WiStG (Verhinderung von Wettbewerbsverzerrungen, s. o. Rdn. 1). Nach der **abw. Ansicht des BGH**[104] ist das Tatbestandsmerkmal des „Ausnutzens" nur gegeben, wenn „der Vermieter erkennt oder in Kauf nimmt, dass der Mieter sich in einer Zwangslage befindet, weil er aus nachvollziehbaren gewichtigen Gründen nicht auf eine preiswertere Wohnung ausweichen kann."[105] Es kommt also darauf an, ob der konkrete Mieter im Einzelfall besondere Schwierigkeiten bei der Wohnungssuche gehabt hat. Nach dieser Meinung muss der Mieter im Prozess im Einzelnen darlegen, welche Bemühungen er bei der Suche nach einer angemessenen Wohnung unternommen hat und weshalb diese Suche erfolglos geblieben ist.[106] Nach der Ansicht des BGH liegt das Merkmal des Ausnutzens nicht vor, wenn der Mieter bereit ist, für eine bestimmte Wohnung unabhängig von der Lage auf dem Wohnungsmarkt, eine verhältnismäßig hohe Miete zu bezahlen. Der BGH führt beispielsweise an, dass eine solche Situation vorliegt, wenn der Mieter in einer von ihm bevorzugten Wohnlage nur eine bestimmte und keine andere Wohnung beziehen will, oder wenn er den Mietvertrag abschließt ohne sich zuvor über ähnliche Objekte und die Höhe der ortsüblichen Miete erkundigt zu haben. In diesen und ähnlichen Fällen sei der Mieter nicht schutzbedürftig. Aus dieser Rechtsansicht leitet das OLG Frankfurt[107] ab, bei öffentlich-rechtlicher **Kostenübernahme durch das Sozialamt** komme eine „Ausnutzung" des Mieters nicht in Betracht, wenn dem Mieter „in Ermangelung einer persönlichen Belastung die Höhe des vereinbarten Entgelts schlichtweg gleichgültig ist." Hiervon sei regelmäßig ausgehen. Eine Ausnahme gelte zum einen **(1)** „wenn das Amt eine – vom Tatrichter festzustellende – Höchstgrenze für die übernommenen Mietkosten vorgegeben hat und sich der Mieter in Anbetracht des geringen Wohnraumangebotes und des ihm gesetzten Kostenrahmens gezwungen sieht, auf eine nach Größe und Ausstattung minderwertige Wohnung auszuweichen." Zum anderen liege eine Ausnahme vor **(2)** wenn das Amt dem Mieter aufgegeben hat, eine preiswerte Wohnung zu suchen, der Mieter dieser Aufforderung Folge geleistet hat und die Suche des Mieters erfolglos geblieben ist. Weitere Einzelheiten Rdn. 88.

Die Mietpreisvereinbarung ist allerdings in ihrer Gesamtheit zu bewerten. So kann es am Tatbestand des § 5 WiStG fehlen, wenn die Miete für eine längere Zeit unverändert bleiben soll oder wenn dem Mieter sonstige Vorteile eingeräumt werden. Der Erwerber eines Hauses kann sich gegenüber dem zivilrechtlichen Rückforderungsanspruch des Mieters nicht darauf berufen, dass er selbst kein geringes Angebot ausgenutzt habe, weil er lediglich in bereits bestehende Mietverträge eingetreten sei. Dies folgt bereits aus dem Umstand, dass der Erwerber die Rechte aus der Mietzinsvereinbarung lediglich insoweit erwirbt, als die Preisvereinbarung wirksam ist.[108] Die Vorschrift ist nicht anwendbar, wenn der Wohnungsmarkt in dem Sinne ausgeglichen ist, dass das Angebot an Wohnungen die Nachfrage deutlich übersteigt; wichtigste Indizien hierfür sind das Sinken des ortsüblichen Preisniveaus, das Sinken der Neuvermietungspreise[109] oder größere Wohnungsleerstände. Zur Darlegungs- und Beweislast s. Rdn. 85ff. **67**

III. Rechtsfolgen der Mietpreisüberhöhung

1. Zivilrechtliche Folgen

Ein Verstoß gegen § 5 WiStG hat die teilweise Nichtigkeit der Mietpreisvereinbarung zur Folge. **68**

Nach h. M. verändert sich der Umfang der Teilnichtigkeit mit der **Veränderung des ortsüblichen Mietpreisniveaus.**[110] Die jeweiligen Preisveränderungen sind etwa in Jahresabständen zu **69**

---

[102] *Sternel* Mietrecht (1988) Rdn. III 58.
[103] LG Berlin GE 2001, 554.
[104] BGH NJW 2004, 1740 = NZM 2004, 381 = WuM 2004, 294 = ZMR 2004, 411 m. zust. Anm. *Breiholdt* = DWW 2004, 153; BGH NJW 2005, 2156 = NZM 2005, 534 = WuM 2006, 471 = ZMR 2006, 530 = DWW 2006, 293; NJW-RR 2006, 591 = NZM 2006, 291 = WuM 2006, 161 = ZMR 2006, 355 = DWW 2006, 161; **kritisch hierzu** *Sternel* Mietrecht aktuell (2009) Rdn. III 58f.
[105] BGH NJW 2005, 2156 = NZM 2005, 534 = WuM 2005, 471 = ZMR 2005, 530 = DWW 2005, 593.
[106] Ebenso LG Aachen NZM 2001, 466; *Lammel* § 5 WiStG Rdn. 31.
[107] OLG Frankfurt NJW 2014, 166 betr. eine Bußgeldsache.
[108] LG Mannheim WuM 1987, 362.
[109] AG Hamburg GE 1998, 435.
[110] OLG Hamm RE 3.3.1983 NJW 1983, 1622 = WuM 1983, 108 = ZMR 1983, 238; OLG Frankfurt RE 4.4.1985 WuM 1985, 139 = ZMR 1985, 200; KG RE 20.4.1995 WuM 1995, 384 = ZMR 1995, 309; *Mersson* DWW 2002, 220, 225.

ermitteln.[111] Maßgeblich ist die jeweilige um den Wesentlichkeitszuschlag erhöhte ortsübliche Miete.[112] Diese Rechtsauffassung hat zur Folge, dass sich der geschuldete Mietzins einzig und allein durch das Steigen des ortsüblichen Preisniveaus erhöht. Diese Annahme ist rechtsdogmatisch fragwürdig, weil unklar bleibt, auf welche Weise sich der bei Vertragsschluss wirksame Mietzins verändert. Durch das Steigen des ortsüblichen Preisniveaus allein kann eine Veränderung nach oben jedenfalls nicht erklärt werden; hierzu ist entweder eine vertragliche Vereinbarung oder ein gesetzlicher Erhöhungsfall nach §§ 558ff. BGB erforderlich. Deshalb ist derjenigen Ansicht zuzustimmen, die darauf abstellt, ob und in welcher Höhe die Mietpreisvereinbarung bei Vertragschluss oder zum Zeitpunkt einer späteren Mieterhöhung gegen § 5 WiStG verstoßen hat.[113]

70 Das **Absinken des ortsüblichen Preisniveaus** kann umgekehrt dazu führen, dass ein beim Vertragschluss zulässiger Mietpreis ab einem bestimmten Zeitpunkt die Grenze des § 5 WiStG überschreitet. Auch in diesem Fall tritt Teilunwirksamkeit ein, weil es für die Tatbestandserfüllung nach § 5 WiStG ausreicht, dass der Vermieter das preiswidrige Entgelt annimmt.[114] Zu beachten ist allerdings, dass ein sinkendes Preisniveau i. d. R. anzeigt, dass die für § 5 WiStG erforderliche Wohnungsmangellage nicht mehr besteht. In diesem Fall schuldet der Mieter den Mietzins weiterhin in der bisherigen Höhe; § 5 WiStG ist unanwendbar, weil der Vermieter den Mietzins nicht unter Ausnutzung eines geringen Angebots erzielt.[115]

71 Nach der hier vertretenen Ansicht genügt es, wenn das **geringe Angebot** beim Abschluss des Mietvertrags bestanden hat. Dies beruht auf der Erwägung, dass eine nur teilweise wirksame Mietpreisvereinbarung durch eine spätere Veränderung der Wohnungsmarktsituation nicht verändert wird.[116] Es wird allerdings auch die Ansicht vertreten, dass der Rückforderungsanspruch des Mieters entfällt, wenn sich eine ursprünglich gegebene Mangelsituation im Verlauf der Mietzeit entspannt.[117] Nach der Auffassung des LG Frankfurt[118] ist dies in Jahresabständen zu prüfen.

72 Es reicht aus, wenn der **äußere Tatbestand** des § 5 WiStG erfüllt ist. Es kommt insoweit nicht darauf an, ob dem Vermieter ein Verschulden zur Last fällt.[119] Die Mietpreisvereinbarung ist insoweit nichtig, als die Wesentlichkeitsgrenze überschritten wird.[120] Diese Rechtslage führt zu folgenden Ergebnissen:

73 Liegt die maßgebliche Kostenmiete unterhalb der ortsüblichen Vergleichsmiete, so verstößt der Vermieter gegen § 5 WiStG, wenn die ortsübliche Miete um mehr als 20% überschritten wird. Gleiches gilt, wenn die ortsübliche Vergleichsmiete und die Kostenmiete identisch sind. Der Gesetzesverstoß hat zivilrechtlich zur Folge, dass die Mietzinsvereinbarung nichtig ist, soweit sie die Wesentlichkeitsgrenze (ortsübliche Miete + 20%) übersteigt.

74 Liegt die maßgebliche Kostenmiete oberhalb der ortsüblichen Vergleichsmiete, aber unterhalb der Wesentlichkeitsgrenze, so verstößt der Vermieter gleichfalls gegen § 5 WiStG, wenn die ortsübliche Vergleichsmiete um mehr als 20% überschritten wird. Der Vermieter ist nämlich nicht berechtigt, zu der Kostenmiete noch einen weiteren 20%-igen Zuschlag zu verlangen. Zivilrechtlich hat der Gesetzesverstoß auch in diesem Fall zur Folge, dass die Mietzinsvereinbarung insoweit nichtig ist, als sie die Wesentlichkeitsgrenze (ortsübliche Miete + 20%) überschreitet.

75 Liegt die maßgebliche Kostenmiete über der Wesentlichkeitsgrenze des § 5 Abs. 2 Satz 1 WiStG, aber unterhalb der Wuchergrenze, so darf der Vermieter nur die Kostenmiete verlangen. Jede Überschreitung der Kostenmiete stellt einen Verstoß gegen § 5 WiStG dar, der zivilrechtlich zur Folge hat, dass die Mietpreisvereinbarung auf die Kostenmiete zurückgeführt wird.

---

111 OLG Frankfurt a. a. O.; abw. KG a. a. O.: 15 Monate; LG Hamburg WuM 1997, 209: 2 Jahre.
112 LG Hamburg NZM 2000, 1002.
113 So LG Berlin NZM 2001, 39; AG Gießen WuM 1998, 356; *Buchmann* WuM 1995, 86 und 427; *Boecken* WuM 1997, 145.
114 **A. A.** KG RE 1.2.2001 NZM 2001, 283 = WuM 2001, 184.
115 So zutr. *Beuermann* GE 1997, 582.
116 Ebenso OLG Hamburg RE 3.3.1999 NZM 1999, 363 = WuM 1999, 209 = ZMR 1999, 329; OLG Frankfurt RE 15.8.2000 WuM 2000, 535 = NZM 2000, 1219; KG RE 1.2.2001 NZM 2001, 283 = WuM 2001, 184.
117 *Mersson* DWW 2002, 220, 225.
118 WuM 1998, 168, 169.
119 LG Berlin MM 2000, 332.
120 BGH RE 11.1.1984 NJW 1984, 722 = WuM 1984, 68 = ZMR 1984, 121.

Wird durch die maßgebliche Kostenmiete die Wuchergrenze überschritten, so hat dieser Verstoß zivilrechtlich zur Folge, dass die Mietpreisvereinbarung insoweit unwirksam ist, als die ortsübliche Miete um mehr als 50% überschritten wird.[121] **76**

Den jeweils überzahlten Betrag kann der Mieter zurückverlangen (§ 812 BGB). **Mehrere Mieter** müssen den Rückforderungsanspruch gemeinsam geltend machen. Dies gilt auch dann, wenn der Mietzins im Innenverhältnis von einem einzigen Mieter aufgebracht und bezahlt worden ist. Der Rückforderungsanspruch ist abtretbar; deshalb kann ein Mieter seine eigenen Rückforderungsansprüche aus eigenem Recht und die der anderen Mieter aus abgetretenem Recht geltend machen. Dabei genügt es, wenn die Abtretung vor dem Schluss der mündlichen Verhandlung vereinbart und vom Inhaber des Rückforderungsanspruches bewiesen wird. Darüber hinaus kann einer von mehreren Mietern sämtliche Rückforderungsansprüche im eigenen Namen geltend machen, wenn er Leistung an alle verlangt.[122] Auch insoweit genügt es, wenn ein entsprechender Antrag zum Schluss der mündlichen Verhandlung gestellt wird. **77**

Soweit er für das Rückforderungsverlangen auf Auskünfte durch den Vermieter angewiesen ist (z. B. über die Höhe der laufenden Aufwendungen), wird man dem Mieter einen **Auskunftsanspruch** entsprechend § 8 Abs. 4 Satz 1 WoBindG zubilligen müssen.[123] Die analoge Anwendung des § 8 Abs. 4 Satz 1 WoBindG rechtfertigt sich aus der Erwägung, dass § 5 WiStG wegen der Berechnung der Höhe der laufenden Aufwendungen auf das Recht der Kostenmiete verweist; da der Mieter einer freifinanzierten Wohnungen über die Zusammensetzung dieser Miete ebenso wenig weiß wie der Mieter einer preisgebundenen Wohnung, ist es sachgerecht ihm denselben Auskunftsanspruch zuzubilligen. Im Übrigen sind wechselseitige Auskunftsansprüche zur Berechnung der zulässigen Miethöhe auch dem Recht des freifinanzierten Wohnraums nicht fremd (vgl. z. B. §§ 558 Abs. 4 Satz 2, 560 Abs. 3 BGB) **78**

2. Strafrechtliche Folgen

Die Mietpreisüberhöhung kann als Ordnungswidrigkeit mit einer Geldbuße bis zu fünfzigtausend € geahndet werden. Die Verhängung der Geldbuße setzt in subjektiver Hinsicht voraus, dass der Vermieter **vorsätzlich oder leichtfertig** handelt. Leichtfertigkeit ist dann anzunehmen, wenn der Täter einfachste, ganz nahe liegende Überlegungen unterlässt und das nicht beachtet, was im gegebenen Fall jedem hätte einleuchten müssen.[124] Im Regelfall ist der Vermieter verpflichtet, sich bei einer zuständigen Stelle über die höchstzulässige Miete zu informieren.[125] Unter Umständen kann es ausreichen, wenn der Mietvertrag unter Einschaltung eines sachkundigen Maklers oder Architekten zustande kommt.[126] Generell gilt, dass sich der Vermieter auf erprobte und sachkundige Hilfspersonen verlassen darf. Deshalb trifft den Vermieter grundsätzlich kein Schuldvorwurf, wenn er die Verwaltung seines Hauses einer Hausverwaltungsgesellschaft mit zuverlässigen und sachkundigen Mitarbeitern überlassen hat und diese einen Mietvertrag unter Verstoß gegen den objektiven Tatbestand des § 5 WiStG abschließen.[127] Umgekehrt kann Leichtfertigkeit gegeben sein, wenn der Vermieter die Hilfspersonen nicht sorgfältig ausgewählt hat oder seinen Kontroll- und Aufsichtspflichten nicht nachgekommen ist.[128] Dies ist bei einem objektiven Verstoß gegen § 5 WiStG allerdings nicht zu unterstellen. Vielmehr muss das Gericht hierzu konkrete Feststellungen treffen. Ein eventueller **Tatsachenirrtum** ist zugunsten des Vermieters zu berücksichtigen. Daran ist zu denken, wenn der Vermieter die Wohnfläche der vermieteten Räume infolge eines Irrtums fehlerhaft berechnet hat und dadurch zu einer überhöhten Gesamtmiete gelangt ist.[129] **79**

Im Bußgeldverfahren kann angeordnet werden, dass der Unterschiedsbetrag zwischen dem zulässigen und dem erzielten Mietpreis **(Mehrerlös) an das Land abzuführen** ist (§ 8 Abs. 1 WiStG). In diesem Fall stehen dem Mieter keine Bereicherungsansprüche zu. Der Mieter kann aber auch beantragen, dass stattdessen die Rückerstattung des Mehrerlöses an ihn angeordnet wird **80**

[121] OLG Hamburg RE 5.8.1992 WuM 1992, 527; **a. A.** AG Köln WuM 1996, 25.
[122] LG Berlin GE 1997, 1399.
[123] **A. A.** AG Schöneberg GE 1996, 1189 = NJWE-MietR 1997, 28; AG Duisburg NJW-RR 1997, 12.
[124] BGH NJW 1953, 1139; BayObLG NZM 1998, 999.
[125] OLG Frankfurt WuM 1996, 160.
[126] OLG Hamm ZMR 1995, 212.
[127] OLG Köln NJW 1997, 2287.
[128] OLG Köln NJW 1997, 3387.
[129] BayObLG NZM 1998, 999.

(§ 9 Abs. 1 WiStG). Dies gilt auch dann, wenn kein Bußgeldverfahren durchgeführt wird (§ 10 Abs. 1 WiStG). Der Antrag auf Rückerstattung muss inhaltlich den Anforderungen einer Klage vor dem Amtsgericht entsprechen.[130]

IV. Ausschluss des Rückforderungsanspruchs

1. § 814 BGB

81 Ein Ausschluss des Rückforderungsanspruchs kann sich aus § 814 BGB ergeben. Danach kann eine Leistung nicht zurückgefordert werden, wenn der Leistende – der Mieter – gewusst hat, dass er zur Leistung nicht verpflichtet war. Nach der hier vertretenen Auffassung ist die Anwendung des § 814 BGB immer dann ausgeschlossen, wenn ein Wohnungssuchender einen überhöhten Preis akzeptiert, weil er andernfalls wegen der angespannten Wohnungsmarktsituation bei der Vergabe der Wohnung keine Chance hätte. Das ergibt sich aus dem speziellen Schutzzweck der §§ 138 BGB, 5 WiStG, der nicht erreicht werden könnte, wenn bereits die Kenntnis des Mieters von der Rechtswidrigkeit der Mietpreisvereinbarung zum Ausschluss des Rückforderungsrechts führen würde. Die Rechtsprechung wendet § 814 BGB allerdings an, wenn der Mietinteressent positive Kenntnis von der Preiswidrigkeit hatte.[131] Dieser Fall wird aber i. d. R. nicht bereits dann vorliegen, wenn der Mieter die ortsübliche Miete kennt – etwa aufgrund eines Mietspiegels – und wenn er weiß, dass die vereinbarte Miete die ortsübliche Miete um mehr als 20% übersteigt. Dies folgt aus der Erwägung, dass die vereinbarte Miete bei Berücksichtigung der laufenden Aufwendungen des Vermieters nach § 5 Abs. 1 Satz 3 WiStG zulässig sein kann. Von der Höhe der laufenden Aufwendungen wird der Mieter im Allgemeinen keine Kenntnis haben.

2. § 817 Satz 2 BGB

82 Nach § 817 Satz 2 BGB ist die Rückforderung ausgeschlossen, wenn sowohl der Empfänger der Leistung als auch der Leistende gegen ein gesetzliches Verbot verstoßen haben. Diese Vorschrift ist aber deshalb nicht anwendbar, weil lediglich der Vermieter, nicht aber der Mieter gegen § 5 WiStG verstoßen kann.[132]

3. § 818 Abs. 3 BGB

83 Nach § 818 Abs. 3 BGB entfällt der Rückforderungsanspruch, wenn der Empfänger nicht mehr bereichert ist. Ein solcher Fall kann vorliegen, wenn der Eigentümer einer Wohnung den Erlös aus der Vermietung zur Finanzierung seines Aufenthalts in einem Altersheim verwendet hat. Hier ist allerdings § 819 Abs. 2 BGB zu beachten, wonach der Vermieter unter anderem aus dem Gesichtspunkt des Schadensersatzes zur Rückzahlung verpflichtet sein kann, wenn er positive Kenntnis vom Gesetzesverstoß hatte. Außerdem ist in diesem Zusammenhang darauf hinzuweisen, dass die Vorschrift des § 5 WiStG von der Rechtsprechung als Schutzgesetz i. S. v. § 823 Abs. 2 BGB bewertet worden ist,[133] mit der Folge, dass der Vermieter bei schuldhaftem Verstoß gegen § 5 WiStG stets aus Schadensersatzgesichtspunkten zur Rückzahlung verpflichtet ist, ohne dass er sich auf § 814 BGB oder § 818 Abs. 3 BGB berufen könnte.

V. Verjährung

84 Nach dem Rechtsentscheid des OLG Hamburg vom 30.1.1989[134] verjähren die Rückforderungsansprüche des Mieters ebenso wie die Mietzinsansprüche des Vermieters. Nach dem bis 31.12.2001 geltendem Recht betrug die Verjährungsfrist 4 Jahre (§ 197 BGB a. F.). Ab dem 1.1.2002 beträgt die Verjährungsfrist 3 Jahre (§ 195 BGB n. F.).

---

[130] § 9 Abs. 3 WiStG; OLG Hamm ZMR 1995, 212; OLG Stuttgart NJW 1978, 2209.
[131] LG Stuttgart WuM 1989, 168; LG Braunschweig WuM 1983, 268; LG Aachen ZMR 1983, 408.
[132] I. E. ebenso LG Berlin GE 1994, 1123 für Rückforderungsansprüche nach Verstößen gegen das Mietpreisrecht der ehemaligen DDR.
[133] LG Köln WuM 1989, 311.
[134] OLG Hamburg WuM 1989, 126.

VI. Darlegungs- und Beweislast

Beweispflichtig für die **Höhe des ortsüblichen Mietpreisniveaus** ist der Mieter.[135] Der Beweis kann durch Sachverständigengutachten geführt werden. Es genügt aber auch, wenn sich der Mieter auf den Mietspiegel beruft und die zur Einordnung in den Mietspiegel erforderlichen Daten darlegt und gegebenenfalls beweist. Streitig ist, ob die **Vermutungswirkung des qualifizierten Mietspiegels** nach § 558d Abs. 3 BGB nur im Verfahren auf Zustimmung zur Mieterhöhung nach den § 557 BGB[136] oder auch im Verfahren auf Rückforderung überzahlter Mieten nach den §§ 5 WiStG, 812 BGB gilt. Für die erstgenannte Ansicht spricht der enge systematische Zusammenhang des § 558d Abs. 3 BGB zu den Vorschriften über die Miet**erhöhung** und zum anderen der Umstand, dass § 5 WiStG den Begriff der „ortsüblichen Vergleichsmiete" nicht kennt. Im Tatbestand des § 5 Abs. 2 WiStG wird als Kriterium der Ordnungswidrigkeit ein Überschreiten der „üblichen Entgelte" genannt. Andererseits besteht Einigkeit, dass mit den unterschiedlichen Begriffen dann dasselbe gemeint ist, wenn die Grundmiete an Hand der Maßstäbe des § 5 WiStG überprüft werden soll. Außerdem ist nicht zu verkennen, dass § 558d BGB zu einem Regelungskomplex gehört, den der Gesetzgeber mit der amtlichen Überschrift „Regelungen über die Miethöhe" versehen hat. Um die zulässige Miethöhe geht es auch in den Verfahren nach §§ 812 BGB, 5 WiStG. Deshalb ist es nahe liegend, dass die Vorschrift des § 558d Abs. 3 BGB im Rückforderungsverfahren nach §§ 5 WiStG, 812 BGB analog angewandt wird. In Verfahren wegen einer Mietpreisüberhöhung oder wegen Mietwuchers, die nach dem Ordnungswidrigkeitengesetz oder der Strafprozessordnung geführt werden, gilt die Vermutungswirkung nicht. **85**

Ist die Wohnung bereits weitervermietet und muss sie zum Zwecke der Bewertung in Augenschein genommen oder begutachtet werden, so muss der Vermieter den Nachmieter ersuchen, dass dieser die Besichtigung der Wohnung gestattet.[137] Eine solche Besichtigung ist allerdings nicht erzwingbar. Verweigert der Nachmieter die Besichtigung, so muss u. U. zu Lasten des Vermieters eine Beweisvereitelung angenommen werden, wenn der Vermieter die Weigerung zu vertreten hat.[138] **86**

Die Tatsachen, aus denen sich das **geringe Angebot** ergibt, muss ebenfalls der Mieter vortragen und beweisen.[139] Da der Mieter i. d. R. keine präzise Kenntnis von der Wohnungsmarktsituation haben wird, genügt es, wenn er sich insoweit auf ein Sachverständigengutachten beruft.[140] In bestimmten Fällen kann sich der Mieter auf Indiztatsachen berufen. Hiervon ist zunächst dann auszugehen, wenn eine Gemeinde durch landesrechtliche Verordnung zu einem Gebiet mit gefährdeter Wohnraumversorgung bestimmt worden ist.[141] Dies beruht auf der Erwägung, dass der Erlass der entsprechenden Verordnungen auf Grund hinreichend sicherer Erkenntnisse und nicht willkürlich erfolgt. Allerdings haben die landesrechtlichen Verordnungen die Versorgung mit Durchschnittswohnungen zum Gegenstand; hinsichtlich der Sondermärkte (etwa für Luxuswohnungen) lässt sich hieraus nichts herleiten (s. Rdn. 64). Außerdem gelten Besonderheiten, wenn der Mieter darlegen und beweisen kann, dass seine Wohnungssuche über längere Zeit vergeblich gewesen ist. Hierin liegt ebenfalls ein gewichtiges Indiz für ein geringes Angebot. Insoweit muss der Mieter allerdings substantiiert vortragen, was er im Einzelnen getan hat, um eine Ersatzwohnung zu erhalten. Erforderlich ist die Angabe konkreter nachprüfbarer Tatsachen. Allgemein gehaltene Hinweise auf nicht näher bezeichnete Aktivitäten genügen – wie allgemein – nicht. Hat der Mieter mit einem Vermieter Kontakt aufgenommen oder sogar Vertragsverhandlungen geführt oder eine konkrete Wohnung besichtigt, so muss er auch darlegen, warum es nicht zur Anmietung der Wohnung gekommen ist. Gibt es ausreichende Indizien für ein geringes Angebot, so kann der Vermieter seinerseits den Beweis für ein ausreichendes Angebot führen. Hierfür genügt es, wenn sich der Vermieter auf ein Sachverständigengutachten beruft. Ebenso kann der Vermieter konkrete Wohnungen benennen, bei denen es in der fraglichen Zeit Vermietungsschwierigkeiten gegeben hat.[142] **87**

---

135 LG Hamburg WuM 1980, 86.

136 *Börstingshaus* NZM 2000, 1091; *Beuermann* GE 2000, 935, 936; s. dazu auch § 558d Rdn. 92.

137 LG Frankfurt WuM 1990, 487.

138 LG Frankfurt a. a. O.

139 LG Hamburg WuM 1980, 126; LG Berlin NJWE-MietR 1997, 187; LG Berlin DWW 1998, 214; LG Frankfurt MDR 1998, 397 = WuM 1998, 169; AG Hamburg WuM 1998, 167; *Beuermann* GE 1998, 1124.

140 LG Hamburg NZM 2000, 1002, 1004; **a. A.** LG Frankfurt WuM 1998, 167, 168.

141 LG Berlin ZMR 1998, 349.

142 LG Berlin ZMR 1998, 349.

88 Nach der Ansicht des BGH[143] muss der Mieter zusätzliche Tatsachen vortragen, aus denen sich ergibt, dass der Vermieter eine Mangellage **ausgenutzt** hat. Insbesondere muss der Mieter vortragen und beweisen, „welche Bemühungen bei der Wohnungssuche er bisher unternommen hat, weshalb diese erfolglos geblieben sind und dass er mangels einer Ausweichmöglichkeit nunmehr auf den Abschluss des für ihn ungünstigen Mietvertrags angewiesen war". Das Tatbestandsmerkmal des „Ausnutzens" soll nur gegeben sein, wenn „der Vermieter erkennt oder in Kauf nimmt, dass der Mieter sich in einer Zwangslage befindet, weil er aus nachvollziehbaren gewichtigen Gründen nicht auf eine preiswertere Wohnung ausweichen kann."[144] Nach dieser Ansicht sind also die subjektiven Tatbestandsmerkmale der Ordnungswidrigkeit (Vorsatz, Fahrlässigkeit) auch im Rahmen des § 134 BGB von Bedeutung. Nach einer Entscheidung des BVerfG[145] ist diese Auffassung verfassungsrechtlich nicht zu beanstanden. Nach richtiger Ansicht gilt indessen folgendes: Nach dem Tatbestand des § 5 WiStG wird lediglich vorausgesetzt, dass der hohe Mietpreis aufgrund der Mangellage – und nicht aus anderen Gründen – vereinbart werden konnte. Diese Kausalitätsbeziehung ist ohne weiteres zu unterstellen, weil es zu den allgemein bekannten Gesetzmäßigkeiten der Marktwirtschaft gehört, dass ein geringes Angebot bei starker Nachfrage einen hohen Preis zur Folge hat.[146]

89 Die **Höhe der laufenden Aufwendungen** muss der Vermieter darlegen und beweisen.[147] Es genügt nicht, wenn der Vermieter lediglich behauptet, dass er laufende Aufwendungen in einer bestimmten Höhe habe und sich zum Beweis hierfür auf die in der ZPO vorgesehenen Beweismittel beruft. Vielmehr muss der Vermieter seine laufenden Aufwendungen substantiieren.[148] Diese Berechnung muss sich an den Regelungen der §§ 8, 8a, 8b WoBindG orientieren; es ist allerdings nicht erforderlich, dass der Vermieter eine „Wirtschaftlichkeitsberechnung" i. S. v. §§ 2ff. der II. BV vorlegt.[149] Wirtschaftlichkeitsberechnungen dienen der Bewilligungsbehörde als Grundlage für die Bewilligung öffentlicher Mittel; deshalb ist hier eine Gebäudebeschreibung, die Berechnung der Gesamtkosten, ein Finanzierungsplan und die Angabe der erwarteten Erträge erforderlich (§ 3 der II. BV). Bei der Darstellung der laufenden Aufwendungen i. S. v. § 5 WiStG genügt es, wenn die Aufwendungen substantiiert dargelegt und durch geeignete Urkunden (Kaufverträge, Zinsbescheinigungen, etc.) unter Beweis gestellt werden.[150] Wird die konkret verlangte Miete bereits durch die Höhe eines Teils der laufenden Aufwendungen (z. B. durch die Kapitalkosten) gerechtfertigt, so genügt es, wenn dieser Teil der laufenden Aufwendungen substantiiert dargetan wird.[151]

90 Die Tatbestände zum **Ausschluss des Rückforderungsanspruchs** muss ebenfalls der Vermieter beweisen.

VII. Sittenwidriges Rechtsgeschäft/Wucher bei der Wohnraummiete

91 1. Übersteigt die verlangte Miete die ortsübliche Vergleichsmiete um mehr als 50%, so kann der Tatbestand des § 138 Abs. 1, 2 BGB vorliegen[152] wenn weitere Umstände hinzutreten, die den Schluss auf eine verwerfliche Gesinnung des Vermieters rechtfertigen. Es gelten die unter Rdn. 103, 104 dargelegten Grundsätze. Nach anderer Ansicht ist das Verhältnis von Leistung und Gegenleistung auf der Grundlage des Verkehrswerts der Immobilie zu ermitteln. Hieraus sei die Rendite des Vermieters zu errechnen, die maximal dem Zinssatz für Pfandbriefe mit längerer Laufzeit + 50% entsprechen soll. Weiterhin sind die Bewirtschaftungskosten hinzuzurechen. Dem so

[143] BGH NJW 2004, 1740 = NZM 2004, 381 = WuM 2004, 294 = ZMR 2004, 411 m. zust. Anm. *Breiholdt* = DWW 2004, 153; ebenso LG Köln NZM 2003, 393.
[144] BGH(VIII ZR 44/04) NJW 2005, 2156 = WuM 2005, 471 = ZMR 2005, 530.
[145] BVerfG WuM 2001, 540.
[146] KG, Beschl. v. 28.1.2000 – 5 Ws (B) 716/99; LG Hamburg NZM 2000, 820; NZM 2000, 1002 = ZMR 2000, 677; i. E. ebenso, aber mit anderer Begründung *Eisenhardt* WuM 1998, 259, 261; LG Hamburg WuM 2000, 362: Danach sind an die Substantiierung dieses Tatbestandsmerkmals nur geringe Anforderungen zu stellen; LG Heidelberg WuM 2001, 346: danach spricht der Beweis des ersten Anscheins für das Ausnutzen.
[147] LG Köln WuM 1989, 311; LG Frankfurt WuM 1994, 605.
[148] LG Frankfurt a. a. O.
[149] **A. A.** wohl LG Köln WuM 1988, 26.
[150] LG Mannheim DWW 1997, 152; *Beuermann* GE 1998, 711; abw. LG Berlin GE 1998, 743: Danach soll der Vermieter verpflichtet sein, eine Ertragsberechnung vorzulegen.
[151] LG Berlin GE 2000, 1541.
[152] LG Hamburg GE 2016, 917.

errechneten Betrag ist die Miete gegenüberzustellen. Eine Mangellage an vergleichbaren Wohnungen ist bei § 138 Abs. 1 nicht erforderlich.[153]

2. Daneben kann ein Verstoß gegen **§ 138 Abs. 2 BGB** in Betracht kommen. Dazu Rdn. 106ff. 92

3. Der Mieter kann denjenigen Betrag zurückfordern, der sich aus der für ihn günstigeren Berechnung ergibt.[154] 93

B. Geschäftsraummiete

§ 138 BGB Sittenwidriges Rechtsgeschäft; Wucher

(1) Ein Rechtsgeschäft, das gegen die guten Sitten verstößt, ist nichtig.

(2) Nichtig ist insbesondere ein Rechtsgeschäft, durch das jemand unter Ausbeutung der Zwangslage, der Unerfahrenheit, des Mangels an Urteilsvermögen oder der erheblichen Willensschwäche eines anderen sich oder einem Dritten für eine Leistung Vermögensvorteile versprechen oder gewähren lässt, die in einem auffälligen Missverhältnis zu der Leistung stehen.

I. § 138 Abs. 1 BGB: Sittenwidriges Rechtsgeschäft

Ein Mietvertrag ist als wucherähnliches Rechtsgeschäft nach § 138 Abs. 1 BGB sittenwidrig, 94 wenn zwischen Leistung und Gegenleistung ein auffälliges Missverhältnis besteht und außerdem mindestens ein weiterer Umstand hinzukommt, der den Vertrag bei Zusammenfassung der subjektiven und der objektiven Merkmale als sittenwidrig erscheinen lässt. Dies ist insbesondere der Fall, wenn eine verwerfliche Gesinnung des Vermieters hervorgetreten ist. Ist das Missverhältnis zwischen den Leistungen besonders grob, lässt dies den Schluss auf eine verwerfliche Gesinnung zu.[155] Ein sitttenwidriger Vertrag ist nichtig. Die tatsächlichen Voraussetzungen des § 138 Abs. 1 BGB hat der Mieter darzulegen und zu beweisen.[156] Der Tatbestand des § 138 Abs. 1 BGB ist in drei Stufen zu ermitteln.[157]

1. Verhältnis Leistung/Gegenleistung

Zunächst ist festzustellen, ob zwischen dem Wert des Miet- oder Pachtobjekts und der verein- 95 barten Miete oder Pacht ein Missverhältnis besteht. Hierzu stehen im Wesentlichen zwei Methoden zur Verfügung.

a) Die Vergleichsmethode. Bei der Vergleichsmethode ist der Wert der beiderseitigen Leis- 96 tungen in Beziehung zu setzen. Danach wird an Hand von Vergleichsobjekten ermittelt, welcher Pachtzins für das in Frage stehende Pachtverhältnis ortsüblich ist. Maßgeblich ist die Marktmiete. Darunter ist diejenige Miete zu verstehen, zu denen ein Mietobjekt vergleichbarer Art üblicherweise auf dem Markt angeboten wird. Dabei kommt es darauf an, welche Marktmiete zum Zeitpunkt des Vertragsschlusses üblich war. Spätere Veränderungen der Marktmiete bleiben außer Betracht.[158] Kann die Marktmiete nicht in einem punktgenauen Betrag, sondern nur in Form einer Mietpreisspanne festgestellt werden, so ist von dem Oberwert der Spanne auszugehen.[159] Sind keine Vergleichsobjekte vorhanden, so sind andere Erfahrungswerte heranzuziehen. Nach der Auffassung des BGH[160] ist es angebracht, einen mit den konkreten Verhältnissen vertrauten Sachverständigen zu beauftragen. Der Sachverständige soll darlegen, welcher Miet- oder Pachtzins nach seiner Ansicht für das in Frage stehende Objekt erzielt werden kann. Unter Umständen müsse hierbei eine größere Schätzungstoleranz in Kauf genommen werden, als in den Fällen, in denen der Marktpreis an Hand von Vergleichsobjekten festgestellt werden kann.

---

153 LG Hamburg GE 2016, 917; AG Hamburg WuM 2008, 565.

154 AG Hamburg WuM 2008, 565.

155 BGH (V ZR 249/12) NJW 2014, 1652; BGH Urteil vom 13.11.2014 – IX ZR 267/13.

156 BGH (IX ZR 29/94) NJW 1995, 1425, 1429; BGH (V ZR 249/12) NJW 2014, 1652; BGH Urteil vom 13.11.2014 – IX ZR 267/13.

157 Vgl. BGH NZM 2001, 810.

158 KG ZMR 2001, 614 = MDR 2001, 863.

159 KG a. a. O.

160 BGH NZM 1999, 664; NZM 2001, 810.

97 Die Vergleichsmethode beruht auf der Erwägung, dass der Preis in einer marktwirtschaftlichen Ordnung maßgeblich durch Angebot und Nachfrage bestimmt wird und dass sich das jeweilige Verhältnis dieser Faktoren in den konkret gezahlten Preisen spiegelt.[161] Wegen der i. d. R. unsystematischen Auswahl der Objekte, den vielfältigen Unterschieden der jeweiligen Betriebe und den oftmals versteckten Preisbildungsfaktoren (z. B. Bezugsverpflichtungen bei der Gaststättenpacht) führt diese Methode im allgemeinen nicht zu befriedigenden Ergebnissen.[162]

b) Die EOP-Methode (**E**rtragskraft**o**rientierte **P**achtwertfindung).[163]

98 Diese Methode ist an der Gaststättenpacht entwickelt worden. Es handelt sich um die derzeit modernste und rationalste Methode zur Ermittlung des marktgerechten Pachtzinses. Im Ausgangspunkt wird der sog. „Basispachtzins" einer ausreichend großen Zahl von Konkurrenzbetrieben festgestellt. Als Konkurrenzbetriebe kommen solche Gaststätten in Betracht, die mit dem zu beurteilenden Betrieb hinsichtlich Typus, Standort, Größe und Öffnungszeit vergleichbar sind. Unter dem „Basispachtzins" versteht man das prozentuale Verhältnis der jeweils konkret gezahlten Pachtzinsen zum Umsatz. In einem zweiten Schritt wird untersucht, durch welche besonderen Faktoren Umsatz und Pachthöhe des zu beurteilenden Betriebs beeinflusst werden (z. B. besondere Ausstattung des Pachtobjekts, Werbung, Instandhaltungspflichten des Pächters, Baukostenzuschüsse, Bezugsverpflichtungen usw.). Soweit diese Faktoren wirksam werden, wird dem durch Zu- oder Abschläge vom Basispachtzins Rechnung getragen. Auf diese Weise erhält man den marktgerechten Pachtwert, der nunmehr zu dem tatsächlich gezahlten Pachtzins in Beziehung gesetzt werden kann.

99 Der **BGH** hält die EOP Methode allerdings für ungeeignet.[164] Der BGH geht davon aus, dass bei der Ermittlung des Leistungsmissverhältnisses von der ortsüblichen Miete (Pacht) auszugehen sei. Dieser Miet- oder Pachtzins sei durch einen Vergleich mit den Mieten oder Pachten anderer Objekte zu ermitteln. Die EOP-Methode beruhe auf einem völlig anderen Ansatz. Nach dieser Methode werde ermittelt, zu welchem Pachtzins ein bestimmtes Objekt wirtschaftlich betrieben werden könne. Der nach § 138 Abs. 1 BGB maßgebliche Marktpreis hänge aber nicht von Rentabilitätserwägungen sondern von Angebot und Nachfrage ab.

100 Nach der Ansicht des OLG München[165] kann die ortsübliche Miete nach der sog. „indirekten Vergleichswertmethode" ermittelt werden, wenn keine Vergleichsobjekte zur Verfügung stehen. Grundlage dieser Methode ist die Umsatzerwartung pro Sitzplatz. Davon ausgehend wird ein der Umsatzerwartung angemessener Mietzins festgelegt. Der BGH teilt diese Meinung – nach seinem Ansatz folgerichtig – nicht.[166]

101 Eine Ermittlung des „angemessenen" Mietzinses nach der **„Sachwertmethode"** an Hand der Aufwendungen des Vermieters (Finanzierungs- und Bewirtschaftungskosten) führt nicht zu sachgerechten Ergebnissen, weil hierdurch weder die markt- noch die Ortsüblichkeit des Mietzinses wiedergegeben wird. Gleiches gilt i. d. R. für die **„Abschöpfungsmethode"** (angemessener Mietzins = Umsatz minus Kosten minus Unternehmergewinn).

2. Auffälliges Missverhältnis zwischen Leistung und Gegenleistung

102 Sodann ist zu ermitteln, ob zwischen dem Marktpreis und dem vereinbarten Preis ein „besonders auffälliges, grobes Missverhältnis" besteht.[167] Ein **Missverhältnis zwischen Leistung und Gegenleistung** wird teilweise bei einer Überschreitung von 50% der üblichen Miete angenommen.[168] Nach der Rechtsprechung liegt ein besonders auffälliges, grobes Missverhältnis vor, wenn der Wert der Leistung knapp doppelt so hoch ist wie der Wert der Gegenleistung.[169] Das OLG

---

[161] BGH NZM 1999, 664; NZM 2001, 810.

[162] **A. A.** BGH a. a. O.

[163] S. dazu *Loew/Riedel/Bruss,* Miet- und Pachtverträge im Gastgewerbe unter wirtschaftlicher Betrachtung, DEHOGA 2. Aufl. 1993, *Bub* ZMR 1995, 509; *Michalski* ZMR 1996, 1; *Walterspiel* ZMR 1996, 468; *Seitter* ZMR 1996, 587; *Usinger* NZM 1998, 641.

[164] BGH NZM 1999, 664; NZM 2001, 810.

[165] OLG München NZM 2000, 1059.

[166] BGH NZM 2001, 810.

[167] BGH NZM 2004, 907.

[168] *Bub* in Bub/Treier Kap. II Rdn. 2362: teilweise bei einer Überschreitung von 100%; *Michalski* a. a. O.; *Bub* ZMR 1995, 509 mit der Einschränkung, dass der Pachtzins auch die laufenden Aufwendungen des Verpächters einschließlich einer Eigenkapitalverzinsung übersteigen muss; wohl auch OLG Stuttgart NJW-RR 1993, 654.

[169] BGH MDR 1998, 336; NZM 1999, 664, 666; NZM 2001, 810; NZM 2004, 907: Danach reicht eine Überteuerung von 92% aus; NJW 2008, 3210 = NZM 2008, 770 = GuT 2008, 353 = ZMR 2008, 19 unter

Karlsruhe[170] hat entschieden, dass der Tatbestand des § 138 Abs. 2 BGB nicht erfüllt ist, wenn das marktgerechte Entgelt lediglich um 68% überschritten wird. Behebbare Mängel bleiben bei der Beurteilung der zulässigen Mietzinshöhe außer Betracht.[171]

3. Verwerfliche Gesinnung

Schließlich ist zu prüfen, ob weitere Umstände vorhanden sind, die der Miet- oder Pachtzinsvereinbarung einen sittenwidrigen Charakter verleihen. In Betracht kommt insbesondere eine verwerfliche Gesinnung des Vermieters,[172] die unter anderem dann vorliegt, wenn dieser die Verhandlungsunterlegenheit des Mieters ausnutzt.[173] Dabei ist erforderlich, dass das Missverhältnis und die Verhandlungsunterlegenheit des Mieters für den Vermieter erkennbar war.[174] Bei den Ratenkreditverträgen, bei Teilzahlungsgeschäften oder bei Grundstückskaufverträgen wird eine verwerfliche Gesinnung vermutet, wenn zwischen Leistung und Gegenleistung ein besonders auffälliges, grobes Missverhältnis besteht. Dies beruht auf der Erwägung, dass der Marktwert der Leistung bei diesen Geschäften erkennbar ist. Bei der Prüfung der Sittenwidrigkeit von gewerblichen Miet- oder Pachtverträgen gilt diese Vermutung nicht, weil es dort nicht nur in Ausnahmefällen zu Bewertungsschwierigkeiten kommt. Hier ist zu prüfen, ob das Missverhältnis zwischen Leistung und Gegenleistung für den Vermieter oder Verpächter erkennbar war.[175] Die insoweit maßgeblichen Tatsachen und Umstände muss diejenige Partei darlegen und beweisen, die aus der Unwirksamkeit der Preisvereinbarung Rechte für sich herleiten will.[176] Davon abw. wird aber auch die Ansicht vertreten, dass bei einem privatem Mieter eine verwerfliche Gesinnung des Vermieters zu vermuten ist; danach muss der Vermieter darlegen und beweisen, dass sich der Mieter nicht nur wegen seiner wirtschaftlichen schwächeren Lage auf den Mietvertrag eingelassen hat.[177] Bei einem geschäftserfahrenen oder rechtskundigen Mieter soll die Vermutung aber nicht gelten.[178] Ist der Mieter geschäftserfahren oder rechtskundig, so muss er die verwerfliche Gesinnung des Vermieters beweisen. Für die Annahme einer verwerflichen Gesinnung sind konkrete Tatsachenfeststellungen erforderlich. Es genügt allerdings, wenn sich der Vermieter leichtfertig der Erkenntnis verschließt, dass er den überhöhten Miet- oder Pachtzins nur auf Grund seiner wirtschaftlichen oder intellektuellen Überlegenheit hat durchsetzen können. Insbesondere hat das Gericht festzustellen, ob das Missverhältnis zwischen dem Marktpreis und dem vereinbarten Preis für den Vermieter oder Verpächter erkennbar gewesen ist. Bei einem erfahrenen, ortskundigen, professionellen Vermieter können entsprechende Marktkenntnisse unterstellt werden. Bei einem privaten Vermieter ist in Betracht zu ziehen, dass dieser irrig von fehlerhaften Vorstellungen hinsichtlich der Marktmiete ausgegangen ist. Eine solche Annahme liegt insbesondere dann nahe, wenn die marktüblichen Preise starken Schwankungen unterliegen.[179] In diesem Fall ist anhand weiterer Umstände oder weiterer Vertragsregelungen zu prüfen, ob eine verwerfliche Gesinnung des Vermieters vorliegt. 103

Nr. II 1a; ähnlich OLG Naumburg GuT 2002, 14; OLG Dresden ZMR 2002, 261; OLG München ZMR 1999, 109; OLG Düsseldorf NZM 1999, 461; OLG Koblenz ZMR 1999, 483, 484; KG GE 1999, 570; ZMR 2001, 614 = NZM 2001, 587; OLG Düsseldorf GE 2011, 1369; vgl. auch OLG Naumburg NZM 1999, 965: jedenfalls bei 145%; s. weiter OLG Düsseldorf Urteil vom 4.2.2015 – VI-U (Kart) 14/14, juris: Die Vermietung eines ca. 41,1 qm großen Raums an einen KFZ-Schilderprägebetrieb zu einer Jahresmiete von 244.620.– € erfüllt nicht den Tatbestand des Mietwuchers, wenn der Raum unmittelbar neben der KFZ-Zulassungsstelle liegt und keine nahegelegenen Konkurrenzbetriebe existieren.

[170] OLG Karlsruhe NJWE-MietR 1997, 151.

[171] OLG Koblenz a. a. O.

[172] BGHZ 141, 257, 263 = NJW 1999, 3187 = NZM 1999, 664; NZM 2001, 810; NZM 2001, 1077; OLG Koblenz WuM 1998, 720; OLG München ZMR 1996, 550; ZMR 1999, 109; OLG Düsseldorf NZM 1999, 462; KG MDR 2001, 24.

[173] OLG Düsseldorf GE 2011, 1369.

[174] BGH NJW 2008, 3210 = NZM 2008, 770 = GuT 2008, 353 = ZMR 2008, 19.

[175] BGH NZM 2004, 907.

[176] OLG Düsseldorf GE 2011, 1369.

[177] OLG Dresden ZMR 2002, 261.

[178] KG KGR Berlin 2000, 359 für die Vermietung von Räumen an einen Rechtsanwalt; KG GE 2002, 328; OLG Naumburg GuT 2002, 14; OLG Dresden ZMR 2002, 261.

[179] BGH NZM 2001, 810; NZM 2001, 1077.

4. Knebelungsverträge

104 Ein Fall des § 138 Abs. 1 BGB wird auch dann angenommen, wenn die wirtschaftliche Situation des Mieters durch die Miet- oder Pachtbedingungen so beschnitten wird, dass der Geschäftserfolg nur noch dem Vermieter zugute kommt. Hiervon ist auszugehen, wenn der Mieter durch die Vertragsbedingungen seine Selbstständigkeit und wirtschaftliche Bewegungsfreiheit einbüßt.[180] Für die Annahme eines Knebelungsvertrags genügt es allerdings nicht, wenn der Mieter nur Verluste erwirtschaftet.[181] Vielmehr muss zwischen den Verlusten und den Mietbedingungen ein ursächlicher Zusammenhang bestehen.[182] Es ist nicht unbedingt erforderlich, dass darüber hinaus zwischen Leistung und Gegenleistung ein auffälliges Missverhältnis besteht.[183] Jedoch muss ein wirtschaftliches Ungleichgewicht zwischen der Ertragsmöglichkeit der Mietsache und der Miethöhe bestehen. In einem solchen Fall kann auch dann eine Sittenwidrigkeit angenommen werden, wenn der Vermieter von der Situation des Mieters keine Kenntnis hatte.[184]

II. § 138 Abs. 2 BGB

105 Nach § 138 Abs. 2 BGB ist ein Rechtsgeschäft nichtig, durch das jemand unter Ausbeutung der Zwangslage, der Unerfahrenheit, des Mangels an Urteilsvermögen oder der erheblichen Willensschwäche eines anderen sich oder einem Dritten für eine Leistung Vermögensvorteile versprechen oder sich gewähren lässt, die in einem auffälligen Missverhältnis zu der Leistung stehen. Der Tatbestand des § 138 Abs. 2 BGB ist neben dem Tatbestand des § 138 Abs. 1 BGB anwendbar. Ein Vorrang zugunsten der einen oder anderen Vorschrift besteht nicht.

1. Auffälliges Missverhältnis zwischen Leistung und Gegenleistung

106 Auch bei § 138 Abs. 2 BGB ist zunächst zu prüfen, ob zwischen Leistung und Gegenleistung ein auffälliges Missverhältnis besteht. Es gelten die Ausführungen zu Rdn. 102.

2. Weitere Tatbestandsvoraussetzungen

107 Darüber hinaus müssen die weiteren Voraussetzungen des § 138 Abs. 2 BGB gegeben sein.[185]

108 Unter einer **Zwangslage** ist eine erhebliche Bedrängnis wirtschaftlicher, gesundheitlicher, oder politischer Art zu verstehen. Sie ist anzunehmen, wenn der Mieter unter dem Druck einer anders nicht abzuwendenden Gefahr für seine Existenz handelt.[186]

109 **Unerfahrenheit** liegt vor bei fehlender allgemeiner Lebenserfahrung oder Geschäftserfahrung.

110 Von einem **Mangel an Urteilsvermögen** spricht man, wenn der Mieter unfähig ist, die wirtschaftlichen Auswirkungen eines Geschäfts, insbesondere den wirtschaftlichen Erfolg und die mit dem Geschäft verbundenen Risiken vernünftig einzuschätzen. Von einem mangelnden Urteilsvermögen kann dagegen nicht ausgegangen werden, wenn sich der Mieter in Kenntnis des hohen Risikos gleichwohl für das Geschäft entscheidet.

111 Allerdings kann in einem solchen Fall eine **erhebliche Willensschwäche** vorliegen. Dies ist dann der Fall, wenn der Mieter unfähig ist, seinen Erkenntnissen entsprechend zu handeln.

112 Zum subjektiven Tatbestand gehört, dass der Vermieter die Situation des Mieters **ausbeutet.** Hierunter ist das bewusste Ausnutzen des Mieters zu verstehen. Dies setzt voraus, dass der Vermieter die Situation des Mieters kennt und dass das Verhalten des Vermieters in Anbetracht der Umstände als verwerflich anzusehen ist.[187] Nach der Ansicht des OLG Naumburg[188] genügt es für die Annahme der Verwerflichkeit, dass ein auffälliges Missverhältnis zwischen Leistung und Gegenleistung vorliegt.

---

[180] OLG Dresden ZMR 2002, 261.
[181] OLG Dresden a. a. O.
[182] OLG München ZMR 1999, 109; NZM 1999, 617; OLG Naumburg NZM 1999, 965; OLG Dresden a. a. O.; LG Frankfurt NJW RR 1988, 344.
[183] *Michalski* ZMR 1996, 1, 5.
[184] BGH WPM 1976, 181, 184; OLG Dresden a. a. O.; *Michalski* a. a. O.
[185] OLG Düsseldorf NZM 1999, 461; OLG Koblenz NZM 1999, 1100.
[186] BGH NJW 1957, 1274.
[187] Vgl. BGH NJW 1957, 1274; NJW 1979, 758.
[188] OLG Naumburg NZM 1999, 965.

III. Beurteilungszeitpunkt

Für die Feststellung der die Unwirksamkeit begründenden Tatsachen kommt es grundsätzlich 113
auf die Verhältnisse beim Vertragsschluss an.[189] Eine Ausnahme gilt, wenn die Mietpreisvereinbarung später abgeändert worden ist; in diesem Fall ist der Zeitpunkt der Änderungsvereinbarung maßgebend. Davon abgesehen spielen spätere Veränderungen keine Rolle. Lediglich in Ausnahmefällen kann der Mieter in diesem Fall zu einer Kündigung des Mietverhältnisses aus wichtigem Grund (s. § 543 BGB Rdn. 213) berechtigt sein.

IV. Rechtsfolgen

Anders als bei der Wohnraummiete bleibt der Geschäftsraummietvertrag im Falle eines Versto- 114
ßes gegen § 138 Abs. 1 oder 2 BGB nicht zu dem höchstzulässigen Mietzins aufrechterhalten. Vielmehr ist er insgesamt unwirksam.[190]

V. § 4 WiStG

§ 4 WiStG Preisüberhöhung in einem Beruf oder Gewerbe

(1) Ordnungswidrig handelt, wer vorsätzlich oder leichtfertig in befugter oder unbefugter Betätigung in einem Beruf oder Gewerbe für Gegenstände oder Leistungen des lebenswichtigen Bedarfs Entgelte fordert, verspricht, vereinbart, annimmt oder gewährt, die infolge einer Beschränkung des Wettbewerbs oder infolge der Ausnutzung einer wirtschaftlichen Machtstellung oder einer Mangellage unangemessen hoch sind.

(2) Die Ordnungswidrigkeit kann mit einer Geldbuße bis zu fünfundzwanzigtausend Euro geahndet werden.

Bei der Vermietung von Gewerberaum gilt § 4 WiStG. Wie § 5 WiStG dient auch diese Rege- 115
lung einem doppelten Zweck. Zum einen sollen Wettbewerbsstörungen verhindert werden;[191] mittelbar wird der Mieter vor überhöhten Mieten geschützt. Ein Verstoß gegen § 4 WiStG wird als Ordnungswidrigkeit geahndet. Die praktische Bedeutung der Vorschrift ist gering.

1. Tatbestandsvoraussetzungen

a) Berufsmäßiges/gewerbliches Handeln. Bei der Vermietung von Gewerberaum durch 115a
ein Wohnungsunternehmen liegt dieses Tatbestandsmerkmal zweifelsfrei vor. Erfasst wird aber auch der private Vermieter, der in Ausübung der Anlage und Verwaltung seines Vermögens, Gewerberäume auf dem Markt anbietet und so am Wettbewerb teilnimmt. Anders ist es, wenn dem Vermieter nur wenige Wohnungen gehören. Teilweise wird die Ansicht vertreten, dass die Vermietung an einen gewerblichen Zwischenmieter immer gewerbliche Vermietung sei.[192] Daran trifft zu, dass das zwischen dem Eigentümer und dem Zwischenmieter begründete Mietverhältnis als Geschäftsraummietverhältnis zu bewerten ist. Daraus folgt allerdings nicht, dass der Eigentümer beim Abschluss des Vertrags berufsmäßig oder gewerblich handelt.

b) Geschäftsraum als Gegenstand des lebenswichtigen Bedarfs. Der Tatbestand des § 4 116
WiStG setzt weiter voraus, dass die Überlassung von Geschäftsraum zur Deckung des „lebenswichtigen Bedarfs" erforderlich ist. Dabei ist nicht auf die Bedürfnisse des Mieters, sondern auf die Bedeutung des Geschäftsraums für die Allgemeinheit abzustellen. Erforderlich ist also, dass die Bereitstellung des Geschäftsraums unter Berücksichtigung des heutigen Lebensstandards zur unmittelbaren oder mittelbaren Befriedigung der berechtigten materiellen und kulturellen Bedürfnisse der Bevölkerung oder eines Teils der Bevölkerung erforderlich ist.[193] Diese Voraussetzungen werden in

---

[189] BGHZ 7, 111, 114; WPM 1966, 585; OLG Naumburg GuT 2002, 15, 16.

[190] BGH NJW-RR 2006, 16 = NZM 2005, 944 = GuT 2006, 35 = ZMR 2006, 28 unter Nr. II 4a; BGH ZMR 2006, 28 = NZM 2005, 944; OLG München ZMR 1999, 109; KG GE 2002, 328; *Michalski* ZMR 1991, 1, 6.

[191] OLG Schleswig, Beschl. v. 10. 6. 2008 – 4 U 18/08, Rdn. 31; *Erbs/Kohlhaas* § 4 Rdn. 1.

[192] *Neuhaus* NZM 2009, 646, 647.

[193] OLG Schleswig a. a. O. Rdn. 27; *Neuhaus* a. a. O.

größeren Gemeinden nur selten vorliegen; hier ist i. d. R. ein mehr als ausreichendes Angebot an Gütern und Dienstleistungen aller Art vorhanden. Ausnahmen sind aber auch hier denkbar (Arztpraxen, Kindertagesstätten). In kleinen Gemeinden mit unzureichender Versorgung wird das Tatbestandsmerkmal häufiger gegeben sein.

117 **c) Beschränkung des Wettbewerbs/Ausnutzung einer wirtschaftlichen Machtstellung oder einer Mangellage.** Eine Beschränkung des Wettbewerbs liegt vor, wenn der Anbieter ohne Wettbewerber ist oder wenn nur wenige Wettbewerber vorhanden sind, so dass der Mietinteressent nicht auf andere Objekte ausweichen kann. Das Tatbestandsmerkmal des Ausnutzens einer wirtschaftlichen Machtstellung kann angenommen werden, wenn der Anbieter eine im Verhältnis zu seinen Wettbewerbern überragende Marktstellung hat. Unter Mangellage ist eine tatsächlich feststellbare Verknappung von Waren oder Leistungen zu verstehen.[194]

118 **d) Fordern, versprechen, vereinbaren, annehmen oder gewähren des Entgelts.** Hinsichtlich der vier erstgenannten Merkmale wird auf die Ausführungen zu Rdn. 12ff. verwiesen. Im Unterscheid zu § 5 WiStG handelt auch der Mieter ordnungswidrig, wenn er für den Gewerberaum ein überhöhtes Entgelt „gewährt". Voraussetzung ist jedoch, dass der Mieter in Ausübung seines Berufs oder Gewerbes handelt.

119 **e) Unangemessen hohes Entgelt.** Zum Entgelt gehört alles, was der Mieter als Gegenleistung für die Überlassung der Räume zu erbringen hat. Hierzu zählen namentlich die Miete einschließlich der Betriebs- und sonstigen Nebenkosten aber auch Sachleistungen mit Entgeltcharakter, wie die Übernahme von Instandhaltungs- und Instandsetzungspflichten. Maßstab für das angemessene Entgelt ist die übliche Miete für Räume vergleichbarer Art. Sind die Marktverhältnisse in der Gemeinde wegen der Beschränkung des Wettbewerbs, der wirtschaftlichen Machtstellung des Vermieters oder einer Mangellage verzerrt, so ist auf die Verhältnisse einer vergleichbaren Gemeinde mit funktionierendem Markt abzustellen. Ein unangemessen hohes Entgelt ist anzunehmen, wenn das übliche Entgelt um ca. 50% überschritten wird.[195]

2. Zivilrechtliche Folgen

120 Die Ausführungen zu Rdn. 70–80 gelten sinngemäß.

---

[194] OLG Schleswig a. a. O. Rdn. 33.
[195] Abw. LG Halle ZMR 2002, 427 = GuT 2002, 40: 40%; *Neuhaus* a. a. O.: 100%.

§ 536 Mietminderung bei Sach- und Rechtsmängeln

(1) [1]Hat die Mietsache zur Zeit der Überlassung an den Mieter einen Mangel, der ihre Tauglichkeit zum vertragsgemäßen Gebrauch aufhebt, oder entsteht während der Mietzeit ein solcher Mangel, so ist der Mieter für die Zeit, in der die Tauglichkeit aufgehoben ist, von der Entrichtung der Miete befreit. [2]Für die Zeit, während der die Tauglichkeit gemindert ist, hat er nur eine angemessen herabgesetzte Miete zu entrichten. [3]Eine unerhebliche Minderung der Tauglichkeit bleibt außer Betracht.

(1a) Für die Dauer von drei Monaten bleibt eine Minderung der Tauglichkeit außer Betracht, soweit diese auf Grund einer Maßnahme eintritt, die einer energetischen Modernisierung nach § 555b Nummer 1 dient.

(2) Absatz 1 Satz 1 und 2 gilt auch, wenn eine zugesicherte Eigenschaft fehlt oder später wegfällt.

(3) Wird dem Mieter der vertragsgemäße Gebrauch der Mietsache durch das Recht eines Dritten ganz oder zum Teil entzogen, so gelten die Absätze 1 und 2 entsprechend.

(4) Bei einem Mietverhältnis über Wohnraum ist eine zum Nachteil des Mieters abweichende Vereinbarung unwirksam.

Systematische Übersicht

Alphabetische Schnellübersicht

A. Sachmangel

I. Gesetzeszweck und Anwendungsbereich

1 § 536 Abs. 1 BGB befreit den Mieter von der Pflicht zur Zahlung des Mietzinses in dem Umfang, in dem die vermietete Sache zur Zeit der Überlassung mit einem Mangel (Sach- und Rechtsmangel) behaftet ist, der die **Tauglichkeit** zu dem vertragsgemäßen Gebrauch **aufhebt** oder **mindert.** Gleiches gilt, wenn der Mangel nach der Überlassung auftritt. Absatz 3 regelt die gleiche Rechtsfolge für den Fall, dass dem Mieter der vertragsgemäße Gebrauch durch das Recht eines Dritten ganz oder zum Teil entzogen wird. Das Fehlen oder der Wegfall einer zugesicherten Eigenschaft stehen dem Mangel gleich (Abs. 2).

2 Der Mangel der Mietsache ergibt sich ähnlich wie beim Kauf, bei dem eine Sache entsprechend der **vereinbarten Beschaffenheit** (§ 434 Abs. 1 Satz 1 BGB) geschuldet wird, allein aus den Vereinbarungen über den vertragsgemäßen Gebrauch – subjektiver Fehlerbegriff (s. Rdn. 19 ff.). Maß-

gebend für das Vorliegen eines Mangels ist somit in erster Linie das, was die Parteien als vertragsgemäß vereinbart haben[1].

3 Mit dieser Vorschrift wird die **Störung des Äquivalenzverhältnisses**[2] von Leistung und Gegenleistung behoben. Für die Überlassung der Räume zu der vereinbarten Tauglichkeit erhält der Vermieter als Gegenleistung den vereinbarten Mietzins. Ist die Tauglichkeit eingeschränkt, wird die Miete entsprechend angepasst (Minderung). Kann die Mietsache nicht genutzt werden, ist der Mieter von der Mietzahlung befreit.[3]

4 Ob der Vermieter den Mangel zu vertreten hat, ist grundsätzlich unerheblich. Das kann im Einzelfall bei nachträglich auftretenden Immissionen anders sein[4] (s. Rdn. 11f.). Der Mangel ist dem Mieter nur zuzurechnen, wenn er ihn selbst zu vertreten oder wenn er die Instandhaltung bzw. Instandsetzung der mangelhaften Sache vertraglich übernommen hat[5] (Einzelheiten s. Rdn. 438ff.).

5 Der für die Beurteilung des Mangels maßgebliche Zeitpunkt ist differenziert zu betrachten[6] (s. Rdn. 21ff.). Dabei ist aber zu bedenken, dass sich die Vorstellung der Parteien, was allgemein zum Umfang des Mietgebrauchs gehört, im Laufe der Zeit verändern kann (s. Rdn. 36ff.). Daher sind bei **langfristigen Mietverhältnissen** ggf. Veränderungen der Lebensgewohnheiten und des Wohnstandards[7] in die Beurteilung des vertragsgemäßen Gebrauchs einzubeziehen.

6 Mit Rechtsentscheid des OLG Dresden wurde zwischen einem Fehler der Mietsache und dem Mangel differenziert, da beide Begriffe nicht gleich bedeutend seien.[8] Diese Unterscheidung ist spätestens mit In-Kraft-Treten der Schuldrechtsreform zum 1.1.2002 hinfällig (s. Rdn. 54).

7 Gemäß Absatz 4 darf bei der Wohnraummiete von den Absätzen 1–3 nicht zum Nachteil des Mieters abgewichen werden. Ansonsten gilt die Vorschrift für alle Mietverhältnisse, einschließlich der Nutzungsverhältnisse zwischen einer Wohnungsgenossenschaft und ihren Mitgliedern (vgl. Rdn. 18).

II. Grenzen der Gewährleistungspflicht

8 Ein Mangel liegt vor, wenn die physische Substanz der Mietsache beeinträchtigt ist. Daneben kann ein rechtlich relevanter Mangel vorliegen, wenn die tatsächlichen Umstände oder die rechtlichen und wirtschaftlichen Verhältnisse die Tauglichkeit der Mietsache **unmittelbar** beeinträchtigen,[9] weil sie nach der Verkehrsanschauung einen Einfluss auf die Brauchbarkeit und den Wert der Sache ausüben. Um eine zu weit gehende Haftung des Vermieters zu vermeiden, hat insbesondere die Rechtsprechung Kriterien entwickelt, die zu einer sachgerechten Eingrenzung des Mangelbegriffs[10] (zum Fehlerbegriff s. Rdn. 19) führen.

1. Vorhersehbarkeit

9 So ist vom BGH[11] der Grundsatz aufgestellt worden, dass ein anfänglicher Mangel der Mietsache nur dann anzunehmen ist, wenn die Umstände der Störung für den Vermieter **vorhersehbar**[12] waren. Daher stellt die **Lage des Grundstücks** in einem Gebiet, das nur bei außergewöhnlichen

---

[1] Vgl. LG Essen NZM 2006, 294 zur Kinderfreundlichkeit der Wohnung; AG Hamburg-Altona ZMR 2011, 292 zum Nutzungsumfang einer überdachten Terrassenfläche.

[2] BGH MDR 1961, 683.

[3] OLG Düsseldorf WuM 2005, 655.

[4] BGH (VIII ZR 197/14) WuM 2015, 478 = NZM 2015, 481 = NJW 2015, 2177 = GE 2015, 849 = ZMR 2015, 697 = MietPrax-AK § 536 BGB Nr. 51.

[5] BGHZ 38, 295; BGH WuM 1991, 25 = NJW-RR 1991, 267 = ZMR 1991, 57 = MDR 1991, 524.

[6] Für den Zeitpunkt des Vertragsschlusses s. OLG Celle WuM 1985, 9 = ZMR 1985, 10 = GE 1985, 679; LG Berlin GE 2002, 1060; *Börstinghaus* Rdn. 20.

[7] BGH NJW 2004, 3174 = WuM 2004, 527 = NZM 2004, 736 = ZMR 2004, 807 = GE 2004, 1090 = DWW 2004, 292 = MietPrax-AK § 535 Nr. 7 m. Anm. *Eisenschmid*.

[8] OLG Dresden, Rechtsentscheid vom 15.12.1997, WuM 1998, 144 = ZMR 1998, 417 = NJW-RR 1998, 512 = GE 1998, 122 = NZM 1998, 184 m. Anm. *Blank* = WuM 1998, 467 und *Pauly* = WuM 1998, 469 = ZMR 1998, 417 = GE 1998, 122; *Schilling* in MünchKomm, 4. Aufl. 2005, § 536 Rdn. 22; vgl. auch *Franke* ZMR 1996, 297.

[9] BGH NJW 1981, 2405 = MDR 1982, 135 = ZMR 1981, 368 = GE 1982, 137; *Franke* ZMR 1996, 297.

[10] Zur Abgrenzung zwischen Sach- und Rechtsmangel vgl. *Lutz* WuM 1996, 198.

[11] BGH NJW 1971, 424.

[12] OLG München NZM 2015, 255; NZM 2015, 447 zu den Anforderungen des Hochwasserschutzes; zum Inhalt und Begriff der Vorhersehbarkeit vgl. *Koller* NJW 1982, 201, 203f.

Witterungsverhältnissen hochwassergefährdet ist, keinen Mangel der Mietsache dar. Die vertraglich vereinbarte Beschaffenheit des Mietobjektes bedurfte daher keiner weiteren Sicherungsmaßnahmen durch den Vermieter. Folglich führt das in dieses Objekt eintretende Hochwasser zwar zum „nachträglichen" Mangel[13], aber nicht zur Garantiehaftung (§ 536 a Abs. 1 Alt. 1 BGB) des Vermieters.

Der Begriff der Vorhersehbarkeit dient der **Abgrenzung** zum allgemeinen Lebensrisiko, welches beim Mieter verbleibt und nicht auf den Vermieter übergeht. Die Vorhersehbarkeit setzt nicht voraus, dass die Gefahr zum Zeitpunkt des Vertragsschlusses schon hervorgetreten oder erkennbar war. Es reicht aus, wenn sie sich während der Mietzeit realisiert.[14] In die gleiche Richtung zielt ein negativer Rechtsentscheid des OLG Hamm.[15] Danach reicht es für die Annahme eines Mangels aus, wenn die Mietsache nur in der Befürchtung der Gefahrverwirklichung genutzt werden kann. **Haltlose Befürchtungen** oder **abstrakte Gefahren** sind aber unbeachtlich. Die Gefahr muss somit wissenschaftlich verifizierbar sein.[16] Dass der Mieter sie nicht kannte, ist unbeachtlich[17], da das Vorliegen eines Mangels vom Äquivalenzprinzip (s. Rdn. 3f.) bestimmt wird und nicht von der Kenntnis des Mieters abhängt. Anderenfalls wäre § 536 b Satz 1 BGB überflüssig.[18] Unter besonderen Umständen kann sich ein Mangel auch dadurch ergeben, dass der Vermieter eine umfassende Modernisierung beabsichtigt.[19] Eine Gefahrenlage kann sich auch aus mehreren Umständen ergeben, die jeweils einzeln betrachtet, keinen Mangel darstellen. Nicht die Einzelbetrachtung der Umstände, sondern die sich aus ihrer Gesamtheit ergebende Gefahrenlage ist für die Beurteilung eines Fehlers entscheidend.[20] 10

2. Unwesentliche Beeinträchtigung

Eine nur **unerhebliche Minderung** der Tauglichkeit bleibt schon von Gesetzes wegen gem. § 536 Abs. 1 Satz 3 außer Betracht. (s. Rdn. 46 ff.). Dies ist beispielsweise anzunehmen, wenn die Beeinträchtigung der Mietsache i. S. d. § 906 Abs. 1 BGB als nur unwesentlich angesehen werden kann.[21] Eine unwesentliche Beeinträchtigung schließt nur das Minderungsrecht aus. Dem Mieter bleibt der Erfüllungs- bzw. Herstellungsanspruch. Diesbezüglich kann er auch sein Zurückbehaltungsrecht (Rdn. 409 ff.) geltend machen. 11

Nach bislang herrschender Meinung spielte es bei fehlender Beschaffenheitsvereinbarung über eine Beeinträchtigung für ihre Beurteilung als nachträglichen Fehler keine Rolle, ob die Voraussetzungen des § 906 Abs. 2 BGB gegeben waren.[22] Nach dieser Vorschrift muss der Eigentümer wesentliche Beeinträchtigungen dulden, die von einer ortsüblichen Nutzung des nachbarlichen Grundstücks ausgehen. Auf die Gewährleistungsrechte des Mieters sollte diese Vorschrift somit keinen Einfluss haben.[23] Ebenso wenig war als entscheidend angesehen, ob der Vermieter als Eigentümer einen Anspruch gegenüber dem Störer auf **Ausgleichszahlung** gem. § 906 Abs. 2 Satz 2 BGB geltend machen konnte[24] (s. auch Rdn. 136 ff.). Das Innenverhältnis des Mieters zum Vermieter 11a

---

[13] S. auch LG Leipzig NZM 2003, 510.

[14] BGH NJW 1972, 944 = MDR 1972, 599 zu einer unvorschriftsmäßig verlegten elektrischen Leitung; zweifelhaft daher LG Hamburg ZMR 2007, 120.

[15] OLG Hamm WuM 1987, 248 = NJW-RR 1987, 968 = ZMR 1987, 267 = DWW 1987, 226 = GE 1987, 779.

[16] KG GE 2012, 1636.

[17] **A. A.** LG Heidelberg GE 2012, 899 = DWW 2012, 173 = ZMR 2012, 950 mit abl. Anm. *Schläger.*

[18] *Stellwaag* IMR 2012, 310.

[19] BGH (XII ZR 126/11) WuM 2013, 37 = MietPrax-AK § 554 BGB Nr. 11 = NZM 2013, 122 = NJW 2013, 223.

[20] BGH NJW 1963, 1449.

[21] Vgl. LG Göttingen WuM 1986, 114 = NJW 1986, 1112; zur Beurteilung der Wesentlichkeitsgrenze i. S. d. § 906 Abs. 1 BGB vgl. OLG München DWW 1998, 212.

[22] BayObLG, Rechtsentscheid, WuM 1987, 112 = NJW 1987, 1950 = ZMR 1987, 174; OLG München WuM 1993, 607 = NJW-RR 1994, 654; LG Berlin GE 1988, 1115; LG Göttingen WuM 1986, 114 = NJW 1986, 1112 = NJW-RR 1986, 444; kritisch *Börstinghaus* Rdn. 48; **a. A.** OLG Frankfurt/M. ZMR 1964, 271; vgl. BGH NJW 2001, 1119 zum Nachbarrecht.

[23] LG Itzehoe ZMR 2011, 724.

[24] BayObLG, Rechtsentscheid vom 4.2.1987, WuM 1987, 112 = NJW 1987, 1950 = ZMR 1984, 174; LG Köln WuM 1990, 385; LG Kassel NJW-RR 1989, 1292; LG Siegen WuM 1990, 17; LG Göttingen WuM 1986, 114 = NJW 1986, 1112 = NJW-RR 1986, 444; zum Anspruch des Vermieters gegen den Störer vgl. LG Potsdam, Urt. v. 19.4.2007 – 3 S 108/06 – juris; LG Hamburg MDR 1999, 154 = NJW-RR 1999, 378

musste strikt von dem Außenverhältnis des Vermieters zu dem Dritten (Störer) unterschieden werden.[25]

Diese Rechtsauffassung (zur Kritik Rdn. 136ff.) hat der VIII. Zivilsenat des BGH[26] mit seiner Bolzplatzentscheidung verworfen. Soweit es um eine mögliche nachträgliche Lärmbelästigung geht, zu der keine Beschaffenheitsvereinbarung getroffen wurde, ist der Senat der Meinung, dass bei ergänzender Vertragsauslegung die Parteien sich im Hinblick auf die Lärmquelle (Bolzplatz) redlicherweise darauf verständigt hätten, dass die hervorgerufenen Störungen durch Geräuschimmissionen nur dann als Mangel der Mietwohnung anzusehen seien, wenn der Vermieter selbst diese Immission gemäß § 906 BGB nicht oder jedenfalls nicht entschädigungslos dulden müsse.[27] Dies hat der XII. Zivilsenat in seiner Entscheidung vom 23.4.2008 anders gesehen.[28] Eine Abstimmung der Senate hat offenbar nicht stattgefunden.[29]

3. Risikosphäre

12 Zu beachten sind Zuweisungen von Verantwortlichkeiten wegen der möglichen zumutbaren Beeinflussung und Beherrschung von Räumlichkeiten und Risikosphären.[30] Fehlgeschlagene Verkaufs- und Gewinnerwartungen sind grundsätzlich kein Mangel. Wird beispielsweise der Kundenstrom am Ladenlokal des Mieters vorbeigeleitet oder nimmt die Bevölkerung ein angemietetes Einkaufszentrum nicht an, kann der Mieter daraus grundsätzlich keine Gewährleistungsrechte herleiten. (Fehlgeschlagene) **Gewinnerwartungen** gehören nämlich grundsätzlich zu seinem Risikobereich.[31] Allerdings können die Parteien etwas anderes vereinbaren.[32]

13 Durch Auslegung der zwischen den Parteien getroffenen Vereinbarungen ist zu ermitteln, ob der Vermieter das Geschäftsrisiko des Mieters ganz oder nur zum Teil übernommen hat.[33] Bei der Prüfung des Vertragsinhalts ist auch zu berücksichtigen, wer grundsätzlich das in der Störung liegende Risiko zu tragen hat. Dabei ist zu fragen, ob der Vermieter typischerweise die Existenz oder die Wahrscheinlichkeit der Existenz der beanstandeten Störung besser erkennen kann als der Mieter.[34] Da der Vermieter, soweit das Mietobjekt betroffen ist, regelmäßig näher am Geschehen steht und damit grundsätzlich einen Beherrschbarkeits- und Informationsvorsprung hat, ist ihm grundsätzlich das Risiko der Störung zuzurechnen. Die Organisation eines „Center Management" durch den Vermieters sowie die Gründung einer **„Werbegemeinschaft"** sind für den BGH[35] nicht ausreichend, eine solche Risikoübernahme anzunehmen. Der Schluss auf eine vertragliche **Risikoübernahme** durch den Vermieter lässt sich beispielsweise ziehen, wenn konkrete Anhaltspunkte dafür vorliegen, dass er den Mieter in seinen unternehmerischen Entscheidungen über das übliche Maß hinaus einschränkt oder wenn die vertragliche Absprache ausdrücklich einen bestimmten Kundenkreis, auf den der Vermieter Einfluss hat, einschließt und der Vermieter hierzu nicht die notwendigen Voraussetzungen schafft.[36] Ein solcher Schluss ist aber nicht zwingend gerechtfertigt, wenn die Parteien den gegenwärtigen Vermietungszustand eines „Centers" in die **Präambel** auf-

---

= NZM 1999, 169; AG Tempelhof-Kreunzberg GE 2011, 695; zum Anspruch auf Ausgleichszahlung des Mieters vgl. BGH JZ 2001, 1084 m. Anm. *Brehm*.

[25] *Haase* ZMR 1999, 448, 450.

[26] BGH (VIII ZR 197/14) WuM 2015, 478 = NZM 2015, 481 = NJW 2015, 2177 = GE 2015, 849 = ZMR 2015, 697 = MietPrax-AK § 536 BGB Nr. 51.

[27] Zur Beweislast siehe LG München I ZMR 2016, 374 sowie ZMR 2017, 165; zweifelnd *Eisenschmid* NZM 2016, 841.

[28] BGH (XII ZR 62/06) GE 2008, 981 = NZM 2008, 609 = ZMR 2008, 776 = MietPrax-AK § 536 BGB Nr 20 *(Eisenschmid)*.

[29] *Börstinghaus* NZM 2016, 418, 421.

[30] *Joachim* GuT 2004, 207, 216 – „Wer ist näher dran-Test"; vgl. auch *Joachim* NZM 2009, 801, 809.

[31] BGH NJW 1970, 1313 = MDR 1970, 755; BGH NJW 1981, 2405 = MDR 1982, 135 = ZMR 1981, 368 = GE 1982, 137; BGH NJW 2000, 354 = MDR 2000, 79 = ZMR 2000, 76; BGH NJW 2000, 1714 = GE 2000, 671 = NZM 2000, 492; NJW-RR 2000, 1535 = NZM 2000, 1005; OLG Koblenz MDR 2015, 937; OLG München ZMR 1995, 295; OLG Düsseldorf GE 2009, 778; ZMR 1996, 256.

[32] BGH (XII ZR 66/03) NJW 2006, 899 = MietPrax-AK § 536 BGB Nr 11 *(Eisenschmid)* = NZM 2006, 54, 56; *Günter* NZM 2016, 569, 570.

[33] BGH NJW 2000, 1714 = GE 2000, 671 = NZM 2000, 492; NJW-RR 2000, 1535 = NZM 2000, 1005; KG, Beschl. v. 20.5.2009 – 8 U 38/09; kritisch und ablehnend *Waas* ZMR 2001, 493, 495.

[34] *Koller* NJW 1982, 201, 203; AG Fürth WuM 2007, 317.

[35] BGH NJW 2000, 1714 = GE 2000, 671 = NZM 2000, 492; NJW-RR 2000, 1535 = NZM 2000, 1005.

[36] OLG München ZMR 1999, 707; OLG Frankfurt/M. ZMR 1999, 702.

genommen haben.[37] Es ist eine Frage der Auslegung, ob man der Präambel eine vertragliche Verpflichtung entnehmen kann.[38]

Den Gedanken der Risikozuweisung wendet die Rechtsprechung auch bei der Prüfung an, ob öffentlich-rechtliche Beschränkungen einen Mangel der Mietsache darstellen. Bei derartigen Hindernissen handelt es sich um gesetzliche oder behördliche Verbote, die den Gebrauch der Mietsache ausgeschlossen oder nicht unwesentlich eingeschränkt haben. Hierzu ist eine umfangreiche Kasuistik entwickelt worden (s. Rdn. 78ff.). 14

4. Unmittelbarkeit

Nach Auffassung des BGH[39] führen nur solche Umstände zu einem Mangel i. S. d. § 536 BGB, die die Tauglichkeit der Mietsache **unmittelbar** beeinträchtigen. Eine unmittelbare Beeinträchtigung ist zunächst dann anzunehmen, wenn die nachteiligen Umstände der Mietsache direkt anhaften. Problematisch sind die Fälle, bei denen die Störung von außen kommt, also der Umwelt entstammt, in die das Mietobjekt eingebettet ist. Maßstab für die Beantwortung der Frage, wann und unter welchen Voraussetzungen eine unmittelbare Beeinträchtigung der Mietsache vorliegt, ist in erster Linie der zum Vertragsinhalt erhobene Verwendungszweck.[40] Keine unmittelbare Beeinträchtigung liegt vor, wenn der Wohnungsmieter deshalb mehr heizen muss, weil die seiner Wohnung angrenzenden „Außen"-Wohnungen nicht vermietet und damit nicht beheizt sind. Hier wird der Verwendungszweck nicht beeinträchtigt[41]. Ebenfalls ist eine unmittelbare Beeinträchtigung abzulehnen, wenn durch Einführung von Umweltzonen der Mieter das Mietobjekt mit seinem „umweltschädlichen" Motorfahrzeug nicht mehr erreichen kann.[42] Für den Gewerberaummieter ist entscheidend, ob überhaupt noch eine zumutbare Belieferung seines Geschäftslokals möglich ist. Wird dies bejaht, ist ein Mangel abzulehnen.[43] 15

Weiterhin wurde von der Rechtsprechung eine nur mittelbare Beeinträchtigung angenommen, wenn der Zuweg zum Geschäft zwar keine Überdachung aufweist oder wenn in unmittelbarer Nähe des Geschäfts keine Parkplätze vorhanden sind, aber das Warensortiment des Geschäfts keinen Autotransport erfordert.[44] In diesen Fällen soll die Mietsache selbst nicht beeinträchtigt, der **Verwendungszweck** somit nicht berührt sein[45]. Dies ist nicht in jedem Fall einleuchtend, insbesondere dann nicht, wenn bei den Planungen des Mieters die zusätzliche Attraktivität eines überdachten Zugangs oder die ausreichenden Parkplätze in seine Kalkulation erkennbar Eingang gefunden haben, wenn also das **Umfeld der Mietsache** in ihre Beschaffenheit einbezogen wurde[46]. Das kann auch angenommen werden, wenn in einem Einkaufszentrum die Vollbelegung der Anlage Vertragsinhalt geworden ist, weil der Mieter die Attraktivität gewährleistet wissen will.[47] Dann ist auch der Verwendungszweck angesprochen und die Attraktivitätsvorteile sind Vertragsinhalt (s. aber Rdn. 321). Folgt man der ablehnenden BGH-Rechtsprechung ist im Einzelfall zu prüfen, ob der Vermieter ein Garantieversprechen zur Vollbelegung oder zum Umfeld abgegeben hat, das ggf. zum Schadensausgleich führt. 16

---

[37] BGH (XII ZR 149/02) MietPrax-AK § 536 BGB Nr. 5 = GuT 2004, 164 = NZM 2004, 618 = NJW-RR 2004, 1236 = ZMR 2004, 664 = GE 2004, 1021.

[38] *Sternel,* Mietrecht aktuell (2009), Rdn. VIII 36.

[39] BGH (XII ZR 66/03) NJW 2006, 899 = MietPrax-AK § 536 BGB Nr. 11 = MDR 2006, 506 = NZM 2006, 54 = GuT 2006, 19.

[40] BGH NJW 1981, 2405 = MDR 1982, 135 = ZMR 1981, 368 = GE 1982, 137; OLG Rostock GE 2009, 322; OLG Dresden ZMR 2002, 261; NJW-RR 1999, 448; OLG Naumburg WuM 1997, 675 = NZM 1998, 373; LG Berlin MM 1992, 391.

[41] So i. E. auch AG Frankfurt/Oder ZMR 2005, 131.

[42] *Kinne* GE 2007, 1601, 1603.

[43] *Kinne* GE 2007, 1601, 1604.

[44] BGH NJW 2000, 1714 = GE 2000, 671 = NZM 2000, 492; NJW-RR 2000, 1535 = NZM 2000, 1005; OLG Dresden ZMR 2002, 261.

[45] LG Berlin GE 2008, 1426 = NZM 2008, 844 (Einstellung des Fernverkehrs am Bahnhof ZOO); vgl. auch OLG Rostock GE 2009, 322.

[46] AG Fürth WuM 2007, 317 bei Veränderung der Aussicht durch Bäume schlagen; dagegen LG Berlin bei neuer Bahnhofsstruktur NZM 2008, 844.

[47] Zu einem solchen Fall s. OLG Frankfurt/Main, Urt. v. 4.3.2005 – 3 O 77/01 –; **a. A.** h. M., s. nur BGH MietPrax-AK § 536 BGB Nr. 5 = GuT 2004, 164 = NZM 2004, 618 = NJW-RR 2004, 1236 = ZMR 2004, 664 = GE 2004, 1021; BGH GuT 2006, 19 = NJW 2006, 899 = NZM 2006, 54 = MietPrax-AK § 536 BGB Nr. 11.

17 Die Rechtsprechung hat eine unmittelbare Beeinträchtigung und damit einen Mangel angenommen, wenn der Zugang zu den vermieteten Verkaufsräumen, z. B. wegen Straßenbaumaßnahmen, erheblich erschwert oder behindert wird[48] oder wenn eine günstige Belieferungsmöglichkeit über das Nachbargrundstück entfällt.[49] In der Literatur (s. Rdn. 12) wurde vorgeschlagen, eine Lösung über die Risikozuweisung vorzunehmen. Danach haftet der Vermieter als Eigentümer, wenn er über die beabsichtigten Baumaßnahmen besser informiert war oder sich hätte besser informieren können[50]. Haben dagegen Vermieter und Mieter den gleichen Informationsstand, wie z. B. bei räumlich entfernt liegenden Baumaßnahmen, die sich aber dennoch auf das Geschäft auswirken, wäre die Risikozuweisung eine andere. In diesen Fällen würde grundsätzlich der Gläubiger (Mieter) das Verwendungsrisiko tragen.[51]

5. Besondere Vertragsbeziehungen

18 Der Fehler der Mietsache wird nicht durch besondere Vertrags- oder Treueverhältnisse eingeschränkt oder ausgeschlossen.[52] Da die Mängelhaftung allein auf dem Grundgedanken des Äquivalenzverhältnisses[53] von Leistung und Gegenleistung beruht, kann z. B. in dem **Genossenschaftsverhältnis** zwischen Mieter und Genossenschaft kein das Minderungsrecht beeinträchtigendes Merkmal gesehen werden.[54] Wie Franke[55] zutreffend hervorhebt, muss diese Frage allein nach mietvertraglichen Grundsätzen beurteilt werden.

III. Der Mangelbegriff

19 Mit der Reform des Schuldrechts hat der Gesetzgeber[56] beim Gewährleistungsrecht den schon bisher auch im Mietrecht von Rechtsprechung und Lehre überwiegend vertretenen **„subjektiven" Fehlerbegriff**[57] zu Grunde gelegt. Danach liegt ein Mangel vor, wenn der nach dem Vertrag vorausgesetzte Gebrauch beeinträchtigt ist. Die Beeinträchtigung kann auf einem Sachmangel (Abs. 1), auf einem Rechtsmangel (Abs. 3) oder auf dem Fehlen einer zugesicherten Eigenschaft beruhen. Es sind allein die Vertragsparteien, die durch die vertragliche Festlegung des jeweils geschuldeten Gebrauchs bestimmen, welchen Zustand die vermietete Sache spätestens bei Überlassung an den Mieter während der gesamten Vertragsdauer haben muss. Eine solche Vereinbarung kann auch konkludent erfolgen.[58] Ein Mangel der Mietsache ist danach anzunehmen, wenn die „Istbeschaffenheit" des Objektes von den nach dem Vertrag vereinbarten Erfordernissen, von der „Sollbeschaffenheit" der Mietsache, abweicht.[59] Haben die Mietvertragsparteien daher einen konkret gegebenen schlechten Bauzustand als vertragsgemäß vereinbart, so sind insoweit Erfüllungs- und Gewährleistungsansprüche des Mieters ausgeschlossen.[60]

---

48 OLG Köln ZMR 2010, 850; KG NJW-RR 2008, 1042 = GE 2008, 52 = NZM 2008, 526; OLG Naumburg GuT 2002, 14; OLG Düsseldorf DWW 2008, 60 = GuT 2008, 36, ohne sich allerdings auf den Zeitpunkt des Eintritts der erheblichen Erschwernis festzulegen; OLG Dresden WuM 1999, 158 = NJW-RR 1999, 448 = ZMR 1999, 241 = NZM 1999, 317; OLG Köln NJW 1972, 1814; **a. A.** OLG Düsseldorf MDR 1998, 768 = NZM 1998, 481 = NJW-RR 1998, 1236 = ZMR 1999, 471.

49 BGH (XII ZR 126/00) GuT 2004, 56 = ZMR 2004, 249 = NZM 2004, 27; LG Chemnitz ZMR 2002, 350.

50 Zum Anspruch des Vermieters gegen den Dritten nach den Grundsätzen der Drittschadensliquidation vgl. Woitkewitsch ZMR 2004, 403.

51 *Koller* NJW 1982, 201, 203.

52 So aber *Lützenkirchen* WuM 1995, 423.

53 BGH MDR 1961, 683.

54 LG Köln ZMR 1998, 562; LG Dresden WuM 1998, 216 = MDR 1998, 589 = GE 1998, 355 = NJ 1998, 378; AG Köln WuM 1995, 312; zur genossenschaftlichen Treuepflicht vgl. LG Offenburg WuM 1998, 289.

55 *Franke* ZMR 1996, 297.

56 BT-Drucks. 14/6040, S. 213.

57 BGHZ 49, 350; BGH NJW 1982, 696 = MDR 1982, 400 = ZMR 1982, 208; WuM 1990, 546 = NJW-RR 1991, 204 = MDR 1991, 329; NJW-RR 1991, 970; OLG Celle WuM 1985, 9 = ZMR 1985, 10 = GE 1985, 679; OLG Hamm NJW-RR 1987, 969 = MDR 1987, 763 = ZMR 1987, 300; *Emmerich* in Emmerich/Sonnenschein § 536 Rdn. 2.

58 BGH (VIII ZR 152/12) WuM 2013, 154 = NJW 2013, 680 = GE 2013, 261 = MDR 2013, 263.

59 *Kraemer/Ehlert* in Bub/Treier III. B Rdn. 3135.

60 KG GE 2005, 1427; WuM 1984, 42; LG Köln WuM 2005, 240; LG Marburg NZM 2000, 616; LG Düsseldorf DWW 1991, 284; LG Mannheim ZMR 1990, 220; LG Berlin ZMR 1990, 420; AG Münster WuM 2005, 238; vgl. LG Münster zur Verwendung teuren Propangases für die Heizung.

20 In der Regel wird für die Bestimmung des Umfangs des vertragsgemäßen Gebrauchs die Verkehrsanschauung als Auslegungshilfe herangezogen.[61] Daher muss in Zweifelsfällen anhand von Auslegungsregeln (§§ 133, 157, 242 BGB) unter Berücksichtigung des vereinbarten Nutzungszwecks und des Grundsatzes von Treu und Glauben geprüft werden, was der Vermieter schuldet bzw. welchen Standard der Mieter auf Grund seines Vertrages vom Vermieter verlangen kann.[62] Dabei darf nicht auf subjektive Überempfindlichkeiten abgestellt werden.[63] Die Auslegung einer Vereinbarung über einen besonders niedrigen Mietzins oder die Akzeptanz einer unzureichenden Beschaffenheit durch den Mieter kann beispielsweise bedeuten, dass ein bestimmter Zustand des Mietobjektes vertragsgemäß sein soll.[64] Mietet der Wohnungssuchende eine **Altbauwohnung** an, kann er nicht ohne weiteres erwarten, dass in dem Keller feuchtigkeitsempfindliche Gegenstände gelagert werden können[65] oder dass die Wohnung frei von Zugluft ist.[66] Ist die Außenwand eines Gebäudes unzureichend vermauert und dadurch besonders einbruchsgefährdet, liegt dagegen kein üblicher Sicherheitsstandard vor, so dass von einem Mangel auszugehen ist[67] (s. auch Rdn. 160). War die Wohnung bei Mietbeginn mit Parkett ausgelegt, ist dieses Vertragsgegenstand.[68]

1. Der maßgebliche Zeitpunkt

21 In diesem Zusammenhang wird ein bislang nicht einheitlich beurteiltes Problem diskutiert. Die Annahme eines Mangels hängt nämlich auch von der Frage ab, welchen Zeitpunkt man für die **Ermittlung** des vertragsgemäßen Standards seiner Betrachtung zugrunde legt. Dabei kann auf den Zeitpunkt der **Errichtung des Hauses,**[69] **des Vertragsschlusses**[70] oder der **Mängelrüge** abgestellt werden.[71]

22 Soweit die Bauweise zu bewerten ist, ist grundsätzlich der Zeitpunkt der Errichtung des Gebäudes maßgeblich[72] (s. aber bei nachträglichen baulichen Maßnahmen Rdn. 30). Er bestimmt den bei Vertragsschluss vereinbarten Gebäudestandard, der von einem redlichen Mieter nach der Verkehrs-

---

[61] BGH (VIII ZR 152/12) WuM 2013, 154 = NJW 2013, 680 = GE 2013, 261 = MDR 2013, 263; (VIII ZR 300/08) MietPrax-AK § 535 BGB Nr. 39 = NJW 2010, 1133 = NZM 2009, 855 = GE 2009, 1426 = WuM 2009, 659; *Franke* ZMR 1996, 297, 298.

[62] BGH (VIII ZR 281/03) NJW 2004, 3174 = WuM 2004, 527 = NZM 2004, 736 = ZMR 2004, 807 = GE 2004, 1090 = DWW 2004, 292 = MietPrax-AK § 535 Nr. 7 m. Anm. *Eisenschmid;* KG WuM 2009, 658 zu Sicherheitsbeschlägen an der Balkontür; LG Osnabrück WuM 2004, 233; LG Mannheim WuM 1998, 663; *Börstinghaus* NZM 2005, 561, 562; *Emmerich* PiG 31, S. 45.

[63] AG Stuttgart DWW 2009, 69 (Bestattungsinstitut unterhalb der Wohnung); AG Münster NZM 2004, 299.

[64] *Franke* ZMR 1996, 297, 298 mit Hinweis auf BayObLG, Rechtsentscheid vom 4.2.1987, WuM 1987, 112 = ZMR 1987, 174 = MDR 1987, 498 = NJW 1987, 1950 = NJW-RR 1987, 971; ablehnend LG Nürnberg-Fürth WuM 1985, 20.

[65] LG Dresden NZM 2015, 250.

[66] LG Karlsruhe DWW 2005, 126; zu diversen kleineren Beeinträchtigungen AG Schöneberg GE 2016, 594; AG Brandenburg ZMR 2014, 44; einschränkend LG Berlin ZMR 2011, 40; zur (Verkehrs-)Lärmbelastung in Großstadtlagen siehe BGH(VIII ZR 152/12) WuM 2013, 154 = NJW 2013, 680 = GE 2013, 261 = MDR 2013, 263 – anders dagegen für die Wohnung, siehe OLG Koblenz ZMR 2014, 882 zum Kauf einer Altbauwohnung; AG Wedding GE 2011, 1488 zum Altbau.

[67] BGH (XII ZR 34/04) NJW 2006, 2918 = NZM 2006, 626 = GuT 2006, 237 = GE 2006, 967 = ZMR 2006, 678 = MietPrax-AK § 536 BGB Nr. 15; vgl. auch LG Berlin ZMR 2014, 733 zur nicht gemauerten Trennwand.

[68] AG Berlin-Charlottenburg GE 2011, 824.

[69] BGH (VIII ZR 355/03) WuM 2004, 715 = NJW 2005, 218 = ZMR 2005, 108 = NZM 2005, 60 = MietPrax-AK § 535 BGB Nr. 13 = GE 2004, 1586; LG Frankfurt/M. WuM 1990, 384 = ZMR 1990, 17; LG Berlin GE 1991, 251; 1989, 411; LG Kassel WuM 1988, 355; AG Schöneberg GE 1991, 189; 1990, 663; AG Düsseldorf DWW 1989, 333; AG Steinfurt WuM 1987, 120.

[70] OLG Celle WuM 1985, 9 = ZMR 1985, 10 = GE 1985, 679; LG Berlin GE 2003, 191; LG Mannheim ZMR 1990, 220; LG Nürnberg-Fürth WuM 1985, 20; AG Köln WuM 1988, 358.

[71] LG Hamburg WuM 1991, 161 = NJW 1991, 1898 = MDR 1991, 444 = MM 1991, 162 = ZMR 1991, 179; LG Flensburg WuM 1991, 582; 1988, 354; LG Waldshut-Tiengen WuM 1991, 479 = NJW-RR 1991, 592; LG Hannover WuM 1982, 186; AG Bremerhaven WuM 1992, 601.

[72] BGH (VIII ZR 300/08) MietPrax-AK § 535 BGB Nr. 39 = NJW 2010, 1133 = NZM 2009, 855 = GE 2009, 1426 = WuM 2009, 659; BGH (VIII ZR 131/08) WuM 2009, 457 = NJW 2009, 2441 = GE 2009, 973; BGH (VIII ZR 281/03) NJW 2004, 3174 = WuM 2004, 527 = NZM 2004, 736 = ZMR 2004, 807 = GE 2004, 1090 = DWW 2004, 292 = MietPrax-AK § 535 Nr. 7 m. Anm. *Eisenschmid;* KG ZMR 2011, 33; LG Waldshut-Tiengen MietRB 2004, 281 m. Anm. *Kunze; Langenberg* WImmoT 2006, 57, 58.

anschauung erwartet werden darf. Somit sind insbesondere das Alter sowie die Art des Gebäudes zu berücksichtigen.[73]

Bei Neubauten gehen die Vorstellungen regelmäßig dahin, dass der Bauherr den heute gültigen Standard eingehalten hat.[74] Dagegen weiß der Mieter, dass ein altes Gebäude nicht den gleichen Standard aufweist wie ein Neubau oder ein modernisierter Altbau, auch wenn er ansonsten nur wenig Vorstellungen über den **Baustandard** des Jahres, in dem das Objekt errichtet wurde, entwickelt hat. Daher ist es ihm auch zuzumuten, wenn er einen aktuellen Standard will, mit dem Vermieter die notwendigen (Modernisierungs-)Absprachen zu treffen. Bietet der Vermieter eine Wohnung mit dem Hinweis „Baujahr 2000" an, schuldet er einen Trittschall, wie er im Jahr 2000 üblich war.[75] Wird eine ältere Mietsache angemietet, deren Heizungsanlage dem bei der Errichtung des Gebäudes maßgeblichen technischen Standard entspricht und fehlerfrei arbeitet, liegt trotz eines hohen Energieverbrauchs kein Mangel der Mietsache vor.[76] Gleiches gilt, wenn der hohe Heizverbrauch auf einfachverglaste Fenster zurückzuführen ist.[77]

23 Nach der **Verkehrsanschauung** darf der Mieter aber ohne besondere Absprache einen Mindeststandard erwarten, der den heutigen Maßstäben gerecht wird.[78] Weist der Vermieter den Mieter bei Anmietung der Wohnung lediglich darauf hin, dass die Elektroinstallation aus den 50iger Jahren stammt, reicht dies nicht aus, um den vertragsgemäßen Gebrauch vertraglich einzuschränken. Vielmehr schuldet der Vermieter auch in diesem Fall, dass normale Haushaltsgeräte durch den Mieter angeschlossen und benutzt werden können[79]. Zum Mindeststandard gehört auch, dass die Wohnung schimmelfrei ist[80], die Wohnung angemessene Temperaturen erreicht[81] und die Heizkörper einzeln reguliert werden können.[82]

24 Handelt es sich bei den Räumlichkeiten um ein modernisiertes Mietobjekt, kann der Mieter hinsichtlich der erneuerten Ausstattungsmerkmale einen Standard zum Zeitpunkt der Sanierung erwarten[83]. Da Sanierungen sehr lange zurückliegen können, muss der Vermieter aber eine Zeitangabe machen. Das Anbieten einer sanierten Altbauwohnung ohne Zeitangabe erweckt beim Interessenten den Eindruck, dass das Gebäude einen zum Zeitpunkt des Vertragsschlusses modernen Wohnstandard aufweist. Ob der Mieter auch bezüglich der Bauausführung an der Gebäudehülle, insbesondere wegen des Schallschutzes oder der Wärmedämmung, von einem neuzeitlichen Standard ausgehen kann, hängt davon ab, ob nach der Verkehrsanschauung der Mieter bei einer ihm angebotenen **„modernisierten" Wohnung** davon ausgehen kann, dass das Gebäude auch schall- oder wärmegedämmt ist.[84]

Veränderungen der Anschauungen über den vertragsgemäßen Standard oder neuere wissenschaftliche Erkenntnisse können im Einzelfall zu einer Vertragsanpassung führen (s. Rdn. 36 ff.).

25 Eine andere Beurteilung ergibt sich in den Fällen, bei denen sich auf Grund wissenschaftlicher Erkenntnisse die Risikobeurteilung für eine bestimmte Gefahrenlage im laufenden Mietverhältnis geändert hat; z. B. bei der **Beurteilung der Gefährlichkeit** eines bestimmten Baustoffes. Dabei ist zu beachten, dass eine zum Aufenthalt von Menschen bestimmte Räumlichkeit nur dann dem

---

[73] LG Berlin GE 2008, 1053.

[74] *Börstinghaus* NZM 2005, 561, 562; vgl. OLG Frankfurt/M. NZM 2005, 225.

[75] AG Hamburg-Blankenese ZMR 2012, 631.

[76] BGH (XII ZR 80/12) NJW 2014, 685 = NZM 2014, 163 = GE 2014, 245 = MDR 2014, 336 = DWW 2014, 89 = CuR 2014, 30 = ZMR 2014, 436; OLG Düsseldorf GE 2011, 132.

[77] OLG Saarbrücken ZMR 2014, 280; kein Mangel bei Urinstrahlgeräuschen aus der Nachbarwohnung im Altbau der 50iger Jahre – LG Berlin GE 2013, 814.

[78] BGH (VIII ZR 343/08) WuM 2010, 235; WuM 2004, 527 = NJW 2004, 3174 = NZM 2004, 736 = ZMR 2004, 807 = DWW 2004, 292 = GE 2004, 1090 = MietPrax-AK § 535 BGB Nr. 7 m. Anm. *Eisenschmid; Pfeifer* jurisPRMietR 7/2010 Anm. 2.

[79] LG Berlin GE 2014, 123; AG Potsdam GE 1996, 1251.

[80] LG Stuttgart WuM 2013, 317; AG Köln WuM 2016, 615; OLG Koblenz ZMR 2014, 882 zum Kauf einer Altbauwohnung; AG Wedding GE 2011, 1488 zum Altbau; *Bieber,* jurisPR-MietR 16/2013, Anm. 1 zu LG Stuttgart.

[81] LG Berlin WuM 2016, 418.

[82] LG Berlin GE 2016, 731; AG Köln ZMR 2012, 632; Anm. *Eisenschmid* zu LG Berlin WuM 2012, 265.

[83] BGH (XII ZR 80/12) NJW 2014, 685 = NZM 2014, 163 = GE 2014, 245 = MDR 2014, 336 = DWW 2014, 89 = CuR 2014, 30 = ZMR 2014, 436; BGH (VIII ZR 287/12) WuM 2013, 481 = MietPrax-AK § 536 BGB Nr 47 = NZM 2013, 575 = GE 2013, 938 = NJW 2013, 2417; *Börstinghaus* NZM 2005, 561, 563.

[84] LG Berlin GE 2007, 1052 zum Schallschutz; vgl. auch OLG München NJW 2008, 592; bejahend *Blank* PiG 2012, 1, 7 für **kernsanierte** Gebäude.

Vertragszweck entspricht, wenn sie nicht gesundheitsgefährdend ist, was sich aus der Wertentscheidung des Gesetzes in § 569 Abs. 1 BGB ergibt. Somit kann für die Prüfung des Vorliegens eines Mangels wegen einer von der Mietsache ausgehenden Gesundheitsgefährdung richtigerweise nur der Zeitpunkt ihres Bekanntwerdens maßgeblich sein.[85]

Haben sich nämlich im Laufe des Mietverhältnisses gesundheitsschützende Richt- oder Grenzwerte von Immissionen geändert, werden diese zum **Zeitpunkt ihrer Veröffentlichung** für die Vertragsparteien Maßstab bei der Beurteilung des vertragsgemäßen Gebrauchs. Dabei kommt es nicht darauf an, ob der neue Richtwert lediglich ein Vorsorgewert ist, ohne dass ihm eine signifikante Gefahrerhöhung zu Grunde liegt. Auch in diesem Fall hat der Mieter einen Anspruch auf Einhaltung des neuen Wertes (vgl. Rdn. 172f.). Dies gilt erst recht, wenn mit dem neuen Richtwert ein bislang nicht erkanntes intolerables Risiko vermindert werden soll.[86] **26**

Allerdings soll nach Ansicht des BayObLG[87] der neue Richtwert im Rahmen der Gewährleistung, also im Rahmen der Minderung oder des Schadensersatzes, erst ab **dem Änderungszeitpunkt** beachtlich sein. Damit wird dem Mieter das Gewährleistungsrecht nur für die Zukunft gewährt, also erst ab dem Zeitpunkt, ab dem die Kenntnis von der Gesundheitsgefährdung des Stoffes auch in der Richtlinie umgesetzt worden ist. **27**

Der „objektive" Mangel des Objektes durch das Vorhandensein gesundheitsgefährdender Stoffe liegt zwar unabhängig davon vor, ob die Mietvertragsparteien den Fehler kennen; solange die gesundheitliche Unbedenklichkeit zum Vertragsgegenstand gemacht wird, was regelmäßig – unausgesprochen – der Fall sein wird.[88] Dennoch führt dies nicht zum Mangel i. S. d. § 536 BGB. Dem Vermieter soll nicht die Verantwortung und Haftung für Umstände aufgebürdet werden, die selbst nach wissenschaftlich-technischen Erkenntnissen der Öffentlichkeit verschlossen bleiben.[89] Die Entscheidung des BayObLG knüpft an die Rechtsprechung des BGH zur Risikosphäre an.[90] Wenn nämlich nicht einmal die Wissenschaft sich auf die Gefährlichkeit eines Stoffes einigen kann, verwirklicht sich in der unerkannten Gefahr lediglich ein allgemeines Lebensrisiko. *Kraemer*[91] weist aber zu recht darauf hin, dass von einem allgemeinen Lebensrisiko dann nicht ausgegangen werden kann, wenn die Gefahr- und Schadensquellen klar der Mietsache zuzuordnen sind. Er bejaht daher auch in diesen Fällen grundsätzlich die „rückwirkende" Gewährleistungshaftung, wobei der Mieter – um Missbrauch zu vermeiden – einen konkreten Schadensnachweis zu führen habe.[92] Dieser Einschränkung kann im Einzelfall aus dem Gebot des § 242 BGB gefolgt werden. Allgemein angewendet dürfte sie jedoch dem Grundsatz widersprechen, dass das Gewährleistungsrecht allein dem Äquivalenzverhältnis Rechnung trägt.[93] **28**

2. Der Einfluss technischer Regelwerke

Die Einhaltung von Baustandards spielt in der Praxis eine wichtige Rolle. Insbesondere im Bereich des Schallschutzes und der Energieeinsparung gewinnen die technischen Anforderungen zunehmend an Bedeutung. Fragen der Isolierung des Hauses sowie der Wirtschaftlichkeit einer Heizungsanlage stehen dabei im Vordergrund, wenn beispielsweise der Mieter nur durch übermäßiges, nicht mehr zumutbares Heizen und Lüften Schäden vermeiden kann.[94] Auch in einem Altbau muss ein Mieter nicht mit solchem übermäßigen Energieeinsatz rechnen.[95] **29**

---

[85] Vgl. BVerfG WuM 1998, 657 = GE 1998, 1208 = ZMR 1998, 687; vgl. auch LG Darmstadt DB 1997, 1557; LG Berlin GE 1996, 677; LG Frankfurt/M. ZMR 1990, 17 = WuM 1990, 384; LG Hamburg WuM 1991, 161 = NJW 1991, 1898 = MDR 1991, 444 = ZMR 1991, 222; AG Dresden GE 2014, 396; *Herlitz* in jurisPR-MietR 16/2014 Anm. 1; s. *Lames* NZM 2007, 465.

[86] Vgl. *Langenberg* WImmoT 2005, 57, 58; *Schläger* ZMR 2002, 85, 89.

[87] BayObLG, Rechtsentscheid vom 4.8.1999 WuM 1999, 568 = DWW 1999, 350 = NZM 1999, 899 = ZMR 1999, 753 m. Anm. *Schläger.*

[88] So auch BVerfG WuM 1998, 657 = GE 1998, 1208 = ZMR 1998, 687; *Kraemer* WuM 2000, 515, 520; **a. A.** *Lützenkirchen* WuM 2000, 55, 60.

[89] Zu den Folgen vgl. *Kraemer* WuM 2000, 515, 520f.

[90] Ähnlich *Schläger* ZMR 2002, 85, 94.

[91] *Kraemer* WuM 2000, 515, 521.

[92] *Kraemer* a. a. O.

[93] BGH MDR 1961, 683.

[94] LG Hamburg WuM 1988, 353; LG Flensburg WuM 1988, 354; LG Hannover WuM 1988, 354; AG Köln WuM 1988, 358.

[95] LG Berlin WuM 1996, 156 = GE 1996, 745; LG Waldshut-Tiengen NJW-RR 1991, 592; *Emmerich* in Emmerich/Sonnenschein § 536 Rdn. 15; *Blank* PiG 31, 1989, 91, 95; **a. A.** KG GE 2005, 1427 = WuM 2005,

30 Fehlen ausdrückliche Parteiabreden zur Beschaffenheit der Mietsache, so ist nach Auffassung des BGH[96] jedenfalls die Einhaltung der maßgeblichen **technischen Normen** geschuldet. Dabei ist nach der Verkehrsanschauung grundsätzlich von dem zum Zeitpunkt der Errichtung des Gebäudes geltenden Maßstab auszugehen (s. dazu Rdn. 21 ff.). Weder Mieter noch Wohnungseigentümer haben Bestandsschutz. Werden bauliche Maßnahmen durchgeführt, die den Trittschall verschlechtern, ist dies vom Mieter bzw. Wohnungseigentümer hinzunehmen, wenn die zum Zeitpunkt der Errichtung des Gebäudes geltenden technischen Normen nach wie vor eingehalten werden.[97] Werden aber an einem alten Gebäude erhebliche bauliche Maßnahmen durchgeführt, muss der Vermieter bezüglich der neuen Gebäudeteile die zur Zeit der Umbaumaßnahmen geltenden technischen Normen einhalten.[98]

Diese Pflicht gilt aber nur für die Einhaltung der durchschnittlichen Anforderungen, die von den technischen Regelwerken aufgestellt werden. Will der Mieter z. B. einen vom durchschnittlichen Schallschutz abw. **erhöhten Schallschutz** zu Lasten des Vermieters durchsetzen, kann er dies nur dann verwirklichen, wenn zwischen den Vertragsparteien darüber eine gesonderte Absprache getroffen wurde.[99]

31 Sind die maßgeblichen technischen Normen nicht eingehalten, so ist dies mangels anderer Absprachen **ein Indiz dafür,** dass die Mietsache nicht dem vertragsgemäßen Gebrauch entspricht.[100]

32 Daraus kann aber nach der hier vertretenen Auffassung nicht der Schluss gezogen werden, dass bei Einhaltung der maßgeblichen technischen Vorschriften in jedem Fall von einer Mängelfreiheit auszugehen ist[101]. Es kann weder zwangsläufig angenommen werden, dass ein Mangel gegeben ist; noch dass kein Mangel vorliegt.[102] Vielmehr sind für die Frage des vertragsgemäßen Zustandes die technischen Normen von nur untergeordneter Bedeutung.[103] In erster Linie kommt es darauf an, ob der Zustand der Mietsache von der **vertraglich vereinbarten Beschaffenheit** abweicht.[104] Daher ist es z. B. auch im **Schallbereich** für die Annahme eines Mangels nicht von alleiniger Bedeutung, ob bei Erstellung des Gebäudes die damals gültige DIN-Norm eingehalten wurde[105] (s. aber **a. A.** Rdn. 33). Die Erheblichkeit z. B. einer Lärmbelästigung, also das Vorliegen eines Mangels, beurteilt sich mit der herrschenden Meinung allein nach technischen Normen, wenn der Vermieter nach der Beschaffenheitsvereinbarung oder nach der Verkehrsanschauung nur diesen Standard schuldet.

774; LG Hamburg WuM 1988, 350 = ZMR 1988, 63 = NJW-RR 1988, 907; LG Konstanz WuM 1988, 353; LG Kassel WuM 1988, 355; LG Berlin GE 1989, 411; AG Marburg DWW 1988, 283.

[96] BGH (VIII ZR 300/08) MietPrax-AK § 535 BGB Nr. 39 = NJW 2010, 1133 = NZM 2009, 855 = GE 2009, 1426 = WuM 2009, 659; BGH (VIII ZR 355/03) WuM 2004, 715 = NJW 2005, 218 = ZMR 2005, 108 = NZM 2005, 60 = MietPrax-AK § 535 BGB Nr. 13 = GE 2004, 1586; BGH (VIII ZR 131/08) WuM 2009, 457 = NJW 2009, 2441 = GE 2009, 973; OLG Düsseldorf NZM 2009, 703; BGH (V ZR 195/11) WuM 2012, 464 = NJW 2012, 2725 = NZM 2012, 611 = GE 2012, 967 zum WEG.

[97] *Geldmacher,* MietrechtKompakt 2012, 185.

[98] BGH (XII ZR 80/12) NJW 2014, 685 = NZM 2014, 163 = GE 2014, 245 = MDR 2014, 336 = DWW 2014, 89 = CuR 2014, 30 = ZMR 2014, 436; BGH (VIII ZR 287/12) WuM 2013, 481 = MietPrax-AK § 536 BGB Nr 47 = NZM 2013, 575 = GE 2013, 938 = NJW 2013, 2417; *Breiholdt/Nierhaus* NZM 2012, 329, 331, z. B. die Pflicht zur Einhaltung der Anforderungen nach DIN 1946-6 (lüftungstechnische Maßnahmen) bei Modernisierung eines Altbaus mit relevanten lüftungstechnischen Veränderungen.

[99] BGH (VIII ZR 355/03) WuM 2004, 715 = NJW 2005, 218 = ZMR 2005, 108 = NZM 2005, 60 = MietPrax-AK § 535 BGB Nr. 13 = GE 2004, 1586.

[100] BayObLG WuM 1993, 287; KG WuM 1980, 255; LG Wiesbaden WuM 2012, 201; LG Berlin ZMR 1999, 763; GE 1996, 677; MM 1994, 281; LG Hamburg ZMR 1971, 134; LG Konstanz WuM 1988, 301; OLG Hamm NJW-RR 1995, 143 in Anlehnung an die ArbStättV, WuM 1982, 184 = MDR 1982, 671 = GE 1982, 527; *Franke* ZMR 1996, 297; *Mathonia* WuM 2005, 223, 224.

[101] **A. A.** wohl BGH (VIII ZR 85/09) WuM 2010, 482 = NJW 2010, 3088 = NZM 2010, 618 = MDR 2010, 1041 = GE 2010, 1010; (VIII ZR 131/08) WuM 2009, 457 = NJW 2009, 2441 = GE 2009, 973; (VIII ZR 300/08) WuM 2009, 659 = GE 2009, 1426 = NZM 2009, 855 = MietPrax-AK § 535 BGB Nr. 39 = NJW 2010, 1133.

[102] OLG Hamm NZM 1999, 804.

[103] OLG Celle WuM 1985, 9 = ZMR 1985, 10 = GE 1985, 679 zur DIN 4108 (Wärmeschutz); LG Köln WuM 1990, 547; LG Berlin GE 1996, 677; **a. A.** LG Frankenthal ZMR 1985, 301; LG Lüneburg WuM 1987, 214 = ZMR 1987, 224.

[104] BGH (X ZR 242/99) NJW-RR 2002, 1533 bei Einhaltung der allgemein anerkannten Regeln der Technik (Werkvertragsrecht).

[105] LG Berlin GE 1996, 677 zur DIN 4109 (Schallschutz im Hochbau); LG Berlin GE 1987, 193; – hierzu ablehnend *Fritz* NJW 1998, 3325, 3327; LG Berlin GE 1985, 257; LG Berlin WuM 1982, 184 = MDR 1982, 671 = GE 1982, 527 für undichte Fenster; AG Berlin-Schöneberg WuM 1982, 183; so auch *Blank* PiG 2012, 1, 11; **a. A.** AG Steinfurt WuM 1987, 120; *Flatow* PiG 2012, 63, 76; vgl. auch *Elzer* NZM 2009, 641.

Offenbar beurteilt der VIII. Zivilsenat des BGH[106] und nunmehr auch die Instanzrechtsprechung[107] die Frage, ob ein Mangel vorliegt, nur anhand der formellen Einhaltung der DIN-Norm. Das gilt mangels anderer Vereinbarung selbst dann, wenn der Vermieter im Objekt Nutzungsänderungen zulässt und damit neue Lärmquellen schafft[108] oder wenn die DIN bauliche Anforderungen nur unzureichend widerspiegelt. Immerhin hat der VII. Zivilsenat[109] festgestellt, dass die zur Zeit gültige DIN 4109 (1989) den allgemein anerkannten Regeln der Technik nicht entspricht[110], was nach Auffassung des VIII. Zivilsenats aber für das Mietrecht und jetzt auch nach Auffassung des V. Zivilsenats für das Wohnungseigentumsrecht ohne Bedeutung sein soll.[111] 33

DIN-Normen oder vergleichbare technische Regelwerke können i. d. R. nur für ein ordnungsbehördliches Einschreiten Maßstab sein oder im Rahmen des Werkvertragsrechts Verpflichtungen des Werkunternehmers gegenüber dem Besteller inhaltlich näher bestimmen oder begrenzen. Der Werkunternehmer hat dann bei der Bauausführung die allgemein anerkannten Regeln der Bautechnik einzuhalten[112]. Dabei geht der Begriff der allgemein anerkannten Regeln der Bautechnik[113] noch über den der Allgemeinen Technischen Vorschriften (z. B. DIN-Vorschriften, VDI-Richtlinie) hinaus; letztere sind den ersteren unterzuordnen. Als private technische Regelungen haben sie nur Empfehlungscharakter.[114] In dieser Eigenschaft können sie die allgemein anerkannten Regeln der Technik[115] zutreffend beschreiben, aber auch hinter ihnen zurückbleiben[116], beispielsweise die DIN 4109 (Schallschutz).[117] DIN-Normen oder vergleichbare Regelungswerke sind **keine Rechtsnormen.**[118] Sie sind keine Willenserklärungen sondern Wissenserklärungen[119] und erzeugen keine gesetzliche,[120] sondern lediglich eine **tatsächliche, jederzeit widerlegbare Vermutung,** dass sie wegen ihres materiellen Inhalts allgemein anerkannte Regeln der Baukunst enthalten. Sie dürfen nicht unkritisch als „geronnener Sachverstand" oder als reine Forschungsergebnisse verstanden werden.[121] 34

Die Vertragsparteien können sich aber auch auf einen niedrigeren Standard eines konkreten Bauzustandes einigen[122] (zu sog. Beschaffenheitsvereinbarungen s. Rdn. 444). Das wird man dann 35

106 BGH (VIII ZR 85/09) WuM 2010, 482 = NJW 2010, 3088 = NZM 2010, 618 = MDR 2010, 1041 = GE 2010, 1010; (VIII ZR 131/08) WuM 2009, 457 = MietPrax-AK § 536 BGB Nr 24 = NJW 2009, 2442 = ZMR 2009, 836 = NZM 2009, 580 = GE 2009, 973; (VIII ZR 300/08) WuM 2009, 659 = MietPrax-AK § 535 BGB Nr 39 = NJW 2010, 1133 = NZM 2010, 855 = GE 2009, 1426; s. auch OLG Brandenburg, Beschl. v. 20.5.2010 – 5 Wx 20/09 – jurisPR-MietR 14/2010 Anm. 4 *(Pfeilschifter)*.

107 LG Berlin GE 2011, 549; LG Hamburg ZMR 2010, 605.

108 BGH (VIII ZR 300/08) MietPrax-AK § 535 BGB Nr. 39 = NJW 2010, 1133 = WuM 2009, 659 = GE 2009, 1426 = NZM 2009, 855.

109 BGH (VII ZR 45/06) WuM 2007, 640 = NJW 2007, 2983.

110 Vgl. *Hille* NZM 2014, 454, 456 – die DIN 4109soll lediglich unzumutbare Belästigungen verhindern und das für den Gesundheitsschutz unabdingbare Minimum gewährleisten.

111 BGH (VIII ZR 85/09) WuM 2010, 482 = NJW 2010, 3088 = NZM 2010, 618 = MDR 2010, 1041 = GE 2010, 1010; (VIII ZR 131/08) WuM 2009, 457 = MietPrax-AK § 536 BGB Nr 24 = ZMR 2009, 836 = NZM 2009, 580 = GE 2009, 973= NJW 2009, 2442; kritisch *Gsell* WuM 2011, 491, 495; BGH (V ZR 195/11) WuM 2012, 464 = NJW 2012, 2725 = NZM 2012, 611 = GE 2012, 967.

112 Zur Bedeutung von DIN-Normen für die Sorgfaltspflichten vgl. BGH WuM 2005, 123; zur Begriffsbestimmung der „allgemein anerkannten Regeln der Technik" siehe Seibel NJW 2013, 3000, 3001.

113 Zur Abgrenzung mit dem „Stand der Technik" siehe Seibel NJW 2013, 3000 mit Hinweis auf die 3 Stufen-Theorie des BVerfG NJW 1979, 359.

114 BGH ZfIR 1998, 460 = DWW 1998, 306; *Gsell* WuM 2011, 491.

115 Zum Begriff sowie zur Dreistufentheorie (allgemein anerkannte Regeln der Technik, Stand der Technik, Stand von Wissenschaft und Technik) *Laubinger* ZMR 2012, 413.

116 BGH ZfIR 1998, 460 = DWW 1998, 306 zur DIN Schallschutz 4109.

117 BGH (VIII ZR 45/06) WuM 2007, 640 = NZM 2007, 651 = NJW 2007, 2986 = GE 2008, 792; ausführlich zu diesem Problem *Rodegra* WuM 2009, 151; *Hille* NZM 2014, 454; sehr interessant zur DIN 4109 auch BGH, Urt. v. 4.6.2009 – VII ZR 54/07 = NJW 2009, 2439 zum Baurecht; – das Urteil dürfte aber auch für die Miete von Bedeutung sein.

118 BGH NJW 1987, 2222 = NJW-RR 1987, 1119 = MDR 1987, 832 = DWW 1988, 80 = VuR 1987, 221; OLG Celle WuM 1985, 9 = ZMR 1985, 10 = GE 1985, 679.

119 *Laubinger* ZMR 2012, 413, 416.

120 BGH NJW 1968, 2238 = MDR 1969, 41 = VersR 1969, 310 = JZ 1968, 742.

121 BVerwG WuM 1987, 413 = NJW 1987, 2886 = DÖV 1987, 913 = DVBl 1987, 907 mit krit. Anm. zum Zustandekommen von DIN-Normen.

122 BGH RE vom 1.7.1987, WuM 1987, 306 = NJW 1987, 2575 = MDR 1987, 927 = GE 1987, 817 = ZMR 1987, 415; LG Mannheim ZMR 1990, 220; LG Berlin ZMR 1990, 420; AG Büdingen WuM 1998, 281.

annehmen können, wenn der Mieter eine mangelhafte Wohnung in Kenntnis ihres Zustandes anmietet und damit konkludent den vorgefundenen Standard als vertragsgemäß akzeptiert.[123] Dies ist aber im Einzelfall zu prüfen, da aus dem Verzicht des Mieters auf Gewährleistung nicht zwingend abgeleitet werden kann, dass er auch auf den Erfüllungsanspruch verzichten und den Zustand als vertragsgemäß akzeptieren will. Der Einzug in ein älteres Haus zu einer geringeren Miete beinhaltet z. B. keinen Verzicht des Mieters auf seinen Anspruch, die Wohnung im Rahmen des vertraglichen und üblichen Mietgebrauchs nutzen zu können.[124]

3. Anpassung an zeitgemäße Wohnverhältnisse

36 Problematisch ist die Annahme eines Mangels dann, wenn sich die Anforderungen an das Wohnen im Laufe der Zeit geändert haben und der Mietvertrag wegen seiner langen Laufzeit nicht angepasst wurde. Eine in den 60er Jahren errichtete und angemietete Neubauwohnung verfügt z. B. z. Zt. ihrer Errichtung nicht über ein Stromnetz, welches den heutigen Anforderungen an eine moderne Küchenlandschaft gerecht werden könnte. Der Mieter, der damals einen Mietvertrag abgeschlossen hat, kann somit ohne bauliche Maßnahmen den heutigen technischen Standard nicht ausnutzen. Derartige Funktionsdefizite lassen sich mit Hilfe des „objektiven" Fehlerbegriffs nicht darstellen,[125] da unter Zugrundelegung dieses Fehlerbegriffs nicht der heutige Standard, sondern nur die „vergleichbare Wohnung" als Maßstab herangezogen werden kann. Mit Hilfe des heute herrschenden „subjektiven" Fehlerbegriffs lässt sich ein Mangel begründen, wenn die Parteien bei Abschluss des Vertrages die Vorstellung hatten, es werde auch bei langer Wohndauer das jeweils für einen ungestörten Mietgebrauch Erforderliche geschuldet, was in einem gewissen Rahmen eine Pflicht des Vermieters zur Anpassung der technischen Einrichtungen entsprechend dem Wandel der Anschauungen auf Grund der technischen und wissenschaftlichen Entwicklungen nach sich zieht.[126] Das kann angenommen werden, wenn der vorhandene Standard **nicht unerheblich** hinter dem neuesten Standard zurückbleibt; wenn sich also die Umstände seit Beginn des Vertrages **erheblich geändert haben,** sie für breite Schichten der Bevölkerung eine **Selbstverständlichkeit** geworden sind und damit zum allgemeinen Lebensstandard gehören[127] (Mindeststandard). Dann liegt ein Mangel vor, der den Vermieter zum Tätigwerden (Erneuerung) verpflichtet, soweit der vom Mieter geforderte Mindeststandard allgemein üblich ist und nach der Verkehrsanschauung erwartet wird.[128] Die Alterung infolge der sozialen und technischen Weiterentwicklung liegt somit in der Risikosphäre des Vermieters.[129]

37 Die Annahme eines Mangels in diesen Fällen führt zu einem Instandsetzungsanspruch des Mieters. Um dieses Ergebnis zu vermeiden, werden in der Literatur auch andere Lösungen vertreten. Börstinghaus[130] schlägt in Anlehnung an Rathjen[131] vor, dass sich der Anspruch des Mieters auf Vornahme einer Modernisierung richtet, dem dann stattzugeben ist, wenn die Voraussetzungen des § 313 BGB vorliegen (vgl. zur Pflicht des Vermieters zum wirtschaftlichen Handeln bei öffentlich-rechtlichen Verpflichtungen, § 535 Rdn. 126ff.).

38 Eine allgemeine **Modernisierungspflicht** des Vermieters ist zu verneinen.[132] So ist der Vermieter nicht verpflichtet, nachträglich eine Zirkulationsleitung zu installieren, um überall Warm-

---

[123] BGH WuM 1994, 201 = NJW-RR 1993, 522 = GE 1993, 643; LG Düsseldorf DWW 1991, 284; AG Dresden WuM 1991, 143.

[124] BGH (VIII ZR 281/03) NJW 2004, 3174 = WuM 2004, 527 = NZM 2004, 736 = ZMR 2004, 807 = GE 2004, 1090 = DWW 2004, 292 = MietPrax-AK § 535 Nr. 7 m. Anm. *Eisenschmid;* LG Nürnberg/Fürth WuM 1985, 20; AG Rheine WuM 1988, 302.

[125] **A. A.** LG Hannover WuM 1991, 540; LG Köln WuM 1990, 424.

[126] Ähnlich *Gsell* WuM 2011, 491, 499; vgl. auch BVerfG GE 1998, 1208 = ZMR 1998, 687 = WuM 1998, 657; AG Hamburg WuM 1994, 200; AG Bremerhaven WuM 1992, 601; ähnlich *Rathjen* ZMR 1999, 458, 460; *Franke* in WoBauR § 537 Anm. 5.4.

[127] KG WuM 1984, 42.

[128] Zur Neuvermietung BGH (VIII ZR 281/03) WuM 2004, 527 = GE 2004, 1090 = NJW 2004, 3174 = NZM 2004, 736 = ZMR 2004, 807 = DWW 2004, 292 = MDR 2004, 1346; *Börstinghaus* NZM 2005, 561, 564 will die Fälle über das Institut des WGG lösen; vgl. *Rathjen* ZMR 1999, 458, 460 mit Verweis auf BGH WuM 1992, 181 = MDR 1992, 476 = NJW 1992, 1386 zum Begriff „allgemein üblich"; *Kinne* GE 2000, 1394, 1397.

[129] *Sternel,* Mietrecht aktuell 2009, Rdn. VII 69.

[130] *Börstinghaus* PiG 2006 (Nr. 73), 39, 48.

[131] *Rathjen* ZMR 1999, 458.

[132] *Franke* in WoBauR § 536 BGB Anm. 4.9.

wasser ohne Vorlauf zu gewährleisten. Im Einzelfall ist allerdings der Vermieter zur Instandsetzung gezwungen; beispielsweise, um dem Mieter die Nutzung technischer Haushaltsgeräte zu ermöglichen[133] oder um mit dem Einbau einer Schließanlage die Mietsache den veränderten Gegebenheiten im Wohnviertel anzupassen.[134] Auch kann der Mieter einen Anspruch gegen den Vermieter haben, dass dieser Thermostatventile einbaut.[135] Des Weiteren ist dem Vermieter untersagt worden, erhöhte Heizkosten, die mangels ausreichender Isolierung entstanden, auf den Mieter umzulegen.[136] Aus einer Entscheidung des BayObLG[137] lässt sich ein Recht des Mieters auf eine gesundheitlich unbedenkliche Wohnung entnehmen (vgl. Rdn. 27). Das Gericht hat in diesem Rechtsentscheid festgehalten, dass der Vermieter die Wohnung nach den aktuellen **Grenzwerten für Schadstoffe** von gesundheitsschädigenden Einwirkungen freizuhalten hat. Ungeklärt ist, ob sich der in dieser Entscheidung enthaltene Gedanke auf andere Verhältnisse, wie z. B. Lärm, übertragen lässt. Dies wird in Hinblick auf Art. 2 GG zu bejahen sein, da dort der Schutz der körperlichen Unversehrtheit Verfassungsrang genießt und daher auf die Pflichten im Mietverhältnis Einfluss nimmt.

Auch der Mieter von Gewerberaum kann nach Treu und Glauben im Einzelfall berechtigt sein, **39**
vom Vermieter Erneuerungsarbeiten zu verlangen, soweit sie vom Geschäftszweck gedeckt sind und die Abwägung der Interessen ergibt, dass „dem Recht am eingerichteten und ausgeübten Gewerbebetrieb" gegenüber dem Eigentumsinteresse der Vorrang einzuräumen ist.[138]

Problematisch ist in diesem Zusammenhang, auf welchen vertragsgemäßen Standard sich die **40**
Mieter in den **östlichen Bundesländern** berufen können, soweit sie Mietverträge vor dem 3.10.1990 abgeschlossen haben. Hiervon hängt nämlich die Pflicht des Vermieters zur Gebrauchsgewährung (§ 535 Abs. 1 Satz 1 BGB) sowie das Recht des Mieters zur Mietminderung (§ 536 BGB) ab. Nach Auffassung des OLG Naumburg[139] ist es in den östlichen Bundesländern für die Frage der Gewährleistung von Bedeutung, ob sich eine Wohnung in einem Haus dürftiger Bauqualität befindet. Der Mieter in den östlichen Bundesländern könne an die Bauqualität der vor dem 3.10.1990 errichteten Wohnungen nicht die gleichen Anforderungen stellen, wie ein Mieter an eine in den westlichen Bundesländern errichtete Wohnung.[140] Nach Auffassung des KreisG Erfurt[141] hat der Mieter Systemschäden des Bauwerks als vertragsgemäß hinzunehmen.

Diese Auffassungen sind im Kern zutreffend. Dies kann aber nicht dazu führen, dem Mieter das **41**
Minderungsrecht zu versagen, wenn er **vor dem 3.10.1990** in der ehemaligen DDR eine Wohnung angemietet hat. Es darf nicht unterstellt werden, dass der Mieter von vornherein auf einen bestimmten qualitativen Standard bei Anmietung der Wohnung verzichtet hat. Allerdings haben die Mieter im Regelfall ihr Minderungsrecht gem. § 108 ZGB nicht ausgeübt. Die **unterlassene** Geltendmachung einer Mietminderung ist aber nicht gleichzusetzen mit dem Verzicht auf den Erfüllungsanspruch. Sie erlaubt auch nicht die Annahme, der Mieter habe bewusst einen schlechten Standard als vertragsgemäß vereinbaren wollen. Erklärungen mit solcher Tragweite sind nur dann annehmen, wenn der Mieter schon bei der Anmietung davon ausging, dass die erkennbaren Mängel niemals behoben würden. Bei der Bewertung der Anschauungen über den geschuldeten (Mindest-)Standard sind daher nicht generell, sondern nur im Einzelfall gem. § 242 BGB Korrekturen vorzunehmen.[142]

Ansonsten, insbesondere bei Verträgen über **Altbauwohnungen** nach dem 3.10.1990, lässt **42**
sich eine Sonderbehandlung im Bereich des Minderungsrechtes nicht rechtfertigen. Mit der Anpassung der Mieten im Rahmen der Preisbindung[143] und der nachfolgenden Überleitung des Woh-

---

133 AG Schöneberg WuM 1992, 113; *Rathjen* ZMR 1999, 458, 462; **a. A.** LG Osnabrück ZMR 1989, 339 für Mikrowellenherd; AG Bonn WuM 1990, 14 für Kabelanschluss.

134 AG Hamburg WuM 1994, 200.

135 AG Gelsenkirchen WuM 1993, 735; **a. A.** AG Charlottenburg GE 1991, 829; weitere Nachweise bei *Schläger* ZMR 1989, 365, 366.

136 AG Bensheim WuM 1987, 315; **a. A.** zur Modernisierung der Heizungsanlage LG Hannover WuM 1991, 540 = ZMR 1991, 480.

137 BayObLG, Rechtsentscheid vom 4.8.1999 WuM 1999, 568 = DWW 1999, 350 = NZM 1999, 899 = ZMR 1999, 753 m. Anm. *Schläger.*

138 *Rathjen* ZMR 1999, 458, 460.

139 OLG Naumburg WuM 1995, 145.

140 KreisG Döbeln WuM 1992, 535.

141 KreisG Erfurt WuM 1993, 112; *Horst* ZAP 1997, 1035, 1052.

142 KreisG Döbeln WuM 1992, 535; KreisG Erfurt WuM 1993, 112.

143 Vgl. die Erste Verordnung über die Erhöhung der Grundmieten vom 17.6.1991 (BGBl. I S. 1269) sowie die Zweite Verordnung über die Erhöhung der Grundmieten vom 27.7.1992 (BGBl. I S. 1416).

nungsbestandes in ein freies Mietengefüge durch das Mietenüberleitungsgesetz[144] (MÜG) orientieren sich ab 1998 die Mieten am ortsüblichen Mietzins (§ 558 BGB). 15 Jahre danach ist die Gleichstellung zwischen Ost und West sowohl hinsichtlich der Wirtschaftlichkeit des Hausbesitzes als auch hinsichtlich der Erwartungen des Mieters an den Wohnungsstandard vollzogen. Einer an § 242 BGB orientierten rechtlichen Sonderbehandlung des Altbaubestandes in dem Gebiet der ehemaligen DDR bedarf es daher nicht.

4. Reichweite des Mangelbegriffs

43 Der Mangel kann sich auf alle **mitvermieteten und vom vertragsgemäßen Gebrauch erfassten Sachen** ausdehnen. Er kann somit nicht nur unmittelbar die Wohnung, sondern auch das Treppenhaus, den Flur sowie den Keller und den Dachboden[145] erfassen. Befindet sich daher außerhalb der Mieträume, aber im selben Gebäude, eine Gefahrenquelle, die sich während der Mietzeit auf die Räume auswirkt, liegt ein Mangel der Mietsache vor.[146] Aus der allgemeinen Instandhaltungspflicht des Vermieters folgt, dass dem Mieter alle zur Ausübung seines Mietrechts notwendigen Räumlichkeiten, die auch ohne besondere Erwähnung im Wohnungsmietvertrag vom vertragsgemäßen Gebrauch erfasst werden (s. § 535 Rdn. 20ff.), ordnungsgemäß zur Verfügung stehen müssen.[147] Störungen **aus dem Wohnumfeld** können ebenfalls einen Mangel darstellen; vgl. dazu Rdn. 158ff.

44 Darüber hinaus erstreckt sich die Mängelhaftung auch auf Nebenleistungen, z. B. Beheizung, die der Vermieter im Rahmen der Gebrauchsgewährung schuldet.[148]

45 Für das Recht der Fahrnismiete gilt der subjektive Fehlerbegriff ebenfalls uneingeschränkt.[149] Zum Rechtsmangel vgl. Rdn. 281ff.

IV. Erheblichkeit

1. Abgrenzung zum unerheblichen Mangel

46 Durch das Zweite MietRÄndG[150] wurde der Abs. 1 des § 537 BGB in der Fassung bis zum 31.8.2001 durch einen zweiten Satz ergänzt, nach dem bei einer nur **unerheblichen** Minderung der Gebrauchstauglichkeit dem Mieter kein Minderungsrecht zustand, es sei denn, der Vermieter hatte eine fehlende Eigenschaft der Mietsache zugesichert. Damit sollte kein neues Recht geschaffen, sondern lediglich die Auffassung der Rechtsprechung kodifiziert werden.[151] Der Gesetzgeber wollte sicherstellen, dass sich die Parteien nicht in kleinlichen Streitigkeiten verlieren, die den Frieden der Hausgemeinschaft stören[152] § 536 Abs. 1 Satz 3 BGB setzt diesen Gedanken fort.

47 Ein unerheblicher Mangel liegt vor, wenn er leicht erkennbar ist und schnell sowie mit geringen Kosten beseitigt werden kann.[153] Die Rechtsprechung des BGH[154], wonach bei einer **Wohnflächenabweichung** (s. Rdn. 54ff.) von mehr als 10% ein erheblicher Mangel vorliegt, lässt sich in diese Definition kaum einpassen.[155] Dies scheitert schon daran, dass sich die Wohnfläche auch bei nur ganz geringer Abweichung regelmäßig nicht vergrößern lässt. Zudem ist die Abweichung auch nicht leicht erkennbar. Daher kann sich die Geringfügigkeit nur unter dem Gesichtspunkt be-

---

144 Mietenüberleitungsgesetz vom 6.6.1995 (BGBl. I S. 748).

145 Anfänglicher Mangel bei Vorhandensein einer Raumspartreppe OLG Dresden NZM 2006, 865 = NJW-RR 2006, 1601.

146 BGH NJW 1972, 944 = MDR 1972, 599 zur Pacht; AG München ZMR 2012, 880 – Gefahrenlage im Hotelzimmer.

147 KG WuM 1984, 42 = GE 1984, 81.

148 *Kraemer/Ehlert* in Bub/Treier III. B Rdn. 3144.

149 *Emmerich* in Emmerich/Sonnenschein § 536 Rdn. 17.

150 Zweites MietRÄndG v. 14.7.1964 (BGBl. I S. 457).

151 *Börstinghaus/Eisenschmid,* § 536 S. 49.

152 BT-Drucks. IV/2195, 2.

153 BGH (XII ZR 251/02) WuM 2004, 531; LG Berlin WuM 1988, 301; LG Freiburg ZMR 1976, 210; AG Pinneberg WuM 1980, 63 für den Austausch einer Glühbirne; AG Münster WuM 1977, 205.

154 BGH (VIII ZR 101/04) WuM 2005, 712 = NZM 2005, 861; BGH (VIII ZR 295/03) WuM 2004, 336 = NJW 2004, 1947 = NZM 2004, 453 = ZMR 2004, 495 = GE 2004, 682 = MietPrax-AK § 536 BGB Nr. 3 m. Anm. *Eisenschmid;* NJW2005, 2152 = NZM 2005, 500 = GuT 2005, 163 = GE 2005, 861 = ZMR 2005, 612 = MDR 2005, 975 = MietPrax-AK § 536 BGB Nr. 9 m. Anm. *Eisenschmid.*

155 *Scheffler,* NZM 2005, 41, 42.

gründen lassen, dass bei einer generalisierenden Betrachtung der vertragsgemäße Gebrauch bei einer um bis zu 10% verminderten Wohnfläche unerheblich beeinträchtigt ist und eine Minderung wegen der geringfügigen Beeinträchtigung gegen Treu und Glauben verstoßen würde. Dann ist es aber nicht zwingend, für die Begründung eines Mangels in jedem Fall auf die vom VIII. Zivilsenat postulierte Grenze von 10% der vereinbarten Wohnfläche abzustellen, wenn im Einzelfall auch bei geringerer Abweichung eine erhebliche Gebrauchsbeeinträchtigung vorliegt[156] (s. im Einzelnen Rdn. 56).

Bei der Bewertung als unerheblich kann auch der Standard der Mietsache oder die Höhe des Mietzinses in die Bewertung einfließen.[157] Verschiedentlich wird versucht, die Unerheblichkeit des Mangels **an bestimmten Prozentwerten** festzumachen.[158] Dies erscheint überflüssig, da es letztlich auf die Bewertung der Beeinträchtigung ankommt.[159] Dabei ist es ohne Bedeutung, ob der Bewertung eine bestimmte Prozentzahl zugeordnet wird.[160] Zudem kann das starre Festhalten an einer Prozentgrenze bei höheren Mieten zu erheblichen absoluten Beträgen führen, obwohl gerade diese Mieter höhere Qualitätserwartungen hegen dürfen.[161] 48

Bei einer gewerblichen Zwischenvermietung von Wohnungseigentum zum Zwecke der Weitervermietung sind Umstände, die die **Wohnungstauglichkeit beeinträchtigen,** i. d. R. auch als Mängel des Zwischenmietverhältnisses im Verhältnis Hauptvermieter zu Zwischenmieter anzusehen[162]. Ob diese Mängel dort als erheblich bzw. unerheblich einzustufen sind, hängt insbesondere von der Größenordnung des gewerblichen Zwischenmietverhältnisses ab. Unerhebliche Mängel im Endmietverhältnis können somit, wenn sie in allen Zwischenmietverhältnissen zu beobachten sind, beim Zwischenmieter einen erheblichen Mangel im Verhältnis zum Hauptvermieter begründen. 49

Die Annahme eines unerheblichen Mangels hängt nicht davon ab, ob der Mieter die Wohnung **nutzt.** Ein unerheblicher Mangel kann daher nicht allein deswegen angenommen werden, weil der Mieter abwesend ist.[163] 50

Auf die Geringfügigkeit kommt es für die Minderung nicht an, wenn der Mangel auf dem Fehlen oder späteren Wegfall der **zugesicherten Eigenschaft** beruht (Einzelheiten s. Rdn. 319ff.). 51

Der Erfüllungsanspruch bleibt dem Mieter auch bei Vorliegen eines unerheblichen Mangels erhalten.[164] Seine Geltendmachung darf aber nicht gegen Treu und Glauben (§ 242 BGB) verstoßen bzw. nicht schikanös (§ 226 BGB) sein. 52

Der Schadensersatzanspruch gem. § 536a BGB setzt ebenfalls **keinen erheblichen Mangel** voraus.[165] Diese Vorschrift verweist auf den Mangel gem. § 536 Abs. 1 BGB. In der Gesetzesfassung des § 536 Abs. 1 BGB, die ab dem 1.1.2002 gültig ist, liegt auch bei einer nur unerheblichen Minderung des Gebrauchs ein Mangel vor. § 536 BGB hatte dagegen in der bis zum 31.12.2001 gültigen Fassung eine Differenzierung zwischen Fehler und Mangel vorgenommen, die eine andere Beurteilung zuließ. Während § 536 BGB a. F. von einem Fehler sprach, verwies schon § 536a BGB a. F. auf einen Mangel i. S. d. § 536 BGB a. F. Die Unterscheidung von Fehler und Mangel rechtfertigte es, den nur geringfügigen Fehler nicht als Mangel der Mietsache anzusehen und damit den Schadensersatzanspruch auf erhebliche Fehler/Mängel zu begrenzen.[166] Es wäre auch nicht stringent, wollte man dem Mieter den Erfüllungsanspruch belassen, ihn aber von Folgeschäden ausschließen, die allein wegen der vom Vermieter unterlassenen Instandsetzung eintreten. 53

---

156 KG WuM 2005, 713 = NZM 2005, 865.

157 AG Charlottenburg MM 2000, 223; AG Münster WuM 1995, 704.

158 *Franke* ZMR 1996, 297 bis 5%; *Beuermann* GE 1996, 948 sowie *Pfeifer* GE 1994, 955 bis 0, 5%; AG Dortmund DWW 1997, 157 bis 3%.

159 Vgl. AG Mainz NJW-RR 1997, 265; zu weitgehend AG Münster WuM 1995, 704.

160 *Kraemer/Ehlert* in Bub/Treier III. B Rdn. 3226.

161 *Kraemer/Ehlert* in Bub/Treier III. B Rdn. 3226.

162 BGH (XII ZR 251/02) WuM 2004, 531 = GuT 2004, 169 = MietPrax-AK § 536 BGB Nr. 6 = NZM 2004, 776 = GE 2004, 1228.

163 *Palandt-Weidenkaff*, § 536 Rdn. 17.

164 AG Hamburg-Altona ZMR 2015, 383.

165 **A. A.** *Looschelders* in: 10 Jahre Mietrechtsreformgesetz – eine Bilanz –, S. 141, 142.

166 **A. A.** *Kraemer/Ehlert* in Bub/Treier III. B Rdn. 3225.

2. Die Wohnungsgröße als Mangel

54 Die Wohnungsgröße bemisst sich nach der Wohnfläche[167] und ist nach der Verkehrsauffassung ein Merkmal, welches von wesentlicher Bedeutung für den Wert der Mietsache ist[168] (zur Zusicherung der Wohnungsgröße vgl. Rdn. 334ff.; zur Vereinbarung über die Berechnungsgrundlage vgl. § 535 Rdn. 52ff.). Die Parteien können daher hinsichtlich der Fläche eine Beschaffenheitsvereinbarung (s. Rdn. 444) treffen.[169] Eine Minderung der Gebrauchstauglichkeit kann daher auch in einer vom Mietvertrag abw. **Wohnungsgröße** gesehen werden (zur Berechnungsmethode s. § 535 Rdn. 51ff.). Die in einer Betriebskostenabrechnung verwendete Wohnungsgröße gilt nicht automatisch als mietvertraglich vereinbart. Allein die qm-Angabe in einer Wohnungsannonce führt nicht zwingend zu einer vertraglichen Absprache über die dort angegebene Wohnungsgröße.[170] Auch die Angabe eines Maklers zur Wohnungsgröße soll unverbindlich sein, wenn der später geschlossene Mietvertrag keine Wohnungsgröße angibt und weitere Anhaltspunkte zur Größe der Wohnung nicht vorliegen.[171] Die Voraussetzungen für eine konkludente Einbeziehung der Wohnungsgröße in den Vertragsgegenstand ist jedenfalls dann gegeben, wenn in der Annonce eine Quadratmeterzahl angegeben wurde, die im Nachhinein durch Vorlage einer Wohnflächenberechnung belegt wird.[172] Von einer Minderung der Gebrauchstauglichkeit ist auszugehen, wenn die Flächendifferenz nicht unerheblich ist,[173] was bei einer Flächenabweichung von über 10% angenommen werden kann.[174] Dabei kommt es nicht darauf an, ob es sich um eine Mietwohnung im Mehrfamilienhaus oder um ein Einfamilienhaus handelt[175], zu dem eine Gartenfläche oder ähnliches mitvermietet wurde. Ebenso unerheblich ist es, ob die Wohnung leer oder möbliert vermietet wurde[176] oder ob sie mit einem Garten überlassen wurde.[177] Für die Ermittlung einer **Flächenabweichung** ist der Mietvertrag maßgebend, nicht der Bauträgervertrag.[178] Dabei entscheiden grundsätzlich die Parteien, was zur Wohnfläche zählen soll.[179] Dabei sind aber ggf. die Grenzen der WoFlVO unbeachtlich, z. B. die materielle Baurechtswidrigkeit gem. § 2 Abs. 3 Nr. 2 WoFlVO[180]

---

[167] LG Berlin GE 2010, 549.

[168] BGH WuM 2009, 733; NJW 1991, 912 = MDR 1991, 515 = GE 1991, 239 zum Kaufrecht; OLG Karlsruhe NZM 2002, 218 = NJW-RR 2002, 586; OLG Dresden, Rechtsentscheid vom 15.12.1997 WuM 1998, 144 = ZMR 1998, 417 = NJW-RR 1998, 512 = GE 1998, 122 = NZM 1998, 184 m. Anm. *Blank* = WuM 1998, 467 und *Pauly* = WuM 1998, 469 = ZMR 1998, 417 = GE 1998, 122; zur Berechnung der Minderung bei geringer Fläche vgl. OLG Köln NZM 1999, 73; *Kraemer* WuM Beilage zu Heft 12, 13, 16.

[169] BGH (VIII ZR 244/08) WuM 2010, 27 zum Begriff „Mietraumfläche"; BGH (VIII ZR 242/08) WuM 2009, 662 = GE 2009, 1487; LG Berlin GE 2007, 448, 449; 2005, 995; AG Dortmund ZMR 2014, 369; AG Tempelhof-Kreuzberg GE 2008, 1267; AG Potsdam GE 2007, 1558; abw. AG Hamburg-Bergedorf ZMR 2008, 547.

[170] LG Mannheim DWW 2007, 21; AG Nienburg WuM 2009, 584.

[171] AG München ZMR 2014, 552; *Börstinghaus:* jurisPR-MietR 20/2014 Anm. 6.

[172] BGH (VIII ZR 256/09) WuM 2010, 480 = MietPrax-AK § 536 BGB Nr. 33 = NJW 2010, 2648 = NZM 2010, 614 = GE 2010, 1047; zur Kollision mit dem Schriftformgebot bei Zeitmietverträgen *Streyl* NZM 2010, 606, 607.

[173] KG GE 2002, 257; OLG Karlsruhe NZM 2002, 218 = NJW-RR 2002, 586; LG Berlin GE 2003, 190; **a. A.** LG Hamburg WuM 2000, 74 = NZM 2000, 84 = ZMR 2000, 224; AG Wittenberg WuM 2002, 370; Vgl. auch *Kraemer* WuM Beilage zu Heft 12, 13, 16.

[174] BGH (VIII ZR 295/03) MietPrax-AK § 536 BGB Nr. 3 = NJW 2004, 1947 = NZM 2004, 453 = WuM 2004, 336 = GE 2004, 680 = ZMR 2004, 495; BGH (VIII ZR 44/03) MietPrax-AK § 536 BGB Nr. 2 = WuM 2004, 337 = ZMR 2004, 501 = NJW 2004, 2230 = DWW 2004, 183; KG GE 2002, 257; OLG Düsseldorf ZMR 2005, 450 für Gewerbeflächen; LG Köln ZMR 2003, 429; *Kraemer* NZM 2000, 1121; OLG Frankfurt/Main, Rechtsentscheid vom 3.12.2002, WuM 2003, 25 = GE 2003, 184 = ZMR 2003, 353 = NZM 2003, 431 bei mehr als 25% Abweichung; unerheblich LG Berlin NZM 2003, 278 = GE 2003, 190 bei 7% Abweichung; *Scheffler* NZM 2003, 17, 18 bei mehr als 5%; kritisch zu BGH: *Schach* GE 2004, 673; wegen fehlender oder abw. Mietflächenangaben im Mietvertrag s. *Eisenschmid/Rips/Wall,* Rdn. 4036ff.

[175] BGH (VIII ZR 164/08) WuM 2009, 733 = MietPrax-AK § 536 BGB Nr. 29 = NJW 2009, 292 = NZM 2010, 36 = GE 2010, 54.

[176] BGH (VIII ZR 209/10) WuM 2011, 213 = MietPrax-AK § 536 BGB Nr 38 = NJW 2011, 1282 = NZM 2011, 309 = ZMR 2011, 542 = GE 2011, 542.

[177] BGH (VIII ZR 164/08) WuM 2009, 733 = MietPrax-AK § 536 BGB Nr. 29 = NJW 2010, 292 = NZM 2010, 36 = GE 2010, 54.

[178] AG Schöneberg GE 2005, 491.

[179] OLG Düsseldorf, Urt. v. 17.11.2011 – 24 U 56/11 – juris; LG Krefeld WuM 2008, 593 = NZM 2008, 800; LG Berlin GE 2006, 1173; AG Tempelhof-Kreuzberg GE 2008, 1267; AG Menden WuM 2006, 248; *Börstinghaus,* jurisPR-MietR 7/2012 Anm. 2.

[180] Vgl. LG Frankfurt NZM 2009, 81; *Eisenschmid/Wall* Rdn. 4306ff.; 4512.

(s. auch § 535 Rdn. 52). So ist zu prüfen, ob die Parteien Einigkeit darüber erzielt haben, dass bestimmte – z. B. baurechtswidrige – Flächen[181] zu Wohnzwecken zur Verfügung gestellt werden. Wird dies bejaht, zählen diese Räumlichkeiten bei der Wohnflächenberechnung mit.[182] Dies ist auch sachgerecht, da der Mieter dieser Räume ansonsten z. B. bei der Betriebskostenabrechnung privilegiert wäre.[183] Auch in der Ausstellung einer Bescheinigung für die Wohngeldstelle ist keine Grundlage einer vertraglichen Vereinbarung über die dort angegebene Wohnfläche zu sehen.[184]

Die Parteien können nach Auffassung des BGH[185] die Wohnfläche auch nur unverbindlich im Mietvertrag ausweisen. So soll von einer Beschaffenheitsvereinbarung hinsichtlich der Wohnfläche nicht ausgegangen werden können, wenn ein Wohnraummietvertrag zwar eine Wohnflächenangabe enthält, diese Angabe jedoch mit der Einschränkung versehen ist, dass sie nicht zur Festlegung des Mietgegenstandes diene. Eine solche Klausel als Allgemeine Geschäftsbedingung ist mit dem Transparenzgebot schwerlich vereinbar.[186] 55

Eine durch die nach unten abw. Wohnungsgröße von mehr als 10% verursachte Beeinträchtigung muss nicht besonders nachgewiesen werden.[187] Allenfalls bei der Höhe der Minderung[188] oder bei Vorliegen einer geringfügigeren Abweichung[189] kann die Beurteilung der Beeinträchtigung eine Rolle spielen. Die Erheblichkeit wird unter Anwendung der Rechtsprechung des BGH[190] bei einer mehr als 10-prozentigen Abweichung indiziert[191]. Diese vom BGH aus Gründen der **Handhabbarkeit** und **Rechtssicherheit** generalisierende Betrachtung[192] schließt nicht aus, dass im Einzelfall – insbesondere bei gewerblichen Mietverhältnissen – schon bei geringeren Flächenabweichungen die **Erheblichkeitsschwelle** erreicht wird[193] bzw. eine Flächenabweichung für die Ermittlung der Höhe der Mietminderung anders bewertet wird als nach der prozentualen Abweichung von der vereinbarten Fläche.[194] Die Flächen haben eine unterschiedliche Bedeutung und sind unterschiedlich werthaltig. Das muss auch bei der „angemessenen Minderung" berücksichtigt werden.[195] 56

Von einer unerheblichen Abweichung ist grundsätzlich auch dann nicht auszugehen, wenn die tatsächliche Wohnfläche um mehr als 10% von einer ca.-Angabe im Mietvertrag abweicht.[196] Das gilt auch für Gewerberäume, selbst bei Nebenflächen.[197] Bei der Beurteilung der Erheblichkeit ist nicht eine zusätzliche Toleranzspanne anzusetzen[198] (zur **Berechnungsgrundlage der Wohnflä-** 57

[181] *Eisenschmid/Wall,* 3. Aufl. Rdn. 4306ff.
[182] BGH (VIII ZR 275/08) MietPrax-AK § 536 BGB Nr. 26 = WuM 2009, 661 = NJW 2009, 3421 = GE 2009, 1425 = NZM 2009, 814; BGH (VIII ZR 242/08) MietPrax-AK § 536 Nr. 27 = WuM 2009, 662 = GE 2009, 1487.
[183] *Schmid,* Handbuch der Mietnebenkosten, Rdn. 4134b mit weiteren Beispielen.
[184] AG Dortmund NZM 2006, 836.
[185] BGH (VIII ZR 306/09) WuM 2011, 11 = MietPrax-AK § 536 BGB Nr 35 = GE 2011, 49 = ZMR 2011, 205 = NJW 2011, 220 = NZM 2011, 70; zustimmend *Börstinghaus,* jurisPR-BGHZivilR 5/2011 Anm. 3; *Schach,* jurisPR-MietR 1/2011 Anm. 3; AG Tempelhof-Kreuzberg GE 2014, 1345.
[186] *Weller* JZ 2011, 589; *Niebling* ZMR 2011, 205, 207 (Anmerkung).
[187] LG Köln NZM 2003, 278; AG Dortmund ZMR 2014, 369; vgl. hierzu *Kraemer* WuM 2000, 515, 522; *Scheffler* NZM 2003, 17ff.
[188] *Scheffler* NZM 2003, 17, 18.
[189] KG NJW-RR 2005, 1681; *Wenger* ZMR 2000, 645, 647.
[190] BGH (VIII ZR 101/04) WuM 2005, 712 = NZM 2005, 861 = MietPrax-AK § 536 BGB Nr. 12 = GE 2005, 1349; BGH (VIII ZR 133/03) WuM 2004, 268; BGH WuM 2004, 336 = GE 2004, 680 = ZMR 2004, 495 m. Anm. *Schul/Wichert* = MietPrax-AK § 536 BGB Nr. 3 m. Anm. *Eisenschmid;* OLG Düsseldorf GuT 2005, 15 = DWW 2005, 67.
[191] Anders noch OLG Dresden, Rechtsentscheid vom 15.12.1997 WuM 1998, 144 = ZMR 1998, 417 = NJW-RR 1998, 512 = GE 1998, 122 = NZM 1998, 184 m. Anm. *Blank* = WuM 1998, 467 und *Pauly* = WuM 1998, 469 = ZMR 1998, 417 = GE 1998, 122; vgl. dazu Schmidt-Futterer 9. Aufl., § 536 Rdn. 50.
[192] Kritisch zur 10%-Grenze *Beyer,* NZM 2010, 417.
[193] KG ZMR 2009, 523; NZM 2005, 865 = WuM 2005, 713 = ZMR 2005, 950; AG Dortmund ZMR 2014, 369; zum umgekehrten Fall siehe AG Neuruppin GE 2011, 489.
[194] BGH (XII ZR 97/09) WuM 2012, 550 = MietPrax-AK § 536 BGB Nr. 43 = MDR 2012, 1152 = NJW 2012, 3173 = GE 2012, 1310 = NZM 2012, 726; zustimmend *Gies,* jurisPR-MietR 25/2012 Anm. 4.
[195] *Börstinghaus,* jurisPR-BGHZivilR 19/2012 Anm. 4; kritisch *Bieber* GE 2012, 1265.
[196] BGH (VIII ZR 133/03) WuM 2004, 268 = NZM 2004, 456 = ZMR 2004, 500 = DWW 2004, 148 = GE 2004, 683 = MietPrax-AK § 536 BGB Nr. 4 m. Anm. *Eisenschmid;* LG Münster ZMR 2008, 630; BGH (VIII ZR 218/08) WuM 2009, 514 = NJW 2009, 2880.
[197] BGH (XII ZR 97/09) WuM 2012, 550 = MietPrax-AK § 536 BGB Nr. 43 = MDR 2012, 1152 = NJW 2012, 3173 = GE 2012, 1310 = NZM 2012, 726.
[198] BGH (VIII ZR 144/09) WuM 2010, 240 = NZM 2010, 313 = NJW 2010, 1745 = GE 2010, 613.

che vgl. § 535 Rdn. 52ff.; zur Höhe der Mietminderung Rdn. 389). Im Einzelfall kann das Vorliegen eines Mangels aber verneint werden, wenn die die Vertragsparteien **übereinstimmend** von einer ca.-Größe nach Besichtigung ausgegangen sind[199], um die wahre Größe dem Streit zu entziehen und die Wohnfläche unabhängig von den tatsächlichen Umständen verbindlich festzulegen. Allein die Besichtigung des Mietobjektes reicht aber für die Annahme eines solchen Parteiwillens nicht aus[200].

Der Mieter kann sich auf den Mangel der abw. Wohnungsgröße auch dann berufen, wenn er erst **nach Beendigung** des Mietverhältnisses von der wahren Größe der Wohnung erfährt.[201]

58 Kein Mangel soll vorliegen, wenn die vereinbarte Wohnfläche mit der tatsächlichen Wohnfläche übereinstimmt und nur Streit darüber besteht, mit welchem Anteil die Fläche für das jeweilige Mietverhältnis bewertet wird. Das ist z. B. von Bedeutung, wenn die Parteien nur hinsichtlich des Umfangs der Anrechnung einer in der Größe unstreitigen Terrassenfläche auf die gesamte Wohnfläche keine Einigkeit finden können. Dieser Auffassung kann nicht gefolgt werden, weil die Bewertung des Beschaffenheitsmerkmals Wohnfläche Bestandteil jeder Wohnflächenberechnung ist. § 4 WoFlVO schreibt z. B. vor, dass Räume mit identischen Grundflächen, aber einer unterschiedlichen lichten Höhe, hinsichtlich ihrer Grundflächen verschieden bewertet werden. Das liegt daran, dass derartige Räume einen eingeschränkten Wohn- und Nutzwert haben.[202] Aber auch verschiedene Funktionen der Räume können zu differenzierten Flächen führen. Je höher der Wohnwert, desto mehr Fläche ist anzurechnen. Daher werden Balkone, Loggien, Dachgärten und Terrassen i. d. R. nur zu einem Viertel ihrer Grundfläche als Wohnfläche angerechnet.[203] Der vollständige Ansatz der Grundfläche einer Fläche mit vermindertem Nutzwert bzw. mit eingeschränkter Funktionalität führt daher zu einer fehlerhaften Wohnfläche bzw. einer mangelhaften Mietsache, soweit die Parteien nicht Abweichendes vereinbart haben. Eine Anrechnung zur Wohnfläche setzt allerdings voraus, dass Terrassen[204] oder Balkone[205] eine direkte Anbindung zum Wohnraum haben. Haben die Vertragsparteien einer gewerblichen Einheit keine Vereinbarung über die Berechnungsgrundlagen getroffen, reicht es aus, wenn der Vermieter dem Mieter die Mietfläche durch eine mögliche und zulässige Berechnung, z. B. nach DIN 277, nachweist.[206]

59 Errechnet der Vermieter in einem Mieterhöhungsverlangen auf die ortsübliche Vergleichsmiete auf Grund einer falschen Quadratmeterzahl eine fehlerhafte Miete, löst dies allein keine Gewährleistungsfolgen aus. Denn die Mieterhöhungserklärung – auch wenn sie eine fehlerhafte Größe zu Grunde legt – vermag nicht den Vertragsgegenstand, sondern nur den Betrag der Mietzahlungsverpflichtung zu ändern.[207] Letzterer wiederum richtet sich nach Auffassung des LG Hamburg[208] bei einer Überschreitung der Abweichung um mehr als 10% nach den Grundsätzen des Wegfalls der Geschäftsgrundlage (s. Rdn. 612ff.) allein nach der tatsächlichen Wohnungsgröße, da der Mieter immer nur den ortsüblichen Mietzins schuldet.[209] Der BGH[210] ist mit dem LG Hamburg[211] der Auffassung, dass bei einer Abweichung bis 10% sich der Vermieter auf die vertraglich festgelegte (größere) Wohnfläche stützen kann. Bei derart geringfügigen Abweichungen sei es dem Mieter zu-

---

[199] BGH (VIII ZR 219/04) WuM 2006, 245 = NZM 2006, 375 = ZMR 2006, 439 = MietPrax-AK § 536 BGB Nr. 13.

[200] BGH (VIII ZR 295/03) WuM 2004, 336 = GE 2004, 680 = ZMR 2004, 495 m. Anm. *Schul/Wichert* = MietPrax-AK § 536 BGB Nr. 3 m. Anm. *Eisenschmid.*

[201] **A. A.** LG Düsseldorf NZM 2000, 278.

[202] S. *Eisenschmid/Wall,* Rdn. 4001ff.

[203] AG Flensburg WuM 2012, 29; zur Mieterhöhung siehe *Börstinghaus,* jurisPR-MietR 8/2012 Anm. 2; **a. A.** LG Berlin GE 2011, 1086.

[204] BGH (VIII ZR 218/08) WuM 2009, 514 = NJW 2009, 2880; zum Begriff Terrasse bzw. (gedeckter) Freisitz s. *Eisenschmid* in Eisenschmid/Wall Rdn. 4263 sowie AG Landau (Pfalz) WuM 2014, 740 und *Börstinghaus* jurisPR-MietR 7/2015 Anm. 4.

[205] AG Bergheim WuM 1998, 36; *Eisenschmid* in Eisenschmid/Wall Rdn. 4535.

[206] OLG Düsseldorf GE 2012, 616 = DWW 2012, 212; LG Berlin GE 2013, 58.

[207] OLG Hamburg WuM 2000, 348 = NJW-RR 2000, 1321 = ZMR 2000, 609 = NZM 2000, 654.

[208] LG Hamburg WuM 2001, 20 = NZM 2000, 1221 = GE 2000, 1688 = ZMR 2001, 191; ablehnend LG Hamburg ZMR 2001, 193 bei weniger als 10%.

[209] LG Frankfurt/M. WuM 1990, 157; LG Köln WuM 1986, 121; so i. E. auch *Beyer* NZM 2010, 417, 420; *Kraemer* NZM 1999, 156.

[210] BGH (VIII ZR 205/08) WuM 2009, 460 m. Anm. *Börstinghaus* = NZM 2009, 613 = MietPrax-AK § 558 BGB Nr. 23 = NJW 2009, 2739 = GE 2009, 1038 = MDR 2009, 297.

[211] LG Hamburg ZMR 2001, 193.

mutbar, sich an der vertraglichen Regelung festhalten zu lassen (s. auch § 558 Rdn. 60ff.). Letztere Auffassung hat zu Recht deutliche Kritik erfahren.[212]

Kündigt der Mieter unter Berufung auf die Flächenabweichung gem. § 543 Abs. 2 Nr. 1 BGB das Mietverhältnis, ist dies grundsätzlich zulässig. Jedenfalls soweit die Flächenabweichung zu Lasten des Mieters mehr als 10% beträgt, muss der Mieter nicht noch zusätzlich Zumutbarkeitsgesichtspunkte anführen.[213] Keine einheitliche Auffassung gibt es zu der Frage, ob es bei einer **nur geringfügigen Flächenabweichung** dem Mieter zuzumuten ist, das Mietverhältnis fortzusetzen. Für das Gebot einer erheblichen Beeinträchtigung des Gebrauchs spricht der Umstand, dass § 536 BGB einen erheblichen Mangel voraussetzt. Es widerspräche der Rechtslogik, wenn der Mieter zwar die Miete nicht mindern könnte, aber das Mietverhältnis mit einer fristlosen Kündigung beenden dürfte. Daher ist auch unter Anwendung des neuen Rechts für die fristlose Kündigung nach § 543 Abs. 2 Nr. 1 BGB erforderlich, dass grundsätzlich eine erhebliche Hinderung oder Vorenthaltung des Gebrauchs vorliegen muss[214], es sei denn, die Kündigung ist durch ein besonderes Interesse des Mieters gerechtfertigt (s. Rdn. 434 sowie § 543 Rdn. 41). 60

Inzwischen ist geklärt, dass es auch dann keiner Prüfung der Zumutbarkeit bedarf, wenn die Flächenabweichung zwar erheblich ist[215], der Mieter aber die Flächenabweichung nicht sofort erkennt und sie daher **zunächst hingenommen** hat. In diesen Fällen könnte daran gedacht werden, dem Mieter entgegenzuhalten, dass er sich in der Vergangenheit mit der tatsächlichen Beeinträchtigung durch die geringere Fläche arrangiert habe, und daher eine fristlose Kündigung gegen Treu und Glauben verstieße. Andererseits ist zu bedenken, dass der Mieter grundsätzlich den Angaben des Vermieters Glauben schenken darf. Wenn er sich daher mit der geringeren Fläche zufrieden gibt, dann deshalb, weil er glaubt, sich selbst „verkalkuliert“ zu haben. Dies darf aber nicht zu einer Risikoverlagerung führen.[216] Unter diesem Gesichtspunkt ist auch fraglich, ob der Mieter, der sich auf die Angabe des Vermieters in einer Zeitungsannonce verlässt, seine Gewährleistungsrechte verlieren kann[217]. Vor Anmietung ist es dem Mieter nämlich nicht zumutbar, die Wohnung auszumessen, da dies beim Vermieter als Misstrauensbeweis angesehen werden kann. 61

3. Einzelfälle geringfügiger Mängel

Ein geringfügiger, nicht zur Minderung berechtigender Mangel, kann vorliegen bei einmaligem Lärm aus der Nachbarwohnung wegen eines Festes, bei geringfügiger Unterschreitung des Schalldämmmaßes,[218] bei Verdunkelung der Küche durch ein Baugerüst[219], wenn Spritzwasser aus einer höher liegenden Dachrinne auf den Balkon fällt[220], oder wenn der Balkon leicht verändert wird,[221] bei sehr kurzem Heizungsausfall, bei vorübergehender geringfügiger (1 °C) Unterschreitung der erforderlichen Heizleistung,[222] bei geringen Geräuschen, die von haustechnischen Anlagen ausgehen,[223] bei abgetretenen Türschwellen[224] oder bei unverfugten Leisten und Türen,[225] beim Auftreten von Späherameisen[226] oder bei Vorliegen von Haarrissen an der Zimmerdecke.[227] Ein Wasserfleck[228] 62

---

212 *Beyer* NZM 2010, 417, 420.

213 BGH (VIII ZR 142/08) WuM 2009, 349 = GE 2009, 709 = NZM 2009, 431 = MietPrax-AK § 543 BGB Nr. 14.

214 *Kandelhard* in Herrlein/Kandelhard § 543 Rdn. 32.

215 **A. A.** *Scheffler* NZM 2003, 17, 18.

216 **A. A.** *Pauly* MDR 2005, 1204, 1206; zum Verlust der Minderung nach Verwirkungsgrundsätzen s. BGH (VIII ZR 254/02) WuM 2003, 440 = NZM 2003, 679 = NJW 2003, 2601 = ZMR 2003, 667 = MietPrax-AK § 536b BGB Nr. 3 m. Anm. *Eisenschmid* sowie BGH (XII ZR 24/02) GuT 2005, 56 = NZM 2005, 303 = DWW 2005, 153 = MietPrax § 536 BGB Nr. 5 m. Anm. *Eisenschmid*.

217 So AG Frankfurt/M. WuM 2007, 315; s. aber BGH NJW 2010, 2648.

218 LG Berlin GE 2006, 1555.

219 LG Berlin GE 2007, 655; **a. A.** LG Berlin GE 2016, 860; nicht bei Verdunkelung der Südseite, AG Ibbenbüren WuM 2007, 405; siehe aber BGH (VIII ZR 181/12) WuM 2013, 174 = GE 2013, 207.

220 AG Münster WuM 2006, 192.

221 AG Wedding GE 2008, 609.

222 LG Hamburg WuM 1985, 261.

223 AG Hannover GE 2014, 1592.

224 LG Berlin GE 2007, 655; ZMR 1985, 50 = WuM 1988, 108 = GE 1984, 761.

225 AG Saarburg WuM 2002, 29.

226 AG Köln WuM 1999, 363 = MM 1999, 230.

227 LG Berlin WuM 1988, 301; AG Tiergarten GE 2005, 999.

228 AG Tiergarten GE 2005, 999.

an der Badezimmerdecke, ein kleiner Schimmelfleck[229] oder der Sprung in einer Fensterscheibe können ebenfalls nur eine unerhebliche Minderung der Gebrauchstauglichkeit darstellen.[230] Auch kleinere Mängel im Hauseingangsbereich sind regelmäßig geringfügig.[231] Bei der Unbenutzbarkeit des Balkons im Herbst oder Winter[232] ist die Geringfügigkeit zweifelhaft, da ein Balkon nicht nur zum Sitzen benutzt wird, sondern auch als Abstellfläche dient.[233] Die Verschmutzung des Balkons durch Pflanzenreste und Gießwasser der darüber liegenden Partei ist jedenfalls unerheblich[234]. Dies ist auch anzunehmen, wenn aufgrund des geringen Gefälles Regenwasser zunächst auf dem Balkon stehen bleibt und erst durch Verdunstung schwindet.[235] Auch beim Heizungsausfall im Sommer ist die Annahme eines geringfügigen Mangels nicht ohne Bedenken[236] (s. Rdn. 353).

63 Eine Minderung ist fraglich, wenn die Badewanne nur unwesentlich verkleinert wird.[237] Sie scheidet aus, wenn bei einem Appartement ein Waschmaschinenanschluss fehlt[238] oder wenn sich das Garagentor nicht schließen lässt.[239] Unerheblich soll auch eine nicht abschließbare Badezimmertür sein sowie eine fehlende Teperaturregelung des Backofens.[240]

64 Gleiches gilt für geringfügige Lärmbelästigungen durch Mitmieter, z. B. durch das Betätigen der Wasserspülung, das Laufenlassen von Wasser sowie das Öffnen und Schließen von Fenstern nach 22.00 Uhr.[241] Ein in der Pflege vernachlässigter Garten führt nur zu einer unerheblichen Beeinträchtigung.[242] Ist dem Mieter die Nutzung des Gartens zum Wäschetrocknen zugesagt worden, so ist der Entzug dieser Möglichkeit unerheblich, wenn ein Trockenraum als Ausgleich zur Verfügung gestellt wird.[243] Generell kann bei kurzfristigen leichten Störungen von einem unerheblichen Mangel ausgegangen werden, wie z. B. bei vorübergehenden Störungen des Fernsehempfangs oder bei zeitweiliger Verschmutzung des Treppenhauses.[244]

V. Ausschluss der Minderung bei Modernisierung

1. Energetische Modernisierung (§ 555b Nummer 1)

65 Mit dem MietRÄndG[245] hat der Gesetzgeber § 536 BGB um einen Absatz 1a ergänzt. Danach bleibt eine Minderung der Tauglichkeit für die Dauer von drei Monaten außer Betracht, soweit diese aufgrund einer Maßnahme eintritt, die einer energetischen Modernisierung nach § 555b Nr. 1 BGB dient. Die Sinnhaftigkeit der einseitigen Verschiebung des Äquivalenzprinzips[246] sowie die verfassungsrechtliche Zulässigkeit dieser Vorschrift sind heftig umstritten.[247] Anders als bei dem Ausschluss der Minderung gem. Abs. 1 Satz 3, der kleinliche Streitigkeiten zwischen den Vertragsparteien vermeiden helfen soll, dem Mieter aber den Erfüllungsanspruch gegen seinen Vermieter nicht nimmt, dient der „zeitlich befristete" Ausschluss der Minderung nach Absatz 1a einem den Parteien übergeordneten Interesse, nämlich der Förderung und Erleichterung der energetischen Sa-

---

229 AG Trier WuM 2008, 665.
230 LG Berlin WuM 2000, 200.
231 AG Berlin-Mitte GE 2012, 1703 zu Urinpfützen vor dem Hauseingang.
232 LG Köln WuM 1975, 167; *Franke* ZMR 1996, 297.
233 AG Tempelhof-Kreuzberg GE 2014, 751 (3%).
234 AG Wetzlar ZMR 2009, 542.
235 AG Leipzig GE 2016, 593.
236 LG Wiesbaden WuM 1990, 71; AG Friedberg WuM 1995, 259.
237 AG Dortmund WuM 1989, 172.
238 AG Bayreuth WuM 1985, 260.
239 AG Kassel WuM 1989, 171; vgl. auch AG Hamburg WuM 1985, 260 zur Stilllegung einer Müllschluckanlage.
240 AG Tempelhof-Kreuzberg GE 2015, 195.
241 AG Münster WuM 1983, 236.
242 AG Schöneberg GE 2016, 1099.
243 LG Köln WuM 1987, 271.
244 Beispiele bei *Horst,* ZAP 1997, 1035, 1038.
245 BGBl. I 2013, 434.
246 Zum Äquivalenzprinzip vgl. BGH (XII ZR 132/09) NJW 2011, 514 = NZM 2011, 153 = MietPrax-AK § 536 BGB Nr 36 = ZMR 2011, 372 = GE 2011, 197; siehe auch Anmerkung *Eisenschmid,* jurisPR-MietR 6/2011 Anm. 1.
247 Siehe nur Deutscher AnwaltVerein NZM 2012, 105, 106; *Börstinghaus* NZM 2012, 697, 699; *Artz* NZM 2012, V; *Hinz* ZMR 2012, 153, 158 – „problematisch"; *Geldmacher,* Stellungnahme an den Deutschen Mietgerichtstag am 30.6.2011, „nicht mehr von Art. 14 GG gedeckt"; kritisch für die Gewerberaummiete *Leo/Ramm* NZM 2014, 63, 64.

nierung, ohne dass der Mieter einen Erfüllungsanspruch hat oder gar bekommt.[248] Der Gesetzgeber war der Auffassung, dass sich das Minderungsrecht im Falle einer Modernisierung als investitionshemmend auswirken kann. Andererseits soll der Ausschluss der Minderung befristet werden, um dem Vermieter einen Anreiz zu geben, die Maßnahmen zügig abzuwickeln.[249] Diese Vorschrift betrifft also die Minderung während der Baumaßnahme. Noch nicht abschließend geklärt ist die Möglichkeit der Mietminderung, wenn die bauliche Maßnahme für den Mieter auch oder nur eine Verschlechterung mit sich bringt (siehe dazu Vorbemerkung zu §§ 555a bis 555f BGB Rdn. 8).

a) Die dreimonatige Frist. Die Minderung bleibt für die Dauer von drei Monaten für eine 66
Maßnahme außer Betracht. Die 3-Monatsfrist markiert eine zeitliche Höchstdauer. Erstreckt sich somit die energetische Maßnahme über einen Zeitraum von 3 Monaten hinaus, lebt das Minderungsrecht des Mieters auf. Die 3-Monatsfrist beginnt mit der Aufnahme der Arbeiten, die der energetischen Modernisierung dienen. Will der Vermieter somit eine Außendämmung anbringen und muss dafür zunächst Teile der Außenwand instandsetzen, dann dient die Gesamtmaßnahme „Außenfassade" der energetischen Modernisierung und der Fristlauf beginnt mit der Aufnahme der Instandsetzungsarbeiten. Dieser wird nicht unterbrochen, auch wenn die Bauarbeiten vorübergehend stillstehen.[250] Die 3 Monate sind daher nicht etwas als Summe einzelner Zeiträume zu verstehen. Vielmehr bleibt die Minderung mit Beginn der Maßnahme, die der energetischen Modernisierung dient, maximal für eine zusammenhängende Dauer von 3 Monaten außer Betracht.[251]

Bauexperten sind sich darin einig, dass praktisch in jeder Modernisierung ein hoher Anteil In- 67
standsetzungsmaßnahmen steckt. Denkbar sind somit auch Maßnahmen, die zu einem überwiegenden Anteil der Instandsetzung dienen und nur zu einem kleinen Teil einen energetischen Vorteil bringen. Diese Maßnahmen werden nach dem Wortlaut der Vorschrift gleich behandelt, da es darauf ankommt, dass sie der energetischen Modernisierung „dienen". Damit wird zum Ausdruck gebracht, dass die Maßnahme selbst keinesfalls ausschließlich energetische Wirkungen zeigen muss. Dieses Verständnis der Vorschrift entspräche auch der Zielsetzung des Gesetzes, die energetische Modernisierung zu fördern. Somit wäre unabhängig von dem Anteil der Instandsetzung an der Gesamtmaßnahme das Minderungsrecht für 3 Monate ausgeschlossen.[252] Diese Auffassung ist aber nicht unbestritten. So lässst sich nach dem Wortlaut der Vorschrift ohne weiteres auch die Auffassung vertreten, dass es dem Vermieter nicht zugute kommen darf, wenn er anlässlich einer energetischen Modernisierung längst fällige Reparaturarbeiten miterledigt. Bei dieser Betrachtung dient die Maßnahme der energetischen Modernierung nur, soweit sie unmittelbar darauf ausgerichtet ist. Daher soll in diesen „Misch"-Fällen, wenn die Maßnahme sowohl energetisch wirksame Arbeiten als auch Instandsetzungsarbeiten enthält, die Mietminderung nicht vollständig, sondern nur anteilig ausgeschlossen sein.[253]

Umstritten ist auch, wann die 3-Monatsfrist beginnt. Hierzu wird vertreten, dass die Frist mit 68
dem Tag beginnt, an dem die erste Beeinträchtigung des vertragsgemäßen Gebrauchs festgestellt wird.[254] Im Übrigen soll der Vermieter darlegen, wann der Mieter mit einer entsprechenden Beeinträchtigung zu rechnen hat. Störungsfreie Zeiten sollen nicht berücksichtigt werden. Die Verschiebung des Zeitpunktes, mit dem die 3-Monatsfrist zu laufen beginnt, auf das erste Auftreten eines Mangels scheint auf den ersten Blick konsequent, weil ein Minderungsausschluss normalerweise an einen Minderungstatbestand anknüpft. Diese Auffassung misst aber dem gesetzgeberischen Ziel der Vorschrift, den Vermieter zur beschleunigten Durchführung seines Vorhabens zu veranlassen[255], nicht ausreichende Bedeutung bei. Dieses Ziel ist nämlich nur zu erreichen, wenn der Beginn der Ausschlussfrist mit dem Beginn der Baumaßnahme zusammenfällt, weil nur dann der Minderungsausschluss im Idealfall mit der Dauer der Modernisierungsmaßnahme identisch ist. Zudem bedenkt diese Meinung nicht, dass der 3-Monatszeitraum selbst dann nicht unterbrochen wird, wenn die

248 *Börstinghaus* NZM 2012, 697, 700.
249 BT-Drucks. 17/10485, S. 25.
250 *Hinz* NZM 2013, 209, 217, **a. A.** *Abramenko,* Das neue Mietrecht in der anwaltlichen Praxis, Rdn. 90.
251 BT-Drucks. 17/10485, S. 25.
252 *Neuhaus* ZMR 2013, 686, 692.
253 *Hinz,* Vortrag auf dem Mietgerichtstag 2013, S. 15f., http://www.mietgerichtstag.de/mietgerichtstag-2013/vortr%C3%A4ge-2013/; *Hinz* NZM 2013, 209, 214.
254 *Zehelein,* WuM 2013, 133; *Hinz* NZM 2013, 209, 217; *Hannemann* IMR 2013, 435; *Neuhaus* ZMR 2013, 686, 693; *Lützenkirchen,* Mietrecht, § 536 BGB Rdn. 327.
255 Begründung des Kabinettsentwurfs zu Nr. 2 – Nachweis bei Börstinghaus/*Eisenschmid,* Arbeitskommentar Mietrechtsänderungsgesetz 2013, § 536 Rdn. 24.

Bauarbeiten an einem Tag einen geringen Mangel verursacht haben und später über die gesamte Baumaßnahme ohne Mieterbeeinträchtigung fortgesetzt werden. Der Zeitraum über 3 Monate läuft somit unabhängig davon, ob der erste Mangel anhält, ob später eine neue Gebrauchsbeeinträchtigung erfolgt oder ob keine Beeinträchtigungen mehr auftreten. Dann ist es auch unerheblich, ob in diesem Zeitraum überhaupt eine Gebrauchsbeeinträchtigung auftritt oder ob ein Mangel am Beginn, im Laufe oder am Ende des 3-Monatszeitraums festgestellt werden kann.

Der Anreiz für den Vermieter, die Baumaßnahmen zügig abzuschließen, ist nur zu verwirklichen, wenn die 3-Monatsfrist mit dem Beginn der Maßnahme des § 555b Nr. 1 BGB anfängt.[256] Der Zeitpunkt, den der Vermieter in seiner Ankündigung nach § 555c BGB nennt, ist ein Indiz für den Beginn. Da er nur den voraussichtlichen Beginn anzukündigen hat, sind die auftretenden Verzögerungen zu berücksichtigen. Wird innerhalb der folgenden 3 Monate der vertragsgemäße Gebrauch durch die energetische Maßnahme beeinträchtigt, kann der Mieter aus diesem Grund die Miete nicht mindern. Die Frist von 3 Monaten berücksichtigt somit nicht, ob überhaupt ein Mangel auftritt und ob der Vermieter die Maßnahme bei optimaler Planung innerhalb von 2 Wochen hätte durchführen können oder ob er z. B. aufgrund von technischen oder ggf. auch selbst verantworteten Problemen hierfür 3 Monate benötigt. Nach Ablauf der 3 Monate lebt das Minderungsrecht wieder auf.

69 **b) Der Begriff der Maßnahme.** Im Laufe des Gesetzgebungsverfahrens sind Fragen aufgeworfen worden, auf die der Wortlaut des Gesetzes keine unmittelbare Antwort gibt. So wurden Zweifel geäußert, ob ein Aufspalten der Modernisierung in mehrere sich anschließende Teilmaßnahmen zu einer zeitlichen Aufsummierung von Minderungsausschlüssen führen könne. Ungeklärt sei auch, ob und ggf. wie lange der Vermieter bezüglich weiterer Maßnahmen zur energetischen Modernisierung an eine schon abgelaufene Frist gebunden bleibe.[257] Solle der Minderungsausschluss von 3 Monaten unbegrenzt oder pro Jahr gelten und könne der Vermieter möglicherweise minderungsfreie Zeiten ansparen?[258]

70 Wie schon dargelegt, gilt der Ausschluss der Minderung für einen Zautraum von maximal drei Monaten, soweit die Beeinträchtigung auf eine **Maßnahme** zurückzuführen ist, die der energetischen Modernisierung dient. Ist die Maßnahme beendet und beginnt der Vermieter mit einer neuen Maßnahme, läuft der Minderungsausschluss erneut für maximal drei Monate. Daher ist auch kein Raum für das Ansparen von Zeiten des Minderungsausschlusses. Es bleibt allerdings die Ungewissheit darüber, was unter einer „Maßnahme" zu verstehen ist. So kann man unter einer Maßnahme jede Einwirkung auf die Mietsache verstehen, die geeignet ist, den Mieter bei der Ausübung seines Gebrauchsrechts zu hindern oder einzuschränken.[259] Danach können mehrere Maßnahmen (Einzelgewerke) erforderlich sein, um einen bestimmten Erfolg, z. B. die Dämmung des Daches, herbeizuführen.

71 Andererseits verwenden § 554 Abs. 2 BGB a. F. bzw. §§ 555b, 555d BGB den Begriff der Maßnahme auch im Sinne des gewollten und erstrebten Endzustandes der Modernisierung, wie aus der angeordneten Interessenabwägung oder der Berücksichtigung der zu erwartenden Mieterhöhung zu erkennen ist. So gesehen sind Maßnahmen nicht die zur Erreichung des Bauziels notwendigen Einzelgewerke sondern die jeweiligen konkreten Bauaufträge zur Erreichung des gewünschten Endzustands, z. B. Dämmung des Daches. Diese Sichtweise korrespondiert auch mit der Neufassung des Gesetzes in § 555b Nr. 1 BGB. Danach sind (Modernisierungs-) „Maßnahmen bauliche Veränderungen, durch die … Endenergie … eingespart wird." Die Maßnahme beschreibt also den Endzustand des baulichen Eingriffs. Nur die so verstandene Maßnahme führt zum dreimonatigen Minderungsausschluss. Bei jeder neuen Maßnahme im Sinne einer energetischen Modernisierung beginnt die Frist erneut.[260] Ausnahmen können gerechtfertigt sein, wenn der Vermieter unter Missachtung der Wirtschaftlichkeit zusammengehörende Maßnahmen auseinanderzieht und so die Bauzeit verlängert.[261]

72 **c) Parallele Maßnahmen.** Problematisch sind insbesondere die Fälle, bei denen der Vermieter energetische Maßnahmen parallel und gleichzeitig mit anderen (Erhaltungs-)Maßnahmen durch-

---

[256] So im Ergebnis auch *Hannemann/Grundmann* in: Hannemann/Wiek/Emmert, Handbuch des Mietrechts, § 21 Rdn. 147.

[257] Deutscher AnwaltVerein NZM 2012, 105, 106.

[258] *Pfeifer,* MietrechtKompakt, Sonderausgabe Oktober 2011, S. 2.

[259] Siehe § 555a BGB Rdn. 3.

[260] So wohl auch *Hannemann,* IMR 2013, 435, 439.

[261] *Lützenkirchen,* Mietrecht, § 536 BGB Rdn. 329.

führt.[262] Bei diesen Fallgestaltungen muss zwecks sachgerechter Einschätzung des Minderungsbetrages ermittelt werden, welche der parallel ergriffenen Maßnahmen in welchem Umfang die Tauglichkeit der Mietsache zum vertragsgemäßen Gebrauch einschränkt. Beispielhaft sind Erhaltungsmaßnahmen an der Fassade zu erwähnen, gekoppelt mit Wärmedämmmaßnahmen am Dach oder die Modernisierung der Heizung, welche baulich mit einer Fahrstuhlreparatur gekoppelt wird[263] (zu der Frage einer anteiligen Mietminderung bei einer einzigen Maßnahme, die neben der Modernisierung auch notwendige Instandsetzungsarbeiten erfordert, s. Rdn. 67).

Es kommt nach dem Gesetzeswortlaut nicht darauf an, welche der beiden Maßnahmen überwiegt oder gar darauf, zu welchem Anteil die Arbeiten „energetisch bedingt" sind, weil die parallel laufenden Maßnahme getrennt zu bewerten sind.[264] In diesen Fällen – wie auch bei den unter Rdn. 67 beschriebenen Fällen – ergeben sich daher praktische Probleme für den Mieter zur Feststellung, ob die festgestellte Beeinträchtigung der Tauglichkeit zum vertragsgemäßen Gebrauch der einen oder anderen Maßnahme zugeordnet werden muss. Hierzu könnte die Vorlage eines genauen Bauablaufplan hilfreich sein. § 287 Abs. 2 ZPO, auf den der Gesetzgeber[265] für diese Fälle hinweist, dient nicht der Rechtssicherheit[266] und ist ein Notbehelf im Einzelfall, aber keine für Massenverfahren geeignete Regelung, die im vorprozessualen Raum den Parteien helfen kann. Selten werden die vom BGH[267] geforderten greifbaren hinreichenden Anhaltspunkte für eine Schätzung vorliegen. Der Vermieter ist beweisbelastet[268] und trägt insoweit das Risiko eines notwendigen Sachverständigengutachtens.[269] 73

Der Mieter sollte in diesen Fällen dennoch wegen der BGH-Rechtsprechung[270] nicht auf sein Recht zur Minderung vertrauen, da auch er insoweit vom Ergebnis des Sachverständigengutachtens abhängig ist. Reagiert nämlich der Vermieter auf eine vorbehaltlose Mietminderung des Mieters mit einer fristlosen (§§ 543, 569 BGB) oder ordentlichen (§ 573 BGB) Kündigung wegen Zahlungsverzugs, kann das für den Mieter den Verlust seiner Wohnung bedeuten. Um eine wirksame Kündigung wegen Zahlungsverzugs zu vermeiden, sollte in diesen Fällen der Mieter besser unter (einfachem) Vorbehalt der Minderung die Miete vollständig entrichten, da nicht auszuschließen ist, dass er bei verkehrsüblicher Sorgfalt hätte erkennen können, dass ein Mietminderungsrecht nicht besteht.[271] 74

Unklar ist, ob der Minderungsausschluss davon abhängig ist, dass der Vermieter die Maßnahme ordnungsgemäß unter Beachtung des § 555c BGB angekündigt hat. Der Wortlaut des § 536 Abs. 1a BGB spricht dagegen.[272] Ebenso kann eingewendet werden, dass es in diesen Fällen der Mieter in der Hand hat, sich gegen die Maßnahme zu wehren.[273] Da § 536 Abs. 1a BGB lediglich auf die Legaldefinition der energetischen Modernisierung gem. § 555b Ziff. 1 BGB verweist, wird teilweise davon ausgegangen, dass für den Minderungsausschluss eine formell wirksame Ankündigung gem. § 555c BGB nicht erforderlich ist[274], zumal die Verletzung der Hinweispflicht nach § 555c Abs. 2 BGB nur als Obliegenheitsverletzung ausgestaltet ist (siehe § 555c Rdn. 55). Andererseits ist kaum verständlich, warum der Vermieter, der unter Mißachtung des Gesetzes den Mieter zur Duldung einer baulichen Maßnahme zwingen will, trotz erheblicher Beeinträchtigung des vertragsgemäßen Gebrauchs auch noch den Vorteil einer ungeminderten Miete genießen soll. Es ist in dieser Situation auch kaum verständlich, den Mieter auf die Möglichkeit einer Klage zu verweisen und ihm das Prozessrisiko aufzuerlegen, wo doch der Vermieter den Anlass für die Beeinträchtigung

262 Vgl. *Hau* PiG 2011, 31, 36f.
263 Weitere Beispiele bei *Pfeifer,* MietrechtKompakt, Sonderausgabe Oktober 2011, S. 1 sowie *Lützenkirchen,* Mietrecht, § 536 BGB Rdn. 323.
264 *Neuhaus,* ZMR 2013, 686, 692.
265 BT-Drucks.17/10485, Seite 25.
266 Deutscher AnwaltVerein NZM 2012, 105, 106.
267 BGH (VII ZR 339/02) NJW-RR 2004, 1023 = MDR 2004, 960.
268 *Hinz* ZMR 2012, 153, 158.
269 *Börstinghaus* NZM 2012, 697, 700.
270 BGH (VIII ZR 138/11) WuM 2012, 499 = NZM 2012, 637 = NJW 2012, 2882 = MietPrax-AK § 543 BGB Nr. 26 m. Anm. *Börstinghaus.*
271 BGH (VIII ZR 138/11) WuM 2012, 499 = NZM 2012, 637 = NJW 2012, 2882 = MietPrax-AK § 543 BGB Nr. 26 m. Anm. *Börstinghaus;* Zur Erfüllungswirkung des Vorbehalts siehe AG München NZM 2016, 314.
272 *Neuhaus* ZMR 2013, 686, 692.
273 *Hannemann* IMR 2013, 435, 439.
274 Vgl. umfassend *Hinz* NZM 2013, 209, 211.

liefert. Letztendlich ist zu bedenken, dass § 536 Abs. 1a BGB als Ausnahmevorschrift restriktiv zu handhaben ist.[275]

75 **d) Sonstiges/Übergangsregelung.** Entgegen den Vorentwürfen des Gesetzes[276] soll die Mietminderung nicht ausgeschlossen sein, wenn durch die Veränderungen an der Mietsache nur Primärenergie eingespart oder das Klima auf sonstige Weise geschützt wird (§ 555b Nr. 2 BGB). Mit dem Verweis in Absatz 1a auf § 555 Nr. 1 BGB wird sichergestellt, dass der Mieter auch bei klimaschützenden Maßnahmen die Miete mindern kann, z. B. wenn im Zuge der Installation einer Photovoltaikanlage der vertragsgemäße Gebrauch beeinträchtigt wird. Die Vorschrift erfasst auch nicht Modernisierungsmaßnahmen gem. § 555b Nr. 3–7 BGB). Zum Verhältnis von § 555b Ziff. 1 und Ziff. 6 BGB vgl. § 555b BGB Rdn. 55.

76 Grundsätzlich gilt, dass bei einem Dauerschuldverhältnis nach Inkrafttreten einer Rechtsänderung das neue Recht auch auf das bestehende Schuldverhältnis anzuwenden ist. Gem. Art. 2 MietRÄndG ist auf Mietverhältnisse, die vor Inkrafttreten des neuen Gesetzes entstanden sind, § 536 BGB in der alten Fassung anzuwenden, wenn

- dem Mieter die Mitteilung der Modernisierungsmaßnahme gem. § 554 Abs. 3 Satz 1 BGB a. F. vor dem Inkrafttreten des Gesetzes zugegangen ist oder
- bei Maßnahmen, die nur eine unerhebliche Auswirkung auf die Mietsache haben und nur zu einer unerheblichen Mieterhöhung führen (§ 554 Abs. 3 S. 3 BGB a. F.), der Vermieter mit der Ausführung der Maßnahme vor dem Inkrafttreten des Gesetzes begonnen hat.

2. Sonstige Modernisierung

77 Eine Minderung wird nicht dadurch ausgeschlossen, weil der Mieter eine vom Vermieter veranlasste Modernisierung **geduldet** oder ihr **zugestimmt** hat.[277] Vielmehr kommen in diesen Fällen insbesondere Minderungsansprüche in Betracht, weil die Wohnung während der Modernisierungsarbeiten ganz oder teilweise nicht so genutzt werden kann, wie vertraglich vereinbart. Das ist der Fall, wenn erhebliche Belästigungen auftreten, wie z. B. Lärm, Staub und Kälte oder – nach Modernisierung – wenn die Arbeiten nicht fachgerecht durchgeführt wurden und die Wohnung dadurch Mängel aufweist.[278]

VI. Fallgruppen und Einzelfragen zum Sachmangel

1. Öffentlich-rechtliche Beschränkungen

78 Öffentlich-rechtliche Gebrauchshindernisse und -beschränkungen können die Tauglichkeit zu dem vertragsgemäßen Gebrauch mindern und damit einen Sachmangel darstellen.[279] Insbesondere bei der Vermietung von Gewerberäumen führen privat- oder öffentlich-rechtliche Hindernisse zu einem Mangel.[280] Voraussetzung ist aber, dass die Beschränkungen der konkreten vermieteten Sache ihre Ursache gerade in deren **Beschaffenheit** und **Beziehung** zur Umwelt haben und **nicht** in den **persönlichen** oder **betrieblichen Umständen** des Mieters.[281] Diese Einschränkung ist erforderlich, um dem Mieter nicht durch eine übermäßige Ausdehnung des Fehlerbegriffs das Verwendungsrisiko zu nehmen.

79 Zweifel sind in den Fällen angebracht, bei denen das **Gebrauchshindernis** auf **Verboten** oder **Beschränkungen** zuständiger Behörden beruht, die ihren Grund nicht in der Person des Mieters haben, sondern allgemein die Art seiner gewerblichen Betätigung betreffen, wie. z. B. die Verkür-

---

275 *Hau* NZM 2014, 809, 814.

276 Vgl. die Gegenüberstellung zu § 536 BGB bei *Börstinghaus/Eisenschmid,* Arbeitskommentar Mietrechtsänderung.

277 LG Mannheim WuM 1986, 139; AG Köln ZMR 1980, 87.

278 LG Berlin MM 1994, 396.

279 LG Potsdam WuM 2015, 350.

280 *Emmerich* in Emmerich/Sonnenschein § 536 Rdn. 11ff.; LG Berlin NJW-RR 1990, 852; Einzelfälle bei *Palandt/Weidenkaff,* § 536 Rdn. 19.

281 BGH ZMR 1994, 253 = DWW 1994, 249; BGH WuM 1992, 687 = NJW 1992, 3226 = ZMR 1993, 7; BGH WuM 1992, 313 = NJW-RR 1992, 267 = ZMR 1992, 239; BGH WuM 1988, 302 = GE 1988, 937 = NJW 1988, 2664 = MDR 1988, 1052 = ZMR 1988, 376; BGH NJW 1982, 2062; OLG Düsseldorf ZMR 2011, 865; KG ZMR 2010, 31; LG Bamberg ZMR 2004, 581; *Günter* NZM 2016, 569, 570; *Wolf/Eckert/Ball* Rdn. 295; *Emmerich* in Emmerich/Sonnenschein § 536 Rdn. 11; *Kraemer/Ehlert* in Bub/Treier III. B Rdn. 3213.

zung der Sperrzeit.[282] Da der BGH nur dann öffentlich-rechtliche Hindernisse und Beschränkungen als Mangel ansieht, wenn sie auf der konkreten Beschaffenheit, dem Zustand oder der Lage der Mietsache beruhen[283] (Beispiele: Versagung der Gaststättenkonzession wegen des Zustandes der Räume oder wegen fehlender Kfz-Einstellplätze, Bebauungsverbot eines Grundstücks, Untersagung des Gewerbebetriebes wegen Verstoßes gegen den kommunalen Flächennutzungsplan bzw. wegen Verstoßes gegen Bauvorschriften[284], fehlende Anforderungen des Gesundheitsschutzes und der Sicherheit an Wohnräume[285]), betriebsbezogene Beschränkungen dagegen dem Verwendungsrisiko des Mieters zuweist,[286] ist nach diesen Vorgaben von einem Mangel abzusehen; es sei denn, der Verwendungszweck ist Vertragsinhalt geworden (s. dazu Rdn. 19ff.). Daher liegt ein gesetzliches Rauchverbot in der Risikosphäre des Mieters und stellt grundsätzlich keinen Mangel dar.[287]

Haben die Parteien den Zustand der Mietsache als vertragsgemäß vereinbart, gilt dies nur innerhalb des Vertragszwecks.[288] Daher können keine Räumlichkeiten zu Wohnzwecken vermietet werden, die nach öffentlichrechtlichen Vorschriften hierzu ungeeignet sind. Hat der Vermieter den Mieter zum Abschluss des Vertrages unter Hinweis auf den Verwendungszweck veranlasst oder wollte der Vermieter aus dem speziellen Verwendungszweck ebenfalls Nutzen ziehen,[289] können die Grundsätze über den Wegfall der Geschäftsgrundlage (§ 313 BGB) Anwendung finden. Für diese Fälle wurde in der Vergangenheit die Auffassung vertreten, dass dem Mieter ggf. bei Stellung eines Nachmieters ein Recht zur vorzeitigen Vertragsauflösung zuzubilligen ist.[290] 80

Ein Mangel soll dann nicht anzunehmen sein, wenn das Gebrauchshindernis lediglich in einem **Nachbarwiderspruch** liegt, der nicht durch einen Verstoß gegen maßgebliche gesetzliche Vorschriften ausgelöst wurde und damit die Ursache der Gebrauchsbeeinträchtigung in der Tatsache des Verfahrens als solchem begründet ist.[291] Fehlt andererseits zur Erteilung der behördlichen Genehmigung eine bestimmte bauliche Veränderung an dem Grundstück, ist der Vermieter verpflichtet, diese Baumaßnahme durchzuführen.[292] Ist gegen die behördliche Anordnung ein Rechtsmittel eingelegt worden, so kann die Ungewissheit über die Möglichkeit des künftigen Gebrauchs einen Mangel der Mietsache bilden, wenn hierdurch gegenwärtige Interessen des Mieters beeinträchtigt werden.[293] Dem Mieter ist es nicht zuzumuten, wenn eine Nutzungsuntersagung zu vergegenwärtigen ist, und er deswegen im Fall der Betriebsaufnahme mit einer Untersagungsverfügung rechnen muss, die Räume zu beziehen und damit den Mietvertrag in der vagen Hoffnung auf ein künftiges Untätigbleiben der Behörde weiter in Vollzug zu setzen.[294] 81

Eine zunächst fehlerfreie Sache kann durch eine Änderung öffentlich-rechtlicher Anforderungen nachträglich mangelhaft werden. Die daraus resultierenden Rechtsfolgen können nicht durch Heranziehung der Regeln über den **Wegfall der Geschäftsgrundlage** umgangen und die gesetzlich angeordnete Regelung ausgehebelt werden.[295] Ein Mangel kann auch vorliegen, wenn Mieträume, die zum Betrieb einer Apotheke vermietet wurden, nicht mehr den gesetzlichen Anforderungen genügen[296] (s. zum Mangel bei Nichtbeachtung gesetzlicher Auflagen Rdn. 95ff.) oder 82

---

[282] *Kraemer/Ehlert* in Bub/Treier III. B Rdn. 3221 mit weiteren Beispielen und Nachweisen.

[283] BGHZ 68, 294 = NJW 1977, 1285 = MDR 1977, 743 = ZMR 1978, 25; NJW 1971, 555 = MDR 1971, 294 = BB 1971, 375 = ZMR 1971, 220.

[284] LG Berlin GE 2009, 452.

[285] LG Mannheim NZM 1999, 407 = NJW-RR 1999, 1023.

[286] BGH WuM 1992, 313 = NJW-RR 1992, 267 = ZMR 1992, 239; zum Ganzen *Emmerich* in Staudinger Vorbem. zu § 536 Rdn. 20ff; zur Frage, ob die gesetzliche Einzelzimmerquote ein Mangel des vermieteten Pflegeheims ist, siehe *Schorlin/Rösch* NZM 2011, 297ff.

[287] BGH (XII ZR 189/09) = MietPrax-AK § 536a BGB Nr. 8 = WuM 2011, 520 = NZM 2011, 727 = GE 2011, 1226 = NJW 2011, 3151; *Dose,* WImmoT 2011, 21, 23.

[288] BGH WuM 1976, 95 = MDR 1976, 217 = NJW 1976, 796; LG Mannheim NZM 1999, 406 = NJW-RR 1999, 1023.

[289] *Emmerich* in Staudinger Vorbem. zu § 536 Rdn. 25.

[290] *Emmerich* in Staudinger, 13. Bearbeitung, § 537 BGB, Rdn. 32; vgl. aber BGH WuM 1992, 313 = NJW-RR 1992, 267 = ZMR 1992, 239.

[291] BGH WuM 1992, 687 = NJW 1992, 3226 = ZMR 1993, 7.

[292] OLG Hamm ZMR 1982, 206.

[293] BGH NJW 1971, 555 = MDR 1971, 294 = BB 1971, 375 = ZMR 1971, 220.

[294] KG GE 2016, 1504.

[295] BGH WuM 1992, 313 = NJW-RR 1992, 267 = ZMR 1992, 239.

[296] BGH WuM 1979, 184 = NJW 1979, 2351 = ZMR 1979, 238 = MDR 1979, 929.

wenn bezüglich eines Wohnheims die in behördlichen Richtlinien niedergelegten Mindestanforderungen nicht eingehalten werden.[297]

82a Andererseits kann sich erst im Laufe der Mietzeit ein Mangel zeigen, der bei Anmietung zwar schon vorhanden, aber für den Mieter nicht erkennbar war. Kann deswegen eine Genehigung zur Aufnahme seines Gewerbetriebs nicht erteilt werden, liegt ein Sachmangel vor. Individualvertragliche Absprachen über eine Risikoübernahme des Mieters sind eng auszulegen und erfassen regelmäßig nicht die bei Anmietung vorhandenem, aber nicht erkannte Mängel.[298]

83 Wird eine Gebietskörperschaft fiskalisch tätig, unterliegt sie den Rechten und Pflichten wie eine private Vertragspartei, auch wenn sie für die nutzungsbeschränkenden Gesetze zuständig ist.[299]

84 **a) Abbruchgebot.** Ein rechtswirksames behördliches Gebot, das auf dem Grundstück befindliche Gebäude abzubrechen, stellt einen **Sachmangel** dar, wenn die behördliche Beschränkung des Gebrauchs auf der Beschaffenheit oder der Lage der Mietsache beruht und der Umstand, dass das Grundstück nicht als Baugrundstück benutzt werden kann, von Einfluss auf den Wert des Grundstücks ist.[300]

85 Ein Mangel liegt aber auch dann noch vor, wenn gegen die behördliche Anordnung ein Rechtsmittel eingelegt ist. Die Ungewissheit über die Möglichkeit des künftigen Gebrauchs bildet einen Mangel, wenn gegenwärtige Interessen des Mieters beeinträchtigt werden.[301]

86 **b) Baubeschränkung.** Ist ein Grundstück als Bauland verkauft, so begründet der Umstand, dass es in einem militärischen Schutzbereich liegt, einen Sachmangel, wenn die **Zwecke des Schutzbereichs** seiner Bebauung entgegenstehen.[302]

87 Kein Mangel einer Pachtsache liegt vor, wenn die zuständige Behörde erst nach mehrjähriger, rechtlich an sich möglicher Zulassung einer Diskothek geltend macht, das zum Betrieb der Diskothek gepachtete Grundstück liege in einem Mischgebiet nach § 6 BauNVO.[303]

88 **c) Gaststättenkonzession.** Wird die Tauglichkeit des Pachtobjekts durch eine öffentlichrechtliche Gebrauchsbeschränkung erheblich beeinträchtigt, so liegt ein Mangel vor, wenn der von den Vertragsparteien vorausgesetzte vertragsgemäße Gebrauch eine umfangreichere Nutzung vorsah. Der in einem Vertrag verwendete Begriff „konzessionsreif" ist in Bezug auf den Umfang der Konzession aussageneutral.[304] Wird dem Mieter aber die Übergabe der Gaststätte in „konzessionsfähigem Zustand" zugesagt, muss der Vermieter für die rechtlichen Voraussetzungen der Konzession einstehen.[305] Ist wegen der mit einem Gaststättenbetrieb verbundenen Lärmbelästigung eine Konzession zum Betrieb der Gaststätte nicht zu erlangen, liegt ein Mangel vor.[306]

89 Der Vermieter haftet auch dafür, dass die Flächen überhaupt sowie ggf. nach dem vereinbarten Vertragszweck ausgebaut werden dürfen.[307] Ebenso ist er verantwortlich, wenn der Mieter den Betrieb behördlicherseits wegen fehlender technischer Anlagen nicht so führen darf, wie dies dem vertraglichen Zweck entspricht[308]. Darf eine gewerblich ausgestattete Küche eines zum Betrieb einer „Gaststätte mit Cocktailbar oder Bistro" gepachteten Objekts auf Grund öffentlich-rechtlicher Auflage nur von dem Konzessionsinhaber genutzt werden, nicht aber von seinen Angestellten, so ist die Pachtsache mit einem Mangel behaftet, der die Tauglichkeit zu dem im Vertrag vorgesehenen Gebrauch in erheblichem Umfang mindert.[309] Beanstandungen der Behörde wegen fehlenden Schallschutzes[310] oder mangelhaften Brandschutzes, die nicht ohne weiteres behebbar sind und die zur Versagung der Gaststättenerlaubnis führen, begründen ebenfalls einen Mangel der Sache.[311] Wurden die Gaststättenräume durch einen außerhalb des Mietgebrauchs verursachten

---

[297] BGH WuM 1976, 95 = NJW 1976, 796 = MDR 1976, 217 = ZMR 1977, 305.
[298] KG ZMR 2016, 685.
[299] BGH WuM 1992, 313 = NJW-RR 1992, 267 = ZMR 1992, 239.
[300] BGH NJW 1958, 785; NJW 1971, 555 = MDR 1971, 294 = BB 1971, 375 = ZMR 1971, 220.
[301] BGH NJW 1971, 555 = MDR 1971, 294 = BB 1971, 375 = ZMR 1971, 220.
[302] BGH NJW 1992, 1384 = MDR 1992, 580.
[303] BGHZ 68, 294 = NJW 1977, 1285 = MDR 1977, 743 = ZMR 1978, 25.
[304] OLG Oldenburg NJW-RR 1992, 662 = ZMR 1992, 103.
[305] KG NJW-RR 2000, 819 = NZM 2000, 461; OLG Naumburg WuM 2000, 242.
[306] BGH WuM 1988, 302 = NJW 1988, 2664 = NJW-RR 1988, 1293 = MDR 1988, 1052 = ZMR 1988, 376 = GE 1988, 937.
[307] *Kraemer/Ehlert* in Bub/Treier III. B Rdn. 3220.
[308] OLG Rostock GuT 2002, 109.
[309] OLG Köln VersR 1995, 840.
[310] KG ZMR 2010, 31.
[311] OLG Düsseldorf DWW 1993, 100 = ZMR 1993, 275.

Brand unbenutzbar und dann weitgehend wiederhergestellt, ist der vertragsgemäße Gebrauch dennoch aufgehoben, solange die Verwaltungsbehörde die Erteilung der Genehmigung für die Wiederbenutzung der Gaststättenräume versagt.[312] Der Vermieter ist auch dafür verantwortlich, dass dem Objekt nicht von Anfang an die Stellplatznachweise fehlen.[313] Der Mieter muss sich nicht auf eine verwaltungsgerichtliche Auseinandersetzung einlassen.[314] Er ist auch nicht gehalten, den Mangel ohne behördliche Genehmigung zu beheben und darauf zu hoffen, dass die Behörde nicht einschreitet.[315]

Dagegen liegt kein Mangel vor, wenn die Versagung der Konzession auf Umständen beruht, die nicht mit der Beschaffenheit der Mietsache zusammenhängen, sondern in persönlichen oder betrieblichen Umständen des Mieters ihre Ursache haben;[316] z. B. bei Versagung der Gaststättenkonzession wegen **Unzuverlässigkeit,**[317] bei einer behördlichen Beschränkung der Öffnungszeiten auf Grund von **Beschwerden der Anwohner**[318] oder wenn der Mieter einen erheblichen Umbau des Mietobjekts plant und er hierfür die Beibringung der **behördlichen Genehmigungen** übernommen, diese aber nicht erhalten hat.[319] 90

Die Formularklausel, wonach der Mieter für die Erteilung der Gaststättenkonzession uneingeschränkt haftet, ist wegen Verstoß gegen § 307 BGB unwirksam.[320] Durch eine solche Klausel wird das Risiko auch für **solche Konzessionshindernisse** auf den Mieter verlagert, die mit der Beschaffenheit und der Lage des Mietobjektes in Zusammenhang stehen und die nach der gesetzlichen Regelung in den Risikobereich des Vermieters fallen.[321] 91

d) Gewerbebetrieb. Werden ehemalige Wohnräume zu gewerblichen Zwecken vermietet, so ist hierfür in manchen Gemeinden eine Zweckentfremdungsgenehmigung erforderlich. Fehlt diese Genehmigung, so liegt ein Sachmangel vor, der zur Minderung **auf Null** berechtigt.[322] Wird dagegen eine an sich unzulässige Nutzungsänderung für eine bestimmte Zeit hingenommen, ist für diesen Zeitraum kein zur Minderung berechtigender Mangel gegeben.[323] 92

Der Vermieter ist im Rahmen der Gewährleistungshaftung verantwortlich, wenn das Ordnungsamt dem Mieter die **Schankerlaubnis** deshalb nicht erteilt, weil der Vermieter die hierfür aus bauordnungsrechtlicher Sicht erforderlichen Voraussetzungen nicht geschaffen hat.[324] Das Gleiche gilt bei behördlicher Versagung der Konzession für die im Mietvertrag vereinbarte Nutzung als Spielhalle.[325] 93

Dagegen trägt das **wirtschaftliche Risiko** des Betriebs allein der Mieter. Daher kann der Vermieter nicht zur Verantwortung gezogen werden, wenn der Mieter die bei den Vertragsverhandlungen besprochenen Umsatzzahlen nicht erreicht,[326] es sei denn, der Vermieter hat einen bestimmten Umsatz zugesichert.[327] Derartige Angaben können einen Anspruch aus §§ 311, 241 Abs. 2, 280 BGB (c. i. c.) auslösen. Ergibt sich eine Umsatzminderung in einer Gaststätte als Folge der Einrichtung einer verkehrsberuhigten Zone, ist ebenfalls nicht von einem Mangel auszuge- 94

---

312 BGH WuM 1987, 315.

313 BGH WuM 1997, 617 = NJW 1997, 2813 = MDR 1997, 923 – ZIP 1997, 1594; OLG München ZMR 1995, 401.

314 OLG Düsseldorf DWW 1991, 236.

315 KG ZMR 2016, 856 = GE 2016, 1504.

316 BGH ZMR 1994, 253 = DWW 1994, 249; WuM 1988, 302 = NJW 1988, 2664 = NJW-RR 1988, 1293 = MDR 1988, 1052 = ZMR 1988, 376 = GE 1988, 937; OLG Naumburg WuM 2000, 242; *Häublein* in MünchKomm § 536 Rdn. 20.

317 AG Pinneberg ZMR 2003, 844; *Günter* NZM 2016, 569, 571; *Kraemer/Ehlert* in Bub/Treier III. B Rdn. 3221.

318 OLG Düsseldorf ZMR 1994, 402.

319 OLG Düsseldorf ZMR 1993, 334 = DWW 1993, 93; *Kraemer/Ehlert* in Bub/Treier III. B Rdn. 3220.

320 BGH WuM 1988, 302 = NJW 1988, 2664 = NJW-RR 1988, 1293 = ZMR 1988, 376 = MDR 1988, 1052; NJW-RR 1993, 519 = ZMR 1993, 320 = DWW 1993, 170; OLG Celle MDR 1999, 1434; OLG Düsseldorf ZMR 1992, 446 = DWW 1992, 366; OLG München ZMR 1995, 401.

321 OLG Celle MDR 1999, 1434 = NZM 2000, 621.

322 VerfGH Berlin GE 2001, 1054; KG MietRB 2004, 288; OLG Hamburg NJW-RR 1996, 1356.

323 KG GuT 2007, 214 = DWW 2007, 249; OLG Düsseldorf GuT 2007, 217; DWW 1973, 278.

324 OLG Düsseldorf NJW-RR 1988, 1424 = MDR 1988, 866.

325 KG ZMR 2014, 876 = GE 2014, 1452; kritisch *Herlitz,* jurisPR-MietR 19/2014 Anm. 3; **a. A.** LG Hamburg ZMR 2016, 702 – Änderung des Spielhallengesetzes.

326 OLG Hamburg MDR 1998, 340.

327 BGH (XII ZR 103/95) NJWE-MietR 1997, 150.

hen[328] (anders, wenn die Ertragsfähigkeit eines Unternehmens zugesichert wird[329] – Rdn. 339). Grundsätzlich trägt der Mieter das Risiko, dass sich z. B. auf Grund eines allgemeinen **Attraktivitätsverlustes** des Gebietes, einer Ansiedlung marktstarker **Konkurrenten** oder von **Verkehrsmaßnahmen,** insbesondere Bauarbeiten, die Kunden verlaufen.[330] Etwas anderes ist aber dann anzunehmen, wenn sich die baulich bedingten Verkehrsmaßnahmen über Monate und Jahre hinziehen und dadurch das geschäftliche Umfeld praktisch zerstört ist.[331] S. hierzu auch Geschäftsgrundlage, Rdn. 612ff., 618.

95 **e) Nutzungshindernisse.** Kann die vereinbarte Nutzung des Mietobjektes aus bauordnungsrechtlichen Gründen nicht ausgeübt werden, liegt ein Sachmangel vor.[332] Hiervon kann sich der Vermieter auch nicht mit Hilfe einer Formularklausel befreien, wenn die behördliche Genehmigung aus Gründen versagt wird, die ausschließlich auf der Beschaffenheit oder der Lage des Mietobjektes beruhen.[333] Weiterhin ist ein Mangel anzunehmen, wenn ein Grundstück in einem Wochenendgebiet als Wohngrundstück vermietet wird,[334] Räume entgegen der Bauordnung zu Wohnraum verbunden werden[335] oder wenn der Vermieter Appartements zur Verfügung stellt, die zu Wohnzwecken geeignet sein sollen, aber wegen erheblicher baulicher Auflagen nicht benutzt werden können.[336] Ebenso stellt die fehlende Abgeschlossenheit einer Ferienwohnung einen Sachmangel dar.[337] Erweist sich im Verlaufe des Mietverhältnisses, dass die als Wohnräume vermieteten Räume u. a. wegen zu geringer Deckenhöhe einer baurechtlichen Nutzungsbeschränkung unterliegen, so mindert sich die Miete ab dem Zeitpunkt der Kenntnis von der Beschränkung auch dann, wenn die Räume als vertragsgemäß angenommen und bewohnt worden sind[338] (s. Rdn. 80). Solange die zuständige Gemeinde eine unzulässige Nutzung der Mietsache **duldet,** können die Mieter allerdings keine Gewährleistungsrechte geltend machen.[339] Voraussetzung für die Annahme eines Sachmangels (fehlende oder beeinträchtigte Gebrauchstauglichkeit) ist, dass ein behördliches Einschreiten nicht nur befürchtet wird, sondern dass der Mieter in seinem vertragsgemäßen Gebrauch tatsächlich eingeschränkt ist, weil die zuständige Behörde die Nutzung rechtswirksam und unanfechtbar **untersagt** hat[340] oder insoweit ein behördliches Einschreiten zu **erwarten** ist.[341] So kann sich der Mieter nicht auf einen Mangel berufen, solange die zuständige Baubehörde die zu geringe Deckenhöhe in den Zimmern nicht beanstandet hat.[342] Hinsichtlich der Höhe der Mietminderung ist zu bedenken, dass bei einer behördlichen Nutzungsuntersagung der Mieter zwar im vertragsgemäßen Gebrauch beschränkt ist, aber dieser erst mit dem Vollzug der Untersagungsverfü-

[328] OLG Celle NJW-RR 1996, 1099.
[329] BGH (I ZR 132/75) NJW 1977, 1538.
[330] OLG Düsseldorf NJW-RR 1998, 1236 = MDR 1998, 768 = DWW 1998, 20 = NZM 1998, 481.
[331] OLG Dresden WuM 1999, 159; zum Schadensersatzanspruch aus Amtspflichtverletzung vgl. OLG Dresden NZM 2001, 96.
[332] BGH (XII ZR 24/06) GuT 2007, 434 = GE 2008, 120 = ZMR 2008, 274 = MietPrax-AK § 543 BGB Nr. 9 m. Anm. *Eisenschmid;* OLG Nürnberg ZMR 1999, 255 = NZM 1999, 419; OLG Köln ZMR 1998, 91; OLG Düsseldorf WuM 1991, 264 = DWW 1991, 16; LG Berlin NJW-RR 1990, 852 = GE 1990, 761; LG Essen WuM 1997, 552; AG Brühl WuM 1985, 261; LG Potsdam WuM 2015, 350.
[333] BGH (XII ZR 24/06) GuT 2007, 434 = GE 2008, 120 = MietPrax-AK § 543 BGB Nr. 9 m. Anm. *Eisenschmid; Graf v. Westphalen* NZM 2016, 369, 377; *Fritz* NJW 2009, 959, 960.
[334] LG Lüneburg ZMR 1999, 716.
[335] LG Berlin ZMR 1999, 823.
[336] BGH (VIII ZR 98/72) NJW 1973, 1498 = MDR 1973, 927 = BB 1973, 998.
[337] AG Bad Oeynhausen ZMR 2005, 541.
[338] LG Lüneburg WuM 1989, 368.
[339] BGH (VIII ZR 275/08) WuM 2009, 661 = NJW 2009, 3421; KG GuT 2007, 214 = DWW 2007, 249; OLG Düsseldorf GuT 2007, 217; GuT 2005, 14 = DWW 2005, 20; DWW 2006, 286; OLG Nürnberg ZMR 1999, 255 = NZM 1999, 419; OLG Köln ZMR 1998, 91; WuM 1998, 152 = ZMR 1998, 227 = MDR 1998, 709; OLG München ZMR 1996, 496 (Nutzung als Schulungsräume); LG Frankfurt/Oder GE 2007, 1385; LG Mannheim NZM 1999, 407 = NJW-RR 1999, 1023AG Hamburg-Wandsbek ZMR 2016, 884; **a. A.** LG Potsdam WuM 2015, 350 – eventuell anteilige Mietminderung möglich.
[340] BGH (XII ZR 153/15) WuM 2017, 18 = GE 2017, 42.
[341] Einen Grenzfall betrifft BGH (XII ZR 77/12) GE 2014, 114 = MDR 2014, 141; OLG Düsseldorf ZMR 2011, 867; ZMR 2011, 118 = NZM 2010, 820; GE 2009, 1046 = ZMR 2010, 29 = GuT 2009, 303; ZMR 2000, 707; LG Berlin GE 2012, 1701; **a. A.** KG ZMR 2016, 685 für den Fall, dass es wegen des Mangels erst gar nicht zu einer Betriebsaufnahme kommt.
[342] BGH (VIII ZR 275/08) WuM 2009, 661 = NJW 2009, 814 = GE 2009, 1425 = NZM 2009, 814 = MDR 2009, 1383; BGH (VIII ZR 242/08) WuM 2009, 662 = GE 2009, 1487; LG Berlin GE 1989, 91.

gung vollständig aufgehoben wird. Daher ist erst ab diesem Zeitpunkt eine 100-prozentige Mietminderung gerechtfertigt.[343]

Muss sich ein Mieter auf Grund einer Androhung der zuständigen Behörde auf eine Zwangsräumung einrichten[344] oder auf eine Nutzungsuntersagung wegen Mängeln des Brandschutzes,[345] ist er zur Mietminderung berechtigt. Dem Mieter ist es nämlich **nicht zuzumuten,** einen langwierigen Rechtsstreit wegen Umständen zu führen, die außerhalb seines Einwirkungsbereiches liegen.[346] Etwas anderes gilt jedoch, wenn es sich bei dem behördlichen Vorgehen um eine reine stadtplanerische Maßnahme handelt, die sich erst in ferner Zukunft auswirken kann.[347] **96**

Sperrt der Vermieter die Räume ab, so dass der Mieter diese nicht mehr betreten und sein Gewerbe ausüben kann, liegt wegen der Unbenutzbarkeit des Verkaufsraumes ein Mangel vor.[348] Mangelhaft i. S. v. BGB § 536 Abs. 1 BGB ist auch ein Lagerraum, der durch Konstruktionsfehler und mangelnde Unterhaltung nicht geeignet ist, die normale Nutzungslast zu tragen.[349] **97**

Hat der Mieter, der sein Recht zur fristlosen Kündigung **verwirkt** hat, nach Ausspruch der Kündigung das gemietete Tankstellenobjekt geschlossen, so steht ihm ein Minderungsrecht auch dann nicht zu, wenn die Wiedereröffnung der Tankstelle daran scheitert, dass die alten – ehemals Bestandsschutz genießenden – Betriebseinrichtungen nun nicht mehr genehmigungsfähig sind.[350] **98**

f) Zweckentfremdung. Auch öffentlich-rechtliche Gebrauchshindernisse führen zu einem Mangel. Daher ist eine Mietsache mangelhaft, wenn sie unter Verstoß gegen eine Zweckentfremdungsverordnung zu anderen **als Wohnzwecken** vermietet wird.[351] Denn der vertragsgemäße Gebrauch wird eingeschränkt, wenn der Mieter die Mietsache nur nutzen kann, wenn er damit gleichzeitig eine Ordnungswidrigkeit begeht[352] Die fehlende Zweckentfremdungsgenehmigung führt nicht zur Nichtigkeit des Mietvertrages, da es sich sowohl bei Art. VI § 1 MietRVerbessG als auch bei den entsprechenden landesgesetzlichen Regelungen nicht um Verbotsgesetze handelt.[353] **99**

Eine mietvertragliche Abrede, wonach es Sache des Mieters ist, sich die für seine geschäftliche Tätigkeit erforderlichen Genehmigungen zu beschaffen, umfasst den Bereich der Berufsausübung, nicht aber **die Zweckentfremdung.**[354] Der Mieter kann sich aber nicht auf den Mangel Zweckentfremdung berufen, so lange die Behörde die unzulässige Nutzung der Mietsache duldet.[355] Erst wenn eine entsprechende behördliche Anordnung ergangen ist, führt die Besorgnis der Rechtswidrigkeit der Nutzung zu der Annahme eines Mangels, wenn die bestehende Ungewissheit gegenwärtige Interessen des Mieters beeinträchtigt.[356] **100**

g) Energieausweis. Der Energiepass gem. § 16ff. EnEV wird neben dem gesetzlichen Auftrag als Verbraucherinstrument für Käufer und Wohnungssuchende im Regelfall auch dem Vermieter sowohl im Rahmen des Energiecontrolling als auch des Benchmarking dienen[357]. Ein Mangel der Mietsache könnte daher für den Fall diskutiert werden, dass sich das Gebäude als im Wärmeverbrauch unwirtschaftlicher erweist, als im Energieausweis ausgewiesen[358]. Die Annahme eines Mangels wegen Unwirtschaftlichkeit ist im Einzelfall bei extremen Verhältnissen bejaht worden[359], hat **101**

---

[343] BGH (XII ZR 153/15) WuM 2017, 18 = GE 2017, 42.
[344] BGH WPM 1983, 660; vgl. OLG Düsseldorf WuM 2002, 285 = GuT 2002, 74 zum Brandschutz.
[345] OLG Düsseldorf ZMR 2002, 739.
[346] LG Mönchengladbach ZMR 1992, 304 = MDR 1992, 871.
[347] *Wolf/Eckert/Ball,* Rdn. 285; *Kraemer/Ehlert* in Bub/Treier III. B Rdn. 2318.
[348] BGH WuM 1981, 92 = NJW 1980, 777 = MDR 1980, 306 = ZMR 1980, 105.
[349] BGH BB 1958, 575.
[350] OLG Düsseldorf BB 1994, 1959 = ZMR 1994, 559.
[351] OLG Hamm NJWE-MietR 1997, 201; KG NJW-RR 1996, 1224 = ZMR 1996, 263; BayObLG NJW-RR 1986, 690; bedenklich LG Berlin GE 1994, 459.
[352] KG GE 1989, 941.
[353] BGH NJW 1994, 320 = DWW 1994, 246 = GE 1994, 1313 = ZMR 1994, 255; OLG Köln WuM 1992, 67 = VersR 1992, = DWW 1992, 78.
[354] KG NZM 1999, 708.
[355] KG GE 2002, 664; OLG Nürnberg ZMR 1999, 255 = NZM 1999, 419; OLG Köln WuM 1998, 152 = ZMR 1998, 227 = MDR 1998, 709; LG Berlin GE 1998, 41; *Kraemer/Ehlert* in Bub/Treier III. B Rdn. 3218.
[356] BGH NJW 1971, 555 = MDR 1971, 294 = BB 1971, 375 = ZMR 1971, 220; VerfGH Berlin GE 2001, 1054.
[357] *Sternel* NZM 2006, 495, 496.
[358] S. *Schwintowski* WuM 2006, 115.
[359] LG Hamburg NJW-RR 1998, 1309; WuM 1988, 353; LG Braunschweig WuM 1985, 26; LG München I WuM 1985, 26; **a. A.** AG Steinfurt ZMR 1987, 179.

sich aber nicht durchgesetzt (vgl. § 535 Rdn. 126). Schwintowski[360] weist darauf hin, dass Art. 20a GG die Judikative verpflichtet, § 556 BGB im Spiegel der mietrechtlichen Zielsetzung auszulegen. An diesem Maßstab orientiert, müsste dem Wirtschaftlichkeitsgrundsatz Vorrang eingeräumt werden. Danach wäre der Vermieter gehalten, im Rahmen seiner vertraglichen Instandhaltungspflichten für einen optimalen Betrieb der Heizungsanlage zu sorgen. Lässt sich dies technisch nicht mehr erreichen, kann in Anknüpfung an die Überlegungen von Schwintowski sogar ein Anspruch des Mieters auf den Austausch der alten Heizungsanlage mit einer energieeinsparenden und damit ökologisch wirksamen Heizungsanlage bestehen.

102 Diesen Überlegungen hat der BGH aber eine Absage erteilt.[361] Seiner Auffassung nach gilt z. B. der Wirtschaftlichkeitsgrundsatz nicht, wenn der Vermieter die Wohnung vermietet und zu diesem Zeitpunkt ein unwirtschaftlicher Heizungsbetrieb erfolgt. Der Mieter hat dann – mangels anderer Absprachen – die Mietsache so hinzunehmen, wie er sie angemietet hat.

103 Etwas anderes kann aber gelten, wenn der Vermieter den Inhalt des Energieausweises zum Vertragsinhalt gemacht hat. Zu diesem Ergebnis kommt man, wenn der Vermieter eine Ablichtung des Energiepasses an den Mietvertrag heftet. Damit könnte er die Inhalte des Energiepasses zum Gegenstand der mietvertraglichen Vereinbarungen gemacht haben[362]. In diesem Fall muss geprüft werden, ob der Vermieter die Inhalte des Energiepasses in seine allgemeine Leistungspflicht einbeziehen oder ob er darüber hinaus sogar eine Eigenschaft des Gebäudes zusichern wollte. Vom letzteren Fall ist allerdings nur auszugehen, wenn dem Vermieter eine Erklärung unterstellt werden kann, dass er für die Einhaltung der Energiekennwerte bzw. der Bedarfzahlen unbedingt einstehen und ggf. bei Abweichungen Schadenersatz leisten will. Eine Haftung des Vermieters kann auch aus § 241 Abs. 2 BGB in Betracht kommen, wenn der Vermieter in Kenntnis eines fehlerhaften Energiepasses den Mieter über die Energieeffizienz des Gebäudes getäuscht hat.[363]

104 Wird die (konkludente) vertragliche Einbeziehung bzw. Zusicherung der Inhalte des (fehlerhaften) Energiepasses im Einzelfall bejaht, hat der Mieter – ohne dass der Wirtschaftlichkeitsgrundsatz bemüht werden muss – neben dem Recht zur Minderung auch einen Erfüllungsanspruch, der dazu führt, dass der Vermieter die notwendigen baulichen Maßnahmen treffen muss, um den vereinbarten bzw. zugesicherten energetischen Zustand herzustellen. Gegebenenfalls ist zu prüfen, ob die Maßnahme dem Vermieter zumutbar ist oder ob er den Einwand der Opfergrenze[364] (zur Anspruchsgrundlage s. Rdn. 559) erheben kann.

2. Einwirkungen von außen

105 **a) Elektrosmog.** Sowohl innerhalb als auch außerhalb geschlossener Räume wirken zunehmend elektrische, magnetische und elektromagnetische Felder auf den Menschen ein. Ursächlich sind insbesondere überirdische Stromleitungen, wie Hochspannungsleitungen und Bahnoberleitungen sowie Funkstationen. Unter dem Schlagwort „Elektrosmog" lässt sich alles einordnen, was im weitesten Sinne mit den elektrischen, magnetischen und elektromagnetischen Feldern und Strahlungen und einem dadurch möglicherweise verursachten Krankheitsgeschehen zusammenhängt.[365]

106 Mit der ElektrosmogVO,[366] die am 1.1.1997 in Kraft trat, hat das Bundesministerium für Umwelt, Naturschutz und Reaktorsicherheit diese Anlagen in einen Katalog von Feldgrenzwerten aufgenommen. Die Verordnung orientiert sich an den Empfehlungen der Strahlenschutzkommission vom 10.5.1995[367] und löst die Richtwerte der DIN-Fachkommission (DIN-VDE 0848) ab. Die

---

360 *Schwintowski* WuM 2006, 115, 117.

361 BGH (VIII ZR 340/10) = WuM 2011, 513 = MietPrax-AK § 556 BGB Nr 77 = NJW 2011, 3028 = NZM 2011, 705 = GE 2011, 1225; BGH (VIII ZR 243/06) WuM 2008, 29 = NJW 2008, 440 = NZM 2008, 78 = GE 2008, 116 = ZMR 2008, 599 = MDR 2008, 257 = MietPrax-AK § 556 BGB Nr. 27; BGH (VIII ZR 78/06) WuM 2007, 393 = NZM 2007, 563 = GE 2007, 1051 = ZMR 2007, 685 = MietPrax-AK § 2 Nr. 4 BetrKV Nr. 7.

362 *Sternel* NZM 2006, 495, 497; *Horst* NZM 2006, 1, 3; **a. A.** OLG Schleswig NJW 2015, 2668.

363 *Blank/Börstinghaus* § 536 BGB Rdn. 43.

364 S. dazu BGH (VIII ZR 131/09) WuM 2010, 348 = MietPrax-AK § 536a BGB Nr. 6 = NJW 2010, 2050; BGH (VIII ZR 342/03) NJW 2005, 3284 = NZM 2005, 820 = WuM 2005, 713 = GE 2005, 1348 = MietPrax-AK § 535 BGB Nr. 21 = GuT 2005, 262.

365 *Eckert* DWW 2000, 51; *Gablenz* NZM 1998, 364.

366 26. Verordnung zur Durchführung des Bundes-Immissionsschutzgesetzes (Verordnung über elektromagnetische Felder – 26. BImSchV) vom 16.12.1996 (BGBl. I S. 1966) i. d. F. v. 21.8.2013 (BGBl. I S. 3267).

367 Bundesanzeiger vom 8.8.1995, Nr. 147a, S. 5.

Verordnung berücksichtigt auch die Empfehlungen der Internationalen Strahlenschutzvereinigung (IRPA) und der Internationalen Kommission für den Schutz vor nicht ionisierender Strahlung (ICNIRP).

107 Gem. § 2 der ElektrosmogVO sind Hochfrequenzanlagen zum Schutz vor schädlichen Umwelteinwirkungen so zu errichten und zu betreiben, dass sie in ihrem Einwirkungsbereich in Gebäuden oder auf Grundstücken, die zum nicht nur vorübergehenden Aufenthalt von Menschen bestimmt sind, bei höchster betriebener Anlagenauslastung und unter Berücksichtigung von Immissionen durch andere ortsfeste Sendefunkanlagen bestimmte Grenzwerte nicht übersteigen.[368]

108 In jüngster Zeit haben mehrere Gerichte entschieden, dass ein Wohnungseigentümer die Installation einer Funkantenne auf dem Gebäude seiner Wohnungseigentumsanlage nicht dulden muss[369]. Eine bestehende Ungewissheit darüber, ob Mobilfunknetze, die für den UMTS-Betrieb ausgelegt sind, gesundheitsgefährdend sind, ist eine tatsächliche Benachteiligung i. S. d. § 14 Nr. 1 WEG.[370] Die Ungewissheit über eine Gesundheitsgefährdung kann zu einer Beeinträchtigung der Lebensqualität in der Wohnanlage führen. Einem **Wohnungseigentümer** ist es nicht zuzumuten, bis zu einem Abschluss der Forschungen über die Gefährlichkeit solcher Antennenanlagen, diese in unmittelbarer Nähe ihrer Räume zu dulden und damit praktisch zum Versuchsobjekt solcher Untersuchungen zu werden.[371]

109 Diese Überlegungen gelten gleichermaßen für den Mieter, der in der Ungewissheit einer gesundheitlichen Beeinträchtigung solchen Strahlungen ausgesetzt wird, wenn der Vermieter sein Objekt an einen Mobilfunkbetreiber zwecks Installation einer Antenne vermietet (s. Rdn. 156).[372] Dem steht nicht die Überlegung entgegen, dass der Verordnungsgeber mit der ElektrosmogVO (s. Rdn. 106) Grenzwerte eingeführt hat, die für die Prüfung eines mietrechtlichen Mangels verbindlich sind. Die ElektrosmogVO gibt Grenzwerte nur für die thermischen Auswirkungen elektromagnetischer Strahlen vor. Im – problematischen – athermischen Bereich[373] und für den UMTS-Betrieb hat der Verordnungsgeber aber bislang von einer Grenzwert-Vorgabe abgesehen, so dass es für die Annahme eines mietrechtlichen Mangels ausreicht, wenn eine konkrete Gefahrbesorgnis vorliegt[374]. Der BGH[375] ist allerdings der Auffassung, dass die Grenzwerte für die thermischen Wirkungen auch für die **athermischen Einflüsse** gelten, da erstere bei geringeren Feldstärken eintreten als nachgewiesene athermische Reaktionen. Daher seien die athermischen Auswirkungen miterfasst. Diese Schlussfolgerung ist angesichts der Tatsache zweifelhaft, dass der Bundesrat die ElektrosmogVO mit folgender Maßgabe genehmigt hat: Der Bundesrat fordert die Bundesregierung auf … e) sich auf nationaler und internationaler Ebene für eine Intensivierung der Grundlagenforschung zu den biologischen Wirkungsmechanismen elektromagnetischer Felder einzusetzen, um die bestehenden Wissenslücken auf diesem Gebiet zu schließen und die Schutz- und Vorsorgeregelungen auf eine verlässliche Basis zu stellen.[376] Auch die Strahlenschutzkommission empfiehlt weitere Forschungen[377], hat allerdings in ihrem Bericht vom 3. 4. 2007 festgestellt, dass nach bishe-

---

[368] Die Grenzwerte ergeben sich aus den Anhängen der 26. BImSchV i. d. F. v. 21.8.2013 (BGBl. I S. 3267); Einzelheiten zum Anwendungsbereich der ElektrosmogVO. *Kutscheidt* NJW 1997, 2481, 2482.

[369] S. aber BayObLG GE 2004, 485 zum Beschluss über die Entfernung einer Mobilfunkantenne; zu den Gestaltungsinstrumenten einer Kommune s. *Kniep* WuM 2007, 611.

[370] OLG Hamm NJW 2002, 1730 = NZM 2002, 456; BayObLG NZM 2002, 441; OLG Karlsruhe NJW-RR 2006, 1600 = DWW 2006, 381 bei Bruchteilseigentum.

[371] OLG Hamm NJW 2002, 1730 = NZM 2002, 456.

[372] **A. A.** *Martens/Appelbaum* NZM 2002, 642, 651.

[373] *Kniep* WuM 2002, 598.

[374] Vgl. OLG Hamm WuM 1987, 248 = NJW-RR 1987, 968 = ZMR 1987, 267 = DWW 1987, 226 = GE 1987, 779; AG Hamburg WuM 2007, 621; s. auch *Herkner* WuM 2007, 662; ablehnend LG Hamburg WuM 2007, 692.

[375] BGH (VIII ZR 74/05) MietPrax-AK § 536 BGB Nr. 14 = WuM 2006, 304 = NJW 2006, 2625 = ZMR 2006, 670 = NZM 2006, 504 = DWW 2006, 195; BGH (V ZR 217/03) WuM 2004, 217 = NJW 2004, 1317 = ZMR 2004, 415, 416 m. Anm. *Schläger; Gsell* WuM 2011, 491, 496.

[376] Beschluss des Bundesrates – Teil B Entschließung – vom 8. 11. 1996 – BR-Drucks. 393/96; so auch *Schläger,* Anm. zu BGH ZMR 2004, 418, 420; zum Forschungsstand s. BT-Drucks. 15/5415 vom 29. 4. 2005, siehe auch Nachweise bei *Kniep* WuM 2012, 305.

[377] Empfehlungen der Strahlenschutzkommission, verabschiedet auf der 107. Sitzung am 12./13. 12. 1991 – Schutz vor elektromagnetischer Strahlung beim Mobilfunk –; verabschiedet auf der 129. Sitzung am 16./17. 2. 1995 – Schutz vor niederfrequenten elektrischen und magnetischen Feldern der Energieversorgung und -anwendung. Der Bericht der Europäischen Kommission vom 2. 9. 2008 – 12659/08 – empfiehlt weiterhin strikte Beobachtung über Auswirkungen und Folgen elektromagnetischer Strahlung.

rigen Erkenntnissen kein Anlass besteht, von einer gesundheitsgefährdenden Wirkung hochfrequenter elektromagnetischer Felder auf das Genom auszugehen und die geltenden Grenzwerte in Frage zu stellen.[378] In ihrer Stellungnahme vom 14.5.2009 kommt die Strahlenschutzkommission zu dem Ergebnis, dass keine Veranlassung besteht, die bestehenden Grenzwerte zu senken.[379] Allerdings sind damit die Bedenken nicht behoben. So sieht § 4 26. BImSchV vor, dass zum Zwecke der Vorsorge wesentliche Änderungen von Niederfrequenzanlage in bestimmten Wohnbereichen nur unter Beachtung erhöhter Anforderungen zulässig sind.[380]

110 Verfassungsrechtlich ist die Annahme eines Mangels allerdings nicht geboten. **Die verfassungsrechtliche Schutzpflicht** für die körperliche Unversehrtheit, die alle staatlichen Organe bindet, verlangt von den allgemein zuständigen Gerichten nicht, dass sie nicht verifizierte und teils widersprüchliche Befunde bestätigen und so mit den Mitteln des Zivilrechts ungesicherten wissenschaftlichen Erkenntnissen zur Durchsetzung verhelfen.[381] Vielmehr ist es unter verfassungsrechtlichen Gesichtspunkten allein Sache des Verordnungsgebers, bei entsprechender Bewertung einer „neuen" Situation weitere Schutzmaßnahmen zu treffen.[382]

111 **b) Gerüche.** Nisten Tauben in einem Wohnhaus und belästigen sie die Mieter insbesondere durch Gerüche, berechtigt dies zu einer Minderung des Mietzinses. Dies gilt auch, wenn Gestank aus der Nachbarwohnung durch das **Halten von Tieren**[383] oder durch das übermäßige Herumstreunen von Katzen und/oder Mäusen das Wohnen beeinträchtigt.[384] Auch alte und kranke Nachbarn, die sich selbst nicht mehr ausreichend pflegen und versorgen, können Beeinträchtigungen hervorrufen.[385] Ein Mieter wird in der Benutzung der Wohnung behindert, wenn streunende Katzen, die durch die Fütterung von anderen Mietern angelockt werden, einen starken Geruch verbreiten.[386] Auch die Nutzung einer zum Gebrauch überlassenen Terrasse kann durch von Tieren verursachten Schmutz und Gerüchen erheblich beeinträchtigt sein.[387]

112 Die Verbreitung von **Küchengerüchen** stellt allein noch keinen Mangel der Mietwohnung dar. Das Kochen verschiedener Mietvertragsparteien zu den unterschiedlichsten Tageszeiten kann dazu führen, dass von einzelnen Mietern eine Beeinträchtigung des Wohlbefindens wahrgenommen wird, die allerdings hinzunehmen ist. Ein Mangel liegt erst dann vor, wenn es sich um eine erhebliche und durchgängige Belastung des Geruchsempfindens handelt.[388] Gehen daher von einer Pizzabäckerei im Nachbarhaus Gerüche aus, die über den Lüftungsschacht in der Wohnung des Mieters verbreitet werden, stellt dies ebenso einen zur Minderung rechtfertigenden Mangel dar,[389] wie die Beeinträchtigung des Wohnungsnachbarn durch über das Fenster abziehende Küchengerüche.[390] Gleichfalls ist es als Mangel zu werten, wenn auf dem Grundstück **Biomüll-Abfalltonnen**[391] oder die nahe gelegene Kläranlage erhebliche Geruchsbelästigungen verursachen.[392]

113 Bei der Vermietung von Gewerberäumen müssen Toiletten so beschaffen sein, dass von ihnen keine Gerüche ausgehen, die in die Gaststube dringen.[393] **Heizölgeruch** in den Wohnräumen ist ebenfalls nicht vertragsgemäß.[394]

114 **c) Lärm.** Lärm definiert sich nicht vom Verursacher, sondern vom Betroffenen her. Lärm kann gesundheitsgefährdend oder nur lästig sein. Dabei kommt es nicht nur auf den objektiven, messba-

---

[378] Bekanntmachung einer Stellungnahme der Strahlenschutzkommission v. 3.4.2007 – BAnz v. 24.7.2007 (Nr. 135a); zweifelnd *Kniep* ZMR 2009, 510.

[379] Stellungnahme der Strahlenschutzkommission v. 14.5.2009 – BAnz v. 20.11.2009 (Nr. 176), S. 3965.

[380] 26. BImSchV i. d. F. v. 21.8.2013 (BGBl. I S. 3267).

[381] BVerfG NJW 1997, 2509 = ZMR 1997, 218 = DWW 1997, 146 = GE 1997, 486; NJW 2002, 1638; vgl. auch *Determann* NJW 1997, 2501; *Mutter* ZMR 1995, 189, 192; *Schläger* ZMR 1994, 189, 195.

[382] BVerfG NJW 2002, 1638 = ZMR 2002, 578; s. aber *Kniep* ZMR 2003, 169 zur Anwendung des verfassungsrechtlichen Vorsorgegedankens des Art. 20a GG.

[383] AG Berlin-Neukölln GE 2012, 1045; AG Köln WuM 1989, 234.

[384] AG Wedding MM 2001, 444; AG Rendsburg WuM 1989, 284; AG Säckingen WuM 1986, 113; AG Bonn WuM 1986, 113.

[385] LG Berlin GE 2011, 821.

[386] AG Bonn WuM 1986, 212 = NJW 1986, 1114 = NJW-RR 1986, 444.

[387] AG Bersenbrück WuM 2000, 211.

[388] LG Essen ZMR 2000, 302.

[389] AG Köln WuM 1990, 338.

[390] OLG Köln WuM 1997, 453 = NJW-RR 1998, 83 zu § 14 WEG; vgl. auch LG Stuttgart WuM 1998, 724.

[391] LG Osnabrück WuM 1997, 431.

[392] LG Augsburg WuM 1986, 137.

[393] OLG Düsseldorf ZMR 1994, 402.

[394] AG Augsburg WuM 2002, 605.

ren Geräuschpegel an, sondern auch darauf, um welche Art Geräusch es sich handelt.[395] Zudem sind maßgeblich subjektive Faktoren zu berücksichtigen, vor allem, in welchem technischen, sozialen und psychologischen Zusammenhang das Geräusch auftritt.[396] Beispielsweise kann auch die **aufgedrängte Geräuscherwartung** oder die **Hilflosigkeit** des Betroffenen von Belang sein.[397] Selbst Musikaufführungen können als Lärm sowie als gesundheitsschädigend eingestuft werden, wenn sie in ständiger Wiederholung über einen längeren Zeitraum erduldet werden müssen und dadurch die erholsame Benutzung von Balkon, Terrasse oder Garten ausgeschlossen ist.[398]

Lärmbelästigungen können einen Mangel der Mietsache begründen (vgl. aber Rdn. 33), unab- **115** hängig davon, ob sie vom Vermieter, von Mitmietern oder Dritten ausgehen.[399] Die Abgrenzung zu gerade noch hinnehmbaren Einwirkungen ist schwierig und stark Einzelfall bezogen, da gewisse Lärmbelästigungen infolge des Zusammenlebens nicht vermeidbar sind.[400] In solchen Grenzfällen ist zum einen auf die Abrede zwischen den Parteien und zum anderen auf eine Interessenabwägung abzustellen.

Dabei können die **technischen Normen** und Anleitungen eine Rolle spielen (zur Bewertung **116** von DIN-Normen s. Rdn. 29ff.) Die von technischen Anlagen und Sportanlagen ausgehenden Geräusche dürfen nach der TA Lärm[401] bzw. nach der Sportanlagen-LärmschutzVO[402] folgende Werte nicht übersteigen: In reinen Wohngebieten tagsüber 50 dB(A) und nachts 35 dB(A). In allgemeinen Wohngebieten tagsüber 55 dB(A) und nachts 40 dB(A). Eine Erhöhung der Maßgröße Dezibel (dB) um 3 dB(A) bedeutet eine Verdoppelung und eine Erhöhung um 10 dB(A) eine Verzehnfachung der gemessenen Schallenergie. Ein Anstieg von 10 dB(A) wird subjektiv ungefähr als Verdoppelung der Lautstärke empfunden, so dass eine Grenzwertüberschreitung von 7 dB(A) eine erhebliche Beeinträchtigung des vertragsgemäßen Gebrauchs darstellt.[403] Zur Benutzung von Geräten und Maschinen im Freien vgl. § 535 Rdn. 412.

Der Rückgriff auf technische Normen oder öffentlich-rechtliche Vorschriften der Länder oder **117** das BImSchG darf nicht darüber hinwegtäuschen, dass es sich dabei nur um Anhaltspunkte für die Einstufung des mietrechtlich relevanten Lärms handelt.[404] Sie lassen allein, auch wenn die Geräusche innerhalb **der zulässigen Messgrenze** liegen, keine abschließende Beurteilung darüber zu, ob es sich bei dem Geräusch schon um eine Störung oder nur um eine hinzunehmende Belästigung handelt.[405] Denn bei der Lärmbeeinträchtigung ist die Lästigkeit entscheidend, für die die Lautstärke nur eine Komponente ist.[406] Daher kann ein Mangel auch vorliegen, wenn die TA Lärm nur in einzelnen Spitzenwerten überschritten wird.[407]

Für die Frage der mietrechtlichen Relevanz des Lärms muss auch geprüft werden, ob die Stör- **118** quelle im gleichen sozialen Rahmen wie das Wohnen angesiedelt ist, oder ob sie von außen in den Wohnbereich eindringt. Die vom Lärm ausgehende Beeinträchtigung muss auf ihre **Üblichkeit** und **Sozialverträglichkeit** hin geprüft werden.[408] Der sozialtypische Aspekt ist somit in den Vordergrund zu rücken (s. auch § 535 BGB Rdn. 461). So gehört das vor dem Gottesdienst eingeleitete Läuten von Kirchenglocken zur Religionsausübung und ist daher grundsätzlich wegen seiner sozialadäquaten Einwirkung zu dulden.[409] Dementsprechend dient das reine Zeitläuten nicht der

395 Anders wohl BGH (VIII ZR 300/08) MietPrax-AK § 535 BGB Nr. 39 = NJW 2010, 1133 = WuM 2009, 659 = GE 2009, 1426 = NZM 2009, 855.

396 LG Münster NJW 2009, 3730; *Pfeifer* S. 10.

397 BGH NJW 1966, 1858 = MDR 1966, 827; AG Düsseldorf DWW 1992, 155 zum Wind-Klangspiel.

398 BGH MDR 1969, 744 = JZ 1969, 635 = VersR 1970, 57; LG Düsseldorf DWW 1989, 393.

399 BGH NJW 1986, 2423 = NJW-RR 1986, 1141 = DWW 1986, 174 zum Fluglärm; BGH NJW 1986, 2421 = NJW-RR 1986, 1141 = MDR 1986, 827 = VersR 1987, 381 zum Verkehrslärm; vgl. im Einzelnen *Wiethaup* ZMR 1975, 257ff.; AG Osnabrück WuM 1987, 384 zum störenden Nachbarn; AG Königstein NZM 2001, 422 zu streitenden Mietparteien.

400 LG Berlin GE 2015, 656; GE 1989, 93 AG Charlottenburg GE 2005, 1199.

401 TA Lärm v. 26.8.1998 (GMBl. S. 503).

402 18. BImSchV v. 18.7.1991 (BGBl. I S. 1588).

403 AG Aachen WuM 1989, 12; im Einzelnen vgl. *Pfeifer,* S. 9.

404 AG Lichtenberg MM 1997, 154; vgl. umfassend zum Baulärmschutz *Bodanowitz* NJW 1997, 2351.

405 AG Charlottenburg GE 2007, 455; *Sternel* PiG 31, 1989, 71, 75; dazu umfassend *Pfeifer* a. a. O.

406 *Palandt/Bassenge* § 906 Rdn. 19.

407 LG Berlin GE 2005, 869.

408 LG Münster NJW 2009, 3730; LG Heidelberg WuM 2010, 148 (Eigenart des Geräusches); AG München ZMR 2015, 458 m. Anm. *Klimesch;* AG Trier WuM 2001, 237.

409 BVerwG NJW 1984, 989 = MDR 1984, 606; VGH München BauR 1995, 77; NJW 1980, 1973 = ZMR 1981, 342; VG Braunschweig DWW 2007, 73.

Religionsausübung und muss bei Überschreiten des zulässigen Lärmpegels nicht geduldet werden.[410]

119 Es kann aber auch ein Mangel gegeben sein, wenn schon Geräusche „störend" vernommen werden, die auf eine alltägliche Nutzung der Nachbarwohnungen zurückzuführen sind.[411] Darunter fallen Lärmbelästigungen durch haustechnische Anlagen (vgl. DIN 4109), wie z. B. durch Benutzung eines **Müllschluckers,**[412] durch das Einwerfen von Glasflaschen in entsprechende **Container,**[413] durch das Betätigen von Jalousien[414], durch defekte Garagentore[415] oder durch die Heizungsanlage.[416] Auch eine besondere **Hellhörigkeit** des Hauses[417], Nutzungsänderungen im Objekt[418] oder eine unzureichende Trittschalldämmung einer ausgebauten Dachwohnung beeinträchtigen den vertragsgemäßen Gebrauch.[419]

120 § 906 Abs. 2 BGB ist für die Frage des zur Minderung berechtigenden Lärms grundsätzlich unerheblich (vgl. Rdn. 11). Haben die Parteien beispielsweise in Kenntnis bestimmter Umstände und Immissionen einen Mietvertrag abgeschlossen, dessen Mietzins die besonderen Verhältnisse schon berücksichtigt, liegt kein zur Minderung berechtigender Mangel vor. Das gilt selbst dann, wenn es sich nicht um eine ortsübliche Immission gem. § 906 Abs. 2 BGB handelt. Ein Mangel scheidet aber aus, wenn die erhöhte Geräuschbelastung sich noch innerhalb des zulässigen Bereichs der anzuwendenden, gültigen technischen Norm bewegt.[420] Andererseits kann auch eine ortsübliche Beeinträchtigung einen Mangel darstellen, wenn diese Störung durch den Mietvertrag ausdrücklich oder nach den Umständen ausgeschlossen sein sollte, weil der Vermieter das Risiko einer Beeinträchtigung des vertragsgemäßen Gebrauchs selbst in den Fällen höherer Gewalt trägt.[421]

121 **aa) Mitmieter.** Ein häufiger Anlass für die Beeinträchtigung durch Lärm ist das Verhalten der Mitbewohner. Da die Wohnung neben der Funktion als Unterkunft und Lebensmittelpunkt auch soziale Kontakte, individuelle Erholung und Entspannung ermöglichen soll, sind die Konflikte vorprogrammiert. Der Freiraum des „Lärmenden" ist daher unter dem **Gesichtspunkt der Sozialverträglichkeit** zu werten und mit dem Gebot der Rücksichtnahme gegenüber dem Mitbewohner abzuwägen. Die betroffenen Nutzergruppen, Trauer, Krankheiten oder religiöse Empfindungen können dabei eine Rolle spielen.[422] Unberücksichtigt dagegen bleibt regelmäßig eine besondere Lärmempfindlichkeit des Mieters oder sein berufsbedingtes Angewiesensein auf Ruhe[423], vorausgesetzt, die besondere Ruhe ist nicht ausdrücklich als vertragsgemäß vereinbart worden.

122 Das Verhalten der Mitbewohner kann im Einzelfall auch Anlass für eine fristlose Kündigung des gestörten Mieters sein.[424] Aber auch der Vermieter kann im Einzelfall als „ultima ratio" **die Kündigung** aussprechen.[425] Der Mieter hat nach § 535 BGB einen Anspruch darauf, dass der Vermieter die Mietsache während der Dauer des Mietverhältnisses in vertragsgemäßem Zustand hält. Dazu gehört, dass er notfalls dem Störer kündigt, wenn nur so die von diesem ausgehenden Geräuschbelästigungen vermieden werden können.[426]

---

410 LG Aschaffenburg NZM 2000, 733.

411 OLG Düsseldorf WuM 1997, 221 = ZMR 1997, 181; AG Hamburg WuM 1996, 760; AG Warendorf DWW 1997, 344; kritisch *Wenger* ZMR 1997, 269, 272 sowie AG Mönchengladbach-Rheydt DWW 1994, 24.

412 LG Dresden NJWE-MietR 1997, 197.

413 LG Berlin GE 1995, 427; AG Rudolstadt WuM 2000, 19; zum Anspruch des Vermieters gegen die Gemeinde, wegen Lärms einen anderen Standort für den Container zu wählen VGH Kassel WuM 2000, 142.

414 AG Oranienburg GE 2001, 1678.

415 LG Hamburg WuM 2009, 347.

416 AG Hamburg WuM 1997, 551.

417 LG Berlin MM 1998, 79.

418 LG Berlin, ZMR 2016, 947.

419 OLG Düsseldorf WuM 1997, 221; LG Hamburg ZMR 2010, 605; AG Cloppenburg WuM 1996, 760.

420 BGH (VIII ZR 300/08) MietPrax-AK § 535 BGB Nr. 39 = NJW 2010, 1133 = WuM 2009, 659 = GE 2009, 1426 = NZM 2009, 855.

421 BayObLG, Rechtsentscheid vom 4.2.1987, WuM 1987, 112 = NJW 1987, 1950 = ZMR 1984, 174; LG Göttingen WuM 1986, 114 = NJW 1986, 1112 = NJW-RR 1986, 444; *Kraemer/Ehlert* in Bub/Treier III. B Rdn. 3203.

422 *Sternel* PiG 31, 1989, 71, 79.

423 *Sternel* PiG 31, 1989, 71, 84.

424 AG Bonn GE 2010, 1753 = NZM 2010, 619 (Schnarchgeräusche); AG Lübeck DWW 1988, 180; AG Köln WuM 1976, 233 = ZMR 1977, 236; AG Friedberg/Hessen WuM 1978, 30 = ZMR 1978, 182; zu den Anforderungen einer Mängelanzeige AG Pankow-Weißensee GE 2007, 1491.

425 AG München ZMR 2015, 458 m. Anm. *Klimesch.*

426 LG Berlin GE 1988, 355; WuM 1999, 329 = GE 1999, 380; vgl. *Börstinghaus* NZM 2004, 53; zur Schadensersatzpflicht des lärmenden Mieters sowie zur Verjährung des Anspruchs AG Bremen WuM 2011, 362.

Wird der Mieter in einem hellhörigen Haus durch seinen Nachbarn gestört, darf er sich nicht mit **Gegenlärm** zur Wehr setzen. Vielmehr ist er in einem hellhörigen Haus zur besonderen Rücksichtnahme gegenüber den Mitbewohnern verpflichtet.[427] Der Vermieter ist nicht verpflichtet, dem Störer die Namen der sich beschwerenden Mitmieter zu nennen.[428] 123

(1) Feiern. Eine Berechtigung zur Minderung der Miete besteht, wenn ein Mieter durch sehr häufiges lautstarkes Feiern anderer Mieter bis spät in die Nacht oder an den Wochenenden erheblich in seiner Nachtruhe gestört wird.[429] Es gibt kein Recht auf regelmäßiges monatliches Feiern.[430] 124

Zwar kann nicht allgemein erwartet werden, dass bei Feiern aus einem **besonderen Anlass,** wie z. B. Hochzeit oder Geburtstag, keinerlei Beeinträchtigungen auftreten. Dennoch muss auch in diesen Fällen insoweit Rücksicht genommen werden, als dass eine übermäßige Störung der Nachtruhe vermieden wird. Bei besonderen Anlässen, z. B. Silvester oder Karneval, kann Musiklärm aus einer Gaststätte zu dulden sein, wenn dies seit Jahren als üblich und unbeanstandet hingenommen wurde.[431] 125

In Extremfällen kann in der vorsätzlichen Lärmausübung sogar eine strafbare Körperverletzung liegen.[432] 126

(2) Gewerbe. Auch wenn der Mieter in Kenntnis einer vorhandenen Gaststätte im Haus eine Wohnung anmietet, muss er doch nicht jede erdenkliche Lärmbelästigung hinnehmen.[433] Insbesondere Betriebsänderungen oder Änderungen der Ladenöffnungszeiten können eine ursprünglich zu duldende Beeinträchtigung nunmehr als unzumutbar erscheinen lassen.[434] Dabei ist entscheidend, ob der Mieter bei Anmietung und Kenntnis der Umstände mit der Beeinträchtigung rechnen musste[435], was bei Innenstadtlagen regelmäßig der Fall ist.[436] Andere Betriebe im Haus, wie z. B. eine Bäckerei[437], eine Tanzschule,[438] ein Tanzcafé,[439] eine Diskothek,[440] eine Schuhmacherwerkstatt,[441] Supermärkte mit ihrem Ladenbetrieb,[442] Waschsalons,[443] Imbissstuben[444] oder Gaststätten mit Kegelbahnen[445] können durch ihr Gewerbe Störungen verursachen, die zur Minderung berechtigen.[446] Selbst die Nutzung von Büroräumen kann im Einzelfall durch Tippgeräusche von Computer- und Schreibmaschinentastaturen eine Störung verursachen[447]. Gehen die Störungen von einem Mitmieter aus, ist dieser grundsätzlich auch für Störungen durch von ihm aufgenommene Personen oder Besucher verantwortlich.[448] 127

(3) Kinderlärm. Es besteht heute überwiegend Einigkeit darüber, dass Kindern außerhalb der eigentlichen Wohnräume Platz zur Verfügung stehen muss, wo sie sich ihrem Alter entsprechend gefahrlos und ungehindert im Spiel entfalten können.[449] 128

---

427 LG Berlin MM 1991, 329; AG Trier WuM 2001, 237.
428 AG München ZMR 2015, 460.
429 LG Chemnitz WuM 1994, 68; AG Braunschweig WuM 1990, 147; AG Lünen NJW-RR 1988. 1041.
430 OLG Düsseldorf WuM 1990, 116.
431 AG Köln DWW 1997, 157 (OWi-Verfahren zum LImSchG NW).
432 AG Ratingen DWW 1989, 394.
433 AG Braunschweig WuM 1990, 148; AG Köln WuM 1990, 291; AG Bonn WuM 1990, 497; AG Kerpen WuM 1978, 68; AG Hamburg WuM 1976, 151 = ZMR 1977, 209.
434 **A. A.** LG Frankfurt/M. ZMR 1999, 719 m. Anm. *Stapel/Kaden* zur Vorinstanz.
435 LG Berlin GE 2009, 1047.
436 LG Wiesbaden WuM 1994, 430; AG Pankow/Weißensee GE 2005, 1126; AG Spandau GE 2009, 54 zu Diskothek.
437 LG Berlin GE 2003, 392.
438 BGH WuM 1993, 275 = NJW 1993, 1580 = MDR 1993, 540 = ZMR 1993, 266 = GE 1993, 533; AG Köln WuM 1988, 56; AG Hamburg-Wandsbeck WuM 1984, 280.
439 BGH NJW 1959, 2013 = MDR 1959, 921 = BB 1959, 901.
440 OLG München ZMR 1996, 487 = NJWE-MietR 1996, 270; LG Berlin GE 2005, 869 zu Jazzkeller; AG Köln WuM 1997, 647.
441 AG Gelsenkirchen WuM 1978, 66 = ZMR 1978, 238.
442 LG Berlin GE 1992, 1095; **a. A.** LG Frankfurt/M. ZMR 1999, 719 m. Anm. *Stapel/Kaden* zur Vorinstanz.
443 AG Hamburg WuM 1976, 151 = ZMR 1977, 209.
444 AG Rheine WuM 1985, 260.
445 OLG Hamm NJW-RR 1989, 1176 = MDR 1989, 913 = ZMR 1989, 379 = DWW 1989, 353.
446 LG Hamburg WuM 1987, 218; WuM 1984, 79; vgl. auch BayObLG WuM 1987, 96 = NJW-RR 1987, 463 = MDR 1987, 410 zum Anspruch auf Unterlassung gegen einen Miteigentümer; AG Regensburg WuM 1990, 386 und AG Wiesbaden WuM 1998, 315 für die Ausübung der Prostitution.
447 AG Potsdam NZM 2002, 68.
448 OLG München ZMR 1996, 487 = NJWE-MietR 1996, 270.
449 LG Freiburg ZMR 1976, 210.

129 Soweit Kinderlärm, verursacht durch einen in der Nähe liegenden **Spielplatz** oder aus einem Innenhof, in die Wohnung dringt, ist dies regelmäßig als üblich und sozialadäquat hinzunehmen[450] (siehe Rdn. 11 a), zumal mit der Privilegierung des Kinderlärms in § 22 Abs. 1 a BImSchG ein allgemeiner Rechtsgrundsatz kodifiziert worden ist.[451] Wer ein erhöhtes Ruhebedürfnis hat, muss dies bei der Auswahl seiner Wohnung mit einem entsprechenden Wohnumfeld berücksichtigen.

130 Bei der Prüfung der Beeinträchtigung ist von der Anfälligkeit eines durchschnittlich Lärmempfindlichen auszugehen.[452] Wird die Einwirkung nur wegen der Überempfindlichkeit als Störung empfunden, berechtigt dies nicht zur Mietminderung.[453]

131 Generell ist davon auszugehen, dass die Mieter in einem größeren Haus Lärmeinwirkungen hinnehmen müssen, wie sie in einem Haus mit mehreren Mietparteien unvermeidbar sind.[454] Das gilt insbesondere für üblichen Kinderlärm.[455] Der Vermieter ist daher gegenüber den Mietern berechtigt, auf dem Grundstück des Mehrfamilienhauses einen Sandkasten zu errichten.[456] Er darf auch einen geteerten Innenhof eines innerstädtischen Miethauses zum Spielen zulassen.[457]

132 Lärm und sonstige Belästigungen von einer unter der Mietwohnung gelegenen Kinderarztpraxis sind allerdings nicht hinzunehmen.[458] Ebenso kann das Basketball- und Fußballspielen auf dem Hof das erträgliche und zumutbare Maß an hinzunehmendem Lärm überschreiten.[459]

133 Störungen durch nächtliches Baby- oder Kindergeschrei sind eine unvermeidbare Folge kindlicher Entwicklung und von den Nachbarn zu dulden.[460] Nur wenn dies auf Grund des Verständnisses der Kinder zumutbar ist,[461] kann das Lärmen von Kindern zu den allgemeinen Ruhezeiten untersagt werden. Bei erwachsenen Kindern kann sich der Mieter nicht darauf berufen, er könne sich ihnen gegenüber nicht durchsetzen.[462]

134 **(4) Musizieren.** Zu den privaten Interessen eines Mieters gehört auch die Ausübung von Hausmusik. Diese kann einen wesentlichen Teil des Lebensinhaltes bilden und von erheblicher Bedeutung für die Lebensfreude und das Gefühlsleben sein. Musizieren in der eigenen Wohnung gehört daher zum **Grundrecht** auf freie Entfaltung der Persönlichkeit. Andererseits ist aber auch das allgemeine Persönlichkeitsrecht der Mitmieter zu berücksichtigen, insbesondere deren Recht auf Ruhe und Entspannung in der von ihnen gewünschten Form. Angesichts dieses Interessenkonfliktes ist immer eine an dem Gebot der Rücksichtnahme orientierte Abwägung im Einzelfall vorzunehmen.[463] Dies führt zu einer zeitlichen Begrenzung der zulässigen Musikausübung[464] (siehe auch § 535 BGB Rdn. 461). Die täglich zulässige Klavierspielzeit kann sich für einen Wohnungsnutzer dadurch auf eine Stunde reduzieren, dass mehrere in einer Wohnung zusammenlebende Familienmitglieder musizieren und die Hausordnung einen zeitlichen Rahmen von zwei Stunden festlegt.[465] Werden durch eine unerlaubte Musikausübung Klopfgeräusche der Mitmieter provoziert, darf der musizierende Mieter deshalb den Mietzins nicht mindern.[466]

---

[450] LG Heidelberg WuM 1997, 38; LG München I WuM 1987, 121; AG Frankfurt/M. WuM 2009, 226; WuM 2005, 764; AG Köln WuM 1993, 606; AG Charlottenburg GE 1988, 947; AG Neukölln GE 1988, 259; zur nachbarrechtlichen Problematik vgl. OLG Düsseldorf DWW 1996, 20; BGH WuM 1993, 277; zum Bolzplatz vgl. LG Hamburg WuM 1998, 19; zum Abenteuerspielplatz VG Braunschweig DWW 1987, 167.

[451] BGH (VIII ZR 197/14) WuM 2015, 478 = NZM 2015, 481 = NJW 2015, 2177 = GE 2015, 849 = ZMR 2015, 697 = MietPrax-AK § 536 BGB Nr. 51.

[452] LG Berlin ZMR 1999, 763; LG Köln WuM 1987, 272; AG Düsseldorf WuM 1995, 288.

[453] LG Kaiserslautern WuM 1989, 514; AG Münster WuM 1991, 545; AG Kiel WuM 1989, 570.

[454] OLG Dresden WuM 2009, 393; OLG Düsseldorf WuM 1997, 221 = ZMR 1997, 181; AG Kiel WuM 1986, 240.

[455] OLG Düsseldorf WuM 1997, 221 = ZMR 1997, 181; LG Heidelberg WuM 1997, 38; AG Starnberg WuM 92, 471; AG Kassel WuM 91, 558; AG Dortmund DWW 1990, 55; AG Hannover WuM 1987, 218.

[456] AG Aachen WuM 1987, 83.

[457] LG Berlin WuM 1987, 212 = NJW-RR 1986, 1144 = MDR 1986, 589 = ZMR 1986, 242 = GE 1986, 657.

[458] AG Bad Schwartau WuM 1976, 259 = ZMR 1978, 266.

[459] AG Berlin-Schöneberg DWW 1992, 53; MM 1991, 232.

[460] BGH WuM 1993, 277 = NJW 1993, 1656 = ZMR 1993, 268; LG Berlin GE 2016, 1388; LG München I, NZM 2005, 339; AG Bergisch Gladbach WuM 1983, 236.

[461] AG Neuss WuM 1988, 264 = DWW 1988, 355.

[462] LG Köln ZMR 1977, 332; AG Köln WuM 1976, 233 = ZMR 1977, 236 bei Ehegatten.

[463] LG Düsseldorf DWW 1990, 87; *Skauradszun* ZMR 2010, 657, 658.

[464] OLG Karlsruhe NJW-RR 1989, 1179; *Skauradszun* ZMR 2010, 657, 661.

[465] OLG Frankfurt/M. WuM 1984, 303 = NJW 1985, 2138 = DWW 1985, 26; OLG Karlsruhe NJW-RR 1989, 1179 jeweils für Wohnungseigentum; OLGZ 1988, 61; AG Düsseldorf DWW 1988, 357.

[466] AG Tiergarten NJW-RR 1990, 398 = MM 1990, 160.

Den Vermieter kann im Hinblick auf die sich aus dem Mietvertrag ergebende Fürsorgepflicht (s. § 535 Rdn. 99ff.) die Verpflichtung treffen, gegen das einen Mieter störende Klavierspiel eines Mitmieters aus dem Nebenhaus vorzugehen.[467] 135

bb) Dritte. Bei der Lärmverursachung durch Dritte sind insbesondere die Fälle beachtlich, in denen die Störungen von außen kommen und auf Veränderungen des Umfeldes zurückzuführen sind, die bei Abschluss des Mietvertrages für die Vertragsparteien nicht erkennbar waren. Dann stellt sich die Frage der Risikozuweisung (Rdn. 11ff.). Der BGH (VIII. Zivilsenat) hat die Fälle der positiven Beschaffenheitsmerkmale (der Mieter beruft sich auf die angemietete ruhige Wohnung) nach und nach zu Lasten der Mieter entschieden.[468] 136

In seiner jüngsten Entscheidung[469] (Bolzplatz) hat er weitgehend seine Rechtsprechung gefestigt, die er im Zusammenhang mit der „Innenhof"-Entscheidung[470] sowie der „Innenstadtlage"-Entscheidung[471] schon angelegt hat. Bei Umfeldmängeln kommt eine Mietminderung nur in Betracht, wenn der vom Mieter geforderte positive Zustand im Rahmen einer Beschaffenheitsvereinbarung Vertragsgegenstand geworden ist. Dabei ist der Zeitraum zwischen dem Zeitpunkt der Anmietung und dem Zeitpunkt des erstmaligen Auftretens der Störung unerheblich. In der Regel werden sich die Vertragsparteien nicht konkret über den möglicherweise erst viele Jahre später auftretenen Mangel bei Vertragsschluss verständigt haben. Aber auch eine konkludente Beschaffenheitsvereinbarung kommt nach Auffassung des BGH regelmäßig nicht in Betracht.[472] Eine solche stillschweigende Vereinbarung lasse sich nicht alleine daraus ableiten, dass der Mieter bei Vertragsschluss den Zustand der Mietsache kennt und wahrnimmt. Zu einer konkludent geschlossenen sog. Beschaffenheitsvereinbarung wird ein (positives) Beschaffenheitsmerkmal erst dann, wenn der Vermieter aus dem Verhalten des Mieters nach dem objektiv zu bestimmenden Empfängerhorizont erkennen musste, dass der Mieter die Fortdauer dieses bei Vertragsschluss bestehenden Umstandes als maßgebliches Kriterium für den vertragsgemäßen Gebrauch der Wohnung ansieht, und der Vermieter dem zustimmt.[473] Einseitig gebliebene Vorstellungen des Mieters genügten einer solchen Annahme nicht. 136a

Dies ist keine realitätsnahe Betrachtung eines Mietvertragsabschlusses.[474] Denn in der Regel geht es um Mängel, die erst Jahre nach dem Mietvertragsabschluss auftreten (Umwidmung einer Straße, Bauarbeiten, Bolzplätze etc.). Zum einen kennen die Parteien solche in der Zukunft liegenden Umstände bei Vertragsschluss noch gar nicht und wenn der Mieter im anderen Fall so vorgehen würde, hätte er seinen möglichen ersten Platz auf der Anmietliste direkt verspielt. Daher ist andersherum an das Problem heranzugehen, in dem die Beschaffenheit sich orientiert an dem Angebot des Vermieters. Bietet er z. B. eine ruhige Wohnung in der Innenstadtlage an, so kann auch nur dieser Zustand in die Betrachtung des Mieters einfließen. Nach der angebotenen Wohnsituation richtet sich nicht nur die Mietpreisforderung des Vermieters sondern auch die Bereitschaft des Mieters zur Zahlung einer bestimmten Miethöhe. Mit der Anmietung ist für den durchschnittlichen Bürger klar, dass die Wohnung so bleiben soll wie sie ist. Das ist auch der Inhalt der Beschaffenheitsvereinbarung. Will der Vermieter sein Risiko der Tauglichkeitsminderung ausschließen, ist es an ihm, eine entsprechende Beschaffenheitsvereinbarung zu treffen. Sagt er nichts, dann bleibt dies sein geheimer Vorbehalt, der beim Mieter nicht angekommen ist. Das Risiko einer unerwarteten Veränderung der ursprünglichen Situation geht zu Lasten des Vermieters. Warum der Mieter die Situationsgebundenheit der vom Vermieter angebotenen Wohnung als sein Risio begreifen soll, erschließt sich nicht. 136b

Indem der BGH eine konkludente Beschaffenheitsvereinbarung bei Anmietung über künftige Lärmentwicklungen und Unfallveränderungen nicht angenommen hat, weist er die Vereinbarungslast bzw. das Sachrisiko dem Mieter zu. Sodann löst er die Frage nach dem vertragsgemäßen Gebrauch aus den sonstigen Umständen des Mietverhältnisses, insbesondere nach der beabsichtigten Nutzung sowie nach der Verkehrsanschauung unter Beachtung des in § 242 BGB normierten 136c

---

[467] LG Offenburg DWW 1990, 273; vgl. auch LG Kaiserslautern WuM 1989, 514.

[468] Hierzu umfassend *Gsell* NZM 2016, 702ff. sowie *Eisenschmid* NZM 2016, 841ff.

[469] BGH (VIII ZR 197/14) WuM 2015, 478 m. Anm. *Föller* = NZM 2015, 481 = NJW 2015, 2177 = GE 2015, 849 = ZMR 2015, 697 = MietPrax-AK § 536 BGB Nr. 51.

[470] BGH (VIII ZR 300/08) WuM 2009, 659 = GE 2009, 1426 = NZM 2009, 855 = MietPrax-AK § 535 BGB Nr 39 = NJW 2010, 1133.

[471] BGH (VIII ZR 152/12) WuM 2013, 154 = NJW 2013, 680 = GE 2013, 261–262 = NZM 2013, 184 = ZMR 2013, 269 = MietPrax-AK § 536 BGB Nr 46.

[472] Anders LG Berlin WuM 2016, 486; WuM 2016, 556.

[473] Siehe dazu LG Berlin GE 2016, 785.

[474] *Föller,* Anm. zu BGH WuM 2015, 478, 485.

Grundsatzes von Treu und Glauben. Der Senat bemüht somit den subjektiv-objektiven Mangelbegriff, indem er eine Beschaffenheitsvereinbarung verneint und damit die grundsätzlich allein bestimmende subjektive Seite des Mangels ausblendet. Somit verhilft er damit der „objektiven" Seite des Mangelbegriffs nicht nur zum Durchbruch, sondern belegt sie auch mit seinen Wertvorstellungen, in dem er sein Ergebnis aus einer ergäzenden Vertragsauslegung ableitet. Dabei ignoriert er, dass der subjektive Mangelbegriff nicht nur zu Lasten des Mieters gilt, sondern auch zu seinen Gunsten, nämlich dann, wenn das Mietobjekt positive Beschaffenheitsmerkmale aufweist.[475] Erschwerend für den Mieter kommt hinzu, dass der Senat bei der Innenhofentscheidung[476] zu Lasten des Mieters unberücksichtigt gelassen hat, dass der Vermieter es selbst war, der die negative Veränderung der Mietsache herbeigeführt hatte. Das hat das LG Berlin in seiner „Hinterhof"-Entscheidung richtigerweise zu Gunsten des Mieters ins Feld geführt.[477]

136d Bei der Beurteilung der Frage, ob Geräuscheinwirkungen wesentlich und ortsüblich sind, müssen außer der Lautstärke die Frequenzzusammensetzung, der durch Fernlärm verursachte Grundpegel und das Ausmaß, in dem der Lärm zu bestimmten Tageszeiten und Nachtzeiten belästigend einwirkt, beachtet werden.[478]

137 **(1) Gewerbe.** Im Einzelnen hat die Rechtsprechung eine Minderungsbefugnis anerkannt, wenn in der **Nachbarschaft** ein Hostessenbetrieb eingerichtet wurde.[479] Für die Beeinträchtigung durch Lärm, der von einem Billard-Café[480] im Nachbarhaus oder vom Gaststättenbetrieb[481] aus der Nachbarschaft verursacht wird, ist auch maßgeblich derjenige Verkehrslärm und Besucherlärm, der auf öffentlichen Flächen, z. B. auf der Straße erfolgt, wenn er ohne weiteres von dem übrigen Verkehrslärm und Straßenlärm unterschieden werden kann.[482]

138 **(2) Bauarbeiten.** Baustellenlärm in und am Gebäude oder in der Nachbarschaft kann sich als besonders störend erweisen. Allerdings muss der Mieter Baulärm von einem Nachbargrundstück als vertragsgemäß hinnehmen, wenn die **künftige Bebauung** bei Vertragsschluss zur Bestimmung des Sollzustands der Mietsachein in den Parteiwillen aufgenommen wurde (Beschaffenheitsvereinbarung). Das ist im Einzelfall unter Berücksichtigung aller Umstände zu prüfen.[483] Maßstab sind die unter Rdn. 136a–c dargestellten Grundsätze des BGH.[484]

In der bisherigen Instanzrechtsprechung, die aufgrund der oben dargestellten Grundsätze des BGH kritisch untersucht werden muss, wird Baustellenlärm regelmäßig als Mangel der Mietsache angesehen.[485] In Übereinstimmung mit der BGH-Rechtsprechung wird dabei eine konkludente Beschaffenheitsvereinbarung über das positive Merkmal „kein Lärm" zu prüfen sein.[486] Nur soweit derartige Lärmbelästigungen voraussehbar und für den Mieter erkennbar[487] waren, wurde den Mie-

---

[475] *Gsell,* NZM 2016, 702 ff.

[476] BGH (VIII ZR 300/08) WuM 2009, 659 = GE 2009, 1426 = NZM 2009, 855 = MietPrax-AK § 535 BGB Nr 39 = NJW 2010, 1133.

[477] Siehe dazu *Eisenschmid* NZM 2016, 841, 844; so auch LG Berlin NZM 2016, 679 m. zust. Anmerkung *Selk.*

[478] BGH MDR 1971, 119; vgl. AG Frankfurt/M. ZMR 1999, 718 zum Lärm durch Lebensmittelladen.

[479] LG Kassel WuM 1987, 122; AG Kassel WuM 1984, 280; AG Hamburg WuM 1984, 280.

[480] AG Köln WuM 1991, 545.

[481] VGH München DWW 1989, 172; VGH Mannheim DWW 1986, 297; AG Rudolstadt WuM 2000, 19.

[482] LG Berlin GE 2005, 1126; OVG Münster DWW 1994, 158; VGH München DWW 1989, 172; VGH Mannheim DWW 1986, 297 jeweils für die Sperrzeitregelung; zum Lärm auf einem Minigolf-Platz vgl. OLG Karlsruhe ZMR 1989, 90.

[483] BGH (VIII ZR 22/11) WuM 2012, 271 = NZM 2012, 456 = GE 2012, 896 = MietPrax-AK § 536 BGB Nr. 42 mit Anmerkung *Eisenschmid; Lehmann-Richter* NZM 2012, 849, 851.

[484] Inzwischen folgt die Instanzrechtsprechung dem BGH: vgl. AG Dresden ZMR 2017, 167; kritisch *Selk,* NZM 2015, 855 ff.

[485] LG Dortmund NZM 1999, 765; LG Lüneburg WuM 1991, 683; AG Berlin-Wedding MM 2011, Nr. 9, 30 = GE 2012, 409; AG Münster WuM 2009, 177; AG Berlin-Mitte GE 2008, 1262; AG Suhl WuM 2005, 656; AG Köln WuM 2003, 318; AG Hamburg-Blankenese ZMR 2003, 746; AG Hagen DWW 2003, 268; AG Trier WuM 1999, 64; AG Saarburg WuM 1999, 64; AG Osnabrück WuM 1996, 754; *Gies,* jurisPR-MietR 2/2012 Anm. 1.

[486] Siehe LG Berlin NZM 2016, 681 = GE 2016, 915.

[487] KG GE 2003, 115 = NZM 2003, 718; OLG München WuM 1993, 607 = NJW-RR 1994, 654; LG Berlin GE 2013, 689; 2011, 1685; 2012, 64; 2012, 833; 2009, 847; 2008, 268; 2003, 1330; LG Gießen ZMR 2011, 384; LG Leipzig GE 2005, 993; LG Mannheim WuM 2000, 185; LG Lübeck WuM 1998, 690; LG Bonn WuM 1986, 115; AG Frankfurt/Main NJW-RR 2012, 591; AG Pankow-Weißensee GE 2009, 851 zur Baulückenschließung; AG Lichtenberg GE 2006, 261; vgl. auch OLG Hamm ZMR 1983, 273 = MDR 1983, 579; s. auch *Börstinghaus* jurisPR-MietR 4/2007 Anm. 1 zu AG Gelsenkirchen WuM 2006, 611.

tern das Minderungsrecht abgesprochen. An die Erkennbarkeit müssen aber hohe Anforderungen gestellt werden (vgl. dazu § 536b Rdn. 9). Es reicht nicht aus, dass für den Mieter Art und Umfang der Baumaßnahmen abschätzbar sind.[488] Vielmehr ist erforderlich, dass sich der Mieter auch über die Intensität und die zeitliche Perspektive der Lärmbeeinträchtigung realistische Vorstellungen machen konnte.[489] Selbst wenn diese Voraussetzungen vorliegen sollten, rechtfertigt nur eine übliche Beeinträchtigung durch zu erwartenden Baulärm den Ausschluss der Minderung.[490]

Das Abstellen auf die Erkennbarkeit ist zudem höchst problematisch, weil es dem Mieter im Rahmen der Wohnungssuche die Pflicht aufbürdet, bei der Besichtigung der Wohnung auch eingehend das Wohnumfeld zu studieren und daraus die richtigen Schlüsse zu ziehen, wie z. B. den künftig zu erwartenden Hubschrauberlärm beim Bau einer Klinik[491]. Häufig lassen sich aus der Umgebung allein gar keine Erkenntnisse über zukünftige Bauarbeiten ableiten.[492] Daher müssen schon bei Vertragsschluss konkrete Anhaltspunkte für bevorstehende Bauarbeiten vorliegen.[493] Wegen seiner Sach- und Ortsnähe ist es zudem die Aufgabe des Vermieters, den Mieter auf künftige Bauarbeiten nach Art, Umfang Dauer und Intensität in der Nachbarschaft hinzuweisen (vgl. dazu Rdn. 12). Kann der Vermieter dies nicht leisten, fällt dieser Umstand unter sein Vermieterrisiko. Konnte er den Mieter aufklären, dann kennt der Mieter die zu erwartenden Beeinträchtigungen und ist regelmäßig gem. § 536b BGB mit Gewährleistungsrechten ausgeschlossen. Das gilt aber nicht, wenn der Vermieter die baulichen Maßnahmen selbst durchführt, weil dann ihm das Risiko zugewiesen ist.[494] Verkennt der Mieter aber das Ausmaß der Maßnahmen, fällt dies wiederum in seinen Risikobereich.[495] **139**

Allein die Tatsache, dass vor dem Haus **ein Gerüst** aufgebaut wird, führt noch nicht zwingend zu einer Beeinträchtigung des vertragsgemäßen Gebrauchs.[496] Ergibt sich aber durch das Gerüst eine erhöhte Einbruchsgefahr, wird die Wohnung verdunkelt oder laufen auf dem Gerüst vor den Fenstern ständig Handwerker hin und her, führt dies zu einer Minderung des Wohnwertes.[497] Umfangreiche Bauarbeiten im Haus bei erheblichen Lärm- und Schmutzbeeinträchtigungen können bis zu einer 100%igen Mietminderung führen.[498] Die Minderung wird nicht dadurch ausgeschlossen, dass der Mieter tagsüber aus beruflichen oder sonstigen Gründen abwesend ist[499] (s. dazu Rdn. 50). **140**

Soweit übermäßiger Baulärm das Öffnen der Fenster unmöglich macht oder sich auf die Abendstunden und das Wochenende erstreckt, geht diese Beeinträchtigung über die zu erwartenden Störungen durch einen bevorstehenden Neubau hinaus.[500] Langwierige, mit erheblichen Eingriffen in die vorhandene Infrastruktur verbundene Straßenbaumaßnahmen und Großbaustellen in der Nähe der Wohnung sind ebenfalls nicht mehr vertragsgemäß[501]. Unerheblich dabei ist, ob der Vermieter als Eigentümer wegen der Lärmbeeinträchtigung einen Anspruch auf Ausgleichszahlung gegenüber dem Nachbarn gem. § 906 Abs. 2 Satz 2 BGB (s. Rdn. 11) geltend machen kann.[502] Ist **141**

---

488 *Lehmann-Richter* NZM 2012, 849, 851; anders aber LG Frankfurt/M ZMR 2015, 554; LG Gießen ZMR 2011, 384; offen gelassen BGH (VIII ZR 22/11) WuM 2012, 271 = NZM 2012, 456 = GE 2012, 896 = MietPrax-AK § 536 BGB Nr. 42 mit Anmerkung *Eisenschmid*.

489 *Blank*, WuM 2012, 175, *Fritz* in FS Blank S. 153, 157.

490 LG Mannheim WuM 2000, 185; AG Frankfurt/M. NZM 2005, 217; AG München ZMR 1986, 58; AG Augsburg ZMR 1988, 341; AG Hamburg ZMR 1982, 279.

491 LG Frankfurt/Main ZMR 2010, 362.

492 LG Berlin GE 2014, 522; ZMR 2014, 731; LG Frankfurt/M. WuM 2007, 317; siehe dazu *Flatow* PiG 2012, 63, 72.

493 LG Berlin GE 2014, 522 mit Anm. *Schach* in jurisPR-MietR 12/2014 Anm. 2; LG Berlin ZMR 2013, 888; AG Charlottenburg GE 2014, 127, das allerdings nur geringe Anforderungen stellt.

494 Vgl. BerlVerfGH GE 2015, 717 m. Anm. *Bieber* GE 2015, 686; **a. A.** BGH (VIII ZR 300/08) WuM 2009, 659 = GE 2009, 1426 = NZM 2009, 855 = MietPrax-AK § 535 BGB Nr 39 = NJW 2010, 1133.

495 LG Berlin GE 2012, 489; WuM 2007, 386.

496 AG Charlottenburg MM 1996, 456.

497 BGH (VIII ZR 181/12) WuM 2013, 174 = GE 2013, 207); BGH (VIII ZR 152/12) WuM 2013, 154 = NJW 2013, 680 = GE 2013, 261; KG GE 2001, 620; AG Hamburg WuM 1996, 30.

498 LG Berlin GE 1996, 1051 – 33% bei Dachgeschossausbau; AG Charlottenburg MM 1996, 456; zum defekten Warmwasserboiler vgl. BVerfG NZM 2002, 938.

499 AG Regensburg WuM 1992, 476; kein unerheblicher Mangel durch Abwesenheit des Mieters – *Palandt/Weidenkaff* § 536 Rdn. 17.

500 AG Darmstadt WuM 1984, 245.

501 LG Frankfurt/M. ZMR 2007, 698; LG Hamburg NJW 1973, 2254 = VersR 1974, 981 für Großbaustelle vor einem Hotelzimmer; LG Wiesbaden WuM 2000, 184 zum Bau einer ICE-Trasse.

502 BayObLG, Rechtsentscheid vom 4.2.1987, WuM 1987, 112 = NJW 1987, 1950 = ZMR 1984, 174; LG Kassel NJW-RR 1989, 1292; LG Siegen WuM 1990, 17.

dem Vermieter ein solcher Anspruch verwehrt, wird vereinzelt (zu Unrecht – s. Rdn. 11) eine geringere Minderungsquote angenommen.[503]

142 **(3) Verkehrslärm.** Wird der Mieter durch Flug-[504] oder Straßenlärm in seinem Wohngebrauch beeinträchtigt, liegt regelmäßig kein Mangel der Mietsache vor, wenn der Mieter den Wohnraum **in Kenntnis** der Verkehrslage angemietet hat.[505] Im Einzelfall kann auch eine konkludente Beschaffenheitsvereinbarung vorliegen (beachte die in Rdn. 136a–c dargestellten Grundsätze des BGH). Dies gilt insbesondere bei Innenstadtlagen.[506] Ein Mangel kann in diesen Fällen aber dann vorliegen, wenn der Vermieter verbindliche Schallschutzmaßnahmen nicht beachtet hat.[507] Zur Anwendung des § 906 Abs. 2 BGB vgl. Rdn. 11a.l

143 nicht besetzt

144 Wegen der neueren Rechtsprechung des BGH ist es entgegen der bisherigen Instanzrechtsprechung[508] kritisch zu sehen, wenn ein Mangel angenommen wird, weil z. B. eine neue Schnellstraße entlang der Wohnung des Mieters gebaut oder die einstige Anliegerstraße zur Durchgangsstraße **umgewidmet** wird. Ebenso ist inzwischen ein Mangel zweifelhaft, wenn ein Bahnkörper um ein weiteres Gleis **erweitert** wird und es dadurch zu einer erhöhten Lärmbelastung kommt.[509] Gleiches gilt, wenn bei unverändertem Wegenetz nur durch eine angeordnete Änderung der Verkehrsströme die Wohnung zusätzlich mit erhöhtem Verkehrsaufkommen belastet wird.[510] Daher stellt u. U. die Errichtung einer Fußgängerzone sowie eines Einbahnstraßensystems in unmittelbarer Nähe eines Kurbetriebes keinen Mangel dar.[511]

145 Nicht vom einem Mangel ist auszugehen, wenn die Verkehrswege im Laufe der Zeit erhöhten Verkehr aufweisen, **ohne** dass dies durch einen Eingriff von außen (Straßenbau, Verkehrsumleitung; Ausweisung eines Neubaugebietes, Verkehrsleitplanung) veranlasst wurde.[512] Dies wird mit dem Argument vertreten, dass auf Grund der heutigen Lebensverhältnisse der Mieter – gerade in einer Innenstadtlage – generell mit einer allgemeinen Zunahme des Verkehrs rechnen muss.[513]

147 Wohnt der Mieter allerdings über einer Tiefgarageneinfahrt, sind gewisse Geräuschbelästigungen hinzunehmen.[514]

148 **(4) Tierlärm.** In Wohngebieten wird mehr als nur gelegentliches und vereinzeltes Bellen eines Hundes zur Tageszeit inzwischen allgemein als störend empfunden.[515] Dies gilt auch in ländlichen Gebieten dann, wenn sie zu **reinen Wohnzwecken** und lediglich in untergeordneter Weise zu landwirtschaftlichen Zwecken genutzt werden.[516] Der Lärm durch ständig anschlagende Hunde führt daher grundsätzlich zu einem Mangel der Mietsache.[517]

---

503 AG Bad Homburg WuM 1987, 84.

504 OLG Köln ZMR 1995, 71; LG Frankfurt/M. ZMR 2010, 362; siehe zum Fluglärm *Garbe-Emden* GE 2012, 376, 378.

505 LG Berlin GE 2001, 135; AG Schöneberg GE 2011, 1491; AG Pankow/Weißensee GE 2001, 348.

506 BGH (VIII ZR 152/12) WuM 2013, 154 = NJW 2013, 680 = GE 2013, 261; vgl. LG Wiesbaden WuM 1994, 430; LG Hannover WuM 1994, 463 = NJW-RR 1995, 331; AG Hohenschönhausen MM 1999, 398.

507 LG Berlin GE 1981, 391.

508 LG Berlin GE 2001, 135; AG Köpenick WuM 2006, 145; *Fritz,* Gewerberaummietrecht, Rdn. 272; *Kraemer/Ehlert* in Bub/Treier III. B Rdn. 3204; *Franke* in WoBauR § 536 BGB Anm. 5. 44.8 bei „plötzlichen Ereignissen"; zweifelnd *Wolf/Eckert/Bell* Rdn. 276.

509 Anders AG Schöneberg ZMR 2000, 308.

510 AG Köpenick GE 2013, 1460; AG Frankfurt/Oder ZMR 2003, 268 bei Umleitung wegen Baustelle; LG Berlin ZMR 2014, 123 zu Fluglärm; **a. A.** AG Erfurt WuM 2000, 592; *Flatow* PiG 2012, 63, 71;.

511 Anders LG Frankfurt/M. NJW 1976, 1355 = ZMR 1976, 336.

512 Vgl. BGH NJW 1971, 424; LG Kleve NJW 1970, 1975; AG Köpenick GE 2013, 1381; WuM 2006, 145; zweifelhaft LG Lüneburg WuM 1991, 683.

513 LG Berlin GE 2001, 135; zum Flughafen Schönefeld LG Berlin GE 2013, 487; AG Hohenschönhausen MM 1999, 398; AG Schöneberg GE 1996, 1499; *Sternel* PiG 31, 1989, 71, 81; ablehnend *Emmerich* PiG 31, 1986, 35, 48; *Emmerich* in Staudinger § 536 BGB Rdn. 29.

514 AG Bonn WuM 1990, 71; AG Osnabrück WuM 1986, 334.

515 OVG Lüneburg MDR 1993, 350 = ZMR 1993, 392 = DWW 1993, 106 zur bauordnungsrechtlichen Zulässigkeit der Hundehaltung.

516 AG Düsseldorf DWW 1989, 365.

517 LG Darmstadt DWW 1993, 19; AG Potsdam NZM 2002, 735; AG Köln WuM 2001, 493; AG Düren WuM 1990, 117; vgl. auch AG Köln WuM 2001, 512; AG Wiesbaden DWW 1988, 18; AG Westerburg DWW 1987, 100; jeweils zum Nachbarrecht; AG Rheine WuM 1998, 378; VG Stade DWW 1990, 249 zu § 117 OwiG; vgl. im Einzelnen auch die Lärmverordnungen der Länder; zum nachbarrechtlichen Problemen des Lärms durch Hunde vgl. *Keinhorst* GE 2000, 1144.

Eine Lärmbelästigung, die von Fröschen in einem Teich ausgeht, ist grundsätzlich hinzunehmen.[518] In **ländlichen Gegenden** mit ausschließlich landwirtschaftlich genutztem Gepräge hat der Mieter grundsätzlich keinen Anspruch darauf, dass das übliche Kuhglockengeläut[519] oder Hahnenkrähen[520] unterbunden wird. Die Grenze des Zumutbaren muss aber im Einzelfall geprüft werden.[521] Sie wird z. B. überschritten, wenn die Kuhglocken nachts nicht abgenommen werden und das Läuten daher die Anwohner in der Nachtruhe stört.[522] Auch nächtliche Pfauenschreie während der Balzzeit[523] oder das Geschrei von Papageien und Kakadus[524] können die Zumutbarkeitsgrenze überschreiten. 149

cc) Prozessuales. Generell kann der Mieter oder der Vermieter gegen Lärmbeeinträchtigungen auch im Wege einer **einstweiligen Verfügung** vorgehen. Häufig fehlt es aber an der Eilbedürftigkeit, weil der Weg zum Gericht erst nach mehrmaligen Störungen eingeschlagen wird, nämlich wenn „das Fass übergelaufen ist". 150

Können die Störquellen nur durch bauliche Maßnahmen beseitigt werden, würde eine einstweilige Verfügung auf eine Vorwegnahme der Hauptsache hinauslaufen und allein deshalb nicht zulässig sein. 151

Ein Wohnungseigentümer ist nicht verpflichtet, einem Sachverständigen Zutritt zu seiner Wohnung zu gewähren, damit dieser Untersuchungen anstellen kann, die in einem Rechtsstreit zwischen einem anderen Eigentümer und dessen Mieter Bedeutung haben können.[525] 152

Will der Mieter wegen Lärmbelästigung durch andere Mieter oder Dritte die Miete mindern, obliegt ihm jedenfalls die (sekundäre) Darlegungslast für den Mangel. Hierzu reicht es aus, wenn ein konkreter Sachmangel durch Beschreibung der Symptome dargelegt wird. Selbst wenn der Mieter eine bestimmte Lärmquelle benennt, kann daraus nicht der Schluss gezogen werden, er wolle Mängelrechte nur für den Fall geltend machen, dass ausschließlich die von ihm benannte Ursache und nicht eine andere zutrifft.[526] Ob ihm auch die Beweislast obliegt, ist in jüngster Zeit in Zweifel gezogen worden.[527] Eines sog. Lärmprotokolls zur Darlegung der Lärmbelästigung bedarf es nicht.[528] Zur Darlegung wiederkehrender Beeinträchtigungen des Mietgebrauchs genügt eine Beschreibung, aus der sich ergibt, um welche Art von Beeinträchtigungen (Partygeräusche, Musik, Lärm durch Putzkolonnen auf dem Flur, Hundegebell o. ä.) es geht, zu welchen Tageszeiten, über welche Zeitdauer und in welcher Frequenz diese ungefähr auftreten.[529] Diese Erleichterung bei der Darlegung ergibt sich daraus, dass die Minderung nach § 536 Abs. 1 BGB kraft Gesetzes eintritt und der Mieter das Maß der Beeinträchtigung nicht vortragen muss.[530] 153

Dem Mieter steht ein rechtliches Interesse an der Feststellung zu, das eine Lärmbeeinträchtigung zu einer Mietminderung in bestimmter Höhe führt.[531]

d) Lichteinfall. Eine schlechte Belichtung und Besonnung der gemieteten Räume kann sich ebenfalls mietmindernd auswirken.[532] So liegt ein Mangel der Mietsache vor, wenn die Lichtver- 154

---

518 OLG Schleswig NJW-RR 1986, 884 = MDR 1986, 758 = VersR 1986, 978; LG Hanau NJW 1985, 500 = VersR 1985, 1150; AG Staufen DWW 1990, 58 alle zum Nachbarrecht.

519 *Gaisbauer* ZMR 1997, 561, 562.

520 LG Kleve DWW 1989, 362; **a. A.** LG München I NJW-RR 1989, 1178 = DWW 1989, 165.

521 BGH WuM 1993, 127 = NJW 1993, 925 = ZMR 1993, 152 = DWW 1993, 70 = GE 1993, 254; OLG München DWW 1991, 107 = MDR 1991, 971; OLG Hamm WuM 1990, 123 = MDR 1988, 966 = DWW 1989, 257.

522 *Gaisbauer* ZMR 1997, 561, 562 m. w. N.

523 OLG Frankfurt/M. NJW-RR 1987, 1166 = DWW 1987, 356; VG Schleswig DWW 1987, 266.

524 LG Zwickau WuM 2001, 556.

525 OLG Nürnberg WuM 1990, 143 = NJW-RR 1990, 908.

526 BGH (VIII ZR 1/16) WuM 2017, 194 = NZM 2017, 256 = GE 2017, 413; zur Substantiierung im Prozess *Preckel,* ZMR 2017, 368 ff.

527 *Schröder,* Anm. zu BGH (VIII ZR 125/11), ZMR 2012, 536 – siehe auch Rdn. 488.

528 BGH (VIII ZR 1/16) WuM 2017, 194 = NZM 2017, 256 = GE 2017, 413; (VIII ZR 268/11) NZM 2012, 760 = WuM 2012, 508 = MietPrax-AK § 321 a ZPO Nr 1 m. Anm. *Börstinghaus.*

529 BGH (VIII ZR 155/11) WuM 2012, 269 = MietPrax-AK § 536 BGB Nr 41 = NJW 2012, 1647 = GE 2012, 681–682 = NZM 2012, 381 = DWW 2012, 171; BGH (VIII ZR 268/11) WuM 2012, 508 = GE 2012, 1032 = MDR 2012, 988.

530 BGH (XII ZR 47/90) NJW-RR 1991, 779; BGH (XII ZR 254/95) WuM 1997, 488; jeweils zu § 537 BGB a. F.; BGH (VIII ZR 125/11) WuM 2011, 700 = MietPrax-AK § 536 BGB Nr 40 = GE 2012, 60 = NJW 2012, 382 = NZM 2012, 109 = ZMR 2012, 177; siehe auch *Jahreis,* jurisPR-MietR 9/2012 Anm. 1.

531 *Gies,* jurisPRMietR 2/2012 Anm. 1.

532 AG Berlin Charlottenburg GE 1990, 261.

hältnisse in gewerblich genutzten Räumen durch die Nachbarbebauung stärker beeinträchtigt werden, als es bei Einhaltung der öffentlich-rechtlichen Vorschriften zulässig ist.[533] Ein Mangel ist auch gegeben, wenn anlässlich durchzuführender Bauarbeiten die Außenfassaden des Hauses durch Planen verhängt und dadurch die Zimmer verdunkelt werden[534] oder wenn eine Fensterscheibe trübe Stellen aufweist und dadurch der Lichteinfall beeinträchtigt ist.[535] Lichtreflexe, die durch das Glasdach eines Bauwerkes auf dem Nachbargrundstück verursacht werden, können den Mieter auf Grund ihrer Blendwirkung an einer ungestörten Büronutzung hindern.[536] Wird auf dem Hausgrundstück ein Anbau[537] oder auf dem Nachbargrundstück eine hohe Mauer oder ein Gebäude errichtet, so kann die Mietminderung gerechtfertigt sein, wenn sich die Sichtverhältnisse der Wohnung dadurch verschlechtern.[538] Auch die Errichtung eines Balkons[539] oder die Begrünung mit Fassadenbewuchs[540] kann zur Beeinträchtigung des Lichteinfalls führen. Der Vermieter schuldet aber nicht die bloße „Balkonfreiheit", so dass Balkonanbauten in Nachbarhäusern nur ausnahmsweise zur mietrechtlich relevanten Beeinträchtigung der Mietsache führen.[541] Auch der Fernblick ist kein Beschaffenheitsmerkmal einer Wohnung, soweit er nicht vertraglich vereinbart wurde.[542] Wachsen Bäume in der Nachbarschaft im Laufe der Mietzeit so hoch, dass sie zu viel Schatten spenden, soll nach Auffassung einiger Gerichte kein Mangel vorliegen.[543]

155 Auch nachts ist der Lichteinfall von Bedeutung, da z. B. durch in das Schlafzimmer einfallendes Reklamelicht der Tag-Nacht-Rhythmus des Menschen gestört werden kann.[544] Dennoch wird von einem Teil der Rechtsprechung ein Minderungsrecht verneint, weil der durch Leuchtreklame verursachte Lichteinfall kein Beschaffenheitsmerkmal der Wohnung darstelle.[545] Die Entscheidung ist schwer verständlich, da die Möglichkeit der Nachtruhe eine der wesentlichen Aufgaben einer Wohnung ist. Jedenfalls wird die Nachterleuchtung dann einen Mangel der Mietwohnung darstellen, wenn über die Grundlast des Lichteinfalls hinaus durch am Haus angebrachte oder in unmittelbarer Nähe installierte Leuchtmittel das Schlafzimmer weiter erhellt wird.[546]

156 **e) Mobilfunk.** Man schätzt für die flächendeckende Versorgung der Mobiltelefone mit UMTS Standard einen Bedarf von rund 80000 Mobilfunkbasisstationen.[547] Die geeigneten und notwendigen Standorte für die Errichtung und den Betrieb von Mobilfunkbasisstationen werden in großer Zahl angemietet,[548] was für die Vermieter wegen der relativ hohen Vergütungen attraktiv sein kann.[549] Die Errichtung solcher Anlagen z. B. auf dem Dach des Miethauses kann der Mieter nur verhindern, wenn die damit verbundene Gefahrbesorgnis über eine mögliche **Gesundheitsgefährdung** als Mangel anzusehen ist. Dies lässt sich mit Hilfe der Rechtsprechung zum Wohnungseigentumsgesetz und der begrenzten Regelung der ElektrosmogVO begründen[550] (s. Rdn. 105 ff.). Die mietrechtliche Instanzrechtsprechung hat bislang vereinzelt einen Mangel angenommen.[551] Wenn auch nach bisherigen wissenschaftlichen Erkenntnissen keine Gefahren von solchen Mobilfunkantennen ausgehen sollen, so ist nach dieser Mindermeinung dennoch von einem **Restrisiko** auszu-

---

[533] OLG Hamm ZMR 1983, 273 = MDR 1983, 579.
[534] KG GE 2001, 620; LG Berlin ZMR 1986, 54 = GE 1986, 911; AG Hamburg WuM 1996, 30.
[535] AG Kassel WuM 1993, 607; AG Miesbach WuM 1985, 260.
[536] OLG Stuttgart WuM 2009, 299 = ZMR 2010, 684; LG Frankfurt/M. DWW 1998, 58.
[537] LG Köln WuM 2012, 315 – Errichtung eines Anbaus vor dem Flurfenster des Mieters.
[538] LG Berlin MM 2000, 375; LG Hamburg WuM 1991, 90; AG Berlin-Köpenick MM 2000, 376 = NZM 2001, 334.
[539] LG Berlin ZMR 2014, 789 (2%); AG Potsdam WuM 2004, 233; AG Hamburg-Wandsbek WuM 2002, 486.
[540] AG Köln ZMR 2004, 594.
[541] AG Charlottenburg ZMR 2014, 368; AG Pankow/Weißensee ZMR 2002, 834.
[542] LG Berlin ZMR 2013, 888 zur Aufstockung des Nachbargebäudes.
[543] LG Berlin NZM 2001, 986 = GE 2001, 626; LG Hamburg NZM 2001, 91; **a. A.** AG Charlottenburg GE 2006, 1557.
[544] Hölker MM 2011, 14, 15.
[545] LG Berlin GE 2004, 352 = ZMR 2004, 583.
[546] LG Wiesbaden NJW 2002, 615 = NZM 2002, 86; AG Neukölln MM 1983, 14; zur Nutzung von Fensterrollläden AG Düsseldorf WuM 2011, 173.
[547] *Bundesverband* Die Verbraucher Initiative e. V., Positionspapier zu Elektrosmog und Mobilfunk, Mai 2001; *Lindner-Figura/Hartl* NZM 2001, 401 gehen von einer geringeren Zahl aus.
[548] Zu den Besonderheiten solcher Verträge vgl. *Lindner-Figura/Hartl* NZM 2001, 401 ff.
[549] Vgl. *Frenzel* WuM 2002, 10.
[550] OLG Hamm NJW 2002, 1730 = NZM 2002, 456; BayObLG NZM 2002, 441; vgl. auch *Kniep* WuM 2012, 305.
[551] AG München WuM 1999, 111.

gehen,[552] das sich als Mangel der Mietsache erweisen kann. Andere Gerichte, insbesondere der BGH[553], stellen darauf ab, ob die mit dem Betrieb der Antennenanlage verbundenen Emissionen die Grenzwerte der 26. BImSchV[554] einhalten.[555] Die Befürchtung des Mieters, die Anlage sei dennoch gesundheitsgefährdend, reicht danach für die Annahme eines Mangels nicht aus. Daher trifft den Vermieter grundsätzlich auch keine Hinweispflicht gegenüber einem Mietinteressenten.[556]

Regelmäßig ist für die Errichtung einer Mobilfunkantenne auch eine Baugenehmigung erforderlich. Soweit diese fehlt, handelt der Vermieter formell baurechtswidrig.[557] Da sich dieser Umstand aber regelmäßig auf den vertragsgemäßen Gebrauch der Mietsache nicht auswirkt, kann allein darin kein Mangel der Mietsache gesehen werden. Auch kann der Mieter die Baubehörde nicht zum Einschreiten verpflichten.[558] **157**

f) Nachbarschaft/Umfeld. Allein die Fremdartigkeit des Wohnverhaltens von Asylbewerbern rechtfertigt nicht die Minderung für die eingesessenen Wohnungsinhaber.[559] Beeinträchtigungen und Störungen, die sich aus **der Nachbarschaft** von Asylbewerbern oder Übersiedlern ergeben, sollen ebenfalls keine Mietminderung rechtfertigen[560], weil durch Lärm und sonstige Störungen aus der Nachbarschaft nur das Ansehen der Wohngegend beeinträchtigt werde, nicht aber der Gebrauchswert. Es gehe nur um einen Milieuschutz. Das soll auch gelten, wenn sich im Umfeld der Wohnung **eine Drogenszene** entwickelt hat[561]. Die Nachbarschaft zu einem Café, das als Treffpunkt der Sado-Maso-Szene dient, begründet kein Minderungsrecht, wenn sich die Beeinträchtigungen des Wohnungsmieters darauf beschränken, dass es auf der Straße regelmäßig zu Begegnungen mit szenetypisch gekleideten Cafébesuchern kommt.[562] Die Vermietung im „angenehmen Ambiente" bzw. „angenehmer Atmosphäre" wird nicht dadurch entwertet, dass in das Gebäude neben einer Schuldner- und Drogenberatung auch die ARGE einzieht und Hartz-IV-Empfänger berät.[563] **158**

Die Ergebnisse der vorgenannten Beispiele sind dann nicht zu beanstanden, wenn allein die veränderte Nachbarschaft Stein des Anstoßes ist. Führt diese aber zu Belästigungen oder gar konkreten Gefahren, ist eine andere Bewertung angezeigt. Ein Mangel liegt somit vor, wenn konkrete Verhaltensweisen der Bewohner oder Besucher zu einer Beeinträchtigung des vertragsgemäßen Gebrauchs der Mietsache führen. Auch das OLG Hamburg hat allein für den Fall der Errichtung einer Drogenberatungsstelle keine Beeinträchtigung angenommen.[564] Anders ist dies zu beurteilen, wenn in einem Mietshaus ein **öffentlicher Drogenhandel** stattfindet. Dadurch werden die Mitbewohner so stark belästigt, dass eine Mietminderung gerechtfertigt ist.[565] Für die Annahme eines Mangels reicht es allein nicht aus, wenn in einer Großstadt ein Bordell oder ein bordellartiger Betrieb existiert. Auch in diesen Fällen muss eine konkrete spezifische Störung nachgewiesen werden.[566] Ängste, Vermutungen, abstrakte Gefahren oder Lebenserfahrungen reichen für die Annahme einer konkreten Beeinträchtigung des Wohnumfeldes nicht aus.[567] **159**

---

552 Vgl. öffentliche Anhörung des Umweltausschusses des Deutschen Bundestages am 18.6.2001 – WuM 2001, 131; so auch *Kniep* ZMR 2009, 510.

553 BGH (V ZR 218/03) = PatR 2005, 9 = BeckRS 2004, 02772; s. dazu auch *Herkner* WuM 2007, 662; *Hitpaß* DW 2004, 70; *Eisenschmid* jurisPR-MietR 4/2004; *Kniep* DWW 2005, 101.

554 BGBl. 1996 I S. 1966.

555 LG Hamburg ZMR 2007, 198; LG Frankfurt/M. NZM 1998, 371; AG Traunstein ZMR 2000, 389; AG Gießen ZMR 2001, 806 = WuM 2001, 546 AG Traunstein ZMR 2000, 389; AG Tiergarten NZM 2002, 949.

556 LG Hamburg ZMR 2007, 198.

557 BVerwG GE 2000, 613 zur Versorgung im reinen Wohngebiet.

558 VG Hannover WuM 2001, 451.

559 AG Lünen WuM 1988, 348 = NJW-RR 1988, 1041 = DWW 1988, 283.

560 AG Gronau WuM 1991, 161 = NJW 1991, 2494; vgl. zur planungsrechtlichen Zulässigkeit OVG Berlin DWW 1988, 291.

561 LG Düsseldorf NJW-RR 1995, 330.

562 AG Hamburg, Urt. v. 23.3.2006 – 49 C 474/05.

563 BGH (XII ZR 1/07) NJW 2009, 664 = NZM 2009, 124 = GuT 2009, 24 = ZMR 2009, 269; vgl. auch *Lützenkirchen* jurisPR-Mietrecht 4/2009 Anm. 5.

564 OLG Hamburg WuM 2003, 90.

565 LG Kassel Az: 1 S 585/96.

566 Daher problematisch OLG Stuttgart NZM 2007, 163 = ZMR 2007, 272 = GE 2007, 220 = ZMR 2007, 272 m. Anm. *Schläger* (Hartz IV Beratung); LG Berlin NJW-RR 1996, 264 = MM 1995, 354; GE 2009, 453; NZM 2000, 377 = NJW-RR 2000, 601; AG Neukölln GE 2008, 606; vgl. LG Dortmund NZM 2002, 943 zum Swinger-Club; zu OLG Stuttgart *Borzutzki-Pasing* jurisPR-MietR 4/2007 Anm. 3 und *Schläger,* ZMR 2007, 275; AG Aachen ZMR 2006, 41.

567 BGH (XII ZR 122/11) WuM 2012, 671 = NZM 2013, 27 = NJW-RR 2012, 1480 = GE 2012, 1553.

160 Die Formel vom **„Milieuschutz"** darf nicht darüber hinweg täuschen, dass auch bei verändertem Umfeld der Mieter keinesfalls Lärm oder sonstige Beeinträchtigungen hinnehmen muss. Solche **unmittelbaren Beeinträchtigungen** fallen vielmehr regelmäßig unter den Fehlerbegriff des § 536 BGB (vgl. Rdn. 19ff.). So hat der BGH einen Mangel der Mietsache angenommen, wenn durch eine bestimmte Nachbarschaft (Milieu) das Grundstück verunreinigt und das Personal belästigt wird.[568] Auch drohende Sprengstoffanschläge auf den im Mietobjekt selbst untergebrachten Hausverwalter führen wegen der Gefahr für die Mieter und Besucher zu einem Mangel.[569] Gleichermaßen liegt ein Mangel vor, wenn auf Grund des Umfeldes ständig Einbrüche erfolgen bzw. zu befürchten sind,[570] was bei nur gelegentlichen Einbrüchen zweifelhaft sein kann[571] oder wenn der Mieter aus der Nachbarschaft mit Unrat und ekelerregenden Verschmutzungen konfrontiert wird.[572] Darüber hinaus wurde ein Mangel angenommen, weil ein unbekannter Täter die Loggia der Mietwohnung mit einem Luftgewehr beschossen hatte.[573]

161 Stürzen kranke Bäume auf das vermietete Grundstück, haftet der Vermieter wegen des dadurch verursachten Schadens.[574] Keinen Mangel begründet die abstrakte Gefährdung durch Wildschweine, die im angrenzenden Wald leben.[575] Gehen von einem Gewerbebetrieb eines Nachbarmieters Erschütterungen aus, sind diese Störungen vom Vermieter zu beseitigen.[576] Die **nachteilige Veränderung des Wohnumfeldes** durch den Bau und den Betrieb einer Skaterbahn führt zur Beeinträchtigung des Wohngebrauchs,[577] ebenso wenn die Bebauung des Nachbargrundstücks den dortigen Bewohnern erlaubt, in das Bad sowie in den Schlaf- und Wohnraum des Mieters einzusehen.[578] Erhebliche Immissionen, die durch den starken Andrang von Besuchern eines im Umfeld der Wohnung gelegenen Konsulats in Verbindung mit Lärm und Hinterlassung von Müll und Fäkalien ausgelöst werden, können ebenfalls eine Mietminderung rechtfertigen.[579] Auch aus Nachbarräumen eindringenden Rauch hat der Mieter nicht hinzunehmen;[580] ebenso wenig die Störungen, die von einer an der Außenwand angebrachten Lichtreklame ausgehen[581]

162 Werden Gewerberaumflächen vermietet, kann die Störung des Computersystems des Mieters durch ein auf der Straße verlegtes Gleichstromkabel ein Mangel darstellen. Ein Mangel ist anzunehmen, wenn der Mieter vertragsgemäß Computerdesign-Arbeiten durchführen will und wegen der elektromagnetischen Störungen die Bildschirmwiedergabe unzureichend ist[582].

163 **g) Raumklima.** Nicht nur bei Gewerberaummietverhältnissen, sondern auch bei Wohnraummietverhältnissen[583] wird es allgemein als Mangel angesehen, wenn ein **überstarker Sonneneinfall** durch die Fensterflächen in den gemieteten Büroräumen zu einer erheblichen Überschreitung der Raumlufttemperatur während mehrerer Monate führt und die Arbeits- bzw. Wohnbedingungen in den Räumen unzumutbar beeinträchtigt werden.[584] Für die Beurteilung eines ordnungsgemäßen Raumklimas vermieteter Büroräume sind neben der Vereinbarung über den Verwendungszweck[585] insbesondere die Anforderungen der ArbStättV[586] zu beachten.[587] Bei den Anforderungen

---

568 BGH NJW 1974, 2233.
569 OLG Dresden NJW-RR 2002, 371.
570 KG NJW-RR 1998, 944; vgl. auch OLG Naumburg NJW-RR 1998, 944 = NZM 1998, 438 zu § 542 BGB; AG Schöneberg ZMR 2000, 683; *Lützenkirchen* WuM 2000, 55, 60.
571 OLG Düsseldorf NZM 2002, 737.
572 LG Köln WuM 1989, 623, AG Dortmund WuM 1998, 570.
573 AG München MDR 2010, 620.
574 OLG Frankfurt/M. NJW-RR 1986, 108 = MDR 1985, 1027 = VersR 1986, 374.
575 AG Wedding GE 2014, 199.
576 BGH (VIII ZR 63/64) MDR 1966, 497 = BB 1966, 427; zur Störung bei Innenstadtlagen siehe LG Berlin GE 2016, 729 (Shisha-Bar); vgl. Rdn. 136a ff.
577 AG Emmerich WuM 2000, 302 = NZM 2000, 544 = NJW-RR 2000, 1250.
578 LG Berlin MM 2001, 246.
579 AG München ZMR 2001, 809.
580 LG Mannheim MDR 1969, 313; anders bei Rauch aus Nachbarhäusern AG Münster WuM 2007, 505.
581 Anders LG Berlin ZMR 2004, 583 für Großstadt; AG Fürth WuM 2007, 317 für Scheinwerferlicht von Autos.
582 LG Berlin GE 2004, 427.
583 VerfGH Berlin WuM 2007, 255.
584 OLG Düsseldorf ZMR 1998, 622 = NJW-RR 1998, 1307 = MDR 1998, 1217 = NZM 1998, 915; OLG Köln NJW-RR 1993, 466 = WuM 1995, 35 = MDR 1993, 973; AG Neuss ZMR 1997, 304; zur Problematik s. insbesondere *Busse,* NJW 2004, 1982; *Kinne* GE 2000, 1394, 1396; **a. A.** *Drasdo* NJW-Spezial 2014, 417.
585 *Göcke* ZfIR 2009, 496, 499.
586 S. auch *Elshorst* NZM 2002, 902.
587 OLG Naumburg NZM 2011, 35; KG GE 2003, 48; OLG Rostock NZM 2001, 425; OLG Hamm NJW-

an die Arbeitsstätten ist § 3 Abs. 1 ArbStättV mit dem zu dieser Vorschrift veröffentlichten Anhang zu beachten. Gem. Nr. 3.5. dieses Anhangs muss während der Arbeitszeit unter Berücksichtigung der Arbeitsverfahren, der körperlichen Beanspruchung der Beschäftigten und des spezifischen Nutzungszwecks des Raumes eine gesundheitlich zuträgliche Raumtemperatur bestehen. Daher müssen Fenster, Oberlichter[588] und Glaswände je nach Art der Arbeit und Arbeitsstätte eine Abschirmung gegen übermäßige Sonneneinstrahlungen ermöglichen. Diese Anforderungen sind mietrechtlich generell zu beachten[589], auch wenn sie sich nur an den Arbeitgeber richten und der Anwendungsbereich der ArbStättV nur dem Schutz vor wärmeabgebenden Betriebseinrichtungen, also rauminternen Wärmequellen, gilt[590].

Einige Gerichte haben aus der ArbStättV die Schlussfolgerung gezogen, dass eine Mietsache mangelhaft ist, wenn die Raumtemperaturen oberhalb von 26 °C bei einer Außentemperatur von 32 °C liegen.[591] Der BGH[592] hat die Frage bislang offen gelassen. Wegen damit verbundener Einbruchgefahren kann dem Mieter u. U. **nicht zugemutet** werden, die Raumtemperaturen durch nächtliches Lüften zu senken. Kurzzeitige Unzuträglichkeiten infolge extremer Außentemperaturen muss der Mieter jedoch als unerhebliche Beeinträchtigung hinnehmen. Werden die Raumtemperaturen **langfristig** (vier Wochen) überschritten, ist eine fristlose Kündigung des Mietverhältnisses möglich.[593] 164

Das Raumklima ist auch unzureichend, wenn die Raumtemperaturen durch bauliche Anlagen zu hoch steigen[594] oder wenn sie unterhalb dessen liegen, was für das Wohlbefinden des Nutzers erforderlich ist.[595] **Luftfeuchtigkeitswerte** in gemieteten Büroräumen bis zu 70% bei Raumtemperaturen bis 20 °C sollen noch als behaglich zu werten sein.[596] Temperaturen von 16–17 °C erfüllen diese Anforderungen nicht[597] (s. auch § 569 Rdn. 9ff. zur fristlosen Kündigung). 165

h) Überschwemmung. Mieträume müssen so beschaffen sein, dass sie bei gewöhnlichen, der örtlichen Lage entsprechenden Wasserverhältnissen gegen Eindringen des Wassers geschützt sind. Der Vermieter ist daher verpflichtet, entsprechende **Vorkehrungen** zum Schutz der Mietsache zu treffen. Ist in einem Gebiet regelmäßig mit Hochwasser zu rechnen, das in das vermietete Haus eindringt, führt dies zu einer sich über das ganze Jahr erstreckenden Mietminderung.[598] 166

Lediglich dann, wenn der Wassereintritt auf einer außergewöhnlichen Witterungslage beruht, liegt nach Auffassung des BGH kein anfänglicher Mangel der Mietsache vor.[599] Bei derartigen, nicht vorhersehbaren Naturereignissen, soll der Mieter nicht von dem **allgemeinen Lebensrisiko** zu Lasten des Vermieters befreit werden[600] (s. Rdn. 9ff.). anderenfalls werde die Garantiehaftung überdehnt.[601] In Anlehnung an diesen Grundsatz hat das OLG Koblenz[602] einen anfänglichen 167

RR 1995, 143 = GE 1996, 186; AG Neuss ZMR 1997, 304 = DWW 1997, 47; **a. A.** OLG Brandenburg NZM 2013, 151; OLG Karlsruhe GE 2010, 542.

588 Zum Wegfall des Oberlichts bei Auswechselung des Fensters AG Hannover ZMR 2010, 370.

589 *Elshorst* NZM 2002, 902, 903; *Busse* NJW 2004, 1982, 1983 m.w.N.; ablehnend OLG Frankfurt/M. NZM 2007, 330; *Harms* NZM 2005, 441; *Kinne* GE 2004, 1278, 1279.

590 *Gsell* WuM 2011, 491, 496, allerdings mit dem Hinweis auf eine festzustellende Verkehsüblichkeit; *Schliemann* ZfIR 2005, 488, 490; *Harms* NZM 2005, 441; ZMR 2007, 432; *Pfeifer* DWW 2007, 196; **a. A.** *Herrlein* NZM 2007, 719.

591 OLG Brandenburg NJW-RR 2013, 76; OLG Hamm, Der Bausachverständige 2005, 67; OLG Rostock NJW-RR 2001, 802 = NZM 2001, 425; offengelassen OLG Düsseldorf, Urt. v. 6.12.2007 – 10 U 134/99: zitiert bei Fritz NJW 2011, 1049 Fußn.12; LG Bielefeld IBR 2003, 474; AG Hamburg WuM 2006, 609; eingeschränkt *Sternel* Mietrecht aktuell (2009), Rdn. VII 206; dazu kritisch *Flatow* WImmoT 2010, 53, 69; *Herrlein* NZM 2007, 719; *Harms* NZM 2005, 441; einschränkend Drasdo NJW-Spezial 2014, 417 – nur bei vertraglicher Vereinbarung.

592 BGH (XII ZR 132/09) MietPrax-AK § 536 BGB Nr 36 = NJW 2011, 514 = ZMR 2011, 372 = NZM 2011, 153.

593 OLG Naumburg WuM 2004, 49 = NZM 2004, 343; zur Kritik dieser Rechtsprechung s. *Fritz* NJW 2006, 742, 743.

594 LG Hamburg ZMR 2009, 532.

595 KG NZM 2002, 917.

596 LG Köln NZM 1999, 968.

597 OLG Düsseldorf MDR 2002, 575; AG Potsdam WuM 2012, 670; LG Berlin WuM 2012, 670.

598 LG Kassel NJW-RR 1996, 1355; AG Friedberg WuM 1995, 393.

599 BGH NJW 1971, 424; LG Berlin GE 1999, 1497.

600 OLG Frankfurt/M. NJW-RR 1986, 108 = MDR 1985, 1027 = VersR 1986, 374; OLG München WuM 1991, 681.

601 OLG München WuM 1991, 681; *Franke* in WoBauR § 536 BGB Anm. 5.2.3.

602 OLG Koblenz NJW-RR 1997, 331 = MDR 1997, 252 = VuR 1997, 178.

Mangel verneint, wenn in einem hochwassergefährdeten Gebiet das Gebäude in einer isolierten Betonwanne errichtet wurde und nach dem seinerzeit bestehenden Erkenntnismöglichkeiten ein Eindringen von Hochwasser dauerhaft unterbunden war. Diese Auffassung erscheint bedenklich, da sie über die Abgrenzung zum allgemeinen Lebensrisiko hinaus Haftungsgesichtspunkte in die Überlegung einbezieht, die bei der Frage des Mangels ohne Belang sind. Auch das OLG Frankfurt[603] hat einen anfänglichen Mangel verneint, weil der Vermieter die Verursachung des Schadens durch einen anderen Mieter nicht vorhersehen konnte (betrifft Wasserschaden durch Abflussverstopfung).

168 Liegt ein Abwassereinlauf im Fußboden eines Mietraums unterhalb der Rückstauebene, so ist das Fehlen einer **Rückstausicherung**[604] dann ein Mangel der Mietsache, wenn der Einbau einer Rückstausicherung bei Errichtung des Mietobjekts oder bei einem grundlegenden Umbau den allgemein anerkannten Regeln der Technik[605] entsprach und damit Vertragsinhalt wurde. Dann ist es unerheblich, wenn nur seltene, im statistischen Durchschnitt alle 50 Jahre vorkommende Unwetter zu einer Überflutung des Mietobjektes führen können.[606] Aufsteigendes Grundwasser in einer Souterrainwohnung ist ein anfänglicher Mangel, wenn der Vermieter von der Hochwassergefährdung Kenntnis hat,[607] die Überschwemmung somit für ihn vorhersehbar ist (vgl. Rdn. 9ff.). Den Vermieter treffen in diesen Fällen besondere Fürsorgepflichten, welche die Vornahme erforderlicher und zumutbarer Schutzmaßnahmen gegen das aufsteigende Wasser nach sich ziehen. Hat der Mieter einer Souterrainwohnung aber vertraglich die Pflicht übernommen, bei Bedarf ein Rückstauventil zu bedienen, und dies vergessen, kann er den Vermieter hierfür nicht verantwortlich machen.[608]

169 **i) Umweltgifte.** Im Bereich der Umweltmängel sind Mängel der Mietsache auch Gefahrenquellen, die auf Grund ihrer räumlichen Beziehung zur Mietsache deren Tauglichkeit mindern oder aufheben.[609] Voraussetzung ist, dass die Gefahrenquelle die Mietsache und deren Gebrauchstauglichkeit unmittelbar beeinträchtigt[610] (zum Begriff der Unmittelbarkeit vgl. Rdn. 13ff.). Der Herstellungsanspruch des Mieters kann bei erheblichen Gesundheitsgefahren der Mieter ggf. im Wege des einstweiligen Rechtsschutzes geltend gemacht werden.[611]

170 Maßstab für die Frage, ob die Gebrauchstauglichkeit der Wohnung eingeschränkt oder aufgehoben ist, sind dabei die gesundheitlichen Auswirkungen von Schadstoffimmissionen auf die Bewohner.[612] Deswegen genügt nicht allein die Feststellung, dass die Innenräume zu irgendeinem Zeitpunkt mit **giftigen Substanzen** behandelt wurden. Entscheidend ist, ob diese Behandlung die **konkrete** Gefahr birgt, dass die Bewohner mit gesundheitlichen Beeinträchtigungen rechnen müssen[613], also wenn die **aktuelle** Benutzung der Mietsache mit einer Gesundheitsgefährdung verbunden ist.[614] Es ist nicht erforderlich, dass eine Gesundheitsgefährdung mit Sicherheit feststeht. Es genügt, dass sie nicht ausgeschlossen werden kann,[615] was bei einer Überschreitung von anerkannten Grenz- und Richtwerten regelmäßig anzunehmen ist.[616] Eine konkrete Gefährdung ist aber auch anzunehmen, wenn der Mieter vernünftigerweise von dem Bestehen einer Gefahr ausgehen kann, unabhängig davon, ob diese tatsächlich gegeben ist.[617] Eine Gefahr ist z. B. bei einer bräunlichen Verfärbung des **Trinkwassers** angenommen worden[618], obwohl die Ursache unbekannt geblieben

---

[603] OLG Frankfurt/M. WuM 1991, 88.

[604] LG Freiburg WuM 1987, 383.

[605] Vgl. dazu *Seibel* ZfBR 2006, 523.

[606] OLG Hamm WuM 1988, 349 = NJW-RR 1988, 529 = ZMR 1988, 138 = DWW 1988, 142; OLG Düsseldorf NJW-RR 1988, 906 = ZMR 1988, 222.

[607] LG Köln WuM 1996, 334.

[608] LG Mannheim ZMR 1991, 386.

[609] BGH NJW 1972, 944 = MDR 1972, 599.

[610] BGH NJW 1983, 2935 = MDR 1983, 742 = VersR 1983, 441.

[611] KG GuT 2004, 102 = ZMR 2004, 513; *Hinz* WuM 2005, 615, 622.

[612] Grundsätzlich zum Problem der Kausalität und der Grenzwerte, *Derleder* PiG 31, 1989, 13, 19ff.; *Köck/Meier* JZ 1992, 548.

[613] LG München NJW-RR 2013, 912; LG Berlin GE 2015, 190; LG Tübingen WuM 1997, 41; AG Münsingen WuM 1996, 336.

[614] Abzulehnen daher LG Traunstein NJW-RR 1994, 1423, das auf den Zeitpunkt des Vertragsabschlusses abstellt; s. dazu auch *Mutter* ZMR 1995, 189, 191.

[615] OLG Hamm WuM 1987, 248 = NJW-RR 1987, 968 = ZMR 1987, 267 = DWW 1987, 226 = GE 1987, 779; einschränkend BGH NJW 1983, 2935 = MDR 1983, 742 = VersR 1983, 441.

[616] **A. A.** LG Tübingen ZMR 1997, 189.

[617] LG Lübeck NJW-RR 1998, 441 = NZM 1998, 190; *Rahtjen* ZMR 1999, 458, 461.

[618] LG Berlin GE 2005, 1489; AG Köln WuM 2000, 34; AG Brühl WuM 1990, 382.

ist.[619] Kann die Verfärbung durch eine gesundheitlich unbedenkliche chemische Aufbereitung des Wassers beseitigt werden, muss der Mieter eine entsprechende Maßnahme des Vermieters dulden.[620]

Der Schutzbereich bezieht sich nicht nur auf die Wohnung oder sonstige zum Betreten von Menschen vorgesehenen Räume, sondern auf das gesamte vermietete Umfeld. Daher darf der Vermieter keine Unkrautvernichtungsmittel bzw. Rasendünger auf den Wegen und auf dem Rasen des Hausgrundstückes verwenden, wenn dies zu einer Gefährdung der Gesundheit insbesondere der Kleinkinder des Mieters führen kann.[621] 171

Allgemein wird auf das Überschreiten vorhandener Grenzwerte abgestellt, die häufig auf Empfehlungen einzelner Sachverständiger des Bundesgesundheitsamtes zurückzuführen sind.[622] Auch wenn es sich dabei nur um einen sog. **Vorsorgerichtwert** handelt, hat der Mieter einen Anspruch, dass in der Wohnung dieser Vorsorgewert eingehalten wird.[623] Sind die entsprechenden Maßnahmen ergriffen worden und sinkt der Belastungswert, muss sich der Mieter damit zufrieden geben.[624] Auch bei einer Gefährdung durch gesundheitsschädigende Stoffe ist der Mieter nicht verpflichtet, die Wohnung zu kündigen, anstatt sich auf die geminderte Miete zu berufen.[625] 172

Inzwischen gibt es vermehrt Stimmen, die das starre Festhalten an Grenzwerten als unzureichend verwerfen.[626] Zu Recht wird darauf hingewiesen, dass Grenz- und Richtwerte keine vorweggenommenen Gutachterwerte darstellen,[627] also in jedem Einzelfall einer Überprüfung bedürfen. Grenz- und Richtwerte sind Mindestwerte, die bei atypischen Sachverhalten das Gefährdungspotential nicht ausreichend beschreiben (s. auch Rdn. 27 ff.). 173

aa) Asbest. Asbest ist eine silikatische Mineralfaser, die seit etwa 1880 im industriellen Maßstab bergwerksmäßig abgebaut und verarbeitet wird. Man unterscheidet zwei grundsätzliche Einsatzformen: Das Spritzasbest einerseits, welches häufig für Putze verwendet wurde, enthält ca. 60% schwachgebundenen Asbest, sowie Asbestzementprodukte andererseits, mit regelmäßig nicht mehr als 15% Asbest, die für Zwischendecken, Dacheindeckungen, Verkleidungen, Trennwände usw. Einsatz fanden. Die Aufnahme der Asbestfasern in den Organismus erfolgt über die Atmung. Als besonders kritisch werden Fasern mit einem Durchmesser gesehen, der kleiner als 3 µm ist. Das Gleiche gilt für Fasern, die größer als 5 µm lang sind und ein Längen-Durchmesser-Verhältnis von 3:1 aufweisen. Asbest verursacht die so genannte Asbestose, Bronchialkarzinome sowie Tumore des Rippen- und Bauchfells.[628] 174

Kommt es infolge von Reinigungs- und anderen Arbeiten zu Staubaufwirbelungen, so ist dies besonders gefährlich, da es bei Asbest – anders als bei anderen Giften – keine Wirkungsschwelle gibt. Wegen eines nicht zu bestimmenden Grenz- oder Schwellenwertes kann es auch keine Nullrisikozone geben. Jede Asbestfaser kann schon die Gesundheit beeinträchtigen.[629] Daher muss regelmäßig von einem Mangel ausgegangen werden, weil die Mietsache bei Asbestbelastung nur in der Befürchtung der Gefahrverwirklichung benutzt werden kann[630]. Allerdings muss die Konzentration in den Räumen grundsätzlich höher sein als die Hintergrundbelastung, weil ansonsten das allgemeine Lebensrisiko des Mieters auf den Vermieter verlagert würde.[631] 175

Gem. § 18 Abs. 1 Nr. 1 GefStoffV besteht heute weitgehend ein Herstellungs- und Verwendungsverbot für Asbest. Nach Abschn. 2 des Anhangs zur ChemVerbotsV dürfen Asbeststoffe grundsätzlich nicht in den Verkehr gebracht werden. Dennoch befinden sich noch viele Produkte 176

---

619 LG Berlin GE 2000, 676 = MM 2000, 222 = NZM 2000, 709; LG Braunschweig WuM 1990, 145; AG Bad Segeberg WuM 1998, 280 bei erhöhtem Eisen- und Mangangehalt; AG Görlitz WuM 1998, 180 zur Rostverfärbung; AG Frankfurt/Oder GE 1997, 189 zum Beschaffenheitsmangel.

620 LG Braunschweig ZMR 2000, 462 = NZM 2001, 582; vgl. dazu *Schläger* ZMR 2002, 85, 90.

621 LG München I WuM 1989, 500 = NJW-RR 1990, 217.

622 Vgl. aber auch Pressemitteilung 20/99 vom 23.6.1999 des Umweltbundesamtes zu polyzyklischen aromatischen Kohlenwasserstoffen (PAK), abgedruckt in NZM 1999, 791; AG Frankfurt/M. NZM 2001, 422.

623 LG Frankfurt/M. NJW-RR 2001, 944; LG Hamburg VuR 1992, 115; LG Hannover WuM 1990, 337 = NJW-RR 1990, 972 = ZMR 1990, 302.

624 LG Hamburg WuM 1990, 66.

625 *Herrlein,* NZM 2011, 741, 742; **a. A.** LG Frankfurt/Main NZM 2001, 523 = NJW 2001, 945.

626 *Wenger* ZMR 1997, 271 m.w.N.; *Schläger* ZMR 1994, 189; 1998, 669.

627 Vgl. *Wenger* ZMR 1997, 269, 271, der die Parallele zu den Normen zieht.

628 Grundlegend *Halstenberg* WuM 1993, 155, 156.

629 LG Berlin GE 2013, 352 = ZMR 2013, 715; LG Dresden ZMR 2011, 465; LG Berlin WuM 1999, 35; LG Mannheim NJW-RR 1996, 776; *Isenmann* DWW 1994, 197; kritisch *Schläger* ZMR 1994, 189, 195.

630 OLG Hamm NZM 2003, 395; siehe auch LG Dresden NZM 2011, 743.

631 LG Berlin WuM 1996, 761 = NJWE-MietR 1997, 53; LG Berlin GE 1995, 1343 für Holzschutzmittel; vgl. auch Anm. *Schläger* zu LG Mannheim ZMR 1998, 563.

mit schwach gebundenem Asbest in vielen Mietwohnungen, wie beispielsweise Wände[632] oder Fußbodenbeläge mit Floor-Flex-Platten.[633] Diese Wände und Platten emittieren Asbest, wenn sie bearbeitet, gebrochen oder anderweitig beschädigt werden. Das dadurch bedingte Bearbeitungshindernis ist ein Mangel.[634]

177 **Nachtspeicheröfen,** die vor 1977 gebaut wurden, stellen eine Gesundheitsgefahr dar, wenn die Verarbeitung des Asbestes dazu führt, dass asbesthaltige Materialien über den Luftstrom freigesetzt werden.[635] Eine solche Gefahrbesorgnis ergibt sich aber noch nicht allein aus dem Umstand, dass in den Mieträumen Nachtspeicheröfen älterer Bauart vorhanden sind, die asbesthaltige Bauteile enthalten. Vielmehr müssen besondere Umstände hinzutreten, die eine Freisetzung von Asbestfasern – etwa infolge Beschädigung der asbesthaltigen Bauteile – wahrscheinlich erscheinen lassen.[636] Nach einer abstrakt-konkreten Ermittlung des Gefährdungspotentials kann es dabei aber schon ausreichend sein, wenn ältere Geräte sich in einem technisch schlechten Zustand befinden und häufig betrieben werden.[637] Denn es ist dem Mieter nicht zumutbar, abzuwarten, bis sich die Gefahr konkretisiert hat.[638] Daher muss eine konkrete Gesundheitsgefahr für die Annahme eines Mangels auch dann nicht nachgewiesen werden, wenn bei unsachgemäßem Umgang mit abgelagerten Asbeststäuben die Gefahr einer Asbestfreisetzung in den Räumen nicht auszuschließen ist.[639]

178 Die Baubehörden sind nach den Bauordnungen der Länder sowie der darauf basierenden Asbest-Richtlinie gehalten, aus Gründen der Gesundheitsvorsorge die Freisetzung von Asbestfasern zu unterbinden.[640] Da Asbestfasern schon bei geringer Konzentration schwere Erkrankungen auslösen können, kann die Baubehörde anordnen, dass der Hauseigentümer das Ausmaß und den Umfang der Gefahr bzw. die Dringlichkeit der Sanierung durch Einholung eines Sachverständigengutachtens abklärt und die erforderlichen Maßnahmen einleitet.[641] Ob der Mieter derartige Maßnahmen von seinem Vermieter verlangen kann, wird teilweise bezweifelt.[642] Sieht man jedoch den Vermieter als verpflichtet an, im Rahmen seiner Kontroll- und Überwachungspflicht auch asbesthaltige Nachtstromspeicheröfen (zum Verbot des Betriebs von Nachtstromspeicheröfen nach EnEV s. § 555a Rdn. 13) zu überprüfen, dann wird man nicht nur dem Mieter einen Anspruch auf Überprüfung der Öfen geben, sondern dem Vermieter auch die hierfür erforderlichen Kosten auftragen müssen.[643]

179 **bb) Blei.** Blei gehört zu den heimtückischen Umweltgiften, die sich im Lauf der Jahre unbemerkt im Körper ansammeln und zu schweren chronischen Gesundheitsschäden führen können. Bei Ungeborenen und Kleinkindern gelangt das Blei u. a. direkt ins Gehirn und kann dort schwere geistige und körperliche Entwicklungsstörungen hervorrufen.

180 Nach der **Trinkwasserverordnung** vom 21.5.2001,[644] die am 1.1.2003 in Kraft getreten ist, liegt der Grenzwert für Bleibelastung gem. § 6 Abs. 2 i.V.m. der Lfd. Nr. 4 der Anl. 2 Teil II bis zum 30.11.2003 bei 40 µg/l Wasser. Völlig unbeachtet bleibt dabei, dass Kinder und Säuglinge durch Wasser mit Bleianreicherung besonders stark gefährdet sind. Fast 50% des aufgenommenen Bleis wird im Körper des Kindes zurückgehalten, während Erwachsene nur 10% speichern.[645] Die EU-Richtlinie 98/83[646] sieht daher eine Maximalbelastung von nur 10 µg/l Wasser vor.

---

[632] LG Berlin NZM 2011, 481 = GE 2011, 205.

[633] LG Berlin GE 2013, 352 = ZMR 2013, 715; *Bratfisch* MM 2011, 7.

[634] LG Berlin GE 2013, 353; GE 2013, 352; NZM 2011, 481; zum Schadensrisiko siehe verneinend BGH (VIII ZR 19/13) GE 2014, 868 = MDR 2014, 796 = WuM 2014, 425 = NJW-RR 2014, 840 = NZM 2014, 511 = ZMR 2014, 863 m. kritischer Anm. *Schläger; Pfeifer,* jurisPR-MietR 20/2014 Anm. 4.

[635] LG Dortmund WuM 1996, 141 = ZMR 1994, 410.

[636] LG Berlin ZMR 2013, 715; LG Kassel ZMR 1996, 90; AG Rheinberg WuM 1996, 142; siehe dazu umfassend *Hippel* IMR 2016, 43 mit umfangreichen berliner Rechtsprechungsnachweisen.

[637] LG München I WuM 1998, 18; LG Dortmund WuM 1996, 141 = ZMR 1994, 410; AG Hamburg WuM 1999, 433; AG Hof WuM 1998, 281; AG München WuM 1996, 762; *Rathjen* ZMR 1999, 458, 461; *Mutter* ZMR 1995, 189, 191.

[638] LG Hannover WuM 1997, 434; **a. A.** LG Berlin GE 1999, 47; LG Hannover VuR 1990, 40 bei Holzschutzmittel; wohl auch AG Bonn WuM 1991, 543.

[639] LG Mannheim WuM 1996, 338.

[640] Nachweise bei *Schläger* ZMR 1994, 189, 192.

[641] OVG Hamburg WuM 1991, 540.

[642] Dazu *Schläger* ZMR 1994, 189, 193.

[643] *Halstenberg,* WuM 1993, 155, 165 m.w.N.; OVG Münster WuM 2002, 322.

[644] TrinkwVO in der Fassung der Bekanntmachung vom 10. März 2016 (BGBl. I, S. 459).

[645] *Kruse,* Zuhause, 1989, 96.

[646] Richtlinie 98/83 EG des Rates über die Qualität von Wasser für den menschlichen Gebrauch vom 3.11.1998 (Abl. EG Nr. L 330, 32).

Die EU-Richtlinie 98/83 wurde durch die TrinkwV 2001 mit folgenden Übergangsregelungen (vgl. § 6 Abs. 2 Satz 3 TrinkwV 2001) in nationales Recht umgesetzt. Der Grenzwert von 40 µg/l galt noch bis 30.11.2003. Danach gilt bis zum 30.11.2013 der Grenzwert von 25 µg/l. Ab dem 1.12.2013 sind nur noch 10 µg/l zulässig. Versäumt der Vermieter entsprechende Maßnahmen zur Herstellung des jeweiligen Grenzwertes, ist bei dessen Überschreitung ab 1.12.2003 bzw. ab 1.12.2013 von einem Mangel auszugehen. **181**

Gem. § 14 Abs. 3 TrinkwV ist der Vermieter, der eine Wasserversorgungsanlage betreibt, in der sich eine Großanlage zur Trinkwassererwärmung befindet, verpflichtet, regelmäßig (alle drei Jahre, erstmalig spätestens zum 31.12.2013) Untersuchungen zur Überprüfung der Trinkwasserqualität (Legionellen) durchführen zu lassen.[647] Auch hier ist wegen der drohenden Gesundheitsgefährdung bei Unterlassen der Maßnahmen analog der Regelungen zu Grenzwerten von gesundheitsschädlichen Immissionen (vgl. Rdn. 25 ff.) von einem Mangel auszugehen.[648] Die Kosten sind „sonstige Betriebskosten" iSd Betriebskostenverordnung.[649] **182**

Werden überhöhte Bleikonzentrationen im Wasser festgestellt, muss der Vermieter diesen Mangel beseitigen, d. h. er muss die alte Hausinstallation wieder instand setzen.[650] Notfalls muss er die alten Bleirohre komplett austauschen.[651] Zur vorbeugenden Instandsetzung vgl. § 555 a Rdn. 1, 15 f. Das LG Berlin[652] hat bei 79 µg/l eine nur geringfügige Überschreitung des Grenzwertes angenommen. Allerdings datiert die Entscheidung aus dem Jahre 1986, als die Trinkwasserverordnung noch nicht in Kraft war.[653] In jüngerer Zeit ist bei einem Bleigehalt von nur 23 µg/l im Trinkwasser von Büro- und Lagerräumen ein Mangel angenommen worden.[654] **183**

Kein Mangel der Mietsache soll vorliegen, wenn durch kurzes Ablaufenlassen des Wassers praktisch Bleifreiheit erreicht werden kann[655] oder zumindest der Grenzwert deutlich unterschritten wird.[656] Diese Rechtsprechung erscheint aber sowohl unter Kostenaspekten sowie unter dem Gesichtspunkt des Umweltschutzes und der Schonung natürlicher Ressourcen zweifelhaft. Wird daher Wasser in erheblichen Mengen für das Ablaufenlassen benötigt, ist von einem Mangel auszugehen.[657] **184**

Wird ein Wohnhaus über einen **Brunnen mit Trinkwasser** versorgt, so liegt ein Mangel vor, wenn das Wasser auf Grund eines erhöhten Nitratgehalts gesundheitsgefährdend ist.[658] Der Grenzwert für Nitratkonzentrationen liegt nach der TrinkwV 2001 bei 50 mg/l und für Nitrit bei 0,50 mg/l. Die Summe aus Nitratkonzentration in mg/l geteilt durch 50 und Nitritkonzentration in mg/l geteilt durch 3 darf nicht größer als 1 mg/l sein (vgl. Lfd. 9 der Anlage 2 Teil I der TrinkwV). **185**

cc) Formaldehyd. Die in Möbeln und Holz häufig eingebauten Press-Spanmaterialien gehören zu den bedeutendsten Emittenten von Formaldehyd in Innenräumen. Formaldehyd wird nämlich häufig verwendet in Spanplatten, Sperrhölzern, Furnieren sowie für Farben, Lacke, Kleber, Leime und Teppichwaren. Das in den Materialien enthaltene Formaldehyd kann über lange Zeiträume in die Raumluft diffundieren und wird vom Menschen über die Atemluft, die Haut und den Magen-Darm-Trakt aufgenommen. Formaldehyd reizt die Augen und die Atemwege und ruft bei hohen Werten Schädigungen der Atemwege sowie Allergien hervor. Die krebsauslösende Wirkung **186**

---

647 *Lehmann-Richter* PiG 99, 65, 77 – keine Obhutspflicht des Mieters, durch den Betrieb der Wasseranlage Legionellenbildung zu vermeiden.

648 AG Dresden GE 2014, 396 (25% Minderung); *Herlitz* in jurisPR-MietR 16/2014 Anm. 1; für den Zeitraum vor Geltung der TrinkWV siehe zur Haftung des Vermieters bei unterlassener Untersuchung der Wasserversorgungsanlage BGH (VIII ZR 161/14) WuM 2015, 412 = NJW 2015, 2111; *Pfeifer,* jurisPR-MietR 13/2015 Anm. 1.

649 *Schmid,* ZMR 2012, 10, 11; *Peifer,* MietrechtKompakt 2012, 13, 17; **a. A.** *Serwe* ZMR 2012, 167 (Kosten nach § 2 Ziff. 2, 4, 5 bzw. 6 BetrKV).

650 AG Hamburg WuM 1992 = MDR 1991, 1060 = ZMR 1992, 26; **a. A.** LG Frankfurt/M. WuM 1990, 384 = ZMR 1990, 17.

651 LG Hamburg WuM 1991, 161 = NJW 1991, 1898 = MDR 1991, 444 = MM 1991, 162; AG Berlin-Schöneberg NJW-RR 1991, 782.

652 LG Berlin DWW 1987, 130 = GE 1987, 243.

653 TrinkwVO v. 22.5.1986, Inkraft getreten am 1.10.1986 (BGBl. I S. 760).

654 OLG Köln NJW 1992, 51 = ZMR 1992, 155.

655 LG Hamburg WuM 1991, 161.

656 LG Berlin GE 1996, 929.

657 AG Hamburg-St. Georg WuM 2012, 169 = GE 2011, 1237 = ZMR 2011, 559; WuM 1993, 736; WuM 1990, 383; *Bieber* GE 2011, 1200; *Rahtjen* ZMR 1999, 458, 461; zum Mangel bei sog. Biofilm vgl. AG Münster WuM 2009, 586.

658 LG Köln MDR 1991, 445 = ZMR 1991, 223.

der Substanz ist bislang noch **umstritten.** Abschn. 3 des Anhangs zur ChemVerbotsV schreibt für Holzwerkstoffe einen Ausgasungsgrenzwert von 0,1 ppm, das entspricht der Emissionsklasse 1, vor. Nach Auffassung der Weltgesundheitsorganisation liegt der Wert, unter dem kein Anlass zur Besorgnis besteht, bei 0,5 ppm.[659]

187 Wird im Innenraum der Grenzwert **von 0,1 ppm** überschritten, liegt ein Mangel vor.[660] Auch unterhalb dieses Wertes kann ein Mangel angenommen werden, wenn der Grenzwert immer wieder überschritten wird[661] und Beschwerden beim Mieter zu verzeichnen sind.

188 **dd) Nitrat/Nitrit.** S. Rdn. 185.

189 **ee) Pentachlorphenol (PCP).** Die Holzschutzwirkstoffe sind mehr oder minder giftig, schwer abbaubar und können sich in der Umwelt anreichern. Hauptwirkstoff vieler Holzschutzmittel war Pentachlorphenol (PCP). Es schützt vor Schimmelpilz.

190 PCP wurde im Wesentlichen bei der Produktion und Bearbeitung von Spanplatten, Hölzern, Naturfasern, Leimen und Farben eingesetzt. PCP gelangt im Wesentlichen über die Nahrung und die Inhalation in den menschlichen Körper. Aber auch Hautresorption durch Kontakt mit kontaminierten Material ist möglich.

191 Pentachlorphenol kann zu Hautentzündungen, Atemnot, Fieber und Kopfschmerzen führen, aber auch zu Organschädigungen an Leber und Niere sowie zu Schädigungen des Nerven- und Immunsystems.

192 Gem. § 18 Abs. 1 GefStoffV i. V. m. Anlage IV Nr. 12 besteht ein Herstellungs- und Verwendungsverbot für PCP und seine Verbindungen. Nach Abschn. 15 des Anhangs zur ChemVerbotsV darf PCP nur in bestimmten Ausnahmefällen in den Verkehr gebracht werden.

193 Bei Innenraumbelastungen durch PCP ist eine Mietminderung zulässig, ohne dass ein **konkreter** Grenzwert vorliegen muss.[662] Die PCP-Richtlinie der Länder[663] sieht dagegen eine zulässige Belastung von nur 0,1 µg vor, wenn nicht gleichzeitig PCP Belastungen des Blutes von mehr als 70 µg/l oder im Urin mit mehr als 40 µg/l vorliegen. Diese baurechtliche Bewertung ist allerdings für die mietrechtliche Untersuchung unzureichend (vgl. Rdn. 173). Nach Auffassung des AG Bielefeld sind nur geringfügigste Werte als tolerabel hinzunehmen, da es nicht als normal und dem allgemeinen Lebensrisiko entsprechend angesehen werden kann, wenn der Mieter unfreiwillig mit Giftstoffen belastet wird.[664]

194 **ee) Perchlorethylen (PER).** Perchlorethylen wurde in der Vergangenheit in chemischen Reinigungen verwendet und ist **für diesen Anwendungszweck** heute verboten.[665] Daher haben sich mit diesem Wirkstoff bislang lediglich ältere Entscheidungen beschäftigt.[666] Wieder Bedeutung gewonnen hat dieses Problem vereinzelt durch kontaminierte Grundstücke in der ehemaligen DDR.[667]

195 **ff) Polychlorierte Biphenyle (PCB).** PCB[668] werden ausschließlich durch synthetische Verfahren hergestellt und kommen in der Natur nicht vor. Wegen ihrer hohen thermischen und chemischen Beständigkeit wurden sie bis zu ihrem Verbot im Jahr 1989 u. a. eingesetzt als feuerhemmendes Imprägniermittel sowie als Weichmacher für Kunststoffe und Lacke. Sie wurden beliebte Zusätze für Dichtungsmassen und daher insbesondere bei Häusern aus Betonfertigteilen verwandt.

196 Die **toxikologischen Eigenschaften** von PCB reichen von Schwächegefühl, Sehschwäche und Kopfschmerzen bis zu Hautveränderungen, Haarausfall und Störungen des Immunsystems.

---

659 Nachweis bei *Schläger* ZMR 1994, 189, 196.

660 LG München WuM 1991, 584 = NJW-RR 1991, 975; AG Mettmann VuR 1990, 208; LG Ansbach VuR 90, 35 nimmt einen Mangel bei noch geringeren Werten an; zum Kaufrecht vgl. OLG Düsseldorf NJW-RR 1991, 1495 = DWW 1992, 140; OLG Nürnberg NJW 1993, 3146 = NJW-RR 1993, 1300 = DWW 1992, 143 = VuR 1992, 316 = EWiR 1992, 333.

661 AG Bad Säckingen WuM 1996, 140; **a. A.** AG Bad Königstein i. Ts. NZM 2000, 822.

662 LG Kiel WuM 1997, 674; **a. A.** LG Lübeck ZMR 1998, 435 m. Anm. *Schläger.*

663 Richtlinie für die Bewertung und Sanierung Pentachlorphenol (PCP)-belasteter Baustoffe und Bauteile in Gebäuden (PCP-Richtlinie) vom Oktober 1996.

664 AG Bielefeld VuR 1991, 123.

665 Vgl. auch 2. VO zum BImSchG.

666 KG MM 1988, 247; LG Hannover WuM 1990, 337 = NJW-RR 1990, 972 = ZMR 1990, 302; LG Hamburg WuM 1989, 368.

667 Vgl. KG NZM 2000, 383.

668 Siehe Antwort der Bundesregierung (BT-Drs. 18/1276 v. 30. 4. 2014) auf die Kleine Anfrage der Fraktion BÜNDNIS 90/DIE GRÜNEN – PCB in Baustoffen, BT-Drs. 18/1146.

PCB stehen im Verdacht, Krebs zu verursachen. Für sie besteht daher grundsätzlich ein Herstellungs- und Verwendungsverbot gem. § 15 Abs. 1 Nr. 14 GefStoffV. Gem. Abschn. 13 der ChemVerbotsV dürfen diese Stoffe auch nur in seltenen Ausnahmen in den Verkehr gebracht werden. **197**

Die in kontaminierten Innenräumen anzutreffenden Raumluftgehalte an PCB können abhängig von der Belastungssituation im Gebäude zwischen Werten von 100 ng/cbm bis einigen tausend ng/cbm schwanken. Außenluftkonzentrationen liegen regelmäßig unter 20 ng/cbm. Das Bundesgesundheitsamt empfiehlt als **Interventionswert,** bei dessen Überschreiten im Sinne eines vorbeugenden Gesundheitsschutzes bauliche Sanierungsmaßnahmen einzuleiten sind, bei ganztägiger Nutzung eine Konzentration von maximal 3000 ng/cbm.[669] Der Zielwert einer Sanierung liegt bei weniger als 300 ng/cbm. **198**

hh) Pyrethroide. Pyrethrum stammt aus den Blüten der Chrysanthemen. Da die Gewinnung des natürlichen Pyrethrums sehr aufwendig ist, werden dem Pyrethrum verwandte Gifte, sog. Pyrethroide, synthetisch entwickelt, die dem Pyrethrum ähnlich, aber viel dauerhafter sind. Einer dieser künstlichen Pyrethroide heißt Permethrin. Im Bereich des Holzschutzes hat nach massiver Kritik in den 80iger Jahren Permethrin die früher häufig eingesetzten Verbindungen Lindan[670] und PCP verdrängt. Pyrethroide wirken als Kontaktgifte und werden auch als Schädlingsbekämpfungsmittel eingesetzt. Sie gelangen über die Haut ohne Umwandlungsprozesse ins Blut und ins Nervengewebe und verursachen u. a. Muskelzittern, Krämpfe, Übererregbarkeit und Störungen der Bewegungskoordinationen.[671] **199**

Für Pyrethroid-Verbindungen hatte das Bundesgesundheitsamt im Jahre 1992 als Grenzwert **1 mg/kg** Hausstaubkonzentration empfohlen. Allerdings galt dieser Wert als Restwert nach vorgenommenen Schädlingsbekämpfungen und galt nicht etwa für die Gesundheitsvorsorge.[672] Allgemeine Richtwerte für den Arbeitsplatz oder für den Innenraumbereich existieren nicht. **200**

ii) Radon. Radon ist ein natürlich vorkommendes radioaktives Edelgas und kann für Lungenkrebs verantwortlich sein. Besonders in Umgebungen **vulkanischen Ursprungs** und in der Umgebung von Uran- und Eisenlagerstätten (Eifel, Erzgebirge, Bayrischer Wald) werden hohe Radonkonzentrationen gemessen. Das Gas kann durch undichte Fundamente in Kellerräume und Wohnungen gelangen. **201**

jj) Sonstige Stoffe. Die Behandlung einer Wohnung mit **Insektiziden,** deren Verwendung in Wohnräumen bereits der Hersteller untersagt, führt zur vollständigen Minderung der Miete[673] (zum Kündigungsrecht vgl. § 569 Rdn. 9ff.). Bei einer überhöhten Raumluftkonzentration von Toluylen-2, 4-diisocyanat und Diphenylmethandiisocyanat ist eine fristlose Kündigung gerechtfertigt,[674] ebenso, wenn ein (Kinder-)Zimmer erhöhte Kohlenwasserstoffbelastung ausweist.[675] Die Belastung der Wohnung durch Ausgasungen von sog. **Weichmachern** (TXB) berechtigt zur Minderung der Miete.[676] Hierunter fällt auch die Belastung mit Naphthalin, jedenfalls bei Überschreitung des Grenzwertes II von $20\mu/m^3$.[677] **202**

Häufig wird für eine Innensanierung von Wasserrohren ein Epoxidharzprodukt gewählt, das in die Leitungen gespritzt wird und sich so an den Rohrinnenseiten ablagern und Korrosionen verhindern kann.[678] Umstritten ist, ob die Komponenten des Harzes sich als schädlich, möglicherweise sogar als krebserregend erweisen.[679] Dies wird überwiegend bejaht, was im Hinblick auf die Recht- **203**

---

669 Die Länder Hessen und Rheinland-Pfalz haben diesen baurechtlichen Vorsorgewert um den Faktor 10 reduziert während das Land Rheinland-Pfalz den vom Bundesgesundheitsamt empfohlenen Wert um den Faktor 3 erhöht hat, vgl. FWW, Schadstoffe in Gebäuden, 1996, 99.

670 Vgl. hierzu LG Lübeck ZMR 1998, 434.

671 FWW, Schadstoffe in Gebäuden, 1996, 99.

672 Ergebnisprotokoll des BGA vom 26.6.1995 – unveröffentlicht.

673 AG Trier WuM 2001, 486.

674 AG Erfurt WuM 2001, 23.

675 LG Lübeck ZMR 2001, 281.

676 AG Torgau WuM 2003, 316; zur Belastung mit PAK vgl. LG Berlin GE 2003, 884.

677 LG München NZM 2013, 508 = NJW-RR 2013, 912 (Minderung 30%); kritisch *Herrlein* NJW 2014, 1279, 1282.

678 *Laubinger* ZMR 2012, 413; *Herrlein* NZM 2011, 741.

679 Bejahend OLG Karlsruhe WuM 2016, 377 = ZMR 2016, 499; LG Frankfurt/M, Urt. v. 13.2.2015 – 2-31 O 205/12 – juris; AG Köln NZM 2011, 629 = NJW 2011, 2979 = GE 2011, 1564 = ZMR 2012, 25 m. Anm. *Laubinger, Kühn* sowie Umweltbundesamt, Stellungnahme vom 16.12.1998, nachgewiesen bei *Blümmel GE 2011, 1520;* verneinend AG Köln ZMR 2013, 970 = NZM 2013, 677; *Laubinger, ZMR 2012, 413;* siehe auch *Klinger,* jurisPR-ITR 4/2012 Anm. 4.

sprechung[680] zur Kontrolle des Trinkwassers zwecks Vermeidung von Legionellenbefall für den Vermieter erhebliche Haftungsrisiken birgt.[681]

204 **j) Verschmutzungen.** Erhebliche Verschmutzungen durch Tauben muss der Mieter grundsätzlich nicht als allgemeines Lebensrisiko hinnehmen,[682] auch wenn der Vermieter dagegen nichts unternehmen kann.[683] Der Mieter ist daher regelmäßig zur Minderung der Miete berechtigt, wenn der Balkon durch **Taubendreck** verunreinigt wird.[684] Der Vermieter kann sich nicht pauschal mit dem Einwand entlasten, dass es sich um eine großstädtische Taubenplage handele. Entscheidend für die Verantwortung des Vermieters ist, ob er z. B. durch die von ihm zu verantwortende Fassadengestaltung oder durch Leerstand[685] eine wesentliche Ursache für den Taubenbefall gesetzt hat.[686] Trifft der Vermieter Abwehrmaßnahmen, indem er ein Netz über dem Hof spannen lässt, führen diese nicht zu einem Mangel.[687] Haben sich **Taubenzecken** in der Wohnung eingenistet, muss der Vermieter alles zur Beseitigung dieses Ungeziefers unternehmen. Das Auftreten von Taubenzecken stellt nicht nur einen Mangel der Wohnung dar, sondern berechtigt wegen der damit verbundenen Gesundheitsgefährdung zur fristlosen Kündigung gem. § 569 Abs. 1 BGB.[688] Ständige starke Verschmutzungen der Treppenaufgänge und Flure sowie des Fahrstuhlinnenraums rechtfertigen eine Mietminderung ebenso wie Verschmutzungen vor dem Haus[689] oder hinter der Eingangstür.[690]

205 **k) Wettbewerb.** Der Vermieter gewerblich zu nutzender Räume ist auch ohne Bestehen einer vertraglichen Regelung verpflichtet, den Mieter gegen Konkurrenz **im selben Hause** zu schützen.[691] Der Vermieter ist jedoch nicht gehalten, dem Mieter jeden fühlbaren oder unliebsamen Wettbewerb fern zu halten. Vielmehr ist nach den Umständen des einzelnen Falles abzuwägen, inwieweit nach Treu und Glauben unter Berücksichtigung der Belange der Parteien die Fernhaltung von Konkurrenz geboten ist.[692] Einzelheiten zum Konkurrenzschutz s. bei § 535 Rdn. 599 ff.

Verstößt der Vermieter gegen seine Pflicht zum Konkurrenzschutz, hat der Mieter einen Erfüllungsanspruch auf Beseitigung der Konkurrenzsituation; ggf. durch Kündigung des Konkurrenten.[693] Den Konkurrenzschutzanspruch kann der Mieter auch im Wege **der einstweiligen Verfügung** durchsetzen.[694] Ist der Vermieter aus rechtlichen Gründen gehindert, die Konkurrenzsituation zu beseitigen, kann hinsichtlich des Erfüllungsanspruchs Unmöglichkeit gem. § 275 Abs. 1 BGB vorliegen.

206 Die vertragswidrige Konkurrenzsituation in einem Geschäftshaus stellt auch einen Sachmangel der Mietsache dar.[695] Dabei ist es unerheblich, ob der Konkurrenzschutz auf dem Gesetz beruht oder vertraglich vereinbart wurde. Es fehlt auch nicht an der **Unmittelbarkeit**[696] (s. Rdn. 15).

---

680 BGH (VIII ZR 161/14) WuM 2015, 412 = NJW 2015, 2111.

681 Zur Vertragsauslegung siehe *Lehmann-Richter* NZM 2015, 513, 519; siehe auch *Herrlein*, WImmoT 2015, 91, 98.

682 LG Freiburg WuM 1998, 212; AG Pforzheim WuM 2000, 302; wohl auch BayObLG WuM 1998, 552 = ZMR 1998, 617 = GE 1998, 1087 = NJW-RR 1998, 1705; **a. A.** für ländliche Gebiete, AG Eisleben NZM 2006, 898.

683 AG Hamburg WuM 1988, 121; 1990, 424; **a. A.** LG Kleve WuM 1986, 333 = NJW-RR 1986, 1344.

684 LG Berlin GE 2003, 188; AG Ratingen DWW 1989, 366.

685 LG Berlin GE 2001, 346.

686 BayObLG WuM 1998, 552 = ZMR 1998, 617 = GE 1998, 1087 = NJW-RR 1998, 1705; **a. A.** AG Neukölln GE 1999, 1499.

687 AG Berlin-Schöneberg GE 2007, 1325.

688 LG Berlin GE 1997, 689.

689 AG Berlin-Mitte GE 2015, 330.

690 AG Kiel WuM 1991, 343; AG Berlin-Schöneberg GE 1991, 527.

691 BGH WuM 1979, 144 = NJW 1979, 1404; OLG Karlsruhe NJW-RR 1990, 1234 = ZMR 1990, 214; *Fritz* Rdn. 76.

692 OLG Karlsruhe NJW-RR 1990, 1234 = ZMR 1990, 214.

693 LG Mannheim WuM 1972, 123; *Kraemer/Ehlert* in Bub/Treier III. B Rdn. 3005; *Kulik* NZM 1999, 546, 548.

694 OLG Hamm NJW-RR 1990, 1236; ZMR 1991, 295 = NJW-RR 1991, 1483; *Hinz* WuM 2005, 615, 628; zum Streitwert vgl. OLG Düsseldorf GuT 2006, 82.

695 BGH (XII ZR 117/10) NJW 2013, 44 = NZM 2013, 52 = ZMR 2013, 101; OLG Brandenburg NZM 2010, 43; KG NZM 2007, 566 = GE 2008, 541 = GuT 2007, 212; GE 2007, 1551 = MDR 2007, 1250; OLG Düsseldorf ZMR 2000, 451 = DWW 2000, 158; MDR 1997, 1115 = ZMR 1997, 583 = NJW-RR 1998, 514 = NZM 1998, 307; OLG Karlsruhe NJW-RR 1990, 1234 = WPM 1990, 1120 = ZMR 1990, 214 = EWiR 1990, 667 mit Anmerkung *Sternel; Kraemer/Ehlert* in Bub/Treier III. B Rdn. 3005; *Bieber*, Anm. zu OLG Rostock, Besch. v. 10.1.2005 – 3 W 130/04 – MietRB 2005, 178; *Gather* GE 2000, 1450; *Baumgarten* in: Tank/Baumgarten/Kutz, Gewerberaummiete, D 1228.

696 So aber OLG Dresden NZM 2010, 818 = MDR 2010, 1445 = GE 2011, 133.

Dieses Merkmal wird man mit der Rechtsprechung wegen des erheblichen Eingriffs in den Geschäftsbereich des Erstmieters bejahen müssen. Zudem liegt die Risikozuweisung (s. Rdn. 12) wegen des Vertragsverstoßes beim Vermieter, so dass eine Einschränkung des Mangelbegriffs in diesen Fällen nicht angebracht ist. Im Falle der Geltendmachung eines Minderungsanspruchs ist allein ausschlaggebend, ob und in welchem Umfang der Wert des Mietgegenstandes durch das Bestehen des Mangels, also infolge der vom Vermieter herbeigeführten Konkurrenzsituation, eingeschränkt ist.[697] Kein Mangel ist allerdings anzunehmen, wenn sich der zweite, spätere Mieter durch den gegenüber dem ersten Mieter eingeräumten Konkurrenzschutz beeinträchtigt fühlt[698], da die Vertragsklausel nur gegenüber dem ersten Mieter wirkt und den Anspruch des zweiten Mieters gegenüber seinem Vermieter unberührt lässt.

Der Mieter kann wegen Vorenthaltung des vertragsgemäßen Gebrauchs gem. § 543 Abs. 2 Nr. 1 BGB oder bei unzumutbarer Fortsetzung des Mietverhältnisses gem. § 543 Abs. 1 BGB dem Vermieter kündigen. 207

Der Vermieter muss dem Mieter auch Schadensersatz leisten.[699] Der Ersatzanspruch erfasst den gesamten, durch die rechtswidrige Konkurrenzsituation entstandenen Schaden, einschließlich des **entgangenen Gewinns** gem. § 252 BGB. Dabei hat der Mieter nachzuweisen, dass gerade die Verletzung des Konkurrenzschutzes durch den Vermieter für die beim Mieter eingetretenen Umsatzeinbußen ursächlich war.[700] Dies kann für den Mieter ein großes Handicap bei der Durchsetzung seiner Ansprüche sein. Daher sollte im Gerichtsverfahren von der Möglichkeit der Schätzung nach § 287 ZPO Gebrauch gemacht werden.[701] 208

Die Zwangsvollstreckung auf Beseitigung der Konkurrenzsituation erfolgt nach § 888 ZPO als unvertretbare Handlung.[702] 209

l) Zugang zu den Mieträumen. Der ungehinderte Zugang zu den Mieträumen ist Voraussetzung für eine vertragsgemäße Nutzung insbesondere dann, wenn Gewerberäume vermietet wurden, und das dort betriebene Gewerbe auf **Kundenverkehr** angewiesen ist.[703] Die Zugangsbehinderung stellt daher grundsätzlich einen Mangel dar, auch wenn sie durch nicht vom Vermieter beeinflussbare Bauarbeiten hervorgerufen wird[704] (s. Rdn. 15ff.). Diese Fallkonstellation liegt insbesondere vor, wenn die öffentliche Hand Straßenbaumaßnahmen durchführt, die den Zugang zum Mietobjekt erheblich beeinträchtigen. Versuche der Rechtsprechung, die Gewährleistung von Entschädigungsansprüchen gegen Dritte abhängig zu machen, finden im Gewährleistungssystem der §§ 536ff. keine Stütze.[705] Vertrags- oder schuldrechtsähnliche Verhältnisse zu Dritten sind im Verhältnis Mieter/Vermieter insoweit unbeachtlich.[706] Wird beispielsweise der Mieter eines Einstellplatzes für Kraftfahrzeuge durch ständiges verkehrswidriges Parken fremder Fahrzeuge vor der Einfahrt nachhaltig an der Benutzung des Einstellplatzes gehindert, so ist er von der Verpflichtung zur Zahlung des Mietzinses frei.[707] Wird entgegen der Zusage bei Anmietung der Neubauwohnung dem Mieter kein Pkw-Stellplatz am Haus zur Verfügung gestellt, so stellt dies einen Mangel dar.[708] Gleiches gilt, wenn die vertraglich eingeräumte Mitbenutzung des Fahrradkellers dem Mieter entzogen wird.[709] 210

---

697 OLG Düsseldorf MDR 1997, 1115 = ZMR 1997, 583 = NJW-RR 1998, 514 = NZM 1998, 307.

698 BGH (VI ZR 244/52) BB 1954, 177; siehe auch *Eisenschmid* in: jurisPR-MietR 8/2012 Anm. 3.

699 *Kraemer/Ehlert* in Bub/Treier III. B Rdn. 3005.

700 OLG Düsseldorf MDR 1997, 1115 = ZMR 1997, 583 = NJW-RR 1998, 514 = NZM 1998, 307; *Kulik* NZM 1999, 546, 548.

701 *Kraemer/Ehlert* in Bub/Treier III. B Rdn. 3006; *Wolf/Eckert/Ball* Rdn. 728.

702 BGH NJW-RR 1996, 460.

703 BGH NJW 1981, 2405 = ZMR 1981, 368 = MDR 1982, 135 = GE 1982, 137; *Haase* ZMR 1999, 448, 451.

704 OLG Frankfurt/M NZM 2015, 542 = NJW 2015, 2434; KG GuT 2007, 436 = GE 2008, 52 = NZM 2008, 526; OLG Düsseldorf ZMR 2005, 710; OLG Dresden NJW-RR 1999, 448; OLG Köln NJW 1972, 1814; LG Berlin GE 2003, 669; LG Düsseldorf NJW-RR 2003, 1594; **a. A.** OLG Düsseldorf MDR 1998, 768 = NZM 1998, 481 = NJW-RR 1998, 1236 = ZMR 1999, 471; LG Düsseldorf ZMR 2012, 775.

705 *Fritz* in FS Blank S. 153, 158.

706 *Haase* ZMR 1999, 448, 451; vgl. zu § 906 Abs. 2 BGB BayObLG, Rechtsentscheid vom 4.2.1987, WuM 1987, 112 = NJW 1987, 1950 = ZMR 1984, 174; LG Köln WuM 1990, 385; LG Kassel NJW-RR 1989, 1292; LG Siegen WuM 1990, 17; LG Göttingen WuM 1986, 114 = NJW 1986, 1112 = NJW-RR 1986, 444.

707 LG Köln WuM 1976, 29 = MDR 1976, 44 = ZMR 1977, 25.

708 AG Köln WuM 1990, 146.

709 AG Menden WuM 2007, 190 = NZM 2007, 883; AG Hamburg NZM 2007, 802.

211 Dagegen kann sich der Mieter nicht auf einen Mangel berufen, wenn er nach dem Vertrag selbst für die Freihaltung des Zugangs zum Grundstück zu sorgen oder wenn er die Behinderung selbst zu vertreten hat.[710] Ebenfalls ist kein Mangel anzunehmen, wenn der Blick auf eine Schaufensterauslage eines Ladenlokals ständig durch ordnungsgemäß parkende Fahrzeuge verstellt wird.[711]

3. Mängel im Haus

212 **a) Anlagen.** Probleme ergeben sich häufig, wenn der Mieter eine neu errichtete Wohnung anmietet und bei Mietbeginn noch Restarbeiten im Haus oder auf dem Grundstück erledigt werden müssen. Dies betrifft häufig Aufzug, Garten, Briefkastenanlage etc. Der Vermieter kann für diese Fälle die Gewährleistung grundsätzlich nicht völlig ausschließen[712] (vgl. im Einzelnen § 535 Rdn. 23f.).

213 Von haustechnischen Anlagen gehen häufig störende Geräusche aus. Ursachen dieser Beeinträchtigungen sind vor allem Aufzüge, Jalousien, Lüftungsanlagen[713], Ver- und Entsorgungsleitungen, Garagentore u.s.w. Aufzugsanlagen müssen so schallisoliert werden, dass sie insbesondere bei Nachtbetrieb keinen unzumutbaren **Lärm** (nach DIN von über 30 dB) verursachen. Dabei sind nicht die leiseren Fahrgeräusche, sondern die höheren Anfahr- und Bremsgeräusche zu bewerten[714] (s. auch Rdn. 114ff.).

214 Kann der Mieter die **Toilette** nicht benutzen, ist eine Mietminderung von 80% gerechtfertigt;[715] bei Unbenutzbarkeit der Duschanlage 33%.[716] Ein zu niedriger Wasserdruck, der den Spülvorgang beeinträchtigt, ist ebenfalls ein erheblicher Mangel.[717] Soweit in der Küche unangenehme Gerüche entstehen[718] oder von Toilettenanlagen erhebliche **Gerüche** ausgehen, die in den Hausflur[719] oder bis in den Innenraum einer Gaststätte dringen und damit geeignet sind, Gäste von dem Besuch der Gaststätte fern zu halten, liegt ein erheblicher Mangel vor.[720] Gleichermaßen ist eine Minderung gerechtfertigt, wenn die klima- und lüftungstechnische Ausrüstung eines Gaststättenobjektes für den Küchenbetrieb einer Speisegaststätte nicht ausreicht[721] oder wenn ein Toilettenraum in der Wohnung nur durch eine zentrale Absaugvorrichtung entlüftet werden kann und ein Defekt an der Lüftungsanlage vorliegt.[722]

215 Ein Mangel liegt vor, wenn das am Schlafzimmer des Mieters vorbeiführende Hauptwasserrohr nicht so gedämmt ist, dass der Grenzwert von 35 dB(A) eingehalten wird.[723] Wurden die **Abwasserleitungen** in der Wohnung so geführt, dass das abgeleitete Schmutzwasser aus der Spüle auch in die Badewanne läuft, die danach gereinigt werden muss, führt dies zur Minderung.[724] Gleiches gilt, wenn sich durch einen Abflussstau übel riechendes Wasser bildet.[725] Dauert das Füllen der Badewanne unverhältnismäßig lange, liegt ein Mangel vor.[726]

Von einem Mangel ist auch auszugehen, wenn das **Kaltwasser** eine Temperatur von 20 bis 30 °C aufweist und erst nach langem Ablauf eine Abkühlung erreicht wird oder wenn ein Atelier mit Küchenzeile vermietet wird und das Wasser keine Trinkwasserqualität besitzt.[727]

216 Die Lebenserfahrung spricht dafür, dass eine ältere Badewanne, die schon von den verschiedensten Mietparteien benutzt worden ist, zwingend Verschleißerscheinungen aufweist.[728] Eine nicht

---

710 BGH BGHZ 38, 295.
711 OLG Düsseldorf MDR 1991, 446 = DWW 1991, 50; ZMR 1996, 256.
712 LG Konstanz WuM 2011, 361.
713 LG Berlin, ZMR 2016, 946.
714 AG Berlin-Schöneberg WuM 1982, 183.
715 LG Berlin MM 1988, 21.
716 AG Köln WuM 1998, 690; bei nur undichter Duschkabine 3%, AG Gießen WuM 2016, 26.
717 AG Charlottenburg GE 2010, 129; AG Warendorf WuM 2000, 379.
718 AG Suhl WuM 2012, 315 – 8% Minderung.
719 BGH (VIII ZR 125/11) WuM 2011, 700 = MietPrax-AK § 536 BGB Nr 40 = GE 2012, 60 = NJW 2012, 382 = NZM 2012, 109 = ZMR 2012, 177.
720 OLG Düsseldorf ZMR 1994, 402.
721 BGH WuM 2000, 416.
722 AG Köln WuM 1980, 163.
723 LG Berlin MM 1996, 28.
724 LG Wuppertal DWW 1996, 371 = NJWE-MietR 1997, 266.
725 AG Groß-Gerau WuM 1980, 128.
726 AG München WuM 2012, 668.
727 KG ZMR 2011, 377.
728 LG Köln WuM 1985, 258; AG Frankfurt/M. ZMR 1990, 275.

benutzbare[729] oder eine unzumutbar aufgeraute[730] Badewanne stellt dennoch einen Mangel dar. Wird dem Mieter der Gebrauch der Badewanne nur für wenige Stunden in der Woche gestattet, so ist das dem Fehlen der Badewanne gleichzusetzen.[731]

Entzieht der Vermieter dem Mieter den Gebrauch der Gemeinschaftswaschmaschine und des Trockners, bemisst sich die Höhe der Minderung an den Nachteilen außerhäusigen Wäschewaschens.[732] 217

Eine **Kegelbahn** ist mangelhaft, wenn der Fußbodenbelag bei Witterungsumschwüngen schwitzt und feucht wird.[733] 218

Der gewerbliche Mieter von Räumen eines vollklimatisierten Hochhauses kann keine selbständige Klimaanlage für seine Mieträume mit der Begründung verlangen, dass die allgemeine Klimaanlage zu **unwirtschaftlich** arbeite[734] (zum Problem der Wirtschaftlichkeit s. § 535 Rdn. 126). 219

Fällt die Hausantenne aus und wird sie vom Vermieter lediglich durch eine Zimmerantenne ersetzt, die nur wesentlich weniger Programme empfängt, stellt dies einen Mangel dar.[735] 220

b) Dekoration. Auch optische Beeinträchtigungen (Dekorationsmängel) können sich als Mangel erweisen.[736] Zu denken ist dabei insbesondere an die Beschaffenheit der Außenfassade[737], des Treppenhauses[738] sowie der Zugänge. Ob im Einzelfall ein Mangel anzunehmen ist, hängt von dem vereinbarten Mietzweck, dem Mietpreis sowie dem dekorativen Zustand des Gebäudes bei Vertragsschluss ab.[739] Im Altbau sind Fugen zwischen den alten Dielenbrettern kein Mangel[740], ebensowenig ein verwitterter Außenanstrich der Fenster.[741] Verliert aber der **Parkettfußboden** nach einer Instandsetzungsmaßnahme seinen schmuckhaften, wohnlichen Charakter, so ist die Mietsache mangelhaft.[742] Auch optische Mängel wegen **Feuchtigkeit** beeinträchtigen den Geltungswert (s. Rdn. 367 f.) der Mietsache.[743] Ebenso ist eine Minderung bei erheblichen altersbedingten Abnutzungserscheinungen[744] zu bejahen, sowie dann, wenn im Zuge von Reparaturarbeiten Küchenfliesen[745] oder Badezimmerfliesen[746] nicht ersetzt werden oder teilweise durch andersfarbige Fliesen ergänzt werden müssen, so dass kein einheitliches Bild der Verfliesung verbleibt.[747] Auch ein Riss in der Außenwand des Zimmers kann einen Mangel darstellen.[748] **Graffitis** an den Wänden des Treppenhauses – wie auch an der Außenfassade – oder Verkratzungen der Glasscheiben **(sog. Scratching)**[749] sind grundsätzlich als Mangel anzusehen[750]; auch wenn sie unter künstlerischem Aspekt beachtenswert sind. Es kommt grundsätzlich nicht darauf an, ob es sich um ein Wohn- oder Gewerbeobjekt handelt. Entscheidend sind eher repräsentative Gesichtspunkte, die örtlichen Verhältnissen, das Erscheinungsbild des Hausflures oder der Fassade[751] sowie die So- 221

---

729 AG Goslar WuM 1974, 53.
730 LG Stuttgart WuM 1988, 108; AG Hannover WuM 2009, 585.
731 AG Helmstedt WuM 1989, 564 = ZMR 1988, 67; LG Berlin MM 1991, 194 sowie AG Köln WuM 1987, 271 bei defekter Dusche.
732 AG Osnabrück WuM 1990, 147.
733 BGH MDR 1972, 411.
734 BGH WPM 1900, 108.
735 AG Schwäbisch-Gmünd NZM 2005, 105 = NJW-RR 2005, 163.
736 **A. A.** LG Berlin GE 1981, 673.
737 LG Berlin GE 2009, 782 – aus bautechnischen Gründen; AG Berlin-Köpenick GE 2007, 1321 = NZM 2008, 643; 1332; **a. A.** LG Berlin WuM 2009, 175; AG Berlin-Schöneberg GE 2011, 957.
738 LG Mannheim WuM 1974, 52; AG Köln WuM 1997, 470; AG Tempelhof/Kreuzberg MM 1983 Nr. 8, 16.
739 *Kraemer/Paschke* in Bub/Treier III. B Rdn. 3067.
740 LG Berlin GE 2007, 653.
741 AG Wedding GE 2015, 197.
742 AG Norderstedt WuM 1989, 564.
743 LG Hamburg WuM 1985, 21; WuM 1983, 290 = MDR 1983, 842 = ZMR 1984, 22; LG Lübeck WuM 1982, 182; AG Köln WuM 1988, 358.
744 OLG Düsseldorf GE 2012, 267 – Abnutzung eines PVC-Bodens nach 20 Jahren; AG Hamburg-Altona WuM 2008, 551.
745 LG Hannover WuM 2003, 317; AG Hamburg-Altona WuM 2006, 563.
746 LG Kleve WuM 1991, 261; **a. A.** AG Köln WuM 1997, 41.
747 AG Köln ZMR 2012, 632 – 3% Minderung.
748 AG Bergheim WuM 2000, 435.
749 KG NJW-RR 2009, 445 = GE 2009, 652; zu § 303 StGB s. LG Potsdam WuM 2015, 513.
750 Einschränkend AG Berlin-Mitte GE 2015, 259; **a. A.** AG Berlin-Lichtenberg GE 2010, 1541.
751 AG Berlin-Mitte GE 2015, 462; AG Berlin-Charlottenburg NZM 2007, 484 = GE 2007, 227; AG Hamburg WuM 2006, 244.

zialstruktur der Bewohner.[752] Dabei ist unerheblich, ob der Vermieter sich gegen den Mangel schützen kann,[753] weil damit ein Haftungsgesichtspunkt in die Garantiehaftung einfließt (s. dazu Rdn. 4). Ist bei Vertragsschluss ein optischer Mangel hingenommen und bei der Bildung des Mietpreises berücksichtigt worden, schließt dies ein Minderungsrecht aus[754] (s. Rdn. 35).

222 Auch Wohnungen in einem Altbau müssen in einem ordnungsgemäßen, funktionsfähigen Zustand gehalten werden.[755] Ein zur Minderung des Mietzinses berechtigender Mangel liegt auch vor, wenn die Benutzung des Treppenhauses sowie des Gartens wegen Bauarbeiten nur eingeschränkt möglich ist.[756] Ist geplant, um ein Mietshaus herum einen Garten anzulegen, und gleicht das hierfür vorgesehene Gelände **über Jahre** hinweg einer Baustelle, ist jedenfalls der Mieter der Erdgeschosswohnung zur Mietminderung berechtigt.[757] Eine Minderung ist auch gerechtfertigt, wenn der Vermieter Baumaterial auf dem Grundstück lagert.[758] Auch bei vertraglicher Übernahme von Schönheitsreparaturen durch den Mieter muss der Vermieter Dekorationsmängel beseitigen, soweit sie durch äußere Einflüsse, wie z. B. Brand, entstanden sind.[759]

223 Auch das optische Erscheinungsbild (z. B. eines **Teppichbodens**) kann zu einer erheblichen Beeinträchtigung des vertragsgemäßen Gebrauchs führen und eine Minderung rechtfertigen.[760] Ist ein Teppichboden verschlissen und wellig, stellt das nicht nur eine optische Beeinträchtigung sondern auch eine Stolpergefahr dar.[761] Auch bei nur optischer Beeinträchtigung ist für die Annahme eines Mangels insbesondere bei Gewerberaummietverhältnissen der Vertragszweck entscheidend. Wird der **Vertragszweck** nicht beeinträchtigt, ist die Annahme eines Mangels nicht zwingend. So können vom Mieter optische Beeinträchtigungen hinzunehmen sein, wenn sein Gewerbe keinen Kundenverkehr erfordert oder wenn durch die Art des Gewerbes (Handwerksbetrieb) das optische Erscheinungsbild vom Publikum nicht als nachteilig angesehen wird. Erfordert dagegen die Art des Unternehmens ein repräsentatives Erscheinungsbild, muss nicht nur die Hausfassade, sondern auch das Treppenhaus dieser Funktion gerecht werden. Sie sind daher – vorbehaltlich abw. vertraglicher Vereinbarungen – vom Vermieter in einem Zustand **mittlerer Art und Güte** zu halten. Er darf sich nicht darauf berufen, dass es sich bei dem Objekt um einen Altbau handelt, da durch einen schlechten Zustand des Treppenhauses der Wert der Mietsache beeinträchtigt wird.[762]

224 **c) Fahrstuhl.** Gehört die Nutzung des Fahrstuhls zum vertragsgemäßen Gebrauch (s. § 535 Rdn. 321 ff.), ist der Vermieter verpflichtet, ihn rund um die Uhr in Betrieb zu halten.[763] Der Ausfall eines Fahrstuhls stellt daher grundsätzlich einen Mangel dar.[764] In diesen Fällen richtet sich die Höhe der Minderung nach der **Geschosslage;**[765] denn sie bestimmt im Wesentlichen, in welchem Maße die Gebrauchstauglichkeit und der Wohnkomfort durch den Betriebsausfall beeinträchtigt werden.

225 Wird die Stromversorgung vorübergehend unterbrochen, besteht wegen der dadurch verursachten Betriebsunterbrechung kein Minderungsrecht. Grundsätzlich wird man in diesen Fällen von einem unerheblichen Bagatellmangel i. S. d. § 536 Abs. 1 Satz 2 BGB ausgehen müssen (vgl. dazu Rdn. 46 ff.). Bremsgeräusche des Fahrstuhls, die den nach DIN höchstzulässigen Schallpegel überschreiten, rechtfertigen eine Mietminderung.[766]

226 **d) Feuchtigkeit.** Feuchtigkeit in der Wohnung wird optisch sichtbar durch **Schimmelbildung,** Stockflecken und vergleichbare Schäden[767]. Daneben können durch den Schimmel erheb-

---

[752] *Sternel,* Mietrecht aktuell (2009), Rdn. VIII 92.

[753] LG Berlin GuT 2008, 347; AG Tempelhof NJW-RR 2008, 1039; AG Charlottenburg GE 2007, 227 = NZM 2007, 484; **a. A.** AG Leipzig WuM 2001, 237 = NZM 2001, 102 = NJW 2001, 613.

[754] LG Hannover WuM 1994, 463 = NJW-RR 1995, 331; zum Auftragsgraffiti *Zorn* GuT 2007, 6.

[755] AG Köln WuM 1997, 470.

[756] LG Osnabrück WuM 1986, 93.

[757] LG Darmstadt NJW-RR 1989, 1498.

[758] AG Bad Segeberg WuM 1992, 477.

[759] BGH WuM 1987, 315 = NJW-RR 1987, 906 = MDR 1987, 753 = ZMR 1987, 257.

[760] OLG Celle WuM 1995, 584 = ZMR 1995, 204; LG Lüneburg ZMR 2015, 318; einschränkend OLG Düsseldorf MDR 1989, 640 = BB 1989, 1934.

[761] LG Darmstadt GE 2014, 745 (5%).

[762] AG Hamburg-Altona WuM 1996, 535.

[763] OLG Frankfurt/M. NZM 2004, 909 = NJW-RR 2004, 1667 = ZMR 2004, 818.

[764] AG Hannover WuM 1999, 331; AG Berlin-Charlottenburg GE 1990, 423.

[765] AG Bremen WuM 1987, 383.

[766] LG Berlin GE 2011, 58 (10%).

[767] Zur Strategie beim Auftreten von Schimmel siehe *Streyl,* WImmoT 2015, 115 ff.; zu den bauphysikali-

liche „unsichtbare" Gesundheitsgefahren für die Bewohner entstehen.[768] Feuchtigkeitsschäden bzw. deren Folgen[769] können zur völligen Aufhebung der Gebrauchstauglichkeit führen und damit eine Minderung bis zu 100% rechtfertigen.[770] Daher ist es nicht verwunderlich, dass sehr häufig Streit über die Ursache der Feuchtigkeit besteht, der meist durch Sachverständige entschieden werden muss.[771] Da der Mieter in zumutbarem Umfang sein Heiz- und Lüftungsverhalten der Wohnung anpassen muss,[772] beruft sich der Vermieter regelmäßig auf ein fehlerhaftes Lüftungsverhalten des Mieters, während der Mieter generell den Bauzustand für den Mangel verantwortlich macht.[773]

Bei der Ursachenforschung der aufgetretenen Feuchtigkeit muss man bedenken, dass beim Wohnen zwangsläufig viel Feuchtigkeit produziert wird. Nicht nur durch Duschen, Kochen und Wäschetrocknen entsteht **Wasserdampf.** Der Mensch selbst atmet erhebliche Feuchtigkeitsmengen aus, und zwar umso mehr, je schwerer er arbeitet.[774] Je wärmer die Luft ist, desto mehr Feuchtigkeit kann sie aufnehmen. Kann die Luft wegen „Übersättigung" die Feuchtigkeit nicht mehr halten, schlägt sie sich an der kältesten Stelle im Zimmer nieder, meist an den Fenstern. **227**

Häufig treten Feuchtigkeitserscheinungen nach **Modernisierungsmaßnahmen,** insbesondere nach dem Einbau neuer isolierverglaster Fenster, auf.[775] Da nach dem Einbau neuer Fenster regelmäßig der Luftaustausch gegenüber dem vorherigen Zustand eingeschränkt ist, muss der Mieter eventuell sein Lüftungs- und Heizverhalten ändern. **228**

Nicht selten liegen in solchen Fällen aber auch Baumängel vor. In Betracht kommen das Entstehen von Tauwasser in der Dachdämmschicht infolge unzureichender Dampfsperre[776], das Fehlen ausreichender Heizkörper[777], verrutschte bzw. kaputte Dachziegel oder undichte bzw. verstopfte Regenrinnen[778] und Fallrohre sowie undichte Balkondecken. Insbesondere sind bröckelnder Putz und rissiges Mauerwerk gegen Schlagregen anfällig. Weitere Ursachen können sich z. B. durch Spritz- und Sickerwasser im Sockel- und Kellerbereich ergeben[779]. Häufig sind auch **Wärmebrücken,** z. B. an Fensterstürzen, wegen mangelnder Dämmung Ursache von Schimmelbildung. Solche Wärmebrücken können selbst dann entstehen, wenn das Haus zwar nach bestehenden DIN-Normen, nicht aber nach den allgemeingültigen Regeln der Baukunst wärmegedämmt wurde.[780] (s. Rdn. 29ff.). **229**

Zeigen sich wegen der oben dargestellten Zusammenhänge (Rdn. 227) Feuchtigkeitsschäden nach dem Einbau **neuer isolierverglaster Fenster,** kann der Vermieter verpflichtet sein, durch **230**

---

schen Aspekten und zu den Methoden der Feuchtigkeitsbestimmung siehe *Habermann,* WImmoT 2015, 99ff.; *Künzel* WuM 2012, 652ff.; zu den Ursachen und Folgen vgl. *Haugg/Hitpaß* WuM 2004, 139ff.

[768] BGH (VIII ZR 182/06) WuM 2007, 319 = NZM 2007, 439 = GE 2007, 841 = MietPrax-AK § 569 BGB Nr. 5 = NJW 2007, 2177 = ZMR 2007, 601; LG Duisburg NZM 2002, 214; LG Berlin ZMR 1999, 27; AG Bad Vilbel WuM 1996, 701; *Streyl* WuM 2007, 356; *Adam/Isenmann,* WuM 2007, 492; *Clemens/Clemens* WuM 1999, 667; vgl. auch *Schläger* ZMR 2002, 85, 93; zum Kündigungsrecht bei Gesundheitsgefährdung OLG Düsseldorf ZMR 2014, 118; zur Gesundheitsgefährdung durch Schimmelpilz vgl. Landesgesundheitsamt Baden Württemberg, Abgestimmtes Arbeitsergebnis des Arbeitskreises „Qualitätssicherung – Schimmelpilze in Innenräumen", vom 14.12.2001; zur Beweislast vgl. KG GE 2007, 445; *Dittert* jurisPR-MietR 3/2007 Anm. 1.

[769] LG Köln ZMR 2012, 625 – Schimmel und Trockenheizen führt zur Minderung von 80%; AG Bergheim WuM 2011, 359 – Feuchteschäden in der Wohnung und im Keller, Minderung 57%, LG Berlin ZMR 2014, 40 – Feuchtigkeit im Keller, Minderung 5%.

[770] LG Berlin GE 2009, 845; GE 1989, 149; LG Hamburg ZMR 2008, 456; AG Charlottenburg GE 2007, 1387 m. Anm. *Dittert* jurisPR-MietR 4/2008 Anm. 2; s. auch LG Dresden für die „Austrocknungsphase" sowie die Minderungstabelle bei *Isenmann/Mersson* NZM 2005, 883.

[771] Vgl. zur Kritik an Sachverständigengutachten *Blank* PiG 31, 1989, 91, 95ff.

[772] LG Hamburg WuM 1990, 290; LG Saarbrücken WuM 1988, 351; LG Münster WuM 1987, 271; vgl. auch LG Konstanz WuM 1988, 353; *Streyl* WuM 2016, 135; zur Vertragsauslegung siehe *Lehmann-Richter* NZM 2015, 513, 517ff.; *Pauly* WuM 1997, 474.

[773] Zur Beweislast bezüglich Heizung und Lüftung, *Streyl* WuM 2016, 135.

[774] Vgl. *Isenmann* WuM 1996, 602; *Pauly* WuM 1997, 474, 475; *Kinne* GE 2000, 508, 510.

[775] AG Dortmund WuM 2011, 619 zu Fenstern mit Aluminiumrahmen der ersten Generation; LG München I ZMR 1987, 468.

[776] LG Düsseldorf DWW 1992, 243; LG Aachen WuM 1991, 89 zu Thermotapete; zu Feuchtigkeitsschäden durch baulichen Maßnahmen vgl. Isenmann WuM 2004, 518.

[777] AG Berlin-Lichtenberg GE 2010, 1687.

[778] LG Berlin WuM 2012, 605; AG Lübeck ZMR 2012, 277; zur Kontrollpflicht des Vermieters OLG Düsseldorf GE 2012, 1228; siehe auch § 535 Rdn. 63ff.

[779] AG Münster WuM 2008, 429.

[780] BayObLG WuM 1989, 657 = ZMR 1990, 29; AG Reinbek WuM 2014, 604 m. Anm. *Selk;* Anm. *Lammel* zu AG Reinbek, jurisPR-MietR 24/2014 Anm. 1; AG Osnabrück WuM 2014, 137; AG Marbach WuM 2007, 385 (Haus ohne Heizung); siehe auch *Lammel,* jurisPR-MietR 24/2014 Anm. 1.

Dämmmaßnahmen Abhilfe zu schaffen.[781] Das gilt auch dann, wenn der Mieter durch sein Wohnverhalten das Auftreten der Feuchtigkeit zwar nicht überwiegend, aber doch mit verursacht hat.[782] Denn es ist grundsätzlich Sache des Vermieters, beim Einbau neuer Fenster die notwendigen Vorkehrungen gegen Feuchtigkeit zu treffen.[783] Es gehört zu seinem Risikobereich, wenn beim Auswechseln alter Fenster der Taupunkt auf den schlecht isolierten Außenwandbereich verlagert wird.[784] Der Mieter ist nicht verpflichtet, selbständig Überlegungen zu einem veränderten **Lüftungsverhalten** anzustellen.[785] Geschuldet ist grundsätzlich nur das angemessene Lüftungsverhalten.[786] Ihm fehlen hierfür auch regelmäßig die erforderlichen Kenntnisse über die bauphysikalischen Zusammenhänge.[787] Vielmehr muss der Vermieter mit Hilfe der Sachkunde seines Architekten oder seines Handwerkers die notwendigen Vorkehrungen ermitteln.[788] Das wird auch vom DIN e. V. anerkannt, der in seinem Schimmelbericht ausdrücklich auf das Erfordernis zur Aufklärung durch den Vermieter hinweist.[789] Wird der Mieter daher nach dem Einbau von isolierverglasten Fenstern nicht auf das Erfordernis zusätzlichen Lüftens hingewiesen, haftet er nicht für Feuchtigkeitsschäden, die nur dadurch entstehen, weil er sein bisheriges ausreichendes – aber jetzt unzulängliches – Lüftungsverhalten beibehalten hat.[790]

231 Dies kann anders sein, wenn der Vermieter den Mieter bei der Anmietung auf ein erforderliches, verstärktes Heiz- und Lüftungsverhalten hingewiesen hat.[791] Der Vermieter kann nämlich nach einem Einbau moderner Fenster grundsätzlich vom Mieter ein anderes Heiz- und Lüftungsverhalten verlangen. Allerdings nur in zumutbarem Umfang (siehe Rdn. 232f.). Voraussetzung für die Pflicht des Mieters zum veränderten Wohnverhalten ist aber, dass der Mieter sachgerecht und präzise auf die zumutbaren Anforderungen im veränderten Raumklima **hingewiesen** wurde.[792] Der Mieter muss sich dann mit seinem Heiz- und Lüftungsverhalten regelmäßig dem neuen Zustand der Wohnung anpassen, notfalls um einen eventuellen Schaden zu minimieren.[793]

232 Vorübergehendes Schrägstellen der Fenster reicht dafür nicht, weil dabei regelmäßig kein ausreichender Luftaustausch stattfindet.[794] Die Frischluft muss in alle Ecken der Wohnung dringen können, weil sonst Möbelstücke nicht ausreichend hinterlüftet werden. Am besten eignet sich für die Lüftung die sog. **Querlüftung,** und wenn diese nicht möglich ist, die sog. **Stoßlüftung.**[795] Im Einzelfall kann ein mehrmaliges Stoßlüften am Tag für jeweils 10 Minuten aber schon unzumutbar sein.[796] Der Mieter muss nämlich nur in zumutbarem Umfang lüften und heizen;[797] gleichgültig,

---

[781] LG Köln WuM 1985, 24.

[782] LG Hannover WuM 1982, 183.

[783] AG Halle/Saale ZMR 2017, 65; AG Dortmund WuM 1986, 295.

[784] AG Neuss WuM 1987, 214; *Pauly* WuM 1997, 474, 476.

[785] AG Reinbek WuM 2014, 568; siehe dazu auch *Lammel,* jurisPR-MietR 24/2014 Anm. 1.

[786] LG Bochum ZMR 2017, 163; LG Berlin, WuM 2016, 416 = GE 2016, 913; LG Konstanz WuM 2013, 156 = NZM 2013, 506 = ZMR 2013, 803; AG Halle/Saale ZMR 2017, 65; zu einzelnen Vertragsklauseln siehe *Selk* ZMR 2017, 16, 26f.

[787] LG Lübeck GE 2014, 1454; LG Berlin GE 2014, 1008.

[788] LG Berlin GE 2014, 1008; LG München I NZM 2007, 642; LG Gießen GE 2000, 1256 = MDR 2000, 761; s. auch die Empfehlungen des Fachberichts Schimmel, DIN 4108-8.

[789] DIN-Fachbericht 4108-8.

[790] LG Lübeck WuM 1990, 202; AG Stadthagen WuM 1987, 271; *Mathonia,* WuM 2005, 223, 225; **a. A.** LG Berlin GE 2000, 124, welches ein Mitverschulden des Mieters annimmt; AG Nürtingen NZM 2011, 547; LG Detmold ZMR 2016, 546, bei Neuvermietung 20 Jahre nach Einbau.

[791] LG Lübeck WuM 1990, 202; LG Kiel WuM 1982, 187.

[792] LG Oldenburg ZMR 2000, 100; AG Tempelhof-Kreuzberg GE 2009, 331; AG Erkelenz DWW 1996, 22; siehe auch DIN-Fachbericht 4108-8.

[793] LG Hannover WuM 1988, 354.

[794] AG Wolfsburg ZMR 1986, 16; zum Problem des Lüftens siehe *Künzel* WuM 2012, 652ff.

[795] LG Hannover WuM 1985, 22; AG Bremerhaven WuM 1985, 23.

[796] LG Frankfurt m. Anm. *Ronimi* = ZMR 2012, 552; ZMR 2015, 306 = WuM 2015, 665 (viermal täglich zumutbar); LG Dortmund WuM 2008, 334 (siebenmal täglich); LG Düsseldorf WuM 1992, 187; AG Tempelhof-Kreuzberg WuM 2016, 170 (mehr als drei Mal täglich unzumutbar); AG Frankfurt/M. WuM 2007, 568 (fünfmal täglich); AG Bochum WuM 1985, 25; AG Siegburg ZMR 2005, 543 m. Anm. *Windisch;* AG Bremerhaven WuM 1985, 23; *Streyl* WuM 2016, 135, 136 Fußn.18.

[797] OLG Celle WuM 1985, 9 = ZMR 1985, 10 = GE 1985, 679; LG Berlin GE 2017, 913; LG Bochum WuM 2016, 614; LG Aachen WuM 2015, 547; LG Konstanz WuM 2013, 156 = NZM 2013, 506; LG Hamburg WuM 1988, 353; AG Bremen WuM 2015, 546 – kein überobligatorische Leistung, also nicht mehr als 18 Grad und zweimal am Tag lüften; *Emmert,* jurisPR-MietR 23/2015 Anm. 1; AG Köln WuM 1988, 358; AG Bochum WuM 1985, 25; *Pauly* WuM 1997, 474 stellt auf die Verkehrsüblichkeit ab.

ob er in einem Altbau oder in einem Neubau wohnt. Die Mietwohnung muss ein breites Spektrum der Lebensgewohnheiten zulassen.[798] Das Gebäude ist daher mangelhaft, wenn nur durch übermäßiges und unwirtschaftliches Heizen und Lüften Feuchtigkeitsschäden vermieden werden.[799] Somit ist der Mieter zur Minderung berechtigt, wenn er z. B. wegen der Eigenschaften eines Niedrigenergiehauses[800] oder des Einbaus von Aluminiumfenstern unzumutbar lüften und heizen muss.[801]

Vom Mieter kann nicht verlangt werden, dass er ständig die Fenster weit öffnet[802] oder übermäßige **Wärmeverluste** in Kauf nimmt.[803] Auch eine besondere „Klimapflege" unter Zuhilfenahme eines Hygrometers, mit der das Ablagern von Kondensfeuchtigkeit mit der Folge des Pilzbefalls vermieden werden könnte, kann nicht als „übliches" Wohnverhalten von Mietern gefordert werden.[804] Darüber hinaus kann von einem Mieter, der tagsüber zu Hause ist, ein anderes Lüftungsverhalten erwartet werden als von einem berufstätigen Mieter, der sich tagsüber außer Haus befindet.[805] 233

Verfügt ein Badezimmer lediglich über eine Innenlüftung bzw. Zwangsentlüftung und treten dort Feuchtigkeitsschäden auf, liegt ein Mangel vor, weil der Mieter durch das Duschen keine vertragswidrige Nutzung vornimmt.[806] 234

Der Mieter muss die Möglichkeit haben, seine Möbel grundsätzlich an jedem beliebigen Platz in der Wohnung nahe der Wand aufzustellen. Denn es gehört zur Gebrauchstauglichkeit eines Wohnraums, dass er in üblicher Art mit Möbeln eingerichtet werden kann.[807] Mangels anderweitiger Vereinbarung ist es für den Mieter **unzumutbar,** große Möbelstücke von der Wand abzurücken oder an bestimmten Wänden überhaupt keine Möbelstücke aufstellen zu dürfen.[808] Daher liegt jedenfalls in solchen Fällen ein Mangel vor, wenn der Mieter bei Anmietung der Wohnung nicht darüber aufgeklärt wurde, dass wegen drohender Feuchtigkeit die Möbel nur an bestimmten Stellen und deutlich von der Wand abgerückt aufgestellt werden dürfen.[809] Darüber hinaus muss bedacht werden, dass ein Abstand der Möbel von der Wand von einigen Zentimetern häufig schon allein durch die Scheuerleiste gewährleistet ist.[810] 235

Sind Abflussrohre schadhaft und führt dieser Umstand zu Feuchtigkeit an bzw. in den Wänden, berechtigt dies zur Mietminderung.[811] Dringt Wasser wegen der fehlerhaften Konstruktion eines **Balkons** in die Wohnung ein, stellt dies ebenfalls einen Mangel dar.[812] 236

Muss der Vermieter Trocknungsgeräte aufstellen, um die Feuchtigkeit auszutrocknen, kann dies zu einer – vorübergehenden – völligen Unbenutzbarkeit der Wohnung führen.[813] Dies berechtigt den Mieter zur Mietminderung, ebenso, wenn die Beseitigung des Schimmels die Entfernung von 237

---

798 LG Berlin GE 1990, 613.

799 LG Aachen WuM 2015, 547; LG Hamburg NJW-RR 1998, 1309; WuM 1988, 353; LG Braunschweig WuM 1985, 26; LG München I WuM 1985, 26; AG Bremen WuM 2015, 546; *Streyl* WuM 2016, 135, 137; **a. A.** AG Steinfurt ZMR 1987, 179.

800 LG Konstanz WuM 2013, 156 = NZM 2013, 506.

801 AG Emden NJW-RR 1989, 523.

802 LG Konstanz WuM 2013, 156 = NZM 2013, 506 – 5–6 maliges Lüften täglich ist zu viel; LG Dortmund WuM 2008, 334 (siebenmal täglich); München I WuM 1985, 26.

803 AG Siegburg ZMR 2005, 543 m. Anm. *Windisch;* AG Dortmund WuM 1985, 259.

804 LG Hamburg WuM 1988, 106; einschränkend AG Marburg WuM 1999, 601.

805 LG Frankfurt/Main WuM 2016, 665 m. Anm. *Eisenschmid,* jurisPR-MietR 20/2015 Anm. 2; *Lehmann-Richter* PiG 99, 65, 75.

806 LG Bochum WuM 1992, 431.

807 LG Hamburg WuM 2000, 329; LG München I WuM 1991, 584; NJW-RR 1991, 975; VuR 1991, 251; LG Hamburg WuM 1988, 353; LG Berlin GE 1984, 865; AG Osnabrück NZM 2006, 224.

808 LG Aachen WuM 2015, 547; LG Berlin-Spandau GE 2011, 209; LG Mannheim, NZM 2007, 682 = ZMR 2007, 971; LG Köln WuM 2001, 604; LG Berlin GE 1988, 35 = ZMR 1987, 378; MM 1987, 290; LG München WuM 1985, 26; LG Hamburg WuM 1985, 21; AG Bremen WuM 2015, 546; AG Hamburg-St. Georg WuM 2009, 582; AG Köpenick MM 2002, 185; AG Osnabrück NJW-RR 2006, 515; *Beuermann* GE 2014, 1107, 1108; einschränkend LG Lüneburg WuM 1985, 115.

809 LG Lübeck GE 2014, 1454; LG Münster WuM 2011, 359 (8–10 cm); LG Berlin GE 1988, 1111; 1988, 35; AG Tempelhof-Kreuzberg GE 2009, 331; vgl. auch OLG Düsseldorf DWW 1996, 278; **a. A.** LG Berlin GE 1988, 37; AG Neuss WuM 1987, 214; AG Wedding GE 1988, 527; *Selk* ZMR 2008, 942.

810 LG Kiel ZMR 2012, 443; LG Hamburg NJW-RR 1998, 1309; LG Berlin MM 1987, 290; GE 1988, 1111.

811 LG Düsseldorf DWW 1996, 282; AG Bad Vilbel WuM 1996, 701 bei aufsteigender Bodenfeuchtigkeit.

812 LG Berlin GE 1987, 193.

813 AG Schöneberg WuM 2008, 477.

Teilen des Innenputzes erfordert.[814] Hinsichtlich notwendiger Aufwendungen, z. B. Umzugskosten für den vorübergehenden Auszug, Stromkosten für den Betrieb der Trocknungsgeräte, Reparaturen, hat der Mieter einen Aufwendungsersatzanspruch gem. § 555a Abs. 3 BGB.

238 Neubauten benötigen ca. 2 Jahre, bis das Mauerwerk ausgetrocknet ist. Der Wärmemehrbedarf kann in dieser Zeit bis zu 20% betragen. Außerdem beeinträchtigt die Restfeuchtigkeit das Wohlbefinden. Ohne besondere anders lautende Absprachen stellt die eingeschränkte Möglichkeit der Nutzung einen Mangel dar[815]. Dass **Neubauwohnungen** üblicherweise noch Restfeuchtigkeit im Mauerwerk enthalten, ändert daran nichts. Die Restfeuchte kann nicht als Standard der Neubauwohnungen definiert werden[816], da es sich bei ihr um eine negative Qualitätsabweichung handelt, die den Standard einer Wohnung nicht definiert sondern beeinträchtigt. Die Auffassung, dass im Neubau eine Pflicht des Mieters zur Trockenbeheizung besteht, findet im Gesetz keine Stütze.[817] Das **Trockenheizen** schuldet vielmehr grundsätzlich der Vermieter als Instandsetzungsmaßnahme. Die Kosten hat er gem. § 555a Abs. 3 BGB dem Mieter zu ersetzen.[818] Die Vorschrift des § 555a BGB ist zu Lasten des Mieters nicht abdingbar (Abs. 5). Vertragliche Klauseln, die bei Baufeuchte allgemein eine Schadensersatzpflicht des Vermieters ausschließen, scheitern an § 309 Nr. 7a BGB.[819]

239 Die Beweislastverteilung bei Feuchtigkeitsschäden erfolgt nach der Gefahrkreistheorie (vgl. dazu Rdn. 485ff.).

240 **e) Fogging.** Beim Fogging kommt es zu schwarzen, grauen bzw. ölig schmierigen Staubablagerungen[820]. Zumeist tritt dieses Phänomen in der Heizperiode auf, und zwar in Wohnungen, die zuvor renoviert wurden oder in denen bauliche Eingriffe vorgenommen wurden. Aber auch Neubauwohnungen sind davon betroffen. Zumeist wurden bei Fertigstellung, Renovierung oder Umbau der Wohnungen Produkte eingesetzt, die so genannte höhersiedende organische Verbindungen in die Luft emittieren können. Das sind so genannte **Weichmacherverbindungen,** die z. B. Bestandteile von Farben, Lacken, Klebstoffen oder Trägerflüssigkeiten für Pestizide sind. Hinzu kommen häufig noch andere Faktoren, wie zum Beispiel bauliche Gegebenheiten. Darunter fallen Kältebrücken, schadhafte Isolierungen, durchsottete Schornsteine und Kamine, aber auch die Ausstattung der Wohnung, wie zum Beispiel Laminat-Fußboden, zahlreiche kunststoffhaltige Materialien, wie sie auch in Dämmmaterial enthalten sind, oder Hartschaumdekorplatten, bestimmte Wandfarben, Tapeten oder Teppichböden. Im Übrigen spielt auch die Raumnutzung eine Rolle: das Lüftungsverhalten und Verbrennungsvorgänge, die zusätzlichen Staub produzieren, sind ebenso zu nennen wie der Faktor Luftfeuchtigkeit. Trockene Luft begünstigt das Anlagern der Weichmacherverbindungen an Staub.[821]

241 Wenn das Erscheinungsbild des Fogging in der Wohnung auftritt, hat der Mieter gegen den Vermieter grundsätzlich einen klagbaren Anspruch auf Herstellung des vertragsgemäßen Zustands[822]. Daneben kann der Mieter den Mietzins mindern[823] und gegebenenfalls Schadensersatz (Verschulden) verlangen. Die Zuweisung der Verantwortung kann aber als problematisch angesehen werden, weil die Ursachen der Schwärzung **selten eindeutig** dem Mieter oder dem Vermieter zuzuordnen sind.[824] In diesem Zusammenhang ist § 538 BGB von Bedeutung, wonach der Mieter Verschlechterungen der Mietsache nicht zu vertreten hat, die durch vertragsgemäßen Gebrauch herbeigeführt werden. Der Mieter überschreitet nicht die Grenzen des vertragsgemäßen Gebrauchs, wenn er beispielsweise die Wohnung mit handelsüblichen Farben und Tapeten renoviert und einen handels-

814 LG Saarbrücken WuM 2012, 608.

815 LG Wuppertal WuM 2002, 667 = NZM 2002, 987; LG Lübeck WuM 1988, 351; LG Nürnberg-Fürth WuM 1988, 155; AG Bad Schwartau WuM 1988, 55; AG Köln WuM 1985, 371; *Sternel,* Mietrecht aktuell (2009), Rdn. VI 275; *Isenmann/Mersson* NZM 2005, 883; **a. A.** *Blank* MDR 2009, 181, 183.

816 So aber *Blank* MDR 2009, 181, 183.

817 LG Hamburg WuM 1976, 205 = ZMR 1977, 305; wohl auch LG Oldenburg ZMR 2000, 100; einschränkend LG Lübeck WuM 1988, 351; **a. A.** AG Steinfurt WuM 1996, 759.

818 LG Lübeck WuM 1983, 239; AG Gengenbach WuM 1986, 241.

819 *Sternel* Mietrecht aktuell (2009) Rdn. II 168.

820 Zu den Ursachen und Wirkungen s. die umfangreiche Darstellung bei *Szewierski/Moriske* ZMR 2003, 550.

821 Vgl. zum Schadensbild *Moriske* NZM 2000, 894, 895; *Tiefenbacher* ZMR 2000, 432.

822 LG Duisburg ZMR 2003, 739 = WE 2004, 18 zur Vertragsauslegung siehe *Lehmann-Richter* NZM 2015, 513, 519f.

823 LG Düsseldorf WuM 2011, 416; LG Berlin GE 2003, 1019; AG Düsseldorf WuM 2009, 664.

824 AG Hamburg-Wandsbeck NZM 2000, 906.

üblichen Teppichboden verlegt. Die hierdurch verursachte Verschlechterung der Mietsache durch Fogging hat der Mieter gem. § 538 BGB nicht zu vertreten.[825]

242 Da die Umstände des Fogging häufig umstritten sind oder nicht aufgeklärt werden können[826], kommt der **Beweislastverteilung** entscheidende Bedeutung zu[827]. Für den Vermieteranspruch auf Schadensersatz ist die von der Rechtsprechung nach Gefahrenbereichen entwickelte Verantwortung maßgeblich. Danach muss der Vermieter zur Durchsetzung seines Anspruchs beweisen, dass der Schaden der **Risikosphäre** des Mieters entstammt.[828] Hierzu muss der Vermieter gegebenenfalls die Möglichkeit einer aus seinem eigenen Verantwortungs- und Pflichtenkreis herrührenden Schadensursache ausräumen[829]. Ist dem Vermieter dieser Beweis gelungen, muss der Mieter den vollen Beweis dafür erbringen, dass er die Ursache des Mangels nicht zu vertreten hat.[830] Die Nachweispflicht des Vermieters entfällt, wenn nach den Umständen nur eine Ursache aus dem Risikobereich des Mieters in Betracht kommt.

243 Macht der Mieter einen Schadensersatzanspruch aus § 536 a Abs. 1 geltend, muss er im Rahmen der zweiten Alternative das Verschulden des Vermieters darlegen und beweisen. Auch hier gilt grundsätzlich die im Mietrecht geltende Verteilung der Darlegungs- und Beweislast nach **Verantwortungsbereichen.**[831] Ist somit noch ungeklärt, in wessen Verantwortungsbereich die Schadensursache gesetzt worden ist, hat zunächst der Mieter zu beweisen, dass in seinem Herrschafts- und Einflussbereich die Schadensursache nicht gesetzt worden ist. Erst dann, wenn die Schadensursache im Einfluss- und Herrschaftsbereich des Vermieters feststeht, muss sich der Vermieter hinsichtlich seines Verschuldens entlasten[832]. So wie im Fall des Vermieteranspruchs bei geführtem **Negativbeweis** das Verschulden des Mieters vermutet wird, muss umgekehrt beim Mieteranspruch und geführten Negativbeweis das Verschulden des Vermieters vermutet werden.[833]

244 Mindert der Mieter wegen des Foggings die Miete oder macht er seinen Erfüllungsanspruch geltend, muss er lediglich das Vorhandensein des Mangels darlegen und beweisen.[834] Der Vermieter muss sich dann hinsichtlich seiner Risikosphäre entlasten.[835]

245 Wie beim Auftreten von Feuchtigkeit kommt auch beim Fogging ein **Beweis des ersten Anscheins** nicht in Betracht. Dieser setzt voraus, dass ein bestimmter Lebenssachverhalt feststeht, der nach der allgemeinen Lebenserfahrung auf eine bestimmte Ursache oder einen bestimmten Ablauf als maßgeblich für den Eintritt eines bestimmten Erfolgs hinweist.[836] Das ist durch Untersuchungen für diesen Schadensbereich widerlegt. Es wurde vielmehr festgestellt, dass unter anderem bauliche Gegebenheiten, wie zum Beispiel „Kältebrücken, schadhafte Isolierung, durchsottete Schornsteine und Kamine", aber auch bestimmte Fußbodenbeläge (z. B. Laminat oder Teppichboden), Dekorplatten oder bestimmte Wandfarben „mit"-ursächlich sein können.[837] Eine Kombination dieser Ursachen mit weiteren, individuellen Ursachen, die nur in der Wohnung des Mieters zu finden sind, kann also ein Grund für das Phänomen sein.

246 Ist ein Problem multikausal, wird die Beweislast nicht in erster Linie dem Mieter aufgebürdet. Gelingt dem Vermieter der Ausschluss einer außerhalb des Mietgebrauchs liegenden Schadensursache bei Begründung seines Anspruchs nicht oder ist die Ursache nicht aufklärbar, so führt das nicht

---

825 BGH (VIII ZR 271/07) WuM 2008, 476 = NZM 2008, 607 = NJW 2008, 2432 = ZMR 2008, 869 m. Anm. *Schläger* = MietPrax-AK § 536 a BGB Nr. 5 m. Anm. *Eisenschmid;* LG Berlin jurisPR-MietR 2008 Anm. 4 *(Flatow);* **a. A.** *Sternel* Mietrecht aktuell (2009) Rdn. VI 90.

826 S. AG Cottbus ZMR 2005, 626 m. Anm. *Grumbt.*

827 LG Berlin GE 2005, 995.

828 BGH WuM 1994, 466 = NJW 1994 = MDR 1994, 911 = ZMR 1994, 465, 2019; LG Duisburg ZMR 2003, 739 = WE 2004, 18; LG Berlin GE 2003, 459 = NZM 2003, 434; LG Berlin MietRB 2003, 63; AG München NZM 2003, 975; vgl. LG Ellwangen WuM 2001, 545 = GE 2002, 53.

829 OLG München NJW-RR 1989, 1499.

830 BGH WuM 1998, 96 = MDR 1998, 207 = GE 1998, 175 = NJW 1998, 594 = ZMR 1998, 211; LG Duisburg ZMR 2003, 739 = WE 2004, 18.

831 Baumgärtel/Laumen/Pütting/*Nies,* Handbuch der Beweislast, § 536 Rdn. 13.

832 BGH (VIII ZR 223/04) WuM 2006, 147 = NJW 2006, 1061 = NZM 2006, 258 = ZMR 2006, 356 = MietPrax-AK § 536 a BGB Nr. 1 = DWW 2006, 158 = GE 2006, 319; vgl. auch *Flatow* jurisPR-MietR 6/2006 Anm. 4; *Krapf* MietRB 2006, 154; *Schach* GE 2006, 284.

833 *Mathonia* WuM 2005, 174, 177.

834 *Blank/Börstinghaus* § 536 BGB Rdn. 51.

835 LG Berlin GE 2003, 459 = NZM 2003, 434 = ZMR 2003, 489; AG München NZM 2003, 975; kritisch *Schach* GE 2003, 88.

836 OLG Karlsruhe NJW 1989, 907 = ZMR 1988, 430.

837 *Moriske* NZM 2000, 894.

zwangsläufig zur Haftung des Mieters.[838] Hält der Mieter dem Vermieter also entgegen, dass zum Beispiel Baumängel vorliegen, die der Risikosphäre des Vermieters zuzurechnen sind, dann muss sich der Vermieter für die zu seinem Gefahrenbereich gehörenden Ursachen entlasten.[839] Kann der Vermieter das Vorliegen eines Baumangels nicht ausschließen oder hat er in anderer Weise die „Mit"-Ursache für das Phänomen gesetzt, zum Beispiel indem er einen bestimmten Bodenbelag in die Wohnung legte, muss er für die Instandhaltung der Wohnung sorgen. Ergeben die Untersuchungen das Zusammenwirken bauseitiger und nutzungsbedingter Gründe in der Weise, dass jeder für sich genommen den Schaden nicht ausgelöst hätte, ihr Zusammentreffen jedoch ursächlich war, wird der Anteil an der Schadensentstehung nicht etwa gequotelt,[840] weil sich der Vermieter wegen seines Anteils am Geschehen nicht entlastet hat und dem Mieter regelmäßig kein vertragswidriges schuldhaftes Verhalten vorgeworfen werden kann.

247 nicht belegt

248 Eine Mitverantwortung des Mieters entfällt, solange die Handlungen des Mieters im Rahmen des vertragsgemäßen Gebrauchs liegen, also namentlich dann, wenn keine Anzeichen ersichtlich sind, dass er hinsichtlich der Verursachung des Phänomens Fogging vorsätzlich oder fahrlässig durch Überschreiten der vertragsgemäßen Nutzung einen Beitrag geleistet hat. An ein Mitverschulden kann gedacht werden, wenn der Vermieter dem Mieter die Verwendung bestimmter Stoffe verboten oder eine bestimmte Nutzung zur Vermeidung des Fogging untersagt hätte[841].

249 Das Risiko des Foggings ist nicht auf den Mieter durch Vertrag abwälzbar. Im Rahmen von **Formularklauseln** hält die herrschende Meinung eine generelle Abwälzung der Instandhaltungspflicht auf den Wohnraum-Mieter wegen eines Verstoßes gegen § 307 BGB für unwirksam. Die Instandhaltungs- und Instandsetzungspflicht ist eine Hauptleistungspflicht, die grundsätzlich nicht auf den Wohnraum-Mieter durch Formularvertrag abgewälzt werden kann.[842] Solche Klauseln sind nur zulässig als Kostentragungsklauseln mit Obergrenzen für die einzelnen Reparaturen und Höchstgrenzen für die Gesamtbelastung des Mieters pro Jahr.[843] Sie gelten für die Übernahme von Kosten bei Bagatellschäden an Gegenständen, die dem häufigen Zugriff des Mieters ausgesetzt sind. Beteiligungsklauseln, nach denen sich der Mieter anteilig auch an großen Reparaturen oder Neuanschaffungen beteiligen muss, sind generell unzulässig.

250 Die Erhaltungspflichten des Vermieters können dem Mieter zwar grundsätzlich individualvertraglich in engen Grenzen auferlegt werden, vgl. Rdn. 459ff. Der Umfang der Abdingbarkeit ist allerdings nicht eindeutig. Klar ist nur, dass solche Klauseln eng auszulegen sind.[844] Eine Grenze ergibt aus § 28 Abs. 3 II. BV für preisgebundenen Wohnraum. Danach dürfen nur die Kosten kleinerer Instandhaltungen auf den Mieter abgewälzt werden. Diese Grenzen sind beim Fogging regelmäßig überschritten. Auch § 138 BGB stellt eine Grenze dar; und zwar in den Fällen, in denen die übernommenen Pflichten für den Mieter völlig unüberschaubar sind.[845] Dies kann zum Beispiel dann der Fall sein, wenn der Schaden, was öfters vorkommt, immer wieder auftritt oder keine genaue Ursache festgestellt werden kann. Eine weitere gesetzliche Grenze zur Risikoverlagerung auf den Mieter kann sich aus § 242 ergeben. Nach Treu und Glauben darf sich der Mieter darauf verlassen, dass er nur mit überschaubaren Risiken belastet wird. Es gehört zu den Kernpflichten des Vermieters, den vertragsgemäßen Gebrauch gemäß § 535 BGB zu gewährleisten. Den Mieter würde es übermäßig belasten, das Risiko des Fogging zu tragen. Das OLG Koblenz[846] hat entschieden, dass Schäden am Bauwerk, die von Dritten verschuldet sind, grundsätzlich von Reparaturklauseln nicht erfasst werden. Dies ist im Hinblick auf eventuelle Baumängel als Mitauslöser des Fogging besonders zu berücksichtigen. Es wäre unbillig, den Mieter mit einem Risiko zu belasten, dessen Ursachen oft nicht eindeutig feststehen, auch im Verschulden Dritter liegen kann und das zudem dem Kernbereich der Vermieterleistung zuzuordnen ist. Daher ist auch individualvertraglich eine Überbürdung der Kostentragung zur Beseitigung der durch Fogging ausgelösten Schäden nicht zulässig.

---

[838] LG Ellwangen WuM 2001, 545 = GE 2002, 53; AG Hamburg GE 2002, 55.
[839] *Emmerich* in Staudinger § 536 Rdn. 66.
[840] **A. A.** AG Hamburg-Wandsbeck NZM 2000, 906.
[841] **A. A.** AG Schöneberg GE 2003, 127.
[842] *Emmerich* in Staudinger § 535 Rdn. 131.
[843] BGH WuM 1989, 324; *Emmerich* in Staudinger § 535 Rdn. 131.
[844] OLG Koblenz WuM 1990, 16 = NJW-RR 1990, 20 = ZMR 1989, 464 = GE 1990, 649; vgl. Erman/*Lützenkirchen* § 535 Rdn. 134ff.
[845] AG Bad Wildungen WuM 1976, 252; AG Köln WuM 1980, 245; 1981, 501.
[846] OLG Koblenz WuM 1990, 16 = NJW-RR 1990, 20 = ZMR 1989, 464 = GE 1990, 649.

Die Pflicht zur Beseitigung der schwarzen Flecken kann dem Mieter auch nicht mit Hilfe einer wirksamen Klausel zu **Schönheitsreparaturen** übertragen werden. Schönheitsreparaturen umfassen die Beseitigung der auf dem normalen Abwohnen beruhenden Dekorationsmängel.[847] Ein reiner Abnutzungsschaden liegt bei der plötzlichen Schwärzung der Wohnung nicht vor, da Abnutzungsprozesse nicht innerhalb weniger Wochen zu einer derart massiven Schwärzung führen können. Diese Verfärbungen kehren oftmals in kurzen Zeitabständen wieder und treten häufig in den Heizperioden auf. Darüber hinaus ist das Phänomen auch schon bei Neubauwohnungen aufgetreten, bei denen auf Grund der kurzen Wohnzeit noch gar keine merkliche Abnutzung vorliegen kann. Durch die fristenmäßige Durchführung von Schönheitsreparaturen kann das Auftreten des Fogging somit nicht „aufgefangen" werden[848]. 251

f) Heizung/Warmwasser. Die Wahl der Beheizungsart verbleibt grundsätzlich beim Vermieter.[849] Der Mieter hat keinen Anspruch, dass der Vermieter die Heizungsart umstellt; auch wenn sie vermeintlich wirtschaftlicher ist. Auch eine ältere Heizungsanlage entspricht dem vertragsgemäßen Gebrauch, soweit sie dem gesetzlich geforderten Zustand gerecht wird. Eine völlig überhitzte Wohnung aufgrund der nicht steuerbaren Heizungsanlage ist allerdings nicht vertragsgemäß.[850] (zur Wirtschaftlichkeit der Heizungsanlage vgl. Rdn. 257 sowie § 535 Rdn. 126). Der Vermieter ist allerdings verpflichtet, eine Heizungsanlage zu betreiben, von der keine **gesundheitlichen** Gefahren ausgehen.[851] 252

Bei einer **Fernwärmeanlage** gibt es die Besonderheit, dass häufig der Mieter unmittelbar mit dem Versorgungsunternehmen einen Wärmelieferungsvertrag schließt. Dies führt dazu, dass bei mangelhafter Lieferung der Mieter keinen Gewährleistungsanspruch gegen seinen Vermieter geltend machen kann, wenn dieser für die Lieferung nicht verantwortlich ist. Regelmäßig haftet bei solchen Vertragskonstruktionen der Vermieter aber für die ordnungsgemäße Anlage. Dies kann anders sein, wenn der Vermieter auch die Heizungsanlage einem sog. Drittbetreiber überlassen hat[852] (vgl. § 535 Rdn. 118ff., § 1 HeizkV Rdn. 13ff.). Leitungsverluste im Fernwärmesystem lassen sich nicht vermeiden. Sie sind daher kein Mangel der Heizungsanlage.[853] 253

Heizungsanlagen sind nicht selten eine störende Lärmquelle. Treten insbesondere nachts Klopfgeräusche auf, dann ist die damit verbundene Störung ein erheblicher, zur Minderung und ggf. Kündigung berechtigender Mangel.[854] Unerheblich ist, ob sich die Geräusche noch innerhalb der DIN 4109 (zu DIN-Normen vgl. Rdn. 29ff.), also unterhalb der Grenze von 30 dB(A) bewegen. Entscheidend ist vielmehr, ob die Störwirkung deutlich aus dem allgemeinen Hintergrundgeräusch hervortritt.[855] Neben der Minderung bleibt dem Mieter auch sein Anspruch auf Wiederherstellung der vertragsgemäßen Leistung[856] (s. Rdn. 529). 254

Soweit einzelne **Heizkörper** oder **Öfen** ausfallen oder die Räume nicht ausreichend erwärmt werden, ist dies ebenfalls ein Mangel der Mietsache.[857] Für die Darlegung des Mangels reicht es aus, wenn der Mieter angibt, in welchem Zeitraum adäquate Raumtemperaturen nicht erreicht wurden.[858] Die Höhe der Minderung richtet sich nach dem jeweiligen Einzelfall.[859] Sind die Räume 255

---

[847] *Emmerich* in Staudinger § 535 Rdn. 102.

[848] LG Duisburg ZMR 2003, 739 = WE 2004, 18.

[849] OLG Düsseldorf WuM 1986, 16 = MDR 1985, 586 = ZMR 1985, 236.

[850] LG Berlin WuM 2016, 418; **a. A.** AG Schöneberg WuM 2016, 216.

[851] Vgl. unter Wohngifte sowie zum Instandhaltungs- und Modernisierungsgebot nach baurechtlichen Vorschriften OVG Hamburg WuM 1991, 540.

[852] S. hierzu *Eisenschmid* WuM 1998, 449; *Schmidt* WuM 1998, 708.

[853] KG GE 2008, 990.

[854] LG Hannover WuM 1994, 463 = NJW-RR 1995, 331; LG Darmstadt WuM 1980, 52; LG Mannheim ZMR 1978, 84; AG Würzburg WuM 1988, 156; AG Hamburg WuM 1987, 382; WuM 1987, 271; **a. A.** LG Berlin GE 2007, 367.

[855] LG Berlin NZM 2000, 490.

[856] LG Landshut WuM 2002, 307.

[857] OLG Frankfurt/M. WuM 1972, 42; LG Köln WuM 1980, 137; LG Kassel WuM 1987, 271; LG Düsseldorf WuM 1973, 187; AG Villingen-Schwenningen WuM 2016, 100 – auch außerhalb der Heizperiode); AG Gießen WuM 2016, 26; AG Friedberg WuM 1980, 259; AG Waldbröl WuM 1980, 206; AG Köln WuM 1978, 189; AG Bad Segeberg WuM 1977, 227; AG Hamburg WuM 1973, 210; **a. A.** AG Lichtenberg GE 2010, 207 – geringe Erwärmung des Heizkörpers bei Einrohrheizung ist systembedingt.

[858] BGH (XII ZR 59/14) NZM 2016, 796 = ZMR 2016, 854; siehe auch Rdn. 488.

[859] Vgl. LG Hannover WuM 1980, 130 (20%); AG Köln WuM 1978, 189 (20%); LG Hamburg WuM 1976, 10 (25%).

nicht nutzbar, hat die Rechtsprechung eine Minderung bis zu 100% zugelassen.[860] Die erreichbare Raumtemperatur ist in der **Raummitte** zu messen. Die Ablesung der Temperatur an einem an der Wand angebrachten Thermometer genügt nicht[861] (zu Heiztemperaturen s. § 535 Rdn. 394ff.).

256 Die Auffassung des LG Berlin,[862] dass das Fehlen eines Heizkörpers in der Küche keinen Mangel darstelle, wenn diese über einen Heizkörper eines anderen Zimmers mitbeheizt werden könne, ist bedenklich. Denn gerade das Heizen über die Zimmer führt dann zu **Feuchtigkeitsschäden,** wenn der Luftaustausch nicht gleichmäßig, sondern nur gelegentlich erfolgt. Das kann insbesondere in der Küche oder im Schlafzimmer problematisch werden, da diese Räume ohnehin durch hohe Feuchtigkeitseinträge belastet sind. Lassen sich einzelne Heizkörper nicht abstellen, führt dies ebenfalls zur Annahme eines Mangels.[863]

257 Sind die Heizkörper unterdimensioniert, so dass sich die Wohnung nicht ausreichend erwärmt, liegt ein Mangel der Mietsache vor.[864] Das Gleiche gilt, wenn die Heizungsanlage überdimensioniert ist und die Anlage wegen der hohen Leistung des Heizkessels zu viel Brennstoff verbraucht und damit unwirtschaftlich arbeitet[865] (strittig; zur Wirtschaftlichkeit vgl. § 535 Rdn. 126). Letztere Entscheidung ist nach Auffassung des BGH[866] allerdings nicht verallgemeinerungsfähig. Auch im gewerblichen Mietverhältnis lasse sich aus dem Wirtschaftlichkeitsgebot kein Anspruch des Mieters auf Modernisierung ableiten.

258 Ein hoher Wärmeverbrauch, sofern er nicht auf Defekte an der Heizanlage zurückzuführen ist,[867] stellt keinen Mangel dar. Dies kann anders zu beurteilen sein, wenn der Energieverbrauch durch eine Isolierung mit wirtschaftlich vertretbarem Aufwand ohne Schwierigkeiten verringert werden kann.[868] **Die Außenlage einer Wohnung** ist im Allgemeinen kein Mangel, auch wenn dadurch mehr Heizenergie benötigt wird als in einer innen liegenden Wohnung.[869] Es unterliegt grundsätzlich auch nicht dem Vermieterrisiko, dass ein Mieter wegen Leerstandes der Nachbarwohnungen mehr heizen muss.[870] Ein Mangel ist auch nicht allein deshalb anzunehmen, weil die Wohnung im Dachgeschoss des Hauses liegt. Der Wärmeverlust von ca. 20% in Dachgeschosswohnungen ist allgemein hinzunehmen. Aus diesem Umstand erwächst dem Vermieter keine besondere Pflicht zur Wärmeisolierung. Liegen dagegen deutliche höhere Wärmeverluste vor, ist von einem Mangel auszugehen.[871]

259 Die Warmwassertemperatur sollte zwischen 40 und 60 °C liegen.[872] Wird die Temperatur für Warmwasser nicht oder nicht in angemessener Zeit erreicht, liegt eine Beeinträchtigung des vertragsgemäßen Gebrauchs vor.[873] Die durch einen **Defekt** hervorgerufene Beeinträchtigung bei der Bedienung der Heiz- und Warmwasseranlage kann ebenfalls zur Minderung führen.[874]

260 Der Vermieter darf die Temperatur des Warmwassers in den Nachtstunden nicht **absenken.**[875] Er ist vielmehr verpflichtet, die Versorgung mit Warmwasser rund um die Uhr aufrechtzuerhalten.[876] Kein Mangel ist regelmäßig anzunehmen, wenn der Durchlauferhitzer bei der Wannendu-

---

[860] LG Berlin NJW 2015, 93 = GE 2014, 938 (60%); WuM 1993, 185 (100%); ZMR 1992, 302 = GE 1993, 263 (75%); LG Kassel WuM 1987, 271 (50%); AG Berlin-Charlottenburg GE 2007, 1387 m. Anm. *Dittert,* jurisPR-MietR 4/2008 Anm. 2; AG Tempelhof-Kreuzberg GE 1985, 1033 (50%).

[861] AG Neuss ZMR 1997, 304 = DWW 1997, 47.

[862] LG Berlin WuM 1990, 16 = GE 1989, 723; **a. A.** AG Bremerhaven WuM 1992, 601.

[863] LG Berlin GE 1981, 673.

[864] AG Kerpen WuM 1990, 62; AG Münster WuM 1987, 382.

[865] OLG Düsseldorf WuM 1984, 54 = MDR 1983, 229 = ZMR 1983, 377; OLG Hamm NJW-RR 1987, 969 = MDR 1987, 763 = ZMR 1987, 300 für eine überdimensionierte Lüftungsanlage; LG Berlin WuM 1996, 156; **a. A.** LG Darmstadt NJW-RR 1987, 787 = DWW 1987, 18; LG Hamburg WuM 1988, 350 = NJW-RR 1988, 907 = DWW 1988, 348 = ZMR 1989, 63; *Börstinghaus* Rdn. 69.

[866] BGH (XII ZR 80/12) NJW 2014, 685 = NZM 2014, 163 = GE 2014, 245 = MDR 2014, 336 = DWW 2014, 89 = CuR 2014, 30 = ZMR 2014, 436.

[867] LG Hamburg WuM 1988, 350 = NJW-RR 1988, 907 DWW 1988, 348 = ZMR 1989, 63.

[868] AG Waldshut-Tiengen WuM 1991, 479 = NJW-RR 1991, 592.

[869] AG Steinfurt WuM 1983, 235.

[870] AG Frankfurt/Oder ZMR 2005, 131 = WuM 2005, 766.

[871] LG Frankfurt WuM 1987, 119.

[872] AG München WuM 2012, 668 (45 Grad C); *Pfeifer* GE 2003, 1412.

[873] LG Berlin MM 1992, 137; MM 1991, 194; AG Köpenick MM 2001, 106; AG München NJW-RR 1991, 845.

[874] OLG Frankfurt/M. WuM 1972, 42; LG Heidelberg WuM 1997, 42 = NJWE-MietR 1997, 99.

[875] AG Köln WuM 1996, 701.

[876] AG München WuM 1987, 382.

sche Temperaturschwankungen verursacht.[877] Wird dagegen die Wasserzufuhr – vorübergehend – gesperrt und kann sich der Mieter deswegen kein Essen zubereiten, darf er unter Anrechnung der Vorteilsausgleichung die Kosten für auswärtiges Essen dem Vermieter in Rechnung stellen.[878]

g) Modernisierung. Ist der Vermieter gehalten, anlässlich einer Maßnahme den Standard der EnEV zu beachten, kann die Wohnung mangelhaft werden, wenn er die Anforderungen nicht beachtet hat. Nimmt der Vermieter beispielsweise eine Instandsetzung vor, die nach EnEV eine bestimmte Bauausführung erfordert, führt die Nichtbeachtung dieser Norm zu einem Mangel[879], weil die Instandsetzung wegen Nichtbeachtung der Baunormen selbst mangelhaft ist.[880] Der Mieter behält somit seinen Erfüllungsanspruch (umstritten! s. dazu § 535 Rdn. 130f.). **261**

Der Ausfall der **Versorgungssysteme** anlässlich einer Modernisierungsmaßnahme des Vermieters berechtigt zur Minderung.[881] Das gilt auch, wenn der Mieter bei der Umstellung des Vermieters von zentraler Warmwasserversorgung auf dezentrale Versorgung eine Zapfstelle für Warmwasser verloren hat.[882] Ein Grund zur Minderung liegt auch vor, wenn das Dachgeschoss ausgebaut[883] oder das Wohngebäude aufgestockt wird mit der Folge, dass dadurch der neue Bewohner Einblick in den bislang geschützten Balkon des Mieters hat.[884] Ebenso verhält es sich, wenn ein auf 4 Stahlträgern ruhender Balkon nachträglich für die Wohnung im ersten Stock errichtet wird und hierdurch die Nutzung der Wohnung im Erdgeschoss und des Gartens beeinträchtigt wird.[885] Ein Mangel ist auch angenommen worden, wenn der Anbau eines Balkons zum eingeschränkten Lichteinfall führt.[886] **262**

h) Mülltonnen. Es gehört zum vertragsgemäßen Gebrauch des Mieters, dass der Vermieter ihm einen zumutbaren Platz zum Aufstellen der Mülltonnen zur Verfügung stellt.[887] Richtet der Vermieter einen neuen Platz für die Mülltonne ein, so dass der Mieter den Hausmüll nicht mehr nur wenige Schritte von dem Miethaus in die dort ehemals befindlichen Mülltonnen entleeren kann, sondern nunmehr einen an zwei Häusern vorbeiführenden Weg zum Müllplatz zurücklegen muss, kann ein nicht nur unerheblicher Mangel gegeben sein.[888] Wird der neue **Müllplatz** im Interesse der übrigen Hausgemeinschaft so verlegt, dass ein Mieter des Hauses Beeinträchtigungen hinnehmen muss, schließt das das Minderungsrecht des von der Beeinträchtigung betroffenen Mieters nicht aus.[889] Auf das Aufstellen einer blauen Tonne (Papier) hat der Mieter grundsätzlich keinen Anspruch.[890] **263**

Ständig überfüllte Mülltonnen können einen Mangel darstellen.[891] Dieser kann auch bei ständiger Ablagerung von **Fremdmüll** auf dem Grundstück des Mieters gegeben sein.[892] Ein wesentlicher Mangel der Wohnung ist z. B. gegeben, wenn für das Haus nur 6 Mülltonnen vorhanden sind, obwohl 12 Mietparteien dort wohnen, und dadurch die Mülltonnen schon einige Tage vor der Leerung überfüllt sind.[893] **264**

Eine **Müllschlucker-Anlage** hat der Vermieter in Betrieb zu halten.[894] Im Einzelfall soll der Vermieter berechtigt sein, zur Vermeidung erheblicher Instandsetzungsmaßnahmen, den Müllschlucker aus dem Betrieb zu nehmen, wenn auf Grund der Ortssatzung nur mit einer geringen Restmüllmenge zu rechnen ist.[895] Es wird von der Rechtsprechung zu klären sein, ob die Freistel- **265**

---

[877] LG Berlin GE 1997, 689; **a. A.** AG Charlottenburg MM 2003, 244 bei erheblichen Temperaturschwankungen.
[878] LG Kassel WuM 1979, 51.
[879] *Artz/Kessens,* Wohnraummietrecht – Gewährleistungsrecht, Berliner Wissenschaftsverlag 2008, S. 15.
[880] *Kinne* GE 2007, 827, 839.
[881] LG Berlin ZMR 2014, 786 – Wasser 10%; MM 2002, 427; Wasser 20%, Gas 10%, Heizung 70%; AG Dortmund NZM 2014, 470 80% im Winter.
[882] AG Neuss WuM DWW 1990, 153.
[883] LG Berlin GE 2001, 771.
[884] LG Berlin MM 2000, 222.
[885] AG Hamburg NZM 2000, 335.
[886] AG Hamburg-Wandsbek WuM 2002, 486.
[887] AG Wuppertal WuM 1980, 136.
[888] AG Köln WuM 1985, 261.
[889] AG Hamburg WuM 2002, 487.
[890] AG Hamburg-Blankenese GE 2011, 892 = NZM 2011, 312.
[891] AG Potsdam WuM 1996, 760.
[892] KG NZM 2003, 27.
[893] AG Köln WuM 1985, 261.
[894] AG Potsdam WuM 2000, 182; **a. A.** AG Hamburg WuM 1999, 600; 1985, 260.
[895] LG Mainz WuM 1999, 215; AG Wedding ZMR 2011, 561 = GE 2011, 271.

lung des Vermieters von seiner Leistungspflicht künftig über § 275 Abs. 2 BGB oder über § 313 BGB zu lösen sein wird,[896] nachdem das Institut der Opfergrenze (vgl. dazu Rdn. 559 ff.) als sog. wirtschaftliche Unmöglichkeit mit der Schuldrechtsreform entfallen ist. Ein formularvertraglicher Vorbehalt einer einseitigen Einschränkung des Gebrauchsrechtes durch Vorgabe bestimmter Benutzungszeiten ist unwirksam.[897] Bei mangelhafter Schallisolierung einer Müllabwurfanlage ist ebenfalls ein Mangel der Mietsache anzunehmen.

266 **i) Schallisolierung.** Von einer mangelhaften Wohnung ist insbesondere dann auszugehen, wenn sich schon vertragsgemäße und übliche Handhabungen und Verhaltensweisen beim Nachbarn bemerkbar machen.[898] Das wird regelmäßig der Fall sein, wenn die Wohnungen lediglich durch extrem dünne Wände getrennt sind.[899] Häufig – aber keineswegs zwingend[900] – ist in diesen Fällen die **technische Schallschutz-Norm** DIN 4109 oder die VDI-Richtlinie 4100 nicht eingehalten worden.[901] Auch unzureichender Schallschutz, der zu Lärmbeeinträchtigungen durch Gemeinschaftsanlagen führt (z. B. Müllabwurfanlage, Installationen[902]), beeinträchtigt den vertragsgemäßen Gebrauch der Mietsache.

267 Unzureichender Trittschallschutz, der erst nach der Anmietung und nach der Überlassung des Wohnraums offenbar wird, ist grundsätzlich ein Mangel der Mietwohnung[903] (s. aber Rdn. 32 ff.). Daran ändert auch nichts, wenn der Mieter bei Anmietung gewusst hat, dass über seiner Wohnung ein Büro liegt.[904] Mangelnder **Trittschallschutz** im Nachbarhaus kann ebenso eine Minderung rechtfertigen.[905] Auch der BGH[906] ist der Auffassung[907] gefolgt, dass bei Abschluss des Mietvertrages darüber entschieden wird, was der Vermieter schuldet und welche Beschaffenheit das Mietobjekt für den vertragsgemäßen Gebrauch erfüllen muss. Bietet aber der Vertrag keine Anhaltspunkte zur Feststellung des zum vertragsgemäßen Gebrauch geeigneten Zustandes, kommt es auf die Verkehrsanschauung an. Danach ist jedenfalls nach Auffassung der Gerichte[908] beim Schallschutz grundsätzlich der Maßstab bei Errichtung des Gebäudes anzulegen[909] (s. dazu Rdn. 21 ff.; 32 ff.). Dies ist aber wohl dann zweifelhaft, wenn es durch einen nachträglichen Ausbau des Dachgeschosses erstmalig zu einer Trittschallbeeinträchtigung kommt[910] oder wenn das Objekt als kernsaniert vermietet wird.[911]

268 Ob der Fall auch auf andere technische Eigenschaften, z. B. Wärmeschutz, des Mietobjektes übertragbar ist, erscheint fraglich. Zwar kann eine Verkehrsanschauung dahingehend angenommen werden, dass Häuser der 60iger Jahre einen anderen als den heutigen technischen Standard im Schallschutz haben. Im Wärmeschutzbereich sind aber so viele öffentliche Förderungen angeboten und wahrgenommen worden, dass auch ältere Bauten der Nachkriegszeit nicht zwingend „kalt"

---

[896] *Dedek* in Henssler/Graf von Westphalen § 275 Rdn. 24.
[897] LG Berlin WuM 1992, 599.
[898] LG Berlin GE 2009, 779.
[899] LG Berlin MM 1994, 281.
[900] AG Trier WuM 2002, 308.
[901] Vgl. AG Rosenheim WuM 1989, 81; Die geplante Zusammenführung der Richtlinien DIN 4109 und VDI 4100 sollten überarbeitet und zusammengeführt werden, s. dazu *Kürer/Pfeifer* DWW 1995, 37, ist aber bislang gescheitert. Die DIN 4109 (1989) entspricht nicht dem technischen Standard BGH, Urt. v. 14.6.2007 – VII ZR 45/06 = WuM 2007, 640 = NJW 2007, 2983; zur baurechtlichen Problematik vgl. VG Berlin GE 1992, 729.
[902] LG Berlin GE, 2013, 1599 mit Anm. *Herlitz* in jurisPR-MietR 11/2014 Anm. 1.
[903] LG Hannover WuM 1994, 463; LG Karlsruhe DWW 1987, 234; AG Braunschweig WuM 1983, 122; vgl. auch *Elzer* NZM 2009, 641.
[904] LG Karlsruhe DWW 1987, 234.
[905] AG Hildesheim DWW 1988, 212.
[906] BGH (VIII ZR 355/03) WuM 2004, 715 = NJW 2005, 218 = ZMR 2005, 108 = NZM 2005, 60 = MietPrax-AK § 535 BGB Nr. 13 = GE 2004, 1586.
[907] *Emmerich* in Staudinger § 536 Rdn. 14.
[908] BGH (VIII ZR 355/03) WuM 2004, 715 = NJW 2005, 218 = ZMR 2005, 108 = NZM 2005, 60 = MietPrax-AK § 535 BGB Nr. 13 = GE 2004, 1586; BGH (VIII ZR 85/09) WuM 2010, 482 = NJW 2010, 3088 = NZM 2010, 618 = GE 2010, 1110; BGH (VIII ZR 131/08) WuM 2009, 457 = MietPrax-AK § 536 BGB Nr 24 = NJW 2009, 2441 = NZM 2009, 580 = ZMR 2009, 836; LG Frankfurt/Main ZMR 2011, 554; AG Karlsruhe DWW 2005, 71.
[909] LG Frankfurt/Main ZMR 2011, 468.
[910] *Schach,* juris PR-MietR 15/2013 Anm. 1 zu BGH (VIII ZR 287/12) WuM 2013, 481 = MietPrax-AK § 536 BGB Nr 47 = NZM 2013, 575 = GE 2013, 938 = NJW 2013, 2417; *Flatow* WImmoT 2010, 53, 61; *Geldmacher* NZM 2009, 641.
[911] AG Bochum WuM 2011, 622.

und „Energiefresser“ sind. Baut der Vermieter ein Teil des Mietobjektes aus oder wird ein Teil neu errichtet oder werden bauliche Veränderungen vorgenommen, die zu Lärmimmissionen führen können, kann der Mieter erwarten, dass Lärmschutzmaßnahmen getroffen werden, die den Anforderungen der zur Zeit der baulichen Maßnahme geltenden technischen Normen genügen.[912]

j) Stromnetz. Sofern nicht ausdrücklich Entgegenstehendes vereinbart ist, hat der Mieter einen Anspruch darauf, dass die Wohnung an das **allgemeine** Stromnetz angeschlossen ist. Das gilt auch für gewerbliche Einheiten.[913] Der Mieter muss sich nicht auf das eigene Stromnetz des Vermieters verweisen lassen.[914] Der vollständige Ausfall der Stromversorgung kann zur 100%igen Minderung des Mietzinses berechtigen,[915] weil die Räumlichkeiten ohne Stromversorgung zu Wohnzwecken ungeeignet sind. **269**

Das Betreiben von **haushaltsüblichen** Elektrogeräten gehört zum vertragsgemäßen Gebrauch der vermieteten Wohnung.[916] Daher ist es ein Mangel, wenn die Steckdosen nicht funktionieren. Eine veraltete Elektroanlage, die nicht den geltenden Sicherheitsbestimmungen entspricht, stellt ein den vertragsgemäßen Gebrauch minderndes Risiko dar.[917] Besteht aufgrund der defekten elektrischen Anlage ein Risiko für Leben und Gesundheit, kann der Vermieter auch im Wege der einstweiligen Verfügung zur Reparatur angehalten werden.[918] **270**

k) Thermostatventile. Der Vermieter muss nach der HeizAnlV alle Heizkörper von Zentral- oder Etagenheizungen, die mit Wasser als Wärmeträger betrieben werden, mit Thermostatventilen ausrüsten. Unterlässt er dies, liegt ein Mangel vor, der zur Minderung des Mietzinses berechtigt[919] (s. auch Wirtschaftlichkeitsgrundsatz § 535 Rdn. 126). Da der Vermieter verpflichtet ist, eine wirtschaftlich arbeitende Heizungsanlage bereitzustellen,[920] ist sie so einzustellen und zu betreiben, dass die Versorgung der Wohnung mit Wärme mit der geringstmöglichen Energie erfolgen kann. **271**

l) Treppenhaus. Das Treppenhaus dient auch der Repräsentation und ist damit das Aushängeschild einer Wohnung. Für eine durchschnittliche Wohnung kann daher auch ein Treppenhaus mittlerer Art und Güte verlangt werden[921] (s. aber auch Dekorationsmängel Rdn. 221 ff.). **Graffitis** an den Wänden des Treppenhauses – wie auch an der Außenfassade – sind daher grundsätzlich als Mangel anzusehen; auch wenn sie unter künstlerischem Aspekt beachtenswert sind. Graffitis haben sich in der Bevölkerung nicht durchgesetzt, sondern werden als Beeinträchtigung empfunden. Das schließt allerdings nicht aus, dass im Einzelfall das Vorliegen eines Mangels verneint werden kann (vgl. Rdn. 210). **272**

Der Vermieter ist dafür verantwortlich, dass das Treppenhaus ohne Gefahren für den Mieter und seine Besucher begangen werden kann[922]. Daher haftet der Vermieter für fehlerhaft gebohnerte Treppen, wenn dadurch ein Dritter zu Schaden kommt.[923] Aus dem Gesichtspunkt der **Verkehrssicherungspflicht** (s. § 535 Rdn. 139 ff.) ist der Vermieter auch dafür verantwortlich, dass die Lichtanlage des Treppenhauses eine ausreichend lange Beleuchtungsphase besitzt. Es entspricht nicht der allgemeinen Verkehrserwartung, dass bei durchschnittlicher Gehgeschwindigkeit das Licht beim Durchlaufen des Treppenhauses von Etage zu Etage neu eingeschaltet werden muss.[924] Unter Umständen kann die fehlende Schließanlage in einer Hauseingangstür als ein Mangel anzusehen sein[925] (vgl. § 535 Rdn. 384). Auch ein verlorener Sicherheitsschlüssel kann die Funktion der **273**

---

[912] BGH (VIII ZR 355/03) WuM 2004, 715 = NJW 2005, 218 = ZMR 2005, 108 = NZM 2005, 60 = MietPrax-AK § 535 BGB Nr. 13 = GE 2004, 1586.
[913] BGH (VIII ZR 391/12) NJW 2014, 1951; BGH (XII ZR 161/91) WuM 1993, 533 = ZMR 1993, 455 = GE 1993, 1089.
[914] BGH WuM 1993, 533 = NJW-RR 1993, 1159 = MDR 1993, 972 = ZMR 1993, 455 = GE 1993, 1089.
[915] AG Berlin-Neukölln MM 1988, 31.
[916] AG Potsdam GE 1996, 1251; WuM 1994, 524.
[917] OLG Düsseldorf ZMR 1994, 402.
[918] *Hinz* WuM 2005, 215, 222.
[919] AG Gelsenkirchen WuM 1993, 735; *Blumenstein* ZMR 1987, 401, 404; *Schläger* ZMR 1988, 407, 409.
[920] OLG Düsseldorf WuM 1984, 54 = MDR 1983, 229 = ZMR 1983, 377.
[921] AG Köln WuM 1997, 470; AG Hamburg-Altona WuM 1996, 535.
[922] AG Lübeck ZMR 2012, 277 – Sturzgefahr bei Außentreppe; AG Münster NZM 2004, 299 wegen Aufstellens einer Madonna.
[923] BGH WuM 1994, 218 = NJW 1994, 945 = ZMR 1994, 149 = MDR 1994, 613 = DWW 1994, 46 = VersR 1994, 324; BGH NJW 1967, 154; AG Jülich WuM 2012, 552.
[924] OLG Koblenz ZdWBay 1997, 178.
[925] BGH (III ZR 283/00) WuM 2001, 398 = NZM 2001, 686 = ZMR 2001, 704; BGH (VIII ZR 41/56) NJW 1957, 826; OLG Hamburg NJW-RR 1988, 1481; *Breiholdt* PiG 2012, 29, 31.

Schließanlage beeinträchtigen, was nicht mehr vertragsgemäß ist.[926] Eine Wohnungseingangstür bedarf höherer Qualitätsanforderungen in Bezug auf die Einbruchssicherheit als eine einfache Zimmertür.[927]

Der Zugang zum Treppenhaus kann dadurch gestört sein, dass mangels Aushändigung eines Schlüssels die Tiefgarage nicht genutzt und über diese nicht die Wohnung erreicht werden kann.[928] Starke Geruchsbeeinträchtigungen im Treppenhaus müssen von den Mietern nicht hingenommen werden[929] (siehe auch Rdn. 111f.).

274 **m) Trockenraum.** Umfasst der Mietgebrauch die Nutzung eines Trockenbodens, hat der Mieter an diesem Raum einen Besitzanspruch. Wird ihm der Besitz entzogen, rechtfertigt dies eine Mietminderung. Der Vermieter kann den Mieter grundsätzlich nicht auf einen Ersatzraum verweisen.[930] Der Raum muss für die **vorgesehene** Nutzung ausreichend groß sein. Ein 8,40 qm großer Wasch- und Trockenkeller, der von drei Parteien benutzt wird und mit zwei Waschmaschinen nebst Spüle und Tisch besetzt ist, ist zu klein.[931]

275 Der Mieter hat einen Anspruch darauf, dass ein bereitgestellter Gemeinschaftsraum im Keller zum Wäschetrocknen durch Öffnen der Fenster direkt belüftet wird.[932] Eine Öffnung der Fenster während der Nachtstunden und bei Dunkelheit bzw. durchgehend im Winter kann aus Sicherheitsgründen nicht verlangt werden.[933] Für die Mietminderung wegen Gebrauchsentzug kommt es nicht darauf an, ob der Mieter in der Vergangenheit den Trockenraum genutzt hat[934] (zur Gebrauchspflicht s. § 535 Rdn. 253ff.).

276 Der Trockenraum darf nicht einseitig **anderen** Zwecken zugeführt werden. Beispielsweise darf der für alle Mietparteien zur Verfügung gestellte Trockenraum nicht vom einzelnen Mieter als Partyraum genutzt werden, selbst wenn in dem Raum weiterhin Wäsche getrocknet werden kann.[935] Dies gilt generell auch für andere Gemeinschaftsräume. So ist es dem Mieter untersagt, den Bodenraum entgegen der Hausordnung zum Wäschetrocknen zu benutzen.[936]

277 Ist der Mieter auf Grund mündlicher Vereinbarung berechtigt, bei geeigneter Witterung Wäsche im Garten zu trocknen, so liegt zwar ein Mangel vor, wenn ihm diese Möglichkeit genommen wird. Der Mangel ist jedoch unerheblich, wenn dem Mieter im Keller ein ausreichend großer Trockenraum zur Verfügung steht.[937] Andererseits ist der Wohnwert trotz einer Wäschespinne im Garten gemindert, wenn der Trockenraum entzogen wird, weil im Winter und an Regentagen die Wäsche im Garten nicht getrocknet werden kann.[938]

278 Der **Streitwert** einer Klage auf Wiedereinräumung des Mitbesitzes an einem Trockenraum des Miethauses berechnet sich nach dessen Nutzungswert.[939]

279 **n) Tiere.** Halten Mitmieter Tiere, führt dies allein nicht zu einem Mangel[940]. Allerdings darf von diesen kein unzumutbarer **Geruch**[941] oder **Lärm** ausgehen (s. Rdn. 148f.). So berechtigt z. B. ständig ruhestörendes Hundegebell zur Mietminderung.[942] Papageienlärm ist als Störung zu qualifizieren.[943] Starke **Geruchsbelästigungen** der Nachbarn durch Tierhaltung kann eine Kündigung rechtfertigen.[944] Die mit einem an der Mietsache befindlichen Wespennest verbundenen

---

[926] *Breiholdt* PiG 2012, 29, 33.
[927] AG Villingen-Schwenningen WuM 2016, 100 – 5% Mietminderung.
[928] LG Bonn ZMR 2012, 276.
[929] BGH (VIII ZR 125/11) WuM 2011, 700 = MietPrax-AK § 536 BGB Nr 40 = GE 2012, 60 = NJW 2012, 382 = NZM 2012, 109 = ZMR 2012, 177; LG Berlin GE 2012, 487; AG Gießen WuM 2016, 26.
[930] LG Saarbrücken NJWE-MietR 1997, 5; LG Hamburg WuM 1995, 533.
[931] AG Coesfeld WuM 1980, 206.
[932] AG Kassel Az: 451 C 3313/95.
[933] AG Köln WuM 1990, 68, LG München II WuM 1988, 154.
[934] LG Köln WuM 1993, 670.
[935] AG Brühl WuM 1989, 498.
[936] LG Berlin GE 1991, 989.
[937] LG Köln WuM 1987, 271.
[938] LG Saarbrücken WuM 1996, 468.
[939] LG Baden-Baden WuM 1985, 127; *Grüter,* § 2 Rdn. 250.
[940] AG Bad Arolsen WuM 2007, 191.
[941] Siehe auch zur Gefährdungshaftung bei Wohnungsschäden AG Bremen, Urt. v. 22.12.2014 – 19 C 479/13 – Nachweis bei juris mit Anm. *Hartmann,* jurisPR-MietR 8/2015 Anm. 1.
[942] AG Potsdam NZM 2002, 735; AG Düren WuM 1990, 117; zur nachbarrechtlichen Problematik von Tierlärm vgl. OLG Düsseldorf WuM 1990, 400; 1990, 122; LG München I NJW-RR 1989, 1178.
[943] AG Nürnberg DWW 1966, 372.
[944] LG Berlin GE 1996, 1433.

Gefahren führen zu einem Mietmangel.[945] Wird der Mieter in seiner Wohnung dadurch behindert und belästigt, weil streunende Katzen sich vor und in der Wohnung aufhalten, die durch die Fütterung durch andere Mieter angelockt werden, liegt hierin ein Mangel.[946] Auch die Taubenhaltung auf einem Nachbargrundstück kann zur Mietminderung berechtigen[947] (zu Tauben vgl. Rdn. 204).

o) Ungeziefer. Der Befall von Ungeziefer ist als Mangel i. S. d. § 536 BGB anzusehen.[948] Daher berechtigt das Auftreten von Silberfischen grundsätzlich zur Mietminderung,[949] die im Einzelfall sogar 100% betragen kann.[950] Das Gleiche gilt beim Befall von Mäusen,[951] Ratten[952], Flöhen,[953] Schaben,[954] Kugelkäfer[955], Motten[956] und Kakerlaken.[957] Eine entgegenstehende Vereinbarung ist unwirksam.[958] Ist die Ursache für das Auftreten des Ungeziefers ungeklärt, geht dies zu Lasten des Vermieters (zur Beweislast vgl. Rdn. 485 ff.). Hat der Vermieter bei der Vertragsanbahnung den Befall mit Ungeziefer verschwiegen, ist er schadensersatzpflichtig.[959] Eine Vertragsklausel, die bestimmt, dass der Wohnungsmieter für die Ungezieferbekämpfung zuständig ist und nicht nach Ursächlichkeit des Befalls differenziert, ist unwirksam.[960] **280**

B. Rechtsmangel

I. Recht des Dritten

Unter dem Begriff „Recht" i. S. d. § 536 Abs. 3 BGB werden nur Privatrechte verstanden,[961] nicht aber öffentlich-rechtliche Befugnisse.[962] Diese können einen Sachmangel begründen, wenn sie in der Beschaffenheit oder Lage des Objektes ihren Grund haben oder zur Unmöglichkeit der Erfüllung führen[963] (vgl. Rdn. 78 ff.). Knüpft eine öffentlich-rechtliche Beschränkung in **keiner Weise** an die Beschaffenheit der Sache selbst oder an ihre Beziehung zur Umwelt an, sondern beruht sie allein auf der vorausgegangenen öffentlichen Hilfe für den Ersteller bei der Finanzierung der Wohnung, liegt dagegen ein Rechtsmangel vor.[964] Daher ist auch die Nachwirkungsfrist gem. § 16 WoBindG nach vorzeitiger Ablösung der öffentlichen Mittel als Rechtsmangel anzusehen.[965] **281**

945 AG Würzburg GE 2014, 1067; AG Meppen WuM 2003, 355.

946 AG Bonn WuM 1986, 212 = NJW 1986, 1114 = NJW-RR 1986, 444 AG Potsdam GE 2014, 939 – 10% Mindeerung bei freilaufender Katze eines Mitmieters – *Flatow* in: jurisPR-MietR 23/2014 Anm. 1.

947 AG Dortmund WuM 1980, 6.

948 LG Lahnstein WuM 1988, 55.

949 AG Lüneburg WuM 1998, 570.

950 AG Aachen WuM 1999, 457 beim Befall mit Khaprakäfer.

951 AG Brandenburg WuM 2001, 605; AG Bad Säckingen WuM 1986, 113; a A AG Prüm ZMR 2001, 000 im ländlichen Bereich.

952 OLG Düsseldorf GE 2016, 857; LG Berlin NZM 2001, 986; AG Dresden ZMR 2017, 167 – Nachhaltigkeit des Befalls erforderlich); AG Dülmen WuM 2013, 35 (80% Minderung); AG Köln ZMR 2004, 594; AG Warendorf WuM 2000, 379; AG Potsdam WuM 1995, 534.

953 AG Bremen ZMR 1998, 234 = NZM 1998, 717.

954 KG GE 2001, 1671; LG Berlin GE 1998, 681.

955 AG Trier WuM 2008, 665.

956 AG Bremen WuM 2002, 215.

957 OLG Hamm ZMR 1998, 342 = NJW-RR 1998, 1020; LG Freiburg WuM 1986, 246; LG Kiel WuM 1992, 122; AG Bonn WuM 1986, 113.

958 LG Hamburg NZM 2001, 853; AG Bonn WuM 1986, 113; teilweise abw. AG Köln WuM 1980, 112.

959 AG Aachen WuM 1999, 457.

960 LG Hamburg GE 2001, 61.

961 BGH NJW 1991, 3280 = MDR 1991, 1167.

962 *Emmerich* in Emmerich/Sonnenschein, Miete § 536 Rdn. 24.

963 BGH BGHZ 114, 277 = NJW 1991, 3280 = MDR 1991, 1167; *Kraemer/Ehlert* in Bub/Treier III. A Rdn. 3222, 3409; *Emmerich* in Staudinger § 536 Rdn. 42.

964 BGH WPM 1984, 214 = GE 1984, 375; WuM 1977, 116 = NJW 1976, 1888 = ZMR 1977, 127 = MDR 1977, 38 für § 6 WoBindG; vgl. BGH ZMR 2000, 364 = GE 2000, 534 = JZ 2000, 623 zur Sozialbindung einer Wohnung (Kaufrecht) mit – ablehnender – Anm. *Ernst*.

965 OLG Hamm NJW-RR 1997, 773.

282 Als Rechte Dritter kommen regelmäßig **dingliche Rechte,** wie z. B. das Eigentum,[966] das Wohnungseigentum,[967] der Nießbrauch (§ 1030 BGB), die Grunddienstbarkeit (§ 1118 BGB)[968] oder das Erbbaurecht (§ 1112 BGB) in Betracht.

283 Auch **schuldrechtliche Ansprüche,** die sich auf die Mietsache beziehen, werden von § 536 Abs. 3 BGB erfasst,[969] wie z. B. die Ausübung eines eingeräumten Optionsrechts.[970] Unbeachtlich ist dabei, ob das Recht des Dritten nach Abschluss des Mietvertrags oder erst nach Überlassung der Mietsache entsteht.[971] Das Recht des Dritten muss sich aber immer auf die Mietsache beziehen. **Tatsächliche Störungen** Dritter, z. B. durch Emissionen, begründen keinen Rechtsmangel, sondern einen Sachmangel.

284 Ausgeschlossen sind auch rechtswidrige Störungen des Mieters durch Dritte, z. B., wenn der Vormieter rechtswidrig nicht oder **nicht rechtzeitig räumt.** In diesen Fällen ist der Vermieter nur aus tatsächlichen Gründen an der Gebrauchsüberlassung gehindert. Dann liegt kein Rechtsmangel, sondern regelmäßig nur subjektive Unmöglichkeit vor.[972] In diesem Fall haftet der Vermieter auf Schadensersatz nach § 311 a Abs. 2 BGB oder nach §§ 280, 275 BGB (vgl. auch Rdn. 536 sowie zur Schadensersatzpflicht vgl. § 536 a Rdn. 25).

285 Vertragliche Ansprüche Dritter gegen den Vermieter sind unbeachtlich. Daher ist es kein Rechtsmangel – zum Sachmangel vgl. Rdn. 205 – eines vermieteten Ladenraumes, wenn der Vermieter dem Mieter eines anderen Ladens gegenüber vertraglich verpflichtet ist, den Ladenraum nicht an ein Konkurrenzunternehmen zu vermieten.[973]

286 Als wichtigsten Fall des Rechtsmangels wegen schuldrechtlicher Ansprüche ist die **Doppelvermietung** hervorzuheben. Bei der Doppelvermietung sind beide Verträge wirksam, da sich jede Person mehrfach zur Erbringung derselben Leistung verpflichten kann.[974] Es gilt nicht der Grundsatz der **Priorität;**[975] auch dann nicht, wenn die Vermietung von unterschiedlichen Personen vorgenommen wird.[976] Die herrschende Meinung verweist darauf, dass es die Vertragsfreiheit gebiete, jede Partei eigenverantwortlich entscheiden zu lassen, wem sie hinsichtlich der von ihr abgeschlossenen schuldrechtlichen Verträge Erfüllung oder Schadensersatz leisten will[977]. Die Unmöglichkeit und damit der Wegfall des Erfüllungsanspruchs ist anzunehmen, wenn der Vermieter die Sache übergeben hat, weil er dann nicht mehr an den anderen Mieter leisten kann.

287 Der Vermieter kann nach umstrittener Meinung im Wege der **einstweiligen Verfügung** vor Besitzeinräumung an einen der beiden Mieter gezwungen werden, dem anderen Mieter den Besitz zu versagen.[978] Die ablehnende Auffassung verweist den nicht besitzenden Mieter wegen des Rechtsmangels i. d. R. auf einen Schadensersatzanspruch gegen seinen Vermieter, wenn sich der andere Mieter im rechtmäßigen Besitz der Mietsache befindet.[979]

---

[966] BGHZ 63, 132 = NJW 1975, 44 = MDR 1975, 134 = ZMR 1977, 149 = BB 1974, 1506; LG Berlin GE 2002, 596.

[967] OLG Düsseldorf WuM 1999, 37 = ZMR 1999, 24.

[968] BGH MDR 2000, 261; WuM 1989, 140 = NJW-RR 1989, 77 = MDR 1989, 248 = ZMR 1989, 59.

[969] BGH NJW 1961, 917 = MDR 1961, 498 = BB 1961, 348; *Emmerich* in Emmerich/Sonnenschein, Miete § 536 Rdn. 25.

[970] BGH WuM 1998, 15 = NJW 1998, 534; ZIP 1997, 2158 zum Kaufrecht.

[971] BGHZ 63, 132 = NJW 1975, 44 = ZMR 1977, 149 = MDR 1975, 134.

[972] OLG Düsseldorf NZM 1999, 24 = WuM 1999, 394 = ZMR 1999, 19; OLG München ZMR 1996, 493; 1996, 605; OLG Köln WuM 1977, 69; *Emmerich* in Staudinger Vorbem. zu § 536 Rdn. 4a; *Kraemer/Ehlert* in Bub/Treier III. B Rdn. 3410; vgl. auch BGH NJW 1983, 446 = ZMR 1983, 93 = MDR 1983, 394; **a. A.** OLG Frankfurt/M. WuM 2000, 116 = NZM 1999, 966 = ZMR 1999, 814.

[973] BGH BB 1954, 177.

[974] BGH (VIII ZR 46/61) MDR 1962, 398 = BB 1962, 157; LG Berlin GE 2013, 1587 = NJW-RR 2014, 14.

[975] OLG Hamm NJW-RR 2004, 521 = NZM 2004, 192 mit ausführlicher Begründung; OLG Köln ZMR 1998, 696; OLG Brandenburg MDR 1998, 98; AG Frankfurt/M. WuM 1991, 336; AG Freiburg WuM 1993, 117; *Häublein* in MünchKomm § 536 Rdn. 25.

[976] AG Frankfurt/M. WuM 1991, 336 bei Vermieter und Zwangsverwalter.

[977] *Herlitz,* jurisPR-MietR 10/2015 Anm. 2 zu KG ZfIR 2015, 429; kritsch *Derleder/Pellegrino* NZM 1998, 550, 557.

[978] Mit ausführlichen Argumenten *Kohler* NZM 2008, 545, dazu Replik *Streyl* NZM 2008, 878; *Derleder/Pellegrino* NZM 1998, 550, 557; *Nies/Gies* BI 1 Rdn. 4 m. w. N.

[979] KG WuM 2007, 207 = NZM 2007, 518 = ZMR 2007, 614 OLG Koblenz GuT 2007, 356 = DWW 2007, 417 = ZMR 2008, 50; OLG Hamm NZM 2004, 192 = NJW-RR 2004, 521; OLG Frankfurt/M. NJW-RR 1997, 77 = ZMR 1997, 22; OLG Brandenburg MDR 1998, 98; OLG Schleswig MDR 2000,

Im Einzelfall muss aber auch nach Überlassung der Mietsache an einen Mieter für den anderen nicht zwingend Unmöglichkeit (Unvermögen) vorliegen, mit der Folge, dass der Erfüllungsanspruch (Herausgabeklage) des Mieters nicht wegen § 275 Abs. 1 BGB ausgeschlossen wäre.[980] Es ist möglich, dass der Mieter den Mietvertrag kündigt oder der Vermieter durch Abfindungsangebote auf ihn einwirken kann, die Mietsache vorzeitig aufzugeben. Daher wird die Auffassung vertreten, dass wegen dieser Möglichkeiten, sofern die (subjektive) Unmöglichkeit streitig ist, in der Zwangsvollstreckung am besten geklärt werden kann, ob der Schuldner wirklich zur Herausgabe der Mietsache nicht in der Lage ist.[981] 288

Sind die Einnahmen des Vermieters aus der Doppelvermietung höher, als die vom übergangenen Mieter geschuldete Miete, kann ein Herausgabeanspruch nach § 285 BGB auf die Mehreinnahmen in Betracht kommen. Dies hat der BGH[982] für den Fall abgelehnt, dass der (nichtbesitzende) Mieter die Mietsache nicht in der Weise nutzen darf wie der Zweitmieter. Dann fehlt es an der erforderlichen Identität zwischen geschuldetem Gegenstand und dem, für den Ersatz erlangt worden ist. Im Falle der Doppelvermietung kann der „leer ausgegangene" Mieter somit die Auskehr der Mietmehreinnahmen, welche der Vermieter von dem anderen Mieter erlangt hat, nur verlangen, wenn das vertragliche Nutzungsrecht des anderen Mieters nicht über das ihm selbst zustehende hinausgeht.[983] 289

Ein Rechtsmangel liegt auch vor, wenn entgegen der Teilungserklärung Teileigentum zur Nutzung als Gaststätte vermietet wird und den anderen Wohnungseigentümern daher ein Beseitigungsanspruch nach § 1004 BGB zusteht.[984] 290

II. Entziehung des Mietgebrauchs

Die stärkste Form der Gebrauchsentziehung liegt vor, wenn dem Mieter die Sache wegen des Rechts des Dritten von Anfang an nicht überlassen wird.[985] Im Übrigen bedeutet die Entziehung des Mietgebrauchs i. S. d. § 536 Abs. 3 BGB, dass der Mieter im vertragsgemäßen Gebrauch gestört wird. Für die Frage nach der Gebrauchsentziehung ist somit allein der geschuldete Gebrauch maßgeblich. Jede Beeinträchtigung durch das von einem Dritten gegen den Mieter geltend gemachte Recht führt daher zum Rechtsmangel. Der Begriff der **Gebrauchsentziehung** ist im Sinne eines umfassenden Mieterschutzes i. d. R. weit auszulegen.[986] 291

Die **bloße Existenz** des Rechts eines Dritten ist gewährleistungsrechtlich unbeachtlich, solange der Gebrauch der Sache nicht beschränkt wird.[987] § 536 Abs. 3 BGB ist erst dann anwendbar, wenn der Dritte sein Recht geltend macht[988] (sog. Eviktionshaftung) und dem Mieter hierdurch der vertragsgemäße Gebrauch ganz oder teilweise entzogen oder von vornherein nicht gewährt wird.[989] 292

1428; OLG Hamm NZM 2004, 192 = NJW-RR 2004, 521; *Hinz* NZM 2005, 841; *Ulrici* ZMR 2002, 881; *Neuhaus* Rdn. 157 m. w. N.; *Palandt/Weidenkaff* § 536 Rdn. 30; *Fritsche* Rpfleger 2005, 637, 641.

980 KG NZM 2008, 889; *Kinne/Schach/Bieber* § 536 Rdn. 21; *Palandt/Weidenkaff* § 536 Rdn. 30; *Häublein* in MünchKomm/ § 536 Rdn. 25.

981 KG ZMR 2009, 119; LG Berlin WuM 1995, 123; *Kluth/Grün* NZM 2002, 478; *Blank/Börstinghaus* § 536 BGB Rdn. 39; wohl auch *Fritsche* Rpfleger 2005, 637, 641; ablehnend *Sternel*, Mietrecht aktuell (2009), Rdn. VII 6.

982 BGH (XII ZR 124/02) (zu § 281 BGB a. F.) = GuT 2006, 124 = NJW 2006, 2323 = NZM 2006, 538 = ZMR 2006, 604 = MietPrax-AK § 285 BGB Nr. 1; kritisch *Derleder* EWiR 2006, 489, *Lehmann* JZ 2007, 525 sowie *Ott* BGHReport 2006, 1008.

983 *Nassall* in jurisPR-BGHZivilR 32/2006 Anm. 1.

984 BGH NJW-RR 1995, 715 = ZMR 1995, 480 = DWW 1995, 279.

985 H. M., vgl. BGH NJW 1961, 917 = MDR 1961, 498 = BB 1961, 348; WuM 1991, 545 = NJW 1991, 3277 = ZMR 1991, 418 = MDR 1992, 159; OLG Köln WuM 1977, 69; *Häublein* in MünchKomm § 536 Rdn. 26.

986 *Emmerich* PiG 46, 1995, 119, 131.

987 BGH NZM 1999, 461; WuM 1991, 545 = NJW 1991, 3277 = ZMR 1991, 418 = MDR 1992, 159; WuM 1987, 116 = MDR 1987, 491 = ZMR 1987, 143; OLG Köln MDR 1981, 406; *Häublein* in MünchKomm § 536 Rdn. 26.

988 BGH (XII ZR 175/04) GuT 2007, 132 = MietPrax-AK § 536 BGB Nr. 17 m. Anm. *Eisenschmid;* WuM 1989, 140 = NJW-RR 1989, 77 = ZMR 1989, 59; KG GE 2003, 185; OLG Düsseldorf BB 1991, 2331 = DWW 1992, 15; OLG Hamm, Rechtsentscheid vom 26. 8. 1987, WuM 1987, 346 = NJW-RR 1987, 1304 = ZMR 1987, 462 = DWW 1987, 295; OLG Köln WuM 1981, 103 = MDR 1981, 406 = ZMR 1981, 177; LG Frankfurt/M. NZM 2000, 1053; LG Ulm WuM 1989, 285; *Kraemer/Ehlert* in Bub/Treier III. B Rdn. 3411.

989 BGH NJW 1961, 917 = MDR 1961, 498 = BB 1961, 348; NJW-RR 1990, 701; KG ZMR 2006, 283; OLG Düsseldorf ZMR 2011, 863; *Emmerich* in Emmerich/Sonnenschein § 536 Rdn. 26.

Hierfür reicht es nicht aus, wenn der Rechtsinhaber lediglich die Möglichkeit der Intervention hat. Er muss vielmehr die Durchsetzung des Rechts **androhen.**[990] Dafür ist ausreichend, dass der wahre Berechtigte nicht bereit ist, den Mieter die Mietsache zu den mit dem Vermieter vereinbarten Konditionen nutzen zu lassen.[991] Der geltend gemachte Anspruch muss aber tatsächlich bestehen.[992] Ausnahmsweise können auch unsichere Rechtsverhältnisse einen Rechtsmangel begründen, wenn für den Mieter der Prozessausgang ungewiss ist.[993]

293 Keinesfalls ist die Geltendmachung des Rechtes an eine **Form** gebunden. Daher kann die bloße mündliche Geltendmachung eines Rechtes durch den Dritten genügen, wenn sie Anlass für den Mieter ist, den Gebrauch zu unterlassen oder aufzugeben.[994]

III. Der anfängliche Rechtsmangel

294 Im Falle des Rechtsmangels tritt die Gewährleistungshaftung (§ 536ff. BGB) vor die allgemeinen Vorschriften auch dann, wenn dem Mieter die Sache noch nicht übergeben wurde[995]. Kann der Vermieter beispielsweise die Räume nicht übergeben, weil der Vormieter oder ein sonstiger Dritter sie zu Recht in Besitz hat, liegt ein **„anfänglicher"** Rechtsmangel vor, für den der Vermieter gem. § 536a Abs. 1 Alt. 1 BGB (Garantiehaftung) einstehen muss.

295 Kann der Mieter die Räume dagegen nicht übernehmen, weil der Vormieter vertragswidrig nicht auszieht, dann kann der Vermieter die Räume wegen anfänglicher subjektiver **Unmöglichkeit**[996] nicht übergeben. Er haftet somit gem. § 311a BGB auf Schadensersatz oder auf Ersatz der Aufwendungen. Der Vermieter ist zum Schadens- bzw. Aufwendungsersatz aber nur verpflichtet, wenn er das Leistungshindernis bei Vertragsschluss kannte bzw. seine Unkenntnis zu vertreten hat.

Die Übergabe der Mietsache gehört zum **Kern** der mietvertraglichen Pflichten. Daher ist es gerechtfertigt, die Erklärung des Vermieters für die termingerechte Übergabe regelmäßig als eine Garantiezusage (vgl. § 276 BGB) aufzufassen, wenn nicht ausdrücklich etwas anderes vereinbart wurde[997]. Anderenfalls ginge das Risiko der Überlassung allein zu Lasten des Mieters, obwohl das Hindernis der Überlassung dem Gefahrenbereich des Vermieters zuzuordnen ist.

296 Im Einzelfall kann aber bei verspäteter Übergabe nicht (Teil-)Unmöglichkeit sondern Verzug vorliegen[998] (s. Rdn. 584). Dann richtet sich die Schadensersatzpflicht des Vermieters nach den §§ 280, 286 BGB, wenn er die Pflichtverletzung, also die verzögerte Übergabe, gem. § 276 BGB zu vertreten hat. Im Gegensatz zu § 311a BGB wird bei § 276 BGB nicht auf die Kenntnis des Leistungshindernisses, sondern auf die unterbliebene bzw. verzögerte Leistung abgestellt. Dabei wird sich der Vermieter auch hier wegen des regelmäßig übernommenen Beschaffungsrisikos nicht entlasten können[999].

IV. Nachträglicher Rechtsmangel

297 Für einen erst nach Abschluss des Mietvertrages und nach Überlassung der Mietsache entstandenen Rechtsmangel hat der Vermieter ebenfalls einzustehen,[1000] z. B. bei **Pfändung** der vermieteten Sache oder bei Änderung des Besitzmittlungsverhältnisses.[1001] Der Verweis in Abs. 3 auf die Abs. 1 und 2 stellt die Gleichbehandlung von Sach- und Rechtsmangel sicher.

---

[990] Vgl. auch BGH NJW-RR 1995, 715 = ZMR 1995, 480 = DWW 1995, 279; OLG Düsseldorf NZM 2003, 556.

[991] BGH (IX ZR 128/07) GuT 2008, 282 = MietPrax-AK § 536 BGB Nr. 21 = NJW 2008, 2771 = NZM 2008, 644 = GE 2008, 1253.

[992] OLG Hamburg WuM 1990, 340.

[993] *Wolf/Eckert/Ball* Rdn. 291.

[994] *Emmerich* PiG 46, 1995, 119, 131; *Emmerich* in Staudinger § 536 BGB Rdn. 46.

[995] BGH NJW 1961, 917 = MDR 1961, 498; WuM 1991, 545 = NJW 1991, 3277 = ZMR 1991, 418; NJW 1985, 1025 = MDR 1985, 394.

[996] BGH NJW 1983, 446.

[997] *Kraemer* NZM 2004, 721, 724.

[998] Vgl. BGH WuM 1992, 687 = NJW 1992, 3226 = MDR 1992, 1147 = ZMR 1993, 7; s. dazu *Emmerich* NZM 2002, 362, 364.

[999] *Kraemer* NZM 2004, 721, 724.

[1000] BGHZ 63, 132 = NJW 1975, 44 = MDR 1975, 134 = ZMR 1977, 149; **a. A.** *Hilger* ZMR 1988, 41.

[1001] BGH (XII ZR 178/03) NZM 2006, 699 = GuT 2006, 241 = ZMR 2006, 763 = GE 2006, 1095 = MietPrax-AK § 536 BGB Nr. 16 m. Anm. *Eisenschmid*.

Für die Abgrenzung zwischen einem anfänglichen und einem nachträglichen Rechtsmangel kommt es auf den **Zeitpunkt der Entstehung** des Rechts an und nicht auf dessen Ausübung.[1002] Ein anfänglicher Rechtsmangel liegt daher auch vor, wenn es sich um ein bedingtes oder befristetes Recht handelt und die Bedingung oder der Termin erst nach Vertragsabschluss eintritt.[1003] **298**

V. Einzelfälle

Im Verhältnis zum Untermieter ist der Hauptvermieter Dritter, wenn er die Räumung und Rückgabe der Wohnung verlangt.[1004] Der Hauptmieter hat den sich aus der Kündigung des Hauptmietverhältnisses für den Untermieter ergebenden Rechtsmangel im Hinblick auf § 536a Abs. 1 BGB zu vertreten.[1005] **299**

Dem Untermieter einer Wohnung wird der vertragsmäßige Gebrauch i. S. v. § 536 Abs. 3 BGB entzogen, wenn ihm nach Beendigung des Hauptmietverhältnisses, aber vor Beendigung des Untermietverhältnisses der Hauptvermieter zur Mietzahlung an sich selber mit der Drohung auffordert, er werde andernfalls Räumung und Herausgabe der Räume verlangen.[1006] Das gilt aber nicht, wenn der Hauptvermieter den Untermieter zwar zur Zahlung der Miete an sich auffordert, das Hauptmietverhältnis tatsächlich aber noch nicht beendet ist.[1007] **300**

Die Einräumung einer **beschränkten persönlichen Dienstbarkeit** zugunsten einer Stadt, die diese in die Lage versetzten soll, auf dem Wege des Privatrechts den Betrieb eines Spielkasinos auf dem Mietgrundstück zu verhindern, stellt einen Rechtsmangel dar.[1008] Macht ein Sicherungseigentümer seine Rechte geltend und entzieht dem Mieter den Gebrauch an dem gemieteten Gegenstand, so tritt ein Rechtsmangel ein. Die nach § 536b BGB erforderliche positive Kenntnis des Mieters – zumindest beim Bestehen von Sicherungseigentums – muss sich auf Tatsachen beziehen, nach denen die Ausübung des Sicherungsrechts gewiss ist oder mit Wahrscheinlichkeit eintreten wird.[1009] **301**

VI. Rechtsfolgen

1. Erfüllungsanspruch

Der Mieter kann nach § 535 BGB Vertragserfüllung verlangen, d. h. die Beseitigung entgegenstehender Rechte Dritter.[1010] Der Anspruch ist während der Mietzeit nicht verjährbar.[1011] Der Mieter kann aber auch das Leistungsverweigerungsrecht nach § 320 BGB ausüben. **Strittig** ist in diesem Zusammenhang, ob der Mieter die Erfüllung nach § 535 BGB noch dann verlangen kann, wenn feststeht, dass es dem Vermieter wegen der Überlassung der Mietsache an einen Dritten nicht mehr möglich ist, den Vertrag zu erfüllen.[1012] Die Meinungen sind sehr unterschiedlich. Teilweise wird der Erfüllungsanspruch bejaht,[1013] teilweise verneint.[1014] Dazwischen liegen Auffassungen, die dem Mieter nur dann einen Erfüllungsanspruch zusprechen, wenn damit zu rechnen ist, dass der **302**

1002 *Kraemer/Ehlert* in Bub/Treier III. B Rdn. 3412.

1003 Einschränkend *Kraemer/Ehlert* in Bub/Treier III. B Rdn. 3412.

1004 BGH (XII ZR 178/03) NZM 2006, 699 = GuT 2006, 241 = ZMR 2006, 763 = GE 2006, 1095 = MietPrax-AK § 536 BGB Nr. 16 m. Anm. *Eisenschmid;* GuT 2006, 132 = MietPrax-AK § 536 BGB Nr. 17 m. Anm. *Eisenschmid;* LG Ulm WuM 1989, 285.

1005 OLG Düsseldorf ZMR 1989, 417.

1006 OLG Hamm WuM 1987, 346 = NJW-RR 1987, 1304 = MDR 1987, 1025 = ZMR 1987, 462.

1007 OLG Hamburg WuM 1990, 340.

1008 BGH WuM 1989, 140 = NJW-RR 1989, 77 = ZMR 1989, 59.

1009 OLG Düsseldorf DWW 1992, 15.

1010 *Emmerich* ZdWBay 1996, 238, 242; zur Verjährung des Erfüllungsanspruch *Feuerlein* WuM 2008, 385.

1011 BGH (VIII ZR 104/09) WuM 2010, 238 = NJW 2010, 1292 = NZM 2010, 235 = GE 2010, 479 = ZMR 2010, 520.

1012 Ablehnend OLG Düsseldorf NJW-RR 1991, 137 = DWW 1990, 336; LG Berlin GE 1987, 241 = ZMR 1988, 178; GE 1991, 357; *Häublein* in MünchKomm § 536 Rdn. 25.

1013 LG Köln WuM 1990, 65; LG Berlin WuM 1995, 123 = GE 1995, 111; *Emmerich* in Staudinger § 536 BGB Rdn. 48; *Scholl* WuM 1998, 583.

1014 Ablehnend OLG Düsseldorf NJW-RR 1991, 137 = DWW 1990, 336; LG Berlin GE 1987, 241 = ZMR 1988, 178; GE 1991, 357; *Häublein* in MünchKomm § 536 Rdn. 25.

Vermieter den Mietbesitz noch einräumen kann[1015] oder wenn dafür Anhaltspunkte bestehen[1016] oder wenn der Vermieter und der besitzende Mieter planmäßig zusammengewirkt haben, um den anderen Mieter zu benachteiligen[1017] (vgl. auch Rdn. 286 ff.).

2. Schadensersatz

303 Der Mieter kann vom Vermieter gem. § 536a Abs. 1 BGB **Schadensersatz** verlangen.[1018] Wegen des Verweises auf § 536 BGB handelt es sich auch um eine Rechtsgrundverweisung,[1019] die den Vermieter neben der möglichen Mitwirkung durch den Mieter bei einem anfänglichen Mangel ohne Verschulden zum Schadensersatz verpflichtet.[1020] Ein solcher Schadensersatzanspruch des Mieters kann beispielsweise gegeben sein bei fehlender Untervermietungserlaubnis des Vermieters (s. Rdn. 299), bei noch nicht beendetem Vormietverhältnis, wenn es dadurch nicht zur Übergabe an den Mieter kommt, wenn der Vermieter eine Sache vermietet, die er schon einem Dritten überlassen hat, der zur Herausgabe nicht bereit ist oder wenn Räumlichkeiten in einer Wohnungseigentumsanlage für eine Nutzung vermietet werden, die nach der Teilungserklärung nicht zulässig ist.[1021] Im gewerblichen Mietverhältnis kann der Schaden auch im entgangenen Gewinn liegen.[1022]

304 Für Rechtsmängel, anfängliche oder nachträgliche, kann ein Haftungsausschluss oder eine Haftungsbegrenzung formularvertraglich nicht wirksam vereinbart werden. Eine solche Regelung würde den Mieter unangemessen benachteiligen i. S. d. § 307 Abs. 2 Nr. 2 BGB, da die Klausel den Erfüllungsanspruch zunichte machen und damit die Erreichung des Vertragszwecks ausschließen würde.[1023], Folgt man dieser Auffassung für die Garantiehaftung nicht, kommt eine Haftung nach § 311a BGB in Betracht, da eine Verschuldenshaftung wegen der **Kardinalpflicht** des Vermieters zur Raumüberlassung regelmäßig zu bejahen ist.

305 Liegt ein **nachträglicher** Rechtsmangel vor, haftet der Vermieter, wenn er den Mangel zu vertreten hat oder wenn er in Verzug ist (§ 536a Abs. 1 Alt. 2 und 3 BGB).[1024] Ein solcher Fall liegt vor, wenn der Untermieter sein Besitzrecht deshalb verliert, weil der Hauptmieter die Räume wegen einer von ihm zu vertretenen Kündigung des Hauptvermieters herausgeben muss.[1025] Im Einzelfall kann ein Mitverschulden des Mieters in Betracht kommen.[1026]

3. Aufwendungsersatz

306 Umstritten ist, ob der Mieter auch **Aufwendungsersatz** gem. § 536a Abs. 2 BGB fordern kann, wenn er bei Verzug des Vermieters dem Dritten das Recht abkauft und den Kaufpreis dem Vermieter als Aufwand in Rechnung stellt.[1027] Dies ist zu bejahen, da aus dem Gesetz keine gegenteilige Regelung ersichtlich ist. Der Mieter hat allerdings nach Treu und Glauben (§ 242 BGB) darauf zu achten, dass er beim Kaufpreis die Verhältnismäßigkeit wahrt.[1028]

1015 BGH MDR 1962, 398; LG Berlin ZMR 1988; 178 = GE 1987, 241; GE 1991, 357; LG Köln WuM 1990, 65; ganz ablehnend AG Freiburg WuM 1993, 117.

1016 OLG Köln ZMR 1998, 696; so wohl auch *Kraemer/Ehlert* in Bub/Treier III. B Rdn. 3413.

1017 Zur einstweiligen Verfügung bei Doppelvermietung: OLG Koblenz NZM 2008, 248 = DWW 2008, 417 = ZMR 2008, 50; KG NZM 2007, 518; OLG Schleswig MDR 2000, 1428 sowie *Kluth/Grün* NZM 2002, 477.

1018 KG ZMR 2015, 540.

1019 *Lammel,* Wohnraummietrecht, § 536 Rdn. 100.

1020 OLG Düsseldorf WuM 2001, 238 = 1999, 37= ZMR 1999, 24; *Emmerich* in Staudinger § 536a BGB Rdn. 17; *Schach* in Kinne/Schach/Bieber § 536a Rdn. 4.

1021 OLG Düsseldorf WuM 2001, 238 = 1999, 37= ZMR 1999, 24.

1022 Zur Bemessung des entgangenen Gewinns siehe BGH (XII ZR 128/09) MietPrax-AK § 252 BGB Nr 2 = GE 2010, 1741; *Dose* WImmoT 2011, 21, 26.

1023 *Graf von Westphalen/Drettmann,* Vertragsrecht und AGB-Klauselwerke, Geschäftsraummiete Rdn. 48.

1024 BGHZ 63, 132= NJW 1975, 44 = MDR 1975, 134 = ZMR 1977, 149.

1025 BGHZ 63, 132= NJW 1975, 44 = MDR 1975, 134 = ZMR 1977, 149.

1026 OLG Düsseldorf GE 2003, 877.

1027 *Emmerich* in Staudinger § 536 BGB Rdn. 50; *Franke* § 541 Anm. 9; **a. A.** *Lammel* § 536a Rdn. 36.

1028 *Kraemer/Ehlert* in Bub/Treier III. B Rdn. 3413; *Emmerich* in Staudinger § 536 BGB Rdn. 50.

4. Kenntnis

Die Rechte des Mieters entfallen nur bei positiver Kenntnis der aus dem Recht des Dritten erwachsenen Beeinträchtigung.[1029] Eine Kenntnis i. S. d. Vorschrift liegt nicht vor, wenn der Mieter die Tatsachen, aus denen der Rechtsmangel folgt, zwar kennt, aber rechtlich falsch beurteilt und deshalb über das Recht des Dritten irrt oder es für unbegründet hält.[1030] Erforderlich ist somit, dass der Mieter wenigstens **im Kern** erkennt, welche rechtlichen Folgen sich aus den ihm bekannten Tatsachen ergeben. Hat der Mieter mit der Möglichkeit des Bestehens entgegenstehender Rechte gerechnet und dieses Risiko bewusst in Kauf genommen, ist dies der Kenntnis des Rechtsmangels gleichzusetzen.[1031] 307

Bei der Untervermietung ist es Sache des Hauptmieters, die Untervermietungserlaubnis einzuholen. Diese Pflicht besteht uneingeschränkt auch dann, wenn der Untermieter weiß, dass eine Untermieterlaubnis erforderlich, aber nicht erteilt ist.[1032] Das **Risiko** der Verweigerung der Untermieterlaubnis trägt der Hauptmieter.[1033] Den Untermieter kann aber auch ein Mitverschulden treffen,[1034] z. B. dann, wenn er in großem Umfang in die Mietsache investiert hat, obwohl er wusste, dass keine Untermieterlaubnis vorliegt. 308

5. Kündigung

Dem Mieter steht unter den Voraussetzungen des § 543 Abs. 2 Nr. 1 BGB ein außerordentliches **Kündigungsrecht** zu.[1035] Die fristlose Kündigung ist ihm aber nach Treu und Glauben (§ 242 BGB) versagt, wenn er ein selbständiges Beweisverfahren wegen des streitigen Mangels angestrengt hat, weil der Vermieter für die Dauer des Verfahrens grundsätzlich an einer Veränderung der Mietsache gehindert ist.[1036] Zudem ist § 536c Abs. 2 BGB zu beachten, wenn der Mieter die Geltendmachung des Rechts eines Dritten dem Vermieter nicht rechtzeitig anzeigt.[1037] 309

VII. Abweichende Vereinbarungen

§ 536 BGB ist nicht zwingend. **Ausschlussklauseln** sind bei Wohnraummietverhältnissen jedoch nur in den engen Grenzen des § 536 Abs. 4 BGB möglich. Somit kann in diesem Rahmen die Haftung des Vermieters für **anfängliche Rechtsmängel** sowie für die **rechtzeitige Überlassung** der Sache nicht ausgeschlossen werden. Weiterhin ist § 536d BGB – Arglist – zu beachten. 310

Anders als bei Sachmängeln ist ein formularmäßiger Ausschluss für anfängliche Rechtsmängel regelmäßig – auch bei einfacher Fahrlässigkeit – unzulässig, weil es sich bei § 536 Abs. 3 BGB um einen Spezialfall anfänglichen Leistungsvermögens handelt, für das der Vermieter einzustehen hat.[1038] Unwirksam ist insbesondere der Haftungsausschluss jeglicher Rechte des Mieters im Falle eines Rechtsmangels, auch wenn die Beseitigung etwaiger Rechtsmängel Sache des Mieters sein soll.[1039] 311

Formularvertragliche Ausschlussklauseln sind grundsätzlich zum Schutze des Mieters eng auszulegen.[1040] Daher erfasst ein vertraglicher Ausschluss der Sachmängelhaftung nicht automatisch auch den Ausschluss für Rechtsmängel. 312

1029 *Emmerich* ZdWBay 1996, 238, 242.
1030 BGH NJW 1952, 1131.
1031 BGH NJW 1979, 713 = MDR 1979, 488 = ZMR 1980, 86 = JR 1979, 239.
1032 BGH WuM 1996, 32 = NJW 1996, 46 = ZMR 1996, 15 = MDR 1996, 252.
1033 *Kraemer/Ehlert* in Bub/Treier III B Rdn. 3028 m. w. N.
1034 BGH WuM 1996, 32 = NJW 1996, 46 = ZMR 1996, 15 = MDR 1996, 252.
1035 LG Köln ZMR 2012, 625; *Emmerich* ZdWBay 1996, 238, 242.
1036 LG Hamburg ZMR 2012, 360; AG Hamburg-Barmbek ZMR 2012, 359; siehe auch § 543 Rdn. 33.
1037 Einzelheiten s. dort.
1038 *V. Martius/Ehlert/Kraemer* in Bub/Treier III. B Rdn. 3415.
1039 *V. Martius/Ehlert/Kraemer* in Bub/Treier III. B Rdn. 3415 ff.
1040 *Emmerich* in Staudinger § 536 BGB Rdn. 72.

VIII. Konkurrenzen

313 Die Vorschriften der §§ 536ff. BGB verdrängen nach Übergabe der Sache[1041] grundsätzlich die Bestimmungen über die anfängliche Unmöglichkeit. Das gilt auch vor Übergabe der Sache dann, wenn der Rechtsmangel die Gebrauchsüberlassung bzw. Nutzung der Sache von vornherein verhindert hat, weil dieser Fall dem Entzug i. S. d. § 536 Abs. 3 BGB gleichgestellt ist[1042] (vgl. Rdn. 264).

314 Es liegt zwar grundsätzlich Unmöglichkeit vor, wenn der Vermieter seine Leistung, nämlich die Raumüberlassung zu einem bestimmten Zeitpunkt, nicht erbringen kann.[1043] Beruht die Unmöglichkeit aber auf einem Rechtsmangel (Doppelvermietung), dann verdrängen die Vorschriften der §§ 536ff. BGB in den Grenzen ihres Anwendungsbereichs die Vorschriften über die Unmöglichkeit.[1044]

315 Hat der Vermieter nur ein zeitlich begrenztes Recht, z. B. als Vorerbe, ist § 536 Abs. 3 BGB anwendbar.[1045] Bei gemischten Verträgen ist die Anwendung des § 536 Abs. 3 BGB im Einzelfall zu prüfen.[1046]

IX. Prozessuales

316 Im **einstweiligen Verfügungsverfahren** kann dem Vermieter nicht vorgeschrieben werden, an welchen Gläubiger er im Falle einer Doppelvermietung leisten soll[1047] (s. dazu auch Rdn. 261). Dem Schuldner muss es noch bis zur Zwangsvollstreckung möglich bleiben, eine Entscheidung zu treffen, an wen er leisten will[1048] (vgl. auch Rdn. 288).

317 Für den Rechtsmangel sowie für die Entziehung des vertragsgemäßen Gebrauchs trifft die **Beweislast** den Mieter. Macht er Schadensersatz geltend, trifft ihn zusätzlich die Beweislast für die Voraussetzungen des § 536a BGB sowie für den Schaden bzw. die Aufwendungen.

318 Der Vermieter hat zu **beweisen,** dass einer der Ausschlusstatbestände vorliegt, wie z. B. die Kenntnis des Mieters bei Vertragsschluss bzw. eine wirksame Abrede über den Haftungsausschluss.

C. Zugesicherte Eigenschaft

319 Fehlt eine zugesicherte Eigenschaft oder fällt sie später weg, kann der Mieter auch dann mindern, wenn der Mangel unerheblich[1049] ist oder keine Tauglichkeitsminderung vorliegt (Abs. 2).[1050] Die praktische Relevanz dieser Regelung ist zweifelhaft, weil das Fehlen einer Zusicherung immer einen Mangel darstellt, der schon begrifflich nicht unerheblich i. S. d. Abs. 1 Satz 3 sein kann.[1051]

320 Unter einer Zusicherung i. S. d. § 536 Abs. 2 BGB ist eine vertraglich bindende Erklärung zu verstehen, die über die bloße Angabe des Verwendungszwecks im Vertrag hinausgeht.[1052] Die Zusicherung muss sich auf **die Sache selbst** beziehen. Zusicherbare Eigenschaften sind alle tatsäch-

---

[1041] BGH NJW 1997, 2817 = MDR 1997, 923 = ZIP 1997, 1594; wohl noch anders BGH WuM 1991, 545 = NJW 1991, 3277 = ZMR 1991, 418 = MDR 1992, 159 unter Hinweis auf BGHZ 93, 142; WuM 1991, 25 = NJW-RR 1991, 267 = ZMR 1991, 57 = GE 1991, 245; NJW 1961, 917 = MDR 1961, 498 = BB 1961, 348; ZMR 1962, 175; MDR 1962, 398 = BB 1962, 157 – s. hierzu § 538 Rdn. 118.

[1042] BGH WuM 1991, 545 = NJW 1991, 3277 = ZMR 1991, 418 = MDR 1992, 159.

[1043] BGH WuM 1991, 25 = NJW-RR 1991, 267 = ZMR 1991, 57 = MDR 1991, 524.

[1044] BGHZ 63, 132 = NJW 1975, 44 = MDR 1975, 134 = ZMR 1977, 149; OLG Köln WuM 1977, 69.

[1045] *Emmerich* in Staudinger § 536 BGB Rdn. 46.

[1046] Vgl. BGHZ 2, 331 = NJW 1951, 705.

[1047] OLG Koblenz GuT 2007, 356 = NZM 2008, 248 = DWW 2008, 417 = ZMR 2008, 50; KG NZM 2007, 518; LG München I WuM 1991, 577; AG Lichtenberg WuM 2002, 604; *Ulrici* ZMR 2002, 881, 883; *Blank/Börstinghaus* § 536 Rdn. 38.

[1048] OLG Schleswig MDR 2000, 1428; OLG Brandenburg MDR 1998, 98; OLG Frankfurt/M. NJW-RR 1997, 77 = ZMR 1997, 22; **a. A.** DWW 1990, 336 = NJW-RR 1991, 137; *Lützenkirchen* WuM 2005, 89, 93.

[1049] OLG Düsseldorf MDR 1990, 342; wohl auch *Kraemer/Ehlert* in Bub/Treier III. B Rdn. 3230; *Emmerich* in Staudinger § 536 BGB Rdn. 33.

[1050] *Häublein* in MünchKomm § 536 Rdn. 22; *Wolf/Eckert/Ball* Rdn. 290.

[1051] *Hau JuS 2003, 130, 133; Unberath* ZMR 2004, 309, 310; kritisch *Looschelders,* in: 10 Jahre Mietrechtsreformgesetz – eine Bilanz –, S. 141, 144; s. auch *Keppeler* ZMR 2003, 885, 886.

[1052] BGH WuM 1981, 92 = NJW 1980, 777 = MDR 1980, 306 = ZMR 1980, 105.

lichen und rechtlichen Verhältnisse, welche die Beziehung der Sache zur Umwelt betreffen und wegen ihrer Art und Dauer die Brauchbarkeit oder den Wert der Sache beeinflussen.[1053]

Daher liegt keine zusicherungsfähige Eigenschaft vor, wenn sie sich auf einen Umstand bezieht, der **außerhalb der Sache** liegt,[1054] indem sie z. B. an die Person des Vertragspartners[1055] oder an die Rückzahlung von gewährten Darlehen anknüpft.[1056] Die Beziehung muss ihren Grund in der Beschaffenheit der Mietsache selbst haben, von ihr ausgehen, ihr auch für eine gewisse Dauer anhaften und nicht lediglich durch Heranziehung von Umständen in Erscheinung treten, die außerhalb des Mietobjektes liegen.[1057] Danach sind die Vollvermietung eines Einkaufszentrums oder das Vorhandensein einer großen Zahl von Parkplätzen in der Nähe vermieteter Räume keine zusicherungsfähige Eigenschaft[1058] (s. dazu aber Rdn. 15). Unberücksichtigt bleibt eine Zusicherung auch dann, wenn sich das Berufen auf den zugesicherten Umstand als sittenwidrig darstellt. Das ist der Fall, wenn der Mieter sich auf einen Mangel beruft, weil der Vermieter eine Wohnung in der Nachbarschaft entgegen seiner Zusicherung an eine Familie mit Kindern vermietet hat.[1059] 321

Um eine Zusicherung anzunehmen, muss deutlich werden, dass der Vermieter sich bindend erklärt und für das Vorhandensein einer bestimmten Eigenschaft auch einstehen und bei ihrem Fehlen **auch ohne Verschulden** Schadensersatz leisten will[1060] (vgl. § 276 BGB). Die Zusicherung der Eigenschaften muss somit Gegenstand des Mietvertrages sein[1061]. War die Erklärung des Vermieters zuvor vom Mieter verlangt worden, ist i. d. R. eine Zusicherung anzunehmen.[1062] 322

Die Zusicherung kann in Ausnahmefällen auch stillschweigend erfolgen und sich aus dem Gesamtverhalten des Vermieters während der Vertragsverhandlungen sowie bei Vertragsschluss ergeben.[1063] Für die Annahme einer solchen **stillschweigenden Erklärung** ist aber wegen der weit gehenden Rechtsfolgen große Zurückhaltung geboten.[1064] Sie ist nur in Erwägung zu ziehen, wenn der Mieter bei objektiver Betrachtungsweise aller Umstände bei den Vertragsverhandlungen den Eindruck und die Bereitschaft des Vermieters entnehmen konnte, dass dieser für eine bestimmte Eigenschaft eine besondere – über die normale Haftung hinausgehende – Gewähr übernehmen wollte.[1065] 323

Es genügt nicht, wenn der Vermieter solche Eigenschaften bestätigt, die für den normalen Gebrauch selbstverständlich sind, wie z. B. der Hinweis: „Die Wohnung ist in einem guten Zustand".[1066] Die bloße Anpreisung oder Beschreibung der Mietsache reicht ebenfalls nicht aus.[1067] Wird aber beispielsweise über die Tragfähigkeit einer Zwischendecke[1068] oder die Ertragslage eines Geschäfts verhandelt, kann in dem Verhandlungsergebnis eine Zusicherung liegen. 324

Die Annahme einer Zusicherung wird vor allem dann in Betracht kommen, wenn es bei der vertraglichen Festlegung von Qualitätsmerkmalen darum geht, den besonderen individuellen Be- 325

1053 BGH NJW 1981, 864 = MDR 1981, 659 = ZMR 1981, 331; BGH NJW-RR 1987, 908 = MDR 1987, 830 = BB 1987, 1425.

1054 BGH NJW 2000, 1714 = GE 2000, 671 = NZM 2000, 492 = ZMR 2000, 508; NJW-RR 2000, 1535 = NZM 2000, 1005 = ZMR 2000, 814.

1055 BGH NJW 1991, 2556 = MDR 1991, 966 = BB 1991, 1371 = VersR 1991, 1146 in einem Fall aus dem Kaufrecht, in dem Abschreibungsmodalitäten nicht an das Kaufobjekt, sondern an die Modalitäten des Erwerbs anknüpften; BGH NJW 1981, 864 = MDR 1981, 659 = ZMR 1981, 331.

1056 BGH NJW 1990, 1659; AG Osnabrück WuM 1995, 309.

1057 BGH NJW 2000, 1714 = GE 2000, 671 = NZM 2000, 492 = ZMR 2000, 508; NJW-RR 2000, 1535 = NZM 2000, 1005 = ZMR 2000, 814.

1058 BGH NJW 2000, 1714 = GE 2000, 671 = NZM 2000, 492 = ZMR 2000, 508; NJW-RR 2000, 1535 = NZM 2000, 1005 = ZMR 2000, 814; OLG Düsseldorf NZM 2010, 820 = ZMR 2011, 118.

1059 AG München WuM 2000, 546.

1060 BGH NJW 1991, 912 = MDR 1991, 515 = GE 1991, 239; WuM 1981, 92 = NJW 1980, 777 = MDR 1980, 306 = ZMR 1980, 105; OLG Dresden, Rechtsentscheid vom 15.12.1997, WuM 1998, 144 = ZMR 1998, 417 = NJW-RR 1998, 512 = GE 1998, 122 = NZM 1998, 184 m. Anm. *Blank* = WuM 1998, 467 und *Pauly* = WuM 1998, 469 = ZMR 1998, 417 = GE 1998, 122; OLG Düsseldorf MDR 90, 342; LG Frankfurt/Oder ZMR 2011, 551; *Kraemer/Ehlert* in Bub/Treier III. B Rdn. 3231.

1061 AG Köln WuM 2005, 239.

1062 *Kraemer/Ehlert* in Bub/Treier III. B Rdn. 3231.

1063 *Kraemer* WuM 2000, 515, 522.

1064 *Gather* DWW 2002, 54, 60; die Zusicherung muss zweifelsfrei sein, *Wolf/Eckert/Ball* Rdn. 288.

1065 BGH NJW 1991, 1880 = MDR 1991, 1136; *Emmerich* in Staudinger § 536 BGB Rdn. 34; *Kraemer/Ehlert* in Bub/Treier III. B Rdn. 3232.

1066 *Blank,* Mietrecht von A bis Z, Stichwort: „Mängel I 3".

1067 *Kraemer/Ehlert* in Bub/Treier III B Rdn. 3231.

1068 BGH MDR 1964, 915 = BB 1964, 819.

dürfnissen des Mieters gerecht zu werden.[1069] Die bloße **Einräumung einer Verlängerungsoption** reicht daher für die Annahme einer Zusicherung nicht aus. Wie beim Kauf liegt die Zusicherung nicht schon in der Angabe des Verwendungszwecks. Ebenso wenig genügen i. d. R. bloße Anpreisungen und Beschreibungen der Mietsache durch den Vermieter,[1070] es sei denn, der Mieter musste sich für den Vermieter erkennbar auf dessen Aussagen verlassen. Es ist immer eine Frage des Einzelfalls, ob die Erklärungen der Partei so ausgelegt werden können, dass in ihnen neben einer Beschreibung auch zugleich eine Zusicherung liegen soll.[1071]

326 Der Begriff der Eigenschaft wird hier wie die „Beschaffenheit" in § 443 BGB verstanden. Das Gesetz nannte in der Fassung bis zum 31.8.2001 (§ 537 Abs. 2 Satz 2 BGB a. F.) als Beispiel einer zugesicherten Eigenschaft die Grundstücksgröße (s. Rdn. 331ff.). Ohne damit eine inhaltliche Änderung vornehmen zu wollen, ist das Beispiel aus dem Gesetzestext gestrichen worden[1072] (vgl. Rdn. 319). Als Eigenschaften kommen weiterhin alle Umstände in Betracht, die einen Einfluss auf die **allgemeine Wertschätzung oder Brauchbarkeit** der Sache haben.[1073] Ob die zugesicherten Eigenschaften überhaupt herbeigeführt werden können, spielt keine Rolle.[1074] Der Mieter hat auch keine Pflicht, das Vorhandensein der zugesicherten Eigenschaften nachzuprüfen.[1075]

327 Es genügt im Regelfall, wenn die Zusicherung **mündlich** erfolgt. Bei Mietverträgen, die für längere Zeit als ein Jahr geschlossen werden, gilt allerdings das Schriftformgebot des § 550 BGB.[1076]

328 Bei einer **Mehrheit** von Vermietern ist die Zusicherung nur verbindlich, wenn sie von allen Vermieten abgegeben wurde. Durch die Bevollmächtigung zur Verhandlungsführung kann aber ein Haftungstatbestand auch der anderen Vermieter eingreifen (§ 278 BGB).

329 § 536 Abs. 2 BGB findet auch Anwendung, wenn der Vermieter nach Vertragsschluss und nach Übergabe, also während der Nutzung, eine Zusicherung abgibt.[1077]

330 § 536 Abs. 2 BGB schließt nicht aus, dass der Mieter bei vom Vertrag abw. Wohnfläche das Minderungsrecht nach Abs. 1 wahrnehmen kann.[1078] Unter Zugrundelegung des subjektiven Fehlerbegriffs kann die Abweichung der vertraglich vereinbarten Wohnfläche von der tatsächlichen Wohnfläche ohne weiteres einen Mangel darstellen, ohne dass die subjektive Beeinträchtigung des Mieters besonders zu prüfen ist[1079] (s. hierzu Rdn. 54ff.).

I. Wohnraum

331 Im Wohnraummietrecht spielt die zugesicherte Eigenschaft selten eine maßgebende Rolle.[1080] Eine bewusste Vermietung einer **Behinderten-Wohnung** an einen Rollstuhlfahrer enthält notwendigerweise die Zusage, dass die Wohnung auch für einen Rollstuhlfahrer geeignet ist.[1081] (zum Recht des Mieters auf Umbau vgl. § 535 Rdn. 419ff. sowie § 554a Rdn. 22ff.). Das gilt auch, wenn die Wohnung als **barrierefrei** angeboten wird. Die Werbung mit **seniorengerecht** schließt die Zusage ein, dass die Wohnung mit einem Aufzug erreichbar ist.[1082] Wird eine Wohnung als **kin-**

[1069] *Emmerich* in Staudinger § 536 BGB Rdn. 35; vgl. LG Heilbronn WuM 1998, 20.
[1070] *Kraemer/Ehlert* in Bub/Treier III. B Rdn. 3231.
[1071] *Emmerich* in Emmerich/Sonnenschein § 536 Rdn. 20.
[1072] Nachweis bei *Börstinghaus/Eisenschmid* § 536, S. 49.
[1073] BGHZ 48, 118; BGHZ 87, 302 = NJW 1983, 2192 = MDR 1983, 838 zu § 459 Abs. 2 BGB.
[1074] *Emmerich* in Staudinger § 536 BGB Rdn. 36.
[1075] BGH MDR 1964, 915 = BB 1964, 819; *Kraemer/Ehlert* in Bub/Treier III. B Rdn. 3230.
[1076] *Emmerich/Sonnenschein* § 536 BGB Rdn. 20; *Emmerich* in Staudinger § 536 BGB Rdn. 34; *Kraemer/Ehlert* in Bub/Treier III. B Rdn. 3232.
[1077] *Kraemer/Ehlert* in Bub/Treier III. B Rdn. 3235.
[1078] OLG Dresden, Rechtsentscheid vom 15.12.1997, WuM 1998, 144 = ZMR 1998, 417.
[1079] BGH (XII ZR 254/01) NJW 2005, 2152 = NZM 2005, 500 = GuT 2005, 163 = GE 2005, 861 = ZMR 2005, 612 = MDR 2005, 975 = MietPrax-AK § 536 BGB Nr. 9 m. Anm. *Eisenschmid;* BGH (VIII ZR 295/03) WuM 2004, 336 = GE 2004, 680 = ZMR 2004, 495 = NZM 2004, 453 = NJW 2004, 1947 = MietPrax-AK § 536 BGB Nr. 3 m. Anm. *Eisenschmid;* (VIII ZR 133/03) WuM 2004, 268 = MietPrax-AK § 536 BGB Nr. 4 = NZM 2004, 456 = ZMR 2004, 500 = DWW 2004, 149 = GE 2004, 683; OLG Frankfurt/Main, Rechtsentscheid vom 3.12.2002, Az: 20 RE-Miet 2/01; OLG Karlsruhe NZM 2002, 218 = NJW-RR 2002, 586; *Kraemer* WuM 2000, 515, 522.
[1080] LG Braunschweig WuM 1985, 259 zur Zusicherung des Vermieters, neue Fenster einzubauen.
[1081] AG Köln ZfSH 1979, 84; *Blank* PiG 2012, 1; 5.
[1082] *Blank* PiG 2012, 1; 5.

dergerecht vermietet, sind typische Gefahren für Kinder aus der Wohnung zu beseitigen.[1083] Als Zusicherung des nachträglichen Anbaus eines Balkons gilt der Hinweis im Mietvertrag: „Balkon geplant".[1084]

Häufig wird eine Zusicherung beim Streit um die Größe der Wohnung diskutiert. Eine Zusicherung wird i. d. R. nur vorliegen, wenn der Vermieter für die angegebene qm-Größe auch einstehen will.[1085] Dies kann nur bei Vorliegen besonderer Umstände angenommen werden, wie z. B. dann, wenn die Größe für den angestrebten Vertragszweck bedeutsam ist.[1086] **332**

Daher liegt nicht in jeder Größenangabe einer Wohnung eine **Zusicherung.**[1087] Keine Zusicherung ist anzunehmen, wenn der Wohnraummieter – so der Regelfall – sich bei seiner Entscheidung über den Vertragsschluss nicht nach der angegebenen Wohnfläche,[1088] sondern nach dem Eindruck richtet, den er auf Grund der Besichtigung der Wohnung gewonnen hat.[1089] Hat die Größenangabe lediglich beschreibenden Charakter, handelt es sich bei ihr also lediglich um eine Beschaffenheitsangabe, dann liegt in der Abweichung kein Mangel aufgrund Fehlens einer zugesicherten Eigenschaft.[1090] **333**

Ist dagegen die Wohnungsgröße nicht nur beschreibend, sondern mit einer **konkreten Zahl,** z. B. 65 qm, bestimmt, soll eine zugesicherte Eigenschaft vorliegen.[1091] Dies kann generell angenommen werden, wenn neben der Wohnungsgröße im Mietvertrag der Quadratmeterpreis angegeben wurde[1092] oder wenn die Wohnungsgröße für den Mieter von besonderem Belang war.[1093] Entscheidend für die Abgrenzung sind die Umstände des Einzelfalls. Hierbei kann es eine Rolle spielen, ob der Vermieter in **Annoncen**[1094] oder bei Abschluss des Vertrages auf eine bestimmte Wohnungsgröße **hingewiesen** hat, wie z. B. dann, wenn der Mieter vor Errichtung des Gebäudes bei Angabe der angestrebten Größe den Mietvertrag abgeschlossen hat.[1095] **334**

Für die Berechnung der Wohnungsgröße gelten für **preisgebundenen Wohnraum** die §§ 42–44 II. BV bzw. die WoFlV. Für nicht preisgebundenen Wohnraum kommt es in erster Linie auf den Vertrag an. Ist nach Auslegungsgrundsätzen ein Vertragswille nicht zu ermitteln, wird die Vereinbarung der II. BV bzw. der WoFlVO unterstellt.[1096] (Einzelheiten s. § 535 BGB Rdn. 52ff. sowie nach § 556a BGB). Im Einzelfall können besondere Umstände auf die Berechnung Einfluss nehmen.[1097] **335**

[1083] Vgl. den Fall BGH (VI ZR 189/05) WuM 2006, 388 = MietPrax-AK § 823 BGB Nr 1 = NZM 2006, 578 = GE 2006, 906.

[1084] AG Brandenburg a. d. Havel GE 2015, 794.

[1085] AG Herne WuM 1997, 550.

[1086] Vgl. OLG Koblenz WuM 1992, 549 = MDR 1993, 70 zu einem Fall mit Betrugsverdacht.

[1087] OLG Dresden, Rechtsentscheid vom 15.12.1997, WuM 1998, 144 = ZMR 1998, 417 = NJW-RR 1998, 512 = GE 1998, 122 = NZM 1998, 184 m. Anm. *Blank* = WuM 1998, 467 und *Pauly* = WuM 1998, 469 = ZMR 1998, 417 = GE 1998, 122; KG GE 1992, 871; LG Münster WuM 1990; DWW 1990, 310; 146; LG Hamburg WuM 1990, 497; LG München WuM 1990, 447; LG Düsseldorf WuM 1990, 69; LG Kleve WuM 1988, 13; LG Wuppertal DWW 1988, 253; LG München I WuM 1987, 217; LG Würzburg WuM 1984, 213, AG Münden ZMR 1990, 25; AG Berlin-Schöneberg GE 1990, 427; AG Köln WuM 1988, 14; **a. A.** AG Duisburg WuM 1987, 217; vgl. im Einzelnen *Wiese* ZMR 90, 81 ff.

[1088] Zum Begriff und zur Berechnung der Wohnfläche vgl. BGH NJW-RR 1997, 2874; BayObLG WuM 1996, 294 = NJW 1996, 2106 = MDR 1996, 789; WuM 1983, 254 = ZMR 1983, 387 = MDR 1983, 1027 = GE 1983, 865; BGH GE 1997, 1392 beim Werkvertrag; OLG München ZMR 1978, 365 sowie OLG Frankfurt/M. MDR 1984, 754; DWW 1985, 65 zum Kaufvertrag.

[1089] LG Gießen ZMR 2004, 114 = MDR 2004, 147; LG Berlin NZM 1999, 412; LG Düsseldorf DWW 1999, 154; AG Hagen DWW 2009, 312.

[1090] OLG Rostock MDR 1999, 219; LG Kleve WuM 1988, 13.

[1091] AG Herne WuM 1997, 550; AG Duisburg WuM 1987, 217; *Horst* ZAP 1035, 1038.

[1092] LG Mönchengladbach ZMR 1988, 178; LG München I, WuM 1987, 217; AG Potsdam WuM 1997, 209; AG Duisburg WuM 1987, 217; AG Ahrensburg NJW-RR 1988, 1424.

[1093] LG Münster WuM 1990, 146; LG Mannheim WuM 1989, 11.

[1094] BGH (VIII ZR 256/09) WuM 2010, 480 = NZM 2010, 614 = MietPrax-AK § 536 BGB Nr. 33; AG Hagen DWW 2009, 312; *Börstinghaus,* Flächenabweichungen, Rdn. 108.

[1095] OLG Hamm WuM 1998, 151 = ZMR 1998, 90.

[1096] Vgl. BGH WuM 1997, 625 = NJW 1997, 2874 = ZMR 1997, 633 = MDR 1997, 1012; s. auch BGH (VIII ZR 101/04) WuM 2005, 712 = NZM 2005, 861; OLG Celle OLG-Rp Celle 1998, 185; LG Berlin ZMR 2004, 942.

[1097] BayObLG, Rechtsentscheid vom 20.7.1983, WuM 1983, 254 = MDR 1983, 1027 = ZMR 1983, 387 = GE 1983, 865 zur Berechnung einer Balkonfläche.

336 Bei **Betriebskostenabrechnungen** ist grundsätzlich auf die tatsächliche Wohnungsgröße abzustellen.[1098] Ausnahmsweise gilt aber die vertraglich vereinbarte Größe, wenn die Flächenabweichung 10% nicht übersteigt.[1099] Diese für unerhebliche Mängel geltende Rechtsprechung kann nicht auf die Fälle angewendet werden, bei denen der Vermieter die Größe der Wohnung zugesichert hat, weil dann kein geringfügiger Mangel vorliegt (vgl. Rdn. 292). Im **Mieterhöhungsverfahren** gelten die gleichen Grundsätze, soweit freifinanzierter Wohnraum betroffen ist.[1100] Für den sozialen Mietwohnungsbau ist zu beachten, dass auch ohne Zusicherung für den Mieter selbst bei Abweichungen bis 10% die jeweils günstigere Größe gilt, wenn der Vermieter mit seinem Erhöhungsverlangen die Kostenmiete übersteigen und damit gegen § 8 WoBindG verstoßen würde.

II. Gewerberaum

337 Bei gewerblichen Mietverhältnissen spielt die zugesicherte Eigenschaft nach wie vor eine wesentliche Rolle. Sinn und Zweck der Zusicherung liegen darin, dem Empfänger der Zusicherung die Gewähr dafür zu geben, dass die Sache die Eigenschaften besitzt, die der Zusicherung und dem vertraglich vereinbarten Zweck entsprechen. Der Empfänger der Zusicherung muss sich **uneingeschränkt** darauf verlassen können, dass die Zusicherung richtig ist, ohne eigene Nachforschungen anstellen zu müssen. Das gilt selbst dann, wenn die Zusicherung erkennbar ohne hinreichende Unterlagen abgegeben wird.[1101] Wird eine Lagerhalle vor ihrer Errichtung vermietet und im Mietvertrag die Größe mit einer ca.-Angabe beschrieben, dann sind nur geringfügigste Abweichungen der Größe zulässig.[1102] Anders kann der Fall liegen, wenn der Empfänger der Zusicherung gewusst hat oder ihm grob fahrlässig verborgen blieb, dass die zugesicherte Eigenschaft nicht vorliegt (§ 536b BGB Rdn. 22). Bloße Zweifel genügen nicht, weil das Vorhandensein einer bestimmten zugesicherten Eigenschaft dem Kenntnis- und Risikobereich des Vermieters zuzuordnen ist. Die Lage des Geschäfts innerhalb eines Einkaufszentrums kann eine zugesicherte Eigenschaft sein.[1103]

338 Für die Rechtsbeziehungen der Vertragspartner ist ohne Bedeutung, ob der Mieter im Verhältnis zu Dritten verpflichtet ist, eine Nachprüfung der Angaben des zusichernden Vermieters zu veranlassen (Überprüfung durch die Baupolizei).[1104]

339 Die **Tragfähigkeit** von Decken gehört zum vertragsgemäßen Gebrauch einer Sache[1105] Darüber hinaus kann die Tragfähigkeit der Decke auch Gegenstand einer Zusicherung sein,[1106] ebenso die Angabe eines bestimmten **Umsatzes**[1107], wenn es um die Ertragsfähigkeit eines Unternehmens geht.[1108] So hat der BGH auch die bis zum Verkauf auf längere Zeit erzielten Umsätze und Erträge – nicht die künftigen Umsätze und Erträge – dann als eine Unternehmenseigenschaft angesehen, wenn sie vertraglich zugesichert wurden. Die Ertragsfähigkeit entspricht regelmäßig den Besonderheiten des Unternehmenskaufs und insbesondere den Schwierigkeiten einer Unternehmensbewertung, bei der häufig subjektive, dem Verkäufer nicht ohne Weiteres erkennbare Erwägungen

---

[1098] LG Freiburg WuM 1988, 263; s. i. E. *Beyer* NZM 2010, 417 sowie *Eisenschmid* in Eisenschmid/Wall Rdn. 4047.

[1099] BGH (VIII ZR 261/06) WuM 2007, 700 = GE 2007, 1686 = NJW 2008, 142 = NZM 2008, 38 = ZMR 2008, 38 = DWW 2008, 17 = MietPrax-AK § 556 BGB Nr. 26; ablehnend mit überzeugenden Gründen *Börstinghaus,* Flächenabweichungen, Rdn. 901 ff.; vgl. auch *Hinz* WuM 2008, 633; *Schmid* WuM 2008, 9.

[1100] BGH (VIII ZR 138/06) WuM 2007, 450 = MietPrax-AK § 558 BGB Nr. 14 = NJW 2007, 2626 = NZM 2007, 594 = DWW 2007, 335 bei Flächenabweichung über 10% sowie BGH (VIII ZR 205/08) WuM 2009, 460 = MietPrax-AK § 558 BGB Nr. 23 = NJW 2009, 2739 = NZM 2009, 613 = GE 2009, 1038 = DWW 2009, 331 für Abweichungen bis 10%; mit überzeugenden Gründen auf Kritik gestoßen: *Börstinghaus,* Flächenabweichungen, Rdn. 756 ff.; vgl. auch *Beyer* WuM 2010, 614; *Derleder* WuM 2010, 202; *Bub* PiG 2010, 45; *Emmerich*/Staudinger (2011) § 558 BGB Rdn. 32.

[1101] BGH MDR 1964, 915.

[1102] OLG Hamm WuM 1998, 151 = ZMR 1998, 90 – 13% Abweichung ist nicht mehr geringfügig; vgl. auch OLG Rostock MDR 1999, 219.

[1103] OLG Frankfurt/Main, Urt. v. 4.3.2005 – 3 O 77/01; zur Vollvermietung vgl. BGH NJW 2006, 899 = NZM 2006, 54 = GuT 2006, 19.

[1104] BGH MDR 1964, 915.

[1105] BGH BB 1958, 575; MDR 1964, 915 = BB 1964, 819.

[1106] BGH MDR 1964, 915.

[1107] OLG Hamburg MDR 1998, 340 = ZMR 1998, 221 = NJW-RR 1998, 1091 = GE 1998, 242 = NZM 1998, 307; zum Begriff „Fachmarktkonzept" vgl. OLG Naumburg WuM 1997, 675.

[1108] BGH (I ZR 132/75) NJW 1977, 1538.

des Käufers eine wesentliche Rolle spielen. Zusicherungsfähige Eigenschaften sind zudem die **Brauereifreiheit** bei der Verpachtung einer Gastwirtschaft oder die Freiheit von **Immissionen.**[1109]

Werden auf einem Sportplatz Wandflächen zu **Reklamezwecken** vermietet, liegt in diesem Vertrag im Zweifel zugleich die Zusicherung, dass auf dem Platz auch öffentliche Veranstaltungen stattfinden. 340

D. Verschulden des Vermieters

Die Minderung erfolgt unabhängig davon, ob der Vermieter den Mangel zu vertreten hat.[1110] Selbst wenn die Ursache des Mangels völlig außerhalb seines Einflussbereiches liegt oder von ihm nicht beseitigt werden kann, führt der Fehler zur Minderung.[1111] Daher können sogar nach Abschluss des Vertrages **geänderte Rechtsbestimmungen** zu einem Mangel führen, wenn dadurch die Mietsache wegen einer fehlenden Genehmigung nicht mehr so genutzt werden kann, wie im Vertrag vorgesehen. 341

Der anfängliche, die Garantiehaftung des Vermieters auslösende Mangel muss lediglich bei Vertragsschluss vorhanden sein. Dass er zu diesem Zeitpunkt eine schädigende Wirkung gezeigt hat, ist nicht erforderlich.[1112] Es ist somit ausreichend, wenn bei Vertragsschluss nur die Gefahrenquelle vorhanden war oder die Ursache vorlag.[1113] Somit trägt der Vermieter die Gefahr aller **geheimen Mängel,**[1114] wie z. B. bei einem Rohrbruch, wenn die Leitungen von Anfang an zu dünn dimensioniert waren oder mangels ordnungsgemäßer Konstruktion Deckenputz herunterfällt.[1115] Der Vermieter muss auch für eine **zufällige Verschlechterung**[1116] oder für einen Mangel durch **höhere Gewalt**[1117] einstehen. Er haftet aber nicht, wenn sich eine auf **außergewöhnlichen Umständen** beruhende Gefahr verwirklicht[1118] (s. zur Vorhersehbarkeit Rdn. 9f.). 342

E. Rechte des Mieters

I. Minderung

Die Minderung des Mietzinses tritt kraft Gesetzes ein.[1119] Es bedarf daher – anders als beim Kauf – nicht einer besonderen Erklärung des Mieters oder eines Gestaltungsaktes.[1120] Der Mieter kann daher auch nur mit dem herabgesetzten Mietzins in Verzug kommen. Die Minderung ist weder ein **Anspruch** noch ein **Gestaltungsrecht** und kann daher auch nicht verjähren.[1121] Dies ist 343

[1109] *Emmerich* in Staudinger § 536 BGB Rdn. 37; vgl. auch Beispiele bei *Kraemer/Ehlert* in Bub/Treier III. B Rdn. 3234 m. w. N.

[1110] BGH BB 1958, 575; BGHZ 9, 320; 63, 333 = NJW 1975, 645; BGHZ 68, 294 = NJW 1977, 1285 = MDR 1977, 743 = ZMR 1978, 25; BayObLG, Rechtsentscheid vom 4.2.1987, WuM 1987, 112 = NJW 1987, 1950 = NJW-RR 1987, 971 = ZMR 1987, 174 = MDR 1987, 498 = GE 1987, 397,

[1111] BayObLG, Rechtsentscheid vom 4.2.1987, WuM 1987, 12 = ZMR 187, 174 = MDR 1987, 498; OLG Celle WuM 1985, 9 = ZMR 1985, 10 = GE 1985, 679; *Emmerich* in Emmerich/Sonnenschein § 536 BGB Rdn. 30; *Franke* ZMR 1996, 297, 298.

[1112] BGH NJW 1963, 804 = MDR 1963, 303; BGH MDR 1972, 411 = BB 1972, 1207; OLG Karlsruhe ZMR 1991, 378.

[1113] BGH NJW 1968, 886; NJW-RR 1990, 1099.

[1114] BGH MDR 1972, 411; LG Köln WuM 1990, 386.

[1115] BGH NJW 1963, 804; NJW 1972, 944.

[1116] BGH WuM 1991, 544 = NJW-RR 1991, 779; 544; BGH WuM 1987, 53 = NJW 1987, 432 = ZMR 1987, 51 = DWW 1987, 14.

[1117] *Kraemer* WuM 2000, 515.

[1118] BGH NJW 1971, 424; OLG Koblenz NJW 1966, 2017 = VersR 1967, 234.

[1119] BGH WuM 1991, 544 = NJW-RR 1991, 779; 544; WuM 1988, 159 = NJW 1988, 1201 = MDR 1988, 488; das gilt auch für den mietenden (Mit-)Eigentümer, BGH, Urt. v. 15.9.2010 – VIII ZR 16/10 = WuM 2010, 711 = MietPrax-AK § 535 BGB Nr 45 = NZM 2010, 898 = ZMR 2011, 109.

[1120] BGH WuM 1991, 544 = NJW-RR 1991, 779; WuM 1988, 159 = NJW 1988, 1201 = MDR 1988, 488; WuM 1987, 53 = NJW 1987, 432 = ZMR 1987, 51 = MDR 1987, 312 = DWW 1987, 14; OLG Düsseldorf MDR 1990, 930 = DWW 1990, 364; AG Schwerin WuM 1994, 530; *Franke* ZMR 1996, 297; *Emmerich* in Emmerich/Sonnenschein § 536 Rdn. 30.

[1121] OLG Düsseldorf DWW 1995, 84; WuM 1994, 324 = NJW-RR 1994, 399 = MDR 1994, 371; LG Hannover WuM 1980, 130; *Sonnenschein* NJW 1997, 1270, 1281; *Emmerich* in Staudinger § 536 BGB Rdn. 52.

eine Folge der umfassenden Garantiehaftung des Vermieters. Der Vermieter kann dem Mieter aber u. U. den Einwand der Verwirkung entgegenhalten[1122] (vgl. § 536b Rdn. 36ff.).

344 Hat der Mieter den vereinbarten Mietzins in voller Höhe entrichtet, obwohl ein Mangel vorliegt, kann er die zu viel gezahlte Miete gem. § 812 BGB zurückfordern. Zahlt er trotz Kenntnis des Mangels ohne jeden Vorbehalt die Miete ungekürzt weiter, kann er die „Überzahlung" regelmäßig nicht zurückfordern (§ 814 BGB), weil schon zum Zeitpunkt der Zahlung der Rechtsgrund zum Behaltendürfen der vollen Miete nicht mehr bestand (§ 814 BGB).[1123] Entfällt der Rechtsgrund für die vollständige Miete dagegen erst nach Zahlung, findet § 814 BGB für den zu viel gezahlten Teil keine Anwendung.[1124] Hat der Mieter aber unter Vorbehalt gezahlt, steht dem § 814 BGB nicht entgegen, weil ein bei der Leistung gemachter **Vorbehalt** die Anwendung dieser Vorschrift ausschließt.[1125] Das gilt auch für den Fall, dass der Mieter zunächst den Ausgang eines selbständigen Beweisverfahrens abwarten will.[1126] Der Mieter kann den überzahlten Betrag auch mit der nächsten Mietzinszahlung verrechnen. Soweit bei Wohnraummietverhältnissen vertragliche Vereinbarungen, auf die das Verbraucherrecht über Allgemeine Geschäftsbedingungen gem. §§ 305ff. BGB Anwendung finden, eine Aufrechnung verbieten, sind diese unzulässig (vgl. § 556b Rdn. 31ff.).

345 Der Rückzahlungsanspruch unterliegt allerdings der 3-jährigen **Verjährung** gem. § 195 BGB. Dem überzahlten Teil der Miete fehlt bei jeder Zahlung von Anfang an der Rechtsgrund, so dass jeweils sofort ein Bereicherungsanspruch entsteht.

346 Die Minderungsbefugnis besteht auch dann, wenn der Mieter die Sache bei Gebrauchstauglichkeit gar nicht oder nicht in der vorgesehenen Weise gebraucht hätte.[1127] Die Mietminderung begründet keinen Schadensersatzanspruch für vom Mieter erlittene Beschränkungen, sondern reguliert lediglich das durch den Mangel gestörte **Äquivalenzverhältnis.**[1128] Daher ist es für den Minderungsanspruch unerheblich, ob der Mieter die Sache aus anderen Gründen, z. B. wegen eines behördlichen Nutzungsverbotes, nicht nutzen konnte.[1129] Es ist also auch nicht erforderlich, dass der Wohnraummieter zum Zeitpunkt des Mangels die Wohnung bewohnt hat.[1130] Daher kann der Mieter selbst dann den Mietzins bis zur Beendigung der Mietzeit mindern, wenn er bereits ausgezogen ist.[1131]

347 Ist der Mieter zur Mietminderung berechtigt, dann muss er auch nach Beendigung des Mietverhältnisses die **Nutzungsentschädigung** i. S. d. § 546a BGB nur gemindert zahlen.[1132] Das gilt allerdings nicht, wenn der Mangel erst **nach** Beendigung des Mietverhältnisses auftritt bzw. die Mietsache sich weiter verschlechtert[1133]. Der Einwand, dass aber so der Mieter durch mutwillige Verschlechterung des Wohnraums zur Räumung im Wege der Selbsthilfe gezwungen werden könnte, lässt der BGH nicht gelten. Könnte sich der Mieter nämlich in der Vorenthaltungszeit auf jede weitere Verschlechterung der Mietsache berufen, um eine Kürzung des Anspruchs auf Nutzungsentschädigung zu erreichen, würde ihn dies in seinem Willen zur weiteren – widerrechtlichen – Vorenthaltung der Mietsache nur bestärken und damit gerade den Zweck des schuldrechtlichen Abwicklungsverhältnisses gefährden. Der Senat wendet sich insbesondere gegen die Argumente von

---

[1122] LG Berlin GE 2003, 254; AG Münster WuM 2007, 569.

[1123] LG Berlin WuM 2016, 348; *Häublein* in Münch/Komm § 536 BGB Rdn. 28.

[1124] S. dazu *Lögering* NZM 2010, 113, 115.

[1125] BGH (XII ZR 167/01) WuM 2003, 440 = NJW 2003, 2601 = NZM 2003, 679 = ZMR 2003, 667 = GE 2003, 1145 = MietPrax-AK § 536b BGB Nr. 3; BGH NJW 1982, 1147 = MDR 1982, 562; AG Hamburg-Bergedorf ZMR 2012, 876.

[1126] LG Berlin GE 2007, 151.

[1127] BGH NJW 1958, 785; BGH WuM 1987, 53 = NJW 1987, 432 = ZMR 1987, 51 = DWW 1987, 14; OLG Hamm NJW-RR 1995, 525; *Kraemer/Ehlert* in Bub/Treier III. B Rdn. 3242.

[1128] *Streyl* in: Schmidt-Futterer § 546a BGB Rn. 69; *Kraemer* WuM 2000, 515.

[1129] LG Frankfurt/M. WuM 2000, 79.

[1130] *Eisenhardt* WuM 2000, 45.

[1131] KG NZM 2011, 588; OLG Düsseldorf MDR 89, 640.

[1132] BGH WuM 1990, 246 = NJW-RR 1990, 884 = MDR 1990, 813 = ZMR 1990, 206; LG Berlin WuM 1998, 28; AG Neudstadt a. Rbge. WuM 2011, 671 zum Beiseitigungsanspruch des Mieters; *Eisenschmid* ZfgWBay 1988, 85, 87.

[1133] BGH (XII ZR 66/13) WuM 2015, 493 = GE 2015, 1022 = NJW 2015, 2795 = NZM 2015, 695 = ZMR 2015, 754 = MietPrax-AK § 546a BGB Nr 7; BGH (VIII ZR 16/60) NJW 1961, 916 = MDR 1961, 499; *Günter,* WImmoT 2015, 19, 31f.; *Emmerich* in Staudinger § 536 BGB Rdn. 58; *Derleder* WuM 2011, 551, 555; **a. A.** siehe vor allem *Streyl* in: Schmidt-Futterer § 546a BGB Rn. 69; *Franke* in WoBauR § 536 BGB Anm. 20.1; *Lammel* § 546a BGB Rdn. 25.

Streyl (s. § 546a Rdn. 69), der wegen des vertraglichen Charakters des Anspruchs aus § 546a BGB ein Mietminderungsrecht folgert und für die Zeit nach Beendigung des Mietverhältnisses eine Obliegenheit des Vermieters zur Instandsetzung annimmt. Das nach Beendigung des Mietverhältnisses bestehende Schuldverhältnis sei nach Auffassung des Senats vorübergehender Natur und gerade auf Abwicklung angelegt. Daraus folge für die Vorenthaltungszeit eine beträchtliche Einschränkung der Mieterrechte. Mit Beendigung des Mietverhältnisses erlösche insbesondere die Pflicht des Vermieters, die Mietsache gemäß § 535 Abs. 1 Satz 2 BGB in einem vertragsgemäßen Zustand zu erhalten. Etwas anderes gelte nur dann, wenn den Vermieter nach Treu und Glauben im Rahmen des Abwicklungsverhältnisses ausnahmsweise eine nachvertragliche Pflicht zur Beseitigung von Mängeln der vorenthaltenen Mietsache trifft (s. auch Rdn. 110ff. zur Versorgungssperre). Dabei sei aber erschwerend zu berücksichtigen, dass der Mieter es grundsätzlich selbst zu verantworten habe, wenn er noch im Besitz der Mietsache sei.[1134] In einem milderen Licht könne allerdings der Umstand gesehen werden, wenn dem Mieter Vollstreckungsschutz bewilligt worden sei[1135] oder er sich aus nachvollziehbaren Gründen gegen eine Kündigung wehre.[1136]

Hat sich der Mieter hinsichtlich des Minderungsgrundes geirrt, stellt sich also beispielsweise im Laufe eines Prozesses heraus, dass der Mangel nicht in der Spähre des Vermieters entstanden, sondern vom Mieter selbst zu vertreten ist (Schimmelbildung), trägt er nach der Rechtsprechung des BGH[1137] alle damit verbundenen Konsequenzen. Hatte der Vermieter wegen des aufgrund der **„irrtümlichen" Minderung** entstandenen Mietrückstandes fristlos gekündigt, muss der Mieter die Wohnung herausgeben. Er kann sich nicht auf einen Rechtsirrtum berufen, wenn er bei Anwendung verkehrsüblicher Sorgfalt hätte erkennen können, dass die tatsächlichen Voraussetzungen des von ihm in Anspruch genommenen Minderungsrechts nicht bestehen oder doch zumindest Zweifel bestehen, weil die Ursachen erkennbar in seiner Späre liegen.[1138] Lässt sich der Mieter durch einen Fachmann beraten, haftet er für dessen „falschen" Rat, weil der Ratgeber Erfüllungsgehilfe des Mieters ist.[1139] Ein Rechtsirrtum des Mieters ist nur unter besonderen Verhältnissen unter Zugrundelegung strenger Maßstäbe beachtlich[1140] (Einzelheiten § 546a Rdn. 93). **348**

Die von der Rechtsprechung herausgearbeiteten Grundsätze zum Rechtirrtum lassen sich nach der hier vertretenen Auffassung nicht ohne Weiteres auf den Irrtum über das Minderungsrecht übertragen.[1141] Die Mietminderung gem. § 536 BGB erfolgt bei Vorliegen eines Mangels von Gesetzes wegen. Der Mieter muss keine Erklärung abgeben, dass er von seinem Gewährleistungsrecht Gebrauch machen will. Das Gesetz räumt dem Mieter daher eine privilegierte Rechtsstellung ein, die selbst durch Individualvereinbarungen nicht aufgegeben werden kann (§ 536 Abs. 4 BGB). Folgt man der Rechtsprechung des BGH, wird dem Mieter gegen den gesetzlichen Willen das Minderungsrecht unzumutbar erschwert. Er trägt das Risiko des Wohnungsverlustes, obwohl er im guten Glauben die ihm grundsätzlich eingeräumte Rechtsposition wahrnimmt. Für den Durchschnittsmieter ist nämlich keinesfalls immer erkennbar, ob der Mangel seiner Sphäre zuzuordnen ist. Zur Vermeidung des drohenden Wohnungsverlustes muss der Mieter somit die volle Miete bezahlen und selbst prozessual aktiv werden, um sich die überzahlten Beträge mit einer Zahlungsklage wiederzuholen.[1142] Der Vermieter kann daher mit dem Druckmittel deer Kündigung in Ruhe abwarten, ob der Mieter einen Prozess führt oder – auch wegen des Rechtsfriedens – die Sache auf sich beruhen lässt. Der Hinweis von Hinz, dem Vermieter sei es nicht zuzumuten, völlig haltlose Mietminderungen des Mieters hinzunehmen[1143], überzeugt nicht. Denn der Vermieter kann jederzeit Zahlungsklage, sogar im Urkundenprozess, erheben. Er muss somit keinesfalls das vertragwidrige Verhalten des Mieters hinnehmen. Die in diesem Zusammenhang zu stellende Frage ist, ob aufgrund einer irrtümlichen Minderung der Mieter seine Wohnung verlieren darf. Das ist wegen **349**

1134 *Geldmacher,* Mietrecht Kompakt 2016, 3, 5.

1135 *Lehmann-Richter* PiG 90 [2011], 199, 206.

1136 *Börstinghaus* NZM 2016, 418, 422.

1137 BGH (VIII ZR 138/11) WuM 2012, 499 m. abl. Anm. *Blank* = MietPrax-AK § 543 BGB Nr 26 = NJW 2012, 2882 = NZM 2012, 637 = GE 2012, 1161; vgl. *Krapf,* jurisPR-MietR 19/2012 Anm. 1.

1138 *Häublein* PiG 2014 (Bd. 97), 35, 45.

1139 BGH (VIII ZR 102/06) WuM 2007, 24 = MietPrax-AK § 573 BGB Nr. 9 = NJW 2007, 428 = ZMR 2007, 103; *Häublein* in MünchKomm § 571 Rdn. 5.

1140 BGH (X ZR 157/05) NJW 2006, 3271 = MDR 2007, 200; (VIII ZR 79/04) NJW 2005 976 = MDR 2005, 674).

1141 Siehe dazu insbesondere *Blank* WuM 2012, 501; *Hinz* NJW 2013, 337.

1142 Siehe dazu *Selk* NZM 2012, 797.

1143 *Hinz* NJW 2013, 337, 339.

der damit verbundenen faktischen Entwertung des Mietminderungsrechts sowie wegen des verfassungsrechtlich geschützten Besitzrechts des Mieters an seiner Wohnung zu verneinen.[1144]

1. Ausschlusstatbestände

350 Hat der Mieter den Mietzins für einen bestimmten Zeitraum schon entrichtet, kann er sich grundsätzlich auch noch rückwirkend auf die Minderung berufen,[1145] sofern nicht ein Ausschlusstatbestand eingreift. Hat der Mieter bei **Kenntnis** des Mangels nicht unter Vorbehalt gezahlt, kann bei mehrmaliger Zahlung ein genereller Ausschluss der Rückforderung eintreten[1146] (zu den Fällen der vorbehaltlosen Zahlung vgl. insbesondere Rdn. 392 sowie § 536 b Rdn. 36 ff.). Des Weiteren ist in diesen Fällen § 814 BGB zu berücksichtigen,[1147] sofern der Mieter wusste, dass er zur Zahlung nicht verpflichtet war. Eine Rückforderung kann aber auch wegen § 536 b BGB oder wegen § 536 c Abs. 2 Nr. 1 BGB ausgeschlossen sein.

351 Darüber hinaus kann sich der Mieter dann nicht auf die Minderung berufen, wenn der Mangel bzw. die unterlassene Mangelbeseitigung auf sein **Verhalten** zurückzuführen ist[1148]. Dies ist der Fall, wenn der Mieter den Mangel selbst herbeigeführt oder ihn jedenfalls zu vertreten hat[1149] oder wenn er den Mangel nicht in angemessener Zeit beseitigt oder beseitigen lässt, obwohl er hierfür einen Vorschuss[1150]erhalten hat. Das Minderungsrecht entfällt auch dann, wenn der Mieter den Mangel **selbst behoben** hat.[1151] Das Minderungsrecht kann verwirken, wenn bei einem die Gesundheit gefährdenden Mangel der Mieter die Wohnung weiter bewohnt und lediglich den Mietzins mindert.[1152]

352 Nimmt der Vermieter über einen längeren Zeitraum eine vom Mieter vorgenommene Mietminderung **widerspruchslos** hin, kann er sich später unter dem Gesichtspunkt der Verwirkung nicht darauf berufen, es habe kein Mangel vorgelegen.[1153] Der Verwirkungstatbestand ist aber im Einzelfall zu prüfen[1154]. Der **Grundstückserwerber** muss sich als Vermieter die widerspruchslose Hinnahme der Minderung durch den Voreigentümer zurechnen lassen.[1155] Davon zu unterscheiden ist der Fall, bei dem der Vermieter den Mangel zunächst beseitigt hat und für den Zeitraum danach den dennoch vom Mieter einbehaltenen Minderungsbetrag nicht sofort anmahnt.[1156] Denn hier zahlt der Mieter nicht die volle Miete trotz einer unstreitig ordnungsgemäßen Mietsache, so dass für den Verwirkungstatbestand allein wegen dieses Umstandes regelmäßig kein Raum ist.

2. Periodisch auftretende Mängel

353 Häufig sind Mängel **latent** vorhanden, zeigen ihre Wirkungen aber nur unter bestimmten Bedingungen. So, wenn beispielsweise im Sommer die Heizung ausfällt. In diesen Fällen stellt sich die Frage, ob der Mieter auch dann zur Minderung berechtigt ist, wenn sich der Mangel nicht auf den Gebrauch der Mietsache auswirkt. Der BGH[1157] hat dies mit der überwiegenden Instanzrechtsprechung[1158] verneint. Festzuhalten bleibt jedoch, dass auch in der Zeit, wo sich der Mangel nicht aus-

---

1144 *Blank* WuM 2012, 501; BVerfG NJW 1989, 1917.

1145 LG Lübeck WuM 1979, 189; LG Saarbrücken WuM 1982, 187; LG Berlin GE 1990, 1037; AG Rheinbach VuR 1990, 212; *Kossmann* § 61 Rdn. 20.

1146 LG Berlin GE 1993, 263; LG Aachen WuM 1992, 243; AG Frankfurt/M. WuM 1992, 242.

1147 Vgl. hierzu *Wichert* ZMR 2000, 65, 66.

1148 AG Hamburg-Altona ZMR 2008, 298.

1149 KG GuT 2004, 230.

1150 Vgl. § 538 Rdn. 103 ff.

1151 AG Pankow-Weißensee MM 1995, 397.

1152 S. LG Frankfurt/M. NJW-RR 2001, 945 = NZM 2001, 523.

1153 BGH WuM 2006, 55 = NZM 2006, 58 = GuT 2006, 25 = NJW 2006, 219 = ZMR 2006, 107 = MietPrax-AK § 536 b BGB Nr. 7 m. Anm. *Eisenschmid;* NJW-RR 2003, 727 = ZMR 2003, 341 = NZM 2003, 355; LG Köln WuM 2001, 79; LG Berlin MM 1994, 361; LG Hamburg WuM 1994, 608; 1991, 38; 1990, 203; 1990, 498; LG Osnabrück WuM 1976, 162 = ZMR 1977, 305; AG Köln WuM 2000, 34; AG Kiel WuM 1991, 30; kritisch *Wichert* ZMR 2000, 65; **a. A.** LG Aachen WuM 1992, 243 bei einem Zeitraum von 17 Monaten.

1154 BGH (VII ZR 23/02) GE 2003, 456 = NJW 2003, 824.

1155 AG Dortmund WuM 1994, 535.

1156 LG Berlin NJW-RR 2001, 441.

1157 BGH (XII ZR 132/09) MietPrax-AK § 536 BGB Nr 36 = NJW 2011, 514 = ZMR 2011, 372 = NZM 2011, 153.

1158 LG Köln WuM 1975, 679; vgl. LG Wiesbaden WuM 1990, 71; LG Karlsruhe WuM 1987, 382 zur Minderung bei defektem Kamin in den Sommermonaten.

wirkt, das Äquivalenzverhältnis gestört ist.[1159] Ist beispielsweise die Heizung defekt, kann der Mieter zwar in den Sommermonaten die Miete nicht mindern, dennoch bleibt ihm der Herstellungsanspruch.[1160] Der Mieter muss nicht auf die Wintermonate warten, um dem Vermieter zu Reparatur anzuhalten.

Konsequenz der Auffassung des BGH ist, dass der gleiche Mangel im Laufe eines Mietverhältnisses zu unterschiedlich starken Beeinträchtigungen des vertragsgemäßen Gebrauchs führen und damit unterschiedliche Minderungsbeträge bewirken kann.[1161] Dementsprechend kann die Höhe der Mietminderung erheblich variieren, was für den Mieter nicht unproblematisch ist, wenn er in Erwartung starker Beeinträchtigungen zu Beginn des Monats eine Minderung vornimmt, die sich im konkreten Fall dann als zu hoch erweist. Hierzu hat der Senat einen Ausweg aufgezeigt. Ist der Mieter unsicher, ob sich der Mangel in dem Folgemonat, wie in den vorangegangenen Perioden, im gleichen Umfang auf die Gebrauchstauglichkeit auswirkt, so kann er ohne Verschulden die Miete zunächst in Höhe des Erfahrungswertes der Vergangenheit mindern, muss sie aber dann, wenn der Mangel die Gebrauchstauglichkeit der Räume nicht oder nicht in dem erwarteten Umfang beeinträchtigt hat, nachzahlen. In diesem Fall kommt der Mieter mit der verspäteten Zahlung nicht in Verzug.[1162] **353a**

3. Eigentumswohnung und Zwischenvermieter

Das Minderungsrecht besteht uneingeschränkt auch für den Mieter einer Eigentumswohnung. Dies gilt auch, wenn der Mietgebrauch durch einen Mangel im **Gemeinschaftseigentum** beeinträchtigt wird.[1163] Der Vermieter kann sich nicht darauf berufen, dass die Wohnungseigentümergemeinschaft der erforderlichen Instandsetzungsmaßnahme nicht zustimmen werde. Denn diese ist zur Instandsetzung im Rahmen der ordnungsgemäßen Verwaltung des Wohnungseigentums gem. § 21 Abs. 4 und 5 WEG verpflichtet und kann sogar notfalls auf die Vornahme der Arbeiten verklagt werden.[1164] Dieses Vorhaben scheitert aber dann, wenn mit der Instandhaltung die Opfergrenze erreicht wird, weil die Eigentümergemeinschaft zu einer solchen Maßnahme nicht gezwungen werden kann. In diesem Fall ist Unmöglichkeit anzunehmen.[1165] **354**

Die Vollstreckung erfolgt gem. § 887 ZPO. Sofern die Mitwirkung eines Dritten erforderlich ist, z. B. die Eigentümergemeinschaft bei Gemeinschaftseigentum, erfolgt die Vollstreckung gem. § 888 ZPO, soweit eine Zustimmung des Dritten oder ein Titel gegen den Dritten nicht vorliegt.[1166] Das Zwangsgeld soll den Schuldner anhalten, für die Zustimmung der Gemeinschaft und der Vornahme der geschuldeten Handlung zu sorgen.[1167] Im Fall der Unmöglichkeit (siehe oben), für die der Schuldner die Darlegungs- und Beweislast trägt, kann ein Zwangsgeld nicht verhängt werden.[1168] Dann muss der Gläubiger neu auf die Leistung seines Interesses klagen. **355**

Das Minderungsrecht besteht auch dann, wenn der Vermieter nicht Eigentümer, sondern nur **Zwischenvermieter** ist. Dass die Umsetzung des Mieteranspruchs für den Zwischenvermieter rechtlich und tatsächlich problematisch sein kann, ist unerheblich. Derjenige, der sich zu einer Vertragsgestaltung als Zwischenvermieter entschließt, um im eigenen Interesse an den Einkünften des Eigentümers zu partizipieren, muss sich ungeachtet der damit verbundenen Erschwernisse an den sich hieraus ergebenen Rechtspflichten festhalten lassen.[1169] **356**

[1159] *Artz,* WImmoT 2011, 149, 151; *Eisenschmid* in: MietPrax-AK § 541 BGB Nr 3 (Anmerkung); so im Ergebnis auch AG Solingen WuM 1980, 63; unklar KG ZMR 2014, 27, das von Gefahrenlage spricht.

[1160] *Artz,* WImmoT 2011, 149, 153.

[1161] Siehe LG Berlin WuM 2016, 168 zum jahreszeitlich bedingten Wildschweinbefall.

[1162] *Dose,* WImmoT 2011, 21, 25.

[1163] *Blank* WuM 2000, 523, 526.

[1164] KG, Rechtsentscheid vom 25.6.1990, WuM 1990, 376 = NJW 1990, 3218 = ZMR 1990, 336; LG Lübeck WuM 1991, 30; LG Berlin WuM 1990, 376 = NJW 1990, 3218 = NJW-RR 1990, 1166 = DWW 1990, 232 = ZMR 1990, 336 = GE 1990, 811.

[1165] Vgl. BGH (VIII ZR 342/03) MietPrax-AK § 535 BGB Nr. 21 = NJW 2005, 3284 = NZM 2005, 820 = WuM 2005, 713 = GE 2005, 1348.

[1166] BGH (I ZB 46/08) WuM 2009, 142 = MietPrax-AK § 887 ZPO Nr 3 mit Anm. *Börstinghaus;* NZM 2009, 202 = ZMR 2009, 347 = NJW-RR 2009, 443; LG Berlin WuM 2012, 640 = GE 2012, 1562.

[1167] *Flatow,* jurisPR-MietR 2/2013 Anm. 6.

[1168] BGH (I ZB 46/08) WuM 2009, 142 = MietPrax-AK § 887 ZPO Nr 3 mit Anm. *Börstinghaus;* NZM 2009, 202 = ZMR 2009, 347 = NJW-RR 2009, 443.

[1169] OLG Zweibrücken, Rechtsentscheid vom 14.12.1994, WuM 1995, 144 = NJW-RR 1995, 270 = ZMR 1995, 119.

357 Besonderheiten bestehen bei der gewerblichen Weitervermietung von Wohnraum (§ 565 BGB). Dabei handelt es sich bei dem Vertragsverhältnis zwischen dem Eigentümer und dem Zwischenmieter um einen gewerblichen Mietvertrag[1170] (s. Vor § 535 Rdn. 104 sowie § 565 BGB Rdn. 6). Im Verhältnis des Zwischenmieters zum Endmieter ist ein Wohnraummietverhältnis anzunehmen. Wegen dieser Vertragsdoppelung ist im Einzelfall schwierig zu entscheiden, ob ein Mangel im Wohnraummietverhältnis automatisch auch einen Mangel im gewerblichen Mietvertrag bedingt und ob die Bewertung über das Vorliegen eines „nicht erheblichen Mangels" für beide Mietverhältnisse gleich zu treffen ist.

358 Da das Vorliegen eines Mangels voraussetzt, dass die Mieträume zum vertragsgemäßen Gebrauch nicht geeignet sind, versteht es sich von selbst, jeden Mietvertrag zunächst gesondert dahingehend zu prüfen, was als vertragsgemäßer Gebrauch vereinbart wurde. Erst dann kann eine Abweichung der Ist-Beschaffenheit von der Soll-Beschaffenheit festgestellt werden. Erfolgt die gewerbliche Vermietung von Wohnraum zum **Zweck der Weitervermietung** an den Wohnraummieter, wird jedoch regelmäßig der Mangel im Wohnraummietverhältnis auch als Mangel des gewerblichen Mietverhältnisses anzusehen sein, weil der vertragsgemäße Gebrauch insoweit regelmäßig deckungsgleich sein wird.

359 Problematisch kann insbesondere die Prüfung der Wesentlichkeit des Mangels gem. § 536 Abs. 1 Satz 3 BGB sein (Beispiele für geringfügige Mängel s. Rdn. 62). Ob die Annahme eines unerheblichen Mangels im Wohnraummietverhältnis auf das vorgelagerte gewerbliche Mietverhältnis durchschlägt, hat der BGH[1171] offen gelassen. Letztendlich kann diese Frage nur eine **Einzelfallbewertung** beantworten. Dabei ist auch zu berücksichtigen, ob es sich bei dem Zwischenmietverhältnis um Einzelverträge handelt oder ob mehrere Wohnungen in einem Generalmietvertrag zusammengefasst wurden. Im letzteren Fall ist die Einzelmiete zu ermitteln, bevor über den Umfang der Minderung entschieden werden kann[1172].

4. Einzugsermächtigung

360 Liegt ein Minderungsgrund vor, darf der Vermieter von einer erteilten Einzugsermächtigung nur in Höhe der geschuldeten Miete Gebrauch machen. Der Mieter kann eine **einstweilige Verfügung** gegen den Vermieter beantragen, wenn hiergegen verstoßen wird, da die Unterlassungsverfügung trotz einer möglichen Rückbuchung durch Widerruf nicht überflüssig ist. Es besteht nämlich immer die Gefahr, dass eine Buchung übersehen wird.[1173]

II. Bewertung des Mangels

361 Der Umfang der Minderung ergibt sich aus § 536 Abs. 1 Satz 1 und Satz 2 BGB. Nach Satz 1 ist der Mieter für den Zeitraum, in dem ein Mangel vorliegt, der die Tauglichkeit der Mietsache zum vertragsgemäßen Gebrauch aufhebt, von der Entrichtung der Miete befreit. Ist die Tauglichkeit nur gemindert, hat der Mieter nach Satz 2 nur eine angemessen herabgesetzte Miete zu entrichten.

362 Mit dem Mietrechtsreformgesetz wurde der Verweis auf die Vorschriften des Kaufrechts (§§ 472, 473 BGB) ersetzt durch den Begriff „angemessen herabgesetzte Miete". In der Begründung wird darauf verwiesen, dass die bisherige Regelung wegen der komplizierten Berechnung unpraktikabel sei und die Praxis den Mietminderungsbetrag ohnehin in Prozentzahlen angebe.[1174] Daher sei eine „offenere Formulierung" angebracht.[1175] Die nunmehr geltende Fassung ist zurückzuführen auf einen Vorschlag des Bund-Länder-Arbeitskreises „Mietrechtsvereinfachung",[1176] um der tatsächlichen Rechtsentwicklung zu folgen.

363 Der neue Begriff **„angemessen"** soll somit das alte Berechnungsverfahren – unter erleichterten Bedingungen – fortführen. Er lässt es aber vom Wortlaut auch zu, eine Reduzierung der Miete zu-

[1170] BGH NJW 1981, 1377.
[1171] BGH WuM 2004, 531 = GuT 2004, 169 = MietPrax-AK § 536 BGB Nr. 6 = NZM 2004, 776 = GE 2004, 1228.
[1172] *Gester* GE 2005, 531, 534.
[1173] LG Berlin GE 1996, 805.
[1174] BR-Drucks. 439/00 S. 100; Nachweis bei *Börstinghaus/Eisenschmid* § 536, S. 48.
[1175] BR-Drucks. 439/00 S. 100.
[1176] § 537 Abs. 1 VereinfE: Nachweis bei *Börstinghaus/Eisenschmid* § 536 BGB, S. 43.

sätzlich auf andere Kriterien als allein auf die aufgehobene oder geminderte Tauglichkeit der Mietsache zu stützen.

So ist denkbar, das fehlende oder das besonders gröbliche Verschulden des Vermieters als ein Kriterium in der Gesamtbewertung des Minderungsbetrages mit heranzuziehen.[1177] Aber auch Begleitumstände, wie beispielsweise die längere Abwesenheit des Mieters (der Mieter spürt die Auswirkungen des Mangels nicht, weil er sich in Urlaub befindet), die Versicherbarkeit des Risikos[1178] oder die Jahreszeit (die Heizung fällt in den Sommermonaten aus) könnten die Höhe des zulässigen „angemessenen" Minderungsbetrages beeinflussen[1179] (zu periodisch auftretenden Mängeln siehe Rdn. 353f.). Unter Beachtung des **Äquivalenzprinzips** lässt sich eine solche Ausdehnung der Berechnungskriterien aber kaum begründen, da nicht in den Vertragsparteien liegende Merkmale, sondern vertragsgemäße Tauglichkeitskriterien der Mietsache, also Beschaffenheitsmerkmale, sowie die dadurch bedingte Gebrauchsbeeinträchtigung über den Mietwert entscheiden.[1180] Daran hat sich mit dem Begriff der „Angemessenheit" nichts geändert[1181], auch wenn ihm eine gewisse „Subjektivierung" nicht abzusprechen ist.[1182] **364**

Die Praxis arbeitet bei Festlegung der Höhe der Minderung regelmäßig mit prozentualen Schätzungen und Mietminderungstabellen,[1183] wobei insbesondere die Schwere des Mangels, der Grad und die Dauer der Tauglichkeitsminderung von Bedeutung sind. Daher kommt in der gerichtlichen Praxis der Vorschrift des § 287 ZPO eine sehr große Bedeutung zu.[1184] Gegebenenfalls hat sich der Richter der Hilfe eines Sachverständigen zu bedienen und muss dann auf der Grundlage aller Feststellungen im Rahmen einer Gesamtschau den Umfang der streitigen Mängel und die Höhe der Minderung im Einzelfall feststellen. Allerdings darf das Gericht eine Schätzung nach § 287 ZPO nur vornehmen, wenn und soweit die festgestellten Umstände hierfür eine genügende Grundlage abgeben[1185]. Hierzu kann auch die tageweise genaue Beschreibung der Beeinträchtigung gehören[1186]. Bei der erforderlichen Gesamtschau darf das Gericht nicht ohne eigene Begründung der Schätzung des Sachverständigen folgen.[1187] **365**

Unabhängig von der Schwierigkeit ihrer praktischen Anwendung bedeutet die relative Berechnung der Minderung, also das Prinzip der verhältnismäßigen Herabsetzung,[1188] dass der Vermieter regelmäßig mit dem Einwand abgeschnitten ist, die Wohnung sei auch mit dem Mangel ihren Preis wert.[1189] **366**

Die Mängelbewertung im Wohnraummietrecht wird teilweise mit Hilfe der sog. **Nutzwertanalyse,**[1190] der sich das LG Hamburg angeschlossen hat,[1191] vorgenommen. Sie unter scheidet zwischen der Beeinträchtigung der Wohnung in ihrem Funktionswert und ihrem Geltungswert. Während der **Geltungswert** mehr dem kommunikativen Bereich zuzuordnen ist, betrifft der **Funktionswert** den haustechnischen Bereich.[1192] Die Wertabweichungen innerhalb der einzelnen Wohnbereiche werden nach einem Soll-Ist-Vergleich festgehalten und abschließend unter Berücksichtigung der Dauer des Mangels zur Gesamtwertminderung addiert. **367**

Nach einer anderen Ansicht[1193] soll, weil die Mietsache nicht insgesamt und gleichmäßig von einem Mangel betroffen ist, die **Wertigkeit** der betroffenen einzelnen Bereiche der Wohnung zur **368**

1177 *Roth* ZdWBay 2002, 116, 119; *Börstinghaus* NZM 2000, 583, 585.

1178 *Börstinghaus* NZM 2000, 583, 585.

1179 Vgl. Beispiele bei *Börstinghaus/Eisenschmid* § 536 BGB, S. 45; AG Brandenburg ZMR 2014, 44.

1180 BGH (XII ZR 97/09) WuM 2012, 550 = MietPrax-AK § 536 BGB Anm. 43 = NZM 2012, 726 = NJW 2012, 3173 = GE 2012, 1310; *Sternel,* Mietrecht aktuell (2009), Rdn. VIII 242; *Kraemer* WuM 2000, 515; *Kandelhard* in Herrlein/Kandelhard § 536 Rdn. 57.

1181 *Sternel* WuM 2002, 244, 245; *Haas* § 536 Rdn. 1; *Lammel* § 536 Rdn. 55; *Kinne/Schach/Bieber* § 536 Rdn. 10.

1182 *Derleder* NZM 2002, 676, 678; *Kandelhard* in Herrlein/Kandelhard § 536 Rdn. 57.

1183 *Börstinghaus,* Mietminderungstabelle, S. 15; *Pfeifer* GE 1994, 950; *Horst* ZAP Fach 4 S. 535.

1184 *Börstinghaus,* Mietminderungstabelle, S. 15.

1185 BGH MDR 2004, 960 = NJW-RR 2004, 1023; KG GE 2006, 1097 m. Anm. *Beuermann* GE 2006, 1073.

1186 AG Berlin-Mitte GE 2008, 485.

1187 OLG Celle WuM 1995, 584 = ZMR 1995, 204.

1188 *Kraemer* WuM 2000, 515; *Emmerich* in Staudinger § 536 BGB Rdn. 53.

1189 OLG Düsseldorf WuM 1994, 324 = NJW-RR 1994, 399 = MDR 1994, 371.

1190 *Sternel,* Mietrecht aktuell (2009), Rdn. VIII 248ff.; *Kamphausen* ZMR 1994, 445; WuM 1982, 3; *Börstingshaus,* Mietminderungstabelle, S. 15ff. mit ausführlicher Darstellung und CD-ROM mit Berechnungstool.

1191 LG Hamburg WuM 1983, 290.

1192 Vgl. LG Berlin GE 2001, 1606.

1193 *Isenmann* DWW 1995, 361, 362.

Geltung gebracht werden. Hierfür werden für die einzelnen Räume Wertzahlen[1194] bereitgestellt, die entsprechend der Beeinträchtigung gewichtet werden (s. Berechnungsschema Rdn. 398).

369 Hat der Mieter im Einvernehmen mit dem Vermieter eine Teilfläche vermietet, dann sind Mängel innerhalb der untervermieteten Fläche hinsichtlich des Umfanges der Minderung isoliert zu beurteilen. Dabei ist der auf die untervermietete Teilfläche entfallende Mietzins zu Grunde zulegen. Einer zusätzlichen Umrechnung des Minderungsbetrages in einen Prozentsatz der Gesamtmiete bedarf es nicht.[1195]

III. Berechnung der Minderung

1. Die Berechnungsgröße

370 Die Mietminderung errechnet sich aus der **Bruttomiete.**[1196] Die in der Vergangenheit vertretenen abw. Meinungen[1197] lassen sich nach der Entscheidung des BGH nicht mehr aufrechterhalten.

371 Die Minderung erstreckt sich nicht auf ein Entgelt, das auf Grund einer besonderen Vereinbarung für **Nebenleistungen** des Vermieters gezahlt wird. Voraussetzung ist, dass die Nebenleistungen über den Pflichtenrahmen des § 535 BGB hinausgehen. Hat der Vermieter die Mietzinsforderung teilweise abgetreten, so erfasst die Minderung beide Teilforderungen in ihrem Verhältnis zur Gesamtforderung.[1198] Ist neben der Wohnung auch ein KfZ-Stellplatz oder eine Garage vermietet, ist bei einem Mangel an der Garage oder an dem Stellplatz für die Mietminderung grundsätzlich die Gesamtmiete zu berücksichtigen.[1199] Die Berücksichtigung der Einzelmieten kommt in Betracht, wenn die Parteien getrennte Verträge vereinbart haben (s. zu den Voraussetzungen § 535 Rdn. 31 ff.).

2. Das Betriebskostendilemma

372 Die Mietminderung nach der Bruttomiete berücksichtigt, wie der BGH ausführlich dargelegt hat, dass bei Vorliegen eines Mangels das **Äquivalenzverhältnis** von Leistung und Gegenleistung gewahrt bleibt. Der Gesetzgeber hat nicht differenziert zwischen der Vergütung für die Hauptleistung, nämlich Überlassung des Wohn- bzw. Gewerberaums, und den Nebenleistungen, die Erbringung von Sach- und Dienstleistungen, die teilweise Gegenstand der Betriebskostenabrechnung sind. Daher ist es konsequent, bei der Mietminderung auf die Bruttomiete abzustellen.

373 Völlig unproblematisch ist die Mietminderung, wenn der Mieter mit dem Vermieter eine **Bruttomiete** vereinbart hatte. Dann versteht es sich von selbst, dass die gesamte Miete dem Minderungsrecht unterliegt. Das Gleiche gilt auch bei Vereinbarung einer Nebenkostenpauschale gem. § 560 Abs. 1 BGB. Auch in diesem Fall erfasst die Minderung die Gesamtmiete. Erhöhen sich die Betriebskosten, können die Erhöhungen durch Erklärungen in Textform anteilig auf den Mieter umgelegt werden (§ 560 Abs. 1 BGB). Eine vom Mieter zuvor vorgenommene Mietminderung berührt dieses Recht nicht.

374 Im Einzelfall problematisch kann aber der Standardfall werden, wenn nämlich der Vermieter mit dem Mieter eine **Grundmiete mit Vorauszahlungen** auf kalte Betriebskosten und Heizung bzw. Heizung und Warmwasser vereinbart hat. Das liegt daran, dass man je nach vorausgesetztem Mietbegriff zwei Wege zur Durchführung der Minderung beschreiten kann.[1200] Versteht man die Bruttomiete als die Miete, die monatlich gezahlt wird[1201], ähnlich dem Mietbegriff in § 543 Abs. 3 Nr. 2

[1194] Vgl. auch LG Hamburg WuM 1983, 290 zur prozentualen Bewertung.

[1195] KG WuM 1999, 329 = GE 1999, 569.

[1196] BGH (XII ZR 225/03) WuM 2005, 384 = NZM 2005, 455 = GE 2005, 666 = ZMR 2005, 524 = MDR 2005, 979 = MietPrax-AK § 536 BGB Nr. 8 m. Anm. *Eisenschmid;* KG WuM 2004, 17 = ZMR 2004, 112 = GE 2003, 1611; OLG Hamm NJWE-MietR 1996, 80; OLG Düsseldorf WuM 1994, 324 = NJW-RR 1994, 399 = MDR 1994, 371; OLG Frankfurt WuM 1986, 19; LG Essen MietRB 2003, 64; LG Saarbrücken NZM 1999, 757; LG Köln WuM 1997, 45; LG Kiel WuM 1994, 609; LG Hamburg WuM 1983, 290; LG Siegen WuM 1990, 16; AG Neukölln GE 1998, 360; AG Potsdam WuM 1994, 376; *Kokemüller* WuM 1999, 201; *Sternel* WuM 2002, 244, 246; *Beuermann* GE 1996, 948, 950; **a. A.** OLG Dresden ZMR 2008, 531 = GuT 2008, 35.

[1197] Nachweise s. 8. Aufl. Rdn. 344 ff.

[1198] BGHZ 46, 242; NJW 1983, 1902 = MDR 1983, 928 = ZMR 1983, 347.

[1199] **A. A.** AG Steinfurt WuM 2009, 227.

[1200] S. umfassend *Blank* in FS Bub S. 271.

[1201] *Börstinghaus,* Flächenabweichungen in der Wohnraummiete, Kap. 4 Rdn. 437; *Schach* GE 2005, 1462, 1465.

BGB, dann ändert sich an dem bisherigen gewohnten Verfahren nur, dass der Minderungsbetrag nunmehr aus der laufenden Bruttomiete und nicht aus der Nettomiete oder einer Teilinklusivmiete zu berechnen ist. Erfasst die Bruttomiete dagegen die gesamte Miete einschließlich **abgerechneter** Betriebskosten[1202], dann lässt sich eine vorgenommene prozentuale Mietminderung erst endgültig berechnen, wenn auch die Betriebskostenabrechnung für den Abrechnungszeitraum vorliegt, in den die Minderung fiel. Muss der Mieter Nachzahlungen leisten, kann er entsprechend dem geminderten Anteil auch den Nachzahlungsbetrag kürzen. Bekommt der Mieter dagegen eine Rückzahlung, muss er dem Vermieter den anteilig zu viel geminderten Betrag ersetzen. Dabei handelt es sich keineswegs um ein Scheinproblem, wie der BGH in einer späteren Entscheidung hervorgehoben hat[1203] (siehe dazu Rdn. 385).

Die Probleme sind entstanden, weil der BGH sich nicht hat dazu durchringen können, seiner **375**
Begründung einen mit scharfen Konturen versehenen **Brutto-Mietbegriff** zugrunde zu legen[1204]. Inzwischen hat der BGH jedoch bestätigt, dass bei Störungen im Äquivalenzverhältnis die abgerechnete Bruttomiete maßgebend ist[1205], unabhängig davon, ob die Nebenkosten als Pauschale oder als Vorauszahlungen geschuldet werden.

Nach Auffassung des BGH ist daher eine eventuelle Nachforderung des Vermieters dadurch zu **376**
berechnen, dass die vom Mieter im Abrechnungsjahr insgesamt geleisteten Zahlungen der von ihm geschuldeten Gesamtjahresmiete (Jahresbetrag der Nettomiete zuzüglich der abgerechneten Betriebskosten abzüglich des in dem betreffenden Jahr insgesamt gerechtfertigten Minderungsbetrages) gegenübergestellt werden. Tatsächlich können damit viele Fälle der Mietminderung gelöst werden. Kritik hat die Darstellung des Senats aber in vielfältiger Weise erfahren.

So wird eingewandt, dass nicht immer über alle Vorschüsse einheitlich abgerechnet werden **377**
kann, da „kalte" und „warme" Betriebskosten häufig unterschiedliche Abrechnungszeiträume aufweisen.[1206] Tatsächlich führt diese Fallkonstellation dazu, dass der Vermieter zwei unterschiedliche Betriebskostenabrechnungen vorlegen muss (kalte Betriebskostenabrechnung zum Kalenderjahr sowie Heizkostenabrechnung zum 30.6. des Jahres) und die Vertragsparteien gezwungen sind, die Mietminderung über eineinhalb bis zwei Jahre nachzuhalten.[1207] Häufig wird der Vermieter auch bei dieser Konstellation mit Nachforderungen hinsichtlich einer Abrechnung wegen § 556 Abs. 3 Satz 2 BGB ausgeschlossen sein.

Mindert der Mieter rückwirkend oder ohne Vorbehalt, steht möglicherweise § 814 einer Rück- **378**
forderung aus der Überzahlung, die sich aus der Abrechnung ermittelt, entgegen. Auch hier bedarf es wiederum gesonderter Instrumente, um dem Mieter den Erhalt des überzahlten Betrages zu ermöglichen.[1208] Allerdings ist es vertretbar, im Falle der Betriebskostennachforderung dem Mieter deshalb das Mietminderungsrecht zu erhalten, weil § 814 BGB nicht das Vertrauen des Vermieters schützt, eine noch nich nicht erhaltene Leistung (Nachforderung) in Zukunft auch ungeschmälert zu bekommen.

Problematisch ist zudem, wenn der Vermieter die Abrechnungsfrist versäumt hat und mit Nach- **379**
forderungen ausgeschlossen ist, die sich aufgrund einer zu hohen Minderung des Mieters ergeben. Hier werden zwar Lösungen angeboten.[1209] Mit der bisherigen BGH-Rechtsprechung[1210] kommt man aber bei dieser Fallgestaltung nicht weiter.

1202 *Leo/Schmitz* NZM 2005, 858; *Schumann* GuT 2005, 201, 204; *Maciejewski* MM 2005, 333; *Ketzer* ZMR 2005, 516.

1203 BGH (VIII ZR 223/10) WuM 2011, 284 = MietPrax-AK § 556 BGB Nr 73 = NJW 2011, 1806 = NZM 2011, 453 = ZMR 2011, 625 = GE 2011, 749; siehe dazu *Feuerlein* WuM 2011, 401; Börstinghaus, jurisPR-BGHZivilR 11/2011 Anm. 3; Wall, jurisPR-MietR 13/2011 Anm. 1.

1204 Zur Begündung siehe *Börstinghaus,* Flächenabweichungen in der Wohnraummiete, Kap. 4 Rdn. 430 ff.; *Eisenschmid* in: Schmidt-Futterer, 10. Aufl., § 536 Rdn. 353; *Günter* WuM 2012, 299, 302: die Senate gehen von demselben Verständnis des Begriffs der Bruttomiete aus.

1205 BGH (VIII ZR 223/10) WuM 2011, 284 = MietPrax-AK § 556 BGB Nr 73 = NJW 2011, 284 = NZM 2011, 453 = ZMR 2011, 625 = GE 2011, 749; LG Berlin GE 2006, 1235; *Blank* in FS Bub S. 271, 275; s. auch *Lützenkirchen* WuM 2006, 63, 76.

1206 *Feuerlein* WuM 2011, 401.

1207 Sie auch Beispiele bei *Börstinghaus,* Flächenabweichungen in der Wohnraummiete, Kap. 4 Rdn. 434 ff.

1208 *Günter* WuM 2012, 299, 304; *Feuerlein* WuM 2011, 401; **a. A.** Schmid DWW 2014, 252, 253.

1209 *Langenberg* in: Schmidt-Futterer, 10. Aufl. § 556 Rdn. 475; *Günter* WuM 2012, 299, 304.

1210 BGH (VIII ZR 223/10) WuM 2011, 284 = MietPrax-AK § 556 BGB Nr 73 = NJW 2011, 284 = NZM 2011, 453 = ZMR 2011, 625 = GE 2011, 749.

380 Letztendlich steht die Frage aus, wie zu verfahren ist, wenn der Vermieter nach dem Abflussprinzip abrechnet, was grundsätzlich zulässig ist.[1211] Allerdings kann aus einer solchen Abrechnung nicht die endgültige Höhe der Minderungs ermittelt werden, denn die Mietminderung kann wegen § 536 Abs. 4 BGB nicht zum Nachteil des Mieters eingeschränkt werden. Rechnet der Vermieter aber über einen Zeitraum ab, in den die Minderung fällt, aber dessen Kosten (teilweise) erst im folgenden Abrechnungszeitraum beglichen werden, gehen diese Beträge nicht in die Berechnung der Minderungshöhe ein.

381 Um den vorgenannten Problemen auszuweichen und um dem Problem zu entgehen, dass nach Jahren wegen der Abrechnung der Streit um die Minderung neu aufgenommen wird, wird hier ein dritter Weg vorgeschlagen. Zahlt der Mieter die verminderte Miete ohne Vorbehalt der Nachberechnung, dient die eventuelle Angabe eines Prozentsatzes also allein des Nachweises der Berechnungsgrundlage, sollte eine **Nachberechnung** der Minderung bei Vorlage einer Betriebskostenabrechnung nicht mehr in Betracht kommen, weil der Mieter sich bei Ausübung seiner Minderung festgelegt hat, wie viel ihm die mangelhafte Wohnung noch Wert ist.[1212] Er ist an seine vorbehaltlose Mietminderung wegen § 814 BGB gebunden[1213]. Es gibt keine rückwirkende Korrektur[1214]. Hat sich der Mieter für einen bestimmten Minderungsbetrag entschieden, zahlt er in Kenntnis und Ausübung seines Minderungsrechts die restliche Miete an den Vermieter aus.

382 Die Interessenlage bei zu gering bemessener Mietminderung und vorbehaltloser Zahlung des restlichen Betrags entspricht derjenigen in dem Fall, bei dem der Mieter die Miete in Kenntnis eines nachträglichen Mangels nach Anzeige des Mangels ohne Vorbehalt in voller Höhe gezahlt hat[1215]. Für den Fall einer vollständigen vorbehaltlosen Mietzahlung über längere Zeit hat der BGH[1216] unter Verweis auf die Begründung des Regierungsentwurfs zu § 536b BGB[1217] bekräftigt, dass wegen § 814 BGB eine Rückforderung der **Überzahlung** im Regelfall ausgeschlossen ist. § 814 BGB schützt das Vertrauen des Leistungsempfängers, das Empfangene behalten zu dürfen.[1218] Die unzureichend geminderte vorbehaltlose Mietzahlung schafft ebenso einen dahingehenden **Vertrauenstatbestand** zugunsten des Vermieters wie die ungekürzte vorbehaltlose Mietzahlung trotz Mangelkenntnis, Anzeige des Mangels und Kenntnis des Minderungsrechts.[1219] In beiden Fällen bringt der Mieter durch die Zahlung ohne Vorbehalt regelmäßig zum Ausdruck, dass er diese gegen sich gelten lassen will und sie als Gegenleistung akzeptiert. Der Vermieter darf für die Vergangenheit darauf vertrauen, auf der Grundlage der geleisteten Zahlung disponieren zu können.[1220]

383 Will der Mieter die Rechtsfolge des § 814 BGB vermeiden, muss er die „restliche", nach Abzug des Minderungsbetrages verbleibende Miete, unter dem **Vorbehalt** leisten[1221], dass nach Vorlage der maßgeblichen Betriebskostenabrechnung und einer ggf. daraus resultierenden Nachzahlungsforderung des Vermieters keine höhere Mietminderung angemessen ist. Begleicht der Mieter die nach Abzug der Minderung dem Vermieter zustehende Miete jedoch ohne solchen Vorbehalt, dann verbietet sich auch eine Korrektur, wenn die Betriebskostenabrechnung des Vermieters Nachforderungen aufweist. Kommt es zum Streit und erhebt der Vermieter Zahlungsklage, muss das Gericht über die Angemessenheit entscheiden und kann dabei, sofern inzwischen die maßgebliche Betriebskostenabrechnung vorliegt, den Saldo in die Angemessenheitsprüfung einbeziehen.

1211 BGH (VIII ZR 49/07) WuM 2008, 223 = MietPrax-AK § 556 BGB Nr. 31 = NJW 2008, 1300 = NZM 2008, 277 = GE 2008, 471; (VIII ZR 27/07) WuM 2008, 285 = MietPrax-AK § 556 BGB Nr. 32 = NJW 2008, 1801 = NZM 2008, 403 = MM 2008, 225 = GE 2008, 662.

1212 *Franke* in WoBauR, § 536 BGB Anm. 21.

1213 **A. A.** *Blank* in FS Bub S. 271, 281.

1214 Zur Relevanz von Betriebskostennachzahlungen *Börstinghaus,* Flächenabweichungen in der Wohnraummiete, Kap. 4 Rdn. 437; *Kinne* GE 2005, 1160, 1162; *Lützenkirchen* MietRB 2005, 216, 217; *Franke* in WoBauR, § 536 BGB Anm. 21; differenzierend *Bongard* GE 2005, 1338, 1340.

1215 **A. A.** OLG Köln GuT 2002, 45; *Maciejewski* MM 2005, 333.

1216 BGH (VIII ZR 274/02) WuM 2003, 440 = NJW 2003, 2601 = NZM 2003, 679 = ZMR 2003, 667 = GE 2003, 1145 = MietPrax-AK § 536b BGB Nr. 3.

1217 BT-Drucks. 14/4553 S. 41f.

1218 *Palandt/Sprau,* § 814 BGB Rdn. 2.

1219 *Leo/Schmitz* NZM 2005, 858, 859; zur vollständigen Zahlung: *Wichert,* ZMR 2000, 65, 66; *Börstinghaus* MDR 1997, 1085.

1220 **A. A.** *Feuerlein* WuM 2011, 401, 402.

1221 LG Berlin WuM 1998, 28; LG Hannover WuM 1994, 463; *Palandt/Sprau* § 814 BGB Rdn. 5; *Kinne* GE 2005, 1160, 1162; *Lützenkirchen* MietRB 2005, 216, 217; vgl. *Wichert* ZMR 2000, 65, 66.

Erfasst der Minderungsbetrag nicht oder nicht nur die Grundmiete, sondern (auch) die Vorauszahlung(en) auf die Betriebskosten, muss der Vermieter diesen geminderten Teil als **fiktive Zahlung** in seiner Betriebskostenabrechnung ansetzen[1222]. Anderenfalls würde der Mieter bei der Abrechnung unter Zugrundelegung geminderter Vorauszahlung(en) nachträglich mit dem die Betriebskosten erfassenden Minderungsbetrag belastet. Dies ist nur zulässig, wenn der Mieter wegen einer geringeren Wohnfläche die Miete mindert und die Betriebskosten nach qm-Wohnfläche abgerechnet werden[1223]. In den anderen Fällen würde der Mieter sonst tatsächlich nur die Nettomiete mindern.[1224] **384**

Der BGH[1225] hat das „Betriebskostendilemma" als Scheinproblem bezeichnet, weil er mit seiner Saldolösung einen praktikablen Weg aufgezeigt hat, der eine große Anzahl von Problemfällen befrieden kann. Die aufgezeigte Lösung lässt aber – wie oben dargestellt (Rdn. 377 ff.) – einige Lücken. Um auch diese zu schließen, sollte die Durchführung der Mietminderung aus Praktikabilitätsgründen zunächst bei der Grundmiete erfolgen – nicht bei der vereinbarten Betriebskostenvorauszahlung[1226]. Die verbleibenden Fälle, bei denen die Minderung die Kaltmiete übersteigt, sind sehr selten. Mindert der Mieter die Miete um 20%, dann sind dies bei einer Bruttomiete von 400 € nebst 300 € Betriebskosten 140 € (20% von 700 €), so dass der Vermieter den Abzug des Mieters der Einfachheit halber bei dem Mietbestandteil ohne Betriebskosten verbuchen sollte. Denn wegen des einheitlichen Mietbegriffs ist es grundsätzlich gleich, ob der Vermieter die Grundmiete oder die Nebenkostenvorauszahlung als gemindert verbucht. Verbucht er die geminderte Vorauszahlung, muss er bei der Abrechnung die gebuchten Vorauszahlungen um den gekürzten Betrag anheben, weil sich sonst der Nachzahlungsbetrag um den gekürzten Betrag erhöhen und der Mieter seinen Minderungsanteil verlieren würde[1227]. Es dient daher der Rechtssicherheit, Übersichtlichkeit und Praktikabilität, wenn der Vermieter – macht der Mieter keine Angaben – den geminderten Betrag bei der Grundmiete verbucht. **385**

Ein solches Vorgehen ist auch mit § 366 Abs. 2 BGB vereinbar.[1228] Eine in der Literatur vertretene Auffassung[1229] geht ohne nähere Begründung von der Anwendbarkeit des § 366 BGB bei der Verrechnung geminderter Mietzahlungen aus. Es komme in erster Linie darauf an, welche ausdrücklichen oder konkludenten Verrechnungsbestimmungen seitens des Mieters getroffen worden seien. Ist weder eine ausdrückliche noch eine stillschweigende Tilgungsbestimmung gegeben und auch keine wirksame Verrechnungsvereinbarung zwischen den Parteien getroffen worden, verweist diese Meinung auf § 366 Abs. 2 BGB. **386**

§ 366 Abs. 1 BGB setzt nach seinem Wortlaut eine Verpflichtung des Schuldners aus mehreren Schuldverhältnissen zu gleichartigen Leistungen voraus. Unter Schuldverhältnissen sind Schuldverhältnisse im engeren Sinne, d. h. mehrere einzelne Forderungen zu verstehen[1230]. Bei der Grundmiete und den Betriebskostenvorschüssen handelt es sich **nicht um mehrere Forderungen.** Der Gesetzgeber hat nicht nach Grundmiete und Betriebskostenvorauszahlungen differenziert. § 556 Abs. 1 BGB erlaubt den Vertragsparteien nur, die einheitliche Gegenleistung des Mieters so zu bemessen, dass der Mieter neben der Grundmiete die in § 2 BetrKV aufgeführten Betriebskosten zu zahlen hat, wobei hierauf bei entsprechender Vereinbarung Vorauszahlungen zu leisten sind. Der gesamte Zahlbetrag bildet aber die Miete i. S. d. § 535 Abs. 2 BGB[1231]. Die Betriebskosten werden lediglich nicht pauschal, sondern nachträglich durch anteilige Umlage der beim Vermieter tatsächlich angefallenen Kosten berechnet.[1232] Ist für eine Tilgungsbestimmung des Mieters somit kein

---

1222 S. dazu Einzelheiten mit Fallbeispielen, *Eisenschmid* WuM 2005, 436; *Langenberg,* Betriebskostenrecht G 162.

1223 BGH (VIII ZR 347/04) WuM 2005, 573 = NJW 2005, 2779 = NZM 2005, 699 = GE 2005, 1120 = NJW 2005, 2773 = DWW 2005, 371 = MietPrax-AK § 536 BGB Nr. 10.

1224 *Wieck* WuM 2005, 575; *Schach* GE 2005, 646; GE 2005, 1462, 1464.

1225 BGH (VIII ZR 223/10) WuM 2011, 284 = MietPrax-AK § 556 BGB Nr 73 = NJW 2011, 284 = NZM 2011, 453 = ZMR 2011, 625 = GE 2011, 749.

1226 So auch *Sternel,* Mietrecht aktuell (2009), Rdn. VIII 268; Lützenkirchen MietRB 2005, 216, 218; *Schumann* GuT 2005, 201, 204; *Maciejewski* MM 2005, 29, 30; s. aber *Blank* in FS Bub S. 271, 281.

1227 *Schumann* GuT 2005, 201, 204; *Lützenkirchen* MietRB 2005, 216; *Wieck* WuM 2005, 575.

1228 *Sternel,* Mietrecht aktuell (2009), Rdn. III 102ff., VIII 92.

1229 *Kinne* GE 2005, 1160; vgl. auch *Bongard* GE 2005, 1338 und *Maciejewski* MM 2005, 333, 334.

1230 *Fetzer* in MünchKomm § 366 BGB Rdn. 2; *Palandt/Heinrichs* § 366 BGB Rdn. 2.

1231 BGH (XII ZR 225/03) WuM 2005, 384, 386; WuM 2005, 573 = NJW 2005, 2779 = NZM 2005, 699 = GE 2005, 1120, 574; *Börstinghaus* NZM 2005, 761, 766.

1232 *Börstinghaus* NZM 2005, 761, 766.

Raum, steht es dem Vermieter frei, den Minderungsbetrag zunächst von der Grundmiete abzusetzen.[1233]

387 Allerdings kann § 366 BGB analog auch auf das Verhältnis von Forderungsteilen zueinander Anwendung finden. Dies ist durch den BGH bislang aber nur für den Fall entschieden, dass die Forderungsteile **rechtlich verselbständigt** sind.[1234] Rechtlich verselbständigte Forderungsteile liegen bspw. vor, wenn eine Teilforderung hypothekarisch gesichert ist[1235] oder wenn bei ursprünglich einheitlichem Schuldverhältnis durch eine Teilklage der eingeklagte Betrag Selbständigkeit gegenüber dem nicht eingeklagten Forderungsteil erlangt hat.[1236] Dieses Ergebnis sollte auch für die Grundmiete und die Betriebskostenvorauszahlung gelten, da sonst der **Rechtsunsicherheit** dadurch Vorschub geleistet würde, dass der Vermieter beliebig zwischen der Verrechnung mit der Grundmiete und den Vorauszahlungen wechseln könnte. Daher ist aus Gründen der Rechtssicherheit und Praktikabilität von einer analogen Anwendung des § 366 BGB auszugehen. Der BGH betont in seinen Entscheidungen zur analogen Anwendung des § 366 BGB im Hinblick auf rechtlich verselbständigte Forderungsteile, dass sich das Bestehen einer Mehrheit von Forderungen i. S. d. § 366 BGB nicht so sehr nach dogmatischen Gesichtspunkten richtet, sondern vielmehr von der Interessenlage des Einzelfalls abhängig ist.[1237]

388 Wendet man auf den Minderungsfall § 366 Abs. 2 BGB an, muss der Vermieter i. E. bei **fehlender Bestimmung** des Mieters die verminderte Grundmiete verbuchen. Grundmiete und Betriebskostenvorauszahlung sind gleich fällig, sie leisten für den Gläubiger auch gleiche Sicherheit. Betriebskostenvorschüsse können nicht als weniger sicher bewertet werden, da es ausschließlich in der Hand des Vermieters liegt, die Abrechnung dem Mieter rechtzeitig vorzulegen und so einen Ausschluss der Nachforderung zu vermeiden.[1238] Für den Schuldner ist aber die Grundmiete die lästigere Schuld[1239], da die Betriebskostenvorauszahlungen noch abgerechnet werden müssen und Verzögerungen beim Vermieter sogar einen Verlust einer eventuellen Nachforderung erwirken können.

3. Die Höhe der Minderung

389 Die absolute Höhe der Mietminderung ist auf Grund der Umstände des Einzelfalls zu bemessen.[1240] Sie hängt insbesondere von der Schwere des Mangels sowie dem Grad und der Dauer der Minderung der Tauglichkeit zum vertragsgemäßen Gebrauch ab.[1241] Die Höhe des Minderungsbetrages richtet sich z. B. nach der **Geschosslage** der Wohnung, wenn im Haus der Fahrstuhl ausfällt.[1242] Bei **abweichender** Wohnfläche (vgl. Rdn. 54) wird die Minderung aus dem Verhältnis der vereinbarten zur tatsächlichen Wohnfläche berechnet[1243], ohne dass vorweg ein Abzug bis zur zulässigen Abweichung der Wohnfläche (bis 10%) vorgenommen werden darf.[1244] Für die Berechnung der Minderung in diesen Fällen ist somit die prozentuale Unterscheidung der vereinbarten Quadratmeterzahl maßgebend und nicht eine um eine Toleranzsumme verringerte Flächenabweichung.[1245] Darüber hinaus greift die Minderung nur für den **Zeitraum,** in dem der Mangel den

---

[1233] *Lützenkirchen* MietRB 2005, 216, 218; i. E., aber mit anderer Begründung auch LG Berlin GE 2002, 534.

[1234] BGH NJW 1997, 1580; NJW-RR 1991, 169; NJW 1973, 1689; *Fetzer* in MünchKomm § 366 BGB Rdn. 2; *Palandt/Heinrichs* § 366 BGB Rdn. 2.

[1235] BGH NJW 1973, 1689.

[1236] BGH NJW-RR 1991, 169; *Fetzer* in MünchKomm, § 366 BGB Rdn. 2; *Palandt/Heinrichs* § 366 BGB Rdn. 2.

[1237] BGH NJW 1997, 1580; NJW 1973, 1689, 1690.

[1238] **A. A.** OLG Brandenburg ZMR 2010, 754; *Kinne* GE 2005, 1160, 1161; vgl. auch *Bongard* GE 2005, 1338 und *Maciejewski* MM 2005, 333, 334.

[1239] **A. A.** LG Berlin GE 2005, 1354; *Thoms* ZMR 2012, 7.

[1240] Eine umfassende Darstellung der bisherigen Rechtsprechung in Tabellenform bietet *Börstinghaus, Cathrin,* Mietminderungstabelle.

[1241] OLG Celle WuM 1995, 584 = ZMR 1995, 204.

[1242] AG Bremen WuM 1987, 383.

[1243] BGH (VIII ZR 44/03) GE 2004, 680 = WuM 2004, 337 = NZM 2004, 454 = ZMR 2004, 501 = DWW 2004, 183 = NJW 2004, 2230; OLG Düsseldorf DWW 2005, 67 = ZMR 2005, 450; LG Berlin ZMR 2004, 942; LG Pößneck WuM 2006, 144; AG Pößneck WuM 2006, 144; kritisch *Schach* GE 2004, 673; **a. A.** LG Berlin WuM 2005, 53 m. Anm. *Eisenschmid.*

[1244] LG Berlin ZMR 2004, 942.

[1245] BGH (VIII ZR 144/09) WuM 2010, 240 = NJW 2010, 1745 = NZM 2010, 313 = GE 2010, 613 = MDR 2010, 617.

vertragsgemäßen Gebrauch beeinträchtigt. Der zeitanteilige Minderungsbetrag muss ggf. aus der Monatsmiete herausgerechnet werden.[1246]

Ist der Mangel so erheblich, dass der Mieter die Sache nicht oder nur im geringen Umfang nutzen kann, kommt eine völlige Mietzinsbefreiung für den Zeitraum in Betracht, in dem die Nutzbarkeit der Mietsache praktisch aufgehoben ist.[1247] Dem steht nicht entgegen, dass der Mieter die Sache noch kurzzeitig notdürftig weiter benutzt.[1248] Der Mieter ist auch dann von der Zahlung des Mietzinses befreit, wenn der Vermieter die Mietsache zur Mängelbeseitigung in **Besitz** genommen hat.[1249] **390**

Werden mehrere Gebäude vermietet und ist nur ein Teil der Gebäude nicht nutzbar, ist der Nutzwert des vom Mangel betroffenen Gebäudes zum Nutzwert des gesamten Anwesens in Beziehung zu setzen.[1250] Die Minderungsquote ist zudem abhängig von der allgemeinen Wohnlage und dem Nutzungszweck der Räume. Führt eine bauliche Maßnahme zur Minderung, ist bei der Bemessung der Höhe des Minderungsbetrages eine Aufteilung in Beeinträchtigungen wegen Baulärms, in optische Beeinträchtigungen und Beeinträchtigungen wegen erhöhter Schmutzbildung nicht möglich. Die Beeinträchtigungen müssen vielmehr als Gesamtheit gesehen werden.[1251] Im gewerblichen Bereich ist in erster Linie der Grad der Betriebsbeeinträchtigung[1252] maßgebend. Werden Räume **teilgewerblich** genutzt und beeinträchtigt der Mangel nur die Ausübung des Gewerbes, kann die Höhe der Minderung in einem vereinbarten Gewerbezuschlag liegen.[1253] Daneben können aber auch **optische Mängel** ins Gewicht fallen[1254] (s. Rdn. 221 ff.). Kann z. B. ein Hotelbetrieb keinen repräsentativen Frühstücksraum anbieten, weil das Restaurant geschlossen wurde, dass den Frühstücksservice für die Hotelgäste sicherstellen sollte, führt dies zur einer erheblichen Minderung des Mietzinses.[1255] Ist der Gewerberaum entgegen der Zusicherung zu klein, kann der Minderungsbetrag aus dem entsprechend der geringeren Fläche reduzierten Mietzins ermittelt werden.[1256] **391**

Hat der Mieter sich bei der Berechnung des Minderungsbetrages geirrt, indem er beispielsweise im Verhältnis zum Mangel noch zu viel Miete gezahlt hat, kann er den Mehrbetrag regelmäßig nicht zurückfordern, da er mit seiner verminderten Zahlung dem Mangel regelmäßig Rechnung trägt. Will der Mieter einen **höheren** Minderungsbetrag nachholen, muss er sich die Durchsetzung dieses Begehrens vorbehalten (vgl. Rdn. 383). Dieses Recht muss er aber innerhalb angemessener Zeit ausüben[1257]. Davon zu unterscheiden ist der Fall, bei dem der Mieter den Mangel rügt, aber sein Gewährleistungsrecht noch nicht ausübt, weil er eine unstreitige Lösung des Problems sucht. Dann bleibt dem Mieter das vollständige Minderungsrecht,[1258] es sei denn, er hat Umstände gesetzt, die zur Annahme einer Verwirkung Anlass geben[1259]. Die Zahlung selbst lassen solche Umstände nicht begründen, insbesondere dann nicht, wenn die Zahlungen nicht klar zugeordnet werden können[1260] (s. im Einzelnen § 536 b Rdn. 37). **392**

Hat der Mieter dagegen in Anbetracht des Mangels zu viel gemindert, kann der Vermieter den zu viel geminderten Betrag nachfordern. Der Mieter befindet sich nach hM mit dem überschießenden Mietanteil in Verzug, der nur bei einem entschuldbaren Irrtum entfällt. Nachdem zunächst der XII. Zivilsenat des BGH[1261] an den unverschuldeten Rechtsirrtum strenge Anforderungen gestellt **393**

1246 Vgl. dazu AG Wiesbaden WuM 2012, 439.

1247 BVerfG WuM 2002, 480; OLG Hamm NJWE-MietR 1997, 201; OLG Düsseldorf ZMR 2005, 710; OLG Düsseldorf ZMR 2005, 710; OLG Köln WuM 1976, 9 = ZMR 1976, 303; LG Dresden ZMR 2011, 465; LG Itzehoe WuM 1999, 41; LG Wiesbaden 1980, 17; LG Köln MDR 1976, 44; LG Hamburg WuM 1976, 10; *Kraemer/Ehlert* in Bub/Treier III. B Rdn. 3243.

1248 *Kraemer/Ehlert* in Bub/Treier III. B Rdn. 3243.

1249 BGH WuM 1987, 53 = NJW 1987, 432 = ZMR 1987, 51 = DWW 1987, 14; KG WuM 2012, 142 = GE 2011, 690; LG Wiesbaden WuM 1980, 17 LG Hamburg WuM 1976, 10.

1250 LG Mannheim WuM 1996, 338.

1251 LG Siegen WuM 1990, 17.

1252 KG GE 2004, 48.

1253 LG Berlin GE 2004, 427.

1254 OLG Celle WuM 1995, 584 = ZMR 1995, 204.

1255 OLG Frankfurt/M. NZM 2000, 186 – 50% Minderung.

1256 OLG Köln NZM 1999, 73; LG Freiburg WuM 1998, 279.

1257 LG Berlin GE 2003, 1429.

1258 AG Rudolstadt NJW-RR 2002, 877 = NZM 2002, 163; **a. A.** OLG Naumburg; OLG Dresden.

1259 OLG Düsseldorf ZMR 2003, 423; vgl. *Kandelhard* NZM 2005, 43, 47.

1260 OLG Düsseldorf NZM 2003, 63.

1261 BGH (XII ZR 48/10) WuM 2012, 323 = MietPrax-AK § 543 BGB Nr. 25.

hat, sind diese Anforderungen im Kern vom VIII. Zivilsenat[1262] für den Tatsachenirrtum bestätigt worden, so dass regelmäßig eine zu hohe Mietminderung vom Mieter zu vertreten ist. Die irrige Annahme der tatsächlichen und rechtlichen Vortaussetzungen des Minderungsgrundes entschuldigt ihn selbst dann nicht, wenn er zuvor (fehlerhaften) Rechtsrat eingeholt hat. Diese Rechtsprechung ist wegen des hohen Risikos des Mieters, trotz der ihm gesetzlich eingeräumten Befugnis zur Mietminderung bei einem Irrtum über den Grund oder die Höhe der Mietminderung seine Wohnung zu verlieren, problematisch.

394 Dem Mieter kann zwar zugemutet werden, vor Ausübung der Minderung zunächst fachmännischen Rat einzuholen.[1263] Fällt aber der Minderungsbetrag trotz des fachmännischen Rates zu hoch aus, darf dies nicht zum Nachteil des Mieters gereichen.[1264] Anderenfalls würde er dafür bestraft, dass er vor Ausübung seiner Rechte einen Fachmann hinzugezogen hat. Jedenfalls bei der Frage der Höhe der Minderung hat der Mieter im Regelfall[1265] einen Irrtum nicht zu vertreten (§ 286 Abs. 4 BGB)[1266], da es zur Bemessung der Minderungshöhe keine einheitlichen Standards gibt, die eine sichere Einschätzung dieser Frage ermöglichen. Darüber hinaus sollte dem Mieter wegen des Mietrückstandes auch dann nicht gekündigt werden dürfen, wenn der Berater den (fehlerhaften) Angaben des Mieters vertraut und die Mängel nicht selbst besichtigt hat.[1267] Der Mieter muss ohne Furcht vor einer Kündigung seine Rechte wahren können.[1268] Wird aber dem Mieter im laufenden Prozess die Rechtsauffassung des Gerichts mitgeteilt[1269] oder ist eine rechtskräftige Entscheidung über die Höhe des Minderungsbetrages ergangen, kommt der Mieter mit dem zu viel geminderten Betrag in Verzug, ohne dass es hierzu einer – weiteren – Mahnung des Vermieters bedarf.

395 Hat der Vermieter z. B. aufgrund des durch eine Minderung sich ergebenden Zahlungsrückstandes Räumungs- und Zahlungsklage erhoben, ist ein Teilurteil wegen des Räumungsanspruchs unzulässig, da die Gefahr besteht, dass das (Rechtsmittel-)Gericht bei der Beurteilung des Zahlungsanspruchs die Berechtigung zur Mietminderung anders entscheidet. Weder das erkennende Gericht noch das Rechtsmittelgericht sind an das Teilurteil gebunden[1270]. Somit trägt der mindernde Mieter zwar das Risiko, dass sich im Streitverfahren die Mietminderung als nicht berechtigt herausstellt. Er muss aber nicht befürchten, ohne Prüfung der Berechtigung der Minderung und eines eventuell bestehenden Zurückbehaltungsrechts vorab die Wohnung räumen zu müssen.[1271]

396 Sind einem **Kaufmann** die Umstände bekannt, die sein Verhalten aus der Sicht des redlichen Verkehrs als sittenwidrig erscheinen lassen, dann entschuldigt ihn nicht die unrichtige Auskunft eines Rechtsanwaltes, dass dieses Verhalten erlaubt sei.[1272] Das gilt auch, wenn der Geschäftsmann sich zwar seine eigene Rechtsansicht sorgfältig gebildet hat, aber dennoch mit einer abweichenden Entscheidung des Gerichts rechnen musste.[1273]

397 Ist der Mieter unsicher über die Höhe der Minderung, kann er den Mietzins zunächst unter Vorbehalt zahlen und Klage auf Feststellung der Berechtigung zur Minderung in bestimmter Höhe erheben. Er entzieht sich damit des Risikos der – i. d. R. unwirksamen – fristlosen Kündigung, wenn der Mangel und die damit verbundene Mietminderung über lange Zeiträume andauern. Steht später die Höhe der Mietminderung fest, kann der Mieter den zu viel gezahlten Betrag nach

---

[1262] BGH (VIII ZR 138/11) WuM 2012, 499 = GE 2012, 1161 = NZM 2012, 637 = MietPrax-AK § 543 BGB Nr 26 mit. Anm. *Börstinghaus* = ZMR 2013, 177; siehe auch BGH (VIII ZR 1/11) WuM 2012, 497 = NJW 2012, 3089 = NZM 2012, 676 = GE 2012, 1162 = MietPrax-AK § 543 BGB Nr. 27 zu Betriebskostenvorauszahlungen m. Anm. *Börstinghaus.*

[1263] *Kraemer* in Bub/Treier III. B Rdn. 1368.

[1264] LG Görlitz WuM 1994, 601; LG Karlsruhe WuM 1990, 294; *Keppeler* ZMR 2002, 885, 890.

[1265] LG Bückeburg ZMR 2012, 623; LG Frankfurt/Main LG Berlin GE 2011, 692.

[1266] LG Berlin GE 2009, 1126; GE 2005, 1353; GE 1994, 1381; LG Hannover WuM 1994, 463; LG Osnabrück WuM 1986, 93; LG Braunschweig WuM 1985, 259; LG Kassel WuM 1981, 185; AG Lübeck ZMR 2012, 277; AG Hamburg WuM 1979, 103; *Emmerich* in Staudinger § 536 BGB Rdn. 58; *Kraemer* in Bub/Treier III. B Rdn. 1368; **a. A.** *Schenkel* NZM 1998, 502, 503; anders bei Irrtum über den Minderungsgrund, vgl. Rdn. 348f.

[1267] **A. A.** LG Braunschweig ZMR 2000, 222; LG Berlin GE 2005, 1353, wenn kein Mangel vorliegt.

[1268] BVerfG WuM 1989, 278.

[1269] LG Frankfurt/Main NZM 2004, 297 = NJW-RR 2004, 1238.

[1270] BGH NJW 1967, 1231; BGH MietPrax-AK § 301 ZPO Nr. 1 m. Anm. *Börstinghaus.*

[1271] BGH (VIII ZR 269/06) MietPrax-AK § 301 ZPO Nr. 2 m. Anm. *Börstinghaus* = WuM 2008, 156 = GE 2008, 261 = DWW 2008, 66 = NZM 2008, 280.

[1272] BGHZ 74, 281 = NJW 1979, 1882 = MDR 1979, 924 = BB 1980, 779.

[1273] BGHZ 89, 296 = NJW 1984, 1028 = ZMR 1984, 163 = DWW 1984, 133 = MDR 1984, 571 = GE 1984, 575.

§ 812 BGB zurückfordern. § 814 BGB steht dem nicht entgegen.[1274] Das soll allerdings nach Auffassung des LG Hamburg[1275] nicht gelten, wenn der Mieter den Mietzins vorbehaltlos gezahlt hat, obwohl er Zweifel an der Wohnungsgröße hatte.

4. Berechnungsschema zur Höhe der Minderung

Die Höhe der Mietminderung wird i. d. R. mit Prozentsätzen der Bruttomiete berechnet. Eine Möglichkeit zur Berechnung der angemessenen Minderung ist dabei die Berechnung nach der sog. **Nutzwertanalyse.** Dieses Verfahren wird auch von der Rechtsprechung zur Ermittlung der Mietminderung eingesetzt.[1276] Die nachfolgenden Tabellen zeigen eine vereinfachte Möglichkeit zur Ermittlung der Minderung auf.[1277] **398**

Tabelle zur Berechnung des Wohnwertes eines Raumes

Raum ggf. auch mehrfach	Wertzahl			
	Vorgabe nach LG Hamburg			
	absolut	in %	absolut	in %
Wohnzimmer	100	18		
Diele	90	16		
Kinderzimmer	80	14		
Arbeitszimmer	70	13		
Küche	60	11		
Esszimmer	50	9		
Bad/WC	40	7		
Schlafzimmer	40	7		
Vorratskammer	20	4		
Keller	10	2		
insgesamt	560	100[1278]		

Diese Tabelle zeigt in der Vorgabe eine Wohnung mit mehreren Zimmer, aufgeteilt in ihren jeweiligen Wohnwert nach absoluten Beträgen und den entsprechenden prozentualen Anteilen an der Gesamtmiete, die hier beispielhaft mit 560 € angenommen wird. In einem zu begutachtenden Fall müssen nicht vorhandene Räume gestrichen und ggf. weitere vorhandene Räume hinzugefügt werden. Neuen Räumen muss eine **Wohnwertkennzahl** vergeben werden, die sich an den obigen Vorgaben orientieren sollte. Für die eigenen Berechnungen sind somit die Werte in die letzten beiden Spalten zu übernehmen. **399**

1274 LG Berlin MM 1992, 100; LG Köln WuM 1989, 311; AG Berlin-Tiergarten MM 1992, 24; **a. A.** AG Königsstein NJW-RR 1989, 270; bei Zahlung unter Vorbehalt LG Frankfurt/M. WuM 1987, 318; LG Düsseldorf WuM 1987, 150; LG München WuM 1987, 223; LG Köln WuM 1984, 62.

1275 LG Hamburg DWW 1990, 207.

1276 LG Hamburg, WuM 1983, 290.

1277 In Anlehnung an *Isenmann* DWW 1995, 361; s. *Börstinghaus, Cathrin,* Mietminderungstabelle, der eine CD-ROM mit einem Rechenprogramm beiliegt, das auf diesem Verfahren beruht.

1278 Die Addition der Einzelwerte ergibt 101, was auf Rundungsdifferenzen zurückzuführen ist.

Tabelle zur Berechnung der Mietminderung

Raum	Wohnwert in %	Mietanteil €	Wertigkeit d. Beeinträchtigung	Tage 1/30	Minderwert €
Wohnzimmer	%	€		/30	€
Kinderzimmer 1	%	€		/30	€
Kinderzimmer 2	%	€		/30	€
Arbeitszimmer	%	€		/30	€
Schlafzimmer	%	€		/30	€
Küche	%	€		/30	€
Bad/WC	%	€		/30	€
Abstellräume	%	€		/30	€
Keller	%	€		/30	€
	100%	€		–	€

400 Diese Werte sind in obige – angepasste – „Tabelle zur Berechnung der Mietminderung" in die Spalte „Wohnwert in %" einzutragen. Anschließend ist die Bruttomiete entsprechend dieses Prozentsatzes auf die einzelnen Räume aufzuteilen und der errechnete Wert in die Spalte „Mietanteil" einzutragen. Die Summe der in dieser Spalte ausgewiesenen Werte muss die vom Mieter vertraglich vereinbarte, monatliche Bruttomiete ergeben.

401 Nunmehr wird die konkrete Beeinträchtigung unter Hinzuziehung der nachstehenden Tabelle zur „Berechnung der Wertigkeit der Beeinträchtigung" in Prozent oder mit einem absoluten Betrag eingetragen. In der Rubrik „Tage" ist die Dauer der Beeinträchtigung anzugeben. Aus diesen Werten lässt sich nunmehr die konkrete Höhe der Minderung leicht berechnen.

402 Nunmehrhat dann noch eine Gesamtbewertung[1279] stattzufinden, d. h. die Minderungsquote ist nach den Umständen des Einzelfalles etwas nach oben oder unten zu runden. Hierbei kann eine Rolle spielen, ob der Mieter ggf. für den Mangel mitverantwortlich ist.[1280] Auf diese Weise ist ein überzeugenderer Wert zu erlangen, als wenn nur „über den Daumen" geschätzt wird.

Tabelle zur Berechnung der Wertigkeit der Beeinträchtigung

0%	keine bzw. unerhebliche Beeinträchtigung
10%	fast keine
20%	noch leichte, geringe
30%	mäßige
40%	deutliche, schon etwas stärkere
50%	starke
60%	sehr starke
70%	schwere
80%	sehr schwere
90%	massive
100%	völlige Aufhebung der Gebrauchstauglichkeit

[1279] LG Hamburg WuM 1983, 290.

[1280] LG Berlin GE 2009, 1125; GE 2012, 831; AG Tempelhof-Kreuzberg GE 2012, 835.

IV. Sonstige Rechte

1. Schadensersatz

403 Schadensersatz kann nach § 536a BGB nur verlangt werden, wenn ein Mangel i. S. d. § 536 BGB vorliegt. Die Minderung der Tauglichkeit muss **nicht erheblich** sein (vgl. Rdn. 53). Daneben kommen Schadensersatzansprüche aus den allgemeinen Vorschriften (§§ 280 ff. BGB) in Betracht[1281] (Einzelheiten s. § 536a Rdn. 160 ff.; Besonderheiten zum Schadensersatz beim Rechtsmangel s. Rdn. 303 ff.).

404 Gegenüber einem Erwerber des Mietobjektes ist zu differenzieren. Ist der Schaden[1282] vor Eigentumsübergang eingetreten, haftet hierfür der Veräußerer. Der Erwerber kann aber darüber hinaus zum Schadensersatz verpflichtet sein, wenn er sich mit der Beseitigung des Mangels in Verzug befindet und dadurch dem Mieter ein weiterer Schaden entsteht.[1283]

405 War der Mangel schon vor Erwerb vorhanden, tritt der Schaden aber erst nach Erwerb ein, haftet der Erwerber, weil der Mieter sonst einen Nachteil erleiden würde, was mit der mieterschützenden Funktion des § 566 BGB nicht zu vereinbaren ist.[1284] Das gilt nicht nur für die Garantiehaftung[1285], sondern auch für die Verschuldenshaftung[1286]; insbesondere wirkt die vor dem Erwerb eingetretene Verzugslage in der Person des Erwerbers fort.[1287]

2. Aufwendungsersatz

406 Der Mieter kann auch den Mangel selbst beheben und unter den Voraussetzungen des § 536a Abs. 2 BGB Aufwendungsersatz verlangen (Einzelheiten s. § 536a Rdn. 167 ff.; Besonderheiten zum Aufwendungsersatz beim Rechtsmangel s. Rdn. 306).

3. Aufrechnung

407 Der Mieter kann nach den allgemeinen Vorschriften der §§ 387 ff. BGB den Mietzins mit Gegenforderungen verrechnen (zur Kombination mit einer Vorfälligkeitsklausel vgl. Rdn. 448 ff.). Nach Auffassung des LG Berlin soll der Vermieter nicht gegen einen Anspruch des Mieters auf Auszahlung eines auf Grund von Vorschüssen ermittelten Abrechnungsguthabens aufrechnen dürfen.[1288] Bei Wohnraummietverhältnissen wird die vertragliche Gestaltungsfreiheit des Vermieters zur Einschränkung des Aufrechnungsrechts durch § 556b Abs. 2 BGB sowie durch § 309 Nr. 3 BGB eingeschränkt. Auch Sondervorschriften können die Aufrechnungsbefugnis beschränken. So kann ein Vermieter einer dem WoBindG unterliegenden Wohnung gegen einen **Kautionsrückzahlungsanspruch** des Mieters nur mit solchen Forderungen aufrechnen, die durch die Kaution gem. § 9 WoBindG zulässigerweise gesichert werden.[1289] Auch im kaufmännischen Verkehr ist eine Formularklausel als unangemessenen und deshalb unwirksam zu beurteilen, die jede Aufrechnung, also auch eine solche mit unstreitigen oder rechtskräftig festgestellten Gegenforderungen, ausschließt.[1290]

408 Ein im Mietvertrag wirksam vereinbartes **Aufrechnungsverbot** besteht nicht nur gegenüber der Mietzinsforderung, sondern auch gegenüber dem Anspruch auf Nutzungsentschädigung nach § 546a BGB. Das Verbot entfällt somit nicht mit der Rückgabe der Mietsache oder mit Beendigung

---

1281 BGH WuM 1978, 86 = NJW 1978, 103 = ZMR 1978, 82 = MDR 1978, 306; zum Schadensersatz bei unberechtigter Kündigung des Vermieters vgl. OLG Hamm, Rechtsentscheid vom 31.1.1984, WuM 1984, 94 = NJW 1984, 1044 = MDR 1984, 494 = DWW 1984, 133 = ZMR 1984, 129.

1282 Zur Bemessung des entgangenen Gewinns siehe BGH (XII ZR 128/09) MietPrax-AK § 252 BGB Nr 2 = GE 2010, 1741; *Dose* WImmoT 2011, 21, 26.

1283 *Sternel,* Mietrecht aktuell (2009), Rdn. VIII 283.

1284 BGH (VIII ZR 22/04) WuM 2005, 201 = NZM 2005, 253 = NJW 2005, 1187 = DWW 2005, 103 = ZMR 2005, 354 = MietPrax-AK § 566 BGB Nr. 4 m. Anm. *Börstinghaus;* zum Problem beim Teilschaden vgl. *Derleder* NJW 2008, 1189, 1190.

1285 BGHZ 49, 350; *Sternel,* Mietrecht aktuell (2009), Rdn. VIII 283.

1286 *Derleder* NJW 2008, 1189, 1190.

1287 BGH (VIII ZR 22/04) WuM 2005, 201 = NZM 2005, 253 = NJW 2005, 1187 = DWW 2005, 103 = ZMR 2005, 354 = MietPrax-AK § 566 BGB Nr. 4 m. Anm. *Börstinghaus; Sternel,* Mietrecht aktuell (2009), Rdn. VIII 311.

1288 LG Berlin GE 1995, 1085; GE 1994, 999.

1289 AG Köln WuM 2000, 22.

1290 BGH (VIII ZR 90/85) NJW-RR 1986, 1110 = WPM 1986, 1024.

des Mietverhältnisses bei weitergehender Nutzung. Unerheblich ist eine vom Vermieter erklärte Bereitschaft, die Gegenansprüche des Mieters zu prüfen und im Falle der Begründetheit verrechnen zu wollen.[1291] Die Aufrechnung kann auch in einem Formularmietvertrag von einer vorherigen Ankündigung abhängig gemacht werden.[1292] Diese verliert nach Vertragsende und Rückgabe ihren Sinn, wenn nur noch wechselseitige Ansprüche aufzurechnen sind. Daher wirkt sich eine solche Formularklausel auf diesen Fall nicht aus.[1293]

4. Zurückbehaltungsrecht

409 Das Zurückbehaltungsrecht gem. § 320 BGB besteht neben dem Recht auf Mietminderung.[1294] Der Mieter hat daher unabhängig von der Minderung die Möglichkeit der Einrede des nichterfüllten Vertrages und kann grundsätzlich den nicht von der Minderung erfassten Betrag des künftigen Mietzinses zurückbehalten, um den Vermieter zur Erfüllung seiner Pflicht aus § 535 BGB anzuhalten.[1295] Diese Rechtslage ist unstrittig, soweit der Mietvertrag vor dem 1.9.2001 abgeschlossen wurde, weil hinsichtlich der Fälligkeit § 551 BGB a. F. für bestehende Mietverhältnisse in der bis zum In-Kraft-Treten des Mietrechtsreformgesetzes geltenden Fassung anwendbar bleibt (Art. 229 § 3 Abs. 1 Nr. 7 EGBGB). § 551 BGB a. F. behält insoweit seine Leitbildfunktion.[1296] Dem steht der Umstand nicht entgegen, dass die Vertragsparteien eine **Vorauszahlungspflicht** des Mieters vereinbart haben, weil die vertragliche Abweichung von der gesetzlichen Zahlungspflicht gem. § 551 BGB a. F. an der gesetzlichen Vorleistungspflicht des Vermieters zur Herstellung des vertragsgemäßen Zustandes nichts ändert.[1297]

410 Bei Mietverträgen, die nach dem 31.8.2001 abgeschlossen wurden, ist zu differenzieren. Wohnraummietverträge unterliegen § 556b Abs. 1 BGB (zur Vorleistungspflicht s. § 556b Rdn. 4 ff.). Über § 579 Abs. 2 BGB, der auf die Vorschrift für Wohnraummietverhältnisse verweist (§ 556b Abs. 1 BGB), gilt diese Regelung auch für Mietverhältnisse über Räume, die nicht Wohnräume sind. Somit ist auch bei Gewerberaummietverhältnissen die Miete – anders als bisher – kraft Gesetzes vorschüssig zu zahlen. Der Gesetzgeber wollte damit der allgemeinen Vertragspraxis Rechnung tragen.[1298] Daher wurde auch die Regelung übernommen, dass es für die **Rechtzeitigkeit** der Zahlung ausreicht, wenn der Mieter die Miete bis zum dritten Werktag[1299] des jeweiligen Zeitabschnittes entrichtet. Die Regelung ist nicht zwingend, so dass abw. Vereinbarungen, insbesondere bei Hotels oder Ferienwohnungen, möglich bleiben.

411 Für andere Mietverhältnisse gilt § 579 Abs. 1 BGB. Die Vorschrift enthält Regelungen über die Fälligkeit der Miete bei Grundstücksmietverhältnissen, Mietverhältnissen über eingetragene Schiffe und Mietverhältnissen über bewegliche Sachen. Da sich für die Mietverhältnisse nach § 579 Abs. 1 BGB hinsichtlich der Zahlungsfälligkeit somit keine Änderung ergeben hat, bleiben auch insoweit die obigen Ausführungen zum Zurückbehaltungsrecht maßgeblich.

412 Diskutiert wird dagegen, ob für Mietverhältnisse über Räume, die nach dem 31.8.2001 abgeschlossen wurden, wegen der vorgezogenen Zahlungspflicht des Mieters andere Maßstäbe anzulegen sind, da § 320 BGB ein Zurückbehaltungsrecht des Schuldners ausschließt, wenn er vorleistungspflichtig ist. Dies ist allerdings aus mehreren Gründen abzulehnen: § 556b Abs. 2 BGB regelt ausdrücklich, dass dem Mieter wegen Forderungen aus §§ 536a, 539 BGB sowie aus ungerechtfertigter Bereicherung ein Zurückbehaltungsrecht zusteht, selbst wenn vertraglich etwas anderes geregelt wurde. Die Erwähnung des Zurückbehaltungsrechts in einer Vorschrift mit der Fälligkeitsregelung der Mietzahlung zeigt, dass das Zurückbehaltungsrecht bestehen bleibt.[1300] Zudem ergibt sich

[1291] OLG Karlsruhe ZMR 1987, 261.
[1292] OLG Hamm MDR 1997, 927.
[1293] OLG Düsseldorf ZMR 2005, 450 = DWW 2005, 67.
[1294] BGHZ 84, 42 = NJW 1982, 2242 = MDR 1982, 836; WuM 1982, 296 = NJW 1982, 874; LG Berlin WuM 1994, 464; *Emmerich* in Emmerich/Sonnenschein § 536 Rdn. 34.
[1295] BGH (XII ZR 254/95) WuM 1997, 488; *Sternel* WuM 2002, 244, 247.
[1296] BGH (VIII ZR 66/08) WuM 2009, 228 = MietPrax-AK § 556b BGB Nr. 3 = NJW 2009, 1491 = NZM 2009, 315 = GE 2009, 577.
[1297] Grundlegend BGH NJW 1982, 2242 = ZMR 1983, 272 = MDR 1982, 836; OLG Düsseldorf ZMR 1989, 300; LG Hamburg WuM 1981, 229; *Kraemer/Ehlert* in Bub/Treier III. B Rdn. 3282.
[1298] BR-Drucks. 439/00 S. 130.
[1299] Zum Samstag als Werktag siehe BGH (VIII ZR 129/09) WuM 2010, 495 = GE 2010, 1111 = NJW 2010, 2879 = NZM 2010, 661 = ZMR 2010, 948; BGH (VIII ZR 291/09) WuM 2010, 500 = NJW 2010, 2882 = NZM 2010, 664 = GE 2010, 1116; zur Fälligkeit der Miete siehe *Flatow*, NZM 2017, 273 ff.
[1300] *Börstinghaus/Eisenschmid* § 556b BGB, S. 231.

aus der Begründung zum Gesetzentwurf,[1301] dass mit der Regelung über die Mietzahlungspflicht lediglich **die Vertragswirklichkeit** abgebildet werden sollte.[1302] Da somit der Gesetzgeber keine Änderung der Rechtslage herbeiführen und zudem keinesfalls die Rechte des Mieters schmälern wollte, muss im Wege der teleologischen Reduktion die Vorschrift des § 556b Abs. 1 BGB als reine Fälligkeitsregelung angesehen werden.[1303] Aber auch eine Vorleistungspflicht unterstellt, führt dies nicht zu einem anderen Ergebnis, da es sich um eine einfache, unbeständige Vorleistungspflicht handelt[1304] Diese führt bei einem fälligen Anspruch der Gegenleistung am Ende der durch die Vorleistung bestimmten Periode zu einem Anspruch auf Leistung Zug um Zug.[1305] Somit gilt dann wieder uneingeschränkt § 320 Abs. 1 BGB (s. auch § 556b Rdn. 12f.).

413 Das Zurückbehaltungsrecht gilt selbst noch nach Auszug des Mieters, wenn er für einen späteren Zeitraum gekündigt hat.[1306] Hat der Mieter allerdings den Mietvertrag **fristlos gekündigt und die Mietsache geräumt,** ergibt sich daraus, dass er für die Zukunft nicht mehr zur Erfüllung bereit ist und von dem Vermieter die Erfüllung des Mietvertrages für die Zukunft nicht mehr erwartet. Für einen solchen Fall ist die Einrede aus § 320 BGB nicht bestimmt.[1307] Sie hat nur verzögerlichen Charakter und dient dazu, den anderen Teil zur Erfüllung des mit der Einrede geltend gemachten Anspruchs anzuhalten.[1308] Daher besteht das Zurückbehaltungsrecht nach Auffassung des VIII. Zivilsenats des BGH[1309] (s. auch § 536c BGB Rdn. 38) erst dann, wenn der Mieter dem Vermieter den diesem unbekannten Mangel nach § 536c BGB angezeigt hat. Das kann aber dann nicht gelten, wenn dem Vermieter der Mangel aus anderer Quelle bekannt war.

414 Nicht erforderlich ist, dass der Mieter das zurückbehaltene Geld anlegt oder zurücklegt. Entscheidend ist nur, dass er zahlungswillig und zahlungsbereit ist. Daher entfällt das Zurückbehaltungsrecht nicht, wenn der Mieter das **zurückbehaltene** Geld ausgegeben hat. Etwas anderes kann gelten, wenn der Mieter von vornherein wusste, dass er bei Leistungserfüllung des Vermieters in keinem Fall leistungsfähig sein wird.[1310]

415 Besonderheiten sind zu beachten, wenn der Vermieter im laufenden Mietverhältnis das Objekt veräußert und der **Erwerber** gem. § 566 BGB das Mietverhältnis fortsetzt. Mit dem Veräußerungsvorgang verliert der Mieter gegenüber dem früheren Vermieter seinen Erfüllungsanspruch. § 566 Abs. 2 BGB verpflichtet den Veräußerer nur zur Bürgenhaftung wegen Schadensersatz. Konsequenterweise verliert der Mieter dann aber gegenüber dem Veräußerer auch sein Zurückbehaltungsrecht und muss die einbehaltenen Beträge zurückzahlen[1311]. Der Erwerber haftet nunmehr für die Erfüllung des Mietvertrages, so dass der Mieter sein Zurückbehaltungsrecht ihm gegenüber erneut geltend machen muss.[1312]

416 Der formularmäßige Ausschluss oder die formularmäßige Beschränkung des Zurückbehaltungsrechts gem. § 320 BGB ist bei Mietverhältnissen über Wohnraum wegen § 309 Nr. 2 lit. a BGB nicht möglich.[1313] Daher ist es unwirksam, das Zurückbehaltungsrecht von einer **Ankündigung** abhängig zu machen[1314] oder auf den Nettomietzins zu beschränken.[1315] Soweit individualvertrag-

---

[1301] BR-Drucks. 439/00, S. 130.
[1302] *Gellwitzki* WuM 2001, 373, 381, 382.
[1303] *Sternel* WuM 2002, 244, 247; i. E. auch *Streyl* DWW 2009, 82, 83; *Conrad* MDR 2013, 1381, 1382; vgl. auch BGH NJW 1982, 2242 = ZMR 1983, 272 = MDR 1982, 836.
[1304] *Schultz* PiG 2002, 263, 272 (Bd. 65); so wohl auch *Kandelhard* in Herrlein/Kandelhard § 536 Rdn. 65; zum Begriff der unbeständigen Vorleistungspflicht s. *Emmerich* in MünchKomm § 320 Rdn. 19.
[1305] *Derleder* NZM 2002, 676, 679; vgl. BGH NJW-RR 1989, 1356; NJW 1986, 1164 = MDR 1986, 57.
[1306] OLG Düsseldorf MDR 1989, 640 = BB 1989, 1934; *Franke* ZMR 2010, 663, 665.
[1307] BGH (VIII ZR 310/80) WuM 1982, 296 = NJW 1982, 874 = MDR 1982, 573 = ZMR 1983, 62; BGH (XII ZR 63/95) WuM 1997, 488 = NJW 1997, 2674 = ZMR 1997, 505 = MDR 1997, 112 = GE 1997, 1163; LG Berlin GE 2007, 516.
[1308] BGH (VII ZR 96/81) NJW 1982, 2494 = MDR 1983, 48; LG Berlin WuM 1998, 28.
[1309] BGH (VIII ZR 330/09) MietPrax-AK § 320 BGB Nr 1 *(Eisenschmid)*= GE 2011, 122 = NZM 2011, 197 = ZMR 2011, 275; s. auch *Beuermann* GE 1996, 948, 950; LG Berlin NZM 1998, 475.
[1310] Vgl. dazu LG Braunschweig ZMR 1999, 827.
[1311] BGH (VIII ZR 284/05) WuM 2006, 435 = NZM 2006, 696 = GE 2006, 1034 = ZMR 2006, 761 = MietPrax-AK § 566 BGB Nr. 6; *Conrad* MDR 2013, 1381, 1384; **a. A.** *Gellwitzki* WuM 2006, 126.
[1312] *Schenkel* NZM 1998, 502, 504.
[1313] LG Berlin GE 1994, 403; LG Osnabrück WuM 1989, 370; *Emmerich* in Staudinger § 536 BGB Rdn. 59; *Franke* ZMR 2010, 663, 665.
[1314] LG Berlin ZMR 1998, 33 *Conrad* MDR 2013, 1381, 1384.
[1315] *Sternel* WuM 2002, 244, 248.

lich etwas anders vereinbart wurde, ist bei Wohnraummietverhältnissen die Einschränkung durch § 556b Abs. 2 BGB zu beachten (Einzelheiten s. dort).

417 Gegenüber Kaufleuten gilt die formularmäßige Einschränkung im gleichen Umfang wie beim Ausschluss des Minderungsrechts[1316] (s. dazu Rdn. 459ff.). In jedem Fall ist ein formularmäßiger Ausschluss des Zurückbehaltungsrechtes auch bei der Geschäftsraummiete zwischen Kaufleuten unwirksam, wenn hiervon nicht unstreitige, entscheidungsreife und rechtskräftig festgestellte Gegenforderungen des Mieters ausgenommen sind.[1317] Der **Formularvertrag** kann aber hier vorsehen, dass die wirksame Geltendmachung des Zurückbehaltungsrechts von einer einmonatigen Vorankündigung abhängig ist.[1318] Lässt die Vertragsklausel offen, welches Zurückbehaltungsrecht eingeschränkt oder ausgeschlossen sein soll, so bezieht sich die Klausel sowohl auf das Zurückbehaltungsrecht des § 273 BGB, als auch auf das des § 320 BGB.[1319] So wenig wie der bloße Ausschluss des Zurückbehaltungsrechts das Minderungsrecht berührt, wird im umgekehrten Fall das Zurückbehaltungsrecht durch den Ausschluss der Minderung eingeschränkt.[1320]

418 Das Zurückbehaltungsrecht nach § 273 BGB darf grundsätzlich nur für **künftige** Mietzahlungen geltend gemacht werden[1321] (zum Zurückbehaltungsrecht nach § 320 BGB s. Rdn. 430). Ist der Mieter hinsichtlich einzelner Forderungen des Vermieters in Verzug geraten, kann er wegen einer erst später fällig gewordenen Gegenleistung ein Zurückbehaltungsrecht nur geltend machen, wenn er Handlungen vornimmt, die zur Heilung des Verzuges geeignet sind.[1322]

419 Das Zurückbehaltungsrecht soll sich nach Auffassung des OLG Frankfurt/Main[1323] nur für den jeweiligen fälligen Mietzahlungsmonat auswirken. Über den fälligen Monat hinaus dürfe der Mieter daher den Mietzins nicht zurückhalten. Dem ist Sternel[1324] zu Recht entgegen getreten mit dem Argument, dass der Erfüllungsanspruch des Mieters nicht mit der Beendigung eines Zahlungsabschnitts endet. Dies sieht der BGH[1325] inzwischen modifiziert (s. Rdn. 426f.)

420 Das Risiko des **Bestands** des Zurückbehaltungsrechtes trägt der Mieter.[1326] Stellt sich nach einer Kündigung des Vermieters wegen Zahlungsverzuges heraus, dass der Mieter zur Zurückbehaltung nicht oder nicht in der vorgenommenen Höhe berechtigt war, geht dies grundsätzlich zu seinen Lasten. Die Geltendmachung des Erfüllungsanspruchs ist für den Mieter im Zweifel der sicherere Weg. Ein schuldloser (Rechts-)Irrtum über den Bestand des Zurückbehaltungsrechtes ist nur unter besonderen Umständen anzunehmen[1327], da dem Mieter grundsätzlich zuzumuten ist, Rechtsrat z. B. bei einem Mieterverein oder Rechtsanwalt einzuholen.

421 Irrt sich der Mieter dagegen lediglich über die Höhe des zulässigen Zurückbehaltungsrechtes, ist in Anbetracht der Entscheidung des BGH[1328] die Auffassung der Vorauflage nicht mehr aufrecht zu erhalten, dass hinsichtlich des dadurch verursachten Zahlungsverzuges kein Verschulden vorliegt (zur Minderung s. Rdn. 389ff.). Vielmehr bedarf es hier einer differenzierenden Betrachtung (s. dazu Rdn. 426f.).

422 **a) Abgrenzung zur Mietminderung.** Der wesentliche Unterschied zwischen dem Mietminderungsrecht und dem Zurückbehaltungsrecht liegt darin, dass sich im ersten Fall der Mietzins kraft Gesetzes automatisch verringert, also das ursprüngliche Äquivalenzverhältnis von Leistung und Gegenleistung wieder hergestellt wird, während das Zurückbehaltungsrecht lediglich dazu dient, **Druck** auf den Vermieter auszuüben, den vertragsgemäßen Zustand wieder herzustellen. Die Ge-

---

1316 Vgl. LG Berlin NJW-RR 1992, 518; einschränkend *Wolf/Eckert/Ball* Rdn. 393ff.

1317 BGH (III ZR 141/90) = NJW 1992, 575 = MDR 1992, 229; *Franke* ZMR 2010, 663, 665.

1318 OLG Hamburg WuM 1998, 152 = NJW-RR 1998, 586 = ZMR 1998, 220.

1319 BGH (XII ZR 167/01) WuM 2003, 439 = NZM 2003, 437 = GE 2003, 804 = DWW 2003, 188 = MietPrax-AK § 536 BGB Nr. 1 = GuT 2003, 144; OLG Düsseldorf ZMR 2004, 576; *Lützenkirchen* WuM 2000, 55, 57.

1320 *Kraemer/Ehlert* in Bub/Treier III. B Rdn. 3288.

1321 OLG Düsseldorf ZMR 1988, 304 = VersR 1988, 1267; vgl. LG Berlin GE 2012, 898.

1322 Erman/*Ebert* § 273 Rdn. 14 m. w. N.

1323 OLG Frankfurt/M. ZMR 1999, 628; NZM 2000, 186.

1324 *Sternel* WuM 2002, 244, 248; *Conrad* MDR 2013, 1381, 1383.

1325 BGH (VIII ZR 19/14) NZM 2015, 618 = WuM 2015, 568 = GE 2015, 1089 = NJW 2015, 3087 = ZMR 2015, 868 = MietPrax-AK § 112 InsO Nr 1 (Börstinghaus).

1326 BGH (VIII ZR 330/09) WuM 2011, 13 = MietPrax-AK § 320 BGB Nr 1 = NZM 2011, 197 = NJW-RR 2011, 447 = ZMR 2011, 275 = MDR 2011, 92 = GE 2011, 122.

1327 Vgl. LG Berlin GE 2009, 1126; zum Minderungsrecht s. Rdn. 348f.

1328 BGH (VIII ZR 19/14) NZM 2015, 618 = WuM 2015, 568 = GE 2015, 1089 = NJW 2015, 3087 = ZMR 2015, 868 = MietPrax-AK § 112 InsO Nr 1 (Börstinghaus).

währleistungsansprüche werden nämlich durch die Einrede des nicht erfüllten Vertrages (§ 320 BGB) nicht berührt.[1329] Wird der Mangel durch den Vermieter beseitigt, ist der zurückbehaltene Betrag nachzuzahlen (§ 322 BGB).[1330] Ein Zinsanspruch des Vermieters besteht – mangels Verzugs – nicht.[1331]

Hatte der Mieter bei Vertragsabschluss Kenntnis von dem Mangel, steht dies der Ausübung des Zurückbehaltungsrechtes nicht entgegen. § 536b BGB findet in diesem Fall keine Anwendung, weil durch diese Vorschrift nur die Gewährleistungsansprüche – nicht aber die Erfüllungsansprüche – ausgeschlossen werden[1332] (s. auch § 536b Rdn. 48ff.). Nach Auffassung des VIII. Zivilsenats des BGH[1333] kann der Rechtsgedanke des § 536b BGB (§ 539 BGB a. F.) jedoch bei Anwendung des § 320 Abs. 2 BGB herangezogen werden.[1334] Dabei ist insbesondere zu berücksichtigen, welches Vertrauen der Mieter in die Nachholung der „restlichen" Erfüllungsleistung setzen durfte. Die Hinnahme eines Mangels über einen sehr langen Zeitraum kann einen solchen Ausnahmefall darstellen.[1335] 423

b) Höhe des Zurückbehaltungsrechts. Strittig war bisher, in welcher Höhe das Zurückbehaltungsrecht ausgeübt werden durfte. Unstreitig war zunächst, dass die Höhe des Betrages, den der Mieter zurückbehalten darf, von den jeweiligen Umständen mit Rücksicht auf Treu und Glauben abhängt.[1336] Daher kann der Mieter grundsätzlich den gesamten Mietzins zurückbehalten, wenn die Räume für den Gebrauch völlig untauglich sind.[1337] Er ist dagegen gehalten, kein Zurückbehaltungsrecht auszuüben, wenn der Mangel nur unerheblich ist. Hieraus hat die Rechtsprechung den an § 242 BGB orientierten Grundsatz abgeleitet, dass die Höhe des Zurückbehaltungsrechts sich grundsätzlich an der **Schwere des Mangels** messen lassen muss. 424

Nach Auffassung eines Teils der Instanzrechtsprechung und Literatur wird das Zurückbehaltungsrecht auf das 3–5 fache des Minderungsbetrages[1338] begrenzt, da eine 100%ige Zurückbehaltung unabhängig von der Schwere des Mangels gegen Treu und Glauben verstoßen würde (vgl. § 320 Abs. 2 BGB).[1339] Solange der Vermieter den Mangel nicht beseitigt, ist nach dieser Auffassung der Mieter berechtigt, sein Zurückbehaltungsrecht auszuüben, weil nur so ausreichend Druck auf den Vermieter ausgeübt werden könne.[1340] 424a

Eine andere Auffassung stellt zur Bemessung der Höhe des Zurückbehaltungsrechtes auf den **zur Beseitigung des Mangels erforderlichen Betrag** ab.[1341] Dies wird damit begründet, dass eher ein Sachbezug zu den Kosten der Mängelbeseitigung als zur Höhe der Minderung gegeben sei. Diese Meinung berücksichtigt jedoch nicht ausreichend, dass sich das Zurückbehaltungsrecht auf die Gegenleistung bezieht, also auf den geschuldeten, aber nicht erbrachten Teil des vertragsgemäßen Gebrauchs, womit die Sachnähe zur Minderung deutlich wird.[1342] Zudem sprechen auch praktische Gründe gegen die Anknüpfung an die Mangelbeseitigungskosten, deren Höhe im Ein- 425

1329 BGH NJW 1982, 2242 = ZMR 1983, 272 = MDR 1982, 836.

1330 Zum Zurückbehaltungsrecht beim Vermögensverfall vgl. OLG Düsseldorf ZMR 1989, 300.

1331 LG Köln WuM 1990, 385.

1332 BGH (XII ZR 139/05) GuT 2007, 208 = NZM 2007, 484 = ZMR 2007, 605 = GE 2007, 840 = Miet-Prax-AK § 536b BGB Nr. 9 m. Anm. *Eisenschmid;* WuM 1997, 488 = NJW 1997, 2674 = ZMR 1997, 505 = MDR 1997, 1112 = GE 1997, 1163; WuM 1982, 296 = NJW 1982, 874 = MDR 1982, 573 = ZMR 1983, 197; NJW 1989, 3222 = MDR 1990, 146 = NJW-RR 1990, 60 = ZMR 1990, 211; LG Hamburg WuM 1989, 385; 1989, 566; LG Bonn NJW-RR 1990, 19 = ZMR 1990, 58; OLG Naumburg WuM 2000, 242; vgl. auch BayObLG WuM 1999, 392.

1333 BGH (VIII ZR 334/88) NJW 1989, 3222 = MDR 1990, 146 = ZMR 1990, 211.

1334 LG Düsseldorf DWW 1999, 184; vgl. Beispiele bei *Gellwitzki* WuM 1999, 10, 14ff.

1335 LG München I WuM 1999, 688 (11 Jahre); AG Spandau GE 2000, 413 (10 Jahre).

1336 BGH NJW 1982, 2494 = MDR 1983, 48.

1337 LG Berlin ZMR 1988, 306 = GE 1988, 681.

1338 LG Berlin GE 1995, 821; GE 1990, 1037; GE 1990, 705; LG Hamburg WuM 1989, 172 = ZMR 1984, 128 = MDR 1984, 494; AG München WuM 1987, 216; AG Waldbröl WuM 1989, 71; *Schmidt* NZM 2013, 705, 715; *Sternel* WuM 2002, 244, 248; *Keppeler* ZMR 2003, 885, 894; **a. A.** LG München NZM 2000, 87; kritisch *Kraemer* WuM 2000, 515, 517.

1339 LG Berlin GE 1993, 263 = ZMR 1992, 302; LG Hamburg WuM 1989, 566; ZMR 1984, 128; AG München WuM 1987, 216.

1340 LG Hamburg WuM 1989, 566.

1341 LG Berlin GE 2000, 1688; LG Saarbrücken NZM 1999, 757; LG Bonn WuM 1991, 262 = ZMR 1991, 300; offen gelassen *Emmerich* in Staudinger § 536 BGB Rdn. 61; siehe dazu auch *Kraemer/Ehlert* in Bub/Treier III. B Rdn. 3284; *Schenkel* NZM 1998, 502, 503.

1342 Vgl. *Gellwitzki* WuM 1999, 10, 15.

zelfall nur schwer, ggf. nur mit Hilfe eines Sachverständigen, feststellbar ist.[1343] Der XII. Zivilsenat des Bundesgerichtshofs hat diesen Streit bislang **nicht** entschieden und jedenfalls für das Gewerberaummietrecht im Einzelfall die dreifache Höhe der Herstellungskosten nicht beanstandet[1344].

426 Auch der VIII. Zivilsenat[1345] hat sich keiner der bislang vertretenen Auffassungen angeschlossen. Er ist der Auffassung, dass das Zurückbehaltungsrecht einerseits seinem Sinn und Zweck nach sowie andererseits unter Berücksichtigung des Umstandes, dass das durch den Mangel der Wohnung bestehende Ungleichgewicht zwischen Leistung und Gegenleistung durch die Minderung wieder hergestellt ist, grundsätzlich einer zeitlichen und betragsmäßigen Begrenzung unterliege. Das Zurückbehaltungsrecht könne nicht in schematisch berechneter Höhe ausgeübt werden, sondern bedürfe einer Gesamtwürdigung der Umstände des jeweiligen Einzelfalls unter Berücksichtigung des Grundsatzes von Treu und Glauben. Die Frage des angemessenen und verhältnismmäßigen Zurückbehaltungsrechts sei somit vom Tatrichter im Rahmen seines **Beurteilungsermessens** für den jeweiligen Einzelfall zu entscheiden. Offen bleibt die Frage, ob die Begrenzung in zeitlicher und betragsmäßiger Hinsicht auch dann gilt, wenn der Mieter die Klage zur Mangelbeseitigung bzw. zur Zahlung eines Vorschusses eingereicht hat[1346], denn bis zur gerichtlichen Entscheidung wird regelmäßig nicht vor Ablauf eines Jahres zu rechnen sein. Das ist in Verfolg der vom VIII. Zivilsenat vertretenen Auffassung zu bejahen, da der Mieter mit der Klageerhebung selbst davon ausgeht, dass das Zurückbehaltungsrecht wahrscheinlich keine Wirkungen entfalten wird. Ein unbegrenztes Zurückbehaltungsrecht wäre danach unangemessen.

426a Die Literatur hat zur Recht sehr kritisch auf diese Entscheidung reagiert.[1347] In der Praxis führt das Beurteilungsermessen über die Höhe des Zurückbehaltungsrechts zu erheblichen Problemen[1348], da der Mieter nicht wissen kann, ob er mit seiner vorgenommenen „Gesamtwürdigung" im Rahmen dessen liegt, was das Gericht als angemessen ansieht. Um nicht den Verlust der Wohnung zu riskieren, kann es angebracht sein, den Vermieter besser gerichtlich auf Erfüllung in Anspruch zu nehmen, als außergerichtlich ein Zurückbehaltungsrecht geltend zu machen.[1349] Wegen dieser Problematik regt Börstinghaus[1350] an, einen **„Schätzirrtum"** zuzulassen. Dieser sei möglich, wenn sich bei einem unstreitigen Mangel unterschiedliche Vorstellungen über die Bewertung der Gebrauchsbeeinträchtigung zeigten. Es gäbe niemals einen festen konkreten Minderungsbetrag, der auf einen bestimmten Mangel passe. Vielmehr bewege sich der Minderungsbetrag innerhalb einer bestimmten Bandbreite, die je nach Bewertung zu einem Minderungsbetrag innerhalb dieser Spanne führe. Dieser Gedanke ist auch bei der Höhe des wahrgenommenen Zurückbehaltungsrechts nutzbar zu machen. Schätzungen, die naturgemäß einen gewissen Spielraum zulassen, müssen sich aber in der richtigen Größenordnung bewegen.[1351] Außerhalb der noch tolerablen Größenordnung, die aber an die individuelle Erkenntnismöglichkeit des Mieters anknüpfen muss,[1352] hat der Mieter den dadurch bedingten Mietrückstand zu vertreten.[1353]

426b Der Entscheidung des VIII. Zivilsenats kann wohl entnommen werden, dass der Mieter bei leichten Mängeln maximal drei und bei schweren Mängeln möglicherweise vier bis sechs Monatsmieten zurück behalten darf.[1354] Dabei kann es dem Mieter überlassen bleiben, ob er den vollen

---

[1343] *Börstinghaus* NZM 2016, 418, 423; *Sternel* WuM 2002, 244.

[1344] BGH (XII ZR 167/01) WuM 2003, 439 = ZMR 2003, 416 = NZM 2003, 437 = GE 2003, 804 = DWW 2003, 188 = MietPrax-AK § 536 BGB Nr. 1 = GuT 2003, 144; nach Werkvertragsrecht ist gem. § 641 Abs. 3 BGB i. d. F. des FoSiG v. 23.10.2008 (BGBl. I S. 2022) das Doppelte der für die Beseitigung des Mangels erforderlichen Kosten angemessen.

[1345] BGH (VIII ZR 19/14) NZM 2015, 618 = WuM 2015, 568 = GE 2015, 1089 = NJW 2015, 3087 = ZMR 2015, 868 = MietPrax-AK § 112 InsO Nr 1 (Börstinghaus); siehe dazu auch *Milger,* WImmoT 2015, 7, 10.

[1346] *Börstinghaus* NZM 2016, 418, 423.

[1347] Siehe insbesondere *Hartmann,* WImmoT 2016, 175; *Blank* WuM 2015, 577; *Hinz* ZMR 2016, 253; *Selk* NZM 2016, 434; *Börstinghaus,* jurisPR-MietR 17/2015 Anm. 1; *Schach,* GE 2015, 1058.

[1348] Siehe dazu *Selk,* NZM 2016, 434.

[1349] *Blank,* WuM 2015, 3; *Blank,* Anmerkung zu BGH (VIII ZR 19/14) WuM 2015, 569, 578; *Flatow,* WImmoT 2015, 69, 76; *Selk,* NZM 2016, 434, 435, „… mit der … Entscheidung verliert der … Berater bedauerlicherweise nahezu jegliche Bodenhaftung".

[1350] *Börstinghaus,* MietPrax-AK § 543 BGB Nr. 26; *Hinz* ZMR 2016, 253.

[1351] *Milger,* MDR 2013, 385.

[1352] *Hartmann,* WImmoT 2016, 175, 188 unter Bezugnahme auf BGH (VIII ZR 246/06) WuM 2008, 145 = NJW 2008, 1147.

[1353] *Börstinghaus,* jurisPR-BGHZivilR 18/2012 Anm. 4.

[1354] *Hinz* ZMR 2016, 253; *Börstinghaus* NZM 2016, 418, 423; *Selk,* NZM 2016, 434, 436.

Betrag möglichst schnell ausschöpft oder ob er sich zur Erreichung des Höchstbetrages mehr Zeit lässt.[1355]

c) Mieterhöhung und Zurückbehaltungsrecht. Nach herrschender Auffassung steht dem Mieter nicht das Recht zu, seine Zustimmung zu einem gem. § 558 BGB gestellten Mieterhöhungsverlangen des Vermieters zurückzuhalten, wenn der Mieter wegen nicht behobener Mängel einen Erfüllungsanspruch hat.[1356] Begründet wird dies einerseits damit, dass sich dies aus der Natur des Anspruchs aus § 2 MHG a. F. (= § 558 BGB) ergebe. Denn das Verfahren nach dieser Vorschrift stelle einen **Ausgleich** dafür dar, dass der Vermieter bei Wohnraummietverhältnissen zum Zwecke der Durchsetzung einer Mieterhöhung nicht kündigen dürfe. Gegenüber einem Gestaltungsrecht wie einer Kündigung wäre ein Zurückbehaltungsrecht aber nicht möglich.[1357] Zudem würde andererseits das Mieterhöhungsverfahren ins Uferlose ausgedehnt werden können.[1358] Weiterhin stehe dem Mieter ein effizienteres Zurückbehaltungsrecht gegenüber dem Mietzinsanspruch zu, so dass ihm für eine Zurückbehaltung gegenüber dem Zustimmungsanspruch ein Schutzbedürfnis fehle. 427

d) Kaution und Zurückbehaltungsrecht. Auch gegenüber dem Kautionsanspruch kann der Mieter kein Zurückbehaltungsrecht geltend machen.[1359] Nach dem Sinn und Zweck der Kautionsabrede soll die gezahlte Kaution als **Sicherungsmittel für den Vermieter** dienen, um diesem eine erleichterte Durchsetzung berechtigter Ansprüche gegen den Mieter zu ermöglichen. Eine Kaution dient damit in erster Linie den Vermieterinteressen. Dem Zweck der Kautionsvereinbarung, ein Sicherungsmittel für den Vermieter zu schaffen, würde es zuwiderlaufen, wenn sich der Mieter wegen eventueller Mängel des Mietobjekts auf ein Zurückbehaltungsrecht berufen könnte. Dem Mieter bleiben insoweit die Mietminderung sowie die Ansprüche aus § 536 a BGB. 428

e) Sonstiges. Ein Zurückbehaltungsrecht des Mieters am Mietobjekt nach beendetem Mietverhältnis ist über §§ 570, 578 Abs. 1 BGB ausdrücklich ausgeschlossen. Nach Beendigung des Mietvertrages kann der Mieter also die Rückgabe der Räume oder des Grundstücks nicht mit dem Hinweis verweigern, er habe noch Ansprüche, z. B. aus Kaution, gegen den Vermieter. 429

Solange und soweit ein Zurückbehaltungsrecht nach § 320 BGB besteht, kommt ein Zahlungsverzug nicht in Betracht.[1360] Um die Wirkungen der Einrede des nichterfüllten Vertrages auszulösen, bedarf es nicht einer Geltendmachung durch den Mieter.[1361] Das Zurückbehaltungsrecht kann der Mieter aber wegen eines Mangels so lange nicht geltend machen, bis er ihn dem Vermieter, der den Mangel nicht kennt, angezeigt hat.[1362] Ein Verzug mit der Zahlung des Mietzinses ist von Gesetzes wegen schon dann ausgeschlossen, wenn dem Mieter die Einrede des § 320 BGB zusteht. Mangels Erfüllungsanspruch ist die Einrede nicht gegeben, wenn sich der Mieter über die Ursache eines Mangels geirrt hat und nicht der Vermieter, sondern der Mieter für die Mangelbeseitigung verantwortlich ist.[1363] Gleichzeitig wird auch das Kündigungsrecht des Vermieters wegen Zahlungsverzuges ausgeschlossen. 430

Wird dagegen das Zurückbehaltungsrecht nicht auf § 320 BGB, sondern auf § 273 BGB gestützt, wird wegen der **fehlenden synallagmatischen Verknüpfung** der Ansprüche der Verzug nur ausgeschlossen, wenn das Zurückbehaltungsrecht spätestens bei Fälligkeit der Forderung gegenüber dem Vermieter geltend gemacht wird. Nach Verzugseintritt beseitigt die Ausübung des Zurückbehaltungsrechts den Verzug nicht.[1364] 431

1355 *Hinz* ZMR 2016, 253; *Börstinghaus* NZM 2016, 418, 423.

1356 OLG Frankfurt/Main, Rechtsentscheid vom 29.7.1999, WuM 1999, 629; LG Itzehoe WuM 1990, 157; AG Hamburg-Altona WuM 1991, 279; *Gellwitzki* WuM 1999, 10, 13; **a. A.** LG Hamburg WuM 1991, 593.

1357 OLG Frankfurt/Main, Rechtsentscheid vom 29.7.1999, NZM 1999, 795 = GE 1999, 1581; LG Hamburg WuM 1991, 593; LG Berlin WuM 1985, 331 = MDR 1984, 582 = ZMR 1984, 339; AG Kassel WuM 1992, 137.

1358 LG Konstanz WuM 1991, 279.

1359 BGH NJW-RR 1998, 1464; OLG Düsseldorf ZMR 1998, 159; LG Köln WuM 1993, 605; WuM 1987, 257; LG Hamburg WuM 1991, 586; ZMR 1991, 344; *Gellwitzki* WuM 1999, 10, 13.

1360 LG Berlin GE 1994, 403; LG Bremen WuM 1993, 605; LG Köln WuM 1990, 385; LG Hamburg WuM 1989, 385.

1361 LG Berlin GE 2012, 898.

1362 BGH (VIII ZR 330/09) WuM 2011, 13 = MietPrax-AK § 320 BGB Nr 1 = NZM 2011, 197 = NJW-RR 2011, 447 = ZMR 2011, 275 = MDR 2011, 92 = GE 2011, 122.

1363 BGH (VIII ZR 138/11) WuM 2012, 499 m. abl. Anm. *Blank* = MietPrax-AK § 543 BGB Nr 26 = NJW 2012, 2882 = NZM 2012, 637 = GE 2012, 1161.

1364 OLG Düsseldorf ZMR 1988, 304 = VersR 1988, 1267; *Palandt/Heinrichs* § 273 Rdn. 20.

432 Hat der Mieter kein Interesse mehr an der Erfüllung, kann das Zurückbehaltungsrecht sogar ganz entfallen (vgl. Rdn. 413).[1365] Das gilt auch, wenn ein nur unerheblicher Mangel der Gebrauchstauglichkeit gegeben ist. § 536 Abs. 1 Satz 3 BGB gilt insoweit entsprechend.[1366]

433 Der **formularvertragliche Ausschluss** eines Zurückbehaltungsrechts wegen Mängel der Mietsache ist bei Wohnraummietverhältnissen wegen § 309 Nr. 2 BGB unwirksam.[1367] Bei Mietverhältnissen über Gewerberaum ist – soweit § 310 Abs. 1 BGB Anwendung findet – der Ausschluss des Zurückbehaltungsrechtes jedenfalls dann unwirksam, wenn die Gegenansprüche des Mieters rechtskräftig feststehen, unstreitig oder entscheidungsreif sind[1368] oder wenn sich der Vermieter grob vertragswidrig verhalten hat.[1369]

5. Kündigung (§§ 543, 569 BGB)

434 Soweit ein Mangel vorliegt, kann der Mieter auch unter den Voraussetzungen des § 543 Abs. 2 Nr. 1 BGB das Mietverhältnis kündigen. Regelmäßig ist hierfür aber erforderlich, dass dem Vermieter eine Frist gesetzt wird, innerhalb der er den Mangel zu beseitigen hat (§ 543 Abs. 3 BGB). Für die Fristsetzung nach § 281 Abs. 1 Satz 1 BGB ist die Angabe eines bestimmten Endtermins oder eines Zeitraums nicht erforderlich. Es ist ausreichend, wenn der Vermieter aufgefordert wird, einen Mangel „umgehend", „unverzüglich", „sofort" oder mit einer vergleichbaren Formulierung zu beseitigen.[1370] Das muss auch für die Fristsetzung nach § 543 Abs. 3 Satz 1 BGB gelten, da auch hier mit einer solchen Formulierung dem Zweck der Fristsetzung, dem Schuldner vor Augen zu führen, dass er die Leistung nicht zu einem beliebigen Zeitpunkt erbringen kann, sondern dass hierfür eine zeitliche Grenze besteht, hinreichend Genüge getan wird. Eine weitergehende Bedeutung ist der in § 543 Abs. 3 Satz 1 BGB verwendeten Formulierung „... zur Abhilfe bestimmten angemessenen Frist nicht beizumessen.

435 Bei einer nur **unerheblichen Minderung** des Gebrauchswertes der Mietsache kann eine Kündigung gem. § 543 BGB in Betracht kommen, wenn sie durch ein besonderes Interesse des Mieters gerechtfertigt ist. Dieser in § 542 Abs. 2 BGB a. F. enthaltene Rechtsgedanke wurde zwar anlässlich der Mietrechtsreform textlich nicht übernommen. Gleichwohl ist über § 242 BGB seine Anwendung geboten, da der hinter der alten Vorschrift stehende Gedanke, **Missbrauch zu vermeiden,** als allgemeiner Rechtssatz zu beachten ist und mit der neuen Vorschrift die Rechte des Mieters nicht geschmälert werden sollten. Gem. § 543 Abs. 4 BGB finden auf dieses Kündigungsrecht die §§ 536b–536d BGB entsprechende Anwendung. (Einzelheiten s. unter § 543 BGB).

436 Dem Mieter steht das Kündigungsrecht auch zu, wenn die Wohnung wegen einer **Flächenabweichung** mangelhaft ist. Die abw. Auffassung, die dem Mieter, der die Flächenabweichung in einem länger laufenden Mietverhältnis ohne fühlbare Beeinträchtigung hin genommen hat, das Minderungsrecht gewähren, aber das Kündigungsrecht nach § 543 Abs. 2 Nr. 1 BGB entziehen will[1371], ist seit der Rechtsprechung des BGH[1372] überholt. Soweit die Flächenabweichung über 10% liegt, muss der Mieter keine Zumutbarkeitserwägungen anführen. Das gilt aber nicht, wenn die Flächenabweichung 10% nicht übersteigt (vgl. auch Rdn. 60).

437 Eine fristlose Kündigung bei erheblicher **Gesundheitsgefährdung** ist auch dann möglich, wenn der Mieter den Mangel bei Abschluss des Vertrages kannte, weil der Gesetzgeber dies in § 569 Abs. 1 Satz 2 BGB ausdrücklich angeordnet hat (Einzelheiten s. unter § 569).[1373]

1365 BGH NJW 1989, 3222 = MDR 1990, 146 = ZMR 1990, 211; KG ZMR 2013, 529.

1366 AG Berlin-Tiergarten GE 1987, 1115.

1367 LG Berlin GE 1994, 403; LG Osnabrück WuM 1989, 370; vgl. i. E. zur AGB-Problematik *Gellwitzki* WuM 1999, 10, 18f.

1368 BGH NJW-RR 1993, 519 = ZMR 1993, 320 = DWW 1993, 170; **a. A.** OLG Düsseldorf WuM 1995, 392 = NJW-RR 1995, 850 = ZMR 1995, 303 auch für die Zeit nach Mietende; vgl. auch LG Berlin WuM 1992, 239.

1369 LG Berlin NJW-RR 1992, 518.

1370 BGH (VIII ZR 254/08) WuM 2009, 580 = NJW 2009, 3153 = MDR 2009, 1329 zum Kaufrecht.

1371 *Pauly* MDR 2005, 1204, 1206; *Joachim* GuT 2004, 207, 211; *Scheffler* NZM 2003, 17, 18.

1372 BGH (VIII ZR 142/08) MietPrax-AK § 543 BGB Nr. 14 = NJW 2009, 2297 = NZM 2009, 431 = WuM 2009, 349 = GE 2009, 709.

1373 A. A. OLG Brandenburg ZMR 2014, 719 = GE 2014, 460 bei Vertragsverlängerung trotz grobfahrlässiger Unkenntnis des Mangels; Anm. *Kunze,* juris PR-MietR 13/2014 Anm. 3.

F. Abweichende Vereinbarungen

I. Wohnraum

1. Vertragliche Regelungen

Gem. § 536 Abs. 4 BGB ist bei Wohnraummietverhältnissen eine zum Nachteil des Mieters abw. Vereinbarung unzulässig. Das Recht auf Minderung darf daher weder ausgeschlossen, eingeschränkt noch erschwert werden. Soweit eine **Vertragsklausel** gegen diese gesetzliche Regelung verstößt, ist sie unwirksam. Zielen Vertragsvereinbarungen in diese Richtung, müssen sie grundsätzlich restriktiv ausgelegt werden.[1374] 438

Das LG München[1375] ist der Auffassung, dass sich die Mietvertragsparteien auf eine bestimmte Minderung auch für die Zukunft jedenfalls dann einigen können, wenn der Zeitraum befristet ist. Zunächst ist hier klarzustellen, dass Mieter und Vermieter über abgeschlossene Sachverhalte auch eine Vereinbarung über den Umfang der Minderung treffen können. Einen solchen Fall hat § 536 Abs. 4 BGB aber nicht im Blick. Die Zulässigkeit der Vereinbarung über künftige Mietminderungen dient dem Schutz des Mieters, der sich nicht zur Mietzahlung in einer bestimmten Höhe verpflichten soll, ohne den Umfang der Störung des Äquivalenzverhältnisses (positiv) zu kennen. Das ist z. B. bei einer Beschaffenheitsvereinbarung anders, denn sie macht den aktuellen – und nicht den künftigen – Zustand der Mietsache zur Vertragsgrundlage. Die vertragliche Einschränkung der Mietminderung lässt sich auch nicht – wie das Gericht meint – mit der Entscheidung des BGH[1376] zum Verzicht des Mieters auf eine Minderung begründen. Dort ging es nämlich lediglich darum, die Freiheit des Vermieters zu einer zulässigen Mieterhöhung herauszustellen. Der Mieter kannte den Mangel und war daher in seiner Entscheidung über den „nachträglichen" Verzicht auf seine Minderung frei. 439

Die für Wohnraummietverhältnisse zwingende Vorschrift des § 536 Abs. 4 BGB kann auch nicht dadurch umgangen werden, dass **Erhaltungspflichten** des Vermieters gem. § 535 BGB – von Ausnahmen wie z. B. den Schönheitsreparaturen oder Kleinreparaturen abgesehen – dem Mieter auferlegt werden. Dies hätte nämlich zur Folge, dass im Zeitraum des Vorliegens des Mangels die Minderung ausgeschlossen wäre.[1377] 440

Ebenso ist es unzulässig, die Minderung von einer **vorherigen Ankündigung,**[1378] von der Duldungspflicht für Ausbesserungs- und Bauarbeiten,[1379] von den geleisteten Mietzahlungen oder von bestimmten Fristenregelungen[1380] abhängig zu machen. 441

Durch einen Verstoß gegen § 536 Abs. 4 BGB wird die Wirksamkeit des Vertrages im Übrigen **nicht** berührt, da nach dem Schutzzweck der Norm § 139 BGB nicht anwendbar ist.[1381] 442

Gelegentlich wird versucht, den Mieter durch notariellen Vertrag hinsichtlich des Mietzinses zu verpflichten, sich der sofortigen Zwangsvollstreckung zu unterwerfen. Eine solche Vereinbarung ist jedenfalls im Wohnraummietverhältnis unwirksam, da sie gegen § 536 Abs. 4 BGB verstößt. Dem steht die Rechtsprechung des BGH[1382] zur Zulässigkeit des Urkundenprozesses im Wohnraummietrecht nicht entgegen (s. dazu Rdn. 521). Während im Urkundenprozess der Vermieter die seinen Anspruch begründenden Tatsachen noch durch Urkunden belegen muss, um einen vollstreckungsfähigen Titel zu erlangen, wird ihm mit der **Vereinbarung** über eine **vollstreckbare Ausfertigung** ohne Erkenntnisverfahren ein vollwertiger Titel zugesprochen. Das Verbot einer das Minderungsrecht des Mieters nachteilig regelnden Vereinbarung – § 536 Abs. 4 BGB – ist dadurch verletzt, dass der Mieter bei Vorliegen eines Mangels auf die Klage nach § 767 ZPO verwie- 443

1374 OLG Hamm ZMR 1982, 206 für Gewerberaum.

1375 LG München ZMR 2012, 192.

1376 BGH (VIII ZR 159/08) WuM 2009, 744 = MietPrax-AK § 558 BGB Nr 24 = MDR 2010, 76 = NZM 2010, 121 = GE 2010, 56.

1377 BGH NJW 1992, 1759 = WuM 1992, 355.

1378 LG Berlin MDR 1986, 938 = GE 1986, 1011; LG Hamburg WuM 1980, 126; AG Koblenz WuM 1987, 19; AG Bonn WuM 1985, 261; AG Münster WuM 1980, 185; AG Aachen NJW 1970, 1923.

1379 *Börstinghaus* Rdn. 38.

1380 LG Hamburg WuM 1985, 261.

1381 *Häublein* in MünchKomm § 536 Rdn. 33.

1382 BGH WuM 1999, 345 = NJW 1999, 1408 = ZMR 1999, 380 = MDR 1999, 822; BGH (VIII ZR 216/04) WuM 2005, 526 = NJW 2005, 2701 = GE 2005, 986 = DWW 2005, 285 = MietPrax-AK § 592 ZPO Nr. 1 m. Anm. *Börstinghaus.*

sen ist, wenn er sein Minderungsrecht wahren will.[1383] Dass der Schutzzweck des § 536 Abs. 4 BGB jedenfalls **rechtsgeschäftliche Vereinbarungen** erfasst, hat der BGH auch in seinen Entscheidungen zum Urkundenprozess hervorgehoben. Soweit das Wohnraummietrecht betroffen ist, können diese vorgenannten Bedenken auch nicht dadurch ausgeräumt werden, dass der Vermieter für den Fall des Missbrauchs im Mietvertrag ein Vertragsstrafeversprechen abgibt.[1384]

444 Soweit die Parteien durch individuelle Vereinbarungen einen vom üblichen Standard negativ abw. Zustand des Objektes vereinbart haben, steht dem § 536 Abs. 4 BGB nicht entgegen.[1385] Derartige **Beschaffenheitsvereinbarungen** sind auch während des Mietverhältnisses als Abänderungsvereinbarungen möglich.[1386] Der Mieter ist daher in solchen Fällen mit weiter gehenden Erfüllungsansprüchen ausgeschlossen. So hat der BGH[1387] über eine Absprache der Mietvertragsparteien entschieden, die vermieterseitig gestellte Küche wegen des Erwerbs einer Einbauküche durch den Mieter im Keller zu lagern. Das spätere Abhandenkommen der im Keller ausgelagerten Küche hat nicht zu einer Abweichung der Ist-Beschaffenheit der Mietsache von der Soll-Beschaffenheit geführt, so dass ein zur Minderung der Miete führender Sachmangel ausschied.[1388] Denkbar ist aber auch die Vereinbarung autofreier Wohnanlagen, wie dies im Ausgangsfall der Entscheidung des AG Münster[1389] versucht wurde. Aber auch kinderfreies oder haustierfreies Wohnen oder Nichtraucher-Wohnanlagen sind vorstellbar. Eine solche Vorgehensweise muss aber im Blick behalten, dass der Mieter Räume zur Ausübung eines bestimmten Gewerbes zur Lebenssicherung benötigt[1390] bzw. eine Wohnung[1391] sucht. Im letzteren Fall erfasst „Wohnen" alles, was zur Benutzung der gemieteten Räume als existenziellem Lebensmittelpunkt des Mieters und seiner Familie gehört, also die gesamte Lebensführung des Mieters in allen ihren Ausgestaltungen und mit allen ihren Bedürfnissen.[1392] Derartige Beschaffenheitsvereinbarungen, die den Kernbereich des Nutzungsrechts berühren und ihn nicht mehr sicherstellen, haben die Aufgabe, den Vermieter von seinen Hauptvertragspflichten freizustellen. Dies ist durch Formularvereinbarungen und Allgemeinen Geschäftsbedingungen nicht möglich.[1393] Aber auch eine Individualvereinbarung kann häufig nicht zum Ziel führen, da es häufig am Verschulden fehlen kann (Geburt eines Kindes in der kinderfreien Anlage) oder die Anwendung des AGG (siehe § 535 Rdn. 107f.) die Wirksamkeit der Vereinbarung verhindert. Der zwingende Charakter des § 536 Abs. 4 BGB gebietet in diesen Fällen zur Vorsicht. Beschaffenheitsvereinbarungen können auch durch schlüssiges Verhalten getroffen werden.[1394] Dafür genügt aber nicht eine einseitig gebliebene Willensvorstellung beim Mieter. Erforderlich ist vielmehr, dass der Vermieter auf den nach außen zutage getretenen Willen des Mieters in irgendeiner Form zustimmend reagiert.[1395]

445 Hat der Mieter in diesen Fällen Investitionen getätigt, um das Objekt „bewohnbar" zu machen, kann er unter Umständen von dem Vermieter Ersatz seiner Aufwendungen verlangen, soweit diese der Instandsetzung des Hauses und damit der Erhaltung und Wiederherstellung des Bestands der Mietsache dienten (§ 536a Abs. 2 BGB). Soweit sich der **Verwendungsersatzanspruch** weder aus § 536a Abs. 2 BGB noch aus den Vorschriften der GoA herleiten lässt (§ 539 BGB), kommt ein

---

[1383] Vgl. § 794 Abs. 1 Nr. 5 ZPO in der ab 1.1.1999 gültigen Fassung – 2. Zwangsvollstreckungsnovelle vom 17.12.1997, BGBl. I 1997, 3039 sowie § 796a Abs. 2 ZPO.

[1384] So aber *Moeser* NZM 2004, 769, 770.

[1385] BGH WuM 1994, 201 = NJW-RR 1993, 522 = GE 1993, 643; BGH RE vom 1.7.1987, WuM 1987, 306 = NJW 1987, 2575 = ZMR 1987, 415; OLG München NJW-RR 1997, 650; LG Berlin ZMR 1990, 420; LG Düsseldorf DWW 1991, 284; AG Dresden WuM 1991, 143; *Beuermann* GE 2006, 159.

[1386] OLG Hamm ZMR 2000, 93; *Kraemer* WuM 2000, 515, 517.

[1387] BGH (VIII ZR 198/15) GE 2016, 721 = WuM 2016, 350 = DWW 2016, 211 = ZMR 2016, 525 = MietPrax-AK § 536 BGB Nr. 52 (Anm. *Eisenschmid*).

[1388] Zu Recht kritisch *Piper,* ZMR 2017, 231.

[1389] AG Münster WuM 2014, 408.

[1390] LG Mannheim ZMR 1990, 220; *Blank* PiG 2012, 1, 2.

[1391] BayObLG, Rechtsentscheid vom 19.1.1981, WuM 1981, 80 = NJW 1981, 1275; LG Köln WuM 1997, 323.

[1392] Siehe auch EuGH NZM 2006, 29; Waffenlagerung von Sportschützen LG Hannover ZMR 2011, 212.

[1393] *Drettmann* WuM 2012, 535, 539; *Eisenschmid* in: Schmidt-Futterer § 536 BGB Rdn. 444; ähnlich *Wietz* WuM 2014, 518, 525.

[1394] BGH (VIII ZR 300/08) MietPrax-AK § 535 BGB Nr. 39 = NJW 2010, 1133 = NZM 2009, 855 = GE 2009, 1426 = WuM 2009, 659; BGH WuM 2005, 774 = MietPrax-AK § 556a BGB Nr. 3 = NZM 2006, 11 = NJW-RR 2006, 154.

[1395] BGH (VIII ZR 300/08) MietPrax-AK § 535 BGB Nr. 39 = NJW 2010, 1133 = NZM 2009, 855 = GE 2009, 1426 = WuM 2009, 659.

Anspruch des Mieters aus dem Gesichtspunkt der ungerechtfertigten Bereicherung in Betracht, sofern durch die Verwendungen ein Wertzuwachs, insbesondere eine Erhöhung des Verkehrswertes des Gebäudes, eingetreten ist.[1396]

Unzulässig ist bei Wohnraummietverträgen die Verpflichtung des Mieters zur Übernahme von Instandsetzungsarbeiten; insbesondere die Verpflichtung zur Vornahme von Kleinreparaturen, weil dadurch mittelbar dem Mieter Gewährleistungsansprüche entzogen werden.[1397] **446**

Ein vertraglicher Ausschluss von Schadensersatzansprüchen des Mieters gegen den Vermieter wegen Sach- und Vermögensschäden, welche durch Mängel der Mietsache verursacht sind, für die der Vermieter auf Grund leichter Fahrlässigkeit einzustehen hat, verstößt gegen § 307 Abs. 2 Nr. 2 BGB. Eine solche Klausel gefährdet den Vertragszweck, weil der Mieter solche Schäden nicht durch eigene Vorsichtsmaßnahmen abwenden kann und zudem üblicherweise nur der Vermieter in der Lage ist, sich durch Abschluss einer Haus-Haftpflichtversicherung vor solchen Schäden zu schützen.[1398] Die Pflicht des Vermieters, die Mietsache in einem zum vertragsgemäßen Gebrauch geeigneten Zustand zu erhalten, ist eine Kardinalpflicht und kann daher auch für leichte Fahrlässigkeit nicht abbedungen werden.[1399] Der Ausschluss für grobe Fahrlässigkeit und Vorsatz ist jedenfalls dann unwirksam, wenn die Klausel nicht zwischen Personen- und Vermögensschäden differenziert.[1400] **447**

2. Vorfälligkeits-, Verrechnungs- und Anzeigeklauseln

a) Altverträge vor dem 1.9.2001. Vorfälligkeitsklauseln in Altverträgen, die vor dem 1.9.2001 abgeschlossen wurden, wonach der Mieter von Räumen abw. von § 551 Abs. 1 BGB a. F. verpflichtet ist, den Mietzins zu Beginn eines **Zeitabschnitts** zu entrichten, sind wirksam und verstoßen auch nicht gegen § 307 BGB.[1401] Insbesondere steht einer solchen Vereinbarung nicht § 536 Abs. 4 BGB entgegen, da der Mieter bei einem im laufenden Monat auftretenden Mangel bei der nächsten monatlichen Mietzinszahlung den Minderungsbetrag ohne großen Zeitverlust verrechnen kann. **448**

Ob auch sog. **Rechtzeitigkeitsklauseln** wirksam sind, hängt von der Art des Mietverhältnisses ab. Nach solchen Klauseln kommt es für die Rechtzeitigkeit der Mietzinszahlung auf den Zeitpunkt der Gutschrift auf dem Vermieterkonto und nicht auf den Zeitpunkt der Überweisung an, während anderenfalls die Rechtzeitigkeit der Zahlung durch die Leistungshandlung des Mieters bestimmt wird.[1402] Für das Gewerberaummietverhältnis wird eine derartige Klausel allgemein für zulässig erachtet.[1403] Ob sie in Wohnraummietverhältnissen wirksam vereinbart werden kann, ist in der Literatur umstritten[1404] (s. § 556b BGB Rdn. 11). Gegen die Wirksamkeit spricht, dass sie dem Mieter das Risiko der Transportgefahr überbürdet und den Eindruck erweckt, der Mieter müsse in jedem Fall für den rechtzeitigen Eingang einstehen (Transparenzgebot).[1405] Qualifiziert man die Geldschuld als „modifizierte" Bringschuld, verliert die Rechtzeitigkeitsklausel ihre Bedeutung. Denn in diesem Fall schuldet der Mieter auch den fristwahrenden Eingang des Geldes auf dem Vermieterkonto[1406] (siehe auch § 535 Rdn. 634). Richtigerweise ist aber auch nach der Entscheidung des EuGH[1407] von einer qualifizierten Schickschuld auszugehen[1408], so dass die Rechtzeitigkeitsklausel auch im Wohnraummietrecht[1409] ihre Bedeutung beibehält. Allerdings hat der BGH inzwischen klargestellt, dass der Mieter die Miete i. S. d. § 556b Abs. 1 BGB entrichtet hat, wenn er seine **449**

1396 BGH WuM 1994, 201 = NJW-RR 1993, 522 = GE 1993, 643; OLG München NJW-RR 1997, 650; zur Verwirkung eines solchen Anspruchs vgl. LG Rostock DWW 2004, 334.

1397 BGH WuM 1992, 355 = NJW 1992, 1759 = DWW 1992, 207.

1398 BGH (VIII ARZ 1/01) WuM 2002, 141 = NJW 2002, 673 = NZM 2002, 116 = ZMR 2002, 184 = MDR 2002, 330 m. Anm. *Lützenkirchen.*

1399 *Heinrichs* NZM 2003, 1.

1400 LG Frankfurt/O. ZMR 2003, 741.

1401 *Kinne* ZMR 2000, 725, 726.

1402 LG Berlin GE 1995, 757.

1403 BGH WuM 1998, 599 = NZM 1998, 628 = DWW 1998, 276 = ZMR 1998, 612 = GE 1998, 1084.

1404 Dafür: *Kinne* ZMR 2000, 725, 726; **a. A.** *Derleder* WuM 2007, 599.

1405 *Sternel* Mietrecht aktuell (2009) Rdn. II 214.

1406 *Herresthal* NZM 2011, 833, 840.

1407 EuGH NJW 2008, 1935 zur Richtlinie 2000/35/EG des Europäischen Parlaments und des Rates vom 29. Juni 2000 zur Bekämpfung von Zahlungsverzug im Geschäftsverkehr – vgl. § 535 Rdn. 636.

1408 *Häublein* PiG 2014 (Bd. 97), 35, 38.

1409 *Lehmann-Richter* PiG 2014 (Bd. 97), 21, 30 misst der Klausel im gewerblichen Bereich nur eine klarstellende Funktion zu.

Leistungshandlung (Einzahlung oder Überweisung) getätigt hat. Der Mieter haftet nicht dafür, dass das Geld zu einem bestimmten Zeitpunkt auf dem Konto des Vermieters gutgeschrieben ist. Vertragsklauseln, die dem Mieter, ohne dass er dies zu vertreten hat, das Risiko der verzögerten Gutschrift übertragen, sind gem. § 307 Abs. 1 Satz 1 BGB unwirksam.[1410] Unklar bleibt, ob dies auch gilt, wenn die Klausel Verzögerungen im Bereich der Banken von ihrem Anwendungsbereich ausnimmt.[1411]

450 Wird der Mieter neben einer **Vorfälligkeitsklausel** noch **zusätzlich** verpflichtet, vor der Verrechnung diese dem Vermieter mindesten einen Monat vor Fälligkeit des Mietzinses **anzuzeigen**[1412] oder wird die Verrechnung **ganz ausgeschlossen,** soweit der Mieter nicht unbestrittene oder rechtskräftig festgestellte bzw. bestrittene, aber entscheidungsreife Forderungen[1413] geltend macht, kann sich diese Regelung als **Beschränkung des Minderungsrechtes** darstellen[1414] (s. dazu § 535 Rdn. 578ff.).

451 Wegen § 556b Abs. 2 BGB, der auch für Altmietverhältnisse gilt, wird nunmehr die verzögerte Geltendmachung des Minderungsrechts als noch für den Wohnraummieter zumutbar angesehen[1415] (s. dazu § 535 Rdn. 638)

452 Die Unwirksamkeit einer Vorfälligkeitsklausel führt im Übrigen auch dazu, dass die gleichzeitig vereinbarte Rechtzeitigkeitsklausel unwirksam ist,[1416] weil dann auch die zwingende Regelung des § 569 Abs. 5 BGB berührt ist.[1417] Eine reine Ankündigungsklausel für die Aufrechnung von Ansprüchen aus § 812 BGB wegen der durch die Vorfälligkeitsklausel unterbliebenen Mietminderung wird vom OLG Hamm[1418] für unbedenklich gehalten, weil mit ihr der Mieter nicht auf den Klageweg verwiesen, sondern ihm nur ein Zuwarten von einem Monat auferlegt wird.

453 Die gleichen Grundsätze, die zur Unwirksamkeit der **Kombination** einer Vorfälligkeitsklausel mit einer Aufrechnungsklausel führen, sind anzuwenden, wenn es um die Frage der Wirksamkeit einer Kombination zwischen Vorfälligkeitsklausel und einer Klausel geht, die das Zurückbehaltungsrecht einschränkt. Daher können auch solche Kombinationen zur Unwirksamkeit der Vorfälligkeitsklausel[1419] führen (vgl. § 556b Rdn. 19ff.).

454 **b) Verträge nach dem 31.8.2001.** Für Neuverträge nach In-Kraft-Treten des Mietrechtsreformgesetzes gilt neben § 556b Abs. 2 BGB auch dessen Absatz 1. Mietzahlungen sind danach zum Beginn des jeweils vereinbarten Zeitabschnitts fällig. Eine vereinbarte Vorauszahlungsklausel gibt hier nur den Gesetzeswortlaut wieder, ohne eine eigenständige Regelung vorzunehmen. Eine Aufrechnungsverbotsklausel kann somit keinen Einfluss auf die Vorfälligkeit der Miete gewinnen.

II. Gewerberaum

1. Individuelle Vereinbarung

455 § 536 Abs. 4 BGB gilt nur für die Wohnraummiete. Daher kann die Vorschrift bei anderen Vertragsverhältnissen, insbesondere bei der Vermietung von Gewerberaum, vertraglich eingeschränkt oder – in den Grenzen von Treu und Glauben (§§ 138, 242, 536d BGB) – ausgeschlossen werden.[1420] Das Äquivalenzprinzip gebietet es, dass der völlige Ausschluss des Minderungsrechtes un-

---

[1410] BGH (VIII ZR 222/15) WuM 2017, 31 = NZM 2017, 120 = ZMR 2017, 231 = GE 2017, 99.

[1411] *Blank,* jurisPR-MietR 4/2017 Anm. 1.

[1412] LG Mannheim WuM 1987, 317; AG Bonn WuM 1987, 219; LG Berlin DWW 1986, 179 = ZMR 1986, 168 = GE 1986, 909 = MM 1986, 36; vgl. aber OLG Hamm WuM 1993, 176 = ZMR 1993, 217 = DWW 1993, 97 = NJW-RR 1993, 710 = MDR 1993, 336.

[1413] BGH VersR 1978, 522; OLG Düsseldorf DWW 1990, 85.

[1414] BGH, Rechtsentscheid vom 26.10.1994, BGHZ 127, 245 = WuM 1995, 28 = NJW 1995, 254 = ZMR 1995, 60 = MDR 1995, 142; s. hierzu *Kielholtz/Rau* ZMR 2000, 265; vgl. aber BGH (VIII ZR 345/10) WuM 2011, 676 = MietPrax – AK § 556b BGB Nr. 6; BGH (VIII ZR 191/10) WuM 2011, 418 = MietPrax-AK § 543 BGB Nr. 20 = NJW 2011, 2201 = GE 2011, 947 = NZM 2011, 579.

[1415] BGH (VIII ZR 337/06) WuM 2008, 152 = GE 2008, 113; BGH WuM 1995, 28; *Derleder* WuM 2007, 599, 607.

[1416] LG Berlin GE 1995, 757; *Kinne* GE 1999, 218; ZMR 2000, 725, 726.

[1417] LG Hamburg NZM 1999, 1041.

[1418] OLG Hamm WuM 1993, 176 = NJW-RR 1993, 710 = GE 1993, 365 = MDR 1993, 336 = ZMR 1993, 217 = DWW 1993, 97.

[1419] **A. A.** *Lützenkirchen/Junker* D 38.

[1420] BGH NJW 1984, 2404 = MDR 1985, 50 = ZMR 1984, 370 = DWW 1984, 234; KG GE 2001, 345; *Emmerich/Sonnenschein* § 536 Rdn. 41; *Lehmann-Richter* WuM 2010, 3.

zulässig ist. Das Minderungsrecht einschränkende Vereinbarungen sind grundsätzlich **restriktiv** auszulegen, da sie den Mieter in besonderem Maße belasten und benachteiligen.[1421] Dabei ist auch zu prüfen, ob sich bestimmte Risiken durch den Abschluss von Versicherungen kalkulierbar gestalten lassen. Somit müssen unkalkulierbare Risiken bei der Bewertung des Leistungsungleichgewichts stärker herangezogen werden.[1422] Keine Anwendung findet § 536 Abs. 4 BGB auf Pachtverträge, selbst wenn mit einem Gut zugleich ein Wohnhaus verpachtet ist.[1423]

Die Parteien können das Gewährleistungsrecht für **versteckte** Mängel ausschließen, soweit dadurch nicht dem Mieter der vertragsgemäße Gebrauch praktisch unmöglich gemacht wird.[1424] Das Minderungsrecht wird insbesondere ausgeschlossen durch Instandsetzungsvereinbarungen, die dem Mieter die Erhaltungslast aufbürden (vgl. Rdn. 465). Der BGH hat solche Individualvereinbarungen grundsätzlich für zulässig erklärt, auch wenn sie zu einer verschuldensunabhängigen Haftung des Mieters führen.[1425] Das soll insbesondere dann gelten, wenn die Instandhaltungspflicht in die Kalkulation der Miete Eingang gefunden hat. Die vom OLG Saarbrücken[1426] vertretene Auffassung, die eine bis zur Grenze der Sittenwidrigkeit zulässige Abwälzung von Instandsetzungsarbeiten bejaht, kann nicht verallgemeinert werden, da sie eine außergewöhnliche Vertragsgestaltung betrifft.[1427] 456

Die Vertragsparteien können Schadensersatzansprüche sowohl aus der verschuldensunabhängigen Haftung (Garantiehaftung) des § 536a Abs. 1 Alt. 1 BGB als auch aus der Verschuldenshaftung nach der 2. und 3. Alternative individualvertraglich ausschließen und begrenzen, es sei denn, der Vermieter hat den Mangel **arglistig** verschwiegen (§ 536d BGB). Ein Verzicht auf vertragliche Schadenersatzansprüche bezieht sich auch auf außervertragliche Ansprüche.[1428] 457

Die unwirksame Vereinbarung berührt den Bestand des Mietverhältnisses nicht. Überschreitet sie die Grenzen von Treu und Glauben, ist sie nicht insgesamt unwirksam, sondern bleibt insoweit aufrechterhalten, als dies mit Treu und Glauben vereinbar ist.[1429] Dies rechtfertigt sich bei einer **Individualvereinbarung** damit, dass die Vertragsparteien über diesen Vertragsteil verhandelt haben und jedenfalls grundsätzlich die Abwälzung der Instandsetzungspflicht wollten (§ 139 BGB). 458

2. Allgemeine Geschäftsbedingungen/Formularklauseln

Im Zusammenhang mit einer Formularklausel zu Schönheitsreparaturen hatte sich der XII. Zivilsenat des BGH[1430] mit der Frage befasst, in welchem Umfang der Gewerberaummieter schutzbedürftig i. S. d. AGB-Rechts ist. Auch wenn der Gewerberaummieter in einzelnen Fällen mietrechtlich schlechter gestellt ist als der Wohnraummieter, darf nach Auffassung des Senats daraus nicht der Schluss gezogen werden, das Gesetz habe den Gewerberaummieter generell weniger vor belastenden, allgemeinen Geschäftsbedingungen schützen wollen. Vielmehr wirke das AGB-Recht gegenüber Unternehmern nur hinsichtlich der Klauselverbote einschränkend (vgl. § 310 BGB), nicht aber hinsichtlich der Generalklausel nach § 307 BGB. Entwickelt sich diese Auffassung über den Bereich der Schönheitsreparaturen hinaus als genereller Maßstab, ist der Spielraum für wirksame Formularklauseln auch in der Gewerberaummiete stark eingeschränkt. Die Schutzbedürftigkeit des Gewerberaummieters weicht von der des Wohnraummieters im Rahmen des § 307 BGB nicht wesentlich ab.[1431] 459

1421 OLG Hamm ZMR 1982, 206; *Fallak* GuT, 2007, 75, 77; *Emmerich* in Staudinger § 536 BGB Rdn. 72; *Franke* in WoBauR § 536 BGB Anm. 23.2.

1422 *Schmidt* GuT 2002, 165, 166.

1423 OLG Köln WuM 1987, 377 = ZMR 1987, 428; zur Jagdpacht vgl. OLG Koblenz MDR 1978, 932.

1424 *Emmerich* in Staudinger § 536 BGB Rdn. 72.

1425 BGH (XII ZR 220/99) WuM 2002, 484 = NZM 2002, 655 = NJW 2002, 2383 = ZMR 2002, 735 = GE 2002, 1054 = MietPrax-AK § 538 BGB Nr. 1 m. Anm. *Eisenschmid* = GuT 2002, 136, 139; OLG Rostock, Urt. v. 10.9.2009 – 3 U 287/08.

1426 OLG Saarbrücken NZM 2003, 438 = MietRB 2003, 70 m. Anm. *Leo*.

1427 Vgl. OLG Brandenburg ZMR 2003, 909; OLG Naumburg, Urt. v. 8.2.2000 – 11 U 168/99 – juris.

1428 OLG Frankfurt/M. VersR 1973, 425.

1429 *Schmidt* GuT 2002, 165, 167.

1430 BGH (XII ZR 308/02) GuT 2005, 160 = NZM 2005, 504 = ZMR 2005, 527 = GE 2005, 667 = NJW 2005, 2006 = MietPrax-AK § 538 BGB Nr. 16 m. Anm. *Eisenschmid*.

1431 *Fallak* GuT 2007, 75.

460 Das Klauselverbot zum Gewährleistungsrecht gem. § 309 Nr. 8b BGB ist nach Auffassung des BGH[1432] auf Mietverhältnisse nicht anwendbar. Dennoch liegt nach einhelliger Auffassung in dem vollständigen Ausschluss der Gewährleistungsrechte in jedem Fall ein Verstoß gegen die Gestaltungspflichten bei Verwendung von Allgemeinen Geschäftsbedingungen.[1433] Nach überwiegender Meinung ist andererseits aber die **Einschränkung** des Gewährleistungsrechts möglich.[1434] Umstritten ist ihr zulässiger Umfang.[1435] Wegen der mit einem Gewährleistungsausschluss verbundenen einseitigen Verschiebung des Äquivalenzverhältnisses bei Austauschverträgen sind die Grenzen der Zulässigkeit eng zu ziehen.[1436] Die Pflicht des Vermieters, dem Mieter die Mietsache in einem zum vertragsgemäßen Gebrauch geeigneten Zustand zu erhalten,[1437] darf daher regelmäßig nicht ausgeschlossen werden. Dabei handelt es sich nämlich um eine **Kardinalpflicht.** Kardinalpflichten sind solche Pflichten, die die ordnungsgemäße Erfüllung des Mietvertrages erst ermöglichen und auf deren Erfüllung der Vertragspartner des Verwenders vertraut und vertrauen darf.[1438] Der Mieter ist somit auf deren Erfüllung angewiesen.

461 Vom Gesetz abw. Vereinbarungen verstoßen daher gegen § 307 BGB, wenn sie den gewerblichen Mieter zu Instandsetzungen verpflichten, die **weder** dem Mietgebrauch **noch** der Risikosphäre des Mieters zuzuordnen sind und diesem damit die Erhaltungslast für die Mietsache auferlegt wird[1439]. Das Gleiche gilt für Klauseln, die dem Mieter Kosten für Schäden auferlegen, die **von Dritten** verursacht worden sind und für deren Handeln er nicht einzustehen hat[1440]. Somit führt auch eine Formularklausel, welche die Haftung ohne jegliche Einschränkung dem Mieter auferlegt, zu einer unangemessenen Benachteiligung des Mieters[1441]. Wird ein Gebäude unter Ausschluss der Gewährleistung vermietet, so beschränkt sich dieser Ausschluss auf den Zustand bei Vertragsschluss.[1442]

462 a) **Beschränkung der Minderung.** Ein formularmäßiger, vollständiger Ausschluss der Minderung ist nur wirksam, wenn dem Mieter andere Möglichkeiten verbleiben, **das Gleichgewicht** zwischen Leistung und Gegenleistung wiederherzustellen.[1443] So ist es zulässig, dem Mieter nur das Recht auf die Durchsetzung der Minderung durch Abzug vom Mietzins zu versagen, weil ihm insoweit Ansprüche aus § 812 BGB verbleiben.[1444] Allerdings wird man auch dies nur bejahen kön-

---

[1432] BGHZ 94, 180 = NJW 1985, 1547 = MDR 1985, 757; OLG Hamm ZMR 1980, 109; OLG Hamburg MDR 1981, 934, alle zum Finanzierungsleasing; **a. A.** OLG Düsseldorf WuM 1985, 58 = MDR 1984, 1025 = ZMR 1985, 65.

[1433] BGH (XII ZR 147/05) GuT 2008, 278 = NJW 2008, 2254 = NZM 2008, 522 = ZMR 2008, 693; BGH (XII ZR 62/06) GuT 2008, 280 = NZM 2008, 609 = ZMR 2008, 776 = GE 2008, 981 = MietPrax-AK § 536 BGB Nr. 20; NJW 1977, 195; OLG Düsseldorf ZMR 2011, 715; OLG Dresden GE 1996, 1237 = NJW-RR 1997, 395; s. auch BGH NJW 1981, 2405 = ZMR 1981, 368 = MDR 1982, 135 = GE 1982, 137; *Fallak* GuT 2007, 75, 76; *Kraemer/Paschke* in Bub/Treier III. B Rdn. 3073; *Wolf/Eckert/Ball* Rdn. 395; *Bub* NZM 1998, 789, 794.

[1434] AG Hamburg NZM 2005, 222; *Emmerich* in Staudinger § 536 BGB Rdn. 73; vgl. Klauselbeispiele bei *Thaler/Tachezy* NZM 2000, 748.

[1435] BGH NJW 1984, 2404 = MDR 1985, 50 = ZMR 1984, 370 = DWW 1984, 234; OLG Hamburg GuT 2004, 168; OLG München ZMR 1987, 16; umfassend mit vielen Beispielen *Streyl* NZM 2015, 841 ff.; Beispiel bei *Schultz* S. 19, 164; siehe *Bub/Paschke* in *Bub/Treier* III Rdn. 3073 f.; *Wolf/Eckert/Ball* Rdn. 395.

[1436] BGH WuM 1976, 152 = ZMR 1976, 279; OLG Naumburg WuM 2000, 241 = ZMR 2000, 383 = NJW-RR 2000, 823 = NZM 2000, 1183; OLG Hamm NJW-RR 1993, 1229.

[1437] BGH (VIII ARZ 1/01) WuM 2002, 141 = NJW 2002, 673 = NZM 2002, 116 = ZMR 2002, 184 = MDR 2002, 330 m. Anm. *Lützenkirchen;* OLG Düsseldorf NZM 2011, 550.

[1438] BGH (VIII ARZ 1/01) WuM 2002, 141 = NJW 2002, 673 = NZM 2002, 116 = GE 2002, 186 = ZMR 2002, 184.

[1439] BGH (XII ZR 158/01) GuT 2005, 213 = NZM 2005, 863 = ZMR 2005, 844 = DWW 2005, 372 = GE 2005, 1185 = MietPrax-AK § 538 BGB Nr. 17 m. Anm. *Eisenschmid; Günter* NZM 2016, 569, 573.

[1440] BGH (XII ZR 158/01) GuT 2005, 213 = NZM 2005, 863 = ZMR 2005, 844 = DWW 2005, 372 = GE 2005, 1185 = MietPrax-AK § 538 BGB Nr. 17 m. Anm. *Eisenschmid;* OLG Frankfurt/M ZMR 2013, 29; **a. A.** *Woitkewitsch* ZMR 2004, 401, 402.

[1441] OLG Saarbrücken NJW-RR 1997, 248 = IBR 1997, 109 m. Anm. *Rutkowsky.*

[1442] OLG Düsseldorf DWW 1999, 294.

[1443] KG GE 2008, 52 = NZM 2008, 526; OLG München ZMR 1987, 16; LG Hamburg WuM 2004, 601 = NZM 2004, 948.

[1444] BGH NJW 1984, 2404 = MDR 1985, 50 = ZMR 1984, 370 = DWW 1984, 234; KG ZMR 2016, 156 m. Anm. *Burbulla;* OLG Düsseldorf GE 2005, 799; KG GE 2003, 952; GE 2002, 666 = NJW-RR 2002, 948 = NZM 2002, 526 = ZMR 2002, 823; OLG Hamm ZMR 1998, 342 = NJW-RR 1998, 1020; LG Hamburg WE 2005, 186; *Kraemer/Ehlert* in Bub/Treier III. B Rdn. 3275; *Buch* NZM 2000, 693, 694; *Törnig* NZM 2009, 847, 849.

nen, wenn sich eine solche vertragliche Einschränkung nicht auf unstreitige oder gerichtlich festgestellte Ansprüche bezieht[1445] und im übrigen die Klausel so klar formuliert ist, dass ein juristisch nicht vorgebildeter und verständiger Mieter versteht, dass er die verbotene Minderung über § 812 BGB realisieren kann. Allerdings hat schon die ältere Rechtsprechung des BGH[1446] und in Folge die OLG-Rechtsprechung[1447] nicht auf diesen Verbrauchergedanken abgestellt und eine solche Klausel als wirksam bestehen lassen. Das soll jedenfalls dann gelten, wenn sich aus dem Gesamtvertrag ergibt, dass der Vermieter das Minderungsrecht nicht gänzlich ausschließen wollte.[1448] Auch kann die Pflicht des Mieters vereinbart werden, eine Mietminderung nur vorzunehmen, wenn er mit Zahlungen aus dem Mietverhältnis nicht in Rückstand ist[1449], oder sie mit einer bestimmten Frist anzukündigen.[1450] Diese Auflage muss ihm aber auch möglich sein, was bei anfänglichen Mängeln zum Zeitpunkt des Vertragsschlusses gerade nicht gegeben ist.[1451] Zulässig ist auch eine Klausel, wonach der Mieter die Minderung oder die vereinbarte Ankündigung schriftlich zu erklären hat oder mit der Minderung gleichzeitig den Minderungsbetrag bei der Justizkasse eines Deutschen Gerichts[1452] oder auf einem Notarander- bzw. Vermieterkonto[1453] hinterlegt. Ist aber gleichzeitig die Möglichkeit zur Aufrechnung mit diesem Anspruch **ausgeschlossen,** liegt ein Verstoß gegen § 309 Nr. 3 BGB vor.[1454] Unzulässig ist eine Klausel auch dann, wenn der Verwender die Minderung oder Verrechnung von seiner Anerkennung abhängig machen will.[1455] Die Kombination einer Mietvorauszahlungsklausel mit einer Anzeigeklausel zu Mietminderung, Aufrechnung oder Zurückbehaltung ist im Gewerberaummietvertrag nicht zu beanstanden[1456] (zur Wohnraummiete vgl. Rdn. 448ff.). Mit einer solchen Vertragsregelung sichert sich der Vermieter die Einnahmen und verweist den Mieter im Falle einer streitigen Minderung auf den Klageweg.[1457] Eine solche Kombination wird man auch zulassen, wenn sie nur dem vertragstreuen Mieter das Minderungsrecht ein räumt und dem säumigen Mieter dieses Recht verwehrt.[1458] Zulässig ist es daher auch, im kaufmännischen Verkehr den Mieter wegen eines streitigen Minderungsbetrages generell auf eine besondere Klage gegen den Vermieter zu verweisen.[1459] Die formularmäßige **Beschränkung der Minderung der Höhe nach** (Quotenvereinbarung) ist dagegen unzulässig, da hierdurch das Äquivalenzverhältnis beeinträchtigt werden kann.

Nach den vorgenannten Grundsätzen ist der formularmäßige Ausschluss der Minderung für den Fall der Versorgungsstörung für Wärme, Gas, Strom oder Wasser ebenfalls unwirksam, wenn er nicht auf Fälle begrenzt wird, die der Risikosphäre des Mieters zuzuordnen sind. Unzulässig ist somit der Minderungsausschluss für alle Versorgungsstörungen bzw. -unterbrechungen, die der Vermieter zu vertreten hat.[1460] Dies rechtfertigt sich aus dem Umstand, dass mit diesen Grundversorgungen das Betreiben des Gewerbebetriebes steht und fällt und es daher unangemessen ist, wenn der Vermieter sanktionslos bleiben soll, obwohl beispielsweise der Schaden seine Ursache im Hausanlagensystem hat. Daher kann eine andere Bewertung gerechtfertigt sein, wenn sich der Vermieter **463**

[1445] *Sternel* WuM 2002, 244.

[1446] BGH (XII ZR 141/91) NJW-RR 1993, 519 = ZMR 1993, 320; für eine vor Inkrafttreten des AGB-Gesetzes vereinbarte Klausel BGH (VIII ZR 337/82) NJW 1984, 2404 = ZMR 1984, 370.

[1447] OLG Köln, Urt. v. 25.10.2013 – 1 U 19/13 – juris; OLG Düsseldorf ZMR 2015, 543.

[1448] BGH (XII ZR 147/05) NZM 2008, 522 = ZMR 2008, 693; *Ghassemi-Tabar*/Guhling/Weitemeyer, Gewerbetraummiete, § 536 Rdn. 425; *Hübner/Griesbach/Fuerst* in: Lindner-Figura/Oprée/Stellmann, Geschäftsraummiete, Kap. 14 Rdn. 318.

[1449] OLG Köln, Urt. v. 25.10.2013 – 1 U 19/13 – juris.

[1450] OLG Düsseldorf NZM 2002, 953 = GE 2003, 186; KG GE 2001, 1670 = NZM 2002, 387 = GuT 2002, 77; LG Bonn ZMR 2012, 773.

[1451] **A. A.** BGH WuM 1992, 316 = NJW-RR 1991, 74 = DWW 1992, 14 = ZMR 1992, 241.

[1452] KG GE 2009, 1555.

[1453] KG MDR 2013, 1338.

[1454] LG Berlin GE 2001, 139.

[1455] BGH (XII ZR 54/05) GuT 2007, 294 = NZM 2007, 684.

[1456] OLG Köln WuM 1998, 23 = ZMR 1998, 763.

[1457] *Kraemer/Ehlert* in Bub/Treier III. B Rdn. 3276.

[1458] OLG Düsseldorf ZMR 2011, 381; KG NZM 2002, 387.

[1459] BGH NJW 1984, 2404 = MDR 1985, 50 = ZMR 1984, 370 = DWW 1984, 234; NJW-RR 1993, 519 = ZMR 1993, 320 = DWW 1993, 170.

[1460] **A. A.** BGH WuM 1976, 152 = ZMR 1976, 279; *Fallak* GuT 2007, 75, 77; *Fritz,* Gewerberaummietrecht, Rdn. 171b; zur Auslegung nach § 305 Abs. 2 BGB vgl. OLG Karlsruhe ZMR 2009, 33.

für von ihm nicht zu vertretende Beschränkungen entlastet, wie die Störung durch Straßenbaumaßnahmen oder Verkehrsregelungen.[1461]

464 Noch nicht abschließend beantwortet ist die Frage, ob der Klauselverwender das Minderungsrecht für einzelne Mängel ausschließen darf. Als AGB-Regelung können sie leicht als überraschend und damit unangemessen gewertet werden.[1462] Bedenken gegen eine solche Klausel bestehen dann nicht, wenn der Mieter die Mängel bei Vertragsschluss kannte und die Parteien daher den mangelhaften Zustand der Mietsache als vertragsgemäß vereinbart haben.[1463] Da die Verpflichtung zur Instandhaltung und Instandsetzung dann formularvertraglich auf den Mieter abgewälzt werden darf, wenn die Schäden dem Mietgebrauch und der Risikosphäre des Mieters zuzuordnen sind (Rdn. 461), wird die Auffassung vertreten, dass auch in diesen Fällen die weniger eingreifende Minderung ausgeschlossen werden darf.[1464] Diese Meinung ist bedenklich, weil die Minderung wertmäßig die Reparaturkosten zur Beseitigung des die Minderung begründenden Mangels deutlich übersteigen kann.

465 **b) Beschränkung und Übertragung der Erhaltungspflichten.** Klauseln zur Übernahme von Erhaltungspflichten (Instandhaltung/Instandsetzung) sind keine **Preisklauseln.** Die Kostentragungspflicht regelt vielmehr eine Abkehr von den gesetzlichen Leistungspflichten und ist daher uneingeschränkt im Rahmen des § 307 BGB zu kontrollieren[1465]. Sie sind zudem eng auszulegen,[1466] weil sie lediglich die Kehrseite der Gebrauchsgewährungspflicht, die eine Kardinalpflicht ist[1467], darstellen – s. Rdn. 460. Solche Klauseln, selbst wenn sie notwendigerweise auf Schäden begrenzt werden, die dem Mietgebrauch oder der Risikosphäre des Mieters zuzuordnen sind,[1468] können daher allenfalls bei einer gleichzeitig vereinbarten Kostenbegrenzung wirksam sein. Im Wohnraummietrecht wird eine jährliche Begrenzung von Instandhaltungskosten auf 8% der Jahresmiete für zulässig erachtet (s. § 535 BGB Rdn. 74). Um diesen Prozentsatz[1469] könnte ein Begrenzungsbetrag für zulässige Klauseln im gewerblichen Bereich liegen, soweit Erhaltungslasten für gemeinschaftlich genutzte Flächen auf den Mieter übertragen werden sollen.[1470]

466 Zulässige Instandhaltungs- und Instandsetzungsklauseln liegen vor, wenn dem Mieter die schonende Ausübung seines Gebrauchsrechts auferlegt wird oder wenn er die Mietsache mit der erforderlichen Sorgfalt zu behandeln und im guten und gebrauchsfähigen Zustand zu erhalten hat. Jedenfalls im letzteren Fall wird darin die Übertragung der Instandhaltung auf den Mieter gesehen.[1471] Die Grenze der noch angemessenen Übertragungsregelung wird aber überschritten, wenn dem Mieter die Erhaltungspflicht für bereits bei Beginn des Mietverhältnisses reparaturbedürftige Sachen auferlegt wird oder wenn die Instandhaltungspflicht auch nicht zum Mietobjekt gehörende Sachen erfasst.[1472]

467 Gleichfalls ausgeschlossen ist die formularvertragliche Überbürdung Instandsetzung von Schäden, die außerhalb seines (des Mieters) Risikobereichs liegen und die z. B. auf höhere Gewalt oder rechtswidriges Eingreifen Dritter zurückzuführen sind. Hat der Pächter eines Grundstücks beispielsweise das Pachtobjekt „zu erhalten, instand zu halten und auszubessern", so ist er nicht verpflichtet, Ersatzbeschaffungen für nicht mehr reparable Anlagen, Einrichtungen oder Bestandteile der Pachtsache vorzunehmen.[1473] Desgleichen führt eine derartige Vereinbarung nicht dazu, dass der Mieter oder Pächter verpflichtet ist, auch Folgemängel oder Verschlechterungen der Miet-

---

1461 OLG Hamburg GuT 2004, 168; *Fritz,* Gewerberaummietrecht, Rdn. 171 b.

1462 OLG Hamburg ZMR 2004, 432 = GuT 2004, 168; vgl. auch KG GuT 2007, 436 = NZM 2008, 526.

1463 *Schmid* ZfIR 2008, 491, Anm. zu BGH GE 2008, 862.

1464 *Schmid* ZfIR 2008, 491, Anm. zu BGH GE 2008, 862.

1465 BGH (XII ZR 158/01) GuT 2005, 213 = GE 2005, 1185 = ZMR 2005, 844 = DWW 2005, 372 = NZM 2005, 863; *Blank* WImmoT 2007, 81, 82.

1466 OLG Hamburg ZMR 2004, 432; OLG Naumburg WuM 2000, 241 = ZMR 2000, 383 = NJW-RR 2000, 823 = NZM 2000, 1183; Erman/*Lützenkirchen* § 535 Rdn. 134 ff.

1467 BGH (VIII ARZ 1/01) WuM 2002, 141 = NJW 2002, 673 = NZM 2002, 116 = ZMR 2002, 184 m. Anm. *Lützenkirchen.*

1468 BGH NJW-RR 1987, 906 = ZMR 1987, 257; OLG Düsseldorf DWW 1992, 241; LG Augsburg ZMR 2007, 697; *Eisenschmid* NZM 2002, 889, 893; *Schmid* ZfIR 2008, 491: Anm. zu BGH GE 2008, 862.

1469 *Graf von Westphalen/Drettmann,* Vertragsrecht und AGB-Klauselwerke, Geschäftsraummiete Rdn. 50 (10%).

1470 *Fritz,* Gewerberaummietrecht, Rdn. 183; *Kraemer/Paschke* in Bub/Treier III. A Rdn. 2626.

1471 OLG Düsseldorf NZM 2000, 464.

1472 BGH WuM 1992, 355; *Graf von Westphalen/Drettmann,* Vertragsrecht und AGB-Klauselwerke, Geschäftsraummiete Rdn. 49; s. auch *Hoff* ZMR 2006, 415.

1473 KG MDR 2000, 447; OLG Hamm NJW-RR 1993, 1229.

oder Pachtsache zu beseitigen.[1474] Eine Übernahmeklausel verstößt insbesondere dann gegen die Gestaltungspflichten bei Verwendung von Allgemeinen Geschäftsbedingungen, wenn der Formularmietvertrag dem Mieter alle Instandhaltungs- und Instandsetzungsmaßnahmen[1475] – s. dazu Rdn. 460ff. sowie § 535 Rdn. 78ff. – einschließlich derer an **„Dach und Fach"**, aufbürdet.[1476] Insbesondere die Übertragung der Arbeiten an Dach und Fach[1477] soll den Vermieter von seiner **Kardinalpflicht** zur Aufrechterhaltung des vertragsgemäßen Gebrauchs gänzlich befreien, da diese Arbeiten alle Maßnahmen umfassen, die der Erhaltung des Substanzwertes des Gebäudes dienen. Dies führt zu einer unangemessenen Benachteiligung des Mieters. Vorherrschend ist die Auffassung, dass unter solchen Arbeiten das Dach und die tragenden Gebäudeteile zu verstehen sind.[1478] Dazu gehört auch die Instandsetzung von Leitungsinstallationen jedenfalls dann, wenn sie im Mauerwerk liegen.[1479] Wer so verpflichtet ist, hat nicht nur für die Unterhaltung des Gebäudes einzustehen und den weitaus überwiegenden Teil der Erhaltungslast zu tragen sondern übernimmt auch die **Verkehrssicherungspflicht** für das Bauwerk.[1480] Eine derartige Abweichung vom gesetzlichen Leitbild, wonach der Mieter die Sachgefahr mit einem nicht kalkulierbaren Risiko trägt, ist regelmäßig auch im gewerblichen Mietverhältnis nicht mehr zulässig.[1481] Eine individualvertragliche Regelung kann dagegen im Einzelfall wirksam sein[1482] (s. Rdn. 456). Insbesondere bei fehlenden Belastungsgrenzen ist jedoch die Sittenwidrigkeit gem. § 138 BGB zu prüfen.[1483]

c) Beschränkung des Schadensersatzes. Die Vertragsparteien können Schadensersatzansprüche aus der verschuldensunabhängigen Haftung (Garantiehaftung) des § 536a Abs. 1 Alt. 1 BGB wegen der für das gesetzliche Haftungssystem untypischen Regelung generell auch formularvertraglich ausschließen und begrenzen.[1484] Das gilt auch für Körperschäden[1485]; soweit den Vermieter nicht der Vorwurf des Vertretenmüssens trifft. Dagegen erlaubt diese Ausnahme nicht, dem Mieter in solchen Fällen zusätzliche Pflichten aufzuerlegen.[1486] 468

Das Freizeichnen von der Haftung des Vermieters für einfache Fahrlässigkeit ist bei Verletzung von Kardinalpflichten generell zu verneinen.[1487] Allenfalls zulässig erscheint, den Haftungsausschluss für vertragsuntypische und nicht vorhersehbare Schäden zu vereinbaren[1488] (zum Haftungsausschluss bei Rechtsmängeln s. Rdn. 304). 469

1474 OLG Düsseldorf DWW 1999, 294.

1475 OLG Dresden GE 1996, 1237 = NJW-RR 1997, 395 = NJWE-MietR 1997, 106; s. aber auch OLG Oldenburg NZM 2003, 439 zum Ausschluss der Inhaltskontrolle.

1476 OLG Rostock NZM 2010, 42 = NJW-RR 2010, 442; OLG Naumburg WuM 2000, 241 = ZMR 2000, 383 = NJW-RR 2000, 823 = NZM 2000, 1183; *Graf von Westphalen/Drettmann*, Vertragsrecht und AGB-Klauselwerke, Geschäftsraummiete Rdn. 50; *Blank* WImmoT 2007, 81, 82; zu sog. Triple-Net-Contracts s. *Joachim* in FS Blank S. 221, 237 wohl auch *Joachim* NZM 2003, 387, 391; **a. A.** *Bub* NZM 1998, 789, 793.

1477 Zum Begriff vgl. OLG Hamm ZMR 1988, 260; *Disput/Hübner* ZfIR 2007, 836, 838; *Weimar* BlGBW 1980, 69; WuM 1956, 85; zum Begriff sowie zu einzelnen Vertragsklauseln vgl. *Schlemminger/Tachezy* NZM 2001, 416.

1478 OLG Brandenburg ZMR 2009, 841; OLG Hamburg MDR 1967, 845; s. zur Begriffsbestimmung *Joachim* in FS Blank S. 221, 225; vgl. *Gather* DWW 2002, 54, 61; *Franke* DWW 2004, 172, 175.

1479 OLG Hamm ZMR 1988, 260.

1480 *Weimar* BlGBW 1980, 69.

1481 BGH (XII ZR 158/01) GGuT 2005, 213 = GE 2005, 1185 = ZMR 2005, 844 = DWW 2005, 372 = NZM 2005, 863 = MietPrax-AK § 538 BGB Nr. 17 m. Anm. *Eisenschmid;* KG NZM 2003, 395; OLG Dresden GE 1996, 1237 = NJW-RR 1997, 395; *Stapenhorst* NZM 2007, 17, 19; *Disput/Hübner* ZfIR 2007, 836, 838; *Schmitz/Reischauer* NZM 2002, 1019, 1020.

1482 OLG Rostock NZM 2010, 42 = NJW-RR 2010, 442; *Dose* NZM 2009, 381; *Kraemer/Paschke* in Bub/Treier III. A Rdn. 2622; *Gather* DWW 2002, 54, 61; zu den Bedenken s. *Borzutzki-Pasing* juris PR-Mietrecht 23/09 Anm. 3.

1483 *Borzutzki-Pasing* jurisPR-MietR 23/2009 Anm. 5 (zu OLG Rostock NZM 2010, 42 = NJW-RR 2010, 442).

1484 BGH NJW-RR 1993, 519; WuM 1992, 316 = ZMR 1992, 241 = NJW-RR 1991, 74; Erman/*Lützenkirchen* § 536a Rdn. 29a; *Graf von Westphalen/Drettmann,* Vertragsrecht und AGB-Klauselwerke, Geschäftsraummiete Rdn. 42.

1485 Erman/*Lützenkirchen* § 536a Rdn. 29a; *Häublein* in MünchKomm § 536a Rdn. 21; *Heinrichs* NZM 2003, 6; *Joachim* NZM 2003, 327; *Horst* NZM 2003, 537.

1486 Vgl. OLG Saarbrücken NJW-RR 1997, 248.

1487 BGH (VIII ARZ 1/01) WuM 2002, 141 = NJW 2002, 673 = NZM 2002, 116 = ZMR 2002, 184 = MDR 2002, 330 m. Anm. *Lützenkirchen;* OLG Stuttgart, Rechtsentscheid vom 11.4.1984, WuM 1984, 187 = NJW 1984, 2226 = MDR 1984, 669 = ZMR 1984, 309; OLG Hamburg ZMR 1985, 236.

1488 *Kraemer/Paschke* in Bub/Treier III. B Rdn. 3074.

470 Außerhalb von Kardinalpflichten kann eine Freizeichnung oder Haftungsbegrenzung wegen des damit für den Mieter verbundenen unkalkulierbaren Risikos nur in Betracht kommen, wenn gleichzeitig eine Begrenzung des Risikos in der Sache oder in der Höhe erfolgt.[1489] Sie wird zu Gunsten des Vermieters beispielsweise dann nicht als unangemessen angesehen, wenn sie versicherbare Vermögensschäden auf die Versicherungsleistung begrenzt, die Deckungssumme das vertragstypische Risiko abdeckt, eine adäquate versicherungsmäßige Schadensvorsorge für alle vorhersehbare Schäden gewährleistet ist und der Verwender mit eigenen Ersatzleistungen eintritt, sofern sich der Versicherer auf seine Leistungsfreiheit berufen kann.[1490] Weiterhin ist beispielsweise eine Formularvereinbarung zulässig, wonach der Mieter nur haftet, wenn der Schaden durch den Mietgebrauch veranlasst[1491] worden oder dem Risikobereich des Mieters zuzuordnen ist[1492] oder wenn die Haftung auf einen bestimmten Prozentsatz der Jahresmiete begrenzt wird.[1493]

471 Umgekehrt ist es regelmäßig unzulässig, die Haftung des Vermieters für zugesicherte Eigenschaften auszuschließen[1494] oder für Mängel, die schon bei Mietbeginn vorlagen oder die durch Dritte verursacht wurden oder die der Vermieter selbst grob fahrlässig oder vorsätzlich verursacht hat.[1495]

472 Vor allem ist § 309 Nr. 7a BGB zu beachten. Nach dieser Vorschrift kann der Klauselverwender die Haftung für Schäden aus der Verletzung des Lebens, des Körpers oder der Gesundheit nicht ausschließen oder beschränken, auch wenn dem Vermieter nur leichte Fahrlässigkeit vorzuwerfen ist. Die Vorschrift gilt ihrem Schutzzweck nach auch dann, wenn nicht die Ersatzpflicht des Vermieters, sondern seine Sorgfaltspflicht abbedungen oder dem Mieter ein bestimmtes Risiko allein auferlegt wird.[1496] Vertragsklauseln, die den Vermieter für leichte Fahrlässigkeit frei zeichnen sollen und nicht klar zwischen den Schäden aus § 309 Nr. 7a BGB und sonstigen Schäden (Sach- und Vermögensschäden) differenzieren, sind schon allein deshalb unzulässig.

473 Des Weiteren ist zu beachten, dass die in Allgemeinen Geschäftsbedingungen enthaltenen Begriffe i. d. R. entsprechend ihrer juristischen Fachbedeutung zu verstehen sind. Daher erfasst der formularmäßige Ausschluss einer „Zurückhaltung" des Mietzinses nicht auch das Minderungsrecht.[1497]

474 In dem gleichen Umfang wie das Minderungsrecht begrenzt werden darf, kann auch das Zurückbehaltungsrecht des Mieters formularvertraglich ausgeschlossen bzw. beschränkt werden.

475 **d) Einzelne Klauseln:. Rechtzeitigkeitsklauseln,** die sich auf die Zahlung der laufenden Miete beziehen, sind grundsätzlich wirksam.[1498] Nach der Rechtsprechung des XII. Zivilsenats des BGH[1499] bestehen gegen die Wirksamkeit der Rechtzeitigkeitsklausel jedenfalls dann keine Bedenken, wenn sie sich „auf die Zahlung der laufenden Mietzinsen bezieht und die Parteien zudem Kaufleute sind". In dem Urteil vom 5. 10. 2016 stellt der VIII. Zivilsenat des BGH[1500] klar, dass die Rechtsprechung des XII. Zivilsenats nicht auf die Wohnraummiete zu übertragen ist: „Angesichts der schwerwiegenden Nachteile, die der Mieter im Fall des (unverschuldeten) Verlustes der Wohnung als seines räumlichen Lebensmittelpunktes zu erwarten hat … hat der Vermieter kein schutzwürdiges Interesse, den Mieter für Zahlungsverzögerungen verantwortlich zu machen, die auf Fehlleistungen eingeschalteter Zahlungsdienstleister beruhen". Ob etwas anderes gilt, wenn in der Rechtszeitigkeitsklausel klargestellt wird, dass Verzögerungen im Bereich der Banken vom Anwendungsbereich der Klausel ausgenommen sind, hat der BGH nicht abschließend entschieden.

[1489] BGH NJW 1993, 335; **a. A.** OLG Düsseldorf NZM 2000, 188.

[1490] *Graf von Westphalen/Drettmann,* Vertragsrecht und AGB-Klauselwerke, Geschäftsraummiete Rdn. 42.

[1491] BGH MDR 1987, 753 = ZMR 1987, 257 = NJW-RR 1987, 906; OLG Düsseldorf DWW 1992, 241.

[1492] OLG Köln WuM 1994, 274 = ZMR 1994, 158 = NJW-RR 1994, 524 = DWW 1994, 119; OLG Düsseldorf DWW 1992, 241.

[1493] BGH (XII ZR 158/01) GGuT 2005, 213 = GE 2005, 1185 = ZMR 2005, 844 = DWW 2005, 372 = NZM 2005, 863; MietPrax-AK § 538 BGB Nr. 17 m. Anm. *Eisenschmid; Gather,* Schönheitsreparaturen, S. 67; *Wodicka* NZM 1999, 1081.

[1494] *Graf von Westphalen/Drettmann,* Vertragsrecht und AGB-Klauselwerke, Geschäftsraummiete Rdn. 44.

[1495] OLG Hamm NZM 1999, 804; NJW-RR 1996, 969; *Graf von Westphalen/Drettmann,* Vertragsrecht und AGB-Klauselwerke, Geschäftsraummiete Rdn. 42.

[1496] *Heinrichs* NZM 2003, 1.

[1497] OLG Düsseldorf NJW-RR 1999, 953 = ZMR 1999, 387.

[1498] BGH WuM 1998, 599 = NJW 1998, 2664 = ZMR 1998, 612 = MDR 1998, 1216; **a. A.** *Derleder* WuM 2007, 599.

[1499] BGH (XII ZR 195/96) WuM 1998, 599 = ZMR 1998, 612, 613 = NJW 1998, 2664.

[1500] BGH (VIII ZR 222/15) WuM 2017, 31 = GE 2017, 99 = NZM 2017, 120 = ZMR 2017, 231.

Minderungsansprüche wegen einer Flächenabweichung können wie folgt ausgeschlossen werden: „Sollten sich bei nachträglicher Vermessung Abweichungen der Größe ergeben, ist keine der Parteien deswegen berechtigt, eine Änderung des Mietzinses oder des Abrechnungsschlüssels zu fordern".[1501] 476

Die Ausübung eines **Zurückbehaltungsrechts** durch den Mieter kann im kaufmännischen Verkehr ohne Verstoß gegen § 307 BGB uneingeschränkt von einer einmonatigen Vorankündigung abhängig gemacht werden.[1502] 477

Die Klausel in einem **Pachtvertrag,** wonach eine Zurückbehaltung oder Aufrechnung mit Ansprüchen, deren sich der Pächter berühmt, ausgeschlossen ist, sofern diese nicht unbestritten oder rechtskräftig festgestellt sind, benachteiligt den Pächter nicht unangemessen und ist daher wirksam.[1503] Trotz dieser Einschränkung bleibt nämlich dem Pächter das Recht, eine rechtskräftige Entscheidung über seine Forderung herbeizuführen und mit dieser gegen später fällig werdende Mietzinsansprüche aufzurechnen. 478

Formularklauseln, wonach sich der Vermieter von seiner **Instandhaltungspflicht** für ein Mietobjekt – vollständig – freizeichnet und dem Mieter tatsächlich die Instandhaltungslast überbürdet, sowie Mietminderungs- und Schadenersatzansprüche wegen mangelnder Gebrauchstauglichkeit der Mietsache ausschließt, sind auch in Gewerberaummietverträgen wegen Verstoßes gegen § 307 BGB unwirksam.[1504] 479

Ein Haftungsausschluss ist unwirksam, wenn nicht zwischen **verschuldeten** und **unverschuldeten** Mängeln differenziert wird.[1505] Wurde in der Klausel dagegen eine ausreichende Unterscheidung getroffen, ist der Ausschluss der Minderung wirksam, wenn z. B. Störungen der Versorgung mit Wärmeenergie, Gas, Strom oder Wasser nicht auf einem Verschulden des Vermieters beruhen.[1506] 480

Die Klausel in einem Mietvertrag, wonach der Vermieter keine Gewähr dafür leistet, dass die vermieteten Geschäftsräume den in Frage kommenden allgemeinen **technischen Anforderungen** sowie den behördlichen und anderen Vorschriften entsprechen, ist unter Berücksichtigung des § 307 Abs. 2 Nr. 2 BGB eng dahin auszulegen, dass der Vermieter jedenfalls für die Schaffung der bauordnungsrechtlichen Voraussetzungen, an welche die Erteilung der Konzession geknüpft ist, zu sorgen hat.[1507] 481

Soweit vorformulierte Klauseln das Risiko für die Versagung **öffentlich-rechtlicher Genehmigungen,** z. B. Konzessionen, ohne Rücksicht auf die Gründe auf den Mieter abwälzen, sind diese Regelungen wegen ihrer unangemessenen Benachteiligung des Mieters unwirksam.[1508] 482

Eine **Überraschungsklausel** kann vorliegen, wenn der Minderungsausschluss in einem umfassenden Klauselwerk versteckt ist.[1509] Ein Ausschluss des Minderungsrechts kann auch dahingehend auszulegen sein, dass der Mieter nur vorläufig den vollen Mietzins zu zahlen hat und das unter Vorbehalt zu viel Geleistete gem. §§ 536, 812 BGB zurückgefordert werden kann.[1510] 483

Wie § 569 Abs. 5 BGB zeigt, kann das Recht des Mieters **zur fristlosen Kündigung** bei anderen als Wohnraummietverhältnissen grundsätzlich abbedungen werden (vgl. auch §§ 536d, 543 Abs. 4 BGB). Ausnahmsweise wird man dem Mieter dennoch das Recht zur vorzeitigen Vertragsauflösung einräumen müssen, wenn die vermietete Sache aus im Risikobereich des Vermieters liegenden Gründen unbehebbar mangelhaft geworden ist.[1511] 484

1501 KG GE 2005, 1190.

1502 OLG Hamburg WuM 1998, 152 = ZMR 1998, 220 = NJW-RR 1998, 586 = MDR 1998, 275 = GE 1998, 243.

1503 OLG Düsseldorf ZMR 1999, 23.

1504 BGH (XII ZR 158/01) GuT 2005, 213 = GE 2005, 1185 = ZMR 2005, 844 = DWW 2005, 372 = NZM 2005, 863; MietPrax-AK § 538 BGB Nr. 17 m. Anm. *Eisenschmid;* OLG Dresden GE 1996, 1237 = NJW-RR 1997, 395 = NJWE-MietR 1997, 106.

1505 *Schultz,* Gewerberaummiete, S. 156; **a. A.** OLG Düsseldorf WuM 1999, 279.

1506 BGH WuM 1976, 152 = ZMR 1976, 279 = MDR 1976, 753.

1507 OLG Düsseldorf NJW-RR 1988, 1424 = MDR 1988, 866.

1508 BGH (VIII ZR 232/87) WuM 1988, 302 = NJW 1988, 2664 = ZMR 1988, 376; OLG Düsseldorf BB 1992, 1748 = ZMR 1992, 446 = DWW 1992, 366.

1509 OLG Nürnberg NJW 1977, 1402.

1510 BGH NJW 1984, 2404 = MDR 1985, 50 = ZMR 1984, 370 = DWW 1984, 234; NJW-RR 1993, 519 = ZMR 1993, 320 = DWW 1993, 170; *Kraemer/Ehlert* in Bub/Treier III. B Rdn. 3277.

1511 *Wolf/Eckert/Ball* Rdn. 406.

484a Beabsichtigt der Klauselverwender, Forderungen von der Aufrechnung auszunehmen, die aus einem **außerhalb des Mietvertrages stehenden Rechtsverhältnisses** resultieren, hält dies nach Auffassung des des BGH[1512] einer Inhaltskontrolle am Maßstab von § 307 BGB nicht stand. Diese Entscheidung überrascht nicht, da der Bundesgerichtshof schon in der Vergangenheit ähnliche Klauseln in diesem Sinne bewertet hatte[1513], wenngleich er allerdings dabei auf die klauselmäßige Beschränkung „Forderungen aus dem Mietverhältnis" nicht eingegangen war, sondern die Klauseln aus anderen Gründen verworfen hatte. Die in der vorstehenden Entscheidung dargelegte Auffassung entspricht schon der Rechtsprechung des OLG Celle[1514].

G. Beweislast

I. Anfänglicher Mangel

485 Ist der Mangel bereits bei Übergabe vorhanden, so stellt sich die Frage, ob die Beweislast für die vertragsgemäße Erfüllung nicht dem Vermieter aufzuerlegen ist. In diesem Fall müsste der Vermieter beweisen, dass er die Mietsache mangelfrei übergeben hat[1515].

486 Der BGH hat die Frage der Beweislast für anfängliche Mängel ausdrücklich offen gelassen. Nach den Regeln des Allgemeinen Schuldrechts muss der Schuldner – also der Vermieter – die vertragsgemäße Erfüllung beweisen (vgl. § 535 BGB Rdn. 48). Anders ist es jedoch gem. § 363 BGB, wenn der Gläubiger – also der Mieter – eine ihm als Erfüllung angebotene Leistung angenommen hat. Dann muss der Gläubiger beweisen, dass die Leistung mangelhaft gewesen ist[1516].

487 Das führt zu folgenden Ergebnissen: Hat der Mieter die Mietsache als im Wesentlichen vertragsgemäß übernommen, so muss er beweisen, dass ein anfänglicher Mangel vorlag. Hat der Mieter die Mietsache angenommen, jedoch gem. § 536b Satz 3 BGB erklärt, dass er sich seine Rechte vorbehalte, so muss der Mieter im Streitfall den anfänglichen Mangel und die Erklärung seines Vorbehalts beweisen. Ist der Mangel unstreitig und behauptet der Vermieter, dass die Minderung aufgrund einer Vereinbarung mit dem Mieter ausgeschlossen sei, so ist die Ausschlussvereinbarung vom Vermieter zu beweisen.

II. Nachträglicher Mangel

1. Mieter

488 Der Mieter hat das Vorliegen des Mangels sowie die Beeinträchtigung der Tauglichkeit der Mietsache zum vertragsgemäßen Gebrauch[1517] und ggf. die Zusicherung der Eigenschaft dazulegen und zu beweisen. Dies umfasst allerdings nicht das Maß der Minderung[1518], d. h., der Mieter muss keine konkrete Minderungsquote bzw. keinen konkreten Minderungsbetrag und vor allem nicht die Ursachen der Mangelerscheinung[1519] darlegen. Denn die Mietzinsminderung tritt **automatisch** ein und zwar in dem Umfang der Gebrauchsbeeinträchtigung. Die Angabe eines bestimmten

[1512] BGH (XII ZR 29/15) NZM 2016, 585 = GE 2016, 717 = MietPrax-AK § 307 BGB Nr. 6; Praxisbeispiel für eine wirksame Klausel, *Tank,* IMR 7/2016, 282; siehe dazu Anm. *Burbulla* zum Vertrauensschutz bei Änderung der Rechtsprechung, ZMR 2016, 610.

[1513] BGH (XII ZR 54/05) GE 2007, 1179 = NZM 2007, 684 = NJW 2007, 3421 = ZMR 2007, 854 = MietPrax-AK § 556 BGB Nr. 1 *(Eisenschmid)* sowie (VIII ZR 337/06) GE 2008, 113 = WuM 2008, 152 = MietPrax-AK § 556b BGB Nr. 2 *(Eisenschmid); Mummenhoff,* jurisPR-MietR 12/2008 Anm. 5.

[1514] OLG Celle WuM 1990, 103; **a. A.** OLG Düsseldorf NZM 2010, 582; siehe dazu im Einzelnen *Borzutzki-Pasing,* jurisPR-MietR 12/2016 Anm. 3).

[1515] So *Greiner* NJW 2000, 1314, 1315; siehe auch AG Hamburg-Bergedorf ZMR 2012, 782.

[1516] BGH (XII ZR 120/04) GuT 2007, 10 = NZM 2007, 379 = MDR 2007, 257 = NJW 2007, 2394, 2396; *Kraemer/Ehlert* in Bub/Treier Rdn. III B 3260; *Both* NZM 2007, 156, 158; *Gsell* jurisPR-BGHZivilR 36/2005 Anm. 3.

[1517] OLG Celle WuM 1985, 9 = ZMR 1985, 10 = GE 1985, 679; vgl. auch BAG ZfPR 1996, 200 = NJW 1997, 611 = NZA 1997, 86 zu § 618 BGB; LG Berlin GR 2000, 347.

[1518] BVerfG NZM 2007, 678; WuM 2007, 565 = NJW 2007, 3118 = GE 2007, 1478 mit Bespr. *Fischer* WuM 2007, 553; BGH GE 1997, 1096 = ZMR 1997, 567 = NJWE-MietR 1997, 202; WuM 1991, 544 = NJW-RR 1991, 779; ZMR 1985, 403 = WPM 1985, 1213; *Franke* ZMR 1996, 297; *Börstinghaus* Rdn. 121; *Kraemer/Ehlert* in Bub/Treier III. B Rdn. 3260; *Emmerich* in Staudinger § 536 BGB Rdn. 76.

[1519] BGH (XII ZR 59/14) NZM 2016, 796 = ZMR 2016, 854; (XII ZR 254/95) WuM 1997, 488; *Streyl* WuM 2008, 7; *Meinken* ZMR 2007, 764.

Prozentsatzes ist nicht Tatbestandsmerkmal des § 536 BGB.[1520] Daher ist es Aufgabe des Gerichts, ggf. unter **Hinzuziehung von Sachverständigen,** zu ermitteln, in welchem Umfang die Gebrauchstauglichkeit der Mietsache durch den Mangel beeinträchtigt ist und in welcher Höhe die Mietminderung greift.[1521]

Das Gericht muss nur in die Lage versetzt werden, aufgrund des tatsächlichen Vorbringens der Partei zu entscheiden, ob die gesetzlichen Voraussetzungen für das Bestehen des geltend gemachten Rechts vorliegen.[1522] Daher muss der Mieter über die hinreichend genaue Beschreibung der Mangelerscheinungen hinaus nicht die Ursachen bezeichnen, die ihm häufig auch nicht bekannt sind.[1523] Vermutet beispielsweise der Mieter die Ursache der von ihm wahrgenommenen Fäkalgerüche in einem offenen Badewannenabschluss, reicht der Vortrag insoweit aus. Er muss weder die Intensität noch die Häufigkeit der Gerüche schildern noch eine Plausibilität des behaupteten Ursachenzusammenhangs darlegen. Wird ein Zuleitungsrohr als undicht oder durchgerostet bezeichnet, bedarf es keiner näheren Beschreibung der betroffenen Leitungsstellen. Ist ein Heizkörper defekt, reicht dieser Hinweis zur Erfüllung der Substantiierungspflicht aus. Der Mieter muss weder die Art der Fehlfunktion noch die erzielten Temperaturen darlegen.[1524] Allerdings entbindet dies den Mieter nicht von seiner Pflicht, Mängel hinsichtlich ihres qualitativen und quantitativen Ausmaßes nach Art, Tageszeit, Dauer, Häufigkeit etc. so genau zu beschreiben, dass eine Gebrauchsbeeinträchtigung wenigstens plausibel ist.[1525] 489

In der Literatur[1526] sind berechtigt Zweifel geäußert worden, ob die Darlegungs- und Beweislast nicht beim Vermieter liegen muss, da es um die Haupleistungspflichten geht. Da der Mieter – sofern der Vermieter den Mangel nicht kennt – nur die nicht ordnungsgemäße Erfüllung anzeigen muss, um die gesetzlich angeordnete Mietminderung herbeizuführen, ist es gerechtfertigt, wie beispielsweise im Werkvertragsrecht, dem Vermieter die Darlegungs- und Beweislast für die ordnungsgemäße Erfüllung seiner Hauptleistungspflicht aufzuerlegen. 490

Behauptet der Mieter die Beeinträchtigung durch Umweltgifte, muss er nach Ansicht des AG Münsingen[1527] nicht den sicheren Nachweis führen, dass das Gift zu einer Erkrankung geführt habe. Es muss aber mehr als eine abstrakte Gefahr bestehen, die sich durch Messmethoden nachweisen lässt. 491

Zulässig ist auch der Anscheinsbeweis. Dabei ist der Nachweis wissenschaftlicher Grenzwerte nicht allein von ausschlaggebender Bedeutung, da diese „politische“ Werte sind[1528] (vgl. Rdn. 29 ff.). 492

Behauptet der Mieter, die Mietsache sei nach vermieterseitigen Versuchen zur Mängelbeseitigung immer noch fehlerhaft, so trägt der Vermieter die **Beweislast** für den Erfolg der Mängelbeseitigungsmaßnahmen.[1529] Der Vermieter darf die beanstandeten Materialien nicht entfernen, ohne den Mieter zuvor darauf aufmerksam zu machen, weil er sonst den Beweis über die Frage des austretenden gesundheitsgefährdenden Stoffes vereiteln würde. In diesem Fall müsste der Vermieter die mieterseitige Behauptung gegen sich gelten lassen.[1530] 493

Macht der Mieter einen Anspruch auf Mängelbeseitigung oder Schadensersatz geltend, gilt die Beweislastverteilung nach der **Sphärentheorie** mit folgender Maßgabe. Zunächst ist der allgemeine Grundsatz zu beachten, wonach derjenige die Anspruchsgrundlagen zu beweisen hat, der sich zur Stützung seines Rechtes auf sie beruft.[1531] Macht der Mieter somit einen Herstellungs- 494

1520 *Franke* ZMR 1996, 297, 298.

1521 VerfGH GE 2001, 1054 BGH NJWE-MietR 1997, 202; WuM 1991, 544 = NJW-RR 1991, 779; 544; *Franke* ZMR 1996, 297.

1522 BGH (VIII ZR 125/11) WuM 2011, 700 = MietPrax-AK § 536 BGB Nr 40 = GE 2012, 60 = NJW 2012, 382 = NZM 2012, 109 = ZMR 2012, 177; 2012, 536.m. Anm. *Schröder.*

1523 BGH (XII ZR 59/14) NZM 2016, 796 = ZMR 2016, 854; (VII ZR 210/96) NJW-RR 1997, 1376 zur Baumängelrüge; (VII ZR 405/97) NJW 1999, 1330 = GE 1999, 313 zur Baumängelrüge.

1524 Die vorgenannten Beispiele sind entnommen der Entscheidung BGH (VIII ZR 125/11) WuM 2011, 700 = MietPrax-AK § 536 BGB Nr 40 = GE 2012, 60 = NJW 2012, 382 = NZM 2012, 109 = ZMR 2012, 177; siehe dazu Streyl NZM 2012, 104.

1525 *Geldmacher,* MK 2012, 128, 129.

1526 *Schröder,* Anm. zu BGH (VIII ZR 125/11), ZMR 2012, 536; siehe auch AG Hamburg-Bergedorf ZMR 2012, 782.

1527 AG Münsingen WuM 1996, 336.

1528 AG Münsingen WuM 1996, 336.

1529 BGH NJW 2000, 2344 = NZM 2000, 549; OLG Hamm NJW-RR 1995, 525.

1530 AG Stade WuM 2000, 417.

1531 BGH WuM 2006, 147.

oder Schadensersatzanspruch geltend, muss er alle Tatbestandsmerkmale des Anspruchs, sowie – außerhalb der Garantiehaftung – das Verschulden des Vermieters darlegen und beweisen.[1532] Ist aber strittig, ob der Mangel bzw. der Schaden vom Mieter oder vom Vermieter zu vertreten ist, gilt die Sphärentheorie. Sie besagt, dass die Darlegungs- und Beweislast für die Zurechnung eines Mangels nach Verantwortungsbereichen verteilt wird.[1533] Im Rahmen der Sphärentheorie hat daher zunächst der Vermieter zu beweisen, dass die Schadensursache nicht in seinem Herrschafts- und Einflussbereich (s. Rdn. 499) gesetzt worden ist. Erst dann, wenn die Schadensursache im Einfluss- und Herrschaftsbereich des Vermieters ausgeräumt ist, muss sich der Mieter hinsichtlich seines – vermuteten – Verschuldens entlasten.[1534]

495 Insbesondere bei Feuchtigkeitsschäden obliegt dem Mieter dann die Beweislast, dass die Feuchtigkeit nicht durch unsorgfältiges und damit durch schuldhaftes Verhalten bei der Belüftung oder Beheizung der Räume entstanden ist.[1535] Kommt es in der Wohnung eines Mieters zu einem Wohnungsbrand und kann die Ursache des Schadens dem Gefahrenbereich des Vermieters zugeordnet werden, spricht eine **Vermutung** dafür, dass der Schaden vom Vermieter verursacht und verschuldet worden ist. Zwar kann sich der Vermieter entlasten. Dafür reicht es aber nicht aus, dass die Brandursache letztlich unaufklärbar bleibt.[1536]

496 Ist die Haftung des Mieters dem Grunde nach unstreitig oder erwiesen, liegt die Beweislast für ein eventuelles Mitverschulden (§ 254 BGB) des Vermieters beim Mieter. Bei leichter Fahrlässigkeit kommt dem Mieter der Regressverzicht des Feuerversicherers zugute[1537], ohne dass der Mieter im Wege der Umlage die Versicherungskosten anteilig tragen muss[1538] (s. dazu § 535 Rdn. 86ff.).

497 Will der Versicherer gegen den Mieter vorgehen, gilt auch hier § 81 VVG, wonach der Versicherer seine Leistung kürzen kann oder ganz von der Leistung frei wird, wenn der Versicherungsnehmer grob fahrlässig oder vorsätzlich gehandelt hat. Diese in § 81 VVG liegende **Beweislastregelung** gilt auch dann, wenn der Versicherer aus abgetretenem Recht seinen Anspruch geltend macht. Diese sog. „versicherungsrechtliche Lösung"[1539] (s. § 535 Rdn. 87f.) führt somit zu einer dem Mieter günstigen Beweislastverteilung. Darüber hinaus ist der Vermieter grundsätzlich mietvertraglich verpflichtet, im Schadensfall zunächst den Versicherer in Anspruch zu nehmen[1540] (zur Beweislast bei pVV vgl. Rdn. 606).

2. Vermieter

498 Nach der Mängelanzeige des Mieters muss sich der Vermieter alsbald um die Feststellung der gerügten Mängel kümmern, um **Beweisnachteile** im späteren Zahlungsrechtsstreit oder Minderungsrechtsstreit zur Mängelursache auszuschließen.[1541] Für die Annahme eines nur unerheblichen Mangels trägt der Vermieter die Beweislast.[1542]

499 Der Vermieter, der den Mieter auf Miete und Schadensersatz in Anspruch nimmt, muss darlegen, dass die Schadensursache weder aus seinem Verantwortungsbereich noch aus seinem Pflichtenkreis stammt, sondern in dem Herrschafts- und Obhutsbereich des Mieters begründet ist.[1543] Der Vermieter muss daher zunächst sämtliche Umstände ausräumen, die aus seinem Gefahrenbereich

---

1532 *Sternel* aktuell (2009), Rdn. VIII 151.

1533 AG Schöneberg GE 2015, 198; AG Jülich WuM 2012, 552 zum Verstoß gegen die Verkehrssicherungspflicht; *Sternel* aktuell (2009), Rdn. VIII 152.

1534 BGH WuM 1998, 96 = GE 1998, 175 = NZM 1998, 207; BGHZ 66, 349 = WuM 1978, 90 = ZMR 1977, 332; BerlVerfGH NJW-RR 2005, 1536; LG Hamburg ZMR 2000, 764; *Kinne* in Kinne/Schach/Bieber § 536 Rdn. 9; vgl. *Mathonia* WuM 2005, 174, 177.

1535 OLG Celle WuM 1985, 9 = ZMR 1985, 10 = GE 1985, 679; LG Mannheim ZMR 1991, 481; LG Bochum DWW 1991, 188.

1536 OLG Celle ZMR 1996, 197 = NJW-RR 1996, 521 = NJWE-MietR 1996, 123.

1537 BGHZ 145, 393 = NJW 2001, 1353; OLG Düsseldorf GE 2003, 251.

1538 So noch BGH NJW-RR 2000, 1110.

1539 BGH (VIII ZR 28/04) WuM 2005, 57 = NZM 2005, 180 = ZMR 2005, 116 = GE 2005, 123 = Miet-Prax-AK § 538 Nr. 12 m. Anm. *Eisenschmid.*

1540 BGH (VIII ZR 28/04) WuM 2005, 57 = NZM 2005, 100 = ZMR 2005, 116 = GE 2005, 123 = Miet-Prax-AK § 538 Nr. 12 m. Anm. *Eisenschmid.*

1541 LG Köln WuM 2008, 245; AG Neuss WuM 1994, 382.

1542 OLG Celle WuM 1985, 9 = ZMR 1985, 10 = GE 1985, 679; **a. A.** *Prechtel,* NZM 2017, 105, 107.

1543 BGH WuM 1994, 466 = NJW 1994, 2019 = MDR 1994, 911 = ZMR 1994, 465; NZM 2000, 549; OLG Düsseldorf WuM 2002, 489; LG Berlin GE 2001, 140; ZMR 1988 = 464; GE 1988, 1111; AG Köln WuM 2016, 615; AG Lüdenscheid WuM 2007, 16.

herrühren und insbesondere die Beschaffenheit der Mietsache betreffen.[1544] Der Vermieter muss insoweit den **Negativbeweis** erbringen,[1545] der ihm nach den Regeln des Anscheinsbeweises erleichtert werden kann. Für den Vermieter kann es genügen, wenn auf Grund der Umstände des Einzelfalls nur eine Ursache aus dem Gefahrenbereich des Mieters in Betracht kommen kann.[1546] Ist dieser Beweis geführt, so muss der Mieter nachweisen, dass er den Mangel nicht zu vertreten hat.[1547]

Die hier dargestellte Beweislastverteilung ist zu einem Wasserschaden entwickelt worden[1548] und **500** wird von der überwiegenden Meinung in Literatur und Rechtsprechung – auch für das gewerbliche Mietrecht – anerkannt[1549]. Die **Sphärentheorie** wird auch auf die Fälle mit Feuchtigkeitsschäden sowie auf die Fälle angewandt, bei denen im Rahmen der Beendigung des Mietverhältnisses unklar bleibt, ob die Veränderung oder Verschlechterung der Mietsache nach ihrem objektiven Erscheinungsbild auf einem vertragswidrigen Verhalten des Mieters beruht.[1550]

a) Feuchtigkeit. Hält der Vermieter eine Minderung wegen Feuchtigkeitsschäden für unbe- **501** rechtigt, muss er beweisen, dass keine Baumängel vorliegen,[1551] und dass der Zustand der Fenster und Türen sowie der Heizung keinen Einfluss auf die Mängel ausübt.[1552] Dabei kann es ausreichen, wenn der Vermieter nachweist, dass die Wohnung bei den Vormietern mängelfrei war.[1553] Die Beweislast des Vermieters erstreckt sich dabei auch auf den Nachweis, dass frühere Mängelbeseitigungsmaßnahmen erfolgreich waren.[1554] Nun muss sich der Mieter hinsichtlich seines **Verschuldens** entlasten.[1555] Diese Grundsätze gelten auch bei solchen Mängeln, die sowohl auf einem vertragsgemäßen Gebrauch als auch auf Mängeln der Mietsubstanz beruhen können.[1556]

Sind zwischenzeitlich allerdings bauliche Veränderungen vorgenommen worden, z. B. der Ein- **502** bau von **Isolierglasfenster,** und hat der Vermieter durch die Modernisierungsmaßnahme den Taupunkt in der Wohnung verändert, ist der Vermieter auch für das vertragswidrige Verhalten der Mieter beweispflichtig.[1557]

Der Mieter muss ansonsten darlegen und beweisen, dass er ausreichend **geheizt** und **gelüftet** **503** hat,[1558] und dass die Möblierung keinen Einfluss auf die Entstehung der Mängel ausgeübt hat bzw. vertragsgemäß ist.[1559]

In den Fällen der vom Vermieter veranlassten baulichen Maßnahmen sowie bei der Vermietung **504** von **Neubauten** ist der Vermieter dafür beweispflichtig, dass er den Mieter über die besonderen Gefahren des Auftretens von Feuchtigkeit aufgeklärt und über die erforderlichen Maßnahmen zur Vermeidung der Feuchtigkeit unterrichtet hat.[1560] Anderenfalls ist der Vermieter dafür allein verantwortlich.[1561]

1544 BGH WuM 1994, 466 = NJW 1994, 2019 = ZMR 1994, 465 = MDR 1994, 911 = GE 1994, 1112; LG Berlin GE 1995, 761; AG Lüdenscheid WuM 2007, 16; *Emmerich* in Emmerich/Sonnenschein § 536 Rdn. 42.

1545 LG Freiburg WuM 1989, 559; LG Mannheim ZMR 1989, 424.

1546 OLG Karlsruhe, Rechtsentscheid vom 9.8.1984, WuM 1984, 267 =NJW 1985, 142.

1547 KG GE 2010, 1267; OLG Karlsruhe, Rechtsentscheid vom 9.8.1984, WuM 1984, 267 = NJW 1985, 267 = ZMR 1984, 417; OLG Celle WuM 1985, 9 = ZMR 1985, 10 = GE 1985, 679.

1548 OLG Karlsruhe, Rechtsentscheid vom 9.8.1984, WuM 1984, 267 =NJW 1985, 142; vgl. auch *Kraemer* in *Bub/Treier* III. B Rdn. 3263 ff.

1549 S. insbesondere BGH WuM 2006, 147.

1550 OLG Saarbrücken WuM 1989, 133 = NJW-RR 1988, 652.

1551 LG Freiburg WuM 1989, 559; LG Osnabrück WuM 1989, 370; LG Düsseldorf WuM 1989, 13; LG Berlin GE 1988, 1111; LG Hamburg WuM 1988, 353; LG Braunschweig WuM 1988, 356; LG Kiel WuM 1982, 187; AG Siegburg ZMR 2005, 543 m. Anm. *Windisch;* AG Hamburg WuM 1988, 357; AG Bremerhaven WuM 1985, 23; AG Köln WuM 1985, 24; AG Augsburg WuM 1985, 25; AG Münster WuM 1982, 185; **a. A.** AG Langenfeld DWW 1996, 216.

1552 *Blank* PiG 31, 1989, 91, 100.

1553 LG Göttingen WuM 1986, 308.

1554 BGH NJW 2000, 2344 NZM 2000, 549; LG Dessau-Roßlau ZMR 2009, 38.

1555 *Lammel* ZMR 1990, 43.

1556 OLG Saarbrücken NJW-RR 1988, 652 = WuM 1989, 133; LG Freiburg WuM 1989, 559; LG Kiel DWW 1986, 118 = WuM 1986, 295.

1557 LG Göttingen WuM 1986, 308; *Pauly* WuM 1997, 474, 476; **a. A.** LG Hannover WuM 1985, 22.

1558 LG Berlin GE 1989, 39 bei vertraglicher Vereinbarung.

1559 *Lammel* ZMR 1990, 44.

1560 LG Lübeck WuM 1990, 202; LG Mannheim WuM 1985, 24; LG Köln 1985, 24; AG Neuss WuM 1994, 382.

1561 LG Berlin GE 1989, 1273; LG Stade WuM 1985, 23; LG Kiel WuM 1982, 187.

505 **b) Einzelfälle.** Kommt als Ursache für einen Defekt einer **Gasetagenheizung** von vornherein sowohl unsachgemäßer Gebrauch durch den Mieter als auch technischer Verschleiß in Betracht, so hat im Allgemeinen zunächst der Vermieter darzulegen und zu beweisen, dass technischer Verschleiß als Mangelursache ausscheidet.[1562]

506 Der Vermieter muss auch beweisen, dass bei einem **Sprung im Fensterglas** eine Verursachung außerhalb des Einflussbereichs des Mieters ausgeschlossen ist.[1563]

507 Bei einer **Verstopfung** des Abflussrohres des WC aus dem Wohnbereich des Mieters, muss der Vermieter beweisen, dass die Verstopfung nicht auf Schwachpunkte oder Mängel des Baukörpers zurückzuführen ist.[1564]

508 Bei einem **Rohrbruch** liegt die Beweislast zunächst beim Vermieter, der sich entlasten muss, weil der Schaden aus seinem Gefahrenkreis herrührt.[1565]

509 Ist ungeklärt, ob ein Grundstück schon zu Beginn des Mietverhältnisses mit **Schadstoffen** belastet war, obliegt es dem Vermieter darzulegen, dass das Grundstück bei Beginn des Mietverhältnisses in ordnungsgemäßem Zustand übergeben wurde, um für sich eine Beweiserleichterung (Beweis des ersten Anscheins) eingreifen zu lassen.[1566]

510 Kann nicht festgestellt werden, ob eine **Brandursache** vom Mieter oder durch andere Ursachen ausgelöst wurde, trägt der Vermieter die Beweislast.[1567] Der Vermieter muss daher die Möglichkeit einer Brandursache in seinem Verantwortungsbereich ausräumen. Kann der Vermieter den ihm obliegenden Beweis erbringen, muss sich der Mieter entlasten, dass er den Mangel nicht zu vertreten hat.[1568]

511 Hat der Vermieter für **Abhilfe** gesorgt und den Mangel beseitigt, genügt es nicht, wenn er nunmehr den Fortbestand des Mangels bestreitet. Er muss vielmehr dessen Beseitigung darlegen und unter Beweis stellen.[1569] Behauptet der Mieter, die Reparatur des Vermieters sei **fehlgeschlagen,** so trägt der Vermieter die Beweislast für den Erfolg der Mängelbeseitigungsmaßnahmen.[1570]

512 Hat der Mieter die Sache nur unter **Vorbehalt** angenommen, muss der Vermieter beweisen, dass die Sache keine Mängel aufweist.

513 Beruft sich der Vermieter darauf, dass der Mangel die Tauglichkeit der Mietsache zum vertragsgemäßen Gebrauch nur **unerheblich** mindert (§ 536 Abs. 1 Satz 3 BGB), trägt er hierfür die Beweislast.[1571]

514 Lehnt der Mieter einen Anspruch seines ehemaligen Vermieters auf Schadensersatz wegen Nichtausführung fälliger **Schönheitsreparaturen** mit der Begründung ab, dass er die Wohnung bei Mietbeginn unrenoviert übernommen habe, so trägt der Vermieter die Darlegungslast und Beweislast dafür, dass er dem Mieter die Wohnung in renoviertem Zustand übergeben hat.[1572]

515 Verlangt der Vermieter wegen **Verschlechterung** der vermieteten Räume Schadensersatz, muss er darlegen und beweisen, dass der Schaden nicht bereits zu Beginn des Mietverhältnisses bei Überlassung an den Mieter vorhanden war.[1573]

516 Der Mieter von Gewerberaum, der vertraglich die **Erhaltungslast** übernommen hat, trägt bei einem Streit darüber, wer die Zerstörung oder Beschädigung der Mietsache verursacht hat, die Beweislast dafür, dass er den Schaden nicht zu vertreten hat.[1574]

[1562] LG Berlin ZMR 1992, 302 = GE 1993, 263.
[1563] AG Hannover WuM 1988, 107.
[1564] LG Kiel WuM 1990, 499 = NJW-RR 1991, 400.
[1565] LG Berlin GE 2001, 140.
[1566] BGH WuM 1994, 677 = NJW 1994, 1880 = MDR 1994, 684 = ZMR 1994, 360 = VersR 1994, 1351; zur Problematik der Beweislast bei Altlasten vgl. *Knoche* NJW 1997, 2080, 2081.
[1567] BGH zum Wasserschaden (XII ZR 71/01) WuM 2005, 54 = GuT 2005, 19 = MietPrax-AK § 536 BGB Nr. 7 = NZM 2005, 17 = ZMR 2005, 120 = DWW 2005, 19; LG Frankfurt/M. WuM 1996, 535.
[1568] BGHZ 66, 349 = WuM 1978, 90 = ZMR 1977, 332; OLG Hamm ZMR 1988, 300; LG Kiel WuM 1992, 120.
[1569] LG Berlin 1990, 371.
[1570] BGH NZM 2000, 549; OLG Hamm NJW-RR 1995, 525.
[1571] OLG Düsseldorf GuT 2007, 438; OLG Celle WuM 1985, 9 = ZMR 1985, 10 = GE 1985, 679.
[1572] LG Berlin GE 1987, 345 = ZMR 1987, 270.
[1573] AG Rosenheim WuM 1995, 583.
[1574] OLG Düsseldorf DWW 1992, 241.

III. Abweichende Vereinbarungen

517 **Beweislast- oder Bestätigungsklauseln,** die in Allgemeinen Geschäftsbedingungen oder Verbraucherverträgen vereinbart werden, scheitern bei der Wohnraummiete regelmäßig an § 309 Nr. 12b BGB.[1575] Bei Gewerberaummietverträgen sind derartige Klauseln i. d. R. gem. § 307 BGB unwirksam.[1576] Das gilt auch für Klauseln, die dem Mieter pauschal den Entlastungsbeweis für den Fall von Schäden am Mietobjekt auferlegen. Soweit der Mieter formularmäßig den Entlastungsbeweis für fehlendes Verschulden hinsichtlich der von ihm benutzten Einrichtungen übernommen hat, ist dies jedenfalls bei Wohnraummietverhältnissen unwirksam, weil die Klausel unabhängig vom Erhaltungszustand der Mietsache bei Überlassung eingreift.[1577]

H. Prozessuales

518 Besteht Streit über die Berechtigung der Minderung, so kann der Mieter auf Feststellung der Minderung klagen, und zwar sowohl mit der positiven als auch mit der negativen **Feststellungsklage.**[1578] Dies wird dem Mieter nicht dadurch verwehrt, dass er neben dem Interesse auf Feststellung des künftigen Mietzinses auch den in der Vergangenheit überzahlten Mietzins zurückfordern will. Bislang ungeklärt ist, ob im Bereich der Mietminderung ein **unbezifferter Klageantrag** zugelassen werden kann. Dies ist mit Börstinghaus[1579] zu bejahen, der mit Recht auf das hohe Prozessrisiko bei der Einschätzung des richtigen Minderungsbetrages – vergleichbar mit der Höhe des Schmerzensgeldes – hinweist. Durch den Begriff der Angemessenheit in § 536 BGB (s. Rdn. 361 ff.) wird die richtige Feststellung des Minderungsbetrages nicht erleichtert. Gleichwohl wird ein solcher Klageantrag von der Rechtsprechung abgelehnt, weil die Minderung kein „Anspruch" sei.[1580] Zwar unterliegt der Schmerzensgeldanspruch dem Ermessen des Gerichts, während die Mietminderung auf der Störung des Äquivalenzverhältnisses von Leistung und Gegenleistung beruht und damit objektiv feststellbar ist. Dennoch darf nicht übersehen werden, dass die Feststellung des konkreten Minderungsbetrages Wertungen erfordert, deren Vorwegnahme durch die Vertragspartei der (unsicheren) Einschätzung einer Ermessensausübung gleichkommt.

519 Dem Vermieter fehlt i. d. R. das Feststellungsinteresse, weil er abwarten kann, ob die Minderung tatsächlich erfolgt. Dann kann er mit einer Zahlungsklage reagieren. Ergibt sich schon aus dem auf Zahlung klagenden Vorbringen des Vermieters ein Mangel der Mietsache, hat das Gericht die dadurch eingetretene Mietminderung von Amts wegen zu berücksichtigen.[1581] Der Mieter muss in einem solchen Fall nicht einen bestimmten Prozentsatz der Minderung vortragen, sondern kann die Feststellung der Höhe der Minderung dem Gericht überlassen. Das Maß der Gebrauchsbeeinträchtigung fällt nicht in die Darlegungslast des Mieters.[1582] Ggf. ist mit Hilfe eines Sachverständigengutachtens die Beeinträchtigung des Gebrauchs festzustellen, woraus dann die Höhe der Minderung bestimmt werden kann.[1583]

520 Umstritten ist, ob im selbständigen Beweisverfahren der Sachverständige auch **zur Höhe der Mietminderung** Auskunft geben darf, oder ob dies ausschließlich dem Richter vorbehalten ist.[1584] Da der Sachverständige anlässlich des selbständigen Beweisverfahrens einen Beitrag zur gütlichen Streitbeilegung leistet – vgl. § 485 Abs. 2 ZPO –, wenn ein Rechtsstreit noch nicht anhängig ist und der Antragsteller ein Interesse an der Vermeidung des Rechtsstreites hat, kann der Vorschlag des Sachverständigen zur Höhe der Minderung nur diesem gesetzlichen Anliegen dienlich sein. Dem Wortlaut nach ist das selbständige Beweisverfahren zulässig für die Feststellung des Aufwands für die Beseitigung eines Schadens. Nach Sinn und Zweck der Vorschrift ist diese Voraussetzung

[1575] OLG Stuttgart WuM 1987, 250 = NJW-RR 1987, 143; *Lützenkirchen,* Mietrecht, § 535 Rdn. 133.
[1576] *Kraemer/Schüller* in *Bub/Treier* III. B Rdn. 2862.
[1577] OLG Frankfurt/M. WuM 1992, 56 = NJW-RR 1992, 396 = ZMR 1992, 198.
[1578] BGH ZMR 1985, 403; *Börstinghaus* NZM 1998, 656 einschränkend *Wolf-Eckert/Ball* Rdn. 272.
[1579] *Börstinghaus* Rdn. 120; NZM 1998, 656.
[1580] KG GE 2002, 666; AG Fürth WuM 2007, 317.
[1581] *Kraemer/Ehlert* in Bub/Treier III. B Rdn. 3241.
[1582] BGH WuM 1991, 544 = NJW-RR 1991, 779; BGH ZMR 1985, 403 = WPM 1985, 1213; *Franke* ZMR 1996, 297; *Börstinghaus* Rdn. 121; *Kraemer/Ehlert* in Bub/Treier III. B Rdn. 3260.
[1583] BGH WuM 1991, 544 = NJW-RR 1991, 779; WuM 1987, 53 = NJW 1987, 432; LG Hamburg WuM 2001, 345.
[1584] Vgl. *Scholl* NZM 1999, 108 m. w. N.

aber weit auszulegen, um möglichst schnell und kostengünstig eine Rechtsbefriedung herbeizuführen. Daher gehört die Minderung zur Schadensfeststellung.[1585] Wird das Gutachten im anschließenden streitigen Verfahren verwertet, muss dennoch der Richter, unter Zugrundelegung der vom Sachverständigen festgestellten Tatsachen, nach eigenen „rechtlichen" Bewertungen über die Höhe des Mietzinses entscheiden.

521 Inzwischen hat der BGH sowohl für das gewerbliche Mietverhältnis[1586] als auch für das Wohnraummietverhältnis[1587] die in Literatur und Rechtsprechung lang umstrittene Frage bejaht, ob der Vermieter seine Mietzinsforderung auch im **Urkundenprozess** durchsetzen kann.[1588] In den Ausgangsfällen waren die Mängel bestritten und der Mieter konnte mit den zulässigen Beweismitteln das Vorliegen der nachträglichen Mängel nicht beweisen. Die Mietzinsklage im Urkundenprozess wird somit allein durch Vorlage des Mietvertrages statthaft, wenn dieser Vertrag die verlangte Miete ausweist.[1589] Dem Mieter hilft auch nicht die Einrede des nichterfüllten Vertrages.[1590] Ist der nachträgliche Mangel unstreitig, muss er dennoch durch Urkunden belegt[1591] und die Miethöhe durch Urkunden nachgewiesen werden.[1592] Das Maß der Beeinträchtigung kann auch im Urkundsverfahren nach § 287 ZPO geschätzt werden.[1593]

522 Wendet der Mieter die Nichterfüllung des Vertrages wegen eines unstreitigen anfänglichen Mangels ein, ist die Mietzinsklage im Urkundenverfahren regelmäßig unstatthaft.[1594] Da der Vermieter für die vertragsgemäße Übergabe darlegungs- und beweispflichtig ist, muss er die mangelfreie Übergabe durch Urkunden beweisen. Ergibt sich der anfängliche Mangel aus der Vertragsurkunde, so ist die Zahlungsklage dennoch nicht statthaft, wenn der Vermieter den Beweis über die im Vertrag ausgewiesene Miete nicht mit den im Urkundenprozess zulässigen Beweismitteln führen kann,[1595] es sei denn, der Mangel wurde als vertragsgemäß protokolliert. Im Einzelfall kann dem Vermieter aber § 363 BGB zu Hilfe kommen.[1596] Ist der Mangel unstreitig oder – vom Mieter – bewiesen, führt die Einrede des nichterfüllten Vertrages zu einer Beweislastumkehr, wenn der Mieter die ihm überlassene Wohnung als Erfüllung angenommen hat.[1597] Hat sich der Mieter bei der Annahme der Mietsache seine Rechte wegen eines Mangels vorbehalten, ist eine spätere Klage auf Zahlung von rückständiger Miete im Urkundenprozess nur dann statthaft, wenn unstreitig ist oder der Vermieter urkundlich beweisen kann, dass der Mieter trotz des erklärten Vorbehalts die Mietsache als Erfüllung angenommen hat.[1598] Den Beweis der Annahme als Erfüllung kann der Vermieter beispielsweise durch Vorlage eines Übergabeprotokolls oder durch Vorlage der Kontoauszüge, die die vollständige Miete ausweisen, führen[1599], es sei denn, der Mieter hat bezüglich der konkre-

---

[1585] KG NZM 2000, 780.

[1586] BGH (XII ZR 321/97) WuM 1999, 345 = NJW 1999, 1408 = ZMR 1999, 380 = MDR 1999, 822; OLG Oldenburg WuM 1999, 225; LG Frankfurt/M. WuM 2000, 314; zum Meinungsstand s. *Börstinghaus* Rdn. 127, Fn. 230 sowie NZM 1998, 89; verneinend: LG München WuM 1998, 558; bejahend: LG Düsseldorf MDR 1997, 928; LG Oldenburg WuM 1999, 225 m. w. N.

[1587] BGH (VIII ZR 112/06) WuM 2007, 82 = MietPrax-AK § 592 ZPO Nr 2 = NJW 2007, 1061 = NZM 2007, 161 = ZMR 2007, 265; WuM (VIII ZR 216/04) 2005, 526 = NJW 2005, 2701 = GE 2005, 986 = DWW 2005, 285 = MietPrax-AK § 592 ZPO Nr. 1 m. Anm. *Börstinghaus; Fischer* WuM 2005, 554.

[1588] Dagegen: KG GE 1998, 739; vgl. negativen Rechtsentscheid OLG Braunschweig ZMR 2001, 523; AG Brandenburg NZM 2000, 382; *Blank* NZM 2000, 1083; **a. A.** BGH WuM 1999, 345 = NJW 1999, 1408 = ZMR 1999, 380 = MDR 1999, 822; vgl. dazu umfassend *Burbulla* MietRB 2015, 149; *Späth* ZMR 2011, 354; *Sturhahn* NZM 2004, 441 sowie *Both* NZM 2007, 156.

[1589] *Flatow* jurisPR-MietR 20/2009 Anm. 5; zur Zulässigkeit der Verwertung von Urkunden aus anderen Prozessen LG Kiel ZMR 2011, 132.

[1590] BGH (VIII ZR 112/06) WuM 2007, 82 = NZM 2007, 161 = NJW 2007, 1061 = ZMR 2007, 265 = GE 2007, 585 = MietPrax-AK § 592 ZPO Nr. 2.

[1591] Streitg: *Greger* in Zöller ZPO § 597 Rdn. 4, § 592 Rdn. 11 m. w. N.; *Burbulla* MietRB 2015, 149, 151.

[1592] KG WuM 2012, 333 = jurisPR-MietR 9/2012 m. Anm. *Flatow;* OLG Düsseldorf GuT 2008, 449 = NZM 2009, 435 = ZMR 2008, 948 = NJW-RR 2009, 157; NZM 2004, 946.

[1593] BGH (XII ZR 64/12) GE 2013, 1582 mit Anm. *Schach* GE 2013, 1562.

[1594] OLG Köln ZMR 2012, 701.

[1595] OLG Düsseldorf GuT 2008, 449 = NZM 2009, 435 = ZMR 2008, 948 = NJW-RR 2009, 157; NZM 2004, 946.

[1596] *Börstinghaus* in: jurisPR-BGHZivilR 5/2011 Anm. 3; *Flatow* DWW 2008, 88.

[1597] BGH (VIII ZR 200/08) WuM 2009, 591 = MietPrax-AK § 592 ZPO Nr. 3 = GE 2009, 1183 = NJW 2009, 3099 = NZM 2009, 734.

[1598] BGH (XII ZR 50/12) NZM 2013, 614 = GE 2013, 1137 = NJW-RR 2013, 1232 = MietPrax-AK § 592 ZPO Nr 5 m. Anm. *Börstinghaus.*

[1599] *Börstinghaus* in: jurisPR-BGHZivilR 5/2011 Anm. 3.

ten Mängel spezifische Vorbehalte gemacht.[1600] Für einen Anspruch wegen Betriebskostennachzahlung reicht zur Begründung der Statthaftigkeit des Urkundenverfahrens im Regelfall die Vorlage der Mietvertragsurkunde sowie der quittierten Betriebskostenabrechnung aus.[1601]

Der **Gebührenstreitwert** bei einer Mängelbeseitigungsklage (§ 535 Abs. 1 BGB) errechnet sich **523**
nicht nach dem Aufwand, der dem Vermieter für die Beseitigung entstehen würde[1602], sondern aus dem zulässigen Minderungsbetrag multipliziert mit der Dauer der voraussichtlichen Mietzeit[1603], wobei von einem Jahr als Höchstdauer auszugehen ist (§ 41 Abs. 5 Satz 1 Hs. 2 GKG)[1604]. Das gilt auch für die Gewerberaummiete.

Der Gebührenstreitwert eines selbständigen Beweisverfahrens, gerichtet auf die Feststellung von **524**
Feuchtigkeitserscheinungen in der Mietwohnung, ist grundsätzlich mit dem viereinhalbfachen des Jahresbetrages der angemessenen Mietminderung zu bemessen.[1605] Will der Mieter gem. § 536a Abs. 2 BGB den Mangel selbst beheben (Vorschusszahlung), bemisst sich der Gebührenstreitwert für ein **vorgeschaltetes selbständiges Beweisverfahren** aus der Höhe der Schadensbeseitigungskosten[1606], für das **Klageverfahren auf den Vorschuss** nach dem Jahreswert einer angemessenen Minderung (§ 41 GKG analog)[1607] und für die Feststellung der Minderung nach dem 3,5fachen der streitigen Minderung.[1608]

Bei einer Klage auf Mängelbeseitigung in einem Mietverhältnis auf unbestimmte Zeit ist für die **525**
Ermittlung der Beschwer **(Rechtsmittelstreitwert)** auf den dreieinhalbfachen[1609] Jahresminderungsbetrag abzustellen. Da diese Auffassung für die Berechnung des Rechtsmittelstreitwertes als gefestigte Rechtsprechung gilt, sieht der BGH in einer instanzgerichtlichen Abweichung aus Gründen einer einheitlichen Rechtsprechung einen Revisionsgrund[1610].

Über § 23 Abs. 1 Satz 1 RVG i. V. m. § 41 Abs. 5 GKG gilt bei Klagen auf **Duldung von Erhal-** **526**
tungsmaßnahmen, dass für den Streitwert der Jahresbetrag einer angemessenen – möglichen – Minderung des Mieters entscheidend ist. Diese Regelung erfolgte aus sozialpolitischen Gründen, weil der Mieter nicht durch zu hohe Gerichtsgebühren davon abgehalten werden soll, seinen Anspruch gerichtlich prüfen zu lassen. Endet das Mietverhältnis ab dem Zeitpunkt der Klageeinreichung vor Ablauf eines Jahres, ist nicht der Jahresbetrag sondern der entsprechend niedrigere Betrag der angemessenen Mietminderung zu Grunde zu legen.[1611]

Im **einstweiligen Verfügungsverfahren** liegt der Streitwert regelmäßig unter dem der Haupt- **527**
sache, da das Interesse des Antragstellers an einer vorläufigen Regelung das Interesse der Hauptsache nicht erreicht. Erhebt der Vermieter **Feststellungsklage,** dass der Mieter zur Minderung nicht berechtigt ist, beträgt der Streitwert der Klage das 3,5fache des Jahresminderungsbetrages abzüglich 20%.[1612] Das entspricht dem 2,8fachen des Jahresminderungsbetrages. Bei Feststellung der

---

1600 OLG Köln ZMR 2012, 701.

1601 BGH (VIII ZR 41/14) WuM 2014, 744 = NZM 2015, 44 = GE 2014, 1649; *Börstinghaus,* jurisPR-BGHZivilR 24/2014 Anm. 1.

1602 **A. A.** LG Siegen WuM 1999, 48; LG Detmold WuM 1996, 50; AG Miesbach WuM 1989, 432; LG Berlin GE 2001, 136 zum selbständigen Beweisverfahren.

1603 LG Berlin GE 2007, 369.

1604 KG ZMR 2014, 381; *Grüter,* § 2 Rdn. 227; unklar BGH WuM 2007, 207 = MietPrax-AK § 9 ZPO Nr. 9 mit krit. Anm. *Börstinghaus;* **a. A.** LG Berlin GE 2014, 1275.

1605 LG Berlin NJW-RR 2012, 844.

1606 LG Bonn ZMR 2009, 38; *Mack-Oberth* jurisPR-MietR 20/2008 Anm. 6.

1607 LG Berlin NJW 2012, 693 = GE 2012, 407.

1608 LG Berlin GE 2015, 1291; GE 2016, 1025; 2016, 911.

1609 BGH (VIII ZB 84/03) WuM 2004, 220 = MietPrax-AK § 9 ZPO Nr. 3 m. Anm. *Börstinghaus;* BGH (VIII ZB 33/02) NZM 2003, 152 = GE 2003, 250 = NJW-RR 2003, 229 = MietPrax-AK § 9 ZPO Nr. 1 m. Anm. *Börstinghaus;* NJW 2000, 3142 = ZMR 2000, 665 = MDR 2000, 975 = NZM 2000, 713 zum Wert der Beschwer des Vermieters; OLG Hamburg WuM 1995, 595; LG Kiel WuM 2003, 37; LG Berlin ZMR 2014, 40; GE 2011, 954; 2000, 1257; LG Köln WuM 1999, 553; LG Mannheim WuM 1999, 224; LG Hamburg ZMR 1998, 294; WuM 1998, 171 = NZM 1998, 305; ZMR 1996, 39 = WuM 1996, 287; LG Berlin GE 2002, 191, 192; 2000, 472; ZMR 1999, 556; GE 1996, 1549 = NJW-RR 1997, 652; LG Hamburg WuM 1994, 624; **a. A.** KG GE 2003, 187; LG Frankfurt/M. NZM 2000, 757 (Jahresbetrag der Mietminderung; ebenso LG Köln WuM 2001, 345; LG Berlin NZM 2002, 212; GE 1999, 1429; WuM 2000, 313.

1610 BGH (VIII ZB 33/02) NJW-RR 2003, 229 = GE 2003, 250 = NZM 2003, 152 = MietPrax-AK § 9 ZPO Nr. 1.

1611 *Grüter,* § 2 Rdn. 171.

1612 BGH (VIII ZR 43/15); BGH (IV ZR 170/64) NJW 1965, 2298; LG Hamburg WuM 1996, 287; für Mängelbeseitigungskosten OLG Celle OLG-Rp Celle 1994, 240; LG Kiel WuM 1995, 320; LG Berlin ZMR 2016, 664; GE 1992, 987.

Minderungsquote ist der Streitwert mit dem 42fachen monatlichen Minderungsbetrag zu bemessen.[1613]

J. Konkurrenzen/Verhältnis der §§ 536ff. BGB zu den allgemeinen Vorschriften

528 Die Gewährleistungsvorschriften stehen zu den allgemeinen Vorschriften über Leistungsstörungen in einem Konkurrenzverhältnis.[1614]

1. Erfüllungsanspruch

529 Neben dem Gewährleistungsanspruch bleibt der Erfüllungsanspruch des Mieters aus § 535 Abs. 1 Satz 2 BGB bestehen.[1615] Er ist während des Mietverhältnisses unverjährbar.[1616] Daher kann der Mieter grundsätzlich die Einrede des nicht erfüllten Vertrages geltend machen (zum Erfüllungsanspruch beim Rechtsmangel s. auch Rdn. 275; zur Vorleistungspflicht s. § 535 Rdn. 574ff. sowie § 556b). Allerdings ist er mit dieser Einrede ausgeschlossen, wenn er selbst zu Erfüllung nicht mehr bereit ist, weil er die Räume gekündigt und geräumt hat[1617]. In einem solchen Fall wäre die Einrede des nicht erfüllten Vertrages **widersinnig,** weil sie den anderen Vertragsteil zur Erfüllung der vertraglichen Pflichten anhalten soll. Bei fortdauerndem Mietverhältnis ist der Erfüllungsanspruch im Insolvenzverfahren über das Vermögen des Vermieters eine Masseschuld, unabhängig davon, ob der mangelhafte Zustand vor oder nach Eröffnung des Verfahrens entstanden ist.[1618]

530 Nach einer Veräußerung ist der Erwerber zur Beseitigung des Mangels verpflichtet; selbst dann, wenn der Mangel bereits bei Eigentumsübergang bestanden hat.[1619] Das gilt auch für den Erwerber im Zwangsversteigerungsverfahren, da gem. § 57 ZVG die §§ 566ff. BGB Anwendung finden.[1620]

530a Die **Erfüllung** ist ausgeschlossen, wenn der Mieter den Mangel selbst schuldhaft herbeigeführt hat. Der Schadensersatzanspruch des Vermieters kann auch auf Naturalrestitution gerichtet sein.[1621] Liegt ein **Mitverschulden** des Mieters vor, kann der Vermieter ein Zurückbehaltungsrecht ausüben, bis der Mieter seinen Anteil an den Schaden erstattet bzw. in der erforderlichen Höhe Sicherheit geleistet hat.[1622] Der Mieter ist ebenfalls mit seinem Herstellungsanspruch ausgeschlossen, wenn er die Instandhaltungsmaßnahmen des Vermieters durch sein Verhalten verhindert[1623] oder wenn die Instandsetzung für seine Zwecke treuwidrig nutzen will[1624] (zur **Opfergrenze** siehe Rdn. 557ff.).

531 Liegt die mangelhafte Wohnung innerhalb einer Wohnungs-/Teileigentumsanlage, kann die Erfüllung im Einzelfall für den Vermieter und Eigentümer unmöglich sein. Allerdings kann sich der Eigentümer darauf nicht berufen, wenn die Mängelbeseitigung ordnungsgemäßer Verwaltung entspricht, weil in diesem Fall die Eigentümergemeinschaft dem Mangel abhelfen muss.[1625]

2. Anfängliche Unmöglichkeit

532 Vor Übergabe der Mietsache gelten nach bislang h. M. für die Sachmängelhaftung die allgemeinen Vorschriften. Diese werden aber durch die Vorschriften über die Sachmängelhaftung verdrängt, wenn die Mietsache dem Mieter übergeben worden ist.[1626] Die Anwendung der allgemeinen Vor-

---

[1613] BGH (VIII ZR 43/15) WuM 2016, 514 = MietPrax-AK § 48 GKG Nr 1 m. Anm. *Börstinghaus* = NZM 2016, 890; LG Berlin GE 2014, 1585.

[1614] Vgl. *Häublein* in MünchKomm Vor § 536 Rdn. 7ff.

[1615] BGH NJW 1982, 874 (h. M.); zur Verjährung des Erfüllungsanspruchs s. AG Tiergarten WuM 2009, 453 m. Anm. *Lohmann.*

[1616] BGH (VIII ZR 104/09) WuM 2010, 238 = NJW 2010, 1292 = NZM 2010, 235 = ZMR 2010, 520 m. Anm. *Rave.*

[1617] BGH NJW 1982, 874.

[1618] BGH (IX ZR 163/02) ZMR 2003, 418 = WuM 2003, 338 = NZM 2003, 472 = GE 2003, 1016.

[1619] *Häublein* in MünchKomm. § 566 Rdn. 38.

[1620] *Derleder* NJW 2008, 1189, 1195.

[1621] *Palandt/Grüneberg,* § 249 Rdn. 2.

[1622] *Flatow,* WImmoT 2015, 69, 79.

[1623] BGH (XII ZR 65/14) WuM 2015, 619 = MietPrax-AK § 555a BGB Nr. 1 = NZM 2015, 538 = GE 2015, 905 = NJW 2015, 2419 = ZMR 2015, 842; siehe auch *Hahn,* NZM 2017, 7, 14.

[1624] AG Wedding GE 2016, 1452.

[1625] *Lehmann-Richter* NJW 2008, 1197.

[1626] BGH WuM 1978, 86 = NJW 1978, 103 = ZMR 1978, 82; BGHZ 85, 267 = NJW 1983, 446 = ZMR 1983, 93; BGHZ 136, 102 = WuM 1997, 617 = NJW 1997, 2813 = ZMR 1997, 565.

schriften in diesen Fällen widerspräche dem Zweck der durch § 536a Abs. 1 Alt. 1 BGB angeordneten Garantiehaftung des Vermieters, durch die dem Mieter ein weitgehender Schutz gerade gegen anfängliche Mängel verschafft werden soll. Wenn auch im Lichte des seit dem 1.1.2003 auf Dauerschuldverhältnisse anwendbaren § 276 BGB dieses Argument nicht mehr zwingend ist, da auch über § 276 BGB sich in diesen Fällen eine Garantiehaftung des Vermieters begründen lässt,[1627] so entspricht es doch jedenfalls im Bereich der Unmöglichkeit der bisherigen Rechtsprechung. Ob sie künftig aufrechterhalten wird, bleibt abzuwarten, da kaum einzusehen ist, warum der Mieter die Sache erst annehmen muss, um eine bessere Rechtsstellung zu sichern.[1628]

a) Mietsache existiert nicht. Hat der Vermieter eine Sache vermietet, die von Anfang an **533** **nicht** oder **nicht mehr** existiert, berührt dies die Wirksamkeit des Vertrages nicht (§ 311a BGB). Der Mieter kann mit einer eigenständigen Anspruchsgrundlage[1629] gem. § 311a Abs. 2 Satz 1 BGB Schadensersatz statt der Leistung oder Aufwendungsersatz im Umfang des § 284 BGB verlangen. Der Vermieter ist jedoch von seiner Schadensersatzpflicht bzw. von seiner Pflicht, Aufwendungsersatz zu leisten, befreit, wenn er die Unmöglichkeit der Leistung bei Vertragsschluss nicht kannte und die Unkenntnis auch nicht zu vertreten hatte. Der in § 311a Abs. 2 Satz 1 BGB verankerte Haftungsgrund findet seine Grundlagen in der Rechtsprechung des BGH, der in seinen Entscheidungen die Haftung des Vermieters bei Unmöglichkeit bejahte, wenn er das Leistungshindernis schon bei Vertragsschluss bei Anwendung der erforderlichen Sorgfalt hätte erkennen können und müssen.[1630]

Der Vermieter unterliegt somit keiner Garantie – sondern einer Verschuldenshaftung. Er muss **534** sich im Rahmen des § 276 BGB[1631] verantworten. Dabei ist im Einzelfall zu prüfen, ob in dem **Leistungsversprechen** nicht eine Garantie oder die Übernahme eines Beschaffungsrisikos zu sehen war[1632]. Dann haftet er im Rahmen dieses Versprechens auch ohne Verschulden. Für eine Garantieübernahme müssen aber konkrete Anhaltspunkte vorliegen.

Ob eine **stillschweigenden Garantie** nur auf Grund des Leistungsversprechens angenommen **535** werden kann, ist zweifelhaft.[1633] Die Rechtsprechung hat in der Vergangenheit aber das Vorliegen eines besonderen Garantieversprechens zum Anlass genommen, den Vorrang der mietrechtlichen Gewährleistungsansprüche schon vor Übergabe der Mietsache zu begründen, um den Gläubiger nicht auf das negative Interesse verweisen zu müssen (§ 306, 307 BGB a. F.).[1634] Dieser Konstruktion bedarf es heute nicht mehr, da § 311a BGB i. V. m. § 276 BGB bei einem besonderen Garantieversprechen ebenfalls zur Garantiehaftung des Vermieters führt.

Die Abhängigkeit der Haftung gem. § 311a Abs. 2 BGB von der Kenntnis des Vermieters bzw. **536** von seiner zu vertretenden Unkenntnis hat ihre Ursache darin, dass der Schuldner vor Vertragsschluss in erster Linie **Informationspflichten** hat. Gibt er trotz der ihm bekannten oder in zu vertretender Weise unbekannt gebliebenen Informationen ein Leistungsversprechen ab, muss er sich daran halten und den Gläubiger wertmäßig so stellen, als wäre erfüllt worden.[1635] Gem. § 281 Abs. 5 BGB ist bereits Erlangtes nach den §§ 346–348 BGB zurückzugewähren. Ist der Primäranspruch nur teilweise ausgeschlossen, kann Schadensersatz statt der gesamten Leistung unter den Voraussetzungen des § 281 Abs. 1 Satz 2 und 3 BGB gefordert werden (Einzelheiten s. Rdn. 545f.).

Dem Wortlaut nach kommt weder ein primärer Leistungsanspruch noch ein sekundärer Scha- **537** densersatzanspruch in Betracht, wenn der Schuldner das anfängliche Leistungshindernis nicht kannte. Hierin ist teilweise ein **Wertungswiderspruch** zum Anfechtungsrecht gesehen worden, da der entschuldigte Irrtum über die Leistungsfähigkeit zu dem Motivirrtum nach § 119 Abs. 2 BGB starke Parallelen aufweist.[1636] Daher wird auch vertreten, in diesen Fällen gem. § 122 BGB analog den Schuldner zum Ersatz des negativen Interesses zu verpflichten.[1637] Der Vertrauensscha-

---

1627 *Kandelhard* WuM 2003, 3, 7.

1628 *Derleder* WuM 2002, 409; *Arnold* S. 594; s. auch *Timme NZM* 2003, 703; zur Auseinandersetzung mit diesem Problemkreis siehe *Herresthal,* in: 10 Jahre Mietrechtsreformgesetz – eine Bilanz –, S. 157, 162ff.

1629 *Dedek* in Henssler/Graf von Westphalen § 311a Rdn. 13.

1630 BGH MDR 1960, 304 = BB 1960, 303; NJW 1999, 635 = NZM 1999, 124 = MDR 1999, 287 = ZMR 1999, 305.

1631 *Günter* NZM 2016, 569, 573; *Dedek* in Henssler/Graf von Westphalen § 311a Rdn. 17.

1632 S. dazu insbesondere *Oechsler* NZM 2004, 881, 885.

1633 Bejahend *Kandelhard* WuM 2003, 3; *Sutschet* NJW 2005, 1404; **a. A.** Palandt/*Grüneberg* § 311a Rdn. 9.

1634 BGHZ 93, 142 = NJW 1985, 1025 = MDR 1985, 394 = WPM 1985, 419.

1635 *Gruneswald* JZ 2001, 433, 435.

1636 *Dedek* in Henssler/Graf von Westphalen § 311a Rdn. 20 m. w. N.

1637 *Canaris* JZ 2001, 499, 507; **a. A.** *Palandt/Heinrichs,* Ergänzungsband, § 311a Rdn. 14.

den wird mit der Rechtsprechung des BGH der Höhe nach nicht durch das Erfüllungsinteresse begrenzt.[1638]

538 Kannte der Mieter die Unmöglichkeit oder musste er sie kennen, haftet der Vermieter nicht, weil der Mieter bei dieser Sachlage keinen **Vertrauensschutz** verdient. Das galt schon nach altem Recht und ist jetzt von besonderer Stringenz, weil § 311a Abs. 2 die Verletzung vorvertraglichen Informations- und Aufklärungspflichten sanktioniert, um das Gläubigerinteresse vor Eingehung des Vertrages zu wahren.

539 **b) Anfänglicher unbehebbarer Sachmangel.** Von dem Fall der nicht oder nicht mehr existierenden Mietsache bei Vertragsschluss ist der Fall zu unterscheiden, dass die Mietsache existiert, aber von Anfang an – **unbehebbar** – mangelhaft ist. Auch dann ist die Leistung des Vermieters, nämlich die Überlassung der Mietsache in dem zum vertragsgemäßen Gebrauch geeigneten Zustand, unmöglich. In diesen Fällen gelten entgegen einer nach Auffassung des XII. Zivilsenats[1639] in der Literatur missverstandenen Entscheidung des BGH[1640] die allgemeinen Vorschriften.

540 Von den vorstehenden Erwägungen werden insbesondere die **öffentlich-rechtlichen Gebrauchshindernisse**[1641] erfasst, die von der Rechtsprechung als – nicht behebbare – Sachmängel anerkannt sind (s. Rdn. 78ff.). Das gilt beispielsweise für ein Bebauungsverbot auf dem vom Mieter zu bebauenden Grundstück,[1642] ein Zweckentfremdungsverbot,[1643] ein Nutzungshindernis auf Grund einer Grunddienstbarkeit,[1644] einen der Aufnahme des vorgesehenen Gewerbes entgegenstehenden Flächennutzungsplan[1645] oder für sonstige baurechtliche Hindernisse.[1646] Ist der Vermieter nicht in der Lage, den Mangel zu beheben, kann der Mieter **Schadensersatz** oder **Aufwendungsersatz** verlangen (§ 311a Abs. 2 BGB) oder den Vertrag gem. § 543 Abs. 2 Nr. 1 BGB kündigen (s. Rdn. 434 sowie § 543 Rdn. 13).

541 Mit seinem Urteil aus dem Jahre 1997[1647] hat der BGH im Falle einer wegen fehlender Stellplätze verweigerten Gaststättenkonzession (s. dazu Rdn. 88ff.) dem Mieter über die Haftung aus culpa in contrahendo (c. i. c.) einen Anspruch auf Ersatz nutzloser Aufwendungen gegeben. Denn dieser Anspruch auf das negative Interesse umfasst weitgehend den Ersatz nutzloser Aufwendungen auch jenseits einer **Rentabilitätsvermutung,** während derartige frustrierte Aufwendungen (s. § 536a Rdn. 91) im Rahmen des Schadensersatzanspruchs aus der Garantiehaftung der Rentabilitätsvermutung unterliegen, die jedoch widerlegbar ist, und im obigen Entscheidungsfall des BGH auch widerlegt werden konnte.

542 Inzwischen kann der Gläubiger **Aufwendungsersatz** nach § 284 BGB auch dann verlangen, wenn er die Aufwendungen aus ideellen, strategischen oder konsumtiven Gründen getätigt hat.[1648] Umstritten ist, ob die Norm auch auf Fälle anwendbar ist, bei denen der Gläubiger die Aufwendungen zur **Gewinnerzielungsabsicht** tätigte. Wird dies verneint und begreift man die Norm nur als Auffangvorschrift für ideelle und konsumtive Verträge[1649], werden die Aufwendungen, die zwecks Gewinnerzielungsabsicht getätigt wurden, nicht über § 284 verlangt werden können, und es bleibt bei den allgemeinen Grundsätzen.

543 Unabhängig von dieser Frage kann aber der Anspruch auf Aufwendungsersatz trotz des § 284 BGB in bestimmten Fällen nicht zum Erfolg führen. Zum einen, wenn die Rentabilitätsvermutung **widerlegt** wird, weil der erstrebte Zweck der Gewinnerzielung auch ohne Pflichtverletzung nicht erreicht worden wäre. Zum anderen, wenn die Aufwendungen des aus ideellen Zwecken handeln-

---

[1638] BGHZ 136, 102 = WuM 1997, 617 = NJW 1997, 2813 = ZMR 1997, 565; BGHZ 69, 53 = NJW 1977, 1536 = MDR 1977, 924 m. w. N.; **a. A.** *Kraemer/Ehlert* in Bub/Treier III. B Rdn. 2805.

[1639] BGHZ 136, 102 = WuM 1997, 617 = NJW 1997, 281 = MDR 1997, 921.

[1640] BGH WuM 1987, 56 = NJW 1987, 948 = ZMR 1987, 87; BGHZ 93, 142 = NJW 1985, 1025 = MDR 1985, 394 = WPM 1985, 419.

[1641] *Wolf/Eckert/Ball* Rdn. 228.

[1642] BGH WuM 1988, 302 = GE 1988, 937 = NJW 1988, 2664 = MDR 1988, 1052 = ZMR 1988, 376.

[1643] VerfGH Berlin GE 2001, 1054.

[1644] BGHZ 93, 142 = NJW 1985, 1025 = MDR 1985, 394 = WPM 1985, 419.

[1645] BGHZ 68, 294 = NJW 1977, 1285 = MDR 1977, 743 = ZMR 1978, 25.

[1646] BGHZ 99, 54 = WuM 1987, 56 = NJW 1987, 948 = ZMR 1987, 87 = MDR 1987, 228 = DWW 1987, 15 = GE 1987, 129; NJW 1972, 944 = MDR 1972, 599; OLG Düsseldorf DWW 1993, 100 = ZMR 1993, 275.

[1647] BGHZ 136, 102 = WuM 1997, 617 = NJW 1997, 2813 = ZMR 1997, 565.

[1648] *Schaub* in: 10 Jahre Mietrechtsreformgesetz, S. 168, 178; Palandt/*Grüneberg* § 284 Rdn. 3; *Derleder* WuM 2002, 407; *Dedek* in Henssler/Graf von Westphalen § 284 Rdn. 6; *Unberath* ZMR 2004, 309, 312.

[1649] *Palandt/Heinrichs,* 65. Aufl. 2006, § 284 Rdn. 4.

den Gläubigers ohnehin fehlgeschlagen wären, z. B. weil seine geplante Veranstaltung wegen eines behördlichen Verbots hätte abgesagt werden müssen.[1650]

c) Anfänglicher Rechtsmangel. Im Falle des anfänglichen Rechtsmangels hat der BGH die besondere Gewährleistungshaftung des Mietrechts auch dann bejaht, wenn dem Mieter die Sache noch nicht übergeben wurde[1651] (vgl. dazu Rdn. 294ff.). Dies ist konsequent, da auch die Vorwirkung der Mängelgewährleistung beim Sachmangel mit dem systematischen Argument vertreten wurde, dass der Mieter nicht genötigt sein kann, sich die Sache erst anzueignen, um seine bessere Rechtsstellung zu sichern.[1652] Dies muss erst recht dann gelten, wenn der Mieter wegen des Rechts eines Dritten an der **Aneignung** der Sache gehindert ist. Im Übrigen ist in § 536 Abs. 3 BGB keine Anknüpfung an den Zeitpunkt der Überlassung vorgesehen.[1653] **544**

d) Teilunmöglichkeit. Liegt Teilunmöglichkeit vor, ist zu differenzieren: Der Mieter kann zunächst die Teilleistung wegen §§ 294, 266 BGB zurückweisen. Dann haftet der Vermieter auf Schadensersatz wegen der gesamten Leistung (§§ 280 Abs. 1, 281, 283 BGB), und zwar ab Vertragsschluss auf das positive Interesse ohne Entlastungsmöglichkeit[1654] (Garantiehaftung). **545**

Hat der Vermieter die Teilleistung s**chon bewirkt,** ist zunächst zu prüfen, ob § 281 BGB durch § 536a BGB verdrängt wird. „Bewirken" i. S. d. § 281 BGB meint die Erfüllungshandlung, also die Überlassung der Mietsache zum vertragsgemäßen Gebrauch. Erfolgt die Überlassung z. B. wegen vorhandener Mängel nicht wie geschuldet, liegt lediglich eine Teilleistung vor, die aber die Anwendung des § 536a BGB bedingt.[1655] Hat der Vermieter nämlich eine Teilleistung erbracht, kann wegen der Spezialität des § 536a BGB auf § 281 Abs. 1 Satz 2 BGB nicht mehr zugegriffen werden. Der Vermieter haftet gem. § 536a BGB und der Mieter kann den Vertrag unter den Voraussetzungen des § 543 Abs. 2 Nr. 1 BGB kündigen. **546**

e) Anmietung einer noch zu erstellenden Mietsache. Zweifelhaft ist, ob der Vermieter für seine fristgerechte Baufertigstellung und damit verbundene Übergabe der Garantiehaftung unterliegt, wenn er einen bestimmten **Fertigstellungs-** und **Übergabetermin** vereinbart hatte[1656]. Dann erweist sich jedoch die vertragliche Vereinbarung regelmäßig als **Fixgeschäft,** so dass anfängliche Unmöglichkeit mit der Rechtsfolge des § 311a Abs. 2 BGB anzunehmen ist. Ist nur Verzug anzunehmen (zur Abgrenzung s. Rdn. 584ff.), richtet sich sein Anspruch nach §§ 280, 286 BGB. Für das Verzögerungsverschulden seiner Handwerker hat der Vermieter gem. § 278 BGB einzustehen. Eine **Haftungsfreizeichnung** für derartige Konstellationen verbietet sich wegen § 307 BGB, weil die Gebrauchsüberlassung eine **Kardinalpflicht** des Vermieters ist (s. dazu Rdn. 460ff.). Der Vermieter kann aber wirksam vereinbaren, dass die Gebrauchsüberlassung innerhalb eines bestimmten Zeitraums erfolgen soll[1657] (s. auch § 535 Rdn. 9). **547**

Höchstrichterlich noch nicht entschieden ist, ob es für die Anwendung der Gewährleistungsvorschriften – und damit der Garantiehaftung – des Mietrechts auf den Zeitpunkt der vereinbarten Fertigstellung oder auf den Zeitpunkt der Übergabe ankommt. Da es der Vermieter während der Bauphase in besonderem Maße in der Hand hat, die mietvertraglichen Vorgaben zu beachten, wäre es nicht verständlich, ihn mit der Verschuldenshaftung zu privilegieren. Hat der Vermieter die Mietsache nach besonderen Wünschen des Mieters zu erstellen, wird in der Übernahme dieser baulichen und zeitlichen Vorgaben regelmäßig ein Garantieversprechen (§ 276 BGB) liegen, dass die Mietsache den besonderen Anforderungen zum vereinbarten Termin Rechnung trägt. **548**

f) Vorwegüberlassung. Ein besonderer Fall liegt vor, wenn der Vermieter dem Mieter schon vor vereinbartem Vertragsbeginn die Wohnung überlässt, damit dieser z. B. die Möbel unterstellen, die Wohnung renovieren oder sich sonst einrichten kann. Da diese Überlassung regelmäßig **ohne gesonderte Zahlungsvereinbarung** erfolgt, liegt kein Mietverhältnis vor[1658] (s. § 535 Rdn. 3ff.). Dennoch wird das Rechtsverhältnis durch den vorzeitigen Vollzug der Überlassung stark vom **549**

1650 Palandt/*Grüneberg* § 284 Rdn. 7 m.w.N.

1651 BGH NJW 1961, 917 = MDR 1961, 498; WuM 1991, 545 = NJW 1991, 3277 = ZMR 1991, 418; NJW 1985, 1025 = MDR 1985, 394.

1652 Vgl. *Derleder* WuM 2002, 409.

1653 *Unberath* ZMR 2004, 309, 311.

1654 *Derleder* NZM 2002, 676, 685; Palandt/*Grüneberg* § 281 Rdn. 43.

1655 Palandt/*Grüneberg* § 281 Rdn. 43.

1656 Ablehnend BGH NJW 1992, 3226.

1657 BGH (XII ZR 212/03) MietPrax-AK § 550 BGB Nr. 15 = NJW 2006, 139 = GuT 2006, 11 = NZM 2806, 54 = GE 2006, 50 = ZMR 2006, 115; *Kraemer* NZM 2004, 721, 724.

1658 **A. A.** *Häublein* in MünchKomm § 535 BGB Rdn. 66.

Mietrecht geprägt,[1659] so dass es sachnah ist, die mietrechtlichen Vorschriften schon für die Zeit vor dem eigentlichen Mietbeginn entsprechend anzuwenden.[1660] Dabei ist aber auf das jeweils eingeschränkte Gebrauchsrecht Rücksicht zu nehmen.

3. Nachträgliche Unmöglichkeit

550 Die Gewährleistungsvorschriften sind nur insoweit Sonderregelungen gegenüber den allgemeinen Vorschriften über Leistungsstörungen, als es um die Folgen von Sach- und Rechtsmängeln geht. Ist die Mietsache **nachträglich** untergegangen (Zerstörung eines Gebäudes durch Explosion, Brand oder Einsturz, Totalschaden einer Maschine, Verenden eines Tieres, Verseuchung des Gebäudes oder des Grundstücks), gelten daher die allgemeinen Vorschriften über die Unmöglichkeit.[1661] Dabei spielt es keine Rolle, ob dem Mieter die Sache bereits überlassen war oder nicht.[1662] Wird die Mietsache dagegen lediglich beschädigt, so ist der Vermieter gem. § 535 BGB zur Wiederherstellung, auch vor Übergabe, verpflichtet. Eine derartige Beschädigung wurde z. B. beim Abriss eines Balkons angenommen.[1663] Darüber hinaus haftet er dem Mieter nach den §§ 536ff. BGB.

551 **a) Wiederherstellungsanspruch.** Den Vermieter trifft keine Verpflichtung, die zerstörte Mietsache **wieder herzustellen.** Die Wiederaufbaupflicht ist nämlich Ausfluss der Pflicht zur Gebrauchsüberlassung. Wird der Vermieter aber wegen der Unmöglichkeit gem. § 275 BGB von seiner Pflicht zur Gebrauchsüberlassung frei, entfällt auch seine Pflicht zum Wiederaufbau.[1664] Den Vermieter trifft auch dann keine Wiederherstellungspflicht, wenn er die Zerstörung zu vertreten hat. Die Rechte des Mieters sind dann auf den Schadensersatzanspruch oder ggf. auf das Rücktrittsrecht bzw. Kündigungsrecht beschränkt[1665] (s. dazu Rdn. 562).

552 Der Vermieter ist nicht verpflichtet, empfangene Versicherungsleistungen zum **Wiederaufbau** zu verwenden. Der Mieter wiederum kann keine anteilige Herausgabe der Versicherungsleistungen verlangen, weil die Zahlung der Versicherung ein Surrogat für die Substanz und nicht für die Nutzung des Gebäudes ist.[1666]

553 Der Vermieter ist somit in seiner Entscheidung, in welcher Weise er das Grundstück in Zukunft verwenden und nutzen will, ungebunden.[1667] Im Falle des Wiederaufbaus ist er mangels Anwendbarkeit des § 535 BGB grundsätzlich nicht verpflichtet, mit dem Mieter einen neuen Mietvertrag abzuschließen.[1668]

554 **b) Aufwendungsersatz.** Der fehlende Anspruch auf Wiederherstellung der Mietsache bei ihrem nachträglichen Untergang führte in der Vergangenheit dann zu erheblichen Nachteilen für den Mieter, wenn er den Wohnraum auf eigene Kosten verbessert hatte. Ohne entsprechende vertragliche Absicherung konnte die Zerstörung des Objektes zum ersatzlosen Verlust seiner **Investitionen** führen. Inzwischen gewährt das Gesetz dem Mieter unter den Voraussetzungen der §§ 280, 281, 283, 284 BGB Ersatz für nutzlose Aufwendungen, so dass auch der Gläubiger, der nur ideelle Zwecke verfolgt (vgl. § 536a Rdn. 91ff.), Aufwendungsersatz erhält.

555 **c) Abgrenzungsfragen.** Wegen der unterschiedlichen Haftungsvoraussetzungen der Gewährleistungsvorschriften einerseits und der Unmöglichkeitsregeln andererseits ist eine Abgrenzung vorzunehmen, wenn beispielsweise die Mietsache nur teilweise zerstört wird oder wenn eine erhebliche Beschädigung der Mietsache vorliegt. Ist die Mietsache völlig zerstört, so gelten die Regeln über die Unmöglichkeit. Ist dagegen umgekehrt die Mietsache nur leicht beschädigt, ist der Vermieter zur Instandsetzung verpflichtet und es gelten die Gewährleistungsvorschriften.

556 Die schwierigen Abgrenzungsfälle liegen zwischen diesen beiden Extremen. Maßgebend für die richtige Einordnung ist, ob die Beschädigung wirtschaftlich einer vollständigen Zerstörung gleichsteht, bzw., ob dem Vermieter die Wiederherstellungskosten nach den Umständen des Falles zuzu-

---

[1659] *Eisele* WuM 1997, 533, 534.

[1660] *Lützenkirchen,* Mietrecht, vor § 535 Rdn. 150a.

[1661] BGH WuM 1990, 546 = NJW-RR 1991, 204 = ZMR 1991, 19 = MDR 1991, 329; LG Karlsruhe NZM 2005, 221.

[1662] *Emmerich* PiG 46, 1995, 119, 125 m. w. N.

[1663] LG Berlin WuM 1991, 538 = MM 1991, 265.

[1664] BGHZ 116, 334; WuM 1992, 133 = NJW 1992, 1036 = MDR 1992, 371; BGH WuM 1977, 5 = ZMR 1977, 332; WPM 1977, 400; NJW 1974, 1551.

[1665] *Kraemer/Ehlert* in Bub/Treier III. B Rdn. 2821.

[1666] *Kraemer/Ehlert* in Bub/Treier III. B Rdn. 2821.

[1667] BGH WuM 1977, 5 = ZMR 1977, 373; WPM 1977, 400.

[1668] OLG Hamm WuM 1981, 259.

muten sind.[1669] Ist somit eine **erhebliche Beschädigung** der völligen Zerstörung der Mietsache gleichzustellen, greifen die Unmöglichkeitsregeln ein[1670] und der Vermieter wird von seiner Primärleistungspflicht frei (§ 275 Abs. 1 BGB).

Ist die Mietsache zwar erheblich beschädigt, führt aber **eine Abwägung** (§ 242 BGB) zu dem Ergebnis, dass die Sache als nicht zerstört anzusehen ist,[1671] kann die grundsätzliche Pflicht zur Instandsetzung entfallen, wenn dem Vermieter die Wiederherstellung der Sache **nicht zuzumuten** ist. Diese Fälle werden, wie schon vor der Schuldrechtsreform (vgl. § 535 Rdn. 248ff.), unter dem Gesichtspunkt diskutiert, ob die aufzuwendenden Kosten noch innerhalb der **Opfergrenze** liegen.[1672] Wegen der grundsätzlichen Verantwortlichkeit des Vermieters für die Einhaltung objektbezogener öffentlich-rechtlicher Vorschriften ist ein Wegfall der Wiederherstellungspflicht infolge des Erreichens der Opfergrenze auf enge Ausnahmen beschränkt.[1673] Die Opfergrenze ist erreicht, wenn zwischen dem Reparaturaufwand einerseits und dem Nutzen der Reparatur für den Mieter sowie dem Wert des Mietobjekts und den aus ihm zu ziehenden Einnahmen andererseits ein krasses Missverhältnis entsteht.[1674] Somit lässt sich eine Überschreitung der „Opfergrenze" nicht aus einer bloßen Gegenüberstellung zwischen Sanierungskosten und Verkehrswert herleiten. Vielmehr ist eine Würdigung aller Umstände erforderlich[1675], wie beispielsweise ein etwaiges Verschulden des Schuldners (§ 275 Abs. 2 Satz 2 BGB). Daher kann sich der Vermieter auf diese Einrede i. d. R. nicht berufen, wenn er es zu einem **Reparaturstau** hat kommen lassen, die Situation durch Rechtsverstoß selbst herbeigeführt[1676] oder Versprechungen nicht eingehalten hat.[1677] Je ungünstiger sich das Verhältnis zwischen Sanierungskosten und Verkehrswert darstellt, desto gewichtiger müssen die entgegenstehenden Umstände sein, die es dem Vermieter trotz bestehendem Missverhältnis zwischen Sanierungskosten und Verkehrswert verwehren sollen, sich auf den Einwand der wirtschaftlichen Unzumutbarkeit (§ 275 Abs. 2 BGB) zu berufen. Ein auffälliges Missverhältnis indiziert eine Überschreitung der Zumutbarkeitsgrenze. 557

Die **Opfergrenze** kann beispielsweise erreicht werden, wenn die teilweise Zerstörung wirtschaftlich einer völligen Zerstörung gleichkommt, also die Reparaturkosten den Zeitwert des Mietobjektes erheblich überschreiten[1678] oder wenn die aufgewendeten finanziellen Mittel nicht innerhalb eines Zeitraumes von 10 Jahren durch eine erzielbare Rendite aus dem Objekt wieder ausgeglichen werden können.[1679] 558

Diese sog. **wirtschaftliche Unmöglichkeit** soll nach dem Willen des Gesetzgebers unter § 313 BGB (Wegfall der Geschäftsgrundlage) zu prüfen sein.[1680] § 275 Abs. 2 BGB, der die sog. faktische Unmöglichkeit regelt, sei auf die Fälle der Opfergrenze nicht anzuwenden, weil bei der Prüfung des § 275 Abs. 2 BGB nur auf das Leistungsinteresse des Gläubigers abzustellen sei, während die Fälle der Unerschwinglichkeit, die auf das Schuldnerinteresse abstellen, von dieser Norm nicht erfasst würden.[1681] Der VIII. Zivilsenat des BGH ist dieser Auffassung nicht gefolgt und hat diesen Fall ausschließlich unter den Anwendungsbereich des § 275 Abs. 2 BGB gestellt[1682]. 559

1669 BGH WuM 1977, 5 = ZMR 1977, 373; WPM 1977, 400; *Kraemer/Ehlert* in Bub/Treier III. B Rdn. 2822; *Emmerich* in Staudinger Vorbem. zu § 536 Rdn. 6ff.

1670 *Emmerich* ZdWBay 1996, 238, 240; PiG 46, 1995, 119, 126.

1671 BGH NJW 1959, 2300; *Häublein* in MünchKomm § 535 Rdn. 104.

1672 BGH (VIII ZR 131/09) WuM 2010, 348 = MietPrax-AK § 536a BGB Nr 6 = NJW 2011, 2050 = GE 2010, 837; OLG Naumburg NZM 2011, 35; LG Dresden NZM 2008, 165; AG Köpenick GE 2013, 215; zur Hinweispflicht des Gerichts siehe LG Berlin GE 2016, 1212; *Emmerich* ZdWBay 1996, 238, 240.

1673 *Günter* NZM 2016, 569, 573.

1674 BGH (VIII ZR 342/03) NJW 2005, 3284 = NZM 2005, 820 = WuM 2005, 713 = GE 2005, 1348 = MietPrax-AK § 535 BGB Nr. 21 = GuT 2005, 262.

1675 OLG Celle ZMR 2015, 228.

1676 BGH (V ZR 171/07) NJW 2008, 3123; zu einem Ausnahmefall siehe BGH (VIII ZR 135/13) WuM 2014, 277 = GE 2014, 313 mit Anm. *Schach* in jurisPR-MietR 9/2014 Anm. 3.

1677 AG Hamburg-Blankenese ZMR 2012, 632.

1678 BGH WuM 1990, 546 = NJW-RR 1991, 204 = ZMR 1991, 19 = MDR 1991, 329; OLG Karlsruhe WuM 1995, 308 = NJW-RR 1995, 849 = ZMR 1995, 201; *Wolf/Eckert/Ball* Rdn. 302; kritisch *Franke* in WoBauR § 536 Anm. 6.

1679 OLG Hamburg GE 2001, 367; nicht bei Umbau einer Einrohrheizung zur Herstellung der Mindestausstattung LG Berlin GE 2016, 731, 734.

1680 BR-Drucks. 338/01, S. 294.

1681 BR-Drucks. 338/01, S. 294.

1682 BGH (VIII ZR 135/13) WuM 2014, 277 = GE 2014, 313; (VIII ZR 131/09) WuM 2010, 348; BGH

560 Letztendlich wird es aber immer auf eine Abwägung der unterschiedlichen Interessen hinauslaufen. Eine randscharfe Trennung beider Normen (§ 275 Abs. 2/§ 313 BGB) wird daher kaum möglich sein.[1683] Zu Recht wird darauf hingewiesen, dass sich wegen der Identität der Beurteilungsmaßstäbe an dem Abwägungsergebnis nichts ändern würde, wenn statt § 313 BGB die Vorschrift des § 275 Abs. 2 BGB angewendet würde.[1684] Daher wird die Auffassung vertreten, dass dem Schuldner die Wahl gestattet sein müsse, entweder die Einrede des § 275 Abs. 2 BGB zu erheben mit der Rechtsfolge des Schadensersatzes und dem Wegfall des Anspruchs auf die Gegenleistung (§ 326 Abs. 1 BGB) oder den Vertrag zu erfüllen und eine Anpassung des Vertrages nach § 313 BGB zu verlangen.[1685] Ist eine Anpassung des Vertrages nicht möglich oder einem Teil nicht zumutbar, kann der benachteiligte Teil den Vertrag kündigen (§ 313 Abs. 3 BGB).

561 Letztere Auffassung ist jedoch problematisch, weil sie dem Schuldner einen Freibrief gibt, sich bei Bedarf von seiner Primärleistungspflicht zu befreien, obwohl im Einzelfall der Gläubiger ein Interesse daran haben kann, den Vertrag den neuen Bedingungen anzupassen. Da die wirtschaftliche Unmöglichkeit in der **Risikosphäre** des Schuldners angesiedelt ist, wäre es nicht sachgerecht, ihm eine Wahlfreiheit der Rechtsfolgen zweier unterschiedlicher Anspruchsnormen einzuräumen.

562 Wird der Weg über § 275 Abs. 2 BGB gewählt, bedarf es keiner besonderen **Kündigung.** Bei Vorliegen der Unmöglichkeit wird der Schuldner von der Leistungspflicht frei und der Gläubiger verliert gem. § 326 Abs. 1 BGB seinen Anspruch auf die Gegenleistung. Entfallen somit alle primären Leistungspflichten und sind sekundäre Leistungspflichten nicht mehr vorhanden, erlischt das Schuldverhältnis.[1686] Die Kündigung ist deshalb nicht mehr erforderlich, weil sich im Zusammenspiel zwischen § 275 BGB und § 326 BGB zugleich eine Stornierung des Vertrages ergibt und damit zugleich eine Klärung der Rechtsverhältnisse zwischen den Parteien.[1687] Dass § 311 a BGB die Wirksamkeit des Vertrages anordnet, steht dem nicht entgegen, da diese Regelung nur die Grundlage für einen etwaigen Surrogationsanspruch nach § 285 BGB und für Ersatzansprüche nach § 311 a Abs. 2 BGB bilden sollte.[1688]

563 **d) Herausgabe des Ersatzes.** Kein Raum ist im Falle der Zerstörung der Mietsache für die Anwendung des § 285 BGB gegeben, so dass der Mieter mangels abw. vertraglicher Vereinbarung keinen Anspruch gegen den Vermieter auf Herausgabe etwaiger Versicherungs- oder Schadensersatzleistungen Dritter hat.[1689]

564 **e) Vertretenmüssen.** Wegen der unterschiedlichen Rechtsfolgen ist im Falle der Unmöglichkeit zu prüfen, wer diese zu vertreten hat. Der Schuldner hat Vorsatz und Fahrlässigkeit zu vertreten. Eine **strengere** Haftung kann sich aus der Übernahme einer Garantie oder eines Beschaffungsrisikos ergeben (§ 276 BGB). Da der Vermieter schon mit dem Vertragsschluss verpflichtet wird, dem Mieter eine zum vertragsgemäßen Gebrauch geeignete Mietsache zu überlassen, setzt seine Pflicht zur Instandsetzung nicht erst bei Übergabe ein, sondern schon mit dem Vertragsschluss. Die Verpflichtung zur Instandsetzung ist daher eine **Beschaffungspflicht** gem. § 276 BGB, da sie die vertragsgemäße Übergabe der Mietsache sicherstellt. Gelten somit bis zur Übergabe der Mietsache die allgemeinen Regeln (vgl. Rdn. 532), haftet der Vermieter auf Schadensersatz über die bloße Fahrlässigkeit hinaus.

565 **aa) Von niemandem zu vertretende Unmöglichkeit.** Ungeachtet des Vertretenmüssens wird der Vermieter bei Unmöglichkeit von seiner Leistungspflicht frei (§ 275 Abs. 1 BGB). Damit entfällt zugleich die Verpflichtung zum **Wiederaufbau,** wenn die Räumlichkeiten zerstört wurden oder, bei erheblicher Beschädigung, der Wiederaufbau aus finanziellen Gründen dem Vermieter nicht zumutbar ist[1690] (s. Rdn. 504ff.). Gem. § 326 Abs. 1 Hs. 1 BGB verliert er allerdings auch den Anspruch auf die Gegenleistung (zur Kündigung vgl. Rdn. 508).

(VIII ZR 342/03) NJW 2005, 3284 = NZM 2005, 820 = WuM 2005, 713 = GE 2005, 1348 = MietPrax-AK § 535 BGB Nr. 21 = GuT 2005, 262; kritisch *Hirsch* ZMR 2006, 1, 5.

[1683] *Emmerich* NZM 2010, 497, 499; *Dedek* in Henssler/von Westphalen § 275 Rdn. 24.

[1684] Palandt/*Grüneberg* § 275 Rdn. 29.

[1685] *Dedek* in Henssler/von Westphalen § 275 Rdn. 24.

[1686] Wohl für Kündigung BGH WuM 1987, 315 = NJW-RR 1987, 906 = MDR 1987, 753 = ZMR 1987, 257; *Wolf/Eckert/Ball* Rdn. 374; keine Kündigung notwendig: LG Karlsruhe NZM 2005, 221; *Palandt/Weidenkaff* § 543 BGB Rdn. 9; *Emmerich* ZdWBay 1996, 238, 240; NZM 2010, 497, 498; *Kraemer/Ehlert* in Bub/Treier Rdn. III. B 2823.

[1687] *Ernst* in MünchKomm § 275 Rdn. 2; i. E. wohl auch *Grünberg* in Bamberger/Roth § 275 Rdn. 44.

[1688] BR-Drucks. 338/01 v. 11.5.2001, S. 379; *Gehrlein* in Bamberger/Roth § 311 a Rdn. 4.

[1689] BGH WPM 1977, 400; *Wolf/Eckert/Ball* Rdn. 350.

[1690] BGH NJW 1976, 1506; BGH WuM 1990, 546 =ZMR 1991, 19 = NJW-RR 1991, 204; OLG Karlsruhe

bb) Vom Mieter zu vertretende Unmöglichkeit. Ist die Unmöglichkeit der Leistung vom Mieter allein oder weit überwiegend zu vertreten, wird der Vermieter gem. § 275 BGB von seiner Leistungspflicht frei und behält gem. § 326 Abs. 2 Satz 1 den Anspruch auf den Mietzins.[1691] Dasselbe gilt, wenn die Arbeitnehmer des Mieters die Zerstörung der Sache zu vertreten haben.[1692] Dabei ist die Frage abzugrenzen, ob der Arbeitnehmer als Erfüllungsgehilfe oder außerhalb des Vertragsverhältnisses als Dritter gehandelt hat.[1693] Die gleiche Rechtsfolge gilt gem. § 326 Abs. 2 Satz 1 Hs. 2 BGB, wenn die Zerstörung durch den Annahmeverzug des Mieters ursächlich bedingt ist. **566**

cc) Vom Vermieter zu vertretende Unmöglichkeit. Hat der Vermieter die Unmöglichkeit **zu vertreten** oder trifft ihn das Beschaffungsrisiko (§ 276 BGB), gelten §§ 280, 283, 326 BGB.[1694] Zum Wiederaufbau ist der Vermieter auch in diesen Fällen nicht verpflichtet.[1695] Der Vermieter haftet vor allem dann, wenn dem Mieter von dem Ersteher in der **Zwangsversteigerung** oder im **Insolvenzverfahren** auf Grund des § 57 a ZVG bzw. des § 111 InsO gekündigt wird, weil diese Kündigung letztendlich vom Vermieter nach § 276 BGB zu vertreten ist.[1696] Bei der vom Vermieter zu vertretenden Unmöglichkeit kann der Mieter Schadensersatz wegen Nichterfüllung verlangen (§§ 280, 281, 283 BGB). **567**

dd) Beiderseitiges Vertreten. Ist die Unmöglichkeit der Gebrauchsüberlassung sowohl vom Mieter als auch vom Vermieter zu vertreten, gilt § 254 BGB.[1697] Die Mietforderungen des Vermieters sind dann im Verhältnis seines Verschuldens zu kürzen. Auch Ansprüche auf Aufwendungen zur Schadensbeseitigung müssen entsprechend vermindert werden. **568**

4. Mängel

Ist bei der – wenn auch erheblich – beschädigten Mietsache nur von einem Mangel auszugehen (zur Abgrenzung vgl. Rdn. 502 ff.), so ist zu differenzieren: **569**

a) Vor Überlassung der Mietsache. Die Anwendung des § 536 setzt nach Auffassung des BGH bei Sachmängeln grundsätzlich **die Übergabe** der Mietsache voraus[1698] (vgl. Rdn. 555 ff.). Vor Überlassung der Mietsache gelten daher die allgemeinen Vorschriften.[1699] Der Mieter hat einen uneingeschränkten Erfüllungsanspruch.[1700] Kann der Vermieter wegen der Mängel die vereinbarte Vertragszeit nicht einhalten, liegt jedenfalls bei der Raummiete nach h. M. regelmäßig Voll-Unmöglichkeit vor[1701] und es gelten die oben dargestellten Grundsätze. Keine Unmöglichkeit wird beispielsweise bei einer Verzögerung der geplanten Übergabe angenommen, wenn das Mietverhältnis erst mit der Übergabe des bezugsfertigen Objektes beginnen soll.[1702] **570**

Kann der Vermieter die Mietsache zwar übergeben, aber nicht mängelfrei, braucht der Mieter die Mietsache nicht anzunehmen. Der Mieter muss gem. § 294 BGB nur eine vertragsgemäße Leistung annehmen und kommt daher nicht in **Annahmeverzug,** wenn er die Mietsache wegen des Mangels ablehnt.[1703] Bei Vorliegen nur geringer Mängel ist der Mieter dann zur Annahme verpflichtet, wenn eine Weigerung gegen Treu und Glauben verstoßen würde. Das ist der Fall, wenn der Mieter, der in zumutbarem Umfang Rücksicht auf die Interessen des Vermieters nehmen muss (§ 241 Abs. 2 BGB), gehalten ist, die Mietsache unter dem Vorbehalt der Gewährleistung anzuneh- **571**

WuM 1995, 307= NJW-RR 1995, 849 = DWW 1995, 315 = ZMR 1995, 201 = GE 1995, 561; BezG Dresden WuM 1991; zur Kritik vgl. *Franke* ZMR 1996, 297.

1691 BGH WuM 1991, 25 = NJW-RR 1991, 267 = ZMR 1991, 57 = MDR 1991, 524; WuM 1992, 133 = NJW 1992, 1036 = ZMR 1992, 140 = MDR 1992, 371; WuM 1977, 5 = ZMR 1977, 373.

1692 OLG Düsseldorf NJW-RR 1997, 1097; *Emmerich* in Staudinger Vorbem. zu § 536 BGB Rdn. 9.

1693 Vgl. dazu BGH NJW 1965, 1709 = MDR 1965, 724; OLG Düsseldorf NJW-RR 1997, 1097.

1694 OLG Koblenz ZMR 1993, 68 zum Versperren der Mieträume durch vom Vermieter beauftragten Gerichtsvollzieher; *Emmerich* ZdWBay 1996, 238, 241; *Häublein* in MünchKomm vor § 536 Rdn. 12.

1695 *Wolf/Eckert/Ball* Rdn. 350.

1696 *Emmerich* PiG 46, 1995, 119, 127 f.

1697 BGH WuM 1981, 259 = MDR 1981, 562; *Wolf/Eckert/Ball* Rdn. 379.

1698 BGHZ 136, 102 = WuM 1997, 617 = NJW 1997, 2813 = MDR 1997, 921 = ZMR 1980, 105; Erman/*Lützenkirchen* vor § 536 Rdn. 1 ff.; *Tröster* NZM 1998, 697, 701; kritisch: *Arnold,* S. 594; *Derleder* WuM 2002, 407.

1699 *Wolf/Eckert/Ball* Rdn. 288 ff.; *Kraemer* in Bub/Treier III. B Rdn. 1209.

1700 *Schmidt* NZM 2013, 705, 712 m. w. N.

1701 *Kraemer/Ehlert* in Bub/Treier III. B Rdn. 2826, 2830.

1702 BGH WuM 1992, 687 = NJW 1992, 3226 = ZMR 1993, 7 = MDR 1992, 1147.

1703 OLG Rostock GuT 2002, 107.

men.[1704] Die Verknüpfung der Annahmepflicht mit den Voraussetzungen des Sonderkündigungsrechts nach § 543 Abs. 2 Nr. 1 BGB derart, dass der Mieter die Annahme nur dann verweigern kann, wenn die durch die geringen Mängel verursachte Gebrauchsbeeinträchtigung bei Überlassung der Mietsache zu einer Kündigung gem. § 542 BGB a. F. berechtigen würde, wie dies nach altem Recht vertreten wurde, verbietet sich aus zwei Gründen. Zum einen hat der Gesetzgeber mit der Mietrechtsreform von einer Sonderregelung bei der Kündigung wegen unerheblicher Gebrauchsbeeinträchtigung abgesehen (vgl. aber Rdn. 434) und zum anderen ist es aus Zumutbarkeitserwägungen gerechtfertigt, die Verweigerung der Annahme der Mietsache nicht unter die Voraussetzungen einer fristlosen Kündigung zu stellen. Der Mieter soll die Möglichkeit haben, von vornherein nur eine mangelfreie Wohnung annehmen zu müssen.

572 Der Vermieter muss ein ordnungsgemäßes **Angebot** unterbreiten (§ 294 BGB). Bei Vorliegen eines Mangels muss sich der Mieter gem. § 242 BGB entscheiden,[1705] ob er bei Annahme der Mietsache den Vertrag mit der geminderten Leistung und einem entsprechend geminderten Mietzins (§ 326 Abs. 1 Hs. 2 BGB) fortsetzt, oder ob er unter Zurückweisung der Mietsache das Vertragsverhältnis beendet (§§ 326 Abs. 5, 323 Abs. 1 BGB). Wendet der Vermieter ein, er könne wegen der hohen Kosten den Mangel nicht beheben (Opfergrenze), ist der Einwand über § 275 Abs. 2 BGB zu prüfen (s. dazu Rdn. 559).

573 Verweigert der Vermieter schon vor Überlassung die Mängelbeseitigung, haftet er dem Mieter auch aus pVV[1706] (§ 280 BGB).

574 **b) Nach Überlassung der Mietsache.** Nach Überlassung der Mietsache gelten die Gewährleistungsvorschriften, welche die allgemeinen Vorschriften verdrängen.[1707] Für den Fall des Erlöschens der Leistungspflicht bleibt es bei der Anwendung des § 275 BGB.[1708]

5. Unvermögen

575 **a) Subjektive Unmöglichkeit.** In § 275 Abs. 1 BGB wird die Haftung für die objektive Unmöglichkeit sowie für das Unvermögen des Schuldners gleichermaßen geregelt. Auf die nach früherem Recht bemühte Verweisungskette der §§ 275, 280, 323 ff. BGB (a. F.) in entsprechender Anwendung[1709] kommt es heute nicht mehr an. Während die objektive Unmöglichkeit die generelle Unerbringlichkeit der Leistung meint, liegt eine subjektive Unmöglichkeit bzw. ein Unvermögen vor, wenn nur der Schuldner die Leistung nicht erbringen kann. Das ist beispielsweise anzunehmen, wenn der vermietende Eigentümer einen Mangel nicht beheben kann, weil dies innerhalb seiner Wohnungseigentumsanlage, in der die Wohnung belegen ist, nicht ordnungsgemäßer Verwaltung gem. § 21 WEG entspricht.[1710] Ist der Vermieter nicht in der Lage, auf Grund eines schon vor Vertragsschluss liegenden Leistungshindernisses die Sache dem Mieter zu überlassen, liegt anfängliches Unvermögen vor,[1711] sofern ein Dritter dazu in der Lage wäre. Eine derartige Fallgestaltung ist z. B. gegeben, wenn trotz Beendigung des Vertrages der Vormieter die Räume **nicht rechtzeitig** herausgibt. Dann liegt kein Rechtsmangel vor (Rdn. 295), sondern ein tatsächliches Leistungshindernis, für das der Vermieter einzustehen hat.[1712] Dabei muss aber ausgeschlossen sein, dass bloßer Verzug vorliegt (zur Abgrenzung s. hierzu unter Verzug Rdn. 584 ff.).

576 In den Fällen der anfänglichen subjektiven Unmöglichkeit gilt § 311 a Abs. 2 BGB. Der Vermieter haftet, wenn er bei Vertragsschluss das Leistungshindernis kannte oder er die Unkenntnis zu vertreten hat. Es besteht somit keine Garantie-, sondern eine Verschuldenshaftung, die sich allerdings wegen § 276 BGB als Garantiehaftung auswirkt[1713] (s. Rdn. 564). Der Vermieter wird zwar von seiner Primärleistungspflicht gem. § 275 Abs. 1 BGB befreit, haftet aber gem. § 311 a Abs. 2 BGB auf Schadensersatz bzw. auf Ersatz seiner Aufwendungen (Rdn. 554). Nach § 326 Abs. 1 BGB verliert

---

1704 *Kraemer* NZM 2004, 721, 725.

1705 *Kraemer* in Bub/Treier III. B Rdn. 2840.

1706 Erman/*Lützenkirchen* vor § 536 Rdn. 19.

1707 Erman/*Lützenkirchen* vor § 536 Rdn. 19.

1708 *Lehmann-Richter* NJW 2008, 1196.

1709 Auch BGHZ 85, 267 = NJW 1983, 446 = MDR 1983, 394 = DWW 1983, 17 = ZMR 1983, 93 = GE 1983, 117; OLG Düsseldorf NZM 1999, 24 = WuM 1999, 394 = ZMR 1999, 19.

1710 *Lehmann-Richter* NJW 2008, 1196, 1197.

1711 Anders *Gruber* WuM 2002, 252, 254, der nachträgliche Unmöglichkeit annimmt.

1712 OLG Düsseldorf NZM 1999, 24 = WuM 1999, 394 = ZMR 1999, 19; *Kraemer/Ehlert* in Bub/Treier III. B Rdn. 2817; Erman/*Lützenkirchen* § 536 Rdn. 53.

1713 *Arnold*, S. 595.

der Vermieter den Anspruch auf die Gegenleistung selbst dann, wenn weder er noch der Mieter die Unmöglichkeit der Leistung zu vertreten hat. Das gilt das erst recht, wenn der Vermieter grundsätzlich für sein Leistungsvermögen einzustehen hat.

Schließt aber der neue Mieter mit dem die Räume vorenthaltenen Vormieter einen **Untermietvertrag** ab, so gilt die Pflicht zur Gebrauchsüberlassung des Vermieters gegenüber dem neuen Mieter als erfüllt.[1714] Der neue Mieter kann daher in diesem Fall keine Rechte wegen Nichtgewährung des Gebrauchs geltend machen und muss dem Vermieter den vereinbarten Mietzins entrichten. **577**

Bei **nachträglichen** Leistungshindernissen wegen Unvermögens haftet der Vermieter auf Schadensersatz nur dann, wenn er das Unvermögen (nicht! die Unkenntnis wie bei § 311a BGB) zu vertreten hat (§ 280 Abs. 1 Satz 2, 283 BGB). Daher kann es einen erheblichen Unterschied ausmachen, ob man bei dem Fall der nicht rechtzeitigen Räumung durch den Vormieter von einem anfänglichen oder nachträglichen Leistungshindernis ausgeht. **578**

b) faktische Unmöglichkeit. Gemäß § 275 Abs. 2 Satz 1 BGB kann der Schuldner die Leistung verweigern, soweit diese einen Aufwand erfordert, der unter Beachtung des Schuldverhältnisses und der Gebote von Treu und Glauben in einem groben Missverhältnis zum Leistungsinteresse des Gläubigers steht. Dieses Leistungsverweigerungsrecht des Schuldners ist als Einrede ausgestaltet und führt zum **Ausschluss** der Primärleistungspflicht nur dann, wenn sich der Schuldner darauf beruft. Der Gesetzgeber hat damit die von der Rechtsprechung entwickelten Grundsätze zu derartigen Fallgruppen nicht übernommen, wonach die Unmöglichkeitsvorschriften anzuwenden sind,[1715] Daher werden diese Fälle nicht von § 275 Abs. 1 BGB erfasst.[1716] **579**

Es handelt sich bei § 275 Abs. 2 BGB um eine eng auszulegende **Sondernorm.** Für die Feststellung eines groben Missverhältnisses ist zunächst das Leistungsinteresse des Gläubigers festzustellen. Daher ist diese Vorschrift nach dem Willen des Gesetzgebers nicht auf die „wirtschaftliche Unmöglichkeit" anzuwenden, die das Schuldnerinteresse in den Vordergrund rückt[1717] (s. Rdn. 559ff.). Die Feststellung eines groben Missverhältnisses bedarf einer Abwägung aller Umstände im Einzelfall. **580**

c) Unmöglichkeit der persönlichen Leistung. Ebenso wie Abs. 2 ist auch § 275 Abs. 3 ein Schuldbefreiungsgrund. Er setzt voraus, dass der Schuldner die Leistung persönlich zu erbringen hat. Grundlage einer solchen **persönlichen** Leistungspflicht können z. B. Dienst- oder Werkverträge sein. Ergibt die Abwägung des seiner Leistung entgegenstehenden Hindernisses mit dem Leistungsinteresse des Gläubigers, dass eine Vertragserfüllung für den Schuldner nicht zumutbar ist, wird er ebenfalls von seiner Primärleistungspflicht befreit. Wie in Abs. 2 ist auch dieses Leistungshindernis als Einrede ausgestaltet. **581**

Im Mietrecht wurde unter Geltung des „alten" Rechts diskutiert, ob der Mieter von seiner Leistungspflicht zum **Schneefegen** frei wird, wenn er diese Arbeiten wegen Gebrechlichkeit nicht mehr ausführen kann (s. § 535 Rdn. 176). Nimmt man für diesen Fall eine persönliche Leistungspflicht des Mieters an, sind unter Abwägung aller Umstände die Interessen gegeneinander abzuwägen. **582**

d) Rechtsfolgen. In allen Fällen des § 275 BGB wird der Schuldner von seiner Primärleistungspflicht befreit. Abs. 1 stellt ein von Gesetzes wegen zu berücksichtigenden Einwendungstatbestand dar, während die Schuldbefreiung nach Abs. 2 und 3 nur eintritt, wenn sich der Schuldner auf sie beruft (Einrede). Das Bestehen des Leistungsverweigerungsrechtes wirkt verzugshindernd. Die Rechte des Gläubigers bestimmen sich gem. Abs. 4 nach §§ 280, 283–285, 311a und 326 BGB. **583**

6. Verzug

Vor Anwendung der Verzugsregeln ist zu prüfen, ob nicht eine Unmöglichkeit der Leistung vorliegt. Bedeutung hat diese Unterscheidung deshalb, weil die Rechtsfolgen von Unmöglichkeit und Verzug im BGB unterschiedlich geregelt sind. Ob Verzug oder Unmöglichkeit vorliegt ist allein da- **584**

[1714] BGHZ 85, 267 = NJW 1983, 446 = MDR 1983, 394 = DWW 1983, 17 = ZMR 1983, 93 = GE 1983, 117.
[1715] BGH NJW 1983, 2873 = MDR 1984, 42.
[1716] *Palandt/Grüneberg* § 275 Rdn. 22.
[1717] BR-Drucks. 338/01, S. 294; *Arnold* S. 594; *Canaris* JZ 2001, 499, 502; anders BGH (VIII ZR 342/03) NJW 2005, 3284 = NZM 2005, 820 = WuM 2005, 713 = GE 2005, 1348 = MietPrax-AK § 535 BGB Nr. 21 = GuT 2005, 262.

nach abzugrenzen, ob die Leistung noch **nachholbar** ist. Bei der Miete kommt es also darauf an, ob nach den Abreden der Vertragsparteien die verstrichene Zeit noch nachgeholt werden kann.

585 Unmöglichkeit liegt vor, wenn der Sachgebrauch vom Vermieter nicht nachträglich gewährt werden kann. Das gilt auch, wenn die Überlassung zu einer bestimmten Zeit so vertragswesentlich ist, dass die Leistung nicht mehr nachgeholt werden kann, weil sie für den Mieter keinen Sinn mehr hat.[1718] Das gilt regelmäßig für Maschinen und Fahrzeuge, die für einen **bestimmten, zeitlich festgelegten, Einsatz** angemietet werden, oder bei Überlassung von Wohnraum für einen bestimmten Zeitraum und Zweck, wie z. B. für die Dauer eines Messebesuchs.

586 Für Räume ist wegen des nicht nachholbaren Zeitablaufs Verzug selten. Generell wird man bei der Raumüberlassung daher von einem absoluten **Fixgeschäft** ausgehen müssen, so dass die Leistung nicht mehr nachgeholt werden kann. In diesen Fällen liegt also regelmäßig (Teil-)Unmöglichkeit vor.[1719]

587 Dagegen finden vor Übergabe der Mietsache die Verzugsregeln Anwendung[1720], wenn der Vermieter die Mietsache nicht rechtzeitig übergeben kann und Unmöglichkeit ausscheidet, z. B. wenn der Beginn der Mietzeit nicht datumsmäßig fixiert ist oder an die Übergabe des Objektes geknüpft wird, weil dann die Verzögerung nur zu einer Verschiebung, nicht aber zu einem Ausfall der Vertragszeit führt[1721], oder wenn nach Vertragsschluss der Vermieter bis zur Übergabe noch Leistungen erbringen soll, die er versäumt.

588 Schließt der Mietvertrag somit eine **spätere Leistung** nicht aus, liegt Verzug vor, wenn der Mangel noch innerhalb eines Erfüllungszeitraumes behoben werden kann.[1722] Verzug wird aber regelmäßig nur anzunehmen sein, wenn die Überlassung der Mietsache nach der Verzögerung noch einen sinnvollen Gebrauch der Sache zulässt.

589 Bestehen schon vor Übergabe der Mietsache ernsthafte Zweifel an der Leistungsbereitschaft oder Leistungsfähigkeit des Vermieters[1723], hat der Mieter ein dringendes Interesse, die Unsicherheiten zu beseitigen. Er kann daher vor Übergabe dem Vermieter eine Frist zur Erklärung und ggf. zum Nachweis seiner **Leistungsbereitschaft** setzen und ihm androhen, nach Ablauf der Frist vom Vertrag zurückzutreten.[1724] Gleiches gilt, wenn der Vermieter sich schon vor Übergabe weigert, vorhandene und erkennbare Mängel zu beseitigen.[1725]

590 Der Vermieter muss den Verzug gem. § 286 Abs. 4 BGB zu vertreten haben. Der Verzug ist jedenfalls dann vom Vermieter zu vertreten, wenn dieser ausdrücklich oder konkludent eine Garantie für seine Leistung übernommen hat (§ 276 Abs. 1 BGB). Dies ist für einen vereinbarten Übergabetermin nach der hier vertretenen Auffassung regelmäßig anzunehmen[1726] (s. zur unterbliebenen Räumung des Vormieters Rdn. 295).

591 Der Verzug erfasst im Falle der Veräußerung auch den **Erwerber**[1727]. § 566 BGB ist eine mieterschützende Vorschrift. Sie bezweckt, dem Mieter gegenüber dem neuen Vermieter die Rechtsposition zu erhalten, die er aufgrund des Mietvertrages hätte, wenn der frühere Vermieter Eigentümer geblieben wäre. Diese Rechtsposition bleibt ihm nur gewahrt, wenn er seinen Anspruch bei Fälligkeit der Person gegenüber geltend machen kann, gegen deren laufende Mietforderungen er ggf. aufrechnen kann.

592 Wird ein erst zu errichtendes Gebäude vermietet, kann allerdings aus der alleinigen Fixierung eines Fertigstellungstermins eine Garantie für den Übergabetermin nicht abgeleitet werden.[1728] In

---

1718 *Häublein* in MünchKomm vor § 536 Rdn. 20.

1719 BGH WuM 1991, 25 = NJW-RR 1991, 267 = ZMR 1991, 57 = MDR 1991, 524; *Emmerich* in Staudinger Vorbem. zu § 536 Rdn. 12; *Kraemer* in Bub/Treier III. B Rdn. 2829; Erman/*Lützenkirchen* vor § 536 Rdn. 10, 17.

1720 *Emmerich* ZdWBay 1996, 238, 243.

1721 BGH NJW 1992, 3226; *Kraemer* NZM 2004, 721, 723.

1722 *Hassold* NJW 1975, 1863.

1723 BGH NJW 1970, 1182 = MDR 1970, 756; OLG Hamm WuM 1996, 466 = NJW-RR 1996, 1098.

1724 Vgl. BGH NJW 1983, 989 = MDR 1983, 392.

1725 *Emmerich* PiG 46, 1995, 119, 134; *Kraemer* in Bub/Treier III. B Rdn. 2829; **a. A.** BGH WuM 1978, 86 = NJW 1978, 103 = ZMR 1978, 82 = MDR 1978, 306, der diesen Fall über pVV löst.

1726 So auch *Kraemer* NZM 2004, 721, 724.

1727 BGH (VIII ZR 22/04) WuM 2005, 201 = NZM 2005, 253 = NJW 2005, 1187 = DWW 2005, 103 = ZMR 2005, 354 = MietPrax-AK § 566 BGB Nr. 4 m. Anm. *Börstinghaus.*

1728 BGH WuM 1992, 687 = NJW 1992, 3226 = ZMR 1993, 7 = MDR 1992, 1147 = GE 1992, 1209; *Kraemer* in Bub/Treier III. B Rdn. 2830.

diesen Fällen führt die pflichtwidrige Verzögerung nur zu einer Verschiebung, nicht aber zu einem Ausfall der Vertragszeit.

Sofern Verzug vorliegt, gelten die allgemeinen Regeln, insbesondere auch §§ 280, 286 BGB. **593** Der Mieter kann somit Schadensersatz, Schadensersatz wegen Verzögerung der Leistung verlangen, vom Vertrag zurücktreten (§ 323 BGB) oder das Kündigungsrecht aus §§ 543 Abs. 2 Nr. 1 BGB (s. Rdn. 434ff.) ausüben.

Ein **Annahmeverzug** des Mieters scheidet aus, wenn die Mietsache mangelhaft ist oder der **594** Vermieter nur eine Teilleistung anbietet, weil wegen §§ 266, 294 BGB der Mieter in diesen Fällen die Annahme ablehnen kann.

7. Anfechtung

Die Anfechtung wegen Irrtums gem. § 119 BGB oder wegen einer arglistigen Täuschung[1729] **595** oder Drohung gem. § 123 BGB ist unproblematisch **vor Überlassung** der Mietsache.[1730]

Hat der Vermieter die Mietsache schon an den Mieter überlassen, ist umstritten, ob die Anfech- **596** tung noch möglich ist oder ob die §§ 536, 536a BGB vorrangig sind (dazu vor § 535 BGB Rdn. 7ff.). Hierzu gibt es einen umfangreichen Meinungsstand.[1731] Dabei wird **differenziert** zwischen den Anfechtungsgründen gem. § 119 Abs. 2 BGB[1732] bzw. der Anfechtung gem. § 123 BGB.[1733] Der für das Gewerberaummietrecht zuständige XII. Zivilsenat hat die Anfechtung gem. § 123 BGB auch nach Überlassung der Mietsache neben der Kündigung zugelassen.[1734] Dies ist von praktischer Bedeutung, wenn trotz öffentlich-rechtlicher Gebrauchsbeschränkung die Behörde untätig bleibt und damit ein Sachmangel abzulehnen und dem Mieter die Kündigung nach § 543 BGB verwehrt ist (vgl. Rdn. 95). Folgt man der Auffassung, dass die Anfechtung von §§ 536, 536a BGB verdrängt wird, führen der Irrtum bzw. die arglistige Täuschung oder Drohung zu einer fristlosen Kündigung gem. § 543 BGB.[1735]

8. Zurückbehaltungsrecht

Dem Mieter steht bei Mängeln der Mietsache ein Zurückbehaltungsrecht nicht nur bezüglich **597** Schadensersatzansprüchen nach § 536a BGB oder anderen Vorschriften, sondern auch bei Mietminderungsansprüchen zu[1736] (s. dazu Rdn. 422ff.). Das entspricht dem Erfüllungsanspruch, der grundsätzlich auch dann besteht, wenn das Minderungsrecht gem. § 536b BGB oder vertraglich ausgeschlossen ist[1737] (zu den Ausnahmen vgl. Rdn. 429ff.). Denn der Erfüllungsanspruch berechtigt den Mieter, die Zahlung des Mietzinses – bis zu einer bestimmten Höhe – zu verweigern (§ 320 BGB). Zur Höhe des Zurückbehaltungsrechts vgl. oben Rdn. 424f.

Kein Zurückbehaltungsrecht steht dem Mieter zu, wenn er im Einvernehmen mit dem Vermie- **598** ter die Miete reduziert hat[1738], unter Umständen, wenn das Mietverhältnis gekündigt ist[1739] oder gegenüber dem monatlichen Mietzinsanspruch des **Zwangsverwalters,** wenn der Vermieter vor Beschlagnahme des Grundstücks die Mietkaution nicht gesetzesgemäß angelegt hatte.[1740] Nach Auffassung des BGH gilt dies auch, wenn der Mieter bei ungeklärter Mängelursache irrtümlich die Miete gemindert hat[1741] oder wenn er dem Vermieter den Mangel nicht angezeigt hat.[1742] Letzteres

---

1729 LG Wuppertal WuM 1999, 39; AG Saarlouis NZM 2000, 459.

1730 BGH NJW 1997, 2817 = MDR 1997, 923 = ZIP 1997, 1594; *Fischer* NZM 2005, 567, 569.

1731 Umfassend *Fischer* NZM 2005, 567.

1732 Nachrangig: *Palandt/Ellenberger* § 119, Rdn. 28; *Häublein* in MünchKomm vor § 536 Rdn. 24; eingeschränkt Erman/*Lützenkirchen* vor § 536 Rdn. 22f., zu diesem Problemkreis umfassend *Fischer* NZM 2005, 567.

1733 LG Berlin ZMR 2009, 121; *Häublein* in MünchKomm vor § 536 Rdn. 24; *Gather* DWW 1997, 169, 173.

1734 BGH (XII ZR 67/06) GuT 2008, 330 = ZMR 2009, 103 = NJW 2009, 1266 = NZM 2008, 886; AG Hamburg-St. Georg ZMR 2011, 303; für die Anwendung auch bei Wohnraummietverhältnissen *Dötsch* MietRB 1/2009 Anm. 4; NZM 2011, 457.

1735 LG Wuppertal WuM 1999, 39.

1736 BGHZ 84, 42 = NJW 1982, 2242 = MDR 1982, 836; WuM 1982, 296 = NJW 1982, 874; *Kraemer/Ehlert* in Bub/Treier III. B Rdn. 3282.

1737 Vgl. BayObLG WuM 1999, 392.

1738 AG Wedding GE 2010, 416.

1739 KG ZMR 2013, 529.

1740 LG Kiel WuM 2000, 21.

1741 BGH (VIII ZR 138/11) WuM 2012, 499 m. abl. Anm. *Blank* = MietPrax-AK § 543 BGB Nr 26 = NJW 2012, 2882 = NZM 2012, 637 = GE 2012, 1161; siehe auch KG ZMR 21, 529.

1742 BGH (VIII ZR 330/09) WuM 2011, 13 = MietPrax-AK § 320 BGB Nr 1 = NZM 2011, 197 = NJW-

kann aber nur für die Fälle gelten, bei denen der Mieter nach § 536c BGB auch anzeigepflichtig ist (s. § 536c BGB Rdn. 25ff.).

9. Haftung wegen Pflichtverletzung (pVV)

599 Im Gefüge des allgemeinen Haftungsrechts wurde § 280 BGB als zentrale Anspruchsnorm kodifiziert. Sie erfasst auch die früher nicht gesetzlich geregelten Fälle der positiven Vertragsverletzung (pVV).[1743] Eine Pflichtverletzung nach § 280 Abs. 1 BGB ist gegeben, wenn der Vermieter seinen vertraglichen Verpflichtungen nicht oder nicht ausreichend nachkommt. Die Haftung setzt ein **schuldhaftes** (Vertretenmüssen nach § 276 BGB) Handeln des Vermieters oder seines Erfüllungsgehilfen voraus (zur Beweislast s. Rdn. 607).

600 **Vor** Überlassung der Mietsache stellt sich die Weigerung des Vermieters, die Mietsache ganz oder teilweise dem Mieter im vertragsgemäßen Zustand zu überlassen, als Vertragsverletzung dar.[1744] Scheitert schon der Vertragsschluss an umfangreichen Änderungswünschen des Mieters, die der Vermieter nicht zugestehen will, mangelt es für einen vorvertraglichen Schadensersatzanspruch des Mieters am Verschulden.[1745]

601 **Nach** Überlassung der Mietsache findet die Haftung wegen Pflichtverletzung im Regelfall keine Anwendung, weil die meisten Fälle der Schlechterfüllung über §§ 536, 536a BGB erfasst werden. Für den Bereich der Miete bleiben nur die Fälle, bei denen die Pflichtverletzung des Vermieters **nicht die Beschaffenheit** der Mietsache betrifft, also keinen Sach- oder Rechtsmangel zur Folge hat. Der Vermieter haftet somit dann aus § 280 BGB, wenn die Mietsache zwar mängelfrei ist, er aber vertragliche Nebenpflichten, wie z. B. Schutzpflichten, Aufklärungspflichten oder Mitwirkungspflichten (vgl. § 241 Abs. 2 BGB) verletzt;[1746] z. B. bei Hochwasserschäden, wenn durch eine mangelhafte Aufsicht des Vermieters an den Gegenständen des Mieters Schäden eintreten[1747], bei Feuchtigkeitsschäden, die nach einer Fenstermodernisierung auftreten, weil der Mieter über das notwendige veränderte Lüftungsverhalten nicht aufgeklärt wurde (vgl. Rdn. 230) oder wenn die Schäden ihren Grund in der Verletzung der Aufklärungspflicht des Vermieters haben, wie z. B. bei der Vermietung gefährlicher Maschinen.[1748] Bei erheblichen Zweifeln an der Leistungstreue kann das so gestörte Vertrauensverhältnis zur Haftung führen.[1749]

602 Der Vermieter haftet auch dann wegen einer Pflichtverletzung, wenn er treuwidrig den Mieter an der **Erreichung des Vertragszieles** hindert, indem er vertrags- oder rechtswidrig zu Unrecht kündigt.[1750] Eine Haftung aus pVV kommt auch dann in Betracht, wenn der Vermieter den Mieter durch eine Vertragsverletzung veranlasst hat, das Mietverhältnis zu kündigen.[1751]

603 Der wichtigste Fall einer solchen unrechtmäßigen Kündigung im Wohnraummietrecht ist der vorgetäuschte Eigenbedarf.[1752] Auch der **unterbliebene Hinweis** des Wegfalls des Kündigungsgrundes[1753], die unberechtigte Anfechtung des Vertrages,[1754] der Rücktritt vom Vertrag[1755] oder die fehlerhafte Einschätzung über die Wirksamkeit einer Kündigung[1756] können zur Haftung aus

---

RR 2011, 447 = ZMR 2011, 275 = MDR 2011, 92 = GE 2011, 122.; *Timme/Raue* NZM 2011, 846; kritisch *Blank* LMK 2011, 313792 (Anmerkung).

[1743] *Palandt/Grüneberg* § 280 Rdn. 5.

[1744] BGH WuM 1978, 86 = NJW 1978, 103 = ZMR 1978, 82 = MDR 1978, 306.

[1745] AG Besigheim NJW-RR 204, 661.

[1746] BGH (XII ZR 6/12) MietPrax-AK § 535 BGB Nr 52 = NZM 2013, 191 = GE 2013, 209; BGH WuM 1981, 92 = NJW 1980, 777 = MDR 1980, 306 = ZMR 1980, 105; *v. Martius/Ehlert/Kraemer* in Bub/Treier III. B Rdn. 3451ff.

[1747] OLG Frankfurt WuM 1984, 78.

[1748] BGH VersR 1976, 1084.

[1749] BGH NJW 1978, 260 = MDR 1978, 305.

[1750] BGHZ 89, 296 = NJW 1984, 1028 = ZMR 1984, 163 = DWW 1984, 133 = MDR 1984, 571 = GE 1984, 575; AG Düsseldorf WuM 1993, 36 = ZMR 1992, 550; *v. Martius/Ehlert/Kraemer* in Bub/Treier III. B Rdn. 3457.

[1751] OLG Düsseldorf NZM 2004, 502 = NJW-RR 2004, 660.

[1752] Vgl. BGH (VIII ZR 231/07) WuM 2009, 359 = NJW 2009, 2059 = GE 2009, 710; s. auch *Blank* jurisPR-MietR 13/2009 Anm. 4 sowie § 564b BGB Rdn. 75.

[1753] BayObLG WuM 1987, 129 = NJW 1987, 1654 = ZMR 1987, 222.

[1754] BGH WuM 1987, 53 = NJW 1987, 432 = MDR 1987, 312 = DWW 1987, 14 = ZMR 1987, 51.

[1755] BGHZ 99, 182 = NJW 1987, 831 = MDR 1987, 399 = ZMR 1987, 138.

[1756] BGHZ 89, 296 = NJW 1984, 1028 = ZMR 1984, 163 = DWW 1984, 133 = MDR 1984, 571 = GE 1984, 575; AG Düsseldorf WuM 1993, 36 = ZMR 1992, 550; einschränkend OLG Hamm WuM 1984, 94 = NJW 1984, 1044 = ZMR 1984, 129 = MDR 1984, 494 = DWW 1984, 133.

§ 280 BGB führen. Wird dem Mieter eine **preisgebundene Wohnung** als nicht preisgebunden vermietet und er deshalb zur Fehlbelegungsabgabe herangezogen, führt dies zur Haftung des Vermieters, weil er über den Umstand der Preisbindung aufklärungspflichtig ist[1757] (vgl. § 241 Abs. 2 BGB).

Für den Mieter kommt eine Haftung aus Pflichtverletzung in Betracht, wenn er die Mietsache **604** beschädigt.[1758] Bei mehreren Mietern haftet grundsätzlich nur derjenige, der schuldhaft gehandelt hat (§ 425 Abs. 2 BGB). Eine Durchbrechung dieses Grundsatzes kann im Einzelfall dann angenommen werden, wenn die Verursachung des Schadens in der Gesamtsphäre des Mieters entstand und der Vermieter keine individuelle Zuordnung vornehmen kann.[1759]

Der Schadensersatzanspruch setzt Vertretenmüssen (§ 276 BGB) voraus und entsteht sofort mit **605** jeder nicht ganz unerheblichen Vertragsverletzung. Einer vorhergehenden Mahnung bedarf es grundsätzlich nicht. Unter Umständen kann aber im Einzelfall eine Abmahnung nach Treu und Glauben geboten sein.[1760]

Bezüglich des Verschuldens der Pflichtverletzung sieht § 280 Abs. 1 Satz 2 BGB eine Beweislast- **606** umkehr vor. Ob diese Beweislastumkehr auch die objektive Pflichtverletzung erfasst, richtet sich danach, in wessen Obhuts- und Gefahrenbereich die Schadensursache lag.[1761] Steht somit fest, dass als Schadensursache nur eine solche aus dem Obhuts- und Gefahrenbereich des Schuldners in Betracht kommt, muss sich der Schuldner nicht nur hinsichtlich der subjektiven Seite, sondern auch hinsichtlich der objektiven Pflichtwidrigkeit entlasten.[1762] Lässt es sich dagegen nicht ausschließen, dass der Schadenseintritt vom Schuldner in keiner Weise veranlasst oder beeinflusst worden ist, so bleibt es bei der Beweislast des Gläubigers. In einem solchen Fall ist der Schuldner vielfach nicht in der Lage, die näheren Umstände der Schadensentstehung darzulegen und zu beweisen; die Beweislastumkehr darf aber nicht zu einer Zufallshaftung führen.[1763]

10. c. i. c.

Mit der Schuldrechtsreform zum 1.1.2002 wurde das bis dahin ungeschriebene Rechtsinstitut **607** des Verschuldens bei Vertragsverhandlungen (c. i. c.) kodifiziert (§ 311 BGB). Bedeutung hat das Verschulden beim Vertragsabschluss vor allem für die Verletzung vorvertraglicher Pflichten nach § 241 Abs. 2 BGB. Dem Wortlaut nach verlangt § 241 Abs. 2 BGB nur die Pflicht zur Rücksicht, nicht aber aktives Handeln des Schuldners. Dennoch ist mit Rücksicht auf die Absicht des Gesetzgebers davon auszugehen, dass nicht nur **Schutzpflichten** von der Norm erfasst werden, sondern vor allem auch **Aufklärungspflichten.**[1764] Der Vermieter ist nämlich verpflichtet, den Mieter über sämtliche Eigenschaften und Rechtsverhältnisse mit Bezug auf die Mietsache zu informieren, soweit sie für den Mieter von Interesse und Bedeutung sind (§ 241 Abs. 2 BGB). Fehleinschätzungen, Unaufmerksamkeiten und Vergesslichkeit des Mieters können dem Vermieter aber nicht angelastet werden. Das gilt insbesondere dann, wenn im Geschäftsleben erfahrene, branchenkundige Partner in Verhandlungen miteinander stehen.[1765]

Ein Anspruch aus Verschulden beim Vertragsschluss wird durch die Gewährleistungsregeln **608** grundsätzlich dann verdrängt, wenn die Pflichtverletzung die **Beschaffenheit** der Mietsache betrifft und die Sache dem Mieter überlassen worden ist,[1766] weil sonst die sich aus § 536b BGB ergebende Beschränkung gegenstandslos würde. Nach Auffassung des BGH[1767] liegt ein Wertungswi-

[1757] AG Osnabrück WuM 1995, 309.

[1758] BGH WuM 1996, 91 = NJW-RR 1995, 123 = ZMR 1995, 577 = DWW 1995, 279.

[1759] OLG Celle MDR 1998, 896; LG Berlin NJW RR 2002, 1452.

[1760] BGH WuM 1988, 52 = NJW-RR 1988, 417 = MDR 1988, 309 = ZMR 1988, 49; zu der Höhe pauschalierter Mahnkosten vgl. AG Brandenburg an der Havel WuM 2007, 65.

[1761] BGH (XII ZR 272/97) GuT 2008, 434 = NZM 2009, 29 = NJW 2009, 142 = MietPrax-AK § 535 BGB Nr. 36.

[1762] BGH (XII ZR 216/02) GuT 2005, 118 = ZMR 2005, 520; dagegen BGH NJW 1978, 2197 bei unklarer Schadensursache.

[1763] BGH NJW-RR 1990, 446, 447 = MDR 1990, 542.

[1764] Palandt/*Grüneberg* § 241 Rdn. 7; vgl. auch BGH NJW 1997, 2813 = WuM 1997, 617 = MDR 1997, 921 = ZMR 1997, 565 = ZfIR 1997, 523 = ZIP 1997, 1594; LG Mannheim NZM 1999, 407 = NJW-RR 1999, 1023.

[1765] BGH MDR 1981, 134 = GE 1981, 433 = BB 1981, 700 = WPM 1980, 1365.

[1766] BGH WuM 1981, 92 = NJW 1980, 777 = MDR 1980, 306 = ZMR 1980, 105; für einen generellen Ausschluss *Evans-von Krbek* NJW 1980, 2792; dagegen *Emmerich* PiG 46, 1995, 119, 123.

[1767] BGH WuM 1981, 92 = NJW 1980, 777 = MDR 1980, 306 = ZMR 1980, 105.

derspruch vor, wenn der Vermieter unter den Voraussetzungen des § 536b BGB einerseits trotz fahrlässiger Falschangaben bzw. fahrlässigen Unterlassens von (richtigen) Angaben über vorliegende Mängel nicht haften müsse, der Mieter aber über c. i. c. eine Haftung realisieren könnte. Die sich aus § 536b BGB ergebende Beschränkung des Anspruchs aus § 536a BGB wäre damit weitgehend gegenstandslos. Das gilt aber nicht für **den Fall der arglistigen Täuschung** durch den Vermieter sowohl vor[1768] als auch nach[1769] Übergabe der Mietsache, da in diesen Fällen auch § 536b BGB die Haftung aus § 536a BGB nicht ausschließt. Solche Fälle können z. B. die Täuschung über behördliche Auflagen[1770], über die Anordnung der Zwangsverwaltung[1771], über die Abgabe einer eidesstattlichen Versicherung[1772], über die fehlerhafte Zusicherung einer bestimmten Höhe der Betriebskosten[1773] oder über das Vorhandensein notwendiger Stellplätze[1774] betreffen.

609 Die Beschränkung der Haftung aus c. i. c. nach Übergabe der Mietsache auf vorsätzliches Handeln wird insbesondere von Emmerich[1775] kritisiert. Da nunmehr auch im Kaufrecht die Lieferung einer mangelhaften Sache als Pflichtverletzung gilt (§§ 433, 437 Nr. 3 BGB), sollte man auch im Mietrecht nicht zögern, die Haftung aus c. i. c. auch wegen Fahrlässigkeit generell neben die Gewährleistungsrechte zu stellen. Tatsächlich ist die **Privilegierung** des Vermieters nach Übergabe der Mietsache wenig schlüssig, da der Mieter in diesem Vollzugsstadium des Vertrages wegen der schon aufgewendeten Kosten und den finanziellen Folgen einer Vertragsabwicklung eher schutzwürdig ist als vor Übergabe.

610 Für eine Anwendung der c. i. c. nach Übergabe der Mietsache bleiben somit – folgt man dem BGH – nur Verstöße gegen vorvertragliche Aufklärungspflichten, die nicht mit der Beschaffenheit der Mietsache begründet werden.[1776] Der Vermieter haftet nicht für fehlgeschlagene **Gewinnererwartungen.**[1777] Die Erwartung, in den Mieträumen als Unternehmer Gewinne zu erzielen und nicht in Verluste zu geraten, gehört grundsätzlich zum **Risikobereich** des Mieters[1778] (s. dazu Rdn. 12ff.), es sei denn, der Vermieter ist nach den Vertragsbedingungen verpflichtet, seinerseits die Voraussetzungen für einen bestimmten Kundenkreis zu schaffen.[1779]

611 Für Ansprüche aus c. i. c. wegen Verletzung von Schutz- und Aufklärungspflichten gilt die **Beweislastverteilung** nach **Organisations- und Gefahrenkreisen**[1780] (s. Rdn. 485ff.). So muss der Verpflichtete darlegen und beweisen, dass er alles Erforderliche zum Schutz bzw. zur Aufklärung des Vertragspartners getan hat und der Beitrag zur Schadensursache nicht aus seinem Gefahrenkreis stammt.[1781] Verteidigt sich der Verpflichtete damit, dass der Schaden auch bei ordnungsgemäßer Aufklärung entstanden wäre, ist er hierfür beweispflichtig.[1782]

11. Geschäftsgrundlage

612 Wird die Geschäftsgrundlage gestört, so kann die Anpassung des Vertrages verlangt werden[1783], soweit einem Teil unter Berücksichtigung aller Umstände das Festhalten am unveränderten Vertrag nicht zugemutet werden kann (§ 313 Abs. 1 BGB). Die Geschäftsgrundlage ist die bei Vertragsschluss zu Tage getretene und vom Gegner in ihrer Bedeutung erkannte und nicht beanstandete

---

1768 *Tröster* NZM 1998, 697, 702.

1769 BGH NJW 1997, 2813 = WuM 1997, 617 = MDR 1997, 921 = ZMR 1997, 565 = ZfIR 1997, 523 = ZIP 1997, 1594; LG Nürnberg-Fürth NZM 2000, 384.

1770 BGH NJW 1997, 2813 = WuM 1997, 617 = MDR 1997, 921 = ZMR 1997, 565 = ZfIR 1997, 523 = ZIP 1997, 1594.

1771 OLG Hamm NJW-RR 1988, 784 = MDR 1988, 585 = BB 1988, 1842.

1772 AG Hamburg-St. Georg ZMR 2011, 303.

1773 LG Arnsberg NJW-RR 1988, 397; LG Frankfurt/M. WuM 1979, 24 = ZMR 1979, 112; AG Tiergarten MM 1993, 399; AG Leverkusen WuM 1990, 63; AG Rendsburg WuM 1990, 63 = NJW-RR 1988, 398.

1774 BGH WuM 1997, 617 = NJW 1997, 2813 = MDR 1997, 923 = ZIP 1997, 1594.

1775 *Emmerich* NZM 2002, 362, 363; vgl. auch *Derleder* WuM 2002, 407; *Blank* WuM 2004, 243, 246.

1776 BGH NJW 1989, 1793 = NJW-RR 1989, 1161 = MDR 1989, 441 = GE 1989, 353; **a. A.** LG Hamburg WuM 1987, 354.

1777 OLG Düsseldorf MDR 1991, 446 = DWW 1991, 50; ZMR 1996, 256.

1778 BGH NJW 1970, 1313 = MDR 1970, 755.

1779 OLG München ZMR 1999, 707 = NZM 2000, 189.

1780 BGHZ 99, 101 = NJW 1987, 639 = MDR 1987, 227.

1781 *Franke* ZMR 2000, 733, 740.

1782 OLG Stuttgart NJW-RR 1988, 276.

1783 Umfassend zur Geschäftsgrundlage s. *Kluth/Freigang* NZM 2006, 641; zur prozessualen Durchsetzung des Anspruchs s. *Wieser* JZ 2004, 654.

Vorstellung einer Partei vom Fortbestand oder Eintritt bestimmter Umstände.[1784] Die Geschäftsgrundlage wird getragen durch das Prinzip der Vertragstreue, das nur durchbrochen werden darf, wenn ein Festhalten am Vertrag zu untragbaren, mit Recht und Gerechtigkeit nicht zu vereinbarenden Ergebnissen führt und deshalb einer Partei ein Festhalten nach Treu und Glauben nicht zugemutet werden kann.[1785] Dabei ist auch auf die Risikoverteilung der Vertragspartner zu achten.[1786]

Die Geschäftsgrundlage ist einerseits abzugrenzen von dem **Vertragsinhalt.** Enthält der Vertrag **613** somit Regelungen für das Fehlen, den Wegfall oder für Veränderungen bestimmter Umstände, schalten diese die Anwendung des Rechtsinstitutes „Wegfall der Geschäftsgrundlage (WGG)" aus. Daher geht auch die **ergänzende Vertragsauslegung** (§ 157 BGB) einer Prüfung der Geschäftsgrundlage voraus. Aus den gleichen Erwägungen geht auch die Anwendung des § 275 Abs. 1 BGB vor, weil diese Vorschrift die Grenzen der Leistungspflicht regelt.[1787] Wird nämlich eine Partei nach § 275 BGB frei, kann sie über das Rechtsinstitut des WGG nicht zur Vertragsanpassung gezwungen werden. Zur Abgrenzung von § 275 Abs. 2 BGB[1788] vgl. Rdn. 559, 579ff.

Andererseits ist die Geschäftsgrundlage zu trennen vom **einseitig gebliebenen Motiv** einer **614** Partei für den Vertragsabschluss.[1789] Einseitige Erwartungen einer Partei, die für ihre Willensbildung maßgebend waren, gehören nur dann zur Geschäftsgrundlage, wenn sie in den dem Vertrag zu Grunde liegenden gemeinschaftlichen Geschäftswillen beider Parteien aufgenommen worden sind. Dabei ist im Zweifel eine Aufnahme als Geschäftsgrundlage zu verneinen;[1790] daher reicht eine bloße Mitteilung an die andere Partei über die Erwartungen nicht aus.[1791]

Für die Anwendung des § 313 Abs. 1 BGB (objektive Geschäftsgrundlage) sind folgende kumu- **615** lative Voraussetzungen erforderlich:

- Es müssen sich nach Vertragsschluss Umstände entscheidend **verändert** haben.
- Die Umstände dürfen nicht **Inhalt** des Vertrages geworden sein.
- Die Parteien müssten, wenn sie die Änderungen vorausgesehen hätten, den Vertrag **nicht oder mit anderem Inhalt** geschlossen haben.
- Das Festhalten am unveränderten Vertrag muss für den einen Teil unter Berücksichtigung aller Umstände des Einzelfalles, insbesondere der vertraglichen oder gesetzlichen Risikoverteilung, **unzumutbar** sein.

Tritt daher lediglich eine **vorhersehbare** Entwicklung ein, kann dies nicht zur Korrektur des **616** Vertragsinhalts über das Rechtsinstitut des Wegfalls der Geschäftsgrundlage führen. Soweit nachträgliche Mängel vorliegen,[1792] die den Vertragszweck stören, gehen die §§ 536ff. BGB als ausschließliche Sonderregelungen dem Wegfall der Geschäftsgrundlage vor.[1793] Neben den Gewährleistungsvorschriften, die bei Vertragsstörungen gem. § 543 Abs. 2 Nr. 1 BGB auch eine Auflösung des Vertragsverhältnisses vorsehen, darf z. B. über das Rechtsinstitut des Wegfalls der Geschäftsgrundlage das Vertragsverhältnis nicht verlängert werden, weil die gesetzliche Regelung sonst in ihr Gegenteil verkehrt würde.[1794] Der gleiche Gesichtspunkt kommt zum Tragen, wenn der Vermieter über das Rechtsinstitut des Wegfalls der Geschäftsgrundlage eine Vertragsanpassung vom Mieter deshalb verlangt, weil eine von ihm verwendete Formularklausel, z. B. über Schönheitsreparaturen, unwirksam ist.[1795] Die mangelhafte Geschäftsgrundlage darf auch nicht zum Zweck einer Beweiserleichterung gebraucht werden.

Maßgeblich für die Anwendung dieses Rechtsinstituts ist zudem, ob das realisierte Risiko einer **617** Partei zugewiesen ist. Nur wenn dies verneint wird, kommt eines Anpassung oder eine Auflösung des Vertrages in Betracht. Die Risikoverteilung richtet sich nach den ausdrücklichen oder still-

---

1784 BGH BB 1960, 574; 1969, 696; NJW 1976, 565; 1980, 2241 = ZMR 1980, 308.
1785 OLG Celle NJW-RR 1996, 1099; LG Hamburg NZM 2000, 1221 = ZMR 2001, 193 m. Anm. *Schläger.*
1786 BGH NJW 1981, 2405 = ZMR 1981, 368 = MDR 1982, 135 = GE 1982, 137.
1787 *Hirsch* ZMR 2006, 1, 3.
1788 Dazu ausführlich *Hirsch* ZMR 2006, 1, 3ff.
1789 Palandt/*Grüneberg* § 313, Rdn. 9.
1790 BGH (XII ZR 8/00) NZM 2002, 659; *Palandt/Heinrichs* § 313 Rdn. 5.
1791 BGH NJW-RR 1993, 774.
1792 BGH WuM 1992, 313 = NJW-RR 1992, 267.
1793 BGH NJW 1992, 1384.
1794 *Stötter* NJW 1971, 2281, 2282.
1795 *Blank* WuM 2004, 243, 248.

schweigenden Abreden der Parteien sowie nach dem anzuwendenden dispositiven Recht.[1796] Das **Währungsrisiko** und die damit verbundene Verschiebung des Äquivalenzverhältnisses sowie das Risiko, dass die Mietpreise unverhältnismäßig steigen, trägt der Vermieter.[1797] Das Währungssystem geht vom so genannten Nominalwertprinzip aus, wonach eine Geldschuld immer gleich zu behandeln ist. Eine schleichende Geldentwertung kann daher nur mit Hilfe einer Wertsicherungsklausel aufgefangen werden. Ohne besondere Anhaltspunkte hat der BGH das Risiko einer Geldentwertung von 60% als für den Vermieter noch hinnehmbar angenommen.[1798]

618 Die Erwartung, in den zu gewerblichen Zwecken überlassenen Räumen **gewinnbringende Geschäfte** abzuschließen und nicht etwa Verluste zu machen, gehört zum Risikobereich des Mieters und ist grundsätzlich nicht Geschäftsgrundlage des gewerblichen Mietverhältnisses[1799] (s. auch § 535 Rdn. 240). Der Vermieter muss den Bestand des Mietverhältnisses nicht vom wirtschaftlichen Erfolg des Mieters abhängig machen.[1800] Demnach ist auch eine auf die fehlende Geschäftsgrundlage gestützte fristlose Kündigung unzulässig, auch wenn die Erfüllung des Vertrages Verluste mit sich bringt.[1801] Ebenfalls ist es generell dem Risikobereich des Mieters zuzurechnen, wenn sich das Geschäftsumfeld grundlegend ändert,[1802] z. B. sich der Umsatz wegen der Einrichtung einer verkehrsberuhigten Zone verringert[1803], oder wenn sich der Mieter allein wegen einer nachträglichen Veränderung der Umstände wirtschaftlich ungünstiger steht als zu erwarten war.[1804]

619 Beteiligt sich der Vermieter jedoch ausdrücklich am unternehmerischen Risiko des Mieters, indem er z. B. die **Funktionsfähigkeit** eines **Einkaufszentrums** garantiert, ist ein Anspruch des Mieters auf vorzeitige Beendigung des Vertrages gegeben, wenn der Mieter nur Verluste macht.[1805] Davon kann aber nur ausgegangen werden, wenn Vermieter und Mieter zur Verwirklichung eines bestimmten Erfolges dergestalt zusammenwirken, dass der Mieter vertraglich in das Vermietungskonzept eingebunden wird, etwa durch den Verzicht auf den Verkauf bestimmter Waren, durch die Verpflichtung zur Erhaltung bestimmter Öffnungszeiten, die Pflichtmitgliedschaft in einer Werbegemeinschaft und dergleichen.[1806]

620 Verträge, die in der **ehemaligen DDR** abgeschlossen wurden, können ebenfalls unter dem Gesichtspunkt des Wegfalls der Geschäftsgrundlage zu bewerten sein.[1807]

621 Rechtsfolge des Wegfalles der Geschäftsgrundlage ist der Anspruch einer Partei auf **Anpassung** des Vertrages an die veränderten Umstände bzw. an die nicht eingetretenen Vorstellungen. Ist eine Vertragsanpassung nicht möglich oder einer Partei nicht zumutbar, kann der benachteiligte Vertragsteil vom Vertrag **zurücktreten**[1808] bzw. bei Dauerschuldverhältnissen **kündigen.** Einer Kündigungsfrist bedarf es in diesen Fällen i. d. R. nicht. Einzelheiten zur Kündigung wegen Wegfalls der Geschäftsgrundlage s. § 543 Rdn. 229ff.).

622 Abweichend von der objektiven Geschäftsgrundlage (§ 313 Abs. 1 BGB), bei der sich die Umstände nach Vertragsschluss entscheidend verändert haben müssen, erfordern die Voraussetzungen der subjektiven Geschäftsgrundlage (§ 313 Abs. 2 BGB), dass ein **gemeinsamer Motivirrtum** der

---

[1796] BGH (XII ZR 66/03) NJW 2006, 899 = GuT 2006, 19 = NZM 2006, 54 = MietPrax-AK § 536 BGB Nr. 11.

[1797] BGH WuM 1986, 285 = NJW 1986, 2698 = NJW-RR 1986, 1270 = ZMR 1986, 354 = MDR 1986, 662.

[1798] BGH WuM 1986, 285 = NJW 1986, 2698 = NJW-RR 1986, 1270 = ZMR 1986, 354 = MDR 1986, 662; WuM 1985, 298 = NJW 1985, 2524 = MDR 1985, 747 = BGHZ 94, 257.

[1799] BGH NJW 2000, 1714 = GE 2000, 671 = NZM 2000, 492; NJW-RR 2000, 1535; BGH ZMR 1995, 295, 297; OLG Düsseldorf MietRB 2004, 229 m. Anm. *Hoffmann;* OLG Dresden ZMR 2002, 261; OLG Naumburg WuM 1997, 675; OLG Düsseldorf BB 1994, 1456; OLG Hamburg WuM 1987, 145 = NJW-RR 1987, 657 = ZMR 1987, 173 = GE 1987, 725 = MDR 1987, 587 = DWW 1987, 98.

[1800] BGH NJW 1978, 2390 = MDR 1978, 924 = ZMR 1978, 263.

[1801] OLG München ZMR 1996, 135.

[1802] BGH NJW 1981, 2405 = ZMR 1981, 368 = MDR 1982, 135 = GE 1982, 137.

[1803] OLG Celle NJW-RR 1996, 1099.

[1804] BGH (XII ZR 8/00) GuT 2002, 134 = MietPrax-AK § 557a BGB Nr. 1 = ZMR 2002, 654 = NJW 2002, 2384 = NZM 2002, 659 = GE 2002, 1056.

[1805] OLG Celle NJW 1978, 2510 = VersR 1979, 264; vgl. auch OLG Koblenz NJW-RR 1989, 400; umfassend zum Problem Einkaufscenter *Joachim* GuT 2005, 99ff.; GuT 2005, 135ff.

[1806] BGH WuM 2000, 593, 596 = NJW 2000, 1714 = NZM 2000, 492; OLG Naumburg WuM 1997, 676; vgl. auch OLG Hamburg MietRB 2004, 228 m. Anm. *Leo;* KG GE 2001, 1670; zur formularvertraglichen Verpflichtung zum Beitritt in eine Werbegemeinschaft vgl. *Fritz,* Gewerberaummietrecht, Rdn. 127a m. w. N.

[1807] BGHZ 120, 10 = NJW 1993, 259 = MDR 1993, 91 = WPM 1992, 2144; NZM 2002, 913.

[1808] BGH (V ZR 92/03) MDR 2004, 680.

Parteien vorliegt oder dass sich nur eine Partei falsche Vorstellungen gemacht hat und die andere Partei diesen Irrtum ohne eigene Vorstellungen hingenommen hat (also Kenntnis hatte).

12. Mieterhöhung

Im Mieterhöhungsverfahren nach § 558 BGB bleiben Mängel unberücksichtigt. Eine Ausnahme gilt, wenn die Mängel auf die Beschaffenheit einen unmittelbaren Einfluss haben, weil dem Vermieter ihre Beseitigung aus wirtschaftlichen oder sonstigen Erwägungen i. E. nicht zumutbar ist, so dass faktisch eine **Dauerbeeinträchtigung** des Wohnwertes vorliegt.[1809] Das gilt auch, soweit die Mängel aus technischen Gründen unbehebbar sind. Dem Mieter bleibt es dann nach den allgemeinen Vorschriften unbenommen, den erhöhten Mietzins zu mindern.[1810] **623**

K. Verlust des Minderungsrechts

I. § 536 b BGB

Der Mieter verliert sein Minderungsrecht, wenn die Voraussetzungen des § 536 b BGB vorliegen.[1811] Er verliert aber nicht seinen Erfüllungsanspruch und zwar auch dann nicht, wenn er den Mangel bei Abschluss des Vertrages kennt.[1812] **624**

II. § 536 c BGB

Verletzt der Mieter seine Pflicht, ihm bekannte oder ohne weiteres erkennbare Mängel dem Vermieter anzuzeigen, verliert er das Recht zur Minderung, zur Kündigung und zum Schadensersatz, soweit der Vermieter infolge **der Unterlassung der Anzeige** außerstande war, Abhilfe zu schaffen[1813] (Einzelheiten s. unter § 536 c BGB). **625**

Der Vermieter ist **beweispflichtig,** dass die Abhilfe wegen der Unterlassung nicht möglich war sowie dafür, dass der Mieter den Mangel kannte oder kennen musste.[1814] **626**

III. Sonstige Gründe

Hat der Mieter den Mangel durch eine vertragswidrige Nutzung der Mietsache **selbst verschuldet** oder ist er **seiner Sphäre** zuzurechnen, kann er grundsätzlich kein Minderungsrecht geltend machen.[1815] Dies ergibt sich aus dem Rechtsgedanken, dass der Gläubiger kein Recht beanspruchen darf, das er aus seinem vertragswidrigen Verhalten ableitet. Hinsichtlich der Beweislastverteilung gelten die gleichen Grundsätze wie zum Schadensersatzanspruch des Vermieters (s. Rdn. 485 ff.). Wäre der Mangel allerdings auch bei vertragsgemäßer Nutzung entstanden, ist die Haftung des Vermieters allenfalls nach dem Grundsatz des Mitverschuldens eingeschränkt.[1816] Dieser Grundsatz gilt auch, wenn der Mangel auch auf ein schuldhaftes Verhalten des Mieters zurückzuführen ist.[1817] Dagegen ist es für das Minderungsrecht des Mieters ohne Belang, dass der Mangel auf seinem – vertragsgemäßen – Verhalten beruht.[1818] **627**

1809 LG Mannheim WuM 1977, 124.

1810 OLG Düsseldorf WuM 1994, 324 = NJW-RR 1994, 399 = MDR 1994, 371.

1811 S. dort.

1812 OLG Köln WuM 1995, 35 = NJW-RR 1993, 466 = MDR 1993, 973 = VersR 1993, 1112; zur Verwirkung des Mängelbeseitigungsanspruchs s. *Both* AnwZert MietR 2/2009 Anm. 3.

1813 Zu weitgehend LG Berlin GE 2006, 913.

1814 BGH WuM 1987, 215 = NJW 1987, 1072 = MDR 1987, 575 = ZMR 1987, 169.

1815 BGH (VIII ZR 113/10) WuM 2011, 97 = MietPrax-AK § 536 BGB Nr 37 = NZM 2011, 198 = ZMR 2011, 371 = GE 2011, 261; WuM 1992, 133 = NJW 1992, 1036 = MDR 1992, 371 = BGHZ 116, 334; OLG Karlsruhe, Rechtsentscheid vom 9.8.1984, WuM 1984, 267 =NJW 1985, 142; LG Kiel WuM 1982, 187; LG Lüneburg WuM 1987, 271 = ZMR 1987, 336; *Hassold* NJW 1975, 1865; *Franke* ZMR 1996, 297, 298.

1816 LG Frankfurt/Oder ZMR 2011, 125 = GE 2011, 410 für Schimmel; zur Anwendung des § 254 BGB bei der Garantiehaftung vgl. BGH WuM 1978, 88 = NJW 1977, 1236 = MDR 1977, 743 = VersR 1977, 741.

1817 LG Bonn WuM 1991, 262 = ZMR 1991, 300; zur Beweislast AG Hamburg ZMR 2012, 963.

1818 LG Bochum WuM 1992, 431 zur Nutzung einer Innendusche; **a. A.** LG Berlin MM 1999, 394.

628 Ebenfalls wird man dem Mieter das Minderungsrecht absprechen müssen, wenn er die Mängelbeseitigung **verhindert oder mutwillig erschwert**[1819], zum Beispiel indem er dem Vermieter die Besichtigung des Mangels verwehrt.[1820] Dies ergibt sich aus § 536c BGB, wonach schon beim bloßen Unterlassen der Anzeige des Mangels das Minderungsrecht entfallen kann.[1821] Da der Vermieter kein allgemeines Besichtigungsrecht an der Mietsache hat, muss er sich auf die Mängelanzeigen verlassen dürfen. So kann eine Mithaftung des Mieters auch dann gegeben sein, wenn er einen vorhandenen Mangel grob fahrlässig übersieht.[1822]

629 Eine das Minderungsrecht ausschließende Erschwerung der Maßnahme ist aber nicht schon dann anzunehmen, wenn der Mieter nicht die für die Instandsetzung notwendige Baufreiheit schafft. Er hat die Maßnahmen grundsätzlich nur zu dulden, so dass allein der Vermieter für den ggf. notwendigen Auf- und Abbau der Möbel verantwortlich ist.[1823] Der Mieter ist aber nach Treu und Glauben verpflichtet, ggf. seine privaten und höchstpersönlichen Sachen und Unterlagen so zusammenzustellen bzw. zu sichern, dass sie bei einem notwendigen Transport bzw. bei erforderlichen Umstell- und Umräumarbeiten nicht beschädigt werden bzw. verloren gehen.[1824] Ein Minderungsausschluss kann im Einzelfall aber angenommen werden, wenn der Mieter eine notwendige bauliche Instandsetzungsmaßnahme dadurch verhindert, dass er sie von ungerechtfertigten Forderungen abhängig macht[1825] oder eine damit einhergehende Modernisierung **nicht dulden möchte.**[1826] Dabei ist allerdings zu unterscheiden, ob der Vermieter die Instandsetzung anlässlich der Modernisierung durchführen, die Maßnahmen also nur zeitgleich ausführen will, oder ob er den Mangel aus wirtschaftlichen Erwägungen nur mit einer instand setzenden Modernisierungsmaßnahme beheben will. Im ersten Fall darf der Mieter die Instandsetzung nicht verhindern; das Minderungsrecht kann ihm daher verwehrt werden. Im letzten Fall kann bei einer Verweigerung der Duldung dem Mieter das Minderungsrecht nur verwehrt werden, wenn die umfassende Abwägung der widerstreitenden Interessen ergibt, dass der Mieter die Modernisierungsmaßnahme dulden muss (§ 555d BGB). Anderenfalls würde die Duldung der Instandsetzung praktisch zur nicht geschuldeten Duldung der Modernisierung führen. Auch wenn es für den Vermieter unwirtschaftlich ist; er muss in diesem Fall auf die Durchführung der Modernisierung verzichten, wenn nicht die Voraussetzungen einer Duldung nach § 555d BGB vorliegen (zur modernisierenden Instandsetzung vgl. § 555b Rdn. 84f.).

630 Das Recht zur Minderung wird dem Mieter auch abgesprochen, wenn er die Veränderungen an der Mietsache **selbst gewünscht** oder **durchgeführt**[1827] hat und sich durch die Veränderung eine Einschränkung der Gebrauchstauglichkeit ergibt,[1828] weil er damit regelmäßig die aus der Veränderung resultierenden Risiken übernimmt. Dabei ist aber eine differenzierte Betrachtungsweise geboten, da es auf die Art des Mangels ankommt. Der Gewährleistungsausschluss kann sich nur auf solche Mängel beziehen, die mit der Bauausführung selbst zusammenhängen. Der Vermieter, der z. B. auf Wunsch des Mieters ein neues Fenster einbaut und anlässlich des Wanddurchbruchs wegen unsachgemäßer Arbeit die Elektroleitung beschädigt, kann sich zu seiner Entlastung nicht darauf berufen, dass der Mieter die Maßnahme mit seinem Wunsch veranlasst habe. Folgewirkungen, die nicht ihre Ursache in einer mangelhaften Bauausführung finden, sind dem Risikobereich des Mieters zuzurechnen. Somit liegt es im **Risikobereich** des Mieters, wenn der Vermieter die Räume auf Wunsch des Mieters umbaut und diese dann nicht mehr den genehmigungsrechtlichen Anforderungen für den vorgesehenen Betrieb entsprechen oder wenn auf Wunsch des Mieters Heizungsrohre isoliert werden und mangels begleitender baulicher Maßnahmen Feuchtigkeit auftritt.[1829]

1819 LG Hamburg ZMR 2008, 456; LG Berlin GE 2005, 621: AG Stuttgart ZMR 2012, 367; AG Frankfurt/M. ZMR 2009, 45; AG Stuttgart-Bad Cannstatt WuM 2008, 594; AG Pinneberg ZMR 2007, 459.

1820 LG Berlin GE 2014, 193.

1821 *Franke* ZMR 1996, 297.

1822 BGH WuM 1978, 88 = NJW 1977, 1236 = MDR 1977, 743 = ZMR 1978, 50.

1823 LG Berlin GE 2009, 781.

1824 *Kraemer/Schüller* in Bub/Treier III. A Rdn. 2647; *Kellendorfer* in: Spielbauer/Schneider, Mietrecht, § 555a BGB Rdn. 15; *Dickersbach* in: Lützenkirchen, Mietrecht, § 555a BGB Rdn. 50.

1825 BGH (XII ZR 65/14) WuM 2015, 619 = MietPrax-AK § 555a BGB Nr. 1 = NZM 2015, 538 = GE 2015, 905 = NJW 2015, 2419 = ZMR 2015, 842; LG Berlin GE 2005, 621.

1826 LG Berlin NZM 1999, 1137.

1827 KG ZMR 2004, 908.

1828 BGH MDR 1962, 399 = BB 1962, 234; OLG München NJW-RR 1996, 1162 = ZMR 1996, 434; OLG Düsseldorf ZMR 1992, 149 = ZMR 1992, 149 = DWW 1992, 81; *Franke* ZMR 1996, 297; *Kraemer/Ehlert* in Bub/Treier III. B Rdn. 3262.

1829 BGH MDR 1962, 399 = BB 1962, 234.

Hat sich der Mieter wirksam verpflichtet,[1830] die Kosten für Kleinreparaturen zu tragen, so ist er beim Vorliegen eines solchen Bagatellschadens[1831] gleichwohl zur Minderung berechtigt, sofern nicht eine nur unerhebliche Minderung der Tauglichkeit (§ 536 Abs. 1 Satz 3 BGB) gegeben ist. Eine **Formularvereinbarung,** wonach der Wohnraummieter verpflichtet ist, die Bagatellreparaturen selbst vorzunehmen, verstößt gegen § 307 BGB.[1832] **631**

[1830] BGH WuM 1989, 324 = NJW 1989, 2247 = NJW-RR 1989, 1160; WuM 1992, 355 = NJW 1992, 1759 = DWW 1992, 207.
[1831] Vgl. zum Begriff *Zinburg* ZMR 1984, 110, 111.
[1832] BGH WuM 1992, 355 = NJW 1992, 1759 = DWW 1992, 207.

§ 536a Schadens- und Aufwendungsersatzanspruch des Mieters wegen eines Mangels

(1) Ist ein Mangel im Sinne des § 536 bei Vertragsschluss vorhanden oder entsteht ein solcher Mangel später wegen eines Umstands, den der Vermieter zu vertreten hat, oder kommt der Vermieter mit der Beseitigung eines Mangels in Verzug, so kann der Mieter unbeschadet der Rechte aus § 536 Schadensersatz verlangen.

(2) Der Mieter kann den Mangel selbst beseitigen und Ersatz der erforderlichen Aufwendungen verlangen, wenn

1. der Vermieter mit der Beseitigung des Mangels in Verzug ist oder
2. die umgehende Beseitigung des Mangels zur Erhaltung oder Wiederherstellung des Bestands der Mietsache notwendig ist.

Systematische Übersicht

Alphabetische Schnellübersicht

I. Überblick

1 § 538 BGB a. F. wurde mit der Mietrechtsreform zum 1. 9. 2001 als § 536a BGB weitgehend übernommen.[1] Absatz 1 blieb bis auf geringfügige sprachliche Änderungen inhaltlich unverändert. Mit der **Schuldrechtsmodernisierung** zum 1. 1. 2002 hat der Gesetzgeber die Worte „wegen Nichterfüllung" gestrichen.[2] Damit wurde § 536a BGB an die Terminologie des allgemeinen Leistungsstörungsrechts angepasst. Praktische Auswirkungen hat diese Gesetzesänderung nicht (umstritten; s. Rdn. 92ff.).

Absatz 2 nimmt den Aufwendungsersatzanspruch nach § 538 Abs. 2 BGB a. F. und den bisher in § 547 Abs. 1 Satz 1 BGB a. F. geregelten Verwendungsersatzanspruch auf, um Unklarheiten, die nach altem Recht aufgetreten waren, zu beseitigen. Das Verhältnis der beiden Tatbestände war nach altem Recht wegen der unterschiedlichen Terminologie problematisch und hatte zu vielfältigen Abgrenzungsschwierigkeiten geführt.[3]

2 § 536a Abs. 1 BGB verpflichtet den Vermieter in drei Fällen, an den Mieter Schadensersatz zu leisten. Nach der 1. Alternative liegt eine Schadensersatzpflicht schon dann vor, wenn der Mangel bei Abschluss des Vertrages vorhanden war **(Garantiehaftung)**[4]. Die zweite Alternative führt zum Schadensersatzanspruch des Mieters, wenn ein Mangel im laufenden Mietverhältnis entsteht und der zum Mangel führende Umstand vom Vermieter zu vertreten ist. Letztendlich haftet der Vermieter, wenn er mit der Beseitigung des Mangels in Verzug gerät. Nach Abs. 2 kann der Mieter unter bestimmten Voraussetzungen den Mangel auch selbst beheben und dem Vermieter hierfür die Kosten der Ersatzvornahme als Aufwand in Rechnung stellen. Dieses grundsätzliche Recht hat der Mieter verwirkt, wenn er die Ausführung der Mängelbeseitigung durch den Vermieter verhindert.[5]

3 Die Ansprüche aus § 536a BGB stehen neben den Rechten aus § 536 BGB. Neben diesen vertraglichen Ansprüchen bleiben die **deliktischen Ansprüche,** insbesondere wegen Verletzung der Verkehrssicherungspflicht, unberührt. Wegen Verletzung von **Nebenpflichten** (§ 241 Abs. 2 BGB) können Ansprüche aus § 280 BGB (pVV) oder aus § 311 BGB (c. i. c.) gegeben sein. Diese Nebenpflichten betreffen nicht die Beschaffenheit der Mietsache selbst, sondern nebenvertragliche Schutz-, Aufklärungs- und Erhaltungspflichten.[6]

4 § 536a BGB ist auf sog. Träger-Bewerber-Verträge, auf Grund derer dem Bewerber vorläufig entgeltlich die Nutzung des ihm später zu übereignenden Hauses überlassen worden ist, entsprechend anwendbar.[7]

5 Soweit ein Vertretenmüssen Haftungsvoraussetzung ist (2. und 3. Alternative sowie Abs. 2 Nr. 1), ist § 276 BGB zu prüfen. Ist die Sache völlig zerstört, finden die Regeln über die Unmöglichkeit

---

[1] Nachweis bei *Börstinghaus/Eisenschmid,* S. 51ff.
[2] Vgl. Art. 1 I Nr. 33b Schuldrechtsmodernisierungsgesetz.
[3] Vgl. dazu *Eisenschmid* in Schmidt/Futterer, 7. Aufl., § 538 Rdn. 124ff.
[4] Zur Beschränkung der Haftung auf das negative Interesse siehe *Schreindorfer,* 10 Jahre Mietrechtsreformgesetz, S. 180, 185ff.
[5] LG Berlin GE 2016, 59.
[6] BGH NJW 1957, 826.
[7] BGHZ 56, 136.

Anwendung. Bei nur teilweiser Zerstörung muss geprüft werden, ob das Wiederherstellungsverlangen die Opfergrenze überschreitet[8] (s. § 536 Rdn. 502ff.).

II. 1. Alternative – Vorhandensein des Mangels bei Vertragsschluss

6 Nach den Materialien zum BGB beruht die Haftung für anfängliche Mängel auf einer stillschweigenden Garantie des Vermieters, dass die Sache bei Vertragsschluss die versprochene oder zugesicherte Tauglichkeit zum vertragsgemäßen Gebrauch aufweist.[9] Dies hat der Gesetzgeber mit der Reform des Mietrechts zum 1.9.2001 bestätigt. Fallen der Zeitpunkt des Vertragsschlusses sowie der Beginn des Mietverhältnisses durch Übergabe der Mietsache auseinander, so ist der maßgebende Zeitpunkt grundsätzlich der des **Vertragsschlusses.**[10] Wird ein Mietvertrag über eine erst noch herzustellende Sache abgeschlossen, ist bislang höchstrichterlich noch nicht entschieden, ob der maßgebende Zeitpunkt die **Fertigstellung** oder die **Übergabe** der Mietsache[11] ist (s. Rdn. 18 sowie § 536 Rdn. 555f.).

7 Unerheblich – wie bei § 536 BGB – ist, ob der Mangel vom Vermieter verschuldet wurde.[12] Auch ist unerheblich, ob der Vermieter den Mangel überhaupt erkennen und vermeiden konnte.[13] Der Mangel muss lediglich bei Vertragsschluss vorhanden sein. Dass er zu diesem Zeitpunkt eine schädigende Wirkung gezeigt hat, ist nicht erforderlich.[14] Es ist somit ausreichend, wenn bei Vertragsschluss nur die **Gefahrenquelle** vorhanden war oder die Schadensursache vorlag.[15] Somit trägt der Vermieter sogar die Gefahr aller geheimen Mängel,[16] wie z. B. bei einem Rohrbruch, wenn die Leitungen von Anfang an unzureichend dimensioniert waren oder wenn mangels ordnungsgemäßer Konstruktion Deckenputz herunterfällt.[17] Die Garantiehaftung greift somit bereits dann ein, wenn bei Vertragsschluss nur die Ursachen der späteren Schädigung vorhanden waren.[18] Treten daher Schäden auf, weil rostverschmutztes Leitungswasser Korrosionsschäden verursacht, haftet auch hierfür der Vermieter auf Schadenersatz.[19]

8 Der Vermieter haftet aber nicht, wenn sich aufgrund eines vertraglich vereinbarten Zustandes ein Risiko verwirklicht[20] oder sich eine auf **außergewöhnlichen** Umständen beruhende Gefahr verwirklicht[21] (s. § 536 Rdn. 9). Allein ungewöhnliche Niederschlagsmengen reichen für die Annahme solcher Umstände nicht aus.[22] Hat der Vermieter Kellerräume, in denen sich ein Kanalrevisionsschacht befindet, zu dem Zweck vermietet, dass dort Möbel ausgestellt und verkauft werden und weiß der Vermieter, dass bei stärkeren Regenfällen in den Kellerräumen mit einem Rückstau aus dem Kanal zu rechnen ist, so liegt darin ein anfänglicher Mangel.[23]

9 Unter dem Gesichtspunkt der mangelnden **Vorhersehbarkeit** hat das OLG Frankfurt/Main[24] allerdings einen anfänglichen Mangel bei einer ähnlichen Konstellation verneint (vgl. auch § 536

---

[8] BGH WuM 1990, 546 = NJW-RR 1991, 204 = ZMR 1991, 19 = MDR 1991, 329; NJW 1959, 2300.
[9] *Häublein* in MünchKomm § 536a Rdn. 7; *Emmerich* in Staudinger § 536a BGB Rdn. 1; *Kandelhard* in Herrlein/Kandelhard § 536a Rdn. 2, 3; *Franke* in WoBauR § 536a BGB Anm. 51 mit jeweils krit. Anm.; *Kraemer/Ehlert* in Bub/Treier III. B Rdn. 3301.
[10] *Emmerich* in Staudinger § 536a BGB Rdn. 5.
[11] BGHZ 9, 320.
[12] BGHZ 9, 320; 63, 333 = NJW 1975, 645; BGHZ 68, 294 = NJW 1977, 1285.
[13] *Emmerich* in Emmerich/Sonnenschein § 536a BGB Rdn. 3.
[14] BGH NJW 1963, 804 = MDR 1963, 303; BGH MDR 1972, 411 = BB 1972, 1207; OLG Karlsruhe ZMR 1991, 378.
[15] BGH (XII ZR 189/08) NZM 2010, 668–670 = NJW 2010, 3152 = ZMR 2011, 360; NJW 1968, 886; NJW-RR 1990, 1099; AG München ZMR 2012, 880 zum Hotelzimmermietvertrag.
[16] BGH MDR 1972, 411; OLG Frankfurt/M. NJW-RR 1986, 108 = MDR 1985, 1027 = VersR 1986, 374; LG Köln WuM 1990, 386; *Emmerich* in Emmerich/Sonnenschein § 536a BGB Rdn. 3; *Emmerich* in Staudinger § 536a BGB Rdn. 4.
[17] BGH NJW 1963, 804; NJW 1972, 944 = MDR 1972, 599.
[18] BGH NJW 1972, 944 = MDR 1972, 599; AG Gießen WuM 2000, 354.
[19] OLG Karlsruhe ZMR 1991, 378.
[20] BGH (XII ZR 23/04) GuT 2006, 189 = NZM 2006, 582 = MietPrax-AK § 536a BGB Nr. 2 = GE 2006, 903 mit Anm. *Eisenschmid*.
[21] BGH NJW 1971, 424; OLG Koblenz NJW 1966, 2017 = VersR 1967, 234.
[22] BGH ZMR 1962, 82; OLG Düsseldorf NJW-RR 1988, 906 = ZMR 1988, 222.
[23] OLG Düsseldorf NJW-RR 1988, 906 = ZMR 1988, 222.
[24] OLG Frankfurt/M. WuM 1984, 78.

Rdn. 145 f.). Nach einer Entscheidung des OLG München[25] sind Gefahrenquellen außerhalb der Mietsache, gegen die der Vermieter sich mangels Vorhersehbarkeit nicht schützen kann, nicht als Fehler anzusehen.[26] Der Vermieter muss nicht allen Eventualitäten vorbeugen. Die Lage vermieteter Räume in einem Gebiet, das nur bei außergewöhnlichen Witterungsverhältnissen hochwassergefährdet ist, stellt daher keinen Fehler der Mietsache dar.[27]

Die Haftung des Vermieters erfasst auch das Fehlen einer **zugesicherten** Eigenschaft (§ 536 Abs. 2 BGB). Der Vermieter ist daher schadensersatzpflichtig, wenn er eine bestimmte Tragfähigkeit von Decken zusichert und daraus ein Schaden entsteht.[28] 10

Die strenge Haftung nach der 1. Alternative des § 536a Abs. 1 BGB gilt auch für einen **Erwerber** des Grundstücks, der ohne Verschulden für Schäden des Mieters haftet, die diesem nach dem Eigentumswechsel aus einem Mangel der Mietsache entstehen, der bereits beim Abschluss des Mietvertrages mit dem Veräußerer vorlag.[29] Etwas anderes kann nur gelten, wenn zwischen dem Mieter und dem Erwerber ein neuer Mietvertrag geschlossen wurde und der Erwerber damit erkennbar die Haftung für die ursprünglichen Mängel ausschließen wollte.[30] 11

1. Maßgeblicher Zeitpunkt

Das Vorliegen eines anfänglichen Mangels bestimmt der Zeitpunkt des **Vertragsschlusses,** auch wenn das Mietverhältnis erst später beginnt (vgl. § 536 Rdn. 21 ff.).[31] Dies gilt auch bei einem formlosen Vertrag, selbst wenn er später schriftlich festgelegt und bestätigt wird. Die Parteien können Abweichendes vereinbaren.[32] 12

Im Falle einer Vertragsänderung im laufenden Mietverhältnis bei Beibehaltung der Vertragsparteien ist wie folgt zu differenzieren: Wird ein Mietvertrag über die vorgesehene Mietzeit hinaus verlängert und wird der Vertrag um Regelungen ergänzt, die nicht einen aufgetretenen Mangel betreffen, erfolgt damit kein „Einschnitt" in den Vertrag. Vorhandene Mängel gelten mit der **Verlängerung** des Vertrags nicht als anfängliche Fehler und unterliegen damit nicht der Garantiehaftung der 1. Alternative.[33] 13

Wird das Mietverhältnis nicht nur **verlängert** oder in einzelnen Punkten **ergänzt** oder **verändert,** sondern schließen die Vertragsparteien – auch anlässlich einer Verlängerung – einen **neuen Vertrag,** trifft den Vermieter die Garantiehaftung für die zum Verlängerungszeitpunkt vorhandenen Mängel.[34] Das gilt auch, wenn ein formlos abgeschlossener Vertrag durch einen schriftlichen Vertrag ersetzt wird, es sei denn, der Vermieter hat diese Garantie erkennbar nicht übernehmen wollen.[35] Es obliegt in diesen Fällen dem Vermieter, sich bei Vertragsschluss deutlich und unmissverständlich von der Haftung freizuzeichnen.[36] Der Mieter hat § 536b BGB zu beachten. 14

Findet mit Zustimmung des Vermieters unter Aufrechterhaltung der Identität des Mietvertrages ein **Parteiwechsel** auf der Mieterseite[37] statt, bleibt maßgeblicher Zeitpunkt für die Garantiehaftung der Abschluss des ursprünglichen Vertrages. Mängel, die erstmalig bei dem neuen Mieter eintreten, führen daher im Regelfall nur bei Verschulden zur Vermieterhaftung. Hat der Vermieter allerdings mit dem Nachfolger oder einen vom Mieter gestellten Ersatzmieter einen **neuen Vertrag** geschlossen, trifft den Vermieter für zu diesem Zeitpunkt vorhandene Mängel die Garantiehaftung,[38] was er nur durch einen vertraglichen Ausschluss vermeiden kann.[39] 15

---

[25] OLG München WuM 1991, 681.
[26] Siehe dazu *Kraemer/Ehlert* in Bub/Treier III. B Rdn. 3306.
[27] BGH NJW 1971, 424.
[28] BGH MDR 1964, 915.
[29] BGH (VIII ZR 22/04) WuM 2005, 201 = NZM 2005, 253 = NJW 2005, 1187 = ZMR 2005, 354 = DWW 2005, 103 = GE 2005, 361 = MietPrax-AK § 566 BGB Nr. 4 mit Anm. *Börstinghaus;* BGHZ 49, 350.
[30] BGH NJW 1968, 885.
[31] *Emmerich* in Staudinger § 536a BGB Rdn. 5; *Kraemer/Ehlert* in Bub/Treier III. B Rdn. 3302, 3310.
[32] *Emmerich* in Staudinger § 536a BGB Rdn. 5.
[33] *Wolf/Eckert/Ball* Rdn. 336; *Kraemer/Ehlert* in Bub/Treier III. B Rdn. 3311.
[34] *Wolf/Eckert/Ball* Rdn. 336; *Kraemer/Ehlert* in Bub/Treier III. B Rdn. 3311.
[35] BGH NJW 1968, 885; *Emmerich* in Staudinger § 536a BGB Rdn. 5; *Kraemer/Ehlert* in Bub/Treier III. B Rdn. 3311.
[36] BGH BGHZ 49, 350.
[37] Siehe dazu *Leßmann* JA 2000, 485.
[38] *Eisenschmid* PiG 1997, 77, 91.
[39] *Kraemer/Ehlert* in Bub/Treier III. B Rdn. 3311; *Piper* NJW 1961, 300.

16 Der **Grundstückserwerber** haftet auch für einen beim Veräußerer aufgetretenen anfänglichen Mangel, wenn dieser erst nach dem Eigentumswechsel zu einem Schaden führt[40], da nach § 566 BGB keine Verschlechterung der Rechtsposition des Mieters mit dem Vermieterwechsel eintreten darf.

17 Waren die Schäden schon vor Eigentumserwerb eingetreten, entfällt allerdings die Garantiehaftung des Erwerbers.[41] Er haftet in diesen Fällen nur bei Verzug (§ 536a Abs. 1 Alt. 3).[42]

18 § 536a BGB gilt entsprechend, wenn die Mietsache erst **nach Abschluss des Vertrages** hergestellt werden soll und der Mangel bei deren Übergabe oder spätestens bei deren Fertigstellung vorliegt.[43] Dann bezieht sich die Garantie auf den Zeitpunkt der Übergabe bzw. Fertigstellung der Sache[44] (vgl. Rdn. 6). Es ist nicht erforderlich, dass der Mangel in diesem Zeitpunkt bereits sichtbar hervorgetreten ist. Es genügt, wenn seine Ursache, und damit die Ursache der späteren Schädigung des Mieters, bei Vertragsschluss oder Übergabe angelegt ist. Werden z. B. durch Baumängel Wasserschäden am Eigentum des Mieters verursacht, liegt ein Fall der Garantiehaftung vor.[45] Die verschuldensunabhängige Haftung kommt in solchen Fällen auch in Betracht, wenn die Baumängel nicht unmittelbar den Mieträumen anhaften (z. B. durch Baugerüst).[46]

19 Die Garantiehaftung des Vermieters entfällt, wenn der bei Vertragsschluss vorliegende Mangel bis zum Zeitpunkt der vereinbarten Übergabe beseitigt wird.[47]

20 Wartet der Mieter aber nicht bis zur Fertigstellung und nimmt das **unfertige** Gebäude in Gebrauch, muss er bis zur Fertigstellung allgemein mit Mängeln rechnen und die entsprechenden Unannehmlichkeiten in Kauf nehmen.[48]

21 Die Garantiehaftung besteht auch gegenüber Dritten, die in den **Schutzbereich** des Mietvertrages einbezogen sind[49] (dazu Rdn. 76f.).

2. Behördliche Beschränkungen als anfängliche Sachmängel

22 Fehlende behördliche Genehmigungen oder öffentlich-rechtliche Beschränkungen (s. dazu § 536 Rdn. 78ff.) können den vertragsgemäßen Gebrauch der Mietsache beeinträchtigen. Ein Mangel **bei Vertragsschluss** liegt z. B. vor, wenn angemietete Räume nicht vertragsgemäß als Verkaufsstätte genutzt werden können, weil die dafür notwendige behördliche Genehmigung nicht vorliegt[50] oder wenn bereits bei Abschluss des Mietvertrages Baufehler vorlagen, die später zu einem Bezugsverbot führten.[51] Weiterhin liegt ein **anfänglicher** Sachmangel vor, wenn gegen eine behördliche Anordnung zur Gebrauchsbeschränkung der Mietsache Rechtsmittel eingelegt wurde und durch die damit verbundene Ungewissheit über den künftigen Gebrauch die gegenwärtigen Interessen des Mieters beeinträchtigt werden.[52]

23 Von einem anfänglichen Mangel ist aber dann nicht auszugehen, wenn die zum Eingreifen berechtigte Behörde zunächst zulässigerweise – bei gleicher Ausgangslage – von einer rechtmäßigen Nutzung ausgeht und erst später – **nach Überlassung** der Mietsache – eine andere rechtliche Bewertung trifft.[53] Ebenso nicht ausreichend ist die irrtümliche Annahme eines Mangels, so dass der Mieter keinen Schadensersatz verlangen kann, wenn er auf Grund eines solchen Irrtums eine Ersatzsache gemietet hat.[54] Hat es aber der Mieter vertraglich selbst übernommen, den Mangel der Mietsache zu beseitigen, so ist die behördliche Erlaubnisversagung nur dann als ein dem Vermieter zuzuordnender Mangel anzusehen, wenn der Mieter tatsächlich alles getan hat, um den Mangel auszuräumen.[55]

---

[40] BGH BGHZ 49, 350; LG Berlin GE 1992, 677.
[41] *Emmerich* in Emmerich/Sonnenschein § 536a Rdn. 4, § 566 Rdn. 35.
[42] *Kraemer/Ehlert* in Bub/Treier III. B Rdn. 3312.
[43] BGH NJW 1963, 804 = MDR 1963, 303; BGHZ 9, 320; OLG Naumburg ZMR 2000, 381; *Kraemer/Ehlert* in Bub/Treier III. B Rdn. 3310; *Franke* in Fischer-Dieskau/Pergande/Schwender, § 596a Anm. 3.2.2.
[44] BGH NJW 1953, 1180 = MDR 1953, 539; OLG Naumburg ZMR 2000, 381.
[45] BGH WuM 1994, 422 = NJW 1994, 2231 = ZMR 1994, 400 = MDR 1994, 1010.
[46] OLG München ZMR 1996, 322.
[47] *Kraemer/Ehlert* in Bub/Treier III. B Rdn. 3310.
[48] *Franke* in WoBauR § 536a Anm. 3.2.2; anders als bei Neubaufeuchtigkeit; vgl. dazu § 536b Rdn. 6.
[49] *Kraemer* in Bub/Treier III. B Rdn. 1382.
[50] BGH NJW 1980, 777.
[51] BGH NJW 1963, 804 = MDR 1963, 303 = BB 1963, 204.
[52] BGH NJW 1971, 555 = MDR 1971, 294 = BB 1971, 375.
[53] BGHZ 9, 320; 63, 333 = NJW 1975, 645; 68, 294 = NJW 1977, 1285.
[54] AG Bühl MDR 1989, 64.
[55] OLG Düsseldorf DWW 1991.

Soweit behördliche Beschränkungen den vertragsgemäßen Gebrauch der Mietsache beeinträchtigen und einen Mangel darstellen, setzt ein solcher anfänglicher Mangel i. S. d. § 536a Abs. 1 1. Alternative mindestens voraus, dass schon im Zeitpunkt der Gebrauchsüberlassung mit einem späteren behördlichen Einschreiten während der vereinbarten Vertragszeit **zu rechnen ist.**[56] Das ist stets dann der Fall, wenn die Behörde nicht nur berechtigt, sondern auch **verpflichtet** ist, die vertraglich vorgesehene Nutzung der Mietsache zu untersagen. Brandschutzmäßige Beanstandungen der Behörde, die nicht ohne weiteres behebbar sind und die zur Versagung der Gaststättenerlaubnis führen, stellen daher einen anfänglichen Mangel der Mietsache dar, für den der Vermieter auch ohne Verschulden einzustehen hat.[57] Ein Rechtsmangel ist schon bei Beginn des Mietverhältnisses anzunehmen, wenn der Mieter die Räume in einer Wohnanlage nicht vertragsgemäß nutzen kann, weil eine Zweckbindung in der Teilungserklärung entgegensteht.[58] **24**

3. Anfängliche Rechtsmängel/unterlassene Räumung

Kann der Vermieter die Räume nicht übergeben, weil der Vormieter nicht auszieht, ist zu differenzieren: Unterlässt der Vormieter **vertragswidrig** die Räumung, dann kann der Vermieter die Räume wegen anfänglicher subjektiver Unmöglichkeit nicht übergeben. Er haftet somit gem. § 311a BGB auf Schadensersatz oder auf Ersatz der Aufwendungen. Der Vermieter ist zum Schadens- bzw. Aufwendungsersatz aber nur verpflichtet, wenn er das Leistungshindernis bei Vertragsschluss kannte bzw. seine Unkenntnis zu vertreten hat, was in der Praxis selten anzunehmen ist (s. aber Rdn. 26). **25**

Nach OLG Frankfurt/Main[59] soll der Vermieter nur schuldhaft handeln, dem Nachmieter also nur auf Schadensersatz haften, wenn er konkrete Erkenntnisse hatte, dass der Vormieter nicht räumen will. Üblicherweise müsse der Vermieter davon ausgehen können, dass der Vormieter die Räume frei mache. Diese Auffassung ist nicht unbedenklich. Bei der Übergabe handelt es sich **nicht** um eine **Nebenpflicht** des Vermieters. Vielmehr gehört die Übergabe der Mietsache zum **Kern** der mietvertraglichen Pflichten. Daher ist es gerechtfertigt, diese vertraglich bindende Erklärung des Vermieters für die termingerechte Übergabe regelmäßig als eine Garantiezusage (vgl. § 276 BGB) aufzufassen, wenn nicht ausdrücklich etwas anderes vereinbart wurde.[60] Anderenfalls ginge das Risiko der Überlassung allein zu Lasten des Mieters, obwohl das Hindernis der Überlassung dem Gefahrenbereich des Vermieters zuzuordnen ist. Unter dieser Prämisse würde der Vermieter auch haften, wenn man für den Fall der nicht rechtzeitigen Räumung nachträgliche Unmöglichkeit annehmen würde mit den Haftungsvoraussetzungen der §§ 275, 280 BGB, weil das Vertretenmüssen der Leistungsstörung durch den Vermieter ebenfalls unter dem Gesichtspunkt der Garantiehaftung zu werten wäre (s. § 536 Rdn. 533ff., 576). Zu dem gleichen Ergebnis gelangt man, wenn die rechtzeitige Überlassung als **Beschaffungsrisiko** angesehen wird[61] (§ 276 BGB). **26**

Hat der Vermieter dem Nachmieter die Übergabe auf den vereinbarten Termin **garantiert,** obwohl er wusste, dass der Vormieter nicht rechtzeitig wird räumen können, dann sind Schadensersatzansprüche des Vermieters gegen den ersten Mieter wegen der Ansprüche des Nachfolgemieters gegen den Vermieter i. d. R. gem. § 254 BGB zur Gänze ausgeschlossen.[62]

Im Einzelfall kann aber bei verspäteter Übergabe nicht (Teil-)Unmöglichkeit sondern **Verzug** vorliegen.[63] Dann richtet sich die Schadensersatzpflicht des Vermieters nach den §§ 280, 286 BGB, wenn er die Pflichtverletzung, also die verzögerte Übergabe, gem. §§ 286 Abs. 4 BGB zu vertreten hat. Im Gegensatz zu § 311a BGB wird bei § 286 Abs. 4 BGB nicht auf die Kenntnis, sondern auf die Pflichtverletzung wegen der „verzögerten Leistung“ abgestellt. Dabei wird sich der Vermieter **27**

---

[56] BGH NJW 1977, 1286; OLG Düsseldorf DWW 1991, 236; *Emmerich* in Emmerich/Sonnenschein § 536a BGB Rdn. 5.

[57] OLG Düsseldorf DWW 1993, 100; ZMR 1993, 275.

[58] OLG Düsseldorf WuM 1999, 37.

[59] OLG Frankfurt/M. WuM 2000, 116; MDR 1999, 1190 = NZM 1999, 966 = ZMR 1999, 814 mit Anm. *Stapel;* s. auch *Gruber* WuM 2002, 252, 254.

[60] *Oechsler* NZM 2004, 881, 885; *Kraemer* NZM 2004, 721, 724; *Arnold* S. 589, 595; *Stapel* Anm. zu OLG Frankfurt/M. ZMR 1999, 814; *Emmerich* in Emmerich/Sonnenschein § 536a BGB Rdn. 4; **a. A.** BGH WuM 1992, 687 = NJW 1992, 3226 = MDR 1992, 1147 = ZMR 1993, 7.

[61] *Kraemer* NZM 2004, 721, 724.

[62] OLG München ZMR 1989, 224.

[63] Vgl. BGH WuM 1992, 687 = NJW 1992, 3226 = MDR 1992, 1147 = ZMR 1993, 7; s. dazu *Emmerich* NZM 2002, 362, 364.

das Verhalten des nicht räumenden Vormieters nicht zurechnen lassen müssen, da er nicht Erfüllungsgehilfe des Vermieters ist[64].

28 Kann der Vermieter die Räume nicht übergeben, weil der Vormieter oder ein sonstiger Dritter sie zu Recht in Besitz hat, liegt ein Rechtsmangel vor, für den der Vermieter ebenfalls gem. § 536a Abs. 1 Alt. 1 BGB (Garantiehaftung) einstehen muss.[65]

29 Besonderheiten bestehen bei Rechtsmängeln insofern, dass sie sich erst auswirken, wenn der Dritte sein Recht **geltend macht** (vgl. § 536 Rdn. 281 ff.). Daher ist zu unterscheiden zwischen dem **Bestand** des Rechts und seiner **Ausübung.**[66] Für die Frage nach dem anfänglichen oder nachträglichen Rechtsmangel ist der Bestand des Rechts bei Vertragsabschluss maßgebend.

30 Ein Rechtsmangel ist daher schon bei **Abschluss** des Mietvertrages angelegt, wenn der Mieter die Räume in einer Wohnanlage nicht vertragsgemäß nutzen kann, weil eine Zweckbindung in der Teilungserklärung entgegensteht.[67] Der Schadensersatzanspruch kommt aber erst in Betracht, wenn der Dritte sich auf sein Recht beruft.

4. Anfängliche Mängel außerhalb der Raummiete

31 Ein anfänglicher Mangel liegt vor, wenn der **Fußbodenbelag** einer Kegelbahn bei Witterungsumschlägen zu schwitzen beginnt[68] oder wenn ein von Anfang an verrostetes oder nicht isoliertes Rohr später undicht wird.[69] Wird ein PKW auf einem **Hotelparkplatz** durch herabfallendes Geäst beschädigt, haftet der Hotelinhaber auch ohne Verschulden für den Schaden.[70] Die gleiche Haftung trifft den Betreiber eines **Campingplatzes.**[71] Wird der **Pflug** des Pächters einer Ackerfläche beschädigt, weil sich im Boden eine mit Sand überdeckte und dadurch nicht erkennbare Betonplatte befand, muss der Verpächter für den Schaden einstehen.[72]

5. Haftungsbeschränkung bei Richt- und Grenzwerten

32 Die strenge Haftung des Vermieters rechtfertigt sich durch die Notwendigkeit eines umfassenden Mieterschutzes.[73] Im Bereich der **Umweltmängel** wird allerdings von Derleder[74] im Rahmen des § 536a Abs. 1 BGB eine teleologische Eingrenzung der Garantiehaftung gefordert, weil der Vermieter nicht ohne Rücksicht auf Verschulden für Risiken haften soll, die nach dem Stand von Technik und Wissenschaft bei Beginn des Mietverhältnisses nicht erkennbar waren. Ob dies ausreicht, die eindeutige Wertentscheidung des Gesetzgebers für die Garantiehaftung des Vermieters einzuschränken, ist fraglich. Richtig ist, dass die Haftung des Vermieters bei Vorliegen derartiger Mängel sehr weit reichend ist. Allerdings wird der Mieter in diesen Fällen – will er nicht gesundheitliche Schäden in Kauf nehmen – die Wohnung aufgeben und einen Wohnungswechsel vornehmen. Die hierdurch entstehenden Transaktionskosten sind i. d. R. nicht unerheblich und müssen, wenn man die Garantiehaftung verneint, vom Mieter allein getragen werden.

33 Das BayObLG[75] geht einen anderen Weg, kommt aber mit *Derleder* zu einem gleichen Ergebnis. Bei der Prüfung wissenschaftlich-technischer Standards, z. B. die Kontrolle bestimmter Richtwerte und Grenzwerte, soll grundsätzlich der Zeitpunkt des Vertragsschlusses maßgebend sein. Haben sich im Laufe des Mietverhältnisses die Richt- oder Grenzwerte aber **geändert,** darf dies nicht den Vermieter rückwirkend belasten, sonst müsste er für spätere, schärfere Bewertungen von Grenz- und Vorsorgewerten im Rahmen der Garantiehaftung nachträglich einstehen. Soll mit dem neuen Wert ein unerwünschtes Risiko vermindert werden,[76] dann gilt die Garantiehaftung grundsätzlich

---

[64] *Arnold* S. 595; *Gruber* WuM 2002, 252, 254.
[65] Vgl. im Einzelnen *Kluth/Grün* NZM 2002, 473, 479.
[66] *Lammel,* Wohnraummietrecht, § 536a Rdn. 36.
[67] OLG Düsseldorf WuM 1999, 37.
[68] BGH MDR 1972, 411 = BB 1972, 1207.
[69] LG Berlin GE 1992, 677; LG Köln WuM 1990, 386.
[70] BGH BGHZ 63, 333 = NJW 1975, 645.
[71] OLG Frankfurt/M. NJW-RR 1986, 108 = MDR 1985, 1027 = VersR 1986, 374.
[72] OLG München NJW-RR 1990, 1099 = VersR 1992, 96.
[73] *Emmerich* in Emmerich/Sonnenschein 7. Aufl., § 538 Rdn. 2.
[74] *Derleder* PiG 31 (1986) 13, 32.
[75] BayObLG RE vom 4.8.1999 WuM 1999, 568 = DWW 1999, 350 = NZM 1999, 899 = ZMR 1999, 753 mit Anm. *Schläger.*
[76] Einschränkend *Schläger* ZMR 2002, 85, 89.

erst mit der Einführung des neuen Wertes. Der neue Richtwert ist somit für das Mietverhältnis ab dem Änderungszeitpunkt maßgeblich (s. auch § 536 Rdn. 25ff.).

6. Abweichende Vereinbarungen

Es ist herrschende Auffassung, dass die verschuldensunabhängige Haftung des Vermieters (§ 536a Abs. 1 Alt. 1 BGB) für anfängliche Sachmängel als eine für das gesetzliche Haftungssystem untypische Regelung auch **formularmäßig** abbedungen werden kann.[77] In der Praxis wird es daher regelmäßig bei Ansprüchen nach § 311a BGB bleiben. **34**

Eine so weit gehende Haftungsbeschränkung ist aber bei Rechtsmängeln durch Allgemeine Geschäftsbedingungen nicht möglich, weil es sich hier um einen Spezialfall anfänglichen Leistungsvermögens handelt und die Gebrauchsgewährungs- und Überlassungspflicht – eine **Kardinalpflicht** (s. § 536 Rdn. 460, 469) – des Vermieters in besonderer Weise berührt wird[78]. **35**

7. Mitverschulden des Mieters

Auch im Rahmen der Garantiehaftung kommt ein **mitwirkendes Verschulden** des Mieters in Betracht (§ 254 BGB),[79] wobei aber zu beachten ist, dass den Mieter keine Prüfungspflicht trifft.[80] Ein Mitverschulden ist anzunehmen, wenn sich der Mangel erst oder verstärkt durch die Fahrlässigkeit des Mieters auswirkt,[81] wie beispielsweise die Entstehung von Feuchtigkeit beim ursächlichen Zusammenwirken von fehlender Wärmedämmung am Gebäude und falschem Lüftungsverhalten des Mieters. **36**

Hat der Mieter einen Mangel nicht gem. § 536c BGB angezeigt, entfällt ein Schadensersatzanspruch, soweit der Vermieter infolge der Unterlassung der Anzeige nicht Abhilfe schaffen konnte (vgl. dazu § 536c Rdn. 35). **37**

III. 2. Alternative – Verschulden des Vermieters nach Vertragsschluss

Für Mängel, die nach Vertragsschluss entstehen, haftet der Vermieter nur bei Verschulden (Vertretenmüssen). Für die Frage der Entstehung des Mangels kommt es nicht auf den Zeitpunkt an, an dem er erkennbar hervortritt, sondern darauf, wann **die Ursache** für den Mangel gesetzt worden ist (s. § 536 Rdn. 21ff.). Die Verschuldenshaftung kommt regelmäßig dann in Betracht, wenn der Vermieter oder sein Erfüllungsgehilfe, das ist u. a. der Hausmeister oder der von ihm beauftragte Handwerker, z. B. bei Reparaturarbeiten eine schädigende Handlung vornehmen[82] oder wenn der Vermieter gegen seine Obhuts- und Überwachungspflichten verstößt.[83] Diese gehen aber nicht so weit, dass der Vermieter Vorkehrungen gegen ein völlig fern liegendes Fehlverhalten Dritter[84] oder ganz außergewöhnliche Umstände treffen muss.[85] Weiterhin ist zu beachten, dass der Vermieter nur insoweit eine Überwachungs- und Kontrollpflicht hat, als ihm auch Zugang zu den Gebäudeteilen und Gemeinschaftseinrichtungen eingeräumt ist. Die Anforderungen an den Vermieter, die mitvermieteten technischen Einrichtungen laufend zu überprüfen, dürfen nicht überspannt werden[86] (Einzelheiten s. Rdn. 44ff. sowie § 535 Rdn. 144ff.). Sind die Räume und Einrichtungen ausschließlich dem Mieter überlassen worden, darf sich der Vermieter auf die Mängelanzeige des Mieters nach § 536c BGB verlassen.[87] **38**

---

[77] BGH NJW-RR 1993, 519 = ZMR 1993, 320 = DWW 1993, 170; WuM 1992, 316 = NJW-RR 1991, 74 = ZMR 1992, 241; OLG Stuttgart, Rechtsentscheid vom 11.4.1984, WuM 1984, 187; BayObLG RE vom 17.12.1984, WuM 1985, 49; LG Mönchengladbach ZMR 1993, 420; *Emmerich* in Staudinger § 536a BGB Rdn. 45; *Fielenbach* NZM 2013, 841, 843.

[78] *Kraemer* NZM 2004, 221, 224.

[79] BGH NJW 1963, 1449 = MDR 1963, 585 = BB 1963, 668; BGHZ 68, 281 = WuM 1978, 88 = NJW 1977, 1236 = ZMR 1978, 50; NJW-RR 1991, 970 = WPM 1991, 736.

[80] *Emmerich* in Staudinger § 536a BGB Rdn. 25; *Kraemer/Ehlert* in Bub/Treier III. B Rdn. 3314.

[81] NJW-RR 1991, 970 = WPM 1991, 736.

[82] LG Mannheim WM 1976, 150 = ZMR 1977, 154.

[83] BGH NJW 1967, 154.

[84] OLG Frankfurt/M. WuM 1991, 88.

[85] OLG Frankfurt/M. WuM 1991, 88; OLG München WuM 1991, 681.

[86] BGH VersR 1966, 81.

[87] LG Hamburg ZMR 1991, 440 = DWW 1992, 83.

39 Hat der Vermieter Kenntnis von einem gefahrdrohenden Zustand, muss er diese Gefahr auf Grund seiner Fürsorgepflicht abwenden.

1. Verschulden

40 Ein Verschulden liegt vor, wenn **nach Vertragsschluss** ein Mangel entsteht, den der Vermieter gem. § 276 bis § 278 BGB zu vertreten hat.[88] Dabei spielt der Inhalt des Vertrages eine besondere Rolle, da er eine strengere oder mildere Haftung des Schuldners begründen kann (§ 276 Abs. 1 Satz 1 BGB). Wird z. B. der Treppenbenutzer durch die Anbringung eines Warnschildes nur auf die Gefahren aufmerksam gemacht, die durch ordnungsmäßiges Bohnern entstehen, so haftet der Vermieter gleichwohl für Schäden infolge fehlerhafter Pflege.[89] Befindet sich der Mieter in Annahmeverzug, haftet der Vermieter nur noch für Vorsatz und grobe Fahrlässigkeit.[90] Ein Mitverschulden (§ 254 BGB) des Mieters kann anspruchsmindernd berücksichtigt werden[91] (s. Rdn. 49).

41 Der **gewerbliche Zwischenmieter** hat dafür einzustehen, dass der Untermieter für die vorgesehene Dauer des Untermietverhältnisses unter Berücksichtigung der eingeschränkten Möglichkeiten zur Kündigung gem. § 573 BGB den Gebrauch behält.[92] Grundsätzlich ist davon auszugehen, dass in der Untervermietung die Übernahme aller Risiken liegt, die sich aus dem Hauptmietvertrag für den Untermieter ergeben können. Der Zwischenmieter hat daher die Kündigung des Hauptmietverhältnisses durch den Hauptvermieter wegen Zahlungsverzuges gegenüber dem Untermieter zu vertreten[93] (s. § 536 Rdn. 298 ff.). Der bloße Hinweis darauf, dass der Vermieter nicht Eigentümer der Wohnung sei, ist unzureichend, da er über die Ausgestaltung des gewerblichen Mietverhältnisses nichts aussagt.[94]

2. Haftung für Erfüllungsgehilfen

42 Der Vermieter haftet für alle Personen, die er zur Erfüllung einer dem Mieter gegenüber bestehenden Pflicht einsetzt. Erfüllungsgehilfe ist jede Person, die vom Vermieter für Verrichtungen bei, in oder an der Mietsache bestellt wird.[95] Daher ist der Handwerker, der vom Vermieter zur Erfüllung seiner Instandsetzungspflicht eingeschaltet wird, Erfüllungsgehilfe des Vermieters.[96] Der Vermieter muss allerdings nur für solche Handlungen des Erfüllungsgehilfen einstehen, die dieser in Ausübung der **ihm übertragenen Verpflichtung** begeht.[97] Für die bei Gelegenheit der schuldrechtlichen Verpflichtung begangenen Handlungen haftet der Vermieter als Geschäftsherr nicht. Allerdings reicht es für die Haftung gem. § 278 Satz 1 BGB aus, wenn die schädigende Handlung noch in einem inneren Zusammenhang mit der übertragenen Aufgabe steht.[98]

43 In einer **Wohnungseigentumsanlage** ist der Verwalter bezüglich der ordnungsgemäßen Instandsetzung und Instandhaltung des Gemeinschaftseigentums (§ 21 Abs. 5 Nr. 2 WEG) Erfüllungsgehilfe des Vermieters. Andere **Mieter** im Haus sind i. d. R. nicht Erfüllungsgehilfen des Vermieters, es sei denn, sie haben vertraglich Vermieterpflichten übernommen.[99] Daher kommt eine Haftung des Vermieters wegen Störungen durch Mitmieter nur dann aus § 536a BGB in Betracht, wenn er pflichtwidrig nicht gegen den Störer einschreitet und dadurch in Verzug gerät.[100]

---

[88] *Emmerich* in Emmerich/Sonnenschein § 536a Rdn. 6; zur Haftung bei Mängeln am Gemeinschaftseigentum einer WEG-Anlage vgl. LG Frankfurt/M. WuM 2008, 400.
[89] BGH NJW 1967, 154.
[90] LG Düsseldorf DWW 2000, 26 zum Verlust eines Schlüssels.
[91] *Emmerich* in Staudinger § 536a BGB Rdn. 25.
[92] LG Ulm WuM 1989, 285; *Emmerich* in Emmerich/Sonnenschein § 536a Rdn. 6.
[93] BGH BGHZ 63, 132 = NJW 1975, 44 = MDR 1975, 134 = ZMR 1977, 149 = BB 1974, 1506; *Emmerich* in Staudinger § 536a BGB Rdn. 11.
[94] LG Ulm WuM 1989, 285.
[95] BGH NJW 1987, 1323 = MDR 1987, 208; BGHZ 62, 119 = NJW 1974, 692; OLG Karlsruhe NJW-RR 1988, 528 = ZMR 1988, 52; zur Haftungsdifferenzierung bei leitenden und einfachen Angestellten siehe *Fielenbach* NZM 2013, 841, 847 m. w. N.
[96] OLG Hamm ZMR 1996, 199 = NJW-RR 1996, 969; *Wolf/Eckert/Ball* Rdn. 339.
[97] BGHZ 31, 358 = NJW 1960, 669; BGHZ 123, 1 = NJW 1993, 3061.
[98] Zu den hiermit verbundenen Abgrenzungsfragen vgl. Erman/*Westermann* § 278 Rdn. 39 ff.
[99] *Emmerich* in Staudinger § 535 BGB Rdn. 135; § 536a BGB Rdn. 10.
[100] LG Hamburg WuM 1987, 218.

3. Überwachungs- und Obhutspflichten

Den Vermieter trifft eine **Prüfungspflicht** sowie eine **Überwachungspflicht** hinsichtlich der Mietsache, damit Schäden von vornherein unterbunden und vermieden werden können. So ist der Vermieter generell nur dann verpflichtet, notfalls unter Hinzuziehung eines fachkundigen Handwerkers in Abständen die technischen Geräte in der Mietwohnung zu überprüfen, wenn sie sich nicht im ausschließlichen Obhutsbereich des Mieters befinden und konkrete Anhaltspunkte für einen Überprüfungsbedarf vorliegen[101] (vgl. im Einzelnen § 535 Rdn. 144ff.). In den anderen Fällen ist zu Gunsten des Vermieters zu berücksichtigen, dass der Mieter gem. § 536c BGB verpflichtet ist, Verschlechterungen der Mietsache dem Vermieter anzuzeigen. Er darf daher darauf vertrauen, dass der Mieter seiner Pflicht ordnungsgemäß nachkommt.[102] Der Mieter hat aber keine **Prüfungs-** und **Untersuchungspflicht** (Einzelheiten s. § 536c Rdn. 1ff.). **44**

Bei Verletzung der **Kontrollpflicht** haftet der Vermieter dem Mieter z. B. für Wasserschäden, die darauf beruhen, dass sich in einer höher gelegenen Wohnung ein Riss in der Zuleitung zu einem Wasserboiler gebildet hat.[103] Die Kontrollpflicht findet nach Treu und Glauben dort ihre Grenze, wo die Kontrolle einen **unzumutbaren** Aufwand erfordert und keine Gewähr für eine dauerhafte Funktionstauglichkeit bietet.[104] **45**

Im Rahmen der **Verkehrssicherungspflicht** ist der Vermieter gehalten, für einen Kinderspielplatz das Gras auch an weniger zugänglichen Stellen regelmäßig soweit abzumähen, dass dort eventuell liegende gefährliche Gegenstände rechtzeitig erkannt und unverzüglich beseitigt werden können.[105] Dies gilt erst recht dann, wenn Umstände bekannt sind, die das Vorhandensein einer derartigen Gefahr nahe legen. Für eine jedermann sichtbare und erkennbare Gefahr muss der Vermieter allerdings keine Vorsorgemaßnahmen treffen[106] (s. auch § 535 BGB Rdn. 139ff.). **46**

Soweit Geräte vermietet sind, deren Funktionstüchtigkeit von einer regelmäßigen Wartung abhängt, hat der Vermieter einen auf unzureichende Wartung zurückzuführenden Schaden zu vertreten, es sei denn, er hat die Wartung wirksam auf den Mieter übertragen.[107] Der Vermieter haftet auch dann, wenn Einrichtungen oder Anlagen sachwidrig installiert oder fehlerhaft angebracht sind, so dass die Mietsache nur in der Befürchtung einer drohenden Gefahr benutzt werden kann. Die Einstandspflicht des Vermieters ändert sich nicht deshalb, weil die mangelhafte Anlage aus DDR-Zeiten stammt.[108] **47**

4. Abweichende Vereinbarungen

Die Haftung für Schäden aus Pflichtverletzungen, die nicht das Leben, den Körper oder die Gesundheit betreffen, mit Vorsatz oder grober Fahrlässigkeit des Vermieters oder mit Vorsatz und grober Fahrlässigkeit eines gesetzlichen Vertreters oder Erfüllungsgehilfen kann wegen § 309 Nr. 7 lit. b) BGB nicht durch **Formularvertrag** oder durch **Verbrauchervertrag** ausgeschlossen werden. Ausgeschlossen sind auch Haftungsbeschränkungen für Schäden aus der Verletzung des Lebens, des Körpers oder der Gesundheit, die auf Fahrlässigkeit des Verwenders oder seines Erfüllungsgehilfen beruhen (§ 309 Nr. 7 lit. a) BGB). Das einfache Nichtstun des Vermieters bei plötzlich eintretenden Schäden stellt ein grobes, zum Schadensersatz verpflichtendes Fehlverhalten dar.[109] Für leichte Fahrlässigkeit kann sich der Vermieter auch dann nicht freizeichnen, wenn er sich von der Haftung für die Schlecht- oder Nichterfüllung von sog. **Kardinalpflichten** befreien will (s. § 536 BGB Rdn. 426ff.). **48**

---

[101] Siehe LG Berlin GE 2011, 133.

[102] BGH (VIII ZR 321/07) WuM 2008, 719 = NZM 2008, 927 = NJW 2009, 143 = MDR 2009, 75 = GE 2008, 1555 = MietPrax-AK § 535 BGB Nr. 35; s. a. OLG Celle ZMR 2009, 683; *Gsell* NZM 2010, 71, 72.

[103] OLG Hamm DB 1981, 1873.

[104] BGH WuM 1993, 123 = NJW-RR 1993, 521 = ZMR 1993, 151 = MDR 1993, 866; AG Wedding GE 1999, 717 zur Überprüfung von Rohrleitungen.

[105] OLG Hamm DWW 1990, 203.

[106] OLG Köln WuM 1992, 620 = DWW 1992, 338 = VersR 1993, 1494.

[107] Zur Wirksamkeit der Übertragung im Wohnraummietverhältnis vgl. BGH WuM 1991, 381 = NJW 1991, 1750 = MDR 1991, 628 = ZMR 1991, 290 = DWW 1991, 212 = GE 1991, 615.

[108] AG Potsdam WuM 1994, 524.

[109] AG Wiesbaden WM 1980, 245.

5. Mitverschulden

49 Unter dem Gesichtspunkt des **Mitverschuldens** kann zu berücksichtigen sein,[110] dass der Mieter fahrlässig die Anzeige nach § 536c BGB unterlassen hat. Diese Vorschrift ist nämlich insoweit einschränkend auszulegen, als dass der dort normierte völlige Ausschluss des Schadensersatzanspruchs nur gerechtfertigt ist, wenn der Mieter das für jedermann nahe Liegende nicht zur Kenntnis genommen hat. Ansonsten muss von einer **abgestuften** Haftung ausgegangen werden.[111]

Problematisch kann die Haftungsgrundlage sein. § 280 Abs. 1 Satz 1 BGB gibt dem Mieter Schadensersatz ohne Anzeigepflicht und Fristsetzung, während die Anwendung des § 536a Abs. 1 BGB über § 536c BGB Abs. 2 bei unterlassener Anzeige ausgeschlossen ist. Allerdings darf über § 280 BGB nicht die spezielle Rechtsfolge umgangen werden[112]. Daher wird § 280 Abs. 1 BGB von § 536a Abs. 1 BGB verdrängt.

50 Benutzt beispielsweise ein Mieter jahrelang eine **offensichtlich** schadhafte Treppe ohne den Zustand zu rügen, muss er den Schaden durch einen Sturz weitgehend selbst tragen.[113] Wer somit trotz Kenntnis eines Mangels nichts unternimmt, um den Schadenseintritt oder die Vergrößerung eines Schadens zu vermeiden, ist mitverantwortlich.[114]

IV. 3. Alternative – Verzug

51 Neben der Garantiehaftung und der Verschuldenshaftung der 2. Alternative haftet der Vermieter auch, wenn er mit der Beseitigung eines Mangels – selbst wenn er die Entstehung des Mangels nicht zu vertreten hat – in Verzug ist und dem Mieter dadurch ein Schaden entsteht.[115] Praktische Bedeutung erlangt die Vorschrift regelmäßig nur dann, wenn der Vermieter einen **nachträglichen Mangel nicht zu vertreten hat**[116], weil er in den anderen Fällen schon nach den anderen Alternativen des § 536a Abs. 1 BGB haftet. Daher sind hier beispielsweise die Fälle anzusiedeln, bei denen Dritte, z. B. Mitmieter, den Mietgebrauch stören, soweit sie nicht als Erfüllungsgehilfen des Vermieters tätig werden.[117] Die Verzugs-Haftung wegen Mängel, die auf das Verhalten Dritter zurückzuführen sind, wird nicht dadurch beschränkt, dass der Mieter von Gewerberaum die Pflicht zur Instandsetzung übernommen hat. Derartige **Übernahme-Klauseln** sind eng auszulegen und erfassen daher die durch Dritte verursachten Schäden nicht[118] (s. auch §§ 536 Rdn. 460ff.).

52 Die Verzugsvoraussetzungen richten sich nach § 286ff. BGB. Der Vermieter kommt mit der Mängelbeseitigung in Verzug, wenn der Mieter den **fälligen** Mängelbeseitigungsanspruch entweder abgemahnt hat oder wenn wegen der Mängelbeseitigung ein fester Termin vereinbart war (§ 286 Abs. 2 BGB). Darüber hinaus muss wegen § 286 Abs. 4 BGB der Vermieter die Verzögerung der Leistung zu vertreten haben.

1. Fälligkeit

53 Der Verzug begründet nicht etwa die **Fälligkeit** der Leistungspflicht des Vermieters. Vielmehr ist der Vermieter gem. § 271 BGB schon bei Auftreten des Mangels verpflichtet, diesen zu beseitigen. Dem Verzug geht daher in aller Regel eine Anzeige des Mieters nach § 536c BGB voraus.

2. Mahnung

54 Gem. § 286 Abs. 1 BGB setzt der Verzug des Vermieters grundsätzlich eine Mahnung des Mieters voraus. Für die Annahme einer Mahnung reicht eine **Anzeige** nach § 536c BGB allein nicht aus.[119] Allerdings werden Mahnung und Anzeige in der Praxis häufig **zusammenfallen,** so dass

---

[110] BGH WuM 1978, 88 = NJW 1977, 1236 = MDR 1977, 743 = ZMR 1978, 50.
[111] OLG Karlsruhe NJW-RR 1988, 528 = ZMR 1988, 52.
[112] *Oechsler* NZM 2004, 881, 886.
[113] OLG Karlsruhe MDR 1963, 756.
[114] LG Hamburg WuM 1999, 513.
[115] Siehe dazu AG Pankow-Weißensee GE 2014, 197.
[116] Siehe AG Hamburg WuM 2015, 490 zum Defekt einer Garagen-Doppelrampe.
[117] *Emmerich* in Staudinger § 536a Rdn. 10; *Kraemer/Ehlert* in Bub/Treier III. B Rdn. 3322.
[118] BGH (XII ZR 158/01) GuT 2005, 213 = GE 2005, 1185 = ZMR 2005, 844 = DWW 2005, 372 = NZM 2005, 863 = MietPrax-AK § 538 BGB Nr. 17 mit Anm. *Eisenschmid;* OLG Koblenz WuM 1990, 16 = NJW-RR 1990, 20 = ZMR 1989, 464 = GE 1990, 649; *Kraemer/Paschke* in Bub/Treier III. B Rdn. 3075.
[119] LG Mannheim NJW-RR 1996, 1357.

der Erklärungswert der Anzeige genau zu prüfen ist. Bloße Hinweise sind jedoch nicht als Mahnungen anzusehen, da sie aus der Sicht des Vermieters als Erklärungsempfänger nicht zweifelsfrei als Aufforderungen zur Mängelbeseitigung verstanden werden müssen. Erscheint es aus der Sicht eines Vermieters auch möglich, dass ein Mieter nur auf einen bestehenden Mangel hinweist, liegt keine Mahnung und damit kein Verzug vor.[120] Bei der Bewertung eines solchen Hinweises ist allerdings zu berücksichtigen, ob ein Mieter im Interesse des Hausfriedens sein Schreiben besonders höflich abgefasst hat. Erkundigt sich der Mieter beim Vermieter über die Adresse und Telefonnummer des Handwerkers, kann darin eine Mahnung liegen.[121]

Die Ursache des Mangels muss der Mieter nicht mitteilen. Der Vermieter muss aber erkennen **55** können, um welchen Fehlerkomplex es sich handelt, weil er anderenfalls nicht zur Mängelbeseitigung imstande ist. Er muss aus der Mitteilung des Mieters also erkennen können, welche Leistung von ihm verlangt wird.[122] Zu hohe Anforderungen sind daran nicht zu stellen, weil der Vermieter auf Grund seiner **Fürsorgepflicht** (§ 535 Rdn. 99ff.) gehalten ist, den Hinweisen des Mieters nachzugehen. Betrifft der Mangel Gemeinschaftseinrichtungen des Hauses, kann sich ein Mieter nicht darauf berufen, dass schon ein anderer Mieter den Vermieter gemahnt habe.

In der Mahnung muss **keine Frist zur Mängelbeseitigung** gesetzt werden. Zur Mahnung ge- **56** hört lediglich eine Leistungsaufforderung, aus der erkennbar wird, dass das Ausbleiben der Leistung rechtliche Folgen haben wird.[123] Nach Zugang der Mahnung muss der Vermieter grundsätzlich **unverzüglich** handeln (vgl. § 286 Abs. 4 BGB – s. auch Rdn. 120ff.).[124] Ihm muss aber je nach Schaden eine angemessene Frist für die Durchführung der Mangelbeseitigung eingeräumt werden, die sich auch nach den Zeitplänen des beauftragten Handwerkers richten kann.[125]

Hat der Mieter einen fälligen – und durchsetzbaren – Anspruch auf Mängelbeseitigung, kommt **57** der Vermieter in den Fällen des § 286 Abs. 2 BGB bei Vertretenmüssen auch dann in Verzug, wenn ausnahmsweise eine Mahnung **entbehrlich** ist. Dies ist in folgenden Fällen anzunehmen:

- Einer Mahnung bedarf es nicht, wenn für die Leistung eine Zeit **nach dem Kalender** bestimmt **58** ist (§ 286 Abs. 2 Nr. 1 BGB). Diese Fallgruppe wird in den hier erörterten Problembereichen selten auftreten; allenfalls dann, wenn sich die Parteien, z. B. nach Rücksprache mit einem Handwerker, auf einen Termin zur Mängelbeseitigung einigen. Dann bedarf es nach erfolglosem Ablauf dieses Termins keiner weiteren Aufforderung des Mieters, um die Verzugsfolgen herbeizuführen.
- Gem. § 286 Abs. 2 Nr. 2 BGB ist eine Mahnung entbehrlich, wenn der Leistung ein Ereignis **59** vorauszugehen hat und eine angemessene Zeit für die Leistung in der Weise bestimmt ist, dass sie sich von dem **Ereignis an nach dem Kalender berechnen** lässt. Hier kann daran gedacht werden, die Mängelanzeige des Mieters als „Ereignis" anzusehen. Von diesem Ereignis an lässt sich die Zeit für die Leistung aber nicht nach dem Kalender bestimmen. Enthält aber die Anzeige eine „Leistungs"-Frist, ist regelmäßig von einer Mahnung auszugehen, so dass es des Sondertatbestandes nicht bedarf.
- Verweigert der Schuldner **ernsthaft und endgültig die Leistung,** bedarf es gem. § 286 Abs. 2 **60** Nr. 3 BGB ebenfalls keiner Mahnung. Dies hatte unter dem früheren Recht schon die Rechtsprechung erkannt.[126] Es wäre auch überflüssige Förmelei, wollte man den Mieter zur Mahnung verpflichten, wenn der Vermieter nachdrücklich seine Verantwortung ablehnt.
- Letztlich ist eine Mahnung entbehrlich (§ 286 Abs. 2 Nr. 4 BGB), wenn aus besonderen Grün- **61** den unter **Abwägung der beiderseitigen Interessen** der sofortige Eintritt des Verzuges gerechtfertigt ist. Ohne Anlass für eine Ausuferung von Sondertatbeständen zu geben, wollte der Gesetzgeber hiermit lediglich die bisherigen Ausnahmetatbestände fixieren.[127] Dabei kommen in Betracht:

---

120 AG Neuss WuM 1989, 565 = DWW 1990, 25.
121 LG Itzehoe WuM 1988, 87.
122 LG Duisburg WuM 1999, 112.
123 BGH MDR 1952, 155 = BB 1952, 42.
124 *Kraemer/Ehlert* in Bub/Treier III. B Rdn. 3327.
125 Vgl. *Breckerfeld* NZM 2000, 1172.
126 LG Berlin ZMR 1988, 182 = GE 1987, 1271.
127 BT-Drucks. 14/6040 S. 146.

62 Der Vermieter kündigt nach einer Mitteilung des Mieters die Mängelbeseitigung zu einem bestimmten Termin an. Diese Fallvariante betrifft die sog. **Selbstmahnung,** mit der der Schuldner seine Leistungsbereitschaft anerkennt.[128]

63 Ebenso bedarf es auf Grund besonderer Umstände keiner Mahnung, wenn sich der Vermieter einer Mahnung dadurch entzieht, indem er **nicht mehr erreichbar** ist. Dieser Fall ist denkbar, wenn der Vermieter, z. B. wegen Überschuldung, sich den Gläubigern entziehen will.

64 Letztendlich ergeben sich Fälle aus dem Vertragsinhalt selbst, die eine besondere Mahnung entbehrlich machen, beispielsweise bei **Gefahr im Verzug** (Wasserrohrbruch). Weiter Beispiele s. unter Rdn. 117 ff.).

65 § 286 Abs. 3 BGB (30 Tagesfrist) findet hier keine Anwendung, weil diese Vorschrift den Verzug bei einer Entgeltforderung behandelt. **Entgeltforderungen** sind solche, mit denen der Gläubiger das Entgelt für eine auf Grund eines gegenseitigen Vertrages erbrachte Leistung verlangt.[129] Entgeltforderungen sind daher nur Geldforderungen.[130]

66 Anspruchsberechtigt sind alle Personen, die in den **Schutzbereich** des Mietvertrages einbezogen sind.

3. Verzug

67 Haben die Parteien einen **Termin** für die Behebung des Mangels vereinbart, ist damit für die Vornahme der Leistung eine Zeit nach dem Kalender bestimmt. Kann der Mangel bis zu dem Termin nicht behoben werden, ist eine weitere Mahnung für den Eintritt des Verzuges nicht erforderlich (s. Rdn. 56 ff.). Ist für die Vornahme der Leistung – was regelmäßig anzunehmen sein wird – keine Zeit nach dem Kalender bestimmt, kommt der Vermieter durch die Mahnung in Verzug (§ 286 Abs. 1 Satz 1 BGB).

68 Der Eintritt des Verzuges entfällt nicht deshalb, weil – z. B. bei Lärm- und Geruchsbelästigung durch ein Restaurant – der Störer **Vertragspartner** des Vermieters ist. Dem Vermieter kann in diesem Fall zum Vorwurf gereichen, dass er sich nicht energisch genug gegen den Störer zur Wehr setzt und ggf. mit rechtlichen Schritten droht.[131] Der Verzug ist beendet, sobald der Vermieter den Mangel beseitigt hat.

69 Der Verzug ist auch beendet, wenn der Mieter in **Annahmeverzug** gerät.[132] Letzteres ist denkbar, wenn der Mieter die Reparatur durch den Vermieter ablehnt[133] oder wenn er dem vom Vermieter beauftragten Handwerker nicht den zur Mängelbeseitigung notwendigen Zutritt zur Wohnung gewährt.[134] Im Einzelfall ist zu prüfen, ob der Vermieter ein dem Gesetz entsprechendes Leistungsangebot abgegeben hat (§ 294 BGB). Danach ist die Leistung so anzubieten, wie sie zu bewirken ist. Dafür reicht eine Mitteilung des Vermieters an den Mieter nicht aus, dieser möge sich mit dem Handwerker in Verbindung setzen.[135] Entfällt der Verzug, verliert der Mieter auch sein Recht, gem. Abs. 2 Nr. 1, einen Vorschuss zwecks Selbstbeseitigung des Mangels zu verlangen[136] (vgl. Rdn. 146 ff.).

4. Verschulden

70 Hat der Vermieter aber die unterbliebene Beseitigung des Mangels **nicht zu vertreten,** z. B. bei Unmöglichkeit, weil der Vermieter gegen Störungen deshalb nicht einschreiten kann, weil er sie als ortsüblich (§ 906 Abs. 2 BGB) hinnehmen muss, oder bei Vorliegen der Opfergrenze, also einer wirtschaftlichen Unzumutbarkeit (vgl. § 536 Rdn. 555 ff.), kann der Schuldnerverzug mangels Verschulden gem. § 286 Abs. 4 BGB entfallen und damit auch das Selbsthilferecht des Mieters. Der Vermieter kann sich aber keineswegs auf einen Rechtsirrtum über seine Mängelbeseitigungspflicht berufen, was insbesondere bei unwirksam vereinbarten Instandsetzungsklauseln zu Lasten des Mieters in Betracht kommt.[137]

---

[128] BGH NJW 1963, 1823 = MDR 1963, 914; NJW-RR 1997, 622.
[129] Palandt/*Grüneberg* § 286 BGB Rdn. 27.
[130] *Ernst* in MünchKomm § 286 Rdn. 76.
[131] LG Hamburg WuM 1987, 218.
[132] Zu den Voraussetzungen vgl. *Kinne* GE 2007, 516, 517.
[133] LG Berlin GE 1990, 543.
[134] LG Berlin GE 1999, 1498.
[135] *Kinne/Schach/Bieber* § 536a Rdn. 6.
[136] LG Berlin GE 1989, 151.
[137] *Kraemer/Ehlert* in Bub/Treier III. B Rdn. 3329.

5. Abweichende Vereinbarungen

Der Vermieter kann sich in den Grenzen der §§ 307, 309 Nr. 7 BGB von der Haftung freizeichnen; vgl. im Einzelnen Rdn. 47, 100ff. 71

V. Schadensersatz

Gem. § 536a BGB haftet der Vermieter dem Mieter auf Schadensersatz, wenn entweder der Mangel schon bei Vertragsschluss vorlag (§ 536a Abs. 1 Alt. 1), der Mangel erst nach Vertragsschluss entstanden ist und der Vermieter den Mangel zu vertreten hat (§ 536a Abs. 1 Alt. 2) oder wenn der Vermieter mit der Beseitigung des Mangels in Verzug geraten ist (§ 536a Abs. 1 Alt. 3). Der Schadensersatz ist auf das **positive Interesse** gerichtet und steht neben dem Erfüllungsanspruch.[138] Der Mieter ist daher so zu stellen, wie er bei ordnungsgemäßer Erfüllung des Vertrages, d. h. ohne den Mangel, stünde. Es ist aber nicht nur jeder unmittelbare Mangelschaden, sondern auch jeder Folge- und Begleitschaden zu ersetzen. 72

Der **Erwerber** des Grundstücks haftet für einen Schaden auch dann, wenn der Mangel zwar schon zum Zeitpunkt der Veräußerung vorlag, der Schaden aber erst nach dem Erwerb eingetreten ist.[139] Etwas anderes kann nur gelten, wenn ein neuer Vertrag geschlossen wurde und der Erwerber damit erkennbar die Haftung für die alten Mängel ausschließen wollte.[140] 73

Der **Erwerber** haftet aber auch, wenn der Veräußerer sich vor Eigentumsübergang in einer Verzugslage befand. Tritt der Schaden dann nach dem Eigentumsübergang ein, ist für die Ansprüche des Mieters allein der Erwerber verantwortlich[141]. Dies ergibt sich aus dem mieterschützenden Charakter des § 566 BGB, der verhindern will, dass der Mieter aufgrund des Veräußerungsvorgangs seine Rechtspositionen verliert.[142] Dem Mieter bleibt seine Rechtsposition aber nur gewahrt, wenn er seinen Anspruch bei Fälligkeit der Person gegenüber geltend machen kann, die zu diesem Zeitpunkt Vermieter ist, gegen deren laufende Mietforderungen er ggf. aufrechnen kann und die ihm notfalls mit dem Wert des Grundstücks für seine Forderungen haftet. 74

Der Anspruch auf Schadensersatz verjährt grundsätzlich in 3 Jahren gem. § 195 BGB. 75

1. Ersatzberechtigte

Anspruchsberechtigt sind neben dem Mieter auch die Personen, die in den **Schutzbereich** des Mietvertrages einbezogen sind.[143] Diese Personen haben bei Vorliegen eigener Schäden einen selbständigen vertraglichen Schadensersatzanspruch gegen den Vermieter (Vertrag mit Schutzwirkung für Dritte).[144] 76

Dies betrifft nur solche Personen, die mit der Leistung des Vermieters wie der Gläubiger selbst in Berührung kommen **(Leistungsnähe)**[145] und denen der Mieter Schutz und Fürsorge zu gewähren hat **(Einbeziehungsinteresse).** Davon kann in aller Regel nur dann ausgegangen werden, wenn zwischen ihm und dem Dritten ein Rechtsverhältnis mit personenrechtlichem Einschlag besteht, wie es z. B. bei mietrechtlichen, familienrechtlichen oder arbeitsrechtlichen Beziehungen der Fall ist.[146] Das trifft bei Mietverträgen nicht nur für Familienmitglieder und Lebensgefährten zu, sondern auch für Hausangestellte oder sonstige Hilfspersonen und Arbeitnehmer,[147] die nach dem In- 77

---

[138] Zur Beschränkung der Haftung auf das negative Interesse bei der Garantiehaftung siehe *Schreindorfer,* 10 Jahre Mietrechtsreformgesetz, S. 180, 185ff.

[139] BGH NJW 1968, 885; BGHZ 49, 350.

[140] BGH NJW 1968, 885.

[141] BGH (VIII ZR 22/04) WuM 2005, 201 = NJW 2005, 1187 = NZM 2005, 253 = GE 2005, 361 = DWW 2005, 103 = MietPrax-AK § 566 BGB Nr. 4 = ZMR 2005, 354 mit Anm. *Börstinghaus; Emmerich* in Staudinger § 566 Rdn. 54; **a. A.** *Häublein* in MünchKomm § 566 Rdn. 39; *Wolf/Eckert/Ball* Rdn. 1379.

[142] BGH (VIII ZR 22/04) WuM 2005, 201 = NJW 2005, 1187 = NZM 2005, 253 = GE 2005, 361 = DWW 2005, 103 = MietPrax-AK § 566 BGB Nr. 4 = ZMR 2005, 354.

[143] BGH NJW 1983, 2935 = MDR 1983, 742 = VersR 1983, 441; NJW 1977, 2208 = MDR 1978, 127 = VersR 1977, 1006; MDR 1968, 402; *Häublein* in MünchKomm § 536a BGB Rdn. 13; *Emmerich* in Staudinger § 536a BGB Rdn. 18.

[144] BGH BGHZ 49, 350.

[145] BGH NJW 1995, 1739; WuM 1978, 234 = NJW 1978, 883 = ZMR 1978, 180 gegen den Untermieter.

[146] BGH NJW 1977, 2208 = MDR 1978, 127 = VersR 1977, 1006; vgl. BGH GuT 2005, 118 = ZMR 2005, 520 bei mietvertraglicher Abrede über Campingplatz; OLG Rostock NJW-RR 2007, 1092.

[147] BGH NJW 1983, 2935 = MDR 1983, 742 = VersR 1983, 441; NJW 1977, 2208 = MDR 1978, 127

halt des Mietvertrages bestimmungsgemäß an dem Gebrauch der Mietsache teilhaben oder ihn anstelle des Mieters für diesen ausüben.[148] Welche Personen sonst noch in Betracht kommen, ist unter dem Gesichtspunkt zu prüfen, ob der Mieter, der hinsichtlich ihm nicht gehörender Gegenstände **obhutspflichtig** ist, durch die Gewährung des ungefährdeten Gebrauchs der Mieträume nicht nur die Unversehrtheit seiner eigenen, sondern auch der Sachen Dritter gesichert sehen will, die sich berechtigterweise in den Räumen befinden.[149] Um den Kreis der in die Schutzwirkungen eines Mietvertrages einzubeziehenden Personen nicht uferlos auszudehnen, ist darauf abzustellen, ob nach dem Inhalt des Vertrages bestimmungsgemäß auch ein Dritter mit der Mietsache – vertragslos – in Berührung kommt und auf diese Weise Sach- oder Personenschaden erleidet oder – umgekehrt – selbst in die Gefahr gerät, die Mietsache zu beschädigen oder ihren Zustand sonst zu verschlechtern.[150] Ist ein Verein Mieter der Räumlichkeiten, sind die Mitglieder des Vereins in den Schutzbereich des Mietvertrages einbezogen.[151] Dies ist beispielsweise auch bei Vorbehaltslieferanten und Sicherungseigentümern im Rahmen eines Mietvertrages über Gewerberaum zu bejahen;[152] ebenso für den Einlagerer von Gütern in den Räumen des vom Lagerhalter abgeschlossenen Mietvertrages zur gewerblichen Lagerung von Waren.[153]

78 Erfolgt die **Einlagerung von Gegenständen** aber nicht in Ausübung eines Gewerbes, sondern aus privaten Gründen, ist eine Einbeziehung in den Schutzbereich des Vertrages nur anzunehmen, wenn der Vermieter erkennen kann, dass ein Dritter mit der Mietsache in Berührung gerät. Der Sicherungseigentümer von Hausrat, den der Sicherungsgeber in einem zu diesem Zweck privat angemieteten Raum eingelagert hat, ist daher grundsätzlich nicht in den Schutzbereich des Mietvertrages einbezogen.[154] Dies gilt grundsätzlich auch für den **Untermieter,** der daher keine Ansprüche aus § 536a BGB gegen den Hauptvermieter hat.[155] Er muss sich an seinen Vermieter, den Hauptmieter, halten. Dies gilt sowohl bei der Wohnraummiete als auch bei der Geschäftsraummiete.

2. Umfang des Schadens

79 Zu ersetzen ist zunächst das **positives Interesse** des Mieters sowie aller sonstigen in den Schutzbereich einbezogenen Personen.[156] Der Schaden beurteilt sich nach einem Vergleich der infolge des haftungsbegründenden Ereignisses eingetretenen Vermögenslage mit derjenigen, die ohne jenes Ereignis eingetreten wäre. Diese so genannte Differenzhypothese umfasst zugleich das Erfordernis der **Kausalität** zwischen dem haftungsbegründenden Ereignis und der dadurch eingetretenen Vermögensminderung. Der Schaden ist der Nachteil, der darin besteht, dass der Mieter die Leistung mangelhaft erhält. Hierbei handelt es sich insbesondere um den Minderwert, um die Mängelbeseitigungskosten, die dem Mieter entstanden sind sowie um den entgangenen Gewinn (§ 252 BGB).[157]

80 Der Vermieter hat auch alle **Mangelfolgeschäden**[158] und sonstige Begleitschäden zu ersetzen, also alle Nachteile, die durch den Mangel verursacht sind und über das reine Erfüllungsinteresse hinausgehen; also Verdienstausfall oder Schäden an vom Mieter eingebrachten Sachen.[159]

81 Das 2. SchadÄndG[160] hat u. a. im Bereich der Sachschäden Änderungen gebracht. Zunächst bleibt es dabei, dass der Geschädigte, der einen Sachschaden erlitten hat, frei darüber entscheiden

= VersR 1977, 1006; MDR 1968, 402; OLG Düsseldorf VersR 1974, 1113; LG Berlin ZMR 2014, 725; vgl. BGHZ 2, 94 zum Krankenhausaufnahmevertrag.

148 BGHZ 61, 227 = NJW 1973, 2059 = MDR 1974, 36.

149 BGHZ 49, 350; NJW 1970, 419 = JZ 1970, 375.

150 BGH NJW 1976, 1843; MDR 1977, 134 = ZMR 1977, 180.

151 BGH NJW 1965, 1757 = MDR 1965, 901 = JZ 1965, 572.

152 BGHZ 49, 350.

153 BGH NJW 1970, 419 = MDR 1970, 321 = JZ 1970, 375 = VersR 1970, 162.

154 BGH WuM 1985, 60 = NJW 1985, 489 = MDR 1985, 400 = ZMR 1985, 47 = JZ 1985, 196.

155 BGH WuM 1978, 234 = NJW 1978, 883 = MDR 1978, 486 = ZMR 1978, 180.

156 LG Potsdam WuM 2015, 350.

157 OLG München ZMR 1996, 322; *Emmerich* in Emmerich/Sonnenschein § 536a Rdn. 11.

158 BGH NJW 1975, 645; NJW 1971, 424; OLG Karlsruhe, Rechtsentscheid vom 9.12.1983, WuM 1984, 7; LG Kassel WuM 1982, 188; *Peters,* Mangelschäden und Mangelfolgeschäden, NJW 1978, 665, 670 m. w. N.; strittig, vgl. Nachweise bei *Emmerich* in Staudinger § 536a BGB Rdn. 19, 20.

159 *Emmerich* in Staudinger § 536a BGB Rdn. 19, 20 m. w. N.

160 Zweites Gesetz zur Änderung schadensersatzrechtlicher Vorschriften (2. SchadÄndG) vom 19.7.2002 – BGBl. I S. 2674.

kann, ob er die Herstellung des ursprünglichen Zustandes (Integritätsinteresse) durch den Schädiger ausführen lässt oder ob er stattdessen den dafür erforderlichen Geldbetrag verlangt. Dem bisherigen Gesetzeswortlaut konnte aber nicht entnommen werden, ob unter dem „dafür erforderlichen Geldbetrag" (§ 249 Satz 2 BGB a. F.) der Betrag für eine wirklich vorgenommene Schadensbeseitigung durch Reparatur in einer Fachwerkstatt oder – bei unverhältnismäßig hohen Reparaturkosten – durch Ersatzbeschaffung bei einem Fachhändler zu verstehen ist oder auch der Betrag für eine nur gedachte derartige Schadensbeseitigung. Die höchstrichterliche Rechtsprechung hat sich bezüglich der Abrechnung des reinen Sachschadens für eine fiktive Schadensabrechnung ausgesprochen,[161] die auch die **Mehrwertsteuer** umfasste. Dies hatte zur Folge, dass der Geschädigte etwa bei Selbstvornahme der Reparatur bzw. Ersatzbeschaffung bei einem Privatmann einen ungleich höheren Betrag vereinnahmen konnte, als er verauslagt hatte und ein Unternehmer nach Abzug der öffentlichen Abgaben an Gewinn erzielen würde. Aus diesem Grunde sieht § 249 Abs. 2 BGB ab 1. 8. 2002 nunmehr vor, dass die gesetzliche Umsatzsteuer nur dann und nur insoweit zu ersetzen ist, als sie zur Schadensbeseitigung tatsächlich anfällt.[162] Damit bleibt die Möglichkeit einer fiktiven Abrechnung erhalten, ihr Umfang wird aber gemindert.

Der Vermieter hat selbst Körperschäden[163] zu ersetzen. Im Falle der Gesundheitsbeeinträchtigung fallen unter die Ersatzpflicht allerdings nur Heilungskosten und ggf. ein Ausgleich für die Erwerbsminderung.[164] Ansprüche auf **Schmerzensgeld** können nur nach §§ 823, 847 BGB verlangt werden, wenn das schädigende Ereignis vor dem 1. 8. 2002 eingetreten ist[165] (Art. 229 § 8 EGBGB). Lag das schädigende Ereignis nach dem 31. 7. 2002, kann auch Schmerzensgeld gem. § 253 Abs. 2 BGB verlangt werden.[166] Dabei ist das „schädigende Ereignis" nicht der Eintritt der Rechtsguts – oder Interessenverletzung auf Seiten des Geschädigten, sondern das für die Rechtsguts- oder Interessenverletzung ursächliche menschliche Verhalten bzw. der entsprechende Vorgang beim Betrieb einer gefährlichen Einrichtung.[167] Somit entfällt hier zum einen der Rückgriff auf das Deliktsrecht und zum anderen kann der Schmerzensgeldanspruch auch bei unverschuldeter Verletzung des Körpers, der Gesundheit oder Freiheit entstehen.[168] 82

Die verschuldensunabhängige (Garantie-)Haftung kann in Grenzen für Sachmängel **formularvertraglich** abbedungen werden[169]. § 309 Nr. 7a BGB steht dem nicht entgegen, da danach ein Haftungsausschluss bei Körper- und Gesundheitsschäden nur dann unwirksam ist, wenn der Schaden auf einer vom Verwender oder seines gesetzlichen Vertreters oder seines Erfüllungsgehilfen fahrlässigen Pflichtverletzung beruht. § 309 Nr. 7a BGB gilt aber für die Verschuldenshaftung aus § 536a Abs. 1 BGB und umfasst – in analoger Anwendung – auch den Schmerzensgeldanspruch.[170] Nicht nur im Rahmen des § 831 BGB (Haftung für Verrichtungsgehilfen), sondern auch bei einem gem. § 278 BGB zuzurechnendem Verschulden eines Erfüllungsgehilfen kann nun eine Haftung auf Schmerzensgeld in Betracht kommen. Bei der Vertragshaftung ergibt sich in diesem Zusammenhang die Besonderheit, dass kein Entlastungsbeweis bzgl. eines Auswahl- oder Überwachungsverschuldens geführt werden und auch das Verschulden selbständiger Unternehmer zugerechnet werden kann.[171] Im Rahmen einer Mietvertragsbeziehung kann dies besonders für die Haftung nach § 536a Abs. 1 Alt. 2 BGB Bedeutung erlangen, wenn der Vermieter z. B. einen Hausmeister, eine Reinigungskraft oder einen selbständigen Handwerker mit Aufgaben aus seinem Pflichtenkreis betraut und diese Personen durch eine unsachgemäße Ausführung der Aufgaben den Körper oder die Gesundheit des Mieters schuldhaft verletzen. 83

---

[161] BGHZ 54, 82 = NJW 1970, 1454; BGHZ 61, 56 = NJW 1973, 1647; BGHZ 61, 346 = NJW 1974, 34.
[162] BT-Drucks. 14/7752, S. 13.
[163] BGH NJW-RR 1991, 970; NJW 1962, 908 = MDR 1962, 565 = JZ 1962, 635; *Franke* in Fischer/Dieskau/Pergande/Schwender § 536a Anm. 6.1; *Emmerich* in Staudinger § 536a BGB Rdn. 19; *Wolf/Eckert/Ball* Rdn. 343; *Häublein* in MünchKomm § 536a BGB Rdn. 13.
[164] *Lützenkirchen,* Mietrecht, § 536a Rdn. 141.
[165] Siehe KG GE 2006, 908; LG Berlin MM 2004, 168.
[166] § 253 Abs. 2 BGB idF des Zweiten Gesetzes zur Änderung schadensersatzrechtlicher Vorschriften (2. SchadÄndG) – BGBl. I S. 2674.
[167] Vgl. BT-Drucks. 14/8780 S. 44.
[168] Zur analogen Anwendung des § 253 BGB bei schweren Grundrechtsverletzungen vgl. AG Reinbek ZMR 2008, 719.
[169] *Horst* NZM 2003, 537, 539 mit einer umfangreichen Darstellung zum mietrechtlichen Schmerzensgeldanspruch.
[170] Palandt/*Grüneberg* § 309 BGB Rdn. 42.
[171] Palandt/*Grüneberg* § 278 BGB Rdn. 7.

84 Es kann daran gedacht werden, den mietrechtlichen Schadensersatzanspruch gem. § 536a Abs. 1 BGB bei Vorliegen der **Bagatellgrenze** aus § 536 Abs. 1 Satz 3 BGB auszuschließen. Da aber § 536 Abs. 1 Satz 3 BGB eine erst später eingefügte, typische Sonderregelung für die Minderung darstellt, kann hieraus eine Begrenzung für den Schadensersatzanspruch nicht hergeleitet werden.[172] Zunächst war im Rahmen der Reformberatungen eine Regelung vorgesehen, wonach ein Anspruch auf Schmerzensgeld mit Ausnahme von Vorsatztaten nur dann bestehen sollte, wenn der Schaden unter Berücksichtigung seiner Art und Dauer nicht unerheblich ist.[173] Diese Bagatellklausel ist jedoch im Rechtsausschuss des Deutschen Bundestages gescheitert, da die Ergebnisse der Rechtsprechung bereits auf der Grundlage des alten Rechts als angemessen angesehen wurden. Die von der Rechtsprechung bisher im Rahmen des § 847 BGB auf Grund des Gedankens der Billigkeit angenommene Bagatellschwelle[174] soll nach Auffassung des Gesetzgebers gleichermaßen für die Gefährdungs- und Vertragshaftung gelten und fortentwickelt werden.[175]

85 Der Vermieter muss auch erhöhte Verbrauchskosten nach Ausfall der Heizung durch den Betrieb von Elektroradiatoren[176] oder den Mehrverbrauch durch mangelhafte Thermostatventile[177] ersetzen. Unterbringungskosten für Möbel[178] müssen genauso erstattet werden wie ggf. Maklerkosten[179] (zur Rentabilitätsvermutung s. Rdn. 91 ff.). Der Vermieter kann den gewerblichen Mieter regelmäßig nicht darauf verweisen, dass er ein Ersatzobjekt auch ohne Zuhilfenahme des Maklers hätte finden können.[180] Ist durch den Mangel ein Schaden am Mobiliar des Mieters entstanden, ist ggf. bei der Schadensbewertung ein Abzug **„Neu für Alt"** vorzunehmen. Die Bewertung des beschädigten Mobiliars erfolgt aber nicht nach seinem Verkaufswert. Vielmehr hat der Vermieter hinsichtlich der Höhe des Schadens zu berücksichtigen, dass die vom Mieter benutzten Möbel keinen bestimmten Verkaufserlös erzielen, sondern weiter genutzt werden sollten. Daher ist in diesen Fällen nicht von den gebräuchlichen Werten aus der Versicherungswirtschaft, sondern von höheren Werten auszugehen.[181]

86 Im Bereich der gewerblichen Miete gehören zudem der Ersatz für **entgangenen Gewinn,**[182] die Kosten für die Unterstellung von Gewerbeeinrichtungen sowie die Krankheitskosten der Arbeitnehmer,[183] wenn die Erkrankung auf die schlechte Beschaffenheit der Mieträume zurückzuführen ist, zum ersatzfähigen Schaden. Diese weit gehende Haftung wird mit dem berechtigten Vertrauen des Mieters darauf begründet, dass ihm durch die Beschaffenheit der Sache bei ihrem Gebrauch kein Schaden entsteht.[184]

87 Unter den Schadensersatz fallen auch Aufwendungen, die durch notwendige **Deckungsgeschäfte** erforderlich werden, wie z. B. Hotelunterbringung, Umzugskosten und der Mehrpreis für die neue Wohnung. Ist daher eine Mietwohnung mit erheblichen Mängeln behaftet und gibt der Mieter sie aus diesem Grunde auf, so hat der Vermieter die Umzugskosten[185] sowie ggf. die Kosten der Herrichtung der neuen Wohnung[186] zu tragen, wenn er die erforderliche Mängelbeseitigung nicht durchgeführt oder abgelehnt hat.[187] Hat der Mieter, der Rollstuhlfahrer ist, seine bisherige Wohnung **behindertengerecht** ausgestattet und kündigt er das Mietverhältnis fristlos wegen nicht beseitigter Mängel, so erfasst sein Schadensersatzanspruch auch die Kosten, die für die behindertengerechte Ausstattung der neuen Wohnung erforderlich sind (vgl. dazu auch Rdn. 92ff.).[188]

---

[172] *Franke* in WoBauR § 536 BGB a. F. Anm. 8.3; § 536 a Anm. 6.7.
[173] BT-Drucks. 14/7752.
[174] BGH WuM 1992, 195 = NJW 1992, 1043 = MDR 1992, 349.
[175] BT-Drucks. 14/8780, S. 21.
[176] LG Berlin GE 1990, 611; AG Bensheim WuM 1987, 315 zu Sachverständigenkosten.
[177] AG Ahrensburg WuM 1986, 213.
[178] LG Münster WuM 1980, 17.
[179] LG Mannheim NZM 1999, 406 = NJW-RR 1999, 1023; LG Köln NJW-RR 1993, 524 = ZMR 1992, 544; LG Mannheim ZMR 1991, 108.
[180] BGH NZM 2000, 496.
[181] OLG Celle NJW-RR 1996, 521 = ZMR 1996, 197 = NJWE-MietR 1996, 123.
[182] BGH WPM 1991, 736 = NJW-RR 1991, 970.
[183] *Emmerich* in Staudinger § 536 a BGB Rdn. 18, 19 m. w. N.
[184] BGH WuM 1962, 516 = NJW 1962, 908 = MDR 1962, 565 = JZ 1962, 635; WuM 1971, 244 = NJW 1971, 424.
[185] LG Potsdam WuM 2015, 350; LG Saarbrücken WuM 1991, 91; LG Ulm WuM 1989, 285; LG Duisburg WuM 1989, 14; LG Kassel WuM 1982, 188; Häublein in MünchKomm § 536 a BGB Rdn. 14.
[186] BGH WuM 1974, 213; LG Essen WuM 1989, 372.
[187] LG Berlin GE 2012, 551; LG Hamburg WuM 1989, 285; zum Zurechnungszusammenhang siehe BGH MDR 1974, 838.
[188] LG Hamburg WM 1987, 218.

Ein eventueller Schaden aus der Differenz zwischen der **Miete** für die alte Wohnung und dem 88
Mietzins für die neue Wohnung ist seiner Natur nach auf die Zeit der vertraglichen Bindung der Parteien begrenzt.[189] Der Schadensersatz kann nur für den Zeitraum verlangt werden, in dem der Vermieter zur Leistung verpflichtet ist und am Vertrag gegen seinen Willen festgehalten werden kann.[190] Bei einem Zeitmietvertrag ist dies der Ablauf der Vertragszeit, während bei einem Vertrag auf unbestimmte Zeit dies der Zeitpunkt ist, zu dem der Vermieter berechtigterweise hätte kündigen können.[191] Dem kann der Vermieter entgegenhalten, dass der Mieter ohnehin das Mietverhältnis gekündigt oder dass sich die Mietdifferenz wegen einer möglichen Mieterhöhung für die alte Wohnung gesenkt oder aufgehoben hätte.[192] Da die Leistung des Schadensersatzes in erster Linie durch Herstellung des Zustandes zu erfolgen hat, der bestehen würde, wenn der zum Schadensersatz verpflichtende Umstand nicht eingetreten wäre, kann der Mieter den Schadensersatz nur in der Weise verlangen, dass der Vermieter den der Vertragsleistung entsprechenden Betrag zu dem Tage zahlt, der dem Fälligkeitstermin entsprechen würde.[193] Der Vermieter muss also nur sukzessive in monatlichen Teilbeträgen Schadenersatz leisten.

Darüber hinaus sind auch die Kosten der **Rechtsverfolgung** zu ersetzen, einschließlich der 89
Kosten notwendiger Gutachten[194] und besonderer Beweisverfahren.[195] Umfasst die Schadensersatzforderung auch eine Wertminderung der Mieträume, darf nicht erneut gemindert werden.[196] Erfolgte eine Mietminderung, ist diese auf den Schadensersatzanspruch wegen des Minderwertes anzurechnen, da ein durch Minderung abgegoltener Verlust nicht noch einmal im Wege des Schadenersatzes verfolgt werden darf.

Bei **nutzlosen Aufwendungen** handelt es sich um freiwillige Vermögensopfer, unabhängig 90
davon, in wessen Interesse sie erbracht werden. Auch die eigene Arbeitskraft kann ein solches Vermögensopfer sein.[197] Nutzlose Aufwendungen konnten nach der bis 31.12.2001 geltenden Rechtslage im Rahmen eines Schadensersatzes bei der Wohnraummiete grundsätzlich nicht erstattet werden. Denn Vermögensschäden wurden im Allgemeinen nach der sog. Differenzmethode durch einen rechnerischen Vergleich der durch das schädigende Ereignis eingetretenen Vermögenslage mit derjenigen, die sich ohne dieses Ereignis ergeben hätte, ermittelt.[198] Für die zu Beginn des Mietverhältnisses angeschafften Einrichtungsgegenstände, wie Teppiche und Gardinen, oder für gezahlte Maklerprovisionen konnte daher kein Schadensersatz verlangt werden. Denn diese Investitionen sind unabhängig von dem Zustand der Mietsache getätigt worden und wären regelmäßig auch ohne den Mangel entstanden[199]. Der Mieter konnte lediglich Ersatz der Aufwendungen verlangen, die er anstelle der jetzt nutzlosen nochmals für ein Ersatzobjekt machen musste[200].

Bei gewerblichen Mietverhältnissen konnte – und kann – der Mieter dagegen auch im Rahmen 91
seines Schadensersatzanspruchs Ersatz der nutzlosen Aufwendungen verlangen, die er im Vertrauen auf die Vertragstreue des Vermieters gemacht hat. Dem liegt im gewerblichen Mietverhältnis der Gedanke zu Grunde, dass sich bei störungsfreiem Verlauf des Mietverhältnisses die Aufwendungen des Mieters amortisiert hätten. Sie müssen daher ersetzt werden, wenn sie sich wegen des Mangels als nutzlos erweisen. Der Bundesgerichtshof hat solche nutzlosen Aufwendungen regelmäßig als erstattungsfähig angesehen, weil im Allgemeinen eine – widerlegbare[201] – **„Rentabilitätsvermu-**

---

[189] BGH ZMR 1965, 188.

[190] BGH NJW 1972, 625 = MDR 1972, 411; ZMR 1965, 188; MDR 1964, 915 = BB 1964, 819.

[191] *Kandelhard* in Herrlein/Kandelhard § 536 a Rdn. 9.

[192] Zur Beweislast vgl. *Eisenhardt* MDR 1999, 1481.

[193] BGH WuM 1979, 236 = ZMR 1979, 351 = MDR 1979, 1016; MDR 1964, 319.

[194] LG Berlin GE 2012, 551; AG Koblenz WuM 1987, 19; AG Bensheim WuM 1987, 315; AG Hamburg WuM 1984, 299.

[195] LG Köln WuM 1990, 387; LG Offenburg WuM 1984, 300; LG Hannover WuM 1980, 221; AG Gelsenkirchen WuM 1990, 204.

[196] BGHZ 92, 177 = NJW 1985, 132 = MDR 1985, 221 = WPM 1984, 1541; *Emmerich* in Emmerich/Sonnenschein § 536 a Rdn. 10.

[197] *Reim* NJW 2003, 3662, 3663.

[198] BGHZ 123, 96 = NJW 1993, 2527 = MDR 1993, 1077 = BB 1993, 1685; BGHZ 98, 212 = NJW 1987, 50 = MDR 1987, 109 = NJW-RR 1987, 14 = ZMR 1987, 253 = GE 1987, 33.

[199] LG Duisburg WuM 1989, 14; vgl. zum Schaden des Vermieters, wenn der Mieter die Wohnung nicht bezieht LG Stuttgart WuM 1997, 206.

[200] BGH NZM 2000, 496; LG Mannheim MDR 1969, 313 = WuM 1969, 40.

[201] BGHZ 99, 182, 196; BGHZ 114, 193 = NJW 1991, 2277 = MDR 1991, 967; GuT 2004, 120.

tung" bestehe,[202] dass der enttäuschte Vertragspartner seine Aufwendungen durch Vorteile aus der vereinbarten Gegenleistung wieder erwirtschaften kann. Der Schaden liegt in diesen Fällen daher nicht in den Aufwendungen als solchen, sondern in dem Verlust der im Falle der Vertragserfüllung bestehenden Kompensationsmöglichkeit.[203] So fällt unter den Schadensersatz auch der Ersatz der infolge der Versagung einer behördlichen Erlaubnis nutzlos gewordenen Aufwendungen[204] oder die Kosten eines Wohnmobils, wenn der Mieter später wegen der Mängel des Wohnmobils die Fahrt abbrechen muss.[205] Die Rentabilitätsvermutung ist widerlegt, wenn der Vermieter nachweist, dass die Aufwendungen auch ohne den Mangel nutzlos gewesen wären;[206] z. B. wenn er beweisen kann, dass der Mieter auch bei mangelfreier Mietsache keinen Gewinn erwirtschaftet hätte.[207] Waren sowohl der Mieter als auch der Vermieter berechtigt, das Vertragsverhältnis aufzulösen, und ist von beiden Parteien die Auflösung des Vertrages betrieben worden, ist die „Rentabilitätsvermutung" widerlegt, so dass in diesem Fall hinsichtlich der Maklerkosten kein ersatzfähiger Frustrationsschaden vorliegt.[208] Soll der Mietvertrag erst mit Eintritt einer bestimmten Bedingung in Kraft treten und macht der Mieter in dieser unsicheren Vertragsphase Aufwendungen, kann er sie nicht ersetzt verlangen, wenn die Bedingung nicht eintritt.[209] Die Rentabilitätsvermutung galt regelmäßig nicht bei Wohnraummietverhältnissen[210] und auch dann nicht, wenn der Mieter mit der Anmietung der Räume ideelle Zwecke verfolgte.[211]

92 Für Mietverträge als Dauerschuldverhältnisse gilt ab 1.1.2002 (für Mietverhältnisse, die vor dem 1.1.2002 begründet worden sind, ab 1.1.2003 (Art. 229 § 5 Satz 2 EGBGB) das neue Schuldrecht. Nach der bis 31.12.2001 geltenden Fassung des § 536a BGB konnte der Mieter „Schadensersatz wegen Nichterfüllung" verlangen. Nach der Neufassung hat der Mieter Anspruch auf „Schadensersatz". Mit der Streichung der Worte „wegen Nichterfüllung" im Absatz 1 ist keine inhaltliche Änderung verbunden (s. Rdn. 1). Weiter ist zu beachten, dass der Mieter nunmehr nach seiner Wahl Schadensersatz (positives Interesse) oder – anders als nach dem bis 31.12.2001 geltenden Recht – Ersatz seiner vergeblichen Aufwendungen verlangen (§ 284 BGB) kann. Der **Aufwendungsersatz** ist seiner Höhe nach begrenzt auf diejenigen Aufwendungen, die der Mieter im Vertrauen auf die Vertragserfüllung gemacht hat und billigerweise machen durfte (§ 284 BGB). Außerdem besteht die Besonderheit, dass der Aufwendungsersatzanspruch entfällt, wenn die Aufwendungen auch bei der Vertragserfüllung ihren Zweck nicht erreicht hätten. Auf eine **Rentabilitätsvermutung** kommt es nicht an.[212] Durch § 284 BGB soll die unterschiedliche Behandlung von Wohnraummietverhältnissen einerseits und Geschäftsraummietverhältnissen andererseits beseitigt werden. Nach der Vorstellung des Gesetzgebers sollen frustrierte Aufwendungen unabhängig davon erstattungsfähig sein, ob der Mietvertrag zum Zwecke der Gewinnerzielung oder zu sonstigen Zwecken abgeschlossen wird.[213] Das schließt aber nicht aus, dass der Gläubiger unter Verzicht auf § 284 BGB alternativ im Rahmen seines Erfüllungsinteresses **(positives Interesse)** seine frustrierten Aufwendungen unter Einbeziehung der Rentabilitätsvermutung geltend macht.[214]

93 Fraglich kann allerdings sein, ob § 284 BGB neben § 536a BGB anwendbar ist.[215] Die Zweifel ergeben sich aus dem Umstand, dass die allgemeinen Vorschriften (§§ 280ff. BGB) nach der Über-

---

[202] BGHZ 71, 234 = NJW 1978, 1805 = MDR 1978, 1009; BGHZ 114, 193 = NJW 1991, 2277 = MDR 1991, 967; BGHZ 123, 96 = NJW 1993, 2527 = MDR 1993, 1077 = BB 1993, 1685; ZMR 1994, 253 = DWW 1994, 249; BGHZ 136, 102 = WuM 1997, 617 = NJW 1997, 2813 = MDR 1997, 921 = ZMR 1997, 565; BGH WuM 2000, 34; *Grunsky* JZ 1997, 764, 770.

[203] BGH NJW 2000, 2342 = NZM 2000, 496 = ZMR 2000, 590 = MDR 2000, 875 mit Anm. *Horst.*

[204] OLG Düsseldorf ZMR 1992, 446 = DWW 1992, 366.

[205] OLG Karlsruhe NJW-RR 1988, 954 = ZMR 1988, 223 = MDR 1988, 580.

[206] BGHZ 114, 193; OLG München ZMR 1995, 401.

[207] OLG München ZMR 1995, 401.

[208] BGHZ 123, 96 = NJW 1993, 2527 = MDR 1993, 1077; s. dazu umfassend auch BGHZ 99, 182 = NJW 1987, 831 = MDR 1987, 399 = ZMR 1987, 138; LG Mannheim MDR 1969, 313 = WuM 1969, 40.

[209] BGH ZMR 1994, 253 = DWW 1994, 249 für Konzessionserteilung.

[210] LG Gießen NJW-RR 1995, 524 = ZMR 1995, 312, 313; LG Saarbrücken WuM 1991, 91; offen gelassen LG Mannheim NZM 1999, 407 = NJW-RR 1999, 1023.

[211] BGH NJW 1987, 831 = MDR 1987, 399 = ZMR 1987, 138.

[212] Gesetzesbegründung zu § 284 BGB, BT-Drucks. 14/6040 S. 142, 143; *Emmerich* NZM 2002, 362, 364.

[213] Gesetzesbegründung zu § 284 BGB, BT-Drucks. 14/6040 S. 142, 143; so auch BGH NJW 2005, 2848; *Gsell* NJW 2006, 125.

[214] *Lorenz* NJW 2003, 26, 28; *Derleder* NJW 2004, 969; *Unberath* ZMR 2004, 309; *Reim* NJW 2003, 3662.

[215] So die hM: *Blank*/Börstinghaus § 536a BGB Rdn. 39; *Häublein* in MünchKomm § 536a BGB Rdn. 17; *Emmerich*/Staudinger § 536a BGB Rdn,. 24; Palandt/*Weidenkaff* § 536a BGB Rdn. 14.

gabe der Mietsache an den Mieter von den Gewährleistungsvorschriften (§§ 536ff. BGB) verdrängt werden und dass Aufwendungsersatz alternativ zum „Schadensersatz statt der Leistung" gewährt wird. Nach § 536a BGB hat der Mieter dagegen nur Anspruch auf „Schadensersatz".

Nach der hier vertretenen Ansicht ist der Begriff „Schadensersatz" in § 536a BGB aber in einem umfassenden Sinne zu verstehen, da der Gesetzgeber dem Gläubiger die Geltendmachung des Aufwendungsersatzes erleichtern wollte[216]. Nach § 536a BGB kann der Mieter sowohl Schadensersatz neben der Leistung als auch Schadensersatz statt der Leistung verlangen[217]. Der letztgenannte Fall wird etwa vorliegen, wenn der Mieter nach § 543 Abs. 2 Nr. 1 BGB kündigt und im Anschluss hieran Schadensersatzansprüche geltend macht. Hierbei kann es sich nur um Schadensersatz statt der Leistung handeln. In einem solchen Fall ist § 284 BGB neben § 536a BGB anwendbar, wenn der Mieter beispielsweise auch den (Aufwendungs-)Ersatz der Maklerkosten für die alte Wohnung verlangt.[218] Die Richtigkeit dieser Auslegung wird durch die Regelung in § 314 Abs. 4 BGB bestätigt. Durch diese Vorschrift wird klargestellt, dass die Berechtigung, „Schadensersatz" zu verlangen, durch die Kündigung nicht ausgeschlossen wird. Mit dem Begriff „Schadensersatz" in § 314 Abs. 4 BGB kann aber nur der Schadensersatz statt der Leistung gemeint sein, weil der Anspruch auf die Leistung durch die Kündigung entfällt. Allerdings darf für Vermögensnachteile der Geschädigte keine doppelte Kompensation erhalten.[219] § 536a Absatz 1 BGB und der damit begründete Schadenersatzanspruch setzt nicht eine wirksame Kündigung voraus. Entscheidend ist lediglich, dass ein Mangel vorliegt, der entweder von Anfang an vorhanden war, oder der nachträglich entstand, aber der Vermieter eine ihm zur Mängelbeseitigung gesetzte Frist fruchtlos hat verstreichen lassen (Verzug) bzw. die Mängel verschuldet hat.[220] 94

Für die Pflicht zur Erstattung des Schadens kommt es nicht darauf an, dass der Vermieter auch bei Anwendung äußerster Sorgfalt den Schaden nicht hätte vermeiden können.[221] Hat der Mieter wegen Schäden an seinem eingebrachten Eigentum, die durch Baumängel entstanden sind, sowohl einen Schadensersatzanspruch gegen den Vermieter als auch gegen den Bauunternehmer, so haften ihm beide als Gesamtschuldner.[222] 95

3. Mitverschulden

Hat der Mieter den Schaden mit verschuldet, etwa durch Nichteinhaltung von Handwerksterminen,[223] kann sein Ersatzanspruch gem. § 254 BGB gemindert oder ganz ausgeschlossen sein.[224] 96

Ein **Mitverschulden** des Geschädigten gemäß § 254 BGB ist auch bei der verschuldensunabhängigen Garantiehaftung des Vermieters nach § 536a Abs. 1 Alt. 1 BGB möglich,[225] auch wenn sich der Mangel durch Fahrlässigkeit erst oder besonders schwer auswirkt.[226] 97

Der Mieter hat den Mangel somit **unverzüglich** anzuzeigen, damit er möglichst schnell behoben werden kann. Der Mieter hat aber weder eine Prüfungspflicht, noch die Pflicht, Mängeln nachzuforschen.[227] Bei zugesicherten Eigenschaften scheidet ein Mitverschulden regelmäßig aus, da es auch keine Ermittlungspflicht des Mieters gibt, ob eine Zusicherung richtig ist.[228] Unter Umständen ist ihm aber zuzumuten, sich möglichst umgehend um ein neues Objekt zu bemühen. 98

---

[216] S. Gesetzesbegründung zu § 314 BGB BT-Drucks. 14/6040 S. 178: „Absatz 4 stellt … klar, dass die Kündigung die nach anderen Vorschriften … bestehenden Möglichkeiten, Schadensersatz statt der Leistung zu verlangen, unberührt lässt"; *Oechsler* NZM 2004, 647, 649; *Kraemer* NZM 2004, 271, 274.

[217] LG Berlin ZMR 2014, 725; *Arnold* S. 589, 591.

[218] *Emmerich* in FS Blank S. 145, 149.

[219] BGH (VIII ZR 275/04) BGHZ 163, 381 = NJW 2005, 2848; LG Berlin ZMR 2014, 725; vgl. zur Schadensberechnung *Benicke/Hellwig* NJW 2014, 1697ff.

[220] BGH (VIII ZR 191/12) WuM 2013, 538 = MietPrax-AK § 536a BGB Nr 10 = NJW 2013, 2660 = NZM 2013, 675 = GE 2013, 1129 = ZMR 2014, 24 zur vollmachtlosen Kündigung, entgegen BGH (VIII ZR 281/06) WuM 2007, 570 = MietPrax-AK § 543 BGB Nr. 8 m. Anm. *Börstinghaus,* NJW 2007, 2774 = NZM 2007, 561.

[221] BGH NJW 1971, 424.

[222] BGH WuM 1994, 422 = NJW 1994, 2231 = ZMR 1994, 400 = MDR 1994, 1010.

[223] *Kraemer/Ehlert* in Bub/Treier III. B Rdn. 3323.

[224] AG Darmstadt WuM 1980, 8.

[225] BGH NJW-RR 1991, 970; WuM 1978, 88 = NJW 1977, 1236 = MDR 1977, 743 = ZMR 1978, 50; MDR 1970, 223; KG GE 1989, 355.

[226] BGH NJW-RR 1991, 970.

[227] BGH WuM 1978, 88 = NJW 1977, 1236 = MDR 1977, 743 = ZMR 1978, 50.

[228] BGH MDR 1964, 915.

99 § 254 BGB setzt nicht die Verletzung einer **Rechtspflicht** voraus.[229] Als mitwirkendes Verschulden kann es daher ausreichen, wenn der Mieter den Mangel nicht selbst soweit beseitigt, dass ein weiterer Schaden vermindert oder verhindert wird[230] und dies dem Mieter zumutbar war. Nicht gefolgt werden kann der Auffassung, dass der Schadensersatzanspruch des Mieters auch dadurch begrenzt sein kann, dass er den Vermieter unter Androhung der fristlosen Kündigung und unter Fristsetzung nach § 543 Abs. 3 BGB aufgefordert hat, den Mangel zu beseitigen und dann nach erfolglosem Fristablauf nicht in angemessener Zeit sondern erst später kündigt.[231] Anderenfalls würde der Vermieter begünstigt, der bewusst und vorsätzlich seinen Instandsetzungsverpflichtungen nicht nachkommt und der ggf. die Notlage des Mieters, rechtzeitig eine angemessene Ersatzwohnung zu finden, auch noch haftungsbegrenzend für sich ausnutzen kann. Diese Überlegung gilt grundsätzlich auch für den Fall, dass der Mieter einen gesundheitsgefährdenden Zustand der Wohnung über einen längeren Zeitraum hinnimmt, ohne nach § 569 Abs. 1 BGB zu kündigen. Ein Mitverschulden kann im Einzelfall nur gerechtfertigt sein, wenn der Mieter einen Wohnungswechsel ohne jeglichen sachlichen Grund unterlässt, also schikanös handelt.

4. Haftungsausschluss

100 Der Schadensersatzanspruch gem. § 536a BGB setzt keinen **erheblichen** Mangel voraus, wie er für § 536 Abs. 1 Satz 3 BGB von Bedeutung ist (vgl. dazu § 536 Rdn. 46). Der Schadensersatzanspruch des Mieters ist aber ausgeschlossen, wenn der Mieter Kenntnis von dem Mangel (§ 536b BGB) besitzt oder selbst den Mangel verschuldet hat.[232] Im Rahmen des § 536b BGB reicht es aus, wenn dem Mieter der Mangel infolge **grober Fahrlässigkeit** unbekannt geblieben ist (§ 536b Satz 2 BGB). Von dieser Annahme kann ausgegangen werden, wenn wertvolle Möbel von Schimmelpilz befallen wurden, weil sie der Mieter in Räumlichkeiten aufgestellt hat, deren schlechter baulicher Zustand ihm von Anfang an bekannt war.[233] Hat der Mieter den Mangel der Mietsache selbst verschuldet, setzt der Haftungsausschluss aber voraus, dass der Schaden nicht ohne Verschulden des Mieters eingetreten wäre.[234] Soweit der Schaden allerdings auch auf eine vertragswidrige Nutzung des schuldhaft handelnden Mieters zurückzuführen ist, muss über § 254 BGB die Haftung ausgeglichen werden.[235]

101 Die Haftung kann **vertraglich** ausgeschlossen oder begrenzt werden. Sowohl im kaufmännischen bzw. unternehmerischen Geschäftsverkehr[236] als auch bei Wohnraummietverhältnissen ist der Ausschluss durch **Formularvertrag** wegen Mängeln der Mietsache unwirksam, wenn der Gewährleistungsausschluss auch grobe Fahrlässigkeit des Vermieters bzw. Vorsatz und grobe Fahrlässigkeit eines gesetzlichen Vertreters oder Erfüllungsgehilfen umfasst (§§ 307, 310 BGB bzw. § 309 Nr. 7 BGB).[237] Auch ein Haftungsausschluss für leichte Fahrlässigkeit ist unter dem Blickpunkt des § 307 BGB als unzulässig abzulehnen, wenn es sich um die Verletzung vertragswesentlicher Pflichten, also um **Kardinalpflichten** des Vermieters handelt, auf deren Erfüllung der Mieter – weil sie regelmäßig seiner eigenen Obhut entzogen sind – angewiesen ist.[238] Eine solche Klausel gefährdet den Vertragszweck, weil der Mieter derartige Schäden nicht durch eigene Vorsicht abwenden kann und zudem üblicherweise nur der Vermieter in der Lage ist, sich durch Ab-

---

229 *Häublein* in MünchKomm § 536a BGB Rdn. 19.

230 OLG Düsseldorf WuM 2003, 386 = GE 2003, 877; OLG Karlsruhe NJW-RR 1988, 528 = ZMR 1988, 52; *Kraemer/Ehlert* in Bub/Treier III. B Rdn. 3315.

231 *Kraemer/Ehlert* in Bub/Treier III. B Rdn. 3315.

232 *Kraemer/Ehlert* in Bub/Treier III. B Rdn. 3336; *Franke* in WoBauR § 536a BGB Anm. 3. 6.

233 LG Hamburg WuM 1999, 513.

234 *Franke* in WoBauR, § 536a Anm. 3. 6.

235 AG Darmstadt WuM 1980, 8 zum Wasserschaden.

236 Zum Begriff des Unternehmers i. S. d. §§ 24, 25 AGB-Gesetz vgl. BT-Drucks. 13/8444 S. 47 ff. zum Handelsrechtsreformgesetz (BGBl. I S. 1474) sowie Art. 2 lit. c der EG Richtlinie über missbräuchliche Klauseln in Verbraucherverträgen (Abl. EG Nr. L 95 S. 29); s. auch § 241a Abs. 3 BGB.

237 BayObLG RE vom 17.12.1984, WuM 1985, 49 = NJW 1985, 1716 = MDR 1985, 500 = ZMR 1985, 92 = GE 1985, 299; *Kraemer/Ehlert* in Bub/Treier III. B Rdn. 3332, 1418; *Kraemer* NZM 2004, 721, 724; einschränkend OLG Koblenz NZM 2000, 622 für Lagervertrag.

238 So wohl auch *Kraemer/Ehlert* in Bub/Treier III. B Rdn. 3333, 3318; vgl. OLG Koblenz NZM 2000, 622; **a. A.** OLG Stuttgart RE vom 11.4.1984, WuM 1984, 187 = NJW 1984, 2226 = MDR 1984, 669 = ZMR 1984, 309 = GE 1984, 525; OLG Hamburg ZMR 1985, 236.

schluss einer Haus-Haftpflichtversicherung vor solchen Schäden zu schützen[239] (zum Haftungsausschluss s. auch Rdn. 178ff.).

Somit kann ein vertraglicher Ausschluss für **fahrlässiges** Handeln des Vermieters dann bejaht 102
werden, wenn der Mieter das ausgeschlossene Risiko auch beherrschen kann oder für ihn versicherbar ist. Das wird aber nur für gewerbliche Mietverträge gelten können, da bei Wohnraummietverträgen dem Mieter die Pflicht zum Abschluss von Versicherungsverträgen nicht neben der Miete auferlegt werden darf und beherrschbare Risiken nur insoweit anzunehmen sind, wie sie im Bereich der **Kleinreparaturen** angenommen werden.[240] Sind im gewerblichen Mietverhältnis dem Mieter bestimmte Instandhaltungspflichten überbürdet worden, muss ihm deutlich vor Augen geführt werden, dass er das ihm übertragene Risiko selbst zu beherrschen hat, und sich nicht auf die Einhaltung der Sorgfaltspflicht durch den Vermieter verlassen darf. Dies lässt sich auch bei gewerblichen Mietverhältnissen nur erreichen, wenn die haftungsausschließende Klausel die Freizeichnung unmissverständlich und transparent[241] darlegt.[242]

Die Abrede in einem gewerblichen Mietvertrag, der Mieter habe das Mietobjekt umfassend 103
gegen Schäden zu versichern, soll nach OLG Düsseldorf[243] einen wirksamen Haftungsausschluss zugunsten des Vermieters beinhalten. Ein solcher Haftungsausschluss ist jedoch an § 307 BGB zu messen und hält einer Inhaltskontrolle nicht stand. Die umfassende Überbürdung aller Risiken belastet den Mieter über Gebühr, zumal er danach auch für solche Schäden einstehen muss, die er weder beherrschen kann oder die von Dritten verursacht werden. Dies ist auch bei gewerblichen Mietverhältnissen nicht mehr mit den Grundgedanken der mietrechtlichen Regeln, namentlich des Äquivalenzverhältnisses, vereinbar.[244]

Schäden, die auch bei einem rechtmäßigen Verhalten des Schädigers entstanden wären, sind 103a
vom Schutzzweck der Haftungsnorm grundsätzlich nicht ausgeschlossen **(rechtmäßiges Alternativverhalten).**[245] Im Rahmen der Beweislast muss der Schädiger beweisen, dass der Schaden auch bei einem rechtmäßigen – nicht! unrechtmäßigen[246] – Verhalten eingetreten wäre.[247] Dabei reicht es nicht aus, dass beim rechtmäßigen Vorgehen der Schaden möglicherweise, also mit einer gewissen Wahrscheinlichkeit gleichfalls entstanden wäre.[248]

VI. Selbstbeseitigungsrecht des Mieters (Abs. 2)

In der Vergangenheit (vor dem 1.9.2001) war für eigene Maßnahmen des Mieters umstritten, 104
ob er Aufwendungen nur dann ersetzt verlangen konnte, wenn der Vermieter mit der Mängelbeseitigung in Verzug war oder ob er gem. § 547 BGB a. F. auch ohne Verzug des Vermieters **Aufwendungsersatz** erhielt. Der Gesetzgeber hat nunmehr eine Klarstellung bewirkt. Während nach Abs. 2 Nr. 1 der Mieter den Mangel selbst beseitigen und Aufwendungsersatz verlangen kann, wenn der Vermieter mit der Beseitigung des Mangels in Verzug ist, hat der Mieter nach Abs. 2 Nr. 2 dieses Recht nur, wenn die Aufwendungen notwendig, wenn sie also zur umgehenden Beseitigung des Mangels zwecks Erhaltung oder Wiederherstellung des Bestands der Mietsache erforderlich waren. Damit hat sich der Gesetzgeber der h. M. zur Auslegung des § 547 Abs. 1 BGB a. F. angeschlossen und sie in das neue Recht übernommen.[249]

---

239 BGH (VIII ARZ 1/01) WuM 2002, 141 = NJW 2002, 673 = NZM 2002, 116 = ZMR 2002, 184 = MDR 2002, 330 mit Anm. *Lützenkirchen.*

240 BGHZ 108, 1 = WuM 1989, 324 = NJW 1989, 2247 = ZMR 1989, 327; BGHZ 118, 194 = WuM 1992, 355 = NJW 1992, 1759 = ZMR 1992, 332; s. dazu *Schmitz/Reischauer* NZM 2002, 1019f; zweifelnd zur Anforderung „Beherrschbarkeit“ *Fielenbach* NZM 2013, 841, 844.

241 Zum Transparenzgebot s. *Schumacher* NZM 2003, 13ff.

242 Vgl. auch *Schmitz/Reischauer* NZM 2002, 1019, 1020; zweifelhaft insoweit OLG Düsseldorf NJW-RR 1999, 735.

243 OLG Düsseldorf WM 1994, 674 = DWW 1995, 110.

244 BGH (XII ZR 158/01) GuT 2005, 213 = GE 2005, 1185 = ZMR 2005, 844 = DWW 2005, 372 = NZM 2005, 863 = MietPrax-AK § 538 BGB Nr. 17 mit Anm. *Eisenschmid; Fielenbach* NZM 2013, 841, 845.

245 BGH (XII ZR 153/15) WuM 2017, 18 = GE 2017, 42; *Luckey* in Prütting/Wegen/Weinreich § 249 BGB Rdn. 62f.; Erman/*Ebert,* vor §§ 249–253 BGB Rdn. 70ff.; Palandt/*Grüneberg,* Vorbem. v. § 249 BGB Rdn. 64.

246 BGH (IX ZR 94/03) NJW 2006, 2767; BGH (XII ZR 153/15) WuM 2017, 18 = GE 2017, 42.

247 BGH (VIII ZR 170/91) NJW 1993, 520.

248 BGH (VIII ZR 170/91) NJW 1993, 520; *Luckey* in Prütting/Wegen/Weinreich § 249 BGB Rdn. 64; Palandt/*Grüneberg,* Vorbem. v. § 249 BGB Rdn. 66 m.w.N.

249 BR-Drucks. 439/00 S. 102.

105 Mit der sprachlichen Neufassung der Vorschrift wurde der bisherige Begriff „notwendige Verwendungen" zu Gunsten des Begriffs „erforderlichen Aufwendungen, die ... notwendig sind" ersetzt und der einheitliche Sprachgebrauch zu §§ 994ff. BGB aufgegeben. Eine inhaltliche Änderung ist darin nicht zu sehen.

1. Selbstbeseitigungsrecht bei Verzug des Vermieters

106 Der Anspruch auf **Aufwendungsersatz** gem. § 536a Abs. 2 Nr. 1 BGB setzt zunächst voraus, dass ein Mangel vorliegt. Aufwendungen des Mieters, die **nicht** einer Mangelbeseitigung dienen, kann er nur nach anderen Vorschriften verlangen (s. Rdn. 133ff.). Ein Mangel liegt vor, wenn die Sollbeschaffenheit der Mietsache von der Istbeschaffenheit abweicht, die Mietsache also nicht den vertraglich vereinbarten Anforderungen entspricht (zum Mangelbegriff s. § 536 Rdn. 19ff.). Der Aufwendungsersatzanspruch kann auch wegen Beseitigung nur unerheblicher Mängel geltend gemacht werden.

107 Für die Anwendung des § 536a Abs. 2 BGB ist es gleichgültig, ob es sich um einen anfänglichen Mangel handelt oder ob dieser nachträglich aufgetreten ist. Unbeachtlich ist auch, ob der Vermieter den Mangel zu vertreten hat[250], er muss nach Nr. 1 lediglich das Unterlassen der Leistung (Reparatur) zu vertreten haben (§ 286 Abs. 4 BGB). Das Selbsthilferecht zur Mängelbeseitigung erstreckt sich auf alle vom Mietvertrag **miterfassten Teile** der Mietsache. Hierzu gehören nicht nur das Zubehör, sondern alle Räume, Gegenstände und Einrichtungen, an denen der Mieter ein Mitbenutzungsrecht hat. Hierzu zählen insbesondere Treppen, Hausflure und Gemeinschaftsräume wie die Waschküche, einschließlich der Maschinen oder der Fahrstuhl.[251] Die Erneuerung einer Etagenheizung kann selbst dann vom Mängelbeseitigungsrecht des Mieters gedeckt sein, wenn dieser die Anlage mit Einverständnis des Voreigentümers auf eigene Kosten eingebaut hat.[252] Auch die Pflege des Balkons kann zu den erstattungsfähigen Aufwendungen gehören.[253]

108 Ist der Vermieter mit der Beseitigung des Mangels in Verzug geraten, kann der Mieter gem. § 536a Abs. 2 BGB die Mietsache selbst in Ordnung bringen[254]. Dies gilt auch bei Vorliegen solcher Mängel, mit deren Beseitigung sich der Vermieter von Anfang an in Verzug befand.[255] Dieser gesetzlich geregelte Fall eines **Selbsthilferechts** – keine Pflicht! – entspricht dem Selbsthilferecht des Bestellers beim Werkvertrag gem. § 637 Abs. 1, 3 BGB. Das Selbsthilferecht des Mieters ist nicht an die Voraussetzungen der GoA (§§ 677ff. BGB) gebunden.[256] Die in Mietverträgen häufig zu findende Formulierung, wonach es dem Mieter verboten ist, bauliche Veränderungen vorzunehmen oder wonach der Mieter bauliche Veränderungen nur mit Zustimmung des Vermieters vornehmen darf, schließt das Recht zur Selbsthilfe nach Abs. 2 nicht aus. Eine solche Vereinbarung betrifft im Zweifel nur die Veränderung einer mangelfreien Sache.[257] Das Beseitigungsrecht des Mieters wird nicht durch das Recht auf Schadensersatz gem. Abs. 1 berührt. Der Mieter hat insoweit ein Wahlrecht.[258] Er kann darüber hinaus auch den Mietzins mindern (§ 536 BGB). Das Minderungsrecht entfällt allerdings mit Beseitigung des Mangels durch den Mieter. Hat der Mieter das Mietverhältnis gem. § 543 Abs. 2 Nr. 1 BGB gekündigt, kann er dennoch berechtigt sein, den Mangel selbst zu beheben; z. B. wenn der Mieter trotz Kündigung auf die Nutzung der Mietsache noch eine gewisse Zeit angewiesen ist, weil er die neuen Räume noch nicht beziehen kann. Wie lange der Mieter trotz Kündigung den mangelhaften Zustand hinzunehmen hat, ist eine Frage der Zumutbarkeit.

109 Hat der Mieter einen Mangel der Mietsache selbst beseitigt, ohne dass die Voraussetzungen des § 536a Abs. 2 BGB vorlagen, muss er die zur Beseitigung des Mangels entstandenen **Kosten** selbst tragen[259] (s. auch Rdn. 133). Das Recht des Mieters, Ersatz seiner Aufwendungen nach § 536a Abs. 2 BGB zu verlangen, kann auch durch § 536b BGB ausgeschlossen sein.[260]

---

[250] *Kraemer/Ehlert* in Bub/Treier III. B Rdn. 3340.
[251] *Emmerich* in Staudinger § 536a BGB Rdn. 28; *Kraemer/Ehlert* in Bub/Treier III. B Rdn. 3340.
[252] AG Friedberg WuM 1987, 52.
[253] AG Hamburg WuM 1990, 424 zur Beseitigung von Taubendreck.
[254] LG Berlin ZMR 2003, 189; AG Osnabrück WuM 2004, 469.
[255] LG Berlin ZMR 1988, 182 = GE 1987, 1271; LG München I ZMR 1987, 225.
[256] H. M.; *Weimar* ZMR 1975, 163, 164.
[257] *Häublein* in MünchKomm § 536a Rdn. 31; *Kraemer/Ehlert* in Bub/Treier III. B Rdn. 3363.
[258] OLG Hamm RE vom 3.2.1983, WuM 1983, 76 = NJW 1983, 1332 = DWW 1983, 147 = ZMR 1983, 348 = GE 1983, 271.
[259] LG Mannheim ZMR 1991, 107 = NJW-RR 1991, 1108.
[260] BGH MDR 1976, 571.

Den Mieter trifft keine Pflicht zur **Reparatur;** er ist hierzu lediglich berechtigt. Führt er sie aber in Eigenregie durch, muss er die erforderliche Sachkunde walten lassen. Verursacht der Mieter bei der Mängelbeseitigung, z. B. durch unsachgemäße Bedienung eines Gerätes, einen Schaden, ist er dafür verantwortlich.[261] In Ausnahmefällen kann ein Unterlassen der Mängelbeseitigung aber auch ein Mitverschulden begründen, wenn z. B. der Vermieter nicht rechtzeitig unterrichtet wird[262] und der Mieter durch sein Handeln bei zumutbarem Aufwand dem Vermieter einen größeren Verlust ersparen kann. **110**

Aufträge an Handwerker darf der Mieter nicht im Namen des Vermieters, sondern nur im eigenen Namen vergeben. § 536a Abs. 2 BGB verschafft keine Vertretungsmacht. **111**

a) Mahnung. Der Verzug setzt in seinem objektiven Tatbestand regelmäßig voraus, dass der Vermieter vom Mieter gemahnt wurde[263] (§ 286 Abs. 1 Satz 1 BGB). Die Mahnung muss die Aufforderung enthalten, den Schaden zu beheben, wobei die Mängel im Einzelnen zu konkretisieren sind. Eine Mängelanzeige, zu der der Mieter nach § 536c Abs. 1 BGB ohnehin verpflichtet ist, ersetzt die Mahnung nicht.[264] Die **Mahnung** kann aber zusammen mit der Mängelrüge erklärt werden. Davon ist auszugehen, wenn der Mieter zum Ausdruck bringt, dass er die geschuldete Leistung unverzüglich verlangt.[265] Unbeachtlich ist, wenn der Mieter den Vermieter wissen lässt, dass er eine Behebung der Mängel begrüßen würde. Die Mahnung des Mieters muss klar und deutlich zum Ausdruck bringen, dass er auf der Beseitigung des Mangels besteht.[266] Sie wird nicht dadurch entbehrlich, dass sich der Vermieter in einem Vergleich zur Durchführung bestimmter Arbeiten bereit erklärt hat.[267] Vgl. auch die Ausführungen unter Rdn. 54ff. **112**

Da die Mahnung keiner **Fristsetzung** bedarf, vielmehr der Verzug unmittelbar mit der Mahnung eintritt, stellt sich die Frage, ob der Mieter unmittelbar nach Zugang der Mahnung zur Selbstvornahme schreiten darf oder ob der Mieter dem Vermieter die Möglichkeit der Schadensbehebung in einer bestimmten Zeit ermöglichen muss. Der Respekt vor dem Eigentum gebietet es[268], von einer angemessenen Frist seit der Mahnung auszugehen, innerhalb der der Vermieter den Mangel beheben muss.[269] Dabei ist auf einen objektiven Maßstab eines gewissenhaften Vermieters abzustellen.[270] Erst danach, wenn dem Vermieter insoweit ein Vorwurf zu machen ist, darf der Mieter nach Nr. 1 in Eigenregie mit der Mängelbeseitigung beginnen[271] (vgl. auch Rdn. 54ff.). **113**

Haben die Parteien einen Termin für die Behebung des Mangels vereinbart, ist damit für die Vornahme der Leistung eine Zeit nach **dem Kalender** bestimmt. Kann der Mangel schuldhaft anlässlich des Termins nicht behoben werden, ist eine weitere Mahnung durch den Mieter nicht erforderlich. **114**

Hat der Vermieter die unterbliebene Beseitigung des Mangels nicht zu vertreten, entfällt der Schuldnerverzug (§ 286 Abs. 4 BGB) und damit auch das Selbsthilferecht des Mieters. Ist die Mängelbeseitigung aus Witterungsgründen unzweckmäßig oder sinnlos, liegt (zeitweilig) kein Verzug vor.[272] (s. auch § 536c BGB). **115**

Der Verzug des Vermieters endet mit dem Annahmeverzug des Mieters.[273] Der zunächst eingetretene Verzug des Vermieters bei der Mängelbeseitigung entfällt z. B., wenn er dem Mieter ein den Annahmeverzug begründendes Angebot zur Mängelbeseitigung macht und dieser das Angebot ablehnt[274] (s. Rdn. 69). **116**

b) Entbehrlichkeit der Mahnung. In einigen Fällen ist das Selbstbeseitigungsrecht des Mieters entgegen dem Wortlaut des § 536a Abs. 2 Nr. 1 BGB nicht von den formalen Voraussetzungen einer Mahnung abhängig. § 286 Abs. 2 BGB beschreibt die Voraussetzungen, unter denen eine Ab- **117**

261 AG Gießen NJW-RR 2008, 392.
262 *Kossmann* § 63 Rdn. 4.
263 Zur Kritik dieser Regelung vgl. *Artz* in FS Blank S. 5, 12.
264 OLG Düsseldorf ZMR 1993, 115.
265 LG Berlin MM 1994, 175.
266 *Weimar* ZMR 1975, 163, 164.
267 LG Berlin NZM 2000, 458.
268 *Artz* in FS Blank S. 5, 12.
269 KG MDR 2000, 1240; *Blank/Börstinghaus* § 536a Rdn. 58.
270 *Dauner-Lieb/Dötsch* NZM 2004, 641, 643; zum Erfordernis einer Nachfrist vgl. *Kandelhard* in Herrlein/Kandelhard § 536a Rdn. 19ff.
271 Siehe auch *Kinne/Schach/Bieber* § 536a Rdn. 9.
272 *Franke* in WoBauR § 536a BGB Anm. 11.
273 *Emmerich* in Staudinger § 536a BGB Rdn. 30.
274 LG Berlin GE 1990, 543; 1989, 151.

mahnung für den Verzugseintritt entbehrlich ist. Für den Anwendungsbereich des § 536a Abs. 2 Nr. 1 BGB kommen die Fälle des § 286 Abs. 2 Nr. 3 und 4 BGB in Betracht (s. hierzu auch Rdn. 60ff.).

118 **aa) Vermieter verweigert die Leistung.** Gem. § 286 Abs. 2 Nr. 3 BGB bedarf es für den Eintritt des Verzuges keiner Mahnung, wenn der Schuldner die Leistung **ernsthaft und endgültig verweigert.** In diesen Fällen wurde bereits nach altem Recht die Entbehrlichkeit der Mahnung unter dem Gesichtspunkt von Treu und Glauben (§ 242 BGB) anerkannt.[275] Allerdings sind an das Vorliegen einer ernsthaften und endgültigen Erfüllungsverweigerung strenge Anforderungen zu stellen. Die Weigerung muss als letztes Wort aufzufassen sein.[276]

119 Eine Mahnung ist somit entbehrlich, wenn der Vermieter eine – nicht vereinbarte oder nicht zulässige – Kostenbeteiligung für die Reparatur verlangt oder die Erfüllung verweigert. Im letzteren Fall setzt dies aber voraus, dass der Vermieter im Zeitpunkt der Erklärung tatsächlich noch in der Lage war, die Mängel auf seine Kosten zu beseitigen.[277]

120 **bb) Besondere Gründe für den Verzugseintritt.** Der Verzugseintritt setzt gem. § 286 Abs. 2 Nr. 4 BGB keine Mahnung voraus, wenn aus besonderen Gründen unter Abwägung der beiderseitigen Interessen der **sofortige Eintritt des Verzugs** gerechtfertigt ist. Hier können folgende Fallgruppen unterschieden werden:

121 **Gefahr im Verzug.** Schon nach altem Recht konnte der Mieter bei einer unaufschiebbaren Notmaßnahme den Mangel beheben und Aufwendungsersatz verlangen, ohne die Mängelbeseitigung zuvor ausdrücklich beim Vermieter angemahnt zu haben[278] Dies versteht sich von selbst, da der Notfall ein Zuwarten verbietet. Der Vermieter hatte beispielsweise auch für die Kosten aufzukommen, die durch eine von dem Mieter veranlasste Tätigkeit des Elektro-Notdienstes zur Beseitigung eines Stromausfalles entstanden sind, wenn die eingetretene Störung der Stromversorgung auf einen Mangel in der elektrischen Anlage zurückgeht, für den der Mieter nicht verantwortlich ist.[279] Um eine **Notmaßnahme**[280] handelte es sich regelmäßig auch, wenn die Heizung ausfällt und der Fehler durch den Werkskundendienst behoben werden muss,[281] selbst wenn die Maßnahme keinen dauerhaften Erfolg hat. Wenn die Wohnungstür trotz **Reparatur** nicht mehr schließbar ist, besteht für den Mieter wegen der **Einbruchsgefahr** ein dringendes objektives Interesse an der Erneuerung der Tür, so dass er die Kosten hierfür auch ohne Aufforderung an den Vermieter zur Durchführung dieser Arbeiten verlangen konnte.[282] Weiterhin soll der Mieter auf eine Mahnung verzichten können, wenn nur bei sofortiger Beseitigung des Mangels nicht unerhebliche **Schäden abgewendet** werden können[283] oder der Beseitigungsanspruch des Mieters bei Zuwarten uninteressant und der Schaden nur noch größer würde.[284]

122 Auch nach der Neufassung des § 536a Abs. 2 BGB bleiben die Fälle, bei denen der Mieter ohne Mahnung des Vermieters Aufwendungsersatz verlangen kann, Ausnahmen. Regelmäßig bedarf es zwar in **Notfällen** keiner Mahnung, was aber die grundsätzliche Pflicht zur Einschaltung des Vermieters nicht entbehrlich macht (s. Rdn. 113).

123 Bei einem Wasserrohrbruch hinter dem Sperrventil ist es im Interesse des Mieters, dass die schadhafte Stelle sofort behoben wird. Andererseits kann der Vermieter, wenn er nicht im selben Haus wohnt, nicht sofort tätig werden. Neben dem Zeitraum bis zur Unterrichtung durch den Mieter (Telefonat) benötigt er einen Zeitvorlauf, z. B. um den Handwerker zu rufen oder ggf. die schadhafte Stelle selbst zu reparieren. Die allein durch die Kommunikationswege bedingte **Verzögerung** hat der Vermieter nicht zu vertreten (§ 286 Abs. 4 BGB). Es liegt somit kein Verzug vor, wenn der Vermieter zwar nicht unmittelbar eingreifen kann, aber doch unverzüglich (§ 121 BGB) tätig wird, um den Mangel zu beheben. Daher ist der Aufwendungsersatz ausgeschlossen, wenn der

---

[275] BGHZ 65, 372; 2, 310.
[276] Palandt/*Grüneberg* § 286 Rdn. 24.
[277] LG Mannheim BB 1977, 365.
[278] LG Hagen WuM 1984, 215 = ZMR 1984, 315; *Emmerich* in Staudinger § 536a BGB Rdn. 35.
[279] AG Bonn WuM 1987, 219.
[280] Blank, WImmoT 2010, 75, 80, spricht in Abgrenzung zu § 536a Abs. 2 Nr. 2 BGB von Eilmaßnahmen.
[281] LG Heidelberg WuM 1997, 42 = NJWE-MietR 1997, 99; kein Notfall: AG Brandenburg WuM 2012, 343.
[282] AG Frankfurt/M. WuM 1988, 157.
[283] So bei Gefahr durch Wespen- oder Hornissennester, vgl. AG Würzburg GE 2014, 1067; AG Meppen WuM 2003, 355.
[284] *Kossmann* § 62 Rdn. 9.

Mieter in dem obigen Beispiel sofort einen Handwerker in der Nachbarschaft beauftragt, anstatt zuerst den Vermieter zu unterrichten und nach dem weiteren Vorgehen zu befragen.

Hat der Mieter vor Beauftragung des Handwerkers **vergeblich** versucht, den Vermieter zu erreichen, und war ein weiteres Zuwarten dem Mieter nicht zumutbar, ist zwar die Mahnung gem. § 286 Abs. 2 Nr. 4 BGB entbehrlich. Gleichwohl ist zu fragen, ob der Vermieter die Verzögerung auch zu vertreten hat (§ 286 Abs. 4)[285]. Das wird man dann annehmen müssen, wenn der Vermieter dauerhaft abwesend ist und nicht mit einer Vertretung für solche Fälle Vorsorge getroffen hat. Problematisch bleiben daher die Fälle, bei denen der Vermieter nur vorübergehend nicht erreichbar ist. Da der Vermieter aber immer mit einem technischen Defekt im Bereich der Hausanlagen rechnen muss, obliegt es seiner **Fürsorgepflicht** (s. § 535 Rdn. 99f.), dem Mieter aus seiner fehlenden Erreichbarkeit keine Nachteile entstehen zu lassen. Erfordert der Mangel ein sofortiges Tätigwerden des Mieters, würde es gegen Treu und Glauben verstoßen, wenn sich der Vermieter seiner Verantwortung mit dem Argument seiner Abwesenheit entziehen könnte. Im Übrigen werden diese Fälle häufig deckungsgleich sein mit den Fällen des § 536a Abs. 2 Nr. 2 BGB[286], bei denen es auf den Verzug nicht ankommt (s. Rdn. 129ff.). 124

Fälle der Selbstmahnung. Ein besonderer Grund für die Entbehrlichkeit einer Mahnung ist auch gegeben, wenn der Schuldner seine Leistung ausdrücklich angekündigt hat, dennoch aber nicht tätig wird.[287] 125

Fehlerhafte Leistung des Schuldners. Erbringt der Schuldner wissentlich eine fehlerhafte oder falsche Leistung, unterlässt aber die Bewirkung der geschuldeten Leistung, ist eine Mahnung entbehrlich.[288] Nimmt der Vermieter somit wissentlich eine von vornherein untaugliche Reparatur vor, braucht der Mieter zur Durchsetzung seines Kostenerstattungsanspruchs für notwendige Selbstvornahme keine Mahnung auszusprechen[289]. 126

Vereitelung der Mahnung. Wenn der Schuldner selbst entscheidende Zustellungshindernisse setzt, darf er sich auf das Scheitern von Zustellungsversuchen nicht berufen.[290] 127

Keine Mahnung bei unzureichender Reparatur. Hat der Mieter nach vergeblicher Mahnung zur Reparatur selbst einen Handwerker beauftragt, ist eine weitere Anmahnung nicht erforderlich, wenn sich beim Reparaturauftrag zeigt, dass nur eine Erneuerung des schadhaften Gerätes den Mangel beheben kann.[291] Soweit auch in diesen Fällen eine Mahnung für erforderlich gehalten wird,[292] ist dem entgegenzuhalten, dass sich die Mahnung auf die Behebung des Mangels und nicht auf die Art und Weise der Mangelbeseitigung richtet. 128

2. Selbstbeseitigungsrecht zum Erhalt des Bestands der Mietsache

Gem. § 536a Abs. 2 Nr. 2 BGB hat der Mieter ein Selbstbeseitigungsrecht sowie einen Anspruch auf Ersatz der erforderlichen Aufwendungen auch dann, wenn die umgehende Beseitigung des Mangels zur Erhaltung oder Wiederherstellung des **Bestands der Mietsache** notwendig ist. Dieses Recht knüpft im Gegensatz zum Aufwendungsersatzanspruch nach Nr. 1 nicht an das Vorliegen der Verzugsvoraussetzungen an. Vielmehr erhält der Mieter seinen Anspruch auch dann, wenn die Aufwendungen notwendig waren, wenn sie also zur umgehenden Beseitigung des Mangels zwecks Erhaltung oder Wiederherstellung des Bestands der Mietsache erforderlich sind. Es handelt sich somit um Verwendungen, die auch der Eigentümer selbst hätte aufwenden müssen, um die Sache wiederherzustellen oder zu erhalten.[293] Der Begriff ist nach allgemeiner Ansicht restriktiv auszulegen.[294] 129

Die Wiederherstellung betrifft die Ersetzung zerstörter Gebäudeteile, die Erhaltung sowie die Ausbesserung von Gebäudeteilen, die in ihrer Substanz gefährdet sind. Arbeiten, die darauf abzielen, eine drohende Gefahr abzuwenden, zählen ebenfalls zu den der Erhaltung dienenden Maßnahmen. Hierzu gehören z. B. die Bebauung des Grundstücks mit einem Schutzdeich oder der Aufbau 130

---

285 Vgl. dazu auch *Dauner-Lieb/Dötsch* NZM 2004, 641, 643.
286 Vgl. *Derleder* WImmoT 2006, 155, 168.
287 OLG Köln NJW-RR 2000, 73.
288 BGH NJW 1985, 2526 = MDR 1985, 927 zum Kaufrecht.
289 AG Wetzlar WuM 2005, 715.
290 OLG Köln VersR 1989, 642.
291 LG Itzehoe WuM 1988, 87.
292 LG Hamburg WuM 1988, 87; *Horst* ZAP 1035, 1038.
293 BGH WuM 1994, 201 = NJW-RR 1993; 522, *Emmerich* in Staudinger § 536a BGB Rdn. 38.
294 OLG München NJWE-MietR 1997, 76 = ZMR 1997, 235; *Gather* PiG 53 (1997), 26.

einer Stützmauer zur Verhinderung des Einsturzes.[295] Es muss sich daher um Maßnahmen handeln, ohne die das Gebäude oder wesentliche Teile schwer beschädigt oder auf Dauer unbrauchbar würden.[296] Hierzu gehört z. B. die Erneuerung des erheblich schadhaften Dachstuhls einschließlich der Dacheindeckung oder der Elektro- und Sanitärinstallation, die Beseitigung von Feuchtigkeitsschäden im Wand- und Fußbodenbereich,[297] etwa durch Einbau einer Drainage,[298] die Beseitigung eines Rohrbruchs[299] oder Wiederherstellung des Schmutzwasserabflusses,[300] die Reparatur der Heizung[301] oder der Einkauf von Heizöl,[302] sofern die Mietsache wegen des drohenden Frostes Gefahren ausgesetzt ist.

131 Bei diesen Fallgruppen sind **Überschneidungen** zu Nr. 1 denkbar. So führt der Brennerausfall im Herbst zu keiner drohenden Gefahr für den Bestand der Mietsache, da Frostschäden nicht zu befürchten sind. Auch die Beseitigung eines Wasserrohrbruchs muss nicht zwingend in die Fallgruppe der Nr. 2 eingeordnet werden. Betrifft beispielsweise der Rohrbruch nur einen Nebenstrang, der abgesperrt werden kann, ist zu prüfen, ob nicht zunächst dem Vermieter die – kurzfristige – Gelegenheit zur Reparatur eingeräumt werden muss (s. Rdn. 123).

132 Für den Anspruch des Mieters kommt es **nicht** darauf an, ob er mit Fremdgeschäftsführungswillen gehandelt hat. § 536a Abs. 2 Nr. 2 BGB knüpft allein an die objektive Notwendigkeit der Maßnahme an.

3. Aufwendungsersatz aus GoA

133 Vom Anspruch auf Aufwendungsersatz gem. § 536a Abs. 2 BGB zu unterscheiden ist der Anspruch gem. § 539 Abs. 1 BGB.[303] § 539 Abs. 1 BGB hat die Regelung in § 547 Abs. 2 BGB a. F. aufgegriffen, ohne diese inhaltlich zu verändern. § 536a Abs. 2 BGB steht zu der Vorschrift des § 539 Abs. 1 BGB in einem Ausschließlichkeitsverhältnis[304] (s. Rdn. 167; zum Verhältnis zu § 555a Abs. 3 BGB vgl. dort Rdn. 41 ff.).

134 Sprachlich wurde der Begriff „Verwendungen" ersetzt durch „Aufwendungen", um auch innerhalb des Gesetzes einen einheitlichen Sprachgebrauch sicherzustellen.[305] Damit wurde aber der einheitliche Sprachgebrauch zu §§ 994 ff. BGB aufgegeben, ohne dass damit inhaltliche Änderungen beabsichtigt waren.

4. Ungerechtfertigte Bereicherung

135 Liegen die Voraussetzungen des § 536a Abs. 2 BGB sowie des § 539 Abs. 1 BGB nicht vor, z. B. weil mit der Investition des Mieters weder ein Mangel behoben wurde, noch der Mieter mit Fremdgeschäftsführungswillen gehandelt hat, kann unter Umständen ein Anspruch aus ungerechtfertigter Bereicherung in Betracht kommen.[306] So liegt der Fall, wenn der Mieter Schönheitsreparaturen am Ende des Mietverhältnisses vornimmt, weil er glaubt, dazu aufgrund der vereinbarten (unwirksamen) Formularklausel verpflichtet zu sein[307] (s. auch Rdn. 168).

---

295 OLG Hamburg WuM 1986, 82 = ZMR 1985, 237.

296 Herrlein/*Kandelhard* § 536a BGB Rdn. 17; weitergehend *Sternel,* Mietrecht aktuell (2009), Rdn. VIII 283, der über den Wortlaut der Vorschrift hinaus den ungestörten Gebrauch der Mietsache als ausreichend ansieht.

297 BGH WuM 1994, 201 = NJW-RR 1993, 522 zu § 547 BGB a. F.

298 BGHZ 131, 220 = NJW 1996, 921 = MDR 1996, 1113.

299 LG Hagen WuM 1984, 215 = ZMR 1984, 375; AG Schöneberg GE 1988, 305.

300 AG Saarburg WuM 2008, 725 (zweifelhaft, ob Bestand der Mietsache betroffen ist); vgl. BGH, Urt. v. 24.11.1995 – V ZR 88/95 = NJW 1996, 921 zum Verwendungsbegriff des § 994 BGB.

301 LG Rottweil WuM 1989, 288; AG Münster WuM 2009, 665; Ausnahme: AG Brandenburg a. d. Havel GE 202, 758.

302 AG Weilheim WuM 1987, 221.

303 Siehe dazu *Blank,* WImmoT 2010, 75, 80 ff.

304 BGH (VIII ZR 222/06) WuM 2008, 147 = NJW 2008, 1216 = GE 2008, 325 = ZMR 2008, 281 = NZM 2008, 279 = MietPrax-AK § 536a BGB Nr. 4 mit Anm. *Eisenschmid; Bieber* in MünchKomm § 539 Rdn. 2; Palandt/*Weidenkaff* § 536a Rdn. 6; *Horst* DWW 2012, 242; § 539 ist anwendbar bei berechtigter GoA; *Kuhn* ZMR 2009, 177; vgl. Sonderfall AG Hamburg ZMR 2009, 930.

305 BR-Drucks. 439/00 S. 106.

306 Sie dazu *Blank,* WImmoT 2010, 75, 84 ff.

307 BGH (VIII ZR 302/07) WuM 2009, 395 = NZM 2009, 541 = NJW 2009, 2590 = GE 2009, 901 = MietPrax-AK § 812 BGB Nr. 5.

5. Inhalt und Umfang des Aufwendungsersatzanspruchs

Kommt der Vermieter seiner Verpflichtung, einen Mangel zu beseitigen, nicht nach und gerät der Mieter dadurch in die Lage, dies selbst veranlassen zu müssen, kann von ihm nicht mehr verlangt werden, als dass er eine **Fachfirma** mit der Reparatur beauftragt. Der Mieter darf den Mangel auch selbst beheben. In diesem Fall schuldet er aber eine **fachgerechte** Ausführung der Arbeiten. Fehlt es daran, kann er die Aufwendungen über § 536a Abs. 2 BGB nicht ersetzt verlangen.[308] 136

Der Anspruch auf Aufwendungsersatz entsteht mit der Vornahme der Verwendung.[309] Befand sich der Vermieter mit der Mängelbeseitigung in Verzug und nimmt der Mieter nach einem Eigentümerwechsel die Aufwendung vor, steht ihm der Ersatzanspruch gemäß § 536a Abs. 2 BGB gegen den Erwerber des Grundstücks zu.[310] 137

Der Ersatzanspruch erfasst die erforderlichen Aufwendungen. Es gelten die Regelungen der §§ 256, 257 BGB. Maßgeblich ist, was der Mieter nach reiflicher Überlegung unter dem Gesichtspunkt der **Wirtschaftlichkeit,** ggf. nach Einholung eines **fachmännischen Rates,**[311] als angemessen ansehen darf, um die Sache in einen vertragsgemäßen Zustand zu versetzen.[312] Es kommt aber nicht darauf an, ob der Vermieter die Arbeiten hätte billiger ausführen können.[313] Der Mieter ist grundsätzlich nicht verpflichtet, ein **Ausschreibungsverfahren** durchzuführen. Nur wenn die Beseitigung des Schadens nicht dringend ist, kann der Mieter gehalten sein, Kostenvoranschläge einzuholen.[314] Ohne besondere Anhaltspunkte für eine überhöhte Rechnung des Handwerkers darf er diese akzeptieren. Drängt sich dem Mieter allerdings der Eindruck einer überhöhten Rechnung auf, kann er verpflichtet sein, diese auch dann zu kürzen, wenn der Handwerker mit einem Rechtsstreit droht.[315] Hat der Vermieter es aber in der Hand gehabt, selbst für die Beseitigung des Mangels zu sorgen, dann trägt er das Risiko einer überhöhten Rechnung.[316] 138

Ist im Falle des Abs. 2 Nr. 2 der Mangel provisorisch behoben worden, stellen spätere – endgültige – Reparaturmaßnahmen keine Aufwendungen nach Nr. 2 sondern allenfalls nach Nr. 1 dar, mit der Folge, dass der Aufwendungsersatz Verzug erfordert.[317] Kommen **mehrere Möglichkeiten** der Mängelbeseitigung in Betracht, muss der Mieter dem Vermieter grundsätzlich die Möglichkeit der Leistungsbestimmung einräumen; z. B. bei der Entscheidung, ob eine Einrichtung repariert oder neu angeschafft werden soll. Entscheidet der Vermieter diese Frage nicht, geht das Leistungsbestimmungsrecht auf den Mieter über, welches er dann unter Berücksichtigung der Interessen des Vermieters, insbesondere unter Wahrung der Wirtschaftlichkeit, ausüben darf. Der Mieter kann dabei aber auch in Erwägung ziehen, dass der Vermieter, da er von seinem Bestimmungsrecht keinen Gebrauch gemacht hat, die Auswahl dem Mieter überlassen wollte. 139

Zu den Aufwendungen gehören in erster Linie die Kosten für Handwerkerleistungen sowie Materialkosten. Hierzu gehören ferner die eigenen Arbeitsleistungen sowie die Arbeitsleistungen freiwilliger Helfer,[318] soweit sie ohne das schädigende Ereignis nicht erbracht worden wären, sowie Belastungen und Schulden.[319] Der Mieter kann gem. § 257 BGB verlangen, dass er von den eingegangenen Schulden freigestellt wird. Gem. § 256 BGB sind die Aufwendungen zu verzinsen. Die Zinshöhe beträgt grundsätzlich 4% (§ 246 BGB). Handelt es sich bei den Vertragsparteien um ein beiderseitiges Handelsgeschäft, betragen die Zinsen gem. § 352 Abs. 1 HGB 5%. Schuldet der Vermieter Aufwendungsersatz für eine Mängelbeseitigung, z. B. nach einem Wassereinbruch, darf er, weil es sich um einen Ausgleich für den Erfüllungsanspruch handelt, nicht im Wege eines Abzuges 140

---

308 AG Osnabrück WuM 2005, 48.
309 OLG Celle NJW 1962, 1918; unklar AG Potsdam WuM 1995, 267.
310 BGH NJW 1965, 1225 = MDR 1965, 563; LG Berlin NJW-RR 1990, 23 = MM 1992, 65.
311 LG Berlin GE 1991, 987; 1987, 39; 1985, 309.
312 BGH NJW 1973, 46 = MDR 1973, 129 = JZ 1973, 168 zum Werkvertragsrecht; *Emmerich* in Emmerich/Sonnenschein § 536a Rdn. 17.
313 *Wolf/Eckert/Ball* Rdn. 311.
314 *Gather* DWW 1997, 169, 184.
315 KG GE 1994, 155.
316 LG Berlin MM 1994, 175.
317 AG Münster WuM 2009, 665.
318 BGH NJW 1996, 921 = MDR 1996, 1113 = BB 1996, 658 = GE 1996, 539 zum Eigentümer-Besitzer-Verhältnis; NJW 1973, 46 = MDR 1973, 129 = JZ 1973, 168 zum Werkvertragsrecht; *Kraemer/Ehlert* in Bub/Treier III. B Rdn. 3351.
319 *Gather* DWW 1997, 169, 184.

„Neu für Alt“ anteilige (nicht fällige) Schönheitsreparaturen des Mieters berücksichtigen[320] (zur Höhe des Schadensersatzes vgl. Rdn. 79 ff.).

141 Ersatzfähig können auch notwendige Sicherungsmaßnahmen sein, z. B. das Anbringen von Schlössern.[321]

142 Der Mieter kann, wenn die Wiederherstellung des ursprünglichen Zustandes wirtschaftlich unvertretbar wäre, den Schaden auch abw. vom ursprünglichen Zustand so beheben, dass er den Mindestanforderungen der Technik entspricht.[322] Er kann u. U. auch die Kosten für Ersatzgeräte verlangen, wenn die Reparatur nicht mehr sinnvoll erscheint.[323] Umstritten ist dabei, ob es wegen dieses Umstandes einer erneuten Mahnung des Vermieters bedarf.[324] Eine erneute Mahnung könnte nur unter dem Gesichtspunkt der **Schadensminderung**[325] gefordert werden, da der Verzug regelmäßig durch die erste Mahnung schon vorliegt. Andererseits ist aber zu berücksichtigen, dass dem Vermieter seine Untätigkeit in besonderem Maße angelastet werden muss, wenn er nach den gesamten Umständen, z. B. wegen des Alters des Gerätes oder der Art des Schadens, mit einem Austausch rechnen konnte.

143 Der Mieter kann darüber hinaus auch **eigene Leistungen** in Ansatz bringen.[326] Vergleichbare Regelungen finden sich in § 27 Abs. 2 II. BV zugunsten des Eigentümers. Die Höhe ist mit einer in der Bauhandwerker-Branche entsprechenden Zahlung anzusetzen. Dabei wird der Kenntnis- und Ausbildungsstand des Mieters für eine derartige Maßnahme eine Rolle spielen.

144 Für die Geltendmachung des Aufwendungsersatzanspruchs ist es ohne Belang, dass die Reparaturmaßnahme keinen Erfolg hatte, wenn den Mieter hieran kein Verschulden trifft. Allerdings trifft den Mieter in diesen Fällen bezüglich des verbliebenen Mangels[327] eine erneute Anzeigepflicht.

145 Als Aufwand gilt auch der Abkauf eines **Drittrechts** oder eine **Abstandszahlung** an den Dritten zum Gebrauchsverzicht. Dies wird teilweise abgelehnt, weil das Beseitigungsrecht nur auf die Ausübung des Rechts und nicht auf den Bestand des Rechts abzielt[328] (s. § 536 Rdn. 306). Dem ist aber entgegenzuhalten, dass es dem Mieter erlaubt sein muss, Sicherheit über den Gebrauch der Mietsache zu erhalten, da die Gebrauchsausübung durch den Dritten immer drohend im Raum steht.

6. Vorschuss

146 Es ist ständige Rechtsprechung des BGH,[329] dass der zur Ersatzvornahme Berechtigte einen Anspruch auf Leistung eines Vorschusses in Höhe der voraussichtlich zur Mängelbeseitigung erforderlichen Kosten hat.[330] Dieser Vorschussanspruch ist von der Rechtsprechung aus Billigkeitserwägungen (Treu und Glauben) geschaffen worden und kann daher im Einzelfall auch zugunsten des Vermieters ausgeschlossen sein.[331] Der Anspruch besteht nur, wenn der Vermieter eine Pflicht zur Mängelbeseitigung hat,[332] er mit der Beseitigung des Mangels in Verzug ist und der Vermieter nicht ein tatsächliches Angebot zur Mängelbeseitigung unterbreitet hat.[333] Eine Fristsetzung mit Ablehnungsandrohung ist entbehrlich. Ebenfalls ist nicht erforderlich, dass der Mieter zunächst den Ver-

---

[320] LG Berlin MM 1986, Nr. 11, 29; GE 1996, 1181; *Sternel* WuM 2002, 585, 586; *Eisenschmid* NZM 2002, 889, 890.

[321] *Kraemer/Ehlert* in Bub/Treier III. B Rdn. 3353.

[322] LG Köln WuM 1994, 73.

[323] LG Berlin GE 1985, 309.

[324] Verneinend LG Itzehoe WuM 1988, 87; *Kossmann* § 63 Rdn. 2; bejahend LG Gießen WuM 1996, 557; LG Hamburg WuM 1988, 87.

[325] Vgl. OLG Düsseldorf DWW 2007, 67 zur Vermeidung von Anwaltskosten; zur Behauptungs- und Beweislast s. BGH WuM 2006, 25.

[326] Zum Umfang der eigenen Leistungen s. *Eisenschmid,* Anm. zu BGH (VIII ZR 302/07) MietPrax-AK § 812 BGB Nr. 5 = WuM 2009, 581 = NJW 2009, 2590 = NZM 2009, 541 = ZMR 2009, 829.

[327] OLG Düsseldorf NJW-RR 1987, 1232 = ZMR 1987, 376.

[328] *Lammel* § 536 a Rdn. 39.

[329] BGHZ 47, 272; 56, 136; 61, 28 = NJW 1973, 1457; 68, 372 = WuM 1984, 307 = NJW 1977, 1336 = MDR 1977, 831 = ZMR 1979, 21.

[330] KG RE vom 29.2.1988, WuM 1988, 142 = NJW-RR 1988, 1039 = ZMR 1988, 219 = DWW 1988, 140; LG Berlin GE 2010, 127.

[331] BGHZ 56, 136; LG Berlin NZM 1999, 119 bei schikanösem Verhalten des Mieters.

[332] LG Berlin GE 1998, 619.

[333] VerfGH Berlin GE 2005, 982; KG RE vom 29.2.1988, WuM 1988, 142 = NJW-RR 1988, 1039 = ZMR 1988, 219 = DWW 1988, 140.

mieter auf Mängelbeseitigung in Anspruch nimmt, um dann im Wege der Vollstreckung den Anspruch auf Vorschuss (§ 887 ZPO) durchzusetzen.[334]

Der Kostenvorschuss besteht in Höhe des **voraussichtlichen** Aufwandes zur Mängelbeseitigung.[335] Der Vorschuss ist zeitnah zu verwenden. Der zeitlichen Rahmen ist jedoch abhängig von den Umständen des Einzelfalls.[336] Über den Vorschuss muss nach Abschluss der Arbeiten abgerechnet werden. Der Mieter ist verpflichtet, insoweit Rechnung zu legen. Verzugszinsen aus der verspäteten Vorschusszahlung stehen dem Mieter zu und bleiben bei der Abrechnung des Kostenvorschusses außer Betracht.[337] **147**

Mit eigenen Ansprüchen kann der Vermieter wegen der **Zweckgebundenheit** regelmäßig nicht gegen den Anspruch auf Vorschuss aufrechnen.[338] Anderenfalls würde § 536a Abs. 2 BGB ausgehöhlt, da Sinn und Zweck der Vorschrift gebieten, dem Mieter die Mängelbehebung zu ermöglichen.[339] **148**

Allerdings kann der Mieter grundsätzlich gegen eine Mietzinsforderung des Vermieters auch mit dem Aufwendungsersatzanspruch aufrechnen.[340] **149**

Der Anspruch des Mieters auf Zahlung eines Kostenvorschusses zur Mängelbeseitigung ist **abtretbar,** denn die Abtretung berührt nicht den Bestand des Mietvertrages, sondern soll lediglich die Vermögenseinbuße des Mieters ausgleichen.[341] **150**

Stehen auf der Mieterseite mehrere Mieter, kann der Anspruch auf Vorschuss auch von einem einzelnen Mieter durch Leistungsklage **an alle** geltend gemacht werden.[342] **151**

Ist der Mieter zur Vorfinanzierung nicht in der Lage, kann in eilbedürftigen Fällen der Anspruch auch im Wege einer **einstweiligen Verfügung** verfolgt werden.[343] **152**

Hat der Mangel bereits im Zeitpunkt einer Veräußerung des Grundstücks bestanden und wurde er von dem früheren Vermieter nicht beseitigt, kann der Anspruch auf einen Vorschuss für die zur Mängelbeseitigung durch den Mieter erforderlichen Aufwendungen dann gegen den Erwerber des Grundstücks geltend gemacht werden (§ 566 BGB), wenn erst dieser mit der Beseitigung des Mangels in Verzug gekommen ist.[344] **153**

7. Verwirkung

Der Aufwendungsanspruch **verjährt** nach § 548 Abs. 2 BGB.[345] Er kann trotz der kurzen Verjährungsfrist verwirkt sein, wenn der Mieter eine ungebührlich lange Zeit verstreichen lässt, ehe er mit seinem Anspruch hervortritt.[346] Dabei ist noch ungeklärt, ob nach einer Mieterhöhung, ähnlich wie bei der Mietminderung, der Anspruch auf Aufwendungsersatz wieder aufleben kann. Dafür spricht, dass jedenfalls bei schwerwiegenden Mängeln der aus Treu und Glauben hergeleitete Grundsatz der Verwirkung auch verlangt, dass der Anspruchsverlust angemessen ist.[347] **154**

8. Sonstiges

Ist der Vermieter nach **Verurteilung** zur Vorschusszahlung bereit, die notwendigen Arbeiten durchzuführen, geht diese Leistung der Vorschusszahlung vor.[348] § 536a Abs. 2 BGB gibt dem Mieter nur ein Selbsthilferecht, während er den endgültigen Geldanspruch (Schadensersatzanspruch) nur über Abs. 1 erlangt. Ist der Mangelbeseitigungsanspruch des Mieters tituliert, kann dieser nach **155**

---

[334] *Kraemer/Ehlert* in Bub/Treier III. B Rdn. 3356.
[335] AG Hamburg ZMR 2014, 457.
[336] BGH (VIII ZR 63/11) MietPrax-AK § 543 BGB Nr 23 = GE 2012, 1489 = GuT 2012, 127 = ZMR 2012, 610.
[337] BGHZ 94, 330 = NJW 1985, 2325 = MDR 1985, 924.
[338] *Kraemer/Ehlert* in Bub/Treier III. B Rdn. 3356.
[339] OLG Stuttgart WuM 1989, 199 = GE 1989, 627 = ZMR 1989, 191 zum Hausgeld nach WEG; KG RE vom 29.2.1988, WuM = NJW-RR 1988, 1039 = ZMR 1988, 219; LG Kleve WuM 1989, 14.
[340] *Weimar* ZMR 1975, 163, 164.
[341] LG Berlin GE 1990, 543.
[342] LG Berlin GE 1994, 997; **a. A.** LG Berlin ZMR 1999, 712.
[343] *Börstinghaus* Rdn. 98; *Weimar* ZMR 1975, 163, 164.
[344] LG Berlin ZMR 1987, 19 = MDR 1987, 142; GE 1987, 39.
[345] BGH NJW 1974, 743 = MDR 1974, 838.
[346] BGH NJW 1959, 1629 = MDR 1959, 754; LG Berlin GE 1994, 403; AG Köln ZMR 1995, 260.
[347] *Schläger* ZMR 1995, 261; *Börstinghaus* Rdn. 95; **a. A.** AG Köln ZMR 1995, 260.
[348] LG Berlin GE 1989, 151.

§ 887 ZPO vollstreckt werden. Dafür kann sich der Mieter zur Durchführung der Arbeiten in Eigenregie ermächtigen und den notwendigen Kostenvorschuss ausurteilen lassen.[349]

156 Die Ansprüche des Mieters gem. § 536a Abs. 2 BGB entstehen mit der Vornahme der Aufwendungen. Sie werden daher auch zu diesem Zeitpunkt fällig. Im Falle eines späteren Eigentümerwechsels hat der Mieter daher grundsätzlich seine Ansprüche beim alten Eigentümer geltend zu machen.

157 Eine **Differenzierung** der Rechte des Mieters nach Beitrittsgebiet und den alten Bundesländern lässt sich jedenfalls heute nicht mehr rechtfertigen, da durch das Mietenüberleitungsgesetz[350] (§§ 12–17 MHG) die rechtlichen Rahmenbedingungen zur Wirtschaftlichkeit des Hausbesitzes im gesamten Bundesgebiet vereinheitlicht wurden.

VII. Verjährung

158 Der Schadenersatzanspruch nach § 536a Abs. 1 BGB verjährt gem. § 195 BGB nach 3 Jahren. Dabei sind die Höchstgrenzen des § 199 BGB zu beachten. Die kurze Verjährungsfrist des § 548 BGB ist auf mietvertragliche Schadenersatzansprüche des Mieters nicht anwendbar.[351]

159 Die Verwendungsersatzansprüche des Mieters nach § 536a Abs. 2 BGB verjähren dagegen in der Frist des § 548 BGB[352] innerhalb von 6 Monaten nach Beendigung des Mietverhältnisses.[353]

VIII. Verhältnis zu anderen Vorschriften

1. Minderung

160 § 536a BGB ist neben § 536 BGB anwendbar. Bei **Sachmängeln** dann, wenn die Mietsache übergeben worden ist,[354] sonst gelten die allgemeinen Vorschriften. Bei **Rechtsmängeln** gilt § 536a BGB schon vor Übergabe (s. § 536 Rdn. 544ff.).

2. Kündigung

161 Der Anwendungsbereich des § 536a Abs. 1 BGB wird durch eine Kündigung des Mieters nicht ausgeschlossen.[355] Vielmehr kann der Mieter gerade den Schaden ersetzt verlangen, der durch eine fristlose Kündigung verursacht wurde, wie z. B. Umzugskosten etc. (s. oben Rdn. 79ff.).

162 Auch die Anwendung des § 536a Abs. 2 BGB wird durch eine ordentliche Kündigung nicht ausgeschlossen, weil das Vertragsverhältnis bis zum Ablauf der Kündigungsfrist fortdauert und der Mieter bis zu diesem Zeitpunkt einen Anspruch auf Mängelfreiheit hat. Der Anspruch auf Vorschuss kann allerdings dann gegen Treu und Glauben verstoßen, wenn wegen einer vorgesehenen Vertragsbeendigung schon aus zeitlichen Gründen, z. B. bei kurzen Kündigungsfristen, die Herstellung des vertragsgemäßen Gebrauchs innerhalb der restlichen Vertragszeit nicht möglich ist und daher **willkürlich** erscheint.

163 Ist das Vertragsverhältnis beendet und wurde dem Mieter eine **Räumungsfrist** gewährt, wird § 536a BGB in engen Grenzen entsprechend anzuwenden sein. Dabei wird man die zulässigen Maßnahmen aber auf die **Sicherstellung** von Strom, Wasser und Heizenergie sowie auf die Gefahrenabwehr begrenzen müssen (vgl. § 535 Rdn. 251). Diese Begrenzung ist sachgerecht, da der Erfüllungsanspruch nur bis zur Beendigung des Vertrages fortwährt und der Aufwendungsersatz bzw. der Anspruch auf Vorschuss lediglich der Durchsetzung des Erfüllungsanspruchs dient.

---

[349] *Flatow* in: AnwZertMietR 1/2012 Anm. 1 mit weiteren Ausführungen zum Vollstreckungsverlauf.

[350] Mietenüberleitungsgesetz vom 6.6.1995, BGBl. I S. 748.

[351] BGH WuM 1994, 203 = NJW 1994, 2236 = GE 1994, 275 = MDR 1994, 613 = ZMR 1994, 150; OLG Koblenz NJW-RR 1991, 1317 = MDR 1991, 597 = VersR 1992, 616; LG München I WuM 1991, 584 = NJW-RR 1991, 975.

[352] BGH NJW 1974, 743 = MDR 1974, 838.

[353] *Blank,* WImmoT 2010, 75, 90, 91.

[354] BGH WuM 1978, 86 = NJW 1978, 103 = MDR 1978, 306.

[355] BGH NJW-RR 1995, 715 = ZMR 1995, 480 = DWW 1995, 279; OLG Hamm RE vom 3.2.1983, WuM 1983, 76 = NJW 1983, 1332 = ZMR 1983, 348 = DWW 1983, 147.

3. Unmöglichkeit

Unter Umständen können die allgemeinen Vorschriften den speziellen Gewährleistungsrechten vorgehen (s. im Einzelnen § 536 Rdn. 529ff.). Da nach der ganz herrschenden Meinung nach Übergabe der Mietsache die speziellen mietrechtlichen Gewährleistungsvorschriften Anwendung finden, geht § 536a Abs. 2 BGB den allgemeinen Vorschriften vor, da Aufwendungen des Mieters zur Mängelbeseitigung vor Übergabe der Mietsache nicht in Betracht kommen. **164**

4. Pflichtverletzung (pVV)

PVV kann allein oder neben § 536a BGB angewendet werden, wenn nicht unmittelbar die Beschaffenheit der Mietsache betroffen ist.[356] Die gegenüber der Gewährleistung aus § 536a BGB subsidiäre Haftung des Vermieters aus positiver Vertragsverletzung (§ 280 BGB) kommt dann in Betracht, wenn es um die Verletzung von **nicht leistungsbezogenen** Nebenpflichten gem. § 241 Abs. 2 BGB, insbesondere um **Informations-** und **Hinweispflichten** geht.[357] Die Pflichtverletzung des Vermieters darf somit keinen Mangel der Mietsache zur Folge haben.[358] Das ist beispielsweise der Fall, wenn der Vermieter schuldhaft seine Pflicht verletzt, die vom Mieter eingebrachten Sachen vor Schaden zu bewahren. Zudem zählen hierzu die Fälle der unberechtigten Kündigungen durch den Vermieter. **165**

5. c. i. c. und Geschäftsgrundlage

Wegen der Sonderregelung in § 536a BGB sind sowohl das Rechtsinstitut c. i. c. als auch die Regeln über den Wegfall der Geschäftsgrundlage grundsätzlich unanwendbar.[359] Bis zum Zeitpunkt der Übergabe der Mietsache kann aber ein Anspruch aus c. i. c. in Betracht kommen[360] (s. im Einzelnen § 536 Rdn. 607ff.). **166**

6. Sonstige Aufwendungen

§ 539 Abs. 1 BGB verweist auf § 536a Abs. 2 BGB und schließt damit aus, dass der Mieter sowohl nach der einen als auch nach der anderen Vorschrift Ersatz seiner Aufwendungen verlangen kann. Handelt es sich somit um Aufwendungen zur Beseitigung von Mängeln, ist der Mieter verpflichtet, den Vermieter gem. § 536a Abs. 2 Nr. 1 BGB zunächst in Verzug zu setzen. Versäumt er dies, ist ein Rückgriff auf § 539 Abs. 1 BGB nicht erlaubt.[361] **167**

Andererseits erhält der Mieter seine Aufwendungen für andere Maßnahmen als für die Mängelbeseitigung nur erstattet, wenn die Voraussetzungen **der GoA** vorliegen (Rechtsgrundverweisung). Der Mieter erhält danach gem. §§ 539 Abs. 1, 683 BGB für nützliche bauliche Veränderungen und Umbauten Verwendungsersatz, wenn die Arbeiten dem wirklichen oder mutmaßlichem Willen des Vermieters entsprechen.[362]

7. Ungerechtfertigte Bereicherung

Macht der Mieter Verwendungen auf das Grundstück, die zu einer Erhöhung des Verkehrswertes führen, kommt bei fehlendem Geschäftsführungswillen ein Anspruch des Mieters aus § 812 BGB in Betracht.[363] Die Bereicherung ergibt sich nach der Rechtsprechung der XII. Zivilsenats **168**

---

[356] BGH NJW 1957, 826; s. hierzu *Graf v. Westphalen* NZM 2002, 368, 375.

[357] BGH (XII ZR 6/12) MietPrax-AK § 535 BGB Nr 52 = NZM 2013, 191 = GE 2013, 209; NJW 1957, 826.

[358] OLG München WuM 1991, 681.

[359] BGH WuM 1992, 313 = NJW-RR 1992, 267 = ZMR 1992, 239.

[360] BGH NJW 1997, 2813 = MDR 1997, 923 = ZMR 1997, 565 = ZIP 1997, 1594 = ZfIR 1997, 523; BGHZ 85, 267 = NJW 1983, 446 = ZMR 1983, 93 = DWW 1983, 17 = MDR 1983, 394 = GE 1983, 117; vgl. hierzu *Tröster* NZM 1998, 697, 701.

[361] BGH (VIII ZR 222/06) WuM 2008, 147 = NJW 2008, 1216; NZM 2007, 279 = ZMR 2007, 281 = GE 2007, 325 = MietPrax-AK § 536a BGB Nr. 4 mit Anm. *Eisenschmid; Dauner-Lieb/Dötsch* NZM 2004, 641; zweifelnd *Emmerich* in Staudinger § 536a BGB Rdn. 41.

[362] Vgl. weitergehend BGH WuM 1993, 123 = NJW-RR 1993, 521 = ZMR 1993, 151 = MDR 1993, 866; GE 2007, 1049 (Landwirtschaftssenat) zum Mängelbeseitigungsanspruch aus GoA (Reparaturkosten für ein Abflussrohr).

[363] BGH WuM 1994, 201 = NJW-RR 1993, 522 = GE 1993, 643; AG Wedding WuM 1989, 15; *Kraemer/Ehlert* in Bub/Treier III. B Rdn. 3361.

nicht aus dem Wert der Aufwendung, sondern aus der **Wertsteigerung des Mietobjektes**[364] oder aus den Vorteilen, die der Vermieter aus dem erhöhten objektiven **Ertragswert** der Mietsache tatsächlich erzielen kann.[365] Anhaltspunkt dafür ist in erster Linie die Zahlung eines höheren Mietzinses durch den Nachmieter.[366] Ein Bereicherungsanspruch des Mieters scheidet aus, wenn der Vermieter mit der baulichen Maßnahme von vornherein nicht einverstanden war.[367] Bereicherungsschuldner ist im Falle eines Eigentümerwechsels der Erwerber, nicht aber beim Erwerb im Wege der Zwangsversteigerung.[368]

169 Ausnahmsweise können aber auch die tatsächlichen Aufwendungen des Mieters zu erstatten sein,. Das ist bei der Vornahme von nicht geschuldeten Schönheitsreparaturen der Fall, die der Mieter aufgrund einer entsprechenden, vermeintlich wirksamen, Formularklausel durchgeführt hat. Hier dienen die Aufwendungen des Mieters der Erfüllung seiner angeblichen Leistungspflicht, die eine Hauptleistung ist und nach Auffassung des VIII. Zivilsenats[369] in vollem Umfang wieder erstattet werden muss.

8. Unerlaubte Handlung

170 Neben den vertraglichen Schadensersatzansprüchen aus § 536a BGB können deliktische Ansprüche geltend gemacht werden. Die **Verkehrssicherungspflicht** tritt selbständig neben die vertragliche Haftung. Die deliktische Haftung wird somit auch nicht durch einen Ausschluss nach § 536b BGB berührt.[370]

9. Eigentümer-Besitzer-Verhältnis

171 Hat der Mieter nach rechtlicher Beendigung des Mietverhältnisses Investitionen getätigt, kommen Aufwendungsersatzansprüche gegen den Eigentümer gem. §§ 994ff. BGB in Betracht, da nach herrschender Meinung[371] die §§ 994ff BGB auch für den nachträglich unberechtigten Besitzer gelten, wenn die Verwendung nach Wegfall der Berechtigung erfolgt. § 994 Abs. 1 BGB gibt einen Anspruch auf Aufwendungen für notwendige Verwendungen des gutgläubigen Besitzers (s. auch § 539 Rdn. 67).

172 § 994 Abs. 2 BGB gibt nur einen Anspruch auf Aufwendungen für notwendige Verwendungen nach GoA (§§ 683, 677 BGB), wenn der Besitzer bösgläubig ist, also beispielsweise selbst gekündigt oder die Vermieterkündigung anerkannt hat. Für den Fremdgeschäftsführungswillen reicht es, wenn der Nutzer neben den eigenen Interessen „auch" ein fremdes Geschäft führen wollte. § 996 BGB gibt u. U. einen Anspruch auf sonstige, nützliche Verwendungen. Die Regelung ist abschließend. Die kurze Ausschlussfrist des § 1002 BGB ist zu beachten.

IX. Haftungsausschlüsse

173 Für § 536a BGB gelten dieselben Ausschlusstatbestände wie für § 536 BGB. Allerdings ist § 536 Abs. 4 BGB nicht entsprechend anwendbar, so dass ein vertraglicher Haftungsausschluss in den Grenzen der § 305ff. BGB möglich bleibt.[372] Aufwendungsersatzansprüche des Mieters nach Abs. 2 können im Wohnraummietverhältnis formularvertraglich weder ausgeschlossen noch eingeschränkt werden.[373]

---

[364] LG Berlin MM 1995, 68; GE 1995, 425; GE 1994, 403; weiter gehend AG Stuttgart WuM 1990, 206.
[365] BGH (XII ZR 43/02) NZM 2006, 15 = GuT 2006, 32 = ZMR 2006, 45; BGH ZMR 1999, 93 = NZM 1999, 19.
[366] BGH NJW 1967, 2255; NJW 1985, 313 = ZMR 1985, 44 = MDR 1985, 666; WuM 1985, 88 = NJW 1985, 2527 = MDR 1985, 665 = ZMR 1985, 94 = DWW 1985, 158.
[367] LG Berlin GE 1994, 403.
[368] *Horst* MDR 2009, 477, 480.
[369] BGH (VIII ZR 302/07) MietPrax-AK § 812 BGB Nr. 5 = NJW 2009, 2590 = WuM 2009, 395 = NZM 2009, 541 = GE 2009, 901.
[370] BGH VersR 1961, 886.
[371] Palandt/*Bassenge* Vorb v 994 Rdn. 9; Lammel a. a. O. § 539 Rdn. 35; *Horst* MDR 2009, 477, 479.
[372] Siehe dazu Häublein in MünchKomm § 536a Rdn. 21; *Fielenbach* NZM 2013, 841, 843.
[373] BGH (VIII ZR 343/08) WuM 2010, 235 = MietPrax-AK § 536 BGB Nr 31 = NZM 2010, 356 = GE 2010, 480 = ZMR 2010, 517; Häublein in MünchKomm § 536a Rdn. 31.

1. Kenntnis – § 536b BGB

174 Liegen die Voraussetzungen des § 536b BGB vor, ist ein Schadensersatzanspruch ausgeschlossen (Einzelheiten s. dort).[374]

2. Verletzung der Anzeigepflicht – § 536c BGB

175 Hat der Mieter seine Anzeigepflicht nach § 536c Abs. 2 BGB verletzt, verliert er zu den dort aufgezeigten Grenzen seinen Anspruch auf Schadensersatz (Einzelheiten s. dort).

3. Verursachung des Mangels durch Mieter

176 Der Mieter handelt gegen Treu und Glauben (venire contra faktum proprium), wenn er für die Herbeiführung des Mangels verantwortlich ist und dennoch gegenüber dem Vermieter die Gewährleistung ausüben will. Denn der Mieter darf aus seinem vertragswidrigem Verhalten **keine Vorteile** ziehen.

4. Entstehung des Mangels im Risikobereich des Mieters

177 Übernimmt der Mieter zulässigerweise bestimmte Instandhaltungen oder baut er selbst Einrichtungen in die Wohnung ein, ohne dem Vermieter die Unterhaltungslast vertraglich aufzubürden, dann liegt die Gebrauchstauglichkeit dieser Sachen ausschließlich im Gefahren- und Verantwortungsbereich des Mieters. In diesen Fällen ist daher die Gewährleistung ausgeschlossen.

5. Vertraglicher Ausschluss

178 **a) Garantiehaftung.** Es ist herrschende Auffassung, dass die verschuldensunabhängige Garantiehaftung des Vermieters für anfängliche Sachmängel (§ 536a BGB Abs. 1 Alt. 1 BGB) als eine für das gesetzliche Haftungssystem untypische Regelung auch **formularmäßig** abbedungen werden kann.[375] Eine Grenze findet die Abdingbarkeit der Haftung nach § 536a BGB für alle Arten von Mietverträgen auch bei individualvertraglicher Regelung bei arglistigem Verschweigen des Mangels (§ 536d BGB), welches aber stets das Vorliegen einer Offenbarungspflicht voraussetzt.[376] Diese Regelung beruht auf dem Gedanken des § 276 Abs. 3 BGB, wonach die Haftung für Vorsatz im Voraus nicht erlassen werden kann.[377] § 536d BGB gilt sowohl für Sach- als auch für Rechtsmängel.

179 Die Garantiehaftung des Vermieters für Sachmängel der Mietsache wird allerdings nicht allein dadurch ausgeschlossen, dass im Formularmietvertrag die Haftung des Vermieters lediglich für die im Laufe des Mietverhältnisses entstehenden Mängel zulässigerweise eingeschränkt wird.[378] Wird aber eine allgemein gehaltene **Haftungsfreizeichnung** für Schäden vereinbart, dann muss durch Auslegung ermittelt werden, ob der Haftungsausschluss auch solche Schäden erfasst, die durch solche Mängel verursacht wurden, die bei Vertragsschluss schon vorhanden waren.[379]

180 **b) Verschuldenshaftung.** Für den Fall der Verschuldenshaftung ist unstrittig, dass bei grob fahrlässigem Verschulden des Vermieters oder bei vorsätzlichen oder grob fahrlässigen Vertragsverletzungen eines gesetzlichen Vertreters oder Erfüllungsgehilfen[380] wegen § 309 Nr. 7 bzw. § 307 BGB[381] eine formularmäßige Haftungsfreizeichnung nicht in Betracht kommt. Das gilt auch für **gewerbliche** Mietverhältnisse.[382]

---

[374] Zum Erfüllungsanspruch bei Kenntnis siehe *Schmidt* NZM 2013, 705, 712f.

[375] BGH WuM 1992, 316 = NJW-RR 1991, 74 = ZMR 1992, 241 = DWW 1992, 14; OLG Köln NJW-RR 2001, 1302; OLG Stuttgart RE vom 11.4.1984, WuM 1984, 187= NJW 1984, 2226 = ZMR 1984, 309; BayObLG, Rechtsentscheid vom 17.12.1984, WuM 1985, 49 = NJW 1985, 1716 = MDR 1985, 500 = ZMR 1985, 92; *Kraemer/Ehlert* in Bub/Treier III. B Rdn. 3316; *Franke* in WoBauR § 536a BGB Anm. 10.1.1.

[376] *Kossmann* § 62 Rdn. 19.

[377] *Kraemer/Ehlert* in Bub/Treier III. B Rdn. 3403.

[378] OLG Hamburg WuM 1990, 71 = NJW-RR 1990, 1484 = ZMR 1990, 11 = DWW 1990, 201.

[379] BGH (XII ZR 327/00) NZM 2002, 784 = NJW 2002, 3232–3234 = MietPrax-AK § 536b BGB Nr 1 = DWW 2002, 265 GE 2002, 1191 = MDR 2002, 1361 = ZMR 2002, 899; OLG Düsseldorf WuM 1999, 279; *Lützenkirchen* WuM 2000, 55, 61.

[380] BayObLG, Rechtsentscheid vom 17.12.1984, WuM 1985, 49 = NJW 1985, 1716 = ZMR 1985, 92 = MDR 1985, 500; *Fielenbach* NZM 2013, 841, 843.

[381] LG Bückeburg NJWE-MietR 1997, 146.

[382] OLG Hamm ZMR 1996, 199; = MDR 1996, 256 = NJW-RR 1996, 969 = NJWE-MietR 1996, 201; einschränkend OLG Koblenz NZM 2000, 622.

181 Werden vorformulierte Vertragsbedingungen verwendet, besteht allerdings keine einheitliche Meinung darüber, ob sich der Vermieter im Rahmen der zweiten und dritten Alternative des § 536a Abs. 1 BGB für **einfache** Fahrlässigkeit freizeichnen kann.[383] Dies ist jedenfalls ausgeschlossen, wenn sich der Vertragspartner von Pflichten freizeichnen will, die zur Erreichung des Vertragszwecks erforderlich sind[384] oder nach Treu und Glauben,[385] wenn der Mieter nach der Verkehrsauffassung oder nach dem vereinbarten Vertragsinhalt besonders auf die Mangelfreiheit des Mietobjektes vertraut hat.[386] Inzwischen hat der BGH[387] zur Frage der zulässigen Haftungsfreizeichnung für Schäden an den Gegenständen des Mieters, die durch Mängel der Mietsache verursacht sind (Verletzung von **Kardinalpflichten**), Stellung genommen (s. Rdn. 100ff.) und den formularvertraglichen Haftungsausschluss für leichte Fahrlässigkeit dann als unzulässig abgelehnt, wenn der Mieter das ausgeschlossene Risiko **nicht beherrschen** und auch **nicht versichern** kann.[388]

182 Auch im Falle des Verzuges kann sich der Vermieter nicht generell von der Haftung für einfache Fahrlässigkeit formularmäßig freizeichnen. Die Klausel in Allgemeinen Geschäftsbedingungen eines Mietvertrages – auch über Gewerberäume –, wonach der Vermieter für die rechtzeitige Fertigstellung der Mieträume nur im Falle von Vorsatz oder grober Fahrlässigkeit haftet, verstößt gegen § 307 BGB, weil die rechtzeitige Gebrauchsüberlassung durch den Vermieter eine nicht abdingbare **Kardinalpflicht** des Mietvertrages ist.[389]

183 **c) Sonstige Ausschlüsse.** Das Selbsthilferecht sowie der Anspruch auf Aufwendungsersatz gem. § 536a Abs. 2 BGB können formularvertraglich ebenfalls nicht abbedungen werden.[390] Es würde den Mieter, der auf seine Kosten eine Verpflichtung des Vermieters erfüllt, unangemessen i. S. d. § 307 BGB benachteiligen, wenn er die Aufwendungen hierfür selbst tragen müsste.[391] Für den Vermieter ist kein berechtigtes Interesse erkennbar, warum er sich von den Folgen **eigener** Vertragsverletzungen sollte freizeichnen können.

184 Wird dagegen die Haftung formularvertraglich ausgeschlossen, wenn der Mieter die gesetzlich vorgesehene Anzeige sowie die Aufforderung zur Mängelbeseitigung (§ 536c BGB) unterlässt, ist dies zulässig.[392]

185 Soweit die Haftung des Vermieters wirksam ausgeschlossen wurde, erstreckt sich der Haftungsausschluss auch auf andere Haftungsnormen, wie z. B. auf deliktische Ansprüche,[393] da eine Beschränkung der Haftung nur sinnvoll erscheint, wenn sie sich auf den gesamten Gefahrenbereich bezieht.

X. Beweislast

186 Macht der Mieter einen Schadensersatzanspruch wegen eines anfänglichen Mangels geltend, so muss er den Mangel beweisen.[394] Außerdem muss der Mieter beweisen, dass der Mangel oder dessen Ursache bereits **beim Vertragsschluss** vorhanden war.[395] Für Mängel, die nach Vertragsschluss auftreten, haftet der Vermieter bei Verschulden. In diesen Fällen hat der Mieter das vorsätzliche oder fahrlässige Verhalten des Vermieters oder dessen Erfüllungsgehilfen gem. § 278 BGB zu be-

---

383 So OLG Stuttgart RE vom 11.4.1984, WuM 1984, 187 = MDR 1984, 669 = ZMR 1984, 309; OLG Hamburg ZMR 1985, 236; LG Mannheim ZMR 1990, 220; AG Flensburg DWW 1987, 262.

384 BGH NJW-RR 1986, 271 = MDR 1985, 569 = BB 1985, 884 = WPM 1985, 522; AG Dortmund WuM 2004, 469.

385 OLG Stuttgart RE vom 11.4.1984, WuM 1984, 187= NJW 1984, 2226 = ZMR 1984, 309; *Franke* in WoBauR § 536a BGB Anm. 10.2.2.

386 BGH VersR 1967, 254 = DB 1967, 118; NJW-RR 1986, 271 = MDR 1985, 569 = WPM 1985, 522.

387 BGH (VIII ARZ 1/01) WuM 2002, 141 = NJW 2002, 673 = NZM 2002, 116 = ZMR 2002, 184 = MDR 2002, 330 mit Anm. *Lützenkirchen* (Vorlagebeschluss LG Hamburg WuM 2001, 233).

388 Siehe auch *Häublein* in MünchKomm § 536a BGB Rdn. 22; *Kraemer/Ehlert* in Bub/Treier III. B Rdn. 3318.

389 OLG Düsseldorf DWW 1993, 197; *Kraemer* NZM 2004, 721, 724.

390 BGH (VIII ZR 343/08) WuM 2010, 235 = NZM 2010, 356 = MDR 2010, 562; *Horst* MDR 2009, 477, 479; *Häublein* in MünchKomm § 536a BGB Rdn. 31; **a. A.** *Weimar* ZMR 1975, 163.

391 LG Frankfurt/M. WuM 1984, 214 = ZMR 1984, 375; AG Dortmund WuM 1993, 606; *Kraemer/Ehlert* in Bub/Treier III. B Rdn. 3363.

392 OLG Hamburg RE vom 26.4.1991, WuM 1991, 328 = NJW-RR 1991, 1296 = MDR 1991, 1170 = ZMR 1991, 262 = DWW 1991, 216 = GE 1991, 621.

393 OLG Frankfurt/M. VersR 1973, 425.

394 *Häublein* in MünchKomm § 536a BGB Rdn. 32.

395 LG Mannheim WuM 1998, 663.

weisen. Wird der Schadensersatzanspruch darauf gestützt, dass sich der Vermieter mit der Mangelbeseitigung in **Verzug** befunden hat, so obliegt dem Mieter auch die Beweislast für die Verzugsvoraussetzungen. In allen drei Fällen des § 536a Abs. 1 BGB muss der Mieter außerdem den Eintritt des **Schadens, dessen Höhe** und den **Kausalzusammenhang** zwischen dem Mangel und dem Schaden beweisen. Eine Beweislastumkehr tritt nicht dadurch ein, dass der Mieter nicht in der Lage ist, die erforderlichen Tatsachen zu ermitteln.[396] Liegt die Schadensursache allerdings im Herrschafts- und Einflussbereich des Vermieters, ist eine Umkehrung der Beweislast für die Pflichtverletzung des Vermieters, deren Ursächlichkeit und das Vertretenmüssen anzunehmen[397] (zur Beweislast zum Verschulden s. § 536 Rdn. 488 ff.).

Weil der Mieter wegen des ihm fremden Mietobjektes nicht die gleichen Kenntnisse haben kann wie der Vermieter, kann er sich auch auf den **prima-facie-Beweis** stützen.[398] Bei ungeklärter Schadensursache kommt es darauf an, ob der Schaden in einem Bereich entstand, der der unmittelbaren Einflussnahme, Herrschaft und Obhut des Mieters unterlag. Diesen Herrschaftsbereich muss der Vermieter darlegen und beweisen[399]. Gegebenenfalls muss er die Möglichkeit ausräumen, dass die Schadensursache aus seinem Verantwortungs- und Pflichtenkreis oder demjenigen eines anderen Mieters desselben Hauses herrührt. Ist dieser Beweis geführt, so hat sich der Mieter umfassend hinsichtlich Verursachung und Verschulden zu entlasten.[400] Bei **Wohnraummietverhältnissen** ist eine abw. Regelung durch formularmäßige Klauseln wegen § 309 Nr. 12 lit. a) BGB unwirksam.[401] 187

Entsteht Streit, ob der Vermieter einen Mangel behoben hat, so trägt er für den Erfolg der Maßnahme die Beweislast.[402] 188

Die Beweislast für sämtliche Voraussetzungen des **arglistigen** Verschweigens trägt der Mieter[403]. 189

---

396 OLG Hamburg WuM 1990, 71 = NJW-RR 1990, 1484 = ZMR 1990, 11 = DWW 1990, 201; vgl. auch BGH (XII ZR 47/04) NZM 2006, 659 = ZMR 2006, 680 = GE 2006, 966; **a. A.** OLG Düsseldorf TranspR 1993, 21.

397 BGH WuM 2006, 147 = NJW 2006, 1061 = NZM 2006, 258 = ZMR 2006, 356 = MietPrax-AK § 536a BGB Nr. 1; NJW 1964, 33 = MDR 1964, 139; OLG Hamm ZMR 1997, 520; *Blank/Börstinghaus* § 536a BGB Rdn. 43; *Häublein* in MünchKomm § 536a BGB Rdn. 32.

398 BGH WuM 1978, 168 = NJW 1978, 2197 = MDR 1978, 835 = ZMR 1979, 74 alles pVV.

399 *Häublein* in MünchKomm § 536a BGB Rdn. 32.

400 BGH WuM 1978, 168 = NJW 1978, 2197 = MDR 1978, 835 = ZMR 1979, 74; NJW 1964, 33 = MDR 1964, 139; OLG Hamburg, Rechtsentscheid vom 26.4.1991, WuM 1991, 328 = NJW-RR 1991, 1296 = MDR 1991, 1170 = ZMR 1991, 262 = DWW 1991, 216 = GE 1991, 621; OLG Karlsruhe RE vom 9.8.1984, WM 1984, 267 = NJW 1985, 142 = ZMR 1984, 417 = DWW 1985, 51.

401 *Emmerich* in Staudinger § 536a BGB Rdn. 46.

402 OLG Hamm NJW-RR 1995, 525.

403 *Kossmann* § 62 Rdn. 20.

§ 536b Kenntnis des Mieters vom Mangel bei Vertragsschluss oder Annahme

[1]Kennt der Mieter bei Vertragsschluss den Mangel der Mietsache, so stehen ihm die Rechte aus den §§ 536 und 536a nicht zu. [2]Ist ihm der Mangel infolge grober Fahrlässigkeit unbekannt geblieben, so stehen ihm diese Rechte nur zu, wenn der Vermieter den Mangel arglistig verschwiegen hat. [3]Nimmt der Mieter eine mangelhafte Sache an, obwohl er den Mangel kennt, so kann er die Rechte aus den §§ 536 und 536a nur geltend machen, wenn er sich seine Rechte bei der Annahme vorbehält.

Systematische Übersicht

Alphabetische Schnellübersicht

I. Zweck und Anwendungsbereich

1 Der Grundgedanke des § 536b BGB ist, dass sich der Mieter in Widerspruch zu seinem eigenen Verhalten setzt, wenn er die Mietsache in Kenntnis eines Mangels anmietet und dennoch die Gewährleistungsrechte geltend machen will. Das Gesetz unterstellt daher einen **Verzicht** des Mieters auf die Gewährleistungsrechte, wenn er durch sein Verhalten die Sache als vertragsgemäß anerkennt.[1] In diesen Fällen bringt der Mieter zum Ausdruck, dass ihm die Mietsache trotz deren Mangelhaftigkeit den vereinbarten Preis wert ist.[2] Da es sich bei der Minderung nicht um einen Anspruch des Mieters handelt, sondern das Gesetz diese Folge bei einer mangelhaften Mietsache unmittelbar anordnet, kann streng genommen der Mieter auch nicht auf sein Recht aus § 536 BGB verzichten. Die dogmatisch richtige Einordnung des § 536b BGB steht daher noch aus.[3]

2 § 536b BGB schließt die Gewährleistungsrechte des Mieters aus, wenn er den Mangel bei Abschluss des Vertrages kennt (Satz 1). Darüber hinaus sind ihm die Gewährleistungsrechte versagt, wenn dem Mieter der Mangel infolge **grober Fahrlässigkeit** unbekannt geblieben ist, es sei

---

[1] BGH NJW 1979, 713 = MDR 1979, 488 = ZMR 1980, 86 zum Kaufrecht; kritisch *Kraemer/Ehlert* in Bub/Treier III. B Rdn. 3366.

[2] OLG Düsseldorf WuM 1994, 324 = NJW-RR 1994, 399 = MDR 1994, 371; **a. A.** *Köhler* JZ 1989, 761, 771; *Franke* in WoBauR § 536b BGB Anm. 4, die den Sinn der Regelung darin sehen, zum Schutz beider Vertragsparteien Kosten und Risiken zu vermeiden.

[3] *Lehmann-Richter* in: 10 Jahre Mietrechtsreformgesetz – eine Bilanz, s. 134ff.

denn, der Vermieter handelte arglistig (Satz 2) oder wenn der Mieter eine mangelhafte Sache annimmt, obwohl er den Mangel **kennt** und er sich nicht seine Rechte wegen des Mangels bei der Annahme **vorbehalten** hat (Satz 3). Der noch in § 539 BGB a. F. enthaltene Verweis auf das Kaufrecht wurde durch Klartext ersetzt.

Die Vorschrift gilt gleichermaßen für das Vorliegen von Sachmängeln wie auch von Rechtsmängeln. Die unterschiedliche Behandlung dieser Sachverhalte nach altem Recht wurde mit der Mietrechtsreform ab 1.9.2001 beseitigt. Damit sind auch die nach altem Recht bestehenden Abgrenzungsprobleme entfallen. Somit verliert der Mieter nicht nur beim Sachmangel sein Gewährleistungsrecht, wenn er den Mangel grob fahrlässig nicht kennt und der Vermieter den Mangel nicht arglistig verschwiegen hat, sondern auch beim **Rechtsmangel,** was bislang ausgeschlossen war. Das Gleiche gilt für den Fall, dass der Mieter eine mit einem Rechtsmangel behaftete Sache annimmt, obwohl er den Rechtsmangel kannte und er sich nicht seine Rechte bei Annahme vorbehielt. 3

Die Vorschrift gilt grundsätzlich für alle Mietverhältnisse. Eine Einschränkung muss hinsichtlich § 536b Satz 1 BGB indes für Mietverträge gelten, die **vor dem 3.10.1990** im Geltungsbereich der neuen Bundesländer abgeschlossen wurden.[4] Dies folgt aus dem Gesetzeszweck, weil dem in der ehemaligen DDR geltenden ZGB Überlegungen zum Äquivalenzverhältnis und zur Kosten- und Risikominimierung des Vermieters fremd waren (s. § 536 Rdn. 40ff.). § 536b BGB ist abdingbar.[5] 4

Haben die Parteien einen Mietvertrag stillschweigend verlängert (§ 545 BGB) oder den Vertrag durch eine Verlängerungsvereinbarung fortgesetzt,[6] wurde in der Vergangenheit § 536b BGB entsprechend angewandt, weil sonst der Mieter allein durch die Verlängerung des Vertrages besser gestellt würde.[7] Hieran soll sich durch die Mietrechtsreform 2001 nichts geändert haben, wenn die Verlängerung einem Neuabschluss des Vertrages gleichkommt.[8] Rückt man richtigerweise mit dem BGH[9] allerdings auch in diesen Fällen von der analogen Anwendung ab (vgl. Rdn. 37ff.), muss sich der Vermieter, wenn der Mieter nunmehr wegen des schon bestehenden Mangels die Miete mindert, auf Verwirkung (siehe dazu Rdn. 40) berufen.[10] Damit hat der Vermieter aber nur Erfolg, wenn er von dem Mangel wusste, weil er erst durch dieses subjektive Moment einen – erforderlichen – Vertrauenstatbestand begründen kann.[11] Hat er erst nach der Vertragsverlängerung von dem Mangel erfahren, ist § 536c BGB zu prüfen, wenn der Mieter trotz Kenntnis den Mangel nicht angezeigt hatte. Übt der Mieter in Kenntnis eines Mangels eine Verlängerungsoption aus, ohne sich Minderung oder Schadensersatz vorzubehalten,[12] gelten die vorstehenden Überlegungen entsprechend.[13] 5

Soweit gelegentlich die Auffassung vertreten wird, die Anwendung des § 536b BGB (§ 539 BGB a. F.) sei auch auf den Herstellungs- und Instandsetzungsanspruch des Mieters auszudehnen,[14] kann dem mit der h. M. (s. Rdn. 48f.) nicht gefolgt werden.[15] 6

---

[4] LG Potsdam GE 1997, 1397.

[5] BGH (XII ZR 126/00) GuT 2004, 56 = NZM 2004, 27 = ZMR 2004, 249 = GE 2004, 47 = NJW-RR 2004, 12; OLG Düsseldorf DWW 2009, 309.

[6] OLG Köln ZMR 2001, 533; OLG Düsseldorf ZMR 1994, 402; KG GE 1989, 941; OLG Hamm NJW-RR 1988, 590 = MDR 1988, 410; LG Leipzig GE 2005, 993; AG Hamburg WuM 1989, 172.

[7] OLG Brandenburg ZMR 2014, 719; kritisch *Riesenhuber* ZMR 1994, 393; *Wichert* ZMR 2000, 65.

[8] OLG Koblenz ZMR 2014, 883 = MietRB 2014, 291.

[9] BGH (XII ZR 15/12) NJW 2015, 402 = NZM 2015, 84 = GE 2014, 1616; BGH (XII ZR 84/14) WuM 2015, 721 = NZM 2015, 861; GE 2015, 1527 = ZMR 2016, 106 = MietPrax-AK § 536b BGB Nr. 12 *(Eisenschmid);* Erman/*Lützenkirchen,* § 536b BGB Rdn. 12.

[10] *Lepczyk,* jurisPR-MietR 25/2015 Anm. 1.

[11] *Sternel,* Mietrecht aktuell (2009), Rdn. VIII 417.

[12] BGH NJW 1970, 1740; KG GE 1989, 941; **a. A.** Erman/*Lützenkirchen* § 536b BGB Rdn. 11f.

[13] BGH (XII ZR 84/14) WuM 2015, 721 = NZM 2015, 861 = GE 2015, 1527 = ZMR 2016, 106 = MietPrax-AK § 536b BGB Nr. 12 m. Anm. *Eisenschmid;* BGH (XII ZR 15/12) NJW 2015, 402 = NZM 2015, 84 = GE 2014, 1616 = MietPrax-AK § 536b BGB Nr. 11 m. Anm. *Eisenschmid.*

[14] LG Berlin GE 1993, 99; 1991, 989; vgl. auch BGH WuM 1997, 488; **a. A.** LG Berlin MM 1997, 235.

[15] *Börstinghaus* MDR 1997, 1085; *Schenkel* NZM 1998, 502, 503.

II. Tatbestandsvoraussetzungen

1. Kenntnis des Mieters (Satz 1)

7 Kennt der Mieter beim Abschluss des Vertrages den Mangel, stehen ihm die Rechte aus §§ 536, 536a BGB nicht zu. Dabei ist **positive Kenntnis** vom Mangel bei Vertragsschluss erforderlich.[16] Es genügt nicht bereits die Kenntnis des Mieters vom äußeren Erscheinungsbild eines Mangels, solange der Mieter nicht auch das Wissen um die Ursachen und die konkreten Auswirkungen des Mangels auf die Gebrauchstauglichkeit der Mietsache hat.[17] Ein Mangelverdacht reicht somit nicht aus[18]. Der Mieter verliert daher nicht deshalb sein Minderungsrecht, weil er bei Vertragsschluss gewusst hatte, dass eine angemietete Scheune in der Vergangenheit zum Zuschneiden von Asbestplatten genutzt worden ist.[19] Ähnliche Überlegungen gelten auch bei typischen Neubaumängeln, wie z. B. **Neubaufeuchtigkeit.** Daher ist der Mieter auch dann nicht mit Minderungs- oder Schadensersatzansprüchen ausgeschlossen, wenn er bei Anmietung wusste, dass es sich um einen Neubau handelt[20] (s. auch § 536 BGB Rdn. 238).

8 Für die Annahme der Kenntnis reicht es ebenfalls nicht aus, wenn der Mieter allgemein von einem schlechten Zustand der Mietsache ausgeht. Er muss vielmehr Kenntnis von einem **konkreten** Mangel haben, z. B. von dem Zustand des Teppichbodens bei Besichtigung der Mieträume.[21] Die Kenntnis der Umstände, wie etwa Lage[22] oder Materialien des Objektes, die zum Mangel führen können, kann die Anwendung des § 536b Satz 1 BGB nicht begründen.[23] Ebenso reicht für die Annahme einer positiven Kenntnis von Raumlänge und -höhe (und damit von der Wohnungsgröße) nicht die Tatsache aus, dass der Mieter die Räume nutzt.[24] Weiß der Mieter lediglich von den tatsächlichen örtlichen Verhältnissen, die Voraussetzung eines Bauverbotes sind, liegt damit noch keine Kenntnis vor.[25] Mietet der Wohnungssuchende Räume an, obwohl er weiß, dass diese in einem hochwassergefährdeten Gebiet liegen, schließt dies das Minderungsrecht wegen eingetretenen **Hochwassers** nicht aus, auch wenn der Mieter in Kenntnis der Gefährdung den vollen Mietzins bezahlt hat. Es liegt auch keine Kenntnis von Lärmstörungen vor, wenn der Mieter bei Anmietung gewusst hat, dass die Wohnung in einem Haus liegt, in dem sich eine Gaststätte,[26] eine Schuhmacherwerkstatt[27] oder ein Büro[28] befindet. Keine Kenntnis des Mieters von der Größe der Wohnung ist anzunehmen, nur weil er sie vor Einzug besichtigt hat.[29] Aber auch wenn er jahrelang dort wohnt, kann regelmäßig keine Kenntnis von der exakten Größe unterstellt werden.[30] Die Kenntnis erlangt er erst durch eine Vermessung der Räume.[31]

9 Unerheblich ist es dagegen, wenn der Mieter lediglich die Tragweite der Gebrauchsbeeinträchtigung unterschätzt oder etwaige Möglichkeiten der Mängelbehebung überschätzt.[32] Somit ist die

---

[16] LG Mannheim WuM 1996, 338; AG Hamburg-Wandsbek ZMR 2013, 967; AG Charlottenburg GE 2010, 129.

[17] OLG Düsseldorf ZMR 2006, 518; LG Köln WuM 1990, 387; LG Stendal WuM 1994, 525; *Emmerich* in Emmerich/Sonnenschein § 536b Rdn. 6; *Schmidt* NZM 2013, 705, 707; **a. A.** AG Steinfurt WuM 1996, 759.

[18] Lehmann-Richter NZM 2012, 849, 853.

[19] LG Mannheim WuM 1996, 338.

[20] LG Lübeck WuM 1988, 351; Bad Schwartau WuM 1988, 55; Nürnberg WuM 1988, 155; Mannheim WuM 1977, 138; LG Hamburg WuM 1976, 205 = ZMR 1977, 305.

[21] AG Wetzlar ZMR 2009, 543.

[22] LG Berlin WuM 2016, 168 zum Wildschweinbefall.

[23] LG Berlin GE 2002, 1068 zum feuchten Wintergarten bei einfach verglasten Scheiben; LG Köln WuM 1996, 334 für das Fehlen einer Abwasserhebeanlage; LG Frankfurt/M. WuM 1990, 384 = ZMR 1990, 17 für Bleiwasserrohre; *Wolf/Eckert/Ball* Rdn. 358; *Kraemer/Ehlert* in Bub/Treier III. B Rdn. 3376.

[24] LG München I NZM 2014, 433; AG Koblenz WuM 2015, 443.

[25] BGH BB 1962, 1392 = WPM 1962, 1379.

[26] AG Bonn WuM 1990, 497; AG Köln WuM 1990, 291.

[27] AG Gelsenkirchen WuM 1978, 66 = ZMR 1978, 238.

[28] LG Karlsruhe DWW 1987, 234.

[29] *Börstinghaus,* Flächenabweichung in der Wohnraummiete, Rdn. 350, 462.

[30] LG Krefeld WuM 2012, 674; *Eisenschmid,* Anm. zu BGH (VIII ZR 30/10) MietPrax-AK § 536 BGB Nr. 39; *Emmert,* jurisPRMietR 1/2013 Anm. 1; so aber *Börstinghaus,* jurisPR-MietR 10/12 Anm. 1 sowie NZM 2012, 177, 185.

[31] LG Krefeld WuM 2012, 674 = NZM 2012, 858; AG Koblenz WuM 2015, 443; *Emmert,* jurisPR-MietR 1/2013 Anm. 1.

[32] BGH NJW 1979, 713 = MDR 1979, 488 = ZMR 1980, 86; OLG Hamm NJW-RR 1997, 773; OLG Nürnberg ZMR 1960, 300; LG Stendal WuM 1994, 525; LG Düsseldorf WuM 1992, 368; *Häublein* in MünchKomm § 536b BGB Rdn. 4; *Kraemer/Ehlert* in Bub/Treier III. B Rdn. 3375.

Fehleinschätzung des Mieters bei Übernahme der Mietwohnung über Umfang und Dauer der Gebrauchsbeeinträchtigung als Kenntnis des Mangels zu werten,[33] z. B. bei der Fehleinschätzung der vor Anmietung des Objektes in ihrem Ausmaß erkennbaren Baumaßnahmen auf einem Nachbargrundstück, die den Gebrauchswert nachhaltig beeinträchtigen.[34] Die Ausweitung des Tatbestandsmerkmals „Kenntnis" auf Gebrauchsbeeinträchtigungen, hinsichtlich deren Tragweite sich der Mieter irrt, ist nur gerechtfertigt, wenn es dem Pendant, nämlich dem Gewährleistungsrecht des Mieters, nicht widerspricht.[35] Dort darf der Mieter nur bei einem konkreten Mangel sein Gewährleistungsrecht ausüben. Allerdings reicht es für die Annahme eines konkreten Mangels aus, wenn eine Mietsache nur in dem **Bewusstsein** einer Gefahrverwirklichung genutzt werden kann.[36] Somit kann der Mieter sein Gewährleistungsrecht dann nicht ausüben, wenn er bei Vertragsschluss wusste, dass die Mietsache nur unter Hinnahme eines Gefährdungspotentials nutzbar ist, ohne allerdings die Tragweite der Beeinträchtigung kennen zu müssen.

Grundsätzlich darf der Mieter, solange nicht konkrete Anhaltspunkte entgegenstehen, davon **10** ausgehen, dass der Vermieter vertragstreu ist und ein mangelfreies Objekt übergeben wird. Hat der Vermieter bei Abschluss des Mietvertrages – ggf. stillschweigend – zugesagt, offensichtliche Unfertigkeiten zu beheben, verstößt es gegen Treu und Glauben, wenn er sich auf die Kenntnis des Mieters beruft.[37] Gleiches gilt, wenn der Vermieter bei der Wohnungsübergabe selbst davon ausgegangen ist, dass Abhilfe erforderlich sei.[38] Ergibt sich eine Beeinträchtigung des Gebrauchs der Mietsache, weil der Vermieter auf Wunsch des Mieters die Mietsache verändert hat, hindert dies die Ausübung des Gewährleistungsrechtes nicht. Der Vermieter hat mit Durchführung der Baumaßnahme den „vertragsgemäßen" Gebrauch hergestellt, für den er einzustehen hat.[39]

Für die Annahme der Kenntnis eines Rechtsmangels reicht es aus, wenn der Mieter über den **11** Umfang des Rechts informiert ist. Er muss die **rechtlichen Folgen** der ihm bekannten Tatsachen kennen.[40] Die Kenntnis des Mieters von dem Recht des Dritten allein ist allerdings nicht ausreichend. Erforderlich ist zudem, dass der Mieter sich auch darüber im Klaren ist, dass der Dritte sein Recht möglicherweise geltend machen wird, und der Mieter dieses Risiko bewusst in Kauf nimmt.[41] Für die Annahme eines Haftungsausschlusses wegen Kenntnis genügt es somit nicht, wenn der Mieter die Tatsachen kennt, aus denen der Rechtsmangel folgt, aber daraus die falschen rechtlichen Schlussfolgerungen zieht.[42] Ist der Mieter über die tatsächlichen Umstände informiert, die einem Bauverbot zugrunde liegen, ohne das Bauverbot selbst zu kennen, reicht dies für die Anwendung des § 536b Satz 1 BGB nicht aus.[43]

Er kann sich aber nicht darauf berufen, dass er über die rechtliche und wirtschaftliche Tragweite **12** des Rechts im Unklaren geblieben ist.[44] Ein **unbeachtlicher Irrtum** über die Tragweite des Rechts liegt beispielsweise vor, wenn der Erwerber in der Zwangsversteigerung von bestehenden Pachtrechten weiß, er aber hinsichtlich der Kündigungsmöglichkeiten von falschen Vorstellungen ausgegangen ist oder wenn irrtümlich angenommen wird, bei der Selbstnutzung einer dem WoBindG unterliegenden Eigentumswohnung müsse keine Fehlbelegungsabgabe gezahlt werden.[45]

Die Gewährleistungsrechte des Mieters werden nicht ausgeschlossen, wenn dem Vermieter be- **13** kannte Mängel sich im Laufe der Mietzeit für den Mieter unzumutbar **verschlechtern.**[46] Der Ver-

---

[33] LG Düsseldorf WuM 1992, 368; AG Köpenick GE 2006, 855; AG Hamburg-Wandsbek ZMR 2013, 967 zum Hubschrauberlärm; AG Prüm WuM 2002, 264.

[34] OLG München WuM 1993, 607 = NJW-RR 1994, 654; LG Berlin ZMR 2014, 731.

[35] So *Sternel* WuM 2002, 244, 248.

[36] OLG Hamm WuM 1987, 248 = NJW-RR 1987, 968 = ZMR 1987, 267 = DWW 1987, 226 = GE 1987, 779.

[37] OLG Hamburg WuM 1995, 653 = MDR 1996, 358 = ZMR 1995, 533 = GE 1996, 49; KreisG Görlitz WuM 1993, 113.

[38] AG Braunschweig WuM 1996, 702.

[39] *Sternel* WuM 2002, 244, 249.

[40] BGH WuM 1996, 32 = NJW 1996, 46 = ZMR 1996, 15 = MDR 1996, 248; (VIII ZR 114/77) NJW 1979, 713 = MDR 1979, 488 = ZMR 1980, 86 = BB 1979, 292 zu § 439 BGB a. F.; NJW 1952, 1131; *Emmerich* in Emmerich/Sonnenschein § 536b BGB Rdn. 7.

[41] BGH (XII ZR 215/94) WuM 1996, 32 = NJW 1996, 46 = ZMR 1996, 15 = MDR 1996, 248 zu § 539 BGB a. F.; *Schmidt* NZM 2013, 705, 707.

[42] BGH NJW 1952, 1131; *Blank/Börstinghaus* § 536b BGB Rdn. 6.

[43] BGH NJW 1979, 713 = MDR 1979, 488 = ZMR 1980, 86 = BB 1979, 292.

[44] BGH NJW 1979, 713 = MDR 1979, 488 = ZMR 1980, 86; OLG Hamm NJW-RR 1997, 773.

[45] OLG Hamm NJW-RR 1997, 773.

[46] BGH (VIII ZR 317/13) WuM 2014, 278 = GE 2014, 665.

mieter ist auch in solchen Fällen gehalten, den vertragsgemäßen – wenn auch mangelhaften – Zustand zu erhalten und ggf. im Laufe der Mietzeit völlig unbrauchbar gewordene Teile zu reparieren und ggf. auszuwechseln.[47] In diesen Fällen liegt aber kein anfänglicher, sondern ein nachträglicher Mangel der Mietsache vor.

14 Dem Mieter schadet ein formularmäßiges Anerkenntnis nicht, wenn er den Mangel tatsächlich nicht erkannt hat.[48] Bei der Wohnraummiete ist zudem das Verbot einer **Bestätigungsklausel** gem. § 309 Nr. 12 lit. b BGB zu beachten.

15 Der Mieter kann bei Kenntnis vom Mangel bei Vertragsschluss weder mindern noch Schadensersatz oder Aufwendungsersatz gem. § 536a Abs. 2 BGB verlangen. Ersatzansprüche wegen des Fehlens zugesicherter Eigenschaften oder wegen eines Rechtsmangels sind bei Kenntnis des Mieters von dem Mangel ebenfalls ausgeschlossen. Hat der Mieter Kenntnis vom Mangel, stehen ihm die Rechte aus §§ 536, 536a BGB selbst dann nicht zu, wenn der Vermieter den Fehler **arglistig** verschwiegen hat[49] (zum Verlust des Kündigungsrechts gem. § 543 Abs. 2 Nr. 1 vgl. § 543 Rdn. 42f.). Der Mieter wurde in diesem Fall nicht getäuscht, so dass das Äquivalenzverhältnis von Leistung und Gegenleistung nicht gestört ist. Hat der Vermieter nach Vertragsschluss die Behebung des Mangels versprochen, behält der Mieter sein Gewährleistungsrecht, da er sich mit dem mangelhaften Zustand der Mietsache gerade nicht zufrieden geben wollte.[50] Wird die Sache erst nach Vertragsschluss fertig gestellt, ist der für die Kenntnis maßgebende Zeitpunkt die Übergabe der Sache.[51]

16 Bei einer **Mehrheit von Mietern** genügt nach h. M. die Kenntnis nur eines Mieters, um zum Nachteil aller Mieter die Rechtsfolgen des § 536b BGB auszulösen.[52] Bei einem **Mieterwechsel** ist zunächst zu entscheiden, ob der Mietvertrag bei gleichem Inhalt unverändert mit dem neuen Mieter fortgesetzt wird oder ob es sich z. B. wegen der inhaltlich veränderten Absprachen um einen neuen Mietvertrag handelt. Im letzteren Fall kommt es grundsätzlich hinsichtlich der Kenntnis des Mangels auf den neuen Mieter und nicht auf die Kenntnis des alten Mieters bei Abschluss des Ursprungsvertrages an.[53] Das gilt allerdings nicht bei einer Identität der Personen des fortgesetzten Mietverhältnisses.[54]

2. Grobe Fahrlässigkeit (Satz 2)

17 Der Mieter verliert auch dann seine Rechte aus §§ 536, 536a BGB, wenn er grob fahrlässig die Mängel nicht erkannt hat. Der Haftungsausschluss erstreckt sich auf Sachmängel, Rechtsmängel und zugesicherte Eigenschaften. Der Begriff „grob fahrlässig" ist derselbe wie in § 277 BGB.[55] Der Mieter handelt grob fahrlässig, wenn er die erforderliche Sorgfalt bei Vertragsschluss in einem **ungewöhnlich** hohem Maße verletzt und dasjenige unbeachtet lässt, was im gegebenen Fall **jedem** hätte einleuchten müssen.[56] Zu einer grob fahrlässigen Unkenntnis i. S. d § 536b BGB gehört auch, dass die Umstände, die auf bestimmte Unzulänglichkeiten hindeuten, den Verdacht eines dadurch begründeten Mangels besonders nahe legen und dass der Mieter dennoch weitere **zumutbare** Nachforschungen unterlassen hat, sofern bei einer auch nur oberflächlichen Prüfung der Mangel ohne weiteres zu erkennen gewesen wäre.[57] Eine besondere Prüfungspflicht hat der Mieter nicht.[58]

---

47 *Kraemer/Ehlert* in Bub/Treier III. B Rdn. 3378; vgl. aber LG Berlin ZMR 1989, 259 = GE 1989, 409.

48 BGH NJW 1973, 1498 = MDR 1973, 927 = BB 1973, 998.

49 BGH WuM 1972, 58 = NJW 1972, 249 = MDR 1972, 318; OLG Düsseldorf BB 1991, 799; *Kraemer/Ehlert* in Bub/Treier III. B Rdn. 3389; *Wolf/Eckert/Ball* Rdn. 361; Erman/*Lützenkirchen* § 536b BGB Rdn. 7.

50 *Wolf/Eckert/Ball* Rdn. 360.

51 *Bamberger/Roth/Ehlert* § 536b Rdn. 10; *Franke* in WoBauR § 536b Anm. 5.2; **a. A.** *Häublein* in MünchKomm § 536b Rdn. 4.

52 BGH WuM 1972, 58 = NJW 1972, 249 = MDR 1972, 318; *Wolf/Eckert/Ball* Rdn. 317; *Emmerich* in Staudinger § 536b BGB Rdn. 8.

53 *Wolf/Eckert/Ball* Rdn. 365.

54 *Franke* in WoBauR § 536b BGB Anm. 5; *Eisenschmid* PiG 1997, 77, 91.

55 *Emmerich* in Emmerich/Sonnenschein § 536b BGB Rdn. 9.

56 BGH (VIII ZR 302/78) WuM 1981, 92 = NJW 1980, 777 = MDR 1980, 306 = ZMR 1980, 105; ZMR 1962, 82; BGH (VIII ZR 310/80) WuM 1982, 296 = NJW 1982, 874 = MDR 1982, 573 = ZMR 1983, 62; KG GE 1991, 1195; OLG Naumburg VuR 2005, 471 mit Anm. *Sexauer.*

57 OLG München ZMR 1995, 401; *Emmerich* in Emmerich/Sonnenschein § 536b BGB Rdn. 10; *Wolf/Eckert/Ball* Rdn. 362.

58 LG Berlin ZMR 2014, 733.

Grobe Fahrlässigkeit liegt z. B. vor, wenn der Mieter die Wohnung anmietet, ohne sie vorher besichtigt zu haben.[59] Auswirkungen kann ein solches Verhalten aber nur für solche Mängel haben, die der Mieter im Falle einer Besichtigung hätte erkennen müssen.[60] Anders kann der Fall aber dann liegen, wenn der Mieter die Räume wegen der großen Entfernung nicht vor Anmietung besichtigen kann und er sich auf die Auskünfte und Beschreibungen des Vermieters verlassen muss.[61] Dann ist auch zu prüfen, ob nicht der Vermieter bestimmte Eigenschaften zugesichert hat.[62] Grobe Fahrlässigkeit hinsichtlich der Kenntnis des Umstandes eines weiteren Trassenausbaus kann vorliegen, wenn der Mieter eine Wohnung, die an einer S-Bahn-Trasse gelegen ist, anmietet und er sich über den Ausbau trotz entsprechender Bekanntmachungen in Zeitungsanzeigen nicht erkundigt[63]. 18

Bloße Zweifel des Mieters rechtfertigen regelmäßig nicht den Vorwurf der groben Fahrlässigkeit.[64] Sein subjektiver Eindruck bei der Besichtigung der Wohnung, die angegebene Wohnungsgröße sei zweifelhaft, führt noch nicht zur groben Fahrlässigkeit, wenn er den Angaben des Vermieters vertraut.[65] Den Mieter trifft keine **Erkundungs-** und **Untersuchungspflicht.**[66] Insbesondere ist er in keinem Fall gehalten, bei Besichtigung und Prüfung der Räumlichkeiten einen Sachverständigen hinzuzuziehen.[67] Dem Mieter wird auch keine besondere **Nachforschungspflicht** auferlegt.[68] Vor allem muss sich der Mieter nicht ausdrücklich nach vorhandenen Mängeln erkundigen. Er muss auch keinen diesbezüglichen Gerüchten nachgehen, sondern kann darauf vertrauen, dass der Vermieter ihm ein mangelfreies Objekt übergibt.[69] 19

Nur ausnahmsweise kann dem Mieter aber eine unterlassene Prüfung angelastet werden. Mietet er ein Gewerbegrundstück und musste er die dazu notwendigen Vorschriften genau kennen, liegt grob fahrlässiges Handeln vor, wenn er übersieht, dass das Grundstück nur bedingt für den von ihm beabsichtigten Betrieb geeignet ist.[70] Eine bestehende **Prüfungspflicht** des Mieters kann durch eine Individualvereinbarung verschärft werden, soweit es sich um Mängel handelt, die leicht und mit zumutbarem Aufwand hätten festgestellt werden können.[71] **Formularvertraglich** scheitert eine dahin abzielende Vertragsklausel bei Wohnraummietverhältnissen an § 309 Nr. 12 lit. b BGB[72] und bei Gewerberaummietverhältnissen regelmäßig an §§ 307, 310 BGB.[73] 20

Die Feststellung einer grob fahrlässigen Unkenntnis ist bei Vorliegen eines Rechtsmangels nicht immer problemlos möglich. Ist der Mieter über die den Rechtsmangel begründenden Umstände informiert, zieht er aber die falschen rechtlichen Schlussfolgerungen, kann die grobe Fahrlässigkeit ausgeschlossen sein (s. Rdn. 11). Sie soll in diesen Fällen aber dann gegeben sein, wenn der Mieter bewusst das Risiko einer Gebrauchsbeeinträchtigung eingeht.[74] 21

Nach altem Recht reichte die grob fahrlässige Unkenntnis über das Fehlen einer zugesicherten Eigenschaft nicht aus, um einen Gewährleistungsausschluss anzunehmen.[75] In diesem Fall musste Kenntnis vom Mangel vorliegen, weil § 539 Satz 2 BGB a. F. nur auf Abs. 1 des § 537 BGB a. F. verwies, während das Fehlen oder der Wegfall einer **zugesicherten Eigenschaft** in Absatz 2 dem 22

---

[59] LG Berlin GE 1996, 471; LG Hamburg zitiert bei *Sternel* II Rdn. 664 Fn. 30; *Feuerlein* GE 2002, 1110, 1112; **a. A.** Erman/*Lützenkirchen* § 536b BGB Rdn. 6.

[60] AG Bad Segeberg ZMR 2015, 557; AG Spandau GE 2009, 54; *Kraemer/Ehlert* in Bub/Treier III. B Rdn. 3385 verlangt zusätzlich, dass der Mieter mit Mängeln rechnen musste.

[61] *Emmerich* in Staudinger § 536b BGB Rdn. 14.

[62] *Kraemer/Ehlert* in Bub/Treier III. B Rdn. 3385.

[63] LG Berlin GE 2009, 53.

[64] OLG Düsseldorf DWW 1991, 236.

[65] BGH (VIII ZR 295/03) WuM 2004, 336 = NZM 2004, 453 = NJW 2004, 1947 = MietPrax-AK § 536 BGB Nr. 3 mit Anm. *Eisenschmid; Feuerlein* GE 2002, 1110, 1112.

[66] BGH WuM 1978, 88 = NJW 1977, 1236 = ZMR 1978, 50 = MDR 1977, 743; WuM 1981, 92 = NJW 1980, 777 = ZMR 1980, 105 = MDR 1980, 306; *Wolf/Eckert/Ball* Rdn. 362.

[67] BGH BGHZ 68, 281 = WuM 1978, 88 = NJW 1977, 1236 = MDR 1977, 743 = ZMR 1978, 50; WuM 1981, 92 = NJW 1980, 777 = ZMR 1980, 105 = MDR 1980, 306; *Kraemer/Ehlert* in Bub/Treier III. B Rdn. 3384.

[68] BGH ZMR 1962, 82; LG München I NZM 2014, 433.

[69] *Emmerich* in Staudinger § 536b BGB Rdn. 13.

[70] BGH WuM 1982, 296 = NJW 1982, 874 = ZMR 1983, 62 = MDR 1982, 573.

[71] *Kraemer/Ehlert* in Bub/Treier III. B Rdn. 3385.

[72] *Kraemer/Ehlert* in Bub/Treier III. B Rdn. 3386.

[73] *Kraemer/Ehlert* in Bub/Treier III. B Rdn. 3386.

[74] BGH WuM 1996, 32 = ZMR 1996, 15 = NJW 1996, 46; *Wolf/Eckert/Ball* Rdn. 363.

[75] BGH WuM 1981, 92 = NJW 1980, 777 = ZMR 1980, 105 = MDR 1980, 306.

Mangel gleichgestellt wurde. Da nunmehr in § 536b BGB eine Gesamtverweisung auf §§ 536, 536a BGB vorgenommen wurde, erfasst die Verweisung auch zugesicherte Eigenschaften nach § 536 Abs. 2 BGB, so dass nunmehr auch die grobe Fahrlässigkeit das Gewährleistungsrecht bei zugesicherten Eigenschaften ausschließt, wenn nicht Arglist vorliegt.

3. Vorbehaltlose Annahme (Satz 3)

23 Die vorbehaltlose Annahme schließt die Gewährleistung aus, wenn der Mieter zum Zeitpunkt der Annahme der Mietsache den Mangel kannte. Aus den vorgenannten Gründen (Rdn. 22) gilt dies auch dann, wenn es sich bei dem Mangel um eine fehlende zugesicherte Eigenschaft handelt.[76] Die Annahme ist gleich bedeutend mit der Einräumung des **tatsächlichen Besitzes** an der Mietsache, also mit der Überlassung i. S. d. § 535 BGB.[77] Hat der Vermieter aber die Beseitigung des Mangels anlässlich der Übergabe versprochen, ist ein Vorbehalt unnötig.[78]

24 Für den Gewährleistungsausschluss nach Satz 3 ist Kenntnis des Mieters erforderlich. Die grob fahrlässige Unkenntnis ist dagegen unschädlich.[79] Für den Ausschluss der Gewährleistung ist es auch unerheblich, ob der Vermieter den Mangel arglistig verschwiegen hat[80] (vgl. auch Rdn. 15).

25 Der Vorbehalt ist eine **empfangsbedürftige** Willenserklärung. Er kann nach h. M. **formlos** erklärt werden,[81] weil er nicht den Vertragsinhalt bestimmt, sondern der Ausübung eines aus dem Mietvertrag folgenden Rechtes dient. Dies ist wegen § 550 BGB von Bedeutung.

26 Man unterscheidet zwischen dem **qualifizierten** und dem **einfachen** Vorbehalt.[82] Zum einen kann der Mieter den Mietzins zahlen mit der Maßgabe, dass beim Vermieter im Falle der Rückforderung die Beweislast für das Bestehen des Anspruchs verbleiben soll.[83] Dieser „qualifizierte" Vorbehalt ist regelmäßig bei Zahlungen zur Vermeidung der Zwangsvollstreckung aus vorläufig vollstreckbaren Titeln oder bei Vorbehaltsurteilen anzunehmen. Er lässt die Schuldtilgung offen und verhindert den **Eintritt der Erfüllung** i. S. d. § 362 BGB.

27 Zum anderen kann mit dem Vorbehalt zum Ausdruck gebracht werden, dass mit der Zahlung kein Anerkenntnis i. S. d. § 212 Abs. 1 Nr. 1 BGB verbunden sein soll. Damit eröffnet sich der zahlende Mieter die Möglichkeit, den Mietzins ggf. nach § 812 BGB zurückzufordern, ohne dass dies durch § 814 BGB ausgeschlossen wird.[84] Dieser „einfache" Vorbehalt führt zur **Erfüllung** gem. § 362 BGB, so dass der Mieter im Rückforderungsprozess die **volle Beweislast** auch für den Rechtsgrund der Zahlung trägt. In der außergerichtlichen Mietpraxis ist regelmäßig von dem „einfachen" Vorbehalt auszugehen.

28 Die Mängel, derentwegen sich der Mieter seine Rechte vorbehalten will, müssen genau bezeichnet werden.[85] Ein wirksamer Vorbehalt setzt somit die eindeutige Bezeichnung des Mangels voraus, so dass formelhafte Verwendungen wie „unter Vorbehalt des Gewährleistungsrechtes" nicht genügen. Ein Vorbehalt kann in der **Aufforderung** des Mieters an den Vermieter liegen, den Mangel zu beseitigen.[86] Hat der Mieter dagegen zwar eine Mietminderung angekündigt, aber dennoch über längere Zeit den Mietzins weiter bezahlt, ist die Annahme eines Vorbehaltes fraglich.[87] Ständige Hinweise auf einen Fehler begründen noch keinen Vorbehalt.[88]

---

[76] So schon zum alten Recht *Erman/Jendrek* § 539 BGB Rdn. 4; *Voelskow* in MünchKomm, 3. Aufl., § 539 BGB Rdn. 13; *Emmerich* in Emmerich/Sonnenschein § 539 BGB Rdn. 11; *Kraemer/Ehlert* in Bub/Treier III. B Rdn. 3389; *Wolf/Eckert/Ball* Rdn. 325; *Franke* in WoBauR § 539 BGB Anm. 8.

[77] OLG Hamburg ZMR 2005, 856; *Kraemer/Ehlert* in Bub/Treier III. B Rdn. 3390; Erman/*Lützenkirchen* § 536b BGB Rdn. 7.

[78] *Franke* in WoBauR § 536b BGB Anm. 8.

[79] *Kraemer/Ehlert* in Bub/Treier III. B Rdn. 3389.

[80] *Emmerich* in Emmerich/Sonnenschein § 536b BGB Rdn. 4; *Kraemer/Ehlert* in Bub/Treier III. B Rdn. 3389; strittig: **a. A.** *Wolf/Eckert/Ball* Rdn. 361.

[81] *Kraemer/Ehlert* in Bub/Treier III. B Rdn. 3391; Erman/*Lützenkirchen* § 536b BGB Rdn. 8.

[82] BGH (LwZR 6/05) NJW 2007, 1269 = MDR 2007, 387; siehe auch *Harsch* ZMR 2017, 223.

[83] BGHZ 86, 267 = NJW 1983, 1111 = MDR 1983, 397 = BB 1983, 401; NJW 1984, 2826 = MDR 1984, 830.

[84] BGHZ 83, 278 = NJW 1982, 1147 = MDR 1982, 562; NJW 1984, 2826 = MDR 1984, 830.

[85] *Emmerich* in Emmerich/Sonnenschein § 536b BGB Rdn. 12.

[86] *Emmerich* in Emmerich/Sonnenschein § 536b BGB Rdn. 12.

[87] LG Köln WuM 1977, 5.

[88] AG Frankfurt/M. WuM 1992, 242 = NJW-RR 1992, 971.

Hat der Vermieter die Beseitigung des Mangels zugesagt[89] oder wird der Vorbehalt unterlassen, weil berechtigterweise davon ausgegangen werden kann, dass der Mangel ohnehin bald behoben wird (Besichtigung der noch nicht fertig gestellten Wohnung; nicht hergerichteter Außenanlagen oder eine nicht geräumte Baustelle), besteht das Gewährleistungsrecht auch ohne Vorbehalt fort.[90] Das gilt auch, wenn der Mieter lediglich einer zeitlichen Verschiebung der gebotenen Ausbesserung nicht widerspricht. **29**

Beauftragt der Vermieter den Mieter, einen von diesem angezeigten Mangel der Mietwohnung auf seine Kosten beseitigen zu lassen, und führt die Reparatur nicht zur **vollständigen** Beseitigung des angezeigten Mangels, so trifft den Mieter eine **erneute** Anzeigepflicht – und damit auch die Pflicht zum erneuten Vorbehalt – bezüglich des verbliebenen Mangels, wenn er seine Gewährleistungsrechte erhalten will.[91] **30**

Besichtigt der Mieter bei der Wohnungsübergabe die Räume und erkennt dabei Mängel, die er aber zunächst als geringfügig oder tolerabel einstuft und hinnimmt, kann er später darauf keine Mietminderung stützen. Will er trotz Kenntnis des Mangels sein Minderungsrecht nicht verlieren, muss er sich dies vorbehalten.[92] Hat der Mieter ein **Übergabeprotokoll** unterzeichnet, welches detailliert Mängel aufführt, schließt dies ein späteres Minderungsrecht wegen dieser Mängel grundsätzlich aus.[93] Etwas anderes gilt, wenn die Parteien davon ausgegangen sind, dass die Mängel noch durch den Vermieter behoben werden sollen.[94] **31**

4. Vorbehaltlose Mietzahlung

Die Fälle, bei denen ein Mangel von Anfang an vorlag und sich für den Mieter daraus zunehmende Beeinträchtigungen im laufenden Mietverhältnis ergeben oder bei denen der Mieter im laufenden Mietverhältnis einen Mangel erstmalig feststellt und der Mieter dennoch vorbehaltlos den Mietzins weiter bezahlt, werden nunmehr über § 536c BGB geregelt, während nach dem Recht vor dem 1.9.2001 die Rechtsprechung[95] und Literatur[96] diesen Sachverhalt über § 539 BGB a. F. analog lösten[97] (s. Rdn. 37 ff.). Die auf den Mieter von Gewerberaum abgestimmte Rechtsprechung wurde zu Unrecht auch auf den Wohnraummieter angewandt.[98] Mit der Regelung in § 536c BGB wird nunmehr dem Umstand Rechnung getragen, dass der Mieter, wollte er in der Vergangenheit seine Rechte wahren, zum Streit gezwungen wurde. Die neue Vorschrift wirkt daher **streitvermeidend,** weil den Parteien ein längerer Zeitraum zur Verfügung steht, in dem sie sich über den Mangel und ggf. seine Ursachen austauschen können. Der Gesetzgeber war mit Riesenhuber[99] und Wichert[100] der Auffassung, dass diese Fälle schon nach früherem Recht über § 545 BGB a. F. hätten gelöst werden müssen und hat daher die den § 545 BGB a. F. übernehmende Vorschrift des § 536c BGB direkt dem Minderungsausschluss (§ 536b BGB) nachgestellt.[101] **32**

Der Ausschluss der Gewährleistungsrechte setzt, wenn der Mieter während der Mietzeit einen Mangel erkennt, grundsätzlich gem. § 536c BGB voraus, dass der Mieter die Mängelanzeige **schuldhaft** unterlassen hat. Das Verschuldenserfordernis wurde nicht gesondert formuliert, da dies für entbehrlich gehalten wurde,[102] weil der Mieter den Schaden **unverzüglich** (vgl. § 121 Abs. 1 Satz 1 BGB), also „ohne schuldhaftes Zögern" anzuzeigen hat **33**

---

[89] BGH WPM 1976, 385; *Emmerich* in Emmerich/Sonnenschein § 536b BGB Rdn. 12; Erman/*Lützenkirchen* § 536b BGB Rdn. 8.

[90] BGH NJW 1974, 2233; LG Hannover ZMR 1979, 47; LG Mannheim MDR 1974, 756 = WuM 1974, 52; einschränkend LG Köln WuM 1988, 15; *Kraemer/Ehlert* in Bub/Treier III. B Rdn. 3392.

[91] OLG Düsseldorf NJW-RR 1987, 1232 = ZMR 1987, 376.

[92] LG Hannover WuM 1986, 311.

[93] OLG Hamburg ZMR 2005, 856; LG Düsseldorf DWW 1991, 284; LG Berlin ZMR 1990, 420 = GE 1991, 523; *Franke* ZMR 1996, 295.

[94] AG Braunschweig WuM 1996, 702.

[95] BGH WuM 1997, 488 = NJW 1997, 2674 = GE 1997, 1163; NJW 1974, 2233 = MDR 1975, 134; OLG Frankfurt/M. WuM 2000, 116; OLG Koblenz WuM 1999, 330.

[96] Erman/*Jendrek,* 11. Aufl., § 536b BGB Rdn. 8; *Kraemer* in *Bub/Treier,* 3. Aufl., B. III Rdn. 1413; *Emmerich* in Emmerich/Sonnenschein, 8. Aufl., § 537 BGB Rdn. 36.

[97] OLG Naumburg NJW 2002, 1132 = NZM 2002, 251 = GE 2002, 394 nach neuem Recht (§ 536b BGB).

[98] *Wiek* GuT 2002, 67, 68.

[99] *Riesenhuber* ZMR 1994, 393.

[100] *Wichert* ZMR 2000, 65.

[101] BR-Drucks. 439/00 S. 103.

[102] BR-Drucks. 439/00 S. 104.

34 Hat der Mieter zunächst einen während des Mietverhältnisses aufgetretenen Mangel bei vollständiger Zahlung des Mietzinses hingenommen, weil er den Vermieter im Guten zur Mängelbeseitigung bewegen will, muss er regelmäßig keinen **Rechtsverlust** mehr befürchten[103] (s. aber dazu Rdn. 41 ff.). Auch wenn sechs und mehr Monate seit Auftreten des Mangels verstrichen sind, was nach dem Recht vor dem 1. 9. 2001 gem. der Rechtsprechung[104] und Literatur[105] zum Verlust der Gewährleistungsrechte analog § 539 BGB a. F. führen konnte, kann der Mieter dennoch, weil z. B. seine Bemühungen erfolglos waren, grundsätzlich noch seine Gewährleistungsrechte geltend machen.[106] Allerdings wird ihm regelmäßig ein rückwirkender bereicherungsrechtlicher Anspruch wegen überzahlter Miete versagt bleiben, wenn er mit der Zahlung nicht ausdrücklich einen Vorbehalt erklärt hat.[107]

35 Zahlt der Mieter vorbehaltlos die Miete weiter, obwohl er den Mangel kennt und diesen dem Vermieter angezeigt hat, kann er sein Minderungsrecht auch für die Zukunft verwirken (s. Rdn. 41 ff.). Von einer vorbehaltlosen Mietzinszahlung[108] kann nicht ausgegangen werden, wenn der Mieter den Mangel rügt und zunächst in der Erwartung die volle Miete weiter zahlt, der Vermieter werde den Mangel demnächst abstellen.[109] Allerdings darf sich der Mieter nicht immer wieder vertrösten lassen. Wird trotz einer entsprechenden Zusage des Vermieters der Mangel nicht über längere Zeit behoben, bedarf es seitens des Mieters eines ausdrücklichen Vorbehalts bei der Mietzinszahlung, wenn er sein Minderungsrecht erhalten will.[110] Dies gilt auch, wenn der Mieter trotz der Mängel der Mietsache den Mietzins in der dem Vermieter mitgeteilten Erwartung weiterzahlt, seine Zahlungen vom Versicherer des Verursachers der Mängel ersetzt zu bekommen.[111] Macht der Mieter deshalb keinen Vorbehalt, weil der Mangel nicht als dauerhaft erkennbar war und nur als vorübergehend angenommen wurde, z. B. wenn auf dem Grundstück Baumaterial abgeladen wird, sind die Gewährleistungsrechte nicht aus geschlossen.[112] Der Mieter setzt mit seiner vorbehaltlosen Zahlung auch dann keinen Vertrauenstatbestand, wenn der Vermieter – auf Verlangen des Mieters[113] – Abhilfe zugesagt hat.[114]

36 So wie die vorbehaltlose Mietzahlung im Einzelfall zum Nachteil des Mieters gereichen kann, steht die vorbehaltlose Annahme einer geminderten Miete ebenfalls unter dem Diktat der **Verwirkung**[115]. Der Vermieter ist somit gehalten, beim Streit über die Minderung die verringerte Miete nicht vorbehaltlos anzunehmen, sondern dem Mieter seine Bedenken mitzuteilen. Unterlässt er dies, kann jedenfalls eine rückwirkende Geltendmachung der geminderten Beträge verwirkt sein.[116] Ist die Verwirkung eingetreten, bindet sie auch einen nach §§ 566, 578 BGB eintretenden Erwerber.[117]

---

[103] AG Rudolstadt NZM 2002, 163 = NJW-RR 2002, 877; AG Pinneberg ZMR 2002, 603; AG Schöneberg MM 2002, 540; *Wiek* WuM 2002, 540 mit abl. Anm. zu LG Frankfurt/M. WuM 2002, 537.

[104] BGH WuM 1997, 488 = NJW 1997, 2674 = MDR 1997, 1112 = GE 1997, 1163; OLG Naumburg ZMR 2001, 617; OLG Köln DWW 2001, 274 = ZMR 2001, 533; OLG Frankfurt/M. WuM 2000, 116; OLG Koblenz WuM 1999, 330 = ZMR 1999, 483 = NZM 1999, 1100; LG Düsseldorf DWW 1999, 184; 1999, 353; LG Berlin ZMR 1997, 354; LG Aachen WuM 1992, 243; LG Köln WuM 1988, 15; AG Rostock WuM 1996, 31 = NJ 1996, 204; AG Frankfurt/M. WuM 1992, 242 = NJW-RR 1992, 971; ZMR 1999, 718.

[105] Statt vieler: *Kraemer* in Bub/Treier, 3. Aufl., III. B Rdn. 1413; *Wolf/Eckert/Ball* Rdn. 369.

[106] AG Pinneberg ZMR 2002, 603.

[107] BGH (VIII ZR 274/02) WuM 2003, 440 = NJW 2003, 2601 = NZM 2003, 679 = ZMR 2003, 667 = GE 2003, 1145 = MietPrax-AK § 536b BGB Nr. 3; BGH NJW 1982, 1147 = MDR 1982, 562.

[108] Zum Anerkenntnis durch vorbehaltlose Zahlung vgl. BGH (VIII ZR 265/07) NJW 2009, 580 = GuT 2009, 122 = MDR 2009, 192.

[109] BGH NJW 1974, 2233; OLG Stuttgart WuM 1997, 619; OLG Düsseldorf WuM 1995, 435 = ZMR 1995, 400 = DWW 1996, 192; ZMR 1987, 329 = DWW 1987, 354; ZMR 2002, 739; LG Düsseldorf DWW 1999, 184; vgl. auch *Kandelhard* NZM 2005, 43, 47.

[110] OLG Stuttgart WuM 1997, 619.

[111] BGH MDR 1973, 213 = BB 1973, 170 = ZMR 1973, 80.

[112] AG Bad Segeberg WuM 1992, 477.

[113] *Emmerich* in Emmerich/Sonnenschein § 536b BGB Rdn. 12; *Wolf/Eckert/Ball* Rdn. 371.

[114] BGH WuM 1997, 488 = NJW 1997, 2674; NJW 1976, 892 = MDR 1976, 571 = BB 1976, 483; KreisG Görlitz WuM 1993, 113; *Kraemer/Ehlert* in Bub/Treier III. B Rdn. 3394.

[115] Vgl. LG Aachen WuM 1992, 243 (17 Monate).

[116] BGH (XII ZR 224/03) NJW 2006, 219 = GuT 2006, 25 = NZM 2006, 58 = ZMR 2006, 107 = MietPrax-AK § 536b BGB Nr. 7 mit Anm. *Eisenschmid;* BGH (VIII ZR 171/03) MietPrax-AK § 536b BGB Nr. 4 = WuM 2004, 198 mit Anm. *Wiek* = NZM 2003, 355.

[117] AG Dortmund WuM 1994, 535.

5. Verwirkung

37 Die Oberlandesgerichte Naumburg,[118] Dresden[119] und Celle[120] haben in Fortführung der Rechtsprechung[121] zu § 539 BGB a. F. § 536b BGB entsprechend angewandt[122] auf Fälle, bei denen der Mieter einen Fehler der Mietsache erst nach Abschluss des Vertrages oder Überlassung der Mietsache erkennt, aber gleichwohl, ohne die ihm bekannten Mängel zu beanstanden, den Vertrag über geraume Zeit fortsetzt.[123] Diese Rechtsprechung ist nunmehr aufgrund der Entscheidungen des VIII.[124] und des XII.[125] Zivilsenats des BGH nicht mehr anzuwenden. Mit seinen Urteilen hat der BGH den Willen des Gesetzgebers bestätigt, wonach die vorbehaltlose Mietzahlung über einen Zeitraum von einem halben Jahr nicht zum automatischen Verlust des Minderungsrechtes beim Mieter führt. Für nach dem Inkrafttreten des Mietrechtsreformgesetzes (1. 9. 2001) fällig gewordene Mieten scheidet somit eine analoge Anwendung des § 536b BGB, der an die Stelle des § 539 BGB a. F. getreten ist, aus. Insoweit beurteilt sich die Frage, ob und in welchem Umfang ein Mieter wegen eines Mangels die Miete mindern kann, grundsätzlich nach § 536c BGB. Dies gilt auch für Mietverträge, die vor dem 1. 9. 2001 abgeschlossen worden sind. Für alle „Altfälle" (Mängel) vor dem 1. 9. 2001 gilt § 539 BGB a. F. analog, da wegen solcher Mängel die Minderungsansprüche noch unter Geltung des alten Rechts entstanden waren.[126] Daneben treten § 814 BGB sowie das Rechtsinstitut der Verwirkung.[127]

38 Der Mieter kann somit sein Minderungsrecht bis zu dem in § 536c Abs. 2 S. 2 BGB beschriebenen Zeitpunkt verlieren, wenn er den Mangel **nicht angezeigt** hat. Zahlt er trotz des dem Vermieter ordnungsgemäß angezeigten Mangels zunächst über einen längeren Zeitraum und ohne jeden Vorbehalt die Miete ungekürzt weiter, kann er regelmäßig die „Überzahlung" nicht zurückfordern (§ 814 BGB).[128] Hat der Mieter aber unter Vorbehalt gezahlt, steht dem § 814 BGB nicht entgegen, weil ein bei der Leistung gemachter **Vorbehalt** die Anwendung dieser Vorschrift ausschließt.[129] Die Erfüllungswirkung wird durch diesen einfachen Vorbehalt nicht ausgeschlossen (vgl. Rdn. 26f.).[130] Das gilt auch für den Fall, dass der Mieter zunächst der Ausgang eines selbständigen Beweisverfahrens abwarten will.[131] Der Mieter kann den überzahlten Betrag auch mit der nächsten Mietzinszahlung verrechnen. Soweit bei Wohnraummietverhältnissen vertragliche Vereinbarungen, auf die das Verbraucherrecht über Allgemeine Geschäftsbedingungen gem. §§ 305ff. BGB Anwendung finden, eine Aufrechnung verbieten, sind diese unzulässig (vgl. § 556b Rdn. 31ff.).

---

[118] OLG Naumburg NJW 2002, 1132 = NZM 2002, 251 = GE 2002, 394 = ZMR 2003, 355; wohl auch OLG Düsseldorf GuT 2002, 74.

[119] OLG Dresden WuM 2002, 541 = NZM 2002, 662; ZMR 2003, 346.

[120] OLG Celle ZMR 2002, 657; vgl. auch OLG Koblenz ZMR 2002, 744 ohne Begründung für die Abweichung vom gesetzgeberischen Willen.

[121] Vgl. zuletzt KG GE 2001, 1195 = ZMR 2002, 111 mit Anm. *Wichert*.

[122] S. auch LG Frankfurt/M. GE 2003, 259; LG Berlin GE 2003, 254; AG Tiergarten GE 2003, 191; kritisch *Wichert* ZMR 2003, 330.

[123] Zu § 536b BGB a. F. vgl. BGH WuM 1992, 313 = ZMR 1992, 239 = NJW-RR 1992, 267; WPM 1967, 850; WPM 1967, 515; BB 1961, 1070; OLG Koblenz WuM 1999, 330 – für Pachtzins; OLG Hamm MDR 1988, 410; OLG Düsseldorf ZMR 1987, 329 = DWW 1987, 354; LG Berlin GE 1990, 313; LG Lübeck WuM 1979, 189; LG Heidelberg WuM 1997, 42; AG Frankfurt/M. WuM 1992, 242 = NJW-RR 1992, 971; *Kraemer/Ehlert* in Bub/Treier III. B Rdn. 3393 m. w. N.; kritisch *Emmerich* in Staudinger § 537 Rdn. 100, der die Anwendung des § 242 BGB als ausreichend ansieht.

[124] BGH (VIII ZR 274/02) WuM 2003, 440 = NJW, 2601 = NZM 2003, 679 = GE 2003, 1145 = MietPrax-AK § 536b BGB Nr. 3 mit Anm. *Eisenschmid;* kritisch *Gerber* NZM 2003, 825.

[125] BGH (XII ZR 33/04) NZM 2006, 929 = GE 2006, 1606 = ZMR 2007, 98 = MietPrax-AK § 536b BGB Nr. 8; (XII ZR 24/02) GuT 2005, 56 = DWW 2005, 153 = GE 2005, 662 = ZMR 2005, 770 = MietPrax-AK § 536b BGB Nr. 5; (XII ZR 269/01) GuT 2005, 162 = MietPrax-AK § 536b BGB Nr. 6 jeweils mit Anm. *Eisenschmid;* BGH (XII ZR 15/12) NJW 2015, 402 = NZM 2015, 84 = GE 2014, 1616 bei Ausübung einer Verlängerungsoption.

[126] BGH (VIII ZR 274/02) WuM 2003, 440 = NJW, 2601 = NZM 2003, 679 = GE 2003, 1145 = MietPrax-AK § 536b BGB Nr. 3 mit Anm. *Eisenschmid.*

[127] *Häublein* in MünchKomm § 536b BGB Rdn. 9.

[128] *Blank/Börstinghaus* § 536b BGB Rdn. 31.

[129] BGH (VIII ZR 274/02) WuM 2003, 440 = NJW 2003, 2601 = NZM 2003, 679 = ZMR 2003, 667 = GE 2003, 1145 = MietPrax-AK § 536b BGB Nr. 3; BGH NJW 1982, 1147 = MDR 1982, 562.

[130] AG München NZM 2016, 314.

[131] LG Berlin GE 2007, 151.

39 Der Mieter kann sein Minderungsrecht auch unter den allgemeinen Voraussetzungen der **Verwirkung**[132] verlieren. Die Verwirkung kommt in Betracht, wenn der Berechtigte sein Recht über längere Zeit nicht geltend macht und sich der Verpflichtete darauf einrichten durfte und auch darauf eingerichtet hat, dass der Berechtigte sein Recht nicht mehr geltend machen wird.[133] Der Verpflichtete muss somit Vermögensdispositionen getroffen haben, die diesen Schluss zulassen.[134] Dafür reicht es nicht aus, wenn nur die Bildung von Rücklagen unterlassen wurde.

40 Bei der Annahme eines solchen Rechtsverlustes unter Vertrauensgesichtspunkten (Verwirkung) sind das **Zeit-** sowie das **Umstandsmoment** im Einzelfall zu berücksichtigen.[135] Die Umstände sind nicht statisch zu sehen. Vielmehr besteht zwischen dem Zeitmoment und dem Umstandsmoment eine **Wechselwirkung** insofern, als der Zeitablauf umso kürzer sein kann, je gravierender die sonstigen Umstände sind, und das umgekehrt an diese Umstände desto geringere Anforderungen gestellt werden, je länger der abgelaufene Zeitraum ist[136]. Das Zeitmoment ergibt daraus, dass der Mieter über einen längeren Zeitraum seinen Anspruch nicht geltend macht. Daher lässt sich daraus kein Umstandsmoment ableiten. Allein die vorbehaltlose Zahlung des Mietzinses kann ebenfalls keinen entsprechenden Vertrauenstatbestand beim Vermieter setzen, wenn der Mieter den Mangel angezeigt hat. Dann weiß der Vermieter vom Mieter, dass das Äquivalenzverhältnis gestört ist, und darf aus einer solchen Mitteilung keinen Vertrauenstatbestand **zum Nachteil** seines Vertragspartners ableiten. Zudem darf dem Mieter nur aus der Tatsache, dass er seinen Vertragspflichten nachkommt, kein Nachteil entstehen.[137] Die bloße Untätigkeit des Vermieters, seinen Mietzahlungsanspruch geltend zu machen, reicht für das Umstandsmoment nicht aus.[138] Erst recht kann dann nicht eine Verwirkung angenommen werden, wenn der Mieter Nachzahlungen leistet, die nicht eindeutig die Tilgung der bisher geminderten Miete bezwecken[139]. Ein Rechtsverlust kann auch durch eine Vereinbarung im Mietvertrag ausgeschlossen werden, z. B. indem dort festgehalten wird, dass bei „wiederholt geübter Nachsicht" der Vertragspartner daraus keine Rechte herleiten kann.[140]

41 Ungeklärt sind die Auswirkungen bezüglich des zulässigen Minderungsbetrages, wenn der Mieter eine **geringere** Mietminderung als zulässig vornimmt. Grundsätzlich steht dem Mieter in einem solchen Fall gegen den Vermieter kein Rückforderungsanspruch wegen überzahlter Miete in Höhe des nicht geltend gemachten Minderungsbetrages zu, wenn er nicht einen entsprechenden Vorbehalt gemacht hat. Daher kann der Mieter auch nicht etwa seine zu gering bemessene Mietminderung nachholen, wenn die Überzahlung nur dadurch zustande kommt, dass der Vermieter bei der nachfolgenden Betriebskostenabrechnung erhebliche Nachzahlungen verlangt und dadurch rechnerisch weitere Minderungsbeträge entstehen (s. dazu § 536 Rdn. 372ff.). Der Mieter weiß, dass der Vermieter für den Zeitraum, in dem die Wohnung mangelhaft ist, noch eine **Betriebskostenabrechnung** erstellen wird und erst dann die tatsächliche Höhe der geschuldeten Miete feststeht. Somit zahlt der Mieter in Kenntnis der möglichen Nichtschuld. Eine nachträgliche Korrektur der Minderung scheidet somit für den Mieter wegen § 814 BGB aus (Einzelheiten s. § 536 Rdn. 372ff.).

6. Wiederaufleben des Minderungsrechts

42 Die eingetretene Verwirkung wirkt nicht auf Dauer. Sternel[141] weist zu Recht darauf hin, dass auch bei der Anwendung des § 536c BGB (s. dort Anm. 36) die Rechtsfolge des Minderungsausschlusses nur so lange aufrechterhalten wird, bis der Mieter seinen vertraglichen Pflichten nachkommt, also den Mangel anzeigt, und der Vermieter für Abhilfe sorgen kann. Die Rechtsfolgen der Verwirkung können nicht weiter reichen als die gesetzliche Regelung, zumal der Vermieter

---

[132] Zu den Voraussetzungen s. BGH (VII ZR 23/02) GE 2003, 456 = NJW 2003, 824; LG Berlin GE 2008, 268; 2003, 254.

[133] BGH (XII ZR 33/04) NJW 2007, 147 = WuM 2007, 72 = NZM 2006, 929 = MietPrax-AK § 536b BGB Nr. 8 mit Anm. *Eisenschmid.*

[134] KG GE 2012, 545.

[135] BGH (VIII ZR 334/07) WuM 2010, 36 = MietPrax-AK § 556 BGB Nr. 44 = ZMR 2010, 279 = GE 2010, 197.

[136] BGH (XII ZR 24/02) NJW 2006, 219 = GuT 2006, 25 = NZM 2006, 58 = ZMR 2006, 107 = MietPrax-AK § 536b BGB Nr. 5 mit Anm. *Eisenschmid.*

[137] *Both* GE 2009, 239; *Kandelhard* in Herrlein Kandelhard § 536b Rdn. 15.

[138] OLG Düsseldorf NZM 2010, 820.

[139] OLG Düsseldorf NZM 2003, 63= ZMR 2003, 102.

[140] BGH (XII ZR 126/00) GE 2004, 47 = GuT 2004, 56 = NZM 2004, 27 = ZMR 2004, 249.

[141] *Sternel,* Mietrecht aktuell (2009), Rdn. VIII 419.

nach Kenntnis vom Mangel wegen seiner Pflicht und Möglichkeit zur Instandsetzung keinen schutzwürdigen Vertrauenstatbestand geltend machen kann.

Ein Wiederaufleben des **verwirkten** Minderungsrechts kommt beispielsweise in Betracht, wenn sich die den Mangel begründenden Umstände erheblich verändern (z. B.: Zunahme der Lärmbelästigung durch einen Müllschlucker infolge der Veränderung der Müllzusammensetzung seit der Wiedervereinigung),[142] wenn sich im Laufe der Mietzeit ein Mangel erheblich verstärkt[143] Anders ist dies aber, wenn die Parteien, ohne dass der Mieter einen Vorbehalt macht, einen bereits abgelaufenen Vertrag verlängern oder den Gebrauchszweck der Mietsache ändern. 43

Der häufigste Fall des Wiederauflebens der verwirkten Gewährleistungsrechte stellt die Vertragsänderung durch eine **Mieterhöhung** z. B. nach den §§ 556ff.[144] oder nach dem WoBindG dar, wenn hierdurch das Äquivalenzverhältnis verschoben wird.[145] Für Mieterhöhungen bei preisgebundenem Wohnraum wird eine wesentliche Verschiebung des Äquivalenzverhältnisses gefordert.[146] Davon ist auszugehen, wenn die nach der Mieterhöhung vom Mieter zu erbringende Leistung mit Rücksicht auf die Mängel der Räume der Gegenleistung (Überlassung der Räume) objektiv nicht entspricht.[147] Es kommt nicht auf die Art der Mieterhöhung an. Unerheblich ist somit, ob sich der Vermieter mit dem Mieter einigt oder ob sich der Vermieter zur Begründung seines Mieterhöhungsverlangens auf §§ 556ff. BGB, auf eine Anpassungsklausel[148] oder auf eine Gesetzesänderung[149] beruft. Unbeachtlich ist es auch, ob die Mietänderung für den Mieter überraschend eintritt oder ob sie auf Grund einer Änderungsklausel vorhersehbar war.[150] 44

Das Wiederaufleben des Minderungsrechts erfolgt aber nicht automatisch mit Eintritt der veränderten Umstände. Vielmehr muss der Mieter dem Vermieter die veränderte Situation anzeigen, so wie er auch den verwirkten Mangel anzeigen musste.[151] Hat der Vermieter allerdings an den veränderten Umständen **selbst mitgewirkt** (z. B. bei einer Vertragsänderung), besteht kein Grund, ihm weiterhin den zum Zeitpunkt der Verwirkung gewährten Vertrauensschutz einzuräumen und von dem Mieter eine Erklärung dahingehend zu verlangen, dass er nunmehr das Minderungsrecht erneut ausüben will.[152] 45

Ist der Mieter „wieder" zur Minderung berechtigt, lebt der Gewährleistungsanspruch nur für die Zukunft und **nicht für die Vergangenheit** wieder auf, da der Mieter durch die Mieterhöhung nicht besser gestellt werden darf. Aus diesem Grund ist auch der Minderungsbetrag der Höhe nach auf die Verschiebung des Äquivalenzverhältnisses (Mieterhöhung)[153] zu begrenzen, während das Recht zur Kündigung in vollem Umfang wiederauflebt, weil es nicht teilbar ist.[154] Für die Berechnung des Minderungsbetrages ist der gesamte Mietzins maßgebend, dessen Höhe allerdings durch den Mieterhöhungsbetrag begrenzt wird. 46

Bei einem Mieterwechsel auf Grund einer Abspaltung nach dem **Umwandlungsgesetz** soll das Minderungsrecht nicht wieder aufleben, da in diesen Fällen der Vermieter auf die Vertragsänderung keinen Einfluss hat.[155] 47

---

[142] LG Dresden NJWE-MietR 1997, 197, *Sternel,* Mietrecht aktuell (2009), Rdn. VIII 420.

[143] LG Düsseldorf WuM 1998, 20 bei zunehmend optischer Beeinträchtigung; AG Schöneberg MM 1995, 28 bei Gaststättenlärm; zur Wiedereröffnung einer Tankstelle vgl. OLG Düsseldorf ZMR 1994, 559.

[144] LG Berlin GE 2003, 326; AG Osnabrück NJW-RR 1995, 971; AG Bonn WuM 1986, 93; AG Köln WuM 1984, 198; AG Frankfurt/Oder GE 1997, 495 zur GrundmietenVO; einschränkend LG Berlin MM 1991, 331, das eine wesentliche Verschiebung fordert; **a. A.** LG München I NJW-RR 2000, 675 = NZM 2000, 616 zu § 2 MHG.

[145] BGH MDR 1965, 654 = BB 1965, 690; ZMR 1961, 257; OLG Köln DWW 2001, 274; OLG Düsseldorf DWW 1973, 278; LG Hamburg WuM 1983, 290; LG Frankfurt/M. WuM 1990, 425; LG Köln WuM 1990, 17; KreisG Grimma NJ 1992, 466.

[146] BGH NJW 1961, 1253 = MDR 1961, 683 = ZMR 1961, 257 = BB 1961, 616 zu § 18 1. BMG.

[147] BGH NJW 1961, 1253 = MDR 1961, 683 = ZMR 1961, 257 = BB 1961, 616; AG Braunschweig WuM 1990, 148.

[148] OLG Düsseldorf WuM 1994, 324 = NJW-RR 1994, 399 = MDR 1994, 371.

[149] BGH NJW 1961, 1253 = MDR 1961, 683 = BB 1961, 616; MDR 1965, 654 = BB 1965, 690.

[150] LG Düsseldorf WuM 1998, 20.

[151] LG Berlin GE 2004, 628.

[152] LG Berlin GE 2004, 480.

[153] OLG Köln DWW 2001, 274 = ZMR 2001, 533; OLG Düsseldorf DWW 1973, 278; LG Dresden NJWE-MietR 1997, 197; AG Frankfurt/Oder GE 1997, 495; AG Köln ZMR 1995, 260; *Kraemer/Ehlert* in Bub/Treier III. B Rdn. 3396.

[154] KG GE 2001, 989.

[155] KG NZM 2002, 562.

III. Rechte des Mieters

1. Erfüllungsanspruch

48 Der Anspruch des Mieters auf Erfüllung des Mietvertrages bleibt bestehen.[156] Das gilt auch, wenn der Mieter den Mangel bei Abschluss des Mietvertrages kennt.[157] Ist eine Formularklausel vereinbart, wonach der Mieter die Räume als für den vertragsgemäßen Gebrauch tauglich anerkennt, bezieht sich das **Anerkenntnis** nur auf den Gewährleistungsanspruch, nicht aber auf den Erfüllungsanspruch.[158] Der Mieter kann somit ungeachtet des Mangels seinen Herstellungsanspruch durchsetzen.

49 Dasselbe gilt für das Zurückbehaltungsrecht des Mieters aus § 320 BGB.[159] Der Mieter kann somit auch dann die Einrede des nichterfüllten Vertrages erheben, wenn er die Mietminderung wegen § 536b BGB nicht mehr geltend machen kann. Allerdings ist im Einzelfall zu prüfen, ob sich die Kenntnis des Mieters vom Mangel im Rahmen des § 320 Abs. 2 BGB auswirkt[160] (s. § 536 Rdn. 423). Wegen der Nähe des **Zurückbehaltungsrechts** zum Erfüllungsanspruch – es dient seiner Durchsetzung –, wird eine Einschränkung nur in Ausnahmefällen anzunehmen sein. Allein die Kenntnis des Mieters vom Mangel ist nicht ausreichend, sein Zurückbehaltungsrecht zu beschränken.

50 Haben die Mietvertragsparteien einen konkret gegebenen schlechten Bauzustand aber als vertragsgemäß vereinbart, so sind insoweit auch Erfüllungsansprüche des Mieters ausgeschlossen.[161] Es bedarf somit immer einer genauen Prüfung des Einzelfalls, ob mit der vorbehaltlosen Kenntnis der Mangel nicht in die Sollbeschaffenheit der Mietsache einbezogen wurde. Hier ist den Parten eine mietvertragliche Klarstellung anzuraten.[162]

2. Ansprüche aus §§ 536, 536a BGB

51 Kennt der Mieter den Mangel beim Abschluss des Vertrages, verliert er grundsätzlich sein Recht zur Mietminderung (§ 536 BGB), seinen Schadensersatzanspruch (§ 536a Abs. 1 BGB) sowie den Anspruch auf Aufwendungsersatz[163] (§ 536a Abs. 2 BGB).

52 Für grobe Fahrlässigkeit gilt § 536b Satz 2 BGB, wonach eine Haftung des Vermieters nur bei dessen arglistigen Verhalten in Betracht kommt.

53 Die ausdrückliche Anerkennung des vertragsmäßigen Zustandes des Anwesens im Mietvertrag steht den Ansprüchen des Mieters aus § 536 nicht entgegen, denn sie bezieht sich nur auf Mängel, die ihm bei Abschluss des Vertrages bekannt waren.[164] Wegen §§ 307, 309 Nr. 12 lit. b BGB-Gesetz sind solche Anerkenntnisse von Tatsachen in Formularverträgen regelmäßig unwirksam.

---

[156] BGH WuM 1982, 296 = NJW 1982, 874 = MDR 1982, 573 = ZMR 1983, 62; WuM 1981, 92 = NJW 1980, 777 = ZMR 1980, 105 = MDR 1980, 306; NJW-RR 1990, 60 = ZMR 1990, 211 = MDR 1990, 146; LG Essen WuM 1983, 139 = ZMR 1983, 131; kritisch *Wolf/Eckert/Ball* Rdn. 355; *Kraemer/Ehlert* in Bub/Treier III. B Rdn. 3368.

[157] BGH (XII ZR 139/05) GuT 2007, 208 = NZM 2007, 484 = ZMR 2007, 605 = GE 2007, 840 = Miet-Prax-AK § 536b BGB Nr. 9 mit Anm. *Eisenschmid;* OLG Köln WuM 1995, 35 = NJW-RR 1993, 466 = MDR 1993, 973 = VersR 1993, 1112; AG Ludwigshafen WuM 1981, 12; *Artz* WimmoT 2013, 75, 81; *Köhler* JZ 1989, 761, 771; **a. A.** LG Berlin 1993, 99.

[158] OLG Köln WuM 1995, 35 = NJW-RR 1993, 466 = MDR 1993, 973 = VersR 1993, 1112.

[159] BGH NJW 1982, 2242 = MDR 1982, 836 = ZMR 1983, 272 = JZ 1982, 723; NJW 1989, 3222 = MDR 1990, 146 = ZMR 1990, 211; *Emmerich* in Emmerich/Sonnenschein § 536b BGB Rdn. 1; *Franke* in WoBauR § 536b BGB Anm. 4; **a. A.** LG München I NZM 2001, 620.

[160] BGH NJW 1989, 3222 = MDR 1990, 146 = ZMR 1990, 211; **a. A.** LG Düsseldorf DWW 1999, 184; vgl. auch BayObLG WuM 1999, 392 = ZMR 1999, 616 = NJW-RR 1999, 1241 = GE 1999, 835 = NZM 1999, 660.

[161] BGH WuM 1994, 201 = NJW-RR 1993, 522 = GE 1993, 643; KG WuM 1984, 42; LG Düsseldorf DWW 1991, 284; LG Mannheim ZMR 1990, 220; LG Berlin ZMR 1990, 420.

[162] *Lammel* in jurisPR-Miet 14/2007 Anm. 1.

[163] BGH NJW 1976, 892 = MDR 1976, 571 = BB 1976, 483; *Häublein* in MünchKomm § 536b BGB Rdn. 11.

[164] BGH NJW 1973, 1498 = MDR 1973, 927.

3. pVV

54 Der Haftungsausschluss des § 536b BGB bezieht sich nach umstrittener Ansicht nicht auf Ansprüche aus positiver Vertragsverletzung wegen Begleitschäden und wegen Verletzung von nicht leistungsbezogenen Nebenpflichten[165] (§ 280 Abs. 1 BGB i. V. m. § 241 Abs. 2 BGB).

4. c. i. c.

55 Ein Anspruch aus c. i. c. (§ 311 Abs. 2 BGB) kann bei Verletzung von Aufklärungspflichten in Betracht kommen. Den Vermieter trifft eine **Aufklärungspflicht** hinsichtlich ihm bekannter Mängel sowie hinsichtlich solcher Umstände, die dem Mieter ersichtlich unbekannt und für den Vertragsabschluss von Bedeutung sind.[166] Eine Haftung aus c. i. c. wegen Verletzung der Aufklärungspflicht kommt nach Übergabe der Sache aber grundsätzlich nicht in Betracht, soweit die **Beschaffenheit** der Mietsache betroffen ist, weil die Gewährleistungsvorschriften insoweit eine abschließende Regelung getroffen haben.[167] Nach Übergabe der Sache ist eine Haftung aber aus vorsätzlicher c. i. c. (Arglist) möglich[168] (s. auch § 536 Rdn. 529ff.).

5. Unerlaubte Handlung

56 Unberührt von § 536b BGB bleiben **Deliktsansprüche.**[169] Die Haftung z. B. wegen Verletzung der Verkehrssicherungspflicht des Vermieters steht daher selbständig neben der Vertragshaftung.[170]

6. Kündigung

57 § 536b BGB schließt das Kündigungsrecht des Mieters gem. § 543 Abs. 2, 4 BGB aus. Das Kündigungsrecht gem. § 569 Abs. 1 BGB bleibt davon allerdings auch bei Kenntnis des Mieters vom Mangel unberührt[171] (Satz 2). Bei Mietverhältnissen über Räume, die keine Wohnräume sind (u. a. Gewerberaum), lässt sich das Kündigungsrecht **vertraglich** ausschließen, da § 578 Abs. 2 BGB nicht auf § 569 Abs. 5 (Verbot anderweitiger Vereinbarung) verweist. Dennoch wird sich ein Kündigungsausschluss, auch wenn er individualvertraglich erfolgt, regelmäßig als treuwidrig erweisen, weil das Festhalten am Vertrag trotz einer Gesundheitsgefährdung des Mieters oder seiner Mitbenutzer sich regelmäßig als sittenwidrig erweist. Hat der Vermieter den Mangel arglistig verschwiegen, so kann der Mieter trotz Kenntnis des Mangels auch gem. § 543 Abs. 1 BGB kündigen, wenn durch den Täuschungsversuch das Vertrauen nachhaltig erschüttert worden ist.[172]

IV. Beweislast

58 Der Vermieter hat die Kenntnis des Mieters sowie dessen grob fahrlässige Unkenntnis vom Mangel zu beweisen.[173]

59 Den Mieter trifft dagegen die Beweislast, wenn er sich auf einen ausgeübten **Vorbehalt** berufen will oder wenn er seinen Anspruch auf eine Zusicherung baldiger Abhilfe des Vermieters oder auf arglistiges Verschweigen stützt.[174]

165 *Emmerich* in Emmerich/Sonnenschein § 536b BGB Rdn. 1; **a. A.** *Franke* in WoBauR § 536b Anm. 4.
166 *Blank/Börstinghaus,* Miete, § 536b Rdn. 17.
167 BGH WuM 1981, 92 = NJW 1980, 777 = MDR 1980, 306 = ZMR 1980.
168 BGH NJW 1997, 2813 = ZfIR 1997, 523 = ZIP 1997, 1594.
169 *Emmerich* in Emmerich/Sonnenschein § 536b BGB Rdn. 1; *Häublein* in MünchKomm § 536b BGB Rdn. 11; *Kraemer/Ehlert* in Bub/Treier III. B Rdn. 3370; *Franke* in WoBauR § 536b BGB Anm. 4.
170 BGH BB 1961, 989 = VersR 1961, 886; *Wolf/Eckert/Ball* Rdn. 331.
171 BGHZ 29, 289 = NJW 1959, 1424; *Wolf/Eckert/Ball* Rdn. 354; *Franke* in WoBauR § 536b BGB Anm. 4.
172 Einschränkend *Kraemer/Ehlert* in Bub/Treier III. B Rdn. 3372.
173 BGH WPM 1962, 1379.
174 OLG Düsseldorf ZMR 2009, 752; *Blank/Börstinghaus* § 536b BGB Rdn. 35; *Emmerich* in Emmerich/Sonnenschein § 536b BGB Rdn. 11; *Kraemer/Ehlert* in Bub/Treier III. B Rdn. 3400; Erman/*Lützenkirchen* § 536b BGB Rdn. 16.

§ 536c Während der Mietzeit auftretende Mängel; Mängelanzeige durch den Mieter

(1) [1]Zeigt sich im Laufe der Mietzeit ein Mangel der Mietsache oder wird eine Maßnahme zum Schutz der Mietsache gegen eine nicht vorhergesehene Gefahr erforderlich, so hat der Mieter dies dem Vermieter unverzüglich anzuzeigen. [2]Das Gleiche gilt, wenn ein Dritter sich ein Recht an der Sache anmaßt.

(2) [1]Unterlässt der Mieter die Anzeige, so ist er dem Vermieter zum Ersatz des daraus entstehenden Schadens verpflichtet. [2]Soweit der Vermieter infolge der Unterlassung der Anzeige nicht Abhilfe schaffen konnte, ist der Mieter nicht berechtigt,

1. die in § 536 bestimmten Rechte geltend zu machen,
2. nach § 536a Abs. 1 Schadensersatz zu verlangen oder
3. ohne Bestimmung einer angemessenen Frist zur Abhilfe nach § 543 Abs. 3 Satz 1 zu kündigen.

Systematische Übersicht

Alphabetische Schnellübersicht

I. Zweck und Anwendungsbereich

1 Die Anzeigepflicht ist ein Teil der dem Mieter obliegenden allgemeinen Obhutspflicht.[1] Die Obhutspflicht ergibt sich aus dem Umstand, dass der Mieter wegen seines umfassenden Besitzrechtes[2] den Vermieter regelmäßig von jeglichem Zugriff auf die Mietsache ausschließen kann. Daher ist dem Mieter im Gegenzug die **Pflicht** auferlegt, dem Vermieter erkennbare Mängel zu melden.[3] Der Vermieter muss die Gelegenheit erhalten, seinen Erhaltungspflichten gem. § 535 BGB nachzukommen und das Objekt wieder in einen ordnungsgemäßen Zustand zu versetzen.[4] Das gebietet nicht nur der wirtschaftliche Aspekt des Vermietens, sondern auch das zwischen den Parteien bestehende Rechtsverhältnis, da vorhandene Mängel Gewährleistungsrechte des Mieters auslösen. Aus § 536c BGB darf aber weder eine **Reparaturpflicht** noch eine **Prüfungs-** oder **Nachfor-**

---

[1] KG NZM 2003, 28; *Häublein* in MünchKomm § 536c BGB Rdn. 1; *Emmerich* in Staudinger § 536c Rdn. 1.

[2] BVerfG WuM 1993, 377 = NJW 1993, 2035 = MDR 1993, 728 = ZMR 1993, 405 = GE 1993, 796 = DWW 1993, 224.

[3] BGHZ 68, 281 = WuM 1978, 88 = NJW 1977, 1236 = MDR 1977, 743 = ZMR 1978, 50; OLG Düsseldorf GE 2016, 856; *Schmidt* NZM 2013, 705, 708.

[4] *Kraemer/von der Osten* in Bub/Treier III. A Rdn. 2399.

schungspflicht des Mieters abgeleitet werden.[5] Daher ist es zu weitgehend, dem Mieter regelmäßige Kontrollpflichten aufzuerlegen.[6]

2 Bei unterlassener oder verspäteter Anzeige ist der Mieter von seinem Recht zur Mietminderung (§ 536 BGB), auf Schadensersatz (§ 536a BGB) oder zur Kündigung nach § 543 Abs. 3 Satz 1 BGB ausgeschlossen, soweit der Vermieter infolge der Unterlassung oder Verspätung nicht in der Lage war, Abhilfe zu schaffen (Einzelheiten s. Rdn. 36ff.). Der Mieter ist darüber hinaus ggf. dem Vermieter zum Schadensersatz verpflichtet (s. Rdn. 30ff.).

3 Die Pflicht zur Mängelanzeige ist **keine Obliegenheit,** sondern eine echte Nebenleistungspflicht.[7] Daher findet § 278 BGB Anwendung, wenn der Mieter diese Aufgabe einem Dritten überträgt.

4 Zudem kann bei einem **Mitverschulden** § 254 BGB in Betracht kommen, um einen sachgerechten abgestuften Ausgleich zwischen den Interessen des Mieters und des Vermieters zu erreichen.[8] Im Einzelfall kann dies dazu führen, dass die wegen Verletzung seiner Anzeigepflicht grundsätzlich bestehende Pflicht des Mieters zum Schadensersatz auf Grund der erheblich schwerwiegenderen Pflichtverletzung des Vermieters entfällt.[9]

5 § 536c BGB gilt für alle Mietverhältnisse und findet auch auf Leasingverträge Anwendung.[10] Über § 581 Abs. 2 BGB gilt § 536c BGB auch für die Pacht.

II. Tatbestandsvoraussetzungen

6 Die **Anzeigepflicht** des Mieters besteht zum einen, wenn sich im laufenden Mietverhältnis ein Mangel zeigt und zum anderen, wenn im Laufe der Mietzeit eine Vorkehrung zum Schutze der Sache gegen eine nicht vorhergesehene Gefahr erforderlich wird. Außerdem entsteht die Pflicht zur Anzeige, wenn sich ein Dritter ein Recht an der Sache anmaßt. Somit bezieht sich die Anzeigepflicht nicht auf Mängel, die schon vor tatsächlicher Überlassung der Mietsache vorhanden waren.[11]

1. Mangel

7 Der wichtigste und in der Praxis bedeutsamste Anwendungsfall des § 536c BGB ist die Pflicht des Mieters zur Anzeige von Mängeln im laufenden Mietverhältnis. Der Mangel ist weiter gefasst als in § 536 BGB. Hiermit ist jede **signifikante** Verschlechterung des Mietobjektes gemeint, ohne Rücksicht darauf, ob dadurch die Brauchbarkeit der gemieteten Sache für den Mieter beeinträchtigt wird.[12] Als Mangel gilt jedes Hervortreten eines schlechten Zustandes der Mietsache,[13] der dem Vermieter Anlass zum Eingreifen geben kann.[14]

8 Führt die Reparatur nicht zur vollständigen Beseitigung des angezeigten Mangels, so trifft den Mieter eine **erneute** Anzeigepflicht bezüglich des verbliebenen Mangels.[15] Das gilt allerdings dann nicht, wenn die fortbestehende Mangelhaftigkeit der Mietsache dem Vermieter oder einem Dritten, dessen Wissen sich der Vermieter zurechnen lassen muss, bekannt ist.[16]

9 Der Mieter hat grundsätzlich alle Mängel anzuzeigen, gleichgültig ob sie in den gemieteten **Räumen,** im **Treppenhaus** oder in sonstigen **Gemeinschaftsräumen** und -anlagen sowie an den nicht mitvermieteten, aber zur Mietsache gehörenden oder zum Gebrauch überlassenen, Tei-

---

[5] BGH WuM 1976, 152 = MDR 1976, 753 = ZMR 1977, 209; *Wolf/Eckert/Ball* Rdn. 655.

[6] *Sternel,* Mietrecht aktuell (2009), Rdn. VI 248; anders aber KG GE 2001, 1603 = NZM 2003, 27.

[7] BGH NJW 1985, 132 = MDR 1985, 221 = BB 1984, 2219; *Emmerich* in Staudinger § 536c BGB Rdn. 2; *Erman/Lützenkirchen* § 536c BGB Rdn. 2.

[8] BGH BGHZ 68, 281 = WuM 1978, 88 = NJW 1977, 1236 = MDR 1977, 743 = ZMR 1978, 50; LG Karlsruhe WuM 1998, 22; *Kraemer/von der Osten* in Bub/Treier III. A Rdn. 2411.

[9] LG Karlsruhe WuM 1998, 22.

[10] BGH WuM 1987, 215 = NJW 1987, 1072 = ZMR 1987, 169 = MDR 1987, 575; *Emmerich* in Staudinger § 536c BGB Rdn. 2.

[11] *Emmerich* in Staudinger § 536c Rdn. 6; *Sternel,* Mietrecht aktuell (2009), Rdn. VI 248.

[12] BGHZ 68, 281 = WuM 1978, 88 = NJW 1977, 1236 = MDR 1977, 743 = ZMR 1978, 50; *Kraemer/von der Osten* in Bub/Treier III. A Rdn. 2401; Palandt/*Weidenkaff* § 536c BGB Rdn. 7.

[13] BGH WM 1978, 88 = NJW 1977, 1236 = ZMR 1978, 50 = MDR 1977, 743; *Wolf/Eckert/Ball* Rdn. 655.

[14] BGHZ 68, 281 = WuM 1978, 88 = NJW 1977, 1236 = MDR 1977, 743 = ZMR 1978, 50.

[15] OLG Düsseldorf NJW-RR 1987, 1232 = ZMR 1987, 376; ZMR 1991, 24 = DWW 1991, 17; LG Berlin GE 2011, 58.

[16] OLG Düsseldorf ZMR 1991, 24 = DWW 1991, 17.

len, wie beispielsweise an den Außenfassaden des Gebäudes, am Dach oder im Hof auftreten[17] (Einzelheiten s. Rdn. 19f.). Es kann sich um **Mängel aller Art** handeln, wie z. B. Schäden an den Wasser-, Strom- und Elektrizitätsinstallationen oder an Türen[18] und Fenstern. Auch das Auftreten von Ungeziefer oder das Ausbreiten von Hausschwamm kann als Mangel anzeigepflichtig sein.

2. Erkennbarkeit

10 Der Mangel muss sich zeigen. Das ist offensichtlich, wenn der Mieter den Mangel erkannt hat. Es genügt aber auch, wenn er infolge **grober Fahrlässigkeit** vom Mieter übersehen wurde.[19] Der Mieter handelt grob fahrlässig, wenn er einen offensichtlichen Mangel nicht erkannt hat; hiervon ist auszugehen, wenn der Mangel jedem Mieter bei Beachtung üblicher Sorgfalt hätte auffallen müssen.[20] Nur wenn der Mieter insoweit das für **jedermann** nahe Liegende nicht zur Kenntnis genommen hat, sind die Rechtsfolgen des § 536c BGB zu seinen Lasten gerechtfertigt.[21] § 536c BGB ist somit nicht anzuwenden, wenn der Mangel zwar einem aufmerksamen und gewissenhaften Mieter auffällt, aber nicht unbedingt jedem Mieter.[22]

11 Der Umfang dessen, was jedermann erkennbar ist, muss den Umständen des Einzelfalles, wie z. B. den besonderen Kenntnissen der eingesetzten Hilfspersonen, entnommen werden. Hat sich der Mieter über das Vorliegen eines Mangels geirrt, führt dies grundsätzlich nicht zu einem Schadensersatzanspruch des Vermieters wegen **nutzloser Aufwendungen** für die Überprüfung der Anzeige. Es darf dem Mieter nicht zum Schaden gereichen, wenn er in Erfüllung seiner Obhutspflicht irrtümlich einen Schaden meldet; es sei denn, der Mieter zeigt den vermeintlichen Mangel mutwillig, vorsätzlich oder grob fahrlässig an.[23]

12 Der Mieter genügt seiner Anzeigepflicht, wenn er dem Vermieter einen entsprechenden **Verdacht** äußert.[24] Es ist nicht Aufgabe des Mieters, gleichsam wie ein Sachverständiger die Mängel zu bezeichnen.[25] Im Rahmen des Zwecks der Vorschrift reicht es auch, wenn er dem Vermieter den Mangel identifizierbar beschreibt.[26] Den Mieter trifft auch keine Untersuchungs- oder Nachforschungspflicht hinsichtlich **verborgener** Mängel der von ihm mitbenutzten Räume und Anlagen.[27]

13 Gelangt beispielsweise Duschwasser unterhalb der Duschtasse in das Abwassersystem, entsteht die Anzeigepflicht erst, wenn für den Mieter eine **Verstopfung** des Duschtassenabflusses erkennbar ist[28] oder wenn sich ihm ein entsprechender Verdacht aufgedrängt hat.[29] Mängel hinsichtlich der Wärmedämmung sowie der Fensterdichtigkeit lassen sich erfahrungsgemäß bei einer Besichtigung der Wohnung nicht feststellen. Daher muss der Mieter eine geraume Zeit in der Wohnung wohnen, um auf diese Fehler aufmerksam zu werden.[30]

3. Notwendigkeit von Vorkehrungen

14 Der Mieter ist verpflichtet, den Vermieter vor nicht vorhergesehenen Gefahren zu warnen, welche die Tauglichkeit der Mietsache zum vertragsgemäßen Gebrauch beeinträchtigen können. Der Vermieter soll dadurch die Möglichkeit erhalten, rechtzeitig Vorkehrungen zu treffen, also **Schutz-**

---

[17] *Kraemer/von der Osten* in Bub/Treier III. A Rdn. 2402; Erman/*Lützenkirchen* § 536c BGB Rdn. 3.
[18] *Hanke* PiG 46, 1995, 83, 92.
[19] BGHZ 68, 281 = WuM 1978, 88 = NJW 1977, 1236 = MDR 1977, 743 = ZMR 1978, 50.
[20] BGHZ 68, 281 = WuM 1978, 88 = NJW 1977, 1236 = MDR 1977, 743 = ZMR 1978, 50; OLG Hamburg RE vom 26.4.1991, WuM 1991, 328 = NJW-RR 1991, 1296 = MDR 1991, 1170 = GE 1991, 621 = ZMR 1991, 262 = DWW 1991, 216.
[21] BGHZ 68, 281 = WuM 1978, 88 = NJW 1977, 1236 = MDR 1977, 743 = ZMR 1978, 50; OLG Düsseldorf GE 2008, 1425 = GuT 2008, 440; OLG Frankfurt/M. WuM 1992, 56 = NJW-RR 1992, 396 = ZMR 1992, 198.
[22] *Wolf/Eckert/Ball* Rdn. 655.
[23] AG Neukölln GE 1995, 1419; *Blank/Börstinghaus* § 536c BGB Rdn. 30f.; **a. A.** Erman/*Lützenkirchen* § 536c BGB Rdn. 4.
[24] *Emmerich* in Staudinger § 536c BGB Rdn. 7.
[25] LG Köln WuM 1990, 17.
[26] AG Erfurt WuM 2004, 660.
[27] BGHZ 68, 281 = WuM 1978, 88 = NJW 1977, 1236 = MDR 1977, 743 = ZMR 1978, 50; OLG Düsseldorf GuT 2008, 440 = GE 2008, 1425.
[28] LG Berlin WuM 1987, 387 = GE 1987, 929.
[29] *Emmerich* in Staudinger § 536c BGB Rdn. 8.
[30] LG Köln MDR 1966, 761.

maßnahmen zu ergreifen. Dabei ist z. B. zu denken an eine drohende Überschwemmung durch **Hochwasser,** an mögliche Sturmschäden, aufgebrochene Haustüren sowie an die Gefahr einer Brandstiftung.[31] Es kommt aber nicht darauf an, ob von der Gefahr die Beeinträchtigung des vertragsgemäßen Gebrauchs zu befürchten ist. Daher ist für die Entstehung der Anzeigepflicht nicht die Schutzmaßnahme das erforderliche Kriterium, sondern allein die Entstehung des Gefahrenzustandes.[32] Für den Mieter muss aber die **Gefahrenlage** erkennbar sein (s. Rdn. 10ff.).

Der Mieter muss dem Vermieter auch Verschlechterungen der Mietsache anzeigen, die zwar auf einen vertragsgemäßen Gebrauch zurückzuführen sind, aber eine Schadensquelle darstellen können.[33] Darunter fallen aber regelmäßig nicht vom Mieter übernommene **Schönheitsreparaturen,**[34] da der Vermieter einerseits anhand der üblichen Fristenpläne weiß, wann regelmäßig Schönheitsreparaturen auszuführen sind und andererseits bei Unterlassung oder Verzögerung der Schönheitsreparaturen ein weiter gehender Schaden kaum vorstellbar ist. **15**

4. Eingriffe Dritter

Die Anzeigepflicht besteht auch dann, wenn sich ein Dritter ein Recht an der Sache „anmaßt". Der Ausdruck „anmaßen" wird dem Sinn und Zweck der Vorschrift nicht gerecht. Gleichwohl hat der Gesetzgeber keine Veranlassung gesehen, den Begriff zu ersetzen. Sinn der Regelung ist, mit der Anzeigepflicht des Mieters dem Vermieter die Möglichkeit einzuräumen, das Recht des Dritten überprüfen zu können. Der Mieter kann nämlich die **Berechtigung des Dritten** nicht beurteilen, weil er regelmäßig etwaige vertragliche Beziehungen des Vermieters mit dem Dritten nicht kennt. Es reicht daher aus, dass ein Dritter das Recht geltend macht.[35] Es ist gleichgültig, um welche Art von Rechten es sich dabei handelt. Es kommen dingliche, obligatorische, private und öffentliche Rechte in Betracht.[36] Unerheblich ist, ob der Mieter durch die Geltendmachung des Rechts des Dritten berührt wird. **16**

5. Anzeige

a) Pflicht. Die Anzeigepflicht besteht während des gesamten Mietverhältnisses und endet nicht etwa bei vorzeitigem Auszug des Mieters.[37] Sie ruht auch nicht, wenn der Mieter sein Gebrauchsrecht vorübergehend nicht ausübt, denn die Anzeigepflicht dient nicht dem Interesse des Mieters, sondern dem des Vermieters. Daher ist der Mieter auch verpflichtet, dem Vermieter den Wegfall des Mangels anzuzeigen[38]. Die Anzeigepflicht besteht nicht nur während des rechtlichen Bestands des Mietverhältnisses. Hat der Mieter die Sache schon vorher **in Besitz** genommen, ist er ab dem Zeitpunkt der tatsächlichen Übergabe anzeigepflichtig.[39] Gibt der Mieter die Mietsache **nicht bei Beendigung** des Vertragsverhältnisses zurück, bleibt er bis zur Rückgabe zur Anzeige verpflichtet.[40] Mängel, die sich **vor Überlassung** der Mietsache gezeigt haben, braucht der Mieter nicht anzuzeigen, da er davon ausgehen darf, dass dem Vermieter der Mangel bekannt ist.[41] **17**

Die Anzeige muss dem Vermieter eine Vorstellung von dem Mangel vermitteln. Es reicht dabei aus, dass der Mieter den Mangel schlagwortartig beschreibt[42]. **18**

In dem Umfang wie der Vermieter dem Mieter den Gebrauch der Sache eingeräumt hat, ist der Mieter zur Anzeige verpflichtet. Insoweit erstreckt sich die Pflicht zur Anzeige auf alle Mängel, die sich während des Mietverhältnisses zeigen. Sie ist nicht auf Verschlechterungen innerhalb der angemieteten Räume begrenzt, sondern erstreckt sich auch auf andere mitbenutzte oder mitvermietete Teile des Gebäudes, wie z. B. auf den Hausflur, das Treppenhaus, den Aufzug, den Speicher, die Kellerräume, die Außenfassade, das Dach und auf sonstige Einrichtungen (beispielsweise Kinder- **19**

---

[31] LG Berlin GE 1991, 521.
[32] *Emmerich* in Staudinger § 536c BGB Rdn. 9.
[33] AG Rosenheim DWW 1994, 360; *Häublein* in MünchKomm § 536c BGB Rdn. 4.
[34] *Häublein* in MünchKomm § 536c BGB Rdn. 4.
[35] *Häublein* in MünchKomm § 536c BGB Rdn. 8.
[36] *Kraemer/von der Osten* in Bub/Treier III. A Rdn. 2405.
[37] LG Lübeck WuM 1991, 482, 536c.
[38] AG Berlin-Mitte GE 2006, 974.
[39] *Emmerich* in Staudinger § 536c BGB Rdn. 6.
[40] BGH NJW 1967, 1803 = MDR 1967, 835 = VersR 1967, 1193; *Häublein* in MünchKomm § 536c BGB Rdn. 3.
[41] *Kraemer/von der Osten* in Bub/Treier III. A Rdn. 2401.
[42] LG Berlin GE 2006, 1173.

spielplatz oder Container-Stellplatz[43]). Ob sich die Anzeigepflicht des Mieters aus § 536 c BGB auch auf Maßnahmen erstreckt, die allein den Gebrauch der Mietsache beeinträchtigen, **ohne** auf die Substanz des Mietgegenstandes Einfluss zu nehmen, wie z. B. beim Auswechseln eines Schlosses, das den Mietgebrauch für den Mieter unmöglich macht, oder ob in diesen Fällen auf § 242 BGB zurückzugreifen ist, hat der BGH ausdrücklich offen gelassen.[44] Wenn aber die Gebrauchstauglichkeit und -möglichkeit für den Mieter beeinträchtigt ist, kann er wegen § 536 BGB seine Gewährleistungsrechte ausüben, so dass zum Schutze des Vermieters auch in diesen Fällen § 536 c BGB anzuwenden ist.

20 Der Mieter ist auch zur Anzeige verpflichtet, wenn sich der Mangel an nur mitbenutzten Flächen und Räumen (Treppenhaus, Aufzug, Zugänge) zeigt. Hiervon muss dann eine Ausnahme gemacht werden, wenn der Vermieter oder ein von ihm bestellter **Hausmeister** mit im Haus wohnt.[45] Die Verantwortung des Mieters erstreckt sich aber grundsätzlich nicht auf Teile des Objektes, die nicht vermietet sind und auch nicht mit genutzt werden. Ausnahmsweise kann aber auch wegen solcher Bauteile eine Anzeigepflicht des Mieters in Betracht kommen, wenn sich der Mangel auf seine Wohnung (z. B. Durchregnen) oder auf den vermieteten oder mitgenutzten Teil des Hauses auswirkt.[46]

21 Haben die vom Vermieter veranlassten Mängelbeseitigungsarbeiten nicht zu einem dauerhaften Erfolg geführt, so trifft den Mieter regelmäßig eine erneute Anzeigepflicht.[47] Hat es der gewerbliche Mieter vertragsgemäß übernommen, den angezeigten Mangel selbst zu beseitigen, und geschieht dies nicht in ausreichendem Umfang und der erforderlichen Qualität, muss er diesen Umstand ebenfalls dem Vermieter anzeigen.[48]

22 Der Untermieter muss den Mangel gegenüber dem Hauptmieter anzeigen. Die Anzeige gegenüber dem Hauptvermieter (Eigentümer) genügt nicht.[49]

23 **b) Form.** Die Anzeige bedarf keiner besonderen Form und kann daher auch mündlich erfolgen. Durch **Formularvertrag** kann bei der Wohnraummiete zum Nachteil des Mieters nichts Abweichendes vereinbart werden.[50] Daher kann formularmäßig auch nicht die **Schriftform** der Anzeige vorgeschrieben werden. Als sog. rechtserhebliche Handlung erfordert die Anzeige keine Geschäftsfähigkeit,[51] weder für die Abgabe noch für den Empfang. Sie darf nicht gegenüber Dritten,[52] z. B. einem Handwerker, sondern muss gegenüber dem Vermieter oder dessen Vertreter, z. B. dem Hauswart, erfolgen, wobei für den Zugang der Anzeige § 130 BGB entsprechend gilt.[53] Daher ersetzt eine Anzeige an die Polizei nicht die Anzeige an den Vermieter, da dieser dadurch nicht in der Lage versetzt wird, Maßnahmen zum Schutz der vermieteten Räume zu treffen.[54] Der Mieter trägt aber nicht das Risiko eines **schuldlos** verspäteten Zugangs.[55] Zwar liegt der Zweck der Vorschrift darin, dem Vermieter die Möglichkeit der Abhilfe zu geben; das rechtfertigt aber nicht die Übernahme einer Zugangsgarantie durch den Mieter. Aus Absatz 2 Satz 1 ergibt sich, dass die Haftung auf Schadensersatz nur bei schuldhaftem Unterlassen in Betracht kommt.[56] Die Haftungsanforderung kann bei einer Verzögerung der Anzeige (= Unterlassen in der gebotenen Frist) gem. Abs. 1 Satz 1 (unverzüglich = ohne schuldhaftes Zögern) nicht höher sein als bei ihrem vollständigen Unterlassen (= bis zum Zeitpunkt der Kenntnis des Vermieters).

24 **c) Frist.** Die Anzeige des Mieters hat **unverzüglich** (§ 121 Abs. 1 Satz 1 BGB) zu erfolgen. Der Mieter muss also seiner Pflicht ohne schuldhaftes Zögern nachkommen. Je ernster die Gefahr,

---

[43] KG NZM 2003, 27 zu Fremdmüllablagerungen.
[44] BGH (XII ZR 142/99) NJW-RR 2002, 515 = NZM 2002, 217; bejahend *Blank/Börstinghaus* § 536c BGB Rdn. 32.
[45] *Kraemer/von der Osten* in Bub/Treier III. A Rdn. 2402; Erman/*Lützenkirchen* § 536c BGB Rdn. 6.
[46] *Emmerich* in Emmerich/Sonnenschein § 536c BGB Rdn. 2; *Emmerich* in Staudinger § 536c BGB Rdn. 5; *Erman/Lützenkirchen* § 536c BGB Rdn. 5.
[47] OLG Düsseldorf ZMR 1991, 24 = DWW 1991, 17.
[48] OLG Düsseldorf NJW-RR 1987, 1232 = ZMR 1987, 376.
[49] OLG Düsseldorf OLG-Rp Düsseldorf 1993, 350 für Pachtverhältnisse.
[50] *Emmerich* in Staudinger § 536c BGB Rdn. 24.
[51] *Emmerich* in Staudinger § 536c BGB Rdn. 12; *Kraemer/von der Osten* in Bub/Treier III. A Rdn. 2406.
[52] AG Köln MDR 1974, 47.
[53] AG Hamburg WuM 1988, 359; *Emmerich* in Emmerich/Sonnenschein § 536c BGB Rdn. 5; *Kraemer/von der Osten* in Bub/Treier III. A Rdn. 2406.
[54] LG Berlin GE 1991, 521.
[55] AG Hamburg WuM 1988, 359; *Kraemer/von der Osten* in Bub/Treier III. A Rdn. 2406.
[56] Im Ergebnis *Schach* in: Kinne/Schach/Bieber § 536c BGB Rdn. 7.

desto dringender hat die Anzeige zu erfolgen. Je nach Dringlichkeit kann eine sofortige telefonische Benachrichtigung des Vermieters erforderlich sein. Andererseits kann bei kleineren abgeschlossenen Schäden ein Zuwarten von ein bis zwei Wochen als unschädlich zu bewerten sein.[57] Die Dringlichkeit hat der Mieter **sorgfältig zu prüfen,** da er für eine eventuelle Fehleinschätzung nach § 276 BGB haftet. Er sollte daher seine Anzeige im Zweifel nicht verzögern. Mit der unverzüglichen Mängelanzeige hat der Mieter seine mietvertragliche Pflicht erfüllt. Danach fallen alle Maßnahmen zur Beseitigung des Mangels und der Vorsorge zur Schadensabwendung in den Verantwortungsbereich des Vermieters.[58]

d) Wegfall der Anzeigepflicht. Das **Besichtigungsrecht** des Vermieters (s. unter § 535 BGB 25
Rdn. 206ff.) schließt die Anzeigepflicht des Mieters weder aus noch wird sie von ihr begrenzt. Auch wenn der Mieter abwesend ist, gehört es grundsätzlich zu seinen Obhutspflichten, notfalls einen Dritten mit der Überwachung der Wohnung zu betrauen, der die Anzeigepflicht übernehmen kann. Für dessen Fehlverhalten hat der Mieter nach §§ 276, 278 BGB einzustehen.

Die Anzeigepflicht entfällt, wenn der Vermieter den Mangel kennt[59] oder wenn er nach einem 26
Reparaturversuch genau weiß, dass der Mangel noch fortbesteht.[60] Dabei ist es unerheblich, ob die Kenntnis auf eigener Anschauung beruht oder durch einen Dritten vermittelt wird.[61] Der Mieter ist von der Anzeigepflicht auch befreit, wenn der **Erfüllungsgehilfe** des Vermieters, z. B. der Hausmeister oder der Hausverwalter, den Mangel kennt, weil er beispielsweise mit dem Mieter in einem Objekt wohnt. Diese Kenntnis muss sich der Vermieter zurechnen lassen.[62] War der Mangel für den Vermieter offensichtlich, entfällt ebenfalls eine Anzeigepflicht des Mieters;[63] nicht dagegen, wenn der Vermieter den Mangel nur fahrlässig nicht erkannt hat.[64] Offensichtlich bekannt ist der Mangel jedenfalls dann, wenn der Vermieter aus dem Vorprozess den Mangel kennt und keine Anstalten trifft, den Mangel zu beheben. Dann ist es auch für ihn klar, dass sich der mangelhafte Zustand des Mietobjektes weiter verschlechtert.[65] Der Mieter hat keine vertragliche Pflicht, nach Schäden an der Mietsache oder mitvermieteten Grundstücksteilen außerhalb seines unmittelbaren Machtbereichs und Einflussbereichs zu forschen.[66]

Übt der Vermieter die Obhut über bestimmte Sachen selbst aus, ist der Mieter insoweit von der 27
Anzeigepflicht befreit. Daraus folgt, dass bei einem Beherbergungsvertrag der Gast grundsätzlich keine Pflicht zur Anzeige hat.[67] Den Mieter trifft auch keine Anzeigepflicht, wenn die Beseitigung des Mangels oder die Abwendung der Gefahr offenkundig unmöglich ist und keine Ausweitung des Mangels droht.[68] Bei großen Gefahrenlagen, wie z. B. bei Brandgefahr, kann der Mieter dagegen verpflichtet sein, Sofortmaßnahmen zu ergreifen und die Feuerwehr anzurufen.[69]

Hat der Mieter **vertraglich die Instandhaltungspflicht** übernommen, tritt grundsätzlich an 28
die Stelle der Anzeigepflicht die Verpflichtung zur Durchführung der entsprechenden vertraglich vereinbarten Reparatur.[70] Dabei ist allerdings zu beachten, dass im Wohnraummietverhältnis die formularvertragliche Abwälzung der Pflicht zur Vornahme von Kleinreparaturen unzulässig ist.[71]

---

[57] *Kraemer/von der Osten* in Bub/Treier III. A Rdn. 2406.

[58] LG Lübeck WuM 1987, 151.

[59] BGH (VIII ZR 317/13) = WuM 2014, 278 = GE 2014, 665; OLG Düsseldorf GE 2008, 1425 = GuT 2008, 440; OLG Hamburg RE vom 26.4.1991, WuM 1991, 328 = NJW-RR 1991, 1296 = MDR 1991, 1170 = GE 1991, 621 = ZMR 1991, 262 = DWW 1991, 216; OLG Saarbrücken WuM 1989, 133 = NJW-RR 1988, 652; OLG Karlsruhe ZMR 1988, 52 = NJW-RR 1988, 528.

[60] OLG Düsseldorf ZMR 1991, 24 = DWW 1991, 17.

[61] OLG Düsseldorf ZMR 1991, 24 = DWW 1991, 17; LG Berlin MDR 1986, 938 = GE 1986, 1011.

[62] OLG Düsseldorf ZMR 1991, 24 = DWW 1991, 17; OLG Karlsruhe NJW-RR 1988, 528 = ZMR 1988, 52.

[63] BGH (VIII ZR 317/13) WuM 2014, 278 = GE 2014, 665; OLG Karlsruhe NJW-RR 1988, 528 = ZMR 1988, 52.

[64] *Emmerich* in Staudinger § 536c BGB Rdn. 15.

[65] BGH (VIII ZR 317/13) WuM 2014, 278 = GE 2014, 665.

[66] BGH WM 1976, 152 = ZMR 1977, 209 = MDR 1976, 753.

[67] BGH NJW 1963, 1449.

[68] BGHZ 68, 281 = WuM 1978, 88 = NJW 1977, 1236 = MDR 1977, 743 = ZMR 1978, 50; Palandt/*Weidenkaff* § 536c Rdn. 8; *Häublein* in MünchKomm § 536c BGB Rdn. 10.

[69] *Hanke* PiG 46, 1995, 83, 92.

[70] *Kraemer/von der Osten* in Bub/Treier III. A Rdn. 2415.

[71] BGH WuM 1992, 355 = NJW 1992 = 1759 = MDR 1992, 669 = DWW 1992, 207 = ZMR 1992, 332; WuM 1989, 324 = NJW 1989, 2247 = NJW-RR 1989, 1160 = MDR 1989, 907 = ZMR 1989, 327 = DWW 1989, 195 = GE 1989, 669.

Soweit z. B. im kaufmännischen Verkehr derartige vertragliche Abreden getroffen werden, kann dennoch im Einzelfall, insbesondere bei schweren Mängeln, ein Interesse des Vermieters an der Kenntnis vom Mangel gegeben sein. In diesen Fällen ist daher der Mieter ebenfalls zur Anzeige verpflichtet.

29 Der Umstand, dass in einem **Mehrparteienhaus** auch die Mitmieter zur Anzeige verpflichtet sind, kann den Mieter nicht entlasten. Daher darf sich der Mieter nicht darauf verlassen, dass ein anderer Mieter den Mangel anzeigen werde und deshalb die Anzeige an den Vermieter unterlassen. Zeigt auch der andere Mieter schuldhaft den Mangel nicht an, haften beide Mieter gem. §§ 830, 840 BGB als Gesamtschuldner.[72]

III. Rechtsfolgen

1. Schadensersatz

30 Verletzt der Mieter seine Anzeigepflicht, indem er eine erforderliche Anzeige unterlässt, ist er grundsätzlich zum Ersatz des daraus entstehenden Schadens verpflichtet (Abs. 2 Satz 1). Der unterlassenen Anzeige ist die verspätete Anzeige gleichzustellen. Der Anspruch des Vermieters auf Schadensersatz setzt voraus, dass der Mieter **schuldhaft** gehandelt hat. Ein schuldhaftes Handeln kann entfallen, wenn der Mieter in dem Glauben sein durfte, dass dem Vermieter der Mangel schon bekannt ist.[73] Für das Handeln seiner Vertreter oder Erfüllungsgehilfen hat der Mieter einzustehen.[74] Für das Verschulden ist einfache Fahrlässigkeit ausreichend. Hat der Mieter den Mangel übersehen, ist grobe Fahrlässigkeit erforderlich.[75] Sie liegt vor, wenn jedem Mieter der Mangel oder die Gefahr auffallen musste (s. Rdn. 10).

31 Zudem setzt die Schadensersatzpflicht voraus, dass zwischen der unterlassenen oder verspäteten Anzeige und dem eingetretenen Schaden ein **ursächlicher** Zusammenhang besteht. Daher tritt für den Mieter kein Rechtsverlust ein, wenn der Schaden auch bei rechtzeitiger Anzeige eingetreten wäre oder wenn dem Vermieter nach verspäteter Anzeige zur Schadensabwendung noch hinreichend Gelegenheit blieb.[76] Der Vermieter muss also in der Lage gewesen sein, den Schaden bei rechtzeitiger Anzeige zu vermeiden.[77]

32 Der Schadensersatzanspruch ist auf Herstellung des Zustandes gerichtet, der bei rechtzeitiger Anzeige hätte geschaffen werden können. Der Mieter muss den Mangel also nicht selbst beseitigen. Die Durchführung der Maßnahmen zur Beseitigung des Mangels und zur Vorsorge zur Schadensabwendung fällt vielmehr in den **Verantwortungsbereich** des Vermieters.[78] Allerdings muss der Mieter alles unterlassen, was zu einer weiteren Schädigung oder Gefährdung der Mietsache führen kann. Kommt der Mieter seiner Anzeigepflicht nur „verspätet" nach, ist der Vermieter für alle Schäden selbst verantwortlich, die auf einem Unterlassen der Mängelbeseitigung ab dem Zeitpunkt der Anzeige beruhen.

33 Zu dem Schaden gehören in erster Linie die Mehrkosten infolge der Verschlimmerung des Mangels durch die unterbliebene oder nicht rechtzeitige Anzeige. Die Kosten der eigentlichen **Schadensbeseitigung** trägt der Vermieter im Rahmen seiner Erhaltungspflicht. Des Weiteren kommen Schadensersatzansprüche Dritter in Betracht, die bei rechtzeitiger Anzeige vermieden worden wären.[79] Darüber hinaus erfasst der Schadensersatzanspruch auch **Folgeschäden,** die auf den aufgetretenen Mangel zurückzuführen sind, wie z. B. ein erhöhter Wasserverbrauch bei defektem Druckspüler.[80]

---

72 *Hanke* PiG 46, 1995, 83, 92; *Kraemer/von der Osten* in Bub/Treier III. A Rdn. 2412.
73 OLG Düsseldorf GE 2002, 1262.
74 *Häublein* in MünchKomm § 536c BGB Rdn. 11.
75 BGHZ 68, 281 = WuM 1978, 88 = NJW 1977, 1236 = MDR 1977, 743 = ZMR 1978, 50; *Häublein* in MünchKomm § 536c BGB Rdn. 6.
76 OLG Düsseldorf GE 2002, 1262; 2002, 1261.
77 LG Kiel WuM 1998, 282.
78 LG Lübeck WuM 1987, 151.
79 LG Hamburg WuM 2001, 24 zu vermeidbaren Kosten der Ungezieferbekämpfung.
80 LG Frankfurt/M. WuM 1990, 425.

2. Kündigung

Der Mieter ist bei Verletzung seiner Anzeigepflicht nicht berechtigt, das Mietverhältnis ohne Fristsetzung gem. § 543 Abs. 3 Satz 1 BGB zu kündigen. Im Übrigen bleibt das Kündigungsrecht unberührt. Jedoch kann die Kündigung gem. § 543 Abs. 2 BGB nicht auf einen durch die verspätete Anzeige zusätzlich verursachten Mangel oder eine dadurch bedingte Zerstörung der Mietsache gestützt werden.[81] 34

3. Rechtsverlust

Der Mieter verliert bei Verletzung der Anzeigepflicht gem. § 536c Abs. 2 Satz 1 BGB nicht nur das Kündigungsrecht aus § 543 Abs. 3 Satz 1 BGB sondern auch sein Recht auf Mietminderung gem. § 536 BGB sowie auf Schadensersatz gem. § 536a Abs. 1 BGB.[82] Denn bei einem Verstoß gegen die Anzeigepflicht gem. § 536c BGB würde der Mieter mit diesen Ansprüchen etwas fordern, was er sofort wieder als Schadensersatz gem. § 536c Abs. 2 Satz 1 BGB zurück zu gewähren hätte.[83] Dem Mieter bleiben aber Ansprüche aus § 536a Abs. 2 BGB sowie deliktische Ansprüche, z. B. wegen Verletzung der Sicherungs- und Prüfungspflicht.[84] 35

Der Rechtsverlust gilt nur so lange, wie der Vermieter infolge der unterlassenen oder verspäteten Anzeige des Mieters **nicht für Abhilfe** sorgen konnte.[85] Hat der Mieter somit den Mangel verspätet gemeldet und wird der Vermieter nicht tätig, dann verliert der Mieter zwar seine Rechte für die Zeit **vor der Meldung,** behält aber seine Rechte aus §§ 536, 536a BGB für den Zeitraum danach. Unter Abhilfe versteht das Gesetz die Wiederherstellung des vertragsgemäßen Zustandes gem. § 535 BGB.[86] Der Mieter behält somit seine Rechte, wenn der Schaden oder der Mangel auch bei rechtzeitiger Anzeige eingetreten wäre[87] oder wenn der Vermieter eine ihm zugegangene Erklärung nicht zur Kenntnis nimmt.[88] Der Mieter kann die „verlorenen" Rechte (wieder) geltend machen, wenn er die Anzeige **nachholt,** der Vermieter aber dennoch nicht tätig wird, obwohl ihm dies möglich wäre. Die unterlassene Anzeige führt aber keineswegs zur **Verwirkung** des Mieteranspruchs auf Instandsetzung, weil durch die unterbliebene Anzeige beim Vermieter insoweit kein Vertrauenstatbestand gesetzt wurde (Umstandsmoment).[89] 36

In allen Fällen einer unterlassenen oder verspäteten Anzeige bleibt es, wie bei sonstigen Obhutspflichtverletzungen, bei der Anwendung des § 254 BGB, um einen sachgerechten abgestuften Ausgleich zwischen den Interessen des Mieters und des Vermieters zu erreichen.[90] 37

Der Anspruch auf Mängelbeseitigung (Erfüllung) wird durch § 536c BGB nicht berührt. Das gilt auch für das Zurückbehaltungsrecht zur Durchsetzung des Erfüllungsanspruchs (vgl. dazu § 536 Rdn. 409ff.).[91] Dieser Auffassung hat sich der BGH[92] allerdings nicht angeschlossen. Vielmehr soll das Zurückbehaltungsrecht nach Treu und Glauben ausgeschlossen sein, weil die unterlassene Mängelanzeige als Vertragsverletzung des Mieters nicht dazu führen könne, dass der Mieter eine Kündigung des Vermieters verhindern oder zumindest hinauszögern könne. Dem steht die Überlegung entgegen, dass in § 536c BGB die Rechtsfolgen bei einer unterlassenen Mängelanzeige ausreichend und erschöpfend geregelt sind.[93] 38

[81] *Kraemer/von der Osten* in Bub/Treier III. A Rdn. 210.
[82] OLG Düsseldorf GE 2008, 1326; *Emmerich/Sonnenschein* § 536c BGB Rdn. 10; Erman/*Lützenkirchen* § 536c BGB Rdn. 12; einschränkend *Emmerich* in Staudinger § 536c BGB Rdn. 16.
[83] BGH WuM 1987, 215 = NJW 1987, 1072 = ZMR 1987, 169 = MDR 1987, 575.
[84] *Häublein* in MünchKomm § 536c BGB Rdn. 13; Palandt/*Weidenkaff* § 536c BGB Rdn. 10; *Emmerich* in Staudinger § 536c BGB Rdn. 19.
[85] LG Berlin GE 1996, 322; *Emmerich/Sonnenschein* § 536c BGB Rdn. 7.
[86] *Emmerich* in Staudinger § 536c BGB Rdn. 22.
[87] BGHZ 68, 281 = WuM 1978, 88 = NJW 1977, 1236 = MDR 1977, 743 = ZMR 1978, 50.
[88] AG Hamburg WuM 1988, 359.
[89] LG Berlin MM 1999, 395.
[90] BGH BGHZ 68, 281 = WuM 1978, 88 = NJW 1977, 1236 = MDR 1977, 743 = ZMR 1978, 50; *Kraemer/von der Osten* in Bub/Treier III. A Rdn. 2411.
[91] *Derleder* NZM 2002, 676, 680; *Emmerich* in: Staudinger § 536 Rdn. 60; *Blank* LMK 2011, 313792.
[92] BGH (VIII ZR 330/09) MietPrax-AK § 320 BGB Nr 1 = GE 2011, 122 = NZM 2011, 197 = ZMR 2011, 275.
[93] *Blank*/Börstinghaus § 536c BGB Rdn. 22.

IV. Abweichende Vereinbarungen

39 § 536c BGB ist nicht zwingend, so dass die Parteien grundsätzlich eine abw. Regelung vereinbaren können. Das gilt insbesondere für Individualvereinbarungen, während bei Formularklauseln erhebliche Einschränkungen zu machen sind. Haben die Parteien eines Wohnraummietverhältnisses wirksam eine **Kleinreparaturklausel** vereinbart, folgt daraus nicht, dass der Wohnraummieter von der Anzeige kleinerer Mängel befreit ist. Denn der Mieter von Wohnraum kann formularvertraglich nicht selbst zur Schadensbeseitigung, sondern nur zur Kostenübernahme verpflichtet werden, so dass die Reparaturpflicht beim Vermieter verbleibt.[94] Anders liegt dies beim gewerblichen Mieter. Hat er vertraglich die Instandhaltungspflicht übernommen, tritt an die Stelle der Anzeigepflicht die Verpflichtung zur Durchführung der Reparatur.[95]

40 Dagegen ist es auch im unternehmerischen Geschäftsverkehr unzulässig, durch **Formularvertrag** dem Mieter weiter gehende **Prüfpflichten** aufzuerlegen oder die Rechtsfolgen über den Rahmen des § 536c Abs. 2 BGB hinaus zu verschärfen.[96] Dies wäre eine unangemessene Benachteiligung und Belastung des Mieters gem. § 307 BGB.[97] Eine Klausel, die den Mieter für Schäden infolge einer nicht rechtzeitigen Anzeige haftbar macht und insoweit den Wortlaut des § 536c BGB – wenn auch verkürzt – wiedergibt, hat rein deklaratorischen Charakter und unterliegt damit keiner Inhaltskontrolle.[98]

V. Beweislast

41 Der Vermieter ist beweispflichtig für die Voraussetzungen seines geltend gemachten Anspruchs[99], also dafür, dass der Mieter den Mangel zu einem bestimmten Zeitpunkt kannte oder dass der Mangel für den Mieter **offensichtlich** erkennbar war.[100] Zudem muss der Vermieter darlegen und beweisen, dass er gerade wegen der Verspätung bzw. Unterlassung der Anzeige außerstande war, eine früher mögliche Abhilfe zu leisten und sein Schaden auf der Unterlassung oder Verspätung der Anzeige beruht.[101]

42 Der Vermieter ist ohne Einschränkung gehalten, die Voraussetzungen des § 536c Abs. 2 BGB darzulegen und nachzuweisen.[102] Für den Schadensersatzanspruch des Vermieters gem. § 536c Abs. 2 Satz1 BGB trägt daher der Vermieter die Darlegungs- und Beweislast für die Verletzung der den Mieter treffenden Anzeigepflicht.[103] Nach allgemeinen Grundsätzen trägt der Mieter wegen der zu beweisenden negativen Tatsache die sekundäre Darlegungslast, um dem Vermieter den Beweis zu ermöglichen.

---

[94] BGH WuM 1992, 355 = NJW 1992 = 1759 = MDR 1992, 669 = DWW 1992, 207 = ZMR 1992, 332; WuM 1989, 324 = NJW 1989, 2247 = NJW-RR 1989, 1160 = MDR 1989, 907 = ZMR 1989, 327 = DWW 1989, 195 = GE 1989, 669.

[95] *Kraemer/von der Osten* in Bub/Treier III. A Rdn. 2415.

[96] Zum Begriff des Unternehmers i. S. d. § 14 BGB vgl. BT-Drucks. 13/8444 S. 47 ff. zum Handelsrechtsreformgesetz (BGBl. I S. 1474) sowie Artikel 2 lit. c der EG Richtlinie über missbräuchliche Klauseln in Verbraucherverträgen (Abl. EG Nr. L 95 S. 29).

[97] *Emmerich* in Staudinger § 536c BGB Rdn. 24; *Häublein* in MünchKomm § 536c BGB Rdn. 15; einschränkend *Kraemer/von der Osten* in Bub/Treier III. A Rdn. 2415.

[98] BGH WuM 1993, 109 = NJW 1993, 1061 = MDR 1993, 339 = ZMR 1993, 263 = DWW 1993, 74 = GE 1993, 359.

[99] *Ehlert* in Bamberger/Roth § 536c Rdn. 15.

[100] *Häublein* in MünchKomm § 536c BGB Rdn. 14; *Wolf/Eckert/Ball* Rdn. 656.

[101] BGH WuM 1987, 215 = NJW 1987, 1072 = MDR 1987, 575 = ZMR 1987, 169; OLG Brandenburg ZMR 2008, 706; *Häublein* in MünchKomm § 536c Rdn. 14.

[102] BGH (VIII ZR 279/85) WuM 1987, 215 = NJW 1987, 1072 = ZMR 1987, 169 = MDR 1987, 575; OLG Düsseldorf GE 2002, 1261 = ZMR 2003, 21; **a. A.** BGH (XII ZR 142/99) NZM 2002, 217 = NJW-RR 2002, 515.

[103] BGH (VIII ZR 74/12) WuM 2013, 160 = GE 2013, 204 = MDR 2013, 327; **a. A.** Palandt/*Weidenkaff* § 536c BGB Rdn. 9; **a. A.** *Häublein* in MünchKomm § 536c BGB Rdn. 14; *Emmerich* in Emmerich/Sonnenschein § 536c BGB Rdn. 9.

§ 536d Vertraglicher Ausschluss von Rechten des Mieters wegen eines Mangels

Auf eine Vereinbarung, durch die die Rechte des Mieters wegen eines Mangels der Mietsache ausgeschlossen oder beschränkt werden, kann sich der Vermieter nicht berufen, wenn er den Mangel arglistig verschwiegen hat.

Systematische Übersicht

I. Überblick

1 Die Vorschrift hat durch die Mietrechtsreform eine inhaltliche Änderung erfahren. Anders als in § 540 BGB a. F. wird nicht mehr die Nichtigkeit der Ausschlussvereinbarung angeordnet, sondern als Rechtsfolge bestimmt, dass sich der Vermieter nicht auf die Vereinbarung berufen kann. Gegen die Empfehlung des Bundesrates, der an der Nichtigkeitsfolge festhalten wollte, hat damit der Gesetzgeber den Vorschlag des Kabinettentwurfs übernommen. Damit sollte dem Anliegen des Mieters stärker Rechnung getragen werden, der regelmäßig kein Interesse an der Nichtigkeitsfolge hat. Dies entspricht auch dem Rechtsgedanken der Regelungen zu den Allgemeinen Geschäftsbedingungen (§§ 305 ff. BGB), der bei einem Verstoß ebenfalls die Fortgeltung des Vertrages im Übrigen vorsieht. Zudem sollten schwierige Auslegungsfragen zu den Auswirkungen einer unwirksamen Ausschlussvereinbarung auf den übrigen Vertrag vermieden werden. Wie bisher (§§ 541, 540 BGB a. F.) gilt die Vorschrift für Sach- und Rechtsmängel. Dies wird ohne weiteres durch die Anordnung der Vorschrift im Verhältnis zu § 536 BGB deutlich.[1] Die Regelung ist ihrer Natur nach zwingend.[2] Der Gesetzgeber hat daher von einer besonderen Anordnung der Unabdingbarkeit abgesehen.

II. Anwendungsbereich

2 § 536 d BGB gilt für alle Mietverhältnisse. Die Vorschrift bestimmt, dass sich der Vermieter nicht auf einen Ausschluss oder eine Beschränkung des Gewährleistungsrechtes des Mieters berufen kann, wenn der Vermieter den Mangel arglistig verschweigt. Das Vorliegen der Voraussetzungen des § 536 d BGB führt zur Teil-Unwirksamkeit der Vereinbarung.

3 Die praktische Bedeutung der Vorschrift im Wohnraummietrecht ist gering. Gem. § 536 Abs. 4 BGB ist bei einem Mietverhältnis über Wohnraum jede zum Nachteil des Mieters vom Minderungsrecht abw. Vereinbarung unwirksam. Für Schadensersatzansprüche findet der für Formular- und Verbraucherverträge wesentlich weiter gehende § 309 Nr. 7 BGB Anwendung. Danach kann sich der Verwender des Formulars bzw. der Vertragsklausel, also regelmäßig der Vermieter, nicht auf einen Ausschluss oder eine begrenzte Haftung für Schäden berufen, die auf einer grob fahrlässigen Vertragsverletzung des Verwenders oder auf einer vorsätzlichen oder grob fahrlässigen Vertragsverletzung eines gesetzlichen Vertreters oder Erfüllungsgehilfen des Verwenders beruht. Gegenüber einem Unternehmer ist § 310 Abs. 1 BGB zu beachten, wenn der Vertrag zu seiner gewerblichen oder selbständigen beruflichen Tätigkeit gehört (s. auch § 538 Rdn. 24 ff.). Für Verbraucherverträge gilt § 310 Abs. 3 BGB.

III. Arglist

4 Bei einer Täuschung durch **Verschweigen** eines **offenbarungspflichtigen** Mangels handelt arglistig, wer einen Fehler mindestens für möglich hält[3] und gleichzeitig weiß oder damit rechnet und billigend in Kauf nimmt, dass der Vertragsgegner den Fehler nicht kennt[4] und bei Offenbarung

---

[1] Siehe zum gesamten Nachweis: *Börstinghaus/Eisenschmid* § 536 d S. 71.
[2] BR-Drucks. 439/00 S. 105.
[3] **A. A.** *Emmerich* in Sonnenschein § 536 d BGB Rdn. 2, der positive Kenntnis des Vermieters vom Mangels fordert.
[4] BGH NJW 1983, 2699.

den Vertrag nicht oder nicht mit dem vereinbarten Inhalt geschlossen hätte.[5] Das Tatbestandsmerkmal der **Arglist** erfasst damit nicht nur ein Handeln, das von betrügerischer Absicht getragen ist, sondern auch solche Verhaltensweisen, die auf bedingten Vorsatz im Sinne eines „Fürmöglichhaltens und Inkaufnehmens" reduziert sind und mit denen kein moralisches Unwerturteil verbunden sein muss.[6] Dem arglistigen Verschweigen steht die arglistige Zusicherung einer nicht vorhandenen Eigenschaft gleich.[7] Keine Arglist liegt vor, wenn der Vermieter – z. B. auch grob fahrlässig – **darauf vertraut,** dass ein bestimmter Mangel nicht vorliegt, wie beispielsweise ein polizeiliches Verbot, das seit Jahren nicht durchgesetzt wurde[8] oder wenn der Vermieter annahm oder nach Lage des Falles annehmen durfte, dass dem Mieter der Mangel bekannt ist. **Kennt der Mieter** bei Abschluss des Vertrages tatsächlich den Mangel, so soll beim Vermieter auch dann keine Arglist vorliegen, wenn er an eine Täuschung des Mieters glaubte.[9]

5 Das arglistige Verschweigen eines Mangels erfordert, dass der Vermieter den Mieter täuschen will. Er muss somit bezüglich des Mangels eine **Offenbarungspflicht** haben.[10] Dabei ist § 241 Abs. 2 BGB zu beachten. Eine Pflicht zur wahrheitsgemäßen Angabe vertragswesentlicher Umstände ist z. B. dann anzunehmen, wenn der Mieter nach der Verkehrsanschauung damit rechnen konnte, dass der Vermieter ihn von dem Mangel unterrichten werde. So kann eine Aufklärungspflicht über besonders schikanöses Verhalten der Nachbarn bestehen.[11] Insbesondere wenn sich der Mieter nach Mängeln erkundigt, ist der Vermieter zur wahrheitsgemäßen Auskunft verpflichtet.[12]

6 Der Vermieter braucht aber nicht **jeden Nachteil** der Wohnung zu offenbaren. Dies gilt insbesondere für Mängel, die für die Höhe der Miete und den Umfang des Mietgebrauchs nur von untergeordneter Bedeutung sind. Auch bei **offenkundigen** Mängeln braucht der Vermieter keinen besonderen Hinweis zu geben.[13] Denn der Vermieter handelt nicht arglistig, wenn er angenommen hat oder nach Lage des Falles annehmen durfte, dass dem Mieter der Mangel bekannt ist.[14]

7 Die Arglist eines **Vertreters** oder **Verhandlungsgehilfen** muss sich der Vermieter nach §§ 166, 278 BGB zurechnen lassen.[15] Daher handelt der Vermieter arglistig, wenn er den Hauswart anweist, bei den Vertragsverhandlungen das Vorhandensein eines störenden Betriebes auf dem Grundstück oder in der Nachbarschaft nicht ohne Nachfrage zu erwähnen.[16] Bei mehreren Vermietern genügt bereits die Arglist eines einzigen, um die Rechtsfolge nach § 536d BGB anzunehmen.[17]

IV. Beweislast

8 Der Mieter muss die Arglist beweisen.[18] Dazu gehört der Beweis, dass der Vermieter den Mangel gekannt oder für möglich gehalten hat sowie, dass der Mieter bei Kenntnis des Mangels den Vertrag nicht geschlossen hätte (Kausalität).[19]

9 Der Vermieter muss ggf. beweisen, dass der Mangel geringfügig oder offensichtlich ist oder er dem Mieter den Mangel mitgeteilt hatte bzw. dass das Verschweigen des Mangels den Mieter in seiner Entscheidung nicht beeinflusst hat.[20]

---

[5] BGH NJW 1994, 253 = VersR 1994, 174 = MDR 1994, 1095 = GE 1994, 43; *Häublein* in MünchKomm § 536d BGB Rdn. 3; *Emmerich* in Staudinger § 536d BGB Rdn. 4, § 539 Rdn. 26.

[6] BGH NJW 1995, 1549 = MDR 1995, 897 = NJ 1995, 335 = NJW-RR 1995, 655; NJW 1994, 253 = VersR 1994, 174 = MDR 1994, 1095 = GE 1994, 43.

[7] *Häublein* in MünchKomm § 536d BGB Rdn. 3; *Emmerich* in Sonnenschein § 536d BGB Rdn. 1.

[8] *Emmerich* in Staudinger § 536d BGB Rdn. 5.

[9] BGH NJW 1972, 249 = MDR 1972, 318; *Blank/Börstinghaus* § 536d BGB Rdn. 2.

[10] *Kossmann* § 62 Rdn. 19.

[11] BGH NJW 1991, 1673 = MDR 1991, 761 = GE 1991, 565 zur Aufklärungspflicht des Käufers.

[12] *Emmerich* in Sonnenschein § 536d BGB Rdn. 2.

[13] *Kossmann* § 62 Rdn. 19; *Kraemer/Ehlert* in Bub/Treier III. B Rdn. 3404.

[14] *Feldhahn* in: Prütting/Wegen/Weinreich § 536b BGB Rdn. 7; *Emmerich/Sonnenschein* § 536d BGB Rdn. 2; *Emmerich* in Staudinger § 536d BGB Rdn. 5.

[15] *Kraemer/Ehlert* in Bub/Treier III. B Rdn. 3404.

[16] *Emmerich* in Staudinger § 536d BGB Rdn. 5.

[17] *Emmerich* in Sonnenschein § 536d BGB Rdn. 2; *Kraemer/Ehlert* in Bub/Treier III. B Rdn. 3404.

[18] *Häublein* in MünchKomm § 536d BGB Rdn. 6; *Emmerich* in Staudinger § 536d BGB Rdn. 7.

[19] *Kossmann* § 62 Rdn. 20.

[20] *Häublein* in MünchKomm § 536d BGB Rdn. 6; *Kraemer/Ehlert* in Bub/Treier III. B Rdn. 3407; *Emmerich* in Staudinger § 536d BGB Rdn. 7.

§ 537 Entrichtung der Miete bei persönlicher Verhinderung des Mieters

(1) [1]Der Mieter wird von der Entrichtung der Miete nicht dadurch befreit, dass er durch einen in seiner Person liegenden Grund an der Ausübung seines Gebrauchsrechts gehindert wird. [2]Der Vermieter muss sich jedoch den Wert der ersparten Aufwendungen sowie derjenigen Vorteile anrechnen lassen, die er aus einer anderweitigen Verwertung des Gebrauchs erlangt.

(2) Solange der Vermieter infolge der Überlassung des Gebrauchs an einen Dritten außerstande ist, dem Mieter den Gebrauch zu gewähren, ist der Mieter zur Entrichtung der Miete nicht verpflichtet.

Systematische Übersicht

Alphabetische Schnellübersicht

I. Anwendungsbereich und Bedeutung der Vorschrift

1 Die Vorschrift gilt für alle Mietverhältnisse. Sie regelt die Rechtsfolgen, wenn es nicht zur Ausübung des Gebrauchsrechts durch den Mieter kommt. § 537 BGB wiederholt inhaltlich den früheren § 552 BGB, der durch die veränderte Gliederung nach der Herkunft des Hindernisses vom Mieter (Abs. 1) bzw. vom Vermieter (Abs. 2) eine verbesserte Verständlichkeit erhielt.

II. Gefahrtragungsregel (Abs. 1 Satz 1)

1. Grundsätze

2 Nach § 535 Abs. 1 Satz 1 BGB ist der Vermieter durch den Mietvertrag verpflichtet, dem Mieter den Gebrauch der Mietsache zu gewähren. Die **vom Vermieter geschuldete Leistungshandlung** richtet sich nach der Art der Mietsache und den Absprachen der Parteien. Sie kann sich z. B. auf bloßes Dulden des Gebrauchs durch den Mieter beschränken (Plakatfläche, Strandkorb).[1] In der Regel hat er aber alle Voraussetzungen zu schaffen, damit der Mieter die Mietsache übernehmen kann. Darauf zielt die Formulierung der Gebrauchsgewährung in § 535 Abs. 1 Satz 1 BGB, die im

---

[1] *Rädler* NJW 1993, 691 Fn 23.

Unterschied zum nur passiv verstandenen Überlassen gewählt wurde.[2] Der Vermieter schuldet mithin nicht den Leistungserfolg, die Inbesitznahme durch den Mieter, zumal dieser i. d. R. gerade von einer Mitwirkungshandlung des Mieters als Gläubiger abhängt, sondern nur, dass er die Mietsache übernehmen kann, d. h. die Gebrauchsmöglichkeit.[3] Er hat alles Erforderliche geleistet, wenn es nur noch dieser Mitwirkungshandlung des Mieters zur Übernahme des unmittelbaren Besitzes unter Ausschluss Dritter, auch des Vermieters, bedarf; die Gestattung oder Duldung eines Mitgebrauchs oder die bloße Einräumung der Möglichkeit zum Mitgebrauch reichen nicht.[4] Der Vermieter hat daher das zum vertragsgemäßen Gebrauch geeignete Mietobjekt zur Abholung oder Entgegennahme, bei Immobilien durch Annahme der Schlüssel, anzubieten. Er schuldet ein tatsächliches Angebot (§ 293 BGB), unter den Voraussetzungen des § 295 BGB genügt auch ein wörtliches Angebot. Ist, wie i. d. R., für die Mitwirkungshandlung des Mieters eine Zeit nach dem Kalender bestimmt, ist nach § 296 BGB ein wörtliches Angebot nur erforderlich, wenn dieser die seinerseits erforderliche Handlung rechtzeitig vornimmt, bei Immobilien sich also zur vereinbarten Zeit am Übernahmeort einfindet. Macht der Mieter von der Übernahme des Mietobjekts keinen Gebrauch, tritt nicht etwa Unmöglichkeit ein. Auch wenn der Eintritt des Leistungserfolgs für die verstrichene Mietzeit nachträglich unmöglich ist, tangiert dies den Vermieter nicht. Bei ständiger Leistungsbereitschaft kann ihm nichts unmöglich werden, da er für den Leistungserfolg nicht zuständig ist. Allein soweit die Übernahme des Mietobjekts an Gründen scheitert, die dem Vermieter zuzurechnen sind, tritt für den Verspätungszeitraum Unvermögen oder Unmöglichkeit ein.[5] § 537 Abs. 1 Satz 1 BGB ist daher auch nicht als spezielle Erfüllungsregel zu verstehen.[6]

3 Scheitert die Ausübung des Gebrauchsrechts an Gründen, die der Mieter verschuldet hat, berührt dies bereits nach allgemeinem Rechtsgrundsatz die vom Vermieter erbrachte Gebrauchsgewährung nicht. Offen ist jedoch, wer die Gefahr trägt, wenn der **Mieter aus Gründen, die er nicht zu vertreten** hat, z. B. wegen Krankheit oder Unfalls, die Mietsache nicht übernehmen kann. Die Verfasser des BGB hielten insoweit eine gesetzliche Regelung für erforderlich und entschieden sich entsprechend dem damals geltenden Recht für eine Bestimmung, dass dem Vermieter der Anspruch auf den Mietzins erhalten bleibt, wenn es aus Gründen, die in der Person des Mieters liegen, nicht zur Ausübung des Gebrauchs kommt.[7] § 537 BGB ist daher eine **Gefahrtragungsregel.** Alle Gründe aus dem Risikobereich des Mieters, die ihn an der Ausübung des ihm eingeräumten Gebrauchs hindern, gehen zu seinen Lasten.[8] Es ist gleichgültig, ob er nach dem Gewaltschutzgesetz von der Polizei der Wohnung verwiesen wurde,[9] ob er das Mietobjekt für von ihm vorgesehene Antik- und Trödelmärkte nicht nutzen konnte, weil er es versäumte, rechtzeitig eine Genehmigung bei der zuständigen Behörde zu beantragen,[10] ob sich ein Messestand als ungeeignet für die spezifischen Zwecke des Ausstellers erweist,[11] ob ein Hotelzimmer am Messeort nicht mehr benötigt wird, weil die Messe abgesagt wird,[12] der Veranstalter nicht genug Interessenten findet, um die gebuchten Hotelzimmer belegen zu können[13] oder die Hotelbuchung für einen Seeurlaub wegen Robbensterbens[14] oder für einen Skiurlaub wegen Erkrankung eines Angehörigen oder fehlenden Schnees storniert wird,[15] ob ein Baugerüst für die vorgesehenen Arbeiten durch einen unerwarteten Frosteinbruch,[16] ob eine Registrierkasse nebst Drucker wegen Aufgabe einer Gaststätte[17]

---

[2] *Mugdan* Bd. 2, Motive S. 205.
[3] OLG Oldenburg RE 10.11.1980 WuM 1981, 177; OLG Düsseldorf ZMR 1985, 89.
[4] BGH (VIII ZR 323/14) WuM 2016, 341.
[5] Vgl. BGH (XII ZR 44/91) WuM 1992, 687 = ZMR 1993, 7.
[6] So *Rädler* NJW 1993, 691.
[7] *Mugdan* Bd. 2, Motive S. 223.
[8] BGH (VIII ZR 77/61) NJW 1963, 341; (VIII ZR 299/79) NJW 1981, 43 = WM 1980, 1397; (VIII ZR 13/90) NJW-RR 1991, 267 = WuM 1991, 25; OLG Düsseldorf ZMR 1992, 536; *Bieber* in MünchKomm § 537 Rdn. 4; *Blank* in Blank/Börstinghaus § 537 Rdn. 5; *Kraemer/von der Osten* in Bub/Treier III. A Rdn. 2319; *Lützenkirchen* in Lützenkirchen § 537 Rdn. 22; Palandt/*Weidenkaff* § 537 Rdn. 4; i. E. ebenso *Emmerich* in Staudinger § 537 Rdn. 8ff.
[9] AG Ludwigsburg DWW 2004, 263 = NZM 2005, 302 = WuM 2004, 608.
[10] OLG Düsseldorf ZMR 1992, 536.
[11] OLG Frankfurt MDR 1981, 231.
[12] OLG Braunschweig NJW 1976, 570.
[13] OLG Köln MDR 1992, 579; AG Wuppertal ZMR 1976, 146 m. Anm. *Weimar.*
[14] LG Düsseldorf ZMR 1990, 379.
[15] *Nettesheim* BB 1986, 547.
[16] LG Koblenz NJW 1968, 942.
[17] BGH (VIII ZR 354/85) NJW 1987, 842.

oder ob eine Wohnung wegen einer beruflichen Veränderung[18] nicht genutzt werden kann. Nach allgemeiner Ansicht steht es dem nach dem Wortlaut des § 537 Abs. 1 Satz 1 BGB geregelten Fall, dass der Mieter durch äußere Umstände aus seinem Risikobereich am Gebrauch gehindert ist, (erst recht) gleich, wenn er aus eigenem Entschluss von der Nutzung absieht.

Scheitert die **Gebrauchsüberlassung** an den Mieter aus **Gründen, die der Vermieter zu vertreten hat, oder** solchen **objektiver Art,** die nicht zur Risikosphäre des Mieters gehören (z. B. höhere Gewalt, Streiks), entfällt die Mietzahlungspflicht des Mieters, was in § 537 Abs. 2 BGB für den Sonderfall geregelt ist, dass der Vermieter den Gebrauch nicht gewähren kann, weil das Mietobjekt inzwischen an einen Dritten überlassen ist (dazu Rdn. 21 ff.). Diese Folge ergibt sich im Übrigen aus den allgemeinen Regeln: Für die Zeit nach Überlassung des Mietobjekts ist der Mieter aus § 536 BGB leistungsfrei, vor der Überlassung nach § 326 Abs. 1 BGB; Letzteres gilt nicht, wenn der Vermieter von der Fertigstellung des Mietobjekts Abstand nimmt, weil es der Mieter schon vor Mietbeginn endgültig ablehnte, die Mietsache zu übernehmen.[19] Dementsprechend ist der Mieter auch leistungsfrei, wenn der Vermieter ihm zwar den Gebrauch ermöglichen könnte, dies indes nicht will.[20] 4

Aus dem Charakter der Bestimmung als Gefahrtragungsregel folgt, dass es ohne rechtliche Bedeutung ist, ob **schon die Übergabe** des Mietobjekts **scheitert,**[21] etwa weil sich der Mieter grundlos weigert, die Mieträume zu übernehmen,[22] oder ob es erst während des Mietverhältnisses zu einem Gebrauchshindernis kommt. Maßgeblich ist vielmehr allein, ob der Vermieter die von ihm geschuldete Möglichkeit des Gebrauchs der Mietsache durch den Mieter erbracht hat, ob dieser sie dann tatsächlich übernimmt, ist irrelevant. 5

Auch der **Auszug des Mieters** aus Gründen, die in seine Risikosphäre fallen, berührt den Mietanspruch des vertragstreuen Vermieters nach § 537 Abs. 1 Satz 1 BGB grundsätzlich nicht. Nur wenn das Interesse des Mieters an der vorzeitigen Auflösung des – durch befristeten Kündigungsausschluss oder feste Laufzeit längerfristigen – Mietvertrags dasjenige des Vermieters an dessen Bestand ganz erheblich übersteigt, kann er durch Stellung geeigneter und solventer **Nach- oder Ersatzmieter** nach den Grundsätzen von Treu und Glauben gem. § 242 BGB die Folge aus § 537 Abs. 1 Satz 1 BGB vermeiden.[23] 6

2. Mitverschulden des Vermieters

§ 537 Abs. 1 Satz 1 BGB erhält dem Vermieter den Mietanspruch. Es handelt sich um den originären Erfüllungsanspruch aus § 535 Abs. 2 BGB, nicht um einen Schadensersatzanspruch. Schadensersatzansprüche, die der Vermieter neben dem Mietanspruch geltend machen will, müssen sich aus den allgemeinen Regeln ergeben. Der Mieter kann mithin dem Vermieter **keinen Verstoß gegen § 254 BGB** vorwerfen, wenn er sich darauf beschränkt, die Mietsache weiterhin für den Mieter vorzuhalten. Die Risikoverteilung nach § 537 BGB ist **abschließend;** dem Mieter ist grundsätzlich der Einwand, der Vermieter hätte das Mietobjekt anderweitig vermieten können, verwehrt und zwar selbst dann, wenn ihm eine Ersatzvermietung ohne Schwierigkeiten möglich gewesen wäre.[24] Bei der Vermietung von Hotelzimmern u. Ä. wird allerdings vom Vermieter nach § 242 BGB verlangt, dass er die frei gewordenen Räumlichkeiten der Kurverwaltung oder dem Fremdenverkehrsamt jedenfalls frei meldet.[25] Grenzen für den Mietzinsanspruch folgen im Grundsatz nur aus § 537 Abs. 1 Satz 2 und Abs. 2 BGB. 7

---

[18] LG Gießen NJW-RR 1995, 395 = WuM 1997, 327.
[19] OLG Düsseldorf ZMR 1994, 510.
[20] OLG Karlsruhe GuT 2001, 12.
[21] Vgl. OLG Karlsruhe GuT 2001, 12; *Lammel* § 537 Rdn. 4.
[22] BGH (XII ZR 339/97) DWW 2000, 85 = GE 2000, 340 = NJW 2000, 1105 = NZM 2000, 184 = WuM 2000, 248 = ZMR 2000, 207.
[23] OLG Karlsruhe RE 25.3.1981 WuM 1981, 173; OLG Hamm RE 22.8.1995 GE 1995, 1203 = MDR 1995, 1116 = NJW-RR 1995, 1478 = WuM 1995, 577 = ZMR 1995, 525.
[24] BGH (VIII ZR 354/85) NJW 1987, 842; OLG Hamm RE 22.8.1995 WuM 1995, 577; OLG Düsseldorf Urt. vom 7.8.1997 – 10 U 202/96; OLG Koblenz WuM 2002, 552, 555.
[25] OLG Köln NZM 1998, 514, 515; *Joachim* DB 1990, 1603 m. w. N.; *Wolf/Eckert/Ball* Rdn. 594.

3. Veränderung der Gefahrtragung durch Vereinbarung

8 Der Regelungsbereich des § 537 Abs. 1 Satz 1 BGB kann **durch Vereinbarung erweitert** werden, indem der Mieter bestimmte Risiken, die der Nutzung des Mietobjekts möglicherweise entgegenstehen, übernimmt. Ist es nach den individualvertraglichen Bestimmungen des Mietvertrags z. B. Sache des Mieters, für die Aufrechterhaltung des Zugangs zum Mietobjekt zu sorgen, greift § 537 Abs. 1 Satz 1 BGB auch dann zulasten des Mieters ein, wenn ihm der Zugang durch einen Dritten versperrt wird.[26] Dasselbe gilt, wenn es beim Untermieter liegt, ob er die notwendige Zustimmung des Eigentümers zu einer geplanten Änderung des Vertragszwecks erreichen kann.[27] Demgegenüber sind Formularklauseln **unwirksam,** die dem Mieter das Risiko, ob eine öffentlich-rechtliche Konzession erteilt wird, ohne Rücksicht auf den Grund der fehlenden Konzessionsfähigkeit auferlegen.[28] Geht es um den Vertrag über die Nutzung eines Sport- und Fitnessstudios, belasten den Kunden solche Klauseln unangemessen, die ihn unabhängig vom Grund einer Verhinderung stets zur regelmäßigen Zahlung des Beitrags verpflichten.[29]

4. Gebrauchspflicht des Mieters

9 Aus der Regelung des § 537 Abs. 1 Satz 1 BGB wird allgemein abgeleitet, dass den Mieter grundsätzlich **keine Gebrauchs- oder Betriebspflicht** trifft. Sie besteht nur bei ausdrücklicher, bei der Vermietung von Gewerberaum auch formularvertraglich zulässiger,[30] oder stillschweigender Vereinbarung.[31] Eine konkludente Vereinbarung ergibt sich bei der Vermietung von **Gewerberaum**[32] noch nicht aus der Vereinbarung einer Umsatzmiete,[33] soll aber aus den Umständen folgen, etwa wenn es sich um ein für die Akzeptanz eines Einkaufszentrums besonders wichtiges Geschäft handelt.[34] Überwiegend wird indes eine konkludente Betriebspflicht nur für Sonderfälle angenommen,[35] zum Teil wird sie allgemein abgelehnt.[36] Die Rentabilität des Geschäfts und damit die aus der Betriebspflicht resultierende Belastung des Mieters gehört zu seiner Risikosphäre;[37] die Verpflichtung kann ausnahmsweise entfallen und der Mieter zur Kündigung aus wichtigem Grund gem. § 543 Abs. 1 BGB berechtigt sein, wenn der Vermieter nicht in der Lage ist, das werbewirksam vorgestellte Einkaufszentrum mit Branchenvielfalt und Anziehungskraft auszustatten.[38] Der Verstoß gegen die Betriebspflicht ist eine Vertragsverletzung, die dem Vermieter die fristlose Kündigung gem. § 543 Abs. 1 BGB ermöglicht.[39] Ist **Wohnraum** vermietet, folgt eine Gebrauchspflicht des Mieters nicht daraus, dass dem Vermieter nach landesrechtlichen Zweckentfremdungsverordnungen[40] oder bei preisgebundenen Wohnungen nach § 6 Abs. 5 WoBindG das Leerstehenlassen verboten ist. Ob der Vermieter einer billigen Sozialwohnung, die der Mieter auf Dauer leer stehen lässt, fristlos kündigen darf, ist fraglich, weil der Mieter nicht Adressat des § 6 Abs. 5 WoBindG ist.[41] Jedenfalls bei Genossenschaftswohnungen wird ein zumindest zeitweiser Gebrauch der Wohnung vom Mieter zu verlangen sein, da er als Genosse die Erfüllung der satzungsgemäßen Aufgaben der Genossenschaft mit zu ermöglichen hat.[42]

---

[26] BGH (VIII ZR 77/61) NJW 1963, 341.
[27] BGH (VIII ZR 13/90) NJW-RR 1991, 267 = WuM 1991, 25.
[28] BGH (VIII ZR 232/87) ZMR 1988, 376; *Wolf/Eckert/Ball* Rdn. 401.
[29] BGH (XII ZR 55/95) NJW 1997, 193.
[30] Z. B. BGH (XII ZR 221/90) NJW-RR 1992, 1032; *Wolf/Eckert/Ball* Rdn. 695.
[31] BGH (VIII ZR 333/81) WM 1983, 531; *Kraemer/von der Osten* in Bub/Treier III. A Rdn. 2323.
[32] Ausführlich *Jendrek* NZM 2000, 527.
[33] BGH (VIII ZR 118/78) NJW 1979, 2351 = WuM 1979, 184; *Jendrek* NZM 2000, 526 (527); zur Umsatzmiete ausführlich *Linder-Figura* NZM 1999, 492 (493).
[34] LG Hannover ZMR 1993, 280; *Sternel* II Rdn. 273.
[35] *Eisenschmid* in Schmidt-Futterer § 535 Rdn. 256.
[36] LG Lübeck NJW-RR 1993, 78; *Kandelhard* in Herrlein/Kandelhard § 537 Rdn. 4; *Wolf/Eckert/Ball* Rdn. 693.
[37] Z. B. BGH (XII ZR 221/90) NJW-RR 1992, 1032.
[38] Vgl. OLG Koblenz NJW-RR 1989, 400.
[39] Vgl. BGH (XII ZR 221/90) NJW-RR 1992, 1032; OLG Düsseldorf NJWE-MietR 1997, 177 = WuM 1997, 266; *Gather* in FS Blank S. 169 (174).
[40] Gem. Art. 6 des Gesetzes zur Verbesserung des Mietrechts und zur Begrenzung des Mietanstiegs sowie zur Regelung von Ingenieur- und Architektenleistungen vom 4. 11. 1971, BGBl. I S. 1745; vgl. AG Hamburg NZM 1998, 477.
[41] *Kraemer/von der Osten* in Bub/Treier III. A Rdn. 2318.
[42] Vgl. OLG Stuttgart RE 11. 6. 1991 WuM 1991, 379; **a. A.** LG Köln WuM 1991, 589.

III. Anrechnung ersparter Aufwendungen und anderer Vorteile (Abs. 1 Satz 2)

Der Vermieter behält zwar den Mietanspruch, wenn der Mieter aus ihm zuzurechnenden Gründen sein Gebrauchsrecht nicht ausübt, er muss sich jedoch nach § 537 Abs. 1 Satz 2 BGB den Wert ersparter Aufwendungen sowie derjenigen Vorteile anrechnen lassen, die er aus einer anderweitigen Verwertung des Gebrauchs erlangt. Die Anrechnung führt zur automatischen Verminderung des Anspruchs des Vermieters, einer Aufrechnungserklärung bedarf es daher nicht; hat der Mieter in Unkenntnis der Anrechnungslage zu viel geleistet, kann er die Differenz nach §§ 812, 818 BGB zurückverlangen.[43] 10

1. Ersparte Aufwendungen

Bei der **Immobiliarmiete** kommt vornehmlich der Abzug ersparter Betriebskosten nach Auszug des Mieters in Betracht. Hier ist zwischen verbrauchsabhängigen und vom Verbrauch unabhängigen Betriebskosten zu differenzieren. Auf Letztere wirkt sich der Auszug des Mieters nicht aus, da die Kosten z. B. für die kommunale oder private Straßenreinigung, Gartenpflege, Schornsteinreinigung oder Versicherungen weiterlaufen. Bei den verbrauchsbedingten Kosten ist zu unterscheiden, ob der Mieter alleiniger Nutzer des Mietobjekts, etwa des gesamten Gebäudes, war oder ob es mehreren Mietparteien überlassen wurde. Beim Alleinmieter, der Vorauszahlungen zu entrichten hat, ist eine sofortige Reduzierung möglich, allerdings nur hinsichtlich der verbrauchsbedingten Kostenanteile, da die Grundkosten weiterhin anfallen. Soweit mehrere Mieter beteiligt sind, kann eine Anrechnung in der laufenden Abrechnungsperiode nicht ohne weiteres erfolgen. Dem Vermieter ist es meist nicht möglich, die Kostenersparnis vor der Abrechnung zu ermitteln,[44] da ein unmittelbarer Zusammenhang zwischen individuellem Verbrauch und Kosten nicht zwangsläufig besteht, zumal dann, wenn die Kosten auf alle Mieter z. B. nach dem Flächenmaßstab umgelegt werden.[45] Eine Ausnahme gilt nur dann, wenn der Verbrauch des Mieters separat erfasst wird, etwa durch Einzelwasserzähler oder durch gesonderte Müllgefäße. Aber auch in diesen Fällen ist eine vollständige Reduzierung um die entsprechenden Kostenanteile nicht sofort angezeigt, z. B. bei Wasserzählern wegen der üblichen Zählerdifferenzen zum Hauptzähler, bei der Müllabfuhr wegen der Vorlaufzeit des Entsorgungsunternehmens für die Umstellung der Müllbeseitigung. Derselbe Gesichtspunkt greift bei den Heizkosten ein, wenn der Leerstand in den Winter fällt, da eine Mindestbeheizung zur Vermeidung von Frostschäden unerlässlich ist; ist auf der Grundlage der HeizkostenV abzurechnen, verbleiben die im Zeitpunkt des Auszugs nicht verlässlich abschätzbaren, nach festem Schlüssel zu verteilenden weiteren Kosten ohnehin beim Mieter. Ist eine Bruttokaltmiete vereinbart, steht die Ersparnis ebenfalls erst nach Ablauf der Abrechnungszeiträume der Versorgungsunternehmen fest. Die ersparten Aufwendungen sind dem Mieter daher i. d. R. erst nachträglich gutzubringen. 11

Bei **Hotelaufnahme- oder Beherbergungsverträgen** werden Aufwendungen durch Wegfall von Bewirtung, Wäschenutzung, Zimmerreinigung, Wasser- und Stromverbrauch und dergleichen erspart. Es ist inzwischen üblich, diese Ersparnis pauschal zu bewerten. Sie beträgt bei Hotelübernachtung mit oder ohne Frühstück wegen der hohen laufenden Kosten und der geringen Sacheinsparung 10%,[46] bei Vollpension 40%, bei Halbpension 30%.[47] Bei Ferienwohnungen soll sie maximal 10% betragen, sofern Heizung, Warmwasser und Endreinigung im Preis enthalten sind; sind diese Kosten separat zu tragen, tritt eine Kostenersparnis praktisch nicht ein.[48] 12

Bei **Heimverträgen** fallen bei vorübergehender Abwesenheit des Heimbewohners jedenfalls dann Verpflegungskosten weg, wenn er Selbstzahler ist. Diese Ersparnis darf ihm der Heimträger bei Abwesenheit von mehr als drei Tagen[49] nicht mit der Begründung vorenthalten, der mit der Er- 13

---

[43] *Kandelhard* in Herrlein/Kandelhard § 537 Rdn. 30.

[44] *Kossmann/Meyer-Abich* § 41 Rdn. 8.

[45] Dazu im Einzelnen *Langenberg/Zehelein,* Betriebskosten E Rdn. 69f.

[46] *Joachim* DB 1990, 1603 m.w.N.; *Nettesheim* BB 1986, 548; **a. A.** OLG Düsseldorf NJW-RR 1991, 1143: 20%; OLG Köln NZM 1998, 514: 20%; bei Luxushotel: 9%.

[47] *Nettesheim* BB 1996, 548; **a. A.** *Joachim* DB 1990, 1603: bei Unterkunft plus Verpflegung in einer Summe: 25%.

[48] *Nettesheim* BB 1986, 548.

[49] BGH (III ZR 59/05) NJW 2005, 3632 = NZM 2005, 961.

stattung verbundene Verwaltungsaufwand sei ihm im Hinblick auf den geringen eingesparten Betrag nicht zumutbar.[50]

14 Bei der **Fahrnismiete** fällt ein geringer Aufwand an, wenn der Vermieter die laufende Wartung und Reparatur einschließlich aller Ersatzteile übernommen hat. Bei einem „full-service-Vertrag" entspricht das dafür angesetzte Entgelt nicht den ersparten Aufwendungen, da es auch einen Gewinn einkalkuliert.[51] Fehlen genauere Angaben des Vermieters, ist die Ersparnis nach § 287 ZPO zu schätzen.

2. Andere Vorteile

15 Der Vermieter muss sich ferner den Wert derjenigen Vorteile anrechnen lassen, die er aus einer anderweitigen Verwertung des Gebrauchs erlangt. Durch die Bestimmung soll verhindert werden, dass der Vermieter aus der Nichtnutzung oder Gebrauchsaufgabe, etwa durch Auszug des Mieters, neben dem fortbestehenden Mietanspruch weitere Vorteile erzielt. Die anderweitige Verwertung kann darin bestehen, dass der Vermieter selbst das Mietobjekt nutzt[52] oder es Dritten zum Gebrauch überlässt; aus dem Vergleich mit der Vorschrift des § 537 Abs. 2 BGB folgt, dass **unter § 537 Abs. 1 Satz 2 BGB nur solche Gebrauchsverwertungen** fallen, welche die **jederzeitige Gebrauchsgewährung** gegenüber dem Mieter **nicht ausschließen.** Hieraus resultierende Vorteile sind anzurechnen. Dazu gehört auch eine Vertragsstrafe, die der Dritte, dem das Mietobjekt nach Auszug des Mieters überlassen war, wegen vorzeitiger Vertragsbeendigung an den Vermieter zahlt.[53] Sind die Ansprüche gegen den Dritten indes nicht durchsetzbar und damit wirtschaftlich wertlos, kommt die Anrechnung nicht in Betracht.[54]

16 Hauptanwendungsfall der Übernahme zum eigenen Gebrauch des Vermieters ist in der Praxis die Ausführung von **Umbau-, Sanierungs- und Modernisierungsarbeiten** im Mietobjekt in dem Zeitraum zwischen Auszug des Mieters und Beginn des Mietverhältnisses mit dem Nachfolgemieter. Haben diese Arbeiten einen Umfang, der über übliche Ausbesserungsarbeiten hinausgeht, greift § 537 Abs. 2 BGB ein,[55] weil dadurch die jederzeitige erneute Überlassung an den Mieter unmöglich wird. § 537 Abs. 1 Satz 2 BGB betrifft daher nur die Fälle, in denen es sich um Arbeiten geringeren Umfangs handelt, insbesondere um die Ausführung von Schönheitsreparaturen. Führen diese Arbeiten allerdings dazu, dass das Mietobjekt während ihrer Erledigung nicht benutzbar ist, entfällt der Mietzinsanspruch des Vermieters jedenfalls durch Minderung nach § 536 BGB.[56]

Ließ der Vermieter nach Auszug des Mieters und Rückgabe der Schlüssel ein **neues Schloss** einbauen, ist der objektive Erklärungswert einer solchen Maßnahme mehrdeutig. Die Übernahme in Eigennutzung wird nur ausgeschlossen werden können, wenn der Vermieter dem Mieter deutlich machte, dass er ihm auf Anforderung die neuen Schlüssel jederzeit aushändigen wird; eine derartige Erklärung ist hingegen nicht erforderlich, wenn der Mieter freiwillig auf die Nutzung verzichtet, beginnt, das Mobiliar zu entfernen und der Vermieter durch den Schlossaustausch nur sein Vermieterpfandrecht sichern will.[57] Gelegentlich ist § 537 Abs. 1 Satz 2 BGB ferner relevant, wenn Modernisierungsmaßnahmen in mehreren Mietobjekten ausgeführt werden und das leer stehende Objekt genutzt wird, um Mobiliar anderer Mieter, Baumaterial oder Werkzeug der Handwerker vorübergehend abzustellen.

17 Anderweitige Verwertung des Gebrauchs durch **Überlassung an Dritte** kommt insbesondere in Betracht, wenn der Vermieter einem Dritten die Mietsache zur jederzeit widerruflichen Nutzung zur Verfügung stellt. Dies kann der Nachmieter sein, der schon vor seinem Einzug Dekorations- oder sonstige kleinere Arbeiten erledigen will,[58] aber auch ein sonstiger Dritter, etwa ein Künstler, dem in einem Einkaufszentrum Ladenflächen zur Ausstellung seiner Bilder überlassen werden, um den negativen Eindruck von Leerständen zu vermeiden.

---

50 BGH (III ZR 310/00) BGHZ 148, 233 = NZM 2001, 864: Verpflegungskostenanteil 4,2% des täglichen Gesamtentgelts.

51 OLG Düsseldorf ZMR 1985, 382.

52 Vgl. AG Lüdenscheid NZM 2005, 821.

53 KG GE 1999, 569 = WuM 1999, 364 = ZMR 1999, 705.

54 BGH (XII ZR 339/97) DWW 2000, 85 = GE 2000, 340 = NJW 2000, 1105 = NZM 2000, 184 = WuM 2000, 248 = ZMR 2000, 207; OLG Celle ZMR 2003, 343.

55 BGH (VIII ZR 77/61) NJW 1963, 341; **a. A.** LG Mannheim WuM 2009, 398 m. abl. Anm. *Blank* WuM 2009, 401 und *Walburg* InfoM 2009, 380.

56 KG GuT 2011, 153.

57 OLG Düsseldorf Urt. vom 26.4.2001 – 10 U 9/00.

58 OLG Düsseldorf ZMR 1985, 89.

Die **Ermittlung des Vorteils** des Vermieters kann im Einzelfall Schwierigkeiten bereiten. Hat der Vermieter das Mietobjekt in Eigennutzung übernommen, um es modernisieren[59] oder dem Nachmieter mit neuer Dekoration liefern zu können, erspart er den Mietverlust für den Zeitraum, den er nach Beendigung des Mietverhältnisses mit dem Vormieter für die Herrichtung benötigen würde. Wurde die Mietsache dem Nachmieter vorzeitig kostenlos überlassen, um dort z. B. die Schönheitsreparaturen durchzuführen, ist ein Vorteil des Vermieters nicht vorhanden, wenn die Schönheitsreparaturen ohnehin Sache des Nachmieters waren. Bei der Inanspruchnahme der Mietfläche zum Abstellen von Mobiliar oder Gegenständen von Handwerkern, die im Hause tätig sind, ist ein abzuziehender Vorteil nur dann gegeben, wenn sonst anderweitig Fläche für diese Zwecke hätte angemietet werden müssen. Zugunsten des Vormieters ist außerhalb des § 537 Abs. 1 Satz 2 BGB die Minderung nach § 536 BGB zu beachten. Nutzt der Nachmieter die Mietsache kostenlos für kleinere Ausbesserungsarbeiten, die nach § 536 Abs. 1 Satz 3 BGB keinen minderungsrelevanten Umfang haben, greift weder § 537 Abs. 1 Satz 2 BGB noch § 536 BGB ein. Handelt es sich um Maßnahmen, die eine Gebrauchsbeeinträchtigung i. S. d. § 536 Abs. 1 Satz 1 BGB zur Folge haben und die sonst während der Mietzeit des Nachmieters hätten erledigt werden müssen, hat es nicht mit der automatischen Mietminderung zugunsten des Vormieters sein Bewenden; vielmehr ist die ersparte Minderung durch den Nachmieter maßgeblich.[60] Dies gilt insbesondere dann, wenn der mit dem Nachfolger vereinbarte Mietzins höher ist; in diesem Fall entstünde dem Vermieter sonst ein nach § 537 Abs. 1 Satz 2 BGB nicht gerechtfertigter Vorteil. 18

3. Abweichende Vereinbarungen

Die Anrechnungspflicht kann individualvertraglich abbedungen werden. Hierzu kommt es nicht selten dadurch, dass der Mieter den vorzeitigen Gebrauch des Mietobjekts durch den Vermieter oder den Nachmieter gestattet, weil ihm eine Kompensation gewährt wird, z. B. durch den Vermieter, der einen früheren Termin für das Mietende akzeptiert, oder durch eine Ausgleichszahlung des Nachmieters. Ebenso wird häufig vereinbart, dass es Vermieter oder Nachmieter übernehmen, während der restlichen Vertragslaufzeit nach Absprache mit dem Mieter die von ihm geschuldeten Schönheitsreparaturen zu erledigen. Formularvertraglich ist die vollständige Abbedingung nicht möglich;[61] es erscheint aber zulässig, zur Vereinfachung der Verwaltung des Vermieters die Erstattung ersparter Aufwendungen pauschalierend zu regeln.[62] Das Verbot gilt auch für den kaufmännischen Verkehr.[63] Klauseln, die den Vermieter ohne Vorteilsanrechnung berechtigen sollen, die Mieträume nach Auszug des Mieters in Besitz zu nehmen, z. B. zur Erledigung anstehender Arbeiten, sind unwirksam.[64] Bei Wohnraummietverträgen verstoßen sie überdies gegen § 536 Abs. 4 BGB. 19

Formularmäßige **Pauschalen zur Höhe ersparter Aufwendungen** sind nur wirksam, wenn sie dem Mieter ausdrücklich den Nachweis eines geringeren oder fehlenden Schadens gestatten (§ 309 Nr. 5 BGB). Ist Wohnraum vermietet, müssen auch individuelle Vereinbarungen immer der Überprüfung nach § 555 BGB Stand halten. 20

IV. Erfüllungsbereitschaft des Vermieters (Abs. 2)

1. Grundsätze

Der Vermieter behält den Mietanspruch aus § 535 Abs. 2 BGB i. V. m. § 537 Abs. 1 Satz 1 BGB nur, wenn und solange er **zur Erfüllung bereit und in der Lage** ist. Maßgeblich ist nicht die Gebrauchsentziehung gegenüber dem Mieter, sondern die fehlende Fähigkeit des Vermieters, den Anspruch auf Gebrauchsüberlassung zu erfüllen. Die Voraussetzungen des § 537 Abs. 2 BGB sind nach allgemeiner Ansicht mithin nicht nur in den Fällen der Drittüberlassung, insbesondere der Weitervermietung der Mietsache, gegeben, sondern auch, wenn der Vermieter die Mietsache in Eigennutzung übernimmt. 21

---

59 AG Hamburg WuM 1993, 610.
60 *Sternel* III Rdn. 99.
61 BGH (III ZR 310/00) BGHZ 148, 233 = NZM 2001, 864; *Kandelhard* in Herrlein/Kandelhard § 537 Rdn. 29.
62 BGH (III ZR 310/00) BGHZ 148, 233 = NZM 2001, 864.
63 Vgl. *Kandelhard* in Herrlein/Kandelhard § 537 Rdn. 29; *Sternel* III Rdn. 106.
64 *Wolf/Eckert/Ball* Rdn. 589.

22 Die Fähigkeit, dem Mieter wieder den unmittelbaren Besitz zu ermöglichen, fehlt nicht, wenn der Vermieter auf Anforderung des Mieters ein etwaiges Gebrauchshindernis kurzfristig beseitigen kann.[65] Vom Vermieter in Angriff genommene oder dem Nachmieter widerruflich gestattete Schönheitsreparaturen oder kleinere Arbeiten schließen die Gebrauchsüberlassung daher nicht aus (s. Rdn. 16).[66] Veränderungen der Mietsache, vor allem **Umbauten und Modernisierungsarbeiten,**[67] sind demgegenüber als dauerndes Gebrauchshindernis schon deshalb zu bewerten, weil sie den Vermieter außer Stand setzen, dem Mieter das vertraglich festgelegte Mietobjekt in seiner ursprünglichen Beschaffenheit wieder zur Verfügung zu stellen. Bei der Vermietung eines Messestandes, den der Mieter nicht übernimmt, kann der Mieter nicht auf die Vermietung der Fläche an dritte Firmen verweisen, wenn anderweitig Standflächen frei blieben, die von den Dritten ebenso akzeptiert worden wären.[68]

2. Auszug des Mieters

23 Zieht der Mieter vorzeitig aus und gibt dem Vermieter die Schlüssel zurück, macht er damit deutlich, dass er sein Interesse am Mietobjekt verloren hat. In diesem Verhalten mag das Angebot auf Abschluss eines Mietaufhebungsvertrags gesehen werden, in der Entgegennahme der Schlüssel liegt indes nach herrschender Ansicht noch keine Annahme des Angebots, mithin keine schlüssige Entlassung des Mieters aus dem Mietvertrag. Streitig ist, ob ein Mietaufhebungsvertrag anzunehmen ist, wenn der Vermieter die Mietsache anschließend anderweitig vermietet. Dieser Frage ist hier nicht im Einzelnen nachzugehen (dazu ausführlich Anh. zu § 542 BGB). Im vorliegenden Zusammenhang ist nur das Problem relevant, ob der Vormieter nach der Weitervermietung – ohne Mietaufhebungsvertrag – noch den Mietzins zu zahlen hat, den der Vermieter beim Nachmieter nicht realisieren kann, insbesondere ob er die **Mietdifferenz** zu einer niedrigeren Anschlussmiete ausgleichen muss.

24 Ob dem Vermieter in diesen Fällen **gegen den Vormieter noch der Mietanspruch** zusteht, ist streitig. Nach dem Wortlaut des § 537 Abs. 2 BGB verliert ihn der Vermieter, da er bei jeder nicht nur kurzfristig widerruflichen Nutzung durch einen Dritten nicht mehr in der Lage ist, den Anspruch des Mieters auf Gebrauchsgewährung zu erfüllen. Auf dieser Grundlage soll dem Vermieter weder ein Anspruch auf Zahlung ausgebliebener Mieten noch einer Mietdifferenz zustehen.[69] Dem Vermieter sei es zuzumuten, vor allem von seinem Kündigungsrecht nach § 543 BGB Gebrauch zu machen und sodann den Mietausfall als Verzugsschaden einzufordern,[70] zumal aus der Weigerung, das Mietobjekt zu nutzen, mangels Gebrauchspflicht kein Schadensersatzanspruch folge.[71] Nach anderer Ansicht behält der Vermieter seinen Anspruch, wenn er vor der Weitervermietung dem Mieter mitteilte, diese erfolge, um ihn von seiner Zahlungspflicht zu entlasten; die Mitteilung sei nur entbehrlich, wenn der Aufenthalt des Mieters unbekannt sei.[72] Beide Auffassungen werten jedoch das Verhalten des Mieters, das zu einer deutlichen, **vertragswidrigen Belastung des Vermieters** führt, nur unzureichend. Der Mieter macht sich durch die Rückgabe der Schlüssel insbesondere die Erfüllung der Obhuts- und Instandhaltungspflichten unmöglich, was vor allem bei vorzeitigem Auszug eines noch auf längere Zeit abgeschlossenen Mietvertrags von Bedeutung ist. Diese Vertragsverletzung kumuliert mit der Nichterfüllung der Verpflichtung zur Mietzahlung. In der Summe kann das **Verhalten des Mieters eine grobe Vertragsverletzung** darstellen, die es rechtfertigt, eine **Korrektur des § 537 Abs. 2 BGB über § 242 BGB,** den Einwand der unzulässigen Rechtsausübung, vorzunehmen, so dass der Vermieter seinen Mietanspruch behält und sich nach § 537 Abs. 1 Satz 2 BGB nur anrechnen lassen muss, was der Nachmieter zahlt.[73] Die Rechtsfolge gilt sowohl für

---

[65] BGH (XII ZR 198/91) NJW 1993, 1645 = WuM 1993, 346; AG Lüdenscheid NZM 2005, 821.
[66] Vgl. LG Düsseldorf DWW 1999, 378.
[67] OLG Düsseldorf Urt. vom 18.12.1997 – 10 U 48/97.
[68] OLG Köln NJW-RR 1990, 1232.
[69] OLG München NJW-RR 1992, 204; ausführlich OLG Düsseldorf NJW-RR 1986, 507.
[70] *Sternel* Mietrecht aktuell (2009) Rdn. III 147.
[71] *Sternel* III Rdn. 101.
[72] OLG Hamm RE 13.3.1986 WuM 1986, 201; weitergehend OLG Köln NJW-RR 1990, 1232 und LG Berlin ZMR 1998, 229, die Berufung des Mieters auf § 552 Satz 3 BGB a. F. (= § 537 Abs. 2 BGB) scheide schon aus, wenn nur der Vermieter die Mietsache weitervermiete, um auch im Interesse des Mieters die Ausfälle gering zu halten.
[73] BGH (XII ZR 13/06) GuT 2008, 119 = NJW 2008, 1148 = NZM 2008, 206 = ZMR 2008, 278; (XII ZR 198/91) NJW 1993, 1645 = WuM 1993, 346; KG ZMR 2014, 352; OLG Brandenburg WuM 2007, 14; OLG Karlsruhe GE 2005, 183 = ZMR 2005, 191; OLG Naumburg WuM 1998, 283.

die Wohnraummiete wie auch die Vermietung von Gewerberaum. Sie greift z. B. auch ein, wenn der Mieter um vorzeitige Entlassung aus dem Mietvertrag bittet und der Vermieter sodann dem Nachfolger gestattet, schon zwei Monate vor dem Vertragsbeginn mit Renovierungs- und Umbauarbeiten anzufangen[74] oder wenn der Mieter eines langfristigen Mietvertrags zur Reduzierung seiner Verpflichtungen damit einverstanden ist, dass der Vermieter das Mietobjekt weitervermietet.[75] Im Verhältnis zum Untermieter scheidet die Anwendung des § 537 Abs. 2 BGB zugunsten des Untermieters aus, wenn dieser durch vertragswidrigen Auszug und Einstellung der Mietzahlungen die Beendigung des Hauptmietverhältnisses verursachte und es dadurch dem Hauptmieter unmöglich machte, ihm das Mietobjekt weiterhin zur Verfügung zu stellen.[76]

Da die vorbeschriebene Korrektur des § 537 Abs. 2 BGB allein über die Grundsätze von Treu und Glauben gem. § 242 BGB erfolgt, ist sie **in zwei Richtungen Einschränkungen** unterworfen. Zum einen greift sie nur bei einer groben Vertragsverletzung des Mieters ein. Handelt es sich um eine mindere Vertragsverletzung, bleibt es bei der allgemeinen Regel aus § 537 Abs. 2 BGB. Hiervon ist auszugehen, wenn zwischen den Parteien mit einigem Grund streitig ist, ob eine Kündigung des Mieters wirksam oder ob es zu einer bindenden Mietvertragsaufhebung gekommen war, was nicht selten erst gerichtlich entschieden werden muss.[77] Hat der Mieter z. B. das Sonderkündigungsrecht aus § 540 Abs. 1 Satz 2 BGB in Anspruch genommen, ohne einen in Aussicht genommenen Untermieter zu benennen, und ist er im Vertrauen auf die Wirksamkeit seiner Kündigung ausgezogen, hat es durch die Neuvermietung bei § 537 Abs. 2 BGB sein Bewenden,[78] ebenso wenn er auf Grund der Korrespondenz mit dem Vermieter und Verhandlungen zu den Modalitäten der Räumung irrtümlich von einer einvernehmlichen Vertragsaufhebung ausging.[79] Zum anderen ist dem Mieter auch bei einer groben Vertragsverletzung die Berufung auf § 537 Abs. 2 BGB dann nicht verwehrt, wenn sich der Vermieter nicht darum bemühte, die Neuvermietung zum Marktpreis zu erreichen, sich also im Hinblick auf die Ansprüche gegen den Vormieter ohne hinreichenden Grund auf eine Anschlussvermietung zu einem geringeren Zins beschränkte,[80] wenn er das Mietobjekt z. B. einem Dritten überließ, den er selbst nicht als Nachmieter akzeptiert und mit dem er sich weigert, einen Mietvertrag abzuschließen[81] oder wenn er eine grundlegende Sanierung und Renovierung mit dem Ziel durchführt, bei der Neuvermietung eine deutlich höhere Miete zu realisieren.[82] 25

Die **Korrektur** des § 537 Abs. 2 BGB ist, wie ausgeführt, **nicht** angezeigt, wenn dem Mieter nur eine minderschwere Vertragsverletzung vorzuwerfen ist. Dies abzuschätzen ist dem Vermieter häufig nicht mit der notwendigen Sicherheit möglich. Seiner **unsicheren Situation** kann der **Vermieter** Rechnung tragen, indem er den Mieter vor der beabsichtigten Weitervermietung im beiderseitigen Interesse informiert; reagiert der Mieter hierauf nicht, ist ihm die Berufung auf § 537 Abs. 2 BGB i. d. R. verwehrt.[83] Schließlich hat der Vermieter ohne Weiteres die Möglichkeit, das Mietverhältnis fristlos wegen Zahlungsverzugs nach § 543 Abs. 2 Satz 1 Nr. 3 BGB zu kündigen. Erweist sich ggf. im Rechtsstreit seine Kündigung als wirksam, hat er einen Schadensersatzanspruch aus §§ 280 Abs. 2, 286 Abs. 1 BGB, den er nur verliert, soweit der Nachmieter leistet; § 537 Abs. 2 BGB ist hierauf nicht anzuwenden.

3. Abweichende Vereinbarungen

Die Regelung in § 537 Abs. 2 BGB bezweckt, ein Gleichgewicht zwischen der Pflicht zur Gebrauchsüberlassung durch den Vermieter und der Pflicht des Mieters zur Mietzahlung herzustellen. **Formularklauseln,** welche hiervon abweichen, sind daher wegen Verstoßes gegen § 307 BGB **unwirksam;** dies gilt auch dann, wenn der Vermieter mit dem Gewerbemieter eine Betriebspflicht vereinbart hatte.[84] 26

[74] OLG Koblenz DWW 1995, 81 = MDR 1995, 251 = WuM 1995, 154 = ZMR 1995, 157.
[75] OLG Karlsruhe GE 2005, 183 = ZMR 2005, 191.
[76] OLG Nürnberg NZM 1999, 1099.
[77] BGH (XII ZR 198/91) NJW 1993, 1645 = WuM 1993, 346; dazu krit. Anm. *Grunewald* LM § 552 Nr. 6.
[78] KG neg. RE 16. 9. 1996 NJW-RR 1997, 333 = WuM 1996, 696.
[79] LG Mainz NZM 2000, 714.
[80] BGH (XII ZR 198/91) NJW 1993, 1645 = WuM 1993, 346.
[81] OLG Frankfurt WuM 1995, 483.
[82] LG Düsseldorf DWW 1999, 156.
[83] BGH (XII ZR 198/91) NJW 1993, 1645 = WuM 1993, 346; vgl. OLG Hamm RE 13. 3. 1986, WuM 1986, 201.
[84] BGH (XII ZR 13/06) GuT 2008, 119 = NJW 2008, 1148 = NZM 2008, 206 = ZMR 2008, 278.

V. Beweislast

27 Ist zwischen den Parteien streitig, **in wessen Risikosphäre das Gebrauchshindernis fällt,** trägt der **Mieter** die Beweislast.[85] Mit dem Einwand, es sei dem Vermieter zuzurechnen, macht er einen Umstand geltend, der zum Wegfall seiner vertraglichen Verpflichtung zur Zahlung des Mietzinses führen soll; wendet der Mieter allerdings ein, der Vermieter sei *unabhängig vom konkreten Gebrauchshindernis* ohnehin nicht in der Lage gewesen, den Gebrauch zu gewähren, ist es Sache des Vermieters, seine Erfüllungsbereitschaft darzutun und zu beweisen.[86] Der Grundsatz gilt jedenfalls dann, wenn für die Übernahme des Mietobjekts ein fester Termin nach dem Kalender vereinbart wurde. Ist das Mietobjekt noch vom Vermieter fertig zu stellen, nach den vertraglichen Vorgaben herzurichten oder soll das Mietverhältnis erst nach der noch ungewissen Räumung durch den Vormieter beginnen, bedarf es eines Übergabeangebots. Hier trägt der Vermieter die Beweislast, dass er die Mietsache dem Mieter ordnungsgemäß angeboten hat.[87]

28 Die Beweislast für **ersparte Aufwendungen bzw. anderweitige Vorteile und deren Höhe** trifft nach herrschender Ansicht den Mieter.[88] Es handelt sich um einen Fall gesetzlich angeordneter Vorteilsausgleichung, für die, wie auch sonst,[89] der Ersatzpflichtige die Beweislast trägt, da sie sich anspruchsmindernd auswirkt.

29 Behauptet der Mieter, der Vermieter sei *durch Eigennutzung oder Weitervermietung* **nicht zur Erfüllung in der Lage** gewesen (§ 537 Abs. 2 BGB), ist die Beweislast streitig. Nach einer Meinung muss der Mieter die fehlende Erfüllungsfähigkeit beweisen;[90] allein der Abschluss eines Mietvertrags mit dem Mietnachfolger[91] oder der Einzug eines Dritten in das vom Mieter vorzeitig geräumte Mietobjekt soll nicht beweisen, dass der Vermieter es diesem auch zum Gebrauch überlassen habe.[92] Nach anderer Ansicht hat der Vermieter zu beweisen, dass er zur Erfüllung seiner Pflicht zur Gebrauchsgewährung bereit war.[93] Zur Lösung des Meinungsstreits bietet es sich an zu differenzieren. Zunächst ist es Sache des Mieters, darzulegen und zu beweisen, dass überhaupt eine Eigennutzung oder Gebrauchsaufnahme durch einen Dritten erfolgte; der Mieter trägt die Entziehung eines ihm vorher eingeräumten Gebrauchsrechts und damit die Beendigung eines Rechtszustands vor, für den er beweispflichtig ist.[94] Ist ihm der Beweis gelungen, ist es am Vermieter, darzulegen und zu beweisen, dass er gleichwohl dem Mieter, hätte er ihn dazu aufgefordert, den Mietbesitz unverzüglich wieder hätte einräumen können.[95]

30 Der Umstand, dass sich die **Einwände** des Mieters zum Teil auf Einzelheiten **aus der Sphäre des Vermieters** beziehen, ändert an seiner Darlegungs- und Beweislast im Grundsatz nichts. Da der Vermieter über die entsprechende Kenntnis verfügt und ihm nähere Angaben zumutbar sind, kommt zugunsten des Mieters eine Modifizierung seiner Darlegungslast nach den Grundsätzen über die sekundäre Behauptungslast des Vermieters zum Zuge.[96] Dies bedeutet, dass sich der Mieter zunächst auf den substantiierten Vortrag von Anhaltspunkten für seine Darstellung beschränken kann, dem gegenüber der Vermieter spezifiziert zu bestreiten hat. Das nach § 138 Abs. 1, 2 ZPO gebotene substantiierte Bestreiten des Vermieters versetzt den Mieter sodann in die Lage, zu den ihm nunmehr bekannten Einzelheiten substantiiert vorzutragen und Beweis anzutreten.

---

[85] *Bieber* in MünchKomm § 537 Rdn. 18; *Rädler* NJW 1993, 694; *Wolf/Eckert/Ball* Rdn. 612.
[86] *Blank* in Blank/Börstinghaus § 537 Rdn. 27; *Kandelhard* in Herrlein/Kandelhard § 537 Rdn. 32.
[87] OLG Köln ZMR 1997, 230.
[88] OLG Celle ZMR 2003, 343; *Bieber* in MünchKomm § 537 Rdn. 18; *Wolf/Eckert/Ball* Rdn. 613.
[89] St. Rspr. z. B. BGH (XI ZR 247/91) NJW-RR 1992, 1397.
[90] OLG Oldenburg RE 10.11.1980 WuM 1981, 177; KG neg. RE 11.6.1998 GE 1998, 796 = NZM 1998, 659 = WuM 1998, 472 = ZMR 1998, 631; OLG Köln NZM 1998, 514; *Rädler* NJW 1993, 694 unter Hinweis auf § 297 BGB.
[91] OLG Celle ZMR 2003, 343.
[92] KG neg. RE 11.6.1998 GE 1998, 796 = NZM 1998, 659 = WuM 1998, 472 = ZMR 1998, 631.
[93] *Bieber* in MünchKomm § 537 Rdn. 19; *Blank* in Blank/Börstinghaus § 537 Rdn. 27; *Dickersbach* in Lützenkirchen § 537 Rdn. 17; *Emmerich* in Staudinger § 537 Rdn. 39; *Kandelhard* in Herrlein/Kandelhard § 537 Rdn. 32; Palandt/*Weidenkaff* § 537 Rdn. 2; *Sternel* III Rdn. 105.
[94] *Krönig* MDR 1950, 209.
[95] Ebenso OLG Celle ZMR 2003, 343.
[96] Z. B. BGH (VIII ZR 251/05) NZM 2007, 83 = WuM 2006, 684 = ZMR 2007, 101.

§ 538 Abnutzung der Mietsache durch vertragsgemäßen Gebrauch

Veränderungen oder Verschlechterungen der Mietsache, die durch den vertragsgemäßen Gebrauch herbeigeführt werden, hat der Mieter nicht zu vertreten.

Systematische Übersicht

Alphabetische Schnellübersicht

A. Anwendungsbereich und Bedeutung der Vorschrift

I. Anwendungsbereich

1 Die Vorschrift gilt für alle Arten von Mietverhältnissen. Sie entspricht bis auf geringfügige sprachliche Änderungen dem früheren § 548 BGB.

II. Bedeutung

1. Erhaltungspflicht des Vermieters

2 Nach § 535 Abs. 1 Satz 2 BGB ist der Vermieter u. a. verpflichtet, die vermietete Sache während der Mietzeit in einem zum vertragsgemäßen Gebrauch geeigneten Zustand zu erhalten. Neben der Pflicht zur Gebrauchsgewährung aus § 535 Abs. 1 Satz 1 BGB handelt es sich um die zweite Hauptpflicht des Vermieters aus dem Mietvertrag. § 538 BGB bestätigt diese Rechtslage und enthält daher insoweit nur eine **klarstellende Wiederholung.** Die gesetzliche Regelung bedeutet, dass der Vermieter die Schäden, die durch normale Abnutzung entstehen, zu beseitigen hat. Instandhaltung und Instandsetzung des Mietobjekts einschließlich der Schönheitsreparaturen sind seine Sache. Soweit sich der Mieter bei Veränderungen der Mietsache oder ihrer Abnutzung im Rahmen des vertragsgemäßen Gebrauchs hält, ist der Vermieter daher nicht berechtigt, ihn auf Ersatz der Kosten, die aus der Wiederherstellung des ursprünglichen Zustands resultieren, in Anspruch zu nehmen; diese sind vielmehr mit dem Mietzins abgegolten. Nur wenn der Mieter die Grenzen des vertragsgemäßen Gebrauchs schuldhaft überschreitet, haftet er für Schäden, was früher aus positiver Vertragsverletzung,[1] sei es wegen unzulässiger Veränderungen, sei es wegen Nichtbeachtung der Obhutspflicht, begründet wurde und nun unmittelbar von § 280 Abs. 1 BGB erfasst wird. In derartigen Fällen kann der Vermieter unter den Voraussetzungen des § 541 BGB gegen den Mieter auf Unterlassung klagen, bei schwerwiegenden Vertragsverletzungen hat er die Möglichkeit der fristlosen Kündigung nach § 543 BGB. Schließlich ist der Mieter i. d. R. verpflichtet, vom vertragsgemäßen Gebrauch nicht gedeckte bauliche Veränderungen im Rahmen der Rückgabe der Mietsache nach § 546 BGB zu beseitigen und auf seine Kosten den ursprünglichen Zustand wiederherzustellen.

2. Beweisregelung

3 Die wesentliche Bedeutung des § 548 BGB a. F. lag darin, dass ihm eine **Beweisregelung** entnommen wurde. Den Mieter traf die volle Beweislast, dass während der Mietzeit eingetretene Veränderungen des Mietobjekts nur auf vertragsgemäßem Gebrauch beruhten oder nicht von ihm zu vertreten waren.[2] Konnte er den Beweis nicht führen, weil sich die genaue Ursache der Veränderung nicht aufklären ließ, oder gelang es ihm nicht, sich hinsichtlich der Ursache zu entlasten, haftete er. Diese Beweisregelung harmonierte nicht mit der Beweislastverteilung bei der positiven Vertragsverletzung nach Gefahren- und Verantwortungsbereichen.[3] Die Diskrepanz hatte deshalb Bedeutung, weil es, wie erwähnt, als positive Vertragsverletzung zu bewerten war, wenn der Mieter die Grenzen des vertragsgemäßen Gebrauchs überschritt oder durch Verletzung seiner Obhutspflicht die Mietsache beschädigte oder verschlechterte.[4] Die stringente Anknüpfung an den Wortlaut des § 548 BGB a. F. bewirkte eine deutliche Verschlechterung der Beweislage für den Mieter, obgleich die Haftungsgrundlage, eine positive Vertragsverletzung, dieselbe war.[5] Es kam (und kommt) hinzu, dass der Verpflichtung des Mieters, die Mietsache allein im Rahmen des vertragsgemäßen Gebrauchs zu benutzen, die Pflicht des Vermieters gegenübersteht, sie in einem hierzu geeigneten Zustand zu erhalten.[6] Diese Sachlage zwang zu einer differenzierten Beurteilung der Beweislastverteilung, die sich allgemein durchgesetzt hat.

4 Die **Beweislastverteilung im Schadensersatzprozess des Vermieters** stellt sich **nunmehr wie folgt** dar. Dem Vermieter obliegt weiterhin der Beweis für die anspruchsbegründenden Tatbe-

---

[1] BGH (XII ZR 15/93) DWW 1995, 279 = WuM 1996, 91.

[2] Vgl. BGH (VIII ZR 288/74) BGHZ 66, 349 (351) m.w.N. = NJW 1976, 1315; (VIII ZR 186/80) WuM 1982, 296; LG Karlsruhe VersR 1984, 1055 für einen Kolbenschaden an einem Mietfahrzeug.

[3] Hierzu z. B. Palandt/*Heinrichs* § 282 BGB a. F. Rdn. 6ff. m.w.N.

[4] BGH (XII ZR 15/93) DWW 1995, 279 = WuM 1996, 91.

[5] Vgl. *Schweer* ZMR 1989, 287.

[6] BGH (VIII ZR 288/74) BGHZ 66, 349 (351) = NJW 1976, 1315.

standsmerkmale. Er muss beweisen, dass überhaupt ein Schaden vorliegt und dass dieser bei Beginn des Mietverhältnisses noch nicht vorhanden war; für den Nachweis des nachträglichen Eintritts kommt ihm die Beweiskraft eines Übergabeprotokolls zugute (s. Rdn. 408). Ferner muss er beweisen, dass die Schadensursache aus dem Obhutsbereich des Mieters stammt,[7] eine Beweislastumkehr hinsichtlich der Kausalität findet nicht statt. Diese Nachweispflicht erfüllt der Vermieter dadurch, dass er eine Schadensursache aus seinem Pflichtenkreis ebenso ausschließt wie eine Verursachung durch andere Mieter oder Dritte;[8] soweit mithin ein Sachverhalt vorliegt, bei dem sich kein im Mietgebrauch liegendes Risiko verwirklicht hat, ist § 538 BGB nicht anzuwenden.[9] Erst wenn dem Vermieter der Beweis gelungen ist, greift die Beweisregelung des § 538 BGB ein mit der Folge, dass nunmehr der Mieter den vollen Beweis dafür erbringen muss, dass die Ursache nicht in seinem Gefahrenbereich gesetzt wurde oder er sie nicht zu vertreten hat.[10] Die Ansicht, der Mieter hafte nur dann nicht, wenn er dartun könne, dass eine Schadensursache aus dem Bereich des Vermieters nahe liegt,[11] knüpft an das oben (Rdn. 3) beschriebene überholte Verständnis des § 538 BGB an und verkennt die primäre Beweislast des Vermieters.

Im **Schadensersatzprozess des Mieters** ist es hingegen grundsätzlich seine Sache, alle Voraussetzungen für den von ihm geltend gemachten Anspruch darzutun und ggf. zu beweisen. Ihn trifft daher auch das Risiko nachweisen zu können, dass die Schadensursache im Verantwortungsbereich des Vermieters gesetzt wurde. Es ist hier mithin nicht Aufgabe des Vermieters, sich bei unklarer Schadensursache zu entlasten. Eine Ausnahme gilt nur, wenn es feststeht, dass die Schadensursache im Herrschafts- und Einflussbereich des Vermieters gesetzt wurde; in diesem Fall muss sich der Vermieter hinsichtlich der objektiven Pflichtwidrigkeit seines Verhaltens und seines Verschuldens entlasten.[12]

Je nach der Sachlage im Einzelfall **entfällt die Nachweispflicht des Vermieters,** so dass die **Beweislast sogleich beim Mieter** liegt. Ist die konkrete Schadensursache zwar unbekannt, kommt jedoch nach den Umständen nur eine aus dem Gefahrenbereich des Mieters in Betracht, muss sich der Mieter in vollem Umfang entlasten.[13] Dies ist z. B. der Fall, wenn ein Brand eine Folge des Mietgebrauchs war,[14] wenn etwa der Ausgangspunkt eines Feuers im Gastraum einer Gaststätte lag und das Feuer in nahem zeitlichem Zusammenhang mit dem Verlassen des Lokals durch Gäste und Angestellte ausbrach[15], wenn bei einem Wohnungsbrand mit unklarer Ursache die Qualmwolken zuerst aus dem Wohnzimmer kamen, in dem das viereinhalbjährige Kind der Mieter unbeaufsichtigt spielte[16] oder wenn der Brandherd im Kinderzimmer im Bereich eines Tischventilators lag, der in der Nähe des Bettes auf dem Fußboden stand und eingeschaltet war.[17] Dasselbe soll gelten, wenn ein Ungezieferbefall mit Vorratsschädlingen eingetreten ist.[18] Dieser Ansicht ist nur für den Fall zuzustimmen, dass sich der Befall auf eine Wohnung beschränkt; in der Praxis begegnen immer wieder Fälle, zumal bei Altbau mit Holzbalkendecken, in denen das Ungeziefer aus einer nur wenig befallenen Nachbarwohnung stammt. **5**

In der Praxis ist diese Beweislastverteilung sehr oft von streitentscheidender Bedeutung. Da der Mangel selbst und sein Auftreten nach Übernahme des Mietobjekts durch den Mieter häufig unstreitig sind, kommt es allein darauf an, wem die Verursachung zuzurechnen ist.[19] **Gelingt dem Vermieter** der **Ausschluss** einer außerhalb des Mietgebrauchs liegenden Schadensursache **nicht** **6**

[7] BGH (XII ZR 188/92) WuM 1994, 466; dazu kritisch *Pauly* WuM 1997, 475.
[8] BGH (XII ZR 188/92) WuM 1994, 466; (VIII ZR 28/04) GE 2005, 123 = NZM 2005, 100 = WuM 2005, 57 = ZMR 2005, 116; OLG Karlsruhe RE 9.8.1984 NJW 1985, 142 = WuM 1984, 267; OLG Saarbrücken NJW-RR 1988, 652; OLG Hamm ZMR 1988, 300.
[9] BGH (VIII ZR 31/91) NJW 1992, 683 (686); (XII ZR 188/92) WuM 1994, 466.
[10] BGH (XII ZR 28/96) NZM 1998, 117.
[11] So LG Hildesheim WuM 2005, 717.
[12] BGH (VIII ZR 223/04) GE 2006, 319 = NZM 2006, 258 = WuM 2006, 147; (XII ZR 148/06) NZM 2009, 29.
[13] BGH (VIII ZR 288/74) BGHZ 66, 349 (351) = NJW 1976, 1315; (III ZR 336/89) NJW-RR 1991, 575; OLG Karlsruhe RE 9.8.1984 NJW 1985, 142 = WuM 1984, 267; OLG Hamm ZMR 1988, 300; vgl. BGH (VI ZR 33/09) VersR 2010, 392.
[14] BGH (VIII ZR 288/74) BGHZ 66, 349 (351) = NJW 1976, 1315.
[15] OLG Hamm ZMR 1988, 300.
[16] LG Mannheim DWW 1995, 286.
[17] OLG Hamm ZMR 1997, 21.
[18] LG Hamburg GE 2001, 61.
[19] Vgl. *Lammel* ZMR 1990, 41.

oder ist die Ursache nicht aufklärbar, so **haftet der Mieter nicht.**[20] Selbst wenn im Mietobjekt z. B. wiederholt Verstopfungen des Abwasserrohres auftraten, die als Ursache eine unsachgemäße Betätigung der Sparspülung nahe legen, scheidet die Haftung des Mieters aus, solange eine bauseitige Ursache, etwa eine Rohrkrümmung, nicht auszuschließen ist.[21] Kommt als Ursache für den Defekt einer Gasetagenheizung sowohl unsachgemäßer Gebrauch durch den Mieter wie auch technischer Verschleiß des Gerätes in Betracht, muss sich zunächst der Vermieter entlasten, dass der Defekt nicht auf technischem Verschleiß beruhte;[22] dasselbe gilt, wenn offen bleibt, ob ein Brand durch das Verhalten des Mieters oder einen Kurzschluss in der zum Heizkessel führenden Elektroleitung verursacht wurde,[23] ob ein Frostschaden auf das Unterlassen erforderlicher und zumutbarer Vorkehrungen des Mieters oder den Ausfall einer außerhalb des Mietobjekts installierten Heizungsanlage zurückzuführen war[24] oder ob Feuchtigkeitsschäden bauseitig oder durch die Art der Nutzung bedingt sind.[25] Die Abwälzung der Erhaltungslast auf den Mieter führt nicht zu einer Veränderung der Beweislast.[26] Da die Überbürdung formularvertraglich nur insoweit zulässig ist, als die Schäden dem Mietgebrauch bzw. der Risikosphäre des Mieters zuzuordnen sind (s. Rdn. 29 zu Gewerberaum, weiter einschränkend Rdn. 67 zu Wohnraum), bleibt es für außerhalb dieses Rahmens liegende Schadensursachen bei der Zuständigkeit des Vermieters; diese würde ausgehebelt, wenn die Beweislast insgesamt den Mieter treffen würde.

7 Für die Aufklärung der Schadensursache werden i. d. R. Sachverständige eingeschaltet. Ihre Ermittlungen ergeben häufig, zumal bei der streitigen Ursache von Feuchtigkeitsschäden, das **Zusammenwirken bauseitiger und nutzerbedingter Gründe** in der Weise, dass jeder für sich genommen den Schaden nicht ausgelöst hätte, ihr Zusammentreffen jedoch ursächlich war. In derartigen Fällen ist der jeweilige Anteil an der Entstehung des Schadens gem. § 254 Abs. 1 BGB zu schätzen.[27]

B. Abweichende Vereinbarungen zur mittelbaren Entlastung des Vermieters

8 Die Regelung in §§ 535 Abs. 1 Satz 2, 538 BGB kann von den Parteien durch eine Vereinbarung geändert werden. Die Änderung ist im Grundsatz in **mehreren Varianten** möglich. Es sind zwei Hauptvarianten zu unterscheiden, die mittelbare Entlastung des Vermieters und die unmittelbare. Die **erste Hauptvariante** hat eine **mittelbare Entlastung** von Pflichten des Vermieters zum Gegenstand. Sie weist mehrere **Unterarten** auf, die Haftungsausschlüsse und -begrenzungen, die Beschränkung der Gebrauchsrechte des Mieters und die Erweiterung seiner Haftung. Die **zweite Hauptvariante** betrifft die **unmittelbare Entlastung** durch **ausdrückliche Übertragung von Pflichten** auf den Mieter.

I. Haftungsausschluss und -begrenzung

1. Begriffe

9 Bei **Haftungsausschlüssen** sollen die Folgen bestimmter Sachverhalte von vornherein nicht unter die Zuständigkeit des Vermieters fallen. So wird nicht selten die Haftung des Vermieters für Beeinträchtigungen von außen, etwa durch Straßenbauarbeiten, ausgenommen. Im vorliegenden Zusammenhang dienen dazu insbesondere Abreden, durch die der Vermieter insgesamt oder in Teilen von der Pflicht zur Erhaltung des vertragsgemäßen Zustands der Mietsache entlastet wird. Derartige **Freizeichnungen** erlegen dem Mieter zwar nicht rechtlich die Verpflichtung auf, Schadenseintritt vorzubeugen und aufgetretene Schäden zu beseitigen, führen aber faktisch dazu, dass der Mieter, dem an ordnungsgemäßer Gebrauchstauglichkeit des Mietobjekts gelegen ist, mit dem entsprechenden Instandhaltungsaufwand belastet ist und im Schadenfall mit den Kosten, die zur

[20] Z. B. LG Düsseldorf WuM 1992, 187.
[21] LG Kiel NJW-RR 1991, 400.
[22] LG Berlin ZMR 1992, 302.
[23] LG Frankfurt/M. WuM 1996, 535; vgl. auch OLG Düsseldorf WuM 2002, 489.
[24] OLG Hamm WuM 1996, 470.
[25] Z. B. LG Düsseldorf WuM 1992, 187; LG Bochum DWW 1991, 188.
[26] **A. A.** OLG Düsseldorf DWW 1992, 241.
[27] OLG Düsseldorf ZMR 1987, 460; *Kraemer/von der Osten* in Bub/Treier III. A Rdn. 2354; 2371; *Lammel* ZMR 1990, 41 (44); *Pauly* WuM 1997, 474 (476).

Wiederherstellung der Mietsache aufgewendet werden müssen. Auch wenn der Vermieter, anders als bei der Übertragung von Erhaltungspflichten auf den Mieter, keinen Anspruch auf Erledigung bestimmter Arbeiten hat, erreicht er letztlich oft dasselbe Ergebnis. Ebenso verhält es sich, wenn der Vermieter dem Mieter das Mietobjekt mit bestimmten Einrichtungen oder Anlagen überlässt, zugleich aber im Mietvertrag festlegt, dass sie nicht als mitvermietet gelten sollen.

Bei der **Haftungsbegrenzung** akzeptiert der Vermieter dem Grund nach seine Zuständigkeit, reduziert sie jedoch so, dass sie nur unter bestimmten Voraussetzungen eingreift. Hauptfälle sind hier der Ausschluss der Haftung für einfache Fahrlässigkeit, Mangelfolgeschäden sowie gegenständliche oder summenmäßige Beschränkungen, unterhalb deren Grenzen ihn der Mieter nicht soll in Anspruch nehmen können. 10

2. Zulässigkeit

a) Gewerberaum. Haftungsausschluss und -begrenzung sind **individualvertraglich** in den Grenzen von Treu und Glauben zulässig.[28] Dies gilt auch für einen Haftungsausschluss, der den Vermieter weitgehend von Instandsetzungsarbeiten freistellt, jedenfalls dann, wenn Verantwortlichkeit und Risiko des Mieters bei der Mietkalkulation berücksichtigt wurden.[29] 11

Bei **Formularklauseln** scheitern Haftungsausschluss und -begrenzung spiegelbildlich in demselben Umfang, wie eine entsprechende Übertragung von Erhaltungspflichten unzulässig wäre. Sofern sie über Beweislastregeln erreicht werden sollen, verstoßen sie gegen § 309 Nr. 12 BGB. Insbesondere Ausschlüsse, die zu einer Aushöhlung der sog. Kardinalpflichten des Vermieters führen und ohne deren Erfüllung die ordnungsgemäße Durchführung des Vertrags nicht möglich ist, sind nach § 307 BGB unwirksam.[30] Die Begrenzung der Haftung auf einfache Fahrlässigkeit ist zulässig, sofern sie sich nicht auf die Verletzung von Leben, Körper und Gesundheit bezieht (§ 309 Nr. 7 BGB). 12

b) Wohnraum. Bei Mietverhältnissen über Wohnraum ist **sowohl individual- wie auch formularvertraglichen** Vereinbarungen eine Grenze durch die sog. relativ zwingenden Vorschriften gezogen, d. h. die Bestimmungen, von denen zu Lasten des Mieters nicht abgewichen werden darf. Vornehmlich ist dabei die Vorschrift des § 536 Abs. 4 BGB zu beachten, dass Abreden, die das Minderungsrecht des Mieters beeinträchtigen, unwirksam sind. Haftungsausschlüsse und -begrenzungen, die das Minderungsrecht tangieren, haben daher keinen Bestand, es sei denn, der Mieter erhält einen Ausgleich, der individualvertraglich vereinbart werden muss. Auch hier bietet sich jeweils die Kontrollüberlegung an, ob die entsprechende Abwälzung von Erhaltungspflichten, denen die Ausschlüsse und -begrenzungen letztlich dienen, zulässig wäre. Bei preisgebundenem Wohnraum sind ohnehin die durch die Sondervorschriften aufgestellten Sperren maßgeblich. 13

Die im Grundsatz (§ 309 Nr. 7 BGB) zulässige Ausnahme der Haftung für Schäden, die auf einfacher Fahrlässigkeit beruhen, gilt nicht für **Mangelfolgeschäden an eingebrachten Sachen** des Mieters, gegen die er sich üblicherweise nicht versichern kann.[31] Die Haftungsbegrenzung verstößt gegen die wesentliche Hauptpflicht des Vermieters, dem Mieter ein ordnungsgemäßes und entsprechend erhaltenes Mietobjekt zur Verfügung zu stellen, indem sie den korrespondierenden Anspruch des Mieters mittelbar einschränkt. 14

II. Gebrauchsbeschränkungen

Bei der **Gebrauchsbeschränkung** erfolgt die Entlastung des Vermieters dadurch, dass das Nutzungsrecht des Mieters eingeschränkt wird. Dem Mieter wird ein Teil von den Gebrauchsmöglichkeiten genommen, die üblicherweise durch den Vertragszweck gedeckt sind. In dem entsprechenden Umfang vermindert sich die Pflicht des Vermieters, das Mietobjekt in einem vertragsgemäßen Zustand zu erhalten. Derartige Abreden mögen individualvertraglich bei Gewerberaum zulässig sein, bei der Vermietung von Wohnraum werden sie auch in dieser Form gegen das nicht zulasten des Mieters abdingbare Minderungsrecht verstoßen. Formularvertraglich dürften sie bei Gewerberaum nur dann Bestand haben, wenn sie der ordnungsgemäßen Nutzung des Mietobjekts zum vorgesehenen Zweck nicht entgegenstehen. 15

---

[28] BGH (VIII ZR 337/82) NJW 1984, 2404.
[29] Vgl. BGH (XII ZR 220/99) NZM 2002, 655.
[30] BGH (VIII ARZ 1/01) RE 24.10.2001 NZM 2002, 116 = WuM 2002, 141 = ZMR 2002, 184.
[31] BGH (VIII ARZ 1/01) RE 24.10.2001 NZM 2002, 116 = WuM 2002, 141 = ZMR 2002, 184.

III. Haftungserweiterungen

1. Sachbezogene Erweiterung der Pflichten

16 Eine sachliche Erweiterung der Haftung des Mieters tritt durch die Verlagerung der Zuständigkeit für Instandhaltung und Instandsetzung auf ihn ein. Der Vermieter entlastet sich zugleich, indem er den Mieter bei Beeinträchtigungen des Mietgebrauchs darauf verweisen kann, ggf. selbst für Abhilfe zu sorgen. Hierzu ist auf die Darstellung zur unmittelbaren Entlastung des Vermieters durch Überwälzung von Instandhaltungs- und Instandsetzungspflichten zu verweisen (s. Rdn. 23ff.)

2. Erweiterung der persönlichen Haftung des Mieters

17 **a) Haftung für nicht verschuldete Schäden.** Diese Erweiterung begegnet zunächst in der Variante, dass der Mieter nicht nur für schuldhaft verursachte Schäden einstehen soll. Grundsätzlich haftet der Mieter für Schäden, die z. B. aus der Überschreitung des Gebrauchsrechts resultieren und einen Schadensersatzanspruch des Vermieters aus Vertragsverletzung auslösen, nur dann, wenn er schuldhaft gehandelt hat. Soll er darüber hinaus auch für zufällige und damit verschuldensunabhängige Schäden herangezogen werden können, benachteiligt ihn dies in aller Regel **unangemessen,** so dass entsprechende Klauseln nach § 307 BGB unwirksam sind.[32]

18 Eine **Ausnahme** kommt nur dann in Betracht, wenn es sich um Risiken in der Sphäre des Mieters handelt, die für ihn, nicht jedoch den Vermieter beherrschbar sind, sofern weitere Umstände hinzutreten, welche die Angemessenheit der Risikoabwälzung begründen, oder die typischerweise vom Mieter versichert werden; dabei reicht nicht die Versicherbarkeit, sondern der Abschluss einer entsprechenden Versicherung muss allgemeine Übung und praktisch lückenlos verbreitet sein.[33] Diese Ausnahmeproblematik ist für die Gewerberaummiete relevant.

19 **aa) Ungezieferklauseln.** Klauseln, die den Mieter verpflichten, das Mietobjekt auf seine Kosten frei von Ungezieferz zu halten, sind gem. § 307 BGB unwirksam.[34] Sie begründen eine verschuldensunabhängige Haftung des Mieters in den Fällen, in denen die Ursache für den Befall von anderen Mietern oder vom Vermieter durch Vernachlässigung von Grundstück und Gebäude gesetzt wurde. Aus demselben Grund ist eine Klausel nicht wirksam, wonach der Mieter für Schäden haftet, die durch die Nichtbeseitigung von Ungeziefer entstehen, wie auch für Schäden durch eine vom Vermieter veranlasste Ungezieferbeseitigung.[35] Das vom Vermieter gewünschte Ergebnis ist ferner nicht durch eine Beweislastregelung zu erreichen, nach welcher der Mieter für Schäden aus Ungezieferbefall haftet, wenn er nicht beweist, dass der Befall nicht aus seiner Sphäre stammt; eine solche Klausel verstößt gegen § 309 Nr. 12 BGB.[36]

20 **bb) Klauseln zu Wasserleitungen und Haushaltsgeräten.** Entsprechendes gilt für Klauseln, nach denen der Mieter generell verpflichtet ist, die in den Mieträumen vorhandenen Wasserzu- und -abflussleitungen vor dem Einfrieren zu schützen.[37] Die Klausel ermöglicht es, den Mieter haftbar zu machen, auch wenn er nicht in der Lage ist, ein Einfrieren zu verhindern, weil er entweder die Lage der Leitungen nicht kennt oder keinen Zugang zu ihnen hat;[38] er könnte z. B. auf Schadensersatz herangezogen werden, wenn die ihm nicht zugängliche Heizanlage überraschend ausfällt.[39] Ebenso ist eine verschuldensunabhängige Haftung des Mieters für alle von ihm verwendeten Haushaltsgeräte unwirksam.[40]

21 **cc) Gesamthaftungsklauseln.** Klauseln, mit denen sich der Vermieter seiner Erhaltungslast aus § 535 Abs. 1 Satz 2 BGB in den Fällen, in denen der Verursacher eines Schadens nicht zu ermitteln ist, dadurch entledigen will, dass eine Gesamthaftung der in Betracht kommenden Mieter begründet wird, scheitern je nach ihrer Ausgestaltung an § 307 BGB oder am Verbot der Beweislastverschiebung gem. § 309 Nr. 12 BGB.[41] Eine entsprechende Regelung enthalten häufig Klauseln

---

32 BGH (XII ZR 100/91) NJW 1992, 1761.
33 BGH (XII ZR 100/91) NJW 1992, 1761.
34 Z. B. AG Frankfurt/M. WuM 1989, 171.
35 OLG Frankfurt WuM 1992, 57 (61).
36 OLG Frankfurt WuM 1992, 57 (61).
37 OLG Frankfurt WuM 1992, 57 (60f.).
38 OLG Frankfurt WuM 1992, 57 (60f.).
39 Vgl. OLG Hamm WuM 1996, 470.
40 LG Saarbrücken NJW-RR 1987, 1496; vgl. OLG Köln WuM 1988, 278 für ein implodiertes Fernsehgerät, dazu kritisch *Lange* ZMR 2006, 177 (178ff.).
41 OLG Hamm RE 19.5.1982 NJW 1982, 2005 = WuM 1982, 201.

zur Rohr- und Leitungsverstopfung. Ferner sind z. B. Klauseln betroffen, die eine Gesamthaftung der Mieter bei Farbschmierereien am oder im Gebäude oder bei Schäden an Gartenflächen vorsehen, wenn der Täter unbekannt ist.

b) Zurechnung des Verschuldens Dritter. In der zweiten Untervariante wird die Haftung 22 des Mieters auf das Verhalten Dritter ausgeweitet, so dass er für die von ihnen verursachten Schäden einstehen soll. Für Schäden, die Erfüllungsgehilfen des Mieters verursacht haben, hat der Mieter nach § 278 BGB einzustehen. **Erfüllungsgehilfen** sind alle Personen, die mit Wissen des Mieters die Mietsache selbst oder Räume und Einrichtungen, deren Nutzung vom Mietvertrag eingeschlossen ist, benutzen oder auf seine Veranlassung mit der Mietsache in Berührung kommen,[42] wie Familienangehörige, Hausangestellte, Untermieter, herbeigerufene Handwerker, Gäste, Betriebsmitarbeiter, Kunden und Lieferanten. Die personelle Erweiterung auf die Haftung für **Personen, die nicht zu den Erfüllungsgehilfen** des Mieters i. S. d. § 278 BGB zählen, wie ungebetene Besucher, scheitert an § 307 BGB;[43] dasselbe gilt, wenn der Mieter für Schäden einstehen soll, die von Erfüllungsgehilfen nur „bei Gelegenheit" ihrer Tätigkeit verursacht werden.[44]

C. Übertragung von allgemeinen Instandhaltungs- und Instandsetzungspflichten

Die zweite Hauptvariante betrifft unmittelbare Abreden der Parteien zur Erhaltungslast. Im Un- 23 terschied zur Freizeichnung tritt bei der Überwälzung der Erhaltungslast eine **echte Verlagerung von Pflichten** ein. Zwar entlastet sich der Vermieter auch hier von einem Teil seiner gesetzlichen Pflichten, auf Seiten des Mieters werden jedoch die entsprechenden Verpflichtungen begründet. Der Vermieter erhält einen auch rechtlich durchsetzbaren Anspruch, dass der Mieter die von ihm übernommen Pflichten erfüllt.

I. Gewerberaum

Bei Mietverträgen über Gewerberaum wird die Abwälzung von Instandhaltung und Instandset- 24 zung allgemein in weitem Umfang für zulässig gehalten,[45] was seine Berechtigung darin findet, dass hier je nach dem Vertragszweck sehr unterschiedliche Risiken und Abnutzungen eintreten können. **Vor der Inhaltskontrolle** nach § 307 BGB ist es zweckmäßig, den jeweiligen **Regelungsgehalt** der Klausel zu **überprüfen.**

1. Abgrenzung Instandhaltung – Instandsetzung

Zur näheren Bestimmung der Pflichten, die dem Mieter auferlegt wurden, ist die **Abgrenzung** 25 der Instandhaltung von Instandsetzung notwendig. Der **BGH**[46] hat sie in Anlehnung an § 28 Abs. 1 II. BV vorgenommen. **Instandhaltung** ist danach der Aufwand, mit dem durch Abnutzung, Alterung und Witterungseinwirkung entstandene bauliche oder sonstige Mängel ordnungsgemäß beseitigt werden. Er fällt, je nach Art der Anlage oder Einrichtung, sei es durch häufigen Zugriff, durch die Art des verwendeten Materials oder durch exponierte Lage in gewissen Abständen, wenn auch mit größerem zeitlichen Spielraum an. Instandhaltung umfasst auch solche Maßnahmen, die vorbeugend ergriffen werden, um den je nach den vorgenannten Umständen zu erwartenden Eintritt von Schäden zu verhindern. Derartige vorbeugende Maßnahmen sind sinnvoll, um die Erhaltung des bestimmungsgemäßen Gebrauchs zu sichern und spätere sowie teurere Sanierungsarbeiten zu vermeiden.[47] **Instandsetzung** soll i. d. R. die Kosten aus Reparatur und Wiederbeschaffung betreffen.

Der Vergleich der Begriffsbestimmungen zeigt, dass die **Abgrenzung fließend** ist. Wenn zur Instandhaltung die aufgrund bestimmter Umstände notwendige Mängelbeseitigung zählt, geht es auch hier in der Sache um Reparaturen.[48] Zur Unterscheidung ist daher auf den **Grund des Man-**

---

42 *Blank* in Blank/Börstinghaus § 538 Rdn. 19; vgl. OLG Karlsruhe ZMR 1988, 52.

43 BGH (VIII ZR 38/90) NJW 1991, 1750 = WuM 1991, 381; OLG Hamburg WuM 1991, 385; OLG München WuM 1989, 128 (130).

44 BGH (VIII ZR 38/90) NJW 1991, 1750 = WuM 1991, 381.

45 Dazu kritisch *Sternel* II Rdn. 376.

46 BGH (XII ZR 158/01) GuT 2005, 213 = NZM 2005, 863 = ZMR 2005, 844; vgl. auch BGH (VIII ZR 167/03) NZM 2004, 417; *Dose* NZM 2009, 381 (382).

47 *Wall* WuM 1998, 524 (526).

48 *Hoff* ZMR 2006, 415.

gels abzustellen. Instandsetzungen sind eher unregelmäßig notwendig, während Schäden durch Abnutzung, Alterung und Witterungseinwirkung nur in längeren Zeiträumen auftreten und dann zu Instandhaltungsaufwand führen. Ähnlich wie im Landpachtrecht nach § 586 Abs. 1 BGB wird nur aufgrund der Umstände des Einzelfalls zu entscheiden sein, ob der Aufwand aus notwendiger *„regelmäßiger Wartung, Pflege oder Ausbesserung zum Schutz vor natürlicher Alterung und Abnutzung"* stammt oder ob es sich um grundlegenden Erhaltungsaufwand zur Aufrechterhaltung der vertragsgemäßen Nutzbarkeit des Mietobjekts handelt.[49]

2. Instandhaltung

26 Der Mieter, der zur Instandhaltung verpflichtet ist, hat daher zunächst die **laufende Wartung und Pflege** des Mietobjekts zu veranlassen. Schäden, die aus mangelhafter Wartung resultieren, hat er damit ohne weiteres selbst zu tragen.[50]

Nach der oben (Rdn. 25) wiedergegebenen Definition gehört auch der **Aufwand zur Beseitigung von Schäden** zur Instandhaltung, **wenn** sie durch Abnutzung, Alterung und Witterungseinwirkung entstanden sind. Die Übertragung der entsprechenden Verpflichtung ist **auch formularvertraglich** zulässig, **soweit** sie sich auf Schäden beschränkt, die dem Mietgebrauch oder der Risikosphäre des Mieters zuzuordnen sind,[51] wie etwa die Verpflichtung, abgenutzte Teppichböden zu erneuern (zum notwendigen Inhalt einer derartigen Formularklausel im Hinblick auf das **Transparenzgebot** aus § 307 Abs. 1 Satz 2 BGB s. Rdn. 44). Da die Schäden auf dem Mietgebrauch des konkreten Mieters beruhen oder aus seiner Risikosphäre stammen müssen, geht der Aufwand nur dann zu seinen Lasten, wenn ihm die jeweils betroffenen Teile des Mietobjekts **zum Mietbeginn in neuem Zustand** übergeben wurden; Reparaturen als Folge der Instandhaltungspflicht kommen daher im Regelfall nur bei sehr langen Mietverhältnissen in Betracht. Von empfindlichen (Abnutzung sowie Alterung) und anfälligen (Witterung) Teilen abgesehen bleibt es in der Praxis daher trotz der weitergehenden Definition des BGH im Grundsatz dabei, dass Instandhaltung nur Wartungsarbeiten und vorbeugende Erhaltungsmaßnahmen betrifft. Hat der Mieter nur die Instandhaltung übernommen, gehen daher **sonstige Reparaturen weiterhin zu Lasten des Vermieters.**[52] Z. B. ist der gewerbliche Zwischenvermieter, dem alle Betriebs- und Instandhaltungskosten der Heizungsanlage überbürdet sind, daher nicht verpflichtet, die Kosten der Erneuerung der Heizanlage zu tragen.[53]

27 **Einzelne Klauseln:** Mit der Klausel, dass er die Mietsache

„mit der erforderlichen Sorgfalt zu behandeln und in gutem und gebrauchsfähigen Zustand zu erhalten"

hat, trifft den Mieter die laufende Instandhaltung, nicht aber auch die Durchführung von Instandsetzungsarbeiten, auch wenn der Mieter das gesamte Gebäude (hier:) pachtete.[54] Dasselbe gilt, wenn der Mieter nur verpflichtet ist, die Mietsache und ihre Einrichtungen *„ordnungsgemäß und schonend"*[55] zu behandeln oder sie zu *„pflegen"*.[56] Ebenso verhält es sich bei der Klausel,

„Der Mieter ist Betreiber der zentralen Heizungs- und Warmwasseranlage. Er hat daher für die laufende Unterhaltung und für einen stets einwandfreien technischen Zustand zu sorgen."

Werden die Heizkessel der Anlage erneuerungsbedürftig, gehen diese Kosten nicht zulasten des Mieters.[57] Die Beheizbarkeit des Mietobjekts zu erhalten, ist eine Kardinalpflicht des Vermieters. Er kann daher nicht darauf verweisen, dass die Anlage durch langjährigen Betrieb, mithin durch Alterung und Abnutzung, verschlissen war.

Klauseln, die mit folgender oder ähnlicher Formulierung bestimmen,

„Der Mieter ist zur **Instandhaltung nach DIN 31051** (Instandhaltung, Begriffe und Maßnahmen) verpflichtet."

---

[49] BGH (LwZR 10/91) NJW-RR 1993, 521 = WuM 1993, 123.
[50] OLG Düsseldorf ZMR 1996, 435.
[51] BGH (XII ZR 158/01) GuT 2005, 213 = NZM 2005, 863 = ZMR 2005, 844.
[52] Z. B. *Kraemer/von der Osten* in Bub/Treier III. A Rdn. 2592.
[53] KG GE 1999, 647 = NZM 2000, 1228.
[54] OLG Düsseldorf NZM 2000, 464.
[55] OLG Düsseldorf DWW 1992, 365.
[56] BGH (VIII ZR 186/80) WuM 1982, 296.
[57] KG GE 1999, 647 = NZM 2000, 1228.

sind unwirksam. Sie verstoßen gegen das Transparenzgebot aus § 307 Abs. 1 Satz 2 BGB. Der Mieter kann nicht erkennen, welche Pflichten auf ihn übertragen werden, zumal die DIN 31051 weitgehend unbekannt[58] ist. Es kommt hinzu, dass sie entgegen dem allgemeinen Sprachgebrauch die Instandsetzung als Unterfall der Instandhaltung behandelt.[59] Es wird daher empfohlen, die DIN 31051 dem Mietvertrag, z. B. als Anlage, beizufügen.[60] Ob dies dem Mieter die notwendige Klarheit verschafft, erscheint indes fraglich. Unter DIN 31051, 4.1.1 wird Instandhaltung definiert als die *„Kombination aller technischen und administrativen Maßnahmen sowie Maßnahmen des Managements während des Lebenszyklus einer Betrachtungseinheit zur Erhaltung des funktionsfähigen Zustandes oder der Rückführung in diesen, so dass sie die geforderte Funktion erfüllen kann."*[61] *„Klar und verständlich"*, wie es § 307 Abs. 1 Satz 2 BGB verlangt, wird die Klausel auch durch diesen Text nicht; der juristisch nicht vorgebildete Laie wird Umfang und Tragweite nicht erkennen und überblicken können.[62] Dies liegt daran, dass die DIN 31051 für technische Anlagen entwickelt wurde und daher für Räume nicht recht passt.[63]

3. Instandsetzung

a) Grundsätze. Soll der Mieter auch für die Instandsetzung zuständig sein, übernimmt er einen weiteren Teil der Erhaltungslast des Vermieters. Es geht dabei nicht mehr nur um Instandhaltung, sondern auch um **unregelmäßige Reparaturarbeiten.** 28

Nach der Definition der Instandsetzung durch den BGH (Rdn. 25) gehören auch die Kosten der **Wiederbeschaffung,** mithin des Ersatzes verbrauchter Teile, hierzu.[64] Dies wird jedoch **formularvertraglich nur** gelten können, wenn die Gegenstände dem Mieter **bei Vertragsbeginn neu** geliefert wurden, weil er anderenfalls den Verschleiß durch den oder die Vormieter mittragen müsste, was mit § 535 Abs. 1 Satz 2 BGB kollidiert und eine unangemessene Benachteiligung darstellt.[65]

Anders als bei Wohnraum **scheitert** die Überwälzung von Instandhaltungs- und Instandsetzungsarbeiten **nicht** daran, dass sie das **Minderungsrecht** des Mieters **beschränkt.** § 536 Abs. 4 BGB schließt insoweit nachteilige Vereinbarungen nur für den Mieter von Wohnraum aus. Bei der Vermietung von Gewerberaum ist das Minderungsrecht nach herrschender Ansicht abdingbar. Der vertragliche Ausschluss des Minderungsrechts hat im Übrigen nicht zur Folge, dass der Mieter mit einer Minderung schlechthin ausgeschlossen ist, sondern nur, dass er es nicht durch Abzug von der Miete verwirklichen darf.[66] **Dem Mieter bleibt vielmehr ein Bereicherungsanspruch** aus §§ 812, 818 BGB, weil der Vermieter weniger als vertraglich festgelegt geleistet hat. Der Ausschluss auch dieses Anspruchs ist nicht möglich, weil sonst eine empfindliche Störung des Äquivalenzverhältnisses von Leistung und Gegenleistung eintreten würde.[67] 29

b) Übermaßkontrolle. Da die Abwälzung der Instandsetzung eine deutliche Änderung der Zuständigkeiten gegenüber dem gesetzlichen Leitbild aus § 535 Abs. 1 Satz 2 BGB darstellt, müssen **Instandsetzungsklauseln** bestimmte **Grenzen** einhalten, um der Kontrolle nach § 307 BGB stand zu halten. Sie dürfen 30

– sich **nur** auf die Verpflichtung zur **Reparatur solcher Schäden** beziehen, die **auf dem Mietgebrauch** beruhen[68] oder **aus dem Risikobereich des Mieters** stammen.[69] Diese Vorgabe **impliziert,** dass die Klauseln

---

[58] *Fritz* Rdn. 229.

[59] *Hoff* ZMR 2006, 415 (416); *Ingendoh* in Bieber/Ingendoh § 5 Rdn. 6; *Joachim* in FS Blank S. 221 (224); *Schultz* S. 173.

[60] *J. Schmidt* NZM 2003, 505 (507).

[61] Zitiert nach *Hoff* ZMR 2006, 415 (416 Fn. 12).

[62] Vgl. BGH (VII ZR 151/88) NJW 1989, 2748 (2749).

[63] *Hübner/Griesbach/Fuerst* in Lindner-Figura/Oprée/Stellmann Kap. 14 Rdn. 198.

[64] Anders die bisher herrschende Ansicht: z. B. OLG Hamm NJW-RR 1993, 1229; *Bub* NZM 1998, 789 (793).

[65] OLG Naumburg NZM 2000, 1183 = WuM 2000, 241 = ZMR 2000, 383; *Fritz* Rdn. 183; *Schultz* S. 174.

[66] BGH (VIII ZR 337/82) NJW 1984, 2404; OLG München ZMR 1987, 16.

[67] KG GE 2002, 257; *Wolf/Eckert/Ball* Rdn. 404.

[68] BGH (XII ZR 112/10) NZM 2013, 85; (XII ZR 158/01) DWW 2005, 372 = GE 2005, 1185 = NZM 2005, 863 = ZMR 2005, 844; (VIII ZR 88/86) NJW-RR 1987, 906 = WuM 1987, 315 (LS) = ZMR 1987, 257; *Dose* NZM 2009, 381 (384).

[69] BGH (XII ZR 112/10) NZM 2013, 85; (XII ZR 158/01) DWW 2005, 372 = GE 2005, 1185 = NZM 2005, 863 = ZMR 2005, 844; OLG Düsseldorf DWW 1992, 241.

– **nicht zu einer Haftung des Mieters für anfängliche Mängel**[70] und
– **nicht zu einer Haftung für solche Schäden, die Dritte verursacht haben,**[71] führen dürfen.

Die Einschränkungen bedeuten, dass die Abwälzung vornehmlich die Erhaltungslast hinsichtlich des **Inneren des Mietobjekts** betrifft.[72]

31 **Einzelne Klauseln:** Die Klausel,

„Die **Instandhaltung des gesamten Mietobjekts** einschl. der Schönheitsreparaturen obliegt dem Mieter",

ist daher **unwirksam.** Trotz des Wortes Instandhaltung soll dem Mieter der gesamte Aufwand für die Erhaltung des Mietobjekts und damit letztlich die gesamte Sachgefahr[73] auferlegt werden. Es handelt sich damit um eine **vollständige Überbürdung** der Erhaltungspflicht. Das Kostenrisiko ist für den Mieter **nicht kalkulierbar,** zumal er sich einer verschuldensunabhängigen Haftung ausgesetzt sieht. Die Klausel benachteiligt den Mieter daher unangemessen i. S. d. § 307 BGB.[74]

32 **Dasselbe** gilt für die Klausel, nach welcher der Mieter

„für die Unterhaltung von **Dach und Fach** des Mietobjekts"

zuständig sein soll.[75] Dies folgt bereits daraus, dass unklar bleibt, welche Teile des Gebäudes von dieser Formulierung betroffen sein sollen; hierzu existieren sehr unterschiedliche Begriffsbestimmungen.[76] Der Ausschluss kann zudem nicht auf Mängel erstreckt werden, deren Vermeidung zu den **Kardinalpflichten** des Vermieters gehört.[77] Die Kardinalpflichten beziehen sich jedenfalls auf die Dichtigkeit des Daches und die Beheizbarkeit des Mietobjekts,[78] das Fundament nebst Außenmauern und tragender Wände, die Keller- und Geschossdecken[79] sowie das Leitungssystem von Elektrizität und Wasser im Mauerwerk.[80] Ausgenommen sind die Fälle, in denen der Mieter selbst die Dach- und Fachklausel in den Mietvertrag eingebracht hat, etwa wegen der Vorzüge des eigenen Kostenmanagements.[81]

Eine **Ausnahme** greift ein, wenn die Abwälzung **individualvertraglich mit Ausgleich** bei der Miethöhe erfolgt.[82] Derartige Absprachen sind nach herrschender Ansicht zulässig,[83] solange sie nicht gegen ein gesetzliches Verbot (§ 134 BGB), die guten Sitten (§ 138 BGB) oder Treu und Glauben (§ 242 BGB) verstoßen. Hierum handelt es sich jedoch nicht, wenn eine Abwälzungsklausel etwa um den formularmäßigen Hinweis ergänzt ist, die Mehrbelastung des Mieters sei bei der Festsetzung der Miete angemessen berücksichtigt; es ist schon nicht ersichtlich, dass eine tatsächliche Absicherung des Mieters erreicht wird.

Instandsetzungsklauseln, die nach ihrem Inhalt **über diese notwendigen Begrenzungen hinaus** den Mieter belasten sollen, können im Übrigen, d. h. ohne einen Ausgleich für den Mieter, wirksam nur in der Form formularmäßig vereinbart werden, dass eine **Kostenobergrenze** eingezogen wird. Dies betrifft **Kleinreparaturklauseln** (s. Rdn. 39) und Klauseln, mit denen die Mieter an dem Unterhaltungsaufwand von **Gemeinschaftsflächen** beteiligt werden sollen.

33 Klauseln, nach denen der Mieter

„Sämtliche Nebenkosten des Einkaufszentrums, insbesondere die Kosten des Betriebes, der Instandhaltung und der **Gemeinschaftsanlagen einschließlich der Verkehrsflächen**"

---

[70] Z. B. OLG Düsseldorf WuM 1995, 435; *Fritz* Rdn. 229; *Hoff* ZMR 2006, 415 (416); *Schultz* S. 173.
[71] Z. B. OLG Koblenz WuM 1990, 16.
[72] Vgl. *Wolf* in Lindner-Figura/Oprée/Stellmann Kap. 13 Rdn. 191.
[73] Palandt/*Weidenkaff* § 535 Rdn. 42.
[74] Z. B. OLG Köln DWW 1994, 119 = WuM 1994, 274.
[75] OLG Dresden NJW-RR 1997, 395; *Eisenschmid* NZM 2002, 889 (893); *Schlemminger/Tachezy* NZM 2001, 416 m. w. N.; *Sternel* II Rdn. 376; *Wolf* in Lindner-Figura/Oprée/Stellmann Kap. 13 Rdn. 192; einschränkend *Bub* NZM 1998, 789 (793), der insoweit nur eine wegen Überraschung nach § 305 c BGB unwirksame Klausel annimmt, so dass der Vermieter diesen Effekt durch Erläuterungen beheben könne.
[76] Ausführlich *Schlemminger/Tachezy* NZM 2001, 416 m. w. N.; *Blank* WImmoT 2007, 81 (90).
[77] Z. B. OLG Naumburg NZM 2000, 1183 = WuM 2000, 241 = ZMR 2000, 383; *Joachim* NZM 2003, 387 (389); *Schmitz/Reischauer* NZM 2002, 1019.
[78] OLG Naumburg NZM 2000, 1183 = WuM 2000, 241 = ZMR 2000, 383.
[79] *Fritz* Rdn. 229 b; *Joachim* in FS Blank S. 221 (225); *Sternel* II 376.
[80] *Eisenschmid* NZM 2002, 889 (893); *Joachim* in FS Blank S. 221 (225).
[81] OLG Oldenburg NZM 2003, 439.
[82] BGH (XII ZR 220/99) NZM 2002, 655; vgl. *Joachim* NZM 2003, 387 (392): Individualvereinbarung als *„Königsweg"*.
[83] OLG Rostock NZM 2010, 42; *Dose* ZMR 2009, 381 (382); vgl. BGH (XII ZR 220/99) NZM 2002, 655.

anteilig nach dem Flächenschlüssel tragen soll, sind daher **unwirksam,** sofern sie nicht eine Beschränkung der Höhe nach enthalten.[84] Dem Vermieter ist es auch verwehrt, dasselbe Ergebnis über die formularmäßige Umlage einer Instandhaltungsrücklage zu erreichen, in welche der Aufwand für Gemeinschaftsanlagen eingerechnet ist.[85]

Die **Grenze für eine noch zulässige Beteiligung des Mieters** an derartigen Kosten hat der BGH offengelassen. Nach einer Meinung ist sie bei 10% der Jahresmiete zu ziehen,[86] wobei dieser Begriff als intransparent qualifiziert wird;[87] wird er als Jahresbruttomiete verstanden, ist er jedenfalls bei weitem zu hoch. Nach anderer Ansicht sollen 10% der Jahresnettomiete angemessen sein;[88] ihr ist insoweit zuzustimmen, dass wegen des sachlichen Zusammenhangs die Jahresnettomiete die Bezugsgröße liefern sollte.[89] Im Hinblick darauf, dass diese Belastung Mieter mit erst kurzer Mietzeit, deren Mietgebrauch nur einen vergleichsweise geringen Anteil an den notwendigen Kosten verursachte, erheblich trifft,[90] liegt es jedoch näher, die Grenze grundsätzlich mit 8%, also einer Monatsnettomiete, anzusetzen;[91] eine Ausnahme wird bei der Anmietung sehr teurer oder größerer Gewerbeobjekte gemacht, hier soll eine Grenze von einer halben Monatsmiete eingreifen.[92] Um der Transparenzproblematik zu begegnen, sollten auch derartige eingeschränkte Klauseln verständlich angeben, welche Erhaltungsmaßnahmen betroffen sind.[93]

c) Transparenzkontrolle. Zusätzlich bedarf es stets der **Kontrolle** nach dem **Transparenzgebot** aus § 307 Abs. 1 Satz 2 BGB. Diese geht dahin, ob die unter Rdn. 30 beschriebenen Voraussetzungen für die Angemessenheit einer Instandsetzungsklausel auch *„klar und verständlich"* angegeben sind. Hierzu ist es erforderlich, dass die **gebotenen Einschränkungen aus der Klausel selbst** zu entnehmen sind. *„Die von § 535 BGB abw. Vereinbarung der Übernahme weiterer Kosten neben der Miete für die Gewährung des Gebrauchs bedarf stets einer* ***ausdrücklichen und inhaltlich bestimmten*** *Vereinbarung. Nur dann ist es dem Mieter möglich, sich zunächst ein grobes Bild davon zu machen, welche zusätzlichen Kosten auf ihn zukommen können."*[94] 34

Enthält die Klausel **keine Begrenzung** der Zuständigkeit des Mieters auf Mängel aus dem Mietgebrauch oder seinem Risikobereich, ist sie **unwirksam.**[95] Wie auch die gerichtliche Praxis zeigt, kommt es anderenfalls nicht selten zur unberechtigten Inanspruchnahme des Mieters, wenn etwa der Ladenmieter nach der Klausel stets zerbrochene Schaufensterscheiben zu ersetzen hat, diese aber durch Dritte eingeworfen wurden, oder wenn ein Brand auftritt, der durch Brandstiftung Dritter ausgelöst wurde.[96]

Die hier vertretene Unwirksamkeit der Klauseln ohne gegenständliche Beschränkung findet ihre **Bestätigung** in § 309 Nr. 5 BGB. Auch wenn es im vorliegenden Zusammenhang nicht um die Pauschalierung von Schadensersatzansprüchen geht, kann die Änderung zu § 11 Nr. 5 AGBG als **gesetzliches Beispiel für die Ausfüllung des allgemeinen Transparenzgebots** in § 307 Abs. 1 Satz 2 BGB nicht unberücksichtigt bleiben. Nach § 11 Nr. 5 AGBG a. F. waren nur Klauseln unwirksam, die dem anderen Vertragsteil erkennbar den Nachweis abschnitten, ein Schaden oder eine Wertminderung sei überhaupt nicht entstanden oder wesentlich geringer als die Pauschale. Deshalb wurde allein Klauseln, welche diese Folge mehr oder weniger deutlich enthielten, die Wirksamkeit versagt.[97] Nach der Neufassung in § 309 Nr. 5 BGB haben Klauseln zur Pauschalierung von Schadensersatzansprüchen hingegen nur Bestand, wenn sie dem Vertragspartner den vor- 35

---

[84] BGH (XII ZR 158/01) DWW 2005, 372 = GE 2005, 1185 = GuT 2005, 213 = NZM 2005, 863 = ZMR 2005, 844; enger OLG Hamburg Urt. 20. 1. 1988 – 4 U 230/86: zulässig nur, wenn sich die Belastung deutlich in einem geringeren Mietzins niederschlägt.
[85] KG NZM 2003, 395.
[86] LG Essen NZM 2016, 265 = ZMR 2016, 780; *Bub* NZM 1998, 789 (793); *Häublein* in MünchKomm § 535 Rdn. 112; *Lützenkirchen* in Lützenkirchen § 535 Rdn. 1127; *Wodicka* NZM 1999, 1081; der nach *Ghassemi/Leo* (II. Teil Rdn. 174) angemessene Ansatz von 6–8% der Jahreskaltmiete dürfte deutlich über 10% der Jahresnettomiete hinausgehen.
[87] *Graf v. Westphalen* NZM 2015, 112 (117 Fn. 83).
[88] *Fritz* Rdn. 229; *Hoff* ZMR 2006, 415 (417); *Ingendoh* in Bieber/Ingendoh § 5 Rdn. 22.
[89] Ebenso *Beyer* NZM 2011, 697 (701).
[90] Hierzu ausführlich *Graf v. Westphalen* NZM 2015, 112 (116 f.).
[91] *Schultz* S. 175; *Graf v. Westphalen* NZM 2015, 112 (117).
[92] *Graf v. Westphalen* NZM 2015, 112 (117).
[93] *Hoff* ZMR 2006, 415 (417).
[94] BGH (XII ZR 39/04) NZM 2006, 776.
[95] Z. B. LG Köln MietRB 2016, 284.
[96] BGH (VIII ZR 88/86) NJW-RR 1987, 906 = WuM 1987, 315 (LS) = ZMR 1987, 257.
[97] Palandt/*Heinrichs* (60. A.) § 11 AGBG Rdn. 26 m. w. N.

genannten Nachweis ausdrücklich gestatten. Es reicht mithin insoweit nicht mehr aus, dass der Vertragspartner im Umkehrschluss erkennen könnte, alle Rechte, die nicht ausdrücklich ausgeschlossen sind, stünden ihm noch zu Gebote, sondern er muss auf diese gesondert hingewiesen werden.

36 Der XII. Senat des **BGH** hat in seiner Entscheidung, ob die formularmäßige Auferlegung von Instandhaltung und Instandsetzung der von mehreren Gewerbemietern gemeinschaftlich genutzten Flächen zulässig ist (s. Rdn. 33),[98] die **fehlende Transparenz** einer Klausel moniert, mit der die Instandsetzung ohne ausdrückliche Einschränkung auf den Mieter abgewälzt wurde, und daraus eine unangemessene Benachteiligung des Mieters abgeleitet. Er hat hierzu ausgeführt, dass damit dem Mieter auch Kosten übertragen werden, die nicht durch seinen Mietgebrauch veranlasst sind und die nicht in seinen Risikobereich fallen, indem ihm dadurch, dass er die gemeinschaftlich benutzten Flächen und Anlagen in dem bei Mietbeginn bestehenden, i. d. R. gebrauchten Zustand vorfindet, die Kosten für die Behebung anfänglicher Mängel bzw. bereits vorhandener Abnutzungen durch Reparatur oder Erneuerung überbürdet werden, deren Höhe für ihn nicht überschaubar ist und indem darüber hinaus ihm Kosten für Schäden auferlegt werden, die von Dritten verursacht worden sind, für deren Handeln er keine Verantwortung trägt, so dass auch insoweit ihm nicht zurechenbare und der Höhe nach nicht vorhersehbare Kosten auf ihn übertragen werden. Er hat damit genau auf das Fehlen derjenigen Ausschlüsse abgestellt, die im Rahmen der Übermaßkontrolle angeführt sind (Rdn. 30).

37 Die Klauseln,

„Der Mieter verpflichtet sich, alle während der Dauer der Mietzeit anfallenden Reparaturen in den angemieteten Räumen auf seine Kosten durchzuführen.",

„Sämtliche notwendigen Reparaturen, Instandsetzungen, Instandhaltungen und Erneuerungen in den gemieteten Räumen gehen zu Lasten des Mieters.",

„Der Mieter führt auf seine Kosten die Instandhaltung und Instandsetzung aller ausschließlich von ihm gemieteten Räume und sämtlicher innerhalb dieser Räume gelegenen Anlagen, Einrichtungen und Installationen durch."

genügen daher den Anforderungen gem. Rdn. 30 nicht. Ihnen **fehlt** die **erforderliche Transparenz,**[99] **so dass sie insgesamt**[100] **unwirksam** sind. Die Unwirksamkeit erfasst **auch Klauseln in bestehenden Mietverträgen.** Seit 1.1.2003 gelten die Vorschriften der Schuldrechtsreform unmittelbar ebenfalls für Verträge über Dauerschuldverhältnisse, die vor dem 1.1.2002 abgeschlossen wurden (Art. 229 § 5 EGBGB). Die um ein Jahr verschobene Geltung der neuen Vorschriften für Dauerschuldverhältnisse sollte den Vertragsparteien die Möglichkeit verschaffen, ihre Verträge an die veränderte Rechtslage anzupassen.[101] Soweit dies nicht geschehen ist, sind alte Klauseln am neuen Recht zu messen.

38 Nach der **bisherigen, älteren Rechtsprechung des BGH** waren die vorgenannten **Klauseln wirksam,**[102] obgleich sie die auch von ihm als notwendig zugrunde gelegte Beschränkung auf Schäden aus Mietgebrauch oder Risikosphäre nicht erkennen ließen. Das gebotene Ergebnis gewann er durch entsprechende Vertragsauslegung, was auf nachhaltige Kritik in der Literatur stieß.[103] Deren unterschiedliche Auffassung gegenüber der Rechtsprechung des BGH beruht darauf, dass hier **zwei verschiedene Argumentationslinien** festzustellen sind. Nach dem einen Ansatz läuft die Einbeziehung der notwendigen, aus der Klausel selbst jedoch nicht ersichtlichen Einschränkungen auf eine unzulässige sog. geltungserhaltende Reduktion hinaus;[104] hierbei wird die Zulässigkeit einer Klausel dadurch erreicht, dass die Voraussetzungen für ihre Wirksamkeit in sie hinein interpretiert werden. Nach dem Ansatz des BGH erfolgt allein eine Auslegung der Klausel. Die zugunsten des Mieters gebotenen Beschränkungen werden dabei als selbstverständlich vorausgesetzt.[105] Es

---

[98] BGH (XII ZR 56/11) NZM 2014, 830; (XII ZR 158/01) GE 2005, 1185 = GuT 2005, 213 = NZM 2005, 863 = ZMR 2005, 844.

[99] *Blank* WImmoT 2005, 95 (107); *Sternel* NZM 1998, 844; s. auch BGH (VIII ZR 123/09) NJW 2010, 2122.

[100] Vgl. BGH (VIII ZR 256/83) NJW 1985, 632.

[101] BT-Drucks. 14/6040 S. 273.

[102] Z. B. BGH (VIII ZR 88/86) NJW-RR 1987, 906 = WuM 1987, 315 (LS) = ZMR 1987, 257; s. jetzt aber BGH (VIII ZR 123/09) NJW 2010, 2122.

[103] *Sternel* II Rdn. 376; *Wodicka* NZM 1999, 1081.

[104] Vgl. *Wodicka* NZM 1999, 1081 (1082).

[105] OLG Naumburg NZM 2000, 1183 = WuM 2000, 241 = ZMR 2000, 383; OLG Köln DWW 1994, 119 = WuM 1994, 274.

handelt sich gewissermaßen um das Fundament, auf dem die Klausel aufbaut, so dass deren Inhalt und Auswirkungen als separater Aufbau bewertet werden können. Jedenfalls im Hinblick auf § 307 Abs. 1 Satz 2 BGB kann dieser **älteren Rechtsprechung nicht mehr gefolgt werden.**

4. Kleinreparaturen

Bei Klauseln, mit denen dem Mieter die Behebung von Kleinschäden auferlegt wird, ist zu **differenzieren.** Beschränken sie sich darauf, dass der Mieter nur **Mängel** zu beseitigen hat, die **innerhalb des Mietobjekts durch** dessen **Gebrauch** auftreten, bestehen auch gegenüber einer unbegrenzten Zuständigkeit des Mieters keine Bedenken. Sie halten sich damit in dem Rahmen, in dem auch die Abwälzung der allgemeinen Instandsetzungslast erfolgen kann. 39

Sollen sie **Schäden** einschließen, die **nicht auf den Mietgebrauch** zurückzuführen sind, wird dem Mieter auch die Haftung für nicht verschuldete Mängel auferlegt; außerdem ist er mit einem unbekannten Kostenrisiko belastet. Diese Folgen sind mit dem gesetzlichen Leitbild nicht mehr zu vereinbaren, so dass derartige Klauseln wegen unangemessener Benachteiligung des Mieters nach § 307 BGB **unwirksam** sind.[106] Sie haben daher **nur Bestand,** wenn sie eine **Höchstbelastung** des Mieters ausweisen; zu deren Berechnung wird auf Rdn. 33 verwiesen. Auch wenn die Kleinreparaturklauseln dazu dienen, im Rahmen des Dauerschuldverhältnisses einem Streit der Parteien über Bagatellschäden vorzubeugen,[107] wird die Haftung des Mieters jedenfalls dann ausscheiden, wenn die Schäden evident durch Dritte verursacht wurden, etwa durch Vandalismus bei einem Einbruch.

Die wirksame Abwälzung der Kleinreparaturen verpflichtet den Mieter **nicht,** sich an den Kosten **größerer Reparaturen** bis zur Höhe der jährlichen Höchstbelastung zu **beteiligen.**[108] Derartige Reparaturen können vielfältige Ursachen außerhalb der Obhutspflicht des Mieters haben, z. B. vertragswidrige Nutzung durch den Vormieter oder mangelhafte Pflege des Mietobjekts durch den Vermieter. Sie gehen daher vollständig zu dessen Lasten.

In der Sache geht es bei Kleinreparaturen um die Behebung von Mängeln an **Bestandteilen des Mietobjekts,** die dem **häufigen Zugriff** des Mieters ausgesetzt sind. Er hat es damit weitgehend in der Hand, sie durch schonenden Umgang für lange Zeit funktionsfähig zu erhalten. Fehlt eine Begriffsbestimmung im Mietvertrag, darf auch der Mieter von Gewerberaum davon ausgehen, dass die Klausel sich nur auf die i. S. d. § 28 Abs. 3 Satz 2 II. BV üblichen Teile (s. Rdn. 57) bezieht. Die Parteien können den sachlichen Gehalt individualvertraglich ausweiten, formularvertraglich jedoch nur soweit, wie noch ein Bezug zu Art und Weise des Zugriffs des Mieters besteht; hieran fehlt es etwa bei Gas-, Wasser- und E-Leitungen, die im Mauerwerk oder in der Wand verlegt sind.[109] Da die Höchstbelastung des Mieters (bislang) allgemein an der Jahresnettomiete und nicht, wie bei Wohnraum (s. Rdn. 58), zusätzlich an den Kosten der Einzelreparatur festgemacht wird, könnte der Vermieter sonst mit Hilfe eines entsprechenden Maßnahmenkatalogs die nicht unerhebliche Entlastung von seinen Instandsetzungspflichten erreichen, was den Mieter gröblich benachteiligt.

II. Wohnraum

1. Instandhaltung und Instandsetzung

a) Individualvereinbarung. Der Mieter preisfreien Wohnraums soll mit Instandhaltungs- und Instandsetzungsarbeiten hinaus belastet werden dürfen, **wenn** es sich um Arbeiten handelt, die üblicherweise erst nach längeren Fristen anfallen und der zu beseitigende Zustand i. d. R. nicht zu einer Einschränkung oder Aufhebung der Gebrauchstauglichkeit führt.[110] **Nur unter dieser Voraussetzung** ist die Abwälzung wirksam, weil es sich in der Sache um die Abwälzung von Erhaltungspflichten auf den Mieter handelt, wodurch diesem entgegen § 536 Abs. 4 BGB das Recht zur Minderung genommen wird (s. Rdn. 67). Ob das Minderungsrecht tangiert ist, ist jeweils im Ein- 40

---

106 BGH (XII ZR 158/01) DWW 2005, 372 = GE 2005, 1185 = GuT 2005, 213 = NZM 2005, 863 = ZMR 2005, 844.

107 BGH (VIII ZR 91/88) WuM 1989, 324 (326).

108 BGH (VIII ZR 91/88) WuM 1989, 324 (327); OLG Düsseldorf DWW 2002, 328 = WuM 2002, 545.

109 Vgl. BGH (VIII ZR 91/88) WuM 1989, 324 (327).

110 BGH (VIII ZR 129/91) NJW 1992, 1759 = WuM 1992, 355.

zelfall sorgfältig zu prüfen; so scheitern bereits Vornahmeklauseln bei den Kleinreparaturen an der Einschränkung des Minderungsrechts (dazu Rdn. 53ff.). Die Abwälzung von Instandhaltung und Instandsetzung wird daher als *Vornahme*pflicht auch individualvertraglich nur sehr selten wirksam sein. In Betracht kommen allenfalls Malerarbeiten an Außenflächen (Fenster, Fassaden eines Einfamilienhauses), oder Innenarbeiten, etwa die Behandlung von Fußböden (Reinigung von Teppichböden, Abschleifen von Parkett). Die Pflicht zur Erneuerung unansehnlicher und verschlissener Teppichböden sprengt diesen Rahmen, ebenso wie, genau besehen, die Pflicht zur Erledigung der Schönheitsreparaturen (dazu Rdn. 150). Erst recht nicht zulässig ist es danach, dem Mieter die Reparatur oder Erneuerung wesentlicher bauseitiger Einrichtungen aufzuerlegen, z. B. Arbeiten an Heizungs- oder Sanitäranlagen. Eine entsprechende Vereinbarung ist bei preisgebundenem Wohnraum alter Art ohnehin nicht wirksam, da dadurch die nach § 8 Abs. 1 WoBindG allein zulässige Kostenmiete überschritten würde.

41 Auch die individualvertragliche Abwälzung von Instandhaltungs- und Instandsetzungsarbeiten begründet **keine Verpflichtung** des Mieters, **anfängliche Mängel sowie Schäden** zu beseitigen, die **nicht aus seinem Mietgebrauch** stammen. Soweit sich z. B. Schäden der Bausubstanz, wie ein undichtes Dach, auf die Wohnung auswirken, bleibt es Sache des Vermieters, zusätzlich die Beeinträchtigungen im Innern der Wohnung auf seine Kosten zu beseitigen. Dasselbe gilt für Schäden, die Dritte verursachten. Dabei ist es unerheblich, ob der Mieter ggf. eine Leistung aus einem von ihm abgeschlossenen Versicherungsvertrag erhielt, wenn etwa der Mieter nach der Beschädigung der Terrassentür zu seiner Wohnung durch einen Einbruch von seinem Hausratversicherer einen Betrag für Reparaturaufwand erhalten haben sollte.[111]

42 **b) Formularvereinbarung.** Formularvertragliche Erweiterungen der Mieterpflichten sind in aller Regel bereits deshalb unwirksam, weil sie das **Minderungsrecht** des Mieters aus § 536 Abs. 4 BGB **beeinträchtigen** (s. Rdn. 67). **Zusätzlich** scheitern sie daran, dass ein **Verstoß gegen § 307 BGB** vorliegt. Eine unangemessene Benachteiligung des Mieters kommt nicht nur in Betracht, wenn dem Mieter ein Übermaß an Schönheitsreparaturen auferlegt wird,[112] sondern auch dann, wenn der Mieter für die **Erhaltung von Teilen der Wohnung,** insbesondere ihrer Ausstattung, zuständig sein soll.

43 **Einzelne Klauseln:** Eine Klausel, nach der zu den Schönheitsreparaturen neben den Malerarbeiten auch

„die Ausbesserung von Schäden am **Verputz der Wände und Decken**"

zählen soll, stellt eine zu weitgehende Abwälzung von Instandsetzungspflichten auf den Mieter dar.[113] Ausgenommen sind allein kleinere Schäden, die beim Renovieren üblicherweise mit beseitigt werden (vgl. Rdn. 80).

44 Eine Klausel, dass der Mieter

„den bauseitig verlegten **Teppichboden** zu pflegen und bei Verschleiß zu erneuern hat",

ist unwirksam.[114] Abgesehen vom unwirksamen Ausschluss des Minderungsrechts soll die Klausel den Mieter auch dann zur Erneuerung verpflichten, wenn der Teppichboden infolge vertragsgemäßen Gebrauchs verschlissenen ist, was ihn unangemessen belastet. Dass er ihn bei Schäden durch vertragswidrige Nutzung zu erneuern hat, ist ebenso selbstverständlich wie die Pflicht zur Pflege als Bestandteil seiner Obhutspflicht. Auch eine gelegentliche Grundreinigung gehört zu den Schönheitsreparaturen; diese Maßnahme ist inzwischen an die Stelle des in § 28 Abs. 4 Satz 4 II. BV vorgesehenen Streichens der Fußböden getreten.[115]

45 Gelegentlich versuchen Vermieter, die **Unwirksamkeit** der vorgenannten Formularklausel dadurch **zu umgehen,** dass sie eine Bestimmung aufnehmen, mit welcher der Teppichboden als **separat vermietet** gilt. Der Versuch, ein eigenständiges Mietverhältnis über den Teppichboden zu konstruieren, dient dazu, ihn aus dem Mietvertrag über die Wohnung herauszulösen, um dem Mieter insoweit zusätzliche Pflichten auferlegen zu können. Derartige Abreden sind als Umgehung des gesetzlichen Leitbildes und auch des zwingenden Minderungsrechts des Mieters unwirksam. Zuweilen ist bei der Beschreibung des Mietgegenstandes im Mietvertrag angegeben, ein vorhandener

---

[111] AG Köln WuM 1998, 596.

[112] Z. B. BGH (VIII ZR 48/09) NZM 2010, 157 = WuM 2010, 85; (VIII ARZ 9/86) RE 1.7.1987 WuM 1987, 306 (308).

[113] LG Köln WuM 1989, 506.

[114] OLG Hamm RE 22.3.1991 WuM 1991, 248.

[115] BGH (XII ZR 15/07) DWW 2009, 23 = GE 2009, 111 = GuT 2008, 484 = NZM 2009, 126 = WuM 2009, 225 = ZMR 2009, 267.

Teppichboden sei nicht mit vermietet, um dadurch die vollständige Zuständigkeit des Mieters zu begründen. Hier hängt es von der Ausgestaltung der Regelung ab, ob es sich um eine Umgehung der beim Vermieter verbleibenden Erhaltungslast handelt. Dies ist nur dann nicht der Fall, wenn der Mieter tatsächlich mit dem Teppichboden nach Belieben verfahren kann und insbesondere bei Beendigung des Mietverhältnisses keinen Ersatz schuldet.

Eine Klausel, dass die Schönheitsreparaturen auch **46**

„das Abziehen der **Parkettböden**"

umfassen, ist unwirksam. Nach herrschender Ansicht gehört das Abschleifen und Versiegeln von Parkett nicht zu den Schönheitsreparaturen;[116] in Betracht kommt nur eine gelegentliche Grundreinigung (s. Rdn. 71). Irrelevant ist daher, ob die Arbeiten nach der Klausel im Abstand der üblichen Fristen für Schönheitsreparaturen durchzuführen sind, was ohnehin einen Verstoß gegen das Übermaßverbot darstellt, oder ob längere Fristen vereinbart wurden.[117]

Die vorgenannten Grundsätze zu Teppichboden und Parkett gelten ebenfalls für andere Arten **47** von Fußbodenbelägen, wie etwa **PVC**-Ware. Sie werden vom Begriff der Schönheitsreparaturen nicht erfasst, zumal auch sie bei pfleglicher Behandlung eine lange Lebensdauer aufweisen (s. Rdn. 374).

Die Klausel, **48**

„Bei Beendigung des Mietverhältnisses ist der Mieter verpflichtet, **Dübeleinsätze** zu entfernen, Löcher ordnungsgemäß und unkenntlich zu verschließen, etwa durchbohrte Kacheln durch gleichartige zu ersetzen",

ist unwirksam.[118] Der Mieter ist nach allgemeiner Ansicht berechtigt, im Badezimmer Dübellöcher in den Wänden anzubringen, um die übliche Einrichtung wie Handtuchhalter, Spiegel und Konsole zu installieren. Die Klausel benachteiligt ihn daher unangemessen, weil sie ihm die Beseitigung der Dübel und Bohrlöcher auch in den Fällen auferlegt, in denen er in Bad und Küche darauf angewiesen ist, Einrichtungen anzubringen, um die Räume überhaupt vertragsgemäß nutzen zu können. Der Vermieter kann die dekorativen Nachteile, die sich insbesondere nach mehrfachem Mieterwechsel einstellen, unschwer dadurch vermeiden, dass er die Räume mit den üblichen Installationsgegenständen ausstattet. Solange sie sich in ordentlichem Zustand befinden, ist es als zum Schadensersatz verpflichtende Vertragsverletzung zu werten, wenn der Mieter sie wegen seiner Geschmacksvorstellungen durch andere ersetzt und hierzu etliche neue Bohrlöcher setzt.

Welche **Anzahl von Dübellöchern** der Mieter anbringen darf, ohne sich einen vertragswidrigen Gebrauch vorwerfen lassen zu müssen, ist streitig. Es wird allgemein darauf abgestellt, dass der Mieter Löcher nur in einem üblichen Umfang anbringen darf. Dass häufig eine Konkretisierung fehlt, was unter einem üblichen Umfang zu verstehen ist, ist nachvollziehbar, weil die Beurteilung vom Einzelfall abhängt. Ist z. B. von vornherein an eine mehrköpfige Familie vermietet oder wächst die Zahl der Mitglieder des Haushalts mit der Zeit, ist im Bad eine größere Anzahl von Dübellöchern erforderlich, um die erforderlichen Einrichtungsgegenstände installieren zu können. Auch eine größere Anzahl von Löchern ist hier vertragsgemäß. Stellte der Vermieter allein die Sanitäreinrichtungen und musste der Mieter daher Halter für Spiegel, Spiegelkonsole und Spiegellampen, Handtücher, Zahnputzgläser, Seifenschale, Klopapierrolle, Klobürste sowie Duschstange und Haltegriff an der Badewanne anbringen, sollen 32 Dübellöcher nicht zu viel sein.[119] Andererseits wurden schon mehr als 5 Löcher im WC-Raum und 6 Löcher im Bad als übermäßig angesehen,[120] was auf jeden Fall zu knapp kalkuliert ist, oder 14 Bohrlöcher als noch üblich.[121] Zum Teil erfolgt die Abgrenzung in negativer Weise, indem festgestellt wird, dass 21 Löcher über die üblichen hinaus nicht mehr vertragsgemäß sind.[122] In jedem Fall ist der Mieter verpflichtet, Bohrlöcher so weit wie möglich in die Fugen zu setzen[123] oder auf sie ganz zu verzichten, wenn er Einrichtungen auch unschwer auf andere Weise installieren kann, z. B. durch Klebehaken für leichte Objekte, oder wenn **49**

[116] BGH (VIII ZR 48/09) NZM 2010, 157 = WuM 2010, 85; AG Brühl/LG Köln WuM 1994, 199; LG Hamburg WuM 1990, 115; *Gather* S. 34.

[117] Z. B. OLG Düsseldorf GE 2003, 1608 = WuM 2003, 621 = ZMR 2003, 921.

[118] BGH (VIII ZR 10/92) WuM 1993, 109 (110).

[119] So LG Hamburg WuM 2001, 359.

[120] LG Darmstadt NJW-RR 1988, 80.

[121] AG Kassel WuM 1996, 757.

[122] LG Göttingen ZMR 1990, 145.

[123] LG Berlin GE 2002, 261 m. Anm. *Schach* GE 2002, 233 (Fliesengröße 20 × 30 cm); AG Köpenick GE 2012, 1639.

viele einzelne Löcher zu vermeiden sind, indem durch eine Konsole Platz zum Abstellen der Badutensilien geschaffen wird. Zum Schadensersatzanspruch des Vermieters bei übermäßiger Anzahl von Dübellöchern s. Rdn. 376.

50 Demgegenüber gehört das **Anbohren der Badezimmertür** zum Anbringung von Kleiderhaken nicht mehr zum vertragsgemäßen Gebrauch,[124] auch wenn die Beseitigung der Löcher u. U. nur Schönheitsreparaturen erfordert (s. Rdn. 369).

2. Pauschale Kostenbeteiligungen

51 Klauseln, die eine pauschale Beteiligung des Mieters an zukünftigen, erst nach Ende des Mietverhältnisses anfallenden Kosten vorsehen, sind unwirksam. Dies gilt ohne weiteres für eine **Treppenhausabnutzungspauschale.** Sie scheitert an § 307 BGB, weil die dekorative Instandhaltung des Treppenhauses nicht zu den mieterseitigen Schönheitsreparaturen gehört.[125] Ebenso verhält es sich bei einer **Teppichbodenabnutzungspauschale.**[126] Sie bezieht sich zwar auf eine Ausstattung der Wohnung, zielt indes auf eine Kostenentlastung des Vermieters in einem Bereich, für dessen Erhalt allein er zuständig ist.

3. Kleinreparaturen

52 Bei Kleinreparaturklauseln ist zu differenzieren. Sie können den Mieter verpflichten, entweder die Arbeiten selbst zu erledigen **(Vornahmeklauseln)** oder die Kosten aus entsprechenden Arbeiten des Vermieters zu tragen **(Kostenklauseln).**

53 **a) Vornahmeklauseln.** Vornahmeklauseln in Wohnraummietverträgen sind **unwirksam.** Sie beeinträchtigen das Minderungsrecht des Mieters, das nach § 536 Abs. 4 BGB nicht abdingbar ist.[127] Darüber hinaus stellen sie eine unangemessene Benachteiligung des Mieters gem. § 307 BGB dar, da sie ihn mit den gesamten Nachteilen belasten, die mit der Vergabe von Reparaturaufträgen verbunden sein können, z. B. der Durchsetzung von Gewährleistungsansprüchen gegenüber den Handwerkern oder der Haftung für Schäden, die sie verursacht haben, gegenüber dem Vermieter. Ferner kann der Mieter, der den Umfang der Arbeiten nicht richtig einschätzte und nachträglich feststellt, dass sie die Grenze der Kleinreparaturen überschritten, gezwungen sein, den Erstattungsanspruch ggf. gerichtlich geltend zu machen. Die häufig anzutreffenden Klauseln, dass der Mieter z. B. zerbrochene Innen- und Außenscheiben zu erneuern,[128] die Rollläden instand zu halten und instand zu setzen,[129] Öfen bis zur Schornsteineinführung töpfermäßig zu reinigen[130] oder die üblichen Kleinreparaturen zu erledigen hat, sind immer unzulässig.

54 **Wartungsklauseln** betreffen **keine Kleinreparaturen.**[131] Sie dienen nicht der Beseitigung von Kleinschäden, sondern der Aufrechterhaltung der Betriebsfähigkeit. Es ist primär Sache des Vermieters, die entsprechende Vorsorge durch Wartung zu treffen. Auf die Wartungsklauseln wird hier nur der Vollständigkeit halber eingegangen, weil derartige Klauseln den **Mieter** häufig verpflichten, bestimmte bauseitige Einrichtungen, z. B. Thermen, **warten zu lassen,** also als Vornahmepflicht ausgestaltet sind. Hierzu wird vertreten, dass **Wartungsklauseln** nicht an § 536 Abs. 4 BGB zu messen und daher, sofern sie nicht auch Instandsetzung einschließen, wirksam seien.[132] Die Abwälzung der Wartung als Vornahmepflicht des Mieters führt indes dazu, dass er die Maßnahmen ergreifen soll, die den Eintritt eines minderungsrelevanten Ausfalls der Einrichtung verhindern. Das Verbot des Ausschlusses des Minderungsrechts des Wohnungsmieters ist daher durchaus tangiert. Insbesondere aber sprechen gegen die Wirksamkeit solcher Wartungsklauseln die oben angeführten Nachteile, die sich für den Mieter einstellen können, wenn er gezwungen ist, die Handwerkeraufträge zu vergeben. Auch die rechtlichen Folgen von Vornahme-Wartungsklauseln sind daher geeignet, den Mieter unangemessen zu benachteiligen.

---

[124] AG Kassel WuM 1996, 757.
[125] *Bub* in Bub/Treier II Rdn. 1477; *Schultz* ZMR 1987, 41 (48).
[126] AG Hamburg WuM 1986, 310.
[127] BGH (VIII ZR 129/91) NJW 1992, 1759 = WuM 1992, 355.
[128] LG Hamburg WuM 1991, 681; WuM 1990, 115.
[129] LG Wiesbaden NJW 1995, 1562.
[130] LG Berlin ZMR 1986, 443.
[131] *Beyer* NZM 2011, 697 (700).
[132] *Sternel* NZM 1998, 833 (844).

Soweit die Klausel dem Mieter Wartungsarbeiten auferlegt, deren Kosten zu den **Betriebskosten** zählen wie etwa bei der Klausel, dass die Thermenwartung Sache des Mieters ist, tritt durch ihre Unwirksamkeit i. E. allerdings keine Entlastung des Mieters auf Dauer ein. Er kann zwar, wenn er die Arbeiten wegen der Klausel zunächst auf eigene Kosten ausführen ließ, deren Erstattung aus ungerechtfertigter Bereicherung gem. §§ 812, 818 BGB geltend machen.[133] Er wird aber sodann die Kosten der auf Veranlassung des Vermieters durchgeführten Wartung im Rahmen der Betriebskostenabrechnung auszugleichen haben, wenn der Kostenkatalog nach § 2 BetrKV vereinbart ist.[134] Zu Kosten-Wartungsklauseln s. Rdn. 59. 55

b) Kostenklauseln. Auf Grund einer Kostenklausel ist der Mieter verpflichtet, die dem Vermieter aus der Durchführung von Kleinreparaturen entstandenen Kosten zu tragen. Ihre **Wirksamkeit** hängt bei Wohnraummietverträgen **von zwei Voraussetzungen** ab, dem Umfang der zu Grunde liegenden Arbeiten und deren Höhe. 56

Die **erste Voraussetzung** besteht darin, dass sich die Klausel **dem Umfang nach** nur auf solche Teile der Mietsache erstrecken darf, die **zum unmittelbaren Mietobjekt** gehören. Die **Einbeziehung von Gemeinschaftseinrichtungen** oder sonstigen Ausstattungen des Hauses ist **unzulässig,** etwa der Hauseingangstür, von Keller- oder Bodenräumen. Anknüpfend an die **Definition** der kleinen Instandhaltungen in § 28 Abs. 3 Satz 2 II. BV *(„den Installationsgegenständen für Elektrizität, Wasser und Gas, den Heiz- und Kocheinrichtungen, den Fenster- und Türverschlüssen sowie den Verschlussvorrichtungen von Fensterläden“)* dürfen auch allein Bestandteile betroffen sein, deren Zustand und Lebensdauer vom – häufigen – Umgang des Mieters mit ihnen abhängen.[135] Nur insoweit ist die Verlagerung der Kostenlast auf den Mieter sachgerecht, weil er es durch pflegliche und sorgsame Behandlung in der Hand hat, wie oft und in welchem Umfang Reparaturen anfallen. Daran fehlt es z. B., wenn ein Wasserhahn schließlich verkalkt.[136] Diese Voraussetzung ist bei im Mauerwerk oder im Wandputz verlegten Gas-, Wasser- und elektrischen Leitungen nicht erfüllt,[137] ebenso nicht bei einer Heiztherme,[138] den Dichtungen von Abflussrohren[139] und Spiegeln, Verglasungen, Beleuchtungskörpern.[140] Fehlt im Mietvertrag eine Beschreibung der Kleinreparaturen, kann die vorgenannte Definition herangezogen werden.[141] Ist nicht preisgebundener Wohnraum vermietet, ist sie auf neuere, zwischenzeitlich zum Teil weit verbreitete Einrichtungen zu erstrecken, deren Funktionsdauer ebenfalls von der Behandlung durch den Mieter bestimmt wird, wie z. B. Gegensprechanlagen.[142] Die Zulässigkeit einer leichten Erweiterung der Definition folgt daraus, dass die II. BV bereits vom 14. 12. 1970[143] stammt und nur den häufig schlichteren Ausstattungsstand preisgebundenen Wohnraums berücksichtigt. 57

Die **zweite Voraussetzung** besteht darin, dass Kleinreparaturklauseln **der Höhe nach** nur dann mit § 307 BGB vereinbar sind, wenn sie eine **doppelte Begrenzung** enthalten, zum einen zur Höhe je Einzelreparatur, zum anderen für den Fall, dass innerhalb eines bestimmten Zeitraums mehrere Kleinreparaturen anfallen.[144] Die fehlende Höchstgrenze kann der Klausel nicht durch Auslegung entnommen werden,[145] vielmehr ist sie ohne diese Grenze insgesamt unwirksam.[146] Die **Höhe je Einzelreparatur** ist für die notwendige Transparenz der Klausel in einem festen Betrag auszuweisen.[147] Entschieden wurde bisher, dass die Belastung mit rund 75,00 € je Einzelfall an- 58

---

[133] BGH (VIII ZR 302/07) GE 2009, 901 = NZM 2009, 541 = WuM 2009, 395 m. Anm. *Ernst* WuM 2009, 581 zu den Folgen einer unwirksamen Endrenovierungsklausel.

[134] Dazu *Langenberg/Zehelein* Betriebskosten K Rdn. 45.

[135] BGH (VIII ZR 91/88) NJW 1989, 2247 = WuM 1989, 324; dazu kritisch *Rudolph* ZMR 1993, 494; nicht z. B. Rollladenkästen: AG Leipzig ZMR 2004, 210.

[136] AG Gießen WuM 2010, 415.

[137] BGH (VIII ZR 91/88) NJW 1989, 2247 = WuM 1989, 324.

[138] AG Hannover WuM 2007, 505.

[139] AG Charlottenburg GE 2011, 1311 = InfoM 2012, 55 m. Anm. *Metter-Roeb* = WuM 2012, 132 m. Bespr. *Wall.*

[140] AG Zossen WuM 2015, 476.

[141] Vgl. BGH (VIII ARZ 1/84) RE 30. 10. 1984 WuM 1985, 46 für Schönheitsreparaturen.

[142] *Rudolph* ZMR 1993, 494.

[143] BGBl. I S. 1682.

[144] BGH (VIII ZR 38/90) NJW 1991, 1750 = WuM 1991, 381; (VIII ZR 91/88) NJW 1989, 2247 = WuM 1989, 324.

[145] BGH NJW (VIII ZR 91/88) 1989, 2247 = WuM 1989, 324.

[146] BGH (VIII ZR 129/91) NJW 1992, 1759 = WuM 1992, 355.

[147] *Beyer* NZM 2011, 697 (700).

gemessen ist.[148] Im Hinblick auf den inzwischen eingetretenen Kostenanstieg wird auch ein Betrag von jedenfalls 100 € nicht mehr unangemessen sein.[149] Bei der Überprüfung der Höhe bietet es sich als Kontrollüberlegung an, die üblichen Handwerkerpreise zu Grunde zu legen. Ein Arbeitsaufwand von etwa einer Stunde entspricht einer Kleinreparatur, dem Stundenlohn sind Wegegeld u. Ä. sowie die Mehrwertsteuer hinzuzusetzen. Um Streitigkeiten bei einem langen Mietverhältnis vorzubeugen, soll es auch zulässig sein, die Höhe statt an einem festen Betrag von vornherein an den Kosten für eine Handwerkerstunde nebst Nebenkosten und Mehrwertsteuer festzumachen,[150] wobei allerdings zur Transparenz der Klausel der Anfangsbetrag bei Abschluss des Mietvertrags beziffert auszuweisen ist. Zu beachten ist, dass sich der **Höchstbetrag auf die gesamte Maßnahme** bezieht. Gelegentlich verfügen Vermieter in ihrem Fundus noch über ein Exemplar des zu ersetzenden Teils, etwa eine Armatur, das sie sodann von einem Handwerker zu einem Betrag von z. B. unter € 100 einbauen lassen; hier sind zur Vermeidung einer Umgehung der Wert des Ersatzteils und die Arbeitskosten zu addieren.

Für die i. d. R. **jährliche Gesamtbelastung** hat sich eine klare Linie bisher nicht herausgebildet. Die in Rechtsprechung und Literatur vertretenen Ansichten haben u. a. den Nachteil, dass sie zum Teil die jeweilige Berechnungsbasis nicht deutlich bezeichnen. So soll ein Anteil von 6%[151] oder 8%[152] der Jahresbruttokaltmiete angemessen sein, obwohl sich nicht erschließt, warum zwar die Heizkosten, nicht aber die Betriebskosten herausgenommen sind, dieser Anteil soll aber auch überhöht sein,[153] angemessen sei auch ein Anteil von 8%–10% der nicht konkretisierten „Jahresmiete",[154] also wohl der Bruttomiete, oder ein Anteil von 8% als etwa einer nicht konkretisierten „Monatsmiete",[155] ein Anteil von mehr als 6%[156] oder 7%[157] oder 10% der Jahresnettomiete aber auch zu hoch.[158] Aufgrund der unterschiedlichen Berechnungsbasis, Jahresnetto-, -bruttokalt- oder -bruttomiete, zeigen sich deutliche Differenzen, 10% der Jahresnettomiete wurde als zu hoch bewertet, ergibt aber je nach dem Einzelfall keinen Betrag, der 8% der Jahresbruttomiete übersteigt. Eine **klare Regelung** ist mit der Begrenzung auf eine **Monatsnettomiete** zu erreichen.[159] Sie erscheint indes **nicht ausreichend.**[160] Sie bedeutet, dass der Mieter im ungünstigsten Fall eine dreizehnte Nettomiete zu tragen hat, was im Hinblick auf das Leitbild aus § 535 Abs. 1 Satz 2 BGB übermäßig ist. Es ist vorgeschlagen worden, eine „Deckelung" auf € 500,00 vorzunehmen, zumal zum Schutz finanziell schwacher Mieter.[161] Dieses Ziel ist indes mit einem derartigen Höchstbetrag nicht zu erreichen. Er führt vielmehr zu der Ungereimtheit, dass finanziell schwache Mieter, die möglichst günstigen Wohnraum anmieten, im Zweifel tatsächlich eine Monatsnettomiete übernehmen müssen, während auf finanziell leistungsfähigere Mieter nur ein Teilbetrag der Monatsnettomiete entfällt, so dass sich die „Deckelung" nur zu ihren Gunsten auswirkt. Abweichend von der hier bisher vertretenen Ansicht, nach der eine Grenze von 9% nicht überschritten werden darf,[162]

[148] BGH (VIII ZR 129/91) NJW 1992, 1759 = WuM 1992, 355; OLG Hamburg WuM 1991, 385, 387.

[149] AG Bingen am Rhein WuM 2013, 349 (€ 120,00 sind zu viel); AG Brandenburg a. d. Havel GE 2008, 483; *Beyer* NZM 2011, 697 (700); *Blank* in Blank/Börstinghaus § 535 Rdn. 410; *Bub* in Bub/Treier II Rdn. 1364 (€ 75,00 bis € 100,00); *Drettmann* WuM 2012, 535 (541); *Emmerich* in Staudinger § 535 Rdn. 132; *Gather* S. 118f.; *Kossmann/Meyer-Abich* § 29 Rdn. 17; *Kraemer/Paschke* in Bub/Treier III. A Rdn. 2626; *Lammel* § 535 Rdn. 168; Palandt/*Weidenkaff* § 535 Rdn. 44 (€ 75,00 – € 100,00); anders: AG Würzburg WuM 2010, 561 und *Lützenkirchen* in Lützenkirchen § 535 Rdn. 528: € 110; AG Braunschweig GE 2005, 677 = ZMR 2005, 717: € 100,00 *zuzügl.* Mehrwertsteuer; *Knops* in Herrlein/Kandelhard § 535 Rdn. 69: € 50,00.

[150] Vgl. *Gather* S. 119.

[151] BGH (VIII ZR 129/91) NJW 1992, 1759 = WuM 1992, 355.

[152] *Kraemer/Paschke* in Bub/Treier III. A Rdn. 2626.

[153] AG Stuttgart-Bad Cannstatt WuM 2014, 22.

[154] OLG Stuttgart WuM 1988, 149.

[155] *Blank* in Blank/Börstinghaus § 535 Rdn. 410; *Bub* in Bub/Treier II Rdn. 1365.

[156] AG Waiblingen WuM 2016, 65.

[157] AG Hannover WuM 2008, 721.

[158] OLG Hamburg WuM 1991, 385 (387).

[159] Ebenso AG Würzburg WuM 2010, 561 (aber nicht mehr als € 500,00); AG Braunschweig GE 2005, 677 = ZMR 2005, 717: 8% der Jahresnettomiete; *Beyer* NZM 2011, 697 (701); anders: *Knops* in Herrlein/Kandelhard § 535 Rdn. 69: 6%.

[160] Vgl. *Kossmann/Meyer-Abich* § 29 Rdn. 17.

[161] *Beyer* NZM 2011, 697 (702); enger AG Braunschweig GE 2005, 677 = ZMR 2005, 717: € 300,00.

[162] Ermittelt aus einem Vergleich der Pauschalen nach § 28 Abs. 2 II. BV und § 28 Abs. 3 Satz 1 II. BV.

ist der **jährliche Höchstbetrag** daher auf **€ 200,00** festzusetzen, um zu einem angemessenen Ausgleich zu kommen.[163]

Geben **Wartungsklauseln** dem Vermieter einen Anspruch auf **Ersatz der Wartungskosten,** 59
die sich auf nach Anl. 3 zu § 27 II. BV oder § 2 BetrKV umlagefähige Instandhaltungsarbeiten beziehen, gilt hingegen die Notwendigkeit einer **Obergrenze** für den Umlagebetrag auch bei einer Formularvereinbarung **nicht.**[164] Der BGH hat damit seine frühere Rechtsprechung[165] zu Recht aufgegeben.

Treten an einem Bestandteil der Mietsache **wiederholt Mängel** auf, die nicht auf nachlässigem 60
Umgang des Mieters, sondern auf **altersbedingtem Verschleiß** beruhen, ist der Vermieter nicht berechtigt, von der fälligen Erneuerung abzusehen und den Mieter auf Ersatz wiederholter Reparaturkosten in Anspruch zu nehmen.[166] Hierbei handelt es sich um einen Missbrauch der Klausel, der keine Kostenerstattungspflicht des Mieters auslöst.

Kleinreparaturklauseln, die eine **anteilige Kostenbeteiligungspflicht** des Mieters an **allen Reparaturen** vorsehen, sind nach § 307 BGB unwirksam.[167] Dies gilt auch dann, wenn sie im Übrigen die oben genannten Voraussetzungen erfüllen. Sie zielen in unangemessener Weise darauf, den Mieter mit einem bestimmten Betrag an allen Reparaturen in der Wohnung zu beteiligen. Lässt die Klausel im Unklaren, ob der in der Höhe zulässige, einzelne Kostenbetrag sich nur auf Kleinreparaturen bezieht oder eine Kostenbeteiligung auch an größeren Reparaturen darstellen soll, ist sie wegen Intransparenz unwirksam.[168]

Auch Kleinreparaturklauseln in Mietverträgen über **preisgebundenen Wohnraum** müssen die 61
doppelte Begrenzung der Kostenhöhe enthalten; ob ein Abschlag nach § 28 Abs. 3 Satz 1 II. BV vorgenommen wurde, ist irrelevant. Fehlen die Grenzen, ist die Klausel unwirksam. Der Vermieter ist in diesen Fällen berechtigt, die volle Instandhaltungspauschale nach § 28 Abs. 2 II. BV zu verlangen.[169] Wurde eine Gleitklausel nach § 4 Abs. 8 NMV vereinbart, ist die rückwirkende Geltendmachung zulässig.[170] Zu beachten ist, dass die vorgenannten Regelungen nur eingreifen, wenn die bundesrechtlichen Bestimmungen in den Ländern noch gelten. In Baden-Württemberg z. B. finden durch das LWoFG BW[171] seit 1.1.2009 das WoBindG, die NMV 1970, die II. BV und die damit verbundenen Ausführungsgesetze keine Anwendung mehr.[172]

III. Reduktion der Mieterhaftung bei Versicherungsleistungen

Kam es durch Verschulden des Mieters zu einem Schaden am Gebäude, in dem das Mietobjekt 62
liegt, oder am Mietobjekt selbst und besteht eine **Sachversicherung,** folgt nach der Rechtsprechung des BGH aus ergänzender Vertragsauslegung des Versicherungsvertrags ein konkludenter Regressverzicht des Versicherers für die Fälle, in denen der Mieter einen **Schaden nur durch leichte Fahrlässigkeit** verursachte.[173] Der Schutz des Mieters hängt nicht davon ab, ob der Vermieter seine Kalkulation offenlegte und den Mieter mit der anteiligen Prämie belastet. Vielmehr reicht es aus, wenn der Vermieter überhaupt eine Sachversicherung der betroffenen Art abgeschlos-

---

163 So § 17 Abs. 4 des Hamburger Mietvertrag für Wohnraum, herausgegeben vom Grundeigentümer-Verband Hamburg von 1832 e. V., zuvor seit 1991 DM 300,00.

164 BGH (VIII ZR 119/12) GE 2013, 49 = NZM 2013, 84 = WuM 2013, 31 (Thermenwartung); dazu *Langenberg* NZM 2013, 138.

165 BGH (VIII ZR 38/90) NJW 1991, 1750 = WuM 1991, 381.

166 *Kraemer/Paschke* in Bub/Treier III. A Rdn. 2627; *Sternel* II Rdn. 373.

167 BGH (VIII ZR 91/88) NJW 1989, 2247 = WuM 1989, 324; OLG Düsseldorf WuM 2002, 545; LG Stuttgart WuM 2016, 65.

168 LG Potsdam ZMR 2009, 618; AG Köln WuM 2007, 40.

169 AG Leverkusen WuM 1992, 596.

170 LG Hamburg WuM 1992, 593; LG Freiburg WuM 1992, 594.

171 Gesetz zur Förderung von Wohnraum und Stabilisierung von Quartiersstrukturen in der Fassung vom 11.12.2007 (Landeswohnraumförderungsgesetz – LWoFG BW), verkündet als Art. 1 des Gesetz zur Umsetzung der Föderalismusreform im Wohnungswesen vom 11.12.2007, Gesetzblatt für Baden-Württemberg Nr. 20 vom 14.12.2007.

172 Zu allem ausführlich *Feßler* WuM 2009, 90; s. auch *Börstinghaus* MK 2009, 209 mit einer Übersicht zur Rechtslage in sechs Bundesländern.

173 BGH (VIII ZR 28/04) GE 2005, 123 = NZM 2005, 100 = WuM 2005, 57 = ZMR 2005, 116; (IV ZR 298/99) NZM 2001, 108 = WuM 2001, 122 = ZMR 2001, 175; dazu auch *Prölss* ZMR 2001, 157 und *Armbrüster* ZMR 2001, 185.

sen hat, deren Prämien er aus dem Mietaufkommen bestreitet;[174] weitergehend wird vertreten, dass die Haftungsbeschränkung des Mieters auch dann eingreift, wenn er nach dem Mietvertrag die anteiligen Versicherungskosten zu tragen hat, der Vermieter es jedoch unterließ, eine entsprechende Versicherung abzuschließen und dies dem Mieter nicht bekannt war.[175] Die stillschweigende Beschränkung der Haftung des Mieters auf Vorsatz und grobe Fahrlässigkeit betrifft insbesondere leicht fahrlässig verursachte Brand-[176] und Leitungswasserschäden,[177] aber auch Haftpflichtschäden.[178] Der Vermieter darf grundsätzlich auch nicht von der Inanspruchnahme der Sachversicherung absehen, um einen Prämienanstieg zu vermeiden.[179] Da die oben beschriebenen Voraussetzungen beim **Mietinteressenten** fehlen, hat er für einen von ihm bei der Wohnungsbesichtigung verursachten Schaden einzustehen.[180] Ferner soll die Haftungsbeschränkung nicht bloßen **Besuchern,** sondern nur dem Mieter, Mitbewohnern und solchen Personen zugutekommen, bei denen nach ihrer Inanspruchnahme durch den Vermieter oder Versicherer ein Rückgriffs- oder Freistellungsanspruch gegen den Mieter in Betracht kommt.[181] Die **Beweislast** für mehr als leichte Fahrlässigkeit des Mieters liegt beim Versicherer, so dass § 538 BGB nicht gilt. Fraglich war, ob der Regressverzicht auch bei **grober Fahrlässigkeit** nach Maßgabe des § 81 Abs. 2 VVG eingreift; dies hat der BGH abgelehnt.[182]

IV. Bedeutung der Übertragung

63 Die Übertragung von Instandhaltungs- und Instandsetzungspflichten auf den Mieter hat **wirtschaftlich und rechtlich zwei verschiedene Aspekte.** Die Kosten, die dem Vermieter aus der Erhaltung von Gebäude und Mietobjekt entstehen, stellen einen kalkulatorischen Anteil des Mietentgelts dar. Soweit er sich durch **mittelbar** als Entlastung wirkende Abreden von seinen gesetzlichen Pflichten befreit, erzielt er eine finanzielle Entlastung, deren Höhe sich allerdings im Regelfall nicht quantifizieren lässt. Dasselbe gilt für die entsprechende Belastung des Mieters. Anders verhält es sich bei der **unmittelbaren** Übertragung ausdrücklich bezeichneter Pflichten auf den Mieter. Hierdurch erreicht der Vermieter eine Senkung seiner Kosten, der eine entsprechende Mietreduzierung gegenüberstehen kann, allerdings, je nach den Marktverhältnissen, nicht muss.

64 Die **Entlastung des Vermieters** korrespondiert bei der ausdrücklichen Übertragung von Pflichten mit einer **Belastung des Mieters.** Mit der partiellen Übernahme der Instandhaltung und Instandsetzung hat er wirtschaftlich bei Bedarf oder regelmäßig eine zusätzliche geldwerte Leistung zu erbringen.[183] Es handelt sich jedoch nicht nur um eine einseitig zu erbringende zusätzliche Leistung mit Entgeltcharakter. Vielmehr stehen sich nach § 535 BGB die primäre Leistungspflicht des Vermieters, dem Mieter den ordnungsgemäßen Gebrauch der Mietsache zu gewähren, und die **primäre Leistungspflicht des Mieters,** im vereinbarten Umfang und Abstand die Miete für die Überlassung der Mietsache zu leisten, in einem Gegenseitigkeitsverhältnis gegenüber. Üblicherweise erfüllt der Mieter seine Hauptpflicht durch Zahlung eines Geldbetrags. Die Parteien sind jedoch frei zu bestimmen, dass die Gegenleistung des Mieters auch auf andere Weise entrichtet wird. Rechtlich sind auch diese Gegenleistungen Mietentgelt (s. vor § 535 BGB Rdn. 12). Hat der Mieter Instandhaltungs- und Instandsetzungspflichten übernommen, schuldet er mithin einen **Geldanteil** in Form der meist monatlichen Zahlungen und, je nach den im Einzelfall notwendigen Arbeiten, einen **geldwerten Arbeitsanteil.** Beides zusammen macht die geschuldete Miete gem. § 535 Abs. 2 BGB aus. Der Mieter, der den von ihm wirksam übernommenen Pflichten nicht nachkommt, leistet daher nur unvollständig und damit zu wenig.

---

[174] BGH (VIII ZR 28/04) GE 2005, 123 = NZM 2005, 100 = WuM 2005, 57 = ZMR 2005, 116; (IV ZR 298/99) NZM 2001, 108 = WuM 2001, 122 = ZMR 2001, 175.

[175] LG Berlin NZM 2012, 82 = ZMR 2012, 544 m. Anm. *Armbrüster.*

[176] BGH (VIII ZR 191/13) GE 2015, 181 = NZM 2015, 245 = WuM 2015, 88; (VI ZR 196/10) NZM 2011, 894; (VIII ZR 41/95) WuM 1996, 212; OLG Düsseldorf WuM 2011, 694; GE 2004, 1231 = WuM 2004, 461 = ZMR 2004, 672.

[177] OLG Düsseldorf GE 2016, 1382.

[178] LG Stuttgart WuM 1998, 32.

[179] BGH (VIII ZR 191/13) GE 2015, 181 = NZM 2015, 245 = WuM 2015, 88.

[180] BGH (XII ZR 198/08) GE 2009, 838 = NZM 2009, 543 = ZMR 2009, 518.

[181] OLG Hamm ZMR 2001, 183 m. zust. Anm. *Armbrüster* ZMR 2001, 185.

[182] BGH (IV ZR 52/14) GE 2017, 290; **a. A.** LG Krefeld GE 2015, 1288.

[183] BGH (VIII ARZ 1/84) RE 30.10.1984 WuM 1985, 46.

Bei der Vermietung von **Gewerberaum** hat diese Rechtslage zur Folge, dass der Mieter jedenfalls dann, wenn der Vermieter seine Entlastung bei individualvertraglich umfänglich übernommenen Pflichten in Form einer geringeren Miete weitergegeben und der Mieter seine Pflichten nicht erfüllt hat, dem Vermieter auch dann eine **Ausgleichszahlung** schuldet, wenn die Erledigung der geschuldeten Instandhaltungs- und Instandsetzungspflichten nach Mietende deshalb sinnlos wird, weil der Vermieter das Mietobjekt umbauen will.[184] 65

D. Übertragung von Schönheitsreparaturen

I. Zulässigkeit der Übertragung

Die Erledigung der **Schönheitsreparaturen** gehört zu den originären Pflichten des Vermieters (s. Rdn. 2). Sie sind **Teil** seiner **umfassenden Instandhaltungs- und Instandsetzungsverpflichtung.** Die obigen (Rdn. 64) Ausführungen zur rechtlichen und wirtschaftlichen Bedeutung der Abwälzung von allgemeinen Instandhaltungs- und Instandsetzungspflichten gelten daher uneingeschränkt auch für den Bereich der Schönheitsreparaturen. 66

Der Vermieter ist mithin aus § 535 Abs. 1 Satz 2 BGB verpflichtet, das Mietobjekt während der Mietzeit in einem zum vertragsgemäßen Gebrauch geeigneten Zustand zu erhalten. Soweit er dieser Verpflichtung in einem nicht nur unerheblichen Umfang nicht nachkommt, tritt nach § 536 Abs. 1 BGB **Mietminderung** ein. Die Minderung der Miete erfolgt automatisch und von Gesetzes wegen. Anders als bei vermietetem Gewerberaum gilt für **Wohnraum** die Besonderheit, dass sie nach § 536 Abs. 4 BGB nicht zum Nachteil des Mieters ausgeschlossen werden kann, weder durch Individualvereinbarung noch formularvertraglich. Überbürdet der Vermieter nun dem Mieter Erhaltungspflichten, muss dieser etwaige während der Vertragsdauer auftretende Fehler der Mietsache beseitigen, ohne wegen der Beeinträchtigung der vertragsgemäßen Gebrauchstauglichkeit die Miete mindern zu können: Eine Vertragspartei kann sich für die gesetzlich vorgesehene Reduzierung der Miete nicht auf einen Mangel berufen, wenn sie es übernahm, ihn selbst zu beseitigen. Die Abwälzung von Erhaltungspflichten stellt sich damit als Eingriff in die Gewährleistungsrechte des Mieters und Umgehung des Verbots von Minderungsausschlüssen dar.[185] Auf die Schönheitsreparaturen bezogen ist eine **Renovierungspflicht des Mieters** daher **unzulässig, sofern** sie **nicht** durch eine Gegenleistung des Vermieters **kompensiert** wird. 67

Der BGH vermeidet die Kollision mit dem Verbot von Minderungsausschlüssen, indem er zugunsten des Mieters einen **Ausgleich** konstruiert: Er legt zugrunde, dass der Vermieter, der sich von der Last der Schönheitsreparaturen und damit einem Teil seiner Bewirtschaftungskosten befreit, stets eine um diese Entlastung geringere Miete mit dem Mieter vereinbart. Der Mieter hat mithin nur einen reduzierten Baranteil der Miete zu entrichten, die Differenz zur Miete bei Renovierungspflicht des Vermieters kann er ansparen. Der Mieter zahlt durch die Ausführung der Schönheitsreparaturen den Teil der Miete nach, den der Vermieter verlangen könnte, wenn er der gesetzlichen Regelung entsprechend die Schönheitsreparaturen selbst tragen würde.[186] Der Mieter, der die Schönheitsreparaturen nicht oder unzureichend ausführt, erbringt daher nicht nur seine Mietzahlung unvollständig und leistet zu wenig, sondern er vereinnahmt auch den Vorteil eines günstigeren Geldanteils der Miete zulasten des Vermieters. Nach dieser Konstruktion trägt wirtschaftlich der Vermieter die Kosten der Renovierung, so dass die Minderungsproblematik auf diesem Weg umgangen ist. Zur Begründung verweist der BGH insbesondere auf die Regelung in § 28 Abs. 4 II. BV, nach welcher der Vermieter von preisgebundenem Wohnraum alter Art berechtigt ist, einen bestimmten Zuschlag zur Kostenmiete zu erheben, wenn er die Schönheitsreparaturen auszuführen hat. 68

Das vom BGH zu Grunde gelegte **finanzielle Ausgleichsprinzip,** auch **Entgeltthese** genannt,[187] dass der Abwälzung der Schönheitsreparaturen eine entsprechende Entlastung des Mieters 69

[184] BGH (XII ZR 220/99) NZM 2002, 655.
[185] BGH (VIII ZR 129/91) NJW 1992, 1759 = WuM 1992, 355.
[186] Z. B. BGH (VIII ZR 143/06) NZM 2007, 879 = WuM 2007, 684; (VIII ZR 52/06) GE 2006, 1542 = NZM 2006, 924 = WuM 2006, 677 = ZMR 2007, 28; (VIII ARZ 1/84) RE 30.10.1984 WuM 1985, 46 (48).
[187] Z. B. *Häublein* in MünchKomm § 535 Rdn. 118.

bei der Miete gegenübersteht, ist auf wiederholte **Kritik** gestoßen.[188] Anders als bei preisgebundenem ist bei preisfreiem Wohnraum die jeweilige Marktlage entscheidend;[189] dies gilt auch für Gewerberaum, bei dem allerdings § 536 Abs. 4 BGB nicht eingreift, so dass es hier insoweit keiner Entgelttheorie bedarf. Die generelle These, es widerspreche jeder Erfahrung, dass der neue Mieter ein renovierungsbedürftiges Mietobjekt auf eigene Kosten instand setze und gleichwohl den Mietzins akzeptiere, wie er für ein hergerichtetes Objekt üblich sei,[190] hält der Überprüfung nicht stand. Sie mag zutreffen, wenn Vermieter und Mieter bei den Verhandlungen zum Abschluss eines Mietvertrags wirtschaftlich gleichberechtigt sind, weil eine ausgeglichene Marktsituation herrscht. Sobald die Nachfrage das Angebot deutlich übersteigt, stimmt sie nicht. Der Mieter übernimmt in einer derartigen Situation auch eine renovierungsbedürftige Wohnung, ohne auf Abstriche an der Mietvorstellung des Vermieters wegen des Zustands der Wohnung zu dringen, weil er sie anderenfalls wegen der Konkurrenz der Nachfrager ohnehin nicht erhielte.[191] Zudem führe der Ansatz des BGH in Umkehr der § 535 Abs. 1 Satz 2 und Abs. 2 BGB dazu, dass der Mieter Instandhaltung, der Vermieter Entgelt schuldet.[192]

Die **Kritik** ist **berechtigt, wenn,** wie im Regelfall, die Abwälzung der Schönheitsreparaturen **formularvertraglich** erfolgt. Der Vermieter mag hier seinen Aufwand mit oder ohne ihm obliegende Schönheitsreparaturen kalkulieren. Seine Kalkulation wird nicht erkennbar und über ihre Akzeptanz entscheidet nicht der individuell verhandelte Ausgleich, sondern die Marktlage.

Festzustellen ist damit, dass der vom BGH herausgestellte **Ausgleich** hier in aller Regel nur **fiktiv** ist. Auch ein sachkundiges Gremium mit der Erfahrung von addiert mehreren Jahrhunderten vermochte keinen Fall zu benennen, in dem ein Vermieter die erzielbare Marktmiete wegen der Abwälzung der Schönheitsreparaturen reduziert hätte.

Dass es sich im **Einzelfall** tatsächlich so verhalten kann, wie es der BGH zugrunde legt, stellt die grundsätzliche Kritik nicht in Frage. Auch wenn der Mieter seine Hauptpflicht aus § 535 BGB meist durch Zahlung eines Geldbetrags erfüllt, sind die Parteien frei festzulegen, dass er seine Gegenleistung auf andere Weise zu entrichten hat. So können sie bei der Vermietung von Wohnraum z. B. persönliche Pflegeleistungen, Hausmeisterdienste oder Gartenpflege- und Reinigungsarbeiten als geldwerten Ausgleich des Mieters vorsehen, sei es insgesamt oder als Teil neben einer verbleibenden Geldzahlungspflicht. Solche Regelungen werden jedoch üblicherweise, und dies ist der springende Punkt, **individualvertraglich** getroffen, d. h. die Parteien verhandeln über einen angemessenen Ausgleich der jeweiligen Leistung und legen diesen sodann einvernehmlich fest. Bei einer derartigen Konstellation ist dem Ausgangspunkt des BGH uneingeschränkt zuzustimmen.

70 Wird der vorgenannten Kritik gefolgt, ist die Abwälzung der Schönheitsreparaturen bei **Wohnraum** rein **formularvertraglich nicht** zu erreichen, weil z. B. die weit verbreitete Klausel, dass der Mieter die Schönheitsreparaturen zu tragen hat, Art und Ausmaß der Kompensation nicht erkennen lässt.[193] Dass der BGH inzwischen die Vermietung einer unrenovierten Wohnung ohne angemessen Ausgleich durch den Vermieter für unwirksam erklärt hat (s. dazu ausführlich Rdn. 151a), betrifft die hier behandelte Problematik nicht. Diese Entscheidung erging auf der Grundlage der Entgelttheorie. Danach erhält der Mieter die während seiner Mietzeit unterstellte Entlastung bei der Miethöhe nur zur Beseitigung der von ihm herrührenden dekorativen Abnutzungserscheinungen, so dass er, wenn er zusätzlich vorvertragliche Gebrauchsspuren zu beseitigen hat, übermäßig belastet wird.

---

188 Z. B. *Goch* WuM 2004, 513; *Hemming* WuM 2005, 164; *Sternel* II Rdn. 386ff. m. w. N.; *Wiek* WuM 2014, 171 (176f.) m. w. N.

189 *Sonnenschein* NJW 1980, 1719, dass der Mietpreis nicht nur die Kosten widerspiegele, sondern in der Marktwirtschaft primär die Knappheit des Angebots zum Ausdruck bringt.

190 So BGH (VIII ZR 150/65) BGHZ 49, 56 (60) = NJW 1968, 491; dazu kritisch LG Itzehoe WuM 1992, 242.

191 Ebenso z. B. LG Berlin NZM 2017, 258 = WuM 2017, 189.

192 *Schildt* WuM 1994, 241 (242).

193 So ausdrücklich LG Berlin NZM 2017, 258 = WuM 2017, 189.

II. Gegenstand der Schönheitsreparaturen

1. Wohnraum

Nach einhelliger Meinung ist auch bei preisfreiem Wohnraum die unmittelbar nur für preisgebundene Wohnungen alter Art geltende **Definition** in § 28 Abs. 4 Satz 4 II. BV (gleichlautend § 7 Abs. 2 Mustermietvertrag 1976 des BMJ) maßgeblich. Danach umfassen Schönheitsreparaturen nur das *„Tapezieren, Anstreichen oder Kalken der Wände und Decken, das Streichen der Fußböden, Heizkörper einschließlich Heizrohre, der Innentüren sowie der Fenster und Außentüren von innen"*. Zum Anstrich der Wände gehört auch das Streichen von Fuß-[194] und Scheuerleisten,[195] weil diese Leisten die Wand abschließen. 71

Werden durch eine Klausel **nur allgemein „Schönheitsreparaturen"** auf den Mieter abgewälzt, ist ihr Inhalt durch Auslegung näher zu bestimmen und dahin zu verstehen, dass die **Arbeiten nach § 28 II. BV** gemeint sind.[196]

Zu formularvertraglichen Erweiterungen des Gegenstands von Schönheitsreparaturen s. Rdn. 76.

Da **Fußböden** inzwischen kaum noch gestrichen, sondern in großem Maße mit **Teppichböden** ausgelegt werden, ist nach herrschender Ansicht an die Stelle des Streichens die Reinigung des vom Vermieter gestellten Teppichbodens getreten.[197] Reinigung bedeutet dabei nicht nur die schon aus der Obhutspflicht notwendige Beseitigung von Schmutz und Staub z. B. durch Einsatz eines Staubsaugers, sondern eine **Grundreinigung** mit entsprechenden Reinigungsmitteln und -geräten; anders ist ein Zustand, der dem Neuanstrich eines Holzfußbodens entspricht, nicht zu erreichen.[198]

Handelt es sich beim Bodenbelag um **Parkett,** folgt aus der Notwendigkeit einer Grundreinigung nicht etwa dessen Abschleifen und Versiegeln, sondern der Einsatz eines Reinigungsmittels mit anschließendem Auftrag einer Schutzemulsion.

Bei **Holzdielen** begegnen zwei Varianten. Sind sie abgeschliffen und versiegelt, gilt dasselbe wie bei Parkett. Haben sie nur einen Farbauftrag, inzwischen häufig nicht mehr in Rot (sog. Ochsenblut), sondern mit farblosem Lack, gehört der Neuanstrich nach § 28 II. BV zu den Schönheitsreparaturen. Hierzu ist der alte Lack als Vorarbeit nur anzuschleifen, bevor die neue Schicht aufgebracht wird.

Das Streichen von **Versorgungsleitungen** wie Wasser- und Gasrohren, die auf Putz liegen, ist in der Definition des § 28 II. BV nicht erwähnt. Nach ihrem Wortlaut deckt sie derartige Arbeiten nicht ab,[199] so dass sie nach § 535 Abs. 1 Satz 2 BGB vom Vermieter auf seine Kosten zu veranlassen wären. Dieses Ergebnis ist indes nicht überzeugend.[200] Die Definition bezieht nach ihrem Sinn alle Flächen ein, die im Inneren des Mietobjekts liegen und bei denen von Zeit zu Zeit eine Neudekoration notwendig ist. Sie nennt alle Flächen und Teile, bei denen die Herrichtung beträchtliche Kosten verursacht. Dass frei liegende Wasser- und Gasrohre nicht ausdrücklich angegeben sind, rechtfertigt daher nicht den Schluss, diese vergleichsweise geringen Arbeiten und damit Kosten sollten ausgeschlossen sein. So sind längere Wasserrohre auf Putz allenfalls in älteren Gebäuden gelegentlich anzutreffen, bei den Rohren für die Druckspülung oder von hochhängenden Wasserkästen zum WC handelt es sich nur um kurze Stücke. Auch von den Gasrohren liegen meist nur die kurzen Anschlussstücke zum Gaszähler auf Putz, wenn er in der Wohnung installiert ist. Dieses Verständnis der Definition wird durch die Überlegung bestätigt, dass es in der Praxis zu erheblichen Unzuträglichkeiten kommen würde, wenn der Vermieter gehalten wäre, diese Teile streichen zu 72

---

[194] Ebenso *Blank* in Blank/Börstinghaus § 535 Rdn. 438; *Schach* GE 2012, 244; **a. A.** AG Wedding GE 2011, 697.

[195] LG Berlin GE 2016, 592, allerdings mit der Begründung, dass sie zum Fußboden gehören.

[196] BGH (VIII ARZ 1/84) RE 30. 10. 1984 WuM 1985, 46; kritisch *Heinrichs* NZM 2003, 8 (12); *Hinz* ZMR 2003, 77 (80); *Kappus,* GS Sonnenschein, S. 263: *„schillernder"* Begriff.

[197] Z. B. BGH (XII ZR 15/07) DWW 2009, 23 = GE 2009, 111 = GuT 2008, 484 = NZM 2009, 126; Palandt/*Weidenkaff* § 535 Rdn. 41; *Schach* S. 3; *Sternel* NZM 1998, 842; **a. A.** *Emmerich* in Staudinger § 535 Rdn. 103.

[198] BGH (XII ZR 15/07) DWW 2009, 23 = GE 2009, 111 = GuT 2008, 484 = NZM 2009, 126 = WuM 2009, 225 = ZMR 2009, 267; kritisch *Lehmann-Richter* NZM 2009, 349; **a. A.** für Wohnraum *Gellwitzki* NZM 2009, 881 (883).

[199] *Kinne* GE 2016, 1068 (1071).

[200] *Gather* S. 33.

lassen (z. B. Beschaffung von Handwerkern, Farbauswahl, Terminabstimmung). Auf Putz angebrachte Gasrohre zur Versorgung von Gasthermen, Gaseinzel- oder -außenwandöfen sind den in der Definition angeführten Heizrohren vergleichbar und werden daher unmittelbar vor ihr erfasst.

73 Streitig ist, wer für den Anstrich von **Holzverkleidungen an Decken und Wänden** zuständig ist. Hierzu wird – ohne weitere Begründung – der Standpunkt eingenommen, es handele sich generell nicht um Schönheitsreparaturen,[201] so dass die Arbeiten dem Vermieter obliegen. Nach anderer Meinung geht es um Schönheitsreparaturen, wenn und soweit derartige Einrichtungen als Teil der Wand zu beurteilen sind.[202] Dieser Ansicht ist im Grundsatz der Vorzug zu geben. Für die Malerarbeiten begründet es keinen substantiellen Unterschied, ob der Vermieter die Wohnung mit Tapeten an Wänden und/oder Decken lieferte, die gestrichen werden müssen, oder einer Holzverkleidung, die zu lasieren oder ebenfalls zu streichen ist. In beiden Fällen geht es um die Herrichtung einer Wandbekleidung, gleichviel ob sie aus Tapete oder Holz besteht. Dem Nachteil, dass das Lackieren von Holzteilen teurer ist, steht der Vorteil gegenüber, dass Lackteile, wenn mit ihnen schonend umgegangen wird, deutlich länger einen ansehnlichen Zustand aufweisen als Tapeten; es wurde daher auch zu Recht vertreten, dass der früher „übliche" Renovierungsturnus von drei Jahren für Bad und Küche und von fünf Jahren für Wohnräume hinsichtlich der Lackteile formularmäßig nicht wirksam vereinbart werden kann, weil er den Mieter unangemessen benachteiligt.[203]

Für die Qualifikation als Schönheitsreparaturen ist allerdings **vorauszusetzen,** dass zur dekorativen Herrichtung **übliche Malerarbeiten ausreichen.** Wird formularmäßig festgelegt, dass der Mieter Naturholzteile nicht nur vorzubehandeln und zu lasieren hat, sondern dass sie abzuschleifen, zu grundieren und dann zu lasieren sind, ist der Umfang üblicher Schönheitsreparaturen i. S. d. § 28 II. BV grundsätzlich überschritten.[204] Abschleifen und Grundieren sind nur in langen Zeitabständen erforderlich, diese Arbeiten stellen eine Grundrenovierung dar (zu dieser Problematik s. Rdn. 209 ff.). Soll sie der Mieter auch immer dann durchführen, wenn eine erneute Lasur fällig ist, wird er übermäßig belastet. Erfordern Material oder Art der Wandverkleidung Maßnahmen, die deutlich über den vorgenannten Aufwand hinausgehen, ist der Bereich der Schönheitsreparaturen ebenfalls überschritten. Die Behandlung von **Wandbehängen,** die statt Tapeten angebracht sind, wird daher nicht umfasst.[205]

74 Dieselbe Problematik stellt sich, wenn die Wohnung mit **Einbauschränken** ausgestattet ist. Ersetzt ihre Front die dahinterliegende Wand, wie z. B. bei Einbauschränken in Flurnischen, wird ihre dekorative Herrichtung zu den Schönheitsreparaturen gehören;[206] diese Voraussetzung fehlt bei Raumteilern oder Einzelmöbeln, selbst wenn sie passgenau in eine Nische oder vor einer Wand aufgestellt wurden. Auch hier ist von Schönheitsreparaturen aber nur auszugehen, wenn die Ausführung mit üblichen Malerarbeiten möglich ist. Handelt es sich z. B. um Flächen, die mit Kunststoff beschichtet und durch längere Benutzung unansehnlich geworden sind, fällt es in die dem Vermieter obliegende Instandhaltung oder Instandsetzung, entweder durch eine Neubeschichtung oder einen Austausch wieder einen ordnungsgemäßen Zustand herzustellen.

75 Gelegentlich streiten die Parteien darüber, wer das **Streichen der Zwischenräume von Doppelfenstern** zu veranlassen hat. Dazu wird vertreten, dies sei Sache des Vermieters, weil der Zwischenraum nicht mehr dem Wohnungsinneren zugeordnet werden könne.[207] Dieser Ansicht ist entgegen zu halten, dass erst das äußere Fensterelement die Wohnung nach außen abschließt. So wird der Zwischenraum oft von den Mietern zusätzlich genutzt, z. B. zum Aufstellen von Pflanzen. Wird hinzugenommen, dass von Malern gelegentlich als Regel geäußert wird, zum Anstrich eines Raumes gehörten alle Flächen, die von innen sichtbar sind, wäre das äußere Fenster zwar ohne weiteres von innen zu streichen und ebenso der Zwischenraum, nicht aber das innere – geschlossene – Fensterelement von außen. Eine derartige Aufteilung erscheint nicht sachgerecht. Auf Grund der vorgenannten Kriterien ist vielmehr zu Grunde zu legen, dass auch der äußere Anstrich des Innen-

---

201 *Harsch* Rdn. 83; *Riecke/Mack* Rdn. 30.
202 LG Marburg ZMR 1980, 180; *Both* WuM 2007, 3; *Gather* S. 33; *Neuhaus* NZM 2000, 220 (221).
203 *Neuhaus* NZM 2000, 220 (221).
204 AG/LG Marburg ZMR 2000, 539.
205 *Kinne* NZM 2000, 209 (212).
206 *Blank* in Blank/Börstinghaus § 535 Rdn. 440; *Neuhaus* NZM 2000, 220 (221); **a. A.** ohne nähere Begründung LG Berlin GE 2016, 127 m. zutreff. krit. Anm. *Blümmel* GE 2016, 92 = NZM 2016, 125 = WuM 2016, 97; *Rave* MietRB 2016, 127, weil diese Maßnahme nicht von der Definition der Schönheitsreparaturen gedeckt sei.
207 *Harsch* Rdn. 116.

fensters einschließlich Innenfalz und Zwischenraum bei den Schönheitsreparaturen auszuführen ist; der Vermieter ist daher nur für den Anstrich der abschließenden Fensteraußenseite zuständig.[208]

Was das Streichen der **Tür- und Fensterfalze** betrifft, wird ebenfalls auf die vorgenannte Malerregel zurückgegriffen werden können, so dass sie nicht vom Mieter, sondern vom Vermieter beim Anstrich von außen herzurichten sind.[209]

Weitere Malerarbeiten im Inneren der Mieträume gehören grundsätzlich **nicht** zu den Schönheitsreparaturen. **Abschleifen und Versiegeln von Holzfußböden**[210] sowie die **Erneuerung von Teppichböden**[211] zählt nach allgemeiner Ansicht jedenfalls bei Wohnraum nicht zu den Schönheitsreparaturen (s. auch Rdn. 42). Die formularvertragliche Einbeziehung derartiger Arbeiten lässt die Abwälzung der Schönheitsreparaturen **insgesamt unwirksam** sein. 76

Dies gilt auch für Klauseln, welche den **Umfang von Anstricharbeiten** erweitern, wie z. B.

„Schönheitsreparaturen trägt der Mieter einschließlich Streichen von **Außenfenstern, Balkontür und Loggia**"[212]

oder

die den Mieter nur allgemein zum Streichen **„der Türen und Fenster"** verpflichten.[213]

Bei der zweiten, allgemeinen Formulierung folgt die Unwirksamkeit aus der gebotenen kundenfeindlichsten Auslegung von Formularklauseln, weil der Klausel die Beschränkung auf die Innenseiten der Türen und Fenster fehlt, so dass sie nach ihrem Wortlaut auch den Außenanstrich umfasst.[214] **Allerdings** soll aus einer formularvertraglichen Regelung mit der erforderlichen Klarheit hervorgehen, dass nur das Streichen der Türen im Innenbereich gemeint ist, wenn **die anderen Regelungen derselben Passage des Vertrags** sich ausdrücklich nur auf Schönheitsreparaturen innerhalb der gemieteten Räume beziehen.[215] Unter dieser Voraussetzung schadet es daher nicht, wenn nur allgemein von Türen und Fenstern die Rede ist.

Innenanstriche von **Gemeinschaftsräumen** sowie die Instandsetzung der **Fensterverkittung**[216] fallen ohnehin nicht unter die Definition.

2. Gewerberaum

Die vorgenannte **Definition** der Schönheitsreparaturen gilt nach allgemeiner Ansicht **auch für Gewerberaum;**[217] der Mieter von Gewerberaum ist mithin ebenfalls primär nur für den Zustand im Inneren der Mieträume zuständig, soweit er auf seinem Gebrauch beruht; anders als bei Wohnraum wird es bei der Vermietung von Gewerberaum aber als **zulässig** angesehen, den Umfang dessen, was unter Schönheitsreparaturen zu verstehen ist, **formularvertraglich auszuweiten.**[218] So kann der Vermieter dem Mieter z. B. das fachgerechte Abschleifen von **Parkettböden** auferlegen, allerdings nicht mit einer starren Frist, welche die gesamte Abwälzung unwirksam macht.[219] Zu den Pflichten des Mieters, zumal bei Mietende, gehört auch die Durchführung einer ggf. im Laufe des Mietverhältnisses erforderlich gewordenen **Grundreinigung des Bodenbelags,**[220] nicht jedoch dessen Erneuerung, wenn er durch den vertragsgemäßen Gebrauch verschlissen ist. Der Ansicht, der Bodenbelag sei für den Fußboden das, was die Tapeten für die Wände sind,[221] es gehe also 77

[208] Ebenso *Gather* S. 33; *Schach* GE 2012, 244.
[209] AG Hannover WuM 2007, 406.
[210] Z. B. BGH (VIII ZR 48/09) NZM 2010, 157 = WuM 2010, 85; *Gather* S. 34; *Kinne* NZM 2000, 209 (212).
[211] OLG Hamm RE 22.3.1991 WuM 1991, 248.
[212] BGH (VIII ZR 210/08) DWW 2009, 258 = GE 2009, 573 = NJW 2009, 1408 = NZM 2009, 353 = WuM 2009, 286.
[213] BGH (VIII ZR 48/09) NZM 2010, 157 = WuM 2010, 85; (VIII ZR 210/08) = GE 2009, 573 = NJW 2009, 1408 = NZM 2009, 353 = WuM 2009, 286.
[214] BGH (VIII ZR 222/09) GE 2010, 692 = WuM 2010, 231; KG GE 2008, 987; LG Berlin GE 2008, 478.
[215] BGH (VIII ZR 192/11) GE 2012, 821 = NZM 2012, 527 = WuM 2012, 312 = ZMR 2012, 617.
[216] LG Bautzen WuM 2001, 279.
[217] Z. B. BGH (XII ZR 15/07) DWW 2009, 23 = GE 2009, 111 = GuT 2008, 484 = NZM 2009, 126 = ZMR 2009, 267.
[218] *Bub* in Bub/Treier II Rdn. 1476; *Kutz* in Tank/Baumgarten/Kutz D Rdn. 1012; *Schach* in Kinne/Schach/Bieber § 535 Rdn. 87.
[219] OLG Düsseldorf GE 2016, 784 (alle 10 Jahre).
[220] BGH (XII ZR 15/07) DWW 2009, 23 = GE 2009, 111 = GuT 2008, 484 = NZM 2009, 126 = ZMR 2009, 267; dazu kritisch *Lehmann-Richter* NZM 2009, 349.
[221] OLG Düsseldorf NJW-RR 1989, 663.

auch bei der Erneuerung der Auslegeware um Schönheitsreparaturen, ist schon nach deren Definition nicht zu folgen. Ihr ist aber auch unter sachlichen Gesichtspunkten entgegen zu halten, dass der Fußboden einer mit Teppichboden oder anderen Belägen ausgestatteten Gewerbefläche als solcher bereits aus zwei Komponenten besteht, dem Untergrund und dem Belag, d. h. die Beläge sind Bestandteil des Fußbodens.[222] Der Bodenbelag schließt den Oberbodenaufbau ab.[223] Dass es, zumal bei Neubauten, gelegentlich vertraglich dem Mieter auferlegt wird, den rohen Fußbodenuntergrund mit einem Belag zu versehen, ändert an dieser grundsätzlichen Einordnung nichts.

78 Bei einem Streit der Parteien, ob der Mieter verschlissenen oder beschädigten Teppichboden oder einen anderen Bodenbelag zu ersetzen hat, ist daher immer der **genaue Regelungsgehalt einer Vereinbarung** zu prüfen. Hat der Mieter **nur die Schönheitsreparaturen** zu tragen oder ist er nur verpflichtet, die Mietsache und ihre Ausstattung *„ordnungsgemäß und schonend"*[224] bzw. *„fachgerecht"*[225] zu behandeln oder sie zu *„pflegen"*[226], obliegt ihm allein die laufende Instandhaltung, insbesondere die laufende fachgerechte Reinigung der Bodenbeläge. Mit der Zeit notwendige Reparaturen gehen weiterhin zu Lasten des Vermieters, also auch die nach längerem Mietgebrauch durch normalen Verschleiß erforderliche Erneuerung des Bodenbelags.

Dem Mieter kann indes auch die **Instandsetzung** auferlegt sein. Dies wird bei der Vermietung von Gewerberaum allgemein in weitem Umfang auch formularvertraglich für zulässig gehalten, sofern es sich um Reparaturen handelt, die aus dem Mietgebrauch oder dem Risiko des Mieters stammen. Auf Grund einer derartigen Vereinbarung ist es Sache des Mieters, auch schadhafte Bodenbeläge auf seine Kosten zu ersetzen.[227]

79 Für **Wandverkleidungen** oder **Einbauschränke** gelten dieselben Gesichtspunkte, die bei Wohnraum herausgestellt wurden.[228] Soweit nicht vertraglich eine Erweiterung festgelegt ist, geht es auch bei Gewerberäumen nur dann um Schönheitsreparaturen, wenn sich die erforderlichen Arbeiten in üblicher Weise erledigen lassen. Abgehängte Decken aus Leichtmetall oder besondere Vertäfelungen und dergleichen sind daher im Rahmen der Instandhaltung vom Vermieter in Ordnung zu halten.[229]

3. Ergebnis

80 Genau besehen sind daher Schönheitsreparaturen der Sache nach **keine Reparaturen im eigentlichen Sinne.** Vielmehr handelt es sich um „bloße" Malerarbeiten im Mietobjekt, den Aufwand, der notwendig ist, um einen üblicherweise als unansehnlich bewerteten Zustand der Dekoration des Mietobjekts zu beseitigen.[230] Dieser Zustand stellt sich mit der Zeit selbst bei schonendem Gebrauch der Mietsache durch eine gewisse Abnutzung ebenso ein wie auch schon durch bloßen Zeitablauf infolge Alterung des Materials (Vergilbung, Vergrauung) und Einflüssen insbesondere von außen, wie Staub, Abgasen, Sonneneinstrahlung u. Ä. Schönheitsreparaturen sind der Instandhaltung i. S. d. § 28 Abs. 1 II. BV gleichzusetzen, nicht der Instandsetzung. Arbeiten, welche die Beseitigung von Untergrundschäden an Holz, Putz oder Mauerwerk zum Inhalt haben, zählen folglich nicht zu den Schönheitsreparaturen.[231] Sie verbleiben im Pflichtenkreis des Vermieters aus § 535 Abs. 1 Satz 2 BGB.

Ausnahmen betreffen die üblichen Vorarbeiten vor der Ausführung der Schönheitsreparaturen, etwa die Beseitigung von Deckenrissen, die durch Alterung entstanden sind[232] oder kleinerer Holzschäden, die durch Spachteln vor dem Lackieren behoben werden können.[233]

---

[222] Vgl. OLG Stuttgart NJW-RR 1995, 1101; OLG Celle NZM 1998, 158.
[223] *Franke* DWW 2004, 172 (173).
[224] OLG Düsseldorf DWW 1992, 365.
[225] OLG Düsseldorf GE 2008, 731 = GuT 2008, 204 = ZMR 2008, 890.
[226] BGH (VIII ZR 186/80) WuM 1982, 296.
[227] OLG Frankfurt ZMR 2013, 29.
[228] Anders BGH (VIII ZR 260/79) ZMR 1980, 378 (380) ohne nähere Begründung für die Wandbespannung in einer Kegelbahn.
[229] *Schopp* ZMR 1981, 258.
[230] Vgl. BGH (VIII ZR 37/07) GE 2008, 533 = NZM 2008, 318 = WuM 2008, 213 = ZMR 2008, 524 m. Anm. *Schläger; Emmerich* in Staudinger § 535 Rdn. 102; *Schach* S. 3.
[231] BGH (VIII ARZ 1/88) RE 6.7.1988 NJW 1988, 2790 = WuM 1988, 294 (298).
[232] KG GE 1981, 1065.
[233] Vgl. LG Berlin GE 1995, 115.

III. Qualität

1. Grundsätze

Im Regelfall enthalten Mietverträge keine näheren Angaben zu der Art und Weise, wie der Mieter die Schönheitsreparaturen ausführen soll. Der Mieter hat damit eine Gattungsschuld i. S. v. § 243 BGB zu erbringen. Bei der Gattungsschuld bestimmt der Schuldner den Leistungsgegenstand, wobei er nach § 243 Abs. 1 BGB *„eine Sache von mittlerer Art und Güte"* zu leisten hat. Hieran anknüpfend wird allgemein verlangt, dass Schönheitsreparaturen stets **fachgerecht in mittlerer Art und Güte** ausgeführt werden müssen, ein DIN-Maßstab ist daher nicht einzuhalten;[234] auch wenn sie „fachmännisch" zu erledigen sind, sind entsprechende Eigenleistungen des Mieters nicht ausgeschlossen.[235] 81

Die **Formulierung** ist griffig, aber **nicht unproblematisch.** Sie besteht aus zwei Teilen, die bei genauerer Betrachtung nicht recht zusammenpassen.[236] Fachgerecht bedeutet, dass die Arbeiten den Regeln des Malerhandwerks entsprechen. Das Erfordernis (nur) mittlerer Art und Güte besagt, dass keine gehobene Qualität zu leisten ist. Was unter mittlerer Qualität zu verstehen ist, lässt sich für die Materialien (Tapeten, Lacke) bestimmen, im Zweifel durch den mittleren Preis zwischen Billigfarbe und Spitzenqualität. Wie ein Fachhandwerker einerseits nur mittlere Arbeit erledigen soll, während er andererseits die fachlichen Regeln einzuhalten hat, ist demgegenüber im Prinzip nur schwer nachzuvollziehen.

In der Praxis löst sich dieser Widerspruch indes auf, weil auch Fachbetriebe keineswegs stets fachgerecht arbeiten; dem Mieter ist es daher verwehrt, sich bei schlechten Arbeiten mit dem Hinweis zu entlasten, sie seien durch einen Fachbetrieb erfolgt.[237] Zugleich ist dem Mieter Eigenleistung in „fachmännischer" Weise möglich, obgleich nur die wenigsten Mieter die fachlichen Regeln überhaupt kennen, geschweige denn entsprechend arbeiten können. Werden die genannten Gesichtspunkte zusammen gefasst, liegt eine fachgerechte Renovierung in mittlerer Art und Güte vor, wenn sie sorgfältig ausgeführt wurde,[238] die Arbeiten also insgesamt einen ordnungsgemäßen Standard haben,[239] so dass kleinere Mängel nicht schaden;[240] eine bloße „Hobby-Qualität" mittlerer Art und Güte wird indes nicht ausreichen.[241] Gelegentlich holen Vermieter vorgerichtlich Gutachten von Sachverständigen der zuständigen Handwerkskammer zum Nachweis des nicht ordentlichen Zustands ein; solche Gutachten sind unverwertbar, wenn sie, wie es oft festzustellen ist, einen Maßstab anlegen, der selbst von Fachhandwerkern zum Teil nicht erreicht wird.

Die Dekoration muss nach der **Qualität der Materialien** so beschaffen sein, dass sie bei vertragsgemäßem Gebrauch der Mietsache eine angemessene Zeit hält,[242] also Tapeten sich z. B. nicht vorzeitig ablösen oder Anstriche rissig werden. Die Art der Dekoration muss der jeweiligen Nutzung der Räume Rechnung tragen. Der Ansicht, eine Raufasertapezierung im Badezimmer sei verfehlt,[243] kann in dieser Allgemeinheit nicht zugestimmt werden; während Raufasertapeten in kleinen Badezimmern, wenn sie schlecht zu lüften sind, die Ausbildung von Spak und Schimmelpilz begünstigen, treten diese Erscheinungen in größeren Sanitärräumen mit guten Lüftungsmöglichkeiten nicht auf. 82

Die **Qualität der Ausführung** muss einen im Wesentlichen ordentlichen Zustand erreichen.[244] Ob diese Voraussetzung im Einzelfall erfüllt ist, ist auch danach zu bestimmen, um welche Art von Mietobjekt es geht.[245] Handelt es sich um ein hochpreisiges Objekt, sind die Anforderungen höher. Da nach dem Ansatz des BGH der Übernahme der Schönheitsreparaturen durch den Mieter eine entsprechende Mietreduzierung des Vermieters gegenüber steht, ist der Wert der Renovierung mit dem Wert des Mietabschlags zu vergleichen, der mithin umso höher ausfällt, je aufwendiger das 83

---

234 LG Berlin GE 2000, 1255; **a. A.** *Schach* in Kinne/Schach/Bieber § 535 Rdn. 111.
235 BGH (VIII ARZ 1/88) RE 6.7.1988 NJW 1988, 2790 = WuM 1988, 294.
236 Vgl. *Lützenkirchen* WuM 1989, 111.
237 LG Berlin GE 2000, 811.
238 LG Osnabrück WuM 1988, 107.
239 *Harsch* Rdn. 264.
240 LG Wiesbaden WuM 1992, 602.
241 LG Berlin GE 2000, 677.
242 Vgl. *Lützenkirchen* WuM 1989, 110 (111); *Schach* S. 30.
243 LG Hamburg WuM 1991, 29.
244 *Kraemer* NZM 2003, 417 (422): Zustand ohne auffallende Mängel.
245 **A. A.** *Schach* S. 29.

Mietobjekt dekorativ hergerichtet ist. Im Durchschnittsfall wird es nicht schaden, wenn eine Tapete nur ganz vereinzelt nicht auf Stoß geklebt ist oder nur ein einmaliger Anstrich vorgenommen wurde, sofern er deckend ist,[246] und zwar auch dann, wenn der Tapezierfehler einem Fachhandwerker nicht unterlaufen wäre und er es vorgezogen hätte, zwei Anstriche aufzubringen. Andererseits genügen offensichtlich laienhafte Arbeiten mit deutlichen Fehlern nicht. Ist der Mieter nur verpflichtet, die Wände zu tapezieren oder zu streichen, steht ihm, nicht dem Vermieter, das Wahlrecht zu.[247]

Nicht ordnungsgemäß ist danach

- eine Decke, deren Putzschicht bei der Entfernung einer Styroporverkleidung vom Mieter beschädigt und vor dem Tapezieren nicht geglättet wurde, so dass auffällige Unebenheiten verblieben,[248]
- eine nicht nur in marginalem Umfang überlappend geklebte Raufasertapete,
- der Verbleib offener Nähte zwischen den Tapetenbahnen,
- das Überstreichen von Mustertapeten,[249]
- die Neutapezierung, ohne zuvor die alte Tapete zu entfernen,[250]
- ein wolkiger oder nicht deckender Anstrich von Wänden und Decken,
- das Überstreichen von Leim- oder wischbeständigen Farben;[251] sie müssen abgewaschen oder abgekratzt werden, weil es nach bloßem Überstreichen zum Abplatzen der neuen Farbschicht kommen kann,
- das Aufbringen schwerer Tapeten auf ungeeignetem Putzuntergrund, etwa lockerem Putz in Alt-, aber auch Nachkriegsbauten,
- ein streifiger Lackanstrich mit Pinselhaaren und Schmutzpartikeln[252],
- der Verbleib zahlreiche Farbläufer oder -nasen an Lackflächen,
- die Lackierung von Holzwerk, ohne zuvor die Oberfläche zu reinigen und aufzurauen sowie Schadstellen zu spachteln,
- die Lackierung von Stahlzargen der Türen mit nicht stoßfester Farbe,
- die Lackierung von Heizkörpern und Heizungsrohren mit nicht temperaturbeständigen Lacken.

2. Bestimmungen zur Qualität im Mietvertrag

84 **a) Individualvereinbarung.** Im Rahmen der individuellen Aushandlung können sich die Parteien auf **bestimmte Qualitätskriterien** verständigen. Diese beziehen sich in der Praxis meist auf die Qualität der vom Mieter bei Eigenleistung zu verwendenden Materialien, dürfen aber auch die Art der Ausführung einschließen.

85 **b) Formularvereinbarung. aa) Wohnraum.** Klauseln, nach denen die Schönheitsreparaturen

„sach- und fachgerecht" oder „fachmännisch"[253]

durchzuführen sind, sind **wirksam,** sie begründen nur eine Verpflichtung des Mieters zur Ausführung in **mittlerer Art und Güte.** Diese Bestimmungen halten es dem Mieter offen, Eigenarbeiten entsprechender Qualität durchzuführen. Bei anderem Verständnis käme die Klausel einer unwirksamen Fachhandwerkerklausel gleich.[254]

Demgegenüber enthalten Klauseln, welche die Ausführung

„nach den **anerkannten Regeln der Technik**" oder „nach den **Regeln der VOB**"

vorschreiben, eine **unangemessene Benachteiligung** des Mieters.[255] Da der Mieter i. d. R. kaum in der Lage ist, die Regeln zu beachten, zwingt ihn die Klausel, letztlich doch auf Fachkräfte zurückzugreifen.[256]

---

[246] *Lützenkirchen* WuM 1989, 110 (111).
[247] LG Berlin WuM 1996, 138.
[248] AG Köln WuM 1989, 136.
[249] KG GE 1981, 1065.
[250] LG Berlin GE 1994, 584, 585.
[251] AG Hamburg-Wandsbek ZMR 2012, 23.
[252] AG Köln WuM 1989, 136.
[253] Strenger AG Köln WuM 2016, 710: Die Formulierung „auf fachhandwerklichem Niveau" belaste den Mieter unangemessen.
[254] *Harsch* Rdn. 264.
[255] AG Köln ZMR 2002, 130; AG Remscheid NZM 2000, 89.
[256] *Lützenkirchen* WuM 1989, 110 (112).

Klauseln, dass die Schönheitsreparaturen 86
„durch Fachhandwerker" oder „durch einen Fachbetrieb" **zu erfolgen haben** bzw. Teppichböden „von einer Fachfirma reinigen **zu lassen**" sind,
belasten den Mieter **unangemessen** und verstoßen gegen § 307 BGB;[257] der Mieter muss sich daher erst recht nicht an Klauseln halten, welche die Ausführung durch einen bestimmten Fachbetrieb vorsehen. Derartige Klauseln sind unwirksam und dürfen nicht etwa dahin ausgelegt werden, dass der Mieter gleichwohl selbst renovieren darf, wenn er nur eine entsprechende Arbeit leistet. Diese Auslegung verstößt gegen das Verbot der geltungserhaltenden Reduktion. Vielmehr nehmen ihm derartige Klauseln bindend die Möglichkeit kostensparender Eigenleistung.

Eine **unwirksame Fachhandwerkerklausel** lässt die **Abwälzung der Schönheitsreparaturen** nach herrschender Ansicht **im Ganzen unwirksam** sein;[258] dieser Auffassung ist zuzustimmen. Bei der Klauselkontrolle im Hinblick auf das Übermaßverbot sind die einzelnen, dem Mieter auferlegten Pflichten zu addieren, d. h. die Fachhandwerkerklausel ist im Kontext der Gesamtregelung zu würdigen. Dabei wird deutlich, dass sie zusätzlich zur Abwälzung den Umfang der Renovierungspflicht des Mieters festlegen, also dem Vermieter einen korrespondierenden Erfüllungsanspruch verschaffen soll, unabhängig davon, ob der Mieter selbst oder z. B. fachkundige Freunde oder Bekannte in der Lage sind, dasselbe Renovierungsergebnis zu erzielen. Dieser generelle Erfüllungsanspruch belastet den Mieter mit bekanntlich enormen Mehrkosten. Aus der Addition der Pflichten folgt mithin eine übermäßige und damit unwirksame Gesamtregelung.

Die Klauseln, 87
„Die **für die Renovierung notwendige Farbe** wird vom Vermieter vorgegeben. Sie darf nur in einem **Malerfachgeschäft** gekauft werden."
ist **unwirksam.** Dass der Vermieter die zur Renovierung zu verwendende Farbe vorgeben darf, benachteiligt den Mieter, weil der Vermieter die Ausführung der Schönheitsreparaturen mit einer teuren Farbe, die objektiv nicht notwendig ist, verlangen könnte; soweit die Klausel den Einkauf in einem Malerfachgeschäft vorschreibt, belastet sie den Mieter unangemessen, weil auch Markenfarbe günstiger z. B. in einem Baumarkt zu kaufen ist.[259]

Die Klauseln
„folgende Arbeiten … Anstreichen der Innentüren … mit ölhaltigen Farben (Alcydharzfarben) **keineswegs mit** wasserlöslichen Farben **(Acrylfarben).**" bzw. „Während des Mietverhältnisses dürfen **keine Kalkfarben** verwendet werden."
sind **unwirksam.** Der Ausschluss von Acrylfarben soll auch für die Materialien gelten, bei denen die Verwendung von Acrylfarben bei Folgerenovierungen keine Probleme bereitet; die Klausel schränkt die Gestaltungsfreiheit des Mieters ein, ohne dass ein anerkennenswertes Interesse des Vermieters besteht.[260] Dasselbe gilt für den Ausschluss von Kalkfarben während des Mietverhältnisses.[261]

Hierzu besteht indes eine **Ausnahme,** die im Mietvertrag begründet werden sollte, damit die Klausel nicht etwa an der kundenfeindlichsten Auslegung scheitert. Die **Vorgabe** der Art der Farbe kann nämlich auch auf **sachlichen Gründen** beruhen. So ist die Verwendung bestimmter Farben je nach Wandaufbau zwingend, um Schäden zu vermeiden. Handelt es sich z. B. um einen mineralischen Wandaufbau, mit dem Schimmelbefall vorgebeugt werden soll und bei dem die Oberfläche daher diffusionsoffen bleiben muss, dürfen nur Farben auf Silikatbasis eingesetzt werden.

bb) Gewerberaum. Fachhandwerkerklauseln, wie z. B. 88
„Der Pächter verpflichtet sich, das Objekt … durch einen autorisierten **Meisterbetrieb** vollständig renovieren zu lassen.",
sind **nach zunehmend vertretener Ansicht unwirksam**[262] mit der Folge, dass die gesamte Abwälzung der Renovierungspflicht ohne Wirkung bleibt. In tatsächlicher Hinsicht spricht für diese

---

[257] BGH (VIII ZR 294/09) NZM 2010, 615 = WuM 2010, 476; OLG Stuttgart RE 19.8.1993 NJW-RR 1993, 1422 = WuM 1993, 528; LG Koblenz WuM 1992, 431; LG Köln WuM 1991, 87.

[258] BGH (VIII ZR 294/09) NZM 2010, 615 = WuM 2010, 476; LG Stuttgart WuM 1991, 579; *Blank* PiG 73 (2005), 163 (181); *Blank* in Blank/Börstinghaus § 535 Rdn. 458; *Heinrichs* NZM 2005, 201 (209) = WuM 2005, 155 (163); *Kraemer* PiG 75 (2006), 37 (50); **a. A.** OLG Stuttgart RE 19.8.1993 NJW-RR 1993, 1422 = WuM 1993, 528; LG Koblenz WuM 1992, 431; LG Köln WuM 1991, 87; *Sternel* Mietrecht aktuell Rdn. IX 55.

[259] AG Köln WuM 2007, 125.

[260] LG Berlin MM 5/2014, 30.

[261] LG Berlin MM 3/2016, 29.

[262] OLG Düsseldorf GuT 2010, 344 = NZM 2011, 244; *Bub* in Bub/Treier II Rdn. 1483; *Fritz* Rdn. 181; *Glaser* MK 2011, 27.

Meinung, dass im Regelfall Spezialkenntnisse für eine fachgerechte Renovierung nicht erforderlich sind. Verhält es sich einmal im Einzelfall anders, weil der Vermieter z. B. nicht weiß, welche Beanspruchung der spezielle Betriebszweck mit sich bringt und ob spezielle Vorkenntnisse für eine sachgemäße Renovierung notwendig sind, kann er sein Ziel durch eine Individualvereinbarung erreichen. Zur rechtlichen Seite ist festzustellen, dass dem Interesse des Vermieters mit einer fachgerechten Renovierung genügt wird. Auch der Mieter von Gewerberaum schuldet nur eine Dekoration mittlerer Art und Güte. Wie dem Mieter von Wohnraum muss es ihm daher freistehen, wie er dieses Ergebnis erreicht, also auch durch eigene Dekoration oder mit Hilfe seiner Mitarbeiter.

Nach anderer Ansicht[263] sind derartige Klauseln bei der Vermietung von Gewerberaum grundsätzlich nicht zu beanstanden, weil die Parteien hier in der Vertragsgestaltung weitgehend frei sind. **Unwirksamkeit** ist **jedenfalls** gegeben, wenn ein **bestimmter Fachbetrieb** genannt und vorgeschrieben ist. Hierdurch wird dem Mieter die Möglichkeit genommen, verschiedene Angebote einzuholen und die Arbeiten an den günstigsten Anbieter zu vergeben,[264] was ihn unangemessen benachteiligt (§ 307 BGB). Wegen des Verbots der geltungserhaltenden Reduktion ist davon auszugehen, dass hier die gesamte Klausel keinen Bestand hat.[265]

IV. Abgrenzung dekorativer Mängel von Sachbeschädigung

1. Bedeutung der Abgrenzung

89 Der **dekorative Zustand** eines Mietobjekts kann **sehr unterschiedliche Mängel** aufweisen. Es kann sich um solche handeln, die unter den oben behandelten Begriff der Schönheitsreparaturen fallen, oder auch um Schäden, die als Sachbeschädigung zu qualifizieren sind. In der Praxis bemühen sich zumal die von der Unwirksamkeit der Abwälzung der Schönheitsreparaturen betroffenen Vermieter zunehmend, bei Mietende ihrer grundsätzlichen Renovierungspflicht auf eigene Kosten dadurch zu entgehen, dass sie einen Schadensersatzanspruch gegen den Mieter reklamieren, um zu einer Renovierung auf dessen Kosten zu kommen. Die jeweilige Zuordnung der Mängel ist für die Durchsetzung oder die Abwehr von Renovierungsansprüchen oft von entscheidender Bedeutung.

Geht es um eine nicht erfüllte, vertraglich geschuldete Leistung wie den **Schönheitsreparaturen,** hat der Vermieter grundsätzlich das Verfahren nach § 281 Abs. 1 BGB zu beachten, falls nicht zu seinen Gunsten § 281 Abs. 2 BGB eingreift; ihm steht erst dann ein Schadensersatzanspruch zu, wenn er den Mieter vergeblich zur Erledigung der notwendigen Arbeiten innerhalb einer bestimmten Frist aufforderte. Anders verhält es sich, wenn durch die schuldhafte Verletzung der Obhuts- und Fürsorgepflicht des Mieters für das Mietobjekt bereits endgültig eine **Sachbeschädigung** eintrat. Hier ist das vorgenannte Verfahren nicht erforderlich, sondern der Vermieter kann sogleich oder nach der Behebung der Mängel Schadensersatz nach §§ 280 Abs. 1, 249 BGB geltend machen.

90 Es ist mithin danach abzugrenzen, ob ein **schlechter dekorativer Zustand** des Mietobjekts auf unterlassenen oder schlecht ausgeführten Schönheitsreparaturen beruht und damit der **Verletzung einer originären Leistungspflicht oder** ob ein als Sachbeschädigung zu wertender **sonstiger Schaden** zu konstatieren ist. Lässt der Mieter durch Ungeschick z. B. einen schweren harten Gegenstand in die Badewanne fallen, so dass ein Stück Email abplatzt, steht dem Vermieter unmittelbar aus §§ 280 Abs. 1, 249 BGB ein Schadensersatzanspruch zu. Verschüttet der Mieter eine Flüssigkeit, die zu Flecken auf dem bauseitig gelieferten Teppichboden führt, kommt es auf die Folgen der Unachtsamkeit an. Tritt sogleich ein irreparabler Schaden ein, gilt dasselbe wie im vorgenannten Fall. Lassen sich die Flecken durch eine Reinigung entfernen, kommt der Vermieter grundsätzlich nur über das Verfahren nach § 281 Abs. 1 BGB zu einem Schadensersatzanspruch in Geld.

91 Handelt es sich um **Schönheitsreparaturen** und besteht die Schadensersatzpflicht des Mieters dem Grunde nach, ist jeweils die **Schadenshöhe zu prüfen.** Ausgangspunkt ist, dass der Vermieter bei der Unwirksamkeit der Abwälzungsabrede die Kosten, die für die Beseitigung der üblichen Abnutzungserscheinungen anfallen, selbst zu tragen hat.[266] Er kann den Mieter daher nicht etwa mit den vollen Renovierungskosten belasten, sondern seine **Sowieso-Kosten** sind vorab **abzuzie-**

---

263 BGH (VIII ZR 252/81) BGHZ 85, 267 = NJW 1983, 446 (447); *Heinrichs* NZM 2005, 201 (210) = WuM 2005, 155 (163); *Schach* in Kinne/Schach/Bieber § 535 Rdn. 111; *Wolf* in Lindner-Figura/Oprée/Stellmann Kap. 13 Rdn. 207.

264 *Riecke/Mack* Rdn. 271; vgl. LG Koblenz WuM 1992, 431.

265 *Kraemer* PiG 75 (2006), 37 (50).

266 BGH (VIII ZR 48/09) NZM 2010, 157 = WuM 2010, 85.

hen. Sein Ersatzanspruch beschränkt sich folglich auf die **Mehrkosten** aus der Beseitigung der zusätzlichen Schäden.

2. Abgrenzungsmethode

In dem hier relevanten Zusammenhang reicht es nicht, allein auf die *sachliche* Charakterisierung der Schönheitsreparaturen abzustellen, nach der es sich allein um Malerarbeiten zur Herstellung einer ordnungsgemäßen Dekoration des Mietobjekts handelt (s. Rdn. 80). Vielmehr ist *rechtlich* die **Ursache eines dekorativen Schadens** einzubeziehen, weil die Notwendigkeit von Schönheitsreparaturen tatbestandlich auch aus einer Sachbeschädigung resultieren kann. Der Mieter hat nach § 538 BGB nur solche Veränderungen oder Verschlechterungen der Mietsache nicht zu vertreten, die auf *„vertragsgemäßem Gebrauch"* beruhen. Dem Vermieter steht daher im Regelfall ein Schadensersatzanspruch aus Vertragsverletzung nur zu, wenn der Mieter die Grenze des vertragsgemäßen Gebrauchs überschritt, unsachgemäß oder ungewöhnlich dekorierte (s. Rdn. 241 f.) oder durch Verletzung seiner Obhutspflicht die Mietsache beschädigte oder sonst verschlechterte.[267] Auf dieser Grundlage ist zu den Schönheitsreparaturen immer danach abzugrenzen, ob der **Gebrauch** der Mietsache, der zur Verschlechterung führte, **noch vertragsgemäß** war.[268] 92

Die Unterscheidung erfordert damit eine genaue Würdigung des Vertragszwecks. Bringt es der vertraglich vereinbarte Zweck der Nutzung mit sich, dass ein gewisser Umfang an **Schäden** schwerlich zu verhindern ist und damit **in der Natur der Sache** liegt, sind sie noch auf vertragsgemäßen Gebrauch zurückzuführen: 93

- Wurden Gewerberäume an ein Möbeleinrichtungshaus vermietet, sind Beschädigungen von Wänden oder Lackteilen durch den Transport oder das Umstellen von Möbelstücken nicht zu vermeiden.[269]
- Ist ein Tankstellengrundstück vermietet oder verpachtet, gilt dasselbe für Bodenverunreinigungen, die der übliche Betrieb einer Tankstelle auch bei Einhaltung der geltenden Umweltstandards mit sich bringt,[270] ebenso verhält es sich bei der Vermietung einer Lagerhalle zum Betrieb einer KFZ-Instandsetzung hinsichtlich des bauseitigen PVC-Belags[271] oder dem nach Vertragsende verbleibenden starken Geruch, wenn dem Vermieter bei der Vermietung einer Lagerhalle bekannt war, dass dort Tee gelagert werden sollte.[272]
- Lebt in einer Wohnung eine Familie mit kleinen Kindern, weisen die Tapeten nach einiger Zeit jedenfalls in dem als Kinderzimmer genutzten Raum unvermeidliche Spuren unterschiedlichster Art auf,[273] oft etwa Striche von Bunt- oder Filzstiften. Rauchen die Mieter, verursachen sie Ablagerungen, die je nach Intensität des Rauchens recht schnell auftreten.[274]
- Wird ein Mietobjekt wie vertraglich vorgesehen als Seniorenheim genutzt, begründet der Verschleiß des Parketts in einem Raum, der als Speiseraum und für Tanzveranstaltungen genutzt wurde, keinen Schadensersatzanspruch.[275]

einstweilen nicht belegt 94–96

Die vorbeschriebenen Fälle machen deutlich, dass schon mit **jeder vertragsgemäßen Nutzung** einer Immobilie **Gebrauchsspuren** einhergehen. Dies gilt erst recht bei einer intensiven Nutzung, wie z. B. bei **exzessivem Rauchen,** ohne dass diese wegen der sich alsbald einstellenden dekorativen Schäden etwa nicht mehr vertragsgemäß wäre (s. aber Rdn. 98).[276] Der dem Vermieter bekannte und von ihm akzeptierte Vertragszweck „wohnen" schließt ein, dass der Mieter das Zentrum seiner Lebensgestaltung ohne weiteres auch sehr intensiv nutzen darf. Solange die Nutzung daher die Substanz des Mietobjekts und seiner Einrichtungen schadenfrei lässt und allein zunehmende *„Verschlechterungen"* **der Dekoration** bewirkt, hat der Mieter diese Folge nach der 97

---

[267] Z. B. BGH (XII ZR 15/93) DWW 1995, 279 = ZMR 1995, 578.
[268] Z. B. *Brüchert* WuM 1989, 227 (229); *Harsch* Rdn. 87; *Riecke/Mack* Rdn. 39; *Röchling* WuM 1982, 171.
[269] Vgl. BGH (XII ZR 15/93) DWW 1995, 279 = ZMR 1995, 578.
[270] BGH (XII ZR 107/99) GuT 2003, 10 = NZM 2002, 913 = ZMR 2002, 901.
[271] OLG Düsseldorf GE 2008, 731 = GuT 2008, 204 = ZMR 2008, 890.
[272] OLG Düsseldorf DWW 2005, 22.
[273] Zutreffend AG Ravensburg WuM 2007, 262, hier bei Vermietung an eine Familie mit vier Kindern.
[274] BGH (VIII ZR 124/05) NZM 2006, 691 = WuM 2006, 513.
[275] KG NZM 2011, 246.
[276] BGH (VIII ZR 37/07) GE 2008, 533 = NZM 2008, 318 = WuM 2008, 213 = ZMR 2008, 524 m. Anm. *Schläger.*

Bestimmung des § 538 BGB nicht zu vertreten. In der Sache bedeutet dies, dass es nicht um Sachbeschädigung, sondern allein um **Schönheitsreparaturen** geht, wenn hier ein ordnungsgemäßer Zustand durch schlichte Malerarbeiten zu erreichen ist.[277]

98 Auf der vorgenannten Grundlage ist eine **Sachbeschädigung im Grundsatz erst** zu konstatieren, wenn intensiver, ggf. auch exzessiver Gebrauch das Mietobjekt oder seine Einrichtung **substantiell** schädigten. Dies soll z. B. der Fall sein, wenn **exzessives Rauchen** dazu führte, dass Lacke nicht mehr nach dem üblichen Anschleifen überstreichbar sind, sondern von Grund auf neu aufgebaut werden müssen; die Sowieso-Kosten bleiben allerdings beim Vermieter.[278] Erst recht gilt dies, wenn bauseitig verlegte Teppichauslegeware einen unangenehmen Geruch annahm, der auch durch intensive Reinigung nicht zu beseitigen ist, so dass sie nicht mehr verwendbar ist. Hier hat der Mieter für die Kosten der Erneuerung unter Abzug neu für alt einzustehen.[279]

3. Kontrollüberlegung

99 Das hier vertretene Ergebnis wird durch eine Kontrollüberlegung bestätigt. Die dekorativen Schäden aus intensiver, ggf. exzessiver Nutzung können nur dann als Sachbeschädigung qualifiziert werden, wenn sie aus vertragswidrigem Verhalten des Mieters resultieren. Gegen vertragswidrigen Gebrauch kann der Vermieter mit einer **Unterlassungsklage** gem. § 541 BGB vorgehen. In allen Fällen, in denen nach zum Teil vertretener Ansicht auch bei malermäßig zu beseitigenden Dekorationsschäden eine selbstständige Vertragsverletzung anzunehmen ist, wäre der Vermieter daher berechtigt, den Mieter für die Zukunft auf Unterlassung in Anspruch zu nehmen. Die **Folgen** wären offensichtlich **abwegig,** weil es dem Vermieter möglich wäre, unmittelbar in die Lebensgestaltung des Mieters einzugreifen. Er könnte daher z. B. vom Mieter verlangen, dafür zu sorgen, dass seine Kinder in der Wohnung zumindest nicht unbeaufsichtigt mit Filz- oder Buntstiften hantieren, oder zum Rauchen in der Wohnung fordern, dass der Mieter nicht mehr den Inhalt von drei Schachteln Zigaretten täglich raucht, sondern deutlich weniger, wobei kaum verlässlich zu bestimmen ist, wie viel der Mieter nun rauchen darf, ohne sich dem Vorwurf einer Vertragsverletzung auszusetzen.[280] Die Vertragsverletzung wird mithin bei dekorativen Schäden in aller Regel nicht im Verhalten des Mieters während des Mietverhältnisses liegen, sondern darin, dass er das Mietobjekt bei der Beendigung des Vertrags in dem unzureichenden Zustand zurückgibt (dazu ausführlich Rdn. 239, 242ff.). Zu diesem Zeitpunkt genügt es indes festzustellen, ob die Dekoration noch vertragsgemäß ist oder ob sie der Mieter in Erfüllung seiner Primärleistungspflicht wieder in einen ordentlichen Zustand zu bringen hat.

4. Ergebnis

100 Der Mieter hat für **Gebrauchsspuren,** die **aus vertragsgemäßer Nutzung** des Mietobjekts resultieren, **auch dann nicht** einzustehen, wenn das Mietobjekt aufgrund eines intensiven Gebrauchs bereits nach recht kurzer Nutzungszeit dekorative Mängel aufweist.[281] In der Regel sind daher nur Schönheitsreparaturen betroffen, wenn einem Missstand durch Malerarbeiten einschließlich der üblichen Vorarbeiten abzuhelfen ist[282]. Dieser Ansatz ermöglicht oft die sachgerechte Einordnung dekorativer Schäden insbesondere dann, wenn der Vermieter nach Beendigung des Mietverhältnisses wegen unwirksamer Abwälzung der Renovierungspflicht auf die Behauptung von Sachbeschädigungen ausweicht.

101 Was den **Umfang** des **vertragsgemäßen Gebrauchs** betrifft, ist der im Mietvertrag nach den Absprachen der Parteien festgelegte Vertragszweck maßgeblich. Ist Vertragsgegenstand eine Wohnung, muss deren soziale Bedeutung berücksichtigt werden (vgl. auch Rdn. 228). Der Begriff des Wohnens umfasst alles, was ***„zur Benutzung als existentiellem Lebensmittelpunkt des Mieters ge-***

---

[277] Vgl. BGH (VIII ZR 37/07) GE 2008, 533 = NZM 2008, 318 = WuM 2008, 213 = ZMR 2008, 524 m. Anm. *Schläger.*

[278] LG Hannover DWW 2016, 140 = ZMR 2016, 958.

[279] AG Magdeburg NZM 2000, 657 = WuM 2000, 303 = ZMR 2000, 541; AG Rosenheim WuM 1995, 583.

[280] *Dübbers* MDR 2000, 878 (879).

[281] Vgl. BGH (VIII ZR 37/07) GE 2008, 533 = NZM 2008, 318 = WuM 2008, 213 = ZMR 2008, 524 m. Anm. *Schläger.*

[282] Ebenso LG Hamburg Urt. v. 28.11.2002 – 307 S 131/02; AG Kassel Urt. v. 4.11.2005 – 452 C 2137/05; *Schach* in Kinne/Schach/Bieber § 535 Rdn. 161; wohl auch *Emmerich* in Staudinger § 535 Rdn. 103.

hört, also die gesamte Lebensführung in allen ihren Ausgestaltungen und mit allen ihren Bedürfnissen".[283] Er setzt sich mithin aus zahlreichen Bestandteilen des häuslichen Lebens zusammen, die je nach persönlicher Präferenz der Mieter sehr unterschiedlich ausfallen können. Diese Bandbreite ist jeweils zu berücksichtigen, wenn zu entscheiden ist, ob ein Gebrauch noch vertragsgemäß war oder nicht mehr.

5. Beispiele

a) Schlechte oder unsachgemäße Dekoration. Nur um **schlechte Dekoration, nicht um Sachbeschädigung** geht es bei überlappend geklebten Tapeten,[284] offenen Nähten zwischen den Tapetenbahnen, Überstreichen von Mustertapeten, Neutapezierung, ohne zuvor alte Tapeten zu entfernen, wolkigen oder sonst nicht deckenden Anstrichen von Wänden oder Decken, streifigen Lackarbeiten mit Pinselhaaren und Schmutzpartikeln, Farbläufern oder -nasen an Lackflächen. 102

Auch eine **unsachgemäße Dekoration** führt als solche grundsätzlich nur zur Notwendigkeit von Schönheitsreparaturen (s. aber Rdn. 243). Sie kann allerdings weitere Schäden zur Folge haben, die sodann zum Schadensersatz aus Vertragsverletzung verpflichten. Manche Mieter neigen aus optischen Gründen dazu, Materialien aufzubringen, die infolge des Nutzungszwecks der betr. Räume völlig ungeeignet sind (zu dampfdichten Anstriche in kleinen Feuchträumen s. Rdn. 230). Für diese Folgen falscher Dekoration hat der Mieter aus Vertragsverletzung einzustehen. 103

Demgegenüber ist es unschädlich, wenn Mieter **untapezierte Flächen bemalen.** Hier ist die Grenze bloßer Schönheitsreparaturen nicht deshalb überschritten, weil je nach der Konsistenz des Materials Farbe in den Putz eindringt. Durch fachgerechte Grundierung kann verlässlich und auf Dauer vermieden werden, dass die Farbe bei späterer Tapezierung wieder durchschlägt. Es ist sogar möglich, nach Grundierung und hellem Zwischenanstrich die Flächen uneingeschränkt in modischer Wischtechnik zu dekorieren. Die Folgen der Dekoration des Mieters lassen sich mithin durch bloße Malerarbeiten beheben. 104

b) Eigenwillige Dekoration. Es gehört grundsätzlich in den Bereich der Schönheitsreparaturen, wenn der Mieter eigenwillig dekoriert. Er ist berechtigt, das Mietobjekt auch nach sehr eigenen Geschmacksvorstellungen zu gestalten (s. Rdn. 228 ff. zu Wohnraum). Im Regelfall lassen sich alle dekorativen Besonderheiten, ggf. mit einigem Aufwand, durch eine malermäßige Neudekoration entfernen. In dem hier behandelten Zusammenhang geht es nur um die Abgrenzung der Schönheitsreparaturen von sonstigen Schäden; zur Frage, ob der Mieter die Räume auch in ihrer ausgefallenen Gestaltung bei Mietende unverändert zurückgeben darf s. im Einzelnen Rdn. 242. Die Grenze zur Selbstverwirklichung ist nur dann erreicht, wenn das verwendete Material nach den Umständen des Einzelfalls Schäden an der Substanz verursachen kann (s. Rdn. 230). 105

Allein der Vermieter von **Gewerberaum mit Außenwirkung** (s. auch Rdn. 235) kann verlangen, dass der Mieter nicht in einer Weise renoviert, dass das gesamte Erscheinungsbild leidet oder der Mietwert der Immobilie gefährdet wird.[285] Diese Pflichtverletzung ist indes nicht als eine bereits einen Schadensersatzanspruch begründende Vertragsverletzung zu qualifizieren, sondern als Verstoß gegen die Verpflichtung, das Mietobjekt sachgerecht zu dekorieren

c) Abgenutzte Dekoration. Dekorative **Fehler, die bei normalem Gebrauch der Mietsache entstehen** und zu den regelmäßigen Erscheinungen gehören, zählen ohne weiteres nur zu den Schönheitsreparaturen. Hierbei handelt es sich z. B. um dunkle Verfärbungen auf Türen im Bereich der Klinken oder auf Tapeten bei den Lichtschaltern, Staubfahnen über Heizkörpern oder im Bereich von auf Putz liegenden Rohren, Staubränder um Bilder und Möbelstücke, kleinere Schäden auf Tapeten oder an Lackteilen. So sind kleinere Kratzer an den Zimmertüren nach einer Mietzeit von fast drei Jahren durch den vertragsgemäßen Gebrauch gedeckt.[286] 106

Aber auch eine größere Anzahl von **Schadstellen** muss nicht aus vertragswidrigem Gebrauch stammen. Es ist z. B. schlicht unvermeidlich, dass sich bei der Nutzung durch eine Familie mit kleinen Kindern oder durch einen älteren Menschen, der sich nur mit Hilfe eines Gehwagens in der Wohnung bewegen kann, etliche Stoß- und Kratzstellen an der Dekoration einstellen, ebenso aber auch bei der Nutzung durch „temperamentvolle" Einzelmieter oder Paare. Der Begriff des Woh-

---

283 BayObLG RE 19. 1. 1981 WuM 1981, 80.
284 LG Berlin GE 1999, 189; AG Pinneberg ZMR 2004, 121.
285 *Neuhaus* NZM 2000, 220 (222).
286 AG Gießen WuM 2009, 454.

nens schließt derartige Gebrauchsfolgen ein. Genügt eine dekorative Überarbeitung durch Malerarbeiten, liegt daher grundsätzlich noch keine Sachbeschädigung vor.

107 **d) Größere Schäden der Dekoration.** Bei größeren Schäden ist danach zu unterscheiden, ob sie sich auf die **Dekoration** beschränken **oder** die **Substanz** betreffen. Auch größere Schadstellen auf Tapeten oder Lackabplatzungen können noch eine Ursache im vertragsgemäßen Gebrauch haben; zur Beseitigung genügen Malerarbeiten wie Neutapezierung bzw. Spachtelarbeiten vor dem Lackieren (zu übermäßig abgenutzter Dekoration s. Rdn. 241 f.). Anders verhält es sich bei Schäden, durch die der Untergrund deutlich in Mitleidenschaft gezogen wurde, so dass zu deren Beseitigung mehr als die üblichen Vorarbeiten erforderlich sind. Durch Stoß können z. B. Teile des Putzes beschädigt werden oder auch Absplitterungen des Holzes eintreten. Derartige grobe Einwirkungen verursachen sogleich einen Schaden, den der Mieter ohne weitere Voraussetzungen aus §§ 280 Abs. 1 Satz 1, 249 BGB zu ersetzen hat.

108 **e) Schäden durch Rauchen.** Auch starkes Rauchen ist keine übervertragsmäßige Nutzung.[287] Vergilbungen durch Rauch können zudem mit einer malermäßigen Neudekoration ohne weiteres behoben werden. Je nach der Intensität fallen nur die Vorarbeiten etwas aufwendiger aus, weil durch zusätzliche Grundierungen oder einen Sperranstrich verhindert werden muss, dass die Vergilbungen nach der Dekoration wieder durchschlagen.

109 **f) Schäden an sonstiger Einrichtung. aa) Fußböden.** Wie aus der Begriffsbestimmung der Schönheitsreparaturen folgt, gehören Arbeiten am Fußboden, von der Reinigung abgesehen, nicht zu den Schönheitsreparaturen. Wegen des auch von den Parteien oft hergestellten engen sachlichen Zusammenhangs mit dem vom Mieter hinterlassenen dekorativen Zustand des Mietobjekts ist gleichwohl kurz darauf einzugehen, zumal hier **dieselben Grundsätze** gelten, **wie** sie **bei den Schönheitsreparaturen** dargestellt wurden.

110 Die unausweichlichen **Verschlechterungen bei normaler Nutzung** gehen nicht zu Lasten des Mieters.[288] Dies betrifft die **Laufstraßen,** die sich je nach der Qualität der Versiegelung von Holzböden und insbesondere der Teppichböden in unterschiedlicher Schnelligkeit einstellen. **Druckstellen** von Möbelstücken in Teppichauslegeware sind unvermeidlich und auch dann kein Fehler des Mietgebrauchs, wenn sie unschön sichtbar sind und wegen der Dauer der Belastung und des Gewichts der Möbel so bleiben, weil sich die Teppichware dort nicht mehr aufrichtet. Eine Ausnahme könnte allenfalls dann eingreifen, wenn schwere Möbel, z. B. sog. Bistrotische mit Marmorplatte und kleiner Fußauflage in Form von Eisenstangen, so aufgestellt werden, dass sich fast Löcher im Bodenbelag zeigen, die zumal an exponierter Stelle im Raum eine erhebliche optische Beeinträchtigung verursachen; hier gehört es zur Obhutspflicht des Mieters, Unterlegscheiben zu benutzen.[289]

Die Nutzung eines **Bürostuhls mit Rollen** soll auch dann vertragsgemäß sein, wenn dadurch Vertiefungen im Parkett mit deutlichen farblichen Veränderungen eintreten.[290] Diesem generellen Ansatz ist jedoch nicht zuzustimmen, weil je nach Bodenbelag unterschiedliche Rollen einzusetzen sind. So kann die Nutzung eines Bürostuhls mit harten Rollen, die wegen des geringeren Rollwiderstands für Teppichboden vorgesehen sind, auf Parkett Schäden verursachen. Schäden am Bodenbelag sind daher nur dann vom vertragsgemäßen Gebrauch gedeckt, wenn geeignete Rollen zum Einsatz kamen.

Geringe Schäden des Fußbodenbelags bleiben außer Betracht, wie kaum sichtbare Kratzer im Parkett,[291] Kratzer im generell stark beanspruchten Eingangsbereich[292] oder völlig unauffällige Flecken auf dem Teppichboden. Bei gewerblichen Mietverhältnissen hält sich das Begehen eines Parkettfußbodens mit sog. **Pfennigabsätzen** noch im Rahmen des vertragsgemäßen Gebrauchs, so dass die dadurch verursachten Vertiefungen keinen Schadensersatzanspruch des Vermieters auslösen.[293] Ob dies auch für Wohnraummietverhältnisse gilt,[294] erscheint allerdings fraglich. Während

---

[287] BGH (VIII ZR 37/07) GE 2008, 533 = NZM 2008, 318 = WuM 2008, 213 = ZMR 2008, 524 m. Anm. *Schläger;* (VIII ZR 124/05) NZM 2006, 691 = WuM 2006, 513; LG Hamburg WuM 2001, 469; LG Köln WuM 1998, 596 = NZM 1999, 456; LG Saarbrücken WuM 1998, 689.

[288] Vgl. BGH (XII ZR 107/99) GuT 2003, 10 = NZM 2002, 913 = ZMR 2002, 901; (XII ZR 15/93) DWW 1995, 279 = ZMR 1995, 578.

[289] *Kraemer* in FS Blank S. 281.

[290] AG Leipzig NZM 2004, 830; *Harsch* MietRB 2010, 52 (53).

[291] LG Berlin GE 1996, 925; *Scheuer* in Bub/Treier V. A Rdn. 228.

[292] OLG Düsseldorf GE 2003, 1608 = WuM 2003, 621 = ZMR 2003, 921.

[293] OLG Karlsruhe WuM 1997, 211.

[294] So LG Berlin GE 1996, 925; AG Freiburg WuM 1991, 262.

der Mieter von Gewerberaum, z. B. eines Ladenlokals, keinen Einfluss darauf hat, mit welchen Schuhen Kunden das Geschäft aufsuchen, kann der Mieter von Wohnraum durch Wechsel der Schuhe unschwer derartige Schäden vermeiden.

Auch wenn der optische Eindruck des Fußbodens nicht zu beanstanden ist, kann ein Schadensersatzanspruch in Betracht kommen, wenn der Boden **unangenehm riecht.** Die Reinigung der Oberfläche vermag nicht immer zu verhindern, dass in Teppichboden oder die Spalten eines Holzfußbodens eingedrungene Flüssigkeit auf längere Dauer üble Gerüche abgibt, z. B. Katzenurin.[295] Ebenso ist unter Umständen auch durch eine Reinigung der Teppichauslegeware nicht zu verhindern, dass Tabakgeruch infolge exzessiven Rauchens verbleibt.[296]

bb) Einrichtungen in Bad und Küche. Schließlich ist anzumerken, dass die **vorgenannten Kriterien** auch für die Beurteilung von Schäden an sonstigen, vermieterseitig gestellten Einrichtungen heranzuziehen sind. Dies betrifft vor allem Fehler an Waschtischen und Badewannen sowie der Kücheneinrichtung. Auch wenn es weit verbreitet sein dürfte, dass Mieter morgens müde und kraftlos sind, so dass ihnen z. B. Flaschen mit Körperpflegemitteln aus der Hand fallen, wodurch Platzstellen an Keramik oder Email entstehen, wird insoweit von einem noch üblichen Gebrauch der Mietsache nicht mehr auszugehen sein. **111**

Sehr **kleine Abplatzungen,** etwa am äußeren Rand, werden noch durch den allgemeinen Mietgebrauch gedeckt sein, weil sie auch bei sorgfältiger Benutzung immer einmal entstehen können.[297] Die in der gerichtlichen Praxis nicht selten monierten, kaum stecknadelgroßen Schäden haben daher i. d. R. außer Betracht zu bleiben.[298] Sie werden nur dann relevant sein, wenn sie Folgeschäden auslösen, wenn etwa zu befürchten ist, dass zwar sehr kleine, aber tiefe Abplatzungen des Email zu Rostschäden führen. Größere Schäden begründen einen unmittelbaren Schadensersatzanspruch des Vermieters. Zu **Dübellöchern** s. Rdn. 49.

V Übertragung der Schönheitsreparaturen auf den Mieter von Gewerberaum

1. Notwendigkeit einer Vereinbarung

Wie bereits bei den rechtlichen Grundlagen (s. Rdn. 2) ausgeführt, ist der Vermieter nach § 535 Abs. 1 Satz 2 BGB verpflichtet, das Mietobjekt während der gesamten Vertragszeit in einem vertragsgemäßen Zustand zu erhalten, also auch ggf. notwendige Schönheitsreparaturen zu erledigen. Diese Regelung stellt das **gesetzliche Leitbild** dar. Es ist von **doppelter Bedeutung.** **112**

Aus ihm folgt **zum einen,** dass es **immer einer Vereinbarung** der Parteien bedarf, wenn die Pflicht zur Ausführung der entsprechenden Arbeiten auf den Mieter übergehen soll. Zwar ist die Überwälzung der Schönheitsreparaturen seit langem üblich, so dass insoweit von einer Verkehrssitte gesprochen werden kann. Diese Verkehrssitte betrifft indes nur die Tatsache der regelmäßigen Abwälzung, d. h. einer entsprechenden Vereinbarung. Sie ersetzt die Abrede selbst nicht. Es ist daher nicht zulässig, als Verkehrssitte anzunehmen, die Verpflichtung des Mieters zur Erledigung der Arbeiten bestehe auch ohne Vereinbarung.[299] Hat der Vermieter vergessen, dem Mieter die Pflicht zu übertragen, was in der Praxis insbesondere bei mündlichen Mietverträgen und bei Untermietverträgen vorkommt, kann der Mieter vom Vermieter die Durchführung von Schönheitsreparaturen verlangen, soweit dies notwendig ist, um einen *„zum vertragsgemäßen Gebrauch geeigneten Zustand"* wieder herzustellen.

Zum anderen ist das Leitbild des Gesetzes die Richtschnur, an der im Einzelfall zu überprüfen ist, ob Vereinbarungen, mit denen der Vermieter die Schönheitsreparaturen auf den Mieter abgewälzt hat, noch eine sachlich gerechtfertigte und angemessene Regelung darstellen oder den Mieter übermäßig belasten. Die Abwälzung darf jedenfalls formularvertraglich nicht über das hinausgehen, was der Vermieter dem Mieter schuldet, wenn er für die Ausführung der Schönheitsreparaturen zuständig geblieben wäre.

---

295 Vgl. OLG Hamm ZMR 2016, 942; LG Mainz WuM 2003, 624.

296 AG Magdeburg NZM 2000, 657 = WuM 2000, 303 = ZMR 2000, 541; AG Rosenheim WuM 1995, 583.

297 AG Osnabrück WuM 2007, 406.

298 AG Neustadt a. Rbge. WuM 2002, 233.

299 BGH (VIII ARZ 9/86) RE 1.7.1987 DWW 1987, 219 = GE 1987, 817 = NJW 1987, 2757 = WuM 1987, 306 = ZMR 1987, 415; *Schach* S. 6; *Wolf/Eckert/Ball* Rdn. 413.

113 Die **stillschweigende Übernahme** der Pflicht zur Ausführung der Schönheitsreparaturen durch den Mieter kommt nur in Betracht, wenn besondere Umstände darauf hindeuten, dass die Parteien eine von der gesetzlichen Regelung abw. Vereinbarung treffen wollten.[300] Die Umstände müssen den Willen der Parteien zur Vertragsänderung eindeutig nahe legen,[301] d. h. auf ein Vertragsangebot und die entsprechende Annahme schließen lassen, wozu die Tatsache, dass der Mieter ein- oder mehrfach die Schönheitsreparaturen erledigte, nicht ausreicht.[302] Für den Regelfall beabsichtigt der Mieter nur, sich das Mietobjekt nach seinen Vorstellungen zu gestalten, nicht aber, dadurch eine neue Verpflichtung zu übernehmen.[303] Die Voraussetzungen für eine stillschweigende Übernahme sollen z. B. bei einem mündlichen Mietvertrag unter Verwandten vorliegen, wenn der Mieter 42 Jahre lang die Renovierungsarbeiten ausführte.[304]

Von der Frage, ob der Mieter die Verpflichtung stillschweigend übernommen hat, ist allerdings diejenige **zu trennen,** ob er **auch nach Jahren** eigener Neudekoration den **Vermieter** noch auf Erfüllung seiner Pflicht aus § 535 Abs. 1 Satz 2 BGB in Anspruch nehmen kann. Wenn Ansprüche über längere Zeit nicht geltend gemacht wurden, kann beim Vertragspartner je nach den Umständen der berechtigte Eindruck entstehen, sie würden auch in Zukunft nicht mehr erhoben **(Verwirkung).** Führte der Mieter über viele Jahre klaglos die Schönheitsreparaturen aus, wird der Vermieter annehmen dürfen, er sei dafür nicht mehr zuständig, so dass der Mieter seinen Renovierungsanspruch gegen den Vermieter auch für die Zukunft verwirkt hat, z. B. nach 30 Jahren,[305] nicht jedoch schon nach 14 Jahren.[306]

114 Anders als bei der Vermietung von Wohnraum werden die Schönheitsreparaturen in Mietverträgen über **Gewerberäume** in **zwei Varianten** auf den Mieter abgewälzt. Zum einen handelt es sich um eine singuläre Übertragung, mit der **nur** die Belastung des Mieters mit den **Schönheitsreparaturen,** nicht aber mit weiteren Reparaturpflichten erfolgt, zum anderen um deren Abwälzung als **Teil** einer weiter gehend auferlegten **Erhaltungslast** (Instandhaltung/Instandsetzung). Wirksamkeit und Inhalt der jeweiligen Vereinbarung sind daher getrennt zu untersuchen.

2. Übertragung einzelner Pflichten

115 **a) Individualvereinbarung.** Die Parteien können die Lastenverteilung nach § 538 BGB durch eine individualvertragliche Regelung abbedingen. Beschränken sie sich darauf, dem Mieter die Schönheitsreparaturen in allgemeiner Form aufzuerlegen, schuldet er nur diejenigen Arbeiten, die vom Begriff erfasst werden (s. Rdn. 71).[307] **Weitergehende Maßnahmen** des Mieters müssen daher **ausdrücklich festgelegt** werden. Soll der Mieter z. B. für den Anstrich der Fassade, etwa der Ladenmieter für den Bereich um das Ladenlokal herum, zuständig sein, muss dies gesondert vereinbart sein. Es ist den Parteien auch möglich, den Mieter durch Individualvereinbarung zu einer **unbedingten Endrenovierung,** d. h. ohne Rücksicht auf den tatsächlichen Erhaltungszustand der Räume, zu verpflichten, solange nicht §§ 134, 138 oder 242 BGB entgegenstehen.[308]

116 **b) Formularvereinbarung.** Nach völlig herrschender Auffassung ist es **grundsätzlich zulässig,** dass der Vermieter die Pflicht zur Ausführung der Schönheitsreparaturen durch eine Formularklausel auf den Mieter abwälzt, da ihn die Übertragung nach § 307 BGB nicht unangemessen benachteiligt.[309] Im Einzelfall ergeben sich indes häufig Probleme, deren Lösung in Rechtsprechung und Literatur umstritten ist. Sie resultieren insbesondere daraus, dass fraglich sein kann, welcher Inhalt der Klausel beizumessen ist (Freizeichnung oder Abwälzung), und ob ein Verstoß gegen das Übermaßverbot aus § 307 BGB vorliegt.

---

300 OLG Celle WuM 1980, 185; *Over* in Hannemann/Wiegner § 19 Rdn. 109; *Wolf* in Lindner-Figura/Oprée/Stellmann Kap. 13 Rdn. 194.

301 *Emmerich* in Staudinger § 535 Rdn. 105.

302 LG Berlin WuM 1989, 232; MDR 1991, 253; AG Baden-Baden DWW 1988, 52; *Harsch* Rdn. 223; *Kossmann/Meyer-Abich* § 43 Rdn. 13; *Schildt* WuM 1994, 237 (239); *Sternel* II Rdn. 381; **a. A.** *Glaser* ZMR 1989, 2 (3).

303 LG Berlin GE 1991, 517.

304 OLG Frankfurt MDR 1981, 498.

305 LG Berlin GE 1991, 517.

306 LG Berlin MM 2002, 142 = NZM 2002, 946.

307 KG NZM 2005, 181.

308 BGH (XII ZR 200/06) GE 2009, 647 = GuT 2009, 98 = NZM 2009, 397.

309 BGH (VIII ARZ 1/88) RE 6.7.1988 NJW 1988, 2790 = WuM 1988, 294; (VIII ARZ 1/84) RE 30.10.1984 WuM 1985, 46.

aa) Klauseln ohne Abwälzungswirkung. Klauseln, dass der Mieter 117

„die Räumlichkeiten ordnungsgemäß und schonend zu behandeln"

hat, enthalten keine wirksame Abwälzung der Schönheitsreparaturen. Sie wiederholen nur die selbstverständlichen Verpflichtungen des Mieters, vom Mietobjekt nur in vertragsgemäßer Weise Gebrauch zu machen und seiner Obhutspflicht nachzukommen.

Die Klausel, dass der Mieter 118

„die Räumlichkeiten in dem sich aus einer ordnungsgemäßen Benutzung ergebenden Zustand zurückzugeben"

hat, stellt ebenfalls keine wirksame Überbürdung der Schönheitsreparaturen auf den Mieter dar.[310] Sie korrespondiert allein mit der Pflicht, die Räume nur entsprechend dem Vertragszweck zu nutzen und schonend mit ihnen umzugehen.

Sind Klauseln wie 119

„Die Schönheitsreparaturen übernimmt …"

oder

„Die Schönheitsreparaturen trägt der Vermieter – der Mieter"

nicht ordnungsgemäß ausgefüllt, bleibt es grundsätzlich bei der gesetzlichen Lastenverteilung, da es an einer eindeutigen Abwälzung der Arbeiten fehlt.[311]

Es kommt aber auch in Betracht, dass die Parteien **unvollständige oder unklare Regelungen** 120
einvernehmlich durch eine schlüssige Vereinbarung konkretisieren. Handhaben sie den Vertrag ab Mietbeginn über längere Zeit in einer bestimmten Weise, ist zu vermuten, dass durch die Parteien selbst eine Auslegung des Vertrags und **Konkretisierung** ihrer jeweiligen Pflichten stattgefunden hat.[312] Da die Schönheitsreparaturen üblicherweise nur in längeren Abständen erfolgen, kann für den Zeitraum, der die Vermutung eingreifen lässt, nicht auf die seit Mietbeginn verstrichene Zeit abgestellt werden. Zum Schutz des Mieters wird auch die einmalige Renovierung durch den Mieter nicht ausreichen; im Hinblick auf den finanziellen Aufwand, den eine Renovierung verursacht, und ergänzend die meist längere verstrichene Laufzeit des Vertrags wird sie jedoch zu bejahen sein, wenn der Mieter zwei Mal die Arbeiten erledigte, so dass er deren Ausführung, wenn sie zum dritten Mal anstehen, nicht vom Vermieter verlangen kann.

Die hier behandelte Problematik ist **nicht mit der Frage zu verwechseln,** wann eine stillschweigende Übernahme der Schönheitsreparaturen durch den Mieter anzunehmen ist. Sie stellt sich, wenn der Mietvertrag insoweit überhaupt keine Regelung enthält. Bei der Konkretisierung ist demgegenüber eine Vertragsbestimmung vorhanden, die unklar oder unvollständig ist und vor dem Hintergrund der Handhabung der Parteien ausgelegt wird.[313] Es ist davon auszugehen, dass eine vertragliche Bestimmung nach dem Willen der Parteien auch einen bestimmten rechtserheblichen Inhalt hat, so dass die Auslegung vorzuziehen ist, bei welcher der Vereinbarung noch eine tatsächliche Bedeutung zukommt.[314]

bb) Klauseln zur Anfangsrenovierung. Ob Klauseln mit einer Verpflichtung zur Anfangs- 121
renovierung, wie z. B.

„Die erstmaligen Renovierungsarbeiten sind innerhalb von … Monaten nach Vertragsbeginn durchzuführen"

wirksam sind, ist **streitig.** Nach **bislang herrschender Meinung** ist jedenfalls dann von der Wirksamkeit einer Klausel zur Anfangsrenovierung durch den Mieter auszugehen, wenn es sich um eine **singuläre** Verpflichtung handelt, die also nicht mit der Ausführung laufender Schönheitsreparaturen oder einer Endrenovierung kombiniert ist.[315] **Nach anderer Ansicht** ist die Übertragung der Anfangsrenovierung **nur individual**-, nicht aber formularvertraglich wirksam.[316] Dieser Auffassung ist der Vorzug zu geben. Hier kann nichts Anderes gelten als bei der formularvertrag-

---

310 OLG Düsseldorf NJW-RR 1992, 1096; *Wolf* in Lindner-Figura/Oprée/Stellmann Kap. 13 Rdn. 197.

311 OLG München WuM 1985, 63; LG Koblenz ZMR 2001, 622.

312 Vgl. *Langenberg/Zehelein,* Betriebskosten, B Rdn. 60 m. w. N.; vgl. auch BGH (VIII ARZ 1/90) neg. RE 11.7.1990 WuM 1990, 415 = ZMR 1990, 449.

313 Zur besonderen Bedeutung der Handhabung einer im Grunde unwirksamen Klausel durch die Parteien vgl. BGH (VIII ARZ 1/90) neg. RE 11.7.1990 WuM 1990, 415 = ZMR 1990, 449.

314 BGH (II ZR 19/97) NJW 1998, 2966.

315 KG GE 1995, 1011; *Blank* PiG 73 (2005), 163 (183); *Bub* in Bub/Treier II Rdn. 1457; *Fritz* Rdn. 182; *Heinrichs* NZM 2005, 201 (210) = WuM 2005, 155 (163); *Wolf/Eckert/Ball* Rdn. 423; **a. A.** *Häublein* in MünchKomm § 535 Rdn. 119.

316 *Drettmann* NJW 2015, 3694 (3695); *Schultz* S. 113.

lichen Abwälzung der Schönheitsreparaturen bei Überlassung eines unrenovierten Mietobjekts ohne Ausgleich für den Mieter (s. Rdn. 122ff.). Die Parteien sind daher gehalten, ihre jeweiligen Interessen in eine Individualvereinbarung einzubringen. So ist es offensichtlich, dass es für den Vermieter wenig plausibel wäre, den Gewerberaum dekorativ herzurichten, wenn der Mieter, wie in der Praxis häufig, beabsichtigt, das Mietobjekt nach seinen Vorstellungen und Bedürfnissen zu gestalten, was zumal bei Ladengeschäften oft mit einem erheblichen Umbau einhergeht. Für den Mieter, der wie meist auf der Basis eines längerfristigen Mietvertrags kalkulieren kann, wird sich die Übernahme eines renovierungsbedürftigen Mietobjekts trotz der dadurch ausgelösten Anfangskosten wirtschaftlich lohnen, wenn bei Mietende keine erneuten Arbeiten fällig werden.

Ein **Ausweg** bietet sich dem Vermieter durch die Vereinbarung einer **Freizeichnungsklausel** (dazu Rdn. 213b ff.) Ist dem Mieter der Zustand des Mietobjekts bekannt, zumal aus einer Besichtigung, und mietet er es gleichwohl an, ohne sich mit dem Vermieter über die Herrichtung und Kostentragung durch ihn zu verständigen, ist es so als vertragsgemäß gebilligt und angemietet.[317] Damit ist ein Anspruch des Mieters auf **Erstrenovierung** durch den Vermieter ausgeschlossen. Gleichzeitig fehlt nach § 536b BGB eine Grundlage für **Gewährleistungsrechte** des Mieters (Minderung, Schadensersatz). Es ist daher allein am Mieter, sich den von ihm benötigten dekorativen Zustand der Räumlichkeiten zu verschaffen.

122 **cc) Klauseln zu den laufenden Schönheitsreparaturen. Fraglich** ist, **ob** für die Wirksamkeit von Abwälzungsklauseln **auch bei Gewerberaum nach dem Zustand zu differenzieren** ist, in dem **das Mietobjekt dem Mieter überlassen** wurde. Der VIII. Senat des BGH hat für Wohnraum entschieden, dass die Abwälzung nur wirksam ist, wenn dem Mieter ein renoviertes oder gleichwertiges Mietobjekt oder bei Überlassung eines unrenovierten Mietobjekts ein angemessener Ausgleich zur Verfügung gestellt wurde (dazu Rdn. 151a ff.).[318] Der XII. Senat des BGH hat sich bislang nicht ausdrücklich dazu geäußert, ob er sich für Gewerberaum dieser Ansicht anschließt. Nach seiner bisherigen Rechtsprechung ist dies zu erwarten: Schönheitsreparaturen gehören sachlich zur Instandhaltung und Instandsetzung. Deren Abwälzung ist formularvertraglich nur wirksam, soweit sie sich auf Schäden erstreckt, die dem Mietgebrauch oder der Risikosphäre des Mieters zuzuordnen sind (s. Rdn. 30ff.). Soweit vorvertragliche Gebrauchsspuren vorhanden sind, fehlt es mithin an einer Voraussetzung für eine wirksame Abwälzung, wenn ein Ausgleich fehlt. Außerdem hat er das Erfordernis der vertraglichen Äquivalenz der beiderseitigen Leistungen betont[319] und herausgestellt, dass eine Differenzierung nach Wohn- und Gewerberaummiete in § 535 Abs. 1 Satz 2 BGB nicht vorgesehen ist, beide Mieter mithin gleich zu behandeln sind.[320] Nach diesen Gesichtspunkten ist die Abwälzung der Schönheitsreparaturen bei Gewerberaum denselben Wirksamkeitsvoraussetzungen zu unterstellen wie die Abwälzung bei Wohnraum.[321]

123 Auf dieser Grundlage ist mithin **auch hier nach dem Anfangszustand** des Mietobjekts zu unterscheiden. War der Gewerberaum **renoviert,** können dem Mieter die laufenden Schönheitsreparaturen formularvertraglich auferlegt werden. Dasselbe gilt, wenn das Mietobjekt einen vergleichbaren Zustand aufweist. War das Gewerbeobjekt **unrenoviert,** hat der Vermieter dem Mieter einen angemessenen Ausgleich für die vorvertraglichen Abnutzungsspuren zu leisten (zu allem s. ausführlich Rdn. 151g ff.).

124 In der Praxis begegnen insbesondere die folgenden Klauseln:

– Die Klauseln,

„Schönheitsreparaturen werden vom Mieter getragen", „... sind Sache des Mieters" oder
„... gehen zu Lasten des Mieters",

---

[317] BGH (VIII ARZ 9/86) RE 1.7.1987 DWW 1987, 219 = GE 1987, 817 = NJW 1987, 2757 = WuM 1987, 306.

[318] BGH (VIII ZR 185/14) GE 2015, 649 = NZM 2015, 374 = WuM 2015, 338 m. Anm. *Hartmann* WuM 2015, 406 = ZMR 2015, 685; dazu *Artz* NZM 2015, 801; *Langenberg* NZM 2015, 681.

[319] BGH (XII ZR 308/02) NZM 2005, 504 (Endrenovierungsklausel).

[320] BGH (XII ZR 84/06) NZM 2008, 890 (starre Fristen).

[321] Ebenso OLG Celle NZM 2016, 644; LG Lüneburg NZM 2016, 126 = ZMR 2015, 929; *Drasdo* NJW-Spezial 2015, 417 (418); *Drettmann* NJW 2015, 3694 (3695); *Lehmann-Richter* NJW 2015, 1599 und NZM 2014, 818 (820f.); *Lützenkirchen* NZM 2016, 113 (116); ausführlich *Zehelein* NZM 2017, 137; zweifelnd *Lindner-Figura* NJW 2016, 1059 (1061); **a. A.** *Müller* NZM 2016, 185 (191) für große Mieter wie Filialisten, jedoch nur unter dem Gesichtspunkt des Verbraucherschutzes.

bewirken **nach herrschender Ansicht** eine **wirksame Abwälzung.** Nach der hier vertretenen Ansicht scheitern sie indes dann, wenn im weiteren Klauseltext die erforderliche Beschränkung der Renovierungspflicht auf dekorative Schäden *„aus dem Gebrauch des Mietobjekts"* fehlt.[322] Die Klausel ist dann nicht hinreichend transparent, weil sie die notwendigen Einschränkungen für die Zuständigkeit des Mieters nicht nennt (s. Rdn. 150).

– **Ohne weiteres unwirksam** sind Klauseln, die dem Mieter einen **starren Renovierungsturnus** vorgeben. Danach hat der Mieter unabhängig davon, wann die letzten Schönheitsreparaturen erfolgt sind und ob ein Bedarf hierfür besteht, in jedem Fall bei Ablauf bestimmter Fristen zu renovieren. Dadurch wird er auch als Gewerberaummieter im Übermaß belastet, so dass die *gesamte* Abwälzungsvereinbarung unwirksam ist.[323]

– Die Klausel,

  „Der Mieter ist nicht berechtigt, ohne Zustimmung des Vermieters **von der bisherigen Ausführungsart abzuweichen.**"

  ist **unwirksam.** Die Klausel ist auch bei der Vermietung von Gewerberaum (zu Wohnraum s. Rdn. 172) unklar. Zudem belastet sie den Mieter unangemessen, weil die Ausgestaltung des Mietobjekts oft Teil des Geschäftskonzepts ist und den Mieter an dessen Umsetzung hindert.[324]

– Eine Klausel, nach der sich der Mieter verpflichtet,

  „… auch die **durch Zufall** erforderlich werdenden Schönheitsreparaturen zu tragen",

  ist gem. § 307 BGB **unwirksam.**[325] Sie erlegt dem Mieter die Ausführung der Renovierung auch in den Fällen auf, in denen Schäden nicht auf dem Mietgebrauch beruhen. Bei einer außerhalb des Mietgebrauchs liegenden Schadensursache ist es indes die Pflicht des Vermieters aus § 535 BGB, den vertragsgemäßen Zustand der Mietsache wiederherzustellen. Von dieser Verpflichtung kann er sich durch eine Schönheitsreparaturklausel nicht befreien.[326] Wird die Dekoration z. B. durch eine Dachleckage oder einen Rohrbruch und die anschließenden Reparaturarbeiten beschädigt, hat grundsätzlich der Vermieter die Wiederherstellung eines ansehnlichen Zustands zu veranlassen; hierzu im Einzelnen Rdn. 247 ff.

dd) Klauseln zum Zustand bei Rückgabe. Klauseln, nach denen das Mietobjekt 125

„in ordnungsgemäßem Zustand"

bzw.

„in vertragsgemäßem Zustand"

zurückzugeben ist, begründen **keine eigenständige, unbedingte Endrenovierungspflicht.** Trifft die Klausel mit einer (wirksamen) Abwälzung der laufenden Schönheitsreparaturen zusammen, handelt es sich nur um eine klarstellende Wiederholung, dass der Mieter jedenfalls bei Mietende fällige Arbeiten nachzuholen hat.[327] Es verbleibt allein bei der Verpflichtung, das Mietobjekt so zurückzugeben, wie es sich befände, wenn der Mieter die Schönheitsreparaturen turnusmäßig ordentlich erledigt hätte. Der Vermieter kann aus Gebrauchsspuren, die sich noch in diesem Rahmen halten, daher keine Rechte herleiten. Erst wenn der Umfang der Gebrauchsspuren oder das Alter der Dekoration über dasjenige hinausgehen, was bei regelmäßigen Schönheitsreparaturen und anschließendem vertragsgemäßem Gebrauch zu erwarten ist, schuldet der Mieter eine Endrenovierung.

Ob Klauseln, dass die Rückgabe des Mietobjekts 126

„im Zustand wie übernommen"

oder

„wie bei Beginn des Mietverhältnisses"

zu erfolgen hat, **generell unwirksam** sind, ist **fraglich.** Im Hinblick auf die Rechtsprechung des VIII. Senats des BGH wird danach zu differenzieren sein, ob das Mietobjekt dem Mieter renoviert bzw. in einem gleichwertigen Zustand oder unrenoviert überlassen wurde, weil es sich um unter-

322 Ebenso AG Gießen WuM 2009, 454.

323 BGH (XII ZR 84/06) GE 2008, 1556 = GuT 2008, 436 = NZM 2008, 890 = ZMR 2009, 110.

324 KG GE 2011, 480 = NZM 2011, 246 unter Bezug auf BGH (VIII ZR 199/06) NZM 2007, 398 = WuM 2007, 259.

325 Z. B. LG Berlin WuM 1993, 261, 262.

326 BGH (VIII ZR 88/86) NJW-RR 1987, 906 = WuM 1987, 315 (LS) = ZMR 1987, 257.

327 Vgl. BGH (VIII ZR 52/06) GE 2006, 1542 = NZM 2006, 924 = WuM 2006, 677 m. Anm. *Wiek* = ZMR 2007, 28 m. Anm. *Kappus.*

schiedliche Fallgruppen handelt,[328] deren Prüfung nach AGB-Recht ein unterschiedliches Ergebnis zur Folge haben kann.[329]

Wurde es dem Mieter **renoviert** übergeben, ist die Klausel **unwirksam.** Sie würde eine unbedingte Renovierungspflicht bei Rückgabe begründen, was mit dem gesetzlichen Leitbild aus § 535 Abs. 1 Satz 2 BGB nicht zu vereinbaren ist.[330] Sie ließe sich auch nicht durch eine Korrektur bei der Ausübungskontrolle nach § 242 BGB mit der Maßgabe halten, dass, wenn die letzten Dekorationsarbeiten erst ganz kurze Zeit zurückliegen, im Einzelfall dem Renovierungsverlangen des Vermieters der Einwand rechtsmissbräuchlichen Verhaltens entgegensteht.[331]

Anders verhält es sich, wenn die Räume dem Mieter **unrenoviert** überlassen wurden, in diesem Fall ist die Klausel **wirksam.** Hier schuldet er deren Rückgabe grundsätzlich im ebenfalls nur unrenoviertem Zustand. Es ist ihm in der Sache daher freigestellt, ob und ggf. in welchem Umfang er während des Mietverhältnisses Schönheitsreparaturen ausführt.

127 Klauseln, nach denen der Mieter die Räume

„in bezugsgeeignetem"

oder

„bezugsfertigem Zustand"

zurückzugeben hat, sind nach der Rechtsprechung des **BGH**[332] wirksam. Der Mieter sei nur verpflichtet, das Mietobjekt in einem Zustand zurückzugeben, der es dem Vermieter ermögliche, die Räume einem neuen Mieter als bezugsgeeignet und vertragsgemäß zu überlassen, wozu sie nicht neu hergerichtet zu sein brauchen. Dieser Anforderung sei nur dann nicht genügt, wenn

- der Mieter während der Mietzeit keine Schönheitsreparaturen durchführte,
- die letzten Schönheitsreparaturen lange zurückliegen oder
- die Mieträume trotz durchgeführter Schönheitsreparaturen übermäßig abgenutzt sind.

Diese Ansicht begegnet **nachhaltigen Bedenken** im Hinblick auf das **Transparenzgebot** aus § 307 Abs. 1 Satz 2 BGB,[333] auch wenn die Klauseln singulär und damit ohne gleichzeitige Abwälzung der laufenden Schönheitsreparaturen verwendet werden. Bei den vom BGH angeführten Beispielen für das Fehlen der Bezugsfertigkeit handelt es sich jeweils um evidente Fälle. Auf sie bezieht sich das der Klausel immanente Streitpotential in der Praxis jedoch nur selten, auch wenn der Entscheidung des BGH ein Fall zugrunde lag, in dem der Mieter über mehr als fünf Jahre nicht renoviert hatte. Vielmehr kommt es zu Konflikten, wenn das Mietverhältnis deutlich kürzer bestand oder die letzte Renovierung erst kürzere Zeit zurücklag, weil auch hier die unvermeidlichen Gebrauchsspuren festzustellen sind. Dass sich die Klausel allein auf die evidenten Fälle beschränkt, ist ihr indes nicht zu entnehmen. Es ist dabei zu berücksichtigen, dass die Klauseln die Eignung der Räume zum Bezug durch einen *neuen* Mieter fordern. Dazu müssen sie zwar keinen neu hergerichteten Zustand aufweisen, aber einen sehr ansprechenden. Hierfür reicht es nicht, dass der Mieter z. B. von sich aus die laufenden Schönheitsreparaturen ordnungsgemäß erledigte und dass, auch wenn diese schon einige Zeit zurückliegen, bei Fortbestand des Mietverhältnisses keine Renovierung angezeigt gewesen wäre. Er hat faktisch nur dann nicht zum Auszug zu renovieren, wenn das Mietverhältnis nur kurze Zeit bestand, das Mietobjekt kaum genutzt wurde oder die letzten Schönheitsreparaturen erst vor recht kurzer Zeit erledigt wurden. **Zudem** sind die Klauseln unwirksam, weil sie bei der gebotenen kundenfeindlichsten Auslegung auf eine **versteckte Endrenovierungspflicht** hinauslaufen.[334] Dies wird z. B. an dem Fall besonders deutlich, dass der Mieter das Mietobjekt unrenoviert übernahm und das Mietverhältnis sodann alsbald ohne Verschulden des Mieters beendet wurde: Ohne Renovierung würde die Rückgabe nicht in einem bezugsfertigen

---

[328] BGH (VIII ZR 185/14) GE 2015, 649 = NZM 2015, 374 = WuM 2015, 338 m. Anm. *Hartmann* WuM 2015, 406 = ZMR 2015, 685; (VIII ARZ 9/86) WuM 1987, 306; (VIII ARZ 4/85) WuM 1986, 208.

[329] Z. B. Palandt/*Grüneberg* § 307 Rdn. 12; *v. Westphalen* NZM 2016, 10 (11).

[330] BGH (XII ZR 308/02) GE 2005, 667 = NZM 2005, 504 = ZMR 2005, 527.

[331] BGH (XII ZR 308/02) GE 2005, 667 = NZM 2005, 504 = ZMR 2005, 527.

[332] BGH (XII ZR 108/13) GE 2014, 666 = NZM 2014, 306 = WuM 2014, 326; (XII ZR 105/90) NJW 1991, 2416 = WuM 1991, 550; (VIII ZR 186/80) WuM 1982, 296; neuerdings ebenso OLG Köln ZMR 2013, 88.

[333] *Kappus* Anm. zu BGH XII ZR 108/13 NJW 2014, 1446; vgl. auch *Ghassemi-Tabar/Leo* II. Teil Rdn. 352; *Kraemer* PiG 79 (2007), 15 (38).

[334] *Emmerich* in Staudinger § 535 Rdn. 114; *Kappus* Anm. zu BGH XII ZR 108/13 NJW 2014, 1447; *Schach* Anm. zu BGH XII ZR 108/13 GE 2014, 638; *Sternel* Mietrecht aktuell (2009) Rdn. IX 116; **a. A.** *Lützenkirchen* in Lützenkirchen § 535 Rdn. 604.

Zustand erfolgen.[335] Dass der Vermieter hier dem Mieter das Mietobjekt ggf. renoviert überließ, ist irrelevant, weil auch im Individualprozess die kundenfeindlichste Auslegung geboten ist.[336]

Die Wirksamkeit von **singulären Endrenovierungsklauseln,** wie 128

„Bei Beendigung des Mietverhältnisses ist das Mietobjekt **in renoviertem Zustand zurückzugeben**"

sind nach überwiegender Ansicht **unwirksam.**[337] Dieser Auffassung ist zuzustimmen. Eine **unbedingte Endrenovierungspflicht** bedeutet für den Mieter, dass er unabhängig davon, wann die letzten Schönheitsreparaturen erfolgt sind und ob nach dem tatsächlichen Zustand des Mietobjekts ein Bedarf hierfür besteht, in jedem Fall bei Mietende zu renovieren hat. Es handelt sich damit um eine gravierende Abweichung vom gesetzlichen Leitbild des § 535 Abs. 1 Satz 2 BGB, die mit § 307 BGB nicht mehr zu vereinbaren ist.[338] Es kommt daher auch nicht darauf an, ob die Räumlichkeiten dem Mieter renoviert oder unrenoviert überlassen wurden. Individualvertraglich ist die Vereinbarung einer unbedingten Endrenovierungspflicht allerdings möglich.[339]

Die Klausel, 129

„Der Mieter ist nicht berechtigt, ohne Zustimmung des Vermieters **von der bisherigen Ausführungsart abzuweichen.**"

ist **unwirksam.** Die Klausel ist auch bei der Vermietung von Gewerberaum (zu Wohnraum s. Rdn. 172) unklar und belastet den Mieter unangemessen.[340]

ee) Klauselkombinationen. Klauseln, nach denen der Mieter 130

„die unverzügliche Renovierung **zu Beginn** des Mietverhältnisses, die **laufenden** Schönheitsreparaturen und eine Renovierung **bei Auszug**"

durchzuführen hat, stellen eine **unangemessene Benachteiligung** des Mieters i. S. v. § 307 BGB dar.[341] Sie sind mit dem gesetzlichen Leitbild grundsätzlich nicht mehr zu vereinbaren. Sie können allenfalls dann Bestand haben, wenn ihre finanziellen Auswirkungen durch eine Gegenleistung des Vermieters kompensiert werden, also z. B. eine deutlich reduzierte Miete, und der Mietvertrag selbst diese Verknüpfung herstellt, was üblicherweise eine Individualvereinbarung erfordert. Auch eine geringere Mietbelastung stellt dann kein Korrektiv dar, wenn es sich nur um einen für eine kurze feste Laufzeit abgeschlossenen Vertrag handelt.[342]

Klauseln, die den Mieter verpflichten, 131

„die unverzügliche Renovierung **zu Beginn** des Mietverhältnisses sowie die **laufenden** Schönheitsreparaturen"

vorzunehmen, sind grundsätzlich wegen **unangemessener Benachteiligung** des Mieters insgesamt unwirksam,[343] es sei denn, dass der Vermieter den Aufwand für die Anfangsrenovierung in vollem Umfang kompensiert (s. dazu Rdn. 121). Die **Kombination** einer **formularmäßigen** Abwälzung der **laufenden** Schönheitsreparaturen mit der **individualvertraglichen** Übernahme der **Anfangsrenovierung** durch den Mieter ist wirksam,[344] wenn die Überprüfung der Klausel zur Abwälzung der laufenden Schönheitsreparaturen der Klauselkontrolle standhält. Ist dies nicht der Fall ist, bleibt es gleichwohl bei der individualvertraglichen Regelung (s. Rdn. 132).[345]

Klauseln, dass der Mieter 132

„die **laufenden** Schönheitsreparaturen durchzuführen und die Räumlichkeiten **bei Ende des Mietverhältnisses in renoviertem Zustand**"

zurückzugeben hat, sind **unwirksam,** und zwar auch wenn dem Mieter ein renoviertes Objekt zur Verfügung gestellt wurde.[346] Es handelt sich um eine unzulässige Kumulation von Pflichten, mithin

---

335 Zutreffend *Schach* Anm. zu BGH XII ZR 108/13 GE 2014, 638 (639).

336 Z. B. BGH (VIII ZR 344/08) NJW 2009, 3716; (VIII ZR 285/12) NZM 2013, 573 = WuM 2013, 478 = ZMR 2013, 791.

337 BGH (XII ZR 308/02) GE 2005, 667 = NZM 2005, 504 = ZMR 2005, 527; OLG Hamburg Urt. vom 19.9.2003 – 4 U 134/03; OLG Hamm NZM 2002, 988 = ZMR 2002, 822; OLG Stuttgart ZMR 1984, 350.

338 BGH (XII ZR 308/02) GE 2005, 667 = NZM 2005, 504 = ZMR 2005, 527.

339 BGH (XII ZR 200/06) GE 2009, 647 = GuT 2009, 98 = NZM 2009, 397.

340 KG GE 2011, 480 = NZM 2011, 246 unter Bezug auf BGH (VIII ZR 199/06) NZM 2007, 398 = WuM 2007, 259.

341 KG GE 1986, 1167.

342 So KG GE 1986, 1167 für eine Laufzeit von nur 13 Monaten.

343 *Schultz* S. 170; *Wolf* in Lindner-Figura/Oprée/Stellmann Kap. 13 Rdn. 205.

344 OLG Celle ZMR 1999, 470.

345 Vgl. BGH (XII ZR 200/06) GE 2009, 647 = GuT 2009, 98 = NZM 2009, 397.

346 BGH (XII ZR 308/02) GE 2005, 667 = NZM 2005, 504 = ZMR 2005, 527.

einen Verstoß gegen das Übermaßverbot aus § 307 BGB. Derartige Klauseln lassen sich auch nicht mit Hilfe der Ausübungskontrolle aufrechterhalten, dass eine Endrenovierung auszuscheiden habe, wenn erst kurze Zeit vor Mietende renoviert wurde.[347] Der Summierungseffekt hat zur Folge, dass beide Klauseln unwirksam sind.

Wurde die **Endrenovierungspflicht** allerdings **individualvertraglich** vereinbart, wird ihre Wirksamkeit nicht davon berührt, dass zugleich die laufenden Schönheitsreparaturen abgewälzt wurden, auch wenn die Klausel zur laufenden Renovierung unwirksam ist. Hier tritt kein Summierungseffekt ein.[348]

133 **c) Übertragung als Teil weitergehender Erhaltungslast.** Viele Mietverträge über Gewerberaum beschränken sich nicht darauf, dem Mieter die Schönheitsreparaturen aufzuerlegen. Vielmehr wird er weitergehend verpflichtet, für die ordentliche **Instandhaltung und/oder Instandsetzung** des Mietobjekts zu sorgen. Ist die Übertragung der Erhaltungslast wirksam (zur Zulässigkeit und zum Umfang s. Rdn. 24 ff.), hat der Mieter als deren Teil die notwendigen Schönheitsreparaturen auszuführen.

134 Für individualvertragliche wie auch formularvertragliche Regelungen gilt, dass sich die entsprechende Verpflichtung des Mieters hinreichend klar aus dem jeweiligen **Regelungsgehalt der Vereinbarung** ergeben muss. Ist der Mieter nur verpflichtet, die Mietsache und ihre Einrichtungen *„ordnungsgemäß und schonend"*[349] zu behandeln oder sie zu *„pflegen"*,[350] handelt es sich nicht um eine Überbürdung der Erhaltungslast und damit auch nicht um eine wirksame Abwälzung der Schönheitsreparaturen (s. o. Rdn. 117).

Hat er die **laufende Instandhaltung** übernommen, fallen ihm die Schönheitsreparaturen zur Last. Bei der Instandhaltung geht es um die vorbeugende Behandlung der Teile des Mietobjekts zur Vermeidung von Substanzschäden, sie ist nicht mit der Instandsetzung zu verwechseln, d. h. der Vornahme von Reparaturen (zur genaueren Abgrenzung s. Rdn. 25). Wie bereits dargelegt wurde (s. Rdn. 80), sind Schönheitsreparaturen keine Reparaturen im eigentlichen Sinne. Sie betreffen die malermäßige Herrichtung des Mietobjekts, um es in einem weitgehend ansehnlichen Zustand zu erhalten. Damit fallen sie unter den Begriff der Instandhaltung. Erst recht hat der Mieter die Schönheitsreparaturen zu erledigen, wenn ihm die **Instandsetzung** auferlegt wurde (dazu im Einzelnen Rdn. 28 ff.).

VI. Übertragung der Schönheitsreparaturen auf den Mieter von Wohnraum

1. Notwendigkeit einer Vereinbarung

135 Wie bei Gewerberaum bedarf es bei der Vermietung von Wohnraum einer **Vereinbarung** der Parteien, wenn der Mieter für die Erledigung der Schönheitsreparaturen zuständig sein soll. Die allgemeine Übung, den Mieter damit zu belasten, ersetzt auch hier keine entsprechende Abrede. Zur Vermeidung von Wiederholungen ist auf Rdn. 112 zu verweisen.

136 Die Ausführungen zu Gewerberaum gelten ebenfalls für die Frage, wann von einer **stillschweigenden Übernahme** der Renovierungspflicht durch den Mieter ausgegangen werden kann. Zwar ist die irrige Annahme, es sei eine originäre Pflicht des Wohnungsmieters, die Schönheitsreparaturen durchzuführen, sowohl auf Vermieter- wie auf Mieterseite sehr weit verbreitet. Der Mieter, der ohne Verpflichtung von Zeit zu Zeit die Dekoration erneuert, kommt damit jedoch nur der unterstellten Pflicht nach, keineswegs hat er die Vorstellung, dadurch allmählich eine Verpflichtung erst zu begründen. Dementsprechend sind die Voraussetzungen für eine rechtlich bindende, stillschweigende Übernahme der Dekorationspflicht nach allgemeiner Ansicht erst nach langen Jahren erfüllt. Langjährig wiederholte Dekoration durch den Mieter kann aber dazu führen, dass sein Renovierungsanspruch gegen den Vermieter verwirkt ist, so dass der Mieter zwar nicht rechtlich zur Neudekoration von Zeit zu Zeit verpflichtet ist, sie aber tatsächlich durchführen muss, wenn er sich eine ansehnliche Wohnung erhalten will (s. dazu im Einzelnen Rdn. 113).

---

[347] BGH (XII ZR 308/02) GE 2005, 667 = NZM 2005, 504 = ZMR 2005, 527.
[348] Vgl. BGH (XII ZR 200/06) GE 2009, 647 = GuT 2009, 98 = NZM 2009, 397.
[349] OLG Düsseldorf DWW 1992, 365.
[350] BGH (VIII ZR 186/80) WuM 1982, 296.

2. Rechtslage in den östlichen Bundesländern

Bei **Altbauwohnraum in den östlichen Bundesländern** ist in mehrfacher Hinsicht zu differenzieren. Zum einen ist zu unterscheiden, ob der Mietvertrag keine Regelung zu den Schönheitsreparaturen enthielt oder ob der Wortlaut des § 104 Abs. 1 Satz 2 und 3 ZGB im Mietvertrag wiederholt bzw. ob dessen Inhalt mit anderer Formulierung wiedergegeben wurde, zum anderen zwischen den laufenden Schönheitsreparaturen und einer etwaigen Dekorationspflicht des Mieters bei Mietende. 137

a) Vertrag ohne Regelung. Nach § 104 Abs. 1 Satz 2 ZGB oblagen die *„während des Mietverhältnisses in der Wohnung durch vertragsgemäße Nutzung notwendigen Malerarbeiten … dem Mieter."* Wie aus § 107 Abs. 2 ZGB folgt, handelte es sich dabei nicht nur um eine bloße Obliegenheit, also eine Maßnahme des Mieters im eigenen Interesse, sondern um eine Verpflichtung im eigentlichen Sinne. **Streitig** ist, welche Rechtsfolgen sich für die Zeit nach dem 3.10.1990 für die **laufenden Schönheitsreparaturen** ergeben, wenn der Inhalt des § 104 Abs. 1 Satz 2 ZGB nicht in den Vertrag aufgenommen wurde. **Nach einer Ansicht** war ab dem 3.10.1990 allein die Vorschrift des § 536 BGB a. F. maßgeblich,[351] so dass – wie auch jetzt nach § 535 Abs. 1 Satz 2 BGB – die Dekorationsverpflichtung seitdem den Vermieter trifft. 138

Nach der Gegenmeinung verblieben die laufenden Schönheitsreparaturen nach den Grundsätzen über den Wegfall der Geschäftsgrundlage[352] oder im Wege der ergänzenden Vertragsauslegung[353] beim Mieter. Diese Auffassung **überzeugt.** Sie berücksichtigt, dass die Erledigung der Schönheitsreparaturen durch den Mieter i. d. R. vom Vermieter gewollt und vom Mieter akzeptiert war, so dass das Fehlen einer vertraglichen Regelung allein darauf beruhte, dass sie auf Grund der gesetzlichen Vorschrift als entbehrlich angesehen wurde. Es kann ohne weiteres unterstellt werden, dass die Parteien, hätten sie mit dem Wegfall des ZGB infolge der im Bereich der Utopie liegenden Wiedervereinigung gerechnet, eine entsprechende Abrede in den Vertrag aufgenommen hätten. Es kommt hinzu, dass, auch für den Mieter erkennbar, die durch staatliche Preisvorschriften außerordentlich niedrig gehaltenen Mieten dem Vermieter keinen finanziellen Spielraum für zusätzliche Leistungen wie der regelmäßigen Ausführung der Schönheitsreparaturen boten. Hieran änderte sich durch die Preisvorschriften nach dem 3.10.1990 nichts grundlegend, eine nachhaltige Verbesserung für den Vermieter trat erst infolge der Überleitung in das Vergleichsmietensystem ein. Abgesehen davon, dass der Wegfall der Renovierungspflicht den Mieter trotz der auch nach der Wiedervereinigung sehr niedrigen Mieten von einem Teil seiner Gegenleistung befreien würde,[354] ist zu bedenken, dass seine fortbestehende Verpflichtung nicht über das hinausgeht, was in §§ 104 Abs. 1, 107 Abs. 2 ZGB niedergelegt war. Bei dieser Sachlage entspricht es dem mutmaßlichen Willen beider Vertragsseiten (§§ 157, 242 BGB), dass der Mieter die laufende Renovierung im Umfang des § 28 Abs. 4 II. BV, welcher der *„malermäßigen Instandsetzung"* gem. § 104 Abs. 1 ZGB gleichzusetzen ist,[355] während des gesamten Mietverhältnisses übernehmen sollte und wollte.

Problematisch ist der **Umfang der Renovierungsverpflichtung.** Nach der zeitgenössischen Kommentierung sollte der Vermieter die Vornahme der malermäßigen Instandhaltung nur insoweit verlangen können, wie sie erforderlich war, *„um die Bausubstanz und die eingebauten Anlagen vor Schäden zu bewahren oder hygienisch einwandfreie Verhältnisse im Haus zu erhalten."*[356] Es fragt es sich, ob diese Auslegung auch über den 3.10.1990 hinaus maßgeblich ist, weil sie es von den vorgenannten Einschränkungen abgesehen in das Ermessen des Mieters stellte, wann und in welchen Abständen er die Malerarbeiten durchführte. Hiergegen ist anzuführen, dass die gesellschaftlichen Grundlagen für ein derartiges Verständnis mit dem 3.10.1990 weggefallen sind. Eine Kommentierung, die allein auf der seinerzeit allein entscheidenden sozialistischen Werteordnung beruhte, vermag nicht mehr die Richtschnur für eine Regelung abzugeben, die den Mieter nach ihrem Wortlaut mit einer Renovierungsverpflichtung belegt. Es ist daher zu Grunde zu legen, dass die Pflicht zur Erledigung 139

---

351 KreisG Eberswalde GE 1994, 587; *Blank* in Blank/Börstinghaus § 535 Rdn. 429; *Müther* DtZ 1995, 116 (118).

352 *Geldmacher* DWW 1991, 298 (299); *Voelskow* in MünchKomm, Einigungsvertrag Rdn. 81.

353 *Hök* MDR 1994, 1157; *Kinne* WuM 1992, 403 (405).

354 *Voelskow* in MünchKomm, Einigungsvertrag Rdn. 81.

355 KG RE 16.10.2000 DWW 2000, 333 = GE 2000, 1473 = NZM 2000, 1174 = WuM 2000, 590 = ZMR 2001, 26; LG Bautzen WuM 2001, 279; LG Berlin GE 1998, 247; *Müther* DtZ 1995, 116 (117); *Sternel* Mietrecht aktuell (2009) Rdn. IX 11.

356 Zitiert nach LG Rostock WuM 2000, 414.

der laufenden Schönheitsreparaturen nunmehr in dem Umfang besteht, wie sie nach der Auslegung einer entsprechenden Vorschrift im BGB bestehen würde.

140 Nach § 104 Abs. 1 Satz 3 ZGB war die Bestimmung des § 107 Abs. 2 ZGB bei **Beendigung des Mietverhältnisses** für den Bereich der malermäßigen Instandhaltung entsprechend anzuwenden. Nach der gesetzlichen Regelung traf den Mieter damit nur die Verpflichtung, Mängel, *„die infolge der Verletzung der Pflicht zur malermäßigen Instandhaltung … der Wohnung entstanden sind"*, unverzüglich auf seine Kosten zu beseitigen. Die allgemeine Abnutzung durch das Bewohnen stellte damit keinen Mangel dar.[357] Der Mieter schuldete bei Mietende auch bei schlechtem dekorativem Zustand grundsätzlich keine Endrenovierung, sondern nur die Arbeiten, die zur Beseitigung der aus unterlassener Dekoration stammenden Substanzschäden erforderlich waren. Fraglich ist, wie die Lastenverteilung für die Zeit nach dem 3.10.1990 zu beurteilen ist, wenn der Mietvertrag hierzu keine Bestimmung enthielt. Während in ergänzender Vertragsauslegung von einem Fortbestand der Pflicht des Mieters auszugehen ist, die laufenden Schönheitsreparaturen durchzuführen (s. Rdn. 138), wird eine Verpflichtung zu Renovierungsarbeiten bei Mietende nicht angenommen werden können. Für diesen Bereich fehlt es an der durch § 104 Abs. 1 Satz 2 ZGB geschaffenen Grundlage für eine ergänzende Vertragsauslegung. Hier ist vielmehr unmittelbar Art. 232 § 2 EGBGB anzuwenden, dass seit dem 3.10.1990 für Verträge, die vor diesem Zeitpunkt abgeschlossen wurden, die Vorschriften des BGB gelten.

141 **b) Vertrag mit Regelung.** Etliche Mustermietverträge übernahmen entweder den Gesetzeswortlaut wörtlich oder dem Sinn nach.[358] Damit wurde die Renovierungspflicht des Mieters unmittelbarer Vertragsinhalt. Da der Wegfall des ZGB am 3.10.1990 ausdrücklich in den Vertrag einbezogene Regelungen nicht berührt (Art. 232 § 2 EGBGB),[359] besteht die Pflicht des Mieters, die **laufenden Schönheitsreparaturen** auszuführen, ohne weiteres fort. Für ihren Umfang gelten die Ausführungen zu Rdn. 139.

142 Ein weiteres Problem stellt sich, wenn der Mietvertrag zwar eine Bestimmung zu den Schönheitsreparaturen enthält, die **vertragliche Regelung** indes **unklar** ist (hier: *„Die notwendigen Malerarbeiten … obliegen der Genossenschaft/dem Wohnungsnutzer."*) Nach § 23 Nr. 5 des Gesetzes vom 21.6.1990[360] gilt § 9 AGBG (= § 307 BGB) auch für Mietverträge, die vor dem 1.7.1990 abgeschlossen wurden. Das Transparenzgebot des § 305c Abs. 2 BGB ist im Rahmen des § 307 BGB zu beachten, so dass es an einer wirksamen Übertragung der Schönheitsreparaturen auf den Mieter fehlt.[361] Da der Versuch einer vertraglichen Regelung scheiterte, gilt seit dem 3.10.1990 das Leitbild des § 535 Abs. 1 Satz 2 BGB, so dass die Durchführung notwendiger Schönheitsreparaturen Sache des Vermieters ist.

143 War die gesetzliche Regelung z. B. durch die Klausel

„Für die malermäßige Instandhaltung während der Dauer des Mietverhältnisses ist der Mieter verantwortlich."

in den Mietvertrag aufgenommen, ist der Mieter auch dann nicht zu deren Erledigung **bei Mietende** verpflichtet, wenn er sie nicht oder nur unzureichend ausführte.[362] Er ist bei Beendigung des Mietverhältnisses zum Schadensersatz nur insoweit verpflichtet, als hierdurch Mängel an der Substanz des Wohnraums verursacht wurden oder ein erhöhter Aufwand an Arbeit, Anstrich und Kosten wegen übermäßiger Abnutzung bei der Renovierung erforderlich werden, wobei sich der Ersatzanspruch des Vermieters nur auf die insoweit notwendigen Mehrkosten erstreckt.

144 Eine Variante betrifft den Fall, dass der **Mietvertrag** schon **vor dem In-Kraft-Treten des ZGB,** also noch zu Zeiten der Geltung des BGB abgeschlossen wurde und er damals zulässige Regelungen zulasten des Mieters enthielt, die der späteren Vorschrift des § 104 Abs. 1 ZGB zuwider liefen. Nach § 68 Abs. 1 Nr. 1 ZGB waren Vereinbarungen, die dem Mieter bei Beendigung des Mietverhältnisses Pflichten auferlegten, nichtig, soweit sie über §§ 104 Abs. 1 i. V. m. § 107 Abs. 2

---

[357] LG Rostock WuM 2000, 414; LG Berlin ZMR 2000, 24, ZMR 1994, 572; AG Lichtenberg GE 2000, 607; AG Gotha WuM 2000, 415; AG Berlin-Mitte GE 1994, 572.

[358] *Müther* DtZ 1995, 116 (117).

[359] Vgl. KG RE 16.10.2000 DWW 2000, 333 = GE 2000, 1473 = NZM 2000, 1174 = WuM 2000, 590 = ZMR 2001, 26; KG RE 22.1.1998 NZM 1998, 299 = WuM 1998, 149 für eine vereinbarte Kündigungsfrist von zwei Wochen.

[360] Gesetzbl. der DDR I S. 357.

[361] LG Berlin GE 1999, 189 = ZMR 1999, 398.

[362] KG RE 16.10.2000 DWW 2000, 333 = GE 2000, 1473 = NZM 2000, 1174 = WuM 2000, 590 = ZMR 2001, 26.

ZGB hinausgingen. Die den Mietern durch das ZGB gewährten Mindestrechte durften nicht geschmälert werden,[363] auch wenn der Vertrag im Übrigen nach § 2 Abs. 2 Satz 2 EGZGB mit dem vereinbarten Inhalt gültig blieb. Dies bedeutet, dass die vertragliche Pflicht zur malermäßigen Instandhaltung während des Mietverhältnisses weiter bestand, eine Renovierungspflicht zum Vertragsende jedoch ausschied. Die Rechtslage entspricht damit derjenigen, wie sie nach dem Rechtsentscheid des KG in Rdn. 143 wiedergegeben wurde.[364]

c) Bauliche Mängel. Bei baulichen Mängeln infolge der unterlassenen Schönheitsreparaturen bestand nach § 107 Abs. 2 ZGB eine unverzügliche Beseitigungspflicht des Mieters, deren Nichtbeachtung nach § 107 Abs. 3 ZGB einen **Schadensersatzanspruch des Vermieters** auslöste, der nicht an die Einhaltung weiterer Voraussetzungen geknüpft war. Diese Rechtslage gilt auch nach Fortfall des § 107 Abs. 3 ZGB fort, und zwar unabhängig davon, ob sie durch eine zusätzliche Vereinbarung im Vertrag wiederholt wurde; die Verursachung von erheblichen Substanzschäden stellt eine schwerwiegende Pflichtverletzung dar, die den Mieter auch unter Geltung des BGB zum Schadensersatz aus Vertragsverletzung verpflichtet. Eines Rückgriffs auf ergänzende Vertragsauslegung bedarf es insoweit nicht.[365] 145

3. Individualvereinbarung

Die Parteien können die Lastenverteilung nach § 538 BGB durch eine individualvertragliche Regelung abbedingen. So können sie z. B. vereinbaren 146

„Bei Vertragsende ist die Wohnung im gleichen Zustand zurückzugeben. Der Mieter wünscht, von den Pflichten der Renovierungsarbeiten durch Zahlung einer einmaligen Summe i. H. v. 1.500,00 € befreit zu werden. Der Vermieter stimmt diesem Wunsch zu …".

Eine derartige Regelung verschafft dem Vermieter allerdings keinen Zahlungsanspruch, wenn das Mietverhältnis z. B. bereits nach zwei Jahren endet; es besteht ein Junktim zwischen Fälligkeit der Schönheitsreparaturen und Zahlungspflicht.[366]

Beschränken sie sich darauf, dem Mieter die **Schönheitsreparaturen in allgemeiner Form** aufzuerlegen, schuldet er nur diejenigen Arbeiten, die vom Begriff (s. Rdn. 71 ff.) erfasst werden; zur Auslegung ist die Begriffsbestimmung in § 28 Abs. 4 Satz 4 II. BV heranzuziehen.[367] **Weiter gehende Maßnahmen** des Mieters müssen daher ausdrücklich festgelegt werden. Soll z. B. der Mieter, dem ein Einfamilienhaus vermietet ist, auch den Außenanstrich der Fenster und Türen erledigen, muss dies gesondert vereinbart sein. Eine Bestimmung, dass der Mieter etwa bei einem vermieteten Einfamilienhaus für den gesamten Außenanstrich des Hauses zu sorgen hat, ist auf jeden Fall wegen des Verstoßes gegen das nicht abdingbare Minderungsrecht des Mieters (§ 536 Abs. 4 BGB) unwirksam (s. Rdn. 67). 147

Ist vor dem 31.12.2001 (§ 50 Abs. 1 WoFG) **öffentlich geförderter Wohnraum** vermietet, dürfen dem Mieter weitergehende Pflichten nicht übertragen werden, sofern die bundesrechtlichen Bestimmungen in den Ländern noch gelten (s. Rdn. 61). Jede Ausweitung über die durch § 28 Abs. 4 Satz 4 II. BV gezogenen Grenzen hinaus stellt einen Verstoß gegen §§ 8, 9 WoBindG dar, der Bindung des Vermieters an die Kostenmiete. Geht es um Altbauwohnraum in den **östlichen Bundesländern,** verstieß auch eine in den alten Ländern zulässige Klausel gegen die frühere Preisbindung, wenn sie dem Mieter Pflichten auferlegte, die über den Umfang gem. § 104 Abs. 1 ZGB hinausgingen.[368] 148

4. Grundsätze zu Formularvereinbarungen

a) Zulässigkeit. Nach inzwischen herrschender Auffassung ist es **grundsätzlich zulässig,** dass der Vermieter die **Pflicht** zur Ausführung der Schönheitsreparaturen **durch** eine **Formularklausel** auf den Mieter abwälzt, da ihn die Übertragung nach § 307 BGB nicht unangemessen benachteiligt;[369] zu unzureichend ausgefüllten Klauseln s. Rdn. 119. Im Hinblick auf das **Transpa-** 149

---

363 Kommentar zum ZGB, herausgegeben vom Ministerium der Justiz, § 104 Anm. 2.
364 LG Neuruppin GE 2000, 1684 = WuM 2001, 21.
365 So aber KG WuM 1995, 702, 703.
366 LG Berlin WuM 2016, 279.
367 BGH (VIII ARZ 1/84) RE 30.10.1984 WuM 1985, 46 für eine entsprechende Formularklausel.
368 AG Berlin-Mitte GE 1994, 572; *Müther* DtZ 1995, 116 (118).
369 BGH (VIII ARZ 1/88) RE 6.7.1988 NJW 1988, 2790 = WuM 1988, 294; (VIII ARZ 1/84) RE 30.10.1984 WuM 1985, 46.

renzgebot aus § 307 Abs. 1 Satz 2 BGB stellt sich allerdings die Frage, ob der Begriff der Schönheitsreparaturen hinreichend klar ist, wenn der **Mietvertrag keine Beschreibung** dessen enthält, was damit gemeint ist, oder er zumindest auf § 28 Abs. 4 Satz 4 II. BV verweist.[370] Sie dürfte aber auch ohne eine derartige Erläuterung zu bejahen sein. Dafür spricht der Umstand, dass die Überwälzung der Schönheitsreparaturen seit langem üblich ist und dass es sich zur Verkehrssitte entwickelt hat, darunter die Malerarbeiten im Inneren des Mietobjekts zu verstehen.

Zu beachten ist, dass Formularklauseln, welche dem Mieter ein **Übermaß** an Renovierungspflichten auferlegen, die **gesamte Abwälzung unwirksam** machen. Die Pflicht zur Vornahme von Schönheitsreparaturen ist eine einheitliche, nicht in Einzelmaßnahmen aufspaltbare Rechtspflicht mit der Folge, dass die Unwirksamkeit der einen Einzelaspekt dieser einheitlichen Rechtspflicht betreffenden Formularbestimmung in der gebotenen Gesamtschau der Regelung zur Unwirksamkeit der gesamten Vornahmeklausel führt. Dies gilt auch dann, wenn die inhaltliche Ausgestaltung der einheitlichen Rechtspflicht in verschiedenen, sprachlich voneinander unabhängigen Klauseln des Mietvertrags geregelt ist.[371]

150 **b) Beschränkung auf den Mietgebrauch.** Nach der hier vertretenen Ansicht sind **Klauseln unwirksam,** die **keine Beschränkung** der Renovierungspflicht auf dekorative Schäden ***„aus dem Gebrauch des Mietobjekts"*** enthalten. Nach dem Grundsatz der kundenfeindlichsten Auslegung liegt hierin ein **Verstoß gegen das Transparenzgebot.**[372] Hierzu kann auch auf eine Entscheidung des für Gewerberaummietrecht zuständigen XII. Zivilsenats[373] verwiesen werden, nach der es einer Klausel an der erforderlichen Transparenz fehlt, wenn Einschränkungen, die zur Vermeidung eines Verstoßes gegen das Übermaßverbot notwendig sind, nicht bezeichnet sind (zu allem s. ausführlich auch Rdn. 34 ff.). Der Mieter muss aus dem Wortlaut der Klauseln den Eindruck haben, er sei auch dann für die Renovierung zuständig, wenn ihm die Ursache dekorativer Schäden nicht zuzurechnen ist, wie z. B. bei Baumängeln oder dem Verhalten ihm fern stehender Dritter; sein Eindruck entspricht nicht selten, wie die gerichtliche Praxis zeigt, dem Verständnis der Vermieter, die gegenüber der Forderung des Mieters, die Renovierung zu veranlassen, auf die Klausel verweisen. Die Klauseln lassen sich daher auch nicht etwa mit dem Hinweis auf die Verkehrssitte retten, dass der verständige Mieter sie nur auf von ihm zu vertretende Verschlechterungen der Dekoration beziehen wird.

151 **c) Vereinbarung einer Renovierungspflicht.** Ein **genereller Vorbehalt gegen** die ständige **Rechtsprechung des BGH**[374] bezieht sich auf die danach zulässige Abwälzung der Schönheitsreparaturen als **Vornahmepflicht** des Mieters. Nach der hier vertretenen Auffassung ist der Vermieter **allein** berechtigt, den Mieter – auch formularmäßig – zu verpflichten, die **Kosten der** von ihm veranlassten **Schönheitsreparaturen zu erstatten,** wobei die Klausel den Mieter von den Kosten der Beseitigung vorvertraglicher Gebrauchsspuren freihalten (s. Rdn. 151a) und ihm die kostensparende Eigenarbeit gestatten muss. Die Problematik, die sich bei Vornahmeklauseln aus der Beeinträchtigung der Gewährleistungsrechte des Mieters ergibt (s. Rdn. 67), ist bei Kostenklauseln nicht gegeben.[375] Dass der Vermieter den Mieter mit Kosten belastet, die aus der Erfüllung seiner originären Instandhaltungs- und Instandsetzungspflicht stammen, steht der Übertragung nicht entgegen, da die Vorschrift des § 535 Abs. 1 Satz 2 BGB abdingbar ist. Kostenklauseln scheitern als kontrollfähige Preisnebenabreden auch nicht an mangelnder Transparenz, weil die Abwälzung und der Inhalt der Schönheitsreparaturen als Verkehrssitte anerkannt sind.

151a **d) Folgen aus dem Zustand bei Mietbeginn.** Die formularvertragliche Abwälzung der Schönheitsreparaturen ist nach der Rechtsprechung des **BGH nur zulässig,** wenn dem Mieter ein **renoviertes oder gleichwertiges Mietobjekt oder bei** Überlassung eines **unrenovierten Mietobjekts** ein **angemessener Ausgleich** zur Verfügung gestellt wurde.[376] Zu beachten ist, dass

---

370 Kritisch *Heinrichs* NZM 2003, 8 (12); *Hinz* ZMR 2003, 77 (80); *Kappus,* GS Sonnenschein, S. 263: *„schillernder"* Begriff.

371 BGH (VIII ZR 21/13) GE 2015, 725 = NZM 2015, 485 = WuM 2015, 348 = ZMR 2015, 689.

372 AG Pankow-Weißensee WuM 2007, 192; vgl. AG Gießen ZMR 2002, 828; vgl. *Herlitz* WuM 2015, 654.

373 BGH (XII ZR 158/01) DWW 2005, 372 = GE 2005, 1185 = GuT 2005, 213 = NZM 2005, 863 = ZMR 2005, 844.

374 Z. B. BGH (VIII ZR 73/08) GE 2009, 192 = NZM 2009, 197 = WuM 2009, 36.

375 BGH (VIII ZR 129/91) NJW 1992, 1759 = WuM 1992, 355.

376 BGH (VIII ZR 185/14) GE 2015, 649 = NZM 2015, 374 = WuM 2015, 338 m. Anm. *Hartmann* WuM 2015, 406 = ZMR 2015, 685; dazu z. B. *Artz* NZM 2015, 801; *Kappus* NZM 2016, 609 (613 ff.); *Langenberg* NZM 2015, 681; *Lehmann-Richter* WuM 2016, 529 (536 f.).

der BGH **nicht zwischen „unrenoviert" und „renovierungsbedürftig" differenziert,** weil beide Begriffe Mieträume mit Gebrauchsspuren beschreiben. Es wäre daher unzulässig, zur Abgrenzung renoviert/gleichwertig und unrenoviert eine zusätzliche Grenze im Sinne von „noch nicht renovierungsbedürftig" einzuziehen.[377]

In beiden Fällen muss die Abwälzungsklausel eine **Beschränkung auf die Gebrauchsspuren aus dem Mietgebrauch** enthalten. Auch wenn dem Mieter die Wohnung renoviert übergeben wurde, so dass er nicht mit Gebrauchsspuren des Vormieters konfrontiert ist, ist diese Beschränkung notwendig, weil er ohne sie den Eindruck haben kann, er müsse auch dann renovieren, wenn ihm die Ursache dekorativer Schäden nicht zuzurechnen ist (s. Rdn. 150). **151b**

aa) Neurenovierung gleichwertiger Zustand. Um einen einer frisch renovierten Wohnung **gleichwertigen Zustand** handelt es sich, wenn die Wohnung **nur unerhebliche Gebrauchsspuren** aufweist, die *„bei lebensnaher Betrachtung nicht ins Gewicht fallen"*. Letztlich soll es darauf ankommen, ob die überlassenen Mieträume *„den **Gesamteindruck einer renovierten Wohnung** vermitteln"*.[378] Hierzu ist eine Gesamtschau *„unter **umfassender Würdigung aller** für die Beurteilung **des Einzelfalls** maßgeblichen **Umstände**"* erforderlich. Dies bedeutet, dass **nicht allein** auf den bloßen **optischen** Gesamteindruck abzustellen, sondern im **Regelfall anhand von Einzelfeststellungen** ein **Gesamtbild** zu erarbeiten ist; ausgenommen sind die eher seltenen, nachweislich vor recht kurzer Zeit renovierten und anschließend nur wenig genutzten Wohnungen. **151c**

Bei den Einzelfeststelllungen ist **in zwei Richtungen zu differenzieren,** nach dem **Zustand** der Dekoration **und** nach ihrem **Alter.**

Zum **Zustand** kommt es sowohl für den Gesamteindruck als auch für die Bestimmung eines ggf. erforderlichen Ausgleichs auf Größe und Häufigkeit von Mängeln an. Ganz vereinzelte kleine Farbabplatzungen oder sehr seltene „Laufnasen" mögen je nach ihrer Lage dem Gesamteindruck nicht schaden. Treten sie gehäuft auf, leidet schon der bloße optische Eindruck. Dieser ist ebenfalls betroffen, wenn Möbel oder sonstige Einrichtungsgegenstände des Vormieters Schattierungen an den Wänden hinterlassen haben.[379] Hat der Vormieter in Eigenarbeit renoviert, dürften nur kleinere Unzulänglichkeiten geringer Anzahl nicht relevant sein; eine in größerem Ausmaß nicht fachgerechte dekorierte Wohnung ist zwar „frisch" renoviert, gleichwohl nicht ausreichend.[380] Eine ein halbes Jahr vor Mietbeginn vom Vormieter renovierte Wohnung soll, auch wenn sie von diesem bis zum Mietende weiter genutzt wurde, allenfalls unerhebliche Gebrauchsspuren aufweisen,[381] was sich sicherlich nicht verallgemeinern lässt. Es ist daher insbesondere darauf zu achten, ob **bereits Renovierungsarbeiten** erforderlich sind, wie es bei größeren Schadstellen ohne weiteres der Fall ist. Der Vermerk im Wohnungsübergabeprotokoll, „Schönheitsreparaturen sind nicht fällig." hat keinen Aussagewert.[382] Fälligkeit liegt bei Unansehnlichkeit der Dekoration vor, ein Zustand, der sich von dem „Gesamteindruck einer renovierten Wohnung" fundamental unterscheidet. **151d**

Zum **Alter** ist zu prüfen, **ob** der auf den ersten Blick **ansprechende optische Zustand** gleichwohl **vor Ablauf von orientierenden Renovierungsfristen Arbeiten notwendig** machen wird.[383] In diesem Fall hätte der Mieter den partiellen Verbrauch der Dekoration in der Vormietzeit zu tragen. Hier ist daher eine **Kontrollüberlegung** anzustellen, bei der nicht die Optik, sondern die Kosten eine entscheidende Rolle spielen. Erreichen die früher anfallenden Arbeiten eine nicht unerhebliche Höhe, wird dies einen im Einzelfall maßgeblichen Umstand ausmachen, welcher der Qualifikation als renovierungsgleich entgegensteht, so dass für eine wirksame Abwälzung ein Ausgleich vorzusehen ist. So wurden nicht selten zwar die Wände und Decken frisch gestrichen, die Lackarbeiten jedoch vorerst zurückgestellt, was z. B. die Fenster[384] oder die Heizkörper betreffen kann. Dass bei deutlichen alterungsbedingten Farbabweichungen durch ältere Lacke kein Gesamteindruck einer renovierten Wohnung in Betracht kommt, ist offensichtlich. Aber auch wenn der Farbunterschied nicht sogleich ins Auge fällt, die Lackflächen also akzeptabel erscheinen, **151e**

---

377 Ebenso *Beyer* WuM 2017, 122 (123).

378 *Drasdo* NJW-Spezial 2015, 417 (418): „Gebrauchsspuren des vorherigen Nutzers nahezu nicht erkennbar".

379 *Kinne* GE 2016, 1068.

380 Großzügiger *Pitz-Paal* GE 2015, 1270: nur dilettantische Ausführung reicht nicht, etwa scheckig gestrichene Wände.

381 LG Berlin GE 2016, 592 = NZM 2016, 639.

382 So aber LG Berlin GE 2016, 592 = NZM 2016, 639.

383 Ebenso *Wiek* WuM 2016, 71 (72).

384 LG Berlin GE 2015, 917 = WuM 2015, 541 m. Bespr. *Börstinghaus* WuM 2015, 539.

ist eine frühere Dekoration notwendig. Diese Überlegungen gelten gleichermaßen für den eher seltenen Fall, dass nur die Lackflächen renoviert wurden, nicht aber Wände und Decken.

151f Die Klausel,

„Wird dem Mieter die Wohnung **in renoviertem oder nicht renovierungsbedürftigem Zustand** übergeben, ist er während der Mietzeit verpflichtet, die laufenden Schönheitsreparaturen innerhalb der Wohnung durchzuführen …",[385]

ist **unwirksam.** Wie bereits oben ausgeführt (Rdn. 151a) ist nicht zwischen unrenoviert und renovierungsbedürftig zu unterscheiden. Die Klausel belastet den Mieter daher in unzulässiger Weise mit den Gebrauchsspuren einer unrenovierten Wohnung, weil sie eine aktuell noch nicht renovierungsbedürftige Wohnung *generell* einer renovierten Wohnung im Sinne der Rechtsprechung des BGH gleichstellt. Außerdem lässt die Klausel außer Betracht, dass eine bei Mietbeginn noch nicht renovierungsbedürftige Wohnung je nach der letzten Renovierung weitaus früher eine neue Dekoration notwendig machen kann als eine frisch renovierte.

151g **bb) Ausgleich bei unrenovierter Wohnung.** Eine Wohnung ist **nicht erst dann unrenoviert** oder renovierungsbedürftig ist, wenn sie übermäßig stark abgenutzt oder völlig abgewohnt ist, sondern **bereits,** wenn sie **nicht nur unerhebliche Gebrauchsspuren aus der Vormietzeit** aufweist. Um zu einer wirksamen Abwälzung der Schönheitsreparaturen zu kommen, muss der Vermieter die Verpflichtung des Mieters zur Beseitigung der vorvertraglichen Abnutzungsspuren durch einen **angemessenen Ausgleich kompensieren.** Ist der **Ausgleich werthaltig,** d. h. hat er eine angemessene Höhe, wird der Mieter von den Nachteilen der vorvertraglichen Abnutzung wirtschaftlich freigestellt, er hat allein die Zusatzkosten aus der Beseitigung der Spuren seiner eigenen künftigen Gebrauchszeit zu tragen. Klauseln, die formularmäßig dahin gehen, die Belastung des Mieters sei **bei der Mietfestsetzung berücksichtigt,** reichen nicht aus; sie haben keinen sachlichen Gehalt, weil sie nicht erkennen lassen, dass den jeweiligen Besonderheiten Rechnung getragen wurde. **Pauschal gegriffene Festsetzungen** der Kompensation, etwa aus dem Gefühl des Vermieters heraus, die eigene Belastung dürfe nicht zu hoch ausfallen und sie werde für den Mieter schon irgendwie ausreichen, sind im Zweifel intransparent und bergen die deutliche Gefahr, dass sie unter der angemessenen Höhe bleiben und die Abwälzung der Schönheitsreparaturen deshalb scheitert.

151h Die **Festlegung des Ausgleichs** ist bei **Abschluss des Mietvertrags** zu treffen, da die Abwälzung der Schönheitsreparaturen ohne Ausgleichsregelung unwirksam ist und folglich nicht durch eine nachträgliche Abrede geheilt wird. Demgegenüber kann die Leistung des Ausgleichs später erfolgen,[386] weil anders z. B. ein Ausgleich über eine längere Mietreduzierung nicht möglich wäre. Um späteren Streit zu vermeiden, ist beiden Seiten dringend anzuraten, sich über die vermutlichen Kosten zu einigen und einen eindeutigen Betrag für den Ausgleich festzulegen. Er sollte auch im Interesse des Vermieters auf jeden Fall ausreichend bemessen sein, da ihn die Darlegungs- und Beweislast für die Angemessenheit der gewährten Ausgleichsleistung trifft.

151i Der **Ausgleich** muss **der Höhe nach** so bemessen sein, dass *„die Verpflichtung des Mieters zur Beseitigung der vorvertraglichen Abnutzungsspuren"* kompensiert, der Mieter mithin *„so gestellt wird, als sei ihm renovierter Wohnraum überlassen worden"*.[387] In der Sache geht es damit um einen **Renovierungskostenzuschuss**[388] zu den bei späterem Renovierungsbedarf vom Mieter aufzuwendenden Kosten;[389] ist eine schon renovierungsbedürftige Wohnung vermietet, sind die vollen Renovierungskosten auszugleichen. Er ist betragsmäßig festzulegen, jedenfalls muss er nach bestimmten Parametern ermittelbar sein.[390]

151j Das Schicksal dieses Zuschusses **bei vorzeitiger Beendigung des Mietvertrags,** also vor Eintritt des Renovierungsbedarfs, ist **streitig.** Nach einer Meinung hat der Mieter dem Vermieter in diesem Fall den vollen Ausgleichsbetrag nach § 812 BGB zu erstatten, weil die Zweckbestimmung des Ausgleichs verfehlt wird.[391] Nach anderer Ansicht ist maßgeblich, dass er dem Mieter gleichzu-

---

385 § 17 Nr. 2 „Hamburger Mietvertrag für Wohnraum" des Grundeigentümer-Verband Hamburg von 1832 e. V. (Fassung seit Mai 2015).

386 **A. A.** *Kinne* GE 2016, 1068 (1070).

387 BGH (VIII ZR 185/14) GE 2015, 649 = NZM 2015, 374 = WuM 2015, 338 m. Anm. *Hartmann* WuM 2015, 406 = ZMR 2015, 685.

388 So schon BGH (VIII ARZ 9/86) RE 1.7.1987 WuM 1987, 306 (309).

389 *Beyer* WuM 2017, 122 (124); **a. A.** *Artz* WuM 2017, 120 (121): nur eine Kompensation, um die Wirksamkeit der Abwälzungsklausel sicherzustellen.

390 *Blank* in FS Eisenschmid FS 9 (FS13); *ders.* in Blank/Börstinghaus § 535 Rdn. 433.

391 *Beyer* WuM 2017, 122 (124).

stellen ist, der eine renovierte Wohnung anmietet und daher ohne Renovierungsbedarf nicht zu renovieren hat.[392] Dieser Auffassung ist der Vorzug zu geben, weil sich anders ein schiefes Ergebnis einstellen würde: Wirtschaftlich steht sich der Vermieter gleich, ob er die Wohnung auf seine Kosten herrichtet und renoviert vermietet oder dem Mieter eine Kompensation für die Beseitigung der vorvertraglichen Abnutzungsspuren leistet. Müsste der Mieter diese zurückzahlen, hätte der Vermieter mit Erfolg das finanzielle Risiko, dass die Übertragung der Schönheitsreparaturen durch den vorzeitigen Auszug leerläuft, auf den Mieter abgewälzt. Er wäre zudem deutlich besser gestellt als bei der Überlassung einer von ihm renovierten Wohnung, die er nach dem Auszug des Mieters meist eben nicht mehr als renoviert/gleichwertig vermieten kann.

Zur **Bestimmung des Ausgleichs** bedarf es **grundsätzlich** einer **individualvertraglichen Vereinbarung.**[393] Da jeweils die Verhältnisse des Einzelfalls einzubeziehen sind, insbesondere der notwendige Renovierungsaufwand, wie er sich aus dem Zustand der Wohnung und ihrer Größe ergibt, dürfte eine wirksame formularvertragliche Festlegung kaum zu erreichen sein. Zur **Berechnung des angemessenen Ausgleichs** ist **vorrangig** eine **konkrete Kostenermittlung** vorzunehmen (zur überschlägigen Kostenermittlung s. Rdn. 151 m). Da der Mieter wie ausgeführt so zu stellen ist, *„als sei ihm renovierter Wohnraum überlassen worden"*, sind die Kosten auszugleichen, die für die Beseitigung der vorvertraglichen Abnutzungsspuren notwendig sind. Bedient sich der Vermieter, wie meist, eines Fachhandwerkers, wenn er eine Renovierung veranlasst, geht es daher um die **Kosten,** um **durch einen Fachhandwerker einen renovierten Zustand der Wohnung** schaffen zu lassen.[394] Dabei ist es nicht erforderlich, ein Angebot zu der aktuell zu beurteilenden Wohnung heranzuziehen; aus anderen Angeboten lassen sich die einzelnen Preise ebenfalls ersehen. Auch im Interesse des Vermieters sollte es sich jedoch nicht um Altangebote mit inzwischen unrealistisch niedrigen Preisen handeln. Eine **Ausnahme** kommt in Betracht, wenn z. B. der kleine Privatvermieter üblicherweise selbst die Schönheitsreparaturen ausführt oder er sie als Unternehmer durch einen Mitarbeiter erledigen lässt. Die Berechnung des Ausgleichs anhand des Aufwands des Mieters, der sich die Wohnung in Eigenleistung herrichtet, soll nicht in Betracht kommen (dazu Rdn. 151 l); vielmehr könne er auf diese Weise einen „Gewinn" erzielen und behalten.[395] Die häufig unter fachhandwerklichem Standard erledigte Eigenarbeit des Mieters wäre allerdings vom Vermieter überbezahlt. 151k

Es ist indes nichts dafür ersichtlich, dass sich die **Parteien** individualvertraglich nicht sollten darauf **verständigen** können, dass der Mieter die Arbeiten in **Eigenarbeit** erledigt. Hier ist eine Schätzung seines Aufwands erforderlich, der sich aus den verwendeten Materialien und der von ihm eingesetzten Arbeitskraft, die als geldwerte Arbeitsleistung einen Marktwert hat,[396] zusammensetzt.[397] Soll die Frage, **ob** die Ausführung durch **Fachhandwerker oder** in **Eigenarbeit** erfolgen wird, bei Abschluss des Mietvertrags **zunächst offen** bleiben, kann der Ausgleich z. B. zunächst auf die anteiligen Kosten der Eigenarbeit beschränkt, aber zugleich festgelegt werden, dass der Vermieter den Anteil auf die Kosten eines Fachbetriebs erhöht, wenn ihm der Mieter dessen Einschaltung bei der von ihm veranlassten Renovierung nachweist. 151l

Abgesehen von dem oben beschriebenen Verfahren der genauen Kostenermittlung erscheint es jedoch auch zulässig, den angemessenen **Ausgleich überschlägig zu errechnen.** 151m

– So sollte die Ermittlung im Wege einer **umgekehrten Quotenabgeltung** (zum Begriff s. Rdn. 182f.) im Grundsatz möglich sein.[398] Dabei ist allerdings zu beachten, dass die Berechnung nicht auf der Grundlage starrer Fristen erfolgen darf. Was für die unwirksame Vereinbarung starrer Renovierungsfristen gilt, gilt hier ebenso. Übermäßige oder unterdurchschnittliche Abnutzungen durch den Vormieter sind daher zu berücksichtigen; ist eine übermäßige Abnutzung zu konstatieren, muss der Ausgleich erhöht werden.

---

392 *Artz* WuM 2017, 120 (121).

393 Ebenso z. B. *Kappus* PiG 103 (2016), 37 (46).

394 *Beyer* WuM 2017, 122 (124); *Kappus* NZM 2016, 609 (614f.); *Lehmann-Richter* WuM 2016, 527 (536); *Lützenkirchen* NZM 2016, 113 (117); *Pitz-Paal* GE 2015, 1270 (1271); *Wiek* WuM 2016, 71 (73f.).

395 *Beyer* WuM 2017, 122 (124).

396 BGH (V ZR 88/95) NJW 1996, 921; **a. A.** *v. Westphalen* NZM 2016, 10 (14): nur Anspruch aus § 670 BGB auf Ersatz der Materialkosten, dagegen *Wiek* WuM 2016, 71 (74).

397 *Blank* in Blank/Börstinghaus § 535 Rdn. 433: Stundensatz 15,00 bis 20,00 Euro; *Pitz-Paal* GE 2015, 1270 (1272): jedenfalls € 12,00.

398 *Artz* WuM 2017, 120 (121); *Langenberg* NZM 2015, 681(684).

– Ferner wird die **Schönheitsreparaturenpauschale nach § 28 Abs. 4 II. BV** zumindest einen **Anhaltspunkt** für die angemessene Beteiligung des Vermieters liefern;[399] sie betrug seit dem 1. Januar 2014 10,32 € und beläuft sich seit dem 1. Januar 2017 auf € 10,51 je Quadratmeter Wohnfläche im Jahr. Hier ist zu beachten, dass sich dieser Kostenansatz auf eine Standardrenovierung bezieht und auf öffentlich geförderte Wohnungen, die üblicherweise leicht zu bearbeitende Wand-, Decken und Holzflächen aufweisen. Etwa bei Altbauwohnraum aus der Zeit vor 1918 mit z. B. kassettierten Türen und/oder Decken reicht der Ansatz ersichtlich nicht aus. Außerdem ist die Pauschale unzureichend, wenn die Wohnung vom Vormieter in recht kurzer Mietzeit übermäßig abgewohnt wurde. In derartigen Fällen ist ihr daher ein zusätzlicher Ausgleich hinzuzusetzen, was den Vermieter im Übrigen finanziell nicht belasten muss. Nach der Rechtsprechung des BGH steht dem Vermieter aus übermäßiger Abnutzung ein Schadensersatzanspruch zu (zu Schönheitsreparaturen als Schadensersatz im Einzelnen Rdn. 241).[400] Es ist sein Risiko, ob er den Anspruch mit Erfolg durchsetzen kann und auf diese Weise den zwingend erhöhten Ausgleich für den Nachfolgemieter zur Verfügung hat.

151n Als **Ausgleichsverfahren** bieten sich vornehmlich zwei Wege an, zum einen die Zahlung eines bestimmten Betrages, zum anderen die Reduzierung der Miete für einen bestimmten Zeitraum; der Ausgleich kann aber auch in einer anderen geldwerten Gegenleistung des Vermieters bestehen, etwa die Übereignung einer Einbauküche.[401]

151o Wird als Ausgleich für den erforderlichen Renovierungsaufwand eine **Mietreduzierung** gewählt, ist deren Höhe und Dauer am gebotenen angemessenen Ausgleich zu orientieren. Der Vermieter darf sich daher nicht schlicht pauschal auf einen Mietnachlass von einer halben oder vollen Monatsmiete beschränken; so kann z. B. bei geringer Miete der Nachlass nur einer Monatsmiete nicht ausreichen. Sind schon zu Beginn des Mietverhältnisses Schönheitsreparaturen erforderlich, ist die Wohnung dem Mieter je nach dem Umfang der Renovierung für deren Zeit ggf. mietfrei zu überlassen. Ferner hat er einen Anspruch auf Kompensation seiner Arbeitszeit und der Materialkosten, so dass erst die mietfreie Zeit nach der Renovierung den Ausgleich liefert.[402] Selbst eine dem Mieter gewährte Mietfreiheit von z. B. drei Monaten ist trotz ihrer auf den ersten Blick erheblichen Höhe unzureichend, wenn diese Zeit allein für die Renovierung benötigt wird.

151p **Einzelfälle:**

– In dem vom BGH entschiedenen Fall waren bei Übernahme des Mietobjekts in drei Zimmern Streicharbeiten fällig. Als Ausgleich für diesen Aufwand hatte der Vermieter dem Mieter eine halbe Monatsmiete erlassen, was nach zutreffender Ansicht des BGH nicht angemessen war.
– Waren Scheuerleisten und Türen zu überarbeiten, Heizungsrohre und die entsprechenden Deckendurchbrüche zu streichen sowie die Wände in Bad und Küche untapeziert, soll der Erlass einer Monatsmiete ausreichen, weil damit nur ein geringer Renovierungsbedarf vorhanden gewesen sei;[403] dies lässt sich jedoch nicht verallgemeinern, weil die Höhe der Monatsmiete zu berücksichtigen ist.
– Ist vereinbart, dass der Mieter die Wohnung instand setzt und renoviert, soll auch bei einem Mietvertrag aus 1969 ein Ausgleich von DM 200,00 nicht ausreichend sein,[404] was ohne eingehende Kontrollüberlegung nicht überzeugt.[405] Insbesondere bei sehr alten Mietverhältnissen bedarf es mithin einer Überprüfung des seinerzeit tatsächlich geleisteten Gegenwerts.

151q **cc) Teilrenovierte Wohnung.** Wird die Wohnung **undifferenziert** mit zum Teil renovierten, zum Teil unrenovierten Räumen übergeben, ist die Abwälzung der Schönheitsreparaturen ohne Ausgleich unwirksam.[406] Die Auslegung, dass sich die Abwälzungsklausel allein auf die renovierten Räume bezieht, liefe auf eine unzulässige geltungserhaltende Reduktion hinaus.[407]

---

399 **A. A.** *Kinne* GE 2016, 1068 (1070).
400 BGH (VIII ZR 48/09) NZM 2010, 157 = WuM 2010, 85.
401 *Pitz-Paal* GE 2015, 1270 (1271).
402 AG Berlin-Mitte MM 2003, 384 (385).
403 LG Berlin GE 2015, 1403 = NZM 2016, 124 (Miethöhe nicht mitgeteilt).
404 LG Berlin GE 2016, 395.
405 Ein Standard-VW-Käfer kostete 1969 rund DM 4.500,00; kritisch auch *Kappus* PiG 103 (2016), 37 (46).
406 Z. B. *v. Westphalen* NZM 2016, 10 (12).
407 BGH (VIII ZR 185/14) GE 2015, 649 = NZM 2015, 374 = WuM 2015, 338.

Anders verhält es sich, wenn **alle Räume** der Wohnung in einer **Individualvereinbarung** mit der **Angabe ihres jeweiligen Zustands** aufgeführt sind.[408] Die Räume sind dabei nach ihrer Lage konkret zu bezeichnen,[409] z. B. durch die Eintragung in einen Grundriss; die bloße Bezeichnung „Kinderzimmer" reicht nicht.[410] Ebenso kann sich die Vereinbarung auf **einzelne Bestandteile** der Wohnung beziehen, etwa dass sich die Pflicht des Mieters zur Ausführung von Schönheitsreparaturen nur oder nicht auf Heizkörper und Heizrohre oder Holzteile bezieht.[411] Zusätzlich ist ein Ausgleich für die nicht renovierten Räume vorzusehen, wenn sich die Renovierungspflicht des Mieters nicht nur auf die als renoviert bezeichneten Räume beschränken soll. Mit dem Ausgleich erhält der Mieter eine vollständig renovierte Wohnung, die er nach seinen Gebrauchsspuren im weiteren Verlauf des Mietverhältnisses zu renovieren hat. **151r**

5. Klauseln zur Anfangsrenovierung

Klauseln, die den Mieter zu einer Anfangsrenovierung verpflichten, sind nach der Rechtsprechung des BGH **nur wirksam, wenn** dem Mieter ein **angemessener Ausgleich** zur Verfügung gestellt wurde, d. h. im Regelfall die vollen Renovierungskosten (s. dazu im Einzelnen Rdn. 151a ff.).[412] Diese Folge kann nicht dadurch umgangen werden, dass die Schönheitsreparaturen nicht innerhalb relativ kurzer Zeit nach Beginn des Mietverhältnisses vorzunehmen sind, sondern dass dem Mieter ein längerer Zeitraum zugestanden wird, z. B. die ersten zwei Jahre. Der zeitliche Aufschub für die Anfangsrenovierung ändert nichts daran, dass der Mieter in unzulässiger Weise zur Beseitigung vorvertraglicher Abnutzungsspuren verpflichtet werden soll. **152**

Dasselbe gilt für eine Klausel, dass der Mieter **nur die Anfangsrenovierung** schuldet. Selbst wenn sie dadurch ergänzt ist, dass dem Mieter die Renovierung während des Mietverhältnisses freigestellt ist und er die Wohnung unrenoviert zurückgeben darf, fehlt es an einem angemessenen Ausgleich. **153**

einstweilen nicht belegt **154–159**

6. Klauseln zu laufenden Schönheitsreparaturen

Die folgende Kontrolle behandelt einzelne Klauseln nach ihrem allgemeinen Inhalt. Die **Problematik gleichzeitig vereinbarter Fristenregelungen** ist in Rdn. 216 ff. dargestellt. **160**

Vorab ist darauf hinzuweisen, dass allgemeine Klauseln **nicht** daran **scheitern,** dass sie **nicht zwischen renovierten und unrenovierten/renovierungsbedürftigen Wohnungen unterscheiden.**[413] Nach Ansicht des VIII. Senats des BGH handelt es sich um zwei verschiedene Vertragsgegenstände,[414] die im Individualprozess getrennt zu bewerten sind. Auf dieser Grundlage ist stets zunächst zu klären, welchen Zustand die Wohnung im Zeitpunkt der Vermietung aufwies, da die Abwälzung der Schönheitsreparaturen nur bei Überlassung einer unrenovierten/renovierungsbedürftigen Wohnung ohne Ausgleich für den Mieter unwirksam ist (s. Rdn. 151a), wofür er die Darlegungs- und Beweislast trägt. **160a**

Die Klauseln, **161**

„Schönheitsreparaturen werden **vom Mieter getragen**", „... sind **Sache des Mieters**"

oder

„... **gehen zu Lasten des Mieters**"

enthalten **nach herrschender Ansicht** eine wirksame **Abwälzung** der Schönheitsreparaturen.[415] Nach der hier vertretenen Ansicht ist dies allerdings nicht der Fall, weil sie eine Vornahmepflicht

---

408 *Artz* NZM 2015, 801 (807); *Drettmann* NJW 2015, 3694 (3696); *Gather* S. 61; *Kappus* NZM 2016, 609 (619 f.); **a. A.** *v. Westphalen* NZM 2016, 10 (11 ff.); *Wiek* WuM 2016, 71 (76), weil eine gespaltene Renovierungsklausel vom Ausgleichsprinzip nicht gedeckt sei.

409 *Kappus* NZM 2016, 609 (619 f.).

410 *Artz* NZM 2015, 801 (807).

411 Formulierungsbeispiel von *Lehmann-Richter* NZM 2014, 818 (819); *Drettmann* NJW 2015, 3694 (3696).

412 BGH Urt. vom 18.3.2015 – VIII ZR 185/14 GE 2015, 649 = NZM 2015, 374 = WuM 2015, 338 m. Anm. *Hartmann* WuM 2015, 406 = ZMR 2015, 685; dazu *Artz* NZM 2015, 801; *Langenberg* NZM 2015, 681.

413 BGH (VIII ZR 185/14) GE 2015, 649 = NZM 2015, 374 = WuM 2015, 338 m. Anm. *Hartmann* WuM 2015, 406 = ZMR 2015, 685; **a. A.** AG Dortmund NZM 2014, 826 = WuM 2015, 27; *Schach* ZMR 2014, 944.

414 So schon BGH (VIII ARZ 9/86) WuM 1987, 306; (VIII ARZ 4/85) WuM 1986, 208; dazu kritisch *Börstinghaus* NZM 2016, 417 (431).

415 Z. B. OLG Karlsruhe RE 16.4.1992 WuM 1992, 349.

übertragen; hierzu ist zur Vermeidung von Wiederholungen auf Rdn. 151 zu verweisen. Außerdem scheitern sie jedenfalls dann, wenn im weiteren Klauseltext die erforderliche Beschränkung der Renovierungspflicht auf dekorative Schäden *„aus dem Gebrauch des Mietobjekts"* fehlt.[416] Die Klausel ist dann nicht hinreichend transparent, weil sie die notwendigen Einschränkungen für die Zuständigkeit des Mieters nicht nennt (s. Rdn. 150).

162 Die **Abwälzungswirkung** wird allerdings von **einer Meinung in Frage** gestellt. Danach sei die Klausel nicht eindeutig, da sie sowohl als Überbürdung wie auch nur als bloße Freistellung gemeint sein könne. Es frage sich im Hinblick auf das Transparenzgebot aus § 307 Abs. 1 Satz 2 BGB, ob die Klausel die zweite Stufe, die Begründung einer Dekorationspflicht, hinreichend klar macht.[417] **Gegen diesen Ansatz** spricht, dass die Abwälzung der Dekorationsarbeiten mit einer entsprechenden Verpflichtung des Mieters allgemein üblich ist.[418] In der Praxis legen sowohl Vermieter als auch Mieter bei einer der eingangs angeführten Formulierungen mit Selbstverständlichkeit zu Grunde, dass dadurch der Mieter nicht nur die Schönheitsreparaturen zu tragen, sondern auch auszuführen hat. Die rechtliche Differenzierung wird von den Parteien nicht vorgenommen, sondern sie vermengen die beiden Aspekte zu einem Vorgang. Eine Auslegung, die dem tatsächlichen allgemeinen Verständnis Rechnung trägt, ist vorzuziehen.

163 Die Klausel,

„Der Mieter trägt die **Kosten der Schönheitsreparaturen**"

soll i. S. d. **Pflicht zur Ausführung** der Schönheitsreparaturen zu verstehen sein.[419] Es ist bedauerlich, dass sich der BGH zur Begründung allein auf die Verkehrssitte bezog und nicht den Wortlaut der Klausel in den Vordergrund stellte. Gerade im Hinblick auf seine Differenzierung zwischen Vornahme- und Kostenklauseln bei den Kleinreparaturen hätte es nahegelegen, die Klausel wörtlich zu nehmen. Nach der hier vertretenen Ansicht sind ohnehin nur Kostenklauseln wirksam (zu deren Voraussetzungen i. E. s. Rdn. 151).

164 Die Klausel,

„Der Mieter verpflichtet sich, während der Dauer der Mietzeit **bei Bedarf** Schönheitsreparaturen (Tapezieren und Anstreichen der Wände und Decken …) auf eigene Kosten … **ausführen zu lassen.**"

ist **unwirksam.** Auch wenn die Klausel nur einen Bedarf betrifft, der sich während des Mietverhältnisses einstellt, und auch wenn sie keine Verknüpfung mit einem starren Fristenplan enthält (dazu Rdn. 219ff.) oder mit einem weichen Fristenplan kombiniert ist, verstößt sie gegen § 307 BGB. Sie benachteiligt den Mieter unangemessen, weil sie ihn nach ihrem objektiven Inhalt auch dann zur Renovierung verpflichtet, wenn der **Bedarf nicht aus dem Mietgebrauch** stammt, sondern z. B. aus bauseitigen Mängeln, dem Mieter nicht zurechenbaren Verhalten Dritter oder sonstigen äußeren Einflüssen. Zudem ist die Klausel deshalb unwirksam, weil sie den Mieter nach der kundenfeindlichsten Auslegung dazu zwingt, Fachhandwerker hinzuzuziehen, und ihm damit die Möglichkeit kostensparender Eigenarbeit nimmt.[420] Die Regelung soll jedoch wirksam sein, wenn die Klausel die ausdrückliche Einschränkung enthält, dass sich der Bedarf nur auf die vom Mieter selbst verursachte Abnutzung bezieht.[421]

165 Zu Klauseln, die dem Mieter **bestimmte Vorgaben für die Erledigung** der Schönheitsreparaturen **im laufenden Mietverhältnis** machen, s. Rdn. 172 **(„Ausführungsart")** und Rdn. 231 **(Dekoration in „weiß").**

166 Die Klausel,

„Der Mieter verpflichtet sich, während der Mietzeit die Schönheitsreparaturen innerhalb der Wohnung **je nach Grad der Abnutzung** oder Beschädigung **unverzüglich** durchzuführen. Zu den Schönheitsreparaturen gehören … Üblicherweise werden Schönheitsreparaturen in den Mieträumen in folgenden Zeitabständen erforderlich sein …"

---

416 Ebenso AG Gießen WuM 2009, 454.
417 Verneinend *Hinz* ZMR 2003, 77 (80).
418 Vgl. BGH (VIII ZR 339/03) GE 2004, 1093 = NZM 2004, 734 = WuM 2004, 529.
419 BGH (VIII ZR 339/03) GE 2004, 1093 = NZM 2004, 734 = WuM 2004, 529; dazu kritisch *Blank* WImmoT 2005, 95 (98); *Börstinghaus* DWW 2005, 92; *Häublein* ZMR 2005, 94 (95).
420 BGH (VIII ZR 294/09) NZM 2010, 615 = WuM 2010, 476.
421 *Wiek* WuM 2005, 283.

ist **wirksam.**[422] Da die Abwälzung der Schönheitsreparaturen nunmehr nach der Rechtsprechung des BGH[423] nur Erfolg hat, wenn die Wohnung dem Mieter renoviert übergeben oder ihm bei unrenovierter Wohnung ein angemessener Ausgleich für die vorvertraglichen Abnutzungsspuren geleistet wurde, sind die in der Vorauflage angebrachten Bedenken aus der Transparenzkontrolle nach § 307 Abs. 1 Satz 2 BGB gegenstandslos.

Die Klausel, dass Schönheitsreparaturen schon dann vorzunehmen sind, sobald 167

„das Aussehen der Wohnräume **mehr als nur unerheblich** durch den Gebrauch beeinträchtigt ist",

hat der BGH nicht beanstandet.[424] Zur Begründung hat er angeführt, dass damit nur die für den durchschnittlichen und verständigen Mieter erkennbare Selbstverständlichkeit ausgesprochen werde, dass unerhebliche Gebrauchsspuren keine Renovierung erforderlich machen. Nach dem vom BGH selbst mehrfach herangezogenen Grundsatz der kundenfeindlichsten Auslegung ist dieser Argumentation nicht zuzustimmen. Bei genauer Betrachtung kann sich der Mieter aufgrund der Klausel für verpflichtet halten, schon bei leichten bis mittelgradigen Abnutzungsspuren zu renovieren, wie sie gerade bei einer anfangs frisch renovierten Wohnung besonders auffallen, was ihn im Ergebnis unangemessen belastet.[425]

Eine Klausel, nach der sich der Mieter verpflichtet, 168

„... die laufenden wie auch die **durch Zufall** oder **Modernisierung** erforderlich werdenden Schönheitsreparaturen zu tragen",

ist gem. § 307 BGB **unwirksam.**[426] Die Abwälzung der durch **zufällige** Ereignisse notwendigen Schönheitsreparaturen verstößt gegen das **Übermaßverbot,** indem sie dem Mieter die Ausführung der Renovierung auch in den Fällen auferlegt, in denen Schäden nicht auf dem Mietgebrauch beruhen. Bei einer außerhalb des Mietgebrauchs liegenden Schadensursache ist es indes die Pflicht des Vermieters aus § 535 BGB, den vertragsgemäßen Zustand der Mietsache wieder herzustellen; von dieser Verpflichtung kann er sich durch eine Schönheitsreparaturklausel nicht befreien.[427] Da im Rahmen der Inhaltskontrolle die sachlich zusammenhängende Gesamtbelastung des Mieters maßgeblich ist, läuft es auf unzulässige geltungserhaltende Reduktion hinaus, wenn die Klauselteile zur Renovierungspflicht auch bei höherer Gewalt oder nach Modernisierung herausgelöst und sodann die, für sich genommen wirksamen, Regelungen zu den laufenden Schönheitsreparaturen aufrecht erhalten werden.[428]

Was die **Folgen einer Modernisierung** betrifft, ist zu unterscheiden, ob die Renovierung bereits fällig war oder noch nicht; diese Differenzierung enthält die Klausel nicht, was sie auch insoweit unwirksam macht. War der Zustand des Mietobjekts renovierungsbedürftig, hat der Vermieter die notwendigen Vorarbeiten zu veranlassen, damit der Mieter die Dekoration herrichten kann. Mit der Klausel will er sich von diesem Aufwand befreien, was zu einer übermäßigen Belastung des Mieters führt. Lag noch kein Renovierungsbedarf vor, fließen die Kosten für die Schönheitsreparaturen in die Modernisierungskosten, die aber nur unter den Voraussetzungen des § 559 BGB umlagefähig sind.

7. Klauseln zur Endrenovierung

Zu Klauseln, nach denen der Mieter die Wohnung 169

„in **ordnungsgemäßem** Zustand" bzw. „in **vertragsgemäßem** Zustand"

zurückzugeben hat s. Rdn. 125, zu Klauseln, dass die Rückgabe

„im **Zustand wie übernommen**" oder **„wie bei Beginn des Mietverhältnisses"**

zu erfolgen hat, s. Rdn. 126.

Die Klauseln, 170

„Insbesondere hat der Mieter bei seinem Auszug die von ihm angebrachten oder vom Vormieter übernommenen **Wand- und Deckentapeten zu beseitigen**",

---

422 BGH (VIII ZR 17/04) GE 2005, 478 = NZM 2005, 376 = WuM 2005, 243 = ZMR 2005, 437.

423 BGH (VIII ZR 185/14) GE 2015, 649 = NZM 2015, 374 = WuM 2015, 338 m. Anm. *Hartmann* WuM 2015, 406 = ZMR 2015, 685.

424 BGH (VIII ZR 242/13) GE 2015, 721 = NZM 2015, 424 = WuM 2015, 343 = ZMR 2015, 690.

425 Ebenso OLG Hamm WuM 2011, 597.

426 LG Berlin NZM 2002, 121; WuM 1993, 261.

427 BGH (VIII ZR 88/86) NJW-RR 1987, 906 = WuM 1987, 315 = ZMR 1987, 257.

428 So aber LG Berlin GE 2004, 545.

oder

„Beim Auszug hat der Mieter die nach Fristenplan fälligen Innenanstriche vorzunehmen. Ansonsten hat er die Wohnung in einem **tapezierfähigen Zustand** zu übergeben, wie er sie erhalten hat."

sind **unwirksam.**[429] Der Mieter wird mit einer **unbedingten, zusätzlichen Renovierungspflicht** belastet, die zumal deshalb unangemessen ist, weil er nach der Klausel selbst solche Tapeten entfernen muss, die er erst kurz zuvor ordnungsgemäß anbrachte.[430] Dass er anders als bei einer Endrenovierungsklausel gem. Rdn. 171 die Tapeten „nur" zu entfernen, aber nicht neue aufzubringen hat, stellt die Unangemessenheit nicht in Frage. Das Entfernen von Tapeten ist als Vorarbeit ein Teil der Schönheitsreparaturen;[431] auch dieser Aufwand darf daher nur aus sachlichen Gründen vom Mieter verlangt werden.

171 Klauseln, die mit unterschiedlicher Formulierung i. E. dahin gehen, dass

„der Mieter rechtzeitig vor seinem Auszug die Räume – **unbeschadet einer während der Mietzeit durchgeführten Renovierung** – auf seine Kosten renovieren zu lassen"

hat, sind **unwirksam,** und zwar auch dann, wenn dem Mieter eine renovierte Wohnung überlassen und er nicht zur laufenden, sondern allein zur Endrenovierung verpflichtet wurde.[432] Sie statuieren eine **unbedingte Verpflichtung zur Endrenovierung** (Endrenovierungsklausel *„im engeren Sinne"*[433]), auch wenn das Mietverhältnis nicht lange dauerte oder die letzte Renovierung nur kurz zurück lag, was den Mieter unangemessen i. S. d. § 307 BGB belastet. Die Regelung dient allein dem Interesse des Vermieters, eine problemlos weiter vermietbare Wohnung zu erhalten.[434]

Hiervon **zu trennen** sind **bedingte Endrenovierungspflichten** (Endrenovierungsklausel *„im weiteren Sinne"*[435]), etwa durch die Klausel, dass der Mieter

„die während des Mietverhältnisses fällig gewordenen Schönheitsreparaturen **spätestens bei Beendigung des Mietvertrags nachzuholen** hat."

Sie begründen keine originäre Dekorationsverpflichtung, sondern enthalten **nur eine Ergänzung** zur Abwälzungsregelung,[436] indem sie die aus einer wirksamen Übertragung der Schönheitsreparaturen folgende selbstverständliche Verpflichtung des Mieters wiederholen, schon vor Mietende fällig gewordene Renovierungsarbeiten jedenfalls zu diesem Zeitpunkt nachzuholen. Dies gilt **allerdings nur,** wenn die Wohnung dem Mieter renoviert überlassen oder in der Abwälzungsklausel klargestellt wurde, dass sich die Pflicht nur auf solche Renovierungsarbeiten bezieht, die durch seinen Mietgebrauch fällig wurden; anderenfalls bezieht die Klausel auch Renovierungsaufwand ein, der vom Vormieter stammt, was sie unwirksam macht.[437]

172 Die Klausel,

„Der Mieter ist nicht berechtigt, ohne Zustimmung des Wohnungsunternehmens von der **bisherigen Ausführungsart** abzuweichen."

ist **unwirksam.** Dies gilt auch dann, wenn der Vermieter ein Vertragsformular des von ihm mit der Wohnungsvermittlung beauftragten Maklers bei Abschluss des Mietvertrags verwandte.[438] Sie wirkt sich nach der hier vertretenen Ansicht **wie eine unwirksame Endrenovierungsklausel** aus.[439] Sobald der Mieter während des Mietverhältnisses von der bei Einzug vorgegebenen Ausführungsart abweicht, hätte er nach der Klausel bei Mietende in jedem Fall zu renovieren. Dieses unzulässige Ergebnis darf auch nicht auf Umwegen erreicht werden. Die Klausel ist **jedenfalls** aber **unklar** (§ 305 Abs. 2 BGB)[440] **und** auch **unangemessen** (§ 307 BGB).[441]

---

[429] BGH (VIII ZR 152/05) NZM 2006, 621 = WuM 2006, 308; (VIII ZR 109/05) NZM 2006, 622 (LS) = WuM 2006, 310; so bisher schon AG Wuppertal WuM 2000, 183; *Lützenkirchen* NZM 1998, 942; *Pfeilschifter* WuM 2003, 543 (551).
[430] *Geldmacher* MK 2006, 114.
[431] *Lammel* § 535 Rdn. 191.
[432] BGH (VIII ZR 316/06) NZM 2007, 921 = WuM 2007, 682.
[433] *Beyer* GE 2007, 122 (123).
[434] BGH (VIII ARZ 9/86) RE 1.7.1987 DWW 1987, 219 = WuM 1987, 306.
[435] *Beyer* GE 2007, 122 (123).
[436] BGH (VIII ZR 247/05) NZM 2007, 355 = WuM 2007, 260; (VIII ZR 52/06) GE 2006, 1542 = NZM 2006, 924 = WuM 2006, 677 = ZMR 2007, 28.
[437] Vgl. LG Hamburg ZMR 2008, 295; AG Hamburg-Blankenese WuM 2008, 474 = ZMR 2007, 867.
[438] BGH (VIII ZR 143/10) WuM 2011, 96.
[439] Offen gelassen von BGH (VIII ZR 199/06) NZM 2007, 398 = WuM 2007, 259.
[440] BGH (VIII ZR 199/06) NZM 2007, 398 = WuM 2007, 259.
[441] *Beyer* NZM 2009, 137 (138).

In **neueren Mietverträgen** ist die vorgenannte Klausel dahin **modifiziert,** dass der Mieter „nicht berechtigt ist, ohne Zustimmung des Wohnungsunternehmens **erheblich** von der **bisherigen Ausführungsart** abzuweichen."[442]

Auch diese Formulierung ist **unwirksam.**[443] Zwar soll die Einfügung des Wortes *„erheblich"*, so ist zu vermuten, die angeführten Gründe für die Unwirksamkeit der Klausel ausräumen, dieser Versuch bleibt indes aus den vorgenannten Gründen ohne Erfolg.

Die Klausel, 173

„Der Mieter verpflichtet sich, die Schönheitsreparaturen, d. h ..., innerhalb der Wohnung durchzuführen, und zwar in den üblichen Zeitabständen. Bei **Auszug** sind die Mieträume **in gutem dekorativen Zustand** zurückzugeben."

ist **unwirksam.**[444] Sind die üblichen Zeitabstände nicht durch einen Zusatz wie „im Allgemeinen" oder „i. d. R." relativiert, handelt es sich um starre Fristen, so dass die Abwälzung schon aus diesem Grund scheitert (s. Rdn. 219). Aber auch mit einem entsprechenden Zusatz entfaltet die Klausel keine Wirkung, weil sie gegen das **Transparenzgebot** aus § 307 Abs. 1 Satz 2 BGB verstößt.[445] Einerseits wird dem Mieter allein die Pflicht auferlegt, im Allgemeinen in den üblichen Zeitabständen zu dekorieren. Wird z. B. die frühere Frist von fünf Jahren als Anhaltspunkt für die Renovierung der Wohnräume zugrunde gelegt und zieht der Mieter nach viereinhalb Jahren aus, hat er, normale Abnutzung vorausgesetzt, danach keine Arbeiten zu erledigen. Andererseits soll er das Objekt *„in gutem dekorativem Zustand"* herausgeben, was sich nach dieser Nutzungsdauer aufgrund der unvermeidlichen Gebrauchsspuren kaum erreichen lässt. Die Bestimmung zum Zustand wird sich (noch) nicht als generelle Endrenovierungspflicht verstehen lassen und schon deshalb unwirksam sein,[446] sie ist jedoch widersprüchlich. Sollte der Verwender die Formulierung im Interesse des Mieters so gemeint haben, dass jeder „normale" Zustand innerhalb des üblichen Renovierungsturnus noch gut ist, wird dies nicht deutlich.

Klauseln, die dem Mieter bei der **Rückgabe** der Wohnung insgesamt oder in Teilen nur einen **schmalen Bereich an Farbtönen** vorschreiben, wie 174

„Die Schönheitsreparaturen sind in **neutralen, deckenden, hellen Farben und Tapeten** auszuführen."

sind nach Ansicht des BGH **wirksam,** weil sie ihm während des Mietverhältnisses die Wahl der Farbe nach seinen Vorstellungen lassen; dass der Mieter, wählte er keinen weißen oder hellen Farbton, sondern z. B. einen mittleren, nach der Klausel unabhängig von der letzten Renovierung in jedem Fall – und damit nicht nur, wenn ohnehin eine Renovierung ansteht – neu dekorieren muss, hat der BGH gegenüber dem Interesse des Vermieters zurücktreten lassen, bei Mietende eine Dekoration vorzufinden, die von möglichst vielen Mietinteressenten akzeptiert wird.[447] Farben wie ein zartes **Lindgrün** oder **Hellblau** erfüllen zwar die Vorgabe „hell", sollen aber nicht mehr „neutral" sein, da sie zu etlichen Einrichtungsstilen der Nachmieter nicht passen.

Die Entscheidung, die über die **Rückgabeklausel** ein **„Farbdiktat"** des Vermieters zum Mietende ermöglicht, ist zum Teil auf **Kritik** gestoßen. Ihr ist darin zuzustimmen, dass Rückgabeklauseln mittelbar auf eine Endrenovierungspflicht herauslaufen können, obwohl sich der Mieter im Rahmen seines rechtlichen Dürfens hielt.[448] Diesen vertraglichen Gestaltungsspielraum kann er durch die Farbvorgabe nur um den Preis einer Endrenovierung ausnutzen.[449] Es fällt zudem auf, dass der Vermieter, der die Wohnung mit vertragsgemäßen Gebrauchsspuren unterhalb der Unansehnlichkeit zurückerhält, für eine Renovierung auf seine Kosten sorgen muss, wenn er die Schönheitsreparaturen wirksam auf den neuen Mieter abwälzen will, bei einem nicht mehr „neutralen" Farbton aber eine Neudekoration durch den Mieter auch dann verlangen kann, wenn Farbe und Material nicht eigenwillig und ausgefallen sind.[450] Wegen dieser Widersprüche lässt sich das Ergeb-

---

442 Mustermietvertrag des GdW Ausgabe Januar 2003.
443 BGH (VIII ZR 237/11) WuM 2012, 662.
444 *Knops* in Herrlein/Kandelhard § 535 Rdn. 54.
445 Ebenso *Sternel* Mietrecht aktuell (2009) Rdn. IX 113.
446 So AG Hamburg-Altona ZMR 2003, 502; *Kossmann/Meyer-Abich* § 97 Rdn. 4.
447 BGH (VIII ZR 224/07) GE 2008, 1045 = NZM 2008, 605 = WuM 2008, 472, zustimmend *Beyer* NZM 2009, 137 (139).
448 *Blank* NJW 2009, 27 (29); *Sternel* Mietrecht aktuell (2009) Rdn. IX 69.
449 *Lehmann-Richter* NZM 2008, 676 (678).
450 *Blank* NJW 2009, 27 (29).

nis allenfalls durch das vom BGH entwickelte Ausgleichsprinzip rechtfertigen.[451] Der als Ausgleich für die Abwälzung der Schönheitsreparaturen auf den Mieter reduzierte Mietzins kann vom Vermieter nur nach dem üblichen Aufwand kalkuliert werden, der während der Mietdauer durch die Nutzung des Mieters anfällt; Dekorationsarbeiten nach Rückgabe des Mietobjekts, die allein wegen der farblichen Gestaltung durch den Mieter erforderlich werden, sind für ihn im Vorhinein nicht quantifizierbar und überschreiten daher die fiktiv dem Mieter zur Verfügung gestellte Ausgleichssumme (zu Farbtonvorgaben im laufenden Mietverhältnis s. Rdn. 231).

175 Klauseln, die dem Mieter bei der Rückgabe der **Holzteile** der Wohnung vorschreiben, dass

„Lackierte Holzteile sind in dem Farbton zurückzugeben [sind], wie er bei Vertragsbeginn vorgegeben war; farbig gestrichene Holzteile können auch in weiß oder in hellen Farbtönen gestrichen zurückgegeben werden."

sind ebenfalls **wirksam.**[452] Als lackierte Holzteile hat der BGH diejenigen verstanden, die mit Klarlack oder einer transparenten Lasur gestrichen sind. Dass der Mieter hier an den vorgefundenen Farbton gebunden ist, hat er nicht beanstandet, weil sich der ursprüngliche Farbauftrag nur durch Abschleifen entfernen lasse, wozu der Mieter wegen der damit verbundenen Substanzverletzung ohnehin nicht berechtigt sei. Da die Klausel nur die Vorgabe „hell" enthält, wird sie durch jeden leicht gebrochenen Weißton erfüllt sein, auch wenn er nicht „neutral" ist (vgl. Rdn. 174).

176 Klauseln, die dem Mieter nur einen **einzigen Farbton** der Dekoration bei Rückgabe des Mietobjekts vorgeben, wie

„Die Räume sind **weiß** gestrichen zurückzugeben."

oder

„Lackierte Holzteile sind **weiß** lackiert zurückzugeben.",

sind demgegenüber **unwirksam.**[453] Sie nehmen dem Mieter jeglichen Spielraum zu einem auch nur leicht von weiß abw. Farbton, wenn er nicht bei Anstricharbeiten im laufenden Mietverhältnis die Notwendigkeit einer Endrenovierung in Kauf nehmen will. Auf eine derart weit reichende faktische Beschränkung der Gestaltungsfreiheit des Mieters ist der Vermieter bei der Neuvermietung nicht angewiesen. Wird dem Mieter nicht eine, wenn auch schmale Bandbreite für die farbliche Gestaltung zugestanden, ist die Regelung als unangemessene Belastung nach § 307 BGB zu qualifizieren.[454] In diesen Fällen kann die Farbwahlklausel letztlich auf eine unbedingte und damit unzulässige Pflicht zu einer Endrenovierung hinauslaufen.[455]

8. Klauselkombinationen

177 Der Mieter wird insbesondere **unangemessen benachteiligt** (§ 307 BGB), wenn die vorgenannten singulären Klauseln kombiniert werden, zumal wenn dem Mieter neben der Verpflichtung zur laufenden Dekoration zusätzlich entweder die Anfangs- oder die Endrenovierung auferlegt wird **(Summierungseffekt).** Zu beachten ist, dass die Verteilung der Pflichten des Mieters auf verschiedene Paragrafen des Mietvertrags irrelevant ist.[456] Entscheidend ist vielmehr, dass es sich um eine Gesamtregelung zu einem einheitlichen Gegenstand, den Schönheitsreparaturen, handelt,[457] so dass die Klauseln ihrer gemeinsamen Bestimmung gemäß als zusammengehörig betrachtet werden müssen.[458] Die Unwirksamkeit kann daher nicht dadurch vermieden werden, dass die Klauseln in die jeweiligen Bestimmungen des Mietvertrags zum Zustand der Wohnung bei Mietbeginn, während der Mietzeit und zu den Pflichten bei Mietende integriert werden. Vielmehr

---

451 **A. A.** *Lehmann-Richter* NZM 2008, 676 (678).

452 BGH (VIII ZR 283/07) DWW 2009, 24 = GE 2008, 1621 = NZM 2008, 926 = WuM 2008, 722 m. Anm. *Fischer* WuM 2009, 169.

453 BGH (VIII ZR 198/10) GE 2011, 263 = NZM 2011, 150 = WuM 2011, 96 = ZMR 2011, 369; ebenso schon LG Berlin GE 2008, 869.

454 So wohl auch BGH (VIII ZR 224/07) GE 2008, 1045 = NZM 2008, 605 = WuM 2008, 472 und insbesondere (VIII ZR 283/07) DWW 2009, 24 = GE 2008, 1621 = NZM 2008, 926 = WuM 2008, 722 m. Anm. *Fischer* WuM 2009, 169.

455 Vgl. *Sternel* NZM 1998, 842 (843).

456 BGH (VIII ZR 21/13) NZM 2015, 485 = WuM 2015, 348 = ZMR 2015, 689; (VIII ZR 335/02) NZM 2003, 755 = WuM 2003, 561.

457 BGH (VIII ZR 21/13) NZM 2015, 485 = WuM 2015, 348 = ZMR 2015, 689; (VIII ARZ 5/92) neg. RE 2.12.1992 NJW 1993, 532 = WuM 1993, 175.

458 BGH (VIII ZR 21/13) NZM 2015, 485 = WuM 2015, 348 = ZMR 2015, 689 (VIII ZR 222/09) GE 2010, 692 = WuM 2010, 231; (VIII ZR 48/09) NZM 2010, 157 = WuM 2010, 85; (VIII ZR 360/03) NZM 2004, 901 = WuM 2004, 660 = ZMR 2005, 34.

kann die Verteilung der Pflichten des Mieters auf verschiedene Klauseln schon für sich genommen wegen Verstoßes gegen das Transparenzgebot unwirksam sein, zumal dann, wenn sich der Umfang der Verpflichtung des Mieters aus der Gesamtregelung nicht mit hinreichender Sicherheit entnehmen lässt.[459]

Dieser unzulässige Summierungseffekt tritt auch bei **jeweils für sich genommen unbedenklichen Klauseln** ein.[460] Die frühere Ausnahme für Altmietverträge aus der Zeit vor dem 1.4.1977, dem Zeitpunkt des In-Kraft-Tretens des AGBG[461] ist nicht mehr relevant, weil nunmehr § 307 BGB für alle Altverträge gleichermaßen gilt. Es kommt daher nicht darauf an, ob die Klauseln ganz oder in einzelnen Teilen bei separater Betrachtung zulässig erscheinen. 178

Bei einer unzulässigen Summierung bleibt es ferner dann, wenn eine **wirksame und eine unwirksame Klausel zusammentreffen;** wegen Verstoßes gegen das Transparenzgebot ist es nicht zulässig, nur die wirksame Klausel fortgelten zu lassen.[462] Eine für sich genommen zulässige Klausel zur Überwälzung der laufenden Schönheitsreparaturen entfaltet daher keine Wirkung, wenn z. B. 179

- eine Pflicht zur Anfangsrenovierung (ohne angemessenen Ausgleich, s. Rdn. 152) besteht,[463]
- eine Bedarfsklausel bei Übergabe eines nicht renovierten Objekts den Mieter mittelbar verpflichtet, eine Anfangsrenovierung durchzuführen,[464]
- dem Mieter die unbedingte Pflicht zur Endrenovierung unabhängig vom Zeitpunkt der letzten Dekorationsarbeiten auferlegt ist.[465]

Der **Summierungseffekt** wird **auch dann** ausgelöst, wenn eine Anfangs- oder zumal Endrenovierungsklausel **gegenständliche Einschränkungen** enthält, etwa nur zum Streichen der Decken und Wände oder nur der Lackteile verpflichten soll. Maßgeblich ist die gesamte Leistung, die dem Mieter auferlegt ist, so dass ein Verstoß gegen das Übermaßverbot vorliegt. Es handelt sich daher um unzulässige geltungserhaltende Reduktion, wenn die Summierung nur auf die Tätigkeiten bezogen wird, die sowohl von der Abwälzung der laufenden Schönheitsreparaturen wie auch den gegenständlich beschriebenen Aufgaben gemäß der Anfangs- oder Endrenovierungsklausel erfasst sind und der Mieter auf diese Weise zu der sonstigen Dekoration gemäß der laufenden Renovierung verpflichtet bleiben soll.[466]

Anders verhält es sich bei der **Kombination** der Verpflichtung zur Erledigung der laufenden Schönheitsreparaturen **mit** einer **früher zulässigen Quotenabgeltungsklausel.**[467] Diese stellte nur eine Ableitung aus der Pflicht zur Vornahme der laufenden Schönheitsreparaturen für den Fall dar, dass das Mietverhältnis vor der Fälligkeit einer Renovierung endet. Als bloße Ergänzung bewirkte sie keine Summierung und brachte daher bei Unwirksamkeit die Grundverpflichtung nicht zu Fall.

Schließlich kann eine unwirksame Übertragung selbst dann vorliegen, wenn eine Gesamtregelung, die **aus einem Individual- und einem Formularteil** besteht, den Mieter übermäßig belastet.[468] Dies kommt in Betracht, wenn der Mieter individualvertraglich die Anfangsrenovierung übernimmt und sich zugleich durch eine Formularklausel zur laufenden Dekoration verpflichtet[469] oder formularvertraglich die laufende Renovierung und individualvertraglich eine Endrenovierung auszuführen hat.[470] Hier ist der Formularteil unwirksam, so dass der Vermieter die laufenden Arbeiten schuldet. Das Schicksal der **Anfangs- bzw. Endrenovierung** ist **streitig.** So wird vertreten, 180

459 LG Mannheim WuM 2000, 485.

460 BGH (VIII ZR 163/05) NZM 2006, 623 = WuM 2006, 306 unter Bestätigung von BGH (VIII ARZ 5/92) neg. RE 2.12.1992 NJW 1993, 532 = WuM 1993, 175 entgegen OLG Hamburg RE 13.9.1991 WuM 1991, 523.

461 OLG Hamburg neg. RE 31.8.1995 WuM 1995, 637.

462 BGH (VIII ZR 308/02) DWW 2003, 226 = GE 2003, 944 = NZM 2003, 594 = WuM 2003, 436 = ZMR 2003, 653 unter Bestätigung von BGH (VIII ARZ 3/94) RE 26.10.1994 NJW 1995, 254 = WuM 1995, 28 = ZMR 1995, 60; erneut (VIII ZR 335/02) GE 2003, 1153 = NZM 2003, 755 = WuM 2003, 561.

463 LG Hamburg WuM 2004, 88; AG Dortmund WuM 2004, 87.

464 LG Berlin NZM 2001, 185.

465 BGH (VIII ZR 335/02) GE 2003, 1153 = NZM 2003, 755 = WuM 2003, 561.

466 Vgl. LG Hamburg ZMR 2007, 967 m. Anm. *Hinz;* **a. A.** LG Nürnberg-Fürth ZMR 2005, 622.

467 Z. B. BGH (VIII ZR 73/08) GE 2009, 192 = NZM 2009, 197 = WuM 2009, 36.

468 BGH (VIII ZR 163/05) NZM 2006, 623 = WuM 2006, 306.

469 BGH (VIII ARZ 5/92) neg. RE 2.12.1992 NJW 1993, 532 = WuM 1993, 175; LG Kiel WuM 1998, 215.

470 BGH (VIII ZR 163/05) NZM 2006, 623 = WuM 2006, 306.

dass auch deren Vereinbarung trotz der individualvertraglichen Regelung unwirksam ist.[471] Der BGH hat zu einem derartigen Fall entschieden, es sei *„denkbar…, dass die beiden Klauseln wegen ihres sachlichen Zusammenhangs ein einheitliches Rechtsgeschäft i. S. des § 139 BGB darstellen, das bei Nichtigkeit eines Teils im Zweifel insgesamt nichtig ist."*[472] Auf dieser Grundlage ist von einem **im Zweifel nichtigen** Rechtsgeschäft dann auszugehen, wenn sich **beide Regelungen** schon **von vornherein im Mietvertrag** finden.[473] Der Vermieter macht damit deutlich, dass er mit den Schönheitsreparaturen zu keinem Zeitpunkt etwas zu tun haben will; weder will er etwa bei wirksamer Pflicht des Mieters zur Anfangsrenovierung die laufenden Schönheitsreparaturen ausführen noch die laufenden bei wirksamer Verpflichtung zur Endrenovierung.[474] Es handelt sich daher um eine einheitliche Gesamtregelung.[475] **Anders** soll es beurteilt werden, wenn die Anfangs- oder Endrenovierung **erst nachträglich** vereinbart wurde.[476] Was die zusätzliche, auch individualvertragliche, Auferlegung der **Anfangsrenovierung** betrifft, scheitert sie bereits am **Verbot aus § 536 Abs. 4 BGB,** das Minderungsrecht des Mieters von **Wohnraum** durch jegliche Art von Vereinbarung einzuschränken, **sofern** er **keinen Ausgleich** für den Rechtsverlust erhält. Zur **Endrenovierung** hat der BGH ausgeführt, dass bei einer später bei Einzug des Mieters individuell vereinbarten Übernahme der Endrenovierungspflicht **im Übergabeprotokoll** die Individualvereinbarung weder der Inhaltskontrolle nach § 307 Abs. 1 Satz 1 BGB unterliegt noch sie gemäß § 139 BGB von der Unwirksamkeit der Formularklausel erfasst wird.[477] Diese Entscheidung **überzeugt nicht.** Zum einen spricht gegen den Ansatz des BGH, dass der Abschluss des Mietvertrags und die Übergabe der Wohnung zusammen erst den Beginn des Mietverhältnisses markieren und daher gemeinsam zu betrachten sind mit der Folge, dass dabei getroffene Vereinbarungen zur einheitlichen Gesamtregelung gehören.[478] Zum anderen ist der Sinn des Übergabeprotokolls, für beide Seiten den Zustand der Wohnung festzuhalten, darauf beschränkt sich daher in aller Regel sein Inhalt.[479] Auszuhandeln ist hier praktisch nichts,[480] allenfalls kommen insoweit Abreden über den Verbleib oder die Ergänzung vorhandener Einrichtungen in Betracht. Kein Mieter muss damit rechnen, dass ein Übergabeprotokoll nach dem vorbeschriebenen Sinn und Zweck Regelungen zur Abwälzung der Schönheitsreparaturen enthält, die sich in der Sache sogar als Änderung des zuvor abgeschlossenen Mietvertrags entpuppen.[481] Es dürfte daher schon an dem für eine wirksame Vereinbarung notwendigen Erklärungsbewusstsein und Geschäftswillen des Mieters fehlen, jedenfalls ist der Vermieter nach den Grundsätzen von Treu und Glauben gehindert, sich auf eine entsprechende Individualvereinbarung zu berufen.

Ist **Gewerberaum** vermietet, führt die Summierung von Pflichten zwar zur Unwirksamkeit der AGB-Klausel, nicht aber der Individualabrede, weil die Individualabrede nicht der Inhaltskontrolle nach § 307 BGB unterliegt.[482]

181 Zu beachten ist, dass die **Kombination** von Klauseln zu **Schönheitsreparaturen** und zu **sonstigen Reparaturpflichten** des Mieters in einer Klausel auch dann nicht zur Unwirksamkeit beider Klauselteile führt, wenn einer von ihnen unzulässig ist. **Vorausgesetzt** ist allerdings, dass es sich um sachlich klar abgegrenzte Regelungsbereiche handelt, die nur äußerlich in einer gemeinsamen Klausel zusammengefasst sind. Dies ist z. B. nicht der Fall, wenn das Abziehen und Neuversiegeln von Parkett als Teil der im Einzelnen bezeichneten Schönheitsreparaturen angeführt sind.[483] Dasselbe gilt bei der zusätzlichen Verpflichtung des Mieters, bei Mietende die Tapeten und Kleber von Wand und Boden zu entfernen;[484] hierbei handelt es sich um eine Maßnahme, die in den Be-

---

[471] LG Freiburg WuM 2005, 383; *Harsch* MDR 2003, 557 (558).

[472] BGH (VIII ZR 163/05) NZM 2006, 623 = WuM 2006, 306.

[473] LG Hamburg ZMR 2008, 454; AG Dortmund GE 2014, 1455; AG Mannheim ZMR 2011, 805; AG Hannover NZM 2010, 278; *Blank* in Blank/Börstinghaus § 535 Rdn. 493; *Zschieschack* ZMR 2009, 821 (823).

[474] AG Hannover NZM 2010, 278; *Zschieschack* ZMR 2009, 821 (823).

[475] *Heinrichs* WuM 2005, 155 (163).

[476] *Lützenkirchen* in Lützenkirchen § 535 Rdn. 620.

[477] BGH (VIII ZR 71/08) DWW 2009, 102 = GE 2009, 321 m. Anm. *Schach* GE 2009, 295 = InfoM 2009, 63 m. Anm. *Both* = NZM 2009, 233 = NJW 2009, 1075 m. Anm. *Kappus* = WuM 2009, 173 = ZMR 2009, 358 m. Anm. *Disput;* kritisch *Derleder* NZM 2009, 227.

[478] *Zschieschack* ZMR 2009, 821 (823).

[479] Z. B. KG NZM 2008, 576.

[480] *Derleder* NZM 2009, 227.

[481] Vgl. BGH (XII ZR 189/08) GuT 2010, 346.

[482] BGH (XII ZR 200/06) GE 2009, 647 = NZM 2009, 397 = ZMR 2009, 672.

[483] BGH (VIII ZR 48/09) NZM 2010, 157 = WuM 2010, 85.

[484] BGH (VIII ZR 152/05) NZM 2006, 621 = WuM 2006, 308.

reich der Schönheitsreparaturen fällt, nämlich die Herstellung der Tapezierfähigkeit. In derartigen Fällen bleibt es bei der Unwirksamkeit der gesamten Abwälzung. Enthält die Klausel eine unwirksame Regelung zu den Kleinreparaturen, z. B. als Vornahmepflicht, und in zulässiger Form die Abwälzung der laufenden Schönheitsreparaturen auf den Mieter, besteht hingegen die wirksame Bestimmung zu den Schönheitsreparaturen fort.[485]

9. Abgeltungs/Quotenklauseln

a) Begriff. Zieht der Mieter nach nur relativ kurzer Mietdauer oder bei einem längeren Mietverhältnis vor erneutem Renovierungsbedarf aus, hat er keine Schönheitsreparaturen auszuführen, sofern das Mietobjekt nur vertragsgemäß abgenutzt ist (§ 538 BGB). Auf der anderen Seite erhält der Vermieter eine Mietsache mit Gebrauchsspuren zurück. Er ist daher daran interessiert, vom Mieter einen **Ausgleich für die dekorative Abnutzung** zu erhalten. 182

Grundlage für die Zulässigkeit formularvertraglicher Renovierungsquoten war das schon mehrfach angeführte fiktive Ausgleichsprinzip des BGH, dass der Belastung des Mieters mit der Renovierung stets eine entsprechende Entlastung bei der vom Vermieter kalkulierten Miete gegenübersteht. Der Mieter schuldet die Schönheitsreparaturen als weiteres Mietentgelt; durch ihre Erledigung erbringt er auf andere Weise einen Teil des Mietzinses. Soweit er die Wohnung so lange nutzt, dass sie wegen der Gebrauchsspuren dekorativ hergerichtet werden muss, leistet er durch die Schönheitsreparaturen sein zusätzliches Mietentgelt für seine Gebrauchszeit nach. Zieht er vorher aus, würde er den auf die Schönheitsreparaturen je nach der Mietzeit entfallenden Anteil der Miete ohne Abgeltungsregelung nicht entrichten. Den entsprechenden Anteil sollte er durch die Renovierungsquote nachzahlen. 183

b) Zulässigkeit. Nachdem der BGH bereits in einem Hinweisbeschluss vom 22.1.2014[486] generelle Bedenken geäußert hatte, ob nicht der Mieter durch die Schwierigkeiten, die sich bei der praktischen Umsetzung anhand der allein zulässigen flexiblen Quoten ergeben, unangemessen benachteiligt wird, hat er diese Bedenken sodann durchschlagen lassen mit der Folge, dass **formularvertragliche Abgeltungsquoten** eine nach § 307 BGB unangemessene Benachteiligung des Mieters enthalten und daher **unwirksam** sind, gleichviel ob die Wohnung dem Mieter in renoviertem oder unrenoviertem Zustand überlassen wurde.[487] Dieses Ergebnis gilt ebenfalls, wenn sich der Mieter mit einem „Kostenbeitrag“ am Aufwand für die Schönheitsreparaturen zu beteiligen hat; in der Sache handelt es sich bei diesen oder ähnlichen Formulierungen auch nur um Quotenabgeltungsklauseln.[488] 184

Der Entscheidung des BGH ist uneingeschränkt **zuzustimmen.** Die Grundlage der Vorbehalte des BGH gegen Abgeltungsklauseln findet sich im Urteil vom 26.9.2007.[489] Danach ist eine Abgeltungsklausel nur dann unbedenklich, wenn sie eine Berücksichtigung des tatsächlichen Erhaltungszustands der Wohnung in der Weise ermöglicht, dass für die Berechnung der Quote das Verhältnis zwischen der Mietdauer seit Durchführung der letzten Schönheitsreparaturen und dem Zeitraum nach Ausführung der letzten Schönheitsreparaturen maßgeblich ist, nach dem bei einer hypothetischen Fortsetzung aufgrund des Wohnverhaltens des Mieters voraussichtlich Renovierungsbedarf bestünde. Diese Anforderungen an die Berechnung der Quote sind in der Praxis nicht verlässlich zu leisten.[490] Die Feststellung einer Zahlungspflicht auf einer derart spekulativen Grundlage benachteiligt den Mieter in unangemessener Weise. Auch ein Sachverständiger ist letztlich auf hypothetische und spekulative Annahmen angewiesen,[491] was besonders dann deutlich wird, wenn die Parteien in einem Prozess um die Quote streiten und das Mietobjekt ggf. schon längst wieder anderweitig vermietet ist. 185

Auf der Grundlage der Argumentation des BGH zeigt sich, dass die **Aufrechterhaltung von Abgeltungsklauseln in Altverträgen nicht** in Betracht kommt. Auch die bisher für wirksam gehaltenen Abgeltungsklauseln leiden, gleichviel wie sie formuliert sind, sämtlich daran, dass sie eine 186

---

[485] BayObLG RE 12.5.1997 WuM 1997, 362 = ZMR 1997, 405.
[486] BGH (VIII ZR 352/12) GE 2014, 245 = WuM 2014, 135.
[487] BGH (VIII ZR 242/13) GE 2015, 721 = NZM 2015, 424 = WuM 2015, 343 = ZMR 2015, 690.
[488] LG München I NZM 2016, 382.
[489] BGH (VIII ZR 143/06) GE 2007, 1622 = NZM 2007, 879 = WuM 2007, 684 = ZMR 2008, 30.
[490] Dazu ausführlich *Langenberg* NZM 2014, 299 (301f.).
[491] Ausführlich LG Kiel WuM 2006, 312 (314) gegen LG Hamburg WuM 2005, 453.

in hohem Maße fiktive Berechnung der Quote erfordern und daher für den Mieter in unangemessener Weise nachteilig sind.

187 **c) Gewerberaum.** Es ist streitig, **ob** das Verdikt des BGH **auch bei der Vermietung von Gewerberaum** gilt. Zwar übernahm der XII. Senat des BGH die Rechtsprechung des VIII. Senats zu Wohnraum bereits in Teilen,[492] ist es indes nicht zwingend, dass dies auch Quotenabgeltungsklauseln betreffen wird.[493] Entscheidend ist, ob die Unsicherheiten bei der Berechnung der Quote, also in dem Bereich, der den VIII. Senat des BGH vorrangig veranlasste, in Abgeltungsklauseln eine unangemessene Benachteiligung des Mieters zu sehen, bei Gewerberaum weitgehend ausgeräumt werden können. Hierzu wird **vorgeschlagen,** die Vereinbarung **fester Abgeltungsquoten** bei der Vermietung von Gewerberaum zuzulassen,[494] was, wie im Folgenden dargelegt, ein gangbarer Weg wäre.

188 Zur **Überprüfung dieser Lösung** sind zunächst die **Unterschiede** zwischen **der Nutzung** von Wohnraum und derjenigen von Gewerberaum zu betrachten. Hierzu ist festzustellen, dass Mietverträge über Gewerberaum überwiegend auf feste Zeit bzw. mit Verlängerungsoptionen für den Mieter abgeschlossen werden,[495] was bei Wohnraum nur unter den strengen Einschränkungen des § 575 BGB möglich ist. Ist auf diese Weise eine feste Vertragslaufzeit vereinbart, kennt der Mieter von vornherein das Mietende, so dass er sich mit seinen Renovierungsarbeiten darauf einrichten kann.[496] Außerdem ist die Nutzung durch den Geschäftszweck vorgegeben. Die Nutzung z. B. als Ladengeschäft oder Büro unterliegt in ihrer Intensität nicht den Veränderungen wie die Nutzung von Wohnraum.[497] Schließlich hat der Mieter jedenfalls bei Gewerbeobjekten mit Publikumsverkehr selbst ein erhebliches eigenes Interesse an einem ansprechenden Zustand des Mietobjekts.[498]

189 Weist die jeweilige Nutzung damit durchaus gravierende Unterschiede auf, müssen allerdings noch **zwei weitere Voraussetzungen** erfüllt werden. **Zum einen** muss es als hinnehmbar erscheinen, dass künftige hypothetische Abweichungen von der durchschnittlichen Nutzung nicht berücksichtigt werden, **zum anderen,** dass der Gewerberaummieter eine feste Quote zu zahlen hat, auch wenn der entsprechende Renovierungsbedarf nach dem tatsächlichen Erscheinungsbild des Mietobjekts noch nicht gegeben ist, mithin das Hauptargument gegen starre Fristen nicht durchschlagen darf. Zu beidem ist festzustellen, dass sich der Mieter bei fester Laufzeit des Vertrags und einer Nutzung allein im vertragsgemäßen Umfang ungleich besser auf die feste Quote und die daraus resultierende Kostenbelastung[499] einrichten kann als der Mieter von Wohnraum. Er hat es sogar in der Hand, durch vorausschauende Planung so einzurichten, dass die Fälligkeit einer Renovierung bei Mietende gegeben ist und daher überhaupt keine Quote zu zahlen ist. So wird selbst zu einer sog. isolierten Endrenovierungsklausel vertreten, dass eine Benachteiligung des Mieters ausscheidet, wenn die Vertragsdauer mit dem absehbaren Renovierungsbedarf übereinstimmt.[500] Jedenfalls dürfte eine eventuelle Benachteiligung des Mieters nicht ins Gewicht fallen.[501]

190 Es zeigt sich allerdings ein **praktisches Problem,** die Bestimmung einer **angemessenen Renovierungsfrist.**[502] Anders als bei Wohnraum haben sich allgemein akzeptierte Intervalle für die Renovierung von Gewerberaum je nach Betriebszweck noch nicht herausgebildet. Allein für die Renovierung von Büroraum wird überwiegend auf den Renovierungsturnus für Wohnraum verwiesen (s. Rdn. 227). Diese Unsicherheit steht der Verwendung starrer Fristen für die Quoten jedoch nicht generell entgegen. Es ist vielmehr jeweils zu prüfen, ob die Renovierungsfrist an sachlichen Gesichtspunkten festgemacht wurde; ist dies nicht der Fall, benachteiligt die Klausel den Mieter unangemessen (§ 307 BGB), sie ist unwirksam.

191–194 *einstweilen nicht belegt*

---

492 BGH (XII ZR 308/02) NZM 2005, 504 = ZMR 2005, 527 (Endrenovierungsklausel); (XII ZR 84/06) GE 2008, 1556 = NZM 2008, 890 (starre Fristen).

493 *Drettmann* NJW 2015, 3694 (3696).

494 *Boerner* NZM 2015, 686 (690).

495 *Leo/Ghassemi-Tabar* NZM 2008, 105 (108).

496 *Dose* NZM 2009, 381 (385).

497 *Boerner* NZM 2015, 686 (689).

498 *Ahlt* DWW 2005, 96 (99) = GuT 2005, 47 (50).

499 *Drettmann* NJW 2015, 3694 (3696).

500 *Dose* NZM 2009, 381 (385); vgl. *Fallak* ZMR 2013, 161 (167).

501 *Boerner* NZM 2015, 686 (690).

502 Nach *Zehelein* NZM 2017, 137 (142) soll die Angabe eines festen Renovierungsintervalls entbehrlich sein.

10. Klauseln mit Mietzuschlag

In manchen Mietverträgen ist ein Mietzuschlag für die Ausführung der Schönheitsreparaturen vereinbart.[503] Diese Konstruktion vermeidet nicht absehbare spätere finanzielle Schwierigkeiten des Mieters zumal bei Mietende und sichert die Renovierung zudem dadurch ab, dass der Mieter den Ansparbetrag auch irgendwann einmal in Anspruch nehmen will. Das Verfahren begegnet in **zwei Varianten,** zum einen im Zusammenhang mit der Abwälzung der Schönheitsreparaturen auf den Mieter, zum anderen in der Weise, dass der Vermieter zur Renovierung verpflichtet bleibt. 195

Bei der **ersten Variante** lauten insbesondere ältere Klauseln z. B. 196

„**In der Grundmiete** ist z. Z. ein Betrag von DM 9,65 je qm Wohnfläche im Jahr **für vom Mieter auszuführende Schönheitsreparaturen** enthalten. Werden Schönheitsreparaturen durchgeführt, so ist der Mieter berechtigt, dem Umfang der Arbeiten entsprechende Rückstellungsbeträge anzufordern.".

Diese Gestaltung bringt dem Vermieter die oben genannten Vorteile. **Für preisfreien Wohnraum** hat sie für ihn indes den **Nachteil,** dass der Zuschlag bei Mieterhöhungen nach § 558 BGB in der zu erhöhenden Ausgangsmiete aufgeht.[504] Der Vermieter ist daher nicht berechtigt, ihn auf die erhöhte ortsübliche Vergleichsmiete aufzusatteln,[505] so dass der Ansparbetrag bei einem längeren Mietverhältnis nicht mehr für eine Renovierung ausreicht.

Demgegenüber kann der Vermieter bei **preisgebundenem Wohnraum,**[506] solange die Preisbindung noch besteht,[507] ggf. auch rückwirkend,[508] den erhöhten Zuschlag geltend machen; hieran ändert sich auch nicht durch eine vom Mieter durchgeführte, vom Vermieter nicht veranlasste Anfangsrenovierung.[509] 197

Bei der **zweiten Variante,** die vor allem in Mietverträgen über ehemals preisgebundenen Wohnraum zu finden ist, nach denen die Kosten durch einen Zuschlag zur Kostenmiete gemäß § 28 Abs. 2 II. BV angespart werden, begegnen zwei Klauseln mit unterschiedlichen Folgen. Ist in diesem Fall die Klausel vereinbart, 198

„... ist der Mieter nicht berechtigt, vom Vermieter die Ausführung der Schönheitsreparaturen zu verlangen, die über den Fristenplan ... und über den in der Miete für Schönheitsreparaturen enthaltenen Kostenansatz hinausgehen."[510]

kann der Mieter bei Eintritt von Renovierungsbedarf nicht die Auszahlung des Ansparbetrags für eine Eigenleistung, sondern allein die Ausführung der Schönheitsreparaturen verlangen.[511] Erwirbt der Mieter die Wohnung, hat er auch keinen Anspruch auf Auskehrung des angesparten Betrags.[512]

Demgegenüber berechtigt die Klausel 199

„Sofern der Mieter Schönheitsreparaturen selbst ausführt oder durch entsprechende Fachfirmen ausführen lässt, werden ihm auf Antrag die anteiligen Beträge, wie sie sich nach der obigen Verordnung errechnen, ausgezahlt, sofern die Ausführung sach- und fachgerecht erfolgt ist."

den Mieter, die Schönheitsreparaturen selbst auszuführen und anschließend die Auszahlung der „angesparten" Beträge zu verlangen.[513]

einstweilen nicht belegt 200–202

11. Folgen unwirksamer Klauseln

a) Unwirksamkeit der Abwälzung. Hält eine Klausel der Inhaltskontrolle nicht stand oder verstößt sie gegen §§ 308, 309 BGB, ist sie **insgesamt unwirksam;** die sog. geltungserhaltende Reduktion, d. h. die Rückführung der Klausel auf einen gerade noch akzeptablen Inhalt, ist unzu- 203

---

503 Zur Verwendung von Wahlklauseln mit unterschiedlicher Miethöhe je nach Zuständigkeit für die Renovierung s. *Kappus* NZM 2016, 609 (619).
504 AG Stuttgart WuM 2016, 626.
505 BGH (VIII ZR 87/11) GE 2012, 62 = NZM 2012, 80 = WuM 2012, 27 = ZMR 2012, 180.
506 BGH (VIII ZR 177/09) GE 2010, 687 = NZM 2010, 396 = WuM 2010, 296.
507 BGH (VIII ZR 87/11) GE 2012, 62 = NZM 2012, 80 = WuM 2012, 27 = ZMR 2012, 180.
508 BGH (VIII ZR 181/12) GE 2013, 207 = WuM 2013, 174.
509 BGH (VIII ZR 181/12) NZM 2013, 312.
510 Z. B. GdW Mietvertrag (Wohnungsbau für Bedienstete) Ausgabe Juni 2006.
511 AG Wiesbaden Urt. vom 2.4.2014 – 91 C 5302/13.
512 LG Trier NZM 2012, 861.
513 BGH (VIII ZR 224/13) GE 2015, 116 = NZM 2015, 79 = WuM 2015, 80 = ZMR 2015, 212.

lässig.[514] Es tritt daher die in § 306 Abs. 2 BGB vorgesehene **Rechtsfolge** ein, dass sich der Vertrag nach den **gesetzlichen Vorschriften** richtet. Hieraus folgt zum einen, dass auch **dekorative Mängel** bei der Gestaltung des Mietobjekts **durch den Mieter unerheblich** bleiben. Renovierte der Mieter schlecht oder unzureichend,[515] indem er z. B. nur um einen Schrank herum tapezierte,[516] geriet der Anstrich „wolkig",[517] der Farbauftrag beim Anstrich der Fenster übermäßig[518] oder riss er die ohnehin erneuerungsbedürftige Raufasertapete ab,[519] wirkt sich dies nicht zu seinen Lasten aus, weil es ohnehin Sache des Vermieters ist, die Schönheitsreparaturen regelmäßig auf seine Kosten zu erledigen; seine in der irrigen Annahme einer eigenen Renovierungsverpflichtung mangelhaft ausgeführten Schönheitsreparaturen geben ihm allerdings keinen Anspruch, nun vom Vermieter ordnungsgemäße Schönheitsreparaturen zu verlangen.[520] Zum anderen kann der Mieter vom Vermieter die Renovierung verlangen und bei dessen Untätigkeit unter den Voraussetzungen des § 536a BGB einen Vorschuss auf die erforderlichen Aufwendungen. Da salvatorische Klauseln im Mietvertrag nicht weiterhelfen,[521] zeigen sich in der Praxis verschiedene Wege, auf denen betroffene Vermieter dieses Ergebnis verhindern wollen.

– Nicht selten versuchen Vermieter, die **Unwirksamkeitsfolge nachträglich** dadurch zu **beheben,** dass sie den Mietern ein Schreiben zukommen lassen, in dem sie entweder einseitig auf einen Teil der Regelung verzichten, etwa auf die Endrenovierungspflicht, um die Verpflichtung zur Ausführung der laufenden Schönheitsreparaturen zu retten, oder ihm eine vorformulierte Änderungsvereinbarung beifügen, in welcher die Mieter der Aufhebung der Endrenovierungspflicht und der Beibehaltung der Regelung zu den laufenden Schönheitsreparaturen zustimmen sollen oder auch der weichen Gestaltung der bisher starren Fristen.[522] Derartige Bemühungen sind **im Regelfall fruchtlos** (vgl. auch § 556b BGB Rdn. 22 m. w. N. zum Verzicht auf ein Aufrechnungsverbot, um in Altverträgen die Mietvorleistungsklausel zu retten). Der einseitige Verzicht scheitert bereits daran, dass es eines Erlassvertrags (§ 397 BGB) bedarf, der eine bestehende Verpflichtung voraussetzt, an der es hier fehlt; außerdem zielt der „Verzicht" gerade darauf, eine neue, nunmehr wirksame Forderung zu begründen, wozu, weil es inhaltlich um eine Vertragsänderung geht, ein entsprechender Vertrag notwendig ist. Wird eine Änderungsvereinbarung angestrebt, kann sie auch bei Unterzeichnung seitens des Mieters Wirkungen nur entfalten, wenn der Vermieter ihn klar und unmissverständlich darauf hingewiesen hat, dass die bisherige Regelung unwirksam ist und durch die vorgeschlagene Klausel eine originäre neue Belastung des Mieters geschaffen werden soll. Ohne die Aufdeckung dieses Zusammenhangs wird der Mieter, der sich ggf. erstaunt über die „Wohltat" des Vermieters freut, überrumpelt, so dass die neue Klausel nach § 305c Abs. 1 BGB schon nicht in den Mietvertrag einbezogen ist. In jedem Fall bleibt sie wegen Intransparenz nach § 307 Abs. 1 Satz 2 BGB unwirksam, weil sie den Mieter über ihre Folgen in Unkenntnis lässt;[523] auch AGB müssen wirtschaftliche Nachteile und Belastungen soweit erkennen lassen, wie dies nach den Umständen gefordert werden kann.[524] Handelt es sich in seltenen Einzelfällen um eine (echte[525]) individualvertragliche Änderungsvereinbarung,[526] steht dem Mieter bei fehlender Aufklärung über den Hintergrund und die Folgen ein Schadensersatzanspruch aus §§ 280 Abs. 1, 241 Abs. 2 BGB zu, der auf Freihaltung von der Renovierungspflicht geht.

– Im Streit um den dekorativen Zustand des Mietobjekts nach Mietende versuchen Vermieter zunehmend, den **Folgen** der unwirksamen Abwälzung durch die Behauptung **auszuweichen,** die dekorativen **Schäden** seien **aus** vertragswidrigem Gebrauch, mithin einer **Sachbeschädigung** abzuleiten. Hierzu ist festzustellen, dass es nicht um Sachbeschädigung, sondern allein um Schön-

[514] BGH (VII ZR 361/81) NJW 1982, 2309, seitdem st. Rspr.
[515] LG Berlin MM 2010, 110; AG München WuM 2005, 766.
[516] AG Köln WuM 2000, 211.
[517] BGH (VIII ZR 166/08) GE 2009, 574 = NZM 2009, 313 = WuM 2009, 224.
[518] BGH (VIII ZR 42/09) GE 2011, 263.
[519] AG Köln WuM 2008, 215 = ZMR 2008, 384.
[520] BGH (VIII ZR 251/14) GE 2015, 652 = NZM 2015, 486 = WuM 2015, 350.
[521] Z. B. *Sternel* ZMR 2008, 501 (503 f.).
[522] Vgl. *Klimke* ZMR 2005, 161 (162).
[523] BGH (IV ZR 220/96) NJW 1998, 454; *Klimke* ZMR 2005, 161 (163); *Lehmann-Richter* ZMR 2005, 170 (174).
[524] BGH (XII ZR 189/08) GuT 2010, 346 m. w. N.
[525] Vgl. *Derleder* NZM 2009, 227.
[526] Dazu *Maas* ZMR 2005, 177.

heitsreparaturen geht, solange der Zustand (noch) auf vertragsgemäßem Gebrauch beruht und ein ordnungsgemäßer Zustand durch schlichte Malerarbeiten zu erreichen ist (s. Rdn. 80, 92ff.).[527] Vielmehr ist eine **Sachbeschädigung** grundsätzlich erst gegeben, wenn zusätzliche Schäden, durch die dem **Vermieter höhere Kosten** entstehen, verursacht wurden.[528]

– Schließlich machen manche Vermieter **einen Bereicherungsanspruch** aus §§ 812, 818 BGB auf Ausgleich der infolge der – unwirksam gebliebenen – Abwälzung der Schönheitsreparaturen und dadurch niedriger kalkulierten Miete geltend. Ein derartiger Anspruch ist ihnen schon wegen des fiktiven Charakters der Mietreduzierung **nicht** zuzuerkennen.[529] Zudem liegt das finanzielle Risiko einer unwirksamen Klausel allein beim Verwender; würde ihm ein Bereicherungsanspruch zuerkannt, bliebe sein Verstoß gegen die §§ 305ff. BGB folgenlos. Aus diesem Grund kann der Vermieter auch im Rahmen einer Mieterhöhung keinen Mietzuschlag für die von ihm zu erledigenden Schönheitsreparaturen verlangen.[530]

b) Renovierungspflicht des Vermieters. Wurde das **Mietobjekt** dem Mieter **renoviert** **204**
überlassen, ist die Sachlage im Grundsatz unproblematisch. Der Mieter hat bei verbrauchter Dekoration einen Anspruch auf Herstellung des Anfangszustandes, sofern und soweit der Zustand nicht auf vertragswidriger Nutzung des Mietobjekts beruht, also nur Schönheitsreparaturen anliegen. Dasselbe gilt nach zwischenzeitlicher Renovierung durch den Vermieter. Allerdings liegt es auf der Hand, dass er den Vermieter nicht auf eine Renovierung in Anspruch nehmen kann, wenn die Dekoration durch persönliche Lebensgestaltung, etwa exzessives Rauchen oder die Ausübung von Hobbys, in kurzer Zeit verbraucht ist.[531] Dies folgt bereits aus der Auslegung des Mietvertrags, wenn er durch angemessene Renovierungsfristen den regelmäßigen Anspruch festlegt, so dass für die Inanspruchnahme des Vermieters bei vom Mieter verursachtem grobem Missverhältnis kein Raum ist. Daneben lässt es der Mieter an der gem. § 241 Abs. 2 BGB gebotenen Rücksicht auf die Interessen des Vermieters fehlen, wenn er das Mietobjekt so stark beansprucht, dass es in recht kurzen Abständen renoviert werden muss. Fehlen Fristenangaben im Mietvertrag, liefern angemessene Renovierungsfristen eine Orientierungshilfe. Ist ein sachgerechter Renovierungsturnus deutlich unterschritten, kann der Mieter auf dieser Basis folglich noch keine Renovierung verlangen. Zur Verjährung des Renovierungsanspruchs des Mieters s. Rdn. 416. Fraglich ist, ob der Vermieter zur Renovierung auch dann verpflichtet ist, wenn das Mietobjekt **bei Mietbeginn unrenoviert** oder sogar renovierungsbedürftig war. Im Grundsatz bestimmt sich die Erhaltungspflicht des Vermieters nach dem Zustand der Mietsache bei Vertragsabschluss.[532] Der Mieter mietete das Mietobjekt in Kenntnis seines Zustands und billigte es damit.[533] Auf dieser Grundlage wäre der Vermieter nur verpflichtet, nach weiterem dekorativem Verschleiß den ursprünglichen Abnutzungsstand wieder herzustellen, nicht aber durch eine vollständige Renovierung dem Mieter einen Zustand zu verschaffen, der deutlich besser ist als der anfängliche.[534] Die **Fixierung** auf den schlechten, gleichwohl vertragsgemäßen **Anfangszustand** ergibt indes ein **schiefes Bild,** weil sie die Regelungen der Parteien zum Zustand des Mietobjekts im weiteren Verlauf des Mietverhältnisses außer Betracht lässt. Nach dem **vereinbarten Renovierungsprogramm** soll die Wohnung von Zeit zu Zeit dekorativ hergerichtet werden. Hieran muss sich der Vermieter spiegelbildlich zur Lage bei wirksamer Abwälzung der Schönheitsreparaturen festhalten lassen. In dem entsprechenden Turnus, mithin bei Renovierungsbedarf, ist es nun Sache des Vermieters, die Schönheitsreparaturen zu veranlassen.[535] Dass dem Mieter bei erfolgloser Übertragung der Dekorationspflicht trotzdem die Mietentlastung zugutekommt, so dass der Vermieter letztlich (fiktiv) doppelt belastet wird, ist die zwangsläufige Folge aus der Verwendung unwirksamer AGB.

---

527 Vgl. BGH (VIII ZR 37/07) GE 2008, 533 = NZM 2008, 318 = WuM 2008, 213 = ZMR 2008, 524 m. Anm. *Schläger.*

528 BGH (VIII ZR 166/08) GE 2009, 574 = NZM 2009, 313 = WuM 2009, 224.

529 LG Wuppertal WuM 2005, 765; *Hannemann* in FS Blank S. 189 (197); **a. A.** *Lammel* § 535 Rdn. 214.

530 BGH (VIII ZR 83/07) GE 2008, 1046 = WuM 2008, 487 = ZMR 2008, 879 m. Anm. *Niebling;* (VIII ZR 181/07) NZM 2008, 641.

531 **A. A.** *Flatow* WuM 2009, 208 (210).

532 Z. B. *Eisenschmid* in Schmidt-Futterer § 535 Rdn. 49.

533 BGH (XII ZR 139/05) NZM 2007, 484; (VIII ARZ 9/86) RE 1.7.1987 WuM 1987, 306 (310).

534 Vgl. *Börstinghaus* WuM 2005, 675; *Hannemann* in FS Blank S. 189 (194).

535 Ähnlich *Blank* in Blank/Börstinghaus § 535 Rdn. 417; *Börstinghaus* WuM 2005, 675; *ders.* PiG 85 (2009), 97; *Flatow* WuM 2009, 208 (209); *Sternel* NZM 2007, 545 (547); ZMR 2008, 501; **a. A.** AG Frankfurt/M. InfoM 2009, 317 m. Anm. *Rave.*

Was die **Ausführung der Schönheitsreparaturen** selbst betrifft, ist es selbstverständlich, dass der Vermieter fachgerecht zu renovieren hat, d. h. einschließlich der üblichen Vorarbeiten. Er schuldet dieselbe Renovierung, zu der er den Mieter verpflichten wollte, hat also Verschmutzungs- und Abnutzungserscheinungen der Dekoration zu beseitigen. Die Beseitigung von Schäden aus der Mietzeit des Vormieters gehört nicht dazu, etwa die Entfernung von Farbläufern auf der Glasscheibe einer Tür[536] oder der Raufasertapete mit anschließendem Grundieren und Spachteln, damit der Mieter direkt auf die Wände Farbe auftragen kann.[537] Er darf sich auf **dezente Anstriche und/oder Tapeten** beschränken, mithin auf eine Dekoration, wie sie umgekehrt vom Mieter bei wirksamer Abwälzung der Schönheitsreparaturen erwartet wird, wenn er zum Mietende renoviert (s. Rdn. 239).[538] Er ist nicht berechtigt, die Schönheitsreparaturen in eigenwilliger Weise auszuführen, etwa durch die Farbgebung oder die Auswahl von Tapetenmustern; hierin läge ein Verstoß gegen das Rücksichtnahmegebot aus § 241 Abs. 2 BGB.[539] Aus diesem Gebot hat er vielmehr Farbwünsche des Mieters, die sich in dem vorbeschriebenen Rahmen halten, zu berücksichtigen. Es ist den Parteien im Übrigen unbenommen, sich auf die Realisierung spezieller Farbvorstellungen des Mieters zu einigen. Im Hinblick auf die Folgen besonderer Farbgebung bei Mietende[540] sollte auch hierzu eine Regelung erfolgen. Die **Mehrkosten,** die aus der Durchführung der entsprechenden Renovierung und ggf. aus deren Beseitigung bei Mietende resultieren, gehen jedoch zulasten des Mieters.

205 **c) Erstattungsanspruch des Mieters.** Auch wenn die formularmäßige Übertragung der Schönheitsreparaturen auf den Mieter ohne Wirkung blieb, kommt es immer wieder dazu, dass der Mieter die Dekoration herrichtet. Den Arbeiten des Mieters bei Mietende vor Ablauf eines angemessenen Renovierungsturnus liegt häufig eine unwirksame Endrenovierungsklausel zu Grunde und eine entsprechende Aufforderung des Vermieters, der sich der Mieter beugt. Lag die letzte Dekoration sehr lange zurück, hält sich der Mieter wegen des unansehnlichen Zustands der Wohnung oft selbst für verpflichtet, sie in Ordnung zu bringen. In allen derartigen Fällen **nimmt der Mieter dem Vermieter einen Aufwand ab,** der in seine Zuständigkeit fiel. Streitig ist, ob und ggf. in welchem Umfang der Mieter die Erstattung seiner Kosten verlangen kann.

206 **aa) Bereicherungsanspruch.** Ist wie bei der dekorativen Herrichtung eines Mietobjekts die **Herausgabe der Bereicherung selbst nicht möglich,** ist vom Vermieter nach **§ 818 Abs. 2 BGB Wertersatz** zu leisten. Zur Bestimmung der **Höhe** des Wertersatzes stehen drei Anknüpfungspunkte zur Verfügung, zum einen die Kosten, die der Mieter für die Renovierung aufwandte oder die Kosten, die der Vermieter für die Renovierung hätte aufwenden müssen, zum anderen der höhere Ertragswert des Mietobjekts, wenn durch die Renovierung bei Neuvermietung eine höhere Miete vom Vermieter erzielt wurde. Vorherrschend war bislang die dritte Berechnungsbasis. Sie beruhte zumal auf der Rechtsprechung des XII. Senats des BGH zum Anspruch des Mieters auf Zahlung eines Ausgleichs, wenn der Vermieter durch vorzeitige Vertragsbeendigung früher als ursprünglich vereinbart in den Genuss wertsteigender Investitionen des Mieters in das Mietobjekt kommt (s. hierzu im Einzelnen § 539 BGB Rdn. 61 m. w. N.). Bei der Ausführung nicht geschuldeter Schönheitsreparaturen geht es indes nicht um Aufwendungen des Mieters, mit denen er das Mietobjekt für seinen Vertragszweck umbaut und verbessert,[541] sondern um einen grundlegend anderen Sachverhalt, nämlich die vermeintlich geschuldete Leistung des unbaren Teils des Mietentgelts (s. Rdn. 64), wie der **BGH** überzeugend dargelegt hat.[542]

Der Mieter erbrachte mithin in derartigen Fällen eine **Werkleistung,** für die wegen der unwirksamen Abwälzung der Schönheitsreparaturen **keine Rechtsgrundlage** gegeben war. Nach der Auslegungsregel des § 632 Abs. 2 BGB bestimmt sich die **Vergütung** im Grundsatz nach dem Üblichen und Angemessenen, so dass der Vermieter nach § 818 Abs. 2 BGB deren – objektiven – Wert herauszugeben hat. Auf dieser Grundlage müsste der handwerklich begabte Mieter, der die Schönheitsreparaturen wie ein Fachbetrieb ausführte, vom Vermieter den Betrag herausverlangen

---

[536] LG Berlin MM 4/2011, 29.

[537] Ebenso *Schach* GE 2013, 1487 gegen LG Berlin GE 2013, 1519.

[538] *Börstinghaus* WuM 2005, 675 (676); *Flatow* WuM 2009, 208 (211); *Harsch* DMT-Bilanz, 199 (205).

[539] *Sternel* NZM 2007, 545 (547).

[540] *Harsch* DMT-Bilanz, 199 (205).

[541] Vgl. BGH (XII ZR 136/96) NZM 1999, 19 = ZMR 1999, 43; (XII ZR 43/02) GuT 2006, 32 = NZM 2006, 15.

[542] BGH (VIII ZR 302/07) DWW 2009, 302 = GE 2009, 901 = NZM 2009, 541 = WuM 2009, 395 m. Anm. *Ernst* WuM 2009, 581 = ZMR 2009, 829 m. Anm. *Schläger* und *Dötsch.*

können, der üblicherweise von einem Fachbetrieb bei angemessener Kalkulation in Rechnung gestellt würde. Da ein derartiges Ergebnis indes mit dem Gerechtigkeitsempfinden kollidiert,[543] weil es dem Mieter einen beträchtlichen Gewinn bescheren würde, begrenzt der BGH den **Anspruch des Mieters** auf **Herausgabe des Wertes seiner Aufwendungen,** mithin den Ersatz seiner aufgewandten freien Zeit, des notwendigen Materials und der Vergütung für die Arbeitsleitung seiner Helfer aus dem Verwandten- und Bekanntenkreis. Der Wert der eigenen Arbeitsleistung und derjenigen der Helfer soll mit etwa 10 € je Stunde zu veranschlagen sein,[544] es sei denn, es handelt sich wie in dem vom BGH entschiedenen Fall um Eigenleistung eines Fachhandwerkers; der Gesamtwert der Bereicherung ist ggf. vom Gericht nach § 287 ZPO zu schätzen.[545] Ließ der Mieter die Arbeiten durch einen Fachbetrieb ausführen, ergibt sich der Wert aus einer angemessenen Rechnung. Erfolgt die Eigenleistung des Mieters nicht in mittlerer Art und Güte oder z. B. in ausgefallener Weise, ist nach § 818 Abs. 3 BGB nur eine reduzierte Bereicherung zu konstatieren, ggf. entfällt sie vollständig.

Zur **Verjährung** des Anspruchs des Mieters s. Rdn. 417.

Der Vermieter kann den Mieter **nicht** darauf verweisen, der nicht geschuldeten Renovierung stehe ein Verlust an Mieteinnahmen gegenüber, weil er die vertragliche Regelung zur Übernahme der Schönheitsreparaturen durch den Mieter für wirksam gehalten und deshalb die Miete ohne Kostenanteil für Schönheitsreparaturen kalkuliert habe, so dass er entsprechend **entreichert** sei (§ 818 Abs. 3 BGB).[546] Auch wenn dieser günstigere Mietpreis nach dem Ausgleichsprinzip des BGH zu unterstellen ist, selbst wenn der Vermieter eine Vermietung zur ortsüblichen Miete erreichte, läuft der Entreicherungseinwand auf eine unzulässige Kompensation der Folgen aus der Verwendung unwirksamer Klauseln hinaus.

Zahlte der Mieter bei Mietende eine früher zulässige **Abgeltungsquote,** weil er z. B. zur Renovierung aus Zeit- oder handwerklichen Gründen nicht in der Lage war, steht ihm ohne weiteres ein Anspruch auf deren Herausgabe gem. §§ 812, 818 BGB zu.[547] Mangels wirksamer Vereinbarung erfolgte die Zahlung ohne Rechtsgrund.

bb) Schadensersatzanspruch. Neben einem Bereicherungsanspruch kommt ein Schadensersatzanspruch des Mieters in Betracht. Er kann sich aus **Verschulden bei Vertragsschluss (§§ 311 Abs. 2, 249 BGB)** ergeben,[548] insbesondere wenn der Vermieter, der eines der gängigen Vertragsformulare verwandte, bei den Sonstigen Vereinbarungen noch weitere Pflichten aufsattelte. Ebenso kann der Anspruch aus **Vertragsverletzung** folgen, etwa wenn der Vermieter trotz berechtigter Einwände des Mieters an seinem rechtswidrigen Verlangen nach einer umfassenden Neudekoration festhält. Weiter gehend kann ein Schadensersatzanspruch aus **§§ 280 Abs. 1, 241 Abs. 2 BGB** infolge der Verwendung unwirksamer AGB begründet sein.[549] Zu den Anspruchsvoraussetzungen gehört allerdings ein Verschulden des Vermieters, das nicht selten fraglich ist, wenn er etwa eine Abwälzungsklausel verwandte, die nach der früheren Rechtsprechung, zumal des BGH, noch unbeanstandet geblieben war.[550] Sind die tatbestandlichen Voraussetzungen erfüllt, steht dem Mieter ein Anspruch auf Ersatz seiner (angemessenen) Renovierungskosten zu.[551] 207

cc) Aufwendungsersatzanspruch. Ein **Anspruch auf Ersatz der Aufwendungen** aus **§ 536a Abs. 2 Nr. 2 BGB** scheidet im Regelfall aus, weil es kaum vorstellbar ist, dass Schönheitsreparaturen zur Erhaltung oder Wiederherstellung des *„Bestands der Mietsache"* notwendig sind.[552] **Auch** ein Anspruch **aus § 539 Abs. 1 BGB** in Verbindung mit Geschäftsführung ohne Auftrag gem. §§ 677, 683 Satz 1, 670 BGB kommt **nicht** in Betracht, weil der Mieter, der sich aufgrund 208

543 *Flatow* InfoM 2009, 209.

544 *Koch* InfoM 2009, 209; AG Weimar InfoM 2009, 422: 12,00 €; *Lützenkirchen* in Lützenkirchen § 535 Rdn. 675: 10–15 €.

545 BGH (VIII ZR 302/07) DWW 2009, 302 = GE 2009, 901 = NZM 2009, 541 = WuM 2009, 395 m. Anm. *Ernst* WuM 2009, 581 = ZMR 2009, 829 m. Anm. *Schläger* und *Dötsch.*

546 *Lehmann-Richter* WuM 2005, 747 (751); *Sternel* NZM 2007, 545 (549).

547 BGH (VIII ZR 12/12) NZM 2012, 557 = WuM 2012, 445.

548 LG Stuttgart WuM 1986, 370.

549 BGH (III ZR 63/83) NJW 1984, 2816; *Blank* WuM 2004, 243 (248); *Häublein* in MünchKomm § 535 Rdn. 126; *Pfeilschifter* WuM 2003, 543.

550 BGH (VIII ZR 302/07) DWW 2009, 302 = GE 2009, 901 = NZM 2009, 541 = WuM 2009, 395 m. Anm. *Ernst* WuM 2009, 581 = ZMR 2009, 829 m. Anm. *Schläger* und *Dötsch.*

551 Ausführlich *Börstinghaus* WuM 2005, 675 (676 ff.).

552 *Blank* PiG 75 (2006), 17 (22).

einer – wenn auch unwirksamen – Abwälzungsklausel zur Renovierung für verpflichtet hält, nur im eigenen Rechts- und Interessenkreis tätig wird.[553]

12. Sonderproblem Grundrenovierung

209 **a) Verpflichtung zur Grundrenovierung.** Ein besonderes und in seinen finanziellen Auswirkungen erhebliches Problem bereitet die Frage, wer für die meist **nur in langen Intervallen notwendige Grundrenovierung** zuständig ist, insbesondere ob sie der Mieter als Teil der ihm übertragenen laufenden Schönheitsreparaturen schuldet. Wurde das Mietobjekt z. B. mit Raufasertapete versehen, kann eine Dekoration nur einige Male durch Überstreichen erfolgen. Durch den Farbauftrag verschwindet allmählich, je nach Qualität der Tapete in unterschiedlicher Schnelligkeit, die Struktur, bis schließlich die Neutapezierung unausweichlich ist. Bei Türen zeigen sich, insbesondere um Verzierungen oder Kassetten herum, infolge der mit der Zeit immer dicker werdenden Farbschicht leicht Risse im Lack, weil die Tür beim Öffnen und Schließen „arbeitet", der inzwischen völlig starre Anstrich den Bewegungen des Holzes aber nicht mehr folgen kann, so dass er reißt. Hier reicht eine Lackierung für einen ordentlichen Zustand nicht mehr; vielmehr sind die alten Farbschichten vollständig zu entfernen, die Farbe ist von Grund auf neu aufzubauen. Die vorgenannten grundlegenden Arbeiten sind nur in langen Zeitintervallen[554] erforderlich und sie verursachen hohe Kosten. Der Vermieter ist daran interessiert, sie, weil sachlich geboten, in vollem Umfang ersetzt zu erhalten. Der Mieter fühlt sich oft mit diesem Sonderaufwand unberechtigt belastet, zumal wenn der schließlich eingetretene Zustand aus der Mietzeit verschiedener Mieter stammt; die Vormieter konnten kostengünstig überstreichen, er ist als zufällig letzter Mieter im Zeitpunkt der anstehenden Grundrenovierung mit den weitaus höheren Kosten konfrontiert. Es fragt sich, ob er für solche kostenintensiven Vorarbeiten zuständig ist.

210 Die **Lösung** ergibt sich daraus, dass der Mieter für Veränderungen oder Verschlechterungen des Mietobjekts nur einzutreten hat, wenn sie ihre Ursache im Mietgebrauch haben oder seiner Risikosphäre zuzurechnen sind; selbst wenn im Mietvertrag Instandhaltung, Instandsetzung oder Schönheitsreparaturen auf den Mieter abgewälzt sind, muss der Vermieter den vertragsgemäßen Zustand wieder herstellen, wenn die Ursache für einen Schaden außerhalb des Mietgebrauchs des jeweiligen Mieters liegt.[555] Die vertragliche Übertragung dieser Pflichten auf den Mieter verschafft dem Vermieter in derartigen Fällen keinen Erfüllungsanspruch. Bei einem Dekorationsschaden z. B. durch eine Dachleckage ist es daher grundsätzlich Aufgabe des Vermieters, wieder einen ordnungsgemäßen Zustand zu schaffen (dazu Rdn. 247). Nicht anders liegt es, wenn das Mietobjekt schon bei Übernahme durch den Mieter mit einem in weitem Sinne bauseitigen Mangel behaftet ist. Auch auf der Basis des Prinzips des Ausgleichs der Abwälzung der Schönheitsreparaturen gegen Mietzinsreduzierung darf der Mieter nicht mit einer Grundrenovierung belastet werden, weil deren Mehrkosten nie in die fiktive Mietentlastung einfließen.

Auf dieser Basis zeigt sich eine einfache **Differenzierung.** Beruht die schließlich notwendige Grundrenovierung auf Grund langer Mietzeit auf dem **Mietgebrauch des Mieters,** hat er sie zu veranlassen bzw. bei Nichterfüllung die Kosten zu tragen.[556] Resultiert sie aus dem Mietgebrauch des oder der **Vormieter,** entfällt auf den letzten Mieter nur der seiner Nutzungszeit entsprechende Anteil.[557] Dies bedeutet, dass vorab der Vermieter die Grundarbeiten zu veranlassen hat, während die anschließenden Arbeiten für die Erneuerung des obersten Farbauftrags in vollem Umfang beim Mieter verbleiben.[558] Diesen Aufwand hätte er auch tragen müssen, wenn eine Grundrenovierung nicht angezeigt gewesen wäre; ein Grund, ihn von diesen Kosten teilweise zu entlasten, ist nicht ersichtlich. Für die praktische Umsetzung folgt daraus, dass der Mieter, der z. B. mit zugestrichener Raufasertapete oder von Vormietern stammenden mehrlagigen Tapeten auf den Wänden konfron-

---

[553] BGH (VIII ZR 302/07) GE 2009, 901 = NZM 2009, 541 = WuM 2009, 395 m. Anm. *Ernst* WuM 2009, 581 = ZMR 2009, 829 m. Anm. *Schläger* und *Dötsch;* hierzu ausführlich *Thole* NJW 2010, 1243.

[554] Entgegen LG Flensburg NZM 2003, 433 erscheint die bloße Verdoppelung der „üblichen" Fristen für laufende Schönheitsreparaturen zu kurz.

[555] Z. B. BGH (VIII ZR 88/86) NJW-RR 1987, 906 = WuM 1987, 315 (LS) = ZMR 1987, 257; OLG Koblenz WuM 1990, 16.

[556] Ebenso *Gellwitzki* NZM 2009, 881 (884); *Goch* WuM 2003, 368 (371); *Harsch* WuM 2006, 651.

[557] Im Ergebnis ebenso *Gellwitzki* NZM 2009, 881 (884); *Kraemer* WuM 1991, 240; *Sonnenschein* JZ 1988, 101; **a. A.** LG Berlin GE 1994, 583; *Blank* in Blank/Börstinghaus § 535 Rdn. 471: Risiko des Mieters; *Schach,* S. 45 f.; *Sternel* Mietrecht aktuell (2009) Rdn. IX 51.

[558] Ebenso *Harsch* WuM 2006, 651 (652).

tiert ist, dem Vermieter diesen Mangel gem. § 536c Abs. 1 BGB anzeigen und ihn bei Untätigkeit vor eigener vollständiger Renovierung gem. § 536a Abs. 2 Nr. 1 BGB in Verzug setzen muss, wenn er Ersatz seiner Aufwendungen für die Mangelbeseitigung erhalten will.[559] Anderenfalls steht ihm nur ein Bereicherungsanspruch hinsichtlich der vom Vermieter ersparten Kosten zu.[560]

b) Kostenansparung durch Abwohnpauschalen. Gelegentlich begegnen Mietverträge, die das Problem durch eine spezielle Regelung zu lösen versuchen. Neben der Miete für die Raumüberlassung hat der Mieter monatlich eine sog. **Tapetenabwohnpauschale** zu entrichten, deren Höhe an den prognostizierten Kosten einer Grundrenovierung, geteilt durch einen bestimmten Renovierungsturnus, bemessen wird. Sie soll angespart und im Bedarfsfall entweder vom Vermieter dem Zweck entsprechend eingesetzt oder bei langer Mietdauer dem Mieter oder nach einem Mieterwechsel dem Nachmieter zur Verfügung gestellt werden, den sodann nur, wie die Vormieter, die Kosten des Anstrichs treffen. Obgleich hinter der Klausel der Gedanke eines gerechten Ausgleichs zwischen den Mietern steht, um nicht den letzten Mieter gegenüber den Vormietern zu benachteiligen, werden derartige Klauseln zu Recht allgemein für **unwirksam** gehalten. 211

Nach einer Ansicht ist die Klausel unwirksam, weil sie dem Mieter eine versteckte Zusatzmiete für die Gebrauchsüberlassung der Tapete auferlegt.[561] Dieser Gesichtspunkt erscheint nicht überzeugend, weil es nicht um ein Entgelt für die Tapete geht, sondern um einen Ausgleich zwischen den Mietern hinsichtlich der Zusatzkosten aus einer Grundrenovierung. **Nach anderer Meinung** scheitert die Klausel daran, dass sie es dem Vermieter ermöglicht, die Renovierungsleistung doppelt zu erhalten, zum einen als Pauschale, zum anderen vom Nachmieter im Rahmen der von ihm zu erledigenden Schönheitsreparaturen.[562] Dieser Einwand ist berechtigt, weil die Klauseln in aller Regel keine Gewähr bieten, dass der Zuschuss tatsächlich angespart und dem letzten Mieter zur Verfügung gestellt wird. Es kommt hinzu, dass die Klausel nur den Anschein ausgleichender Gerechtigkeit für sich hat. Ihr fehlt, wie ausgeführt, regelmäßig die gebotene Differenzierung danach, wem der Zustand zuzurechnen ist, der die anstehende Grundrenovierung erforderlich macht. Sie gestattet dem Vermieter nämlich auch dann den Zugriff auf die angesparte Pauschale, wenn die Gründe für eine notwendige Renovierung aus seiner Sphäre stammen. Sie ist damit geeignet, den Mieter unangemessen zu benachteiligen und verstößt gegen § 307 BGB.

Dem Vermieter ist es **allerdings** durchaus **möglich,** sich durch entsprechende Vertragsgestaltung vom wirtschaftlichen Risiko, wegen einer Grundrenovierung in Anspruch genommen zu werden, zu befreien und den von einer Tapetenabwohnpauschale bezweckten Erfolg zu erreichen. Sobald er z. B. einen **bestimmten Betrag** im Mietvertrag bei der Zusammenstellung des vom Mieter zu zahlenden monatlichen Entgelts aufführt,[563] wird dieser vom Mieter ebenso geschuldet wie z. B. ein fester Betrag für Verwaltergebühren bei der Vermietung einer Eigentumswohnung.[564] Er ist der Nettomiete zu addieren; letztlich handelt es sich dabei aber nur um eine Offenlegung der internen Mietkalkulation. 212

c) Grundrenovierung ohne rechtliche Verpflichtung. Dem Mieter, der ohne rechtliche Verpflichtung anstehende Dekorationsarbeiten erledigt, steht grundsätzlich ein Erstattungsanspruch gegen den Vermieter zu, s. ausführlich Rd. 205ff. Schlossen die Arbeiten eine notwendige Grundrenovierung ein, bezieht sich der Anspruch auch auf die dadurch entstandenen zusätzlichen Kosten, z. B. aus dem Abbeizen oder Abschleifen alter Lackschichten. 213

E. Abbedingung der Renovierungspflicht des Vermieters

Die Abwälzung der Schönheitsreparaturen auf den Mieter erfordert nach der Rechtsprechung des BGH die Übergabe einer renovierten bzw. einen gleichwertigen dekorativen Zustand aufweisenden Wohnung oder die Leistung eines Ausgleichs, wenn sie unrenoviert ist (s. Rdn. 151b). Will der Vermieter den Aufwand für die Herrichtung der Wohnung oder die Auskehrung eines Ausgleichs vermeiden, stellt sich die Frage, ob er seine **Pflicht aus § 535 Abs. 1 Satz 2 BGB,** das 213a

---

559 BGH (VIII ZR 222/06) DWW 2008, 174 = GE 2008, 325 = NZM 2008, 279 = WuM 2008, 147 = ZMR 2008, 281 m. Anm. *Dötsch.*

560 S. § 539 Rdn. 51.

561 AG Köln WuM 1991, 579.

562 AG Neuss WuM 1990, 144; vgl. AG Bielefeld WuM 1990, 497.

563 Vgl. ausführlich *Langenberg/Zehelein* Schönheitsreparaturen Teil I Rdn. 93ff. zu alternativen Vertragsgestaltungen.

564 Z. B. LG Mannheim NZM 2000, 490.

Mietobjekt während der Mietzeit vollständig in einem zum vertragsgemäßen Gebrauch geeigneten Zustand zu erhalten, **vermeiden** kann.

I. Freizeichnung

1. Grundsätze

213b Es ist **streitig, ob** sich der Vermieter von seiner Renovierungspflicht aus § 535 Abs. 1 Satz 2 BGB freizeichnen kann. **Nach einer Ansicht** scheitert die Freizeichnung an der Kollision mit § 536 Abs. 4 BGB, dem Verbot, das Minderungsrecht des Mieters einzuschränken oder aufzuheben[565] (s. auch Rdn. 67). Besonders deutlich wird diese Folge bei Überlassung einer noch nicht renovierungsbedürftigen Wohnung. Es liegt in der Natur der Sache, dass sich der dekorative Zustand infolge auch vertragsgemäßer Nutzung mit der Zeit immer mehr verschlechtert und schließlich ein Ausmaß erreicht, das den Mieter zur Mietminderung berechtigt, die jedoch infolge der Freizeichnung entgegen § 536 Abs. 4 BGB ausgeschlossen ist. **Nach anderer Ansicht** begegnen Freizeichnungsklauseln **keinen Bedenken,** wenn sie hinreichend klar gefasst sind (s. Rdn. 213 d ff.).[566] Dieser Auffassung ist der Vorzug zu geben. Sie berücksichtigt, dass die durch die Freizeichnung eintretende Einschränkung des Minderungsrechts des Mieters durch einen **Ausgleich kompensiert** wird. Nach der Entgelttheorie des BGH erhält der Mieter für die Übernahme der Schönheitsreparaturen eine (fiktive) Entlastung bei der Höhe der zu zahlenden Miete (s. Rdn. 67 f f.), welche die Einschränkung des Minderungsrechts ausgleicht. Die Abwälzung der Schönheitsreparaturen hat zwei Komponenten, zum einen die Freizeichnung des Vermieters von seiner originären Instandhaltungspflicht, zum anderen deren Übertragung auf den Mieter. Für den Vermieter, der sich nur auf die erste Komponente beschränkt, kann daher im Rahmen der Entgelttheorie nichts Anderes gelten.[567]

213c Aus dem **dekorativen Anfangszustand** selbst kann der **Mieter keine Rechte** herleiten. Kannte er den Zustand aus einer Besichtigung oder aus den Angaben des Vermieters, handelt es sich um das vertragsgemäße Mietobjekt; er mietete es mit den dekorativen Schäden aus der Zeit des Vormietverhältnisses an. War das Mietobjekt schon **bei Anmietung renovierungsbedürftig,** sieht sich der Mieter ggf. zu einer Anfangsrenovierung veranlasst. Ein Anspruch des Mieters gegen den Vermieter auf Renovierung besteht jedoch nicht, er liefe auf eine Verbesserung des bereits vertragsgemäßen Zustands hinaus; bis zum erneuten Renovierungsbedarf erhält der Mieter die beschriebene Mietentlastung. War die Wohnung **unrenoviert,** aber **noch einige Zeit ansehnlich** bekommt der Mieter ebenfalls als Ausgleich für seine nachfolgenden Gebrauchsspuren die (fiktive) Mietentlastung.

2. Formularklauseln

213d Eine wirksame Freizeichnung soll mit der Klausel

„Die Wohnung wird unrenoviert/mit erheblichen Gebrauchsspuren übergeben. Der **Vermieter schuldet keine Schönheitsreparaturen.**"

zu erreichen sein.[568] Dieser Meinung ist wegen des generellen Ausschlusses einer Renovierungspflicht des Vermieters entschieden zu **widersprechen.** Nach der gebotenen kundenfeindlichsten Auslegung ist der Mieter dadurch auch dann zur Renovierung verpflichtet, wenn die dekorativen Schäden nicht auf seinem Mietgebrauch beruhen, etwa als Folge einer Dachundichtigkeit oder eines Rohrbruchs oder der Einwirkung Dritter, was ihn unangemessen i. S. des § 307 BGB belastet.[569] Der Unangemessenheit steht nicht entgegen, dass das Minderungsrecht schon von Gesetzes wegen grundsätzlich nicht abdingbar ist, so dass der Vermieter darauf nicht hinweisen müsse.[570] Den juristisch nicht vorgebildeten Mietern, wie im Übrigen auch den entsprechenden Vermietern, ist diese Rechtslage nicht bekannt, was die gerichtliche Praxis immer wieder zeigt. Im Hinblick auf § 536 Abs. 4 BGB muss die Klausel daher eine Einschränkung auf dekorative Mängel aus dem

---

565 *Lützenkirchen* NZM 2016, 113 (115).

566 LG Karlsruhe NZM 2016, 638 = ZMR 2017, 247; *Artz* NZM 2015, 801 (806); *Flatow* WuM 2009, 208 (210); *Herlitz* WuM 2015, 654 (656); *Lehmann-Richter* NZM 2014, 818 (820).

567 *Herlitz* WuM 2015, 654 (656); ausführlich *Langenberg/Zehelein* Schönheitsreparaturen I. Rdn. 46ff.

568 *Artz* NZM 2015, 801 (807); *Lehmann-Richter* NZM 2014, 818 (820).

569 Ebenso *Herlitz* WuM 2015, 654 (656).

570 So *Artz* NZM 2015, 801 (807).

Mietgebrauch enthalten. Dieses Ziel wird nicht schon dadurch erreicht, dass der Mietvertrag zugleich eine Definition der Schönheitsreparaturen enthält.[571] Mit der Definition wird nur klargestellt, was sachlich zu den Schönheitsreparaturen zählt, nicht jedoch die je nach der Ursache des Renovierungsbedarfs unterschiedliche Zuständigkeit.

Der Klausel 213e

„Die Durchführung von Schönheitsreparaturen bleibt dem Mieter überlassen."[572]

fehlt wie der vorgenannten die Beschränkung auf dekorative Mängel aus der Nutzung der Wohnung durch den Mieter.

Die Klausel, 213f

„Die Wohnung wird unrenoviert übergeben. Die Ausführung von Schönheitsreparaturen zu Beginn und im weiteren Verlauf des Mietverhältnisses bleibt dem Mieter überlassen. Ausgenommen sind Schäden, die nicht auf den Mietgebrauch zurückzuführen sind; sie sind vom Vermieter zu beseitigen.

Die Schönheitsreparaturen umfassen das Tapezieren oder Anstreichen der Wände und Decken, das Streichen der Heizkörper einschließlich Heizrohre, offen liegender Versorgungsleitungen für Wasser und Gas, der Innentüren und der Außentüren von innen sowie das Streichen der Fenster von innen, bei Doppelfenstern das innere Fenster von innen und außen und des Zwischenraums sowie das äußere Fenster von innen, der die Wand abschließenden Einbauschränke aus Holz und sonstiger Holzverkleidungen an den Wänden und das Reinigen der Fußböden."[573]

ist **wirksam.** Sie trägt den vorbeschriebenen Anforderungen durch ihre ausführliche Formulierung Rechnung. Die Aufnahme der Definition der Schönheitsreparaturen macht deutlich, worauf sich die Freizeichnung des Vermieters bezieht. Damit ist sichergestellt, dass eine weitere Abbedingung der Instandhaltungspflicht des Vermieters aus § 535 Abs. 1 Satz 2 BGB nicht erfolgt.

Zunehmend begegnen **Klauselkombinationen,** in denen mit einer Klausel die **Abwälzung** der laufenden Schönheitsreparaturen auf den Mieter **und** in einer weiteren festgelegt ist, dass bei Unwirksamkeit der Abwälzung **jedenfalls** eine **Freizeichnung** des Vermieters eingreift. Auf diese Weise soll die Zuständigkeit des Vermieters für die Renovierung auf jeden Fall vermieden werden, etwa in den Fällen unwirksamer Abwälzung, wenn sich der Zustand der Wohnung bei Übergabe im Nachhinein doch nicht als renovierungsgleich oder der Ausgleich bei Überlassung einer unrenovierten Wohnung als unzureichend erweist. 213g

Entsprechende Klauseln lauten z. B. 213h

„Der **Vermieter** ist zur Durchführung von Schönheitsreparaturen **nicht** verpflichtet … Der **Mieter übernimmt** die Schönheitsreparaturen während der Mietdauer, soweit ihm die Mietsache renoviert übergeben worden ist."[574]

oder

„2. Der **Mieter ist verpflichtet,** die Schönheitsreparaturen innerhalb der Mieträume durchzuführen …

3. **Unabhängig von dieser vorstehenden Regelung stellt der Mieter hiermit den Vermieter** von Ansprüchen auf Durchführung von Schönheitsreparaturen **frei,** die während der Mietzeit durch den Mietgebrauch des Mieters erforderlich werden."[575]

Derartige ergänzende Freizeichnungen sind aus mehreren Gründen **unwirksam.**[576]

Die erste Freizeichnungsklausel ist nicht hinreichend transparent (§ 307 Abs. 1 Satz 2 BGB). Für den Mieter bleibt im Dunkeln, was die Freizeichnung bewirken soll, da ihm gleichzeitig die kompletten Schönheitsreparaturen übertragen wurden. Er kann nicht erkennen, dass die Freizeichnung zum Zuge kommen soll, wenn die Abwälzung aus irgendwelchen Gründen keinen Erfolg hat. 213i

Die zweite Freizeichnungsklausel scheitert an § 306 Abs. 2 BGB, weil sich mit der Unwirksamkeit der Abwälzung die gesetzliche Regelung in § 535 Abs. 1 Satz 2 BGB einstellt. Diese Folge kann nicht über eine Ersatzklausel umgangen werden,[577] als welche die Freizeichnungsklausel zu 213j

571 **A. A.** *Herlitz* WuM 2015, 654 (656).
572 *Blank* PiG 73 (2006), 163 (164).
573 Vgl. *Langenberg/Zehelein* Schönheitsreparaturen Anh. 1 Rdn 21; ähnlich *Herlitz* WuM 2015, 654 (656).
574 Wohnraum-Mietvertrag Haus & Grund Karlsruhe Stand 03/15.
575 *Sommer* MietRB 2015, 312 (315).
576 **A. A.** LG Karlsruhe NZM 2016, 638= ZMR 2017, 247, insoweit ohne nähere Begründung.
577 Palandt/*Grüneberg* § 306 Rdn. 15; *Lützenkirchen* NZM 2016, 113 (116); vgl. BGH (X ZR 14/93) NJW-RR 1996 zu salvatorischen Klauseln.

qualifizieren ist. Sie schränkt das Risiko des Verwenders hinsichtlich der vorangestellten Abwälzungsklausel unangemessen zulasten des Vertragspartners ein. Durch den Wegfall der Abwälzungsklausel entsteht auch keine Lücke im Vertrag, die durch eine Anpassung im Sinne der Freizeichnungsklausel geschlossen werden müsste.[578]

213k Von der vorbeschriebenen Klauselkombination ist diejenige zu trennen, dass **einzelne Räume** oder Bestandteile bei Übergabe der Wohnung renoviert sind, andere nicht. Hier wird es zulässig sein, dass der Vermieter zu den renoviert übergebenen eine Abwälzung der Schönheitsreparaturen auf den Mieter vereinbart und allein hinsichtlich der nicht renovierten eine Freizeichnung. Hinsichtlich der unrenovierten Räume/Bestandteile handelt es sich nicht um eine Ersatzklausel, sondern von vornherein um eine **gegenständliche Zuordnung.** Sie setzt allerdings eine klare Beschreibung der jeweils betroffenen Räume/Bestandteile voraus, damit für den Mieter verständlich ist, inwieweit seine Renovierungspflicht eingreift und inwieweit die Ausführung der Schönheitsreparaturen in sein Belieben gestellt ist; hier ist eine Individualvereinbarung notwendig (s. Rdn. 151s zur Vermietung einer teilrenovierten Wohnung).

II. Vereinbarung der Beschaffenheit

1. Grundsätze

213l Die Parteien des Mietvertrags haben grundsätzlich die Möglichkeit, die **Sollbeschaffenheit** eines Mietobjekts **vertraglich festzulegen.**[579] Sie können sich daher darauf verständigen, dass auch ein unterdurchschnittlicher Zustand des Mietobjekts vertragsgemäß ist,[580] etwa ein in hohem Maße renovierungsbedürftiger Anfangszustand. Dies ist z. B. der Fall, wenn der Mieter aus einer Besichtigung oder den Angaben des Vermieters vor Abschluss des Mietvertrags weiß, dass die Wohnung diesen Zustand aufweist und er ihn ausweislich eines vorbehaltlosen Abschlusses des Vertrags akzeptiert.[581]

213m Fraglich ist, ob Beschaffenheitsvereinbarungen auch **für die weitere Vertragszeit** zulässig sind oder ob sie nur den aktuellen Zustand[582] betreffen. Das Problem stellt sich, wenn die Wohnung dem Mieter zwar nicht frisch renoviert oder einem gleichwertigen Zustand vermietet wurde, sondern Gebrauchsspuren aufweist, welche die Renovierung zu einem früheren Zeitpunkt erforderlich machen werden. Auf den ersten Blick könnte die Vereinbarung in der Sache darauf hinauslaufen, dass dem Mieter für die Mietzeit der Erfüllungsanspruch aus § 535 Abs. 1 Satz 2 BGB und seine Gewährleistungsrechte abgeschnitten werden, hieraus insbesondere das nicht abdingbare Recht zur Minderung (§ 536 Abs. 4 BGB), wenn das Mietobjekt schließlich unansehnlich geworden ist. Dabei würde jedoch übersehen, dass § 535 Abs. 1 Satz 2 BGB abdingbar, es mithin **Sache der Vertragspartner** ist, das **vom Vermieter geschuldete Soll** an Beschaffenheit **zu bestimmen,** jedenfalls solange nicht der Kernbereich des Mietgebrauchs[583] betroffen ist. Ein vertraglich transparent (s. Rdn. 213n) fixierter späterer Zustand ist mithin der vom Vermieter geschuldete. Dies hat zur Folge, dass die Wohnung, soweit es um Schönheitsreparaturen geht, **nicht mangelhaft werden kann.**[584] Auch der weiter abgenutzte Zustand ist daher vertragsgemäß.[585] Darüber hinaus folgt die Wirksamkeit einer Beschaffenheitsvereinbarung auch für die Zukunft daraus, das hier ebenfalls, wie bereits zur Freizeichnung ausgeführt (s. Rdn. 213b), der Mieter auf der Grundlage der Entgeltthese des BGH eine Kompensation durch die wegen der geringeren Leistungspflicht des Vermieters unterstellte Ermäßigung der Miete erhält, so dass das Äquivalenzverhältnis gewahrt ist.

---

578 Vgl. *Matusche-Beckmann* NJW 1998, 112 (116f.).
579 Z. B. *Kraemer* WuM 2000, 515 (519).
580 BGH (VIII ZR 281/03) GE 2004, 1090 = NZM 2004, 736 = WuM 2004, 527 = ZMR 2004, 807 m. Anm. *Schläger* WuM 2004, 527; (VIII ZR 22/92) WuM 1994, 201.
581 Z. B. *Gsell* NZM 2016, 702 (703); *Kraemer/Ehlert* in Bub/Treier III. B Rdn. 2794, 3062; *Lehmann-Richter* WuM 2016, 529 (534); *Zehelein* WuM 2014, 579 (581).
582 So *Eisenschmid* in Schmidt-Futterer § 536 Rdn. 439.
583 Z. B. *Lehmann-Richter* NZM 2012, 849 (854); weitergehend *Zehelein* WuM 2014, 579 (582): keine Ausstrahlung des § 536 Abs. 4 BGB auf § 535 Abs. 1 Satz 2 BGB i. S. eines Umgehungsverbots.
584 *Artz* NZM 2015, 801 (806).
585 *Flatow* WuM 2009, 208 (210); *Lehmann-Richter* NJW 2015, 1599; *Pitz-Paal* GE 2015, 1270 (1273); **a. A.** *Drettmann* NJW 2015, 3694 (3696); *Hartmann* WuM 2015, 406 (408).

2. Formularklauseln

Beschaffenheitsvereinbarungen, mit denen ein unter dem Mindeststandard liegender dekorativer Zustand als vertragsgemäß erreicht werden soll, sind auch formularvertraglich möglich.[586] Wirksam sind sie indes nur, wenn sie **eindeutige Regelungen** enthalten.[587] Dem Mieter muss klar sein können, dass sich der Ausschluss der Renovierungspflicht des Vermieters nicht nur auf den bei Mietbeginn vorgefundenen Zustand des Mietobjekts, sondern auch auf den künftigen Zustand bezieht. Daran scheitert z. B. die Klausel *„Die Wohnung wird vom Vermieter nicht renoviert"*.[588] Der Mieter darf nicht zu hypothetischen Überlegungen gezwungen werden,[589] vielmehr ist ihm hinreichend deutlich zu machen, welche Arbeiten in Zukunft auf ihn zukommen. Da es um Schönheitsreparaturen geht, ist das, was darunter zu verstehen ist, allgemein bekannt. Er vermag mithin die Rechtsfolgen der Vereinbarung klarer Zuständigkeiten ausreichend einzuschätzen.[590] 213n

Je nach Anfangszustand bieten sich folgende Alternativen an. 213o

– „Die Wohnung wird **unrenoviert** übergeben. Die Parteien vereinbaren, dass dieser Zustand vertragsgemäß ist. Diese Vereinbarung gilt ebenfalls für den dekorativen Zustand im weiteren Verlauf des Mietverhältnisses. Die Ausführung von Schönheitsreparaturen bleibt daher dem Mieter überlassen, sie werden nicht vom Vermieter vorgenommen. Ausgenommen sind Schäden, die nicht auf den Mietgebrauch zurückzuführen sind; sie sind vom Vermieter zu beseitigen.

Die Schönheitsreparaturen umfassen das Tapezieren oder Anstreichen der Wände und Decken, das Streichen der Heizkörper einschließlich Heizrohre, offen liegender Versorgungsleitungen für Wasser und Gas, der Innentüren und der Außentüren von innen sowie das Streichen der Fenster von innen, bei Doppelfenstern das innere Fenster von innen und außen und des Zwischenraums sowie das äußere Fenster von innen, der die Wand abschließenden Einbauschränke aus Holz und sonstiger Holzverkleidungen an den Wänden und das Reinigen der Fußböden."

– „Die Wohnung wird im derzeitigen, **dekorativ im Wesentlichen noch gebrauchsfähigen Zustand** übergeben. Die Parteien vereinbaren, dass die Dekoration der Wohnung auch dann einen vertragsgemäßen Zustand aufweist, wenn sie durch die mit dem Wohngebrauch verursachten Abnutzungsspuren renovierungsbedürftig wird. Die Ausführung von Schönheitsreparaturen während des weiteren Verlaufs des Mietverhältnisses bleibt daher dem Mieter überlassen, sie werden nicht vom Vermieter vorgenommen. Ausgenommen sind Schäden, die nicht auf den Mietgebrauch zurückzuführen sind; sie sind vom Vermieter zu beseitigen.

Die Schönheitsreparaturen umfassen das Tapezieren oder Anstreichen der Wände und Decken, das Streichen der Heizkörper einschließlich Heizrohre, offen liegender Versorgungsleitungen für Wasser und Gas, der Innentüren und der Außentüren von innen sowie das Streichen der Fenster von innen, bei Doppelfenstern das innere Fenster von innen und außen und des Zwischenraums sowie das äußere Fenster von innen, der die Wand abschließenden Einbauschränke aus Holz und sonstiger Holzverkleidungen an den Wänden und das Reinigen der Fußböden."

III. Zustand bei Rückgabe

Freizeichnung und Beschaffenheitsvereinbarung haben zur Folge, dass es in die **freie Entscheidung des Mieters** gestellt ist, ob er das Mietobjekt überhaupt und wie er es ggf. renoviert (zu Letzterem s. aber Rdn. 213q). Er kann mithin von den Schönheitsreparaturen aus Kostengründen absehen oder eine schlichte Renovierung unter Standard wählen. Für den Zustand der Wohnung bei Rückgabe bedeutet dies, dass der Mieter sie ohne Weiteres mit den Abnutzungsspuren zurückgeben darf, die aus dem vertragsgemäßen Gebrauch stammen. 213p

Renoviert der Mieter, darf er allerdings **nicht nach Belieben** verfahren, soweit es um den **Zustand bei Rückgabe** geht. Auch unterhalb der Grenze von Substanzschäden ist der Vermieter durch die Rechtsprechung des BGH zu **Schönheitsreparaturen als Schadensersatz** geschützt. Selbst wenn die Abwälzung der Schönheitsreparaturen auf den Mieter unwirksam blieb, so dass die gesetzliche Regelung in § 535 Abs. 1 Satz 2 BGB, die Renovierungspflicht des Vermieters, ein- 213q

[586] Vgl. z. B. BGH (VIII ZR 343/08) NZM 2010, 356 = WuM 2010, 235; *Wietz* WuM 2014, 518 (526).
[587] Z. B. BGH (VIII ZR 343/08) NZM 2010, 356 = WuM 2010, 235; AG Eschweiler WuM 2013, 533; *Gsell* NZM 2016, 702 (711); *Lehmann-Richter* NZM 2012, 849 (854).
[588] Dazu ausführlich *Lehmann-Richter* WuM 2016, 529 (532 f.).
[589] Vgl. die Ausführungen zu Quotenabgeltungsklauseln Rdn. 184 f.
[590] Ebenso z. B. *Lehmann-Richter* WuM 2016, 529 (535).

greift, kann dem Vermieter gleichwohl ein Schadensersatzanspruch aus drei Konstellationen zustehen (s. Rdn. 241). Was für den Fall einer verbliebenen Renovierungspflicht des Vermieters gilt, ist erst recht bei einer wirksamen Freizeichnung oder Beschaffenheitsvereinbarung anzuwenden.

213r **Nicht zulässig** sind hingegen zusätzliche Klauseln zum Zustand bei Rückgabe, wie etwa diejenige, dass der Mieter das Mietobjekt „in hellen, deckenden, neutralen Farben" (s. Rdn. 174) zurückzugeben hat. Derartige Klauseln setzen eine wirksame Abwälzung der Schönheitsreparaturen auf den Mieter voraus, an der es bei der bloßen Freizeichnung oder einer Beschaffenheitsvereinbarung mit dem oben beschriebenen Inhalt fehlt.

F. Fälligkeit und Erfüllung des Renovierungsanspruchs

I. Fälligkeit

214 Schönheitsreparaturen sind fällig, wenn die **Räume unansehnlich** geworden sind, d. h. wenn Tapeten und Anstriche verschossen, verschmutzt, beschädigt oder rissig, Lackfarben vergilbt oder nicht unerheblich abgestoßen sind. Einige leicht gelbliche Flecken oder die starke Abnutzung an einer Stelle reichen auf keinen Fall.[591] Es ist eine **objektive Bewertung**[592] maßgeblich, nicht die persönliche Vorstellung des Vermieters; einen Anhaltspunkt für Renovierungsbedarf bieten angemessen lange Fristen. Das Mietobjekt muss infolge der unterlassenen Schönheitsreparaturen nicht völlig verwohnt sein,[593] noch muss eine Gefährdung der Substanz des Mietobjekts vorliegen,[594] was den Anspruch in der Praxis ohnehin weitgehend leerlaufen ließe, weil es hierzu allenfalls an Fenstern und Heizkörpern/-rohren kommen kann. Der Zeitraum, in dem dieser Zustand eintritt, variiert erheblich.[595] Er hängt wesentlich von der Art und dem Umfang der Nutzung ab, ob das Mietobjekt von vielen Personen genutzt wird und wie diese mit den Räumen umgehen, bei Geschäftsräumen zusätzlich von dem in ihnen betriebenen Gewerbe. Weitere Faktoren sind die Beschaffenheit und Qualität des verwendeten Materials. Billige Farben und Tapeten lassen eine neue Dekoration schneller erforderlich werden als hochwertige Materialien. **Ausgangspunkt** aller weiteren Überlegungen muss daher sein, dass es entscheidend auf die **Verhältnisse des Einzelfalls** ankommt, ob die Durchführung der Schönheitsreparaturen ansteht.

1. Bedeutung von Renovierungsfristen

215 Fristenpläne haben eine **zentrale rechtliche und wirtschaftliche Bedeutung**[596] für beide Parteien des Mietvertrags. Sie können nicht von der Pflicht zur Ausführung der Schönheitsreparaturen getrennt werden, sondern Verpflichtung und Fristenplan bilden eine Einheit, indem der Fristenplan den Umfang der Renovierungspflicht konkretisiert; der Fristenplan regelt die wiederkehrende Renovierungspflicht, nach ihrer Durchführung beginnen die Renovierungsfristen jeweils wieder erneut zu laufen.[597] Diese Folge gilt nicht nur für (unwirksame)[598] starre Fristenregelungen, die den Renovierungsbedarf und damit den Erfüllungsanspruch des Vermieters verbindlich festlegen sollen. **Auch** wenn es sich um **weiche Fristen** handelt, beschreiben sie den zeitlichen Rahmen, in dem Schönheitsreparaturen gemeinhin notwendig sind und bestimmen dadurch ebenfalls in weitem Umfang den Erfüllungsanspruch des Vermieters, wenn auch „nur" als Regel, die Ausnahmen zulässt. Aus dem Regel-Ausnahme-Verhältnis folgt, dass **jede Partei,** die sich auf eine von den im Mietvertrag festgelegten Fristen **abweichende Frist** beruft, die maßgeblichen Tatsachen im Prozess substantiiert vortragen und ggf. zu **beweisen** hat.[599] Die Richtigkeit seines Einwandes, eine Renovierung sei trotz des Fristablaufs noch nicht erforderlich, hat folglich der Mieter

---

[591] LG Berlin GE 2001, 137.
[592] BGH (VIII ZR 192/04) GE 2005, 662 = NZM 2005, 450 = WuM 2005, 383 = ZMR 2005, 523.
[593] So *Schopp* ZMR 1981, 261.
[594] LG Berlin NJW-RR 1997, 968 = WuM 1997, 210; LG München I WuM 1997, 616; **a. A.** LG Berlin GE 1998, 181; AG Charlottenburg GE 1999, 385.
[595] Vgl. *Kamphausen* ZMR 1988, 362.
[596] *Heinrichs* NZM 2005, 201 (207) = WuM 2005, 155 (159).
[597] BGH (VIII ZR 124/05) NZM 2006, 691 = WuM 2006, 513.
[598] BGH (VIII ZR 361/03) DWW 2004, 221 = GE 2004, 1023 = NJW 2004, 2587 = NZM 2004, 653 = WuM 2004, 463 m. zust. Anm. *Hilgenstock* (S. 464) und *Fischer* WuM 2004, 452.
[599] BGH (VIII ZR 143/06) NZM 2007, 879 = WuM 2007, 684; OLG Düsseldorf GE 2009, 1553.

darzulegen und ggf. zu beweisen[600] ebenso wie der Vermieter bei einem Mietende vor dem Ablauf angemessener Renovierungsfristen, wenn er also die vorzeitige Fälligkeit von Schönheitsreparaturen reklamiert, die entsprechenden Tatsachen dezidiert vortragen und ggf. beweisen muss.

Für den Vermieter ist es relativ leicht darzutun, dass nach Auszug des Mieters Schönheitsreparaturen erforderlich sind. Es ist offenkundig, dass eine leere Wohnung mit den unvermeidlichen Gebrauchsspuren sachlich keinen einladenden Eindruck macht, zumal an Stellen, an denen Möbel vor der Wand standen, die unterschiedliche Abnutzung der Tapete ebenso ins Auge fällt wie die Staubränder um Bilder, an Heizkörpern etc. Dies gilt umso mehr, wenn das Mietverhältnis mehrere Jahre bestand. **Rechtlich** ist dieser **optisch nicht ansehnliche Zustand** der **leeren Wohnung** jedoch noch **ohne Aussagekraft,** soweit er nichts Anderes zeigt als das Ergebnis vertragsgemäßer Nutzung. Auszugehen ist davon, dass der Vermieter nach § 535 Abs. 1 Satz 2 BGB auch die Schönheitsreparaturen zu veranlassen hat. Mit deren Abwälzung überträgt er seine Pflicht in unverändertem Umfang auf den Mieter. Der **Mieter** hat mithin nicht weniger, aber auch **nicht mehr zu leisten als** in dem Fall, dass **der Vermieter** für die Renovierung zuständig ist.[601] Auf dieser Grundlage ist mithin danach zu fragen, ob der Vermieter bei fortbestehendem Mietverhältnis, d. h. bei **unverändert möblierter Wohnung,** Schönheitsreparaturen hätte ausführen lassen müssen[602] oder, anders gewendet, ob der Mieter mit einem entsprechenden Anspruch durchgedrungen wäre. Hätte der Vermieter zu Recht einwenden können, die Dekoration sei zwar angegriffen, aber z. B. für weitere ein oder zwei Jahre durchaus noch in akzeptablem Zustand, muss er sich wegen der trotz Abwälzung der Schönheitsreparaturen unveränderten Pflichtenlage denselben Einwand des Mieters gefallen lassen; ob der Vermieter die Wohnung im aktuellen leeren Zustand mit Aussicht auf Erfolg Nachmietinteressenten anbieten kann, ist irrelevant, weil es allein auf das Innenverhältnis zum Mieter ankommt.

Für den Mieter ist es angesichts der leer geräumten Wohnung schwierig darzulegen, dass Schönheitsreparaturen noch nicht erforderlich gewesen wären, wenn sich das Mietverhältnis fortgesetzt hätte. Hier bedarf es der **virtuellen Möblierung der Wohnung** mit der Ausstattung des Mieters. Ihr Erscheinungsbild verändert sich dadurch oft gravierend, weil etwa Staubfahnen hinter Bildern oder Möbeln wieder verschwinden, sonstige Schadstellen durch Möbel oder Pflanzen verdeckt sind und dergleichen mehr. **In der Praxis findet ein derartiger Abgleich indes in aller Regel nicht statt,** weil es sehr schwierig ist, den real vor Augen stehenden Zustand durch das geistige Auge einer wieder vorhandenen Möblierung zu korrigieren. Bei dieser praktischen Sachlage hat das oben beschriebene Regel-Ausnahme-Verhältnis zur Folge, dass dem Mieter der Nachweis fehlender Renovierungsbedürftigkeit oft überhaupt nicht möglich ist oder ihm zumindest sehr schwer fällt. **Knappe Regelfristen** für die Renovierung **benachteiligen** ihn daher i. S. d. § 309 Nr. 12 BGB und **belasten** ihn entgegen dem gesetzlichen Leitbild aus § 535 Abs. 1 Satz 2 BGB **unangemessen.**

2. Behandlung der Fristen bei Mieterwechsel

Probleme bei der **Berechnung der Fristen** und damit auch der Verteilung der Beweislast (s. 216
Rdn. 215) können sich einstellen, wenn die Parteien z. B. bei **fortgesetzter Nutzung** des Mietobjekts einen **neuen Mietvertrag** abschließen oder wenn ein Mieter, wie üblich mit allen Rechten und Pflichten, den **Mietvertrag seines Vorgängers übernimmt.** Im Fall des Neuabschlusses eines Mietvertrags verbleiben oft Unklarheiten, ob die Fristen ab Abschluss des alten zu berechnen sind oder mit dem neuen erneut zu laufen beginnen. Dies wird zumal dann relevant, wenn bei Mietende die Fristen nach dem alten Vertrag abgelaufen sind, nicht jedoch diejenigen nach dem neuen. Die Unklarheit soll sich zulasten des Vermieters mit der Folge auswirken, dass er sich nicht mit Erfolg auf den Ablauf der älteren Fristen berufen kann.[603] Bei der Übernahme eines Mietverhältnisses tritt der neue Mieter grundsätzlich in die Pflichten ein, die zu Zeiten seines Vorgängers begründet wurden. Im Regelfall muss er daher die Fristen, die mit dem Abschluss des Vertrags mit seinem Vorgänger begannen, gegen sich gelten lassen. Gelegentlich regeln die Parteien des Über-

600 BGH (VIII ZR 143/06) NZM 2007, 879 = WuM 2007, 684; *Blank* PiG 73 (2005), 163 (171); *Heinrichs* NZM 2005, 201 (207) = WuM 2005, 155; *Lammel* § 535 Rdn. 185; *Wetekamp* Kap. 4 Rdn. 75; **a. A.** *Wiek* WuM 2006, 318 und 680, 681.

601 Z. B. KG ZMR 1963, 138.

602 *Sternel* II Rdn. 427.

603 LG Stade NZM 2000, 1176.

nahmevertrags allerdings auch Renovierungspflichten des Ausscheidenden. Hier ist zu differenzieren. Übernimmt der neue Mieter, manchmal als Gegenleistung für zurückgelassene Einrichtungen, dessen Dekorationspflicht, ist er zu diesen Arbeiten und den ggf. nach seiner Wohndauer hinzukommenden Schönheitsreparaturen verpflichtet; handelt es sich dabei um eine Vereinbarung allein zwischen Vor- und Nachmieter, soll dasselbe gelten, weil es sich um einen Vertrag zugunsten Dritter handele, aus dem der Vermieter unmittelbar berechtigt werde.[604] Sollen die Renovierungsarbeiten hingegen vom Vornutzer erledigt werden, liegt eine Zäsur vor, so dass für den neuen Mieter die Fristen erst ab seiner Vertragsübernahme zu berechnen sind. Ob der alte Mieter die Arbeiten überhaupt ausführt oder ob sie fachgerecht sind, ist für die Fristberechnung ohne Bedeutung, da allein das Verhältnis des Vormieters zum Vermieter betroffen ist.

3. Renovierungsfristen bei Wohnraum

217 **a) Mietvertrag ohne Fristen.** In der Praxis begegnen inzwischen zunehmend Musterverträge, auch solche von Verbänden, in denen keine Fristen mehr angeführt sind, um nicht mit „falschen" Fristen das Risiko der Unwirksamkeit wegen Unangemessenheit einzugehen. Diese Verträge sind im Wege der **Auslegung** durch übliche Fristen **zu ergänzen.**[605] Als seit einigen Jahren in Neuverträgen üblich sind die Fristen, nach der Küchen, Bäder und Duschen alle fünf Jahre, Wohn- und Schlafräume, Flure, Dielen und Toiletten alle acht Jahre sowie andere Nebenräume alle zehn Jahre zu renovieren sind. Die Fristen nach der Fn. 1 zu § 7 Mustermietvertrag 1976 (3/5/7 Jahre) sind unangemessen kurz und in Neuverträgen unwirksam (s. Rdn. 225), weil sie den Mieter durch eine übermäßige Darlegungs- und Beweislast (s. Rdn. 215) benachteiligen.

Die Klausel

„Der Mieter ist während der Mietzeit verpflichtet, die laufenden Schönheitsreparaturen innerhalb der Wohnung auszuführen, **soweit diese** durch den vertragsgemäßen Gebrauch der Mietsache seit Mietbeginn **erforderlich werden.**",[606]

ist **wirksam.** Die Klausel verzichtet zwar auf jeden zeitlichen Anhalt für den Renovierungsbedarf, was sie indes nicht deshalb intransparent im Sinne des § 307 Abs. 1 Satz 2 BGB macht, weil es nach der Rechtsprechung des BGH für die Fälligkeit einer Renovierung ohnehin allein auf deren Erforderlichkeit ankommt. Bedenken hinsichtlich der Transparenz könnten allerdings daraus abgeleitet werden, dass der Begriff der Erforderlichkeit unscharf und deshalb ausfüllungsbedürftig ist und daher dem Vermieter möglicherweise einen unzulässigen Beurteilungsspielraum verschafft; er gestattet es sowohl anzunehmen, dass seine Voraussetzung erst bei Unansehnlichkeit der Räume erfüllt ist, als auch schon dann, wenn deutliche Gebrauchsspuren vorhanden sind, die sich nach längerem, auch vertragsgemäßem Gebrauch unweigerlich einstellen. Nach der Rechtsprechung des BGH ist jedoch nicht die subjektive Einschätzung des Vermieters maßgeblich, sondern ob aus der Sicht eines objektiven Betrachters Renovierungsbedarf besteht.[607]

218 **b) Individualvereinbarung zu Fristen.** Die Parteien können im Mietvertrag individualvertraglich bestimmte Fristen für die Durchführung der Schönheitsreparaturen bestimmen, d. h. sich auf längere, meist jedoch kürzere verständigen, um den Besonderheiten des Vertragszwecks und vor allem unterschiedlich intensiver Nutzung Rechnung zu tragen. Bei derartigen Vereinbarungen ist jedoch zu berücksichtigten, dass Fristenpläne nicht von der Pflicht zur Ausführung der Schönheitsreparaturen getrennt werden können, weil beide eine Einheit bilden (s. Rdn. 215). Jede Art von Fristenplan konkretisiert den Umfang, in dem der Vermieter seine Erhaltungspflicht aus § 535 Abs. 1 Satz 2 BGB abgewälzt hat. Um einen daraus resultierenden Verstoß gegen das Verbot aus § 536 Abs. 4 BGB, das Minderungsrecht des Wohnraummieters zu beeinträchtigen, zu vermeiden, muss sich der gebotene Ausgleich (s. Rdn. 67) in jedem Fristenplan widerspiegeln. Auch individualvertraglich darf der Fristenplan mithin den Mieter nicht zu einer Renovierung verpflichten, die der Vermieter ohne Abwälzung der Schönheitsreparaturen noch nicht vorgenommen hätte. Auf jeden Fall können der Berufung des Vermieters auf die vereinbarten kurzen Fristen die Grundsätze von Treu und Glauben gem. § 242 BGB entgegenstehen, wenn sich die Dekoration etwa auf

---

[604] AG Münster WuM 2003, 562.

[605] BGH (VIII ARZ 1/84) RE 30.10.1984 WuM 1985, 46; BayObLG RE 12.5.1997 WuM 1997, 362; *Blank* in Blank/Börstinghaus § 535 Rdn. 446; *Lehmann-Richter* ZMR 2009, 15 (17).

[606] Hamburger Mietvertrag für Wohnraum des Grundeigentümer-Verband Hamburg von 1832 e.V., Ausgabe Okt. 2013.

[607] BGH (VIII ZR 192/04) GE 2005, 662 = NZM 2005, 450 = WuM 2005, 383 = ZMR 2005, 523.

Grund geringer Nutzung der Wohnung und verwendeter hochwertiger Materialien noch in einem guten Zustand befindet.

c) Formularvereinbarung zu Fristen. Meist sehen die Mietverträge einen Renovierungsturnus vor. Dies entspricht einem **praktischen Bedürfnis** (vgl. Rdn. 217). 219

aa) Starre Fristen. Etliche Mietvertragsformulare enthalten eine **ausdrückliche Vereinbarung,** dass die Schönheitsreparaturen **jedenfalls nach Ablauf bestimmter fester Fristen** durchzuführen sind. Klauseln, nach denen zur Erledigung der Schönheitsreparaturen ausgeführt ist,

„wenn erforderlich, **mindestens** aber in der nachfolgenden Zeitfolge …",[608]

„**in einem Zeitraum** von drei Jahren …, fünf Jahren …, sieben Jahren …, **wenn nicht** nach dem Grad der Abnutzung eine **frühere** Ausführung erforderlich ist,"[609]

„Der Mieter **hat** während der Mietzeit die Schönheitsreparaturen,[610]

„Der Mieter ist verpflichtet, die während der Dauer des Mietverhältnisses notwendig werdenden Schönheitsreparaturen ordnungsgemäß auszuführen. Auf die **üblichen Fristen** wird insoweit Bezug genommen (z. B. Küchen/Bäder: 3 Jahre, Wohn- und Schlafräume: 4–5 Jahre, Fenster/Türen/Heizkörper: 6 Jahre".[611]

„Der Mieter verpflichtet sich, die Schönheitsreparaturen **innerhalb folgender Fristen** auszuführen"[612]

sind **unwirksam.** Sie sollen dem Vermieter einen Erfüllungsanspruch ohne Rücksicht auf den tatsächlichen Zustand der Mietsache verschaffen. Dass die zweite Klausel die Fristen aus dem MMV übernimmt, ist irrelevant, weil der Zusatz *„Im Allgemeinen"* fehlt.[613]

bb) Weiche Fristen. Zu beachten ist zunächst, dass weiche Formulierungen **nur ausreichen,** wenn sie mit **angemessenen Renovierungsintervallen** einhergehen. Fristenpläne haben für die dem Mieter auferlegten Pflichten eine zentrale Bedeutung (s. Rdn. 215), und zwar auch bei weichen Fristen, weil sie jedenfalls den grundsätzlichen Erfüllungsanspruch des Vermieters festlegen. Da der Mieter die Darlegungs- und Beweislast trägt, dass Schönheitsreparaturen noch nicht (wieder) fällig sind, wird er bei sehr kurzen Regelfristen grob benachteiligt (§ 309 Nr. 12 BGB). Er muss seinen Erfüllungseinwand in zu kurzen Abständen wiederholen und trägt insbesondere das Risiko, nicht beweisen zu können, dass trotz der üblichen und unvermeidlichen Gebrauchsspuren nur eine unterdurchschnittliche Abnutzung vorliegt. Dies macht die Regelung insgesamt unwirksam; sie ist zudem mit dem gesetzlichen Leitbild des § 535 Abs. 1 Satz 2 BGB nicht zu vereinbaren. 220

Klauseln, die sich mit unterschiedlicher Formulierung, etwa 221

„**Üblicherweise/In der Regel/Im Allgemeinen** werden Schönheitsreparaturen in den Mieträumen in folgenden Zeitabständen erforderlich sein …".

auf die Angabe beschränken, nach welcher Zeit möglicherweise Renovierungsarbeiten anstehen, sind grundsätzlich **wirksam.**[614] Der Mieter erhält einen **Regelzeitrahmen** für die Überprüfung der Dekoration, zugleich ist es ihm gestattet, sie länger zu nutzen, etwa weil sie wegen geringer Inanspruchnahme der Wohnung oder guter Materialien immer noch ansehnlich ist. Der Vielfältigkeit der Faktoren für die Lebensdauer einer ordentlichen Dekoration wird Rechnung getragen, ohne die Rechte des Vermieters zu verkürzen.

Demgegenüber ist die Klausel, dass der Mieter

„die Schönheitsreparaturen **im Allgemeinen in nachstehender Reihenfolge** fachgerecht auszuführen hat … **Die Zeitfolge beträgt:** in Küchen … alle 3 Jahre …"

als unwirksam erachtet worden. Der Satzteil „im Allgemeinen" beziehe sich auf die Reihenfolge, nicht aber auf den jeweils angegebenen Zeitraum, so dass starre Fristen vereinbart worden sind.[615] Nur ein bloßer Regelzeitrahmen ist nach Ansicht des BGH auch mit der Formulierung

---

608 BGH (VIII ZR 361/03) DWW 2004, 221 = GE 2004, 1023 = NZM 2004, 653 = WuM 2004, 463 m. zust. Anm. *Hilgenstock* (464) und *Fischer* (452).

609 BGH (VIII ZR 360/03) DWW 2004, 328 = GE 2004, 1450 = NZM 2004, 901 = WuM 2004, 660 = ZMR 2005, 34.

610 BGH (VIII ZR 178/05) NZM 2006, 459 = WuM 2006, 248.

611 BGH (VIII ZR 152/05) NZM 2006, 621 = WuM 2006, 306; (VIII ZR 106/05) NZM 2006, 620 = WuM 2006, 377.

612 BGH (VIII ZR 124/05) NZM 2006, 691 = WuM 2006, 513.

613 BGH (VIII ZR 178/05) NZM 2006, 459 = WuM 2006, 248; **a. A.** *Stürzer* WuM 2004, 512.

614 BGH (VIII ZR 230/03) DWW 2004, 222 = GE 2004, 880 = NZM 2004, 497 = WuM 2004, 333 m. Anm. *Wiek* WuM 2004, 334; **a. A.** LG Hannover WuM 2007, 191 zur Klausel *„nach folgenden Regelfristen"*, die sich nicht zu den Umständen äußere, in denen es nicht zur Anwendung der Regelfristen kommen solle.

615 AG Gießen ZMR 2015, 132.

„Die Schönheitsreparaturen werden **regelmäßig** in folgenden Zeiträumen erforderlich",

vorgegeben.[616] Hiergegen spricht, dass die Klausel vom durchschnittlichen Mieter dahin zu verstehen ist, er sei zur Renovierung innerhalb der genannten Fristen, also spätestens nach deren Ablauf, verpflichtet.[617] Das Wort „regelmäßig" wirkt in Verbindung mit genauen Intervallen wie das Wort „turnusmäßig" und damit verbindlich. Ein anderer Effekt hätte sich eingestellt, wenn die Klausel „regelmäßig in folgenden Zeiträumen erforderlich *sein*" gelautet hätte, weil diese Ergänzung den Fristen den Charakter einer vorläufigen Einschätzung beigegeben hätte.

222 **Streitig** ist, ob die Klausel, dass die Schönheitsreparaturen

„**grundsätzlich** in Küchen, Bädern und Toiletten alle drei Jahre …"

auszuführen sind, wirksam ist. Nach einer Meinung wird hinreichend deutlich, dass die Renovierungspflicht nicht zwangsläufig nach Ablauf der angegebenen Fristen einsetze.[618] Es fragt sich jedoch, ob dieses Sprachverständnis der Juristen vom „verständigen Mieter" geteilt wird. Im **allgemeinen Sprachgebrauch** wird das Wort grundsätzlich mit ausnahmslos gleichgesetzt; z. B. wird ein „Mensch mit Grundsätzen" üblicherweise nicht anhand seltener Ausnahmen definiert, sondern daraus abgeleitet, dass er eben keine macht. Nach dem Grundsatz der kundenfeindlichsten Auslegung von Formularklauseln ist die Formulierung mehrdeutig[619] und die Abwälzung daher nach § 307 Abs. 1 Satz 2 BGB **unwirksam.**

223 Eine für sich genommen starre Regelung soll durch den Zusatz

„Lässt **in besonderen Ausnahmefällen** der **Zustand eine Verlängerung** der nach Abs. 2 vereinbarten Fristen zu oder erfordert der Grad der Abnutzung eine Verkürzung, so ist das Wohnungsunternehmen **auf Antrag des Mieters verpflichtet,** im anderen Fall aber berechtigt, nach billigem Ermessen die Fristen des Plans bezüglich der Durchführung einzelner Schönheitsreparaturen zu verlängern oder zu verkürzen."[620]

weich gestaltet sein.[621] Diese Ansicht überzeugt nicht, weil die Einschränkung der starren Fristen nicht nur in Ausnahmefällen, sondern nur in besonderen, letztlich also Extremfällen, greifen soll, die Verlängerung in das Ermessen des Vermieters gestellt ist und dass es insbesondere eines Antrags des Mieters bedarf,[622] ohne den der tatsächliche Zustand der Wohnung, auf den es allein ankommt, unbeachtlich bleibt.

Ebenso soll die Klausel, dass die Schönheitsreparaturen

„**in der Regel** in Küchen … **spätestens** nach drei Jahren, in Wohnräumen … **spätestens** nach fünf Jahren und in sonstigen Räumlichkeiten **spätestens** nach sieben Jahren"

auszuführen sind, **wirksam** sein.[623] Nach Ansicht des BGH ist die Klausel im Zusammenhang zu lesen, woraus unschwer folge, dass das Schwergewicht auf der Wendung *„in der Regel"* liege, während das Wort *„spätestens"* nur die genannten Fristen betone. Die Klausel scheitere daher auch nicht an Intransparenz; wenn die Renovierungspflicht jeweils *„in der Regel spätestens"* bestehe, lasse sie wie bei der Formulierung *„Im Allgemeinen"* für die Beurteilung des Einzelfalls genügend Raum. Vom Grundsatz der kundenfeindlichsten Auslegung her gesehen überzeugt diese Auffassung nicht. Gerade die in der Entscheidung selbst angesprochene Betonung des Wortes *„spätestens"*, und zwar unmittelbar vor den anschließend aufgeführten Fristen, lässt die nur einmal vorangestellte Wendung *„in der Regel"* zurücktreten. *„Aus der Sicht eines verständigen Mieters"*[624] ist die Regelung daher als starre Fristenregelung aufgefasst worden.[625] Aber selbst wenn durch den Satzteil *„in der Regel"* eine (noch) weiche Klausel angenommen würde, ist sie jedenfalls nicht transparent, was besonders zu Tage tritt, wenn *„spätestens"* durch das gleichbedeutende „mindestens" ersetzt wird („in der Regel

---

[616] BGH (VIII ZR 192/11) NZM 2012, 527 = WuM 2012, 312.

[617] KG GE 2008, 602 = WuM 2008, 474 = ZMR 2008, 789; GE 2008, 989 = NZM 2008, 643 = WuM 2008, 398 = ZMR 2008, 893.

[618] LG Berlin GE 2006, 449; AG Titisee-Neustadt NZM 2007, 328; *Gather* S. 53f.

[619] Ausführlich mit überzeugender Begründung AG Wedding GE 2008, 1129.

[620] Mustermietvertrag des GdW, Allgemeine Vertragsbestimmungen (Fassung MVp April 1997) Nr. 4 (3).

[621] BGH (VIII ZR 378/03) GE 2005, 51 = NZM 2005, 58 = WuM 2005, 50 = ZMR 2005, 109; (VIII ZR 48/04) NZM 2005, 299 = WuM 2005, 241 m. Anm. *Wiek;* kritisch *Klimke* NZM 2005, 134 mit ausführlicher Begründung.

[622] AG Köln Urt. vom 10.10.1997 – 217 C 230/97; kritisch auch *Hanke* ZdWBay 1999, 568 (572).

[623] BGH (VIII ZR 351/04) NZM 2005, 860 = WuM 2005, 716 = ZMR 2005, 934; (VIII ZR 77/03) DWW 2004, 257 = GE 2004, 954 = NZM 2004, 615 = WuM 2004, 466 = ZMR 2004, 659.

[624] OLG Düsseldorf NZM 2004, 866 = WuM 2004, 603.

[625] Vgl. *Börstinghaus* NZM 2004, 801 (809).

mindestens"). Dass damit die Renovierungspflicht des Mieters nicht *„klar und verständlich"* (§ 307 Abs. 1 Satz 2 BGB) beschrieben wäre, liegt auf der Hand.[626]

(a) Kurze Fristen. Sehr kurze Fristen benachteiligen den Mieter **unangemessen** i. S. d. § 307 BGB,[627] auch dann, wenn sie nur den Charakter einer Richtlinie haben.[628] Ein Verstoß gegen das Übermaßverbot aus § 307 BGB ist hier nicht nur deshalb anzunehmen, weil sie den Mieter in zu kurzen Abständen mit dem Nachweis belasten, eine Renovierung sei noch nicht angezeigt, sondern weil sie insbesondere dem Vermieter eine Handhabe bieten können, unter Hinweis auf den Ablauf einer Frist Dekorationsarbeiten zu verlangen, die trotz einiger Mängel nach üblichen Maßstäben noch nicht erforderlich sind. Klauseln mit Renovierungsfristen von zwei Jahren für die Nassräume und von drei Jahren für die Wohnräume[629] oder von zwei bis drei Jahren für die Küche und von drei bis vier Jahren für alle übrigen Räume,[630] von drei Jahren für Heizkörper und Türen in Küche, Bad, Toilette sowie von fünf Jahren in den Wohnräumen,[631] von drei Jahren für alle Wohnräume und von vier Jahren für die Lackteile,[632] von vier Jahren für alle Anstricharbeiten,[633] oder *„spätestens alle drei Jahre"* für die Schönheitsreparaturen[634] sind unwirksam. Dasselbe gilt für eine Renovierung innerhalb von drei Jahren für Heizkörper und Türen in Küche, Bad und Toilette sowie von fünf Jahren in den Wohnräumen[635], von drei-[636] oder vier Jahren für die Lackteile.[637] 224

Bei zu kurzen Fristen ist es wegen des Verbots der geltungserhaltenden Reduktion nicht zulässig, den Mieter jedenfalls im Rahmen des üblichen Turnus zu den Schönheitsreparaturen heranzuziehen; vielmehr ist die **gesamte Regelung über die Abwälzung der Schönheitsreparaturen unwirksam.**[638] Die Wohnung ist daher auch nach einer Mietzeit von über acht Jahren nicht zu renovieren.[639] Nach anderer Ansicht wirkt sich die Vereinbarung zu kurzer Fristen nur dahin aus, dass die Fristenregelung als solche entfällt, ohne dass die Abwälzung der Schönheitsreparaturen auf den Mieter als solche berührt werde; da es sich um trennbare Regelungen handele, ergebe sich dies ohne Verstoß gegen das Verbot der geltungserhaltenden Reduktion aus ergänzender Vertragsauslegung.[640] Mit ähnlicher Begründung wurden zu kurze Fristen für das Lackieren der Heizkörper und Türen für unwirksam gehalten, während die Fristen für das Streichen der Raufasertapete aufrechterhalten blieben.[641] Gegen diese Argumentation spricht, dass es sich bei den Abreden über die Abwälzung der Schönheitsreparaturen um einen sachlich einheitlichen Bereich handelt. Der Umstand, dass zu einzelnen Aspekten gesonderte Bestimmungen getroffen wurden, darf nicht den Blick auf die sachliche Zusammengehörigkeit verstellen. Ergibt die Summe aus allgemeiner Abwälzung und gesonderten Teilregelungen insgesamt eine unangemessene Belastung des Mieters (Summierungseffekt, s. Rdn. 177 ff.), geht es daher nicht mehr um Vertragsauslegung, sondern unzulässige geltungserhaltende Reduktion, wenn nur einzelne Bestimmungen als unwirksam herausgelöst werden, der Rest aber für wirksam erklärt wird.[642]

(b) „Übliche"/angemessene Fristen. Die bisher als üblich bezeichneten **Fristen** gem. der Fn 1 zu **§ 7 Mustermietvertrag** 1976 (MMV), nach der Küchen, Bäder und Duschen alle drei Jahre, Wohn- und Schlafräume, Flure, Dielen und Toiletten alle fünf Jahre sowie andere Neben- 225

---

[626] Dazu ausführlich *Kappus* NZM 2006, 6.
[627] BayObLG RE 9.7.1987 WuM 1987, 344; *Emmerich* in Staudinger § 535 Rdn. 112.
[628] LG Frankfurt/M. NZM 2004, 62; *Heinrichs* NZM 2005, 201 (207).
[629] LG Berlin WuM 1996, 758; LG Hamburg WuM 1992, 476.
[630] LG Köln WuM 1991, 341.
[631] LG Köln WuM 1997, 434; LG München I WuM 1997, 549.
[632] LG Hamburg Urt. vom 18.1.2001 – 333 S 96/00.
[633] LG Berlin GE 2001, 1267.
[634] LG Aachen ZMR 1987, 60.
[635] LG Köln WuM 1997, 434; LG München I WuM 1997, 549.
[636] LG München II WuM 2001, 599.
[637] LG Hamburg Urt. vom 18.1.2001 – 333 S 96/2000.
[638] BGH (VIII ZR 124/05) NZM 2006, 691 = WuM 2006, 513 bei unwirksamen starren Fristen; LG Hamburg ZMR 2004, 37; LG Berlin WuM 2002, 668; ZMR 2003, 487; LG Köln WuM 1991, 341; *Harsch* Rdn. 330; *Heinrichs* NZM 2005, 201 (207) = WuM 2005, 155 (161); *Knops* in Herrlein/Kandelhard § 535 Rdn. 53.
[639] LG Darmstadt WuM 1987, 315.
[640] *Häublein* ZMR 2000, 143.
[641] LG Köln WuM 1997, 434.
[642] Ebenso LG Berlin GE 2001, 1267 bei einer Frist von vier Jahren für alle Lackteile bzw. LG Berlin GE 2003, 458 bei einer Frist von vier Jahren für die Lackteile von sechs Jahren für die *„übrigen Räume"*.

räume alle sieben Jahre zu renovieren sind,[643] sind **nach** den **heutigen Wohnverhältnissen,** d. h. Belegung und Ausstattung der Wohnungen sowie Dekorationsmaterialien, **überholt,** was sich an einem Vergleich mit den Verhältnissen zeigt, die zur Zeit ihrer Entstehung herrschten. Das BMJ selbst lehnt es schon seit Anfang der 80er Jahre ab, den MMV zu übersenden, weil er veraltet ist.[644] Die Fristen sind zu knapp und wirken sich damit trotz des Zusatzes *„Im allgemeinen"*, zumal im Rahmen der Darlegungs- und Beweislast, unangemessen zum Nachteil des Mieters aus (s. Rdn. 215). Der **BGH** hat diesen Fristenplan *„jedenfalls für in der Vergangenheit abgeschlossene Mietverträge"* auch bei formularvertraglichen Vereinbarungen als wirksam angesehen, mithin für Mietverträge vor dem Urteil vom 26. 9. 2007.[645] Für „Neuverträge" hat er die Entscheidung offengelassen, aber *„vorsichtig-kritische Bemerkungen"*[646] zur Angemessenheit angebracht. Auf dieser Basis sind die Fristen gem. Mustermietvertrag nach der hier vertretenen Auffassung zumindest bei **„Neuverträgen"**, d. h. solchen, die **nach dem 1. 4. 2008**[647] abgeschlossen wurden, unwirksam. Dieser Zeitpunkt errechnet sich aus dem Datum des Urteils des BGH vom 26. 9. 2007 zuzüglich einer Übergangsfrist, die mit rund fünf Monaten angemessen angesetzt ist.[648]

Der MMV basiert auf einem Forschungsauftrag, den das damalige Ministerium für Wohnungswesen und Städtebau dem Institut für Wohnungsrecht und Wohnungswirtschaft an der Universität zu Köln am 29. 11. 1968 erteilt hatte. Der vom Institut **im Dezember 1969 vorgelegte Entwurf** enthielt in § 11 (6) nur die Abwälzung der Schönheitsreparaturen auf den Mieter nebst der Beschreibung, was zu ihrem Inhalt gehört. Ein Fristenplan war nicht enthalten. Der Entwurf wurde in der Folgezeit mit der Wohnungswirtschaft beraten. In einem ersten Entwurf des Ministeriums von August 1970 heißt es in § 11 (6), dass der Vermieter die Durchführung der Schönheitsreparaturen nach einem Fristenplan verlangen kann, wobei die dazugehörige Fußnote lautet: *„In der Wohnungswirtschaft gilt zurzeit folgender Fristenplan: Wohn- und Schlafräume alle 5 Jahre, Flure, Dielen, WC alle 5 Jahre, Bäder und Duschräume alle 3 Jahre, Wohnküchen alle 2 Jahre, Koch-/Essküchen oder Kochnischen alle 3 Jahre, sonstige Nebenräume alle 7 Jahre"*. Aufgrund weiterer Beratung heißt es im Entwurf vom 22. 11. 1971 in § 15: *„Im allgemeinen werden Schönheitsreparaturen in den Mieträumen in folgenden Zeitabständen erforderlich sein: Küche, Bad, WC alle 2–3 Jahre, Wohnräume alle 3–4 Jahre, Schlafräume alle 5–6 Jahre"*. Erstmals im Entwurf vom Dezember 1972 und dann in allen folgenden erscheinen die Fristen wie in der Endfassung des MMV 76. Der Hinweis im ersten Entwurf auf den in der Wohnungswirtschaft geltenden Fristenplan stimmt z. B. mit den Musterverträgen überein, die der damalige Gesamtverband gemeinnütziger Wohnungsunternehmen e. V. verwandte; die Ausgabe Oktober **1963** enthält genau diese Fristenverteilung. Die vorstehende Chronologie macht deutlich, dass die **Fristen gem. § 7 MMV** ihren **Ursprung** in einer Zeit mit **völlig anderen Wohnverhältnissen** haben.

- Was die seinerzeitige und auch den Altbaubestand betr. **Wohnungseinrichtung** angeht, lässt sich dies z. B. an dem genannten Mustermietvertrag von Oktober 1963 ablesen. Das zum Vertrag gehörende Formblatt *„Wohnungsbeschreibung und Übergabeverhandlung"* führt vorgedruckt die verschiedenen möglichen Einrichtungen der Wohnung auf und ist nach den jeweiligen Gegebenheiten auszufüllen. So ist dort für die Beheizung u. a. vorgesehen *„Kohle-/Gas-/Öl-Öfen, Kachelofenmehrraumbeheizung"*, für das Bad *„Kohlebadeofen mit Batterie, Standbrause und Aschkasten, Gasheizofen"*, für die Küche *„Kohle-/Gas-/Öl-/komb. Herd, Feuerungsringe, Schürhaken"*. Bei einer modernen, mit schmutzarmer Zentralheizung und gekachelten Bädern und Küche ausgestatteten Wohnung fallen derartige Immissionen, welche die Dekoration beeinträchtigen, weg.[649]
- Ein weiterer Aspekt ist die **Wohnungsbelegung.** Der Mustermietvertrag stammt aus der Zeit, als in den rund zehn davor liegenden Jahren jeweils über eine halbe Million Wohnungen gebaut worden war, um der Wohnungsnot in der Nachkriegszeit zu begegnen. Hierbei errichteten auch die gemeinnützigen Wohnungsunternehmen in besonderem Umfang Sozialwohnungen,

---

[643] Dagegen z. B. AG Kerpen ZMR 1997, 362; *Blank* PiG 73 (2005), 163 (168).
[644] Schreiben des BMJ vom 3. 12. 2004.
[645] BGH (VIII ZR 143/06) DWW 2008, 14 = GE 2007, 1622 = NZM 2007, 879 = WuM 2007, 684 = ZMR 2008, 30 m. Anm. *Mack*.
[646] *Beyer* NZM 2009, 137 (140).
[647] *Lützenkirchen* in Lützenkirchen § 535 Rdn. 568: ab 1. 1. 2008.
[648] *Beyer* NZM 2009, 137 (140); *Lehmann-Richter* GE 2009, 1023 (1025 f.).
[649] *Blank* in FS Derleder S. 193.

was zu einem weiteren Gesichtspunkt führt. Nach § 17 Abs. 1 I. WoBauG[650] sollte die Wohnfläche mindestens 32 m² und höchstens 65 m² betragen. Diese Sollgröße wurde zum Teil durch landesrechtliche Regelungen noch deutlich unterschritten, so waren in Hamburg grundsätzlich nur Kleinwohnungen zu fördern, d. h. für zwei Personen waren Wohnungen von 20–28 m² vorgesehen, für drei Personen bis 40 m², für vier Personen bis 50 m² und für fünf Personen bis 60 m².[651] Die zulässige Wohnfläche vergrößerte sich nach § 21 I. WoBauG in der Fassung vom 25. 8. 1953[652] auf mindestens 40 m² und höchstens 80 m², aber selbst das II. WoBauG in der Fassung vom 1. 9. 1965[653] bestimmte in §§ 39 Abs. 5 noch, dass die Wohnfläche einer Wohnung i. d. R. 50 m² bei Belegung mit mehreren Personen und 40 m² bei Wohnungen, die für Alleinstehende bestimmt sind, nicht unterschreiten sollte. Jedenfalls bei Belegung mit mehreren Personen lag sie damit aber immer noch signifikant unter der inzwischen erreichten durchschnittlichen Wohnfläche je Person von über 40 m².[654] Es liegt auf der Hand, dass die Dekoration einer Wohnung bei intensiver Nutzung stärker beansprucht wird.

– Schließlich wurden die Schönheitsreparaturen in einfachen Wohnungen der Nachkriegszeit mit heute weitgehend ungebräuchlichen **Renovierungsmaterialien** ausgeführt. So differenzierten z. B. die früher häufig für Mietverträge über Bundesdarlehenswohnungen herangezogenen Richtlinien des Bundesministers für Finanzen für die Durchführung der Bundesbauvorhaben vom 12. 9. 1953 hinsichtlich der Lebensdauer einer ordnungsgemäßen Dekoration je nach der Art des Anstrichs: Kalkfarbanstriche 3 Jahre, Leim-, Öl- und Ölfarbanstriche einschließlich Lacküberzug auf Fußböden sowie Heizkörper-Spezialanstriche 5 Jahre, Anstriche auf Putz und Holz sowie Tapezierungen 8 Jahre.[655] Es kommt hinzu, dass jedenfalls bei Markenfarben und -lacken im Laufe der Jahrzehnte wesentliche technische Verbesserungen erzielt wurden. Hiergegen ist eingewandt worden, eine verbesserte Haltbarkeit von Farben und Lacken gegenüber 1976 lasse sich nicht feststellen.[656] Dieser Angabe des Sachverständigen in einem mündlich vor Gericht erstatteten Gutachten widerspricht jedoch die Aussage eines anderen Sachverständigen, dass z. B. Alkydharzlacke wesentlich länger halten als frühere Lacke.[657] Insbesondere aber wird übersehen, dass die zeitlichen Grundlagen der Fristen des MMV aus der Zeit **vor 1963** stammen und eben nicht aus 1976.

Auf dieser historischen Grundlage ist **festzustellen,** dass die **Fristen des § 7 MMV auch als Regelfristen** den Mieter **übermäßig** belasten. Sie sind als zu kurze Fristen zu bewerten, die damit dasselbe Schicksal trifft wie bislang die schon von Vermietern vereinzelt festgeschriebenen, noch unter denen des § 7 MMV liegenden Fristen (dazu Rdn. 224). Dieses Ergebnis wird durch die – seltenen – Verträge über die Vermietung preisgebundenen Wohnraums bestätigt, in denen die Schönheitsreparaturen dem Vermieter obliegen; hier ist der Vermieter durchweg frühestens zur Renovierung von Bad und Küche nach 5 Jahren, von Wohnräumen nach 8 Jahren und Nebenräumen nach 10 Jahren verpflichtet.[658] Anknüpfend an diese Fristenpläne wird es sich um **ausgeglichene Regelfristen nur** handeln, **wenn** der Mieter **im Allgemeinen** die Schönheitsreparaturen in den Mieträumen in folgenden Zeitabständen vorzunehmen hat:

– in **Küchen. Bädern und Duschen**
alle 5 Jahre,
Innenanstriche der Fenster und Außentüren sowie Anstrich der Türen, Heizkörper und Heizrohre in diesen Räumen
alle 8 Jahre,

---

650 I. WoBauG vom 24. 4. 1950, BGBl. I S. 83.

651 Freie und Hansestadt Hamburg, Baubehörde, Amt für Wohnungswesen: Katalog zur Ausstellung „80 Jahre öffentlich geförderter Wohnungsbau in Hamburg" (1999).

652 BGBl. I S. 1047.

653 BGBl. I S. 1617.

654 Statistisches Bundesamt Fachserie 5, Reihe 3: per 31. 12. 2012 in Westdeutschland 46,7 m², in Ostdeutschland und Berlin 43,2 m².

655 Zit. nach *Trautmann* ZMR 1963, 132.

656 LG Dresden ZMR 2014, 641.

657 *Schach/Hecht* GE 2006, 1018.

658 Zu weitgehend *Schopp* ZMR 1981, 261, dass ein zur Fälligkeit der Schönheitsreparaturen notwendiger Zustand bei einer Wohndauer unter 10 Jahren praktisch nicht erreicht werde.

– in **Wohn/Schlafräumen, Fluren, Dielen und Toiletten**
einschließlich der Innenanstriche der Fenster und Außentüren sowie der Anstriche der Türen, Heizkörper und Heizrohre
alle 8 Jahre,
– in **Nebenräumen innerhalb der Wohnung**
einschließlich der Innenanstriche der Fenster und Außentüren sowie der Anstriche der Türen, Heizkörper und Heizrohre
alle 10 Jahre.[659]

Dass bei schlechten Materialien und starker Beanspruchung der Dekoration auch eine, ggf. deutliche, Unterschreitung der Fristen in Betracht kommt, versteht sich von selbst.

4. Renovierungsfristen bei Gewerberaum

226 Bei Mietverhältnissen über Gewerberaum ist die Vereinbarung **kürzerer Fristen** sowohl durch Individualvertrag wie auch formularmäßig zulässig, sofern es sich **nicht** um **starre Fristen** handelt; diese sind auch bei der Vermietung von Gewerberaum unwirksam, weil sie den Mieter unabhängig vom Erhaltungszustand des Mietobjekts zur Renovierung verpflichten.[660] Auch der Vermieter von Gewerberaum darf dem Mieter nicht solche Pflichten auferlegen, die ihn nach der gesetzlichen Regelung selbst nicht treffen,[661] nämlich allein wegen eines Zeitablaufs und nicht wegen Bedarfs die Mieträume zu renovieren. Bei Formularmietverträgen wird allerdings vorauszusetzen sein, dass der regelmäßige Turnus an **sachliche Gesichtspunkte** anknüpft.[662] Kürzere Fristen sind sachgerecht, wenn sie der unterschiedlich starken Abnutzung Rechnung tragen sollen und an entsprechender Erfahrung orientiert sind.[663]

227 Sind **im Mietvertrag keine Fristen** genannt, ist es Sache des Vermieters, im Einzelnen darzutun, nach welchen Zeiträumen üblicherweise in Gewerberäumen der vermieteten Art oder mit der konkreten Nutzung Schönheitsreparaturen ausgeführt werden.[664] So gibt es z. B. keinen Erfahrungssatz, dass Räume, die als Friseursalon genutzt werden, schon nach drei Jahren so abgenutzt sind, dass eine Renovierung notwendig ist.[665] Zum Teil werden die Fristen gem. § 7 Mustermietvertrag 1976 herangezogen.[666] Sind Räume z. B. für Bürozwecke vermietet, stellt es keine unangemessene Belastung des Mieters dar, wenn der Vermieter auf die dort angeführten Fristen als Richtlinie abstellt; weiter gehend wird vertreten, bei Büroräumen sei eine Erneuerung der Tapete alle vier Jahre oder ein Neuanstrich der Raufasertapete alle drei Jahre und deren Ersetzung nach dem dritten Anstrich angezeigt, von Holzwerk generell nach jeweils fünf Jahren.[667] Nutzt der Mieter die Räume zum Betrieb einer Massagepraxis, kann auf den Renovierungsturnus von drei Jahren für Küchen, Bäder und Duschen zurückgegriffen werden.[668] Nach anderer Ansicht soll sich die Renovierungspflicht des Mieters wegen der fehlenden Fristen allein nach dem Grad der während der Mietzeit aufgetretenen Gebrauchsspuren richten, die vom Vermieter im Einzelnen darzulegen sind.[669] Dieser Standpunkt benachteiligt allerdings den Vermieter von Gewerberaum gegenüber dem Vermieter von Wohnraum, weil sich dieser jedenfalls auf den Ablauf angemessener Fristen berufen und damit die Darlegungs- und Beweislast des Mieters auslösen kann. Eine derart gravierende unterschiedliche Behandlung erscheint nicht sachgerecht, so dass dem Vermieter, wie oben dargelegt, die Möglichkeit offen zu lassen ist, sich auf empirisch abgesicherte Renovierungsintervalle als Richtlinie zu beziehen.

---

659 Vgl. Mustermietvertrag des GdW Ausgabe April 2008.
660 BGH (XII ZR 84/06) GE 2008, 1556 = GuT 2008, 436 = NZM 2008, 890 = ZMR 2009, 110.
661 *Ahlt* DWW 2005, 96 (99) = GuT 2005, 47 (50).
662 *Wolf* in Lindner-Figura/Oprée/Stellmann Kap. 13 Rdn. 209.
663 BGH (VIII ZR 252/81) NJW 1983, 446 (447); *Häublein* in MünchKomm § 535 Rdn. 120.
664 OLG Köln WuM 1994, 274.
665 OLG Düsseldorf DWW 2002, 328 = WuM 2002, 545.
666 KG GuT 2004, 172 = ZMR 2004, 578.
667 *Otto* GE 1984, 786.
668 OLG Koblenz NZM 2000, 1182 = WuM 1999, 720.
669 OLG Düsseldorf ZMR 2005, 705.

II. Erfüllung im laufenden Mietverhältnis

1. Wohnraum

a) Gestaltungsfreiheit des Mieters. Der Anspruch des Vermieters auf Durchführung der laufenden Schönheitsreparaturen ist **mit der Ausführung anstehender Arbeiten erfüllt.** Es ist grundsätzlich allein **Sache des Mieters** zu entscheiden, **in welcher Weise** er die Schönheitsreparaturen erledigt. Dies gilt insbesondere für den Wohnungsmieter. Wohnen zur Miete ist nicht nur ein rechtsgeschäftlicher Vorgang, sondern hat eine evidente soziale Komponente. In dem durch die Wohnung räumlich und gegenständlich vorgegebenen Rahmen verbringt der Mensch häufig die meiste Zeit seines Lebens, in ihr ist es ihm möglich, sich selbstbestimmt zu verwirklichen.[670] Es kommt hinzu, dass das Nutzungsrecht des Wohnungsmieters dem Eigentum i. S. d. Art. 14 GG gleich steht.[671] Dieser besondere verfassungsrechtliche Schutz des häuslichen Bereichs ist auch im Zusammenhang mit den Schönheitsreparaturen zu berücksichtigen, so dass der Vermieter mit vorrangig geschmacklichen Beanstandungen keinen Erfolg haben kann.[672] Vielmehr hat der Mieter das Recht, die Wohnung seinen Neigungen entsprechend herzurichten, solange berechtigte Interessen des Vermieters nicht betroffen sind. 228

In der **Wahl von Farbe und Material** ist der Mieter daher weitgehend frei.[673] Der Vermieter darf dem Mieter jedenfalls **nicht durch** eine **Formularklausel** aufgeben, dass die Dekoration nur in **bestimmten Farben** und/oder Materialien zu erfolgen habe (s. Rdn. 231).[674] Vielmehr ist der Mieter berechtigt, die Wände und Decken untapeziert zu lassen und die Wände, je nach Mode, in beliebiger Art zu streichen, sie mit Muster- oder Fototapeten zu versehen, Mustertapeten überzustreichen[675] oder die Wohnung statt in weißem in einem elfenbeinartigen Ton,[676] teilweise sogar schwarz zu streichen,[677] ob der Vermieter wegen der ausgefallenen farblichen Gestaltung psychische Schäden des Mieters befürchtet, ist irrelevant.[678] Auf die Wünsche des Vermieters oder eines Nachmieters braucht er, jedenfalls wenn das Ende des Mietvertrags nicht absehbar ist, keine Rücksicht zu nehmen (s. aber zur Rechtslage bei Mietende Rdn. 239).[679] Der Erfüllungsanspruch des Vermieters ist daher auch nicht ausgelöst, wenn der Mieter Tapeten mit „Gemälden“ versehen hat, z. B. das Kinderzimmer Filzstift-Zeichnungen aufweist. Es vermag keinen sachlichen Unterschied zu begründen, ob Flächen mit sehr eigenwilligen oder vermeintlich kindgerechten, geschmacklosen Tapeten beklebt sind oder von den Eltern bzw. Kindern mit Strichmännchen, Blumen oder Landschaften „verziert“ wurden. Es ist ferner unschädlich, wenn Mieter „Gemälde“ oder sonstige Verzierungen auf untapezierten Flächen aufbringen. Hier ist die Grenze bloßer Schönheitsreparaturen nicht deshalb überschritten, weil je nach der Konsistenz des Materials Farbe in den Putz eindringt. Durch fachgerechte Grundierung kann verlässlich und auf Dauer vermieden werden, dass die Farbe bei späterer Tapezierung wieder durchschlägt. Es ist sogar möglich, nach Grundierung und hellem Zwischenanstrich die Flächen uneingeschränkt in modischer Wischtechnik zu dekorieren. Die Folgen der Dekoration des Mieters lassen sich mithin durch bloße Malerarbeiten beheben, Substanzschäden sind nicht gegeben. 229

Den Mieter trifft nach allem auch **keine Nebenpflicht,** das Mietobjekt nur **hell oder pflegeleicht** zu dekorieren.[680] Es wird allerdings vertreten, der Anstrich auch nur einzelner Teile des Mietobjekts mit Farben, die weder als neutral noch als hell beschrieben werden können, stelle für sich genommen bereits eine selbstständige Vertragsverletzung i. S. d. § 280 Abs. 1 BGB dar[681] (zur

670 Vgl. EGMR NZM 2006, 29 zum Anspruch auf Wohnen ohne Immissionen.

671 BVerfG NJW 1993, 2035 = WuM 1993, 377.

672 KG GE 1995, 1011.

673 LG Hamburg DWW 1999, 152 = ZMR 1999, 405; LG Berlin GE 1998, 181; *Blank* PiG 52 (1997), 38, *Emmerich* NZM 2000, 1155 (1161); *Over* in Hannemann/Wiegner § 19 Rdn. 93; **a. A.** LG Aachen WuM 1998, 596.

674 BGH (VIII ZR 50/09) GE 2010, 405 = NZM 2010, 236 = WuM 2010, 142; (VIII ZR 344/08) NZM 2009, 903 = WuM 2009, 655 = ZMR 2010, 106; (VIII ZR 166/08) WuM 2009, 224; (VIII ZR 224/07) GE 2008, 1045 = NZM 2008, 605 = WuM 2008, 472.

675 LG Berlin GE 1991, 573 m. abl. Anm. *Blümmel.*

676 AG Weißenburg i. Bay. WuM 2003, 355.

677 KG Urt. vom 13.10.1975 – 20 U 943/75 zit. bei *Graul* GE 1977, 754.

678 LG Berlin Urt. vom 15.11.1976 – 615 102/76 zit. bei *Graul* GE 1977, 756.

679 *Harsch* Rdn. 106f.; *Wolf/Eckert/Ball* Rdn. 426.

680 Vgl. BGH (VIII ZR 224/07) GE 2008, 1045 = NZM 2008, 605 = WuM 2008, 472.

681 Z. B. LG Berlin GE 1995, 249; *Blümmel* GE 1991, 573.

Abgrenzung s. auch ausführlich Rdn. 92ff.). Diese Meinung postuliert eine Nebenpflicht des Mieters, der aus den oben bereits dargelegten Gründen nicht zuzustimmen ist. Sie verkennt zudem, dass der Mieter die Wohnung nicht auch zu dem Zweck angemietet hat, sie in einem, einer hypothetisch unmittelbar bevorstehenden Vertragsbeendigung entsprechenden Zustand zu erhalten, der es dem Vermieter ermöglichen würde, die Wohnung mangelfrei einem Dritten zu überlassen. Auch die Interessen des Vermieters gebieten es nicht, eine entsprechende Nebenpflicht aufzustellen. Der von ihm mit der Abwälzung der Schönheitsreparaturen verfolgte Zweck geht neben der Entlastung von den regelmäßigen Kosten vornehmlich dahin, die Wohnung bei einer Neuvermietung zu dem Mietzins anbieten zu können, wie er bei vertragsgemäßer Ausführung der Schönheitsreparaturen zu erzielen ist.[682] Während des Mietverhältnisses ist dieses Ziel nicht relevant. Mangels eines sachlich gerechtfertigten Interesses des Vermieters, auf die Dekorationsweise während der laufenden Mietzeit Einfluss zu nehmen, braucht sich der Mieter auf Farbtonvorgaben von vornherein nicht verweisen zu lassen.[683]

230 Bei einer **unsachgemäßen Dekoration** ist zu differenzieren. Sie ist als solche, ggf. eigenwillige Dekoration nicht zu beanstanden. Die Grenze des Rechts zur Selbstverwirklichung ist jedoch dann erreicht, wenn das verwendete Material nach den Umständen des Einzelfalls zu **Schäden an der Substanz** führen kann,[684] die sodann zum unmittelbaren Schadensersatz aus Vertragsverletzung verpflichten. Manche Mieter neigen z. B. aus optischen Gründen dazu, dunkelfarbige Naturholztüren mit heller Lackfarbe zu streichen oder Materialien aufzubringen, die infolge des Nutzungszwecks der betr. Räume völlig ungeeignet sind. So sind z. B. dampfdichte Anstriche in kleinen Feuchträumen nachteilig, wenn die Feuchte nicht durch Lüftungsmöglichkeiten (Fenster, motorgetriebene Entlüftung) zügig abgeführt werden kann. Hier hat der Putz die Aufgabe, einen Teil der Feuchte aufzunehmen (Absorption) und bei ausreichendem Lüften wieder abzugeben (Desorption), wodurch die Feuchtemenge, die sich auf anderen Raum- oder Ausstattungsteilen niederschlägt, reduziert wird. Lang anhaltende Feuchtigkeit führt bekanntlich zu Spak, Schimmel und Korrosion. Ansonsten sind auch dampfdichte Anstriche unschädlich. Die verbreitete Meinung, eine Farbe müsse atmungsaktiv sein, beruht auf laienhaften Vorstellungen, weil eine „Atmung" von Außenbauteilen mit dem Effekt einer Raumentfeuchtung bauphysikalisch nicht stattfindet; Wasserdampfdiffusion ist zumindest bei Außenwänden nicht möglich. Für die Folgen falscher Dekoration hat der Mieter aus Verletzung einer leistungsbezogenen Nebenpflicht einzustehen.

231 Klauseln, die den Mieter z. B. dazu verpflichten,

die auf ihn abgewälzten Schönheitsreparaturen, also auch die laufende Renovierung, in **„neutralen Farbtönen"**,[685] „in **neutralen, hellen,** deckenden **Farben und Tapeten** auszuführen"[686]

oder

„nur mit Zustimmung des Wohnungsunternehmens von der bisherigen **Ausführungsart** erheblich ab[zu]weichen",[687]

oder in denen bestimmt ist,

„Die Schönheitsreparaturen umfassen insbesondere **das Weißen der Decken und Oberwände.**"[688]

oder

„Der Anstrich an Decken und Wänden hat **in Weiß** zu erfolgen."[689]

oder

„Zu den Schönheitsreparaturen gehören Anstrich der Wände und Decken, dem das Anbringen einer weiß gestrichenen Raufasertapete gleichsteht,"[690]

---

[682] BGH (VIII ZR 150/65) BGHZ 49, 56 = NJW 1968, 491.
[683] BGH (VIII ZR 205/11) GE 2012, 687 = NZM 2012, 338 = WuM 2012, 194.
[684] LG Düsseldorf WuM 1996, 90.
[685] BGH (VIII ZR 166/08) GE 2009, 574 = NZM 2009, 313 = WuM 2009, 224.
[686] BGH (VIII ZR 224/07) GE 2008, 1045 = NZM 2008, 605 = WuM 2008, 472.
[687] So über Jahrzehnte der Mustermietvertrag des GdW in den Allgemeinen Vertragsbestimmungen.
[688] BGH (VIII ZR 47/11) GE 2011, 1481 = WuM 2011, 618; (VIII ZR 344/08) GE 2009, 1488 = NZM 2009, 903 = WuM 2009, 655; (VIII ZR 50/09) NZM 2010, 236 = WuM 2010, 142.
[689] BGH (VIII ZR 205/11) GE 2012, 687 = NZM 2012, 338 = WuM 2012, 194: Auch bei Übergabe der Wohnung an den Mieter mit einem neuen weißen Anstrich.
[690] AG Gießen WuM 2009, 454.

sind **unwirksam,** wobei die Unwirksamkeit die gesamte Abwälzung der Schönheitsreparaturen erfasst.[691]

b) Erfüllungsanspruch des Vermieters. Sind die turnusmäßigen Schönheitsreparaturen wirksam auf den Mieter abgewälzt, kann der Vermieter ihre **Ausführung auch im laufenden Mietverhältnis verlangen,** da sie wirtschaftlich und rechtlich einen Teil der Gegenleistung des Mieters für die Gebrauchsüberlassung des Mietobjekts darstellen.[692] Soweit vertreten wird, die formularvertragliche Verpflichtung des Mieters zur Erledigung der Schönheitsreparaturen bei Fortbestand des Mietverhältnisses belaste ihn unangemessen i. S. d. § 307 BGB, weil seinen, meist erheblichen Kosten kein Interesse des Vermieters gegenüberstehe,[693] berücksichtigt diesen wirtschaftlichen Zusammenhang nicht hinreichend.[694] Es kommt nach dem Ausgleichsprinzip des BGH hinzu, dass der Vermieter die Belastung des Mieters durch eine unterstellte geringere Miete während der vorangegangenen Dauer des Mietverhältnisses bereits kompensierte. 232

Für die **Fälligkeit** der Schönheitsreparaturen reicht grundsätzlich schon bloße **Renovierungsbedürftigkeit.**[695] Eine **Ausnahme** besteht, wenn die **Klausel** 233

„Werden Schönheitsreparaturen wegen des Zustands der Wohnung bereits während der Mietdauer notwendig, um **nachhaltige Schäden an der Substanz der Mieträume zu vermeiden oder zu beseitigen,** sind die erforderlichen Arbeiten jeweils unverzüglich auszuführen."

vereinbart wurde. Sie bedeutet, dass der Mieter im laufenden Mietverhältnis Schönheitsreparaturen nur ausführen muss, wenn sie zur Vermeidung oder Beseitigung von Schäden an der Substanz erforderlich sind.[696]

Nach dem Grundsatz muss das Mietobjekt infolge der unterlassenen Schönheitsreparaturen mithin **nicht völlig verwohnt** sein.[697] Für diese Meinung spricht zwar, dass der Anspruch unterhalb dieser Grenze in aller Regel nur von Vermietern verfolgt wird, deren Vertragsbeziehungen zum Mieter zerrüttet sind.[698] Gleichwohl vernachlässigt dieser Ansatz den oben genannten Gegenleistungsaspekt. Es muss objektiver Renovierungsbedarf vorliegen, nicht nur nach der persönlichen Vorstellung des Vermieters; einen Anhaltspunkt für Renovierungsbedarf bieten angemessene Renovierungsfristen. Der Anspruch des Vermieters besteht daher erst, sobald der dekorative Zustand des Mietobjekts unansehnlich und verbraucht ist; einige leicht gelbliche Flecken oder die starke Abnutzung an einer Stelle reichen auf keinen Fall.[699]

Für die Fälligkeit der Schönheitsreparaturen bereits bei Renovierungsbedarf spricht schließlich der Gesichtspunkt, dass der finanzielle **Aufwand** für die Herrichtung der Wohnung jedenfalls bis zu dem Zeitpunkt, zu dem sie völlig verwohnt ist, **ständig steigen** kann. Zwar ist es für den dekorativen Aufwand im Grunde irrelevant, ob vergraute Raufasertapeten nach fünfzehn oder zwanzig Jahren gestrichen werden, dasselbe gilt für vergilbte Lackteile; sobald allerdings Tapeten aufgrund langer Nutzungszeit etliche Schadstellen aufweisen, hat es nicht mehr mit einem Anstrich sein Bewenden, sondern es ist eine Neutapezierung erforderlich. Bei wirtschaftlicher Betrachtungsweise gewinnt daher auch das zunehmende **Insolvenzrisiko** an Bedeutung.[700] Zumal wenn der Mieter staatliche Hilfe zum Lebensunterhalt erhält, werden ihm Wohnungszuschüsse meist nur gewährt, wenn es darum geht, ihm den Wohnraum zu erhalten;[701] ist er ausgezogen, können sich für den Vermieter beträchtliche Probleme ergeben, seine Ersatzansprüche zu realisieren. Zum Schutz des Mieters vor überzogenen Vorstellungen des Vermieters ist allerdings eine genaue Kontrolle seines Renovierungsverlangens angezeigt.[702] 234

---

[691] BGH (VIII ZR 205/11) GE 2012, 687 = NZM 2012, 338 = WuM 2012, 194; (VIII ZR 199/06) NZM 2007, 398 = WuM 2007, 259; (VIII ZR 166/08) GE 2009, 574 = NZM 2009, 313 = WuM 2009, 224; (VIII ZR 344/08) GE 2009, 1488 = NZM 2009, 903 = WuM 2009, 655.
[692] BGH (VIII ZR 207/89) GE 1990, 1139 = NJW 1990, 2376 = WuM 1990, 494 = ZMR 1990, 450.
[693] AG Gießen ZMR 2002, 828.
[694] *Herrlein* NZM 2003, 941; *Kraemer* NZM 2003, 417 (420).
[695] BGH (VIII ZR 192/04) GE 2005, 662 = NZM 2005, 450 = WuM 2005, 383 = ZMR 2005, 523.
[696] BGH (VIII ZR 232/14) WuM 2015, 338.
[697] So *Schopp* ZMR 1981, 261.
[698] *Schach* S. 47.
[699] LG Berlin GE 2001, 137.
[700] *Herrlein* NZM 2003, 941.
[701] *Hanke* ZdWBay 1999, 568 (574).
[702] Vgl. LG Berlin GE 2001, 137; *Herrlein* NZM 2003, 941; *Paschke* GE 2002, 170.

2. Gewerberaum

235 Demgegenüber ist bei dem Anspruch des Vermieters auf Erledigung der laufenden Schönheitsreparaturen bei der Vermietung von Gewerberaum zu differenzieren. Für den Mieter von Büroräumen dürfte, zumindest wenn sie nicht im Erdgeschoss liegen und ihr Zustand das Erscheinungsbild des Hauses daher i. d. R. nicht berührt, dasselbe wie für den Wohnungsmieter gelten. Hingegen ist der Anspruch des Vermieters betroffen, wenn die **Außenwirkung** des Mietobjekts von Bedeutung ist. Hierbei geht es vorrangig nicht nur darum, dass der Vermieter den Zustand bei Mietende absichern will. Vielmehr ist er oft daran interessiert, dass die Räumlichkeiten ständig von außen einen ansehnlichen Eindruck machen. Dies ist insbesondere dann ohne weiteres nachvollziehbar, wenn das Mietobjekt z. B. in einer Ladenzeile oder einem Einkaufszentrum liegt. Ein schlechter dekorativer Zustand eines Objekts strahlt unmittelbar auf die Akzeptanz benachbarter Objekte aus. Hier darf der Mieter nicht in einer Weise dekorieren, dass das gesamte Erscheinungsbild leidet oder der Mietwert der Immobilie gefährdet wird.[703] Das Interesse des Vermieters kann ferner aus der Vereinbarung einer Umsatzmiete begründet sein, aber auch aus der **Art des Gewerbes,** wenn sein Betrieb die Dekoration besonders beansprucht und deren Fehler Substanzschäden zur Folge haben können, etwa durch die Feuchtigkeitsbelastung in einer Wäscherei.

3. Durchsetzung des Anspruchs

236 Befindet sich der Mieter nach einer Dekorationsaufforderung des Vermieters mit der Erfüllung seiner Verpflichtung in Verzug, ist der Vermieter berechtigt, die **Zahlung eines Vorschusses** in Höhe der erforderlichen Renovierungskosten zu verlangen, um seinen Anspruch im Wege der **Ersatzvornahme,** ggf. in der Zwangsvollstreckung (§ 887 ZPO), durchzusetzen.[704] Einen Anspruch auf Zahlung von Schadensersatz hat er nicht, auch nicht unter den Voraussetzungen der §§ 280, 281 Abs. 1 BGB; dem Zweck der Schönheitsreparaturen, im Interesse des Mieters eine gebrauchsfähige Mietsache herzustellen und zu erhalten, würde eine Geldleistung, über die der Vermieter nach Belieben verfahren könnte, nicht gerecht.[705] Nach Erledigung der Arbeiten hat der Vermieter über den Vorschuss abzurechnen. Den Vorschussanspruch hat der Vermieter nicht, wenn es ihm nur darum geht, einen Geldbetrag für nach Auszug des Mieters möglicherweise notwendige Schönheitsreparaturen sicher zu stellen; hierdurch erhielte er nur eine zusätzliche Sicherheitsleistung, auf die er nachträglich keinen Anspruch hat.[706]

237 Die **Beschränkung** auf eine zweckgebundene Leistung des Mieters **betrifft nicht die Fälle,** in denen der Vermieter über den bloßen Erfüllungsanspruch hinaus Schadensersatz verlangen kann, etwa wegen Schäden an der Substanz der Mietsache oder infolge der wegen schlechten dekorativen Zustands verringerten Umsätze des Gewerberaummieters, wenn eine Umsatzmiete vereinbart ist.[707]

III. Erfüllung bei Mietende

1. Wohnraum

238 **a) Abgelaufener Renovierungsturnus.** Nach Beendigung des Mietverhältnisses ist zu differenzieren. Ist ein ***angemessener*** Renovierungsturnus abgelaufen, spricht der **Anschein für den Erfüllungsanspruch** des Vermieters. Wenn die Frist nur für einen Teil der Mieträume verstrichen ist, beschränkt sich sein Anspruch auf diese. Je nach der Vertragsgestaltung und Beschaffenheit schuldet der Mieter u. U. eine Neurenovierung des Mietobjekts; Entsprechendes gilt bei gewerblichen Mietverträgen je nach dem für die Rückgabe vereinbarten Zustand. Der Mieter kann dem Anspruch jedoch entgegenhalten, dass die Mietsache z. B. auf Grund der verwendeten hochwertigen Materialien und der schonenden Nutzung einen sehr guten dekorativen Zustand aufweist, der eine Renovierung bei Auszug entbehrlich macht. In derartigen Fällen ist das Renovierungsverlangen des Vermieters rechtsmissbräuchlich, auch wenn die Parteien den Dekorationsturnus individualver-

---

703 *Neuhaus* NZM 2000, 220 (222).

704 BGH (VIII ZR 192/04) NZM 2005, 450 = WuM 2005, 383; (VIII ZR 207/89) NJW 1990, 2376 = WuM 1990, 494 = ZMR 1990, 450.

705 BGH (VIII ZR 207/89) GE 1990, 1139 = NJW 1990, 2376 = WuM 1990, 495 = ZMR 1990, 450.

706 LG Hannover NZM 2002, 120; AG Tiergarten GE 2007, 155.

707 BGH (VIII ZR 207/89) GE 1990, 1139 = NJW 1990, 2376 = WuM 1990, 496 = ZMR 1990, 450.

traglich an starre Fristen geknüpft haben; formularvertraglich festgelegte feste Fristen sind ohnehin unzulässig.

Schuldet der Mieter **bei Mietende** Schönheitsreparaturen, hat er die **farbliche Gestaltung** auch ohne vertragliche Festlegung so auszuwählen, dass sie für einen möglichst großen Mietinteressentenkreis akzeptabel ist, d. h. helle und dezente Anstriche und Tapeten zu verwenden.[708] Während die laufende Renovierung den Interessen des Mieters dient, soll durch die Endrenovierung ein Zustand hergestellt werden, der es dem Vermieter ermöglicht, das Mietobjekt in ordentlichem, vertragsgemäßem Zustand einem Mietnachfolger zu überlassen.[709] Der Mieter ist daher nicht berechtigt, in sehr persönlicher, ausgefallener Art zu dekorieren, sondern hat auf den allgemeinen Geschmack Rücksicht zu nehmen. Verstößt er hiergegen, liegt eine Vertragsverletzung gem. §§ 241 Abs. 2, 280 Abs. 1 BGB vor; zu einem Schadensersatzanspruch kommt der Vermieter indes nur unter den Voraussetzungen des § 281 BGB. 239

Aufgrund dieser Rechtslage sind **Klauseln** wie

„Die Schönheitsreparaturen sind in **neutralen, hellen, deckenden Farben und Tapeten** auszuführen."

nicht zu beanstanden, wenn sie sich **allein auf den Zustand zum Mietende** beziehen.[710]

b) Laufender Renovierungsturnus. Erledigte der Mieter die Schönheitsreparaturen während des Mietverhältnisses regelmäßig und ist seit der letzten Dekoration nicht einmal der übliche Renovierungsturnus abgelaufen, hat er bei Mietende **grundsätzlich keine Dekorationsarbeiten** zu erledigen. Klauseln, die den Mieter gleichwohl generell zur Durchführung von Schönheitsreparaturen bei Auszug verpflichten, sind unwirksam (s. Rdn. 171). Eine Renovierungspflicht des Mieters ist auch dann nicht gegeben, wenn die Mietsache die nach mehrjähriger Nutzung üblichen deutlichen Gebrauchsspuren aufweist, so dass der Vermieter sie einem Nachmieter nicht mehr als in gutem dekorativem Zustand anbieten kann. 240

Nach der Rechtsprechung des **BGH** bestehen allerdings **Ausnahmen,** die einen **Schadensersatzanspruch** des Vermieters begründen können: 241

- die Verschlechterung des Mietobjekts, insbesondere durch **übermäßigen Gebrauch,**[711]
- die **unsachgemäße Ausführung von Renovierungsarbeiten** während oder bei Abschluss des Mietverhältnisses,[712]
- die **Rückgabe** des Mietobjekts in **ungewöhnlicher Dekoration.**[713]

Solange das Mietobjekt nur vertragsgemäß abgenutzt ist mit entsprechenden Verschlechterungen und Veränderungen, bleibt es auch dann nach § 538 BGB bei der eigenen Renovierungspflicht des Vermieters, wenn es dadurch unansehnlich wurde. Anders kann es sich bei Schäden verhalten, die aus **übermäßigem** vertragsgemäßem **Gebrauch** durch den Mieter resultieren.[714] Hier ist zur **Abgrenzung,** wann Schönheitsreparaturen oder eine Schadensersatzpflicht des Mieters betroffen sind, nach der Rechtsprechung des **BGH** maßgeblich, ob ein ordnungsgemäßer Zustand durch schlichte Malerarbeiten zu erreichen ist, etwa im Fall der Folgen starken Rauchens.[715] Zwar bewirkt starkes Rauchen durch die Vergilbung von Tapeten oder Anstrichen einen unansehnlichen Zustand, er kann jedoch durch eine malermäßige Neudekoration ohne weiteres behoben werden. Je nach der Intensität fallen nur die Vorarbeiten etwas aufwendiger aus, weil durch zusätzliche Grundierungen oder einen Sperranstrich verhindert werden muss, dass die Vergilbungen nach der Dekoration wieder durchschlagen. Hier scheidet daher ein Schadensersatzanspruch des Vermieters aus, er hat die Folgen aus der Unwirksamkeit der Abwälzung selbst zu tragen. 242

[708] Z. B. BGH (VIII ZR 416/12) DWW 2014, 59 = GE 2014, 49 = NZM 2014, 72 = WuM 2014, 23.
[709] BGH (VIII ZR 150/65) BGHZ 49, 56 = NJW 1968, 491; *Blank* in Blank/Börstinghaus § 535 Rdn. 470.
[710] BGH (VIII ZR 224/07) GE 2008, 1045 = NZM 2008, 605 = WuM 2008, 472; (VIII ZR 283/07) DWW 2009, 24 = GE 2008, 1621 = NZM 2008, 926 = WuM 2008, 722 m. Anm. *Fischer* WuM 2009, 169.
[711] BGH (VIII ZR 48/09) NZM 2010, 157 = WuM 2010, 85.
[712] BGH (VIII ZR 48/09) NZM 2010, 157 = WuM 2010, 85.
[713] BGH (VIII ZR 416/12) DWW 2014, 59 = GE 2014, 49 = NZM 2014, 72 = WuM 2014, 23; (VIII ZR 48/09) NZM 2010, 157 = WuM 2010, 85; (XII ZR 15/93) DWW 1995, 279 = NJW-RR 1995, 123 = ZMR 1995, 578.
[714] BGH (VIII ZR 48/09) NZM 2010, 157 = WuM 2010, 85.
[715] Vgl. BGH (VIII ZR 37/07) GE 2008, 533 = NZM 2008, 318 = WuM 2008, 213 = ZMR 2008, 524; AG Kassel Urt. vom 4.11.2005 – 452 C 2137/05.

Kleinere Schäden an Tapeten oder Lackteilen, die bei normalem Gebrauch der Mietsache entstehen und zu den regelmäßigen Erscheinungen gehören, sind ohnehin zwangsläufige Folge des vertragsgemäßen Gebrauchs. Hierbei handelt es sich z. B. um dunkle Verfärbungen auf Türen im Bereich der Klinken oder auf Tapeten bei den Lichtschaltern, Staubfahnen über Heizkörpern oder im Bereich von auf Putz liegenden Rohren, Staubränder um Bilder und Möbelstücke, Stoßstellen an Lackteilen.[716] Aber auch wenn sie im Übermaß oder wenn größere Schadstellen auf Tapeten oder Lackabplatzungen vorhanden sind und eine dekorative Überarbeitung der betroffenen Flächen angezeigt ist, lassen sie sich durch normale Malerarbeiten, Neutapezierung bzw. Spachtelarbeiten vor dem Lackieren, beheben.

Anders liegt es bei Schäden, durch die der **Untergrund** deutlich in Mitleidenschaft gezogen wurde, so dass zu deren Beseitigung mehr als die üblichen Vorarbeiten erforderlich sind. Durch Stoß können z. B. Teile des Putzes beschädigt werden oder auch Absplitterungen des Holzes eintreten. Derartige grobe Einwirkungen verursachen sogleich einen Schaden, den der Mieter ohne weitere Voraussetzungen aus §§ 280 Abs. 1 Satz 1, 249 BGB zu ersetzen hat.

Ferner kommt ein Schadensersatzanspruch durch exzessive Nutzung in Betracht, wenn **anderweitige Schäden,** also außerhalb des dekorativen Bereichs, verursacht wurden. Derartige Schäden können z. B. eine Teppichauslegeware betreffen, aus welcher der Geruch durch Rauchen trotz mehrfacher Reinigung nicht mehr zu entfernen ist; dasselbe gilt etwa bei einer Verfärbung von Holzpaneelen oder der Silikonfugen im Bad,[717] bei der Verfärbung der Drückerplatte der Toilettenspülung von reinweißem zu fast braunem Farbton[718] oder bei einer vom Vermieter gestellten Teilmöblierung für Gardinen und Polstermöbel.[719]

243 Eine **unsachgemäße Renovierung** resultiert meist aus der Verwendung **ungeeigneter Farben oder Materialien.** Dasselbe gilt, wenn der Mieter aus optischen Gründen Materialien aufbrachte, die **für den Nutzungszweck** der betreffenden Räume völlig **ungeeignet** sind und es dadurch z. B. zu Spak, Schimmel und Korrosion kam. Allerdings löst **nicht jede** Verwendung **ungeeigneten** Farb- oder sonstigen **Materials einen Schaden** aus. Es ist im Hinblick auf die Entscheidung des BGH stets zu prüfen, ob sich die Fehlleistung des Mieters durch Schönheitsreparaturen ohne weiteres beheben lässt.

Anders liegt es, wenn die Arbeiten des Mieters zu einer **„Verschlimmbesserung"** geführt haben. Hierunter sind die Fälle zu fassen, in denen der Mieter durch eine nicht fachgerechte Renovierung einen schlechteren Zustand schuf, als er aufgrund der nur recht kurzen Mietzeit vor diesen Arbeiten vorhanden war.[720] Für die Verschlimmbesserung ist es irrelevant, ob sie auf Grund einer noch nicht fälligen oder mangels wirksamer Abwälzung überhaupt nicht geschuldeten Renovierung erfolgte. Eine solche ist in diesen Fällen **z. B.** anzunehmen, wenn das Mietobjekt dem Mieter z. B. mit dezenten Anstrichen und/oder Tapeten geliefert worden war, die er als langweilig empfand, so dass er alsbald mit kräftigen Farben und Mustern renovierte, wenn noch einwandfreie Lackteile mit Binderfarbe[721] oder Raufasertapeten mit ungeeigneter, stark abkreidender Farbe[722] gestrichen oder diese unnötig so mit Farbe zugeschmiert wurden, dass die Struktur verloren ging, die bei fachgerechtem Vorgehen erhalten geblieben wäre.

244 Gibt der Mieter die Mieträume **mit ungewöhnlicher Dekoration** zurück, ist es für den Vermieter schwierig oder auch praktisch unmöglich, sie in diesem Zustand neu zu vermieten. Die eigenwillige Dekoration kann eine Verschlechterung der Mietsache darstellen. Anders verhält es sich zwar, wenn sie technisch eine sehr gute Beschaffenheit aufweist, aber auch in diesem Fall ist die Möglichkeit einer zügigen Wiedervermietung zumindest erheblich eingeschränkt. Als Folge ist der Mieter verpflichtet, eine von ihm angebrachte ungewöhnliche Dekoration vor Rückgabe der Mieträume wieder zu beseitigen. Eine **Ausnahme** gilt, wenn das Mietobjekt **schon bei Einzug** eine Dekoration mit kräftigen Farben oder intensiven Mustertapeten aufwies,[723] es sei denn, dass

---

716 AG Gießen WuM 2009, 454.
717 LG Koblenz ZMR 2006, 288.
718 AG Cham ZMR 2002, 761.
719 Vgl. AG Magdeburg NZM 2000, 657 = WuM 2000, 303.
720 LG Hamburg ZMR 1986, 56: nach nur zweijähriger Mietzeit.
721 *Heller* WuM 1986, 368; *Sternel* II Rdn. 448.
722 AG Köln WuM 1987, 150.
723 **A. A.** AG Coburg InfoM 2010, 215 m. Anm. *Leyde; Harsch* MietRB 2014, 116 (119); *Sternel* PiG 103 (2016), 61 (69).

der Vormieter mit dem Nachmieter die Übernahme der ausgefallenen Dekoration vereinbarte;[724] die Verpflichtung zur Renovierung in üblichen hellen Farben trifft sodann den Nachmieter zum Ende seiner Mietzeit. Zum einen handelt es sich hier um den Fall einer „Selbstbindung“,[725] wenn schon der Vermieter das Mietobjekt in ungewöhnlicher, vom Durchschnittsgeschmack abweichender Dekoration lieferte, zum anderen entstanden dem Vermieter keine Kosten, denn er hätte es bei Erreichen der Unansehnlichkeit zum Mietende ohnehin auf seine Kosten herrichten lassen müssen, im Zweifel für eine bessere Vermietbarkeit in dezenten Farben.

Während der **BGH** die Schadensersatzpflicht des Mieters zunächst aus Treu und Glauben gem. § 242 BGB ableitete,[726] hat er sich inzwischen der hier vertretenen Ansicht angeschlossen, dass die **Rückgabe** des Mietobjekts **in** einem für die meisten Mietinteressenten **nicht akzeptablen dekorativen Zustand** schon als **Vertragsverletzung** nach **§§ 241 Abs. 2, 280 Abs. 1 BGB** zu bewerten ist.[727] Diese besteht nicht darin, dass der Mieter die Schönheitsreparaturen während der Mietzeit nach seinen sehr singulären Vorstellungen durchführte, sondern in der Rückgabe in einem Zustand, der es nicht ermöglicht, die Dekoration allein mit den üblichen Vorarbeiten zu erneuern. In diesem Fall versucht der Mieter, die zusätzlichen Kosten, die aus der Selbstverwirklichung durch Farbwahl und sonstige Gestaltung stammen, auf den Vertragspartner abzuwälzen. Zu beachten ist, dass der Mieter nach § 249 Abs. 1 BGB nur zur **Naturalrestitution** verpflichtet ist, d. h. den untragbaren Dekorationszustand durch eine Renovierung in i. d. R. hellen Farben zu entfernen hat. Die Möglichkeit, nach § 249 Abs. 2 BGB sogleich **Geldersatz** zu wählen, scheidet aus, solange es nicht um die Beseitigung von Substanzschäden geht. Schönheitsreparaturen sind, wie bereits ausgeführt (s. Rdn. 80), keine Reparaturen im eigentlichen Sinne, sondern bestehen in einem bloßen Farbauftrag.[728] Zu einem Schadensersatzanspruch in Geld kommt der Vermieter daher nur nach Einhaltung des Verfahrens gem. § 250 BGB.[729] Besteht die Schadensersatzpflicht des Mieters dem Grunde nach, ist jeweils die **Schadenshöhe** zu prüfen. Ausgangspunkt ist, dass der Mieter nicht für die Abnutzungserscheinungen aus vertragsgemäßem Mietgebrauch während der Mietzeit aufkommen muss, der Vermieter aber ein renoviertes Mietobjekt erhält. Seine Kosten sind daher um einen **Abzug „neu für alt“** zu reduzieren, dessen Höhe sich an der bisherigen Nutzungszeit orientiert (s. Rdn. 340).

In der Praxis begegnet diese Problematik z. B., wenn der Mieter die Küche mit Heizungsrohren in teils lila, teils türkiser Farbe, das Bad mit Türinnenseite, Heizkörper, Heizungsrohren und Fensterbrett in lila Farbe, das Wohnzimmer mit Heizungsrohren in teils roter, teils schwarzer Farbe und Türrahmen in schwarzer Farbe gestrichen hatte[730] oder die Küche sowie Bad/WC an Wänden und Decken in grellgrüner Farbe.[731] **245**

Ob schon **weniger auffällige Farben,** etwa ein Anstrich der Wände und Decke des Wohnzimmers und der Wände des Flurs in Gelb und der Wände und Decke im Schlafzimmer in Rosa für eine Renovierungspflicht ausreichen,[732] ist eine Frage des Einzelfalls. Maßgeblich ist hier die Eigentümlichkeit der Farbe; ein Anstrich in einem leicht nach rosa gebrochenen Farbton,[733] hellblau marmoriert im Flur,[734] lindgrün mit Bordüre[735] oder einem hellblauen Pastellton[736] ist grundsätzlich nicht zu beanstanden. Eine **Ausnahme** kann eingreifen, wenn eine bestimmte Bandbreite der **Farbgestaltung mietvertraglich vorgegeben** wurde. Während sich die vorgenannten Farben noch als „hell“ einordnen lassen, genügen sie der Vorgabe „neutral“ nicht mehr (s. Rdn. 174).

---

724 AG Neuruppin WuM 2009, 514.
725 *Kappus* NZM 2010, 529 (531).
726 BGH (VIII ZR 48/09) NZM 2010, 157 = WuM 2010, 85.
727 BGH (VIII ZR 416/12) DWW 2014, 59 = GE 2014, 49 = NZM 2014, 72 = WuM 2014, 23.
728 Vgl. BGH (5 StR 166/79) NJW 1980, 350.
729 Im Ergebnis ebenso *Sternel* PiG 103 (2016), 61 (67 f.) über eine „dekorativ bezogene Rückbaupflicht“ aus § 546 BGB.
730 LG Berlin GE 1995, 249.
731 LG Hamburg DWW 1999, 152 = ZMR 1999, 405.
732 So LG Hamburg DWW 1999, 152 = ZMR 1999, 405.
733 LG Hamburg Urt. vom 1. 12. 2000 – 311 S 68/00.
734 LG Lübeck NZM 2002, 485.
735 **A. A.** LG Berlin NZM 2002, 120.
736 KG GE 2005, 917 = NZM 2005, 663.

2. Gewerberaum

246 Ob der Vermieter bei Mietende vom Mieter die Ausführung von Renovierungsarbeiten verlangen kann und ggf. in welchem Umfang, hängt primär von den **Absprachen der Parteien** im Mietvertrag ab. Auf Grund der weitgehenden Vertragsfreiheit ist es ihnen möglich, einen etwaigen Erfüllungsanspruch des Vermieters jedenfalls individualvertraglich sehr verschieden auszugestalten, insbesondere nach der Beschaffenheit des Mietobjekts. Fehlen entsprechende Regelungen im Mietvertrag, wird aber auch der Vermieter von Gewerberaum bei eigenwilliger dekorativer Gestaltung des Mietobjekts einen Anspruch aus Vertragsverletzung geltend machen können (vgl. Rdn. 241 ff.).[737]

3. Erfüllungsanspruch nach Beseitigung bauseitiger Schäden

247 Schönheitsreparaturen sind **nicht fällig,** solange sie wegen bauseitiger Schäden sinnvoll nicht ausgeführt werden können. Es ist Sache des Vermieters, zunächst die baulichen Voraussetzungen für eine sachgerechte Renovierung zu schaffen, er ist insoweit vorleistungspflichtig.[738] Sind Feuchtigkeitsschäden vorhanden, wurden Putz oder Mauerwerk abgeschlagen, um z. B. Rohre zu verlegen oder zu reparieren, ist das Holz der Fenster wegen abgängigen Außenanstrichs nass, muss er diese Mängel nach herrschender Ansicht auf eigene Kosten beheben, bevor er den Mieter auf die Verpflichtung zur Renovierung verweisen darf.[739] Je nach den Verhältnissen im Einzelfall kann dem Mieter auch die Teildekoration der nicht von den Bauschäden betroffenen Räume oder Raumteile vor Erledigung der Schadensbeseitigung unzumutbar sein; es liegt dann insgesamt keine Fälligkeit vor.[740] Diese Voraussetzungen sind nicht erfüllt, wenn es sich z. B. nur um einige Risse im Putz im Übergangsbereich zwischen Decken- und Wandflächen handelt.[741]

248 **Streitig** ist, ob der Mieter über die Schaffung eines zur Renovierung geeigneten Zustands hinaus vom Vermieter auch die **Wiederherstellung einer ordnungsgemäßen Dekoration** verlangen kann. Im Grundsatz muss der Vermieter nach §§ 535 Abs. 1 Satz 2, 538 BGB Schäden an der Dekoration, die nicht auf dem Mietgebrauch beruhen, auch dann beseitigen, wenn der Mieter die Verpflichtung zur Durchführung der Schönheitsreparaturen übernommen hat.[742] Auf dieser Basis hätte der Vermieter immer die Renovierung zu veranlassen, gleichviel ob der bauseitige Schaden eintrat, als eine neue Renovierung z. B. bereits überfällig war oder ob er einen noch ansehnlichen Zustand im laufenden Renovierungsturnus betraf. Der vom BGH betonte Gegenseitigkeitsaspekt – Mietreduzierung gegen Übernahme der Schönheitsreparaturen[743] – würde hierbei indes nicht berücksichtigt. Es ist daher nach der Beschaffenheit der Dekoration im Zeitpunkt des Schadenfalles zu **differenzieren.**

249 Lag bei Eintritt des bauseitigen Schadens an der Dekoration **ohnehin Renovierungsbedürftigkeit** vor, ist es Sache des Mieters, sie wieder herzurichten, allerdings erst, nachdem der Vermieter zur Renovierung geeignete Flächen hergestellt hat.[744] Der Umstand, dass sie aus nicht im Mietgebrauch liegenden Umständen noch stärker beschädigt oder sogar zerstört wurde, liefert keinen Grund, den Mieter von der von ihm geschuldeten Gegenleistung zu entlasten. Seine Verpflichtung war vor dem Schadenfall entstanden, sie entfiel nicht durch die dazu getretene weitere Schadensursache. Vielmehr bestand sie in dem Umfang fort, wie sie zuvor gegeben war. Hieraus folgt zugleich das Ausmaß der vom Vermieter zu leistenden Vorarbeiten. Sie bestimmen sich danach, was der Mieter ohne den zusätzlichen Schaden hätte veranlassen müssen. Waren Flächen z. B. mit Raufasertapete versehen, die ohne weiteres hätten gestrichen werden können und durch den Schaden zerstört wurden, schuldet der Vermieter zuvor eine Neutapezierung. Problematisch erscheint nur der Fall, dass der Vermieter, weil z. B. seine Handwerker ohnehin im Objekt tätig sind, die Renovierung vollständig erledigen lässt. Hier wird der Mieter seine ersparten Aufwendungen dem Vermieter herauszugeben haben.

---

[737] **A.A.** OLG Koblenz MietRB 2015, 136 m. krit. Anm. *Zich* = NZM 2015, 494: Rückgabe von als Bar genutzten Räumen in Rot.

[738] Z. B. KG NZM 2009, 661; *Gellwitzki* NZM 2009, 881 (882); *Schach* in Kinne/Schach/Bieber § 535 Rdn. 114; *Emmerich* in Staudinger § 535 Rdn. 106; *Wetekamp* Kap. 4 Rdn. 117.

[739] **A. A.** LG Hannover WuM 2002, 214.

[740] LG Berlin WuM 1987, 147; *Schach* S. 42 f.; *Sternel* II Rdn. 426.

[741] AG Hamburg ZMR 2002, 433.

[742] BGH (VIII ZR 88/86) NJW-RR 1987, 906 = WuM 1987, 315 = ZMR 1987, 257; LG Berlin WuM 1993, 261.

[743] Vgl. BGH (VIII ARZ 1/84) RE 30. 10. 1984 WuM 1985, 46.

[744] LG Berlin NJW-RR 1997, 265; LG Aachen WuM 1991, 341; AG Pinneberg ZMR 2004, 199; *Gellwitzki* NZM 2009, 881 (889); *Kraemer/Paschke* in Bub/Treier III. A Rdn. 3079; *Riecke/Hinz* HmbGE 2002, 414 (419).

Die Höhe der Ersparnis richtet sich nach den Umständen des Einzelfalls. Hätte der Mieter den auf ihn entfallenden Teil der Renovierung in Eigenarbeit vorgenommen, beschränkt sich seine Bereicherung auf die entsprechenden Kosten, ebenso verhält es sich, wenn er auf einen billiger arbeitenden Handwerker hätte zurückgreifen können. Generell ist dem Vermieter daher anzuraten, dass er sich zuvor mit dem Mieter abspricht, wenn er beabsichtigt, ihn auf Ersatz in Anspruch zu nehmen.

Betraf der Schaden einen **ordnungsgemäßen dekorativen Zustand** im laufenden Renovierungsturnus, hat ihn der Vermieter vollständig zu beseitigen. Dies folgt, wie erwähnt, aus seinen Pflichten gem. §§ 535 Abs. 1 Satz 2, 538 BGB wie auch daraus, dass ihm im Zeitpunkt des Schadenfalles noch kein Erfüllungsanspruch gegen den Mieter erwachsen war. Da der Mieter auf diese Weise allerdings ein ganz oder in Teilen renoviertes Mietobjekt erhält, so dass er erst entsprechend später wieder renovieren muss, hat der Vermieter auch hier einen Anspruch auf Wertersatz in Höhe der ersparten Schönheitsreparaturen.[745] Anders würde der Entgeltcharakter der Schönheitsreparaturen vernachlässigt, der Mieter hätte für die zusätzliche Zeit, um die sich der Turnus durch die Renovierung seitens des Vermieters verlängert, keine Gegenleistung zu erbringen; ein derartiges Ergebnis widerspräche dem Sinn der Abrede, zumal der Vermieter seine Leistungspflicht durch die laufende fiktive Mietreduzierung erfüllt. Die Höhe des Ausgleichsanspruchs bestimmt sich sowohl nach einer überschlägigen Bewertung des Zeitraums, um den sich die erneute Renovierung durch den Mieter verschoben hat, als auch seinen üblichen Renovierungskosten, die z. B. bei Eigenleistung relativ gering sind. 250

G. Ansprüche aus unterlassenen Schönheitsreparaturen

I. Grundsätze

Spätestens mit dem Ende des Mietverhältnisses sind die Schönheitsreparaturen im Umfang der vom Mieter übernommenen und nicht erledigten Arbeiten fällig. Bleibt der Mieter untätig, kommen **zwei Ansprüche** des Vermieters **in Betracht,** entweder ein Anspruch auf Ersatz der Kosten, die er für die tatsächliche Renovierung aufwandte, oder ein Schadensersatzanspruch. Ob dem Vermieter (nur) ein Anspruch auf Ersatz seiner Aufwendungen zusteht oder auch ein Schadensersatzanspruch, richtet sich zunächst nach den vertraglichen Absprachen, im Weiteren danach, ob die besonderen gesetzlichen Anspruchsvoraussetzungen erfüllt sind. 251

Dem Vermieter steht aus dem Mietvertrag **primär** allein der **Erfüllungsanspruch** zu. Will er sich **daneben oder stattdessen** einen **Ersatzanspruch** verschaffen, muss er ihn **immer erst** durch die Einhaltung des **Verfahrens nach § 281 Abs. 1 BGB** begründen. Solange dieser Vorgang nicht erfolgt ist, kann er keine Ersatzansprüche mit Erfolg geltend machen. Lässt er das Mietobjekt z. B. vor dem Abschluss des im Folgenden näher behandelten Verfahrens renovieren, steht ihm kein Erstattungsanspruch zu. Ebenso wenig ist der Mieter zuvor verpflichtet, Schadensersatz z. B. auf der Grundlage von Kostenvoranschlägen zu leisten. 252

Nach einer **vereinzelten Meinung** soll dem Vermieter auch ohne die Umwandlung des Erfüllungsanspruchs ein Anspruch auf Ersatz der notwendigen Renovierungskosten zustehen, und zwar nicht als Schadensersatzanspruch, sondern als Anspruch aus **Geschäftsführung ohne Auftrag.**[746] Dass der Vermieter, der die Renovierung selbst durchführe, aus berechtigter Geschäftsführung den Aufwendungsersatzanspruch aus § 683 BGB habe, komme zwar nur selten zum Tragen[747] – er setzt ein Handeln des Vermieters im mutmaßlichen Einverständnis des Mieters voraus, der selbst gerade nicht renovierte und zudem die Möglichkeit kostengünstigerer Erledigung verliert – jedenfalls stehe ihm ein Anspruch aus auftragsloser Geschäftsführung i. V. m. Bereicherungsrecht (§§ 677, 684, 812 BGB) zu.[748] Diese Meinung ist systemwidrig[749] und mit Nachdruck abzulehnen. Zu- 253

[745] Ebenso *Kraemer* in Bub/Treier 3. Aufl. III. A Rdn. 1072; **a. A.** *Blank* in Blank/Börstinghaus § 535 Rdn. 463; *Eisenschmid* NZM 2002, 889 (890); *Sternel* WuM 2002, 585 (587).

[746] OLG Koblenz MDR 1999, 1496 m. abl. Anm. *Ricker* MDR 2000, 447 = NZM 2000, 234 = WuM 2000, 22; *Bergerhoff* ZMR 2001, 944; *Lützenkirchen* MDR 2001, 9.

[747] *Lützenkirchen* MDR 2001, 12.

[748] OLG Koblenz MDR 1999, 1496 = NZM 2000, 234 = WuM 2000, 22; *Lützenkirchen* MDR 2001, 12 (13).

[749] Z. B. LG Berlin GE 1999, 1647; AG Köln WuM 2001, 485: § 281 Abs. 1 BGB geht als speziellere Vorschrift dem Bereicherungsanspruch vor; *Blank* in Blank/Börstinghaus § 535 Rdn. 488; *Lammel* § 535 Rdn. 203; *Ricker* MDR 2000, 447 m. w. N.; *Wetekamp* Kap. 4 Rdn. 102.

nächst fällt auf, dass sich die Rechtsprechung des BGH nur auf Sonderfälle bezog.[750] Eine verallgemeinernde Anwendung verbietet sich schon aus diesem Grund. Sie hätte ferner zum Ergebnis, dass die Vorschrift des § 281 Abs. 1 BGB weitgehend leer liefe, obgleich sie unter dem Schutz des § 309 Nr. 4 BGB steht.[751] Nach § 309 Nr. 4 BGB kann § 281 Abs. 1 BGB durch Formularklauseln nicht abbedungen werden, nach überwiegender Ansicht nicht einmal im Verkehr zwischen Kaufleuten. Die Mindermeinung führt daher zu der nur schwer nachvollziehbaren Folge, dass der Vermieter zwar § 281 Abs. 1 BGB nicht durch Formularmietvertrag ausschließen, dasselbe Resultat aber durch Selbstvornahme der Renovierung und anschließende Geltendmachung eines Bereicherungsanspruchs erreichen kann. Sie widerspricht zudem der Wertung des Gesetzes, das den Gläubiger zum Schutz des Schuldners auf die vorrangige Wiederholung des Erfüllungsanspruchs verweist und ihm einen Schadensersatzanspruch erst zuerkennt, wenn dies ohne Erfolg bleibt.[752]

II. Anspruch aus Ersatzvornahme oder auf Schadensersatz

1. Ersatzvornahme

254 Manche Verträge enthalten mit derselben oder ähnlicher Formulierung die Klausel,

„Kommt der Mieter seiner Verpflichtung, die Schönheitsreparaturen auszuführen, bis zur Beendigung des Mietverhältnisses nicht nach, kann der Vermieter von ihm nach vergeblicher Leistungsaufforderung und Fristsetzung, ohne dass es einer Ablehnungsandrohung bedarf, Ersatz der **Kosten aus der Durchführung** der notwendigen Schönheitsreparaturen verlangen."

Hierbei handelt es sich um eine **Ersatzvornahmeklausel.** Sie hat zur Folge, dass der Vermieter immer zuerst die erforderlichen Arbeiten erledigen lassen muss und dass sein Anspruch auf die ihm tatsächlich entstandenen Kosten beschränkt ist.[753] Er ist also nicht berechtigt, Schadensersatz in Höhe der prognostizierten Kosten zu fordern und die entsprechende Leistung des Mieters für andere Zwecke als die Renovierung des Mietobjekts zu verwenden. Will er mit ihnen nicht in Vorlage treten, kann er einen angemessenen Vorschuss vom Mieter verlangen.[754]

255 Da dem Vermieter, wie oben ausgeführt, zunächst nur der Erfüllungsanspruch zusteht, muss er den Anspruch auf Erstattung der angefallenen Kosten erst einmal zur Entstehung bringen. Auch eine Ersatzvornahmeklausel befreit den Vermieter mithin nicht davon, **dieselben Voraussetzungen wie für den Schadensersatzanspruch** einzuhalten (s. Rdn. 257 ff.); dies gilt auch, wenn er vertraglich zwischen Ersatzvornahme und Schadensersatz wählen kann.

256 Die Begründung folgt zum einen aus dogmatischen Überlegungen, weil der Vermieter, der statt (bzw. vorerst neben) Erfüllung Ersatz beanspruchen will, erst dessen Grundlage schaffen muss. Es ergibt sich zum anderen daraus, dass es ihm sonst möglich wäre, die Vorschrift des § 309 Nr. 4 BGB zu umgehen. Nach dieser Bestimmung ist es zumindest durch Formularvertrag nicht möglich, ohne die Einhaltung des Verfahrens nach § 281 Abs. 1 BGB statt Erfüllung Geld in Form von Schadensersatz zu reklamieren. Nach ihrem Rechtsgedanken soll sie generell verhindern, dass der Verwender bei bloßer Nichterfüllung Rechte geltend macht, die hier nur unter den Voraussetzungen des § 281 Abs. 1 BGB bestehen.[755] Für den Geldanspruch auf Erstattung verauslagter Kosten kann daher nichts Anderes gelten. Aus der Sicht des Mieters bleibt es sich zudem gleich, ob er einem Geldanspruch aus Ersatzvornahme oder auf Schadensersatz ausgesetzt ist.

2. Schadensersatz

257 **a) Grundsätze.** Die Nichterfüllung der Renovierungspflicht ist zunächst nur eine Pflichtverletzung gem. § 280 Abs. 1 BGB. Schadensersatz wegen dieser Pflichtverletzung kann der Vermieter **nur unter den Voraussetzungen des § 281 Abs. 1 BGB** reklamieren. Sofern nicht die Ausnahmen nach § 281 Abs. 2 BGB eingreifen, insbesondere die ernsthafte und endgültige Erfüllungsverweigerung, führt erst die Einhaltung des in § 281 Abs. 1 BGB vorgesehenen Verfahrens zur Begründung des Schadensersatzanspruchs. So kann z. B. der Vermieter aus abgetretenem Recht des

[750] Dazu ausführlich *Wiek* WuM 2000, 11.
[751] *Kraemer* NZM 2003, 417 (422).
[752] *Ricker* MDR 2000, 447; *Scheuer* in Bub/Treier V. A Rdn. 195; *Wiek* WuM 2000, 12.
[753] Z. B. OLG Düsseldorf GE 2002, 1428 = ZMR 2003, 105; LG Frankfurt/M. WuM 2012, 197.
[754] BGH (VIII ZR 315/82) WM 1984, 973.
[755] Vgl. Palandt/*Grüneberg* § 309 Rdn. 22.

Mieters keinen Schadensersatzanspruch ableiten, wenn es der Hauptmieter versäumte, gegen den Untermieter die Voraussetzungen für den Anspruch nach § 281 BGB zu erfüllen.[756]

Abweichend von § 326 Abs. 1 BGB a. F. ist der **Verzug** des Mieters mit der Erfüllung seiner Pflicht **keine Voraussetzung mehr** für das Verfahren nach § 281 Abs. 1 BGB. Maßgeblich ist vielmehr, ob der Erfüllungsanspruch des Vermieters **fällig** ist. Der Verzug hat seine Bedeutung allein für die Frage behalten, ob und inwieweit der Vermieter einen Verspätungsschaden (dazu Rdn. 359 ff.) geltend machen kann. Ebenso entfallen ist das Erfordernis der **Ablehnungsandrohung;** dies gilt indes nicht, wenn in Altverträgen die Vorschrift des § 326 Abs. 1 BGB a. F. als Voraussetzung für einen Schadensersatzanspruch wiederholt und damit Vertragsinhalt wurde.[757] 258

Anders als zuvor nach § 326 Abs. 1 BGB a. F. wandelt sich nach Durchführung des Verfahrens gem. § 281 Abs. 1 BGB nicht sogleich der **Erfüllungsanspruch** in einen **Schadensersatzanspruch** um, sondern beide bestehen **zunächst nebeneinander.** Dieser Zustand endet erst, wenn der Vermieter Schadensersatz verlangt; mit diesem Verlangen ist der Erfüllungsanspruch gem. § 281 Abs. 4 BGB ausgeschlossen. Will er auf jeden Fall sogleich nach Fristablauf zum Schadensersatz übergehen können, wird eine Ablehnungsandrohung bisheriger Art im Zusammenhang mit Fristsetzung und Leistungsaufforderung genügen, jedenfalls wenn sie erkennen lässt, dass für den Fall erfolglosen Fristablaufs Schadensersatz reklamiert wird.[758] 259

Der einstweilige Fortbestand des Erfüllungsanspruchs bietet dem Vermieter den Vorteil, dass er nach einer ersten unwirksamen **Leistungsaufforderung,** ggf. mit Rechtsrat, eine wirksame **nachschieben** und sich so den Schadensersatzanspruch sichern kann. In der Praxis misslang nicht selten die Leistungsaufforderung mit der Folge, dass es überhaupt nicht zur Umwandlung des Erfüllungs- in einen Schadensersatzanspruch kam. Lässt der Vermieter das Mietobjekt während dieser Zeit unvermietet, kann er zwar insoweit keinen Mietausfallschaden ersetzt verlangen, weil er die vertane Zeit zu vertreten hat, immerhin aber hat er Aussicht auf Ersatz der meist beträchtlichen Kosten für die Herrichtung des Mietobjekts. Schließlich wird es für den Vermieter nicht selten wirtschaftlich erheblich günstiger sein, den Mieter trotz des erfolglosen Fristablaufs doch noch zur Renovierung, ggf. in Eigenarbeit, zu bringen, als gegen ihn einen mangels Masse nicht durchsetzbaren Geldanspruch zu erhalten. 260

Die **Voraussetzungen des Schadensersatzanspruchs nach § 281 Abs. 1 BGB,** die im Folgenden im Einzelnen behandelt werden, sind mithin 261

- die Fälligkeit der Renovierungspflicht,
- eine Leistungsaufforderung und
- eine dem Mieter erfolglos gesetzte, angemessene Frist zur Erfüllung der in der Leistungsaufforderung beschriebenen Pflichten.

Soweit bei **Altmietverträgen in den östlichen Bundesländern** aus der Zeit vor dem 3.10.1990, die nach diesem Stichtag beendet wurden oder werden, Schadensersatzansprüche des Vermieters in Frage stehen, richten sich diese nicht mehr nach §§ 104, 107 Abs. 2, 3 ZGB, sondern nach § 281 Abs. 1 BGB (Art. 232 § 2 Abs. 1 EGBGB). § 307 BGB (= § 9 AGBG) ist hingegen schon auf Verträge anzuwenden, die vor dem 1.7.1990 abgeschlossen wurden.[759] 262

Die **Abbedingung des § 281 Abs. 1 BGB,** z. B. durch die Klausel, 263

„Sind bei Kündigung des Mietvertrages bis dahin notwendig gewordene Schönheits-Reparaturen rückständig, so ist der Mieter noch vor dem Beendigungstermin zur Zahlung der Renovierungskosten an den Vermieter verpflichtet",

ist **unwirksam.** Dies gilt auch für Klauseln eines vor dem In-Kraft-Treten des AGBG abgeschlossenen, aber erst später abgewickelten Mietvertrags,[760] wie im kaufmännischen Geschäftsverkehr.[761] Die Klausel verstößt gegen § 309 Nr. 4 BGB, der den formularmäßigen Ausschluss des § 281 Abs. 1 BGB nicht zulässt.

---

756 OLG Hamm GE 2012, 129.

757 Ebenso *Lützenkirchen* in Lützenkirchen § 535 Rdn. 659; *Sternel* PiG 103 (2016), 61 (75).

758 Z. B. *Blank* in Blank/Börstinghaus § 535 Rdn. 478.

759 § 23 Gesetz über die Inkraftsetzung von Rechtsvorschriften der Bundesrepublik Deutschland in der DDR vom 21.6.1990 (GBl. DDR I 357); dazu *Schultz* DtZ 1991, 285 (286).

760 OLG Karlsruhe RE 24.8.1982 NJW 1982, 2829 = WuM 1982, 291.

761 BGH (VIII ZR 47/85) NJW 1986, 842; *Pietz/Oprée* in Lindner-Figura/Oprée/Stellmann Kap. 16 Rdn. 142.

264 **b) Voraussetzungen des Schadensersatzanspruchs. aa) Fälligkeit. (a) Grundsätze.** Zur Fälligkeit der Schönheitsreparaturen ist zunächst auf die Darstellung unter Rdn. 214ff. zu verweisen. Hat der Mieter trotz zwischenzeitlich eingetretener Renovierungsbedürftigkeit keine Schönheitsreparaturen ausgeführt, werden sie nach herrschender Ansicht **jedenfalls mit dem Tag der Beendigung des Mietvertrags** fällig, gleichviel auf welchen Gründen das Mietende beruht, ob also dem Ablauf eines qualifizierten Zeitmietvertrags gem. § 575 BGB, einer Kündigung oder einem Mietaufhebungsvertrag.

265 Durch den Wegfall des nach § 326 Abs. 1 BGB a. F. geforderten Verzugs als Verfahrensvoraussetzung ist der Streit, **ob** der Vermieter den Mieter **schon vor der Beendigung des Mietverhältnisses** zur Erfüllung seiner Dekorationspflicht auffordern kann, gegenstandslos geworden. Nunmehr kommt es allein auf die **Vertragsgestaltung und die damit begründete Fälligkeit** an. Geht die Verpflichtung des Mieters z. B. dahin, dass er, wie bei Gewerberaum häufig, bei Mietende ein bezugsfertiges Objekt zurückgeben muss, steht ihm die gesamte Vertragszeit für die Renovierungsarbeiten zur Verfügung; sie werden vor deren Ende mithin nicht fällig.[762] Anders verhält es sich, wenn der Mieter die laufenden Schönheitsreparaturen auszuführen hat. Diese Verpflichtung wird in einem angemessenen Turnus fällig, der folglich auch schon erhebliche Zeit vor dem Ende des Mietvertrags abgelaufen sein kann.[763] Eine besondere Konstellation liegt vor, wenn der Mieter zwar die laufenden Schönheitsreparaturen auszuführen hat, sie aber erst *„spätestens mit dem Ende des Mietverhältnisses"* erledigt sein müssen. Hierzu wird vertreten, dass die Klausel nur den Verzugsbeginn, nicht aber die ggf. frühere Fälligkeit betrifft.[764] Damit wäre nur der Endpunkt bezeichnet, zu dem zuvor fällig gewordene Schönheitsreparaturen spätestens nachzuholen sind. Der BGH hat der Regelung indes den Charakter einer eigenständigen Fälligkeitsbestimmung zuerkannt.[765] Auf dieser Grundlage steht dem Mieter ebenfalls die gesamte Vertragslaufzeit für die Arbeiten zur Verfügung.[766] Es mag zwar wirtschaftlich im Einzelfall sinnvoll sein, dem Mieter z. B. auf Grund des Ergebnisses einer Vorbesichtigung schon vorher eine Leistungsaufforderung mit einer Frist zukommen zu lassen, die zum Ende des Vertrags ausläuft. Auf diese Weise könnten ggf. sogleich die notwendigen Arbeiten veranlasst werden und es würden zum Vorteil für beide Seiten Mietausfälle vermieden. Zur rechtlichen Seite ist indes festzustellen, dass Fälligkeit und damit eine der Voraussetzungen des § 281 Abs. 1 BGB erst bei Mietende eintritt.

266 **(b) Leistungshindernisse während der vom Vermieter gesetzten Frist.** Fälligkeit muss **bis zum Ablauf der** nach § 281 Abs. 1 BGB zu setzenden **Frist** gegeben sein. Treten während des Fristlaufs **Leistungshindernisse** ein, wird der Mieter frei. Zwar ist nach dem Wortlaut des § 280 Abs. 1 BGB eine Pflichtverletzung erforderlich, an die sich das Verfahren nach § 281 Abs. 1 BGB anschließt, vollendet ist sie jedoch erst mit dem Ablauf der Frist gem. § 281 Abs. 1 BGB; kommt es während der Frist zu einem Leistungshindernis, das der Schuldner nicht zu vertreten hat, wird er nach § 280 Abs. 1 Satz 2 BGB von seiner Ersatzpflicht befreit.[767]

267 Es kann sich zunächst um ein **rechtliches Leistungshindernis** handeln. Hauptfall ist die **Verjährung** des Anspruchs auf die Primärleistung. Tritt sie während des Fristlaufs ein, kann der Schadensersatzanspruch nicht mehr zur Entstehung gebracht werden.[768] Fristsetzung und Leistungsaufforderung gehen daher ins Leere.

268 In der Praxis geht es vorwiegend um **tatsächliche Leistungshindernisse.** Sie können darauf beruhen, dass der Zustand des Mietobjekts eine sinnvolle Renovierung nicht zulässt, der Vermieter eine notwendige Mitwirkungshandlung nicht vornimmt oder es zur Wiederherstellung eines ordnungsgemäßen Zustands vor Fristablauf kommt.

269 Sind **bauseitige Schäden** vorhanden, ohne deren Beseitigung eine ordnungsgemäße Dekoration teilweise oder überhaupt nicht möglich ist, ist die Leistung des Mieters nach herrschender Ansicht solange nicht fällig, wie der Vermieter seine Vorleistung nicht erbringt (s. Rdn. 247). Hat der Vermieter die notwendigen Vorarbeiten vor oder jedenfalls in der Anfangszeit der Frist nach § 281

---

762 BGH (XII ZR 105/90) NJW 1991, 2416 = WuM 1991, 550 zum Verzug.

763 *Kraemer* NZM 2003, 417 (421 f.); vgl. LG Berlin GE 2002, 1198.

764 *Kraemer* NZM 2003, 417 (422).

765 BGH (VIII ZR 52/06) GE 2006, 1542 = NZM 2006, 924 = WuM 2006, 677 = ZMR 2007, 28 unter Bezug auf BGH (VIII ZR 124/05) NZM 2006, 691 = WuM 2006, 513.

766 Ebenso *Blank* in Blank/Börstinghaus § 535 Rdn. 473.

767 Palandt/*Grüneberg* § 281 Rdn. 16.

768 BGH (VIII ZR 184/87) BGHZ 104, 6 = NJW 1988, 1778.

Abs. 1 BGB (die sich ggf. dadurch um eine angemessene Zeit verlängert) nicht veranlasst, hat der Mieter seine Pflichtverletzung nicht zu vertreten.

Das Verschulden des Mieters an der unterbliebenen, sachlich angezeigten Renovierung fehlt ferner, wenn der **Vermieter eine notwendige Mitwirkungshandlung unterlässt.** Dazu gehört z. B., dass ihm der Vermieter, wenn er die Schlüssel zum Mietobjekt im Rahmen des Auszugs zurückgab, diese wieder zur Verfügung stellt (s. ausführlich Rdn. 310). **270**

Schließlich hat es der Mieter nicht zu vertreten, wenn die dekorativen Mängel **während der Frist vom Vermieter oder Nachmieter behoben** werden. Soweit es um Arbeiten des Nachmieters geht, kann es dahinstehen, ob das Mietobjekt dem Nachmieter bereits vorzeitig vom Vermieter zur Renovierung zur Verfügung gestellt wurde oder ob er den Besitz entgegen einer Absprache mit dem Vermieter schon zur Renovierung ausnutzte; für den Mieter ist der Effekt derselbe. Anders verhält es sich, wenn der Nachmieter in Absprache mit dem Vormieter, häufig sogar auf Grund einer Vereinbarung zum Ausgleich überlassener Einrichtungen, die Schönheitsreparaturen ausführt. Hier werden sie für den Mieter erbracht, so dass es nur noch darauf ankommt, ob sie ordnungsgemäß durchgeführt wurden. Allein ein aus der Sphäre des Vermieters stammendes Leistungshindernis lässt den Mieter frei werden. **271**

(c) Teilweise Erledigung der Schönheitsreparaturen. Führte der Mieter die fälligen Schönheitsreparaturen bis zum Fristablauf nur teilweise durch, hat ihm der Vermieter **nicht etwa eine Nachfrist** zur Erledigung der fälligen Restarbeiten zu setzen. Vielmehr handelt es sich um einen einheitlichen Vorgang, der insgesamt mit der anfangs bestimmten Frist nach § 281 Abs. 1 BGB in Gang gesetzt wurde. Unter der Voraussetzung, dass die ausgeführten Arbeiten qualitativ in Ordnung sind, geht es mithin nur um eine **quantitative Minderleistung;** sind nämlich auch die teilweise erledigten Arbeiten nicht ordnungsgemäß, ist ohnehin die gesamte Leistungspflicht nicht erfüllt. **272**

Nach § 281 Abs. 1 Satz 2 BGB kann der Gläubiger Schadensersatz statt der ganzen Leistung nur verlangen, wenn er an der **Teilleistung kein Interesse** hat. Dieser Fall dürfte im Bereich der Schönheitsreparaturen keine praktische Bedeutung haben.[769] **273**

Von praktischer Relevanz ist vielmehr die Frage, wie mit **trotz Fristablaufs verbliebenen Mängeln zu verfahren ist.** Wie bereits eingangs (Rdn. 260) erwähnt, führt der Fristablauf nicht mehr, wie bisher nach § 326 Abs. 1 BGB a. F., dazu, dass der Schadensersatzanspruch an die Stelle des Erfüllungsanspruchs tritt. Beide bestehen nebeneinander, bis der Gläubiger tatsächlich Schadensersatz verlangt (§ 281 Abs. 4 BGB). Vor diesem Zeitpunkt hat der **Vermieter** daher **einen nach wie vor fälligen Erfüllungsanspruch.** An diesem kann er einstweilen festhalten. So kann es für ihn günstiger sein, dass der Mieter die Restmängel noch in Eigenarbeit behebt, als Schadensersatz zu reklamieren, der im Hinblick auf die finanzielle Lage des Mieters nicht durchsetzbar ist. Auch der Mieter ist dem fortbestehenden Erfüllungsanspruch ausgesetzt, so dass er z. B. aus denselben Gründen daran interessiert sein kann, die Schönheitsreparaturen zu Ende zu führen. **274**

Einigen sich beide Parteien, dass der Mieter die Abschlussarbeiten noch ausführt, ergeben sich keine Probleme. Diese stellen sich erst ein, wenn der Mieter noch erfüllen will, der Vermieter jedoch den oder die beim Mieter verbliebenen Schlüssel herausverlangt oder auf andere Weise deutlich macht, dass er die weitere Tätigkeit des Mieters im Objekt ablehnt. Die **Ablehnung der Restarbeiten** wird als Erklärung, nunmehr **Schadensersatz** geltend zu machen, verstanden werden können. Ob der Mieter gleichwohl noch verlangen kann, dass er die abschließenden Arbeiten durchführt, ist eine Frage des Einzelfalls. Stehen auf Seiten des Vermieters keine objektiven Gründe entgegen, wird es als treuwidriges Verhalten zu bewerten sein, wenn er dem Mieter nicht Gelegenheit gibt, die ausstehenden Arbeiten kurzfristig zu erledigen.[770] Anders wird es sich verhalten, wenn er dem Mieter das Mietobjekt nach Fristablauf wegen der Absprachen mit dem Mietnachfolger nicht mehr belassen kann, ohne sich Ansprüchen des Nachmieters auszusetzen. Beginnt das Mietverhältnis mit dem Nachmieter sogleich nach Fristablauf oder hat der Vermieter dem Nachmieter gestattet, es schon vor dem vorgesehenen Mietbeginn durch eigene Handwerker renovieren zu lassen, sind dem Mieter Restarbeiten tatsächlich nicht mehr möglich. Die Folgen und damit die Entstehung eines teilweisen Schadensersatzanspruchs hat sich der Mieter in diesen Fällen auf Grund der Fristüberschreitung selbst zuzurechnen. **275**

---

[769] Ebenso *Gruber* WuM 2002, 252 (253 Fn. 15); *Kraemer* NZM 2003, 417 (422); *Pietz/Oprée* in Lindner-Figura/Oprée/Stellmann Kap. 16 Rdn. 153.

[770] Vgl. Palandt/*Grüneberg* § 281 Rdn. 12.

276 **bb) Fristsetzung.** Für die Fristsetzung ist die Bestimmung eines **konkreten Zeitraums nicht** erforderlich. Es bedarf daher keiner Angabe eines Endtermins oder einer Zeitspanne. Vielmehr wird auch mit einer Aufforderung, die Arbeiten seien *„in angemessener Zeit"*, *„umgehend"* oder *„so schnell wie möglich"* zu erledigen, eine hinreichend bestimmbare Frist gesetzt; die zeitliche Grenze ist sodann aufgrund der jeweiligen Umstände des Einzelfalls zu bestimmen.[771] **Für die Praxis** ist indes die Bezeichnung einer konkreten Frist in Form eines Endtermins oder einer Zeitspanne dringend anzuraten. Die Ermittlung einer angemessenen Frist anhand der Umstände des Einzelfalls birgt ein erhebliches Streitpotential; der Vermieter wird eine sehr zügige Ausführung der Dekorationsarbeiten erwarten, der Mieter sich nicht zu ihm überhastet erscheinenden Arbeiten verpflichtet sehen. Dieser Konflikt wird durch konkrete und dadurch klare Vorgaben vermieden.

Die **Fristsetzung** ist **nur wirksam,** wenn die **Schönheitsreparaturen fällig** sind. Wird sie **zu früh** erklärt, etwa bei einer Pflicht des Mieters, spätestens mit dem Ende des Mietverhältnisses fällige Schönheitsreparaturen zu erledigen, und damit vor dem Ende des Vertrags, entfaltet sie keine Wirkungen.[772] Sie lebt daher auch anschließend nicht etwa wieder auf. Auf Grund der Unwirksamkeit kommt eine Heilung nicht in Betracht, erforderlich ist vielmehr eine erneute Erklärung.

277 Die Nachfristsetzung verschafft dem Mieter zwar nicht die letzte Möglichkeit zur Erfüllung seiner Dekorationsverpflichtung, weil der Erfüllungsanspruch des Vermieters bis zur Erklärung nach § 281 Abs. 4 BGB bestehen bleibt. Ihr Ablauf macht es dem Vermieter jedoch möglich, Schadensersatz zu reklamieren. Wegen dieser gravierenden Folge für den Mieter muss eine **angemessene Frist** gesetzt werden. Die Dauer richtet sich nach dem Umfang der vom Vermieter reklamierten Arbeiten.[773] Ist der Umfang dieser Arbeiten für den Mieter weder aus dem Rücknahmeprotokoll noch der Leistungsaufforderung erkennbar, wird die vom Vermieter gesetzte Nachfrist generell unzureichend sein.[774] Handelt es sich um wenige Ausbesserungsarbeiten, wird eine Frist von einigen Tagen ausreichen, die vollständige Renovierung einer Wohnung wird jedenfalls zwei Wochen[775], bei Großwohnungen auch erheblich länger erfordern. Bei der Fristbemessung ist zu berücksichtigen, dass der Mieter eine **gewisse Vorlaufzeit** benötigt, da er i. d. R. einen Handwerker nicht von heute auf morgen heranziehen kann.[776] Es wird allerdings vertreten, die Frist brauche nur so lange zu sein, dass der Mieter bereits begonnene Schönheitsreparaturen zu Ende führen könne, sie müsse ihn nicht in die Lage versetzen, eine noch nicht aufgenommene Renovierung vollständig durchzuführen.[777] Die zur Begründung herangezogene Rechtsprechung des BGH betraf AGB im Möbelhandel[778] und AGB eines Fensterherstellers.[779] Sie kann auf den vorliegenden Zusammenhang nicht übertragen werden. In jenen Fällen beanstandete der BGH die Länge der formularvertraglich vorgesehenen Nachfrist, weil sie auf eine unangemessene Erweiterung der vereinbarten Lieferfrist, i. E. eine Art Ersatzlieferfrist hinausläuft. Die Mindermeinung übersieht zum einen, dass die betr. Klauseln als AGB vom Lieferanten als Leistungsschuldner stammten, während hier die Nachfrist vom Vermieter als Gläubiger und zudem in aller Regel individuell gesetzt wird. Zum anderen besteht ein wesentlicher Unterschied darin, dass es sich bei den vom Mieter geschuldeten Schönheitsreparaturen im Allgemeinen nicht um eine bei Vertragsschluss genau konkretisierte Leistung wie die Lieferung eines Fensters oder Möbelstücks handelt, sondern um das Ergebnis einer Bewertung des Zustandes der Mietsache bei Mietende.

278 Problematisch ist, wie sich der Vermieter bei **erheblichem Renovierungsaufwand** verhalten soll. Geht es z. B. um die Herrichtung eines größeren Mietobjekts, bei Wohnraum etwa um eine mehrstöckige Stadtvilla, bei Gewerberaum um ein weitläufiges Bürohaus, kann die angemessene Renovierungsfrist ohne weiteres bis zu mehreren Monaten betragen. Ist die finanzielle Lage des Mieters unsicher, steht der Vermieter vor dem Dilemma, einerseits eine lange Frist setzen, andererseits ständig steigende Mietausfälle, die bei derartigen Objekten schnell eine beträchtliche Höhe er-

---

[771] BGH (VIII ZR 254/08) WuM 2009, 580; zustimmend *Ludes/Lube* MDR 2009, 1317; *Lützenkirchen* in Lützenkirchen § 535 Rdn. 656.

[772] Z. B. BGH (148/10) NJW 2012, 3714.

[773] Vgl. OLG München ZMR 1996, 202: Zwei Wochen sind für die Renovierung eines Hotels zu kurz.

[774] KG GE 2003, 952 = ZMR 2003, 676.

[775] KG WuM 2007, 71; *Gather* S. 90; *Scheuer/Kraemer/Paschke* in Bub/Treier V. A Rdn. 207; *Emmerich* in Staudinger § 535 Rdn. 121.

[776] *Sternel* II Rdn. 442.

[777] Palandt/*Grüneberg* § 281 Rdn. 10; dagegen *Kraemer* NZM 2003, 417 (422).

[778] BGH (VIII ZR 226/83) NJW 1985, 320 (323).

[779] BGH (VII ZR 227/83) NJW 1985, 855 (857).

reichen, gewärtigen zu müssen, deren anschließende Realisierung fraglich ist. Ein Ausweg wäre es, schon während der Frist den Mietausfall geltend zu machen und ggf. einzuklagen. Um diese kostenträchtige Lösung für beide Seiten zu vermeiden, erscheint es erwägenswert, dem Vermieter in derartigen Fällen zuzugestehen, dass er dem Mieter eine Frist setzt, bis zu deren Ablauf die Renovierung abgeschlossen sein muss, zugleich aber auch eine Vorfrist, nach der mit den Arbeiten begonnen sein muss.[780] Diese wäre an dem prognostizierten Mindestzeitraum zwischen Aufnahme der Arbeiten und ihrem Abschluss festzumachen. Lässt der Mieter zum Ablauf der Vorfrist keine Anstalten erkennen, die Renovierung in Angriff zu nehmen, könnte sein Verhalten als endgültige Erfüllungsverweigerung (vgl. Rdn. 318) qualifiziert werden, so dass der Vermieter die Erledigung der Arbeiten selbst veranlassen kann.

Eine **zu kurze Frist** verlängert sich auf einen angemessenen Zeitraum, sie ist nicht wirkungslos.[781] Eine Ausnahme gilt dann, wenn der Vermieter erklärt, nach Ablauf der zu kurzen Frist keinesfalls mehr Gelegenheit zu Renovierungsarbeiten zu geben,[782] oder wenn er, um die Dekoration durch den Mieter zu verhindern, arglistig eine zu kurze Frist setzt.[783] In diesen Fällen scheitert die Begründung des Schadensersatzanspruchs. Der Vermieter kann die Frist einseitig verlängern, zumal wenn ihn der Mieter auf Schwierigkeiten bei ihrer Einhaltung hingewiesen hat; ebenso ist es den Parteien unbenommen, die ursprüngliche Frist einverständlich durch eine längere zu ersetzen, die sodann maßgeblich ist. Hat der Vermieter eine **lange Frist** eingeräumt, ist er an sie gebunden. Er kann sie nicht abkürzen, etwa weil ein inzwischen gefundener Nachmieter das Mietobjekt schnellstmöglich übernehmen will. 279

Die grundsätzlich automatische **Ersetzung einer zu kurzen Frist durch eine angemessene** dient beiden Parteien, sie kann sich allerdings im Einzelfall auch sehr nachteilig für den Vermieter auswirken. Dies kommt insbesondere in zwei Varianten in Betracht. Lässt der Vermieter die Schönheitsreparaturen sogleich nach Ablauf der zu knappen Frist in Angriff nehmen, kommt es nicht mehr zur Begründung des Schadensersatzanspruchs, weil dieser den Ablauf der angemessenen Frist voraussetzt. Er macht dem Mieter zudem die Erfüllung seiner Renovierungspflicht unmöglich, so dass dieser frei wird (vgl. Rdn. 271). Der Vermieter kann mithin keine Kostenerstattung verlangen.[784] Die Ersetzung durch eine angemessene Frist verhindert ferner die Begründung des Schadensersatzanspruchs, wenn die zu knappe Frist erst kurz vor Eintritt der Verjährung gesetzt wurde; infolge der Fristverlängerung kommt es nicht mehr zu dessen Entstehung, wenn die angemessene Nachfrist erst nach dem Eintritt der Verjährung endet.[785] 280

Der Vermieter muss **während der gesamten Frist zur Annahme der Renovierungsleistung bereit** bleiben (s. auch ausführlich Rdn. 310). Er hat dem Mieter ggf. den Schlüssel zum Mietobjekt zur Verfügung zu stellen und alles zu unterlassen, was ihm die Erfüllung seiner Pflicht unmöglich macht. Hierzu zählt vor allem, dass er selbst nicht vor Fristablauf mit den Dekorationsarbeiten beginnt oder das Mietobjekt einem Nachmieter zur Aufnahme der Renovierung zur Verfügung stellt. Soweit deshalb Schönheitsreparaturen vor Fristablauf ausgeführt wurden, hat er keinen Anspruch auf Ersatz der Kosten, da sie zu einem Zeitpunkt erfolgten, in dem ihm noch kein Schadensersatzanspruch zustand.[786] 281

Führte der Mieter die **Dekorationsarbeiten bis zum Ablauf der Frist nur teilweise** durch, kommt es auf die Umstände des Einzelfalls an, ob hinsichtlich der verbliebenen Mängel noch ein Schadensersatzanspruch entsteht. Wegen der Einzelheiten ist auf Rdn. 272ff. zu verweisen. 282

cc) Leistungsaufforderung. § 281 Abs. 1 BGB verlangt eine angemessene Frist *„zur Leistung"*. Nach wie vor setzt die Begründung des Schadensersatzanspruchs daher eine ausreichende und vor allem hinreichend konkrete Leistungsaufforderung voraus. In der Praxis scheitert der Ersatzanspruch des Vermieters nicht selten daran, dass er sich auf zu dürre Angaben beschränkte. Da dem Vermieter der Erfüllungsanspruch bis zur Erklärung nach § 281 Abs. 4 BGB erhalten bleibt, kann er ggf. das Verfahren gem. § 281 Abs. 1 BGB mit einer ordnungsgemäßen Leistungsaufforderung noch nachholen. 283

---

780 Zustimmend *Pietz/Oprée* in Lindner-Figura/Oprée/Stellmann Kap. 16 Rdn. 160.
781 St Rspr. z. B. BGH (V ZR 134/84) NJW 1985, 2640; OLG Hamburg WuM 1998, 17.
782 LG Itzehoe WuM 1997, 175.
783 Vgl. Palandt/*Grüneberg* § 281 Rdn. 10 m. w. N.
784 LG Berlin GE 1999, 1497.
785 BGH (VIII ZR 184/87) BGHZ 104, 6 (11) = NJW 1988, 1778; OLG Hamburg WuM 1998, 17.
786 Z. B. LG Berlin GE 1999, 1497; LG Wiesbaden WuM 1987, 214.

284 **(a) Form und Adressat.** Eine bestimmte Form ist für die Leistungsaufforderung nicht vorgeschrieben. Sie kann daher auch mündlich erfolgen, wovon jedoch aus Beweisgründen dringend abzuraten ist. Dies gilt nicht nur für den Vermieter, der bei streitigem Inhalt der Aufforderung in Beweisnot geraten kann, wenn er für einzelne, nicht erledigte Arbeiten einen Schadensersatzanspruch anbringen will, sondern auch für den Mieter, der einen Schadensersatzanspruch mit der Begründung abwehren will, er habe insoweit keine Aufforderung erhalten. Ist für die Leistungsaufforderung im Mietvertrag dagegen **Schriftform vorgesehen,** ist deren Einhaltung für die Wirksamkeit konstitutiv. Die Schriftform hat Warn-, Klarstellungs- und Beweisfunktion.[787] Die Berufung auf die fehlende Schriftform ist nur missbräuchlich, wenn der Mieter den Vermieter von der Formwahrung abgehalten hat oder eine endgültige Erfüllungsverweigerung (dazu Rdn. 313 ff.) gegeben ist.

285 Die Leistungsaufforderung ist an denjenigen zu richten, der sich aus dem Mietvertrag und ggf. aus Nachträgen als Vertragspartner ergibt. Wird das Mietobjekt insgesamt von einem **Untermieter** genutzt, reicht es nicht, die Aufforderung dem Untermieter zu übermitteln. Vertragliche Beziehungen bestehen nur zwischen Vermieter und Hauptmieter; der Untermieter ist durch deren Absprachen nicht gebunden, sondern allenfalls dann, wenn er gegenüber dem Vermieter die Erfüllung der Pflichten aus dem Hauptmietvertrag übernahm.

286 Bei einer **Mietermehrheit** haben alle Mieter die Renovierungspflicht als Gesamtschuldner zu erfüllen. Daraus folgt, dass die Aufforderung an alle Mieter gerichtet sein muss, wenn der Vermieter die Begründung eines Schadensersatzanspruchs gegen alle Mitmieter erreichen will, um sie gemeinsam in Anspruch nehmen zu können. Erfolgt die Leistungsaufforderung nur an einen Mieter, ist sie indes nicht wirkungslos, entfaltet Rechtsfolgen jedoch nur gegenüber diesem.[788] Vollmachtsklauseln sind nur eingeschränkt wirksam (zum zulässigen Umfang s. § 542 BGB Rdn. 58 ff.). Zu beachten ist, dass sich die Leistungsaufforderung auch bei einer wirksamen Vollmachtsklausel immer an alle Mieter wenden muss; sie sind daher sämtlich als Adressaten der Erklärung anzuführen.[789] Eine Empfangsvollmacht befreit nur vom Zugangserfordernis bei jedem einzelnen Mieter.

287 **(b) Zeitpunkt. Ab wann** der Vermieter eine Leistungsaufforderung mit Erfolg anbringen kann, richtet sich nach den **vertraglichen Absprachen der Parteien.** Hier gelten die Gesichtspunkte, die bereits zur Fälligkeit ausgeführt wurden (s. Rdn. 265). Meist stehen Mietende, Räumung und Rückgabe des Mietobjekts durch den Mieter sowie Besichtigung und eingehende Prüfung auf Schäden durch den Vermieter in engem zeitlichem Zusammenhang, so dass sich keine Probleme einstellen.

288 Führt der Vermieter eine sog. **Vorbesichtigung** durch, die Wohnungsunternehmen häufig vornehmen, um sich frühzeitig über den Zustand des Mietobjekts zu informieren, und stellt sich dabei die Renovierungsbedürftigkeit heraus, steht einer Leistungsaufforderung nichts entgegen, wenn die Schönheitsreparaturen fällig sind. Der Vertrag darf also deren Ausführung nicht erst zum Ende des Mietverhältnisses vorsehen, ebenso wenig deren Nachholung, etwa durch die Klausel *„spätestens zum Ende des Mietverhältnisses"*; in beiden Fällen steht dem Mieter die volle Vertragszeit für die Renovierung zur Verfügung, so dass vorher keine Fälligkeit gegeben ist (s. Rdn. 265) und eine Leistungsaufforderung wirkungslos bleibt.

289 Ebenso scheitert eine wirksame Leistungsaufforderung bei **vorzeitigem Auszug** des Mieters nicht daran, dass der Mietvertrag noch nicht beendet ist. Für den Regelfall ist ohnehin zu Grunde zu legen, dass sich der Zustand des Mietobjekts innerhalb der meist wenigen Monate, die zwischen Auszug und Mietvertragsende liegen, nicht wesentlich ändert, insbesondere nicht verbessert. Vorausgesetzt ist aber auch hier, dass der Mieter die notwendigen Arbeiten nicht erst zum Vertragsende vorzunehmen hat. Die vor Fälligkeit abgegebene Aufforderung kann allerdings je nach den Verhältnissen des Einzelfalls und dem anschließenden Verhalten des Mieters wichtig werden. Hat er umfangreiche, unstreitig geschuldete Arbeiten bei Mietende trotz eindringlicher und wiederholter Aufforderung noch nicht einmal begonnen oder den alsbaldigen Beginn in die Wege geleitet hat, kann eine ernsthafte und endgültige Erfüllungsverweigerung vorliegen.[790]

290 Zum Teil wird vertreten, das Verfahren nach § 281 Abs. 1 BGB und damit ein Schadensersatzanspruch komme **vor dem Ende des Mietverhältnisses** generell nicht in Betracht.[791] Zur Begrün-

---

787 Vgl. BGH (XII ZR 234/95) WuM 1997, 667 = ZMR 1998, 12.

788 LG Hamburg Urt. vom 29.10.1991 – 316 S 125/91; vgl. BGH (VIII ZR 263/09) GE 2010, 760 m. Anm. *Schach* GE 2010, 723 = NZM 2010, 577 = WuM 2010, 356 zur Betriebskostenabrechnung.

789 Vgl. LG Berlin GE 2000, 281; *Schach* GE 2000, 1678.

790 BGH (XII ZR 105/90) NJW 1991, 2416 = WuM 1991, 550.

791 LG Berlin NZM 2000, 1178; GE 1999, 1647 = NZM 2000, 235 = WuM 2000, 301.

dung wird auf die Entscheidung des BGH[792] verwiesen, dass § 281 Abs. 1 BGB nicht anwendbar ist, soweit es um den Anspruch des Vermieters auf Durchführung der laufenden Schönheitsreparaturen bei fortbestehendem Mietverhältnis geht. Dieser Hinweis ist jedoch nicht überzeugend, weil sich der Sachverhalt, welcher der Entscheidung des BGH zu Grunde lag, grundlegend von demjenigen beim bevorstehenden Mietende unterscheidet, er ist auch nicht interessengerecht.[793] Darüber hinaus ist nunmehr allein die *Fälligkeit* maßgeblich, die sich nach der Vertragsgestaltung richtet und dem Zustand des Mietobjekts (vgl. Rdn. 265).

(c) Inhalt. Die Leistungsaufforderung hat **zwei Aufgaben** zu erfüllen. Zum einen soll dem Mieter deutlich werden, **welche Mängel** der Vermieter beanstandet, zum anderen soll er erkennen können, **welche Arbeiten** er im Einzelnen zu erledigen hat, damit der Vermieter das Mietobjekt als mangelfrei akzeptiert. **291**

Die Leistungsaufforderung muss auf die Ausführung der verlangten Arbeiten gerichtet sein. Fordert der Vermieter den Mieter nur auf, innerhalb einer Frist seine **Erfüllungsbereitschaft zu erklären,** fehlt es an einem ordnungsgemäßen Leistungsverlangen.[794] **292**

(aa) Zustandsbeschreibung. Die Leistungsaufforderung **muss eine Zustandsbeschreibung enthalten.**[795] Dies erfordert nicht etwa eine separate Aufstellung der festgestellten Mängel. Sie kann auch mit der Auflistung der vorzunehmenden Arbeiten (s. Rdn. 299) verbunden werden, wenn diese so detailliert aufgemacht ist, dass sich aus ihr die Beanstandungen genau ersehen lassen, d. h. warum der Vermieter eine Renovierung verlangt.[796] Hiergegen wird eingewandt, es handele sich um eine sinnlose Anforderung und übertriebenen Formalismus, weil der Mieter den Zustand kenne.[797] Diese Argumentation vernachlässigt die Subjektivität jeglicher Wahrnehmung. Sie trifft zwar zu, wenn die dekorativen Mängel offensichtlich sind, etwa bei ein- oder teilweise abgerissenen Tapeten, großen Farbabplatzungen an Lackteilen u. Ä. m. Diese Fälle machen jedoch nur einen verschwindenden Anteil der Auseinandersetzungen zwischen Vermieter und Mieter aus. In der Regel geht es vielmehr darum, dass die Parteien den Zustand des Mietobjekts sehr unterschiedlich bewerten, zumal bei Beendigung des Mietvertrags. Der Mieter, dem mehr an der Herrichtung seines neuen Mietobjekts gelegen ist, hält die Dekoration noch für akzeptabel, der Vermieter befürchtet erhebliche Schwierigkeiten für die anschließende Neuvermietung. Auf Grund ihrer verschiedenen, interessengesteuerten Wahrnehmung vermag der Mieter oft nicht zu erkennen, wo Mängel zurückblieben, während sie für den Vermieter überdeutlich sind. **293**

Die **Erforderlichkeit der Zustandsbeschreibung** folgt zudem aus der **geänderten Rechtsprechung zu Renovierungsfristen.** Der Vermieter ist nicht mehr berechtigt, allein wegen des Ablaufs von Fristen eine Renovierung zu verlangen; die Renovierungsfristen dürfen, um wirksam zu sein, nur einen **allgemeinen Anhaltspunkt** für die Notwendigkeit einer Dekoration abgeben. Der Vermieter kann mithin keine Schönheitsreparaturen fordern, die bei Fortsetzung des Mietverhältnisses noch nicht notwendig gewesen wären (s. dazu Rdn. 215). Dass die normalen Gebrauchsspuren, die sich bei der Nutzung zwangsläufig einstellen, im *leeren* Mietobjekt deutlicher zu sehen sind als im noch bewohnten, liegt auf der Hand. Gleichwohl haben z. B. helle Stellen hinter den Bildern, leichte Staubfahnen über den Heizkörpern und Verschmutzungen an Lichtschaltern außer Betracht zu bleiben, weil sie bei fortbestehendem Mietvertrag keine Veranlassung zu einer Neudekoration gegeben hätten. So kann der Mieter auch z. B. aufgrund der Qualität der Dekoration oder wegen häufiger Ortsabwesenheit mit einigem Grund davon ausgehen, selbst ein angemessener Renovierungsturnus sei zu überschreiten. Er ist daher auf die Information der Leistungsaufforderung angewiesen. **Erst** die **verständliche Beschreibung der Mängel** gibt ihm die **Möglichkeit,** sich darüber klar zu werden, warum der Vermieter bestimmte **294**

[792] BGH (VIII ZR 207/89) GE 1990, 1139 = NJW 1990, 2376 = WuM 1990, 494 = ZMR 1990, 450; so z. B. KG GE 2002, 1330.

[793] BGH (VIII ZR 186/80) WuM 1982, 296 (297).

[794] Z. B. OLG München ZMR 1997, 178; OLG Düsseldorf DWW 1992, 339.

[795] *Gather* S. 93; *Kossmann/Meyer-Abich* § 97 Rdn. 17; Pietz/*Oprée* in Lindner-Figura/Oprée/Stellmann Kap. 16 Rdn. 165; *Riecke/Mack* Rdn. 326 ff.; *Schach* in Kinne/Schach/Bieber § 535 Rdn. 133; *Sternel* Mietrecht aktuell (2009) Rdn. IX 145; *Wetekamp* Kap. 4 Rdn. 104; *Wolf/Eckert/Ball* Rdn. 663: im Grundsatz; KG GE 2003, 952 = ZMR 2003, 676: jedenfalls wenn der Mieter vor Auszug noch Schönheitsreparaturen vorgenommen hat; **a. A.** *Lützenkirchen* in Lützenkirchen § 535 Rdn. 653.

[796] *Emmerich* in Staudinger § 535 Rdn. 121 m. w. N.

[797] *Emmerich* NZM 2000, 1159; *Schach* S. 53.

Arbeiten verlangt, und **zu prüfen, ob das Begehren tatsächlich oder rechtlich berechtigt ist.**[798]

295 **Allgemein gehaltene Angaben** enthalten nur eine Bewertung, die ohne Bezeichnung der zu Grunde liegenden Tatsachen für den Mieter nicht nachvollziehbar ist.[799] Die bloße Angabe, dass die Tapeten des Mietobjekts stark beschädigt und verschmutzt seien, ebenso der Farbanstrich der Türen und Türrahmen, ist daher unzureichend. Dasselbe gilt für die Angabe *„Decke nicht fachgerecht tapeziert"*. Dies stellt keine Beschreibung eines Mangels dar, sondern das Ergebnis einer Bewertung. Es ist nicht nachvollziehbar, was beanstandet wird.[800] Die Formulierung kann sich sowohl darauf beziehen, dass einige offene Tapetennähte vorhanden sind, die durch Verkleben fachgerecht verschlossen werden können, als auch darauf, dass schwerwiegende Mängel vorliegen, wie Fugen zwischen den Stößen oder faltige bzw. wellige Tapeten, die eine Neutapezierung erforderlich machen. Die Formulierung unterscheidet sich nicht substantiell von der Mitteilung, die Räume befänden sich *„in einem sehr schlechten dekorativen Zustand"*.

296 Bei der Beantwortung der Frage, **wie konkret die Zustandsbeschreibung** zu sein hat, ist zwei Gesichtspunkten Rechnung zu tragen. Einerseits muss es dem Vermieter möglich sein, Mängel mit angemessenem Aufwand abzumahnen, ohne dass andererseits die Rechtsstellung des Mieters verkürzt wird. Würden zur Beschädigung und/oder Verschmutzung ganz genaue Angaben verlangt, müssten die in einem Raum vorhandenen Fehler nach der jeweiligen Raumseite lokalisiert und Art sowie Umfang der Verschmutzung und/oder Beschädigung genau bezeichnet werden, etwa dahin, die Wand neben der Tür des Kinderzimmers weise in der Mitte den schmutzigen Abdruck eines Schuhs auf, die Wand neben dem Fenster Striche von Bunt- und Filzstiften, die Tapete an der Wand zum Wohnzimmer sei an vier Stellen in einer Größe von jeweils mehreren cm^2 abgerissen, ferner seien dort Klebereste verblieben. Zwar kann es für den Vermieter, wie die gerichtliche Praxis zeigt, sinnvoll sein, in dieser Weise zu verfahren, zumal wenn ein Streit mit dem Mieter abzusehen ist. Es würden indes die Anforderungen überspannt, wenn der Vermieter nur auf diese Weise eine wirksame Leistungsaufforderung anbringen könnte. Über zu hohe Formalien darf die rechtliche Position des Vermieters nicht ausgehöhlt werden.

Die **Lösung** des Problems liegt darin, dass Angaben, die für sich genommen eine **hinreichende Konkretisierung** enthalten, ausreichen, nicht jedoch solche, die ausfüllungsbedürftig sind. Die Beschreibung, in einem Raum seien die Tapeten *„verschmutzt"* oder *„beschmiert"*, stellt eine hinreichend klare Angabe dar. Es ist deutlich, dass sie hier Flecken aufweisen, die sich merklich von der übrigen Dekoration abheben. Ob sich die Angabe des Vermieters dabei z. B. auf die üblichen Ränder um Bilder oder Staubfahnen über den Heizkörpern bezieht und damit auf normale Gebrauchsspuren, ist hier irrelevant; vorliegend geht es allein um die Beschreibung eines Zustands, nicht ggf. daran anknüpfende Rechtsfolgen. Dasselbe gilt für die Beschreibung, die Tapeten oder Anstriche seien *„vergilbt"* oder *„vergraut"*. Hierunter ist nach allgemeinem Verständnis ein Zustand der Dekoration zu fassen, wie er nach überlanger Nutzungszeit schon allein infolge der Alterung des Anstrichmaterials und Einflüssen von innen, z. B. durch Feuchte, Kochdünste, ggf. Nikotin, und von außen, wie Staub, Abgase und insbesondere Sonneneinstrahlung, eintritt. Die hierdurch verursachte Verfärbung des Materials ist in aller Regel auch ohne weiteres von einem in beige gehaltenen Farbton der Dekoration zu unterscheiden; dass es in der Praxis auch schon zu Prozessen gekommen ist, weil der Vermieter die Dekoration als vergilbt ansah, während der Mieter nachweisen konnte, dass sie erst vor kurzem von einem Fachbetrieb mit leichter Farbabtönung erneuert wurde, stellt diese grundsätzliche Feststellung nicht in Frage. Die Bezeichnung *„vergilbt"* ist damit bereits für sich genommen eine hinreichende Umschreibung einer alten, erneuerungsbedürftigen Dekoration. Demgegenüber ist die Angabe *„beschädigt"* nicht eindeutig. Sie kann sich gleichermaßen auf ein ordnungsgemäß geschlossenes Dübel- oder Nagelloch beziehen wie auch auf ein- oder abgerissene Stellen der Tapete. Hier ist eine genauere Beschreibung des Mangels erforderlich; anderenfalls wäre im Streitfall bei Gericht einem entsprechenden Beweisantrag nicht nachzugehen, weil er auf Ausforschung hinausliefe.[801]

---

[798] OLG Hamburg WuM 1992, 70; LG Köln NZM 1999, 456; LG Karlsruhe WuM 1991, 88; LG Hamburg WuM 1990, 66.

[799] LG Itzehoe WuM 1997, 175; LG Berlin GE 1994, 1119.

[800] KG ZMR 2007, 450; LG Hamburg Urt. vom 13.4.2000 – 334 S 3/00; LG Hamburg Urt. vom 1.9.2000 – 311 S 93/00.

[801] *Pietz/Oprée* in Lindner-Figura/Oprée/Stellmann Kap. 16 Rdn. 166.

Bei **Mehrfachangaben** ist zu differenzieren. Gelegentlich findet sich die Angabe, die Tapeten seien in einem Raum oder mehreren Räumlichkeiten *„verschmutzt/vergilbt/beschädigt/nicht fachgerecht tapeziert"*. Die Abtrennung der einzelnen Bezeichnungen durch einen Querstrich wird üblicherweise als alternative Beschreibung verstanden, d. h. i. S. v. „oder". Es ist offensichtlich, dass der Mieter hier im Unklaren gelassen wird, welche Beanstandung der Vermieter konkret anbringen will. Anders verhält es sich, wenn die Beschreibungen mit einem Komma abgetrennt sind. In diesem Fall handelt es um eine Aufzählung der Mängel, die mithin kumulativ gemeint sind. Auch wenn der Mangel nicht fachgerechter Tapezierung für sich genommen nicht aussagekräftig ist, verbleibt damit immer noch die Beanstandung, die Tapeten seien verschmutzt, vergilbt und beschädigt. **297**

Eine **gründliche Bestandsaufnahme** ist im Übrigen **noch in anderer Hinsicht von Bedeutung.** Bei bislang gutem Einvernehmen zwischen Vermieter und Mieter ermöglicht sie oft eine Einigung der Parteien über die noch anstehenden Schönheitsreparaturen, so dass spätere, zumal gerichtlich ausgetragene Streitigkeiten vermieden werden. Ist eine streitige Auseinandersetzung mit dem Mieter, z. B. auf Grund des bisherigen Verlaufs des Mietverhältnisses, abzusehen, erleichtert eine sorgfältig angefertigte Zustandsbeschreibung die spätere Prozessführung. Kommt es nämlich zu einem Rechtsstreit, weil der Mieter die Beanstandungen des Vermieters nicht akzeptiert, ist es nunmehr Sache des Vermieters, z. B. zu behaupteten Verschmutzungen und/oder Beschädigungen genauer vorzutragen. Ob einzelne Teile des Mietobjekts so verschmutzt oder beschädigt waren, dass die vom Vermieter reklamierten Kosten der Herrichtung eines ordnungsgemäßen Zustands notwendig sind/waren, lässt sich erst auf Grund einer eingehenden Beschreibung ermitteln. Im Prozess ist die Behauptung *„beschädigt"* und/oder *„verschmutzt"* einer Beweiserhebung nicht zugänglich, vielmehr liefe sie auf Ausforschung hinaus.[802] **298**

(bb) Auszuführende Arbeiten. Es muss für den Mieter **deutlich** werden, was er **im Einzelnen** zu erledigen hat. Der Mieter kann von sich aus nicht ohne weiteres wissen, welchen Zustand der Vermieter noch für hinnehmbar hält oder in welchen Räumen oder Raumteilen keine Arbeiten angezeigt sind, weil der Vermieter dort z. B. ohnehin Reparatur- oder Sanierungsarbeiten durchführen will. Es entspricht zudem einer nebenvertraglichen Pflicht, den Vertragspartner nicht durch unklare Angaben zu Mehrarbeit und damit höheren Kosten zu veranlassen. **299**

Die Leistungsaufforderung muss daher **spezifiziert** abgefasst sein.[803] Es genügt nicht, die Erledigung der *„notwendigen"* Arbeiten zu verlangen,[804] auch wenn eine ausführliche Zustandsbeschreibung beigefügt war.[805] Ebenso wenig reicht es, eine *„vertragsgemäße"* Renovierung zu fordern,[806] zumal der Ablauf des bislang üblichen Dekorationsturnus ohnehin nicht ohne weiteres die Renovierungsbedürftigkeit zur Folge hat. Ferner soll die Aufforderung, die Wohnung bei Auszug *„vollständig und fachgerecht renovieren zu lassen"*, nicht ausreichend sein,[807] es sei denn, dass die Dekoration auf Grund übermäßig lange unterlassener Schönheitsreparaturen oder übermäßigen Verschleißes in desolatem Zustand ist. Diese Ansicht erscheint fraglich, weil die Frage, ob der Mieter zu den verlangten Arbeiten verpflichtet ist, nicht diejenige berührt, ob spezifiziert abgemahnt wurde; die Aufforderung zu einer kompletten Renovierung ist für sich genommen nicht missverständlich. **300**

Sind **nur einzelne Räume** des Mietobjekts **renovierungsbedürftig,** muss deutlich werden, dass sich die Leistungsaufforderung auch allein auf diese bezieht. Es genügt daher z. B. nicht, dass der Vermieter dem Mieter ein Sachverständigengutachten zukommen lässt, das keine Zuordnung zu den betroffenen Räumen, sondern nur pauschale Angaben enthält.[808]

Bei Mietverträgen über **Gewerberaum** kann eine Aufforderung zur vertragsgemäßen Renovierung genügen, wenn der Mieter für das Mietende die Ausführung genau im Vertrag beschriebener Arbeiten übernahm.[809] **301**

---

[802] LG Berlin GE 1994, 1119.

[803] KG GE 2003, 952 = ZMR 2003, 676: welche Arbeiten in welchen Räumen an welchen Stellen ausgeführt werden sollen; LG Itzehoe WuM 1997, 175; *Emmerich* NZM 2000, 1159; *Gather* S. 92; *Häublein* in MünchKomm § 535 Rdn. 128; *Riecke/Mack* Rdn. 326ff.; *Schach* S. 53; *Scheuer/Kraemer/Paschke* in Bub/Treier V. A Rdn. 205; *Sternel* II Rdn. 442.

[804] LG Berlin ZMR 1988, 177.

[805] LG Frankfurt/M. WuM 2012, 197; *Blank* in Blank/Börstinghaus § 535 Rdn. 475.

[806] Vgl. LG Karlsruhe WuM 1991, 88; *Gather* S. 92.

[807] AG Köln ZMR 1996, I.

[808] Vgl. OLG Düsseldorf ZMR 2005, 705: *„545 m² Wandflächen streichen"*.

[809] Vgl. *Scheuer/Kraemer/Paschke* in Bub/Treier V. A Rdn. 205.

302 Die Leistungsaufforderung braucht **keine Angaben** darüber zu enthalten, **auf welche genaue Weise und mit welchen Materialien** der Mieter die Dekoration herrichten soll. Der Mieter ist vielmehr an Vorgaben des Vermieters grundsätzlich nicht gebunden. Eine Ausnahme gilt, wenn die Räume in besonderer Weise ausgestattet sind und z. B. die Verwendung ungeeigneter Materialien Schäden verursacht. Befindet sich dort etwa eine Glasfasertapete, die nicht ohne weiteres von Raufasertapete zu unterscheiden ist, ist der Vermieter nicht nur berechtigt, sondern verpflichtet darauf hinzuweisen, dass sie nicht mit Dispersionsfarbe zu streichen ist; unterlässt er diesen Hinweis, kann er keinen Schadensersatzanspruch geltend machen, wenn der Mieter die Malerarbeiten mit Dispersionsfarbe ausführte.[810]

Im Übrigen hat der Vermieter **nur einen Anspruch auf ordnungsgemäße Erfüllung** seines Anspruchs. Wie sie der Mieter erreicht, liegt in seiner Entscheidungskompetenz, d. h. ob er z. B. schadhafte Stellen an den Tapeten nur ausbessert oder neu tapeziert.[811] Die Sachlage entspricht derjenigen, wenn der Mieter den Vermieter während des Mietverhältnisses auf Beseitigung von Schäden in Anspruch nimmt; das Verlangen nach bestimmten Abhilfemaßnahmen stellt einen unzulässigen Eingriff in das Wahlrecht des Vermieters dar.[812]

303 **(cc) Leistungsaufforderung mit Rückgabeprotokoll.** Als Aufstellung der gerügten Mängel kann der Vermieter dem Mieter nicht nur ein entsprechendes ausführliches Schreiben übermitteln, sondern auch auf ein Rückgabeprotokoll zurückgreifen, das er einem Anschreiben mit der Aufforderung zur Mängelbeseitigung nebst Fristsetzung beigefügt.[813] Dieses einfachere Verfahren führt jedoch nur dann zur Begründung des Schadensersatzanspruchs, wenn das Rückgabeprotokoll **so spezifiziert** ist, dass sich aus ihm die Notwendigkeit der einzelnen Arbeiten, ggf. der gesamten Neudekoration, ergibt.[814]

304 In der Praxis begegnen recht häufig Rückgabeprotokolle, welche die erforderliche **Spezifikation** nicht aufweisen, sondern es insbesondere an der Zustandsbeschreibung **fehlen lassen.** Fehler treten sowohl bei handschriftlichen Notizen auf, die der Eigentümer, der Hausverwalter oder der Hauswart anfertigen, wie auch bei der Benutzung von Checklisten. Um nichts zu vergessen und auch im Interesse beider Seiten späteren Streit zu vermeiden, hat es sich als besonders praktisch erwiesen, die abschließende Begehung des Mietobjekts mit einer **vorbereiteten Liste** durchzuführen, in der zu jedem Raum Angaben zum Zustand der Wände, Decken, Fußboden, Fenster, Heizkörper und sonstigen Einrichtungen sowie zu den ggf. erforderlichen Arbeiten eingetragen werden können. Dieser Vorgabe versuchen Hausverwaltungen und zumal Wohnungsunternehmen oft dadurch zu genügen, dass sie ein Blatt verwenden, das mit einem Rasterfeld versehen ist, bei dem z. B. an der linken Seite die Räume, z. T. aufgeteilt nach ihren Bestandteilen, aufgeführt sind, in einer oberen Leiste Angaben zum Zustand, etwa *„i. O.", „muss erledigt werden"* oder *„Erledigung Mietersache bzw. Erledigung Vermietersache"*. In die jeweiligen Rubriken ist dann mit einem x oder einem Haken die konkrete Feststellung einzutragen. Es ist offensichtlich, dass auf diese Weise keine Grundlage für eine ordnungsgemäße Leistungsaufforderung geschaffen wird.[815] Ein derartiges Protokoll lässt weder erkennen, warum der Zustand beanstandet wurde, noch welche Abhilfe erwartet wird.

305 Viele Rückgabeprotokolle enthalten eine abschließende Rubrik, in welcher der Mieter seine **Unterschrift** eintragen soll. Zu dem Fall, dass sie einen weiteren Text vorsehen, dass der Mieter die Beanstandungen akzeptiert/nicht akzeptiert, dass er sie bis zu einem bestimmten Termin beheben wird oder den Vermieter beauftragt, sie für ihn zu erledigen und die Auswirkungen einer Unterschrift auf die Beweislage s. Rdn. 395f. Die Frage, ob die Verweigerung der Unterschrift als Erfüllungsverweigerung zu qualifizieren ist, wird später behandelt (s. Rdn. 315).

306 Im vorliegenden Zusammenhang ist zu klären, **ob** je nach dem Text der Abschlusserklärung eine **zusätzliche Leistungsaufforderung entbehrlich** ist. Unterschreibt der Mieter das Protokoll, stellt dies grundsätzlich ein Anerkenntnis dar, dass die Feststellungen der Parteien übereinstimmen, die festgehaltenen Mängel also zutreffen. Hier bedarf es keiner Zustandsbeschreibung mehr und einer weiteren Leistungsaufforderung zu den vom Mieter erwarteten Abhilfemaßnahmen nur, wenn sich diese noch nicht aus dem Protokoll erschließen. Vorausgesetzt ist allerdings, dass der

810 AG Freiburg ZMR 2001, 897.
811 LG Berlin GE 1991, 403.
812 BGH (V ZR 95/75) NJW 1978, 1584.
813 KG GE 1995, 1011; LG Berlin NZM 2000, 862; ZMR 1998, 703.
814 Z. B. KG GE 1995, 1011.
815 AG Solingen WuM 1986, 311; *Sternel* PiG 103 (2016), 61 (74).

Mieter Gelegenheit hatte, den Inhalt des Protokolls zuvor zur Kenntnis zu nehmen, sei es, dass er sogleich die Eintragung der jeweiligen Feststellungen kontrollieren oder sich das fertige noch einmal durchsehen konnte. Einigen sich die Parteien bei der gemeinsamen Begehung jeweils mündlich über die einzelnen Beanstandungen und wird im Protokoll Abweichendes vermerkt, bindet die Unterschrift den Mieter nicht, der sie im Vertrauen auf das gemeinsame Besprechungsergebnis leistet; dasselbe gilt in den Fällen, die in der Praxis immer wieder vorkommen, in denen der Mieter ein Protokoll mit ihm unbekannten Inhalt unterzeichnet, weil z. B. die Rückzahlung der Kaution davon abhängig gemacht wird. Ein Anerkenntnis, dass die Schäden auch zu seinen Lasten gehen, ist mit der Unterschrift noch nicht verbunden. Hiervon ist nur auszugehen, wenn sich aus dem zusätzlichen Text eindeutig ergibt, dass der Mieter für sie einstehen will. Hat er eine derartige Erklärung abgegeben, ist er mit späteren Einwendungen gegen den Grund seiner Inanspruchnahme ausgeschlossen,[816] nicht jedoch mit Einwänden zur Höhe der Renovierungskosten (s. Rdn. 395 ff.).

(dd) Übermäßige Leistungsaufforderung. Geht die Leistungsaufforderung **deutlich über das hinaus, was der Mieter schuldet,** hängt ihre Wirksamkeit davon ab, ob der Mieter noch erkennen kann, dass er jedenfalls die nach seiner Meinung anliegenden Arbeiten ausführen soll und dass der Vermieter bereit ist, sie anzunehmen.[817] Für den Regelfall sind diese Voraussetzungen erfüllt; verlangt der Vermieter indes kategorisch z. B. eine vollständige Dekoration, obwohl sie nur bei einzelnen Teilen angezeigt ist, und kündigt er die Ablehnung von Teilleistungen an, bleibt die Leistungsaufforderung wirkungslos. Dasselbe gilt zumindest bei Wohnraummietverhältnissen, wenn der Vermieter die Durchführung ausschließlich durch einen Fachhandwerker fordert und Eigenarbeit des Mieters ablehnt. 307

(ee) Mehrfache Leistungsaufforderung. Ließ der Vermieter dem Mieter **nach einer Vorbesichtigung** eine Aufforderung zukommen, welche Arbeiten noch bis zum Vertragsende zu erledigen sind, und führte der Mieter daraufhin Dekorationsmaßnahmen durch, die indes unvollständig oder nicht zur Zufriedenheit des Vermieters ausfielen, ist auf Grund der Feststellungen bei der Endabnahme eine neue spezifizierte Leistungsaufforderung notwendig. Es genügt nicht, den Mieter pauschal aufzufordern, die noch aus der ursprünglichen Aufforderung restierenden Arbeiten durchzuführen. 308

Führte der Mieter **auf die Leistungsaufforderung** des Vermieters die **Schönheitsreparaturen schlecht** durch, so dass sie nicht mittlerer Art und Güte entsprechen (z. B. nicht deckende oder wolkige Anstriche auf Wänden und Decken, zahlreiche Farbläufer auf Lackteilen), ist der Vermieter nicht zu einer neuen Leistungsaufforderung verpflichtet. Ihm steht unmittelbar ein Schadensersatzanspruch zu. Sind die Arbeiten nur **unvollständig,** folgt der Schadensersatzanspruch insoweit weiterhin aus § 281 Abs. 1 BGB, sofern die Voraussetzungen der Vorschrift beachtet wurden (zu Teilleistungen s. im Einzelnen Rdn. 272 ff.) 309

(ff) Zutritt zum Mietobjekt. Ist das Mietobjekt herausgegeben, hat der Mieter insbesondere die Schlüssel ausgehändigt, ist die Leistungsaufforderung nur wirksam, wenn deutlich wird, dass der Vermieter bereit ist, dem Mieter den **Zutritt zum Mietobjekt** zur Erledigung der Arbeiten zu ermöglichen, z. B. wieder einen Schlüssel zur Verfügung zu stellen.[818] Hierbei handelt es sich um eine **notwendige Mitwirkungshandlung des Vermieters.**[819] Unzutreffend ist daher die Ansicht, der Mieter sei nach Mietende nicht mehr zum Betreten der Mieträume berechtigt, es sei allein Sache des Vermieters zu entscheiden, wer welche Arbeiten dort noch ausführt.[820] Eine entsprechende Äußerung des BGH[821] bezog sich zunächst auf den Sonderfall, dass der Vermieter nach Mietende einen Umbau des Mietobjekts beabsichtigte. Nach einem Umbau sei es Sache des Vermieters zu bestimmen, welche Schönheitsreparaturen infolge des Umbaus angezeigt sind und wer sie durchführen soll; dieser Fall ist mit dem hier behandelten Regelfall nicht zu vergleichen. In einer späteren Entscheidung zu einer Quotenklausel hat der BGH ausgeführt, nach der Klausel seien dem Mieter Eigenleistungen nur bis zum Mietende möglich;[822] es entspreche auch der Gesetzeslage, dass der 310

---

[816] LG Berlin ZMR GE 1998, 618; 1992, 25.
[817] BGH (X ZR 276/02) MDR 2006, 435; (V ZR 190/98) NJW 1999, 3115; KG GE 2003, 952 = ZMR 2003, 676; *Emmerich* NZM 2000, 159.
[818] LG Berlin GE 1998, 245; *Emmerich* NZM 2000, 1155 (1159); *Riecke/Mack* Rdn. 330; *Sternel* II Rdn. 441.
[819] BGH (VIII ZR 228/69) DB 1971, 2155.
[820] So aber OLG München DWW 1986, 16; *Scheuer/Kraemer/Paschke* in Bub/Treier V. A Rdn. 210.
[821] BGH (VIII ARZ 1/84) RE 30.10.1984 NJW 1985, 480 = WuM 1985, 46.
[822] BGH (VIII ARZ 1/88) RE 6.7.1988 NJW 1988, 2790 = WuM 1988, 294.

Mieter nach seinem Auszug nicht mehr berechtigt sei, die Mieträume zu betreten. Diese Bemerkung darf zunächst nicht losgelöst vom Gegenstand der Entscheidung gesehen werden.

Bei den früher zulässigen sog. Abgeltungs- oder Quotenklauseln konnte der Mieter seine Inanspruchnahme nur durch vorzeitige Eigenleistung vermeiden. Machte er von dieser Möglichkeit bis zum Mietende keinen Gebrauch, entstand der Anspruch des Vermieters, den der Mieter nun nicht mehr durch Eigenleistung und damit nachträglich wieder beseitigen konnte. Der Mieter hatte daher hier unter keinem Gesichtspunkt ein Recht, das Mietobjekt zu betreten. Darüber hinaus besagt die Entscheidung nur, dass der Mieter aus eigenem Recht nicht mehr befugt ist, das Mietobjekt zu betreten, nachdem das Besitzrecht an den Vermieter zurückgefallen ist. Aus der Entscheidung zugleich abzuleiten, der Mieter habe generell auch keinen Anspruch mehr, dass ihm der Vermieter den Zutritt ermöglicht, ist nicht nachzuvollziehen, zumal er **ohne Zutritt der Leistungsaufforderung nicht entsprechen** kann. Ohne die Verpflichtung des Vermieters zur Mitwirkung wäre die Leistungsaufforderung an den Mieter sinnlos. Aus allem folgt, dass der Vermieter dem Mieter den Zutritt zum Mietobjekt zur Ausführung der verlangten Arbeiten nicht verweigern darf.

311 **dd) Entbehrlichkeit von Fristsetzung und Leistungsaufforderung. (a) Formularklauseln.** Klauseln, wie

„Bei **Gefahr im Verzug** kann der Vermieter die Schönheitsreparaturen auf Kosten des Mieters ohne vorherige Ankündigung, Benachrichtigung oder Mahnung durchführen; das Gleiche gilt, wenn der **Aufenthalt des Mieters unbekannt** ist"

sind **unwirksam.** Sie sollen den Vermieter von der Einhaltung des Verfahrens nach § 281 Abs. 1 BGB befreien und verstoßen damit gegen § 309 Nr. 4 BGB. Zudem belasten sie den Mieter unangemessen i. S. d. § 307 BGB. Die Voraussetzung *„Gefahr im Verzug"* ist nur scheinbar plausibel, weil eine Gefahr aus der Unterlassung von Schönheitsreparaturen kaum bestehen kann.[823] Dies gilt ohnehin für den Anstrich oder die Tapezierung von Decken und Wänden, Fußleisten und Heizkörpern; aber auch die fehlende Lackierung der Holzteile von Fenstern vermag keine Gefahr für deren Erhalt zu begründen, weil es insoweit vorrangig auf den Außenanstrich ankommt, der in die Zuständigkeit des Vermieters fällt. Die Alternative, dass der Aufenthalt des Mieters unbekannt ist, ist zwar für sich genommen nachvollziehbar, kann sich indes in dieser generellen Form zum Nachteil des Mieters auswirken. Sie begünstigt nämlich den Vermieter einseitig auch in den Fällen, in denen der Aufenthalt des Mieters unschwer festzustellen ist (s. auch Rdn. 319).

312 **(b) Besondere Vereinbarungen.** Die Einhaltung des Verfahrens nach **§ 281 Abs. 1 BGB ist entbehrlich,** wenn die Parteien z. B. im Rahmen der Rücknahme des Mietobjekts eine **Einigung** über die Durchführung der Schönheitsreparaturen erzielen. Besteht Einverständnis zwischen ihnen, welche Arbeiten der Mieter innerhalb einer bestimmten Frist ausführen soll und kommt er den übernommenen Pflichten nicht nach, entsteht der Schadensersatzanspruch mit Fristablauf ohne weitere Voraussetzungen. Das förmliche Verfahren nach § 281 Abs. 1 BGB ist ferner dann nicht notwendig, wenn der Mieter damit einverstanden ist, dass der Vermieter die Renovierung erledigt und ihm anschließend die Kosten belastet,[824] etwa durch Abzug von der Kaution. In diesen Fällen liegt eine Abbedingung der Voraussetzungen des § 281 Abs. 1 BGB vor, die individualvertraglich ohne weiteres zulässig ist.[825] Sie ist auch konkludent möglich, die Parteien sollten die Abrede aus Beweisgründen jedoch immer ausführlich schriftlich niederlegen. Zur Bedeutung des Rückgabeprotokolls s. im Einzelnen Rdn. 388 ff.

– Hat der Mieter in einem zusätzlichen **individualvertraglichen** Text erklärt, für die dekorativen oder sonstigen Schäden einzustehen **(deklaratorisches Schuldanerkenntnis),** ist er mit späteren Einwendungen gegen den Grund seiner Inanspruchnahme ausgeschlossen,[826] nicht jedoch mit Einwänden zur Höhe der Renovierungskosten. Ein derartiges **Anerkenntnis** bleibt allerdings **ohne Wirkung,** wenn schon die Abwälzung der Schönheitsreparaturen unwirksam war, es sei denn, dass dem Mieter die Unwirksamkeit bekannt war.[827] Ein deklaratorischer Anerkenntnisvertrag setzt einen Streit oder die Ungewissheit der Parteien über das Bestehen einer Schuld voraus, den/die sie durch das Anerkenntnis beilegen wollen. Üblicherweise gibt der Mieter das Anerkennt-

---

823 *Schopp* ZMR 1981, 264.

824 OLG Düsseldorf ZMR 1990, 340; *Kossmann/Meyer-Abich* § 97 Rdn. 18: nur die tatsächlichen Kosten, keine abstrakte Schadensberechnung.

825 Vgl. BGH (V ZR 241/80) NJW 1982, 1036.

826 LG Berlin GE 1998, 618; ZMR 1992, 25.

827 *Hinz* NZM 2016, 622 (626); *Kappus* NZM 2016, 609 (618).

nis jedoch in der Vorstellung ab, zu den Renovierungsarbeiten aus dem Mietvertrag ohnehin verpflichtet zu sein; er will daher nicht etwa mit ihm als Individualvereinbarung ein selbstständiges, also konstitutives Schuldanerkenntnis abgeben, das über die im Mietvertrag geregelten Pflichten hinausgeht.[828] Aus demselben Grund scheidet ebenso eine Bestätigung nach § 141 BGB aus.[829] Auch eine ggf. wiederholte Bitte um eine längere Renovierungsfrist ändert hieran nichts.[830]

– **Formularvertragliche** Regelungen, z. B. in einem Wohnungsrückgabeprotokoll, mit denen der Mieter den Vermieter ermächtigt, die Renovierung auf seine Kosten vorzunehmen, bedürfen der **genauen Inhaltskontrolle** nach § 307 BGB;[831] zu beachten ist, dass die Ausfüllung von Leerfeldern in einem vom Vermieter vorbereiteten Protokoll dieses nicht zu einer Individualvereinbarung macht.[832] Sieht der Mietvertrag z. B. Schönheitsreparaturen nach einem weichen Fristenplan vor und zieht der Mieter vor dem Ablauf der Fristen aus, so kann die Übernahme der gesamten Aufwendungen durch Formularklausel eine unangemessene Benachteiligung des Mieters darstellen.

So ist z. B. die Klausel

„Ich erkenne die in meiner Gegenwart getroffenen Feststellungen an und beauftrage die Genossenschaft, die Schönheitsreparaturen, Instandsetzungsarbeiten und Ersatzleistungen in meinem Auftrag und für meine Rechnung auszuführen. Die Kosten laut Angebot werde ich der Genossenschaft erstatten."

unwirksam.[833] Sie berücksichtigt zum einen nicht, dass Schönheitsreparaturen nur in Anlehnung an einen gewissen Turnus geschuldet werden, soll den Mieter also auch in jedem Fall verpflichten. Zum anderen schneidet sie dem Mieter den Nachweis geringerer Kosten ab und stellt dem Vermieter eine Art Blankoermächtigung aus.[834] Es kommt hinzu, dass die Klausel insoweit widersprüchlich ist, weil sie sowohl Ersatzvornahme vorsieht, bei welcher der Vermieter Rechnung zu legen hat, als auch vollen Schadensersatz nach einem Kostenvoranschlag.

Wird das Rückgabeprotokoll **an Ort und Stelle auf Papier** angefertigt, ist zu beachten, dass die Übernahme von Renovierungspflichten anlässlich der Rückgabe des Mietobjekts für den Mieter ein ***„außerhalb von Geschäftsräumen geschlossener Vertrag"*** (AGV) nach § 312b BGB sein kann.[835] Vorausgesetzt ist zunächst ein Verbrauchervertrag i. S. von § 310 Abs. 3 BGB, also ein Vertrag zwischen einem Unternehmer und einem Verbraucher. Der Mieter, der als natürliche Person, mithin nicht als juristische Person wie eine GmbH, eine Wohnung für private Zwecke gemietet hat, ist Verbraucher i. S. d. § 13 BGB. Unternehmer ist nach § 14 Abs. 1 BGB, wer in Ausübung seiner gewerblichen oder selbständigen beruflichen Tätigkeit handelt. Wann diese Voraussetzung erfüllt ist, ist im Einzelnen streitig (dazu vor § 535 Rdn. 68). Nach § 312 Abs. 4 Satz 1 BGB in Verbindung mit § 312 Abs. 3 Nr. 7 BGB gilt § 312g BGB, der dem Verbraucher bei AGV ein **Widerrufsrecht** zuerkennt, das dieser nach Maßgabe des § 355 Abs. 1 BGB ausüben kann. Die Widerrufsfrist beträgt 14 Tage und beginnt mit dem Abschluss des Vertrags (§ 355 Abs. 2 BGB), sofern der Unternehmer den Verbraucher ordnungsgemäß auf sein Widerrufsrecht hingewiesen hat (§ 356 Abs. 3 Satz 1 BGB); sie endet, anders als nach § 355 Abs. 4 Satz 3 BGB a. F., in jedem Fall 12 Monate und 14 Tage nach Vertragsschluss (§ 356 Abs. 3 Satz 2 BGB), außer bei Finanzdienstleistungen. Hat der Verbraucher seine Willenserklärung fristgerecht widerrufen, sind beide Seiten *„an ihre auf den Abschluss des Vertrags gerichteten Willenserklärungen nicht mehr gebunden"* (§ 355 Abs. 1 Satz 1 BGB). Die lange Widerrufsfrist bei unterbliebener Belehrung kann daher zur Folge haben, dass Ansprüche des Vermieters wegen nicht durchgeführter Schönheitsreparaturen schließlich verjährt sind (§ 548 Abs. 1 BGB: sechs Monate ab Rückgabe).[836]

(c) Erfüllungsverweigerung des Mieters. Nach § 281 Abs. 2 Alt. 1 BGB ist die Fristsetzung und damit auch die Leistungsaufforderung entbehrlich, wenn der Schuldner die Leistung **ernsthaft und endgültig** verweigerte. Das Gesetz hat damit die schon zuvor bestehende allgemeine Auffas- **313**

[828] Z. B. LG Frankenthal ZMR 2015, 553; LG Berlin GE 2013, 1004, GE 2010, 847; LG Lüneburg NZM 2007, 771.
[829] BGH (VIII ZR 163/05) GE 2006, 706 = NZM 2006, 623 = WuM 2006, 306.
[830] **A. A.** KG WuM 2006, 436 für einen Sonderfall.
[831] Vgl. AG Hildesheim NZM 2009, 738; AG Hannover WuM 2008, 721.
[832] Vgl. BGH (VIII ZR 27/04) NZM 2005, 419.
[833] LG Köln ZMR 2002, 275.
[834] LG Köln ZMR 2002, 275.
[835] Z. B. *Hinz* WuM 2016, 76 (84).
[836] Dazu *Hinz* NZM 2016, 622 (630).

sung[837] übernommen, dass die entsprechenden Erklärungen des Vermieters auf eine bloße Förmelei hinauslaufen würden, die ihm nach § 242 BGB nicht zuzumuten ist, und dass die endgültige Weigerung, die vertraglichen Verpflichtungen zu erfüllen, eine Vertragsverletzung darstellt, die den Mieter sogleich schadenersatzpflichtig macht.[838]

314 An die **tatsächlichen Voraussetzungen** für das Vorliegen einer ernsthaften und endgültigen Erfüllungsverweigerung sind nach einhelliger Ansicht **strenge Anforderungen** zu stellen; sie ist nur gegeben, wenn der Mieter eindeutig zum Ausdruck brachte, er werde seinen Vertragspflichten nicht nachkommen, und es damit ausgeschlossen erscheint, dass er sich von einer Nachfristsetzung umstimmen ließe.[839] Die Erfüllung muss deutlich in so bestimmter Weise verweigert worden sein, dass die Erklärung als das letzte Wort des Mieters aufzufassen, ein Sinneswandel also nicht zu erwarten ist.[840] Ob das Verhalten und/oder die Erklärungen des Mieters als Erfüllungsverweigerung zu verstehen sind, ergibt sich erst aus einer Würdigung aller Umstände des Einzelfalls.[841]

315 Eine **endgültige** Erfüllungsverweigerung ist grundsätzlich **noch nicht** gegeben, wenn der Mieter den Vermieter nur im Unklaren darüber lässt, ob er die Renovierung noch vornehmen wird oder nicht, sich also hinhaltend äußert[842] oder den Standpunkt einnimmt, dass es sich bei sämtlichen im Protokoll aufgelisteten Mängeln um Schäden an der Mietsache, nicht aber um durch Schönheitsreparaturen zu beseitigende Erscheinungen aus normaler Abnutzung durch den Wohngebrauch handele,[843] ferner wenn der Mieter, der bereits Malerarbeiten vorgenommen hat, sich bei der Wohnungsrückgabe zu weiteren Arbeiten nicht verpflichtet sieht und den Vermieter darauf hinweist, er habe nach seiner Ansicht schon ordnungsgemäß erfüllt,[844] oder wenn er rechtliche Zweifel an den weiter gehenden Forderungen des Vermieters äußert.[845] Dasselbe gilt, wenn der Mieter bei der Wohnungsrückgabe die Unterschrift unter das Rückgabeprotokoll verweigert und erklärt, welche Arbeiten er noch für notwendig hält und welche nicht.[846] In derartigen Fällen kann nicht ausgeschlossen werden, dass der Mieter auf eine letzte spezifizierte Abmahnung gem. § 281 Abs. 1 BGB seinen Standpunkt ändert. Korrespondieren die Parteien nach dem Auszug ausführlich, wenn auch streitig, über die Notwendigkeit von Schönheitsreparaturen, liegt eine Erfüllungsverweigerung erst vor, wenn der Vermieter dem Mieter die Folgen unterlassener Arbeiten deutlich gemacht hat, der Mieter aber auf seiner Ablehnung beharrt.[847] Rügt der Mieter die zu kurze Fristsetzung und beanstandet er, dass aus dem Rückgabeprotokoll nicht ersichtlich sei, welche Arbeiten von ihm gefordert werden, stellt er aber die Klärung durch einen Sachverständigen anheim, inwieweit Abnutzungen über den normalen Verschleiß hinaus vorliegen, fehlt es ebenfalls an einer endgültigen Verweigerung,[848] ebenso, wenn er sich gegen die Durchführung eines selbstständigen Beweisverfahrens insbesondere aus Rechtsgründen wendet.[849]

Bestreitet der Mieter den Anspruch des Vermieters insgesamt nach Grund und Höhe, ist sie hingegen anzunehmen, wenn er z. B. aus einem ihm vom Vermieter präsentierten Gutachten ersehen kann, dass die Beanstandungen jedenfalls zum Teil berechtigt sind,[850] oder wenn er die Verpflichtung zur Durchführung von Renovierungsarbeiten leugnet, obwohl er dreizehn Jahre lang keine Schönheitsreparaturen ausführte.[851] Ebenso verhält es sich, wenn der Mieter einige Beanstandungen des Vermieters ausdrücklich ohne Präjudiz behebt, zu weiteren im Einzelnen darlegt, dass sie unbegründet seien, und abschließend erklärt, die Angelegenheit sei für ihn erledigt.[852]

---

[837] Z. B. BGH (XII ZR 268/90) NJW-RR 1992, 1226.
[838] BGH (VIII ZR 22/88) NJW 1989, 451 = WuM 1989, 141; OLG Frankfurt NJWE-MietR 1997, 273 = ZMR 1997, 522.
[839] BGH (VIII ZR 184/87) NJW 1988, 1778 = WuM 1988, 272.
[840] BGH (VIII ZR 249/84) MDR 1986, 225 = NJW 1986, 661; OLG Hamburg WuM 1992, 70.
[841] OLG Celle neg. RE 28.9.1982 WuM 1982, 317.
[842] *Wolf/Eckert/Ball* Rdn. 665.
[843] LG Hamburg ZMR 2013, 116.
[844] LG München I WuM 1993, 346; LG Berlin ZMR 1988, 177; vgl. BGH (VIII ZR 249/84) MDR 1986, 225 = NJW 1986, 661.
[845] LG Berlin NZM 2000, 1178; LG München I WuM 1993, 346.
[846] LG Wuppertal WuM 1996, 614.
[847] AG Dortmund NJWE-MietR 1996, 125.
[848] LG Hamburg Urt. vom 6.8.1991 – 316 S 314/90.
[849] LG Hamburg WuM 1990, 66.
[850] BGH (XII ZR 268/90) NJW-RR 1992, 1226.
[851] OLG Köln WuM 1988, 22 (LS).
[852] OLG Düsseldorf ZMR 2001, 267.

Umstritten ist die Rechtslage, wenn der Mieter auszieht, ohne notwendige Schönheitsreparaturen erledigt zu haben. Nach überwiegender Ansicht rechtfertigt der **bloße Auszug des Mieters** nicht automatisch die Annahme einer Erfüllungsverweigerung.[853] Sie soll zwar in derartigen Fällen nahe liegen, maßgeblich sind jedoch die Verhältnisse des Einzelfalls,[854] etwa wenn der Mieter aufgrund eines Schreibens des Vermieters davon ausgehen durfte, dass dieser gesondert an ihn herantreten werde, wenn Schönheitsreparaturen auszuführen sein sollten.[855] Von den Fällen eines offensichtlichen Renovierungsbedarfs abgesehen ist die **Voraussetzung für eine Erfüllungsverweigerung durch Auszug** ohne Ausführung von Schönheitsreparaturen, dass der Vermieter dem Mieter zuvor konkret mitteilte, welche Schönheitsreparaturen durchzuführen sind.[856] Grundlage für diese Bedingung ist, dass sich die Renovierungspflicht des Mieters nicht mehr nach starren Fristen richtet, sondern nach dem konkreten Zustand des Mietobjekts. Der Dekorationsbedarf ist daher zu bewerten, so dass der Mieter durchaus der Ansicht sein kann, eine Renovierung sei noch nicht notwendig, auch wenn der Vermieter sie für dringend hält. Unter diesem Aspekt kann dem bloßen Auszug im Regelfall erst recht nicht eine Erfüllungsverweigerung beigelegt werden.[857] 316

Zieht der Mieter hingegen ohne Renovierungsarbeiten aus, obwohl das Mietobjekt **offensichtlich dekorationsbedürftig** ist, ist eine Erfüllungsverweigerung anzunehmen,[858] insbesondere bei vorzeitiger Rückgabe.[859] Wie Beweisaufnahmen bei Gericht zeigen, fallen die Bewertungen des Zustands häufig außerordentlich unterschiedlich aus. Im Interesse der Rechtsklarheit kann eine offensichtliche Dekorationsbedürftigkeit daher **nur dann** angenommen werden, wenn der Zustand so schlecht ist, dass ihn der Mieter redlicherweise keinesfalls mehr als akzeptabel ansehen konnte, etwa weil das Mietobjekt völlig verwohnt[860] oder abgewirtschaftet war, einen *„katastrophalen Zustand"*[861] aufwies oder z. B. Wandflächen an den Stellen, wo Schränke gestanden hatten, nicht tapeziert waren. Diese restriktive Auffassung dient den Interessen beider Parteien: Der Mieter verliert sein Recht zur Nachbesserung nur in eindeutig definierbaren Fällen, der Vermieter muss nicht befürchten, dass sein Schadensersatzanspruch wegen einer Fehlbeurteilung an formellen Gründen scheitert. 317

Eine Erfüllungsverweigerung kommt ferner in Betracht, wenn der Vermieter den Mieter dezidiert und nachdrücklich, insbesondere mehrfach, **noch vor Mietende hingewiesen** hat, welche Arbeiten für einen vertragsgemäßen Zustand durchzuführen sind, und der Mieter auszieht, ohne mit den Schönheitsreparaturen begonnen oder jedenfalls entsprechende Vorbereitungen getroffen zu haben,[862] ebenso, wenn der Mieter sich zwar bereit erklärt hat, die geforderten Arbeiten noch zu erledigen, jedoch bis zum Auszug keine Anstalten macht, der Ankündigung nachzukommen[863] oder wenn der Mieter mit den Schönheitsreparaturen angefangen hat, sie indes abbricht und die Wohnung mit rohen Wänden zurückgibt[864] oder er die Renovierung erst für einen Zeitpunkt ankündigt, der nach dem Ablauf einer an sich zu setzenden Nachfrist liegt.[865] 318

Im bloßen Auszug des Mieters liegt auch dann nicht ohne weiteres eine Erfüllungsverweigerung, wenn er seine **neue Anschrift nicht** mitteilt.[866] Es ist dem Vermieter zuzumuten, sich nach der neuen Anschrift des Mieters zu erkundigen.[867] Durch eine Postnachfrage lässt sich unschwer 319

---

[853] OLG Hamburg WuM 1992, 70; LG Berlin GE 2002, 1199, vgl. BGH (VIII ZR 22/88) NJW 1989, 451 = WuM 1989, 141; *Blank* in Blank/Börstinghaus § 535 Rdn. 477; *Häublein* in MünchKomm § 535 Rdn. 128; *Lammel* § 535 Rdn. 204; *Over* in Hannemann/Wiegner § 19 Rdn. 198; *Riecke/Mack* Rdn. 343; *Sternel* II Rdn. 445; **a. A.** *Pietz/Oprée* in Lindner-Figura/Oprée/Stellmann Kap. 16 Rdn. 182.

[854] BGH (XII ZR 65/95) WuM 1997, 217; (VIII ZR 184/87) NJW 1988, 1778 = WuM 1988, 272; *Gather* S. 95; *Scheuer/Kraemer/Paschke* in Bub/Treier V. A Rdn. 210.

[855] KG WuM 2008, 592.

[856] KG NZM 2007, 356 = WuM 2007, 71 = ZMR 2007, 112.

[857] *Knops* in Herrlein/Kandelhard § 535 Rdn. 64.

[858] BGH (VIII ZR 150/65) BGHZ 49, 56 = NJW 1968, 491; LG Hamburg Urt. vom 16.12.1997 – 316 S 69/97; LG Berlin GE 1995, 1419; *Gather* S. 95; *Sternel* II Rdn. 445.

[859] BGH (XII ZR 281/95) ZMR 1998, 208.

[860] LG Düsseldorf NJWE-MietR 1996, 29.

[861] OLG München DWW 1986, 16.

[862] BGH (XII ZR 105/90) NJW 1991, 2416 = WuM 1991, 550; LG Berlin GE 1998, 1213.

[863] BGH (VIII ZR 142/80) WuM 1981, 260.

[864] LG Berlin ZMR 1996, XIII.

[865] OLG Frankfurt NJWE-MietR 1997, 273.

[866] LG Itzehoe WuM 1989, 70; LG Wiesbaden WuM 1986, 113; *Wetekamp* Kap. 4 Rdn. 109; ausführlich *Langenberg* WuM 2010, 115.

[867] LG Wiesbaden WuM 1986, 113; *Sternel* II Rdn. 445; **a. A.** *Pietz/Oprée* in Lindner-Figura/Oprée/Stellmann Kap. 16 Rdn. 183; *Scheuer/Kraemer/Paschke* in Bub/Treier V. A Rdn. 211.

feststellen, ob ein Postnachsendeantrag vorliegt, oder über eine Anfrage an das Einwohnermeldeamt, ob dort die neue Anschrift bekannt ist. Hält sich der Mieter mit unbekannter Anschrift im Ausland auf, wird der Vermieter gehalten sein zu versuchen, ihn über dessen Prozessbevollmächtigten aus früheren Streitigkeiten zu erreichen.[868] Es ist in der Praxis auffällig, dass sich Vermieter nicht selten einerseits auf eine Erfüllungsverweigerung wegen unterlassener Mitteilung der neuen Anschrift berufen – meist weil es übersehen wurde, das Verfahren nach § 281 Abs. 1 BGB einzuhalten –, andererseits aber diese schnell in Erfahrung bringen, wenn es darum geht, den vermeintlichen Schadensersatzanspruch anzubringen. Nur wenn diese Mindestbemühungen ohne Erfolg bleiben, darf der Vermieter von einer Weigerung des Mieters ausgehen. Dasselbe gilt, wenn, wie seit einiger Zeit zu beobachten, der Mieter zwar einen Postnachsendeantrag stellte, der zuständigen Postfiliale jedoch untersagte, die neue Anschrift auf Nachfrage mitzuteilen. Hier hat der Vermieter durch einfachen Brief zu versuchen, den Mieter über die Postnachsendung zu erreichen; reagiert er nicht, kann sein Verhalten als Erfüllungsverweigerung bewertet werden. Nachfragen sollen hingegen entbehrlich sein, wenn der Mieter in einer sog. Nacht-und-Nebel-Aktion auszieht,[869] meist unter Hinterlassung von Mietrückständen, nicht jedoch, wenn der Mieter an der schon begonnenen Renovierung durch Zwangsräumung gehindert wird und dem Vermieter seine neue Anschrift nicht mitteilt.[870]

320 **(d) Interessenabwägung bei besonderen Umständen.** Der Vermieter kann nach § 281 Abs. 2 2. Alt. BGB **ausnahmsweise** auch ohne Fristsetzung Schadensersatz wegen unterlassener Schönheitsreparaturen verlangen, wenn *„besondere Umstände vorliegen, die unter Abwägung der beiderseitigen Interessen die sofortige Geltendmachung des Schadensersatzanspruchs rechtfertigen"*. An die Stelle der Fristsetzung tritt die Erklärung, mit welcher der Vermieter dem Mieter mitteilt, dass er die Ausführung der Schönheitsreparaturen durch ihn ablehnt.

321 Es handelt sich um eine **Sonderbestimmung,** die zuvor in § 326 Abs. 2 BGB a. F. enthalten war. Sie war schon bisher nach allgemeiner Ansicht nur bei besonders gelagertem Interesse des Vermieters anzuwenden, da sonst die Regel des § 326 Abs. 1 BGB a. F. (= § 281 Abs. 1 BGB) ausgehebelt würde.[871] Diese strenge Voraussetzung ist nunmehr ausdrücklich im Gesetz aufgestellt. Erforderlich sind danach nicht allein besondere Umstände, sondern es muss nicht nur wie bislang das Interesse des Vermieters weggefallen, sondern das Ergebnis einer Interessenabwägung, mithin unter Einschluss der Interessen des Mieters, sein, dass der Vermieter sogleich Schadensersatz verlangen darf. Das Interesse des Vermieters muss dabei aus den unterlassenen Schönheitsreparaturen resultieren, andere Gründe sind – weiterhin und nach der gesetzlichen Klarstellung des Sondercharakters der Vorschrift erst recht – irrelevant.[872]

Die Anwendung der Vorschrift soll **z. B. in Betracht** kommen, wenn der Vermieter den Mieter mehrfach auf die Notwendigkeit hinwies, noch bis zum Mietende vertraglich übernommene Renovierungsarbeiten auszuführen, der Mieter dies zugesagte, gleichwohl aber keine Anstalten zur Durchführung traf und der Vermieter wegen einer Anschlussvermietung auf möglichst schnelle Dekorationsarbeiten angewiesen war.[873] Nicht ausreichend ist es, wenn zwischen dem Zeitpunkt der Rückgabe der Wohnung und dem mit dem Nachmieter vereinbarten Einzugstermin noch drei Wochen für die Renovierung einer Wohnung zur Verfügung stehen.[874]

3. Umfang des Schadensersatzanspruchs

322 **a) Grundsätze.** Mit Ablauf der Nachfrist, der Erfüllungsverweigerung durch den Mieter oder mit der Ablehnungserklärung in besonderen Fällen nach eingehender Interessenabwägung (als sehr seltener Ausnahme) entsteht neben dem vorerst fortbestehenden Erfüllungsanspruch der Schadensersatzanspruch statt der Leistung. Sobald der Vermieter Schadensersatz verlangt, geht der Erfüllungsanspruch nach § 281 Abs. 4 BGB unter. Bei dem Schadensersatzanspruch handelt sich um einen Geldanspruch auf Ersatz der für die Durchführung der Schönheitsreparaturen erforderlichen Kosten. Der Vermieter hat die Wahl, ob er die Arbeiten erledigen lässt und den Mieter mit den

---

[868] LG Hamburg WuM 1997, 616; **a. A.** *Sternel* Mietrecht aktuell (2009) Rdn. IX 156.
[869] *Sternel* II Rdn. 445.
[870] *Scheuer/Kraemer/Paschke* in Bub/Treier V. A Rdn. 212; **a. A.** AG Münster WuM 2001, 467.
[871] Z. B. *Emmerich* NZM 2000, 1160; Palandt/*Heinrichs* (60. Aufl.) § 326 BGB a. F. Rdn. 21.
[872] Vgl. *Emmerich* JuS 1986, 16 (18).
[873] Vgl. BGH (VIII ZR 142/80) WuM 1981, 260; OLG Saarbrücken NJW-RR 1997, 248 für Muldenkipper.
[874] KG NZM 2007, 356 = WuM 2007, 71 = ZMR 2007, 112.

konkret entstandenen Kosten belastet, **oder** ob er Ersatz der auf Grund einer **abstrakten** Berechnung ermittelten Kosten verlangt. Die Berechnung kann auf der Grundlage des Kostenvoranschlags einer Fachfirma, eines Privatgutachtens oder eines Gutachtens im selbstständigen Beweisverfahren gem. § 485 ZPO erfolgen. Im Prozess ist bei hinreichender eigener Sachkenntnis die Schätzung durch das Gericht nach § 287 ZPO zulässig.

Der Vermieter ist **in der Verwendung** der Schadensersatzleistung **frei,** sie ist nicht zweckgebunden für die Renovierung des Mietobjekts. Er kann daher die Arbeiten kostengünstig in Eigenleistung ausführen, sie schlichter und damit billiger als von einer Fachfirma erledigen lassen oder auch von der Wiederherstellung einer ordnungsgemäßen Dekoration absehen, ohne dass dies Einfluss auf seinen Anspruch auf Ersatz der objektiv angemessenen Kosten hätte.[875] **323**

b) Kosten der Schönheitsreparaturen. aa) Grundsätze. Es dürfen **nur die objektiv notwendigen Arbeiten** in Ansatz gebracht werden.[876] Zwar muss sich der Vermieter nicht mit Flickwerk zufrieden geben;[877] so wird der Mieter, der zwei Wände wegen der dort verwendeten bunten Farben neu weiß gestrichen hatte, verpflichtet sein, auch die beiden anderen Wände zu streichen, wenn deren Weißton nicht zum Neuanstrich passt.[878] Er ist andererseits jedoch nicht berechtigt, z. B. statt genügender Ausbesserungsarbeiten eine Neudekoration der betr. Flächen zu veranlassen, etwa Wände, bei denen offene Tapetennähte fachgerecht geschlossen werden können, neu tapezieren zu lassen. **324**

Dieser Gesichtspunkt ist von beiden Parteien bei der Schadensberechnung nach einem Kostenvoranschlag oder Gutachten **immer zu beachten,** auch vom Vermieter, um bei einem ggf. notwendig werdenden Rechtsstreit das Kostenrisiko herabzusetzen. Fachfirmen sind üblicherweise weniger an Ausbesserungsmaßnahmen interessiert als an kompletten Renovierungsmaßnahmen, Gutachter legen gelegentlich bei der Beschreibung der erforderlichen Arbeiten und der daraus resultierenden Kosten nicht eine Ausführung mittlerer Art und Güte zu Grunde, sondern eine Dekoration besonders anspruchsvoller Art. Hier können Abzüge geboten sein. Der Einwand des Mieters, er habe die Arbeiten billiger erledigen können, ist irrelevant.[879] **325**

Der Vermieter muss die Kosten für die Herstellung eines ordnungsgemäßen Zustands hinreichend **spezifizieren.** Kostenvoranschlag oder Rechnung müssen daher zumindest ein **Aufmaß** bzw. die **Massen** enthalten.[880] **326**

Mehrwertsteuer darf der Vermieter **nur** ansetzen, *„wenn und soweit sie tatsächlich angefallen ist"* (§ 249 Abs. 2 Satz 2 BGB).[881] Die Übergangsregelung,[882] die danach differenzierte, ob *„das schädigende Ereignis"* vor oder nach dem 31.7.2002 eintrat, ist inzwischen gegenstandslos. **Anders** verhielt es sich, wenn der Mieter eine früher zulässige **Abgeltungsquote** zu entrichten hatte, die sich nach dem Kostenvoranschlag des Vermieters oder eines Fachbetriebs bemaß. Hier schuldete der Mieter den Abgeltungsbetrag einschließlich Mehrwertsteuer.[883] **327**

Es wird **allerdings vertreten,** dass der Schadensersatzanspruch des Vermieters aus unterlassenen Schönheitsreparaturen nicht mit einem Schadensersatzanspruch aus außervertraglicher Haftung zu vergleichen sei, weil die Gebrauchsspuren, welche die Renovierung erforderlich machen, auf vertragsgemäßem Verhalten beruhten.[884] Es kommt indes entscheidend darauf an, ob ein steuerbarer Vorgang gem. § 1 Abs. 1 Nr. 1 UStG zu konstatieren ist. Wem nach Gesetz oder Vertrag eine Zahlung aufgrund eines Schadens zufließt, also als Ersatzleistung und nicht im Rahmen eines Leistungsaustauschs als Gegenwert für eine Lieferung oder sonstige Leistung, erhält kein Entgelt i. S. d. Umsatzsteuerrechts.[885] Belässt es der Vermieter beim Zustand, indem er das Mietobjekt unrenoviert weitervermietet, fällt mithin keine Mehrwertsteuer an, bei Selbstvornahme nur hinsichtlich des gekauften Renovierungsmaterials. **328**

---

875 OLG Köln ZMR 1987, 375.
876 *Emmerich* in Staudinger § 535 Rdn. 124.
877 *Sternel* II Rdn. 450.
878 AG Pankow/Weißensee GE 2014, 1498.
879 *Wolf/Eckert/Ball* Rdn. 1194.
880 KG GE 2001, 1402; vgl. LG Berlin GE 2001, 1198.
881 Z. B. OLG Frankfurt ZMR 2013, 29; *Börstinghaus* DWW 2005, 92 (94); *Emmerich* in Staudinger § 535 Rdn. 124.
882 Art. 12 § 8 des Zweiten Gesetzes zur Änderung schadensersatzrechtlicher Vorschriften vom 19.7.2002 BGBl. I S. 2680.
883 BGH (VIII ZR 280/09) NZM 2010, 617 = WuM 2010, 478.
884 *Pfeilschifter* WuM 2003, 543 (553); *Wüstefeld* WuM 2003, 15.
885 BGH (VIII ZR 68/06) ZMR 2007, 441 (443) m. w. N.

329 **bb) Gutachterkosten.** Gutachterkosten sind als Teil des Schadens, den der Mieter nach §§ 280, 249 BGB ersetzen muss, **ansatzfähig,** wenn sie aus der Sicht des Geschädigten zur Wahrnehmung seiner Rechte erforderlich und zweckmäßig waren; der Vermieter muss sich aus Kostengründen nicht auf ggf. weniger geeignete Beweismittel, etwa Zeugen mit nicht zu prognostizierendem Erinnerungsvermögen oder die Vorlage von Fotos, verweisen lassen.[886]

330 Die Entscheidung des BGH, mit der er von der zuvor völlig herrschenden Ansicht abwich, ist indes **kein Freibrief** für jedwede Einschaltung eines Sachverständigen; nach Ansicht des BGH muss der Vermieter nur **i. d. R.** nicht von der Einholung eines Sachverständigengutachtens absehen, wobei er mögliche Ausnahmen nicht bezeichnet hat. Wie bei jedem Schadensersatzanspruch hat der Vermieter die **Schadensminderungspflicht** aus § 254 Abs. 2 BGB zu beachten. Die Kosten aus der Einschaltung eines Sachverständigen oder die Durchführung eines selbstständigen Beweisverfahrens gem. § 485 ZPO sind nur ansatzfähig, wenn und soweit dieser kostenintensive Weg auch aus der Sicht eines vernünftigen Vermieters erforderlich und zweckmäßig war.[887] Es ist daher nach wie vor geboten, die Umstände des Einzelfalls zu berücksichtigen.[888]

331 Handelt es sich **nur** um die **Feststellung** von **einzelnen und offensichtlichen Schäden,** ist die Beiziehung eines Sachverständigen überflüssig.[889] Hier mag es zweckmäßig sein, die Beanstandungen durch einen Sachverständigen bestätigt zu sehen, erforderlich ist es indes nicht, weil in derartigen Fällen Zeugen oder Fotos ersichtlich ausreichen; um dem Erinnerungsvermögen der Zeugen eine Hilfe zu geben, kann ggf. die gemeinsame Beschreibung der Schäden erfolgen. Hier sind auch die Gutachterkosten, die oft eine beträchtliche Höhe erreichen, in die Betrachtung einzubeziehen.[890] Es wäre nicht einzusehen, dem Vermieter einen Anspruch auf Ersatz solcher Kosten zuzuerkennen, die er, müsste er sie selbst tragen, schwerlich verursachen würde. Dies gilt erst recht, wenn er ein Besichtigungsprotokoll erstellte,[891] zumal wenn es der Mieter unterschrieb. Ist die **Schadensfeststellung schwierig,** ist die Einholung eines Gutachtens sachgerecht. Dies kommt z. B. in Betracht, wenn der Mieter noch Schönheitsreparaturen ausführte, nachdem der Vermieter bereits einen Kostenvoranschlag eingeholt hatte.[892] Sie ist insbesondere oft unvermeidlich, wenn es um die Prüfung und ggf. Abgrenzung von Schadensursachen geht, d. h. ob sie dem Vermieter oder Mieter anzulasten sind.[893] Hier ist eine umfangreiche Ermittlung, zumal unter Beteiligung **verschiedener Gewerke,** erforderlich, die sodann eine differenzierte Berechnung, etwa auf Grund unterschiedlicher Schadensursachen, zur Folge hat.

332 Geht es **nicht** um die **Schadensfeststellung, sondern** die **Kosten der Renovierung,** ist der Vermieter häufig nicht hinreichend sachkundig. Steht indes ohnehin die Einholung eines Kostenvoranschlags an, werden die dort ausgewiesenen Massen und Einzelpreise häufig eine ausreichende Grundlage für die Kostenhöhe abgeben, so dass diese Methode im Rahmen der Schadensminderung angezeigt ist. Hat die Malerfirma dem Vermieter nur einen unspezifizierten, pauschalen Kostenvoranschlag unterbreitet, rechtfertigt dies nicht die Einschaltung eines Sachverständigen, um mit dessen Gutachten die Forderung auch in einem Prozess durchsetzen zu können;[894] hier ist die Nachbesserung des Handwerkers vorrangig.

333 Dem **Vermieter** ist auch **aus einem weiteren Grund** davon **abzuraten,** ohne deutliche Notwendigkeit, sondern primär aus Zweckmäßigkeitsgesichtspunkten einen Sachverständigen einzuschalten. Es ist in der Praxis immer wieder festzustellen, dass die Sachverständigen bei Privatgutachten den dekorativen Zustand eines Mietobjekts vom Vermieterblickwinkel und seiner Erwartungshaltung aus beurteilen. Dies hat nicht selten zur Folge, dass sie nicht eine Ausführung mittlerer Art und Güte, sondern eine deutlich bessere als Vergleichsmaßstab heranziehen. Auch wenn die Gutachten sachlich fundiert sind, liefern sie dadurch ein schiefes Bild. Der Vermieter, der auf dieser Grundlage seinen vermeintlichen Schadensersatzanspruch gerichtlich verfolgt, läuft Gefahr, jedenfalls einen erheblichen Teil der Prozesskosten einschließlich der Gutachterkosten tragen zu müssen.

---

886 BGH (VIII ZR 77/03) GE 2004, 954 = NZM 2004, 615 = WuM 2004, 466 = ZMR 2004, 659.
887 Z. B. LG Mönchengladbach WuM 2000, 328; AG Waiblingen ZMR 2013, 208; *Sternel* Mietrecht aktuell (2009) Rdn. IX 179.
888 Ausführlich *Kamphausen* ZMR 1988, 361.
889 OLG Hamburg WuM 1990, 75.
890 Vgl. LG Berlin GE 2000, 811: Gutachterkosten, die 10% über dem festgestellten Schaden lagen.
891 Vgl. LG Berlin GE 2001, 697.
892 LG Berlin GE 2001, 1198.
893 Vgl. LG Berlin GE 2001, 347.
894 **A. A.** LG Berlin GE 2001, 1198.

cc) Schlechte Renovierung ohne rechtliche Verpflichtung. Ein besonderes Problem stellt sich, wenn der Mieter zum Mietende Schönheitsreparaturen ausführte, ohne dazu rechtlich verpflichtet zu sein. Die Arbeiten werden oft infolge der Umzugshektik und der Inanspruchnahme des Mieters bei der Herrichtung des neuen Mietobjekts **nicht fachgerecht,** zumal möglichst sparsam, ausgeführt. Dieser Fall ist in der Praxis nicht selten anzutreffen, und zwar in zwei Konstellationen. Es kann zum einen darum gehen, dass ein angemessener Renovierungsturnus noch nicht ganz abgelaufen war, der Mieter aber nach der Räumung des Mietobjekts den Eindruck hatte, es sei durch allgemeine Gebrauchsspuren in einem so schlechten Zustand, dass er es renovieren müsse. Zum anderen handelt es sich um die Fälle, in denen sich der Mieter auf Grund einer unwirksamen Endrenovierungsklausel zu den Schönheitsreparaturen für verpflichtet hielt; zur **Verschlimmbesserung** s. Rdn. 243, 337. 334

Zum Teil wird vertreten, die hierbei verursachten fachlichen Mängel seien als sonstiger Schaden des Mietobjekts zu behandeln; dem Vermieter sei daher ein Schadensersatzanspruch zuzuerkennen, der nicht an die Voraussetzungen nach § 281 BGB gebunden ist.[895] Dieser Ansicht ist in dieser allgemeinen Form nicht zuzustimmen. Sachlich macht es nämlich keinen Unterschied, ob der Mieter während des Mietverhältnisses fachlich nicht korrekt renoviert, z. B. mit nicht deckenden Anstrichen, oder ob er diesen Zustand bei Mietende herbeiführt. In beiden Fällen geht es nur um die malermäßige Beschaffenheit, also um Schönheitsreparaturen. Ein nicht deckender Anstrich führt weder in dem einen noch in dem anderen Fall zu einer Sachbeschädigung. Ein **Anspruch des Vermieters** kann daher **nur** dann in Betracht kommen, wenn ihm durch die Art der Renovierung seitens des Mieters ein **Aufwand** entsteht, den er sonst, also **bei unterlassenen Arbeiten nicht** gehabt hätte. Es ist daher zu **differenzieren,** d. h. immer zu prüfen, ob die Fehler des Mieters überhaupt für die Notwendigkeit einer Neudekoration kausal waren. 335

War das Mietobjekt z. B. trotz schonender Behandlung dekorationsbedürftig, weil die letzte Renovierung schon eine Zeit zurücklag, ohne dass ein angemessener Renovierungsturnus überschritten war, muss sich die schlecht durchgeführte Endrenovierung des Mieters nicht zu Lasten des Vermieters auswirken, wenn etwa dem Vermieter durch einen nicht deckenden, *„wolkigen"* Anstrich kein Aufwand entstanden ist, der über übliche Schönheitsreparaturen hinausgeht.[896] Dasselbe wird gelten, wenn der Mieter bei Auszug mit gelber Wandfarbe fachgerecht dekorierte.[897] Der Mieter wäre berechtigt gewesen, die Mietsache in dem renovierungsbedürftigen Zustand zurückzugeben. Die anschließende Herrichtung zur Neuvermietung fiel ohne weiteres in die Zuständigkeit des Vermieters. 336

Anders liegt es, wenn die Arbeiten des Mieters zu einer **„Verschlimmbesserung"** führten. Dies ist für einen Fall bejaht worden, in dem der Mieter durch seine nicht fachgerechte Endrenovierung einen schlechteren Zustand schuf, als er auf Grund der nur zweijährigen Mietzeit vor diesen Arbeiten vorhanden war.[898] Eine Verunstaltung ist ferner anzunehmen, wenn Lackteile mit Binderfarbe[899] oder Raufasertapeten mit ungeeigneter, stark abkreidender Farbe[900] gestrichen oder diese unnötig so mit Farbe zugeschmiert wurden, dass die Struktur verloren ging, die bei fachgerechtem Vorgehen erhalten geblieben wäre. Dieses Ergebnis gilt für beide oben angeführten Konstellationen. Für die Verschlimmbesserung ist es irrelevant, ob sie auf Grund einer noch nicht fälligen oder mangels wirksamer Abwälzung überhaupt nicht geschuldeten Renovierung erfolgte. 337

Keine Verschlimmbesserung ist gegeben, wenn der Mieter eine **Anfangsrenovierung** nach seinem Geschmack **mit kräftigen Farbtönen** vornahm und das Mietverhältnis bereits nach kurzer Zeit wieder endet. Der Anstrich mit kräftigen Farbtönen ist nicht etwa eine Verunstaltung,[901] sondern vom Gestaltungsrecht des Mieters gedeckt (s. Rdn. 228f.). Es ist jedoch als **Vertragsverletzung** zu bewerten, wenn der Mieter das Mietobjekt in einem Zustand zurückgibt, der es dem Vermieter nicht gestattet, in üblicher Weise, hier also durch Streichen der Raufasertapete, auf Dauer eine ordnungsgemäße Dekoration zu schaffen (s. im Einzelnen Rdn. 242ff.). 338

---

895 *Neuhaus* NZM 2000, 220 (224 m. w. N.); *Lammel* § 535 Rdn. 212: Anspruch aus Eigentumsverletzung gem. § 823 Abs. 1 BGB.
896 BGH (VIII ZR 166/08) GE 2009, 574 = NZM 2009, 313 = WuM 2009, 224.
897 AG Königstein NZM 2000, 1181.
898 LG Hamburg ZMR 1986, 56.
899 *Heller* WuM 1986, 368; *Sternel* II Rdn. 448.
900 AG Köln WuM 1987, 150.
901 **A. A.** KG GE 2005, 917 = NZM 2005, 663.

339 Auch wenn der Mieter außerhalb einer vertraglichen Verpflichtung tätig wurde, weil er wegen des dekorativen Zustands noch nicht zur Renovierung verpflichtet war, noch überhaupt bei unwirksamer Übertragung der Schönheitsreparaturen, steht dem Vermieter **kein unmittelbarer Schadensersatzanspruch auf Geld** nach §§ 241 Abs. 2, 280 Abs. 1, 249 BGB zu. Dies folgt jedenfalls daraus, dass die schlechte Dekoration im Regelfall nicht zu einer Sachbeschädigung i. S. d. § 249 Abs. 2 Satz 1 BGB führt,[902] so dass der Vermieter, um zu einem Schadensersatzanspruch zu kommen, ohnehin das Vorverfahren nach § 250 BGB einhalten muss (s. Rdn. 224). Weitergehend wird vertreten, dass ein unmittelbarer Geldersatzanspruch generell daran scheitert, dass der Vermieter bei Mietende nach § 546 Abs. 1 BGB zunächst nur einen vertraglichen Anspruch auf Erfüllung der Pflicht des Mieters hat, ein ordnungsgemäßes Mietobjekt zurückzugeben.[903] Zu einem Schadensersatz gelangt er danach nur unter den Voraussetzungen des § 281 BGB, d. h. vornehmlich einer vergeblichen Leistungsaufforderung mit Fristsetzung.

340 **Der Höhe nach** geht der Anspruch des Vermieters nicht ohne weiteres auf Ersatz der für die teilweise oder vollständige Neudekoration notwendigen Kosten. Der Vermieter kann Schadensersatz **zum einen nur** hinsichtlich des **Differenzbetrags** zu den Kosten verlangen, die er ohne die „Verschlimmbesserung" durch den Mieter ohnehin hätte aufwenden müssen, um das Mietobjekt ordnungsgemäß herzurichten. Maßgeblich sind damit die zusätzlichen Kosten des Vermieters für die Renovierung.[904] **Zum anderen** ist bei der Schadenshöhe zugunsten des Mieters die **Vorteilsausgleichung** zu berücksichtigen; für Abnutzungserscheinungen aus vertragsgemäßem Mietgebrauch hat der Mieter nicht einzustehen.[905] Um die Berechnung des Anteils „neu für alt" zu vereinfachen, bietet es sich an, angemessene Renovierungsfristen von 5/8/10 Jahren heranzuziehen und die Kosten nach dem Verhältnis dieser Fristen zur Wohnzeit des Mieters zu verteilen, d. h. ihn über eine „umgekehrte" Abgeltungsquote (zum Begriff s. Rdn. 182) zu ermitteln.[906]

341 **dd) Vorteilsausgleichung.** Im Allgemeinen führt der Zahlungsanspruch des Vermieters zum Ersatz der Kosten, die infolge der vom Mieter unterlassenen Schönheitsreparaturen entstanden sind. Da der Ersatzanspruch des Vermieters nur auf die objektiv notwendigen Kosten geht (s. Rdn. 324), ist eine weiter gehende Forderung um überflüssige zu kürzen, etwa bei einer nicht erforderlichen besonders aufwendigen Renovierung. Der verbleibende Anspruch steht dem Vermieter im Grundsatz ungeschmälert zu. Gleichwohl gibt es **Sonderfälle,** bei denen in die **Kosten der Schadensbeseitigung auch zusätzliche Vorteile des Vermieters** einfließen, weil beide in einem inneren Zusammenhang stehen. Hier muss sich der Vermieter eine Anrechnung (Vorteilsausgleichung) gefallen lassen.

342 Vorteilsausgleichung ist geboten, wenn Schönheitsreparaturen nicht fachgerecht ausgeführt und dadurch **Folgekosten** produziert wurden. Es geht dabei um zwei Varianten, nämlich zum einen um die Fälle, in denen die unsachgemäßen Schönheitsreparaturen die bearbeiteten Teile selbst schädigten, zum anderen um diejenigen, bei denen die Arbeiten andere Teile in Mitleidenschaft zogen.

343 Die **erste Variante** betrifft insbesondere die Teppichböden. Die **Reinigung von Teppichböden** zählt nach herrschender Meinung (s. Rdn. 71) inzwischen zu den Schönheitsreparaturen. Wird sie unsachgemäß durchgeführt, etwa weil Flecken so nachhaltig bearbeitet werden, dass sie sich als helle Stellen abzeichnen oder dass eine Oberfläche verbleibt, deren Struktur sich deutlich von der übrigen Fläche abhebt, oder weil so nass gereinigt wird, dass die Auslegeware wellig wird, entsteht ein Zustand, der einem wolkigen oder streifigen Anstrich vergleichbar ist. Als Folge derartiger Behandlung ist es häufig nicht zu vermeiden, den Teppichboden nunmehr gegen einen neuen auszu-

---

[902] Vgl. BGH (VIII ZR 37/07) GE 2008, 533 = NZM 2008, 318 = WuM 2008, 213 = ZMR 2008, 524 m. Anm. *Schläger.*

[903] BGH (VIII ZR 184/87) NJW 1988, 1778; (XII ZR 65/95) WuM 1997, 217 m. Anm. *Eisenschmid* WuM 1997, 494; AG Kassel ZwSt. Hofgeismar WuM 2011, 467; *Derleder* WuM 2006, 175 (177); *Kraemer* in FS Blank S. 281 (289); *Sternel* PiG 103 (2016), 61 (70); **a. A.** *Eisenhardt* WuM 1998, 447 (448); *Kandelhard* NJW 2002, 3291 m. w. N.

[904] BGH (VIII ZR 166/08) GE 2009, 574 = NZM 2009, 313 = WuM 2009, 224; LG Köln WuM 2007, 125; LG Berlin MM 2002, 384; LG Frankfurt/M. NZM 2001, 191 = WuM 2000, 545.

[905] BGH (VIII ZR 416/12) GE 2014, 49 = NZM 2014, 72 = WuM 2014, 23; (VIII ZR 48/09) NZM 2010, 157 = WuM 2010, 85.

[906] LG Gießen Urt. vom 7.11.2012 – 1 S 71/12 (Vorinstanz zu BGH VIII ZR 416/12): fiktiver Anteil der normalen Abnutzung von 27% bei einer Mietdauer von etwa 2 ½ Jahren (vom BGH nicht beanstandet); *Harsch* MietRB 2014, 116 (118); *Lützenkirchen* in Lützenkirchen § 535 Rdn. 595; *Over* in Hannemann/Wiegner § 19 Rdn. 256; *Sternel* PiG 103 (2016), 61 (71).

tauschen. Hierdurch entsteht eine Wertsteigerung zugunsten des Vermieters, die durch einen Abzug neu für alt (Vorteilsausgleichung) auszugleichen ist[907] (dazu im Einzelnen Rdn. 372 ff.).

Dieselbe Problematik kann sich bei **unsachgemäß behandelten Naturholzteilen** einstellen. 344
Sind Türen oder Fensterrahmen aus Naturholz nicht fachgerecht behandelt worden, sind primär Schönheitsreparaturen angezeigt. Reichen diese nicht aus, um einen ordnungsgemäßen Zustand zu erreichen, ist die Aufarbeitung durch einen Tischler notwendig, ggf. sogar der Austausch der Tür oder des Fensters. Dies kommt insbesondere in Betracht, wenn Mieter z. B. die früher modischen sehr dunklen Türblätter mit meist heller Lackfarbe versahen; das Lackieren von Naturholzteilen ist i. d. R. als Vertragsverletzung zu bewerten.[908] Je nach der Qualität und dem Alter der Bauteile ist ein Abzug neu für alt vorzunehmen.

Die **zweite Variante** betrifft Schönheitsreparaturen, bei deren Erledigung **andere Teile des** 345
Mietobjekts verschmutzt oder beschädigt wurden. Wurden etwa die Heizkörper im Badezimmer so unvorsichtig gestrichen, dass die angrenzenden Kacheln mit Lackfarbe beschmiert sind, oder zeigt die Fensterbank aus Stein oder Marmor Pinselstriche oder Lacktropfen aus dem Streichen der Fensterrahmen, steht dem Vermieter ein Schadensersatzanspruch aus Vertragsverletzung zu. Je nach den Verhältnissen im Einzelfall ist eine Überarbeitung der betroffenen Teile oder Flächen notwendig, ggf. sogar deren Ersetzung. Auch hier ist u. U. ein Abzug von den Kosten, die der Vermieter für die Wiederherstellung aufwandte, unter dem Gesichtspunkt der Vorteilsausgleichung geboten (s. Rdn. 372 ff.).

ee) Sonderfälle. (a) Dekoration durch den Nachmieter. Der Schadensersatzanspruch des 346
Vermieters ist ein Geldanspruch, der darauf beruht, dass der Mieter einen Teil der während der Mietzeit geschuldeten Gegenleistung nicht erbrachte. Holt der Nachmieter die unterlassenen Schönheitsreparaturen nach, nimmt er eine eigenständige eigene Leistung im Rahmen seines Mietverhältnisses vor, die den **Vormieter nicht entlastet.**[909] Die Arbeiten des Nachmieters könnten den einmal entstandenen Anspruch des Vermieters nach den Grundsätzen der Vorteilsausgleichung nur beseitigen oder reduzieren, wenn sie mit dem Ersatzanspruch in einem adäquat ursächlichen Zusammenhang ständen. Hieran fehlt es, weil der Nachmieter die Schönheitsreparaturen im eigenen Interesse übernommen und sie der Vermieter auf den Nachmieter nicht mit dem Ziel abgewälzt hat, den Vormieter zu entlasten.[910] Die Anrechnung der Leistung des Nachmieters auf den Ersatzanspruch des Vermieters kommt ferner nicht unter dem Gesichtspunkt der Schadensminderung in Betracht, da die Abwälzung der Schönheitsreparaturen auf den Nachmieter nicht aus der Schadensminderungspflicht des Vermieters gem. § 254 Abs. 2 BGB folgt.[911] Schließlich entfällt der Anspruch des Vermieters nicht deshalb, weil er gem. § 421 BGB nur berechtigt wäre, die Renovierung einmal, entweder vom Vor- oder vom Nachmieter, zu verlangen. Zwischen diesen bestehen keine gemeinsamen vertraglichen Verpflichtungen gegenüber dem Vermieter, wie es für eine Gesamtschuldnerstellung nach § 427 BGB erforderlich ist.[912]

Anders verhält es sich, wenn **Vor- und Nachmieter vereinbaren,** dass der Nachmieter die 347
Renovierung für den Vormieter ausführt. In diesem Fall erbringt der Vormieter die von ihm geschuldete Leistung durch einen Dritten (§ 267 BGB). Ist sie ordnungsgemäß, hat der Vormieter erfüllt, weist sie Mängel auf, bleibt er insoweit gegenüber dem Vermieter verpflichtet.[913] Der Nachmieter kann dem Vermieter später nicht die von ihm vorgenommene Anfangsrenovierung entgegenhalten; eine formularmäßige Abwälzung der Schönheitsreparaturen auf den Nachmieter ist daher wirksam. Derartige Abreden erfolgen häufig im Zusammenhang mit der Übernahme von Einrichtungen des Vormieters durch den Nachmieter. Stehen dem Dekorationsaufwand des Nachmieters keine oder nur geringe Gegenleistungen des Vormieters gegenüber, wird die Erfüllungswirkung gegenüber dem Vermieter davon nicht berührt; Auseinandersetzungen zwischen Vor- und Nachmieter im Hinblick auf § 4a WoVermittG betreffen nur deren Innenverhältnis. Im Verhältnis zwischen Vermieter und Nachmieter bleibt es eine Leistung des Vormieters. Übernahm der

[907] OLG Bamberg NZM 2002, 917.
[908] **A. A.** LG Marburg ZMR 1980, 180: nur bei besonders wertvollem oder schönem Holz.
[909] BGH (VIII ZR 150/65) BGHZ 49, 56 = NJW 1968, 491; LG Berlin GE 1998, 618; *Blank* in Blank/Börstinghaus § 535 Rdn. 482; **a. A.** *Emmerich* in Staudinger § 535 Rdn. 126; ausführlich *Sternel* II Rdn. 453 ff.
[910] BGH (VIII ZR 150/65) BGHZ 49, 56 = NJW 1968, 491.
[911] BGH (VIII ZR 150/65) BGHZ 49, 56 = NJW 1968, 491.
[912] OLG Hamburg ZMR 1984, 342; *Gather* S. 106; *Scheuer* in Bub/Treier V. A Rdn. 184; **a. A.** *Emmerich* in Staudinger § 535 Rdn. 126.
[913] Vgl. LG Berlin ZMR 1997, 243.

Nachmieter die Renovierung gegen Kostenerstattung durch den Vormieter, kann er nur diejenigen Kosten reklamieren, die zur Herstellung des vom Vormieter vertraglich geschuldeten Zustands notwendig waren; war die Höhe auf der Basis von Eigenleistungen des Vormieters oder des Nachmieters kalkuliert, steht dem Nachmieter kein Anspruch in Höhe des Kostenvoranschlags einer Fachfirma zu.[914]

348 **(b) Umbau des Mietobjekts. (aa) Ausgleichsanspruch des Vermieters.** Der Erfüllungsanspruch des Vermieters wird nicht davon berührt, dass er die Räume nach Vertragsende umbauen will. Es entlastet den Mieter nicht, dass die Durchführung der Dekoration sinnlos wird, weil sie durch die Umgestaltung des Mietobjekts zerstört würde und der Vermieter anschließend ohnehin renovieren muss. Vielmehr kann der Vermieter in derartigen Fällen jedenfalls im Wege der ergänzenden Vertragsauslegung[915] statt Erfüllung einen **Ausgleich in Geld** verlangen.[916] Grundlage dieser Auffassung ist wiederum, dass die Ausführung der Schönheitsreparaturen einen Teil des Mietentgelts darstellt, das dem Vermieter durch die Umbaupläne nicht aberkannt werden darf, zumal er seine Gegenleistung fiktiv erbracht hat. Erfüllte der Mieter seine fällige Renovierungspflicht nicht und entstand dem Vermieter nach Beachtung des Verfahrens gem. § 281 Abs. 1 BGB oder wegen Erfüllungsverweigerung bereits ein Schadensersatzanspruch, ist der Rückgriff auf den Ausgleichsanspruch nicht erforderlich, wenn sich der Vermieter erst später zum Umbau entschließt; er kann sich durch Erklärung nach § 281 Abs. 4 BGB auf den Schadensersatzanspruch beschränken, der ihm in voller Höhe erhalten bleibt.

349 Es wird vertreten, dass ein Ausgleichsanspruch des Vermieters nicht in Betracht komme, wenn kein Umbau geplant ist, sondern der **Abriss des Mietobjekts** erfolgen soll.[917] Zur Begründung wird angeführt, dass ein Schaden nur besteht, wenn zwischen der ursprünglichen Sachlage und der durch ein Schadenereignis geschaffenen eine Differenz eingetreten ist, die hier nicht festzustellen sei; da das Mietobjekt nicht mehr existiere, sei es unerheblich, ob es renoviert worden sei oder nicht. Diese Argumentation überzeugt nicht. Sie übersieht, dass es substantiell keinen Unterschied macht, ob die Renovierung wegen eines Umbaus oder wegen des Abrisses des Gebäudes obsolet ist.[918] Der Ausgleichsanspruch des Vermieters ist bei Mietende entstanden, er geht daher durch anschließende Maßnahmen nicht unter, gleichviel ob der Vermieter das Mietobjekt umbaut oder abreißt. Es handelt sich um einen Ausgleich für ersparte Miete, nicht, wie in den Rückbaufällen (s. Rdn. 355), nur um einen vom Mieter nicht geschuldeten Zuschuss zu den Investitionskosten des Vermieters.

350 Der Vermieter ist nicht berechtigt, die Durchführung von Schönheitsreparaturen insgesamt abzulehnen und Ausgleich in Geld zu verlangen, wenn nur die **teilweise Umgestaltung** des Mietobjekts vorgesehen war und die Renovierung der unverändert bleibenden Teile sinnvoll gewesen wäre, weil sie durch die Arbeiten nicht in Mitleidenschaft gezogen worden wären, etwa wenn nur Arbeiten in Bad und Speisekammer, nicht aber in den anderen Wohnräumen durchgeführt wurden.[919] Der Ausgleichsanspruch besteht hier nur hinsichtlich der umgebauten Räumlichkeiten.

351 **(bb) Fehlende Ausgleichspflicht des Mieters.** Der Ausgleichsanspruch folgt aus ergänzender Vertragsauslegung; er kommt mithin nicht in Betracht, wenn es schon an deren **Grundlage,** der wirksamen Abwälzung der Schönheitsreparaturen auf den Mieter, **fehlt.** Der Ausgleichsanspruch scheidet ferner aus, wenn der Mieter bis zur Beendigung des Mietverhältnisses seine **Renovierungsverpflichtung erfüllte.**[920] In diesem Fall hat er seine Gegenleistung erbracht, es bleibt für ihn nichts auszugleichen. Dass die von ihm hergerichtete Dekoration durch den Umbau wieder beschädigt oder sogar zerstört wird, ist allein dem Entschluss des Vermieters zuzurechnen und daher von ihm zu tragen. **Anders** verhält es sich, wenn der Vermieter dem Mieter den für die Zeit nach Mietende **geplanten Umbau anzeigte und** ihn dann auch tatsächlich **umsetzte;** die bloße Ab-

---

[914] LG Aachen WuM 1984, 108.

[915] Kritisch *Rückert,* AcP 184 (1984), S. 115 ff., der einen bereicherungsrechtlichen Ausgleich (S. 146 ff.) in Erwägung zieht.

[916] BGH (VIII ZR 378/03) GE 2005, 51= NZM 2005, 58 = WuM 2005, 50 = ZMR 2005, 109; (VIII ARZ 1/84) RE 30.10.1984 NJW 1985, 480 = WuM 1985, 46; OLG Oldenburg RE 21.2.1991 WuM 1992, 229; **a. A.** *Blank* in Blank/Börstinghaus § 535 Rdn. 483; *Emmerich* JuS 1986, 16; *Sternel* II Rdn. 467 ff.

[917] LG Berlin ZMR 1998, 428; AG Augsburg WuM 2001, 335; *Kossmann/Meyer-Abich* § 97 Rdn. 11; *Sternel* Mietrecht aktuell (2009) Rdn. IX 192.

[918] *H. Eckert* ZMR 1998, 428 (Anm. zu LG Berlin ZMR 1998, 428).

[919] LG Hannover WuM 1994, 428.

[920] OLG Schleswig RE 17.1.1983 WuM 1983, 75; *Herpers* WuM 1984, 177.

sicht verschafft dem Vermieter keinen Ausgleichsanspruch.[921] Hier kann sich der Mieter vom Ausgleichsanspruch des Vermieters nicht dadurch befreien, dass er gleichwohl eine Renovierung durchführt.[922] Der Vermieter muss sich mit einer ersichtlich sinnlosen Leistung nicht zufriedengeben.

Der Mieter hat keine Ausgleichspflicht, wenn der Vermieter durch mangelnde Instandhaltung **352** und Instandsetzung einen **schlechten baulichen Zustand des Mietobjekts** herbeiführte. Zur Begründung wird vor allem darauf abgestellt, dass der Vermieter hier seiner Erhaltungspflicht aus § 535 Abs. 1 Satz 2 BGB nicht genügte und damit schon seinerseits seine Verpflichtungen nicht erfüllte; Voraussetzung des Ausgleichsanspruchs sei indes, dass der Vermieter seine Leistung in vollem Umfang erbrachte.[923] Ob dieser Gesichtspunkt trägt, erscheint im Hinblick darauf fraglich, dass die Gegenleistung des Vermieters nicht in der – selbstverständlichen – Erhaltung des Mietobjekts zum vertragsgemäßen Gebrauch besteht, sondern in der auf Grund der Abwälzung der Schönheitsreparaturen fiktiv niedriger kalkulierten Miete. Gleichwohl ist der vom Vermieter veranlasste oder bei Einwirkung durch Dritte nicht behobene schlechte bauliche Zustand dann von Bedeutung, wenn er die Durchführung der vom Mieter geschuldeten Schönheitsreparaturen als unsinnig erscheinen lässt. Konnte der Mieter wegen der baulichen Mängel nicht renovieren, waren die Arbeiten wegen der Vorleistungspflicht des Vermieters zunächst nicht fällig und mit dem Mietende wurde ihm die Erfüllung unmöglich; leitete der Vermieter sodann das Verfahren nach § 281 Abs. 1 BGB ein, ohne die baulichen Mängel zuvor zu beheben, bleibt es dabei. Die Unmöglichkeit beruhte auf Gründen, die der Vermieter zu vertreten hatte, so dass der Mieter von seiner Verpflichtung frei wurde. Folglich kann ihn auch keine Ausgleichspflicht mehr treffen.

Schlossen die Parteien **wegen der Umbauabsicht** des Vermieters einen **Zeitmietvertrag** **353** über Wohnraum gem. § 575 BGB, entsteht der Ausgleichsanspruch des Vermieters nicht.[924] Der Gesichtspunkt der Mietreduzierung durch den Vermieter gegen Übernahme der Schönheitsreparaturen seitens des Mieters wird hier nicht relevant. Da eine Renovierung bei Beendigung des Vertrags ohnehin nicht in Betracht kommt, braucht der Vermieter keinen Ausgleich. Vielmehr darf der Mieter davon ausgehen, dass die Miete keinen rechnerischen Anteil für eine sinnlose Renovierungspflicht enthält. Es fehlt damit an der Grundlage für die Auslegung des Vertrags im Sinne einer Ausgleichspflicht des Mieters.

Auch ein **noch in der ehemaligen DDR geschlossener Wohnraummietvertrag** bietet kei- **354** nen Anhaltspunkt, ihn zugunsten eines Ausgleichsanspruchs des Vermieters auszulegen.[925] Nach der damaligen Rechtslage war der Mieter nur zu den laufenden Schönheitsreparaturen verpflichtet, zu einer teilweisen Renovierung bei Beendigung des Mietverhältnisses nur, soweit die unterlassene Dekoration zu weiteren Schäden an der Substanz geführt hatte, gleichviel, ob die Verpflichtung aus Gesetz (§§ 104, 107 Abs. 2 ZGB) oder mit entsprechender Formulierung aus dem Mietvertrag folgte (s. Rdn. 140, 143). Es fehlte damit von vornherein an einem hypothetischen Vertragswillen, der die zur Begründung eines Ausgleichsanspruchs des Vermieters notwendige ergänzende Vertragsauslegung rechtfertigen könnte.

Der Ausgleichsanspruch des Vermieters besteht nur dann, wenn sich sein Erfüllungsanspruch auf **355** einen Teil des vom Mieter geschuldeten Mietentgelts, die Schönheitsreparaturen, bezieht. Diese Voraussetzung fehlt, wenn der Mieter bei Mietende nicht zur Durchführung von Schönheitsreparaturen, sondern zur **Wiederherstellung des ursprünglichen Zustands der Räume** verpflichtet ist.[926] Eine solche Vereinbarung **(„Rückbauverpflichtung")** wird insbesondere dort getroffen, wo dem Mieter gestattet ist, die Räume nach seinen Bedürfnissen umzugestalten. Der Mieter schuldet den Rückbau in einem solchen Fall nicht als Gegenleistung für die Gebrauchsüberlassung, so dass die Ausgleichsforderung des Vermieters allein auf einen Beitrag zu den Kosten des Umbaus für einen anderen Zweck gerichtet wäre. Dasselbe gilt, wenn der Mieter nur einen selbständigen Teil der Mietsache, z. B. eine Abluftanlage, beschädigte, wodurch die Räume selbst nicht betroffen wurden und der ohne nennenswerten Eingriff in die Substanz der Mieträume zu reparieren ist; in

---

921 BGH (XII ZR 76/13) GE 2014, 453 = NZM 2014, 270 = WuM 2014, 201.
922 OLG Oldenburg NZM 2000, 828 = WuM 2000, 301 = ZMR 2000, 528.
923 LG Frankfurt/M. WuM 1998, 31.
924 LG Hamburg WuM 1998, 663.
925 LG Berlin WuM 1996, 139.
926 BGH (XII ZR 220/99) NZM 2002, 655; (VIII ZR 231/84) NJW 1986, 309.

diesen Fällen ist Gegenstand des Schadensersatzanspruchs nicht die Sachgesamtheit, sondern die einzelne beschädigte Sache.[927]

356 **(cc) Höhe des Ausgleichsanspruchs.** Der Höhe nach ist der Ausgleichsanspruch auf denjenigen Betrag beschränkt, den der Mieter hätte aufwenden müssen, um seiner Renovierungspflicht nachzukommen; der Anspruch geht daher **grundsätzlich nur auf Zahlung der ersparten Kosten.** Ist davon auszugehen, dass der Mieter die Arbeiten in Eigenleistung bzw. durch befreundete oder verwandte Dritte erledigt hätte, schuldet er Ausgleich allein in Höhe der Materialkosten und des geschätzten Werts der Eigenleistung.[928] Legt der Mieter dar, dass die Arbeiten von Freunden und Verwandten kostenlos vorgenommen worden wären, hat es beim Ausgleich in Höhe der Materialkosten sein Bewenden.[929] Ist der genaue Umfang der Eigenleistung des Mieters im Prozess nicht mehr feststellbar, kommt eine Schätzung nach § 287 ZPO in Betracht.[930] Eine **Ausnahme** greift jedoch dann ein, wenn der Mieter die Erfüllung seiner Renovierungspflicht ablehnte.[931] In diesem Fall hat der Vermieter einen Anspruch auf den Betrag, der zur Erledigung der Schönheitsreparaturen notwendig ist; führt der Umbau zu einer Verkleinerung des Mietobjekts, beschränkt sich ein Anspruch auf den entsprechend geringeren Renovierungsaufwand,[932] bei einer Vergrößerung der Wohnfläche bleibt es beim ursprünglichen Aufwand. Wurde in zulässiger Weise die Ausführung durch eine Fachfirma vereinbart, kann ebenfalls ein Kostenvoranschlag zu Grunde gelegt werden.

357 **(c) Verkauf des Mietobjekts. (aa) Anspruchsinhaber.** Nach § 566 BGB hat die Veräußerung des Mietobjekts zur Folge, dass der Erwerber an Stelle des bisherigen Vermieters *„in die sich während der Dauer seines Eigentums aus dem Mietverhältnis ergebenden Rechte und Verpflichtungen"* eintritt. Er kann daher Rechte nur geltend machen, wenn und soweit sie nach dem Eigentumserwerb entstanden sind. Ist das **Mietverhältnis** im Zeitpunkt der Eintragung des Erwerbers im Grundbuch zwar gekündigt, die Kündigungsfrist jedoch **noch nicht abgelaufen,** wird der Erwerber nach § 566 BGB Vermieter, Ansprüche aus unterlassenen Schönheitsreparaturen stehen ohne weiteres ihm zu; der nach § 566 BGB maßgebliche Stichtag ist die Eintragung des Erwerbers im Grundbuch, er wird durch eine Auflassungsvormerkung nicht auf den Zeitpunkt ihrer Eintragung vorverlegt.[933]

Ist der **Mietvertrag** zur Zeit der Eintragung **beendet,** ist danach zu differenzieren, inwieweit Ansprüche aus dem Rückabwicklungsverhältnis zur Entstehung gelangt sind. War der Schadensersatzanspruch des Veräußerers als Vermieters in diesem Zeitpunkt entweder durch Erfüllungsverweigerung oder nach Maßgabe des § 281 Abs. 1 BGB bereits entstanden, ist allein der Vermieter anspruchsberechtigt.[934] Bestand im Zeitpunkt der Eintragung nur der Erfüllungsanspruch, kann der Vermieter den Schadensersatzanspruch nicht mehr begründen, schon weil die Aufforderung, Renovierungsleistungen in fremdem Eigentum auszuführen, ins Leere ginge; ihm bleibt nur der Anspruch auf Ersatz eines etwaigen Wertverlustes. Der Erwerber wiederum tritt jedenfalls dann nicht in die Rechte und Pflichten des Vermieters nach § 566 BGB ein, wenn der Mieter zum Vertragsende und damit vor Eintragung ausgezogen war.[935] Nutzt der Mieter das Mietobjekt zu diesem Zeitpunkt immer noch, tritt der Erwerber in das Rückabwicklungsverhältnis ein, das ihm jedoch nur die Ansprüche auf Räumung nach § 546 Abs. 1 BGB und Ersatz des Vorenthaltungsschadens nach § 546a BGB verschafft;[936] ein weitergehender Eintritt, etwa in die Pflicht zur Herausgabe einer Mietsicherheit, findet nicht statt.[937] Dem Erwerber steht mithin kein Erfüllungsanspruch zu, den er durchsetzen oder zur Begründung eines Schadensersatzanspruchs verwenden könnte.

---

927 BGH (VIII ZR 220/84) NJW 1985, 2413 = WuM 1986, 56.
928 BGH (VIII ARZ 1/84) RE 30.10.1984 NJW 1985, 480 = WuM 1985, 46; (VIII ZR 378/03) GE 2005, 51 = NZM 2005, 58 = WuM 2005, 50 = ZMR 2005, 109.
929 LG Frankfurt/M. WuM 1989, 562.
930 LG Münster WuM 2000, 628.
931 BGH (VIII ZR 378/03) GE 2005, 51 = NZM 2005, 58 = WuM 2005, 50 = ZMR 2005, 109; *Wiek* WuM 2005, 10 (12).
932 BGH (VIII ZR 378/03) GE 2005, 51 = NZM 2005, 58 = WuM 2005, 50 = ZMR 2005, 109.
933 BGH (VIII ZR 22/88) NJW 1989, 451 = WuM 1989, 141 = ZMR 1989, 57.
934 BGH (VIII ZR 22/88) NJW 1989, 451 = WuM 1989, 141 = ZMR 1989, 57.
935 BGH (VIII ZR 219/06) NZM 2007, 441 m. w. N.; weitergehend *Lammel* § 566 Rdn. 31; *Wolf/Eckert/Ball* Rdn. 1362: mit Auszug auch bei noch bestehendem Mietverhältnis.
936 BGH (VIII ZR 139/77) BGHZ 72, 147 = NJW 1978, 2148; Palandt/*Weidenkaff* § 566 Rdn. 14.
937 BGH (VIII ZR 219/06) NZM 2007, 441.

(bb) Höhe des Anspruchs. Hat der **Vermieter** den **Schadensersatzanspruch noch zur Zeit seines Eigentums** zur Entstehung bringen können, wirkt sich der anschließende Verkauf des Mietobjekts nicht auf dessen Höhe aus, weil es sich nicht um einen Anspruch gem. § 249 Abs. 2 BGB handelt, sondern um Schadensersatz wegen Nichterfüllung.[938] Der Vermieter ist daher wirtschaftlich so zu stellen, wie er stehen würde, wenn der Mieter ordnungsgemäß erfüllt hätte. Der Schaden kann daher nach den erforderlichen **Reparaturkosten** berechnet werden. Hat der **Erwerber** den Schadensersatzanspruch begründet, gelten keine Besonderheiten zum bereits behandelten Anspruch aus unterlassenen Schönheitsreparaturen. 358

Ist dem Vermieter nur der nicht mehr realisierbare Erfüllungsanspruch verblieben, hat er gem. § 251 Abs. 1 BGB die Möglichkeit, den **Wertverlust** zu reklamieren.[939] Der Anspruch geht auf Vermögensausgleich, d. h. hier auf Ersatz der Differenz des Wertes des Mietobjekts in ordnungsgemäßem Zustand zu dem vom Mieter zurückgelassenen.[940] Die Wertdifferenz zeigt sich vornehmlich an dem Unterschied zwischen dem realisierten Kaufpreis und dem sonst erzielbaren. Zwar soll der fiktive Wiederherstellungsaufwand bei der Bemessung des Minderwertes berücksichtigt werden können,[941] was jedoch keineswegs pauschal zulässig ist. Der Aufwand wirkt sich nicht linear auf die Höhe des Kaufpreises aus;[942] für die Preisbildung können auch andere Marktfaktoren bestimmend sein.[943] Der Vermieter muss bei diesem Ansatz spezifiziert angeben, welche Maßnahmen zu welchem Mehrerlös hätten führen können. Im Rechtsstreit ist erst dann die Einholung eines Sachverständigengutachtens möglich, dessen Ergebnis als Grundlage einer Schätzung nach § 287 ZPO dienen kann.

H. Ersatz von Mietausfall

I. Anspruchsgrundlage

Verzögerungsbedingte Mietausfallschäden hat der Mieter gem. §§ 280 Abs. 2, 286 BGB zu ersetzen, wenn und soweit er sich mit der Erfüllung seiner Renovierungspflicht **im Verzug** befand. Bei ordentlicher Beendigung des Vertrags ist die Erledigung der erforderlichen Arbeiten jedenfalls am Tag der Beendigung des Mietverhältnisses fällig; mit diesem Tag gerät der Mieter im Umfang seiner Verpflichtungen in Verzug (§ 286 Abs. 2 Nr. 1 BGB).[944] Dasselbe gilt, wenn die Parteien einen Mietaufhebungsvertrag schlossen und dabei einen Termin festlegten, zu dem die Aufhebung wirksam werden sollte. Bei Auflösung des Vertrags durch fristlose Kündigung bedarf es zur Begründung des Schuldnerverzugs hingegen einer gesonderten Mahnung gem. § 286 Abs. 1 Satz 1 BGB, es sei denn, das Kündigungsschreiben enthält, wie oft, ein bestimmtes Datum, zu dem das Mietobjekt geräumt herausgegeben werden soll. 359

Zu beachten ist, dass der Anspruch auf Ersatz des **Mietausfalls** und derjenige auf Ersatz der **Renovierungskosten** zwar denselben Ursprung haben, sie aber **nicht dasselbe Schicksal** nehmen müssen. Hier ist zu differenzieren. Ist die Abwälzung der Schönheitsreparaturen auf den Mieter unwirksam geblieben, schuldete er keine Renovierung und verletzte folglich keine Vertragspflicht. Für einen Anspruch auf Ersatz von Mietausfall ist hier daher kein Raum.[945] Bei wirksamer Übertragung der Schönheitsreparaturen ist eine Pflichtverletzung zu konstatieren, die nicht dadurch gegenstandslos wird, dass dem Vermieter bei der anschließenden Begründung des Schadensersatzanspruchs statt der Leistung Fehler unterliefen, etwa aus formellen Gründen wie der fehlenden oder nicht hinreichenden Einhaltung des Verfahrens nach § 281 Abs. 1 BGB. War das Mietobjekt bei Mietende so renovierungsbedürftig, dass eine Neuvermietung nicht in Betracht kam bzw. es einem

[938] BGH (VIII ZR 360/03) DWW 2004, 328 = GE 2004, 1450 = NZM 2004, 901 = WuM 2004, 660 = ZMR 2005, 34.

[939] BGH (VIII ZR 360/03) DWW 2004, 328 = GE 2004, 1450 = NZM 2004, 901 = WuM 2004, 660 = ZMR 2005, 34.

[940] OLG München ZMR 1996, 202; OLG Düsseldorf MDR 1989, 262; LG Kiel WuM 1998, 215.

[941] BGH (V ZR 87/91) NJW 1993, 1793; OLG Düsseldorf MDR 1989, 262.

[942] LG Hamburg Urt. vom 6.2.1997 – 334 O 91/96.

[943] Vgl. BGH (VI ZR 262/82) BGHZ 92, 85 (92).

[944] BGH (VIII ZR 22/88) NJW 1989, 451 = WuM 1989, 141 = ZMR 1989, 57.

[945] BGH (VIII ZR 308/02) DWW 2003, 226 = GE 2003, 944 = NZM 2003, 594 = WuM 2003, 436 = ZMR 2003, 653.

bereitstehenden Nachmieter nicht überlassen werden konnte, bleibt dem Vermieter der Anspruch auf Ersatz des Mietausfallschadens bis zur zügigen Herrichtung mithin erhalten.

360 Die Rückgabe des Mietobjekts in nicht vertragsgemäßem Zustand, also die fehlende Erledigung der Schönheitsreparaturen, begründet hingegen **keinen** Anspruch auf Ersatz eines **Vorenthaltungsschadens** (Nutzungsentschädigung gem. § 546a BGB). Der Mieter, der auf Grund der Leistungsaufforderung des Vermieters nach Mietende die verlangten Arbeiten erledigt[946] oder mit Zustimmung des Vermieters ein selbstständiges Beweisverfahren gem. § 485 ZPO einleitet,[947] enthält ihm das Mietobjekt nicht vor.[948]

II. Höhe des Anspruchs

361 Der Anspruch besteht jedenfalls in Höhe der **bisherigen Bruttomiete,** d. h. einschließlich der Betriebskosten, solange nicht die sog. Abrechnungsreife gem. § 556 Abs. 3 Satz 2 BGB eingetreten ist, danach geht er auf Ausgleich eines zu Lasten des Mieters verbliebenen Abrechnungssaldos. Er kann höher ausfallen, wenn der Vermieter das ordnungsgemäße Mietobjekt zu einem höheren Mietzins früher hätte vermieten können. Ein Mietausfallschaden ist nicht gegeben, wenn der Vermieter das Mietobjekt nicht mehr vermieten, sondern z. B. in Eigennutzung übernehmen will;[949] hier kann der Anspruch nur auf Ersatz derjenigen Schäden gerichtet sein, die ihm durch die Verspätung anderweitig entstanden.

362 Der Anspruch auf Ersatz des Verspätungsschadens besteht für den **Zeitraum,** der für die Begründung des Schadensersatzanspruchs, also die Nachfrist, notwendig ist, für die angemessene – nicht die verzögerte[950] – Zeit der Suche eines Malers und dessen Arbeitsbeginn, für die Durchführung der Schönheitsreparaturen selbst und die Suche nach einem Folgemieter. Ob auch die Zeit für die Durchführung eines selbstständigen Beweisverfahrens gem. § 485 ZPO anzusetzen ist, richtet sich nach dem Einzelfall. Reicht es in einfachen Fällen z. B. aus, den Zustand in Zeugengegenwart fotografisch festzuhalten, ist dieser Zeitraum bei der Berechnung des Mietausfallschadens nicht zu berücksichtigen.[951]

III. Schadensminderungspflicht des Vermieters

363 Der Vermieter ist gehalten, sich **ohne Zeitverlust** darüber schlüssig zu werden, ob er die Räume in einen bezugsgeeigneten Zustand versetzen oder sie unrenoviert weitervermieten will, und die jeweiligen Maßnahmen zu ergreifen.[952] Anderenfalls verletzt er seine Schadensminderungspflicht aus § 254 Abs. 2 BGB. Vermeidbare Zeitverluste gehen nicht zu Lasten des Mieters.

364 Der Vermieter hat spätestens nach Mietende und Auszug des Mieters unverzüglich für die **Überprüfung des Mietobjekts** auf Schäden zu sorgen. Er darf es nicht, wie es immer wieder zu beobachten ist, wegen zeitlicher Überlastung, eigenen Urlaubs oder Urlaubs Dritter, etwa des Hausmeisters oder Sachbearbeiters der Verwaltung, zu wochenlangen Verzögerungen kommen lassen. Kostenvoranschläge oder Gutachten sind zügig einzuholen; es dürfen nur solche Handwerker oder Sachverständige ausgewählt werden, die den Schaden umgehend untersuchen können. Zur Schadensminderungspflicht im Zusammenhang mit der Einschaltung von Sachverständigen s. Rdn. 330ff.

365 Die **Nachfrist,** d. h. die Frist, die dem Mieter für die Erfüllung seiner Renovierungspflicht gesetzt wird, muss angemessen lang sein (s. Rdn. 277). Zwar bindet sich der Vermieter auch durch eine sehr lange Frist, ihre Motivation kann sich indes auf die Höhe des ihm zustehenden Anspruchs auf Ersatz von Mietausfall auswirken. Beruht die lange Frist auf einem erkennbaren oder sogar geäußerten Wunsch des Mieters, muss sich dieser den höheren Mietausfall zurechnen lassen. Anders verhält es sich, wenn der Vermieter die lange Frist nur deshalb wählte, weil er sich über sein eigenes Vorgehen noch nicht schlüssig geworden war. Es kann ihm dabei darum gehen, Zeit für noch nicht

[946] OLG Hamburg WuM 1990, 75.
[947] AG Neuss WuM 1994, 382.
[948] Ausführlich *Wiek* WuM 1988, 384.
[949] LG Hamburg WuM 1984, 74.
[950] LG Berlin GE 1999, 1131.
[951] LG Mönchengladbach WuM 2000, 328.
[952] BGH (VIII ZR 186/80) WuM 1982, 296.

abgeschlossene Planungen, etwa einen Umbau, zu gewinnen oder das Mietobjekt möglicherweise zu verkaufen. In derartigen Fällen liegt ein Verstoß gegen die Schadensminderungspflicht vor, so dass der Vermieter den Ausfall für den überflüssigen Anteil der Frist selbst zu tragen hat.

Für die Schönheitsreparaturen sind **Handwerker** auszuwählen, welche die Arbeiten **möglichst** **366**
kurzfristig aufnehmen können.[953] Ist z. B. der „Hausmaler" des Vermieters durch andere Aufträge für längere Zeit gebunden, fällt die zeitliche Verzögerung nicht in den Verantwortungsbereich des Mieters, wenn der Vermieter gleichwohl an ihm festhält. Insbesondere private Kleinvermieter ziehen es gelegentlich vor, die anstehende Renovierung kostengünstig durch Eigenarbeit zu erledigen. Hier ist immer wieder zu beobachten, dass sie die Arbeiten vornehmlich an Abenden und Wochenenden ausführen, was eine deutliche Verlängerung des Renovierungszeitraums zur Folge hat. Für den daraus zusätzlich resultierenden Mietausfall hat der Mieter nicht einzustehen.

Schließlich ist frühzeitig mit der **Nachmietersuche** zu beginnen. Sollen die Räume ggf. unre- **367**
noviert vermietet werden,[954] kann die Suche schon während der Nachfrist aufgenommen werden, sonst während der Dekorationsarbeiten; sind nur noch kleinere Arbeiten oder Restarbeiten offen und ist ein geeigneter Nachmieter bereit, diese auch während seiner Mietzeit ausführen zu lassen, ist die Anschlussvermietung schon vor deren Erledigung geboten.[955] Der Vermieter ist **nicht** verpflichtet, **um jeden Preis** neu zu vermieten; er muss daher das Mietobjekt nicht von vornherein zu dem verminderten Mietzins anbieten, zu dem es schließlich vermietet wird.[956] Andererseits wird er sich den Zeitraum des Leerstandes entgegenhalten lassen müssen, der nach der Marktlage auf zunächst überzogenen Vorstellungen beruhte. Ob es als Verstoß gegen die Schadensminderungspflicht zu werten ist, wenn es der Vermieter ablehnt, einen renovierungsbereiten Nachmieter zu akzeptieren, den ihm der Mieter, der nicht zur Ersatz- oder Nachfolgemieterstellung berechtigt ist, präsentiert, wird davon abhängen, inwieweit sachliche Gründe gegen die auf diese Weise mögliche, zügige Anschlussvermietung vorliegen.[957] Sie können aus der Person des vorgeschlagenen Nachmieters resultieren, ihren Hintergrund aber, wie die Praxis zeigt, auch in Absprachen mit dem Vormieter zu Zustand oder Ausstattung des Mietobjekts haben, die den Interessen des Vermieters zuwiderlaufen. Der jeweils insgesamt erforderliche Zeitraum richtet sich nach den Umständen des Einzelfalls; es ist daher nicht zulässig, generell z. B. eine Zeitspanne von zwei Monaten zu Grunde zu legen. Selbst aus einem Zeitraum von 8 ½ Monaten zwischen Räumung und Neuvermietung soll eine Vermutung für den Verstoß gegen die Schadensminderungspflicht nicht herzuleiten sein.[958]

J. Schadensersatzanspruch bei sonstigen Reparaturen

I. Entstehung des Anspruchs

Überschritt der Mieter die **Grenzen** des vertragsgemäßen Gebrauchs[959] oder beachtete er **368**
seine Obhutspflicht nicht, so dass die Mietsache beschädigt oder verschlechtert wurde,[960] ist eine **Vertragsverletzung** gem. § 280 Abs. 1 Satz 1 BGB zu konstatieren, sofern der Mieter schuldhaft handelte (§ 280 Abs. 1 Satz 2 BGB). Da in derartigen Fällen ein Schaden schon durch die Verletzungshandlung eingetreten ist, muss der Ersatzanspruch nicht erst, wie bei nicht oder nicht wie geschuldet erbrachter Leistung, durch das Verfahren nach § 281 BGB begründet werden; dies gilt auch, wenn der Schadensersatzanspruch erst nach Beendigung des Mietverhältnisses geltend gemacht wird.[961] Dem Vermieter erwächst vielmehr ein unmittelbarer Schadensersatzanspruch aus § 249 BGB, der ggf. im Wege der Vorteilsausgleichung zu reduzieren ist (s. dazu Rdn. 372). **Ob im Einzelfall** tatsächlich eine **Vertragsverletzung** im vorbeschriebenen Sinne vorliegt, ist **eingehend zu prüfen,** wenn es sich nicht um evidente Fälle handelt, wie etwa die Überschreitung des

---

953 Z. B. LG Berlin GE 1999, 1131.
954 Vgl. OLG Düsseldorf ZMR 2007, 780.
955 *Sternel* II Rdn. 451.
956 BGH (XII ZR 162/01) NZM 2005, 340.
957 LG Aurich WuM 1991, 342.
958 BGH (XII ZR 162/01) NZM 2005, 340.
959 Erst dann: Z. B. BGH (XII ZR 107/99) GuT 2003, 10 = NZM 2002, 913 = ZMR 2002, 901.
960 BGH (XII ZR 15/93) DWW 1995, 279 = NJW-RR 1995, 123 = ZMR 1995, 577.
961 Z. B. LG Saarbrücken ZMR 2015, 32; ausführlich hierzu *Langenberg/Zehelein* Schönheitsreparaturen II. Teil Rdn. 112ff.

vertragsgemäßen Gebrauchs in dem Fall aus der Praxis, dass der Mieter auf dem Fußboden des Kellers ein Lagerfeuer entfacht, um dort einmal am offenen Feuer zu grillen, oder die Verletzung der Obhutspflicht, weil der Mieter zur Kosteneinsparung kaum heizt und erst recht nicht lüftet, um die geringe Wärme nicht durch das Fenster entweichen zu lassen. Die Prüfung ist geboten, weil es auch durch vertragsgemäßen Gebrauch zu Veränderungen oder Verschlechterungen des Mietobjekts kommen kann; für diese hat der Mieter nach § 538 BGB nicht einzustehen. Bei **unklarer Schadensursache** ist ggf. ein Sachverständigengutachten einzuholen. So können z. B. Risse in Bodenfliesen sowohl auf einem Verhalten des Mieters beruhen als auch darauf, dass der Untergrund der Fliesen „arbeitet" und die starren Fliesen den Bewegungen nicht folgen.[962]

Hat der Vermieter wegen einer Sachbeschädigung einen unmittelbaren Schadensersatzanspruch aus §§ 280 Abs. 1, 249 BGB, hat er die **Wahl,** ob er nach § 249 Abs. 1 BGB **Naturalrestitution oder** nach § 249 Abs. 2 Satz 1 BGB sogleich **Geldersatz** verlangt. Übte er sein **Wahlrecht** dahin aus, dass er erst einmal Naturalrestitution, also Wiederherstellung, geltend machte und will er, z. B. wegen Untätigkeit des Mieters, auf Geldersatz übergehen, muss er das Verfahren nach § 250 BGB beachten.[963]

369 Die Grenze zur normalen Abnutzung ist überschritten, wenn **Waschbecken oder Badewannen** auffällige Schlagstellen aufweisen, zu sehr kleinen Abplatzungen s. Rdn. 111.

- Es ist vom vertragsgemäßen Gebrauch ist mehr gedeckt, wenn **Dübellöcher** übermäßig angebracht oder ohne Not nicht in die Fugen[964] gesetzt wurden. Wann dies der Fall ist, lässt sich nicht generell angeben (s. Rdn. 49).
- Bei der Beschädigung von **Türen** ist grundsätzlich entscheidend, ob sie sich mit Malerarbeiten beseitigen lässt (s. auch Rdn. 50), die bei Naturholztüren im Regelfall nicht genügen. Die Verletzung einer leistungsbezogenen Nebenpflicht ist ohne weiteres anzunehmen, wenn, was in der Praxis schon begegnet ist, Gucklöcher in die Badezimmertür geschnitten oder Ecken aus den Türen gesägt wurden, um einer Katze problemlosen Zutritt von Zimmer zu Zimmer zu verschaffen.[965] Wurde die Tür gekürzt, um Abstand zu einem neu verlegten Teppichboden zu erhalten, richtet es sich nach deren Beschaffenheit, ob bloßes Anlängen nebst Spachteln ausreicht, um nach Malerarbeiten wieder einen ordentlichen Zustand herzustellen. Türblätter, die der Mieter aushängte und im Keller lagerte und die dadurch verzogen sind, hat er zu ersetzen. Während des Mietverhältnisses soll der Vermieter jedoch keinen Anspruch darauf haben, dass der Mieter ausgebaute Türzargen wieder einbaut;[966] dies überzeugt nicht, weil die Entfernung der Zargen bereits als eine zustimmungspflichtige Umbaumaßnahme zu werten ist.
- Rotwein- oder Urinflecken von Tieren auf dem **Teppichboden**[967] lassen sich durch bloße Reinigung häufig nicht mehr entfernen, Brandflecken ohnehin nicht. Sog. Laufstraßen auf Teppichboden sind normale Abnutzungsspuren. Für Schäden am bauseitigen Fußbodenbelag durch **Verklebung** von Teppichauslegeware hat der Mieter einzustehen (s. aber Rdn. 375). Für die Folgen einer vom Vormieter vorgenommenen Teppichverklebung haftet der Mieter nur, wenn er den Teppichboden durch Vereinbarung mit ihm übernommen hatte;[968] hatte der Vormieter den Teppichboden ohne Absprache mit dem Ver- oder Nachmieter zurückgelassen, weil er z. B. die Ausbaukosten scheute, und vermietete der Vermieter das Mietobjekt in diesem Zustand weiter, gehen die Verklebung und dadurch bei Ausbau entstehende Schäden am Untergrund nicht zu Lasten des Nachmieters.
- Auch Laufstraßen auf **Parkett** gehören zu den normalen Gebrauchsfolgen. Zu diesen aus dem vertragsgemäßen Gebrauch stammenden Beeinträchtigungen sollen auch mehrere dunkle Flecken im Flur sowie ein 20 bis 30 cm langer Kratzer im Wohnzimmer gehören, wenn sie nur bei genauerer Betrachtung erkennbar sind.[969] Nicht mehr hierzu zählen durch Krallen eines Tieres hervorgerufene Kratzspuren.[970] Dass die Tierhaltung als solche durch die Zustimmung des Ver-

[962] AG Gießen Urt. vom 4.6.2014 – 48 C 260/12.
[963] *Blank* PiG 52 (1997), 36; Palandt/*Grüneberg* § 249 Rdn. 5 m. w. N.
[964] AG Köpenick GE 2012, 1639.
[965] Vgl. AG Erfurt WuM 2000, 630.
[966] LG Berlin WuM 1996, 138.
[967] LG Dortmund NJWE-MietR 1997, 100.
[968] LG Hamburg Urt. vom 15.1.1991 – 316 S 228/90.
[969] LG Berlin GE 1996, 925.
[970] LG Koblenz ZMR 2015, 555; **a. A.** *Schönemeier* WuM 2011, 148 (149).

mieters vertragsgemäß war, besagt nicht, dass der Vermieter auch zugleich die üblichen Folgeschäden übernahm.[971]

- Metall- und Rostflecken auf der **Fensterbank** hat der Mieter zu vertreten.[972] Dasselbe gilt für Wasser- und Kaffeeflecken; eine Ausnahme wird bestehen, wenn es sich um ein Material handelt, das für eine Fensterbank völlig ungeeignet ist,[973] wie manche Marmorsorten, auf denen Wassertropfen sogleich bleibende Ränder verursachen.
- Das Lackieren von **Wandfliesen**[974] oder von **Lichtschaltern und Steckdosen** führt zu Substanzschäden, weil sich der Lack, wenn überhaupt, so doch meist nicht ohne Schädigung des Untergrundes entfernen lässt. Das Entfernen von bauseitigen Einrichtungen wie Lichtschaltern und Steckdosen[975] ist ohnehin eine Vertragsverletzung.

II. Höhe des Anspruchs

1. Grundsätze

370 Wie bei der Vergabe von Aufträgen zur Erledigung der Schönheitsreparaturen geht der Anspruch des Vermieters nur auf Ersatz der **notwendigen Kosten,** wobei er sich jedoch nicht mit Flickwerk begnügen muss. Hätte die Reparatur von einzelnen Flächen oder Teilen zu einem ordnungsgemäßen Zustand geführt, hat er die Kosten einer weiter gehenden Herrichtung des Mietobjekts selbst zu tragen. Ob sich die vom Vermieter angesetzten Kosten im gebotenen Umfang halten, kann mit einer Kontrollüberlegung überprüft werden. Es ist zu fragen, welche Kosten ein wirtschaftlich denkender Vermieter aufgewendet hätte, wenn er zur Schadensbeseitigung verpflichtet gewesen wäre. Hier ist immer wieder zu beobachten, dass manche Vermieter ausschließlich kostenorientiert vorgehen. Genügen die entsprechenden Arbeiten, um den Anspruch des Mieters aus § 535 Abs. 1 Satz 2 BGB zu erfüllen, muss umgekehrt dieselbe Ausführungsart ausreichen, wenn die Arbeiten zu Lasten des Mieters gehen.

371 Handelt es sich um Schlagstellen an **Waschbecken oder Badewannen,** ist vor der Erneuerung zu prüfen, ob auch eine Ausbesserung zu einem optisch und technisch ordentlichen Zustand führen würde. Bei Badewannen kann u. U. eine Beschichtung für einen gewissen Zeitraum ausreichen, was zumal dann relevant ist, wenn sie älteren Datums sind und sich auf diese Weise die restliche Lebensdauer (dazu s. Rdn. 377) unschwer erreichen lässt. Bei einer Überzahl von **Dübellöchern,** die nur eine Wand betreffen, dürfte es oft ausreichen, nur diese Wand neu zu verfliesen; sind die Fliesen nicht mehr zu beschaffen, ist zu klären, ob durch andere, dekorativ zu den Fliesen an den anderen Wänden passende ein ansprechender Zustand zu erreichen ist. Hingegen ist eine Neuverfliesung des gesamten Raums erforderlich, wenn sich die Schäden auf alle Wände erstrecken und Ersatzfliesen nicht mehr erhältlich sind. Ähnlich verhält es sich, wenn **Wandfliesen** mit Lackfarbe überstrichen wurden. Wurden **Türblätter** gekürzt, um Teppichauslegeware verlegen zu können, genügt das Anlängen, wenn es zu einem optisch und technisch einwandfreien Zustand führt, was bei Naturholztüren nicht der Fall ist.[976] Weisen **Teppichböden** kleinere Flecken oder Brandlöcher auf, können sie von einem Fachbetrieb nicht selten durch Ausstanzen und Einfügen entsprechender Stücke repariert werden, sofern noch vorhandene Reste praktisch keine Farbabweichung aufweisen.

2. Vorteilsausgleichung

372 Von besonderer wirtschaftlicher Bedeutung für beide Parteien ist der Grundsatz der **Vorteilsausgleichung,** d. h. die Frage, inwieweit sich der Vermieter einen Abzug „neu für alt“ gefallen lassen muss. Sind ältere Teile des Mietobjekts im Rahmen der Reparaturmaßnahmen zu ersetzen, ergibt sich eine Wertsteigerung zugunsten des Vermieters zumindest dadurch, dass die neuen Bestandteile eine längere Lebensdauer aufweisen, was ihn entsprechend entlastet; der Abzug ist

---

[971] *Kraemer/von der Osten* in Bub/Treier III. A Rdn. 2349: Erlaubte Tierhaltung als stillschweigende Vereinbarung der Haftung für dadurch bedingte Schäden.
[972] AG Münster WuM 2000, 693; *Harsch* MietRB 2010, 52 (53).
[973] OLG Köln WuM 1995, 582; *Harsch* MietRB 2010, 52 (53).
[974] LG Köln WuM 1997, 41.
[975] LG Berlin ZMR 1996, XIII.
[976] *Gather* S. 116 f.; *Sternel* IV Rdn. 610.

auch von den Arbeiten und Zusatzleistungen vorzunehmen, die erforderlich sind, um die neue Sache verwendungsfähig zu machen.[977] Die erreichte Lebensdauer ist daher zu der üblicherweise erreichbaren ins Verhältnis zu setzen. Für die Bemessung der Lebensdauer lassen sich keine festen Regeln aufstellen, da es neben dem Alter auf die Beschaffenheit und Qualität des beschädigten Bestandteils der Mietsache ankommt. Nicht richtig wäre es, wie von Vermietern gelegentlich eingewandt wird, auf die wirtschaftliche Lebensdauer abzustellen; die technische Nutzungsdauer ist ohnehin nicht relevant, weil sie sich allein nach dem Zeitraum bestimmt, nach dessen Ablauf für die Bestandserhaltung des Bauteils höhere Kosten aufzuwenden sind als für dessen Herstellung.[978] Ausstattungen und Einrichtungen halten von der Substanz her im Zweifel Jahrzehnte. Entscheidend ist vielmehr der Zeitraum, für den noch ein ansehnlicher Zustand zu veranschlagen ist. Zweifel über die Höhe des Abzugs gehen zulasten des Geschädigten.[979]

373 Für den **Umfang der Vorteilsanrechnung** ist maßgeblich, welche **Nutzungsdauer im Zeitpunkt der Schadensverursachung** bereits erreicht war. Dabei kommt es nicht nur auf die eigene Mietzeit des Mieters an, vielmehr sind auch die Gebrauchszeiten durch Vormieter einzurechnen.[980] War die durchschnittliche Lebensdauer der jeweiligen Einrichtungen oder Ausstattungsteile der Mietsache bei Eintritt des Schadens bereits überschritten, ist der Mieter nicht zum Schadensersatz verpflichtet. Da die Erneuerung der jeweiligen Teile der Mietsache ohnehin zulasten des Vermieters anstand, ist ein unsachgemäßer Umgang des Mieters **nicht mehr kausal** für die Notwendigkeit der Ersetzung der Teile.[981] Fällt der Schaden noch in die Zeit der Lebensdauer der Einrichtungen oder Ausstattung, ist demgegenüber ein Rest-Schadensersatzanspruch des Vermieters gegeben. Er wird indes nicht relevant, wenn das Mietverhältnis nach dem Schadenseintritt noch eine längere Zeit andauert, weil der Vermieter mit seinen Ansprüchen im Regelfall erst nach Beendigung des Mietverhältnisses hervortritt. Ist die Lebensdauer zu diesem Zeitpunkt abgelaufen, weil der Mieter die beschädigten Teile weiter nutzte, ist der ursprüngliche restliche Schadensersatzanspruch des Vermieters überholt, so dass der Mieter auch in diesem Fall keinen Schadensersatz schuldet.

374 Für **Teppichboden** soll von einer Lebensdauer von 10 Jahren auszugehen sein,[982] was bei Ware minderer Qualität deutlich zu lang ist;[983] diese ist schon nach einer Nutzung von 5 bis 7 Jahren in aller Regel unansehnlich. Bei hochwertiger Ware ist eine Lebensdauer von 15 Jahren zu Grunde gelegt worden.[984] Schleifen und Versiegeln des **Parketts** ist nach einer Ansicht alle 12 bis 15 Jahre erforderlich,[985] nach anderer alle 15 bis 20 Jahre.[986] Für **PVC**-Ware werden sehr unterschiedliche Zeiten angenommen, 8 bis 10 Jahre,[987] höchstens 15 Jahre,[988] aber auch 20 Jahre.[989]

375 Hat der **Mieter auf eigene Kosten** z. B. Teppichboden verlegt, können ihm Schäden am bauseitigen Unterbelag, die bei dessen Entfernung auftreten, oder Klebereste nicht angelastet werden, wenn die Lebensdauer der bauseitigen Beläge bei Mietende abgelaufen war und nicht zusätzliche Schäden entstanden sind. Häufig weisen die bauseitigen Beläge, insbesondere bei nur punktueller Verklebung, an den nicht beschädigten Stellen noch einen sehr guten Zustand auf. Von Vermieterseite wird sodann nicht selten auf die gut erhaltenen Stellen verwiesen, um deutlich zu machen, dass die Erneuerung des bauseitigen Belags nur auf den Schäden beruht, die durch den Ausbau der mietereigenen Beläge entstanden sind. Diese Begründung für einen Schadensersatzanspruch ist jedoch nicht stichhaltig, weil es sich um ein Ergebnis handelt, das allein auf der Investition des Mieters beruht. Maßgeblich ist vielmehr die hypothetische Betrachtung, ob der Belag, hätte ihn der Mieter nicht abgedeckt, infolge der Nutzungszeit verbraucht gewesen wäre.

---

[977] Ausführlich OLG Koblenz ZMR 2003, 927.

[978] *Wetekamp* MK 2011, 64 (65).

[979] OLG Koblenz ZMR 2003, 927.

[980] Z. B. AG Schöneberg GE 2011, 1237.

[981] Vgl. LG Frankenthal ZMR 2015, 552; LG Köln NZM 1999, 456 = WuM 1998, 596; AG Hamburg Urt. vom 1.12.2000 – 43a C 273/99.

[982] LG Dortmund NJWE-MietR 1997, 100; AG Böblingen WuM 1998, 33; *Otto* ZMR 1989, 81 (82); *Wetekamp* MK 2011, 64 (66).

[983] Vgl. LG Kiel WuM 1998, 216 unter Bezug auf die Wertermittlungsrichtlinie, Anl. 5: Technische Lebensdauer baulicher Anlagen: Lebensdauer von Textilbelägen durchschnittlich fünf bis zehn Jahre.

[984] LG Köln WuM 1983, 126.

[985] AG Köln WuM 1984, 197; nach LG Potsdam GE 2009, 655 soll hier ein Abzug nicht nötig sein.

[986] LG Frankenthal ZMR 2015, 552; LG Wiesbaden WuM 1991, 540.

[987] LG Wiesbaden WuM 1991, 540.

[988] AG Staufen WuM 1992, 430.

[989] AG Kassel WuM 1996, 757.

376 Bei der Erneuerung von **Fliesen** soll im Hinblick auf eine „übliche Abnutzung" bereits nach einer Wohndauer von 3 Jahren und 4 Monaten ein Abzug von 10% gerechtfertigt sein.[990] Ob eine derart kurze Nutzungszeit angemessen ist, erscheint fraglich. Zu berücksichtigen ist, dass die Regelabschreibung nach § 25 II. BV 1% für jedes Jahr der Nutzung beträgt; eine Ausnahme ist für Fliesen in § 25 Abs. 3 II. BV nicht vorgesehen. Auch wenn eine starre Handhabung dieses Nutzungszeitraums nicht angebracht ist, bietet er doch einen Anhaltspunkt. Diesem Ansatz entspricht es eher, bei der Erneuerung von 30 Jahre alten Fliesen einen Abzug von 50% vorzunehmen; sie haben zwar eine erheblich höhere Lebensdauer, unterliegen aber auch dem jeweiligen Geschmack und der Mode.[991] Dieser Ansicht ist ohne weiteres für den Fall zuzustimmen, dass es sich um extrem modische Fliesen handelte. Aber auch wenn nur zeitgemäß modische, „unauffällige" Fliesen eingebaut waren, ist nicht zu verkennen, dass Mietinteressenten nach einer Nutzungsdauer von 60 Jahren neue bevorzugen. In Streitigkeiten über eine Mieterhöhung bei Wohnraum aus den fünfziger Jahren wird immer wieder von den Mietern eingewendet, dass das Badezimmer einen verbrauchten Eindruck mache. Der Umstand, dass sich Fliesen im Altbau aus der Gründerzeit, die noch bis in die siebziger und achtziger Jahre des letzten Jahrhunderts in großem Umfang als nicht zeitgemäß abgeschlagen wurden, inzwischen zum Teil großer Wertschätzung erfreuen, wird als Ausnahmeerscheinung außer Betracht bleiben können.

377 Für **Mischbatterien, Hand- und Standbrausen** soll die Lebensdauer etwa 8 Jahre,[992] für **Badewannen** aus Stahlblech 23 Jahre, für **Waschbecken** aus Porzellan oder Steingut 20 Jahre, für **Spülbecken** aus Steingut oder Edelstahl 27 Jahre, für **WC-Becken** 18 Jahre betragen.[993] Hierbei handelt es sich um Durchschnittswerte, die bei pfleglicher Behandlung deutlich überschritten werden können. Gelegentlich in Mietverträgen anzutreffende Klauseln, die den Mieter verpflichten, nur bestimmte Reinigungsmittel zu verwenden oder nach genau beschriebenen Pflegemethoden zu verfahren, sind unwirksam, wenn sie ihn übermäßig belasten, sofern sie nicht auf Grund des verwendeten Materials geboten sind. Ob es schon nach 12-jährigem Gebrauch zu einer Abstumpfung der Emaillierung der Badewanne[994] oder nach 6 Mietjahren zu schwärzlichen Verfärbungen der Fugenabdichtung am Badewannenrand[995] kommen muss, erscheint eher fraglich; diese Folgen dürften eher auf eine mangelnde Pflege durch den Mieter zurückzuführen sein. Bei **Rollläden** wird ebenfalls nach dem Material differenziert: Kunststoff 25 Jahre, Holz 35 Jahre, Aluminium 35 Jahre.[996] Für **Markisen** wird eine Lebensdauer von 15 Jahren angesetzt, für **Drehkippbeschläge** und **Türschlösser** von 25 Jahren.[997] Eine **Einbauküche** soll nach 25 Jahren verbraucht sein.[998] Dieser Zeitraum wird bei einfacher Industrieware zutreffen, bei hochwertigen, z. B. teuren Designerküchen, jedoch zu kurz sein.

K. Darlegungs- und Beweislast

I. Grundsätze

378 Nach § 538 BGB gehen die Folgen vertragsgemäßen Gebrauchs der Mietsache zu Lasten des Vermieters. Die Behebung dekorativer Schäden gehört daher zu seinen Pflichten aus § 535 Abs. 1 Satz 2 BGB. Macht der **Vermieter** geltend, dass die Arbeiten abw. von der gesetzlichen Regelung in die Zuständigkeit des Mieters fallen, muss er daher zunächst **den Anspruchsgrund darlegen und ggf. beweisen,** d. h. dass er die Durchführung der Schönheitsreparaturen wirksam auf den Mieter übertragen hat. In einem zweiten Schritt trägt der Vermieter zusätzlich die Darlegungs- und Beweislast dafür, dass er die Arbeiten auch in dem von ihm reklamierten Umfang auf den Mieter abgewälzt hat. Sind dem Mieter nicht nur *„die Schönheitsreparaturen"* überbürdet und damit im Wege der Auslegung alle Arbeiten gem. § 28 Abs. 4 Satz 4 II. BV (s. Rdn. 71), sondern wurden sie

---

990 So LG Göttingen ZMR 1990, 145.
991 LG Köln WuM 1997, 41.
992 Vgl. AG Zweibrücken ZMR 2014, 218 für Kalkablagerungen auf dem Duschkopf.
993 Die Nutzungsdauer von Trinkwasserinstallationen, HmbGE 1979, 457; vgl. *Simon/Cors/Troll/Grotlüschen,* Handbuch der Grundstückswertermittlung, 3. Aufl. 1992, B Anh. 3 Anlage 5.
994 AG Köln WuM 1984, 197.
995 AG Köln WuM 1995, 312.
996 *Wetekamp* MK 2011, 64 (66).
997 *Wetekamp* MK 2011, 64 (66).
998 LG Berlin GE 2001, 1404.

im Vertrag näher beschrieben, z. B. als Tapezieren *oder* Streichen der Wände sowie Lackieren der Holzteile und Heizkörper nebst Leitungen, kann er weder das Tapezieren der vom Mieter nur gestrichenen Wände noch die Reinigung des Fußbodens verlangen.

Wendet der Mieter gegen die als solche betrachtet zulässige Abwälzungsvereinbarung ein, sie sei gleichwohl ohne Wirkung, weil ihm die Wohnung **nicht renoviert** überlassen worden sei, trägt der **Mieter die Darlegungs- und Beweislast für die Übergabe in unrenoviertem Zustand;**[999] behauptet der **Vermieter,** er habe einen angemessenen Ausgleich geleistet, hat er die **Darlegungs- und Beweislast für die Angemessenheit.**[1000]

379 Verwendeten die Parteien ein Mietvertragsformular, handelt es sich ohne weiteres um **AGB.** Trägt der Vermieter vor, die als AGB erscheinenden Regelungen seien nicht nur gem. § 305 Abs. 2 BGB in den Vertrag einbezogen, sondern im Einzelnen ausgehandelt und damit individualvertragliche Abreden, trifft ihn insoweit die Beweislast.[1001] Beruft sich der Mieter darauf, bei einem maschinen- oder handschriftlichen Vertrag oder insbesondere bei derartig niedergelegten Zusatzbestimmungen zu einem Formularvertrag handele es sich ebenfalls um AGB, muss er dies beweisen, weil er den Schutz des AGBG für sich reklamiert;[1002] allerdings bleibt es bei AGB, wenn vorgedruckte Erklärungen nur hinsichtlich der Zahlen und Daten noch ausfüllungsbedürftig waren (sog. unselbstständige Ergänzungen).[1003]

380 Macht der Vermieter geltend, ihm stehe ein unmittelbarer Anspruch aus Vertragsverletzung zu, so dass er **ohne** Einhaltung des **Verfahrens nach § 281 Abs. 1 BGB Schadensersatz** verlangen könne, trägt er hierfür die Darlegungs- und Beweislast. Derartige Ansprüche kommen nur in Betracht, wenn sich die Schäden nicht durch bloße Schönheitsreparaturen beheben lassen (s. Rdn. 100).

381 Ist der Anspruchsgrund unstreitig oder nachgewiesen, verbleibt es immer noch beim Vermieter, die **Höhe** des eingeklagten Schadensersatzes darzulegen und ggf. zu beweisen. Streitigkeiten über die Höhe machen einen beträchtlichen Anteil des im Prozess zu behandelnden Konfliktstoffs aus. Reicht der Vermieter als Beleg für seinen Kostenansatz den Kostenvoranschlag eines Fachbetriebs ein, der Maße und Einzelpreise ausweisen muss,[1004] hat er im Allgemeinen seiner Darlegungslast genügt; pauschale Belege sind jedoch nicht ausreichend.[1005] Es ist sodann am Mieter, hiergegen anzugehen. An einer nachvollziehbaren Kostenaufstellung fehlt es, wenn sie keinen Bezug zur Leistungsaufforderung hat, sondern pauschal nach m^2 der Wohn- bzw. Fensterfläche aufgemacht ist.[1006]

382 Üblicherweise bestreitet der Mieter zumindest die **Angemessenheit** der angesetzten Preise. Ob **bloßes Bestreiten** ausreicht, ist fraglich.[1007] Für eine Lösung, bei der das prompte Bestreiten ins Blaue hinein unbeachtlich bleibt, ohne den Mieter unangemessen zu belasten, bietet sich eine **Differenzierung** an. Geht es um den Anstrich von Standardflächen, also glatten Wänden und Türen, wird dem Mieter zuzumuten sein, sich kurz bei einer oder mehreren Malerfirmen nach deren Preisen zu erkundigen, um ggf. mit dieser Information die Ansätze des Vermieters in erheblicher Weise in Frage zu stellen. Handelt es sich um aufwendigere Arbeiten, etwa in Räumen mit Stuck oder an Türen mit Verzierungen oder Kassetten, werden Malerfirmen nicht selten einigermaßen verlässliche Kostenschätzungen ohne Besichtigung ablehnen, für die sie u. U. eine Entschädigung verlangen, wenn keine Auftragsvergabe erfolgt. Zu einem derartigen Aufwand ist der Mieter nicht verpflichtet. Er ist ebenso nicht gehalten, sich zunächst eine sachverständige Äußerung zum Kostenvoranschlag zu besorgen, um sodann im Detail Rügen anbringen zu können. Dasselbe gilt bei beschädigten Einrichtungen und Ausstattungen, solange es um die Frage geht, ob z. B. eine Tür irreparabel beschädigt wurde oder ausgebessert werden konnte. Erweist sich die Erneuerung einer handelsüblichen

---

[999] BGH (VIII ZR 185/14) GE 2015, 649 = NZM 2015, 374 = WuM 2015, 338 m. Anm. *Hartmann* WuM 2015, 406 = ZMR 2015, 685; LG Berlin NZM 2016, 46 und GE 2016, 592 = NZM 2016, 639; dagegen unter Hinweis auf die Zweifelsregelung des § 307 Abs. 2 Nr. 1 BGB: *Kappus* NZM 2016, 609 (615f.); *v. Westphalen* NZM 2016, 10 (15ff.).

[1000] BGH (VIII ZR 185/14) GE 2015, 649 = NZM 2015, 374 = WuM 2015, 338 m. Anm. *Hartmann* WuM 2015, 406 = ZMR 2015, 685; *Kappus* NZM 2016, 609 (615f.); dagegen ausführlich *v. Westphalen* NZM 2016, 10 (15ff.) mit umgekehrtem Ergebnis.

[1001] BGH (VIII ZR 137/12) GE 2013, 612 = WuM 2013, 293; LG Berlin GE 2010, 1744.

[1002] *Ulmer/Habersack* in Ulmer/Brandner/Hensen § 305 Rdn. 61 m. w. N.

[1003] Z. B. BGH (XII ZR 175/92) DWW 1994, 248; (VIII ZR 20/82) NJW 1983, 1603.

[1004] KG GE 2001, 1402; vgl. LG Berlin GE 2001, 1198.

[1005] KG GE 2001, 1402.

[1006] AG Schöneberg MM 2003, 299.

[1007] Nein z. B.: *Scheuer/Emmerich* in Bub/Treier V. A Rdn. 302.

Tür als notwendig, dürfte bei der anschließenden Frage, ob die verlangten Kosten ansetzbar sind, vom Mieter erwartet werden können, dass er sich z. B. in einem Baumarkt oder im Internet nach den üblichen Preisen erkundigt. Anders verhält es sich wiederum bei Objekten, die Besonderheiten aufweisen, so dass bei ihnen schlichtes Bestreiten genügt.

Bezieht sich der Vermieter **zum Beweis der Angemessenheit** auf den angegebenen oder einen anderen Fachbetrieb, genügt sein Beweisantritt nicht. Die als selbstverständlich zu erwartende Bekundung des Handwerkers, seine Preise seien für seine Arbeit angemessen, besagt nichts dazu, ob sich die Preise tatsächlich im üblichen Rahmen bewegen. Aus diesem Grund wird auch die Vorlage des Angebots eines anderen Fachbetriebs als Nachweis nicht ausreichen. Der Vermieter hat vielmehr Beweis durch Einholung eines Sachverständigengutachtens anzubieten. Seine Überprüfung betrifft nicht nur die Marktüblichkeit der Preise, sondern auch, ob die angebotene bzw. berechnete Ausführungsart überhaupt notwendig ist/war oder ob kostengünstigere Alternativen zur Verfügung stehen bzw. standen. **383**

II. Ansprüche des Vermieters

1. Ansprüche aus unterlassenen Schönheitsreparaturen

a) Vor Ablauf von Renovierungsfristen. Hier kommen Ansprüche des Vermieters nur in Betracht, wenn Mängel vorliegen, die **deutlich über die Schäden hinausgehen,** wie sie bei vertragsgemäßem Gebrauch der Mietsache ohnehin auftreten. Der Vermieter hat im Einzelnen darzulegen und ggf. zu beweisen, dass es sich um erhebliche dekorative Mängel handelt,[1008] etwa einen besonders verwohnten oder beschädigten Zustand, wie er gelegentlich durch Haustiere verursacht wird (zum Streit der Parteien, ob Schäden nutzer- oder bauseitig bedingt sind, s. Rdn. 4). Je näher der Ablauf einer angemessenen Frist liegt und je geringer die Nutzung der Räume war, desto mehr muss der Vermieter darlegen und nachweisen, dass die vorgefundenen Gebrauchsspuren über die üblichen Spuren hinaus gehen, die sich bei der Nutzung zwangsläufig einstellen, wie z. B. helle Stellen hinter den Bildern, Staubfahnen über den Heizkörpern, Verschmutzungen um Lichtschalter und kleinere Lackabplatzungen, so dass **auch bei fortbestehendem Mietvertrag** nach Intensität und Umfang der Schäden eine Neudekoration angezeigt gewesen wäre. **384**

b) Nach Ablauf von Renovierungsfristen. Sind **angemessene weiche Renovierungsfristen abgelaufen,** spricht der äußere Anschein für die Notwendigkeit von Schönheitsreparaturen, zumal wenn die Fristen deutlich überschritten sind.[1009] Hier ist es Sache des Mieters, darzulegen und zu beweisen, warum die dekorative Herrichtung des Mietobjekts gleichwohl noch nicht erforderlich sein soll. Während dies dem Mieter, der eine Wohnung mit mehrköpfiger Familie nutzte, kaum möglich sein wird, kommt es z. B. bei einem Einzelmieter eher in Betracht, wenn er sich etwa berufsbedingt nur am Wochenende in der Wohnung aufhielt oder längere Zeit im Ausland. **385**

Geht es nach Beendigung des Mietverhältnisses um Schadensersatz wegen unterlassener Schönheitsreparaturen, ist es Sache des Vermieters vorzutragen und ggf. zu beweisen, dass er die **Voraussetzungen der §§ 280, 281 BGB** beachtet hat. Hierzu gehören der Zugang der Leistungsaufforderung und die Fristsetzung beim Einzelmieter oder bei Mitmietern an alle, die in Anspruch genommen werden, ferner dass die gesetzte Frist angemessen war, zumal wenn der Vermieter sogleich nach Fristablauf die Renovierung in eigener Regie in Angriff nahm, und schließlich die ursprüngliche Bereitschaft, eine Leistung des Mieters innerhalb der Frist anzunehmen, wenn dieser verfrühte Arbeiten von Handwerkern des Vermieters oder durch den Nachmieter substantiiert behauptet. Reklamiert der Vermieter einen Schadensersatzanspruch **ohne** Einhaltung des **Verfahrens** nach § 281 Abs. 1 BGB, trägt er die Darlegungs- und Beweislast für dessen Entbehrlichkeit, etwa wegen Erfüllungsverweigerung seitens des Mieters. **386**

c) Bei fehlenden Renovierungsfristen. Die Behandlung von Mietverträgen über **Wohnraum,** die keine Angaben zum Renovierungsturnus enthalten, scheint auf den ersten Blick unproblematisch, weil sich der Renovierungsbedarf allein nach ihrem Zustand richtet. Danach wäre es einerseits stets am Vermieter als Anspruchsteller, den Bedarf vorzutragen und ggf. zu beweisen, andererseits Sache des Mieters, den oft ungünstigen Eindruck einer leeren Wohnung auszuräumen **387**

1008 Z. B. *Harsch* Rdn. 323; *Lammel* § 535 Rdn. 171.

1009 Vgl. OLG Düsseldorf GE 2009, 1432 = ZMR 2010, 356; LG Berlin NZM 2010, 157 und NZM 2000, 862, das allerdings auf die kurzen Fristen nach dem MMV 1976 abstellt; **a. A.** *Harsch* MietRB 2012, 309.

(s. Rdn. 215). Um hier zu einem sachgerechten Ausgleich zu kommen, bietet es sich an, im Wege der ergänzenden Vertragsauslegung angemessene Fristen zugrunde zu legen (s. auch Rdn. 217) und nach den oben beschriebenen Grundsätzen zu verfahren.

Bei Mietverhältnissen über **Gewerberaum** gibt es keine üblichen Fristen, weil die Renovierungsbedürftigkeit von der sehr unterschiedlichen Nutzung abhängt. Enthält ein Mietvertrag über Gewerberaum keine Regelung, ist es Sache des Vermieters, im Einzelnen darzulegen und zu beweisen, in welchen Zeiträumen Objekte der im Einzelfall vermieteten Art üblicherweise renoviert werden, dass diese Fristen nicht eingehalten wurden und inwieweit die Räumlichkeiten infolge der Fristüberschreitung keinen ordnungsgemäßen Erhaltungszustand mehr aufweisen.[1010]

388 **d) Bedeutung des Rückgabeprotokolls.** Eine generelle Aussage zur Bedeutung des Rückgabeprotokolls lässt sich nicht treffen.[1011] Die **rechtlichen Folgen** hängen vielmehr von den **Umständen des Einzelfalls** ab. Es kann sich um bloße Notizen des Vermieters handeln, um einseitige Feststellungen, denen der Mieter z. B. mit einem seinerseits gefertigten Protokoll begegnet, um eine gemeinsame Bestandsaufnahme, die nur vom Vermieter oder von beiden Parteien unterzeichnet wurde, schließlich kann es weiter gehende Pflichten enthalten, etwa diejenige des Vermieters, die Kaution unverzüglich zurückzuzahlen, oder des Mieters, noch Renovierungsleistungen zu erbringen oder dem Vermieter die Kosten zu ersetzen, die er für die Erledigung der Schönheitsreparaturen aufwendet.

389 Macht sich der Vermieter bei einer gemeinsamen Schlussbegehung nur **Notizen** oder fertigt er nur Fotoaufnahmen[1012], ohne dass es zu Erklärungen der Parteien zum Zustand des Mietobjekts im Allgemeinen oder in einzelnen Teilen kommt, und nimmt er diese dann nur zu seinen Unterlagen, handelt es sich ausschließlich um ein **internes Dokument.** Gelegentlich wird so verfahren, wenn eine nicht geschulte Person die Rücknahme vornimmt, um sich anschließend sachkundig beraten zu lassen, ob Ansprüche angebracht werden können. Ebenso verhält es sich, wenn der Mieter die Schlüssel z. B. im Vermieter- oder Verwalterbüro bzw. beim Hausmeister abgibt, die Mietsache erst dann ohne Beisein des Mieters überprüft und ein Protokoll erstellt wird.

390 Führen die Parteien eine gemeinsame Schlussbegehung durch und bleiben die Beanstandungen des Vermieters streitig, so dass der Mieter das Protokoll **nicht unterzeichnet,** oder schweigt der Mieter zu den Feststellungen des Vermieters und verweigert anschließend die Unterschrift, richten sich die **Folgen** danach, **ob** der Vermieter dem Mieter eine **Abschrift** des Protokolls **aushändigt.** Nimmt er es nur zu seinen Unterlagen, handelt es sich auch hier allein um eine interne Aufzeichnung.

391 Sobald das **Protokoll** in den beiden vorgenannten Varianten **dem Mieter übermittelt** wird, entfaltet es indes **Außenwirkung.** Der **Umfang** dieser Außenwirkung ist **streitig.** Nach einer Ansicht hat das Protokoll nur die Bedeutung eines Beweisanzeichens,[1013] es dient damit der Beweiserleichterung.[1014] Der Vermieter soll mit ihm leichter nachweisen können, dass die aufgeführten Mängel bestanden. Es hindert ihn folglich nicht, noch weitere Beanstandungen hinzuzusetzen, etwa solche, die er zunächst übersehen oder in ihrem Ausmaß falsch eingeschätzt hat. Nach **herrschender Ansicht** hat es mit dieser Wirkung des Protokolls nicht sein Bewenden. Der **Sinn** des Protokolls liegt in der Bestandsaufnahme, der **Zweck** darin, späteren Streit über das Vorhandensein und die Art von Schäden am Mietobjekt zu vermeiden.[1015] Es wird nach der abschließenden Begehung und Besichtigung des Mietobjekts erstellt und fasst zusammen, ob und ggf. welche Mängel zurückblieben. Attestiert der Vermieter dem Mieter einen **einwandfreien** Zustand des Mietobjekts, liegt darin ein **negativer Schuldanerkenntnisvertrag** i. S. des § 397 Abs. 2 BGB.[1016] Mit der Aushändigung des Protokolls bietet der Vermieter den Abschluss dieses Vertrags an, das Angebot nimmt der Mieter entweder ausdrücklich oder jedenfalls ohne weiteres konkludent an, weil es

---

1010 OLG Köln WuM 1994, 274; *Wolf* in Lindner-Figura/Oprée/Stellmann Kap. 13 Rdn. 208.
1011 *Emmerich* NZM 2000, 1155 (1162); *Lehmann-Richter* ZMR 2006, 833 (834).
1012 OLG Hamm ZMR 2012, 864.
1013 *Emmerich* NZM 2000, 1155 (1162).
1014 *Hanke* PiG 58 (1999), 38.
1015 BGH (VIII ZR 252/81) NJW 1983, 446 (448).
1016 Z. B. LG Hamburg DWW 1999, 152 = NZM 1999, 838 = ZMR 1999, 405; AG Leonberg WuM 2013, 219; *Blank* PiG 52 (1997), 43; *Harsch* Rdn. 606; *Hinz* NZM 2016, 622 (623); *Lehmann-Richter* ZMR 2006, 833 (834 f.); *Lützenkirchen* in Lützenkirchen § 546 Rdn. 93; *Over* in Hannemann/Wiegner § 19 Rdn. 229; *Pfeilschifter* WuM 2003, 543 (550); *Streyl* in Schmidt-Futterer § 546 Rdn. 57.

für ihn günstig ist.[1017] Geht das Protokoll dem Mieter erst nachträglich durch die Post oder Boten zu, ist über § 151 BGB von einer schlüssigen Annahme des Mieters auszugehen.

392 Sind im Protokoll **Mängel** aufgeführt, verhält es sich nicht anders hinsichtlich der nicht im Protokoll aufgeführten Mängel. Aus der Sicht des Mieters als Empfänger der Erklärung handelt es sich bei den angegeben Mängeln um alle diejenigen, die der Rücknahme des Mietobjekts als ordnungsgemäß noch entgegenstehen. Er kann unterstellen, dass der Vermieter in eigenem Interesse sorgfältig alles festhält, aus dem für ihn Ansprüche gegen den Mieter folgen könnten. Der Mieter darf daher davon ausgehen, dass ihm **nur die im Protokoll vermerkten Mängel** angelastet werden,[1018] in diesem Sinne nimmt er das Angebot des Vermieters an.

393 Der negative Schuldanerkenntnisvertrag führt grundsätzlich zum **Ausschluss** von Ansprüchen aus **erst später erkannten Mängeln.**[1019] Eine **Ausnahme** betrifft **verdeckte Mängel,**[1020] z. B. durch an den Wänden angebrachte Gegenstände.[1021] Auf ungenügende Sichtverhältnisse (z. B. Rücknahme mit Taschenlampe) kann sich der Vermieter im Nachhinein allerdings nicht berufen,[1022] ebenso wenig darauf, dass ihm ein nicht deckender Anstrich verborgen blieb, weil die Farbe noch nicht abgetrocknet war.[1023]

394 Befürchtet der Vermieter, aus eigener Sachkenntnis keine abschließende Bewertung des Zustands der Mietsache vornehmen zu können, ist es seine Aufgabe, einen **Fachmann hinzuzuziehen.**[1024] Diese weitreichende Forderung wird allerdings **nur** bei **Gewerberaum** relevant sein.[1025] Hier sind eher Schäden zu erwarten, die einem Vermieter nicht auffallen oder die er in ihrer Tragweise falsch einschätzt. Er ist mit ggf. speziellen Auswirkungen des Betriebs, der in den Räumen durchgeführt wurde, meist nicht vertraut. In derartigen Fällen muss es sich dem Vermieter aufdrängen, dass eine Rücknahme ohne fachkundigen Beistand mit Risiken verbunden ist. Demgegenüber darf er bei **Wohnraum** unterstellen, dass er selbst in der Lage ist, bei gründlicher Besichtigung jedenfalls alle erheblichen Mängel zu bemerken.[1026] Insbesondere in den Fällen, bei denen ihm Mängel nur deshalb verborgen blieben, weil sie der Mieter kunstvoll kaschierte, wird er nicht darauf verwiesen werden können, er hätte einen Fachmann hinzuziehen müssen. Hierdurch würde nur das arglistige Vorgehen des Mieters honoriert.

395 Der Mieter kann die Aushändigung einer Kopie des Protokolls verlangen. Es handelt es sich dabei der Sache nach um eine **Quittung** i. S. d. § 368 BGB. Sie ist ein zuverlässiges Beweismittel, dass der Mieter seine Verpflichtungen erfüllte.[1027]

396 **Unterschreibt der Mieter** das Protokoll, tritt über die Festlegung des Vermieters hinaus **nunmehr auch eine Bindung des Mieters** ein, dass die niedergelegten Schäden **tatsächlich** vorlagen. Mit seiner Unterschrift macht der Mieter deutlich, dass die Feststellungen der Parteien übereinstimmen. Er ist daher grundsätzlich mit der nachträglichen Behauptung ausgeschlossen, festgestellte Mängel seien doch nicht vorhanden gewesen; Voraussetzung für diese Folge ist allerdings, dass er Gelegenheit hatte, das Protokoll vor der Unterzeichnung noch einmal genau durchzusehen.

397 Da es sich um eine Bestandsaufnahme des bei Rückgabe vorgefundenen Zustands handelt, also die bindende Beschreibung von Tatsachen, können **rechtliche Folgen** allein aus **der Unterzeichnung durch den Mieter nicht** abgeleitet werden.[1028] Ihm bleibt daher (weiterhin) die Möglich-

---

[1017] Z. B. *Lehmann-Richter* ZMR 2006, 833 (834 f.).

[1018] BGH (VIII ZR 252/81) NJW 1983, 446 (448); AG Lörrach WuM 1997, 218; *Blank* in Blank/Börstinghaus § 538 Rdn. 11; *Sternel* IV Rdn. 612.

[1019] KG GE 2003, 524; LG München I NZM 2003, 714 (LS); *Blank* in Blank/Börstinghaus § 538 Rdn. 11.

[1020] KG GE 2003, 524; *Schach* in Kinne/Schach/Bieber § 535 Rdn. 138; *Lehmann-Richter* ZMR 2006, 833 (834); *Wetekamp* GE 2003, 244.

[1021] AG Köpenick GE 2012, 1639.

[1022] *Wetekamp* GE 2003, 244.

[1023] AG Hamburg-Blankenese Urt. vom 23.7.1991 – 509 C 592/90.

[1024] BGH (VIII ZR 252/81) BGHZ 85, 267 = NJW 1983, 446.

[1025] Vgl. *Blank* PiG 52 (1997), 43.

[1026] Ebenso für Kleinvermieter *Hinz* NZM 2016, 622 (624), bei Großvermietern und Hausverwaltungen dürfe der Mieter geschultes Personal erwarten; vgl. BGH (VIII ZR 261/14) NJW 2016, 2495 zur Klausel „wie besichtigt".

[1027] *Hinz* NZM 2016, 622 (624); *Sternel* II Rdn. 434.

[1028] LG Rostock WuM 2000, 414; *Emmerich* NZM 2000, 1155 (1162); *Hörndler* MietRB 2008, 374; *Lehmann-Richter* ZMR 2006, 833 (837).

keit, gegenüber der Forderung des Vermieters, die festgestellten Schäden zu beseitigen, einzuwenden, dass sie schon bei Mietbeginn vorlagen oder nicht auf dem Mietgebrauch beruhen.[1029]

Anders verhält es sich, wenn sich aus **zusätzlichem Text** des Protokolls eindeutig ergibt, dass der Mieter für die Mängel einstehen will. Hierin liegt ein Anerkenntnis, dass sie zu seinen Lasten gehen (s. dazu aber Rdn. 312).[1030] Es wird in der Praxis meist dadurch erklärt, dass sich der Mieter verpflichtet, die anstehenden Schönheitsreparaturen bis zu einem bestimmten Zeitpunkt zu erledigen, oder dass er den Vermieter ermächtigt, sie gegen Kostenerstattung durchzuführen. Hat er eine derartige Erklärung abgegeben, ist er mit späteren Einwendungen gegen den Grund, die er bei Abgabe des Anerkenntnisses kannte oder hätte kennen können,[1031] ausgeschlossen,[1032] nicht jedoch mit Einwänden zur Höhe der angefallenen Kosten. Diese stehen im Zeitpunkt des Anerkenntnisses noch nicht fest, so dass es sich darauf nicht beziehen kann.

2. Gutachterkosten

398 Erweist sich im Prozess, dass sich die Feststellungen des Sachverständigen nur zum Teil auf Mängel bezogen, die dem Mieter anzulasten sind, oder nahm er hinsichtlich Umfang und/oder Qualität der vom Mieter geschuldeten Arbeiten unzutreffende Voraussetzungen an, sind die **Gutachterkosten** um den insoweit angefallenen Aufwand **zu kürzen.**[1033] Die Kürzung kann prozentual am Umfang der unberechtigten Ansätze ausgerichtet werden, solange nicht einzelne, leicht festzustellende Positionen mit hohen Kosten herausfallen, die mit einem prozentualen Abzug nicht ausreichend erfasst werden. Behandelt das Gutachten ganz überwiegend Mängel der Bausubstanz und enthält es zu notwendigen Schönheitsreparaturen nur beiläufig pauschale Angaben, besteht kein Ersatzanspruch des Vermieters.[1034]

399 Die Gutachterkosten dürfen im Rechtsstreit **als Hauptforderung eingeklagt** werden. Der Vermieter ist nicht darauf beschränkt, sie als Vorbereitungskosten im Kostenfestsetzungsverfahren geltend zu machen, da hier materielle Einwendungen des Mieters, insbesondere, das Gutachten sei nicht erforderlich gewesen, nicht zu überprüfen wären.[1035] Geht es um die **Kosten eines selbstständigen Beweisverfahrens,** gehören dessen Kosten zu denjenigen des Hauptsacheverfahrens. Dies gilt auch dann, wenn der Streitgegenstand des Beweisverfahrens und der Hauptsacheklage nur teilweise identisch ist oder wenn die Hauptsacheklage zurückgenommen wird, selbst wenn – mangels Antrags, § 269 Abs. 5 ZPO – keine Kostengrundentscheidung im Hauptsacheverfahren ergeht; § 494a Abs. 2 ZPO ist eine eng auszulegende Ausnahmevorschrift.[1036]

3. Ersatz von Mietausfall

400 Zur Begründung eines Mietausfallschadens ist in schlüssiger Weise vorzutragen, dass die frühere Vermietung **infolge des Zustands** des Mietobjekts nicht möglich war. Der Vermieter muss daher einen **konkreten Mietausfall** darlegen. Hierzu gehört grundsätzlich die Angabe, welcher Interessent deshalb von der Anmietung absah.[1037] Der Vermieter hat darzutun, wann, an wen und zu welchem Mietzins er das gesamte Mietobjekt oder zumindest Teile davon bei Rückgabe in ordnungsgemäßem Zustand hätte vermieten können. Diese Darlegungslast trifft den Vermieter, der Mietausfall infolge verspäteter Rückgabe des Mietobjekts reklamiert,[1038] ebenso wie denjenigen, der Mietausfall wegen unterlassener Schönheitsreparaturen geltend macht. Der vorgenannte Grundsatz bedarf jedoch einer **differenzierten Handhabung,** indem sowohl der Zeitraum, für den der Mietausfall beansprucht wird, wie auch die Marktlage in die Beurteilung einbezogen werden. Es sind mehrere Varianten zu unterscheiden.

[1029] Z. B. *Hinz* NZM 2016, 622 (625); *Schneider* NZM 2014, 743 (746).
[1030] Z. B. LG Berlin ZMR 2000, 535; *Blank* in Blank/Börstinghaus § 538 Rdn. 10; *Schach* in Kinne/Schach/Bieber § 535 Rdn. 139.
[1031] Z. B. *Schneider* NZM 2014, 743 (746) m. w. N.
[1032] KG WuM 2006, 32; LG Berlin ZMR 1999, 638.
[1033] BGH (VI ZR 249/11) Schaden-Praxis 2012, 180.
[1034] OLG Köln DWW 1994, 119 = WuM 1994, 274.
[1035] KG GE 1995, 1011.
[1036] BGH (XII ZB 231/05) ZMR 2007, 266.
[1037] OLG Brandenburg GE 2014, 252 = ZMR 2014, 28; KG Urt. vom 21.3.2002 – 8 U 9315/00; OLG Hamburg WuM 1990, 77; LG Hamburg ZMR 2004, 37; LG Berlin GE 2001, 210; *Horst* DWW 2008, 332; *Scheuer/Emmerich* in Bub/Treier V. A Rdn. 221.
[1038] BGH (XII ZR 154/97) NZM 2000, 183.

401 Geht es beim Mietausfall um den **ersten Monat nach Räumung** und Herausgabe des Mietobjekts durch den Vormieter, ist der beschriebene Grundsatz **im Regelfall** anzuwenden, weil der Vermieter immer das Anschlussvermietungsrisikoträgt.[1039] Es ist nicht selten festzustellen, dass der Vermieter noch keinen Anschlussmietvertrag sogleich für die Zeit nach Mietende und Auszug des Vormieters abschloss oder jedenfalls keinen festen Interessenten an der Hand hatte, der sogleich das Mietobjekt übernommen hätte. Letzteres wird zwar immer wieder behauptet, bleibt aber unsubstantiiert, solange nicht im Einzelnen vorgetragen wird, dass die wesentlichen Vertragskonditionen, vor allem Mietbeginn und Miethöhe, schon mit ihm abgestimmt waren. Hintergrund ist häufig die Sorge des Vermieters, dass er das Mietobjekt wegen seines Zustands nicht nahtlos weiter überlassen kann, so dass es ihm darum geht, Auseinandersetzungen mit dem Nachfolger und etwaige Ersatzansprüche zu vermeiden. Steht aber bei fristgemäßer Räumung durch den Vormieter kein Nachfolger bereit, kann sich der Zustand des Mietobjekts (noch) nicht auf den Mietausfall auswirken. Ob für den Regelfall von der Möglichkeit der sofortigen Weitervermietbarkeit auszugehen ist, ist demgegenüber irrelevant.[1040] Dies gilt auch, wenn ein erheblicher Nachfrageüberhang besteht, wie zum Teil in Ballungsgebieten jedenfalls bei Wohnraum, der für breite Bevölkerungskreise erschwinglich ist; bei dieser Marktlage scheitert die Neuvermietung in aller Regel nicht am Zustand der Wohnung, da die Mietinteressenten mehr daran interessiert sind, überhaupt eine Wohnung zu erhalten, als an deren Zustand bestimmte Anforderungen zu stellen. Gleichwohl fehlt es an der Kausalität zwischen dem Mietausfall und den unterlassenen Schönheitsreparaturen.

402 Eine **Ausnahme** wird für den Fall anzunehmen sein, dass der Vermieter in engem zeitlichem Zusammenhang mit dem Ende des Mietverhältnisses eine Vorbesichtigung durchführte und dabei eine erhebliche Renovierungsbedürftigkeit feststellte. Liegt es nahe, dass der Mieter kaum in der Lage ist, das Mietobjekt rechtzeitig in einen fachgerecht dekorierten Zustand zu versetzen, dürften dem Vermieter von vornherein aussichtslos erscheinende Vermietungsbemühungen nicht zuzumuten sein; dies gilt zumal dann, wenn das Zahlungsverhalten des Mieters während des Mietverhältnisses gelegentliche wirtschaftliche Schwierigkeiten vermuten ließ, so dass die Einschaltung mehrerer Fachhandwerker zur zügigen Erledigung der Renovierung nicht zu erwarten ist. Kommt noch das Bestehen einer gewissen Angebotsknappheit hinzu, wird die Angabe abgesprungener Interessenten nicht nötig sein, um Mietausfall sogleich beanspruchen zu können. Zumindest spricht hier eine **Beweiserleichterung aus § 252 Satz 2 BGB** für den Vermieter,[1041] die zu seinen Gunsten im Rahmen des § 287 ZPO berücksichtigt werden kann.[1042] Um sie eingreifen zu lassen, hat der Vermieter allerdings greifbare Ausgangs- oder Anknüpfungstatsachen vorzutragen und ggf. zu beweisen, anhand derer beurteilt werden kann, mit welcher Wahrscheinlichkeit der geltend gemachte entgangene Gewinn erzielt worden wäre.[1043] Unberührt von dieser Ausnahme bleibt die Pflicht des Vermieters darzulegen, dass er überhaupt gewillt war, das Mietobjekt sogleich weiter zu vermieten, wenn es sich denn bei Rückgabe in ordnungsgemäßem Zustand befunden hätte.[1044] Leerstand auf Grund einer z. B. willkommenen Sanierungsmöglichkeit darf nicht zulasten des Mieters gehen.

403 Abweichend von dem oben beschriebenen Grundsatz wird es sich verhalten, wenn es um den **Mietausfall ab dem Beginn des zweiten Monats nach Räumung** geht. Sah der Vermieter von einer unmittelbaren Anschlussvermietung ab, weil er eine Rückgabe der Mietsache in nicht ordnungsgemäßem Zustand befürchtete, und war seine Befürchtung, wie sich bei der Rücknahme des Mietobjekts zeigte, begründet, wird er auch ohne Nachweis abgesprungener Interessenten für eine gewisse Zeit Ersatz des Mietausfalls verlangen können. Dieser Zeitraum wird vom tatsächlichen Zustand des Mietobjekts und den Marktverhältnissen bestimmt. Sind Mietobjekte der jeweiligen Art sehr nachgefragt, ist davon auszugehen, dass es dem Vermieter bei ordnungsgemäßem Zustand des Mietobjekts unschwer möglich gewesen wäre, jedenfalls ab dem folgenden Monatsersten an einen Nachfolger zu vermieten. Der Mieter schuldet daher Ersatz des Mietausfalls bis zum zügigen Abschluss der Renovierung. Sind die Räume nach der Renovierung zügig weiter vermietet worden, spricht zudem ein Anschein dafür, dass dies auch zu einem früheren Zeitpunkt möglich

---

1039 BGH (VIII ZR 307/08) GE 2009, 1309 = NZM 2009, 779 = WuM 2009, 587.

1040 **A. A.** LG Frankfurt/M. NZM 2000, 1177 = ZMR 2000, 763 unter Bezug auf OLG Frankfurt DWW 1992, 336, ZMR 1997, 552.

1041 Z. B. BGH (VIII ZR 326/09) NZM 2010, 815; KG Urt. vom 21.3.2002 – 8 U 9315/00; *Scheuer/Emmerich* in Bub/Treier V. A Rdn. 158; *Pietz/Oprée* in Lindner-Figura/Oprée/Stellmann Kap. 16 Rdn. 128.

1042 BGH (IX ZR 149/15) WuM 2016, 752; *Kraemer* NZM 2003, 417 (423).

1043 BGH (VIII ZR 326/09) NZM 2010, 815; OLG Brandenburg GE 2014, 460 = ZMR 2014, 719.

1044 Vgl. LG Siegen WuM 2000, 18.

gewesen wäre.[1045] Aber auch, wenn kein Nachfrageüberhang besteht, sondern sogar eher ein Überangebot, ist es dem Vermieter dann nicht zuzumuten, mit dem noch nicht renovierten Objekt auf den Markt zu gehen, wenn er es renoviert weiter vermieten will und es tatsächlich auch erst nach der Renovierung neu vermietet; auch in diesem Fall darf er daher weiteren Mietausfall ersetzt verlangen. Das Korrektiv zu überzogenen Vorstellungen des Vermieters oder seiner Zögerlichkeit bildet stets seine Schadensminderungspflicht. Schließlich spielt auch die Höhe der für die Neuvermietung in Aussicht genommenen Miete eine Rolle. Übersteigt sie die bisherige deutlich, wird er eher darzulegen haben, welcher bestimmte Interessent zu den neuen Konditionen angemietet hätte, oder sich eine Kürzung seines Anspruchs für die Zeit gefallen lassen müssen, in der die Neuvermietung an seinen hohen Mietvorstellungen scheiterte, zumal wenn er sie später reduzierte.

III. Einwände des Mieters

1. Erfüllung der Renovierungspflicht

404 **a) Regelmäßige Ausführung der Schönheitsreparaturen.** Behauptet der Mieter nach Beendigung eines längeren Mietverhältnisses, er habe die ihn im Regelfall in angemessenem Abstand treffende **Verpflichtung** zur Ausführung der Schönheitsreparaturen **erfüllt,** der dadurch ausgelöste letzte Turnus sei noch nicht abgelaufen *und* das Mietobjekt immer noch in einem einigermaßen ansehnlichen Zustand, liegt es bei ihm nachzuweisen, dass er die Renovierung in angemessenen Fristen erledigte.[1046] Hierfür spricht schon der Umstand, dass allein dem Mieter entsprechende Angaben möglich sind. Insbesondere ist es nach § 362 BGB Sache des Schuldners, die Erfüllung der ihm obliegenden Leistung zu beweisen. Ein Verstoß gegen § 309 Nr. 12 BGB liegt darin nicht. Unter die Vorschrift fallen Beweislaständerungen zum Nachteil des Vertragspartners, nicht jedoch Beweislastregeln, die, wie es hier nach herrschender Auffassung anzunehmen ist, aus gesetzlichen Bestimmungen abzuleiten sind. Auch eine Formularklausel, die dem Mieter die Beweislast für die Ausführung der letzten Renovierung auferlegt, ist daher nicht zu beanstanden.[1047]

405 Die bloße Behauptung regelmäßiger Renovierung reicht daher nicht aus. Der **Mieter** muss vielmehr **substantiiert darlegen und ggf. beweisen,** wann dies genau der Fall war. Weil sich die Renovierung wegen der damit verbundenen Unzuträglichkeiten oft nicht auf die gesamte Wohnung bezieht, sondern in zeitlich länger auseinanderliegenden Abschnitten erfolgt, gehört dazu die Angabe, wann welche Räume dekoriert wurden. Er hat ferner vorzutragen, welche Arbeiten durchgeführt wurden, da nicht selten nur die Wände und Decken tapeziert oder angestrichen werden, während die Renovierung der Lackteile bis zur nächsten Dekoration von Decken und Wänden zurückgestellt wird. Ist dem Mieter der Nachweis gelungen, steht damit zugleich fest, dass der Vermieter Erfüllung bzw. Schadensersatz vor Ablauf des Turnus reklamiert, deren Voraussetzungen er nunmehr darlegen und beweisen muss.

406 Der früher unbeachtliche Einwand des Mieters, das Mietobjekt weise wegen der zwischenzeitlich ausgeführten Schönheitsreparaturen trotz dekorativer Mängel immer noch einen **besseren dekorativen Zustand als bei Einzug** auf, hatte zunächst durch den Wegfall der starren Fristen Relevanz gewonnen. Inzwischen ist der Einwand indes obsolet, weil die Abwälzung der Schönheitsreparaturen nur noch bei Übergabe einer renovierten Wohnung oder der Leistung einer angemessenen Kompensation durch den Vermieter bei Überlassung einer unrenovierten Wohnung wirksam ist.

407 **b) Ordnungsgemäßer Zustand.** Ferner ist fraglich, wie der Einwand des Mieters zu behandeln ist, das Mietobjekt befinde sich (immer noch) in einem ordnungsgemäßen Zustand. Das Problem liegt darin zu bestimmen, ob die Behauptung des Mieters ebenfalls als Erfüllungseinwand zu qualifizieren ist, so dass ihn die Darlegungs- und Beweislast trifft, oder ob es nunmehr beim Vermieter liegt, die Voraussetzungen für den von ihm reklamierten Anspruch darzutun.[1048] Auch hier bietet sich als Lösung an, **anhand angemessener Fristen zu differenzieren.** Sind diese seit langem überschritten, spricht der Anschein für die Renovierungsbedürftigkeit (s. Rdn. 385). In diesem Fall wird der Mieter substantiiert vortragen müssen, dass die Dekoration noch ansehnlich ist. Ge-

---

[1045] OLG Frankfurt DWW 1992, 336.
[1046] BGH (VIII ZR 317/97) NZM 1998, 710 = WuM 1998, 592.
[1047] OLG Frankfurt NZM 1998, 150.
[1048] Vgl. *Häublein* ZMR 2000, 141 f.

lingt ihm dies, ist es Sache des Vermieters, darzulegen und zu beweisen, dass die Bewertung des Mieters nicht zutrifft, d. h. die Mängel im Einzelnen zu beschreiben. Läuft der Turnus noch, ist es primär am Vermieter, die Gründe für eine Renovierung plausibel vorzutragen und unter Beweis zu stellen (s. Rdn. 384).

2. Schäden bei Mietbeginn

408 Geht es bei einem Streit der Parteien nicht um den dekorativen Anfangszustand, sondern um **andere Schäden,** sei es an der Substanz der Flächen, die regelmäßig bei einer Renovierung bearbeitet werden, sei es an Einrichtungen des Mietobjekts, wenden Mieter häufig ein, sie hätten schon bei Einzug in die Mieträume vorgelegen. Hier ist das **Übergabeprotokoll** für beide Parteien von großer Bedeutung, auch für den Mieter, der sich immer eine Kopie aushändigen lassen sollte, um insbesondere bei einem Vermieterwechsel eine Nachweismöglichkeit für ursprüngliche Schäden zur Hand zu haben. Ergibt sich aus dem Übergabeprotokoll, dass bestimmte Schäden schon bei Einzug vorhanden waren, kann der Vermieter deren Beseitigung vom Mieter nicht verlangen. Der Umstand, dass der Mieter das Mietobjekt in Kenntnis der Mängel übernahm und den Zustand damit billigte, wirkte sich dahin aus, dass er insoweit keine Gewährleistungsrechte geltend machen konnte; eine Verpflichtung, sie nun seinerseits zu beseitigen, folgt daraus jedoch nicht. Enthält das Übergabeprotokoll keine Vermerke zu Beschädigungen, ist es ein wichtiges Beweisanzeichen für den Vermieter, dass die Mietsache schadenfrei war.[1049] Zwar trifft den Vermieter die **Darlegungs- und Beweislast** für den ordnungsgemäßen Zustand des Mietobjekts bei Übergabe an den Mieter.[1050] Durch die Vorlage eines beanstandungsfreien Protokolls entlastet er sich indes, so dass der Mieter nunmehr die Richtigkeit des Protokolls erschüttern muss, indem er z. B. Zeugen für den früheren Zustand aufbietet oder Fotos vorlegt, was in Prozessen zunehmend bis hin zu einer ausführlichen Fotodokumentation geschieht. Diese Folge gilt allerdings nur für ein Protokoll, das ähnlich spezifiziert und strukturiert ist wie ein ordnungsgemäßes Rücknahmeprotokoll. Übergabeprotokolle, wie sie in der Praxis immer wieder begegnen, die neben der Überschrift *„Übergabeprotokoll"* und der Bezeichnung des Mietobjekts nur Vermerke wie *„keine Mängel"* oder insbesondere *„wird so übernommen"* tragen, haben keinen den Vermieter entlastenden Beweiswert.

409 Der Vermieter kann seine Darlegungs- und Beweislast nicht dadurch abwenden, dass er in den Vertrag **Formularklauseln zum Anfangszustand** des Mietobjekts aufnimmt. Klauseln, mit denen der Mieter den einwandfreien Zustand bei Übergabe[1051] oder die Übergabe in renoviertem Zustand[1052] anerkennt, sind gem. § 309 Nr. 12b BGB unwirksam. Dasselbe gilt für Klauseln, dass der Mieter offene oder verborgene Mängel ausnahmslos innerhalb einer bestimmten Frist rügen muss, anderenfalls sei das Mietobjekt als ordnungsgemäß akzeptiert.[1053] Die Unwirksamkeit betrifft gleichermaßen Wohn- wie Gewerberaum, auch den kaufmännischen Verkehr.[1054]

3. Streit über die Ursache von Schäden

410 Häufig kommt es zum Streit über die **Ursache dekorativer Schäden.** Dies begegnet in der Praxis insbesondere im Zusammenhang mit Feuchteschäden nebst Spak und Schimmelbefall. Der Mangel als solcher ist offensichtlich, streitig ist indes zwischen den Parteien, wem die Verursachung zuzurechnen ist. Hier ist zur Beweislast auf die Ausführungen in Rdn. 4 zu verweisen.

[1049] OLG Düsseldorf DWW 2004, 67 (LS) = GE 2003, 1080.

[1050] Z. B. OLG Düsseldorf GuT 2010, 344; OLG Stuttgart WuM 1987, 250; LG Freiburg WuM 2008, 334; AG Gelsenkirchen/LG Essen ZMR 2016, 964; AG Köpenick GE 2012, 1639; *Blank* in Blank/Börstinghaus § 538 Rdn. 5.

[1051] OLG Düsseldorf GE 2003, 1608 = WuM 2003, 621 = ZMR 2003, 921; LG Osnabrück WuM 1986, 93; vgl. auch OLG Stuttgart WuM 1987, 250.

[1052] OLG Düsseldorf ZMR 2005, 705.

[1053] BGH (III ZR 141/90) NJW 1992, 575; OLG Stuttgart WuM 1987, 250.

[1054] *Schlemminger/Latinovic* NZM 1999, 164 m. w. N., im Einzelnen auch zur Gestaltung von Klauseln über die umweltrechtliche Verantwortlichkeit.

L. Verjährung

I. Beginn der Verjährungsfrist für den Vermieter

411 Nach § 548 Abs. 1 BGB verjähren die Ansprüche des Vermieters wegen Veränderungen oder Verschlechterungen der Mietsache in **sechs Monaten.** Die Verjährung beginnt mit dem **Zeitpunkt, in dem er die Mietsache zurückerhält und Kenntnis** hiervon hat.[1055] Anders als beim Mieter, dessen in § 548 Abs. 2 BGB genannten Ansprüche mit der Beendigung des Mietverhältnisses zu verjähren beginnen, kann die Verjährungsfrist erst erhebliche Zeit nach Mietende einsetzen, aber auch, was in der Praxis immer wieder übersehen wird, schon vor dem Ablauf des Vertrags.[1056] Meint der Vermieter z. B. irrtümlich, der Mietvertrag bestehe noch, weil eine Kündigung des Mieters unwirksam sei, hat die Verjährung gleichwohl mit der Rückgabe des Mietobjekts begonnen, so dass er ggf. mit seinem Erfüllungsanspruch zu spät kommt. Der Vermieter hat die Mietsache zurückerhalten, wenn sie geräumt und ihm die tatsächliche Gewalt über sie verschafft wurde, er sich also ungestört ein umfassendes Bild von den Veränderungen und Verschlechterungen machen kann.[1057] Der tatsächliche Zustand der Räume ist für die Rückgabe grundsätzlich ohne Bedeutung.[1058] Zu weiteren Einzelheiten ist auf die Kommentierung bei § 548 BGB zu verweisen.

II. Gegenstand der Verjährungsfrist

412 Die Verjährungsfrist des § 548 Abs. 1 BGB betrifft zunächst ohne weiteres die vertraglichen **Erfüllungsansprüche** des Vermieters, mithin diejenigen, die auf Beseitigung von Veränderungen oder Verschlechterungen der vermieteten Sache gerichtet sind. Zu den *„Ersatzansprüchen"* i. S. d. § 548 BGB zählen allerdings **ebenso Schadensersatzansprüche.** Hierzu gehören zum einen die Schadensersatzansprüche statt der Leistung, die nach Maßgabe des § 281 BGB begründet wurden. Auch ihre Verjährung beginnt daher mit der Rückgabe des Mietobjekts,[1059] obwohl der Anspruch, vom Fall der hierbei vom Mieter erklärten Erfüllungsverweigerung abgesehen, erst noch mit Leistungsaufforderung nebst Fristsetzung begründet werden muss; der im Grunde vorzeitige Beginn der Verjährungsfrist folgt aus der Vorschrift des § 200 BGB. Zum anderen gilt die Verjährungsfrist für weitere Ansprüche des Vermieters im Zusammenhang mit der Veränderung oder Verschlechterung des Mietobjekts. So gilt sie ebenfalls für Schadensersatzansprüche, die der Vermieter auf unerlaubte Handlung stützt, und zwar auch nach unerlaubten Handlungen von Dritten, die in den Schutzbereich des Mietvertrags einbezogen sind.[1060]

413 Zu beachten ist, dass der **Schadensersatzanspruch nicht mehr** zur Entstehung gebracht wird, wenn der **Erfüllungsanspruch bereits** vor dem Zeitpunkt **verjährt** ist, in dem die Nachfristsetzung abgelaufen oder entbehrlich wurde[1061] bzw. die Voraussetzungen der Umwandlung nach § 281 Abs. 1 BGB vorliegen.[1062] Verlängert sich z. B. eine knapp vor der Verjährung des Erfüllungsanspruchs dem Mieter mit der Leistungsaufforderung zugeleitete zu kurze Frist für die Renovierung auf eine angemessene Frist, die nach Eintritt der Verjährung endet, wird der Schadensersatzanspruch nicht mehr begründet.[1063]

414 **Besonderheiten** betreffen hingegen den **Schadensersatzanspruch aus Mietausfall.** Es handelt sich um einen Verspätungsschaden, für den der Vermieter über die Voraussetzungen des § 280 Abs. 1 BGB hinaus nur unter den zusätzlichen Bedingungen des § 286 BGB Ersatz verlangen kann (§ 280 Abs. 2 BGB). Im Verhältnis zum Erfüllungsanspruch und dem Schadensersatzanspruch nach §§ 280 Abs. 1, 281 BGB stellt er nur einen zweitrangigen Anspruch dar, weil er von deren Bestehen abhängig ist. Soweit eine Renovierungspflicht nicht bestand oder der Mieter mit ihrer Erfüllung

---

[1055] BGH (VIII ZR 402/12) DWW 2014, 238 = GE 2013, 1647 = NZM 2014, 128 = WuM 2013, 729 = ZMR 2014, 270.

[1056] BGH (VIII ZR 123/05) NZM 2006, 503 = WuM 2006, 319.

[1057] Z. B. BGH (XII ZR 149/98) NZM 2000, 1055.

[1058] BGH (VIII ZR 96/87) NJW 1988, 2665 = WuM 1988, 270; z. B. auch OLG Düsseldorf GE 2004, 815 = GuT 2004, 123 = NZM 2004, 584.

[1059] BGH (VIII ZR 114/04) DWW 2005, 65 = GE 2005, 230 = GuT 2005, 59 = NZM 2005, 176 = WuM 2005, 126 = ZMR 2005, 291.

[1060] BGH in st. Rspr., z. B. BGH (VI ZR 259/04) NZM 2006, 624 = WuM 2006, 437 m. w. N.

[1061] BGH (VIII ZR 184/87) NJW 1988, 1778.

[1062] BGH (XII ZR 12/13) GE 2014, 313 = NZM 2014, 242 = WuM 2014, 140 = ZMR 2014, 526.

[1063] OLG Hamburg WuM 1998, 17; *Ricker* NZM 2000, 217.

nicht in dem von § 286 BGB geforderten Verzug war, fehlt es an einer Grundlage, aus welcher der Vermieter Mietausfall ersetzt verlangen könnte. Der Anspruch auf Ersatz von Mietausfall geht daher auf eine abhängige **Nebenleistung i. S. d. § 217 BGB.** Nach § 217 BGB verjähren Ansprüche auf Nebenleistungen, die von einem Hauptanspruch abhängen, indes mit diesem, und zwar selbst dann, wenn die für die Nebenleistung geltende besondere Verjährung noch nicht vollendet ist. Ist der Hauptanspruch des Vermieters verjährt, ist folglich zugleich der Anspruch auf Ersatz des Mietausfallschadens aus § 286 Abs. 1 BGB verjährt.[1064]

Der Vermieter kann jedoch den Schadensersatzanspruch auf Ersatz von **Mietausfall selbstständig einklagen.** Der Umstand, dass der Anspruch auf eine abhängige Nebenleistung i. S. d. § 217 BGB gerichtet ist, besagt nicht, dass er nur gemeinsam mit dem Hauptanspruch geltend gemacht werden könnte. Klagt der Vermieter den Mietausfall vor der Verjährung des Hauptanspruchs ein, findet § 217 BGB auf ihn auch dann keine Anwendung, wenn der Hauptanspruch später verjährt.[1065] Der Ersatzanspruch bleibt dem Vermieter in diesem Fall also erhalten. Diese Folge betrifft bei einer Leistungsklage allerdings nur den geltend gemachten Mietausfall. Auch wenn der gesamte Mietausfall bis zur Neuvermietung im Grunde einen einheitlichen Verzugsschaden bildet, ist die Hemmung der Verjährung durch Klagerhebung allein auf den rechtshängig gemachten Teil des Schadens beschränkt.[1066] Nach Ablauf der kurzen Verjährungsfrist gem. § 548 BGB erfolgende Klageerweiterungen auf Zahlung von Mietausfall für Folgemonate bleiben daher wirkungslos, sofern der Mieter die Einrede der Verjährung erhebt (Beispiel: Räumung und Herausgabe des Mietobjekts am 31.1., Eingang der Klage auf Ersatz des Schadens aus unterlassenen Schönheitsreparaturen und bisher angefallenen Mietausfalls bis einschließlich Juni am 25.6., Erhöhung der Klage um weiteren Mietausfall am 3.12. für die Monate Juli bis Dezember: Dieser weitere Anspruch scheitert ggf. an der Verjährungseinrede des Mieters). Um sich den Ersatzanspruch zu sichern, muss der Vermieter eine Feststellungsklage anhängig machen, dass der Mieter auch die künftigen, zeitlich noch nicht überschaubaren Mietausfälle zu ersetzen hat. 415

III. Verjährung der Ansprüche des Mieters

1. Renovierungsanspruch

Wurden die Schönheitsreparaturen von vornherein nicht auf den Mieter abgewälzt oder blieb eine Abwälzungsklausel ohne rechtlichen Erfolg, ist der Vermieter aus § 535 Abs. 1 Satz 2 BGB verpflichtet, das Mietobjekt von Zeit zu Zeit wieder in einen ordnungsgemäßen dekorativen Zustand zu bringen (dazu im Einzelnen Rdn. 204). Dieser Renovierungsanspruch des Mieters **kann nicht verjähren,** weil der Anspruch des Mieters auf Erhaltung eines mangelfreien Mietobjekts während des Mietverhältnisses ständig neu entsteht.[1067] Auch wenn die Verjährung nicht zum Untergang des Anspruchs führt, hätte ihre Zulassung zur Folge, dass die ständige Verpflichtung des Vermieters aus § 535 Abs. 1 Satz 2 BGB ausgehebelt würde, was weder mit der Natur eines Dauerschuldverhältnisses zu vereinbaren ist,[1068] noch mit der vom Mieter durch Zahlung der Miete erbrachten Gegenleistung.[1069] Im Übrigen kann schon faktisch keine Verjährung eintreten, weil dem Renovierungsanspruch ein schleichender, stetig wachsender Mangel zugrunde liegt. 416

2. Erstattungsansprüche

Ersatzansprüche des Mieters wegen der **in Eigenleistung** durchgeführten Schönheitsreparaturen oder der **Kosten eines Malerbetriebs,** den er während des Mietverhältnisses in der irrigen 417

[1064] BGH (XII ZR 150/93) NJW 1995, 252 = WuM 1995, 149.

[1065] BGH (XII ZR 150/93) NJW 1995, 252 = WuM 1995, 149.

[1066] BGH (XII ZR 281/95) NZM 1998, 147 = WuM 1998, 155 = ZMR 1998, 208 klarstellend zu BGH (XII ZR 150/93) NJW 1995, 252 = WuM 1995, 149.

[1067] BGH (VIII ZR 104/09) GE 2010, 479 = NZM 2010, 235 = WuM 2010, 238; *Häublein* in MünchKomm § 535 Rdn. 107; *Kandelhard* in Herrlein/Kandelhard § 548 Rdn. 63f.; Palandt/*Ellenberger* § 195 Rdn. 10; Palandt/*Weidenkaff* § 535 Rdn. 31; *Streyl* WuM 2009, 630; **a. A.** AG Düren GE 2009, 205; *Beuermann* GE 2008, 236; *Feuerlein* WuM 2008, 385 (386f.); *Lehmann-Richter* NZM 2009, 761 (765f.); *Schmid* ZMR 2009, 585; *Sternel* Mietrecht aktuell (2009) Rdn. IX 233.

[1068] Ausführlich *Kandelhard* in Herrlein/Kandelhard § 548 Rdn. 63f.

[1069] LG Aachen ZMR 2010, 113.

Annahme einer entsprechenden Verpflichtung mit der Renovierung beauftragte, verjähren nach § 548 Abs. 2 BGB **binnen sechs Monaten** ab Beendigung des Mietverhältnisses.[1070]

Dasselbe gilt, wenn der Mieter aufgrund einer unwirksamen Schönheitsreparaturklausel an den Vermieter einen früher zulässigen **Abgeltungsbetrag** für nicht durchgeführte Schönheitsreparaturen zahlte.[1071] Die kurze Verjährungsfrist gilt gleichermaßen sowohl für einen Bereicherungsanspruch wie auch einen Schadensersatzanspruch des Mieters wegen der rechtsgrundlos ausgeführten Schönheitsreparaturen.[1072]

[1070] BGH (VIII ZR 195/10) GE 2011, 813 = NZM 2011, 452 = WuM 2011, 363 = ZMR 2011, 705.
[1071] BGH (VIII ZR 12/12) DWW 2012, 262 = GE 2012, 1031 = NZM 2012, 557 = WuM 2012, 445 mit Bespr. *Krapf* WuM 2012, 548.
[1072] BGH (VIII ZR 265/10) WuM 2011, 418.

§ 539 Ersatz sonstiger Aufwendungen und Wegnahmerecht des Mieters

(1) Der Mieter kann vom Vermieter Aufwendungen auf die Mietsache, die der Vermieter ihm nicht nach § 536a Abs. 2 zu ersetzen hat, nach den Vorschriften über die Geschäftsführung ohne Auftrag ersetzt verlangen.

(2) Der Mieter ist berechtigt, eine Einrichtung wegzunehmen, mit der er die Mietsache versehen hat.

Systematische Übersicht

Alphabetische Schnellübersicht

I. Anwendungsbereich der Vorschrift

Die Vorschrift gilt **für alle Mietverhältnisse.** Sie vereinigt die früheren Bestimmungen in § 547 Abs. 2 und § 547a Abs. 1 BGB, wobei der Begriff der Verwendungen im Interesse einer einheitlichen Terminologie durch Aufwendungen ersetzt wurde. Die Regelungen in § 547a Abs. 2 und 3 BGB befinden sich nunmehr innerhalb der Vorschriften für Wohnraum, § 552 BGB Abs. 1 und 2; für Gewerberaum gilt nur § 552 Abs. 1 BGB (§ 578 Abs. 2 BGB). Die Bestimmung des § 547 Abs. 1 Satz 1 BGB ist in § 536a Abs. 2 Nr. 2 BGB aufgegangen, § 547 Abs. 1 Satz 2 BGB zu den Fütterungskosten eines Tieres weggefallen. 1

§ 539 BGB betrifft ausschließlich Investitionen des Mieters **im Rahmen eines Mietverhältnisses.**[1] Für allgemeine Pachtverträge gelten §§ 582, 582a BGB, für die Landpacht §§ 586, 590b, 591 BGB. Dem Untermieter stehen aus § 539 Abs. 1 BGB keine Ansprüche gegen den Hauptvermieter zu, da Hauptvermieter und Untermieter nicht vertraglich verbunden sind. Ebenso wenig kommen Ansprüche des Vormieters gegen den Nachmieter in Betracht.[2] Ob Baumaßnahmen eines Mieters, der zugleich Miteigentümer des Mietgrundstücks ist, nach §§ 744 Abs. 2, 748 BGB oder 2

[1] *Emmerich* NZM 1998, 49 (50) auch zu Verwendungen vor Abschluss des Mietvertrags.
[2] Vgl. OLG München NJW-RR 1994, 1100.

nach §§ 536a Abs. 2, 539 Abs. 1 BGB zu ersetzen sind, richtet sich danach, auf welchem Rechtsverhältnis, Gemeinschaft oder Mietvertrag, die Aufwendungen beruhten; erfolgten die Maßnahmen im Mieterinteresse, sind die mietrechtlichen Vorschriften einschlägig.[3]

3 Das streitige **Verhältnis des § 539 Abs. 1 zu § 536a Abs. 2 Nr. 1 BGB** – wie zuvor das Verhältnis des § 538 Abs. 2 und § 547 Abs. 2 BGB a. F. – ist durch den BGH für die Praxis geklärt.[4] Soweit eine Maßnahme des Mieters dazu dient, Mängel des Mietobjekts zu beheben, steht ihm **Aufwendungsersatz nur** zu, wenn er entweder den Vermieter zuvor in Verzug setzte (§ 536a Abs. 2 Nr. 1 BGB) oder es sich um eine Notmaßnahme (§ 546a Abs. 2 Nr. 2 BGB) handelte; der Rückgriff auf § 539 Abs. 1 BGB i. V. m. den Vorschriften über die Geschäftsführung ohne Auftrag ist ausgeschlossen. Greift keine dieser Voraussetzungen ein, scheidet ein Aufwendungsersatzanspruch mithin aus; zu einem Bereicherungsanspruch unmittelbar aus § 812 BGB s. Rdn. 51.

II. Bedeutung der Vorschrift

4 Durch die Zusammenführung der Aufwendungen auf die Mietsache und das Recht des Mieters, Einrichtungen wegzunehmen, ist eine **einheitliche Vorschrift zu den Investitionen des Mieters** in das Mietobjekt entstanden, die nicht an eine Schadensersatzlage anknüpft, wie es § 536a BGB voraussetzt. Derartige Investitionen des Mieters beruhen allerdings auf vielfältigen Gründen. Es kann sich um Aufwendungen zu Beginn des Mietverhältnisses handeln, sei es dass der Wohnungsmieter die Anfangsrenovierung ausführt, sei es dass der Mieter von Gewerbeflächen die Räumlichkeiten für seinen Betriebszweck herrichtet. Die Investitionen können objektiv geboten sein, weil die Mietsache in dem Zustand, in dem sie vom Mieter übernommen wurde, nicht nutzbar ist, sie können ebenso subjektive Gründe haben, weil der Mieter sich das ordnungsgemäße Mietobjekt nur nach persönlichen Vorstellungen gestalten und herrichten will. Der Mietvertrag kann eine entsprechende Verpflichtung des Mieters vorsehen oder ihm die Aufwendungen freistellen. Dasselbe gilt für die Dauer des Mietverhältnisses; Investitionen sind wegen der vom Mieter übernommenen Erhaltungslast ebenso möglich wie auf Grund späterer Vereinbarung oder persönlicher Änderungswünsche. Die Aufwendungen können vom vertragsgemäßen Gebrauch gedeckt und, wenn sie diese Grenze überschreiten, mit oder ohne Zustimmung des Vermieters erfolgt sein. Bei Beendigung des Mietvertrags stellt sich die Frage, wie mit den Veränderungen des Mietobjekts zu verfahren ist, ob der Mieter sie zu entfernen hat, ob er für sie, wenn er sie zurücklässt, eine Entschädigung fordern darf oder ob der Vermieter ihren Verbleib verlangen kann; wird das Mietverhältnis vor Ablauf der bei Vornahme der Investitionen prognostizierten Nutzungszeit beendet, ergibt sich zudem das Problem, ob der Mieter Ersatz der sog. frustrierten Aufwendungen beanspruchen kann.

1. Bedeutung des Abs. 1

5 Die Vorschrift des § 539 Abs. 1 BGB regelt indes **nur einen Teilbereich** der vorgenannten Problemfelder; die Rechtslage ist daher unübersichtlich und in Einzelfragen streitig. So verwendet sie nur die Begriffe der Aufwendung auf die Mietsache und der Einrichtung, ohne insoweit eine Abgrenzung vorzunehmen, sodass bei allen vorgenannten Varianten jeweils zu bedenken ist, um welche Art der Investition es sich handelt (dazu Rdn. 9ff.). Da sie abdingbar ist, stellt sich die Frage, ob abw. vertragliche Absprachen, zumal formularvertraglich, zulässig sind, und wie mit ihnen zu verfahren ist. Überschneidungen ergeben sich zum Inhalt der Rückgabepflicht aus § 546 BGB nach Beendigung des Mietverhältnisses.

6 Die **Verlagerung der Regelung** des § 547 Abs. 1 BGB a. F. zu den notwendigen Verwendungen nach § 536a Abs. 2 Nr. 2 BGB hat einen alten Streit zum Verhältnis des § 547 Abs. 1 BGB a. F. zu § 538 Abs. 2 BGB a. F. beendet. Diese Verlagerung ist indes nicht unproblematisch, weil über § 538 Abs. 2 BGB a. F. auch ohne Verzug Aufwendungen zu ersetzen waren, die zur Behebung von Notfällen anfielen, ohne dass bei ihnen der Bestand der Mietsache betroffen war. Die notwendige Korrektur zugunsten des Mieters hat nunmehr im Rahmen des § 286 Abs. 2 Nr. 4 BGB zu erfolgen (s. Rdn. 36).

---

[3] BGH (II ZR 94/96) NZM 1998, 75 = ZMR 1998, 20; (VIII ZR 233/72) NJW 1974, 743.

[4] BGH (VIII ZR 222/06) DWW 2008, 174 = GE 2008, 325 = NZM 2008, 279 = WuM 2008, 147 = ZMR 2008, 281 m. Anm. *Dötsch.*

2. Bedeutung des Abs. 2

Auch die Bestimmung des § 539 Abs. 2 BGB betrifft wiederum nur ein – weiteres – **Teilgebiet** aus den Investitionen des Mieters, die **Einrichtungen,** mit denen er die Mietsache versehen hat. Insoweit ist die Regelung allerdings **abschließend für beide Parteien;** danach kann der Mieter sein Eigentum an der Einrichtung ausschließlich durch rechtzeitige Wegnahme erhalten bzw. wiedererlangen, der Vermieter braucht die Wegnahme nur zu dulden.[5] Ob und in welchem Umfang der Mieter Einrichtungen in das Mietobjekt einbringen darf **(Einbaurecht),** richtet sich nach dem Mietvertrag oder danach, ob die Maßnahme noch vom vertragsgemäßen Gebrauch gedeckt ist, ob er sie nach Mietende zu entfernen hat (**Rückbaupflicht** – s. § 546 Rdn. 77ff.) ebenfalls nach dem Mietvertrag oder § 546 BGB. Das Wegnahmerecht steht jedem Mieter zu, dem Wohnungs- und Gewerberaummieter ebenso wie dem Mieter eines Grundstücks oder einer beweglichen Sache. 7

§ 539 Abs. 2 BGB stellt **nicht nur eine Sonderregelung für die Abwicklung des Mietverhältnisses** dar. Zwar kommt sie in der Praxis meist bei Mietende zum Tragen, ohne dadurch jedoch ihre rechtliche Bedeutung für die Dauer des Mietverhältnisses zu verlieren. Hat der Mieter eine Einrichtung so mit dem Mietobjekt verbunden, dass sie in das Eigentum des vermietenden Eigentümers übergegangen ist, stellt sich schon während der Durchführung des Mietvertrags die Frage, ob er sie wieder ausbauen und an sich nehmen darf. 8

III. Abgrenzung sonstiger Aufwendungen von Einrichtungen

Für sonstige Aufwendungen kann der Mieter unter bestimmten Voraussetzungen nach § 539 Abs. 1 BGB Ersatz beanspruchen; bei Einrichtungen, mit denen er die Mietsache versah, hat er nach § 539 Abs. 2 BGB primär nur ein Wegnahmerecht. Wegen dieser sehr unterschiedlichen Rechtsfolgen ist es notwendig, vorab die verschiedenen Investitionen voneinander abzugrenzen. 9

1. Begriff der sonstigen Aufwendung

Sonstige Aufwendungen lassen sich negativ definieren als alle Aufwendungen auf das Mietobjekt, die nicht zur Erhaltung oder Wiederherstellung des Bestands der Mietsache notwendig sind (s. Rdn. 36). Es kann sich daher durchaus um erhaltende oder wiederherstellende Maßnahmen handeln, jedoch nur soweit sie nicht den Bestand der Mietsache betreffen, oder um verbessernde. Zu den wiederherstellenden Arbeiten gehören insbesondere **Mängelbeseitigungsmaßnahmen,** zu den verbessernden solche, die den Wert des Mietobjekts oder seiner Nutzungsmöglichkeiten steigern **(nützliche Aufwendungen).** Es ist gleichgültig, ob der Mieter Maßnahmen trifft, durch die ein bisher nicht vorhandener Zustand geschaffen wird, etwa Einbau eines Bades oder einer Heizung, oder ob er den vermieterseitig gestellten Zustand verbessert, z. B. durch vergrößerte Leitungsquerschnitte im Sanitär- oder Elektrobereich, Arbeiten zur Verbesserung der Wärmedämmung oder des Schallschutzes, Erneuerung von Fliesen in Bad oder Küche. Begrifflich ist es ohne Bedeutung, ob es sich um luxuriöse, aber nützliche Aufwendungen oder um sog. **Luxusaufwendungen** handelt[6], die zu keiner Wertsteigerung führen, etwa wenn ein Bauteil durch ein gleichartiges, nur z. B. von Design oder Farbe verschiedenes ersetzt wird. Diese Unterscheidung ist erst für die Frage relevant, ob dem Mieter ein Ersatzanspruch zusteht. 10

Bei der Aufwendung geht es vorrangig um die **dauerhafte Verbesserung** der Mietsache und damit eine Investition auf eine fremde Sache, d. h. eine **sachbezogene Aufwendung für den Eigentümer;**[7] dies wird auch an der Formulierung des Gesetzes in § 539 Abs. 1 BGB „Aufwendungen *auf die Mietsache*" deutlich. Danach beziehen sich Aufwendungen ohne weiteres auf Gegenstände, die im Mietobjekt aufgehen, wie Baustoffe oder unter Putz gelegte Leitungen,[8] wie auch solche, deren Verbindung mit dem Mietobjekt so fest ist, dass sie nicht mehr getrennt, sondern nur durch ihre völlige Zerstörung entfernt werden können, wie z. B. Fliesen.[9] 11

---

[5] BGH (VIII ZR 136/86) BGHZ 101, 37 (48) = NJW 1987, 2861.
[6] *Emmerich* NZM 1998, 49 (52f.).
[7] *Schopp* ZMR 1969, 258.
[8] Z. B. *Bieber* in MünchKomm § 539 Rdn. 14; *Emmerich* in Staudinger § 539 Rdn. 4; *Horst* DWW 1996, 183.
[9] OLG Braunschweig MDR 2000, 1017; AG Homburg WuM 2012, 674.

2. Begriff der Einrichtung

12 Unter Einrichtungen werden nach allgemeiner Auffassung **bewegliche Sachen** verstanden, die vom Mieter mit der Mietsache verbunden werden, um ihrem wirtschaftlichen Zweck zu dienen;[10] ob die Einrichtung vom Mieter selbst eingebracht oder vom Vormieter gegen Zahlung einer Entschädigung übernommen wurde, ist unerheblich. Nach dieser Definition scheiden Sachen aus, die nur aufgestellt bzw. an Wänden und Decken aufgehängt werden, auch wenn sie dort befestigt werden müssen, um ein Herabstürzen oder Umfallen zu verhindern.[11] Die unter dem allgemeinsprachlichen Begriff Einrichtung zusammen gefassten Gegenstände, wie etwa Möbel, fallen mithin nicht unter die Einrichtung i. S. d. § 539 Abs. 2 BGB.[12] Liegt die Zielrichtung einer Befestigung demgegenüber in der Verbindung mit dem Mietobjekt, ist deren Art und Weise grundsätzlich nicht entscheidend; so genügt z. B. die Verschraubung von Mobiliar an Boden, Wänden oder Decken.[13] **Zu den Einrichtungen zählen** daher u. a. Schlösser[14], Türen, Schilder, Lichtschalter und Steckdosen, Antennen, Sanitäreinrichtungen wie Waschbecken und Toiletten[15] sowie Badewannen, Öfen und Heizungen, Teppichböden, Kunstinstallationen,[16] Raumteiler, Klimaanlage im EDV-Raum nebst EDV-Verkabelung und Telefonanlage,[17] Zusatzgleise, Maschinen wie z. B. Klimaanlangen.[18] Bei der **Küchen**-„Einrichtung" ist zu differenzieren. Handelt es sich um serienmäßig hergestellte Küchenmöbel, werden die Unterschränke nur aufgestellt, die Oberschränke an Haken aufgehängt, nicht anders als z. B. ein Bild; trotz der die Unterschränke verbindenden Arbeitsplatte geht es mithin nur um Möbel im oben beschriebenen Sinn.[19] Anders verhält es sich bei einer nach individuellen Vorgaben gefertigten Küche als Einzelstück, wie sie in der Praxis oft bei Neubauten begegnet. Auch **Bäume, Sträucher und Pflanzen** zählen zu den Einrichtungen, solange sie ohne Beschädigung[20] umgepflanzt werden können. Formularklauseln, die für *bauliche Veränderungen* bestimmen, dass der Mieter die Anlagen bei Auszug dem Vermieter oder dem Nachmieter gegen angemessene Werterstattung zu übergeben oder sie aus der Mietfläche zu entfernen hat, betreffen allerdings nicht Anpflanzungen auf Freiflächen.[21]

13 Für die Qualifikation als Einrichtung kommt es **nicht darauf an, ob der Mieter sein Eigentum daran behält,** ob sie nach §§ 93, 94, 946, 947 BGB in das Eigentum des Vermieters übergeht[22] oder ob sie im Eigentum eines Dritten steht. In der Regel werden die Sachen ohnehin nur zu vorübergehendem Zweck, nämlich für die Mietzeit, mit dem Mietobjekt verbunden, so dass sie nach § 95 Abs. 2 BGB Eigentum des Mieters bleiben.[23]

3. Behandlung von Überschneidungen

14 Die oben wiedergegebenen Definitionen erlauben nur vordergründig eine einfache Zuordnung der Investition des Mieters. Von den beim Begriff der sonstigen Aufwendung angeführten Beispielen abgesehen, liefert die **bloße objektive Maßnahme oft kein hinreichendes Abgrenzungskriterium.** Baut der Mieter z. B. eine Heizungsanlage mit Rohren auf Putz oder eine selbst gefertigte Einbauküche ein, kann es sich der Sache nach sowohl um eine sonstige Aufwendung handeln wie auch um eine Einrichtung, die dem Wegnahmerecht unterliegt. Für die Qualifikation der Investition ist zunächst der Mietvertrag heranzuziehen. Bestimmt er, dass Ein- und Umbauten u. Ä.

[10] BGH (VIII ZR 136/86) BGHZ 101, 37 (41) = NJW 1987, 2861; *Bieber* in MünchKomm § 539 Rdn. 13; *Blank* in Blank/Börstinghaus § 539 Rdn. 21; *Dickersbach* in Lützenkirchen § 539 Rdn. 84; *Emmerich* in Staudinger § 539 Rdn. 26; *Scheuer/Emmerich* in Bub/Treier V. B Rdn. 330; *Scholl* WuM 1998, 327; *Sternel* IV Rdn. 619.

[11] *Bieber* in MünchKomm § 539 Rdn. 14.

[12] Z. B. OLG Düsseldorf NZM 1999, 668.

[13] BGH (VIII ZR 136/86) BGHZ 101, 37 (41) = NJW 1987, 2861 u. a. für die Bestuhlung in einem Kino.

[14] LG Karlsruhe WuM 1998, 22.

[15] Vgl. OLG Düsseldorf GE 2012, 129 = GuT 2011, 280.

[16] OLG Frankfurt ZMR 2016, 441.

[17] LG Hamburg ZMR 2012, 871.

[18] OLG Düsseldorf Urt. vom 18. 12. 1997 – 10 U 48/97.

[19] Ausführlich OLG Karlsruhe WuM 1989, 127, i. E. ebenso OLG Düsseldorf NZM 1999, 668; OLG München WuM 1985, 90; *Pietz/Oprée* in Lindner-Figura/Oprée/Stellmann Kap. 16 Rdn. 268.

[20] LG Detmold GE 2014, 1275 = NZM 2014, 434: verneint für eine Thujahecke; dazu krit. *Bieber* GE 2014, 1230.

[21] BGH (VIII ZR 387/04) NZM 2007, 682 = WuM 2007, 443.

[22] Z. B. *Blank* in Blank/Börstinghaus § 539 Rdn. 23; *Dickersbach* in Lützenkirchen § 539 Rdn. 85; *Scheuer/Emmerich* in Bub/Treier V. B Rdn. 329; *Sternel* IV Rdn. 619; *Wolf/Eckert/Ball* Rdn. 1258.

[23] BGH (XII ZR 17/90) NJW 1991, 3031.

nur mit Zustimmung des Vermieters zulässig sind und dass dieser die Entfernung bei Mietende verlangen kann, handelt es sich um Einrichtung;[24] dies ist insbesondere relevant, wenn, wie in der Praxis häufig, Investitionen getätigt werden, ohne die vertraglich notwendige Zustimmung des Vermieters einzuholen.

Schweigt der Mietvertrag zur Problematik, bleibt nur, die **Abgrenzung nach der Willensrichtung des Mieters** bei der Vornahme der Investition vorzunehmen,[25] ergänzend sind die tatsächlichen Umstände im Zeitpunkt der Maßnahme heranzuziehen.[26] Hatte der Mieter die Absicht, den eingebauten Gegenstand mit dem Mietende zu entfernen und mitzunehmen oder diesen an den Vermieter oder Nachmieter zu verkaufen, steht der Zweck der vorübergehenden Verbesserung der Nutzungsmöglichkeiten des Mietobjekts im eigenen Interesse im Vordergrund, es handelt sich damit um eine Einrichtung; dasselbe gilt, wenn der Mieter sich über diese Fragen keine Gedanken machte, sondern nur eine Verbesserung nach seinen Vorstellungen erzielen wollte.[27] Werden neue Heizkörper oder Sanitärgegenstände installiert, spricht der Umstand, dass der Mieter die alten aufbewahrt, für eine Einrichtung; erneuerte er den Herd und entsorgte den alten, ist die Absicht zu vermuten, dass er nach Mietende nicht wieder entfernt werden soll.[28] Bei einer komplexen Baumaßnahme, etwa dem Einbau oder der grundlegenden Sanierung eines Badezimmers, soll eine Aufspaltung in Aufwendungen und Einrichtungen nicht möglich sein, sondern die überwiegende Willensrichtung entscheiden.[29] Dies wird i. d. R. zutreffen, erscheint jedoch nicht zwingend; es kommt ohne weiteres in Betracht, dass der Mieter z. B. besonders aufwendige und teure Armaturen nur für die Dauer seiner Wohnzeit installieren oder ihren Verbleib bei Auszug von einer angemessenen Entschädigung abhängig machen will. Solange der Mieter den von ihm verfolgten Zweck bei mehrdeutigen Investitionen nicht hat erkennen lassen, ist eine Zuordnung nicht möglich. Verhandelt er mit dem Vermieter über eine Kostenbeteiligung oder über ein Entgegenkommen bei der künftigen Mietzinsgestaltung, ist eine Aufwendung gegeben. 15

IV. Anspruch des Mieters auf Ersatz sonstiger Aufwendungen (Abs. 1)

1. Vertragliche Regelungen

Die Vorschrift des § 539 Abs. 1 BGB ist **abdingbar.** Vor der Prüfung der einzelnen, zum Teil streitigen Voraussetzungen des Aufwendungsersatzanspruchs des Mieters aus § 539 Abs. 1 BGB empfiehlt es sich daher, **zunächst die Absprachen der Parteien zu werten,** zumal Formularverträge meist Regelungen hierzu enthalten. Sehr oft entscheidet sich bereits hiernach das Schicksal der Investition, sodass weitere Überlegungen im Hinblick auf § 539 Abs. 1 BGB entbehrlich sind. Insbesondere scheitern Ansprüche des Mieters, wenn die Maßnahmen auf Grund einer entsprechenden Verpflichtung erfolgten oder wenn der Vermieter die Beseitigung der Folgen fordern kann, z. B. nach Mietende auf Grund einer wirksamen Rückbauklausel (dazu s. § 546 BGB). 16

a) Allgemeine Regelungen. aa) Individualvereinbarungen. Der Mietvertrag kann die **Berechtigung des Mieters** enthalten, das Mietobjekt nach seinen Vorstellungen und **auf seine Kosten** zu gestalten.[30] Eine derartige Regelung hat einen doppelten Inhalt, zum einen die Genehmigung des Vermieters zu Aus- und Umbauten, zum anderen den Ausschluss von Aufwendungsersatzansprüchen,[31] da der Vermieter mit der Zustimmung in aller Regel nicht die Vorstellung verbindet, die Arbeiten erfolgten für ihn.[32] Dieser Ausschluss wird besonders deutlich, wenn der Mieter verpflichtet ist, bei Ende des Mietverhältnisses die **Ein- oder Umbauten zu entfernen** und den früheren Zustand wiederherzustellen; der Vermieter macht durch diese Absprache deutlich, dass er keine Aufwendungen aufgedrängt erhalten will. Ob der Rückbauanspruch im Einzel- 17

---

[24] LG Hamburg ZMR 2012, 871 für den Einbau eines WC und einer Teeküche.

[25] Vgl. BGH (IX ZR 180/07) GE 2009, 193 = NZM 2009, 121 = WuM 2009, 129 = ZMR 2009, 271 für die Eigenschaft als Zubehör des Grundstücks; ausführlich *Schopp* ZMR 1969, 257.

[26] KG GE 1987, 451.

[27] Vgl. BGH (IX ZR 180/07) GE 2009, 193 = NZM 2009, 121 = WuM 2009, 129 = ZMR 2009, 271.

[28] LG Berlin GE 1991, 47.

[29] *Sternel* IV Rdn. 619; **a. A.** *Emmerich* in Staudinger § 539 Rdn. 28: generell sonstige Aufwendung.

[30] BGH (VIII ZR 285/88) ZMR 1990, 54; (VIII ZR 2/66) NJW 1968, 888; OLG München NJW-RR 1997, 650 = ZMR 1997, 236.

[31] BGH (VIII ZR 387/04) NZM 2007, 682; OLG München NJW-RR 1997, 650 = ZMR 1997, 236; KG GE 1986, 497.

[32] OLG Karlsruhe ZMR 1974, 47.

fall tatsächlich durchsetzbar ist (dazu s. § 546 BGB), ist für den Ausschluss des Aufwendungsersatzanspruchs ohne Bedeutung.

18 Ist im Mietvertrag die **Verpflichtung des Mieters** festgelegt, bestimmte Aus- oder Umbaumaßnahmen vorzunehmen, handelt es sich um die Übernahme einer neben die Miete tretenden, zusätzlichen geldwerten Leistung, die im Zweifel Teil des Überlassungsentgelts ist.[33] Diese Charakterisierung der Investition des Mieters schließt schon begrifflich Aufwendungsersatzansprüche aus. Wird der **Mietvertrag** so **wie** vertraglich **vorgesehen durchgeführt,** insbesondere über die in aller Regel bestimmte feste Laufzeit, steht dem Mieter daher bei Mietende weder ein Anspruch auf Ersatz des Zeitwerts seiner Investitionen noch auf Ausgleich der Werterhöhung des Mietobjekts zu.[34]

19 Ist der Anspruch auf Aufwendungsersatz ausgeschlossen, kommen bei **vorzeitiger Vertragsbeendigung** Schadensersatz- oder Bereicherungsansprüche des Mieters in Betracht (s. Rdn. 52ff.). Diese werden gelegentlich für den Fall ausgeschlossen, dass die Vertragsauflösung vom Mieter zu vertreten ist; dabei handelt es sich um einen Anspruchsverzicht für den Fall der Vertragsuntreue.[35] Die Vereinbarung einer derartigen Verfallabrede kann dem Versprechen einer Vertragsstrafe gleichgesetzt werden mit der Folge, dass die §§ 339ff. BGB zumindest entsprechend anzuwenden sind.[36] Je nach den Verhältnissen im Einzelfall[37] ist der Mieter berechtigt, nach § 343 BGB, der nicht abdingbar ist,[38] die Herabsetzung des verfallenen Betrages zu verlangen. Bei der Vermietung von Gewerberaum sind derartige Absprachen grundsätzlich zulässig; sie sind nur dann sittenwidrig und damit nichtig, wenn sich der Sittenverstoß im Einzelfall aus zusätzlichen Gesichtspunkten ergibt.[39] Ist Wohnraum vermietet, scheitert die Vereinbarung an § 555 BGB.

20 **bb) Formularvereinbarungen.** Sonstige Aufwendungen erfolgen i. d. R. für die Zwecke des Mieters. Der Vermieter hat ein berechtigtes Interesse daran, dass sie ihm nicht im Wege des Ersatzanspruchs aufgedrängt werden. Entsprechende Ausschlussklauseln sind daher nicht nach § 307 BGB zu beanstanden.[40]

21 **Verfallklauseln,** die bei der vorzeitigen Vertragsbeendigung Ersatzansprüche ausschließen sollen, sind unwirksam. Soweit sie darauf abstellen, ob die Auflösung des Vertrags vom Mieter zu vertreten ist, stehen sie der Vereinbarung einer Vertragsstrafe gleich (s. Rdn. 8) und verstoßen damit bei Wohnraummietverhältnissen gegen § 555 BGB, im nichtkaufmännischen Verkehr gegen § 309 Nr. 6 BGB.[41] Auch unter Kaufleuten dürften sie nach § 307 BGB unwirksam sein, da sie generell geeignet sind, den Mieter unangemessen zu benachteiligen. Erst recht sind daher Verfallklauseln unzulässig, die Ersatzansprüche bei vorzeitiger Vertragsbeendigung aus jedwedem Grund, und damit auch für die Fälle ausschließen, in denen der Grund für die Auflösung beim Vermieter liegt.

22 **b) Besondere Regelungen.** Haben die Parteien vereinbart, dass die Aufwendungen des Mieters im Rahmen der Mietkalkulation berücksichtigt werden, indem sie mit der monatlichen Miete verrechnet werden, kann es sich um eine **Mietvorauszahlung** oder einen **abwohnbaren Baukostenzuschuss** handeln; derartige Verrechnungsregelungen müssen allerdings hinreichend bestimmt sein.[42] Sind Vorauszahlung oder Zuschuss während der Mietzeit verbraucht, ist die Investition wirtschaftlich abgewickelt; wurde der im Mietvertrag ausgewiesene Mietzins nicht um die Vorauszahlung oder den Zuschuss gekürzt, sondern daneben angesetzt, bleiben sie nur bei Wohnraummietverhältnissen noch im Rahmen des § 5 WiStG relevant. Wird der Mietvertrag vorzeitig beendet, richten sich Ansprüche des Mieters allein nach § 547 BGB.[43] Dasselbe gilt, wenn es sich um ein Mieterdarlehen handelt, das oft nur eine verdeckte Mietvorauszahlung darstellt.[44]

---

[33] BGH (XII ZR 202/94) ZMR 1996, 122; (IVa ZR 306/80) NJW 1982, 1752; AG Dessau DWW 1999, 297.

[34] BGH (XII ZR 202/94) ZMR 1996, 122; LG Dortmund ZMR 2008, 376 (379).

[35] BGH (VIII ZR 69/66) NJW 1968, 1625.

[36] BGH (VIII ZR 69/66) NJW 1968, 1625; (VII ZR 101/59) NJW 1960, 1568; OLG Karlsruhe NJW-RR 1986, 1394, 1395.

[37] Vgl. dazu OLG Karlsruhe NJW-RR 1986, 1394, 1395.

[38] BGH (VIII ZR 69/66) NJW 1968, 1625.

[39] BGH (VIII ZR 285/88) ZMR 1990, 54; (VIII ZR 69/66) NJW 1968, 1625; (V ZR 59/64) NJW 1967, 1223.

[40] *Dickersbach* in Lützenkirchen § 539 Rdn. 45.

[41] *Wolf/Eckert/Ball* Rdn. 1264.

[42] BGH (VIII ZR 203/88) ZMR 1990, 170.

[43] Z. B. AG Grevenbroich/LG Mönchengladbach WuM 1989, 78.

[44] *Sternel* III Rdn. 179.

23 Die Parteien können die Aufwendungen ferner als **verlorenen Baukostenzuschuss** behandeln. Außer bei preisgebundenem Wohnraum, für den die Kostenmiete gilt und damit § 9 Abs. 1 WoBindG, ist eine derartige Vereinbarung zulässig. Bei Wohnraummietverhältnissen ist er als zusätzliches Entgelt bei der Überprüfung des Mietzinses nach § 5 WiStG zu berücksichtigen. Aufwendungsersatzansprüche sind durch diese Regelung ausgeschlossen.[45]

Auch hier ergeben sich Probleme nur bei der **vorzeitigen Vertragsbeendigung.** Der Mieter von **Gewerberaum** kann einen Anspruch aus ungerechtfertigter Bereicherung nach §§ 812, 818 BGB haben. War der Mietvertrag auf feste Zeit abgeschlossen, bestimmt sich der Anspruch des Mieters nach der nicht realisierten restlichen Mietzeit. Bei einem Mietvertrag auf unbestimmte Zeit kommt es auf die Umstände des Einzelfalls an, ob der Mieter in Kauf nahm, den Gegenwert durch die Nutzung des Mietobjekts nicht realisieren zu können,[46] oder ob er im Hinblick auf die Höhe seines Aufwands die dem Vermieter bekannte Erwartung einer längeren Vertragszeit zu Grunde legen durfte. Bei der Vermietung von **Wohnraum** enthalten §§ 1 ff. des sog. Baukostenzuschussgesetzes[47] eine gem. § 5 abschließende Regelung; nach § 2 gilt ein Betrag in Höhe einer Jahresmiete durch eine Mietdauer von vier Jahren von der Leistung an als getilgt.

24 Schließlich kommen Abreden nach der **„Mustervereinbarung Modernisierung durch den Mieter"** des Bundesministeriums der Justiz[48] in Betracht. Sie beziehen sich auf Aufwendungen des Mieters von preisfreiem Wohnraum zur Modernisierung oder Energieeinsparung. Orientieren sich die Parteien an der Mustervereinbarung, sind ihre jeweiligen Rechte und Pflichten für die Dauer des Mietverhältnisses, aber auch für den Fall der vorzeitigen Vertragsbeendigung erschöpfend geregelt. Für die Anwendung des § 539 Abs. 1 BGB ist daneben kein Raum.

2. Gesetzliche Regelung

25 **a) Voraussetzungen des Ersatzanspruchs.** Wegen der bloßen Rechtsgrundverweisung in § 539 Abs. 1 BGB auf die Vorschriften über die **Geschäftsführung ohne Auftrag** nach §§ 677 ff. BGB entsteht ein Ersatzanspruch des Mieters nur, wenn deren Voraussetzungen erfüllt sind. Er muss daher mit Fremdgeschäftsführungswillen außerhalb einer vertraglichen Grundlage Maßnahmen getroffen haben, die zum Rechts- oder Interessenbereich des Vermieters gehören und die dessen Interesse und wirklichem oder mutmaßlichem Willen entsprechen. Machte der Mieter die Aufwendungen nur für seine Zwecke und in seinem eigenen Interesse, scheidet eine Ersatzpflicht des Vermieters aus,[49] z. B. wenn der Mieter ein Mietobjekt, das sich in schlechtem Zustand befindet, zu einer entsprechend geringen Miete anmietet und sodann für seinen Geschäftszweck herrichtet.[50] Dasselbe gilt grundsätzlich erst recht, wenn der Mieter weiß (nicht nur wissen muss), dass der Vermieter mit den von ihm vorgenommenen Maßnahmen nicht einverstanden ist, § 687 Abs. 2 BGB (sog. angemaßte Geschäftsführung); hier kann allerdings (nur) ein Bereicherungsanspruch des Mieters bestehen, wenn der Vermieter nach § 687 Abs. 2 BGB einen Herausgabe- oder Schadensersatzanspruch geltend macht.

26 **aa) Fremdgeschäftsführungswille.** Bei einem **objektiv fremden Geschäft** wird der Wille zur Fremdgeschäftsführung vermutet.[51] Dasselbe gilt für den Willen, ein fremdes Geschäft mit zu besorgen, wenn es sich auch um ein objektiv fremdes Geschäft handelt (sog. **„auch fremdes Geschäft"**);[52] die gleichzeitige Besorgung eines eigenen Geschäfts steht daher der Annahme der Fremdgeschäftsführung nicht entgegen.[53] Wer in diesen Fällen den Geschäftsführungswillen leugnet, hat den Gegenbeweis zu führen.[54]

---

[45] OLG Frankfurt ZMR 1986, 358.

[46] *Sternel* III Rdn. 191.

[47] Art. 6 Gesetz zur Änderung des Zweiten Wohnungsbaugesetzes, anderer wohnungsrechtlicher Vorschriften und über die Rückerstattung von Baukostenzuschüssen vom 21.7.1961, BGBl. I S. 1041, zuletzt geändert durch Gesetz vom 19.6.2001, BGBl. I S. 1149.

[48] ZMR 1984, 5; dazu i. E. *Kahlen* ZMR 1984, 2; *Landfermann* NJW 1982, 2344.

[49] BGH (XII ZR 136/96) NZM 1999, 19 = ZMR 1999, 93; OLG Hamburg GE 2001, 1265 = WuM 2001, 542.

[50] LG Dortmund ZMR 2008, 376.

[51] Z. B. BGH (III ZR 227/84) WM 1987, 54; (VI ZR 219/83) NJW 1985, 2756; (VII ZR 218/73) BGHZ 65, 354.

[52] BGH (V ZR 102/15) NZM 2016, 602; (XII ZR 136/96) NZM 1999, 19 = ZMR 1999, 93; (III ZR 227/84) WM 1987, 54; (VIII ZR 299/80) BGHZ 82, 323; *Lang* WM 1988, Beilage 9, S. 16.

[53] BGH (III ZR 81/88) JZ 1990, 919 m. w. N.

[54] BGH (VII ZR 263/61) BGHZ 40, 28.

27 Bei **Modernisierungen** ist zu differenzieren. Auch wenn der Mieter vornehmlich eigene Interessen verfolgt, um seine Vorstellungen über Nutzbarkeit und Annehmlichkeit des Mietobjekts zu verwirklichen, kann die Vermutung des Fremdgeschäftsführungswillens eingreifen, da die Investition fremdes Eigentum betrifft. Hat der Mieter, wie es in aller Regel formularvertraglich vorgesehen ist, vor seinen Maßnahmen den Vermieter informiert oder um seine Zustimmung gebeten, lassen sich aus seinem Schreiben oft Rückschlüsse auf seine Willensrichtung ziehen; dasselbe gilt bei der nach § 681 BGB vorgeschriebenen Anzeige. Macht er hierbei deutlich, dass er keinen Ersatz verlangen will, scheiden Geschäftsführungswille und Ersatzanspruch aus (§ 685 Abs. 1 BGB).

28 Oft genug **unterbleibt beides.** Das Fehlen ist indes nicht dahin zu verstehen, der Mieter wolle kein auch fremdes, sondern nur ein eigenes Geschäft führen.[55] Es bedarf in diesen Fällen der **Abgrenzung,** für die sich die Art der Maßnahme anbietet. Geht es darum, dass der Mieter zwar noch funktionsfähige, aber weitgehend verbrauchte oder unzureichende Teile ersetzt, etwa Wasser/Abwasser- und E-Leitungen, durch zahlreiche Bohrlöcher der Vormieter oder infolge von Reparaturen unansehnlich gewordene Kacheln, handelt es sich um ein auch fremdes Geschäft. Verbessert er einen Teil der Mietsache, der sich in ordnungsgemäßem Zustand befindet, liegt eher ein neutrales Geschäft vor.[56] Äußerlich neutrale Handlungen lassen keinen Schluss darauf zu, ob der Ausführende sie nur für sich oder (auch) für einen anderen vornehmen will. Hier kommt es darauf an, ob der Fremdgeschäftsführungswille nach außen erkennbar gemacht wurde; im Streitfall ist die Erkennbarkeit von demjenigen darzutun, der sie behauptet.[57] Fehlt es hieran, ist der gleichwohl bestehende Geschäftsführungswille unbeachtlich.[58]

29 Die **Absicht, später Ersatz** für die Aufwendungen **zu verlangen,** ist keine Voraussetzung für eine berechtigte Geschäftsführung ohne Auftrag.[59] § 685 BGB greift als Ausschlussgrund daher nur ein, wenn der Mieter nicht nur ohne Fremdgeschäftsführungswillen handelte, sondern bewusst von vornherein keinen Aufwendungsersatz geltend machen wollte.[60] Die zusätzliche Verzichtsabsicht muss nach außen erkennbar geworden sein. Sie liegt z. B. nicht schon darin, dass der Mieter es übernommen hat, das Mietobjekt auf eigene Kosten zu renovieren;[61] der Ausschluss von Aufwendungsersatzansprüchen beruht hier vielmehr auf der vertraglichen Regelung (s. Rdn. 17).

30 Wie bereits ausgeführt, besteht kein Fremdgeschäftsführungswille, wenn der Mieter nur die Absicht hatte, mit den Maßnahmen einer wirksamen vertraglichen Verpflichtung zu entsprechen. Nicht selten handelt er allerdings in der **irrigen Annahme einer Vertragspflicht.**[62] Hier ist zu differenzieren, ob die Maßnahmen des Mieters darauf beruhten, dass er sich zu ihnen auf Grund einer vertraglichen Abwälzung von Vermieterpflichten für verpflichtet hielt, die Abrede indes, wie sich meist erst später herausstellt, nicht wirksam getroffen wurde, oder ob er nur davon ausging, bei den erledigten Arbeiten handele es sich um eine selbstverständliche eigene, originäre Mieterpflicht. Der erstgenannte Fall begegnet insbesondere im Zusammenhang mit Kleinreparaturklauseln und Klauseln, mit denen die Erhaltungslast abgewälzt wurde, etwa der Verpflichtung zur Ausführung der Schönheitsreparaturen. Anders als z. B. bei einem irrig angenommenen Bauvertrag scheidet hier jedoch die Annahme eines auch-fremden Geschäfts aus, weil der Mieter nur im, wenn auch vermeintlichen, eigenen Rechts- und Interessenkreis tätig wird (s. § 538 Rdn. 208). Im zweiten Fall liegt ohne weiteres eine irrtümliche Eigengeschäftsführung vor, die nach § 687 Abs. 1 BGB die Anwendbarkeit der §§ 677 ff. BGB ausschließt.[63]

31 **bb) Fremdheit des Geschäfts.** Die Fremdheit des Geschäfts ergibt sich bei einem Mietverhältnis i. d. R. ohne weiteres daraus, dass der Mieter **in fremdes Eigentum investiert,** also in fremdem Rechts- und Interessenkreis tätig wird. Im vorliegenden Zusammenhang geht es nicht um Einrichtungen, mit denen der Mieter die Mietsache versieht, sondern um Aufwendungen, die nicht dem Wegnahmerecht unterliegen.

---

[55] BGH (VII ZR 218/73) BGHZ 65, 354.

[56] KG GE 2015, 1594 = ZMR 2016, 862.

[57] BGH (VII ZR 263/61) BGHZ 40, 28; (VII ZR 218/73) BGHZ 65, 354; (VIII ZR 299/80) BGHZ 82, 323.

[58] BGH (VII ZR 263/61) BGHZ 40, 28.

[59] BGH (VIII ZR 152/83) NJW 1985, 313; *Dickersbach* in Lützenkirchen § 539 Rdn. 26; **a. A.** OLG München NJWE-MietR 1996, 10.

[60] Vgl. *Emmerich* in Staudinger § 539 Rdn. 6.

[61] **A. A.** OLG München NJWE-MietR 1996, 10.

[62] Hierzu BGH (VIII ZR 210/91) NJW-RR 1993, 200; (XI ZR 25/88) NJW-RR 1989, 970; OLG Hamm NJW-RR 1991, 1303 m. w. N.

[63] Vgl. AG München NZM 2001, 1030.

cc) Interesse des Vermieters. Ob der Mieter im Interesse des Vermieters handelte, ist **nach objektiven Kriterien** zu beurteilen. Die Maßnahmen müssen für den Vermieter objektiv nützlich sein,[64] wovon insbesondere dann auszugehen ist, wenn er sonst entsprechende eigene Maßnahmen hätte ergreifen müssen.[65] Maßgeblich ist jedoch nicht das einzelne Geschäft, sondern die gesamte Interessenlage des Vermieters; das Risiko einer Fehleinschätzung liegt beim Mieter.[66] Die Nützlichkeit der Einzelmaßnahme kann fehlen, wenn der Mieter Einbauten vornimmt, die vorrangig von seinen Geschmacksvorstellungen bestimmt sind, wie etwa Holzverkleidungen oder Deckenabhängungen.[67] Ob sie objektiv auch späteren Mietern zugutekommen, z. B. durch eine Einsparung von Heizkosten, ist unerheblich.[68] Auf der anderen Seite kann eine für sich betrachtet nützliche Einzelverwendung gleichwohl dem Gesamtinteresse des Vermieters zuwiderlaufen. Hier ist etwa an den Fall zu denken, dass der Mieter die Beheizungsart des Mietobjekts zu einem Zeitpunkt von Einzelöfen auf eine Wohnungsheizung umstellt, zu dem der Vermieter bereits den Einbau einer Zentralheizungsanlage oder den Anschluss an das Fernwärmenetz in Aussicht genommen hat. 32

dd) Wille des Vermieters. Die **Übernahme der Maßnahme** durch den Mieter muss dem wirklichen oder mutmaßlichen Willen des Vermieters entsprechen (§ 683 Satz 1 BGB); hiervon zu trennen ist die Frage, ob die Art der Durchführung dem Willen des Vermieters entspricht (dazu Rdn. 41). Der Wille des Vermieters ist maßgeblich, da nur auf diese Weise verhindert wird, dass der Mieter, zumal ohne Nachfrage, Investitionen in das Mietobjekt auf Kosten des Vermieters vornimmt. Er ist nach § 679 BGB nur dann zu vernachlässigen, wenn ohne die Maßnahme eine dem Vermieter im öffentlichen Interesse obliegende Pflicht nicht rechtzeitig erfüllt würde; hierbei geht es vor allem um Maßnahmen, die aus unterlassener oder unzureichender Verkehrssicherung seitens des Vermieters notwendig sind oder aus dringenden bau- oder feuerpolizeilichen Gründen. § 679 BGB ist aber auch bejaht worden, wenn der Mieter im Winter die Heizung instand setzen ließ;[69] dabei handelte es sich indes früher bereits um eine Maßnahme nach § 547 Abs. 1 BGB a. F., nunmehr um eine nach § 536a Abs. 2 Nr. 2 BGB. 33

Vorrangig kommt es auf den **wirklichen Willen** an. Er ist jedoch nur dann beachtlich, wenn er zum Ausdruck gekommen ist, sei es ausdrücklich, sei es konkludent;[70] der bloße innere Wille wird nicht berücksichtigt. Das Risiko, den wirklichen Willen des Vermieters verkannt zu haben, liegt beim Mieter.[71] Hat der Vermieter auf Nachfrage des Mieters erklärt oder in sonstiger Weise deutlich gemacht, eine bestimmte Maßnahme nicht zu wünschen, ist der Mieter auch zu einer objektiv nützlichen Investition nicht berechtigt.[72] Haben die Parteien über die Erstattung von Aufwendungen, die der Mieter zur Behebung von Schäden an der Mietsache machen will, verhandelt, sind sie sich jedoch nicht einig geworden, kann der Mieter i. d. R. keine Ansprüche aus Geschäftsführung ohne Auftrag herleiten.[73] Enthält ein Formularvertrag die übliche Klausel, dass Ein- und Umbauten nur mit Zustimmung des Vermieters zulässig sind, muss der Mieter zunächst davon ausgehen, dass der wirkliche Wille des Vermieters seinen Aufwendungsabsichten entgegensteht.[74] Dasselbe gilt, wenn vertraglich festgelegt ist, dass der Mieter vor der Beseitigung von Mängeln den Vermieter zu unterrichten und dessen Entschließung abzuwarten hat;[75] zu Notfällen s. aber Rdn. 36. In der Praxis dürfte ein Anspruch des Mieters aus berechtigter Geschäftsführung ohne Auftrag häufig an derartigen Klauseln scheitern. Es ist ihm daher dringend anzuraten nachzufragen, ob der konkreten Maßnahme zugestimmt wird (zu den Rechtsfolgen der Zustimmung s. Rdn. 38 f.). 34

Nur wenn der wirkliche Wille des Vermieters nicht ersichtlich ist, kommt es auf den **mutmaßlichen Willen** an. Dieser ist objektiv zu bestimmen, nicht nach dem, was sich der Mieter darunter vorstellt.[76] Ist die Maßnahme für den Vermieter objektiv nützlich, entspricht sie also seinem wohl- 35

---

[64] Z. B. BGH (V ZR 102/15) NZM 2016, 602; (VIII ZR 210/91) NJW-RR 1993, 200; OLG München NJW-RR 1988, 1013 (1015).
[65] BGH (V ZR 102/15) NZM 2016, 602; OLG Düsseldorf NJW-RR 1996, 592.
[66] *Bergmann* in Staudinger § 683 Rdn. 35.
[67] LG Aachen DWW 1989, 136.
[68] LG Aachen DWW 1989, 136; **a. A.** *Sternel* II Rdn. 613.
[69] LG Berlin GE 1994, 707.
[70] Palandt/*Sprau* § 683 Rdn. 5.
[71] BGH (VI ZR 273/53) LM Nr. 3 zu § 683 BGB.
[72] BGH (IVa ZR 188/81) WM 1983, 679; LG Duisburg WuM 1999, 112.
[73] BGH (VI ZR 273/53) LM Nr. 3 zu § 683 BGB.
[74] *Derleder* WuM 2006, 175 (180); *Dickersbach* in Lützenkirchen § 539 Rdn. 34.
[75] Vgl. AG Münster WuM 1991, 344.
[76] Z. B. OLG München NJW-RR 1988, 1013 (1015).

verstandenen Interesse, ist der mutmaßliche Wille anzunehmen.[77] Hierzu genügt allerdings nicht, dass der Vermieter vermutlich mit dem Vorteil, der ihm durch die geplante Maßnahme zufließt, einverstanden ist,[78] sondern es bedarf immer der gesonderten Feststellung des mutmaßlichen Willens; gibt der Vermieter auf Nachfrage des Mieters keine Erklärung ab, lässt er erkennen, dass das Vorhaben – trotz der Nützlichkeit – nicht seinem Willen entspricht.[79] Handelte der Mieter ohne Rücksprache mit dem Vermieter, kann dessen mutmaßlicher Wille i. d. R. nicht daraus abgeleitet werden, dass dieser die Arbeiten bemerkte und sie sich gefallen ließ.[80]

36 Ein **Sonderproblem** stellen **Notfälle** dar, in denen der Mieter einerseits ein dringendes objektives Interesse an der Behebung eines Mangels hat, andererseits der Vermieter nicht erreichbar ist, um seinen wirklichen Willen zu erkunden. Während hier nach § 538 Abs. 2 BGB a. F. ein verzugsunabhängiges Selbstbeseitigungsrecht bestand, löst sich die Problematik des **§ 536a Abs. 2 Nr. 1 BGB** nunmehr in vielen Fällen über § 286 Abs. 2 Nr. 4 BGB (dazu ausführlich § 536a Rdn. 120ff.), wenn aus besonderen Gründen unter Abwägung der beiderseitigen Interessen der sofortige Eintritt des Verzugs gerechtfertigt ist; unter diesen Voraussetzungen kann der Mieter den (vollen) Ersatz der erforderlichen Aufwendungen verlangen. Verkennt der Mieter allerdings die Situation, kommt ein Aufwendungsersatzanspruch nur unter den Voraussetzungen des **§ 536a Abs. 2 Nr. 2 BGB** in Betracht (s. Rdn. 3). Was § 536a Abs. 2 Nr. 2 BGB betrifft, hat er die bisherige herrschende Ansicht zur Qualifikation einer notwendigen Verwendung übernommen. Notwendige Verwendungen sind danach nur solche, die zur Erhaltung oder Wiederherstellung des Bestandes der Mietsache erforderlich sind, die also auch der Eigentümer der Sache selbst hätte aufwenden müssen, um die Sache zu erhalten.[81] Der Begriff ist nach allgemeiner Ansicht restriktiv auszulegen.[82] Wiederherstellung betrifft die Ersetzung zerstörter Gebäudeteile, Erhaltung die Ausbesserung von Gebäudeteilen, die in ihrer Substanz gefährdet sind (dazu im Einzelnen § 536a Rdn. 130). Aufwendungen hierzu führen nach § 536a Abs. 2 Nr. 2 BGB nur dann zum Ersatzanspruch, wenn die umgehende Beseitigung notwendig war.

37 Für das Interesse und den Willen des Vermieters ist der **Zeitpunkt der Übernahme** der Geschäftsführung durch den Mieter entscheidend.[83] Bringt der Vermieter seinen anders gerichteten Willen erst während der Ausführung oder sogar erst nach Beendigung der Maßnahmen zum Ausdruck, hindert dies nicht den Ersatzanspruch des Mieters; es ist daher unbeachtlich, ob letztlich tatsächlich ein für den Vermieter günstiges Ergebnis erzielt wird.

38 **ee) Zustimmung des Vermieters.** Wegen der vielfältigen vertraglichen und tatsächlichen Hindernisse, die der Annahme einer berechtigten Geschäftsführung ohne Auftrag im Einzelfall entgegenstehen, hat der Mieter Ersatzansprüche i. d. R. nur, wenn der Vermieter den Maßnahmen des Mieters zustimmte. Zu beachten ist allerdings, dass auch die Zustimmung einen **mehrdeutigen Inhalt aufweisen kann.** Das Einverständnis des Vermieters kann sich darauf beschränken, dass er die Maßnahme als solche akzeptiert, etwa zu Vertragsbeginn eines Mietverhältnisses über Gewerbeflächen die notwendigen Arbeiten, damit der Mieter sie dem Vertragszweck entsprechend nutzen kann,[84] oder bei Arbeiten während des Mietverhältnisses, um einen Konflikt darüber zu vermeiden, ob sie noch vom vertragsgemäßen Gebrauch gedeckt sind. Damit bringt der Vermieter noch nicht zum Ausdruck, dass die Maßnahmen auch für ihn erfolgen sollen, vielmehr ist, zumal bei Maßnahmen, die ausschließlich im eigenen Interesse des Mieters erfolgen, davon auszugehen, dass der Mieter hierfür keinen Aufwendungsersatz soll verlangen können.[85] Die Zustimmung des Vermieters ist zwar im Einzelfall für den Umfang der Rückbaupflicht des Mieters von Bedeutung (s. § 546 BGB), hat indes nicht zur Folge, dass der Mieter in berechtigter Geschäftsführung ohne Auftrag handelt. Um dies annehmen zu können, muss immer noch zusätzlich deutlich werden, der Mieter solle die

---

[77] BGH (V ZR 102/15) NZM 2016, 602; (XI ZR 25/88) NJW-RR 1989, 970; (VII ZR 326/64) BGHZ 47, 370; AG Leipzig WuM 1999, 484 für das Aufwischen ausgetretenen Wassers.

[78] BGH (VI ZR 273/53) LM Nr. 3 zu § 683 BGB.

[79] BGH (VIII ZR 299/80) BGHZ 82, 323 (331).

[80] BGH (XII ZR 136/96) NZM 1999, 19 = ZMR 1999, 93; (VIII ZR 193/58) NJW 1959, 2163; *Kinne* in Kinne/Schach/Bieber § 539 Rdn. 2; *Wolf/Eckert/Ball* Rdn. 619; **a. A.** OLG Düsseldorf NJW-RR 1996, 592.

[81] BGH (VIII ZR 22/92) NJW-RR 1993, 522 = WuM 1994, 201.

[82] Z. B. OLG München NJWE-MietR 1997, 76 = ZMR 1997, 235; *Gather* PiG 53 (1997), 26.

[83] Z. B. Palandt/*Sprau* § 683 Rdn. 5.

[84] Vgl. OLG München NJWE-MietR 1997, 76 = ZMR 1997, 235.

[85] BGH (VIII ZR 387/04) NZM 2007, 682 = WuM 2007, 443; LG Berlin GE 2014, 872.

Maßnahmen zugleich für den Vermieter – und damit auf seine Kosten – durchführen.[86] Erst recht reicht daher nicht die bloße Duldung der Arbeiten des Mieters (s. Rdn. 35).

Der Ersatzanspruch steht dem Mieter nach § 684 Satz 2 BGB zu, wenn der Vermieter die Maßnahme **genehmigt.** Vorausgesetzt ist eine unberechtigte Geschäftsführung ohne Auftrag; handelte der Mieter ausschließlich in eigenem Interesse, führt die Genehmigung nicht zum Ersatzanspruch aus § 683 BGB. Sie kann ausdrücklich, aber auch schlüssig erteilt werden, etwa wenn der Vermieter ein vom Mieter geschaffenes Ausstattungsmerkmal zur Begründung eines Mieterhöhungsverlangens mit anführt.[87] Grundsätzlich sind an eine stillschweigende Genehmigung hohe Anforderungen zu stellen.[88] Die Genehmigung wirkt nach § 184 Abs. 1 BGB zurück, so dass von Anfang an eine berechtigte Geschäftsführung des Mieters vorliegt mit der Folge, dass sich sein Ersatzanspruch ausschließlich nach den §§ 677ff. BGB richtet. 39

b) Entstehung und Höhe des Ersatzanspruchs. Der Ersatzanspruch **entsteht mit der Vornahme der Aufwendung.**[89] **Anspruchsgegner** ist damit derjenige, der zu diesem Zeitpunkt Vermieter ist,[90] bei einer Veräußerung des Grundstücks also nicht der Erwerber, es sei denn, er genehmigt schließlich die Aufwendungen, so dass er nach § 684 Satz 2 BGB zum Wertersatz verpflichtet ist.[91] Der Ersatzanspruch aus § 539 Abs. 1 BGB verjährt ebenso wie konkurrierende Ansprüche nach § 548 BGB mit Ablauf von sechs Monaten seit dem Ende des Mietvertrags mit dem alten Vermieter (s. auch Rdn. 68).[92] Wird das Grundstück allerdings veräußert, endet zwar das alte Mietverhältnis mit der Eintragung des Erwerbers im Grundbuch (§ 566 BGB), die Verjährungsfrist des § 548 Abs. 2 BGB beginnt indes erst mit Kenntnis des Mieters von der Veräußerung zu laufen.[93] Anders verhält es sich hinsichtlich der Verjährungsfrist beim Bereicherungsanspruch, wenn es sich zwar sachlich um Aufwendungen i. S. d. § 539 Abs. 1 BGB handelte, diese jedoch nicht im Hinblick auf den Mietvertrag erfolgten, etwa wenn sie in Erwartung des späteren Eigentumserwerbs vorgenommen wurden.[94] Die Parteien können allerdings vereinbaren, dass die Geltendmachung des Anspruchs bis zum Ausscheiden des Mieters aus dem Mietverhältnis aufgeschoben wird. Tritt nach der Aufwendung ein Vermieterwechsel gem. § 566 BGB ein und wird nunmehr der Anspruch durch die Beendigung des Mietvertrags fällig, haftet der Erwerber.[95] 40

Der Anspruch des Mieters richtet sich gem. §§ 683 Satz 1, 670 BGB **der Höhe nach** auf Ersatz der Aufwendungen, die er **nach den Umständen für erforderlich halten** durfte.[96] Für erforderlich halten darf er sie in dem Umfang, wie sie gem. § 677 BGB dem Interesse des Vermieters mit Rücksicht auf dessen wirklichen oder mutmaßlichen Willen entsprechen. Entscheidend ist, was ihm im Zeitpunkt der Übernahme und Durchführung der Maßnahme vernünftigerweise als notwendig und sachlich geboten erschien; dabei sind insbesondere Umfang und Zweck sowie Kosten und Nutzen von Bedeutung, aber auch der jeweilige Zuschnitt des Mietobjekts.[97] Hat der Mieter z. B. einen Fachbetrieb mit den Arbeiten beauftragt, darf er auf dessen Sachkenntnis vertrauen. Der Einwand des Vermieters, er habe die Arbeiten billiger erledigen lassen können, ist i. d. R. unbeachtlich.[98] Nach Einschaltung eines Dritten, z. B. eines Handwerkers oder Fachbetriebs, kann der Mieter entweder Ersatz der verauslagten Kosten verlangen oder nach § 257 BGB Befreiung von der Verbindlichkeit. 41

Hat der Mieter die Maßnahme selbst durchgeführt, hat er Anspruch auf Ersatz selbst beschafften Materials und eingesetzter **eigener Arbeitskraft.** Es kommt nicht darauf an, ob ein gewinnbringender anderweitiger Einsatz der Arbeitskraft unterblieben ist, dem Mieter also Verdienst entgangen 42

---

[86] Z. B. LG Berlin GE 1986, 501; AG Lüdenscheid WuM 1988, 303; Palandt/*Sprau* § 683 Rdn. 5.

[87] *Lente* DWW 1982, 177; *Olivet* ZMR 1979, 322.

[88] BGH (XII ZR 136/96) NZM 1999, 19 = ZMR 1999, 93; *Kinne* in Kinne/Schach/Bieber § 539 Rdn. 2.

[89] BGH (VIII ZR 246/86) NJW 1988, 705 = WuM 1988, 16; die Ersatzfähigkeit von baulichen Investitionen richtet sich in den östlichen Bundesländern auch dann nach § 112 Abs. 3 ZGB, wenn der Vertrag erst nach dem 3.10.1990 endet, BGH (LwZR 8/95) ZMR 1997, 174 (176); (VIII ZR 387/04) NZM 2007, 682 = WuM 2007, 443.

[90] BGH (XII ZR 43/02) GE 2006, 380 = GuT 2006, 32 = NZM 2006, 15 = ZMR 2006, 185.

[91] *Emmerich* in Staudinger § 539 Rdn. 8.

[92] BGH (V ZR 268/62) NJW 1965, 1225 = WuM 1965, 527; OLG Karlsruhe NJW-RR 1986, 1394 m. w. N.

[93] BGH (VIII ZR 133/07) GE 2008, 857 = NZM 2008, 519 = WuM 2008, 402.

[94] BGH (VIII ZR 286/88) NJW 1989, 2745.

[95] BGH (VIII ZR 246/86) NJW 1988, 705 = WuM 1988, 16; *Schopp* ZMR 1969, 260; *Picker* NJW 1982, 8.

[96] BGH (VI ZR 273/53) LM Nr. 3 zu § 683 BGB.

[97] *Kinne* in Kinne/Schach/Bieber § 539 Rdn. 3.

[98] Vgl. AG Regensburg WuM 1993, 185.

ist, oder ob er die Aufwendung im Rahmen seines Berufes oder Gewerbes gemacht hat, sondern allein, ob sie einen Marktwert hat, d. h. ob sie, was die Regel ist, eine geldwerte Arbeitsleistung darstellt.[99]

43 Im Übrigen hat der Mieter nach § 256 BGB einen Anspruch auf **Verzinsung.** Die Pflicht zur Verzinsung entsteht zugleich mit dem Aufwendungsersatzanspruch; der Zinsanspruch verjährt mit diesem (§ 217 BGB). Zusätzlicher Voraussetzungen, etwa des Verzugs, bedarf es nicht.

44 Bei den **auch fremden Maßnahmen** ist zu unterscheiden nach dem Aufwand, der auf die Wahrnehmung der Interessen des Vermieters einerseits und der eigenen Interessen des Mieters andererseits entfällt. Der Ersatzanspruch ist in diesen Fällen auf die Kosten beschränkt, die in der sachlich gebotenen Höhe für die Fremdgeschäftsführung aufgebracht wurden.[100]

45 **c) Auswirkungen der Ersatzleistung.** Hat der Vermieter die Aufwendungen ersetzt oder haben sich die Parteien über die Verrechnung zulasten des Vermieters geeinigt,[101] gilt **die Investition als vom Vermieter** geschaffen. Führte die Aufwendung zu einer Verbesserung des Mietobjekts, ist der Vermieter daher berechtigt, bei Mieterhöhungen den nunmehr bestehenden Zustand zu Grunde zu legen, sei es im Rahmen der Verhandlungen über eine Mieterhöhung bei Gewerberaum, sei es bei der Anhebung des Mietzinses auf die ortsübliche Vergleichsmiete nach § 558 BGB.[102] Auf der anderen Seite trifft ihn dann auch die Erhaltungslast, soweit sie nicht bei Gewerberaum in zulässigem Umfang auf den Mieter abgewälzt wurde.

46 **d) Herausgabeanspruch bei unberechtigter Geschäftsführung ohne Auftrag.** Fehlt es an einer berechtigten Geschäftsführung ohne Auftrag, handelt es sich mithin um eine aufgedrängte Geschäftsführung, steht dem Mieter nach der Rechtsfolgenverweisung[103] in § 684 Satz 1 BGB nur ein Anspruch aus ungerechtfertigter Bereicherung gem. §§ 812, 818 BGB zu. Der Vermieter schuldet die Herausgabe des durch die Geschäftsführung Erlangten, allerdings allein nach Bereicherungsgrundsätzen. Sofern er einen **Beseitigungsanspruch** hat, ist es ihm durch eine entsprechende Aufforderung möglich, den **Bereicherungsanspruch abzuwehren.**[104] Worin die Bereicherung besteht, richtet sich **nach der Art der Maßnahme,** die der Mieter veranlasste.

47 Brachte der Mieter mit Aufwendungsabsicht (s. Rdn. 15) eine **Einrichtung** ein, ist er berechtigt, diese zu **entfernen,** etwa einen Durchlauferhitzer, der anstelle des vermieterseitig gestellten eingebaut wurde.[105] Da die Einrichtung als Aufwendung installiert wurde, kann der Vermieter nicht nach § 552 Abs. 1 BGB verlangen, dass der Mieter sie gegen Zahlung einer Entschädigung in der Mietsache belässt. Im Rahmen des Herausgabeanspruchs aus ungerechtfertigter Bereicherung besteht ein derartiges Recht des Vermieters nicht.

48 Ist die **Herausgabe nicht möglich,** ist vom Vermieter nach § 818 Abs. 2 BGB Wertersatz zu leisten. Zu ersetzen ist der objektive Wert.[106] Nach allgemeiner Ansicht besteht die Wertsteigerung grundsätzlich nicht in den Kosten, die der Mieter für die Maßnahme aufwandte. Bei Aufwendungen, die sich nicht ohne Substanzzerstörung entfernen lassen, wie etwa dem Einbau eines Bades, der Verlegung von Leitungen unter Putz, geht der Anspruch des Mieters daher nur auf Ausgleich des hierdurch eingetretenen **höheren Ertragswerts** des Mietobjekts, d. h. der bei Neuvermietung erzielbaren höheren Mieteinnahmen[107] (s. dazu auch Rdn. 61). Im Unterschied zum Aufwendungsersatzanspruch stehen dem Mieter keine Zinsen zu.

49 Für die Frage, ob und inwieweit beim Vermieter ein Wertzuwachs eingetreten ist, kommt es auf die Beendigung der Maßnahme an. **Anspruchsgegner** ist daher derjenige, der zu diesem Zeitpunkt Vermieter ist. Bei einem Eigentümerwechsel geht der gegen den bisherigen Vermieter entstandene Anspruch nicht nach § 566 BGB auf den Erwerber über. Der Erwerber hat nur für die

---

[99] BGH (V ZR 88/95) NJW 1996, 921.

[100] BGH (I ZR 45/82) NJW 1984, 2525; (II ZR 277/53) NJW 1955, 257; OLG Hamm NJW-RR 1992, 849.

[101] Zur notwendigen Bestimmtheit einer derartigen Abrede vgl. BGH (VIII ZR 203/88) WuM 1990, 140 = ZMR 1990, 170.

[102] BayObLG RE 24.6.1981 NJW 1981, 2259 = WuM 1981, 208.

[103] HM, z. B. OLG Hamm NJW-RR 1991, 1303 m. w. N.; *Emmerich* in Staudinger § 539 Rdn. 12; Palandt/*Sprau* § 684 Rdn. 1.

[104] Vgl. BGH (V ZR 110/56) NJW 1957, 460.

[105] AG Wuppertal DWW 1988, 211.

[106] BGH (X ZR 7/80) BGHZ 82, 299 (307).

[107] Z. B. BGH (XII ZR 43/02) GE 2006, 380 = GuT 2006, 32 = NZM 2006, 15 = ZMR 2006, 185; (XII ZR 136/96) NZM 1999, 19 = ZMR 1999, 93; (VIII ZR 71/89) NJW 1990, 1789; OLG Düsseldorf GuT 2008, 341.

während der Dauer seines Eigentums entstandenen Verpflichtungen einzustehen, so dass er dem Anspruch des Mieters nur dann ausgesetzt ist, wenn die Vollendung der Arbeiten und damit der Wertzuwachs in die Zeit seines Eigentums fallen.[108]

Wie der Aufwendungsersatzanspruch kann auch der Bereicherungsanspruch **nach § 685 BGB** ausgeschlossen sein. Der Anspruchsausschluss bezieht sich nicht nur auf § 683 BGB, sondern ebenfalls auf § 684 Satz 1 BGB.[109] Er ist indes nur in Ausnahmefällen anzunehmen (s. Rdn. 29). **50**

3. Ansprüche bei Mängelbeseitigung

Der Streit, ob der Mieter **Ersatz** der Aufwendungen für die Beseitigung von Mängeln des Mietobjekts **über § 539 Abs. 1 BGB** verlangen kann, ist inzwischen durch eine Entscheidung des BGH erledigt.[110] Danach steht dem Mieter weder ein Anspruch aus berechtigter (§§ 683 Satz 1, 677, 670 BGB),[111] noch aus unberechtigter Geschäftsführung ohne Auftrag (§§ 684 Satz 1, 812ff. BGB) zu. Zur Begründung bezieht sich der BGH auf § 536a Abs. 2 Nr. 1 BGB, der dem Vermieter den Vorrang einräumt, wenn es um die Beseitigung von Mängeln geht, und die Verschlechterung seiner Verteidigungsmöglichkeiten, weil ihm eine Untersuchung und Beweissicherung der behaupteten Mängel durch die Selbstvornahme des Mieters abgeschnitten ist. **51**

Scheidet der Ersatz von *„Aufwendungen auf die Mietsache … nach den Vorschriften über die Geschäftsführung ohne Auftrag"* mithin aus, bleibt dem Mieter immer noch, einen **unmittelbaren Bereicherungsanspruch** aus §§ 812, 818 BGB zu reklamieren. Dieser Anspruch ist nicht auf Aufwendungsersatz gerichtet, sondern er resultiert allein daraus, dass der Vermieter durch die Maßnahme des Mieters Investitionen ersparte, deren Wert er herauszugeben hat.[112] Während dem berechtigten Geschäftsführer Ersatz der von ihm unter sachgerechten Gesichtspunkten für geboten gehaltenen Aufwendungen zusteht, betrifft der Bereicherungsanspruch nur die Herausgabe des objektiv und notwendigerweise vom Vermieter Ersparten. So kann der Vermieter z. B. einwenden, dass der Hausmeister die Arbeiten im Rahmen seines Vertrages ohne Zusatzkosten erledigt hätte und dass gebrauchte, aber noch funktionsfähige Materialien kostenlos zur Verfügung standen oder dass er sie zum Großhandelspreis hätte einkaufen können. Derartige Einwände führen zum weitgehenden Ausfall des Anspruchs des Mieters. Erfolglose Bemühungen oder solche mit nur kurzzeitigem Vorteil lassen ebenfalls keinen Anspruch aus ungerechtfertigter Bereicherung entstehen. Da den Mieter die Darlegungs- und Beweislast trifft, dass überhaupt ein Mangel vorlag, er eine ihm nicht zuzurechnende Ursache hatte und er durch die von ihm getroffene Maßnahme sachgerecht behoben wurde, greifen die oben beschriebenen Gründe des BGH gegen die Anwendung des § 539 Abs. 1 BGB hier nicht ein.

4. Ersatz von Aufwendungen bei vorzeitiger Vertragsbeendigung

Investierte der Mieter im Vertrauen auf eine längere Mietzeit in das Mietobjekt und endet das Mietverhältnis vor der Zeit, ist der Mieter mit dem Problem konfrontiert, dass die **Aufwendungen nutzlos geworden** sind, zumal wenn er sie auf Grund ihrer Art nicht wegnehmen kann. Diese Situation kann für den Mieter von Gewerberaum ebenso eintreten wie für den Mieter von Wohnraum. Beide können langfristig an den Mietvertrag gebunden sein, auch der Wohnungsmieter, z. B. infolge eines Zeitmietvertrags gem. § 575 BGB oder einer Staffelmietvereinbarung mit Kündigungsausschluss gem. § 557a BGB; für ihn ist zusätzlich zu bedenken, dass der Vermieter den Mietvertrag durch ordentliche Kündigung im Regelfall nur bei Vorliegen eines wichtigen Grundes nach § 573 BGB beenden kann. Zur Entscheidung der Frage, ob dem Mieter überhaupt Ersatzansprüche zustehen und ggf. in welcher Höhe, ist zwischen Wohn- und Gewerberaum zu differenzieren; dabei ist die Bestimmung des **§ 284 BGB** zu berücksichtigen. **52**

a) Schadensersatzanspruch. Es ist anerkannt, dass dem Mieter ein Schadensersatzanspruch zusteht, wenn es durch Verschulden des Vermieters zur vorzeitigen Auflösung des Vertrags kommt (sog. **Auflösungsverschulden**). Ob die Vertragsstörung einen Anspruch auf Ersatz der sog. **frus-** **53**

---

[108] *Schopp* ZMR 1969, 261.

[109] BGH (VIII ZR 152/83) NJW 1985, 313.

[110] BGH (VIII ZR 222/06) DWW 2008, 174 = GE 2008, 325 = NJW 2008, 1216 = NZM 2008, 279 = WuM 2008, 147 = ZMR 2008, 281 m. Anm. *Dötsch.*

[111] Dagegen *Kuhn* ZMR 2009, 175.

[112] BGH (V ZR 142/04) NZM 2005, 315 zu § 1004 BGB m. w. N.; LG Berlin GE 1991, 47; *Gsell* NZM 2010, 71 (74f.); *Kandelhard* in Herrlein/Kandelhard § 539 Rdn. 27; vgl. BGH (VII ZR 9/70) BGHZ 55, 129; OLG Hamm NJW-RR 1992, 849; OLG München NJW-RR 1988, 1013 (1016).

trierten Aufwendungen auslöste, richtete sich bislang danach, ob zwischen den Parteien ein Wohn- oder Gewerberaummietverhältnis bestand.

54 **aa) Gewerberaum.** Zugunsten des Mieters von Gewerberaum wird vermutet, dass er seine Aufwendungen durch Vorteile aus der vertragsgemäßen Nutzung des Mietobjekts wieder erwirtschaftet hätte, sog. **Rentabilitätsvermutung.**[113] Er kann daher Ersatz der Aufwendungen verlangen, die er im Vertrauen auf die ordnungsgemäße Leistung der Gegenseite vornahm, auch soweit sie sich schon auf die Erlangung der Gegenleistung beziehen wie Beurkundungskosten oder Maklerlohn.[114] Die Aufwendungen müssen allerdings innerhalb des Austauschverhältnisses von Leistung und Gegenleistung stehen; dieser Zusammenhang wurde z. B. verneint für den Aufwand zum Ankauf eines Grundstücks und dem Ankauf einer darauf befindlichen Diskothek.[115] Dem Schuldner steht der Nachweis des Gegenteils offen; so ist die Vermutung widerlegt, wenn auch bei ungestörter Abwicklung des Geschäfts eine Kompensation der Aufwendungen durch die Vorteile der Gegenleistung nicht zu erwarten war.[116] Über § 284 BGB lassen sich auch keine Ansprüche realisieren, die über diejenigen auf der Grundlage der Rentabilitätsvermutung hinausgehen.

55 Zu beachten ist allerdings, dass der Anspruch auf **Ersatz der frustrierten Aufwendungen nicht** besteht, soweit der Mieter **Ersatz des Schadens** reklamiert, der durch die **Anmietung eines Ersatzobjekts** entstand. Dieser Schadensersatz gleicht bereits die Differenz zwischen der aktuellen Vermögenslage und derjenigen aus, die bei weiterer ordnungsgemäßer Erfüllung durch den Vermieter eingetreten wäre. Würden insoweit zusätzlich die nutzlos gewordenen Aufwendungen für das aufgegebene Mietobjekt zuerkannt, würde der Mieter besser stehen als bei der Erfüllung des Vertrags.[117]

56 **bb) Wohnraum.** Demgegenüber wurde bisher ein Ersatzanspruch für die Fälle abgelehnt, in denen zwar die Aufwendungen im Vertrauen auf die ordnungsgemäße Leistung der Gegenseite erfolgten, der Mieter sie aber auf Grund des nicht kommerziellen Zwecks des Vertrags während dessen Durchführung nicht wieder hereinbekommen hätte.[118] Dies war zumal die Situation des Wohnungsmieters, für den die Rentabilitätsvermutung nicht gilt.[119] § 284 BGB schließt diese Lücke. Er bestimmt, dass der Gläubiger **anstelle des Schadensersatzes statt der Leistung Ersatz der Aufwendungen** verlangen kann, die er im Vertrauen auf den Erhalt der Leistung gemacht hat und billigerweise machen durfte, es sei denn, deren Zweck wäre auch ohne die Pflichtverletzung des Schuldners nicht erreicht worden.

57 Vorausgesetzt ist ein Schadensersatzanspruch statt der Leistung, d. h. gem. § 280 Abs. 3 BGB ein Anspruch aus §§ 281 ff. BGB. Dieser Anspruch wird dem Mieter bei einem Auflösungsverschulden des Vermieters mit der Folge zustehen, dass er ein **Wahlrecht** hat. Er kann z. B., wenn er den Vertrag wegen eines vertragswidrigen Verhaltens des Vermieters beendete, Ersatz der dadurch ausgelösten Kosten fordern – wenn ein Mangel zu Grunde lag, nach § 536 a BGB auch Ersatz der Mangelfolgeschäden – oder Ersatz der nutzlos gewordenen Aufwendungen. Kündigt er etwa zu Recht den Mietvertrag fristlos, mietet sodann eine andere Wohnung an, ohne Maklercourtage zahlen zu müssen, und bewerkstelligt den Umzug in Eigenregie zu geringen Kosten, ist es für ihn günstiger, die **Kosten,** die für die **Erlangung des Mietobjekts** aufgewandt wurden, z. B. den für die gekündigte Wohnung gezahlten Maklerlohn, erstattet zu verlangen als die aus der Vertragsstörung resultierenden marginalen Folgekosten.

58 Soweit es sich um **Aufwendungen auf die Mietsache** handelt, sind die beiden **Einschränkungen aus § 284 BGB** zu beachten. Zum einen besteht ein Anspruch nur, soweit der Mieter die Aufwendungen *„billigerweise machen durfte"*. Die Vorschrift knüpft damit an § 254 BGB an, so dass in besonderem Maße zu prüfen ist, ob der Aufwand noch in einem vernünftigen Verhältnis zum Wert der Leistung steht.[120] Ob der Schuldner mit ihnen rechnen musste, ist unerheb-

[113] Z. B. BGH (XII ZR 136/98) NJW-RR 2001, 727 (LS) = NZM 2001, 425 (LS); (V ZR 22/90) BGHZ 114, 193 = MDR 1991, 967 = NJW 1991, 2277; (VIII ZR 349/85) BGHZ 99, 182 = MDR 1987, 399 = NJW 1987, 831 = ZMR 1987, 138.

[114] BGH (V ZR 22/90) BGHZ 114, 193 = MDR 1991, 967 = NJW 1991, 2277; Palandt/*Grüneberg* § 284 Rdn. 5.

[115] BGH (V ZR 22/90) BGHZ 114, 193 = MDR 1991, 967 = NJW 1991, 2277.

[116] BGH (XII ZR 175/92) BGHZ 123, 96 = MDR 1993, 1077 = NJW 1993, 2527.

[117] BGH (XII ZR 81/97) NZM 2000, 496.

[118] BGH (V ZR 22/90) BGHZ 114, 193 = MDR 1991, 967 = NJW 1991, 2277; (VIII ZR 349/85) BGHZ 99, 182 = MDR 1987, 399 = NJW 1987, 831 = ZMR 1987, 138.

[119] Z. B. LG Gießen NJW-RR 1995, 524.

[120] Palandt/*Grüneberg* § 284 Rdn. 6; **a. A.** *Canaris* JZ 2001, 499 (517).

lich.[121] Dass Ein- und Umbauten, zu deren Vornahme der Mieter die Zustimmung des Vermieters benötigte, die er nicht einholte, so dass er sie jedenfalls nach Mietende im Regelfall beseitigen muss, keinen Anspruch begründen, versteht sich von selbst. Gestattet der Vermieter z. B. den Einbau eines Badezimmers in einer Wohnung, die in einem Gebäude einfacher Beschaffenheit und Lage und deshalb mit nur geringem Mietertrag liegt, wird die Billigkeit nicht mehr gewahrt sein, wenn es der Mieter mit Marmorfliesen und Designobjekten herstellt. Die weitere Einschränkung bezieht sich auf Aufwendungen, „*deren Zweck … auch ohne die Pflichtverletzung des Schuldners nicht erreicht worden*" wäre. Hier wäre etwa an die Anschaffung eines Geräts zu denken, dessen Betrieb eine besonders leistungsfähige E-Anlage voraussetzt, die im Haus nicht vorhanden ist.

b) Bereicherungsanspruch. Neben dem Schadensersatzanspruch kommt aus der Rentabilitätsvermutung zugunsten des Mieters von **Gewerberaum** noch ein Bereicherungsanspruch gem. §§ 812, 818 BGB in Betracht. Für den Gewerberaummieter besteht die Besonderheit, dass er bei vorzeitiger Vertragsbeendigung immer die Möglichkeit verliert, seine Aufwendungen durch Erwirtschaftung der Vorteile zu kompensieren, die er bei weiterer Nutzung hätte erzielen können. Dieser Nachteil stellt sich nicht nur im Fall eines Auflösungsverschuldens des Vermieters ein. Für den Mieter von **Wohnraum** greift dieser Rentabilitätsgesichtspunkt nicht. Hinsichtlich des Bereicherungsanspruchs besteht folglich weiterhin eine Lücke; sie wurde durch § 284 BGB nur für Schadensersatzansprüche geschlossen. 59

aa) Grundsatz. Ist durch die Investitionen des Mieters ein objektiver Wertzuwachs eingetreten, erhält ihn der Vermieter daher stets vor der Zeit. Dies gilt unabhängig davon, ob sich der Mieter zu den Investitionen in die Mietsache vertraglich verpflichtet hatte, ihm also kein Aufwendungsersatzanspruch zusteht (s. Rdn. 18). Soweit dem **Verlust der Kompensationsmöglichkeit ein vorzeitiger Zuwachs an Vorteilen für den Vermieter** gegenübersteht, hat ihn der Vermieter nach Bereicherungsgrundsätzen herauszugeben.[122] Dabei ist es gleichgültig, ob der Mieter dem Vermieter einen verlorenen Baukostenzuschuss geleistet hat, mit dem er die wertsteigernden Arbeiten hat ausführen lassen, oder ob der Mieter auf seine Kosten selbst umgebaut hat.[123] 60

Bereicherungsschuldner ist grundsätzlich derjenige, der im Zeitpunkt der Investition Vermieter war. Anders verhält es sich bei einem **Vermieterwechsel.** Hier hat nur der neue Vermieter die Vorteile aus dem vorzeitigen Wertzuwachs. Für den Veräußerer sind sie ohne Belang, selbst wenn er wegen der wertsteigernden Investitionen des Mieters einen höheren Veräußerungserlös erzielte; dieser höhere Preis des Erwerbers wird durch die Ertragswertsteigerung infolge der Investitionen des Mieters kompensiert, welche nunmehr ihm zugutekommt.[124] Dies gilt auch für den Erwerb in der Zwangsvollstreckung.[125]

bb) Höhe. Für die Höhe des Anspruchs sind allerdings, anders als beim Schadensersatzanspruch, nicht die Aufwendungen des Mieters maßgeblich, sondern es ist darauf abzustellen, inwieweit der **Ertragswert** des Mietobjekts objektiv erhöht wurde.[126] Grundsätzlich kommt es zu dessen Ermittlung darauf an, welchen Mietzins der Vermieter nach dem objektiven Wert der Räume beim Nachmieter hätte erzielen können. Der Vermieter kann sich daher seiner Verpflichtung, die Bereicherung herauszugeben, nicht dadurch entziehen, dass er von einer Neuvermietung absieht[127] oder zu gleicher bzw. niedrigerer Miete weiter vermietet;[128] ebenso muss er es sich zurechnen lassen, wenn eine Neuvermietung zu einem höheren Mietpreis nur deshalb keinen Erfolg hat, weil das Mietobjekt Mängel aufweist, die er zu vertreten hat.[129] Ist dem Vermieter die Neuvermietung hingegen nur zu gleichem Mietzins möglich, ist er nicht bereichert.[130] Auf der anderen Seite gibt ein 61

---

121 *Canaris* JZ 2001, 499 (517); **a. A.** *Lorenz/Riehm* Rdn. 228.
122 St. Rspr. z. B. BGH (XII ZR 43/02) GuT 2006, 32 = NZM 2006, 15.
123 BGH (VIII ZR 25/65) NJW 1967, 2255 (2256).
124 BGH (XII ZR 43/02) GuT 2006, 32 = NZM 2006, 15.
125 BGH (VIII ZR 72/07) ZMR 2010, 104; (XII ZR 71/07) NZM 2009, 783; (XII ZR 66/07) NZM 2009, 514 = ZMR 2009, 749; dazu *Eckert* NZM 2009, 768.
126 Z. B. BGH (VIII ZR 306/06) WuM 2009, 113; (XII ZR 43/02) NJW-RR 2006, 294 = NZM 2006, 15 = ZMR 2006, 185; (XII ZR 136/96) NZM 1999, 19 = ZMR 1999, 93; OLG Rostock DWW 2005, 105 = ZMR 2005, 862; OLG München NJW-RR 1997, 650 = ZMR 1997, 236 m. w. N.
127 BGH (XII ZR 66/07) GE 2009, 1246 = NZM 2009, 514 = ZMR 2009, 749, dazu *Eckert* NZM 2009, 768; (XII ZR 71/07) NZM 2009, 783.
128 BGH (VIII ZR 25/65) NJW 1967, 2255 (2256); OLG Hamburg MDR 1974, 584.
129 BGH (XII ZR 43/02) GE 2006, 380 NJW-RR 2006, 294 = NZM 2006, 15.
130 Z. B. OLG Rostock DWW 2005, 105 = NZM 2005, 666 = ZMR 2005, 862; OLG Karlsruhe NJW 1972, 2224 (2226).

höherer, mit dem Nachmieter vereinbarter Mietzins ein wichtiges Indiz für die Höhe des Wertzuwachses,[131] sofern und soweit er nachweislich auf der Verbesserung beruht und nicht auf die Marktlage zurückzuführen ist. Der Wertzuwachs ist in dem zeitlichen Rahmen herauszugeben, in dem er beim Vermieter eintritt, d. h. entsprechend den mit dem Nachmieter vereinbarten Zahlungsmodalitäten, i. d. R. also allmonatlich.[132] Der Geltendmachung des Wertzuwachses aus der gesamten Restlaufzeit in einem Betrag, auch abgezinst,[133] steht entgegen, dass der Vermieter den Einmalbetrag ggf. finanzieren müsste und zudem dem Risiko ausgesetzt wäre, ob der Vormieter zur teilweisen Rückzahlung in der Lage ist, soweit Mieten beim Nachmieter nicht zu realisieren sind. Neben der höheren, vom Nachmieter gezahlten Miete kann eine Bereicherung des Vermieters dadurch eintreten, dass er von diesem einen **Abstand** für die in das Mietobjekt geflossenen Investitionen erhält; dieser ist sogleich in voller Höhe herauszugeben.[134] Der Bereicherungsanspruch ist nicht nach § 256 BGB zu verzinsen. Ist das Grundstück mit einem Nießbrauch belastet, richtet sich auch der Bereicherungsanspruch nicht gegen den Eigentümer, sondern den Nießbrauchsberechtigten, dem der Wert der vorzeitigen Nutzungsmöglichkeit zugefallen ist.[135]

62 **cc) Ausschluss des Anspruchs.** Der Bereicherungsanspruch ist **vom Aufwendungsersatzanspruch zu trennen.** Vereinbarungen, welche letzteren ausschließen, führen nicht zum Ausschluss des Bereicherungsanspruchs.[136] Abreden wie z. B.,

„Von dem Mieter fest eingebaute Gegenstände oder durchgeführte Umbauten werden ohne Entschädigung zu Bestandteilen des Gebäudes" bzw. „… gehen entschädigungslos in das Eigentum des Vermieters über",

regeln nicht den Fall der vorzeitigen Vertragsbeendigung. Sie hindern den Bereicherungsanspruch nicht. Im Einzelfall kann sich allerdings aus ergänzender Vertragsauslegung ergeben, dass auch bei vorzeitiger Vertragsbeendigung keine Bereicherungsansprüche des Mieters bestehen sollen, etwa wenn die Interessenlage des Vermieters identisch ist, gleichviel ob der Vertrag wie vorgesehen durchgeführt oder vorher beendet wird.[137]

63 **(a) Individualvereinbarungen.** Der Bereicherungsanspruch kann **durch Individualabrede ausgeschlossen** werden, solange nicht aus anderen Gründen ein Verstoß gegen die guten Sitten nach § 138 BGB vorliegt.[138] Die Abrede,

„Im Falle der Auflösung des Mietverhältnisses, gleichgültig aus welchem Rechtsgrund, besteht keinerlei Wertersatzanspruch gegenüber dem Vermieter für bauliche Veränderungen, Instandsetzungen, Einbauten, Türen und Schönheitsreparaturen …",

schützt den Vermieter vor Ansprüchen aus Investitionen, die der Mieter allein im Interesse seines Nutzungszwecks vorgenommen hat, und damit vor aufgedrängter Bereicherung; auch bei hohen Investitionen ist die Abrede nicht zu beanstanden, da ihnen die erheblichen, zum Teil gleich hohen Kosten gegenüberstehen, die der Mieter aufwenden müsste, um den ursprünglichen Zustand wiederherzustellen.[139]

64 Vereinbaren die Parteien, dass dem Mieter Ein- und Umbauten gestattet sind, er sie aber mit dem Ende des Mietvertrags **wieder zu entfernen** hat, sind Bereicherungsansprüche des Mieters auch dann ausgeschlossen, wenn Einbauten fest mit dem Grundstück verbunden wurden. In derartigen Fällen erfolgen sie nur zu einem vorübergehenden Zweck, so dass sie nicht in das Eigentum des Vermieters fallen; eine Bereicherung des Vermieters tritt nicht ein.[140]

65 **Verfallklauseln,** die z. B. dahin gehen, dass der Mieter für den Fall der vorzeitigen Vertragsbeendigung, etwa wegen Zahlungsverzugs, alle Ersatzansprüche aus Investitionen verliert, enthalten in grundsätzlich zulässiger Weise den Verzicht des Mieters auch auf den Bereicherungsanspruch. Da sie wie ein Vertragsstrafeversprechen zu behandeln sind, kann der Mieter je nach den Umständen

---

131 Z. B. BGH (XII ZR 66/07) GE 2009, 1246 = NZM 2009, 514 = ZMR 2009, 749, dazu *Eckert* NZM 2009, 768; (XII ZR 71/07) NZM 2009, 783; (VIII ZR 152/83) NJW 1985, 313 (315).
132 BGH (VIII ZR 71/89) NJW 1990, 1789; (VIII ZR 2/66) NJW 1968, 888; OLG Frankfurt ZMR 1986, 358 (360); vgl. BGH (XII ZR 45/96) NZM 1998, 234 (236).
133 So aber BGH (XII ZR 43/02) GE 2006, 380 = NJW-RR 2006, 294 = NZM 2006, 15.
134 BGH (XII ZR 202/94) ZMR 1996, 122; OLG Frankfurt ZMR 1986, 358.
135 OLG Frankfurt ZMR 1986, 358.
136 BGH (XII ZR 202/94) ZMR 1996, 122; (VIII ZR 25/65) NJW 1967, 2255.
137 OLG Hamburg ZMR 1983, 60.
138 BGH (VIII ZR 285/88) ZMR 1990, 54; (VIII ZR 25/65) NJW 1967, 2255; OLG Karlsruhe NJW-RR 1986, 1394.
139 OLG Karlsruhe NJW-RR 1986, 1394.
140 BGH (VIII ZR 193/58) NJW 1959, 2163; KG GE 1986, 497.

des Einzelfalls allerdings nach § 343 BGB die Herabsetzung des verfallenen Betrages verlangen (s. Rdn. 19).

(b) Formularvereinbarungen. Für den **formularmäßigen Ausschluss** auch des Bereicherungsanspruchs kann auf die Ausführungen zum Ausschluss des Aufwendungsersatzanspruchs verwiesen werden (s. Rdn. 20f.). 66

5. Sonstige Ansprüche des Mieters

Während des Bestehens des Mietverhältnisses scheiden Ersatzansprüche aus **Eigentümer-Besitzer-Verhältnis** aus, da der Mieter auf Grund des Mietvertrags berechtigter Besitzer ist.[141] Sonstige (nützliche) Aufwendungen nach der Beendigung des Mietvertrags richten sich hingegen nach §§ 996ff. BGB.[142] Dieser Fall ist nicht nur theoretischer Art, sondern begegnet in der Praxis immer wieder, insbesondere wenn der Mieter eine Kündigung des Vermieters für unwirksam hält und im Vertrauen auf seinen Rechtsstandpunkt Aufwendungen vornimmt. Die Regelungen der §§ 996ff. BGB zu Verwendungen des Besitzers sind abschließend, daneben ist für die Vorschriften der ungerechtfertigten Bereicherung gem. §§ 812ff. BGB und damit auch für § 951 Abs. 1 BGB kein Raum;[143] Ersatzansprüche bestehen daher nur gegen den Vermieter, der auch Eigentümer ist. Die Aufwendungen kann nur der gutgläubige und unverklagte Mieter ersetzt verlangen, § 996 BGB. Dem bösgläubigen oder verklagten Mieter bleibt lediglich das Wegnahmerecht nach § 997 Abs. 1 BGB, sofern es nicht nach § 997 Abs. 2 BGB ausgeschlossen ist oder vom Vermieter abgewendet wird. Für die Durchsetzung des Anspruchs auf Ersatz von Aufwendungen sind im Übrigen die Voraussetzungen des § 1001 BGB sowie die kurze Ausschlussfrist nach § 1002 BGB zu beachten. 67

6. Verjährung und Verwirkung

Ansprüche des Mieters auf **Ersatz von Aufwendungen verjähren** nach § 548 BGB in sechs Monaten ab Beendigung des Mietverhältnisses. Zwar entsteht der Anspruch grundsätzlich schon mit Vornahme der Aufwendung (s. Rdn. 40), die Verjährungsfrist beginnt aber auch bei einem jahrzehntelangen Mietverhältnis erst mit Mietende.[144] Die kurze Verjährungsfrist gilt für alle Arten von Aufwendungen und unabhängig davon, ob die Ansprüche des Mieters auf Vertrag oder Gesetz beruhen (s. i. E. § 548 BGB).[145] Demgegenüber unterliegt der **Bereicherungsanspruch** des Mieters aus vorzeitiger Vertragsbeendigung der regelmäßigen Verjährungsfrist von 3 Jahren (§ 195 BGB), da er nicht während der Vertragszeit entsteht, sondern die Beendigung des Mietverhältnisses voraussetzt.[146] Die kurze Verjährungsfrist greift ebenfalls nicht ein, wenn der Mieter die Aufwendungen nicht in dieser Eigenschaft, sondern als Miteigentümer,[147] als Werkunternehmer oder in der Erwartung gemacht hat, seine Ehefrau werde das Mietobjekt erben, seine Leistung mithin keinen rechtlichen Bezug zum Mietverhältnis hat.[148] Haben die Parteien eine Verrechnung der Mieterinvestition mit dem Mietzins vereinbart, stellt dies eine Mietvorauszahlung dar mit der Folge, dass § 548 Abs. 2 BGB nicht eingreift, sondern die normale Verjährungsfrist.[149] Zur Verjährung beim Vermieterwechsel s. Rdn. 40. 68

Da zwischen der Entstehung des Aufwendungsersatzanspruchs und dem Mietende ein sehr langer Zeitraum liegen kann, kommt die **Verwirkung** des Anspruchs in Betracht, wenn der Mieter mit ihm erst nach langer Zeit hervortritt und der Vermieter aufgrund bestimmter Umstände darauf vertrauen durfte, er werde nicht mehr geltend gemacht, so dass er sich entsprechend einrichtete.[150] Auch der Ablauf etlicher Jahre zwischen Aufwendung und Geltendmachung des Anspruchs reicht allein mithin nicht.[151] Die vorbeschriebenen Voraussetzungen sind jedoch z. B. bejaht worden, 69

---

141 Z. B. BGH (VIII ZR 285/88) ZMR 1990, 54; (VIII ZR 25/65) NJW 1967, 2255.
142 *Wolf/Eckert/Ball* Rdn. 1252 m. w. N.; **a. A.** *Emmerich* NZM 1998, 49 (50).
143 BGH (V ZR 105/61) BGHZ 41, 157.
144 Vgl. BGH (VIII ZR 43/58) NJW 1959, 1629; **a. A.** *Eckert* NZM 2008, 313 (314f.).
145 BGH (VIII ZR 133/07) GE 2008, 857 = NZM 2008, 519 = WuM 2008, 402.
146 BGH (XII ZR 43/02) GE 2006, 380 = NJW-RR 2006, 294 = NZM 2006, 15 = ZMR 2006, 185; (VIII ZR 2/66) NJW 1968, 888.
147 BGH (VIII ZR 233/72) WM 1974, 348.
148 BGH (VIII ZR 286/88) NJW 1989, 2745 (2748).
149 BGH (VIII ZR 133/07) GE 2008, 857 = NZM 2008, 519 = WuM 2008, 402.
150 BGH (VIII ZR 43/58) NJW 1959, 1629; allgemein z. B. BGH (VIII ZR 310/82) WuM 1984, 127; OLG Hamburg WuM 1992, 76.
151 *Bieber* in MünchKomm § 539 Rdn. 9; **a. A.** LG Aachen DWW 1989, 136.

wenn die Aufwendungen mehr als zehn Jahre zurücklagen, ihnen durch eine geringe Miete Rechnung getragen wurde und die Mieter für zwischenzeitliche Instandsetzungen Ersatz verlangt hatten, nicht jedoch für die früheren Aufwendungen[152] oder wenn es der Mieter in Kenntnis eines Rechtsnachfolgers mehr als vier Jahre lang unterließ, seinen Aufwendungsersatzanspruch gegen diesen geltend zu machen.[153]

7. Beweislast

70 Es gelten die **allgemeinen Beweislastregeln.** Es ist daher Sache des Mieters, alle Voraussetzungen für den von ihm reklamierten Aufwendungsersatz- oder Bereicherungsanspruch darzutun und zu beweisen. Ist er nachgewiesen, liegt es beim Vermieter, darzulegen und zu beweisen, dass er durch eine wirksame Vereinbarung oder aus sonstigen Gründen ausgeschlossen ist.

V. Wegnahmerecht des Mieters (Abs. 2)

71 Das Wegnahmerecht des Mieters bezieht sich auf Einrichtungen, die er einbrachte (s. i. E. Rdn. 12f.); § 539 Abs. 2 BGB behandelt weder das Einbaurecht noch die Rückbaupflicht (s. Rdn. 7 und § 546 Rdn. 44ff.). Schwierig ist die Zuordnung der Einrichtung, wenn sie **vom Vermieter und Mieter** hergestellt wurde, was in der Praxis nicht selten in der Weise erfolgt, dass der Vermieter das Material stellt und der Mieter dessen Einbau übernimmt. Haben die Parteien keine Regelung zum Schicksal der Einrichtung bei Vertragsende getroffen, ist es durch Auslegung zu ermitteln. Hier bietet es sich an zu überprüfen, ob die Einrichtung das Mietobjekt auf Dauer verbessert, so dass sie auch für folgende Mieter von Nutzen ist,[154] zumal Vermieter meist nicht für temporäre Interessen des aktuellen Mieters investieren.[155]

1. Rechtslage bis zur Wegnahme

72 Ist der Mieter ausgezogen, ohne die Einrichtung mitzunehmen, ist der **Vermieter** als Besitzer bis zur Ausübung des Wegnahmerechts auch dann **zum Besitz berechtigt,** wenn der Mieter Eigentümer der Einrichtung geblieben ist.[156] Vermietet der Vermieter die Mietsache weiter und räumt dem Nachmieter den unmittelbaren Besitz ein, ist dieser ebenfalls zum Besitz berechtigt.[157] Weder der Vermieter noch der Nachmieter schulden daher dem Mieter Nutzungsentschädigung nach §§ 987ff. BGB.[158]

73 Der Anspruch des Mieters auf Gestattung der Wegnahme **verjährt** nach § 548 BGB in sechs Monaten ab Beendigung des Mietverhältnisses;[159] dies gilt auch dann, wenn die Wirksamkeit der Kündigung erst am Ende eines längeren, über zwei Instanzen geführten Rechtsstreits feststeht.[160] Mit der Verjährung erlangt der Vermieter ein **dauerndes Recht zum Besitz,** ohne unter irgendeinem rechtlichen Gesichtspunkt Nutzungsentschädigung zu schulden; hat er das Mietobjekt mit den Einrichtungen veräußert, stehen dem Mieter gegen ihn gleichfalls keine Schadensersatz- oder Bereicherungsansprüche zu.[161] Dieselbe Rechtsstellung hat der Nachmieter.[162]

---

[152] LG Rostock ZMR 2004, 917.
[153] LG Kiel ZMR 2009, 209.
[154] *Sternel* PiG 103 (2016), 61 (86).
[155] *Dickersbach* in Lützenkirchen § 539 Rdn. 88a.
[156] BGH (VIII ZR 136/86) BGHZ 101, 37 (41) = NJW 1987, 2861.
[157] BGH (VIII ZR 326/80) BGHZ 81, 146 = NJW 1981, 2564 = WuM 1982, 50.
[158] BGH (VIII ZR 136/86) BGHZ 101, 37 (41) = NJW 1987, 2861; (VIII ZR 326/80) BGHZ 81, 146 = NJW 1981, 2564 = WuM 1982, 50.
[159] Z. B. KG GE 2015, 1594 = ZMR 2016, 862.
[160] OLG Bamberg NZM 2004, 342.
[161] BGH (VIII ZR 136/86) BGHZ 101, 37 (41) = NJW 1987, 2861 (dazu kritisch *J. Eckert* MDR 1989, 135, dass der Standpunkt des BGH auf eine entschädigungslose Enteignung hinauslaufe); OLG Düsseldorf GE 2004, 813 = ZMR 2004, 257.
[162] BGH (VIII ZR 326/80) BGHZ 81, 146 = NJW 1981, 2564 = WuM 1982, 50; OLG Düsseldorf ZMR 1987, 327.

2. Ausübung des Wegnahmerechts

a) Inhalt des Rechts. § 539 Abs. 2 BGB räumt dem Mieter ein Wegnahmerecht ein, ohne dessen Inhalt näher zu bestimmen. Hierzu ist § 258 BGB heranzuziehen. Diese Vorschrift regelt zwei Sachverhalte. 74

Nach § 258 Satz 1 BGB kann derjenige, der die **Einrichtung noch im Besitz hat,** sie ohne weiteres wegnehmen, er hat dann allerdings die Sache, hier das Mietobjekt, wieder in den vorigen Stand zu versetzen (s. Rdn. 15). Blieb er nach § 95 Abs. 2 BGB Eigentümer der Einrichtung, entfernt er allein sein Eigentum, mit dem er gem. § 903 BGB nach Belieben verfahren kann. Verlor er sein Eigentum durch die Verbindung mit der Mietsache gem. §§ 93, 94, 946, 947 BGB, ist er gleichwohl zur Abtrennung und Wiederaneignung berechtigt.[163] 75

Gab der Mieter das **Mietobjekt mit der Einrichtung zurück,** ist der Vermieter nach § 258 Satz 2 BGB verpflichtet, ihm die Wegnahme zu gestatten; er kann die Gestattung verweigern, bis ihm für „den mit der Wegnahme verbundenen Schaden" Sicherheit geleistet wird. Fraglich ist, wie die **Sicherheitsleistung** zu berechnen ist. Nach einer Ansicht bemisst sich die Höhe der Sicherheitsleistung nur nach den Kosten der Wegnahme.[164] Dies überzeugt indes im Hinblick auf § 258 Satz 1 BGB nicht. Danach besteht *„im Falle der Wegnahme"* auch die Verpflichtung des Wegnahmeberechtigten, die Sache auf seine Kosten in den vorigen Stand zu setzen. In den *„mit der Wegnahme verbundenen Schaden"* in § 258 Satz 2 BGB sind daher die Wiederherstellungskosten einzubeziehen. Der **Anspruch** auf Gestattung der Wegnahme ist **dinglicher Natur.**[165] Er geht nicht auf Herausgabe der Einrichtung durch den Vermieter, sondern nur darauf, dass der Vermieter die notwendigen Maßnahmen zur Trennung und Wegnahme duldet, unabhängig davon, ob der Mieter Eigentümer der Einrichtung geblieben war; § 985 BGB ist nicht anzuwenden.[166] Eine Mitwirkungspflicht des Vermieters besteht nur insoweit, als er das Mietobjekt dem Mieter zugänglich zu machen hat.[167] Die Kosten für die Trennung und den Abtransport treffen folglich den Mieter. 76

Das Wegnahmerecht ist **ausgeschlossen,** solange der Vermieter das Leistungsverweigerungsrecht aus § 258 Satz 2 BGB oder sein Vermieterpfandrecht aus § 562 BGB geltend macht[168] oder wenn er seine Abwendungsbefugnis nach § 552 Abs. 1 BGB bzw. §§ 578 Abs. 1, 552 Abs. 1 BGB in Anspruch nimmt. Es kann ferner ausnahmsweise nach den Grundsätzen von Treu und Glauben gem. § 242 BGB ausgeschlossen sein, z. B. wenn die Wegnahme dem Mieter keinerlei Vorteile bringt.[169] Zur Frage, ob das Recht ausgeschlossen ist, wenn es für den Mieter nicht möglich oder zumutbar ist, den früheren Zustand wiederherzustellen, s. Rdn. 82, zum vertraglichen Ausschluss des Wegnahmerechts s. § 552 Rdn. 13 ff. 77

Während der Vermieter bis zur Ausübung des Wegnahmerechts keine Nutzungsentschädigung schuldet (s. Rdn. 72), steht dem Mieter ein Anspruch auf Nutzungsentschädigung nach §§ 987 ff. BGB zu, wenn ihm der Vermieter die **Wegnahme nicht ermöglicht,** etwa durch Einbau neuer Schlösser in den Türen zum Mietobjekt.[170] Dieses Verhalten ist zugleich als Vertragsverletzung gem. § 280 Abs. 1 BGB zu qualifizieren, so dass der Mieter auf diese Anspruchsgrundlage ausweichen oder weitergehende Schadensersatzansprüche geltend machen kann.[171] 78

b) Inhaber des Rechts. Verkaufte oder verschenkte der Mieter die Einrichtung **an den Nachmieter,** liegt darin die zulässige Abtretung des Wegnahmerechts.[172] Der Erwerb des Nachmieters ist allerdings mit der Abwendungsbefugnis des Vermieters aus § 552 Abs. 1 BGB belastet.[173] Wurde die Einrichtung nur zurückgelassen, bleibt dem Mieter das Wegnahmerecht auch gegenüber 79

---

[163] BGH (XII ZR 17/90) NJW 1991, 3031 = WuM 1991, 486; (VIII ZR 326/80) BGHZ 81, 146 = NJW 1981, 2564 = WuM 1982, 50.

[164] *Bruns* NZM 2016, 873 (877).

[165] BGH (XII ZR 17/90) NJW 1991, 3031 = WuM 1991, 486.

[166] *Heitgreß* WuM 1982, 32.

[167] *Wolf/Eckert/Ball* Rdn. 1259.

[168] BGH (VIII ZR 136/86) BGHZ 101, 37 (41) = NJW 1987, 2861.

[169] *Emmerich* in Staudinger § 539 Rdn. 31; einschränkend *Dickersbach* in Lützenkirchen § 539 Rdn. 96; **a. A.** *Derleder* WuM 2006, 175 (179).

[170] BGH (VIII ZR 136/86) BGHZ 101, 37 (42) = NJW 1987, 2861; *Blank* in Blank/Börstinghaus § 539 Rdn. 24; kritisch hinsichtlich der praktischen Umsetzung des Anspruchs *Bieber* in MünchKomm § 539 Rdn. 16.

[171] BGH (VIII ZR 189/66) NJW 1969, 40; OLG München ZMR 1997, 235.

[172] BGH (XII ZR 17/90) NJW 1991, 3031= WuM 1991, 486; *Bieber* in MünchKomm § 539 Rdn. 19; *Emmerich* in Staudinger § 539 Rdn. 33.

[173] KG GE 1987, 451, 453.

dem Nachmieter. Dies folgt entweder aus dem fortdauernden Eigentum des Mieters oder aus seinem dinglichen Gestattungsanspruch.

80 **c) Anspruchsgegner.** Bei **Verkauf des Mietobjekts** oder der **Zwangsversteigerung** mit der Einrichtung richtet sich der Anspruch nach § 566 BGB gegen den Erwerber als neuen Vermieter;[174] die Duldungspflicht stammt nunmehr (auch) aus der Zeit seines Eigentums. Wurde der Mietvertrag vor der Eintragung des Erwerbers ins Grundbuch beendet und gab der Mieter die Mietsache noch an den Veräußerer und damit Vermieter zurück, richtet sich das Wegnahmerecht aus § 539 Abs. 2 BGB nur gegen ihn.[175] Gegenüber dem Erwerber greift die Sonderregelung nicht ein, da zwischen dem Mieter und dem Erwerber kein Mietvertrag besteht. Gab der Mieter das Mietobjekt in diesem Fall schon an den Erwerber heraus, kommt die Wegnahme daher nur nach den allgemeinen Vorschriften in Betracht.[176]

3. Folgen der Wegnahme

81 Nach § 258 Satz 1 BGB ist der Mieter verpflichtet, nach der Wegnahme den **ursprünglichen Zustand** wiederherzustellen. Dies bedeutet, dass er die Einrichtung vollständig zu entfernen hat; er darf sich nicht darauf beschränken, wertvolle Bestandteile wegzunehmen und dem Vermieter den Rest zu belassen.[177] Die Beseitigungspflicht hat ferner zur Folge, dass der Mieter etwaige Schäden am Mietobjekt, die durch die Montage der Einrichtung oder bei ihrer Entfernung entstanden sind, zu beseitigen hat. Auf seine Kosten muss er z. B. Dübellöcher verschließen, Putz- oder Dekorationsschäden ausbessern oder bauliche Veränderungen, etwa im Zusammenhang mit der Installation von Maschinen, beseitigen.[178] Schließlich ist bei Austausch vermieterseitiger Ausstattung entweder die frühere oder eine gleichwertige wieder anzubringen. Ist der Vermieter nicht zugleich Eigentümer der Mietsache, können neben den vertraglichen Ansprüchen des Vermieters deliktische Ansprüche des Eigentümers gegen den Mieter bestehen.[179]

82 Ist es **nicht mehr möglich, den früheren Zustand wieder herzustellen,** ist streitig, ob dies die Ausübung des Wegnahmerechts hindert[180], oder ob der Vermieter nur auf einen Schadensersatzanspruch in Geld gem. § 251 BGB als Ersatz für die Naturalherstellung zu verweisen ist.[181] Dieselbe Frage stellt sich, wenn die Wiederherstellung wirtschaftlich unzumutbare hohe Kosten verursachen würde.[182] Grundsätzlich wird davon auszugehen sein, dass das Wegnahmerecht vorgeht.[183] Zum einen regelt § 539 Abs. 2 BGB das Wegnahmerecht des Mieters abschließend, ohne irgendwelche Einschränkungen vorzusehen, zum anderen lässt sich § 258 Satz 2 BGB entnehmen, dass der Vermieter nach Rückgabe der Mietsache die Wegnahme nur so lange verweigern darf, bis ihm der Mieter Sicherheit für den mit der Wegnahme verbundenen Schaden geleistet hat. Ist der Schaden durch die Sicherheit gedeckt, ist daher die Wegnahme zu dulden. Will der Vermieter den Schaden vermeiden, kann er bei der Vermietung von Räumen von der Abwendungsbefugnis nach § 552 Abs. 1 BGB bzw. §§ 578 Abs. 2, 552 Abs. 1 BGB Gebrauch machen. Handelt es sich um die Miete eines Grundstücks, wird die Wegnahme an § 242 BGB scheitern, wenn die Interessen des Vermieters diejenigen des Mieters deutlich übersteigen.

4. Prozessuales

83 Der Mieter muss darlegen und beweisen, dass die Einrichtung von ihm stammt, ggf. durch Übernahme vom Vormieter. Da sein Anspruch nicht auf Herausgabe der Einrichtung geht, sondern auf Duldung ihrer Wegnahme, muss der **Klagantrag** auf Duldung der Wegnahme durch Ab-

[174] BGH (XII ZR 17/90) NJW 1991, 3131 = WuM 1991, 486; (VIII ZR 246/86) NJW 1988, 705 = WuM 1988, 16; AG/LG Köln WuM 1998, 345.
[175] **A. A.** *Derleder* WuM 2006, 175, 178.
[176] **A. A.** *Scheuer/Emmerich* in Bub/Treier V. B Rdn. 343.
[177] Allg. M., z. B. BGH (V ZR 24/67) NJW 1970, 754; (VIII ZR 16/64) MDR 1966, 498.
[178] Z. B. *Bruns* NZM 2016, 873 (876).
[179] OLG Frankfurt ZMR 1986, 358.
[180] *Bieber* in MünchKomm § 539 Rdn. 17; *Dickersbach* in Lützenkirchen § 539 Rdn. 96; *Scheuer/Emmerich* in Bub/Treier V. B Rdn. 340.
[181] *Gather* DWW 2008, 122 (124); *Blank* in Blank/Börstinghaus § 539 Rdn. 25; *Emmerich* in Staudinger § 539 Rdn. 30.
[182] Vgl. OLG Frankfurt ZMR 1986, 358.
[183] *Bruns* NZM 2016, 873 (877); *Kinne* in Kinne/Schach/Bieber § 539 Rdn. 15; *Sternel* PiG 103 (2016), 61 (67).

trennung der Einrichtung lauten; geht der Antrag auf Herausgabe, soll er nicht in einen Antrag auf Wegnahme umgedeutet werden können.[184] In ihn ist nicht nur ihre genaue Bezeichnung aufzunehmen, sondern auch die Beschreibung, wo sie sich befindet.[185] Die Zwangsvollstreckung erfolgt nach § 890 ZPO.

Der **Streitwert** der Klage auf Duldung der Wegnahme richtet sich nach § 6 ZPO und damit **84** nach dem Verkehrswert, den die Sache nach ihrer Trennung von Gebäude oder Grundstück hat, dasselbe gilt für den Rechtsmittelstreitwert;[186] die Kosten für die Wiederherstellung des ursprünglichen Zustands sind nicht zu berücksichtigen.[187]

---

[184] OLG Düsseldorf NZM 1999, 668 = WuM 2000, 21 = ZMR 1999, 386; LG München I ZMR 2016, 375; zweifelnd *Bruns* NZM 2016, 873 (881).

[185] *Scheuer/Emmerich* in Bub/Treier V. B Rdn. 367.

[186] Bei geringen Werten schlägt *Bruns* NZM 2016, 873 (882) den pauschalen Ansatz der Hälfte des Neupreises vor.

[187] BGH (XII ZR 30/91) NJW 1991, 3221 = WuM 1991, 562.

§ 540 Gebrauchsüberlassung an Dritte

(1) [1]Der Mieter ist ohne die Erlaubnis des Vermieters nicht berechtigt, den Gebrauch der Mietsache einem Dritten zu überlassen, insbesondere sie weiter zu vermieten. [2]Verweigert der Vermieter die Erlaubnis, so kann der Mieter das Mietverhältnis außerordentlich mit der gesetzlichen Frist kündigen, sofern nicht in der Person des Dritten ein wichtiger Grund vorliegt.

(2) Überlässt der Mieter den Gebrauch einem Dritten, so hat er ein dem Dritten bei dem Gebrauch zur Last fallendes Verschulden zu vertreten, auch wenn der Vermieter die Erlaubnis zur Überlassung erteilt hat.

Systematische Übersicht

Alphabetische Schnellübersicht

I. Anwendungsbereich und Bedeutung der Vorschrift

Die Vorschrift gilt für Mietverhältnisse aller Art sowie für die Pacht (Ausnahme: § 584a Abs. 1 BGB: kein Kündigungsrecht des Pächters nach § 540 Abs. 1 BGB). Sie stellt in Abs. 1 Satz 1 klar, dass der Mieter den Mietgebrauch grundsätzlich nur in eigener Person ausüben darf. Dies beruht auf der Vorstellung des Gesetzgebers, dass es wesentlich sei, welche Person den Mietgebrauch ausübe, weil danach sich oft der Umfang und die Art des Gebrauchs bestimme.[1] Die Überlassung des selbstständigen Gebrauchs an Dritte bedarf deshalb der Erlaubnis des Vermieters. Der Mieter kann die Erlaubnis grundsätzlich nicht erzwingen. Wird die Erlaubnis verweigert, so hat der Mieter allerdings ein Sonderkündigungsrecht, sofern nicht in der Person des Untermieters ein wichtiger Grund vorliegt. Wird einem Dritten der selbstständige Mietgebrauch ohne Erlaubnis überlassen, so liegt eine Vertragswidrigkeit vor, die den Vermieter unter den weiteren Voraussetzungen der § 541 BGB zur Unterlassungsklage, gegebenenfalls zur außerordentlichen fristlosen (§ 543 Abs. 2 Nr. 2 BGB) oder zur ordentlichen Kündigung (573 Abs. 2 Nr. 1 BGB) berechtigt. Außerdem kann der Vermieter Schadensersatzansprüche nach § 280 BGB geltend machen. Einen Anspruch auf Herausgabe des Untermietzinses hat der Vermieter dagegen nicht (s. u. Rdn. 15). In § 540 Abs. 2 BGB ist bestimmt, dass der Mieter das Verschulden eines Dritten, der an seiner Statt den Mietgebrauch ausübt, zu vertreten hat. Bei der Wohnraummiete ist neben § 540 BGB auch § 553 BGB zu beachten. Danach hat der Mieter einen Anspruch auf Erteilung der Erlaubnis zur Überlassung eines Teils der Mieträume an einen Dritten (sog. „Abvermietung"). 1

II. Die Fälle der Gebrauchsüberlassung

Die Regelung des § 540 Abs. 1 Satz 1 BGB umfasst jede Überlassung des Gebrauchs, gleichgültig ob dies auf Grund eines Vertrags (Miete, Leihe, Abtretung der Mieterrechte) oder auf Grund eines rein tatsächlichen Tuns oder Duldens erfolgt. Die Dauer der Gebrauchsüberlassung spielt keine Rolle. Deshalb ist auch die kurzfristige Überlassung der Mietwohnung an Touristen oder Geschäftsleute vertragswidrig.[2] Nach heute h. M.[3] ist es gleichgültig, ob dem Dritten ein selbstständiges Besitzrecht an der Sache eingeräumt wird (Untermiete) oder ob der Dritte lediglich zur Mitbenutzung der Mietsache berechtigt sein soll (Aufnahme eines Lebensgefährten). Eine Ausnahme gilt lediglich für die Aufnahme der nächsten Familienangehörigen, von zum Haushalt gehörenden Angestellten und von Personen, die der Mieter zu seiner Pflege bedarf. Diese Personen dürfen auch ohne Erlaubnis des Vermieters in die Wohnung aufgenommen werden (s. u. Rdn. 24). Gleiches gilt für die Aufnahme solcher Personen, die kein eigenständiges Besitzrecht haben, wie die Angestellten des Mieters einer gewerblichen Sache oder die Besucher eines Wohnungsmieters. 2

1. Untermiete

a) Rechtsnatur. Die Untermiete wird in § 540 Abs. 1 Satz 1 BGB als ein in der Praxis besonders häufiger (und wichtiger) Fall der Gebrauchsüberlassung ausdrücklich erwähnt. Die Untermiete ist rechtsbegrifflich Miete; sie liegt demgemäß vor, wenn die gesamte Sache oder ein Teil der Sache gegen Entgelt einem Dritten (dem Untermieter) überlassen wird. Bei der Raummiete ist wesentlich, dass dem Dritten zumindest ein Teil der Räume zur ausschließlichen Benutzung zur Verfügung steht. Die Aufnahme eines Dritten mit der Absicht, dass dieser die Wohnung insgesamt mitbenutzt, ist auch dann keine Untermiete, wenn der Dritte hierfür ein Entgelt zahlt;[4] in einem solchen Fall wird häufig eine BGB-Gesellschaft vorliegen. Für die Annahme einer Untermiete reicht es aber aus, wenn dem Dritten ein einziger Raum zur alleinigen Benutzung überlassen wird; 3

---

[1] *Mittelstein* S. 609f.

[2] BGH (VIII ZR 210/13) NJW 2014, 622; LG Berlin WuM 2015, 31.

[3] BGHZ 157, 1 = NJW 2004, 56 = NZM 2004, 22 = WuM 2003, 688 = ZMR 2004, 100 = DWW 2004, 16; OLG Hamm NJW 1982, 2876 = WuM 1982, 318 = DWW 1982, 308 = ZMR 1983, 49; s. dazu auch Anm. *Finger* WuM 1983, 8; BayObLGZ 1983, 285; GE 1997, 1465; *Emmerich* in Staudinger § 540 BGB Rdn. 3; *Palandt/Weidenkaff* § 540 BGB Rdn. 2; *Lammel* § 540 BGB Rdn. 10; *Bieber* in MünchKomm § 540 BGB Rdn. 3; *Kinne* in Kinne/Schach/Bieber Miet- und Mietprozessrecht § 540 BGB Rdn. 1; *Ehlert* in Bamberger/Roth § 540 BGB Rdn. 4; *Kandelhard* in Herrlein/Kandelhard § 540 BGB Rdn. 2; *Weißker* in MAH Wohnraummietrecht § 15 Rdn. 3; *Lützenkirchen* in: Erman § 540 Rdn. 7.

[4] **A. A.** *Häublein* PiG 85 (2009) S. 117, 124.

der Umstand, dass ihm an den übrigen Räumen ein Mitbenutzungsrecht zusteht, schadet nicht.[5] Die Wirksamkeit des Untermietvertrags hängt nicht von der Genehmigung des Hauptvermieters ab; lediglich die Überlassung ist erlaubnispflichtig. Die Parteien des Untermietvertrags können den Vertrag allerdings unter der auflösenden Bedingung der Erlaubniserteilung schließen oder vereinbaren, dass das Zustandekommen des Vertrags von der Erteilung der Erlaubnis abhängen soll.[6] Bei einem unbedingt geschlossenen Untermietvertrag hat der Untermieter einen Anspruch auf Schadensersatz, wenn der Mieter die Mietsache wegen der Verweigerung der Erlaubnis nicht überlassen kann.

4 **b) Verhältnis zwischen Mieter und Untermieter.** Die einzige Besonderheit der Untermiete besteht darin, dass der Untervermieter die Sache seinerseits nur gemietet hat. Im Verhältnis des Mieters zum Untermieter ist dies ohne Bedeutung. Für den Untermietvertrag gelten die allgemeinen Bestimmungen des Mietrechts. Wird der Untermietvertrag auf längere Zeit als 1 Jahr abgeschlossen, so bedarf er der Schriftform.[7]

4a Will der Hauptvermieter **Erhaltungs- oder Modernisierungsarbeiten** durchführen, so richtet sich die Duldungspflicht des Mieters nach den §§ 555a, 555b BGB. Der Untermieter muss die Modernisierung durch den Hauptvermieter ebenfalls unter den Voraussetzungen der § 555b–§ 555d dulden. Der Mieter ist gegenüber dem Hauptvermieter verpflichtet, den Duldungsanspruch geltend zu machen. Der Hauptvermieter hat gegenüber dem Untermieter keinen Duldungsanspruch. Liegen in der Person des Untermieters Härtegründe im Sinne des § 555d Abs. 2 Satz 1 vor, so entfällt die Duldungspflicht. Der gegenüber dem Mieter bestehende Anspruch des Hauptvermieters auf Duldung entfällt, wenn der Mieter alles ihm zumutbare getan hat um den Untermieter zur Duldung zu bewegen. Aus diesem Grunde kann der Hauptvermieter gegenüber dem Mieter nicht nach §§ 543 Abs. 1, 573 kündigen.[8] Bei der Vermietung eines Teils der Wohnung stellt sich die Frage, ob der Mieter verpflichtet ist, eine Kündigung nach § 573a BGB auszusprechen.[9] Nach der hier vertretenen Auffassung ist § 573a eng auszulegen: Der Mieter soll die Möglichkeit haben, ein zerrüttetes Mietverhältnis mit dem in der Wohnung lebenden Untermieter problemlos zu beenden; die Vorschrift dient also nicht der Durchsetzung der Interessen des Hauptvermieters.

5 Der **Umfang der Gebrauchsbefugnisse** des Untermieters richtet sich nach den Vereinbarungen im Untermietvertrag. Dabei ist zu beachten, dass der Hauptmieter dem Untermieter nicht mehr Rechte übertragen kann, als ihm selbst gegenüber dem Hauptvermieter zustehen.[10] Werden dem Untermieter gleichwohl weitergehende Rechte eingeräumt, so hat dies auf die Wirksamkeit des Untermietvertrags aber keinen Einfluss. Insbesondere kann der Hauptmieter nicht verlangen, dass der Untermieter auf Rechte aus dem Untermietvertrag verzichtet. Lediglich der Eigentümer kann den Untermieter aus § 1004 BGB in Anspruch nehmen. In diesem Fall kann der Untermieter gegenüber dem Hauptmieter die Rechte aus §§ 536ff. BGB, § 543 Abs. 2 Nr. 1 BGB geltend machen.

6 Ist das Untermietverhältnis als Wohnraummietverhältnis zu beurteilen, so gelten für den Untermietvertrag die besonderen Schutzvorschriften zugunsten des Wohnungsmieters, und zwar auch dann, wenn das Hauptmietverhältnis ein gewerbliches Mietverhältnis darstellt (z. B. bei gewerblicher Zwischenvermietung). Die Dauer des Untermietvertrags kann bei der Wohnraummiete nicht an den Bestand des Hauptmietverhältnisses geknüpft werden. Eine Vereinbarung, wonach das Untermietverhältnis zusammen mit dem Hauptmietverhältnis enden soll ist zwar wirksam; gleichwohl führt eine solche Regelung entgegen ihrem Wortlaut wegen § 572 Abs. 2 BGB nicht zur Beendigung des Mietverhältnisses;[11] s. § 572 BGB Rdn. 12. Zur Frage, ob das Untermietverhältnis wegen der Beendigung des Hauptmietverhältnisses gekündigt werden kann s. § 573 BGB Rdn. 250.

7 Bei der Gewerberaummiete kann vereinbart werden, dass das Untermietverhältnis mit dem Hauptmietverhältnis enden soll, weil § 572 BGB dort nicht gilt.

8 Die Art und Weise der Rückgabe der Mietsache richtet sich ebenfalls nach den allgemeinen Vorschriften. Eine Besonderheit gilt hinsichtlich der Beseitigung von baulichen Veränderungen,

[5] LG Berlin GE 1992, 153.
[6] *Sonnenschein* PiG 23, 167, 173.
[7] BGHZ 81, 46 = NJW 1981, 2246 = WuM 1981, 261 = ZMR 1981, 311.
[8] **A. A.** *Jablonski* GE 2015, 234.
[9] So *Jablonski* GE 2015, 234.
[10] *Schmid* ZMR 1998, 567.
[11] LG Osnabrück WuM 1994, 24 zu § 565a BGB a. F.

wenn das Hauptmietverhältnis beendet wird. Hier entfällt die Verpflichtung zur Herstellung des ursprünglichen Zustands, wenn der Hauptvermieter hierauf verzichtet.[12]

c) Verhältnis zwischen Hauptvermieter und Untermieter. Zwischen dem Hauptvermieter und dem Untermieter bestehen keine vertraglichen Beziehungen. Der Untermieter ist auch nicht in den Schutzbereich des Hauptmietverhältnisses einbezogen.[13] Dies folgt aus der Erwägung, dass der Untermieter i. d. R. eigene Ansprüche gegen den Mieter geltend machen kann. Etwas anderes soll gelten, wenn der Untermieter durch ein Ereignis geschädigt wird, das allein der Hauptvermieter zu vertreten hat.[14] **9**

Macht der Untermieter von der Mietsache einen weitergehenden Gebrauch als er dem Hauptmieter zustünde, so hat der Hauptvermieter – falls er Eigentümer ist – Unterlassungsansprüche nach § 1004 BGB (s. Rdn. 5). **10**

Wird das zwischen dem Vermieter und dem Mieter bestehende Mietverhältnis durch Kündigung oder Anfechtung beendet, so gehen die vom Mieter (Untervermieter) begründeten Mietverhältnisse nicht auf den Hauptvermieter über. An dieser Rechtsfolge ändert sich nichts, wenn die Parteien des Hauptmietverhältnisses den Übergang der Untermietverhältnisse vereinbaren. Anders ist es nur, wenn alle Untermieter dem Vertragsübergang zustimmen. Eine solche Zustimmung kann auch konkludent erteilt werden.[15] **10a**

Der Hauptvermieter kann die Räume auch von dem Untermieter herausverlangen (§ 546 Abs. 2 BGB; s. dort). Der Untermieter ist seinerseits verpflichtet, die Nutzung der Sache zu unterlassen, sie dem Hauptvermieter herauszugeben und ihm die Nutzungsmöglichkeit einzuräumen.[16] Räumt der Untermieter nicht freiwillig, so muss der Hauptvermieter den Untermieter auf Räumung verklagen. Aufgrund eines Titels gegen den Hauptmieter kann der Hauptvermieter nicht gegen den Untermieter vollstrecken.[17] Der Untermieter von Wohnraum kann sich gegenüber dem Hauptvermieter nicht auf den mietrechtlichen Bestandsschutz berufen. Eine Ausnahme gilt für die gewerbliche Zwischenvermietung (s. § 565 BGB). **11**

Gerät der Mieter mit der Zahlung des Mietzinses in Verzug, so hat der Hauptvermieter keinen Anspruch auf den Untermietzins. Eine Vereinbarung im Mietvertrag, wonach der Mieter im Falle der Untervermietung den Untermietzins an den Vermieter zur Sicherheit abtritt, ist unwirksam.[18] Zwar können auch künftige Forderungen abgetreten werden. In einem solchen Fall muss sich aber mit hinreichender Klarheit ergeben, welche Forderung auf den neuen Gläubiger (hier: den Hauptvermieter) übergehen soll. Bei der hier fraglichen Klausel ist völlig unklar, zu welchem Zeitpunkt und in welcher Höhe der Hauptvermieter den Anspruch auf den Untermietzins erwerben soll. Der Vermieter muss abwarten bis der Mieter in Zahlungsverzug gerät. Er muss sodann einen Zahlungstitel erwirken. Aus diesem Titel kann er die Zwangsvollstreckung betreiben. Unter anderem kann der Hauptvermieter den Anspruch des Mieters auf den Untermietzins pfänden und sich zur Einziehung überweisen lassen. **12**

Nach Beendigung des Hauptmietverhältnisses schuldet der Hauptmieter für die Zeit der Vorenthaltung eine **Nutzungsentschädigung nach § 546 a BGB** in Höhe der bisherigen oder der ortsüblichen Miete. Übersteigt der Untermietzins diesen Betrag, so kann der Vermieter verlangen, dass der **Mehrerlös** an ihn ausgekehrt wird **(§§ 546 Abs. 1, 292 Abs. 2, 987 Abs. 1, 99 Abs. 3 BGB).** Daneben kann der Vermieter auch den Untermieter in Anspruch nehmen, wenn dieser von der Beendigung des Hauptmietverhältnisses Kenntnis hat. Er ist in diesem Fall gem. **§§ 990 Abs. 1, 987 Abs. 1 BGB** zur Herausgabe der **Nutzungen** verpflichtet, die er ab dem Zeitpunkt zieht, zu dem er erfährt, dass er nicht mehr zum Besitz der Räume berechtigt ist (Eintritt der „Bösgläubigkeit"). Unter den Nutzungen in diesem Sinne ist nicht der vereinbarte Untermietzins, sondern der objektive Mietwert der untervermieteten Räume zu verstehen.[19] „Bösgläubig" ist der Untermieter, wenn er weiß, dass das Hauptmietverhältnis beendet ist und er vom Eigentümer zur Räumung aufgefordert wird. Die strikte Anwendung dieser Vorschriften hätte allerdings zur Folge, dass der **13**

---

[12] LG Berlin ZMR 1982, 281.
[13] BGHZ 70, 327 = NJW 1978, 883; BGH (VI ZR 174/11) NZM 2013, 147.
[14] OLG Saarbrücken NJW 1993, 3077 betr. den Brandschaden infolge des Versagens eines Schutzschalters, der vom Hauptvermieter längere Zeit nicht mehr überprüft worden ist.
[15] OLG Düsseldorf GE 2011, 1370.
[16] BGHZ 79, 232.
[17] OLG Celle NJW-RR 1988, 913.
[18] OLG Hamburg WuM 1999, 278.
[19] BGH (V ZR 218/13) NZM 2014, 582.

Eigentümer vom Hauptmieter eine Nutzungsentschädigung in Höhe der Miete für das gesamte Mietobjekt und vom Untermieter (zusätzlich) den objektiven Mietwert der untervermieteten Räume verlangen könnte. Auf diese Weise bekäme der Vermieter im Falle der Vorenthaltung mehr, als ihm nach dem Hauptmietvertrag zusteht. Da ein solches Ergebnis grob unbillig wäre räumt der BGH dem Eigentümer ein Wahlrecht ein: **(1)** Der Eigentümer kann lediglich einen Nutzer verklagen und auf eine Inanspruchnahme des anderen Nutzers verzichten.[20] **(2)** Statt dessen kann der Eigentümer aber auch beide Nutzer in Anspruch nehmen. In diesem Fall wendet der BGH auf das Verhältnis der beiden Nutzer die Vorschrift des § 421 BGB analog an.[21] Danach haften die beiden Nutzer – so weit ihre Verpflichtungen sich decken – als Gesamtschuldner. Der Eigentümer kann also die Leistung nach seinem Belieben von jedem der Nutzer ganz oder zu einem Teil fordern. Bis zur Bewirkung der ganzen Leistung bleiben sämtliche Nutzer verpflichtet. Umgekehrt kann der Untermieter nach §§ 994, 996, 1000 BGB Verwendungsersatzansprüche gegen den Eigentümer geltend machen. Eine hiervon abw. Ansicht wird – mit beachtlichen Gründen – von Greiner[22] vertreten. Danach hat der Eigentümer keinerlei Direktansprüche gegen den Untermieter; auch dem Untermieter stehen solche Ansprüche gegen den Eigentümer nicht zu. Vielmehr ist der Ausgleich ausschließlich in den jeweiligen Vertragsverhältnissen zu suchen.

14 **d) Verhältnis zwischen Hauptvermieter und Mieter nach Beendigung des Hauptmietverhältnisses.** Ist das Mietverhältnis beendet, so hat der Mieter die Mietsache an den Vermieter zurückzugeben (§ 546 Abs. 1 BGB). Zieht der Mieter nach der Rechtshängigkeit des Herausgabeanspruchs weitere Nutzungen, so hat er diese an den Vermieter herauszugeben (§§ 292 Abs. 2, 987 Abs. 1 BGB). Zu den Nutzungen in diesem Sinn zählen auch die Erträge, die ein Mieter aufgrund der Weiternutzung der Mietsache erzielt. Hat der Mieter die Mietsache mit Erlaubnis des Vermieters untervermietet und ist der Untermietzins höher als die vom Mieter an den Hauptvermieter zu zahlende Miete, so schuldet der Mieter für die Zeit der Vorenthaltung die Nutzungsentschädigung in Höhe der bisherigen Miete (§ 546a BGB) sowie nach Rechtshängigkeit des Herausgabeanspruchs die Mehreinnahmen aus der Untervermietung (§§ 292 Abs. 2, 987 Abs. 1 BGB).[23] Hierzu gehören auch eventuelle Sonderzahlungen, die der Untermieter an den Mieter geleistet hat.[24] Es kommt hierbei nicht darauf an, ob der Hauptvermieter diese Nutzungen bei rechtzeitiger Rückgabe hätte ziehen können.

15 **e) Untervermietung ohne Erlaubnis.** Ein ohne Erlaubnis des Vermieters abgeschlossener Untermietvertrag ist gleichwohl wirksam. Solange der Hauptvermieter nichts gegen die Nutzung der Räume durch den Untermieter unternimmt, muss dieser auch den vollen Mietzins an den Hauptmieter bezahlen. Streitig ist, ob der Hauptvermieter den **Untermietzins** oder einen Teil hiervon **vom Mieter herausverlangen** kann. In der Literatur wird diese Frage zum Teil mit unterschiedlichen Begründungen bejaht.[25] Von der ganz h. M. wird ein Anspruch auf Herausgabe des Untermietzinses dagegen verneint.[26] Diese Auffassung trifft zu, weil sich ein solcher Anspruch aus keiner der in Betracht kommenden Gesetzesbestimmungen herleiten lässt. Ein Anspruch nach §§ 987, 990, 99 Abs. 3 BGB scheidet ebenfalls aus, weil es an einer Vindikationslage fehlt.[27] Eine entsprechende Anwendung dieser Vorschriften ist nicht veranlasst, weil die Rechte des Vermieters durch die Möglichkeiten der Erhebung einer Unterlassungsklage (§ 541 BGB) und der Kündigung (§§ 543 Abs. 2 Nr. 2, 573 Abs. 2 Nr. 1 BGB) hinreichend gewahrt sind. Hat der Hauptvermieter die

---

20 BGH (V ZR 85/65) WPM 1968, 1370.

21 BGH (V ZR 218/13) NZM 2014, 582.

22 *Greiner* ZMR 1998, 403.

23 BGH (XII ZR 76/08) NZM 2009, 701; *Derleder* WuM 2011, 551, 556.

24 BGH a. a. O. betr. die Entschädigung für eine vorzeitige Vertragsentlassung.

25 *Diederichsen* NJW 1964, 2296: Bereicherungsausgleich [§ 816 BGB analog]; *Emmerich* in Staudinger § 540 BGB Rdn. 31: Anspruch aus § 816 Abs. 1 Satz 1 BGB analog; *Probst* JR 1997, 24: vertraglicher Anspruch; *Theuffel* JuS 1997, 24: Anspruch aus § 812 Abs. 1 Satz 1 Alt. 2 BGB.

26 BGH NJW 1964, 1853; BGHZ 131, 297 = NJW 1996, 838 = WuM 1996, 216 = ZMR 1996, 189; BGH (XII ZR 76/08) NZM 2009, 701; OLG Düsseldorf ZMR 1994, 215 = WuM 1994, 280; OLG Celle WuM 1995, 655; LG Hildesheim WuM 1990, 341; *Wolf/Eckert/Ball* Rdn. 1295; *Riehm* JuS 1998, 672; *Roquette* § 549 BGB Rdn. 41; *Mutter* MDR 1993, 303; *Lützenkirchen* in: Erman § 540 Rdn. 21; *Bieber* in MünchKomm § 540 Rdn. 21; *Kinne* in Kinne/Schach/Bieber Miet- und Mietprozessrecht § 540 BGB Rdn. 22; *Ehlert* in Bamberger/Roth § 540 BGB Rdn. 21; *Riecke* FA MietRWEG Kap. 12 Rdn. 15; *Sternel* Mietrecht (1988) Rdn. II 265; Palandt/*Weidenkaff* § 540 BGB Rdn. 14; *Lammel* § 553 BGB Rdn. 26; *Hannemann/Wiek* Handbuch des Mietrechts § 5 Rdn. 50; wohl auch: Kraemer/von der Osten in: Bub/Treier Kap III Rn. 2540.

27 BGHZ 59, 51, 58; ZMR 1996, 189; BGH NZM 2009, 701 = ZMR 2010, 21.

Kündigung ausgesprochen und Räumungsklage erhoben, so gelten nach Eintritt der Rechtshängigkeit die Ausführungen zu Rdn. 13a. Fordert der Hauptvermieter den Untermieter mit der Drohung, er werde andernfalls Räumung und Herausgabe der Räume verlangen, zur Mietzahlung an sich selber auf, so kann der Untermieter den Mietzins an den Hauptvermieter entrichten.[28] Allerdings gilt dies nur dann, wenn das Hauptmietverhältnis beendet ist.[29]

f) besondere Formen der Untermiete. aa) Zwischenvermietung. Eine sog. „Zwischenvermietung" liegt vor, wenn der Eigentümer von Wohn- oder Gewerberäumen nicht unmittelbar an die Endnutzer vermietet, sondern einen Dritten – den Zwischenvermieter – einschaltet. Rechtlich ist das zwischen dem Eigentümer und dem Zwischenvermieter bestehende Mietverhältnis als Hauptmietverhältnis zu bewerten, während das Mietverhältnis zwischen dem Zwischenvermieter und dem Endnutzer als Untermietverhältnis anzusehen ist. Für das Hauptmietverhältnis gelten grundsätzlich die Vorschriften über die gewerbliche Miete. Beim Untermietverhältnis kommt es darauf an, ob die Räume vom Zwischenvermieter zu Wohn- oder zu Gewerbezwecken vermietet werden; im erstgenannten Fall gilt Wohnungsmietrecht, im letztgenannten Fall Geschäftsraummietrecht. Wird das Hauptmietverhältnis beendet, so greift bei der Wohnraummiete § 565 BGB, mit der Folge, dass der Hauptvermieter in das Untermietverhältnis eintritt. Allerdings setzt diese Vorschrift voraus, dass die Untervermietung mit Genehmigung des Hauptvermieters erfolgt ist („Soll der Mieter … weitervermieten"). Fehlt die Genehmigung, so liegt eine unberechtigte Untervermietung vor, so dass der Hauptvermieter den Herausgabeanspruch aus § 985 BGB geltend machen kann. Ein solcher Fall kann dann eintreten, wenn der Zwischenvermieter die Mietsache trotz Beendigung des Hauptmietverhältnisses nicht zurückgibt (etwa weil er Zweifel an der Vertragsbeendigung hat) und seine Vermietungsgeschäfte weiter betreibt. Der Untermieter ist in einem solchen Fall auf Schadensersatzansprüche gegen den Zwischenvermieter beschränkt. 16

Hat der Zwischenvermieter die angemieteten Räume entgegen den vertraglichen Vereinbarungen mit dem Hauptvermieter nicht zu Gewerbezwecken sondern zu Wohnzwecken vermietet, so liegt ebenfalls eine unberechtigte Untervermietung vor. Die Regelung des § 565 BGB gilt für diese Fälle nicht. Der Hauptvermieter kann das Hauptmietverhältnis nach § 543 Abs. 2 Nr. 2 BGB kündigen und den Untermieter nach § 546 Abs. 2 BGB auf Herausgabe in Anspruch nehmen.[30] Teilweise wird die Ansicht vertreten, dass hiervon eine Ausnahme gelten soll, wenn die Räume einer ZweckentfremdungsVO unterliegen und aus diesem Grund eine gewerbliche Nutzung unzulässig ist.[31] Wäre dagegen eine gewerbliche Vermietung rechtlich zulässig gewesen, so ist der Untermieter auf Schadensersatzansprüche gegen den Zwischenvermieter beschränkt. Der Zwischenvermieter kann dem Untermieter nicht nach § 573 Abs. 1 BGB kündigen (s. § 573 BGB Rdn. 250). 17

bb) Wohngemeinschaft. Der Begriff der „Wohngemeinschaft" hat weder in der Rechtsnoch in der Umgangssprache eine einheitliche Bedeutung. Hier wird unter einer Wohngemeinschaft ein lockerer Zusammenschluss von mehreren Personen verstanden, die eine Wohnung oder ein Haus gemeinsam bewohnen. Für ein derartiges Nutzungskonzept stehen im Wesentlichen zwei Gestaltungsmodelle zur Verfügung. 18

aaa) Bei dem in der Praxis wohl häufigsten Modell sind alle Mitglieder der Wohngemeinschaft Partei des Mietvertrags. Im Innenverhältnis werden die Mitglieder i. d. R. durch einen Gesellschaftsvertrag verbunden sein,[32] dessen Zweck die Beschaffung und Unterhaltung einer Unterkunft darstellt (BGB-Gesellschaft; s. Vor § 535 BGB Rdn. 388). Sollen einzelne Mitglieder aus dem Mietvertrag ausscheiden und andere an deren Stelle treten, so muss dies in Form eines Mieterwechsels vereinbart werden (befreiender Schuldnerwechsel vor § 535 BGB Rdn. 370). Die Mieter haben grundsätzlich keinen Rechtsanspruch gegen den Vermieter, dass dieser einen bestimmten Mieter aus dem Vertrag entlässt und an dessen Stelle mit einen anderen Mieter abschließt. Ein Teil der Rechtsprechung folgert allerdings bei der Vermietung an eine Wohngemeinschaft aus dem Vertragszweck, dass der Vermieter einen Wechsel der einzelnen Mitglieder hinzunehmen habe.[33] Diese 19

[28] OLG Hamm RE 26.8.1987 NJW-RR 1987, 1304 = WuM 1987, 346 = ZMR 1987, 462.
[29] OLG Hamburg WuM 1990, 340.
[30] BVerfG GE 1993, 1026 = WuM 1994, 123.
[31] BVerfG a. a. O.
[32] LG Saarbrücken NJW-RR 1992, 781 = ZMR 1992, 60.
[33] LG Karlsruhe WuM 1992, 45; LG Frankfurt WuM 1991, 33; LG München I WuM 1982, 189; LG Hamburg WuM 1995, 697; LG Heidelberg WuM 2001, 358; **a. A.** LG Göttingen WuM 1993, 341; LG Berlin GE 1994, 1265; LG Frankfurt/M WuM 2012, 192.

Ansicht ist nach Meinung des BVerfG verfassungsrechtlich nicht zu beanstanden.[34] Sie hat zur Folge, dass der Vermieter das Recht zum Mieterwechsel vertraglich ausschließen muss, wenn er die für ihn möglicherweise ungünstige Rechtsfolge des Austritts der ursprünglichen und des Eintritts neuer Vertragspartner vermeiden will. Näher liegender ist es, an der gesetzlichen Rechtsfolge festzuhalten und die Mieter auf die Möglichkeit der Vereinbarung vorweggenommener Mieterwechsel zu verweisen. Dies folgt aus der Erwägung, dass der Austausch der Wohngemeinschaftsmitglieder im Interesse der Mieter liegt; deshalb ist es sachgerecht, ihnen die Sorge für eine entsprechende Vertragsgestaltung aufzuerlegen. Fehlt eine solche Vereinbarung, so bleibt den Mietern immer noch der Anspruch auf Erteilung der Erlaubnis zur Untervermietung.[35] Die aus der Wohngemeinschaft ausscheidenden Mitglieder bleiben bei dieser Lösung weiterhin Mieter; in dieser Eigenschaft haften sie insbesondere für den Mietzins und die Erfüllung aller weiteren Mieterpflichten. Das LG Wiesbaden[36] vertritt deshalb in diesem Zusammenhang die Ansicht, dass der Vermieter nicht zur Erteilung der Untermieterlaubnis verpflichtet ist, wenn das ehemalige Wohngemeinschaftsmitglied für den Vermieter nicht mehr erreichbar ist.

20 **bbb)** Die zweite Möglichkeit zur Vertragsgestaltung ist darin zu sehen, dass ein Mitglied der Wohngemeinschaft den Mietvertrag abschließt und hierbei vereinbart, dass er das Recht haben soll, weitere Mitglieder in die Räume aufzunehmen. Das zwischen den Bewohnern bestehende Innenverhältnis kann hier als Untermiete (falls den Mitgliedern einzelne Räume zur ausschließlichen Benutzung vermietet werden) oder als BGB-Gesellschaft (falls alle Räume gemeinsam genutzt werden) zu bewerten sein. Von der Ausgestaltung des Hauptmietvertrages hängt es ab, wie viel Untermieter (Gesellschafter) der Hauptmieter in die Wohnung aufnehmen darf. Hat der Hauptvermieter eine generelle Erlaubnis zur Untervermietung (zur Aufnahme beliebiger Gesellschafter) erteilt, so ist eine spätere Mitwirkung des Hauptvermieters beim Bewohnerwechsel weder möglich noch nötig; bei einer personengebundenen Erlaubnis kann der Mieter die bestehenden Untermietverhältnisse zwar ohne Mitwirkung des Hauptvermieters beenden. Die Aufnahme neuer Untermieter (Gesellschafter) ist dagegen von einer Erlaubnis abhängig, auf deren Erteilung der Hauptmieter allerdings regelmäßig einen Anspruch haben wird. Bei Unklarheiten über den Umfang der Genehmigung wird im Zweifel von einer umfassenden, generellen Erlaubnis auszugehen sein.

2. Sonstige Formen selbstständiger Gebrauchsüberlassung

21 Eine Überlassung i. S. v. § 540 Abs. 1 Satz 1 BGB liegt immer dann vor, wenn der Dritte auf Grund der Vereinbarung mit dem Mieter ein selbstständiges Besitzrecht an der Sache erwirbt, dergestalt, dass er die Sache unter Ausschluss des Mieters gebrauchen darf. Hierzu gehört die unentgeltliche Überlassung einer Wohnung an einen Dritten im Wege der **Leihe** (vgl. Vor § 535 BGB Rdn. 134, 387). Hiervon ist die **Gefälligkeit** (Gestattung) zu unterscheiden, die gegeben ist, wenn der Mieter einem Dritten die vorübergehende Benutzung der Wohnung gestattet oder wenn sich ein Dritter im Interesse des Mieters gefälligkeitshalber bereit erklärt, die Wohnung zu benutzen, etwa um sie zu bewachen oder während der Abwesenheit des Mieters zu versorgen. Ebenso kann eine Gefälligkeit angenommen werden, wenn die Bereitstellung des Raums auf auf Grund familiärer Fürsorge (z. B. Anmietung eines Raumes zur Unterbringung der Kinder) beruht. Die Gefälligkeit ist stets rechtlich unverbindlich. Sie unterscheidet sich von der Leihe dadurch, dass der Dritte kein Besitzrecht an der Wohnung erwirbt.[37] Deshalb kann der Mieter den Aufenthalt des Dritten in den Räumen rechtlich ohne weiteres jederzeit beenden. Eine „Überlassung" i. S. v. § 540 BGB kann hier nicht angenommen werden. Eine Gefälligkeit liegt i. d. R. vor, wenn die Nutzung der Wohnung durch den Dritten im Interesse des Mieters erfolgt. Für die Annahme einer Leihe spricht dagegen, wenn der Besitz der Wohnung für den Dritten von maßgeblicher Bedeutung ist. Die Abgrenzung ist oft schwierig. Eine Leihe liegt vor, wenn Eltern ihren Wohnsitz verlegen, die bisherige Mietwohnung aber beibehalten, hierfür weiterhin den Mietzins bezahlen und die Wohnung durch ihre Kinder selbstständig nutzen lassen.[38] Eine Gefälligkeit ist gegeben, wenn ein Mieter eine Reise

---

[34] BVerfG WuM 1992, 45; WuM 1993, 104 = ZMR 1993, 210.
[35] LG Köln WuM 1991, 483; LG Hamburg WuM 1992, 432; LG Berlin MM 1991, 363; GE 1994, 1265; GE 1996, 1053.
[36] LG Wiesbaden WuM 1985, 86.
[37] Abw. *Häublein* PiG 85 (2009) 117, 124.
[38] AG Schöneberg GE 1987, 289; **a. A.** AG Darmstadt WuM 1992, 244 für dauernden Umzug der Mieterin in ein Altersheim.

unternimmt und einen Dritten bittet, sich während dieser Zeit in der Wohnung aufzuhalten, etwa um die Pflanzen und Tiere zu versorgen oder um das Haus zu bewachen.[39] Gleiches gilt, wenn der Mieter einen Dritten aus Gründen der Gefälligkeit gestattet, sich während der Mietzeit in der Wohnung aufzuhalten. Ein **Wohnungstausch** mit einem Dritten während der Ferienzeit beruht hingegen i. d. R. auf vertraglicher Grundlage und ist erlaubnispflichtig.[40] Bei einer länger dauernden Überlassung ist im Einzelfall zu entscheiden, ob Leihe oder Gefälligkeit vorliegt. Bei der Überlassung an einen beliebigen Dritten ist i. d. R. anzunehmen, dass dies auf vertraglicher Grundlage beruht. Bei Überlassung an einen Familienangehörigen spricht die Vermutung dagegen für eine Gefälligkeit.[41]

Ist das Mietverhältnis beendet, so benötigt der Vermieter im Falle der Leihe für die **Zwangsräumung** sowohl einen Titel gegen den Mieter als auch gegenüber dem besitzenden Dritten. Beruht die Überlassung auf einer Gefälligkeit so genügt zur Räumung ein Titel gegen den Mieter. Die Abgrenzung kann schwierig sein. Grundsätzlich muss in jedem Einzelfall geprüft werden, ob der Mieter dem Dritten ein eigenständiges Besitzrecht einräumen wollte. Hinsichtlich der minderjährigen Kinder des Mieters spricht eine tatsächliche Vermutung gegen einen selbständigen Besitz. Zugunsten eines erwachsenen selbständigen Nutzers ist nach der hier vertretenen Meinung dagegen zu vermuten, dass dieser auch Besitzer der Räume ist. Weitere Anhaltspunkte hierfür sind: die Anzeige des Mieters an den Vermieter von der Überlassung der Räume an den Dritten und die Anmeldung des Dritten nach den Meldegesetzen. 21a

Vereinbaren zwei Mieter den **Tausch** ihrer Mietwohnungen, so liegt in dem Bezug der jeweiligen Räumlichkeiten eine vertragswidrige Überlassung an einen Dritten. 22

Wird ein **Gewerbebetrieb, eine Arztpraxis oder eine Anwaltskanzlei** in gemieteten Räumen ausgeübt, so liegt in der **Übergabe der Räume an einen Erwerber** des Unternehmens eine vertragswidrige Überlassung, wenn die Übergabe ohne Erlaubnis des Vermieters erfolgt. Dies gilt nicht nur dann, wenn zwischen dem Veräußerer und dem Erwerber des Unternehmens ein Untermietvertrag geschlossen wird, sondern auch im Falle der Abtretung der Mieterrechte.[42] Ebenso ist anerkannt, dass eine Gebrauchsüberlassung an einen Dritten auch dann gegeben ist, wenn der Mieter gewerblicher Räume einen Gesellschafter aufnimmt und den Gewerbebetrieb nunmehr als **Gesellschaft bürgerlichen Rechts** weiterführt.[43] Der Grund hierfür ist darin zu sehen, dass dem Gesellschafter auf Grund des Gesellschaftsverhältnisses ein gleichrangiger Mietgebrauch zusteht. Deshalb kann der Mitgesellschafter einen eigenständigen Mietbesitz ausüben; im Verhältnis zum Vermieter ist er hierzu nur berechtigt, wenn dieser seine Erlaubnis erteilt hat. Anders ist es, wenn lediglich die Gesellschaftsform umgewandelt wird, die Gesellschafter aber gleich bleiben.[44] Der **Wechsel der Gesellschafter** bei einer juristischen Person oder einer Personenhandelsgesellschaft spielt keine Rolle, weil hier die Gesellschaft Partei des Mietvertrags ist und bleibt.[45] Nichts anderes gilt für die Außen-GbR. Geschäftsführer von juristischen Personen oder Personengesellschaften üben den Besitz für die Gesellschaft aus (Organbesitz). Ein Wechsel des Geschäftsführers ist demzufolge nicht als Besitzerwechsel anzusehen.[46] Bei der Universalrechtsnachfolge wird die Sache nicht einem Dritten überlassen, vielmehr tritt in der Person des Mieters ein Wechsel ein. 23

3. Einräumung von Mitbesitz

a) Ehegatten, Verwandte, Lebenspartner i. S. d. § 1 LPartG. Nach heute h. M. gilt § 540 Abs. 1 Satz 1 BGB grundsätzlich auch dann, wenn der Mieter dritte Personen für längere Zeit in die Wohnung aufnehmen will und zwar dergestalt, dass der Dritte das Recht haben soll, die gesamte 24

[39] *Sternel* Mietrecht (1988) Rdn. II 243.
[40] I. E. ebenso *Sternel* Mietrecht (1988) Rdn. II 243.
[41] I. E. ebenso LG Berlin GE 1986, 39 betr. die Überlassung der Wohnung an die Tochter der Mieterin über einen längeren Zeitraum; LG Kiel WuM 1988, 125 betr. die Überlassung an die Kinder bei vorübergehendem Aufenthalt der Mieterin in einem Altersheim.
[42] BGH NJW 1970, 556.
[43] BGH ZMR 1959, 8; NZM 2001, 621 = ZMR 2001, 702; *Wolf/Eckert/Ball* Rdn. 1277; *Emmerich* in: Staudinger § 540 BGB Rdn. 50; Kraemer/von der Osten in: Bub/Treier Kap III Rn. 2493; **a. A.** *Sternel* Mietrecht (1988) Rdn. I 30 und II 244.
[44] BGH NJW 1955, 1066 betr. die Umwandlung einer OHG oder BGB Gesellschaft in eine GmbH.
[45] *Häublein* PiG 85 (2009) 117, 128.
[46] *Häublein* PiG 85 (2009) 117, 128.

Wohnung neben oder zusammen mit dem Mieter zu nutzen.[47] Eine Ausnahme hiervon gilt für den Ehegatten des Mieters[48] dessen Kinder und die Stiefkinder.[49] Auf die Minderjährigkeit, LG Potsdam WuM 2012, 612 betr, volljähriges Kind[50] die Erziehungsbedürftigkeit oder die wirtschaftliche Unselbstständigkeit der Kinder kommt es hierbei nicht an;[51] maßgeblich ist allein die enge verwandtschaftliche Bindung. Der **Lebenspartner** i. S. v. **§ 1 Abs. 1 LPartG** ist dem Ehegatten gleichgestellt, weil er als Familienangehöriger gilt (§ 11 Abs. 1 LPartG).[52] Die Aufnahme dieses Personenkreises gehört nach allgemeiner Auffassung zum vertragsgemäßen Mietgebrauch; eine Genehmigung des Vermieters hierzu ist nicht erforderlich.[53] Auch **Hausangestellte** und **Pflegepersonen** darf der Mieter ohne Erlaubnis des Vermieters aufnehmen.[54] Teilweise werden auch die Enkelkinder zu dem privilegierten Personenkreis gerechnet.[55] Bei den **Eltern des Mieters** kommt es nach dem Rechtsentscheid des BayObLG vom 6. 10. 1997[56] auf die Umstände des Einzelfalls an. Maßgeblich sind Art und Größe der Wohnung, sowie deren Belegung und Eignung für die Aufnahme weiterer Personen. Auch die Gründe und Motive der Aufnahme sind zu berücksichtigen. I. d. R. bedarf die Aufnahme der Eltern keiner Erlaubnis, weil es von weiten Teilen der Bevölkerung als angemessen und selbstverständlich angesehen wird, die Eltern in die eigene Wohnung aufzunehmen, wenn hierfür ein Bedarf besteht und der erforderliche Platz vorhanden ist.[57]

25 Genehmigungspflichtig ist demgegenüber die Aufnahme **sonstiger Verwandter;** dies gilt nach dem Rechtsentscheid des BayObLG vom 29. 11. 1983[58] bereits für den Bruder eines Mieters.[59] Nicht privilegiert sind Personen, die mit dem Mieter verschwägert sind.[60]

26 Das Recht zur Aufnahme des Ehegatten und der nahen Verwandten besteht nur, solange der Mieter die Wohnung noch in eigener Person nutzt. Hinsichtlich der Überlassung der Wohnung beim Getrenntleben von Eheleuten oder im Falle der Scheidung s. vor § 535 Rdn. 366–372b.

27 Das Recht zur Aufnahme des Ehegatten und der nahen Verwandten kann vertraglich nicht ausgeschlossen werden.[61] Dies gilt auch für Individualvereinbarungen, weil die Befugnis zur Aufnahme dieses Personenkreises durch Art. 6 GG geschützt wird.

28 Allerdings darf durch die Aufnahme der genannten Personen **keine Überbelegung** eintreten. Dies gilt ausnahmslos, ohne dass es auf ein Verschulden des Mieters ankommt. Deshalb ist eine Überbelegung auch dann vertragswidrig, wenn eine ursprünglich vertragsgemäß belegte Wohnung durch die Geburt von Kindern überbelegt wird.[62] Für die Feststellung der Überbelegung gibt es keine allgemeingültigen Kriterien. In erster Linie ist das Verhältnis der Anzahl der Zimmer und der Größe der Räume zu der Anzahl der Bewohner maßgebend. Als Faustregel kann insoweit gelten, dass keine Überbelegung vorliegt, wenn auf jede erwachsene Person oder auf je zwei Kinder bis zum 13. Lebensjahr ein Raum von jeweils ca. 12 m^2 entfällt.[63] Soweit die Bundesländer Wohnungsaufsichtsgesetze erlassen haben, in denen hinsichtlich der Wohnungsgröße Mindestanforderungen festgelegt worden sind, können auch diese Wertentscheidungen berücksichtigt wer-

---

47 OLG Hamm RE 17. 8. 1982 NJW 1982, 2876 = WuM 1982, 318 = DWW 1982, 308 = ZMR 1983, 49; s. dazu auch Anm. *Finger* WuM 1983, 8; BayObLG RE 6. 10. 1997 GE 1997, 1463; *Lützenkirchen* in: Erman § 540 BGB Rdn. 7; B. Heilmann NZM 2016, 74, 76; **a. A.** *Sternel* Mietrecht (1988) Rdn. II 239.

48 BGH (XII ZR 143/11) NJW 2013, 2507.

49 OLG Hamm WuM 1997, 364.

50 Anders für Stiefkind: LG Berlin GE 1991, 571: nur bei Minderjährigkeit; vgl. auch AG Berlin-Neukölln GE 1991, 187: nur wenn auch die Ehefrau des Mieters in der Wohnung lebt.

51 **A. A.** *Roquette* § 549 BGB Rdn. 2 (Fn. 1).

52 *Lammel* § 535 BGB Rdn. 86; *Kinne* in Kinne/Schach/Bieber Miet- und Mietprozessrecht § 540 BGB Rdn. 4; *Ehlert* in Bamberger/Roth § 540 BGB Rdn. 5; *Lützenkirchen* in: Erman § 540 Rdn. 6; Palandt/*Weidenkaff* § 540 BGB Rdn. 5; **a. A.** wohl *Bieber* in MünchKomm § 540 BGB Rdn. 5 unter Hinweis auf BGH NJW 2004, 56 – diese Entscheidung betrifft aber nicht den Lebenspartner i. S. d. LPartG.

53 OLG Hamm WuM 1997, 364; BayObLG GE 1997, 1463.

54 BayObLG GE 1997, 1463, 1464.

55 AG Wiesbaden ZMR 2012, 368.

56 BayObLG GE 1997, 1463.

57 **A. A.** *Häublein* PiG 85 (2009) 117, 131.

58 BayObLG WuM 1984, 13 = ZMR 1984, 87.

59 Ebenso LG Berlin GE 1991, 881; krit. hierzu *Sonnenschein* PiG 23, 167, 176.

60 AG Berlin-Schöneberg GE 1990, 265.

61 BayObLG WuM 1983, 309 = ZMR 1984, 13.

62 BGH WuM 1993, 529 = ZMR 1993, 508.

63 AG Nürnberg WuM 1991, 690.

den.[64] Auch die allgemeine Wohnungsmarktlage wird eine Rolle spielen, weil ein „Zusammenrücken" der Familienmitglieder bei Wohnungsengpasssituationen eher auf soziale Akzeptanz stößt, als in den Zeiten eines ausgeglichenen Wohnungsmarkts.[65] Die **Rechtsprechung** hat **Überbelegung bejaht,** wenn eine aus acht Personen bestehende Familie eine 3-Zimmer-Wohnung mit 64,30 m² nutzt;[66] wenn eine aus Küche, Schlafzimmer, Diele und Bad bestehende Dachwohnung mit einer Größe von 30 m² von 2 Erwachsenen und 3 Kindern im Alter zwischen 7 und 14 Jahren bewohnt wird;[67] bei der Nutzung einer 70 m² großen 4-Zimmer-Wohnung durch 4 Erwachsene und 3 Kinder;[68] wenn in einer 57 m² großen Wohnung 2 Erwachsene und 6 Kinder untergebracht sind;[69] bei der Belegung einer 54 m² großen 2-Zimmer-Wohnung durch 2 Erwachsene und 6 Kinder;[70] wenn der Mieter eines Appartements von 25 m² seine Ehefrau und sein Kleinkind aufnimmt;[71] wenn ein Ehepaar eine 26 m² große Wohnung gemietet hat und während der Dauer des Mietverhältnisses 2 Kinder geboren werden;[72] bei einer 49 m² großen Wohnung, die von 7 Personen bewohnt wird;[73] bei einer 61 m² großen 3-Zimmer-Wohnung, in der 2 Erwachsene und 7 Kinder leben;[74] bei einer 40 m² großen 1-Zimmer-Wohnung, die von einer 5-köpfigen Familie genutzt wird.[75] Dagegen wurde **Überbelegung verneint** bei der Nutzung einer 33 m² großen 1-Zimmer-Wohnung durch drei Erwachsene und 1 Kind;[76] bei einer 20 m² großen 2-Zimmer-Wohnung, die von einem Ehepaar mit einem Kleinkind bewohnt wird;[77] wenn für 7 Personen eine Wohnfläche von 63 m² zur Verfügung steht;[78] wenn in einer 5-Zimmer-Wohnung mit 96 m² insgesamt 7 Personen wohnen;[79] wenn eine 78 m² große Wohnung von 7 Personen benutzt wird.[80]

Zu der Frage, unter welchen Voraussetzungen der Vermieter wegen der Überbelegung kündigen kann s. § 543 BGB Rdn. 212; § 573 BGB Rdn. 200, 246. **29**

Ist das Mietverhältnis beendet, so benötigt der Vermieter für die Zwangsräumung einen **Räumungstitel** gegen alle Personen, die Partei des Mietvertrages sind. Zur Zwangsräumung des Ehegatten des Mieters ist auch dann ein Räumungstitel erforderlich, wenn dieser nicht Partei des Mietvertrags ist (Einzelheiten Vor § 535 BGB Rdn. 350). Gleiches gilt für den Lebenspartner und den nicht-ehelichen Lebensgefährten des Mieters (Vor § 535 BGB Rdn. 377). Die Kinder eines Mieters haben im Allgemeinen keinen eigenen Besitz. Sie müssen deshalb mit dem Mieter räumen; ein besonderer Räumungstitel ist nicht erforderlich. Allerdings ist stets zu bedenken, dass sich die Besitzverhältnisse nach der Verkehrsanschauung richten. Deshalb wird man beispielsweise einer erwachsenen Frau, die mit ihrer Mutter zusammenlebt, auch dann eigenständigen Besitz an der Wohnung zusprechen, wenn lediglich die Mutter Partei des Mietvertrages ist. Ähnlich sind die Besitzverhältnisse der sonstigen Verwandten eines Mieters (Eltern, Geschwister, etc.) zu bewerten. Auf die Voll- oder Minderjährigkeit der Verwandten kommt es nicht entscheidend an; allerdings spricht die Vermutung dafür, dass Minderjährige keinen eigenen Mietbesitz haben. **30**

b) Nichteheliche Lebensgemeinschaft/Partnerschaft. Die Rechtsprechung und die h. M. im Schrifttum vertreten die Ansicht, dass die Aufnahme eines Lebensgefährten nicht zum vertragsgemäßen Gebrauch der Mietsache gehöre.[81] Dies hat zur Folge, dass die Aufnahme des Dritten nur **31**

---

[64] LG Berlin GE 1991, 625; s. a. AG Berlin-Schöneberg GE 1990, 265: Mindestwohnfläche nach dem Wohnungsaufsichtsgesetz Berlin für jeden Erwachsenen 9 m², für jedes Kind unter 6 Jahren 6 m².

[65] AG Limburg WuM 1990, 509; AG Köln WuM 1990, 508.

[66] AG Stuttgart WuM 2012, 150.

[67] BGH WuM 1993, 529 = ZMR 1993, 508.

[68] BVerfG GE 1993, 1205.

[69] OLG Hamm NJW 1983, 48 = WuM 1982, 323 = DWW 1982, 335 = ZMR 1983, 66.

[70] OLG Karlsruhe NJW 1987, 1952 = WuM 1987, 180 = ZMR 1987, 263 = DWW 1987, 192.

[71] BayObLG WuM 1983, 309 = ZMR 1984, 13 – sehr zweifelhaft.

[72] AG München ZMR 2016, 636.

[73] LG Mönchengladbach NJW-RR 1991, 1113 = ZMR 1991, 110.

[74] AG Duisburg ZMR 1990, 183.

[75] AG Neukölln GE 1988, 633.

[76] LG Darmstadt WuM 1987, 393.

[77] LG Köln WuM 1983, 327.

[78] LG Berlin WuM 1987, 221.

[79] LG Berlin GE 1986, 659.

[80] LG Kempten NJW-RR 1996, 264.

[81] BGH RE 3.10.1984 NJW 1985, 130 = WuM 1985, 7 = ZMR 1985, 50 = DWW 1985, 24; BGHZ 157, 1 = NJW 2004, 56 = NZM 2004, 22 = WuM 2003, 688 = ZMR 2004, 100 = DWW 2004, 16; OLG Hamm RE 17.8.1982 NJW 1982, 2876 = WuM 1982, 318 = DWW 1982, 308 = ZMR 1983, 49; OLG Hamm RE 23.10.1991 WuM 1991, 668 = DWW 1991, 369 = ZMR 1992, 20; *Kraemer/von der Osten* in Bub/Treier

dann möglich ist, wenn die Voraussetzungen des § 553 BGB vorliegen. Allerdings werden an das berechtigte Interesse i. S. v. § 553 BGB keine hohen Anforderungen gestellt. Nach dem Rechtsentscheid des OLG Hamm vom 17.8.1982 zu § 549 Abs. 2 BGB a. F.[82] ist ein berechtigtes Interesse bereits dann zu bejahen, wenn der Mieter im Rahmen seiner Lebensgestaltung aus persönlichen oder wirtschaftlichen Gründen mit einem Dritten eine auf Dauer angelegte Wohngemeinschaft begründen will, gleichviel ob es sich bei dem Dritten um eine Person gleichen oder anderen Geschlechts handelt. Der BGH hat diese Auffassung in dem Rechtsentscheid vom 3.10.1984 bestätigt.[83] Die instanzgerichtliche Rechtsprechung ist dem durchweg gefolgt.[84] Das Bundesverfassungsgericht hat entschieden, dass diese Rechtsprechung verfassungskonform ist.[85]

32 Durch das Mietrechtsreformgesetz wurde die Rechtsstellung der nichtehelichen Lebensgemeinschaft und der gleichgeschlechtlichen Partnerschaft gestärkt. Geht es um die Abwägung wechselseitiger Interessen, so sind regelmäßig die Belange der Angehörigen des Mieterhaushalts zu berücksichtigen (§§ 554 Abs. 2, 574 BGB). Hierzu gehört der Partner des Mieters. Stirbt der Mieter, so tritt der gleichgeschlechtliche Partner nach dem Lebenspartnerschaftsgesetz in das Mietverhältnis ein (§ 563 Abs. 1 Satz 2 BGB). Gleiches gilt für den Partner einer nichtehelichen Lebensgemeinschaft (§ 563 Abs. 2 Satz 3 BGB). Der Partner hat also in wesentlichen Fragen eine dem Ehegatten vergleichbare Rechtsposition. Aus diesem Grunde kann die zu § 549 BGB a. F. vertretene Rechtsmeinung nicht aufrechterhalten bleiben. Der Partner einer Lebensgemeinschaft ist vielmehr dem Ehegatten des Mieters gleichzustellen. Dies führt zu dem Ergebnis, dass der Mieter den Partner auch ohne Erlaubnis des Vermieters in die Wohnung aufnehmen kann. Der Mieter muss die Aufnahme des Partners nur anzeigen.[86] Die Anzeigepflicht folgt aus der Erwägung, dass der Partner in den Schutzbereich des Mietverhältnisses mit einbezogen ist; der Vermieter hat deshalb ein Recht zu wissen, wer sich in seinem Hause aufhält. Wo bestimmte Betriebskosten nach dem Verhältnis der Kopfteile umgelegt werden, besteht die Anzeigepflicht auch aus diesem Grunde.

33 In dem Urteil vom 5.11.2003 hat der BGH allerdings entschieden, dass er an seiner bisherigen Auffassung festhalte.[87] „Dritter“ sei zunächst jede Person, die nicht Partei des Mietvertrags ist. Ausgenommen hiervon sei „die Familie des Mieters wegen ihrer engen, unter dem ausdrücklichen Schutz der Verfassung (Art. 6 GG) stehenden persönlichen Beziehung …“. An diesem Verständnis habe die Mietrechtsreform nichts geändert.[88]

33a Hat der Mieter einen Dritten in die Wohnung aufgenommen (z. B. seinen Ehegatten, Lebenspartner oder Lebensgefährten) so gilt für die Haftung dieser Person im Falle der Vorenthaltung die unter Rdn. 13 dargstellte Rechtslage.

4. Besucher

34 Es entspricht allgemeiner Ansicht, dass der Mieter ohne besondere Erlaubnis des Vermieters Besucher empfangen darf.[89] Dies gilt sowohl für die Geschäftsraum- als auch für die Wohnraummiete. Der Vermieter kann auch nicht untersagen, dass die Besucher Hunde mit in die Wohnung nehmen.[90] Dies gilt auch dann, wenn die Tierhaltung mietvertraglich ausgeschlossen ist, weil die Duldung des vorübergehenden Aufenthalts eines Hundes nicht als Tierhaltung angesehen werden

---

Kap. III Rdn. 2501; *Emmerich* in Staudinger § 540 BGB Rdn. 5; Palandt/*Weidenkaff* § 540 BGB Rdn. 5; *Lützenkirchen* in: Erman § 540 Rdn. 6 *Sonnenschein* PiG 23, 167, 176; **a. A.** – ein Teil der früheren instanzgerichtlichen Rechtsprechung: LG Hamburg WuM 1980, 255; LG Mannheim DWW 1981, 176 und insbes. *Sternel* Mietrecht (1988) Rdn. II 228 sowie *Sternel* Mietrecht Aktuell Rdn VI 162.

[82] OLG Hamm a. a. O.

[83] BGHZ 92, 213 = NJW 1985, 130 = WuM 1985, 7 = DWW 1985, 24 = ZMR 1985, 50.

[84] LG Berlin GE 1991, 571; LG Kassel NJW-RR 1987, 1495; LG Aachen WuM 1989, 372 für ländlichen Raum.

[85] BVerfGE 82, 6 = NJW 1990, 1593 = WuM 1990, 241 = DWW 1990, 199 = ZMR 1990, 290.

[86] So bereits zum früheren § 549 BGB: *Sternel* Mietrecht (1988) Rdn. II 228.

[87] BGHZ 157, 1 = WuM 2003, 688 = NJW 2004, 56 = NZM 2004, 22 = ZMR 2004, 100.

[88] Ablehnend *Blank* LMK 2004, 1.

[89] Ebenso *Kandelhard* in Herrlein/Kandelhard, Mietrecht § 540 BGB Rdn. 7, 8; *Hannemann/Wiek* Handbuch des Mietrechts § 5 Rdn. 32; *Haas*, Das neue Mietrecht, § 553 BGB Rdn. 1; *Lützenkirchen*, Neue Mietrechtspraxis, Rdn. 514, 515; bereits zum früheren Recht *Schneider* WuM 1999, 195; *Sternel* Mietrecht (1988) Rdn. II 229; *Kraemer* in Bub/Treier (3. Aufl.) Rdn. III 1259; *Sonnenschein* PiG 23, 167, 177; **a. A.** *Rips/Eisenschmid* Neues Mietrecht S. 72f.; Palandt/*Weidenkaff* § 540 BGB Rdn. 5.

[90] AG Aachen WuM 1992, 432.

kann.[91] Der Mieter muss lediglich dafür sorgen, dass das Tier keinen Schaden anrichtet und die übrigen Hausbewohner nicht belästigt. Auf die Anzahl der Besucher und die Häufigkeit der Besuche kommt es grundsätzlich nicht an.[92] Der Mieter ist auch berechtigt, seinen Besuchern einen Wohnungs- und Hausschlüssel auszuhändigen.[93] Etwas anderes kann gelten, wenn eine missbräuchliche Benutzung des Schlüssels befürchtet werden muss.

Besucher ist, wer den Mieter aufgrund besonderer persönlicher Beziehungen aufgesucht hat und sich in dessen Wohnung für eine vorübergehende Zeit aufhält, ohne hierfür ein Entgelt zu entrichten. Die Abgrenzung zwischen den Fällen des kürzerfristigen Besuchs zu den Fallen der längerfristigen Gebrauchsüberlassung kann im Einzelfall schwierig sein. Eine allgemein anerkannte zeitliche Beschränkung des Besuchsrechts existiert nicht. Überschreitet jedoch die Benutzungszeit die Dauer von etwa vier bis sechs Wochen,[94] so wird eine Vermutung dafür sprechen, dass die Aufnahme des Dritten auf Dauer angelegt ist.[95] Diese Vermutung kann widerlegt werden. Besondere Gegebenheiten (vorübergehende Aufnahme von Verwandten oder Bekannten in einer Notsituation; Besucher mit langem Anreiseweg; Besuch eines Studenten während der Dauer der Semesterferien, etc.) können die Annahme rechtfertigen, dass auch ein mehrmonatiger Aufenthalt noch als Besuch zu bewerten ist.[96] In diesen Fällen darf durch die Aufnahme der Besucher allerdings keine Überbelegung eintreten (s. Rdn. 28). Außerdem muss ein länger dauernder Besuch dem Vermieter angezeigt werden. Dies folgt aus der Erwägung, dass der Besucher in den Schutzbereich des Mietverhältnisses mit einbezogen ist; der Vermieter hat deshalb ein Recht zu wissen, wer sich längere Zeit in seinem Hause aufhält. Wo bestimmte Betriebskosten nach dem Verhältnis der Kopfteile umgelegt werden, besteht die Anzeigepflicht auch aus diesem Grunde. 35

Einschränkungen des Besuchsrechts können sich aus dem Vertragszweck ergeben. Bei der Wohnraummiete ist die Ausübung der Prostitution und der damit verbundene Besuch der Kunden vertragswidrig. Auch sonst darf in einer Wohnung kein Gewerbe mit Kundenbesuch betrieben werden.[97] Für die Geschäftsraummiete gilt vergleichbares: Ist beispielsweise vereinbart, dass Büroräume zum Betrieb einer Konzertagentur vermietet werden, so ist der mit dem üblichen Agenturbetrieb verbundene Besucherverkehr ohne weiteres gestattet. Eine Überschreitung des Gebrauchszwecks liegt aber dann vor, wenn der Mieter in den Räumen Eintrittskarten verkauft und dadurch bewirkt, dass zahllose Kaufinteressenten die Räume aufsuchen. Befindet sich das Mietobjekt in einem Heim, so können sich Beschränkungen aus dem Heimzweck ergeben. 36

Mit der Überlassung der Mietsache geht das **Hausrecht** auf den Mieter über. Der Vermieter darf ohne Erlaubnis des Mieters die vermieteten Räume grundsätzlich weder selbst betreten noch ist er befugt, anderen wirksam den Zutritt zu gestatten oder zu versagen. Umgekehrt steht es dem Mieter zu, einer anderen Person den Zutritt zu den gemieteten Räumen zu erlauben, und zwar auch gegen den Willen des Vermieters[98]. Bei größeren Mietshäusern behält der Vermieter hinsichtlich der Gemeinschaftseinrichtungen (Treppenhaus, Aufzüge und Flure) in der Regel eine Mitberechtigung; in der Ausübung dieses Rechts ist er aber infolge der Vermietung beschränkt. Insoweit muss er gegenüber dem Mieter dulden, dass der Besucher die gemeinschaftlichen Hausteile betritt. Die Duldungspflicht endet, wenn der Besucher die Grenzen dieses Betretungsrechts überschreitet, etwa indem er die gemeinschaftlichen Hausteile beschädigt oder verunreinigt oder indem er in sonstiger Weise den Hausfrieden stört.[99] Der Umstand, dass der Besucher innerhalb der Wohnung des Mieters den Hausfrieden stört, rechtfertigt die Ausübung des Hausrechts durch den Vermieter nicht. Für den Bereich innerhalb der Wohnung ist der Mieter alleiniger Hausrechtsinhaber. Bei einer Wohngemeinschaft steht das Hausrecht allen Mitbewohnern gleichrangig zu, weshalb jeder Mitbewohner im Regelfall allein darüber entscheiden kann, wem er den Zutritt zu den Gemein- 36a

---

[91] **A. A.** AG Frankfurt NJW-RR 1988, 783 = WuM 1988, 157 = DWW 1988, 86 = ZMR 1988, 343.

[92] AG Altenkirchen WuM 1989, 175; AG Berlin-Spandau WuM 1989, 513 betr. eine besonders hohe Besuchshäufigkeit bei einem ausländischen Mieter.

[93] AG Dortmund WuM 1982, 86.

[94] *Roquette* § 549 BGB Rdn. 3.

[95] Ähnlich AG Frankfurt WuM 1995, 396, wonach jedenfalls ein dreimonatiger Aufenthalt i. d. R. nicht mehr als „Besuch" bezeichnet werden kann.

[96] Ebenso *Sternel* Mietrecht (1988) a. a. O.

[97] LG Berlin GE 1988, 947 betr. eine Kosmetikbehandlungen und Verkauf von Kosmetikartikeln.

[98] KG NJW 2015, 352.

[99] Ähnlich AG Altenkirchen WuM 1989, 175, wonach der Vermieter einem Besucher Hausverbot erteilen kann, wenn er gegenüber dem Mieter einen Unterlassungs- oder Beseitigungsanspruch nach § 550 BGB geltend machen könnte.

schaftsräumen gestattet; eine Zustimmung aller ist nicht erforderlich. Die anderen Berechtigten haben grundsätzlich kein Widerspruchsrecht. Eine Ausnahme gilt, wenn einem der Mitbewohner der Zutritt des Dritten nicht zugemutet werden kann.[100]

37 Für das Verhalten seiner Besucher muss der Mieter einstehen, weil diese als seine **Erfüllungsgehilfen** anzusehen sind;[101] umgekehrt sind die Besucher in den Schutzbereich des Mietverhältnisses einbezogen. Darüber hinaus kann dem Mieter ein eigenes Verschulden zur Last fallen. Dieses Verschulden kann auch darin liegen, dass der Mieter bei der Auswahl seiner Besucher die erforderliche Sorgfalt außer acht gelassen hat: Der Mieter darf nämlich solchen Personen den Aufenthalt nicht gestatten, von denen er weiß, dass sie störenden Lärm verursachen, die Nachbarn belästigen oder vermietereigene Gegenstände beschädigen. Ein Verschulden kann außerdem darin liegen, dass es der Mieter unterlässt, gegen einen störenden Besucher einzuschreiten.

38 Der Vermieter kann nach § 541 BGB verlangen, dass der Mieter störenden Besuchern das Betreten der Räume in Zukunft untersagt. Verstößt der Mieter gegen dieses Verbot und kommt es deshalb zu erneuten Störungen des Hausfriedens durch die Besucher, so kann der Kündigungstatbestand der §§ 543 Abs. 1, 569 Abs. 2 BGB gegeben sein. Darüber hinaus kann der Vermieter nach § 569 Abs. 2 BGB kündigen, wenn die Besucher den Hausfrieden stören und wenn auch die weiteren Tatbestandsmerkmale des § 569 Abs. 2 BGB erfüllt sind.

39 Bei der Wohnraummiete verstoßen **vertragliche Beschränkungen des Besuchsrechts** grundsätzlich gegen § 138 Abs. 1 BGB.[102] Als sittenwidrig gilt auch die in manchen (älteren) Mietvertragsformularen enthaltene Klausel, wonach der Mieter/die Mieterin nicht berechtigt sein soll, Damen-/Herrenbesuche zu empfangen. Dies gilt auch dann, wenn der Mietpreis besonders niedrig festgesetzt worden ist.[103] Sittenwidrig ist außerdem eine Vereinbarung, wonach der Mieter auf den Besuch bestimmter Verwandter verzichten muss[104] oder wonach der Mieter/die Mieterin keine Ausländer empfangen darf.[105] Eine Ausnahme von diesen Grundsätzen gilt bei Mietverhältnissen über Räume, die Teil eines Wohnheimes sind. Hier kann sich aus dem Heimzweck die Zulässigkeit eines Besuchsverbots oder einer Besuchsbeschränkung ergeben. Außerdem ist eine individualvertragliche Regelung zulässig, wenn dies wegen der besonderen Interessen des Vermieters angezeigt ist, was insbesondere bei Mietverhältnissen über Räume, die innerhalb der Vermieterwohnung liegen, der Fall sein kann.

5. Besitzdiener

40 Besitzdiener sind nach der Legaldefinition in § 855 BGB solche Personen, die von den Weisungen des Besitzers abhängig sind und für diesen die tatsächliche Gewalt über die Sache ausüben. Besitzdiener darf der Mieter ohne Genehmigung des Vermieters in die Wohnung aufnehmen; der Mieter muss die Aufnahme lediglich anzeigen. Zu den Besitzdienern gehören die **Angestellten** eines Geschäftsraummieters sowie das **Hauspersonal** des Wohnungsmieters. Hierzu zählt auch das **Pflegepersonal** eines pflegebedürftigen Mieters, wobei es nicht darauf ankommt, ob der Mieter zugleich Arbeitgeber der Pflegeperson ist. Maßgeblich ist nur, dass die betr. Personen keinen eigenen Besitz an den Räumen haben.

III. Die Erlaubnis

1. Gesetzliche Regelung

41 **a) Grundsätzliches.** Der in § 540 Abs. 1 Satz 1 BGB ausgesprochene Grundsatz, wonach die Überlassung der Sache an einen Dritten nur mit Erlaubnis des Vermieters zulässig ist, gilt für alle Mietverhältnisse. Bei der Erlaubnis zur Gebrauchsüberlassung handelt es sich nicht um eine Zustimmung zum Untermietvertrag; die §§ 182–184 BGB sind deshalb nicht unmittelbar anwendbar. Die Erteilung der Erlaubnis hat ausschließlich zur Folge, dass das vertragliche Recht des Mieters

---

[100] KG GE 2016, 327.
[101] **A. A.** LG Berlin ZMR 2014, 205.
[102] *Sternel* Mietrecht (1988) Rdn. II 232; *Emmerich* in Staudinger Vor §§ 535, 536 BGB Rdn. 115.
[103] AG Tübingen WuM 1979, 77 = ZMR 1979, 206.
[104] LG Hagen WuM 1992, 430.
[105] AG Nürnberg WuM 1984, 295.

zum Gebrauch der Mietsache erweitert wird.[106] Die Gebrauchsüberlassung ist bei erteilter Erlaubnis nicht vertragswidrig, sondern vertragsgemäß.[107] Dies hat zur Folge, dass sich auch der Dritte gegenüber dem Herausgabeanspruch des Eigentümers aus § 985 BGB auf ein Recht zum Besitz berufen kann.

Die Erlaubnis ist eine einseitige empfangsbedürftige Willenserklärung.[108] Sie kann gegenüber dem Mieter aber auch – analog § 182 BGB – gegenüber dem Dritten erklärt werden. Die Erlaubnis bedarf keiner **Form.** Auch eine stillschweigende Erteilung der Erlaubnis ist möglich, was insbesondere dann angenommen werden kann, wenn der Hauptvermieter eine Gebrauchsüberlassung längere Zeit unbeanstandet hingenommen hat.[109] Streitig ist, ob **Schriftform** (§ 550 BGB) erforderlich ist, wenn der Hauptvertrag für eine längere Zeit als 1 Jahr abgeschlossen wurde.[110] Der BGH hat die Rechtsfrage in dem Urteil vom 23.1.2013[111] offen gelassen. Nach der hier vertretenen Ansicht ist zu unterscheiden: Wird dem Mieter entgegen der gesetzlichen Regelung in § 540 BGB oder entgegen einem vertraglichen Verbot der Untervermietung eine generelle Untermieterlaubnis erteilt, so liegt hierin eine vertragsändernde Vereinbarung, die nach § 550 BGB der Schriftform bedarf. Da es sich aus der Sicht eines möglichen Grundstückserwerbers um eine wesentliche Erweiterung des Gebrauchsrechts handelt, ist es folgerichtig, wenn hierfür entsprechend allgemeiner Grundsätze Schriftform verlangt wird. Anders ist es, wenn sich die Untermieterlaubnis nur auf einen konkreten Einzelfall bezieht. Solche Erklärungen sind formlos wirksam. Für eine Erlaubniserteilung nach § 553 BGB gelten keine Besonderheiten. Die Ansicht des LG Kiel zu § 549 Abs. 2 BGB a. F.,[112] wonach die Schriftform in diesem Fall deshalb entbehrlich sein soll, weil sich der Anspruch auf die Erteilung der Erlaubnis bereits aus dem Gesetz ergibt, überzeugt nicht: auch hier muss der Erwerber wissen, ob er an eine vom Veräußerer erteilte Erlaubnis gebunden ist. War die Erteilung der Erlaubnis durch Täuschung oder Drohung bedingt, so ist sie anfechtbar. Wegen des Widerrufs s. Rdn. 52). 42

b) Kein Anspruch auf Erlaubnis. Einen gesetzlichen Anspruch auf Erteilung der Erlaubnis hat der Mieter nicht. Die für die Wohnraummiete geltende Ausnahmevorschrift in § 553 BGB betrifft nur die sog. „Abvermietung", also die Überlassung eines Teils der Mietsache an einen Dritten. Darüber hinaus wird die Vorschrift angewandt, wenn der Mieter dem Dritten unselbstständigen Mietgebrauch an der gesamten Wohnung einräumen will (s. Rdn. 2, 30). Auf die Erteilung einer Erlaubnis zur Überlassung der gesamten Mietsache an einen Dritten zum selbstständigen Gebrauch hat auch der Wohnraummieter keinen Anspruch. Dies hat zur Folge, dass der Vermieter ohne weiteres berechtigt ist, einen vom Mieter benannten Untermieter, der die Sache anstelle des Mieters nutzen soll, abzulehnen. Der Mieter kann in einem solchen Fall keine Schadensersatzansprüche geltend machen;[113] er kann lediglich kündigen, falls nicht der Ausnahmetatbestand des § 540 Abs. 1 Satz 2 BGB letzter Satzteil eingreift. 43

Hat ein Vermieter eine Untervermietung gestattet, obwohl er hierzu nach dem Mietvertrag nicht verpflichtet war, so ist er nicht gehalten, auch weitere Untervermietungen gleicher Art zu erlauben. Eine Untermieterlaubnis bezieht sich nur auf das jeweils in Frage stehende Untermietverhältnis.[114] 44

c) Anspruch aus § 242 BGB. In eng begrenzten Ausnahmefällen ist allerdings ein **Anspruch auf Erteilung der Erlaubnis** denkbar (§ 242 BGB). Durch das Erfordernis der Erlaubniserteilung soll sichergestellt werden, dass die Person des Untermieters dem Vermieter genehm ist und dass der Wert des Objekts durch die Untervermietung nicht geschmälert wird. An diesen Kriterien muss 45

---

[106] LG München I ZMR 2016, 451.

[107] BGHZ 59, 3 = NJW 1972, 1267.

[108] BGH a. a. O.

[109] LG Frankfurt DWW 1992, 84 bei 18-monatiger Mietdauer; LG Hamburg WuM 1977, 184 = ZMR 1978, 85 bei jahrelanger Duldung.

[110] **Bejahend** *Sonnenschein* PiG 23, 167, 173; *Bieber* in MünchKomm § 540 BGB Rdn 15; **verneinend** LG Kiel WuM 1994, 610; *Emmerich* in Staudinger § 540 BGB Rdn. 12; *Kinne* in Kinne/Schach/Bieber Miet- und Mietprozessrecht § 540 BGB Rdn. 10; *Ehlers* in Bamberger/Roth § 540 BGB Rdn. 9; *Sternel* Mietrecht (1988) Rdn. II 245; *Weißker* in Hannemann/Wiegner, MAH Wohnraummietrecht § 15 Rdn. 12; s. a. *Häublein* PiG 85 (2009) 117, 132: Danach bedarf lediglich die generelle Erlaubnis der Schriftform; die für den Einzelfall erteilte Erlaubnis dagegen nicht.

[111] BGH (XII ZR 35/11) NJW 2013, 1082.

[112] LG Kiel WuM 1994, 610.

[113] OLG Düsseldorf WuM 1993, 399.

[114] OLG Düsseldorf GE 2003, 321 = WuM 2003, 136.

sich der Vermieter orientieren. Verweigert der Vermieter die Erlaubnis aus sachfremden Gründen, so kommt Rechtsmissbrauch in Betracht.[115]

46 Der Anspruch auf Erteilung der Erlaubnis setzt zunächst voraus, dass der Mieter die Person des Untermieters namentlich benennt, damit der Vermieter prüfen kann, ob der Erteilung der Erlaubnis personenbezogene Gründe entgegenstehen. Weiterhin ist der Mieter verpflichtet, über die berufliche oder sonstige Tätigkeit des Dritten Auskunft zu geben[116]. Außerdem muss der Mieter die Gründe der Untervermietung darlegen. Auch die geplanten Mietbedingungen müssen regelmäßig offen gelegt werden. Dies gilt insbesondere bei der Gewerbemiete. Der Vermieter wird nämlich in aller Regel ein Interesse daran haben, dass das Objekt wirtschaftlich betrieben wird, dass die Inhaber von Ladenräumen oder Gaststätten nicht ständig wechseln und dass die Mietsache nicht ständig leer steht.[117] Weitere Einzelheiten: Rdn. 68.

47 **Rechtsmissbrauch** kann gegeben sein, wenn der Vermieter die Erlaubnis in der Erwartung verweigert, er könne mit dem vom Mieter ausgewählten Untermieter einen Hauptmietvertrag abschließen und dabei einen höheren Mietzins als bisher erzielen. Ebenso kann die Verweigerung der Erlaubnis rechtsmissbräuchlich sein, wenn die Überlassung an den Dritten die Belange des Vermieters nicht ernsthaft berührt. Sind beispielsweise Ladenräume an eine BGB-Gesellschaft vermietet, deren Mitglieder in den Räumen tätig sind, so ist die Aufnahme eines weiteren tätigen Gesellschafters zwar als Überlassung der Räume an einen Dritten zu bewerten; in aller Regel darf der Vermieter die Erlaubnis hierzu gleichwohl nicht verweigern, weil es ihm gleichgültig sein kann, wer in den Räumen tätig ist. Hat der Mieter gewerblicher Räume einen Gesellschafter aufgenommen und ist sichergestellt, dass der Mieter letztlich die Herrschaft über die Mietsache behält und einen maßgeblichen Einfluss auf die Betriebsführung des Dritten ausübt, so ist der Vermieter ebenfalls i. d. R. zur Erteilung der Erlaubnis verpflichtet.[118]

48 Ein aus § 242 BGB folgender Anspruch ist außerdem dann in Betracht zu ziehen, wenn sich die **Geschäftsgrundlage** seit dem Vertragsschluss wesentlich geändert hat **(§ 313 BGB).** Hat etwa ein Freiberufler Räumlichkeiten zum Betrieb einer Praxis oder Kanzlei durch längerfristigen Mietvertrag unter Ausschluss des Rechts zur Untervermietung und der zusätzlichen Vereinbarung, dass auch das Kündigungsrecht nach § 540 Abs. 1 Satz 2 BGB ausgeschlossen sein soll, angemietet, so kann er dennoch einen Anspruch auf Erteilung der Genehmigung zur Untervermietung haben, wenn er infolge eines bei Vertragsschluss nicht vorhersehbaren Ereignisses seinen Beruf nicht mehr ausüben kann.[119] Auch in einem solchen Fall kann der Vermieter aber verlangen, dass der Dritte die Sache entsprechend den Vereinbarungen im Hauptvertrag nutzt.[120]

49 **d) Erteilung der Erlaubnis.** Wird die Erlaubnis erteilt, so darf der Mieter mit der Sache entsprechend dem Inhalt der Erlaubnis verfahren. Der Untermieter erwirbt aus der Erlaubnis weder Ansprüche gegen den Hauptvermieter noch gegen den Mieter. Im Zweifel ist die Erlaubnis dahingehend auszulegen, dass ein Dritter die Sache in derselben Art und Weise wie zuvor der Mieter nutzen darf; soll zugleich der Vertragszweck geändert werden, so bedarf dies einer ausdrücklichen Regelung. Die Erlaubnis gilt nur für den Einzelfall.[121] Soll die Wohnung vom Untermieter zu gewerblichen Zwecken genutzt werden, so liegt hierin eine Vertragsänderung, die einer besonderen Vereinbarung bedarf. Gleiches gilt, wenn der Mieter die Räume wie ein gewerblicher Zimmervermieter nutzen will.[122] Diese Art der Nutzung ist vom Vertragszweck der Nutzung als Wohnraum nicht mehr umfasst (vgl. Art. 6 § 1 MietRVerbG 1971: Verbot der Zweckentfremdung von Wohnraum).

49a Will der Mieter nach Beendigung eines Untermietverhältnisses die Sache einem anderen Untermieter überlassen, so muss eine erneute Erlaubnis eingeholt werden. Gleiches gilt, wenn der Wech-

---

[115] Vgl. OLG Hamm NJWE-MietR 1996, 107.

[116] BGH RE 3.10.1984 zu § 549 Abs. 2 BGB a. F. BGHZ 92, 213 = NJW 1985, 130; WuM 1985, 7 = ZMR 1985, 50; LG Hamburg NJW-RR 1992, 13 = DWW 1991, 241 = WuM 1991, 585.

[117] Vgl. OLG Hamm NJWE-MietR 1996, 107.

[118] *Wolf/Eckert/Ball* Rdn. 1282; *Fritz*, Gewerberaummietrecht Rdn. 323; *Kraemer/von der Osten* in Bub/Treier, Kap. III Rdn. 2509; *B. Heilmann* NZM 2016, 74, 77.

[119] Vgl. zu dieser Fallgestaltung: BGH WPM 1968, 650, wo allerdings der Wegfall der Geschäftsgrundlage aus tatsächlichen Gründen verneint wird.

[120] OLG Koblenz NJW-RR 1986, 1343 = MDR 1986, 496: Sind Räumlichkeiten zum Betrieb einer Steuerberatungspraxis gemietet, so besteht kein Anspruch auf Erlaubnis zur Untervermietung als Wohnung.

[121] AG Potsdam WuM 1995, 40; ähnl. Lützenkirchen in: Lützenkirchen, Mietrecht § 540 BGB Rdn. 13.

[122] BGH (VIII ZR 210/13) NJW 2014, 622 betr. tageweise Vermietung einer 2-Zimmer-Wohnung an Berlin-Touristen.

sel des Untermieters auf andere Art und Weise – etwa im Wege des Mieterwechsels herbeigeführt wird. Dies folgt aus dem Gesetzeszweck: Der Vermieter hat ein Recht zu wissen, in wessen Obhut sich die Sache befindet. Der Abschluss eines Anschlussuntermietvertrags mit demselben Untermieter ist aus den genannten Gründen erlaubnisfrei.

Will der Mieter dem Untermieter ein Recht zur weiteren Untervermietung einräumen **(Unter-Unter-Miete),** so bedarf dies einer ausdrücklichen Vereinbarung zwischen dem Hauptvermieter und dem Mieter. Im Zweifel ist der Mieter auf Grund der Untermieterlaubnis nicht berechtigt, seinem Mieter die Weitervermietung zu gestatten.[123] Will der Untermieter die Sache weitervermieten, so bedarf er seinerseits der Erlaubnis durch den Mieter. Nach dem Gesetzeszweck muss der Untermieter außerdem die Erlaubnis des Hauptvermieters einholen, weil nur so sichergestellt ist, dass die Mietsache nicht in falsche Hände gelangt.[124] 50

Die Erlaubnis kann auch **befristet** werden. Hiervon ist beispielsweise auszugehen, wenn der Mieter ein Zimmer einem Wohnungssuchenden überlassen will, bis dieser eine eigene Wohnung gefunden hat. Eine zu diesem Zweck erteilte Erlaubnis ist dahingehend auszulegen, dass sie nur für die Zeit der Wohnungssuche gilt; hierfür ist ein Zeitraum von einem Jahr ausreichend.[125] In diesem Fall muss der Mieter durch eine entsprechende Ausgestaltung des Untermietvertrags dafür sorgen, dass er die Gebrauchsüberlassung nach Ablauf der Befristung beenden kann. Wird die Gebrauchsüberlassung trotz Ablauf der Befristung fortgesetzt, so liegt ein vertragswidriger Gebrauch vor, weil die durch die Erteilung der Erlaubnis vereinbarte Erweiterung des Gebrauchsrechts nicht mehr besteht.[126] Dies hat zur Folge, dass der Vermieter Unterlassungsklage erheben – gegebenfalls auch kündigen – kann, wenn die weiteren Voraussetzungen des § 541 BGB – bei Kündigung des § 543 Abs. 2 Nr. 2 BGB – vorliegen. 51

e) Widerruf der Erlaubnis. Durch die Erteilung der Erlaubnis wird der Mietvertrag hinsichtlich des Umfangs des vertragsgemäßen Gebrauchs erweitert. Ein derart umgestaltetes Mietverhältnis kann nach allgemeinen Grundsätzen nur einvernehmlich wieder geändert werden (§ 311 Abs. 1 BGB). Daraus folgt, dass eine einmal erteilte Erlaubnis nicht widerrufen werden kann, es sei denn, die Parteien hätten einen Widerrufsvorbehalt vereinbart.[127] Gleichwohl steht die h. M. auf dem Standpunkt, dass ein **Widerruf aus wichtigem Grund** möglich sei.[128] LG München I ZMR 2016, 451 Dem ist zuzustimmen, weil sich aus einer an § 133 BGB orientierten Auslegung der Erlaubniserklärung ergibt, dass die Gestattung zur Untervermietung unter dem stillschweigenden Vorbehalt der Zumutbarkeit erfolgt. Der Vermieter kann deshalb die Erlaubnis aus wichtigem Grund widerrufen, wenn nach Vertragsschluss Umstände eintreten, auf Grund derer er zur Kündigung des Hauptmietverhältnisses berechtigt wäre.[129] In Betracht kommen insbesondere ein störendes Verhalten des Untermieters, aber auch sonstige Umstände, die die Fortdauer des Untermietverhältnisses als für den Hauptvermieter unzumutbar erscheinen lassen.[130] Es kommen ähnliche Sachverhalte in Betracht, die zu einer Kündigung aus wichtigem Grund berechtigen (s. § 543 BGB Rdn. 164). 52

Eine **Formularklausel,** wonach die Erlaubnis widerrufen werden kann **(uneingeschränkter Widerrufsvorbehalt)** verstößt gegen § 307 Abs. 2 Nr. 1 BGB.[131] Wirksam ist eine Formularklausel, nach der ein Widerruf der Erlaubnis aus wichtigem Grund möglich ist; eine solche Klausel steht 53

---

[123] OLG Hamm NJW-RR 1992, 783.

[124] *Sonnenschein* PiG 23, 167, 187.

[125] LG Berlin DWW 2015, 217.

[126] LG Berlin DWW 2015, 217; **a. A.** LG Stuttgart WuM 1992, 122.

[127] *Sonnenschein* PiG 23, 167, 175; *Sternel* Mietrecht (1988) Rdn. II 248; unklar BGH WuM 1994, 203 = ZMR 1994, 150.

[128] BGHZ 89, 308 = NJW 1984, 1031 = ZMR 1984, 275; AG Halle Urteil vom 2.5.2013 – 93 C 3182/12; *Mittelstein* S. 617; *Ehlert* in Bamberger/Roth § 540 BGB Rdn. 12; *Lützenkirchen* in: Erman § 540 Rdn. 11; *Emmerich* in Staudinger § 540 BGB Rdn. 14; *Kandelhard* in Herrlein/Kandelhard § 540 BGB Rdn. 35; *Kinne* in Kinne/Schach/Bieber Miet- und Mietprozessrecht § 540 BGB Rdn. 10; *Palandt/Weidenkaff* § 540 BGB Rdn. 9; B. Heilmann NZM 2016, 74, 78; **a. A.** *Bieber* in MünchKomm § 540 Rdn 16; *Lammel* § 540 BGB Rdn. 21.

[129] BGH a. a. O.; *Ehlert* in Bamberger/Roth § 540 BGB Rdn. 12; *Lützenkirchen* in: Erman § 540 Rdn. 11; *Emmerich* in Staudinger § 540 BGB Rdn. 14; *Kandelhard* in Herrlein/Kandelhard § 540 BGB Rdn. 35.

[130] Vgl. BGH a. a. O.: Wenn Räume zum Betrieb einer Damenmode-Boutique vermietet worden sind und der Untermieter dort einen „Sex-Shop" betreibt; AG Halle Urteil vom 2.5.2013 – 93 C 3182/12: Untervermietung der gesamten Wohnung ausschließlich zum Zwecke der Gewinnerzielung.

[131] BGH NJW 1987, 1692.

im Einklang mit der gesetzlichen Rechtslage (s. Rdn. 52). Ein **individualvertraglich** vereinbarter Widerrufsvorbehalt ist möglich.

54 Der Widerruf ist wie die Erlaubnis selbst eine einseitige empfangsbedürftige Willenserklärung, die wirksam wird, wenn sie dem Mieter zugeht. Gegenüber dem Untermieter kann der Widerruf nicht erklärt werden. Wird der Widerruf auf das Verhalten des Untermieters gestützt, so muss der Erklärung eine **Abmahnung** vorausgehen, damit der Mieter Gelegenheit erhält, den Widerruf durch geeignete Maßnahmen abzuwenden (§§ 541, 543 Abs. 3 BGB analog).[132] Die entsprechende Anwendung der genannten Vorschriften ist deshalb geboten, weil zwischen dem Widerruf einerseits, der Unterlassungsklage und der Kündigung des Hauptvertrags andererseits eine strukturelle Ähnlichkeit besteht: auch der Widerruf dient der Beseitigung eines vertragswidrigen Zustands; eine solche Maßnahme ist nur dann gerechtfertigt, wenn der Mieter zur Herstellung des vertragsgemäßen Zustands außerstande ist. Bei besonders gravierenden Vertragsverstößen ist eine Abmahnung allerdings entbehrlich.[133]

55 Der Widerruf ist grundsätzlich **formlos** möglich. Er bedarf keiner Begründung. Auf Verlangen des Mieters muss der Vermieter jedoch die **Gründe des Widerrufs** mitteilen, damit sich der Mieter sachgerecht verteidigen kann. Eine Unterlassung der Mitteilung hat zwar auf die Wirksamkeit des Widerrufs keinen Einfluss; der Vermieter muss aber Kostennachteile in Kauf nehmen, wenn er im Prozess auf Grund von Umständen obsiegt, die er vorgerichtlich nicht offenbart hat (§ 93 ZPO). Mit dem Zugang des Widerrufs wird die Gebrauchsüberlassung nicht ohne weiteres vertragswidrig. Vielmehr muss dem Mieter eine angemessene Frist zur Beendigung der Gebrauchsüberlassung eingeräumt werden. Grundsätzlich ist dies derjenige Zeitraum, den der Mieter braucht, um ein Untermietverhältnis wirksam zu beenden.

56 **f) Versagung der Erlaubnis.** Die Erlaubnis gilt als versagt, wenn der Vermieter dies ausdrücklich erklärt oder wenn er sich auf die Anfrage des Mieter nicht äußert.[134] **Eine Erteilung der Erlaubnis unter einer Einschränkung oder Modifikation** ist nach den Grundsätzen über das Zustandekommen von Verträgen zu beurteilen. Wird beispielsweise die Erlaubnis zur Untervermietung beantragt und erteilt der Vermieter die Erlaubnis unter der „Bedingung", dass der Mieter einen Untermietzuschlag bezahlt, so gilt die Erlaubnis als verweigert, wenn die Höhe des Zuschlags nicht festgestellt werden kann. Wird vom Vermieter dagegen ein konkreter Zuschlag genannt, so steht es dem Mieter frei, gegen Zahlung des Zuschlags unterzuvermieten. Verfährt der Mieter entsprechend dem Inhalt der Erlaubnis, so wird der Mietvertrag abgeändert: der Mieter darf untervermieten; er ist aber auch verpflichtet, den in der Erlaubnis genannten Zuschlag zu bezahlen. Zur Wirksamkeit der Erklärung, durch die eine Untervermietung abgelehnt wird, ist die Angabe von Gründen nicht erforderlich. Da von den Gründen der Versagung aber das Kündigungsrecht des Mieters abhängt, ist der Vermieter verpflichtet, dem Mieter auf Anfrage die Gründe mitzuteilen. Eine unterlassene Mitteilung kann Kostennachteile für den Vermieter zur Folge haben.

2. Vertragsklauseln

57 **a) Generelle Erlaubnis.** Ist im Mietvertrag vereinbart, dass der Mieter das Recht zur Untervermietung hat (generelle Erlaubnis), so kann der Mieter nach freiem Ermessen untervermieten. Das Ermessen hinsichtlich der Auswahl des Untermieters und der Art und Weise der Untervermietung wird allerdings durch den Vertragszweck, durch gewisse vertragsimmanente Schranken und durch § 242 BGB begrenzt. Der Mieter ist insbesondere gehalten, die beim Vertragsschluss bekannten Interessen des Vermieters zu berücksichtigen.[135] Ist Wohnraum vermietet, so dürfen die Räume im Zweifel nicht als Geschäftsraum untervermietet werden. Unter Umständen kann sich ergeben, dass lediglich eine generelle Erlaubnis zur Abvermietung (s. Rdn. 43) vereinbart worden ist; in diesem Fall ist der Mieter nicht berechtigt, die Wohnung insgesamt einem Dritten zu überlassen.[136] Bei der Auswahl des Dritten, sowie bei der Ausgestaltung des Untermietvertrags muss der Mieter diejenigen Grenzen des Vertragszwecks beachten, die ihm selbst obliegen (z. B. keine Vermietung zum Zwecke der Ausübung der Prostitution). Bei der Vermietung von Geschäftsraum gelten ver-

---

[132] **A. A.** AG Halle Urteil vom 2.5.2013 – 93 C 3182/12.
[133] Insoweit zutreffend AG Halle Urteil vom 2.5.2013 – 93 C 3182/12 bei Täuschung des Vermieters über die Überlassung der Mietsache an den Untermieter.
[134] OLG Hamm OLGR 1992, 275.
[135] OLG Hamm ZMR 1992, 192 = NJW 1992, 916.
[136] LG Berlin GE 1993, 267.

gleichbare Grundsätze.[137] Im Zweifel muss der Mieter bei der Auswahl des Untermieters auch auf Konkurrenzschutzvereinbarungen Rücksicht nehmen, die der Vermieter mit anderen Mietern getroffen hat.[138] Da das Gebot wechselseitiger Rücksichtnahme zu den mietvertraglichen Nebenpflichten gehört, ist der Mieter grundsätzlich auch verpflichtet, vor der Untervermietung mit dem Hauptvermieter Rücksprache zu nehmen.[139] Für den Widerruf der Erlaubnis gelten die unter Rdn. 52 dargelegten Grundsätze.

b) Verbot mit Erlaubnisvorbehalt. Eine Klausel, wonach die Gebrauchsüberlassung an Dritte nur mit Erlaubnis des Vermieters gestattet ist, wird unterschiedlich ausgelegt. Nach einer Meinung kann der Vermieter die Erlaubnis nach freiem, nur durch § 242 BGB begrenztem Ermessen versagen.[140] Nach der Gegenansicht soll der Vermieter die Entscheidung auf Grund einer Interessenabwägung treffen. Die Erlaubnis muss nach dieser Ansicht erteilt werden, wenn der Mieter ein berechtigtes Interesse an der Untervermietung hat und dem Vermieter hierdurch keine Nachteile entstehen.[141] Die erstgenannte Meinung ist abzulehnen, weil danach der Mieter keine weitergehenden Rechte hätte, als sie ihm bereits nach der gesetzlichen Regelung zustehen; im Zweifel sind Vertragsklauseln nicht dahingehend auszulegen, dass sie lediglich die ohnehin bestehende Rechtslage wiedergeben. Nach beiden Rechtsmeinungen kann die Erlaubnis versagt werden, wenn durch die Untervermietung eine Änderung des vertraglich festgelegten Nutzungszwecks verbunden ist[142] oder wenn der Vermieter eine zugunsten eines anderen Mieters bestehende Konkurrenzschutzklausel beachten muss.[143] Der Vermieter ist bei der Vereinbarung eines Untermietverbots mit Erlaubnisvorbehalt auch nicht verpflichtet, den Mieter beim Vertragsschluss auf bestehende Mietverträge mit Konkurrenzschutzklauseln hinzuweisen.[144] 58

Eine Interessenabwägung über die Erteilung der Erlaubnis ist nur möglich, wenn der Mieter die Person des Untermieters namentlich benennt und die zur Beurteilung der Zuverlässigkeit und Bonität erforderlichen Daten offen legt. Die Ausführungen zu Rdn. 46, 68 gelten hier sinngemäß. Außerdem muss der Mieter die Gründe der Untervermietung darlegen. Auch die geplanten Mietbedingungen müssen regelmäßig offen gelegt werden. Dies gilt insbesondere bei der Gewerbemiete. Der Vermieter wird nämlich in aller Regel ein Interesse daran haben, dass das Objekt wirtschaftlich betrieben wird, dass die Inhaber von Ladenräumen oder Gaststätten nicht allzu häufig wechseln und dass die Mietsache nicht ständig leer steht.[145] 59

c) Erlaubnis mit Verbotsvorbehalt. Ist vereinbart, dass der Vermieter die Untermieterlaubnis aus schwerwiegenden (oder wichtigem) Grund versagen darf, so ist der Mieter grundsätzlich zur Untervermietung berechtigt. Der Vermieter kann die Erlaubnis nur versagen, wenn er hierfür gewichtige Gründe geltend machen kann. Die Verweigerung der Zustimmung ohne wichtigen Grund ist als Pflichtverletzung zu bewerten.[146] Für den Begriff des „wichtigen" oder „schwerwiegenden" Grundes gelten die Ausführungen zu Rdn. 77. Der Mieter ist verpflichtet, den Vermieter über die Person des Untermieters und die Bedingungen des Untermietvertrags zu informieren, damit der Vermieter prüfen kann, ob ein wichtiger Grund zur Versagung der Untermieterlaubnis vorliegt. Die Ausführungen zu Rdn. 46, 59, 77 gelten auch hier. 60

d) Anspruch auf Erlaubnis. Haben die Parteien vereinbart, dass der Vermieter die Erlaubnis erteilen muss, wenn bestimmte Voraussetzungen gegeben sind, so ist der Vermieter in seinem Ermessen gebunden. Der Mieter muss gegenüber dem Vermieter darlegen, dass die vereinbarten Voraussetzungen gegeben sind. Wird in einem solchen Fall die Erlaubnis an Bedingungen geknüpft, 61

---

137 Vgl. OLG Hamm a. a. O.: Ist ein Hotel nebst Gaststätte verpachtet und vereinbart, dass der Pächter „uneingeschränkt" zur Unterverpachtung berechtigt sein soll, so darf das Objekt jedenfalls dann nicht zur Nutzung als Asylantenwohnheim unterverpachtet werden, wenn der Hauptverpächter selbst in dem Gebäude wohnt.

138 LG Oldenburg NJW-RR 1989, 81.

139 LG Oldenburg a. a. O.

140 BGH NJW 1982, 376 = ZMR 1982, 11.

141 OLG Hamburg WuM 1993, 737: berechtigtes Interesse bejaht, wenn der Mieter von Räumen zum Betrieb einer psychotherapeutischen Praxis einen Dritten aufnehmen will, um hierdurch seine Raumkosten zu verringern.

142 LG Nürnberg WuM 1991, 344.

143 BGH NJW 1982, 376 = ZMR 1982, 11.

144 BGH a. a. O.

145 Vgl. BGH NJW 2007, 288 = NZM 2007, 127 = GuT 2007, 19 = ZMR 2007, 184 = DWW 2007, 64 für den Fall dass der Hauptmieter eine Betriebspflicht übernommen hat; OLG Hamm NJWE-MietR 1996, 107.

146 OLG Düsseldorf GuT 2011, 281 = GE 2011, 336.

die im Mietvertrag nicht vorgesehen sind, so handelt der Vermieter vertragswidrig.[147] In diesem Fall gelten die unter Rdn. 74 dargelegten Rechtsfolgen. Selbstverständlich kann die Erlaubnis auch im Klageweg durchgesetzt werden. Das rechtskräftige Urteil ersetzt nach § 894 ZPO die Erklärung.

62 Ist vereinbart, dass der Mieter im Falle der Erteilung der Erlaubnis einen „Untermietzuschlag" in einer bestimmten Höhe zu bezahlen hat, so entsteht der Anspruch des Vermieters auf den höheren Mietzins mit der Erlaubniserteilung. Etwas anderes gilt, wenn sich die Höhe des Zuschlags nicht aus dem Vertrag ergibt. In einem solchen Fall hat der Vermieter lediglich einen Anspruch auf Zustimmung zu einer angemessen Mieterhöhung, der im Wege der Zustimmungsklage geltend gemacht werden muss. Dieselbe Rechtsfolge tritt ein, wenn die Mieterhöhung nach dem Wortlaut der Klausel von einer Vereinbarung der Parteien hierüber abhängen soll.[148]

63 **e) Ausschluss der Untervermietung.** Das Recht zur Untervermietung kann durch Individualvertrag ausgeschlossen werden. Ein formularvertraglicher Ausschluss ist bei Mietverhältnissen auf unbestimmte Zeit wirksam; bei befristeten Mietverhältnissen verstößt der Ausschluss gegen § 307 BGB[149] weil eine Bewertung der wechselseitigen Interessen ergibt, dass das Interesse des Mieters an der Untervermietung wesentlich gewichtiger ist, als das Interesse des Vermieters an der Durchsetzung des Verbots. Bei einem befristeten Mietverhältnis ist die Kündigung auch dann ausgeschlossen, wenn der Mieter die Mieträume infolge einer Veränderung seiner persönlichen oder wirtschaftlichen Verhältnisse nicht mehr sinnvoll nutzen kann. Deshalb hat der Mieter ein erhebliches Interesse an der Möglichkeit zur Untervermietung, weil so die wirtschaftlichen Verluste begrenzt werden können. Die Interessen des Vermieters werden durch die Untervermietung hingegen kaum beeinträchtigt, weil der Mieter nach § 540 Abs. 2 BGB für den Untermieter haftet. Einen unzumutbaren Untermieter muss der Vermieter nicht akzeptieren, weil er in diesem Fall die Erlaubnis verweigern kann. Diese Grundsätze gelten für die Wohnraum- und die Geschäftsraummiete gleichermaßen.

64 **f) Sonstige Regelungen.** Die in der Vertragsgestaltungspraxis häufig verwendeten Begriffe „Genehmigung", „Zustimmung", „Einwilligung" oder dergleichen haben im Zusammenhang mit der Regelung der Untermiete keine andere Bedeutung als der gesetzliche Begriff der „Erlaubnis". In einem Formularmietvertrag kann nicht wirksam vereinbart werden, dass eine Untermieterlaubnis nur wirksam ist, wenn sie schriftlich erteilt wird.[150] Diese Rechtsprechung hat zur Folge, dass sich der Mieter in jedem Fall auch auf eine mündlich erteilte Erlaubnis berufen kann. Eine Klausel, wonach der Mieter dem Vermieter für den Fall der Untervermietung den Untermietzins zur Sicherheit abtritt, verstößt gegen § 307 BGB, weil die Dispositionsmöglichkeit des Mieters über den Untermietzins stark eingeschränkt wird, ohne dass dies durch ein Sicherungsbedürfnis des Vermieters gerechtfertigt wäre.[151] Bei der Wohnraummiete kann eine solche Klausel außerdem gegen § 551 BGB verstoßen. Bei der Gewerbemiete kann vereinbart werden, dass der Vermieter die Erlaubnis zur Untervermietung auch dann versagen darf, wenn hierdurch seine geschäftlichen Interessen beeinträchtigt werden. Liegt ein derartiger Versagungsgrund vor, so kann der Mieter das Mietverhältnis nicht wegen der Verweigerung der Erlaubnis kündigen.[152]

IV. Kündigungsrecht des Mieters bei Verweigerung der Erlaubnis

1. Voraussetzungen des Kündigungsrechts

65 Verweigert der Vermieter die Erlaubnis, so kann der Mieter kündigen, wenn nicht in der Person des Dritten ein wichtiger Grund vorliegt (§ 540 Abs. 1 Satz 2 BGB). Das Kündigungsrecht gilt für Wohn- und Geschäftsräume, nicht aber für die Pacht (§ 584a Abs. 1 BGB). Nach einer teilweise vertretenen Ansicht ist das Sonderkündigungsrecht ausgeschlossen, wenn das Recht zur Unterver-

[147] BGHZ 59, 3 = NJW 1972, 1267.

[148] BGH ZMR 1996, 189.

[149] LG Bonn NZM 2003, 397; *Kandelhard* BB 1995, 2596; *Frangou* BB 1996, 1463; **a. A.** *Heintzmann* NJW 1994, 1177; *Seyfarth* NZM 2002, 200, 202; Palandt/*Weidenkaff* § 540 BGB Rdn. 2; *Lützenkirchen* in: Erman § 540 Rdn. 2.

[150] BGH NJW 1991, 1750 = WuM 1991, 381 = DWW 1991, 212 = ZMR 1991, 290; OLG Hamm NJW 1993, 826; OLG Frankfurt WuM 1992, 56; **a. A.** OLG Celle WuM 1990, 103.

[151] OLG Celle WuM 1990, 103; **a. A.** OLG Düsseldorf GuT 2008, 208, 209: Danach ist bei der Gewerbemiete eine Vereinbarung zulässig, wonach der Mieter im Falle der Untermiete sämtliche aus der Untervermietung folgende Ansprüche an den Vermieter abtritt.

[152] OLG Düsseldorf NZM 2005, 421.

mietung generell abbedungen wurde.[153] Nach der hier vertretenen Ansicht setzt die Vorschrift des § 540 Abs. 1 Satz 2 dagegen weder voraus, dass der Mieter einen vertraglichen oder gesetzlichen Anspruch auf Erteilung einer Untermieterlaubnis hat, noch wird das Sonderkündigungsrecht durch ein generelles Untermietverbot tangiert. Vielmehr hat § 540 Abs. 1 Satz 2 BGB gerade dann eine eigenständige Bedeutung, wenn ein Recht zur Untervermietung nicht besteht, der Mieter aber eine langfristig gemietete Sache nicht mehr benötigt. In diesem Fall soll er berechtigt sein, das Mietverhältnis zu kündigen, wenn ihm die Erlaubnis zur Untervermietung der gesamten Sache nicht erteilt wird. Dies gilt für gleichermaßen für die Geschäfts- und die Wohnraummiete.

Ein Widerspruch zu § 553 BGB besteht nicht. Diese Regelung erweitert das Recht des Wohn- **66**
raummieters um den Anspruch auf Erteilung der Erlaubnis zur Untervermietung eines Teils der Mietsache. Diesen Anspruch hat der Geschäftsraummieter nicht. Eine Beschränkung des Kündigungsrechts des Wohnraummieters ist damit nicht verbunden; anderenfalls wäre er gegenüber dem Geschäftsraummieter benachteiligt, was vom Gesetzgeber keinesfalls gewollt ist.[154] Deshalb kann der Wohnraummieter auch dann kündigen, wenn er die Absicht hat, die Mietsache als Ganzes zu vermieten und der Vermieter die dazu erforderliche Erlaubnis verweigert.[155]

Das Kündigungsrecht kann **individualvertraglich ausgeschlossen** werden.[156] Ein **formular-** **67**
vertraglicher Ausschluss verstößt gegen § 307 BGB. Das gilt sowohl für die Wohnraummiete[157] als auch für die Miete von Geschäftsraum.[158] Zum Ausschluss des Rechts auf Untervermietung s. Rdn. 63.

Das Kündigungsrecht setzt zunächst voraus, dass der Mieter eindeutig und unmissverständlich[159] **68**
um die Erteilung der **Erlaubnis nachgesucht** hat; hierbei muss die Person des Untermieters namentlich benannt werden.[160] Das Vorliegen dieser Voraussetzungen hat der Mieter zu beweisen.[161] Auf Verlangen des Vermieters muss der Mieter auch diejenigen Daten mitteilen, die der Vermieter braucht, um festzustellen, ob in der Person des Dritten ein wichtiger Grund vorliegt. Im Allgemeinen[162] müssen in Fällen der vorliegenden Art sowohl personenbezogene als auch vertragsbezogene Daten mitgeteilt werden. Bei generell und unbefristet erteilter Erlaubnis zur Untervermietung hat der Vermieter keinen generellen Auskunftsanspruch über die personenbezogenen Daten der jeweiligen Untermieter.[163] Zu den **personenbezogenen Daten** gehören **(1)** der Name des Untermieters, **(2)** dessen Anschrift, **(3)** das Geburtsdatum, **(4)** der Beruf. An **vertragsbezogenen Daten** muss mitgeteilt werden **(5)** die vom Untermieter beabsichtigte Art der Nutzung der Räume,[164] **(6)** die Höhe des Untermietzinses, **(7)** die Laufzeit des Untermietvertrags, **(8)** etwaige Kündigungsmöglichkeiten, ev: **(9)** die Übernahme einer Betreiberpflicht, wenn dem Mieter eine solche Pflicht obliegt. Je nach den Umständen des Einzelfalls können aber auch weitergehende oder geringere Anforderungen an die Informationspflicht gestellt werden. Eine Verletzung der Informationspflicht führt zum Ausschluss des Kündigungsrechts. Anderes ist es, wenn nach der Sachlage davon

---

153 *Seyfarth* NZM 2002, 200, 201; *Wolf/Eckert/Ball* Rdn. 975.

154 I. E. ebenso LG Berlin WuM 1996, 763; GE 1997, 189; GE 1997, 1581.

155 BGH NZM 2010, 120 = WuM 2010, 30 = ZMR 2010, 281.

156 *Sonnenschein* PiG 23, 167, 181; *Lammel* § 540 BGB Rdn. 25.

157 LG Hamburg WuM 1992, 689 = ZMR 1992, 452; LG Ellwangen WuM 1982, 297; LG Bonn NZM 2003, 397; *Kinne* GE 1998, 1183.

158 BGH NJW 1995, 2034 = ZMR 1995, 397; *Bub* in Bub/Treier Kap. II Rdn. 1576, sowie *Grapentin* ebenda Kap. IV Rdn. 426; *Sternel* Mietrecht (1988) Rdn. IV 487; *Emmerich* in Staudinger § 540 BGB Rdn. 19, 20; *Lützenkirchen* in: Erman § 540 Rdn. 2; *Ehlers* in Bamberger/Roth § 540 BGB 19; *Kandelhard* in Herrlein/Kandelhard § 540 BGB Rdn. 40; *Treier* DWW 1991, 254, 258; *Heintzmann* NJW 1994, 1177, 1181; *Kinne* GE 1996, 284; *Heinrichs* NJW 1996, 1381, 1387; **a. A.** OLG Düsseldorf WuM 1994, 467 – für die Wohnraummiete hat das OLG Düsseldorf diese Frage offen gelassen; *Wolf/Eckert/Ball* Rdn. 977; *Bieber* in MünchKomm § 540 Rdn 26; Palandt/*Weidenkaff* § 540 BGB Rdn. 2.

159 OLG Koblenz Beschluss vom 27.12.2011 – 5 U 839/11.

160 OLG Koblenz RE 30.4.2001 WuM 2001, 272; AG Neuss WuM 1989, 373; vgl. auch AG Tempelhof-Kreuzberg GE 1994, 1267: Danach ist die Angabe von Namen, Alter und Beruf erforderlich; **a. A.** LG Köln WuM 1998, 154.

161 OLG Koblenz Beschluss vom 27.12.2011 – 5 U 839/11.

162 S. dazu BGH NJW 2007, 288 = NZM 2007, 127 = GuT 2007, 19 = ZMR 2007, 184 = DWW 2007, 64 und die Vorinstanz OLG Dresden DWW 2004, 150 für die Vermietung von Räumen in einem Einkaufszentrum.

163 AG Hamburg-St. Georg ZMR 2014, 130.

164 OLG Nürnberg NZM 2007, 567; KG NJW-RR 2008, 680 = NZM 2008, 287 = GuT 2008, 125 = ZMR 2008, 128 = DWW 2008, 219.

auszugehen ist, dass der Vermieter auch bei Erfüllung der Informationspflicht keine Untermieterlaubnis erteilt hätte.[165]

69 Nach der Rechtsprechung des BGH besteht die **Informationspflicht auch bei genereller Verweigerung der Untermieterlaubnis** durch den Vermieter. Ein Anspruch auf Erteilung einer Untermieterlaubnis „unter Vorbehalt der Person des Untermieters" steht dem Mieter nicht zu.[166] Dies erscheint formalistisch. Die Instanzgerichte gehen deshalb zu Recht überwiegend davon aus, dass die Informationspflicht entfällt, wenn der Vermieter eine Untervermietung generell abgelehnt hat.[167] Hiervon ist auszugehen, wenn die Untervermietung allgemein abgelehnt wird. Ebenso ist eine generelle Verweigerung anzunehmen, wenn die Ablehnung aus Gründen erfolgt, die mit der Person eines bestimmten Untermieters oder mit einer bestimmten vom Mieter vorgeschlagenen Untermietergruppe nichts zu tun haben. Gleiches gilt, wenn die Ablehnung mit Erwägungen begründet wird, die auf jede Form der Untermiete zutreffen. Zweifel am Inhalt der Ablehnungserklärung gehen zu Lasten des Vermieters. Das mit der Abgabe einer missverständlichen Erklärung verbundene Risiko ist nämlich vom Erklärenden und nicht vom Erklärungsempfänger zu tragen.

70 Weiter ist erforderlich, dass der Vermieter die **Erlaubnis** eindeutig und unmissverständlich[168] **verweigert** hat. Hiervon ist auszugehen, wenn sich der Vermieter entsprechend erklärt. Beweispflichtig hierfür ist der Mieter.[169] Streitig ist, ob eine Verweigerung angenommen werden kann, wenn der Vermieter eine Anfrage des Mieters nicht innerhalb einer gesetzten oder angemessenen Frist beantwortet.[170]

71 Das OLG Koblenz geht in dem Rechtsentscheid vom 30.4.2001[171] davon aus, dass das bloße Schweigen keine Willenserklärung sei. Eine Ausnahme gelte, wenn der Angeschriebene oder Angesprochene verpflichtet sei, seinen entgegenstehenden Willen zum Ausdruck zu bringen. Eine solche Verpflichtung bestehe aber nur dann, wenn der Mieter einen konkreten Untermietinteressenten benennt.

72 Eine weitere Ausnahme sei denkbar, wenn der Vermieter böswillig oder in Schädigungsabsicht den Mieter zur Suche nach einem Untermietinteressenten veranlasst, obwohl er von vorne herein entschlossen sei, jeden Untermieter abzulehnen. Eine dahin gehende Bewertung bedürfe jedoch konkreter auf den Einzelfall bezogener Feststellungen.

73 Das OLG Celle differenziert: die generelle Versagung der Untermieterlaubnis soll ausreichen, wenn in der Anfrage des Mieters zum Ausdruck kommt, dass dem Vermieter eine Versagung der Erlaubnis im Einzelfall (nach Prüfung der Bonität und Geeignetheit des Untermieters) vorbehalten bleibt. Enthält die Anfrage keinen Vorbehalt dieser Art, so ist der Vermieter nicht verpflichtet, sich über seine Bereitschaft zur Erteilung einer Untermieterlaubnis zu erklären. Erklärt es sich trotzdem, so sollen dem Vermieter hieraus keine Rechtsnachteile entstehen.[172]

73a Nach der hier vertretenen Ansicht hat der Mieter einen aus § 242 BGB ableitbaren **Anspruch auf „Verbescheidung"** seiner Anfrage. Sind die hierzu erforderlichen Informationen unzureichend, so muss der Vermieter den Mieter auf diesen Umstand hinweisen. Die Untätigkeit des Vermieters ist als Pflichtverletzung zu bewerten, die den Mieter zur fristlosen Kündigung nach § 543 Abs. 1 BGB berechtigt. Erforderlich ist insoweit, dass der Mieter um eine konkrete Untermieter-

[165] OLG Nürnberg NZM 2007, 567.

[166] BGH GuT 2012, 35 = GE 2012, 825.

[167] KG WuM 1996, 696; LG Köln WuM 1994, 468; LG Nürnberg-Fürth WuM 1995, 587; LG Bremen WuM 1987, 152; LG Bielefeld WuM 1998, 557; AG Villingen-Schwenningen WuM 1995, 436; AG Tiergarten GE 1997, 623; *Sternel* Mietrecht (1988) Rdn. II 245 und IV 485; *Emmerich* in Staudinger § 540 BGB Rdn. 16; *Ehlers* in Bamberger/Roth § 540 BGB Rdn. 15.

[168] OLG Koblenz Beschluss vom 27.12.2011 – 5 U 839/11.

[169] OLG Koblenz Beschluss vom 27.12.2011 – 5 U 839/11.

[170] **Bejahend** LG Nürnberg-Fürth WuM 1995, 587; LG Berlin MM 1986, 453; ZMR 1998, 558; NZM 1999, 405; LG Mannheim ZMR 1998, 565; LG Gießen WuM 1999, 458; LG Berlin NZM 2001, 231; *Hannemann* NZM 1999, 601; *Hannemann/Wiek* Handbuch des Mietrechts § 5 Rdn. 36; *Emmerich* in Staudinger § 540 BGB Rdn. 17; *Ehlers* in Bamberger/Roth § 540 BGB Rdn. 15; s. a. OLG Köln WuM 2000, 597: Wenn der Mieter einen konkreten Untermietinteressenten mit Namen und Anschrift benannt hat und der Vermieter in dem Schreiben darauf hingewiesen wird, dass sein Schweigen als Verweigerung der Erlaubnis gewertet werde; **verneinend** OLG Koblenz RE 30.4.2001 WuM 2001, 272; KG, Urt. v. 11.2.2008 – U 151/07, wenn die Anfrage des Mieters keine Unformation über den Verwendungszweck enthält; LG Gießen WuM 1999, 458; LG Mönchengladbach WuM 1999, 570; LG Braunschweig WuM 1999, 216; LG Köln NZM 1999, 616; *Seyfarth* NZM 2002, 200, 204.

[171] OLG Koblenz a. a. O.

[172] OLG Celle NZM 2003, 396 = ZMR 2003, 344.

laubnis nachgesucht hat; unterbleibt die Antwort muss der Mieter nach § 543 Abs. 3 BGB eine Nachfrist setzen.[173]

Hat der Mieter einen **vertraglichen oder gesetzlichen Anspruch auf Erteilung der Erlaubnis,** so ist der Mieter auch dann zur Kündigung berechtigt, wenn der Vermieter die Erlaubnis aus Gründen verweigert, die im Gesetz oder im Vertrag keine Grundlage haben.[174] In einem solchen Fall kann der Mieter nicht nur nach § 540 Abs. 1 Satz 2 BGB, sondern auch fristlos nach § 543 Abs. 2 Nr. 1 BGB kündigen, weil in der unberechtigten Verweigerung der Erlaubnis zugleich eine Entziehung des vertragsgemäßen Gebrauchs zu sehen ist.[175] Selbstverständlich müssen für die fristlose Kündigung auch die weiteren Voraussetzungen des § 543 Abs. 2 Nr. 1 BGB vorliegen. Auch eine Staffelung ist möglich, so dass der Mieter principialiter nach § 543 Abs. 2 Nr. 1 BGB und eventualiter nach § 540 Abs. 1 Satz 2 BGB kündigen kann. Darüber hinaus kann der Mieter bei einer vertragswidrigen Verweigerung der Erlaubnis Schadensersatzansprüche nach § 280 BGB geltend machen.[176] 74

Der Vermieter muss die Verweigerung der Erlaubnis zwar nicht von sich aus, wohl aber auf Verlangen des Mieters **begründen.**[177] Dies folgt aus dem Umstand, dass der Mieter diese Information zur Beurteilung der Erfolgsaussichten einer Kündigung benötigt. Hat der Vermieter die Gründe der Ablehnung mitgeteilt, – sei es freiwillig, sei es auf Verlangen des Mieters – so muss er sich hieran festhalten lassen. Nach dem Zugang der Kündigung durch den Mieter darf die Ablehnung grundsätzlich weder auf andere noch auf zusätzliche Gründe gestützt werden. Eine Ausnahme gilt für Gründe, die erst nach dem Zugang der Kündigung entstanden oder bekannt geworden sind. Auf ursprünglich vorhandene Gründe darf sich der Vermieter nur berufen, wenn er sie schuldlos nicht gekannt hat.[178] 75

Eine bestimmte **Frist für die Ausübung des Kündigungsrechts** sieht das Gesetz nicht vor; jedoch darf der Mieter damit nicht allzu lange zuwarten, weil sonst Verwirkung eintreten kann. Unter Umständen kann der Ausspruch der Kündigung treuwidrig sein, wenn der Untermieter nach der Versagung der Erlaubnis den Untermietvertrag auf Grund von Umständen gekündigt hat, die mit dem Verhalten des Hauptvermieters nicht in Zusammenhang stehen.[179] Gleiches kann gelten, wenn der Mieter Verhandlungen über seine vorzeitige Entlassung aus dem Vertrag plötzlich abbricht, die Erlaubnis zur Untervermietung verlangt und die zögernde Haltung des Vermieters zum Ausspruch der Kündigung ausnutzt. Davon abgesehen schließen sich Verhandlungen über eine Entlassung aus dem Mietvertrag und über die Möglichkeit zur Untervermietung aber nicht aus.[180] Für die **Kündigungsfrist** gilt bei Wohnraum § 573d Abs. 2 BGB, bei Geschäftsraum § 580a Abs. 4 BGB (s. dort). Im Übrigen gelten für die Kündigung die allgemeinen Vorschriften; bei der Wohnraummiete ist also **Schriftform** erforderlich (§ 568 Abs. 1 BGB). Die Angabe des Kündigungsgrundes gehört nicht zu den Wirksamkeitserfordernissen. 76

2. Ausschluss des Kündigungsrechts

Das Kündigungsrecht ist ausgeschlossen, wenn in der Person des Dritten ein wichtiger Grund vorliegt. Der **Begriff des wichtigen Grundes** ist umfassend zu verstehen. Ein wichtiger Grund liegt nicht nur dann vor, wenn konkrete Anhaltspunkte dafür bestehen, dass der Dritte den Hausfrieden stören oder die Mietsache beschädigen werde. Der Vermieter kann den Dritten auch dann ablehnen, wenn dieser in den Räumen ein Gewerbe betreiben will, das mit dem Gewerbe des Vermieters oder dem der anderen Mieter konkurriert[181] oder wenn durch die beabsichtigte Nutzung eine Überbelegung eintritt. Ebenso ist ein wichtiger Grund gegeben, wenn zwar gegen die Person des Untermieters nichts einzuwenden ist, aber die Untervermietung zu einer Änderung des verein- 77

[173] Ebenso: *Häublein* PiG 85 (2009) 117, 137.

[174] BGHZ 59, 3 = NJW 1972, 1267 = WuM 1972, 125; OLG Nürnberg NZM 2007, 567 betr. die Verweigerung der Erlaubnis zur Untervermietung unter Berufung auf eine in Wirklichkeit nicht gegebene Konkurrenzschutzverpflichtung.

[175] BGHZ 89, 308 = NJW 1984, 1031 = ZMR 1984, 275; OLG Düsseldorf WuM 1995, 585.

[176] LG Berlin MM 1991, 264.

[177] *Lützenkirchen* in: Erman § 540 Rdn. 12; *Ehlers* in Bamberger/Roth § 540 BGB Rdn. 13.

[178] RGZ 74, 176, 178; 92, 118, 120; OLG Köln DWW 1997, 121.

[179] Offen gelassen von BGHZ 59, 3 = NJW 1972, 1267 = WuM 1972, 125.

[180] LG Wiesbaden WuM 1988, 265.

[181] OLG Nürnberg NZM 2007, 567.

barten Mietgebrauchs führen würde[182] oder wenn der Untermieter von der Mietsache einen Gebrauch machen will, der dem Mieter nicht gestattet ist.[183] Gleiches gilt, wenn das mit dem Mieter bestehende Mietverhältnis befristet ist und der Mieter mit der Erlaubnis zur Untervermietung zugleich eine Verlängerung des Hauptmietverhältnisses verlangt. Hierauf muss sich der Vermieter nicht einlassen.[184] Kein wichtiger Grund liegt vor, wenn der Mieter durch die Untervermietung Einnahmen erzielt, die den von ihm gezahlten Untermietzins übersteigen.[185] Die voraussichtlich kurze Dauer der Untermiete ist ebenfalls kein wichtiger Grund.[186] Die Vermögenslosigkeit des Mieters rechtfertigt die Versagung der Untermieterlaubnis nicht. Diese Grundsätze gelten auch für die Erlaubnis zur Unter-Unter-Vermietung.[187]

77a Nach der Rechtsprechung des BGH ist die Kündigung des Mieters rechtsmissbräuchlich, wenn „dem kündigenden Hauptmieter bekannt ist, dass ein Mietinteresse der benannten Untermieter nicht besteht"[188]. Damit sind diejenigen Fälle angesprochen, in denen der Mieter eine Absicht zur Untervermietung lediglich vorspiegelt, um eine Verweigerung der Erlaubnis durch den Vermieter zu provozieren.

V. Haftung des Mieters für den Untermieter (Abs. 2)

78 § 540 Abs. 2 BGB bestimmt, dass der Mieter für den Untermieter wie für einen Erfüllungsgehilfen einzustehen hat.[189] Die Haftung ist beschränkt auf das Verhalten des Untermieters „bei dem Gebrauche" der Mietsache. Hierunter fällt allerdings alles, was der Untermieter innerhalb der Mietsache tut; hierzu gehören fahrlässige und vorsätzliche Sachbeschädigungen,[190] Störungen des Hausfriedens, unerlaubte Handlungen[191] und Vertragsverletzungen gegenüber dem Hauptvermieter jeder Art. Diese Haftung besteht unabhängig davon, ob die Gebrauchsüberlassung zu Recht oder zu Unrecht erfolgt ist.

79 In einer **unbefugten Gebrauchsüberlassung** ist darüber hinaus eine Vertragsverletzung des Mieters zu sehen, mit der Folge, dass der Mieter auch aus diesem Grunde haftet. Hierbei handelt es sich um eine Haftung für eigenes Verschulden, so dass es auf das Verschulden des Untermieters nicht ankommt. Die Haftung entfällt, wenn der Mieter nachweisen kann, dass die Überlassung an den Dritten nicht kausal für die Entstehung des Schadens gewesen ist.

VI. Beweislast/Prozessuales

80 Macht der Mieter geltend, dass er auf Grund einer vertraglichen Vereinbarung zur Untervermietung berechtigt sei, so muss er den Bestand der Vereinbarung beweisen. Ist streitig, ob der Vermieter die Erlaubnis zur Untervermietung erteilt hat, so trifft ebenfalls den Mieter die Beweislast. Hat der Mieter das Mietverhältnis nach § 540 Abs. 1 Satz 2 BGB gekündigt, so muss er beweisen, dass er um die Erlaubnis nachgesucht hat. Behauptet der Vermieter, dass er vor dem Zugang der Kündigung die Erlaubnis erteilt habe, so trifft ihn die Beweislast.[192] Ebenso muss der Vermieter ge-

---

[182] OLG Köln DWW 1997, 121; OLG Düsseldorf DWW 2007, 117 = GuT 2007, 19 OLG Düsseldorf ZMR 2016, 440 betr. Nutzung von Büroräumen durch ambulanten Pflegedienst.

[183] BGH NJW 1984, 1031; OLG Köln WuM 1997, 620; OLG Hamburg ZMR 2003, 180 = WuM 2003, 268, 269 betr. die Untervermietung von Ladenräumen, wenn der Untermieter dort ein nach dem Mietvertrag nicht vorgesehenes Sortiment vertreiben will.

[184] OLG Düsseldorf DWW 1998, 20, 21.

[185] So bereits zum früheren § 29 MSchG *Kiefersauer-Glaser* § 29 MSchG Rdn. 6 m.w.N. aus der älteren Rechtsprechung.

[186] LG Landshut WuM 1996, 408.

[187] OLG Dresden ZMR 2016, 24.

[188] BGH NZM 2010, 120 = WuM 2010, 30 = ZMR 2010, 281.

[189] S. *Mittelstein* S. 387: „soweit der Dritte, wenn er Mieter wäre, dem Vermieter haften würde, soll der Vermieter den (schuldlosen) Mieter in Anspruch nehmen dürfen, der seinerseits auf den Dritten zurückgreifen mag."

[190] BGHZ 112, 307 = NJW 1991, 489 = WuM 1991, 31 = ZMR 1991, 60 betr. eine vom Unterpächter einer Gaststätte vorsätzlich herbeigeführte Explosion.

[191] OLG München NJW-RR 1987, 727 betr. die Unterschlagung eines gemieteten Autos durch den Untermieter.

[192] OLG Köln WuM 2000, 597.

gebenenfalls diejenigen Umstände darlegen und beweisen, aus denen sich ergibt, dass ein wichtiger Grund zur Versagung der Erlaubnis vorgelegen hat.

Die Erlaubnis zur Untervermietung muss mit der **Leistungsklage** geltend gemacht werden. („... wird verurteilt die Erlaubnis zur Untervermietung der Büroräume in ..., bestehend aus ..., an Herrn ... zu erteilen"). Der Erlass einer einstweiligen Verfügung ist grundsätzlich unzulässig, weil hierdurch die Hauptsache vorweg genommen wird.[193] Bei mehreren Mietern ist jeder einzelne klagebefugt;[194] der Klagantrag muss darauf gerichtet sein, dass die Erlaubnis gegenüber allen Mietern zu erteilen ist. Der Umstand, dass das Mietverhältnis bereits gekündigt ist, steht der Klage nicht entgegen. Nach Ablauf der Kündigungsfrist besteht dagegen kein Anspruch auf die Erteilung der Erlaubnis; folgerichtig ist die Klage auf Erteilung der Untermieterlaubnis auszusetzen, wenn ein Räumungsrechtsstreit anhängig wird.[195] Verliert der Dritte während des Rechtsstreits sein Interesse am Bezug der Räume, so kann der Mieter den Rechtsstreit in entsprechender Anwendung des § 91a ZPO für erledigt erklären.[196] **81**

Der Anspruch auf Erteilung der Untermieterlaubnis kann im Ausnahmefall im **einstweiligen Verfahren** geltend gemacht werden. Ein Verfügungsanspruch ist gegeben, wenn der Mieter einen Teil der Räume untervermieten muss, weil er ansonsten die Miete nicht bezahlen kann und die finanzielle Engpasssituation nach Abschluss des Mietvertrags entstanden ist. Ein Verfügungsgrund liegt vor, wenn der Mieter im Falle der Verweigerung der Erlaubnis mit der fristlosen Kündigung wegen Zahlungsverzugs rechnen muss und) die hinreichende Gewissheit besteht, dass dem Vermieter durch die Überlassung der Räume kein ins Gewicht fallender Nachteil erwächst.[197] **81a**

Der **Streitwert** für eine Klage des Mieters auf Erteilung einer Untermieterlaubnis ist gem. §§ 48 Abs. 1 GKG, 3 ZPO nach dem Jahresbetrag des Untermietzinses zu berechnen.[198] Daneben sind besondere Verpflichtungen des Untermieters, z. B. eine einmalige Zusatzzahlung zu berücksichtigen.[199] **82**

VII. „Change of control"-Klauseln

Ist die Mietsache an eine juristische Person oder eine Personengesellschaft vermietet, so kann sich ein Personenwechsel in der Geschäftsführung oder ein Gesellschafterwechsel auf das Mietverhältnis auswirken. Zwar werden die Rechtsbeziehungen zwischen dem Vermieter und dem Mieter als solche durch die personelle Veränderung nicht berührt. Gleichwohl kann der Vermieter Nachteile erleiden, wenn in dem Unternehmen des Mieters personelle oder organisatorische Veränderungen erfolgen und damit ein Wechsel in der Kontrolle betr. die Mietsache verbunden ist. Der Kontroll-, Inhaber oder Gesellschafterwechsel kann ähnliche Auswirkungen wie die Überlassung an einen Dritten haben. Deshalb ist zu fragen ob in einem Gewerbemietvertrag vereinbart werden kann, dass solche Veränderungen der Zustimmung des Vermieters bedürfen („Change of control"-Klausel).[200] Die Regelungen des § 540 BGB, wonach die Überlassung an einen Dritten von der Erlaubnis des Vermieters abhängt und dem Mieter bei verweigerter Zustimmung ein Kündigungsrecht zusteht, können wegen der unterschiedlichen Interessenlage nicht auf die „Change of control" Klausel übertragen werden. Aus § 307 BGB folgt, dass die fraglichen Klauseln in Formularverträgen nur wirksam sind, wenn schützenswerte Interessen des Vermieters überwiegen.[201] Individuell ausgehandelte „Change of Control"-Klauseln können sittenwidrig sein, wenn sie i. E. zu einer Knebelung des Mieters führen.[202] **83**

---

193 LG Hamburg WuM 2000, 303.
194 LG Berlin (ZK 62) NJW-RR 1992, 13; **a. A.** LG Berlin (ZK 63) GE 1991, 681.
195 **A. A.** LG Berlin NJW-RR 1992, 13.
196 **A. A.** AG Tempelhof-Kreuzberg WuM 1987, 222.
197 LG Hamburg ZMR 2013, 192 m. Anm. Waßmann.
198 **A. A.** KG Beschluss vom 25.10.2016 – 8 W 48/16; LG Berlin GE 2015, 861: danach ist gem. § 48 Abs. 1 GKG, §§ 3, 9 ZPO der 42-fache Monatsbetrag des zu erwartenden Untermietzinses maßgeblich.
199 Saarländisches OLG OLGR Saarbrücken 2008, 43.
200 Dazu *Disput* NZM 2008, 305.
201 *Disput* NZM 2008, 305, 308.
202 *Disput* a. a. O.

§ 541 Unterlassungsklage bei vertragswidrigem Gebrauch

Setzt der Mieter einen vertragswidrigen Gebrauch der Mietsache trotz einer Abmahnung des Vermieters fort, so kann dieser auf Unterlassung klagen.

Systematische Übersicht

Alphabetische Schnellübersicht

I. Bedeutung der Vorschrift und Verhältnis zum Kündigungsrecht nach § 543 Abs. 2 Nr. 2 BGB und zum Beseitigungsanspruch nach § 1004 BGB

1 Die Vorschrift stellt zunächst klar, dass der Mieter die Mietsache nur in dem durch den Mietvertrag gewährten Umfang gebrauchen darf. Eine Gebrauchsüberschreitung gibt dem Vermieter das Recht zur Unterlassungsklage (§ 551 BGB). In bestimmten Fällen der Gebrauchsüberschreitung kann der Vermieter fristlos kündigen (§ 543 Abs. 2 Nr. 2 BGB). Die beiden Vorschriften dienen einem unterschiedlichen Zweck: Der Unterlassungsanspruch ist nach seiner Rechtsnatur ein Erfüllungsanspruch;[1] demgemäß zielt § 541 BGB auf die Wiederherstellung des vertragsgemäßen Zustands. Die Regelung des § 543 Abs. 2 Nr. 2 BGB richtet sich demgegenüber auf die Beendigung des Mietverhältnisses. Die beiden Rechtsbehelfe haben gemein, dass der Vermieter zuvor abmahnen muss; der Mieter soll hierdurch Gelegenheit erhalten, sein vertragswidriges Verhalten zu ändern. Ebenso ist den Regelungen gemeinsam, dass sie kein Verschulden des Mieters voraussetzen.[2] Die beiden Vorschriften unterscheiden sich aber in den übrigen Tatbestandsvoraussetzungen. Für die Unterlassungsklage genügt die Fortsetzung des vertragswidrigen Gebrauchs trotz Abmahnung. Das Kündigungsrecht besteht nur, wenn die Mietsache durch den vertragswidrigen Gebrauch „erheblich gefährdet" wird. Eine Gebrauchsüberschreitung ohne Gefährdung der Mietsache berechtigt also zwar zur Abmahnung aber nicht zur fristlosen Kündigung. Wird durch die Gebrauchsüberschreitung zugleich die Mietsache gefährdet, so kann der Vermieter wahlweise auf Unterlassung klagen oder fristlos kündigen. Deshalb ist es nicht sachgemäß, wenn der Vermieter in diesem Fall auf das mildere Mittel der Unterlassungsklage verwiesen wird. Die Möglichkeit der Unterlassungsklage rechtfertigt es aber, an die Voraussetzungen einer Kündigung strenge Anforderungen zu stellen; dies gilt auch für die Kündigung nach § 573 Abs. 2 Nr. 1 BGB. Umgekehrt wird eine Vertragsverletzung in vielen Fällen ihr besonderes Gewicht dadurch erhalten, dass der Mieter sein vertragswidriges Verhalten trotz einer titulierten Unterlassungsverpflichtung fortsetzt.

---

[1] *Emmerich* in Staudinger § 541 Rdn. 1; *Lützenkirchen* in: Erman § 541 Rdn. 2.

[2] *Lützenkirchen* in: Erman § 541 Rdn. 10; **a. A.** *Roquette* § 550 Rdn. 25: Danach gehört das Verschulden zu den klagebegründenden Tatsachen des Unterlassungsanspruchs.

Nach § 1004 Abs. 1 Satz 1 BGB kann der Vermieter-Eigentümer von dem Störer die Beseitigung der Beeinträchtigung verlangen. Eine vorherige Abmahnung ist nach dieser Vorschrift nicht erforderlich. Für die Wohnraummiete hat der BGH entschieden, dass ein Beseitigungsanspruch nicht auf § 1004 BGB, sondern allein auf § 541 BGB gestützt werden kann.[3] Nach dem amtlichen Leitsatz des BGH beschränkt sich die Entscheidung auf das „Wohnraummietverhältnis". Daraus kann keinesfalls geschlossen werden, dass für die Geschäftsraummiete und die Miete beweglicher Sachen andere Grundsätze gelten. Das Gegenteil ist richtig: Die Vorschrift des § 541 BGB ist im „Untertitel 1. Allgemeine Vorschriften für Mietverhältnisse" geregelt. Daraus folgt für alle Mietverhältnisse, dass § 1004 BGB von § 541 BGB verdrängt wird. 2

II. Vertragsmäßiger und vertragswidriger Gebrauch

Vertragsmäßig bedeutet: den vertraglichen Vereinbarungen entsprechend. Hieraus ergeben sich **drei Grundsätze: (1)** Der vertragsmäßige Gebrauch richtet sich nicht nach objektiven Kriterien, sondern nach dem übereinstimmenden Willen der Vertragsparteien. **(2)** Sind die Vertragsvereinbarungen auslegungsbedürftig und auslegungsfähig, so ist der Inhalt des vertragsgemäßen Gebrauchs nach §§ 133, 157 BGB durch die Ermittlung des wirklichen Parteiwillens unter Berücksichtigung von Treu und Glauben und der Verkehrssitte festzustellen. **(3)** Sind die Parteivereinbarungen lückenhaft, so ist der vertragsgemäße Gebrauch im Wege der ergänzenden Vertragsauslegung nach Treu und Glauben mit Rücksicht auf die Verkehrssitte zu ermitteln.[4] Es gelten hier ähnliche Grundsätze wie bei der Ermittlung des vertragsmäßigen Zustands i. S. v. § 535 Abs. 1 Satz 2 BGB.[5] Wegen des Inhalts des vertragsgemäßen Gebrauchs im Allgemeinen wird auf die Ausführungen zu dieser Vorschrift verwiesen. 3

III. Abmahnung

1. Zweck

Der Unterlassungsklage muss eine Abmahnung vorausgehen. Dabei handelt es sich um eine rechtsgeschäftsähnliche, dem Schutz des Mieters dienende, einseitige, empfangsbedürftige Erklärung. Die Abmahnung bedarf keiner bestimmten Form. Sie hat Warnfunktion: dementsprechend soll sie den Mieter darüber informieren, welches tatsächliche Verhalten vom Vermieter missbilligt wird; außerdem soll der Mieter Gelegenheit zur Abhilfe erhalten. 4

2. Inhalt

Aus der Abmahnung muss sich ergeben, welche konkreten Vertragsverletzungen der Vermieter beanstandet und künftig abgestellt wissen will.[6] Der Vermieter muss den Mieter auffordern, ein genau bezeichnetes[7] Fehlverhalten zu ändern bzw. aufzugeben.[8] Deshalb genügt es nicht, wenn der Vermieter den Mieter lediglich in mehr oder weniger allgemein gehaltenen Worten auf die Erfüllung seiner Pflichten hinweist.[9] Da für die Abmahnung aber weder eine besondere Form, noch eine schriftliche Begründung erforderlich ist, genügt es, wenn der Vermieter dem Mieter mündlich erläutert, welches Verhalten abgestellt werden soll und sodann eine Abmahnung ausspricht, die hierauf Bezug nimmt.[10] Ebenso kann eine (unwirksame) Kündigung in eine Abmahnung umgedeutet werden.[11] Eine Abmahnung liegt auch dann vor, wenn der Vermieter den Mieter auffordert, ent- 5

---

3 BGH NJW 2007, 2180 = NZM 2007, 481 = WuM 2007, 387.

4 *Gather* PiG 46, 61, 63.

5 S. dazu auch Pauly WuM 2011, 447, 449: Dach ist der zulässige Vertragsgebrauch – in der genannten Reihenfolge – nach folgenden Kriterien zu bestimmen: Vertrag, Gesetz, Treu und Glauben, Verkehrssitte, Interessenabwägung.

6 BGH NZM 2000, 241; *Sternel* Mietrecht (1988) Rdn. II 369 und Mietrecht aktuell (2009) Rdn. VI 325; *Emmerich* in Staudinger § 541 Rdn. 7; *Lammel* § 541 Rdn. 9; *Bieber* in MünchKomm § 541 Rdn. 12; *Kinne* in Kinne/Schach/Bieber Miet- und Mietprozessrecht § 541 Rdn. 11; *Both* in Herrlein/Kandelhard § 541 Rdn. 17; *Lützenkirchen* in: Erman § 541 Rdn. 11; *Ehlers* in Bamberger/Roth § 541 Rdn. 10; *Palandt/Weidenkaff* § 541 Rdn. 8.

7 LG Hamburg ZMR 1977, 157 = WuM 1977, 30.

8 Vgl. für die rechtsähnliche arbeitsrechtliche Abmahnung BAG NJW 1985, 823.

9 RGZ 77, 117.

10 RGZ 77, 117.

11 BGH (VIII ZR 345/10) WuM 2011, 676; KG GE 2005, 236.

weder den vertragswidrigen Gebrauch zu unterlassen oder hierfür ein erhöhtes Entgelt zu bezahlen (z. B. bei Untervermietung oder gewerblicher Nutzung von Wohnräumen).[12] Wird eine bisher bestehende Erlaubnis widerrufen, so liegt hierin noch keine Abmahnung (z. B. bei Untervermietung, Tierhaltung). Jedoch kann der Widerruf mit einer Abmahnung verbunden werden.[13] Der Gegenstand der Abmahnung und derjenige der späteren Unterlassungsklage müssen identisch sein. Wird beispielsweise beanstandet, dass eine Wohnung überbelegt ist, so muss sich aus der Abmahnung ergeben, wie viel Personen die Räume nutzen dürfen. Es ist ungenügend, wenn der Mieter in diesem Falle aufgefordert wird, „die Überbelegung zu beenden" oder „sich eine andere Wohnung zu suchen". Es ist nicht erforderlich, dass dem Mieter in der Abmahnung eine bestimmte Frist zur Abstellung des vertragswidrigen Gebrauchs gesetzt wird. Die Angabe einer zu kurzen Frist schadet nicht; der Vermieter muss mit der Erhebung der Unterlassungsklage lediglich solange zuwarten bis eine angemessene Frist verstrichen ist. Ebenso kann auf die Androhung der Unterlassungsklage verzichtet werden;[14] wegen des Meinungsstandes hinsichtlich der Kündigung nach § 543 Abs. 2 Nr. 2 BGB, s. dort Rdn. 179).

3. Abmahnungsberechtigter

6 Nur der Vermieter oder die von ihm hierzu Bevollmächtigten können eine Abmahnung aussprechen. Dem Vermieter stehen diejenigen Personen gleich, die anstelle des Vermieters oder für den Vermieter dessen Befugnisse ausüben (Zwangsverwalter, Konkursverwalter, Nachlaßverwalter, Testamentsvollstrecker, Nachlass- und Abwesenheitspfleger, Betreuer). Wird die Abmahnung durch einen nicht bevollmächtigten Dritten erklärt, so ist sie unwirksam. Wird die Vollmachtsurkunde nicht vorgelegt, kann die Abmahnung in entsprechender Anwendung von § 174 Abs. 1 BGB zurückgewiesen werden.[15] Der Erwerber einer Wohnung kann erst dann aus eigenem Recht abmahnen, wenn er als Eigentümer im Grundbuch eingetragen ist. Dies gilt auch dann, wenn nach dem Kaufvertrag die Nutzungen bereits mit der Übergabe übergehen sollen und der Erwerber den Besitz an dem Hausgrundstück erlangt hat.[16]

4. Abmahnungsempfänger

7 Die Abmahnung muss stets gegenüber dem Mieter erklärt werden, auch wenn ein am Mietverhältnis nicht beteiligter Dritter, etwa ein Familienangehöriger des Mieters, die Vertragsstörung begangen hat.[17] Der Umstand, dass der Störende in den Schutzbereich des Mietvertrags einbezogen ist, ändert daran nichts, weil der Vermieter hierdurch keine vertraglichen Unterlassungsansprüche erwirbt. Unter Umständen kann der Vermieter gegen den Dritten aber nach § 1004 BGB vorgehen. Sind mehrere Personen Mieter, so muss die Abmahnung allen Mietern zugehen, denen gegenüber die Unterlassungsklage erhoben werden soll. Fällt nur einem von mehreren Mietern ein vertragswidriges Verhalten zur Last, so hat der Vermieter die Wahl, ob er nur gegenüber dem störenden Mieter oder gegenüber allen Mietern abmahnt. Eine umfassende Abmahnung ist sinnvoll, weil der nicht vertragswidrig handelnde Mieter auf diese Weise Gelegenheit erhält, auf den störenden Mieter einzuwirken. Die Abmahnung ist auch dann gegenüber dem Mieter zu erklären, wenn dieser den Mietgebrauch einem Dritten überlassen hatte und der Dritte von der Mietsache einen vertragswidrigen Gebrauch macht.

5. Entbehrlichkeit der Abmahnung

8 Ausnahmsweise kann die Abmahnung entfallen, wenn die Voraussetzungen des § 543 Abs. 3 Satz 2 Nr. 1 oder 2 BGB vorliegen. Dies ist der Fall, wenn mit Sicherheit feststeht, dass der Mieter das vertragswidrige Verhalten nicht abstellen will oder kann. Weigert sich ein Mieter ernsthaft und endgültig, seine Verpflichtung zu erfüllen, so wäre eine Abmahnung leere Förmelei.[18] Allerdings

---

[12] AG Lüdinghausen WuM 1983, 327.
[13] AG Berlin-Tiergarten GE 1992, 391.
[14] *Mittelstein* S. 374; *Ehlert* in Bamberger/Roth § 541 Rdn. 10; *Lützenkirchen* in: Erman § 541 Rdn. 11; Palandt/*Weidenkaff* § 541 Rdn. 8.
[15] OLG Celle WuM 1982, 206.
[16] LG Berlin GE 1985, 95.
[17] *Emmerich* in Staudinger § 541 Rdn. 6; *Ehlert* in Bamberger/Roth § 541 Rdn. 8.
[18] BGH LM Nr. 13 zu § 553 BGB; **a. A.** *Roquette* § 550 Rdn. 19.

sind hieran strenge Anforderungen zu stellen. Ebenso kann die Abmahnung entfallen, wenn die sofortige Klagerhebung aus besonderen Gründen gerechtfertigt ist. Die tatsächlichen Voraussetzungen des § 543 Abs. 3 Satz 2 Nr. 1 oder 2 BGB muss der Mieter darlegen und beweisen.[19]

6. Abweichende Vereinbarungen

Das Erfordernis einer Abmahnung kann sowohl bei der Geschäftsraummiete als auch bei der Wohnraummiete individualvertraglich abbedungen werden.[20] Eine entsprechende Formularklausel verstößt jedoch gegen § 309 Nr. 4 BGB.[21] Anders ist es, wenn das Erfordernis einer Abmahnung Teil des Tatbestandes einer zwingenden oder halbzwingenden Norm ist, wie in den Fällen des § 543 BGB (§§ 543 Abs. 3 Satz 1, 569 Abs. 5 BGB). 9

7. Rechtsmittel gegen die Abmahnung

Rechtsmittel gegen eine unberechtigte Abmahnung bestehen nur im Ausnahmefall. Ein solcher Fall kann gegeben sein, wenn der Vermieter den Mieter mit einer Vielzahl willkürlicher Abmahnungen belästigt. Davon abgesehen wird der Mieter durch die Abmahnung nicht in seinen Rechten beeinträchtigt. Einer Klage auf Beseitigung der Abmahnung fehlt das Rechtsschutzbedürfnis. Ein Anspruch auf Feststellung, dass die Abmahnung zu Unrecht erfolgt ist, besteht ebenfalls nicht.[22] LG Berlin GE 2015, 512 Der Mieter wird durch die Abmahnung auch dann nicht in seinen Rechten verletzt, wenn sie unberechtigt ist. Insbesondere erhält der Vermieter in einem späteren Räumungsrechtsstreit keinen Beweisvorsprung, wenn der Mieter eine zuvor erteilte Abmahnung entgegengenommen hat. Auch in diesem Fall muss der Vermieter den vollen Beweis für die vorangegangene Pflichtwidrigkeit führen. Zwar ist eine Feststellungsklage zulässig, wenn zwischen den Parteien streitig ist, ob der vom Mieter praktizierte Mietgebrauch den vertraglichen Vereinbarungen entspricht. Der Mieter kann aber nicht im Klageweg klären lassen, ob er eine ihm angelastete Pflichtverletzung begangen hat. 10

IV. Unterlassungsklage

Die Abmahnung soll dem Mieter Gelegenheit geben, den vertragswidrigen Gebrauch zu beenden. Geht es um eine **fortwirkende Vertragswidrigkeit** (unerlaubte Tierhaltung, Untervermietung, Überbelegung, etc.), so muss zwischen Abmahnung und Klagerhebung eine gewisse Zeitspanne liegen. Wird die Abmahnung erst in der Klagschrift erklärt, so ist die Klage nicht schlüssig begründet, weil nicht dargelegt ist, dass der Mieter den vertragswidrigen Gebrauch „trotz einer Abmahnung" fortgesetzt hat; eine solche Klage ist als unbegründet abzuweisen. Dies gilt nach der hier vertretenen Ansicht auch dann, wenn zwischen Klagerhebung und mündlicher Verhandlung ein ausreichender Zeitraum liegt und der Mieter dennoch den beanstandeten Gebrauch fortsetzt oder während der Zeit der Rechtshängigkeit weitere Vertragsverletzungen begeht. Die Klagerhebung kann aus Gründen der Rechtsklarheit und -sicherheit nicht in eine Abmahnung umgedeutet werden.[23] Aus den gleichen Gründen kommt die Umdeutung einer verfrühten und damit unwirksamen Kündigung in eine Abmahnung nicht in Betracht.[24] 11

Der zwischen Abmahnung und Klagerhebung liegende **Zeitraum** muss angemessen sein. Die Dauer des Zeitraums richtet sich dabei nach der Art der Vertragsverletzung. Wird der Mieter aufge- 12

---

[19] Vgl. BGH NJW 2007, 2177 = NZM 2007, 439 = WuM 2007, 319 = ZMR 2007, 601 = DWW 2007, 239.

[20] *Emmerich* in Staudinger § 541 Rdn. 8.

[21] *Emmerich* in Staudinger Mietrecht § 541 BGB Rdn. 8 *Lützenkirchen* in: Erman § 541 Rdn. 4 *Bieber* in MünchKomm § 541 BGB Rdn. 18.

[22] BGH NJW 2008, 1303 = NZM 2008, 277 = WuM 2008, 217 = ZMR 2008, 446 = DWW 2008, 216; LG Berlin GE 1996, 1243; AG Lübeck ZMR 1994, 370; AG Luckenwalde WuM 2000, 673; AG Münster WuM 2006, 456 mit abl. Anm. *Schach* WuM 2006, 669; **a. A.** *Weidemann* WuM 2002, 78: Anspruch aus §§ 1004, 823 BGB auf „Entfernung" der Abmahnung oder deren Widerruf.

[23] *Roquette* § 550 Rdn. 20; *Bieber* in MünchKomm § 541 Rdn. 13; *Kraemer/von der Osten* in Bub/Treier Kap. III Rdn. 2586; **a. A.** *Mittelstein,* S. 375: Danach liegt in der Klagerhebung zugleich eine Abmahnung, so dass der Klage stattgegeben werden kann, wenn der Tatbestand des § 541 BGB im Zeitpunkt der mündlichen Verhandlung erfüllt ist.

[24] *Sternel* Mietrecht aktuell (2009) Rdn. VI 324; **a. A.** OLG Düsseldorf WuM 1996, 410; LG Berlin GE 1995, 569.

fordert, eine unerlaubte Tierhaltung zu beenden, so muss dem Mieter eine Frist eingeräumt werden, die der Mieter üblicherweise zur anderweitigen Unterbringung des Tieres benötigt. Muss der Mieter im Falle unberechtigter Untervermietung seinerseits eine Kündigung aussprechen, so muss zwischen Abmahnung und Kündigung i. d. R. ein Zeitraum liegen, der einer bei der Kündigung des Untermietverhältnisses zu beachtenden Kündigungsfrist entspricht.[25] Ist der Mieter als Ausländer der deutschen Sprache nicht hinreichend mächtig, so muss bei der Bemessung der Frist diejenige Zeit berücksichtigt werden, die der Mieter benötigt, um eine Übersetzung zu erlangen.[26] Andererseits muss sich der Mieter aber auch um eine solche Übersetzung bemühen. Die Berufung auf die fehlende Kenntnis vom Inhalt des Abmahnschreibens ist sonst rechtsmissbräuchlich.[27] Hat der Vermieter dem Mieter in der Abmahnung eine bestimmte Frist gesetzt, so muss er den Ablauf dieser Frist abwarten. Anderenfalls muss der Vermieter mit der Klagerhebung solange zuwarten, bis ein angemessener Abhilfezeitraum verstrichen ist. Gleiches gilt, wenn in der Abmahnung eine zu kurze Frist gesetzt worden ist. Wird der Vermieter nach dem Ablauf der gesetzten oder der angemessenen Frist nicht sofort tätig, so geht das Klagerecht nicht verloren. Im Einzelfall kann allerdings Verwirkung vorliegen, wenn zwischen dem Fristablauf und der Klagerhebung ein längerer Zeitraum liegt und der Mieter auf Grund besonderer Umstände davon ausgehen durfte, dass der Vermieter die Sache nicht weiterverfolgen werde.

13 Wird ein Verhalten beanstandet, das aus **wiederkehrenden Vertragswidrigkeiten** resultiert, (ruhestörender Lärm, Verstöße gegen die Hausordnung, etc.), so kann der Vermieter die Unterlassungsklage erheben, wenn der Mieter die beanstandete Vertragsverletzung wiederholt. Ein weiteres Zuwarten ist entbehrlich; insbesondere ist nicht erforderlich, dass eine weitere Wiederholung der beanstandeten Zuwiderhandlung droht.[28] Andererseits schadet es aber grundsätzlich nicht, wenn der Vermieter nach der Wiederholung der Vertragsverletzung nicht sofort tätig wird. Im Einzelfall kann auch hier Verwirkung vorliegen.

14 Bei einer **Mehrheit von Mietern** hat der Vermieter die Wahl, ob er alle oder nur einzelne Mieter auf Unterlassung in Anspruch nimmt. Dies gilt nach der hier vertretenen Ansicht auch dann, wenn die Vertragsverletzung nur von einem bestimmten Mieter begangen worden ist.[29] Die ganz h. M. folgert allerdings aus § 425 BGB, dass die Unterlassungsklage nur gegen den störenden Mieter gerichtet werden kann.[30] Hiergegen ist einzuwenden, dass es im Rahmen des § 541 BGB nicht um eine Zurechnung bestimmter Tatsachen i. S. v. § 425 BGB geht. Maßgeblich ist vielmehr, dass § 541 BGB nach seiner Rechtsnatur als Erfüllungsanspruch angesehen werden muss. Da alle Mieter den vertragsgemäßen Gebrauch schulden, muss dem Vermieter der Klaganspruch gegen alle Mieter zugebilligt werden. Dies ist auch sachgerecht, weil auch die nicht störenden Mieter die Möglichkeit haben, durch entsprechende Einwirkung auf den störenden Mieter den vertragswidrigen Zustand zu beenden.

15 Findet zwischen der Abmahnung und der Klagerhebung ein Wechsel in der Person dessen statt, dem die Vermieterbefugnisse zustehen (**Eigentümerwechsel,** Beendigung der Zwangsverwaltung, etc.), so wird die Abmahnung gegenstandslos. Dies folgt aus der Erwägung, dass die Beurteilung eines bestimmten Verhaltens als Vertragswidrigkeit in vielen Fällen von den besonderen persönlichen Verhältnissen des jeweiligen Vermieters und dessen Beziehung zum Mieter abhängt.

V. Darlegungs- und Beweislast/Prozessuales

16 Der Vermieter muss darlegen und beweisen, dass eine Vertragswidrigkeit vorgelegen hat, und dass dem Mieter eine der Regelung des § 541 BGB entsprechende Abmahnung zugegangen ist. Außerdem muss der Vermieter beweisen, dass der Mieter den vertragswidrigen Gebrauch auch nach Ablauf der gesetzten oder der angemessenen Frist fortgesetzt oder eine erneute Vertragswidrigkeit begangen hat. Beendet der Mieter den vertragswidrigen Gebrauch nach Ablauf der gesetz-

---

[25] LG Mannheim WuM 1985, 262; ähnlich LG Hamburg WuM 1994, 537; *Sternel* Mietrecht (1988) Rdn. IV 255.
[26] So für den rechtsähnlichen Fall der arbeitsrechtlichen Abmahnung BAG NJW 1985, 823.
[27] BAG a. a. O.
[28] **A. A.** wohl *Mittelstein* S. 375.
[29] Ebenso *Sternel* Mietrecht aktuell (2009) Rdn. VI 331; *Both* in Herrlein/Kandelhard § 541 Rdn. 18.
[30] *Palandt/Weidenkaff* § 541 Rdn. 1; *Kraemer/von der Osten* in Bub/Treier Kap. III Rdn. 8582; *Emmerich* in Staudinger § 541 Rdn. 13; *Lammel* § 541 Rdn. 20; *Schach* in Kinne/Schach/Bieber Miet- und Mietprozessrecht § 541 Rdn. 16.

ten Frist aber vor Klagerhebung, so ist die Klage mangels Rechtsschutzbedürfnis unzulässig. Die zur Vorbereitung der Klage entstandenen Kosten muss der Mieter ersetzen; dabei handelt es sich um einen Schadensersatzanspruch aus positiver Vertragsverletzung, der allerdings Verschulden voraussetzt. Eine Beendigung des vertragswidrigen Gebrauchs nach Klagerhebung lässt den Unterlassungsanspruch unberührt; hierdurch tritt also keine Erledigung der Hauptsache ein. Wendet der Mieter ein, dass die Frist zu kurz bemessen war, so muss er diejenigen Umstände darlegen und beweisen, aus denen sich die Notwendigkeit einer längeren Frist ergibt.

Die Unterlassungsklage kann mit der Androhung eines Ordnungsgeldes nach § 890 Abs. 2 ZPO **16a** verbunden werden. Auch der Antrag auf Erlass einer einstweiligen Verfügung ist möglich, wenn die Voraussetzungen hierfür vorliegen (§ 935 ZPO). Der Mieter kann nicht auf Feststellung klagen, dass eine Abmahnung unbegründet war (s. Rdn. 10). Zulässig ist allerdings eine Klage auf Feststellung, dass ein vertragswidriger Gebrauch nicht gegeben ist[31] oder dass ein bestimmtes, vom Vermieter beanstandetes Verhalten den vertraglichen Vereinbarungen entspricht. Ist das beanstandete Verhalten nur deshalb vertragswidrig, weil der Mieter eine dazu erforderliche Erlaubnis nicht eingeholt hat (Tierhaltung, Untervermietung), so kann der Mieter gegen den Unterlassungsanspruch einwenden, dass er einen materiell-rechtlichen Anspruch auf Erteilung einer Erlaubnis habe;[32] es gilt dieselbe Rechtslage wie im Falle des § 543 Abs. 2 Nr. 2 BGB (s. dort Rdn. 74). Stattdessen kann der Mieter aber auch Widerklage auf Erteilung der Erlaubnis erheben. Das Rechtsschutzbedürfnis hierfür ergibt sich aus den jeweils unterschiedlichen Rechtskraftwirkungen.

Aus dem Urteilstenor muss sich die Reichweite eines Verbots klar und eindeutig ergeben. Die **16b** Entscheidung hierüber darf nicht der Auslegung des Vollstreckungsgerichts überlassen werden. Deshalb muss der Klagantrag so gefasst werden, dass Gegenstand und Umfang des Verbots klar erkennbar sind. Anderenfalls ist die Klage unzulässig.[33] Aus diesen Gründen ist ein Urteil, wonach dem Mieter aufgegeben wird, Musik nur in „Zimmerlautstärke" abzuspielen, nicht vollstreckbar, weil es weder eine gesetzliche Definition noch eine gefestigte Auffassung darüber gibt, was unter Zimmerlautstärke zu verstehen ist. Ein Vollstreckungstitel setzt demgemäß voraus, dass dort konkrete Grenzwerte (in Dezibel) ersichtlich sind, die nicht überschritten werden dürfen.[34]

VI. Streitwerte

Der **Gebührenstreitwert** für die Klage auf Unterlassung eines störenden Mietgebrauchs oder **17** auf Beseitigung einer störenden Einrichtung richtet sich nach dem Interesse des Vermieters an der Herstellung des begehrten Zustands. Wird durch das Verhalten des Mieters der Mietgebrauch anderer Mieter beeinträchtigt, so kann das Vermieterinteresse an Hand möglicher Minderungsbeträge konkretisiert werden. Geht es um die Beseitigung störender Einrichtungen (z. B. einer Parabolantenne) so ist das Interesse des Vermieters an der Beseitigung der optischen Beeinträchtigung oder der Beeinträchtigung der Gebäudesubstanz maßgebend. Auf die Höhe der Beseitigungskosten oder auf die Höhe der Kosten, die für die Herstellung eines vertragsgemäßen Zustands aufgewendet werden müssen, kommt es nicht an.

Für die **Bemessung der Beschwer** gilt folgendes: Hat das erstinstanzliche Gericht die Klage **18** abgewiesen und will der Vermieter Berufung einlegen, so ist allein das Interesse des Vermieters an der Beseitigung der optischen Beeinträchtigung oder der Beeinträchtigung der Gebäudesubstanz oder der sonstigen Beeinträchtigung maßgebend.[35] Wurde der Klage auf Entfernung einer Einrichtung erstinstanzlich stattgegeben und will der Mieter Berufung einlegen, so kommt es für die Beschwer auf die Kosten an, die für die Beseitigung der Einrichtung aufgewendet werden müssen.[36] Darüber hinaus ist auch das Interesse des Mieters am Erhalt der Einrichtung zu berücksichtigen.[37] Wurde der Mieter verurteilt, ein störendes Verhalten zu unterlassen, so kann die Beschwer an Hand möglicher Schadensersatzansprüche beziffert werden, denen der Mieter bei Fortsetzung des

---

31 *Mittelstein* S. 374.

32 *Lützenkirchen* in: Ermann § 541 Rdn. 7; *Kraemer/von der Osten* in: Bub/Treier Kap III Rn. 2583.

33 BGHZ 156, 1, 8; BGH (I ZR 202/07) NJW-RR 2010, 1343.

34 LG Berlin GE 2012, 341.

35 BGH, Beschl. v. 17.5.2006 – VIII ZB 32/05 für den Anspruch auf Beseitigung einer Parabolantenne – im Entscheidungsfall: 300 €; LG Cottbus NZM 2014, 584: 300.– €; LG Bonn WuM 1993, 468; LG Berlin GE 1993, 805.

36 BGH a. a. O.

37 LG Erfurt GE 2001, 1467.

störenden Verhaltens ausgesetzt ist (z. B. Ersatz des Mietausfalls, der dem Vermieter durch eine Minderung der Miete durch andere Mieter entsteht).

VII. Besonderheiten der vermieteten Eigentumswohnung

19 **1.** Beeinträchtigt der **Zustand der Eigentumswohnung** das Eigentum der übrigen Wohnungseigentümer und geht dies auf rechtswidriges Handeln des vermietenden Wohnungseigentümers zurück, so kann jeder Eigentümer den Mieter der Wohnung nach § 1004 Abs. 1 BGB auf Duldung der Störungsbeseitigung in Anspruch nehmen. Hiervon ist beispielsweise auszugehen, wenn der Vermieter die Wohnung in unzulässiger Weise baulich verändert und sie sodann vermietet. Der Mieter ist gegenüber den anderen Eigentümern verpflichtet, den Rückbau der baulichen Veränderung zu dulden.[38]

20 **2.** Wird die **bauliche Veränderung durch den Mieter** vorgenommen, so kommt es darauf an, ob der vermietende Eigentümer gegenüber den übrigen Eigentümern hierzu berechtigt gewesen wäre. Ist dies nicht der Fall, so ist der Mieter gegenüber den übrigen Eigentümern zur Duldung des Rückbaus verpflichtet. Dies gilt auch dann, wenn der Vermieter mit der Veränderung einverstanden war.

21 **3.** Ebenso können die Eigentümer den Mieter aus § 1004 BGB auf Unterlassung in Anspruch nehmen, wenn von ihm konkrete und nicht zu duldende Störungen, etwa **Lärm- oder Geruchsimmissionen** ausgehen.

22 **4.** Verstößt der Mieter gegen wohnungseigentumsrechtliche **Gebrauchsbeschränkungen** (z. B. gegen eine Beschränkung der Tierhaltung oder der Musikausübung), so kommt es darauf an, ob die übrigen Wohnungseigentümer gegen den Eigentümer der Wohnung einen dinglichen Anspruch hätten, sofern dieser den beanstandeten Gebrauch selbst ausüben würde.[39] Dies ist der Fall, wenn die Gebrauchsbeschränkung aus der Teilungserklärung oder der Gemeinschaftsordnung oder auf einer Vereinbarung beruht und diese aus dem Grundbuch ersichtlich ist.[40] Auf ein Recht zur Aufrechterhaltung des störenden Zustands kann sich der Mieter gegenüber einem anderen Wohnungseigentümer auch dann nicht berufen, wenn er nach dem Mietvertrag zu der Störung berechtigt ist. Dies folgt aus der Erwägung, dass der Vertrag nur Rechte gegenüber dem Vermieter, nicht aber gegenüber den anderen Wohnungseigentümern begründet. Soweit der Vermieter gegenüber den anderen Wohnungseigentümern zur Beseitigung der Störung verpflichtet ist, muss dies auch der Mieter dulden, weil er sein Besitzrecht vom Vermieter herleitet und keine weiteren Rechte geltend machen kann als dieser.[41] Nicht eingetragene Vereinbarungen haben nur schuldrechtlichen Charakter. Eine durch Beschluss geregelte Gebrauchsbeschränkung bindet den Mieter ebenfalls nicht. Die Wohnungseigentümer können lediglich den vermietenden Eigentümer auf Einhaltung des Beschlusses in Anspruch nehmen. Ob dieser einen Unterlassungsanspruch gegen den Mieter geltend machen kann, richtet sich nach den Vereinbarungen im Mietvertrag. Wird der Beschluss während der Mietzeit gefasst, so kommt es insbesondere darauf an, ob im Mietvertrag ein wirksamer Änderungsvorbehalt vereinbart ist. Beschlüsse, die auf Grund einer Öffnungsklausel gefasst worden sind, haben allerdings dieselbe Wirkung wie eine im Grundbuch eingetragene Vereinbarung[42] mit der weiteren Folge, dass die Wohnungseigentümer aus dinglichem Recht gegen den Mieter vorgehen können. Ist die vermietete Einheit in der Teilungserklärung als Wohn- oder Teileigentum ausgewiesen, so liegt auch hierin eine Gebrauchsbeschränkung in dem Sinne, dass der Mieter die Räume nur als Wohnung oder nur zu den bestimmten Gewerbezwecken nutzen darf. Bei zweckwidriger Nutzung können die übrigen Wohnungseigentümer den Mieter auf Unterlassung in Anspruch nehmen.[43] Der vermietende Eigentümer hat im Allgemeinen keinen Anspruch gegen die übrigen Eigentümer auf Zustimmung zur nachträglichen Änderung des Gebrauchszwecks.[44] Der

---

[38] BGH NJW 2007, 432 betr. die Beseitigung eines Balkons.
[39] *Armbrüster/Müller* ZMR 2007, 321.
[40] *Armbrüster* in FS Blank S. 577, 578.
[41] BGH NJW 2007, 432; *Bruns* NJW 2011, 337.
[42] *Armbrüster/Müller* ZMR 2007, 321, 326.
[43] *Armbrüster/Müller* ZMR 2007, 321, 324 m. w. N.
[44] *Armbrüster* in FS Blank S. 577, 579.

im Wohnungseigentum anerkannte Grundsatz, dass eine die Gebrauchsschranken überschreitende Nutzung hinzunehmen ist, wenn sie bei typisierender Betrachtungsweise nicht wesentlich stärker stört als der vorgesehene Gebrauch gilt auch zugunsten des Mieters.[45]

5. Die **Hausordnung der Wohnungseigentümer** ist für den Mieter nur verbindlich, wenn dies vereinbart ist.[46] Die Geltung der Hausordnung kann formularvertraglich durch eine statische Verweisung vereinbart werden. Voraussetzung ist, dass der Mieter in zumutbarer Weise vom Inhalt der Hausordnung Kenntnis nehmen kann.[47] Eine dynamische Verweisung ist an § 308 Nr. 4 BGB zu messen. Die Zumutbarkeitsprüfung muss sich auf den jeweiligen Einzelfall beziehen.[48] Zumutbar sind Änderungen, die allgemeine Verhaltenspflichten konkretisieren (Ruhezeiten, Haustürschließungszeiten, etc.). Unzumutbar sind Regelungen die dem Mieter Handlungspflichten auferlegen (Schneeräumen). Eingriffe in die Gebrauchsbefugnisse (Tierhaltung) sind zumutbar, wenn sich der Beschluss der Wohnungseigentümer im Rahmen des ordnungsmäßigen Gebrauchs i. S. v. § 15 Abs. 2 WEG hält.[49] Ein wirksamer Änderungsvorbehalt muss sich deshalb auf Regelungen im Rahmen des ordnungsgemäßen Gebrauchs i. S. v. § 15 Abs. 2 WEG beschränken; außerdem muss sich aus der Klausel ergeben, dass der mietvertraglich vereinbarte Gebrauch in diesem Rahmen auch durch Mehrheitsbeschlüsse der Wohnungseigentümer eingeschränkt werden kann.[50] 23

[45] *Armbrüster/Müller* ZMR 2007, 321, 326 und *dies.* in FS Seuß S. 3.
[46] *Armbrüster* in FS Blank S. 577, 581; **a. A.** Palandt/*Weidenkaff* § 535 Rdn. 20.
[47] *Armbrüster* in FS Blank S. 577, 581.
[48] *Armbrüster* a. a. O.; *Blank* in FS Seuß S. 53.
[49] *Armbrüster* in FS Blank S. 577, 583 ff.
[50] *Armbrüster* in FS Blank S. 577, 586.

§ 542 Ende des Mietverhältnisses

(1) Ist die Mietzeit nicht bestimmt, so kann jede Vertragspartei das Mietverhältnis nach den gesetzlichen Vorschriften kündigen.

(2) Ein Mietverhältnis, das auf bestimmte Zeit eingegangen ist, endet mit dem Ablauf dieser Zeit, sofern es nicht

1. in den gesetzlich zugelassenen Fällen außerordentlich gekündigt oder

2. verlängert wird.

Systematische Übersicht

Alphabetische Schnellübersicht

I. Anwendungsbereich und Bedeutung der Vorschrift

Die Vorschrift gilt für alle Mietverhältnisse. Sie regelt, auf welche Weise ein Mietverhältnis endet. 1

§ 542 Abs. 1 BGB entspricht im Wesentlichen dem bis 31.8.2001 geltenden § 564 Abs. 2 BGB. 2 Die Vorschrift besagt, dass ein unbefristetes Mietverhältnis durch Kündigung endet. Die Vorschrift enthält keinen Kündigungstatbestand, sondern besagt nur, auf welche Weise unbefristete (auf unbestimmte Zeit abgeschlossene) Mietverhältnisse beendet werden können. Dies folgt ohne weiteres aus der Überschrift des Gesetzestextes, die wegen ihres amtlichen Charakters bei der Auslegung zu berücksichtigen ist. Hieraus folgt, dass die ordentliche Kündigung ausgeschlossen ist, wenn die Parteien einen wirksamen Kündigungsausschluss vereinbart haben (dazu § 575 BGB Rdn. 66, 78, 81). Insoweit hat sich an der bereits bisher geltenden Rechtslage nichts geändert.

Die Möglichkeit der Beendigung eines Mietverhältnisses durch außerordentliche Kündigung, 3 Eintritt einer Bedingung, Aufhebungsvertrag (s. nach § 542 BGB), dauernde Unmöglichkeit, Konfusion, durch Bestellung eines dinglichen Wohnrechts, eines Erbbaurechts oder eines Dauerwohnrechts zugunsten des Mieters wird durch § 542 BGB nicht berührt.

Unter den „gesetzlichen" Vorschriften sind die Regelungen über die Kündigungsfristen 4 (§§ 573c–d, 576, 580a BGB), die Tatbestände der außerordentlichen Kündigung (§§ 543, 569 BGB) und die Begründungserfordernisse (§ 568 BGB) zu verstehen. Bei der Wohnraummiete ist außerdem § 573 BGB zu beachten.

§ 542 Abs. 2 BGB regelt die Beendigung von befristeten Mietverhältnissen. Die Vorschrift entspricht dem bis 31.8.2001 geltenden § 564 Abs. 1 BGB. Bei der Wohnraummiete ist zu beachten, 5 dass eine Befristung nur unter den Voraussetzungen des § 575 BGB (Zeitmietvertrag) möglich ist. Sind diese Voraussetzungen nicht gegeben, so kommt trotz einer vereinbarten Befristung ein unbefristetes Mietverhältnis zustande (§ 575 Abs. 1 Satz 2 BGB) für dessen Beendigung Abs. 1 gilt (Einzelheiten s. § 575 BGB). Seit dem 1.9.2009 ist eine Befristung außerdem unter den Voraussetzungen des § 1568a Abs. 5 BGB möglich (s. Vor § 535 BGB Rdn. 369).

Grundsätzlich endet ein befristetes Mietverhältnis mit dem Ablauf der Mietzeit. 6

In **§ 542 Abs. 2 Nr. 1 BGB** ist zur Klarstellung bestimmt, dass ein befristetes Mietverhältnis 7 vorzeitig gekündigt werden kann, wenn einem der Vertragspartner ein Sonderkündigungsrecht (außerordentliches befristetes Kündigungsrecht) zusteht. Zu den Kündigungen im Sinne des § 542 Abs. 2 Nr. 1 BGB zählen alle kraft Gesetzes eingeräumten Möglichkeiten zur außerordentlichen befristeten oder fristlosen Kündigung. Es ist nicht erforderlich, dass der Kündigungstatbestand als „Außerordentliche Kündigung" bezeichnet wird.[1]

In **§ 542 Abs. 2 Nr. 2 BGB** ist geregelt, dass ein befristetes Mietverhältnis nicht endet, wenn es 8 verlängert wird. In Betracht kommt eine **Verlängerung durch vertragliche Vereinbarung** oder eine **Verlängerung kraft Gesetzes** in den Fällen des § 545 BGB. Ein Verlängerungsvertrag muss nach der Rechtsprechung vor dem Ablauf der Mietzeit abgeschlossen werden. Nach dem Ablauf der Mietzeit kann das Mietverhältnis nach h. M. lediglich neu begründet werden (s. Rdn. 89).

Ein Anspruch auf Vertragsverlängerung kann bereits im Mietvertrag vereinbart werden (Verlängerungsoption; s. Rdn. 184). 9

Für Mietverhältnisse mit Verlängerungsklauseln s. § 575 BGB Rdn. 76. 10

[1] LG Berlin GE 2010, 1421 zu § 11 WoBindG – Kündigungsrecht des Mieters nach Mieterhöhung.

II. Beendigung durch Kündigung (Abs. 1)

11 Unter einer Kündigung versteht man die Erklärung einer Vertragspartei, dass das Mietverhältnis beendet sein soll. Das Recht zur Kündigung steht i. d. R. beiden Vertragsteilen zu. Es kann bereits vor Überlassung der Mietsache an den Mieter ausgeübt werden.[2]; Bei der befristeten Kündigung beginnt die Frist in diesem Fall mit dem Zugang der Kündigungserklärung.[3] Die fristlose Kündigung wird sofort wirksam.

12 Die Kündigung ist eine einseitige empfangsbedürftige Willenserklärung, deren Wirksamkeit sich nach den allgemeinen Vorschriften der §§ 116–144 BGB richtet. Für die Kündigung von Wohn- und Geschäftsräumen gelten die nachfolgenden Grundsätze. Bei der Wohnraumkündigung sind darüber hinaus die Regelungen der §§ 568, 569, 573–574c BGB zu beachten (s. dort).

1. Bestimmtheitsgrundsatz

13 In der Kündigungserklärung muss der Wille zur einseitigen Vertragsbeendigung hinreichend klar zum Ausdruck kommen. Der Begriff „Kündigung" muss nicht verwendet werden; es genügt, wenn sich aus der Erklärung mit hinreichender Deutlichkeit ergibt, dass die einseitige Vertragsbeendigung gewünscht wird. An die Eindeutigkeit der Erklärung dürfen aus Gründen der Rechtssicherheit (Bestimmtheitsgrundsatz) nicht zu geringe Anforderungen gestellt werden.[4] Keine Kündigung liegt vor, wenn die Vertragsbeendigung lediglich in Aussicht gestellt, angedroht oder vorgeschlagen wird. Gleiches gilt für Äußerungen, durch die eine bereits ausgesprochene Kündigung gestützt, erweitert oder erläutert werden soll. In der Erklärung: „Aus diesen Gründen bleibt die Kündigung aufrechterhalten" liegt deshalb keine neue Kündigung.[5] In der Mitteilung, dass die Kündigung auch auf diese oder jene weiteren Gründe gestützt werde, kann ebenfalls keine neue Kündigung gesehen werden;[6] hierin kommt lediglich zum Ausdruck, dass bei der Prüfung der Wirksamkeit einer bereits erklärten Kündigung auch die in der Mitteilung genannten weiteren Gründe berücksichtigt werden sollen. Für die Annahme einer Kündigung kann es aber ausreichen, wenn der Vermieter erklärt, er wolle mit dem Mieter nichts mehr zu tun haben und sich im übrigen ergibt, dass der Vermieter nicht lediglich seinen Unmut mit einem bestimmten Verhalten des Mieters zum Ausdruck bringen, sondern eine rechtsgeschäftliche Erklärung abgeben wollte.[7] Bei der Geschäftsraummiete kann der Auszug eines Mieters als konkludent erklärte Kündigung gewertet werden, wenn andere Motive der Besitzaufgabe ausscheiden.[8] Ebenso kann in der Erklärung des Mieters, er wolle das Mietobjekt nicht beziehen, eine Kündigung gesehen werden.[9] Bei der Wohnraummiete ist eine Kündigung durch konkludente Handlung wegen § 568 Abs. 1 BGB ausgeschlossen.

14 Aus der Kündigungserklärung muss sich mit hinreichender Deutlichkeit ergeben, wer die Kündigung ausgesprochen hat, welcher Mietgegenstand gekündigt wird und gegen wen sich die Kündigung richtet. Irrtümliche Falschbezeichnungen schaden nicht, wenn der Empfänger den Irrtum ohne weiteres erkennen kann. Anderenfalls ist die Kündigung unwirksam;[10] den Empfänger trifft keine Aufklärungs- oder Nachforschungspflicht.

15 Ein Angebot zum Abschluss eines Mietaufhebungsvertrags kann ebensowenig **in eine Kündigung umgedeutet** werden wie eine Anfechtungserklärung oder eine Abmahnung (zur Umdeutung von Kündigungserklärungen s. Rdn. 23. An der Eindeutigkeit der Erklärung fehlt es auch dann, wenn der Wille zur Vertragsbeendigung in einem Schreiben irgendwo an beliebiger oder gar an versteckter Stelle zum Ausdruck gebracht wird. Die Erklärung des „Rücktritts" kann dagegen in eine Kündigungserklärung umgedeutet werden, weil hierin der Wille zur Vertragsbeendigung unmissverständlich zum Ausdruck kommt.[11] Gleiches wird gelten, wenn der Mieter einer Wohnung

---

[2] BGHZ 73, 350 = NJW 1979, 1288; NJW 1987, 948; KG NZM 2014, 199.
[3] BGHZ 73, 350; **a. A.** *Lenhard* DWW 1980, 166: mit dem Vollzug des Mietverhältnisses.
[4] LG Wuppertal ZMR 2016, 455; *Sternel* Mietrecht aktuell (2009) Rdn. X 11.
[5] LG Münster WuM 1992, 372, 373; WuM 1993, 541.
[6] *Sternel* Mietrecht (1988) Rdn. IV 8.
[7] BGH ZMR 1972, 306.
[8] *Grapentin* in Bub/Treier Kap. IV Rdn. 16.
[9] BGH NZM 2001, 1077, 1078; AG Leipzig WuM 1998, 752.
[10] LG Berlin ZMR 1992, 346: Wenn der Empfänger mehrere Wohnungen gemietet hat und unklar ist, welche Wohnung gekündigt werden soll.
[11] BGH ZMR 1987, 143, 144.

(schriftlich, vgl. § 568 Abs. 1 BGB) erklärt, dass er ausziehe oder die Wohnung zu einem bestimmten Zeitpunkt zurückgebe.

Eine **Kündigung unter einer Bedingung** ist unwirksam. Dies gilt nach h. M. allerdings nur 16
für die echte Bedingung, nicht für die Potestativbedingung.[12] Von einer **echten Bedingung** spricht man, wenn die Rechtswirkungen der Kündigung von einem künftigen, objektiv ungewissen Ereignis abhängen sollen (z. B. eine Kündigung des Vermieters für den Fall, dass dieser seine bisherige Mietwohnung aufgeben muss). Bei der **Potestativbedingung** soll der Eintritt der Kündigungswirkung an das willkürliche Verhalten der Gegenpartei geknüpft werden, das sich nicht auf die Kündigung selbst bezieht (z. B. eine Kündigung durch den Vermieter für den Fall, dass der Mieter eine Betriebskostenabrechnung nicht innerhalb einer bestimmten Frist bezahlt oder eine Kündigung durch den Mieter falls Mängel nicht beseitigt werden).[13] Die Rechtswirkungen der Kündigung treten ein, wenn die im Kündigungsschreiben gesetzte Frist abgelaufen ist und die Bedingung nicht erfüllt wurde. Wird über das Vermögen des Mieters vor diesem Zeitpunkt das Insolvenzverfahren eröffnet, so kann die Kündigung nicht wirksam werden.[14] Auch die in einer sog. **„Vorratskündigung"** enthaltende Bedingung ist als Potestativbedingung zu bewerten. Von einer „Vorratskündigung" spricht man, wenn die Kündigung für den Fall ausgesprochen wird, dass ein vom Kündigenden unterbreitetes Angebot abgelehnt wird (Beispiele: Verkaufsangebot des Vermieters gegenüber dem Mieter verbunden mit einer Kündigung falls der Mieter das Angebot ablehnt; Angebot des Mieters an den Vermieter zur vertraglichen Aufhebung des Mietvertrags, verbunden mit der Kündigung für den Fall, dass der Mietaufhebungsvertrag nicht zustande kommt). Bei der Wohnraummiete ist eine vom Vermieter ausgesprochene Vorratskündigung unwirksam (s. § 573 Rdn. 65, 177 a), in den übrigen Fällen ist sie wirksam. **Rechtsbedingungen** sind ebenfalls unschädlich. Hiervon ist beispielsweise auszugehen, wenn eine Kündigung für den Fall ausgesprochen wird, dass ein Mietverhältnis zustande gekommen ist (etwa im Fall eines zweifelhaften Vertragsschlusses, einer zweifelhaften Anfechtung, usw.). Wird eine **Kündigung „hilfsweise" oder „fürsorglich"** für den Fall ausgesprochen, dass das Mietverhältnis nicht bereits beendet ist (z. B. durch eine früher erklärte Kündigung oder durch Aufhebungsvertrag), so liegt hierin keine Bedingung. Vielmehr ist hierin eine unbedingte Kündigung zu sehen, verbunden mit der Erklärung, dass die Wirksamkeit dieser Kündigung nachrangig geprüft werden soll. Ebenso ist es bei der **gestaffelten Kündigung.** Sie liegt vor, wenn eine Kündigung auf mehrere Beendigungstatbestände mit unterschiedlichen Rechtsfolgen gestützt wird (z. B. die Kündigung wegen Zahlungsverzugs auf § 543 Abs. 2 Nr. 3 BGB und § 573 Abs. 2 Nr. 1 BGB; die Kündigung einer Einliegerwohnung auf § 573 Abs. 1 und auf § 573 a BGB). Gelegentlich wird gefordert, dass sich das Verhältnis mehrerer Kündigungen zueinander aus Gründen der Rechtsklarheit aus den jeweiligen Kündigungserklärungen ergeben muss; anderenfalls seien die gestaffelten Kündigungen unwirksam.[15] Hiergegen ist einzuwenden, dass sich das Verhältnis im Allgemeinen aus den Umständen ergeben wird. Grundsätzlich gilt, dass die Kündigung mit der kürzeren Frist principaliter und diejenige mit der längeren Frist eventualiter erklärt wird. Von einer **Änderungskündigung** spricht man, wenn das Mietverhältnis gekündigt und dessen Fortsetzung von der Einwilligung in die Änderung der Mietbedingungen (z. B. der Bereitschaft zur Zahlung eines höheren Mietzinses) abhängig gemacht wird. Eine solche Kündigung ist als unbedingte Kündigung wirksam (Ausnahme: Wohnraummiete, § 573 Abs. 1 Satz 2 BGB).

Von einer **Kündigung unter einer echten Befristung** (befristete Kündigung) spricht man, 17
wenn der Zeitpunkt des Wirksamwerdens der Kündigung feststeht (Beispiel: Eine Kündigung zum Ablauf des Monats). Eine solche Kündigung ist wirksam.

Davon ist die **Kündigung mit unechter Befristung** zu unterscheiden. Sie liegt vor, wenn der 18
Eintritt eines zukünftigen Ereignisses zwar feststeht aber der Zeitpunkt des Eintritts ungewiss ist

[12] BGH NJW 1986, 2245, 2246; BAG NJW 1968, 2878; OLG Hamburg ZMR 2001, 26; KG GE 2003, 740; *Wolf/Eckert/Ball* 10. Aufl. 2009 Rdn. 901; *Franke* in WoBauR § 542 Anm. 7.2; *Lammel* § 542 BGB Rdn. 28; *Lützenkirchen* in: Erman § 542 Rdn. 12; *Rolfs* in Staudinger § 542 BGB Rdn. 88; *Sternel* Mietrecht aktuell (2009) Rdn. X 17; *Bieber* in MünchKomm § 542 BGB Rdn 13; *Grapentin* in Bub/Treier Kap. IV Rdn. 13; *Fritz*, Gewerberaummietrecht, Rdn. 379; *Kandelhard* in Herrlein/Kandelhard § 542 Rdn. 8; *Ehlers* in Bamberger/Roth § 542 Rdn. 17; Palandt/*Weidenkaff* § 542 Rdn. 17; *Hinz* in FA MietRWEG Kap. 15 Rdn. 91; *Flatow* NZM 2004, 281, 284; **a. A.** hinsichtl. der Potestativbedingung *Roquette* § 564 BGB Rdn. 15.

[13] OLG Hamburg ZMR 2001, 26.

[14] KG GE 2003, 740.

[15] LG Wiesbaden WuM 1998, 284.

und vom Kündigungsempfänger nicht beeinflusst werden kann (Beispiel: die Kündigung eines Mieters, die erst wirksam werden soll, wenn Ersatzräume gefunden sind). Eine solche Kündigung ist unwirksam.[16]

19 Die Kündigung kann auch in der **Klagschrift oder in einem sonstigen Schriftsatz** an das Gericht erklärt werden. In der Erhebung der Klage liegt aber für sich allein keine (konkludent erklärte) Kündigung.[17] Gleiches gilt für die Einlegung der Berufung. Ebensowenig reicht es aus, wenn in Schriftsätzen an das Gericht der Räumungsanspruch begründet oder erläutert wird oder wenn dort neue Kündigungsgründe geltend gemacht werden.[18] Vielmehr ist aus Gründen der Rechtssicherheit zu fordern, dass in dem Schriftsatz eine Erklärung enthalten ist, die der Empfänger unzweifelhaft als materiell- rechtliche Kündigungserklärung verstehen kann. Dies ist der Fall, wenn die Partei deutlich zum Ausdruck bringt, die Prozesshandlung solle nicht lediglich der Durchsetzung einer bereits außerprozessual erklärten Kündigung dienen, sondern daneben auch eine materiell-rechtliche Willenserklärung enthalten.[19] Der BGH stellt an die Erkennbarkeit des Kündigungswillens allerdings nur geringe Anforderungen. Selbst in Anwaltschriftsätzen soll es nicht erforderlich sein, dass die Absicht zur (erneuten) Kündigung expressis verbis zum Ausdruck gebracht wird. Vielmehr soll es genügen, wenn der Vermieter (irgendwie) zum Ausdruck bringt, „dass die Klage erhoben werde mit dem Ziel, die … Auflösung des Mietverhältnisses zu erreichen".[20] Diese Rechtsprechungspraxis ist abzulehnen, weil insbesondere – aber nicht nur – von anwaltlich vertretenen Vermietern eine hinreichend präzise Klarheit des Ausdrucks verlangt werden kann.

20 Hat der Kündigende Zweifel an der Wirksamkeit der vorgerichtlichen Kündigungserklärung, so kann er in der Klagschrift oder in einem sonstigen Schriftsatz an das Gericht eine neue Kündigung aussprechen und die Klage hilfsweise hierauf stützen. Sollen **neue Kündigungsgründe** in das Verfahren eingeführt werden, so ist zu unterscheiden: Handelt es sich um Gründe, die im Zeitpunkt des Kündigungsausspruchs bereits vorgelegen haben, so muss der kündigende Vermieter im Falle der Kündigung eines Wohnraumietverhältnisses eine neue Kündigungserklärung abgeben. Dies gilt sowohl für die ordentliche (§ 573 Abs. 3 BGB), als auch für die außerordentliche Kündigung (§§ 569 Abs. 4, 573d Abs. 1 BGB). In allen übrigen Fällen (ordentliche und außerordentliche Kündigung von Geschäftsraum; ordentliche Kündigung von Wohnraum durch den Mieter) genügt es, wenn der Kündigende die Gründe darlegt und erklärt, dass er den Räumungsanspruch auch hierauf stütze. Sind die Gründe dagegen erst nach dem Ausspruch der Kündigung entstanden, verhält es sich gerade umgekehrt: Hier genügt es bei der ordentlichen befristeten (§ 573 BGB) und bei der außerordentlichen befristeten Kündigung (§ 573d BGB) eines Wohnraummietverhältnisses durch den Vermieter, dass der Kündigende die Gründe darlegt und erklärt, dass er den Räumungsanspruch auch hierauf stützt. Bei den sonstigen Kündigungen ist dagegen eine neue Kündigungserklärung erforderlich. Für diese unterschiedliche Behandlung gibt es keine sachlichen Gründe; die derzeitige Rechtlage beruht ausschließlich aus dem Umstand, dass der Gesetzgeber die Regelung des § 573 Abs. 3 BGB nicht hinreichend durchdacht hat.

---

[16] BGH NJW 2004, 284 = NZM 2004, 66 = ZMR 2004, 172.

[17] *Rolfs* in Staudinger § 542 BGB Rdn. 74; **a. A.** OLG Köln ZMR 1996, 24.

[18] **A. A.** OLG Düsseldorf WuM 1995, 434 = DWW 1995, 203; ZMR 2007, 446, 447; *Rolfs* in Staudinger § 542 BGB Rdn. 74.

[19] BGH NJW-RR 1997, 203 unter 2B; NJW 2003, 3265 = NZM 2003, 847 = WuM 2003, 569 = ZMR 2003, 819 = DWW 2003, 336 = GE 2003, 1326, 1328; BayObLG RE 14.7.1981 NJW 1981, 2197 = WuM 1981, 200 = ZMR 1981, 333; OLG Schleswig NZM 2008, 341; LG Berlin ZMR 1995, 353, 355; GE 1997, 429; LG Osnabrück WuM 1991, 690; *Deggau* ZMR 1982, 291; *Spangenberg* MDR 1983, 807; *Flatow* NZM 2004, 281, 285; *Sternel* Mietrecht (1988) Rdn. IV 7; *Sternel* Mietrecht aktuell (2009) Rdn. X 14; *Franke* in WoBauR § 542 Anm. 6.1; *Lammel* § 542 BGB Rdn. 50; *Rolfs* in Staudinger § 542 BGB Rdn. 74; *Kandelhard* in Herrlein/Kandelhard § 542 BGB Rdn. 7; *Fritz,* Gewerbemietrecht Rdn. 384; *Lützenkirchen* in: Erman § 542 Rdn. 7 *Horst* NJW-Schriften 19 Rdn. 1659; *Kossmann* § 87 Rdn. 13.

[20] In BGH ZMR 1987, 280, 281 wird dies aus folgenden Ausführungen in der Klagschrift hergeleitet: „Die Klägerin hat die Zahlungsrückstände des Beklagten zahlreiche Male … angemahnt. Wiederholt und unmissverständlich hat sie ferner den Beklagten auf seine vertragliche Verpflichtung zur fristgerechten Zahlung hingewiesen … Auch hierdurch sah sich der Beklagte nicht gehindert, ständig und erneut in Zahlungsverzug zu geraten. Fortdauernde unpünktliche Mietzahlung stellt einen Grund zur fristlosen Kündigung des Mietvertrages gemäß § 554a BGB dar".

2. Datum/Kündigungsfrist

21 Die Angabe des Datums im Kündigungsschreiben ist nicht notwendig, aber wegen der Klarheit empfehlenswert. Die Angabe der Kündigungsfrist oder des Kündigungstermins gehört ebenfalls nicht zu den Wirksamkeitsvoraussetzungen der Kündigung.[21] Fehlt die Angabe des Kündigungstermins, so ist zunächst durch Auslegung der Kündigungserklärung zu prüfen, ob das Mietverhältnis nach Ablauf der gesetzlichen Kündigungsfrist oder fristlos beendet werden soll. Ist in der Kündigungserklärung eine Frist genannt, so kann dies unterschiedliche Bedeutung haben. **(1)** Denkbar ist zum einen, dass die Kündigung als ordentliche befristete Kündigung gedacht ist. **(2)** Denkbar ist weiter, dass der Kündigende eine außerordentliche Kündigung unter freiwilliger Beachtung einer Kündigungsfrist erklärt, weil der Kündigungsberechtigte einen vom Gesetz abweichenden Kündigungstermin angeben kann.[22] In diesem Fall endet das Mietverhältnis nach Ablauf der Kündigungsfrist. Vor diesem Zeitpunkt kann der Vermieter nur unter der Voraussetzung des § 259 ZPO Klage erheben. Der Mieter muss seinerseits bis zum Ablauf der Frist den Mietzins bezahlen, auch wenn er früher räumt. **(3)** Kündigt der Vermieter, so ist außerdem denkbar, dass der Kündigende lediglich eine Räumungsfrist gewähren will. In diesem Fall endet das Mietverhältnis mit dem Zugang der Kündigung.[23] In der Gewährung der Räumungsfrist liegt eine Stundung des Herausgabeanspruchs, so dass der Vermieter vor Ablauf der Frist nur unter der Voraussetzung des § 259 ZPO Klage erheben kann. Der Mietzinsanspruch erlischt in diesem Fall mit dem Auszug des Mieters.

22 Im Zweifel gilt die Kündigung als ordentliche, befristete Kündigung. Maßgeblich sind in diesem Fall die in § 573c BGB geregelten Fristen. Eine Kündigung ohne Zeitangabe wirkt zum nächst zulässigen Termin.[24] Die Angabe einer kürzeren als der gesetzlichen Frist ist i. d. R. folgenlos: In diesem Fall wird das Mietverhältnis zum nächst zulässigen Termin beendet.[25] Eine Ausnahme kann gelten, wenn der angegebene und der gesetzlich mögliche Beendigungstermin sehr weit auseinander liegen. In diesem Fall kann nicht unterstellt werden, dass der Kündigende die Vertragsbeendigung auch zu diesem Termin aussprechen wollte. An die Angabe einer längeren als der gesetzlichen Frist ist der Kündigungsberechtigte dagegen gebunden, auch wenn er die Frist irrtümlich falsch berechnet hat.

3. Umdeutung von unwirksamen Kündigungserklärungen

23 Die **Umdeutung einer unwirksamen fristlosen Kündigung in eine ordentliche Kündigung** (§ 140 BGB) ist nur im Ausnahmefall möglich.[26] Sie setzt voraus, dass der Kündigungsempfänger zweifelsfrei erkennen kann, dass der Vertrag nach dem Willen des Kündigenden in jedem Fall beendet werden soll.[27] An die Erkennbarkeit dieses Willens sind aus Gründen der Rechtssicherheit hohe Anforderungen zu stellen.[28] Grundsätzlich muss sich dieser Wille aus der Kündigungserklärung selbst ergeben.[29] Hiervon ist auszugehen, wenn in der Kündigungserklärung ausgeführt wird, dass die außerordentliche Kündigung hilfsweise als ordentliche Kündigung gelten soll. Fehlt dieser (in der Rechtspraxis geläufige) Hinweis, so scheidet eine Umdeutung im Allgemeinen aus.[30] Ein Rückgriff auf außerhalb der Kündigungserklärung liegende Umstände zur Ermittlung des

---

[21] OLG Frankfurt NJW-RR 1990, 337; *Rolfs* in Staudinger § 542 BGB Rdn. 76; *Ehlert* in Bamberger/Roth § 542 Rdn. 15; *Sternel* Mietrecht aktuell (2009) Rdn. X 16; **a. A.** *Roquette* § 564 BGB Rdn. 16.

[22] OLG Celle Urteil vom 15.7.2014 – 2 U 83/14: „Auslauffrist".

[23] BGH GuT 2007, 140.

[24] LG Berlin ZMR 2011, 274.

[25] OLG Frankfurt NJW-RR 1990, 337; OLG Düsseldorf NZM 2010, 276; LG Köln ZMR 1992, 343; LG Berlin GE 1991, 575; LG Karlsruhe DWW 1990, 238; LG Aachen WM 1985, 149; *Lützenkirchen* in: Erman § 542 Rdn. 18; *Sternel* Mietrecht (1988) Rdn. IV, 23; *Rolfs* in Staudinger § 542 BGB Rdn. 76; **a. A.** LG Göttingen WuM 1991, 266: Danach ist eine solche Kündigung unwirksam.

[26] BGH NJW 1981, 976; LG Berlin GE 1991, 1033; s. a. BGH NJW 1998, 1551 für die Kündigung eines sog. „Kooperationsvertrags".

[27] BGH (XII ZR 104/12) NJW 2013, 3361 unter Rz. 17; NJW 2003, 1043 unter Nr. IIa; NJW 2003, 1143, 1144; NJW 2003, 3053, 3054; *Lützenkirchen* in: Erman § 542 Rdn. 21; *Ehlert* in Bamberger/Roth § 542 Rdn. 25; *Rolfs* in Staudinger § 542 BGB Rdn. 121; *Lammel* § 542 BGB Rdn. 53; *Bieber* in MünchKomm § 542 BGB Rdn. 12; *Franke* in WoBauR § 542 BGB Anm. 4.1; *Wolf/Eckert/Ball* 10. Aufl. 2009 Rdn. 934; *Eisenhardt* in Lützenkirchen AHB-Mietrecht J Rdn. 25.

[28] **A. A.** *Wolf/Eckert/Ball* Rdn. 934: Danach ist eine Umdeutung „in aller Regel" möglich.

[29] BGH NJW 1981, 976, 977; AG Münster WuM 2008, 218 m. Anm. *Emmert* WuM 2008, 660.

[30] LG Augsburg WuM 2001, 359.

Kündigungswillens ist zwar nicht ausgeschlossen; jedoch ist auch hier erforderlich, dass der Wille zur ordentlichen Kündigung für den Kündigungsempfänger erkennbar ohne jeden Zweifel in Erscheinung getreten ist;[31] hiervon ist i. d. R. auszugehen, wenn der Mieter die Mietsache nach der Kündigung an den Vermieter zurückgegeben hat.[32] Teilweise wird auch die Ansicht vertreten, dass bei der Wohnraummiete die Umdeutung generell ausgeschlossen sei, weil sonst der Mieter in seinen Rechten aus § 574 BGB beeinträchtigt werde.[33] Dem ist entgegenzuhalten, dass der Vermieter mehrere Kündigungen zugleich – auch in gestaffelter Form- aussprechen kann. Deshalb muss auch eine Umdeutung möglich sein. Die Interessen des Mieters sind gewahrt, wenn sichergestellt ist, dass eine Umdeutung nur dann vorgenommen wird, wenn ein entsprechender Wille des Vermieters eindeutig zutage tritt.

24 Die **Umdeutung einer unwirksamen ordentlichen befristeten Kündigung in eine außerordentliche fristlose Kündigung** kommt aus Gründen der Rechtsklarheit wegen der unterschiedlichen Rechtsfolgen grundsätzlich nicht in Betracht.[34] Demgegenüber wird allerdings auch die Ansicht vertreten, dass eine Umdeutung möglich sei, wenn der Kündigungsempfänger zweifelsfrei erkennen kann, dass der Vertrag nach dem Willen des Kündigenden in jedem Fall beendet werden soll und die Voraussetzungen der fristlosen Kündigung gegeben sind.[35] Folgt man dieser Ansicht, so wird eine Umdeutung jedenfalls dann scheitern, wenn sich aus dem Kündigungsschreiben ergibt, dass der Kündigende keine sofortige Vertragsbeendigung wünscht. Die Einräumung einer Kündigungsfrist ist hierfür ein ausreichendes Indiz.

24a Haben die Parteien einen **befristeten Kündigungsverzicht** für eine bestimmte Zeit vereinbart und wird das Mietverhältnis vor Ablauf der vereinbarten Zeit mit der Drei-Monats-Frist des § 573c BGB gekündigt, so ist die **Umdeutung dieser Kündigung in eine Kündigung zum vereinbarten Vertragsablauf** nur möglich, wenn dies dem Willen des Kündigenden „mit der erforderlichen Sicherheit" zu entnehmen ist.[36]

25 Im Allgemeinen kann eine Kündigung nicht in ein Angebot zum Abschluss eines Aufhebungsvertrags umgedeutet werden. Anders kann es sein, wenn die Umdeutung den Interessen beider Parteien entspricht. Nach der Ansicht des BGH kommt eine Umdeutung außerdem in Betracht, „wenn der Erklärung des Kündigenden zu entnehmen ist, dass er mit einer Stellungnahme des Erklärungsgegners rechnet".[37] Die **Umdeutung einer unwirksamen Kündigung in ein Angebot zum Abschluss eines Mietaufhebungsvertrags** ist zwar nicht grundsätzlich ausgeschlossen. Jedoch hängt eine Umdeutung von strengen Voraussetzungen ab. Es genügt keineswegs, dass der Kündigende das Mietverhältnis auf jeden Fall beenden will.[38] Nach der Rechtsprechung[39] ist die Umdeutung nur dann möglich, „wenn sich der Erklärende bei Abgabe der … Kündigung bewusst gewesen ist, dass sie als einseitige Erklärung nicht wirksam werden könnte, und es für diesen Fall zur Herbeiführung des rechtlichen und wirtschaftlichen Erfolges der Vertragsbeendigung, gewissermaßen hilfsweise, der Zustimmung des Erklärungsempfängers bedürfe".[40] Eine Besonderheit kann gelten, wenn der Kündigungsempfänger ausdrücklich erklärt, dass er die Kündigung annehme[41]; s. u. Rdn 70.

26 Zur Umdeutung einer unwirksamen Anfechtungserklärung in eine außerordentliche Kündigung s. Vor § 535 BGB Rdn. 9.

---

[31] OLG Düsseldorf DWW 1990, 304; OLG Hamburg NZM 1998, 333; *Rolfs* in Staudinger a. a. O.

[32] OLG Rostock ZMR 2001, 29.

[33] So LG Hamburg WuM 1990, 19; *Sternel* Mietrecht (1988) Rdn. IV 42.

[34] BGH WuM 2005, 584; OLG Celle ZMR 1995, 298, 299; *Rolfs* in Staudinger § 542 BGB Rdn. 123; *Lammel* § 542 BGB Rdn. 54; *Wolf/Eckert/Ball* Rdn. 935.

[35] BGH WuM 2005, 584 unter Nr. II 2; *Franke* in WoBauR § 542 BGB Anm. 8.

[36] BGH (VIII ZR 235/12) NZM 2014, 235 unter Rz. 14.

[37] BGH Urt. v. 27.6.2014 – V ZR 51/13 unter Rz 33.

[38] **A. A.** LG Aachen ZMR 1997, 25.

[39] Grundlegend BGH NJW 1981, 44; s. a. BGH GE 1984, 377; NJW 1984, 1028; MDR 200 2, 390; OLG Köln ZMR 2001, 967; OLG Dresden NZM 2012, 84; OLG Düsseldorf GE 2013, 1275 sowie BVerfG ZMR 1997, 19.

[40] Ebenso *Franke* in WoBauR § 542 BGB Anm. 8; *Rolfs* in Staudinger § 542 BGB Rdn. 122; *Lammel* § 542 BGB Rdn. 55; *Eisenhardt* in Lützenkirchen AHB-Mietrecht J Rdn. 27 Bieber in MünchKomm § 542 Rdn. 12; *Lützenkirchen* in: Erman § 542 Rdn. 24; *Ehlert* in Bamberger/Roth § 542 BGB Rdn. 25; **a. A.** *Kossmann* § 84 Rdn. 4.

[41] OLG Düsseldorf WuM 2003, 621, 622.

4. Der/die Kündigungsempfänger

Aus der Erklärung muss sich ergeben, gegenüber wem gekündigt werden soll. Eine fehlerhafte Adressierung ist allerdings unschädlich, wenn das Kündigungsschreiben dem Mieter zugeht und sich aus den Umständen zweifelsfrei ergibt, dass sich die Kündigungserklärung auf das in dem Schreiben bezeichnete Mietobjekt bezieht.[42] Sind **mehrere Personen Vertragspartner,** so muss die Kündigung gegenüber allen am Vertrag Beteiligten erklärt werden. Dies gilt auch bei einer Kündigung gegenüber den Mitgliedern einer **BGB-Gesellschaft.**[43] Eine Ausnahme gilt für die **Außen-GbR** (s. Vor § 535 BGB Rdn. 241 ff.). In einem solchen Fall genügt es, wenn die Kündigung gegenüber der Gesellschaft erklärt wird und einem vertretungsberechtigten Gesellschafter zugeht. Das gilt auch dann, wenn den Gesellschaftern die Vertretungsbefugnis gemeinschaftlich zusteht.[44] Bei der Kündigung gegenüber einem Verein genügt die Abgabe der Erklärung gegenüber einem Mitglied des Vorstands (§ 26 Abs. 2 Satz 2 BGB). Eine vergleichbare Regelung besteht bei der OHG (§ 125 Abs. 2 Satz 3 HGB), bei der KG (§§ 125 Abs. 2 Satz 3, 161 Abs. 2, 170 HGB), bei der AG (§ 78 Abs. 2 Satz 2 AktG), bei der GmbH (§ 35 Abs. 2 Satz 3 GmbHG) und bei der Partnerschaftsgesellschaft (§ 7 Abs. 3 PartGG). Nach der Ansicht des BGH ist es nicht zwingend erforderlich, dass die mehreren Mieter namentlich genannt werden. Vielmehr genügt es, wenn sich aus dem Kündigungsschreiben hinreichend klar ergibt, dass sich die Erklärung an alle Mieter richtet.[45] 27

Maßgeblich für die Mieterstellung sind die Vertragsverhältnisse. Wird eine Wohnung von einem **Ehepaar** genutzt und ist nur einer der Eheleute Partei des Mietvertrags, so genügt es, wenn die Kündigung gegenüber dem Vertragspartner erklärt wird (die Räumungsklage sollte aber auch hier gegenüber beiden Eheleuten erhoben werden). Sind beide Eheleute Mieter, so muss beiden gegenüber gekündigt werden: dabei reicht es aus, wenn das Schreiben an die „Eheleute …" oder an die „Familie …" adressiert ist.[46] Für weitere Fragen betr. die Kündigung von Eheleuten s. vor § 535 BGB Rdn. 340. 28

Eine Ausnahme gilt für Mietverträge, die vor dem 3.10.1990 in der in **ehemaligen DDR** abgeschlossen worden sind. Hier sind die Vertragsverhältnisse nach wie vor nach dem ZGB zu beurteilen. In § 105 Abs. 3 ZGB war geregelt, dass der Mietvertrag über eine Ehewohnung auch dann mit beiden Ehegatten zustande kommt, wenn der schriftliche Mietvertrag nur von einem der Eheleute unterzeichnet wird. Dies bedeutet, dass eine Kündigung stets gegenüber beiden Eheleuten ausgesprochen werden muss. Für Mietverhältnisse, die nach dem 2.10.1990 begründet worden sind, gelten die BGB-Vorschriften. 29

Wird die **Kündigung nur gegenüber einem von mehreren Vertragspartnern** erklärt, so ist sie insgesamt unwirksam. Das Mietverhältnis kann nämlich nur gegenüber allen Vertragspartnern einheitlich beendet werden. Haben die Kündigungsempfänger einen gemeinsamen Wohnsitz, so ist es üblich – aber nicht erforderlich – dass die Kündigung in einem einheitlichen an beide Vertragspartner gerichteten Schreiben erklärt wird. Der Vermieter kann stattdessen jedem der mehreren Mieter mit gesondertem Schreiben kündigen; die jeweiligen Erklärungen müssen dann aber in einem engen zeitlichen Zusammenhang stehen. Dies gebietet der Grundsatz der Rechtsklarheit: der Kündigungsempfänger muss alsbald wissen, ob die an ihn adressierte Kündigung formell wirksam ist; dies setzt in Fällen der vorliegenden Art voraus, dass auch sein Mitmieter eine Kündigung erhalten hat. Der zeitliche Zusammenhang ist nicht mehr gewahrt, wenn zwischen den Erklärungen ein längerer Zeitraum liegt.[47] Die kritische Grenze dürfte etwa einen Monat betragen.[48] 30

Ist eine Wohnung an mehrere Mieter vermietet und ist einer der **Mieter bereits ausgezogen,** (oder niemals eingezogen)[49] so muss dennoch gegenüber allen Mietern gekündigt werden.[50] Der Umstand, dass der verbliebene Mieter in vorangegangenen Mieterhöhungsprozessen keine Ein- 31

---

42 OLG Düsseldorf Urteil vom 25.7.2013 – 10 U 114/12.

43 Vgl. BGHZ 136, 314 = NJW 1997, 3437 = WuM 1997, 599 unter III 2b); OLG Düsseldorf ZMR 1996, 324.

44 BGH (XII ZR 210/09) ZMR 2012, 261.

45 BGH Urteil vom 10.12.2014 – VIII ZR 25/14.

46 **A. A.** AG Neukölln MM 1993, 219 für die Verwendung des Begriffs „Familie".

47 *Rolfs* in Staudinger § 542 BGB Rdn. 38; Hinz in FA MietRWEG Kap. 15 Rdn. 94; *Ehlert* in Bamberger/Roth § 542 BGB Rdn. 20; **a. A.** *Franke* in WoBauR § 542 BGB Anm. 15.

48 Vgl. OLG Düsseldorf DWW 1987, 293; LG München I WuM 1999, 218; auch LG Cottbus WuM 1995, 38: Danach ist der zeitliche Zusammenhang jedenfalls dann nicht mehr gewahrt, wenn zwischen den Kündigungen ein Zeitraum von 6 Monaten liegt.

49 AG Charlottenburg GE 2015, 1537.

50 LG Köln WuM 1990, 298; LG Limburg WuM 1993, 47; LG Mannheim WuM 1994, 539.

wendungen gegen seine Inanspruchnahme erhoben hat, ändert daran nichts.[51] Eine Ausnahme gilt, wenn der Auszug des Mieters einige Zeit zurückliegt und sich aus den Umständen ergibt, dass dieser Mieter mit der Wohnung nichts mehr zu tun haben will.[52] Hiervon kann insbesondere dann ausgegangen werden, wenn der Mieter die Wohnung geräumt hat ohne dem Vermieter seine neue Anschrift mitzuteilen. Gleiches gilt, wenn der Auszug bereits vor langer Zeit erfolgt ist.[53] In Fällen dieser Art genügt es, wenn gegenüber dem in der Wohnung verbliebenen Mieter gekündigt wird.

32 Sind die **Vertragsverhältnisse unklar** (s. hierzu Vor § 535 BGB Rdn. 413), so empfiehlt es sich, gegenüber allen Personen zu kündigen, die als Vertragspartner in Betracht kommen können. Der Kündigende muss zwar damit rechnen, dass die Nichtvertragspartner anwaltliche Hilfe in Anspruch nehmen und dass der Kündigende möglicherweise die dann entstehenden Kosten zu tragen hat. Im umgekehrten Fall ist demgegenüber zu befürchten, dass die Kündigung insgesamt unwirksam ist, weil das Mietverhältnis nur gegenüber allen Vertragspartnern beendet werden kann.

33 Wird gegenüber einem **Geschäftsunfähigen** gekündigt, so muss die Kündigung an den gesetzlichen Vertreter gerichtet werden. Die bloße Kenntnisnahme des gesetzlichen Vertreters von der Kündigung genügt nicht.[54] Hat der Geschäftsunfähige keinen gesetzlichen Vertreter, so hat der Vermieter die Möglichkeit, beim zuständigen Familiengericht die Bestellung eines Betreuers anzuregen;[55] s. im Übrigen Vor § 535 BGB Rdn. 395. Ist nach § 57 ZPO ein Prozesspfleger bestellt, so kann auch diesem gegenüber gekündigt werden.[56]

34 Die hier dargelegten Grundsätze gelten auch dann, wenn ein Mieter einen Empfangsvertreter hat. Eine Empfangsvollmacht besagt nur, dass der Empfangsvertreter eine an den Mieter gerichtete Kündigung entgegennehmen kann.[57] Anders ist es, wenn der geschäftsunfähige Mieter vor Eintritt der Geschäftsunfähigkeit einem Dritten **Generalvollmacht** erteilt hat. In diesem Fall ist eine Kündigung wirksam, wenn sie dem Bevollmächtigten zugeht.[58]

34a Ist der **Erbe eines verstorbenen Mieters unbekannt** und hat der Vermieter die Absicht, das Mietverhältnis durch Kündigung zu beenden, so hat das Nachlassgericht auf Antrag des Vermieters einen Nachlasspfleger zu bestellen.[59] Die Kündigung ist gegen den unbekannten Erben zu richten; sie wird wirksam, wenn die Kündigungserklärung dem Nachlasspfleger zugeht.

5. Der/die Kündigungsberechtigte(n)

35 Aus dem Kündigungsschreiben muss sich ergeben, wer die Kündigung ausgesprochen hat. Kündigungsberechtigt sind nur die Vertragspartner. Die (lediglich) dinglich Berechtigten (Eigentümer, Nießbraucher, Erbbauberechtigte) können nicht kündigen. Bei **juristischen Personen** muss die Kündigung grundsätzlich durch den gesetzlichen Vertreter ausgesprochen werden. Mitarbeiter des Unternehmens müssen zum Ausspruch der Kündigung bevollmächtigt werden.

36 Der Vermieter kann das **Kündigungsrecht** nicht **abtreten.**[60] Die Gegenansicht[61] überzeugt nicht, weil bei der Miete die jeweiligen Rechte und Pflichten der Vertragsparteien so eng miteinander verknüpft sind, dass eine Abtretung der unselbständigen Gestaltungsrechte (ohne gleichzeitigen Übergang der Pflichten) zu untragbaren Ergebnissen führt. Dies gilt auch im Verhältnis zwischen dem Verkäufer und dem Käufer einer Wohnung oder eines Hauses (s. Rdn. 92). Der BGH hat die Frage der Abtretbarkeit des Kündigungsrechts bisher offen gelassen.[62]

---

[51] LG Frankfurt/M. DWW 2009, 263.

[52] BGH WuM 2005, 341; BGH (VIII ZR 83/10) NZM 2010, 815 = WuM 2010, 680; OLG Frankfurt WuM 1991, 76; LG Stuttgart WuM 1996, 94.

[53] BGH (VIII ZR 83/10) NZM 2010, 815 = WuM 2010, 680.

[54] LG Berlin ZMR 1982, 238 = WuM 1982, 111; LG Dresden WuM 1994, 377; s. auch BAG NJW 2011, 890 unter Rz. 24; Palandt/Ellenberger § 131 BGB Rdn. 2; **a. A.** AG Frankfurt WuM 1993, 457.

[55] BayObLG WuM 1996, 275; vgl. auch BGH NJW 1985, 433; LG Hamburg NJW-RR 1996, 139.

[56] LG Hamburg NJW-RR 1996, 139 = WuM 1996, 271.

[57] LG Berlin GE 2000, 281.

[58] LG Hamburg ZMR 2016, 627.

[59] OLG Köln WuM 2011, 226 = ZMR 2011, 634.

[60] LG Augsburg NJW-RR 1992, 520; LG Berlin ZMR 1996, 326; LG Hamburg WuM 1993, 48; LG Kiel WuM 1992, 128; LG Osnabrück WuM 1990, 81; *Grapentin* in Bub/Treier Kap. IV Rdn. 4; *Rolfs* in Staudinger § 542 BGB Rdn. 19; *Sternel* Mietrecht (1988) Rdn. IV 2; *Franke* in WoBauR § 542 Anm. 16; *Lützenkirchen* in: Erman § 542 Rdn. 13; *Wolf/Eckert/Ball* 10. Aufl. 2009 Rdn. 898; *Lammel* § 542 BGB Rdn. 29; *Kossmann* § 87 Rdn. 8.

[61] *Mayer* ZMR 1990, 121, 123; *Fricke* ZMR 1979, 65.

[62] BGHZ 95, 250, 254; BGH NJW 1998, 896 = WuM 1998, 99 = NZM 1998, 146.

Sehr umstritten ist die Frage, ob der Vermieter einem Dritten eine **Ermächtigung zur Kündigung im eigenen Namen** erteilen kann. Dies wird vom BGH[63] und einem Teil des Schrifttums[64] bejaht. Teilweise wird die Ansicht vertreten, dass gegen diese Möglichkeit zur Übertragung des Kündigungsrechts dieselben Gründe sprechen wie gegen die Abtretung.[65] Aus diesem Grunde wird eine im Kaufvertrag vereinbarte Ermächtigung zur Kündigung für unwirksam gehalten.[66] Dabei wird allerdings verkannt, dass die Ermächtigung mit der Vollmacht verwandt ist und mit dieser verglichen werden kann. Bei der zweifelsfrei zulässigen Kündigung im Wege der Stellvertretung (s. Rdn. 46) gibt der Stellvertreter die Erklärung im fremden Namen ab; bei der Ermächtigung handelt der Ermächtigte im eigenen Namen. Von diesem formalen Unterschied kann die Wirksamkeit der Kündigung aber nicht abhängen.[67] **37**

Kündigt der Ermächtigte ohne die Ermächtigungsurkunde im Original vorzulegen, so kann der Kündigungsempfänger die Kündigung nach §§ 182 Abs. 3, 111 BGB zurückweisen. Hierfür gelten die unter Rdn. 49 dargelegten Grundsätze. Die Ausübung des Zurückweisungsrechts ist nur möglich, wenn die Ermächtigung offen gelegt wird. Eine Kündigung mit verdeckter Ermächtigung ist unwirksam. **38**

Nach der Ansicht des BGH[68] kann eine unwirksame Abtretungserklärung in eine Ermächtigung zur Kündigung im eigenen Namen nach § 185 Abs. 1 BGB **umgedeutet** werden. Diese Ansicht ist bedenklich, weil der Kündigungsempfänger auf Grund der Abtretungsurkunde nicht erkennen kann, dass der Kündigende kein durch Abtretung erworbenes, sondern ein fremdes Recht geltend macht. **39**

Bei der Wohnraummiete ist außerdem zu bedenken, dass die Ermächtigung zur Kündigung im eigenen Namen nur dann zum Ziel führt, wenn der Ermächtigte einen Kündigungsgrund geltend macht, den an seiner Stelle auch der Vermieter hätte geltend machen können. Dies ist insbesondere von Bedeutung, wenn der Erwerber einer vermieteten Wohnung zur Kündigung ermächtigt wird. Dieser kann aus eigenem Interesse (z. B. wegen Eigenbedarfs) erst nach seiner Eintragung ins Grundbuch kündigen, weil der Veräußerer den Erwerber nur zur Geltendmachung eigener Rechte ermächtigen kann (s. dazu auch Rdn. 94). Weiterhin ist zu bedenken, dass die Kündigung eines Wohnraummietverhältnisses der Schriftform bedarf. Die gesetzliche Schriftform (§ 126 BGB) ist nur gewahrt, wenn sich aus dem Kündigungsschreiben ergibt, dass der Unterzeichnende ein fremdes Recht im eigenen Namen geltend macht (s. § 568 BGB Rdn. 14). **40**

Eine im **Kaufvertrag** getroffene Vereinbarung, wonach die Rechte und Pflichten aus dem Mietverhältnis bereits vor der Grundbucheintragung auf den Erwerber übergehen sollen, wirkt nur im Innenverhältnis zwischen den Parteien des Kaufvertrags. Zur Erlangung der Außenwirkung ist es erforderlich, dass der Mieter zustimmt.[69] Stimmt der Mieter nicht zu, so ist die Übertragung der Vermieterpflichten mangels Mitwirkung des Mieters unwirksam. Nach Meinung des BGH soll dies aber nicht die Unwirksamkeit des gesamten Rechtsgeschäfts zur Folge haben. Vielmehr sei der Vereinbarung der Wille der Parteien zu entnehmen, dass der Erwerber jedenfalls zur Kündigung berechtigt sein soll.[70] Nach der hier vertretenen Ansicht kann der Veräußerer den Erwerber lediglich zum Ausspruch der Kündigung bevollmächtigen, sei es im eigenem, sei es in fremden Namen (s. Rdn. 37). Die kaufvertragliche Vereinbarung über den Übergang der Vermieterrechte und -pflichten kann nicht in eine Ermächtigung zum Ausspruch einer Kündigung umgedeutet werden.[71] **41**

---

63 BGB a. a. O.; ebenso KG WuM 2008, 153.

64 *Rolfs* in Staudinger § 542 BGB Rdn. 20; *Lützenkirchen* in: Erman § 542 Rdn. 13; *Ehlert* in Bamberger/Roth § 542 BGB Rdn. 19; *Fritz,* Gewerberaummietrecht Rdn. 383; Palandt/*Weidenkaff* § 542 BGB Rdn. 12; *Lammel* § 542 BGB Rdn. 36; *Sternel* Mietrecht aktuell (2009) Rdn. X 32; kritisch *Kandelhard* in Herrlein/Kandelhard § 542 BGB Rdn. 20.

65 LG Augsburg NJW-RR 1992, 520; LG Kiel WuM 1992, 128; LG Osnabrück WuM 1990, 81; LG München I WuM 1989, 282; LG Hamburg WuM 1977, 260; *Kandelhard* in Herrlein/Kandelhard § 542 BGB Rdn. 20ff.

66 LG Hamburg ZMR 1993, 167.

67 BGH a. a. O.

68 BGH NJW 1998, 896 = WuM 1998, 99 = NZM 1998, 146.

69 LG Hamburg a. a. O.

70 BGH WuM 2002, 601, 603.

71 Ebenso OLG Celle ZMR 1999, 618.

42 Ist in einem Kaufvertrag vereinbart, dass der Erwerber Vollmacht „zur Ausübung der Vermieterrechte" erteilt, so umfasst diese Vollmacht auch den Ausspruch einer Kündigung. Das KG hat eine solche „Vollmacht" allerdings in eine „Ermächtigung" umgedeutet.[72]

43 Besteht der kündigende Vertragspartner aus **mehreren Personen,** so muss die Kündigung von allen Vermietern oder Mietern ausgesprochen werden. Dies muss sich aus dem Kündigungsschreiben oder der beigefügten Vollmacht ergeben.[73] Wird die Kündigung nicht von allen ausgesprochen, so ist sie gleichwohl wirksam, wenn die **Kündigungserklärung mit Einwilligung** (vorherige Zustimmung, § 183 Satz 1 BGB) der übrigen ausgesprochen worden ist. Auch die Einwilligung muss sich aus dem Kündigungsschreiben ergeben. Der Kündigungsempfänger kann die Kündigung aber zurückweisen, wenn der Kündigende die Einwilligung nicht in schriftlicher Form vorgelegt hat (§§ 182 Abs. 3, 111 Satz 2 BGB). Die Zurückweisung muss unverzüglich erfolgen; es gelten die Darlegungen zu Rdn. 51. In der Erklärung muss außerdem der Grund der Zurückweisung angegeben werden. Eine ohne Einwilligung ausgesprochene Kündigung ist unwirksam.[74] Eine Genehmigung (nachträgliche Zustimmung, § 184 BGB) führt nicht zur Wirksamkeit der Kündigung, weil § 185 BGB bei einseitigen Rechtsgeschäften nicht gilt.[75]

44 Ist einer der Mieter oder Vermieter nicht zum Ausspruch der Kündigung bereit, so kann er von den Kündigungswilligen auf Mitwirkung beim Ausspruch der Kündigung in Anspruch genommen werden.[76] Maßgeblich hierfür sind die zwischen den mehreren Mietern oder Vermietern bestehenden Rechtsbeziehungen. Für Eheleute und nichteheliche Gemeinschaften s. Vor § 535 BGB Rdn. 347, 380; für Erben- und Gütergemeinschaft s. Vor § 535 BGB Rdn. 190a. Innerhalb einer Wohnungseigentümergemeinschaft bestehen Schutz und Treuepflichten, auf Grund derer jeder Wohnungseigentümer verpflichtet ist, den anderen bei der Durchsetzung einer Kündigung zu unterstützen.[77]

44a Erfasst ein einheitlicher Mietvertrag **mehrere rechtlich selbständige Grundstücke** und werden diese Grundstücke sodann an mehrere Personen veräußert, so bilden die mehreren Erwerber eine Vermietergemeinschaft. Für die Kündigung des Mietverhältnisses gilt der Grundsatz der Einheitlichkeit des Mietverhältnisses. Dies hat zur Folge, dass dessen Kündigung nur wirksam ist, wenn sie durch alle Erwerber erklärt wird. Eine Ausnahme gilt beim **Erwerb in der Zwangsversteigerung.** Werden die Einzelgrundstücke jeweils verschiedenen Erwerbern zugeschlagen, so ist jeder Erwerber allein zur Teilkündigung berechtigt. Dies folgt aus der Erwägung, dass das Sonderkündigungsrecht des § 57a ZVG zu den gesetzlichen Versteigerungsbedingungen zählt, das mit dem Zuschlag erworben wird.[78]

45 In bestimmten Fällen ist die Wirksamkeit einer Kündigung von der **Einwilligung eines Dritten** abhängig. Dies gilt für die Kündigung des Mietverhältnisses durch den Betreuer des Mieters (s. Rdn. 57 und Vor § 535 BGB Rdn. 395) sowie für die Kündigung von Werkwohnungen, die dem Mitbestimmungsrecht unterliegen (Vor § 576 BGB Rdn. 13ff.). In beiden Fällen ist die Einwilligung (vorherige Zustimmung) eine echte Wirksamkeitsvoraussetzung. Fehlt sie, so ist die Kündigung unwirksam.[79] Die nachträgliche Zustimmung (Genehmigung) heilt den Mangel nicht (weitere Einzelheiten Rdn. 57; Vor § 535 BGB Rdn. 396; Vor § 576 BGB Rdn. 15).

6. Kündigung durch Bevollmächtigte

46 Der Kündigungsberechtigte kann einen Dritten zum Ausspruch der Kündigung bevollmächtigen. In diesem Fall muss der Dritte die Kündigung im Namen des Berechtigten aussprechen. Es genügt allerdings, wenn sich die Fremdbezogenheit aus den Umständen ergibt (§ 164 Abs. 1 Satz 2 BGB), was z. B. bei einer Kündigung durch einen Hausverwalter anzunehmen ist. Wird der **Offenheitsgrundsatz** verletzt, so ist die Kündigung unwirksam. Kündigt z. B. der vom Veräußerer bevollmächtigte Erwerber eines Hauses vor seiner Eintragung ins Grundbuch ohne ausdrücklichen

---

72 KG WuM 2008, 153.
73 OLG Koblenz WuM 1999, 694.
74 BGH (VIII ZR 64/09) NJW 2009, 3781 = WuM 2009, 736 Rn. 16.
75 OLG Celle ZMR 1999, 237; *Sternel* Mietrecht (1988) Rdn. IV 3.
76 OLG Hamburg NZM 2002, 521.
77 OLG Hamburg ZMR 1996, 614; NZM 2002, 521.
78 KG GuT 2011, 302.
79 *Rolfs* in Staudinger § 542 BGB Rdn. 66, 69; *Kossmann* § 87 Rdn. 6, 9.

Hinweis darauf, dass die Kündigung im Namen des Veräußerers erfolgt, so liegt eine verdeckte Stellvertretung vor. Eine **verdeckte Stellvertretung** ist bei der Kündigung nicht zulässig.[80]

Der Dritte muss wirksam zum Ausspruch der Kündigung bevollmächtigt sein. Für Eheleute gilt nichts anderes, weil die Schlüsselgewalt (§ 1357 BGB) nicht die Befugnis zur Kündigung eines Mietverhältnisses umfasst.[81] Eine in einem Mietvertrag enthaltene Vollmachtsklausel gilt nach allgemeiner Ansicht nicht für den Ausspruch der Kündigung (s. Rdn. 58); hier ist also die Erteilung einer speziellen Kündigungsvollmacht erforderlich. Umstritten ist, ob durch eine **allgemeine Hausverwaltervollmacht** auch die Abgabe von Kündigungserklärungen gedeckt wird.[82] Das LG Berlin[83] hält die allgemein erteilte Hausverwaltervollmacht dann für ausreichend, wenn der Mieter erkennen kann, dass der Hausverwalter zur Kündigung berechtigt ist, z. B. weil er bereits mehrfach Kündigungen ausgesprochen hat.[84] Die Vollmacht kann auch dergestalt erteilt werden, dass die Entscheidung über die Vertragsbeendigung dem Bevollmächtigten überlassen wird. Ebenso kann ein Wohnungsunternehmen einem oder mehreren Mitarbeitern die generelle Entscheidung über die Vertragsbeendigung übertragen. **47**

Die einem Rechtsanwalt erteilte **Prozessvollmacht** umfasst auch die Abgabe derjenigen materiellrechtlichen Erklärungen, die zur Erreichung des Prozessziels erforderlich sind. Deshalb ist ein mit der Durchführung eines Räumungsverfahrens beauftragter Rechtsanwalt auch zum Ausspruch einer oder mehrerer Kündigungen bevollmächtigt.[85] Gleiches gilt, wenn der Rechtsanwalt zur Vertretung in allen Mietangelegenheiten mit einer bestimmten Partei bevollmächtigt ist.[86] **48**

Kündigt ein Bevollmächtigter, so hängt die Wirksamkeit der Kündigung nicht davon ab, dass der Kündigungserklärung eine **Vollmachtsurkunde** beigelegt wird. Fehlt die Vollmachtsurkunde, so kann der Empfänger die Kündigung allerdings zurückweisen (§ 174 BGB). Gleiches gilt, wenn die Vollmachtsurkunde lediglich in Form einer Abschrift oder in Form einer Faxkopie[87] vorgelegt wird. Die Vorlage einer beglaubigten Abschrift reicht ebenfalls nicht aus;[88] die Vollmacht muss stets in Urschrift (bei notarieller Beurkundung in einer Ausfertigung) vorgelegt werden. Dieser Grundsatz gilt auch für die durch den Gerichtsvollzieher zugestellte Kündigung.[89] Für die im Prozess erklärte Kündigung gilt nichts anderes; insbesondere ist es nicht erforderlich, dass der Kündigungsempfänger zugleich eine Rüge nach § 88 ZPO ausspricht.[90] Bei einer mehrstufigen Bevollmächtigung (z. B. wenn ein vom Vermieter bevollmächtigter Hausverwalter seinerseits einen Rechtsanwalt mit der Kündigung beauftragt) kann die Kündigung zurückgewiesen werden, wenn nicht alle Vollmachtsurkunden vorgelegt werden. In der Erklärung muss der **Grund der Zurückweisung** angegeben werden. **49**

Wird die Kündigung durch eine aus mehreren Gesellschaftern bestehende **GbR** erklärt, so muss die Vollmachtsurkunde von allen Gesellschaftern unterzeichnet werden.[91] Ist die Vollmachtsurkunde nur von einem Gesellschafter unterzeichnet und ist dieser nach dem Gesellschaftsvertrag allein zur Vertretung der Gesellschaft berechtigt, so muss die Alleinvertretungsmacht durch die Vorlage des Gesellschaftsvertrags oder durch eine entsprechende Erklärung der übrigen Gesellschafter nachgewiesen werden. Die Gesellschafter einer GbR können einen Gesellschafter zum Ausspruch der Kündigung bevollmächtigen. Dieser kann wiederum einen Rechtsanwalt beauftragen. Der Kündigungsempfänger kann die Kündigung nach § 174 BGB zurückweisen, wenn nicht sämtliche **50**

---

80 LG Köln WuM 1997, 219; LG München I WuM 1989, 282; AG Augsburg MittBayNot 1992, 329; AG Waiblingen WuM 1991, 20.

81 *Grapentin* in Bub/Treier Kap. IV Rdn. 12; *Rolfs* in Staudinger § 542 BGB Rdn. 22.

82 Bejahend LG Hamburg WuM 1987, 209; LG Bremen WuM 1993, 605; verneinend LG Berlin GE 1994, 287; AG Schöneberg WuM 1986, 437; AG Tempelhof-Kreuzberg MM 1989, Nr. 5 S. 29; AG Neuss DWW 1991, 116; *Kandelhard* in Herrlein/Kandelhard § 542 BGB Rdn. 14.

83 LG Berlin MM 1993, 184.

84 Ähnlich LG Düsseldorf WuM 1991, 588, für die Vollmacht eines Rechtsanwalts, der den Vermieter ständig vertritt und auch als Hausverwalter tätig ist.

85 OLG München ZMR 1996, 557; LG Berlin GE 1994, 1317; LG Berlin GE 2003, 1081; abw. LG Berlin GE 1997, 429: Danach soll eine Prozessvollmacht nur zum Ausspruch einer Kündigung in einem anhängigen Rechtsstreit berechtigen; zu einer vorprozessualen Kündigung sei der Rechtsanwalt nicht befugt.

86 LG Berlin GE 1993, 93.

87 OLG Hamm NJW 1991, 1185; LG Berlin MM 1992, 67; NJWE-MietR 1996, 220; LAG Düsseldorf NZA 1995, 968 für die arbeitsrechtliche Kündigung.

88 BGH NJW 1981, 1210; LG Berlin MM 1993, 184.

89 BGH a. a. O.; LG Berlin a. a. O.

90 LG Berlin GE 1994, 317.

91 OLG Brandenburg Urteil vom 23.10.2012 – 6 U 29/12.

Vollmachten (Bevollmächtigung eines Gesellschafters zur Kündigung; Bevollmächtigung des Rechtsanwalts zur Kündigung) im Original vorgelegt werden. Die Vorlage von beglaubigten Abschriften genügt nicht.[92]

51 Die **Zurückweisung** muss **unverzüglich,** d. h. ohne schuldhaftes Zögern (§ 121 Abs. 1 Satz 1 BGB) erfolgen. Schuldhaftes Zögern setzt neben der objektiven Komponente einem nicht mehr hinnehmbaren Zeitablauf, auch ein subjektives Element – ein vorwerfbares Verhalten – voraus.[93] Der Kündigungsempfänger hat zwar die Möglichkeit Rechtsrat einzuholen;[94] er muss dies aber alsbald tun. Eine Zeitdauer von zwei Wochen gilt im Allgemeinen bereits als kritischer Bereich, in dem es besonders eingehender Prüfung bedarf, ob der Widersprechende seine Erklärung ohne schuldhaftes Zögern abgegeben hat.[95] Die Rechtsprechung ist allerdings nicht einheitlich.[96] Die Besonderheiten des Einzelfalls sind stets gebührend zu berücksichtigen. Ist der Kündigungsempfänger im Zeitpunkt des Zugangs urlaubsabwesend, so kann die Zurückweisung auch nach 26 Tagen seit dem Zugang der Kündigung unverzüglich sein, wenn der Kündigungsempfänger sofort nach Urlaubsrückkehr tätig wird.[97] Umgekehrt kann ein Zuwarten von 11 Tagen als verspätete Zurückweisung bewertet werden, wenn der Gekündigte ständigen Kontakt zu einem Rechtsanwalt unterhält.[98] Bei bereits anhängiger Räumungsklage kann die Zurückweisung auch in einem an das Gericht adressierten Schriftsatz erfolgen; dies ist allerdings nicht empfehlenswert, weil Verzögerungen bei der Weiterleitung des Schriftsatzes zu Lasten des Zurückweisenden gehen.[99] Die **Beweislast** für den rechtzeitigen Zugang der Zurückweisung trägt der Mieter.[100]

51a Wird die Vertragungsmacht mangels Vorlage einer ausreichenden Vollmachtsurkunde zurückgewiesen, so wird die Kündigung unwirksam. Diese Rechtsfolge gilt auch dann, wenn der Rechtsanwalt seine Vertretung bereits vor Ausspruch der Kündigung angezeigt hat.[101] Eine nach § 174 BGB zurückgewiesene Kündigung kann jederzeit wiederholt werden.

52 Zu beachten ist, dass die Vollmachtsurkunde grundsätzlich bei jeder erneuten Kündigung vorzulegen ist. Auch ein Rechtsanwalt, der eine Partei bereits in einer vorangegangen Angelegenheit vertreten und dort gekündigt hat, kann allein deshalb noch nicht als kündigungsberechtigter Vertreter angesehen werden. Dies folgt aus der Erwägung, dass der Rechtsanwalt sein Mandat für jeden Vertretungsfall neu erhält.[102] Etwas anderes gilt, wenn mehrere Kündigungen ausgesprochen worden sind und diese in einem zeitlichen oder sachlichen Zusammenhang stehen. Hier genügt es, wenn die Vollmachtsurkunde einer Kündigung beigefügt war. Hiervon abw. wird allerdings auch die Ansicht vertreten, dass die **Zurückweisung rechtsmissbräuchlich** sei, wenn der Bevollmächtigte den Kündigenden in mehreren zurückliegenden Mietprozessen vertreten hat[103] oder wenn die Kündigung im Anschluss an eine Korrespondenz erklärt wird und der Kündigungsempfänger den Bevollmächtigten während der Korrespondenz als Vertreter des Kündigenden akzeptiert hat.[104]

53 Aus dem Umstand, dass der Mieter eine Kündigung nach § 174 BGB zurückgewiesen hat, kann nicht die Besorgnis der Nichterfüllung i. S. v. **§ 259 ZPO** abgeleitet werden.[105]

54 Wird die **Vollmacht gegenüber dem Mieter erteilt,** so besteht kein Zurückweisungsrecht (§ 174 Satz 2 BGB). Das OLG Frankfurt[106] vertritt in diesen Zusammenhang die Ansicht, dass für

---

[92] OLG Karlsruhe NZM 2003, 513.
[93] OLG München ZMR 1997, 286.
[94] LG Hamburg WuM 1998, 725.
[95] LG Hagen WuM 1991, 79.
[96] Vgl. LG Berlin GE 1994, 1317: Danach sind 3 Wochen nach Zugang der Kündigung nicht mehr „unverzüglich"; LG Berlin NJWE-MietR 1996, 221: Zwei Wochen sind noch rechtzeitig; LAG Düsseldorf NZA 1995, 994 für die arbeitsrechtliche Kündigung: Danach sind bereits 10 Tage zu viel.
[97] OLG München ZMR 1997, 286: Hiervon sei selbst dann auszugehen, wenn die Vermieterin mit dem Eingang einer Kündigungserklärung habe rechnen müssen. Auch in einem solchen Fall müsse ein Vermieter grundsätzlich nicht in Erwägung ziehen, dass ein geschäftserfahrener Mieter die Kündigung in fehlerhafter, weil in zurückweisbarer Weise erklärt.
[98] LG Berlin MM 1993, 184.
[99] LG Hagen WuM 1991, 79.
[100] AG Reinbek ZMR 2015, 945, 946.
[101] OLG Brandenburg Urteil vom 23.10.2012 – 6 U 29/12.
[102] LG Hamburg WuM 1987, 209; LG Mannheim WuM 1978, 139.
[103] OLG München ZMR 1996, 557.
[104] OLG München a. a. O.
[105] LG Berlin GE 1997, 429.
[106] NJW-RR 1996, 10.

die Information des Mieters keine besondere Form vorgesehen sei. Deshalb reiche es aus, wenn der Verwalter zusammen mit der in Frage stehenden Rechtshandlung eine fotokopierte Vollmacht vorlege, aus der sich seine Vertretungsbefugnis ergebe. Hierdurch werde der Mieter über Bestand, Inhalt und Umfang der Vollmachtsurkunde informiert, so dass das Zurückweisungsrecht ausgeschlossen sei. Der Sinn und Zweck des § 174 Satz 2 BGB wird dabei allerdings verkannt. Eine ausreichende In-Kenntnis-Setzung des Mieters über die Bevollmächtigung des Verwalters nach § 174 Satz 2 BGB kann nur dann angenommen werden, wenn die in Frage stehende Information der Rechtshandlung vorausgeht. Die Gleichzeitigkeit von Rechtshandlung und Information reicht nicht aus. Ebenso ist es unzureichend, wenn die Information nachgereicht wird.

Der **gesetzliche Vertreter** muss seine Vertretungsmacht nicht nachweisen. Folgerichtig ist die 55 Vorschrift des § 174 BGB auf das gesetzliche Vertretungsverhältnis unanwendbar.[107] Ebenso ist § 174 BGB unanwendbar, wenn die Vertretungsmacht auf organschaftlicher Grundlage beruht.[108] Deshalb ist die Beifügung einer Vollmachtsurkunde entbehrlich, wenn die Kündigung durch den Vorstand eines Vereins (§ 26 BGB), den Gesellschafter einer OHG (§ 125 HGB), den Vorstand einer AG (§ 78 AktG), durch die Geschäftsführer einer GmbH (§ 35 GmbHG) oder durch den Vorstand einer Genossenschaft (§ 24 GenG) ausgesprochen wird. Der Grund ist darin zu sehen, dass sich die Vertretungsmacht in diesen Fällen entweder unmittelbar aus dem Gesetz oder aus einem öffentlichen Register ergibt. Kündigt der alleinvertretungsberechtigte Gesellschafter einer GbR, so gelten jedoch die allgemeinen Grundsätze, weil der Kündigungsempfänger die Vertretungsverhältnisse der GbR weder aus dem Gesetz noch aus einem öffentlichen Register ersehen kann. Deshalb muss der Gesellschafter einer GbR seine Vertretungsmacht gegenüber dem Kündigungsempfänger nachweisen.[109] Dieser Nachweis ist erbracht, wenn der Kündigungserklärung eine von den anderen Gesellschaftern unterschriebene Vollmachtsurkunde beigefügt wird, wenn der Kündigende den Gesellschaftsvertrag vorlegt und sich hieraus die Vertretungsbefugnis des Kündigenden ergibt oder wenn dem Kündigungsschreiben eine Erklärung der übrigen Gesellschafter beiliegt, aus der sich ergibt, dass der Kündigende zur Alleinvertretung der Gesellschaft befugt ist.

Wird die Kündigung durch einen **Nicht-Bevollmächtigten** erklärt, so ist sie unwirksam 56 (§ 180 Satz 1 BGB). Eine Genehmigung (nachträgliche Zustimmung, § 184 BGB) führt grundsätzlich nicht zur Wirksamkeit der Kündigung, weil § 185 BGB bei einseitigen Rechtsgeschäften nicht gilt.[110] Hat jedoch der Vertreter behauptet, dass er bevollmächtigt sei und wird dies vom Kündigungsempfänger nicht beanstandet oder ist der Kündigungsempfänger mit dem Handeln ohne Vertretungsmacht einverstanden, so sind die Vorschriften über Verträge entsprechend anwendbar (§ 180 Satz 2 BGB). In diesem Fall kann der unberechtigt Vertretene die Kündigung mit Rückwirkung genehmigen. Ein solcher Fall wird vorliegen, wenn die Kündigung durch einen hierzu nicht berechtigten Mitarbeiter eines Wohnungsunternehmens ausgesprochen wird und das Unternehmen im Anschluss hieran Räumungsklage erhebt. Die Unterzeichnung des Kündigungsschreibens ist dann als konkludent behauptete Vertretungsmacht und die Erhebung der Räumungsklage durch den Vertretenen als konkludente Genehmigung des Vertreterhandelns zu bewerten. Die Genehmigung hat zur Folge, dass die Kündigung rückwirkend wirksam wird. An dieser Rechtsfolge ändert sich nichts, wenn der Kündigungsempfänger die Vertretungsmacht während des Räumungsverfahrens bestreitet. Hat der Kündigungsempfänger Zweifel an der Vertretungsmacht des Unterzeichners der Kündigungserklärung, so muss er die Kündigung unverzüglich zurückweisen.[111]

Wird die Wohnung eines Mieters durch dessen **Betreuer** gekündigt, so bedarf die Kündigung 57 gem. § 1907 Abs. 1 BGB der Genehmigung des Gerichts. Eine ohne Genehmigung ausgesprochene Kündigung ist unwirksam. An die Erteilung der Genehmigung sind hohe Anforderungen zu stellen, weil der Wunsch des Betreuten nach einer eigenen Wohnung grundsätzlich respektiert werden muss. Der Umstand, dass durch eine Kündigung objektiv unsinnige Mietausgaben erspart werden, rechtfertigt die Kündigung nicht. Eine Kündigung kann grundsätzlich nur genehmigt werden, wenn anderenfalls höherrangige Rechtsgüter gefährdet werden. Hiervon kann ausgegangen werden, wenn der Betreute die Ausgaben für die Wohnung ohne die Hilfe Dritter nicht mehr aufbringen kann und sich seine Versorgungssituation hierdurch merklich verschlechtert. Ebenso

107 BGH NZM 2002, 163; OLG Düsseldorf NJW-RR 1993, 470; LG Köln WuM 1997, 219.
108 BGH a. a. O.
109 BGH a. a. O.
110 OLG Celle ZMR 1999, 237; *Sternel* Mietrecht (1988) Rdn. IV 3; *Grapentin* in Bub/Treier Kap. IV Rdn. 7.
111 OLG Düsseldorf ZMR 2006, 927.

kann eine Genehmigung zur Wohnungskündigung erteilt werden, wenn endgültig feststeht, dass eine Rückkehr in die Wohnung auf Dauer ausgeschlossen ist. Diese Umstände müssen i. d. R. durch Sachverständigengutachten geklärt werden. Für das Verfahren ist dem Betreuten ein Verfahrenspfleger zu bestellen.[112] Die in der Wohnung lebenden Familienangehörigen des Betreuten haben gegen die Genehmigung der Kündigung durch das Gericht kein Beschwerderecht. Dies gilt auch dann, wenn der Betreute nach Zugang der Kündigung beim Vermieter verstirbt und der oder die Familienangehörigen den Mieter beerben. Ein Eintritt in das Mietverhältnis nach § 563 BGB kommt ebenfalls nicht in Betracht, weil diese Vorschrift voraussetzt, dass das Mietverhältnis im Zeitpunkt des Todes des Mieters noch besteht.[113]

7. Vollmachtsklauseln

58 Eine Formularklausel, wonach sich mehrere Mieter gegenseitig zum Ausspruch einer Kündigung bevollmächtigen, verstößt gegen § 307 BGB: die Mieter werden unangemessen benachteiligt, wenn sie sich bereits bei Vertragsschluss gegenseitig zur Aufhebung des Vertrags bevollmächtigen müssen. Eine solche Klausel hat die „Selbstentrechtung" des Mieters zur Folge.[114] Eine wechselseitige Vermietervollmacht ist dagegen wirksam. Sie benachteiligt zwar den einzelnen Vermieter; dieser ist aber als Verwender des Vertragsformulars nicht geschützt. Der Mieter wird durch die wechselseitige Vermietervollmacht nicht benachteiligt.

59 Eine Klausel, wonach sich mehrere Mieter gegenseitig zur Abgabe von Willenserklärungen bevollmächtigen, ist ebenfalls unwirksam, weil diese Klausel auch die Kündigungserklärungen umfasst. Eine einschränkende Auslegung dahingehend, dass von den Willenserklärungen diejenigen ausgenommen sein sollen, die sich auf die Vertragsbeendigung beziehen, ist nicht möglich (Verbot der geltungserhaltenden Reduktion; s. Vor § 535 BGB Rdn. 60). Vielmehr muss eine wirksame Klausel so gefasst werden, dass hieraus die Ausnahmen ersichtlich sind (s. z. B. § 16 Abs. 2 Mustermietvertrag).

60 Dasselbe gilt für die Klausel: „Willenserklärungen eines Mieters sind auch für die anderen Mieter verbindlich".[115] Die Wirksamkeit der formularmäßigen Vollmachtsklausel: „Für die Rechtswirksamkeit einer Erklärung des Vermieters genügt es, wenn sie gegenüber einem der Mieter abgegeben wird. Willenserklärungen eines Mieters sind auch für die anderen Mieter verbindlich. Die Mieter bevollmächtigen sich hiermit gegenseitig zur Abgabe und Entgegennahme von Willenserklärungen, und zwar unter gegenseitiger Befreiung von den Beschränkungen des § 181 BGB. Dies gilt nicht für die Kündigung eines Mieters" hat der BGH offen gelassen.[116] Wegen der Empfangsvollmacht s. Rdn. 81, 84.

8. Begründung

61 Für die **ordentliche Kündigung** von Geschäftsraum durch den Vermieter oder den Mieter sind keine Gründe erforderlich. Gleiches gilt für die ordentliche befristete Kündigung eines Wohnraummietverhältnisses, wenn sie vom Mieter ausgesprochen wird. Die Angabe von Gründen im Kündigungsschreiben ist deshalb entbehrlich, schadet aber selbst dann nicht, wenn die angegeben Gründe nicht vorliegen. Etwas anderes kommt in Betracht, wenn im Mietvertrag vereinbart ist, dass das Mietverhältnis nur beim Vorliegen bestimmter Gründe beendet werden kann. In einem solchen Fall ist zu prüfen, ob die Angabe der Gründe im Kündigungsschreiben eine vertragliche Wirksamkeitsvoraussetzung der Kündigung darstellt. Dies ist im Regelfall zu bejahen.[117]

61a Ausnahmsweise kann eine ordentliche Kündigung bei der Geschäftsraummiete **rechtsmissbräuchlich** sein. Dies setzt voraus, dass der Kündigende eine vertragliche Rechtsposition in einer Weise missbraucht, die mit den guten Sitten nicht zu vereinbaren ist.[118] Gleiches wird gelten, wenn

---

[112] OLG Oldenburg NZM 2003, 232.
[113] KG FamRZ 2010, 494.
[114] OLG Frankfurt WuM 1992, 57, 61 [Klausel Nr. 31]; OLG Koblenz WuM 1999, 694; *Rolfs* in Staudinger § 542 BGB Rdn. 24; *Franke* in WoBauR § 542 BGB Anm. 16; *Ehlert* in Bamberger/Roth § 542 BGB Rdn. 22; *Sternel* Mietrecht (1988) Rdn. I 403; *Fritz,* Gewerberaummietrecht Rdn. 194 und 387b.
[115] OLGR Düsseldorf 2007, 775 betr. einen gewerblichen Mietvertrag.
[116] BGH Urteil vom 10.12.2014 – VIII ZR 25/14 Rz. 28.
[117] BGH NJW-RR 2003, 152 = NZM 2003, 62 unter Nr. II 1; *Grapentin* in Bub/Treier Kap. IV Rdn. 17; Palandt/*Weidenkaff* § 542 BGB Rdn. 14; *Roquette* § 564 BGB Rdn. 17.
[118] BGH (KZR 17/68) NJW 1970, 855 betr. Kündigung eines Tankstellenvertrags, weil der Pächter sich weigert, ein ihm nachteiliges Rabattsystem einzuführen.

die Kündigung lediglich den Zweck verfolgt, dem Gekündigten zu schaden. Für die Annahme eines Rechtsmissbrauchs reicht es aber nicht aus, wenn der Mieter Gewährleistungsansprüche geltend macht und der Vermieter kündigt um dem Anspruch des Mieters abzuwehren.[119]

Für die **außerordentliche Kündigung mit gesetzlicher Frist** von Geschäftsraum durch den Vermieter oder den Mieter sind keine Gründe erforderlich. Gleiches gilt für die **außerordentliche Kündigung mit gesetzlicher Frist** eines Wohnraummietverhältnisses, wenn sie vom Mieter ausgesprochen wird.[120] **62**

Für die **außerordentliche fristlose Kündigung** von Geschäftsräumen und von Wohnräumen müssen Kündigungsgründe vorliegen. Bei der Geschäftsraummiete müssen die Kündigungsgründe im Kündigungsschreiben allerdings nicht mitgeteilt werden.[121] Dies gilt sowohl für die Mieterkündigung als auch für die Vermieterkündigung. Lagen zum Zeitpunkt des Kündigungsausspruchs keine oder keine ausreichenden Gründe vor, so ist die Kündigung unwirksam. Das Mietverhältnis wird in diesem Fall auch dann nicht beendet, wenn nach Ausspruch der Kündigung solche Gründe entstehen; wegen dieser nachträglich entstandenen Gründe kann aber erneut gekündigt werden.[122] Hat der Kündigende in dem Kündigungsschreiben die Gründe der fristlosen Kündigung mitgeteilt, so ist er nach den hier dargelegten Grundsätzen nicht gehindert, die Kündigung im Räumungsprozess auch auf solche Gründe zu stützen, die in dem Schreiben nicht genannt waren[123]. Gleiches gilt, wenn der Kündigende Gründe angegeben hat, die in Wirklichkeit nicht vorgelegen haben; hier kann die Kündigung auf die wirklichen Gründe gestützt werden. Der Kündigende ist weder an die angegeben Gründe gebunden, noch hierauf beschränkt. Etwas anderes kann gelten, wenn sich aus den Umständen ergibt, dass der Kündigende nur wegen der mitgeteilten Gründe kündigen wollte. **63**

Für die **ordentliche befristete Kündigung von Wohnraum** und für die außerordentliche Kündigung mit gesetzlicher Frist (§ 575a BGB) müssen Gründe vorliegen, wenn die Kündigung vom Vermieter ausgesprochen wird. Diese Gründe müssen im Kündigungsschreiben angegeben werden (s. § 575a Abs. 1 BGB). **64**

Bei der **außerordentlichen fristlosen Kündigung eines Wohnraummietverhältnisses** müssen die Gründe im Kündigungsschreiben angegeben werden (§ 569 Abs. 4 BGB; s. dort). Dies gilt auch dann, wenn die Kündigung vom Mieter ausgesprochen wird. Die Erstreckung der Begründungspflicht auf die Mieterkündigung ist zwar systemfremd, entspricht aber dem Willen des Gesetzgebers[124] und ist deshalb zu beachten. **65**

9. Sonstige Erklärungen

Bei der ordentlichen Kündigung eines Mietverhältnis über Wohnraum durch den Vermieter ist ein Hinweis auf die Widerspruchsmöglichkeit nach § 574 BGB ratsam (§ 568 Abs. 2 BGB; s. dort Rdn. 21 ff.). Außerdem kann die Erklärung nach § 545 BGB mit der Kündigungserklärung verbunden werden,[125] was insbesondere in den Fällen der fristlosen Kündigung zu empfehlen ist. Im Falle der befristeten Kündigung gilt im Grundsatz nichts anderes;[126] jedoch sollte der Widerspruch in jedem Fall nach Ablauf der Kündigungsfrist wiederholt werden, weil zwischen der Vertragsbeendigung und der Widerspruchserklärung ein gewisser zeitlicher Zusammenhang bestehen muss,[127] der insbesondere bei längeren Kündigungsfristen nicht mehr gewahrt ist, wenn der Widerspruch nur im Kündigungsschreiben ausgesprochen wird. **66**

10. Schriftform

Die Kündigung von Geschäftsraum kann mündlich erklärt werden, wenngleich mündliche Kündigungen aus Beweisgründen nicht zu empfehlen sind. Ebenso kann durch schlüssiges Verhal- **67**

---

119 OLG Düsseldorf ZMR 2011, 381.
120 AG Tempelhof-Kreuzberg WuM 2006, 452 betr. eine Kündigung nach § 561 BGB.
121 BGH NJW 1980, 777, 779.
122 OLG Zweibrücken RE 17.2.1981 WuM 1981, 178 = ZMR 1982, 112.
123 BGH a. a. O.; OLG Karlsruhe RE 8.6.1982 NJW 1982, 2004 = WuM 1982, 241 = ZMR 1983, 133; OLG München ZMR 1996, 557.
124 Begründung der Änderungen in der Beschlussempfehlung des Rechtsausschusses vom 27.3.2001 – BT Drucks. 14/5663 zu § 569 BGB.
125 OLG Hamburg RE 27.7.1981 NJW 1981, 2258; OLG Schleswig RE 23.11.1981 NJW 1982, 449.
126 BayObLG RE 1.9.1981 NJW 1981, 2759; LG Bonn WuM 1992, 617; LG Köln WuM 1987, 225.
127 BayObLG a. a. O.

ten gekündigt werden. Erforderlich ist allerdings, dass der Kündigungsgegner zweifelsfrei erkennen kann, dass das Mietverhältnis beendet werden soll.[128] Vertragliche Schriftformvereinbarungen sind üblich. Sie können auch formularmäßig wirksam vereinbart werden. Ist vereinbart, dass eine Kündigung schriftlich erklärt werden muss, so ist unter der Schriftform regelmäßig die Form des § 127 BGB zu verstehen. Danach ist die Schriftform gewahrt, wenn die Erklärung durch Telefax übermittelt wird.[129] Soll die Schriftform lediglich Beweiszwecken dienen, so ist auch eine unter Nichtbeachtung der Form erklärte Kündigung wirksam. Anders ist es, wenn die Schriftform Wirksamkeitsvoraussetzung der Kündigung sein soll. Eine bestimmte Vermutung für die eine oder die andere Möglichkeit besteht nicht.[130] Eine Vereinbarung, wonach eine Kündigung schriftlich zu erklären ist, dient i. d. R. zu Beweiszwecken.[131] Ist dagegen vereinbart, dass die Kündigung zu ihrer Wirksamkeit der Schriftform bedarf, so wird man hierin eine echte Wirksamkeitsvereinbarung sehen müssen. Ist die Wirksamkeit einer mündlichen Kündigung streitig, so muss der Kündigende beweisen, dass die Schriftform lediglich zu Beweiszwecken vereinbart worden ist.

68 Die gleichen Grundsätze gelten, wenn vereinbart ist, dass die Kündigung durch **eingeschriebenen Brief** erfolgen muss. Eine solche Vereinbarung wird im Zweifel nur getroffen, um Streitigkeiten über den Zugang der Kündigung zu vermeiden. Deshalb ist eine Kündigung auch dann wirksam, wenn sie dem Empfänger auf andere Weise (gewöhnlicher Brief, durch Boten, bei Geschäftsraum durch Fax) zugegangen ist.[132]

69 Ist die Schriftform lediglich vertraglich vereinbart, so kann die Kündigung auch durch Telegramm oder Telefax erklärt werden (§ 127 BGB).[133] Bei der gesetzlichen Schriftform – wie sie bei der Wohnraummiete zu beachten ist – reicht eine Kündigung durch Telegramm oder Telefax nicht aus (§ 126 BGB). Einzelheiten s. § 568 BGB Rdn. 13.

11. Wirksamwerden der Kündigung/Zugang

70 Die schriftliche Kündigung wird als einseitige empfangsbedürftige Willenserklärung wirksam, wenn sie dem Empfänger zugeht (§ 130 Abs. 1 Satz 1 BGB).[134] Soweit die Kündigung vom Vorliegen von Kündigungsgründen abhängt, ist weiter erforderlich, dass diese Gründe tatsächlich vorliegen. Der Gekündigte muss keine Erklärung abgeben. Widerspricht der Gekündigte der Kündigung, so ist dies für die Wirksamkeit der Kündigung ohne Bedeutung. Unter Umständen kann der Gekündigte durch diese Erklärung aber Anlass zur Erhebung einer Klage auf künftige Räumung wegen Besorgnis der Nichterfüllung geben (§ 259 ZPO). Wegen des Kündigungswiderspruchs bei der Wohnraummiete s. § 574 BGB). Erklärt der Gekündigte, dass er die Kündigung annehme, so ändert dies an der Wirkung der Kündigung nichts. Insbesondere kommt durch den Zugang der Kündigung und die Annahmeerklärung kein Mietaufhebungsvertrag zustande. Der Gekündigte ist nicht gehindert, sich in der Folgezeit gegen die Kündigung zu verteidigen. Unter Umständen ist der Gekündigte dem Kündigenden aber zum Ersatz des Schadens verpflichtet, der deshalb entstanden ist, weil dieser auf die Ernsthaftigkeit der Annahmeerklärung vertraut hat. Hat der Mieter mit einer zu kurzen Frist gekündigt und der Vermieter erklärt, dass er die Kündigung annehme, so kann hierin nach der Ansicht des OLG Düsseldorf[135] ein Angebot zum Abschluss eines Mietaufhebungsvertrags gesehen werden. Dieses Angebot kann der Mieter auch durch konkludente Handlung annehmen, z. B. wenn der Mieter die Wohnung räumt und die Schlüssel zurückgibt. Erklärt der Vermieter entgegen der Rechtslage, dass das Mietverhältnis nicht zu dem vom Mieter angegebenen, sondern zu einem späteren Termin endet, so liegt hierin eine Vertragsverletzung. Der Vermieter muss dann denjenigen Schaden ersetzen, der dem Mieter entsteht, weil dieser auf die Richtigkeit der Erklärung vertraut hat.[136]

---

[128] Vgl. BGH NZM 2001, 1077, 1078, wonach die Erklärung des Mieters, er wolle das Mietobjekt nicht beziehen, als Kündigung ausgelegt werden kann.

[129] BGH NJW 2004, 1320 = WuM 2004, 269; *Fritz,* Gewerberaummietrecht Rdn. 373.

[130] **A. A.** *Wolf/Eckert/Ball* 10. Aufl. 2009 Rdn. 908: im Zweifel Wirksamkeitsvoraussetzung; wer sich auf die Wirksamkeit einer formlosen Kündigung beruft, muss beweisen, dass die Schriftform nur zu Beweiszwecken vereinbart worden ist.

[131] BGH a. a. O.; *Franke* in WoBauR § 542 BGB Anm. 10.

[132] BGH NJW 2004, 1320 = WuM 2004, 269; OLG Frankfurt NZM 1999, 419, 420.

[133] BGH a. a. O.; OLG Frankfurt NZM 1999, 419.

[134] KG ZMR 2008, 790, 792.

[135] OLG Düsseldorf WuM 2003, 612.

[136] LG Berlin ZMR 2012, 274.

Die Kündigung ist in jedem Fall spätestens dann zugegangen, wenn der Empfänger von der Erklärung Kenntnis genommen hat. Es genügt aber auch, wenn die Erklärung so in den Machtbereich des Empfängers gelangt, dass unter gewöhnlichen Verhältnissen mit einer Kenntnisnahme zu rechnen ist.[137] Maßgeblich ist die Verkehrssitte, also dasjenige, was allgemein üblich ist. Wird das Kündigungsschreiben in den **Hausbriefkasten** eingeworfen, so geht es zu, sobald mit der Leerung zu rechnen ist. Das ist im Privathaushalt der Vormittag, ausgenommen die Sonn- und Feiertage. Ein an einem Samstagnachmittag eingeworfenes Kündigungsschreiben gilt deshalb erst am Montagmorgen als zugegangen. Im Geschäftsverkehr ist nur während der üblichen Geschäftszeiten mit einer Kenntnisnahme zu rechnen[138], der Samstag scheidet als Zugangstag regelmäßig aus. Etwas anderes gilt für Ladengeschäfte, die samstags geöffnet haben. Defekte Briefkästen und dergleichen haben auf den Zugang keinen Einfluss. Es spielt auch keine Rolle, ob in der Vergangenheit des öfteren Post abhanden gekommen ist. Ebenfalls ist unerheblich, ob die Mängel am Briefkasten vom Kündigenden zu vertreten sind. Solange es der Empfänger duldet, dass die für ihn bestimmte Post in einen mit seinem Namen versehenen Briefkasten eingeworfen wird, kann hierdurch der Zugang bewirkt werden. Wird unter einer **Postfach-Anschrift** gekündigt, so ist maßgeblich, wann üblicherweise mit einer Leerung zu rechnen ist. Ein Großvermieter oder ein Hausverwaltungsunternehmen hat die Obliegenheit das Postfach täglich zu leeren. Wird bei einer Kündigung durch Einschreiben der Benachrichtigungszettel in das Postfach eingelegt, so ist der Postfachinhaber gehalten, den Brief abzuholen. Hierzu ist ihm eine Frist von 3 Tagen zuzubilligen. Werden diese Obliegenheiten verletzt, so liegt eine Zugangsvereitelung vor. Der Empfänger ist dann so zu behandeln als sei ihm der Brief 3 Tage nach der Benachrichtigung ausgehändigt worden.[139] Wird das Kündigungsschreiben **persönlich übergeben,** so tritt der Zugang mit der Übergabe ein, es sei denn, dass eine sofortige Kenntnisnahme wegen der Umstände der Übergabe nicht zu erwarten ist. Lehnt der Empfänger die Entgegennahme ab, so gilt die Kündigung mit dem Angebot als zugegangen.[140] Eine Ausnahme gilt, wenn der Empfänger einen hinreichenden Grund für die Annahmeverweigerung hatte. Wird eine Kündigung dem **Ehepartner des Kündigungsempfängers in der gemeinsamen Ehewohnung** übergeben, so ist der Ehepartner nach der Verkehrsanschauung als Empfangsbote des Kündigungsadressaten anzusehen.[141] Nichts anderes gilt, wenn die Übergabe des Schreibens **außerhalb der Wohnung** erfolgt. In beiden Fällen ist nach der Verkehrsanschauung davon auszugehen, dass der Ehegatte das Schreiben dem Kündigungsadressaten aushändigt. Der Zugang erfolgt in diesem Fall nicht bereits mit der Übergabe des Schreibens an den Empfangsboten, sondern erst, wenn mit der Weitergabe der Erklärung an den Adressaten zu rechnen ist.[142] In der Regel ist mit einer Aushändigung des Kündigungsschreibens am Tag der Übergabe zu rechnen. Die hier dargelegten Grundsätze gelten nicht nur für Eheleute, sondern für alle Gemeinschaften, die in einer Wohnung zusammenleben, insbesondere also für **Lebenspartner** und die **nichteheliche Lebensgemeinschaft.** Das Mitglied einer **Wohngemeinschaft** oder ein **Untermieter** kann dagegen nicht als Empfangsbote des Kündigungsadressaten angesehen werden. Wird das Kündigungsschreiben irgendwo **in den Geschäftsräumen eines Mieter abgelegt,** so wird hierdurch kein Zugang bewirkt.[143] Etwas anderes gilt, wenn die betr. Stelle vom Empfänger zur Ablage der eingehenden Post bestimmt worden ist. Generell gilt, dass **ungewöhnliche Übermittlungsversuche** (z. B. Einwurf durch ein geklapptes Fenster in die Wohnung, Ausnutzen eines Türspalts zum Durchschieben eines Kündigungsschreibens) keinen Zugang bewirken. Wird ein **eingeschriebener Brief** unter Hinterlassung eines Benachrichtigungszettels beim Postamt niederlegt, so tritt der Zugang erst ein, wenn der Empfänger das Einschreiben abholt.[144] Hierzu ist der Empfänger grundsätzlich nicht verpflichtet.[145] Wird das Schreiben nicht abgeholt, so fehlt es am Zu- 71

---

137 BGH NJW 1980, 990; NJW 2008, 843 = NZM 2008, 167 = GuT 2008, 28 = ZMR 2008, 275.

138 BGH NJW 2004, 1320 = WuM 2004, 269; NJW 2008, 843 = NZM 2008, 167 = GuT 2008, 28 = ZMR 2008, 275 betr. den Einwurf einer Optionserklärung in den Briefkasten einer Hausverwaltung am Silvesternachmittag.

139 AG Donaueschingen WuM 2008, 289.

140 OLG Düsseldorf WuM 1995, 584.

141 BAG (6 AZR 687/09) NJW 2011, 2604 für die arbeitsrechtliche Kündigung.

142 BAG a. a. O.

143 BGH NJW 1991, 2700.

144 OLG Düsseldorf WuM 2004, 270.

145 BGH NJW 1977, 194; **a. A.** LG Berlin GE 1984, 1383.

gang.[146] Von diesem Grundsatz gibt es folgende **Ausnahmen: (1)** Der Zugang ist nach Treu und Glauben zu unterstellen, wenn der Empfänger die Kündigung nicht abholt, obwohl er mit einer derartigen Erklärung nach der Sachlage rechnen musste.[147] Ein Großvermieter muss immer mit dem Eingang von Kündigungserklärungen seiner Mieter rechnen.[148] Gleiches gilt für einen Mieter, der sich in Zahlungsverzug befindet oder der nach einer Abmahnung mit Kündigungsandrohung weitere Vertragsverletzungen begangen hat. Der Zugang gilt an dem Tag als erfolgt, zu dem die Abholung frühestens möglich gewesen ist.[149] **(2)** Außerdem ist der Zugang zu unterstellen, wenn der Empfänger die Annahme ohne zureichenden Grund verweigert.[150] Ein hinreichender Grund zur Annahmeverweigerung liegt vor bei fehlerhafter Adressierung oder falls der Empfänger zusätzliches Porto zu bezahlen hätte. Für das Vorliegen einer Zugangsvereitelung ist der Kündigende darlegungs- und beweispflichtig.[151] Ist zweifelhaft, ob einer der Ausnahmefälle gegeben ist, so empfiehlt sich ein weiterer Zustellungsversuch. Gleiches gilt, wenn das Einschreiben nicht abgeholt und an den Absender zurückgesandt wird. Auch in diesem Fall muss der Absender unverzüglich einen zweiten Zustellversuch machen.[152] Beim **Einwurfeinschreiben** begründet der Auslieferungsbeleg die Vermutung, dass der Zugang erfolgt ist. Dem Kündigungsadressaten steht die Möglichkeit offen, diese Vermutung durch Vortrag der ernsthaften Möglichkeit eines anderweitigen Geschehensablaufs zu erschüttern; es ist nicht erforderlich, dass der Kündigungsadressat das Gegenteil beweist.[153]

72 Eine **Vereinbarung,** wonach eine **Kündigung per Einschreiben** erfolgen muss, kann unterschiedlich ausgelegt werden. Im Regelfall ist davon auszugehen, dass die Übermittlung einer Erklärung durch eingeschriebenen Brief lediglich der Beweissicherung dient.[154] Nach dieser Auslegung hat die Nichtbeachtung der Übermittlungsform keinen Einfluss auf die Wirksamkeit der Erklärung. Es muss lediglich feststehen, dass die Erklärung dem Empfänger zugegangen ist.[155] Denkbar ist aber auch, dass die Übermittlung per Einschreiben Voraussetzung für die Wirksamkeit der Erklärung sein soll. Eine solche Auslegung ist allerdings nur möglich, wenn dieser Vertragszweck in der Klausel deutlich zum Ausdruck kommt.[156]

73 Die genannte Klausel fällt unter § 309 Nr. 13 BGB. Danach ist u. a. eine Bestimmung unwirksam, durch die Erklärungen, die dem Verwender gegenüber abzugeben sind, an besondere Zugangserfordernisse gebunden werden. Hierzu zählt auch die Vereinbarung der Übermittlung durch eingeschriebenen Brief.[157]

74 Bei Mietverträgen mit einem Unternehmer gilt § 309 Nr. 13 BGB nicht (§ 310 Abs. 1 BGB). Hier kann ein Verstoß gegen § 307 Abs. 1 BGB angenommen werden, wenn das Transparenzgebot nicht gewahrt ist (§ 307 Abs. 1 Satz 2 i. V. m. § 310 Abs. 1 Satz 2 BGB). Nach diesem Gebot ist eine vertragsschließende Partei verpflichtet, das Vertragswerk so zu gestalten, dass ein durchschnittlicher Vertragspartner seine Rechte und Pflichten klar erkennen kann. Hieraus ergibt sich unter anderem, dass die einzelnen Vorschriften systematisch geordnet unter der jeweils zutreffenden Überschrift in der Vertragsurkunde aufgeführt werden müssen. Befindet sich eine Klausel an einer unvermuteten Stelle, so ist sie unwirksam.[158]

75 Wird die Erklärung per **Telefax** übermittelt (wie dies bei Geschäftsraum möglich ist), so setzt der Zugang voraus, dass der Text vom Empfangsgerät ausgedruckt wird.[159] Wird das Telefax außer-

[146] BGH a. a. O.; BGH MDR 1998, 337; LG Berlin MM 1988, Nr. 1 S. 25; *Rolfs* in Staudinger § 542 BGB Rdn. 32; *Franke* in WoBauR § 542 BGB Anm. 19; *Fritz,* Gewerberaummietrecht Rdn. 381; *Lützenkirchen* in: Erman § 542 Rdn. 14; **a. A.** LG Berlin GE 1984, 1383: Danach kann sich der Mieter auf den Zugangsmangel nicht berufen.

[147] BGH NJW 1977, 194; OLG Düsseldorf WuM 2004, 270; KG GE 2011, 133; LG Osnabrück WuM 2001, 196.

[148] LG Göttingen WuM 1989, 183.

[149] LG Freiburg WuM 2004, 490.

[150] BGH NJW 1983, 929; KG GE 2011, 133.

[151] AG Hamburg WuM 1989, 80.

[152] BGH NJW 1998, 976.

[153] AG Erfurt WuM 2007, 580.

[154] BGH (XII ZR 214/00) NJW 2004, 1320 = WuM 2004, 269; BGH (XII ZR 35/11) NJW 2013, 1082 unter Rz. 8; OLG Hamm NZM 2011, 584 = ZMR 2011, 632 unter Ziff. II 1b.

[155] BGH NJW 2004, 1320 = WuM 2004, 269; *Lützenkirchen* in: Erman § 542 Rdn. 16.

[156] OLG Naumburg ZMR 1999, 708.

[157] BGH NJW 1985, 2585, 2587; LG Hamburg NJW 1986, 262, 263.

[158] OLG Naumburg ZMR 1999, 708.

[159] BGH NJW 2004, 1320 = WuM 2004, 269; NJW 1987, 2586; NJW 1994, 1881; NJW 1994, 2097.

halb der üblichen Geschäftszeit übermittelt, so gilt als Zugangszeitpunkt der Beginn der hierauf folgenden Geschäftszeit.[160] Für den Zugang kommt es aber nicht darauf an, ob der Empfänger von der Erklärung tatsächlich Kenntnis nimmt. Deshalb geht eine Erklärung auch dann zu, wenn der Ausdruck zu einem Zeitpunkt erfolgt, zu dem sich der Empfänger im Urlaub befindet.[161] Will der Empfänger den Zugang verhindern, so muss er entsprechende Vorkehrungen treffen. Wird das Original des Kündigungsschreibens später mit der Post übersandt, so kommt es für die Frage des Zugangs nicht auf den Eingang des Originals, sondern auf den Eingang des Telefax an.[162] Bei einer Übermittlung durch ein **elektronisches Dokument** (§ 568 BGB Rdn. 13) gelten die Ausführungen zu § 550 Rdn. 47ff. Durch die **Zustellung unter Vermittlung eines Gerichtsvollziehers** wird der Zugang ersetzt (§ 132 Abs. 1 BGB). Hier spielt es auch keine Rolle, ob der Empfänger ein niedergelegtes Schreiben abholt. Ist der Aufenthalt des Empfängers unbekannt, so kann die Kündigung im Wege der **öffentlichen Zustellung** erfolgen (§ 132 Abs. 2 BGB).

Wird gegenüber einem **Geschäftsunfähigen** gekündigt, so muss die Kündigung an den gesetz- **76**
lichen Vertreter gerichtet werden und diesem zugehen. Die bloße Kenntnisnahme des gesetzlichen Vertreters von der Kündigung genügt nicht.[163] Hat der Geschäftsunfähige keinen gesetzlichen Vertreter, so hat der Vermieter die Möglichkeit, beim zuständigen Gericht die Bestellung eines Betreuers anzuregen[164] (s. im Übrigen Vor § 535 BGB Rdn. 399).

Nach h. M. spielt es keine Rolle, ob der Empfänger die Erklärung verstehen kann. Deshalb gel- **77**
ten z. B. für die **Kündigung ausländischer Mieter** keine Besonderheiten;[165] insbesondere ist es nicht erforderlich, dass die Erklärung in die Muttersprache des Ausländers übersetzt oder dass dem Ausländer eine weitere Frist für die Beschaffung einer Übersetzung zugebilligt wird.[166]

Die **Ortsabwesenheit des Empfängers** hat auf den Zugang keinen Einfluss.[167] Jedoch ist zu **78**
bedenken, dass der Abwesende nur für allgemein übliche Zugangsformen Vorsorge treffen kann (z. B. durch die Bestellung eines Empfangsvertreters, durch einen Nachsendeantrag bei der Post, usw.). Auf ungewöhnliche Übermittlungsversuche (z. B. Einwurf durch ein geklapptes Fenster in die Wohnung, Ausnutzen eines Türspalts zum Durchschieben eines Kündigungsschreibens) muss sich der Abwesende nicht einrichten.

Wird eine Wohnung von **mehreren Mietern** gemeinsam genutzt (z. B. von einem Ehepaar), so **79**
ist die Kündigung allen Mietern zugegangen, wenn sie in den Briefkasten eingeworfen wird oder wenn sie einem der Mieter an der Haustür übergeben wird. Anders ist es, wenn die Übergabe an einen der Mieter an einem anderen Ort erfolgt. Hier kommt es darauf an, wann der andere Mieter unter normalen Verhältnissen von der Kündigung Kenntnis nehmen kann. Ist einer der Mieter bereits ausgezogen, so ist eine Kenntnisnahme am Ort der Mietsache nicht zu erwarten. Dieselben Grundsätze gelten sinngemäß, wenn die Kündigung gegenüber mehreren Vermietern erklärt werden muss.

Bei der Übergabe an einen **Empfangsboten** kommt es darauf an, wann mit einer Aushändi- **80**
gung der Kündigungserklärung an den Empfänger beim normalen Verlauf der Dinge zu rechnen ist. Empfangsboten sind diejenigen Personen, die zur Übermittlung bereit und geeignet sind. Im Privathaushalt gehören dazu i. d. R. der Ehegatte und die Haushaltsangehörigen, Kinder nur, soweit sie verständig sind und von ihnen erwartet werden kann, dass sie die Erklärung weitergeben. Der Untermieter kann im Allgemeinen nicht als Empfangsbote des Mieters angesehen werden.[168] Im geschäftlichen Bereich sind die kaufmännischen Angestellten des Kündigungsempfängers als Empfangsboten anzusehen.

Hat der Kündigungsempfänger einen **Empfangsvertreter,** so genügt es, wenn die Erklärung **81**
dem Vertreter zugeht. Hat ein Rechtsanwalt angezeigt, dass er den Mieter vertrete, so ist die Kündigung wirksam, wenn sie dem Rechtsanwalt zugeht[169] Ein vom Mieter mit der Ausübung einer

---

160 *Wolf/Eckert/Ball* Rdn. 911.
161 BGH NJW 2004, 1320 = WuM 2004, 269.
162 BGH NJW 2004, 1320 = WuM 2004, 269.
163 LG Berlin MDR 1982, 321; LG Dresden WuM 1994, 377.
164 BayObLG WuM 1996, 275; vgl. auch BGH NJW 1985, 433.
165 **A. A.** LAG Hamm NJW 1979, 2488 für arbeitsrechtliche Kündigung.
166 *Grapentin* in Bub/Treier Kap. IV Rdn. 24.
167 LG Duisburg WuM 1987, 85 AG Lahr WuM 1987, 85 für urlaubsbedingte Abwesenheit; LG Saarbrücken WuM 1993, 339: wenn der Empfänger mit dem Zugang einer Kündigung rechnen musste.
168 LG Berlin GE 1994, 705; ebenso LG München I NZM 2008, 166 für den Zugang einer Betriebskostenabrechnung.
169 OLG Düsseldorf ZMR 2002, 189, 190.

Verlängerungsoption beauftragter Rechtsanwalt ist auch zur Entgegennahme einer vom Vermieter erklärten Kündigung bevollmächtigt[170] Hat der Vermieter Räumungsklage erhoben, so enthält die zur Abwehr der Räumungsklage erteilte Prozessvollmacht nach der Ansicht des BGH[171] zugleich eine Empfangsvollmacht für die Kündigungserklärung. Der Mieter kann den Umfang der Prozessvollmacht zwar beschränken. Eine solche Beschränkung ist gegenüber dem Vermieter aber nur wirksam, wenn sie diesem gegenüber vor dem Ausspruch der zweiten Kündigung bekannt gegeben wird. Dasselbe hat nach dieser Rechtsansicht zu gelten, wenn der Mieter gekündigt hat und im Rechtsstreit eine weitere Kündigung nachschiebt. Anders ist es, wenn dem Rechtsanwalt eine Kündigung übermittelt wird und dieser von dem Adressaten lediglich beauftragt wird, den fehlenden Zugang zu rügen.[172]

82 Eine Empfangsvollmacht kann bereits im Mietvertrag wirksam vereinbart werden. Die Bestellung eines **Zugangsvertreters** kann auch **durch Formularvertrag** erfolgen.[173] Dies gilt auch dann, wenn die Vollmacht zur Entgegennahme von Kündigungserklärungen ermächtigt.[174] Die oben Rdn. 58 dargelegten Bedenken gelten für die Empfangsvollmacht nicht (vgl. auch § 16 Mustermietvertrag). Eine solche mietvertraglich erteilte Vollmacht kann widerrufen werden, wenn ein wichtiger Grund vorliegt. Dies gilt auch dann, wenn der Mieter durch den Wortlaut der Klausel nicht auf das Widerrufsrecht hingewiesen wird. Das Widerrufsrecht darf aber nicht ausgeschlossen werden; sonst ist die Klausel unwirksam. Ein wichtiger Grund liegt insbesondere dann vor, wenn einer von mehreren Mietern auszieht, etwa bei Eheleuten im Falle des Getrenntlebens oder nach der Scheidung oder bei der teilweisen Auflösung einer Wohngemeinschaft. Die Möglichkeit des Widerrufs aus wichtigem Grund kann auch individualvertraglich nicht ausgeschlossen werden. Die Ausübung des Widerrufs kann auch darin gesehen werden, dass der Mieter dem Vermieter seinen Auszug und seine neue Anschrift mitteilt.[175] Die Rechtsprechung des BGH zur Wohnungsmiete betreffend die Annahme eines konkludent erklärten Widerrufs ist nicht auf die Gewerbemiete zu übertragen, weil hier aus dem Wechsel des Wohnorts eines Mieters nicht geschlossen werden kann, dass dieser Mieter auch aus dem Mietverhältnis über die Gewerberäume ausscheiden will.[176]

83 Zu den verschiedenen in Formularverträgen verwendeten Klauseln liegen folgende Rechtsentscheide vor:

84 Die in einem Formularmietvertrag enthaltene Klausel: „Erklärungen, deren Wirkung die Mieter berührt, müssen von oder gegenüber allen Mietern abgegeben werden. Die Mieter bevollmächtigen sich jedoch gegenseitig zur Entgegennahme … solcher Erklärungen. Diese Vollmacht gilt auch für die Entgegennahme von Kündigungen, jedoch nicht … für Mietaufhebungsverträge" ist wirksam. Eine solche Empfangsvollmacht kann aus wichtigem Grund widerrufen werden.[177]

85 Zu der Klausel: „Für die Rechtswirksamkeit einer Erklärung des Vermieters genügt es, wenn sie gegenüber einem von mehreren Mietern abgegeben wird" liegen mehrere Rechtsentscheide vor: Nach dem Rechtsentscheid des OLG Schleswig vom 22.3.1983[178] enthält die Klausel eine wechselseitige widerrufbare Empfangsbevollmächtigung, die allerdings nicht für die Entgegennahme von Kündigungserklärungen gelten soll.[179] Nach der Meinung des KG[180] soll es sich dagegen um eine Vereinbarung besonderer Art handeln durch die § 425 BGB dahingehend modifiziert wird, dass die rechtsgeschäftlichen Erklärungen des Vermieters keine Einzel- sondern Gesamtwirkung haben sollen. Eine solche Vereinbarung sei generell wirksam; die Entscheidungsgründe lassen allerdings erkennen, dass für die Entgegennahme von Kündigungen etwas anderes gelten soll. Nach der hier vertretenen Ansicht ist die genannte Klausel unwirksam, weil sie bei der hier gebotenen „kunden-

---

[170] OLG Rostock NZM 2002, 1028 im Anschluss an BGH NZM 2000, 382.

[171] BGH NZM 2000, 382.

[172] BGH NJW 1980, 990.

[173] BGH RE 10.9.1997 BGHZ 136, 314 = NJW 1997, 3440; *Sternel* Mietrecht (1988) Rdn. IV 10; **a. A.** LG Limburg WuM 1993, 47.

[174] BGH a. a. O.

[175] Vgl. BGH NZM 1998, 22; BGHZ 136, 314 = NJW 1997, 3437 = WuM 1997, 599.

[176] OLG Dresden Beschluss vom 13.10.2016 – 5 U 993/16.

[177] BGH RE 10.9.1997 BGHZ 136, 314 = NJW 1997, 3437 = WuM 1997, 599; überholt OLG Celle WuM 1990, 103, 112.

[178] OLG Schleswig NJW 1983, 1863 = WuM 1983, 130 = ZMR 1983, 249.

[179] Vgl. dazu auch OLG Koblenz RE vom 13.10.1983 NJW 1984, 244 = WuM 1984, 18 = ZMR 1984, 30.

[180] KG RE 25.10.1984 WuM 1985, 12 = ZMR 1985, 22.

feindlichen Auslegung“ eine Erklärungsfiktion enthält, mit der erreicht werden soll, dass der Vermieter seine Erklärungen nur gegenüber einem Mieter abgeben muss.

Beweispflichtig für den Zugang der Kündigung ist der Kündigende. Dieser Beweis ist nicht geführt, wenn der Kündigende lediglich nachweisen kann, dass er den Brief bei der Post aufgegeben oder in einen öffentlichen **Briefkasten** (Postsammelstelle) eingeworfen hat.[181] Eine Einschreibequittung beweist nur die Aufgabe eines Schreibens an einem bestimmten Tag, nicht aber den Zugang.[182] Der Inhalt des Einschreibebriefes wird hierdurch ebenfalls nicht bewiesen. Es besteht zwar die Vermutung, dass ein Einschreibebrief nicht lediglich aus einem leeren Umschlag besteht.[183] Unter Umständen kann aber zweifelhaft sein, ob der Einschreibebrief die Kündigung oder ein anderes im Besitz des Empfängers befindliches Schreiben enthalten hat. Der Rückschein beweist den Zugang nur dann, wenn die Sendung dem Mieter oder einem Empfangsboten ausgehändigt worden ist. Wurde die Sendung dagegen bei der Post niedergelegt, so kann durch den Rückschein allein der Zugang nicht bewiesen werden. Hier muss der Kündigende nachweisen, dass der Empfänger die Sendung abgeholt hat. Bei einer Kündigung per **Telefax,** (möglich bei Geschäftsraum, nicht bei Wohnraum, s. § 568 Abs. 1 BGB) kann der Beweis des Zugangs nicht mit dem Tagesberichtsausdruck des Geräts über die Sende- und Empfangsvorgänge geführt werden, weil nicht auszuschließen ist, dass der Sendevorgang durch ein defektes Empfangsgerät, durch eine Minderung der Leitungsqualität oder durch Unterbrechungen mittels Kontaktöffnungen im Telefonnetz gestört worden ist.[184] Für Unterbrechungen oder Störungen im öffentlichen Netz muss der Erklärende das Risiko tragen.[185] 86

12. Teilkündigung

Der Kündigende kann immer nur das gesamte Mietverhältnis kündigen. Teilkündigungen sind unwirksam. Hierzu gehört: Die Kündigung einzelner Teile der Mietsache,[186] die Kündigung einer Teilfläche,[187] die Kündigung einzelner vertraglicher Absprachen[188] und die Kündigung eines von mehreren Vertragspartnern.[189] Das Verbot der Teilkündigung gilt auch für die Kündigung durch den Insolvenzverwalter des Mieters.[190] Eine gesetzliche – nicht analogiefähige – Ausnahme vom Verbot der Teilkündigung enthält § 573b BGB (s. dort). Eine weitere Ausnahme gilt, wenn dem Ersteher in der Zwangsversteigerung lediglich ein Teil der Mietsache zugeschlagen wird. Hiervon ist etwa dann auszugehen, wenn mehrere Eigentumswohnungen auf Grund eines einheitlichen Mietvertrags überlassen werden und der Erwerber eine dieser Wohnungen durch Erteilung des Zuschlags erwirbt. Gleiches gilt, wenn eine Wohnungseigentumsanlage vom Eigentümer als Gesamtgebäude vermietet wird und sodann eine der Einheiten im Wege der Zuschlagserteilung auf einen Erwerber übergeht. Nach der Ansicht des BGH ist auch in einem solchen Fall eine Teilkündigung möglich.[191] Der BGH begründet dies mit der Erwägung, dass anderenfalls die dem jeweiligen Wohnungseigentümer zustehende Möglichkeit der Beleihbarkeit des Objekts spürbar beeinträchtigt wird. Das Interesse des Wohnungseigentümers gehe dem Interesse des Mieters vor. Das OLG Karlsruhe hält eine Teilkündigung nach § 564b Abs. 1 BGB a. F. (= § 573 Abs. 1 BGB n. F.) für möglich, wenn diese „einerseits den Belangen des Kündigenden entspricht, andererseits hierdurch 87

[181] BGHZ 24, 308, 312; OLG Nürnberg AnwBl. 1992, 86; LG Berlin WuM 1987, 25; AG Frankfurt DWW 1989, 87.

[182] AG Köln ZMR 1977, 278.

[183] OLG Hamm NJW-RR 1987, 342.

[184] BGH (VIII ZR 251/10) NJW 2012, 224 betr. Vermietung einer Wohnung mit Garage durch einheitlichen Mietvertrag; BGH NJW 1995, 665; KG NJW 1994, 3172; OLG München NJW 1993, 2447; OLG Dresden NJW-RR 1994, 1485; **a. A.** LG Hamburg NJW-RR 1994, 1486; s. a. *Ebnet* NJW 1992, 2985, 2990.

[185] BGH a. a. O.

[186] OLG Karlsruhe RE 30.3.1983 NJW 1983, 1499 = WuM 1983, 166; OLG Köln-Rp Köln 1993, 272; LG Stuttgart WuM 1991, 589 betr. die Kündigung einer Garage, die zusammen mit einer Wohnung vermietet worden war; AG Havelberg WuM 1993, 265 betr. die Kündigung eines Badezimmers.

[187] OLG Dresden NZM 2012, 84 = ZMR 2012, 268.

[188] AG Plauen WuM 1994, 18 betr. die Vereinbarung über das Anbringen einer Satellitenantenne; AG Düsseldorf WuM 1994, 426 betr. das Recht zur Gartennutzung; LG Aachen WuM 1989, 382 betr. die Kündigung einer Verpflichtung zur Durchführung kleinerer Reparaturen durch den Mieter.

[189] AG Birkenfeld WuM 1990, 298.

[190] OLG Dresden NZM 2012, 84 = ZMR 2012, 268.

[191] BGH (XII ZR 113/12) NJW 2012, 224.

die Interessen des Mieters nicht oder nicht unzumutbar beeinträchtigt werden".[192] Die Frage der Zulässigkeit der Teilkündigung hat allerdings mit dem Kündigungsschutz nichts zu tun. Vielmehr geht es hier um das allgemeine Problem, ob ein Mietverhältnis über eine einheitliche Sache lediglich zum Teil beendet werden kann. Diese Frage ist zu verneinen.[193] Die Parteien können das Mietverhältnis nach Belieben ausgestalten; insbesondere steht es ihnen frei, ob sie mehrere Sachen getrennt oder als zusammengehörende Einheit vermieten. Haben sie sich für die letztgenannte Möglichkeit entschieden, so gilt der allgemeine Grundsatz, dass der Vertrag nur insgesamt aufgelöst werden kann.[194]

13. Vertrauensschutz/Widerruf/Rücknahme

88 Der Gekündigte darf grundsätzlich auf die Rechtswirkungen der Kündigung vertrauen. Die Berufung des Kündigenden auf die Unwirksamkeit der von ihm erklärten Kündigung verstößt gegen Treu und Glauben, wenn durch die Kündigung ein Vertrauenstatbestand dahingehend geschaffen wurde, dass die Gegenseite auf die Vertragsbeendigung vertraut. Gleiches gilt, wenn die Berufung des Kündigenden auf die Unwirksamkeit der Kündigung zu einem unlösbaren Selbstwiderspruch führt.[195] Der Kündigende muss sich so behandeln lassen, als hätte die unwirksame Kündigung das Mietverhältnis beendet.

89 Ein einseitiger **Widerruf** ist nur möglich, wenn er vorher oder gleichzeitig mit der Kündigung zugeht (§ 130 Abs. 1 Satz 2 BGB). Von diesem Ausnahmefall abgesehen ist der Widerruf oder die einseitige **Rücknahme** der Kündigung unzulässig.[196] Allerdings können sich die Parteien dahingehend einigen, dass das Mietverhältnis unverändert fortbestehen soll. Unter Umständen kann der Widerruf in ein Angebot zum Abschluss eines solchen Vertrags umgedeutet werden. In diesem Fall treten die Rechtswirkungen der Kündigung nicht ein, wenn der andere Teil das Angebot annimmt. Eine solche Annahme ist auch stillschweigend möglich. In der Regel handelt es sich dabei weder um den Neuabschluss eines Mietvertrags noch um die Fortsetzung eines beendeten Mietverhältnisses, sondern um einen Vertrag über die Aufhebung der Kündigungswirkungen. Nach diesem Vertrag sind die Parteien so gestellt, als wäre die Kündigung nicht erfolgt.[197] Eine genehmigte Wertsicherungsklausel oder Mietanpassungsvereinbarung muss nicht erneut genehmigt werden. Für die Garantiehaftung des Vermieters nach § 536a Abs. 1 BGB ist der Zeitpunkt der Überlassung, nicht der Zeitpunkt des Vertrags über die Aufhebung der Kündigungswirkungen maßgeblich. Die Einhaltung der Schriftform nach § 550 BGB ist auch bei längerfristigen Verträgen entbehrlich, wenn beim Ursprungsvertrag die Schriftform gewahrt ist.[198] Ein vom Kündigenden erklärter „Widerruf" oder eine „Rücknahme" ist regelmäßig in ein Angebot zum Abschluss eines solchen Vertrages umzudeuten, das der Gekündigte auch stillschweigend annehmen kann. Nach der hier vertretenen Ansicht gelten diese Grundsätze unabhängig davon, ob der Vertrag über die Aufhebung der Kündigungswirkungen vor oder nach Ablauf der Kündigungsfrist geschlossen wird.[199]

89a Macht der **Sozialhilfeträger** gegenüber dem Vermieter die Übernahme der Mietschulden von der Fortsetzung des Mietverhältnisses abhängig, so liegt hierin ein Angebot zum Abschluss eines Vertrags zugunsten des Mieters, wonach dieser berechtigt sein soll, eine Option auf die Vertragsfortsetzung auszusprechen. Eine Vertragsfortsetzung kommt zustande, wenn der Mieter die Option ausübt, was wiederum stillschweigend geschehen kann.[200]

---

[192] OLG Karlsruhe RE 3.3.1997 WuM 1997, 202 betr. eine Kündigung nach § 564b Abs. 1 BGB a. F. wegen eines Eigenbedarfs an einem Teil der Wohnung; s. dazu auch LG Mainz WuM 2001, 489: Danach scheidet eine Teilkündigung aus, wenn der Eigentümer lediglich Bedarf am Obergeschoss einer zweigeschossigen Doppelhaushälfte hat.

[193] *Wiek* WuM 1997, 654; *Lammel* § 542 BGB Rdn. 51; **a. A.** *Franke* in WoBauR § 542 BGB Anm. 14.

[194] *Wiek* a. a. O.; *Rolfs* in Staudinger § 542 BGB Rdn. 92–101; *Ehlert* in Bamberger/Roth § 542 BGB Rdn. 16; *Fritz*, Gewerberaummietrecht Rdn. 399; *Bieber* in MünchKomm § 542 BGB Rdn. 15; *Mittelstein* S. 455f.

[195] OLG Düsseldorf GE 2013, 1275.

[196] BGH ZMR 1998, 612, 613; OLG Hamm ZMR 1979, 249; OLG Koblenz MDR 2012, 394; LG Berlin GE 2011, 1372; LG Düsseldorf DWW 1993, 104: *Bieber* in MünchKomm § 542 Rdn 16; *Rolfs* in Staudinger § 554 BGB Rdn. 124; *Kandelhard* in Herrlein/Kandelhard § 542 BGB Rdn. 26; *Lammel* § 542 BGB Rdn. 47; *Harke* ZMR 2015, 595.

[197] LG Mannheim WuM 1978, 139.

[198] OLG Hamm a. a. O.

[199] Ebenso *Mittelstein* S. 461; *Hattenbauer* JZ 1999, 412; *Gröschler* NJW 2000, 247 *Harke* ZMR 2015, 595, 599.

[200] *Harke* ZMR 2015, 595, 598.

Nach der **Rechtsprechung des BGH** ist die einseitige Rücknahme einer Kündigung unzulässig.[201] Allerdings können sich die Parteien dahingehend einigen, dass das Mietverhältnis unverändert fortbestehen soll. Eine solche Einigung ist auch stillschweigend möglich, so z. B. wenn der Vermieter – wie hier – erklärt, dass er die Kündigung zurücknehme und der Mieter mit der Fortsetzung des Mietverhältnisses einverstanden ist. Hinsichtlich der Rechtsfolgen einer solchen Einigung ist nach der Rechtsprechung des BGH zu differenzieren: beim Vertragsschluss vor Ablauf der Kündigungsfrist besteht das bisherige Mietverhältnis fort; beim Vertragsschluss nach diesem Zeitpunkt wird es neu begründet.[202] Daraus folgt: Ist das Mietverhältnis – wie vorliegend – fristlos gekündigt worden, so bleibt es nach h. M. beendet. Da die Fortsetzung eines bereits beendeten Mietverhältnisses nach dieser Meinung nicht möglich ist, können die Parteien lediglich ein neues Mietverhältnis vereinbaren. – Dieser Ansicht ist nicht zuzustimmen: In § 545 BGB ist geregelt, dass sich das Mietverhältnis im Falle der Gebrauchsfortsetzung auf unbestimmte Zeit „verlängert". Daraus folgt: Geben die Parteien nach Beendigung keine Erklärungen ab und wird das Mietverhältnis vom Mieter fortgesetzt ohne dass der Vermieter widerspricht, so „verlängert sich das Mietverhältnis auf unbestimmte Zeit". Die gesetzliche Regelung führt also nicht zu einer Neubegründung des Mietverhältnisses sondern geht davon aus, dass das fortgesetzte Mietverhältnis mit dem ursprünglichen – bis auf eventuelle Vereinbarungen über die Vertragszeit – identisch ist. Die Ansicht des BGH steht damit nicht im Einklang. Vielmehr gilt: Die „Rücknahme einer Kündigung" ist wirkungslos. Setzen die Parteien das Mietverhältnis ohne weitere Erklärung fort, so gilt die gesetzliche Rechtsfolge. Diese Rechtsfolge – nämlich die unveränderte Fortsetzung des Mietverhältnisses kann deshalb auch vereinbart werden. Die mit der h. M. verbundenen Rechtsfolgen hinsichtlich der Haftung nach § 536b Abs. 1 BGB, der Formbedürftigkeit längerfristiger Verträge gem § 550 BGB und des Schicksals einer genehmigungsbedürftigen Wertsicherungsklausel sind inakzeptabel, zumal die Parteien diese Umstände meist nicht bedenken. Wohl aus diesem Grunde vertritt das OLG Hamm[203] die Meinung, dass auch im Falle der Neubegründung eines längerfristigen Mietverhältnisses die Beachtung der Form des § 550 BGB entbehrlich sei;[204] diese Auffassung ist allerdings inkonsequent.[205] Einigen sich die Parteien auf eine Vertragsfortsetzung zu neuen oder geänderten Bedingungen, so ist auch nach der Auffassung des OLG Hamm stets der Neuabschluss eines Mietverhältnisses anzunehmen.[206] **89b**

Ist das Mietverhältnis fristlos gekündigt worden, so bleibt es nach h. M. beendet. Da die Fortsetzung eines bereits beendeten Mietverhältnisses nach dieser Meinung nicht möglich ist, können die Parteien lediglich ein neues Mietverhältnis vereinbaren. Soll das neue Mietverhältnis wie das vorangegangene befristet sein, so muss hierbei die gesetzliche Schriftform des § 550 BGB beachtet werden. Der BGH[207] hat in diesem Zusammenhang in Erwägung gezogen, ob es genügt, wenn die Parteien eine bereits existierende Vertragsurkunde „unter neuem Datum erneut mit ihrer Unterschrift versehen". Der BGH hat diese Frage nicht abschließend entschieden, weil sie nicht entscheidungserheblich war. **90**

Hat der Kündigende die Kündigung irrtümlich erklärt oder ist er durch Täuschung oder Drohung zum Ausspruch der Kündigung bestimmt worden, so kann er die Erklärung, nach §§ 119, 123 BGB anfechten. **91**

14. Vermieter-/Eigentümerwechsel

Der Erwerber kann grundsätzlich erst kündigen, wenn er im Grundbuch eingetragen ist; die Auflassung genügt nicht.[208] Eine Abtretung des Kündigungsrechts an den Erwerber ist ausgeschlos- **92**

[201] Grundlegend: BGH (XII ZR 195/96) NJW 1998, 2664; BGHReport 2001, 539; ebenso OLG Hamm ZMR 1979, 249; OLG Koblenz MDR 2012, 394; *Wolf/Eckert/Ball* Rdn. 908, 909; *Rolfs* in: Staudinger § 542 BGB Rdn. 124ff; Erman/Lützenkirchen, § 542 BGB, Rdn. 20; *Bieber* in: MünchKomm § 542 BGB Rdn. 16; *Grapentin,* in: Bub/Treier, Kap IV Rn. 52, 53; *Fritz,* Gewerberaummietrecht, Rdn. 390; *Lammel* Wohnraummietrecht § 542 BGB Rdn. 48; *Kandelhard* in: Herrlein/Kandelhard § 542 BGB Rdn. 26.

[202] BGH a. a. O.; *Rolfs* in: Staudinger § 542 Rdn. 127.

[203] OLG Hamm a. a. O.

[204] **A. A.** BGH ZMR 1998, 612; *Fritz,* Gewerberaummietrecht Rdn. 389; *Rolfs* in Staudinger § 542 BGB Rdn. 128; *Wolf/Eckert/Ball* Rdn. 94.

[205] *Grapentin* in Bub/Treier Kap. IV Rdn. 53; *Franke* a. a. O.; *Rolfs* in Staudinger a. a. O.

[206] *Roquette* § 564 BGB Rdn. 29.

[207] A. a. O.

[208] LG Kiel WuM 1980, 18.

sen (s. Rdn. 36). Eine Ermächtigung zur Kündigung (Rdn. 37) und eine Bevollmächtigung hierzu (Rdn. 46) ist möglich.

93 Ein vor dem Eigentumsübergang entstandenes, vom Veräußerer aber nicht ausgeübtes Kündigungsrecht erlischt mit dem Eigentumsübergang.[209] Allerdings sind einige Ausnahmen angebracht. So bleibt das Kündigungsrecht ausnahmsweise bestehen, wenn es aus einer Vertragsverletzung abgeleitet wird, die sich unmittelbar auf die Mietsache auswirkt, wie z. B. Sachbeschädigungen oder Störungen des Hausfriedens oder eine unpünktliche Mietzahlung, die in der Zeit des Veräußerers begonnen und in der Zeit des Erwerbers fortgesetzt werden.[210] Streitig ist, ob der Erwerber eine Kündigung auf Zahlungsrückstände stützen kann, die vor dem Eigentumsübergang entstanden sind. Hier sind zwei Fälle zu unterscheiden: Ist der Kündigungstatbestand bereits in der Eigentumszeit des Veräußerers entstanden, so geht das Kündigungsrecht verloren. Das Kündigungsrecht des Veräußerers erlischt, weil die Stellung des Vermieters auf den Erwerber übergegangen ist. Der Erwerber kann nicht kündigen, weil entstandene, aber nicht ausgeübte Kündigungsrechte infolge der durch § 566 BGB bewirkten Zäsur nicht auf den Erwerber übergehen.[211] Eine Abtretung der Mietzinsansprüche ändert hieran nichts.[212] Anders ist es, wenn die Rückstände teils vor und teils nach dem Eigentumsübergang aufgelaufen sind. Hier wirkt sich die Vertragsverletzung trotz der mit dem Eigentümerwechsel verbundenen Zäsur auf das neue Mietverhältnis aus, so dass der Erwerber kündigen kann, wenn der Kündigungstatbestand erfüllt ist.[213] Nach der hier vertreten Ansicht ist es nicht erforderlich, dass die aus der Zeit des Veräußerers stammenden Rückstände an den Erwerber abgetreten werden.[214]

94 Hiervon sind jene Fälle zu unterscheiden, in denen der **Veräußerer bereits wirksam gekündigt** hatte. Hier tritt der Erwerber in das Abwicklungsverhältnis ein, mit der Folge, dass er die Räume vom Mieter herausverlangen kann. Eine Ausnahme gilt für solche Kündigungstatbestände, die ein über den Kündigungsausspruch hinaus fortdauerndes Erlangungsinteresse voraussetzen, insbesondere für den Kündigungsgrund des **§ 573 Abs. 2 Nr. 2 BGB.** In einem solchen Fall wird eine Kündigung, die mit einem eigenen Bedarf des Veräußerers begründet ist, i. E. wirkungslos, weil die Weiterverfolgung des Räumungsanspruchs durch den Veräußerer oder den Erwerber rechtsmissbräuchlich ist. Kann der Erwerber eigene Beendigungsinteressen geltend machen, so muss er nach erfolgtem Eigentümerwechsel erneut kündigen. Kündigt der Veräußerer vor dem Eigentumsübergang wegen eines Eigenbedarfs des Erwerbers, so ist die Kündigung nur dann wirksam, wenn der Erwerber zu den in § 573 Abs. 2 Nr. 2 BGB genannten Personen gehört.[215] Unwirksam ist eine Kündigung nach **§ 573 Abs. 2 Nr. 3 BGB,** die mit wirtschaftlichen Interessen des Erwerbers an einer anderweitigen Verwertung des Mietobjekts begründet wird; dies gilt auch dann, wenn zwischen dem Veräußerer und dem Erwerber eine weitgehende Personenidentität besteht.[216] Etwas anderes kommt in Betracht, wenn der Veräußerer einen objektbezogenen Kündigungsgrund geltend gemacht hat (Abriss, Sanierung), den der Erwerber weiterverfolgen will.

15. Rechtsmittel gegen die Kündigung/Feststellungsklage

95 Hat der **Vermieter gekündigt,** so muss er den aus der Kündigung folgenden Herausgabeanspruch im Wege der Räumungsklage geltend machen. Eine Feststellungsklage zur Klärung des Fortbestands oder die Beendigung eines Mietverhältnisses setzt ein konkretes Feststellungsinteresse voraus. Ein allgemeines Klärungsinteresse genügt nicht. Voraussetzung ist vielmehr, dass der Kündigungsgegner die Wirksamkeit der Kündigungserklärung bestreitet oder dass ein solcher Streit zu befürchten ist.[217] Nach anderer Ansicht ist eine Klage auf Feststellung der Kündbarkeit oder Nicht-

---

209 *Emmerich* in Staudinger § 566 BGB Rdn. 47; *Sternel* Mietrecht (1988) Rdn. I 62; *Landwehr* in Bub/Treier Kap. II Rdn. 2687; **a. A.** *Kossmann* § 20 Rdn. 20; *Scholz* WuM 1983, 279.

210 *Häublein* in MünchKomm § 566 BGB Rdn. 35.

211 *Emmerich* in Staudinger § 566 BGB Rdn. 47; *Lammel* § 566 BGB Rdn. 78.

212 **A. A.** *Sternel* WuM 2009, 699, 702; *Häublein* in MünchKomm § 566 BGB Rdn. 35; *Stangl* FA MietRWEG Kap. 14 Rdn. 83.

213 *Emmerich* in Staudinger § 566 BGB Rdn. 47; *Wolf/Eckert/Ball* 10. Aufl. 2009 Rdn. 1417.

214 Ebenso *Emmerich* in Staudinger § 566 BGB Rdn. 47; **a. A.** OLG Hamm NJW-RR 1993, 273, 274; LG Berlin GE 2005, 487; *Derleder* NJW 2008, 1189, 1191; *Sternel* WuM 2009, 699, 702; *Lammel* § 566 BGB Rdn. 79.

215 OLG Hamm RE 21.7.1992 NJW-RR 1992, 1164 = WuM 1992, 460.

216 LG Stuttgart WuM 1991, 199 betr. die Vermietung durch eine GmbH, deren Gesellschafter mit den Eigentümern der Mietsache identisch sind.

217 BGH NZM 2010, 237 = WuM 2010, 143.

kündbarkeit eines Mietverhältnisses grundsätzlich unzulässig; der betreffenden Partei sei regelmäßig zuzumuten, zunächst das Gestaltungsrecht auszuüben; nur ausnahmsweise sei eine Feststellungsklage zulässig, wenn wegen der Unsicherheit der Rechtslage im Falle der Ausübung des Gestaltungsrechts ein erheblicher Schaden droht.[218] Hat der Vermieter mehrere Kündigungen ausgesprochen, so wird das Mietverhältnis durch die erste wirksame Kündigung beendet. Alle anderen Kündigungen gehen ins Leere. Dies muss bei der Formulierung des Feststellungsantrags berücksichtigt werden; anderenfalls ist die Feststellungsklage unschlüssig.[219] Aus einem Feststellungstitel kann der Vermieter keine Herausgabevollstreckung betreiben.

Die Rechtskraft von Räumungsurteil und Feststellungsurteil ist verschieden. Ist eine Räumungsklage rechtskräftig abgewiesen, so steht damit nicht rechtskräftig fest, dass das Mietverhältnis fortbesteht.[220] Wird umgekehrt der Räumungsklage stattgegeben, so ist nicht rechtskräftig entschieden, dass das Mietverhältnis beendet ist.[221] Aus diesem Grund kann der Vermieter die Räumungsklage mit der Klage auf Feststellung, dass das Mietverhältnis beendet ist, verbinden.[222] **96**

Der Mieter kann sich auf die Verteidigung gegen die Klage(n) beschränken. Stattdessen kann der Mieter auch seinerseits Feststellungsklage erheben. Voraussetzung ist, dass der Vermieter die Wirksamkeit der Kündigungserklärung bestreitet oder dass ein solcher Streit zu befürchten ist.[223] Am Feststellungsinteresse kann es fehlen, wenn die Kündigung längere Zeit zurückliegt.[224] Anders ist es, wenn sich der Vermieter auch nach Ausspruch der Kündigung der Beendigung des Mietverhältnisses berühmt.[225] Der **Klagantrag** darf nicht auf Feststellung der Unwirksamkeit der Kündigung gerichtet werden, weil es sich hierbei um kein Rechtsverhältnis i. S. v. § 256 ZPO handelt. Vielmehr muss der Klagantrag auf Feststellung des Fortbestands des Mietverhältnisses lauten.[226] Abweichende Anträge können (und müssen) umgedeutet werden.[227] Besteht die Vermieterseite aus mehreren Personen, so muss der Antrag stets gegen alle Vermieter gerichtet sein, weil diese notwendige Streitgenossen sind.[228] Der Vermieter kann gegenüber einer solchen Klage eine Widerklage auf Räumung erheben. Wegen der unterschiedlichen Rechtskraftwirkung von Räumungs- und Feststellungsantrag (s. Rdn. 96) ist gegenüber einer Räumungsklage auch eine Widerklage auf Feststellung des Fortbestands des Mietverhältnisses möglich. Außerdem kann der Mieter eine auf § 574 BGB gestützte Widerklage auf Fortsetzung des Mietverhältnisses erheben (§ 574a BGB Rdn. 19). **97**

Bestreitet der Vermieter die Wirksamkeit einer **vom Mieter erklärten Kündigung,** so haben beide Parteien die Möglichkeit der Feststellungsklage. Der Vermieter kann auf Feststellung klagen, dass das Mietverhältnis fortbesteht. Der Mieter kann eine Klage auf Feststellung erheben, dass das Mietverhältnis beendet ist. Besteht die eine oder die andere Vertragspartei aus mehreren Personen, so muss die Klage gegen alle Vertragspartner gerichtet werden, weil die jeweils beantragte Feststellung nur einheitlich getroffen werden kann.[229] Die jeweiligen Klagen können nicht im Wege von Klage und Widerklage anhängig gemacht werden, weil es sich um den jeweils gleichen Streitgegenstand mit entgegengesetzten Anträgen handelt. **98**

16. Kosten der Kündigung

Die Kosten der Kündigung fallen dem Kündigenden zur Last. Etwas anderes gilt, wenn die Kündigung wegen einer Vertragsverletzung des anderen Teils erfolgt ist. In diesem Fall gehören die Kosten der Kündigung zum Kündigungsfolgeschaden, den der Gekündigte nach §§ 280 Abs. 2, 286 Abs. 1, 2, 314 Abs. 4 BGB zu ersetzen hat.[230] War die Kündigung unwirksam und hatte dies der Kündigende zu vertreten, so kann der Kündigungsempfänger die zur Abwehr der unberechtig- **99**

---

218 *Ghassemi-Tabar/Eckner* NZM 2011, 869.
219 BGHReport 2001, 539.
220 BGHZ 43, 144.
221 OLG Celle BB 1978, 576.
222 OLG Celle a. a. O.
223 BGH NZM 2010, 237 = WuM 2010, 143.
224 LG Berlin GE 1985, 307: wenn zwischen Kündigung und Klagerhebung fünf Monate liegen.
225 LG Berlin GE 1992, 1217.
226 BGH ZMR 2000, 76, 78.
227 BGH a. a. O.
228 Vgl. KG WuM 1995, 648; offen gelassen BGH NJW 1989, 2133 = ZMR 1989, 173.
229 KG WuM 1995, 648.
230 LG Hamburg WuM 1990, 207.

ten Kündigung entstanden Kosten ersetzt verlangen.[231] Zum Schaden gehören die **Kosten eines Rechtsanwalts.** Jedoch trifft – wie Allgemein – den Geschädigten die **Schadensminderungspflicht** (§ 254 Abs. 2 BGB). Bei Beachtung dieser Pflicht kann der Vermieter nur dann anwaltliche Hilfe in Anspruch nehmen, wenn dies erforderlich und zweckmäßig ist. Der **BGH**[232] führt hierzu aus, dass ein **gewerblicher Großvermieter** bei der Abfassung eines auf **Zahlungsverzugs** gestützten Kündigungsschreibens keiner anwaltlichen Hilfe bedarf. Unerheblich ist hierbei, ob das Unternehmen eine eigene Rechtsabteilung unterhält, weil ein solches Schreiben auch durch das kaufmännische Personal gefertigt werden kann. Dies gilt insbesondere, wenn der Kündigung – wie hier – eine einfache und klare Sachlage zugrunde liegt. Der BGH hat nicht ausdrücklich entschieden, welche Rechtsgrundsätze bei einem komplizierten Sachverhalt gelten. Jedoch wird in dem Urteil obiter dictum ausgeführt, dass die Abfassung eines Kündigungsschreibens auch in einem solchen Fall unproblematisch ist. Zur (formellen) Wirksamkeit der Kündigung genügt es auch hier, „dass der Mieter anhand der Begründung des Kündigungsschreibens erkennen kann, von welchem Mietrückstand der Vermieter ausgeht und dass er diesen Rückstand als gesetzlichen Grund für die fristlose Kündigung wegen Zahlungsverzug heranzieht."

99a Vergleichbare Grundsätze gelten, wenn das Mietverhältnis durch einen **Zwangsverwalter** wegen Zahlungsverzugs des Mieters gekündigt wird. In einem solchen Fall sind die Kosten eines mit dem Ausspruch der Kündigung beauftragten Rechtsanwaltsbüros jedenfalls dann nicht erstattungsfähig, wenn der Zwangsverwalter selbst Rechtsanwalt ist und es sich um einen einfachen Sachverhalt handelt.[233]

99b Auch **private Vermieter** dürften in der Regel in der Lage sein, ein Mietverhältnis in einfach gelagerten Fällen ohne Beiziehung eines Rechtsanwalts zu kündigen. Deshalb sind auch hier die Anwaltskosten grundsätzlich nicht erstattungsfähig.[234] Eine Ausnahme gilt für Vermieter ohne hinreichende geschäftliche Erfahrung oder dann, wenn der Vermieter an der Wahrnehmung seiner Rechte verhindert ist. Erhebt der Rechtsanwalt in einem solchen Fall im Anschluss an die Kündigung eine Räumungsklage, so ist die für die Kündigung entstandene Geschäftsgebühr auf die Verfahrensgebühr anzurechnen, weil die Kündigung als Maßnahme der Beendigung des Mietvertrags denselben Gegenstand betrifft wie die Räumungsklage (Vorbemerkung 3 Abs. 4 zu Nr. 3100 VV RVG).[235]

17. Wiederholte Kündigung wegen derselben Gründe

100 Hat das Gericht eine Räumungsklage abgewiesen, so kann der Vermieter eine erneute Kündigung wegen derselben Gründe aussprechen und wiederum Räumungsklage erheben. Auf die Gründe der Klagabweisung kommt es dabei nicht an. Die Rechtskraft der vorangegangenen Entscheidung steht der erneuten Klagerhebung nicht entgegen. Vielmehr erschöpft sich die Rechtskraftwirkung in der Feststellung, dass das Mietverhältnis durch die der Klage zugrunde liegende Kündigung nicht beendet worden ist.[236] In dem Urteil vom 21.1.2009 hat der BGH ausgeführt, dass eine auf denselben Eigenbedarf gestützte Zweitklage jedenfalls dann möglich ist, wenn die Erstklage lediglich als zurzeit unbegründet abgewiesen wurde. Dabei ist nicht erforderlich, dass dieser Zusatz im Tenor des Urteils zum Ausdruck kommt; es genügt, wenn sich dies aus den Urteilsgründen ergibt.[237]

101 Eine erneute Kündigung kann allerdings rechtsmissbräuchlich sein, wenn sie ausschließlich auf solche Gründe gestützt wird, die bereits Gegenstand des Vorprozesses waren. Die Annahme des **Rechtsmissbrauchs** setzt voraus, dass die vorangegangene Kündigung im Vorprozess aus materiellrechtlichen Gründen für unwirksam erachtet wurde und dass seit dem Ausspruch dieser Kündi-

---

231 AG Brühl JurBüro 1993, 162; AG Bad Segeberg r+s 1995, 186; AG Waldbröl NJW-RR 1991, 973; AG Hamburg-Wandsbek NJW-RR 1991, 973.

232 BGH (VIII ZR 271/09) NJW 2011, 296 = WuM 2010, 740.

233 OLG Düsseldorf ZMR 2012, 186.

234 AG Darmstadt WuM 2011, 562.

235 BGH NJW 2007, 2049 = NZM 2007, 397 = WuM 2007, 329 = ZMR 2007, 439; NJW 2007, 2050 = NZM 2007, 396 = WuM 2007, 330 = ZMR 2007, 521; *Schneider* NZM 2006, 252; *Madert* in Gerold/Schmidt/von Eicken/Madert RVG 16. Aufl. VV 2400 bis 2403 Rdn. 192; **a. A.** OLG Frankfurt NZM 2005, 359; LG Mönchengladbach ZMR 2005, 957; *Peter* NZM 2006, 801.

236 BVerfG NJW 2003, 3759; BGH NJW 1998, 347 = WuM 1998, 97 = NZM 1998, 33; BGH (VIII ZR 171/11) WuM 2012, 152.

237 BGH NJW 2009, 1139 = NZM 2009, 236 = WuM 2009, 180.

gung keine Änderung der Sach- und Rechtslage eingetreten ist. An der letztgenannten Voraussetzung fehlt es beispielsweise dann, wenn der Mieter nach Ausspruch der Kündigung eine weitere Vertragsverletzung begangen oder die frühere Vertragsverletzung fortgesetzt hat. Dies beruht auf der Erwägung, dass der Erfolg einer Kündigung nach § 543 BGB auch von der Nachhaltigkeit und der Dauer der Vertragsverletzung abhängen kann. Bei einer auf Eigenbedarf gestützten Kündigung ist von einer geänderten Sachlage auszugehen, wenn der Bedarf dringlicher geworden ist, usw. Stets ist zu bedenken, dass das Recht einer Vertragspartei zur Kündigung die Regel und die Annahme des Rechtsmissbrauchs die begründungsbedürftige Ausnahme darstellt. Rechtsmissbrauch wird also nur in engen Ausnahmefällen in Betracht kommen.[238]

18. Kündigungsfolgeschaden

a) Kündigung durch den Vermieter. Hat der Vermieter wegen einer Vertragsverletzung des Mieters gekündigt, so hat er Anspruch auf Ersatz des durch die Kündigung kausal entstandenen Schadens.[239] Der Ersatzanspruch folgt aus §§ 280, 314 Abs. 4 BGB. Die Schadensersatzpflicht entfällt, wenn der Gekündigte die Pflichtverletzung nicht zu vertreten hat. Der allgemein anerkannte Rechtsgrundsatz, dass unverschuldete Zahlungsunfähigkeit nicht von der Leistungspflicht befreit[240] und wonach der Schuldner das Risiko für einen unverschuldeten Geldmangel zu tragen hat, gilt auch für die Miete. Deshalb muss der Mieter eine **Zahlungsverzögerung aufgrund wirtschaftlicher Schwierigkeiten** auch dann vertreten, wenn ihn an seiner wirtschaftlichen Leistungsunfähigkeit kein Verschulden trifft, z. B. bei Arbeitslosigkeit[241] oder Krankheit.[242] Den Mangel der zur Erfüllung erforderlichen Geldmittel hat der Mieter zu vertreten.[243] Der Umstand, dass sich der Mieter in Untersuchungs- oder Strafhaft befindet, beseitigt das Verschulden ebenfalls nicht, weil der Mieter in Fällen dieser Art einen Dritten mit der Mietzahlung beauftragen kann.[244] Etwas anderes gilt, wenn der Mieter objektiv und schuldlos an der Zahlung verhindert ist, etwa auf Grund einer plötzlichen Krankheit.[245] Grundsätzlich ist der geschädigte Vermieter so zu stellen, wie er stünde, wenn die Vertragsverletzung nicht erfolgt und es somit nicht zur fristlosen Kündigung gekommen, sondern der Vertrag fortgeführt worden wäre. Nach der (zutreffenden) Ansicht des Kammergerichts[246] ist der Mieter auch dann zum Schadensersatz verpflichtet, wenn das Mietverhältnis nicht im Wege der Kündigung sondern durch einen Mietaufhebungsvertrag beendet wird. Voraussetzung ist nur, dass die Vertragsverletzung Anlass für die Vertragsaufhebung gewesen ist. 102

Der Vermieter muss beweisen, dass der Mieter eine Vertragsverletzung begangen hat. Sache des Mieter ist es, sich hinsichtlich des Verschuldens oder Vertretenmüssens zu entlasten.[247] 103

Zu den erstattungsfähigen Schäden gehören insbesondere: 104

aa) Rechtsanwaltskosten. Liegen die Voraussetzungen einer Kündigung wegen einer Vertragsverletzung des Mieters vor, so kann der private, nicht rechtskundige Vermieter einen Rechtsanwalt mit dem Ausspruch der Kündigung beauftragen. Wegen der an die Kündigung zu stellenden formalen Anforderungen ist der Vermieter grundsätzlich nicht gehalten, auf die Hilfe des Rechtsanwalts zu verzichten. Die Kosten des Anwalts sind vom Mieter gem. §§ 280, 286 BGB zu erstatten. Der Ansatz einer 1,3 Geschäftsgebühr ist angemessen.[248] Die **Schadensminderungspflicht** (§ 254 Abs. 1 BGB) gilt aber auch hier. Nach der Rechtsprechung des BGH[249] kann ein **gewerblicher Großvermieter** nur dann anwaltliche Hilfe in Anspruch nehmen, wenn dies erforderlich und zweckmäßig ist. Bei einer auf Zahlungsverzug gestützten Kündigung ist dies jedenfalls dann zu verneinen, wenn der Kündigung eine einfache und klare Sachlage zugrunde liegt.[250] Unerheb- 105

[238] Vgl. zum ganzen BGH NJW 1998, 347 = WuM 1998, 97 = NZM 1998, 33.

[239] BGHZ 82, 121, 129f. = NJW 1982, 870, 872; NJW 1984, 2687; NJW 1991, 221, 223; WuM 2004, 542; BGH NZM 2005, 340 = GuT 2005, 115 = ZMR 2005, 433 = DWW 2005, 151; OLG Frankfurt ZMR 1993, 65; WuM 1998, 24; KG GE 2001, 1402; GE 2002, 929.

[240] RGZ 75, 337; 106, 181; BGHZ 63, 139.

[241] AG Düren WuM 1981, 210.

[242] LG Kiel WuM 1984, 55.

[243] BGHZ 36, 345.

[244] LG Aachen WuM 1990, 294.

[245] *Mittelstein* S. 424.

[246] KG GE 1999, 44.

[247] *Grapentin* in Bub/Treier Kap. IV Rdn. 313.

[248] LG Heidelberg NZM 2008, 839.

[249] BGH (VIII ZR 271/09) NJW 2011, 296 = WuM 2010, 740.

[250] Ebenso: LG Gießen WuM 2009, 666.

lich ist hierbei, ob das Unternehmen eine eigene Rechtsabteilung unterhält, weil ein solches Schreiben auch durch das kaufmännische Personal gefertigt werden kann. Der BGH hat nicht ausdrücklich entschieden, welche Rechtsgrundsätze bei einem komplizierten Sachverhalt gelten. Jedoch wird in dem Urteil obiter dictum ausgeführt, dass die Abfassung eines Kündigungsschreibens auch in einem solchen Fall unproblematisch ist. Zur (formellen) Wirksamkeit der Kündigung genügt es auch hier, „dass der Mieter anhand der Begründung des Kündigungsschreibens erkennen kann, von welchem Mietrückstand der Vermieter ausgeht und dass er diesen Rückstand als gesetzlichen Grund für die fristlose Kündigung wegen Zahlungsverzug heranzieht."

106 **bb) Mietausfall.** Ein Mietausfall entsteht zunächst dann, wenn der Mieter auszieht und die Räume nicht sofort weitervermietet werden können. Hier kann der Vermieter grundsätzlich denjenigen Betrag ersetzt verlangen, den der gekündigte Mieter beim Fortbestand des Mietverhältnisses hätte zahlen müssen.[251] Es kommt dabei nicht darauf an, ob der Mietausfall wegen einer erforderlichen Renovierung oder deshalb entstanden ist, weil zunächst kein Mietinteressent gefunden werden konnte. Hatte der Vermieter für die Umsatzsteuer optiert, so schuldet der Mieter gleichwohl nur den Nettomietzins, weil auf Schadensersatz keine Umsatzsteuer zu entrichten ist.[252]

Im Streitfall trägt der Vermieter die **Beweislast,** dass infolge der Kündigung ein Mietausfall entstanden ist. Ist der Mietausfall auf fehlende Mietinteressenten zurückzuführen, so muss der Vermieter darlegen und unter Beweis stellen, dass er das Mietobjekt unverzüglich nach der Rückgabe zur Weitervermietung angeboten hat und dass keine oder nur ungeeignete Interessenten auf das Angebot reagiert haben. Wurden die Räume in einer Zeitung zur Anmietung angeboten, so wird dieser Beweis durch die Vorlage der Anzeigenaufträge geführt.[253] Verlangt der Vermieter den Mietausfall, weil ihm die Mietsache im renovierungsbedürftigen oder beschädigtem Zustand zurückgegeben worden ist, so muss der Vermieter darlegen und beweisen, dass bei der Rückgabe im gebrauchstauglichen Zustand eine sofortige Weitervermietung möglich gewesen wäre. An den Beweis sind keine strengen Anforderungen zu stellen. Werden die Räume alsbald nach der Renovierung weitervermietet, so kann davon ausgegangen werden, dass auch für eine frühere Vermietung Interessenten vorhanden gewesen wären.[254]

107 Ein Mietausfall entsteht weiter in denjenigen Fällen, in denen die Wohnung nur zu einem **geringeren Preis** weitervermietet werden kann. Hier besteht der Kündigungsfolgeschaden in der Differenz zwischen dem bisherigen und dem nunmehr erzielbaren Mietpreis.[255]

108 Der Anspruch auf Ersatz des Mietausfalls wird erst zu jenen Zeitpunkten **fällig,** zu denen auch die Mietzinsraten fällig geworden wären.[256] **Zeitlich** ist die Zahlungspflicht des Mieters auf denjenigen Zeitraum begrenzt, zu dem der Mieter das Mietverhältnis hätte kündigen können.[257] Beim unbefristeten Mietvertrag richtet sich dieser Zeitraum nach der für den Mieter geltenden Kündigungsfrist. Ist der Mietvertrag befristet, so ist die Schadenshöhe auf den Betrag des innerhalb der Vertragsdauer geschuldeten Mietzinses nach oben begrenzt.[258] Ist ein befristeter Mietvertrag wegen eines Schriftformmangels vorzeitig nach § 550 BGB kündbar, so ist diese Kündigungsmöglichkeit zu berücksichtigen. Es kommt nicht darauf an, ob der Mieter kündigt. Maßgeblich ist allein, ob eine solche Kündigung möglich wäre. Dies ist vom Gericht von Amts wegen festzustellen.[259] Unberührt hiervon bleiben Schadensersatzansprüche des Vermieters gegen den Mieter wegen verspäteter Rückgabe oder wegen Rückgabe in vertragswidrigem Zustand.

109 Die **Schadensminderungspflicht** gilt auch hier: Deshalb kann der Schadenersatzanspruch entfallen oder in der Höhe gemindert sein, wenn sich der Vermieter nicht ausreichend um eine zügige Weitervermietung bemüht hat[260] oder wenn die Weitervermietung deshalb gescheitert ist, weil der Vermieter die Wohnung zu marktfremden Bedingungen angeboten hat. Grundsätzlich muss der

---

[251] BGH NZM 2005, 340 = GuT 2005, 115 = ZMR 2005, 433 = DWW 2005, 151; KG GE 1999, 44; OLG Düsseldorf GE 2011, 1681; OLG Düsseldorf U v.11.7.2013 – 24 U 136/12.

[252] BGH ZMR 2008, 867 = GuT 2008, 463 unter Nr. I 7; KG NZM 1999, 462, 463; OLG Rostock, Urt. v. 2.7.2009 – 3 U 146/08.

[253] KG GE 2001, 1402.

[254] OLG Frankfurt DWW 1992, 336.

[255] KG GE 1999, 44.

[256] BGH WuM 1980, 197.

[257] BGH WuM 2004, 542.

[258] BGH NJW 1982, 870, 872; NJW 1984, 2687; OLG Frankfurt WuM 1998, 24.

[259] OLG Rostock, Urt. v. 2.7.2009 – 3 U 146/08.

[260] OLG Düsseldorf U v.11.7.2013 – 24 U 136/12.

Vermieter ein Vermietungsinserat aufgeben oder einen Makler einschalten.[261] Dem Vermieter fällt allerdings kein Mitverschulden zur Last, wenn er mit dem Abschluss eines neuen Mietvertrags zuwartet, bis der Mieter geräumt hat.[262] Zu beachten ist weiter, dass der Vermieter nicht gehalten ist, die Wohnung zum bisherigen Mietpreis oder sogar zu einem reduzierten Mietpreis anzubieten, nur um einen Nachfolger zu finden.[263] Der Vermieter ist vielmehr berechtigt, denjenigen Mietpreis zu verlangen, der bei Neuvermietungen üblicherweise und legal erzielt werden kann.[264] Ebenso ist der Vermieter nicht gehalten, jede beliebige Person als Mieter zu akzeptieren.[265] Ein Verstoß gegen die Schadensminderungspflicht kommt nicht in Betracht, wenn der Mieter selbst den Nachfolger ermittelt hat.[266] Für die Verletzung der Schadensminderungspflicht ist der Mieter darlegungs- und beweispflichtig.[267] Den Vermieter trifft die sekundäre Darlegungslast. Der Mieter muss beweisen, dass der Vermieter seine Schadensminderungspflicht verletzt hat.[268] Ein unsubstantiiertes Bestreiten genügt nicht. Vielmehr muss der Mieter darlegen weshalb die Bemühungen des Vermieters zur Weitervermietung unzureichend waren. Außerdem muss der Mieter darlegen und beweisen, dass bei Erfüllung der Schadensminderungspflicht eine Weitervermietung möglich gewesen wäre. Dies setzt voraus, dass für Mietobjekte der fraglichen Art eine ausreichende Nachfrage besteht.[269] Erforderlich sind „Hinweise auf die allgemeine Marktsituation und auf Vergleichsfälle".[270]

Gesichtspunkte der **Vorteilsausgleichung** spielen regelmäßig keine Rolle. Deshalb entfällt die Verpflichtung eines vertragsbrüchigen Mieters zum Ersatz des Mietausfallschadens nicht deshalb, weil es dem Vermieter in der Folgezeit gelingt, die Räume zu einem höheren Mietzins weiterzuvermieten.[271] **110**

Wird der vom Vermieter ausgewählte **Nachfolger** seinerseits **vertragsbrüchig,** so muss der ursprüngliche Mieter auch für diesen Schaden einstehen. Wird der Mietnachfolger seinerseits zahlungsunfähig, so umfasst der Kündigungsfolgeschaden auch den hierdurch bedingten Mietausfall.[272] Am ursächlichen Zusammenhang zwischen der Vertragsverletzung und dem Schaden fehlt es nicht, weil der Schadensverlauf durch die Vertragswidrigkeit des ursprünglichen Mieters in Gang gesetzt worden ist. Ebenso wird man den weiteren Schaden dem ursprünglichen Mieter zurechnen müssen.[273] Aus der Sicht des Vermieters ist ein befristeter Mietvertrag ja vor allem deshalb interessant, weil er über eine längere Zeit hinweg sichere Mieteinnahmen verspricht. Wer dieses Vertragsziel schuldhaft vereitelt, muss für die daraus folgenden Vermögenseinbußen einstehen. Das KG[274] hat in diesem Zusammenhang entschieden, dass der Vermieter in Fällen dieser Art nur dann einen Mietausfallschaden geltend machen kann, wenn feststeht, dass der Mietzinsanspruch gegen den vertragsbrüchigen oder insolventen Nachfolger nicht zu realisieren ist. Nach dieser Ansicht kann der Vermieter den Mietausfallschaden erst dann geltend machen, wenn er zuvor den Mietnachfolger auf Zahlung der Miete in Anspruch genommen und die Vollstreckung versucht hat. Die gerichtliche Inanspruchnahme und die Vergeblichkeit des Vollstreckungsversuchs muss der Vermieter im Prozess darlegen. Nach anderer und richtiger Ansicht kann der Vermieter den früheren Mieter sofort in Anspruch nehmen. Dem früheren Mieter bleibt gem. §§ 667, 677, 681 Satz 2 BGB die Möglichkeit, gegen Begleichung der offenen Mietzinsen vom Vermieter die Abtretung der Ansprüche gegen den jetzigen Mieter zu verlangen.[275] **111**

cc) Renovierungskosten. Hat der Mieter nach den vertraglichen Vereinbarungen die Durchführung der Schönheitsreparaturen übernommen und sind die vereinbarten oder üblichen Fristen zum Zeitpunkt der vorzeitigen Vertragsbeendigung noch nicht abgelaufen, so ist der Mieter man- **112**

---

[261] LG Wiesbaden ZMR 2011, 476.
[262] KG DWW 2009, 260.
[263] OLG Frankfurt WuM 1992, 436 = ZMR 1993, 65; WuM 1998, 24.
[264] BGH NZM 2005, 340 = GuT 2005, 115 = ZMR 2005, 433 = DWW 2005, 151; KG GE 2001, 1402; KG DWW 2009, 260.
[265] KG DWW 2009, 260.
[266] OLG Düsseldorf DWW 1991, 18.
[267] OLG Celle ZMR 2011, 948.
[268] KG GE 1999, 44.
[269] BGH NZM 2005, 340.
[270] OLG Koblenz GuT 2008, 208.
[271] OLG Düsseldorf NZM 1998, 916; KG GE 2002, 929.
[272] OLG Düsseldorf GuT 2002, 23.
[273] KG GE 1999, 44; OLG Düsseldorf DWW 2001, 301.
[274] KG GE 2002, 329.
[275] OLG Naumburg WuM 1998, 283.

gels Fälligkeit der Leistung nicht zur Durchführung von Schönheitsreparaturen verpflichtet. Dennoch ist denkbar, dass die Wohnung in dem bestehenden Zustand nicht weitervermietet werden kann. In diesem Fall kann der Vermieter die Renovierungskosten als Kündigungsfolgeschaden geltend machen; es handelt sich dann um eine Schadensposition, die infolge der vorzeitigen, vom Mieter verschuldeten Vertragsbeendigung entstanden ist.

113 **dd) Insertionskosten/Maklerkosten/allgemeiner Aufwand.** Entstehen im Zuge der Weitervermietung Insertions- oder Maklerkosten, so sind diese ebenfalls erstattungsfähig. Der allgemeine, mit einem Wohnungswechsel verbundene Zeit- und Materialaufwand (Wohnungsabnahme/Wahrnehmung von Besichtigungsterminen/Ausfertigung des neuen Mietvertrags usw.) ist dagegen nicht erstattungsfähig, weil die mit dem Wohnungswechsel verbundene Mühewaltung zum allgemeinen Pflichtenkreis des Vermieters gehört und weil der ohnehin bestehende personelle und organisatorische Verwaltungsaufwand durch Vertragsbeendigungen, die durch einzelne Mieter verschuldet worden sind, nicht messbar erhöht sein wird.

114 **b) Kündigung durch den Mieter.** Auch der Mieter kann Anspruch auf Ersatz des Kündigungsfolgeschadens haben, wenn der Vermieter seine vertraglichen Verpflichtungen verletzt und der Mieter deshalb das Mietverhältnis kündigt.[276] Der Mieter muss beweisen, dass der Vermieter eine Pflichtverletzung begangen hat; Sache des Vermieters ist es, sich hinsichtlich des Verschuldens oder Vertretenmüssens zu entlasten.[277] Der Anspruch ergibt sich entweder aus § 280 Abs. 1 BGB oder – wenn die Kündigung wegen eines Mangels erfolgt – aus § 536a Abs. 1 BGB. Der Anspruch auf Ersatz des Kündigungsfolgeschadens setzt die Wirksamkeit der außerordentlichen Kündigung voraus, weil er gerade denjenigen Schaden erfasst, welcher infolge der vorzeitigen Beendigung des Mietverhältnisses entstanden ist. Vom Kündigungsfolgeschaden ist der Mangelschaden zu unterscheiden. Auf diese Anspruchsgrundlage kann sich der Mieter berufen, wenn das Mietverhältnis nicht gekündigt wird oder wenn eine vom Mieter ausgesprochene Kündigung etwa aus formellen Gründen unwirksam ist. Grundlage des Anspruchs ist § 536a Abs. 1 BGB (s. dort). Nach dieser Vorschrift sind die mit der Anmietung von Ersatzräumen und der damit einhergehenden Freigabe der bisherigen Mieträume verbundenen Vermögensschäden erstattungsfähig, wenn der Mieter bestehende Mängel der Mietsache berechtigterweise zum Anlass nimmt, wegen einer nicht mehr vorhandenen Tauglichkeit der Mieträume zum vertragsgemäßen Gebrauch den Umständen nach angemessene neue Räume anzumieten.[278] Der Umstand, dass der Vermieter ebenfalls zur Kündigung berechtigt ist, spielt für den Kündigungsfolgeschaden keine Rolle, weil sich der Vermieter der Haftung aus § 536a Abs. 1 BGB nicht durch Kündigung entziehen kann. Zum anderen sind die Grundsätze des Haftungsausschlusses auf Grund der Möglichkeit rechtmäßigen Alternativverhaltens nur anzuwenden, wenn derselbe Erfolg effektiv herbeigeführt worden wäre, der Vermieter also tatsächlich gekündigt hat. Die bloße Möglichkeit zur Kündigung reicht nicht aus.[279]

114a Hat der Mieter wegen eines anfänglichen Mangels nach § 543 Abs. 2 Nr. 1 BGB gekündigt, so muss der Vermieter verschuldensunabhängig auch für den Kündigungsfolgeschaden einstehen. Gleiches gilt, wenn dem Mieter der vertragsgemäße Gebrauch der Mietsache nicht rechtzeitig gewährt wird. Dies ist auch dann der Fall, wenn der Vermieter die geschuldete Vertragserfüllung endgültig verweigert.[280] Der vom Vermieter zu ersetzende **Schaden** ist an Hand einer „Vermögensbilanz" zu berechnen. Erstattungsfähig ist derjenige Schaden, der dem Mieter infolge der Kündigung entsteht. Die Höhe des Schadens bemisst sich nach der Differenz zwischen der vorhandenen Vermögenslage und derjenigen, die bei ordnungsgemäßer Erfüllung eingetreten wäre. Die allgemeinen Grundsätze des Schadensrechts, wie die Schadensminderungspflicht, die Vorteilsausgleichung, der Abzug „Neu für Alt" und dergleichen sind auch hier zu beachten. Im Einzelnen gilt:

115 **aa) Aufwendungen für die bisherigen Räume.** Für die **Wohnraummiete** gilt: Der Mieter kann nach seiner Wahl Schadensersatz (positives Interesse) oder – anders als nach dem bis 31.12.2001 geltenden Recht – Ersatz seiner vergeblichen Aufwendungen verlangen (§§ 284, 311a Abs. 2 BGB). Der Aufwendungsersatz ist seiner Höhe nach begrenzt auf diejenigen Aufwendungen, die der Mieter im Vertrauen auf die Vertragserfüllung gemacht hat und billigerweise machen durfte (§§ 311a Abs. 2, 284 BGB). Außerdem besteht die Besonderheit, dass der Aufwendungser-

---

[276] BGH GE 2000, 736; NJW 2007, 2474 = NZM 2007, 561 = WuM 2007, 570 = ZMR 2007, 686.
[277] BGH a. a. O.; *Grapentin* in Bub/Treier Kap. IV Rdn. 313.
[278] BGH (VIII ZR 191/12) NJW 2013, 2660 Rn. 9.
[279] BGH (XII ZR 153/15) WuM 2017, 18.
[280] BGH NJW-RR 2007, 884 = NZM 2007, 401 = GuT 2007, 128 = ZMR 2007, 444.

satzanspruch entfällt, wenn die Aufwendungen auch bei der Vertragserfüllung ihren Zweck nicht erreicht hätten. Auf eine Rentabilitätsvermutung kommt es nicht an.[281] Bei der **Geschäftsraummiete** kann der Mieter ebenfalls nach seiner Wahl Schadensersatz (positives Interesse) oder Ersatz seiner vergeblichen Aufwendungen verlangen. Teilweise wird allerdings die Ansicht vertreten, dass die Regelung des § 284 BGB auf die Geschäftsraummiete nicht anwendbar sei.[282] Hier soll die bis 31.12.2001 geltende Rechtslage fortbestehen. Es gelte eine Vermutung, dass der Mieter seine Aufwendungen durch entsprechende Gewinne wieder erwirtschaftet hätte. Diese Rentabilitätsvermutung könne vom Vermieter widerlegt werden. Mit dem Gesetzeswortlaut und den Vorstellungen des Gesetzgebers steht diese Ansicht nicht im Einklang. Vielmehr gilt auch hier, dass es auf eine Rentabilitätsvermutung nicht ankommt.[283]

bb) Schadensersatz. Wahlweise zum Aufwendungsersatz (oben aa) kann der Mieter Schadensersatzansprüche geltend machen. Hierzu gehören: 116

aaa) Aufwendungen anlässlich des Wohnungswechsels kann der Mieter ersetzt verlangen, soweit er hierfür keinen bleibenden Vermögenswert erhalten hat. Hierzu gehören die **Umzugskosten, die Kosten der Wohnungssuche**[284], **Zeitungsinserate, Maklerkosten, Kosten für die Ummeldung von Telefon, Umbaukosten für eine Einbauküche,**[285] etc. Außerdem gehören hierzu **Finanzierungskosten** für neu angeschaffte Einrichtungsgegenstände, Gardinen, usw., die nicht angefallen wären, wenn der Mieter in seiner bisherigen Wohnung verblieben wäre.[286] Hat der Mieter diese Anschaffungen aus seinen Rücklagen getätigt, so kann er stattdessen einen angemessen Zinsbetrag, berechnet nach den Zinsen mittelfristiger Kapitalanlagen in Ansatz bringen. 117

bbb) Mehrkosten für die neue Wohnung, insbesondere ein **höherer Mietzins.** Dabei sind – wie allgemein im Schadensrecht – die Gesichtspunkte der Vorteilsausgleichung und der Schadensminderungspflicht zu berücksichtigen. Hieraus folgt: Hatte der Mieter für die bisherige Wohnung einen Mietzins nach § 558 Abs. 2 BGB zu zahlen und muss er für die neue, gleichwertige Wohnung die Marktmiete (Mietzins, wie er für Neuvermietungen verlangt wird) entrichten, so kann der Mieter die Differenz zwischen bisheriger Miete und neuer Miete als Schadensersatz verlangen. Allerdings ist der Anspruch auf den Zeitraum bis zum Ablauf der vereinbarten Vertragsdauer oder bis zur Wirksamkeit der ersten möglichen Kündigung durch den Vermieter beschränkt. Hat der Vermieter – wie häufig bei der Wohnraummiete – keinen Kündigungsgrund, so besteht der Anspruch **zeitlich unbegrenzt,**[287] jedoch ist zu bedenken, dass der jetzige Vermieter die Marktmiete nicht nach § 558 BGB erhöhen kann, während der bisherige Vermieter solche Mieterhöhungen entsprechend der Entwicklung des ortsüblichen Preisniveaus durchsetzen könnte.[288] Deshalb wird es im Laufe der Zeit zu einer Angleichung der Mieten kommen. Diesem Umstand ist dadurch Rechnung zu tragen, dass die Höhe des Schadens in zeitlich angemessenen Abständen – etwa von 2 Jahren – festgestellt wird. Der Mieter kann diesen Schaden nicht in einer Summe, sondern nur in monatlichen Raten ersetzt verlangen. Die Höherwertigkeit der neuen Wohnung ist zugunsten des Vermieters; eine geringere Wertigkeit zugunsten des Mieters zu berücksichtigen. Die Schadensminderungspflicht ist verletzt, wenn der Mieter eine Wohnung zu einem überhöhten (Markt)preis anmietet, obwohl günstigere Angebote vorhanden waren. Ein Mietzinsteil, der die Grenze des § 5 WiStG überschreitet, kann nicht als Schaden geltend gemacht werden, weil der Mieter diesen Betrag infolge der Teilnichtigkeit der Mietzinsvereinbarung in Wirklichkeit nicht schuldet. 118

ccc) Aufwendungen für die Ersatzräume, (neue Gardinen, Einbauküche, Einrichtungsgegenstände, Teppich- oder Parkettböden,) **gehören nicht zum Schaden,** wenn der Mieter hierfür einen entsprechenden, bleibenden Gegenwert erhält.[289] Im Ausnahmefall kann etwas anderes gelten, wenn der Mieter vom Vormieter gebrauchtes, weitgehend wertloses Mobiliar übernehmen 119

[281] Gesetzesbegründung zu § 284 BGB, BT-Drucks. 14/6040 S. 142, 143; *Emmerich* NZM 2002, 362, 364.
[282] Palandt/*Heinrichs* SchuldRModG § 284 BGB Rdn. 4.
[283] BGH NJW 2005, 2848 unter Nr. II 1 c für das Kaufrecht; Palandt/*Grüneberg* § 284 BGB Rdn. 3.
[284] Vgl. AG Pforzheim/LG Karlsruhe DWW 1995, 144: einschließlich aufgewendeter Urlaubszeit.
[285] AG Bad Oldesloe WuM 1995, 170.
[286] AG Saarlouis WuM 1995, 173 = DWW 1995, 16.
[287] *Harsch* MietRB 2016, 81, 85; **a. A.** LG Berlin MM 1994, 176; LG Köln WuM 1992, 14: für 3 Jahre; LG Darmstadt WuM 1995, 165: für 4 Jahre.
[288] LG Potsdam WuM 2001, 243.
[289] **A. A.** LG Saarbrücken WuM 1995, 173; LG Hamburg NJW RR 1993, 333 = ZMR 1993, 281 = WuM 1995, 175 betr. Gardinen; LG Karlsruhe DWW 1992, 22 betr. die Anschaffung einer Spüle und von Gardinen.

muss, weil er anderenfalls die Wohnung nicht erhält.[290] Gleiches gilt, wenn der Mieter die Ersatzräume für seine speziellen Zwecke umbauen muss; ein solcher Fall wird insbesondere bei der Gewerbemiete vorliegen. Die für die Anschaffung erforderlichen Finanzierungskosten sind immer erstattungsfähig (s. Rdn. 117). Eine an den neuen Vermieter zu leistende Mietkaution ist ebenfalls kein Schaden, weil die Kaution nach § 551 BGB im Vermögen des Mieters verbleibt.[291] Soweit die Kaution durch die Aufnahme eines Kredits finanziert werden muss, gehören die Finanzierungskosten allerdings zum Schaden. Für die Schadenshöhe ist die Differenz zwischen den vom Mieter aufzubringenden Kreditzinsen und den dem Mieter zufließenden Kautionszinsen maßgeblich. Entschließt sich der Mieter auf Grund der Kündigung zum Erwerb einer Eigentumswohnung, so sind die hierfür aufgewendeten Kosten kein Schaden, weil der Mieter hierfür einen Gegenwert erhält. Dies gilt auch hinsichtlich der Finanzierungskosten und eventueller Umbau-, Sanierungs- oder Renovierungsarbeiten.[292] Eine Ausnahme kann in Betracht kommen, wenn der Mieter mit dem Erwerb der Wohnung bis zur Zuteilung eines zinsgünstigen Bauspardarlehens warten wollte und wegen der Kündigung eine teurere Zwischenfinanzierung in Kauf nehmen muss.

120 Hat der Mieter sowohl für die Herrichtung der ursprünglichen Räume als auch für die Herrichtung der Ersatzräume Kosten aufgewandt, so ist zweifelhaft, ob beide Ersatzpositionen erstattungsfähig sind. Die Zweifel resultieren aus der Erwägung, dass der Mieter durch die Erstattung der Kosten für die Herrichtung der Ersatzräume so gestellt wird, als hätte er die früheren Investitionen weiter nutzen können. Aus diesem Grunde ist der BGH[293] der Ansicht, dass der Mieter in einem solchen Fall lediglich die für die Ersatzräume aufgewendeten Kosten ersetzt verlangen kann.

121 **cc)** Hat der Mieter von Gewerberäumen oder ein freiberuflich tätiger Mieter durch den Verlust der Räume einen **Verdienstausfall** erlitten, so kann er auch diese Vermögenseinbuße ersetzt verlangen.

122 **c) Kündigung durch beide Teile.** Der Anspruch des Kündigenden auf Ersatz des Kündigungsfolgeschadens entfällt, wenn der Gekündigte ebenfalls zur fristlosen Kündigung berechtigt ist. In einem solchen Fall könnte der Gekündigte dem Kündigenden den geltend gemachten Schaden auch rechtmäßig zufügen. Es ist nicht erforderlich, dass der Gekündigte die Kündigung ausspricht; vielmehr genügt es, dass das Kündigungsrecht besteht, weil es nicht „zu einem Wettlauf der Kündigungen kommen" darf.[294]

19. Vertragswidrige Kündigung

123 Kündigt der Vermieter ein Mietverhältnis, obwohl kein Kündigungsgrund vorliegt, so muss er dem Mieter den durch die Kündigung entstehenden Schaden ersetzen.[295] Voraussetzung ist, dass der Vermieter schuldhaft gehandelt hat. Hierbei genügt einfache Fahrlässigkeit. Das Risiko einer fehlerhaften Beurteilung der Rechtslage trägt der Vermieter; deshalb ist der Vermieter auch dann zum Schadensersatz verpflichtet, wenn er sich über die Rechtslage irrt.[296] Der Mieter muss die Pflichtwidrigkeit beweisen. Etwas anderes soll gelten, wenn die Kündigung mit einem Prozessbetrug begründet worden ist. Hier wird die Ansicht vertreten, der Vermieter müsse nach dem Rechtsgrundsatz des § 186 StGB beweisen, dass die den Betrugsvorwurf begründende Tatsache wahr ist.[297]

124 Die für den Fall der unrechtmäßigen Kündigung entwickelten Grundsätze gelten auch dann, wenn der Vermieter nicht kündigt, sondern den Mieter – in dem irrigen Glauben, das Mietverhältnis sei durch Zeitablauf beendet – zur Räumung auffordert.[298]

125 Dem Mieter fällt regelmäßig auch kein Mitverschulden zur Last, wenn er freiwillig räumt. In der unrechtmäßigen Kündigung oder Räumungsaufforderung liegt eine schwere Vertragsverletzung,

---

290 AG Siegen WuM 1995, 167.

291 **A. A.** LG Saarbrücken a. a. O.

292 LG Karlsruhe DWW 1992, 22.

293 BGH NJW 2000, 2342 = NZM 2000, 496 = WuM 2000, 598 = ZMR 2000, 590 = GE 2000, 736.

294 KG GE 2002, 258.

295 BGHZ 89, 296, 302; BGH NJW 1998, 1268; NZM 2002, 291; AG Freiburg WuM 2004, 673; AG Jülich WuM 2006, 562.

296 BGH NJW 1988, 1268; NZM 2002, 291; **a. A.** LG Köln ZMR 2012, 190 betr. Kündigung des Vermieters wegen Zahlungsverzugs auf Grund einer Mietminderung, wenn sich die Berechtigung der Minderung erst im Prozess ergibt.

297 LG Landau WuM 2004, 492.

298 BGH NZM 2002, 291.

die den Mieter zur fristlosen Kündigung nach § 543 Abs. 1 BGB berechtigt.[299] Zum Schaden zählen insbesondere die Anwaltskosten, die der Mieter zur Abwehr der unrechtmäßigen Kündigung aufwenden muss.[300]

Der Vermieter kann sich gegenüber dem Mieter nicht darauf berufen, dass das Mietverhältnis infolge der Unwirksamkeit der Kündigung fortbesteht. Deshalb kann der Vermieter für die restliche Vertragszeit keine Miete verlangen (venire contra factum proprium).[301] **126**

Kündigt der Erwerber einer Wohnung vor seiner Eintragung ins Grundbuch, so ist die Kündigung unwirksam. Gleichwohl hat der Mieter keinen Ersatzanspruch, weil zwischen dem Erwerber und dem Mieter vor der Grundbucheintragung kein Vertragsverhältnis besteht. Eine deliktische Haftungsgrundlage besteht nicht. Die Gefahr, von einem Dritten unberechtigt in Anspruch genommen zu werden, zählt zum allgemeinen Lebensrisiko, das der in Anspruch genommene selbst tragen muss.[302] **127**

Zum Schadensersatzanspruch des Mieters bei einer Kündigung mit vorgetäuschtem Eigenbedarf (s. auch § 573 BGB Rdn. 62). **128**

III. Beendigung durch außerordentliche Kündigung

Für die außerordentliche Kündigung gelten ebenfalls die für die ordentliche Kündigung dargelegten Grundsätze. Im Unterschied zur ordentlichen Kündigung kann hierdurch auch ein befristetes Mietverhältnis vor Ablauf der Zeit beendet werden. Die Kündigungsarten unterscheiden sich zum einen hinsichtlich der zu beachtenden Kündigungsfrist. In den Fällen der §§ 543, 569 BGB ist eine Kündigung ohne Einhaltung einer Frist möglich. In den Fällen der außerordentlichen befristeten Kündigung (außerordentliche Kündigung mit gesetzlicher Frist) gilt unabhängig von den vertraglichen Vereinbarungen und der Dauer des Mietverhältnis die Kündigungsfrist der §§ 573d BGB (Wohnraum) und § 580a Abs. 4 BGB (sonstige Mietverhältnisse). Die außerordentliche befristete Kündigung mit gesetzlicher Frist ist in folgenden Fällen möglich: **129**

1. Kündigung des Vermieters gegenüber dem Erben des verstorbenen Mieters nach **§ 564 BGB (Wohnraum)** und nach **§ 580 BGB (sonstige Mietverhältnisse);** s. dort. **130**

2. Kündigung des Vermieters gegenüber dem Sonderrechtsnachfolger des verstorbenen Mieters nach **§ 563 Abs. 4 BGB;** s. dort. **131**

3. Kündigung des Vermieters bei mehr als 30-jähriger Mietdauer nach **§ 544 BGB;** s. dort. **132**

4. Kündigungsrecht des Eigentümers bei Beendigung des Nießbrauchs nach **§ 1056 Abs. 2 BGB:** Hat der Nießbraucher ein Grundstück über die Dauer des Nießbrauchs hinaus vermietet, so finden nach Beendigung des Nießbrauchs die für den Fall der Veräußerung geltenden Vorschriften (§§ 566, 566a, 566b Abs. 1, 566c–566e, 567b BGB) entsprechende Anwendung (§ 1056 Abs. 1 BGB). Das Mietverhältnis wird also nach Beendigung des Nießbrauchs mit dem Eigentümer fortgesetzt (§ 1056 Abs. 2 BGB), falls die Mietsache dem Nießbraucher überlassen wurde (§ 566 BGB).[303] Dieselbe Rechtsfolge gilt, wenn der Mietvertrag durch den Eigentümer abgeschlossen wird und dieser später das Eigentum unter dem Vorbehalt des Nießbrauchs auf einen Dritten überträgt, weil der frühere Eigentümer in diesem Fall weiterhin Vermieter bleibt.[304] **133**

Der Eigentümer hat ein **Sonderkündigungsrecht** nach § 1056 Abs. 2 BGB. Auf Grund dessen ist er berechtigt, ein befristetes Mietverhältnis unter Einhaltung der gesetzlichen Kündigungsfrist zu kündigen. Ist zugunsten des Mieters die Eigenbedarfskündigung ausgeschlossen, so ist der Eigentümer hieran nicht gebunden. Grundsätzlich gilt, dass sowohl eine Befristung als auch eine Kündigungsbeschränkung nicht gegen den Eigentümer wirken. Jedoch ist das **Sonderkündigungsrecht** **133a**

299 BGH NZM 2002, 291.
300 AG Jülich WuM 2006, 562.
301 OLG Düsseldorf NZM 2004, 866, 867.
302 OLG Stuttgart WuM 2007, 64.
303 BGHZ 109, 111 = NJW 1990, 443 unter Ziff. II 1.
304 BGH NJW 2006, 51, 52; MDR 2010, 260 unter Rdn. 9.

ausgeschlossen, wenn der Eigentümer persönlich an den Mietvertrag gebunden ist.[305] Dies ist der Fall, **(1)** wenn der Mietvertrag vor der Bestellung des Nießbrauchs vom Eigentümer selbst abgeschlossen wurde und der Nießbraucher gem. § 567 Satz 1, 566 Abs. 1 BGB in das Mietverhältnis eingetreten ist, oder **(2)** wenn der Eigentümer einem vom Nießbraucher abgeschlossenen Mietvertrag persönlich beigetreten ist oder **(3)** wenn der Eigentümer Alleinerbe des Nießbrauches wurde.[306]

133b Wird der **Nießbrauch vorzeitig durch Verzicht beendet,** so kann dieses Recht erst von der Zeit an ausgeübt werden, zu welcher der Nießbrauch ohne den Verzicht enden würde (§ 1056 Abs. 2 Satz 2 BGB). Die Kündigung muss bei der Wohnraummiete schriftlich erklärt werden; sie ist grundsätzlich an keine Frist gebunden. Allerdings müssen Kündigungsgründe i. S. v. § 573 BGB vorliegen. Das war bereits zum früheren Recht anerkannt[307] und ist jetzt in § 573d Abs. 1 BGB geregelt. Die Kündigungsgründe sind in der Kündigungserklärung anzugeben. Ein Hinweis auf die Regelungen in § 1056 Abs. 2 ist entbehrlich.[308] Der Mieter hat die Möglichkeit, den Eigentümer unter Bestimmung einer angemessenen Frist zur Erklärung darüber aufzufordern, ob er von dem Kündigungsrecht Gebrauch mache. In diesem Fall kann die Kündigung nur bis zum Ablauf der Frist erfolgen (§ 1056 Abs. 3 BGB). Der rechtsgeschäftliche Erwerber, der das Eigentum erst nach der Beendigung des Nießbrauchs erwirbt, tritt nicht nach § 567b BGB, sondern unmittelbar nach § 566 BGB in das Mietverhältnis ein; ihm steht das Kündigungsrecht des § 1056 Abs. 2 BGB nicht zu.[309] Das Kündigungsrecht nach § 1056 Abs. 2 BGB geht in diesem Fall auch nicht gem. § 566 BGB auf den Erwerber über.[310] Wird der Eigentümer als Erbe Gesamtrechtsnachfolger des Nießbrauchers oder ist er dem zwischen dem Nießbraucher und dem Mieter bestehenden Mietvertrag persönlich beigetreten, so ist das Kündigungsrecht ebenfalls ausgeschlossen.[311]

134 **5. Kündigungsrecht des Nacherben beim Eintritt der Nacherbfolge** nach **§ 2135 BGB:** Der Eigentümer einer Immobilie kann testamentarisch verfügen, dass eine bestimmte Person erst dann Erbe der Immobilie werden soll, wenn zuvor ein anderer Erbe geworden ist (§ 2100 BGB). Wird das Haus oder die Wohnung nach dem Eintritt des Erbfalls von dem Vorerben vermietet, so findet, wenn das Mietverhältnis bei dem Eintritt der Nacherbfolge noch besteht, die Vorschrift des § 1056 BGB entsprechende Anwendung. Der Nacherbe ist berechtigt, das Mietverhältnis unter Einhaltung der gesetzlichen Kündigungsfrist zu kündigen (§ 1056 Abs. 2 BGB). Aus § 573d BGB folgt, dass bei der Kündigung von Wohnraum die Kündigungsschutzvorschriften zu beachten sind. Die Kündigungsgründe sind in der Kündigungserklärung anzugeben. Ein Hinweis auf die Regelungen in § 1056 Abs. 2 ist entbehrlich.[312] Der Nacherbe kann ein vom Vorerben begründetes Mietverhältnis grundsätzlich auch dann kündigen, wenn im Mietvertrag ein Kündigungsausschluss vereinbart ist. Eine Ausnahme gilt **(1)** wenn der Nacherbe der Vermietung durch den Vorerben zugestimmt hat oder **(2)** wenn die Kündigungsausschlussvereinbarung einer ordnungsgemäßen Verwaltung des Nachlasses entsprach, so dass der Nacherbe zur Zustimmung verpflichtet gewesen wäre.[313]

135 **6.** Kündigungsrecht des Eigentümers nach Erlöschen des Erbbaurechts nach **§ 30 Abs. 2 Erbbaurechtsgesetz:** Hat der Erbbauberechtigte sein Gebäude vermietet, so tritt der Grundstückseigentümer gemäß §§ 566, 578 BGB in das Mietverhältnis ein, wenn das Erbbaurecht erlischt (§ 30 Abs. 1 ErbbauRG). Erlischt das Erbbaurecht durch Zeitablauf, so kann der Eigentümer das Mietverhältnis mit dreimonatiger Frist kündigen. Bei der Wohnraummiete muss Schriftform eingehalten werden. Die Kündigung kann nur für einen der beiden ersten Termine erfolgen, für die sie zulässig ist (Beispiel: Erlöschen des Erbbaurechts am 10.5.; erster Termin = 3. Werktag des Juni/ zweiter Termin = 3. Werktag des Juli; spätestens am 3. Werktag des Juli muss das Kündigungsrecht ausgeübt werden). Für die Kündigung von Wohnraum müssen außerdem berechtigte Interessen

---

[305] BGH (VIII ZR 50/11) WuM 2011, 690.
[306] BGHZ 109, 111 = NJW 1990, 443 unter Ziff II 2c.
[307] LG Münster WM 1996, 37.
[308] BGH (VIII ZR 278/13) NJW 2015, 2650.
[309] BGH MDR 2010, 260.
[310] BGH a. a. O. unter Rdn. 24, 25.
[311] BGHZ 109, 111 = NJW 1990, 443 unter Ziff. II 2c.
[312] BGH (VIII ZR 278/13) NJW 2015, 2650.
[313] BGH a. a. O.

i. S. v. § 573 BGB vorliegen (§ 573d Abs. 1 BGB). Der Mieter kann den Grundstückseigentümer unter Bestimmung einer angemessenen Frist zur Erklärung darüber auffordern, ob er von dem Kündigungsrecht Gebrauch machen will. In diesem Fall kann die Kündigung nur bis zum Fristablauf erfolgen. Erlischt das Erbbaurecht vorzeitig, so entsteht das Sonderkündigungsrecht nicht.

7. Kündigung bei Insolvenz des Mieters

Nach § 19 KO hatten der Vermieter und der Konkursverwalter ein Sonderkündigungsrecht, wenn über das Vermögen des Mieters das Konkursverfahren eröffnet worden ist. Die Regelung wurde mit Wirkung zum 1.1.1999 durch die Insolvenzordnung vom 5.10.1994 (BGBl. I S. 2866) ersetzt (§ 335 InsO i. V. m. Art. 110 EGInsO). Eines der Ziele der Insolvenzordnung ist es, der in früherer Zeit häufigen Massearmut entgegenzuwirken und die außergerichtliche Sanierung zu fördern. Aus diesem Grunde ist u. a. auf ein Sonderkündigungsrecht des Vermieters im Falle der Insolvenz des Mieters verzichtet worden. 136

Nunmehr gilt für die **Insolvenz des Mieters** (s. dazu auch Vor § 535 BGB Rdn. 400) das Folgende: 136a

a) Fortbestand des Mietverhältnisses. Miet- und Pachtverhältnisse über unbewegliche Gegenstände oder Räume bestehen mit Wirkung für die Insolvenzmasse fort (§ 108 Abs. 1 Satz 1 InsO). Der BGH hat für den Fall der Insolvenz des Vermieters entschieden, dass diese Vorschrift nur gilt, wenn die Mietsache dem Mieter bereits vor Verfahrenseröffnung überlassen wurde.[314] Auf die Mieterinsolvenz ist diese Entscheidung nicht zu übertragen.[315] Der Vermieter muss die Mietsache weiterhin zur Verfügung stellen und dem (vorläufigen) Insolvenzverwalter die Fortführung des Geschäftsbetriebs ermöglichen. Der Vermieter kann dies nicht von der Begleichung der bereits bestehenden Mietschulden abhängig machen. Zahlt der Mieter (oder der Insolvenzverwalter) gleichwohl, so ist diese Rechtshandlung nach §§ 129, 131 Abs. 1 Nr. 1 InsO anfechtbar. Die erhaltenen Zahlung muss der Vermieter der Insolvenzmasse nach Bereicherungsgrundsätzen zurück gewähren (§ 143 InsO). 137

b) Kündigungsrecht des Vermieters. Der Vermieter hat im Unterschied zum früheren § 19 KO kein Sonderkündigungsrecht. Die Kündigung wegen Zahlungsverzugs oder Zahlungsunpünktlichkeit nach den §§ 543 Abs. 2 Nr. 3, 543 Abs. 1, 573 Abs. 2 Nr. 1 BGB wird durch § 112 Inso beschränkt. Bei der Prüfung der Tatbestandsvoraussetzungen des § 543 Abs. 2 Nr. 3 BGB sind nur solche Rückstände zu berücksichtigen, die nach dem Antrag auf Eröffnung des Insolvenzverfahrens (§§ 13, 14 InsO) eingetreten sind (§ 112 InsO). Wegen dieser Rückstände kann der Vermieter kündigen. Ein vom Gericht angeordnetes Allgemeines Verfügungsverbot steht dem nicht entgegen.[316] Hinsichtlich der zuvor eingetretenen Rückstände geht das Kündigungsrecht verloren. Dies gilt auch dann, wenn der Tatbestand des § 543 Abs. 2 Nr. 3 BGB bereits gegeben war, der Vermieter aber von der Möglichkeit der Kündigung keinen Gebrauch gemacht hat. Hatte der Vermieter dagegen vor dem Eröffnungsantrag bereits wirksam nach § 543 Abs. 2 Nr. 3 BGB gekündigt (maßgeblich: der Zugang der Kündigungserklärung beim Mieter) so wirkt die Kündigung auch gegenüber dem Insolvenzverwalter. Dieser hat bei der Wohnraummiete die Möglichkeit, die Kündigungswirkung durch nachträgliche Zahlung (§ 569 Abs. 3 Nr. 2 BGB) zu beseitigen (zur Kündigung nach Widerruf eines Einzugs der Miete durch den Verwalter s. Vor § 535 Rdn. 404. 138

Dieselbe Rechtslage besteht hinsichtlich solcher Kündigungen, die auf eine unpünktliche Mietzahlung gestützt werden. Auch hier sind bei der Prüfung der Kündigungsvoraussetzungen nur solche Zahlungsunpünktlichkeiten zu berücksichtigen 139

c) Kündigungsrecht des Insolvenzverwalters bei der Gewerbemiete. Der endgültige Insolvenzverwalter kann ein gewerbliches Mietverhältnis mit gesetzlicher Frist kündigen (§ 109 Abs. 1 Satz 1 InsO). Die Regelung gilt nicht für den vorläufigen Insolvenzverwalter. Für die Wohnungsmiete s. u.). Die Ausübung des Kündigungsrechts ist an keine Frist gebunden; sie ist nicht auf den ersten Termin beschränkt. Die Kündigungsfrist richtet sich nach § 109 Abs. 1 Satz 1 InsO. Sie beträgt für Insolvenzverfahren die nach dem 1.7.2007 eröffnet werden einheitlich 3 Monate zum Monatsende. Ist im Mietvertrag eine kürzere Frist vereinbart, so ist diese maßgeblich. Längere vertragliche Fristen sind unbeachtlich. Das Kündigungsrecht besteht auch für befristete Mietverhältnisse und für Mietverhältnisse mit einem vereinbarten Kündigungsausschluss. Die Kündigung ist 140

314 BGHZ 173, 116 = NJW 2007, 3715 = NZM 2007, 883 = GuT 2007, 358.
315 *Dahl* NZM 2008, 585.
316 BGH NJW 2008, 1442 = NZM 2008, 365 = GuT 2008, 152 = ZMR 2008, 442.

bei der Geschäftsraummiete formfrei; jedoch ist der Insolvenzverwalter an eine vertraglich vereinbarte Schriftform gebunden. Sind **neben dem insolventen Mieter weitere Personen Partei des Mietvertrags** so wird teilweise vertreten, dass lediglich der insolvente Mieter aus dem Mietverhältnis ausscheidet, während es mit den anderen fortbesteht.[317] Nach h. M. endet das Mietverhältnis dagegen insgesamt.[318] Eine vermittelte Meinung geht davon aus, dass das Mietverhältnis grundsätzlich mit den nicht insolventen Mietern fortgesetzt wird. Jedoch gilt eine Ausnahme, wenn diese Mieter kein eigenes Interesse an der Fortsetzung des Mietverhältnisses haben, etwa weil sie lediglich aus Gründen der Mithaftung dem Mietvertrag beigetreten sind.[319] Die Rechtsfolge der Gesamtwirkung beruht auf der Erwägung, dass ein Mietverhältnis nach allgemeinen mietrechtlichen Grundsätzen nur mit Wirkung für sämtliche Mieter gekündigt werden kann. Dieser Grundsatz gilt auch für die Kündigung nach § 109 Inso. Abweichende Vereinbarungen sind möglich. So kann im Mietvertrag vereinbart werden, dass das Mietverhältnis im Falle der Insolvenz eines Mieters mit den anderen fortgesetzt wird. Ebenso bleibt es dem Vermieter unbenommen, mit dem nicht insolventen Mieter einen neuen Mietvertrag abzuschließen. Macht der Insolvenzverwalter von dem Sonderkündigungsrecht Gebrauch, so hat der Vermieter Anspruch auf Schadensersatz (§ 109 Abs 1 Satz 3 InsO). Es ist derjenige Schaden zu ersetzen, der dem Vermieter durch die vorzeitige Vertragsbeendigung entstanden ist. Der Vermieter ist insoweit aber lediglich Insolvenzgläubiger (§ 222 Abs. 1 Nr. 2 InsO) mit Anspruch auf anteilmäßige Befriedigung.

141 **d) Wohnungsmiete.** Für die Insolvenz des Wohnungsmieters gelten neben den allgemeinen Vorschriften die besonderen Bestimmungen über die Verbraucherinsolvenz (§§ 304ff. InsO).

142 **aa) Rechtslage vor Eröffnung des Insolvenzverfahrens.** Dem Antrag auf Eröffnung des Insolvenzverfahrens muss ein Einigungsversuch mit den Gläubigern vorangehen (§ 305 InsO). Es ist ein Schuldenbereinigungsplan zu erstellen; dieser Plan ist mit dem Antrag auf Eröffnung des Insolvenzverfahrens vorzulegen. Der Plan ist Grundlage für eine Einigung mit den Gläubigern. Der Schuldenbereinigungsplan gilt als angenommen, wenn keiner der Gläubiger widerspricht (§ 308 InsO). In diesem Fall hat der Schuldenbereinigungsplan die Wirkung eines gerichtlichen Vergleichs (§ 308 Abs. 1 Satz 2 InsO). Unter bestimmten Voraussetzungen kann das Gericht die Zustimmung eines Gläubigers ersetzen (§ 309 InsO). Bis zur Entscheidung über die Annahme des Plans ruht das Eröffnungsverfahren (§ 306 InsO). Hinsichtlich der Kündigungsbefugnisse des Vermieters gilt folgendes: Lagen die Voraussetzungen einer Kündigung wegen Zahlungsverzug zum Zeitpunkt der Antragstellung bereits vor und hatte der Vermieter deshalb gekündigt, so bleibt die Kündigung wirksam. War die Räumungsklage bereits vor der Eröffnung des Insolvenzverfahrens anhängig, so wird der Rechtstreit nicht gem. § 240 ZPO unterbrochen, weil der Räumungsanspruch nicht zu den Insolvenzforderungen zählt.[320] Die Regelung des § 569 Abs. 3 Nr. 2 BGB bleibt unberührt. Die Kündigung wird unwirksam, wenn der Vermieter innerhalb der dort genannten Frist vollständig befriedigt wird. Wird der Schuldenbereinigungsplan innerhalb der Frist des § 569 Abs. 3 Nr. 2 BGB angenommen, so reduziert sich die Mietschuld auf den dort ausgewiesenen Betrag. Hat der Vermieter vor dem Eingang des Antrags auf Eröffnung des Insolvenzverfahrens nicht gekündigt, so tritt die Kündigungssperre des § 112 InsO in Kraft. Eine Kündigung wegen der bereits entstandenen Rückstände ist ausgeschlossen. Kommt der Mieter nach Antragstellung erneut in Verzug, so kann der Vermieter kündigen. Die Regelung des § 569 Abs. 3 Nr. 2 BGB gilt auch in diesem Fall. Allerdings ist zu beachten dass die Kündigung nur dann unwirksam wird, wenn der Vermieter hinsichtlich aller bestehenden Rückstände (auch derjenigen, die vor der Antragstellung entstanden sind) befriedigt wird.

143 **bb) Rechtslage nach Eröffnung des Insolvenzverfahrens.** Das Mietverhältnis besteht mit Wirkung für die Insolvenzmasse fort (§ 108 Abs. 1 InsO). Die nach Verfahrenseröffnung entstehenden Verbindlichkeiten sind Masseverbindlichkeiten.[321] Dem Insolvenzverwalter steht das Kündigungsrecht des § 109 Abs. 1 Satz 1 InsO nicht zu. An die Stelle dieses Rechts tritt das Recht nach § 109 Abs. 1 Satz 2 InsO. Danach kann der Insolvenzverwalter gegenüber dem Vermieter erklären, dass Ansprüche, die nach Ablauf der gesetzlichen Kündigungsfrist (§ 573d Abs. 2 BGB) fällig wer-

[317] *Eckert* in MünchKomm § 109 InsO Rdn. 37.

[318] BGH (XII ZR 34/12) BGHZ 196, 318 = NJW 2013, 3232; *Rolfs* in Staudinger § 542 Rdn. 133; *Bydlinski* in MünchKomm § 425 BGB Rdn. 7.

[319] *Hörndler* in Lindner-Figura/Opree/Stellmann, Geschäftsraummiete Kap.20 Rdn. 72.

[320] *Jablonski* GE 2008, 716, 717; **a. A.** AG Charlottenburg GE 2006, 920.

[321] *Eichner* WuM 1999, 260, 261; *Steder* ZIP 1999, 1879; *Eckert* NZM 2006, 803, 804.

den, nicht im Insolvenzverfahren geltend gemacht werden können **(„Freigabeerklärung"/ „Enthaftungserklärung").** Diese Regelung dient dem Schutz des Mieters. Sie will verhindern, dass der Treuhänder das Mietverhältnis über die Wohnung des Mieters kündigt, um die Mietkaution für die Masse zu vereinnahmen.[322] Auch diese Erklärung ist nicht auf den ersten Termin beschränkt. Die Erklärung unterliegt der Schriftform.[323] Die Erklärung bewirkt, dass die Mietzinsansprüche des Vermieters bis zum Ablauf der Frist des § 573d Abs. 2 BGB Masseverbindlichkeiten sind. Danach entstehende Mietzinsansprüche können nicht mehr gegen die Masse geltend gemacht werden. Das Mietverhältnis wird fortgesetzt. Aus diesem Grunde hat der Verwalter keinen Anspruch auf Rückzahlung der Kaution. Streitig ist, ob die Verwaltungsbefugnisse beim Treuhänder verbleiben (sog. „unechte Freigabe") oder ob diese ab Zugang der Freigabeerklärung beim Vermieter auf den Mieter übergehen („echte Freigabe"). Hiervon hängt die Person des Kündigungsadressaten ab: nach der Theorie der „unechten Freigabe muss gegenüber dem Treuhänder gekündigt werden.[324] Folgt man der Theorie der echten Freigabe, so ist die Kündigung gegenüber dem Mieter zu erklären.[325] Der BGH folgt der letztgenannten Ansicht.[326] Er begründet dies mit der Funktion des § 109 Abs. 1 Satz 2 InsO und der Gesetzesbegründung: aus der Gleichstellung der Freigabeerklärung mit der Kündigung („… tritt an die Stelle der Kündigung …") folge, dass die Zuständigkeit für die weitere Vertragsdurchführung auf den Mieter übergeht. Nach dem Ablauf der in § 109 Abs. 1 Satz 2 InsO genannten Frist stehen alle Ansprüche aus dem Mietverhältnis dem Mieter zu. Dies hat unter anderem zur Folge, dass das Betriebskostenguthaben an den Mieter und nicht an den Treuhänder auszuzahlen ist.[327]

Die Freigabeerklärung hat zur Folge, dass die Verwaltungsbefugnis betreffend die Wohnung vom Treuhänder auf den Mieter übergeht. Dieser muss die Miete aus dem ihm verbleibenden Vermögen bezahlen. In § 112 InsO ist geregelt, dass der Vermieter ein Mietverhältnis nach dem Antrag auf Eröffnung des Insolvenzverfahrens nicht kündigen kann, wenn der Zahlungsverzug in der Zeit vor dem Antrag des Mieters auf Eröffnung des Insolvenzverfahrens eingetreten ist. Teilweise wird aus § 112 InsO abgeleitet, dass der Vermieter nur wegen solcher Rückstände nach § 543 Abs. 2 Nr. 3 BGB kündigen kann, die zeitlich nach dem Eröffnungsantrag fällig wurden.[328] Nach der Rechtsprechung des BGH[329] besteht die **Kündigungssperre nur bis zur Abgabe (bzw. dem Wirksamwerden) der Enthaftungserklärung.** Ab diesem Zeitpunkt steht dem Vermieter das Recht zur Kündigung wegen Zahlungsverzug zu, wobei bei der Rückstandsberechnung auch diejenigen Mietrückstände zu berücksichtigen sind, die vor dem Eröffnungsantrag fällig wurden. Der BGH begründet dies in erster Linie mit dem Zweck der Kündigungssperre: Diese dient nicht dem Schutz des Mieters sondern dem Schutz der Insolvenzmasse. Insbesondere soll die Kündigungssperre bewirken, dass ein für die Fortführung des Schuldnerunternehmens unentbehrliches Mietverhältnis erhalten bleibt (s. dazu unten Rdn. 143e). **143a**

Nach dem Wortlaut des § 112 InsO wirkt die **Kündigungssperre nicht über die Dauer des Insolvenzverfahren hinaus,** mit der weiteren Folge, dass der Vermieter nach der Aufhebung des Insolvenzverfahrens wegen Zahlungsverzug kündigen kann und zwar auch wegen der vor dem Eröffnungsantrag entstandenen Rückstände.[330] Nach anderer Ansicht soll die Kündigungssperre – in analoger Anwendung des § 112 InsO – über das Ende des Insolvenzverfahrens hinaus für die Dauer des Restschuldbefreiungsverfahrens gelten.[331] Der **BGH** lehnt eine entsprechende Anwendung des § 112 InsO für die Zeit nach Beendigung des Insolvenzverfahrens ab.[332] Es fehle an einer planwidrigen Gesetzeslücke. Der Schutz des Wohnungsmieters erfolge nicht über § 112 InsO, sondern über die allgemeinen Vorschriften, insbesondere über das in § 569 Abs. 2 Nr. 2 BGB geregelte Nachholrecht. **143b**

---

322 BT-Drucks. 14/5680 S. 16, 17; BGH (IX ZB 45/15) WuM 2017, 296.
323 *Dahl* NZM 2008, 585, 587; *Eckert* in MünchKomm § 109 InsO Rdn. 20.
324 So: *Eckert* NZM 2006, 803; *Cymutta* WuM 2008, 441; *Flatow* NZM 2011, 607, 610.
325 So *Pape* NZM 2004, 401, 410f.
326 BGH (VIII ZR 107/13) NJW 2014, 1954; BGH (IX ZR 136/13) NJW 2014, 2585.
327 BGH (IX ZR 136/13) NJW 2014, 2585.
328 So z. B. *Derleder* ZAP 2005 Fach 14 S. 513.
329 BGH (VIII ZR 19/14) NJW 2015, 3087; BGH (IX ZB 45/15) WuM 2017, 296; ebenso: *Eckert* in Münchener Kommentar § 109 InsO Rdn. 59; *Pape* ZMR 2009, 885, 890.
330 So *Belz/Lüke* in Bub/Treier Kap VIII Rdn. C 480.
331 So LG Neubrandenburg WuM 2001, 551; *Flatow* NZM 2011, 607.
332 BGH (VIII ZR 19/14) NJW 2015, 3087.

143c Vereinzelt wird vertreten, dass der Zahlungsverzug mit der Insolvenzeröffnung endet.[333] Der **BGH** teilt diese Ansicht nicht. Er führt aus, dass die Insolvenzeröffnung an einem eingetretenen Verzug nicht ändert.[334] Der **Verzug dauert bis zur Befriedigung des Vermieters fort** mit der weiteren Folge, dass der Vermieter die Kündigung auch auf Mietrückstände stützen kann, mit denen der Mieter bereits vor Stellung des Insolvenzantrags in Verzug war.

143d Streitig ist, ob die Verwaltungsbefugnisse beim Treuhänder verbleiben (sog. „unechte Freigabe") oder ob diese ab Zugang der Freigabeerklärung beim Vermieter auf den Mieter übergehen („echte Freigabe"). Hiervon hängt die Person des Kündigungsadressaten ab: nach der **Theorie der „unechten Freigabe"** muss gegenüber dem Treuhänder gekündigt werden.[335] Folgt man der **Theorie der „echten Freigabe"**, so ist die Kündigung gegenüber dem Mieter zu erklären.[336] Der **BGH** folgt der letztgenannten Ansicht.[337] Er begründet dies mit der Funktion des § 109 Abs. 1 Satz 2 InsO und der Gesetzesbegründung: aus der Gleichstellung der Freigabeerklärung mit der Kündigung („... tritt an die Stelle der Kündigung ...") folge, dass die Zuständigkeit für die weitere Vertragsdurchführung auf den Mieter übergeht. Nach dem Ablauf der in § 109 Abs. 1 Satz 2 InsO genannten Frist stehen alle Ansprüche aus dem Mietverhältnis dem Mieter zu. Dies hat unter anderem zur Folge, dass das Betriebskostenguthaben an den Mieter und nicht an den Treuhänder auszuzahlen ist.[338] Andererseits muss der Mieter die Miete aus dem ihm verbleibenden Einkommen bezahlen. Nach einer **vermittelnden Lösung** steht die Verwaltungsbefugnis nach der Freigabeerklärung zwar dem Mieter zu. Dieser kann den Mietvertrag kündigen; eine Kündigung durch den Vermieter ist gegenüber dem Mieter auszusprechen. Die pfändbaren Neuforderungen aus dem Mietverhältnis (wie beispielsweise ein Guthaben aus einer Betriebskostenabrechnung) fallen jedoch in die Masse und sind deshalb an den Treuhänder auszuzahlen.[339]

143e Die **Kündigungssperre** des § 112 Nr. 1 InsO gilt auch nach der Freigabe, so dass der Vermieter das Mietverhältnis wegen eines vor Stellung des Antrags auf Eröffnung des Insolvenzverfahrens eingetretenen Zahlungsrückstands nicht kündigen kann.[340] Vielmehr muss er einen erneuten Zahlungsrückstand abwarten. Wird vor dem Ablauf der in § 109 Abs. 1 Satz 2 InsO genannten Frist gekündigt, so ist die Kündigung gegenüber dem Treuhänder abzugeben[341]; nach Fristablauf muss gegenüber dem Mieter gekündigt werden. Die Regelung des § 569 Abs. 3 Nr. 2 BGB bleibt unberührt. Deshalb wird die Kündigung unwirksam, wenn der Vermieter innerhalb von 2 Monaten nach Rechtshängigkeit des Räumungsanspruchs befriedigt wird (§ 569 Abs. 3 Nr. 2 BGB). Erleidet der Vermieter durch die Erklärung des Insolvenzverwalters nach § 109 Abs. 1 Satz 2 InsO einen Schaden, (etwa weil der Mieter die Miete nicht bezahlen kann) so steht ihm ein Schadensersatzanspruch zu (§ 109 Abs. 1 Satz 3 InsO). Dabei handelt es sich aber lediglich um eine Insolvenzforderung. Wegen der Schadensminderungspflicht muss sich der Vermieter um eine Weitervermietung bemühen. Wird das Mietverhältnis beendet und steht dem Mieter aus der Kaution ein Guthaben zu, so ist dieses nach der Vorstellung des Gesetzgebers der Insolvenzmasse zuzuführen.[342] Anders ist es, wenn der Rückzahlungsanspruch nach der Enthaftungserklärung fällig wird. Dann fällt die Kaution nicht in die Insolvenzmasse, sondern steht dem Mieter zur Verfügung und ist an diesen auszuzahlen.[343]

143f Die Enthaftungserklärung wirkt auch gegenüber dem Erwerber der Mietsache, wenn sie in Unkenntnis des Eigentumsübergangs dem alten Vermieter gegenüber abgegeben wurde.[344] Den Veräußerer trifft die Pflicht, den Erwerber über die Existenz einer Enthaftungserklärung zu informieren. Wird diese aus dem Kaufvertrag ableitbare nachträgliche Informationspflicht verletzt, kann der Erwerber den Veräußerer auf Schadensersatz in Anspruch nehmen.

---

333 So *Jaeger/Jacoby,* InsO § 109 Rdn. 65 und § 112 Rdn. 58.
334 BGH (VIII ZR 19/14) NJW 2015, 3087.
335 So: Eckert NZM 2006, 803; Cymutta WuM 2008, 441; Flatow NZM 2011, 607, 610.
336 So Pape NZM 2004, 401, 410f.
337 BGH (VIII ZR 107/13; IX ZR 136/13) NJW 2014, 1954; NJW 2014, 2585.
338 BGH IX ZR 136/13, NJW 2014, 2585.
339 Hinz NZM 2014, 137, 146; Jakoby ZMR 2016, 173, 176.
340 Derleder ZAP 2005, Fach 14 S. 513; ders. FS Blank 2006, 673, 687; Cymutta Miete und Insolvenz – Beilage 50a zu Heft 50 von GuT (September/Oktober 2009, S. 59; Flatow Insolvenz und Zwangsverwaltung bei Mietverhältnissen, 2. Aufl. 2009 S. 33; Jacoby ZMR 2016, 173, 179; **a. A.** BGH NJW 2015, 3087; *Eckert* in MünchKomm § 109 InsO Rdn. 59; *Pape* ZMR 2009, 885, 890; Hinz NJW 2014, 137, 150.
341 BGH NJW 2012, 2270.
342 Gesetzesbegründung BT-Drucks. 14/5680 S. 27 zu Nr. 11.
343 BGH (IX ZB 45/15) WuM 2017, 296.
344 BGH (IX ZR 29/11) ZInsO 2012, 733.

Übt der Mieter in den gemieteten Räumen eine **selbständige Tätigkeit** aus, oder beabsichtigt er demnächst eine solche Tätigkeit auszuüben, hat der Insolvenzverwalter ihm gegenüber zu erklären, ob Vermögen aus der selbständigen Tätigkeit zur Insolvenzmasse gehört und ob Ansprüche aus dieser Tätigkeit im Insolvenzverfahren geltend gemacht werden können **(§ 35 Abs. 2 Satz 2 InsO).** **143g**

e) Räumungsklage. Die Räumungsklage muss gegen den Insolvenzverwalter gerichtet werden, wenn dieser die Mietsache im Verwaltungsbesitz hat oder für die Masse nutzt (Aussonderungsanspruch nach § 47 InsO).[345] Hierfür reicht es aus, wenn der Insolvenzverwalter das Recht für sich in Anspruch nimmt, die Mietsache für die Masse zu gebrauchen und darüber zu entscheiden, ob, wann und in welcher Weise er die Mietsache an den Vermieter zurückgibt. Es ist nicht erforderlich, dass der Isolvenzverwalter die Sache in Besitz genommen hat, weil die Verwaltungsbefugnis kraft Gesetzes im Zeitpunkt der Insolvenzeröffnung vom Gemeinschuldner auf den Insolvenzverwalter übergeht (§ 80 InsO). **144**

Diese Grundsätze gelten i. d. R. auch dann, wenn das Mietverhältnis bereits vor Insolvenzeröffnung beendet worden ist, der Mieter aber seine Rückgabeverpflichtung noch nicht erfüllt hat. Die Räumungskosten fallen in diesem Fall der Insolvenzmasse zur Last. **144a**

Ein gegen den Insolvenzverwalter ergehendes Räumungsurteil wirkt auch gegen den Mieter, so dass der Vermieter die Zwangsvollstreckung nach § 885 ZPO betreiben kann (Räumung durch den Gerichtsvollzieher). Der Mieter kann allerdings aus eigenem Recht Räumungsfrist- und Vollstreckungsschutzanträge stellen. **145**

Übt der Insolvenzverwalter keinen Verwaltungsbesitz aus und nimmt er die Sache auch nicht für die Insolvenzmasse in Anspruch, so ist die Mietsache nicht massebefangen. In diesem Fall kann nur der Mieter auf Räumung und Herausgabe in Anspruch genommen werden.[346] Ein solcher Fall wird regelmäßig bei der Wohnungsmiete vorliegen. Der Herausgabeanspruch begründet ein Aussonderungsrecht (§ 47 InsO). Der Räumungsanspruch ist Insolvenzforderung.[347] **146**

f) Vertragliche Lösungsklauseln für den Fall der Mieterinsolvenz sind bei der Wohnraummiete unzulässig. Für die Geschäftsraummiete wird die Zulässigkeit von Lösungsklauseln in der Literatur teils bejaht,[348] teils verneint.[349] Nach der hier vertretenen Ansicht ergibt sich die Unwirksamkeit von Lösungsklauseln aus § 119 InsO.[350] Danach sind Vereinbarungen unwirksam, durch die im Voraus die Anwendung der §§ 103–118 InsO ausgeschlossen oder beschränkt wird. Die Vorschrift ist eindeutig. Die in der vor Inkrafttreten des Gesetzes geführte Diskussion über die Zulässigkeit vertraglicher Lösungsrechte hat im Gesetz keinen Niederschlag gefunden. **147**

g) Nicht vollzogene Mietverhältnisse. Sonderregelungen gelten für noch nicht vollzogene Mietverhältnisse: War dem Mieter die Mietsache zur Zeit der Eröffnung des Insolvenzverfahrens noch nicht überlassen, so können sowohl der Vermieter als auch der Verwalter vom Vertrag zurücktreten (§ 109 Abs. 2 InsO). Tritt der Verwalter zurück, so steht dem Vermieter – wie im Falle des § 109 Abs. 1 Satz 2 InsO – ein Schadensersatzanspruch zu. Die Ausübung des Rücktrittsrechts kann grundsätzlich bis zur Überlassung (Übergabe) der Mietsache ausgeübt werden. Sowohl der Vermieter als auch der Verwalter können allerdings den jeweils anderen Teil auffordern sich über den Rücktritt zu erklaren. Wird binnen zwei Wochen nach Zugang der Aufforderung keine Erklärung abgegeben, so geht das Rücktrittsrecht verloren. **148**

h) Kündigung der Mitgliedschaft zu einer Wohnungsgenossenschaft. Nach § 65 Abs. 1 GenG hat jedes Mitglied das Recht, seine Mitgliedschaft durch Kündigung zu beenden. Der Gläubiger eines Mitglieds kann das Kündigungsrecht an dessen Stelle ausüben, wenn er einen Pfändungs- und Überweisungsbeschluss betr. das Geschäftsguthaben erwirkt hat und eine Zwangsvollstreckung in das Vermögen des Mitglieds innerhalb der letzten sechs Monate fruchtlos verlaufen ist (§ 66 Abs. 1 GenG). Wird über das Vermögen des Mitglieds das Insolvenzverfahren eröffnet, so steht das Kündigungsrecht dem Insolvenzverwalter zu; dies wird entweder aus § 80 Abs. 1 InsO **149**

---

[345] BGH NJW 1994, 3232.

[346] BGH NJW 1994, 3232; NJW 2008, 2580 = NZM 2008, 606 = WuM 2008, 507 = ZMR 2008, 875.

[347] *Dahl* NZM 2008, 585, 590.

[348] *Minuth/Wolf* NZM 1999, 289, 292; *Pape* in Hess/Pape InsO und EGInsO Rdn. 340.

[349] BGH (II ZR 394/12) NJW 2014, 698 = NZM 2014, 76; OLG Hamm NZM 2002, 343; *Hörndler* in Lindner-Figure/Opree/Stellmann Kap. 20 Rdn. 10; *Eckert* ZIP 1996, 897, 902; *Rademacher* MDR 2000, 57, 59; *Pape* NZM 2004, 401, 402; *Marotzke* in Heidelberger Kommentar zur Insolvenzordnung § 119 InsO Rdn. 4; *Franken* Mietverhältnisse in der Insolvenz Rdn. 172; *Katzenberger* in Hannemann/Wiegner MAH Wohnraummietrecht § 57 Rdn. 20.

[350] Ebenso: OLG Hamm NZM 2002, 343; OLG Düsseldorf ZMR 2006, 856, 858.

oder aus einer analogen Anwendung des § 66 Abs. 1 GenG abgeleitet.[351] Ist die Mitgliedschaft beendet, so ist das Geschäftsguthaben an den Insolvenzverwalter auszuzahlen (§ 73 GenG).

150 Die Kündigung der **Mitgliedschaft in einer Wohnungsgenossenschaft** durch den Gläubiger oder den Insolvenzverwalter ist ausgeschlossen, wenn die Mitgliedschaft Voraussetzung für die Nutzung der Wohnung des Mitglieds ist und das Geschäftsguthaben des Mitglieds höchstens das Vierfache des auf einen Monat entfallenden Nutzungsentgelts ohne die als Pauschale oder Vorauszahlung ausgewiesenen Betriebskosten oder höchstens 2.000 Euro beträgt (§ 67c GenG). Diese Vorschrift ist allerdings erst am 19.7.2013 in Kraft getreten. Für Kündigungen vor diesem Zeitpunkt hat der BGH entschieden, dass der Insolvenzverwalter die Mitgliedschaft kündigen kann. Für die **Altfälle (Zugang der Kündigung vor dem 19.7.2013)** gilt, dass die Regelung des § 109 Abs. 1 Satz 2 InsO der Kündigung nicht entgegensteht.[352] Die Kündigung der Mitgliedschaft durch den Insolvenzverwalter führt allerdings nicht zwangsläufig zum Verlust der Wohnung. Voraussetzung ist vielmehr, dass die Genossenschaft das Mietverhältnis kündigt. Nach Ansicht des BGH kann die Bereitschaft des Mieters sich bei Beendigung des Insolvenzverfahrens erneut um eine Mitgliedschaft zu bemühen entweder nach § 573 BGB oder § 574 BGB berücksichtigt werden.[353]

150a Gegen die zwangsweise Beendigung der Mitgliedschaft hat der Mieter keinen Anspruch auf Vollstreckungsschutz; § 765a ZPO setzt voraus, dass die Vollstreckungsmaßnahme unmittelbar in die Rechte des Mieters eingreift. In Fällen der vorliegenden Art ist dies nicht der Fall.[354]

8. Kündigung bei Insolvenz des Vermieters

151 Im Falle der Insolvenz des Vermieters (s. auch vor § 535 BGB Rdn. 316) besteht das Mietverhältnis ebenfalls fort (§ 108 Satz 2 InsO). Ein Sonderkündigungsrecht besteht nicht. Dies gilt sowohl für den Mieter als auch für den Verwalter. Wird die Mietsache vom Verwalter veräußert, so steht dem Erwerber ein Sonderkündigungsrecht zu, das zum ersten Termin nach dem Eigentumsübergang ausgeübt werden muss (§ 111 InsO). Bei der Wohnraummiete sind hierzu Kündigungsgründe nach § 573 BGB erforderlich.

152 Der Umstand, dass ein Insolvenzantrag mangels Masse abgelehnt worden ist, reicht für eine Kündigung nicht aus, weil der Vermögensverfall einer Mietvertragspartei kein Lösungsrecht begründet. Die Parteien sind durch die Unsicherheitseinrede des § 321 BGB hinreichend geschützt. Danach kann der Vorleistungspflichtige seine Leistung beim Vermögensfall des Vertragspartners so lange zurückhalten, bis der Vertragspartner seinerseits erfüllt hat.

153 Hat der Mieter den Mietvertrag mit einer GmbH abgeschlossen und wird die Eröffnung des Insolvenzverfahrens mangels Masse abgelehnt und die GmbH aufgelöst, so gilt nichts anderes. Die Auflösung der GmbH führt nicht zum endgültigen Erlöschen, sondern bewirkt, dass das Abwicklungsverfahren eingeleitet wird. Die GmbH kann weiterhin am Rechtsverkehr teilnehmen. Erfüllt sie ihre Verpflichtung gegenüber dem Mieter nicht, so kann dieser nach § 543 Abs. 2 Nr. 1 BGB n. F. fristlos kündigen.[355]

9. Kündigung durch den Vermieter beim Erwerb im Zwangsversteigerungsverfahren nach § 57a ZVG.

154 Wird ein vermietetes Haus oder eine vermietete Wohnung zwangsversteigert, so tritt der Erwerber nach §§ 57 ZVG, 566, 578 BGB auf der Vermieterseite in das Mietverhältnis ein. Der Erwerber hat in diesem Falle ein Sonderkündigungsrecht nach § 57a ZVG. Das Sonderkündigungsrecht geht allerdings verloren, wenn die Kündigung nicht für den ersten Termin erfolgt, für den sie zulässig ist. Erster zulässiger Termin ist derjenige, für den die Kündigung dem Ersteher ohne schuldhaftes Zögern möglich ist. Ist der Zeitraum zwischen dem Termin der Zwangsversteigerung und dem gesetzlichen Kündigungstermin besonders kurz, so billigt die Rechtsprechung dem Vermieter eine Überlegungs- und Prüfungsfrist von ca. 1 Woche zu.[356] Die einzuräumende Prüfungsfrist beginnt dabei grundsätzlich mit dem Wirksamwerden des Zuschlags in der Zwangsversteigerung,

[351] *Fandrich* in Pöhlmann/Fandrich/Bloehs, GenG 3. Aufl. § 65 Rdn. 7.
[352] BGH (IX ZR 276/13) WuM 2014, 682.
[353] BGH a. a. O.
[354] BGH NZM 2009, 916 = WuM 2009, 752.
[355] BGH NZM 2002, 524.
[356] OLG Oldenburg GUT 2002, 48; OLG Düsseldorf ZMR 2003, 177; OLG Frankfurt Urteil vom 4.11.2016 – 13 U 111/16.

mithin mit der Verkündung des Zuschlagsbeschlusses, es sei denn, der Ersteher erlangt erst später Kenntnis von dem Bestehen des Mietvertrags.[357] Unter der Prüfungsfrist ist dabei derjenige Zeitraum zu verstehen, den der Erwerber benötigt, um sich zuverlässige Informationen über den Vermietungsstand zu beschaffen. Auf die Angaben des Mieters muss der Erwerber nicht vertrauen. Vielmehr kann er Auskünfte beim früheren Vermieter oder beim Verwalter des Mietobjekts einholen.[358] Organisatorische Schwierigkeiten im Unternehmen des Erwerbers sind aber unbeachtlich. Der Erwerber in der Zwangsversteigerung muss durch organisatorische Vorkehrungen sicherstellen, dass dem Mieter die Kündigung innerhalb der Frist des § 57 a ZVG zugeht.[359] Für das Sonderkündigungsrecht müssen Kündigungsgründe i. S. v. § 573 BGB vorliegen (§ 573 d Abs. 1 BGB).[360] Dieselbe Rechtslage gilt beim Erwerb eines Dauerwohnrechts im Wege der Zwangsversteigerung (§ 37 Abs. 3 Satz 2 WEG). Die Regelung des § 57 a Satz 2 BGB gilt auch dann, wenn das Grundstück im Zeitpunkt des Zuschlagsbeschlusses noch unter Zwangsverwaltung steht. Dies folgt bereits aus dem Wortlaut des § 57 a ZVG und im übrigen aus der Erwägung, dass die Zwangsverwaltung nicht zulasten des Erwerbers fortgeführt wird. Dieser erwirbt mit dem Zuschlag zugleich die Befugnisse des Vermieters, zu denen auch das Recht zur Kündigung zählt.[361]

Sind **mehrere selbständige Eigentumseinheiten auf Grund eines einheitlichen Mietvertrags** vermietet (z. B. eine Wohnung mit einer Garage, mehrere Eigentumswohnungen, mehrere rechtlich selbständige Grundstücke) und werden die jeweiligen Eigentumseinheiten in der Zwangsversteigerung verschiedenen Bietern zugeschlagen, so werden beide Erwerber gemeinschaftliche Vermieter. Gleichwohl kann jeder Erwerber in Bezug auf das von ihm erworbene Eigentum das Sonderkündigungsrecht des § 57 a ZVG geltend machen. Ein Zusammenwirken der jeweiligen Eigentümer ist nicht erforderlich. Dies folgt aus dem Sinn und Zweck des Sonderkündigungsrechts. Dieses soll sicherstellen, dass die Verwertung eines Grundstücks im Wege der Zwangsversteigerung nicht durch bestehende Mietverhältnisse behindert wird.[362] **154a**

Ist eine Wohnungseigentumsanlage vom Eigentümer als Gesamtgebäude vermietet und geht sodann eine der Einheiten im Wege der Zuschlagserteilung auf einen Erwerber über so ist eine Teilkündigung möglich.[363] Der BGH begründet dies mit der Erwägung, dass anderenfalls die dem jeweiligen Wohnungseigentümer zustehende Möglichkeit der Beleihbarkeit des Objekts spürbar beeinträchtigt wird. Das Interesse des Wohnungseigentümers gehe dem Interesse des Mieters vor. **154b**

In dem bis einschließlich 31. 1. 2007 geltenden **§ 57 c ZVG** war geregelt, dass die Kündigung ausgeschlossen ist, „wenn und solange die Miete zur Schaffung oder Instandsetzung des Mietraums ganz oder teilweise vorausentrichtet … oder zu verrechnen ist". Nach dem ebenfalls bis zum 31. 1. 2007 geltenden § 57 d ZVG war das Vollstreckungsgericht verpflichtet, den Mieter zur Abgabe der insoweit maßgeblichen Erklärungen aufzufordern. Die genannten **Regelungen** wurden durch Art. 11 Nr. 5 des Zweiten Justizmodernisierungsgesetzes vom 22. 12. 2006 (BGBl. I S. 3416) **ersatzlos aufgehoben.** **155**

10. Kündigung des Mieters wegen Verweigerung der Untervermietungserlaubnis gem. **§ 540 Abs. 1 Satz 2 BGB;** s. dort. **156**

11. Kündigung des Mieters bei mehr als 30-jähriger Mietdauer nach **§ 544 BGB;** s. dort. **157**

12. Kündigung des Erben des Mieters gegenüber dem Vermieter nach **§ 564 BGB (Wohnraum)** und nach **§ 580 BGB (sonstige Mietverhältnisse);** s. dort. **158**

13. Kündigung des Ehegatten und der Angehörigen des verstorbenen Mieters gegenüber dem Vermieter, § 563 a BGB; s. dort. **159**

Daneben bestehen noch einige weitere Sonderkündigungsrechte zugunsten des Mieters (§ 554 Abs. 3 Satz 2 BGB; § 561 BGB) Auch hierfür gelten die für die ordentliche Kündigung dargelegten Grundsätze. Die Kündigungsfristen sind den genannten Vorschriften zu entnehmen. **160**

---

[357] OLG Frankfurt a. a. O.
[358] OLG Düsseldorf a. a. O.
[359] OLG Oldenburg a. a. O.
[360] So bereits zum früheren Recht BGH RE 21. 4. 1982 NJW 1982, 1696 = WuM 1982, 178 = ZMR 1982, 274.
[361] OLG Frankfurt Urteil vom 4. 11. 2016 – 13 U 111/16.
[362] OLG Düsseldorf GuT 2011, 302.
[363] BGH (XII ZR 113/12) NJW 2014, 536.

14. Vereinbarung weiterer Sonderkündigungsrechte

161 Bei der Geschäftsraummiete können zugunsten beider Parteien weitere Sonderkündigungsrechte vereinbart werden.[364] Bei der Wohnraummiete sind Vereinbarungen, nach denen dem Vermieter beim Eintritt bestimmter Umstände ein Sonderkündigungsrecht zustehen soll, unwirksam. Zugunsten des Mieters können weitere Sonderkündigungsrechte (z. B. für den Fall eines beruflich bedingten Ortswechsels) vereinbart werden. Für die Form der Kündigung gilt in diesen Fällen § 568 Abs. 1 BGB. Die Vereinbarung zusätzlicher Formalien ist möglich. Ist vereinbart, dass der Mieter die Kündigung begründen muss, so gilt § 569 Abs. 4 BGB. Muss der Mieter die Kündigungsvoraussetzungen glaubhaft machen, so muss er spätestens in der Kündigungserklärung nachvollziehbar darlegen, dass der Kündigungstatbestand vorliegt. Diese Darlegungen müssen so detailliert sein, dass der Vermieter die Wirksamkeit der Kündigung beurteilen kann. Wesentlich ist, dass die Darlegung der Kündigungsgründe zu den Wirksamkeitsvoraussetzungen der Kündigung gehört. Dies hat zur Folge, dass die Kündigung unwirksam ist, wenn der Mieter den Kündigungstatbestand vor dem Ausspruch der Kündigung nicht oder nicht ausreichend erläutert.[365]

IV. Beendigung durch Zeitablauf (Abs. 2)

1. Mietverhältnisse auf bestimmte Zeit ohne Verlängerungsklausel

162 **a) Mietverhältnis auf bestimmte Zeit.** Ein Mietverhältnis auf bestimmte Zeit (befristetes Mietverhältnis) i. S. v. § 542 Abs. 2 BGB ist gegeben, wenn das Mietverhältnis nach den vertraglichen Vereinbarungen nach Ablauf einer bestimmten Zeit ohne weitere Erklärung enden soll. Bei der Wohnraummiete ist eine solche Vertragsgestaltung wirksam, wenn sie vor dem 1.9.2001 getroffen worden ist. Für die Abwicklung solcher Mietverhältnisse gelten Übergangsvorschriften (s. Anh. zu § 575 BGB). Seit dem 1.9.2001 gilt § 575 Abs. 1 Satz 2 BGB.

163 Die Vertragszeit kann kalendermäßig (z. B. „Das Mietverhältnis dauert bis 31.1.2012") oder durch die Angabe einer Vertragsdauer (z. B. „Das Mietverhältnis wird auf die Dauer von fünf Jahren abgeschlossen") bestimmt sein. Eine Vereinbarung, wonach das Mietverhältnis nach 10 Jahren endet, „ohne dass es einer Kündigung bedarf" enthält nicht nur eine Aussage zur Vertragsbeendigung sondern statuiert zugleich die Laufzeit des Vertrags.[366] Es genügt, dass die Mietdauer bestimmbar ist (z. B. „Das Mietverhältnis endet zehn Jahre nach Bezugsfertigkeit des Neubaus"). Der Umstand, dass die Parteien bereits beim Vertragsschluss einen Verlängerungsvertrag (zu denselben oder zu geänderten Bedingungen) beabsichtigen, steht einer wirksamen Befristung nicht entgegen.[367] Ebenso liegt ein befristetes Mietverhältnis vor, wenn die Mietzeit durch ein im Voraus bestimmtes gewisses Ereignis begrenzt wird (z. B. bei einem Mietverhältnis für die Dauer eines Semesters). Dabei handelt es sich um eine **Zeitbestimmung** i. S. d. § 163 BGB. Dies gilt auch dann, wenn der genaue Zeitpunkt des Eintritts des Ereignisses unsicher ist. Deshalb endet ein Mietverhältnis „für die Dauer des Studiums" ohne weiteres mit dem Studienabschluss.[368] Ebenso ist ein **Mietverhältnis auf Lebenszeit** des Mieters als befristetes Mietverhältnis zu bewerten.[369] Ein solches Mietverhältnis endet mit dem Tod des Mieters; der Erbe tritt lediglich in das Abwicklungsschuldverhältnis ein. Den Belangen derjenigen Personen, die mit dem Mieter in der Wohnung als Ehegatte, Partner einer eheähnlichen oder gleichgeschlechtlichen Gemeinschaft oder als Familienangehörige zusammengelebt haben, wird dadurch Rechnung getragen, dass ihnen in entsprechender Anwendung des § 563 BGB ein Eintrittrecht zugebilligt werden muss.[370]

---

[364] Vgl. dazu *Pützenbacher/Kubjetz* NZM 2003, 140, 142: Muster einer Kündigungsklausel für den Fall, dass der Umsatz eine bestimmte Grenze unterschreitet.

[365] Vgl. dazu BGH NZM 2003, 62.

[366] OLG Dresden ZMR 1999, 104, 105.

[367] Unzutreffend AG Frankfurt WuM 1996, 556.

[368] **A. A.** *Rolfs* in Staudinger § 542 BGB Rdn. 138; LG Berlin GE 1989, 632; *Ehlert* in Bamberger/Roth § 542 BGB Rdn. 6.

[369] BayObLG RE 2.7.1993 NJW-RR 1993, 1164 = WuM 1993, 523 = ZMR 1993, 462 = DWW 1993, 261; LG Frankfurt WuM 1990, 82; LG Arnsberg WuM 1989, 380; LG Mannheim WuM 1987, 353; Palandt/*Weidenkaff* § 542 BGB Rdn. 9; *Lützenkirchen* in: Erman § 542 Rdn. 4; *Rolfs* in Staudinger § 542 BGB Rdn. 141 ff; *Franke* in WoBauR § 542 BGB Anm. 23; *Lammel* § 542 BGB Rdn. 65; *Sonnenschein* PiG 26, 45, 64; *Sternel* Mietrecht aktuell (2009) Rdn. X 104; anders noch Mietrecht Rdn. IV 274 und I 179; **a. A.** *Roquette* § 565 a BGB Rdn. 7 und 12: auflösend bedingtes Mietverhältnis.

[370] *Rolfs* in Staudinger § 542 BGB Rdn. 143.

Soll die Beendigung des Mietverhältnisses dagegen von einem ungewissen Ereignis abhängen (z. B. der Beendigung des Arbeitsverhältnisses) so ist ein **Mietverhältnis unter einer auflösenden Bedingung** i. S. v. § 572 Abs. 2 BGB gegeben. Wegen der Einzelheiten s. § 572 BGB Rdn. 3, 12. 164

Für die **Unterscheidung zwischen der Befristung und der Bedingung** kommt es auf die Vorstellungen der Parteien an.[371] Maßgeblich ist, ob sich die Parteien den Eintritt des Ereignisses als sicher (dann Befristung) oder nur als möglich (dann Bedingung) vorstellen. Wird beispielsweise eine Wohnung „bis zur Heirat der Tochter des Vermieters" vermietet, so liegt eine Befristung vor, wenn die Tochter feste Heiratsabsichten hat, die Eheschließung konkret bevorsteht und die vermieteten Räume der Tochter als Ehewohnung überlassen werden sollen. Für ein solches Mietverhältnis gelten die §§ 542 Abs. 2, 575 BGB. Dagegen ist eine Bedingung anzunehmen, wenn die hier beschriebene Vertragsgestaltung nur deshalb gewählt worden ist, weil nicht ausgeschlossen werden kann, dass ein heranwachsendes Mädchen „irgendwann einmal heiratet" und dann möglicherweise eine Ehewohnung benötigt. Ein solches Mietverhältnis ist ein unbefristetes Mietverhältnis i. S. d. §§ 542 Abs. 1, 572 Abs. 2 BGB. 165

Ein **zeitlich befristeter Kündigungsausschluss** hat zur Folge, dass das Mietverhältnis bis zum Ablauf der Befristung nicht gekündigt werden kann. Ein solcher Kündigungsausschluss kann auch bei der Wohnraummiete wirksam vereinbart werden (s. § 575 BGB Rdn. 66, 78, 81). Der Kündigungsausschluss bewirkt nicht, dass das Mietverhältnis mit dem Ablauf der Befristung endet; § 542 Abs. 2 BGB ist deshalb unanwendbar.[372] Die Beendigung eines solchen Mietverhältnisses setzt vielmehr eine Kündigung voraus. Hierzu gehören auch solche Mietverträge, für die eine Mindestlaufzeit bestimmt ist (z. B. „Das Mietverhältnis wird auf die Dauer von mindestens zwei Jahren abgeschlossen"). Mietverträge, die unter Missachtung der Schriftform (§ 550 BGB) für eine längere Zeit als ein Jahr abgeschlossen werden, sind unbefristete Mietverträge, die während des ersten Vertragsjahrs nicht gekündigt werden können. Solche Verträge enden also nicht mit dem Ablauf der vereinbarten Zeit. Im Ausnahmefall kann die Berufung des Mieters auf die fehlende Form allerdings gegen Treu und Glauben verstoßen. 166

b) Vertragsbeendigung. Ein Mietverhältnis auf bestimmte Zeit endet durch Zeitablauf ohne dass es einer Kündigung bedarf. Die Vorschrift des **§ 193 BGB** ist unanwendbar. Ist beispielsweise vereinbart, dass das Mietverhältnis mit dem Ablauf eines bestimmten Monats enden soll, so richtet sich das rechtliche Ende des Vertrags auch dann nach diesem Tag, wenn er auf einen Sonntag, Feiertag oder Sonnabend fällt. Die Rückgabe der Mietsache ist jedoch erst am nächsten Werktag zu bewirken. **Während der Laufzeit des Vertrags** kann das Mietverhältnis durch eine Mietaufhebungsvereinbarung (s. Anh. zu § 542 BGB), durch eine außerordentliche fristlose Kündigung oder durch eine außerordentliche befristete Kündigung (außerordentliche Kündigung mit gesetzlicher Frist) beendet werden. Die ordentliche befristete Kündigung während der Vertragszeit ist ausgeschlossen. Anders ist es, wenn die Parteien ein solches (Sonder)Kündigungsrecht vereinbart haben. Eine derartige Regelung kann auch durch Formularvertrag getroffen werden.[373] Eine vorzeitige Besitzaufgabe durch den Mieter lässt den Mietzinsanspruch unberührt. Der Vermieter ist zur vorzeitigen Weitervermietung nicht verpflichtet.[374] Die Vorschrift des § 254 Abs. 2 BGB ist unanwendbar, weil dem Vermieter ein vertraglicher Erfüllungsanspruch zusteht. Wird die Mietsache zur Schadensbegrenzung gleichwohl weitervermietet, so ist § 537 BGB zu beachten (s. § 537 BGB Rdn. 23 ff.). 167

Ein Mietverhältnis über Geschäftsraum endet mit dem Ablauf der Vertragszeit ohne weiteres. Für Wohnraummietverhältnisse, die vor dem 1. 9. 2001 begründet worden sind s. Anh. zu § 575 BGB. Für die später begründeten Wohnraummietverhältnisse s. § 575 BGB. 168

c) Beweislast. Ist bei einem **Individualvertrag** streitig, ob ein Mietverhältnis befristet ist, so trägt derjenige die Beweislast, der aus der Befristung Rechte für sich herleiten will.[375] Wendet der Mieter gegenüber dem Rückgabeverlangen des Vermieters Vertragsverlängerung ein, so trifft ihn für sein fortbestehendes Recht die Beweislast.[376] Macht der Mieter geltend, dass eine vom Vermieter ausgesprochene Kündigung wegen der Befristung unwirksam sei, so muss der Mieter die Befris- 169

---

371 *Rolfs* in Staudinger § 542 BGB Rdn. 140.
372 **A. A.** *Kandelhard* in Herrlein/Kandelhard § 542 BGB Rdn. 30.
373 LG Berlin GE 2016, 327.
374 LG Gießen NJW-RR 1995, 395; **a. A.** LG Braunschweig WuM 1998, 220.
375 LG Limburg WuM 2001, 359.
376 BGH WPM 1985, 1421.

tung darlegen und beweisen.[377] Gleiches gilt, wenn der Mieter Mängelbeseitigungs- oder Gewährleistungsansprüche geltend macht und der Vermieter die Vertragsbeendigung einwendet. Macht dagegen der Vermieter einen Mietzinsanspruch geltend und ist streitig, ob das Mietverhältnis durch Zeitablauf oder Kündigung des Mieters beendet ist, so muss der Vermieter die Vertragsfortdauer beweisen.[378]

170 Zweifel bei der **Auslegung eines Formularvertrags** gehen zu Lasten des Verwenders.[379] Enthält ein Formularvertrag sowohl eine Klausel für eine Befristung als auch eine Klausel für ein unbefristetes Mietverhältnis und ist unklar, welche von beiden Möglichkeiten die Parteien ausgewählt haben, so ist gem. § 305 c Abs. 2 BGB der für den Verwender ungünstigere Sinn zu wählen.[380] Es gilt also i. E. nichts anderes als bei der Auslegung von Formularverträgen.

2. Befristete Mietverhältnisse mit Verlängerungsklauseln

171 **a) Einmalige Verlängerung auf bestimmte Zeit.** Ein Mietverhältnis, das sich nach den vertraglichen Vereinbarungen mangels einer Kündigung auf bestimmte Zeit verlängern soll (Beispiel: **Das Mietverhältnis wird für die Dauer von fünf Jahren abgeschlossen. Es verlängert sich um weitere fünf Jahre, falls es nicht gekündigt wird.**) kann für die Zeit der ursprünglichen Befristung nicht im Wege der ordentlichen Kündigung beendet werden. Beim Ablauf der ursprünglichen Befristung entsteht kein neues Mietverhältnis; vielmehr wird das ursprüngliche Mietverhältnis fortgesetzt.[381] Eine Vertragsbeendigung zum Ablauf der Ursprungsbefristung ist möglich. Hierzu ist eine Erklärung erforderlich, die als echte Kündigungserklärung zu bewerten ist. Deshalb sind die Kündigungsfristen des § 580 a BGB einzuhalten. Dies folgt ohne weiteres aus der Verwendung des Begriffs „Kündigung".

172 Wird das Mietverhältnis nicht rechtzeitig zum Ablauf der Ursprungsbefristung gekündigt, so wird es um die vertraglich vereinbarte Zeit fortgesetzt (im Beispielsfall um weitere 5 Jahre). Nach Ablauf dieses Zeitraums endet es ohne weiteres.

173 Bei der Wohnraummiete ist eine solche Vertragsgestaltung wirksam, wenn sie vor dem 1. 9. 2001 getroffen worden ist. Für die Abwicklung solcher Mietverhältnisse gelten Übergangsvorschriften (s. Anh. zu § 575 BGB). Seit dem 1. 9. 2001 gilt § 575 BGB.

174 **b) Widerspruchsklauseln.** Bei der Geschäftsraummiete können die Parteien vereinbaren, dass die **Vertragsverlängerung** eintreten soll, **„wenn keine der Parteien widerspricht"** oder „keine der Parteien erklärt, den Vertrag nicht verlängern zu wollen". Eine solche Klausel kann auch durch Formularvertrag vereinbart werden.[382] Durch eine derartige Formulierung kommt in aller Regel zum Ausdruck, dass die Vertragsbeendigung nach Ablauf der Ursprungsbefristung nicht durch Kündigung, sondern durch die Widerspruchserklärung eintreten soll. In der Erklärung des Widerspruchs liegt die Ablehnung der im Vertrag vorgesehenen Fortsetzung der vertraglichen Beziehungen.[383] Der Widerspruch ist eine einseitige empfangsbedürftige Willenserklärung; es gelten die allgemeinen Vorschriften der §§ 116 ff. BGB. Insoweit unterscheidet er sich nicht von der Kündigung. Deshalb ist es unschädlich, wenn der Widerspruch in Form einer Kündigung erklärt wird.[384] Anders als die Kündigung kann die Widerspruchserklärung aber noch am letzten Tag der ursprünglichen Befristung abgegeben werden, wobei § 193 BGB Anwendung findet.[385] Unterbleibt die Widerspruchserklärung, so kommt ein neuer Mietvertrag zustande, der denselben Inhalt wie der Ursprungsvertrag hat.[386]

175 Bei der Wohnraummiete ist zu unterscheiden: Ist der Mietvertrag vor dem 1. 9. 2001 abgeschlossen, so ist die Widerspruchsklausel dahingehend umzudeuten, dass an die Stelle der vereinbarten Möglichkeit des Widerspruchs die Kündigungsbefugnis tritt (§ 565 a Abs. 3 BGB a. F.). Für die Vertragsbeendigung gelten Übergangsvorschriften (Anh. zu § 575 BGB). Für Mietverträge nach dem 31. 8. 2001 gilt § 575 BGB (s. dort).

---

377 **A. A.** LG Aachen NJW-RR 1990, 1163.
378 OLG Oldenburg ZMR 1987, 425; LG Frankfurt WuM 1999, 114; LG Dessau WuM 2001, 240.
379 BGH NJW 1986, 431; AG Bad Homburg WuM 1999, 114; AG Alsfeld WuM 1999, 116.
380 LG Gießen ZMR 1996, 609; LG Berlin GE 1997, 189.
381 BGH NZM 2002, 604.
382 *Schneehain/Stütze* NZM 2010, 881.
383 BGH NJW 1975, 40; OLG Düsseldorf ZMR 1993, 521; ZMR 1998, 25, 26.
384 OLG Düsseldorf WuM 2002, 606 = ZMR 2002, 910.
385 BGH a. a. O; OLG Dresden MDR 2014, 80.
386 RGZ 86, 60, 62; BGH a. a. O.; OLG Düsseldorf a. a. O.

In Rechtsprechung und Literatur wird zwischen der hier behandelten „Widerspruchsklausel" und der oben behandelten „Kündigungsklausel" häufig nicht differenziert. Vielmehr werden auch auf die „Kündigungsklausel" die für die „Widerspruchsklausel" entwickelten Grundsätze angewandt.[387] Diese Rechtsansicht missachtet den Parteiwillen: bei der Geschäftsraummiete können die Parteien vereinbaren, ob die Vertragsbeendigung durch „Kündigung" oder durch „Widerspruch gegen die Vertragsfortsetzung" endet. Deshalb kommt es hier – anders als bei der Wohnraummiete – auf den Wortlaut der betr. Klausel an. 176

c) Wiederkehrende Verlängerung auf bestimmte Zeit. Ist vereinbart, dass sich ein auf bestimmte Zeit abgeschlossenes Mietverhältnis mangels einer Kündigung immer wieder auf bestimmte Zeit verlängert **(Das Mietverhältnis endet am 31.12.1999. Es verlängert sich jeweils um ein weiteres Jahr, falls es nicht gekündigt wird),** so entsteht nach dem Ablauf der ursprünglichen Befristung jeweils ein weiteres befristetes Mietverhältnis. Vor Ablauf der Ursprungsbefristung kann das Mietverhältnis nicht im Wege der ordentlichen befristeten Kündigung beendet werden. Eine Kündigung zum Ablauf der Ursprungsbefristung ist möglich. Die Kündigung muss so rechtzeitig erfolgen, dass die Kündigungsfristen des § 580a BGB gewahrt bleiben. Durch eine verspätet zugegangene Kündigungserklärung wird das Mietverhältnis nicht zum Ablauf der Ursprungsbefristung beendet. Eine Umdeutung dieser Kündigung in eine Kündigung zum nächst zulässigen Termin kommt aus Gründen der Rechtssicherheit nicht in Betracht; etwas anderes gilt, wenn sich aus der Kündigungserklärung ergibt, dass der Kündigende das Mietverhältnis auch zum nächst zulässigen Termin beenden will. Hat sich das Mietverhältnis mangels rechtzeitiger oder wirksamer Kündigung über den Ablauf der Ursprungsbefristung hinaus verlängert, so kann es in der Folgezeit jeweils für den Ablauf der weiteren Befristung (im Beispielsfall zum 31. Dezember eines jeden Jahres) gekündigt werden. 177

Das Mietverhältnis mit wiederkehrender Verlängerung auf bestimmte Zeit ist wie ein unbefristetes Mietverhältnis zu behandeln, weil die Vertragsbeendigung nicht durch Zeitablauf, sondern durch Kündigung herbeigeführt wird.[388] 178

Bei der Wohnraummiete ist die hier behandelte Vertragsgestaltung wirksam, wenn der Mietvertrag vor dem 1.9.2001 abgeschlossen worden ist.[389] Seit dem 1.9.2001 sind solche Klauseln unwirksam (Einzelheiten § 575 BGB Rdn. 76). Bei der Geschäftsraummiete können Mietverträge mit wiederkehrender Verlängerung auf bestimmte Zeit auch durch Formularvertrag wirksam vereinbart werden. Die Regelung des § 309 Nr. 9 BGB ist auf Mietverträge aller Art weder unmittelbar noch analog anwendbar.[390] 179

d) Verlängerung auf unbestimmte Zeit. Ist vereinbart, dass sich das Mietverhältnis mangels Kündigung auf unbestimmte Zeit verlängert **(Das Mietverhältnis wird auf fünf Jahre abgeschlossen. Es verlängert sich auf unbestimmte Zeit, wenn es nicht gekündigt wird),** so entsteht nach dem Ablauf der Ursprungsbefristung ein unbefristetes Mietverhältnis. Eine solche Vertragsgestaltung ist auch bei der Wohnraummiete möglich (§ 575 BGB Rdn. 79). Vor Ablauf der Befristung ist die ordentliche Kündigung ausgeschlossen. Fällt der Kündigungstermin in die festbestimmte Mietzeit, so ist die Kündigung unwirksam. Eine Umdeutung in eine Kündigung zum nächst zulässigen Termin kommt aus Gründen der Rechtssicherheit nicht in Betracht. Eine Kündigung zum Ablauf der Befristung ist möglich. Eine verspätet zugegangene Kündigung beendet das Mietverhältnis zwar nicht zum Ablauf der Befristung. Jedoch kann eine solche Kündigung – anders als in den Fällen Rdn. 177 – in eine Kündigung zum nächst zulässigen Termin umgedeutet werden. Die oben Rdn. 174 dargelegte Vertragsvariante der Verhinderung des Eintritts der Verlängerung durch Erklärung eines Widerspruchs gilt auch hier, allerdings nur bei der Geschäftsraummiete. Bei der Wohnraummiete kann die Vertragsbeendigung nur im Wege der Kündigung erfolgen. Für die Kündigung des Vermieters müssen Gründe i. S. v. § 573 BGB vorliegen. 180

Allerdings werden hierzu auch abw. Ansichten vertreten. Nach der Meinung Gellwitzkis[391] sind befristete Mietverhältnisse mit Verlängerungsklauseln aufzuspalten in einen Zeitmietvertrag einer- 181

---

387 OLG Dresden MDR 2014, 80; *Lützenkirchen* in: Erman § 542 Rdn. 5; *Rolfs* in Staudinger § 542 BGB Rdn. 152; *Gellwitzki* WuM 2004, 575; *Maciejewski* MM 2005, 37.

388 So auch BGHZ 113, 290 = NJW 1991, 1348 = WuM 1991, 276 = ZMR 1991, 213 zu einer Regelung in einem Kleingartenpachtvertrag.

389 LG Hamburg WuM 2001, 340; LG Berlin NZM 1999, 305.

390 RegEntw. BT-Drucks. 7/3916 S. 37; BGH ZMR 1997, 172 für einen Vertrag über die Nutzung von Einrichtungen eines „Fitness Studios".

391 *Gellwitzki* WuM 2004, 575.

seits und einen sich daran anschließenden Mietvertrag auf unbestimmte Zeit. Die Bewertung des Mietverhältnisses mit Verlängerungsklausel als befristetes Mietverhältnis führt zur Rechtsfolge des § 575 Abs. 1 Satz 2 BGB. Gellwitzki stützt sich für diese Ansicht im Wesentlichen auf das Urteil des BGH vom 16.10.1974[392]. Dort ist u. a. ausgeführt, dass „im Ausspruch der Kündigung die Ablehnung des – im alten Vertrag enthaltenen, befristeten – Angebots (liegt), den als möglich vorgesehenen neuen Vertrag abzuschließen". Gellwitzki verkennt, dass die Entscheidung zu einer Widerspruchsklausel (oben Rdn. 174) ergangen ist. Für Kündigungsklauseln gelten andere Grundsätze.

182 **e)** Ist in einem befristeten Mietvertrag vereinbart, dass der Mieter das **Recht haben soll, nach Ablauf der ursprünglichen Vertragszeit einen neuen Mietvertrag abzuschließen,** so liegt ein befristetes Mietverhältnis vor, das mit dem Ablauf der Ursprungsbefristung ohne weiteres endet. In der Vertragsvereinbarung ist zugleich eine Abschlussoption (vgl. Vor § 535 BGB Rdn. 123) zu sehen, die den Vermieter verpflichtet, dem Mieter die Sache zu angemessenen Bedingungen, insbesondere zu einem ortsüblichen oder marktüblichen Mietzins anzubieten. Der Vermieter ist nicht berechtigt, den Abschluss des neuen Vertrags durch unbillige oder willkürliche Mietbedingungen zu vereiteln.[393]

183 Bei der Wohnraummiete ist eine solche Vertragsgestaltung wirksam, wenn sie vor dem 1.9.2001 getroffen worden ist. Für die Abwicklung solcher Mietverhältnisse gelten Übergangsvorschriften (s. Anh. zu § 575 BGB). Seit dem 1.9.2001 gilt § 575 BGB.

3. Mietverhältnisse mit Optionsrecht (Verlängerungsoption)

184 Unter einer Verlängerungsoption ist eine Vereinbarung zu verstehen, wonach einer der Vertragspartner (i. d. R. der Mieter) das Recht haben soll, einen befristeten Vertrag vor Ablauf der Vertragszeit durch einseitige Erklärung auf eine weitere befristete Zeit zu verlängern.[394] Hiervon ist die Verlängerungsklausel zu unterscheiden, nach der sich ein befristetes Mietverhältnis verlängert, wenn der Mieter nicht widerspricht. EinOptionsrecht kann auch formularmäßig eingeräumt werden.[395] Die Formularklausel darf allerdings nicht so formuliert werden, dass die Vertragsverlängerung faktisch im Belieben des Vermieters steht; andernfalls verstößt sie gegen § 307 BGB.[396] Ein Verstoß gegen diese Vorschrift kann auch dann vorliegen, wenn eine Partei auf sehr lange Zeit an den Vertrag gebunden ist, während sich die Gegenpartei jederzeit vom Vertrag lösen kann.[397]

185 Die Ausübung der Option erfolgt durch **einseitige empfangsbedürftige Willenserklärung.** Es gelten die allgemeinen Vorschriften der §§ 116ff. BGB. Bei Mietverhältnissen mit mehreren Mietern muss die Optionserklärung von allen Mietern abgegeben werden; formularmäßige Bevollmächtigung genügt für die Ausübung der Option nicht.[398] Erklärungsempfänger ist der Vermieter; besteht die Vermieterseite aus mehreren Personen, so muss die Option allen Vermietern gegenüber ausgeübt werden. Hat ein Eigentümerwechsel stattgefunden, so kann der Mieter die Verlängerungsoption nach §§ 407, 412 BGB gegenüber dem früheren Vermieter geltend machen. Der neue Eigentümer muss diese Erklärung gegen sich gelten lassen.[399] Das Optionsrecht muss stets vor Ablauf der vereinbarten Vertragszeit ausgeübt werden, auch wenn im Vertrag vereinbart ist, dass der Mieter nach Ablauf der Vertragszeit ein Optionsrecht habe[400] oder wenn für die Wahrung dieses Rechts keine bestimmte Frist vereinbart worden ist. Verlängert sich das Mietverhältnis gem. § 545 BGB auf unbestimmte Zeit, weil der Mieter den Mietgebrauch fortsetzt und der Vermieter der Gebrauchsfortsetzung nicht widerspricht, so lebt das Optionsrecht nicht wieder auf. Die Gebrauchsfortsetzung als solche kann im Allgemeinen nicht als Ausübung der Option durch konkludente Handlung bewertet werden.[401]

186 Eine gesetzliche **Frist** für die Ausübung des Optionsrechts besteht nicht. Eine solche Frist kann allerdings vereinbart werden oder sich aus der Auslegung der übrigen Vertragsvereinbarungen erge-

---

392 BGH NJW 1975, 40.
393 BGH NJW-RR 1992, 517 betr. die Geschäftsräume zum Betrieb einer Apotheke.
394 BGH (XII ZR 84/14) NZM 2015, 861.
395 OLG Hamburg ZMR 1991, 476.
396 OLG Hamburg NJW-RR 1990, 1488 = ZMR 1990, 273.
397 OLG Hamburg ZMR 1991, 476.
398 LG Berlin GE 1990, 763.
399 BGH NZM 2002, 291.
400 BGH NJW 1982, 2770; OLG Köln ZMR 1996, 495; OLG Frankfurt NZM 1998, 1006; LG Berlin GE 1995, 1209.
401 OLG Celle ZMR 2014, 782.

ben. Ist beispielsweise ein hoher Mietzins vereinbart, so kann die Auslegung ergeben, dass die Option zwar nicht innerhalb der Kündigungsfrist, wohl aber unverzüglich nach Zugang der Kündigung durch den Vermieter erklärt werden muss.[402] Fehlen solche Anhaltspunkte, so kann die Option unter Umständen noch am letzten Tag der ursprünglichen Vertragslaufzeit ausgeübt werden.[403] Hat der Vermieter vor Ablauf der Kündigungsfrist Klage auf künftige Räumung erhoben, so kann der Mieter auch nach Eintritt der materiellen Rechtskraft des Räumungsurteils das Optionsrecht ausüben.[404] Hier ist allerdings erforderlich, dass der Mieter die Räume noch in Besitz hat. Gegen die Zwangsvollstreckung kann der Mieter aufgrund seiner Optionsmöglichkeit Vollstreckungsgegenklage erheben. Für den Erfolg dieser Klage ist es unerheblich, ob der Mieter das Optionsrecht auch schon im Räumungsverfahren hätte geltend machen können; maßgeblich ist allein, dass nach den vertraglichen Vereinbarungen die Optionsmöglichkeit noch besteht.

Die Optionsklausel kann mit anderen Verlängerungsregelungen **kombiniert** werden. Häufig **187** wird in befristeten Mietverträgen vereinbart, dass sich das Mietverhältnis nach Ablauf der Befristung um jeweils ein Jahr verlängern soll, falls nicht eine der Parteien spätestens sechs Monate vor Ablauf der Mietzeit der Verlängerung widerspricht; zugleich wird einer oder beiden Parteien ein Optionsrecht eingeräumt. Bei dieser Vertragsgestaltung stehen die beiden Verlängerungsmöglichkeiten kumulativ nebeneinander. Hier ist zu unterscheiden: Kann der Optionsberechtigte (i. d. R. der Mieter) das Mietverhältnis durch Ausübung der Option verlängern, wenn der Vermieter der Vertragsverlängerung widersprochen hat, so ist die Vertragsgestaltung wirksam. Kann der Vermieter dagegen das Optionsrecht durch die Ausübung des Widerspruchs verhindern, so verstößt die Klausel gegen § 307 Abs. 1 Satz 1 BGB. Eine wirksame Kombination von Widerspruchsrecht und Optionsrecht setzt mithin voraus, dass die Option auch noch nach Zugang des Widerspruchs möglich ist. Dies ist der Fall, wenn für das Widerspruchsrecht und das Optionsrecht unterschiedliche Fristen gelten, etwa wenn das Widerspruchsrecht 6 Monate vor dem Ablauf der Ursprungsbefristung ausgeübt werden muss und die Option bis zum Ablauf der Ursprungsbefristung möglich ist. Ist nach dem Wortlaut der Klausel lediglich das Widerspruchsrecht fristgebunden, während für die Erklärung der Option keine Frist vereinbart ist, so gilt nach der Rechtsprechung im Wege der ergänzenden Vertragsauslegung dass die Option noch bis zum Ablauf der Vertragszeit ausgeübt werden kann.[405] Dies beruht auf der Erwägung, dass die Vereinbarung eines Optionsrechts nur sinnvoll ist, wenn der Optionsberechtigte auf einen Widerspruch gegen die Vertragsfortsetzung (oder eine Kündigung) rechtzeitig reagieren kann. Diese Voraussetzung ist nicht gewahrt, wenn die Widerspruchs- oder Kündigungsfrist und die Optionsfrist gleich lang sind.[406] Widerspricht der Vermieter der Vertragsverlängerung nämlich am letzten Tag der Frist, so wäre die Ausübung der Option nach dem Wortlaut der Optionsklausel selbst dann verspätet, wenn die Erklärung unmittelbar nach dem Zugang der Kündigung abgegeben wird. Ist – wie regelmäßig – der Vermieter Verwender der unwirksamen Klausel, so darf sich der Mieter nach der hier vertretenen Ansicht gleichwohl darauf verlassen, dass er die Vertragsbeendigung durch Ausübung der Option abwenden kann. Eine höchstrichterliche Entscheidung zu diesen Fragen liegt noch nicht vor.

Bei wirksamer Klausel gilt: Widerspricht keine der Parteien, so wird das Mietverhältnis auf **187a** Grund der Verlängerungsklausel fortgesetzt. Im Falle des Widerspruchs kann der Optionsberechtigte die Vertragsbeendigung durch Ausübung der Option verhindern.[407] Wird das Optionsrecht nicht oder verspätet ausgeübt, so endet der Mietvertrag mit dem Ablauf der ursprünglich vereinbarten Vertragszeit. Wird das Vertragsverhältnis dennoch fortgesetzt, so liegt die Annahme nahe, dass das Mietverhältnis auf unbestimmte Zeit verlängert werden sollte; der Vermieter ist dann zur ordentlichen Kündigung berechtigt.[408] Soll dem Mieter nach dem Vertrag ein **mehrmaliges Optionsrecht** zustehen, so muss er von der ersten Optionsmöglichkeit Gebrauch machen, wenn er sich die zweite und die weiteren Optionsmöglichkeiten erhalten will. Bei einer stillschweigenden Vertragsfortsetzung entsteht ein unbefristetes Mietverhältnis (§ 545 BGB); die Optionsmöglichkei-

---

[402] BGH NJW 1985, 2581 = ZMR 1985, 260 bei einer Jahresmiete von 200.000 DM und einer Kündigungsfrist von 2 Jahren.
[403] AG Hamburg-Blankenese ZMR 1986, 17.
[404] BGH NJW 1985, 2481.
[405] BGH (VIII ZR 64/84) NJW 1985, 2581.
[406] **A. A.** OLG Düsseldorf Urteil vom 11.7.2013 – 24 U 136/12.
[407] BGH NJW 1992, 2281.
[408] BGH LM § 535 BGB Nr. 57.

ten werden in diesem Fall gegenstandslos. Gleiches gilt, wenn sich die Parteien nach verspäteter Optionsausübung mündlich auf die Fortsetzung des Mietverhältnisses einigen.[409]

188 Die Optionsvereinbarung bedarf der Schriftform wenn die Ausübung der Option zur Folge hat, dass das Mietverhältnis auf längere Zeit als ein Jahr verlängert wird.[410] Gesetzliche **Formvorschriften für die Ausübung der Option** bestehen nicht. Die Ausübung des aus der Optionsvereinbarung folgenden Rechts ist also formlos möglich.[411] In der Regel sehen die Mietverträge vor, dass die Option schriftlich ausgeübt werden muss. Eine solche Vereinbarung ist wirksam und hat zur Folge, dass eine mündlich erklärte Option keine Vertragsverlängerung bewirkt. Eine Vereinbarung, wonach die Option „per Einschreiben" erklärt werden muss, dient im Allgemeinen lediglich Beweiszwecken. Deshalb ist die Optionserklärung in einem solchen Fall auch dann wirksam, wenn sie den Empfänger durch gewöhnlichen Brief zugeht.[412] Ausnahmen s. Rdn. 72. Soweit der Mietvertrag keine Regelung über die Ausübung der Option enthält und auch § 550 BGB nicht einschlägig ist, kann diese auch mündlich geltend gemacht werden. Auch eine Ausübung des Rechts durch schlüssige Handlung ist möglich; jedoch ist insoweit Zurückhaltung angebracht.[413] Nach teilweise vertretener Ansicht soll eine Formularklausel, wonach Vertragsänderungen der Schriftform bedürfen auch für die Optionserklärung gelten.[414] Nach Meinung des OLG Düsseldorf[415] muss bei einer **Kombination von Verlängerungs- und Optionsklausel** die Optionserklärung schriftlich erfolgen, wenn für die Wirksamkeit des Widerspruchs gegen die Vertragsverlängerung Schriftform vereinbart ist. Sind mehrere Personen Vertragspartner, so muss die Optionserklärung von allen Optionsberechtigten gegenüber allen Optionsverpflichteten abgegeben werden. Dies gilt auch dann, wenn im Mietvertrag eine Klausel enthalten ist, wonach „Willenserklärungen eines Mieters auch für den anderen Mieter verbindlich sind, weil eine derartige Klausel nicht für solche Erklärungen gilt, die auf eine Beendigung, wesentliche Umgestaltung oder Neubegründung zielen.[416]

189 Hat der Mieter die Option ausgeübt und wird das Mietverhältnis vor Ablauf der verlängerten Zeit erneut durch Vertrag zu den bisherigen Bedingungen verlängert, so besteht für das verlängerte Mietverhältnis kein Optionsrecht, weil dieses Recht durch die Ausübung verbraucht wird.[417] Auch ein noch nicht ausgeübtes Optionsrecht erlischt, wenn die Parteien das ursprüngliche Mietverhältnis um mehr verlängern, als es nach der Option hätte verlängert werden können.[418] Soll der Mieter auch für die Verlängerungszeit ein Optionsrecht haben, so muss es neu geschaffen werden, wozu eine unmissverständliche Vereinbarung erforderlich ist.

190 Im Falle der Ausübung der Option wird das Mietverhältnis zu den **Bedingungen** verlängert, die für den Fall der Geltendmachung des Rechts getroffen worden sind. Fehlen solche Vereinbarungen, so wird das Mietverhältnis zu den bisherigen Bedingungen fortgesetzt. Dies gilt auch für den Mietpreis.[419] Insbesondere bei einer sehr langen Verlängerungszeit kann die Auslegung der Optionsklausel aber ergeben, dass der Mieter das Mietobjekt nach Ablauf der Mietzeit zu einem angemessenen Mietzins wieder mieten kann. In einem solchen Fall hat der Vermieter Anspruch auf Zahlung des zum Verlängerungszeitpunkt angemessenen Mietzinses.[420] Ist vereinbart, dass über den Mietzins oder die Mietbedingungen bei der Ausübung der Option neu verhandelt werden soll, so ist der Vermieter berechtigt, die Mietbedingungen nach billigem Ermessen (§§ 315, 316 BGB) neu festzusetzen, falls eine Einigung scheitert.[421] Die Mietbedingungen sind in einem sol-

[409] OLG Hamburg NZM 1998, 333.

[410] BGH NJW-RR 1987, 1227 = WuM 1987, 396; OLG Frankfurt NZM 1998, 1006; *Emmerich* in Staudinger Vor § 535 BGB Rdn. 104; **a. A.** OLG Celle ZMR 1998, 339, 340; *Heile/Landwehr* in Bub/Treier Kap. II Rdn. 2452; *Zöll* in Lindner-Figura Geschäftsraummiete Kap. 9 Rdn 26; *Häublein* in MünchKomm § 535 Rdn 27.

[411] OLG Dresden Urteil vom 22.2.2017 – 5 U 961/16, juris.

[412] OLG Hamm ZMR 1995, 248; OLG Dresden a. a. O.

[413] OLG Köln ZMR 1996, 495; LG Berlin GE 1995, 1209: keine schlüssige Optionsausübung, wenn der Mieter ohne weitere Erklärung den Mietzins weiterbezahlt.

[414] OLG Frankfurt NZM 1998, 1006.

[415] A. a. O.

[416] LG Berlin GE 1990, 763.

[417] BGH NJW-RR 1995, 714.

[418] BGH NJW 1982, 2270.

[419] OLG Düsseldorf MDR 1995, 794.

[420] OLG Düsseldorf WuM 2000, 77.

[421] *Sternel* Mietrecht (1988) Rdn. I 233; **a. A.** OLG Saarbrücken NJWE-MietR 1997, 104: Danach sind die ortsüblichen Bedingungen maßgeblich.

chen Fall denjenigen Umständen anzupassen, die für die Preisvereinbarung maßgeblich gewesen sind und die sich seitdem verändert haben (ortsübliche Miete, Lebenshaltungskostenindex, allgemeine Einkommensverhältnisse, Umsatzerwartungen etc.). Dieselbe Rechtsfolge wird hinsichtlich des Mietzinses im Falle einer unwirksamen Wertsicherungsklausel gelten. Während des Verlängerungszeitraums ist das Kündigungsrecht des Vermieters ausgeschlossen.[422]

Nach der Ansicht des BGH soll der Vermieter ein ihm zustehendes Optionsrecht nicht mehr ausüben können, wenn der Mieter die Mietsache nicht mehr benötigt. In diesem Fall soll sich aus den Grundsätzen über den Wegfall der Geschäftsgrundlage eine entschädigungslose Verpflichtung zur Vertragsanpassung ergeben.[423] Diese Ansicht trifft dann zu, wenn der für das Gebrauchsinteresse maßgebliche Umstand (im Entscheidungsfall: die Stationierung von alliierten Truppen in Berlin) als Geschäftsgrundlage bewertet werden kann. Bei der gewöhnlichen Geschäftsraummiete ist die Geschäftsaufgabe kein Umstand, der eine Vertragsanpassung rechtfertigt, weil die Regeln über die Vertragsanpassung beim Wegfall der Geschäftsgrundlage nicht zu einer Änderung der Risikoverteilung führen dürfen. Das Risiko für eine sinnvolle Verwendung der Mietsache trägt jedoch im Allgemeinen der Mieter. 191

Nach § 536b Satz 1 BGB stehen dem Mieter keine Gewährleistungsansprüche zu, wenn er „bei Vertragsschluss" erkennt, dass die Mietsache mangelhaft ist. Nimmt der Mieter eine mangelhafte Sache an, obwohl er den Mangel kennt, so kann er die Gewährleistungsrechte aus §§ 536 und § 536a BGB nur geltend machen, wenn er sich seine Rechte „bei der Annahme" vorbehält (§ 536b Satz 3 BGB). Nach früher h. M. ist § 536b BGB analog anzuwenden, wenn die **Mietsache mangelhaft** ist und der Mieter eine Verlängerungsoption in Kenntnis oder fahrlässiger Unkenntnis der Mängel ausübt, ohne sich seine Rechte vorzubehalten.[424] Die Vorschriften der §§ 536, 536a, 536b BGB wurden im Jahre 2001 durch das Mietrechtsreformgesetz neu gefasst. Vor Inkrafttreten des MietRRefG war die Rechtsfolge des § 536b in § 539 BGB a. F. geregelt. Hierzu hatte der BGH die Ansicht vertreten, dass diese Vorschrift entsprechend anzuwenden ist, „wenn der Mieter von einem ihm eingeräumten Optionsrecht trotz Kenntnis der Mangelhaftigkeit der Mietsache Gebraucht macht." Die Ausübung der Option, habe den Verlust der Mängelansprüche zur Folge, „wenn der Mieter bei der Ausübung der Option sich Minderung oder Schadenersatz nicht ausdrücklich vorbehält".[425] An dieser Rechtsprechung hält der BGH nicht mehr fest.[426] Bei der Neufassung der Gewährleistungsrechte durch das MietRRefG habe der Gesetzgeber „bewusst davon abgesehen, eine Regelung für den Fall zu treffen, dass der Mieter den Mangel erst nach Vertragsschluss erkennt und trotz Kenntnis des Mangels die Miete über einen längeren Zeitraum hinweg vorbehaltlos in voller Höhe weiterzahlt" (Rz. 26). Die für eine Analogie erforderliche planwidrige Gesetzeslücke sei seit dem Jahre 2001 nicht mehr gegeben. Vielmehr entspreche es „dem erklärten Willen des Gesetzgebers, dass bei nachträglich eintretenden oder bekannt werdenden Mängeln der für die Zukunft wirkende Rechtsverlust des § 536b BGB nicht eintritt" (Rz. 27). Dies gilt nicht nur für die Ausübung der Option sondern auch für **Vereinbarungen über eine Erhöhung der Miete** oder der Betriebskostenvorauszahlungen. Im Einzelfall kann sich allerdings aus § 242 BGB ergeben, dass der Mieter mit den Gewährleistungsrechten ganz oder teilweise ausgeschlossen ist. Dies ist insbesondere dann abzunehmen, wenn der Vermieter aus dem Verhalten des Mieters den Schluss ziehen darf, dass dieser von seinen Gewährleistungsrechten keinen Gebrauch machen wird. Die vorbehaltslose Ausübung einer Verlängerungsoption reicht für sich allein für die Anwendung des § 242 BGB aber ebensowenig aus, wie eine Vereinbarung über die Erhöhung der Miete oder der Betriebskosten. 191a

Haftung des Bürgen für Verbindlichkeiten nach Ausübung der Option. In **§ 767 Abs. 1 Satz 3 BGB** ist geregelt, dass die Verpflichtung des Bürgen nicht erweitert wird, wenn der Hauptschuldner – also der Mieter – nach der Übernahme der Bürgschaft ein Rechtsgeschäft vornimmt, durch das weitere Verbindlichkeiten entstehen. Zweifelsfrei endet die Bürgschaft, wenn die Parteien des Mietvertrags vor Ablauf der Vertragszeit eine Verlängerung vereinbaren oder nach Ablauf der Vertragszeit einen neuen Mietvertrag abschließen. Fraglich ist, ob dieselbe Rechtsfolge gilt, wenn der Mieter von einem vertraglich vereinbarten Optionsrecht Gebrauch macht. Nach der 191b

---

[422] BGH LM § 535 BGB Nr. 57.
[423] BGH NZM 2000, 1226 betr. die Vermietung von Räumen an US-Streitkräfte.
[424] OLG Koblenz ZMR 2014, 883; *Emmerich* in: Staudinger § 5436b Rdn. 7.
[425] BGH NJW 1970, 1740 unter Ziff II 2.
[426] BGH (XII ZR 15/12) NZM 2015, 84; ebenso BGH (XII ZR 84/14) NZM 2015, 861.

Rechtsprechung des BGH bezweckt § 767 Abs. 1 Satz 3 BGB nicht nur, den Bürgen vor einer späteren Erhöhung seiner Verpflichtung, der er nicht zugestimmt hat, zu schützen. Die Vorschrift soll auch verhindern, dass Gläubiger und Hauptschuldner durch eine nachträgliche Absprache das Haftungsrisiko des Bürgen in einer Weise verschärfen, die für ihn bei Abschluss des Bürgschaftsvertrages nicht erkennbar war.[427] Dies trifft auch auf eine Vertragsverlängerung durch die Ausübung einer Option zu, wenn der Bürge an diesem Rechtsgeschäft nicht beteiligt wird.[428]

4. Kettenmietverträge

192 Unter einem Kettenmietvertrag versteht man eine Vertragsgestaltung, bei der zu Beginn des Mietverhältnisses mehrere befristete, nahtlos ineinander übergehende Mietverträge mit meist kürzerer Laufzeit abgeschlossen werden. Solche Kettenmietverträge sind bei der Geschäftsraummiete grundsätzlich wirksam. Bei der Wohnraummiete ist zu unterscheiden. Ist der erste Vertrag der Kette vor dem 1.9.2001 geschlossen worden, so sind dieser und alle nachfolgenden Verträge wirksam.[429] Für die Abwicklung solcher Verträge gilt Art. 229 § 3 Abs. 3 EGBG (s. Anh. zu § 575 BGB). Der Mieter hat die Möglichkeit, zwei Monate vor Ablauf eines Vertrags die Fortsetzung des Mietverhältnisses auf unbestimmte Zeit zu verlangen (§ 564c Abs. 1 BGB a. F.). In diesem Fall wird das Mietverhältnis auf unbestimmte Zeit fortgesetzt; alle weiteren Folgeverträge werden damit gegenstandslos. Dies gilt auch dann, wenn dort ein jeweils anderer Mietzins vereinbart worden ist. Für eine Umdeutung in eine Staffelmietvereinbarung bleibt kein Raum, weil die Parteien durch die Reihung mehrerer selbständiger Verträge zum Ausdruck bringen, dass jeder Vertrag nur für sich Geltung haben soll. Die Mietzinsvereinbarungen der nicht in Gang gesetzten Folgeverträge können deshalb nicht als Bestandteil des fortgesetzten Erstvertrags angesehen werden. Macht der Mieter von seinem Fortsetzungsanspruch keinen Gebrauch, so endet der jeweilige Vertrag und das Mietverhältnis wird zu den Bedingungen des Folgevertrags fortgesetzt. Seit dem 1.9.2001 können bei der Wohnraummiete keine Kettenverträge abgeschlossen werden (§ 575 BGB Rdn. 75).

[427] BGH NJW 2006, 228 unter Ziff II 3 b-bb.
[428] OLG Düsseldorf ZMR 2016, 615.
[429] OLG Frankfurt RE 19.11.1990 NJW-RR 1991, 268 = WuM 1991, 17 = ZMR 1991, 63 = DWW 1991, 46; **a. A.** AG Tübingen WuM 1982, 275; AG Charlottenburg MM 1993, 74.

Anhang zu § 542 BGB:

Der Mietaufhebungsvertrag

Systematische Übersicht

Alphabetische Schnellübersicht

I. Allgemeines

Mietverträge können nach dem Grundsatz der Vertragsfreiheit jederzeit im Wege der Vereinbarung aufgehoben werden (contrarius consensus). Für den Mietaufhebungsvertrag besteht ein praktisches Bedürfnis. Er wird insbesondere abgeschlossen, wenn sich die Parteien darin einig sind, **(1)** dass ein befristeter oder unbefristeter Mietvertrag nicht im Wege der Kündigung, sondern im Wege der vertraglichen Einigung aufgehoben werden soll, oder **(2)** dass ein befristeter Mietvertrag vor Ablauf der vereinbarten Vertragszeit enden soll oder **(3)** dass der Mieter nach vorangegangener Kündigung vor Ablauf der Kündigungsfrist ausziehen kann oder **(4)** dass einer von mehreren Mietern aus dem Vertrag ausscheiden und das Mietverhältnis mit dem anderen Mieter fortgesetzt werden soll. Gegen Aufhebungsvereinbarungen bestehen keine rechtlichen Bedenken. Etwas anderes gilt nur für solche Vertragsgestaltungen, durch die der Bestandsschutz des Wohnungsmieters umgangen werden soll. Hiervon wäre etwa auszugehen, wenn der Mieter bereits bei Beginn des Mietverhältnisses ein bindendes Angebot zum Abschluss eines Aufhebungsvertrags abzugeben hätte, das der Vermieter dann nach Belieben annehmen könnte.[1] 1

II. Zustandekommen des Vertrags

1. Vertragsparteien

a) Sind auf der Mieterseite oder Vermieterseite **mehrere Personen** Partei des Mietvertrags, so müssen alle Vertragspartner an dem Aufhebungsvertrag mitwirken. **Bevollmächtigung** ist möglich, jedoch ist anerkannt, dass eine mietvertraglich vereinbarte Erklärungsvollmacht nicht zum Abschluss eines Mietaufhebungsvertrags berechtigt; insoweit gilt nichts anderes als für die Kündigung (s. § 542 BGB Rdn. 58). 2

b) Die hier dargelegten Grundsätze gelten auch dann, wenn die Wohnung von einem **Ehepaar** gemietet worden ist; die Regelung des 1357 BGB ist unanwendbar, weil der Abschluss eines Mietaufhebungsvertrags kein Geschäft zur Deckung des Lebensbedarfs der Familie darstellt.[2] 3

---

[1] *Sonnenschein* PiG 26, 66.
[2] LG Köln WuM 1990, 142; Palandt/*Brudermüller* § 1357 BGB Rdn. 14.

4 **c)** Wollen die Parteien erreichen, dass **einer von mehreren Mietern aus dem Vertrag ausscheiden** und das Mietverhältnis mit dem anderen Mieter fortgesetzt werden soll, so müssen auch hieran alle Parteien mitwirken, die den Mietvertrag abgeschlossen haben. Ein von mehreren Personen begründetes Mietverhältnis kann nur von allen Beteiligten wieder aufgehoben oder umgestaltet werden.[3] Aus der Tatsache, dass sich Eheleute getrennt haben, kann die Zustimmung des nicht am Aufhebungsvertrag Beteiligten zur Vertragsumgestaltung nicht ohne weiteres hergeleitet werden.[4] Wird der scheidende Mieter ohne Mitwirkung des verbleibenden Mieters aus dem Vertrag entlassen, so liegt ein Vertrag zu dessen Lasten vor, weil der verbleibende Mieter hierdurch einen zur anteiligen Mietzahlung verpflichteten Gesamtschuldner verlöre (§ 426 Abs. 1 BGB). Ein Vertrag mit diesem Inhalt ist unwirksam. Allerdings wird man Verträge zwischen dem Vermieter und dem scheidenden Mieter dahin gehend umdeuten können, dass der Vermieter den scheidenden Mieter nicht mehr in Anspruch nehmen kann; im Innenverhältnis zu den anderen Mietern bleibt aber auch der scheidende Mieter zur anteiligen Mietzahlung verpflichtet; etwas anderes gilt, wenn im Innenverhältnis abw. Regelungen bestehen. Vereinzelt wird die Ansicht vertreten, dass der zwischen dem ausziehenden Ehegatten und dem Vermieter geschlossene Aufhebungsvertrag auch ohne die Mitwirkung des in der Wohnung verbleibenden Mieters wirksam ist.[5] Diese Ansicht ist unzutreffend.[6] S. i. Ü. Vor § 535 BGB Rdn. 347.

5 **d)** Ein Mietaufhebungsvertrag kann auch zwischen dem noch **nicht im Grundbuch eingetragenen Erwerber** eines Hauses/einer Wohnung und dem Mieter geschlossen werden. Allerdings ist ein solcher Vertrag grundsätzlich nur dann wirksam, wenn der Vermieter mitwirkt (dreiseitiger Vertrag). Bis zur Eintragung im Grundbuch stehen die Rechte aus dem Vertrag dem Vermieter zu; nach seiner Eintragung kann der Erwerber diese Rechte geltend machen. Die Rechtsposition des Mieters richtet sich nach den Vereinbarungen; ist dort geregelt, dass das Mietverhältnis mit sofortiger Wirkung beendet sein soll, so kann der Mieter sofort ausziehen, ohne dass es auf die Eigentumsverhältnisse ankommt. Ein ohne Mitwirkung des Vermieters geschlossener Mietaufhebungsvertrag ist als Vertrag zu Lasten Dritter unwirksam, wenn die Wirkungen des Vertrags, insbesondere die Vertragsbeendigung, bereits vor der Eintragung des Erwerbers ins Grundbuch eintreten sollen oder wenn die Rechte des Vermieters in anderer Weise tangiert werden; anderenfalls bestehen gegen die Wirksamkeit eines solchen Vertrags keine Bedenken.

2. Angebot/Annahme

6 **a)** Wie jeder Vertrag kommt auch der Mietaufhebungsvertrag durch Angebot und Annahme zustande. Der Mietaufhebungsvertrag ist auch dann **formlos** wirksam, wenn der Mietvertrag schriftlich abgeschlossen worden ist. Dabei spielt es keine Rolle, ob die Schriftform kraft Gesetzes zu beachten war (§§ 126, 544, 550 BGB) oder auf vertraglicher Regelung beruht (§ 127 BGB).[7] Dies gilt i. d. R. auch dann, wenn der Mietvertrag für eine Vertragsaufhebung die Schriftform vorsieht, weil eine vereinbarte Schriftform auch mündlich wieder aufgehoben werden kann.

7 **b)** Die Bewertung einer Erklärung als Angebot zum Abschluss eines Mietaufhebungsvertrags ist nur gerechtfertigt, wenn durch die betr. Erklärung mit hinreichender Deutlichkeit zum Ausdruck kommt, dass sich der Erklärende hierdurch binden will. An den **Bindungswillen** dürfen nicht zu geringe Anforderungen gestellt werden.[8] Die in der Praxis häufige Erklärung eines Vermieters, wonach dieser mit einer vorzeitigen Vertragsaufhebung einverstanden ist, „wenn ein Ersatzmieter gefunden wird" kann bedeuten **(1)** dass der Vermieter einen Mietaufhebungsvertrag für den Fall der Weitervermietung in Aussicht stellt; aber auch: **(2)** dass der Vermieter ein Angebot zum Abschluss eines Mietaufhebungsvertrags unterbreitet, der zustande kommen soll, wenn der Mieter einen Ersatzmieter benennt. Die Rechtsfolgen sind jeweils unterschiedlich. Im erstgenannten Fall hat der Vermieter noch kein bindendes Angebot abgegeben; er ist hier nach wie vor frei, ob und unter

---

[3] OLG Celle WuM 1982, 102; BayObLG WuM 1983, 107; *Sonnenschein* PiG 26, 67.
[4] BayObLG a. a. O.
[5] LG Krefeld WuM 2003, 447.
[6] *Wiek* WuM 2003, 447.
[7] *Rolfs* in Staudinger § 542 BGB Rdn. 163; *Franke* in WoBauR § 542 Anm. 29; *Horst* NJW-Schriften 19 Rdn. 1388; *Bieber* in MünchKomm § 550 BGB Rdn 5; *Ehlert* in Bamberger/Roth § 542 Rdn. 28; *Kandelhard* in Herrlein/Kandelhard § 550 BGB Rdn. 38.
[8] OLG Naumburg WuM 1998, 283; OLG Düsseldorf ZMR 1999, 243; NZM 1999, 970; LG Wuppertal ZMR 2016, 117.

welchen Bedingungen er den Mieter aus dem Vertrag entlässt. Im zweitgenannten Fall ist die Erklärung des Vermieters als bindendes Angebot zum Abschluss eines bedingten Mietaufhebungsvertrages zu bewerten, das der Mieter ausdrücklich oder stillschweigend annehmen kann. Hier kommt der Mietaufhebungsvertrag zustande, wenn der Mieter einen geeigneten Nachfolger benennt, der bereit ist, in den bestehenden Mietvertrag einzutreten oder einen neuen Mietvertrag zu den bisherigen Bedingungen abzuschließen. Wesentlich ist, dass dies auch dann gilt, wenn es nicht zum Vertragsschluss kommt, weil der Vermieter nur zu günstigeren Konditionen, insbesondere zu einer höheren Miete, abschließen will.[9] Die Rechtsprechung neigt dazu, Erklärungen der genannten Art im zweitgenannten Sinne auszulegen.[10] Nach der hier vertretenen Ansicht ist im Zweifelsfall kein Bindungswille anzunehmen. Anders ist es, wenn der Vermieter ein eigenes Interesse an der Aufhebung des Vertrags mit dem bisherigen Mieter und einer Fortsetzung zu denselben Bedingungen mit einem Dritten hat. Ebenso kann ein Bindungswille zu bejahen sein, wenn sich der Mieter erkennbar auf die Zusage verlässt und für ihn erhebliche Werte auf dem Spiel stehen.[11]

c) Ungeklärt ist, unter welchen Voraussetzungen der Vermieter einen **Ersatzmieter ablehnen** 8
darf, wenn ein bedingter Mietaufhebungsvertrag [oben: Variante (2)] zustande gekommen ist. Teilweise wird die Ansicht vertreten, dass der Vermieter durch den Abschluss des bedingten Mietaufhebungsvertrags nur insoweit in seiner Entscheidungsfreiheit eingeengt wird, als er den Ersatzmieter „nicht ohne jeden verständlichen Grund" ablehnen darf.[12] Nach h. M. kann der Ersatzmieter nur „aus gewichtigen Gründen" abgelehnt werden.[13] Der BGH[14]vertritt die Auffassung, dass die Frage der Zumutbarkeit des Ersatzmieters auf Grund einer eingehenden „Würdigung aller Umstände des Falles" zu beantworten sei.[15] Zugleich stellt der BGH klar, dass dem Tatrichter ein Beurteilungsspielraum verbleibt, der in der Revision nur beschränkt überprüft werden kann.

d) Der Mietaufhebungsvertrag kann auch durch **konkludentes Verhalten** zustande kommen; 9
jedoch sind hieran strenge Anforderungen zu stellen. Erforderlich ist, dass sich die Parteien über die Mietaufhebung einig sind; hierüber darf kein Zweifel bestehen.[16] Für die Annahme eines Mietaufhebungsvertrags reicht ein im Anschluss an eine Kündigung vereinbartes Treffen der Parteien nicht aus. Ebenso kommt durch die Wohnungsabnahme i. d. R. kein Mietaufhebungsvertrag zustande.[17] Erst recht genügt es nicht wenn der Mieter auf eine Kündigung des Vermieters mitteilt, er habe eine neue Wohnung gefunden.[18] Im Allgemeinen kann eine Kündigung nicht in ein Angebot zum Abschluss eines Aufhebungsvertrags umgedeutet werden. Anders kann es sein, wenn die Umdeutung den Interessen beider Parteien entspricht. Nach der Ansicht des BGH kommt eine Umdeutung außerdem in Betracht, „wenn der Erklärung des Kündigenden zu entnehmen ist, dass er mit einer Stellungnahme des Erklärungsgegners rechnet".[19] In einer **unwirksamen Kündigung** liegt für sich allein kein Angebot zum Abschluss eines Mietaufhebungsvertrags. Ebenso kann die Aufgabe des Geschäftsbetriebs eines gewerblichen Mieters nicht als Angebot an den Vermieter zum Abschluss eines Mietaufhebungsvertrags bewertet werden.[20] Kündigt der Mieter und erklärt der Vermieter dass er die Kündigung annehme, so kann in dieser **Annahmeerklärung** aber ein Angebot zum Abschluss eines Mietaufhebungsvertrags liegen, das der Mieter annehmen kann. Eine solche Annahme kann auch stillschweigend – etwa durch den Auszug – erfolgen. Die gleichen Grundsätze gelten,

---

[9] OLG Düsseldorf DWW 1992, 242; OLG München ZMR 1995, 156; LG Hannover WuM 1995, 697.

[10] Vgl. OLG München a. a. O.: „... wenn mit einem uns genehmen Mietnachfolger ein rechtsgültiger Mietvertrag zustande kommt ..."; ähnlich OLG Düsseldorf a. a. O.; MDR 1990, 724; OLG Koblenz ZMR 2002, 344: Hat ein Vermieter dem Mieter verbindlich zugesagt, einen wirtschaftlich gleichwertigen Nachmieter zu akzeptieren, so liegt eine Vertragsverletzung vor, wenn der Vermieter mit dem Nachmieter abredewidrig keinen Mietvertrag abschließt. Der Vermieter ist in einem solchen Fall zum Schadensersatz verpflichtet. Im Ergebnis führt dies zur Freistellung des Mieters von seiner Zahlungspflicht; LG Hannover a. a. O.; LG Hamburg WuM 1986, 326; LG Saarbrücken WuM 1997, 37; AG Siegburg ZMR 2003, 202; **a. A.** aber zu Recht OLG Hamburg WuM 1997, 214; OLG Düsseldorf ZMR 1999, 243; NZM 1999, 970; zum Ganzen s. a. BGH NJW 2003, 1246; WuM 2003, 204 = NZM 2003, 277.

[11] OLG Hamburg a. a. O.

[12] OLG Hamburg WuM 1997, 214.

[13] *Landwehr* in Bub/Treier Kap. II Rdn. 2580 m. w. N.

[14] BGH NJW 2003, 1246; WuM 2003, 204 = NZM 2003, 277.

[15] Ebenso *Landwehr* in Bub/Treier Kap. II Rdn. 2580 m. w. N.

[16] Verfassungsgericht Brandenburg WuM 2015, 231 m. Anmerkung *Selk*.

[17] LG Wuppertal ZMR 2016, 117.

[18] LG Düsseldorf WuM 1991, 673.

[19] BGH (V ZR 51/13) NZM 2014, 790 unter Rz 33.

[20] KG ZMR 2010, 953.

wenn ein Mieter mit einer kürzeren als der vertraglich vereinbarten Frist kündigt und der Vermieter erklärt, dass die Kündigung erst zu dem späteren Termin wirksam wird.[21] Die **Umdeutung einer unwirksamen Kündigung** in ein Angebot zum Abschluss eines Mietaufhebungsvertrags ist möglich, wenn der Kündigende mit der Unwirksamkeit der Kündigung rechnet und zum Ausdruck bringt, dass die Kündigung für diesen Fall als Angebot zur Vertragsaufhebung gelten soll (s. § 542 BGB Rdn. 25). Darüber hinaus muss die Umdeutung auch den Interessen des anderen Teils entsprechen. Hiervon ist für den Regelfall nicht auszugehen. Dies gilt insbesondere dann, wenn der Mieter auf eine unwirksame Kündigung des Vermieters in Unkenntnis der Rechtslage ausgezogen ist.[22] Ebenso liegt in der Androhung einer Kündigung durch den Vermieter im Allgemeinen kein Angebot zum Abschluss eines Mietaufhebungsvertrags.[23] Hat der Mieter gekündigt und die Mietsache zurückgegeben, obwohl das Mietverhältnis durch die Kündigung nicht beendet ist, so liegt in der späteren Weitervermietung der Wohnung durch den Vermieter nicht in jedem Fall ein stillschweigendes Angebot zum Abschluss eines Mietaufhebungsvertrags. Vielmehr ist zu prüfen, ob der Vermieter die Beendigung des Mietverhältnisses will oder ob er lediglich zum Zwecke der Schadensbegrenzung tätig wird. Ein Angebot zum Abschluss eines Mietaufhebungsvertrags ist dann anzunehmen, wenn aus bestimmten Umständen der Schluss gezogen werden kann, dass der Vermieter gleichzeitig seine Ansprüche gegen den Mieter abschließend regeln will. Ein solcher Umstand liegt z. B. vor, wenn der Vermieter dem Mieter die Rückgabe seiner Kaution anbietet oder hierüber abrechnet, weil damit zum Ausdruck gebracht wird, dass die gegenseitigen Ansprüche erledigt sein sollen. Ist umgekehrt davon auszugehen, dass der Vermieter den Mieter auch für die Zeit nach der Weitervermietung aus dem fortbestehenden Mietvertrag in Anspruch nehmen will (z. B. auf Zahlung der Differenz zwischen ursprünglicher und jetziger Miete) so ist anzunehmen, dass die Weitervermietung lediglich im Rahmen der Schadensbegrenzung erfolgt ist.[24] In der Rechtsprechung ist ein stillschweigender Mietaufhebungsvertrag angenommen worden, wenn der Vermieter in Gegenwart des Mieters mit einem Dritten einen Anschlussmietvertrag abschließt.[25] Dem ist zuzustimmen, weil hier durch die Weitervermietung hinreichend klar zum Ausdruck kommt, dass der bisherige Mieter aus dem Vertrag entlassen werden sollte. Der Umstand, dass das Anschlussmietverhältnis in der Folgezeit wieder aufgelöst wird, ändert am Zustandekommen des Aufhebungsvertrags nichts.[26] Durch das bloße Schweigen auf eine unwirksame Kündigung kommt kein Aufhebungsvertrag zustande, weil sich der Kündigungsempfänger nicht erklären muss.[27] Erklärt ein Vermieter anlässlich einer **Meinungsverschiedenheit** gegenüber dem Mieter, es sei ihm recht, wenn dieser ausziehe, so ist hierin grundsätzlich kein Angebot zum Abschluss eines Mietaufhebungsvertrags zu sehen. In der **vorzeitigen Kündigung des Mieters** oder in dessen **Auszug** liegt deshalb auch keine stillschweigende Annahmeerklärung, so dass das Mietverhältnis fortbesteht.[28] Allerdings wird man in dem Auszug i. d. R. ein Angebot zum Abschluss eines Mietaufhebungsvertrags sehen müssen. Der Vermieter kann ein solches Angebot ausdrücklich oder stillschweigend annehmen. In der **Entgegennahme der Schlüssel** oder in der Verwahrung der zurückgelassenen Gegenstände des Mieters liegt für sich allein noch keine stillschweigende Annahme,[29] weil dem Vermieter i. d. R. nichts anderes übrig bleibt, als die Schlüssel entgegenzunehmen oder die Sachen des Mieters zu verwahren.

3. Verpflichtung zum Abschluss eines Mietaufhebungsvertrags

10 **a) Vertragsaufhebung kraft Gesetzes.** Der Mieter hat grundsätzlich keinen Anspruch auf vorzeitige Entlassung aus dem Mietvertrag.[30] Ausnahmsweise kann der Vermieter aber nach Treu und Glauben (§ 242 BGB) zum Abschluss eines Mietaufhebungsvertrags verpflichtet sein. Nach der Rechtsprechung des BGH[31] kann der Mieter seine vorzeitige Entlassung aus dem Mietverhält-

[21] OLG Düsseldorf WuM 2003, 621 = ZMR 2003, 921 = DWW 2004, 19 = GE 2003, 1608.
[22] BGH ZMR 1963, 274.
[23] OLG Naumburg WuM 1998, 283.
[24] LG München I NJWE-MietR 1997, 25.
[25] AG Nordhorn WuM 1997, 36.
[26] I. E. ebenso, aber mit anderer Begründung; LG Saarbrücken WuM 1997, 37.
[27] BGH NJW 1981, 43; **a. A.** LG Freiburg WuM 1984, 129.
[28] **A. A.** LG Freiburg WuM 1984, 129.
[29] OLG Köln ZMR 1998, 91; OLG Naumburg WuM 1998, 283; KG NZM 2007, 402; KG NZM 2014, 912; LG Wuppertal ZMR 2016, 117; LG Düsseldorf DWW 1996, 280.
[30] LG Landau ZMR 1997, 18.
[31] BGH NJW 2003, 1246; WuM 2003, 204 = NZM 2003, 277.

nis verlangen, wenn er hieran „ein berechtigtes Interesse" hat und dem Vermieter „einen geeigneten und zumutbaren Ersatzmieter (Nachmieter) stellt." Nach der Rechtsprechung der Oberlandesgerichte ist es erforderlich, dass „das berechtigte Interesse des Mieters an der Aufhebung dasjenige des Vermieters am Bestand des Vertrags ganz erheblich überragt".[32] Es ist also eine Interessenabwägung vorzunehmen. Es ist nicht anzunehmen, dass der BGH die Interessen des Vermieters an der vertragsgemäßen Durchführung des Mietverhältnisses nicht berücksichtigen will.[33] Vielmehr ist davon auszugehen, dass der Begriff des berechtigten Interesses auf der Grundlage einer Abwägung aller Umstände des Einzelfalls konkretisiert werden muss.

Der Anspruch des Mieters auf vorzeitige Vertragsentlassung gegen Stellung eines Ersatzmieters 11
ist einer vergleichbaren Regelung in I 21 §§ 376, 377 ALR nachempfunden. Bemerkenswert ist, dass die genannte Regelung bei den Beratungen zum BGB zwar erörtert, letztlich aber verworfen wurde.[34] Zwischenzeitlich wird die nunmehr auf § 242 BGB gestützte Regelung des ALR auch bei der **Geschäftsraummiete** angewandt.[35] Hiergegen bestehen Bedenken. Zwar stellen die Grundsätze über den Mietaufhebungsvertrag eine Ausprägung des Prinzips von Treu und Glauben dar, das für alle Rechtsverhältnisse gilt. Im Unterschied zur Wohnraummiete können die Interessen des Gewerbemieters an einer vorzeitigen Besitzaufgabe unter gleichzeitiger Mietentlastung aber durch die Untermiete angemessen gelöst werden; eines Rückgriffs auf Treu und Glauben bedarf es nicht.[36] Folgt man der Meinung der Rechtsprechung, so müssen die wirtschaftlichen Besonderheiten der Geschäftsraummiete sowie der Umstand, dass der Geschäftsraummieter im Unterschied zum Wohnraummieter keinen Mieterschutz genießt, jedenfalls im Rahmen der Interessenbewertung berücksichtigt werden.[37]

Aus der Rechtsnatur des Aufhebungsanspruchs folgt auch, dass der Vermieter eine vorzeitige 12
Vertragsaufhebung nur dann nach Treu und Glauben hinnehmen muss, wenn sich der Mieter seinerseits vertragstreu verhält. Hieran kann es fehlen, wenn sich der Mieter weigert die Räume vor der Rückgabe zu renovieren, obwohl er hierzu verpflichtet ist oder wenn er seine finanziellen Verpflichtungen nicht erfüllt.[38]

aa) Das berechtigte Interesse. Ein berechtigtes Interesse liegt nach der obergerichtlichen 13
Rechtsprechung nicht vor, „wenn der Mieter nur deshalb ausziehen will, weil er eine qualitativ bessere, billigere, verkehrsgünstigere, oder aus ähnlichen Gründen für ihn wirtschaftlich besser geeignete Wohnung beziehen möchte".[39] Bei der Geschäftsraummiete ist ein berechtigtes Interesse verneint worden, wenn der Mieter sein Geschäft anstelle in gemieteten Räumen auf einem eigenen Grundstück fortsetzen will.[40] Ein berechtigtes Interesse ist nach dem Rechtsentscheid des OLG Karlsruhe erst dann anzunehmen, „wenn dem Mieter aufgrund von Ereignissen, die er nicht mit dem Ziel, seine Wohnungssituation zu verändern, bewusst herbeigeführt hat, das Festhalten an der Wohnung unzumutbar geworden ist". **Beispielhaft** werden genannt, eine schwere Krankheit, ein beruflich bedingter Ortswechsel[41] und eine wesentliche Vergrößerung der Familie des Mieters.[42] Ein berechtigtes Interesse kann auch dann bejaht werden, wenn der Mieter infolge seines Alters seinem Haushalt nicht mehr vorstehen kann und in ein Altersheim umziehen will,[43] wenn er eine große Wohnung infolge der Verkleinerung seiner Familie oder seines Alters oder aus finanziellen

[32] So ausdrücklich OLG Karlsruhe NJW 1981, 1741; ähnlich OLG Hamm WuM 1995, 577; OLG Oldenburg WuM 1981, 125.

[33] Zweifelnd *N. Fischer* WuM 2004, 123, 125; *Hinz* WuM 2004, 126, 128; *Wiek* Mietrecht express 3/2004, 17.

[34] *Emmerich* PiG 52, 65, 68 m. w. N.

[35] OLG München NJW-RR 1995, 393.

[36] *Blank* in FS Seuß S. 35; i. E. ebenso OLG Naumburg WuM 2002, 537; KG MDR 2012, 756; *Schulz* ZMR 1985, 8; **a. A.** *Lehmann-Richter* PiG 83 (2008), 181; *Häublein* PiG 85 (2009), 117, 147.

[37] Ähnlich *Seyfarth* NZM 2002, 200, 201.

[38] Ähnlich KG WuM 1992, 8: Danach soll der Vermieter gegenüber dem Anspruch des Mieters auf vorzeitige Vertragsentlassung ein Zurückbehaltungsrecht nach § 320 BGB geltend machen können, wenn der Mieter mit der Zahlung der Miete im Rückstand ist.

[39] OLG Karlsruhe a. a. O.: Wo ein berechtigtes Interesse verneint wird, wenn der Mieter das Mietverhältnis beenden möchte, weil er in sein eigenes Haus einziehen will.

[40] OLG Düsseldorf MDR 1994, 1008.

[41] Ebenso LG Hamburg WuM 1988, 125.

[42] Ebenso LG Köln WuM 1989, 283; LG Landshut WuM 1996, 542; s. a. LG Oldenburg WuM 1995, 394 = NJWE-MietR 1996, 75 wonach der Mieter in einem solchen Fall ein Kündigungsrecht haben soll.

[43] *Kniep/Gerlach* DWW 1996, 299.

Gründen aufgeben möchte, wenn er die Miete nicht mehr aufbringen kann,[44] wenn er eine kleine Wohnung aufgeben möchte, weil er heiraten und eine Familie gründen will.[45] Ebenso kann ein berechtigtes Interesse gegeben sein, wenn eine Ehe oder eine eheähnliche Partnerschaft scheitert und die Wohnung für einen der Mieter zu groß oder zu teuer ist. Bei der Geschäftsraummiete wird ein berechtigtes Interesse vorliegen, wenn der Mieter sein Geschäft verkaufen will oder wenn die Räume infolge der Ausweitung des Geschäftsbetriebs nicht mehr ausreichen. Man muss sich stets vor Augen halten, dass sich die Verpflichtung zum Abschluss des Aufhebungsvertrags nach einer Interessenbewertung richtet, bei der auch ein überdurchschnittlich großes oder unterdurchschnittlich geringes Bestandsinteresse des Vermieters zu berücksichtigen ist. Ein großes Bestandsinteresses ist etwa anzunehmen, wenn der Vermieter konkrete Nutzungsabsichten nach Ablauf der ursprünglich vereinbarten Mietzeit hat. Gering ist das Bestandsinteresse, wenn es dem Vermieter nur um die Erzielung von Mieteinnahmen geht.[46]

14 Das berechtigte Interesse des Mieters wiegt umso schwerer, je länger die restliche Vertragszeit dauert. Demgegenüber muss sich der Mieter am Vertrag festhalten lassen, „wenn die **restliche Vertragsdauer verhältnismäßig kurz** ist".[47] Dies gilt i. d. R. unabhängig vom konkreten Aufhebungsinteresse. Allgemein gilt, dass der Mieter jedenfalls keinen Anspruch auf **Abkürzung der gesetzlichen Kündigungsfrist** von drei Monaten hat.[48] Die vereinzelt vertretene Rechtsansicht, wonach ein Vermieter unverzüglich weitervermieten muss, wenn er beispielsweise Wartelisten führt[49] steht mit dem Gesetz nicht im Einklang: die gesetzliche (dreimonatige) Kündigungsfrist des § 573 c BGB dient nicht allein der Mietersuche, sondern sichert beiden Parteien einen für die Vertragsabwicklung angemessenen zeitlichen Spielraum. In Ausnahmefällen ist jedoch denkbar, dass ein Mieter mit geringem Einkommen aus dringenden wirtschaftlichen Gründen einen Anspruch auf eine sofortige Vertragsaufhebung geltend machen kann, wenn die Einhaltung der Kündigungsfrist für ihn eine unzumutbare Belastung darstellt und andererseits dem Vermieter keine Vorteile bringt. Eine derartige aus den Besonderheiten des Einzelfalls begründete Entscheidung verstößt nicht gegen die in dem Rechtsentscheid des OLG Karlsruhe[50] dargelegten Grundsätze, weil dort derartige Fallgestaltungen ausdrücklich ausgenommen worden sind. Ebenso kann z. B. bei einem alten oder kranken Mieter, der in ein Alters- oder Pflegeheim mit einem nicht länger freistehenden Heimplatz umziehen kann, durchaus schon bei einer Restzeit von 1–2 Monaten ein berechtigtes Interesse zum Abschluss eines Mietaufhebungsvertrags vorliegen, wenn er die Doppelbelastung von Miete und Heimkosten nicht tragen kann. Schließlich besteht i. d. R. ein Aufhebungsanspruch, wenn das Mietverhältnis vom Vermieter nach § 573 BGB gekündigt worden ist, der Mieter eine Ersatzwohnung gefunden hat und vor Ablauf der Kündigungsfrist ausziehen will um der doppelten Mietbelastung zu entgehen. Hier kann regelmäßig davon ausgegangen werden, dass die frühere Rückgabe nicht nur im Interesse des Mieters, sondern auch im Interesse des Vermieters liegt. Ein Ersatzmieter muss in Fällen dieser Art nur gestellt werden, wenn der Vermieter – etwa bei einer Kündigung nach § 573 Abs. 2 Nr. 1 BGB oder nach § 573 a BGB – eine Weitervermietung plant. Bei geplanter Eigennutzung ist die Stellung eines Ersatzmieters selbstverständlich entbehrlich.

15 **bb) Der Nachmieter (Ersatzmieter).** Der Mieter muss den **Nachmieter stellen.** Diese Voraussetzung ist dann erfüllt, wenn der Mieter einen Nachfolger benennt, der bereit ist, in den bestehenden Mietvertrag einzutreten oder einen Folgevertrag abzuschließen. Bei **befristeten Mietverhältnissen** muss der Nachfolger an Stelle des bisherigen Mieters in den Mietvertrag eintreten. Der Vermieter ist nicht verpflichtet mit dem Nachfolger einen Vertrag mit anderem Inhalt abzuschließen. Deshalb kann der Mieter nicht verlangen, dass der Vermieter mit dem Nachfolger ein unbefristetes Mietverhältnis begründet.[51] Eine Ausnahme kann gelten, wenn der Vermieter das Interesse an der ursprünglichen Befristung verloren hat. Die Verpflichtung zum Abschluss eines

---

44 **A. A.** AG Halle/Westfalen WuM 1986, 314.

45 LG Hannover WuM 1988, 12; ebenso für den Fall dass eine Mieterin mit ihrem Lebensgefährten zusammenleben will: AG Wiesbaden WuM 1988, 400.

46 *Eisenschmid* PiG 33, 130.

47 OLG Oldenburg RE 23.4.1981 WuM 1982, 124 = ZMR 1982, 285 betr. die restliche Vertragszeit von drei Monaten.

48 LG Flensburg WuM 1976, 161; LG Hamburg FWW 1975, 390; LG Mannheim Justiz 1977, 421; LG Berlin WuM 1979, 77; MDR 1988, 498; GE 95, 249; AG Miesbach WuM 1989, 22.

49 So AG Gießen WuM 1993, 609; AG Berlin-Schöneberg WuM 1991, 267.

50 OLG Karlsruhe a. a. O.

51 OLG Düsseldorf DWW 1998, 20, 22.

Aufhebungsvertrags entfällt, sobald der Ersatzmieter Änderungswünsche anmeldet.[52] Der Vermieter kann solche Verhandlungen ablehnen. Es steht ihm allerdings frei, eigene Interessen in die Vertragsverhandlungen einzubringen. Eine Verpflichtung zum Abschluss eines Aufhebungsvertrags wird auf diese Weise nicht begründet.[53]

16 Soll der Aufhebungsvertrag dagegen abgeschlossen werden, um die Kündigungsfrist eines **unbefristeten Mietvertrags** abzukürzen, so muss der Nachfolger bereit sein, mit dem Vermieter einen neuen unbefristeten Mietvertrag abzuschließen, der nahtlos an das bisherige Mietverhältnis anknüpft, so dass dem Vermieter kein Mietausfall entsteht (zur Frage, ob der Vermieter zu seinen Gunsten veränderte Mietbedingungen verlangen kann, s. u. Rdn. 34).

17 Der Mieter muss über die Person des Nachfolgers diejenigen **Informationen** liefern, die der Vermieter benötigt, um sich ein hinreichendes Bild über die persönliche Zuverlässigkeit und wirtschaftliche Leistungsfähigkeit des Nachfolgers zu machen. Nach der **Rechtsprechung des BGH** muss der Mieter den Vermieter über die Person des Ersatzmieters aufklären und ihm sämtliche Informationen geben, die dieser benötigt, um sich ein hinreichendes Bild über die persönliche Zuverlässigkeit und wirtschaftliche Leistungsfähigkeit des Nachmieters machen zu können.[54] Der Entscheidung lag ein Fall zugrunde, in dem der Vermieter eine kurze schriftliche Erklärung zu den Familienverhältnissen, eine Selbstauskunft nebst Verdienstbescheinigung, die Vorlage des bisherigen Mietvertrags, Personalausweiskopien, eine Bonitätsauskunft sowie eine Bescheinigung des Ersatzmieters, dass dieser den Mietvertrag vorbehaltlos unterschreiben werde, verlangt hat. Nach Meinung des BGH sind diese Nachweise und Erklärungen durch das Informationsinteresse des Vermieters gedeckt.[55] Nach der hier vertretenen Ansicht sind die Grenzen des Informationsinteresses mit dem Verlangen nach der Vorlage des bisherigen Mietvertrags, einer Bonitätsauskunft übersetzt. Ebenso ist es nicht angezeigt, vom Ersatzmieter zu verlangen, sich bereits vor einer Besichtigung zum Abschluss eines Mietvertrags zu verpflichten.[56] Nach der hier vertretenen Ansicht genügt bei der Wohnungsmiete i. d. R. die Angabe des Namens, der Anschrift, der Familienverhältnisse und des Berufs. Auf Verlangen des Vermieters muss der Mieter weitere Umstände mitteilen, soweit die Zusatzinformation für den Vermieter sachdienlich und dem Mieter zumutbar ist. Es reicht nicht aus, wenn der Mieter lediglich Namen und Anschriften von Wohnungssuchenden mitteilt und die Kontaktaufnahme dem Vermieter überlässt. Macht der Mieter schuldhaft falsche Angaben, so kann er zum Schadensersatz verpflichtet sein (s. Rdn. 33).

18 Der Mieter muss nur einen **einzigen Nachfolger** benennen;[57] er trägt dann allerdings das Risiko, dass der Vermieter gegen dessen Person rechtserhebliche Einwände geltend machen kann. An der Benennung mehrerer Nachfolger ist der Mieter nicht gehindert; er hat allerdings keinen Einfluss darauf, welchen der mehreren Personen der Vermieter auswählt.[58]

19 Der Nachfolger muss **zumutbar** sein. Die Frage der Zumutbarkeit ist auf Grund einer eingehenden „Würdigung aller Umstände des Falles" zu beantworten.[59] Nach einer häufig verwendeten Formel ist die Zumutbarkeit zu bejahen, wenn der Ersatzmieter hinsichtlich seiner wirtschaftlichen Verhältnisse und seiner Person dem bisherigen Mieter entspricht.[60] Dieses Kriterium greift zu kurz und versagt insbesondere dort, wo sich der bisherige Mieter als unzuverlässig erwiesen hat. Deshalb ist die teilweise vertretene Ansicht abzulehnen, wonach ein Vermieter einen Nachmieter nicht wegen solcher Umstände ablehnen könne, die er beim Mieter hingenommen habe.[61] Man gelangt zu sachgerechten Ergebnissen, wenn man fordert, dass der Nachfolger hinsichtlich seiner privaten, familiären und wirtschaftlichen Lebensumstände hinreichende Gewissheit für eine ordnungsgemäße Vertragserfüllung bieten muss.[62] Unzumutbar ist ein Nachfolger, der auf Grund seiner finan-

---

[52] OLG Düsseldorf NJWE-RR 1996, 176.
[53] OLG Düsseldorf a. a. O.
[54] BGH (VIII ZR 247/14) NJW 2015, 3780.
[55] BGH a. a. O.
[56] *Blank* NZM 2015, 887.
[57] LG Saarbrücken WuM 1995, 313; *Eisenschmid* PiG 33, 133; **a. A.** AG Halle WuM 1986, 314; *Röchling* NJW 1981, 2783: mindestens drei.
[58] BGH NJW 1963, 1299; LG Saarbrücken WuM 1995, 313.
[59] BGH NJW 2003, 1246; WuM 2003, 204 = NZM 2003, 277.
[60] So z. B. OLG Düsseldorf MDR 1995, 570; *Lammel* § 536 BGB Rdn. 96.
[61] So aber LG Hamburg WuM 1986, 326 betr. eine Wohngemeinschaft; AG Hannover WuM 1980, 206 betr. ein unverheiratetes Paar.
[62] LG Bremen ZMR 2001, 545; *Horst* NJW-Schriften 19 Rdn. 1403; *Franke* in WoBauR § 542 Anm. 31.

ziellen Verhältnisse keine Gewähr dafür bietet, dass er die Miete bezahlen kann.[63] Einen Nachfolger mit Untermietabsicht oder mit der Absicht zur teilgewerblichen Nutzung muss der Vermieter ebenfalls nicht akzeptieren.[64] Ebenso kann der Vermieter von Gewerberaum einen Ersatzmieter ablehnen, wenn dieser die Räume zu Wohnzwecken nutzen will.[65] Auf die besonderen Vorstellungen des Vermieters ist Rücksicht zu nehmen. So ist es i. d. R. nicht zu beanstanden, wenn der Vermieter nur an bestimmte Bevölkerungsgruppen vermieten will, z. B. nur an ältere Ehepaare[66] oder nur an Familien mit Kindern. Jedoch darf sich der Vermieter nicht von unsachlichen Erwägungen leiten lassen oder Anforderungen stellen, die mit der geltenden Rechtsordnung nicht im Einklang stehen. Ein Nachfolger für die Pacht einer Gaststätte darf nicht deshalb zurückgewiesen werden, weil er Kaufmann ist, wenn die Gaststätte auf Grund ihres Zuschnitts auch von einem Kaufmann geführt werden kann.[67] Die Ablehnung eines Nachfolgers darf nicht allein mit seiner Ausländereigenschaft begründet werden.[68] Hierin kann eine diskriminierende Ungleichbehandlung i. S. d. **AGG** liegen (s. Vor § 535 BGB Rdn. 177 ff.).[69] Etwas anderes wird gelten, wenn mit der Ausländereigenschaft besondere Risiken verbunden sind. Die für die Ablehnung sprechenden tatsächlichen Umstände muss der Vermieter darlegen und beweisen. Ebenso ist es einem Vermieter nicht von vornherein verwehrt, nur aus Gründen seiner religiösen Überzeugung ein nicht verheiratetes Paar als Ersatzmieter abzulehnen; dies gilt auch dann, wenn der Vermieter nicht in demselben Haus und nicht in demselben Ort wohnt.[70] Nach der Auffassung des KG[71] kann die Ablehnung des Nachfolgers bei einem gewerblichen Mietverhältnis bereits auf Grund einer begründeten Antipathie gerechtfertigt sein. Der Vermieter kann umgekehrt aber auch eine mit ihm befreundete Person als Nachfolger ablehnen, etwa wenn es ihm unangenehm ist, bei einem vertragswidrigen Verhalten dieses Mieters diesen auf seine vertraglichen Pflichten hinzuweisen oder weil er befürchten muss, dass sich das Mietverhältnis für den Mieter nicht so gedeihlich entwickelt, wie dieser erwartet. Diese Auffassung ist abzulehnen, weil die Akzeptanz des Nachfolgers nicht völlig ins Belieben des Vermieters gestellt werden darf.

20 Die **Verpflichtung zur Benennung eines Ersatzmieters entfällt,** wenn der Vermieter erklärt, dass er hierauf verzichte[72] oder wenn der Vermieter einen Aufhebungsvertrag generell ablehnt.

21 **cc) Zeitpunkt der Vertragsaufhebung.** Sind die oben dargelegten Voraussetzungen gegeben, so kann der Mieter grundsätzlich verlangen, dass er ab dem Zeitpunkt der Eintrittsbereitschaft des Ersatzmieters aus dem Mietverhältnis entlassen wird.[73] Ist der Vermieter lediglich mit der Entlassung des Mieters, nicht aber mit der Stellung des Ersatzmieters einverstanden, so hat der Vermieter Anspruch darauf, dass zwischen dem Verlangen nach Aufhebung des Mietverhältnisses und dessen Beendigung eine Frist eingehalten wird, die der gesetzlichen Kündigungsfrist nach § 575a Abs. 3 BGB entspricht.[74] Gleiches gilt, wenn sich der Vermieter noch nicht sicher ist, ob er mit dem vom Mieter benannten Ersatzmieter einen Vertrag abschließen soll.[75] Dies folgt aus einer sachgemäßen Interessenbewertung: danach ist es zum einen geboten, dass das Recht zur Auswahl des Nachfolgemieters beim Vermieter verbleibt, wenn dieser dies wünscht; zum anderen ist es grundsätzlich jedem Mieter zumutbar, die gesetzliche Kündigungsfrist von maximal 3 Monaten einzuhalten.

22 **dd) Aufhebungsverlangen.** Der Mieter muss seinen Anspruch auf Vertragsaufhebung gegenüber dem Vermieter geltend machen. Das Aufhebungsverlangen ist rechtlich ein Angebot zum Abschluss eines Mietaufhebungsvertrags, das dem Vermieter zugehen muss (wegen der Vertragspar-

---

63 LG Gießen WuM 1996, 23 betr. ein Ehepaar mit einem Einkommen von 3.400 DM bei einer Miete von 2.200 DM.
64 LG Gießen a. a. O.
65 OLG Frankfurt MDR 2000, 825.
66 LG Flensburg WuM 1976, 161.
67 BGH MDR 1984, 393.
68 Für die Miete von Geschäftsraum: BGH WPM 1970, 93; OLG Frankfurt ZMR 2000, 607; für die Wohnraummiete: LG Hannover WuM 1977, 223; LG Saarbrücken WuM 1995, 313.
69 *Derleder* WuM 2005, 3, 9.
70 OLG Hamm RE 6.4.1983 NJW 1983, 1564 = WuM 1983, 228 = ZMR 1983, 277.
71 WuM 1992, 8.
72 LG Landshut WuM 1996, 542.
73 LG Hamburg WuM 1980, 235.
74 LG Düsseldorf ZMR 1979, 45; LG Landshut WuM 1996, 542.
75 LG Gießen ZMR 1997, 80.

teien s. Rdn. 2ff.). Das Aufhebungsverlangen bedarf keiner besonderen Form (s. Rdn. 6). Inhaltlich muss das Aufhebungsverlangen den Wunsch des Mieters nach vorzeitiger Vertragsaufhebung zum Ausdruck bringen. Aus dem Aufhebungsverlangen muss sich außerdem ergeben, aus welchen Gründen die vorzeitige Vertragsbeendigung begehrt wird. Diese Gründe müssen hinreichend substantiiert dargelegt werden, damit der Vermieter erkennen kann, ob er verpflichtet ist, den Mieter vorzeitig aus dem Vertrag zu entlassen.[76] Über die Person des Ersatzmieters muss der Mieter hinreichend genaue Angaben machen (s. Rdn. 17). Wenn und soweit der Vermieter die für eine Entscheidung über den Vertragsschluss erforderlichen Tatsachen bereits kennt, sind erneute Angaben hierzu entbehrlich.

ee) Abweichende Vereinbarungen. Das Recht des Mieters zur vorzeitigen Entlassung aus dem Mietverhältnis stellt eine Ausprägung von Treu und Glauben dar. Deshalb kann dieses Recht zwar modifiziert und konkretisiert, aber nicht vollständig ausgeschlossen werden.[77] 23

ff) Anspruch auf Akzeptanz des Nachfolgers. Der Mieter hat keinen gesetzlichen Anspruch darauf, dass der Vermieter einen von ihm ausgewählten Ersatzmieter akzeptiert; aus § 242 BGB lässt sich nur ein Anspruch auf vorzeitige Vertragsentlassung herleiten.[78] Dies gilt auch dann, wenn der Mieter an dem Eintritt gerade dieses Nachfolgers ein besonderes Interesse hat.[79] 24

b) Vertragsregelungen. aa) Der Mieter hat einen vertraglichen Anspruch auf Abschluss eines Aufhebungsvertrags, wenn im Mietvertrag eine Nachmieterklausel enthalten ist. Eine **echte Nachmieterklausel** liegt vor, wenn der Vermieter an den vom Mieter benannten Nachfolger gebunden sein soll. Von einer **unechten Nachmieterklausel** spricht man, wenn dem Mieter nur das Recht zum vorzeitigen Ausscheiden aus dem Vertrag bei Stellung eines Ersatzmieters zustehen soll, ohne dass der Vermieter verpflichtet ist, mit dem Nachfolger abzuschließen.[80] Im Zweifel liegt eine echte Nachmieterklausel vor. Die der unechten Nachmieterklausel eigentümlichen Beschränkungen müssen sich entweder aus der Klausel selbst oder aus den Umständen ergeben.[81] 25

bb) I. d. R. enthalten die echten Nachmieterklauseln die Beschränkung, dass der **Nachfolger „zumutbar"** sein muss, dass der Vermieter den Nachfolger „aus wichtigem Grund" ablehnen kann oder dass der Mieter „die Bonität des Nachfolgers" nachzuweisen hat. Solche und ähnliche Regelungen werden dahingehend ausgelegt, dass der Nachfolger hinsichtlich seiner wirtschaftlichen Verhältnisse und seiner Person dem bisherigen Mieter entsprechen muss.[82] Der Sinn einer solchen Beschränkung liegt in der Absicherung des Vermieters gegen das mit dem Mieterwechsel verbundene Mietausfallrisiko. Hat sich ein Vermieter im Einzelfall zu einer vorzeitigen Vertragsauflösung bereit erklärt, wenn ein Nachmieter gestellt wird, so ist diese Vereinbarung ebenfalls dahingehend auszulegen, dass der Nachmieter zumutbar sein muss. Deshalb darf der Vermieter den Abschluss des Mietvertrags mit dem Nachmieter auch in diesem Fall von der Erteilung einer Selbstauskunft und einem Bonitätsnachweis abhängig machen.[83] Ist die Bonität des Nachfolgers zweifelhaft, so müssen die Parteien mehrere Möglichkeiten zur Minderung des Mietausfallrisikos in Betracht ziehen (z. B. Übernahme einer Mithaftung des bisherigen Mieters; Beibringung einer selbstschuldnerischen Bankbürgschaft; Hinterlegung einer Kaution in Höhe einer oder mehrerer Jahresmieten). Insoweit besteht eine **Verhandlungspflicht**, mit der Folge, dass sich der Vermieter vertragswidrig verhält, wenn er die Akzeptanz des Nachfolgers von der Erfüllung bestimmter Vorgaben abhängig macht.[84] Gleiches gilt, wenn sich der Vermieter kategorisch weigert in Verhandlungen einzutreten oder wenn er die laufenden Verhandlungen ohne hinreichenden Grund abbricht. Die genannte Beschränkung ist im Wege der ergänzenden Vertragsauslegung auch dann zu beachten, wenn sie nicht ausdrücklich vereinbart ist. Etwas anderes kommt in Betracht, wenn die Parteien bewusst von der Vereinbarung einer solchen Beschränkung Abstand genommen haben, 26

---

76 LG Berlin GE 1996, 741: Es gelten ähnliche Anforderungen wie für die Begründung der Vermieterkündigung nach § 573 Abs. 3 BGB.

77 Vgl. BGH ZMR 1993, 57 betr. gewerbliche Mietverhältnisse über Marktstände.

78 OLG München ZMR 1995, 580.

79 OLG München a. a. O. betr. den Fall, dass der Nachfolger bereit ist, für das in den gemieteten Räumen betriebene Geschäft einen hohen Kaufpreis zu bezahlen.

80 OLG Frankfurt WuM 1991, 475.

81 OLG Frankfurt a. a. O.

82 OLG Düsseldorf MDR 1995, 570: verneint für eine Klausel in einem Mietvertrag über eine Arztpraxis, wenn anstelle der ursprünglichen Mieter [Arztehepaar] ein einzelner Arzt in den Mietvertrag eintreten soll; zur Kritik hierzu oben Rdn. 19.

83 OLG Düsseldorf GuT 2006, 127 = ZMR 2006, 855 = DWW 2006, 196 = GE 2006, 575.

84 BGH NJW 1995, 3052 betr. die Zahlung eines Geldbetrags zur Risikoabgeltung.

oder wenn nach der Klausel andere Auswahlkriterien maßgeblich sein sollen. Eine Klausel, die so gefasst ist, dass die Entscheidung über den Nachfolger im Belieben des Vermieters steht, verstößt bei der echten Nachmieterklausel gegen § 307 BGB.[85] Wegen der Anforderungen, die an den Nachfolger i. E. zu stellen sind, s. o. Rdn. 19.

27 Lehnt der Vermieter den Nachfolger zu Unrecht ab, so haftet er gegenüber dem Mieter oder Pächter auf **Schadensersatz.** Dieser Ersatzanspruch unterliegt nicht der kurzen Verjährung des § 558 BGB.[86] Teilweise wird vertreten, dass der Vermieter an die Nachmieterklausel nicht gebunden ist, wenn der Mieter im Zeitpunkt des Aufhebungsverlangens mit mehr als 2 Monatsmieten in Verzug gewesen sei. In einem solchen Fall sei es mit den Grundsätzen von **Treu und Glauben** nicht zu vereinbaren, den Vermieter durch Eintritt des Nachmieters in den Mietvertrag an der Fortführung des Mietvertrages festzuhalten, obwohl dieser fristlos kündbar war.[87]

III. Inhalt des Mietaufhebungsvertrags

28 Zu den wesentlichen Bestandteilen eines Mietaufhebungsvertrags gehört die **Einigung über die Beendigung des Mietverhältnisses.** Sind über den **Beendigungszeitpunkt** keine besonderen Regelungen getroffen, so wird der aus der Vertragsbeendigung folgende Räumungs- und Herausgabeanspruch sofort fällig. Soll die Mietsache nach den Vorstellungen der Parteien erst zu einem späteren Zeitpunkt herausgegeben werden, so müssen sich die Parteien auch über den Zeitpunkt der Fälligkeit einigen. Ist der Zeitpunkt kalendermäßig bestimmt, so kommt der Mieter zum Leistungszeitpunkt ohne weitere Mahnung in Verzug.[88] Es ist allerdings nicht zwingend erforderlich, dass dieser Zeitpunkt kalendermäßig bestimmt wird; es genügt, wenn er durch Auslegung der Aufhebungsvereinbarung oder unter Rückgriff auf die Umstände des Vertragsschlusses bestimmt werden kann. Der Eintritt des Verzugs setzt in diesem Fall eine Mahnung voraus. Die Verwendung von Begriffen wie „alsbald", „in absehbarer Zeit" oder „schnellstmöglich" ist zwar nicht zu empfehlen; gleichwohl kann die Auslegung ergeben, dass die Parteien eine sofortige Beendigung des Mietverhältnisses unter gleichzeitiger Stundung des Herausgabeanspruchs (Räumungsfrist) vereinbart haben. In einem solchen Fall kann der Mieter sofort ausziehen; der Vermieter kann den Räumungs- und Herausgabeanspruch geltend machen, wenn der für die Ersatzraumsuche übliche Zeitraum verstrichen ist.

29 Die Regelung der **Art und Weise der Rückgabe** steht im Belieben der Parteien. Beschränkt sich der Aufhebungsvertrag auf die Einigung über die Vertragsbeendigung, so richten sich die Modalitäten der Rückgabe nach den Vereinbarungen im ursprünglichen Mietvertrag; ist im Mietvertrag insoweit nichts geregelt, so sind die gesetzlichen Bestimmungen maßgebend. Die Modalitäten der Rückgabe können im Aufhebungsvertrag auch abw. von den Vereinbarungen im Mietvertrag geregelt werden. Aus dem Fehlen besonderer Vereinbarungen über die Erfüllung der Renovierungspflicht, der Rückzahlung der Kaution und dergleichen kann allerdings nicht gefolgert werden, dass die betr. Verpflichtung der einen oder der anderen Partei erlassen werden sollte.[89] Derartige Abfindungen unterliegen auch nicht der Besteuerung nach § 22 Nr. 3 EStG.[90]

30 Die Vereinbarung einer **Vertragsstrafe** verstößt gegen § 555 BGB. Diese Vorschrift gilt auch für Mietaufhebungsverträge. Zwar soll durch § 555 BGB in erster Linie verhindert werden, dass entsprechende Vereinbarungen im Mietvertrag getroffen werden. Von dem Wortlaut und dem gesetzgeberischen Zweck des § 555 BGB werden darüber hinaus aber auch die Mietaufhebungsverträge erfasst. Denn auch bei diesen Verträgen handelt es sich um eine Vereinbarung zwischen den Parteien eines Mietverhältnisses. Das Verbot der Vertragsstrafe beruht auf der Erwägung, dass dadurch der gesetzliche Schutz des Mieters für den Fall der Beendigung des Mietverhältnisses ausgehöhlt werden könnte. Insbesondere kann ein Mieter durch das mit der Vertragsstrafe verbundene finanzielle Risiko gehindert sein, etwa eine Räumungsfrist oder Vollstreckungsschutz zu verlangen.

---

85 Vgl. BGH ZMR 1993, 57 für eine Nachmieterklausel in einem Mietvertrag über einen Marktstand.

86 OLG Frankfurt ZMR 2000, 607.

87 KG ZMR 2016, 939.

88 BGH NZM 1999, 371, 373.

89 S. aber auch LG Nürnberg-Fürth WuM 1981, 159; LG Stuttgart WuM 1995, 392: Ist vereinbart, dass der Mieter als Gegenleistung für den vorzeitigen Auszug eine Abstandssumme erhält, so liegt hierin eine abschließende Regelung über die wechselseitigen Ansprüche, mit der Folge, dass der Vermieter den Mieter nicht mehr auf Schadensersatz wegen unterlassener Renovierung in Anspruch nehmen kann.

90 BFH DStZ 2000, 453.

31 Die Vereinbarung von **Ausgleichs-, Abfindungs-, Abstands- oder Aufwendungsersatzzahlungen** ist möglich. Werden solche Zahlungen zugunsten des Mieters vereinbart, so sollte sich aus dem Vertrag ergeben, ob die Zahlung für den pünktlichen Auszug oder für die Vertragsaufhebung als solche geschuldet wird. Dies ist von praktischer Bedeutung, wenn der Mieter die Mietsache verspätet zurückgibt. Ist der Vertragstext unklar, so kommt es auf die übereinstimmenden Vorstellungen der Parteien an. Bleiben diese Vorstellungen unklar, so kann das von den Parteien in Wirklichkeit gewollte häufig aus den objektiven Gegebenheiten hergeleitet werden.[91] Das Zeitmoment ist von untergeordneter Bedeutung, wenn der Aufhebungsvertrag geschlossen wurde, weil der Vermieter das Mietverhältnis nicht durch Kündigung beenden konnte oder weil das Vorliegen eines Kündigungsgrundes zweifelhaft war.[92] Für diesen Fall ist davon auszugehen, dass eine verspätete Rückgabe den Anspruch auf die Abstandszahlung nicht berührt. Liegt demgegenüber ein Kündigungsgrund vor und wird der Aufhebungsvertrag geschlossen, um eine schnellere Rückgabe zu erreichen (z. B. bei formeller Unwirksamkeit der Kündigung oder bei langer Kündigungsfrist), so steht das Zeitmoment im Vordergrund, mit der Folge, dass der Zahlungsanspruch entfällt, wenn der Mieter nicht rechtzeitig räumt.[93] Ist nach der Sachlage davon auszugehen, dass die Abstandszahlung sowohl für die Vertragsaufhebung an sich als auch für eine frühzeitige Rückgabe vereinbart worden ist, so kann eine ergänzende Vertragsauslegung zu dem Ergebnis führen, dass die Zahlung bei verspäteter Räumung nur in verminderter Höhe zu leisten ist.[94]

32 Problematisch ist, ob **mietvertragliche Klauseln** wirksam sind, nach denen der Mieter verpflichtet ist, im Falle der freiwilligen vorzeitigen Vertragsaufhebung an den Vermieter eine **Pauschalabgeltung** (für die durch die Vertragsaufhebung entstehenden Kosten) zu bezahlen. Das OLG Hamburg hat dies in dem Rechtsentscheid vom 17. 4. 1990[95] für den Fall bejaht, dass die Pauschale nicht unangemessen hoch ist. Dabei kommt es maßgeblich darauf an, ob der vereinbarte Betrag „in bestimmten, nicht ganz seltenen Fällen zu einem unangemessen hohen Aufwendungsersatz führt". Den im konkreten Fall vereinbarten Betrag von einer Monatsmiete (netto/kalt) hat das Gericht für angemessen erachtet.

IV. Rechtsfolgen

1. Beim Abschluss eines Mietaufhebungsvertrags

33 Schließt der Vermieter mit dem Ersatzmieter ab, so kommt zwischen dem Vermieter und dem Ersatzmieter ein neues Mietverhältnis zustande, das denselben Inhalt wie das bisherige Mietverhältnis hat. Ein solcher Vertrag endet mit dem Ablauf der ursprünglichen Vertragszeit, wenn das ursprüngliche Mietverhältnis **befristet** war. Den Vertragsparteien steht es frei, stattdessen einen Vertrag mit anderem Inhalt abzuschließen. Ob in dem Abschluss eines Mietvertrags mit einem Nachfolgemieter zugleich eine konkludente Aufhebung des bisherigen Mietverhältnisses liegt, richtet sich nach den Umständen des Einzelfalls.[96] In der Regel dürfte es den Interessen der Parteien entsprechen, wenn die Aufhebung des Mietverhältnisses an den Vollzug des Nachfolgevertrags geknüpft wird.[97] Hiervon ist die Frage zu unterscheiden, ob der Nachfolger für die Verbindlichkeiten des Vorgängers haftet; diese Frage ist bei fehlender vertraglicher Regelung grundsätzlich zu verneinen,[98] weil der Vertragseintritt ex nunc erfolgt.[99] Der ursprüngliche Mieter haftet seinerseits nicht für die Verbindlichkeiten des Nachfolgers; das Risiko der Solvenz des Nachfolgers liegt beim Vermieter.[100] Eine Haftung des Mieters kommt in Betracht, wenn dieser für den Ersatzmieter eine Bürgschaft übernommen oder dessen Mietschuld beigetreten ist. Einen Anspruch hierauf hat der Vermieter mangels vertraglicher Regelung nicht. Außerdem haftet der Mieter nach § 280 Abs. 1 BGB, wenn er schuldhaft falsche Angaben über die persönlichen Verhältnisse des Nachfolgers ge-

[91] Dazu LG Nürnberg-Fürth WuM 1995, 181.
[92] S. dazu auch LG Mannheim WuM 1988, 87.
[93] Vgl. dazu LG Frankfurt WuM 1990, 196.
[94] LG Nürnberg-Fürth a. a. O.
[95] OLG Hamburg NJW-RR 1990, 909 = WuM 1990, 244 = ZMR 1990, 270.
[96] BGH (VIII ZR 117/11) NZM 2012, 341 = WuM 2012, 371.
[97] Vgl. LG Gießen WuM 1997, 370; s. auch LG Saarbrücken WuM 1997, 37.
[98] OLG Düsseldorf DWW 1992, 114.
[99] *Eisenschmid* PiG 33, 134.
[100] LG Köln WuM 1989, 18.

macht hat. War das ursprüngliche Vertragsverhältnis **unbefristet,** so kommt mit dem Nachfolger ein neues Mietverhältnis zustande. Auch hier gelten die oben dargelegten Rechtsfolgen.

2. Bei unberechtigter Weigerung

34 Teilweise die Ansicht vertreten, dass die unberechtigte Weigerung des Vermieters, den Mieter aus dem Vertrag zu entlassen, als Pflichtverletzung i. S. d. § 543 Abs. 1 BGB zu bewerten ist. Nach dieser Ansicht kann der Mieter dem Vermieter in einem solchen Fall eine Frist zur Nacherfüllung (§ 543 Abs. 3 BGB) setzen und nach Fristablauf kündigen.[101] Nach der hier vertretenen Ansicht verliert der Vermieter die künftigen Erfüllungsansprüche aus dem Mietvertrag, wenn er sich weigert mit dem Ersatzmieter einen Mietvertrag abzuschließen, obwohl er hierzu verpflichtet gewesen wäre. Der Mieter wird dann von seiner Verpflichtung zur Zahlung der Miete frei; er haftet aber weiterhin für die Erfüllung solcher Ansprüche, die zum Zeitpunkt seiner Vertragsentlassung bereits fällig gewesen sind (z. B. Schönheitsreparaturen, Schadenersatz wegen Beschädigung der Mietsache). Der unberechtigten Weigerung steht es gleich, wenn der Vermieter den Vertragsschluss an **Bedingungen** knüpft, die in den vertraglichen Vereinbarungen oder in dem gesetzlichen Rechtsverhältnis keine Stütze finden: Macht der Mieter eines befristeten Mietverhältnisses einen gesetzlichen Aufhebungsanspruch nach § 242 BGB geltend, so muss der Vermieter dem Nachfolger den Eintritt in den unveränderten Vertrag anbieten.[102] Nichts anderes gilt bei einem unbefristeten Mietverhältnis: hier muss der Vermieter zu denselben Bedingungen wie bisher vermieten.[103] Der Vermieter wird hierdurch nicht wesentlich benachteiligt: will er bessere Mietbedingungen erreichen, so kann und muss er sich den Nachfolger selbst suchen. Haben sich die Parteien dahingehend geeinigt, dass der Mieter aus dem Vertrag entlassen wird, wenn ein Nachfolger gefunden ist (bedingter Mietaufhebungsvertrag) oder ist im Mietvertrag eine Nachmieterklausel enthalten, so gelten beim Fehlen gegenteiliger Vertragsvereinbarungen dieselben Grundsätze.[104]

3. Bei berechtigter Weigerung

35 Weigert sich der Vermieter zu Recht, mit dem Ersatzmieter einen Mietvertrag abzuschließen, so besteht der ursprüngliche Mietvertrag unverändert fort. Der Vermieter ist grundsätzlich nicht verpflichtet, die Räume anderweitig zu vermieten. Der Vermieter kann die Räume leer stehen lassen und den bisherigen Mieter auf Zahlung der Miete in Anspruch nehmen: Die Vorschrift des 254 BGB (Schadensminderungspflicht) gilt nicht, weil der Vermieter keinen Schadenersatzanspruch, sondern einen vertraglichen Erfüllungsanspruch geltend macht.

V. Beweislast

36 Den Abschluss eines Mietaufhebungsvertrags muss derjenige beweisen, der hieraus Rechte für sich herleiten will. Steht fest, dass ein Mietaufhebungsvertrag zustande gekommen ist und ist streitig, ob der Mieter die Mietsache sofort oder zu einem späteren Zeitpunkt herausgeben muss, so trifft die Beweislast den Mieter. Wer behauptet, dass im Aufhebungsvertrag besondere Vereinbarungen über die Art und Weise der Rückgabe getroffen worden sind, muss dies beweisen.

37 Der Mieter muss beweisen, dass die tatsächlichen Voraussetzungen für die Verpflichtung des Vermieters zum Abschluss eines Aufhebungsvertrags vorliegen. Außerdem muss er beweisen, dass er einen Ersatzmieter gestellt und dass dieser dem Vermieter zumutbar gewesen ist. Eine Ausnahme gilt, wenn der Vermieter selbst mit dem Mietinteressenten Verbindung aufgenommen hat. In einem solchen Fall kann sich der Vermieter nicht darauf beschränken, die Geeignetheit des Ersatzmieters zu bestreiten. Vielmehr muss er konkret vortragen, welche Gründe zur Ablehnung des Ersatzmieters geführt haben.[105]

---

[101] *Lehmann-Richter* PiG 83 (2008), 181, 187; *Häublein* PiG 85 (2009), 117, 145.

[102] LG Frankfurt ZMR 1984, 309.

[103] **A. A.** die h. M. OLG Hamburg NJW-RR 1987, 657; LG Trier DWW 1986, 246; LG Köln WuM 1989, 374; LG Saarbrücken WuM 1995, 313.

[104] OLG Düsseldorf DWW 1992, 242; **a. A.** OLG München ZMR 1995, 156 wonach „marktgerechte Bedingungen" maßgeblich sein sollen.

[105] BGH WuM 2003, 204.

§ 543 Außerordentliche fristlose Kündigung aus wichtigem Grund

(1) [1]Jede Vertragspartei kann das Mietverhältnis aus wichtigem Grund außerordentlich fristlos kündigen. [2]Ein wichtiger Grund liegt vor, wenn dem Kündigenden unter Berücksichtigung aller Umstände des Einzelfalls, insbesondere eines Verschuldens der Vertragsparteien, und unter Abwägung der beiderseitigen Interessen die Fortsetzung des Mietverhältnisses bis zum Ablauf der Kündigungsfrist oder bis zur sonstigen Beendigung des Mietverhältnisses nicht zugemutet werden kann.

(2) [1]Ein wichtiger Grund liegt insbesondere vor, wenn

1. dem Mieter der vertragsgemäße Gebrauch der Mietsache ganz oder zum Teil nicht rechtzeitig gewährt oder wieder entzogen wird,

2. der Mieter die Rechte des Vermieters dadurch in erheblichem Maße verletzt, dass er die Mietsache durch Vernachlässigung der ihm obliegenden Sorgfalt erheblich gefährdet oder sie unbefugt einem Dritten überlässt oder

3. der Mieter

a) für zwei aufeinander folgende Termine mit der Entrichtung der Miete oder eines nicht unerheblichen Teils der Miete in Verzug ist oder

b) in einem Zeitraum, der sich über mehr als zwei Termine erstreckt, mit der Entrichtung der Miete in Höhe eines Betrages in Verzug ist, der die Miete für zwei Monate erreicht.

[2]Im Falle des Satzes 1 Nr. 3 ist die Kündigung ausgeschlossen, wenn der Vermieter vorher befriedigt wird. [3]Sie wird unwirksam, wenn sich der Mieter von seiner Schuld durch Aufrechnung befreien konnte und unverzüglich nach der Kündigung die Aufrechnung erklärt.

(3) [1]Besteht der wichtige Grund in der Verletzung einer Pflicht aus dem Mietvertrag, so ist die Kündigung erst nach erfolglosem Ablauf einer zur Abhilfe bestimmten angemessenen Frist oder nach erfolgloser Abmahnung zulässig. [2]Dies gilt nicht, wenn

1. eine Frist oder Abmahnung offensichtlich keinen Erfolg verspricht,

2. die sofortige Kündigung aus besonderen Gründen unter Abwägung der beiderseitigen Interessen gerechtfertigt ist oder

3. der Mieter mit der Entrichtung der Miete im Sinne des Absatzes 2 Nr. 3 in Verzug ist.

(4) [1]Auf das dem Mieter nach Absatz 2 Nr. 1 zustehende Kündigungsrecht sind die §§ 536b, 536d entsprechend anzuwenden. [2]Ist streitig, ob der Vermieter den Gebrauch der Mietsache rechtzeitig gewährt oder die Abhilfe vor Ablauf der hierzu bestimmten Frist bewirkt hat, so trifft ihn die Beweislast.

Systematische Übersicht

Alphabetische Schnellübersicht

I. Bedeutung und Anwendungsbereich der Vorschrift

1 **1.** Nach dem bis zum 1.9.2001 geltenden Recht waren die Tatbestände der fristlosen Kündigung in verschiedenen Vorschriften geregelt: § 542 BGB a. F.: Kündigungsrecht des Mieters bei mangelhafter Mietsache; § 544 BGB a. F.: Kündigungsrecht des Mieters bei gesundheitsgefährdender Beschaffenheit der Mietsache; § 553 BGB a. F.: Kündigungsrecht des Vermieters bei Verletzung von Vertragspflichten durch den Mieter; § 554 BGB a. F.: Kündigungsrecht des Vermieters bei Zahlungsverzug und § 554a BGB a. F.: Kündigungsrecht beider Vertragsteile bei Hausfriedensstörungen und ähnlichen Vorfällen. In § 543 BGB n. F. wird ein Teil dieser Kündigungstatbestände mit geringen inhaltlichen Änderungen zusammenfassend geregelt. Die Vorschrift gilt für alle Mietverhältnisse. Bei der Wohnraummiete ist ergänzend § 569 BGB zu beachten. Nach § 569 Abs. 5 BGB können die Parteien bei der Wohnraummiete keine Vereinbarungen treffen, die zum Nachteil des Mieters von den gesetzlichen Kündigungstatbeständen abweichen. Auf die Gewerbemiete ist die Regelung nicht anzuwenden, weil § 578 Abs. 2 BGB nicht auf § 569 Abs. 5 BGB verweist (Einzelheiten s. § 569 Rdn. 84ff).

2 Alle Kündigungstatbestände des § 543 BGB sind **verschuldensunabhängig.** Grundsätzlich ist aber Voraussetzung, dass vor Ausspruch der Kündigung eine Abhilfefrist gesetzt oder abgemahnt wird (§ 543 Abs. 3 BGB).

3 **2.** Das **Verhältnis des § 543 Abs. 1 BGB zu § 543 Abs. 2 BGB und § 569 BGB** ist folgendes: Die Regelungen des § 543 Abs. 2 Nr. 1–3 BGB und in § 569 Abs. 1 und 2 BGB enthalten gesetzlich typisierte Fälle der Unzumutbarkeit.[1] Diese Kündigungstatbestände sind vorrangig zu prüfen. Für die Wirksamkeit der Kündigung genügt es, wenn einer der dort aufgeführten Tatbestände vorliegt und wenn außerdem die Vorschriften über die Abmahnung in § 543 Abs. 3 BGB beachtet worden sind. Die in § 543 Abs. 1 BGB genannten Voraussetzungen müssen in diesem Fall nicht zu-

[1] BGH WuM 2009, 349 = GE 2009, 709 unter Nr. II 2a.

sätzlich vorliegen.[2] Die Regelung des **§ 569 Abs. 4,** wonach die Kündigungserklärung zu begründen ist, gilt nur für die Wohnraummiete, nicht für gewerbliche Mietverhältnisse.

Die Regelung des § 543 Abs. 1 BGB formuliert den allgemeinen Grundsatz, dass jede Partei das Mietverhältnis aus wichtigem Grund fristlos kündigen kann. Durch § 543 Abs. 1 BGB wurde die bisherige Rechtslage zur Kündigung aus wichtigem Grund einschließlich der gefestigten höchstrichterlichen Rechtsprechung kodifiziert.[3] Die Vorschrift ist als Auffangtatbestand für die in § 543 Abs. 2, § 569 Abs. 1 und 2 BGB nicht ausdrücklich geregelten Fälle anzusehen.[4] Dies bedeutet keineswegs, dass eine Partei auf § 543 Abs. 1 BGB zurückgreifen kann, wenn einer der speziellen Kündigungstatbestände nicht erfüllt ist, etwa weil ein Tatbestandsmerkmal fehlt.[5] Die speziellen Kündigungstatbestände beschreiben nicht nur die Voraussetzungen für die Kündigung in den dort genannten Fällen sondern haben auch Sperrwirkung für diejenigen Fälle, in denen ein Tatbestandsmerkmal fehlt. Vielmehr ist § 543 Abs. 1 BGB für solche Fälle gedacht, denen ein ähnliches Gewicht beizumessen ist, wie den speziellen Kündigungstatbeständen. Hierzu gehören beispielsweise die Fälle der unpünktlichen Mietzahlung, der Nichtzahlung einer Kaution oder einer Betriebskostenabrechnung trotz zweifelsfrei bestehender Zahlungspflicht oder die Verletzung von Aufklärungspflichten (Einzelheiten Rdn. 160ff.). 4

3. Verhältnis des § 543 BGB zu § 313 BGB und § 314 BGB: Die Kündigung wegen Wegfalls der Geschäftsgrundlage nach § 313 Abs. 3 Satz 2 (s. Rdn. 229) ist neben § 543 BGB anwendbar.[6] Die Vorschriften des **§ 314 Abs. 1 und 2** werden durch § 543 Abs. 1 bis 4 BGB verdrängt. Ungeklärt ist, ob **§ 314 Abs. 3,** wonach die Kündigung nur innerhalb einer angemessenen Frist nach Kenntnis vom Kündigungsgrund erklärt werden kann auch bei der Kündigung nach § 543 zu beachten ist. Der **XII. Senat des BGH** hat dies bejaht.[7] Der **VIII. Zivilsenat** hat die Anwendung des § 314 Abs. 3 in dem Urteil vom 13.7.2016 verneint.[8] Er begründet dies mit dem Wortlaut der Regelungen in §§ 543, 569 BGB, die keine zeitliche Beschränkung für den Ausspruch der Kündigung vorsehen, sowie mit Hinweisen auf die Gesetzesmaterialien zu diesen Vorschriften. Der VIII Senat weist darauf hin, dass ein großer zeitlicher Abstand zwischen der Entstehung des Kündigungstatbestands und dem Ausspruch der Kündigung im Ausnahmefall beim Vorliegen weiterer Umstände zur Verwirkung des Kündigungsrechts führen kann. Ebenso könne das Zeitmoment dort eine Rolle spielen, wo die Kündigungsbefugnis von der Unzumutbarkeit der Vertragsfortsetzung abhängt. Nach dem amtlichen Leitsatz gilt die Entscheidung des VIII. Senats nur für das Wohnraummietrecht. Eine Kündigung für Geschäftsraum kann aber aus Gründen der Rechtslogik nicht anders bewertet werden. Der VIII Zivilsenat vertritt hierzu die Ansicht, dass der XII. Senat nicht über die Anwendbarkeit des § 314 Abs. 3 BGB entschieden habe. Vielmehr habe der XII. Senat lediglich „eine illoyale Verspätung sowohl im Rahmen der Verwirkung als auch im Rahmen des § 314 Abs. 3 BGB verneint, ohne dass dessen Anwendbarkeit näher erörtert wurde" – **Kritik:** Die Entscheidung des VIII Senats überzeugt nicht. Nach der Gesetzessystematik werden die speziellen Re- 5

[2] BGH NJW 2007, 147 = NZM 2006, 929 = WuM 2007, 72 = ZMR 2007, 98 = GE 2006, 1606 unter Nr. 2; BGH WuM 2009, 349 = GE 2009, 709 unter Nr. II 2a; *Kraemer* DWW 2001, 110, 115; *Häublein* ZMR 2005, 1, 3; *Zahn* in Hannemann/Wiek Handbuch des Mietrechts § 26 Rdn. 4; *Emmerich* in Staudinger § 543 BGB Rdn. 2; *Lammel* § 543 BGB Rdn. 2 und 60; *Kandelhard* in Herrlein/Kandelhard § 543 BGB Rdn. 3; *Lützenkirchen*, Neue Mietrechtspraxis, Rdn. 838; *Sternel* Mietrecht aktuell (2009) Rdn. XII 2; Lützenkirchen in: Erman § 543 Rdn. 11; Palandt/*Weidenkaff* § 543 BGB Rdn. 6; **a. A.** *Kluth/Böckmann* NZM 2003, 882, 884: Danach ist bei Kündigungen nach § 543 Abs. 2 Nr. 1 BG zusätzlich die in § 543 Abs. 1 BGB vorgesehene Interessenabwägung vorzunehmen.

[3] BGH NJW 2005, 2552 = NZM 2005, 538 = WuM 2005, 401 = ZMR 2005, 688.

[4] *Lützenkirchen* Neue Mietrechtspraxis Rdn. 838; *Hirsch* WuM 2006, 418; abw. *Kluth/Böckmann* NZM 2003, 882 und *Emmerich* in Staudinger § 543 BGB Rdn. 1: „Generalklausel"; *Sternel* Mietrecht aktuell (2009) Rdn. XII 1 „Quelltatbestand".

[5] *Lammel* a. a. O.

[6] OLG Dresden Beschluss vom 8.2.2017 – 5 U 1669/16, juris.

[7] BGH (XII ZR 36/05) NZM 2007, 400 betr. Kündigung wegen Nichtzahlung der Kaution, s. dazu auch Rdn. 24; ebenso OLG Hamm NZM 2011, 277; OLG Dresden NZM 2012, 727 betr. fristlose Kündigung wegen Verletzung der Aufklärungspflicht bei der Geschäftsraummiete; OLG Dresden MDR 2015, 1226 bei vertragswidriger Inanspruchnahme nicht vermieteter Freiflächen durch den Mieter; LG Itzehoe ZMR 2010, 363, 364; *Hinz* NZM 2004, 681, 692; *Häublein* ZMR 2005, 1; *Emmerich* in: Staudinger § 543 Rdn. 90; *Lützenkirchen* in Lützenkirchen Mietrecht § 543 Rdn. 13ff; *Lammel* Wohnraummietrecht § 543 Rdn. 175; *Sternel* Mietrecht Aktuell Rdn VIII 362; verneinend: Palandt/*Grüneberg* § 314 Rdn. 4.

[8] BGH (VIII ZR 296/15) NZM 2016, 791.

gelungen in den §§ 543, 569 durch die allgemeine Regelung in § 314 Abs. 3 ergänzt, weil die Frage der verspäteten Kündigung in den §§ 543, 569 nicht geregelt ist. Gegenteilige Erwägungen des Gesetzgebers haben in der gesetzlichen Regelung keinen Niederschlag gefunden.[9] Nach der hier vertretenen Ansicht ist zu unterscheiden: Bei Vertragverletzungen aller Art gilt § 314 Abs. 3 mit Ausnahme der Kündigung des Mieters wegen einer Gesundheitsgefährdung. Beim fortdauernden Zahlungsverzug hat § 314 Abs. 3 keine praktische Bedeutung, weil die Kündigungsbefugnis solange besteht, wie der Verzug dauert. Wird wegen der Nichtzahlung der Kaution gekündigt so beginnt die Frist, wenn der Mieter mit der Mietzahlung in Verzug gerät. Die Regelung des **§ 314 Abs. 4,** wonach die Geltendmachung von Schadensersatz durch die Kündigung nicht ausgeschlossen wird, gilt auch für Kündigungen nach § 543 BGB (Einzelheiten § 542 BGB Rdn. 112ff).

4. Vertragliche Kündigungsbeschränkung bei Mietverträgen (Nutzungsverträgen) der Wohnungsgenossenschaften

5a In den Nutzungsverträgen der Wohnungsgenossenschaften findet sich regelmäßig folgende Klausel:

„Während des Fortbestehens der Mitgliedschaft wird die Genossenschaft von sich aus das Nutzungsverhältnis grundsätzlich nicht auflösen. Sie kann jedoch in besonderen Ausnahmefällen das Nutzungsverhältnis schriftlich unter Einhaltung der gesetzlichen Fristen kündigen, wenn wichtige berechtigte Interessen der Genossenschaft eine Beendigung des Nutzungsverhältnisses notwendig machen“

Nach dem Wortlaut der Klausel sind zwei Auslegungsmöglichkeiten denkbar: Zum einen kann die Klausel dahingehend verstanden werden, dass eine ordentliche Kündigung nur im Ausnahmefall möglich sein soll mit der weiteren Folge, dass die gesetzlichen Vorschriften über die außerordentliche fristlose Kündigung unberührt bleiben. Denkbar ist aber auch, dass die Klausel sowohl für die ordentliche als auch für die außerordentliche Kündigung gilt. In diesem Fall ist in Erwägung zu ziehen, ob eine fristlose Kündigung neben dem gesetzlichen Tatbestand auch „wichtige berechtigte Interessen“ der Genossenschaft voraussetzt. Der BGH vertritt die erstgenannte Ansicht.[10] Bei der Auslegung von Formularklauseln sei vom Verständnis des „durchschnittlichen Vertragspartners“ des Verwenders auszugehen. Dieser gehe jedoch nicht davon aus, dass der Vermieter auf eine fristlose Kündigung aus wichtigem Grund verzichten will.

II. Die Kündigungstatbestände

1. Nichtgewährung/Entzug des Mietgebrauchs (Abs. 2 Nr. 1)

6 **a) Überblick.** Nach § 543 Abs. 2 Nr. 1 BGB liegt ein Kündigungsgrund vor, wenn dem Mieter der vertragsgemäße Gebrauch der Mietsache nicht rechtzeitig gewährt oder wieder entzogen wird. Die Vorschrift gilt für alle Mietverhältnisse; Sondervorschriften für die Wohnraummiete bestehen nicht. In formeller Hinsicht sind bei der Wohnraummiete allerdings die § 568 Abs. 1 BGB (Schriftform) und § 569 Abs. 4 BGB (Begründungszwang) zu beachten.

7 Die Regelung umfasst die folgenden **Fallgruppen: (1)** Die Mietsache kann nicht zu dem vertraglich vereinbarten Zeitpunkt übergeben werden (Rdn. 9); **(2)** Die Mietsache wird zwar zum vertraglich vereinbarten Zeitpunkt übergeben; sie ist aber mangelhaft i. S. v. § 536 BGB (Rdn. 13); **(3)** Die Mietsache wird dem Mieter angeboten. Ihr Zustand entspricht aber nicht den vertraglichen Vereinbarungen (Rdn. 15); **(4)** Dem Mieter wird die Mietsache wieder entzogen, sei es durch den Vermieter, sei es durch einen Dritten, sei es durch ein von einer Behörde ausgesprochenes Benutzungsverbot, das seinen Grund in der Beschaffenheit der Mietsache hat (Rdn. 16); **(5)** Die Mietsache wird im Verlauf der Mietzeit mangelhaft (Rdn. 24). Die Kündigung nach § 543 Abs. 2 Nr. 1 BGB setzt nicht voraus, dass die Fortsetzung des Mietverhältnisses für den Mieter unzumutbar ist.[11] Die Beeinträchtigung der Gebrauchstauglichkeit genügt; bei der Vermietung von Geschäftsräumen ist es deshalb nicht erforderlich, dass sich der Mangel auf den Umsatz ausgewirkt hat.[12] Eine anfängliche Kenntnis oder grob fahrlässige Unkenntnis vom Sachmangel i. S. v. § 536b BGB

[9] So zutreffend: *C. Kunze/Tietzsch* WuM 2016, 619.
[10] BGH (VIII ZR 327/11) NJW 2012, 2270 = WuM 2012, 440.
[11] KG GE 2014, 934.
[12] KG a. a. O.

muss sich auf die konkreten gebrauchsbeeinträchtigenden Umstände beziehen, einschließlich ihrer Auswirkungen auf die Gebrauchstauglichkeit.[13]

b) Kündigungsrecht zugunsten des Mieters. Die Vorschrift entspricht dem bis 1.9.2001 **8**
geltenden § 542 Abs. 1 Satz 1 BGB. In dieser Vorschrift war ausdrücklich bestimmt, dass das Kündigungsrecht nur dem Mieter zusteht. Trotz der missverständlichen Wortfassung gilt für § 543 Abs. 2 Nr. 1 BGB nichts anderes. Das Kündigungsrecht besteht nur zugunsten des Mieters. Der Vermieter hat keine Möglichkeit, sich einer möglicherweise aufwendigen Mängelbeseitigung oder drohenden Schadensersatzansprüchen wegen verspäteter Übergabe durch Kündigung zu entziehen. Eine solche Interpretation widerspräche dem Grundsatz, dass der zur Kündigung berechtigende Grund in der Sphäre des Gekündigten liegen muss.[14] Der Leistungspflichtige kann sich der Erfüllung seiner Verpflichtungen nicht durch Kündigung entziehen. In dem rechtsähnlichen Fall des § 569 Abs. 1 BGB (Kündigung wegen gesundheitsgefährdender Beschaffenheit der Mietsache) kommt dieser Grundsatz in der Wortfassung des Kündigungstatbestandes (... liegt für den **Mieter** auch vor ...) deutlich zum Ausdruck. Bei § 543 Abs. 2 Nr. 1 BGB fehlt dieser klarstellende Zusatz. Dabei handelt es sich aber lediglich um ein Redaktionsversehen. Deshalb gilt wie bisher, dass die Regelung des § 543 Abs. 2 Nr. 1 BGB nur den Mieter, nicht aber den Vermieter zur Kündigung berechtigt.

c) Verzögerung der Übergabe. Das Kündigungsrecht entsteht, wenn dem Mieter der Miet- **9**
gebrauch ganz oder zum Teil nicht rechtzeitig gewährt wird. Es kommt hierbei nicht darauf an, ob der Vermieter die Verzögerung zu vertreten hat.[15] Für die Rechtzeitigkeit der Überlassung kommt es auf die vertraglichen Vereinbarungen an. Ist hinsichtlich des Beginns der Mietzeit keine ausdrückliche Regelung getroffen, und lässt sich der Mietbeginn auch nicht aus den Umständen entnehmen, so wird der Überlassungsanspruch sofort fällig (§ 271 Abs. 1 BGB). Eine Formularklausel, die zur Folge hat, dass der Vertragsbeginn völlig ungewiss ist („Das Mietverhältnis beginnt mit dem Auszug des bisherigen Mieters", „... mit der Fertigstellung der Wohnung", und ähnliche Klauseln) verstößt gegen § 307 BGB; dies hat zur Folge, dass der Mieter die Rechte aus § 543 Abs. 2 Nr. 1 BGB alsbald nach Vertragsschluss geltend machen kann. Bei Individualvereinbarungen ist zu prüfen, von welchen zeitlichen Vorstellungen die Parteien beim Abschluss des Mietvertrags ausgegangen sind. Demgemäß ist der Zeitpunkt zu bestimmen, zu dem die Mietsache spätestens übergeben werden muss. Ist vereinbart, dass sich der Einzugstermin infolge von Modernisierung-, Sanierungs- oder Renovierungsarbeiten verzögern kann, so entsteht das Kündigungsrecht, wenn der ins Auge gefasste Einzugstermin über einen längeren Zeitraum überschritten wird.[16] Gleiches gilt, wenn sich die Fertigstellung einer Wohnung in einem Neubau verzögert.

Eine Kündigung nach § 543 Abs. 2 Nr. 1 BGB ist nur zulässig, wenn die sie tragenden Gründe **10**
bei Kündigungsausspruch entweder vorliegen oder wenn zumindest feststeht, dass sie bei Beginn des Mietverhältnisses gegeben sein werden. Die bloße Ungewissheit, ob der Gebrauch rechtzeitig gewährt werde, reicht nicht.[17] Ausnahmsweise kann in solchen Fällen eine Kündigung aus wichtigem Grund in Betracht zu ziehen sein, wenn dem Mieter die Ungewissheit wegen besonderer Umstände nicht zugemutet werden kann.[18]

Nach der Ansicht des BGH entfällt das Kündigungsrecht, wenn feststeht, dass der Mieter die **11**
Räume aus Gründen, die in seiner Person liegen, ohnehin nicht nutzen kann; in diesem Fall werde dem Mieter der Gebrauch nicht entzogen.[19] Dagegen spricht, dass die Nutzung im Belieben des Mieters steht und dass die Gewährleistungsrechte nach §§ 536, 536a BGB ebenfalls nicht von einer bestehenden Nutzungsmöglichkeit durch den Mieter abhängen. Jedenfalls ist der hier dargelegte Grundsatz unanwendbar, wenn der Mieter die Erfüllung verlangt und der Vermieter nicht erfüllungsbereit ist.[20] Das Kündigungsrecht ist ferner dann nicht ausgeschlossen, wenn der Mieter eine Vorenthaltung des Gebrauchs zur Kündigung nach § 543 Abs. 2 Nr. 1 BGB ausnützt, weil er ohnehin vom Mietvertrag loskommen will. Das Kündigungsmotiv als solches ist nämlich unerheblich.[21]

---

13 KG a. a. O.
14 *Kraemer* DWW 2001, 110, 114.
15 BGH NJW 1974, 2233.
16 LG Berlin GE 1993, 919.
17 LG Hamburg MDR 1974, 583.
18 *Grapentin* in Bub/Treier Kap. IV Rdn. 321.
19 BGHZ 38, 295 = NJW 1963, 341; ebenso: OLG Hamm NZM 2011, 277.
20 BGH a. a. O.
21 BGH NJW 1970, 1791 = MDR 1970, 1004 für die Kündigung wegen eines geplanten Umzugs.

Demgegenüber wird aber auch die Ansicht vertreten, dass der Mieter kein Kündigungsrecht aus § 543 Abs. 2 Nr. 1 BGB hat, wenn er die Mietsache nicht gebrauchen will.[22]

12 Wird die Mietsache nicht pünktlich übergeben, so kann der Mieter die Rechte aus §§ 281, 283, 323, 325 BGB (Schadensersatz, Rücktritt) geltend machen, wenn der Vermieter die verspätete Überlassung zu vertreten hat oder wenn der Vermieter die pünktliche Übergabe in der Form eines Garantieversprechens zugesichert hat (§ 276 BGB).[23] Diese Rechte bestehen neben dem verschuldensunabhängigen Kündigungsrecht aus § 543 Abs. 2 Nr. 2 BGB (§ 314 Abs. 4 BGB).[24] Hat der Mieter die verspätete Fertigstellung oder Überlassung durch sein Verhalten verursacht oder mitverursacht, so entfallen sowohl das Kündigungsrecht[25] als auch der Anspruch auf Schadensersatz.

13 **d) Übergabe einer mangelhaften Sache.** Das Kündigungsrecht besteht auch dann, wenn die Mietsache in einem vertragwidrigen (d. h. mangelhaften) Zustand übergeben wird oder wenn eine **zugesicherte Eigenschaft** fehlt. Die vertragsgemäße Beschaffenheit richtet sich nach den vertraglichen Vereinbarungen, gegebenenfalls nach der Verkehrssitte. Abweichungen hiervon können zur Kündigung nach § 543 Abs. 2 Nr. 1 BGB berechtigen. Dies gilt gleichermaßen für Sach- und für Rechtsmängel. **Beispiele aus der Rechtsprechung:** Formaldehyd in der Raumluft;[26] bauordnungsrechtlich ungenügende Raumhöhe, wenn in den angemieteten Räumen ein Jugendfreizeitzentrum eingerichtet werden soll;[27] wenn die Lichtverhältnisse in gewerblich genutzten Räumen durch die Nachbarbebauung stärker beeinträchtigt werden, als es bei Einhaltung der öffentlichrechtlichen Vorschriften zulässig ist;[28] bei Befall einer Wohnung mit Kakerlaken;[29] wenn eine gemietete Ferienwohnung nicht in sich abgeschlossen ist;[30] wenn gewerbliche Räume wegen Fehlens einer behördlichen Genehmigung nicht zu den vertraglich vereinbarten Zwecken genutzt werden können;[31] wenn der Vermieter verpflichtet ist, gewerblich zu nutzende Räume nach einem vereinbarten Plan umzugestalten und der Umbau nicht plangerecht ist;[32] wenn die tatsächliche Wohn- oder Nutzfläche kleiner ist als die im Vertrag angegebene Fläche und die Abweichung mehr als 10% beträgt; es kommt nicht darauf an, ob dem Mieter die Fortsetzung des Mietverhältnisses bis zum Ablauf der Kündigungsfrist zugemutet werden kann.[33] Wie allgemein im Gewährleistungsrecht kommt es bei einer Abweichung des tatsächlichen Zustands der Mietsache vom vertraglich vereinbarten Zustand auch nicht darauf an, ob der Mietgebrauch beeinträchtigt ist.[34]

14 Auf ein **Verschulden** des Vermieters kommt es nicht an. Umgekehrt entfällt das Kündigungsrecht, wenn der Mieter den Mangel zu vertreten hat oder wenn sein Verhalten mitursächlich für die Mangelhaftigkeit gewesen ist.[35]

15 **e) Angebot der Mietsache im vertragswidrigen Zustand.** Der Mieter kann bereits vor der Überlassung kündigen, wenn ihm die Mietsache in vertragswidrigem Zustand angeboten wird.[36] Hiervon ist auszugehen, wenn die Mietsache nicht den vertraglichen Vereinbarungen entspricht;[37]

---

[22] OLG Celle ZMR 2002, 187, 188 für den Fall einer vertraglich vereinbarten Betriebspflicht.

[23] BGH ZMR 1993, 7.

[24] *Emmerich* in Staudinger § 543 BGB Rdn. 15.

[25] OLG Düsseldorf WuM 1993, 667 = ZMR 1993, 522.

[26] LG München I NJW-RR 1991, 975 = WuM 1991, 584; AG München VuR 1989, 333; AG Mettmann VuR 1990, 208.

[27] LG Berlin GE 1992, 553.

[28] OLG Hamm ZMR 1983, 273.

[29] LG Freiburg WuM 1986, 246.

[30] LG Berlin GE 1988, 629.

[31] OLG Düsseldorf DWW 1991, 16 = WuM 1991, 264 = NJW-RR 1988, 1424; OLG Hamburg ZMR 1995, 533.

[32] BGH NJW 2005, 2152 = NZM 2005, 500 = GuT 2005, 163 = ZMR 2005, 612 = GE 2005, 861.

[33] BGH a. a. O.; BGH (VIII ZR 142/08) NJW 2009, 2297; s. a. BGH NZM 2004, 456; NJW 2004, 1947.

[34] BGH NJW 2005, 2152 = NZM 2005, 500 = GuT 2005, 163 = ZMR 2005, 612 = GE 2005, 861.

[35] OLG Düsseldorf DWW 1993, 99 = ZMR 1993, 334: Wenn ein vertraglich vereinbarter Umbau nicht durchgeführt werden kann, weil sich der Mieter entgegen seiner Zusage nicht um die Beschaffung der behördlichen Genehmigungen gekümmert hat; OLG Düsseldorf DWW 1991, 236: Wenn eine behördliche Genehmigung wegen fehlender Kfz-Stellplätze nicht erteilt wird und der Mieter entgegen einer vertraglichen Verpflichtung nicht alles getan hat, um Stellplätze zu finden; *Kraemer* DWW 2001, 110, 117.

[36] BGH NJW 2005, 2152 = NZM 2005, 500 = GuT 2005, 163 = ZMR 2005, 612 = GE 2005, 861; OLG Köln ZMR 1997, 230; *Grapentin* in Bub/Treier Kap. IV Rdn. 320; *Emmerich* in Staudinger § 543 BGB Rdn. 16; Palandt/*Weidenkaff* § 543 BGB Rdn. 11–13.

[37] BGH NJW 2005, 2152 = NZM 2005, 500 = GuT 2005, 163 = ZMR 2005, 612 = GE 2005, 861; betr. die Übergabe von gewerblichen Räumen im planwidrigen Zustand; LG Berlin GE 2012, 690: wenn Wände der Wohnung in unüblichen Farben gestrichen sind und dem Mieter die Mietsache in diesem Zustand angeboten wird).

allerdings können geringfügige Sach- oder Rechtsmängel vernachlässigt werden.[38] Ist streitig, ob die Mietsache vom Vermieter in einem vertragsgemäßen Zustand angeboten worden ist, so trifft die **Beweislast** den Vermieter, weil dieser die Erfüllungsbereitschaft behauptet. Der Vermieter muss also beweisen, dass der tatsächliche Zustand den vertraglichen Vereinbarungen entspricht. Bestehen unterschiedliche Auffassungen über den Umfang der vom Vermieter geschuldeten Aus- oder Umbauarbeiten, so muss der Vermieter auch beweisen, dass keine weiteren als die von ihm tatsächlich durchgeführten Arbeiten vereinbart worden sind.[39]

f) Entzug des Mietgebrauchs. Der Mieter ist zur Kündigung berechtigt, wenn ihm die **16**
Möglichkeit zum Gebrauch der Mietsache im Verlauf der Mietzeit entzogen wird. Dies ist dann der Fall, wenn der Mieter ganz oder teilweise an der vertragsgemäßen Nutzung des Mietobjekts gehindert wird. Es genügt, wenn der Mieter ernsthaft mit einer Gebrauchsentziehung rechnen muss. Hiervon kann ausgegangen werden, wenn der Vermieter dem Mieter entgegen den vertraglichen Vereinbarungen eine gewerbliche Nutzung untersagt.[40] Der Widerruf einer Gebrauchsgestattung, auf die der Mieter keinen vertraglichen Anspruch hat, rechtfertigt die Kündigung nicht.[41]

Ein Kündigungsgrund liegt dagegen vor, wenn der Vermieter den Mieter durch **Zwang** von der **17**
Benutzung der Sache fernhält, z. B. durch den **Austausch des Türschlosses.**[42] oder durch **Versperren der Zufahrt** zu einer gemieteten Lagerhalle durch einen geparkten LKW über einen längeren Zeitraum.[43] Dies gilt auch dann, wenn der Vermieter an den in der Mietsache befindlichen Gegenständen ein Pfandrecht geltend machen will. Das Selbsthilferecht des § 562b BGB gibt dem Vermieter zwar die Möglichkeit zu verhindern, dass Pfandgegenstände aus der Mietsache entfernt werden; der Vermieter ist aber nicht berechtigt, die Zufahrt zu der Mietsache auf längere Zeit zu versperren.[44] Die Ausübung von **mittelbarem Zwang** genügt.[45] Der Umstand, dass der Mieter den Vermieter auf Wiedereinräumung des Gebrauchsrechts in Anspruch nehmen könnte, steht der Kündigung nicht entgegen.

Ebenso liegt ein Kündigungsgrund vor, wenn der Vermieter die Mietsache umfänglich **sanieren** **18**
und modernisieren will und die geplanten Arbeiten zur Folge haben, dass der Mieter die Räume nicht mehr vertragsgemäß nutzen kann.[46] Die Kündigungsrechte nach § 555e und nach § 543 Abs. 2 Nr. 1 BGB schließen sich nicht aus. Der Mieter muss nicht abwarten, bis der Gebrauchsentzug tatsächlich eintritt; vielmehr darf er die Kündigung bereits vor Beginn der Arbeiten aussprechen. Eine Fristsetzung zur Beseitigung der Gebrauchsbeeinträchtigung ist entbehrlich, wenn feststeht, dass der Vermieter die geplanten Maßnahmen auf jeden Fall durchführen wird (§ 543 Abs. 3 Nr. 1 BGB).[47]

Außerdem besteht ein Kündigungsrecht, wenn eine Behörde die Erteilung der Genehmigung **19**
für die Benutzung von Gaststättenräumen, die außerhalb des Mietgebrauchs durch Brand unbenutzbar wurden, versagt. In diesem Fall ist der vertragsmäßige Gebrauch des Mietobjekts insgesamt aufgehoben, auch wenn nur noch restliche Wiederherstellungsarbeiten ausstehen.[48] Gleiches gilt, wenn eine Behörde ein **Benutzungsverbot** erlässt[49]. Die Kündigung setzt nicht zwingend voraus, dass die zuständige Behörde die Nutzung des Mietobjekts durch ein rechtswirksames und unanfechtbares Verbot untersagt hat; vielmehr genügt es, wenn der Mieter auf Grund der Umstände davon ausgehen muss, dass die behördliche Nutzungsuntersagung droht. Dieser Umstand ist als Sachmangel zu bewerten. Eine begründete Unsicherheit hinsichtlich der Zulässigkeit der Nutzung kann

---

38 BGH NJW-RR 2007, 884 = NZM 2007, 401 = GuT 2007, 128 = ZMR 2007, 444 = GE 2007, 710.
39 OLG Köln a. a. O.
40 LG Itzehoe ZMR 2012, 555.
41 OLG Düsseldorf WuM 2001, 113 = ZMR 2001, 446 betr. die gefälligkeitshalber überlassene Gewerbeflächen.
42 Vgl. auch AG Darmstadt WuM 1978, 29 = ZMR 1978, 181: Verschließen des Badezimmers; AG Ahrensburg WuM 1984, 199: Abschließen einer Kellerraumtür, wenn der Mieter den Kellerraum zur Unterstellung wertvoller Möbel benötigt.
43 OLG Düsseldorf DWW 2016, 332.
44 OLG Düsseldorf a. a. O.
45 LG Berlin MM 1986 Nr. 9, 28: Abschalten des Stroms durch den Vermieter wegen Zahlungsverzugs.
46 BGH (XII ZR 126/11) NJW 2013, 223.
47 OLG Brandenburg NJWE-MietR 1997, 224.
48 BGH NJW-RR 1987, 906 = WuM 1987, 315 = ZMR 1987, 257.
49 BGH (XII ZR 153/15) WuM 2017, 18 betr. Mängel des Brandschutzes wegen der Verwendung von brennbarem Material zur Fassadendämmung; OLG Düsseldorf DWW 1993, 99; LG Frankfurt NJW 1977, 1885; AG Plettenberg NZM 1998, 863.

ausreichen.[50] Andererseits besteht eine kündigungsrelevante Ungewissheit nicht bereits dann, wenn die Behörde dem Mieter Gelegenheit gibt, zu einer Beanstandung Stellung zu nehmen.[51] Nach der Rechtsprechung führt ein behördliches Gebrauchshindernis dann zu einem Mangel der Mietsache, wenn folgende Voraussetzungen gegeben sind: **(1)** Die behördliche Maßnahme muss ihren Grund in der konkreten Beschaffenheit der Mietsache haben; Maßnahmen die aufgrund der persönlichen Verhältnisse des Mieters ergriffen werden oder die wegen der Art und Weise des Geschäftsbetriebs ergehen, scheiden aus. **(2)** Der Vermieter muss auf Grund des Mietvertrag verpflichtet sein, für diejenigen Umstände einzustehen, auf deren Fehlen oder Vorliegen sich die behördliche Maßnahme bezieht. **(3)** Es genügt nicht, dass die Behörde tätig werden kann; Voraussetzung ist vielmehr, dass sie tatsächlich tätig wird und dass der vertragsgemäße Gebrauch hierdurch tatsächlich beeinträchtigt wird.[52] Dies ist regelmäßig erst dann der Fall, wenn die Maßnahme rechtswirksam und unanfechtbar ist; deshalb ist es dem Mieter i. d. R. zuzumuten die behördliche Maßnahme auf ihre Rechtmäßigkeit überprüfen zu lassen.[53] Hat die Behörde aber bereits eine vollziehbare Nutzungsuntersagung erlassen und kann der Mieter den Untersagungsgrund nicht beeinflussen, so ist es dem Mieter nicht zuzumuten sich auf einen Rechtsstreit mit ungewissem Ausgang einzulassen.[54]

20 Ähnliche Grundsätze gelten, wenn der **Vermieter das Mietverhältnis zu Unrecht kündigt.** Hier kann der Mieter den Vermieter zu der Erklärung auffordern, dass das Mietverhältnis mangels Wirksamkeit der Kündigung fortbestehe. Hält der Vermieter an der unwirksamen Kündigung fest, kann der Mieter seinerseits kündigen[55] und den Kündigungsfolgeschaden geltend machen.

21 Widerspricht der Vermieter bei allgemein erteilter Erlaubnis zur **Untervermietung** dieser im Einzelfall ohne ausreichenden Grund, so ist der Mieter nicht nur zur außerordentlichen befristeten Kündigung nach § 540 Abs. 1 Satz 2 BGB sondern auch zur fristlosen Kündigung nach § 543 Abs. 2 Nr. 1 BGB berechtigt.[56] Gleichwohl kann der Mieter aus diesem Grund nicht (mehr) kündigen, wenn der Vermieter seine ablehnende Haltung in der Folgezeit aufgibt.[57] Im Verhältnis des Untermieters zum Mieter liegt eine Gebrauchsentziehung vor, wenn der Untermieter nach der Beendigung des Hauptmietverhältnisses vom Eigentümer nach § 546 Abs. 2 BGB auf Räumung in Anspruch genommen wird. Gleiches gilt, wenn dem Untermieter wahlweise angeboten wird, entweder die Miete in Zukunft an den Eigentümer zu zahlen oder zu räumen.[58] Ist das Hauptmietverhältnis noch nicht beendet, so sind die Kündigungsvoraussetzungen allerdings nicht gegeben.[59] Andererseits ist es aber nicht erforderlich, dass die Beendigung des Hauptmietverhältnisses zweifelsfrei feststeht. Es genügt auch hier, dass der Mieter die Geltendmachung des Herausgabeanspruchs durch den Eigentümer ernsthaft befürchten muss.

22 Dagegen liegt keine Gebrauchsentziehung vor, wenn der Mieter die Mietsache deshalb nicht ungestört nutzen kann, weil häufig eingebrochen wird. Die Gefährdung des Eigentums durch Straftaten dieser Art gehört zum allgemeinen Lebensrisiko, das jedermann selbst zu tragen hat.[60]

23 In der Praxis kommt es häufig vor, dass die zu einem **Einkaufszentrum** gehörenden Ladenräume bereits im Planungsstadium vermietet werden. In Fällen dieser Art hat der Mieter regelmäßig die Vorstellung, dass das Einkaufszentrum vom Publikum angenommen wird und dass sich der Kundenstrom positiv auf die eigenen Umsätze auswirkt. Wird diese Erwartung nicht erfüllt, so liegt regelmäßig kein Kündigungsgrund nach § 543 Abs. 2 Nr. 1 BGB vor. Dies gilt auch dann, wenn die mangelnde Akzeptanz auf einer ungenügenden Zahl von Parkplätzen oder einer unzureichenden Belegung der einzelnen Läden beruht. Die hierdurch bedingten Auswirkungen auf den Kundenstrom stellen keinen Mangel im Rechtssinne dar, sondern gehören zum allgemeinen unternehmerischen Verwendungs- und Gewinnerzielungsrisiko. Dieses Risiko muss der Mieter tragen.[61] Zur Kündigung nach § 543 Abs. 1 BGB oder wegen Wegfalls der Geschäftsgrundlage s. Rdn. 160, 229).

---

[50] BGH (XII ZR 77/12) NJW 2014, 165 Rn. 20.
[51] OLG Düsseldorf GuT 2007, 217.
[52] BGH (VIII ZR 275/08) NJW 2009, 3421.
[53] BGH (XII ZR 77/12) NJW 2014, 165.
[54] BGH (XII ZR 153/15) WuM 2017, 18 betr. Mängel des Brandschutzes wegen der Verwendung von brennbarem Material zur Fassadendämmung.
[55] *Michalski* ZMR 1996, 364.
[56] BGHZ 89, 308 = NJW 1984, 1031 = ZMR 1984, 275.
[57] Vgl. LG Lüneburg ZMR 2012, 446.
[58] OLG Hamm RE 26.8.1987 NJW-RR 1987, 1304 = WuM 1987, 346 = ZMR 1987, 462.
[59] OLG Hamburg WuM 1990, 340.
[60] KG NZM 1998, 437; **a. A.** OLG Naumburg NZM 1998, 438.
[61] BGH NJW 2000, 1714 = NZM 2000, 492; NZM 2000, 1005; OLG Rostock DWW 2002, 331.

g) Nachträglicher Mangel. Der in der Praxis bedeutsamste Anwendungsfall des § 543 Abs. 2 Nr. 1 BGB ist die Kündigung wegen eines nach der Überlassung auftretenden Sach- oder Rechtsmangels. Hier wird dem Mieter ebenfalls der vertragsmäßige Gebrauch ganz oder zum Teil entzogen.[62]) Dabei kommt es nicht darauf an, ob die Mängelursache in der Beschaffenheit der Mietsache oder in deren Umfeld oder in den Rechten eines Dritten liegt. Sie muss allerdings der **Sphäre des Vermieters** zuzurechnen sein. Ein Verschulden des Vermieters ist – wie allgemein bei den Gewährleistungsrechten – nicht erforderlich. Deshalb kann eine **Zugangsbeeinträchtigung** auf Grund staatlicher Baumaßnahmen oder rechtswidrig parkender Fahrzeuge einen Mangel darstellen, der den Mieter zur Kündigung berechtigt.[63]. Jedoch ist erforderlich, dass die Maßnahmen eine gravierende Gebrauchsbeeinträchtigung zur Folge haben. Dies ist nicht der Fall, wenn die Arbeiten nicht zu einem vollständigen Ausschluss des Zugangs führen, der Mieter wusste, dass in der Nachbarschaft Bauarbeiten durchgeführt werden und der Mieter nicht auf Laufkundschaft angewiesen ist.[64] **Behördliche Gebrauchsbeschränkungen** stellen einen Mangel dar wenn folgende Voraussetzungen gegeben sind: **(1)** Die behördliche Maßnahme muss ihren Grund in der konkreten Beschaffenheit der Mietsache haben; Maßnahmen die aufgrund der persönlichen Verhältnisse des Mieters ergriffen werden oder die wegen der Art und Weise des Geschäftsbetriebs ergehen, scheiden aus.[65] **(2)** Der Vermieter muss auf Grund des Mietvertrag verpflichtet sein, für diejenigen Umstände einzustehen, auf deren Fehlen oder Vorliegen sich die behördliche Maßnahme bezieht. **(3)** Es genügt nicht, dass die Behörde tätig werden kann; Voraussetzung ist vielmehr, dass sie tatsächlich tätig wird und dass der vertragsgemäße Gebrauch hierdurch tatsächlich beeinträchtigt wird.[66] Dies ist regelmäßig erst dann der Fall, wenn die Maßnahme rechtswirksam und unanfechtbar ist; deshalb ist es dem Mieter zuzumuten die behördliche Maßnahme auf ihre Rechtmäßigkeit überprüfen zu lassen.[67] Ausnahmsweise kann eine langwährende Unsicherheit hinsichtlich der behördlichen Entscheidung für die Annahme eines Mangels ausreichen.[68] Ebenso kann der Mietgebrauch durch andere Mieter gestört werden, etwa durch **Lärm, Tätlichkeiten oder Beleidigungen.** Gegen solche Störungen muss der Vermieter einschreiten. Es muss sich allerdings um eine erhebliche Beeinträchtigung handeln.[69] Erforderlich ist, dass die Störung auf Grund ihrer Dauer und nach Art und Ausmaß ein gewisses Gewicht erreicht.[70] Der Mieter muss die Störungen substantiiert nach Art, Zeitpunkt und Intensität darlegen und im Streitfall beweisen.[71] Der Umstand, dass der Mangel auf Grund von Maßnahmen eingetreten ist, die der Mieter zu dulden hat, schließt die Kündigung nicht aus; auch insoweit gilt für § 543 Abs. 2 Nr. 1 BGB nichts anderes als für die sonstigen Gewährleistungsrechte nach §§ 536ff.[72] Der Mieter muss allerdings auf die Interessen des Vermieters Rücksicht nehmen und eine den Umständen nach angemessene Abhilfefrist setzen. Nach § 536 Abs. 1a bleibt im Falle einer **energetischen Modernisierung** eine Minderung der Tauglichkeit für die Dauer von drei Monaten außer Betracht. Die Vorschrift gilt nur für die Minderung der Miete. Eine Kündigung des Mietverhältnisses nach § 543 Abs. 2 Nr. 1 ist dagegen möglich, wenn die Maßnahme eine nicht nur unerheblichen Beeinträchtigung des Mietgebrauchs zur Folge hat. Eine Abhilfefrist ist in Fällen dieser Art entbehrlich, wenn ein Verzicht des Vermieters auf die Modernisierung nach den konkreten Umständen nicht zu erwarten ist oder wenn dem Mieter ein weiteres Zuwarten nicht zugemutet werden kann 24

Das Kündigungsrecht ist ausgeschlossen, wenn der **Mieter den Mangel zu vertreten** hat; in 25
einem solchen Fall ist der Vermieter nämlich nicht zur Mängelbeseitigung verpflichtet.[73] Bei der

---

[62] BGH NJW 2007, 2474 = NZM 2007, 561 = WuM 2007, 570 = ZMR 2007, 686 = GE 2007, 1179; OLG Düsseldorf MDR 2012, 1086; KG ZMR 2015, 538 betr. Beeinträchtigung des Zugangs zu einem Ladengeschäft durch das Aufstellen eines Schutzgerüstes.

[63] OLG Düsseldorf GuT 2007, 438; LG Düsseldorf NZM 2003, 899; *Kluth/Böckmann* NZM 2003, 882.

[64] OLG Düsseldorf GE 2012, 688.

[65] BGH NJW 2011, 3151 Rn 8.

[66] BGH (XII ZR 77/12) NZM 2014, 165; BGH NJW 2009, 3421.

[67] BGH (XII ZR 77/12) NZM 2014, 165.

[68] BGH ZMR 2008, 274.

[69] LG Düsseldorf NZM 2003, 899.

[70] OLG Düsseldorf GuT 2007, 438.

[71] OLG Düsseldorf a. a. O.

[72] LG Berlin GE 1997, 555, 557; **a. A.** LG Berlin GE 2001, 966; *Sternel* Mietrecht (1988) Rdn. II 301: nur wenn ein vom Vermieter zu vertretender „Reparaturstau" vorliegt.

[73] BGHZ 116, 334, 338 = NJW 1992, 1036; BGH NZM 1998, 117; NJW-RR 2005, 235 = NZM 2005, 17 = WuM 2005, 54 = ZMR 2005, 120; OLG Düsseldorf GE 2011, 750 betr. Ungezieferbefall nach Umbau von Ladenräumen.

Frage des Verschuldens sind die besonderen Grundsätze zur Beweislastverteilung bei ungeklärter Schadensursache zu beachten.[74] Danach gilt: Ist streitig, ob vermietete Räume infolge des Mietgebrauchs beschädigt worden sind, trägt der Vermieter die Beweislast dafür, dass die Schadensursache dem Obhutsbereich des Mieters entstammt. Hierzu muss der Vermieter sämtliche in seinen eigenen Verantwortungsbereich fallende Schadensursachen ausräumen. Ist der Beweis gelungen, dass die Schadensursache aus dem Obhutsbereich des Mieters stammt, so muss der Mieter beweisen, dass der Schaden nicht seinem Verantwortungsbereich zuzuordnen ist[75] (s. i. Ü. § 538 BGB Rdn. 4).

26 In den Fällen des § 536b BGB (Kenntnis des Mieters vom Mangel) ist die Kündigung ausgeschlossen (§ 543 Abs. 4 BGB). Dieser Ausschlussgrund gilt nicht, wenn der Mieter eine mangelhafte Mietsache ohne Beanstandung übernommen und er erst später Kenntnis vom Mangel erlangt hat. Dabei ist unerheblich, ob der Mieter die Räume über längere Zeit ohne Beanstandung benutzt hat und ob sich der Fehler auf die Gebrauchstauglichkeit auswirkt.[76] Die gesetzliche Ausschlussregelung ist eindeutig; für eine entsprechende Anwendung ist mangels einer Regelungslücke kein Raum. Ebenso besteht kein Bedürfnis, das Kündigungsrecht aus Billigkeitsgründen einzuschränken.[77] Insbesondere ist der Mieter nicht verpflichtet, sich auf Dauer mit einer Mietsache abzufinden, die den vertraglichen Vereinbarungen nicht entspricht.

27 Die im **Risikobereich des Mieters** liegenden Beeinträchtigungen berechtigen ebenfalls nicht zur Kündigung.[78] Störungen auf Grund des persönlichen Verhaltens des Vermieters (Beleidigungen, Belästigungen usw.) fallen nicht unter § 543 Abs. 2 Nr. 1 BGB, sondern unter § 543 Abs. 1 BGB.[79] Wird ein Mieter durch das Verhalten anderer Mieter gestört, so kann der gestörte Mieter gegenüber dem Vermieter nach § 543 Abs. 2 Nr. 1 BGB kündigen; § 569 Abs. 2 BGB ist hier unanwendbar.[80]

28 **Beispiele** aus der Rechtsprechung in denen die Kündigungsberechtigung bejaht worden ist: Klopfgeräusche aus der Heizung zur Nachtzeit und in den frühen Morgenstunden;[81] Umbauarbeiten von erheblichem Ausmaß, die zur Unbewohnbarkeit führen;[82] Feuchtigkeitsschäden nach Fenstermodernisierung im Altbau;[83] Feuchtigkeit, Nässe und Schimmel in der Wohnung;[84]; starke Feuchtigkeit infolge eines Baumangels;[85] Feuchtigkeit und muffiges Raumklima;[86] ständige Wasseraustritte aus der Decke;[87] wiederholter Wassereinbruch in den Verkaufsraum eines Lebensmittelmarktes;[88] wenn in einem 1-Zimmer-Appartment ein Wasserschaden auftritt mit der Folge, dass zum Zwecke der Schadensbehebung alle Möbel von der Wand abgerückt und für die Dauer von 1,5 Monaten Trocknungsgeräte aufgestellt werden müssen. Eine Abhilfeaufforderung ist in einem solchen Fall entbehrlich, weil dem Mieter der Aufenthalt in dem Apartment während der Dauer der Schadensbeseitigungsmaßnahmen nicht zugemutet werden kann;[89] Überflutung des Kellers infolge von Rheinhochwasser;[90] Mangelhafte Beheizung;[91] Ausfall der Heizung während der Heiz-

---

[74] BGH NZM 1998, 117.

[75] BGH NJW-RR 2005, 235 = NZM 2005, 17 = WuM 2005, 54 = ZMR 2005, 120.

[76] Zweifelnd BGH NJW 2005, 2152 = NZM 2005, 500 = GuT 2005, 163 = ZMR 2005, 612 = GE 2005, 861.

[77] So aber *Kraemer* NZM 2001, 553, 559; *Scheffler* NZM 2003, 17, 18; *Schul/Wichert* ZMR 2002, 633, 638, 639 jeweils für den Fall einer Minderfläche.

[78] OLG Düsseldorf DWW 1991, 50: Der Mieter eines Geschäftslokals ist nicht zur außerordentlichen Kündigung des Mietvertrags berechtigt, wenn sich die Ertragslage der Mietsache verschlechtert; OLG Düsseldorf OLGR 1993, 149: Der Mieter ist nicht zur Kündigung berechtigt, wenn sein Untermieter nach Zwangsvollstreckung aus einem gegen diesen Untermieter ergangenen Räumungsurteil von der Ordnungsbehörde zur Vermeidung von Obdachlosigkeit in die bisherige Wohnung eingewiesen wird.

[79] *Sternel* Mietrecht (1988) Rdn. IV 456.

[80] *Sternel* Mietrecht (1988) Rdn. IV 518.

[81] LG Darmstadt WuM 1980, 52.

[82] AG Darmstadt WuM 1980, 131.

[83] LG Düsseldorf WuM 1992, 187 = DWW 1992, 243.

[84] LG Bremen WuM 2006, 621; LG Kassel WuM 1988, 109; AG Gelsenkirchen-Buer WuM 1978, 27 = ZMR 1978, 181; vgl. dazu auch BGH NJW 2007, 2474 = NZM 2007, 561 = WuM 2007, 570 = ZMR 2007, 686 = GE 2007, 1179.

[85] AG Osnabrück WuM 1986, 326.

[86] OLG Düsseldorf GuT 2006, 133.

[87] LG Stuttgart NZM 1998, 483.

[88] OLG Düsseldorf MDR 2012, 1086.

[89] LG Köln ZMR 2012, 625.

[90] OLG Düsseldorf ZMR 2006, 923.

[91] LG Landshut NJW-RR 1986, 640.

periode;[92] rostverfärbtes Trinkwasser;[93] Kakerlakenbefall;[94] Unterhaltung eines bordellartigen Betriebes im Haus;[95] Prostitution in der Nachbarwohnung;[96] Lärmstörungen durch andere Mieter;[97] Belästigungen durch Großbaustelle in der Nachbarschaft;[98] Umsatzrückgang durch umfangreiche Baumaßnahmen im Straßenbereich [Leipziger Burgplatz][99]; Erstellung eines Gerüstes zum Schutz von Passanten gegen herabfallende Teile der Fassade, wenn hierdurch das Erscheinungsbild eines Geschäftshauses beeinträchtigt und Kunden vom Betreten des Geschäfts oder dem Betrachten der Auslagen abgehalten werden;[100] Erhebliche Geruchsbelästigungen durch eine städtische Kläranlage;[101] Beeinträchtigungen des Betriebs einer gepachteten Gaststätte die nach den vertraglichen Vereinbarungen „gutbürgerlich" geführt werden soll, durch ein asoziales und kriminelles Umfeld;[102] Ausübung eines vermeintlichen Vermieterpfandrechts ohne Rechtsgrund.[103]

Die Kündigung ist auch hier ausgeschlossen, wenn der Mangel **vom Mieter verschuldet** oder mitverschuldet ist. 29

h) Abhilfefrist. Nach **§ 543 Abs. 3 Satz 1 BGB** ist die Kündigung erst zulässig, wenn der Vermieter eine ihm von dem Mieter bestimmte angemessene Frist hat verstreichen lassen, ohne Abhilfe zu schaffen. Die Fristsetzung erfolgt durch einseitige, empfangsbedürftige Willenserklärung. Sie bedarf keiner besonderen Form.[104] Eine vertraglich vereinbarte Schriftform dient nur Beweiszwecken.[105] Für Mietverträge die nach dem 30.9.2016 vereinbart werden, ist **§ 309 Nr. 13 BGB** in der Fassung des Gesetzes zur Verbesserung der zivilrechtlichen Durchsetzung von verbraucherschützenden Vorschriften des Datenschutzrechts vom 17.2.2016 (BGBl. I S. 233) zu beachten (s. dazu vor § 535 Rdn. 53a). Die **Dauer der Abhilfefrist** richtet sich nach den Umständen des Einzelfalls. Maßgeblich sind der Schadensumfang, der Umfang der Gebrauchsbeeinträchtigung, die Gefahr weitergehenden Schadeneintritts und die Umstände, welche die Dauer der Schadensbeseitigung beeinflussen.[106] Die Frist muss so bemessen werden, dass der Vermieter unter Zugrundelegung üblicher Verhältnisse in der Lage ist, Abhilfe zu schaffen. Dabei kommt es auch auf die Dringlichkeit der Abhilfe an.[107] Weiter kann berücksichtigt werden, ob dem Vermieter der Mangel bereits bekannt war[108] oder ob der Vermieter damit rechnen musste, dass er wegen der Mängelbeseitigung in Anspruch genommen wird. Wird wegen des Verhaltens anderer Mieter Abhilfe begehrt, so muss die Frist so bemessen werden, dass der Vermieter Unterlassungs- oder Räumungsansprüche geltend machen kann.[109] Der Ausgang eines Rechtstreits zwischen dem Vermieter und dem störenden Mieter muss im Allgemeinen nicht abgewartet werden. Hat der Vermieter selbst einen bestimmten Zeitpunkt genannt, so muss er sich hieran festhalten lassen.[110] Es ist nicht zwingend erforderlich, dass der Mieter die Frist kalendermäßig bestimmt;[111] die Fristsetzung muss aber erkennen lassen, bis wann der Mieter mit der Abhilfe rechnet. Die Forderung nach „unverzüglicher" Abhilfe reicht in dringenden Fällen aus.[112] Eine zu kurze Frist führt nicht zum Verlust des 30

---

92 KG ZMR 2008, 790.
93 LG Köln WuM 1987, 122.
94 LG Freiburg WuM 1986, 246.
95 AG Hamburg-Wandsbek WuM 1984, 280; AG Kassel WuM 1984, 280; LG Kassel WuM 1987, 122.
96 AG Köln WuM 2003, 145; AG Osnabrück WuM 2008, 84.
97 LG Duisburg WuM 1988, 264.
98 OLG Köln NJW 1972, 1814; LG Hamburg WuM 1986, 313.
99 OLG Dresden NZM 1999, 317; vgl. aber auch OLG Düsseldorf DWW 1998, 20.
100 KG GE 2014, 934.
101 LG Augsburg WuM 1986, 137.
102 OLG Düsseldorf OLGR 1992, 144.
103 OLG Frankfurt/M ZMR 2012, 943 betr. Hinderung des Abtransports von Computern bei gewerblichem Mietverhältnis.
104 LG Duisburg WuM 1988, 264.
105 *Grapentin* in Bub/Treier Kap. IV Rdn. 330; *Sternel* Mietrecht (1988) Rdn. IV 465.
106 OLG Düsseldorf ZMR 1999, 26.
107 OLG Düsseldorf a. a. O.: Danach reichen 2 Wochen aus, wenn in eine gemietete Lagerhalle Wasser eindringt und hierdurch die eingelagerten Sachen gefährdet werden.
108 LG Frankfurt WuM 1987, 55.
109 Vgl. AG Lübeck DWW 1988, 180: mehr als 6 Wochen.
110 OLG Hamburg ZMR 2001, 26.
111 *Kinne* in Kinne/Schach/Bieber Miet- und Mietprozessrecht § 543 BGB Rdn. 27; **a. A.** *Sternel* Mietrecht (1988) Rdn. IV 463.
112 RGZ 75, 354; *Grapentin* in Bub/Treier Kap. IV Rdn. 330; *Sternel* Mietrecht (1988) Rdn. IV 463; *Ehlert* in Bamberger/Roth § 543 BGB Rdn. 42.

Kündigungsrechts, sondern wirkt zum angemessenen Zeitpunkt.[113] Es kommt in diesem Fall maßgeblich darauf an, ob zum Zeitpunkt des Kündigungsausspruchs eine angemessene Frist abgelaufen war. An eine zu lange Frist ist der Mieter gebunden.[114] Grundsätzlich kann der Vermieter eine vom Mieter gesetzte Frist nicht einseitig verlängern. Vielmehr muss er um eine **Fristverlängerung** nachsuchen, wenn er den Mangel nicht innerhalb der vom Mieter gesetzten Frist beseitigen kann. Hat er selbst einen konkreten Abhilfetermin vorgeschlagen, so kann er mangels einer Gegenäußerung i. d. R. davon ausgehen, dass der Mieter die Fristverlängerung akzeptiert. Nach der Ansicht des OLG Celle[115] gilt dies nicht, wenn die Abhilfe ohne hinreichend konkrete Zeitangabe („voraussichtlich") angekündigt wird. Eine **Abkürzung der Frist** durch den Mieter kommt in Betracht, wenn sich der Zustand der Sache während des Laufs der Frist unvorhersehbar erheblich verschlechtert. In bestimmten Fällen ist die **Fristsetzung entbehrlich,** so wenn der Mieter verlangt, dass der Vermieter eine bestimmte, für die Zukunft geplante Handlung unterlässt.[116] Die **Androhung der Kündigung** ist nicht erforderlich,[117] jedoch muss sich aus der Erklärung ergeben, welche Mängel innerhalb welcher Frist beseitigt werden sollen. Für den vergleichbaren Fall der Kündigung eines Factoringvertrags hat der BGH ausgeführt, die Abmahnung müsse außerdem erkennen lassen, „dass die weitere vertragliche Zusammenarbeit auf dem Spiel steht".[118] Die Mängel müssen hinreichend genau bezeichnet werden, so dass der Vermieter erkennen kann, welche Mängel er beseitigen muss.[119] Zur Mangelursache muss der Mieter nichts ausführen, weil ihn keine Untersuchungspflicht trifft.[120] Auf Mängel, die in dem Abhilfeverlangen nicht aufgeführt sind, kann die Kündigung nicht gestützt werden.[121] Die Art und Weise der Mängelbeseitigung ist Sache des Vermieters. Nimmt eine den technischen Regeln entsprechende Reparatur erhebliche Zeit in Anspruch, so kann der Vermieter vorab zu einer Notreparatur verpflichtet sein.[122] Mündliche oder schriftliche Beanstandungen und Mängelanzeigen nach § 536c Abs. 1 BGB genügen im Rahmen des § 543 BGB nicht.[123] In der Praxis kommt es immer wieder vor, dass der Mieter den Vermieter unter Fristsetzung zur Mangelbeseitigung auffordert und für den Fall der Nichterfüllung konkrete Schritte, z. B. die Erhebung einer Beseitigungsklage, die Minderung der Miete oder die Ausübung des Selbstbeseitigungsrechts ankündigt. In einem solchen Fall ist streitig, ob der Mieter bei erfolglosem Fristablauf ohne weiteres von der Kündigungsbefugnis Gebrauch machen darf. In Rechtsprechung und Literatur wird überwiegend die Ansicht vertreten, dass die Kündigung in einem solchen Fall nicht bereits nach Ablauf der gesetzten Abhilfefrist erklärt werden kann. Vielmehr sei eine erneute Fristsetzung erforderlich.[124] Teilweise wird vertreten, dass der Vermieter nach Fristablauf ohne weitere Nachfrist kündigen darf, wenn ihm ein weiteres Zuwarten nicht zugemutet werden kann.[125] Der BGH hat diese Frage in dem Urteil vom 13.6.2007[126] offen gelassen und ausgeführt, dass eine erneute Fristsetzung jedenfalls dann entbehrlich ist, wenn der Vermieter den Mangel bestreitet und seine Pflicht zur Mangelbeseitigung in Abrede stellt. Diese Ansicht trifft zu, weil die Setzung einer Abhilfefrist entbehrlich ist, wenn dies offensichtlich keinen Erfolg verspricht (§ 543 Abs. 3 Satz 2 Nr. 1 BGB). Hiervon ist auszugehen, wenn der Vermieter endgültig und bestimmt zum Ausdruck bringt, dass er den Mangel nicht beseitigen will. Hat der Mieter dem Vermieter eine Frist zur Beseitigung eines Mangels gesetzt und im Anschluss hieran ein Beweissicherungsverfahren in Gang gesetzt, so muss der Mieter eine erneute Frist setzen, wenn die erste Abmahnung

---

113 LG Frankfurt WuM 1987, 55.
114 *Sternel* Mietrecht (1988) IV 463.
115 OLG Celle Urt. v. 15.7.2014 – 2 U 83/14.
116 Vgl. LG Kassel WuM 1987, 122 betr. die bevorstehende Überlassung einer Wohnung an eine Prostituierte.
117 BGH NJW 2007, 2474 = NZM 2007, 561 = WuM 2007, 570 = ZMR 2007, 686 = GE 2007, 1179; OLG Düsseldorf MDR 2012, 1086.
118 BGH (VIII ZR 3/11) NJW 2012, 53.
119 OLG Naumburg WuM 2000, 246 = ZMR 2000, 381.
120 OLG Düsseldorf MDR 2006, 1276.
121 OLG Naumburg ZMR 2000, 382; *Emmerich* in Staudinger § 543 BGB Rdn. 76; *Sternel* Mietrecht (1988) Rdn. IV 463.
122 OLG Düsseldorf ZMR 1999, 26.
123 OLG Düsseldorf NJW-RR 1989, 50; OLG Hamm NJW-RR 1993, 16.
124 OLG Hamm NJW-RR 1991, 1035; OLG Düsseldorf GuT 2007, 438; *Grapentin* in Bub/Treier Kap. IV Rdn. 331; *Lammel* § 543 BGB Rdn. 44; *Wolf/Eckert/Ball* Rdn. 993.
125 OLG Düsseldorf MDR 2012, 1086: betr. wiederholter Wassereinbruch in den Verkaufsraum eines Lebensmittelmarktes.
126 BGH NJW 2007, 2474 = NZM 2007, 561 = WuM 2007, 570 = ZMR 2007, 686 = GE 2007, 1179.

längere Zeit zurückliegt (hier: 9 Monate).[127] Das OlG Celle vertritt die Ansicht, dass sich die Streitfrage nur stellt, wenn der Mieter in der Abmahnung eine konkrete Maßnahmen „androht" und nach erfolglosem Fristablauf eine andere Maßnahme wählt. Dagegen soll es nicht ausreichen, wenn der Mieter lediglich erklärt. Dass er sich eine bestimmte Maßnahme vorbehalte. In der Erklärung eines Vorbehalts komme nicht zum Ausdruck, dass der Mieter leidlich diese Maßnahme – und keine andere – ergreifen will.[128]

Die **Abhilfefrist** kann **mit der Kündigungserklärung verbunden** werden.[129] Es handelt sich dann um eine Kündigung unter einer (unechten) Bedingung (Potestativbedingung). Solche Kündigungen werden nach h. M. als zulässig angesehen, weil die Erfüllung der Bedingung in der Hand des Kündigungsempfängers liegt (s. § 542 BGB Rdn. 16). Wird die Bedingung erfüllt, so wird die Kündigung gegenstandslos; wird sie nicht erfüllt, so führt dies zur Beendigung des Mietverhältnisses. Dies gilt i. d. R. auch dann, wenn die Frist nur geringfügig überschritten wird. **31**

Hat sich der Vermieter nach Mangelanzeige und Fristsetzung zur Mangelbeseitigung durch den Mieter um die Mangelbeseitigung bemüht, so kann der Mieter beim Auftreten neuer gleichartiger Mängel gehalten sein, vor der Kündigung eine weitere Frist zur Mangelbeseitigung zu setzen. Dies gilt dann, wenn der Vermieter objektiv der Meinung sein durfte, er habe mit den bisherigen Bemühungen zur Mangelbeseitigung bereits alles Erforderliche getan.[130] **32**

Ist wegen der Mängel ein Verfahren zur Sicherung des Beweises anhängig und muss die Mietsache durch einen Sachverständigen begutachtet werden, so ist der Vermieter grundsätzlich bis zur Begutachtung durch den Sachverständigen an der Mängelbeseitigung gehindert. Dies muss der Mieter nach Treu und Glauben im Allgemeinen hinnehmen. Es besteht ein Veränderungsverbot. Die Frist zur Abhilfe kann in einem solchen Fall erst nach Beendigung des Veränderungsverbots beginnen. Vor diesem Zeitpunkt ist der Mieter auch nicht zur Kündigung berechtigt.[131] **33**

Nach **§ 543 Abs. 3 Satz 2 BGB** ist die Abhilfefrist entbehrlich, wenn dies offensichtlich keinen Erfolg verspricht oder wenn die sofortige Kündigung aus besonderen Gründen unter Abwägung der beiderseitigen Interessen gerechtfertigt ist. Ein solcher Fall liegt vor, wenn innerhalb eines für den Mieter zumutbaren Zeitraums keine Abhilfe möglich ist, beispielsweise, weil es sich um ein Fixgeschäft handelt (Miete einer Ferienwohnung zu Urlaubsbeginn; Miete eines Messestandes), weil der Vermieter die Beeinträchtigung nicht beseitigen kann[132] oder weil nicht abzusehen ist, ob und wann der Räumungsanspruch gegen den Mietvorgänger oder den störenden Mieter Erfolg hat. Außerdem ist eine Kündigung ohne Fristsetzung möglich, wenn dem Mieter aufgrund besonderer Umstände kein weiteres Zuwarten möglich oder zumutbar ist.[133] Hiervon kann beispielsweise ausgegangen werden, wenn der Mieter den Vermieter bereits mehrmals vergeblich zur Mängelbeseitigung aufgefordert hat.[134] Ein Wegfall des Interesses an der Vertragserfüllung ist außerdem dann anzunehmen, wenn dem Mieter die Abhilfemaßnahme wegen ihrer Dauer oder wegen der Auswirkungen auf die Mietsache nicht zugemutet werden kann,[135] etwa weil zur Beseitigung des Mangels sehr umfangreiche oder lange dauernde Sanierungsmaßnahmen erforderlich sind.[136] Schließlich ist eine Fristsetzung entbehrlich, wenn der Vermieter die Abhilfe bereits ernsthaft und endgültig verweigert hat.[137] Hieran sind allerdings strenge Anforderungen zu stellen. Es genügt nicht, dass der Vermieter das Vorhandensein eines Mangels bestreitet. Die Weigerung des Vermieters zur Mängelbeseitigung muss so eindeutig und endgültig sein, dass eine Fristsetzung als bloße Förmelei erscheint. Der Umstand, dass der Vermieter von sich aus die Mängelbeseitigung angeboten hat, macht die Fristsetzung nicht entbehrlich,[138] weil der Vermieter in einem solchen Fall nicht damit rechnen muss, dass der Mieter auf die Nichtabhilfe mit einer Kündigung reagieren wird. Das **34**

127 BGH Hinweisbeschluss (VIII ZR 206/09) NZM 2011, 32.

128 OLG Celle Urteil vom 15.7.2014 – 2 U 83/14; zweifelhaft.

129 OLG Hamburg ZMR 2001, 26.

130 OLG Düsseldorf NZM 2003, 553 betr. die Kündigung wegen Rattenbefalls.

131 AG Hamburg-Barmbek ZMR 2012, 359.

132 OLG Düsseldorf ZMR 2006, 923 betr. die Überflutung des Kellers infolge von Rheinhochwasser; LG Hamburg WuM 1986, 313 betr. den Lärm von einer Großbaustelle.

133 Zweifelhaft AG Osnabrück WuM 2008, 84 bei Prostitution in der Nachbarwohnung.

134 LG Landshut NJW-RR 1986, 640 betr. die unzureichende Heizung; LG Stuttgart NZM 1998, 484 betr. den Wassereintritt von der Decke.

135 OLG Düsseldorf DWW 1993, 99.

136 AG Darmstadt WuM 1980, 131 betr. die Umbaukosten, die zur Unbewohnbarkeit führen.

137 BGH WPM 1975, 1229.

138 **A. A.** *Sternel* Mietrecht (1988) Rdn. IV 466.

Kündigungsrecht ohne Fristsetzung ist kraft Gesetzes ausgeschlossen, wenn der Mieter die Mängelanzeige unterlassen hat, und der Vermieter auf Grund dieser Unterlassung außerstande gewesen ist, rechtzeitig Abhilfe zu schaffen (§ 536c Abs. 2 Satz 2 Nr. 3 BGB; s. dort Rdn. 33). Die tatsächlichen Voraussetzungen des § 543 Abs. 3 Satz 2 BGB muss der Mieter darlegen und beweisen.[139]

35 **i) Kündigungserklärung.** Unterbleibt die Abhilfe binnen der gesetzten Frist, oder ist eine Abhilfefrist entbehrlich, so kann der Mieter fristlos kündigen. Das Kündigungsrecht erlischt nicht, wenn der Vermieter bis zum Fristablauf lediglich die Mängelursache beseitigt. Vielmehr müssen auch die Folgeschäden beseitigt werden. Die Mietsache muss sich im Zeitpunkt des Fristendes wieder in einem vertragsgemäßen Zustand befinden.[140] Ist eine vom Vermieter in die Wege geleitete Reparatur erfolglos geblieben und die Frist abgelaufen, so kann der Mieter ebenfalls kündigen. Es kommt nicht darauf an, aus welchen Gründen der Erfolg ausgeblieben ist.[141] Die Kündigung muss innerhalb einer angemessenen Frist ausgesprochen werden **(§ 314 Abs. 3 BGB).** Allerdings muss der Mieter nicht sofort kündigen; er darf grundsätzlich zuwarten, bis er Ersatzräume gefunden hat. Ebenso kann es dem Mieter nicht zum Nachteil gereichen, wenn er dem Vermieter vor Ausspruch der Kündigung mehrmals Gelegenheit zur Abhilfe eingeräumt hat.[142] Bei allzu langem Zuwarten ist die Kündigung aber nach § 314 Abs. 3 BGB ausgeschlossen. Maßgeblich ist der Einzelfall.[143] Das OLG Saarbrücken vertritt die Auffassung, dass die Kündigung etwa binnen eines Monats nach Ablauf der Abhilfefrist erklärt werden müsse.[144] Diese Frist erscheint zu knapp. Verfehlt ist die Ansicht des OLG Karlsruhe,[145] dass der Mieter mit der Kündigung sehr lange zuwarten könne, wenn die Parteien über eine längere Zeit wegen der Mangelbeseitigung korrespondiert haben und der Vermieter dabei zu erkennen gegeben hat, dass er zur Mangelbeseitigung bereit sei (für fünfjähriges Zuwarten). Ein Zuwarten von einem Vierteljahr wird im Allgemeinen nicht schaden. Als verwirkt wurde angesehen: ein Zuwarten von mehr als 4 Monaten;[146] Eine Kündigung wegen einer Geruchsbelästigung nach 4½ Monaten;[147] Ein Zuwarten über einen Zeitraum von 9 Monaten;[148] ein Zuwarten von 2 Monaten.[149]

36 Die Kündigung bedarf bei der Wohnraummiete der **Schriftform** (§ 568 Abs. 1 BGB); eine konkludent erklärte Kündigung, etwa durch den Auszug des Mieters aus der Wohnung kommt auch im Rahmen des § 543 Abs. 2 Nr. 1 BGB nicht in Betracht.[150] In dem Kündigungsschreiben müssen die Gründe der Kündigung mitgeteilt werden (§ 569 Abs. 4 BGB; s. dort). Wegen den übrigen Anforderungen an die Kündigungserklärung s. §§ 542, 568 BGB.

37 Auf das Kündigungsrecht bleibt es ohne Einfluss, wenn der Vermieter anstelle der mangelbehafteten eine mangelfreie Sache anbietet. Zu einem Austausch des Leistungsgegenstands ist der Vermieter nämlich gegen den Willen des Mieters nicht berechtigt.[151]

38 Es ist unerheblich, ob den Vermieter oder seine Hilfspersonen (Hausmeister, Architekt, Handwerker) an der unterbliebenen Abhilfe ein **Verschulden** trifft. Statt einer fristlosen Kündigung kann der Mieter auch eine Kündigung zu einem späteren Zeitpunkt aussprechen.[152]

39 Erfolgt die Abhilfe nach Fristablauf, so geht das Kündigungsrecht hierdurch nicht verloren.[153] Die Ausübung des Kündigungsrechts trotz zwischenzeitlich erfolgter Abhilfe ist grundsätzlich auch nicht rechtsmissbräuchlich; weil das mit dem Fristablauf entstandene Dispositionsinteresse des Mieters auch nach der Abhilfe fortbesteht. Das Kündigungsrecht muss allerdings alsbald nach Ablauf der

---

139 BGH NJW 2007, 2177 = NZM 2007, 439 = WuM 2007, 319 = ZMR 2007, 601 = GE 2007, 841.
140 OLG Düsseldorf WuM 1995, 393.
141 OLG Düsseldorf MDR 2006, 1276.
142 LG Stuttgart NMZ 1998, 483, 484.
143 BGH NJW 1974, 2233 = LM § 242 BGB Nr. 6; OLG Celle ZMR 1995, 298; *Kraemer* DWW 2001, 110, 117.
144 OLG Saarbrücken MDR 1999, 86; ebenso LG Berlin (ZK 62) GE 2000, 1475.
145 OLG Karlsruhe GE 2001, 1131.
146 OLG Saarbrücken MDR 1999, 86.
147 LG Berlin GE 1997, 553.
148 AG Berlin-Mitte GE 1996, 1379.
149 LG Berlin GE 2000, 1475.
150 LG Berlin GE 1993, 479.
151 BGH MDR 1982, 483.
152 RGZ 82, 363.
153 OLG Düsseldorf OLGZ 88, 485 = JZ 1988, 1087 = MDR 1988, 866; *Grapentin* in Bub/Treier Kap. IV Rdn. 332; *Sternel* Mietrecht (1988) Rdn. IV 467; **a. A.** KG GE 2003, 48, 49; *Emmerich* in Staudinger § 543 BGB Rdn. 76; *Lammel* § 543 BGB Rdn. 147; *Kinne* in Kinne/Schach/Bieber Miet- und Mietprozessrecht § 543 BGB Rdn. 29.

Abhilfefrist ausgesprochen werden,[154] anderenfalls ist die Annahme gerechtfertigt, dass die Vertragsfortsetzung für den Mieter zumutbar gewesen ist.[155]

Wird ohne Fristsetzung gekündigt, obwohl die Voraussetzungen hierfür nicht vorliegen, so ist die Kündigung unwirksam. Eine vor Ablauf der Abhilfefrist ausgesprochene Kündigung ist ebenfalls unwirksam, es sei denn, dass der Vermieter die Abhilfe vor Fristablauf endgültig und bestimmt verweigert hat.[156] Gleiches gilt, wenn der Mieter eine zu kurze Frist gesetzt hat und die Kündigung vor Ablauf der angemessenen Frist erfolgt. Der Vermieter kann sich ohne weiteres auf den formalen Mangel berufen; er ist insbesondere nicht verpflichtet, den Mieter auf das Erfordernis zur Fristsetzung hinzuweisen.[157] 40

Nach § 542 Abs. 2 BGB a. F. war die Kündigung wegen einer **unerheblichen Hinderung oder Vorenthaltung** nur zulässig, wenn sie durch ein besonderes Interesse des Mieters gerechtfertigt ist. Eine vergleichbare Vorschrift fehlt bei dem Kündigungstatbestand des § 543 Abs. 2 Nr. 1 BGB. Eine am Wortlaut orientierte Interpretation führt deshalb zum Ergebnis, dass der Mieter im Gegensatz zum früheren Recht auch wegen eines **Bagatellmangels** kündigen könnte. Mit der Systematik der Gewährleistungsrechte steht dies allerdings nicht im Einklang. Nach § 536 Abs. 1 Satz 3 BGB ist nämlich die Minderungsbefugnis des Mieters bei einer unerheblichen Minderung der Gebrauchstauglichkeit ausgeschlossen. Kraft der Bezugnahme auf § 536 BGB in § 536a BGB gilt dasselbe für den Anspruch des Mieters auf Schadensersatz. Die Annahme, dass der Mieter im Falle eines Bagatellmangels zwar fristlos kündigen kann, aber ansonsten mit seinen Gewährleistungsansprüchen ausgeschlossen sein soll, widerspricht der Rechtslogik.[158] Deshalb ist anzunehmen, dass der unterlassene Hinweis auf den Ausschluss des Kündigungsrechts bei Bagatellmängeln auf einem Redaktionsversehen beruht. 41

j) Gesetzliche Ausschlusstatbestände (§ 543 Abs. 4 Satz 1 BGB). Nach § 543 Abs. 4 Satz 1 BGB finden auf das Kündigungsrecht des § 543 Abs. 2 Nr. 1 BGB die Vorschriften der §§ 536b und 536d BGB entsprechende Anwendung. 42

Die **entsprechende Anwendung des § 536b BGB** bewirkt, dass das Kündigungsrecht ausgeschlossen ist, wenn der Mieter bei Abschluss des Vertrags von dem Mangel positive Kenntnis hat oder wenn ihm der Mangel infolge grober Fahrlässigkeit unbekannt geblieben ist. Es genügt nicht, dass der Mieter ganz Allgemein weiß oder damit rechnet, dass ein Mangel auftreten kann, etwa durch künftigen Baulärm, weil sich in der Nachbarschaft ein unbebautes Grundstück befindet, oder durch Hochwasser, weil das Mietobjekt in der Nähe eines Flusses liegt.[159] Erforderlich ist vielmehr, dass der Mieter erkennt (oder infolge grober Fahrlässigkeit nicht erkennt) dass die Mietsache mangelhaft ist oder in absehbarer Zukunft mangelhaft wird. Haben mehrere Mieter gemeinschaftlich eine Sache gemietet und wird ihnen der vertragsgemäße Gebrauch zum Teil nicht gewährt, so steht den Mietern ein Recht zur fristlosen Kündigung nach § 542 BGB nicht zu, wenn auch nur einem der Mieter bei Vertragsschluss die Tatsachen bekannt waren, die den Gebrauch hindern.[160] Positive Kenntnis führt immer zum Ausschluss des Kündigungsrechts; dies gilt auch dann, wenn der Vermieter sich arglistig verhalten hat.[161] Grob fahrlässige Unkenntnis schadet nicht, wenn der Vermieter den Mangel arglistig verschwiegen hat. Hat sich ein ursprünglich vorhandener Mangel während der Mietzeit nicht nur unerheblich verstärkt, so lebt das Kündigungsrecht wieder auf.[162] Die Kenntnis des Mieters vom Mangel schadet nicht, wenn der Vermieter vor oder bei Vertragsschluss die Beseitigung des Mangels zugesagt hat.[163] Bis zum Inkrafttreten des Mietrechtsreformge- 43

[154] *Sternel* Mietrecht (1988) Rdn. IV 470: bis zu drei Monaten.
[155] BGH WPM 1983, 660; OLG Hamm NJW-RR 1993, 16.
[156] *Sternel* Mietrecht (1988) Rdn. IV 467.
[157] BGH NJW 1988, 204.
[158] BGH NJW 2007, 147 = NZM 2006, 929 = WuM 2007, 72 = ZMR 2007, 98 = GE 2006, 1606 unter Nr. 3; *Emmerich* in *Emmerich/Sonnenschein,* Miete § 543 Rdn. 19; *Emmerich* in Staudinger § 543 BGB Rdn. 25; *Kraemer* DWW 2001, 110, 118; *Lützenkirchen,* Neue Mietrechtspraxis Rdn. 847; *Hinz* in Hinz/Ormanschick/Rieke/Scheff, Das neue Mietrecht § 8 Rdn. 118; *Haas,* Das neue Mietrecht § 543 Rdn. 9; *Lammel* § 543 BGB Rdn. 75; *Kandelhard* in Herrlein/Kandelhard § 543 BGB Rdn. 34; Palandt/*Weidenkaff* § 543 BGB Rdn. 19; Lützenkirchen in: Erman § 543 Rdn. 13; *Ehlert* in Bamberger/Roth § 543 BGB Rdn. 20; *Bieber* in MünchKomm § 543 BGB Rdn. 23.
[159] OLG Düsseldorf ZMR 2006, 923 betr. die Überflutung des Kellers infolge von Rheinhochwasser.
[160] BGH NJW 1972, 249 = MDR 1972, 318.
[161] BGH a. a. O.
[162] KG GE 2001, 989; LG Berlin GE 2001, 421.
[163] BGH NJW 2007, 147 = NZM 2006, 929 = WuM 2007, 72 = ZMR 2007, 98 = GE 2006, 1606 unter Nr. 2a.

setzes im September 2001 entsprach es obergerichtlicher Rechtsprechung, dass der Mieter seine Gewährleistungsrechte verliert, wenn er die Miete trotz eines Mangels vorbehaltlos weiterbezahlt.[164] Diese Rechtsfolge wurde aus einer analogen Anwendung des § 539 BGB a. F. hergeleitet. Das Mietrechtsreformgesetz hat die Gewährleistungsrechte des Mieters neu geregelt. Für die Wohnraummiete hat der VIII. Senat entschieden, dass das Minderungsrecht des Mieters durch die Fortzahlung der vollen Miete nicht verloren geht.[165] Dieser Ansicht hat sich der für die Gewerbemiete zuständige XII. Senat angeschlossen.[166] In dem Urteil vom 18. 10. 2006[167] hat der BGH unter Aufgabe der früheren Rechtsprechung[168] klargestellt, dass für das Kündigungsrecht nach § 543 Abs. 2 Nr. 1 BGB dieselben Grundsätze gelten: durch die rügelose Fortzahlung der Miete geht das Kündigungsrecht nicht verloren. Die allgemein geltenden Grundsätze der Verwirkung und des stillschweigenden Verzichts bleiben unberührt. Die bloße Untätigkeit des Mieters reicht für die Annahme eines Rechtsverlustes nicht aus. Ein Rechtsverlust ist nur dann anzunehmen, wenn weitere Umstände vorliegen aus denen sich ergibt, dass der Mieter von seinen Rechten keinen Gebrauch machen will. Zu beachten ist jedoch, dass das Kündigungsrecht verloren geht, wenn der Mieter mit dem Ausspruch der Kündigung allzu lange zuwartet.[169]

44 Die **entsprechende Anwendung des § 536 d BGB** hat zur Folge, dass der Ausschluss oder die Beschränkung des Kündigungsrechts nichtig ist, wenn der Vermieter den Mangel arglistig verschweigt.

45 **k) Beweislast (§ 543 Abs. 4 Satz 2 BGB).** § 543 Abs. 4 Satz 2 BGB enthält eine Beweislastregelung für den Fall der Kündigung wegen einer verspäteten Gebrauchsüberlassung und für den Fall der Kündigung wegen einer unterlassenen oder verspäteten Abhilfe. Ist streitig, ob die Mietsache rechtzeitig übergeben worden ist, so muss der Vermieter die Rechtzeitigkeit der Übergabe beweisen. Ist streitig, ob sich die Mietsache bei der Übergabe in einem vertragsgemäßen Zustand befunden hat, so muss der Vermieter die Mangelfreiheit beweisen, weil unter dem Begriff des „Gebrauchs" in Abs. 4 der „vertragsmäßige Gebrauch" i. S. d. § 543 Abs. 2 Nr. 1 BGB zu verstehen ist.[170] Hatte sich der Vermieter vertraglich zur Durchführung verschiedener Arbeiten verpflichtet und ist der Umfang dieser Arbeiten streitig, so muss der Vermieter auch beweisen, dass keine weiteren als die tatsächlich durchgeführten Arbeiten vereinbart worden sind.[171] Hat jedoch der Mieter die ihm zum Gebrauch überlassene Sache als Erfüllung angenommen, so muss er ihre Mangelhaftigkeit beweisen, wenn er deshalb den Mietvertrag kündigt.[172] Die Fristsetzung nach § 543 Abs. 3 BGB muss nach allgemeinen Grundsätzen der Mieter beweisen. Der Vermieter trägt die Beweislast dafür, dass er den Mangel vor Fristablauf beseitigt hat (§ 543 Abs. 4 Satz 2 BGB). Kündigt der Mieter ohne Fristsetzung, so muss er beweisen, dass die tatsächlichen Voraussetzungen des § 543 Abs. 3 Satz 2 BGB vorgelegen haben; hierzu gehört auch die Mängelanzeige. Der Vermieter muss beweisen, dass der Mietgebrauch durch den Mangel nur unerheblich beeinträchtigt worden ist.[173] Ist dieser Beweis geführt, so ist es Sache des Mieters darzulegen und zu beweisen, dass die Kündigung gleichwohl wegen eines besonderen Interesses an der Vertragsbeendigung zulässig gewesen ist. Den Zugang der Kündigung muss der Mieter beweisen. Ist streitig, ob ein dem Mieter an sich zustehendes Kündigungsrecht ausnahmsweise deshalb ausgeschlossen sein könnte, weil der Mieter den Mangel selbst verschuldet hat, so trifft den Vermieter die Beweislast.[174] Etwas anderes gilt, wenn feststeht, dass der Mangel durch den Mietgebrauch eingetreten ist; hier muss der Mieter das fehlende Verschulden beweisen.[175]

---

[164] BGH NJW 2000, 2663, 2664.

[165] BGHZ 155, 380 = NJW 2003, 2601 = NZM 2003, 679 = WuM 2003, 440 = ZMR 2003, 667 = DWW 2003, 258 = GE 2003, 1145.

[166] BGH GuT 2005, 56 = ZMR 2005, 770 = DWW 2005, 153 = GE 2005, 662.

[167] BGH NJW 2007, 147 = NZM 2006, 929 = WuM 2007, 72 = ZMR 2007, 98 = GE 2006, 1606.

[168] BGH NJW 2000, 2663, 2664.

[169] So zutreffend *Kleinrahm* in Hannemann/Wiegner MAH Wohnraummietrecht § 41 Rdn. 36.

[170] **A. A.** OLG Düsseldorf Urteil vom 31.1.2012 – 24 U 152/11: Besteht der Mangel in einer öffentlichrechtlichen Gebrauchsbeschränkung, so muss der Mieter beweisen dass ein behördliches Einschreiten konkret zu erwarten ist.

[171] OLG Köln ZMR 1997, 230.

[172] BGH NJW 1985, 192 = ZMR 8195, 196 = WuM 1986, 58.

[173] BGH WuM 1976, 95; *Emmerich* in Staudinger § 543 BGB Rdn. 107; Lützenkirchen in: Erman § 543 Rdn. 15; *Bieber* in MünchKomm § 543 BGB Rdn. 32; *Franke* in WoBauR § 543 BGB Anm. 7; *Sternel* Mietrecht (1988) Rdn. IV 460.

[174] *Grapentin* in Bub/Treier Kap IV Rdn. 336.

[175] BGHZ 66, 349 = NJW 1976, 1315; *Emmerich* in Staudinger § 543 BGB Rdn. 107.

l) Konkurrenzen. Der Mieter hat die Wahl, ob er den **Erfüllungsanspruch** nach **§ 535 BGB** geltend macht oder nach § 543 Abs. 2 Nr. 1 BGB kündigt. Die beiden Rechte schließen sich aus und können deshalb nicht nebeneinander bestehen. Die Miete ist in Fällen dieser Art ohnehin kraft Gesetzes gemindert; diese Rechtsfolge wird durch § 543 Abs. 2 Nr. 1 BGB nicht berührt. Selbstverständlich kann der Mieter zunächst Erfüllung verlangen und für den Fall der nicht fristgemäßen Erfüllung die Kündigung androhen; ein solches Vorgehen ist i. d. R. bereits nach § 543 Abs. 3 BGB geboten. Eine hilfsweise für den Fall der Nichterfüllung ausgesprochene Kündigung ist wirksam (s. o. Rdn. 31). 46

Die **Gewährleistungsrechte §§ 536, 536a Abs. 1 BGB** werden durch § 543 Abs. 2 Nr. 1 BGB nicht tangiert. Im Rahmen des § 536a BGB hat der Vermieter sowohl den Schaden zu ersetzen, der bis zur Kündigung bereits eingetreten ist, als auch für den durch die Kündigung verursachten Schaden einzustehen. 47

Eine Besonderheit gilt für das **Selbstbeseitigungsrecht** des **§ 536a Abs. 2 BGB.** Hat der Mieter den Vermieter zur Mangelbeseitigung aufgefordert und Ersatzvornahme angedroht, so ist er bis zum Fristablauf an der Ausübung des Kündigungsrechts gehindert. Eine Ausnahme kann gelten, wenn sich der Zustand der Mietsache während des Fristenlaufs so erheblich verschlechtert, dass dem Mieter der Ablauf der Frist nicht zugemutet werden kann. Nach dem fruchtlosen Ablauf der Frist lebt das Kündigungsrecht wieder auf. Allerdings kann der Mieter nicht ohne weiteres kündigen. Vielmehr muss dem Vermieter zuvor eine erneute Frist gesetzt werden.[176] 48

Wegen des Verhältnisses von § 543 Abs. 2 Nr. 1 BGB zu **§ 569 Abs. 1 BGB** s. § 569 BGB, Rdn. 6. 49

Für das Verhältnis des § 543 Abs. 2 Nr. 1 BGB zu den **allgemeinen Vorschriften** gilt Folgendes: Kann die Mietsache nicht genutzt werden, weil wegen des Zustands oder der Beschaffenheit der Sache eine behördliche Genehmigung nicht erteilt wird, so gelten §§ 536a Abs. 1, 543 Abs. 2 Nr. 1 BGB; § 275 Abs. 1 BGB ist nicht anwendbar. Scheitert die behördliche Genehmigung an der Person des Mieters, so bleibt die Wirksamkeit des Mietvertrags hiervon ebenfalls unberührt; der Mieter kann auch nicht kündigen. Die Grundsätze über den Wegfall der Geschäftsgrundlage sind ebenfalls unanwendbar (arg. e § 537 BGB). Wird die Mietsache wegen eines Mangels unbenutzbar, so gelten die §§ 536ff., 543 Abs. 2 Nr. 1 BGB; die allgemeine Vorschrift über Unmöglichkeit (§ 275 BGB) wird hierdurch verdrängt. Eine Ausnahme gilt, wenn das **Mietobjekt vollständig zerstört** wird. Hat der **Vermieter den Untergang zu vertreten,** kann der Mieter die Rechte aus § 282 BGB (Schadensersatz) geltend machen oder nach § 543 Abs. 2 Nr. 1 BGB kündigen und den Kündigungsfolgeschaden verlangen (§ 314 Abs. 4 BGB); eine Verpflichtung des Vermieters zur Wiederherstellung der Sache besteht nicht.[177] Hat der **Mieter den Untergang zu vertreten,** so wird der Vermieter von seiner Leistungspflicht frei.[178] Der Mieter schuldet weiterhin die Miete (§ 326 Abs. 2 BGB) und darüber hinaus Schadensersatz. Erfüllungsansprüche kann der Mieter nicht geltend machen. Das Kündigungsrecht nach § 543 Abs. 2 Nr. 1 BGB besteht nicht. Haben **beide Parteien den Untergang zu vertreten,** gilt § 254 BGB. Der Mieter schuldet einen seiner Verschuldensquote entsprechenden Schadensersatz und eine geminderte Miete. Bei einer **Teilzerstörung** sind die für die Totalzerstörung maßgeblichen Grundsätze auf den zerstörten Teil anwendbar, wenn der Rest der Mietsache ohne den zerstörten Teil sinnvoll genutzt werden kann.[179] Ist eine solche Teilung nicht möglich, so gelten die §§ 535ff., 543 Abs. 2 Nr. 1 BGB. Ist die Mietsache beschädigt worden und erfordert die **Reparatur** einen **erheblichen Aufwand,** so ist zwischen der faktischen (praktischen) Unmöglichkeit und der wirtschaftlichen Unmöglichkeit zu unterscheiden. Eine faktische Unmöglichkeit liegt vor, wenn eine Reparatur wegen der damit verbundenen Erschwernisse vom Mieter nicht erwartet werden kann. Eine wirtschaftliche Unmöglichkeit ist gegeben, wenn die für die Reparatur erforderlichen Aufwendungen die Opfergrenze überschreiten. Die faktische Unmöglichkeit fällt unter § 275 Abs. 2 BGB; die wirtschaftliche Unmöglichkeit unter § 313 BGB.[180] Die beiden Rechtsinstitute führen zu unterschiedlichen Rechtsfolgen. § 275 Abs. 2 BGB gibt dem Vermieter ein Leistungsverweigerungsrecht. Nach § 313 BGB kann Vertragsanpassung verlangt werden; gegebenenfalls ist der Vermieter zum Rücktritt oder zur Kündigung berechtigt. Die Grenzen zwi- 50

---

[176] OLG Hamm NJW-RR 1991, 1035.
[177] BGH WuM 1974, 266; WuM 1977, 5.
[178] BGH WuM 1977, 5.
[179] BGH WPM 1977, 400.
[180] *Hirsch* ZMR 2007, 1, 3 m.w.N.

schen der faktischen und der wirtschaftlichen Unmöglichkeit sind fließend. Die obergerichtliche Rechtsprechung tendiert im Zweifelsfall zur Anwendung des § 275 Abs. 2 BGB.[181] Wegen des Kündigungsfolgeschadens s. § 542 BGB Rdn. 102.

2. Verletzung der Rechte des Vermieters (Abs. 2 Nr. 2)

51 **a) Überblick.** Nach § 543 Abs. 2 Satz 1 Nr. 2 BGB hat der Vermieter ein Kündigungsrecht, wenn der Mieter die Rechte des Vermieters dadurch in erheblichem Maße verletzt, dass er die Mietsache durch Vernachlässigung der ihm obliegenden Sorgfalt erheblich gefährdet oder sie unbefugt einem Dritten überlässt. Bei einer Mehrheit von Mietern genügt es, wenn die Kündigungstatsachen in der Person eines Mieters vorliegen. Die Vorschrift gilt für alle Mietverhältnisse; Sondervorschriften für die Wohnraummiete bestehen nicht. In formeller Hinsicht sind bei der Wohnraummiete allerdings die § 568 Abs. 1 BGB (Schriftform) und § 569 Abs. 4 BGB (Begründungszwang) zu beachten.

52 Die Regelung ist § 553 BGB a. F. Fassung nachgebildet; der Regelungsgehalt der alten und der neuen Vorschrift ist aber nicht identisch. Nach § 553 BGB a. F. konnte der Vermieter kündigen, wenn der Mieter einen vertragswidrigen Gebrauch trotz Abmahnung fortsetzt, der die Rechte des Vermieters in erheblichem Maße verletzt. Die Fälle der unerlaubten Untervermietung und der Gefährdung der Mietsache waren nach früherem Recht nur beispielhaft genannte Fälle der Rechtsverletzung („insbesondere"). Der Begriff „insbesondere" ist entfallen. Daraus folgt, dass nur noch in den Fällen der unbefugten Gebrauchsüberlassung und der Gefährdung der Mietsache gekündigt werden kann. Alle anderen Fälle der Rechtsverletzung fallen nicht unter § 543 Abs. 2 Nr. 2 BGB. Wegen solcher Rechtsverletzungen kann möglicherweise nach § 543 Abs. 1 BGB gekündigt werden, wenn die dort genannten weiteren Voraussetzungen vorliegen (s. Rdn. 160). Die Regelung des § 543 Abs. 2 Nr. 2 BGB bleibt also hinter § 553 BGB a. F. zurück.[182]

53 **b) Vernachlässigung der Sorgfaltspflicht (Abs. 2 Nr. 2 Alt. 1).** Die Vorschrift besteht aus zwei Tatbestandselementen, nämlich der Vernachlässigung der Sorgfaltspflicht als vertragswidrige Handlung des Mieters und der dadurch bedingten erheblichen Gefährdung der Mietsache als Handlungserfolg. Die Tatbestandselemente müssen kumulativ vorliegen.

54 **aa)** Nach der gesetzlichen Regelung ist es Sache des Vermieters, die Mietsache in einem zum vertragsgemäßen Gebrauch geeigneten Zustand zu erhalten. Den Mieter trifft aber eine doppelte **Sorgfaltspflicht:** Er ist nach § 536c Abs. 1 BGB zur Anzeige verpflichtet, wenn die Mietsache mangelhaft wird, gewisse Vorkehrungen zum Schutz der Sache gegen eine nicht vorhergesehene Gefahr erforderlich werden oder wenn sich ein Dritter ein Recht an der Sache anmaßt. Darüber hinaus trifft den Mieter die allgemeine **Obhutspflicht:** Er hat die Mietsache pfleglich zu behandeln und Schäden von ihr abzuwenden, wenn der Vermieter nicht rechtzeitig tätig werden kann. Kostengesichtspunkte spielen insoweit keine Rolle, weil der Mieter für die insoweit geleisteten Verwendungen nach § 536a Abs. 2 Nr. 2 BGB Ersatz verlangen kann. Erfüllt der Mieter die ihm obliegenden Anzeige- und Obhutspflichten trotz Abmahnung nicht, und wird die Mietsache dadurch erheblich gefährdet, so liegt der Tatbestand der fristlosen Kündigung vor. Die Obhuts- und Anzeigepflichten entstehen nicht mit dem Abschluss des Mietvertrags, sondern mit der Übergabe der Mietsache. Umgekehrt enden diese Pflichten mit der Rückgabe der Mietsache, und zwar auch dann, wenn das Mietverhältnis noch nicht beendet ist. Denn die Obhutspflicht begründet keine Besitzpflicht, sondern folgt umgekehrt aus dem Besitz.[183] Nutzt der Mieter die Räume über das Ende der Mietzeit hinaus, so dauert die Obhutspflicht bis zur tatsächlichen Rückgabe fort.[184] Wegen des Inhalts der Obhutspflicht i. E. s. § 535 BGB Rdn. 236.

55 Der Mieter muss für das Verhalten derjenigen Personen einstehen, denen er den Gebrauch der Mietsache überlassen hat. Unerheblich ist es, ob die Gebrauchsüberlassung als solche vertragsgemäß oder vertragswidrig ist. Dies ist insbesondere bei der **Untermiete** von Bedeutung(§ 540 Abs. 2 BGB). Dabei kommt es nicht darauf an, ob der Mieter das Verhalten des Untermieters vorhersehen

---

[181] Vgl. BGH WuM 2005, 713.

[182] Ebenso *Kraemer* DWW 2001, 110, 118; *Haas,* Das neue Mietrecht § 543 BGB Rdn. 11; *Eisenschmid* in Börstinghaus/Eisenschmid, Arbeitskommentar Neues Mietrecht S. 104; *Lützenkirchen,* Neue Mietrechtspraxis, Rdn. 855ff.; *Hinz* in Hinz/Ormanschick/Rieke/Scheff, Das neue Mietrecht § 8 Rdn. 123; *Lammel* § 543 BGB Rdn. 78; *Kandelhard* in Herrlein/Kandelhard § 543 BGB Rdn. 37–39.

[183] LG Mannheim WuM 1982, 298.

[184] BGH NJW 1983, 1049 = MDR 1983, 345.

und beeinflussen konnte. Dem Untermieter stehen diejenigen gleich, denen der Mieter unentgeltlich die gesamte Wohnung oder einen Teil der Räume überlassen hatte. Der Ausspruch einer Kündigung gegenüber dem Mieter wegen zurückliegender Sorgfaltspflichtverletzungen eines Untermieters ist allerdings ausgeschlossen, wenn das Untermietverhältnis bereits vor Zugang der Kündigung beendet worden ist und der Mieter die Sache einem anderen (zuverlässigen) Untermieter überlassen hat.[185]

Auch für das Verhalten seiner **Familien- und Haushaltsangehörigen,** die mit ihm in der Wohnung leben, hat der Mieter einzustehen. Gleiches gilt für das Verhalten derjenigen Personen, die der Mieter in die Wohnung aufgenommen hat, ohne ihnen selbstständigen Mietgebrauch einzuräumen. Für das Verhalten seiner Besucher hat der Mieter nur dann einzustehen, wenn er damit rechnen musste, dass diese die Mietsache gefährden und er es verabsäumt hat, dagegen die erforderlichen Maßnahmen zu ergreifen. 56

bb) Bei dem hier in Frage stehenden Kündigungssachverhalt liegt ein Kündigungsgrund nicht schon dann vor, wenn der Mieter seine Sorgfaltspflicht verletzt. Vielmehr muss die Sorgfaltspflichtsverletzung eine **Gefährdung der Mietsache** zur Folge haben. Der Begriff der Sache ist entsprechend dem Schutzzweck des § 543 Abs. 2 Nr. 2 Alt. 1 BGB weit auszulegen. Er bezeichnet nicht nur die gemieteten Räume im engeren Sinn sondern schließt auch das Gebäude mit ein.[186] Eine Gefährdung i. S. d. Gesetzes liegt dann vor, wenn die Mietsache durch die Sorgfaltspflichtverletzung bereits geschädigt worden ist oder wenn der Eintritt eines Schadens nach der Sachlage signifikant höher ist als bei einem vertragsgerechten Verhalten. 57

cc) Das **Tatbestandsmerkmal „erheblich"** beschreibt nicht den Grad der Wahrscheinlichkeit des Schadenseintritts sondern stellt klar, dass nur Vertragsverletzungen von einigem Gewicht die Kündigung rechtfertigen können. Das Tatbestandsmerkmal muss auf den Einzelfall bezogen festgestellt werden.[187] Hierbei sind die Interessen des Mieters und seiner Familie am Fortbestand des Mietverhältnisses einerseits und die Interessen des Vermieters an der Vertragsbeendigung andererseits gegeneinander abzuwägen. Die Wertentscheidungen des Grundgesetzes, insbesondere das Eigentumsrecht des Vermieters aber auch die damit verbundene Sozialbindung des Eigentums sind zu beachten.[188] Entsprechend dem Schutzzweck des § 543 Abs. 2 Nr. 2 Alt. 1 BGB sind zugunsten des Vermieters insbesondere die Auswirkungen der Vertragsverletzung zu berücksichtigen.[189] Zugunsten des Mieters ist zu beachten, dass „die Kündigung eines Mietverhältnisses … regelmäßig einen so schweren Eingriff in den persönlichen Lebensbereich der Benutzer darstellt, dass an deren Voraussetzungen strenge Anforderungen zu stellen sind".[190] Nach der Auffassung des BVerfG ist das Eigentumsgrundrecht des Mieters verletzt, wenn diese Grundsätze nicht beachtet werden.[191] Diese Grundsätze gelten auch für die gewerbliche Miete.[192] 58

Grundsätzlich ist davon auszugehen, dass Pflichtverletzungen mit geringen Auswirkungen nicht zur Kündigung berechtigen. Dies gilt auch dann, wenn der Mieter den Vertragsverstoß vorsätzlich begeht oder wenn das vertragswidrige Verhalten über längere Zeit fortgesetzt wird. Der Vermieter wird hierdurch nicht rechtlos gestellt, weil er Unterlassungsklage nach § 541 BGB erheben kann.[193] Hierzu gehören insbesondere diejenigen Fälle, in denen die Vertragsparteien über Art und Umfang des zulässigen Mietgebrauchs streiten oder wenn Meinungsverschiedenheiten über die wechselseitigen Verpflichtungen bestehen. Dies kann und muss i. d. R. durch Leistungs- oder Unterlassungsklage geklärt werden. Etwas anderes wird in Betracht kommen, wenn der Unterlassungs- oder Leistungsanspruch tituliert ist und der Mieter gleichwohl an seinem Verhalten festhält. Pflichtverletzungen mit erheblichen Auswirkungen berechtigen umgekehrt i. d. R. auch dann zur Kündigung, wenn dem Mieter kein Verschulden zur Last fällt. Es kommt insoweit nicht darauf an, ob die Mietsache beschädigt worden ist, oder ob das Verhalten des Mieters zu einer konkreten Gefährdung geführt hat; es genügt, dass die Vertragsverletzung potentiell eine solche Gefährdung zur Folge haben kann. Über diese 59

---

185 OLG Koblenz NJW-MietR 1996, 247.
186 *Roquette* § 553 BGB Rdn. 15.
187 Grundlegend BGH RE 14.7.1993 BGHZ 123, 233 = NJW 1993, 2528 = WuM 1993, 529 = ZMR 1993, 508 zur Überbelegung; s. a. OLG Köln ZMR 1996, 24.
188 VerfGH Berlin GE 2003, 452, 453.
189 BGH a. a. O.
190 BGH a. a. O.; BayObLG WuM 1983, 129 = ZMR 1983, 352.
191 BVerfG NJW 1994, 41 = WuM 1994, 119 = ZMR 1994, 10.
192 OLG Stuttgart ZMR 1989, 377; OLG Köln ZMR 1996, 24.
193 OLG Koblenz ZMR 1993, 72.

Grundsätze hinaus kann das Erheblichkeitskriterium nicht allgemein definiert werden. Das BayObLG hat in diesem Zusammenhang zu § 553 BGB a. F. zutreffend festgestellt, dass ein Rechtsentscheid über die Frage, ob eine Vertragsverletzung zur Kündigung berechtigt, im Allgemeinen nicht zulässig ist.[194]

60 Auf die **bisherige Rechtsprechung zu § 553 BGB a. F.** kann weiterhin zurückgegriffen werden. **Beispiele:** („Ja" bedeutet, dass eine Kündigungsbefugnis bejaht worden ist; „nein", dass sie verneint wurde); nein, bei einmaliger Verletzung der **Anzeigepflicht;**[195] nein, wenn der Mieter fahrlässig einen Wasserschaden verursacht und keine Wiederholungsgefahr besteht, dies gilt unabhängig von der Höhe des Schadens;[196] ja, wenn der Mieter innerhalb der letzten beiden Jahre 16 **Wasserschäden** in den darunter liegenden Wohnungen verursacht hat;[197] ja, wenn der Mieter mehrere Wasserschäden mit erheblichen Auswirkungen verursacht;[198] ja, wenn der Ehemann einer Mieterin **Gas** ausströmen lässt, um eine Explosion zu erzeugen;[199] nein, wenn der Mieter einen **Wohnungsbrand** verursacht hat;[200] nein, wenn der Wohnungsbrand durch die unbeaufsichtigten Kinder des Mieters verursacht worden ist;[201] ja, wenn der Mieter des nachts wiederholt Essen anbrennen ließ und deshalb die Gefahr eines Wohnungsbrandes zu befürchten ist;[202] nein, bei Hantieren mit **Benzin** und anderen brennbaren Flüssigkeiten;[203] nein, wenn der Mieter in gewerblich genutzten Räumen Munition und brennbare Flüssigkeiten lagert und damit keine konkrete Gefahr verbunden ist;[204] nein, bei Beschädigung der **Gegensprechanlage;**[205] nein, wenn der Mieter ein **Schloss** ausgetauscht hat;[206] nein, wenn der Mieter ohne Erlaubnis des Vermieters eine **Satellitenantenne** an der Fassade anbringt;[207] nein, wenn der Mieter ohne Erlaubnis des Vermieters einen **Taubenschlag** errichtet;[208] nein: wenn der Mieter ohne Genehmigung des Vermieters am Balkon einen Sicht- und Windschutz oder Insektengitter an den Fenstern anbringt und die **baulichen Veränderung** keine Gefährdung der Mietsache zur Folge hat. Der Vermieter ist auf die Unterlassungsklage zu verweisen;[209] nein, wenn der Mieter erklärt, dass er eine **Modernisierungs- oder Instandhaltungsmaßnahme** nicht dulden will.[210] ja, wenn der Mieter häufig seine Wohnung verlässt ohne die **Fenster** zu schließen;[211] ja, wenn sich der Mieter ins Krankenhaus begibt, ohne die **Wasserleitungen** vor dem Einfrieren zu schützen;[212] der Auszug des Mieters berechtigt allerdings nicht zur Kündigung;[213] nein, wenn der Mieter die **Schönheitsreparaturen** nicht fristgemäß ausführt und hiermit keine Gefährdung der Mietsache verbunden ist;[214] ja, wenn der Mieter rechtskräftig zur Durchführung von Schönheitsreparaturen verurteilt ist und er diese Verpflichtung gleichwohl nicht erfüllt;[215] ja, wenn der Mieter die Durchführung notwendiger Instandsetzungsarbeiten behindert und dies zu einer Gefährdung der Bausubstanz führt;[216] nein, beim Ablagern von **Sperrmüll** in der Wohnung, wenn die Mietsache hierdurch nicht gefährdet wird;[217] ja, wenn der Mieter **Gerümpel** und **Müll** in der Mietwohnung lagert und hierdurch die Mitmieter durch Ge-

---

[194] BayObLG ZMR 1983, 352 = WuM 1983, 129.
[195] LG Berlin MM 1991, 29.
[196] LG Berlin MDR 2017, 512.
[197] AG Görlitz WuM 1994, 668; ähnlich LG Berlin GE 1988, 145.
[198] AG Wiesbaden NJW-RR 1992, 76 betr. vier Wasserschäden in vier Jahren.
[199] AG Helmstedt ZMR 1988, 148 = WuM 1989, 569.
[200] LG Wuppertal WuM 1992, 370.
[201] AG Siegen WuM 1990, 503.
[202] LG Duisburg DWW 1991, 342.
[203] LG Köln WuM 1977, 56.
[204] OLG Stuttgart ZMR 2005, 953, 954.
[205] AG Tempelhof-Kreuzberg MM 1993, 252.
[206] AG Köln WuM 1987, 273.
[207] LG Berlin GE 2009, 1316.
[208] AG Jülich WuM 2006, 562.
[209] AG München ZMR 2012, 365.
[210] AG München a. a. O.
[211] AG Düren WuM 1985, 263.
[212] LG Görlitz WuM 1994, 669.
[213] LG Frankfurt WM 1986, 249.
[214] LG Münster WuM 1991, 33; LG Itzehoe WuM 1989, 76; LG Berlin MM 1990, 289; AG Düsseldorf WuM 1090, 149; AG Köln WuM 1988, 110; ebenso LG Hamburg ZMR 1984, 90 = WuM 1984, 85 für den Fall, dass sich der Mieter beharrlich weigert, Schönheitsreparaturen durchzuführen.
[215] AG Münster WuM 2007, 70.
[216] LG Berlin ZMR 2011, 873.
[217] AG Friedberg/Hessen WuM 1991, 686; ähnl. LG Berlin GE 1981, 33 für Unrat in der Küche.

rüche belästigt werden, die Bausubstanz konkret gefährdet wird oder Belange des Brandschutzes betroffen sind;[218] ja, wenn der Mieter **Abfall,** Kartons, Zweiräder oder Gartengeräte so im Kellerflur lagert, dass andere Mieter ihre Kellerräume schwer erreichen können und der Brandschutz nicht mehr gewährleistet ist;[219] nein, wenn aus der Wohnung einer unter Inkontinenz leidenden Mieterin unangenehme **Gerüche** dringen;[220] ja, wenn der Mieter seine Wohnung vermüllt und auf eine Abmahnung keine Abhilfe schafft;[221] ja, wenn der Mieter trotz titulierter Verpflichtung seine Wohnung nicht entmüllt und aus der Wohnung deshalb üble Gerüche dringen;[222] nein, wenn die Wohnung zwar **unordentlich und erheblich verschmutzt** ist aber weder eine Gefährdung der Bausubstanz noch eine Störung des Hausfriedens zu befürchten ist;[223] ja: wenn der Mieter einer EG-Wohnung in dem zur Wohnung gehörenden Garten uriniert;[224] ja: wenn ein Familienangehöriger des Mieters **Lärm** verursacht, indem er nachts zwischen 1.00 Uhr und 1.30 Uhr die Wohnungstür mit lautem Knall zuschlägt und der Mieter es zulässt, dass seine Kinder um 23.00 Uhr noch Fußball im Garten spielen;[225] ja, wenn der Mieter **Tauben** füttert und die dadurch bewirkten Immissionen in hygienischer und akustischer Hinsicht sich als erhebliche Belästigung für andere Mieter auswirken oder eine Gefährdung des Mietobjekts zur Folge haben;[226] ja, wenn der Mieter trotz eines rechtskräftigen Unterlassungstitels mit dem Taubenfüttern fortfährt;[227] ja wenn eine **Überbelegung** nicht nur unerhebliche Auswirkungen auf die Wohnsubstanz oder auf das Zusammenleben der Hausgemeinschaft hat; dabei kommt es insbesondere auf die Ausstattung und den Zuschnitt der bewohnten Räume, auf vertragliche Regelungen über die Durchführung von Schönheitsreparaturen, auf das Alter und die Lebensgewohnheiten der Wohnungsnutzer sowie auf die Zusammensetzung der übrigen Hausbewohner an[228] (dazu § 540 BGB Rdn. 27, 34); die hiervon abw. Rechtsprechung aus früherer Zeit, wonach bereits die Überbelegung an sich zur Kündigung berechtigt,[229] ist gegenstandslos; ja, wenn der Mieter seine Wohnung so vermüllt, dass sich **Ungeziefer** (Kakerlaken) ausbreiten,[230] nein, wenn der Mieter in der Wohnung **Wäsche** trocknet, ohne dass hierdurch die Mietsache gefährdet wird;[231] ja, bei **übermäßiger Tierhaltung,** so wenn der Mieter in der Wohnung mehrere Igel hält und die übrigen Mitbewohner durch den Tiergeruch belästigt werden.[232]

Die Abgrenzung des Kündigungstatbestands des § 543 Abs. 2 Nr. 2 Alt. 1 BGB zu dem Auffangtatbestand des § 543 Abs. 1 BGB ist fließend (s. deshalb auch Rdn. 212). 61

dd) Abmahnung und Kündigung. Nach **§ 543 Abs. 3 Satz 1 BGB** ist die Kündigung erst nach einer Abmahnung zulässig. Für eine Abmahnung genügt die bloße Rüge vertragswidrigen Verhaltens nicht. Vielmehr muss sich aus der Abmahnung ergeben, dass dem Mieter für den Fall eines weiteren Vertragsverstoßes Konsequenzen drohen. Zwar ist keine ausdrückliche Kündigungsandrohung erforderlich. Jedoch muss für den Mieter deutlich werden, dass die weitere vertragliche Zusammenarbeit auf dem Spiel steht.[233] Wegen der Einzelheiten s. § 541 BGB Rdn. 4–10. 62

Hat sich der Mieter in einem **Einzelfall** vertragswidrig verhalten, so setzt die Kündigungsbefugnis voraus, dass der Mieter nach der Abmahnung erneut eine gleichartige Vertragsverletzung begangen hat. An das Kriterium der Gleichartigkeit dürfen allerdings keine überhöhten Anforderungen gestellt werden. 63

Ist wegen einer **Dauervertragswidrigkeit** abgemahnt worden, so muss das vertragswidrige Verhalten zum Zeitpunkt des Zugangs der Kündigung noch bestehen. Hat der Mieter den vertrags- 63a

[218] LG Berlin ZMR 2011, 873.
[219] AG Dortmund DWW 1990, 179.
[220] AG München WuM 2006, 621.
[221] AG Hamburg-Harburg ZMR 2011, 644.
[222] AG Rheine WuM 2008, 218.
[223] LG Berlin GE 2015, 1599.
[224] AG Köln WuM 2012, 272.
[225] LG Frankfurt/M ZMR 2012, 352.
[226] AG Frankfurt WuM 1977, 66 = ZMR 1978, 50.
[227] LG Düsseldorf ZMR 1993, Nr. 3 [Grüne Seite Nr. 9].
[228] BGH RE 14.7.1993 BGHZ 123, 233 = NJW 1993, 2528 = WuM 1993, 529 = ZMR 1993, 508.
[229] So z. B. BayObLG RE 14.9.1983 NJW 1984, 60; OLG Karlsruhe RE 16.3.1987 NJW 1987, 1952.
[230] AG Schöneberg GE 2009, 1501.
[231] AG Naumburg WuM 1992, 680.
[232] AG Spandau GE 2015, 1605.
[233] BGH (VIII ZR 3/11) NJW 2012, 53 unter Rz. 17 zur Kündigung eines Factoringsvertrags.

widrigen Gebrauch zu diesem Zeitpunkt bereits beendet, so ist die Kündigung wirkungslos.[234] Dies gilt auch dann, wenn eine vom Vermieter gesetzte Abhilfefrist abgelaufen war.[235] Wird der vertragswidrige Gebrauch erst nach dem Zugang der Kündigung beendet, so hat dies auf die Wirksamkeit der Kündigung keinen Einfluss.[236] In diesen Fällen ist aber sorgfältig zu prüfen, ob die Kündigung nicht zu früh erklärt worden ist. Hiervon kann u. U. dann ausgegangen werden, wenn der Mieter bereits Erfolg versprechende Schritte zur Beseitigung des vertragswidrigen Zustands eingeleitet hatte.[237]

64 Andererseits darf der Vermieter mit dem **Ausspruch der Kündigung** aber auch **nicht zu lange zuwarten (§ 314 Abs. 3 BGB).** Hat der Vermieter zur Beendigung der Dauervertragswidrigkeit eine angemessene Frist gesetzt, so muss er zwar nicht unmittelbar nach Ablauf der Frist kündigen; vielmehr kann der Vermieter durchaus einige Zeit zuwarten. Nach Ablauf eines längeren Zeitraums kann das Kündigungsrecht allerdings nicht mehr ausgeübt werden. Es handelt sich hierbei nicht um einen Fall der Verwirkung, so dass es auf ein „Umstandsmoment" nicht ankommt. Bei den meisten Dauervertragswidrigkeiten wird der zeitliche Zusammenhang nicht mehr gewahrt sein, wenn nach dem Ablauf der in der Abmahnung gesetzten Frist ein längerer Zeitraum verstrichen ist. Will der Vermieter trotz der Fristüberschreitung sich die Kündigungsmöglichkeit erhalten, so muss er gegenüber dem Mieter zum Ausdruck bringen, dass er an der Abmahnung festhalten wolle.[238] Anderenfalls darf der Mieter davon ausgehen, dass der Vermieter von seiner ursprünglichen Haltung Abstand genommen hat. Das vertragswidrige Verhalten wird aber hierdurch nicht vertragsgemäß, so dass der Vermieter zur erneuten Abmahnung und Kündigung berechtigt bleibt.[239] Auch bei Einzelvertragswidrigkeiten gilt der Grundsatz, dass zwischen Abmahnung und Kündigung ein zeitlicher Zusammenhang bestehen muss. Eine allgemein anerkannte, für alle Fälle gleiche Frist existiert nicht. Die gegenteilige Auffassung, wonach die Frage der Rechtzeitigkeit der Kündigung in Anlehnung an die 2-Wochenfrist des § 626 Abs. 2 BGB zu beantworten sei,[240] hat der BGH bereits im Urteil vom 27. 1. 1982[241] mit der Begründung zurückgewiesen, dass § 626 Abs. 2 BGB keinen allgemeinen Rechtsgedanken enthalte, sondern eine auf das Arbeitsrecht zugeschnittene Sonderregelung sei. Daraus folgt, dass die Frage der Rechtzeitigkeit auf Grund der Besonderheiten des Einzelfalls zu beantworten ist.[242] Bei andauernden oder sich wiederholenden Pflichtverletzungen ist in Erwägung zu ziehen, dass sich die Unzumutbarkeit der Vertragsfortsetzung erst aus der Dauer oder der Häufigkeit der Pflichtverletzung ergibt (z. B. bei andauernder Störung des Hausfriedens). In diesem Fall können bei der Beurteilung der Kündigung auch die weiter zurückliegenden Pflichtverletzungen berücksichtigt werden. Bei fortdauernder Zahlungseinstellung des Mieters ist der Vermieter nicht verpflichtet, unmittelbar nach dem Entstehen des Kündigungsrechts zu kündigen, weil das Kündigungsrecht hier Monat für Monat neu entsteht.[243] Der Grundsatz des zeitlichen Zusammenhangs zwischen Vertragsverletzung und Kündigungsausspruch kann durch eine Formularklausel nicht beseitigt werden.[244]

65 Eine **Abmahnung ist entbehrlich,** wenn eine Frist oder Abmahnung offensichtlich keinen Erfolg verspricht **(§ 543 Abs. 3 Satz 2 Nr. 1 BGB).** Hiervon ist auszugehen, wenn eine Änderung des vertragswidrigen Gebrauchs unter keinen Umständen zu erwarten ist.[245] Bei der Würdigung dieser Voraussetzung kann auch das Verhalten des Mieters nach Ausspruch der Kündigung berücksichtigt werden. So kann aus einem aggressivem Verhalten des Mieters im Räumungsprozess ge-

---

[234] LG Duisburg NJW-RR 1986, 1345 = WuM 1989, 76.
[235] *Sternel* Mietrecht (1988) Rdn. IV, 399.
[236] BGH BB 1987, 2123; OLG Koblenz ZMR 1993, 72.
[237] I. E. ebenso *Sternel* Mietrecht (1988) Rdn. IV 398.
[238] Vgl. dazu OLG Karlsruhe ZMR 1987, 419.
[239] OLG Hamm NZM 1999, 1050, 1052.
[240] OLG Frankfurt WuM 1991, 475 = ZMR 1991, 382.
[241] BGH NJW 1982, 2432.
[242] Vgl. dazu OLG München DWW 2001, 275 bei Zuwarten von 6 Monaten Rechtzeitigkeit verneint; LG Düsseldorf WuM 1990, 74 bei Zuwarten von 5 ½ Monaten; LG Berlin MM 1993, 184 bei Zuwarten von fast 4 Monaten; AG Berlin-Schöneberg MM 1993, 29 bei Zuwarten von 6 Wochen; *Beuermann* GE 2002, 786, 788: Der Berechtigte muss im Regelfall zwei bis drei Monate nach Kenntnis des Kündigungsgrundes kündigen; LG Halle NZM 2003, 310 wenn zwischen der letzten Abmahnung und der Kündigung ein Zeitraum von 15 Monaten liegt.
[243] Ähnlich *Beuermann* a. a. O.
[244] OLG München DWW 2001, 275.
[245] BGH MDR 1975, 572 = WPM 1975, 365; OLG Düsseldorf DWW 1991, 15.

schlossen werden, dass der Mieter auch auf eine Abmahnung nicht reagiert hätte.[246] Dies folgt aus der Erwägung, dass der Vermieter nicht zur Befolgung nutzloser Förmlichkeiten angehalten werden darf. An den Verzicht auf die Abmahnung sind allerdings strenge Anforderungen zu stellen. Es genügt nicht, wenn dem Mieter ein bestimmtes Verhalten durch rechtskräftiges Urteil untersagt ist und der Mieter gegen die titulierte Verpflichtung verstößt.[247] Besteht lediglich eine überwiegende Wahrscheinlichkeit aber keine Gewissheit für eine Wiederholung von Vertragsverletzungen, so ist die Abmahnung ebenfalls nicht entbehrlich.

Ebenso ist die Abmahnung entbehrlich, wenn die sofortige Kündigung aus besonderen Gründen unter Abwägung der beiderseitigen Interessen gerechtfertigt ist (§ 543 Abs. 3 Satz 2 Nr. 2 BGB). Ein solcher Fall liegt insbesondere dann vor, wenn die Vertragsverletzung besonders schwer wiegt. Die tatsächlichen Voraussetzungen des § 543 Abs. 3 Satz 2 BGB muss der Mieter darlegen und beweisen.[248] **66**

Bindung des Vermieters an Inhalt der Abmahnung. Hat der Vermieter in der Abmahnung für den Fall der Fortsetzung des pflichtwidrigen Verhaltens eine Unterlassungsklage angedroht, so stellt sich die Frage, ob der Vermieter bei erfolglosem Fristablauf ohne weiteres von der Kündigungsbefugnis Gebrauch machen darf. In Rechtsprechung und Literatur wird überwiegend die Ansicht vertreten, dass die Kündigung in einem solchen Fall nicht bereits nach Ablauf der gesetzten Abhilfefrist erklärt werden kann. Vielmehr sei eine erneute Fristsetzung unter Kündigungsandrohung erforderlich[249]. Teilweise wird vertreten, dass der Vermieter nach Fristablauf ohne weitere Nachfrist kündigen darf, wenn ihm ein weiteres Zuwarten nicht zugemutet werden kann.[250] Nach der hier vertretenen Ansicht ist zu unterscheiden: Eine erneute Abmahnung mit Kündigungsandrohung ist entbehrlich, wenn die Pflichtwidrigkeit des beanstandeten Verhaltens auf der Hand liegt; anders ist es, wenn hieran Zweifel bestehen (s. dazu auch Rdn. 191). **66a**

Die **Kündigung** bedarf bei der Wohnraummiete der **Schriftform** (§ 568 Abs. 1 BGB); in dem Kündigungsschreiben müssen die **Gründe** der Kündigung mitgeteilt werden (§ 569 Abs. 4 BGB; s. dort). Wegen den übrigen Anforderungen an die Kündigungserklärung s. §§ 542, 568 BGB. **67**

c) Unerlaubte Gebrauchsüberlassung (Abs. 2 Nr. 2 Alt. 2). aa) Überblick. Nach § 543 Abs. 2 Satz 1 Nr. 2 Alt. 2 BGB kann der Vermieter kündigen, wenn der Mieter die Rechte des Vermieters dadurch in erheblichem Maße verletzt, dass er die Mietsache unbefugt einem Dritten überlässt. Die Vorschrift besteht aus **zwei Tatbestandselementen,** nämlich der unbefugten Gebrauchsüberlassung als vertragswidrige Handlung des Mieters und der dadurch bedingten erheblichen Rechtsverletzung als Handlungserfolg. Die Tatbestandselemente müssen kumulativ vorliegen. Die Vorschrift gilt für alle Mietverhältnisse; Sondervorschriften für die Wohnraummiete bestehen nicht. In formeller Hinsicht sind bei der Wohnraummiete allerdings die § 568 Abs. 1 BGB (Schriftform) und § 569 Abs. 4 BGB (Begründungszwang) zu beachten. **68**

Der Kündigungstatbestand ist § 553 BGB a. F. nachgebildet. Die ursprüngliche Fassung und die Neufassung weichen allerdings in zwei Punkten voneinander ab. Zum einen konnte der Vermieter nach § 553 BGB a. F. nur dann kündigen, wenn der Mieter „ungeachtet einer Abmahnung des Vermieters … einem Dritten den ihm unbefugt überlassenen Gebrauch belässt" Der Kündigungstatbestand bestand in der Gebrauchs**belassung** trotz Abmahnung. Die Abmahnung war also nach dem bis 31.8.2001 geltenden Recht obligatorisch. Nach § 543 Abs. 2 Nr. 2 Alt. 2 BGB besteht der Kündigungsgrund in der Gebrauchs**überlassung.** Eine Abmahnung ist in den Fällen des § 543 Abs. 3 Satz 2 BGB entbehrlich, wobei bei der Untermiete insbesondere § 543 Abs. 3 Satz 2 Nr. 1 BGB relevant werden kann, insbesondere dann, wenn der Untermieter Kündigungsschutz genießt oder wenn das Untermietverhältnis befristet ist. **69**

Zum anderen war es nach § 553 BGB a. F. nicht erforderlich, dass neben der unbefugten Gebrauchsüberlassung/-belassung zusätzliche Beeinträchtigungen des Vermieters festgestellt werden.[251] Die unerlaubte Untervermietung war vielmehr als besonders hervorgehobener Fall der er- **70**

[246] LG Frankfurt/M ZMR 2012, 352.
[247] AG Berlin-Tiergarten MM 1990, 316.
[248] BGH NJW 2007, 2177 = NZM 2007, 439 = WuM 2007, 319 = ZMR 2007, 601 = GE 2007, 841.
[249] OLG Hamm NJW-RR 1991, 1035; *Grapentin* in: Bub/Treier Kap IV Rdn. 331; *Lammel* Wohnraummietrecht § 543 BGB Rdn. 44.
[250] OLG Düsseldorf MDR 2012, 1086: betr. wiederholter Wassereinbruch in den Verkaufsraum eines Lebensmittelmarktes; LG Köln ZMR 2017, 250: betr. unzulässiges Abstellen von Gegenständen im Treppenhaus.
[251] BGH WuM 1985, 88 = ZMR 1985, 94 = DWW 1985, 158 = NJW 1985, 2527; OLG Hamburg RE 17.12.1981 NJW 1982, 1157 = WuM 1982, 41; OLG Frankfurt RE 10.10.1988 NJW-RR 1989, 10 = WuM

heblichen Rechtsverletzung („insbesondere") anzusehen. Nach der Neufassung ist es erforderlich, dass die unerlaubte Untervermietung außerdem als erhebliche Verletzung der Vermieterrechte bewertet werden kann.[252]

71 **bb) Begriff der Gebrauchsüberlassung.** Die unbefugte Gebrauchsüberlassung ist ein besonders geregelter Fall des vertragswidrigen Gebrauchs. Der Kündigungsgrund liegt vor, wenn der Mieter eine unbefugte Gebrauchsüberlassung trotz Abmahnung nicht beendet. Unter diese Gebrauchsüberlassung fallen die Untervermietung der gemieteten Räume oder eines Teils der gemieteten Räume, die unentgeltliche Überlassung einzelner Räume oder der gesamten Mietsache an einen Dritten, die Aufnahme eines Dritten in die Wohnung mit dem Ziel, dort eine Wohngemeinschaft zu begründen, die kurzzeitige Überlassung der Mietwohnung an Touristen oder Geschäftsleute;[253] die tageweise Vermietung einer Wohnung an Touristen (s. § 540 Rdn. 49) und ähnliche Fälle (s. i. E. § 540 BGB). Zur Aufnahme von **Besuchern** für eine vorübergehende Zeit oder zur dauernden Aufnahme seines **Ehegatten** und seiner **Kinder** ist der Mieter dagegen berechtigt, soweit keine Überbelegung eintritt (s. § 540 BGB Rdn. 23, 27). Allerdings darf der Mieter die Räume seinen Angehörigen nicht zum alleinigen Gebrauch überlassen;[254] dies kann die Kündigung rechtfertigen.[255] Eheleute können im Fall der Scheidung nach § 1568 a BGB Regelungen über die weitere Nutzung der Wohnung treffen (s. vor § 535 Rdn. 354 ff). Im Falle des Getrenntlebens kann der Mieter die Wohnung seinem Ehegatten auch dann zur alleinigen Benutzung belassen, wenn dieser nicht Partei des Mietvertrags ist. Dies folgt aus dem Umstand, dass die Wohnung solange als Ehewohnung gilt, bis einer der Eheleute seinen Nutzungswillen endgültig aufgibt.[256]. Weitere Einzelheiten vor § 535 Rdn. 371 ff. Diese Grundsätze gelten nach der hier vertretenen Auffassung auch für die Aufnahme eines **Lebensgefährten** oder **Partners** nach dem Partnerschaftsgesetz (§ 540 BGB Rdn. 23, 30). In Fällen dieser Art scheidet eine Kündigung aus. Hat der Vermieter die Genehmigung zur Untervermietung erteilt, so liegt ein Kündigungsgrund vor, wenn der Mieter es nicht verhindert, dass der Untermieter nochmals untervermietet.[257]

Ist eine **juristische Person Partei des Mietvertrags,** so liegt im Wechsel der Gesellschafter auch dann keine Überlassung an einen Dritten, wenn der neue Gesellschafter die Sachherrschaft über die Mietsache ausübt. Geschäftsführer von juristischen Personen üben den Besitz für die Gesellschaft aus (Organbesitz). Ein Wechsel des Geschäftsführers ist demzufolge nicht als Besitzerwechsel anzusehen. Dasselbe dürfte für **Personenhandelsgesellschaften** gelten.[258] Bei der **GbR** ist zu unterscheiden: Ist eine Außen-GbR Partei des Mietvertrags, so ist es sachgerecht hierauf die Grundsätze über die Personenhandelsgesellschaft anzuwenden. Wurden die Räume dagegen von mehreren Personen angemietet, die in einer Innen-GbR verbunden sind (z. B. Wohngemeinschaft), so gelten die Grundsätze über die Mietermehrheit. Ein Wechsel der Gesellschafter bedarf dann einer Erlaubnis des Vermieters.

72 Betreibt der Mieter in den gemieteten Räumen ein Handelsunternehmen oder ein sonstiges Gewerbe, so darf er die Räume nur mit Erlaubnis des Vermieters einem **Erwerber des Unternehmens** überlassen. Dies gilt auch dann, wenn der Erwerber den Betrieb ohne die Mieträume nicht fortführen kann und aus diesem Grunde die Arbeitnehmer entlassen muss. Zwar ist für den Fall des Betriebsübergangs in Art. 3 Nr. 1 der Richtlinie 2001/23/EG des Rates vom 12.3.2001 bestimmt, dass „die Rechte und Pflichten des Veräußerers aus einem zum Zeitpunkt des Übergangs bestehenden Arbeitsvertrag oder Arbeitsverhältnis … aufgrund des Übergangs auf den Erwerber" übergehen. Diese Regelung ist durch § 613 a BGB in deutsches Recht umgesetzt worden. Zweck der genannten Regelungen ist der Schutz der Arbeitnehmer beim Übergang von Unternehmen. Dieser Schutzzweck wird tangiert, wenn das Unternehmen in gemieteten Räumen betrieben wurde und der Vermieter dem Übergang des Mietverhältnisses auf den Erwerber des Unternehmens nicht zu-

---

1989, 395 = ZMR 1988, 461; BayObLG RE 26.10.1990 WuM 1991, 18 = NJW-RR 1991, 461 = ZNR 1991, 64.

[252] *Kraemer* DWW 2001, 110, 118; *Zahn* in Hannemann/Wiek Handbuch des Mietrechts § 26 Rdn. 10; *Lammel* § 543 BGB Rdn. 86; *Emmerich* in Staudinger § 543 BGB Rdn. 41; *Hinz* in FA MietRWEG Kap. 15 Rdn. 254; *Sternel* Mietrecht aktuell (2009) Rdn. XII 112 ff.

[253] BGH (VIII ZR 210/13) NJW 2014, 622; LG Berlin WuM 2015, 31; AG München ZMR 2016, 467.

[254] *Häublein* PiG 85 (2009), 117, 131.

[255] LG Frankfurt WuM 1989, 237; NJW-RR 1993, 143; LG Hannover ZMR 1993, 473; LG Berlin GE 1988, 409; s. a. AG Neukölln GE 1996, 1433 für Lebensgefährten.

[256] BGH (XII ZR 143/11) NJW 2013, 2507; BGH (XII ZB 487/15) NJW 2017, 260.

[257] OLG Hamm NJW-RR 1992, 783.

[258] *Häublein* PiG 85 (2009), 117, 128.

stimmt. Gleichwohl kann hieraus nicht abgeleitet werden, dass ein Mietvertrag ohne Mitwirkung des Vermieters auf den Erwerber übergeht oder dass dem Erwerber ein Anspruch auf Übernahme des Mietvertrags zusteht.[259]

Eine Gebrauchsüberlassung an einen Dritten liegt dagegen nicht vor, wenn der Vermieter die Sache an einen Rechtsträger i. S. d. Umwandlungsgesetzes (OHG, KG, Partnerschaftsgesellschaft, GmbH, AG, KG auf Aktien, eingetragene Genossenschaft, eingetragener Verein, genossenschaftlicher Prüfungsverband, Versicherungsverein auf Gegenseitigkeit) vermietet hat und die Mieterin ihr Vermögen im Wege der **Umwandlung durch Verschmelzung** auf einen anderen Rechtsträger überträgt.[260] Zwischen der Verschmelzung und der Gebrauchsüberlassung an einen Dritten besteht ein wesentlicher Unterschied: Bei der Gebrauchsüberlassung wird die Nutzung einem Dritten überlassen. Bei der Verschmelzung tritt die übernehmende Gesellschaft kraft Gesetzes in das Mietverhältnis ein (§ 20 UmwG). Die Gebrauchsüberlassung ist dem Mieter kraft Gesetzes untersagt (§ 540 BGB); die Verschmelzung ist ihm nur untersagt, wenn dies zwischen den Parteien des Mietvertrags vereinbart ist. Gleiches gilt bei der Umwandlung durch Spaltung, durch Vermögensübertragung oder durch Formwechsel i. S. v. § 1 Abs. 1 UmwG. 73

Die **unbefugte Gebrauchsbelassung** ist als Unterfall der Gebrauchsüberlassung anzusehen. Sie liegt vor, wenn der Mieter die Mietsache weiterhin dem Untermieter belässt, obwohl der Vermieter die Untermieterlaubnis wirksam widerrufen hat. Jedoch fehlt es an einer Pflichtverletzung, wenn der Mieter die ihm gegebenen legalen Möglichkeiten zur Beendigung der Untervermietung ausgeschöpft.[261] In der instanzgerichtlichen Rechtsprechung ist zwar umstritten, ob der Untervermieter ein Untermietverhältnis nach § 573 Abs. 1 BGB kündigen kann, wenn der Hauptvermieter eine Untermieterlaubnis widerruft (s. § 573 BGB Rdn. 205, 206 m. w. N.). Die Frage ist höchstrichterlich noch nicht geklärt. Gleichwohl ist es dem Mieter im Allgemeinen zuzumuten, den Untermieter auf Räumung in Anspruch zu nehmen. Ebenso muss er versuchen, den Untermieter durch zumutbare finanzielle Anreize zum Auszug zu bewegen.

cc) Erheblichkeit der Rechtsverletzung. Die Gebrauchsüberlassung ist dann unbefugt, wenn sie ohne Erlaubnis des Vermieters erfolgt ist. Hat der Mieter gegen den Vermieter einen vertraglichen oder gesetzlichen (§ 553 Abs. 1 BGB) Anspruch auf Erteilung der Untermieterlaubnis, so muss er vor der Gebrauchsüberlassung die Erlaubnis des Vermieters einholen; anderenfalls ist die Gebrauchsüberlassung vertragswidrig.[262] In aller Regel wird es aber an einer erheblichen Verletzung der Rechte des Vermieters fehlen, wenn der Mieter einen Anspruch auf Erteilung der Untermieterlaubnis hat.[263] In den übrigen Fällen ist über die Erheblichkeit der Rechtsverletzung auf Grund einer Interessenabwägung zu entscheiden.[264] Zugunsten des Vermieters sind diejenigen Gründe zu berücksichtigen, die ihm persönlich die Aufnahme des Dritten als unzumutbar erscheinen lassen. Auf Seiten des Mieters sind dessen Interessen an der Aufnahme des Dritten maßgeblich. Sind diese Gründe besonders gewichtig, so wird es an der Erheblichkeit der Vertragsverletzung fehlen; bei weniger gewichtigen Gründen kann die Erheblichkeit zu bejahen sein. Zum anderen sind aber auch die Gründe zu berücksichtigen, die den Mieter dazu bewogen haben, ohne Einholung der Erlaubnis einen Dritten aufzunehmen. Eine bewusste Missachtung des Vermieterwillens oder ein bewusstes Verschleiern der Gebrauchsüberlassung[265] spricht hier für die Erheblichkeit der Vertragsverletzung; ein – wenn 74

---

259 EuGH NJW 2008, 3483.
260 BGH NZM 2002, 660.
261 BGH (VIII ZR 5/13) NZM 2014, 128.
262 OLG Hamm WuM 1997, 364; OLG Dresden Urteil vom 30.6.2015 – 5 U 375/15.
263 OLG Dresden Urteil vom 30.6.2015 – 5 U 375/15; LG Berlin GE 2003, 880; GE 2011, 1159 betr. die Überlassung der Wohnung an einen Familienangehörigen während der Sommerzeit; AG Tempelhof-Kreuzberg GE 2012, 66 betr. Überlassung einer 1-Zimmer-Wohnung für die Dauer eines Auslandsaufenthalts von 1 Jahr an einen Dritten; *Kraemer* DWW 2001, 110, 118; *Emmerich* in Staudinger § 543 BGB Rdn. 41; *Lammel* § 543 BGB Rdn. 84; *Sternel* Mietrecht aktuell (2009) Rdn. XII 114; *Hinz* in FA MietRWEG Kap. 15 Rdn. 254; *Bieber* in MünchKomm § 543 BGB Rdn. 40; *Kinne* in Kinne/Schach/Bieber Miet- und Mietprozessrecht § 543 BGB Rdn. 52; *Kandelhard* in Herrlein/Kandelhard § 543 BGB Rdn. 44; *Lützenkirchen* Neue Mietrechtspraxis, Rdn. 867; ähnlich OLG Düsseldorf WuM 2002, 673 = ZMR 2003, 177; Palandt/*Weidenkaff* § 543 BGB Rdn. 22: Danach ist die Kündigung in einem solchen Fall als unzulässige Rechtsausübung zu bewerten.
264 BayObLG RE 26.10.1990 NJW-RR 1990, 461 = WuM 1991, 18 = ZMR 1991, 64; vgl. auch BayObLG RE 26.4.1995 WuM 1995, 378 = ZMR 1995, 301 zur vergleichbaren Rechtslage bei der Kündigung nach § 564b Abs. 2 Nr. 1 BGB; zum Verhältnis des § 553 BGB zu § 564b Abs. 2 Nr. 1 BGB s. insbes. *Pauly* ZMR 1995, 574.
265 OLG Hamm WuM 1997, 364.

auch verschuldeter – Rechtsirrtum spricht dagegen.[266] Im Regelfall ist eine fristlose Kündigung nicht gerechtfertigt, wenn das vertragswidrige Verhalten des Mieters lediglich darin besteht, dass er die Genehmigung nicht eingeholt hat.[267] Erst recht gilt dies, wenn es dem Mieter nach Ablauf einer befristeten Untermieterlaubnis oder nach dem Widerruf der Erlaubnis nicht gelingt, den Untermieter zur Räumung zu bewegen.[268] Nach der hier vertretenen Ansicht ist im Falle einer **formell pflichtwidrigen Gebrauchsüberlassung** über die Wirksamkeit der Kündigung im Wege einer **Interessenabwägung** zu entscheiden. Dies gilt sowohl für die außerordentliche Kündigung nach § 543 Abs. 2 Nr. 2 als auch für die ordentliche Kündigung nach § 573 Abs. 1. Zu berücksichtigen sind dabei insbesondere ein materiellrechtlicher Anspruch des Mieters auf Erteilung der Untermieterlaubnis, die langjährige beanstandungsfreie Dauer des Mietverhältnisses, die nachteiligen Auswirkungen der Gebrauchsüberlassung aber auch ein pflichtwidriges Verhalten des Vermieters, etwa der Ausspruch einer unberechtigten Kündigung, ein unredliches Prozessverhalten oder eine Nutzung der Nachbarwohnungen, die mit erheblichen Störungen des Mietgebrauchs verbunden ist.[269] Der **BGH** hat die Frage der formell unerlaubten Untervermietung bisher noch nicht entschieden. In dem Beschluss vom 25. 4. 2008[270] blieb diese Frage offen. In dem Urteil vom 2. 2. 2011[271] betreffend den rechtsähnlichen Fall der ordentlichen Kündigung nach § 573 BGB hat der BGH entschieden, es sei dem Vermieter „wegen des Verbots des rechtsmissbräuchlichen Verhaltens (§ 242 BGB) verwehrt, sich … auf das Fehlen einer Erlaubnis zu berufen", wenn der Mieter um eine solche Erlaubnis nachsucht, der Vermieter diese aber nicht erteilt, obwohl er hierzu nach dem Mietvertrag verpflichtet ist.

75 **dd) Abmahnung.** Nach **§ 543 Abs. 3 Satz 1 BGB** ist die Kündigung erst nach einer Abmahnung zulässig. Wegen der Einzelheiten s. § 541 BGB Rdn. 4–10. Wird wegen einer nicht genehmigten Untervermietung gekündigt, so muss die in der Abmahnung gesetzte Frist grundsätzlich der für das Untermietverhältnis geltenden Kündigungsfrist entsprechen, weil anderenfalls der Mieter zur Abhilfe außerstande ist.[272]

76 Eine **Abmahnung ist entbehrlich,** wenn eine Frist oder Abmahnung offensichtlich keinen Erfolg verspricht **(§ 543 Abs. 3 Satz 2 Nr. 1 BGB).** Hiervon ist nicht bereits dann auszugehen, wenn der Untermieter Kündigungsschutz genießt. Auch in einem solchen Fall ist denkbar, dass es dem Mieter gelingt, mit dem Untermieter einen Aufhebungsvertrag zu schließen. Anders ist es, wenn der Mieter endgültig und bestimmt erklärt, dass er die Gebrauchsüberlassung nicht beenden werde. Dies folgt aus der Erwägung, dass der Vermieter nicht zur Befolgung nutzloser Förmlichkeiten angehalten werden darf. An den Verzicht auf die Abmahnung sind allerdings strenge Anforderungen zu stellen.

77 Ebenso ist die Abmahnung entbehrlich, wenn die sofortige Kündigung aus besonderen Gründen unter Abwägung der beiderseitigen Interessen gerechtfertigt ist (§ 543 Abs. 3 Satz 2 Nr. 2 BGB). Ein solcher Fall liegt insbesondere dann vor, wenn zweifelsfrei feststeht, dass der Mieter nicht zur Gebrauchsüberlassung an einen Dritten berechtigt ist und weitere Umstände hinzutreten, die den Vertragsverstoß als besonders schwerwiegend erscheinen lassen.[273]

78 **ee) Verschulden.** Da § 543 Abs. 2 Nr. 2 Alt. 2 BGB kein Verschulden voraussetzt[274] kommt es nicht darauf an, ob der Mieter rechtlich in der Lage ist, das Mietverhältnis mit dem Untermieter zu beenden. An der rechtlichen Möglichkeit zur Vertragsbeendigung kann es insbesondere dann fehlen, wenn der Untermieter im Verhältnis zum Mieter Kündigungsschutz genießt oder wenn er mit dem Dritten ein langfristiges Mietverhältnis abgeschlossen hat. Hier entspricht es dem Schutzzweck des § 543 Abs. 2 Nr. 2 Alt. 2 BGB, dass dem Vermieter die Möglichkeit zur Beendigung des Hauptmietverhältnisses eingeräumt wird, damit er den Untermieter nach § 546 Abs. 2 BGB auf Herausgabe in Anspruch nehmen kann.

---

[266] BayObLG a. a. O.

[267] LG Kiel WuM 1991, 548; LG München I WuM 1991, 548; LG Berlin GE 1991, 879; GE 1986, 505; GE 1981, 439; LG Köln WuM 1991, 548; LG Hamburg WuM 1994, 535; **a. A.** LG München I ZMR 1988, 266.

[268] LG Stuttgart WuM 1992, 122.

[269] LG Berlin ZMR 2017, 238 betr. Vermietung an Touristen.

[270] BGH GuT 2009, 110 unter Rz. 25.

[271] BGH (VIII ZR 74/10) NJW 2011, 1065 = WuM 2011, 169 m. Anm. Blank LMK 2011, 315715; s. dazu § 573 BGB Rdn. 40a.

[272] LG Mannheim WuM 1985, 262; ähnlich LG Hamburg WuM 1994, 537; AG Charlottenburg GE 1985, 201; *Franke* in WoBauR § 543 BGB Anm. 4.1.

[273] LG Berlin WuM 2015, 31 betr. Vermietung an Berlin-Touristen während eines anhängigen Räumungsverfahrens.

[274] **A. A.** *Roquette* § 553 BGB Rdn. 10.

ff) Kündigung. Die Kündigung setzt voraus, dass das vertragswidrige Verhalten zum Zeitpunkt des Zugangs der Kündigungserklärung noch besteht.[275] Hat der Mieter das Untermietverhältnis nach Zugang der Abmahnung gekündigt und den Untermieter auf Räumung in Anspruch genommen, so ist die Kündigung des Hauptmietverhältnisses unzulässig.[276] Gleiches gilt, wenn hinreichend sichere Anhaltspunkte dafür vorliegen, dass der Untermieter freiwillig räumen wird. Obwohl das Gesetz keine bestimmte Frist für die Ausübung des Kündigungsrechts vorschreibt, ist die Kündigung nach **§ 314 Abs. 3 BGB** ausgeschlossen, wenn der Vermieter die nicht genehmigte Gebrauchsüberlassung **längere Zeit unbeanstandet hingenommen** hat.[277] Die Kenntnis des Hausverwalters muss sich der Vermieter zurechnen lassen.[278] Darüber hinaus gilt auch hier der Grundsatz, dass die Kündigung alsbald nach der Abmahnung erklärt werden muss (s. Rdn. 64). **79**

Im Ausnahmefall kann die Kündigung auch **rechtsmissbräuchlich** sein, etwa wenn der Vermieter das Kündigungsrecht zu sachfremden Zwecken missbraucht.[279] Durch das Erfordernis der Erlaubniserteilung soll sichergestellt werden, dass die Person des Untermieters dem Vermieter genehm ist. Bei der Gewerbemiete und bei der Pacht kommt es außerdem darauf an, dass der Wert des Objekts durch die Untervermietung nicht geschmälert wird. An diesen Kriterien muss sich der Vermieter orientieren. Deshalb kann Rechtsmissbrauch vorliegen, wenn der Vermieter das Hauptmietverhältnis nur deshalb nach § 543 Abs. 2 Nr. 2 Alt. 2 BGB kündigt, um eine höhere Miete zu erzielen. Hiervon kann u. U. dann ausgegangen werden, wenn der Vermieter das mit dem Mieter bestehende Mietverhältnis nach § 543 Abs. 2 Nr. 2 Alt. 2 BGB beendet und das Mietobjekt sodann an den vom Mieter ausgesuchten Untermieter zu einem höheren Preis weitervermietet.[280] Dagegen ist es nicht zu beanstanden, wenn der Vermieter kündigt, weil er befürchtet, der Untermieter werde ein gewerbliches Mietobjekt nicht wirtschaftlich führen können.[281] **80**

gg) Beweislast. Kündigt der Vermieter wegen einer vertragswidrigen, nicht vom Wohngebrauch gedeckten Nutzung, so muss der Mieter beweisen, dass ein vom Vertragszweck abw. Mietgebrauch gestattet ist. Deshalb muss der Mieter beweisen, dass ihm die Untervermietung gestattet wurde oder dass ihm ein Anspruch auf Erteilung der Untermieterlaubnis zusteht. **80a**

3. Zahlungsverzug (Abs. 2 Nr. 3)

a) Überblick. Nach § 543 Abs. 2 Satz 1 Nr. 3 lit. a BGB kann der Vermieter kündigen, wenn der Mieter für zwei aufeinander folgende Termine mit der Entrichtung der Miete oder eines nicht unerheblichen Teils der Miete in Verzug ist. Nach § 543 Abs. 2 Satz 1 Nr. 3 lit. b BGB besteht das Kündigungsrecht, wenn der Mieter in einem Zeitraum, der sich über mehr als zwei Termine erstreckt, mit der Entrichtung der Miete in Höhe eines Betrages in Verzug ist, der die Miete für zwei Monate erreicht. Diese Regelung gilt für alle Mietverhältnisse. Für die Wohnraummiete sind zusätzlich § 568 Abs. 1 BGB (Schriftform) § 569 Abs. 3 BGB (besondere Schutzvorschriften) und § 569 Abs. 4 BGB (Begründungszwang) zu beachten (s. dort). **81**

Die Regelung des § 543 Abs. 2 Satz 1 Nr. 3 BGB ist – ohne Inhaltsänderung – der Vorschrift des § 554 BGB a. F. BGB nachgebildet. Sie enthält mehrere Kündigungsmodalitäten, nämlich **(1)** die Kündigung bei Verzug mit zwei aufeinander folgenden Terminen in Höhe der Gesamtmiete; **(2)** die Kündigung bei Verzug mit zwei aufeinander folgenden Terminen in Höhe einer Monatsmiete + 0,01 Cent und **(3)** die Kündigung bei Verzug über einen Zeitraum von mehr als zwei Terminen in Höhe einer doppelten Monatsmiete. Diese Tatbestandsvariante wurde erst im Jahre 1963 geschaffen; sie soll das sog. „Springen" (der Mieter zahlt jede zweite, vierte, sechste Miete, usw.) verhindern. Zur Abgrenzung der Kündigungstatbestände s. Rdn. 109ff. **82**

Sind diese Voraussetzungen nicht gegeben, so tritt die Gestaltungswirkung der Kündigung nicht ein mit der Folge, dass das Mietverhältnis fortbesteht. Eine Umdeutung einer unwirksamen Kündigung in ein Angebot zum Abschluss eines Mietaufhebungsvertrags kommt grundsätzlich nicht in **83**

---

275 LG Berlin MM 1998, 54.
276 **A. A.** LG Hamburg ZMR 2001, 39.
277 OLG Düsseldorf ZMR 2003, 177: ein Jahr und 3 Monate; AG Berlin-Tiergarten MM 1989, Nr. 10, 30: 5 Monate; LG Berlin MM 1993, 287 und AG Berlin-Charlottenburg MM 1992, 316: 4½ Jahre; LG München I NJW-RR 91, 1112: 10 Jahre; AG Bonn ZMR 1979, 174: 15 Jahre.
278 AG Tempelhof-Kreuzberg GE 2012, 495.
279 AG Tiergarten GE 2000, 208 wenn sich der Mieter weigert, einer Änderung der Mietstruktur zuzustimmen.
280 OLG Hamm NJWE MietR 1996, 107.
281 OLG Hamm a. a. O. betr. eine Gaststätte.

Betracht.[282] Vielmehr ist der Vermieter schadensersatzpflichtig, wenn ihm hinsichtlich des Ausspruchs der Kündigung Vorsatz oder Fahrlässigkeit zur Last fällt.[283] Unter Umständen kann in dem Auszug des Mieters ein schlüssiges Angebot zum Abschluss eines Mietaufhebungsvertrags gesehen werden; insoweit müssen allerdings hinreichende Anhaltspunkte dafür vorliegen, aus denen sich ergibt, dass die Vertragsbeendigung auch im Interesse des Mieters liegt.

84 **b) Die Kündigungstatbestände. aa) Begriff der Miete.** Zur Miete i. S. v. § 543 Abs. 2 Satz 1 Nr. 3 BGB gehört zunächst die **Grundmiete** in der gesetzlich zulässigen und vertraglich geschuldeten Höhe. Verstößt die Mietpreisvereinbarung gegen §§ 5 WiStG, 291 StGB, 134 BGB, so bleibt der unwirksame Teil der Mietpreisvereinbarung bei der Rückstandsberechnung außer Betracht. Dieselben Grundsätze gelten für die Pauschalmiete. Mit **verjährten oder verwirkten Forderungen** kann der Vermieter ebenfalls nicht kündigen. Dies ergibt sich aus dem Zweck des § 543 Abs. 2 Satz 1 Nr. 3 BGB als einer das Vermögen des Vermieters schützenden Vorschrift. Dieser Zweck gebietet die Beschränkung des Kündigungsrechts auf durchsetzbare Forderungen.[284] Teilweise wird vertreten, dass die Kündigung wegen verjährter Forderungen nur ausgeschlossen ist, wenn der Vermieter die Verjährungseinrede erhebt.[285] Diese Ansicht trifft nicht zu: Zwar ist die Nichtzahlung der Miete als Pflichtwidrigkeit zu bewerten. Bezieht sich die Pflichtwidrigkeit auf den Zahlungsverzug, so kann der Vermieter gleichwohl nicht mehr kündigen, wenn der Rückstand im Zeitpunkt des Ausspruchs der Kündigung nicht mehr besteht (§ 543 Abs. 2 Satz 2 BGB). Gleiches muss gelten, wenn er auf Grund des Bestehens einer Verjährungseinrede nicht mehr durchgesetzt werden kann. Die Erhebung der Verjährungseinrede ist entbehrlich, weil bereits die Existenz eines Leistungsverweigerungsrechts den Verzug hindert (s. Rdn. 99).

85 Miete i. S. v. § 543 Abs. 2 Satz 1 Nr. 3 BGB liegt auch dann vor, wenn die Forderung des Vermieters aus **Mietrückständen** resultiert, die auf Grund einer gerichtlichen Entscheidung, auf Grund der Festsetzung einer Mieterhöhung durch einen Sachverständigen[286] oder auf Grund einer Vereinbarung über eine rückwirkende Mieterhöhung entstanden sind. Bei Rückständen auf Grund gerichtlicher Entscheidungen nach §§ 558–560 BGB ist allerdings **§ 569 Abs. 3 Nr. 3 BGB** zu beachten. Danach kann der Vermieter nicht vor Ablauf von zwei Monaten nach rechtskräftiger Verurteilung kündigen, wenn nicht die Voraussetzungen des § 543 Abs. 2 Satz 1 Nr. 3 BGB schon wegen der bisher geschuldeten Miete erfüllt sind. Hieraus folgt, dass der Vermieter wegen eines Rückstands aus einer Mieterhöhung nach §§ 558–560 BGB erst nach rechtskräftiger Verurteilung des Mieters hierzu kündigen kann.[287] Allerdings ist § 569 Abs. 3 Nr. 3 BGB nicht anwendbar, wenn der Mieter mit der gesamten Miete (und nicht nur mit den Erhöhungsbeträgen) in Verzug geraten ist.[288] Bei Rückständen nach der Festsetzung einer Mieterhöhung durch einen Sachverständigen – die bei der Wohnraummiete ausgeschlossen ist – und bei freiwilligen Mieterhöhungsvereinbarungen gilt § 569 Abs. 3 Nr. 3 BGB nicht. Auch auf Vereinbarungen, die in einem gerichtlichen Vergleich getroffen worden sind, ist § 569 Abs. 3 Nr. 3 BGB weder direkt noch entsprechend anwendbar.[289] Allerdings ist der Vermieter in diesen Fällen verpflichtet, den Mieter vor der Kündigung zur Zahlung aufzufordern (s. Rdn. 128).

86 Zur Miete gehören weiter die **Betriebskostenvorauszahlungen** i. S. v. § 556 Abs. 2 BGB[290] oder eine **Betriebskostenpauschale.** Erreichen die rückständigen Vorauszahlungsbeträge den Betrag von 2 Monatsmieten, so kann die Kündigung auch ausschließlich hierauf gestützt werden; es ist also nicht erforderlich, dass der Mieter daneben auch mit der Grundmiete im Rückstand ist.[291]

86a Bei der Vereinbarung von Betriebskostenvorauszahlungen oder einer Betriebskostenpauschale stellt sich im Falle einer **unvollständigen Zahlung** die Frage, ob der Vermieter an eine **Tilgungsbestimmung** des Mieters gebunden ist oder ob er die unvollständigen Zahlungen trotz einer Til-

[282] BGH NJW 1981, 43; NJW 1984, 1028, 1030.
[283] BGH NJW 1984, 1028, 1029.
[284] I. E. ebenso, jedoch mit anderer Begründung LG Berlin MDR 1983, 843 = WuM 1983, 343; *Emmerich* in Staudinger § 543 BGB Rdn. 56; *Ehlert* in Bamberger/Roth § 543 BGB Rdn. 24; Palandt/*Weidenkaff* § 543 BGB Rdn. 23; **a. A.** *Lammel* § 543 BGB Rdn. 124.
[285] *Sternel* WuM 2009, 699, 700.
[286] Unzutreffend LG Hamburg NJW-RR 1992, 1429.
[287] LG Berlin GE 1997, 187.
[288] LG Berlin ZMR 1997, 143; *Grapentin* in Bub/Treier Kap. IV Rdn. 384.
[289] OLG Hamm RE 27.12.1991 NJW-RR 1992, 340 = WuM 1992, 54 = ZMR 1992, 109.
[290] LG Köln WuM 1980, 255; LG Berlin NJW-RR 1986, 236 = WuM 1986, 94; GE 1990, 491; ebenso für die Geschäftsraummiete OLG Naumburg WuM 1999, 160.
[291] LG Berlin NJW-RR 1986, 236.

gungsbestimmung nach seinem Belieben verrechnen (verbuchen) kann und welche Rechtsfolge gilt, wenn der Mieter ohne Tilgungsbestimmung bezahlt. Auf das Verhältnis der Grundmiete zu den Betriebskostenvorauszahlungen ist **§ 366 BGB** jedenfalls nicht unmittelbar anwendbar, weil die betreffenden Mietbestandteile nicht aus „mehreren Schuldverhältnissen" stammen. Nach der Rechtsprechung ist § 366 BGB allerdings bei einer Mehrheit von Forderungen aus demselben Schuldverhältnis entsprechend anzuwenden.[292] Der BGH hat dies für den Fall entschieden, dass der Mieter mehrere Mietforderungen schuldet, diese aber nicht vollständig bezahlt. Dies leuchtet ein, weil die einzelnen Forderungen eine jeweils eigenständige rechtliche Bedeutung erlangen können, z. B. bei der Kündigung wegen Zahlungsverzugs oder bei der Verjährung. Da für das Verhältnis von mehreren Forderungen aus demselben Schuldverhältnis keine spezielle Tilgungsreglung existiert, muss hierauf § 366 BGB entsprechend angewendet werden. Zweifelhaft ist jedoch, ob für das Verhältnis der Grundmiete zu den Betriebskostenvorauszahlungen ebenfalls ein Bedürfnis für eine Tilgungsregelung besteht. Teilweise wird vertreten, der Mieter könne entsprechend § 366 BGB bestimmen, dass die unvollständige Zahlung zunächst auf die Betriebskostenvorauszahlung (oder auf die Grundmiete) zu verrechnen ist.[293] Trifft der Mieter – wie häufig – keine Bestimmung, so sei § 366 Abs. 2 BGB anzuwenden. Nach einer Meinung hat dies zur Folge, dass Betriebskostenvorauszahlung und Grundmiete verhältnismäßig getilgt werden.[294] In die Abrechnung sind danach die geminderten Vorauszahlungen aufzunehmen; anderenfalls sei die Abrechnung formell fehlerhaft.[295] Nach anderer Ansicht soll sich aus § 366 Abs. 2 BGB ergeben, dass die Zahlungen zunächst auf die Betriebskostenvorauszahlungen zu verrechnen sind, weil diese dem Vermieter die geringere Sicherheit bieten.[296] Nach anderer Ansicht bilden Betriebskostenvorauszahlung und Grundmiete die für die Überlassung der Mietsache geschuldete einheitliche Gegenleistung. Für eine entsprechende Anwendung des § 366 BGB ist kein Raum.[297] Auch der BGH vertritt diese Ansicht. So hat er in dem Urteil vom 6. 4. 2005[298] ausgeführt die Vermieterleistung lasse sich

> „nicht in eine Fülle von isolierten Einzelleistungen zerlegen, die gleichsam um die Raumüberlassung (Überlassung der Mietsache) herumgruppiert sind. Vielmehr sind sie mit dieser unlösbar vernetzt; es handelt sich um eine komplexe Leistung … Die vom Mieter zu erbringenden Leistungsentgelte (Grundmiete und Nebenkosten) sind die Gegenleistung für die vom Vermieter geschuldete Gesamtleistung. Der Mieter zahlt nicht etwa isoliert jede Nebenleistung, sondern ein Gesamtentgelt".

Diese zutreffende Auffassung hat im Ergebnis zur Folge, dass der Vermieter eine unvollständige Leistung nach Belieben verrechnen kann. Die Voraussetzungen für eine analoge Anwendung des § 366 BGB liegen mangels einer planwidrigen Gesetzeslücke nicht vor. Für das Kündigungsrecht ist es also ohne Bedeutung, wie der Vermieter eine unvollständige Zahlung verrechnet; maßgeblich ist allein, dass durch die Minderzahlung der Tatbestand des § 543 Abs. 2 Nr. 3 BGB erfüllt wird.

Nach der Rechtsprechung kann ein Anspruch auf **rückständige Vorauszahlungen nach** 86b
Eintritt der Abrechnungsreife allerdings nicht weiterverfolgt werden.[299] Dies folgt aus der Erwägung, dass der Mieter vom Zeitpunkt der Abrechnungsreife an keine Vorauszahlungen sondern einen bestimmten Kostenanteil schuldet. Dies bedeutet, dass der Vermieter anstelle der Vorauszahlungen die sich aus der Abrechnung ergebenden Beträge verlangen kann. Dieser Umstand ist vom Gericht von Amts wegen zu berücksichtigen.[300] Prozessual ist diesem Umstand gem. § 264 Nr. 3 ZPO Rechnung zu tragen.[301] Der Vermieter ist gehalten, die Klage umzustellen; hierauf muss das Instanzgericht den Vermieter hinweisen.[302]

---

292 BGH NJW 1984, 2404.
293 *Derleder* NZM 2011, 654, 655; *Thoms* ZMR 2012, 7.
294 *Derleder* a. a. O.; *Thoms* a. a. O.
295 *Thoms* a. a. O.
296 LG Berlin GE 2001, 929; GE 2002, 1336; *Sternel* WuM 2009, 699, 702.
297 *Bieber* NZM 2006, 683, 685.
298 BGH WuM 2005, 384 = NZM 2005, 455.
299 BGH WuM 2010, 490 = NZM 2010, 736; WuM 2011, 424 = NZM 2011, 544 unter Rz. 17; OLG Düsseldorf GuT 2001, 7; ZMR 2008, 393; NZM 2008, 524, 525; OLG Celle ZMR 2003, 343; OLG Brandenburg WuM 2006, 579, 580; OLG Dresden NZM 2012, 84.
300 BGH WuM 2011, 424 = NZM 2011, 544 unter Rz. 17.
301 BGH WuM 2010, 490 = NZM 2o10, 736; OLG Hamburg WuM 1989, 150; OLG Düsseldorf ZMR 2001, 882, 884.
302 BGH WuM 2010, 490 = NZM 2010, 736.

Vereinzelt wird aus diesen Grundsätzen abgeleitet, dass das Recht zur Kündigung wegen rückständiger Betriebskostenvorauszahlungen nach Abrechnungsreife ebenfalls erlischt.[303] Folgt man dieser Ansicht, so wäre eine Kündigung wegen der nicht erloschenen Vorauszahlungen ausgeschlossen. Diese Ansicht trifft allerdings nicht zu: Ein einmal entstandenes Kündigungsrecht erlischt lediglich unter den Voraussetzungen des § 543 Abs. 2 Satz 2 BGB, also im Falle der Bezahlung des Rückstands vor dem Zugang der Kündigung.

87 Der **Nachzahlungsbetrag aus einer Betriebskostenabrechnung** gehört dagegen nicht zur Miete i. S. v. § 543 Abs. 2 Satz 1 Nr. 3 BGB.[304] Gleiches gilt für solche Zahlungen, die der Mieter vereinbarungsgemäß von Fall zu Fall auf Anforderung des Vermieters zu leisten hat (z. B. anteilige Zahlung bei Lieferung von Heizöl oder aufgrund eines kommunalen Gebührenbescheids).[305] Der **BGH** hat den Anspruch des Vermieters auf Zahlung restlicher Betriebskosten aus einer Betriebskostenabrechnung allerdings in einem anderen Zusammenhang als wiederkehrende Leistung bewertet (s. § 551 Rdn. 104b). Er hat jedoch offen gelassen ob diese Bewertung auch im Rahmen des § 543 angezeigt ist. Haben sich die Parteien wegen der Mietrückstände verglichen, handelt es sich bei der **Vergleichssumme** nicht mehr um Miete i. S. v. § 543 BGB; dies folgt zum einen aus der novierenden Wirkung des Vergleichs[306] und zum anderen aus der Erwägung, dass von § 543 Abs. 2 Satz 1 Nr. 3 BGB nur regelmäßig wiederkehrende Zahlungen erfasst werden.[307] Soweit ersichtlich wird eine abw. Ansicht nur vom OLG Frankfurt[308] vertreten, das sich zu Unrecht auf das Urteil des BGH vom 25. 3. 1987[309] stützt, weil dort diese Frage offen gelassen wurde. Das OLG Frankfurt vertritt (zu § 554 BGB a. F.) die Auffassung, dass der Kündigungstatbestand auch Ansprüche aus einer Betriebskostenabrechnung umfasst und führt zur Begründung aus, dass der Vermieter andernfalls keine Möglichkeit habe, auf die Nichtzahlung solcher Forderungen zu reagieren. Dies überzeugt nicht: Die beharrliche Zahlungsverweigerung kann zur Kündigung nach § 543 Abs. 1 BGB (s. Rdn. 185) oder – bei der Wohnraummiete – zur ordentlichen Kündigung nach § 573 Abs. 2 Nr. 1 BGB (s. dort Rdn. 28) berechtigen.[310]

88 Generell gilt, dass der Kündigungstatbestand des § 543 Abs. 2 Satz 1 Nr. 3 BGB bei einem **Verzug mit einer Einmalzahlung** nicht anzuwenden ist. Eine vergleichsweise vereinbarte Zahlungsverpflichtung steht der Einmalzahlung nahe.[311] Haben die Parteien beispielsweise in einem gerichtlichen Vergleich vereinbart, dass der Mieter für eine bestimmte Zeit einen bestimmten Mietbetrag nachentrichten soll, so kann der Vermieter wegen dieses Rückstands auch dann nicht nach § 543 Abs. 2 Satz 1 Nr. 3 lit. b BGB kündigen, wenn die Vergleichssumme zwei Monatsmieten erreicht.[312]

89 Erfolgt die Überlassung der Wohnung und die Lieferung bestimmter Nebenleistungen aufgrund **gesonderter Verträge** (z. B. Mietvertrag und Wärmelieferungsvertrag) so gehören nur die aufgrund des Mietvertrags geschuldeten Zahlungen zur Miete. Weiterhin gehören zur Miete alle gesetzlich zulässigen, vertraglich wirksam vereinbarten und periodisch wiederkehrenden Leistungen, die mit der Überlassung der Mietsache in Zusammenhang stehen, wie **Untermietzuschläge, Zuschläge für gewerbliche Nutzung** oder die besonders vereinbarte Vergütung für die Überlassung von Einrichtungsgegenständen **(Möblierungszuschlag).** Sonderleistungen wie **Baukostenzuschüsse, Mietvorauszahlungen oder Kautionen**[313] gehören nicht zur Miete. Gleiches gilt für **Verzugszinsen,**[314] **Schadensersatzbeträge**[315] oder Ansprüche auf Bezahlung von **Prozesskosten.**[316] Wird eine Mietvorauszahlung oder ein Baukostenzuschuss nicht bezahlt, so kommt vor der

---

303 *Sternel* WuM 2009, 699, 702.
304 OLG Koblenz RE 26.7.1984 OLGZ 85, 247 = NJW 1984, 2396 = WuM 1984, 269 = ZMR 1984, 351; LG Freiburg ZMR 1981, 370; LG Hagen WuM 1980, 255; LG Berlin ZMR 1980, 338 = WuM 1980, 255; LG Köln WuM 1994, 207; AG Köln WuM 1978, 211; AG Tiergarten MM 1993, 148; *Weber* ZMR 1992, 41, 42.
305 LG Augsburg WuM 1983, 151.
306 *Sternel* WuM 2009, 699, 702; OLG München NZM 2003, 554.
307 OLG Koblenz a. a. O.; AG Köln WuM 1980, 278.
308 OLG Frankfurt NJW-RR 1989, 973.
309 BGH NJW 1987, 2506.
310 Ebenso *Schläger* ZMR 1986, 421.
311 OLG München NZM 2003, 554.
312 OLG München a. a. O.
313 LG Hamburg WuM 1974, 54; LG Bielefeld WuM 1992, 124.
314 LG Berlin ZMR 1989, 94.
315 AG Köln WuM 1980, 255.
316 LG Mannheim WuM 1975, 97; LG Duisburg WuM 1992, 189.

Überlassung der Mietsache ein Rücktritt nach § 323 BGB in Betracht;[317] nach der Überlassung kann u. U. nach § 573 Abs. 2 Nr. 1 oder § 543 Abs. 1 BGB gekündigt werden (s. Rdn. 182).

Ist eine besondere Miete für die Überlassung einer **Garage** oder eines **Stellplatzes** vereinbart, so ist zu unterscheiden: der für die Garage ausgewiesene Betrag gehört dann zur Gesamtmiete, wenn bezüglich Wohnung und Garage ein einheitliches Mietverhältnis vorliegt. Liegen demgegenüber zwei getrennte Mietverhältnisse vor, so ist die Verzugsberechnung nach Wohnung und Garage getrennt vorzunehmen. 90

Für den Verzug mit der **Nutzungsentschädigung** nach § 546 a BGB gilt § 543 Abs. 2 Satz 1 Nr. 3 BGB nicht. Eine Kündigung ist in solchen Fällen auch entbehrlich, weil das Mietverhältnis bereits beendet ist. Hat der Vermieter dem Mieter eine außergerichtliche Räumungsfrist gewährt und kommt der Mieter in dieser Zeit mit der Zahlung der Nutzungsentschädigung in Verzug, so kann der Vermieter die Wohnung sofort herausverlangen. Mit der Räumungsfristgewährung wird der Herausgabeanspruch gestundet; die Stundungsabrede kann widerrufen werden, wenn sich die Verhältnisse des Schuldners nachträglich verschlechtern[318] oder sonst die Geschäftsgrundlage entfällt.[319] Eine gerichtliche Räumungsfrist kann in Fällen dieser Art verkürzt werden (§ 721 Abs. 3 ZPO), wenn sich die Sachlage nach der Entscheidung über die Gewährung einer Räumungsfrist geändert hat. 91

bb) Verzug. Der Mieter kommt in Verzug, wenn er die Miete nicht zu dem vereinbarten Zeitpunkt leistet (§ 286 BGB). Einer besonderen **Mahnung** bedarf es im Regelfall nicht, weil der Leistungszeitpunkt sich entweder aus dem Gesetz (§ 556 b Abs. 1 BGB) oder aus den vertraglichen Vereinbarungen ergibt (§ 286 Abs. 2 BGB). Eine Ausnahme kann gelten, wenn die Miethöhe erst aus einer vom Vermieter zu erstellenden Berechnung ersichtlich wird. Hier tritt der Verzug erst ein, wenn dem Mieter die Berechnung übersandt und eine angemessene Prüfungsfrist verstrichen ist.[320] Eine Klausel, wonach der Kündigung eine Zahlungsaufforderung vorausgehen muss, ist wirksam; hier muss der Mieter vor dem Ausspruch der Kündigung zur Zahlung aufgefordert werden (s. Rdn. 126). 92

Hinsichtlich der **Rechtzeitigkeit der Zahlung** ist zu unterscheiden: Beim **Geschäftsverkehr zwischen Unternehmen** ist die Richtlinie 2000/35/EG vom 29. 6. 2000 – Zahlungsverzugsrichtlinie – (ABl. vom 8. 8. 2000) zu beachten. Danach ist der Gläubiger berechtigt, Zinsen wegen Zahlungsverzugs geltend zu machen, wenn er den fälligen Betrag nicht rechtzeitig erhalten hat, es sei denn, dass der Schuldner für die Verzögerung nicht verantwortlich ist (Art. 3 Abs. 1 Buchst. c Ziff. ii). Der Mieter muss die Miete mithin so zeitig auf den Weg bringen, dass er mit deren rechtzeitigem Eingang beim Vermieter rechnen kann.[321] Danach ist die Miete als **modifizierte Bringschuld** zu bewerten. 93

Dies hat folgende **Konsequenzen:**[322] **Überweisung der Miete:** Nach § 675 s Abs. 1 Satz 1 BGB muss der „Zahlungsbetrag spätestens am Ende des auf den Zugangszeitpunkt des Zahlungsauftrags folgenden Geschäftstags beim Zahlungsdienstleister des Zahlungsempfängers eingehen." Soll die Miete dem Vermieter am dritten Werktag zur Verfügung stehen, so muss der Überweisungsauftrag grundsätzlich am letzten Tag des Vormonats erteilt werden. In diesem Fall muss die Mieterbank den Auftrag am 1. Werktag ausführen und dafür Sorge tragen, dass die Miete im Verlauf des zweiten Werktags bei der Vermieterbank eingeht (§ 675 t BGB). Der Vermieter kann dann zu Beginn des dritten Werktags über dem Betrag verfügen. Diese Regeln gelten auch dann, wenn der letzte Tag des Vormonats ein Samstag ist und die Mieterbank an diesem Tag keinen Geschäftsbetrieb unterhält; dann folgt die Buchung bei der Vermieterbank zwar erst am 3. Werktag, die Wertstellung erfolgt aber zum Vortag.[323] **Zahlung per Scheck:** Erforderlich ist, dass der Scheck so rechtzeitig beim Vermieter eingeht, dass dieser ihn am 3. Werktag einlösen kann;[324] der Scheck muss also spätestens mit dem Ablauf des 2 Werktags in den Händen des Vermieters sei. **Lastschriftverfahren:** Hier hat der Mieter alles ihm obliegende getan, wenn er für eine ausreichende Kontendeckung sorgt. Solange dies der Fall ist, kommt der Mieter nicht in Verzug.[325] Dagegen tritt Verzug 94

---

317 BGH LM Nr. 6 zu § 326 (A) BGB.
318 Vgl. BGH WPM 1974, 839.
319 OLG Hamm MDR 1977, 928.
320 BGH WPM 1970, 1141 = ZMR 1971, 27; *Sternel* Mietrecht (1988) Rdn. IV 403.
321 EuGH NJW 2008, 1935.
322 Dazu *Herresthal* NZM 2011, 833.
323 *Herresthal* NZM 2011, 833, 839.
324 OLG Jena Urteil vom 11.5.2011 – 2 U 1000/10.
325 OLG Stuttgart ZMR 2008, 967; LG Berlin ZMR 2008, 971.

ein, wenn die Abbuchung mangels Kontodeckung scheitert. Die Verpflichtung des Vermieters zum Einzug der künftigen Mieten bleibt hiervon unberührt. Eine Ausnahme gilt, wenn die Anhaltspunkte für eine mangelnde Deckung so konkret sind, dass es treuwidrig wäre, wenn sich der Mieter weiterhin auf die bestehende Einzugsermächtigung berufen könnte. Ein vorübergehender Liquiditätsengpass reicht hierfür ebensowenig aus, wie der Umstand, dass vorangegangene Versuche zum Einzug der Miete gescheitert sind.[326] Der Vermieter kann eine Vereinbarung über eine Lastschriftabrede aus wichtigem Grund einseitig widerrufen. Die Widerrufserklärung muss klar und eindeutig sein. Für den Mieter muss ersichtlich sein, dass der Vermieter von der Möglichkeit des Lastschriftverfahrens künftig keinen Gebrauch mehr machen werde. Solange der Widerruf nicht erfolgt, kann sich der Mieter darauf verlassen, dass die Miete per Lastschriftverfahren eingezogen wird. Dies gilt auch dann, wenn der Vermieter in der Vergangenheit wegen Zahlungsverzug gekündigt hat und diese Kündigung durch nachträgliche Zahlung nach § 569 Abs. 3 BGB unwirksam geworden ist.[327] Hat der Mieter um eine Stundung der Miete oder (bei erheblichem Mietrückstand) um Ratenzahlungen nachgesucht, so dürfte der Einzug der Miete im Lastschriftverfahren zwar regelmäßig scheitern. Gleichwohl ist der Vermieter gehalten den Mieter vor der Kündigung über seine Entscheidung betreffend das Stundungs-/Ratenzahlungsgesuch zu informieren. **Barzahlung:** Das Geld muss dem Vermieter spätestens zum Ablauf des 2. Werktags zur Verfügung stehen. Der Mieter muss für das Verschulden seiner Bank (z. B. für eine unterbliebene oder verzögerte Ausführung des Überweisungsauftrags) einstehen. Für Verzögerungen im Bereich der Vermieterbank hat der Mieter dagegen nicht einzustehen. Die Klausel „Für die Rechtzeitigkeit der Mietzahlung ist der Eingang des Geldes beim Vermieter maßgeblich" verstößt gegen § 307 Abs. 1 BGB, weil das Risiko für Verzögerungen im Bereich der Vermieterbank dem Mieter auferlegt wird.[328]

94a Streitig ist, welche Folgerungen aus der Richtlinie 2000/35/EG und dem Urteil des EuGH vom 3.4.2008 hinsichtlich der Rechtzeitigkeit der **Mietzahlung beim Zahlungsverkehr mit Verbrauchern** zu ziehen sind **(1)** Teilweise wird die Ansicht vertreten, dass die Richtlinie 2000/35/EG im Interesse der einheitlichen Auslegung des § 270 Abs. 1 BGB auch für diese Zahlungen gilt.[329] Danach ist die Mietschuld als Bringschuld zu erfüllen. Die Zahlung ist nur dann rechtzeitig, wenn dem Vermieter das Geld am 3. Werktag zur Verfügung steht, also seinem Konto gutgeschrieben ist. Der Mieter trägt nach dieser Ansicht auch dann das Verzögerungsrisiko, wenn die von ihm beauftragte Bank trotz eines rechtzeitig erteilten Auftrags nicht rechtzeitig tätig wird und die Zahlung deshalb verspätet auf dem Konto des Vermieters eingeht. **(2)** Nach anderer Ansicht ist die Mietschuld qualifizierte Schickschuld. Maßgeblich ist der Zeitpunkt der Leistungshandlung nicht der Eintritt des Leistungserfolgs.[330] **(3)** Nach einer weiteren Meinung ist die Mietschuld zwar qualifizierte Schickschuld, mit der Folge, dass das Verzögerungsrisiko beim Vermieter liegt. Jedoch kommt es für die Rechtzeitigkeit der Zahlung auf den Eintritt des Leistungserfolgs an. Der Mieter kommt nach dieser Ansicht in Verzug, wenn die Zahlung dem Konto des Vermieters nach dem Fälligkeitstag gutgeschrieben wird. Jedoch haftet der Mieter nur, wenn er den verspäteten Geldeingang zu vertreten hat, etwa weil er den Überweisungsauftrag verspätet erteilt hat.[331] Der **BGH**[332] folgt der unter Ziff. (2) dargestellten Auffassung.

94b Diese Auffassung trifft zu: Die **Pflicht zur Mietzahlung** ist als **qualifizierte Schickschuld** zu bewerten. Nach § 270 Abs. 1 BGB hat der Mieter die Miete – falls diese, wie regelmäßig, in einer Geldleistung besteht – im Zweifel auf seine Gefahr und seine Kosten dem Vermieter an dessen Wohnsitz zu übermitteln. Dabei ist bezüglich der **Rechtzeitigkeit der Leistung** zu unterscheiden zwischen der Vornahme der Leistungshandlung und dem Zeitpunkt des Eintritts des Leistungserfolgs (Erfüllung). Die beiden Zeitpunkte fallen zusammen, wenn die Vertragsparteien am selben Ort wohnen und der Mieter den Mietzins durch **Übergabe von Bargeld** oder durch **Einzahlung bei der Bank des Vermieters** bezahlt. In allen anderen Fällen geht die Leistungshandlung der Er-

---

[326] OLG Stuttgart ZMR 2008, 967.
[327] LG Berlin ZMR 2008, 971.
[328] *Herresthal* a. a. O.
[329] LG Freiburg GE 2015, 793; AG Kassel WuM 2010, 92; *Jablonski* GE 2011, 526; *Herresthal* NZM 2011, 833; *Artz* in MünchKomm § 555b Rdn. 6; *Weitmeyer* in: Staudinger § 556b Rdn. 14; *Both* in Herrlein/Kandelhard § 556b Rdn. 11.
[330] *Langenberg* § 556b Rdn. 9; *Lorenz* WuM 2013, 202.
[331] *Häublein* PiG 97 (2014) S. 35, 38f.
[332] BGH (VIII ZR 222/15) NZM 2017, 120 m.zust.Anm. Wedel ZMR 2017, 235; so bereits BGH (II ZR 219/62) NJW 1964, 499.

füllung voraus. Für die Rechtzeitigkeit der Leistung kommt es nach der **gesetzlichen Regelung** auf den Zeitpunkt der **Leistungshandlung,** nicht auf den des Eintritts des Leistungserfolgs an.[333] Im **Falle der Überweisung von Bargeld** hat der Mieter die ihm obliegende Leistungshandlung bewirkt, wenn er das Geld bei der Post einzahlt (Postanweisung oder Zahlkarte; BGH a.a.O). Erfüllung tritt ein mit der Auszahlung des Geldes. Im **bargeldlosen Verkehr** ist die Leistungshandlung bewirkt mit dem rechtzeitigen Abschluss eines **Überweisungsvertrags** (§ 676a BGB). Hiervon kann der Mieter ausgehen, wenn er seiner Bank einen Überweisungsauftrag erteilt und ein zur Ausführung der Überweisung ausreichendes Guthaben oder ein ausreichender Kredit eingeräumt ist (§ 676a Abs 2 Satz 3 BGB). Die bankinterne Bearbeitungszeit (Ausführungsfrist) muss der Mieter nicht berücksichtigen.[334] Die Erfüllung tritt ein, wenn das Geld dem Konto des Vermieters gutgeschrieben wird. Eine **Zahlung per Scheck** gilt im Zweifel als Leistung erfüllungshalber, so dass auch hier die Leistungshandlung durch Absendung des Schecks bewirkt ist;[335] dies gilt allerdings nur, wenn der Scheck gedeckt ist.[336] Die Erfüllung tritt erst mit der Auszahlung des Geldes oder mit vorbehaltsloser Gutschrift ein.[337] Eine besondere Karenzzeit steht dem Mieter nicht zu.[338] Bei der Zahlung durch Einzugsermächtigung gelten auch hier die oben dargelegten Grundsätze.

Der Mieter kommt nicht in Verzug, solange die Zahlung infolge eines Umstands unterbleibt, **95** den er **nicht zu vertreten hat (§ 286 Abs. 4 BGB).** Aus diesem Grund kann gegenüber einem **schuldunfähigen Mieter** nicht nach § 543 Abs. 2 Satz 1 Nr. 3 BGB gekündigt werden. Gleichwohl ist eine Vertragsbeendigung möglich, weil in Fällen dieser Art regelmäßig eine Kündigung aus wichtigem Grund nach § 543 Abs. 1 BGB in Betracht kommt.[339] Bei Unklarheiten über die Person des Vermieters s. Rdn. 102.

Die Vorschrift des **§ 276 Abs. 1 BGB,** die eine verschuldensunabhängige Einstandspflicht be- **96** gründet, wenn dem Schuldner ein Beschaffungsrisiko obliegt, gilt auch für Geldschulden. Der allgemein anerkannte Rechtsgrundsatz, dass unverschuldete Zahlungsunfähigkeit nicht von der Leistungspflicht befreit[340] und wonach der Schuldner das Risiko für einen unverschuldeten Geldmangel zu tragen hat, gilt auch für die Miete. Deshalb muss der Mieter eine **Zahlungsverzögerung aufgrund wirtschaftlicher Schwierigkeiten** auch dann vertreten, wenn ihn an seiner wirtschaftlichen Leistungsunfähigkeit kein Verschulden trifft, z. B. bei Arbeitslosigkeit[341] oder Krankheit.[342] Der Mangel der zur Erfüllung erforderlichen Geldmittel schließt den Verzug also nicht aus.[343] Deshalb kann auch gegenüber einem sozialhilfeberechtigten Mieter nach § 543 Abs. 2 Nr. 3 BGB gekündigt werden, wenn das Jobcenter oder die Gemeinde trotz eines sozialhilferechtlichen Anspruchs des Mieters die Miete nicht bezahlt.[344] Jedoch kommt der Mieter nicht in Verzug, wenn er sich hinsichtlich seiner Zahlungspflicht in einem unverschuldeten Tatsachenirrtum befindet. Ein solcher kann vorliegen, wenn der Mieter darauf vertrauen darf, dass die Miete vom Jobcenter überwiesen wird und er vom Eintritt des Verzugs keine Kenntnis hat und deshalb nichts unternehmen kann um den pünktlichen Zahlungseingang sicher zu stellen.[345] Der Umstand, dass sich der Mieter in Untersuchungs- oder Strafhaft befindet, beseitigt das Verschulden ebenfalls nicht, weil der Mieter in Fällen dieser Art einen Dritten mit der Mietzahlung beauftragen kann.[346] Etwas anderes gilt auch hier, wenn der Mieter objektiv und schuldlos an der Zahlung verhindert ist, etwa auf Grund einer plötzlichen Krankheit.[347] Davon abgesehen kommt die Berücksichtigung von persönlichen Umständen und Zumutbarkeitserwägungen im Rahmen des § 543 Abs. 2 Satz 1 Nr. 3 BGB grundsätz-

---

333 *Häublein* PiG 97 (2014) S. 35, 38f.
334 **A. A.** *Both* in: Herrlein/Kandelhard § 556b BGB Rdn. 10; *Ehlert* in: Bamberger/Roth § 556b BGB Rdn. 11.
335 BGH NJW 1998, 1302; OLG Frankfurt MDR 1999, 667.
336 LG Berlin WuM 1988, 51.
337 BGH NJW 1976, 1843.
338 *Weber* ZMR 1992, 41.
339 LG Hamburg WM 1996, 271.
340 RGZ 75, 337; 106, 181; BGHZ 63, 139.
341 AG Düren WuM 1981, 210.
342 LG Kiel WuM 1984, 55.
343 BGHZ 36, 345; *Kraemer* DWW 2001, 110, 120.
344 Grundlegend: BGH (VIII ZR 175/14) NZM 2015, 196 mit zust. Anm. Flatow NZM 2015, 654.
345 BGH (VIII ZR 236/14). NJW 2015, 1749.
346 LG Aachen WuM 1990, 294.
347 *Mittelstein* S. 424; Häublein PiG 97 (2014) S. 35, 40.

lich nicht in Betracht.[348] In der Literatur wird dies vereinzelt bestritten;[349] die gesetzliche Regelung erscheint insoweit allerdings eindeutig.

97 Für Zahlungsverzögerungen, die durch **Erfüllungsgehilfen** verursacht werden, muss der Mieter einstehen. Zu den Erfüllungsgehilfen gehört auch die vom Mieter beauftragte Bank[350] oder das Postgiroamt.[351] Sucht der Mieter einen Rechtsanwalt oder einen Mieterverein auf um sich beraten zu lassen, so ist der Berater Erfüllungsgehilfe hinsichtlich der Zahlungspflicht. Für ein Verschulden seines Erfüllungsgehilfen muss der Mieter wie für eigenes Verschulden einstehen.[352] Die gleichen Grundsätze gelten, wenn ein sonstiger Dritter für den Mieter – sei es freiwillig, sei es auf Grund vertraglicher Verpflichtungen – die Bezahlung der Miete übernommen hat. In Fällen dieser Art ist ein Zahlungsverzug des Dritten von dem Mieter auch dann zu vertreten, wenn dieser von der Zahlungseinstellung keine Kenntnis hatte und davon ausgehen durfte, dass der Dritte rechtzeitig zahlt. Der in diesen Fällen unverzichtbare Mieterschutz wird über § 569 Abs. 3 Nr. 2 BGB gewährleistet. Im Einzelfall kann eine Kündigung in solchen Fällen auch gegen Treu und Glauben verstoßen (s. Rdn. 131). Teilweise wird die Ansicht vertreten, dass das **Sozialamt** oder das **Jobcenter** Erfüllungsgehilfe des Mieters bei der Mietzahlung sei; nach dieser Ansicht muss der Mieter für ein Verschulden der Behörde wie für eigenes Verschulden einstehen (§ 278 BGB).[353] Der **BGH** teilt diese Ansicht nicht: Zwar kann auch ein Amtsträger Erfüllungsgehilfe einer Privatperson sein. Dies gilt allerdings nicht, wenn der Amtsträger – wie das Jobcenter – „im Rahmen der Daseinsvorsorge staatliche Transferleistungen an einen Bürger erbringt". In diesem Fall nimmt der Amtsträger ausschließlich „hohheitliche Aufgaben wahr, um die Grundsicherung des Hilfebedürftigen zu gewährleisten."[354] Unbeschadet hiervon muss der Mieter im Rahmen des § 543 BGB aber für seine finanzielle Leistungsfähigkeit ohne Verschulden einstehen,[355] weil dem Mieter nach allgemeinen Grundsätzen ein verschuldensunabhängiges Beschaffungsrisiko obliegt. Deshalb spielt die Frage des Verschuldens und der Zumutbarkeit der Vertragsfortsetzung im Rahmen des § 543 Abs. 2 Nr. 3 BGB keine Rolle.[356] Der Schutz des Mieters erfolgt in Fällen dieser Art über § 569 Abs. 3 Nr. 2 BGB. Hat der Vermieter die Kündigung auch auf § 573 Abs. 2 Nr. 1 BGB gestützt, so wird diese Kündigung allerdings regelmäßig am fehlenden Verschulden des Mieters scheitern.

98 Allgemein gilt: **Die Verzögerungsgefahr trägt der Vermieter; die Verlustgefahr trägt der Mieter.** Deshalb kommt der Mieter nicht in Verzug, wenn er seiner Bank rechtzeitig einen Überweisungsauftrag erteilt (und damit die Leistungshandlung erbringt), die Bank aber die Überweisung verzögert oder den Betrag auf ein falsches Konto überweist.[357] Geht das Geld infolge eines Verschuldens der vom Mieter beauftragten Bank nicht auf dem Konto des Vermieters ein, so muss der Mieter nochmals leisten, weil er die Verlustgefahr trägt (§ 270 Abs. 1 BGB).

---

[348] BGH ZMR 1987, 289.

[349] *Derleder* NJW 1975, 1677; ebenso AG Charlottenburg GE 1988, 99.

[350] LG Berlin GE 1983, 627; GE 1986, 909; LG Düsseldorf WuM 1992, 369; *Ehlert* in Bamberger/Roth § 543 BGB Rdn. 27.

[351] AG Berlin-Tiergarten GE 1992, 679.

[352] BGH NJW 2007, 428 = NZM 2007, 35 = WuM 2007, 24 = ZMR 2007, 103 = DWW 2007, 22 = GE 2007, 46 unter II 2b; OLG Köln ZMR 1998, 763 = WuM 1998, 23, 24; LG Berlin NZM 1998, 573 = ZMR 1998, 231; Palandt/*Weidenkaff* § 573 BGB Rdn. 14; *Häublein* in MünchKomm § 573 Rdn. 64; *Emmerich* in Staudinger § 543 BGB Rdn. 56a; *Reick* in Bamberger/Roth § 573 Rdn. 23; *Grapentin* in Bub/Treier Kap. IV Rdn. 372; *Haug* in Emmerich/Sonnenschein § 573 Rdn. 22; *Lammel* § 573 BGB Rdn. 58; *Wenger* MDR 2000, 1239; **a. A.** KG NJW-RR 2000, 1397.

[353] LG Karlsruhe WuM 1989, 629 = ZMR 1989, 421; LG Berlin GE 1991, 95; MM 1993, 394; LG Mönchengladbach ZMR 1993, 571; AG Schwelm WuM 1983, 263; *Lammel* § 543 BGB Rdn. 108; *Ehlert* in Bamberger/Roth § 543 BGB Rdn. 27; Palandt/*Weidenkaff* § 543 BGB Rdn. 26.

[354] BGH NJW 2009, 3781 = NZM 2010, 37 = WuM 2009, 736 = ZMR 2010, 277 für eine Kündigung wegen unpünktlicher Mietzahlung; ebenso KG RE 11.12.1997 NZM 1998, 110; LG Mainz WuM 2003, 629; AG Bergisch Gladbach WuM 1989, 630; *Sternel* Mietrecht aktuell (2009) Rdn. XII 131; *Emmerich* in Staudinger § 543 BGB Rdn. 56a.

[355] AG Ludwigslust WuM 2011, 506.

[356] Grundlegend: BGH (VIII ZR 175/14) NZM 2015, 196 m. zust. Anm. *Flatow* NZM 2015, 654); *Jablonski* GE 2012, 106.

[357] LG Berlin WuM 1988, 401 = ZMR 1988, 465; *Weber* ZMR 1992, 41; *Ehlert* in Bamberger/Roth § 543 BGB Rdn. 238; *Roquette* § 554 BGB Rdn. 9, 10; **a. A.** LG Berlin GE 1982, 845; LG Düsseldorf WuM 1992, 369; LG München I WuM 1994, 608 wonach die Kündigung allerdings deshalb unwirksam ist, weil der Vermieter keinen Anlass habe an der Vertragstreue des Mieters zu zweifeln.

Zahlung durch Dritte. Nach § 267 Abs. 1 BGB kann die vom Mieter geschuldete Zahlung auch durch einen Dritten bewirkt werden. Erforderlich ist insoweit, dass der Dritte durch eine entsprechende Leistungsbestimmung zum Ausdruck bringt, dass mit der Zahlung eine Schuld des Mieters getilgt werden soll. Maßgeblich ist die Sicht des Leistungsempfängers, also des Vermieters. Die Leistungsbestimmung kann nachgeholt werden. Soll durch die Zahlung des Dritten die Rechtswirkung einer fristlosen Kündigung wegen Zahlungsverzugs abgewendet werden, so muss die nachträgliche Leistungsbestimmung innerhalb der Frist des § 569 Abs. 2 Nr. 2 BGB erfolgen.[358] **98a**

Ein **Zurückbehaltungsrecht** schließt den Verzug und damit die Kündigung nach § 543 Abs. 2 Satz 1 Nr. 3 BGB aus. Dies war zu §§ 551, 554 BGB a. F. anerkannt.[359] Die seit 1. 9. 2001 geltende – von § 551 BGB a. F. abw. – Fälligkeitsregelung (§ 556b Abs. 1 BGB) hat hieran nichts geändert.[360] Ergibt sich das Zurückbehaltungsrecht aus **§ 320 BGB,** so genügt es, dass das Recht besteht; der Mieter muss sich vorgerichtlich nicht darauf berufen;[361] bei einem Zurückbehaltungsrecht aus **§ 273 BGB** ist es demgegenüber erforderlich, dass vor dem Zugang der Kündigungserklärung die daraus folgende Einrede erhoben wird,[362] damit der Vermieter gegebenenfalls von seiner Abwendungsbefugnis nach § 273 Abs. 3 BGB Gebrauch machen kann. Die Art der dem Mieter zustehenden Gegenleistung spielt grundsätzlich keine Rolle.[363] Eine Ausnahme gilt für solche Ansprüche, die auf die Zahlung einer Geldsumme gerichtet sind; hiermit muss der Mieter aufrechnen und zwar unter Beachtung des § 543 Abs. 2 Satz 3 BGB (s. Rdn. 138). Ist die **Mietsache mangelhaft,** so besteht ein Zurückbehaltungsrecht aus **§ 320 BGB** an der Miete wegen des Anspruchs auf Herstellung des vertragsgemäßen Zustands. Das Zurückbehaltungsrecht kann anstelle oder neben der Minderung geltend gemacht werden. In der instanzgerichtlichen Rechtsprechung und Literatur ist streitig, in welcher **Höhe das Leistungsverweigerungsrecht besteht.** Teilweise wird vertreten, dass sich das Leistungsverweigerungsrecht nach der Höhe der Mangelbeseitigungskosten richtet.[364] Nach anderer Ansicht soll die Minderungsquote Maßstab für die Bemessung des Zurückbehaltungsrechts sein; hier wird vertreten, dass der Mieter den doppelten[365] bzw den 3–5-fachen Betrag der Minderung zurückhalten darf.[366] Der **BGH** vertritt die Ansicht, dass eine schematische Bemessung des Zurückbehaltungsrechts nicht möglich sei.[367] Nach seiner Ansicht gelten folgende Grundsätze: **(1)** Bei mangelhafter Mietsache steht dem Mieter gem. § 320 Abs. 1 BGB ein Zurückbehaltungsrecht am Mietzins zu. Hat der Vermieter seine Leistung zum Teil erbracht so kann der Mieter i. d. R. nicht die gesamte restliche ungeminderte Miete zurückhalten. **(2)** Eine allgemein gültige Regel zur Bemessung des Zurückbehaltungsrechts existiert nicht. Vielmehr ist die Quote vom „Tatrichter im Rahmen seines Beurteilungsermessens aufgrund einer Gesamtwürdigung der Umstände des jeweiligen Einzelfalls unter Berücksichtigung des Grundsatzes von Treu und Glauben … zu beantworten. **(3)** Die Zurückbehaltungsquote muss „in einer angemessenen Relation zu der Bedeutung des Mangels stehen". Es unterliegt einer zeitlichen und einer betragsmäßigen Beschränkung. Im Räumungsprozess muss sich der Mieter auf das Zurückbehaltungsrecht berufen. Es genügt nicht, wenn er lediglich geltend macht, dass die Mietsache mangelhaft sei. Wird der Mangel beseitigt, so gerät der Mieter nicht ohne weiteres in Verzug. Vielmehr bedarf es einer Mahnung.[368] **99**

---

[358] LG Itzehoe ZMR 2016, 34.

[359] RGZ 85, 296; BGH WPM 1971, 1020; DWW 1987, 216; LG Hamburg ZMR 1984, 128; WuM 1989, 385; *Gelhaar* in RGRK § 554 BGB a. F. Rdn. 4.

[360] *Emmerich* in Staudinger § 543 BGB Rdn. 56; *Ehlert* in Bamberger/Roth § 543 BGB Rdn. 27; *Lützenkirchen* in: Erman § 543 Rdn. 25,; *Bieber* in MünchKomm § 543 BGB Rdn. 50; *Haas* Das neue Mietrecht § 556b BGB Rdn. 2; *Rips/Eisenschmid* Neues Mietrecht S. 81; *Eisenschmid* in Börstinghaus/Eisenschmid, Arbeitskommentar Neues Mietrecht S. 231; *Hinz:* in Hinz/Ormanschick/Rieke/Scheff, Das neue Mietrecht § 4 Rdn. 46–48; abw. *Lammel* § 543 BGB Rdn. 111.

[361] BGH ZMR 1993, 320; GE 1997, 1096; BGH GuT 2004, 129; LG Berlin NJW RR 1992, 518; WuM 1994, 464; LG Hamburg ZMR 1984, 128; *Sternel* Mietrecht (1988) Rdn. IV 406.

[362] BGH WPM 1971, 1020; DWW 1987, 216; OLG Düsseldorf ZMR 1988, 304; LG Gießen WuM 1995, 163; *Grapentin* in Bub/Treier Kap. IV Rdn. 371.

[363] Vgl. LG Lüneburg WuM 1995, 699 betr. das Zurückbehaltungsrecht nach § 273 BGB wegen der Weigerung des Vermieters eine zur Vorlage bei der Wohngeldstelle erforderliche Bescheinigung auszustellen; AG Nürnberg WuM 1981, 278 betr. das Zurückbehaltungsrecht des Mieters einer preisgebunden Wohnung nach § 273 BGB wegen eines Auskunftsverlangens über die zulässige Höhe der Kostenmiete.

[364] So *Lützenkirchen* in Lützenkirchen Mietrecht § 535 BGB Rdn. 892.

[365] *Eisenschmid* § 536 Rdn. 425.

[366] OLG Naumburg GuT 2002, 15.

[367] BGH (VIII ZR 19/14) BGHZ 206, 1 = NJW 2015, 3087.

[368] LG Berlin GE 1995, 821.

99a Durch das Zurückbehaltungsrecht soll der Vermieter zur Erfüllung der Instandhaltungs- und Instandsetzungspflicht angehalten werden. Deshalb **endet das Zurückbehaltungsrecht (1)** bei Beseitigung des Mangels, **(2)** bei Beendigung des Mietverhältnisses, **(3)** wenn „nicht mehr zu erwarten (ist), dass der Vermieter seiner Verpflichtung auf Beseitigung des Mangels unter dem Druck der Leistungsverweigerung nachkommen wird.[369] Mit dem Wegfall des Zurückbehaltungsrechts werden die gesamten zunächst zu Recht eingehaltenen Beträge sofort zur Zahlung fällig. Dem Mieter verbleiben folgende Rechte: **(1)** Er kann auf Mangelbeseitigung klagen, § 535 Abs. 1 BGB. **(2)** Schadensersatz verlangen, wenn sich der Vermieter mit der Mangelbeseitigung in Verzug befindet, § 536a Abs. 1 BGB, **(3)** den Mangel selbst beseitigen und Aufwendungsersatz verlangen, § 536a Abs. 2 BGB, **(4)** das Mietverhältnis nach § 543 Abs. 2 Nr. 1 BGB kündigen und den Kündigungsfolgeschaden geltend machen.

99b Nach der Rechtsprechung des BGH ist das **Zurückbehaltungsrecht bei unterlassener Mängelanzeige** nach Treu und Glauben (§ 242 BGB) ausgeschlossen.[370] Der BGH begründet den Ausschluss des § 320 BGB zum einen mit der Erwägung, dass das Zurückbehaltungsrecht „die ihm zukommende Funktion, auf den Schuldner Druck auszuüben, nicht erfüllen" kann, wenn dem Vermieter der Mangel nicht bekannt ist. Zum anderen sei die unterlassene Mangelanzeige als Vertragsverletzung zu bewerten. Diese dürfe nicht zur Folge haben, dass der Mieter „eine Kündigung des Vermieters wegen ausbleibender Mietzahlungen verhindern oder zumindest hinauszögern könnte". – **Kritik:** Die Argumente des BGH überzeugen nicht, weil die Rechtsfolgen der unterlassenen Mängelanzeige in § 536c Abs. 2 Satz 1 BGB erschöpfend und befriedigend geregelt sind. Nach § 536c Abs. 2 Satz 1 ist der Mieter dem Vermieter zum Ersatz des Schadens verpflichtet, der diesem durch die Verletzung der Anzeigepflicht entsteht. Dazu gehört zum einen der Vermögensschaden der entstehen kann, wenn infolge der fehlenden Anzeige die Mangelbeseitigung und damit der Eingang der Miete verzögert wird.[371] Hat der Vermieter fristlos wegen Zahlungsverzug gekündigt und Räumungsklage erhoben, so kann er den Rechtsstreit für erledigt erklären, wenn sich ergibt, dass dem Mieter wegen eines Mangels ein Zurückbehaltungsrecht zusteht. Die Verfahrenskosten sind in diesem Fall dem Mieter aufzuerlegen, weil er den Räumungsprozess durch die unterlassene Mängelanzeige provoziert hat.

99c **Verweigert der Mieter die Mangelbeseitigung** so kann er sich nach Treu und Glauben (§ 242 BGB) ab dem Zeitpunkt nicht mehr auf das Zurückbehaltungsrecht berufen, ab dem die Mangelbeseitigung ohne sein verhinderndes Verhalten nach dem gewöhnlichen Lauf der Dinge voraussichtlich abgeschlossen gewesen wäre und der Vermieter wieder die ungeminderte Miete hätte verlangen dürfen.[372]

100 Ein Verzug scheidet auch dann aus, wenn zwischen den Parteien eine **Stundungsvereinbarung** besteht. Ein solche Stundungsvereinbarung kann auch stillschweigend getroffen werden. Es genügt allerdings nicht, wenn der Vermieter in der Vergangenheit eine verspätete Zahlung rügelos entgegengenommen hat. In der Duldung einer Vertragswidrigkeit liegt keine Stundung; bei der Kündigung ist in diesen Fällen aber Rdn. 128 zu beachten. Aus dem Umstand, dass der Vermieter eine Teilzahlung akzeptiert hat, kann für sich allein ebenfalls nicht gefolgert werden, dass der Rest gestundet sei.[373] Beim Hinzutreten weiterer Umstände kann sich aber etwas anderes ergeben.

100a Eine Vereinbarung, wonach dem Mieter **rückständige Mieten gestundet** werden, kann unter der auflösenden Bedingung der pünktlichen und vollständigen Zahlung der laufenden Miete geschlossen werden. Regelmäßig enthält eine solche Stundungsvereinbarung den stillschweigenden Vorbehalt des Vermieters, der Mieter werde sich hinsichtlich der künftigen Mietzahlungen vertragsgemäß verhalten. Bei unpünktlicher oder ausbleibender Zahlung entfällt die Stundungsvereinba-

---

[369] BGH (VIII ZR 19/14) BGHZ 206, 1 = NJW 2015, 3087.

[370] BGH (VIII ZR 330/09) NZM 2011, 197 = ZMR 2011, 275; ebenso: LG Berlin NZM 1998, 474; *Gellwitzki* WuM 1999, 10, 16; *Wolf/Eckert/Ball* Rdn. 328; *Sternel* Mietrecht aktuell 4. Aufl. 2009 Rdn. III 127; *Schach* in: Kinne/Schach/Bieber, Miet- und Mietprozessrecht § 536c BGB Rdn. 8; *Ehlert* in Bamberger/Roth § 536 Rdn. 43; *Timme/Raue* NZM 2011, 846; im Ergebnis ebenso *Schenkel* NZM 1998, 502, 504; *Kandelhard* in Herrlein/Kandelhard Mietrecht 4. Aufl. 2010 § 536 Rdn. 70: danach ist die Regelung des § 536c Abs. 2 Satz 2 BGB auf das Zurückbehaltungsrecht analog anzuwenden; **a. A.** *Derleder* NZM 2002, 676, 680; *Eisenschmid* § 536c Rdn. 37; *Emmerich* in: Staudinger § 536 Rdn. 59; *Hübner/Griesbach/Schreiber* in: Lindner-Figura/Opree/Stellmann Geschäftsraummiete Kap. 14 Rdn. 291; *Harting* in: Harz/Kääb/Riecke/Schmid, Handbuch des Fachanwalts Miet- und Wohnungseigentumsrecht, Kap. 10 Rdn. 143; *Blank* LMK 2011, 313792.

[371] *Derleder* NZM 2002, 676, 680.

[372] BGH (XII ZR 65/14) unter Rn. 61, BGHZ 205, 301 = NJW 2015, 2419.

[373] *Mittelstein* S. 427; *Sternel* Mietrecht (1988) Rdn. IV 405.

rung. Das hinsichtlich der Mietrückstände bestehende Kündigungsrecht lebt wieder auf. Der Vermieter ist zur Kündigung berechtigt, ohne dass es einer Abmahnung bedarf.[374]

Außerdem ist der Verzug ausgeschlossen, wenn der Mieter die Miete berechtigterweise **hinterlegt** hat.[375] 101

Das in früherer Zeit geltende Mieterschutzgesetz enthielt eine spezielle Regelung für den Fall 102 des **unverschuldeten Rechts- oder Tatsachenirrtums.** Nach § 3 Abs. 2 MSchG war eine Mietaufhebung wegen Zahlungsverzugs ausdrücklich ausgeschlossen,"… wenn der Verzug auf Unkenntnis des Mieters über den Betrag oder den Zeitpunkt der Fälligkeit des Mietzinses oder auf irrige Annahme eines Aufrechnungs-, Minderungs-, oder Zurückbehaltungsrechts zurückzuführen ist, es sei denn, dass die Unkenntnis oder der Irrtum auf Fahrlässigkeit beruht."

Diese Regelung ist nicht ins BGB übernommen worden. Gleichwohl ist sie im Rahmen des 103 § 543 Abs. 2 Satz 1 Nr. 3 BGB zu beachten, weil sie den allgemein anerkannten Grundsatz wiedergibt, dass mangels Verschulden kein Verzug vorliegt, wenn sich der Mieter in einem schuldlosen Irrtum über seine Zahlungspflicht befindet.[376] Die Annahme eines schuldlosen Irrtums setzt voraus, dass der Mieter sorgfältig prüft, ob eine Einstellung oder Kürzung der Mietzahlung gerechtfertigt ist. Bei unklarer Mangelursache muss der Mieter „eine hinreichend qualifizierte Person" (z. B. einen Sachverständigen) mit der Prüfung beauftragen. Bleibt die Mangelursache gleichwohl unklar, so muss der Mieter unter Vorbehalt zahlen, anderenfalls kommt er in Verzug.[377] Wird wegen eines Mangels gemindert, so muss die Höhe der Minderung – gegebenenfalls auch die Höhe des zurückbehaltenen Betrags – in einer angemessenen Relation zu Art und Schwere des Mangels stehen. Eine völlige Einbehaltung der Miete wegen Mängeln ist nicht gerechtfertigt, wenn der Mietgebrauch lediglich geringfügig eingeschränkt ist.[378] Im Zweifelsfall muss der Mieter den Rat eines Rechtsanwalts einholen. Auskünfte anderer Personen genügen nur dann, wenn hinreichende Anhaltspunkte für deren Kompetenz vorliegen; hiervon ist bei den Mitarbeitern gerichtlicher oder kommunaler Auskunftsstellen und der Mietervereine regelmäßig auszugehen.[379]. Streitig ist, welche **Rechtsfolge** gilt, **wenn der Mieter falsch beraten wird.** Nach einer Ansicht genügt es, wenn der Mieter bei der Auswahl des Beraters die ihm nach § 276 BGB obliegende Sorgfaltspflicht beachtet. Der Mieter hat lediglich für die sachgerechte Auswahl des Rechtsberaters einzustehen. Eine fehlerhafte Beratung ist dem Mieter dagegen nicht zuzurechnen, weil der Berater nicht Erfüllungsgehilfe des Mieters bei der Leistungspflicht ist.[380] Nach h. M. muss der Mieter dagegen für fehlerhafte Auskünfte von Rechtsanwälten oder anderen Auskunftspersonen nach § 278 BGB einstehen, weil die Rechtsberater eines Schuldners als dessen Erfüllungsgehilfen anzusehen sind.[381] Wird die Auskunft durch eine unzutreffende Sachverhaltsschilderung des Mieters beeinflusst, so ist die fehlerhafte Auskunft ebenfalls vom Mieter zu vertreten. Hiervon ist insbesondere dann auszugehen, wenn der Mieter gegenüber der Auskunftsperson Mängel oder sonstige Gebrauchsbeeinträchtigungen behauptet, die in dieser Form nicht bestehen. Vereinzelt wird die Rechtsmeinung vertreten, dass der Mieter nur dann auf den Rat der Auskunftsperson vertrauen darf, wenn der Ratgeber sich die behaupteten Mängel selbst angesehen hat[382]. Diese Ansicht steht mit den Gepflogenheiten der Beratungspraxis nicht im Einklang. Nach der **Rechtsprechung des BGH** sind an das Vorliegen eines unverschuldeten Irrtums strenge Maßstäbe anzulegen. „Der Schuldner muss die Rechtslage sorgfältig prüfen, soweit erforderlich Rechtsrat einholen und die höchstrichterliche Rechtspre-

---

374 OLG Düsseldorf ZMR 2011, 864.

375 LG Kaiserslautern WuM 1985, 229.

376 Für die frühere Rspr. vgl. *Mittelstein* S. 425 m. w. N.

377 Häublein PiG 97 (2014) S. 35, 48.

378 LG Mannheim MDR 1976, 316.

379 BGH NJW 2007, 428 = NZM 2007, 35 = WuM 2007, 24 = ZMR 2007, 103 = DWW 2007, 22 = GE 2007, 46 unter II 2a; LG Kiel NJWE-MietR 1996, 195 = WuM 1996, 340; **a. A.** LG Berlin ZMR 1998, 231 für Mitarbeiter der Rechtsberatungsstelle des Bezirksamtes.

380 Lorenz WuM 2013, 202, 206f.

381 BGH NJW 2007, 428 unter II 2b; BGH (XII ZR 65/14) NJW 2015, 2419 unter Rn. 63; OLG Köln ZMR 1998, 763 = WuM 1998, 23, 24; LG Berlin NZM 1998, 573 = ZMR 1998, 231; Palandt/*Weidenkaff* § 573 BGB Rdn. 14; *Häublein* in MünchKomm § 573 Rdn. 64; *Emmerich* in Staudinger § 543 BGB Rdn. 56a; *Reick* in Bamberger/Roth § 573 Rdn. 23; *Grapentin* in Bub/Treier Kap. IV Rdn. 373; *Haug* in Emmerich/Sonnenschein § 573 Rdn. 22; *Lammel* § 573 BGB Rdn. 58; *Fischer* ZMR 1994, 309; *Wenger* MDR 2000, 1239; *Harke* NZM 2016, 449, 452 **a. A.** KG NJW-RR 2000, 1397; LG Karlsruhe WuM 1990, 294.

382 LG Braunschweig ZMR 2000, 222.

chung sorgfältig beachten".[383] Danach ist ein Irrtum nur dann entschuldigt, „wenn der Irrende bei Anwendung der im Verkehr erforderlichen Sorgfalt mit einer anderen Beurteilung durch die Gerichte nicht zu rechnen brauchte … Bei einer zweifelhaften Rechtsfrage handelt bereits fahrlässig, wer sich erkennbar in einem Grenzbereich des rechtlich Zulässigen bewegt …".[384] In der Literatur wird die Ansicht vertreten, dass ein Tatsachenirrtum auch nach der Rechtsprechung des BGH als entschuldigt anzusehen sei, wenn die Sachlage „in besonderem Maße unklar ist."[385] Aus den Entscheidungen des BGH kann diese Einschränkung allerdings nicht entnommen werden. Nach allgemeinen Grundsätzen muss der Mieter darlegen und beweisen, dass er ohne Verschulden an der Entrichtung der Miete gehindert war.[386] Nach der Rechtsprechung des BGH gelten diese Grundsätze nicht nur für die Verzugshaftung sondern auch für die Kündigung.[387] Will der Mieter eine Kündigung vermeiden, so muss er die Miete unter Vorbehalt zahlen. Die Zahlung unter Vorbehalt ist problematisch, weil lediglich der „schlichte" Vorbehalt, nicht aber der „qualifizierte" Vorbehalt Erfüllungswirkung hat. Der schlichte Vorbehalt hat zwar zur Folge, dass der Mieter eine Zahlung zurückverlangen kann, wenn sich ergibt, dass diese ohne Rechtsgrund geleistet worden ist. Jedoch führt der schlichte Vorbehalt zu einer Änderung der Beweislast. Die Zahlung auf ein Anderkonto beseitigt das Verschulden nicht.[388] Eine Zahlung auf ein Anderkonto befreit nur dann vom Kündigungsrisiko, wenn der Vermieter oder dessen Anwalt eine solche Möglichkeit anbietet oder wenn dies zwischen den Parteien vereinbart ist. Nach der hier vertretenen Ansicht ist zu differenzieren: Im Schadensrecht ist es sachgerecht, wenn das mit einer Fehlbeurteilung verbundene Risiko des Schadenseintritts dem Schädiger auferlegt wird. Bestehen hingegen sachlich gerechtfertigte Meinungsverschiedenheiten über den Umfang der Zahlungspflicht, so können diese im Wege der Leistungsklage ausgetragen werden; der Rückgriff auf das Kündigungsrecht ist in diesen Fällen sachfremd, weil § 543 Abs. 2 Satz 1 Nr. 3 BGB nicht als Druckmittel eingesetzt werden soll, um den Mieter zum Verzicht auf die Geltendmachung seiner Rechte zu bewegen.[389] Der Beschluss des BVerfG vom 15.3.1989[390] steht dem nicht entgegen. Diese Entscheidung besagt nur, dass der Vermieter beim Streit über eine Minderungsbefugnis nicht generell auf die Zahlungsklage verwiesen werden darf; der Ausschluss des Verzugs bei unverschuldetem Rechtsirrtum wird aber auch vom BVerfG nicht in Frage gestellt.

104 **Einzelfälle** in denen ein **schuldloser Rechtsirrtum bejaht** worden ist: Irrtum über die Höhe der preisrechtlich zulässigen Miete;[391] Irrtum über die Zusammensetzung der Kostenmiete;[392] Irrtum über die Wirksamkeit eines Mieterhöhungsverlangens (Grundmietenerhöhung);[393] Irrtum über eine Aufrechnungsbefugnis;[394] bei schwieriger Rechtslage;[395] wenn der Mieter zu Unrecht mindert, weil er irrig glaubt, dass die Feuchtigkeitsschäden auf einen Baumangel zurückzuführen sind;[396] wenn sich der Mieter wegen der Rechtslage an einen Rechtsanwalt, eine anerkannte Rechtsberatungsstelle oder an einen Mieterverein wendet und auf dessen Rat die Miete mindert, zurückbehält oder aufrechnet;[397] wenn der Mieter sich in der Minderungsquote verschätzt;[398]

---

[383] BGH (VIII ZR 102/06) NJW 2007, 428 = WuM 2007, 24; BGH (X ZR 157/05) NJW 2006, 3271; BGH (XII ZR 48/10) WuM 2012, 323; BGH (VIII ZR 138/11) NJW 2012, 2882 = WuM 2012, 499 m. zust. Anm. *Seibl* LMK 2012, 339785 und *Hinz* NJW 2013, 337.

[384] BGH NJW 2007, 428 = NZM 2007, 35 = WuM 2007, 24 = ZMR 2007, 103 = DWW 2007, 22 = GE 2007, 46 unter II 3b–aa; dazu *Blank* NZM 2007, 788.

[385] *Hinz* NJW 2013, 337.

[386] BGH (XII ZR 48/10) WuM 2012, 323.

[387] BGH (XII ZR 65/14) NJW 2015, 2419; *Harke* NZM 2016, 449, 452.

[388] **A. A.** wohl BGH (XII ZR 65/14) NJW 2015, 2419.

[389] LG Mannheim WuM 1987, 317; *Blank* NZM 2007, 788; **a. A.** *Lorenz* WuM 2013, 202, 208.

[390] BVerfG WuM 1989, 278.

[391] LG Berlin MDR 1983, 843 = WuM 1983, 343.

[392] LG Itzehoe WuM 1990, 548.

[393] AG Wernigerode WuM 1993, 269.

[394] LG Mannheim WuM 1987, 317; LG Berlin MM 1986 Nr. 1, 29 und LG Kiel WuM 1996, 340.

[395] LG Berlin WuM 1985, 232; **a. A.** BGH NJW 2007, 428 = NZM 2007, 35 = WuM 2007, 24 = ZMR 2007, 103 = DWW 2007, 22 = GE 2007, 46.

[396] AG Rheinberg WuM 1992, 435; **a. A.** BGH (VIII ZR 138/11) NJW 2012, 2882 = WuM 2012, 499.

[397] LG Görlitz WuM 1994, 601; AG Freiburg WuM 1987, 270; AG Berlin-Wedding MM 1992, 212 und LG Kiel WuM 1996, 340; **a. A.** BGH NJW 2007, 428 = NZM 2007, 35 = WuM 2007, 24 = ZMR 2007, 103 = DWW 2007, 22 = GE 2007, 46.

[398] LG Bückeburg ZMR 2012, 623; AG Lübeck ZMR 2012, 277; LG Berlin GE 1994, 1381; AG Leverkusen WuM 1994, 205.

wenn der Mieter auf die Richtigkeit einer (noch nicht rechtskräftigen) gerichtlichen Entscheidung über den Bestand einer Minderungsbefugnis vertraut;[399] wenn der Mieter seine Rechtsauffassung auf eine in der Rechtsprechung vertretene Meinung stützen kann.[400] wenn der Mieter die Miete nicht entrichtet, weil er berechtigte Zweifel an der Vermieterstellung hat.[401]

Eine **Kündigung** wurde **bejaht:** bei unberechtigter Minderung wegen der Umstellung des Fernsehempfangs von der Gemeinschaftsantenne auf Breitbandkabel.[402]

Nach der hier vertretenen Ansicht steht dem Mieter bei der **Einschätzung der Minderungsquote** ein Schätzermessen zu.[403] Der bei einer Fehleinschätzung bestehende Entschuldigungsgrund entfällt, wenn der Mieter nachträglich erkennt, dass die Minderungsbefugnis nicht oder nur in wesentlich geringerem Umfang besteht. Hiervon ist immer dann auszugehen, wenn der Mieter vom Gericht auf diesen Umstand hingewiesen wird.[404] Der Mieter darf sein Zahlungsverhalten auch dann nicht fortsetzen, wenn er die Rechtslage durch eine weitere Instanz überprüfen lassen will. Eine erneute Zahlungsaufforderung oder Mahnung durch den Vermieter ist nicht erforderlich.[405] **105**

Der **Verzug endet** mit der Zahlung (der Vornahme der Erfüllungshandlung). Eine Giroüberweisung führt gem. § 364 Abs. 1 BGB zum Erlöschen der Schuld.[406] Ein wirksamer Widerruf ist nur bis zur Gutschrift auf dem Empfängerkonto möglich. In der Gutschrift liegt nämlich ein Schuldanerkenntnis der Bank gegenüber dem Kunden, durch welches dieser einen Anspruch auf Auszahlung des gutgeschrieben Betrags erhält. Eine nachträgliche Rückabwicklung (auf Veranlassung der Sparkasse des Mieters wegen mangelnder Deckung) beeinflusst die Erfüllungswirkung nicht. **106**

Bei der **Zahlung an einen Nichtberechtigten** ist zunächst zu prüfen, ob gleichwohl Erfüllung eingetreten ist. Beim **Eigentümerwechsel** durch Sonderrechtsnachfolge gilt § 566c BGB. Beim Eigentümerwechsel durch Gesamtrechtsnachfolge muss der Rechtsnachfolger seine Forderungsberechtigung nachweisen. Solange der Nachweis nicht erbracht ist, hat der Mieter ein Zurückbehaltungsrecht an der Miete.[407] Zahlt der Mieter in Unkenntnis von einer angeordneten **Zwangsverwaltung** weiterhin an den Vermieter, so leistet er ebenfalls mit befreiender Wirkung.[408] Leitet der Mieter sein Besitzrecht von einem **Untervermieter** ab, so muss er die Miete an den Untervermieter bezahlen. Etwas anderes gilt, wenn das Hauptmietverhältnis beendet ist. In diesen Fällen kann mit befreiender Wirkung an den Hauptvermieter bezahlt werden (dazu § 540 BGB Rdn. 14, § 565 BGB Rdn. 19). Zweifel über die Person des Empfangsberechtigten gehen zu Lasten des Mieters. Gegen die mit der Zahlung an einen Nichtberechtigten verbundenen Risiken kann sich der Mieter durch **Hinterlegung** der Miete schützen. Die Hinterlegung setzt voraus, dass die Person des Gläubigers ungewiss ist. Eine Ungewissheit in diesem Sinne ist anzunehmen, wenn eine mit verkehrsüblicher Sorgfalt vorgenommene Prüfung zu begründeten Zweifeln über die Person des Gläubigers führt, deren Behebung auf eigene Gefahr dem Schuldner nicht zugemutet werden kann".[409] Die Hinterlegung muss unter Rücknahmeverzicht bei Beachtung der HinterlegungsO beim Amtsgericht erfolgen. Die Hinterlegung bei einem Rechtsanwalt genügt nicht.[410] Ist die Empfangsberechtigung des Vermieters nach objektiver Betrachtungsweise unklar, so tritt die Erfüllungswirkung ein. Anders ist es, wenn der Mieter irrig annimmt, dass die Berechtigung des Vermieters zweifelhaft ist und der Irrtum auf Fahrlässigkeit beruht. In diesem Fall bleibt der Mieter weiterhin gegenüber dem Vermieter zur Zahlung verpflichtet.[411] Zur **Zahlung unter Vorbehalt** s. § 536b BGB Rdn. 24). Zur **Zahlung durch Aufrechnung** § 556b BGB Rdn. 28). **107**

---

399 LG Wiesbaden WuM 1989, 512.
400 LG Berlin WuM 1989, 512 und LG Kiel WuM 1996, 340; **a. A.** BGH NJW 2007, 428 = NZM 2007, 35 = WuM 2007, 24 = ZMR 2007, 103 = DWW 2007, 22 = GE 2007, 46.
401 AG Gelsenkirchen WuM 2012, 204.
402 LG Berlin ZMR 2013, 191.
403 Ebenso: *Harke* NZM 2016, 449, 453.
404 LG Frankfurt NZM 2004, 297.
405 LG Frankfurt a. a. O.
406 BGH WPM 1988, 321.
407 I. E. ebenso BGH NJW 2006, 51 = NZM 2006, 11 = WuM 2005, 769 = ZMR 2006, 26 = DWW 2006, 18 = GE 2005, 1549: Danach kommt der Mieter nicht in Verzug, wenn der die Mietzahlung vom Nachweis der Forderungsberechtigung abhängig macht.
408 LG Berlin GE 1994, 705.
409 BGH NZM 2004, 301.
410 LG Wuppertal DWW 1988, 252.
411 BGH NZM 2003, 315 = NJW 2003, 1809.

108 Wird eine Wohnung von mehreren Personen gemeinsam vermietet, so besteht zwischen den **mehreren Vermietern** bezüglich der Mietforderungen eine Forderungsgemeinschaft i. S. v. § 432 Abs. 1 BGB. Dies hat zur Folge, dass der Mieter nur an beide Gläubiger gemeinsam zahlen kann. Eine Ausnahme gilt, wenn einer der Vermieter aufgrund einer Empfangsvollmacht zur Entgegennahme der Leistung berechtigt ist. Liegt ein solcher Ausnahmefall nicht vor, so kommt der Mieter in Zahlungsverzug, wenn er die Miete nicht zu Händen beider Vermieter zahlt. Der übergangene Vermieter kann dann den Begünstigten auf Zustimmung zur Kündigung nach § 543 Abs. 2 Satz 1 Nr. 3 BGB in Anspruch nehmen.[412] Bestehen begründete Zweifel, ob das von einem der Eheleute angegebene Konto zur Verfügung beider Eheleute steht, so kann der Mieter die Miete bei der Hinterlegungsstelle des Amtsgerichts einzahlen (s. Rdn. 107).

109 **cc) Rückstandsberechnung. aaa) Abgrenzung der Kündigungstatbestände.** Die Regelung des § 543 Abs. 2 Satz 1 Nr. 3 BGB enthält drei Kündigungstatbestände.

110 Nach **Nr. 3 lit. a Alt. 1** kann der Vermieter kündigen, wenn sich der Mieter für zwei aufeinander folgende Termine mit der Entrichtung der Miete in Verzug befindet. Der Tatbestand ist unproblematisch: Hat der Mieter bei vereinbarter monatlicher Zahlungsweise beispielsweise in dem Monat Januar keine Miete bezahlt, so entsteht das Kündigungsrecht (rechnerisch) mit dem Ablauf des 3. Werktags des Monats Februar, weil zu diesem Zeitpunkt die Februarmiete fällig wird.

111 Nach **Nr. 3 lit. a Alt. 2** kann der Vermieter kündigen, wenn sich der Mieter für zwei aufeinander folgende Termine mit der Entrichtung eines nicht unerheblichen Teils der Miete in Verzug befindet. Hierzu ist für die Wohnraummiete in § 569 Abs. 3 Nr. 1 BGB ergänzend bestimmt, dass der rückständige Teil der Miete nur dann als nicht unerheblich anzusehen ist, wenn er die Miete für einen Monat übersteigt. Dasselbe gilt für die Geschäftsraummiete, weil die insoweit maßgeblichen Kündigungsvoraussetzungen jedenfalls nicht strenger sein können als bei der Wohnraummiete.[413] Hier entsteht das Kündigungsrecht, wenn ein Verzug für mindestens zwei Termine vorliegt und der Gesamtrückstand den Betrag von einer Monatsmiete plus 1 Cent erreicht. Außerdem ist erforderlich, dass die beiden letzten Verzugstermine aufeinander folgen.

112 Nach **Nr. 3 lit. b** besteht das Kündigungsrecht, wenn der Mieter in einem Zeitraum, der sich über mehr als zwei Termine erstreckt, mit der Entrichtung der Miete in Höhe eines Betrages in Verzug ist, der die Miete für zwei Monate erreicht. Bei dieser Vorschrift entsteht das Kündigungsrecht, wenn ein Rückstand von zwei Monatsmieten erreicht ist. Maßgeblich ist allein die Höhe des Rückstands. Es ist nicht erforderlich, das der Rückstand über zwei Monate hinweg andauert; der Vermieter kann kündigen, wenn erstmals ein Rückstand in Höhe von zwei Mieten erreicht wird.[414] Es spielt keine Rolle, ob der Mieter mit zwei vollen Mieten oder mit mehreren Teilbeträgen in Verzug geraten ist. Die **Abgrenzung** des in Nr. 3 lit. a Alt. 2 BGB geregelten Kündigungstatbestands von dem Tatbestand der Nr. 3 lit. b BGB ist **streitig.** Nach der **Auffassung des BGH**[415] kommt es maßgeblich darauf an, ob der Rückstand (ausschließlich) aus zwei aufeinander folgenden oder aus mehr als zwei aufeinander folgenden Zahlungsterminen herrührt. In dem erstgenannten Fall könne der Vermieter kündigen, wenn der Rückstand eine Monatsmiete übersteigt (Nr. 3 lit. a Alt. 2 BGB). Im letztgenannten Fall setze das Kündigungsrecht voraus, dass ein Rückstand von zwei Monatsmieten besteht (Nr. 3 lit. b BGB). Nach der hier vertretenen Auffassung[416] hat die im Wortlaut der Nr. 3 lit. b enthaltene Zeitbestimmung („mehr als zwei Termine") keine sachliche Bedeutung.

113 Die Abgrenzung der Kündigungstatbestände hat **praktische Relevanz,** wenn der Mieter über eine längere Zeit hinweg durchgängig eine geringere als die geschuldete Miete zahlt. Beträgt die geschuldete Miete beispielsweise 1.000 €/monatlich und zahlt der Mieter hiervon ab Januar und in den folgenden Monaten lediglich 750 €, so ergibt sich folgendes Bild:

---

[412] OLG München NZM 1998, 474.

[413] BGH NJW 2008, 3210 = NZM 2008, 770 = GuT 2008, 353 = ZMR 2009, 19.

[414] *Nierwetberg* NJW 1991, 1804.

[415] BGH NJW 2008, 3210 = NZM 2008, 770 = GuT 2008, 353 = ZMR 2009, 19; ebenso *Sternel* PiG 90 (2011) S. 175, 176.

[416] S. a. *Blank* NZM 2009, 113; ebenso *Roquette* § 554 BGB Rdn. 6; *Kandelhard* in Herrlein/Kandelhard Mietrecht § 543 BGB Rdn. 53; *Lammel,* Wohnraummietrecht § 543 BGB Rdn. 118.

Monat	Geschuldet	Gezahlt	Rückstand
Januar	1000	750	250
Februar	1000	750	500
März	1000	750	750
April	1000	750	1000
Mai	1000	750	**1250**
Juni	1000	750	1500
Juli	1000	750	1750
August	1000	750	**2000**

Nach der hier vertretenen Auffassung kann der Vermieter im Mai kündigen; nach Meinung des BGH ist eine Kündigung erst im August möglich. Gegen die Auffassung des BGH spricht insbesondere die Entstehungsgeschichte der Nr. 3 lit. b BGB: Der Kündigungsgrund des Zahlungsverzugs war vor der Mietrechtsreform in § 554 Abs. 1 BGB a. F. geregelt. Die Vorschrift enthielt ursprünglich nur einen Kündigungstatbestand, der dem heutigen § 543 Abs. 2 Satz 1 Nr. 3 **lit. a** entsprach. Die dem heutigen § 543 Abs. 2 Satz 1 Nr. 3 **lit. b** entsprechende Vorschrift des § 554 Abs. 1 Nr. 2 BGB a. F. wurde erst durch das Erste Mietrechtsänderungsgesetz vom 29.7.1963 in das BGB eingefügt. In den Materialien hierzu ist zu dem Zweck der Ergänzung folgendes ausgeführt: „Während § 554 BGB dem Vermieter eine fristlose Kündigung nur erlaubt, wenn der Mieter für zwei aufeinander folgende Termine mit der Entrichtung des Mietzinses ganz oder teilweise in Verzug ist, gibt die Neufassung in Absatz 1 Satz 1 Nr. 2 ein solches Kündigungsrecht auch in den Fällen, in denen der Mieter mit nicht aufeinander folgenden Zinsterminen in Verzug gerät. Voraussetzung ist hierbei, dass sich der Zeitraum in dem die Rückstände entstehen, über mehr als zwei Termine erstreckt ...".[417] Der Zweck der Regelung ist mithin darin zu sehen, dem Vermieter eine Kündigungsmöglichkeit in den Fällen zu verschaffen, in denen der Mieter jede zweite Miete zahlt. Bei diesem mit dem Begriff „Springen" bezeichneten Zahlungsverhalten war der Kündigungstatbestand des bis zum Jahre 1963 geltenden § 554 BGB nicht erfüllt, weil die Rückstände nicht in aufeinander folgenden Terminen eingetreten sind. Es lag mithin eine Lücke im Schutz des Vermieters vor zahlungsunwilligen oder – unfähigen Mietern vor, die es zu schließen galt. Darin erschöpft sich der Zweck der Regelung. Das Tatbestandsmerkmal „mehr als zwei Termine" hat demnach keine eigenständige Bedeutung, sondern dient lediglich der Abgrenzung zum Doppel- oder Dauerverzug, der in § 543 Abs. 2 Satz 1 Nr. 3 **lit. a** geregelt ist. Ist innerhalb von zwei aufeinander folgenden Monaten ein Verzug von mehr als einer Monatsmiete eingetreten, so ist der Tatbestand des § 543 Abs. 2 Satz 1 Nr. 3 **lit. a** gegeben.[418] 114

Mangelhafte Mietsache. Hinsichtlich des kündigungsrelevanten Rückstands kommt es auf die Differenz zwischen der geschuldeten und der gezahlten Miete an. Die geschuldete Miete kann im Falle eines Mangels gemindert sein. Ist beispielsweise die vertraglich vereinbarte Miete von 1.000.– EUR ab dem Monat Januar um 400 – EUR gemindert und zahlt der Mieter auf die geschuldete Miete von 600.– EUR lediglich 400.– EUR, so ergibt sich folgendes Bild: 114a

Monat	Geschuldet	Gezahlt	Rückstand
Januar	600.–	400.–	200.–
Februar	600.–	400.–	400.–
März	600.–	400.–	600.–
April	600.–	400.–	800.–
Mai	600.–	400.–	1.000.–
Juni	600.–	400.–	1.200.–

Nach der hier vertretenen Ansicht kann der Vermieter am 3. Werktag des Monats April gem § 543 Abs. 2 Satz 1 Nr. 3 BGB lit a BGB fristlos kündigen, weil dann der Rückstand die geschuldete Miete für einen Monat übersteigt; folgt man der Rechtsprechung des BGH (Rdn. 112), so ist lediglich eine Kündigung gem. § 543 Abs. 2 Satz 1 Nr. 3 lit b BGB möglich, wenn ein Rückstand von

[417] Bericht des Rechtsausschusses BT-Drucks. 4/1323 Nr. II.

[418] Wie hier *Roquette* § 554 BGB Rdn. 6; *Kandelhard* in Herrlein/Kandelhard Mietrecht § 543 BGB Rdn. 53; *Lammel,* Wohnraummietrecht § 543 BGB Rdn. 118.

zwei (geschuldeten Monatsmieten (= 1.200.– EUR) erreicht ist.[419] Steht dem Mieter darüber hinaus ein Zurückbehaltungsrecht zu, so ist auch dies zu berücksichtigen; die zurückbehaltenden Beträge werden zwar vom Mieter geschuldet; bis zur Beseitigung des Mangels kommt der Mieter aber nicht in Verzug.

115 **bbb) Rückstandsberechnung nach Nr. 3 lit. a BGB.** S. zunächst oben Rdn. 110. Der Rückstand muss aus einer Minderzahlung in mindestens **zwei aufeinander folgenden Terminen** resultieren. Nur dann reicht der Betrag von einer Monatsmiete + 0,01 € aus. Der Verzug mit nur einem Termin berechtigt auch dann nicht zur Kündigung, wenn der Mieter erklärt, dass er auch in Zukunft die Miete nicht zahlen könne. Die gegenteilige Ansicht[420] steht mit dem klaren Wortlaut des Nr. 3 lit. a nicht im Einklang; für eine vom Wortlaut abw. Auslegung besteht auch kein Bedürfnis, weil der Vermieter in den Fällen der Unzumutbarkeit der Vertragsfortsetzung nach § 543 Abs. 1 BGB kündigen kann.[421]

116 **Zahlungstermin** i. S. v. Nr. 3 lit. a ist entweder der gesetzliche Termin oder der vertraglich vereinbarte Termin. Ist bei der Vermietung von Wohnraum eine Monatsmiete vereinbart, so ist diese nach der gesetzlichen Regelung in § 556b Abs. 1 BGB spätestens bis zum dritten Werktag zu bezahlen. Gleiches gilt gem. § 579 Abs. 2 BGB bei der Vermietung von Geschäftsraum. Bei der Vermietung eines Grundstücks ist die Monatsmiete am Monatsende zu bezahlen (§ 579 Abs. 1 Satz 2 BGB). Bei der Vereinbarung einer Quartalsmiete oder Jahresmiete wird das Entgelt gem. § 579 Abs. 1 Satz 3 BGB nach Ablauf eines Kalendervierteljahres am ersten Werktag des folgenden Monats fällig. Die Parteien können die Fälligkeit der Miete abw. regeln, weil §§ 556b Abs. 1, 579 Abs. 1 BGB – auch formularvertraglich – abdingbar sind. Haben die Parteien beispielsweise eine im Voraus fällige Jahresmiete vereinbart, so kann der Vermieter im Falle des Zahlungsverzugs nach § 543 Abs. 2 Satz 1 Nr. 3 BGB erst nach Ablauf eines Jahres kündigen.[422] Soll diese für den Vermieter riskante Rechtsfolge vermieden werden, so muss das Recht zur fristlosen Kündigung abw. von § 543 BGB geregelt werden. Dies ist allerdings nur bei der Geschäftsraum- und der Grundstücksmiete möglich (arg. e § 569 Abs. 5 BGB; s. § 569 BGB Rdn. 92).

117 Sind über **mehrere nicht zusammenhängende Monate** hinweg jeweils **kleinere Rückstände** angefallen, so kann dennoch ein Fall des Nr. 3 lit. a vorliegen, wenn der Vermieter die Mietzahlungen auf die jeweils älteste Forderung verrechnen durfte und verrechnet hat. In diesem Fall wird nämlich die jeweils älteste Forderung getilgt, so dass sich der Verzug letztlich auf die jüngsten aufeinander folgenden Termine bezieht. Allerdings wird eine derartige Verrechnung die Ausnahme sein, weil grundsätzlich der Mieter die Befugnis zur **Tilgungsbestimmung** hat (§ 366 Abs. 1 BGB) und weil eine solche Bestimmung auch stillschweigend getroffen werden kann. Von einer stillschweigenden Tilgungsbestimmung ist auszugehen, wenn der Mieter die nach seiner Ansicht geschuldete Miete zu den vereinbarten Terminen zahlt.[423] Bei unregelmäßiger Zahlung (sog. **„a conto"-Zahlungen**) lässt sich dagegen kein auf eine bestimmte Tilgungsreihenfolge bestimmter Wille feststellen, mit der Folge, dass die gesetzliche Tilgungsreihenfolge des § 366 Abs. 2 BGB gilt.[424] Ist der Mieter sowohl mit der Zahlung der laufenden Mieten als auch mit der Zahlung einer Betriebskostennachzahlung im Rückstand, so werden durch die a conto Zahlungen zunächst die laufenden Mieten getilgt. Diese Rückstände sind als die dem Mieter lästigere Schuld anzusehen, weil dadurch der Bestand des Mietverhältnisses gefährdet wird.[425] Erstreckt sich der Rückstand mit den laufenden Zahlungsverpflichtungen über mehrere Monate, so richtet sich die Tilgungsreihenfolge nach dem Alter der jeweiligen Schuld; Zahlungen sind also auf die jeweils älteste Schuld zu verrechnen.[426] Eine mietvertragliche Formularvereinbarung, wonach Zahlungen des Mieters unabhängig von dessen Leistungsbestimmung stets auf die jeweils älteste Forderung zu verrechnen sind, muss beim Wohnraummietvertrag als überraschende Klausel (§ 305c Abs. 1 BGB) angesehen wer-

---

[419] Zum Problem der Berechnung des Rückstands bei der Minderung s. auch die unterschiedlichen Ansichten von *Jablonski* (GE 2010, 589), *Bongard* (GE 2011, 169), *Beuermann* (GE 2011, 172) und *Paschke* (GE 2011, 173).

[420] OLG Düsseldorf NJW-RR 1991, 1353 = MDR 1991, 965; *Kinne* GE 1996, 820, 828; Palandt/*Weidenkaff* § 543 BGB Rdn. 23.

[421] BGH NJW 2005, 2552 = NZM 2005, 538 = WuM 2005, 401 = ZMR 2005, 688; *Franke* ZMR 1992, 81, 83; *Sternel* Mietrecht aktuell (2009) Rdn. XII 2.

[422] BGH NJW-RR 2009, 21 = NZM 2009, 30 = GuT 2008, 357 = ZMR 2009, 106 = GE 2008, 1488.

[423] AG Wesel WuM 1987, 222.

[424] OLG Düsseldorf ZMR 2000, 605.

[425] LG Hamburg DWW 1993, 237; LG Berlin GE 1989, 833; LG Köln WuM 1995, 315.

[426] LG Berlin GE 1987, 1269.

den; individualvertraglich ist eine solche Vereinbarung allerdings zulässig. Gleiches gilt für Klauseln nach denen Zahlungen zunächst mit Nebenkosten oder mit einem Verzugsschaden verrechnet werden.[427] Eine Klausel, nach der die Verrechnung ohne Rücksicht auf die Leistungsbestimmung des Mieters im Belieben des Vermieters stehen soll, ist dagegen stets unwirksam (§§ 307, 242 BGB).[428]

Ist der Mieter mit **zwei vollen Monatsmieten** in Verzug, so liegen die Kündigungsvoraussetzungen vor. Allerdings muss sich der Rückstand aus dem bestehenden Mietverhältnis ergeben. Schließt der Vermieter nach dem Eintritt der Kündigungsvoraussetzungen einen neuen Mietvertrag, so kann er wegen des zum Zeitpunkt des Vertragschlusses bestehenden Rückstands nicht kündigen.[429] **118**

Beim **Verzug mit einem Teil der Miete** gilt Nr. 3 lit. a, wenn der rückständige Teil nicht unerheblich ist.[430] Der BGH führt ergänzend aus, dass im Regelfall ein Rückstand unterhalb dieser Grenze nicht zur Kündigung berechtigt. Jedoch sind Ausnahmen auf Grund „besonderer Umstände des Einzelfalls" denkbar. Beispielhaft nennt der BGH die Kreditwürdigkeit des Mieters, die finanzielle Situation des Vermieters, sowie die Auswirkungen des konkreten Zahlungsrückstands. **119**

Das **Erheblichkeitskriterium** bezieht sich dabei auf den Gesamtrückstand. Es ist also nicht erforderlich, dass der Rückstand bezogen auf jeden einzelnen Termin erheblich ist; es genügt, wenn der Gesamtrückstand für die beiden aufeinander folgenden Termine als nicht unerheblich bewertet werden kann. Geringe Rückstände in den einzelnen Terminen können sich also zu einem nicht unerheblichen Rückstand addieren.[431] **120**

ccc) Rückstandsberechnung nach Nr. 3 lit. b. S. zunächst Rdn. 112. Der Kündigungstatbestand der Nr. 3 lit. b umfasst alle Fälle, in denen der Rückstand zwei Monatsmieten oder mehr beträgt. Hier kann der Vermieter kündigen, sobald die Summe der Rückstände die Miete für zwei Monate erreicht. Es ist nicht erforderlich, dass dieser Betrag überschritten wird. Die in Nr. 3 lit. b enthaltene Zeitbestimmung („mehr als zwei Termine") dient lediglich der Abgrenzung zu dem in Nr. 3 lit. a geregelten Tatbestand. Deshalb ist es nicht erforderlich, dass der Verzug über einen Zeitraum von zwei Terminen hinweg andauert.[432] Da zur Miete auch die Betriebskostenvorauszahlungen sowie die Untermiet-, Möblierungs- und Gewerberaumzuschläge gehören, genügt es, wenn der Mieter nur mit diesen Nebenleistungen in Verzug ist und die Summe des Rückstands den Betrag von zwei Monatsmieten erreicht.[433] Verjährte oder verwirkte Mietforderungen müssen bei der Berechnung des Rückstandes allerdings außer Betracht bleiben (s. Rdn. 84). **121**

Der Mindestbetrag von zwei Monatsmieten ist auch dann maßgebend, wenn die Parteien statt monatlicher Zahlungen eine Wochenmiete vereinbart haben. Sind längere als monatliche Zahlungsabschnitte vereinbart, so ist die Vorschrift dagegen unanwendbar.[434] **122**

ddd) Sonderfälle. Teilweise wird die Ansicht vertreten, dass eine Kündigung nach § 543 Abs. 2 Satz 1 Nr. 3 BGB ausgeschlossen ist, wenn sich der Verzug aus einer **rückwirkend vereinbarten Mieterhöhung ergibt.**[435] Diese Ansicht trifft nicht zu: bei Rückständen aus rückwirkenden Mieterhöhungen muss § 569 Abs. 3 Nr. 3 BGB beachtet werden, wenn die Erhöhung durch Urteil festgestellt wurde. Danach kann der Vermieter wegen der Rückstände kündigen; er muss hierzu lediglich den Ablauf einer Frist von 2 Monaten nach Rechtskraft des Urteils abwarten. Für freiwillige Mieterhöhungsvereinbarungen ist § 569 Abs. 3 Nr. 3 BGB weder unmittelbar noch entsprechend anwendbar.[436] Dies gilt auch, wenn die Erhöhung in einem gerichtlichen Verglich vereinbart worden ist.[437] In solchen Fällen kann der Vermieter ohne Einhaltung einer Frist kündigen. **123**

---

427 **A. A.** AG Mönchengladbach DWW 1988, 18.

428 BGH DWW 1984, 234 = ZMR 1984, 370.

429 **A. A.** LG Bonn WuM 1991, 263.

430 BGH (XII ZR 65/14) NJW 2015, 2419 unter Rn. 56.

431 BGH NJW-RR 1987, 903 = ZMR 1987, 289 = WuM 1987, 317 = DWW 1987, 216; *Emmerich* in Staudinger § 543 BGB Rdn. 52; Palandt/*Weidenkaff* § 543 BGB Rdn. 24; *Kinne* GE 1996, 820, 826; **a. A.** *Roquette* Mietrecht § 554 BGB Rdn. 3; *Sternel* Mietrecht (1988) Rdn. IV 269.

432 LG Berlin GE 1991, 1251 = ZMR 1992, 24; *Nierwetberg* NJW 1991, 1804; *Roquette* § 554 BGB Rdn. 7; *Kinne* GE 1996, 820, 826.

433 LG Berlin MDR 1986, 412.

434 Palandt/*Weidenkaff* § 543 BGB Rdn. 25; *Lützenkirchen* in: Erman § 543 Rdn. 33.

435 LG Köln WuM 1993, 191; Palandt/*Weidenkaff* § 543 BGB Rdn. 23.

436 **A. A.** LG Berlin MM 1994, 20.

437 OLG Hamm RE 27.12.1991 NJW-RR 1992, 340 = WuM 1992, 54 = ZMR 1992, 109.

Überraschende Kündigungen sind rechtsmissbräuchlich; deshalb ist der Vermieter grundsätzlich verpflichtet, den Mieter vor dem Ausspruch der Kündigung abzumahnen, wobei die Kündigung angedroht werden muss (s. Rdn. 128).

124 Ähnliche Grundsätze gelten, wenn die Mietrückstände auf einer Erhöhung nach § 559 BGB (Modernisierung), nach § 560 BGB (Betriebskostenerhöhung), einer Staffelmietvereinbarung nach § 557a BGB oder auf einer Mieterhöhungserklärung nach § 557b BGB (Indexmiete) beruhen. Auch wegen solcher Rückstände kann nach § 543 Abs. 2 Satz 1 Nr. 3 BGB gekündigt werden; es ist insbesondere nicht erforderlich, dass der Mieter rechtskräftig zur Zahlung der erhöhten Miete verurteilt worden ist.[438] Allerdings kann es am Verschulden des Mieters – und damit an einer Kündigungsvoraussetzung – fehlen, wenn die Wirksamkeit der Mieterhöhung zweifelhaft ist (s Rdn. 102).

124a **eee) Verstoß gegen § 556d BGB.** Ist die geschuldete Mieter wegen eines Verstoßes gegen § 556d niedriger als die vereinbarte Miete, so kann sich dies rechnerisch auf die Rückstandsberechnung nach § 543 Abs. 2 Nr. 3 BGB auswirken. Gleichwohl kann sich der Vermieter im Falle einer Kündigung wegen Zahlungsverzug nach § 242 BGB nicht darauf berufen, dass der Rückstand die objektiv maßgebende Grenze erreicht habe, weil er die Teilunwirksamkeit der Preisvereinbarung zu vertreten hat.[439] Dies gilt auch dann, wenn sich der Mieter auf die Teilunwirksamkeit beruft.[440]

125 **dd) Das Entstehen des Kündigungsrechts.** Das Kündigungsrecht entsteht, wenn die Tatbestandsvoraussetzungen der Nr. 3 lit. a oder lit. b vorliegen. Dabei ist streitig, ob der Vermieter mit der Abgabe der Kündigungserklärung zuwarten muss, bis der Tatbestand erfüllt ist[441] oder ob es genügt, wenn die Kündigungsvoraussetzungen zum Zeitpunkt des Zugangs der Kündigung gegeben sind.[442] Zutreffend ist die letztgenannte Ansicht (§ 130 Abs. 1 Satz 1 BGB). Ein einmal entstandenes Kündigungsrecht bleibt auch dann erhalten, wenn sich der Rückstand in der Folgezeit reduziert. Es ist also nicht erforderlich, dass noch zum Zeitpunkt des Zugangs der Kündigung ein Rückstand i. S. v. Nr. 3 lit. a oder lit. b gegeben ist.[443] Ein einmal entstandenes **Kündigungsrecht erlischt** erst, wenn der Vermieter vollständig befriedigt wurde, der Rückstand also vollkommen ausgeglichen ist (s. § 543 Abs. 2 Satz 2 BGB; s. Rdn. 134). Wird wegen eines Bagatellbetrags gekündigt, so kann dies allerdings rechtsmissbräuchlich sein.

126 Der **Vermieter kann sofort kündigen.** Er ist grundsätzlich nicht gehalten, zunächst eine Zahlungsklage zu erheben.[444] Dies gilt auch dann, wenn der Mieter die Miete wegen eines Mangels gemindert hat und die Berechtigung hierzu streitig ist. Auch in diesem Fall ist es nicht erforderlich, dass die Berechtigung des Mieters zur Minderung zunächst in einem Zahlungsprozess gerichtlich geklärt wird.[445] In der früheren instanzgerichtlichen Rechtsprechung wurden – beim Streit über die Zahlungsverpflichtung – hierzu auch abw. Ansichten vertreten.[446] Diese Ansicht trifft nicht zu; unbeschadet hiervon kann es aber am Verschulden fehlen, wenn der Mieter rechtsirrig glaubt, dass er nicht zur Zahlung verpflichtet sei (s. Rdn. 102). An den unverschuldeten Rechts- oder Tatsachenirrtum sind allerdings strenge Anforderungen zu stellen (s. Rdn. 102). Ein unverschuldeter Rechtsirrtum liegt nicht vor, wen der Mieter irrig glaubt, er könne mit dem Rückzahlungsanspruch aus der Kaution gegen die Miete aufrechnen.[447] Der Vermieter muss nicht aufklären, wie es zu dem Rückstand gekommen ist.[448] Die Kündigung muss nicht angedroht werden. Der Vermieter muss den Mieter weder abmahnen (§ 543 Abs. 3 Satz 2 Nr. 3 BGB) noch zur Zahlung auffor-

---

[438] So aber AG Dortmund WuM 1980, 256; AG Altena NJW 1987, 1232 = WuM 1988, 25.

[439] *Abramenko* MDR 2015, 921, 923.

[440] **A. A.** *Abramenko* a. a. O.

[441] So LG Köln WuM 1992, 123; ZMR 2002, 126, 127; LG Duisburg WuM 2006, 257; AG Kerpen ZMR 2002, 123; *Sternel* Mietrecht aktuell (2009) Rdn. XII 122; *Winkler* ZMR 2006, 420, 422.

[442] So LG Köln WuM 1991, 263; LG Lüneburg WuM 1995, 705; *Emmerich* in Staudinger § 543 BGB Rdn. 48.

[443] BGH BB 1988, 2123; BGH (VIII ZR 261/15) NJW 2016, 3437 Rz. 19; KG GE 2016, 549; AG Dortmund WuM 2004, 720; unzutreffend LG Köln NJW-RR 1991, 208 = WuM 1991, 263; *Jablonski* GE 2011, 526.

[444] BVerfGE 80, 48 = NJW 1989, 1917 = WuM 1989, 278 = ZMR 1989, 255 = ZMR 1989, 255.

[445] LG Berlin GE 2010, 1623.

[446] AG Berlin-Schöneberg MM 1988, Nr. 9, 41; AG Steinfurt WuM 1989, 294; AG Berlin-Charlottenburg GE 1990, 105; AG Berlin-Spandau MM 1989, Nr. 9, 24.

[447] LG Berlin GE 2012, 487.

[448] LG Berlin GE 1983, 627.

dern.[449] Das gilt grundsätzlich auch dann, wenn der Mieter über eine längere Zeit mit kleineren Beträgen in Verzug war und die Höhe des Rückstands plötzlich einen zur Kündigung ausreichenden Betrag erreicht, ohne dass der Mieter dies erkennt.[450] Eine Ausnahme gilt, wenn die Kündigung nach den Vereinbarungen im Mietvertrag von einer formellen Zahlungsaufforderung abhängen soll.[451] Eine solche Vereinbarung muss – aus Gründen des Vertrauensschutzes – selbst dann beachtet werden, wenn die betr. Vereinbarung aus anderen Gründen unwirksam ist.[452] Der BGH hat dies für eine **Klausel** bejaht, die dem Verpächter ein Kündigungsrecht einräumt, „wenn der Pächter mit der Zahlung einer Pachtzinsrate ganz oder teilweise länger als einen Monat nach Zahlungsaufforderung trotz schriftlicher Mahnung im Rückstand ist". In einem solchen Fall muss der Verpächter bei fristloser Kündigung wegen Zahlungsverzuges das in der unwirksamen Klausel hierfür vorgesehene Verfahren (Zahlungsaufforderung, schriftliche Mahnung) einhalten.[453] In der vertraglich vereinbarten Zahlungsaufforderung muss die Kündigung nicht angedroht werden; die Aufforderung muss aber eindeutig sein.[454] Es darf aus der Sicht des Mieters kein Zweifel darüber bestehen, ob der Vermieter lediglich eine Mahnung aussprechen oder ob er mit der Erklärung die vertraglich vereinbarten Voraussetzungen für die Kündigung schaffen wollte.[455]

Die Regelung des **§ 314 Abs. 3 BGB,** wonach die Kündigung innerhalb einer angemessenen **127** Frist erfolgen muss, ist im Rahmen des § 543 Abs. 2 Nr. 3 BGB zurückhaltend anzuwenden. Der BGH hat in dem Urteil vom 11.3.2009 offen gelassen, ob § 314 Abs. 3 BGB generell für die fristlose Kündigung wegen Zahlungsverzug gilt.[456] Er hat jedoch ausgeführt, dass die Kündigung auch dann wirksam ist, wenn sie erst 5 Monate nach der Kenntnis vom Verzug erklärt wird. Insoweit ist zu bedenken, dass es dem Vermieter nicht zum Nachteil gereichen darf, wenn er im Falle des Zahlungsverzugs des Mieters zunächst die weitere Entwicklung abwartet. Ein solches Verhalten ist dann zweckmäßig, wenn nach der Sachlage eine vorübergehende Zahlungsschwierigkeit des Mieters in Frage kommt. Erweist sich in der Folgezeit, dass die Zahlungsschwierigkeiten von Dauer sind, was bereits dann angenommen werden kann, wenn die Rückstände über längere Zeit offen stehen, so ist der Vermieter auch nach längerer Zeit zur Kündigung berechtigt, und zwar auch dann, wenn der Mieter einen Teil des Rückstands abgetragen hat. Allerdings muss er vor der Kündigung abmahnen (s. Rdn. 128).[457] Grundsätzlich gilt, dass die Frist nicht zu laufen beginnt, bevor der Kündigungstatbestand entfällt. Daraus folgt: Eine Kündigung wegen Zahlungsrückständen ist jedenfalls solange möglich, wie der Rückstand besteht.[458] Der **Einwand der verspäteten Kündigung** wird lediglich im **Ausnahmefall** greifen. Dies setzt voraus, dass zwischen dem Eintritt der Kündigungsvoraussetzungen und dem Ausspruch der Kündigung längere Zeit vergangen ist und dass der Mieter aufgrund konkreter Umstände davon ausgehen durfte, der Vermieter werde von seinem Kündigungsrecht keinen Gebrauch machen. Eine längere Untätigkeit des Vermieters rechtfertigt diese Annahme für sich allein nicht.[459] In einem solchen Fall ist das Kündigungsrecht wegen des Rückstands gleichwohl nicht verwirkt, wenn sich der Rückstand infolge des fortdauernden vertragswidrigen Verhaltens des Mieters weiter vergrößert.[460] Es wäre sachwidrig, dem Vermieter deshalb eine illoyale verspätete Rechtsausübung vorzuwerfen, weil er zunächst auf die Belange des Mieters Rücksicht genommen hat. Der Schutz des Mieters wird in Fällen dieser Art über § 569 Abs. 3 Nr. 2 BGB gewährleistet. Im Ausnahmefall kann die Durchsetzung eines an sich wegen Zahlungsverzugs berechtigten Räumungsanspruchs allerdings gegen Treu und Glauben verstoßen. Insbesondere kann Verwirkung gegeben sein, wenn der Mieter regelmäßige Zahlungen auf den Rückstand leistet, der Vermieter dies über längere Zeit hinnimmt und kündigt, kurz bevor der Rückstand endgültig ausgeglichen ist[461] (s. Rdn. 128).

---

[449] LG Bochum WuM 1989, 411; **a. A.** AG Berlin-Charlottenburg GE 1990, 105.
[450] BGH LM Nr. 1 zu § 554 BGB.
[451] BGH MDR 1973, 44.
[452] BGH NJW 1987, 2506 = WuM 1987, 259 = ZMR 1987, 292.
[453] BGH NJW 1987, 2506; ebenso OLG Celle ZMR 2014, 276.
[454] BGH MDR 1973, 44.
[455] BGH a. a. O.
[456] BGH NZM 2009, 314 = WuM 2009, 231.
[457] **A. A.** wohl BGH a. a. O.
[458] KG GE 2005, 236; GE 2016, 459.
[459] **A. A.** AG Lingen WuM 1989, 569.
[460] BGH NJW 2005, 2775 = NZM 2005, 703 = GuT 2005, 217 = ZMR 2005, 776 = DWW 2005, 326 = GE 2005, 1054.
[461] *Jablonski* GE 2011, 526, 527.

128 **ee) Rechtsmissbräuchliche Kündigungen. Überraschende Kündigungen** sind rechtsmissbräuchlich. Hiervon wird auszugehen sein, wenn der Zahlungsrückstand für den Vermieter erkennbar auf einem Versehen beruht,[462] oder wenn der Vermieter wegen einer rückwirkend vereinbarten Mieterhöhung kündigt, ohne den Mieter zuvor abzumahnen. Beruht der Rückstand auf einer Mieterhöhung, über die durch Urteil entschieden worden ist, so ist § 569 Abs. 3 Nr. 3 BGB zu beachten (s. dort). Darüber hinaus ist auch in diesem Fall eine Abmahnung zu fordern. Eine Abmahnung ist auch dann unentbehrlich, wenn der Vermieter den Rückstand über längere Zeit rügelos hingenommen hat, wenn er frühere Kündigungslagen nicht zum Anlass einer Kündigung genommen hat,[463] wenn der Mieter unbeanstandet fortgesetzt verspätet gezahlt hat und er infolge dieser Zahlungsweise erstmals für zwei aufeinander folgende Termine in Verzug gekommen ist,[464] wenn die Parteien über eine längere Zeit über die Berechtigung einer Mietminderung verhandelt haben,[465] wenn der Vermieter in der Vergangenheit rügelos Teilzahlungen entgegengenommen hat oder wenn der Mieter aus anderen Gründen mit einer Kündigung nicht zu rechnen brauchte.[466] Ebenso kann nach § 242 BGB eine Abmahnung erforderlich sein, wenn das Mietverhältnis bereits sehr lange dauert, der Mieter überwiegend pünktlich bezahlt hat und die Aussicht besteht, dass die nunmehr aufgetretenen Zahlungsprobleme alsbald behoben werden können.[467] Durch die **Abmahnung** soll der Mieter vor den Folgen der Zahlungsverweigerung gewarnt werden. Deshalb muss in der Abmahnung – die keiner besonderen Form bedarf – die Kündigung angedroht werden; eine bloße Zahlungsaufforderung genügt nicht.[468] Außerdem soll dem Mieter durch die Abmahnung die Möglichkeit zur Abwendung der Kündigung eingeräumt werden. Deshalb muss dort eine Zahlungsfrist bestimmt werden, die so zu bemessen ist, dass der Mieter seine Zahlungsverpflichtung erfüllen kann. Nach der hier vertretenen Auffassung muss die Abmahnung klar und eindeutig sein. Es wird aber auch die Auffassung vertreten, dass in der Klagerhebung zugleich eine Abmahnung liege[469] oder dass eine unwirksame Rücktrittserklärung in eine Abmahnung umgedeutet werden kann.[470]

129 Wurden die Mieten bisher durch **Lastschriftverfahren** eingezogen und will der Vermieter hiervon abweichen, so muss er dies dem Mieter mitteilen; ohne vorherige Mitteilung ist eine auf § 543 Abs. 2 Satz 1 Nr. 3 BGB gestützte Kündigung überraschend.[471] Hat der Mieter um eine Stundung der Miete oder (bei erheblichem Mietrückstand) um Ratenzahlungen nachgesucht, so dürfte der Einzug der Miete im Lastschriftverfahren zwar regelmäßig scheitern. Gleichwohl ist der Vermieter gehalten den Mieter vor der Kündigung über seine Entscheidung betreffend das Stundungs-/Ratenzahlungsgesuch zu informieren. Eine überraschende Kündigung liegt außerdem dann vor, wenn sich der Vermieter mit dem Ausspruch der Kündigung **zu seinem eigenen Verhalten in Widerspruch** setzt. Hiervon ist insbesondere dann auszugehen, wenn der Vermieter dem Mieter eine Zahlungsfrist gesetzt hat und vor Ablauf der Frist kündigt.[472]

130 Hat der Vermieter nach dem Entstehen des Kündigungsrechts längere Zeit zugewartet, so kann es rechtsmissbräuchlich sein, wenn der Vermieter ohne Abmahnung kündigt.[473] Unabhängig davon wird ein Rechtsmissbrauch auch dann vorliegen, wenn der Mieter den überwiegenden Rückstand bezahlt hat und zum Zeitpunkt des Kündigungsausspruchs nur noch ein **Bagatellbetrag** offen ist.[474]

131 Ein Rechtsmissbrauch kann auch dann gegeben sein, wenn die **Interessen des Vermieters durch die Zahlungsverzögerung nicht ernsthaft gefährdet** werden. Hiervon ist i. d. R. auszugehen, wenn die Miete durch das Sozialamt bezahlt wird, die Zahlungsverzögerung auf behördeninternen Schwierigkeiten beruht und der Vermieter kündigt ohne zuvor mit dem Sozialamt Ver-

---

462 OLG Hamm WuM 1998, 485; *Sternel* PiG 90 (2011) S. 175, 183.
463 OLG Hamm ZMR 1994, 560; LG Hamburg NJWE-MietR 1996, 104.
464 BGH NJW 1959, 766; LG Berlin WuM 1986, 370 = ZMR 1987, 20.
465 AG Hamburg-Blankenese WuM 1987, 388.
466 LG Frankfurt WuM 1992, 434: wenn der Mieter einen nicht unterschriebenen Scheck überreicht und der Vermieter kündigt ohne die fehlende Unterschrift zu rügen.
467 OLG Düsseldorf ZMR 2002, 818.
468 OLG Hamm a. a. O.; AG Hamburg-Altona NZM 2003, 69.
469 BGH WuM 1970, 77 = LM § 554a BGB Nr. 1.
470 BGH ZMR 1972, 306; Palandt/*Weidenkaff* § 543 BGB Rdn. 47.
471 AG Bergheim WuM 1992, 478.
472 AG Bonn WuM 1992, 478.
473 *Sternel* PiG 90 (2011) S. 175, 183.
474 *Sternel* Mietrecht (1988) Rdn. IV 408.

bindung aufzunehmen.[475] Jedenfalls ist der Vermieter verpflichtet, den Mieter vor dem Ausspruch der Kündigung über die ausbleibenden Zahlungen zu informieren.[476] Ebenso muss Rechtsmissbrauch angenommen werden, wenn der Rückstand eingetreten ist, weil sich der Vermieter geweigert hat, eine Erklärung über die Miethöhe auszufüllen, die der Mieter zur Erlangung von Sozialhilfe benötigt hätte.[477] Etwas anderes gilt, wenn das Sozialamt nicht zahlt, weil der Mieter seine Mitwirkungspflichten bei der Erlangung von Sozialhilfe verletzt hat oder wenn die Zahlungsbereitschaft des Sozialamts zweifelhaft ist, etwa weil die Sozialhilfeberechtigung des Mieters nicht sicher feststeht. Ein Rechtsmissbrauch liegt nicht vor, wenn der Vermieter kündigt, obwohl er einen Bürgen mit unbeschränkter Haftung in Anspruch nehmen könnte.[478] Etwas anderes kann gelten, wenn der Bürge erkennbar zahlungsbereit ist und der Vermieter gleichwohl kündigt, ohne mit dem Bürgen Kontakt aufzunehmen.[479] Auf eine in der Höhe beschränkte Mietkaution muss sich der Vermieter nicht verweisen lassen,[480] zumal die Kaution auch Sicherheit für eventuelle Schadenersatzansprüche aus dem beendeten Mietverhältnis bieten soll.[481]

Ein Rechtsmissbrauch ist auch dann in Betracht zu ziehen, wenn der **Mieter zweifelsfrei zahlungsfähig und zahlungswillig** ist und die Zahlungsverzögerung ausschließlich auf dem Verschulden eines Dritten beruht. Ein solcher Fall kann gegeben sein, wenn ein vom Mieter gegenüber der Bank erteilter Überweisungsauftrag ohne Verschulden des Mieters nicht ausgeführt oder fehlerhaft ausgeführt wird. Zwar hat der Mieter für das Verschulden der Bank einzustehen (s. Rdn. 97); gleichwohl wird das Kündigungsrecht zweckfremd ausgeübt, wenn zwar die formalen Kündigungsvoraussetzungen vorliegen, das Vermögen des Vermieters aber nicht gefährdet ist. 132

In der Rechtsprechung ist darüber hinaus im Einzelfall ein **Verstoß gegen Treu und Glauben** angenommen worden, wenn der Verlust der Wohnung den Mieter ganz besonders hart treffen würde, während das Interesse des Vermieters an der Vertragsbeendigung relativ gering zu bewerten ist. Dies wurde in der Rechtsprechung angenommen bei einer 74-jährigen Mieterin mit 20-jähriger Wohndauer, die sich um die Tilgung des Rückstands bemüht hat;[482] sowie in einem Fall in dem der Mieter nahezu sein ganzes Vermögen in die Mietsache investiert hatte und die Kündigung wegen eines verhältnismäßig geringen Rückstands ausgesprochen wurde.[483] Diese Rechtsprechung ist außerordentlich problematisch, weil sie die Rechtsgestaltungsmöglichkeiten des § 574 BGB auf die fristlose Kündigung ausdehnt. Gleichwohl lehrt die Rechtspraxis, dass auf Korrekturen dieser Art nicht gänzlich verzichtet werden kann; allerdings müssen die Korrekturen im Interesse der Rechtssicherheit auf Extremfälle beschränkt bleiben. 133

c) Ausschluss der Kündigung (Abs. 2 Satz 2 und 3). Nach § 543 Abs. 2 Satz 2 BGB ist die Kündigung ausgeschlossen, wenn der Vermieter vorher (= vor Zugang der Kündigung) befriedigt wird. Diese Rechtsfolge gilt für alle Mietverhältnisse. Durch die Formulierung „befriedigt wird" kommt zum Ausdruck, dass der Vermieter die Zahlungen eines Dritten – z. B. des Sozialamts – nicht ablehnen darf. Dieselbe Rechtsfolge ergibt sich aus § 267 Abs. 1 BGB. Neben der Zahlung kommen alle anderen Erfüllungssurrogate (Aufrechnung, Hinterlegung mit Rücknahmeverzicht) in Betracht. 134

Für die **Rechtzeitigkeit der Zahlung** gelten die Ausführungen unter Rdn. 94. Maßgeblich ist also, dass der Mieter die Leistungshandlung rechtzeitig vorgenommen hat.[484] 135

Durch die **Zahlung** wird die Kündigung nur dann ausgeschlossen, wenn der Vermieter hierdurch vollständig befriedigt wird.[485] Im Streitfall muss der Mieter beweisen, dass er nicht mehr säumig war, als ihm die Kündigung zugegangen ist. Die **Beweislast** ist nicht dergestalt aufgespalten, 136

---

[475] LG Mönchengladbach ZMR 1993, 571; LG Berlin MM 1993, 394; LG Saarbrücken ZMR 2006, 46, 47.
[476] *Sternel* PiG 90 (2011) S. 175, 177.
[477] **A. A.** LG Köln WuM 1995, 104; *Kinne* GE 1996, 820, 832.
[478] BGH MDR 1972, 411 = LM § 535 BGB Nr. 50.
[479] Ähnlich *Sternel* Mietrecht (1988) Rdn. IV 414: Der Bürge müsse die Möglichkeit zur Zahlung erhalten.
[480] BGH a. a. O.
[481] **A. A.** *Sternel* a. a. O. für den Fall, dass die Bürgschaft nur der Sicherung der Mietzahlungsansprüche dient.
[482] LG Hannover WuM 1983, 263.
[483] LG Nürnberg-Fürth MDR 1959, 845.
[484] BGH NJW 2006, 1585 = NZM 2006, 338 = WuM 2006, 193 = ZMR 2006, 425 = DWW 2006, 233 = GE 2006, 508; RGZ 99, 257; OLG Celle MDR 1969, 1007; LG Dortmund DWW 1971, 328; LG Berlin NJW-RR 1993, 144; *Emmerich* in Staudinger § 543 BGB Rdn. 54, 54a; *Bieber* in MünchKomm § 543 BGB Rdn. 55; *Kinne* in Kinne/Schach/Bieber Miet- und Mietprozessrecht § 543 BGB Rdn. 79; *Sternel* Mietrecht (1988) Rdn. IV 271; *Lammel* § 543 BGB Rdn. 106; *Kandelhard* in Herrlein/Kandelhard § 543 BGB Rdn. 57; Palandt/*Weidenkaff* § 543 BGB Rdn. 27.
[485] BGH ZMR 1971, 27; BGH (VIII ZR 261/15) NJW 2016, 3437 Rz. 22, 23; LG München ZMR 1986, 125.

dass zunächst der Vermieter den Zeitpunkt des Zugangs beweisen müsste und dass es auf den Zeitpunkt der Zahlung nicht mehr ankommt, wenn der Vermieter diesen Beweis nicht zu führen vermag. Vielmehr hat der Mieter ein ihm zeitlich günstiges Verhältnis der Zahlung zur Kündigung zu beweisen. Steht freilich der Zeitpunkt der Zahlung fest, so muss der Mieter lediglich beweisen, dass später gekündigt worden ist. Steht umgekehrt der Zeitpunkt der Kündigung fest, so muss der Mieter nur noch beweisen, dass vorher gezahlt ist.[486]

137 Auf **Teilleistungen** braucht sich der Vermieter nicht einzulassen. Nimmt er die teilweise Leistung dennoch entgegen, so kann die Ausübung des Kündigungsrechts verwirkt sein. Ein solcher Fall wird dann vorliegen, wenn der Mieter auf Grund der Umstände davon ausgehen durfte, dass der Vermieter im Hinblick auf die Zahlungsbereitschaft des Mieters nicht kündigen wolle und wenn der Vermieter zwischen Zahlung und Kündigung einen längeren Zeitraum verstreichen lässt. Behält sich der Vermieter das Recht zur fristlosen Kündigung bei der Entgegennahme der Teilleistung ausdrücklich vor, so wird hierdurch der Eintritt der Verwirkung regelmäßig ausgeschlossen.

138 Auch die **Aufrechnung** ist eine Form der Erfüllung. Deshalb ist die Kündigung auch dann ausgeschlossen, wenn der Mieter vor Zugang der Kündigung wirksam aufgerechnet hat (§ 543 Abs. 2 Satz 3 BGB). Eine Aufrechnung nach Zugang führt zur Unwirksamkeit der Kündigung, wenn sie unverzüglich (ohne schuldhaftes Zögern) erklärt wird (§ 543 Abs. 2 **Satz 3** BGB.[487] In manchen Mietverträgen ist vereinbart, dass die Aufrechnung einen Monat vor Fälligkeit der Miete angezeigt werden muss. Der BGH hat eine solche Formularklausel in den Urteilen vom 4.5.2011[488] und vom 14.9.2011[489] als wirksam angesehen. Folgt man dieser Ansicht, so wäre die Möglichkeit zur Beseitigung der Kündigungswirkung nach dieser Vorschrift ausgeschlossen. Nach der hier vertretenen Auffassung ist eine entsprechende Klausel nur wirksam, wenn der Fall der nachträglichen Aufrechnungen im Falle der Kündigung wegen Zahlungsverzugs ausdrücklich ausgenommen wird.[490] Eine umfassend wirksame Ankündigungsklausel verstößt gegen § 569 Abs. 5 BGB). Eine einschränkende Auslegung auf ihren zulässigen Inhalt ist wegen des Verbots der geltungserhaltenden Reduktion von Allgemeinen Geschäftsbedingungen nicht möglich. Für die Aufrechnung nach Zugang der Kündigung siehe außerdem § 569 BGB Rdn. 43 Für den Fall der Aufrechnung vor Zugang der Kündigung ist zu bedenken, dass hierdurch der Zahlungsanspruch des Vermieters rückwirkend erlischt (§ 389 BGB). Deshalb kann auch eine **teilweise Aufrechnung** zur Folge haben, dass infolge der Verringerung des Rückstands die Voraussetzungen der § 543 Abs. 2 Satz 1 Nr. 3 BGB nicht mehr vorliegen.

139 Der Vermieter ist nicht verpflichtet, sich im Falle eines Zahlungsverzugs aus einer **Mietkaution** zu befriedigen, weil die Kaution zur Sicherstellung aller Ansprüche des Vermieters, also auch zur Sicherung von Schadensersatzansprüchen dient.[491] Andererseits ist der Vermieter aber berechtigt, wegen der Mietrückstände auf die Kaution zurückzugreifen. In diesem Fall kann er auch Wiederauffüllung der Kaution verlangen.[492] Zur Aufrechnung mit dem Rückforderungsanspruch aus der Kaution ist der Mieter nicht in der Lage, weil dieser Anspruch erst nach der Beendigung des Mietverhältnisses fällig wird.[493] Teilweise wird in diesem Zusammenhang die Ansicht vertreten, dass ein Vermieter dann auf die Kaution zurückgreifen müsse, wenn diese ausschließlich der Sicherung von Mietzahlungsansprüchen dient; der Ausspruch der Kündigung trotz vorhandener Kaution ist nach dieser Ansicht rechtsmissbräuchlich.[494] Dabei wird verkannt, dass zwischen dem Eintritt der Zahlungsunfähigkeit und der Rückgabe der Mietsache meist ein längerer Zeitraum liegt, für den der Mieter die Miete schuldet, aber nicht bezahlen kann. Durch die Kaution soll dieses Risiko abgewendet oder vermindert werden. Es ist dem Vermieter deshalb nicht zuzumuten, sich zuerst aus der Kaution zu befriedigen und dann erst zu kündigen.

140 Zum Wegfall der Kündigungswirkungen bei Zahlung oder Aufrechnung nach Zugang der Kündigung s. § 569 BGB Rdn. 37 ff.

141 **d) Prozessuales/Darlegungs- und Beweislast. aa)** Der Vermieter muss in der **Klagschrift** darlegen, dass Rückstände i. S. v. § 543 Abs. 2 Satz 1 Nr. 3 BGB bestehen, dass deswegen eine

---

486 BGH LM Nr. 5 zu § 554 BGB.
487 BGH (VIII ZR 261/15) NJW 2016, 3437 Rz. 22, 23.
488 BGH (VIII ZR 191/10) NJW 2011, 2201 = WuM 2011, 418.
489 BGH (VIII ZR 301/10) NZM 2012, 22 = WuM 2011, 674.
490 Ebenso: *Niebling* ZMR 2011, 709.
491 BGH WPM 1972, 335; LG Berlin MM 1986, 30.
492 BGH a. a. O.
493 LG Berlin ZMR 1998, 231; *Emmerich* in Staudinger § 543 BGB Rdn. 66.
494 *Sternel* Mietrecht (1988) Rdn. IV 274.

schriftliche Kündigung ausgesprochen worden ist, dass die Zugangsvoraussetzungen vorliegen und dass der Mieter die Wohnung nicht geräumt hat. Hinsichtlich der Anforderungen an den **Inhalt der Klagschrift** gilt § 253 Abs. 2 Nr. 2 ZPO. Danach muss die Klageschrift unter anderem „die bestimmte Angabe des Gegenstandes" der Klage enthalten. Nach der hier vertretenen Ansicht ist hieraus abzuleiten, dass sich aus der Klagschrift ergeben muss, welche Rückstände für welche Monate Gegenstand der Klage sind. Es genügt allerdings, wenn der Klagschrift die Kündigungserklärung beigefügt wird und hieraus die Rückstände ersichtlich sind. Anderenfalls ist die Klage unschlüssig, weil der Streitgegenstand nicht festgestellt werden kann. Gleiches gilt nach der hier vertretenen Ansicht, wenn der Rückstand lediglich in Form eines Saldos dargestellt wird.[495] Der **BGH** teilt diese Ansicht nicht. Die Zuordnung von Mietrückständen zu den einzelnen Monaten sei „weder für den Entscheidungsumfang des Gerichts (§ 308 ZPO) noch zur Ermittlung der Rechtskraft einer späteren gerichtlichen Entscheidung oder eine Zwangsvollstreckung von Bedeutung".[496] Jedoch ist die Saldoklage unzulässig, wenn sich der Saldo aus unterschiedlich hohen Mietzinsforderungen, Betriebskosten, Mahnkosten, Rechtsanwaltskosten und diversen Gutschriften für Zahlungen ergibt.[497] Auch in der Literatur wird (zu Recht) die Ansicht vertreten, dass eine Saldoklage jedenfalls dann unzulässig ist, wenn in dem Saldo auch Betriebskostenvorauszahlungen für einen Zeitraum enthalten sind, über den der Vermieter bereits abgerechnet hat oder die einen Zeitraum nach Eintritt der Abrechnungsreife betreffen.[498]

Ist die **Höhe der vertraglich vereinbarten Miete** streitig, so hat dies der Vermieter zu beweisen. Behauptet der Mieter, dass er zur **Minderung** berechtigt sei, muss er beweisen, dass die Mietsache mangelhaft ist und dass er den Mangel angezeigt hat (oder dass die Anzeige entbehrlich war, weil der Vermieter bereits anderweitig Kenntnis erlangt hatte). Der Vermieter muss vortragen, dass die **Rückstandsvoraussetzungen** gegeben sind. Der Mieter muss darlegen und beweisen, dass die Leistung infolge eines Umstands unterblieben ist, den er nicht zu vertreten hatte (§ 286 Abs. 4 BGB). Außerdem muss der Mieter darlegen und beweisen, wann und wie er erfüllt hat. Bleibt die **Zahlung streitig,** so muss der Mieter die von ihm vorzutragenden Tatsachen beweisen. Der Beweis ist geführt, wenn diejenigen Tatsachen bewiesen sind, aus denen sich die Erfüllungshandlung (s. Rdn. 94) ergibt.[499] Die zum Eintritt der Erfüllungswirkungen nötigen Tatsachen muss der Mieter nicht beweisen. Behauptet der Mieter, dass er weitergehende Zahlungen geleistet habe, trifft ihn die Beweislast. Gleiches gilt, wenn der Mieter Erfüllung durch Aufrechnung einwendet. Ist streitig, ob die Voraussetzungen des **§ 543 Abs. 2 Satz 2 BGB** gegeben sind, so muss der Mieter beweisen, dass er erfüllt hat, bevor ihm die Kündigung zugegangen ist. Er muss deshalb nicht nur den Zeitpunkt der Zahlung, sondern auch den Zeitpunkt der Kündigung beweisen.[500] 142

bb) Wird der Mieter zur Räumung verurteilt, so sind ihm die Kosten aufzuerlegen. Eine Kostenteilung kommt auch dann nicht in Betracht, wenn das Gericht mehrere Kündigungen überprüft und nur eine einzige Kündigung für wirksam, die übrigen aber für unwirksam erachtet hat. Die verschiedenen Kündigungen bilden zwar verschiedene Streitgegenstände. Dies ist aber weder für den Streitwert, noch für die Kostenentscheidung von Bedeutung.[501] 143

cc) Ist der ursprüngliche Räumungsrechtsstreit durch klagabweisendes Urteil abgeschlossen worden und tritt während des Laufs der Berufungsbegründungsfrist ein zur fristlosen Kündigung nach § 543 Abs. 2 Satz 1 Nr. 3 BGB berechtigender Zahlungsverzug ein, so genügt es, wenn der Vermieter deshalb kündigt und die **Berufung** nur mit dem nach Erlass des erstinstanzlichen Urteils 144

---

495 Ebenso: KG GE 2002, 796; OLG Brandenburg GE 2006, 1169; GE 2007, 444; *Sternel* Mietrecht aktuell 4. Aufl. 2009 Rdn. XIV 49.

496 BGH (VIII ZR 94/12) NZM 2013, 422.

497 LG Kempten WuM 2016, 444; AG Dortmund/LG Dortmund GE 2015, 1103; AG Hanau WuM 2015, 742; AG Gießen WuM 2014, 216; WuM 2016, 304; ebenso: Brandenburgisches OLG Urteil vom 22.9.2015 – 6 U 99/14 juris Rz. 26: wenn der Mieter rückständige Mieten, Nutzungsentschädigung und Nebenkosten, teils in Form einer Vorauszahlung, teils als Abrechnungsergebnis schuldet; AG Hanau WuM 2015, 742: wenn der Vermieter Rückstände bestehend aus Nettomiete, Betriebskostenvorauszahlungen; Nachforderungen aus Betriebskostenabrechnungen und Mahnkosten saldiert.

498 *Zehelein* NZM 2013, 638, 640; *Fischer* in Bub/Treier Kap. IX Rdn. 61, 62.

499 **A. A.** *Grams* ZMR 1994, 5: Der Vermieter müsse die Nicht-Zahlung beweisen; wie hier *Bender* ZMR 1994, 251.

500 BGH MDR 1960, 1006.

501 **A. A.** AG Herne ZMR 1993, 529 wonach der Vermieter 50% der Kosten tragen soll, wenn nur eine von zwei Kündigungen wirksam ist; dagegen zu Recht *Schopp* ZMR 1993, 530.

eingetretenen Verzug begründet. In einem solchen Fall bedarf es keiner Auseinandersetzung mit den Gründen des angefochtenen Urteils.[502]

145 Soll in das Berufungsverfahren eine **weitere Kündigung** eingeführt werden, so liegt hierin eine Klageänderung.[503] Diese ist als sachdienlich zuzulassen, wenn hierdurch der Prozessstoff im Wesentlichen gleich bleibt; hiervon ist auszugehen, wenn lediglich der Betrag der rückständigen Miete angewachsen ist.[504] Die Klageänderung ist nicht sachdienlich, wenn der Kläger einen völlig neuen Prozessstoff vorträgt,[505] oder wenn der Kläger durch sein erstinstanzliches Vorbringen eine unklare und unübersichtliche Rechtslage geschaffen hat und der Mieter deshalb seine Rechte aus § 569 Abs. 3 Nr. 2 BGB nicht mehr sinnvoll ausüben kann.[506]

146 **dd)** dd) Nach **§ 940a Abs. 3 ZPO** darf die **Räumung von Wohnraum** durch einstweilige Verfügung u. a. dann angeordnet werden, wenn der Beklagte einer Sicherungsanordnung (§ 283 a) nicht Folge leistet. Die Vorschrift setzt voraus, **(1)** dass der Vermieter eine Räumungsklage wegen Zahlungsverzugs erhoben hat, **(2)** dass in diesem Verfahren zugleich die künftig fällig werdende Nutzungsentschädigung eingeklagt wird, **(3)** dass das Gericht eine Sicherungsanordnung nach § 283 a ZPO erlassen hat, nachdem der Mieter die künftig fällig werdende Nutzungsentschädigung zu hinterlegen hat und **(4)** dass der Mieter dieser Anordnung nicht Folge leistet.

147 **Voraussetzungen der Sicherungsanordnung.** Die Sicherungsanordnung kann nur wegen solcher Geldforderungen angeordnet werden, die Gegenstand der Zahlungsklage sind und die nach Eintritt der Rechtshängigkeit fällig wurden. Die Zahlungsklage muss mit einer wegen Zahlungsverzug erhobenen Räumungsklage verbunden sein.[507] Zum Zahlungsverzug in diesem Sinne zählen diejenigen Fälle, in denen der Vermieter nach § 543 Abs. 2 Nr. 3 BGB zur Kündigung berechtigt ist, nicht dagegen die Fälle der unpünktlichen Mietzahlung (§ 543 Abs. 1) und die Fälle der Kündigung wegen Nichtzahlung der Kaution (§ 569 Abs. 2a). Hinsichtlich der Zahlungsklage muss eine hohe Erfolgsaussicht bestehen. Weiter setzt die Sicherungsanordnung voraus, dass die Hinterlegung zur Abwendung eines besonderen Nachteils erforderlich ist. Das von jedem Gläubiger zu tragende allgemeine Prozessrisiko genügt nicht. Anders ist es, wenn der Zahlungsrückstand zur Folge hat, dass der Vermieter eigene Zahlungsverpflichtungen nicht erfüllen kann.[508] Nach allgemeinen Grundsätzen (§§ 935, 916ff ZPO) setzt die einstweilige Verfügung einen Verfügungsanspruch voraus. Deshalb ist § 940a Abs. 3 ZPO unanwendbar, wenn die Räumungsklage keine Erfolgsaussicht hat, etwa weil die Kündigungserklärung formell unwirksam ist. Andererseits setzt der Erlass einer einstweiligen Verfügung nicht voraus, dass der Räumungsanspruch zweifelsfrei besteht; in einem solchen Fall kann hinsichtlich der Räumungsklage eine Endentscheidung ergehen. Es dürfte sachgerecht sein, wenn an die Erfolgsaussicht der Räumungsklage dieselben Anforderungen wie an den Erlass der Sicherungsanordnung gestellt werden. Erforderlich ist demnach, dass die Räumungsklage „hohe Aussicht auf Erfolg hat."

148 Für den Erlass der Räumungsverfügung ist dasjenige Gericht zuständig, das die Sicherungsanordnung erlassen hat.[509]

149 Bei der **Gewerbemiete** ist eine Anwendung des **§ 940 ZPO** in Erwägung zu ziehen. Danach sind einstweilige Verfügungen „auch zum Zwecke der Regelung eines einstweiligen Zustandes in Bezug auf ein streitiges Rechtsverhältnis zulässig, sofern diese Regelung, insbesondere bei dauernden Rechtsverhältnissen zur Abwendung wesentlicher Nachteile oder zur Verhinderung drohender Gewalt oder aus anderen Gründen nötig erscheint." Hier gilt der Grundsatz, dass durch den Erlass einer einstweiligen Verfügung kein endgültiger Zustand geschaffen werden darf. Deshalb scheidet eine Räumungsverfügung regelmäßig aus. Ausnahmsweise kann es aber genügen, dass der Eigentümer infolge einer besonderen wirtschaftlichen Notlage auf die sofortige Herausgabe der Räume angewiesen ist. Insoweit gelten strenge Anforderungen. Eine Räumungsverfügung kommt nur in Betracht, wenn dem Vermieter die Erwirkung eines Titels im ordentlichen Verfahren nicht möglich oder nicht zumutbar ist und der Verweis auf das ordentliche Verfahren praktisch einer Rechtsver-

---

[502] BGH NJW-RR 2007, 934 = WuM 2007, 283.
[503] OLG Zweibrücken WuM 1981, 177 = ZMR 1982, 112 = DWW 1982, 119; LG Mannheim WuM 1991, 687.
[504] LG Gießen ZMR 1994, 332 = WuM 1994, 706.
[505] LG Gießen a. a. O.; LG Berlin GE 1991, 253.
[506] LG Mannheim WuM 1991, 687.
[507] LG Saarbrücken WuM 2015, 630.
[508] LG Saarbrücken a. a. O.
[509] *N. Fischer* NZM 2013, 249, 253.

weigerung gleichkäme.[510] Befürchtete finanzielle Nachteil reichen für sich alleine nicht aus. Nach der Ansicht des LG Hamburg[511] ist bei der Auslegung des § 940 ZPO der Rechtsgedanke des (nur für die Wohnraummiete geltenden) § 940 a ZPO zu berücksichtigen. Danach darf die Räumung von Wohnraum durch einstweilige Verfügung auch gegen einen Dritten angeordnet werden, der im Besitz der Mietsache ist, wenn gegen den Mieter ein vollstreckbarer Räumungstitel vorliegt und der Vermieter vom Besitzerwerb des Dritten erst nach dem Schluss der mündlichen Verhandlung Kenntnis erlangt hat. Sind diese Voraussetzungen gegeben und ist der Vermieter dringend auf die Herausgabe angewiesen, soll auch bei der Gewerbemiete eine Räumungsanordnung im einstweiligen Verfahren in Betracht kommen. Zu weiteren Beweislastfragen s. § 569 BGB Rdn. 15.

e) Konkurrenzen. Liegt ein Zahlungsverzug vor, so kann der Vermieter grundsätzlich wahlweise nach § 543 Abs. 2 Satz 1 Nr. 3 BGB oder nach **§ 573 Abs. 2 Nr. 1 BGB** kündigen. Allerdings sind die jeweiligen Kündigungsvoraussetzungen nicht vollständig identisch. So hat der Mieter seine Zahlungsunfähigkeit im Rahmen des § 543 Abs. 2 Satz 1 Nr. 3 BGB auch dann zu vertreten, wenn ihm kein Verschulden zur Last fällt. Eine Kündigung nach § 573 Abs. 2 Nr. 1 BGB ist nur möglich, wenn der Mieter die Zahlungsunfähigkeit vorsätzlich oder fahrlässig herbeigeführt hat (s. § 573 BGB Rdn. 30). Anders als bei § 543 Abs. 2 Satz 1 Nr. 3 BGB ist es bei § 573 Abs. 2 Nr. 1 BGB nicht erforderlich, dass der Rückstand auf periodisch wiederkehrenden Zahlungsverpflichtungen resultiert (s. § 573 BGB Rdn. 28). Ob nach § 573 BGB geringere Zahlungsrückstände ausreichen, als nach § 543 Abs. 2 Satz 1 Nr. 3 BGB, ist umstritten (s. § 573 BGB Rdn. 26). Zur analogen Anwendung des **§ 569 Abs. 3 Nr. 2 BGB** wenn die Kündigung auf § 573 Abs. 2 Nr. 1 BGB gestützt wird s. § 569 BGB Rdn. 65. 150

Bei einer länger andauernden und fortgesetzten Zahlungsunpünktlichkeit kann der Kündigungstatbestand des § 543 Abs. 1 BGB gegeben sein (s. Rdn. 171). 151

Die allgemeinen Vorschriften der **§§ 323 ff. BGB** werden durch § 543 Abs. 2 Satz 1 Nr. 3 BGB verdrängt, wenn die Mietsache dem Mieter überlassen worden ist.[512] Ist die Miete bereits vor der Überlassung fällig (Vorausmiete), so ist § 323 BGB anwendbar, wenn der Mieter vor der Überlassung in Verzug kommt.[513] 152

Der Umstand, dass sich der Mieter in Zahlungsverzug befindet, berechtigt den Vermieter nicht zur **Zurückhaltung der Pflicht zur Gebrauchsgewährung.** Deshalb ist der Vermieter in einem solchen Fall nicht zum Austausch der Schlösser berechtigt.[514] 153

f) Besonderheiten beim Insolvenzverfahren. Hat der Mieter die **Miete durch Einzugsermächtigung bezahlt,** und wird sodann über das Vermögen des Mieters das Insolvenzverfahren eröffnet und ein vorläufiger Insolvenzverwalter bestellt, so war in früherer Zeit streitig, ob der Insolvenzverwalter der Abbuchung der Miete widersprechen kann. Nach der **früheren Rechtsprechung** des IX. Zivilsenats (Insolvenzsenat) erlosch die Forderung des Gläubigers nicht mit deren Gutschrift, sondern erst mit der Genehmigung des Schuldners (sog. **Genehmigungstheorie**). Dies galt auch für den Fall der Schuldnerinsolvenz. Soweit der Schuldner die Buchung nicht vor Beantragung des Insolvenzverfahrens bereits genehmigt hatte, konnte der vorläufige Insolvenzverwalter der Buchung widersprechen.[515] Demgegenüber vertrat der XI. Zivilsenat (Bankensenat) die Ansicht, dass die Erfüllung bereits mit der vorbehaltslosen Gutschrift auf dem Gläubigerkonto eintritt (sog. „Erfüllungstheorie").[516] 154

Seit dem 31.10.2009 ist das Lastschriftverfahren gesetzlich in den **§§ 675 c ff. BGB** geregelt. Danach gilt folgendes: **(1)** Die Banken und Sparkassen können durch Allgemeine Geschäftsbedingungen eine von der Genehmigungstheorie abw. Parteivereinbarung vorsehen. Autorisiert der Mieter mit der dem Vermieter erteilten Einzugsermächtigung zugleich seine Bank, die Zahlung auszuführen, so ist die Belastungsbuchung auf seinem Konto von Anfang an wirksam. **(2)** Bis zur Umsetzung dieser Regelung müssen die Gerichte prüfen, ob der Mieter die Belastungsbuchung nicht bereits konkludent genehmigt hat. Hiervon ist bei Dauerschuldverhältnissen wie dem Miet- 154a

---

510 OLG Celle Beschluss vom 24.11.2014 – 2 W 237/14; NZM 2001, 194; OLG Rostock Urteil vom 3.5.2001 – 1 U 233/00; OLG Celle NZM 2001, 194; OLG Düsseldorf NJW-RR 1996, 123; OLG Köln NJW-RR 1995, 1088; LG Karlsruhe ZMR 2005, 869; Zöller/*Vollkommer* § 940 Rz. 6.

511 LG Hamburg ZMR 2015, 380.

512 BGH NJW 1969, 37; allg. Ansicht.

513 *Mittelstein* S. 426.

514 OLG Düsseldorf DWW 1998, 342.

515 BGH NJW 2005, 675; NJW 2008, 63.

516 BGH NJW 2008, 3348.

verhältnis regelmäßig auszugehen, wenn der Mieter dem Einzug der Miete früher nicht widersprochen hat und er auch dem aktuellen Einzug nach Ablauf einer angemessenen Prüffrist nicht widerspricht.[517] **(3)** Für die Wohnraummiete ist zusätzlich zu beachten, dass der Insolvenzverwalter (Treuhänder) den Einzug nicht widerrufen darf, wenn der Mieter die Miete aus einem Einkommen oder Vermögen bezahlt hat, das dem Pfändungsschutz unterliegt. Zum Schonvermögen zählen das Wohngeld oder andere Sozialleistungen sowie der pfändungsfreie Betrag des Arbeitseinkommens. Ist das Arbeitseinkommen höher als der pfändungsfreie Betrag, so muss der Verwalter dem Mieter Gelegenheit geben zu entscheiden, welche Lastschrift aus dem Schonvermögen bedient werden soll.[518]

155 Bei der Prüfung der Tatbestandsvoraussetzungen des § 543 Abs. 2 Satz 1 Nr. 3 BGB sind nur solche **Rückstände** zu berücksichtigen, die **nach dem Antrag auf Eröffnung des Insolvenzverfahrens** (§§ 13, 14 InsO) eingetreten sind (§ 112 InsO). Hinsichtlich der zuvor eingetretenen Rückstände geht das Kündigungsrecht verloren. Dies gilt auch dann, wenn der Tatbestand des § 543 Abs. 2 Satz 1 Nr. 3 BGB bereits gegeben war, der Vermieter aber von der Möglichkeit der Kündigung keinen Gebrauch gemacht hat.

156 Hatte der Vermieter dagegen vor dem Eröffnungsantrag bereits wirksam nach § 543 Abs. 2 Satz 1 Nr. 3 BGB gekündigt (maßgeblich: der Zugang der Kündigungserklärung beim Mieter) so wirkt die Kündigung auch gegenüber dem Insolvenzverwalter. Dieser hat bei der Wohnraummiete die Möglichkeit, die Kündigungswirkung durch nachträgliche Zahlung (§ 569 Abs. 3 Nr. 2 BGB) zu beseitigen. Ebenso ist der Vermieter wegen eines nach Stellung des Insolvenzantrags eintretenden Zahlungsverzugs zur fristlosen Kündigung berechtigt.

157 Dieselbe Rechtslage besteht hinsichtlich solcher Kündigungen, die auf eine **unpünktliche Mietzahlung** gestützt werden (s. § 543 Abs. 1 BGB Rdn. 171). Auch hier sind bei der Prüfung der Kündigungsvoraussetzungen nur solche Zahlungsunpünktlichkeiten zu berücksichtigen, die nach dem Eröffnungsantrag erfolgt sind.

158 Bei der Wohnraummiete kann der Insolvenzverwalter gegenüber dem Vermieter gem. **§ 109 Abs. 1 Satz 2 InsO** erklären, dass Ansprüche, die nach Ablauf der gesetzlichen Kündigungsfrist (§ 573d Abs. 2 BGB) fällig werden, nicht im Insolvenzverfahren geltend gemacht werden können (s. § 542 BGB Rdn. 143). Diese Erklärung bewirkt, dass die Mietzinsansprüche des Vermieters bis zum Ablauf der Frist des § 573d Abs. 2 BGB Masseverbindlichkeiten sind. Danach entstehende Mietzinsansprüche können nicht mehr gegen die Masse geltend gemacht werden. Das Mietverhältnis wird mit dem Mieter fortgesetzt. Der Mieter muss die Miete aus dem ihm verbleibenden Einkommen bezahlen. Der Vermieter kann das Mietverhältnis fristlos kündigen, wenn nach Ablauf der Frist wieder ein Zahlungsrückstand i. S. d. § 543 Abs. 2 Nr. 3 BGB entsteht. Rückstände, die aus der Zeit vor dem Fristablauf stammen, sind dabei zu berücksichtigen. Die Kündigung ist gegenüber dem Mieter zu erklären.[519] Die Regelung des § 569 Abs. 3 Nr. 2 BGB gilt auch hier.

159 Ein dem früheren § 19 Abs. 1 Satz 1 KO entsprechendes Sonderkündigungsrecht des Vermieters besteht nicht mehr. Vertragliche Lösungsklauseln für den Fall der Mieterinsolvenz sind bei der Wohnraummiete unzulässig. Für die Geschäftsraummiete ist die Zulässigkeit von Lösungsklauseln umstritten. Weitere Einzelheiten: § 542 BGB Rdn. 136–150).

4. Sonstige Kündigungsinteressen (Abs. 1)

160 **a) Allgemeines.** In § 543 Abs. 1 BGB ist bestimmt, dass jede Partei das Mietverhältnis aus wichtigem Grund fristlos kündigen kann. Die Vorschrift muss als **Auffangtatbestand** für die in §§ 543 Abs. 2, 569 Abs. 1 und 2 BGB nicht ausdrücklich geregelten Fälle angesehen werden.[520] Dies bedeutet keineswegs, dass eine Partei auf Abs. 1 zurückgreifen kann, wenn einer der speziellen Kündigungstatbestände nicht erfüllt ist, etwa weil ein Tatbestandsmerkmal fehlt. Vielmehr ist Abs. 1 für solche Fälle gedacht, denen ein ähnliches Gewicht beizumessen ist, wie den speziellen Kündigungstatbeständen.

160a Nach dem Wortlaut des § 543 Abs. 1 BGB kommt es des weiteren darauf an, ob dem Vermieter das Festhalten am Mietvertrag „bis zum Ablauf der Kündigungsfrist" zugemutet werden kann. Der Gesetzesbegründung hierzu ist zu entnehmen, dass die Gesetzesfassung des § 543 Abs. 1 im Hin-

---

517 BGH (XI ZR 236/07) BGHZ 186, 269 = NJW 2010, 3510.
518 BGH (IX ZR 37/09) BGHZ 186, 242 = NJW 2010, 3517.
519 *Pape* WuM 2004, 645; **a. A.** *Eckert* NZM 2001, 260, 263 gegenüber dem Insolvenzverwalter.
520 *Lützenkirchen,* Neue Mietrechtspraxis Rdn. 838.

blick auf die gleichlautende Regelung des § 626 Abs. 1 BGB zum Dienstvertragsrecht gewählt wurde, um für beide Tatbestände eine einheitliche Regelung zu haben.[521] Hieraus könnte man schließen, dass eine fristlose Kündigung ausscheidet, wenn die Vertragsbeendigung ohne wesentliche Nachteile für den Vermieter auch im Wege der ordentlichen Kündigung erreicht werden kann. Nach diesem Gesetzesverständnis dürfte eine fristlose Kündigung jedenfalls dann regelmäßig ausscheiden, wenn der Vermieter das Mietverhältnis in der 3-Monatsfrist des § 573c Abs. 1 Satz 1 BGB kündigen kann. Soweit ersichtlich, spielt dieser Gesichtspunkt in der obergerichtlichen Rechtsprechung aber (bislang) keine entscheidende Rolle.

Die Kündigung nach § 543 Abs. 1 BGB kann nur auf Umstände gestützt werden kann, die in der Person oder im **Risikobereich des Kündigungsgegners** begründet sind. Deshalb kann ein Vermieter nicht nach § 543 Abs. 1 BGB kündigen, wenn zur Erhaltung des Mietgebrauchs Instandsetzungs- oder Instandhaltungsarbeiten erforderlich sind, welche die Opfergrenze überschreiten.[522] Unter Umständen kann in einem solchen Fall wegen Wegfalls der Geschäftsgrundlage gekündigt werden (s. Rdn. 229). Ebenso ist eine Kündigung nach § 543 Abs. 1 ausgeschlossen, wenn der Vermieter das Gebäude abreißen und das Gelände anderweitig bebauen will. Das Risiko, dass ein Gebäude so vermietet ist, dass eine Rendite erwirtschaftet werden kann, liegt beim Vermieter.[523] Ein Mieter kann nicht nach § 543 Abs. 1 BGB kündigen, weil er seinen Wohnsitz berufsbedingt verlegen will. Das Risiko der sinnvollen Verwendung der Mietsache liegt beim Mieter.[524] Unter Umständen hat der Mieter einen Anspruch gegen den Vermieter auf Abschluss eines Mietaufhebungsvertrags bei Stellung eines Ersatzmieters (s. § Nach 542 BGB Rdn. 10ff). Ebenso hat der Mieter von Geschäftsraum kein Kündigungsrecht bei schlechter Wirtschaftslage[525] oder Umsatzrückgang. Der Umstand, dass ein Gewerbemieter sein Geschäft wegen einer schweren Erkrankung nicht weiterführen kann berechtigt ebenfalls nicht zur Kündigung.[526] In extremen Ausnahmefällen kann eine Kündigung wegen Wegfalls der Geschäftsgrundlage in Betracht kommen, z. B. bei drohender Existenzvernichtung des Mieters. Die Vereinbarung eines Lösungsrechts ist möglich (s. § 542 BGB Rdn. 161). 161

Der Kündigungstatbestand ist verschuldensunabhängig, jedoch ist das **Verschulden** – ebenso wie bei § 569 Abs. 2 BGB – als besonders wichtiges Tatbestandsmerkmal genannt. Wesentlich ist, dass durch den Auffangtatbestand keine neuen, bisher unbekannten Kündigungsgründe geschaffen werden. Was bisher unter § 554a BGB a. F. oder unter den verschuldensunabhängigen übergesetzlichen Kündigungstatbestand aus wichtigem Grund gem. §§ 626, 723, 242 BGB subsumiert werden konnte, muss ab 1.9.2001 über § 543 Abs. 1 BGB gelöst werden.[527] Ausgenommen hiervon sind die Fälle der Hausfriedensstörung, die in § 569 Abs. 2 BGB zu einem speziellen Kündigungstatbestand ausgestaltet sind und die Fälle der Kündigung wegen Wegfalls der Geschäftsgrundlage (dazu Rdn. 229). 162

Die Unzumutbarkeit der Vertragsfortsetzung oder die **Zerrüttung des Mietverhältnisses** ist für sich allein kein Kündigungsgrund. Vielmehr ist erforderlich, dass der Kündigungsgegner konkrete Pflichtverletzungen begangen hat.[528] Es genügt nicht, dass die eine oder andere Partei häufig gerichtliche Hilfe in Anspruch nimmt[529] Sonstige Beendigungsinteressen (Arbeitsplatzwechsel, Familienzuwachs oder wirtschaftliche Probleme des Mieters, Modernisierungs- oder Verkaufsabsichten des Vermieters) fallen nicht unter § 543 Abs. 1 BGB.[530] Ein Verschulden des Kündigungsgegners an der Pflichtverletzung ist nicht erforderlich. Ein wechselseitiges Verschulden schließt die Kündigung nicht aus, jedoch ist dieser Umstand bei der Interessenabwägung zu berücksichtigen. Dies folgt aus dem Wortlaut des § 543 Abs. 1 BGB, weil danach das Verschulden „der Vertragspar- 163

---

521 Begründung des Kabinettsentwurfs zu § 543 BGB, abgedruckt in: *Börstinghaus/Eisenschmid* Arbeitskommentar Neues Mietrecht.

522 OLG Dresden ZMR 2013, 429 betr. Instandhaltungskosten in Höhe einer 37-fachen Jahresmiete bei Vermietung von Gaststättenräume in historischer Burg.

523 OLG Dresden WuM 2003, 32 = NZM 2003, 356.

524 Vgl. dazu auch BGH (XII ZR 62/15) NJW 2016, 3718 betr. vorzeitige Kündigung eines Vertrags mit einem Fitness-Center beim Wohnsitzwechsel.

525 *Pützenbacher/Kubjetz* NZM 2003, 140, 141.

526 OLG Düsseldorf NZM 2008, 807.

527 BGH NZM 2002, 660.

528 BGH NZM 2002, 660; OLG Brandenburg Urteil vom 22.8.2012 – 3 U 67/11; LG München I WuM 2015, 726, 728; AG München ZMR 2015, 941.

529 OLG Brandenburg a. a. O.

530 *Hirsch* WuM 2006, 418, 424.

teien" – also beider Vertragsparteien – in die Abwägung einzubeziehen ist. Die Kündigung nach § 543 Abs. 1 BGB ist ausgeschlossen, wenn der Verschuldensanteil des Kündigenden überwiegt.[531] Grundsätzlich ist eine Kündigung nach § 543 Abs. 1 BGB nur nach vorangegangener Abmahnung möglich, es sei denn, dass die Ausnahmen nach § 543 Abs. 3 Satz 2 BGB vorliegen.

164 Die Kündigung ist gerechtfertigt, wenn ein **wichtiger Grund** vorliegt. Der Begriff des wichtigen Grundes wird in § 543 Abs. 1 Satz 2 BGB definiert. Aus dieser Definition ergibt sich, dass über die Wirksamkeit einer fristlosen Kündigung auf Grund einer umfassenden Interessenabwägung („unter Berücksichtigung aller Umstände des Einzelfalls") zu entscheiden ist. Die Interessen des Vermieters an der Vertragsbeendigung und die Interessen des Mieters an der Fortdauer des Mietverhältnisses sind also zu ermitteln und zu bewerten. Das in der Vorschrift besonders aufgezählte Kriterium des **„Verschuldens der Vertragsparteien"** hat nicht zur Folge, dass eine fristlose Kündigung nur im Falle eines Verschuldens der Gegenpartei möglich wäre. Anderseits ergibt sich aus dem Begriff „insbesondere", dass dem Verschuldenskriterium eine herausragende Bedeutung zukommt.[532] Weiter erfordert die Vorschrift, dass die Vertragsverletzung so schwer sein muss, dass dem Kündigungsberechtigten die Fortsetzung des Mietverhältnisses bis zum Ablauf der Kündigungsfrist oder bis zur sonstigen Beendigung des Mietverhältnisses nicht zugemutet werden kann. Bei drohenden **schwerwiegenden Gesundheitsbeeinträchtigungen** oder Lebensgefahr sind die Gerichte im Hinblick auf Art. 2 Abs. 2 Satz 1 GG gehalten, ihre Entscheidung auch verfassungsrechtlich auf eine tragfähige Grundlage zu stellen und diesen Gefahren bei der Abwägung der widerstreitenden Interessen hinreichend Rechnung zu tragen. Das kann bei der Gesamtabwägung nach § 543 Abs. 1 Satz 2 BGB zur Folge haben – was vom Gericht im Einzelfall zu prüfen ist –, dass ein wichtiger Grund für eine außerordentliche Kündigung wegen besonders schwerwiegender persönlicher Härtegründe auf Seiten des Mieters trotz seiner erheblichen Pflichtverletzung nicht vorliegt.[533]

165 Streitig ist, ob § 314 BGB auf die fristlose Kündigung nach § 543 anzuwenden ist. Zum Streitstand s. oben Rdn. 5.

166 z. Z. unbesetzt

167 **b) Einzelne Kündigungssachverhalte. aa) Zerrüttung der Vertragsgrundlage.** Nach der Rechtsprechung besteht bei Dauerschuldverhältnissen jeder Art in bestimmten Fällen ein fristloses, verschuldensunabhängiges Kündigungsrecht aus wichtigem Grund. Dieses Kündigungsrecht wurde in früherer Zeit aus einer analogen Anwendung der §§ 626, 723 BGB, 89a, 133 HGB hergeleitet. Die tatbestandlichen Voraussetzungen dieses Kündigungsrechts ergeben sich aus den beiden Entscheidungen des Reichsgerichts vom 27.2.1912 und vom 13.12.1918. Danach gilt der allgemeine Rechtsgrundsatz, dass bei Rechtsverhältnissen von längerer Dauer, „die ein persönliches Zusammenarbeiten der Beteiligten und daher ein gutes Einvernehmen erfordern, beim Vorliegen eines wichtigen Grundes jederzeit die Aufkündigung erfolgen kann."[534] Die fristlose Kündigung aus wichtigem Grund setzt nicht notwendig ein Verschulden desjenigen, dem gekündigt wird, voraus.[535] Dieser Kündigungstatbestand wurde in der Folgezeit auch auf Miet- und Pachtverhältnisse, teils in vertretbarer,[536] teils in unvertretbarer Weise[537] angewandt. Für Wohnraummietverhältnisse wurde jener Kündigungstatbestand teilweise durch das Mieterschutzgesetz vom 1.6.1923[538] kodifiziert. Der Aufhebungstatbestand des § 2 Mieterschutzgesetz ist unverkennbar das Vorbild für den durch Gesetz vom 29.7.1963[539] in das BGB eingefügten § 554a BGB a. F. Seit dem 1.9.2001 ist das Kündigungsrecht wegen einer Zerrüttung der Vertragsgrundlage in § 543 Abs. 1 BGB kodifiziert.[540]

168 Für dieses Kündigungsrecht gelten folgende **Grundsätze:** Ein wichtiger Grund zur fristlosen Kündigung liegt dann vor, wenn die Durchführung des Vertrags durch Zerstörung der das Schuld-

---

531 Ebenso *Kraemer* DWW 2001, 110, 112f.
532 *Eisenschmid* WuM 2001, 215, 219.
533 BGH NZM 2005, 300 unter II 4; BGH (VIII ZR 73/16) NZM 2017, 26.
534 RGZ 78, 385, 389.
535 RGZ 94, 234, 236.
536 RGZ 94, 234: Kündigung eines Pächters wegen Beleidigung, Beschimpfung, Bedrohung und Misshandlung des Verpächters.
537 RGZ 150, 193, 199: Kündigung eines Mieters („Volksschädling"), weil die Fortsetzung des Mietvertrags mit den Pflichten des Vermieters „gegen das Volk" unvereinbar sei.
538 BGBl. I S. 754.
539 BGBl. I S. 505.
540 *Lammel* § 543 BGB Rdn. 3.

verhältnis tragenden Vertrauensgrundlage durch das Verhalten eines Vertragsteils derart gefährdet ist, dass sie dem Kündigenden auch bei strenger Prüfung nicht mehr zuzumuten ist.[541] Die Kündigung aus wichtigem Grund setzt nicht voraus, dass der Vertragspartner selbst die Vertragsgrundlage zerstört oder erschüttert. Es genügt, wenn der wichtige Grund in dem Verhalten eines nahen Angehörigen des Vertragspartners liegt (z. B. der Ehefrau) und damit in dessen engsten persönlichen Bereich fällt, so dass er sich dieses Verhalten zurechnen lassen muss.[542] Die Kündigung wird nicht deshalb ausgeschlossen, weil der Kündigende sich selbst nicht vertragsgemäß verhalten hat. Allerdings ist dieser Umstand bei der Abwägung der Gesamtumstände zu berücksichtigen.[543] Ein Mietverhältnis kann auch dann fristlos aus wichtigem Grund gekündigt werden, wenn ein Vertragsteil gegen Pflichten verstößt, die sich zwar aus einem anderen Vertrag ergeben, aber dennoch auf das Mietverhältnis einwirken. Hier ist aber besondere Sorgfalt bei der Prüfung der Frage geboten, ob die Fortsetzung des Mietverhältnisses unzumutbar ist. Will der Kündigende den Gekündigten an dem anderen Vertrag festhalten, obwohl die Vertragsverstöße diesen Vertrag betreffen, so spricht auch dies gegen die Unzumutbarkeit der Fortsetzung des Mietvertrags.[544] Die Entscheidung über die Kündigung ist unter Abwägung der beiderseitigen Interessen nach Treu und Glauben zu treffen. Ein Verschulden dessen, dem gekündigt wird, ist nicht erforderlich.[545] Ein solches Verschulden kann aber bei der Interessenabwägung zu berücksichtigen sein. Bei einem überwiegenden Verschulden des Mieters wird regelmäßig das Kündigungsrecht des Vermieters zu bejahen sein, während im umgekehrten Fall, wenn den Vermieter die überwiegende Schuld an der Zerrüttung trifft, i. d. R. dem Vermieter nach Treu und Glauben eine Fortsetzung des Miet- oder Pachtvertrags zugemutet werden kann. Allerdings ist dies nicht das allein entscheidende Kriterium.[546] Die Kündigung kann nicht auf solche Gründe gestützt werden, die der Kündigende selbst herbeigeführt oder zu vertreten hat.[547] Hiervon sind jene Fälle zu unterscheiden, in denen feststeht, dass das Verhältnis der Parteien nachhaltig zerrüttet ist aber die Ursache der Zerrüttung nicht mehr aufgeklärt werden kann. In einem solchen Fall ist jede Partei zur Kündigung berechtigt.[548]

Eine außerordentliche Kündigung kommt bei Dauerschuldverhältnissen grundsätzlich nur nach **169** vorheriger **Abmahnung** in Betracht. Eine Ausnahme gilt nach § 543 Abs. 3 BGB dann, wenn die Vertrauensgrundlage erschüttert ist, weil diese auch durch eine Abmahnung nicht wiederhergestellt werden kann.[549] Die tatsächlichen Voraussetzungen des § 543 Abs. 3 Satz 2 BGB muss der Mieter darlegen und beweisen.[550] Die Kündigung muss nicht sofort, aber doch in angemessener Frist erklärt werden.[551] Die Kündigung muss schriftlich erfolgen. Die Gründe der Kündigung müssen in der Kündigungserklärung nicht angegeben werden. Eine Ausnahme gilt bei der Wohnraummiete (§ 569 Abs. 4 BGB). Werden bei der Geschäftsraummiete dennoch Gründe angegeben, so ist es dem Kündigenden nicht verwehrt, im Verlauf des Rechtsstreits weitere Gründe nachzuschieben. Allerdings müssen diese Gründe bereits im Zeitpunkt der Kündigungserklärung vorgelegen haben.[552] Sind Gründe nach dem Ausspruch der Kündigung neu entstanden, so muss erneut gekündigt werden. Das Kündigungsrecht aus wichtigem Grund kann durch Vertrag eingeschränkt, z. B. auf die Fälle des groben Verschuldens begrenzt, aber nicht völlig ausgeschlossen werden.[553]

Beispiele aus der Rechtsprechung: Kündigung wegen ständig verspäteter Mietzahlungen **170** und teilweiser Nichtzahlung des Wassergeldes;[554] Kündigung eines Landpachtvertrages, wenn beide Parteien auf dem Hof wohnen und die persönlichen Beziehungen völlig zerrüttet sind;[555] Kündi-

[541] BGH LM Nr. 62 zu § 535 BGB; LM Nr. 2 zu § 242 BGB (Ba).
[542] BGH LM Nr. 6 zu § 553 BGB.
[543] BGH LM Nr. 26 zu § 242 BGB (Bc).
[544] BGH LM Nr. 21 zu § 242 BGB (Bc).
[545] BGH LM Nr. 57 zu § 242 BGB (Ba).
[546] BGH LM Nr. 24 zu § 581 BGB.
[547] BGH LM Nr. 2 zu § 242 BGB.
[548] OLG Celle ZMR 2009, 192.
[549] BGH LM Nr. 26 zu § 242 BGB (Bc); BGH (XII ZR 188/08) NZM 2010, 901 = ZMR 2011, 29; OLG Celle a. a. O.; *Oprée* in Lindner-Figura/Oprée/Stellmann, Geschäftsraummiete Kap. 15 Rdn. 251.
[550] BGH NJW 2007, 2177 = NZM 2007, 439 = WuM 2007, 319 = ZMR 2007, 601 = GE 2007, 841.
[551] BGH LM Nr. 2 zu § 581 BGB; BGH (VIII ZR 107/13) NJW 2014, 1954.
[552] BGH MDR 1967, 384.
[553] BGH LM Nr. 24 zu § 581 BGB.
[554] BGH LM Nr. 1 zu § 554b BGB.
[555] BGH LM Nr. 24 zu § 581 BGB.

gung eines Pachtverhältnisses wegen Strafanzeigen des Pächters gegen den Verpächter;[556] Kündigung eines Gewerbemietvertrags durch den Mieter, wenn der Vermieter gegenüber Dritten ohne berechtigtes Interesse Behauptungen aufstellt, die geeignet sind, den Gewerbetrieb nachhaltig zu beeinträchtigen;[557] Kündigung eines Unterpächters einer Fabrik gegenüber dem Unterverpächter, wenn dieser nicht nachweist, dass die Unterverpachtung mit Zustimmung des Hauptverpächters erfolgt ist, obwohl dieser Nachweis für den Unterpächter von wesentlicher Bedeutung ist;[558] Kündigung eines Mieters eines Hotels, weil der Vermieter des Hotels nicht auf den Vermieter des Hotelinventars eingewirkt hat, Mängel des Inventars zu beseitigen;[559] Kündigung eines Mietvertrags über eine Bootslagerhalle („Bootel"), wenn dessen Benutzbarkeit aus Gründen, die keiner der Vertragspartner zu vertreten hat, eingeschränkt ist;[560] Kündigung eines Vermieters, wenn der Mieter eine vertraglich übernommene Pflicht zum Umbau der Mietsache nicht erfüllt;[561] Kündigung eines Vermieters gegenüber der Mieterin, wenn diese eine Gründungsgesellschaft ist, die den Vermieter über die Entwicklung der Gesellschaftsverhältnisse im unklaren lässt, obwohl dieser an einer entsprechenden Information wegen der Bedeutung des Mietgegenstands (Hotel) ein besonderes Interesse an der Information hatte;[562] Keine Kündigung durch den Vermieter, wenn dieser sein Wohnungs- oder Teileigentum zu Zwecken vermietet, die nach den Bestimmungen der Teilungserklärung nicht erlaubt sind;[563] keine Kündigung durch den Mieter, wenn der Vermieter über längere Zeit nicht über die Betriebskosten abrechnet.[564]

171 **bb) Unpünktliche Mietzahlung. aaa)** In früherer Zeit wurde z. T. die Ansicht vertreten, dass die Fälle der vertragswidrigen Mietzahlung durch § 554 BGB a. F. (= § 543 Abs. 2 Satz 1 Nr. 3 BGB n. F.) abschließend geregelt werden.[565] Seit der grundsätzlichen Entscheidung des BGH vom 26. 3. 1969[566] ist indes allgemein anerkannt, dass der Vermieter auch dann fristlos kündigen kann, wenn der Mieter die Miete unpünktlich bezahlt. Der BGH hat auch in der Folgezeit an dieser Rechtsprechung festgehalten.[567] Diese Rechtslage besteht fort. Ab dem 1. 9. 2001 sind die Fälle der unpünktlichen Mietzahlung unter § 543 Abs. 1 BGB zu subsumieren;[568] dabei spielt es keine Rolle, ob sich die Zahlungsunpünktlichkeit auf die **Grundmiete,** die **Betriebskosten** oder auf **sonstige Zahlungsverpflichtungen** bezieht.[569] Diese Grundsätze gelten für alle Mietverhältnisse. Der Kündigungstatbestand setzt i. E. voraus, **(1)** dass der Mieter den vereinbarten Zahlungstermin nachhaltig, d. h. fortdauernd, überschreitet; **(2)** dass der Mieter aus diesem Grunde abgemahnt wird (§ 543 Abs. 3 BGB), **(3)** dass der Mieter nach der Abmahnung erneut unpünktlich zahlt und **(4)** dass „das Vertrauen des Vermieters in die Wiederherstellung einer pünktlichen Zahlungsweise … angesichts des vorausgegangenen Geschehens sofort wieder enttäuscht worden ist und deshalb nachhaltig erschüttert war".[570] Die Grundsätze über die unpünktliche Mietzahlung sind nicht anzuwenden, wenn der Mieter pünktlich aber stets unvollständig zahlt. Bei **ständiger unvollständiger Zahlung** kann der Vermieter erst kündigen, wenn ein Rückstand im Sinne des § 543 Abs. 2 Nr. 3 erreicht ist.[571]

172 **bbb)** Eine **Vertragsverletzung** liegt immer dann vor, wenn der Zahlungstermin ohne rechtfertigenden Grund überschritten wird und dies dem Willen des Vermieters widerspricht. Hat der Vermieter die Zahlungsüberschreitung in der Vergangenheit geduldet, so folgt hieraus nur, dass er die Vertragsverletzung hingenommen hat. Eine Billigung des vertragswidrigen Zahlungsverhaltens

---

556 BGH LM Nr. 6 zu § 553 BGB.
557 BGH (XII ZR 188/08) NZM 2010, 901 = ZMR 2011, 29.
558 BGH LM Nr. 1 zu § 542 BGB.
559 BGH LM Nr. 62 zu § 535 BGB.
560 BGH LM Nr. 57 zu § 242 BGB (Ba).
561 BGHZ 50, 312.
562 OLG Celle BB 1978, 576.
563 BGH NJW 1996, 714.
564 OLG München ZMR 1997, 233.
565 *Roquette* § 554 a BGB Rdn. 14.
566 BGH LM Nr. 1 zu § 554 b BGB = MDR 1969, 657 = WuM 1970, 77.
567 BGH NJW-RR 1988, 77 = WuM 1988, 126 = ZMR 1988, 16.
568 BGH NJW 2006, 1585; NZM 2009, 315 = WuM 2009, 228; BGH (VIII ZR 191/10) NJW 2011, 2201; BGH (VIII ZR 91/10) NJW 2011, 2570 = ZMR 2011, 783; BGH (VIII ZR 301/10) WuM 2011, 674 = NZM 2012, 22; OLG Düsseldorf ZMR 2009, 196 = DWW 2009, 30 = GE 2009, 51.
569 BGH a. a. O.; AG Mönchengladbach DWW 1988, 18.
570 BGH NZM 2009, 315 = WuM 2009, 228; BGH (VIII ZR 91/10) NJW 2011, 2570 = ZMR 2011, 783.
571 AG Mitte/LG Berlin GE 2015, 386.

kann aus der Duldung allein nicht hergeleitet werden. Ebenso wenig liegt hierin eine stillschweigende Vertragsänderung.[572] Eine unpünktliche Mietzahlung ist auch dann als Vertragswidrigkeit zu bewerten, wenn die Mietsache mangelhaft ist. Der Mieter kann in solchen Fällen auch kein Zurückbehaltungsrecht geltend machen.[573] Hat der Mieter in der Vergangenheit die Miete unpünktlich bezahlt, so kommt es nicht darauf an, ob zum Zeitpunkt des Kündigungsausspruchs Mietrückstände bestehen; § 543 Abs. 2 Nr. 3 Satz 2 BGB ist unanwendbar.[574]

ccc) Die unpünktliche Mietzahlung erfüllt nur dann den Tatbestand des § 543 Abs. 1 BGB, **173** wenn sie **nachhaltig** ist. Dies folgt aus der Erwägung, dass eine lediglich gelegentliche Zahlungsunpünktlichkeit nicht zur Unzumutbarkeit der Vertragsfortsetzung führt.[575] Dies bedeutet, dass die Zahlungsunpünktlichkeit einen längeren Zeitraum umfassen muss.[576] Ein Grenzwert ist von der Rechtsprechung nicht entwickelt worden; jedoch dürfte es sachgerecht sein, das Merkmal der Nachhaltigkeit für gegeben zu erachten, wenn der Mieter innerhalb eines Jahres 6 Zahlungstermine oder mehr überschreitet.[577] Darüber hinaus wird zum Teil die Ansicht vertreten, dass auch die Dauer der Terminsüberschreitung erheblich sein müsse.[578] Diese Ansicht trifft nicht zu: wer als Vermieter auf pünktlichen Mieteingang angewiesen ist, weil er selbst zu bestimmten Zeitpunkten regelmäßige Zahlungen zu leisten hat, wird durch eine um wenige Tage verspätete Zahlung durchaus belastet.[579] Allerdings ist die Dauer der Fristüberschreitung bei der Prüfung des Tatbestandsmerkmals der Unzumutbarkeit der Vertragsfortsetzung zu berücksichtigen. Die tatsächlichen Voraussetzungen für die Annahme der Nachhaltigkeit der Pflichtverletzung sind von den Instanzgerichten festzustellen. Die auf diesen Feststellungen beruhende Bewertung kann vom Revisionsgericht nur daraufhin überprüft werden, ob der Tatrichter die maßgebenden Tatsachen vollständig und fehlerfrei festgestellt und gewürdigt hat oder ob er die allgemein anerkannten Maßstäbe berücksichtigt und richtig angewandt hat.[580] Die Instanzgerichte haben einen gewissen Beurteilungsspielraum. Dies hat zur Folge, dass sowohl die Prognose betreffend die Wirksamkeit einer Kündigung als auch die Prüfung der Erfolgsaussichten der Rechtsverteidigung schwierig ist.

Der Kündigung muss eine **Abmahnung** vorausgehen. Zwischen der Abmahnung und der **173a** Kündigung muss ein ausreichender Zeitraum liegen, damit dem Mieter ausreichend Zeit zur Umstellung seines Zahlungsverhaltens bleibt. Ein Zeitraum von wenigen Tagen zwischen dem Zugang der Abmahnung und dem nächsten Fälligkeitstermin ist zu knapp. Dies gilt insbesondere wenn der Vermieter die Überschreitung der Zahlungstermine zuvor jahrelang hingenommen hat.[581]

ddd) Die Zahlungsunpünktlichkeit berechtigt nur dann zur Kündigung, wenn **weitere Umstände** hinzutreten, aus denen sich ergibt, dass die Rechte und Interessen des Vermieters so schwer **174** beeinträchtigt werden, dass diesem die Fortsetzung des Mietverhältnisses nicht mehr zugemutet werden kann.[582] Dies ist der Fall, wenn durch das Zahlungsverhalten des Mieters das Vertrauensver-

---

572 **A. A.** LG Essen DWW 1990, 24 m. Anm. *Franke*.

573 KG GE 2002, 258, 259: Ein Zurückbehaltungsrecht „dient keineswegs dazu, unpünktliche Zahlungen zu rechtfertigen, denn sonst wird es missbraucht"; LG Berlin GE 2015, 1532.

574 BGH NJW 2006, 1585 = NZM 2006, 338 = WuM 2006, 193 = ZMR 2006, 425 = DWW 2006, 233 = GE 2006, 508 mit abl. Anm. *Schläger* ZMR 2006, 865.

575 S. zur Bewertung nach § 554a BGB a. F. BGH NJW-RR 1988, 77 = WuM 1988, 126 = ZMR 1988, 16.

576 OLG Düsseldorf ZMR 1992, 192 = DWW 1992, 113; LG Heilbronn ZMR 1991, 388 = WuM 1992, 10; LG Berlin WuM 1988, 56; LG Kiel WuM 1977, 141 = ZMR 1978, 84.

577 Vgl. BGH WuM 1970, 77: 22 Zahlungstermine; OLG Hamm NJW-RR 1993, 1163: 4 Zahlungstermine, wenn der Mieter schon früher unpünktlich bezahlt hat; OLG Düsseldorf ZMR 2009, 196 = DWW 2009, 30 = GE 2009, 51: wenn der Zahlungstermin trotz mehrerer Abmahnungen in 9 aufeinander folgenden Monaten erheblich überschritten wird; LG Köln WuM 1991, 485: 48 Zahlungstermine; LG Itzehoe WuM 1991, 99: 12 Zahlungstermine; LG Berlin GE 1993, 1097: 3 Zahlungstermine; LG Frankfurt/M NZM 2011, 152: sechs Zahlungstermine in 9 Monaten; AG Tempelhof-Kreuzberg GE 1981, 817: mehr als 12 Zahlungstermine; zweifelhaft LG Lüneburg WuM 1995, 705: Danach ist auch bei 8 Zahlungsüberschreitungen innerhalb eines Jahres noch keine Nachhaltigkeit gegeben.

578 LG München WuM 1991, 346: Danach sind Verspätungen bis zu einer Woche unerheblich; AG Hamburg ZMR 1978, 267.

579 OLG Düsseldorf ZMR 1992, 192 = DWW 1992, 113.

580 BGH WuM 2006, 193.

581 LG Berlin WuM 2016, 490.

582 BGH WuM 1970, 77; OLG Düsseldorf WuM 1996, 411, 412; OLG Karlsruhe NZM 2003, 513; LG Hamburg WuM 1991, 345; LG Itzehoe WuM 1991, 99; LG Köln WuM 1991, 98; LG Heilbronn ZMR 1991, 388 = NJW-RR 1992, 10 = WuM 1992, 10.

hältnis zwischen den Parteien nachhaltig zerstört[583] oder zumindest stark erschüttert[584] ist. Dies ist auf Grund einer Interessenabwägung festzustellen.[585] Dabei ist auch das Zahlungsverhalten des Mieters vor der Abmahnung zu berücksichtigen. Sind der Abmahnung wiederholt Zahlungsverzögerungen vorausgegangen, so kann es für die Kündigung ausreichen, dass der Mieter nach Erhalt der Abmahnung wiederum unpünktlich zahlt. Eine einmalige Zahlungsunpünktlichkeit kann ausreichen.[586] Eine Ausnahme ist denkbar, etwa bei Bagatellfällen oder dann, wenn dem Mieter eine Prüfungsfrist zuzubilligen ist, wenn der Vermieter die Zahlungsüberschreitung zuvor jahrelang widerspruchslos hingenommen hat oder wenn der Mieter mit einer Kündigung nicht zu rechnen brauchte.[587] Bei der Interessenabwägung kann zu **Gunsten des Vermieters** ein besonderes Dispositionsinteresse[588] berücksichtigt werden, etwa weil der Vermieter in schlechten Einkommensverhältnissen lebt oder weil er wegen eigener laufender Zahlungsverpflichtungen auf den pünktlichen Mieteingang angewiesen ist. Ein bloßer Zinsverlust reicht insoweit nicht aus, weil dieser über § 288 BGB ausgeglichen werden kann. Anders ist es, wenn der Vermieter auf Grund der Zahlungsweise des Mieters gerichtliche Hilfe in Anspruch nehmen und Zwangsvollstreckungsverfahren durchführen musste.[589] Jedoch kommt es bei der Interessenabwägung nicht entscheidend auf die wirtschaftlichen Nachteile an, die der Vermieter infolge der unpünktlichen Zahlung erleidet; im Vordergrund steht vielmehr sein Interesse an der Wiederherstellung des Vertrauens in die Zuverlässigkeit des Mieters. Hierzu muss der Vermieter im Allgemeinen nichts vortragen, insbesondere kommt es nicht darauf an, ob der Vermieter im Hinblick auf eigene Zahlungspflichten auf pünktlichen Mieteingang angewiesen ist. Nach der Rechtsprechung ist maßgeblich, „ob das Zahlungsverhalten des (Mieters) nach dem Zugang der Abmahnung geeignet ist, das Vertrauen des (Vermieters) in eine pünktliche Zahlungsweise wiederherzustellen".[590] Gegen den Mieter spricht, wenn dieser trotz ausreichender Geldmittel unpünktlich zahlt, weil in einem solchen Verhalten zum Ausdruck kommen kann, dass der Mieter die Belange des Vermieter bewusst missachtet. **Zugunsten des Mieters** kann sprechen: wenn dieser in schlechten Einkommensverhältnissen lebt[591] oder in eine Notlage geraten ist;[592] er muss in einem solchen Fall aber rechtzeitig um eine Hilfestellung nachsuchen. Auch ist vom Mieter zu verlangen, dass er beim Vermieter wegen eines Dispenses von der pünktlichen Zahlung nachsucht[593] wenn der Mieter bei vereinbarter Vorauszahlung deshalb regelmäßig zur Monatsmitte zahlt, weil er dort seinen Arbeitslohn erhält und es ihm nicht gelingt, damit planvoll zu wirtschaften;[594] wenn der Mieter hohe Beträge in die Mietsache investiert hat;[595] wenn der Mieter teilweise vor den Fälligkeitsterminen bezahlt hat;[596] wenn die unpünktliche Zahlung über das Sozialamt (Jobcenter) erfolgt;[597] wenn der Vermieter das Zahlungsverhalten des Mieters jahrelang hingenommen hat und das Mietverhältnis ohnehin alsbald durch Zeitablauf endet;[598] wenn die Miete in der Vergangenheit von Gläubigern des Vermieters gepfändet worden ist, so dass der Mieter an verschiedene Stellen zahlen musste;[599] wenn der Vermieter seine Bankverbindung verspätet mit-

---

583 OLG Düsseldorf a. a. O.; LG Dortmund WuM 1989, 178.

584 LG Köln WuM 1991, 485.

585 BGH, Urt. v. 21.10.2009 – VIII ZR 64/09 unter Rdn. 19, 26; BGH (VIII ZR 91/10) NJW 2011, 2570 = ZMR 2011, 783; OLG Karlsruhe NZM 2003, 513, 514; LG Frankfurt/M NZM 2011, 152; LG Köln WuM 1991, 98.

586 BGH NJW 2006, 1585 = NZM 2006, 338 = WuM 2006, 193 = ZMR 2006, 425 = DWW 2006, 233 = GE 2006, 508 mit abl. Anm. *Schläger* ZMR 2006, 865; KG GE 2013, 618; LG Berlin GE 2007, 1190 für die Gewerbemiete.

587 KG GE 2013, 618; LG Berlin GE 2014, 323; AG Tempelhof-Kreuzberg WuM 2013, 304: wenn der Vermieter nicht sofort, sondern erst nach 3 Monaten kündigt.

588 LG Itzehoe WuM 1991, 99.

589 BGH NJW-RR 1988, 77 = WuM 1988, 126 = ZMR 1988, 16.

590 BGH WuM 2010, 495 unter Rz. 33.

591 LG Braunschweig WuM 1987, 201; LG Lüneburg WuM 1995, 705.

592 LG Köln WuM 1990, 548.

593 LG Frankfurt/M NZM 2011, 152.

594 I. E. ebenso AG Schöneberg GE 1983, 331.

595 BGH WuM 1970, 77.

596 AG Schöneberg MM 1989, Nr. 12, S. 35.

597 BGH NJW 2009, 3781 = NZM 2010, 37 = WuM 2009, 736 = ZMR 2010, 277 unter Rdn. 26; AG Neumünster WuM 1990, 549; i. E. ebenso aber mit der Begründung, dass das Verschulden fehle: LG Köln WuM 1990, 548; *Sternel* Mietrecht aktuell (2009) Rdn. XII 180.

598 AG Neuss DWW 1990, 181.

599 LG Köln WuM 1991, 98.

geteilt hat;[600] wenn der Vermieter eine öffentliche Körperschaft ist, weil hier das Dispositionsinteresse geringer wiegt als bei einem privaten Vermieter.[601] Unter Umständen kann das Festhalten des Vermieters an einer Kündigung treuwidrig sein, so, wenn der Mieter sein Zahlungsverhalten nach Zugang der Kündigung nachhaltig geändert hat und weitere Zahlungsverzögerungen nicht zu erwarten sind.[602]

Im Allgemeinen gilt der Grundsatz, dass der Mieter aus der **rügelosen Hinnahme einer Vertragsverletzung** durch den Vermieter keine Konsequenzen herleiten kann.[603] Anders ist es jedoch wenn der Vermieter ein vertragswidriges Verhalten des Mieters über Jahre oder gar Jahrzehnte widerspruchslos hinnimmt. Ein solches Verhalten erweckt den Anschein, dass der Vermieter „den wiederkehrenden Vertragsverletzungen kein erhebliches Gewicht beimisst und er keine wesentliche Beeinträchtigung seiner Interessen sieht".[604] Dieser Umstand ist bei der Abwägung der Interessen der Vertragsparteien zu berücksichtigen. Die Entscheidung des BGH vom 4.5.2011 darf nicht dahingehend verstanden werden, dass eine Kündigung in Fällen dieser Art schlechthin ausgeschlossen ist. Das Gericht weist im Gegenteil unter Rz 21 ausdrücklich darauf hin, dass der durch die längerdauernde Hinnahme der Vertragswidrigkeit gesetzte Anschein mit der Abmahnung beseitigt wird. Welche weiteren Schritte der Vermieter unternehmen muss, damit der Kündigungstatbestand vorliegt, kann der Entscheidung nicht entnommen werden. Nach der hier vertretenen Ansicht muss der Vermieter in einem solchen Fall die Gründe darlegen, aus denen sich die Unzumutbarkeit der Vertragsfortsetzung nunmehr ergibt. Der Vermieter ist gut beraten, wenn er vor Ausspruch der Kündigung eine Feststellungsklage erhebt; dies gilt insbesondere dann, wenn die Vertragswidrigkeit des in Frage stehenden Verhaltens nicht mit Sicherheit feststeht. **174a**

eee) Die Zahlungsunpünktlichkeit muss nicht vom Mieter verschuldet sein. Das **Verschulden** ist aber ein wesentliches Kriterium bei der Interessenabwägung. Für den Begriff des Verschuldens gilt im Allgemeinen **§ 276 BGB,** so dass der Mieter Vorsatz und Fahrlässigkeit zu vertreten hat. Die Vorschrift des **§ 276 Abs. 1 BGB,** die eine verschuldensunabhängige Einstandspflicht begründet, wenn dem Schuldner ein Beschaffungsrisiko obliegt, gilt auch für Geldschulden. Der allgemein anerkannte Rechtsgrundsatz, dass unverschuldete Zahlungsunfähigkeit nicht von der Leistungspflicht befreit[605] und wonach der Schuldner das Risiko für einen unverschuldeten Geldmangel zu tragen hat, gilt aber lediglich für die Kündigung wegen Zahlungsverzugs nach § 543 Abs. 2 Nr. 3, 573 Abs. 2 Nr. 1 BGB. Bei der Kündigung wegen Zahlungsunpünktlichkeit nach § 543 Abs. 1 kommt es dagegen nicht auf das Vertretenmüssen, sondern auf das Verschulden an. Daraus folgt, dass ein **unverschuldeter Geldmangel** bei der Interessenabwägung zugunsten des Mieters zu berücksichtigen ist.[606] Dies ist von praktischer Bedeutung, wenn die unpünktliche Mietzahlung durch einen Dritten, z. B. dem Job-Center erfolgt (s. unten Rdn. 176). **175**

Teilweise wird die Ansicht vertreten, dass das Sozialamt oder das **Jobcenter Erfüllungsgehilfe des Mieters** bei der Mietzahlung sei; nach dieser Ansicht muss der Mieter für ein Verschulden der Behörde wie für eigenes Verschulden einstehen (§ 278 BGB).[607] Der BGH teilt diese Ansicht nicht: Zwar kann auch ein Amtsträger Erfüllungsgehilfe einer Privatperson sein. Dies gilt allerdings nicht, wenn der Amtsträger – wie das Jobcenter – „im Rahmen der Daseinsvorsorge staatliche Transferleistungen an einen Bürger erbringt". In diesem Fall nimmt der Amtsträger ausschließlich „hoheitliche Aufgaben wahr, um die Grundsicherung des Hilfebedürftigen zu gewährleisten."[608] Das bedeutet allerdings nicht, dass eine Kündigung immer dann ausscheidet, wenn die Zahlungsunpünktlichkeit nicht vom Mieter selbst, sondern vom Jobcenter zu vertreten ist. Das Verschulden ist zwar ein wichtiges („insbesondere eines Verschuldens") aber keineswegs ein notwendiges Kriterium für die Kündigung nach § 543 Abs. 1. Anders gewendet: Eine fristlose Kündigung nach § 543 **175a**

---

600 OLG Karlsruhe NZM 2003, 513, 515.

601 LG Itzehoe WuM 1991, 99; ebenso für Großvermieter mit mehr als 10000 Wohnungen: AG Charlottenburg GE 1991, 187.

602 LG Berlin GE 2016, 126.

603 BGH (VIII ZR 301/10) NZM 2012, 22.

604 BGH (VIII ZR 191/10) NJW 2011, 2201; ebenso OLG Karlsruhe NZM 2003, 513, 515; LG Berlin MM 1994, 139; LG Berlin GE 2014, 323.

605 RGZ 75, 337; 106, 181; BGHZ 63, 139.

606 Lorenz WuM 2013, 202, 208.

607 *Lorenz* WuM 2013, 202, 205; *Rieble* NJW 2010, 816.

608 BGH NJW 2009, 3781; NJW 2015, 1296; (VIII ZR 173/15) NZM 2016, 635 m. Anm. *Blank; Harke* NZM 2016, 449, 453.

Abs. 1 BGB ist auch dann möglich, wenn den Mieter selbst kein Verschulden an der Vertragsverletzung trifft aber die Abwägung ergibt, dass dem Vermieter die weitere Fortsetzung des Mietverhältnisses nicht zugemutet werden kann.

175b Das **Verschulden wird** nach § 280 Abs. 1 BGB **vermutet** „Allein durch den Umstand, dass ein Mieter auf staatliche Transferleistungen angewiesen ist, wird diese Vermutung noch nicht widerlegt. Vielmehr wird der Mieter, … regelmäßig darlegen und gegebenenfalls auch beweisen müssen, dass er die Leistung rechtzeitig und unter Vorlage der erforderlichen Unterlagen beantragt und bei etwaigen Zahlungssäumnissen der Behörde bei dieser auf eine pünktliche Zahlung gedrungen und insbesondere auf eine bereits erfolgte Abmahnung des Vermieters und die deshalb drohende Kündigung hingewiesen hat."[609]

176 Von einem **Eigenverschulden** kann auch dann ausgegangen werden, wenn der Mieter einen bekannt unzuverlässigen Erfüllungsgehilfen bestellt, ihn nicht hinreichend überwacht, ihn nicht abmahnt oder sonst nicht alles ihm Zumutbare unternimmt um die Unpünktlichkeit der Mietzahlung abzustellen. Bei einer Zahlung durch das Sozialamt oder das Job-Center ist der Mieter auch verpflichtet, das Amt über die Abmahnung des Vermieters zu informieren. Zahlt das Sozialamt gleichwohl unpünktlich, so ist ein eventuelles Verschulden der Behörde nicht dem Mieter zuzurechnen. Nach der Rechtsprechung des BGH ist das Sozialamt oder das Jobcenter nicht Erfüllungsgehilfe des Mieters, wenn es im Rahmen der Daseinsvorsorge staatliche Transferleistungen an einen Bürger erbringt. In diesem Fall nimmt der Amtsträger ausschließlich „hohheitliche Aufgaben wahr, um die Grundsicherung des Hilfebedürftigen zu gewährleisten.[610] Nach der Auffassung des Kammergerichts genügt es für die Kündigung wegen unpünktlicher Mietzahlung nicht, wenn dem Erfüllungsgehilfen des Mieters ein Verschulden zu Last fällt.[611]

177 Ein Eigenverschulden ist anzunehmen, wenn eine verspätete Mietzahlung auf Fahrlässigkeit beruht. Hiervon ist auszugehen, wenn der Mieter falsch gewirtschaftet hat, wenn er infolge unnötiger Kreditaufnahmen überschuldet ist[612] oder wenn er sich nicht rechtzeitig um Wohngeld oder Sozialhilfe[613] gekümmert hat. Wird die Miete nur teilweise vom Sozialamt bezahlt, so muss der Mieter für die Rechtzeitigkeit der von ihm zu bewirkenden Zahlungen einstehen.[614] In der Rechtsprechung wird der für die Fahrlässigkeit maßgebliche Sorgfaltsmaßstab gelegentlich zu niedrig angesetzt.[615] Hierfür besteht keine Notwendigkeit, weil es in Fällen dieser Art i. d. R. an der Erheblichkeit der Vertragsverletzung fehlen wird.[616] Die mit der Miete von Geschäftsraum verbundenen typischen Risiken können nicht über das Verschuldenskriterium gemindert werden. Deshalb entfällt das Verschulden nicht, wenn die unpünktliche Mietzahlung auf eine schlechte Ertragslage zurückzuführen ist.[617] Generell ist es für die Interessen des Vermieters ohne Bedeutung, ob die verspätete Zahlung auf einem verschuldeten Rechtsirrtum oder auf einer sonstigen Nachlässigkeit beruht.[618]

178 Entsteht dem Vermieter durch die unpünktliche Mietzahlung ein **Zinsverlust oder ein sonstiger Schaden,** so haftet der Mieter aus dem Gesichtspunkt des Verzugs (§§ 286 Abs. 2 Nr. 1, 288 BGB). Der Umstand, dass der Mieter schuldlos keine eigenen Geldmittel zur Verfügung hat, steht der Haftung nicht entgegen. Die Regelung des § 284 Abs. 4 BGB, wonach der Schuldner nicht in Verzug kommt, solange die Leistung infolge eines Umstands unterbleibt, den er nicht zu vertreten hat, steht dem nicht entgegen. Für Geldschulden gilt nämlich der allgemeine Grundsatz, dass der Mangel der zur Erfüllung erforderlichen Geldmittel den Verzug nicht ausschließt.

179 **fff)** Nach dem bis 31.8.2001 geltendem Recht war fraglich, ob der Kündigung nach § 554a BGB a. F. eine **Abmahnung** vorausgehen musste. In der grundsätzlichen Entscheidung des BGH vom 26.3.1969[619] ist das Erfordernis der Abmahnung offen geblieben. Die Instanzgerichte waren

---

609 BGH (VIII ZR 173/15) NZM 2016, 635 m. Anm. *Blank.*
610 BGH, Urt. v. 21.10.2009 – VIII ZR 64/09.
611 KG RE vom 11.12.1997 zu § 554a BGB a. F.
612 LG Berlin GE 1994, 705.
613 LG Berlin a. a. O.
614 LG Berlin ZMR 1998, 351.
615 LG Köln WuM 1990, 548: kein Verschulden, wenn der Geldmangel auf Arbeitslosigkeit zurückzuführen ist; AG Schöneberg GE 1983, 331: wenn der Mieter seinen Lohn erst nach Fälligkeit der Miete erhält.
616 So zutreffend LG Braunschweig WuM 1987, 201.
617 *Sternel* Mietrecht (1988) Rdn. IV 511.
618 BGH (VIII ZR 91/10) NJW 2011, 2570 = ZMR 2011, 783.
619 BGH WuM 1970, 77.

einhellig der Auffassung, dass der Vermieter vor der Kündigung abmahnen muss.[620] Nunmehr ist in § 543 Abs. 3 BGB ausdrücklich geregelt, dass der Kündigung grundsätzlich eine Abmahnung vorausgehen muss. Die in § 543 Abs. 3 Satz 2 Nr. 1 und 2 BGB genannten Ausnahmen, werden in den Fällen einer Kündigung wegen unpünktlicher Mietzahlung so gut wie nie vorliegen. Regelmäßig kann der Mieter in vielen Fällen nicht eindeutig erkennen, ob und gegebenenfalls wie bedeutsam die pünktliche Mietzahlung für den Vermieter ist. Wird der Zahlungstermin nur um wenige Tage überschritten, so muss sich aus der Abmahnung ergeben, welche Mieten mit welcher Verspätung eingegangen sind,[621] damit der Mieter durch geeignete Maßnahmen für Abhilfe sorgen kann. Bei eindeutigen Fristüberschreitungen ist eine solche Angabe aber entbehrlich. Streitig ist, ob in der Abmahnung die fristlose Kündigung angedroht werden muss (sog. **„Qualifizierte Abmahnung"**). Dies wird in der ältern Rechtsprechung bejaht[622]. Teilweise wird es für ausreichend angesehen, wenn die Kündigung „wenigstens ihrem Sinne nach" angedroht wird.[623] Der Hinweis, dass eine Fortsetzung der unpünktlichen Zahlung „Folgen nach dem Mietvertrag" haben werde, soll dagegen nicht ausreichen.[624] Ebenso wurde als ungenügend angesehen, wenn der Vermieter für den Fall des Zahlungsverzugs eine Kündigung nach § 543 Abs. 2 Nr. 3 BGB androht und in der Folgezeit wegen der unpünktlichen Zahlungsweise nach § 543 Abs. 1 BGB kündigt.[625] Selbst die Androhung einer „Kündigung" soll nicht ausreichen, wenn offen bleibt, dass eine fristlose Kündigung beabsichtigt ist.[626] Nach heute herrschender Meinung genügt es, wenn sich aus der Abmahnung mit hinreichender Deutlichkeit ergibt, dass der Vermieter auf pünktliche Mietzahlung Wert legt. Hierzu reicht es aus, wenn der Vermieter den Mieter nach Eintritt der Fälligkeit zur Zahlung der Miete aufgefordert hat.[627] Die Androhung einer Kündigung ist nicht erforderlich,[628] schadet aber nicht und wird empfohlen.[629] Zu den weiteren Erfordernissen der Abmahnung s. § 541 BGB Rdn. 4–10.

ggg) Der Sinn einer Abmahnung besteht nicht in der Vorbereitung der Kündigung. Vielmehr **180**
soll der Mieter vor den Folgen der unpünktlichen Mietzahlung gewarnt werden. Diese Warnfunktion wird nur erfüllt, wenn **zwischen der Abmahnung und der Kündigung** ein **ausreichender Zeitraum** liegt. Der Kündigungsgrund liegt in der Fortsetzung der unpünktlichen Zahlungen trotz Zugang einer Abmahnung. Deshalb ist eine Kündigung unwirksam, wenn sie unmittelbar nach der Abmahnung erfolgt.[630] Der Vermieter muss also mindestens die nächste Zahlungsüberschreitung abwarten. Eine nochmalige Zahlungsunpünktlichkeit nach der Abmahnung kann aber zur Kündigung ausreichen (s. Rdn. 174).[631] Der Vermieter darf mit der Kündigung nicht zu lange warten, wenn sich ergibt, dass der Mieter auf die Abmahnung nicht reagiert. Anderenfalls kann angenommen werden, dass der Vermieter die Fortsetzung des Mietverhältnisses trotz der Zahlungsun-

---

[620] OLG München ZMR 2001, 535; OLG Brandenburg ZMR 2000, 373, 375: wenn der Vermieter die Zahlungsunpünktlichkeit längere Zeit hingenommen hat; LG Berlin GE 1983, 715; ZMR 1988, 465 = WuM 1989, 19; GE 1989, 149; GE 1992, 1188; LG Frankfurt WuM 1992, 370; LG Köln WuM 1991, 485; LG Itzehoe WuM 1991, 99; LG Hamburg ZMR 1985, 385 = NJW-RR 1986, 11; WuM 1991, 345; LG Aurich WuM 1991, 587; LG München I WuM 1990, 550; LG Bochum WuM 1989, 179; LG Kleve WuM 1995, 537; AG Görlitz WuM 1993, 391; AG Charlottenburg MM 1987, Nr. 9, 31.

[621] LG Frankfurt WuM 1992, 370.

[622] LG Berlin GE 1983, 715; ZMR 1988, 465 = WuM 1989, 19; ZMR 1988, 465 = WuM 1989, 19; GE 1992, 1188; LG Frankfurt WuM 1992, 370; LG Itzehoe WuM 1991, 99; LG Hamburg ZMR 1985, 385 = NJW-RR 1986, 11; WuM 1991, 345; LG München I WuM 1990, 550; LG Bochum WuM 1989, 179; AG Görlitz WuM 1993, 391; AG Charlottenburg MM 1987 Nr. 9, 31.

[623] LG Hamburg WuM 1991, 345.

[624] LG Berlin GE 1983, 715.

[625] LG Hamburg a. a. O.

[626] LG Itzehoe WuM 1991, 99; sehr zweifelhaft.

[627] **A. A.** LG Berlin GE 2012, 343.

[628] KG GE 2013, 618; LG Kleve WuM 1995, 537; *Emmerich* in Staudinger § 543 BGB Rdn. 78; *Lammel* § 543 BGB Rdn. 152; *Kandelhard* in Herrlein/Kandelhard § 543 BGB Rdn. 68; *Ehlert* in Bamberger/Roth § 543 BGB Rdn. 42; *Bieber* in MünchKomm § 543 BGB Rdn. 63; *Lützenkirchen* in: Erman § 543 Rdn. 37; *Sternel* Mietrecht aktuell (2009) Rdn. XII 7; **a. A.** wohl *Hinz* FA MietRWEG Kap. 15 Rdn. 319.

[629] *Kinne* in Kinne/Schach/Bieber Miet- und Mietprozessrecht § 543 BGB Rdn. 27; *Fritz*, Gewerberaummietrecht Rdn. 410.

[630] LG Berlin GE 1987, 1109 = WuM 1988, 57 für den Fall, dass zwischen der Abmahnung und dem Zugang der Kündigung nur einmal die Miete nicht bei Fälligkeit eingegangen ist; AG Neuss DWW 1990, 280 für eine am Monatsersten erfolgte Abmahnung und eine zur Monatsmitte erklärte Kündigung.

[631] BGH NJW 2006, 1585; NZM 2009, 315 = WuM 2009, 228.

pünktlichkeit nicht als unzumutbar empfindet. Verbindliche Fristen gibt es nicht;[632] jedoch sollten im Allgemeinen zwischen dem Zugang der Abmahnung und der Kündigung nicht mehr als sechs Monate liegen.

181 **hhh)** Wird die **Zahlungsunpünktlichkeit** alsbald **nach** Zugang der **Abmahnung beendet,** so kann der Vermieter nicht kündigen. Liegt zwischen der Abmahnung und der Kündigung eine angemessene Frist und hat der Mieter während dieses Zeitraums weiterhin unpünktlich gezahlt, so ist die Kündigung wirksam. Dies gilt auch dann, wenn zum Zeitpunkt des Kündigungszugangs alle Rückstände ausgeglichen sind.[633] Wird die Zahlungsunpünktlichkeit erst nach dem Zugang der Kündigung beendet, so bleibt die Wirksamkeit der Kündigung hiervon unberührt.[634] Die Ansicht, wonach das Zahlungsverhalten des Mieters nach Ausspruch der Kündigung ebenfalls mit zu berücksichtigen sei,[635] steht mit der Dogmatik des Kündigungsrechts nicht im Einklang. Im Einzelfall kann aber das Festhalten am Räumungsanspruch rechtsmissbräuchlich sein, wenn der Mieter seine Zahlungsweise später nachhaltig ändert.[636] Ergibt sich dies im Verlauf eines anhängigen Verfahrens, so kann der Vermieter die Hauptsache für erledigt erklären. Die Kosten sind dann dem Mieter aufzuerlegen, wenn der Räumungsanspruch ursprünglich bestanden hat.

182 **cc) Weigerung zur Zahlung von Verbindlichkeiten. aaa)** Grundsätzlich gilt, dass der Tatbestand des § 543 Abs. 1 BGB vorliegt, wenn der Mieter seine Zahlungspflichten endgültig und bestimmt verweigert. Deshalb kann der Vermieter auch außerhalb des § 543 Abs. 2 Satz 1 Nr. 3 BGB kündigen, wenn der Mieter erklärt, dass er keine Miete zahlen will.[637] Etwas anderes kann gelten, wenn sich der Mieter hinsichtlich seiner Zahlungspflicht in einem unvermeidbaren Rechtsirrtum befindet. Bei einer Mehrheit von Mietern berechtigt die Ankündigung der Zahlungseinstellung nur dann zur Kündigung, wenn sie von allen Mietern abgegeben wird.[638]

183 **bbb)** Der Vermieter von **Gewerberaum** kann nach § 543 Abs. 1 BGB kündigen, wenn der Mieter die **Kaution** nicht bezahlt und die Nichtzahlung auf Unvermögen beruht oder willkürlich erfolgt.[639] Die Kündigung setzt nicht voraus, dass die Mietsache bereits übergeben ist. Vielmehr kann der Vermieter auch schon vor der Übergabe kündigen, wenn ihm der Vollzug des Mietverhältnisses mit Rücksicht auf das Verhalten des Mieters nicht zugemutet werden kann, etwa weil das Sicherungsbedürfnis des Vermieters durch das Verhalten des Mieters tangiert wird.[640] Nach der Ansicht des KG[641] soll es genügen, wenn einer von mehreren Mietern erklärt, dass er zur Zahlung der Kaution außerstande sei (sehr zweifelhaft). Ebenso liegt ein Kündigungsgrund vor, wenn das Sicherungsbedürfnis des Vermieters erheblich tangiert wird.[642] Die Kündigung ist auch vor Überlassung der Mietsache möglich.[643] Eine Abmahnung mit Angabe einer Zahlungsfrist ist auch hier unumgänglich[644]. Grundsätzlich setzt die Kündigung wegen Nichtzahlung der Kaution voraus, dass sich der Vermieter selbst vertragstreu verhält. Daran kann es fehlen, wenn die Mietsache im vertragswidrigen Zustand angeboten wird. Der Mieter ist nämlich nur dann zur Übernahme verpflichtet, wenn das Mietobjekt den vertraglichen Vereinbarungen entspricht. Insbesondere darf das Mietobjekt keine Mängel aufweisen; geringfügige Sach- oder Rechtsmängel können dabei ver-

---

[632] S. LG Berlin MM 2000, 421: Das Kündigungsrecht entsteht, wenn der Mieter nach der Abmahnung die Miete innerhalb eines Jahres noch dreimal unpünktlich bezahlt.

[633] BGH NJW 2006, 1585 = NZM 2006, 338 = WuM 2006, 193 = ZMR 2006, 425 = DWW 2006, 233 = GE 2006, 508; OLG Hamm NJW-RR 1993, 1163.

[634] BGH NJW-RR 1988, 77 = WuM 1988, 126 = ZMR 1988, 16; LG Köln WuM 1991, 485; AG Frankfurt NJW 1993, 78.

[635] So *Sternel* Mietrecht (1988) Rdn. IV 513.

[636] LG Berlin GE 1994, 459; vgl. auch LG Köln WuM 1991, 98; LG Ravensburg WuM 1984, 297.

[637] BGH NJW 2005, 2552 = NZM 2005, 538 = WuM 2005, 401 = ZMR 2005, 688 betr. die Erklärung eines Insolvenzverwalters.

[638] BGH NJW 2009, 3781 = NZM 2010, 37 = WuM 2009, 736 = ZMR 2010, 277 unter Rdn. 21.

[639] BGH NJW-RR 2007, 886 = NZM 2007, 400 = GuT 2007, 130 = ZMR 2007, 525 = GE 2007, 711; OLG Düsseldorf ZMR 1995, 438 = WuM 1995, 438; OLG München NJWE-MietR 1996, 127; WuM 2000, 304; NZM 2000, 908; OLG Celle ZMR 1998, 272; OLG Düsseldorf ZMR 2011, 284; KG NZM 2013, 124.

[640] OLG Celle NZM 2003, 64; OLG Düsseldorf DWW 2006, 425, 427.

[641] KG GE 1999, 715.

[642] OLG Celle ZMR 1998, 272 bei Mietrückstände und mehrfacher Abmahnung; ZMR 2002, 505; KG GE 2005, 236: wenn der Mieter die Miete nur unvollständig zahlt.

[643] OLG Düsseldorf ZMR 1995, 465; 1100; OLG München NJWE-MietR 1996, 127; OLG Celle ZMR 2002, 505.

[644] KG NZM 2007, 41.

nachlässigt werden.[645] Die Regelung des **§ 314 Abs. 3 BGB,** wonach die Kündigung innerhalb einer angemessenen Frist erfolgen muss, gilt nach der hier vertretenen Ansicht auch wenn wegen der Nichtzahlung der Kaution gekündigt wird.[646] Nach Meinung des OLG Koblenz ist bereits ein Abwarten von ca 10 Monaten seit Kenntnis der Nichtzahlung zu lang mit der weiteren Folge, dass das Kündigungsrecht gem. § 314 Abs. 3 BGB nicht mehr ausgeübt werden kann.[647] Ein Teil der Rechtsprechung vertritt demgegenüber die Ansicht, dass die Vertragsverletzung in Fällen der vorliegenden Art so lange fortdauert, wie sich der Mieter mit der Zahlung der Kaution oder der Miete in Verzug befindet.[648] Dies hat zur Folge, dass die Frist des § 314 Abs. 3 BGB entweder überhaupt nicht oder erst mit der Abmahnung zu laufen beginnt. Der BGH teilt diese Ansicht nicht: Die Frist des § 313 Abs. 3 BGB beginnt mit der Kenntniserlangung des Kündigungsgrundes durch den Berechtigten. Wird die Kaution nicht bezahlt, so entsteht für den Vermieter ein aktuelles Sicherungsbedürfnis, wenn der Mieter mit der Mietzahlung in Verzug gerät.[649]

184 Bei der **Wohnraummiete** kann der Vermieter gem. **569 Abs. 2a BGB** fristlos kündigen, wenn der Mieter mit einem Kautionsbetrag im Verzug ist, der der zweifachen Monatsmiete entspricht. Die als Pauschale oder als Vorauszahlung ausgewiesenen Betriebskosten sind bei der Berechnung der Monatsmiete nicht zu berücksichtigen. Einer Abhilfefrist oder einer Abmahnung nach § 543 Abs. 3 Satz 1 bedarf es nicht. Ist vereinbart, dass der Mieter eine Kaution in Höhe von 3 Monatsmieten zu zahlen hat, so liegen die Kündigungsvoraussetzungen mit dem Ablauf des 3. Werktages des 2. Mietmonats vor. Beträgt die vereinbarte Kaution 2 Monatsmieten, so entspricht jede Rate 2/3 der Monatsmiete. Der Mieter hat die erste Rate bei Mietbeginn, die zweite Rate am 3. Werktag des 2. Mietmonats und die dritte Rate am 3. Werktag des 3. Mietmonats zu bezahlen. Erst dann beträgt der Rückstand 2 Monatsmieten. Ist eine Kaution von einer Monatsmiete vereinbart, so besteht kein Kündigungsrecht nach § 569 Abs. 2a. Dann stellt sich die Frage, ob der Vermieter nach § 543 Abs. 1 BGB kündigen kann. Dies ist zu verneinen, weil ein unvollständiges Regelbeispiel nicht durch Rückgriff auf einen Auffangtatbestand umgangen werden kann. Die Regelung in § 569 Abs. 2a gilt nur für die Barkaution und nicht für sonstige Sicherheiten gilt. Wegen des Verzugs mit der Erfüllung sonstiger Kautionsverpflichtungen ist eine Kündigung nach §§ 543 Abs. 1, 573 Abs. 2 Nr. 1 BGB möglich, wenn die weiteren Voraussetzungen dieser Vorschriften gegeben sind. Der Kündigungstatbestand setzt einen **Verzug** des Mieters mit der Kautionszahlung voraus. Der Mieter kommt nicht in Verzug, solange die Zahlung infolge eines Umstands unterbleibt, den er nicht zu vertreten hat (§ 286 Abs. 4 BGB). Die Ausführungen zu Rdn. 95ff gelten hier sinngemäß. Subjektive Gesichtspunkte, wie z. B. eine unverschuldete Zahlungsunfähigkeit spielen allerdings keine Rolle. Kommt der Mieter sowohl mit der **Mietzahlung als auch** mit der Zahlung der **Kaution** in Verzug, so richtet sich die Kündigung wegen des Mietrückstands nach § 543 Abs. 2 Nr. 3 und die Kündigung wegen des Kautionsrückstandes nach § 569 Abs. 2a. Bei der Prüfung der jeweiligen Kündigungstatbestände können die jeweiligen Rückstandsbeträge nicht zusammengerechnet werden (s. im Übrigen § 569 Rdn. 32a-32j).

184a Der für die Gewerbemiete entwickelte Grundsatz, dass eine Kündigung des Vermieters wegen des Verzugs des Mieters mit der Kautionszahlung ausscheidet, wenn sich der Vermieter seinerseits vertragswidrig verhält, gilt auch für die Wohnraummiete. Deshalb ist die Kündigung ausgeschlossen, wenn der Vermieter die Mietsache in einem vertragswidrigem Zustand übergibt[650] oder wenn er dem Mieter kein Sonderkonto nachweist, auf das dieser die Kaution einzahlen kann. Nach der hier vertretenen Meinung gilt dieselbe Rechtsfolge, wenn der Mieter die Kaution auf Verlangen des Vermieters vor der Übergabe in voller Höhe bezahlen muss oder wenn er eine höhere als die gesetzlich zulässige Kaution verlangt.[651]

185 **ccc)** Weigert sich der Mieter zur Bezahlung restlicher Betriebskosten nach Erhalt einer **Betriebskostenabrechnung,** so kommt es für die Kündigungsberechtigung nach § 543 Abs. 1 BGB zum einen auf die Höhe der Nachforderung[652] und zum anderen auf den Grund der Nichtzahlung,

---

645 BGH NJW-RR 2007, 884 = NZM 2007, 401 = GuT 2007, 128 = ZMR 2007, 444 = GE 2007, 710.

646 **A. A.** BGH (VIII ZR 296/15) NJW 2016, 3720 danach ist § 314 Abs. 3 BGB bei der Wohnraummiete nicht anzuwenden; s. Rdn. 5.

647 OLG Koblenz GuT 2011, 391.

648 KG GE 2005, 236.

649 BGH NJW-RR 2007, 886 = NZM 2007, 400 = GuT 2007, 130 = ZMR 2007, 525 = GE 2007, 711.

650 *Horst* DWW 2012, 162.

651 **A. A.** *Horst* a. a. O.

652 LG Köln WuM 1985, 131; LG Berlin GE 2015, 452.

die Dauer des Verzugs sowie auf die Stichhaltigkeit der Einwendungen gegen die Abrechnung[653] an. Im Allgemeinen setzt die Kündigung nach § 543 Abs. 1 voraus, **(1)** dass der Rückstand mindestens eine Monatsmiete beträgt **(2)** aus mindestens zwei Abrechnungsperioden verschiedener Jahre herrührt und **(3)** weitere Umstände vorliegen, aus denen sich ergibt, dass die Fortsetzung des Mietverhältnisses dem Vermieter nicht zugemutet werden kann.[654] Ist die Nachforderung nicht höher als eine Monatsmiete, so kommt eine Kündigung grundsätzlich nicht in Betracht. Auch insoweit ist es sachgerecht, wenn auf die in § 569 Abs. 3 Nr. 1 BGB getroffene Wertentscheidung zurückgegriffen wird. Hat der Mieter sachlich begründete Einwendungen gegen die Abrechnung erhoben, so scheidet eine Kündigung grundsätzlich aus.[655] Der Umstand, dass die Einwendung bereits durch obergerichtliche Rechtsprechung geklärt ist, steht dieser Rechtsfolge nicht zwingend entgegen,[656] weil der rechtsunkundige Mieter diese Rechtsprechung nicht kennen muss. Allerdings ist der Mieter verpflichtet, Rechtsrat einzuholen, wenn er vom Vermieter auf die Rechtslage hingewiesen wird. Ist der Nachzahlungsanspruch tituliert, spielen die Einwendungen des Mieters natürlich keine Rolle. Kann der Mieter die Nachforderung nicht in einer Summe bezahlen, weil er keine Rücklagen gebildet hat, so spricht auch dies gegen die Kündigung, wenn der Mieter mit einer Nachzahlung in dieser Höhe nicht zu rechnen brauchte. Insoweit ist zu Lasten des Vermieters auch zu bedenken, dass dieser in der Lage ist, sich durch angemessene Vorauszahlungen zu sichern (s. §§ 556 Abs. 2, 560 Abs. 4 BGB).[657] Allerdings muss der Mieter zu Ratenzahlungen bereit sein. Ist der Mieter sowohl mit periodisch wiederkehrenden Zahlungsverpflichtungen als auch mit einer Nachzahlung aus der Betriebskostenabrechnung in Verzug, so richtet sich die Kündigungsbefugnis allein nach § 543 Abs. 2 Nr. 3 BGB, weil anderenfalls die Schutzrechte des Mieters aus § 569 Abs. 3 BGB tangiert werden.[658]

186 Die Weigerung (oder das Unvermögen) zur Zahlung von **Prozesskosten** aus einer vorangegangenen Mietstreitigkeit ist zwar als Pflichtverletzung im Sinne des § 543 Abs. 1 BGB zu bewerten. Gleichwohl kann der Vermieter in Fällen dieser Art nicht kündigen, weil die Pflichtverletzung unterhalb der „Erheblichkeitsschwelle" liegt, die unter Berücksichtigung „der in § 569 Abs. 3 Nr. 2 BGB zum Ausdruck gekommenen Wertung des Gesetzgebers" zu bestimmen ist.[659] Danach wird eine fristlose Kündigung unwirksam, wenn der Vermieter bis zum Ablauf von zwei Monaten nach Zustellung der Räumungsklage „hinsichtlich der fälligen Miete und der fälligen Entschädigung nach § 546a Abs. 1 befriedigt wird". Diese Rechtsfolge hängt nach der Vorstellung des Gesetzgebers nur vom Ausgleich der Mietrückstände, nicht aber von der Bezahlung angefallener Verzugszinsen oder Prozesskosten ab. Diese gesetzgeberische Wertung würde unterlaufen, wenn der Vermieter diese Beträge zum Gegenstand einer Kündigung machen könnte.[660]

186a Die **Nichterfüllung titulierter Schadensersatzansprüche** des Vermieters ist zwar als Vertragsverletzung zu bewerten. Gleichwohl kommt eine Kündigung nur in Betracht, wenn dem Vermieter durch die Fortsetzung des Mietverhältnisses zusätzliche Nachteile entstehen. Dies ist nicht der Fall, wenn die laufende Miete bezahlt wird, eine Beitreibung der titulierten Ansprüche auf Grund der desolaten Vermögensverhältnisse des Mieters keinen Erfolg verspricht und keine Anhaltspunkte vorliegen, dass der Mieter auch künftig Vertragsverletzungen begeht und der Vermieter hierdurch mit weiteren Kosten belastet wird.[661]

187 **dd) Beleidigung, üble Nachrede, Verleumdung, Nötigung, Tätlichkeiten, Hausfriedensbruch und ähnliche Fälle. aaa)** Die Beleidigung, die üble Nachrede, die Verleumdung, die Nötigung und der Hausfriedensbruch sind Straftaten (§§ 123, 185–187, 240 StGB) und damit zugleich **Vertragsverletzungen,** wenn sie gegenüber dem Vertragspartner,[662] dessen Stellvertreter, Beauftragten oder Mitarbeitern[663] gegenüber dem Hausverwalter[664] oder gegenüber einem anderen

[653] *Sternel* WuM 2009, 699, 705.
[654] AG Hamburg-Bergedorf ZMR 2013, 203; *Sternel* PiG 90 (2011) S. 175, 178.
[655] OLG München ZMR 2001, 535.
[656] **A. A.** *Hinz* NZM 2010, 57, 61.
[657] LG Köln WuM 1994, 207.
[658] *Hinz* NZM 2010, 57, 62.
[659] BGH (VIII ZR 267/09) NJW 2010, 3020 = WuM 2010, 571.
[660] BGH a. a. O.
[661] LG Berlin GE 2015, 514.
[662] Für Beleidigungen des Mieters gegenüber dem Vermieter s. *Bierbaum/Stöckel* GE 1999, 1162 mit zahlreichen Beispielen aus der Rspr.
[663] LG Berlin GE 1986, 56, betr. das „Götz-Zitat".
[664] LG Köln WuM 1981, 233 betr. die Äußerungen gegenüber einer Angestellten eines Verwaltungsunternehmens; AG Gelsenkirchen-Buer ZMR 1998, 353.

Hausbewohner[665] verübt werden. Sind andere Personen betroffen, so liegt keine Vertragsverletzung vor.[666] Für Beleidigungen durch Erfüllungsgehilfen (Angehörige, Besucher, Untermieter, Betreuer[667] muss der Mieter einstehen. Die gegenläufigen Interessen des Mieters sind aber auch hier zu berücksichtigen.[668] **Beleidigung** ist der Angriff auf die Ehre eines anderen durch Kundgabe der Nichtachtung oder Missachtung.[669] Bloße Unhöflichkeiten (z. B. Verweigerung einer Begrüßung, Schreiben ohne Eingangs- und Schlussformel, etc.) scheiden von vorneherein aus. Gleiches gilt für Handlungen, die dem anderen Teil zwar missliebig sind, die aber keinen ehrverletzenden Charakter haben.[670] Äußerungen im Familienkreis, die in der Erwartung getan werden, dass sie innerhalb dieses Kreises bleiben, erfüllen ebenfalls nicht den Tatbestand einer Beleidigung. Im Übrigen können nur schwerwiegende Beleidigungen eine Kündigung nach § 543 Abs. 1 BGB rechtfertigen. Eine Beleidigung stellt sich als weniger verletzend dar, wenn sie aus einer Provokation heraus oder im Zusammenhang einer bereits vorgegebenen streitigen Atmosphäre erfolgt oder wenn sie als eine momentane und vereinzelt gebliebene Unbeherrschtheit zu bewerten ist.[671] Eine Beleidigung kann auch in Form einer sog. **„Schmähkritik"** begangen werden. Dies gilt auch für Formulierungen in einem an das Gericht adressierten Schriftsatz. Allerdings sind hier die durch § 193 StGB bestimmten Grenzen zu beachten. Danach sind „Äußerungen, welche zur Ausführung oder Verteidigung von Rechten oder zur **Wahrnehmung berechtigter Interessen** gemacht werden, nur insofern strafbar, als das Vorhandensein einer Beleidigung aus der Form der Äußerung oder aus den Umständen, unter welchen sie geschah, hervorgeht." Nach der Rechtsprechung des BVerfG nimmt eine herabsetzende Äußerung erst dann den Charakter der Schmähung an, wenn in ihr nicht mehr die Auseinandersetzung in der Sache, sondern jenseits auch polemischer und überspitzter Kritik die Diffamierung der Person im Vordergrund steht.[672] Dies ist der Fall wenn die Ausführungen einer Partei keinen Sachzusammenhang zu den rechtserheblichen Fragen erkennen lassen.[673] Eine **üble Nachrede** liegt vor, wenn gegenüber einem Dritten Tatsachen behauptet werden, die geeignet sind, den hiervon Betroffenen verächtlich zu machen oder sonst zu schaden.[674] Die üble Nachrede ist zwar straflos, wenn der Täter nachweisen kann, dass die Tatsache der Wahrheit entspricht; gleichwohl liegt auch in einem solchen Fall eine Vertragsverletzung vor, wenn der Täter kein anerkennenswertes Interesse an der Verbreitung der Tatsache geltend machen kann.[675] Beweispflichtig für die Nachrede ist der Kündigende; der Gekündigte trägt die Beweislast für die Wahrheit seiner Behauptung und für sein berechtigtes Interesse an der Verbreitung der Behauptung.[676] Die **Verleumdung** ist ein Sonderfall der üblen Nachrede. Sie liegt vor, wenn der Täter wider besseres Wissen eine unwahre Tatsache behauptet oder verbreitet. Es handelt sich um eine besonders schwere Vertragsverletzung, die im Regelfall zur Kündigung berechtigt. Allerdings ist auch hier das Verhalten der anderen Seite zu berücksichtigen.[677] Für die Beweislast gilt das zur üblen Nachrede gesagte. Eine **Nötigung** kann gegeben sein, wenn ein Vertragspartner den anderen mit einem empfindlichen Übel bedroht, um auf diese Weise seine Interessen durchzusetzen. Auch ein solches Verhalten recht-

---

665 AG Dortmund DWW 1996, 282; AG Frankfurt NZM 2000, 961 betr. den Hausfriedensbruch durch „Fensterln".

666 LG München I WuM 1989, 180 betr. die Beleidigung eines noch nicht im Grundbuch eingetragenen Erwerbers.

667 BGH (VIII ZR 73/16) NZM 2017, 26.

668 BGH (VIII ZR 73/16) NZM 2017, 26.

669 BGHSt 1, 289.

670 LG Berlin GE 1992, 723 betr. den Aushang eines dem Vermieter nachteiligen Gerichtsurteils durch den Mieter.

671 OLG Düsseldorf ZMR 2011, 282 betr. die Bezeichnung eines Verpächters als „Lügenbold"; AG Charlottenburg GE 2015, 389: Bezeichnung von Mitarbeitern des Vermieters als „faul" und als „talentfreie Abrissbirne".

672 BVerfG NJW 1991, 95.

673 S. OLG Hamm – Strafsenat – Beschluss vom 7.5.2015 – 5 RVs 55/15 betr. Bezeichnung des Vermieters als Person mit „einer verdorbenen charakterlichen Natur."

674 Vgl. LG Potsdam GE 2012, 64 = ZMR 2012, 627: wenn der Mieter an den Baufinanzierer des Vermieters herantritt und erklärt, dass sich dieser möglicherweise in Vermögensverfall befindet.

675 *Roquette* § 554a BGB, Rdn. 13.

676 *Reichert-Leininger* ZMR 1985, 402.

677 LG Mannheim WuM 1985, 264 betr. die Behauptung eines Mieters gegenüber einem Handwerker, der Vermieter sei zahlungsunfähig.

fertigt i. d. R. die Kündigung.[678] Bloßes Gerede reicht für die Annahme einer Vertragsverletzung allerdings nicht aus.[679]

188 **bbb)** Die genannten Vertragsverletzungen berechtigen nur dann zur Kündigung, wenn sie so schwer wiegen, dass dem anderen Teil die **Fortsetzung des Mietverhältnisses nicht** zugemutet werden kann. Neben den Fällen der Verleumdung und der Nötigung haben auch manche Beleidigungen ein solches Gewicht, dass die Unzumutbarkeit der Vertragsfortsetzung auf der Hand liegt. **Beispiele:** Kündigung eines Gewerbemietvertrags durch den Mieter, wenn der Vermieter gegenüber Dritten ohne berechtigtes Interesse beleidigende Behauptungen aufstellt, die geeignet sind, den Gewerbetrieb nachhaltig zu beeinträchtigen;[680] Bezeichnung eines Vermieters in einem Zeitungsartikel als „Halunken mit der höflichen Maske“;[681] Äußerung eines Mieters, er habe „gute Lust, seinem Vermieter den Schädel einzuschlagen“;[682] Wahrheitswidriger Vorwurf, der Vermieter habe bereits einen Meineid geschworen;[683] Beleidigung eines Hausbewohners als „Saujude“; „Drecksack“ oder „altes Schwein“;[684] Pöbeleien gegenüber dem Hausverwalter auf einem Transparent.[685] Es ist allerdings anzumerken, dass die Rechtsprechung das Erfordernis zivilisierten Verhaltens vereinzelt zu gering bewertet. So soll z. B. die Äußerung, der Vermieter sei „ein Drecksack, den man erschießen müsste“ keine zur Kündigung ausreichende Vertragsverletzung sein, wenn der Vermieter nicht im Haus wohnt[686]; auch die Äußerung „Sie sind ein Massenmörder“, soll keinen Kündigungsgrund darstellen, falls der Mieter im Zustand der Erregung gehandelt hat.[687] Pöbeleien, „die einen hinreichend nachvollziehbaren Gedankengang nicht erkennen lassen“ sollen für Kündigung nicht ausreichen.[688] Weniger schwerwiegende Beleidigungen sind folgenlos, wenn es sich um einen vereinzelten Vorfall handelt.[689] In den meisten Fällen muss die Unzumutbarkeit der Vertragsfortsetzung unter Würdigung der Gesamtumstände festgestellt werden. Haben die an einem Streit Beteiligten wechselseitige Beleidigungen ausgesprochen, so scheidet eine Kündigung regelmäßig aus.[690] Gleiches gilt, wenn der Beleidiger von der Gegenseite provoziert worden ist, sei es durch unredliches Verhalten, einen abfälligen Gesprächston oder durch andere Vertragsverletzungen oder Unhöflichkeiten.[691] Beweispflichtig für die Provokation ist der Beleidiger.[692] Generell gilt, dass Äußerungen, die im Zustand der Erregung fallen, weniger schwer wiegen als kalkulierte Ehrverletzungen.[693] Die soziale Herkunft des Beleidigers sowie sein Sprach- und Ausdrucksvermögen, sind ebenfalls zu berücksichtigen.[694] In diesem Zusammenhang ist zu bedenken, dass zahlreichen Ausländern der beleidigende Charakter mancher Wendungen gar nicht bewusst ist. Auch der in den beteiligten Kreisen oder im Haus übliche Umgangston sowie die allgemeinen Verhältnisse im Haus können eine Rolle spielen.[695] Keinesfalls darf eine schwerwiegende Vertragsverletzung angenommen werden, wenn

[678] LG Mannheim WuM 1985, 264: Drohung, den Vermieter in der Nachbarschaft wegen angeblicher sittlicher Verfehlungen anzuschwärzen; LG Mannheim WuM 1978, 50: Bedrohung mit einer Geiselnahme um Reparaturarbeiten zu erzwingen; AG Lichtenberg GE 2011, 1239: Drohung des Mieters das Haus anzuzünden, wenn seine Forderungen nicht erfüllt werden.

[679] LG Berlin MM 1991, 128 betr. die Redensart: „Ich warne Sie“.

[680] BGH (XII ZR 188/08) NZM 2010, 901 = ZMR 2011, 29.

[681] LG Köln DWW 1988, 325.

[682] LG Mannheim, Urt. v. 5.8.1992 – 4 S. 92/92.

[683] AG Schwelm WuM 1985, 265.

[684] AG Dortmund DWW 1996, 282.

[685] AG Gelsenkirchen-Buer ZMR 1998, 353.

[686] LG Stuttgart DWW 1988, 45.

[687] LG Berlin GE 1990, 537.

[688] AG Neukölln GE 2016, 1215.

[689] LG Offenburg WuM 1986, 250 betr. das „Götz-Zitat“; AG Charlottenburg MM 1988, Nr. 5 S. 30 betr. den einmaligen Gebrauch des Wortes „Strolch“ im Zustand der Erregung.

[690] LG Mannheim WuM 1981, 17; AG Kassel WuM 1984, 199.

[691] AG Hamburg WuM 1994, 382: Wird der Vermieter vom Mieter beleidigt und bedroht, so besteht gleichwohl kein Kündigungsrecht, wenn der Vermieter die Mieter zuvor erheblich unter Druck gesetzt hatte, um sie zur Räumung des Hauses zu bewegen; ebenso AG Köln WuM 1988, 126 für den Fall dass der Vermieter beschimpft wird, weil er den Keller eines Mieters aufgebrochen hat.

[692] LG Berlin GE 1991, 933.

[693] AG Rosenheim WuM 1980, 186: Kündigung verneint, wenn sich der Mieter im Zustand der Erregung befunden hat; ebenso AG Hanau WuM 1980, 136 für Äußerungen im Verlauf eines Streitgesprächs; LG Köln WuM 1993, 349: Kündigung bejaht, wenn eine wiederholte grobe Beleidigung keinem Kontrollverlust entspringt.

[694] AG Dortmund WuM 1978, 85 = ZMR 1978, 207.

[695] LG Oldenburg WuM 1983, 317 betr. ein Haus mit Schlichtwohnngen.

sich ergibt, dass der Betroffene die Äußerung selbst nicht besonders ernst genommen hat. Hiervon ist insbesondere dann auszugehen, wenn zwischen dem Vorfall und der Kündigung ein längerer Zeitraum liegt (s. § 314 Abs. 3 BGB). Das Verhalten der Beteiligten nach der Vertragsverletzung, insbesondere eine nachträgliche Entschuldigung, ist angemessen zu bewerten.

ccc) Eine **Abmahnung** ist auch hier erforderlich (§ 543 Abs. 3 Satz 1 BGB). Allerdings wird hier oft der Ausnahmetatbestand des § 543 Abs. 3 Satz 2 BGB vorliegen.[696] Bei schweren Beleidigungen ist regelmäßig § 543 Abs. 3 Satz 2 Nr. 2 BGB gegeben. Es gilt der Grundsatz, dass durch eine schwere Beleidigung das für die Vertragserfüllung unerlässliche Vertrauen zerstört wird; in diesem Fall ist eine Abmahnung entbehrlich, weil zerstörtes Vertrauen durch eine Abmahnung nicht wiederhergestellt werden kann.[697] Etwas anderes gilt, wenn die einmalige Beleidigung für sich betrachtet kein besonderes Gewicht hat und sich die Unzumutbarkeit erst aus der Wiederholung ergibt.[698] **189**

ddd) Äußerungen mit ehrverletzendem Charakter, die im Rahmen der **Wahrnehmung berechtigter Interessen** fallen, rechtfertigen im Allgemeinen keine Kündigung. **Beispiele:** Behauptungen eines Rechtsanwalts in prozessualen Schriftsätzen, der Vermieter habe Zeugen zu einer falschen Aussage angestiftet, falsche Anschuldigungen bei einer Behörde erhoben, falsche eidesstattliche Versicherungen abgegeben und Zeugen bestochen, wenn in jenem Verfahren „Merkwürdigkeiten" zu Tage getreten sind, die für die Richtigkeit der Vorwürfe sprechen könnten;[699] ehrverletzende Äußerungen eines Rechtsanwalts;[700] Vorwurf des versuchten Prozessbetrugs in der Klagschrift;[701] Behauptung, die Miete verstoße gegen § 5 WiStG im Rahmen eines Mieterhöhungsprozesses.[702] **190**

eee) Die für die Beleidigung maßgeblichen Grundsätze gelten auch für **Tätlichkeiten.** Die Anwendung von Gewalt ist besonders verwerflich und rechtfertigt i. d. R. die Kündigung. **Beispiele:** wenn der Mieter die Wohnungstür eines Nachbarn eintritt;[703] wenn der Mieter mit einem Blumentopf nach spielenden Kindern wirft, weil er sich von diesen gestört fühlt;[704] tätlicher Angriff auf einen Mitarbeiter der Hausverwaltung;[705] Tätlichkeiten des Ehemannes einer Mieterin gegen einen Hausbewohner.[706] Eine Abmahnung ist in diesen Fällen regelmäßig nach § 543 Abs. 3 Satz 2 Nr. 2 BGB entbehrlich.[707] Hat jedoch der andere Teil selbst Gewalt angewendet, so ist auch dies zu berücksichtigen.[708] Gleiches gilt, wenn sich ein Mieter gegen Gewalttätigkeiten von anderen Hausbewohnern zur Wehr setzt.[709] Auch die **Androhung von Gewalt** wird i. d. R. die Kündigung rechtfertigen.[710] Etwas anderes kann auch hier gelten, wenn der andere Teil Anlass zu der Gewaltandrohung gegeben hat. Generell gilt, dass kein Kündigungsgrund vorliegt, wenn sich der Mieter in einer Notwehr- oder in einer ähnlichen Situation befindet und zur Abwehr der Beeinträchtigung Gewalt anwendet oder Gewalt androht.[711] **191**

ee) Auseinandersetzungen mit dem Vermieter anlässlich von Umwandlungs-, Sanierungs-, Verkaufs- oder sonstigen Maßnahmen. Der Mieter ist grundsätzlich berechtigt, seine **192**

---

[696] AG Lichtenberg GE 2011, 1239: wenn der Mieter droht das Haus anzuzünden, wenn seine Forderungen nicht erfüllt werden.

[697] BGH (XII ZR 188/08) NZM 2010, 901 = ZMR 2011, 29; LG München ZMR 2016, 449; AG München ZMR 2016, 466.

[698] LG Mannheim WuM 1981, 17; LG Münster WuM 1991, 688; AG Köln WuM 1987, 388.

[699] OLG München NJWE-MietR 1996, 270.

[700] LG Düsseldorf ZMR 1981, 116; LG München II WuM 1989, 179; LG Osnabrück WuM 1990, 429.

[701] OLG Brandenburg Urteil vom 22.8.2012 – 3 U 67/11; AG Köln WuM 1995, 202.

[702] AG Reutlingen WuM 1991, 98.

[703] LG Berlin GE 1984, 83.

[704] LG Berlin MM 1988 Nr. 12, S. 29.

[705] LG Berlin GE 2008, 871.

[706] AG Brühl WuM 2008, 596.

[707] LG Berlin a. a. O.; AG Brühl a. a. O.

[708] LG Mannheim ZMR 1977, 306 = WuM 1978, 68; AG Wedding MM 1992, 246 wonach kein Kündigungsgrund vorliegt, wenn der Mieter den Vermieter mit Gewalt am Betreten der Wohnung hindert.

[709] LG Bonn WuM 1994, 73 betr. den Schuss aus einer Gaspistole nach einer vorangegangenen Gewalttätigkeit jugendlicher Bewohner.

[710] LG Hamburg ZMR 2014, 794: Bedrohung einer Hausbewohnerin mit einer Eisenstange; AG Warendorf WuM 1996, 412: Bedrohung des Vertragspartners mit einer Pistole; AG München ZMR 2015, 41: angedeuteter Stockschlag in Richtung des Kopfes eines Mitmieters.

[711] AG Frankfurt/M. WuM 1998, 343: wenn der Mieter dem Vermieter oder dessen Beauftragten eine Kamera aus der Hand schlägt um zu verhindern, dass in der Wohnung Aufnahmen gemacht werden.

Interessen an der Mietsache so wahrzunehmen, wie er dies für richtig hält. Bestehen aus der Sicht des Mieters hinreichende Anhaltspunkte dafür, dass der Vermieter eine Vertragsverletzung begangen hat, so ist es grundsätzlich nicht zu beanstanden, wenn der Mieter zur Wahrung seiner Interessen Schadensersatzansprüche ankündigt.[712] Der Mieter muss sich nicht auf die herkömmlichen Mittel der Auseinandersetzung beschränken. Vielmehr darf er sich mit anderen Mietern zusammenschließen.[713] Der oder die Mieter können sich dabei an die Öffentlichkeit wenden.[714] Die Mieter können Transparente oder Plakate in den Fenstern ihrer Wohnungen aufhängen.[715] Kaufinteressenten dürfen ungefragt auf Mängel des Hauses hingewiesen werden.[716] Allerdings müssen hierbei die Regeln der Höflichkeit gewahrt werden. Der Mieter muss bei der Wahrheit bleiben; er darf insbesondere das Haus nicht wahrheitswidrig „schlecht machen".[717] Auch darf der Vermieter weder angeprangert, noch diskriminiert, noch beleidigt werden. Die Grenze wird von der Rechtsprechung teilweise sehr eng gezogen.[718] Dies ist nicht angezeigt. Vielmehr ist in Fällen der vorliegenden Art zu fragen, ob das Verhalten des Mieters vom Grundrecht der Meinungsfreiheit gedeckt ist. Die Grenzen der Meinungsfreiheit werden erst überschritten, wenn dadurch höherrangige Rechte Dritter verletzt werden. Der Umstand, dass das Verkaufsinteresse des Vermieters beeinträchtigt wird, genügt hierfür nicht.[719] Schließlich darf der Mieter keine Straftaten begehen und die Straftaten Dritter nicht unterstützen.[720]

193 **ff) Strafanzeigen gegen den Vertragspartner und ähnliche Fälle.** Die Erstattung einer Anzeige bei der Staatsanwaltschaft, der Polizei oder einer anderen Behörde kann eine erhebliche Vertragsverletzung i. S. v. § 543 Abs. 1 BGB darstellen. Für die Annahme einer Pflichtverletzung reicht es allerdings nicht aus, dass ein gegen den Angezeigten eingeleitetes Ermittlungsverfahren mangels hinreichenden Tatverdachts eingestellt wurde.[721] Vielmehr ist über die Kündigung unter Berücksichtigung des Grundsatzes der Verhältnismäßigkeit der Mittel entsprechend der Umstände des Einzelfalls zu entscheiden. Dem Verhalten des Angezeigten kommt dabei eine maßgebliche Bedeutung zu. Weiterhin ist zu prüfen, ob die Anzeige im Rahmen der Wahrnehmung staatsbürgerlicher Rechte erfolgt ist oder ob der Anzeigeerstatter mit der Anzeige eine staatsbürgerliche Pflicht erfüllt hat.[722] Bei der Abwägung der Interessen ist Art 10 EMRK (Freiheit der Meinungsäußerung) zu berücksichtigen. Dies gilt insbesondere, wenn der Anzeigeerstatter mit der Anzeige auf Missstände aufmerksam machen will, deren Beseitigung im öffentlichen Interesse liegt.[723] Insoweit können folgende Fallgruppen unterschieden werden.

194 **aaa)** Die Anzeige beruht auf **erfundenen Tatsachen** – hier ist i. d. R. die Kündigung berechtigt.[724] Gleiches gilt, wenn die Anzeige **leichtfertig** erstattet worden ist.[725] Es kommt in diesem Fällen nicht darauf an, ob der Anzeigeerstatter mit der Anzeige Ziele verfolgt, die an sich billigenswert sind: Der Verstoß gegen den Grundsatz der Verhältnismäßigkeit liegt hier in der Verwendung des unlauteren und allgemein missbilligten Mittels der Verleumdung. Auf eine Wiederholungsgefahr kommt es nicht an; eine Abmahnung ist entbehrlich. In der Rechtsprechung wird teilweise die Ansicht vertreten, der Angezeigte sei beweispflichtig dafür, dass der Anzeigerstatter vorsätzlich

---

712 OLG München ZMR 1997, 458, 459.

713 LG Kassel WuM 1981, 211 betr. die Interessengemeinschaft zur Verhinderung der Umwandlung von Miet- in Eigentumswohnungen; AG Neukölln MM 1986, Nr. 11 S. 33; AG Lübeck WuM 1980, 236 betr. das Engagement als Mietervertreter.

714 AG Nürnberg WuM 1983, 261 betr. das Interview; AG Solingen WuM 1991, 97 betr. die Einschaltung der Presse durch den Mieterverein bei Verdacht auf Mietpreisüberhöhung.

715 AG Stuttgart NJW-RR 1991, 780: „Wir bleiben hier"; LG Kassel WuM 1981, 211 betr. das Symbol einer Interessengemeinschaft.

716 OLG Celle NJW-RR 1991, 781; AG Nürnberg WuM 1983, 261; **a. A.** LG Hannover WuM 1995, 538.

717 Insoweit zutreffend LG Hannover a. a. O.

718 LG München I WuM 1983, 264: Kündigung bejaht bei einem Transparent mit der (wahrheitsgemäßen) Aufschrift: „In diesem Haus stehen 4 Wohnungen leer, ca. 500 m²"; ebenso AG München WuM 1989, 616 für Plakat mit der Aufschrift: „Unrecht Gut gedeihet nicht".

719 VGH des Landes Berlin ZMR 2008, 605.

720 AG Wedding WuM 1981, 210 betr. die Hausbesetzung; vgl. dazu auch AG Frankfurt WuM 1981, 211.

721 So aber AG Gummersbach ZNR 2010, 864.

722 BVerfG GE 2001, 1536.

723 Vgl. für das Arbeitsrecht EGMR NJW 2011, 3501.

724 Ebenso BAG NJW 2004, 1547 für die arbeitsrechtliche Kündigung; LG Berlin GE 1990, 1079; LG Frankfurt WuM 1994, 15 betr. die Anzeige des Vermieters wider besseres Wissen mit der Begründung, dieser wolle Wohn- in Gewerberaum umwandeln.

725 AG Friedberg/Hessen WuM 1986, 338.

oder leichtfertig eine falsche Anzeige erstattet habe.[726] Ein ungeklärter Sachverhalt geht nach dieser Auffassung zu Lasten des Angezeigten.[727] Dies ist nicht zutreffend: der Angezeigte muss lediglich beweisen, dass der Gekündigte die Anzeige erstattet hat. Der Anzeigeerstatter muss darlegen und beweisen, dass und aus welchen Gründen er die Tatsachen für wahr erachtet hat.[728] Im Ausnahmefall kann das Verhalten des Angezeigten mit zu berücksichtigen sein, so z. B. wenn der Angezeigte seinerseits mit ähnlich unlauteren Mitteln gegen den Anzeigeerstatter vorgegangen ist. Der Umstand, dass die Parteien nicht im selben Haus leben, sollte in Fällen dieser Art allerdings nicht zu Gunsten des Anzeigeerstatters gewertet werden.[729]

bbb) Die Anzeige beruht auf **wahren Tatsachen** oder Tatsachen, die der **Anzeigeerstatter für wahr hält.** Der Anzeigeerstatter handelt aber **nicht zur Wahrung eigener Interessen,** sondern um dem Angezeigten einen Schaden zuzufügen. Hierunter gehören diejenigen Fälle, in denen der Anzeiger eine Straftat oder Ordnungswidrigkeit seines Vertragspartners, von der er selbst nicht betroffen ist, zum Anlass einer Anzeige nimmt. Der Verstoß gegen den Grundsatz der Verhältnismäßigkeit liegt hier im denunziatorischen Charakter der Anzeige. Maßgeblich ist, ob die Anzeige nach den Gesamtumständen angemessen ist. Eine Kündigung kommt nicht in Betracht, wenn der Anzeigeerstatter aus staatsbürgerlicher Verantwortung handelt.[730] Anders ist es, wenn die Anzeige aus Böswilligkeit oder aus nichtigem Anlass erstattet worden ist oder wenn ein Vertragspartner ohne hinreichenden Anlass gegen den anderen Vertragspartner bei den Behörden agiert.[731] Eine Wiederholungsgefahr ist auch hier nicht erforderlich, so dass nicht abgemahnt werden muss. Die Ausführungen zur Beweislast und zur Berücksichtigung des Verhaltens des Angezeigten gelten auch hier. 195

ccc) Der Anzeigeerstatter nimmt **wahre oder aus seiner Sicht möglicherweise wahre Tatsachen** zum Anlass einer Anzeige und er handelt hierbei zur **Wahrung eigener Interessen.** Hierzu gehören diejenigen Fälle in denen möglicherweise eine Straftat, eine Ordnungswidrigkeit oder ein rechtswidriger Zustand vorliegen kann (z.B. Mietpreisüberhöhung; Nötigung; Beleidigung; Körperverletzung; Hausfriedensbruch; mangelhafter Bauzustand) und der Anzeigeerstatter ein eigenes Interesse an der Aufklärung der Tat, am behördlichen Eingreifen oder der Bestrafung des Täters hat. Dabei ist zu berücksichtigen, dass für Streitigkeiten über die Höhe der Miete, die Berechtigung der Umlage von Betriebskosten und ähnliche Fälle der Zivilrechtsweg zur Verfügung steht. Eine Strafanzeige ist in solchen Fällen unangemessen.[732] Anders ist es, wenn im Einzelfall Anlass für ein Eingreifen der Behörde besteht. Der Vermieter muss beweisen, dass der Mieter schuldhaft gehandelt hat. Wird der Vermieter in einem Strafverfahren freigesprochen, weil sich der Tatvorwurf nicht mit der für eine Verurteilung erforderlichen Sicherheit feststellen lässt, so ist damit der Beweis für ein Verschulden des Mieters nicht geführt.[733] Hat der Anzeigeerstatter sorgfältig geprüft, ob ein Anlass zur Anzeige besteht, so ist kein Verstoß gegen den Grundsatz der Verhältnismäßigkeit gegeben. Eine Kündigung kommt dann im Allgemeinen nicht in Betracht.[734] 196

gg) Unseriöses Prozessverhalten. Der Umstand, dass die eine oder die andere Partei häufig gerichtliche Hilfe in Anspruch nehmen muss, um ihre Rechte aus dem Mietverhältnis durchzusetzen, rechtfertigt für sich allein keine Kündigung.[735] Dies gilt im Grundsatz auch dann, wenn sich die Leistungsunlust einer Partei auf den Bagatellbereich erstreckt und zur lästigen Gewohnheit ge- 197

---

726 LG Osnabrück WuM 1993, 617.

727 AG Gelsenkirchen-Buer ZMR 1982, 54.

728 *Reichert-Leininger* ZMR 1985, 402.

729 **A. A.** AG Freiburg WuM 1989, 618.

730 LG Wiesbaden WuM 1995, 707 betr. die Anzeige wegen des Verdachts von Kindesmissbrauch.

731 LG Berlin GE 1984, 85 betr. die Anzeige wegen ruhestörendem Lärm; AG Berlin-Spandau GE 1981, 819; LG Frankfurt NJW-RR 1994, 143 = WuM 1994, 15 betr. die Anzeige wegen Zweckentfremdung von Wohnraum.

732 BVerfG GE 2001, 1536; AG Hamburg-Altona ZMR 2016, 460 betr. unangemessene Beschwerde des Anzeigeerstatters gegen Einstellungsbescheid der Staatsanwaltschaft.

733 AG Hamburg ZMR 2016, 630.

734 Ähnlich BAG NJW 2004, 1547 für arbeitsrechtliche Kündigung; vgl. auch OLG München ZMR 1997, 458, 460: wenn sich ein Mieter an das Bauamt wendet um zu erfahren, ob eine von ihm gemietete Wohnung den öffentlich-rechtlichen Sicherheitsvorschriften genügt; LG Osnabrück WuM 1990, 429: wenn ein dringender Verdacht besteht, dass ein Dritter in die Wohnung des Mieters eingedrungen ist; AG Bergisch Gladbach WuM 1983, 236: wenn sich der Mieter an das Bauaufsichtsamt wendet, weil er glaubt, dass sich das Haus in einem baurechtswidrigen Zustand befindet; LG Frankfurt/Oder ZMR 2014, 206 betr. Strafanzeige des Mieters wegen eigenmächtigen Betretens der Mietsache durch den Vermieter.

735 OLG Hamm NJW-RR 1993, 16; AG Lüdinghausen WuM 1980, 137.

worden ist. Meinungsäußerungen im Prozess, die einer Partei nachteilig sind, sind i. d. R. durch § 193 StGB gedeckt (Wahrnehmung berechtigter Interessen; s. Rdn. 190). Demgegenüber kann ein Grund zur fristlosen Kündigung vorliegen, wenn sich eine Partei im Prozess unredlicher oder unverhältnismäßiger Mittel bedient.[736] Allerdings ist auch hier das Verhalten der Gegenseite zu berücksichtigen. Ein wahrheitswidriger Sachvortrag berechtigt nicht zur Kündigung, wenn auch der Kündigende wahrheitswidrig vorgetragen hat. Gleiches kann gelten, wenn ein Mieter oder Pächter versucht, einen Zeugen zur Falschaussage zu bewegen, um sich so gegen eine unberechtigte Kündigung zu wehren.[737] In Fällen dieser Art ist auf Grund einer Abwägung aller Umstände zu prüfen, ob der anderen Partei eine Fortsetzung des Mietverhältnisses zugemutet werden kann.[738]

198 **hh) Anstößiger Lebenswandel.** Der Lebenswandel eines Mieters kann zum einen dann Grund für eine Kündigung sein, wenn sich dies in irgendeiner Weise nachteilig auf den Hausfrieden auswirkt. Der Umstand, dass der Mieter dem Alkohol verfallen ist und immer wieder betrunken nach Hause kommt, ist für sich betrachtet unerheblich.[739] Anders ist es, wenn er im betrunkenen Zustand Lärm verursacht. Zum anderen kann ein Kündigungsgrund vorliegen, wenn der Mieter auf Grund seines Lebenswandels oder Verhaltens die Mietsache in Verruf gebracht hat, oder wenn dies zu befürchten ist. Ein solcher Fall kann gegeben sein, wenn der Mieter Anlass zu Polizeieinsätzen gegeben hat,[740] wenn er in seiner Wohnung mit Heroin handelt[741], wenn er in der Wohnung Cannabis-Pflanzen in erheblichem Umfang (43 Blumentöpfe) anbaut,[742] wenn ein Gastwirt in der gemieteten Gaststätte Rauschgift aufbewahrt[743] oder wenn er einen Bordellbetrieb unterhält.[744] Lässt ein Mieter seine Wohnung verwahrlosen, so kann ein Kündigungsgrund nach § 543 Abs. 2 Nr. 2 BGB gegeben sein (s. Rdn. 51).

199 **ii) Diebstahl.** Allgemein wird ein Kündigungsgrund bejaht, wenn ein Mieter Stromleitungen anzapft und auf diese Weise Energie verbraucht ohne dafür zu bezahlen.[745]; AG Wedding GE 2015, 390 Eine Ausnahme gilt jedoch, wenn dem Vermieter hierdurch kein oder nur ein unerheblicher Nachteil erwächst.[746] Beweispflichtig für die Stromentnahme ist der Vermieter.[747]

200 **jj) Verletzung von Aufklärungspflichten. aaa) Offenbarungspflicht.** Der Mieter darf den Mietvertrag nicht abschließen, wenn er weiß, dass er die Miete nicht bezahlen kann. Ist diese Frage ungeklärt, – etwa weil nicht sicher ist, ob das Sozialamt die Mietzahlungen übernimmt – so muss der Mieter von sich aus den Vermieter hiervon in Kenntnis setzen. Gleiches gilt für solche Umstände, von denen der Mieter annehmen muss, dass sie für den Vermieter von wesentlicher Bedeutung sind.[748] Zwar gilt im Allgemeinen der Grundsatz, dass jede Partei ihre Interessen selbst wahrzunehmen hat. Deshalb muss sich der Vermieter die für die Entscheidung über den Vertragsschluss notwendigen Information selbst beschaffen, etwa indem er vom Mietinteressenten entsprechende Auskünfte einholt. Ausnahmsweise muss ein Vertragspartner aber solche Umstände von sich aus offenbaren, die für die Willensbildung des anderen Teils offensichtlich von ausschlaggebender Bedeutung sind. Hierzu zählen solche Umstände, die den Vertragsschluss vereiteln oder erheblich gefährden oder die geeignet sind dem Vertragspartner erheblichen wirtschaftlichen Schaden zuzufügen. Maßgeblich sind die Umstände des Einzelfalls.[749] Bloße Zweifel an der Leistungsfähigkeit begründen keine Offenbarungspflicht.[750] Deshalb ist der Mieter nicht verpflichtet, den Vermieter von sich aus über seine Einkommens- und Vermögensverhältnisse aufzuklären.[751] Wird die Offen-

---

[736] BGH WuM 1986, 60: Versuch der Zeugenbeeinflussung; AG Charlottenburg MM 1986, Nr. 12 S. 28: Betreiben der Zwangsversteigerung des Hauses durch den Mieter wegen einer Forderung von ca. 50 DM.
[737] KG GE 1987, 571.
[738] BGH a. a. O.
[739] AG Dortmund DWW 1990, 55; AG Dresden DWW 1995, 145.
[740] LG Mannheim DWW 1994, 50; AG Linz NJW-RR 1991, 1225.
[741] AG Pinneberg NZM 2003, 553.
[742] AG Köln WuM 2008, 595.
[743] AG Frankfurt NJW-RR 1990, 911.
[744] AG Berlin-Mitte GE 1994, 813.
[745] LG Köln NJW-RR 1994, 909; AG Potsdam WuM 1995, 40; AG Neukölln GE 1995, 501.
[746] KG WuM 2004, 721, 722.
[747] LG Berlin GE 1987, 517.
[748] OLG Celle BB 1978, 576 betr. die Gesellschaftsverhältnisse bei einer Gründungsgesellschaft als Mieterin.
[749] BGH (XII ZR 192/08) NJW 2010, 3362.
[750] *Hille* WuM 1984, 292, 294; *Weichert* WuM 1993, 723, 725.
[751] LG Ravensburg WuM 1984, 297.

barungspflicht verletzt, so kann der Vermieter nach § 543 Abs. 1 BGB kündigen[752] (oder wahlweise anfechten), wenn der Anfechtungstatbestand der §§ 119 oder 123 BGB vorliegt. Der Umstand, dass das Mietverhältnis bereits in Vollzug gesetzt worden ist, steht der Kündigung nicht entgegen.[753] Etwas anderes wird gelten, wenn das Mietverhältnis bereits relativ lange dauert und sich die Verletzung der Aufklärungspflicht nicht ausgewirkt hat. Gleiches gilt, wenn sich die tatsächlichen Umstände, die der Mieter bei Vertragsschluss verschleiert hat, zwischenzeitlich geändert haben.

Andere Tatsachen muss der Mieter nicht von sich aus offenbaren. **Beispiele:** Vermietet eine Gemeinde einen Wasserturm an den Betreiber einer D 2-Funkstation, so muss der Mieter nicht darauf hinweisen, dass der Betrieb der Anlage öffentliche Diskussionen über eine Gesundheitsgefährdung durch elektromagnetische Wellen hervorrufen kann;[754] der Mieter muss nicht offenbaren, dass er bereits die eidesstattliche Versicherung abgegeben hat;[755] ein ausländischer Mieter muss keine Angaben über seine Aufenthaltsberechtigung machen;[756] der Mieter muss den Vermieter nicht über anhängige staatsanwaltschaftliche Ermittlungsverfahren informieren.[757] **201**

Schwierig ist die Frage zu beantworten, ob dem Mieter eine Aufklärungspflicht obliegt, wenn zu seinem Haushalt Personen gehören, deren Verhalten auf Grund einer Krankheit oder Behinderung objektiv den Tatbestand der **Hausfriedensstörung** erfüllen. Teilweise wird dies mit der Erwägung verneint, dass kranke oder behinderte Mieter Anspruch auf besondere Rücksichtnahme haben.[758] Nach anderer Ansicht besteht eine Aufklärungspflicht, wenn mit hoher Wahrscheinlichkeit zu erwarten ist, dass die übrigen Mieter des Hauses das Verhalten des kranken oder behinderten Angehörigen zum Anlass einer Mietminderung nehmen könnten.[759] Nach der hier vertretenen Ansicht ist zu berücksichtigen, dass Familien mit kranken oder behinderten Angehörigen bei Annahme einer Offenbarungspflicht auf dem Wohnungsmarkt chancenlos sind. Dies spricht gegen eine solche Pflicht. **201a**

bbb) Täuschung beim Vertragsschluss. Außerdem kann der Vermieter zur Kündigung (wahlweise zur Anfechtung) berechtigt sein, wenn der Mieter beim Vertragsschluss falsche Angaben über solche Umstände macht, die für das Mietverhältnis von maßgeblicher Bedeutung sind. Der Vermieter ist berechtigt, sich vor Vertragsschluss über die Bonität und Zuverlässigkeit des potentiellen Mieters ein gewisses Bild zu machen. Deshalb kann er den Mieter nicht nur nach den Einkommens- und Vermögensverhältnissen sondern auch nach der Person und Anschrift des Vorvermieters, der Dauer des vorangegangenen Mietverhältnisses und der Erfüllung der mietvertraglichen Pflichten fragen.[760] Zwar hat der Mieter gegenüber dem bisherigen Vermieter keinen Anspruch auf Ausstellung einer entsprechenden Bescheinigung;[761] dies bedeutet aber nicht, dass der Mieter eine gleichwohl erteilte Bescheinigung verfälschen oder eine solche Bescheinigung unter Angabe falscher Daten selbst ausstellen kann. Ein solches Verhalten ist als erhebliche Verletzung vorvertraglicher Pflichten zu bewerten, die eine Vertragsfortsetzung für den Vermieter unzumutbar machen und die fristlose Kündigung des Mietverhältnisses rechtfertigen kann.[762] Dieselben Grundsätze gelten, wenn der Mieter von sich aus unzutreffende Einkommens-, Vermögens-, Familien- oder sonstige Verhältnisse vorspiegelt um den Vermieter zum Vertragsschluss zu bewegen.[763] Das Kündigungsrecht nach § 543 Abs. 1 BGB ist in diesem Fall zu bejahen, wenn die Voraussetzungen einer Anfechtung nach § 123 BGB gegeben sind. Die in Rdn. 200 dargelegten Ausnahmen gelten auch hier. **202**

Den Mieter eines Textilhandelsgeschäfts trifft eine vorvertragliche Aufklärungspflicht darüber, dass er sich die Möglichkeit des Verkaufs ausschließlich einer einzigen Textilmarke („Thor Steinar") offen halten möchte, wenn dem Mieter vom Vermieter vor Vertragsschluss erklärt wird, der Ver- **202a**

---

752 AG München ZMR 2016, 121.
753 Anders für die Anfechtung AG Gelsenkirchen WuM 1984, 299.
754 OLG Karlsruhe NJW 1994, 2100.
755 OLG München ZMR 1997, 458, 460; **a. A.** AG Hagen WuM 1984, 296.
756 AG Wiesbaden WuM 1992, 597.
757 AG Hamburg WuM 1992, 598.
758 LG Münster NZM 2010, 95.
759 *Wietz* WuM 2016, 323, 330.
760 BGH (VIII ZR 107/13) NJW 2014, 1954.
761 BGH (VIII ZR 238/08) NJW 2010, 1135.
762 BGH a. a. O.
763 LG Hannover GWW 1983, 389 betr. die Vorspiegelung einer Ehe gegenüber einem Vermieter, der nur an ein verheiratetes Paar vermieten will; LG Mannheim ZMR 1990, 303 betr. die Vorspiegelung eines monatlichen Bruttoeinkommens von 6.400 DM, obwohl der Mieter Sozialhilfeempfänger ist.

mieter hege Bedenken gegen den Verkauf dieser Marke. Erweckt der Mieter in dieser Situation gegenüber dem Vermieter den Eindruck, er werde eine Vielzahl von Marken anbieten, von denen die problematische Marke nur eine ist, verletzt er seine vorvertragliche Aufklärungspflicht.[764]

203 Ebenso ist der Mieter zur Kündigung berechtigt, wenn der Vermieter beim Vertragsschluss schuldhaft unzutreffende Informationen über das Mietobjekt erteilt hat.[765]

204 **ccc) Unrichtige Selbstauskunft.** Wird der Mieter vom Vermieter aufgefordert, eine sog. „Selbstauskunft" zu erteilen, so ist zunächst zu prüfen, ob die jeweiligen Fragen zulässigerweise gestellt worden sind. Dies ist auf Grund einer Interessenbewertung zu ermitteln; dabei muss das Recht des Mieters auf informationelle Selbstbestimmung (Art. 2 Abs. 1 i. V. m. Art. 1 Abs. 1 GG) gebührend berücksichtigt werden.[766] Ebenso ist § 28 BDSG zu beachten. Danach ist das Erheben personenbezogener Daten oder ihre Nutzung als Mittel für die Erfüllung eigener Geschäftszwecke nur zulässig, soweit es zur Wahrung berechtigter Interessen des Vermieters erforderlich ist und kein Grund zu der Annahme besteht, dass das schutzwürdige Interesse des Betroffenen an dem Ausschluss der Nutzung überwiegt. Soweit sich das Auskunftsbegehren auf die Bonität des Mietinteressenten bezieht, kann aus § 28 BDSG abgeleitet werden, dass Bonitätsauskünfte erst zulässig sind, wenn das Interesse des Vermieters an der Bonität ein gewisses Gewicht hat; die Bagatellgrenze wird hier mit 1.500.– €, ermittelt aus drei Monatsmieten, angesetzt. Dies bedeutet, dass eine Bonitätsauskunft nicht verlangt werden darf, wenn die Brutto-Monatsmiete den Betrag von 500.– € nicht übersteigt. Außerdem soll verhindert werden, dass Vermieter oder Makler bereits im Vorfeld der Vertragsverhandlungen eine Bonitätsauskunft verlangen. Insoweit ist erforderlich, dass der Vermieter den Vertragsschluss mit dem Mietinteressenten als wahrscheinlich ansieht.[767] Das BAG hat in dem rechtsähnlichen Fall der Einstellungsfragebögen von Arbeitgebern Grundsätze entwickelt, die auch für die Wohnungsmiete anwendbar sind.[768] Nach diesen Grundsätzen hat der Vermieter nur insoweit ein Fragerecht, als er ein berechtigtes, billigenswertes und schutzwürdiges Interesse an der Beantwortung seiner Frage besitzt. Die unrichtige Beantwortung einer in einem Fragebogen gestellten Frage rechtfertigt nur dann eine Kündigung, wenn die Frage zulässigerweise gestellt worden ist und wenn die Falschauskunft wesentliche Bedeutung für den Fortbestand des Mietverhältnisses besitzt.[769] So ist es beispielsweise zulässig, wenn der Vermieter nach dem Arbeitgeber des Mieters fragt, weil das Arbeitsverhältnis in den meisten Fällen die wesentliche Einkommensquelle des Mieters darstellt.[770] Auch unmittelbare Fragen nach den Einkommens- und Vermögensverhältnissen[771] nach der Bonität[772] oder nach dem Beruf müssen als zulässig angesehen werden. Ebenso sind Fragen zulässig, die sich auf den Familienstand beziehen, weil ein Vermieter durchaus ein Interesse daran haben kann, nur an Eheleute zu vermieten.[773] Gleiches gilt für die Frage nach der Zahl der Familienangehörigen, die in die Wohnung einziehen sollen und für die Frage nach der Anzahl und der Art der Haustiere,[774] nach der Person und Anschrift des Vorvermieters, der Dauer des vorangegangenen Mietverhältnisses und der Erfüllung der mietvertraglichen Pflichten.[775] Bei kirchlichen Wohnungsunternehmen sind auch Fragen nach der Religionszugehörigkeit zulässig, wenn es zu den Aufgaben dieser Unternehmen gehört, die Kirchenmitglieder mit Wohnraum zu versorgen. Bedenklich sind dagegen Fragen nach der Nationalität,[776] nach dem Grund des Wohnungswechsels, nach der Bankverbindung, nach der Mitgliedschaft in einem Mieterverein oder einer politischen

---

[764] BGH NJW 2010, 788; NJW 2010, 3362; kritisch hierzu *Wietz* WuM 2016, 323, 328: danach obliegt dem Mieter nur dann eine Aufklärungspflicht, wenn er nach den Umständen mit ablehnenden oder feindlichen Aktionen Dritter auf den Verkauf der fraglichen Marke rechnen musste; OLG Dresden NZM 2012, 727.

[765] BGH NJW 2000, 1714, 1718.

[766] Vgl. BVerfG NJW 1991, 2411 = ZMR 1991, 366 wonach ein Mieter bei Abschluss des Mietvertrags nicht offenbaren muss, dass er wegen Geistesschwäche entmündigt ist; *Hille* WuM 1984, 292.

[767] S. dazu *Okon* ZMR 2015, 826.

[768] BAG NJW 1985, 645; NZA 1984, 331; s. a. BAG NJW 1999, 3653.

[769] LG Wuppertal WuM 1999, 39.

[770] LG Köln DWW 1984, 75 = WuM 1984, 297 mit Anm. *Hille* WM 1984, 292; LG München I GE 2009, 1317; AG Gelsenkirchen-Buer WuM 1984, 299; AG Bonn WuM 1992, 597; **a. A.** AG Rendsburg WuM 1990, 507.

[771] BGH (VIII ZR 107/13) NJW 2014, 1954; LG München I a. a. O.

[772] LG München I a. a. O.; AG Bonn a. a. O.

[773] LG Landau ZMR 1985, 127 = WuM 1986, 133; **a. A.** wohl *Weichert* WuM 1993, 723, 724.

[774] *Wietz* WuM 2014, 518, 533.

[775] BGH (VIII ZR 107/13) NJW 2014, 1954.

[776] *Weichert* a. a. O.

Partei,[777] nach Hobbys, nach Kinderwünschen, nach Vorstrafen[778] oder gar – bei weiblichen Wohnungsinteressenten – nach dem Bestehen einer Schwangerschaft. Die Frage ob der Mieter Raucher ist, dürfte in dieser allgemeinen Form unzulässig sein. Zulässig soll ess dagegen sein, wenn der Mieter gefragt wird ob er ein starker Raucher (z. B. mehr als 30 Zigaretten pro Tag) ist.[779]

Die zulässigen Fragen muss der Mieter wahrheitsgemäß beantworten. Bei einem Verstoß gegen **205** diese Pflicht kann der Vermieter nach § 543 Abs. 1 BGB kündigen,[780] wenn die Voraussetzungen einer Anfechtung nach § 123 BGB gegeben sind.[781] Die in Rdn. 200 dargelegten Ausnahmen gelten auch hier. Zur Anfechtung s. vor § 535 BGB Rdn. 8.

ddd) Aufklärungspflichten des Vermieters. Der Mieter kann ebenfalls zur Kündigung be- **206** rechtigt sein, wenn der Vermieter die ihm obliegenden Aufklärungspflichten verletzt.[782] Die oben Rdn. 200 dargelegten Grundsätze gelten hier entsprechend (zur Anfechtung s. Vor § 535 BGB Rdn. 8). Der Vermieter ist nicht gehalten, ungefragt alle negativen Eigenschaften des Mietobjekts von sich aus zu offenbaren.[783] Umstände, die für das Mietverhältnis von untergeordneter Bedeutung sind, muss der Vermieter ebenfalls nicht offen legen.[784] Der Vermieter ist aber verpflichtet, den Mieter über diejenigen Umstände und Rechtsverhältnisse aufzuklären, die von besonderer Bedeutung für den Vertragsschluss sind.[785] In der Literatur wird vertreten, dass der Vermieter den Mietinteressenten auf eine **bevorstehende Modernisierungsmaßnahme** hinweisen muss.[786] Dies trifft zu, weil die Modernisierung zu erheblichen Gebrauchsbeschränkungen und zu einer weitreichenden Mieterhöhung führen kann; auf Grund dieser Umstände muss der Vermieter in Erwägung ziehen, dass der Mieter bei entsprechender Aufklärung von einer Anmietung Abstand genommen hätte. Zur Hinweispflicht bei zukünftigem Eigenbedarf s. § 573 Rdn. 137. In Rechtsprechung und Literatur ist umstritten, wann der Vermieter für eine **fehlerhafte Bemessung der Betriebskosten** einstehen muss. Teilweise wird vertreten, der Mieter könne grundsätzlich darauf vertrauen, dass durch die Vorauszahlungen die Betriebskosten im Wesentlichen abgedeckt werden.[787] Nach anderer Ansicht schafft die bloße Vereinbarung von Vorauszahlungen keinen Vertrauenstatbestand.[788] Nach der Rechtsprechung des **BGH**[789] begeht der Vermieter grundsätzlich keine Pflichtverletzung beim Vertragsschluss, wenn er mit dem Mieter Vorauszahlungen für Nebenkosten vereinbart, die die Höhe der später anfallenden tatsächlichen Kosten nicht nur geringfügig, sondern auch deutlich unterschreiten. Eine Pflichtverletzung nach den Grundsätzen über das Verschulden bei den Vertragsverhandlungen liege nur vor, wenn besondere Umstände gegeben sind. Hievon sei auszugehen, wenn der Vermieter die Angemessenheit der Betriebskosten „ausdrücklich zugesichert" habe oder wenn er „diese bewusst zu niedrig bemessen hat, um den Mieter über den Umfang der tatsächlichen Mietbelastung zu täuschen und ihn auf diese Weise zur Begründung eines Mietverhältnisses zu veranlassen".

Dieser Ansicht ist nicht zuzustimmen. Nach den Grundsätzen des § 311 Abs. 2 Nr. 1 BGB ist der **207** Vermieter grundsätzlich verpflichtet, den Mieter über die zu erwartende Kostenbelastung zu unterrichten. Der Mieter darf regelmäßig darauf vertrauen, dass die Höhe der Betriebskostenvorauszahlungen in etwa kostendeckend ist. Deshalb muss der Vermieter die Betriebskostenvorauszahlungen auf einer vernünftigen und zutreffenden Grundlage ermitteln. Kann er dies nicht, so muss der Ver-

[777] *Weichert* a. a. O.
[778] AG Rendsburg a. a. O.
[779] *Wietz* WuM 2014, 518, 533.
[780] AG München JurBüro 1986, 245.
[781] **A. A.** *Lau* WuM 1978, 61: Danach ist die Falschbeantwortung folgenlos, weil das Verlangen nach einer Selbstauskunft nicht zulässig sei.
[782] BGH NJW 2000, 1714, 1718 betr. die Aufklärungspflichten bei Vermietung von Ladenräumen in einem Einkaufszentrum; OLG München ZMR 2001, 708 betr. die unrichtige Angaben über die in einem Pachtobjekt erzielbaren Umsätze; LG Frankfurt WuM 1979, 24 bei unrichtigen Angaben über die Höhe der Nebenkosten; LG Kiel WuM 1987, 319 bei unterlassener Aufklärung des Mieters über den Umstand, dass der Vermieter nur gewerblicher Zwischenmieter und nicht Eigentümer sei und der Mieter aus diesem Grunde an der Seriosität und Vertrauenswürdigkeit des Vermieters zweifeln durfte.
[783] LG Köln MDR 1973, 764 betr. die Umsatzerwartungen bei vermieteten Ladenräumen.
[784] OLG Düsseldorf DWW 1992, 15 betr. das Sicherungseigentum an mitvermieteten Gegenständen.
[785] BGH NJW 2000, 1714, 1718 betr. die Vermietung von Ladenräumen in einem Einkaufszentrum.
[786] *Wietz* WuM 2016, 323, 332.
[787] OLG Düsseldorf NZM 1998, 916; LG Frankfurt WuM 1979, 24; ähnlich *Eisenschmid* PiG 23 (1986), 48.
[788] OLG Stuttgart RE 10.8.1982 WuM 1982, 272.
[789] BGH NJW 2004, 1102; zustimmend *Wietz* WuM 2016, 323, 332f; ebenso KG NJW-RR 2007, 519 = NZM 2007, 248.

mieter den Mieter hierauf bei Vertragsschluss deutlich hinweisen.[790] Werden die Betriebskostenvorauszahlungen fernab der Realität festgelegt, so liegt hierin eine Pflichtverletzung.[791] Der Mieter kann das Mietverhältnis nach § 543 Abs. 1 BGB kündigen.[792] Eine Abmahnung ist nicht erforderlich.[793] Wie allgemein sind die tatsächlichen Voraussetzungen des Kündigungstatbestands vom Mieter zu beweisen. Macht ein Verpächter bei den Vertragsverhandlungen unrichtige Angaben über die in dem Pachtobjekt möglichen Umsätze, so ist zu unterscheiden: Auf fehlerhafte Angaben allgemeiner oder anpreisender Art ohne einen konkreten, durch Zahlen belegten Hintergrund kann eine Kündigung nicht gestützt werden. Gleiches gilt, wenn der Vermieter erklärt, dass er sich hinsichtlich der mitgeteilten Zahlen nur auf die Unterlagen und Angaben eines Dritten stützen könne.[794] Anders ist es, wenn konkrete Umsatz- und Ertragsangaben aus früheren Zeiten erörtert worden sind.[795]

208 **eee)** Täuschungshandlungen während der Mietzeit können zur Kündigung berechtigen, wenn sie gehäuft auftreten und das Vertrauensverhältnis hierdurch zerstört wird. So kann ein Kündigungsgrund gegeben sein, wenn der Pächter bei vereinbarter **Umsatzpacht oder Umsatzmiete** fehlerhafte Umsatzzahlen angibt. I. d. R. ist es erforderlich, dass der Mieter mit Täuschungsabsicht handelt. Fahrlässige Falschangaben können i. d. R. nicht als schwere Vertragsverletzungen bewertet werden.[796] Ist der Mieter vertraglich verpflichtet, dem Vermieter Einsicht in die Geschäftsunterlagen zu gewähren, so kann ein Kündigungsgrund vorliegen, wenn der Mieter die Einsicht verweigert.[797] Bei einer vereinzelten Vertragswidrigkeit ist zu fragen, ob die Belange einer Vertragspartei hierdurch erheblich verletzt oder gefährdet werden. Dies ist etwa dann der Fall, wenn eine Vertragspartei durch die Täuschung der Gegenpartei einen Schaden erleidet oder von der Wahrung ihrer Interessen abgehalten wird. Deshalb liegt ein Grund zur fristlosen Kündigung nach § 543 Abs. 1 BGB vor, wenn der Mieter gegenüber dem Vermieter bewusst wahrheitswidrig erklärt, dass ein **Mangel der Mietsache** auf einen fehlerhaften Bauzustand zurückzuführen sei, während der Mangel in Wirklichkeit auf einem Fehlverhalten des Mieters beruht.[798] Unwesentliche Nachteile berechtigen nicht zur Kündigung.[799]

209 **kk) Unberechtigte Kündigung.** Eine Vertragsverletzung i. S. v. § 543 Abs. 1 BGB ist auch dann anzunehmen, wenn ein Vertragsteil eine unbegründete Kündigung ausgesprochen hat. Allerdings rechtfertigt nicht jede unbegründete Kündigung die Annahme, dass die weitere Fortsetzung des Mietverhältnisses unzumutbar sei. Vielmehr kommt es auf die Umstände des Einzelfalls an.[800] Maßgeblich ist insbesondere, ob der Kündigende aus seiner Sicht einen hinreichend begründeten Anlass zum Ausspruch der Kündigung hatte.

210 **ll) Verletzung von Duldungs- und Unterlassungspflichten.** Der Vermieter hat das Recht, die Wohnung des Mieters in bestimmten Fällen zu betreten oder durch seine Erfüllungsgehilfen (Hausverwalter, Hauswart, Handwerker, Ableser von Zwischenzählern usw.) betreten zu lassen. Der Mieter muss dies dulden, anderenfalls handelt er vertragswidrig. Eine einmalige Verhinderung des Besichtigungsrechts berechtigt den Vermieter grundsätzlich nicht zur fristlosen Kündigung. Ein wichtiger Grund für eine außerordentliche Kündigung liegt allenfalls dann vor, wenn das Besichtigungs- und Betretungsrecht des Vermieters durch das Verhalten des Mieters regelrecht dauerhaft verhindert wird.[801] Nach der Rechtsprechung des BGH setzt eine Wohnungsbesichtigung stets einen besonderen Anlass voraus.[802] Eine Formularklausel, die dem Vermieter ein Besichtigungs-

---

[790] LG Hamburg ZMR 2003, 683.

[791] OLG Düsseldorf NZM 1998, 916; OLG Naumburg NZM 2002, 387; LG Hamburg a. a. O.; LG Celle DWW 1996, 193; AG Spandau WuM 2000, 678; *Weitemeyer* in Staudinger § 556 BGB Rdn. 74.

[792] LG Hamburg a. a. O.: wenn der Vermieter eine Nachzahlung von 147% der Vorauszahlungen verlangt.

[793] LG Hamburg a. a. O.; **a. A.** *Büttner* ZMR 2003, 644: Danach kann der Vermieter die Kündigung abwenden, wenn er auf die Nachzahlung verzichtet.

[794] OLG Düsseldorf WuM 2003, 138 betr. die Mitgliederzahlen eines Fitness-Centers.

[795] OLG München ZMR 2001, 708.

[796] **A. A.** OLG Düsseldorf NZM 2001, 1033.

[797] KG GE 2012, 265.

[798] OLG Düsseldorf ZMR 2012, 183 betr. Herabfallen eines Heizkörpers.

[799] OLG Hamburg WuM 1997, 216 betr. die wahrheitswidrige Erklärung eines Mieters, er habe die Miete für einen bestimmten Monat bereits überwiesen.

[800] OLG Düsseldorf DWW 1997, 435.

[801] OLG Dresden Urteil vom 22.2.2017 – 5 U 961/16, juris.

[802] BGH (VIII ZR 289/13) NJW 2014, 2566; ebenso: *Häublein* in: MünchKomm § 535 BGB Rdn. 135; *Wolf/Eckert/Ball* Rdn. 638; *Emmerich* in: Staudinger § 535 BGB Rdn. 98; *Kraemer/Ehlert* in: Bub/Treier Kap III Rn. 2719f.

recht auch ohne besonderen Anlass einräumt verstößt gegen § 307 Abs. 1 BGB.[803] Will ein Vermieter ein Besichtungsrecht gegen den Willen des Mieters eigenmächtig erzwingen, so darf sich der Mieter hiergegen wehren. Eine Kündigung ist regelmäßig auch dann nicht berechtigt, wenn der Mieter die Grenzen erlaubter Notwehr geringfügig überschreitet. Auch in diesem Fall sind die Voraussetzungen des § 543 Abs. 1 BGB nicht gegeben, weil bei der danach erforderlichen Interessenabwägung das Fehlverhalten des Vermieters zu berücksichtigen ist.[804] Behindert der Mieter eine vom Vermieter geplante Erhaltungs- oder Modernisierungsmaßnahme, indem er dem Vermieter oder den Handwerkern das Betreten der Wohnung verweigert so ist über das Recht des Vermieters zur Kündigung ebenfalls unter Berücksichtigung aller Umstände des Einzelfalls zu entscheiden.[805] Für diesen Fall hat der BGH beispielhaft eine Reihe von Gesichtspunkten genannt, die bei der Entscheidung über die Kündigung zu beachten sind. Insbesondere ist in solchen Fällen von Bedeutung welche Maßnahmen der Vermieter durchführen will, wie dringend die Maßnahmen sind, in welchem Maße der Mieter hierdurch beeinträchtigt wird, welche wirtschaftliche Bedeutung die sofortige Duldung für den Vermieter hat, welche Nachteile dem Vermieter durch eine Verzögerung der Maßnahmen entstehen, ob der Mieter befürchten muss, dass der Vermieter die ihm obliegenden Wiederherstellungspflichten nur unzureichend erfüllt und ob dem Vermieter seinerseits Vertragsverstöße zur Last fallen.[806] So scheidet eine Kündigung grundsätzlich aus, wenn die Modernisierungsankündigung nicht den gesetzlichen Vorschriften entspricht.[807] Der Vermieter ist nicht verpflichtet vor der Kündigung eine Klage auf Duldung zu erheben; dies gilt auch dann, wenn die Rechtslage zweifelhaft ist und der Mieter plausible Gründe für die Duldungsverweigerung hat. Andererseits ist aus der Entscheidung des BGH aber auch abzuleiten, dass die bloße Nichterfüllung der Duldungspflicht für sich allein i. d. R. die Kündigung nicht rechtfertigt. Vielmehr müssen weitere Umstände vorliegen, aus denen sich ergibt, dass dem Vermieter die weitere Fortsetzung des Mietverhältnisses nicht zugemutet werden kann. Die hierfür maßgeblichen Tatsachen muss der Vermieter substantiiert vortragen und im Streitfall beweisen. Sache des Mieters ist es die einer Kündigung entgegenstehenden Umstände geltend zu machen. In der Regel dürfte eine Kündigung wegen Verweigerung der Duldung von Instandsetzungs- oder Modernisierungsarbeiten nur in Ausnahmefällen in Betracht kommen.[808] Dagegen liegt ein Kündigungsgrund vor, wenn für die Besichtigung ein dringender Anlass besteht, der Mieter dies weiß und er gleichwohl die Besichtigung verweigert.[809] Gleiches gilt, wenn der Vermieter einen Duldungstitel erwirkt hat und der Mieter sich gleichwohl weigert, den titulierten Anspruch zu erfüllen.[810] Der Vermieter ist in diesem Fall nicht auf die Vollstreckung nach § 890 ZPO beschränkt.[811]. Scheitert die Modernisierung an der Weigerung des Untermieters so gelten die unter § 540 Rdn. 4a dargestellten Grundsätze. Ebenso kann nach § 543 Abs. 1 gekündigt werden, wenn der Vermieter wegen eines pflichtwidrigen Verhaltens des Mieters (Untervermietung, Tierhaltung, Verursachung von Lärm usw.) einen Unterlassungstitel erwirkt hat und der Mieter das vertragswidrige Verhalten gleichwohl fortsetzt. Die Kündigungsbefugnis kann allerdings entfallen, wenn die titulierte Duldungspflicht von einer Gegenleistung des Vermieters abhängt und der Vermieter diese Leistung nicht oder ungenügend erfüllt. Hat sich der Mieter beispielsweise in einem Vergleich zur Duldung einer Modernisierung und der Vermieter zur Beschaffung einer Ersatzunterkunft für die Dauer der Maßnahme verpflichtet, so steht dem Mieter ein Zurückbehaltungsrecht an der Duldungsverpflichtung zu, wenn die Unterkunft nicht dem geschuldeten Standard entspricht.[812]

---

803 BGH a. a. O.

804 BGH (VIII ZR 289/13) NJW 2014, 2566.

805 BGH (VIII ZR 281/13) NJW 2015, 2417.

806 BGH a. a. O. Rdn. 32, 33.

807 KG WuM 2015, 666.

808 Im Ergebnis ebenso: AG Saarbrücken DWW 1991, 313; AG Erkelenz WuM 1986, 251 bei einmaliger Verweigerung des Besichtigungsrechts; LG Koblenz WuM 1980, 186, AG Tempelhof-Kreuzberg MM 1992, 357 bei Weigerung zur Duldung von Modernisierungsmaßnahmen; LG Hamburg NJW-RR 1992, 717 = WuM 1992, 245 wenn der Mieter sich weigert, Heizkostenverteiler nach dem Verdunstungsprinzip anbringen zu lassen, weil er Gesundheitsschäden befürchtet.

809 LG Frankfurt/M. MietRB 2015, 323 betr. Besichtigung zur Klärung der Ursache eines Wasserschadens.

810 BGH (VIII ZR 221/09) WuM 2011, 13 = ZMR 2011, 366 betr. fristlose Kündigung wegen Verweigerung der Wohnungsbesichtigung.

811 BGH a. a. O.

812 LG München I WuM 2015, 726, 728.

211 **mm) Sonstige Fälle.** In alphabethischer Folge: „Ja" bedeutet, dass eine Kündigungsbefugnis bejaht worden ist; „nein", dass sie verneint wurde. Wegen der Überschneidung der Kündigungstatbestände des § 543 Abs. 1 BGB mit den Tatbeständen des § 543 Abs. 2 Nr. 2 BGB s. auch Rdn. 60.

212 **Änderung des Vertragszwecks.** Nein, eine vom vereinbarten Vertragszweck abweichende Nutzung berechtigt den Vermieter nur dann zur Kündigung nach § 543 Abs. 2 Nr. 2, wenn damit eine erhebliche Gefährdung der Mietsache verbunden ist. Dies ist mangels gegenteiliger – vom Vermieter zu beweisender – Umstände nicht der Fall, wenn in einem zur Nutzung als Kosmetikstudio vermietetem Gewerberaum künftig eine podologische Praxis betrieben wird.[813] **Anzeigepflicht:** nein, bei einmaliger Verletzung.[814] **Bauliche Veränderungen:** ja, wenn der Mieter bauliche Veränderungen durchführt und der Vermieter von einem Dritten zu Recht auf Beseitigung in Anspruch genommen wird;[815] Nein: wenn der Mieter ohne Genehmigung des Vermieters am Balkon einen Sicht- und Windschutz oder Insektengitter an den Fenstern anbringt und die baulichen Veränderung keine Gefährdung der Mietsache zur Folge hat. Der Vermieter ist auf die Unterlassungsklage zu verweisen;[816] ja, beim eigenmächtigen Ausbau eines Dachbodens zu Wohnzwecken;[817] nein, bei der Installation einer Holzkonstruktion zur Aufnahme eines Hochbetts;[818] nein, bei Errichtung einer Trennwand aus Holz in der Diele;[819] nein, bei unberechtigter Entfernung einer Zwischenwand in der Wohnung;[820] ja, beim entfernen einer Innenwand;[821] nein, wenn der Mieter eine vermietereigene Gasheizung gegen einen Kohleofen austauscht;[822] nein, wenn der Mieter einer Halle ein Fenster zumauert;[823] nein, wenn der Mieter einer Gaststätte eine Entlüftungsanlage installiert.[824] **Beschädigung der Mietsache:** ja, wenn der Mieter innerhalb der letzten beiden Jahre 16 Wasserschäden in den darunter liegenden Wohnungen verursacht hat;[825] ja, wenn der Mieter mehrere Wasserschäden mit erheblichen Auswirkungen verursacht;[826] ja, wenn der Ehemann einer Mieterin Gas ausströmen lässt, um eine Explosion zu erzeugen;[827] nein, wenn der Mieter einen Wohnungsbrand verursacht hat;[828] nein, wenn der Wohnungsbrand durch die unbeaufsichtigten Kinder des Mieters verursacht worden ist;[829] ja, wenn der Mieter des nachts wiederholt Essen anbrennen ließ und deshalb die Gefahr eines Wohnungsbrandes zu befürchten ist;[830] nein, bei Hantieren mit Benzin und anderen brennbaren Flüssigkeiten;[831] nein, wenn der Mieter ohne Erlaubnis des Vermieters Fußbodenfliesen verlegt hat;[832] nein, bei Beschädigung der Gegensprechanlage;[833] nein, wenn der Mieter ein Schloss ausgetauscht hat;[834] nein, wenn der Mieter eine Zimmertür mit einem Loch versehen hat um seiner Katze einen Durchschlupf zu schaffen.[835] **Besucher:** nein, wenn der Mieter Besucher empfängt, denen ein Hausverbot erteilt worden ist.[836] **Betriebspflicht:** ja, wenn der Mieter eines Ladenlokals gegen eine vertraglich vereinbarte Betriebspflicht verstößt.[837]

---

813 OLG Dresden Urteil vom 22.2.2017 – 5 U 961/16, juris.
814 LG Berlin MM 1991, 29.
815 LG Gießen NJW-RR 1994, 1102 betr. die Installation von Wasserleitungen.
816 AG München ZMR 2012, 365.
817 LG Hamburg WuM 1992, 190.
818 AG Berlin-Schöneberg GE 1992, 1159.
819 LG Düsseldorf WuM 1979, 214.
820 LG Berlin MM 1987, Nr. 3 S. 29.
821 LG Lüneburg WuM 2013, 223.
822 AG Aachen WuM 1988, 307.
823 OLG Düsseldorf WuM 1996, 410: Hier ist maßgeblich, dass der Mieter die bauliche Änderung bei Mietende rückgängig machen muss.
824 OLG Frankfurt NZM 1999, 125.
825 AG Görlitz WuM 1994, 668; ähnlich LG Berlin GE 1988, 145.
826 AG Wiesbaden NJW-RR 1992, 76 betr. vier Wasserschäden in vier Jahren.
827 AG Helmstedt ZMR 1988, 148 = WuM 1989, 569.
828 LG Wuppertal WuM 1992, 370.
829 AG Siegen WuM 1990, 503.
830 LG Duisburg DWW 1991, 342.
831 LG Köln WuM 1977, 56.
832 AG Birkenfeld WuM 1993, 191.
833 AG Tempelhof-Kreuzberg MM 1993, 252.
834 AG Köln WuM 1987, 273.
835 AG Erfurt WuM 2000, 629.
836 AG Charlottenburg MM 1988, Nr. 5 S. 30.
837 OLG Köln DWW 2000, 336; OLG Celle ZMR 2011, 948;. OLG Dresden ZMR 2016, 26.

Bordell: ja, wenn der Mieter in den gemieteten Räumen ein Bordell betreibt.[838] **Drohungen:** nein, wenn die Drohung eines Mieters, das Haus in die Luft zu sprengen nicht ernst gemeint ist.[839] **Einrichtungsgegenstände:** nein, wenn der Mieter die mitvermieteten Einrichtungsgegenstände auslagert.[840] **Geisteskranker/schuldunfähiger Mieter:** ja, wenn ein unter Wahnvorstellungen leidender Mieter aus seinem Fenster mit Kleinpflastersteinen auf stehende und fahrende Fahrzeuge und auf Kinder anderer Mieter wirft; eine Abmahnung ist in einem solchen Fall entbehrlich.[841] Ja, wenn der Hausfrieden ständig durch Beleidigungen der Mitbewohner und Pöbeleien gestört wird.[842] **Gemeinschaftseinrichtungen:** Unter § 543 Abs. 1 BGB gehören auch diejenigen Fälle, in denen der Mieter vertragswidrig Gemeinschaftseinrichtungen nutzt. Allerdings werden diese Vertragsverletzungen häufig unter dem Gesichtspunkt des § 569 Abs. 2 BGB geprüft: nein, wenn der Mieter im Dachboden Gerümpel abgelagert hat und dieses trotz Aufforderung nicht entfernt;[843] nein, wenn der Mieter Gegenstände im Treppenhaus abgestellt hat.[844] **Geruchsbelästigung:** ja, wenn der Mieter seine Wohnung nicht pflegt, so dass die Nachbarn durch einen unzumutbaren Geruch belästigt werden;[845] Ja, wenn aus Gründen mangelnder Hygiene älterer Mieter ein unangenehmer Geruch in das Treppenhaus und in andere Wohnungen gelangt;[846] ja, wenn von einer Imbissgaststätte erhebliche Geruchsbelästigungen ausgehen. Der vereinbarte Vertragszweck („Gastro-Imbiss") steht dem nicht entgegen. Hieraus folgt nur, dass der Vermieter mit gewissen Geruchsentwicklungen rechnen muss; eine erhebliche und dauerhaft vorhandene Geruchsbelästigung muss der Vermieter aber nicht hinnehmen.[847] **Gewerbliche Nutzung:** nein, wenn der Mieter die Wohnung zu Gewerbezwecken nutzt und dies keine Außenwirkung hat;[848] ja, wenn der Mieter ein Elektrogewerbe betreibt und im Keller und in der Garage Materialien lagert;[849] ja, wenn ein Kfz-Stellplatz als Kfz-Werkstatt genutzt wird.[850] **Hausordnung:** nein, wenn der Mieter entgegen einer Regelung der Hausordnung die Hauseingangstür nicht abschließt.[851] **Lärm:** nein, wenn der Mieter einmal Lärm verursacht hat;[852] **Mängelbeseitigung:** nein, wenn sich der Mieter weigert, Mängel beseitigen zu lassen und es dem Vermieter zumutbar ist, eine Duldungsklage nach 554 Abs. 1 BGB zu erheben.[853] **Obhutspflicht:** ja, wenn der Mieter seine Obhutspflicht verletzt und hierdurch die Wohnung gefährdet;[854] ja, wenn sich der Mieter ins Krankenhaus begibt, ohne die Wasserleitungen vor dem Einfrieren zu schützen;[855] der Auszug des Mieters berechtigt allerdings nicht zur Kündigung;[856] nein, wenn der Mieter vertragswidrig eine **Parabolantenne** anbringt, weil er sich hierzu auf Grund einer Entscheidung des BVerfG für berechtigt hält;[857] **Plakate im Fenster:** nein, bei Aushang von Plakaten im Fenster mit allgemeinpolitischen Inhalt;[858] nein, falls keine weiteren Umstände hinzutreten;[859] **Prostitution:** ja, wenn eine Mieterin in der Wohnung

[838] AG Mönchengladbach-Rheydt ZMR 1993, 171; AG Berlin-Mitte GE 1994, 813 bei gleichzeitigem Verstoß gegen das AuslG.
[839] LG Berlin GE 2000, 541; abzulehnen.
[840] LG Landau ZMR 1993, 569.
[841] AG Bernau WuM 2009, 735.
[842] AG Wedding ZMR 2014, 378.
[843] AG Köln WuM 1986, 94.
[844] AG Köln WuM 1984, 2.
[845] LG Hamburg WuM 1988, 18; AG Münster WuM 1988, 19; AG Saarbrücken DWW 1994, 186; AG Rheine ZMR 2008, 803.
[846] AG Wetzlar NZM 2014, 238.
[847] OLG Brandenburg NJOZ 2009, 3736.
[848] AG Charlottenburg MM 1991, 69 betr. die Telefonanrufe zu gewerblichen Zwecken; AG Köln WuM 1991, 577 betr. die Datenverarbeitung mittels PC und Telefax; ähnlich LG Hamburg WuM 1985, 263; LG Osnabrück WuM 1986, 94; LG Frankfurt WuM 1996, 532 betr. die Buchhaltungs- und Bürotätigkeiten per Computer.
[849] AG Lüdinghausen WuM 1983, 327.
[850] LG Berlin GE 1991, 1253.
[851] LG Trier WuM 1993, 192.
[852] LG Köln WuM 1977, 56.
[853] LG Schwerin WuM 1996, 767.
[854] AG Düren WuM 1985, 263 betr. häufiges Verlassen der Wohnung ohne die Fenster zu schließen.
[855] LG Görlitz WuM 1994, 669.
[856] LG Frankfurt WM 1986, 249.
[857] LG Kleve ZMR 1995, 313; ähnlich AG Altötting NJW-RR 1992, 660 = DWW 1992, 28 = WuM 1992, 365 bei unklarer Rechtslage.
[858] AG Darmstadt ZMR 1982, 270; LG Darmstadt ZMR 1983, 13; LG Berlin MM 1989, Nr. 1 S. 21.
[859] LG Tübingen ZMR 1985, 415 = NJW 1986, 321 = WuM 1986, 116.

der Prostitution nachgeht.[860] Die Ausübung der Prostitution ist auch dann vertragswidrig, wenn mietvertraglich vereinbart ist, dass Räumlichkeiten „zu Wohnzwecken und auch zu gewerblichen Zwecken" vermietet werden; das Prostitutionsgesetz hat hieran nichts geändert.[861] Ein akuter und nachhaltiger **Rattenbefall** kann die fristlose Kündigung eines Mietvertrags über gewerblich genutzte Räume rechtfertigen. Jedoch setzt die Kündigung voraus, dass dem Vermieter eine Frist zur Beseitigung des Rattenbefalls gesetzt wird.[862] **Rauchen:** grundsätzlich nein. Rauchen in der Wohnung ist im Allgemeinen mangels einer abweichenden Individualvereinbarung vertragsgemäß (s. § 535 Rdn. 548). Jedoch verletzt der Mieter seine Pflicht zur Rücksichtnahme (§ 241 Abs. 2 BGB) wenn er einfache und zumutbare Maßnahmen, wie etwa regelmäßiges Lüften, unterlässt und es auf diese Weise zu Störungen der übrigen Mieter kommt.[863] Eine fristlose Kündigung wegen vertragswidrigem Rauchen setzt weiter voraus, dass die hierdurch verursachte Störung nachhaltig und schwerwiegend ist. Dieses Tatbestandsmerkmal kann insbesondere dann vorliegen, wenn die Intensität der Beeinträchtigung ein unerträgliches und/oder gesundheitsgefährdendes Ausmaß erreicht. für diese Tatbestandsmerkmale trägt der Vermieter die Darlegungs und Beweislast.[864] **Rauschgift:** ja, wenn der Mieter in der Mieträumen mit Rauschgift handelt;[865] ja, wenn auf dem Mietgrundstück oder in der Wohnung Canabis- und Marihuanapflanzen vorgefunden werden;[866] **Geisteskranker Mieter:** ja, wenn ein unter Wahnvorstellungen leidender Mieter aus seinem Fenster mit Kleinpflastersteinen auf stehende und fahrende Fahrzeuge und auf Kinder anderer Mieter wirft; eine Abmahnung ist in einem solchen Fall entbehrlich.[867] **Rechtstreitigkeiten:** nein, wenn zwischen den Parteien zahlreiche Rechtstreitigkeiten geführt worden sind;[868] **Schönheitsreparaturen:** nein, wenn der Mieter die Schönheitsreparaturen nicht fristgemäß ausführt und hiermit keine Gefährdung der Mietsache verbunden ist;[869] ja, wenn der Mieter rechtskräftig zur Durchführung von Schönheitsreparaturen verurteilt ist und er diese Verpflichtung gleichwohl nicht erfüllt;[870] **Sperrmüll:** nein, beim Ablagern von Sperrmüll in der Wohnung, wenn die Mietsache hierdurch nicht gefährdet wird;[871] ja, wenn der Mieter Abfall, Kartons, Zweiräder oder Gartengeräte so im Kellerflur lagert, dass andere Mieter ihre Kellerräume schwer erreichen können und der Brandschutz nicht mehr gewährleistet ist;[872] **Straftaten gegenüber Dritten** können eine Kündigung rechtfertigen, wenn sie einen engen Bezug zum Mietverhältnis haben.[873] **Tauben:** ja, wenn der Mieter Tauben füttert und die dadurch bewirkten Immissionen in hygienischer und akustischer Hinsicht sich als erhebliche Belästigung für andere Mieter auswirken oder eine Gefährdung des Mietobjekts zur Folge haben;[874] ja, wenn der Mieter trotz eines rechtskräftigen Unterlassungstitels mit dem Taubenfüttern fortfährt;[875] nein, wenn der Mieter ohne Erlaubnis des Vermieters einen Taubenschlag errichtet;[876] **Tierhaltung:** ja, bei vertragswidriger Tierhaltung, wenn der Mieter zwei Katzen hält;[877] ja, wenn die Tierhaltungserlaubnis widerrufen worden ist, weil der Hund des

---

860 LG Lübeck NJW-RR 1993, 525.

861 **A. A.** AG Aachen ZMR 2007, 41 m. abl. Anm. *Sauren*.

862 OLG Düsseldorf GE 2016, 857.

863 BGH Urteil vom 18.2.2015 – VIII ZR 186/14.

864 BGH a. a. O.; LG Düsseldorf GE 2014, 1062: danach kann ein Kündigungsgrund vorliegen, wenn der Mieter unzureichend oder fehlerhaft lüftet und es deshalb im Treppenhaus zu erheblichen Geruchsbelästigungen kommt.

865 LG Berlin GE 1990, 255.

866 AG Linz NJW-RR 1991, 1225; AG Köln WuM 2008, 595; **a. A.** LG Lüneburg WuM 1995, 708: Kündigung nach § 554a BGB verneint.

867 AG Bernau WuM 2009, 735.

868 AG Jülich WuM 2006, 562.

869 KG WuM 2015, 666; LG Münster WuM 1991, 33; LG Itzehoe WuM 1989, 76; LG Berlin MM 1990, 289; AG Düsseldorf WuM 1090, 149; AG Köln WuM 1988, 110; ebenso LG Hamburg ZMR 1984, 90 = WuM 1984, 85 für den Fall, dass sich der Mieter beharrlich weigert, Schönheitsreparaturen durchzuführen; AG Hamburg-Altona WuM 2000, 418.

870 AG Münster WuM 2007, 70.

871 AG Friedberg/Hessen WuM 1991, 686; ähnl. LG Berlin GE 1981, 33 für Unrat in der Küche.

872 AG Dortmund DWW 1990, 179.

873 LG Berlin GE 2015, 733 verneint bei Sozialleistungsbetrug gegenüber Jobcenter.

874 AG Frankfurt WuM 1977, 66 = ZMR 1978, 50.

875 LG Düsseldorf ZMR 1993, Nr. 3 Grüne Seite Nr. 9.

876 AG Jülich WuM 2006, 562.

877 LG Berlin GE 1987, 1111; zweifelhaft.

Mieters einen Hausbewohner gebissen hat und der Mieter den Hund gleichwohl nicht abschafft;[878] ja, wenn die Mieterin mehrere Katzen und einen Hund hält und hierdurch erhebliche Geruchsbelästigungen verursacht werden;[879] nein, wenn die Rechte des Vermieters durch die Tierhaltung nicht beeinträchtigt werden;[880] nein, wenn der Mieter nach Rücksprache mit anderen Hausbewohnern davon ausgeht, dass eine Katzenhaltung erlaubt sei;[881] nein, wenn der Vermieter die Hundehaltung bei einem Nachbarn duldet;[882] nein, wenn die Wohnung durch die Tierhaltung nicht in ihrer Substanz gefährdet wird;[883] nein, wenn der Mieter gelegentlich für einige Stunden einen Hund mit in die Wohnung nimmt;[884] nein, wenn der Mieter in einer kleinen Wohnung zwei Hunde und zwei Katzen hält;[885] nein, wenn der Mieter ohne Erlaubnis zwei Kampfhunde hält, ohne dass konkrete Anhaltspunkte für die Gefährlichkeit der Tiere vorliegen;[886] **Überbelegung:** ja, wenn hiermit nicht nur unerhebliche Auswirkungen auf die Wohnsubstanz oder auf das Zusammenleben der Hausgemeinschaft verbunden sind; dabei kommt es insbesondere auf die Ausstattung und den Zuschnitt der bewohnten Räume, auf vertragliche Regelungen über die Durchführung von Schönheitsreparaturen, auf das Alter und die Lebensgewohnheiten der Wohnungsnutzer sowie auf die Zusammensetzung der übrigen Hausbewohner an[887] (dazu § 540 BGB Rdn. 27, 34); die hiervon abw. Rechtsprechung aus früherer Zeit, wonach bereits die Überbelegung an sich zur Kündigung berechtigt,[888] ist gegenstandslos. Nein, weil dem Vermieter die Möglichkeit der ordentlichen Kündigung offensteht und ihm ein Zuwarten bis zum Ablauf der Kündigungsfrist zugemutet werden kann.[889] **Überschreitung des Mietgebrauchs:** nein, wenn in einer Halle, die zum Betrieb eines „Konzeptions- und Design-Centers" vermietet worden ist, Theateraufführungen veranstaltet werden;[890] in diesem Zusammenhang ist zu bedenken, dass der Mieter um so freier ist, je allgemeiner der Gebrauchszweck umschrieben wird; nein: wenn der Mieter von Räumen zum Betrieb einer Praxis für Psychiatrie und Psychotherapie in erheblichem Umfang Drogenersatztherapie betreibt;[891] Ja, wenn der Untermieter den vertraglich vereinbarten Gebrauch überschreitet und der Hauptvermieter dem Untervermieter die Kündigung androht.[892] Ja, wenn Räume zum Betrieb eines „Tele-Cafes mit Internetangeboten" vermietet sind und der Mieter dort Getränke und Lebensmittel zum Kauf („Spätkauf") anbietet.[893] **Vorschuss für Mangelbeseitigung.** Hat der Mieter für die Beseitigung eines Mangels einen Vorschuss erhalten, so muss er binnen angemessener Zeit tätig werden. Eine längere Untätigkeit des Mieters ist jedenfalls bei einem höheren Vorschussbetrag als erhebliche Pflichtverletzung zu bewerten, die eine Kündigung nach § 541 Abs. 1 BGB rechtfertigen kann.[894] **Wäsche trocknen:** nein, wenn der Mieter in der Wohnung Wäsche trocknet, ohne dass hierdurch die Mietsache gefährdet wird;[895] **Wohnungsnutzung:** ja, wenn der Mieter Gewerberäume vertragswidrig zu Wohnzwecken nutzt;[896] nein, wenn der Mieter Gewerberäume in einem gemischt genutzten Haus, teilweise zu Wohnzwecken nutzt;[897] Nach richtiger Ansicht kommt es hier auf die Umstände des Einzelfalls an. Die Erheblichkeit ist zu verneinen, wenn die Gewerberäume in einem gemischt genutzten Gebäude liegen und die Interessen des Vermieters durch die Wohnungsnutzung nicht oder nur unerheblich beeinträchtigt werden.[898] Etwas anderes kann bei reinen Geschäftshäusern gelten.

---

[878] LG Berlin GE 1993, 97.
[879] LG Berlin GE 1996, 1433.
[880] LG Berlin GE 1995, 621.
[881] LG Frankenthal WuM 1990, 118.
[882] LG Freiburg WuM 1986, 247.
[883] AG Berlin-Schöneberg MM 1990, 194 betr. die artgerechte Haltung von ca. 80 Ziervögeln in einer 60 m^2 großen Wohnung.
[884] AG Waldbröl WuM 1981, 160.
[885] LG Berlin GE 1981, 35; sehr zweifelhaft.
[886] LG Offenburg WuM 1998, 285; zweifelhaft.
[887] BGH RE 14.7.1993 BGHZ 123, 233 = NJW 1993, 2528 = WuM 1993, 529 = ZMR 1993, 508.
[888] So z. B. BayObLG RE 14.9.1983 NJW 1984, 60; OLG Karlsruhe RE 16.3.1987 NJW 1987, 1952.
[889] AG Stuttgart WuM 2012, 150.
[890] OLG Düsseldorf WuM 1996, 410.
[891] OLG Köln NJW 2011, 314.
[892] KG GE 2011, 481.
[893] KG Beschluss vom 9.10.2014 – 8 U 131/14.
[894] BGH (VIII ZR 63/11) ZMR 2012, 610.
[895] AG Naumburg WuM 1992, 680.
[896] OLG Düsseldorf ZMR 1987, 423 = NJW-RR 1987, 1370.
[897] OLG Köln ZMR 1996, 24.
[898] So zutr. OLG Köln ZMR 1996, 24.

213 **nn) Vertragsverletzungen des Vermieters.** Der Mieter kann nach § 543 Abs. 1 BGB zur Kündigung berechtigt sein, wenn der Vermieter verbotene Eigenmacht begeht, indem er die Mieträume ohne Einwilligung des Mieters betritt[899] oder mit einem Nachschlüssel in die Wohnung eindringt[900] oder sich in den Fällen des § 554 BGB mit Gewalt Zutritt zur Wohnung zu verschaffen sucht; das Verschulden der von ihm beauftragten Handwerker muss sich der Vermieter zurechnen lassen. Gleiches gilt, wenn der Mieter vom Vermieter beleidigt[901] oder tätlich angegriffen oder sonst in seinen Rechten verletzt wird.[902] **Beispiele:** Verletzung einer Konkurenzschutzklausel in Mietvertrag über Räume zum Betrieb einer „Kampfkunstschule";[903] unterlassene Abrechnung von Betriebskosten und Weigerung zur Auszahlung eines Guthabens;[904] Unredlichkeiten des Vermieters bei der Abrechnung unter Vorlage gefälschter Unterlagen;[905] Abrechnung von Betriebskosten, die in Wirklichkeit nicht angefallen sind;[906] mehrfache Übervorteilung des Mieters bei den Nebenabgaben;[907] treuwidrige Verhinderung der Ausübung des Vormietrechts durch einen Mieter;[908] Verletzung des Briefgeheimnisses;[909] wenn sich der Vermieter von Räumen zum Betrieb einer Arztpraxis unerlaubt Namen von Patienten verschafft;[910] wenn der Vermieter nichts unternimmt, obwohl er weiß, dass sich in der Wohnung des für längere Zeit ortsabwesenden Mieters ein erkennbar geistesgestörter Eindringling aufhält;[911] wenn der Vermieter sich weigert, geeignete Baumaßnahmen zur Erfüllung behördlicher Auflagen durchzuführen;[912] bei wiederholtem Ausfall der Heizungsanlage;[913] wenn sich die Gasinstallationen bei Beginn des Mietverhältnisses nicht im gebrauchsfähigen Zustand befinden;[914] bei nachhaltiger Weigerung des Vermieters zur Mängelbeseitigung;[915] bei Vorenthaltung der Mietsache;[916] bei Störungen durch Mitmieter.[917] Auch das Verhalten des Vermieters bei den Vertragsverhandlungen kann ein Kündigungsrecht des Mieters begründen (s. Rdn. 206). Vermietet der Vermieter eine Wohnung an eine Prostituierte zum Zwecke der Ausübung der Gewerbsunzucht, so wird hierdurch der vertragsgemäße Gebrauch der übrigen Mieter beeinträchtigt. Diese können deshalb den Vermieter auf Beseitigung der Störung in Anspruch nehmen oder kündigen, wobei sich das Kündigungsrecht entweder aus § 543 Abs. 1 BGB oder aus § 543 Abs. 2 Nr. 1 BGB ergibt.[918] Die Vermietung einer Wohnung an Ausländer stellt keine Beeinträchtigung des vertragsgemäßen Gebrauchs der anderen Mieter dar.[919] Eine Kündigung wurde verneint: Wenn der Vermieter im Treppenhaus eine Videokamera(-attrappe) anbringt, der Mieter hierdurch aber nicht beeinträchtigt wird, weil er die Mieträume nicht mehr nutzt.[920]

III. Abweichende Vereinbarungen

1. Zu Abs. 2 Nr. 1

214 Bei einem Mietverhältnis über Wohnraum (zum Begriff Vor § 535 BGB Rdn. 94) sind Vereinbarungen, durch die das Kündigungsrecht ausgeschlossen oder eingeschränkt wird, unwirksam (§ 569 Abs. 4 BGB). In den übrigen Fällen sind abw. Vereinbarungen möglich; eine Ausnahme

---

899 OLG Celle WuM 2007, 201 für Geschäftsraummiete.
900 LG Berlin GE 1999, 572; AG Heidelberg WuM 1978, 69 = ZMR 1978, 239.
901 AG Borken WuM 2000, 189: unberechtigter Vorwurf des querulantenhaften Verhaltens.
902 LG Bonn WuM 1998, 486: wenn der Vermieter den Mieter bei dessen Arbeitgeber in Misskredit bringt.
903 OLG Düsseldorf ZMR 2014, 202.
904 OLG Düsseldorf DWW 1991, 78.
905 LG Gießen WuM 1996, 767.
906 LG Berlin GE 2003, 1081.
907 AG Kassel WuM 1968, 178.
908 BGH LM Nr. 4 zu § 554a BGB.
909 AG Rendsburg WuM 1989, 178.
910 OLG Bremen GuT 2008, 37.
911 LG Göttingen WuM 1990, 75.
912 OLG Frankfurt WuM 1980, 133.
913 AG Waldbröl WuM 1986, 337; AG Dieburg WuM 1980, 131.
914 AG Wuppertal WuM 1983, 327.
915 LG Heidelberg WuM 1977, 200; LG Köln WuM 1977, 200.
916 AG Darmstadt WuM 1978, 29.
917 LG Frankfurt ZMR 1970, 201; s. dazu auch AG Jülich WuM 1992, 370.
918 Wie hier AG Kassel WuM 1984, 280; vgl. auch AG Hamburg-Wandsbeck WuM 1984, 280.
919 AG Hannover ZMR 1969, 240.
920 OLG Düsseldorf ZMR 2006, 855.

gilt, wenn der Vermieter den Mangel arglistig verschwiegen hat. In Mietverträgen über Gewerberäume kann das Kündigungsrecht wegen nicht rechtzeitiger Überlassung nur für den Fall formularmäßig ausgeschlossen werden, dass die Verzögerung der Übergabe nicht vom Vermieter zu vertreten ist. Umfasst der Ausschluss dagegen auch die Kündigung in den Fällen des Verzugs oder der zu vom Vermieter zu vertretenden Unmöglichkeit, so verstößt die Klausel gegen § 309 Nr. 8a BGB. Nach der hier vertretenen Ansicht verstößt der formularmäßige Ausschluss des Kündigungsrechts darüber hinaus dann gegen § 307 Abs. 2 BGB, wenn er zeitlich unbefristet ist: gerade der Geschäftsraummieter, der zur Erhaltung seiner wirtschaftlichen Existenz auf Mieträume angewiesen ist, hat nach Ablauf einer angemessenen Frist ein gewichtiges Interesse an der Beendigung des Mietvertrags, wenn ihm das Mietobjekt nicht rechtzeitig übergeben oder wieder entzogen wird.

2. Zu Abs. 2 Nr. 2

Der Ausschluss des § 543 Abs. 2 Nr. 2 BGB als Kündigungsgrund ist sowohl bei der Wohnraum- 215
als auch bei der Geschäftsraummiete möglich.[921] Ebenfalls kann vereinbart werden, dass die Kündigung von zusätzlichen Tatbestandsmerkmalen abhängen soll. Eine Erleichterung der Kündigungsvoraussetzungen zugunsten des Vermieters ist nur bei der Geschäftsraummiete möglich. Das Erfordernis der Abmahnung kann allerdings nicht durch Formularvertrag abbedungen werden.[922] Bei der Wohnraummiete sind abw. Vereinbarungen zu Lasten des Mieters unwirksam (§ 569 Abs. 4 BGB). Hierunter fällt auch eine Vereinbarung, wonach die Kündigung ohne vorherige Abmahnung möglich sein soll.

3. Zu Abs. 2 Nr. 3

Nach § 569 Abs. 4 BGB ist eine zum Nachteil des Mieters abw. Vereinbarung bei der Wohn- 216
raummiete unwirksam. Unwirksam ist es, wenn vereinbart wird, dass „ein Rückstand" zur Kündigung berechtigen soll, weil danach eine Kündigung außerhalb der Voraussetzungen des Verzugs und damit eine verschuldensunabhängige Kündigung möglich wäre.[923] Bei Geschäftsraummietverträgen wäre eine solche Vereinbarung wirksam, allerdings nicht, wenn sie formularmäßig getroffen wurde.[924] Generell gilt, dass eine von § 543 Abs. 2 Nr. 3 BGB abw. Vereinbarung bei einem Geschäftsraummietvertrag nur wirksam ist, wenn sie klar und eindeutig gefasst ist und wenn das Bestandsinteresse des Mieters in seinem Kernbereich respektiert wird.[925] Deshalb sind Klauseln unwirksam, wonach die Höhe des zur Kündigung berechtigenden Verzugs nicht hinreichend genau bestimmt ist.[926]

Die **Rechtzeitigkeitsklausel** (z. Begriff s. § 556b BGB Rdn. 7) hat nach ihrem Wortlaut zur 217
Folge, dass es für die Rechtzeitigkeit der Leistung entgegen der gesetzlichen Regelung (s. Rdn. 94) nicht auf die Leistungshandlung sondern auf den Zeitpunkt des Leistungserfolgs ankommt. Die Rechtzeitigkeitsklausel wird überwiegend als unbedenklich angesehen (s. § 556b BGB Rdn. 7)[927]. Bei der Geschäftsraummiete ist für die Rechtzeitigkeit der Leistung auch bei der Anwendung der §§ 543 Abs. 2 Satz 1 Nr. 3 und 543 Abs. 2 Satz 2 BGB deshalb die betr. Klausel maßgebend. Nach h. M. soll dies auch bei der Wohnraummiete gelten.[928] Diese Ansicht trifft nicht zu, weil der Mieter in diesem Fall zu einem früheren Zeitpunkt als nach § 543 BGB vorgesehen, leisten müsste. Von den Regelungen des § 543 BGB kann jedoch nicht zum Nachteil des Mieters abgewichen werden. Das gilt auch für den Leistungszeitpunkt, wenn hiervon die Kündigungsbefugnis des Vermieters abhängt. In diesem Fall wird der Mieter durch die Klausel schlechter gestellt als er ohne die Klausel nach der gesetzlichen Regelung stehen würde. Nach der hier vertretenen Ansicht ist die Rechtzeitigkeitsklausel deshalb bei der Kündigung nach § 543 BGB unanwendbar.

---

921 OLG Hamm ZMR 1995, 248 betr. Gewerbemiete.
922 LG Hannover MDR 1984, 670; *Grapentin* in Bub/Treier Kap. IV Rdn. 363.
923 BGH a. a. O. (für Altenheimvertrag); OLG Düsseldorf GE 2003, 186.
924 BGH WuM 1987, 259 = NJW 1987, 2506 = ZMR 1987, 292; OLG Hamm ZMR 1992, 152.
925 BGH NJW-RR 1987, 903 = WuM 1987, 317 = ZMR 1987, 289.
926 BGH NZM 1998, 718.
927 **A. A.** *Kandelhard* in Herrlein/Kandelhard § 543 BGB Rdn. 57.
928 *Emmerich* in Staudinger § 543 BGB Rdn. 54; *Lützenkirchen* in: Erman § 543 Rdn. 24; *Bieber* in MünchKomm § 543 BGB Rdn. 50; *Lammel* § 543 BGB Rdn. 106; *Ehlert* in Bamberger/Roth § 543 BGB Rdn. 24c; *Kinne* in Kinne/Schach/Bieber Miet- und Mietprozessrecht § 543 BGB Rdn. 79; Palandt/*Weidenkaff* § 543 BGB Rdn. 23.

IV. Die Kündigungserklärung

218 Zu den allgemeinen Kündigungsvoraussetzungen s. § 542 BGB Rdn. 11ff.; § 568 BGB Rdn. 1ff.

219 Bei der **Geschäftsraummiete** muss die Kündigungserklärung nicht begründet werden. Die Kündigungsgründe müssen lediglich zum Zeitpunkt des Zugangs der Kündigung vorliegen. Wegen derjenigen Kündigungsgründe, die nach dem Zugang der Kündigung entstehen, muss erneut gekündigt werden.[929] Sind die Kündigungsgründe in der Kündigungserklärung mitgeteilt worden, so kann der Vermieter den Räumungsanspruch grundsätzlich auch auf solche Gründe stützen, die zum Zeitpunkt des Zugangs der Kündigung vorgelegen haben aber im Kündigungsschreiben nicht aufgeführt worden sind. Eine Ausnahme gilt, wenn sich aus den Gesamtumständen ergibt, dass der Vermieter nur wegen der ausdrücklich genannten Gründe kündigen wollte.

220 Bei der **Wohnraummiete** müssen die Kündigungsgründe im Kündigungsschreiben mitgeteilt werden (§ 569 Abs. 4 BGB). Dies gilt auch für Kündigungen nach § 543 Abs. 1 und 2 BGB. Einzelheiten s. § 569 BGB Rdn. 75ff.

221 Der Vermieter kann zwar fristlos kündigen. Andererseits ist aber auch bei der fristlosen Kündigung eine sog. **„Ziehfrist"** von ca. 1 Woche einzuhalten.[930] Wird die Klage vor Ablauf der Ziehfrist eingereicht und zieht der Mieter nach Klagzustellung aus, so muss der Vermieter die **Hauptsache für erledigt** erklären. Die Kosten sind dann dem Vermieter aufzuerlegen (bei übereinstimmender Erledigungserklärung nach § 91a ZPO; bei einseitiger Erledigungserklärung nach § 93 ZPO), weil der Mieter keinen Anlass zur Klagerhebung gegeben hat. Gleiches gilt, wenn in der Klagschrift gekündigt wird und der Mieter alsbald nach Zustellung der Klagschrift auszieht. Ist die Klage zum Zeitpunkt des Auszugs noch nicht zugestellt, so kann der Vermieter im Wege der Klagänderung auf Feststellung klagen, muss der Mieter zur Zahlung der Verfahrenskosten verpflichtet ist. Die Klage ist allerdings abzuweisen, wenn sich ergibt, muss der Mieter keinen Anlass zur Klagerhebung gegeben hat. **Kein Fall der Erledigung** liegt vor, wenn der Mieter lediglich den Räumungsanspruch anerkennt aber nicht räumt; in diesem Fall muss der Mieter – unabhängig vom Zeitpunkt der Klagerhebung – die Kosten tragen, weil er die Leistung verweigert und damit zur Klagerhebung Anlass gegeben hat. Allerdings ist in diesen Fällen § 93b Abs. 3 ZPO zu beachten: Danach können die Kosten ganz oder teilweise dem Vermieter auferlegt werden, wenn der Mieter anerkennt und ihm eine Räumungsfrist bewilligt wird. Auf die weitere Voraussetzung des § 93b Abs. 3 ZPO, nämlich auf das vorgerichtliche Verlangen nach Gewährung einer Räumungsfrist, kann hier verzichtet werden. Diese Einschränkung rechtfertigt sich aus der Erwägung, dass der Mieter kein Gesuch um Gewährung einer Räumungsfrist anbringen kann, wenn der Vermieter unmittelbar nach dem Ausspruch der Kündigung Klage erhebt, ohne die Möglichkeit einer außergerichtlichen Lösung in Erwägung zu ziehen.

222 Eine **in der Kündigungserklärung bestimmte Frist** kann unterschiedliche Bedeutung haben. **(1)** Denkbar ist zum einen, dass die Kündigung als ordentliche befristete Kündigung i. S. v. § 573 Abs. 2 Nr. 1 BGB gedacht ist. Für diese Kündigung gelten andere Grundsätze als für die außerordentliche fristlose Kündigung, was insbesondere im Rahmen des § 569 Abs. 3 Nr. 2 BGB von Bedeutung ist. Bei der Anwendung der Sozialklausel spielt die Einordnung keine Rolle, weil es für den Ausschluss des § 574 BGB genügt, wenn ein Grund vorliegt, der zur fristlosen Kündigung berechtigt (§ 574 Abs. 1 Satz 2 BGB). **(2)** Denkbar ist weiter, dass der Vermieter eine Kündigung nach § 543 BGB unter freiwilliger Beachtung einer Kündigungsfrist erklärt. In diesem Fall endet das Mietverhältnis nach Ablauf der Kündigungsfrist. Vor diesem Zeitpunkt kann der Vermieter nur unter der Voraussetzung des § 259 ZPO Klage erheben. Der Mieter muss seinerseits bis zum Ablauf der Frist die Miete bezahlen, auch wenn er früher räumt. **(3)** Schließlich ist denkbar, dass der Vermieter lediglich eine Räumungsfrist gewähren will. Hierin liegt eine Stundung des Herausgabeanspruchs, so dass der Vermieter vor Ablauf der Frist nur unter der Voraussetzung des § 259 ZPO Klage erheben kann. Der Anspruch auf Miete erlischt in diesem Fall mit dem Auszug des Mieters.

223 Wird wegen eines **Zahlungsverzugs** gekündigt, so steht das Kündigungsrecht auch dann dem Vermieter zu, wenn dieser den Anspruch auf die Miete an einen Dritten abgetreten hat[931] oder wenn dieser Anspruch im Wege der Zwangsvollstreckung gepfändet und an den Gläubiger zur Ein-

---

929 OLG Brandenburg WuM 2006, 456, 457.
930 LG Berlin GE 1994, 707; *Kossmann* § 87 Rdn. 33.
931 *Emmerich* in Staudinger § 543 BGB Rdn. 44.

ziehung überwiesen worden ist. Der Übergang der Forderung bewirkt nämlich nicht den Übergang des Kündigungsrechts. An der Ausübung dieses Rechts hat der Gläubiger auch kein Interesse, weil seine Rechtsstellung durch die Ausübung der Kündigungsbefugnis nicht verbessert, sondern allenfalls verschlechtert wird. Die Kündigungsbefugnis kann auch nicht isoliert auf den neuen Gläubiger der Forderung übertragen werden oder von einem Gläubiger des Vermieters im Wege der Zwangsvollstreckung gepfändet werden. Der Zessionar kann durch Verzicht oder Stundung bewirken, dass der Verzug beendet wird. In diesem Fall verliert der Vermieter seine Kündigungsbefugnis.[932] Eine vor dem Abschluss des Verzichts- oder Stundungsvertrags ausgesprochene Kündigung bleibt wirksam. Wird der Verzichts- oder Stundungsvertrag innerhalb der Schonfrist des § 569 Abs. 3 Nr. 2 BGB abgeschlossen, so ist es sachgerecht, diese Vorschrift entsprechend anzuwenden. Ein nach Ablauf der Schonfrist geschlossener Verzichts- oder Stundungsvertrag lässt die Wirksamkeit der Kündigung unberührt.[933] Der Pfändungsgläubiger hat weder ein Recht zum Verzicht, noch kann er stunden.[934] Für die Kündigung eines Erwerbers im Falle der Veräußerung s. § 542 BGB Rdn. 37.

Kündigungsempfänger ist in allen Fällen der Mieter. Diesem gegenüber muss die Kündigung ausgesprochen werden. Sind mehrere Personen Mieter, so muss die Kündigung gegenüber allen Mietern erfolgen. Hinsichtlich der Kündigung wegen Zahlungsverzugs sind allerdings abw. Vertragsgestaltungen denkbar. Ist eine Wohnung beispielsweise an drei **Mitglieder einer Wohngemeinschaft** vermietet und ist mit dem Vermieter vereinbart, dass jeder der drei Mieter ein Drittel der Gesamtmiete zahlen soll, so kann die Auslegung ergeben, dass zwar jedem Mitglied der Wohngemeinschaft ein Recht zum Mitbesitz an der gesamten Wohnung zusteht (Mitgläubiger), aber dennoch jedes Mitglied von vornherein nur auf ein Drittel der Miete haftet. In einem solchen Fall treten die einzelnen Mitglieder der Wohngemeinschaft dem Vermieter hinsichtlich ihrer Zahlungspflicht als Einzelschuldner einer teilbaren Leistung (§ 420 BGB) gegenüber. Die Nichterfüllung durch einen der Schuldner steht jenen Fällen gleich, in denen von mehreren Mietern nur ein einziger seine vertraglichen Pflichten verletzt. Auch hier gilt der Grundsatz, dass die Kündigung nicht mit Einzelwirkung, sondern nur mit Gesamtwirkung erklärt werden kann. Der Vermieter muss also auch hier gegenüber allen Mietern kündigen. Damit stellt sich die Frage, ob die Vertragsverletzung eines Mieters auch gegen die vertragstreuen Mieter wirkt. Dabei ist auf den Schutzzweck des Kündigungstatbestandes abzustellen. Soweit die Kündigungstatbestände (wie § 543 Abs. 1, Abs. 2 Nr. 2 und 3 BGB) die Rechte des Vermieters schützen, ist zu bedenken, dass der Schutzzweck der Vorschrift nur erreicht wird, wenn der Vermieter die gesamten Räume zurückerhält. Nur dann kann er diese Räume zur vollen Miete weitervermieten. Die gegenteilige Ansicht führt zu dem Ergebnis, dass der Vermieter den vertragstreuen Mietern die Räume belassen müsste, obwohl er nur noch zwei Drittel des Mietpreises realisieren kann. Im Einzelfall kann der Vermieter allerdings nach § 242 BGB die Verpflichtung haben, den vertragstreuen Mietern die Räume zu belassen, wenn diese für den Mietausfall aufkommen.[935] Hat der Vermieter einzelne Zimmer an verschiedene Mieter vermietet, so liegen Einzelmietverhältnisse vor, die beim Vorliegen der gesetzlichen Voraussetzungen einzeln gekündigt werden können. 224

Hatte der Mieter die Mietsache **untervermietet** und zugleich mit dem Untermieter vereinbart, dass dieser die Miete unmittelbar an den Hauptvermieter zahlen soll, so muss der Hauptvermieter die Kündigung im Falle des Verzugs des Untermieters gegenüber dem Hauptmieter erklären. Vor Ausspruch der Kündigung muss der Hauptmieter abgemahnt werden, damit er Gelegenheit erhält, den Mietrückstand zu begleichen. Ist das Hauptmietverhältnis beendet, so kann der Hauptvermieter die Räume auch von dem Untermieter herausverlangen; einer Kündigung bedarf es nicht (§ 546 Abs. 2 BGB). 225

In den Fällen der **Zwischenvermietung** gilt § 565 BGB. Liegen die Kündigungsvoraussetzungen im Hauptmietverhältnis vor, so kann der Hauptvermieter gegenüber dem Untervermieter kündigen. Mit der Beendigung des Hauptmietvertrags tritt der Hauptvermieter in das Untermietverhältnis ein. Ein Kündigungsrecht, das im Untermietverhältnis entstanden ist, geht nicht auf den Hauptvermieter über. Erfüllt der bisherige Untermieter seine Zahlungsverpflichtungen gegenüber dem Hauptvermieter, so kann dieser nicht gegenüber dem Untermieter kündigen. Andernfalls muss der Hauptvermieter warten, bis ein Rückstand i. S. v. § 543 Abs. 2 Nr. 3 BGB vorliegt. Diese 226

---

932 *Mittelstein* S. 427; **a. A.** *Emmerich* in Staudinger § 543 BGB Rdn. 44.
933 Abw. *Sternel* Mietrecht (1988) Rdn. IV 272.
934 *Mittelstein* a. a. O.
935 Vgl. LG Darmstadt NJW 1983, 52; LG Frankfurt WM 1987, 21.

Rechtsfolge erscheint unbillig, weil der Untermieter besser gestellt wird als er stünde, wenn er unmittelbar vom Eigentümer gemietet hätte. Eine Korrektur ist allerdings nicht erforderlich, weil die spezifischen Risiken der Zwischenvermietung vom Eigentümer hingenommen werden müssen.

V. Rücknahme/Verzicht

227 Zum Problem der Rücknahme, des Verzichts auf die Rechte aus der Kündigung und den Widerruf der Kündigung s. zunächst § 542 BGB Rdn. 89.

228 Bei der Wohnraummiete ist zu beachten, dass die Kündigung kraft Gesetzes im Falle der nachträglichen Zahlung unwirksam wird (§ 569 Abs. 3 Nr. 2 BGB; Einzelheiten s. dort Rdn. 37 ff.). dieselbe Rechtsfolge kann auch durch Vertrag herbeigeführt werden. Vereinbart der Vermieter mit einem Dritten (z. B. dem Sozialamt), dass das Mietverhältnis fortgesetzt werden soll, wenn die Rückstände beglichen oder die künftige Miete gezahlt wird, so liegt hierin eine Vereinbarung zugunsten des Mieters. Solche Vereinbarungen können auch konkludent getroffen werden, so wenn das Sozialamt anbietet, die Rückstände zu übernehmen, falls das Mietverhältnis fortgesetzt wird und der Vermieter die Zahlung entgegennimmt. In einem solchen Fall ist in der Annahme des Geldes zugleich die Annahme eines Vertrages über den Ausschluss der Kündigung oder den Wegfall der Kündigungswirkungen zu sehen.[936]

VI. Kündigung wegen Wegfalls oder Veränderung der Geschäftsgrundlage

229 Die Fälle des Wegfalls der Geschäftsgrundlage sind in § 313 BGB geregelt. Nach § 313 Abs. 1 BGB kann jede Partei eine Anpassung des Vertrags verlangen, wenn sich die Umstände, die zur Grundlage des Vertrags geworden sind, nach Vertragsschluss schwerwiegend verändert haben. Ist eine Anpassung nicht möglich, so steht der benachteiligten Partei gem. § 313 Abs. 3 BGB das Recht zur (fristlosen) Kündigung zu. Über die Kündigung ist auf Grund einer Interessenabwägung zu entscheiden.[937] Bei dieser Form der Kündigung kann das Gericht nach billigem Ermessen bestimmen, dass der Kündigende eine Ausgleichs- oder Abfindungszahlung zu erbringen hat.[938] Die Kündigung wegen Wegfalls der Geschäftsgrundlage nach § 313 BGB wird durch § 543 BGB nicht ausgeschlossen.[939] Die beiden Rechtsinstitute haben einen unterschiedlichen Anwendungsbereich. Bei Pflichtverletzungen des Kündigungsgegners kann nur nach § 543 BGB gekündigt werden. Die Geschäftsgrundlagenstörung stammt dagegen aus der Sphäre des Kündigenden.[940] Die Anwendung des § 313 BGB setzt voraus, dass das Mietverhältnis noch besteht. Ist der Vertrag abgewickelt, kann eine frühere Störung der Geschäftsgrundlage nicht mehr berücksichtigt werden.[941] Eine Ausnahme kommt in Betracht, wenn die Geschäftsgrundlage von Anfang an gefehlt hat.[942]

230 Die **Geschäftsgrundlage** wird gebildet, „durch die gemeinschaftlichen Vorstellungen beider Vertragsparteien oder (durch) die bei Abschluss des Geschäfts zutage getretenen, dem Vertragspartner erkennbaren und von ihm nicht beanstandeten Vorstellungen des anderen Teils von dem Vorhandensein oder dem künftigen Eintritt oder Fortbestand bestimmter Umstände, auf die sich der Geschäftswille der Parteien aufbaut."[943] Die Geschäftsgrundlage entfällt unter anderem auch dann, wenn eine tatsächliche Entwicklung eintritt, die von beiden Seiten nicht vorhergesehen worden ist.[944] Gleiches gilt, wenn eine bestimmte Entwicklung nicht eintritt, die von beiden Seiten als selbstverständlich vorausgesetzt worden ist. Gehen die Parteien beim Abschluss eines Mietvertrag über Gewerberäume davon aus, dass dem Mieter die für den Betrieb des Geschäfts erforderliche behördliche Konzession erteilt wird, so kommt eine Kündigung in Betracht, wenn die Behörde die

---

936 LG Braunschweig WuM 1998, 218.

937 OLG Dresden ZMR 2013, 429 betr. Kündigung von Gaststättenräume in historischer Burg wegen unzumutbar hoher Instandhaltungskosten.

938 BGH MDR 1971, 1002.

939 *Kraemer* DWW 2001, 110, 114; *Lützenkirchen,* Neue Mietrechtspraxis Rdn. 839.

940 *Hirsch* NZM 2007, 110.

941 BGH NJW 1996, 990, 992; *Hirsch* ZMR 2007, 1, 3.

942 BGH NJW 2001, 1204, 1206.

943 St. Rspr. des BGH, zuletzt ZMR 1996, 309, 311.

944 BGH ZMR 1996, 309 betr. die Kündigung eines Gewerbemietverhältnisses, weil – für die Parteien nicht vorhersehbar – auf dem Grundstück ein für die Region wichtiges Kraftwerk gebaut werden muss.

Konzession verweigert.[945] Umstände, die von beiden Parteien bedacht und durch Aufnahme in den beiderseitigen Geschäftswillen zum Vertragsinhalt geworden sind, können nicht Geschäftsgrundlage sein.[946] Ebenso scheidet eine Kündigung wegen Wegfalls der Geschäftsgrundlage aus, wenn die Kündigungsgründe zum Risikobereich des Kündigenden gehören, weil eine geänderte Geschäftsgrundlage nicht zu einer Beseitigung der vertraglichen Risikoverteilung führen darf.[947] Gleiches gilt hinsichtlich solcher Umstände, für deren Eintritt oder Nichteintritt eine Partei das Risiko übernehmen wollte.[948] Eine Ausnahme kommt in Betracht, wenn die Parteien davon ausgehen, dass das Risiko wirksam auf den Kündigungsempfänger übertragen wurde, diese Annahme sich als falsch erweist und es unbillig wäre, wenn der Kündigende am Vertrag festhalten müsste.[949] An die Annahme einer Änderung der gesetzlichen Risikoverteilung sind allerdings strenge Anforderungen zu stellen. Bei der Vermietung von Ladenräumen in einem Einkaufszentrum setzt die Annahme einer geänderten Risikoverteilung voraus, dass der Vermieter ein eigenes unternehmerisches Risiko für die Einzelgeschäfte übernehmen will.[950] Gleiches gilt, wenn der Vermieter eine Garantiezusage (Garantieerklärung) für bestimmte Umstände (Vollvermietung; Umsätze, Gewinne) abgibt.[951] Die bei der Vermietung von Läden in einem Einkaufszentrum üblichen Regelungen (Sortimentsbeschränkung, Öffnungszeiten, Betriebspflichten, Mitteilung der Umsätze, Mitgliedschaft in einer Werbegemeinschaft) reichen hierfür nicht aus. Schließlich kommt keine Kündigung in Betracht, wenn der Vertrag den veränderten Umständen in zumutbarer Weise angepasst werden kann.[952]

Weiter setzt die Kündigung ein **besonders gewichtiges Interesse des Kündigenden an der Vertragsbeendigung** voraus. Erforderlich ist, dass beim Fortbestand des Vertrags das Äquivalenzverhältnis von Leistung und Gegenleistung stark und irreparabel gestört wäre[953] oder dass die Vertragsbeendigung zur Vermeidung untragbarer Ergebnisse geboten ist[954]; dies ist auf Grund einer Interessenbewertung festzustellen. Grundsätzlich ist der Kündigende gehalten, zunächst alle anderen Möglichkeiten zur Problemlösung auszuschöpfen.[955] 231

Wird der Vertrag durch Kündigung beendet, so kann das Gericht zu Lasten des Kündigenden eine **Ausgleichszahlung** anordnen.[956] Dies folgt aus § 242 BGB, weil die Rechtsbeziehungen der Parteien beim Wegfall oder bei einer wesentlichen Veränderung der Geschäftsgrundlage den veränderten Verhältnissen angepasst werden müssen. Die Zahlung muss zum einen die Aufwendungen umfassen, die der Gekündigte im Vertrauen auf die Fortdauer des Mietverhältnisses gemacht hat und die er nunmehr nicht mehr nutzen kann (Frustrationsschaden). Zum anderen hat der Gekündigte einen – nach billigem Ermessen zu bestimmenden – Anspruch auf Ausgleich seines entgangenen Gewinns. 232

[945] KG MDR 2014, 952 betr. Konzession für Spielhalle.

[946] RGZ 168, 121, 127; BGH ZMR 1996, 309, 311.

[947] BGH NJW 2000, 1714, 1717 betr. die Vermietung von Ladenräumen in einem Einkaufszentrum; BGH LM Nr. 57 zu § 242 BGB (Ba); NJW 1996, 714: keine Kündigung durch den Vermieter wenn dieser die Mietsache unter Verstoß gegen Bestimmungen der Teilungserklärung vermietet hat; BGH GE 2003, 523: ein Rechtsanwalt kann nicht kündigen, wenn er seine Kanzleiräume infolge erloschener Zulassung bei einem bestimmten Gericht nicht mehr benötigt; BGH, Urt. v. 17.3.2010 – XII ZR 108/08: keine Kündigung, wenn der Mieter von Räumen zum Betrieb eines Cafés keine ausreichenden Umsätze erzielen kann, weil sich die Bewohnerstruktur im Umfeld des Cafés nicht wie erwartet entwickelt; BGH (XII ZR 108/08) NZM 2010, 364: Keine Kündigung, wenn der Mieter von Räumen zum Betrieb eines Cafes keine ausreichenden Umsätze erzielen kann, weil sich die Bewohnerstruktur im Umfeld des Cafes nicht wie erwartet entwickelt; LG Frankfurt DWW 1986, 45: keine Kündigung durch den Mieter, wenn dieser die Miete nicht mehr zahlen kann; OLG Düsseldorf ZMR 1998, 218 für Pachtvertrag mit Versorgungscharakter; OLG Düsseldorf ZMR 2001, 106: keine Kündigung durch den Mieter, wenn dieser die Mietsache infolge einer schweren Krankheit nicht mehr nutzen kann *Kluth/Freigang* NZM 2006, 41, 42, 44.

[948] BGH ZMR 1996, 309, 311.

[949] KG GE 2014, 1452 betr. eine unwirksame Vereinbarung, wonach der Mieter das Risiko der Erteilung einer behördlichen Konzession zu tragen hat.

[950] BGH NJW 2000, 1714, 1717 = NZM 2000, 492; NZM 2000, 1005.

[951] BGH a. a. O.

[952] BGH LM Nr. 15 zu § 566 BGB.

[953] BGHZ 86, 167, 169 = NJW 1983, 1309; OLG Koblenz NJWE-MietR 1997, 226.

[954] BGHZ 47, 48, 52 = NJW 1967, 721; NJW 1985, 313; OLG Dresden NZM 2002, 165 betr. die Kündigung durch den Mieter eines Ladengeschäfts bei drohenden Terrorakten.

[955] OLG Dresden a. a. O.

[956] BGH LM Nr. 57 zu § 242 BGB [Ba]; ZMR 1996, 309, 311.

VII. Darlegungs- und Beweislast

233 Die Darlegungs- und Beweislast für das Vorliegen der Kündigungsvoraussetzungen trägt grundsätzlich der Kündigende. Kündigt der Mieter nach § 543 Abs. 1 oder Abs. 2 Nr. 1 BGB, so muss er die für den Kündigungssachverhalt maßgeblichen Tatsachen vortragen und beweisen. Kündigt der Vermieter wegen einer Vertragsverletzung des Mieters, so muss der Vermieter vortragen und beweisen: Die Vertragsverletzung, den Zugang der Abmahnung, die Fortsetzung des vertragswidrigen Gebrauchs nach der Abmahnung und den Zugang der Kündigung.

234 1. Im Rahmen seiner **Darlegungslast** muss der Vermieter das Verhalten des Mieters hinreichend genau beschreiben und die Zeit, den Ort und die näheren Umstände der Vertragsverletzung mitteilen („wann, wo, was"). Aus dem Klagvortrag muss sich ergeben, welche Vertragsverletzung abgemahnt worden ist. Außerdem muss der Vermieter darlegen, dass der Mieter nach dem Zugang der Abmahnung eine weitere, gleiche oder gleichartige Vertragsverletzung begangen hat. Es genügt nicht, wenn der Vermieter lediglich auf die im Abmahnschreiben aufgeführten Beanstandungen Bezug nimmt, weil der Kündigungstatbestand eine Fortsetzung des beanstandeten Verhaltens nach der Abmahnung voraussetzt.

235 Wird die Kündigung auf eine **Vielzahl einzelner Vertragsverletzungen** gestützt, so müssen die einzelnen Vertragsverletzungen substantiiert dargelegt werden. Aus dem Klagevortrag muss sich auch in diesem Fall ergeben, wann und wo der Mieter die behaupteten Vertragsverstöße begangen hat. Wird beispielsweise wegen einer häufigen Lärmbelästigung gekündigt, so genügt es nicht, wenn der Vermieter lediglich darlegt, dass der Mieter „ständig ruhestörenden Lärm" verursacht habe. Vielmehr ist in einem solchen Fall zu verlangen, dass Art, Zeitpunkt und jeweilige Dauer der einzelnen Lärmstörungen hinreichend genau beschrieben wird. Zumindest muss der Vermieter einen abgrenzbaren Zeitraum angeben und die Häufigkeit der Lärmstörungen innerhalb dieses Zeitraums darlegen (z. B. „In der Zeit vom … bis … ca. dreimal wöchentlich"). Sind Räume zum Betrieb einer Gaststätte vermietet und ist streitig, ob eine bestimmte Störung von den Gästen verursacht worden ist, so muss der Vermieter beweisen, dass es sich bei den Lärmverursachern um Gäste des Mieters und nicht etwa um beliebige Dritte handelt.[957]

236 2. Ist streitig, ob ein bestimmter Mietgebrauch vom Vermieter gestattet worden ist, obliegt die **Beweislast** hierfür dem Mieter. Steht fest, dass der Vermieter die Untermieterlaubnis nicht erteilt hat und macht der Mieter geltend, dass der Vermieter hierzu nach dem Vertrag oder nach § 549 Abs. 2 BGB verpflichtet sei, so muss der Mieter beweisen, dass er nach materiellem Recht zur Untervermietung berechtigt ist. Ist streitig, ob eine unbefugte Gebrauchsüberlassung an einen Dritten vorliegt oder ob der Dritte lediglich als Besucher anzusehen ist, spricht nach Ablauf einer Benutzungszeit von etwa einem Monat eine tatsächliche Vermutung für eine dauernde Gebrauchsüberlassung. In diesem Fall muss der Mieter den Beweis für das Gegenteil führen. Steht die Beschädigung der Mietsache fest, ist aber streitig, ob der Schaden durch eine vom Mieter zu vertretende Sorgfaltspflichtverletzung eingetreten ist, muss der Vermieter beweisen, dass die Schadensursache in den Bereich des Mieters fällt. Dieser Beweis wird dadurch geführt, dass der Vermieter alle Ursachen, die seinem Verantwortungsbereich zuzuordnen sind, ausschließen muss. Ist dieser Ausschlussbeweis geführt, muss sich der Mieter umfassend entlasten.[958]

---

[957] OLG München ZMR 1996, 487.

[958] Vgl. BGHZ 66, 349 = NJW 1976, 1315; OLG Karlsruhe RE v. 9.8.1984, NJW 1985, 142 = WuM 1984, 267 = ZMR 1984, 417.

§ 544 Vertrag über mehr als 30 Jahre

[1] **Wird ein Mietvertrag für eine längere Zeit als 30 Jahre geschlossen, so kann jede Vertragspartei nach Ablauf von 30 Jahren nach Überlassung der Mietsache das Mietverhältnis außerordentlich mit der gesetzlichen Frist kündigen.** [2] **Die Kündigung ist unzulässig, wenn der Vertrag für die Lebenszeit des Vermieters oder des Mieters geschlossen worden ist.**

Übersicht

A. Regelungszweck

Die Norm verfolgt zwei unterschiedliche Ziele. Zum einen geht sie davon aus, dass das Rechtsinstitut der Miete begriffsmäßig zeitlich begrenzt ist. Das wird dadurch verstärkt, dass auch keine Vertragsdauer vereinbart werden darf, die rein tatsächlich zu einer unbegrenzten Mietzeit führt. Damit soll nach den Motiven[1] eine Art Erbmiete verhindert werden, also eine eigentümerähnliche dingliche Stellung des Mieters, die das Mietobjekt letztlich dem Rechtsverkehr entzieht[2]. Historisch hat aber ein Paradigmenwechsel stattgefunden: während die Ablösung u. a. der Erbpacht durch das preußische Ablösegesetz von 1850 das Obereigentum des „Pachtherrn" aufgehoben und zum vollständigen Eigentum des Erbpachters geführt hatte, wird jetzt das Eigentum des Vermieters geschützt; es soll nicht mehr durch Zeitablauf verloren gehen. Zum anderen wird eine Ausnahme davon im Interesse des Mieters bei den Lebenszeitverträgen gemacht. Hier will der Gesetzgeber die persönlichen Motive an einer derartigen Vertragsgestaltung respektieren. Hierin kommen die beiden großen Elemente der liberalen Wirtschaftsauffassung des 19. Jh. zum Tragen: Eigentumsschutz und Vertragsfreiheit: Das Eigentum soll nur durch Vertrag begrenzt werden können, soweit nicht die Verkehrsinteressen (deshalb die Begrenzung auf 30 Jahre, der Zeitraum der alten unvordenklichen Verjährung) entgegenstehen. Das Modell, das unterschiedslos für alle Mietverhältnisse galt, funktionierte aber nur solange, wie eine theoretische Parität der Marktteilnehmer (= Vertragspartner) gegeben war. Diese Parität endete jedenfalls für Wohnraummietverhältnisse spätestens mit dem 1. Weltkrieg und wurde durch mieterschützende Eingriffe in das Eigentum des Vermieters versucht wieder herzustellen.[3] 1

Die Vorschrift ist über ihren Wortlaut hinaus auf alle miet- und pachtähnlichen Verträge anwendbar, also auf alle Rechtsverhältnisse, die auf die Gewährung eines Gebrauchs- und/oder Nutzungsrechts gerichtet sind.[4] Maßgebend ist die durch Besitzübergabe dokumentierte Trennung von Eigentum und Besitz; durch diese Trennung könnte sich nach 30jähriger Dauer die sachenrechtliche Zuordnung verdunkeln. 2

Der Anwendungsbereich der im Allgemeinen Teil des Mietrechts stehenden Norm ist durch den im Besonderen Teil des Wohnraummietrechts platzierten § 575 stark eingeschränkt. Danach ist der Zeitmietvertrag für **Wohnraummietverhältnisse** zwar nicht mehr zeitlich, dafür aber gegenständlich beschränkt. Zulässig ist danach der Wohnraummietvertrag über eine Dauer von 30 Jahren, aber nur, wenn die Befristungsgründe der Nr. 1 bis 3 des § 575 Abs. 1 vorliegen. Ohne solche Gründe ist die Befristung nach § 575 Abs. 4 unwirksam. 3

Unter formaler Betrachtung gilt das gleiche für Wohnraummietverträge auf Lebenszeit von Vermieter oder Mieter. Denn bei einem solchen Vertrag handelt es sich ebenfalls um einen befristeten Vertrag[5] mit der Folge, dass die in § 575 Abs. 1 S. 1 genannten Gründe vorliegen müssten[6]. Dieser formalen Betrachtungsweise steht aber der Zweck des § 575 entgegen: grundsätzlich sollte es keine 4

---

[1] Motive II, 413.
[2] BGH (IX ZR 76/00) NZM 2004, 190/191.
[3] HKK/*Oestmann*, §§ 535–580a Rdn. 5–7.
[4] RGZ 121, 11; LG Rostock (Urteil vom 3. Juli 2015 – 1 S 106/13 –, juris) für Leihvertrag; *Soergel/Heintzmann*, § 544 Rdn. 2; *Lützenkirchen*, Mietrecht, § 544 Rdn. 2.
[5] RE *BayObLG* NJW-RR 1993, 1164.
[6] *Hinz* NZM 2003, 662.

Zeitmietverträge über Wohnraum mehr geben. Damit war dem Bestandsinteresse des Wohnraummieters unter Berücksichtigung der eingeschränkten Kündigungsmöglichkeiten nach § 573 Genüge getan. Um aber dem Wohnungsmarkt auch solchen Wohnraum zur Verfügung zu stellen, der in absehbarer Zeit diesem allgemeinen Markt (durch Eigennutzung oder Umbau)wieder entzogen werden sollte, wurde der beschränkte Zeitmietvertrag des § 575 eingeführt. Schutzziel war daher nicht das Bestandsinteresse des Mieters, sondern das Erlangungsinteresse des Vermieters. Hatte dieser sich außerhalb der Gründe des § 575 gebunden, hat er auf seinen Schutz verzichtet und kann eine Unwirksamkeit der Lebenszeitbindung unter Hinweis auf § 575 Abs. 1 S. 1 nicht geltend machen. Die Lebenszeitbindung stellt im Regelfall auch keine Benachteiligung des Mieters dar[7], so dass § 575 Abs. 4 nicht eingreift[8].

5 Die Norm ist in ihrem ersten Teil zwingend; das Kündigungsrecht nach 30 Jahren kann daher nicht ausgeschlossen werden;[9] es darf auch nicht von besonderen Voraussetzungen abhängig gemacht werden, die praktisch zu einem Kündigungsausschluss führen.[10] Dieser Zwang verstößt weder gegen industrielle Investitionsinteressen[11] noch gegen den Grundsatz der Vertragsfreiheit[12]: Zum einen besteht kein Zwang zur Kündigung, so dass von einer Befristung des Vertrages nicht gesprochen werden kann, zum anderen ist die Frist Ausdruck des gleichrangigen Freiheitsinteresses der Verfügung über das Eigentum. Außerdem soll – volkswirtschaftlich – die neue Schaffung von res extra commercium vermieden werden, also der Entzug von fungiblen Wirtschaftsgütern aus dem Wirtschaftskreislauf.

6 Dagegen kann bei einem **Lebenszeitvertrag,** der **kein Wohnraummietvertrag** ist, eine Vereinbarung dahingehend getroffen werden, dass unter bestimmten Voraussetzungen die Kündigung nach Ablauf von 30 Jahren zulässig sein soll. Denn dieser Teil der Norm dient lediglich privaten Interessen und ist entsprechend disponibel.

7 Anderes gilt wiederum für den **Wohnraummietvertrag.** Eine Vereinbarung dahingehend, dass der Lebenszeitvertrag nach 30 Jahren unter bestimmten Voraussetzungen kündbar sein soll, macht ihn in jedem Fall zu einem unter § 575 fallenden Zeitmietvertrag. Handelt es sich bei den vereinbarten Kündigungsgründen nicht um solche des § 575 Abs. 1 S. 1 Nr. 1 bis 3, wird dieser Wohnraummietvertrag gemäß § 575 Abs. 1 S. 2 zu einem Vertrag auf unbestimmte Zeit und er kann bei Vorliegen der Kündigungsgründe des § 573 ordentlich gekündigt werden, wobei lediglich die Fristen des § 573c zu beachten sind.

8 Die Bindung an den Vertrag (Wohnraummietvertrag), entweder auf 30 Jahre oder auf Lebenszeit, kann nur eintreten, wenn die Schriftform des § 550 gewahrt worden ist.[13] Die notwendige Form wird nicht dadurch eingehalten, dass testamentarisch ein lebenslanges Wohnrecht zugewendet wird;[14] auch die bloße Erklärung gegenüber dem Mieter, auf Dauer in der Wohnung verbleiben zu dürfen, schafft kein formgerechtes lebenslanges Mietverhältnis.[15] Fehlt es an dieser Form, kann der Vertrag trotz der vereinbarten langen Dauer gemäß § 550 Satz 2 bereits nach Ablauf eines Jahres gekündigt werden.

9 Der Abschluss eines Mietvertrages über die Dauer von 30 Jahren hinaus macht diesen nicht unwirksam, auch nicht teilweise für den die 30 Jahre übersteigenden Zeitraum[16]. Vielmehr ist er nur kündbar. Denn die Norm will nicht verhindern, dass der Vertrag rein tatsächlich mehr als 30 Jahre dauert. Sie verfolgt lediglich den Zweck, dass keine vertragliche Bindung über 30 Jahre hinaus eingegangen wird.[17]

---

[7] *Blank, in: Blank/Börstinghaus,* Miete[5], § 575 Rdn. 85.
[8] Anders noch die Vorauflage bei Rdn. 2.
[9] HM *Palandt/Weidenkaff,* § 544 Rdn. 2.
[10] OLG Celle MDR 1990, 154; RGZ 73, 341.
[11] Die hierfür z. B. angeführten Windkraftanlagen haben eine Betriebsdauer von ca. 20 Jahren.
[12] So aber *Wiese* ZMR 2017, 122–140 durchgehend.
[13] BGH (VIII ZR 134/57) NJW 1958, 2062.
[14] LG Berlin WuM 1991, 498.
[15] AG Spandau MM 1990, 352.
[16] RG Warneyer 1915, 248.
[17] *Roquette* § 567 Rdn. 2.

B. Kündigungsrecht, Satz 1

Das Kündigungsrecht ist davon abhängig, dass **vertraglich** eine Laufzeit von mehr als 30 Jahren vereinbart wird. Das ist nicht nur bei einer ausdrücklichen Befristung des Mietvertrages gegeben. Vielmehr liegt dieses Tatbestandsmerkmal auch vor, wenn die Laufzeit des Vertrages an den Eintritt eines bestimmten Ereignisses geknüpft ist, welches aller Voraussicht nach später als nach 30 Jahren eintreten wird, so z. B. eine Nutzung des Mietobjekts, solange der Betrieb des Mieters besteht,[18] oder Nichtausübung eines Vorkaufsrechts.[19] 10

Auch ein Mietvertrag auf unbestimmte Zeit fällt dann in den Anwendungsbereich der Norm, wenn für beide Vertragspartner das **Kündigungsrecht** auf die Dauer von mehr als 30 Jahren **ausgeschlossen** ist.[20] Eine formularvertraglich festgelegte einseitige Bindung auf 30 Jahre bei weitgehend **beliebiger** Kündbarkeit seitens des anderen Vertragspartners verstößt gegen § 307[21] mit der Folge, dass der Vertrag nicht mehr als auf 30 Jahre abgeschlossen angesehen werden kann. Das gleiche gilt für den Fall, in dem die Zulässigkeit einer Kündigung von wirtschaftlichen Bedingungen abhängig gemacht wird, z. B. vom Ersatz erbrachter Investitionen, mögen diese auch auf eine Vertragsdauer von 30 Jahren berechnet worden sein.[22] Denn hierbei handelt es sich entgegen dem gesetzlichen Tatbestandsmerkmal nicht mehr um eine klare berechenbare Frist, sondern um Bewertungen, von denen die Kündigung nicht abhängen soll. 11

Der Mietvertrag mit einer kürzeren Laufzeit fällt dann unter § 544, wenn seine Verlängerung über 30 Jahre hinaus durch die Ausübung eines vertraglich vereinbarten **Optionsrechts** erzwungen werden kann und entsprechend verlängert wird.[23] 12

Nicht unter § 544 fallen langfristig bindende **Vorverträge oder bindende Vertragsangebote;** denn sie behindern nicht die tatsächliche Verfügbarkeit über das Mietobjekt.[24] Das gleiche gilt für **Kettenverträge,** die zwar insgesamt über 30 Jahre gedauert haben, deren jeweilige Verlängerung aber im Belieben der Vertragsparteien gestanden hat.[25] Schließlich gehören auch Verträge auf unbestimmte Zeit nicht hierher, die zwar rein tatsächlich länger als 30 Jahre bestanden haben, denen jedoch keine rechtliche Bindung für diese Laufzeit zugrundegelegen hat. 13

Ob eine dreißigjährige **Bindung** vorliegt, muss sich aus dem Mietvertrag ergeben, ist also vom Zeitpunkt des Vertragsschlusses an zu beurteilen und nicht nachträglich nach dem tatsächlichen Ablauf der 30-Jahres-Frist. 14

Die **Kündigung** ist erst **nach Ablauf der 30 Jahre** zulässig. Berechnet wird die Frist ab dem vertraglich vereinbarten Übergabezeitpunkt.[26] Zwar spricht der reformierte Gesetzestext nur von „Überlassung", aus der Gesetzesbegründung ergibt sich aber, dass damit die vertraglich vereinbarte Überlassung, nicht die tatsächlich – davon abweichende – durchgeführte Überlassung maßgebend sein soll;[27] das gilt auch bei einem Vermieterwechsel nach § 566, der an der vertraglichen Überlassung nichts ändert.[28] Ergibt sich die 30jährige Bindung allerdings erst aus einem Verlängerungsver- 15

---

[18] BGH (III ZR 193/90) NJW-RR 1992, 780.

[19] OLG Hamburg ZMR 1998, 28.

[20] OLG Dresden VIZ 1994, 88; LG Berlin GE 1992, 151, OLG Frankfurt NZM 1999, 419.

[21] Harz, in: Schmid/Harz, Fachanwaltskommentar Mietrecht[4], § 544 Rdn. 14; OLG Hamm ZMR 1988, 386, OLG Hamburg NJW-RR 1992, 74; im Grunde ebenso OLG Düsseldorf ZMR 2002, 741; unentschieden OLG Hamm NZM 1999, 753. Dem steht BGH (XII ZR 273/98) WuM 2001, 440 nicht entgegen, da die Entscheidung auf einer Interessenabwägung im Einzelfall beruht (was dogmatisch bei der Überprüfung von Formularklauseln an sich nicht zulässig ist). BGH (VIII ZR 294/03) WuM 2004, 543 stellt für die Zulässigkeit eines formularvertraglichen Kündigungsverzichts auf die Geltung für beide Seiten ab; ebenso BGH (VIII ZR 30/08) NZM 2009, 153.

[22] Str. *Erman/Lützenkirchen,* § 544 Rdn. 3; *Emmerich in: Staudinger,* § 544 Rdn. 4b; *Palandt/Weidenkaff,* § 544 Rdn. 4; *Bieber* in: MünchKomm, § 544 Rdn. 5; Grapentin in: Bub/Treier, IV Rdn. 442.

[23] RGZ 130, 143; OLG Düsseldorf ZMR 2002, 189; OLG Hamm (Urt. v. 21.12.2010 – I-7 U 33/10) Info M 2011, 170 = BeckRS 2011, 00538.

[24] OLG Hamm NZM 2002, 218; Bieber in: MünchKomm § 544 Rdn. 2; a. A. *Lützenkirchen,* Mietrecht, § 544 Rdn. 3; BeckOGK/Mehle BGB § 544 Rdn. 6; *Emmerich in: Staudinger,* § 544 Rdn. 2; die hier in Bezug genommene Entscheidung RG BayZ 1927, 290, befasst sich aber mit der Auswirkung einer (verneinten) Nichtigkeit des Hauptvertrages auf den Vorvertrag.

[25] RGZ 165, 1; OLG Düsseldorf 3.11.1988, 10 U 58/88, zit. nach juris; *Zöll,* in: Lindner-Figura/Oprée/Stellmann, Geschäftsraummiete, Kap. 9 Rdn. 42; *Sommer,* MietRB 2014, 335/336.

[26] *Emmerich in: Staudinger,* § 544 Rdn. 8; *Blank,* in: *Blank/Börstinghaus,* Miete[5], § 544 Rdn. 19; *Lützenkirchen,* Mietrecht, § 544 Rdn. 25; aA *Harz,* in: *Schmid/Harz,* § 544 Rdn. 20.

[27] BT-Drs. 14/4553 S. 44.

[28] OLG Karlsruhe ZMR 2008, 533; BGH (XII ZR 163/12) NJW 2014, 3775 Rz. 16.

trag, berechnet sich die Frist ab diesem Vertragsschluss.[29] Eine vorfristige Kündigung, die vor Ablauf des 30-Jahres-Zeitraumes erklärt wird, wenn auch mit Wirkung der Kündigungsfrist erst nach Ablauf der 30 Jahre, ist unwirksam.[30]

16 Nach Ablauf der 30 Jahre kann entsprechend dem neuen Wortlaut außerordentlich mit der gesetzlichen Frist gekündigt werden. Für Wohnraummietverhältnisse richtet sich diese Frist nach § 575a Abs. 3, dh. die Kündigungsfrist beträgt drei Monate abzüglich dreier Karenztage; bei sonstigen Mietverhältnissen gilt die Fristenregelung des § 580a Abs. 4. Die Kündigung kann, muss aber nicht sofort nach Ablauf der Vertragslaufzeit ausgesprochen werden. Durch die Fortsetzung des Mietverhältnisses geht das Kündigungsrecht nicht verloren oder wird nicht verwirkt. Der Kündigung kann auch nicht der Einwand des Rechtsmissbrauchs entgegengehalten werden, wenn die gekündigte Vertragspartei erhebliche Investitionen für das Mietobjekt erbracht hat, die sich nach 30 Jahren noch nicht amortisiert haben.[31] Allerdings kann auf die Ausübung des Kündigungsrechts verzichtet werden mit der Folge, dass sich die Vertragslaufzeit auf weitere 30 Jahre verlängert.[32]

17 § 544 gibt ein formelles Kündigungsrecht, allein abhängig vom Ablauf der 30 Jahre. Im **Wohnraummietrecht** brauchen infolge der Neuregelung des Zeitmietvertrages in § 575 – dessen Voraussetzungen bei einem Wohnraummietvertrag auf 30 Jahre vorliegen müssen – **keine** weiteren materiellen **Kündigungsgründe** mehr vorzuliegen; denn die in § 575 aufgezählten Beendigungsgründe ersetzen insoweit die Kündigungsgründe. Ferner gelten die in den §§ 574 bis 574c enthaltenen mieterschützenden Vorschriften nicht. Allerdings kann der Mieter eines über 30 Jahre hinaus befristeten Wohnraummietvertrages kein Fortsetzungsverlangen nach § 575 Abs. 2, 3 stellen; dem steht der Gesetzeszweck des § 544 entgegen, der insoweit durch den Gesetzgeber auch nicht für Wohnraummietverhältnisse eingeschränkt worden ist. Insgesamt zeigt sich auch hierin die mangelnde systematische Abstimmung zwischen § 544 und § 575 im Bereich des Wohnraummietrechts.

C. Kündigungsausschluss, Satz 2

18 Die Kündigung allein für Nicht-Wohnraummietverträge (s. oben Rdn. 2, 3) ist – trotz der Vermutung, dass derartige Verträge länger als 30 Jahre dauern werden –, ausgeschlossen, wenn der Vertrag auf die Lebenszeit des Vermieters oder des Mieters abgeschlossen worden ist; dem stehen Verträge gleich, in denen das Kündigungsrecht auf Lebenszeit ausgeschlossen ist.[33] Nicht gleichzustellen sind dem Verträge, deren Dauer an den Betrieb eines Gewerbes gekoppelt ist; denn das vertragsbeendende Ereignis knüpft zwar an die Person des Mieters an, ist aber unabhängig von dessen Lebensdauer.[34]

19 Die Vereinbarung über die Bindung der Vertragszeit an die Lebensdauer muss ausdrücklich getroffen werden und gilt nur für natürliche Personen als Vertragspartner. Besteht z. B. die im Vertrag aufgenommene **Mieterseite aus mehreren Personen,** so ist für die Vertragsdauer die Lebenszeit des Längstlebenden maßgebend, es sei denn, es ist ausdrücklich eine andere Regelung getroffen worden. Auf juristische Personen sowie Personenhandelsgesellschaften ist die Vorschrift nicht anwendbar, da diese keine natürliche Lebenszeit haben.[35]

20 Ausgeschlossen ist bei den Lebenszeitverträgen nur die ordentliche Kündigung; zulässig bleiben die **fristlosen außerordentlichen Kündigungen.** Während seiner Laufzeit kann der Vertrag nicht unter Hinweis auf den Wegfall oder eine Veränderung der Geschäftsgrundlage beendet werden, auch nicht bei dringendem Eigenbedarf.[36] Ein Grundstückserwerber ist ebenfalls an die Laufzeit des Vertrages gebunden.[37]

21 Mit dem Tod der Bezugsperson endet der Mietvertrag automatisch; die Erben des Erblassers treten mithin nicht in diesen Vertrag ein. Allerdings haben Familienangehörige eines Wohnraummie-

---

[29] BGH (XII ZR 168/94) NJW 1996, 2028; OLG Düsseldorf ZMR 2011, 629/630 (II 2 aa) 2).
[30] OLG Celle NJW-RR 1994, 1473.
[31] BGH (VIII ZR 92/65) MDR 1968, 233; einschränkend OLG Düsseldorf WuM 2001, 555.
[32] *Mittelstein* S. 483.
[33] *Emmerich in: Staudinger,* § 544 Rdn. 10.
[34] *Mittelstein* S. 484; a. A. LG Stuttgart NJW-RR 1992, 908.
[35] *Sommer,* MietRB 2014, 335/337.
[36] AG Geesthacht WuM 1990, 80; *Emmerich in: Staudinger,* § 544 Rdn. 12; **a. A.** OLG Schleswig NZM 2008, 341 bei Koppelung von Verwaltervertrag mit dem Mietvertrag. Dem widerspricht aber die Regelung des § 576, s. dort Rdn. 1.
[37] LG Hannover WuM 1991, 349.

ters, an dessen Lebenszeit der (Alt-)Vertrag[38] gebunden war, in analoger Anwendung des § 563 ein Recht auf Eintritt in den Mietvertrag.[39] Dieser Vertrag stellt aber nur einen solchen auf unbestimmte Zeit und nicht auf Lebenszeit der nunmehrigen Mieter dar.

Die Norm enthält auch für Wohnraummietverträge keine Übergangsvorschrift. Dennoch ist davon auszugehen, dass die Altverträge analog der Übergangsvorschrift zu § 575, Art. 229 § 3 Abs. 3 EGBGB,[40] weitergelten. 22

[38] S. Rdn. 22.
[39] BayObLG RE vom 2.7.1993, NJW-RR 1993, 1164.
[40] S. dazu Anhang zu § 575 Rdn. 1.

§ 545 Stillschweigende Verlängerung des Mietverhältnisses

[1]Setzt der Mieter nach Ablauf der Mietzeit den Gebrauch der Mietsache fort, so verlängert sich das Mietverhältnis auf unbestimmte Zeit, sofern nicht eine Vertragspartei ihren entgegenstehenden Willen innerhalb von zwei Wochen dem anderen Teil erklärt. [2]Die Frist beginnt
1. für den Mieter mit der Fortsetzung des Gebrauchs,
2. für den Vermieter mit dem Zeitpunkt, in dem er von der Fortsetzung Kenntnis erhält.

Systematische Übersicht

Alphabetische Schnellübersicht

I. Bedeutung und Zweck

1 Die Vorschrift entspricht dem bis zum 31.8.2001 geltenden § 568 BGB. Der etwas geänderte Wortlaut beruht auf sprachlichen, nicht auf sachlichen Erwägungen. Gleichwohl besteht ein Unterschied zu § 568 BGB a. F. Nach dieser Vorschrift beruhte die Vertragsfortsetzung auf einer Fiktion, also auf dem vermuteten Willen der Parteien. Nunmehr erfolgt die Vertragsfortsetzung kraft gesetzlicher Anordnung. Eine sachliche Änderung ist damit allerdings nicht verbunden.[1]

2 § 545 BGB regelt die Rechtsbeziehungen der Parteien nach dem Ablauf der Mietzeit, wenn der Mieter den Mietgebrauch fortsetzt. In diesem Fall gilt das bereits beendete Mietverhältnis kraft Gesetzes als auf unbestimmte Zeit verlängert, wenn keine Partei ihren entgegenstehenden Willen erklärt. Auf diese Weise wird der Eintritt eines vertragslosen Zustands verhindert. Der Zweck der Vorschrift besteht darin, innerhalb der kurzen Zeit von zwei Wochen Rechtsklarheit zwischen den Vertragsteilen darüber zu schaffen, ob der Vertrag fortbesteht oder nicht.[2] Die gesetzliche Rechtsfolge der Vertragsverlängerung tritt unabhängig vom Willen der Parteien ein. Deshalb kommt es nicht darauf an, ob die Vertragsverlängerung dem Willen der Parteien entspricht oder ob die Parteien übereinstimmend die Vertragsbeendigung wollen (s. Rdn. 28, 34). Die Rechtsfolge des § 545 BGB kann nur durch die Widerspruchserklärung verhindert werden. Die Vorschrift wirkt sich in der Rechtspraxis regelmäßig zugunsten des Mieters aus; gleichwohl hat sie keine mieterschützende Funktion sondern beruht ausschließlich auf praktischen Erwägungen.

Rechtspolitisch ist die Vorschrift umstritten. Überwiegend[3] wird sie als nicht interessengerecht bewertet. Aus der Sicht der Praxis ist dem zuzustimmen: die Anwendung des § 545 BGB führt in den meisten Fällen zu sachwidrigen Ergebnissen. Wo sie ausnahmsweise eine interessengerechte Lösung zur Folge hat, könnte dasselbe Ergebnis bei Anwendung der allgemeinen Grundsätze über

---

[1] *Haase* ZMR 2002, 557, 558.
[2] BGH WuM 1988, 59, 60; BayObLG RE 1.9.1981 NJW 1981, 2759 = WuM 1981, 253.
[3] *Gather* DWW 1980, 293; *Giebner* ZMR 1970, 3; *Both* GE 1998, 847; *Eckert* NZM 2001, 409, 414.

die vertragliche Fortsetzung des Mietverhältnisses gewonnen werden. Der Gesetzgeber hat die Vorschrift gleichwohl beibehalten und dies mit dem Bedürfnis nach Rechtssicherheit begründet.[4]

II. Anwendungsbereich

Die Vorschrift gilt für die Miete beweglicher Sachen, für die Miete von Wohn- und Geschäftsräumen, für Pachtverhältnisse,[5] für Kleingartenpachtverträge,[6] für Leasingverträge[7] sowie für alle mietähnliche Verträge.[8] Bei der Landpacht wird § 545 BGB durch § 594 Satz 2–4 BGB verdrängt.[9] Die Vorschrift gilt auch zwischen den Parteien eines Untermietvertrags.[10] Die Vorschrift ist entsprechend anzuwenden, wenn die Parteien einen aufschiebend bedingten Mietvertrag abgeschlossen haben und der Mieter die Mietsache in Besitz nimmt oder den Mietgebrauch fortsetzt, obwohl die Bedingung nicht eingetreten ist.[11] Auf die Leihe kann § 545 BGB weder unmittelbar noch entsprechend angewendet werden. 3

III. Tatbestandsvoraussetzungen

1. Ablauf der Mietzeit

Die Vorschrift setzt zunächst voraus, dass der Mietgebrauch „nach Ablauf der Mietzeit" fortgesetzt wird. Bei einem **befristeten Mietverhältnis** ist dies der Ablauf der Vertragszeit. Dabei spielt es keine Rolle, ob das Vertragsende auf einer Vereinbarung oder auf richterlichem Gestaltungsakt (z. B. nach § 574a Abs. 2 BGB) beruht. 4

Wird das Mietverhältnis vom Vermieter oder Mieter im Wege der **ordentlichen Kündigung** beendet, so kommt es für das Mietende auf den Ablauf der Kündigungsfrist an (Kündigungstermin). Wird mit einer kürzeren als der gesetzlichen oder vertraglich vereinbarten Frist gekündigt, so ist die gesetzliche Frist maßgeblich. Bei einer Kündigung mit längeren Fristen treten diese an die Stelle der gesetzlichen oder vertraglichen Fristen. Das Mietverhältnis endet mit dem Ablauf des letzten Tages der Kündigungsfrist. Dies gilt auch dann, wenn dieser Tag auf einen Samstag, Sonntag oder Feiertag fällt. Die Herausgabepflicht ist in einem solchen Fall allerdings erst am nächsten Werktag zu erfüllen; dies ist bei der Berechnung der Widerspruchsfrist zu beachten (s. u. Rdn. 22). 5

Teilweise wird die Ansicht vertreten, dass § 545 BGB bei der **außerordentlichen fristlosen Kündigung** keine Bedeutung habe, weil sich hier aus dem Beendigungsgrund der unbedingte Beendigungswille des Kündigenden ergebe.[12] Dem ist entgegenzuhalten, dass jede Kündigung einen Beendigungswillen voraussetzt; eine Differenzierung zwischen fristloser und fristgemäßer Kündigung ist demgemäß unangebracht.[13] 6

Durch eine **Anfechtung** wird das Mietverhältnis zwar mit Wirkung ex tunc beendet. Gleichwohl kann auch in diesem Fall von einem „Ablauf der Mietzeit" gesprochen werden. Folgerichtig ist § 545 BGB anzuwenden, wenn der Mieter den Mietgebrauch nach Zugang der Anfechtungserklärung fortsetzt. 7

---

[4] Begründung des Regierungsentwurfs zu § 545 v. 9.11.2000, BT-Drucks. 14/4553.

[5] BGH ZMR 1986, 274; OLG München ZMR 2001, 347.

[6] BGHZ 113, 290 = NJW 1991, 1348 = WuM 1991, 276 = ZMR 1991, 213.

[7] OLG Celle OLGR Celle 1994, 289; offen gelassen von BGH NJW 1989, 1730, 1731; OLG Düsseldorf DWW 1990, 272.

[8] OLG Hamm ZMR 1995, 206 betr. den Vertrag über die Überlassung eines Hotelzimmers an eine Gemeinde zum Zwecke der Unterbringung von Asylbewerbern.

[9] OLG Köln AgrarR 1990, 263; *Lang/Wulff/Lüdtke-Handjery*, Landpachtrecht § 594 BGB Rdn. 1; Palandt/*Weidenkaff* § 545 BGB Rdn. 2.

[10] OLG Düsseldorf DWW 1992, 366 = MDR 1993, 45.

[11] LG Mannheim WuM 1996, 272.

[12] *Ganschezian-Finck* NJW 1971, 2051; *Schopp* ZMR 1971, 56; *Franke* in WoBauR § 545 BGB Anm. 4.3.

[13] Wie hier: BGH NJW 1980, 1577, 1578; WuM 1988, 59 = ZMR 1988, 18; LG Bochum ZMR 1971, 56; LG Hamburg WuM 1975, 57; LG Karlsruhe MDR 1981, 847; *Allweil* DWW 1967, 93; *Bodie* WuM 1968, 43; *Emmerich* in Staudinger § 545 BGB Rdn. 4; *Grapentin* in Bub/Treier Kap. IV Rdn. 57; *Bieber* in MünchKomm § 545 BGB Rdn. 5; Palandt/*Weidenkaff* § 545 BGB Rdn. 2; *Sternel* Mietrecht (1988) Rdn. IV 81; *Roquette* § 568 BGB Anm. 4; *Both* in Herrlein/Kandelhard § 545 BGB Rdn. 15.

8 Die Vorschrift gilt grundsätzlich auch für **Mietaufhebungsverträge.**[14] Jedoch ist hier zu unterscheiden:

9 Vereinbaren die Parteien, dass das Mietverhältnis zu einem bestimmten, in der Zukunft liegenden Zeitpunkt beendet werden soll, so ist § 545 BGB anwendbar, wenn der Mieter den Gebrauch nach dem vereinbarten Zeitpunkt fortsetzt.[15] Etwas anderes gilt, wenn die Parteien die Anwendung des § 545 BGB vertraglich ausgeschlossen haben. Ein solcher Ausschluss kann im Mietvertrag vereinbart sein (s. Rdn. 30) oder im Mietaufhebungsvertrag getroffen werden. Der Abschluss eines Mietaufhebungsvertrags beinhaltet für sich allein allerdings noch keinen konkludenten Ausschluss des § 545 BGB.

10 Ist vereinbart, dass das Mietverhältnis mit sofortiger Wirkung enden soll und wird dem Mieter lediglich eine Räumungsfrist gewährt, so ist § 545 BGB unanwendbar.[16] In diesem Fall beruht die Gebrauchsfortsetzung nach dem Willen der Parteien auf der vereinbarten Stundung des Herausgabeanspruchs. Für die Annahme einer Vertragsverlängerung ist hier kein Raum. Gleiches gilt, wenn sich die Parteien im Zusammenhang mit der Vereinbarung einer Räumungsfrist darauf einigen, dass das Mietverhältnis bereits beendet ist oder wenn lediglich der Zeitpunkt der Räumung vereinbart wird und die Frage des Zeitpunkts der Vertragsbeendigung offen bleibt. Hiervon ist i. d. R. bei gerichtlichen oder außergerichtlichen **Räumungsvergleichen** auszugehen.[17] Dagegen spielt es für die Anwendung des § 545 BGB keine Rolle, in wessen Interesse der Aufhebungsvertrag abgeschlossen worden ist.[18]

11 Die Vorschrift des § 545 BGB ist auch anwendbar, wenn der Mieter den Mietgebrauch fortsetzt, nachdem eine vereinbarte oder vom Gericht angeordnete befristete Fortsetzung des Mietverhältnisses nach **§ 574a ff. BGB (Sozialklausel)** beendet ist.[19] Dagegen ist die **Vorschrift unanwendbar,** wenn der **Räumungsanspruch tituliert** ist. Gleiches gilt, wenn die Gebrauchsfortsetzung auf Grund einer vereinbarten oder vom Vermieter gewährten **Räumungsfrist,**[20] auf einer Stundung des Herausgabeanspruchs, auf einer gerichtlichen Entscheidung über die Gewährung einer Räumungsfrist (§§ 721, 794a ZPO oder von Vollstreckungsschutz (§ 765a ZPO) beruht.

2. Gebrauchsfortsetzung durch den Mieter

12 Die Vertragsverlängerung tritt nur ein, wenn der „Gebrauch der Mietsache" von dem Mieter fortgesetzt wird. Das **Merkmal „Gebrauch"** ist nicht i. S. d. bloßen Behaltens der Sache zu verstehen.[21] Erforderlich ist, dass der Mieter die Sache weiter entsprechend dem an sich beendeten Mietvertrag nutzt.[22] Dabei ist unerheblich, ob der vom Mieter ausgeübte Gebrauch den vertraglichen Vereinbarungen entspricht; maßgeblich ist nur, dass der Mieter den Mietgebrauch so ausübt, wie er ihn vor der Vertragsbeendigung ausgeübt hat.[23] Auf die Gebrauchstauglichkeit der Mietsache kommt es ebenfalls nicht an. Deshalb ist auch dann von einer Gebrauchsfortsetzung auszugehen, wenn der Mieter die Sache weiter nutzt, obwohl deren Gebrauchstauglichkeit eingeschränkt oder aufgehoben ist.[24] Grundsätzlich spielt es für die Annahme der Gebrauchsfortsetzung auch keine

---

[14] *Wolf/Eckert/Ball* Rdn. 879; *Emmerich* in Staudinger § 545 BGB Rdn. 4; *Grapentin* in Bub/Treier Kap. IV Rdn. 56; *Sternel* Mietrecht (1988) Rdn. IV 81 und Mietrecht aktuell (2009) Rdn. X 169; *Both* in: Herrlein/Kandelhard § 545 Rdn. 16; *Bieber* in MünchKomm § 545 BGB Rdn. 5; *Schach* in Kinne/Schach/Bieber Miet- und Mietprozessrecht § 545 BGB Rdn. 1; *Roquette* § 568 BGB Rdn. 4; **a. A.** *Lammel* § 545 BGB Rdn. 10; Palandt/*Weidenkaff* § 545 BGB Rdn. 2.

[15] LG Mannheim WuM 1977, 229.

[16] *Wolf/Eckert/Ball* Rdn. 879.

[17] *Wolf/Eckert/Ball* a. a. O.; *Sternel* Mietrecht (1988) Rdn. IV 81; *Both* in Herrlein/Kandelhard § 545 BGB Rdn. 8; **a. A.** *Haase* ZMR 2002, 557, 559.

[18] **A. A.** AG Borken WuM 1996, 273: Danach soll § 545 BGB a. F. zur Anwendung kommen, wenn die Mietaufhebung auf Wunsch des Vermieters erfolgt.

[19] *Emmerich* in Staudinger § 545 BGB Rdn. 4; **a. A.** *Franke* in WoBauR § 545 Anm. 4.1.

[20] OLG München ZMR 2001, 347 betr. eine fristlose Kündigung unter gleichzeitiger Gewährung einer Räumungsfrist.

[21] *Emmerich* in *Emmerich* in Staudinger § 543 BGB Rdn. 54; § 543 BGB Rdn. 8; *Bieber* in MünchKomm § 545 BGB Rdn. 6; Palandt/*Weidenkaff* § 545 BGB Rdn. 7; *Herrmann* in Bamberger/Roth § 545 BGB Rdn. 4.

[22] BGH ZMR 1969, 124; ZMR 1986, 274; WuM 1988, 59; OLG Düsseldorf DWW 1990, 272, 273; *Both* in: Herrlein/Kandelhard § 545 Rdn. 18; *Lützenkrichen* in: Erman § 545 Rdn. 5*Roquette* § 568 BGB Rdn. 2.

[23] BGH WuM 1988, 59.

[24] *Wolf/Eckert/Ball* Rdn. 880; **a. A.** OLG Koblenz NJW-RR 1989, 1526.

Rolle, ob der Mieter den Mietgebrauch aktiv ausübt.[25] Insbesondere liegt eine Gebrauchsausübung auch dann vor, wenn der Mieter ortsabwesend ist; insoweit gilt nichts anderes als während der Mietzeit. Die Gebrauchsfortsetzung ist aber andererseits mehr als die bloße Vorenthaltung i. S. v. § 546a BGB.[26] Deshalb tritt keine Vertragsfortsetzung ein, wenn der Mieter zwar ausgezogen ist, aber noch nicht geräumt hat.[27] Gleiches gilt, wenn der Mieter nach der Vertragsbeendigung Schönheitsreparaturen oder Schadensbeseitigungsmaßnahmen durchführt[28] und in den Fällen der Schlechterfüllung der Rückgabepflicht.

Der Eigennutzung steht es gleich, wenn der Mieter die **Sache einem Dritten überlassen** hat **13**
und dieser den Gebrauch fortsetzt, weil die Untervermietung ebenfalls eine Form des Mietgebrauchs darstellt.[29] Der letztgenannte Fall liegt auch dann vor, wenn der Mieter ausgezogen ist und die Räume von einem Nichtmieter (etwa dem Ehegatten oder dem Lebensgefährten) weiter genutzt werden. Gleiches gilt für die Weiternutzung durch den Untermieter. Es kommt dabei nicht darauf an, ob der Mieter einen entgegenstehenden Willen hatte und den Besitz nicht mehr vermitteln wollte.[30]

Bei einer **Mehrheit von Mietern** genügt es, wenn der Gebrauch von einem Mieter fortgesetzt **14**
wird.[31] Für die GbR gilt insoweit keine Ausnahme.

Maßgeblich sind die **objektiven Gegebenheiten.** Auf die Vorstellungen des Mieters über den **15**
Grund der Gebrauchsfortsetzung kommt es nicht an. Deshalb tritt die Verlängerung auch dann ein, wenn das Mietverhältnis durch eine Kündigung des Vermieters beendet worden ist und der Mieter den Mietgebrauch fortsetzt, weil er die Kündigung für unwirksam erachtet. Ein Untermietverhältnis wird auch dann nach § 545 BGB verlängert, wenn der Untermieter nach Beendigung des Untermietverhältnisses einen Hauptmietvertrag mit dem Hauptvermieter abschließt. Auch in diesem Fall muss der Untermieter gegenüber dem Untervermieter erklären, dass er das Untermietverhältnis nicht fortsetzen wolle. Der innere Wille des Untermieters ist für sich allein unbeachtlich.[32]

3. Widerspruchserklärung

a) Rechtsnatur. Die Rechtsfolge der Vertragsverlängerung tritt nicht ein, „sofern … eine Ver- **16**
tragspartei ihren entgegenstehenden Willen … dem anderen Teil erklärt". Die Erklärung ist eine einseitige, empfangsbedürftige, bedingungsfeindliche Willenserklärung, auf die die Vorschriften der §§ 116ff. BGB anwendbar sind.[33] Das Tatbestandsmerkmal setzt voraus, dass die Vertragsparteien **geschäftsfähig** sind. Deshalb gilt § 545 BGB nicht, wenn eine der Parteien geschäftsunfähig oder in der Geschäftsfähigkeit beschränkt ist. In diesem Fall sind die Folgen der vertragslosen Fortsetzung des Mietgebrauchs über §§ 812ff. BGB abzuwickeln.[34]

b) Erklärender/Erklärungsempfänger Die Widerspruchserklärung muss vom Vermieter **17**
gegenüber dem Mieter (oder umgekehrt) ausgesprochen werden. Dies gilt nach dem Wortlaut der Vorschrift („dem anderen Teil") auch dann, wenn der Mieter ausgezogen ist und die Räume von einem Nichtmieter (etwa dem Ehegatten oder dem Lebensgefährten) weiter genutzt werden. Will der Mieter die Vertragsfortsetzung verhindern, so muss er dies gegenüber dem Vermieter erklären. Eine Widerspruchserklärung des Vermieters muss gegenüber dem Mieter abgegeben werden. Durch eine Erklärung gegenüber dem Nichtmieter wird die Rechtsfolge des § 545 BGB nicht ausgelöst. Andererseits ist es auch nicht erforderlich, dass der Nichtmieter von dem entgegenstehenden Willen des Vermieters Kenntnis hat.

Vermieter und Mieter können sich bei der Widerspruchserklärung durch **Bevollmächtigte** **18**
vertreten lassen. Der Erklärungsempfänger kann einen solchen Widerspruch zurückweisen, wenn keine Vollmachtsurkunde beigefügt war (§ 174 BGB).[35]

---

25 *Emmerich* in Staudinger § 545 BGB Rdn. 9.
26 *Sternel* Mietrecht (1988) Rdn. IV 82.
27 *Bieber* in MünchKomm § 545 Rdn. 6; **a. A.** *Grapentin* in Bub/Treier Kap. IV Rdn. 57.
28 *Both* in Herrlein/Kandelhard § 545 BGB Rdn. 18.
29 BGH NJW-RR 1986, 1020 = WuM 1986, 281 = ZMR 1986, 274; OLG Düsseldorf DWW 1990, 272.
30 BGH a. a. O.; **a. A.** LG Hamburg ZMR 1979, 15.
31 *Lammel* § 545 BGB Rdn. 15; *Both* in Herrlein/Kandelhard § 545 BGB Rdn. 21; **a. A.** *Emmerich* in Staudinger § 545 BGB Rdn. 8.
32 OLG Düsseldorf DWW 1992, 366.
33 *Emmerich* in Staudinger § 545 BGB Rdn. 3; *Sternel* Mietrecht (1988) Rdn. IV 83; *Franke* in WoBauR § 545 Anm. 6; *Sander* in Hannemann/Wiegner MAH Wohnraummietrecht § 45 Rdn. 14.
34 *Emmerich* in Staudinger § 545 BGB Rdn. 3.
35 *Sternel* Mietrecht (1988) Rdn. IV 83.

19 Bei einer **Mehrheit von Vermietern** genügt es, wenn einer der Vermieter der Vertragsfortsetzung widerspricht.[36]. Dies folgt aus dem Umstand, dass das Mietverhältnis nur mit allen Vermietern fortgesetzt werden kann. Diese Rechtsfolge wird nach allgemeinen Grundsätzen bereits durch die Erklärung eines Vermieters verhindert. Will der Mieter der Vertragsfortsetzung widersprechen, so muss die Erklärung aber allen Vermietern zugehen, weil die Rechtsfolge der Vertragsverlängerung gegenüber allen Vermietern wirkt. Deshalb muss die Erklärung zur Verhinderung des Eintritts der Rechtsfolge gegenüber allen Vermietern abgegeben werden. Dies gilt auch dann, wenn im Mietvertrag eine Empfangsvollmacht vereinbart ist. Allerdings genügt es in diesem Fall, wenn die an alle Vermieter gerichtete Erklärung einem der Vermieter zugeht.

20 Bei einer **Mehrheit von Mietern** gilt entsprechendes: Es genügt, wenn einer der Mieter der Vertragsfortsetzung widerspricht. Will der Vermieter der Vertragsfortsetzung widersprechen, so muss die Erklärung allen Mietern zugehen. Ist im Mietvertrag eine Empfangsvollmacht vereinbart, so genügt es, wenn die an alle Mieter gerichtete Erklärung einem der Mieter zugeht. Die für Kündigungen anerkannte Beschränkung der Vollmacht (s. § 542 BGB Rdn. 58, 82) gilt nicht für die Widerspruchserklärung nach § 545 BGB.[37]

21 **c) Inhalt/Form.** In der Erklärung muss zum Ausdruck kommen, dass der Erklärende mit der Verlängerung des Mietverhältnisses auf unbestimmte Zeit nicht einverstanden ist. Der Widerspruch muss eindeutig sein und er darf keine Bedingung oder Auflage enthalten.[38] Die Erklärung bedarf keiner besonderen Form und keiner Begründung. Sie kann auch durch **schlüssige Handlung** erklärt werden. Der Wille des Erklärenden, die Fortsetzung des Vertrages abzulehnen muss allerdings hinreichend deutlich zutage treten.[39] In dem Ausspruch einer fristlosen Kündigung liegt nicht in jedem Fall zugleich eine Widerspruchserklärung nach § 545 BGB.[40] Etwas anderes kann allerdings dann gelten, wenn die Kündigung wegen einer besonders schweren Vertragsverletzung erklärt wird und sich aus der Kündigungserklärung ergibt, dass der Kündigende die Fortsetzung des Mietverhältnisses als unzumutbar ansieht.[41] Diese Annahme wird insbesondere dann nahe liegen, wenn die Kündigung auf § 543 Abs. 1 BGB oder § 569 Abs. 2 BGB gestützt wird, weil zum Tatbestand dieser Vorschriften die Unzumutbarkeit der Vertragsfortsetzung gehört.[42] Ebenso wird es als Widerspruch zu bewerten sein, wenn der Vermieter fristlos kündigt, dem Mieter aber zugleich eine Räumungsfrist gewährt;[43] in diesem Fall beruht die Gebrauchsfortsetzung auf einer Stundung des Herausgabeanspruchs. In der Erhebung einer Räumungsklage kommt immer zum Ausdruck, dass der Vermieter keine Vertragsverlängerung wünscht.[44] Gleiches gilt für den Klagabweisungsantrag des Vermieters, wenn der Mieter Klage auf Feststellung des Fortbestands des Mietverhältnisses erhoben hat.[45] Erst recht ist für die Anwendung des § 545 BGB kein Raum, wenn während eines anhängigen Räumungsrechtsstreits eine Kündigung erklärt wird und das Mietverhältnis auf Grund dieser Kündigung endet. Außerdem kann im Räumungsverlangen[46] oder in der Bitte um Mitteilung des Räumungstermins, in einem Schreiben mit dem Verlangen um Bestätigung der Beendigung des Mietverhältnisses,[47] in der Aufforderung zur Durchführung einer Schlussrenovierung oder in der Gewährung einer Räumungsfrist eine konkludente Widerspruchserklärung liegen. Gleiches gilt, wenn der Mieter zum Ausdruck bringt, dass er auszugsbereit sei und nur noch auf die Fertigstellung der Ersatzwohnung warte[48] oder wenn der Vermieter mitteilt, dass er bei unterlassener Räumung „gerichtliche Hilfe" in Anspruch nehme[49] oder anlässlich der Mietzahlungen erklärt, dass er die

---

[36] OLG Rostock NZM 2004, 423; OLG Rostock WuM 2004, 470; *Wolf/Eckert/Ball* Rdn. 887; *Emmerich* in Staudinger § 545 BGB, Rdn. 10; **a. A.** *Pütz* WuM 2004, 531.

[37] LG Aschaffenburg WuM 1994, 691; **a. A.** *Sternel* Mietrecht (1988) Rdn. IV 83.

[38] BayObLG RE 1.9.1981 NJW 1981, 2759 = WuM 1981, 253.

[39] BGH WuM 1988, 59, 60.

[40] OLG Köln ZMR 1996, 24; **a. A.** LG Itzehoe WuM 1982, 298.

[41] BGH NJW-RR 1988, 76 = WuM 1988, 59, 60 = ZMR 1988, 18; OLG Rostock NZM 2004, 423; *Lehmann-Richter* PiG 90 (2011) S. 199, 200.

[42] BGH a. a. O. zu § 554a BGB a. F.; *Sander* in Hannemann/Wiegner MAH Wohnraummietrecht § 45 Rdn. 16.

[43] OLG Schleswig RE 23.11.1981 NJW 1982, 449 = WuM 1982, 65 = DWW 1982, 119.

[44] BGH (VIII ZR 10/14) NJW 2014, 2568 unter Rz. 29.

[45] BGHZ 113, 290 = NJW 1991, 1348 = WuM 1991, 276 = ZMR 1991, 213.

[46] Brandenburgisches OLG Urteil vom 5.1.2011 – 3 U 55/10.

[47] OLG München OLGR München 1994, 63.

[48] OLG Hamm OLGR Hamm 1993, 221.

[49] LG Bonn WuM 1992, 617.

Leistungen des Mieters als Nutzungsentschädigung betrachte. Schließlich kann ein konkludent erklärter Widerspruch vorliegen, wenn der Vermieter eine höhere Miete fordert,[50] weil hierin zum Ausdruck kommt, dass das Mietverhältnis jedenfalls nicht zu den bisherigen Bedingungen fortgesetzt werden soll.[51] Dagegen reicht es nicht aus, wenn der Vermieter im Kündigungsschreiben lediglich Ausführungen zu den Rechtsfolgen einer Kündigung macht, etwa indem er den Mieter auffordert, die Räume „freizumachen und … zu übergeben".[52] Zweifelhaft ist die Ansicht des OLG Frankfurt,[53] wonach ein Widerspruch des Mieters gegen die Vertragsfortsetzung entbehrlich sein soll, wenn der Mieter selbst fristlos gekündigt und der Vermieter der Kündigung widersprochen hat.

d) Frist. aa) Die Widerspruchsfrist beträgt **2 Wochen.** Es gelten die §§ 187, 188, 193 BGB. 22
Fällt der letzte Tag der Mietzeit auf einen Sonnabend, Sonntag oder Feiertag, so beginnt die Frist erst mit dem nächsten Werktag (§ 193 BGB). Wird der Widerspruch durch Klageerhebung erklärt, so ist der Widerspruch rechtzeitig, wenn die Klage dem Mieter innerhalb der Frist des § 545 BGB zugestellt wird. In der instanzgerichtlichen Rechtsprechung und Literatur wurde überwiegend die Ansicht vertreten, dass **§ 167 ZPO** im Rahmen des § 545 BGB keine Anwendung findet (s. die 11. Auflage Rdn. 22). Der BGH teilt diese Ansicht nicht:[54] Er folgt einem Grundsatz-Urteil des I. Zivilsenats, das zu der Rechtzeitigkeit eines Auskunftsanspruch nach § 26 Abs. 3 UrhG a. F. ergangen ist.[55] Danach ist die Bestimmung des § 167 ZPO „grundsätzlich auch in den Fällen anwendbar, in denen durch die Zustellung eine Frist gewahrt werden soll, die auch durch außergerichtliche Geltendmachung gewahrt werden kann."[56] Dies gilt auch für die Frist nach § 545 BGB.

bb) Die Frist beginnt für den **Mieter** mit der Fortsetzung des Gebrauchs. Dies ist der auf das 23
Ende des Mietverhältnisses folgende Tag. Endet das Mietverhältnis beispielsweise mit dem Ablauf des 31. Januar, so beginnt die Frist für den Mieter am 1. Februar. Die Frist endet jeweils 2 Wochen später. Dies gilt auch dann, wenn der letzte Tag der Frist auf einen Sonntag, Feiertag oder Sonnabend fällt. Die Regelung des § 193 BGB ist unanwendbar, weil diese Vorschrift nur gilt, wenn die Erklärung ausschließlich an einem bestimmten Tag oder ausschließlich innerhalb einer bestimmten Frist abgegeben werden kann.[57] Es ist nicht erforderlich, dass der Mieter von der Beendigung des Mietverhältnisses Kenntnis hat.[58]

cc) Für den **Vermieter** beginnt die Frist zu dem Zeitpunkt, in welchem er von der Gebrauchs- 24
fortsetzung Kenntnis erlangt. Maßgeblich ist positive Kenntnis. Fahrlässige Unkenntnis reicht nicht aus, weil § 545 BGB das Kennenmüssen nicht der Kenntnis gleichstellt. Den Vermieter trifft auch keine Erkundungspflicht. Es genügt nicht, wenn der Vermieter lediglich weiß, dass der Mieter die Mietsache weiterhin in Besitz hat. Die Kenntnis muss sich auf die Gebrauchsfortsetzung beziehen. Bei **mehreren Vermietern** müssen alle Vermieter von der Gebrauchsfortsetzung Kenntnis haben.[59] Allerdings muss sich der Vermieter die Kenntnis seines Vertreters zurechnen lassen (§ 166 Abs. 1 BGB analog). Deshalb genügt es i. d. R., wenn bei einer Mehrheit von Vermietern derjenige Kenntnis besitzt, der während der Mietzeit die Vermietungsgeschäfte getätigt hat. Ebenso muss sich der Vermieter, die Kenntnis eines Hausverwalters zurechnen lassen. Auf die Kenntnis eines Hauswarts kommt es nicht an, es sei denn, dass dieser auch mit der rechtlichen Abwicklung des Mietverhältnisses beauftragt ist.

dd) Der Widerspruch kann – wie jede fristgebundene Erklärung bereits **vor Fristbeginn** – 25
also auch vor Vertragsbeendigung – erklärt werden. Dies führt zu der Frage, ob ein im Kündigungsschreiben erklärter Widerspruch die Rechtsfolge des § 545 BGB auslöst. In der Literatur wurde bislang überwiegend die Ansicht vertreten, dass zwischen dem Ausspruch der Kündigung und dem Ende des Mietverhältnisses ein enger zeitlicher Zusammenhang bestehen muss. Dieser ist bei der fristlosen Kündigung, gegebenenfalls auch bei einer ordentlichen Kündigung mit dreimonatiger

---

[50] BGH WPM 1969, 298.
[51] **A. A.** OLG Hamm NJWE-MietR 1997, 268; *Sternel* Mietrecht (1988) Rdn. IV 83.
[52] LG Berlin GE 1991, 733.
[53] WuM 1980, 133.
[54] BGH (VIII ZR 10/14) NJW 2014, 2568 m. Anm. Blank LMK 2014, 361721.
[55] BGH (I ZR 109/05) BGHZ 177, 319 = NJW 2009, 765.
[56] BGH NJW 2009, 765 unter Rz. 23.
[57] Vgl. BGH (III ZR 172/04) BGHZ 162, 175 = NJW 2005, 1354 = NZM 2005, 391 = WuM 2005, 247.
[58] BGH NJW 1980, 1577; *Emmerich* in Staudinger § 545 BGB Rdn. 12; *Sternel* Mietrecht (1988) Rdn. IV 85.
[59] BayObLG RE 1.9.1981 NJW 1981, 2759 = WuM 1981, 253; *Emmerich* in Staudinger § 545 BGB Rdn. 12a; *Grapentin* in Bub/Treier Kap. IV Rdn. 60; *Sternel* Mietrecht (1988) Rdn. IV 85.

Frist gewahrt. Beträgt die Kündigungsfrist dagegen 9 Monate, so fehlt es nach dieser Ansicht am zeitlichen Zusammenhang zwischen Kündigung und Vertragsende; der Widerspruch muss dann nach Beendigung des Mietvertrags wiederholt werden.[60] Nach anderer Ansicht ist ein in der ordentlichen Kündigung erklärter Widerspruch wirksam, ohne dass es auf die Länge der Kündigungsfrist ankommt.[61] Der BGH hat in dem Urteil vom 9.4.1986[62] entschieden, dass der Widerspruch zwar bereits vor Fristbeginn erklärt werden kann; dies müsse „jedoch in zeitlichem Zusammenhang mit dem Ablauftermin geschehen". Diese Ansicht hat der BGH in dem Beschluss vom 21.4.2010[63] aufgegeben. Für den Eintritt der Rechtsfolge des § 545 BGB reicht es nach nunmehriger Rechtsprechung aus, wenn der Mieter auf Grund der Erklärungen des Vermieters eindeutig erkennen kann, dass dieser das Mietverhältnis nicht fortsetzen will. Dies sei regelmäßig der Fall, wenn der Vermieter der Vertragsfortsetzung im Kündigungsschreiben ausdrücklich widerspricht; auf die Dauer der Kündigungsfrist kommt es nicht an.

26 **ee)** Nach der Rechtsprechung soll die **Wiederholung einer Widerspruchserklärung generell entbehrlich** sein, wenn sie keinen rechten Sinn mehr hat.[64] In diesem Falle soll es nicht darauf ankommen, wie lange vor Ablauf der Mietzeit die Widerspruchserklärung abgegebenen worden ist. Hiervon soll etwa auszugehen sein, wenn der Vermieter die Räume bereits weitervermietet hat oder wenn dem Mieter bereits Ersatzraum zur Verfügung steht (sehr zweifelhaft).

IV. Rechtsfolgen

27 Unterbleibt ein wirksamer Widerspruch, so wird das Mietverhältnis durch die Gebrauchsfortsetzung auf unbestimmte Zeit verlängert. Es entsteht kein neues Mietverhältnis; vielmehr wird das bisherige Mietverhältnis fortgesetzt.[65] Die **Vertragsbedingungen** bleiben unverändert. Für die Garantiehaftung nach § 536a BGB kommt es nach allg. Ansicht auf den Zeitpunkt des Vertragsschlusses an. Eine vereinbarte Kaution bleibt erhalten. Bei einer Bürgschaft haftet der Bürge im Zweifel aber nicht für solche Mietverpflichtungen, die nach einer Vertragsfortsetzung gem. § 545 BGB entstanden sind.[66] Außerdem werden alle Mietbedingungen gegenstandslos, die an eine ursprünglich vereinbarte Befristung anknüpfen, z. B. Verlängerungsklauseln, Sonderkündigungsrechte, die im Hinblick auf die Befristung vereinbart worden waren,[67] Optionsregelungen[68] und dergleichen.

28 Die gesetzliche Rechtsfolge tritt unabhängig vom Willen der Parteien ein.[69] Deshalb kommt es nicht darauf an, ob die Vertragsverlängerung dem Willen der Parteien entspricht oder ob die Parteien übereinstimmend keine Vertragsbeendigung wollen.[70] Auch ein Irrtum der Parteien hinsichtlich der Rechtsfolgen der Gebrauchsfortsetzung ist unbeachtlich; eine Anfechtung ist aus diesem Grunde ausgeschlossen.

29 Das fortgesetzte Mietverhältnis kann von beiden Seiten erneut gekündigt werden.[71] Die Kündigungsfrist für die Kündigung durch den Vermieter (§ 573c Abs. 1 Satz 2 BGB) richtet sich nach der gesamten Mietzeit.[72] Einer erneuten Kündigung aus denselben Gründen steht grundsätzlich nichts entgegen.[73] Die Rechtskraft einer eventuell ergangenen klagabweisenden Entscheidung bezieht sich nicht auf den Kündigungsgrund, weil in jeder Kündigungserklärung ein neuer Streitgegenstand liegt. Unbeschadet hiervon ist in solchen Fällen aber zu prüfen, ob der ursprüngliche Kündi-

---

[60] *Emmerich* in Staudinger § 545 BGB Rdn. 14; *Sternel* Mietrecht aktuell Rdn. X 182; *Lammel* Wohnraummietrecht § 545 BGB Rdn. 33.

[61] OLG Köln WuM 2003, 465 bei 12-monatiger Kündigungsfrist.

[62] BGH NJW-RR 1986, 1020 unter Ziff. II 3 zu § 568 BGB a. F. [= § 545 BGB n. F.].

[63] BGH (VIII ZR 184/09) NJW 2010, 2124 = WuM 2010, 418.

[64] BayObLG RE 1.9.1981 NJW 1981, 2759 = WuM 1981, 253.

[65] BGH (VIII ZR 323/14) NZM 2016, 467 unter Rz. 34.

[66] LG Gießen ZMR 1995, 33; *Emmerich* in Staudinger § 545 BGB Rdn. 16; *Sternel* Mietrecht (1988) Rdn. IV 87; *Franke* in WoBauR § 545 BGB Anm. 7.1.

[67] OLG Hamm NJWE-MietR 1997, 268, 269.

[68] OLG Köln ZMR 1996, 433.

[69] OLG Koblenz WuM 2002, 552, 555; *Grapentin* in Bub/Treier Kap. IV Rdn. 58; *Roquette* § 568 BGB Rdn. 5.

[70] *Wolf/Eckert/Ball* Rdn. 881.

[71] *Emmerich* in Staudinger § 545 BGB Rdn. 17.

[72] *Franke* in WoBauR § 545 BGB Anm. 7.2; *Grapentin* in Bub/Treier Kap. IV Rdn. 58.

[73] *Franke* in WoBauR § 545 BGB Anm. 7.3; Palandt/*Weidenkaff* § 545 BGB Rdn. 10; *Sternel* Mietrecht (1988) Rdn. IV 86; **a. A.** AG Tempelhof-Kreuzberg MDR 1988, 146.

gungsgrund noch vorliegt. Daran kann es beispielsweise fehlen, wenn ein ursprünglich vorhandener Mietrückstand zwischenzeitlich getilgt ist (§ 569 Abs. 3 Nr. 2 BGB) oder wenn eine Vertragsverletzung längere Zeit zurückliegt und die Fortsetzung des Mietverhältnisses im Hinblick auf die zwischenzeitliche Entwicklung nicht mehr als unzumutbar (s. §§ 543 Abs. 1, 569 Abs. 2 BGB) anzusehen ist.

V. Abweichende Vereinbarungen

1. Nach allgemeiner Ansicht kann § 545 BGB vertraglich ausgeschlossen werden. Die Ausschlussvereinbarung muss allerdings eindeutig sein. Durch eine vertragliche Regelung, wonach die Mietsache nach Vertragsbeendigung an den Vermieter zurückzugeben ist, wird § 545 BGB nicht ausgeschlossen. **30**

2. Nach der obergerichtlichen Rechtsprechung kann der Ausschluss auch durch **Formularvereinbarung** erfolgen;[74] diese muss bei der **Wohnungsmiete** allerdings so formuliert sein, dass ein rechtlich nicht vorgebildeter Vertragspartner den Sinn der Regelung erkennen kann (§ 307 Abs. 1 Satz 2 BGB).[75] Wirksam ist die Klausel **31**

„Setzt der Mieter den Gebrauch der Mietsache nach Ablauf der Mietzeit fort, so gilt das Mietverhältnis nicht als verlängert. § 545 BGB findet keine Anwendung"

weil die Rechtsfolge des § 545 BGB erläutert wird.[76] Die Klausel

„Wird nach Ablauf der Mietzeit der Gebrauch der Sache vom Mieter fortgesetzt, so findet § 545 BGB keine Anwendung"

ist dagegen unwirksam, weil die Vorschrift nur einem Juristen verständlich ist, der vom Inhalt des § 545 BGB Kenntnis hat.[77]

Außerdem darf der Ausschluss nicht an versteckter oder unerwarteter Stelle vereinbart werden (§ 305c Abs. 1 BGB). So ist die formularmäßige Abbedingung des § 545 BGB unwirksam, wenn sie unter der Überschrift „Entschädigungspflicht nach Beendigung des Mietverhältnisses" enthalten ist.[78] **32**

In einem Formularmietvertrag kann nicht wirksam vereinbart werden, dass ein Widerspruch nur wirksam ist, wenn er **schriftlich** ausgesprochen wird.[79] Eine solche Klausel verstößt gegen § 307 Abs. 1 BGB, weil hierdurch der rechtlich unzutreffende Eindruck erweckt wird, dass mündliche Erklärungen auch dann unwirksam sind, wenn die Parteien einvernehmlich von der Schriftform abweichen wollen. **33**

Bei **Geschäftsraummietverhältnissen** ist eine gesetzesverweisende Klausel wirksam. Es genügt, wenn vereinbart wird, dass bei „Beendigung des Mietverhältnisses § 545 BGB für beide Vertragsparteien keine Anwendung" findet. Es ist nicht erforderlich, dass die Rechtsfolge des § 545 BGB in der Klausel erläutert wird.[80] Ein Verstoß gegen die §§ 305 Abs. 2 Nr. 2, 305c Abs. 1, 307 Abs. 1 Satz 2 BGB liegt nicht vor.[81] **33a**

3. Ein wirksamer Ausschluss des § 545 BGB hat zur Folge, dass das Mietverhältnis trotz der Gebrauchsfortsetzung durch den Mieter beendet bleibt. Macht der Vermieter nach dem Ausspruch einer Kündigung längere Zeit keinen Räumungsanspruch geltend, so kann hierin ein **Verzicht** auf die aus der Kündigung folgenden Rechte liegen.[82] Ebenso kann in einem solchen Fall eine **Ver-** **34**

---

[74] BGH NJW 1991, 1750 = WuM 1991, 381 = DWW 1991, 212 = ZMR 1991, 290; OLG Hamm RE 9.12.1982 NJW 1983, 826 = WuM 1983, 48 = ZMR 1983, 97 = DWW 1983, 19.

[75] OLG Schleswig RE 27.3.1995 NJW 1995, 2858 = WuM 1996, 85 = ZMR 1996, 254; LG Berlin WuM 1996, 707.

[76] BGH a. a. O. zu § 568 BGB a. F.; *Sternel* Mietrecht aktuell (2009) Rdn. II 153.

[77] OLG Schleswig a. a. O. zu § 568 BGB a. F.; ebenso *Haase* ZMR 2002, 557, 561; *Sternel* Mietrecht aktuell (2009) Rdn. II 153; kritisch hierzu: *Lammel* § 545 BGB Rdn. 4; *Both* in Herrlein/Kandelhard § 545 BGB Rdn. 12; **a. A.** LG Erfurt WuM 2008, 283 m. zust. Anm. *Lammel* WuM 2008, 659: Danach reicht es für den Ausschluss des § 545 BGB durch Formularvertrag aus, wenn der Mietvertrag eine Klausel enthält, wonach die genannte Vorschrift nicht gilt.

[78] LG Kassel WuM 1990, 29 zu § 568 BGB a. F.

[79] **A. A.** MietPrax-*Kinne* Fach 8 Rdn. 464.

[80] KG, GE 2014, 460.

[81] *Lehmann-Richter* PiG Bd. 90 (2011) S. 199, 201f.

[82] LG Berlin GE 2011, 338, 339 bei 8-monatlicher Untätigkeit.

tragsfortsetzung durch Vereinbarung zustande kommen.[83] Denkbar ist insbesondere ein Vertragschluss durch konkludente Handlungen.[84] Voraussetzung ist, dass in dem Verhalten der Parteien der Wille zur Neubegründung des Mietverhältnisses zum Ausdruck kommt.[85] Allerdings ist hier Zurückhaltung geboten. In der Weiterzahlung der Miete durch den Mieter und der Entgegennahme des Geldes durch den Vermieter liegt im Allgemeinen keine konkludent vereinbarte Vertragsfortsetzung, weil dieser Vorgang auch nach Beendigung des Mietverhältnisses einen Sinn hat: Der Mieter schuldet ja die vereinbarte Miete nach der Vertragsbeendigung als Nutzungsentschädigung (§ 546a Abs. 1 BGB). Anders ist es, wenn der Vermieter eine Mieterhöhungserklärung nach § 558 BGB verlangt und der Mieter dem Verlangen zustimmt. Ein solcher Vorgang ergäbe bei Annahme der Vertragsbeendigung nämlich keinen Sinn. Maßgeblich sind aber letztlich die Umstände des Einzelfalls.[86] Je länger das Mietverhältnis fortgesetzt wird, desto geringer sind die Anforderungen, die an eine konkludent vereinbarte Vertragsfortsetzung zu stellen sind.

35 4. Eine **Verwirkung des Herausgabeanspruchs** ist ebenfalls möglich. Hiervon kann ausgegangen werden, wenn der Vermieter von dem Räumungstitel längere Zeit keinen Gebrauch macht und weitere Umstände hinzutreten, aus denen sich ergibt, dass der Vermieter mit der Neubegründung des Mietverhältnisses einverstanden ist. Eine Verwirkung des Räumungsanspruchs ohne neue vertragliche Bindung ist nicht möglich.[87] Für das Zeitmoment kann auf die Zwei-Jahres-Frist des § 569 Abs. 3 Nr. 2 Satz 2 BGB zurückgegriffen werden.[88] Das Umstandsmoment liegt vor, wenn der (ehemalige) Mieter auf Grund konkreter Umstände darauf vertrauen darf, dass der Vermieter von dem Titel keinen Gebrauch machen wird.[89] Beruht der Titel auf einer Kündigung wegen Zahlungsverzugs, so kann hiervon ausgegangen werden, wenn der Mieter regelmäßig zahlt und der Vermieter die Zahlungen jahrelang entgegennimmt. Der Umstand, dass der Vermieter, während der Fortsetzung der Nutzung mehrfach die Vollstreckung des Räumungsurteils für den Fall der Nichtzahlung des rückständigen Mietzinses angedroht hat, steht der Annahme einer Verwirkung nicht zwingend entgegen.

35a **Räumungsaufschub.** Die Parteien können vertraglich vereinbaren, dass der Räumungsanspruch zunächst nicht geltend gemacht werden soll. Der dem Eigentümer zustehende Herausgabeanspruch aus § 985 BGB verjährt gem. § 197 Abs. 1 Nr. 2 BGB in 30 Jahren. Eine vor diesem Zeitpunkt eintretende Verwirkung ist ausgeschlossen. Für den schuldrechtlichen Herausgabeanspruch aus § 546 BGB gilt die allgemeine Verjährungsfrist von 3 Jahren. Der Vermieter kann den Verjährungseintritt verhindern, indem er mit dem ehemaligen Mieter einen befristeten Räumungsverzicht vereinbart und diesen bei Bedarf wiederum befristet verlängert. Die jeweilige Verlängerungsvereinbarung erfüllt den Tatbestand des § 212 Abs. 1 Nr. 2 BGB mit der weiteren Folge, dass die Verjährung mit jeder Verlängerungsvereinbarung neu beginnt.[90]

VI. Prozessuales/Darlegungs- und Beweislast

36 Die Beendigung des Mietverhältnisses durch Zeitablauf, Kündigung oder Aufhebungsvertrag ist die Regel, die Verlängerung des Vertrags nach § 545 BGB die Ausnahme. Deshalb muss der Vermieter im Räumungsverfahren nichts zu den Voraussetzungen des § 545 BGB vortragen.[91]

37 Will der Mieter geltend machen, dass die Vertragsverlängerung eingetreten sei, muss er darlegen und beweisen, dass er den Mietgebrauch nach dem Ablauf der Mietzeit fortgesetzt hat. Der Vermieter muss in diesem Fall vortragen und beweisen, dass er widersprochen hat. Der Mieter muss gege-

---

[83] BGH (XII ZR 88/10) WuM 2012, 453 unter Rz 11; LG Berlin MM 1992, 209; AG Regensburg WuM 1990, 514; *Lehmann-Richter* PiG Bd. 90 (2011) S. 199, 202.

[84] Dazu *Haase* ZMR 2002, 557.

[85] OLG Düsseldorf GE 2003, 183; Urt. v. 26.11.2009 – I-10 U 42/09.

[86] Vgl. dazu LG Hagen MDR 1982, 582; LG Hannover MDR 1979, 495; LG Hamburg WuM 1989, 32; LG Berlin MM 1992, 209; AG Regensburg WuM 1990, 514; AG Hamburg-Altona WuM 2006, 697.

[87] *Lehmann-Richter* PiG Bd. 90 (2011) S. 199, 203.

[88] **A. A.** *Derleder* WuM 2011, 551, 554: danach ist auf die Umstände des Einzelfalls abzustellen, wobei als Richtschnur eine Vertragsfortsetzung von ca 1 Jahr ausreicht.

[89] AG Hamburg WuM 2008, 609.

[90] Vgl. *Meier* ZMR 2015, 442.

[91] **A. A.** KrsG Meißen WuM 1992, 537; *Sternel* Mietrecht (1988) Rdn. IV 90.

benenfalls eine Verfristung beweisen.[92] Durch die nahezu jedem Räumungsrechtsstreit immanente Tatsache, dass der Mieter die Wohnung noch im Besitz hat, wird der Tatsachenvortrag nicht ersetzt. Das Gericht ist auch nicht verpflichtet, die Frage der Vertragsfortsetzung von Amts wegen aufzuklären. Das Gericht ist allerdings auch nicht gehindert, diesen Punkt mit den Parteien zu erörtern; insbesondere kann hierin kein Befangenheitsgrund gesehen werden.

Macht der Vermieter die Vertragsverlängerung geltend, so muss er darlegen und beweisen, dass der Mieter den Mietgebrauch nach dem Ablauf der Mietzeit fortgesetzt hat.[93] Der Mieter muss vortragen und beweisen, dass sein Widerspruch fristgemäß erfolgt ist. 38

[92] BGH WuM 1998, 549, 550.
[93] OLG Düsseldorf DWW 1990, 272, 273.

§ 546 Rückgabepflicht des Mieters

(1) Der Mieter ist verpflichtet, die Mietsache nach Beendigung des Mietverhältnisses zurückzugeben.

(2) Hat der Mieter den Gebrauch der Mietsache einem Dritten überlassen, so kann der Vermieter die Sache nach Beendigung des Mietverhältnisses auch von dem Dritten zurückfordern.

Systematische Übersicht

Alphabetische Schnellübersicht

I. Überblick und Zweck der Vorschrift

1 § 546 Abs. 1 BGB regelt eine Selbstverständlichkeit: Da Miete Gebrauchsüberlassung auf Zeit bedeutet, hat der Mieter die Mietsache nach Beendigung des Mietverhältnisses zurückzugeben. Diese Pflicht würde sich ohne gesetzliche Regelung ohne Weiteres aus einer Auslegung des Mietvertrages ergeben; der Vermieter wäre nicht auf den Herausgabeanspruch nach § 985 BGB bzw. den Bereicherungsanspruch gem. § 812 BGB beschränkt. Deshalb hat § 546 Abs. 1 BGB entgegen vielfach geäußerter Meinung[1] keine eigenständige Bedeutung; insbesondere ist sie nicht notwendig, um dem Vermieter, der nicht Eigentümer ist, dem also auch nicht der Herausgabeanspruch gem. § 985 BGB zusteht, die Rückerlangung des Mietobjektes zu sichern. Es handelt sich bei § 546 Abs. 1 BGB vielmehr um die **Kodifizierung einer selbständigen (nach-)vertraglichen Leistungspflicht**[2], die nicht in dem synallagmatischen Zusammenhang von Leistung (Gebrauchsüberlassung) und Gegenleistung (Mietzinszahlung) steht, sondern der Abwicklung des Vertrages an dessen Ende dient[3]. Zum **sonstigen Rechtsverhältnis** zwischen Mieter und Vermieter **nach Beendigung des Mietverhältnisses** und den neben der Rückgabe bestehenden Ansprüchen, Rechten und Pflichten s. bei der Kommentierung zu § 546a BGB.

2 Detailregelungen fehlen in § 546 Abs. 1 BGB. So wird nicht ausdrücklich geregelt, in welchem Zustand das Mietobjekt zurückzugeben ist. Hier spielt neben vertraglichen Vereinbarungen vor allem der **Zweck** der Vorschrift eine Rolle, dem Vermieter wieder Besitz und Nutzung des Mietobjektes zu ermöglichen. Darüber hinaus ist eine zwangsweise Durchsetzung der Rückgabepflicht im Wege der Zwangsvollstreckung im Blick zu halten, die es jedenfalls bei der Herausgabevollstreckung gem. § 885 ZPO nicht erlaubt, den Zustand des Mietobjektes, in dem es zurückzugeben ist, allzu differenziert vorzugeben.

3 **§ 546a BGB ergänzt § 546 Abs. 1 BGB,** indem dort für den Fall, dass der Mieter das Mietobjekt nicht zurückgibt, dem Vermieter ein Anspruch auf Nutzungsentschädigung zugestanden wird und weitergehender Schadensersatz vorbehalten bleibt – bei der Wohnraummiete allerdings nur unter den Einschränkungen des § 571 BGB.

---

[1] S. z. B. *Rolfs* in Staudinger § 546 Rdn. 3.

[2] *Blank/Börstinghaus* § 546 Rdn. 1 spricht von einem gesetzlichen Rückgewährschuldverhältnis. Die vielfach zu findende Betonung des vertraglichen Charakters des Anspruchs dient wohl hauptsächlich der Abgrenzung zu dinglichen Ansprüchen; so auch *Lammel,* Wohnraummietrecht, § 546 Rdn. 7.

[3] *Rolfs* in Staudinger § 546 Rdn. 1 und 3. Soweit einzelne Rückgabepflichten, insbesondere erhebliche Rückbaupflichten vor der Schuldrechtsreform als Hauptpflichten charakterisiert wurden, ist dies wegen der der einheitlichen Behandlung von Haupt- und Nebenleistungspflichten in §§ 280 ff. BGB bedeutungslos geworden (so auch *Kraemer* in FS Blank S. 288).

4 § 546 Abs. 2 BGB gewährt dem Vermieter ein **Rückforderungsrecht gegenüber einem am Mietvertrag unbeteiligten Dritten,** dem der Mieter – berechtigt oder unberechtigt – den Gebrauch überlassen hatte. Vertragliche Ansprüche hat ein Vermieter gegen einen solchen Dritten nicht und einen dinglichen Herausgabeanspruch nur dann, wenn er selbst Eigentümer der Mietsache ist. Diese Lücke schließt § 546 Abs. 2 BGB. Sie gilt aber nicht nur für den eigentumslosen Vermieter, sondern gibt jedem Vermieter einen direkten Rückforderungsanspruch gegen den Dritten[4].

II. Entstehungsgeschichte

5 Vor der zum 1.9.2001 in Kraft getretenen Mietrechtsreform war die Rückgabepflicht des Mieters und des Dritten in § 556 Abs. 1 und 3 BGB a. F. geregelt. Der früher in § 556 Abs. 2 BGB a. F. enthaltene Ausschluss des Zurückbehaltungsrechts findet sich seit der Mietrechtsreform in § 570 BGB. Ein eigener Paragraf wurde notwendig wegen der neuen systematischen Gliederung des Mietrechts in allgemeine Vorschriften und solche über Wohnraum; letztere gelten aber gem. § 578 BGB weitgehend auch für die sonstige Raum- und Grundstücksmiete. Der Ausschluss des Zurückbehaltungsrechts sollte nur für die Rückgabe von Räumen und Grundstücken greifen.

III. Anwendungsbereich

6 § 546 BGB findet nur Anwendung, wenn ein **Mietverhältnis** (wirksam) bestanden hat, da in beiden Absätzen der Vorschrift von „Beendigung des Mietverhältnisses" die Rede ist. Zur vertragslosen Aufnahme eines Lebenspartners in die Wohnung s. vor § 535 Rdn. 387. Ist ein Mietvertrag von Anfang an (etwa wegen Verstoßes gegen §§ 134, 138 BGB) oder rückwirkend (wegen Anfechtung[5]) nichtig, dann kann § 546 BGB nicht Anspruchsgrundlage des Rückgabeanspruchs sein[6]. Stattdessen kommen als Anspruchsgrundlage insbesondere §§ 985, 812 BGB in Betracht.

7 Wegen seiner systematischen Stellung gilt § 546 BGB für **alle Arten von Mietverhältnissen,** es kann sich also um Miete beweglicher wie unbeweglicher Sachen handeln oder um Nutzungsverträge von Wohnungsgenossenschaften[7]. Bei einem (echten) (Miet-)**Vertrag zu Gunsten Dritter** gem. § 328 BGB ist der Dritte (der Nutzer) Schuldner des Rückgabeanspruchs gem. § 546 Abs. 1 BGB, nicht der Mieter; wenn der Dritte/Nutzer dem Mieter des Besitz überlassen, ist der Mieter gem. § 546 Abs. 2 zur Rückgabe verpflichtet[8]. Verträge über Werkmietwohnungen gem. § 576 BGB sind ebenfalls Mietverträge, Verträge über Werkdienstwohnungen i. S. v. § 576b BGB aber nur, wenn Mietrecht Anwendung findet, was dann der Fall ist, wenn der Dienstverpflichtete die Wohnung selbst ausgestattet hat oder dort mit seiner Familie lebt bzw. mit Personen, mit denen er einen gemeinsamen Haushalt führt[9]. Für **Pachtverträge** gilt § 546 BGB ebenfalls (§ 581 Abs. 2 BGB), für die Landpacht ist allerdings die weitgehend ähnliche Vorschrift des § 596 BGB einschlägig. **Gestattungsverträge** sind trotz gewisser mietrechtlicher Elemente keine Mietverträge[10], bei **gemischten Verträgen** (etwa Heimverträgen[11]) entscheidet das vorherrschende Vertragselement über den Vertragscharakter[12]. Auf eine Nutzungsüberlassung auf Grund **dinglicher Wohnrechte** (etwa §§ 1093 BGB, 31 WEG) oder auf Grund **öffentlich-rechtlicher Wohnungszuweisung** (etwa zur Vermeidung von Obdachlosigkeit[13]) ist § 546 BGB mangels Bestehen eines Mietverhält-

---

[4] Zum Konkurrenzverhältnis von § 546 Abs. 1 und 2 BGB zu § 985 BGB s. Rdn. 11.

[5] Die rückwirkende Vernichtung von Mietverträgen durch Anfechtung wegen arglistiger Täuschung gem. § 123 BGB ist möglich, vgl. BGH NJW 2009, 1266 = ZMR 2009, 103. Der BGH hat nicht über die Zulässigkeit einer Anfechtung wegen Eigenschaftsirrtums gem. § 119 Abs. 2 BGB entschieden; s. dazu *Dötsch* NZM 2011, 457.

[6] *Rolfs* in Staudinger § 546 Rdn. 6. Wohl aber kann § 546 BGB für die Ausgestaltung der auf einer anderen Anspruchsgrundlage beruhenden Rückgabepflicht bedeutsam sein; s. dazu sogleich.

[7] *Blank/Börstinghaus* § 546 Rdn. 2.

[8] *Lehmann-Richter* ZMR 2010, 820.

[9] *Rolfs* in Staudinger § 546 Rdn. 4.

[10] S. näher bei § 566 Rdn. 28.

[11] S. dazu vor § 535 Rdn. 130ff.

[12] S. bei § 566 Rdn. 29.

[13] Es entsteht zwischen Vermieter und Behörde „eine Art öffentlich-rechtliches Verwahrungsverhältnis", das die Behörde – auch bei Vorliegen eines Räumungstitels – im Wege des Folgenbeseitigungsanspruchs verpflichtet, nach Wegfall des Einweisungsgrundes für die Räumung zu sorgen (BGH NJW 1995, 2918). Allgemein zur behördlichen Einweisung *Günther/Traumann,* NVwZ 1993, 130.

nisses nicht anwendbar. In diesen Fällen kann ein Räumungsanspruch nach Beendigung der Einweisung aber wiederaufleben, wenn der Eingewiesene dem von der Einweisung betroffenen Eigentümer gem. § 546 Abs. 1 oder 2 BGB zur Rückgabe verpflichtet war, weil der Eigentümer nur für die Dauer der Beschlagnahme daran gehindert ist, aus einem ggf. bestehenden privatrechtlichen Räumungstitel zu vollstrecken[14]. Zum Anspruch auf Nutzungsentschädigung in diesen Fällen (auch gegen die Behörde) s. bei § 546 a Rdn. 9.

In den (erwähnten und ggf. weiteren) Fällen der Nutzungsüberlassung, denen kein oder kein wirksamer Mietvertrag zu Grunde liegt und in denen es für das Ende der Nutzungsberechtigung keine besonderen Vorschriften gibt (wie etwa bei der Leihe in § 604 BGB), können für die Rückgabepflichten die zu § 546 BGB entwickelten Grundsätze **entsprechende Anwendung** finden[15]. Das betrifft aber zum einen nur die nähere Ausgestaltung der Rückgabe; eine Anspruchsgrundlage für die Rückgabe selbst (vertragliche Pflichten, Schadensersatz, §§ 985, 812 BGB) muss in jedem Fall vorhanden sein. Zum anderen sind die Besonderheiten des jeweiligen Rückgabeanspruchs zu beachten. Kann die Rückgabe beispielsweise ausschließlich auf § 985 BGB gestützt werden, beschränken sich die Pflichten auf die Besitzverschaffung; Räumung, Rückbau oder ähnliches wird danach nicht geschuldet. 8

Zu Herausgabe- bzw. Rückgabepflichten nach dem **Tod des Mieters** s. bei § 563 Rdn. 63. 9

Für Miet-, Pacht- und Überlassungsverträgen, die vor dem 3.10.1990 in den **neuen Bundesländern** geschlossen wurden, können sich aus Art. 232 EGBGB und den Regelungen des Schuldrechtsanpassungsgesetzes (SchuldRAnpG) Besonderheiten bei den Rückgabepflichten ergeben. 10

IV. Konkurrenzen

Das Rückgabebegehren kann neben § 546 Abs. 1 BGB auch auf einen Herausgabeanspruch gem. § 985 BGB gestützt werden, wenn der **Vermieter gleichzeitig Eigentümer** oder dinglich Berechtigter (etwa Erbbauberechtigter) der Mietsache ist. Beide Ansprüche stehen in Anspruchskonkurrenz zueinander, können also gleichzeitig geltend gemacht werden[16] und teilen wegen § 986 BGB ihr Schicksal: Besteht der Mietvertrag noch, sind die Voraussetzungen des § 546 Abs. 1 und 2 BGB nicht erfüllt und es besteht gleichfalls ein Recht zum Besitz i. S. v. § 986 BGB[17]. Abgesehen von diesem Gleichlauf bestehen aber auch Unterschiede zwischen den Anspruchsgrundlagen: § 985 BGB beschränkt sich auf die bloße Besitzverschaffung, also insbesondere den Zugang zu ermöglichen und die Wegnahme zu dulden[18]; zur unterschiedlichen Beweislast beider Anspruchsgrundlagen s. Rdn. 143. Weitergehende dingliche Ansprüche auf Räumung, Wegnahme von Einrichtungen und Rückbau können sich – neben dem vertraglichen Anspruch aus § 546 Abs. 1 BGB[19] – unter Umständen aus § 1004 BGB ergeben[20]. Besitzschutzansprüche gem. §§ 859, 861 BGB bestehen hingegen grundsätzlich nicht, da der Vermieter die Besitzeinräumung i. d. R. unbedingt schuldet und sie nicht unter den Vorbehalt vertragsgemäßen Verhaltens stellen kann; anders kann das ggf. bei besonderen Mietverhältnissen sein, etwa bei der Nutzung eines jedermann zugänglichen privaten Parkplatzes[21]. Ein Recht zum Besitz[22] gem. § 986 BGB kann nach dem Wortlaut und der systematischen Stellung der Vorschrift grundsätzlich nur dem Herausgabeanspruch gem. § 985 BGB, nicht aber dem Rückgabeanspruch gem. § 546 Abs. 1 BGB entgegen gehalten werden[23]; einem Vermieter ist es aber gem. § 242 BGB i. d. R. verwehrt, die Rückgabe der Mietsache gem. § 546 BGB zu verlangen, wenn er sie sogleich wegen eines Rechts zum Besitz auf Grund anderer Rechtsgrundlage wieder herausgeben müsste[24]. 11

---

[14] BGH NJW 1995, 2918.
[15] *Blank/Börstinghaus* § 546 Rdn. 3.
[16] BGH NJW 1961, 499; *Rolfs* in Staudinger § 546 Rdn. 84.
[17] BGH NJW 1981, 865; BGH NJW 1961, 499.
[18] BGH NZM 2011, 75 = ZMR 2010, 943; BGH (XII ZR 115/11) NJW 2013, 1881 = ZMR 2013, 766.
[19] BGH NZM 2011, 75 = ZMR 2010, 943.
[20] S. dazu BGH NJW 2007, 2182 sowie eingehend *Katzenstein* NZM 2008, 594 und *Dickersbach* DWW 2009, 215.
[21] BGH (V ZR 160/14) NJW 2016, 863.
[22] S. dazu den Fall BGH NZM 1998, 779 = WuM 1998, 549 = ZMR 1998, 754.
[23] BGH NZM 1998, 779 = WuM 1998, 549 = ZMR 1998, 754; BGH (V ZR 191/14) NJW 2016, 1242 Rdn. 21.
[24] BGH NZM 1998, 779 = WuM 1998, 549 = ZMR 1998, 754 (Leitsatz 1 gibt den Entscheidungsinhalt insofern verkürzt und unvollständig wieder).

12 Ist – bei wirksamem[25], aber beendetem Mietvertrag – der **Vermieter nicht Eigentümer** der Mietsache, steht ihm als Anspruchsgrundlage für sein Rückgabeverlangen nur § 546 Abs. 1 bzw. 2 BGB gegen den Mieter bzw. den Untermieter/Dritten zu. Diese Ansprüche erstrecken sich auch auf solche Flächen, die nicht mitvermietet waren, die der Mieter aber während der Mietzeit unberechtigt genutzt hat[26]. Der Eigentümer, der nicht Vermieter ist, kann die Herausgabe vom Besitzer (Mieter oder Untermieter/Dritter) nicht gem. § 546 BGB, sondern nur gem. § 985 BGB verlangen, dies aber jederzeit und unabhängig vom Bestehen eines Mietvertrages oder dessen Beendigung, sofern der Besitzer nicht ein Besitzrecht gem. § 986 BGB hat, das gegenüber dem Eigentümer wirkt. Ggf. ist § 986 Abs. 1 Satz 2 zu beachten; war dem mittelbaren Besitzer (Mieter) vom vermietenden Eigentümer nur Eigenbesitz erlaubt worden, kann der Eigentümer von einem Untermieter oder Dritten die Herausgabe verlangen, allerdings nicht an sich, sondern an den Mieter (mittelbaren Besitzer)[27]. Grundsätzlich kann der Mieter dem Rückgabeanspruch des Vermieters nicht entgegenhalten, ein Dritter sei Eigentümer der Mietsache[28]. Verlangen allerdings bei Verschiedenheit von Eigentümer und Vermieter beide gleichzeitig Herausgabe bzw. Rückgabe vom Mieter jeweils an sich selbst (der Eigentümer gem. § 985 BGB, der Vermieter gem. § 546 BGB) bzw. könnten sie das tun, so geht der dingliche Anspruch des Eigentümers vor, da eine solche Konstellation voraussetzt, dass der Vermieter dem Eigentümer gegenüber nicht mehr zum Besitz berechtigt ist. Ist das doch noch der Fall, dann kann der Eigentümer nur Herausgabe an den Vermieter als mittelbaren Besitzer verlangen. Beides folgt aus § 986 Abs. 1 BGB[29]. Beachtet der Mieter den **Vorrang des dinglichen Herausgabeanspruchs** nicht, so wird er zwar durch eine Rückgabe an den Vermieter gegenüber dem Eigentümer frei, weil er den Besitz verliert; dadurch können aber Schadensersatzansprüche aus §§ 989, 990 BGB entstehen[30]. Kann der Mieter die Berechtigung des Herausgabeanspruchs des Eigentümers nicht abschließend beurteilen, kann er, um Schadensersatzansprüchen des Vermieters vorzubeugen, diesem im Prozess gem. § 76 ZPO (Urhebernennung) den Streit verkünden[31].

13 Bei anfänglich bzw. durch Anfechtung rückwirkend **unwirksamem Mietvertrag** bestehen vertragliche Rückgabeansprüche gem. § 546 BGB nicht. Der Eigentümer, der zugleich Vermieter des unwirksamen Mietvertrages war, kann sein Herausgabeverlangen sowohl auf § 985 BGB als auch zusätzlich auf § 812 BGB (Fehlen oder Wegfall des Rechtsgrundes) stützen[32]. Der Vermieter auf Grund eines unwirksamen Vertrages, der nicht Eigentümer ist, hat nur den Bereicherungsanspruch[33]. Ähnlich ist es bei einem **Widerruf des Mietvertrages gem. § 355 BGB,** so er denn ausnahmsweise (s. § 312 Abs. 4 BGB) in Betracht kommt. Zwar ist der Mietvertrag bis zum Widerruf wirksam[34], die Rückabwicklungspflichten und damit auch die Rückgabepflichten (zum Nutzungsersatz s. § 546 a Rdn. 5) ergeben sich aber aus § 355 Abs. 3 BGB, nicht aus § 546 BGB. Weitergehende Ansprüche verbietet § 361 BGB.

14 Der Rückforderungsanspruch des Vermieters gegen einen **Untermieter oder einen sonstigen Dritten gem. § 546 Abs. 2 BGB** vorrangig gegenüber dem gleichzeitig bestehenden[35] Rückgabeanspruch des Mieters gegen den Untermieter gem. § 546 Abs. 1 BGB[36]; d. h., der Untermieter kann sich gegenüber dem Vermieter nicht darauf berufen, er müsse/dürfe an den Mieter zurückgeben. Dem Vermieter steht vielmehr ein Wahlrecht zu. Das folgt daraus, dass der Anspruch gem. § 546 Abs. 2 BGB nur deshalb existiert, um dem Vermieter den Rückerhalt der Mietsache zu er-

---

25 Die Wirksamkeit des Mietvertrages ist nicht davon abhängig, dass der Vermieter Eigentümer der Mietsache ist (BVerfG (1 BvR 744/13) NJW 2013, 3774 = WuM 2014, 89).

26 BGH NJW 2010, 2652 = ZMR 2010, 932.

27 *Henseler* ZMR 1964, 36. S. auch AG Stuttgart ZMR 1979, 117.

28 RG JW 1925, 472 Nr. 15 mit Anmerkung *Raape; Rolfs* in Staudinger § 546 Rdn. 16.

29 S. dazu eingehend *Gursky* in Staudinger (2012) § 986 Rdn. 36ff. und *Henseler* ZMR 1964, 37, ferner *Raape* JW 1925, 472/473 (Anmerkung zu RG JW 1925, 472). Zum Vorrang des sachenrechtlichen Herausgabeanspruchs vor schuldrechtlichen Ansprüchen und deren Konkurrenzverhältnis s. die umfassende Darstellung bei *Gursky* in Staudinger (2012) § 985 Rdn. 168.

30 *Gursky* in Staudinger (2006) § 985 Rdn. 168; *Raape* JW 1925, 472/473 (Anmerkung zu RG JW 1925, 472).

31 S. dazu *Henseler* ZMR 1964, 38 und die einschlägigen ZPO-Kommentare.

32 *Rolfs* in Staudinger § 546 Rdn. 59.

33 *Rolfs* in Staudinger § 546 Rdn. 59.

34 *Fritsche* in MünchKomm (7. Aufl.) § 355 Rdn. 37.

35 KG ZMR 2013, 26.

36 **A. A.** OLG München NJW-RR 1989, 524.

leichtern bzw. in den Fällen zu sichern, in denen der Mieter hierzu nicht in der Lage oder willens ist[37]. In solchen Fällen den Mieter quasi als Durchgangstation zu benutzen, wäre sinnwidrig und könnte sogar die endgültige Rückgabe an den Vermieter vereiteln, hinauszögern oder erschweren. Das Interesse des Mieters auf Besichtigung des Mietobjektes zur Feststellung evtl. Schäden steht nicht entscheidend entgegen[38], da dieses Interesse durch eine zeitnahe Besichtigung zusammen mit dem Vermieter befriedigt werden kann; besteht eine solche Besichtigungsmöglichkeit nicht (etwa weil der Mieter keine Kenntnis von der Rückgabe erlangt oder ihm die Besichtigung verwehrt wird), beginnt die Verjährungsfrist des § 548 BGB nicht zu laufen (s. allgemein zu den Grundsätzen des Verjährungsbeginns bei § 548 Rdn. 34). Gibt der Untermieter die Mietsache dennoch an den Mieter zurück, so wird er gegenüber dem Vermieter frei, wenn er seinen sonstigen Rückgabepflichten genügt hat (s. dazu Rdn. 101 und 104); er macht sich aber möglicherweise schadensersatzpflichtig. Der Vermieter kann sich auf Grund eines Räumungstitels gegen den Mieter dessen Rückgabeanspruch gegen den Untermieter gem. § 886 ZPO pfänden und überweisen lassen. So kann er verhindern, dass der Untermieter die Mietsache an den Mieter herausgibt. Für eine Vollstreckung benötigt er einen Titel gegen den Dritten, den er aber unabhängig von § 546 Abs. 2 BGB auf Grund der Überweisung selbst einklagen kann[39]. Durch eine Herausgabe an den Vermieter wird der Dritte auch gegenüber dem Mieter befreit[40].

V. Rückgabe gem. Abs. 1

1. Voraussetzungen der Rückgabepflicht

Die Rückgabepflicht hängt von der **Beendigung des (wirksamen) Mietvertrages** ab. Der Grund der Vertragsbeendigung spielt keine Rolle, solange er den Vertrag nicht – wie bei der Anfechtung – rückwirkend vernichtet. Bei von Anfang an unwirksamem oder rückwirkend vernichtetem Vertrag bestehen Ansprüche aus §§ 985, 812 BGB[41]. Zu den Folgen eines Widerrufs von Mietverträgen gem. § 355 BGB s. Rdn. 13. Zur vertragslosen Aufnahme eines Lebenspartners in die Wohnung s. vor § 535 Rdn. 387. Beendigungsgründe können Kündigung, Zeitablauf, Aufhebungsvertrag, Verwaltungsakt etc. sein. Wird bei der Wohnraummiete eine Kündigung wegen Zahlungsverzugs durch Begleichung des Miet- und Nutzungsentschädigungsrückstandes innerhalb der **Schonfrist gem. § 569 Abs. 3 Nr. 2 BGB** wirkungslos[42], dann erlischt auch die Rückgabepflicht. Bei einer **Vertragsverlängerung gem. § 545 BGB** wird die Kündigung ebenfalls wirkungslos, das Mietverhältnis gilt als rückwirkend fortgesetzt[43]. Ähnlich ist es bei einer Fortsetzung des Mietverhältnisses auf Grund der **Sozialklausel der §§ 574 bis 574c BGB**[44]; hier kommt eine Rückwirkung insbesondere bei Anwendung des § 574b Abs. 2 BGB in Betracht: Wenn ein Härtegrund gem. § 574 BGB durch Widerspruch gegen die Kündigung geltend gemacht wird, dann sind die Kündigungswirkungen gehemmt bzw. in der Schwebe[45], bis die Verhandlungen der Parteien über eine Fortsetzung des Vertrages beendet sind oder das Gericht über eine Fortsetzung entschieden hat. Während des Schwebezustandes ist auch die Räumungspflicht suspendiert[46]. Kommt es nicht zur Vertragsfortsetzung, entfällt der Schwebezustand und der Mieter ist zur Räumung verpflichtet. Zur Räumungsklage in diesen Fällen s. Rdn. 128. Zu vertraglichen oder gerichtlichen/behördlichen Räumungsfristen s. Rdn. 79; zur Verwirkung bzw. zu einem konkludentem Neuabschluss eines Mietvertrages s. Rdn. 80. Zum sonstigen Rechtsverhältnis zwischen Mieter und Vermieter nach Beendigung des Mietverhältnisses und den neben der Rückgabe bestehenden Ansprüchen, Rechten und Pflichten s. bei der Kommentierung zu § 546a BGB. 15

---

[37] S. zum Zweck von § 546 Abs. 2 BGB bei Rdn. 86.
[38] So aber OLG München NJW-RR 1989, 524.
[39] *Wolf/Eckert/Ball* Rdn. 1334; *Rolfs* in Staudinger § 546 Rdn. 88.
[40] BGH NJW 1996, 46 = WuM 1996, 32 = ZMR 1996, 15; LG Berlin GE 2011, 819.
[41] S. auch bei Rdn. 13.
[42] Vorher ist das Mietverhältnis durch die Kündigung beendet worden, nach Begleichung des Rückstandes lebt es wieder auf (BGH NJW 2007, 1591 = WuM 2007, 387 = ZMR 2007, 348).
[43] *Rolfs* in Staudinger § 546a Rdn. 14.
[44] *Rolfs* in Staudinger § 546a Rdn. 14. S. auch bei § 574a Rdn. 2ff.
[45] Die dogmatischen Einzelheiten sind umstritten, über das Ergebnis besteht aber Einigkeit; s. bei § 574a Rdn. 10 sowie bei *Häublein* in MünchKomm § 574 Rdn. 27 und § 574a Rdn. 4.
[46] *Häublein* in MünchKomm § 574a Rdn. 4.

16 Bei der Vermietung von Räumen und Grundstücken hat der Mieter gem. § 570 BGB kein **Zurückbehaltungsrecht** gegenüber dem Rückgabeanspruch aus § 546 Abs. 1 BGB[47]. Nicht anwendbar ist § 570 BGB auf den Rückgabeanspruch bei der Miete von beweglichen Sachen[48]. Gegenüber einem solchen Anspruch kann der Mieter bei Bestehen von Gegenansprüchen ggf. ein Zurückbehaltungsrecht geltend machen. Dieses Zurückbehaltungsrecht berechtigt ihn allerdings nicht zur weiteren Nutzung, sondern nur zum Behalten[49]; nutzt der Mieter die Sache dennoch, kommt § 546a BGB zur Anwendung[50].

17 Die Durchführung eines **selbständigen Beweisverfahrens** schiebt den Rückgabeanspruch nicht hinaus. Der Beweis kann grundsätzlich auch gesichert werden, wenn die Mietsache wieder der Sachherrschaft des Vermieters unterliegt[51]. Die Befürchtung von Manipulationen des Beweisergebnisses rechtfertigt kein anderes Ergebnis, da solche Befürchtungen auch auf Seiten des Vermieters bestehen können, wenn der Mieter den Besitz behält. Abgesehen davon dürfte schon ein Anspruch, den Zustand vor einer Begutachtung nicht zu verändern, außer im Falle einer entsprechenden Vereinbarung nicht bestehen[52]. Im Übrigen schützen die Regeln über die Beweisvereitelung[53]. Dieses Ergebnis entspricht im Übrigen auch der Wertung des § 570 BGB[54].

2. Grundsätzliches zum Begriff der Rückgabe bzw. Räumung

18 Der Mieter darf die Mietsache benutzen, aber nicht endgültig behalten, verändern oder zerstören. Daraus folgt, dass er sie nach Ende der Mietzeit nicht nur herausgeben, sondern grundsätzlich in dem Zustand zurückzugeben hat, in dem sie sich bei Anmietung befand[55]. Allerdings führt Nutzung i. d. R. zu Abnutzung oder Veränderung. Da der Mieter gem. § 538 BGB Veränderungen oder Verschlechterungen, die durch einen vertragsgemäßen Gebrauch entstanden sind, nicht zu vertreten hat, darf er die Mietsache in dem Zustand zurückgeben, der durch einen solchen Gebrauch entstanden ist[56]. Weitergehende Veränderungen muss er beseitigen bzw. rückgängig machen. Sind Grundstücke oder Räume zurückzugeben und befinden sich dort Sachen oder Einrichtungen des Mieters, sind diese zu entfernen, das Mietobjekt ist zu räumen[57]. Das gilt auch für solche Flächen, die **nicht mitvermietet** waren, die Mieter der aber während der Mietzeit unberechtigt genutzt hat[58].

19 Es ist allerdings anerkannt, dass nicht jede Verletzung dieser Pflichten zur Nichterfüllung der Rückgabepflicht aus § 546 Abs. 1 BGB führt. Es ist vielmehr zu unterscheiden zwischen Nichter-

[47] Wohl aber, wenn ausschließlich gesetzliche Herausgabeansprüche etwa aus § 985 BGB in Betracht kommen (s. bei § 570 Rdn. 5).
[48] *Rolfs* in Staudinger § 570 Rdn. 4.
[49] S. § 570 Rdn. 4.
[50] BGH NJW 1975, 1773; *Rolfs* in Staudinger § 546a Rdn. 17.
[51] So auch *Wiek* InfoM 2008, 175.
[52] LG Berlin ZMR 2014, 727.
[53] So auch *Wiek* InfoM 2008, 175. S. allgemein zur Beweisvereitelung BGH NJW 2009, 360.
[54] Das OLG Düsseldorf NZM 2008, 489 = ZMR 2008, 363 begründet das hier vertretene Ergebnis denn auch mit einer Anwendung des § 570 BGB; s. dazu aber bei § 570 Rdn. 6. S. zum Anspruch auf Nutzungsentschädigung während eines selbständigen Beweisverfahrens bei § 546a Rdn. 51.
[55] BGH NJW 2006, 2115 = WuM 2006, 308; BGH NJW 2002, 3234 = ZMR 2002, 901; OLG Düsseldorf ZMR 2010, 959; *Haase,* JR 1983, 364/365 und *Katzenstein* NZM 2008, 600 belegen dies durch die Gesetzgebungsgeschichte, nach der im ersten Entwurf zum BGB noch ausdrücklich stand, die gemietete Sache sei in demselben Zustand zurückzugeben, in dem sie sich bei Anmietung befand, was dann aber wegen der angenommenen Selbstverständlichkeit dieser Pflicht nicht Gesetzesfassung geworden ist. **A. A.** *Lammel,* Wohnraummietrecht, § 546 Rdn. 22, der zu den Rückgabepflichten aus § 546 Abs. 1 BGB nur Besitzverschaffung und Räumung zählt und im Übrigen eine Pflichtverletzung wegen Überschreitung des Gebrauchsrechts annimmt; ähnlich *Kandelhard* NJW 2002, 3292. Eine solche Sichtweise würde aber nicht nur der Gesetzgebungsgeschichte widersprechen, es wäre auch unklar, warum zwar die Räumung, also die Wegschaffung von Gegenständen und Einrichtungen, zur Wiedererlangung der Sachherrschaft gehören soll, nicht aber die Beseitigung sonstiger Veränderungen. Konsequent wäre allenfalls, die Rückgabe auf die Besitzverschaffung zu beschränken; das würde aber bedeuten, dass dem Vermieter, der ein ungeräumtes Mietobjekt zurückerhält, nicht Nutzungsentschädigung, sondern allenfalls Schadensersatz verlangen kann. Das ist m. E. aber mit dem Zweck der Nutzungsentschädigung nur schwer vereinbar und entspricht nicht der ständigen Rechtsprechung des BGH (s. dazu näher die nachfolgenden Ausführungen).
[56] BGH NJW 2002, 3234 = ZMR 2002, 901; OLG Düsseldorf ZMR 2010, 959; *Hau* NZM 2006, 562; *Haase* JR 1983, 365.
[57] BGH NJW 1988, 2665 = WuM 1988, 270 = ZMR 1988, 378.
[58] BGH NJW 2010, 2652 = ZMR 2010, 932.

füllung und Schlechterfüllung[59]. Wird die Pflicht zur Rückgabe der Mietsache als solcher[60] verletzt, dann liegt ein Fall der Nichterfüllung oder – in Ausnahmefällen – der Teilerfüllung vor. Eine Verletzung sonstiger Pflichten bei oder anlässlich der Rückgabe hinsichtlich des Zustandes des Mietobjekts ist hingegen eine Schlechterfüllung. Die Unterscheidung ist insbesondere bedeutsam für den Nutzungsentschädigungsanspruch gem. § 546a BGB, der dem Vermieter – ggf. neben Schadensersatzansprüchen – nur bei Nichterfüllung zusteht, wohingegen der Vermieter bei Schlechterfüllung auf Schadensersatz gem. §§ 280ff. BGB beschränkt ist[61]. Deshalb hat sich die **Abgrenzung zwischen Nichterfüllung und Schlechterfüllung** an § 546a BGB zu orientieren[62]. Eine Orientierung an § 548 BGB ist schon allein deshalb nicht tunlich, weil dort wegen des unterschiedlichen Zwecks der Vorschriften von Rückerhalt anstatt von Rückgabe die Rede ist[63].

Dem Wortlaut nach bedeutet Rückgabe zunächst Besitzverschaffung, d. h., der Mieter muss seine Sachherrschaft aufgeben und sie dem Vermieter verschaffen[64]. Das ist notwendige, aber, wie oben erwähnt, nicht immer ausreichende Bedingung für die Erfüllung. Man besitzt eine Sache nämlich nicht um des Besitzes willen, sondern um sie selbst oder durch Weitervermietung zu nutzen. Wenn diese Nutzungsmöglichkeit trotz formaler Besitzverschaffung eingeschränkt oder unmöglich ist, dann stellt sich die Frage, ob die Rückgabeverpflichtung gem. § 546 BGB schlecht oder gar nicht erfüllt ist. Klassische Fälle sind das Belassen von Gegenständen in erheblichem Umfang in dem Mietobjekt (Möbel in der Wohnung, eine Ladung Sand auf dem LKW etc.) oder die Rückgabe einer beschädigten Sache (fehlende Seiten in einem Buch). In all diesen Fällen ist die Nutzung des Mietobjekts durch den Vermieter eingeschränkt oder unmöglich. Wenn aber jede Nutzungseinschränkung auf Vermieterseite trotz Besitzverschaffung dazu führen würde, eine vollständige Nichterfüllung der Rückgabepflicht anzunehmen, dann würde jede Beschädigung oder vertragswidrige Veränderung der Mietsache einen Nutzungsentschädigungsanspruch gem. § 546a BGB zur Folge haben, da dieser Anspruch nur die Nichtrückgabe und eine dadurch bedingte Vorenthaltung der Mietsache voraussetzt. Das widerspräche dem Zweck des § 546a BGB, der dem Vermieter einen Ausgleich dafür verschaffen soll, dass ein Mieter trotz Beendigung des Vertrages über die Mietsache verfügt. Dem Vermieter wird ohne Nachweis eines konkreten Schadens eine Entschädigung in Höhe des vereinbarten Mietzinses zugestanden, wenn sich nach Vertragsende an den tatsächlichen Verhältnissen nichts ändert, wenn also der Mieter die Mietsache mehr oder weniger vollständig weiter nutzt[65]. Der Entschädigungsanspruch aus § 546a Abs. 1 BGB beruht zwar nicht auf einem Vertrag, weil er gerade die Beendigung des Mietverhältnisses voraussetzt; er ist jedoch kein Schadensersatzanspruch oder schadensersatzähnlicher Anspruch[66], sondern nach h. M.[67] vertragsähnlicher Natur („ein vertraglicher Anspruch eigener Art"), der an die Stelle des ursprünglichen Mietzinsanspruchs tritt. Die Entschädigung ist nämlich für die weitere (Möglichkeit der) Nutzung der Sache zu zahlen, hat also ihre Ursache in der Gewährung einer Leistung[68]. Der Begriff der Nutzungsentschädigung stützt diese Sicht; käme es darauf an, was dem Vermieter (schadensrechtlich) entgangen ist, würde man von Nutzungsausfall sprechen müssen. Der Begriff der Vorenthaltung in § 546a BGB beinhaltet ebenfalls keine schadensrechtliche Komponente, sondern besagt nur etwas dazu, dass der weiteren Nutzung der Wille des Vermieters entgegenstehen muss. Für den Fall, dass die weitere Nutzung der Mietsache mit dem Besitz des Mieters einhergeht, erscheint eine derart verstandene Nutzungsentschädigung ohne weiteres angemessen und deshalb ist eine Nicht- 20

---

[59] BGH NJW 1988, 2665 = WuM 1988, 270 = ZMR 1988, 378.

[60] Dazu, was das genau bedeutet, s. sogleich.

[61] S. näher zu möglichen Schadensersatzansprüchen, deren Abgrenzung zueinander und zur Notwendigkeit der Fristsetzung gem. § 281 BGB im Falle der Schlechterfüllung von Rückgabepflichten bei der Kommentierung zu § 546a BGB.

[62] So auch wohl BGH NJW 1988, 2665 = WuM 1988, 270 = ZMR 1988, 378, wenn dort der enge Zusammenhang zwischen §§ 546, 546a BGB betont wird und eine Verbindung zwischen Vorenthaltung und Rückgabe hergestellt wird.

[63] S. näher bei § 548 Rdn. 2 und 34.

[64] BGH NJW 1988, 2665 = WuM 1988, 270 = ZMR 1988, 378.

[65] LG Köln MDR 1966, 239.

[66] So aber – ohne weitere Begründung – BGH NJW 1961, 916; OLG Frankfurt NJW-RR 1988, 1213; OLG Karlsruhe ZMR 1987, 261.

[67] BGH NJW 1984, 1527 = WuM 1984, 131 = ZMR 1984, 380; BGH NJW 2003, 1395 = WuM 2003, 280 = ZMR 2003, 333; BGH NZM 2003, 871 = WuM 2003, 510 = ZMR 2003, 827; BGH NJW 1988, 2665 = WuM 1988, 270 = ZMR 1988, 378; BGH NJW 1977, 1335.

[68] BGH NZM 1998, 192 = WuM 1999, 161 = ZMR 1998, 137. S. näher bei § 546a Rdn. 19.

erfüllung der Rückgabepflicht immer dann anzunehmen, wenn der Mieter Besitzer bleibt[69]. Dem gleichzustellen sind aber die Fälle, in denen der Vermieter zwar schon Besitzer geworden ist, in denen ihm die Mietsache aber dadurch vorenthalten wird, dass der Mieter sie faktisch weiternutzt, selbst wenn er keine Sachherrschaft im besitzrechtlichen Sinn mehr hat[70]. Es kommt also nicht vornehmlich darauf an, dass der Vermieter die Mietsache nur eingeschränkt nutzen kann, sondern darauf, dass dies auf der **Weiternutzung in irgendeiner Form durch den Mieter** beruht[71]. Die Nutzungsbeeinträchtigung auf Vermieterseite wäre bei diesem Verständnis nur ein Reflex, aber nicht Ausgangspunkt der Abgrenzung von Nichterfüllung zu Schlechterfüllung. Eine Schlechterfüllung liegt hingegen bei allen anderen Arten der Nutzungsbeeinträchtigung vor und berechtigt nicht zu Ansprüchen aus § 546a BGB, wohl aber zu Schadensersatzansprüchen aus §§ 280ff. BGB[72]. Ein Beispiel mag das verdeutlichen: Wenn der Mieter die Schlüssel zur Wohnung zurückgibt, aber seine Möbel dort belässt, benutzt er die Räume faktisch als Lager weiter und enthält sie so dem Vermieter vor; diesem steht Nutzungsentschädigung zu[73]. Wenn der Mieter die Elektroinstallation einer Wohnung bis zur Funktionslosigkeit beschädigt hat oder wenn er eine von ihm eingezogene Zwischenwand nicht beseitigt hat, kann der Vermieter die Wohnung zwar auch nicht oder nicht einschränkungslos nutzen; damit ist jedoch nicht eine faktische Weiternutzung durch den Mieter verbunden, weshalb dem Vermieter nicht Nutzungsentschädigung gem. § 546a BGB zusteht, sondern „nur" Schadensersatz, der ggf. einen Mietausfallschaden einschließt.

21 **Praktisch** bedeutet das, dass das Mietobjekt zurückgegeben ist, wenn der Mieter dem Vermieter den Besitz vollständig verschafft und, was insbesondere bei der Raummiete relevant ist, die von ihm eingebrachten Gegenstände und Einrichtungen entfernt, also räumt; bei der Grundstücksmiete müssen auch vom Mieter errichtete bauliche Anlagen beseitigt werden. Das entspricht allgemeiner Meinung[74], auch wenn teilweise nicht deutlich wird, dass nicht die Nutzungseinschränkung auf Vermieterseite entscheidend ist, sondern die Weiternutzung (mit oder ohne Besitz) durch den Mieter. Irgendeine Form der Weiternutzung versteht wohl auch der **BGH**[75] unter dem in § 546a BGB verwendeten Begriff der Vorenthaltung. Wenn er davon spricht[76], dass der Zustand der Mietsache für die Bejahung einer Rückgabe keine Rolle spiele, dann bezog sich das auf Verschlechterungen („verwahrloster Zustand"[77]) und die Nichtbeseitigung von Einrichtungen. Bloße Verschlechterungen schließen danach eine Vorenthaltung aus[78], bei der Nichtbeseitigung von Einrichtungen hängt es davon ab, ob das zu einer nur teilweisen Räumung des Mietobjekts führt[79], was regelmäßig anzunehmen ist. Ein vertragswidriger Zustand führt also nach Meinung des BGH nicht immer zur Nichterfüllung und damit nicht zwingend zu Ansprüchen auf Nutzungsentschädigung gem. § 546a BGB führt[80]. Der BGH hat mit seiner Feststellung, für die Rückgabe spiele der Zustand

---

[69] RG JW 1910, 939 Nr. 15; OLG Hamburg WuM 1977, 73 = ZMR 1977, 302.

[70] So auch BGH NJW 1983, 1049 = ZMR 1983, 198, wenn dort der Fall des Schlüsselbehalts durch den Mieter dem Zurücklassen der Einrichtung bei Schlüsselrückgabe gleichgestellt wird. Das OLG Brandenburg ZMR 1997, 584 stellt demgegenüber wohl auf die Verhinderung der Nutzung durch den Vermieter ab, was aber nach der hier dargelegten Ansicht nicht das taugliche Kriterium für die Abgrenzung der Nichterfüllung von der Schlechterfüllung ist.

[71] LG Köln MDR 1966, 239, das darauf verweist, dass in dem ersten Entwurf des BGB zu § 546a BGB noch von einer Fortsetzung des Gebrauchs die Rede war und dass die Begründung des zweiten Entwurfs ebenfalls auf die Weiternutzung der Mietsache durch den Mieter abstellte; KG MDR 2011, 591 = GE 2011, 690; OLG Brandenburg ZMR 2014, 28; OLG Brandenburg ZIP 2015, 1790 (Rdn. 40 bei juris).

[72] S. näher zu möglichen Schadensersatzansprüchen, deren Abgrenzung zueinander und zur Notwendigkeit der Fristsetzung gem. § 281 BGB im Falle der Schlechterfüllung von Rückgabepflichten bei der Kommentierung zu § 546a BGB.

[73] Das schließt gem. §§ 546a Abs. 2, 571 BGB die Geltendmachung weiteren Schadensersatzes nicht aus.

[74] BGH NJW 1983, 1049 = ZMR 1983, 198 mit Anmerkung *Haase* JR 1983, 364, der das Urteil zwar als unklar kritisiert, aber zu ähnlichen Ergebnissen kommt; BGH NJW 1988, 2665 = WuM 1988, 270 = ZMR 1988, 378; BGH NJW 1966, 1409; OLG Brandenburg ZMR 1997, 584; OLG Köln DWW 1996, 189.

[75] S. etwa BGH NJW 1994, 3232; BGH NJW 1983, 1049 = ZMR 1983, 198; BGH NJW 1988, 2665 = WuM 1988, 270 = ZMR 1988, 378. In letzterer Entscheidung geht der BGH von einer Teilräumung aus, die ein Fall der Nichterfüllung sei.

[76] S. etwa BGH NJW 1988, 2665 = WuM 1988, 270 = ZMR 1988, 378 und BGH NJW 1983, 1049 = ZMR 1983, 198.

[77] BGH NJW 1988, 2665 = WuM 1988, 270 = ZMR 1988, 378 und BGH NJW 1983, 1049 = ZMR 1983, 198.

[78] BGH NJW 1983, 1049 = ZMR 1983, 198.

[79] BGH NJW 1988, 2665 = WuM 1988, 270 = ZMR 1988, 378.

[80] In den BGH-Fällen ging es um einen derartigen Anspruch bzw. um einen Annahmeverzug des Vermieters.

der Mietsache keine Rolle, aber nicht ausgeschlossen, dass ein vertragswidriger Zustand eine Schlechterfüllung der Rückgabepflicht darstellen kann, im Gegenteil. Kommt der Mieter nämlich anderen Pflichten in Zusammenhang mit der Rückgabe (anderen als Besitzverschaffung und Räumung) nicht nach, so kann der Vermieter Erfüllung dieser Einzelpflichten oder Schadensersatz gem. § 280 BGB ggf. i. V. m. § 281 BGB verlangen[81]. Zu den Einzelheiten, wann Rückgabe bzw. Räumung anzunehmen sind, s. nachfolgend.

Das **Vollstreckungsrecht** bestätigt die dargelegte Abgrenzung zwischen Nichterfüllung und Schlechterfüllung der Rückgabe: Die Herausgabevollstreckung erfolgt gem. §§ 883, 885 ZPO dadurch, dass der Gerichtsvollzieher den Schuldner (Mieter) außer Besitz setzt, den Gläubiger (Vermieter) in den Besitz einweist und – bei der Herausgabe von Grundstücken (Mieträumen) – die Gegenstände des Schuldners wegschafft. Andere Pflichten, die über die Räumung und ihre üblichen Modalitäten hinausgehen, sind gesondert zu titulieren und nach §§ 887, 888 ZPO zu vollstrecken[82]. 22

3. Einzelheiten zu Rückgabe bzw. Räumung

Wie oben ausgeführt ist es zur Erfüllung der Rückgabepflicht notwendig, dem Vermieter den Besitz an der Mietsache zu verschaffen. Ohne das liegt in aller Regel[83] ohne weiteres eine Nichterfüllung der Rückgabepflicht vor. Auch mitvermietetes Zubehör ist zurückzugeben und die Mietsache muss sich in einem vertragsgemäßen Zustand befinden. Ein Verstoß hiergegen stellt aber nur dann eine Nichterfüllung der Rückgabepflicht dar, wenn er faktisch mit einer Weiternutzung durch den Mieter verbunden ist und dem Vermieter die Mietsache so vorenthalten wird; die Nichterfüllung hat zur Folge, dass neben Schadensersatzansprüchen auch Nutzungsentschädigung gem. § 546a BGB in Betracht kommt. Alle anderen Verstöße gegen die Rückgabepflicht sind eine Schlechterfüllung, die den Mieter (nur) schadensersatzpflichtig gem. §§ 280ff. BGB machen kann[84]. Der Mieter hat auch solche Flächen zu räumen und herauszugeben, die **nicht mitvermietet** waren, die er aber während der Mietzeit unberechtigt genutzt hat[85]. 23

a) Besitzverschaffung. Die Rückgabe der Mietsache erfordert in aller Regel (zu den Ausnahmen Rdn. 30) eine **Veränderung der Besitzlage zu Gunsten des Vermieters**[86]. Der Mieter muss dem Vermieter den unmittelbaren Besitz verschaffen[87]. Besondere Übergabeverhandlungen oder der Austausch von Willenserklärungen sind für eine Besitzübertragung nicht erforderlich[88]. Sie mögen zwar insbesondere bei der Miete von Räumen und Grundstücken üblich sein; die Besitzverschaffung als tatsächlicher Vorgang kann aber auch auf jede sonstige geeignete Weise herbeigeführt werden. Wann das der Fall ist, richtet sich nach den besitzrechtlichen Vorschriften (§ 854 BGB)[89]. Danach vollzieht sich ein Besitzerwerb durch Erlangung der tatsächlichen Gewalt, die durch einen nach außen erkennbaren Sachherrschaftswillen (Besitzbegründungswille) getragen ist[90]; hierzu reicht unter Umständen (etwa bei einem nicht eingefriedeten Grundstück) eine bloße 24

[81] So ausdrücklich BGH NJW 1983, 1049 = ZMR 1983, 198 BGH (VIII ZR 416/12) NJW 2014, 143 = WuM 2014, 23 Rdn. 15 (allerdings ist hier m. E. die Abgrenzung von § 280 BGB zu § 281 BGB misslungen; s. auch Rdn. 50) und wohl auch BGH NJW 2010, 2652 = ZMR 2010, 932 Rdn. 18; letztere Entscheidung betraf allerdings eine verjährungsrechtliche Problematik.

[82] BGH NJW-RR 2007, 1091; *Flatow* ZMR 2014, 937; *Derleder* WuM 2006, 177. S. näher bei Rdn. 133.

[83] Zu Ausnahmen s. bei Rdn. 30.

[84] S. näher zu möglichen Schadensersatzansprüchen, deren Abgrenzung zueinander und zur Notwendigkeit der Fristsetzung gem. § 281 BGB im Falle der Schlechterfüllung von Rückgabepflichten bei der Kommentierung zu § 546a BGB.

[85] BGH NJW 2010, 2652 = ZMR 2010, 932.

[86] BGH NJW 2004, 774 = WuM 2004, 21 = ZMR 2004, 108 Rdn. 21; BGH NJW 2000, 3203 = WuM 2000, 419 = ZMR 2000, 596 Rdn. 29; NJW 1991, 2416 = WuM 1991, 550 = ZMR 1991, 420. Soweit in einigen dieser Urteile (etwa BGH NJW 2004, 774) und in der Literatur (etwa *Rolfs* in Staudinger § 546 Rdn. 9) davon die Rede ist, der Vermieter müsse sich durch Ausübung der unmittelbaren Sachherrschaft ungestört ein umfassendes Bild von der Mietsache machen können, so ist dies nicht das eigentliche Ziel der Besitzverschaffung, sondern nur deshalb besonders erwähnt, weil es Voraussetzung für den Beginn der kurzen Verjährung gem. § 548 Abs. 1 Satz 2 BGB; in den entschiedenen Fällen ging es nämlich durchweg um den Verjährungsbeginn.

[87] BGH NJW 1971, 2065.

[88] Für die Notwendigkeit einer tatsächlichen Übergabe *Lammel,* Wohnraummietrecht, § 546 Rdn. 29.

[89] OLG Brandenburg NZM 2000, 463; *Rolfs* in Staudinger § 546 Rdn. 9.

[90] *Palandt/Herrler* § 854 Rdn. 3.

Einigung mit dem bisherigen Besitzer aus, wenn der Besitzerwerber sogleich die Sachherrschaft ausüben kann (§ 854 Abs. 2 BGB)[91].

25 Eine Besitzveränderung zu Gunsten des Vermieters erfordert es meist, dass der Mieter den (eigenen) Besitz endgültig und vollständig aufgibt[92]. Zwingend ist die **Besitzaufgabe** aber nicht, da der Mieter selbst weder unmittelbarer noch mittelbarer Besitzer der Mietsache (gewesen) sein muss[93]. Ist er das nicht oder nicht mehr, kann er den Vermieter nicht darauf verweisen, dieser könne den besitzenden Dritten (etwa einen Untermieter gem. §§ 546 Abs. 2, 985 BGB; zu Mitmietern s. Rdn. 63) selbst und unmittelbar auf Herausgabe in Anspruch nehmen[94]; auch reicht es nicht aus, wenn der Mieter dem Vermieter seinen Herausgabeanspruch gegen den Dritten abtritt[95]. Der Mieter hat vielmehr durch Inanspruchnahme des Dritten dafür zu sorgen, dass der Vermieter den Besitz an der Mietsache (zurück-)erhält[96] und frei über sie verfügen kann[97]. Unerheblich ist, ob der Mieter seinerseits gegen den Dritten einen Anspruch auf Herausgabe hat[98], denn er hat aus eigenem Antrieb veranlasst, dass der Mietgegenstand in den Besitz des Dritten gelangt ist und deshalb von ihm nicht zurückgegeben werden kann[99]. Das Fehlen eines Herausgabeanspruchs des Mieters gegen den Dritten hat nicht die Unmöglichkeit der Leistung (Rückgabe) an den Vermieter und damit den Untergang des Erfüllungsanspruchs gem. § 275 BGB zur Folge, weil es zumindest möglich ist, dass der Mieter durch entsprechende Vereinbarungen die Freimachung der Mietsache erreicht[100]. Der Mieter, der keinen eigenen Rückgabeanspruch gegen den Dritten hat (etwa weil er seinem Untermieter mangels Kündigungsgrund nicht kündigen kann), kann aber zur Durchsetzung des Rückgabeanspruchs verlangen, dass der Vermieter, der den Dritten nicht selbst in Anspruch nehmen will, ihm seinen Rückgabeanspruch aus § 546 Abs. 2 BGB abtritt[101]. Dann kann der Mieter aus dem abgetretenen Recht vorgehen. Der Vermieter ist nicht verpflichtet, selbst von § 546 Abs. 2 BGB Gebrauch zu machen, da diese Vorschrift seine Rechte erweitern, ihm aber keine Einschränkungen auferlegen soll[102]. Zur Unmöglichkeit der Rückgabe s. Rdn. 84.

26 Wegen des im Vordergrund stehenden Erfordernisses, dem Vermieter den Besitz zu verschaffen, erschöpft sich die Pflicht des Mieters auch nicht darin, den Besitz aufzugeben[103] oder zu erklären, ein Recht zum Besitz und zur Nutzung der Mietsache nicht mehr zu haben[104]. Deshalb darf er die **Mietsache** (einen Mietwagen etwa) nicht einfach irgendwo **abstellen** oder zurücklassen oder das Mietgrundstück bzw. die Mieträumlichkeiten **verlassen,** um seiner Rückgabepflicht zu genügen. Das gilt selbst dann, wenn der Mieter den Vermieter davon informiert und die Schlüssel an der Mietsache zurücklässt[105], da dies eine Sachherrschaft nicht begründet, sondern nur die Möglichkeit, sich diese zu verschaffen, ohne sie schon zu haben.

27 Anders ist es allerdings dann, wenn der Mieter dem Vermieter die **Schlüssel** zu dem Mietobjekt zukommen lässt bzw. wenn der Vermieter sich nach Besitzaufgabe die zurückgelassenen Schlüssel verschafft hat oder sie sonstwie zurückerhält[106]. Der Besitz an einer verschlossenen bzw. verschließbaren Sache macht sich nämlich i. d. R. daran fest, wer den Schlüssel hat[107]. Nach einer Schlüsselrückgabe hat allein der Vermieter die Fähigkeit, die unmittelbare Sachherrschaft auszuüben[108]; das

---

[91] OLG Hamm NZM 2013, 234; *Palandt/Herrler* § 854 Rdn. 6. Etwas weitgehend OLG Koblenz, Beschluss v. 21.10.2013 (Az.: 5 U 507/13), wenn es den Ablauf des Pachtvertrages genügen lässt.

[92] BGH NJW 2004, 774 = WuM 2004, 21 = ZMR 2004, 108 Rdn. 21; OLG Brandenburg NZM 2000, 463.

[93] BGH NJW 1993, 55; BGH NJW 1971, 2065; OLG Düsseldorf NJW-RR 1987, 911 = ZMR 1987, 377.

[94] *Rolfs* in Staudinger § 546 Rdn. 11.

[95] BGH NJW 1971, 2065.

[96] BGH NZM 2009, 701 = ZMR 2010, 21; BGH NJW 1993, 55; BGH NJW 1971, 2065; OLG Düsseldorf NJW-RR 1987, 911 = ZMR 1987, 377.

[97] BGH NJW 1971, 2065.

[98] BGH NJW 1971, 2065.

[99] BGH NJW 1996, 1886 = WuM 1996, 413; BGH NJW 1984, 1527 = WuM 1984, 131 = ZMR 1984, 380.

[100] BGH NJW 1996, 515 = WuM 1996, 83 = ZMR 1996, 182.

[101] *Blank*/Börstinghaus § 546 Rdn. 9, der dies wohl zu Recht aus BGH NJW 1996, 1886 = WuM 1996, 413 ableitet, einer Entscheidung zur gewerblichen Zwischenmiete.

[102] BGH NJW 1984, 1527 = WuM 1984, 131 = ZMR 1984, 380.

[103] BGH NJW 1996, 515 = WuM 1996, 83 = ZMR 1996, 182; BGH NJW 1971, 2065.

[104] OLG Düsseldorf NJW-RR 1987, 911 = ZMR 1987, 377; *Rolfs* in Staudinger § 546 Rdn. 11.

[105] BGH NJW 1996, 515 = WuM 1996, 83 = ZMR 1996, 182.

[106] OLG Düsseldorf NZM 2006, 866 = ZMR 2006, 925; OLG München ZMR 1989, 298.

[107] Ähnlich OLG Brandenburg NZM 2000, 463; OLG Düsseldorf MDR 2003, 82.

[108] Auf die Möglichkeit zur Ausübung der Sachherrschaft stellt der BGH ab; s. BGH NJW 2004, 774 = WuM 2004, 21 = ZMR 2004, 108 Rdn. 25 und BGH NJW 2000, 3203 = WuM 2000, 419 = ZMR 2000, 596

gilt nicht nur bei Räumen, sondern auch bei eingefriedeten Grundstücken[109] und abschließbaren beweglichen Sachen. Sofern sich aus den Umständen nicht gegenteilige Anhaltspunkte ergeben, ist deshalb mit einer kommentarlosen Übersendung der Schlüssel eine konkludente Besitzaufgabe des Mieters verbunden[110]; die Übersendung muss aber an eine empfangsberechtigte Person erfolgen[111]. Der für einen Besitzübergang notwendige Besitzwille auf Seiten des Vermieters dürfte ebenfalls meist vorhanden sein, und zwar auch dann, wenn er von dem Zugang des Schlüssel (noch) nichts weiß[112] oder wenn die Rückgabe seinem Willen widerspricht. Für den ersteren Fall gilt nämlich, dass sich der natürliche Besitzwille auf alle sich in seinem Herrschaftsbereich befindlichen eigenen Gegenstände bezieht, ohne dass ein konkretes Bewusstsein hinsichtlich jedes einzelnen Gegenstandes vorhanden sein muss[113]; für letzteren Fall gilt, dass ohne einen Besitzwillen des Vermieters nach der Besitzaufgabe durch den Mieter ein besitzloser Zustand entstehen würde, der den Interessen des Vermieters noch weniger entspricht[114]. Deutlich wird der Besitzwille des Vermieters, wenn man sich vorstellt, ein Dritter würde versuchen, sich die Mietsache anzueignen; dem würde der Vermieter widersprechen. Entscheidend sind allerdings immer die Einzelfallumstände, so dass in besonderen Sachlagen ein Besitzbegründungswille nicht vorliegen mag. Sofern ausnahmsweise der Besitz an der Mietsache auf den Vermieter ohne dessen bewusste Kenntnis übergeht, ist allerdings nicht auch von einer Rückgabe gem. § 546 Abs. 1 BGB auszugehen, weil das Ziel der Rückgabe, die Erlangung der freien Verfügungsgewalt[115], ohne entsprechende Kenntnis nicht erreicht ist; auch würde die kurze Verjährungsfrist des § 548 Abs. 1 BGB zu früh in Gang gesetzt, da der Vermieter nicht die Möglichkeit der Überprüfung des Mietobjekts auf seinen ordnungsgemäßen Zustand hätte[116]. Will der Vermieter den besitzverändernden Folgen der Schlüsselübergabe entgehen, muss er dies unverzüglich deutlich machen, indem er die Schlüssel entweder nicht annimmt oder dem Mieter zurückgibt[117]. Ein bloßer Widerspruch reicht – von Ausnahmen abgesehen – angesichts des dargelegten natürlichen Besitzbegründungswillens nicht aus. Zum Recht des Mieters auf vorzeitige Rückgabe der Mietsache s. Rdn. 77.

Erforderlich ist grundsätzlich die Überlassung **aller Schlüssel**[118] einschließlich selbstbeschaffter Zusatzschlüssel[119]. Verbleiben noch Schlüssel beim Mieter, dann spricht das meist gegen einen Besitzaufgabewillen des Mieters und gegen eine alleinige Sachherrschaft des Vermieters, so dass der Vermieter meist nicht den Alleinbesitz, sondern allenfalls Mitbesitz zusammen mit dem Mieter hat. Eine rein formale Betrachtungsweise verbietet sich aber in die eine wie in die andere Richtung, letztlich kommt es bei wertender Betrachtungsweise nicht auf den Besitz an den Schlüsseln an, sondern auf den Besitz an dem Mietobjekt insgesamt[120]. So ist beispielsweise der Besitz übergegangen, 28

Rdn. 29. Allgemein für einen Besitzübergang bei Schlüsselübergabe *Palandt/Herrler* § 854 Rdn. 5. Wenn *Rolfs* in Staudinger § 546 Rdn. 10 (ähnlich LG Köln DWW 1987, 236) eine Schlüsselübersendung selbst dann nicht ausreichen lassen will, wenn der Vermieter sich den Besitz ohne Weiteres verschaffen kann, dann übersieht er, dass das Innehaben der Schlüssel regelmäßig mit dem Besitz an der Mietsache verbunden und ein besonderer Verschaffungsakt nicht notwendig ist.

[109] KG GE 2003, 46.

[110] Ähnlich wohl OLG Düsseldorf NZM 2006, 866 = ZMR 2006, 925. **A. A.**, aber ohne Begründung LG Köln DWW 1987, 236; LG Hannover NZM 2005, 421.

[111] S. Rdn. 62.

[112] **A. A.**, aber ohne nähere Begründung BGH (VIII ZR 8/11) NJW 2012, 144 = WuM 2012, 95 = ZMR 2012, 175; es ging um den Beginn der kurzen Verjährung gem. § 548 BGB, die (s. nachfolgend) auch Kenntnis des Vermieters von seiner Verfügungsgewalt voraussetzt; richtigerweise hätte der BGH den Verjährungsbeginn an der fehlenden Kenntnis des Vermieters scheitern lassen müssen und nicht an der Sachherrschaft.

[113] S. zum generellen Sachherrschaftswillen, der ohne konkretes Bewusstsein der einzelnen Gegenstände gegeben sein kann, *Palandt/Herrler* § 854 Rdn. 4.

[114] *Streyl* NJW 2014, 666.

[115] BGH NJW 1971, 2065.

[116] Deshalb wird in BGH (VIII ZR 402/12) NJW 2014, 684 = WuM 2013, 729 Rdn. 13 und BGH NJW 2004, 774 = WuM 2004, 21 = ZMR 2004, 108 Rdn. 21 nicht nur auf die Besitzaufgabe abgestellt, sondern zusätzlich auf die Kenntnis des Vermieters davon. S. näher bei § 548 Rdn. 36 sowie *Streyl* NJW 2014, 666.

[117] *Palandt/Herrler* § 854 Rdn. 5.

[118] BGH (VIII ZR 285/09) NJW 2011, 143 = ZMR 2011, 112 = WuM 2010, 688 Rdn. 55; BGH OLG Köln ZMR 2006, 859; OLG Hamburg WuM 2004, 471; OLG Hamm NZM 2003, 26, OLG Düsseldorf MDR 2003, 82; OLG Brandenburg NZM 2000, 463; OLG Düsseldorf NJW-RR 1996, 209; OLG München DWW 1987, 125.

[119] OLG Düsseldorf NJW-RR 1996, 209. S. zu Zusatzschlüsseln auch Rdn. 34.

[120] OLG Düsseldorf DWW 2006, 333; OLG Köln ZMR 2006, 859; OLG Brandenburg NZM 2000, 463; OLG Hamburg WuM 2004, 471; KG ZMR 2012, 693.

wenn beide Vertragsparteien einen der überlassenen Schlüssel schlicht vergessen haben, da der Mieter dann keinen Besitzwillen mehr hat. Ähnlich ist es bei einem verlorenen bzw. nicht auffindbaren Schlüssel[121] oder in Fällen der Unmöglichkeit der Schlüsselrückgabe[122]. In diesen und anderen Fällen mag zwar noch ein Anspruch auf Rückgabe des vergessenen Schlüssels bestehen bzw. auf Schadensersatz wegen des Verlustes, die Rückgabepflicht hinsichtlich der Mietsache insgesamt ist aber erfüllt, weil die Besitzaufgabe des Mieters endgültig ist[123]. Das ist auch der Fall, wenn der Mieter im Einverständnis mit dem Vermieter einen Schlüssel behält, um seiner Renovierungspflicht[124] oder sonstigen Pflichten[125] nachzukommen oder um das Mietobjekt Nachmietinteressenten zu zeigen[126]. Ein Besitzwechsel zu Gunsten des Vermieters findet hingegen nicht statt, wenn dieser zwar die Schlüssel zurückerhält oder sonstwie die Möglichkeit des Zugangs zu dem Mietobjekt hat, das aber ausnahmsweise nicht mit einer endgültigen Besitzeinräumung verbunden sein soll[127]. Derartiges kann etwa vorkommen bei bloßer Verschaffung des Zutritts zu Besichtigungszwecken durch potentielle Nachmieter bzw. den Vermieter oder zur Mängelbeseitigung[128]. Auch wenn Dritte über die Schlüssel verfügen, etwa eine Behörde, die nach Zugangsverschaffung zur Gefahrenabwehr oder nach einem Brand das Schloss ausgewechselt hat, ist das nicht mit einem Besitzwechsel zu Gunsten des Vermieters verbunden, weil der Dritte i. d. R. Besitzmittler des bisherigen Besitzers, also des Mieters, sein möchte[129].

29 Durch die **Zwangsvollstreckung** aus einem vorläufig vollstreckbaren Urteil oder bei freiwilliger Rückgabe nach Erlass eines solchen Urteils wird zwar eine Besitzveränderung bewirkt, dennoch tritt – wie allgemein bei vorläufig vollstreckbaren Titeln – eine Erfüllung des Räumungsanspruchs (und auch eine Erledigung des Rechtsstreits[130]) nicht sofort, sondern erst mit Rechtskraft des Urteils ein[131]; anders kann das sein, wenn dem Vermieter eine Wiedereinräumung des Besitzes an den Mieter etwa wegen Neuvermietung unmöglich geworden ist oder bei entsprechenden (ausdrücklichen oder stillschweigenden) Erklärungen der Beteiligten. Ähnlich ist es bei einer Besitzerlangung durch **verbotene Eigenmacht** des Vermieters, da dem Mieter in diesem Fall noch Besitzschutzansprüche auf Rückgängigmachung der Besitzverlustes zustehen[132]. Verzichtet der Mieter nach einer Zwangsvollstreckung oder einer verbotenen Eigenmacht auf Wiedereinräumung des Besitzes, führt das aber mit dem Verzicht zur endgültigen Erfüllung.

30 Zur Rückgabe ist **nicht immer eine Besitzveränderung notwendig:** Weigert sich der Vermieter zu Unrecht, die ihm vom Mieter zur Rückgabe angebotene Mietsache zurückzunehmen, so gerät er in **Annahmeverzug** mit der Folge einer Haftungserleichterung zugunsten des Mieters; es reduziert sich dessen Obhutspflicht, weil er nach § 300 Abs. 1 BGB nur noch Vorsatz und grobe Fahrlässigkeit zu vertreten hat[133]. Der Vermieter darf die Rücknahme ohne Folgen für seine Ansprüche auf Nutzungsentschädigung und Schadensersatz nur verweigern, wenn der Mieter sie in einem Zustand zurückgeben will, der einer Nichterfüllung gleichkommt (s. näher bei Rdn. 36 und bei § 546a Rdn. 39; zum Recht des Mieters auf vorzeitige Rückgabe s. Rdn. 77). Der Eintritt des Annahmeverzuges kann aber nicht ohne weiteres mit der Erfüllung der Rückgabeverpflichtung gleichgesetzt werden, weil hierdurch keine Veränderung der Besitzverhältnisse zugunsten des Vermieters eintritt[134]. Eine solche Besitzveränderung ist vielmehr nur entbehrlich bei Erfüllung der

---

[121] OLG Hamburg WuM 2004, 471.

[122] BGH (VIII ZR 285/09) NJW 2011, 143 = ZMR 2011, 112 = WuM 2010, 688 Rdn. 55.

[123] OLG Köln ZMR 2006, 859; OLG Düsseldorf GuT 2009, 180; OLG Düsseldorf GuT 2008, 359; OLG Hamburg ZMR 1995, 18.

[124] OLG Düsseldorf ZMR 2013, 629; OLG Düsseldorf DWW 2006, 333; KG NZM 2001, 849 = WuM 2001, 437 = ZMR 2001, 890.

[125] OLG Düsseldorf ZMR 1987, 215 für die Versorgung von Pflanzen nach Vertragsbeendigung; LG Essen ZMR 2012, 103 für eine Zählerablesung.

[126] OLG Koblenz NZM 2006, 181.

[127] BGH NJW 2004, 774 = WuM 2004, 21 = ZMR 2004, 108 Rdn. 21.

[128] BGH NJW 2000, 3203 = WuM 2000, 419 = ZMR 2000, 596 Rdn. 29; KG ZMR 2012, 693.

[129] BGH NJW 2004, 774 = WuM 2004, 21 = ZMR 2004, 108 Rdn. 21; BGH (VIII ZR 48/13) VersR 2014, 999.

[130] BGH (V ZR 115/13) NJW 2014, 2199; BGH NJW 2011, 1135 = WuM 2011, 171 Rdn. 11.

[131] BGH (V ZR 115/13) NJW 2014, 2199; BGH NJW 2004, 1736 = WuM 2004, 277 = ZMR 2004, 428 unter Verweis auf BGH NJW 1983, 1111; OLG Düsseldorf ZMR 2011, 629; LG München I NZM 2013, 25.

[132] OLG Düsseldorf ZMR 2007, 193.

[133] OLG Düsseldorf WuM 1997, 218.

[134] OLG Düsseldorf NZM 1999, 1142 = WuM 1999, 279 = ZMR 1999, 326; OLG Düsseldorf WuM 1997, 218. **A. A.** wohl LG Mannheim WuM 1974, 202, das im Rahmen eines Anspruchs auf Nutzungsentschädigung

Voraussetzungen des § 303 BGB, da nach dieser Vorschrift für die Herausgabe eines Grundstücks die Besitzaufgabe ausreicht, wenn der Vermieter sich in Verzug befindet und die Besitzaufgabe angedroht wurde[135]. Die Androhung ist gem. § 303 Satz 2 BGB entbehrlich, wenn sie untunlich ist; das ist beispielsweise der Fall, wenn der Vermieter zu einem vereinbarten Rückgabetermin nicht erscheint oder die Rücknahme unberechtigterweise verweigert[136]. Auf die Rückgabe von beweglichen Mietsachen ist § 303 BGB nicht anwendbar; hier kann der Mieter aber gem. § 372 BGB hinterlegen oder gem. § 383 BGB versteigern, um sich von der Rückgabepflicht zu befreien[137]. Angesichts dieser Möglichkeiten, die Rückgabepflicht bei Weigerung des Vermieters zu erfüllen, ist die teilweise für solche Fälle befürwortete Analogie zu § 162 Abs. 1 BGB (Bedingungsvereitelung) nicht notwendig[138]. Zu den Auswirkungen einer unberechtigten Weigerung des Vermieters auf den Nutzungsentschädigungsanspruch s. bei § 546a Rdn. 45. Eine bloße Besitzaufgabe (ohne die Anwendung des § 303 BGB bzw. Hinterlegung, Versteigerung) reicht ausnahmsweise aus, wenn der Mieter neben dem Vermieter nur **Mitbesitzer** ist (§ 856 BGB) und der Vermieter durch die Besitzaufgabe Alleinbesitzer wird; ggf. ist hierzu eine Schlüsselrückgabe notwendig. Hatte der Mieter **keinen Besitz** an der Mietsache (weil die vereinbarte Nutzungsart das nicht vorsah und erforderte), so geschieht die Rückgabe durch Einstellung des Gebrauchs[139]. Eine Veränderung der Besitzlage zugunsten des Vermieters ist für eine Rückgabe gleichfalls dann nicht notwendig, wenn **Haupt- und Untermietverhältnis** enden und der neue Hauptmieter mit dem alten Untermieter einen neuen Vertrag schließt. Der Vermieter muss sich dann fiktiv so behandeln lassen, als sei die Mietsache zum Ende des Mietvertrages mit dem ausgewechselten Hauptmieter zurückgegeben worden[140]. Ähnlich ist es, wenn ein neuer Mieter die Mietsache dem rückgabepflichtigen (Vor-) Mieter untervermietet; der (Vor-)Mieter kann sein Besitzrecht dann von dem Untervermieter ableiten und ist zur Rückgabe (Besitzverschaffung) an der Vermieter nicht mehr verpflichtet; die Berechtigung zur Untervermietung ist dabei belanglos[141].

b) Rückgabe von Zubehör, insbesondere der Schlüssel. Die Rückgabepflicht umfasst auch mitvermietetes **Zubehör**[142]. Dazu können etwa die mitüberlassenen Möbel und Haushaltsgeräte gehören, aber auch Fahrzeugpapiere oder ein Kindersitz bei einem Mietwagen etc. Verletzt der Mieter seine Rückgabepflicht, haftet er gem. §§ 280ff. BGB auf Schadensersatz wegen Schlechterfüllung[143], nicht aber wegen Nichterfüllung, da hierin – mit Ausnahme des Behalts von Schlüsseln – nicht eine Weiternutzung der Mietsache insgesamt zu sehen ist. **Heizöl** kann zwar Zubehör i. S. v. § 97 BGB sein[144]. Es ist dennoch i. d. R. bei Vertragsende nicht eine gleich große Menge Öl, wie sie bei Vertragsbeginn vorhanden war, zurückzugeben, wenn das Öl zum Verbrauch bestimmt war und mit den Nebenkosten vom Vermieter abgerechnet wird; dann wird die Rückgabepflicht durch die Kostenerstattungspflicht ersetzt. Anders kann es dann sein, wenn der Mieter nach dem Mietvertrag selbst für die Beschaffung zuständig ist[145]. Zur Pflicht des Mieters, von ihm beschafftes Heizöl zu entfernen bzw. seinem Anspruch auf Kostenerstattung, s. Rdn. 41. 31

Hauptanwendungsfall der Pflicht zur Rückgabe von Zubehör ist die Rückgabe der **Schlüssel** zur Mietsache[146], also der Schlüssel zu den Mieträumlichkeiten, zu dem Tor des Mietgrundstücks, 32

von einer Erfüllung der Rückgabepflicht ausgeht, wenn sich der Vermieter in Annahmeverzug mit den Schlüsseln befindet.

[135] OLG Düsseldorf NZM 1999, 1142 = WuM 1999, 279 = ZMR 1999, 326; *Horst* MDR 1998, 193. OLG Düsseldorf WuM 1997, 218, OLG Hamburg WuM 1977, 73 und wohl auch OLG Hamburg WuM 1990, 75 kommen bei Weigerung des Vermieters zu einem ähnlichen Ergebnis, auch wenn sie § 303 BGB offenbar übersehen.

[136] OLG Düsseldorf NZM 1999, 1142 = WuM 1999, 279 = ZMR 1999, 326; BezG Cottbus WuM 1994, 146.

[137] OLG Düsseldorf NZM 1999, 1142 = WuM 1999, 279 = ZMR 1999, 326.

[138] Für eine solche Analogie *Rolfs* in Staudinger § 546 Rdn. 18 unter Berufung auf LG Mannheim WuM 1974, 202, das aber keine Aussagen hierzu enthält.

[139] *Rolfs* in Staudinger § 546 Rdn. 13.

[140] BGH NJW 1992, 687 = WuM 1992, 71 = ZMR 1992, 96.

[141] BGH NJW 1983, 446.

[142] BGH NJW 1975, 2103.

[143] BGH (VIII ZR 285/09) NJW 2011, 143 = ZMR 2011, 112 = WuM 2010, 688 Rdn. 55. S. näher zu möglichen Schadensersatzansprüchen, deren Abgrenzung zueinander und zur Notwendigkeit der Fristsetzung gem. § 281 BGB im Falle der Schlechterfüllung von Rückgabepflichten bei der Kommentierung zu § 546a BGB.

[144] LG Aachen NZM 2009, 276; LG Braunschweig ZMR 1986, 120.

[145] LG Aachen, NZM 2009, 276; LG Kiel WuM 1986, 277, die aber nicht danach differenzieren, wen die Beschaffungspflicht für das Öl trifft und ob die Heizenergie zu den abrechenbaren Nebenkosten gehört.

[146] OLG München DWW 1987, 125.

dem Mietwagen, dem Hotelsafe etc. Einem Schlüssel stehen gleich andere Türöffner wie Karten oder elektronische Chips. Ein Zahlencode kann naturgemäß nicht zurückgegeben werden; der Mieter darf den Code nach Übertragung des Besitzes an der Mietsache auf den Vermieter aber nicht mehr benutzen.

33 Es sind **sämtliche Schlüssel** zurückzugeben, die der Vermieter dem Mieter zur Verfügung gestellt hat. Das folgt schon aus der Zubehöreigenschaft. Soweit ausnahmsweise eine Rückgabe der Mietsache als solcher anzunehmen ist, obwohl nicht alle Schlüssel zurückgegeben wurden (s. dazu bei Rdn. 28), so hat der Vermieter dennoch, soweit noch möglich, einen Anspruch auf Herausgabe auch dieser Schlüssel; wenn sie dem Mieter zu einem besonderen Zweck belassen wurden (z. B. Renovierung), besteht der Anspruch spätestens nach Erfüllung des Zwecks.

34 **Selbst gefertigte Ersatzschlüssel** hat der Mieter ebenfalls dem Vermieter auszuhändigen oder zu vernichten[147]. Das folgt aus der oben dargestellten Besitzverschaffungspflicht. Ohne Rückgabe bzw. Vernichtung der Schlüssel findet nämlich grundsätzlich ein Besitzübergang nicht statt, da der Inhaber des Schlüssels meist auch die Sachherrschaft über die Mietsache hat[148]. Händigt der Mieter die Schlüssel dem Vermieter aus, hat er keinen Anspruch auf Erstattung der Kosten für die Zusatzschlüssel[149], weil er sie hätte vernichten dürfen.

35 Sind Schlüssel **verloren** gegangen oder **beschädigt** worden, dann verletzt der Mieter zwar nicht hinsichtlich des Mietobjekts als solchem seine Rückgabepflicht[150], wohl aber hinsichtlich der Schlüssel. Hat er die Beschädigung bzw. den Verlust zumindest fahrlässig verursacht, dann ist er gem. §§ 280, 241 Abs. 2 BGB schadensersatzpflichtig[151], ggf. auch gem. § 823 BGB. Der vertragliche Anspruch zu Gunsten des Vermieters ist dem Grunde nach unproblematisch, wenn er selbst Eigentümer der Schlüssel bzw. der Schließanlage ist. Wenn ein Dritter, also nicht oder nicht allein der Vermieter, Eigentümer einer Schließanlage ist, wie es bei Wohnungseigentum oder Untermiete regelmäßig der Fall ist, so stehen dem Vermieter Ansprüche (ggf. auf Freistellung[152]) nur zu, wenn er seinerseits von dem Eigentümer berechtigterweise in Anspruch genommen wird[153]. In diesem Fall gibt es keine Vertragsbeziehung des Dritten zum Mieter, der Dritte ist auch nicht in den Schutzbereich des Mietvertrages zwischen dem Mieter und dem Vermieter einbezogen (kein Vertrag mit Schutzwirkung zu Gunsten Dritter)[154]. Eigene vertragliche Schadensersatzansprüche können dem Dritten (etwa der Wohnungseigentümergemeinschaft bzw. dem Hauptvermieter) deshalb nur gegen den vermietenden Wohnungseigentümer bzw. (Unter-)Vermieter zustehen, wenn zwischen diesen beiden ein Vertrag oder – wie im Falle des Wohnungseigentums[155] – ein gesetzliches Schuldverhältnis besteht; das Verschulden des Mieters wird dem Vermieter gem. § 278 BGB zugerechnet[156]. Direkte deliktische Ansprüche des Dritten gegen den Mieter sind möglich, dürften praktisch aber selten sein, da das Verlieren von Schlüsseln wohl nur ein Unterlassen darstellt und der Mieter gegenüber dem Dritten keine Garantenstellung hat, für dieses Unterlassen also nicht haftet[157]. Da Verlust oder Beschädigung i. d. R. im Obhutsbereich des Mieters eintreten, hat der Mieter sich, wenn § 280 BGB Anspruchsgrundlage ist, sowohl hinsichtlich der Pflichtverletzung als auch des Verschuldens zu entlasten[158]. Verschulden ist etwa bei einem Schlüsseldiebstahl ausgeschlossen, es sei denn, der Mieter hätte den Diebstahl schuldhaft ermöglicht oder erleichtert[159]. Das ist nicht schon dann der Fall, wenn der Mieter den Wohnungsschlüssel während eines Kranken-

---

[147] *Rolfs* in Staudinger § 546 Rdn. 17; *Lammel,* Wohnraummietrecht, § 546 Rdn. 28; *Schmid* MDR 2010, 1370.

[148] Ähnlich OLG Brandenburg NZM 2000, 463; OLG Düsseldorf MDR 2003, 82.

[149] *Rolfs* in Staudinger § 546 Rdn. 17; *Schmid* MDR 2010, 1370. Für eine Kostenerstattung *Lammel,* Wohnraummietrecht, § 546 Rdn. 28.

[150] *Flatow* NZM 2011, 661 geht von der Verletzung einer Obhutspflicht aus; das ist zutreffend, wenn das Mietverhältnis noch nicht beendet ist.

[151] BGH (VIII ZR 205/13) NJW 2014, 1653 = WuM 2014, 279 = ZMR 2014, 626; KG NJW-RR 2008, 1245 = ZMR 2008, 618; *Walker* MDR 1987, 982; *Flatow* NZM 2011, 663.

[152] BGH (VIII ZR 205/13) NJW 2014, 1653 = WuM 2014, 279 = ZMR 2014, 626 Rdn. 11.

[153] *Flatow* NZM 2011, 663.

[154] *Flatow* NZM 2011, 663.

[155] BGH (VIII ZR 205/13) NJW 2014, 1653 = WuM 2014, 279 = ZMR 2014, 626 Rdn. 12.

[156] BGH (VIII ZR 205/13) NJW 2014, 1653 = WuM 2014, 279 = ZMR 2014, 626 Rdn. 12/13; *Flatow* NZM 2011, 663.

[157] *Flatow* NZM 2011, 663.

[158] BGH (VIII ZR 205/13) NJW 2014, 1653 = WuM 2014, 279 = ZMR 2014, 626; KG NJW-RR 2008, 1245 = ZMR 2008, 618; LG Hamburg WuM 1999, 327 = NZM 1999, 410; *Flatow* NZM 2011, 662.

[159] AG Hamburg WuM 1999, 687 = NZM 2000, 618; *Walker* MDR 1987, 982.

hausaufenthaltes nicht bei der Klinikverwaltung verwahren lässt, sondern in ein abschließbares Wertfach im Krankenzimmer legt, das aufgebrochen wird[160]. Verschulden ist aber gegeben, wenn ein Schlüssel in einer Notebooktasche aufbewahrt und diese Tasche unter den Autositz geschoben wird, aber dennoch von außen sichtbar bleibt, und so einen Anreiz für einen Diebstahl bietet[161]. Verschulden ist auch gegeben, wenn die Angestellten einer Arztpraxis (mit Drogentherapie) die Praxisschlüssel auf einem Behandlungstisch unbeaufsichtigt liegen lassen[162]. Arbeitnehmer des Mieters sind dessen Erfüllungsgehilfen[163]. Bei Schlüsselbeschädigung oder -verlust hat der Mieter die Kosten für die Beschaffung eines Ersatzschlüssels zu tragen[164]. Bei Verlust des Schlüssels kommen weitergehende Ansprüche auf Ersatz der Kosten für einen Austausch des Wohnungsschlosses oder des Hauseingangsschlosses, ggf. sogar der gesamten Hausschließanlage in Betracht. Konkret hängt das davon ab, inwieweit die Sicherheitsbelange eines Nachfolgemieters oder anderer Bewohner des Hauses von dem Schlüsselverlust betroffen sind[165]; das ist letztlich eine Einzelfallabwägung[166], bei der zu prüfen ist, ob noch ein Zurechnungszusammenhang zwischen dem Abhandenkommen des Schlüssels und der Entscheidung des Vermieters besteht, das Schloss oder die Schließanlage auswechseln zu lassen[167]. Für das Fehlen der Gefahrerhöhung ist der Mieter beweispflichtig[168], im Zweifel darf der Vermieter also Schloss bzw. Schließanlage austauschen[169]. Ist der Schlüssel praktisch für jedermann unauffindbar verloren (z. B. versunken im See[170]) oder kann ein Finder einen Bezug zu dem Mietobjekt nicht herstellen (z. B. Verlust im Ausland), dann erhöht der Verlust die Gefahr eines ungewollten Eindringens in das Mietobjekt nicht[171]; es reicht die Ersatzbeschaffung eines Schlüssels, ein Schlossaustausch ist nicht notwendig. Kann ein Finder oder Dieb den Bezug zu dem Mietobjekt herstellen (z. B. bei Abhandenkommen zusammen mit Ausweispapieren), ist jedenfalls der Austausch des Wohnungsschlosses notwendig. Passt in diesen Fällen der Wohnungsschlüssel auch für das Haustürschloss oder kommt allein bzw. zusätzlich der Haustürschlüssel abhanden, dann dürfte der Austausch des Haustürschlosses (ggf. handelt es sich um eine Schließanlage) regelmäßig nur dann notwendig sein, wenn ein Unbefugter im dann zugänglichen Teil des Hauses nennenswerten Schaden anrichten kann, weil dort beispielweise Gegenstände der Mieter oder des Vermieters gelagert oder abgestellt sind; durch die Zugangsmöglichkeit zum Haus wird hingegen die Gefahr des Eindringens in die einzelnen Wohnungen meist nicht nennenswert erhöht, da in einem Mehrfamilienhaus angesichts der größeren Zahl der Bewohner und deren Besucher eine Kontrolle der Personen, die Zugang zum Haus haben, ohnehin kaum möglich ist[172]. Ein Ersatzanspruch besteht allerdings nur, wenn der Vermieter die betroffenen Schlösser tatsächlich hat austauschen lassen, da nicht schon die Gefährdung die Vermögenseinbuße darstellt, sondern erst die Ersatzbeschaffung, die adäquat kausal durch die Gefährdung veranlasst wurde[173]. Wird die Klage auf Schadensersatz, bei der ein Schlossaustausch nicht erfolgt ist, abgewiesen, hindert dies nicht eine neuerliche Klage nach Schlossaustausch, weil der Kläger sich zur Begründung auf einen erst nach Rechtskraft des früheren Urteils entstandenen Sachverhalt beruft[174]. Eine Feststellungsklage dahingehend, dass der Mieter zum Schadensersatz für den Fall des tatsächlichen Schlossaustauschs verpflichtet ist, soll wegen des Vorrangs der Leistungsklage grundsätzlich ausgeschlossen sein[175]. Das erscheint jedenfalls

---

160 AG Ahrensburg ZMR 2010, 858.

161 KG NJW-RR 2008, 1245 = ZMR 2008, 618.

162 AG Frankfurt ZMR 2010, 862.

163 KG NJW-RR 2008, 1245 = ZMR 2008, 618; AG Frankfurt ZMR 2010, 862. S. näher zu Erfüllungsgehilfen des Mieters bei § 535 Rdn. 297.

164 *Flatow* NZM 2011, 661.

165 BGH (VIII ZR 205/13) NJW 2014, 1653 = WuM 2014, 279 = ZMR 2014, 626.

166 LG Mannheim WuM 1977, 121; LG Wiesbaden NZM 1999, 308; *Schmid* MDR 2010, 1369; *Flatow* NZM 2011, 661; *Hinz* JR 2015, 263.

167 *Flatow* NZM 2011, 661.

168 *Hinz* JR 2015, 263; *Schmid* MDR 2010, 1369; *Horst* MDR 1998, 192.

169 *Flatow* NZM 2011, 661 und 662/663.

170 LG Mannheim WuM 1977, 121.

171 LG Münster WuM 1989, 508; *Walker* MDR 1987, 982/983; *Ruthe* NZM 2000, 365.

172 LG Hamburg WuM 1999, 327 = NZM 1999, 410 (zur verschuldensunabhängigen Haftung); *Walker* MDR 1987, 983. **A. A.** für ein Gewerbemietobjekt, aber ohne nähere Ausführungen zur Gefahrerhöhung KG NJW-RR 2008, 1245 = ZMR 2008, 618.

173 BGH (VIII ZR 205/13) NJW 2014, 1653 = WuM 2014, 279 = ZMR 2014, 626; *Flatow* NZM 2011, 662; *Hinz* JR 2015, 263.

174 *Blank* IMR 2014, 231.

175 LG Freiburg, Urteil v. 23.4.2013 (Az.: 9 S 154/12), BeckRS 2013, 15702.

dann zweifelhaft, wenn die Verjährung unterbrochen werden soll. Allerdings schwindet nach langer Zeit des Zuwartens mit dem Schlossaustausch die Gefährdung, was den Feststellungsanspruch (wie auch einen Geldersatzanspruch) meist unbegründet machen wird. Ein Mitverschulden des Vermieters kommt gem. § 254 Abs. 2 Satz 1 BGB in Betracht, wenn der Vermieter den Mieter bei Anmietung nicht darauf hingewiesen hat, dass bei einem Schlüsselverlust ungewöhnlich hohe Kosten für den Austausch der Schließanlage entstehen können[176]. Allerdings ist eine Warnung unnötig, wenn der Mieter die Gefahr kennt oder kennen kann; außerdem ist sie i. d. R. nur vor Vertragsschluss zielführend, weil der Mieter wohl nur dann wirksame Gegenmaßnahmen ergreifen, nämlich die Anmietung unterlassen kann. **Mietvertragsklauseln,** die eine verschuldensunabhängige Ersatzpflicht für einen Schlüsselverlust vorsehen oder einen Schlossaustausch unabhängig von der konkreten Notwendigkeit, benachteiligen den Mieter unangemessen und verstoßen gegen § 307 BGB[177]. Zur **Verjährung** der Ersatzansprüche des Vermieters bei Schlüsselverlust s. § 548 Rdn. 64.

36 **c) Zustand der Mietsache bei Rückgabe.** Wie eingangs ausgeführt (s. bei Rdn. 18) muss der Mieter die Mietsache in dem Zustand zurückgeben, in der sie sich bei Gebrauchsüberlassung befand, ausgenommen sind Veränderungen und Verschlechterungen, die durch den vertragsgemäßen Gebrauch eingetreten sind. Der Mietvertrag oder sonstige Parteivereinbarungen können diesen Grundsatz modifizieren; bedeutsam sind hierbei insbesondere Vereinbarungen zur Renovierung von Wohn- oder Geschäftsräumen (Schönheitsreparaturen). Der Mieter hat die Rückgabepflichten auch für solche Flächen zu erfüllen, die **nicht mitvermietet** waren, die er aber während der Mietzeit unberechtigt genutzt hat[178]. Die **Rückgabe im ursprünglichen Zustand** bedeutet, dass der Mieter die eingebrachten Sachen entfernen (Räumung), Einrichtungen beseitigen, Schäden beheben und Umbauten rückgängig machen muss; außerdem hat er die Mietsache ggf. zu reinigen. Nicht jeder Verstoß gegen diese Pflichten führt allerdings dazu, dass trotz einer Besitzveränderung zu Gunsten des Vermieters von einer Nichterfüllung der Rückgabepflicht insgesamt ausgegangen werden kann. Entscheidend für diese Frage ist vielmehr, ob in einem Verstoß gegen diese Pflichten eine Weiternutzung durch den Mieter zu sehen ist[179]. Das ist vor allem der Fall, wenn in nennenswertem Umfang Gegenstände oder Einrichtungen des Mieters in der Mietsache verbleiben[180], was vornehmlich bei der Raum- und Grundstücksmiete relevant werden kann, aber beispielsweise auch bei der Miete von Schiffen, Bussen, LKW. Weiterhin kommt in Betracht das Unterlassen der Beseitigung von baulichen Anlagen, die der Mieter errichtet hat[181]. Andere Verstöße gegen die Rückgabepflicht stellen lediglich eine Schlechterfüllung dar. Die Unterscheidung zwischen Nichterfüllung und Schlechterfüllung ist insbesondere wichtig für § 546a BGB, da Nutzungsentschädigungsansprüche unter anderem eine Nichterfüllung der Rückgabepflicht zur Voraussetzung haben[182]. Bei einer Schlechterfüllung der Rückgabepflichten stehen dem Mieter ggf. Schadensersatzansprüche gem. § 280 BGB ggf. iVm. § 281 BGB zu[183].

37 **aa) Räumung von Gegenständen bzw. Einrichtungen.** Der Mieter, der zu Teilleistungen nicht berechtigt ist[184], hat das Mietobjekt vollständig zu räumen, d. h. alle von ihm eingebrachten (Inventar-)Gegenstände und alle Einrichtungen, mit denen er das Mietobjekt versehen hat, zu entfernen[185] und zwar auch dann, wenn sie nicht ihm, sondern einem Dritten gehören[186] oder wenn er das Eigentum daran auf einen Dritten überträgt oder aufgibt[187]; ebenso, wenn die Gegenstände von

---

[176] AG Bad Schwalbach NJWE-MietR 1997, 174; AG Wolfratshausen NZM 2014, 32, unvollständig in ZMR 2014, 47; *Schmid* MDR 2010, 1369; *Ruthe* NZM 2000, 366; *Horst* MDR 1998, 192; *Hinz* JR 2015, 263.

[177] OLG Brandenburg WuM 2004, 597 = NZM 2004, 905 = ZMR 2004, 745; AG Berlin-Spandau WuM 2013, 532; *Flatow* NZM 2011, 611; *Walker* MDR 1987, 983; *Ruthe* NZM 2000, 365; *Schmid* MDR 2010, 1369.

[178] BGH NJW 2010, 2652 = ZMR 2010, 932.

[179] Einzelheiten bei Rdn. 20.

[180] Einzelheiten bei Rdn. 37.

[181] Einzelheiten bei Rdn. 44.

[182] S. dazu näher bei § 546a Rdn. 39.

[183] S. näher zu möglichen Schadensersatzansprüchen, deren Abgrenzung zueinander und zur Notwendigkeit der Fristsetzung gem. § 281 BGB im Falle der Schlechterfüllung von Rückgabepflichten bei der Kommentierung zu § 546a BGB.

[184] BGH (VIII ZR 96/87) NJW 1988, 2665 = WuM 1988, 270 = ZMR 1988, 378; BGH (VIII ZR 48/13) VersR 2014, 999 Rdn. 15.

[185] BGH (VIII ZR 96/87) NJW 1988, 2665 = WuM 1988, 270 = ZMR 1988, 378; BGH (VIII ZR 48/13) VersR 2014, 999; BGH NJW 2006, 2115 = WuM 2006, 308; KG GE 2009, 448 (unvollständig in WuM 2008, 724).

[186] Anders bei Vermietereigentum, s. Rdn. 40.

[187] BGH NJW 1994, 3232 = ZMR 1995, 13.

einem Dritten über längere Zeit gegen den Willen des Mieters auf das Mietobjekt verbracht wurden, ohne dass dieser dem Vermieter davon Anzeige gemacht hätte[188]. Die **Räumungspflicht** gilt unabhängig vom Zustand des Mietobjektes oder der eingebrachten Gegenstände, d. h., es sind auch veränderte, unbrauchbare oder zerstörte Sachen wegzuschaffen, dies ggf. sogar aus untergegangenen Mieträumen[189]. Letzteres kann insbesondere relevant werden, wenn bei einem Brand des Mietobjektes die eingebrachten Sachen so kontaminiert werden, dass besondere Entsorgungsmaßnahmen und -kosten anfallen[190]; auch die Mitversicherung von Aufräumkosten in der Gebäudeversicherung des Vermieters ändert daran nichts[191]. Ist die Räumung allerdings wegen eines Verschuldens des Vermieters erheblich erschwert, etwa weil er den Brand verursacht hat, dann ist der Schadensersatzanspruch des Mieters gegen den Vermieter – neben dem Ersatz für die Gegenstände – auf Freihaltung von der Räumung gerichtet[192]. Außerdem ist der Mieter ggf. erst dann zur Räumung verpflichtet, wenn der Vermieter die Gebäudereste entfernt hat, so dass das Räumungsgut zugänglich wird[193]. Die Räumungspflicht betrifft hauptsächlich vermietete Räume oder Grundstücke, kann aber darüber hinaus bei allen Mietsachen in Betracht kommen, in denen der Mieter Gegenstände aufbewahren kann (Schiffe, Flugzeuge, Kraftfahrzeuge, Safes etc.). Der Mieter hat auch solche Flächen zu räumen, die **nicht mitvermietet** waren, die er aber während der Mietzeit unberechtigt genutzt hat[194].

Einrichtungen sind im Gegensatz zu sonstigen Gegenständen bewegliche Sachen, die mit der 38
Mietsache vorübergehend verbunden werden, um ihrem wirtschaftlichen Zweck zu dienen[195]. Ein Verbinden liegt nicht schon bei jedem Befestigen vor, entscheidend ist vielmehr, ob die Befestigung ein Umfallen oder Herabfallen verhindern soll (dann keine Einrichtung, sondern sonstiger Gegenstand) oder ob sie der körperlichen Verbindung mit dem Mietobjekt dienen soll (dann Einrichtung)[196]. Die Verbindung mit der Mietsache muss ohne Zerstörung wieder trennbar sein[197], ansonsten liegt eine bauliche Änderung vor[198]. Einrichtungen sind etwa – ohne dass es auf die Eigentumsverhältnisse ankommt[199] – Türen, Schlösser, Waschbecken, Badewannen, Küchenzeilen, Einbauschränke, Teppichboden oder Laminat (bei vollflächig fester Verklebung handelt es sich um eine bauliche Änderung), umpflanzbare Pflanzen[200] etc. Für die Räumungspflicht ist diese Unterscheidung zwischen Gegenständen und Einrichtungen weitgehend bedeutungslos, sie spielt vor allem für das Wegnahmerecht gem. § 539 Abs. 2 BGB und dessen Abwendung gem. § 552 BGB eine Rolle. Aus der gesetzlichen Regelung des Wegnahmerechts für Einrichtungen in § 539 Abs. 2 BGB ist jedenfalls nicht zu schließen, dass der Mieter insoweit nicht die Pflicht zur Räumung hätte; die Vorschrift soll dem Mieter vielmehr in Ergänzung zu § 539 Abs. 1 BGB auch dann einen Anspruch auf Wegnahme verschaffen, wenn er nach dem Einbau nicht mehr Eigentümer ist[201]. Davon unabhängig besteht gem. § 546 Abs. 1 BGB die Pflicht zur Wiederherstellung des bei Mietvertragsbeginn bestehenden Zustandes, der auch die Beseitigung der vom Mieter eingebrachten Einrichtungen erfordert[202]. Dabei kommt es grundsätzlich nicht darauf an, ob die Einrichtung von dauerhaftem Nutzwert für die Mietsache oder den Vermieter ist[203]. Eine solche Betrachtungsweise würde die Entscheidungsfreiheit des Vermieters über die Abwendung der Wegnahme gem. § 552 BGB

188 OLG Düsseldorf, Beschluss v. 1.3.2016 (Az.: 24 U 152/15).

189 BGH NJW 1996, 321 = ZMR 1996, 124; BGH (VIII ZR 48/13) VersR 2014, 999; OLG Düsseldorf DWW 2006, 65 = GE 2006, 189; KG GE 1995, 249.

190 BGH NJW 1996, 321 = ZMR 1996, 124 für einen durch Verbrennung kontaminierten Teppich in einem brandzerstörten Gebäude; OLG Düsseldorf DWW 2006, 65 = GE 2006, 189 für eine verkohlte Ladeneinrichtung in einem brandzerstörten Haus.

191 BGH (VIII ZR 48/13) VersR 2014, 999 Rdn. 17 m. w. N.

192 BGH NJW 1996, 321 = ZMR 1996, 124 erkennt das Verschulden des Vermieters (nicht aber die Unaufklärbarkeit des Geschehens oder eine zufällige Zerstörung) als Ausnahme an, sagt aber nichts über den dogmatischen Weg.

193 KG GE 1995, 249.

194 BGH NJW 2010, 2652 = ZMR 2010, 932.

195 OLG Düsseldorf ZMR 2010, 959; s. näher bei *Schmid* WuM 2015, 9 und bei § 539 Rdn. 12ff.

196 Einzelheiten bei § 539 Rdn. 12ff.

197 *Blank/Börstinghaus* § 539 Rdn. 22. Kritisch *Schmid* WuM 2015, 9/10.

198 *Blank* PiG 79 (2007) S. 4.

199 *Emmerich* in Staudinger § 539 Rdn. 24.

200 Kritisch zum Kriterium der Umpflanzbarkeit *Schmid* WuM 2015, 9.

201 *Blank/Börstinghaus* § 539 Rdn. 24.

202 BGH NJW 1988, 2665; BGH NJW 1986, 309; BGH NJW 1981, 2564; OLG Düsseldorf ZMR 1990, 218 = DWW 1990, 119; LG Düsseldorf NJW-RR 1987, 1043.

203 So aber LG Hamburg WuM 1988, 305; *Horst* DWW 1996, 181.

unterlaufen und ihn in seiner eigenen Dispositionsfreiheit über die Ausgestaltung der Mietsache behindern. Der Vermieter hat grundsätzlich ein Recht und ein Interesse daran, die Mietsache – vorbehaltlich der Veränderungen durch vertragsgemäßen Gebrauch und vorbehaltlich besonderer Vereinbarungen – so zurückzuerhalten, wie er sie dem Mieter überlassen hat. Deshalb sind Einrichtungen (genauso wie sonstige Gegenstände) unabhängig von der Eigentumslage zu entfernen, also auch dann, wenn der Vermieter gem. §§ 93ff. BGB Eigentümer geworden ist bzw. wenn ein Dritter Eigentümer der Einrichtung ist[204]. Die Räumungspflicht korrespondiert insofern mit dem Wegnahmerecht des Mieters gem. § 539 Abs. 2 BGB bzw. dem damit in Verbindung stehenden Gestattungsanspruch gem. § 258 BGB, der dinglichen Charakter hat (s. auch § 548 Rdn. 52). Wenn die Einrichtung von dauerhaftem Nutzwert für die Mietsache oder den Vermieter ist, dürften die Anforderungen an einen konkludenten Verzicht des Vermieters auf eine Entfernung (Räumung) allerdings gering anzusetzen sein (s. dazu sogleich); in Extremfällen bieten Treu und Glauben und das Schikaneverbot ausreichende Korrekturmöglichkeiten[205]. Hat der Mieter einzelne dem Vermieter gehörende Einrichtungen während der Mietzeit gegen eigene ausgetauscht (etwa Sanitäreinrichtungen), so muss er den ursprünglichen Zustand wiederherstellen und die Einrichtungen des Vermieters wieder anbringen[206].

39 Trotz seiner grundsätzlichen Räumungspflicht **darf bzw. muss** der Mieter alle oder einzelne **Gegenstände oder Einrichtungen zurücklassen,** wenn er dies mit dem Vermieter ausdrücklich oder stillschweigend vereinbart hat oder wenn der Vermieter insoweit auf die Räumung verzichtet hat[207]. Darf der Mieter nicht zurückbauen, kann er sich schadensersatzpflichtig machen, wenn er es dennoch tut, da er die Mietsache dann insoweit beschädigt[208]. Die bloße Erlaubnis des Vermieters zur Einbringung besonderer Gegenstände stellt aber regelmäßig keinen solchen Verzicht dar[209]; hierfür müssen vielmehr konkrete Anhaltspunkte vorliegen. Das ist meist der Fall bei Einrichtungen, die erforderlich waren, um den Mietgegenstand in einen vertragsgemäßen Zustand zu versetzen[210]; das folgt allein schon aus dem Rechtsgedanken des § 536a Abs. 2 BGB[211]. Erst Recht ist es der Fall, wenn der Mieter vertraglich zu der Einrichtung (oder einem Umbau) verpflichtet war[212]. Die Grenze zwischen einer hiernach notwendigen Einrichtung und einer bloß vom Mieter für wünschenswert gehaltenen Ausstattung, ist im Einzelfall nicht leicht zu ziehen; am ehesten tauglich als Maßstab dürfte sein, ob die Mietsache ohne die Einrichtung mangelhaft gewesen wäre, ob es also eigentlich Vermieterpflicht gewesen wäre, die Einrichtung bereitzustellen[213]. Gegenstände, die der Mieter seinem Nachfolger überlassen hat, dürfen ebenfalls in den Räumen verbleiben[214]; für die Wirksamkeit solcher Ablösungsvereinbarungen ist ggf. § 4a Abs. 2 S. 2 Wohnungsvermittlungsgesetz (WoVermG) zu beachten[215]. Scheitert das **Nachfolgemietverhältnis** allerdings, kann der Mieter auch später noch zur Räumung herangezogen werden. Das ist nicht mehr möglich, wenn die Mietsache dem Nachfolger bereits – wenn auch nur kurzfristig – überlassen war. War das hingegen noch nicht der Fall, sondern nur beabsichtigt, dann hängt die weitere Räumungspflicht des Mieters davon ab, ob der Vermieter den Zustand der Räume endgültig akzeptiert hat, also auch für den Fall, dass das Nachfolgemietverhältnis scheitern sollte. **Gegenstände, die der Mieter bei Mietbeginn vorgefunden hat,** muss er nicht entfernen – gleichgültig, ob sie vom Vormieter, dem Vermieter oder einem sonstigen Dritten stammen. Anders ist das nur, wenn der Mieter sie durch Vereinbarung mit dem Berechtigten (i. d. R. wird dass ein Vormieter sein) übernommen

---

[204] **A. A.** *Lohmann/Ungerer* ZMR 2013, 167, die die Räumungsverpflichtung von der Eigentumslage abhängig machen wollen.
[205] So auch LG Hamburg WuM 2010, 448.
[206] *Blank* PiG 79 (2007) S. 5; OLG Köln OLGR Köln 1992, 113.
[207] OLG Brandenburg ZMR 2010, 23 Rdn. 22; OLG Düsseldorf ZMR 1990, 218 = DWW 1990, 119.
[208] OLG Brandenburg ZMR 2010, 23 Rdn. 23.
[209] OLG Köln NZM 1998, 767 = ZMR 1998, 699; OLG Düsseldorf ZMR 1990, 218 = DWW 1990, 119; *Lammel,* Wohnraummietrecht, § 546 Rdn. 18.
[210] OLG Düsseldorf ZMR 2012, 438; DWW 2012, 92; OLG Brandenburg ZMR 2010, 23 Rdn. 22; KG GE 2009, 448 (unvollständig in WuM 2008, 724); OLG Düsseldorf ZMR 1990, 218 = DWW 1990, 119; *Rolfs* in Staudinger § 546 Rdn. 25.
[211] *Horst* DWW 1996, 181; ähnlich wohl AG Dortmund WuM 1992, 125.
[212] *Scheuer/Emmerich* in Bub/Treier V. Rdn. 42.
[213] Ähnlich KG GE 2009, 448 (unvollständig in WuM 2008, 724); *Rolfs* in Staudinger § 546 Rdn. 25.
[214] *Blank/Börstinghaus* § 546 Rdn. 31.
[215] S. dazu BGH NJW 1997, 1845.

hat; dann gelten sie als von dem Mieter eingebracht und unterliegen seiner Räumungspflicht[216]. Das damit verbundene Risiko, anlässlich eines Rückbaus verdeckte Schäden vorzufinden und beseitigen zu müssen, die durch die Verbindung der Einrichtung mit der Mietsache entstanden sind, trägt der Mieter (und nicht der Vermieter), da die Übernahme der Einrichtung mit einer Schuldübernahme verbunden ist, der Mieter also auch den Rückbau so zu erfüllen hat wie der Vormieter[217]. Findet der Mieter bei Mietbeginn Gegenstände oder Einrichtungen in der Mietsache vor, dann darf er ohne gegenteilige Anhaltspunkte oder Vereinbarungen davon ausgehen, sie seien mitvermietet[218]. Der Vermieter hat zu beweisen, dass der Mieter Gegenstände bzw. Einrichtungen von dem Vormieter übernommen hat[219]. Eine Vertragsklausel „Vom Vormieter übernommene Gegenstände und Einrichtungen gelten als nicht zur Mietsache gehörig und als vom Mieter eingebaut bzw. eingebracht" ersetzen eine konkrete Bezeichnung der übernommenen Gegenstände nicht, sondern geben nur einen ohnehin geltenden Grundsatz wieder[220]. AGB-Klauseln, die konkret genug sind, verstoßen gegen das Verbot unangemessener Benachteiligung gem. § 307 BGB, weil sie dem Mieter Pflichten auferlegen, die nicht aus dem Mietgebrauch herrühren[221]. Ähnlich wie bei der Beseitigung von Umbauten[222] dürfte der Mieter nach Treu und Glauben auch berechtigt sein, solche Einrichtungen zurückzulassen, deren Entfernung für ihn mit erheblichem Aufwand verbunden ist, die der Vermieter aber wegen einer **beabsichtigten Sanierung oder eines Umbaus bzw. Abrisses** ohne Mehraufwand ohnehin beseitigen würde[223]. Einen Ausgleich in Geld schuldet der Mieter in diesen Fällen im Gegensatz zu sinnlosen Schönheitsreparaturen nicht, da die Rückgabepflicht anders als bei der Reparaturpflicht keine Gegenleistung für die Gebrauchsüberlassung ist[224].

Der Mieter muss solche Gegenstände zurücklassen, die **Vermietereigentum** sind[225] bzw. – **40**
ohne dass der Vermieter Eigentümer sein müsste – von ihm als **Zubehör mitvermietet** wurden. Das gilt aber nicht für Einrichtungen, die nur wegen ihrer Verbindung mit der Mietsache Eigentum des Vermieters geworden sind[226]. Verlangt der Vermieter aber berechtigterweise das Belassen der Einrichtung gem. § 552 BGB, so darf der Mieter insoweit nicht räumen[227]. Die Räumungspflicht bzw. das Räumungsrecht entfallen weiterhin, wenn (und soweit) der Vermieter ein **Vermieterpfandrecht** gem. § 562 BGB an den eingebrachten Gegenständen geltend macht[228]. Wenn der Vermieter sein Pfandrecht auf bestimmte Gegenstände beschränkt, dann beschränkt sich die Räumungspflicht entsprechend. Ein Verzicht auf das Vermieterpfandrecht lässt die Räumungspflicht wieder aufleben; allerdings muss dem Mieter dann ein angemessener Zeitraum zur Erfüllung eingeräumt werden. Wenn und solange der Mieter der Räumungspflicht auf Grund der Geltendmachung des Vermieterpfandrechts nicht nachkommt, liegt keine Vorenthaltung der Mietsache i. S. v. § 546a BGB vor, so dass ein Anspruch des Vermieters auf Nutzungsentschädigung ausscheidet[229]. Eine Räumungsklage (nicht aber eine bloße Herausgabeklage bzw. der auf Herausgabe gerichtete Teilanspruch) ist abzuweisen, wenn sich das Vermieterpfandrecht auf alle eingebrachten Gegenstände erstreckt[230]. Das dürfte allerdings nur ausnahmsweise der Fall sein, da es – auch in Gewerbemietobjekten – meist eine mehr oder weniger große Anzahl von unpfändbaren Gegenständen gibt. In diesem Fall ist uneingeschränkt zur Räumung zu verurteilen; die Frage, welche Gegenstände gepfändet sind, ist anlässlich der Vollstreckung zu klären.

---

[216] OLG Düsseldorf DWW 2009, 308 = GE 2009, 842; OLG Köln NZM 1998, 767 = ZMR 1998, 699; *Rolfs* in Staudinger § 546 Rdn. 24 *Lammel,* Wohnraummietrecht, § 546 Rdn. 20.
[217] **A. A.** AG Köln WuM 2008, 216.
[218] LG Berlin GE 1989, 999; AG Berlin-Schöneberg GE 2000, 814.
[219] *Blank* PiG 79 (2007) S. 5.
[220] AG Berlin-Schöneberg GE 2000, 814.
[221] *Lammel,* Wohnraummietrecht, § 546 Rdn. 20 m. w. N.
[222] S. dazu Rdn. 45 ff.
[223] Ähnlich wohl *Blank/Börstinghaus* § 546 Rdn. 31; *Horst* DWW 1996, 181, letzterer bezugnehmend auf BGH NJW 1986, 309, das einen Rückbau und nicht die Entfernung von Einrichtungen betraf.
[224] BGH NJW 1986, 309.
[225] OLG Brandenburg ZMR 2010, 23 Rdn. 22.
[226] **A. A.** *Lohmann/Ungerer* ZMR 2013, 168. S. näher bei Rdn. 38.
[227] *Blank/Börstinghaus* § 546 Rdn. 32.
[228] KG WuM 2005, 348 = NZM 2005, 422; *Rolfs* in Staudinger § 546 Rdn. 20.
[229] KG WuM 2005, 348 = NZM 2005, 422; OLG Hamburg WuM 1990, 77 = NJW-RR 1990, 86 = ZMR 1990, 8; *Rolfs* in Staudinger § 546a Rdn. 30.
[230] KG NZM 2005, 422.

41 War der Mieter verpflichtet, das **Heizöl** für die Beheizung der Mieträumlichkeiten selbst zu beschaffen, so muss er den bei Vertragsende vorhandenen Heizölrest nicht entfernen, der Vermieter ist vielmehr verpflichtet, den Restbestand zum Tagespreis zu kaufen[231]. Letztlich dürfte es sich dabei um eine Nebenpflicht aus dem Mietvertrag handeln, die sich aus einer ergänzenden Vertragsauslegung ergibt; entsprechendes hätten die Parteien bei Vertragsschluss vereinbart, wenn sie daran gedacht hätten, da eine Entfernung des Heizöls durch den Mieter sinnlos erscheint, während der Vermieter es nutzen kann. Die Pflicht zum Kauf besteht deshalb auch dann, wenn der Vermieter das Heizöl wegen eines Umbaus der Heizanlage nicht mehr verwenden kann[232], es sei denn der Mieter hatte rechtzeitig Kenntnis von der Umstellung und konnte beim Kauf entsprechend disponieren. Zur Pflicht des Mieters, verbrauchtes Heizöl wiederaufzufüllen, s. Rdn. 31.

42 Eine Sonderstellung können **Namens-, Firmen- und Reklameschilder**[233] einnehmen. Soweit der Vermieter derartige Schilder selbst angebracht hat, was bei der Wohnungsvermietung (Klingelschilder) oder der Vermietung von Büroräumen zur Erzielung eines einheitlichen Aussehens nicht ungewöhnlich ist, hat er und nicht der Mieter sie nach Vertragsende vorbehaltlich anderweitiger Vereinbarungen abzumontieren. Ansonsten ist der Mieter im Rahmen seiner Räumungspflicht grundsätzlich gehalten, die Schilder zu entfernen[234]. Zur Beseitigung der mit der Entfernung zu Tage tretenden Anbringungsspuren (Dübellöcher, Farbunterschiede in der Fassade) ist der Mieter nicht verpflichtet, weil die Anbringung des Schildes und die damit verbundenen Spuren einen vertragsgemäßen Gebrauch darstellen; insoweit kann nichts anderes gelten, als für Dübellöcher bzw. Anbringungsspuren von Möbeln innerhalb der Mieträume[235]. Für die Angehörigen der freien Berufe ist anerkannt, dass sie ein Praxisschild auch nach Vertragsende noch eine gewisse Zeit angebracht lassen dürfen, um auf den Umzug und die neuen Räumlichkeiten hinzuweisen[236]. Als Zeitraum für dieses Recht, das ggf. auch mit einer einstweiligen Verfügung durchsetzbar ist, werden sechs Monate als angemessen angesehen[237]. Herzuleiten ist das Recht aber nicht aus § 242 BGB[238], sondern aus einem über das eigentliche Vertragsende hinausreichenden Gebrauchsrecht des Mieters an der Fassade des Mietobjekts. Das Hinweisschild darf allerdings nicht in erhebliche Konkurrenz mit dem Praxisschild eines Nachfolgemieters treten. Umstritten ist, ob nicht nur Angehörige freier Berufe, sondern auch andere Gewerbetreibende zur Anbringung derartiger Schilder berechtigt sind. Das dürfte zu bejahen sein[239], weil das Interesse an dem Verbleiben des Schildes nicht von der Art des Gewerbes abhängt. Die Auslegung des Mietvertrages wird deshalb regelmäßig bei allen Gewerbetreibenden zu einem Recht an einem Hinweisschild für eine Übergangszeit führen. Das gleiche gilt für Wohnungen, wenn dort zulässiger Weise ein Nebenerwerb ausgeübt wurde[240].

43 Zwar ist der Mieter nicht zu **Teilleistungen** berechtigt, er muss also vollständig räumen[241]. Dennoch führt nicht jedes Belassen von Gegenständen bzw. Einrichtungen in dem Mietobjekt zur Nichterfüllung der Räumungspflicht mit der Folge, dass Nutzungsentschädigungsansprüche gem. § 546a Abs. 1 BGB möglich sind. Wenn es sich vielmehr um einige wenige Gegenstände bzw. Einrichtungen handelt, die geringen Raum einnehmen und deren Beseitigung nur einen unerheblichen Aufwand an Mühe, Transport und Kosten erfordern **(Bagatellgrenze),** ist vielmehr von einer bloßen Schlechterfüllung auszugehen[242]. In diesem Fall trifft den Mieter zwar auch weiterhin die Pflicht zur Räumung, also zur Entfernung der restlichen Gegenstände, es bestehen auf Seiten

---

231 LG Freiburg WuM 1982, 206; AG Oberndorf WuM 1990, 195; AG Otterndorf WuM 1989, 375; *Rolfs* in Staudinger § 546 Rdn. 21.

232 **A. A.** LG Stuttgart WuM 1991, 27; *Rolfs* in Staudinger § 546 Rdn. 21.

233 S. allgemein dazu bei § 535 Rdn. 519.

234 *Rolfs* in Staudinger § 546 Rdn. 25.

235 S. dazu bei § 538 Rdn. 48/49. Anders wäre es gem. § 258 BGB nur, wenn man die Schilder als Einrichtung ansehen würde (s. bei § 539 Rdn. 81). Eine Einrichtung dürfte jedoch nicht vorliegen, da es nicht auf die körperliche Verbindung zu dem Mietobjekt ankommt (s. Rdn. 38).

236 OLG Düsseldorf NJW 1988, 2545; RGZ 161, 338.

237 OLG Düsseldorf NJW 1988, 2545.

238 So aber OLG Düsseldorf NJW 1988, 2545; RGZ 161, 338.

239 So auch *Rolfs* in Staudinger § 546 Rdn. 25. **A. A.** *Blank/Börstinghaus* § 546 Rdn. 41.

240 S. dazu bei § 535 Rdn. 520.

241 BGH (VIII ZR 96/87) NJW 1988, 2665 = WuM 1988, 270 = ZMR 1988, 378; BGH (VIII ZR 48/13) VersR 2014, 999.

242 BGH NJW 1994, 3232 = ZMR 1995, 13 (Rdn. 46 bei Juris); BGH (VIII ZR 48/13) VersR 2014, 999 Rdn. 15; BGH NJW 1983, 1049 = ZMR 1983, 198; OLG Düsseldorf GE 2011, 1681; OLG Düsseldorf GE 2005, 796; OLG Düsseldorf GE 2005, 299; OLG Düsseldorf ZMR 2004, 27; OLG Brandenburg ZMR 1997, 584. S. auch BGH NJW 1988, 2665 = WuM 1988, 270 = ZMR 1988, 378 für Einrichtungen.

des Vermieters aber keine Ansprüche auf Nutzungsentschädigung, sondern nur auf Schadensersatz[243], der allerdings auch einen Mietausfallschaden umfassen kann. Will der Vermieter die Resträumung selbst durchführen und die Kosten hierfür beim Mieter als Schaden liquidieren, ist eine Fristsetzung gem. § 281 Abs. 1 BGB notwendig, wenn sie nicht ausnahmsweise gem. § 281 Abs. 2 BGB entbehrlich ist[244]. Der Ablauf einer gem. § 281 Abs. 1 BGB gesetzten Frist führt noch nicht zum Untergang des Erfüllungsanspruchs zu Gunsten des Schadensersatzanspruchs; dies geschieht gem. § 281 Abs. 4 BGB erst mit dem Schadensersatzverlangen[245]. Zu den Aufbewahrungs- und Obhutspflichten des Vermieters s. Rdn. 59. In folgenden Fällen hat die Rechtsprechung das Zurücklassen von Gegenständen bzw. Einrichtungen als **erheblich** angesehen und eine Nichterfüllung der Rückgabe trotz Besitzveränderung zu Gunsten des Vermieters bejaht: Siebzehn große Flüssigkeitstanks[246]; Baumaterial, Schutt und ein schrottreifer LKW[247]; Möbel (Schränke, Küche)[248]; eine Waschmaschine und eine Einbauküche[249]; einige Maschinen, Kraftfahrzeuge und ein Tresor[250]; erhebliche Teile eines Gaststätteninventars[251]; entsorgungspflichtige Kunststoffabfälle[252]; Deckenabhängungen, Lüfter, Abluftrohre, Einbauleuchten, Installationen zur Versorgung der Theke in einer Pizzeria[253]; ein Verkaufscontainer, mehrere Mülltonnen, mehrere Kubikmeter Sperrmüll[254]. Es handelte sich hierbei aber um derart eindeutige Fälle, dass sie als Abgrenzung zur unerheblichen Zurücklassung kaum taugen. **Unerheblichkeit** und damit bloße Schlechterfüllung hat die Rechtsprechung in folgenden Fällen angenommen, wobei es keine Rolle spielt, wer Eigentümer des zurückgelassenen Gutes ist[255]: Ein Kraftfahrzeug[256], wobei dies nur zutreffend sein dürfte, wenn der Vermieter über die Autoschlüssel verfügt; ein Duschvorhang, Hängevorrichtungen im Schlafzimmer, Gegenstände im Keller[257]; weniges Gerümpel[258]; wenige Gegenstände für den Sperrmüll[259]; wenige leicht transportable Einrichtungsgegenstände in einem Gewerbeobjekt[260]; fest verklebter Teppichboden, ein Türöffner, eine Sprechanlage, eine Stange und Befestigungshaken im Bad sowie eine Lampe[261]; unbrauchbare Gegenstände (ein Colaautomat, ein Stapel Autoscheiben, ein Tisch, einige Stühle) auf einer 960 qm großen Fläche[262]; Wandschrank und Bett[263], wobei das in dieser Allgemeinheit zweifelhaft sein dürfte, es kommt vielmehr auf Größe und Transportfähigkeit von Schrank und Bett an; eine Lampe, ein Stuhl, mehrere Regalbretter, Taschen mit Wäsche sowie eine Waschmaschine, wobei dies wegen der Waschmaschine zweifelhaft erscheint[264]; **Müll** und Unrat in geringer Menge[265].

bb) Rückbau von Bauten und Umbauten. Der Mieter muss im Rahmen der Rückgabe, 44
die ihn zur Wiederherstellung des ursprünglichen Zustandes verpflichtet[266], auch Umbauten und

---

243 BGH NJW 1983, 1049 = ZMR 1983, 198; OLG Brandenburg ZMR 1997, 584.

244 S. näher zu möglichen Schadensersatzansprüchen, deren Abgrenzung zueinander und zur Notwendigkeit der Fristsetzung gem. § 281 BGB im Falle der Schlechterfüllung von Rückgabepflichten bei der Kommentierung zu § 546a BGB.

245 LG Berlin GE 2010 1341. S. näher bei § 546a Rdn. 85.

246 BGH NJW 1988, 2665.

247 BGH NJW 1994, 3232 – ZMR 1995, 13 (Rdn. 45 bei Juris).

248 LG Köln NJW-RR 1996, 1480.

249 LG Gießen WuM 2013, 437 = ZMR 2013, 630.

250 OLG Düsseldorf GE 2005, 796.

251 OLG Koblenz NZM 2006, 181.

252 OLG Köln DWW 1996, 189.

253 OLG Düsseldorf DWW 2009, 308 = GE 2009, 842.

254 KG GE 2010, 1201 = GuT 2010, 225.

255 AG Frankfurt WuM 1989, 238; *Rolfs* in Staudinger § 546 Rdn. 29.

256 OLD Düsseldorf ZMR 1988, 175.

257 BezG Cottbus WuM 1994, 146.

258 OLG Köln DWW 1996, 189.

259 LG Braunschweig WuM 1996, 272. Soweit das KG MDR 2015, 759 von einer Unerheblichkeit bei einer Vielzahl von Sperrmüllgegenständen ausgeht, lässt sich das allenfalls damit rechtfertigen, dass diese sich im Keller einer Gaststätte, also in untergeordneten Nebenräumen befanden; der Aspekt des geringen Beseitigungsaufwands wird dabei aber in bedenklicher Weise außer Betracht gelassen.

260 LG Erfurt ZMR 1999, 641.

261 KG MDR 2011, 591 = GE 2011, 690.

262 OLG Düsseldorf ZMR 2004, 27.

263 LG Berlin GE 2003, 880.

264 AG Köln WuM 1995, 709.

265 *Rolfs* in Staudinger § 546 Rdn. 29.

266 S. Rdn. 18.

sonstige **bauliche Änderungen** ohne Rücksicht auf die damit verbundenen Kosten beseitigen[267]; bei unverhältnismäßigen Rückbaukosten, die bei Vertragsschluss oder Vornahme der Umbauten unabsehbar waren, kommt ein Wegfall der Geschäftsgrundlage in Betracht[268]. Die Rückbaupflicht schließt die Beseitigung evtl. vorhandener Einbauspuren ein[269] und besteht auch dann, wenn der Vermieter seine **Zustimmung** zu den Änderungen gegeben hat[270]; mit einer solchen Zustimmung ist nämlich auch ohne besonderen Vorbehalt grundsätzlich nicht das Einverständnis verbunden, eine Änderung auf Dauer, nämlich über das Vertragsende hinaus, hinzunehmen und sich so ggf. bei den Weitervermietungsmöglichkeiten einzuschränken[271]. In Einzelfällen kann das aber anders sein. Es kann insbesondere in Betracht kommen bei auf Dauer angelegten, rechtmäßigen[272], nicht nur auf die speziellen Bedürfnisse bzw. den Geschmack des Mieters abgestellten[273] Baumaßnahmen, die nur mit erheblichem Kostenaufwand beseitigt werden können und deren Entfernung das Mietobjekt in einen schlechteren Zustand zurückversetzen würde[274]; hier kann erwartet werden, dass der Vermieter bei Erteilung der Erlaubnis einen Entfernungsvorbehalt macht, so dass in der Zustimmung ausnahmsweise auch ein Verzicht auf den Rückbau zu sehen ist; abzustellen ist bei der Prüfung auf den Zeitpunkt der Zustimmung, nicht auf das Vertragsende. Außerdem kann es in Betracht kommen, wenn ein Grundstück in der begründeten, später aber enttäuschten Erwartung eines künftigen Eigentumserwerbs bebaut wurde[275]. Der Mieter hat auch solche Flächen zurückzubauen, die **nicht mitvermietet** waren, die er aber während der Mietzeit unberechtigt genutzt hat[276].

45 **Umbauten** sind Veränderungen oder Ergänzungen von bestehenden Gebäuden wie etwa Wanddurchbrüche, Zusatzwände oder -fenster, fest verklebte Bodenbeläge (lose verlegt mit nur einigen Klebestellen handelt es sich um eine Einrichtung), Verkleidungen von Wänden und Decken[277] etc. **Bauten bzw. Aufbauten** sind vom Mieter erstmals errichtete Gebäude, Gebäudeteile (Anbauten, Terrassenüberdachungen) oder sonstige bauliche Anlagen (Zäune, Teiche, Pfähle etc.). Beide Begriffe sind im Zweifel weit zu verstehen und umfassen alle Veränderungen des Mietobjekts, die nicht – wie Gegenstände und Einrichtungen – durch bloßes Wegschaffen zerstörungsfrei beseitigt werden können und die nicht durch Beschädigung oder Abnutzung entstanden sind. Im Rahmen der Rückbaupflicht hat der Mieter deshalb zu entfernen: Ein von ihm errichtetes Gebäude[278], Betonfundamente auf Freiflächen[279], Container[280], verlegte Gasleitungen[281], einen Tep-

267 OLG Karlsruhe NJW-RR 1986, 1394. Nach *Lohmann/Ungerer* ZMR 2013, 167 soll es für die Rückbaupflicht auf die Eigentumslage ankommen.

268 *Derleder* WuM 2006, 176 unter Berufung auf BGH NJW 2002, 3234 = ZMR 2002, 901; diese Entscheidung betraf die Pflicht eines Mieters, sich trotz vertragsgemäßer Nutzung an der Beseitigung von Altlasten eines DDR-Grundstücks zu beteiligen, weil die Altlastenproblematik sich nur wegen der nach der Wiedervereinigung geltenden strengeren Umweltregeln ergeben hatte und die Beseitigungskosten die während der Gesamtlaufzeit des Vertrages geschuldete Miete um ein Vielfaches überschritten.

269 LG Berlin MDR 1987, 234; AG Hamburg-Altona WuM 2008, 27.

270 Allgemeine Meinung, s. nur BGH NZM 1999, 478 = WuM 1999, 334 = ZMR 1999, 467; OLG Düsseldorf ZMR 2010, 959; KG ZMR 2010, 956; OLG Köln NZM 1998, 767 = ZMR 1998, 699; OLG Frankfurt WuM 1992, 56 (bei Juris unter Rdn. 180); OLG Düsseldorf ZMR 1990, 218 = DWW 1990, 119 *Lammel*, Wohnraummietrecht, § 546 Rdn. 18.

271 Ähnlich auch OLG Frankfurt WuM 1992, 56 (bei Juris unter Rdn. 180). Zu einem Verzicht auf den Rückbau durch vorbehaltlose Rücknahme s. Rdn. 54.

272 AG Warendorf WuM 2001, 488 für einen bauordnungswidrigen Ausbau.

273 *Derleder* WuM 2006, 176.

274 OLG Frankfurt WuM 1992, 56 (bei Juris unter Rdn. 181), das wegen derartiger Einzelfälle pauschale Wiederherstellungsklauseln gem. § 307 BGB für unwirksam hält, was m. E. schon deswegen unnötig ist, weil der konkludente Verzicht des Vermieters auf den Rückbau in derartigen Einzelfällen gleichzeitig eine Abbedingung der Klausel gem. § 305b BGB ist; LG Berlin GE 2010, 1269; AG Warendorf WuM 2001, 488; *Rolfs* in Staudinger § 546 Rdn. 26.

275 BGH (V ZR 93/12) NJW 2013, 3364 Rdn. 8.

276 BGH NJW 2010, 2652 = ZMR 2010, 932.

277 *Blank* PiG 79 (2007) S. 4.

278 BGH NJW 1966, 1409. Danach steht das Fehlen einer behördlichen Abbruchgenehmigung der Verurteilung zur Beseitigung nicht entgegen, die Zwangsvollstreckung kann aber erst nach Erteilung einer Genehmigung betrieben werden.

279 KG GE 2003, 46.

280 OLG Köln NZM 1998, 767 = ZMR 1998, 699. Ein Container kann zwar zerstörungsfrei von dem Mietobjekt entfernt werden, er ist aber dennoch keine Einrichtung, weil es an der notwendigen körperlichen Verbindung fehlt (s. Rdn. 38).

281 LG Frankfurt WuM 1989, 562.

pichboden einschließlich evtl. Kleberreste[282], die Verkleidung von Türen, selbst wenn diese bei Mietbeginn renovierungsbedürftig waren[283], Veränderungen zur Ermöglichung behindertengerechten Wohnens i. S. v. § 554a BGB[284].

Umbauten, die ein Mieter in den **neuen Bundesländern** vor dem 3.10.1990 vorgenommen hat und die nach dem ZGB zulässig waren, müssen nicht zurückgebaut werden; sie waren zulässig, wenn ihnen der Vermieter zugestimmt hat oder sie im gesellschaftlichen Interesse lagen[285]. S. ansonsten zu Miet-, Pacht- und Überlassungsverträgen, die vor dem 3.10.1990 in den neuen Bundesländern geschlossen wurden, Art. 232 EGBGB und die Regelungen des Schuldrechtsanpassungsgesetzes (SchuldRAnpG). 46

Der Mieter darf bzw. muss einen **Rückbau** aus ähnlichen Gründen **unterlassen,** aus denen er Einrichtungen und Gegenstände nicht aus dem Mietobjekt räumen muss; auf die Ausführungen unter Rdn. 39 kann verwiesen werden. Darf der Mieter nicht zurückbauen, kann er sich schadensersatzpflichtig machen, wenn er es dennoch tut, da er die Mietsache sann insoweit beschädigt[286]. Zustandsverändernde Maßnahmen muss der Mieter auch dann nicht beseitigen, wenn er sie im Rahmen seiner Verpflichtung zur Vornahme von Schönheitsreparaturen durchführt[287]; auf eine Unwirksamkeit einer Renovierungsklausel kann sich der Vermieter als Klauselverwender in diesem Zusammenhang nicht berufen. Ein Untermieter darf von einem Rückbau absehen, wenn gleichzeitig der Vertrag des Hauptmieters endet und der Eigentümer auf den Rückbau verzichtet[288]. Ein Mieter muss nicht zurückbauen, wenn der Vermieter nach einem gegenüber dem Vormieter erklärten Rückbauverzicht konkludent Eigentümer eines bis dahin nur als Scheinbestandteil errichteten Aufbaus geworden ist[289]. Weiterhin entfällt das Recht des Vermieters, bei Ablauf des Vertrages die Wiederherstellung des alten Zustandes der vom Mieter für seine Zwecke umgebauten Räume verlangen zu können, wenn er die Räume in der Weise umbauen will, dass die Wiederherstellungsarbeiten des Mieters wieder beseitigt werden müssten[290]. Einen Ausgleich in Geld schuldet der Mieter in diesen Fällen im Gegensatz zu sinnlosen Schönheitsreparaturen nicht, da die Rückgabepflicht anders als die Reparaturpflicht keine Gegenleistung für die Gebrauchsüberlassung ist[291]. Schließlich soll das Recht, den Rückbau verlangen zu können, auch entfallen, wenn Mieter und Vermieter nach den baulichen Änderungen einen **neuen Mietvertrag** geschlossen haben, ohne dass sich der Vermieter den Rückbau vorbehalten hat, da das Mietobjekt nun in dem veränderten Zustand geschuldet sei[292]. Dem ist jedenfalls nicht generell zu folgen, es muss vielmehr durch Auslegung ermittelt werden, ob in dem Neuabschluss des Vertrages ein Verzicht auf den Rückbau zu sehen ist. I. d. R. dürfte das nicht den erkennbaren Interessen des Vermieters entsprechen. Wollte man das anders sehen, würde ähnliches für Einrichtungen gelten müssen, die der Mieter eingebracht hat; sein Wegnahmerecht entfiele. 47

Ein **Verstoß gegen die Rückbaupflicht** stellt grundsätzlich keine Nichterfüllung der Rückgabepflicht dar, sondern eine bloße Schlechterfüllung. Den Mieter trifft zwar auch weiterhin die Pflicht zum Rückbau, es bestehen auf Seiten des Vermieters aber keine Ansprüche auf Nutzungsentschädigung, sondern nur auf Schadensersatz, der allerdings auch einen Mietausfallschaden umfassen kann. Will der Vermieter den Rückbau selbst durchführen und die Kosten hierfür beim Mieter als Schaden liquidieren, ist eine Fristsetzung gem. § 281 Abs. 1 BGB notwendig, wenn sie nicht gem. § 281 Abs. 2 BGB entbehrlich ist[293]. Der Ablauf einer gem. § 281 Abs. 1 BGB gesetzten Frist führt noch nicht zum Untergang des Erfüllungsanspruchs zu Gunsten des Schadensersatzanspruchs; dies geschieht gem. § 281 Abs. 4 BGB erst mit dem Schadensersatzverlangen[294]. Ausnahmsweise 48

---

282 *Rolfs* in Staudinger § 546 Rdn. 26.
283 LG Berlin GE 1989, 1115.
284 *Rolfs* in Staudinger § 546 Rdn. 26.
285 S. näher BGH NZM 1999, 478 = WuM 1999, 334 = ZMR 1999, 467.
286 OLG Brandenburg ZMR 2010, 23 Rdn. 23.
287 BGH NJW 2006, 2115 = WuM 2006, 308.
288 LG Berlin WuM 1982, 245 = ZMR 1982, 281.
289 OLG Düsseldorf NZM 2009, 242 = ZMR 2008, 948.
290 BGH NJW 1986, 309.
291 BGH NJW 1986, 309.
292 *Rolfs* in Staudinger § 546 Rdn. 28.
293 S. näher zu möglichen Schadensersatzansprüchen, deren Abgrenzung zueinander und zur Notwendigkeit der Fristsetzung gem. § 281 BGB im Falle der Schlechterfüllung von Rückgabepflichten bei der Kommentierung zu § 546a BGB.
294 LG Berlin GE 2010 1341. S. näher bei § 546a Rdn. 85.

stellt eine Verletzung der Rückbaupflicht dann eine Nichterfüllung (mit der Folge, dass Nutzungsentschädigungsansprüche möglich sind) dar, wenn dies quasi mit einer Weiternutzung des Mietobjekts durch den Mieter verbunden ist[295]. Das ist insbesondere dann der Fall, wenn es sich bei den baulichen Änderungen um vom Mieter erstmals errichtete Gebäude oder Gebäudeteile handelt[296], was vornehmlich bei der Grundstücksmiete relevant werden dürfte. Wertungsmäßig steht dies dem Zurücklassen von Einrichtungen (s. dazu Rdn. 37) gleich. Genau wie bei dem Zurücklassen von Einrichtungen stellt es nur eine Schlechterfüllung und nicht eine Nichterfüllung dar, wenn die nicht beseitigten Aufbauten nur geringen Raum einnehmen und ihre Beseitigung nur einen unerheblichen Aufwand an Mühe, Transport und Kosten erfordern[297]; in der Praxis dürfte das allerdings kaum relevant werden. S. näher zu Schadensersatz- und Nutzungsentschädigungsansprüchen bei der Kommentierung zu § 546a BGB.

49 **cc) Reinigung.** Dem Mieter obliegen während der Mietzeit Obhutspflichten. Dementsprechend hat er die Mietsache so zurückzugeben, als wäre er diesen Obhutspflichten nachgekommen[298]. Das beinhaltet bei der Raummiete (nach der Verkehrssitte aber wohl nicht bei der Automiete) i. d. R. die Reinigung der Räume, die in besenreinem Zustand zurückzugeben sind. Das bedeutet, dass die Räume auszufegen bzw. zu saugen[299] sind, grobe Verunreinigungen an Böden, Wänden und Decken sind zu entfernen[300], Heizkörper, Fensterrahmen, Türen und Sanitäranlagen sind abzuwischen[301]. Fenster müssen nicht geputzt werden[302]. Eine Grundreinigung von Polstern, Gardinen[303], Teppichen[304] oder Sanitäranlagen[305] schuldet der Mieter nicht, es sei denn, nur durch eine solche Reinigung wären Beschädigungen zu entfernen, die durch einen nicht vertragsgemäßen Gebrauch entstanden sind. Nikotinablagerungen durch (auch exzessives) Rauchen sind keine Beschädigung der Mietsache, sondern Folgen eines vertragsgemäßen Gebrauchs, wenn sie durch die üblichen Schönheitsreparaturen beseitigt werden können[306]. Hat sich der Mieter im Rahmen der Übernahme von Schönheitsreparaturen wirksam zum Streichen des Fußbodens verpflichtet, so ist dies bei Vorhandensein eines Teppichbodens als Pflicht zur Grundreinigung des Teppichbodens auszulegen[307]; diese Pflicht hat der Mieter bei entsprechendem Zustand des Teppichbodens bei Rückgabe der Mietsache zu erfüllen. Die Nichterfüllung der Reinigungspflicht berechtigt den Vermieter zu Schadensersatz gem. §§ 280ff. BGB, sie stellt aber nicht gleichzeitig eine Nichterfüllung der Rückgabe der Mietsache insgesamt dar, sondern nur eine Schlechterfüllung[308].

50 **dd) Vertragsgemäßer Gebrauch, Schäden, Schönheitsreparaturen, Instandsetzung.** Veränderungen bzw. Verschlechterungen, die an der Mietsache durch deren **vertragsgemäßen Gebrauch** eingetreten sind, muss der Mieter nicht rückgängig machen; das folgt aus § 538 BGB[309]. Der Vermieter hat solche Veränderungen auch dann hinzunehmen, wenn sie erheblich sind[310]. Das gilt auch für Bodenverunreinigungen (Kontaminierungen), die der übliche Betrieb des

---

295 Ähnlich OLG Brandenburg ZMR 1997, 584. S. dazu auch Rdn. 20.

296 Im Ergebnis ebenso KG GE 2003, 46 für Streifenfundamente und Betonflächen auf 10% des Mietgrundstücks.

297 Ähnlich OLG Brandenburg ZMR 1997, 584. S. auch Rdn. 43.

298 OLG Düsseldorf ZMR 2010, 356.

299 BGH NJW 2009, 510 = WuM 2009, 225 = ZMR 2009, 267.

300 BGH NJW 2006, 2915 = WuM 2006, 513 = ZMR 2006, 843.

301 OLG Düsseldorf ZMR 2010, 356.

302 BGH NJW 2006, 2915 = WuM 2006, 513 = ZMR 2006, 843; LG Berlin WuM 2016, 279.

303 *Rolfs* in Staudinger § 546 Rdn. 21.

304 BGH NJW 2009, 510 = WuM 2009, 225 = ZMR 2009, 267.

305 OLG Düsseldorf ZMR 2010, 356.

306 BGH NJW 2006, 2915 = WuM 2006, 513 = ZMR 2006, 843; BGH NJW 2008, 1439 = WuM 2008, 213 = ZMR 2008, 524. S. zum Rauchen in der Mietwohnung und zu Rauchverboten auch *Paschke* NZM 2008, 265; *Harsch* WuM 2009, 76.

307 BGH NJW 2009, 510 = WuM 2009, 225 = ZMR 2009, 267. Die Entscheidung betrifft zwar ein Gewerbemietverhältnis, die Begründung differenziert aber zu Recht nicht danach, ob Wohnräume oder Gewerberäume betroffen sind.

308 S. zur Abgrenzung von Nichterfüllung und Schlechterfüllung Rdn. 19 sowie zu möglichen Schadensersatzansprüchen, deren Abgrenzung zueinander und zur Notwendigkeit der Fristsetzung gem. § 281 BGB im Falle der Schlechterfüllung von Rückgabepflichten bei der Kommentierung zu § 546a BGB.

309 BGH NJW 2002, 3234 = ZMR 2002, 901; OLG Düsseldorf ZMR 2004, 573; *Rolfs* in Staudinger § 546 Rdn. 22; *Derleder* WuM 2006, 176.

310 OLG Düsseldorf ZMR 2004, 573 für erhebliche, andauernde Geruchsbelästigungen in einer Lagerhalle nach jahrelanger, vertragsgemäßer Lagerung von Tee.

Mieters, der die an Ort und Stelle geltenden Umweltstandards einhält, notwendigerweise mit sich bringt[311]. Der Mieter trägt die Beweislast für die Einhaltung des vertragsgemäßen Gebrauchs, wenn die Kontaminierung in Zusammenhang mit dem Mietgebrauch eingetreten ist[312]. Hat der Mieter vertraglich **Instandsetzungspflichten** übernommen, hat er diese ggf. am Vertragsende zu erfüllen; s. zur Wirksamkeit derartiger Regelungen bei § 535 Rdn. 71 ff. **Schäden,** die der Mieter durch Überschreitung des vertragsgemäßen Gebrauchs schuldhaft selbst herbeigeführt hat oder die ihm zugerechnet werden können, hat er zu entfernen, d. h. einen ordnungsgemäßen Zustand wiederherzustellen[313]. Nachteilige Veränderungen des Dekorationszustandes des Mietobjekts muss der Mieter trotz vertragsgemäßen Gebrauchs dann beseitigen, wenn er sich wirksam zur Durchführung von **Schönheitsreparaturen** verpflichtet hat und diese Pflicht bei Vertragsende fällig ist. Außerdem ist der Mieter bei **ungewöhnlicher, ausgefallener Farb- und Materialwahl** zur Renovierung bei Mietende im Wege des Schadensersatzes wegen Verletzung von Rücksichtnahmepflichten gem. § 280 Abs. 1, 241 Abs. 2 BGB verpflichtet, wenn er die Wohnung in neutraler Dekoration übernommen hat[314]. Zur Abgrenzung von Beschädigung und vertragsgemäßem Gebrauch s. bei § 538 Rdn. 368/369; zur Beweislast in diesen Fällen s. bei § 538 Rdn. 3. Zur Pflicht zur Durchführung von Schönheitsreparaturen s. bei § 538 Rdn. 66 ff. und zur Abgrenzung der Schönheitsreparaturen von Beschädigungen bei § 538 Rdn. 89 ff. Schönheitsreparaturklauseln und noch weitergehende Vereinbarungen zur Beseitigung von Spuren des vertragsgemäßen Gebrauchs regeln der Sache nach die Überwälzung von Instandsetzungspflichten auf den Mieter; s. zur Wirksamkeit derartiger Regelungen bei § 535 Rdn. 71 ff. Die Rückgabe der Mietsache in beschädigtem Zustand ist keine Nichterfüllung der Rückgabe der Mietsache insgesamt, sondern nur eine Schlechterfüllung[315].

d) Teilrückgabe. Zu Teilleistungen ist der Mieter gem. § 266 BGB nicht berechtigt. Er darf deshalb nicht nur einen Teil der Mieträume zurückgeben, etwa die Gastwirtschaft ohne Wirtewohnung, das Haus ohne Garage etc. Der Vermieter darf aber die Rücknahme der Mietsache wegen einer bloßen Schlechterfüllung einzelner Rückgabepflichten nicht ablehnen, sondern nur dann, wenn trotz Besitzveränderung zu seinen Gunsten von einer faktischen Weiternutzung durch den Mieter auszugehen ist, was bei dem Verbleib von Gegenständen und Einrichtungen bzw. vom Mieter errichteten Gebäuden der Fall ist; zu den Einzelheiten s. Rdn. 20, 37, 44. Nach Treu und Glauben darf der Vermieter eine Teilleistung weiterhin nicht ablehnen, wenn der Mieter ihm einen abgegrenzten Teil eines Mietobjektes zurückgeben will, der bereits geräumt ist und in Zukunft getrennt von dem übrigen Objekt oder gar nicht mehr vermietet werden soll[316], also etwa bei einer Wohnung mit Garage oder Keller. Nimmt der Vermieter ohne entsprechende Verpflichtung nur einen Teil der Mietsache zurück, so ist er an der Geltendmachung von Nutzungsentschädigung in vollem Umfang nicht gehindert[317]; die Entschädigung ist aber entsprechend § 537 BGB zu kürzen, wenn der Vermieter den zurückgenommenen Teil weitervermietet oder selbst nutzt[318]. 51

e) Hinweis- und Mitteilungspflichten des Mieters. Der Mieter hat die Nebenpflicht aus § 241 Abs. 2 BGB, den Vermieter auf Besonderheiten und **Mängel hinzuweisen,** die dieser selbst nicht ohne Weiteres erkennen kann, wenn hierdurch Gefahren für die Mietsache, den Vermieter oder den Nachmieter drohen[319]. Der Mieter ist bei einer ordentlichen Kündigung oder Beendigung des Mietverhältnisses durch Zeitablauf nicht verpflichtet, dem Mieter seine **Erfüllungsbe-** 52

[311] BGH NJW 2002, 3234 = ZMR 2002, 901; s. Rdn. 44 zum Wegfall der Geschäftsgrundlage in diesen Fällen.

[312] BGH NJW 2002, 3234 = ZMR 2002, 901.

[313] *Rolfs* in Staudinger § 546 Rdn. 22.

[314] BGH (VIII ZR 416/12) NJW 2014, 143 = WuM 2014, 23. S. auch *Wietz* WuM 2014, 522. Es hätte m. E. näher gelegen, statt der Verletzung einer Rücksichtnahmepflicht gem. § 241 Abs. 2 BGB in Anlehnung an die Rechtslage zu den Rückbaupflichten eine Leistungspflicht anzunehmen mit der Folge der Anwendbarkeit von § 281 BGB; das hätte auch Abgrenzungsschwierigkeiten zu den Ansprüchen wegen Verletzung von Dekorationspflichten vermieden (ähnlich *Sternel* NZM 2017, 173).

[315] S. zur Abgrenzung von Nichterfüllung und Schlechterfüllung bei Rdn. 20 und zu möglichen Schadensersatzansprüchen, deren Abgrenzung zueinander und zur Notwendigkeit der Fristsetzung gem. § 281 BGB im Falle der Schlechterfüllung von Rückgabepflichten bei der Kommentierung zu § 546 a BGB.

[316] *Rolfs* in Staudinger § 546 Rdn. 30.

[317] OLG Hamburg WuM 1996, 543 = ZMR 1996, 259.

[318] *Blank/Börstinghaus* § 546 Rdn. 47.

[319] *Bieber* in MünchKomm § 546 Rdn. 10.

reitschaft hinsichtlich der Rückgabe anzuzeigen bzw. entsprechende Anfragen zu beantworten[320]. Der Vermieter kennt vielmehr den spätesten Räumungstermin und muss von einer termingerechten Rückgabe ausgehen; verhält der Mieter sich nicht vertragsgerecht, stehen dem Vermieter Ansprüche auf Nutzungsentschädigung und Schadensersatz wegen Verzugs zu. Wohl aber ist der Mieter kurz vor dem Nutzungsende zu Absprachen hinsichtlich des genauen Übergabetermins gehalten, damit die Übergabe auch praktisch durchgeführt werden kann. Bei einer fristlosen Kündigung bzw. bei Gewährung einer Räumungsfrist hat der Vermieter hingegen aus nachwirkenden nebenvertraglichen Treuepflichten einen Anspruch auf Mitteilung des Räumungstermins, sobald dieser absehbar ist, damit er sich bei der Nachvermietung darauf einstellen kann; ein Verstoß hiergegen kann zu Schadensersatzpflichten des Mieters gem. § 280 Abs. 1 BGB führen[321]. Ein hierdurch bedingter Schaden dürfte aber nur selten über den Kündigungsfolgeschaden hinausgehen. Der Vermieter kann vom Mieter aus einer Nebenpflicht des Mietvertrages Auskunft darüber verlangen, ob er die Mietsache **Dritten überlassen** hat, damit der Vermieter auch gegen diese Personen einen Räumungstitel erwirken kann[322]. Bei **vorzeitigem Auszug** des Mieters, ohne dem Vermieter eine neue Anschrift zu hinterlassen und ihm den Zugang zu dem Mietobjekt für potentielle Nachmieter zu ermöglichen, hat der Mieter den Mietausfall gem. § 280 Abs. 1 BGB zu ersetzten, wenn daran eine zügige Weitervermietung scheitert[323].

53 **f) Übergabeprotokoll; Prüfpflichten des Vermieters.** Insbesondere bei der Raum- und Grundstücksmiete kommt es nach Vertragsende zwar meist zu einer Übergabe der Mietsache im Beisein beider Vertragspartner bzw. deren Vertreter. Zwingend nötig ist eine solche Übergabe jedoch nicht (s. Rdn. 24), sie unterbleibt insbesondere dann häufig, wenn die Parteien sich auf die Zusendung der Schlüssel an den Vermieter beschränken. Weil also für die Erfüllung der Rückgabepflicht nicht unbedingt eine persönliche Übergabe notwendig ist, besteht auch kein Anspruch auf dessen Durchführung, auch nicht zu dem Zweck, den Zustand der Mietsache festzustellen[324]. Gleichwohl können die Parteien im Mietvertrag oder anlässlich der Vertragsbeendigung eine **Übergabeverhandlung** zur Zustandsfeststellung vereinbaren[325]. Vereitelt dann eine der Parteien die Übergabeverhandlung, so kann dies beweisrechtliche Nachteile haben, die bis hin zur Beweislastumkehr führen, wenn der anderen Partei der Beweis faktisch unmöglich gemacht wurde[326]; einen Anspruchsausschluss bewirkt ein bloßes Nichterscheinen zum Übergabetermin aber nicht[327]. Angesichts der Möglichkeit des Mieters, Zeugen oder Sachverständige hinzuzuziehen oder den Zustand fotografisch zu dokumentieren, sind an eine Beweislastumkehr hohe Anforderungen zu stellen. Ohne besondere Vereinbarung hat der Mieter nach Vertragsende gegen den Vermieter auch keinen Anspruch auf Ausstellung einer sog. **Mietschuldenfreiheitsbescheinigung,** einer Bescheinigung also, aus der sich die beglichenen bzw. nicht beglichenen Mietforderungen ergeben[328].

54 Ohne die Vereinbarung einer Zustandsfeststellung ist der Vermieter nicht verpflichtet, die Mietsache bei Rückgabe oder unverzüglich danach zu untersuchen[329]. Eine solche **Untersuchungspflicht** ist gesetzlich nicht vorgesehen und widerspricht auch den Grundsätzen des Verjährungsrechts, insbesondere des § 548 BGB, wonach der Vermieter nach Rückgabe sechs Monate Zeit hat, sich über seine Ansprüche klar zu werden und sie geltend zu machen. Allerdings kann ein Zuwarten mit der Untersuchung zu Beweisschwierigkeiten führen, weil es dem Mieter den Einwand ermöglicht, der (für ihn negative) Zustand sei erst nach Rückgabe eingetreten. Eine **vorbehaltlose Entgegennahme** der Mietsache durch den Vermieter hat keine Rechtswirkung, wenn dieser den Zustand nicht untersucht hat; ein über die Besitzrückerlangung hinausgehender, weiterer Erklä-

---

[320] *Wolf/Eckert/Ball* Rdn. 1061. **A. A.** wohl *Rolfs* in Staudinger § 546a Rdn. 8, der sich allerdings auf Rechtsprechung zur außerordentlichen Kündigung beruft.

[321] LG Freiburg WuM 1980, 223; LG Mönchengladbach DWW 1992, 215. S. zu den Schadensersatzansprüchen des Vermieters auch bei der Kommentierung zu § 546a BGB.

[322] OLG Hamburg NZM 1998, 758.

[323] *Rolfs* in Staudinger § 546a Rdn. 60.

[324] So auch *Horst* DWW 2014, 170.

[325] *Horst* DWW 2014, 170; dort auch umfassend zur Durchführung und rechtlichen Relevanz einer Übergabeverhandlung und der dabei abgegebenen Erklärungen.

[326] Anerkannt ist das bei unterlassener Mitwirkung bei einem werkvertraglichen Aufmaß. S. dazu und allgemein zur Beweisvereitelung BGH NJW 2009, 360.

[327] So aber AG Donaueschingen WuM 2015, 730.

[328] BGH NJW 2010, 1135 = WuM 2009, 647.

[329] Für eine Untersuchungspflicht bei Rückgabe AG Neustadt ZMR 2007, 277; *Bieber* in MünchKomm § 546 Rdn. 12 und *Heintzmann* in Soergel § 546 Rdn. 8.

rungswert ist dem Handeln des Vermieters in diesen Fällen nicht beizumessen[330]. Anders kann es allerdings sein, wenn der Vermieter ausdrücklich oder konkludent zu verstehen gibt, weitere Ansprüche kämen auf den Mieter nicht zu[331], was insbesondere auch dann anzunehmen ist, wenn der Vermieter vorbehaltlos die Auskehrung der Kaution ankündigt[332].

Kommt es zu einer Übergabeverhandlung[333] mit Zustandsfeststellung, so ist deren rechtlicher 55
Gehalt durch **Auslegung** des Einzelfalls zu ermitteln; allgemeine Aussagen sind nur sehr eingeschränkt möglich[334]. Dabei spielt es grundsätzlich keine Rolle, ob das Ergebnis der Verhandlung schriftlich niedergelegt oder nur mündlich erörtert wird; eine Urkunde[335] beugt allenfalls Beweisschwierigkeiten vor, der Erklärungsinhalt oder die Verbindlichkeit hängen aber nicht von der Form ab. Einem gemeinsam aufgesetzten Abnahmeprotokoll steht es nach den Grundsätzen des kaufmännischen Bestätigungsschreibens gleich, wenn eine Mietpartei unmittelbar nach Durchführung einer gemeinsamen Begehung die aus ihrer Sicht wechselseitig getroffenen Abreden bestätigt, die andere Partei nicht rechtzeitig widerspricht und beide Seiten Kaufleute sind[336].

Erschöpft sich die Übergabeverhandlung in einer bloßen Zustandsbeschreibung, dann enthält 56
diese Beschreibung i. d. R. mindestens ein Zeugnis der Parteien gegen sich selbst[337] (sog. **tatsächliches Anerkenntnis**[338]), das kein Vertrag ist, aber – ähnlich wie eine Quittung – als aussagekräftiges Indiz Beweiserleichterungen zur Folge hat; meistens wird der Beweis über die Richtigkeit des beschriebenen Zustands sogar als geführt anzusehen sein und der Gegner muss den Gegenbeweis erbringen[339]. Das Anerkenntnis über das Bestehen eines Zustands durch dessen Beschreibung in einem Übergabeprotokoll besagt noch nichts über die daraus folgenden Ansprüche des Vermieters. Deshalb kann der Mieter beispielsweise bestreiten, dass der Zustand von ihm verursacht worden sei, dass er vielmehr schon zu Beginn des Mietverhältnisses bei Übergabe an ihn vorgelegen habe.

Meist wird bei einer Zustandsfeststellung aber nicht ein bloßes tatsächliches Anerkenntnis vor- 57
liegen, sondern ein **deklaratorisches Anerkenntnis** gegeben sein[340]. Ein deklaratorisches Anerkenntnis setzt im Gegensatz zum tatsächlichen Anerkenntnis neben den auf den Abschluss des Anerkenntnisses gerichteten Willenserklärungen[341] stets eine Interessenlage voraus, die zur Abgabe eines Anerkenntnisses Anlass gibt. Eine solche Interessenlage kann darin liegen, ein zwischen den Parteien bestehendes Schuldverhältnis insgesamt oder in einzelnen Beziehungen einem Streit oder zumindest einer (subjektiven) Ungewissheit über dessen Bestand oder seiner Rechtsfolgen zu entziehen[342]. Das wird man regelmäßig bei einer Zustandsfeststellung bejahen müssen, die ja gerade den Zweck der gemeinsamen Überprüfung und damit der Streitvermeidung hat[343]. Bei schon bestehendem Streit ist das evident, ansonsten dient es der Streitvermeidung wegen späterer Veränderungen, insbesondere wenn neu vermietet werden soll. Der Umfang der Anerkenntniswirkung hängt vom Zweck der Zustandsfeststellung ab. Gab es Streit um einen bestimmten Schaden, kann sich (muss aber nicht) die Feststellung hierauf beschränken. Ist – wie regelmäßig[344] – eine umfassende Zustandsfeststellung beabsichtigt, dann geht die Anerkenntniswirkung dahin, dass alle nicht beschriebenen Schäden bzw. Zustände, soweit sie erkennbar waren, nicht vorhanden sind[345]. Das

---

330 Wie hier *Hinz* NZM 2016, 623 m. w. N. auch zur Gegenmeinung.
331 LG Görlitz WuM 1999, 363 („mit der Schlüsselrückgabe sei die Sache erledigt").
332 *Hinz* NZM 2016, 624.
333 Zu einer sog. Vorabnahme, also zur Zustandsfeststellung schon kurz vor Ende des Mietverhältnisses Hinz NZM 2016, 627.
334 OLG Hamm ZMR 2012, 864. Umfassend zur Wohnungsabnahme und zur Wirkung von Übergabeprotokollen *Hinz* NZM 2016, 622; *Emmerich* NZM 2000, 1162; *Lehmann-Richter* ZMR 2006, 834; *Kappus* in FS Graf von Westphalen S. 371; *Schneider* NZM 2014, 743.
335 S. näher zum schriftlichen Abnahmeprotokoll *Hinz* NZM 2016, 624.
336 OLG Düsseldorf NZM 2004, 260.
337 *Kappus* in FS Graf von Westphalen S. 371/372; *Hinz* NZM 2016, 625.
338 S. dazu BGH NJW 2009, 580.
339 BGH NJW 2009, 580.
340 Zur Abgrenzung von anderen Vertragsarten *Hinz* NZM 2016, 625/626.
341 Dazu *Hinz* NZM 2016, 624/625.
342 BGH NJW 2009, 580. S. auch *Milger* NZM 2009, 497 (der Aufsatz befasst sich zwar mit der Anerkenntniswirkung vorbehaltloser Betriebskostennachzahlung, gibt aber die Grundlagen eines deklaratorischen Anerkenntnisses gut wieder).
343 BGH NJW 1983, 446 = ZMR 1983, 93; LG Potsdam ZMR 2009, 761; AG Potsdam GE 2010, 627; *Lehmann-Richter* ZMR 2006, 834. **A. A.** *Kappus* in FS Graf von Westphalen S. 372; LG Lübeck GE 2010, 624.
344 *Lehmann-Richter* ZMR 2006, 834.
345 *Lehmann-Richter* ZMR 2006, 836.

gilt auch dann, wenn der Vermieter die Untersuchung oberflächlich vornimmt; der Mieter darf dann annehmen, der Vermieter verzichte auf Ansprüche aus Zuständen, die er bei gehöriger Prüfung hätte erkennen können[346]. Bescheinigt der Vermieter die Rückgabe in mangelfreiem Zustand, so liegt darin ein negatives Schuldanerkenntnis gem. § 397 Abs. 2 BGB[347]. Nicht erkennbare (oder vom Mieter kaschierte[348]) Schäden bzw. Zustände werden aber grundsätzlich nicht erfasst, es sei denn, dies wird ausdrücklich vereinbart, was wohl nur durch entsprechend deutliche Formulierungen möglich ist. Für die Erkennbarkeit kommt es – auch bei der Gewerberaummiete[349] – nicht auf das Urteilsvermögen eines Fachmannes an, da es für einen Vermieter unzumutbar ist, ggf. eine Vielzahl von Fachleuten hinzuzuziehen, um das Mietobjekt zu überprüfen[350]. Anders mag es allenfalls dann sein, wenn sich die Parteien nicht zu einer allgemeinen Zustandsfeststellung, sondern zu der konkreten Überprüfung eines besonderen Teils des Mietobjektes getroffen haben und der Mieter erwarten konnte, der Vermieter sei zur kompetenten Überprüfung in der Lage oder wenn der Vermieter bei vorhandenem Problembewusstsein über mögliche Schäden ohne nähere Aufklärung und ohne Vorbehalt das Mietobjekt zurücknimmt[351].

58 Ein deklaratorisches Anerkenntnis ist insbesondere naheliegend, wenn die Parteien wegen des Zustands die **Durchführung bestimmter Arbeiten** durch den Mieter (Schönheitsreparaturen, Schadensbeseitigung, Räumung bestimmter Gegenstände, Rückbau etc.) oder eine **Entschädigungszahlung** an den Vermieter vereinbaren[352]. Das gilt auch, wenn sich die Parteien eine falsche Vorstellung von dem Ausmaß eines Schadens gemacht haben; das Risiko, diesen nicht aufgeklärt zu haben, kann sich zu Lasten beider auswirken. Voraussetzung einer solchen Anerkenntniswirkung ist aber wiederum, wie ausgeführt, Streit oder Ungewissheit über den Bestand eines Rechtsverhältnisses[353]. Haben die Parteien den Zustand der Mietsache insgesamt, soweit die Mängel erkennbar waren, festgestellt und nur bestimmte Pflichten bzw. Arbeiten des Mieters festgelegt, so dürfte in dieser Beschränkung i. d. R. der Verzicht auf andere möglicherweise aus der Zustandsbeschreibung folgende Ansprüche zu sehen sein[354]; letztlich entscheidend ist die Auslegung der Einzelfallumstände. Zur Erkennbarkeit gilt das soeben Ausgeführte. Verpflichtet sich der Mieter allerdings zu Arbeiten, die er unabhängig vom Zustand schon dem Grunde nach nicht zu leisten hat, so bezieht sich das in der Verpflichtung liegende Anerkenntnis nicht auf den Anspruchsgrund; eine solche Verpflichtung einzugehen besteht nämlich bei einer Übergabeverhandlung kein Anlass[355]. Relevant wird diese Problematik insbesondere, wenn der Mieter nicht erkannt hat, dass die Schönheitsreparaturpflicht auf ihn in dem Mietvertrag durch eine unwirksame Formularklausel abgewälzt wurde. Der Mieter hat – für den Vermieter erkennbar – keinen Anlass, eine solche unwirksame Klausel durch ein Anerkenntnis zu heilen. Anders ist das allenfalls dann, wenn vor oder während der Übergabeverhandlung Streit über den Anspruchsgrund bestand und dieser Streit beigelegt werden sollte[356]. Ein Anerkenntnis des Mieters in **AGB** verstößt nicht gegen das Verbot der Beweislastumkehr in § 309 Nr. 12 BGB, da eine Beweislaständerung Folge der vom Gesetz vorgesehenen Möglichkeit ist, einen abstrakten Schuldgrund zu schaffen; sie hätte damit ihren Ursprung im Gesetz[357].

---

346 *Lehmann-Richter* ZMR 2006, 834/835; *Kappus* in FS Graf von Westphalen S. 373/374.

347 AG Neustadt ZMR 2007, 277; *Hinz* NZM 2016, 623 (dort auch zur Rechtsnatur eines solchen Anerkenntnisses); s. auch BGH NJW-RR 1999, 593. Der Anerkenntnisvertrag kommt jedenfalls konkludent zu Stande, da ein solcher Vertrag für den Mieter ausschließlich vorteilhaft ist. Die Anfechtung oder Kondiktion eines solchen Anerkenntnisses durch den Vermieter ist praktisch kaum möglich; s. dazu *Lehmann-Richter* ZMR 2006, 835/836.

348 *Hinz* NZM 2016, 624.

349 **A. A.** *Horst* DWW 2014, 173; *Hinz* NZM 2016, 624 und möglicherweise BGH NJW 1983, 446 = ZMR 1983, 93 (auf die Frage kam es aber in der Entscheidung nicht an, da auch der Vermieter und nicht nur ein Fachmann den Schaden erkennen konnte).

350 *Kappus* in FS Graf von Westphalen S. 374. **A. A.,** aber ohne nähere Begründung LG München I NZM 2003, 714.

351 LG Hamburg NZM 2001, 339 = ZMR 2001, 196.

352 *Lehmann-Richter* ZMR 2006, 836 nimmt in diesen Fällen einen Vergleichsabschluss an.

353 S. auch AG Hildesheim NZM 2009, 738.

354 LG Berlin GE 1999, 1053; LG Hamburg NZM 1999, 838 = ZMR 1999, 405. **A. A.** LG Potsdam ZMR 2009, 761.

355 BGH NJW 2006, 2116 = WuM 2006, 306 = ZMR 2006, 913 (durch ausdrückliche Billigung der entsprechenden Ausführungen des Berufungsgerichts, deren Wiedergabe bei Juris zu finden ist); AG Hildesheim NZM 2009, 738; *Lehmann-Richter* GE 2009, 1024 und ZMR 2006, 837.

356 AG Hildesheim NZM 2009, 738.

357 BGH NJW 1991, 1677; *Lehmann-Richter* ZMR 2006, 837.

Allerdings kann dem Mieter ein **Widerrufsrecht** für einen anlässlich der Übergabe in der Wohnung geschlossenen Vertrag zustehen, wenn die Voraussetzungen der §§ 312 Abs. 4, 312g, 355 BGB erfüllt sind[358]; zur Verjährung der Vermieteransprüche in diesen Fällen s. § 548 Rdn. 43a.

g) Obhuts- und Aufbewahrungspflichten des Vermieters. Lässt der Mieter Gegenstände oder Einrichtungen in dem Mietobjekt zurück, darf der Vermieter sie zwar wegschaffen, aber nicht vernichten, ihn trifft vielmehr grundsätzlich eine Obhuts- und Aufbewahrungspflichtpflicht. Auch nach dem Ende des Mietverhältnisses eintreffende Post muss der Vermieter aufbewahren und den Mieter davon unterrichten[359]. Die Obhutspflicht besteht unabhängig davon, ob der Mieter den Besitz an der Mietsache unter Zurücklassung von Gegenständen freiwillig aufgegeben hat oder ob der Vermieter dies in verbotener Eigenmacht bzw. vermeintlicher oder berechtigter Selbsthilfe bewirkt hat[360]. Bei Geltendmachung eines Vermieterpfandrechts ergibt sich die Obhutspflicht nach Inbesitznahme durch den Vermieter aus § 1215 BGB, ansonsten aus nach- bzw. nebenvertraglichen Pflichten[361]. Die Obhutspflicht erstreckt sich allerdings nicht auf Müll oder offenkundig wertlose Gegenstände, bei denen eine Aufbewahrung nicht lohnenswert ist und bei denen angenommen werden kann, der Mieter habe das Eigentum an ihnen durch das Zurücklassen aufgegeben[362] (s. auch §§ 885a Abs. 3 Satz 2, 885 Abs. 3 Satz 2 ZPO); bei Gegenständen von persönlichem Wert oder Erinnerungsstücken ist für eine solche Annahme Zurückhaltung geboten. Zur Absicherung des Vermieters empfiehlt sich jedoch vor einer Vernichtung eine Beweissicherung und eine Beseitigungsandrohung gegenüber dem Mieter. Weil die **Obhutspflicht** eine Nebenpflicht ist, muss sie dem Vermieter unter Abwägung der beiderseitigen Interessen zumutbar sein. Hier ist zu unterscheiden danach, ob der Mieter den Besitz der Mietsache freiwillig aufgegeben und dabei die Gegenstände zurückgelassen hat oder ob sich der Vermieter den Besitz an der Mietsache durch verbotene Eigenmacht bzw. im Wege der (vermeintlichen) Selbsthilfe (s. dazu bei Rdn. 115) wieder verschafft und dabei die Gegenstände vorgefunden hat; in letzteren Fällen ist die Zumutbarkeitsgrenze deutlich zu Lasten des Vermieters verschoben. Je länger die Obhut dauert, je mehr Platz sie in Anspruch nimmt und je kostenintensiver sie ist, desto stärker belastet sie den Vermieter; meist geht dies auch damit einher, dass der Verstoß des Mieters gegen die Räumungspflicht immer länger dauert. Auf der anderen Seite sind das Eigentumsinteresse des Mieters und ggf. eine verbotene Eigenmacht des Vermieters zu berücksichtigen. Auch wenn der BGH[363] es nicht erwähnt, wird wegen dieser Zumutbarkeitserwägungen dem Vermieter das Recht zuzugestehen sein, die zurückgelassenen Gegenstände nach Ablauf einer angemessenen Frist[364] und – falls ihm der Aufenthalt des Mieters bekannt ist – nach vorheriger Androhung zu vernichten[365]. Weiterhin ist aber Voraussetzung, dass der Vermieter von der gesetzlich für derartige Fälle vorgesehenen Möglichkeiten Gebrauch gemacht hat, dass er nämlich versucht hat, die Sachen zu **hinterlegen** oder zu versteigern und den Erlös zu hinterlegen (§§ 372, 383 BGB). Erst wenn das sich als unmöglich erwiesen hat (wie etwa bei persönlichen Erinnerungsstücken) oder unzumutbar ist (etwa wegen der Kosten), kommt eine **Vernichtung** in Betracht. Bei **Verletzung der Obhutspflicht** ist der Vermieter dem Mieter gem. § 280 BGB zum Schadensersatz verpflichtet[366]; bei Inbesitznahme durch verbotene Eigenmacht oder im Wege der Selbsthilfe kommen auch Ansprüche aus §§ 823 Abs. 1, 823 Abs. 2, 858, 231 BGB in Betracht (s. dazu bei Rdn. 115). Beruht die Schadensersatzpflicht darauf, dass der Vermieter die Gegenstände zu Unrecht versteigert hat, so besteht der Schaden nur in dem Unterschiedsbetrag zwischen deren Wert und dem (herauszugebenden bzw. freizugebenden) Ersteigerungserlös[367]. Wenn der Mieter 59

[358] S. dazu näher *Hinz* NZM 2016, 629.

[359] LG Darmstadt NZM 2014, 243.

[360] Für die verbotene Eigenmacht bzw. Selbsthilfe: BGH NJW 2010, 3434 = WuM 2010, 578; BGH WuM 2003, 708 = NJW-RR 2004, 493. Für das Zurücklassen nach unvollständiger Räumung: BGH VersR 1971, 765 = WM 1971, 943.

[361] BGH NJW 2010, 3434 = WuM 2010, 578 Rdn. 14 für nebenvertragliche Pflichten. LG Lübeck WuM 2010, 439 für § 1215 BGB.

[362] BGH NJW 2010, 3434 = WuM 2010, 578 Rdn. 16.

[363] BGH NJW 2010, 3434 = WuM 2010, 578.

[364] In Betracht zu ziehen ist eine Orientierung an der Monatsfrist der §§ 885a Abs. 4 Satz 1, 885 Abs. 4 Satz 1 ZPO als Mindestfrist.

[365] Ähnlich *Wolf/Eckert/Ball* Rdn. 1076, die das Ergebnis aber aus § 242 BGB herleiten, und *Lammel,* Wohnraummietrecht, § 546 Rdn. 25, der das Ergebnis auf § 303 BGB analog stützen will.

[366] BGH NJW 2010, 3434 = WuM 2010, 578. Zu Schadensersatzansprüchen bei Räumung gem. § 885a ZPO s. *Lehmann-Richter* NZM 2013, 260.

[367] *Kandelhard* in Herrlein/Kandelhard § 546 Rdn. 30.

sich in Annahmeverzug befindet, greift bei verschuldensabhängiger Haftung die Haftungsmilderung nach § 300 BGB; steht der Rückgabetermin kalendermäßig fest (etwa beim Zeitmietvertrag oder bei Kündigung mit Kündigungsfrist), tritt auch ohne Angebot des Vermieters ein Annahmeverzug ein (§ 296 BGB) und überdies ein Schuldnerverzug wegen der Verletzung der Räumungspflicht[368]. Die Obhutspflichten des Vermieter sind erheblich. Er muss die nachweislich in Obhut genommenen Gegenstände vollständig und in einem gegenüber dem Zustand bei Inobhutnahme nicht verschlechterten Zustand wieder herausgeben; im Falle einer Unmöglichkeit der Herausgabe oder einer im Vergleich zum übernommenen Zustand nachweislich eingetretenen Verschlechterung der herauszugebenden Gegenstände hat er sich darüber hinaus gem. § 280 Abs. 1 Satz 2 BGB zu entlasten, so dass ihn und nicht den Mieter insoweit die Darlegungs- und Beweislast trifft[369]. Die Umkehr der Darlegungs- und Beweislast geht bei einer durch **verbotene Eigenmacht** oder Selbsthilfe in Besitz genommenen Mietsache noch erheblich viel weiter und erstreckt sich zugleich auf den Bestand, den Zustand und die wertbildenden Merkmale der Gegenstände, die sich dort befunden haben; denn zu den Obhutspflichten gehört auch die Pflicht, die Interessen des durch Ortsabwesenheit und mangelnde Kenntnis von der Inbesitznahme an einer eigenen Interessenwahrnehmung verhinderten Mieters zu wahren, weshalb der Vermieter nicht nur dafür Sorge tragen muss, dass an den in Besitz genommenen Gegenständen während der Dauer ihrer Obhut oder der anschließenden Einlagerung keine Beschädigungen oder Verluste eintreten, er muss vielmehr schon bei Inbesitznahme ein **aussagekräftiges Verzeichnis** der verwahrten Gegenstände aufstellen und deren Wert schätzen lassen, um dem Mieter eine Sicherung seiner Ansprüche zu ermöglichen[370]. Bei einer **freiwilligen Besitzaufgabe** und freiwilligen Zurücklassung von Räumungsgut trifft den Vermieter keine Inventarisierungspflicht, da der Mieter sich selbst in Beweisnot gebracht hat. Kommt der Vermieter einer Inventarisierungs- und Schätzungspflicht nicht nach, ist er verpflichtet, den **Schaden** auszugleichen, der darin liegt, dass der Mieter hinsichtlich Bestand, Zustand und Wert seiner (Einrichtungs-)Gegenstände zur Zeit der Inbesitznahme durch den Vermieter in Beweisnot geraten ist; der Schadensausgleich geht dahin, dass der Vermieter beweisen muss, in welchem Umfang Bestand und Wert der Gegenstände von den Angaben abweichen, die der Mieter hierzu gemacht hat, soweit – und das ist eine wichtige Einschränkung – die vom Mieter angesetzten Werte plausibel sind[371]. Dem Mieter kommen überdies die Grundsätze der Schadensschätzung gem. § 287 ZPO zu Gute, die es notfalls auch gebieten, einen Mindestschaden festzusetzen[372]. Eine generelle **formularvertragliche Abbedingung der Schadensersatzpflicht** ist schon wegen § 309 Nr. 7 BGB nicht möglich; eine formularvertragliche Abbedingung der Obhutspflicht und ein sofortiges oder nach kurzer Frist entstehendes Vernichtungsrecht hinsichtlich zurückgelassener Sachen verstößt gegen § 307 BGB, da der Mieter dann den Untergang unabhängig von dem Wert der Gegenstände und unabhängig von einem Verschulden an dem Zurücklassen hinnehmen müsste, während dem Vermieter auf der anderen Seite Schadensersatzansprüche und Nutzungsentschädigung zustehen können[373]. Zulässig dürften aber AGB-Klauseln sein, die ein Entsorgungsrecht nach Ablauf einer bestimmten Zeit[374] vorsehen, soweit in der Klausel die dargelegten Zumutbarkeitserwägungen beachtet werden, also nur konkretisiert würde, was ohnehin für den Vermieter gilt[375]. Dem Vermieter stehen gegen den Mieter gem. § 280 BGB Schadensersatzansprüche zu, die über das mit dem Zurücklassen verbundene Vorenthalten der Mietsache hinausgehen. In Betracht kommen hier insbesondere **Lager- und Transportkosten** bzw. die Kosten für eine Hinterlegung oder Versteigerung. Ein Bereicherungsanspruch auf Wertersatz in Höhe des Nutzungswertes der von den zurückgelassenen Gegenständen belegten Flächen ist jedoch wegen des Vorrangs der Nutzungsentschädigungsregelung in § 546a BGB nicht möglich[376]. Zum **Herausgabeanspruch** des Mieters bezüglich der zurückgelassenen Sachen s. bei § 546a Rdn. 43.

---

[368] *Kandelhard* in Herrlein/Kandelhard § 546 Rdn. 29.

[369] BGH NJW 2010, 3434 = WuM 2010, 578 Rdn. 14. Ähnlich LG Lübeck WuM 2010, 439.

[370] BGH NJW 2010, 3434 = WuM 2010, 578 Rdn. 15.

[371] BGH NJW 2010, 3434 = WuM 2010, 578 Rdn. 17; OLG Naumburg ZMR 2013, 112.

[372] BGH NJW 2010, 3434 = WuM 2010, 578 Rdn. 21; die Entscheidung ist insgesamt instruktiv zur Schadensschätzung gem. § 287 ZPO.

[373] Ähnlich OLG Frankfurt NJW-RR 1998, 368; *Lammel,* Wohnraummietrecht, § 546 Rdn. 27; im Ergebnis ebenso für Mietwagen-AGB OLG Hamburg NJW-RR 1989, 881.

[374] In Betracht zu ziehen ist eine Orientierung an der Zweimonatsfrist des § 885 Abs. 4 ZPO.

[375] Im Ergebnis ebenso *Wolf/Eckert/Ball* Rdn. 1077.

[376] Das folgt aus BGH NJW 1983, 1049 = ZMR 1983, 198. **A. A.** OLG Düsseldorf ZMR 1988, 175.

4. Gläubiger des Rückgabeanspruchs; empfangsberechtigte Personen

Gläubiger des Rückgabeanspruchs gem. § 546 Abs. 1 BGB ist der Vermieter. Steht ein Grundstück unter Zwangsverwaltung, kann ihn nur der Zwangsverwalter geltend machen[377]; die Rückgabe an den Eigentümer ist keine Erfüllung, da dem Eigentümer die Verwaltung und Benutzung gem. § 148 Abs. 2 ZVG untersagt ist[378]. Der Zwangsverwalter kann einen Räumungsanspruch bzw. eine Räumungsklage auch nach der Eröffnung des Insolvenzverfahrens über das Vermögen des Vermieters nicht auf die insolvenzrechtliche Anfechtbarkeit des Mietvertrages (§§ 129ff. InsO) stützen, weil die Insolvenzanfechtung nicht die Unwirksamkeit des angefochtenen Geschäfts zur Folge hat, sondern nur der Insolvenzmasse einen schuldrechtlichen Anspruch gewährt[379]. Der Ersteher eines Grundstücks, das nach vorangegangener Zwangsverwaltung zwangsversteigert worden ist, ist nicht Rechtsnachfolger des früheren Zwangsverwalters; hat Letzterer gegen den Mieter einen Räumungstitel erstritten, kann der Ersteher die Erteilung einer auf ihn lautenden vollstreckbaren Ausfertigung dieses Titels gem. § 727 ZPO jedenfalls nach der Beendigung der Zwangsverwaltung nicht verlangen, möglich ist aber eine Vollstreckung gem. § 93 ZVG[380]. Bilden mehrere Vermieter eine GbR, so steht dieser auf Grund ihrer Teilrechtsfähigkeit der Rückgabeanspruch zu. Besteht lediglich eine (Eigentümer-)Gemeinschaft, kann jeder Miteigentümer den Rückgabeanspruch (im Prozess als gesetzlicher Prozessstandschafter) geltend machen, jedoch nur Leistung an alle verlangen (§§ 1011, 432 BGB)[381]. Zur Frage, wann eine GbR und wann eine Gemeinschaft vorliegt s. vor § 535 Rdn. 240ff. und 260ff. 60

Den Rückgabeanspruch hat der **Vermieter** auch dann, wenn er **nicht Eigentümer** des Mietobjekts ist; er ist rein schuldrechtlicher Natur. Dementsprechend kann auch der Hauptmieter gegenüber seinem Untermieter die Rückgabe an sich geltend machen[382]. Zu möglichen Konkurrenzen bei Auseinanderfallen von Eigentum und Vermieterstellung hinsichtlich der Ansprüche aus § 546 Abs. 1 BGB und § 985 BGB s. Rdn. 11; zum Konkurrenzverhältnis zwischen § 546 Abs. 1 und 2 BGB s. Rdn. 14. Im Gegensatz zum Herausgabeanspruch aus § 985 BGB ist der Rückgabeanspruch gem. § 546 Abs. 1 BGB **abtretbar**[383], Ansprüche aus § 985 BGB können aber mit Ermächtigung des Eigentümers vom Nichteigentümer geltend gemacht werden[384]. Bei einem Eigentumswechsel an einem Grundstück geht der Rückgabeanspruch gem. § 566 Abs. 1 BGB auf den neuen Eigentümer über bzw. entsteht im Falle von § 985 BGB in dessen Person als neuer Eigentümer[385]. Der Erwerber kann einen Räumungstitel, den der Veräußerer erwirkt hat, gem. § 727 ZPO auf sich umschreiben lassen; hierfür reicht der Grundbuchauszug als Nachweis aus[386]. 61

Die Rückgabe hat an den Vermieter persönlich zu erfolgen oder an eine vom ihm jedenfalls konkludent **zum Empfang berechtigte Person**[387]; für den Beginn der kurzen Verjährung kann es ggf. bedeutsam sein zwischen der sachenrechtlichen Berechtigung zur Empfangnahme (Besitzdienerschaft) und der Zurechnung der Kenntnis vom Besitzwechsel zu differenzieren (s. näher bei § 548 Rdn. 36). Ein Verwalter wird regelmäßig empfangsberechtigt sein[388], ebenso der mit der 62

---

377 LG Berlin GE 1999, 112; AG Köln NZM 2000, 64 = ZMR 2000, 30; *Rolfs* in Staudinger § 546 Rdn. 7.

378 AG Köln NZM 2000, 64 = ZMR 2000, 30.

379 BGH (IX ZR 282/13) NJW 2015, 164.

380 BGH (VII ZB 47/10) NZM 2012, 724.

381 BGH NZM 2001, 45 (für Mietzinsforderungen).

382 OLG München NJW-RR 1989, 524; *Rolfs* in Staudinger § 546 Rdn. 7.

383 BGH NZM 2009, 701 = ZMR 2010, 21; BGH NJW 1983, 112, wo aber offen gelassen wird, ob eine getrennte Abtretung des Rückgabeanspruchs von dem Nutzungsentschädigungsanspruch gem. § 546a BGB möglich ist, und verneinendenfalls eine Ermächtigung zur Geltendmachung des Anspruchs angenommen wird; aus BGH NJW 1999, 715 dürfte allerdings zu folgern sein, dass der BGH von einer getrennten Abtretbarkeit ausgeht, weil dort in der Abtretung der Mietzinsansprüche auch eine Mitabtretung der Nutzungsentschädigungsansprüche gesehen, das Schicksal des Rückgabeanspruchs aber nicht problematisiert wird. Ferner OLG München ZMR 1996, 375 = NJW-RR 1996, 907; *Rolfs* in Staudinger § 546 Rdn. 7 *Lammel,* Wohnraummietrecht, § 546 Rdn. 13.

384 S. zur Ermächtigung auch bei § 566 Rdn. 45.

385 Einzelheiten dazu bei § 566 Rdn. 51. **A. A.** *Rolfs* in Staudinger § 546 Rdn. 7; OLG München ZMR 1996, 375 = NJW-RR 1996, 907, sämtlich aber ohne nähere Begründung.

386 LG Köln Beschluss v. 13.7.2009 (Az.: 10 T 101/09). Das LG Köln stützt sich allerdings fälschlicherweise nur auf § 985 BGB, nicht aber auf § 566 BGB i. V. m. § 546 BGB, der dem Gläubiger weitergehende Rechte als die bloße Herausgabe gewährt, nämlich insbesondere den Räumungsanspruch; s. auch Rdn. 125.

387 OLG Hamm NZM 2003, 26; AG Köln WuM 1988, 111; *Rolfs* in Staudinger § 546 Rdn. 18.

388 KG MDR 2002, 272.

Durchsetzung des Rückgabeanspruchs beauftragte Rechtsanwalt[389], nicht hingegen ein Makler[390] oder ein anderer Mieter des Hauses[391], es sei denn, das wäre mit dem Vermieter besonders vereinbart worden[392]. Bei einem Hauswart oder **Hausmeister** kommt es auf die konkrete Ausgestaltung seiner Tätigkeit an bzw. darauf, ob er vom Vermieter für den konkreten Fall beauftragt wurde[393]. Wird zwischen Vermieter und Mieter vereinbart, die Wohnung direkt dem Nachmieter zu übergeben, so ist dieser Besitzmittler des Vermieters[394].

5. Schuldner des Rückgabeanspruchs

63 Schuldner des Rückgabeanspruchs nach Abs. 1 ist der Mieter, gleichgültig, ob er unmittelbarer oder mittelbarer oder ob er überhaupt Besitzer ist[395]. Zur vertragslosen Aufnahme eines Lebenspartners in die Wohnung s. vor § 535 Rdn. 387. Der **Besitzstatus des Mieters** hat nur Einfluss auf die Art, wie er den Rückgabeanspruch zu erfüllen hat, nämlich ob er selbst in Person zurückzugeben oder die Rückgabe Dritter zu veranlassen hat (s. dazu Rdn. 25). Auch andere Personen als der Mieter können zur Rückgabe verpflichtet sein; dieser Anspruch richtet sich nach § 546 Abs. 2 BGB. Bei einem (echten) (Miet-)**Vertrag zu Gunsten Dritter** gem. § 328 BGB ist der Dritte (der Nutzer) Schuldner des Rückgabeanspruchs gem. § 546 Abs. 1 BGB, nicht der Mieter; wenn der Dritte/Nutzer dem Mieter des Besitz überlassen, ist der Mieter gem. § 546 Abs. 2 zur Rückgabe verpflichtet[396]. Zur Frage, gegen wen der Vermieter einen Räumungstitel braucht, s. Rdn. 98 und 129.

64 **Mehrere Mieter** (sowie mehrere Untermieter[397] und auch eine Mehrheit aus Mieter und Untermieter[398]) haften für die Rückgabe der Mietsache als Gesamtschuldner gem. § 431 BGB, da die Rückgabeleistung nicht teilbar ist[399]. Das bedeutet, dass der Vermieter alle Mieter gemeinsam auf Rückgabe in Anspruch nehmen kann oder auch jeden Mieter einzeln bzw. nur einige von ihnen; das gilt auch für die Räumungsklage[400]. Die Rückgabeverpflichtung ist trotz ihrer Unteilbarkeit keine gemeinschaftliche Schuld[401], so dass § 425 BGB anwendbar ist. Allerdings haftet jeder Mieter entgegen § 425 Abs. 2 BGB nicht nur für sein eigenes Verschulden, sondern auch für das Verschulden der Mitmieter, da schuldhaften Pflichtverletzungen bei der Rückgabe der Mietsache sog. Gesamtwirkung zukommt; das ergibt sich gem. § 425 Abs. 1 BGB („soweit sich nicht aus dem Schuldverhältnis ein anderes ergibt") aus der Unteilbarkeit der Rückgabepflicht[402]. Denn jeder Mieter schuldet nicht nur die Aufgabe des eigenen Besitzes, sondern auch die Besitzaufgabe durch seine Mitmieter und hat die Besitzverschaffung an den Vermieter zu bewirken und mit den möglichen rechtlichen und tatsächlichen Mitteln darauf hinzuwirken[403]. Das gilt auch dann, wenn er selbst nie Besitz hatte[404] und

---

[389] *Horst* MDR 1998, 193.
[390] OLG Hamm NZM 2003, 26.
[391] AG Berlin-Wedding GE 2008, 551; *Rolfs* in Staudinger § 546 Rd. 16; *Horst* MDR 1998, 193.
[392] *Horst* MDR 1998, 193.
[393] BGH (VIII ZR 402/12) NJW 2014, 684 = WuM 2013, 729 Rdn. 18; KG KGR Berlin 2006, 375; KG MDR 2002, 272; OLG München ZMR 2010, 285; LG Hannover NZM 2005, 421; *Horst* MDR 1998, 193.
[394] OLG Hamm NZM 2003, 26; LG Berlin WuM 1988, 271; LG Duisburg WuM 1989, 374.
[395] BGH NJW 1996, 515 = WuM 1996, 83 = ZMR 1996, 182.
[396] *Lehmann-Richter* ZMR 2010, 820.
[397] LG Berlin WuM 2016, 692.
[398] S. Rdn. 88.
[399] BGH (VIII ZR 25/14) WuM 2015, 85 Rdn. 19; BGH NJW 1996, 515 = WuM 1996, 83 = ZMR 1996, 182; BGH NJW 1976, 287. S. eingehend zur Unteilbarkeit der Rückgabeverpflichtung und zur Unteilbarkeit des Mietverhältnisses *Streyl* NZM 2011, 383/384.
[400] BGH (VIII ZR 25/14) WuM 2015, 85 Rdn. 19.
[401] BGH NJW 1976, 287; OLG Düsseldorf NJW-RR 1987, 911 = ZMR 1987, 377. S. allgemein zur gemeinschaftlichen Schuld, die sich dadurch auszeichnet, dass sie in gemeinschaftlichem Zusammenwirken zu erbringen ist (etwa ein Orchesterkonzert), *Bydlinski* in MünchKomm (5. Aufl.) vor § 420 Rdn. 7.
[402] S. eingehend dazu *Streyl* NZM 2011, 388 für Beschädigungen der Mietsache; für die eigentliche Rückgabe, die Besitzverschaffung, gilt aber nichts anderes. Ebenso OLG Düsseldorf NJW-RR 1987, 911 = ZMR 1987, 377. Auch der BGH hat in BGH NJW 1976, 287 trotz § 425 Abs. 2 BGB die schuldhafte Verletzung der Rückgabepflicht durch einen Mitmieter dem anderen Mieter zugerechnet, wenn nur einer der Mitmieter die Rückgabe vertragsgemäß bewirken kann, weil nur er einen Führerschein hatte und deshalb nur er das gemietete Auto fahren durfte.
[403] BGH NJW 1996, 515 = WuM 1996, 83 = ZMR 1996, 182; KG NJW 2006, 2561 = ZMR 2006, 526; OLG Düsseldorf NJW-RR 1987, 1370; OLG Düsseldorf NJW-RR 1987, 911 = ZMR 1987, 377.
[404] KG NJW 2006, 2561 = ZMR 2006, 526.

der Vermieter hiervon wusste oder er den Besitz bereits aufgegeben hat[405] – sei es nach Vertragsende oder auch davor.

65 Ein **Auszug ggf. weit vor Vertragsende** aus der Mietwohnung ändert also grundsätzlich nichts daran, dass der ausgezogene Mietmieter die Rückgabe ebenso schuldet wie ein verbliebener Mitmieter – dies nur nicht durch eigene Besitzaufgabe, sondern er muss auch die Räumung durch die verbliebenen Mitmieter veranlassen. Deshalb reicht die bloße Erklärung, er sei nicht mehr Mieter und mache kein Besitzrecht mehr geltend, nicht aus[406]. Einer Räumungsklage des Vermieters gegen einen nicht besitzenden Mitmieter fehlt das Rechtsschutzbedürfnis nicht, weil er sich nur so wirksam vor einer Wiederinbesitznahme der Mietsache schützen kann[407]. Wenn dem nichtbesitzenden Mitmieter allerdings die **Rückgabe unmöglich** ist, wird er hiervon frei; das ist aber erst anzunehmen, wenn die Bewirkung der Rückgabe durch ihn nach Ausschöpfung aller tatsächlichen (einschließlich der Gewährung von Auszugsprämien) und rechtlichen (einschließlich gerichtlicher Maßnahmen[408]) Möglichkeiten ausgeschlossen erscheint[409]. Erfüllt ein Mietmieter die Rückgabeverpflichtung, dann erlischt der Rückgabeanspruch gegen die übrigen Mitmieter. Genauso ist es, wenn der Gerichtsvollzieher eine **Zwangsräumung** durchführt und den Vermieter in den Besitz der Mieträume einweist; dadurch wird auch der Rückgabeanspruch des Vermieters gegen einen Mitmieter erfüllt, der die Mieträume nicht mehr in Mitbesitz hat[410]. Zur Zwangsvollstreckung aus einem vorläufig vollstreckbaren Urteil s. Rdn. 29.

66 In manchen Konstellationen muss sorgfältig überprüft werden, ob ein (früherer) Mitmieter nicht inzwischen **aus dem Vertrag ausgeschieden** ist und deshalb nicht mehr auf Rückgabe in Anspruch genommen werden kann. Der Auszug eines Ehegatten oder sonstigen Lebenspartners eines Mieters führt zwar noch nicht zu einem Vertragsende mit diesem; das kann aber stillschweigend der Fall sein, wenn der verbliebene Mieter mit Wissen und Billigung einen neuen Partner aufnimmt[411] oder wenn der Vermieter einen neuen Partner wie einen Mitmieter behandelt. Die Einzelfallumstände entscheiden.

67 Rechtsfähige oder teilrechtsfähige **Personengesellschaften** (GbR, oHG, KG) sind selbst Partei des Mietvertrages und als solche zur Rückgabe verpflichtet. Die Gesellschafter (bei der KG nur die Komplementäre) haften zudem persönlich gem. § 128 HGB für die Rückgabe; das gilt in den Grenzen des § 160 HGB auch, wenn sie bei Vertragsende bereits aus der Gesellschaft ausgeschieden sind[412]. Die Rückgabepflicht trifft die Gesellschafter auch für die mit § 546 BGB konkurrierenden Ansprüche aus §§ 812, 985 BGB[413].

68 Zu Herausgabe- bzw. Rückgabepflichten nach dem **Tod des Mieters** s. bei § 563 Rdn. 63; zu den Möglichkeiten des Vermieters, wenn der Erbe des verstorbenen Mieters unbekannt ist, s. bei § 564 Rdn. 12.

6. Insolvenz des Mieters

69 Im Gegensatz zur Miete beweglicher Gegenstände, für die § 103 InsO gilt[414], bestehen Mietverhältnisse über unbewegliche Gegenstände oder Räume gem. § 108 Abs. 1 InsO nach Insolvenzeröffnung mit Wirkung für die Insolvenzmasse fort. Hinsichtlich der Rückgabepflichten muss deshalb zwischen beweglichen und unbeweglichen Mietsachen unterschieden werden[415]; zum Nutzungs-

---

405 BGH NJW 1996, 515 = WuM 1996, 83 = ZMR 1996, 182.

406 KG WuM 2006, 529; OLG Düsseldorf NJW-RR 1987, 1370.

407 BGH NJW 1996, 515 = WuM 1996, 83 = ZMR 1996, 182.

408 LG Berlin GE 2000, 281.

409 BGH NJW 1996, 515 = WuM 1996, 83 = ZMR 1996, 182; KG NJW 2006, 2561 = ZMR 2006, 526; OLG Düsseldorf NJW-RR 1987, 1370; KG 2006, 529.

410 BayObLG NJW-RR 1989, 1291 = WuM 1989, 489.

411 *Rolfs* in Staudinger § 546 Rdn. 15; s. auch *Streyl* NZM 2011, 385/386.

412 BGH NJW 1987, 2367 für die KG. BGH NZM 2010, 280 Rdn. 31 und 33 für die OHG. BGH NZM 2009, 277 Rdn. 41 für die GbR; grundsätzlich zur Haftung des GbR-Gesellschafters gem. § 128 HGB s. BGH NJW 2001, 1056.

413 So ist jedenfalls BGH NZM 2009, 277 Rdn. 41 zu verstehen, wenn es die Haftung der Gesellschafter in einem obiter dictum bejaht, nachdem das Berufungsgericht sie für Ansprüche aus § 546 BGB und § 985 BGB verneint hatte. Kritisch hinsichtlich des Anspruchs aus § 985 BGB *Eckert* InfoM 2009, 325, weil die Gesellschafter i. d. R. keinen Besitz an der Mietsache haben.

414 BGH (IX ZR 279/13) NZM 2015, 337 Rdn. 30.

415 Werden bewegliche und unbewegliche Gegenstände vermietet, entscheidet der Schwerpunkt des Vertrages, ob § 103 InsO oder § 108 InsO anwendbar ist; vgl. BGH (IX ZR 279/13) NZM 2015, 337 Rdn. 30.

entschädigungsanspruch s. bei § 546a Rdn. 34. Auch wenn die Insolvenz des Mieters den Inhalt des Rückgabeanspruchs nicht verändert, so nehmen doch die einzelnen Pflichten bei der Rückgabe von **unbeweglichen Gegenständen oder Räumen** ein unterschiedliches Schicksal[416]. Wenn das *Mietverhältnis vor Insolvenzeröffnung beendet* ist hat der Vermieter, wenn er Eigentümer ist, hinsichtlich der Mietsache selbst ein Aussonderungsrecht gem. § 47 InsO, das die Insolvenzmasse verpflichtet; dieses Recht besteht aber nur in dem Umfang wie bei einem Herausgabeanspruch gem. § 985 BGB[417]. Ist der Vermieter lediglich Untervermieter und nicht dinglich berechtigt, hat er ein aus § 546 Abs. 1 BGB abgeleitetes und hinsichtlich des Umfangs ebenfalls an § 985 BGB angelehntes Aussonderungsrecht[418]. Grundsätzlich hat deshalb der Insolvenzverwalter dem Vermieter den Besitz an der Mietsache zu übertragen, wenn die Mietsache massebefangen ist, d. h. wenn der Insolvenzverwalter den Besitz nach Insolvenzeröffnung ergriffen, also tatsächliche Sachherrschaft begründet hat und für den Mieter noch innehält[419] oder unter Anerkennung des fremden Eigentums das Recht beansprucht, die Mietsache für die Masse zu nutzen und darüber zu entscheiden, ob, wann und in welcher Weise er sie an den Vermieter zurückgibt[420]. Ist das Mietobjekt (mangels Inbesitznahme durch den Insolvenzverwalter) nicht massebefangen, besteht nach Ende des Mietverhältnisses kein Aussonderungsrecht und der Vermieter kann und muss den insolventen Mieter auf Besitzverschaffung in Anspruch nehmen[421]. Ein Aussonderungsanspruch gegen die Masse besteht auch dann nicht, wenn der Vermieter selbst Besitz an der Mietsache ergreifen kann[422]. Der Besitzverschaffungsanspruch, der einen Mieter treffen kann, wenn er nicht selbst unmittelbarer Besitzer ist (s. dazu Rdn. 25), ist nur einfache Insolvenzforderung und nicht Teil des Aussonderungsrechts. Das gleiche (einfache Insolvenzforderung) gilt für die sonstigen Rückgabepflichten, insbesondere die Räumungs- und Rückbaupflichten (Wegnahme von Gegenständen und Einrichtungen, Beseitigung von baulichen Veränderungen). Die Masse (in Person des Insolvenzverwalters) ist – unabhängig davon, ob die Mietsache massebefangen war oder nicht[423] – weder zur Herstellung des vertragsgemäßen Zustands verpflichtet noch zur Tragung der Kosten hierfür; es handelt sich um einfache Insolvenzforderungen, die zur Insolvenztabelle gem. § 174 InsO anzumelden sind[424]; ggf. ist der Anspruch gem. § 45 InsO in Geld umzurechnen[425]. Unterbleibt die Anmeldung, kann das mit Rechtskraft der Bestätigung eines Insolvenzplans gem. § 254b InsO zum Erlöschen der Forderung führen und zwar auch dann, wenn der Räumungsanspruch erst nach Beendigung des Insolvenzverfahrens fällig wurde, weil das Mietverhältnis erst dann endete[426]. Der Räumungsanspruch ist nur unter den Voraussetzungen des § 55 InsO keine einfache Insolvenzforderung, sondern eine Masseverbindlichkeit, wenn und soweit also der Insolvenzverwalter selbst die Veränderungen – i. d. R. bei zunächst fortgesetztem Vertrag[427] – vorgenommen oder Einrichtungen und Gegenstände in das Mietobjekt gebracht bzw. dies zurechenbar veranlasst hat[428]. Bei vor Insolvenzeröffnung beendetem Mietverhältnis dürften derart entstandene Masseverbindlichkeiten selten sein. Ein gegen den Mieter

---

[416] BGH NJW 2001, 2966 = ZMR 2001, 792. S. auch weitergehend zur Herausgabe der Mietsache in der Mieterinsolvenz *Cymutta* WuM 2008, 582 und eingehend *Eckert* NZM 2006, 610 (dort auch zu den Folgen – nicht nur für die Rückgabe – einer Verbraucherinsolvenz auf ein Wohnraummietverhältnis).

[417] BGH NJW 2001, 2966 = ZMR 2001, 792; BGH NZM 2011, 75 = ZMR 2010, 943.

[418] BGH NJW 2008, 2580 = WuM 2008, 507 = ZMR 2008, 875 Rdn. 14.

[419] BGH NJW 2008, 2580 = WuM 2008, 507 = ZMR 2008, 875; BGH NJW 2001, 2966 = ZMR 2001, 792. Die Besitzergreifung erfolgt nicht automatisch kraft Gesetzes, der Insolvenzverwalter muss vielmehr die tatsächliche Sachherrschaft erlangen (BGH NJW 2008, 2580 = WuM 2008, 507 = ZMR 2008, 875).

[420] BGH NJW 2008, 2580 = WuM 2008, 507 = ZMR 2008, 875; BGH GE 2009, 322 (IX ZR 207/06); LG Mannheim WuM 2006, 694.

[421] BGH NJW 2008, 2580 = WuM 2008, 507 = ZMR 2008, 875.

[422] BGH NJW 2001, 2966 = ZMR 2001, 792.

[423] Massebefangenheit wird i. d. R. nur anzunehmen sein, wenn der Mietvertrag bei Insolvenzeröffnung noch nicht beendet war, weil der Insolvenzverwalter nur dann Anlass zur Besitzergreifung hat; zwingend ist das jedoch nicht.

[424] BGH NJW 2001, 2966 = ZMR 2001, 792; *Cymutta* WuM 2008, 584.

[425] OLG Brandenburg ZIP 2015, 1790; *Cymutta* WuM 2008, 582.

[426] OLG Brandenburg ZIP 2015, 1790. Grund hierfür ist, dass Rückgabe- und damit Räumungsansprüche bereits aufschiebend bedingt mit dem Mietverhältnis entstehen und deshalb gem. § 41 InsO als fällig gelten und folglich zur Tabelle anzumelden sind.

[427] BGH GE 2008, 865.

[428] BGH (IX ZR 279/13) ZIP 2015, 589 Rdn. 83; BGH NJW 2001, 2966 = ZMR 2001, 792; BGH NZM 2006, 352 = ZMR 2006, 438; BGH NJW-RR 2002, 1198; *Dahl* NZM 2008, 590. Instruktiv OLG Brandenburg ZIP 2015, 1790.

bei Insolvenzeröffnung bereits begonnener Räumungsrechtsstreit wird zwar gem. § 240 ZPO unterbrochen, der Vermieter kann ihn aber hinsichtlich der Aussonderung (Herausgabe) gem. § 86 Abs. 1 InsO jederzeit aufnehmen, nicht jedoch hinsichtlich der Räumung und der sonstigen Rückgabepflichten[429]. War ein Rechtsstreit nicht anhängig, kann ein neuer, auf bloße Herausgabe gerichteter Prozess trotz Insolvenzeröffnung ebenfalls angestrengt werden[430]. In der Insolvenz des Wohnungsmieters sollte i. d. R. nicht der Insolvenzverwalter verklagt werden, sondern der Mieter, weil ein Titel gegen den Insolvenzverwalter eine Vollstreckung gegen den Mieter nicht einschließt[431] und der Insolvenzverwalter wegen der Höchstpersönlichkeit der Wohnung keinen unmittelbaren Besitz hat[432]. Einen vor Insolvenzeröffnung gegen den Mieter erwirkten Titel kann der Vermieter auf den Insolvenzverwalter umschreiben lassen; wenn der Insolvenzverwalter aber nur Aussonderung schuldet, darf die Umschreibung nur hinsichtlich der Herausgabeverpflichtung erfolgen[433]. Zur vollstreckungsrechtlichen Situation s. Rdn. 132. *Endet das Mietverhältnis nach Insolvenzeröffnung,* dann steht dem Vermieter hinsichtlich seines dinglichen oder schuldrechtlichen Rückgabeanspruchs gleichfalls das erwähnte Aussonderungsrecht zu[434] und gleichfalls sind die über eine Herausgabe hinausgehenden Rückgabepflichten danach aufzuteilen, ob sie durch den Insolvenzverwalter veranlasst wurden oder durch den Mieter als Gemeinschuldner[435]; das gilt auch dann, wenn die Kündigung erst nach Insolvenzeröffnung ausgesprochen wurde[436]. Der Vermieter, der den Insolvenzverwalter in Anspruch nimmt, ist für das Ausmaß von dessen Rückgabepflichten beweispflichtig[437]. Ist der Insolvenzverwalter danach zur Räumung als Masseverbindlichkeit verpflichtet, so genügt es nicht, wenn er die zu räumenden Gegenstände freigibt, er hat vielmehr wie ein Mieter zu erfüllen, d. h., die Gegenstände wegzuschaffen[438]. Nach Wirksamkeit einer Enthaftungserklärung gem. § 109 Abs. 1 Satz 2 InsO, die nur bei Wohnraummietverhältnissen möglich ist, kann der Mieter nach einer Kündigung auf Räumung in Anspruch genommen werden, weil er dann die volle Verfügungs- und Verwaltungsbefugnis über das Mietverhältnis zurückerlangt hat[439].

Die Eröffnung des Insolvenzverfahrens beendet ein Mietverhältnis über eine **bewegliche Sache** 70
nicht. Miet- und Pachtverhältnisse über bewegliche Sachen unterfallen § 103 InsO; der Insolvenzverwalter kann also den Vertrag an Stelle des Schuldners erfüllen oder die Erfüllung des Vertrags ablehnen. Die Eröffnung des Insolvenzverfahrens führt jedoch nicht zu einem Erlöschen der beiderseitigen Erfüllungsansprüche. Die Ansprüche beider Vertragsparteien auf Leistung und Gegenleistung bleiben vielmehr bestehen; sie verlieren lediglich zunächst, nämlich bis zu einem Erfüllungsverlangen des Insolvenzverwalters, ihre Durchsetzbarkeit. Das bedeutet, dass auch das Besitzrecht des Mieters einer beweglichen Sache endet. Wählt der Insolvenzverwalter nicht[440] die Erfüllung des Mietvertrags, den der Schuldner geschlossen hatte, ist er entsprechend § 546 BGB von der Eröffnung des Insolvenzverfahrens an zur Herausgabe der Mietsachen an den Vermieter verpflichtet[441].

Gem. § 21 Abs. 2 Satz 1 Nr. 5 InsO kann das Insolvenzgericht anordnen[442], dass nach der **vor-** 71
läufigen Insolvenzeröffnung Gegenstände, deren **Aussonderung** oder Absonderung verlangt werden könnte, vom Gläubiger (Vermieter) nicht eingezogen werden dürfen und dass solche Gegenstände zur Fortführung des Unternehmens des Schuldners eingesetzt werden können, wenn sie hierfür von erheblicher Bedeutung sind. Während der ersten drei Monate nach Anordnung der

---

429 BGH NZM 2011, 75 = ZMR 2010, 943.

430 *Eckert* NZM 2006, 613; *Jablonski* GE 2008, 717, der aber wohl zusätzlich einen Räumungsanspruch für gegeben hält.

431 *Eckert* NZM 2006, 808.

432 *Flatow* NZM 2011, 616.

433 *Eckert* NZM 2006, 612.

434 BGH NJW 2008, 2580 = WuM 2008, 507 = ZMR 2008, 875 Rdn. 14.

435 BGH (IX ZR 161/01) NJW-RR 2002, 1198 unter III.3.b.aa.; *Eckert* NZM 2006, 611.

436 OLG Brandenburg ZIP 2015, 1790.

437 BGH NJW 2001, 2966 = ZMR 2001, 792.

438 BGH NZM 2006, 352 = ZMR 2006, 438.

439 *Flatow* NZM 2011, 616. Zur Wirkung der Enthaftungserklärung BGH (VIII ZR 107/13) NJW 2014, 1954 = WuM 2014, 333; BGH (IX ZR 136/13) NJW 2014, 2585.

440 Der Insolvenzverwalter muss sich positiv für den Vertrag entscheiden, Untätigsein oder Nichtrückgabe reichen nicht aus, können aber Nutzungsentschädigungsansprüche gem. § 546a Abs. 1 BGB begründen (BGH NJW 2007, 1594; s. auch bei § 546a Rdn. 34).

441 BGH NJW 2007, 1594. Kritisch dazu *Eckert* NZM 2007, 830.

442 Zu den Anforderungen an eine wirksame Anordnung s. BGH NJW-RR 2010, 1283.

vorläufigen Insolvenzverwaltung[443] ist gem. § 21 Abs. 2 Satz 1 Nr. 5 Satz 1 Teilsatz 3 InsO ein durch die Nutzung eingetretener Wertverlust an der Mietsache i. d. R. durch laufende Zahlungen an den Gläubiger auszugleichen. Der Wertverlust kann eintreten durch vertragsgemäße wie übermäßige Nutzung, aber auch durch Beschädigung und Zerstörung[444]. Der Wertersatzanspruch bemisst sich in allen Fällen nach der Differenz des Wertes der Sache bei Beginn und Ende der Nutzung[445]; bei Beschädigung oder Zerstörung dürfte aber kaum eine laufende Zahlung in Betracht kommen, diese ist vielmehr auf die vertragsgemäße Nutzung zugeschnitten. Nach Ablauf der Dreimonatsfrist ist gem. § 169 Satz 2 i. V. m. § 21 Abs. 2 Satz 1 Nr. 5 InsO nicht nur der Wertverlust auszugleichen, sondern der vereinbarte (Miet-)Zins als Nutzungsausfallentschädigung zu zahlen. Der daneben (weiter) bestehende Anspruch auf Ausgleich des Wertverlusts hat eigenständige Bedeutung nur bei übermäßiger Nutzung, Beschädigung oder Zerstörung[446]; der Wertverlust durch vertragsgemäße Nutzung ist dann Teil der Nutzungsausfallentschädigung. Sowohl der Wertersatzanspruch gem. § 21 Abs. 2 Satz 1 Nr. 5 Satz 1 Teilsatz 3 InsO als auch die Nutzungsausfallentschädigung gem. § 169 Satz 2 i. V. m. § 21 Abs. 2 Satz 1 Nr. 5 InsO sind Masseforderungen[447]. Der Differenzbetrag zwischen dem Wertersatzanspruch gem. § 21 Abs. 2 Satz 1 Nr. 5 Satz 1 Teilsatz 3 InsO und dem Mietzins bzw. der Nutzungsentschädigung gem. § 546a BGB ist – genauso wie der Mietzins bzw. die Nutzungsentschädigung in den Fällen, in denen eine Anordnung nach § 21 Abs. 2 Satz 1 Nr. 5 InsO nicht getroffen wird – einfache Insolvenzforderung, § 55 InsO ist nicht analog anzuwenden[448].

72 Ist **Vermieter ein Gesellschafter des Mieters** (juristische Person), so ist im Falle der Insolvenz der Mieterin der zum 1. 11. 2008 in Kraft getretene § 135 Abs. 3 InsO zu beachten[449]. Danach kann der Vermieter einen Aussonderungsanspruch für ein Jahr nach Insolvenzeröffnung nicht geltend machen, wenn die Mietsache für die Fortführung des Unternehmens von erheblicher Bedeutung ist. Da die Mieterin (Insolvenzschuldner) bei bestehendem Mietvertrag ohnehin ein Besitzrecht hat, spielt diese Regelung nur bei einem vertragslosen Zustand eine Rolle[450]. Auf die Höhe der geschuldeten Miete kann § 135 Abs. 3 InsO aber Auswirkungen haben[451].

7. Zeitpunkt der Rückgabe

73 Der Zeitpunkt, wann genau die Mietsache zurückzugeben ist, bestimmt sich mangels anderweitiger Regelungen[452] nach § 271 Abs. 1 BGB. Der Wortlaut des § 546 Abs. 1 BGB („nach Beendigung des Mietverhältnisses") ist entgegen mancher anderer Auffassung[453] für eine genauere Bestimmung der Leistungszeit unergiebig. Er drückt nur die Selbstverständlichkeit aus, dass die Rückgabe nach Vertragsbeendigung zu erfolgen hat und nicht schon innerhalb des Gebrauchsüberlassungs-

---

443 S. zur Dreimonatsfrist BGH (IX ZR 7/09) NJW-RR 2010, 1283.
444 BGH (IX ZR 78/11) MDR 2012, 736 = GuT 2012, 142 Rdn. 23.
445 BGH (IX ZR 78/11) MDR 2012, 736 = GuT 2012, 142 Rdn. 23.
446 BGH (IX ZR 78/11) MDR 2012, 736 = GuT 2012, 142 Rdn. 22.
447 BGH (IX ZR 78/11) MDR 2012, 736 = GuT 2012, 142 Rdn. 24ff.; BGH (IX ZR 7/09) NJW-RR 2010, 1283 Rdn. 26.
448 BGH (IX ZR 7/09) NJW-RR 2010, 1283.
449 Die Vorschrift ist gem. § 103d EGInsO anwendbar, wenn das Insolvenzverfahren vor dem 1. 11. 2008 eröffnet wurde (BGH NJW 2009, 1277).
450 *Hörndler/Hoisl* NZM 2009, 379.
451 S. näher die einschlägige Kommentierung zu § 135 Abs. 3 InsO und *Hörndler/Hoisl* NZM 2009, 379/380.
452 Gem. Art. 93 EGBGB kann das **Landesrecht** Räumungsfristen für Räume vorsehen. Solche Regelungen gibt es noch in Bremen und Hamburg. Gem. § 25 Hamburger Ausführungsgesetz zum BGB vom 1. 7. 1958 müssen gemietete Räume, für die vierteljährliche oder längere Kündigungsfristen bestehen, bei Beendigung des Mietverhältnisses bis 12 Uhr mittags des auf die Beendigung nächstfolgenden Werktages geräumt werden. § 13 Bremer Ausführungsgesetz zum BGB vom 18. 7. 1898 lautet: „Bei Wohnungsmieten, welche mit dem Schlusse eines Kalendervierteljahres endigen, beginnt die Räumungsfrist am letzten Tag des Mietverhältnisses mittags 12 Uhr und endigt mit Beginn der Mittagsstunde des folgenden Tages. Ist der folgende Tag ein Sonntag oder allgemeiner Feiertag, so beginnt die Räumungsfrist am letzten Tage des Mietverhältnisses 8 Uhr morgens und endigt an demselben Tage 8 Uhr abends. Der Vermieter oder derjenige, welcher die Wohnung bezieht, ist von Beginn der Räumungsfrist an zur Mitbenutzung der Wohnung berechtigt. Fällt das Ende des Mietverhältnisses auf einen Sonntag oder einen allgemeinen Feiertag, so tritt als letzter Tag des Mietverhältnisses der nächstfolgende Werktag an seine Stelle." Die auf Grund von § 13 Bremer Ausführungsgesetz zum BGB erlassene Verordnung über die Verlängerung der Räumungsfrist bei Wohnungsmieten in den Städten Bremen und Vegesack vom 10. 3. 1938 ist seit 1998 aufgehoben.
453 AG Berlin-Lichtenberg GE 2005, 807; *Pütz* WuM 2002, 414.

zeitraums[454]. Soweit teilweise eine Rückgabe „bei“ Beendigung befürwortet wird[455], hat das keinen besonderen praktischen Nutzen, da der Übergang von vereinbartem Nutzungszeitraum und der Zeit danach nur einen nicht messbaren Zeitraum dauert (wohl die berühmte juristische Sekunde lang). Das ist zu kurz, um eine Rückgabe zu vollziehen. Für die **Bestimmung der Leistungszeit** sind **gem. § 271 Abs. 1 BGB** zunächst die Parteivereinbarungen maßgeblich, die auch formularvertraglich zulässig sind, dann die Umstände; lässt sich so kein Ergebnis gewinnen, ist sofort zu leisten. Parteivereinbarungen gibt es häufig, etwa bei der Ferienhaus- oder Hotelzimmervermietung; meist wird hier eine Rückgabe schon am Vormittag des letzten Miettages vorgesehen. Das würde sich aber auch aus den Umständen ergeben wegen der erkennbaren Notwendigkeit, die Räumlichkeiten für einen Nachfolger vorzubereiten. Bei der Auto- oder Büchermiete und ähnlichen Mietverhältnissen folgt auch ohne besondere Parteivereinbarung aus den Umständen, dass die Rückgabe während der Geschäftszeit des Vermieters zu erfolgen hat, es sei denn, es gibt Vorrichtungen, die einen Einwurf des Buches oder der Schlüssel des Mietwagens ermöglichen.

Problematisch und umstritten ist insbesondere der Zeitpunkt für die Rückgabe von **Räumen und Grundstücken** nach längerdauernden Mietverhältnissen. Hierzu gibt es meist keine besonderen Parteivereinbarungen in dem Mietvertrag. Oftmals verabreden die Parteien aber kurz vor Ablauf der Mietzeit einen Termin. Das ist dann der für die Leistungszeit maßgebliche Zeitpunkt; vorher kommt der Mieter nicht in Verzug oder enthält die Mietsache dem Vermieter nicht gem. § 546 a BGB vor, so dass er sich selbst dann nicht schadensersatzpflichtig oder nutzungsentschädigungspflichtig macht, wenn der vereinbarte Rückgabezeitpunkt nach dem Ende des Vertragszeitraums liegt – vorausgesetzt, der Vermieter verlangt nicht eine frühere, rechtzeitige Rückgabe, die an der Weigerung des Mieters scheitert. Mangels Vereinbarungen über die Rückgabezeit und sich aus den Umständen ergebenden Notwendigkeiten ist die Rückgabe gem. § 271 Abs. 1 BGB sofort zu bewirken. Das würde bedeuten nach Ablauf des letzten Miettages, also um Mitternacht[456] (zum Zeitpunkt der Rückgabe bei Beendigung durch fristlose Kündigung s. nachfolgend Rdn. 76). Eine Leistung darf aber **nicht zur Unzeit** bewirkt werden; zur Unzeit gehören, wenn keine Besonderheiten vorliegen, auch die Nachtstunden[457]. Die Rückgabe hat also entweder vor der Unzeit **(bis zum frühen Abend)** oder danach (am Morgen des nächsten Tages) stattzufinden. M. E. ist ersteres richtig. Zwar wird so die Nutzungszeit des Mieters verkürzt (im anderen Fall würde sie zum Nachteil des Vermieters verlängert[458]), der Mieter kann die Restzeit aber ohnehin nicht sinnvoll nutzen[459], da er zum Rückgabezeitpunkt nicht nur die Besitzverschaffung schuldet, sondern auch die Erfüllung der anderen Pflichten bei Rückgabe, also insbesondere Räumung sowie ggf. Rückbau und Beseitigung von Schäden sowie Durchführung von Schönheitsreparaturen, die ebenfalls am Tage der Beendigung des Mietverhältnisses fällig werden[460]. 74

Fällt der letzte Tag der Mietzeit auf einen **Samstag, Sonntag oder Feiertag,** gilt grundsätzlich § 193 BGB mit der Folge, dass die Rückgabe erst am folgenden Werktag bzw. dessen Ende (früher Abend) zu erfüllen ist[461]. Hierdurch kann eine Verlängerung des Mietverhältnisses um einige Tage 75

---

454 So auch das Ergebnis der historischen Auslegung von *Keinert* WuM 2016, 196.

455 So *Rolfs* in Staudinger § 546 Rdn. 31.

456 So im Ansatz auch AG Berlin-Lichtenberg GE 2005, 807; *Lammel,* Wohnraummietrecht, § 546 Rdn. 10, die aber die nachfolgenden Überlegungen nicht anstellen.

457 *Krüger* in MünchKomm (7. Aufl.) § 271 Rdn. 34.

458 Die grundsätzliche Gleichwertigkeit beider Interessen betont zu Recht *Pütz* WuM 2002, 414.

459 So auch *Keinert* WuM 2016, 198.

460 BGH NJW 1989, 451. In diesem Urteil ging es unmittelbar nur um die Fälligkeit von Schönheitsreparaturen bei Vertragende, aus ihm lässt sich – entgegen *Pütz* WuM 2002, 414 und AG Berlin-Lichtenberg GE 2005, 807 – aber mittelbar auch die Meinung des BGH zum Zeitpunkt der Rückgabe erschließen, da der Zeitpunkt der verschiedenen bei der Rückgabe zu erfüllenden Pflichten gleich ist, wohingegen wohl *Pütz* WuM 2002, 414 und ausdrücklich AG Berlin-Lichtenberg GE 2005, 807 zwischen der Besitzverschaffung als „eigentlicher“ Rückgabepflicht und den sonstigen Rückgabepflichten trennen. Für eine Rückgabe am Beendigungstag *Keinert* WuM 2016, 197; *Burbulla* ZMR 2016, 838; *Mutter* ZMR 1991, 330; *Horst* DWW 1996, 182; *Blank/Börstinghaus* § 546 Rdn. 15 m. w. N.; *Wolf/Eckert/Ball* Rdn. 1060. Für eine Rückgabe am Folgetag AG Berlin-Lichtenberg GE 2005, 807; AG Köln WuM 1985, 265; *Pütz* WuM 2002, 414.

461 OLG Hamm WuM 1981, 40; *Burbulla* ZMR 2016, 838/839; *Breckerfeld* NZM 2000, 533; *Pütz* WuM 2002, 414; *Rolfs* in Staudinger § 546 Rdn. 31, *Blank/Börstinghaus* § 546 Rdn. 15 a; *Lammel,* Wohnraummietrecht, § 546 Rdn. 10. Auch die Entscheidung BGH NZM 2010, 661 dürfte für eine Anwendung des § 193 BGB, also eine Rückgabe am folgenden Werktag sprechen, da dort entscheidend auf die Möglichkeit des Mieters zur rechtzeitigen Erfüllung abgestellt wird; ein Umzug an einem Samstag ist aber kaum zu bewerkstelligen, wenn man – wie viele Mieter – auf die Hilfe gewerblicher Umzugsunternehmen angewiesen ist.

eintreten[462]. Für diese Tage steht dem Vermieter der anteilige vereinbarte Mietzins zu, da § 193 BGB die Zeit der vertraglichen Nutzungsberechtigung verlängert[463]. § 193 BGB will dem Schuldner zum Schutz der Sonntagsruhe nur hinsichtlich der Leistungszeit entgegen kommen, ihm aber nicht sonstige Vermögensvorteile verschaffen[464]. Der Mieter kann diesem Anspruch entgehen, indem er von der Möglichkeit Gebrauch macht, die Mietsache früher zurückzugeben, da § 193 BGB ein Recht zur späteren Leistung gewährt, eine Rückgabe am Samstag, Sonntag oder Feiertag jedoch nicht ausschließt; der Vermieter darf die Annahme nur ausnahmsweise aus Treu und Glauben verweigern[465]. § 193 BGB ist (auch stillschweigend) abdingbar[466]. Von einer solchen stillschweigenden Abbedingung ist bei bestimmten Mietverhältnissen i. d. R. auszugehen, so etwa bei der Hotelmiete, der Ferienhausmiete oder – bei entsprechenden Rückgabemöglichkeiten – der Automiete. Eine stillschweigende Abbedingung liegt aber nicht schon darin, dass Nachfolgemietverhältnisse ggf. nicht nahtlos anschließen können, so z. B. wenn Mietende eigentlich an einem Samstag ist und der erste Tag der Neuvermietung, die meist ab Monatsbeginn vereinbart wird, auf einen Sonntag fällt. Denn der Wochentag des Mietendes ist – außer bei Zeitverträgen – bei Vertragsschluss meist nicht vorhersehbar, der Wochentag des Vertragsbeginns hingegen schon.

76 Bei **fristloser Kündigung** (egal von welcher Seite) wird das Mietverhältnis sofort mit Zugang der Kündigung beendet. Gem. § 271 Abs. 1 BGB hat der Mieter sofort zu leisten, also das Mietobjekt zurückzugeben. Sofort in diesem Sinne heißt „ohne schuldhaftes Verzögern" und bedeutet nach Treu und Glauben und unter Berücksichtigung der Verkehrssitte, dass dem Schuldner ein nach den Umständen zu bemessender mäßiger Leistungszeitraum zu gewähren ist[467]. Dieser Zeitraum (sog. **Ziehfrist**), der praktische Bedeutung vor allem für die Kostentragung bei Erhebung einer Räumungsklage und deren Erledigung vor Ablauf der Ziehfrist hat, dient nur der Bewirkung der Rückgabe und der damit verbundenen Pflichten, nicht aber der Suche einer Ersatzwohnung oder der geordneten Aufgabe bzw. Verlegung des Geschäftsbetriebes[468]. Angemessen erscheint i. d. R. eine Frist von höchstens einer Woche, innerhalb derer der Mieter ausreichend Zeit zur Räumung hat[469]. Im Einzelfall kann die Frist aber auch kürzer (Einraumappartement mit wenig Räumungsgut und ohne Pflicht zur Renovierung) oder länger (Gewerbeobjekt mit großem Maschinenpark) sein. Auch Erkrankung kann ein Grund für eine längere Ziehfrist sein[470]. Dazu dürfte es aber nicht ausreichen, dass der Mieter die Rückgabe nicht selbst durchführen kann, er muss vielmehr gehindert sein, für eine Räumung durch Dritte zu sorgen. Aus § 128 Abs. 2 Satz 5 GVGA ergeben sich keine anderen Fristen. Nach dieser Vorschrift muss zwischen der Ankündigung der Räumung und dem Vollstreckungstermin mindestens ein Zeitraum von drei Wochen liegen. Sie gilt allerdings nur für die Zwangsräumung durch staatliche Gewalt in Person des Gerichtsvollziehers und hat keinen Einfluss auf die schuldrechtlichen Pflichten der Vertragsparteien; anderenfalls würde die Frist des § 128 Abs. 2 Satz 5 GVGA faktisch zweimal gewährt, falls es nicht zu einer freiwilligen Räumung kommt. Andere Härtefälle sind durch §§ 721, 765 a, 794 a ZPO[471] auszugleichen. Auch

---

462 Bei Gründonnerstag als kalendermäßigem Ende wäre die Mietsache tatsächlich erst am Osterdienstag zurückzugeben.

463 So OLG Frankfurt NJW 1975, 1971 für einen Darlehensvertrag. Danach muss der Schuldner, der die eigentlich vorher geschuldete Darlehensrate wegen § 193 BGB am folgenden Werktag begleicht, für die durch § 193 BGB gewährte Karenz Darlehenszinsen bezahlen. Dem folgen *Repgen* in Staudinger (2004) § 193 Rdn. 26 und 28; *Grothe* in MünchKomm (5. Aufl.) § 193 Rdn. 13. **A. A.** *Blank/Börstinghaus* § 546 Rdn. 15 a (bezüglich eines Anspruchs aus § 546 a BGB) und *Heintzmann* in Soergel § 546 Rdn. 4 unter Berufung auf *Pütz* WuM 2002, 414, der das Vertragsende in den Vordergrund stellt und einen Nutzungsentschädigungsanspruch wegen fehlender Rückgabepflicht verneint; s. dazu aber sogleich bei der ähnlich gelagerten Problematik nach fristloser Kündigung.

464 S. zum Zweck des § 193 *Grothe* in MünchKomm (7. Aufl.) § 193 Rdn. 1.

465 *Grothe* in MünchKomm (7. Aufl.) § 193 Rdn. 13.

466 *Repgen* in Staudinger (2014) § 193 Rdn. 49.

467 *Bittner* in Staudinger (2014) § 271 Rdn. 26. Ähnlich OLG München NZM 2001, 710 = ZMR 2001, 616, das zwar § 271 BGB nicht erwähnt, aber von sofortiger Räumungspflicht spricht.

468 Ähnlich wohl OLG München NZM 2001, 710 = ZMR 2001, 616. **A. A.** LG Hamburg WuM 1975, 227, das jedenfalls dem Wohnungsmieter aus dem Schutzgedanken des sozialen Mietrechts auch die Suche einer Ersatzwohnung ermöglichen will; diese Funktion wird aber prozessual durch § 721 ZPO und materiell-rechtlich durch §§ 574 ff. BGB übernommen.

469 LG München II WuM 1989, 181; AG Hamburg WuM 1986, 337; *Rolfs* in Staudinger § 546 Rdn. 32. Für eine je nach den Umständen längere Frist LG Hannover NJW-RR 1992, 659.

470 *Rolfs* in Staudinger § 546 Rdn. 32.

471 S. hierzu die Kommentierung dieser Vorschriften.

diese prozessualen Vorschriften haben keinen Einfluss auf die materiell-rechtlichen Beziehungen der Parteien[472], also auch nicht auf die Ziehfrist. Sie binden nur die Gerichte und Vollstreckungsorgane; um ihren Schutz zu erlangen muss der Mieter sich deshalb auf Räumung verklagen lassen. Materiell-rechtlich greift zu Gunsten des Mieters nur der Schutz der sog. Sozialklausel; §§ 574ff. BGB gelten allerdings nur für die ordentliche Kündigung und die außerordentliche Kündigung mit gesetzlicher Frist, nicht aber für die außerordentliche fristlose Kündigung oder die Vertragsbeendigung durch Zeitablauf[473]. Dass die Ziehfrist bei § 271 BGB angesiedelt ist, hat allerdings auch Auswirkungen auf die rechtliche Konstruktion des Anspruchs auf **Nutzungsentgelt** für diesen Zeitraum. Wenn nämlich dem Mieter trotz Vertragsbeendigung noch eine Karenzzeit bis zur Rückgabe zugestanden wird, dann ist die Rückgabepflicht des § 546 Abs. 1 BGB bis zum Ablauf des Zeitraums nicht fällig mit der weiteren Folge, dass eigentlich auch § 546a BGB, der an die Rückgabepflicht anknüpft, nicht eingreift. Andererseits ist der Mietvertrag durch die Kündigung beendet worden und Mietzinsansprüche können eigentlich nicht mehr entstehen. Hier muss man aber – wie oben bei der ähnlich gelagerten Problematik des § 193 BGB – dem Vermieter für die Verlängerung der Nutzungsberechtigung trotz Vertragsbeendigung einen Anspruch auf den vereinbarten Mietzins zugestehen[474]. Letztlich ergibt sich dieser Anspruch aus § 242 BGB, da es nicht gerechtfertigt ist, dem Mieter wegen Treu und Glauben zwar eine Ziehfrist zu gewähren, dem Vermieter aber auf der anderen Seite das Entgelt für die verlängerte Nutzung vorzuenthalten. Man könnte es eine Nutzungsentschädigung ohne Rückgabepflicht nennen, die nicht ungewöhnlich ist, sondern etwa auch bei Gewährung einer Räumungspflicht gem. § 721 ZPO zu zahlen ist.

8. Vorzeitige Rückgabe

Der Mieter hat i. d. R. ein **Recht zur vorzeitigen Rückgabe der Mietsache**[475]. Das folgt 77
einmal aus § 271 Abs. 2 BGB[476]. Danach kann der Schuldner die Leistung vor der vereinbarten Zeit bewirken, es sei denn durch eine vorzeitige Leistung würde in die Rechte oder rechtlich geschützten Interessen des Gläubigers eingegriffen[477]. Zum anderen folgt es daraus, dass der Mieter, der grundsätzlich zum Gebrauch der Mietsache nicht verpflichtet ist und deren Übernahme bei Vertragsbeginn ablehnen kann, ohne in Schuldnerverzug zu geraten[478]. Aus den Vereinbarungen der Parteien (etwa einer Betriebspflicht) oder den **berechtigten Interessen des Vermieters** kann sich allerdings etwas anderes ergeben. Der an den (endgültigen) Rückerhalt geknüpfte Verjährungsbeginn für Ansprüche des Vermieters wegen Veränderung oder Verschlechterung der Mietsache in § 548 Abs. 1 BGB gehört regelmäßig nicht zu den berechtigten Interessen des Vermieters, die einer vorzeitigen Rückgabe entgegenstehen, da sich der Vermieter hiervor durch geeignete verjährungshemmende Maßnahmen effektiv schützen kann[479]; soweit ihn allerdings ausnahmsweise die rechtzeitige Prüfung und verjährungshemmende Geltendmachung der Ansprüche über Gebühr belasten sollte, darf er die vorzeitige Rückgabe von dem Abschluss einer Verjährungsvereinbarung mit dem Mieter (s. § 202 BGB) abhängig machen. Eine vorzeitige Rückgabe ist ausgeschlossen bei

---

472 BGH NJW 1953, 1586.

473 S. bei § 574 Rdn. 13.

474 Im Ergebnis ebenso *Lammel*, Wohnraummietrecht, § 546 Rdn. 10, der sich auf eine Analogie zu § 546a BGB stützt.

475 LG Bonn, Urteil v. 5.6.2014 (Az.: 6 S 173/13); LG Mannheim WuM 1982, 298; BezG Cottbus WuM 1994, 146; *Rolfs* in Staudinger § 546 Rdn. 34; *Blank/Börstinghaus* § 546 Rdn. 17. **A. A.** *Lehmann-Richter* WImmoT 2012, 143; OLG Düsseldorf VersR 1989, 46 (für ein Rückgabeangebot ca. ein Jahr vor Vertragsende); KG NZM 2000, 92 und OLG Düsseldorf NZM 2000, 92 (beide für ein Rückgabeangebot ca. zwei Wochen vor Vertragsende). Das OLG Dresden NZM 2000, 827; *Pauly* NZM 2012, 553; *Bieber* in MünchKomm § 546 Rdn. 16 und wohl auch *Wolf/Eckert/Ball* Rdn. 1059 halten eine Rückgabe kurz (einige Wochen) vor Vertragsende oder ausnahmsweise nach Treu und Glauben für möglich, nicht aber weiter davor, weil der Mieter sich i. d. R. damit seiner Obhutspflichten entledigen wolle. Auf die Verlagerung der Obhutspflichten stellen auch *Breckerfeld* NZM 2000, 533 und *Krapf* in DMT-Bilanz 2011 S. 352 ab; s. dazu sogleich. *Mutter* ZMR 1989, 132 hält wegen der Obhutspflichten eine Abwägung der Interessen im Einzelfall für notwendig, geht aber regelmäßig von einem Überwiegen des Mieterinteresses an einer vorzeitigen Übergabe aus. Der BGH hat die Frage bisher offengelassen, s. BGH (VIII ZR 8/11) NJW 2012, 144 = WuM 2012, 95 = ZMR 2012, 175.

476 LG Mannheim WuM 1982, 298. **A. A.** *Breckerfeld* NZM 2000, 533; *Krapf* jurisPR-MietR 1/2012 Anm. 1 m. w. N.

477 *Krüger* in MünchKomm (7. Aufl.) § 271 Rdn. 35.

478 S. bei § 535 Rdn. 218.

479 S. eingehend zu den Möglichkeiten BGH NJW 2006, 1588 = WuM 2006, 319 = ZMR 2006, 507 Rdn. 11/12.

einer Betriebs- oder Bewachungspflicht des Mieters[480], bei einer Umsatzmiete oder wenn der Vermieter aus besonderen Gründen nicht in der Lage ist, die (bewegliche) Mietsache aufzubewahren oder die Obhut über die Mieträume auszuüben[481]. Letzteres dürfte aber nur ausnahmsweise in Betracht kommen angesichts der den Vermieter in Bezug auf das Mietobjekt treffenden Verkehrspflichten, die ohnehin eine regelmäßige Anwesenheit (seiner Person oder von Beauftragten) erfordern. Überdies ist zu bedenken, dass den Mieter auch dann keine Obhutspflichten treffen, wenn er das Mietobjekt gar nicht erst übernommen hat. Die Obhutspflicht ist also nur eine Folge des Besitzes, nicht ein Grund für das Weiterbesitzenmüssen[482]. Ein Recht zur Verweigerung der Rücknahme kurz vor Ablauf der Mietzeit dürfte praktisch gar nicht in Betracht kommen, also etwa in den Fällen, in denen der Mieter einige Tage oder Wochen vor Mietende räumt, weil ihm Ersatzraum schon zur Verfügung steht und ein erneutes Aufsuchen des früheren Mietortes Beschwerlichkeiten mit sich bringt oder gar unzumutbar ist (etwa bei Umzug in eine entfernte Stadt oder bei urlaubsbedingter Abwesenheit)[483]. Auf der anderen Seite darf der Mieter nicht erwarten, der Vermieter habe das Mietobjekt praktisch auf jederzeitigen Zuruf zurückzunehmen[484]. Vielmehr sind seine zeitlichen Dispositionen sowie die sonstigen Umstände (etwa Entfernung seiner Wohnung zum Mietobjekt) zu berücksichtigen, eine Rückgabe zur Unzeit kann nicht verlangt werden. Schließlich muss der Vermieter das Mietobjekt nicht in einem Zustand zurücknehmen, der einer Nichterfüllung der Rückgabepflicht gleichkommt; s. dazu sowie zu den Folgen einer unberechtigten Weigerung oben Rdn. 19 und 30.

78 Auch bei vorzeitiger Rückgabe ist der Mieter zur **Fortzahlung des Mietzinses** bis zum Vertragsende verpflichtet[485]. Das gilt oftmals selbst dann, wenn der Vermieter die Mietsache noch während der Vertragslaufzeit weitervermietet; zu den Einzelheiten s. bei § 537 Rdn. 23ff.

9. Räumungsfrist, Vollstreckungsschutz

79 **Gerichtliche Räumungsfristen** gem. §§ 721, 765a, 794a ZPO[486] oder behördliche Verfügungen (Wiedereinweisung zur Verhinderung von Obdachlosigkeit) sind zwar von Einfluss auf den Rückgabezeitpunkt, indem sie die Rückgabe hinausschieben. Derartige Räumungsfristen haben aber lediglich vollstreckungsrechtlichen Charakter und wirken nicht auf die materiell-rechtlichen Beziehungen der Parteien ein, haben also insbesondere keinen Einfluss auf den Verzugseintritt und dessen Folgen, auf Nutzungsentschädigungsansprüche und auf Schadensersatzansprüche[487]; das Mietverhältnis bleibt beendet. Bei Wohnraummietverhältnissen ist hinsichtlich der Schadensersatzansprüche jedoch § 571 BGB zu berücksichtigen[488]. Ob und welche materiell-rechtliche Wirkung einer einseitig vom Vermieter bewilligten oder von den Vertragsparteien **vereinbarten Räumungsfrist** zukommt, ist durch Auslegung zu ermitteln[489]: Haben die Parteien ausdrücklich vereinbart, dass der Mieter so lange mit der Räumungspflicht nicht in Verzug kommt, weil ihm gerichtlich Räumungsaufschub (Räumungsfrist oder Vollstreckungsschutz) gewährt wird, so erlangt der prozessuale (vollstreckungsrechtliche) Schutz kraft Parteiwillens materiell-rechtliche Bedeutung[490]. Der Mieter muss dann auch materiell-rechtlich nicht räumen; außerdem fehlt am Rücknahmewillen des Vermieters, so dass Nutzungsentschädigung gem. § 546a Abs. 1 BGB ausscheidet[491] und mangels Verstoßes gegen die Rückgabepflicht bzw. mangels Verzuges Schadensersatz wegen Vorenthaltung der Mietsache (insbesondere Mietausfall) ausgeschlossen ist[492]. Dieselben materiell-rechtlichen Wirkungen treten ein, wenn der Vermieter allein (also ohne gleichzeitigen prozessualen Schutz) eine

---

480 *Burbulla* ZMR 2016, 839.
481 *Rolfs* in Staudinger § 546 Rdn. 34.
482 LG Mannheim WuM 1982, 298.
483 OLG Dresden NZM 2000, 827; BezG Cottbus WuM 1994, 146.
484 BGH (VIII ZR 402/12) NJW 2014, 684 = WuM 2013, 729 Rdn. 12; BGH (VIII ZR 8/11) NJW 2012, 144 = WuM 2012, 95 = ZMR 2012, 175.
485 Allgemeine Meinung, s. nur *Rolfs* in Staudinger § 546 Rdn. 34. Zum Einfluss der vorzeitigen Rückgabe auf Betriebskosten, Schönheitsreparaturen, Kaution und Haftung s. *Lehmann-Richter* WImmoT 2012, 141.
486 Einzelheiten hierzu bei der Kommentierung zu diesen Vorschriften.
487 BGH NJW-RR 1987, 907 = ZMR 1987, 287; BGH NJW 1953, 1586; OLG Celle MDR 1967, 1013.
488 BGH NJW-RR 1987, 907 = ZMR 1987, 287. S. näher zu den Wirkungen bei der Kommentierung zu § 571 BGB.
489 BGH NJW-RR 1987, 907 = ZMR 1987, 287.
490 BGH NJW-RR 1987, 907 = ZMR 1987, 287; OLG Celle NJW 1964, 1027.
491 S. näher bei § 546a Rdn. 45ff.
492 BGH NJW-RR 1987, 907 = ZMR 1987, 287.

Räumungsfrist gewährt, sofern erkennbar eine Stundung des Anspruchs gewollt ist oder der Vermieter jedenfalls auf Erstattung etwaigen während der Räumungsfrist entstehenden Schadens verzichtet[493]. Die Wirkung einer Räumungsfrist kann aber auch allein auf einen Verzicht zwangsweisen Vorgehens durch des Vermieters mit der Folge begrenzt sein, dass der Mieter bei Ausschöpfung der Frist das Risiko für allen eintretenden Schaden behält und nutzungsentschädigungspflichtig bleiben soll[494]. Im Zweifel ist mit der Bewilligung einer Räumungsfrist durch den Vermieter nur Letzteres gewollt, da dieser sich mit einer Räumungsfrist meist nur in Notwendigkeiten fügt und eine gewisse Planungssicherheit erlangen will, die Mietsache aber dennoch zurückerhalten und nicht auf weitergehende Ansprüche verzichten will[495]. Wenn der Vermieter sich auf Verhandlungen über den Neuabschluss eines Mietvertrages einlässt, dann verzichtet er damit weder auf den Rückgabeanspruch, noch wird ein „einstweiliges Mietverhältnis" begründet, das der Mieter kündigen muss; möglich ist, dass der Rückgabeanspruch während der Verhandlungen gestundet ist[496].

10. Verwirkung; Vertragsfortsetzung

Der Rückgabeanspruch wird nicht allein dadurch **verwirkt,** dass der Vermieter ihn nicht unmittelbar nach Vertragsende klageweise geltend macht, da er davon ausgehen darf, der Mieter werde freiwillig erfüllen[497]. Dem Vermieter, der mit der gerichtlichen Durchsetzung des Herausgabeanspruchs zuwartet, kann daraus kein Nachteil erwachsen, wohl aber kann es gem. § 545 BGB zu einer **Vertragsverlängerung** kommen, wenn der Vermieter den Rückerlangungswillen nicht rechtzeitig äußert. Der gegenteilige Standpunkt würde im Ergebnis darauf hinauslaufen, dass neben die Regelung des § 545 BGB ein weiterer Tatbestand zur Fortsetzung eines beendeten Mietverhältnisses tritt[498]. Das widerspräche dem Zweck des § 545 BGB, einen vertragslosen Zustand zu vermeiden. Bestätigt wird dies, wenn man berücksichtigt, dass dem Vermieter nicht nur der Anspruch aus § 546 BGB zusteht, sondern auch der dingliche Herausgabeanspruch gem. § 985 BGB, dem gegenüber sich der (ehemalige) Mieter sich nicht auf ein Besitzrecht gem. § 986 BGB berufen kann[499]. Aus denselben Gründen kommt die Verwirkung eines gerichtlich **titulierten Räumungsanspruchs** nicht in Betracht[500]. Selbst eine unbeanstandete Empfangnahme der weitergezahlten Miete führt zu keinem anderen Ergebnis, da dem Vermieter ein Anspruch auf Nutzungsentschädigung zusteht[501]; dabei schadet es nicht, wenn die Zahlungen ausdrücklich als Miete bezeichnet werden, da der Vermieter nicht gehalten ist, auf einen rechtlich korrekten Sprachgebrauch hinzuwirken[502]. Der Verlust des Räumungsanspruchs kann sich deshalb nur aus einer – auch konkludent möglichen – vertraglichen Einigung ergeben[503]. Wenn der Vermieter den rückgabepflichtigen Mieter wie einen Vertragspartner behandelt, dann kann darin je nach den Einzelfallumständen und entsprechender Mieterreaktion ein **konkludenter Vertragsschluss** liegen. Beispielhaft sei erwähnt, dass der Vermieter die Zustimmung zur Mieterhöhung[504] oder ähnliches begehrt und der Mieter dem nachkommt oder dass der (beendete) Vertrag faktisch über längere Zeit fortgesetzt und als wirksam gelebt wird, ohne dass der Vermieter Räumung verlangt bzw. der Mieter Anstalten zur Räumung macht[505]. Ausnahmsweise kann auch eine längere Mietzinszahlung 80

---

493 BGH NJW-RR 1987, 907 = ZMR 1987, 287.

494 BGH NJW-RR 1987, 907 = ZMR 1987, 287.

495 BGH GuT 2007, 140 = NZM 2006, 820 (nur Leitsatz); BGH NJW 1983, 112; OLG Celle, Beschluss v. 20.6.2011 (Az.: 2 U 49/11).

496 KG GE 2002, 128.

497 BGH NJW-RR 1988, 77 = WuM 1988, 125 = ZMR 1988, 16.

498 BGH NJW-RR 1988, 77 = WuM 1988, 125 = ZMR 1988, 16.

499 *Meier* ZMR 2015, 443; *Lehmann-Richter* PiG 90 (2011) S. 203.

500 **A. A.** LG Frankfurt, Beschluss vom 24.1.2011 (Az.: 2-11 S 298/10), InfoM 2011, 85, das eine Verwirkung wohl grundsätzlich für möglich hält, im entschiedenen Fall aber am Zeitmoment (Zuwarten von ca. einem Jahr) scheitern ließ. OLG Hamm NJW 1982, 341, das eine Verwirkung im Einzelfall zulassen will. Wie hier wohl *Ghassemi-Tabar* NZM 2013, 137. Eine Verwirkung wäre auch wegen des Auseinanderfallens von Eigentum und Besitz unbefriedigend (so auch *Lehmann-Richter* PiG 90 (2011) 203 m. w. N.).

501 OLG Oldenburg DWW 2001, 88; *Lehmann-Richter* PiG 90 (2011) 203. Der Anspruch auf Nutzungsentschädigung kann entfallen, wenn der Vermieter keinen ernsthaften Rücknahmewillen hat; s. dazu bei § 546 a Rdn. 45.

502 OLG Hamm NJW 1982, 341; *Ghassemi-Tabar* NZM 2013, 137.

503 *Lehmann-Richter* PiG 90 (2011) S. 203.

504 OLG Oldenburg DWW 2001, 88.

505 *Lehmann-Richter* PiG 90 (2011) 203.

vertragsbegründenden Charakter haben, nämlich dann, wenn die Parteien nach Vertragsende Verhandlungen über eine Fortsetzung führen und diese wollen, sie aber nicht formell zum Abschluss bringen[506]. Ansonsten können die erheblichen rechtlichen Probleme der längerdauernden vertragslosen Wohnungsnutzung (etwa bei einem Räumungsvergleich mit Verfallklausel bzw. bedingter Räumungsverpflichtung oder bei einem Wohlverhaltensvergleich mit Aussicht auf einen neuen Vertragsschluss nach der Wohlverhaltensphase) hier nicht aufbereitet werden[507]. Auch ein konkludenter Vertragsschluss unterliegt nach der älteren Rechtsprechung des BGH[508] dem Schriftformerfordernis des § 550 BGB, wenn die Laufzeit des Vertrages länger als ein Jahr sein soll. Es wird diskutiert[509], ob hieran angesichts der neueren Rechtsprechung des BGH[510] noch festzuhalten sei, weil es danach ausreiche, dass die Vertragsbedingungen eines konkludent abgeschlossenen Mietvertrages in einer der äußeren Form des § 126 Abs. 2 BGB genügenden Urkunde enthalten seien. Diese neuere Rechtsprechung betrifft aber die Fälle einer verlängerten Vertragsannahmefrist, wohingegen es vorliegend um die Neubegründung eines beendeten Vertrages geht. M. E. ist die neuere Rechtsprechung des BGH so zu verstehen, dass zwischen Erstellung der Vertragsurkunde und Vertragsschluss ein zeitlicher Zusammenhang bestehen muss.

11. Ort der Rückgabe

81 **Unbewegliche Mietsachen** (Grundstücke und Räume) können nur am Ort ihrer Belegenheit zurückgegeben werden. Das gilt mangels anderslautender Vereinbarungen auch für die Schlüssel zum Mietobjekt[511]. Der Vermieter hat also keinen Anspruch auf Übersendung der Schlüssel oder Übergabe an seinem Wohnsitz, er muss sie sich im Mietobjekt abholen.

82 **Bewegliche Sachen** sind hingegen gem. § 269 BGB im Zweifel am Wohnsitz des Vermieters zurückzugeben[512]. Das gilt nach der Vorschrift aber nur vorbehaltlich anderer, auch konkludenter Absprachen der Parteien sowie vorbehaltlich der Umstände und den Besonderheiten des Schuldverhältnisses. Hieraus wird sich oftmals ergeben, dass die Rückgabe dort zu erfolgen hat, wo die Mietsache überlassen wurde[513] oder sich vertragsgemäß befinden soll. So muss ein Kraftfahrzeug zur Niederlassung des Vermieters zurückgebracht werden[514] und zwar ohne besondere Absprachen auch dann, wenn es dem Mieter gebracht wurde[515]; das entspricht der Verkehrserwartung und den berechtigten Vermieterinteressen, der eine Abholung von beliebigen Standorten zu einem vertretbaren Mietpreis nicht organisieren kann. Die Pflicht zur Rückgabe am Überlassungsort besteht auch dann, wenn das Kraftfahrzeug aus vom Mieter zu vertretenden Gründen nicht fahrbereit ist[516]. Ist das Fahrzeug hingegen mangelhaft, muss der Vermieter es entweder abholen oder zum Zwecke der Rückführung durch den Mieter instand setzen. Ein angeliefertes Baugerüst muss der Vermieter[517] an der Baustelle abholen, weil der Mieter einen solchen Rücktransport meist nicht leisten kann, dem Vermieter hingegen die hierfür notwendigen Gerätschaften ohnehin zu Verfügung stehen. Verletzt der Mieter seine Pflicht zur Rückgabe am vertragsgemäßen Ort, muss er dem Vermieter die Überführungskosten gem. §§ 280, 281 BGB ersetzen[518]. Eine Rückgabeklausel in einem gewerblichen Leasingvertrag, die ein Recht des Leasinggebers zur freien Bestimmung von

---

506 BGH NJW 2009, 433 = ZMR 2009, 108 Rdn. 22/23.

507 S. dazu eingehend *Hinz* WuM 2015, 269.

508 BGH NJW 1998, 2664 = WuM 1998, 599 = ZMR 1998, 612.

509 *Leo* GuT 2012, 96.

510 BGH (XII ZR 120/06) NJW 2010, 1518 = ZMR 2010, 593.

511 *Heintzmann* in Soergel § 546 Rdn. 5. **A. A.** *Bieber* in MünchKomm § 546 Rdn. 17 und AG Brandenburg NZM 2015, 307, die für die Schlüssel als Rückgabeort den Wohnsitz des Vermieters befürwortet. Für eine solche Aufspaltung gibt es allerdings weder einen gesetzlichen Anhaltspunkt noch ein gerechtfertigtes Vermieterinteresse.

512 *Krüger* in MünchKomm (7. Aufl.) § 269 BGB Rdn. 42; *Bieber* in MünchKomm § 546 Rdn. 18; BGH (VIII ZR 263/15) Rdn. 22 (für die vergleichbare Situation beim Leasing); BGH NJW-RR 2002, 1027 (für die vergleichbare Situation bei der Leihe).

513 OLG Düsseldorf ZMR 2008, 125 = MDR 2007, 1421. **A. A.** wohl *Rolfs* in Staudinger § 546 Rdn. 36, der den Wohnsitz des Vermieters als regelmäßigen Rückgabeort ansieht.

514 OLG Düsseldorf ZMR 2008, 125 = MDR 2007, 1421.

515 *Wolf/Eckert/Ball* Rdn. 1070.

516 OLG Düsseldorf ZMR 2008, 125 = MDR 2007, 1421.

517 Zur Qualifikation des Gerüstvertrages als Miet- oder Werkvertrag s. *Pauly* ZMR 2014, 858.

518 *Wolf/Eckert/Ball* Rdn. 1070. Das OLG Düsseldorf ZMR 2008, 125 = MDR 2007, 1421 nimmt einen Anspruch aus Geschäftsführung ohne Auftrag an.

Rückgabeort und Rückgabemodalitäten vorsieht, ist wegen unangemessener Benachteiligung gem. § 307 Abs. 1 S. 1 BGB unwirksam[519]; gleiches dürfte für einen Mietvertrag gelten.

12. Schadensersatz und Nutzungsentschädigung

Bei Schlecht- bzw. Nichterfüllung der Rückgabepflichten kann sich der Mieter schadensersatz- 83
pflichtig machen und bei Nichterfüllung zusätzlich Nutzungsentschädigung schulden. Der Schadensersatz beschränkt sich nicht auf den der Nutzungsentschädigung ähnlichen Mietausfallschaden, sondern kann insbesondere auch in den Kosten bestehen, die der Vermieter wegen der Ersatzbeschaffung von unterlassenen bzw. schlechterfüllten Rückgabepflichten hatte (z. B. Räumungskosten). Wegen der im Einzelfall schwierigen Abgrenzung der möglichen Anspruchsgrundlagen werden sämtliche in Betracht kommenden Schäden bzw. die daraus folgenden Ersatzansprüche bei der Kommentierung zu § 546 a BGB behandelt. Bei Wohnraummietverhältnissen ist zusätzlich die Beschränkung der Schadensersatzpflicht des Mieters gem. § 571 BGB zu beachten. Zum sonstigen Rechtsverhältnis zwischen Mieter und Vermieter nach Beendigung des Mietverhältnisses und den daraus erwachsenden Ansprüchen s. ebenfalls bei der Kommentierung zu § 546 a BGB.

13. Unmöglichkeit

Die Rückgabe der Mietsache ist **unmöglich,** wenn sie untergegangen oder unauffindbar ver- 84
loren gegangen ist[520], wobei gleichgültig ist, ob die Unmöglichkeit während oder nach Beendigung des Vertrages eingetreten ist[521]. Die Rückgabepflicht des Mieters ist dann gem. § 275 BGB ausgeschlossen. Unmöglichkeit liegt allerdings nicht schon dann vor, wenn der Mieter keinen Besitz mehr hat; ihn trifft vielmehr eine **Besitzverschaffungspflicht** (s. dazu Rdn. 24). Erst wenn die Besitzverschaffung unmöglich ist, ist dem Mieter die Rückgabe selbst unmöglich[522]. Das kommt etwa in Betracht, wenn der Mieter die (bewegliche) Mietsache an einen unbekannten oder unauffindbaren Dritten weitergegeben hat, wenn sie ihm gestohlen wurde[523] oder wenn der Vermieter sich den Besitz durch verbotene Eigenmacht verschafft hat[524]. Zur Wohnungseinweisung zur Verhinderung von Obdachlosigkeit s. Rdn. 7. Im Falle der Unmöglichkeit bestehen mangels Verstoßes gegen die Rückgabepflicht keine Nutzungsentschädigungsansprüche gem. § 546 a BGB, möglich sind aber bei Verschulden des Mieters Schadensersatzansprüche[525]. Der Verstoß gegen eine (mögliche) Besitzverschaffungspflicht stellt jedoch eine Vorenthaltung der Mietsache gem. § 546 a BGB dar.

Verlangt der Vermieter nach Ablauf einer Frist gem. § 281 Abs. 1 BGB bzw. bei deren Entbehr- 85
lichkeit gem. § 281 Abs. 2 Schadensersatz gem. § 281 Abs. 4 BGB, so geht sein Erfüllungsanspruch unter[526]. Das gilt allerdings nicht unterschiedslos für alle Erfüllungsansprüche, sondern nur für solche Erfüllungsansprüche, für die er Schadensersatz verlangt. Diese Problematik wird hauptsächlich relevant bei der Verletzung der Räumungspflicht (Entfernung von Gegenständen und Einrichtungen) durch den Mieter. Hierbei handelt es sich um eine Pflicht, deren Verletzung zur Nichterfüllung der Rückgabe i. S. v. Rdn. 20 führt. Das hat zur Folge, dass mit dem Schadensersatzverlangen nicht nur der Erfüllungsanspruch untergeht, sondern auch der Anspruch auf Nutzungsentschädigung[527]; es bleibt nur der Schadensersatzanspruch auf Geldleistung[528]. Aus dem **Untergang der Räumungspflicht** folgt aber nicht, dass der Mieter seine Gegenstände nicht mehr abholen bzw. heraus verlangen kann; dieses Recht steht ihm vielmehr weiterhin als Eigentümer gem. § 985 BGB zu. Die schuldrechtliche und die sachenrechtliche Ebene haben somit eine gegenläufige Tendenz. Fraglich

---

519 BGH (VIII ZR 263/15) NJW 2017, 1301.
520 *Rolfs* in Staudinger § 546 a Rdn. 22.
521 OLG Köln ZMR 1993, 376.
522 *Rolfs* in Staudinger § 546 a Rdn. 27. Offen lassend BGH NJW 1984, 1527 = WuM 1984, 131 = ZMR 1984, 380.
523 OLG Köln ZMR 1993, 376.
524 Das KG NZM 2006, 376 (bestätigend KG WuM 2009, 667) hat in einem derartigen Fall eine Nutzungsentschädigung wegen § 242 BGB verneint; ein solcher Anspruch dürfte aber schon wegen Unmöglichkeit der Rückgabe scheitern, was das KG aber nicht diskutiert hat. Das OLG Düsseldorf GuT 2006, 250 verneint einen Rücknahmewillen des Vermieters.
525 *Rolfs* in Staudinger § 546 a Rdn. 27.
526 *Palandt/Grüneberg* § 281 Rdn. 50.
527 KG GE 2003, 46 (zur Rechtslage vor der Schuldrechtsreform); *Wolf/Eckert/Ball* Rdn. 1128.
528 Naturalrestitution ist ausgeschlossen (*Riehm* DMT-Bilanz 2011 S. 315).

und umstritten ist allerdings, ob der Mieter im Falle der Nichterfüllung der (noch möglichen) Rückgabepflicht und entsprechendem Schadensersatzverlangen des Vermieters gem. § 281 Abs. 4 BGB im Wege des Schadensersatzes zu einer Art **Zwangskauf** der Mietsache verpflichtet werden kann (Erstattung des Wertes der Mietsache gegen Eigentumsübertragung); s. zu dieser Frage näher bei § 546a Rdn. 86.

VI. Rückforderungsanspruch gegen einen Dritten gem. Abs. 2

86 § 546 Abs. 2 BGB hat den Zweck, dem Vermieter den Rückerhalt der Mietsache in den Fällen zu sichern, in denen der Mieter nicht oder nicht allein Besitzer ist, sondern Dritte, denen der Mieter den Gebrauch überlassen hat (typischerweise Untermieter oder Angehörige des Dritten). Der Rückgabeanspruch gegenüber dem Mieter umfasst zwar die Pflicht des Mieters dafür zu sorgen, dass der Dritte das Mietobjekt frei macht (s. Rdn. 25). Wenn aber der Mieter gegenüber dem Dritten keinen Anspruch auf Rückgabe hat, etwa weil ihm kein Kündigungsrecht zusteht und er die Herausgabe an den Vermieter auch nicht sonstwie, etwa durch Verhandlungen, bewirken kann, würde der Vermieter die Mietsache nicht zurückerlangen können. Das erschien dem Gesetzgeber unbillig, weil der Vermieter mit dem Verhältnis des Mieters zu dem Dritten i. d. R. nichts zu tun hat und das Untermietverhältnis seiner Natur nach als vom Fortbestand des Hauptmietverhältnis abhängig ansah[529]. Deshalb gewährt § 546 Abs. 2 BGB dem Vermieter einen eigenen Anspruch gegen den Dritten auf Rückforderung der Mietsache, um ihn weder von den Durchsetzungsmöglichkeiten des Mieters noch von der Abtretung bzw. Pfändung und Überweisung etwaiger Herausgabeansprüche des Mieters gegen den Dritten abhängig zu machen[530]. Der Anspruch aus § 546 Abs. 2 BGB ist deshalb auch nicht auf die Fälle beschränkt, in denen der Vermieter nicht zugleich Eigentümer der Mietsache ist und in denen der Mieter selbst zur Besitzveränderung zu Gunsten des Vermieters nicht willens oder in der Lage ist. Er stellt eine Erweiterung des Rückgabeanspruchs des Vermieters aus § 546 Abs. 1 BGB auf der Grundlage seiner schuldrechtlichen Beziehungen zu dem Hauptmieter dar, dem sich der Dritte unterworfen hat, indem er sich auf das der Gebrauchsüberlassung zu Grunde liegende Rechtsverhältnis mit dem Mieter eingelassen hat[531].

1. Allgemeines

87 Der gesetzliche Rückgabeanspruch aus § 546 Abs. 2 BGB, der gleichermaßen bei der Miete von beweglichen wie unbeweglichen Sachen besteht, erweitert das vertragliche[532] Recht des Vermieters auf Rückgabe der Mietsache auf einen Dritten. Es handelt sich deshalb um den Fall eines (allerdings eng begrenzten[533]) **gesetzlichen Schuldbeitritts**[534]. Hierdurch wird zwischen Vermieter und Drittem kein Vertragsverhältnis begründet[535], sondern ein gesetzliches Schuldverhältnis. Da nach § 546 Abs. 2 BGB nicht jeder besitzende Dritte rückgabepflichtig ist, sondern nur derjenige, dem der vertraglich mit dem Vermieter verbundene Mieter den Gebrauch überlassen hat[536], kann der Dritte gegenüber dem Vermieter grundsätzlich alle **Einwendungen** geltend machen, die dem Mieter dem Vermieter gegenüber zustehen[537]. Das ergibt sich überdies aus dem Wortlaut des § 546 Abs. 2 BGB[538]. Wenn es nämlich dort heißt, der Vermieter könne „auch“ vom Dritten Rückgabe verlangen, so bedeutet das, dass überhaupt ein Rückgabeanspruch gegen den Mieter bestehen muss und dass die konkrete Ausgestaltung der Rückgabepflichten nicht über das hinausgehen darf, was der Mieter schuldet (s. dazu Rdn. 104). Zwar gelten zwischen Vermieter und Dritten mangels Vertragsverhältnis nicht die Kündigungsschutzvorschriften der §§ 574ff. BGB. Der Dritte kann sich aber als Einwendung gegenüber dem Anspruch aus § 546 Abs. 2 BGB auf den Kündigungsschutz

---

[529] *Kunze* NZM 2012, 741.
[530] *Rolfs* in Staudinger § 546 Rdn. 60 *Lammel,* Wohnraummietrecht, § 546 Rdn. 32.
[531] OLG Hamm NJW-RR 1992, 783.
[532] S. zum Vertragscharakter des Rückgabeanspruchs Rdn. 1.
[533] S. dazu Rdn. 105.
[534] RGZ 136, 33; LG Hamburg WuM 1980, 199; *Rolfs* in Staudinger § 546 Rdn. 61.
[535] BGH NJW 2001, 1355 = WuM 2001, 247 = ZMR 2001, 435.
[536] OLG Hamm NJW-RR 1992, 783.
[537] *Rolfs* in Staudinger § 546 Rdn. 65.
[538] *Rolfs* in Staudinger § 546 Rdn. 62 folgert den Einwendungsdurchgriff aus der vertraglichen Grundlage des Anspruchs.

des Mieters berufen, den dieser gegenüber dem Vermieter genießt[539]. Dabei kommt es aber nur auf die Härtegründe in der Person des Mieters an, nicht auf diejenigen in der Person des Dritten; das Untermietverhältnis nicht erfüllen zu können, ist für sich allein kein Härtegrund[540]. Praktisch dürfte das nur in Betracht kommen, wenn nicht das gesamte Mietobjekt untervermietet wurde, sondern nur ein Teil (etwa ein Zimmer der Wohnung). Da der Widerspruch gem. § 574a BGB eine Willenserklärung des Mieters erfordert, muss sich der Dritte zur Abgabe dieser Erklärung vom Mieter (notfalls im Wege der einstweiligen Verfügung) ermächtigen lassen[541]. Auf Einwendungen, die ihm gegenüber dem Mieter aus dem zwischen ihnen bestehenden Rechtsverhältnis zustehen, kann sich der Dritte hingegen nicht berufen, insbesondere also nicht darauf, er sei aus dem Vertrag mit diesem zum Besitz berechtigt[542], etwa weil der Vertrag mit dem Mieter (noch) nicht kündbar sei oder weil Kündigungsschutzvorschriften eingriffen; solchen Einwendungen will § 546 Abs. 2 BGB gerade begegnen. Bei einer **gewerblichen Weitervermietung** ist allerdings § 565 BGB zu beachten.

Mieter und Dritter sind – soweit ihre Pflichten identisch sind[543] – **Gesamtschuldner** gem. **88**
§ 431 BGB[544], allerdings geht der Anspruch des Vermieters gegen den Dritten unter, wenn dieser an den Mieter zurückgibt (s. dazu Rdn. 101). Der Vermieter hat ein Wahlrecht, ob der Dritte an ihn oder den Mieter herausgeben soll[545]. Mehrere Dritte sind Gesamtschuldner[546]. Durch eine Herausgabe an den Vermieter wird der Dritte auch gegenüber dem Mieter befreit[547]. Zum Konkurrenzverhältnis von § 546 Abs. 1 und Abs. 2 BGB s. Rdn. 14.

2. Voraussetzungen

Der Anspruch gem. § 546 Abs. 2 BGB setzt die Beendigung eines wirksamen Hauptmietvertra- **89**
ges, die Gebrauchsüberlassung an einen Dritten und die Geltendmachung des Rückgabeanspruchs gegenüber dem Dritten voraus.

a) Beendetes Hauptmietverhältnis. Wenn der Anspruch aus § 546 Abs. 2 BGB – wie ausge- **90**
führt – auf einem gesetzlichen Schuldbeitritt zu der Rückgabepflicht aus § 546 Abs. 1 BGB beruht, dann setzt er das wirksame Bestehen einer solchen Pflicht voraus. Das bedeutet, dass es einen **wirksamen Mietvertrag** geben muss und dass dieser Mietvertrag beendet wurde (s. dazu Rdn. 15). Liegen diese Voraussetzungen nicht vor, kommen zu Gunsten des Vermieters gegen den Dritten nur Herausgabeansprüche gem. §§ 985, 812 BGB in Betracht[548] sowie ggf. Beseitigungs- und Rückbauansprüche gem. § 1004 BGB[549]. Ergänzend gilt zur Beendigung des Hauptmietverhältnisses Folgendes:

Für den Anspruch aus § 546 Abs. 2 BGB kommt es nicht darauf an, ob der Mieter seine tatsäch- **91**
lichen Beziehungen zu der Mietsache aufgegeben hat, sondern nur darauf, ob sein Mietvertrag mit dem Vermieter **rechtlich beendet** ist, was auch dann der Fall ist, wenn der Mieter stirbt und niemand gem. §§ 563ff., 1922 BGB in den Mietvertrag eintritt[550]. Es ist deshalb belanglos, ob der Mieter seinen Besitz schon vorzeitig, d. h. vor Vertragsende, aufgegeben hat oder ob der Mieter die Nutzung trotz des Vertragsendes fortsetzt[551]. Anders ist das allerdings, wenn der Mieter nach dem rechtlichen Vertragsende (noch) nicht zur Räumung verpflichtet ist[552]. Als Grund hierfür kommen insbesondere vertragliche oder gerichtliche **Räumungsfristen** in Betracht. Während einer solchen Räumungsfrist kann der Vermieter vom Mieter Rückgabe nicht verlangen und diese nicht zwangsweise durchsetzen. Da der Anspruch aus Abs. 2 wie erörtert von der Rückgabepflicht nach Abs. 1

---

539 So auch *Kunze* NZM 2012, 741.
540 BayObLG NJW 1970, 1748 = ZMR 1970, 308.
541 Ähnlich *Kunze* NZM 2012, 741, die aber eine Abtretung der Kündigungsschutzrechte annimmt.
542 *Rolfs* in Staudinger § 546 Rdn. 65.
543 S. dazu Rdn. 104.
544 LG Hamburg WuM 1980, 199; OLG München NJW-RR 1989, 524; *Rolfs* in Staudinger § 546 Rdn. 74 m. w. N.
545 OLG München NJW-RR 1989, 524; *Rolfs* in Staudinger § 546 Rdn. 74.
546 LG Berlin WuM 2016, 692.
547 BGH NJW 1996, 46 = WuM 1996, 32 = ZMR 1996, 15; LG Berlin GE 2011, 819.
548 *Lammel*, Wohnraummietrecht, § 546 Rdn. 33.
549 S. dazu BGH NJW 2007, 2182 sowie *Katzenstein* NZM 2008, 594.
550 *Rolfs* in Staudinger § 546 Rdn. 69 m. w. N. auch auf eine Gegenmeinung.
551 *Rolfs* in Staudinger § 546 Rdn. 69.
552 OLG Hamm WuM 1981, 40; OLG München, Urteil v. 29.1.2015 (Az.: 23 U 3353/14); AG Aachen WuM 1990, 150; *Rolfs* in Staudinger § 546 Rdn. 66.

abhängt, hat der Vermieter in dieser Zeit auch den Rückgabeanspruch gegen den Dritten nicht[553]. War er bereits entstanden, geht er zwar – genauso wie der Rückgabeanspruch nach Abs. 1[554] – mit Beginn des Räumungshindernisses nicht unter, ist aber zeitweise gehemmt. Abgesehen davon ist die Räumungspflicht des Dritten dann hinausgeschoben, wenn nicht dem Mieter, sondern ihm selbst (vertraglich oder gerichtlich) eine Räumungsfrist bewilligt wurde[555].

92 **Keine Beendigung des Hauptmietvertrages** i. S. v. § 546 Abs. 2 BGB stellt es dar, wenn ein neuer Mieter in den Vertrag eintritt oder den Vertrag ganz übernimmt. Ein solcher Eintritt bzw. eine solche Übernahme kann auf vertraglichen Vereinbarungen oder Gesetz (etwa §§ 563ff., 1922 BGB) beruhen. Schließt der Vermieter nach beendetem Hauptmietvertrag einen neuen Vertrag ab und ist der neue Mieter mit einer Gebrauchsüberlassung an den Dritten einverstanden, so erlischt der Rückgabeanspruch des Vermieters gegen den Dritten[556].

93 Beenden Vermieter und Mieter das Mietverhältnis nur deshalb ganz oder teilweise, um dem Dritten den Gebrauch durch Geltendmachung des Anspruchs aus Abs. 2 entziehen zu können, so ist diese Vertragsbeendigung wegen **Sittenwidrigkeit** gem. § 138 BGB oder als Scheingeschäft gem. § 117 BGB nichtig[557].

94 Erhält der Mieter für die Aufhebung des Mietverhältnisses eine **Abfindung** (des Vermieters oder eines Dritten, etwa eines Nachmieters), so kann ein Untermieter, dessen Gebrauch durch die Vertragsbeendigung unmöglich wird oder dessen Vertrag auf Grund entsprechender Vereinbarungen mit dem Hauptmietverhältnis endet, gem. § 285 BGB die Auskehrung der Abfindung an sich verlangen; betrifft die Untermiete nur einen Teil des Mietobjekts, so steht dem Untermieter nur ein entsprechender Anteil der Abfindung zu[558].

95 Der Vermieter kann den Rückgabeanspruch gegen den Dritten nicht geltend machen, wenn dieser aus dem Mietvertrag zwischen Mieter und Vermieter oder aus anderen Gründen gegenüber dem Vermieter einen **Anspruch auf Abschluss eines eigenen Mietvertrages** für den Fall hat, dass das Mietverhältnis mit dem Mieter endet. Der Vermieter müsste nämlich dann nach Vertragsschluss mit dem Dritten das sofort wieder zurückgewähren, was er auf Grund des Anspruchs gem. Abs. 2 gerade bekommen hat; das widerspräche § 242 BGB. Eine Vereinbarung zu Gunsten des Dritten in dem Mietvertrag zwischen Mieter und Vermieter bindet allerdings einen Grundstückserwerber gem. § 566 BGB nicht[559]. Erst Recht hat der Vermieter keinen Rückgabeanspruch gegen den Dritten, wenn er mit ihm schon einen Mietvertrag geschlossen hat[560]. Ein solcher Vertrag kann auch stillschweigend zu Stande kommen, wenn der Vermieter den Dritten wie einen Mieter behandelt und dieser das akzeptiert. Ein Vertragsschluss liegt allerdings noch nicht darin, dass ein Untermieter die Miete wie bisher nicht an den Hauptmieter, sondern direkt an den Vermieter zahlt[561].

96 **b) Gebrauchsüberlassung an einen Dritten.** Der Mieter muss nach dem Wortlaut des § 546 Abs. 2 BGB den Gebrauch der Mietsache einem Dritten überlassen haben. Bei mehreren Mietern reicht nach dem Zweck des § 546 Abs. 2 BGB die Überlassung durch einen von ihnen[562]. **Dritter** ist jeder, der nicht der Mieter oder der Vermieter ist. Das schließt auch die Angehörigen des Mieters ein, die mit ihm in der Mietwohnung leben ohne selbst Vertragspartner zu sein, da dem Vermieter gegen diesen Personenkreis mangels vertraglicher Beziehung kein Rückgabeanspruch gem. § 546 Abs. 1 BGB zusteht[563]. Neben den Angehörigen des Mieters sind typischerweise Untermieter Dritte im Sinne des § 546 Abs. 2 BGB. Bei einem (echten) (Miet-)**Vertrag zu Gunsten Dritter** gem. § 328 BGB ist der Dritte, zu dessen Gunsten das Gebrauchsrecht vereinbart wurde, Schuldner des Rückgabeanspruchs gem. § 546 Abs. 1 BGB und nicht des Anspruchs aus § 546 Abs. 2 BGB;

---

553 AG Aachen WuM 1990, 150; *Rolfs* in Staudinger § 546 Rdn. 69.
554 S. dazu bei Rdn. 79.
555 LG Stade WuM 1987, 62.
556 *Rolfs* in Staudinger § 546 Rdn. 71; LG Berlin ZMR 1992, 395 (aus diesem Urteil ist allerdings nicht ersichtlich, ob der neue Mieter mit der Gebrauchsüberlassung an den Dritten einverstanden war; das ist notwendig, da ansonsten der Vermieter, wenn er nicht Eigentümer ist, Schwierigkeiten hat, dem neuen Mieter den Gebrauch zu verschaffen).
557 BGH NJW 1982, 1696; *Rolfs* in Staudinger § 546 Rdn. 70 m. w. N.
558 BGH WuM 1986, 54 = ZMR 1985, 87 = NJW-RR 1986, 234.
559 LG München I WuM 1989, 412; s. auch bei § 566 Rdn. 151.
560 AG Köln WuM 1992, 542; dort wird insbesondere verneint, dass der Vertragsschluss eines Untermieters mit dem Vermieter eine Vertragsverletzung gegenüber dem Hauptmieter darstellt.
561 OLG Düsseldorf NJW-RR 1988, 202 = ZMR 1988, 22.
562 AG Stuttgart ZMR 1975, 305.
563 OLG Schleswig WuM 1992, 674 = ZMR 1993, 69; LG Frankfurt WuM 1989, 295.

wenn der Dritte/Nutzer dem Mieter des Besitz überlassen, ist aber der Mieter gem. § 546 Abs. 2 BGB zur Rückgabe verpflichtet[564].

Überlassung bedeutet, dass der Dritte die Mietsache mit Wissen und Wollen des Mieters, mindestens aber mit dessen Duldung, zum Gebrauch erhalten hat[565]. Eigenmacht oder Anmaßung des Dritten reichen nicht aus; in diesen Fällen ist der Vermieter auf Ansprüche aus §§ 812, 823, 862, 985 BGB beschränkt[566]. Bei mehreren Mietern reicht die Überlassung durch einen von ihnen[567]. Für den Rückforderungsanspruch nach § 546 Abs. 2 BGB spielt es keine Rolle, ob der Mieter zur Überlassung berechtigt war, ob er also beispielsweise untervermieten durfte[568]. **97**

Die Überlassung muss erfolgt sein, um dem Dritten den Gebrauch der Mietsache zu ermöglichen. Gebrauch erfordert **Besitz**[569], allerdings nicht zwingend Allein- oder Eigenbesitz, ausreichend ist auch Mitbesitz oder mittelbarer Besitz[570] des Dritten. Denn nur, wenn er Besitzer ist, ist er in der Lage, den Rückforderungsanspruch des Vermieters gem. § 546 Abs. 2 BGB zu erfüllen, also die Mietsache an ihn zurückzugeben[571]. Ist der Dritte nur Besitzdiener, kann er also nicht Dritter i. S. v. § 546 Abs. 2 BGB sein. Dementsprechend sind für die Räumungsvollstreckung einer Wohnung Titel gegen alle Besitzer und Mitbesitzer erforderlich, nicht aber gegen Besitzdiener. Wer Besitzer, Mitbesitzer, mittelbarer Besitzer oder Besitzdiener ist, richtet sich nach den besitzrechtlichen Vorschriften. Vollstreckungsrechtlich ist ein **Titel notwendig** gegen den Untermieter[572]; Ehegatten und Lebenspartner[573]; gegen nichteheliche Lebensgefährten nur, wenn sich deren Mitbesitz an der Wohnung klar und eindeutig aus den Umständen ergibt[574]; ein **Titel ist nicht notwendig** gegen minderjährige Kinder[575], im Regelfall auch nicht nach Erreichen der Volljährigkeit[576] und nicht bei Kindern, die bei Einzug in die Wohnung schon erwachsen waren, sofern noch eine soziale Abhängigkeit von den Eltern besteht[577]; Hauspersonal[578]; Angestellte des Gewerbemieters[579]. Zu Indizien für eine Besitzerstellung s. bei § 940 a Rdn. 22. In der Insolvenz des Dritten sollte nicht nur dessen Insolvenzverwalter verklagt werden, sondern auch der Dritte selbst, weil ein Titel gegen den Verwalter eine Vollstreckung gegen den Dritten nicht einschließt[580]. **98**

Aus einem **Räumungsurteil gegen den Mieter** kann nicht gegen einen Untermieter oder einen in dem Titel nicht genannten Dritten, der selbst Besitz hat, vollstreckt werden[581]. Das gilt wegen des Verbots, staatliche Zwangsmaßnahmen ohne Vollstreckungstitel auszuüben, auch für den Besitzer, der ohne oder gegen Wissen und Wollen des Vermieters (Mit-)Besitz begründet und wider Treu und Glauben über einen erheblichen Zeitraum gegenüber dem Vermieter verheimlicht hat, oder für den Besitzer, der rechtsmissbräuchlich ein tatsächlich nicht bestehendes Untermietverhältnis behauptet[582]. Hat der Mieter die Mietsache erst nach Rechtshängig- **99**

---

564 *Lehmann-Richter* ZMR 2010, 820.
565 *Rolfs* in Staudinger § 546 Rdn. 67.
566 *Rolfs* in Staudinger § 546 Rdn. 67.
567 *Rolfs* in Staudinger § 546 Rdn. 67.
568 *Rolfs* in Staudinger § 546 Rdn. 68.
569 *Rolfs* in Staudinger § 546 Rdn. 68.
570 Für den mittelbaren Besitz OLG Hamm NJW-RR 1992, 703. Bei mittelbarem Besitz kann auch nicht nur die Abtretung des Herausgabeanspruchs gefordert werden; das wird von BGH NJW 1970, 241 für einen dinglichen Herausgabeanspruch zu Recht abgelehnt, die gleichen Gründe gelten auch hier. Zudem ist Anknüpfungspunkt für die Rückgabepflicht nach § 546 Abs. 2 BGB nicht der Besitz, sondern die Gebrauchsüberlassung ist; der Gebrauch kann aber auch dadurch ausgeübt werden, dass der Besitz einem anderen überlassen wird, wodurch dann mittelbarer Besitz beim Überlasser entsteht.
571 LG Berlin WuM 2015, 634; *Rolfs* in Staudinger § 546 Rdn. 68.
572 BGH NZM 2003, 802 = ZMR 2004, 324.
573 *Blank/Börstinghaus* § 546 Rdn. 61.
574 BGH NJW 2008, 1959 = WuM 2008, 364 = ZMR 2008, 695 (dazu *Scholz* ZMR 2009, 99). Ein Umstand, der auf den Besitz des Lebensgefährten schließen lässt, ist die Angabe der Wohnung als Meldeadresse gegenüber dem Einwohnermeldeamt (LG Mannheim DWW 2006, 250/251) oder eine Anzeige an den Vermieter (*Springer* WuM 2009, 335).
575 BGH NJW 2008, 1959 = WuM 2008, 364 = ZMR 2008, 695; AG Wiesbaden NZM 2015, 782.
576 BGH NJW 2008, 1959 = WuM 2008, 364 = ZMR 2008, 695; AG Wiesbaden NZM 2015, 782.
577 AG Wiesbaden NZM 2015, 782; AG Kassel ZMR 2016, 77; *Flatow* jurisPR-MietR 2/2016 Anm. 5.
578 *Blank/Börstinghaus* § 546 Rdn. 61.
579 *Blank/Börstinghaus* § 546 Rdn. 61.
580 So für den Mieter *Eckert* NZM 2006, 808; für den Dritten muss aber das Gleiche gelten.
581 BGH NZM 2003, 802 = ZMR 2004, 324.
582 BGH NJW 2008, 3287 = WuM 2008, 678 = ZMR 2009, 21. Die gegenteilige Ansicht von LG Lübeck DGVZ 2008, 172 (= Vorinstanz der BGH-Entscheidung); AG Hannover NZM 2015, 170; KG NZM 2003,

keit[583] der gegen ihn gerichteten Räumungsklage an einen Dritten überlassen und ist dieser Besitzer geworden, so wirkt ein stattgebendes Urteil gem. § 325 ZPO auch gegen den Dritten[584], auf den der Vermieter es gem. § 727 ZPO umschreiben lassen kann[585], was allerdings nur selten in Betracht kommen dürfte, weil es voraussetzt, dass die Gebrauchsüberlassung offenkundig ist oder durch öffentliche Urkunden nachgewiesen werden kann (was am ehesten gegeben ist, wenn ein Vollstreckungsversuch den Besitz des Dritten erwiesen hat und der Gerichtsvollzieher dies im Vollstreckungsprotokoll niedergelegt hat; ohne dies ist Klauselerteilungsklage gem. § 731 ZPO möglich, es kann aber auch gleich auf Herausgabe gegen den Dritten geklagt werden). Abgesehen hiervon erstreckt sich die Rechtskraft eines Räumungsurteils gegen den Mieter oder eines Urteils, in dem die Vertragsbeendigung zwischen Vermieter und Mieter festgestellt wird, nicht auf den Dritten, auch nicht kraft materiell-rechtlicher Abhängigkeit in der Weise, dass der Dritte die Rückgabepflicht des Mieters nicht mehr leugnen kann, wenn er seinerseits vom Vermieter auf Rückgabe nach § 546 Abs. 2 BGB in Anspruch genommen wird[586]; ein Räumungsrechtsstreit zwischen Vermieter und Drittem kann aber dennoch bis zur Beendigung des Räumungsprozesses zwischen Vermieter und Mieter gem. § 148 ZPO ausgesetzt werden[587]. Der Vermieter kann sich auf Grund des Räumungstitels gegen den Mieter dessen Rückgabeanspruch gegen den Untermieter gem. § 886 ZPO pfänden und überweisen lassen. So kann er verhindern, dass der Untermieter die Mietsache an den Mieter herausgibt. Für eine Vollstreckung benötigt er einen Titel gegen den Dritten, den er aber unabhängig von § 546 Abs. 2 BGB auf Grund der Überweisung selbst einklagen kann[588]. Der Vermieter kann vom Mieter aus einer Nebenpflicht des Mietvertrages **Auskunft** darüber verlangen, welchen Dritten er die Mietsache überlassen hat[589]; diesen Anspruch kann er im Wege der einstweiligen Verfügung verfolgen[590]. Außerdem hat ein räumungspflichtiger Mieter es zu unterlassen, die Mietsache Dritten zu überlassen[591]. Tut er es dennoch, kann eine Klageerweiterung auf den Dritten gem. § 533 ZPO auch noch in der Berufungsinstanz erfolgen und zwar auch dann, wenn die Zustimmung zur Parteierweiterung rechtsmissbräuchlich verweigert wird[592]; auf die Sachdienlichkeit kommt es bei einer Parteierweiterung in der Berufungsinstanz nicht an, auch wenn sie oftmals zu bejahen wäre, was allein schon aus der Wertung des § 940a Abs. 2 ZPO folgt[593].

100 Gleichgültig ist es im Ansatz, ob der Mieter dem Dritten das Mietobjekt vollständig überlässt oder nur teilweise[594], ob er also beispielsweise nur ein Zimmer der Wohnung untervermietet oder – unter Aufgabe des eigenen unmittelbaren Gebrauchs – die ganze Wohnung. Entscheidend sind die durch die Gebrauchsüberlassung begründeten Besitzverhältnisse. Hat der Dritte (Mit-)Besitz an dem gesamten Objekt, muss er das gesamte Objekt räumen; hat er (Mit-)Besitz nur an ein-

---

105; OLG Hamburg MDR 1993, 274; AG Hamburg-St. Georg ZMR 2007, 280 ist nach bzw. angesichts dieser Entscheidung des BGH nicht mehr haltbar. *Klimesch* ZMR 2009, 431 und *Klimesch/Wedel* ZMR 2012, 679 (Nachweise auf weitere kritische Stimmen bei *Klüver* DGVZ 2012, 116) meinen, dieses Urteil stehe einer Zwangsvollstreckung gegen einen nicht im Titel genannten Besitzer nicht entgegen, wenn der Vermieter den Mieter vor dem Prozess nach den Besitzern des Mietobjektes gefragt habe; m. E. ist das mit dem Urteil nicht vereinbar und schon allein für den Fall nicht haltbar, dass der Besitzer bei Erlangung des Besitzes in gutem Glauben war. Hinzu kommt, dass der Gesetzgeber den durch die BGH-Rechtsprechung bedingten Härtefällen durch Einführung des § 940a Abs. 2 ZPO begegnen wollte (kritisch zum Erfolg dieses Vorhabens *Klimesch/Wedel* ZMR 2012, 679); allein deswegen erscheint ein Rückgriff auf Treu und Glauben in aller Regel nicht möglich. Da § 242 BGB aber grundsätzlich auch im Zwangsvollstreckungsverfahren gilt (so auch BGH NJW 2008, 3287 = WuM 2008, 678 = ZMR 2009, 21 Rdn. 10), kann nicht für jeden denkbaren Extremfall eine aus Treu und Glauben folgende, abweichende Handhabung der Räumungsvollstreckung vollständig ausgeschlossen werden (ähnlich *Hinz* NZM 2012, 793).

583 Das schließt auch den Besitzwechsel nach Rechtskraft des Urteils ein, vgl. BGH NJW 1981, 1517 und BGH NJW 1983, 2032.

584 BGH NJW 1981, 1517; BGH NJW 1991, 2420.

585 *Baer* ZMR 2013, 334.

586 H. M., s. nur BGH NZM 2006, 699 = ZMR 2006, 763 m. w. N. und dem folgend BGH WuM 2010, 353 = NZM 2010, 699. **A. A.** AG Hamburg NJW-RR 1992, 1487 m. w. N.

587 LG Berlin NZM 2013, 27.

588 *Wolf/Eckert/Ball* Rdn. 1334; *Rolfs* in Staudinger § 546 Rdn. 88.

589 LG Kiel ZMR 2010, 532; OLG Hamburg NZM 1998, 758; *Baer* ZMR 2013, 335.

590 S. § 940a ZPO Rdn. 28.

591 OLG Hamburg NZM 1998, 758.

592 S. BGH (VII ZR 5/06) NJW-RR 2008, 176 zu den Voraussetzungen; LG Potsdam GE 2012, 64.

593 S. zum Begriff der Sachdienlichkeit bei § 533 ZPO bei BGH (XII ZR 110/09) NJW 2011, 2796 und BGH (VIII ZR 109/11) NJW 2012, 2662.

594 LG Frankfurt WuM 1989, 295.

zelnen Räumen, muss er nur diese zurückgeben[595]. Auch auf das der Gebrauchsüberlassung zu Grunde liegende Rechtsverhältnis kommt es nicht an, gleichfalls nicht darauf, ob es wirksam ist[596]; entscheidend ist allein die **tatsächliche Gebrauchsverschaffung durch den Mieter.** Meist wird es eine Rechtsbeziehung zwischen Drittem und Mieter geben. In Betracht kommen Untermiete, Leihe (etwa bei Überlassung einer Wohnung an Freunde), Unterhaltspflichten (bei Aufnahme von Angehörigen in die Wohnung) etc. Auch Gebrauchsüberlassungsketten sind möglich, so etwa bei mehrfach hintereinander geschalteten Untermietverhältnissen; in diesem Fall hat der Vermieter gegen jeden Untermieter bzw. Unter-Untermieter einen Anspruch, der sich den Besitz nicht eigenmächtig verschafft hat, der ihn vielmehr von einer Gebrauchsüberlassung durch den Mieter ableitet[597].

Ist bei Ende des Vertrages zwischen Mieter und Vermieter die **Gebrauchsüberlassung beendet,** die der Mieter dem Dritten gewährt hatte, so hat der Vermieter keinen Anspruch aus § 546 Abs. 2 BGB[598], da die Vorschrift die Rechte des Vermieters nur für den Fall erweitern will, dass sein Vertragspartner, der Mieter, nicht die alleinige Herrschaft über das Mietobjekt hat und es deshalb möglicherweise nicht aus eigener Kraft zurückgeben kann oder will; sie will ihm nicht Rechte gegenüber jedem verschaffen, bei dem das während der vergangenen Mietzeit irgendwann einmal so war. Der Dritte muss bei Vertragsende genauso wenig unmittelbarer Besitzer der Mietsache sein wie der Mieter, die Rückgabepflicht besteht vielmehr so lange, wie die Gebrauchsüberlassung (und damit irgendeine Form von Besitz; s. Rdn. 98) fortbesteht, was auch bei mittelbarem Besitz der Fall ist[599]. Eine vollständige und unbedingte Aufgabe jeglichen Besitzes durch den Dritten während der Vertragslaufzeit (also auch des mittelbaren Besitzes) reicht hingegen regelmäßig aus, um dem Anspruch des Vermieters gem. § 546 Abs. 2 BGB zu entgehen. Das gilt auch dann, wenn das der Gebrauchsüberlassung durch den Mieter zu Grunde liegende Rechtsverhältnis nicht formal beendet sein sollte; die faktische Beendigung der Gebrauchsüberlassung reicht aus. Die Gebrauchsüberlassung ist allerdings nur dann beendet, wenn der Besitz nach der Besitzaufgabe an den Mieter (oder den Vermieter; dazu sogleich) zurückfällt; ist das nicht der Fall, überträgt der Dritte den Besitz vielmehr unter eigener vollständiger Besitzaufgabe an einen anderen Dritten, dann ist die Gebrauchsüberlassung nicht beendet[600]. Der Dritte wird von dem Rückgabeanspruch ebenfalls frei, wenn er nach Vertragsende **an den Mieter anstatt an den Vermieter zurückgibt**[601]. Es fehlt nämlich auch dann an einer (fortbestehenden) Gebrauchsüberlassung. In beiden Fällen (vollständige Besitzaufgabe bzw. Rückgabe an den Vermieter) ist der Vermieter nicht mehr auf den Schutz des § 546 Abs. 2 BGB durch Inanspruchnahme des Dritten angewiesen, um das Mietobjekt zurückzuerhalten. Wegen des Vorrangs des Rückgabeanspruchs des Vermieters, dem die Mietsache letztlich gebührt, kann sich der Dritte, der zunächst an den Mieter zurückgibt, aber unter Umständen schadensersatzpflichtig machen, wenn die Rückgabe an den Mieter zu Verzögerungen bei der Rückgabe an den Vermieter führt. Es handelt sich um eine Pflichtverletzung aus dem gesetzlichen Schuldverhältnis, das zwischen dem Vermieter und dem Dritten mit dem Rückgabeanspruch entstanden ist. Zum Konkurrenzverhältnis zwischen § 546 Abs. 1 und Abs. 2 BGB in den Fällen der Untermiete s. Rdn. 14. 101

c) Rückforderungserklärung. Der Vermieter muss den Rückgabeanspruch gegenüber dem Dritten geltend machen. Das geschieht durch **einseitige, formlose Willenserklärung**[602]; da es 102

595 LG Berlin WuM 2015, 634.

596 *Rolfs* in Staudinger § 546 Rd. 68.

597 OLG Hamm NJW-RR 1992, 783.

598 LG Hamburg WuM 1980, 199; OLG München NJW-RR 1989, 524. **A. A.** wohl OLG München MDR 1997, 833; es ging um Schadensersatz wegen Unmöglichkeit der Rückgabe eines PKW; angesichts der nachfolgenden Ausführungen dürfte das Urteil jedenfalls mit der gegebenen Begründung, es komme nicht darauf an, ob der Dritte noch Besitz habe, nicht haltbar sein.

599 BGH NJW 1996, 515 = WuM 1996, 83 = ZMR 1996, 182; OLG Hamm NJW-RR 1992, 783; OLG München ZMR 2012, 620. Wenn in den Entscheidungen in Zusammenhang mit dem Dritten teilweise davon die Rede ist, dieser müsse nicht Besitzer sein, so ist ersichtlich der unmittelbare Besitz gemeint; im Fall OLG München ZMR 2012, 620 wird der fortbestehende mittelbare Besitz des Dritten ausdrücklich erwähnt, wenngleich die Formulierungen im Übrigen auch dort missverständlich sind.

600 BGH NJW 1971, 2065.

601 So auch LG Hamburg WuM 1980, 199; OLG München NJW-RR 1989, 524; *Bieber* in MünchKomm § 546 Rdn. 22.

602 *Heintzmann* in Soergel § 546 Rdn. 12 nimmt eine geschäftsähnliche Handlung an; für die Praxis bedeutet das keinen Unterschied.

sich nicht um eine Kündigung handelt, müssen Kündigungsvoraussetzungen (Schriftform, Vorliegen von Kündigungsgründen, Einhalten von Kündigungsfristen etc.) nicht erfüllt sein[603]. Die Erklärung kann auch schon vor dem Ende des Hauptmietverhältnisses abgegeben werden, wird aber erst mit dessen Ende wirksam[604]. Ansonsten entsteht der Rückgabeanspruch mit Zugang der Erklärung, dem Dritten ist aber eine Ziehfrist entsprechend den oben Rdn. 76 dargestellten Grundsätzen einzuräumen. In der Erhebung einer Räumungsklage ist die Rückforderungserklärung stillschweigend enthalten[605]. Erkennt der Dritte den Anspruch in einem solchen Fall sofort an, hat der Vermieter die Kosten des Rechtsstreits gem. § 93 ZPO zu tragen[606]. Die Rückforderungserklärung ist nicht fristgebunden. Macht der Vermieter den Rückforderungsanspruch über längere Zeit nicht geltend und behandelt er den Dritten wie einen Mieter, was der Dritte geschehen lässt, dann kommt ein konkludenter Vertragsschluss in Betracht.

103 Die Rückforderungserklärung ist **Anspruchsvoraussetzung** für den Rückforderungsanspruch[607] und nicht bloße Fälligkeitsvoraussetzung[608] oder Verzugsvoraussetzung[609]. Das folgt einmal aus dem Wortlaut von § 546 Abs. 2 BGB, wo von einem Forderungsrecht des Vermieters die Rede ist anstatt wie in § 546 Abs. 1 BGB von einer Verpflichtung des Mieters. Zum anderen weiß der Dritte, der Vertragsbeziehungen nur zum Mieter hat, oftmals nichts vom Ende des Vertrages zwischen Mieter und Vermieter, möglicherweise weiß er bei einer Untermiete nicht einmal, dass er nur Untermieter ist und dass die Gefahr der Rückforderung gem. § 546 Abs. 2 BGB besteht. Zwar könnte man vom ihm wegen der bloßen Möglichkeit eines Anspruchs nach § 546 Abs. 2 BGB verlangen, dass er sich um den Bestand des Hauptmietverhältnisses kümmern muss, ähnlich wie er auch dem Risiko ausgesetzt ist, dass sein Vermieter nicht Eigentümer der Mietsache und er deshalb möglicherweise einem Herausgabeanspruch gem. § 985 BGB ausgesetzt ist[610]. Das rechtfertigt aber nicht, sich über den Wortlaut von § 546 Abs. 2 BGB hinwegzusetzen, der – wie ausgeführt – eher dafür spricht, dass die Rückforderungserklärung Anspruchsvoraussetzung ist.

3. Rückgabepflichten des Dritten

104 Die **Rückgabepflichten des Dritten** gem. § 546 Abs. 2 BGB sind – entgegen einer vielfach apodiktisch geäußerten Ansicht[611] – nicht ohne Weiteres identisch mit denen des Mieter gem. § 546 Abs. 1 BGB. Der Mieter ist zur Besitzverschaffung (einschließlich des Zubehörs) an den Vermieter in dem von ihm innegehaltenen Umfang (s. Rdn. 100) verpflichtet, zur Räumung von Gegenständen und Einrichtungen, zum Rückbau von Umbauten, zur Beseitigung von Schäden und ggf. zur Renovierung[612]. Würden den Dritten all diese Pflichten treffen, würde das über den Zweck des § 546 Abs. 2 BGB[613], dem Vermieter, der nicht Eigentümer oder sonst dinglich Berechtigter ist, nach dem Ende des Hauptmietverhältnisses und unabhängig vom Fortbestand eines Untermietvertrags eine Rückforderung zu ermöglichen, deutlich hinausgehen[614]. Zwar ist § 546 Abs. 2 BGB nicht auf die Fälle beschränkt, dass der Vermieter nicht Eigentümer der Mietsache ist. Dem Grundgedanken nach ist die Vorschrift aber ein Ersatz für einen fehlenden dinglichen Herausgabeanspruch aus § 985 BGB. Dieser Herausgabeanspruch ist im Wesentlichen auf die Besitzver-

---

603 *Blank/Börstinghaus* § 546 Rdn. 67.

604 *Blank/Börstinghaus* § 546 Rdn. 67.

605 OLG Hamburg NZM 1999, 1052. **A. A.** *Sternel* Mietrecht aktuell (2009) Rdn. XIII 65, der Bedenken hinsichtlich des Erklärungswillens hat; es kommt allerdings nur auf das Verständnis des Erklärungsempfängers an, der in der Klage ohne Weiteres eine Rückforderungserklärung sehen wird, wenn eine solche nicht schon vorprozessual ausgesprochen worden sein sollte.

606 OLG Schleswig WuM 1993, 541.

607 RGZ 156, 150; *Blank/Börstinghaus* § 546 Rdn. 67. Unklar BGH NJW 1982, 1696, wo das Ende des Besitzrechts des Dritten nur von der Beendigung des Hauptmietvertrages abhängig gemacht wurde und nicht von einer Rückforderungserklärung; diese Frage wurde aber nicht ausdrücklich erörtert, auf sie kam es auch nicht entscheidungserheblich an. In BGH MDR 1969, 128 wurde die Frage ausdrücklich offen gelassen.

608 *Lammel*, Wohnraummietrecht, § 546 Rdn. 34.

609 So aber *Rolfs* in Staudinger § 546 Rdn. 73.

610 So *Rolfs* in Staudinger § 546 Rdn. 73.

611 *Rolfs* in Staudinger § 546 Rdn. 75; *Wolf/Eckert/Ball* Rdn. 1332. S. zum Meinungsstand auch *Katzenstein* NZM 2008, 599.

612 Einzelheiten bei Rdn. 23ff.

613 S. dazu OLG Hamburg WuM 2000, 356 = ZMR 2000, 669 und Rdn. 87.

614 OLG Hamburg WuM 2000, 356 = ZMR 2000, 669.

schaffung begrenzt und gewährt kein Recht auf die Herstellung eines bestimmten Zustandes[615]. Jedenfalls hat letzteres in dem Gesetzeswortlaut keinen ausreichend deutlichen Niederschlag gefunden[616]. Deshalb darf bei der Auslegung der gesetzgeberische Anlass nicht außer Acht gelassen werden. Würde man dem Dritten dieselben Rückgabepflichten auferlegen wie dem Mieter, dann erhielte der Vermieter am Ende des Vertrages quasi einen weiteren Schuldner für eine Vielzahl von Abwicklungspflichten. Eine solche Privilegierung ist durch § 546 Abs. 2 BGB nicht beabsichtigt, Hauptzweck ist – wie ausgeführt – ein eher dingliches Wiedererlangungsinteresse, nicht aber eine Vermehrung der Haftenden. Ein Blick auf die Interessen des Dritten führt zum gleichen Ergebnis. Bei einem Untermieter mag man noch der Meinung sein können, für ihn sei es gleichgültig, ob er die Rückgabepflichten gegenüber dem Mieter oder gegenüber dem Vermieter erfülle. Auch hier kommen aber schon Zweifel daran auf, ob der Vermieter vom Untermieter etwas fordern können soll, was ihm gegenüber dem Mieter nicht zusteht, was der Untermieter aber gegenüber dem Mieter zu leisten hat (beispielsweise Schönheitsreparaturen); oder ob er Schäden beseitigen muss, die der Mieter verursacht hat. Die Zweifel verstärken sich, wenn man sich eine weitere typische Fallgruppe des § 546 Abs. 2 BGB vergegenwärtigt, nämlich die der Angehörigen, die aus familiären Gründen in die Wohnung aufgenommen wurden und selbst (Mit-)Besitz haben, etwa der Ehegatte. Diese Personen haben keine vertragliche Verpflichtung gegenüber dem Vermieter und wollten dies möglicherweise auch ausdrücklich nicht. Dennoch würden sie, wenn man ihnen dieselben Rückgabepflichten wie dem Mieter auferlegen würde, in ganz erheblicher Weise in das Pflichtenprogramm des Vertrages hineingezwungen mit möglicherweise erheblichen Haftungsrisiken. Dass dies nicht gewollt ist, zeigt schon § 546a BGB; danach schuldet nämlich nur der Mieter, nicht aber der Dritte Nutzungsentschädigung. Dem kann nicht entgegengehalten werden, der Dritte könne diesen Risiken entgehen, indem er nicht an den Vermieter, sondern an den Mieter zurückgibt[617]. Das mag einem Untermieter möglich sein, einem Angehörigen des Mieters als Dritten i. S. v. § 546 Abs. 2 BGB hingegen praktisch nicht, da Angehöriger und Mieter meist eine Lebensgemeinschaft bilden, die durch den vorzeitigen Auszug eines Mitgliedes auseinanderbrechen würde – ganz abgesehen von der dadurch bedingten finanziellen Belastung.

Aus diesen Gründen ist die Rückgabepflicht des Dritten gem. § 546 Abs. 2 BGB wie folgt zu **105**
begrenzen: Alle Pflichten, bei deren Verletzung durch den Mieter von einer Nichterfüllung der Rückgabepflicht auszugehen ist, hat auch der Dritte gegenüber dem Vermieter zu erbringen, um seinen Rückgabepflichten aus § 546 Abs. 2 BGB nachzukommen. Dazu gehört vornehmlich die **Besitzveränderung zu Gunsten des Vermieters**[618]. Außerdem gehört dazu alles, was faktisch mit einer Weiternutzung verbunden ist und so dem Vermieter die Mietsache vorenthält[619]. Deshalb hat der Dritte die Mietsache zu **räumen**[620], Einrichtungen zu entfernen und Aufbauten auf Grundstücken zu beseitigen[621], nicht aber sonstige Umbauten zurückzubauen oder Schäden zu beseitigen (selbstverursachte Schäden allenfalls gem. § 823 BGB[622]). Bei der Räumungs- und Beseitigungspflicht kommt es nicht darauf an, ob der Dritte die Gegenstände, Einrichtungen, Aufbauten etc. selbst eingebracht bzw. erbaut hat[623]. Eine solche Differenzierung ist dem Wortlaut des § 546 Abs. 2 BGB nicht zu entnehmen. Zwar würde dem Zweck der Vorschrift auch dann entsprochen, wenn der Dritte nur das zu räumen bzw. zu beseitigen hätte, was er selbst eingebracht hat. Eine da-

---

615 Das übersieht *Katzenstein* NZM 2008, 600.

616 **A. A.** *Katzenstein* NZM 2008, 600, der aus den ähnlichen Formulierungen in § 546 Abs. 1 und 2 BGB eine gleichartige Haftung von Mieter und Drittem folgert. Das ist m. E. nicht zwingend, das Pflichtenprogramm ist vielmehr durch Auslegung nach dem Gesetzeszweck zu ermitteln.

617 S. dazu bei Rdn. 101.

618 S. dazu bei Rdn. 24.

619 S. dazu bei Rdn. 36.

620 So auch *Scheuer/Emmerich* in Bub/Treier V. Rdn. 71.

621 **A. A.** – außer für vom Untermieter vorgenommene Änderungen – *Scheuer/Emmerich* in Bub/Treier V. Rdn. 71.

622 S. zu den Ansprüchen des Vermieters bei einem sog. Untermieterexzess auch *Burbulla* NZM 2013, 558.

623 **A. A.** OLG Hamburg WuM 2000, 356 = ZMR 2000, 669 wegen einer ungerechtfertigten Besserstellung des Vermieters durch Hinzutreten eines weiteren Schuldners (dazu sogleich); ebenso *Wolf/Eckert/Ball* Rdn. 1332 und *Lammel,* Wohnraummietrecht, § 546 Rdn. 36 unter Bezugnahme auf das Urteil des OLG Hamburg. *Blank/Börstinghaus* § 546 Rdn. 71 verneint eine Rückgabepflicht für solche Einrichtungen und baulichen Veränderungen, die der Dritte mit Einwilligung des Mieters vorgenommen hat, da die diesbezüglichen Rechte auf Entfernung und Rückbau mangels Vertrages zu Gunsten Dritter nur im Verhältnis von Drittem und Mieter gelten würden.

hingehende Differenzierung wäre aber praktisch kaum handhabbar, da eine pauschale Verurteilung von Mieter und Drittem zur gesamtschuldnerischen Räumung nicht mehr möglich wäre, der Vermieter müsste vielmehr darlegen und ggf. beweisen, was der Dritte zu leisten hat. Das ist vor Besitzerlangung kaum möglich und kann ein Räumungsbegehren unter Umständen erheblich hinauszögern. Weil dem Vermieter aber mit § 546 Abs. 2 BGB eine einfache, praktikable Möglichkeit an die Hand gegeben werden sollte, die Mietsache zurückzuerlangen, muss der dadurch bedingte Vorteil, für begrenzte Pflichten einen weiteren Schuldner ohne entsprechende vertragliche Beziehung zu erhalten, als zumindest vom Gesetz in Kauf genommene Bevorzugung hingenommen und der Ausgleich dem Innenverhältnis von Drittem und Mieter überlassen werden. Die Bevorzugung des Vermieters relativiert sich auch dadurch, dass er sich bei jedem hinzutretenden Dritten mit einem weiteren Räumungsschuldner auseinanderzusetzen hat.

106 Die hiesige Sicht dürfte im Ergebnis derjenigen des **BGH**[624] entsprechen, auch wenn es keine weitergehenden Ausführungen hierzu gibt. Dem steht nicht eine Entscheidung des BGH[625] entgegen, wonach die „Herausgabepflicht" des Untermieters regelmäßig auch die Verpflichtung einschließe, „bauliche Änderungen und Einrichtungen, mit denen der Mieter oder Untermieter das Mietobjekt versehen hat, zu entfernen". Diese Formulierung ist zwar sehr weitgehend und könnte auch jegliche Einrichtungen und Umbauten erfassen. Der BGH bezog sich dort auf eine Entscheidung aus dem Jahr 1966[626], die sich aber nicht mit einem Rückbau eines Umbaus befasste (und ihn auch nicht erwähnte), sondern mit dem Abriss eines Gebäudes, der auch nach der hier vertretenen Ansicht vom Dritten zu leisten ist. In einem weiteren Urteil führt der BGH[627] ohne nähere Begründung aus, die Verpflichtungen aus § 546 Abs. 1 und 2 BGB seien inhaltlich gleich. Das steht der hiesigen Sicht ebenfalls nicht entgegen, weil es in der Entscheidung nur um die Frage ging, ob der Dritte seine Rückgabepflicht durch bloße Besitzaufgabe erfüllen kann.

107 Der Vermieter kann verlangen, dass der Dritte die Mietsache statt an ihn an einen Nachmieter zurückgibt[628]. Ein **Zurückbehaltungsrecht** an vermieteten Räumen oder Grundstücken wegen etwaiger Gegenansprüche steht dem Dritten nicht zu; § 570 BGB gilt auch für ihn[629].

4. Ersatzansprüche des Vermieters

108 Zwischen dem Vermieter und dem Dritten gibt es zwar keine vertraglichen Beziehungen, die Entstehung des Anspruchs aus § 546 Abs. 2 BGB begründet aber ein gesetzliches Schuldverhältnis[630], bei dessen Verletzung der Dritte sich gem. § 280 BGB schadensersatzpflichtig machen kann. Einmal kommt eine Verletzung der Räumungs- und Beseitigungspflicht in Betracht, für die der Dritte bei Beachtung des Fristsetzungserfordernisses in § 281 BGB haftbar sein kann. Zum anderen sind **Ansprüche gegen den Dritten** (meist ist das ein **Untermieter** oder Mitbewohner) wegen Verzugs möglich, die gem. § 286 BGB eine Mahnung voraussetzen. Eine Fristsetzung gegenüber dem Mieter oder ein Verzug des Mieters wirken nicht gegen den Dritten[631]. Der Verzugsschaden, den der Dritte dem Vermieter zu ersetzen hat, kann beispielsweise auf die Erstattung eines Mietausfalls gerichtet sein oder auf Erstattung der Rechtsverfolgungskosten[632]. Außerdem kann der Dritte Nutzungsersatz in Höhe des objektiven Mietwertes (s. näher dazu bei § 546 a Rdn. 104) nach den Vorschriften über das Eigentümer-Besitzer-Verhältnis gem. §§ 987 ff. BGB schulden, wenn der Vermieter Eigentümer der Mietsache ist[633]. § 988 BGB greift nur gegenüber unentgeltlich nutzen-

---

[624] S. BGH NJW 1996, 321, wo er von Herausgabe des Grundstücks und Entfernung der eingebrachten Sachen spricht.
[625] BGH NJW 2001, 1355 = WuM 2001, 247 = ZMR 2001, 435.
[626] BGH NJW 1966, 1409.
[627] BGH NJW 1996, 515 = WuM 1996, 83 = ZMR 1996, 182.
[628] *Blank/Börstinghaus* § 546 Rdn. 69. **A. A.** LG Berlin ZMR 1992, 395.
[629] OLG Hamm NJW-RR 1992, 783.
[630] OLG Hamm WuM 1981, 40.
[631] OLG Hamm WuM 1981, 40.
[632] AG Berlin Charlottenburg GE 2012, 957.
[633] BGH (V ZR 218/13) NZM 2014, 582 = WuM 2014, 347; BGH (XII ZR 221/98) NJOZ 2001, 282; BGH (V ZR 136/06) NJW 2008, 221; BGH (V ZR 45/94) NJW 1995, 2627; BGH MDR 1969, 128; BGH NJW 1960, 1105; OLG Hamburg WuM 1997, 223; AG Berlin-Neukölln ZMR 2013, 728; LG Berlin WuM 2014, 95. **A. A.** *Greiner* ZMR 1998, 405/406. § 988 BGB greift nur gegenüber unentgeltlich nutzenden Dritten, wozu auch der gegenleistungsfrei nutzende Ehegatte gehört (LG Berlin WuM 2014, 95). Ein Untermieter dürfte einem unentgeltlich nutzenden Dritten wegen seiner Zahlungspflichten gegenüber dem Mieter nicht

den Dritten, wozu auch der gegenleistungsfrei nutzende Ehegatte gehört[634]. Ein Untermieter dürfte einem unentgeltlich nutzenden Dritten wegen seiner Zahlungspflichten gegenüber dem Mieter nicht gleichzustellen sein[635]; er haftet nur ab Rechtshängigkeit oder Kenntnis. Allerdings reicht die Kenntnis (§ 990 BGB) vom Ende des Hauptmietverhältnisses allein nicht aus, wegen der Bedeutung der Rückforderungserklärung als Anspruchsvoraussetzung[636] tritt die Haftung vielmehr erst ab Rückforderung durch den Vermieter ein[637]. Nutzungsentschädigungspflichtig gem. § 546a BGB ist hingegen angesichts des eindeutigen Wortlauts der Vorschrift nur der Mieter, nicht aber der Dritte[638]. Befindet sich allerdings der Dritte gegenüber dem Mieter in Verzug, dann muss er dem Mieter im Wege des Verzugsschadensersatzes die Nutzungsentschädigung erstatten, die der Mieter dem Vermieter schuldet[639]. Bereicherungsansprüche hat der Vermieter gegen den Dritten wegen des Vorrangs der Leistungsbeziehung zu dem Mieter nicht[640], ebenfalls keine Ansprüche aus Geschäftsführung ohne Auftrag, da der Mieter mit der Untervermietung ein eigenes Geschäft wahrnimmt[641].

Zu den Ansprüchen des Vermieters **gegen den Mieter** bei verzögerter Rückgabe durch einen Untermieter s. bei § 546a Rdn. 105[642]. **109**

Soweit sowohl der Mieter als auch der Untermieter bzw. der Dritte dem Vermieter (Eigentümer) nach § 987 ff. BGB haften, darf der Vermieter sich nicht doppelt befriedigen. Jeder von ihnen haftet vielmehr nur solange weiter, bis der Eigentümer in voller Höhe befriedigt ist[643]. Mieter und Untermieter bzw. Dritter sind damit zwar nicht **Gesamtschuldner,** sie haften aber – ähnlich wie Bürge und Hauptschuldner – wie Gesamtschuldner[644]. **110**

VII. Durchsetzung der Ansprüche aus § 546 Abs. 1 und 2 BGB[645]

Enden Mietverhältnisse durch Zeitablauf oder ordentliche Kündigung, dann wird die Mietsache meist auch fristgerecht zurückgegeben; Streit entsteht ggf. wegen Schäden an der Mietsache oder über die Renovierungspflichten des Mieters. Viele Mietverhältnisse über Wohn- oder Gewerberaum enden aber durch Kündigung wegen Zahlungsverzugs. In diesen Fällen räumt der Mieter oftmals nicht freiwillig und es stellt sich die Frage nach den Möglichkeiten der Durchsetzung des Räumungsanspruchs. **111**

---

gleichzustellen sein (*Schmid* GE 2014, 225). – Zu Verwendungsersatzansprüchen des Untermieters gegen den vermietenden Eigentümer s. BGH (V ZR 269/13) NJW 2015, 229.

[634] LG Berlin WuM 2014, 95.

[635] *Schmid* GE 2014, 225.

[636] S. dazu Rdn. 102.

[637] So ausdrücklich LG Köln NJW-RR 1990, 1231. Ebenso möglicherweise, aber nicht ausdrücklich problematisierend BGH (XII ZR 221/98) NJOZ 2001, 282; AG Berlin-Neukölln ZMR 2013, 728, wenn dort auf einen Hinweis des Vermieters auf die Vertragsbeendigung bzw. auf die Einreichung der Räumungsklage abgestellt wird. In BGH MDR 1969, 128 hat der BGH die Frage offen gelassen, in BGH (V ZR 218/13) NZM 2014, 582 = WuM 2014, 347 nicht angesprochen. Unklar BGH NJW 1982, 1696, wo das Ende des Besitzrechts des Dritten nur von der Beendigung des Hauptmietvertrages abhängig gemacht wurde und nicht von einer Rückforderungserklärung; diese Frage wurde aber nicht ausdrücklich erörtert, auf sie kam es auch nicht entscheidungserheblich an. In LG Kiel WuM 1995, 540 wird die Problematik nicht erörtert, eine Rückforderungserklärung lag aber vor. Für einen Anspruch ab Kenntnis, aber ohne Erörterung der Bedeutung der Rückforderungserklärung OLG Düsseldorf ZMR 2010, 755; LG Düsseldorf WuM 1988, 163; AG Kempten WuM 1996, 34; *Rolfs* in Staudinger § 546 Rdn. 74.

[638] *Rolfs* in Staudinger § 546 Rdn. 77. S. auch bei der Kommentierung zu § 546a BGB.

[639] *Blank/Börstinghaus* § 546 Rdn. 74.

[640] *Greiner* ZMR 1998, 404/405.

[641] BGH NJW 1996, 838 = WuM 1996, 216 = ZMR 1996, 189.

[642] Zu den Ansprüchen des Vermieters bei einem sog. Untermieterexzess s *Burbulla* NZM 2013, 558.

[643] BGH MDR 1969, 128; OLG Hamburg WuM 1997, 223.

[644] BGH (V ZR 218/13) NZM 2014, 582 = WuM 2014, 347. Im Ergebnis ebenso OLG Hamburg WuM 1997, 223.

[645] Die Ausführungen in diesem Abschnitt geben – mit Ausnahme derjenigen zur Versorgungssperre – nur einen Überblick über die prozessuale Situation wieder; Einzelfragen müssen mit der zivilprozessualen Literatur geklärt werden.

1. Vermeidung einer Kündigung

112 Der Vermieter sollte sich überlegen, ob eine Kündigung überhaupt seinen Interessen entspricht. Wenn Hoffnung auf ein Nachfolgemietverhältnis besteht, dann kann eine Kündigung die Entstehung weiterer Ausfälle durch Zeitablauf verhindern. Wenn in einem ansonsten gedeihlichen Mietverhältnis nur Zahlungsstockungen bestehen, die mutmaßlich in absehbarer Zeit behoben werden, dann kann es klüger sein, den Vertrag bestehen zu lassen und sich mit dem Mieter über eine sinnvolle Begleichung der Rückstände zu einigen, da jeder Mieterwechsel Geld und Mühe kostet. Das setzt aber ein **Gespräch** zwischen den Vertragsparteien voraus, das der Vermieter suchen sollte, da die Lebenserfahrung zeigt, dass ein säumiger Schuldner hierzu selten von sich aus bereit oder in der Lage ist. Für große wie kleine Vermieter kann es sich unter dem Strich auszahlen, schon bei den ersten Anzeichen der Krise, spätestens aber, wenn eine Kündigung erwogen wird, eine professionelle **Schuldnerberatung** anzuregen oder gar (selbst oder durch externe Dienstleister) anzubieten. Selbst wenn ein Gespräch oder eine Schuldnerberatung erfolglos sind, ist ein Mieter in einer solchen Situation des Dialogs anstatt der Stigmatisierung vielfach eher geneigt, dem Räumungswunsch des Vermieters in angemessener Zeit nachzukommen als in einer Situation der Konfrontation, in der die Beteiligten meist nicht mehr miteinander sprechen (können) und nur schriftlich kommunizieren.

113 Kommt es zur Kündigung wegen Zahlungsverzuges, dann kann es bei Wohnraummietverhältnissen im Hinblick auf die Regelung des § 569 Abs. 3 Nr. 2 BGB im ureigenen Interesse des Vermieters sinnvoll sein, wenn er selbst sich bei den **Sozialbehörden** um eine Begleichung des Rückstandes bemüht oder dem Mieter hierbei hilft – und zwar schon vor einem Räumungsprozess, der zunächst einmal weiteres Geld kostet. Viele Mieter sind nämlich nicht oder nur unvollkommen in der Lage, ihre Geschäfte angemessen selbst zu erledigen. Im Räumungsprozess sind die Gerichte an sich zur Benachrichtigung der entsprechenden öffentlichen Stellen verpflichtet; das wird aber nicht immer beachtet oder von den Sozialbehörden angemessen verfolgt oder der Mieter reagiert auf eine danach erfolgende Anfrage der Behörde nicht oder nicht richtig.

2. Räumung ohne Rechtsstreit

114 Wenn absehbar ist, dass der (nicht zahlende) Mieter nicht freiwillig räumen wird, kann es aus wirtschaftlichen Überlegungen und aus ureigenem Interesse des Vermieters zur Begrenzung des Schadens[646], den er wahrscheinlich nicht ersetzt bekommen wird, sinnvoll sein, dem Mieter Anreize für einen möglichst frühzeitigen Auszug zu bieten. Ein solcher Anreiz kann einmal das Angebot auf Erlass (eines Teils) des Mietrückstandes sein. Da vielfach aber fadenscheinige Gründe für die Außenstände vorgebracht werden, dürfte ein solcher Erlass eher geringe Erfolgsaussichten bieten. Reizvoller ist für die meisten Menschen die Aussicht, direkt Geld in die Hand zu bekommen – etwa das Versprechen, am Auszugstag bei Übergabe der Schlüssel eine bestimmte Summe zu bekommen, die sich evtl. an den Kosten eines Umzugs orientiert **(Auszugsprämie).** Dieses Geld ist für den Vermieter zwar endgültig verloren (anders als die bis zum Auszug aufgelaufenen Rückstände); es kann sich aber unter dem Strich bei zügiger Neuvermietung rechnen, so vorzugehen – abgesehen von den psychischen Belastungen eines Rechtsstreits und einer sich anschließenden Räumung.

115 Der Vermieter darf sich den Besitz an der Mietsache nicht gegen den Willen des Mieters mit Gewalt oder auf sonstige Weise selbst verschaffen; das gilt selbst dann, wenn der Rückgabeanspruch unstreitig, anerkannt oder sogar rechtskräftig tituliert ist[647]. Darin läge eine **verbotene Eigenmacht** gem. § 858 BGB und zugleich eine **unerlaubte Selbsthilfe** gem. § 229 BGB[648], derer sich der Mieter im Wege der Selbsthilfe gem. § 859 BGB erwehren darf oder die er mit einstweiliger Verfügung trotz des Rückgabeanspruchs ohne weiteres rückgängig machen kann[649]. Hat der Ver-

[646] Mögliche Schadenspositionen sind: Keine Mieteinnahmen bei weiterlaufenden Kosten; Prozesskosten für den Räumungsrechtsstreit, die selbst dann beträchtlich sind, wenn der Mieter sich nicht verteidigt, also Versäumnisurteil ergeht; Räumungskosten für Gerichtsvollzieher und Spedition in Höhe von mehreren tausend Euro.

[647] *Rolfs* in Staudinger § 546 Rdn. 39. S. auch BGH NJW 2010, 3434 = WuM 2010, 578 Rdn. 9.

[648] BGH NJW 2010, 3434 = WuM 2010, 578.

[649] S. zur einstweiligen Verfügung bei Besitzschutzansprüchen *Joost* in MünchKomm § 862 Rdn. 15/16 sowie *Lehmann-Richter* NZM 2009, 178, der auch die Widerklagemöglichkeiten des Vermieters auf Räumung im einstweiligen Verfügungsverfahren erörtert und sie wegen § 940a ZPO bei der Wohnraummiete verneint, bei der Gewerberaummiete aber in besonderen Ausnahmefällen als Leistungsverfügung für zulässig hält (s. auch Rdn. 123). Zu den Rechten des Mieters aus anderen Anspruchsgrundlagen s. *Bosch* NZM 2009, 531.

mieter die Mietsache allerdings bereits einem Nachmieter überlassen, ist eine einstweilige Verfügung gegen den Vermieter aussichtslos und gegen den Nachmieter nur dann erfolgreich, wenn dieser bei Besitzüberlassung bösgläubig war[650]. Der Vermieter kann sich durch eine verbotene Eigenmacht erheblich schadensersatzpflichtig gem. §§ 823 Abs. 1, 823 Abs. 2, 858, 231 BGB machen[651]; die Haftung gem. § 231 BGB wegen eines vermeintlichen Selbsthilferechts besteht dabei verschuldensunabhängig auch hinsichtlich der Voraussetzungen und des Umfangs des Selbsthilferechts[652]. Einen **Nutzungsschaden des Mieters,** der in der Beeinträchtigung der Möglichkeit liegt, die Sache zu gebrauchen, hat der Vermieter aber nicht zu ersetzen, wenn der Mieter kein Recht zum Besitz hatte; die Rückgängigmachung der Besitzstörung verschafft nämlich nicht ein Recht zum Besitz[653]. Die zwangsweise Durchsetzung des Rückgabeanspruchs ist den staatlichen Vollstreckungsorganen vorbehalten[654]. Das gilt auch dann, wenn der Vermieter sich (individuell oder in AGB) ein **vertragliches Selbsthilferecht** zur Wiedererlangung der Mietsache hat einräumen lassen[655], wenn der Mietvertrag gekündigt[656] oder wenn der Aufenthalt des Mieters unbekannt ist[657]. In letzterem Fall ist eine Titelerlangung schon deshalb nicht unmöglich, weil eine Klage auch öffentlich zugestellt werden[658], ebenso eine Kündigungserklärung (§ 132 Abs. 2 BGB). Zu den Möglichkeiten des Vermieters, wenn der Erbe des verstorbenen Mieters unbekannt ist, s. bei § 564 Rdn. 12. Der Vermieter darf allerdings dann Besitz von der Mietsache ergreifen, wenn der Mieter ihn erkennbar aufgegeben hat[659]. Zu den **Obhutspflichten** an vorgefundenen bzw. zurückgelassenen Gegenständen, den Inventarisierungspflichten des Vermieters sowie zu Art und Umfang der möglichen **Schadensersatzpflichten** s. Rdn. 59.

3. Versorgungssperre

Der Vermieter darf **bei beendetem Mietvertrag** grundsätzlich Druck auf den Mieter zur Erfüllung der Räumungspflicht dadurch ausüben, dass er die Versorgungsleistungen einstellt, die er selbst erbringt bzw. durch von ihm beauftragte Versorgungsunternehmen[660] erbringen lässt. Wenn der Mietvertrag beendet ist, besteht **keine vertragliche Gebrauchsgewährungspflicht** mehr[661]. Damit entfällt die Verpflichtung, die Mieträume mit Strom, Wasser und Heizung zu versorgen[662]. Daran können aber ausnahmsweise nachwirkende Pflichten des Vermieters etwas ändern. Solche Pflichten bestehen etwa als Verkehrssicherungspflichten jedermann und damit auch dem Mieter gegenüber oder als nachvertragliche Pflichten (im Rahmen des gesetzlichen Rückgewährschuldver- **116**

---

650 Einzelheiten bei *Lehmann-Richter* NZM 2009, 179/180.

651 Seher instruktiv BGH NJW 2010, 3434 = WuM 2010, 578; BGH NJW 1977, 1818; BGH NJW 1981, 865; *Rolfs* in Staudinger § 546 Rdn. 39 und 88. Einzelheiten bei *Lehmann-Richter* NZM 2009, 180 und *Bosch* NZM 2009, 533.

652 BGH NJW 2010, 3434 = WuM 2010, 578 Rdn. 9/10.

653 BGH NJW 1991, 2420; BGH NJW 1981, 865; BGH NJW 1979, 1358; *Wolf/Eckert/Ball* Rdn. 1091. Weitere Einzelheiten *Lehmann-Richter* NZM 2009, 180 und *Bosch* NZM 2009, 533, letzterer auch zu Schmerzensgeldansprüchen und Ansprüchen wegen Verletzung des Persönlichkeitsrechts.

654 BGH NJW 2010, 3434 = WuM 2010, 578.

655 BGH NJW 1977, 1818. Entsprechende Vereinbarungen sind wegen Verstoßes gegen die zwingende gesetzliche Wertung in §§ 229, 858 BGB gem. § 307 BGB unwirksam oder gem. § 138 BGB nichtig (LG Duisburg ZMR 2012, 550; OLG Hamm NJW-RR 1992, 502 = ZMR 1992, 152 (für das Leasingrecht); *Wolf/Eckert/Ball* Rdn. 1088).

656 BGH NJW 2010, 3434 = WuM 2010, 578.

657 BGH NJW 2010, 3434 = WuM 2010, 578.

658 BGH NJW 2010, 3434 = WuM 2010, 578. Allgemein zu den Anforderungen an die Ermittlungspflicht, bevor ein unbekannter Aufenthaltsort angenommen werden darf, s. BGH (XII ZR 94/10) WuM 2012, 630.

659 BGH NJW 2010, 3434 = WuM 2010, 578.

660 S. zu deren Versorgungssperre *Blank* WImmoT 2012, 168; *Streyl* DWW 2009, 88.

661 BGH NJW 2009, 1947 = WuM 2009, 469 = ZMR 2010, 263. Das AG Miesbach WuM 1988, 57 folgert aus dem in § 546a BGB geregelten Nutzungsentschädigungsanspruch des Vermieters, dieser müsse eben wegen der Entschädigung für eine Versorgung der Wohnung sorgen. Dem kann nicht gefolgt werden. Die Vorschrift erlegt dem Vermieter keinerlei Pflichten auf, sie soll ihn vielmehr schützen: Wenn er die Wohnung entsprechend dem beendeten Mietvertrag zur Verfügung stellt, erhält er die vereinbarte Miete; wenn er den Gebrauch nur eingeschränkt gewährt, fällt sein Entschädigungsanspruch geringer aus.

662 So auch LG Münster WuM 2007, 274; LG Berlin GE 2007, 150. Kritisch *Blank* WImmoT 2012, 167, der meint, mit dem Vertragsende entstehe ein Abwicklungsverhältnis und kein rechtsfreier Raum; s. hierzu bei § 546a Rdn. 11. S. außerdem umfassend *Bross,* Die Zulässigkeit von Versorgungssperren wegen Zahlungsrückständen gegenüber Mietern, Diss. Bremen 2010, S. 118ff.

hältnisses), die aber ihre Grenze in der Zumutbarkeit für den Vermieter haben[663]. **Bei unbeendetem Vertrag** ist die Lage anders. Hier geht es nicht um ausnahmsweise nachwirkende Pflichten, sondern darum, ob der Vermieter an der bestehenden Pflicht zur Versorgung ein Zurückbehaltungsrecht gem. § 273 BGB ausüben kann. Das ist entgegen der wohl h. M. im Ansatz zu bejahen, wenn ein kündigungsrelevanter Rückstand besteht[664]; allerdings ist auch hier – wie für den beendeten Vertrag nachfolgend geschildert – eine Abwägung mit gegenläufigen Interessen des Mieters vorzunehmen und die Sperre anzukündigen. Zur **Durchsetzung** einer Versorgungssperre der benötigt der Vermieter einen Titel, soweit er hierzu in das Besitzrecht des Mieters[665] eingreifen muss. Soweit das nicht notwendig ist, kann der Vermieter auch ohne Titel handeln, also etwa die (in seinem Besitz stehenden) Leitungen kappen bzw. Ventile zudrehen oder das Versorgungsunternehmen zu entsprechenden Maßnahmen veranlassen. Für den vermietenden **Wohnungseigentümer,** der die Versorgung seines Mieters einstellen will, gelten im Grundsatz keine Besonderheiten; im Verhältnis zur Gemeinschaft (nicht zum Mieter) muss er allerdings zum Eingriff in die Versorgungseinrichtungen berechtigt sein. Sperrt die Gemeinschaft die Versorgung der Wohnung des vermietenden Eigentümers etwa wegen Wohngeldrückständen[666], dann hat der Mieter das genauso hinzunehmen wie die Sperre eines Versorgungsunternehmens gegenüber dem Vermieter[667]. Der Mieter ist gem. § 1004 BGB auch zur Duldung des Vollzuges einer solchen Sperre der Gemeinschaft in seinen Mieträumlichkeiten verpflichtet; hierzu benötigt die Gemeinschaft allerdings einen Titel gegen den Mieter[668].

117 Die Grenzen der nachvertraglichen Pflichten bei beendetem Vertrag sind im Einzelfall durch **Abwägung** der beiderseitigen Interessen gem. § 241 Abs. 2 BGB zu bestimmen[669]: Es ist – ausgehend vom Ende der Gebrauchsgewährungspflicht – zu prüfen, ob es *ausnahmsweise* Interessen des Mieters gibt, die den Vermieter zeitweise zur Aufrechterhaltung der Versorgung verpflichten. Von diesem Regel-Ausnahme-Verhältnis geht offenbar auch der BGH aus, wenn er ausführt, die nachvertragliche Versorgungspflicht bestehe nur „im Einzelfall"[670]. Als Ausfluss von § 241 Abs. 2 BGB steht die Versorgungspflicht unter dem Vorbehalt der Zumutbarkeit für den Vermieter. Von diesem Ausgangspunkt ist zu fragen, ob es nicht ausnahmsweise Interessen des Mieters gibt, die eine Weiterversorgung geboten erscheinen lassen. Wenn man[671] nur auf das Interesse des Mieters an der Versorgung und das Interesse des Vermieters an der Bezahlung dieser Leistung abstellen würde, dann verkürzte man die Belange des Vermieters auf den Erhalt relativ geringer monatlicher Geldbeträge, während das Gebrauchsinteresse des Mieters faktisch umfassend berücksichtigt würde, weil es un-

---

[663] BGH NJW 2009, 1947 = WuM 2009, 469 = ZMR 2010, 263. S. näher bei § 546a Rdn. 10/11.

[664] Die Frage kann im Rahmen dieser Kommentierung der Rückgabepflichten nach Vertragsbeendigung nicht näher behandelt werden. Es sei nur kursorisch erläutert, dass einem Vermieter, der kündigen und dann die Versorgung einstellen könnte, auch das mildere Mittel des Zurückbehaltungsrechts zustehen muss; außerdem werden bei dieser Sicht Wertungswidersprüche zum Wohnungseigentumsrecht vermieden, wo die Gemeinschaft bei Wohngeldrückständen die Versorgung auch sperren kann, ohne dass der Wohnungseigentümer aus der Gemeinschaft ausgeschlossen wurde (BGH [V ZR 235/04] NZM 2005, 626). S. näher *Streyl* DWW 2009, 82 (der besitzrechtliche Teil der Ausführungen ist allerdings durch das kurz später ergangene Urteil BGH NJW 2009, 1947 = WuM 2009, 469 = ZMR 2010, 263 jedenfalls für die Praxis als überholt anzusehen, weil er von einem anderen, weiteren, auch den Gebrauch umfassenden Besitzbegriff ausgeht. S. außerdem § 535 Rdn. 110, *Scheidacker* NZM 2010, 105; *Blank* WImmoT 2012, 163 sowie umfassend *Bross,* Die Zulässigkeit von Versorgungsperren wegen Zahlungsrückständen gegenüber Mietern, Diss. Bremen 2010, S. 99ff., 115.

[665] Zum Umfang des Besitzrechts hinsichtlich der Versorgung s. BGH NJW 2009, 1947 = WuM 2009, 469 = ZMR 2010, 263; *Lehmann-Richter* ZMR 2014, 188; *Blank* WImmoT 2012, 174; *Bross,* Die Zulässigkeit von Versorgungsperren wegen Zahlungsrückständen gegenüber Mietern, Diss. Bremen 2010, S. 90ff. Zur Notwendigkeit eines Titels s. BGH (V ZR 235/04) NZM 2005, 626, zu dessen Voraussetzungen *Leroy,* Mietnomaden – Möglichkeiten der Prävention und Reaktion, Diss. Köln 2012, S. 201ff.

[666] S. dazu BGH (V ZR 235/04) NZM 2005, 626.

[667] S. zu beiden Konstellationen eingehend *Streyl* DWW 2009, 88ff.; *Blank* WImmoT 2012, 171; außerdem BGH NJW 2009, 1947 = WuM 2009, 469 = ZMR 2010, 263 Rdn. 34/35.

[668] Streitig, s. *Streyl* DWW 2009, 90.

[669] Ähnlich BGH NJW 2009, 1947 = WuM 2009, 469 = ZMR 2010, 263 Rdn. 16, der sich aber auf § 242 BGB stützt; *Bross,* Die Zulässigkeit von Versorgungsperren wegen Zahlungsrückständen gegenüber Mietern, Diss. Bremen 2010, S. 125, die die Abwägung im Rahmen des § 273 BGB vornimmt; *Scheuer/Emmerich* in Bub/Treier V. Rdn. 51.

[670] BGH NJW 2009, 1947 = WuM 2009, 469 = ZMR 2010, 263 Rdn. 16.

[671] So KG NZM 2011, 778/779 = WuM 2011, 519 = ZMR 2011, 858; *Leroy,* Mietnomaden – Möglichkeiten der Prävention und Reaktion, Diss. Köln 2012, S. 150. Ablehnend zu dieser Entscheidung mit eingehender Begründung *Streyl* NZM 2011, 765.

mittelbar mit dem Versorgungsinteresse zusammenhängt. Nach einer Kündigung wegen Zahlungsverzugs ist es für den Vermieter im Ansatz unzumutbar, die Versorgung auf eigene Kosten sicherzustellen, wenn der Mieter hierfür keine Gegenleistung erbringt, wenn im Gegenteil – neben möglicherweise schon bestehenden Forderungen – noch weitere Forderungen durch die nur im Mieterinteresse liegende Versorgung entstehen[672]. Anders ist es in den Fällen, in denen nicht Zahlungsverzug der Beendigungsgrund war, der Mieter unverschuldet nicht pünktlich zurückgeben konnte und er die laufende Miete bzw. Nutzungsentschädigung bezahlt. Hier dürfte der Vermieter gehalten sein, die Versorgung aufrecht zu erhalten, da ihm ein finanzieller Schaden meist nicht entsteht[673]. Hat der Vermieter hingegen das Mietobjekt schon weitervermietet und droht ihm Regress seitens des neuen Mieters, so ist dies in die Abwägung der beiderseitigen Interessen einzubeziehen; ähnlich ist es bei einer beabsichtigten Selbstnutzung oder einer Überlassung an Angehörige[674]. Allein diese Konstellation macht deutlich, dass die Fortsetzung oder Wiederaufnahme von Mietzahlungen (bzw. Nutzungsentschädigung) nicht in jedem Fall eine Versorgungssperre ausschließt, aber jedenfalls ein gewichtiger Umstand zu Gunsten des Mieters ist. Die bloße Erstattung der Betriebskosten in Form der Vorauszahlungen dürfte aber regelmäßig nicht ausreichen[675]. Zwar vergrößert sich der Schaden hinsichtlich der vom Vermieter verauslagten Betriebskosten nicht mehr, wohl aber der Schaden durch die Vorenthaltung der Nutzung. Letztlich sind jedoch immer die Einzelfallumstände entscheidend. Zu Gunsten des Mieters kann bei dieser Abwägung bedeutsam sein, ob er durch die Sperre seinerseits einen besonders hohen Schaden (etwa bei der Betriebsführung) erleidet oder ob Gesundheitsgefahren zu befürchten sind, denen der Mieter nicht anderweitig begegnen kann[676].

Das Vorgesagte gilt im Grundsatz auch bei **Wohnraummietverhältnissen**[677]. Die Schonfrist- **118**
regelung des § 569 Abs. 3 BGB steht dem nicht entscheidend entgegen[678]. Zwar kann der Mieter auf Grund dieser Regelung die Beendigung des Mietverhältnisses rückgängig machen; die Versorgung hingegen ist nicht nachholbar, der Vermieter hätte mehr an Miete erhalten als ihm nach der erbrachten Gegenleistung zusteht. Bei fixen Leistungsterminen ist die fehlende Möglichkeit der Leistungsnachholung aber eine notwendige Folge der Ausübung eines Leistungsverweigerungsrechts (als solches stellt sich die Versorgungssperre auf Grund der Rückwirkungsfiktion des § 569 Abs. 3 BGB dar). Im Dienstvertragsrecht, das wie ein Mietvertrag als Dauerschuldverhältnis ausgestaltet sein kann, ist das anerkannt für den Fall, dass der Arbeitnehmer die Arbeitsleistung verweigerte, weil der Lohn nicht bezahlt wurde oder weil zwingende Arbeitsschutzvorschriften nicht eingehalten wurden. Ebenso kann in dem umgekehrten Fall der grundlosen Arbeitsverweigerung der Dienstberechtigte den Lohn zurückhalten. In beiden Konstellationen richten sich die Folgen der Unmöglichkeit der Leistungsnachholung nach allgemeinem Schuldrecht, nämlich §§ 275, 326 BGB[679]. Da im Mietrecht nach Überlassung der Mietsache das allgemeine Leistungsstörungsrecht durch die Gewährleistungsregeln der §§ 536 ff. BGB verdrängt wird[680], ist auf diese Regelungen abzustellen. Bei berechtigter Versorgungssperre hätte danach der Mieter den Mangel selbst verschuldet und kann Gewährleistungsrechte daraus nicht herleiten, also nicht mindern[681]. Bei der einzelfallbezogenen Abwägung, ob eine Versorgungssperre zulässig ist, ist aber zu beachten, dass ein Wohnraummieter – anders als ein Gewerberaummieter – meist zwingend auf die Nutzung der Räumlichkeiten angewiesen ist, weil sie seinen Lebensmittelpunkt und ggf. den seiner Mitbewohner darstellen[682]. Insofern können grundrechtlich geschützte Rechtsgüter stärker betroffen sein als

---

672 BGH NJW 2009, 1947 = WuM 2009, 469 = ZMR 2010, 263; *Scheidacker* NZM 2010, 105.
673 AG Berlin-Schöneberg NZM 2011, 72; AG Wetzlar WuM 2015, 151; KG GE 2015, 379.
674 AG Berlin-Schöneberg NZM 2011, 72.
675 **A. A.** AG Berlin-Schöneberg NZM 2011, 72; LG Frankfurt, Urteil vom 26.1.2011 (Az. 2-18 O 608/10), InfoM 2011, 65.
676 BGH NJW 2009, 1947 = WuM 2009, 469 = ZMR 2010, 263.
677 So auch *Lehmann-Richter* PiG 90 (2011) 208; *Bross,* Die Zulässigkeit von Versorgungssperren wegen Zahlungsrückständen gegenüber Mietern, Diss. Bremen 2010, S. 110; AG Berlin-Schöneberg NZM 2011, 72; AG Hohenschönhausen GE 2007, 1127.
678 **A. A.** *Mummenhoff* WuM 2009, 437.
679 *Emmerich* in MünchKomm (7. Aufl.), § 320 Rdn. 11/12.
680 S. bei § 536 Rdn. 532.
681 S. zu einem vom Mieter verschuldeten Mangel bei § 536 Rdn. 627.
682 In diesem Sinn dürfte BGH NJW 2009, 1947 = WuM 2009, 469 = ZMR 2010, 263 zu verstehen sein, wenn dort ausgeführt wird, nachvertragliche Pflichten könnten sich auch aus der Eigenart des beendeten Mietvertrages ergeben und in diesem Zusammenhang die Wohnraummiete erwähnt wird.

bei anderen Mietverhältnissen. Auf der anderen Seite sind aber die finanziellen Belange des Vermieters zu beachten, der nicht in die Lage gedrängt werden darf, durch seine „Opfer" einen Teil der staatlichen Daseinsvorsorge übernehmen zu müssen.

119 Solange eine gerichtlich gem. § 721 ZPO gewährte **Räumungsfrist** läuft oder Vollstreckungsschutz gem. § 765a ZPO gewährt wurde, ist die Versorgung aufrecht zu erhalten[683]. Dasselbe gilt während der Schwebezeit (bis zu einer Einigung oder einem Urteil) nach wirksamem Widerspruch gem. der Sozialklausel des § 574 BGB[684]. Nach diesen Regelungen entsteht quasi ein gesetzliches Nutzungsrecht und der Mieter muss deshalb genau so gestellt werden wie bei einem Mietvertrag. Wenn allerdings dann hinsichtlich der Nutzungsentschädigung ein erheblicher Zahlungsrückstand entsteht, wird eine Versorgung nicht mehr geschuldet[685]; das allerdings nur dann, wenn die Räumungsfrist gem. § 721 Abs. 3 ZPO auf Antrag des Vermieters verkürzt wurde[686], weil der Vermieter ansonsten in das hoheitlich gewährte Nutzungsrecht eingreifen würde. Weil die Pflicht des Vermieters zur Aufrechterhaltung der Versorgung ihren Grund in einem gerichtlichen Hoheitsakt hat, entsteht sie nicht schon dann, wenn der Mieter einen Räumungsschutzantrag gestellt hat[687]; bis zur Entscheidung über den Antrag gelten vielmehr die oben dargestellten Grundsätze. Wenn nicht das Gericht Räumungsschutz bewilligt, sondern der Vermieter selbst dem Mieter eine Räumungsfrist einräumt, darf er während dieser Frist die Versorgung ebenfalls nicht sperren[688]; das wäre ein Verstoß das in § 242 BGB gründenden Verbots des venire contra factum proprium (Zuwiderhandlung gegen das eigene frühere Verhalten).

120 Die nachwirkende Treuepflicht und die Bedeutung der Versorgung sowohl bei Wohnungen wie bei Gewerberäumen gebietet es in jedem Fall, das Einstellen der Versorgung **mit kurzer Frist anzukündigen,** um dem Mieter Gelegenheit zu geben, Schäden an seinem Eigentum (etwa durch unterbliebene Kühlung etc.) zu verhindern oder um einstweiligen Rechtsschutz zu erlangen[689]. Eine Frist von zwei Wochen wie in §§ 33 Abs. 2 AVBFernwärmeV und AVBWasserV erscheint angemessen und ausreichend[690].

121 **Besitzschutzansprüche** gem. §§ 862, 858 BGB stehen – entgegen der früher wohl h. M.[691] – einer Versorgungssperre nach Mietvertragsende nicht entgegen, da eine Versorgungssperre des Vermieters nach Ansicht des BGH keine **verbotene Eigenmacht** i. S. v. § 858 BGB darstellt[692]. Die zur Nutzung einer Mietsache erforderlichen Energielieferungen sind – so der BGH – kein Bestandteil des Besitzes und daher nicht Gegenstand des Besitzschutzes, der nur Abwehrrechte gewährt, aber keine Leistungsansprüche[693]. Eine verbotene Eigenmacht liegt auch dann nicht vor, wenn der Vermieter in die Versorgungsbeziehung des Mieters mit Dritten eingreift (Direktbezug vom Versorgungsunternehmen); ein ggf. bestehender Teilbesitz des Mieters an den Versorgungsleitungen[694] wird durch die Unterbrechung nicht gestört, sondern – ähnlich wie bei einer Versorgung durch

---

683 BGH NJW 2009, 1947 = WuM 2009, 469 = ZMR 2010, 263.

684 *Lehmann-Richter* ZMR 2014, 189. S. auch § 546a Rdn. 16.

685 So wohl auch BGH NJW 2009, 1947 = WuM 2009, 469 = ZMR 2010, 263. Erheblich dürfte ein Zahlungsrückstand sein, wenn er bei bestehenden Mietverhältnis zur Kündigung berechtigen würde; s. näher bei *Streyl* DWW 2009, 84.

686 S. dazu bei § 721 ZPO Rdn. 59.

687 **A. A.** AG Berlin-Schöneberg NZM 2011, 72.

688 LG Frankfurt, Urteil vom 26.1.2011 (Az. 2–18 O 608/10), InfoM 2011, 65.

689 So auch BGH NJW 2009, 1947 = WuM 2009, 469 = ZMR 2010, 263; *Streyl* DWW 2009, 85.

690 *Streyl* DWW 2009, 85 *Bross,* Die Zulässigkeit von Versorgungssperren wegen Zahlungsrückständen gegenüber Mietern, Diss. Bremen 2010, S. 124. *Häublein* in MünchKomm § 535 Rdn. 81 hält zwei Monate für angemessen.

691 Nachweise bei BGH NJW 2009, 1947 = WuM 2009, 469 = ZMR 2010, 263.

692 BGH NJW 2009, 1947 = WuM 2009, 469 = ZMR 2010, 263; *Bross,* Die Zulässigkeit von Versorgungsperren wegen Zahlungsrückständen gegenüber Mietern, Diss. Bremen 2010, S. 90ff. Im Ergebnis ebenso, aber mit einem anderen dogmatischen Lösungsansatz *Streyl* DWW 2009, 82; ebenso wohl *Wiek* GuT 2009, 191 in einer Besprechung der BGH-Entscheidung.

693 Eingehend BGH NJW 2009, 1947 = WuM 2009, 469 = ZMR 2010, 263. Ebenso OLG Karlsruhe MDR 2014, 708. Kritisch wegen eines anderen, weiteren, auch das Nutzungsinteresse umfassenden Besitzbegriffs *Blank* WImmoT 2012, 164; *Streyl* DWW 2009, 87 sowie *Joost* in MünchKomm (6. Aufl.) § 858 Rdn. 6 (ähnlich für die absoluten Nutzungsrechte des § 823 Abs. 1 BGB *Picker* NJW 2015, 2305). S. auch die umfassende Darstellung bei *Leroy,* Mietnomaden – Möglichkeiten der Prävention und Reaktion, Diss. Köln 2012, S. 175ff.

694 S. dazu *Lehmann-Richter* ZMR 2014, 189 unter Anwendung der in BGH (V ZR 119/11) entwickelten Kriterien.

den Vermieter – nur die besitzrechtlich nicht geschützten Leistungsansprüche des Mieters[695]. Anders wäre es aber etwa in dem Fall, dass der Vermieter dem Lieferanten der Kohle für den Ofen des Mieters den Zutritt verwehrt.

Sperrt der Vermieter die Versorgung, obwohl er es nicht darf, so kann sich der Mieter hiergegen mit einer **einstweiligen Verfügung** in Form der Regelungsverfügung gem. § 940 ZPO wehren. Das setzt einen Verfügungsanpruch und einen Verfügungsgrund voraus. Der Verfügungsanspruch ist der Anspruch auf Versorgung und folgt regelmäßig aus den mietvertraglichen Vereinbarungen. Die Beendigung des Vertrages (bzw. bei bestehendem Vertrag die Voraussetzungen eines Zurückbehaltungsrechts) hat nach den allgemeinen Grundsätzen der Vermieter **darzulegen und zu beweisen.** Kann er dies, steht damit auch im Ansatz fest, dass die Versorgungspflicht entfallen ist, und der Mieter muss darlegen und beweisen, warum er ausnahmsweise gem. § 242 BGB einen Anspruch auf Weiterversorgung hat. Außerdem hat der Mieter die Voraussetzungen des Verfügungsgrundes darzulegen und zu beweisen, also warum eine Entscheidung im einstweiligen Rechtsschutz notwendig ist. Der Verfügungsgrund wird sich aber meist schon aus denselben Gründen ergeben, aus denen ausnahmsweise der Weiterversorgungsanspruch folgt. Oftmals besteht aber Streit über die wirksame Beendigung des Vertrages oder den Zeitpunkt der Beendigung. Im Zweifel müsste dann im einstweiligen Verfügungsverfahren geklärt werden, ob der Vertrag beendet ist oder nicht bzw. ob dem Vermieter ein Zurückbehaltungsrecht zusteht oder nicht. Das wird mit den kurzfristig zur Verfügung stehenden Beweismitteln oftmals nicht annähernd zuverlässig möglich sein. Gerade wenn es um die Behauptung von Mängeln, insbesondere Feuchtigkeitsmängeln, geht, ist i. d. R. die Erhebung eines Sachverständigenbeweises notwendig. Die unzulänglichen Aufklärungsmöglichkeiten im einstweiligen Verfügungsverfahren gehen nach dem eingangs Gesagten zu Lasten des für die Vertragsbeendigung beweispflichtigen Vermieters, so dass bei (im Hinblick auf die zu Grunde zu legenden Tatsachen) streitiger Vertragsbeendigung von einem Fortbestehen des Mietvertrages und damit von einem Verfügungsanspruch auszugehen ist. Dann ist eine Regelungsverfügung in Form einer Leistungsverfügung möglich, wenn der Gläubiger (also der Mieter) dringend auf die sofortige Erfüllung (die Versorgung mit Strom, Wasser, Heizung) angewiesen ist[696]. Ein **dringender Bedarf des Mieters** an Versorgungsleistungen dürfte meist gegeben sein – es sei denn, der Mieter kann sich die Leistungen durch eigene Verträge mit den Versorgungsunternehmen selbst verschaffen. Wenn ein dringender Bedarf besteht, ist die einstweilige Verfügung zu erlassen. Ist der Vertrag offensichtlich oder unstreitig beendet, weil der Mieter sich gar nicht oder nur unerheblich verteidigt, besteht ein Verfügungsanspruch nur, wenn der Vermieter nach § 242 BGB ausnahmsweise zur Weiterversorgung verpflichtet ist; dann dürfte gleichzeitig auch ein Verfügungsgrund bestehen. Dem Mieter sollte einstweiliger Rechtsschutz aber nur unter der Auflage gewährt werden, dass er eine Nutzungsentschädigung gem. § 546a BGB an den Vermieter leistet – regelmäßig (s. Rdn. 117) in Höhe der vereinbarten Miete (sofern darüber nicht berechtigter Streit besteht), mindestens aber in Höhe der vereinbarten Betriebskostenvorauszahlung. Abgesehen davon ist aber vor einem allzu leichtfertigen Umgang mit einer Versorgungssperre zu warnen. Wird sie zu Unrecht vorgenommen, können erhebliche Schadensersatzansprüche drohen. Der Mieter kann ggf. die (Mehr-)Kosten für auswärtiges Baden, Restaurantbesuche, Hotelkosten etc. verlangen, bei der Gewerberaummiete auch entgangenen Gewinn[697]. 122

4. Einstweilige Verfügung auf Räumung

S. zu den Möglichkeiten, einen Räumungstitel im Wege der einstweiligen Verfügung zu erreichen, bei der Kommentierung zu § 940a ZPO. 123

5. Notarieller Räumungstitel

Bei Wohnraummietverhältnissen ist eine notarielle Räumungsverpflichtungserklärung gesetzlich verboten (§ 794 Abs. 1 Nr. 5 ZPO). Bei Gewerberaummietverhältnisses ist sie grundsätzlich zulässig[698], als AGB-Klausel dürfte sie aber wegen des Verbots der unangemessenen Benachteiligung 124

---

695 *Lehmann-Richter* ZMR 2014, 190. **A. A.** KG NZM 2010, 321; LG Berlin GE 2007, 150 sowie *Streyl* DWW 2009, 88 m. w. N., letzterer allerdings auf Grundlage eines anderen, weiteren, auch den Gebrauch umfassenden Besitzbegriffs.

696 *Vollkommer* in Zöller § 940 Rdn. 6.

697 S. dazu auch *Herrlein*, NZM 2006, 528.

698 S. zur rechtstechnischen Ausgestaltung einer solchen Verpflichtung *Groh* NZM 1999, 698.

gem. § 307 BGB unzulässig sein, wenn sie im Mietvertrag, also vor Entstehen eines Streits über die Räumung, geregelt werden soll; auch Klauseln in Notarverträgen können Allgemeine Geschäftsbedingungen sein. Abgesehen davon verursacht eine solche Notarurkunde erhebliche Kosten; da sie statistisch in der Mehrzahl der Fälle unnötig sein wird, leidet die Rentabilität des Vertrages hierunter ggf. erheblich. Außerdem steht dem Mieter das Rechtsmittel der Vollstreckungsgegenklage gem. § 767 ZPO zu, was bei Erhebung von schlüssigen Einwendungen regelmäßig auch zu einer Einstellung der Zwangsvollstreckung – allerdings nur gegen Sicherheitsleistung – führen dürfte.

6. Räumungsklage

125 Will oder muss der Vermieter seinen Rückgabeanspruch zwangsweise durchsetzen, muss er auf Rückgabe (Räumung) klagen. Der so erwirkte Titel wird durch den Gerichtsvollzieher vollstreckt. Beantragt der Vermieter – wie üblich – nur Herausgabe und Räumung, so beinhaltet das die Besitzeinweisung und Leeräumung, nicht aber Rückbau und Schadensbeseitigung[699]. Diese Ansprüche können auch noch nach der Räumung geltend gemacht werden[700]. Der Vermieter muss nicht sofort nach Vertragsbeendigung auf Räumung klagen oder aus einem Titel vorgehen, auch ein längeres Zuwarten führt grundsätzlich nicht zur Verwirkung des Rückgabeanspruchs; möglich ist unter Umständen aber der konkludente Neuabschluss eines Mietvertrages (s. Rdn. 80). Zur prozessualen Situation bei **Veräußerung des Grundstücks** bzw. **Zwangsverwaltung** während oder nach einem Rechtsstreit s. bei § 566 Rdn. 156.

126 **a) Prozessführung.** Der Vermieter sollte sorgfältig überlegen, ob er eine Räumungsklage mit der Geltendmachung weiterer Ansprüche (Mietzins, Nebenkostensaldo, Schadensersatz wegen unterlassener Schönheitsreparaturen) verbindet. Er erhält nämlich erst dann ein Räumungsurteil, wenn der gesamte Rechtsstreit entscheidungsreif ist. Der Erlass eines **Teilurteils** gem. § 301 ZPO kommt regelmäßig nicht in Betracht, da Voraussetzung hierfür die Widerspruchsfreiheit zwischen Teilurteil und späterem Schlussurteil ist[701], diese Widerspruchsfreiheit aber selten garantiert ist, weil die Kündigung meist auf dieselben Zahlungsrückstände gestützt wird, die auch Gegenstand der Zahlungsklage sind[702]. Will der Vermieter sich allerdings den Antrag auf Erlass einer Sicherungsanordnung gem. § 283a ZPO und, darauf aufbauend, einer Räumungsverfügung gem. § 940a Abs. 3 ZPO vorbehalten, muss er die Räumungsklage jedenfalls mit einer Klage auf solche Zahlungsansprüche verbinden, die nach Rechtshängigkeit fällig geworden sind (s. näher bei der Kommentierung zu § 283a ZPO). Ansonsten gibt es für einen Vermieter kaum Mittel zur **Beschleunigung eines Prozesses.** Allenfalls kann er mit der Klage sofort den notwendigen Kostenvorschuss einzahlen anstatt dessen Anforderung abzuwarten. Das kann eine Zeitersparnis von 4 bis 6 Wochen (1½ Monatsmieten) bedeuten. Jeder neue Sachvortrag kostet Zeit, da dem Gegner rechtliches Gehör gewährt werden muss. Eine gute Prozessvorbereitung und ein sofortiger vollständiger Sachvortrag sind deshalb unter Beschleunigungsgesichtspunkten zu empfehlen. Eine Beschleunigung durch Erhebung der Klage im **Urkundsprozess** ist nicht möglich, da Räumungsansprüche wegen § 592 ZPO von dieser besonderen Prozessart, die im wesentlichen Zahlungsansprüche zum Gegenstand haben kann, ausgeschlossen sind[703].

127 **b) Antrag.** Der Klageantrag richtet sich nach dem Rechtsschutzziel (den Ansprüchen), das der Vermieter verfolgen will. Geht es bei beweglichen Sachen nur um Besitzverschaffung, dann ist die Herausgabe der möglichst genau bezeichneten Sache zu beantragen; sie ist grundsätzlich so zu individualisieren, dass sie in der Herausgabevollstreckung gem. § 883 ZPO aufgefunden werden kann. Um Räume oder Grundstücke zurückzuerlangen, wird üblicherweise **Herausgabe und Räumung** begehrt. Die Räumungsvollstreckung erfolgt – wenn nicht nur ein auf Besitzverschaffung gerichteter, beschränkter Vollstreckungsauftrag gem. § 885a ZPO erteilt wird – gem. § 885 Abs. 1 und 2 ZPO dadurch, dass der Gerichtsvollzieher den Schuldner (Mieter) außer Besitz setzt, den Gläubiger (Vermieter) in den Besitz einweist und die Gegenstände des Schuldners wegschafft. Diese Beschränkung auf Besitzeinweisung und Wegschaffung zeigt, dass andere Rückgabepflichten, die über die Räumung und ihre üblichen Modalitäten hinausgehen, nicht von der Urteilswirkung

---

699 *Derleder* WuM 2006, 177.
700 *Derleder* WuM 2006, 177.
701 S. näher zu diesem Kriterium *Greger* in Zöller § 301 Rdn. 7.
702 Instruktiv hierzu BGH NZM 2008, 280 = WuM 2008, 156.
703 *Sommer/Wichert* ZMR 2009, 503, dort auch allgemein zu den Möglichkeiten, im Urkundsprozess Miete und Nutzungsentschädigung einzuklagen.

(und damit nicht von der Rechtskraft) eines derart beschränkten Räumungstitels erfasst sind, sondern gesondert zu beantragen, auszuurteilen und dann nach §§ 887, 888 ZPO zu vollstrecken sind[704]. Das gilt insbesondere für **Rückbau- und sonstige Beseitigungspflichten**[705].

c) Zulässigkeit. Die sachliche Zuständigkeit für eine Räumungsklage richtet sich nach §§ 23, 71 GVG; gem. § 23 Nr. 2a GVG sind für Streitigkeiten aus Wohnraummietverhältnissen die Amtsgerichte ausschließlich zuständig. Die Räumungs- bzw. Herausgabeklage gegen einen Dritten gem. § 546 Abs. 2 BGB ist vor dem Gericht zu erheben, vor dem gegen den Mieter geklagt werden muss und zwar unabhängig davon, wie der Dritte das Objekt tatsächlich nutzt; wenn also ein Dritter in einem Gewerbemietobjekt wohnt, dann ist das Landgericht zuständig, wenn die Streitwertgrenze überschritten ist. Die örtliche Zuständigkeit bestimmt sich für die Raummiete nach § 29a ZPO (ausschließlicher Gerichtsstand am Ort der Belegenheit), ansonsten nach den allgemeinen Regeln. Da es sich bei §§ 23 Nr. 2a GVG, 29a ZPO um eine ausschließliche Zuständigkeit handelt, sind Gerichtsstandsvereinbarungen gem. § 40 Abs. 2 Nr. 2 ZPO ausgeschlossen. Steht der Räumungsanspruch in Zusammenhang mit einer Trennung oder Scheidung von Eheleuten, dann kann es sich um eine **sonstige Familiensache** handeln, für die gem. **§ 266 Abs. 1 Nr. 3 FamFG** das Familiengericht zuständig ist; ein solcher Fall kann auch vorliegen, wenn zwischen den Eheleuten ein gewerbliches Mietverhältnis besteht bzw. bestand und ein enger Zusammenhang mit der Trennung/Scheidung vorhanden ist[706]. Einer Räumungsklage fehlt das **Rechtsschutzbedürfnis** nicht deshalb, weil einer von mehreren **Mietern endgültig ausgezogen** ist und den Besitz aufgegeben hat[707]: Zum einen ist nicht auszuschließen, dass er sich eines anderen besinnt; zum anderen ist er verpflichtet, für eine Rückgabe durch die verbliebenen Mieter zu sorgen. Ein Rechtsschutzbedürfnis ist auch gegeben, wenn der Vermieter sich die Mietsache im Wege der verbotenen Eigenmacht verschafft hat, solange nicht endgültig klar ist, ob der Mieter Besitzschutzansprüche geltend macht[708]. Zur Zulässigkeit eines Versäumnisurteils vor Ablauf der Schonfrist des § 569 Abs. 3 Nr. 2 BGB s. bei § 569 Rdn. 55. Die Klage auf Räumung kann wegen der unterschiedlichen Rechtskraftwirkung mit einer Klage auf Feststellung einer bestimmten Art der Vertragsbeendigung (etwa fristlose Kündigung) verbunden werden[709]. Unter Umständen kann – nach ordentlicher Kündigung oder bei Mietvertragsbeendigung durch Zeitablauf[710] – auch eine Klage auf **künftige Räumung** erhoben werden, nämlich gem. § 257 ZPO ohne besonderes Vermieterinteresse, wenn der Anspruch auf Räumung eines Grundstücks oder eines Raumes, der anderen als Wohnzwecken dient, an den Eintritt eines Kalendertages geknüpft ist, oder – auch bei Wohnraum[711] – gem. § 259 ZPO, wenn nach den Umständen die Besorgnis gerechtfertigt ist, der Mieter werde sich der rechtzeitigen Leistung entziehen. Fruchtlose Räumungsanfragen des Vermieters, die der Mieter unbeantwortet lässt, reichen hierfür nicht, auch nicht eine Schilderung des Mieters von Schwierigkeiten bei der Wohnungssuche, erforderlich ist vielmehr ein ernstliches Bestreiten[712]. Der Mieter ist nämlich – wie andere Schuldner auch[713] – grundsätzlich nicht verpflichtet, seine Erfüllungsbereitschaft anzuzeigen, so dass eine Untätigkeit des Mieters allein beim Vermieter nicht die (berechtigte) Befürchtung erzeugen kann, er werde ohne gerichtliche Hilfe seinen Anspruch nicht durchsetzen können[714]. Die bloße Untätigkeit auf eine (schriftliche) Anfrage ist zu unterscheiden von einer Reaktion im persönlichen Gespräch; letzteres 128

---

[704] BGH NJW-RR 2007, 1091; BGH NJW-RR 2005, 212; OLG Düsseldorf NZM 2015, 895 = ZMR 2015, 852; OLG Düsseldorf GE 2008, 1255; *Flatow* ZMR 2014, 937; *Derleder* WuM 2006, 177. S. näher Rdn. 133. **A. A.** wohl das OLG Celle ZMR 2007, 956, das für eine Titulierung eine Erwähnung in den Urteilsgründen ausreichen lässt. M. E. widerspricht das aber – abgesehen von dem Abweichen von der BGH-Rechtsprechung – dem Begriff der Räumung, der in § 885 ZPO mit Wegschaffung definiert ist, nicht aber mit der Durchführung sonstiger Arbeiten. Außerdem birgt eine solche Sicht Gefahren für den Vermieter, der erst nach Rückerhalt der Mietsache deren Zustand besichtigen kann; wenn unter Räumung auch sonstige Rückgabepflichten verstanden werden, wäre der Titel möglicherweise mit der Vollstreckung verbraucht.

[705] Zur Frage, was bzw. was nicht von der Räumungsvollstreckung erfasst wird, s. Rdn. 133.

[706] BGH (XII ZB 652/11) NJW 2013, 616.

[707] KG WuM 2006, 529; LG Berlin ZMR 2004, 516; *Schuschke* NZM 2005, 688; *Rolfs* in Staudinger § 546 Rdn. 46. **A. A.** LG Berlin GE 2003, 529.

[708] OLG Düsseldorf ZMR 2007, 193.

[709] Einzelheiten bei *Rolfs* in Staudinger § 546 Rdn. 47.

[710] Bei fristloser Kündigung kann ohnehin sofort geklagt werden; zu Nebenpflichten in dieser Situation s. bei § 546a Rdn. 91.

[711] *Both* DWW 2010, 83; *Rolfs* in Staudinger § 546 Rdn. 47 m. w. N.

[712] OLG Karlsruhe NJW 1984, 2953 = WuM 1983, 253.

[713] *Greger* in Zöller § 257 Rdn. 7.

[714] OLG Hamm ZMR 1996, 499; AG Hersbruck WuM 2012, 687. **A. A.** LG Bonn ZMR 2014, 283.

erfordert erheblich weniger Aktivität und Selbstorganisation seitens des Mieters und eine Untätigkeit bei schriftlicher Anfrage wird in nicht wenigen Fällen auf schlichtes Vergessen zurückzuführen sein. Auch das regelmäßig auf Vermieterseite bestehende Interesse, die Möglichkeit der Weitervermietung oder eines Umbaus des Mietobjektes zeitlich einigermaßen zuverlässig abschätzen zu können, führt im Falle der bloßen Untätigkeit zu keiner anderen Wertung[715]. Zwar besteht die allgemeine Nebenpflicht, die Eingehung eines neuen Mietverhältnisses nicht unnötig zu behindern[716]; die (positive) Anzeige der Erfüllungsbereitschaft könnte aber zu Lasten des Mieters als Anerkenntnis oder Zeugnis gegen sich selbst beurteilt werden und ihn so an der späteren Wahrnehmung seiner (zum Zeitpunkt der Anzeige der Erfüllungsbereitschaft noch nicht erkannten) berechtigten Belange hindern[717]. Bei berechtigter, auf konkreten Umständen beruhender Sorge des Vermieters, der Mieter werde nicht rechtzeitig räumen, weil er etwa den Kündigungsgrund bestreitet oder weil er in einem persönlichen Gespräch hierzu jegliche Einlassung zu seinen Absichten verweigert, muss dieser vor einer Räumungsklage allerdings nicht die **Widerspruchsfrist des § 574b BGB** abwarten, um gem. § 259 ZPO klagen zu können, da der Mieter sein Widerspruchsrecht und die damit verbundene Suspendierung der Räumungspflicht noch im Räumungsprozess bzw. nach rechtskräftigem Räumungsurteil im Wege der Vollstreckungsgegenklage geltend machen kann[718].

129 **d) Beklagte.** Auch wenn sich die Voraussetzungen, die für den Rückgabeanspruch erfüllt sein müssen, meist aus dem Vertragsverhältnis zwischen Vermieter und Mieter ergeben, darf sich die Räumungsklage nicht auf die Person des Mieters beschränken, wenn noch Personen vorhanden sind, die Besitz oder Mitbesitz haben und die auch im Fall der Verurteilung des Mieters nicht herausgabebereit sind; das ergibt sich aus den Voraussetzungen des § 750 ZPO. Dabei ist es gleichgültig, von wem dieser Besitz abgeleitet ist (Mieter oder Vermieter) und ob er berechtigt ist oder nicht; es ist vielmehr ein **Räumungstitel gegen alle Besitzer der Mietsache notwendig**[719]. Gegen herausgabebereite Besitzer benötigt der Vermieter keinen Titel, auch nicht aus materiell-rechtlichen Gründen, da sowohl mehrere Mieter (dazu Rdn. 64) als auch Mieter und Dritte (dazu nachfolgend) Gesamtschuldner sind. Der Vermieter kann vom Mieter aus einer Nebenpflicht des Mietvertrages Auskunft darüber verlangen, welchen Dritten er die Mietsache überlassen hat, damit der Vermieter auch gegen diese Personen einen Räumungstitel erwirken kann[720]. Der Gerichtsvollzieher überprüft das Besitzrecht nicht, er geht vielmehr von der äußerlich erkennbaren Sachherrschaft aus und kann die Räumung insgesamt ablehnen, wenn er vor der Vollstreckung erfährt, dass es einen Besitzer gibt, gegen den kein Titel vorliegt[721]. Die Anbringung eines Namensschildes an der Klingel spricht nach der Verkehrsanschauung für einen (Mit-)Besitz an dem Mietobjekt[722]. Titel benötigt der Vermieter – auch bei treuwidrig oder rechtsmissbräuchlich erlangtem Besitz[723] – gegen die Rdn. 98 genannten Personen. Diese Besitzer sind als Dritte i. S. v. § 546 Abs. 2 BGB materiell-rechtlich zur Rückgabe verpflichtet, wenn der Mieter ihnen den Gebrauch überlassen hat (s. dazu Rdn. 99, auch zu den Möglichkeiten einer Rechtskrafterstreckung und einer Titelumschreibung auf nicht im Räumungsurteil genannte Dritte). **Mieter und Dritter** können gleichzeitig verklagt werden, weil sie gesamtschuldnerisch auf Rückgabe haften[724]. Sie sind **einfache Streitgenossen,** bei einer Streithilfe liegt keine streitgenössische Nebenintervention gem. § 69 ZPO vor[725]. Eine Klageerweiterung auf den Dritten gem. § 533 ZPO kann auch noch in der Berufungsinstanz erfolgen, wenn die Zustimmung zur Parteierweiterung rechtsmissbräuchlich verweigert wird[726]; oftmals wird in diesen Fällen auch eine Sachdienlichkeit der Klageänderung zu bejahen sein[727].

---

715 So aber OLG Stuttgart WuM 1999, 414 = NZM 2000, 95 = ZMR 1999, 553.

716 BGH NJW 2010, 1135 = WuM 2009, 647 Rdn. 15.

717 So BGH NJW 2010, 1135 = WuM 2009, 647 Rdn. 17 für den vergleichbaren Fall, dass vom Vermieter die Ausstellung einer Mietschuldenfreiheitsbescheinigung verlangt wird.

718 OLG Karlsruhe NJW 1984, 2953 = WuM 1983, 253; *Rolfs* in Staudinger § 546 Rdn. 50 m. w. N.

719 BGH, NZM 2004, 701; *Schuschke,* NZM 2005, 10.

720 LG Kiel ZMR 2010, 532; OLG Hamburg NZM 1998, 758.

721 BGH, NZM 2004, 701. Wenn der Gerichtsvollzieher bei der Räumung von einem weiteren Besitzer erfährt, kann er diesen befragen, ob er herausgabebereit ist; ist das der Fall, kann er mit der Räumung fortfahren.

722 OLG Hamburg NZM 2012, 387 = ZMR 2012, 99.

723 S. Rdn. 98 im Fußnotenapparat.

724 *Rolfs* in Staudinger § 546 Rdn. 88.

725 BGH NJW 2001, 1355.

726 LG Potsdam GE 2012, 64.

727 S. zum Begriff der Sachdienlichkeit bei § 533 ZPO bei BGH (XII ZR 110/09) NJW 2011, 2796 und BGH (VIII ZR 109/11) NJW 2012, 2662.

Zum Einfluss der **Insolvenz** des Mieters auf das Räumungsverfahren s. Rdn. 69 und zum Einfluss auf die Vollstreckung s. Rdn. 132. 130

7. Räumungsfrist und Vollstreckungsschutz

Dem Mieter kann gem. § 721 ZPO eine Frist zur Räumung der Wohnung bewilligt werden und in Fällen besonderer Härte, die mit den guten Sitten nicht vereinbar wäre, Vollstreckungsschutz nach § 765 a ZPO gewährt werden. Einzelnen hierzu bei den Kommentierungen zu diesen Vorschriften. Zu den Rechten und Pflichten der Parteien während der Räumungsfrist s. § 546 a Rdn. 16. Bei nachträglich entstandenen Einwendungen gegen die Räumungspflicht kommt auch eine Vollstreckungsgegenklage gem. § 767 ZPO in Betracht, so etwa bei Ausübung eines Optionsrechtes nach der letzten mündlichen Verhandlung[728] über die Klage oder bei Vereinbarungen über einen Räumungsaufschub[729]. 131

8. Vollstreckung

Die **Herausgabevollstreckung** beweglicher Sachen richtet sich nach § 883 ZPO, die Herausgabe und Räumung unbeweglicher Sachen nach § 885, 885 a ZPO (s. auch bei der Kommentierung zu diesen Vorschriften). Führt der Gerichtsvollzieher eine Zwangsräumung durch und weist den Vermieter in den Besitz der Mieträume ein, so ist dadurch der Rückgabeanspruch des Vermieters auch gegen einen Mitmieter erfüllt, der die Mieträume nicht mehr in Mitbesitz hat[730]. Zur Zwangsvollstreckung aus einem **vorläufig vollstreckbaren Urteil** s. Rdn. 29. Die Räumungsvollstreckung gem. § 885 Abs. 2 ZPO (die Wegschaffung der Gegenstände) ist in der **Insolvenz des Mieters** nicht gem. § 89 InsO verboten, weil die Masse durch das Wegschaffen nicht beeinträchtigt wird; das Räumungsgut muss dem Verwalter oder dem Schuldner auf Verlangen ausgehändigt werden[731]. Die durch die Vollstreckung entstehenden Kosten sind einfache Insolvenzforderungen. Mit der bloßen Herausgabevollstreckung gem. § 885 Abs. 1 BGB (Besitzübertragung) ohne gleichzeitige Räumung ist praktisch zwangsläufig verbunden, dass der Vermieter Besitz an den dem Insolvenzschuldner (Mieter) gehörenden Sachen erlangt; will man nicht eine Herausgabevollstreckung insgesamt untersagen, ist dies hinzunehmen, weil der Vermieter die Sachen in Obhut nehmen muss[732] und der Insolvenzverwalter das Recht hat, die Sachen jederzeit abzuholen[733]. Wird im Rahmen eines Räumungsprozesses zwischen den Parteien eines Wohnraummietverhältnisses in einem **Räumungsvergleich** ein bestimmter Mietrückstand festgestellt und vereinbart, dass der Rückstand ratenweise zu tilgen ist, so stellt die vom Mieter für den Fall der nicht rechtzeitigen Erfüllung der Ratenzahlungspflicht übernommene Verpflichtung in einer **Verfallklausel,** die Mietwohnung zu räumen, jedenfalls dann kein gemäß § 555 BGB unwirksames Vertragsstrafeversprechen dar, wenn im Zeitpunkt des Vergleichsschlusses der Räumungsanspruch des Vermieters bei Zugrundelegung des im Vergleich festgestellten Mietrückstands begründet war[734]. 132

Der Vermieter als Gläubiger kann wählen zwischen der **„klassischen Räumungsvollstreckung"** gem. § 885 Abs. 2 ZPO und dem beschränkten Vollstreckungsauftrag gem. § 885 a ZPO, der nicht auf Räumung, sondern lediglich auf Besitzverschaffung gem. § 885 Abs. 1 ZPO gerichtet ist. Bei der Räumungsvollstreckung gem. § 885 Abs. 2 ZPO hat der Gerichtsvollzieher bewegliche Sachen (Möbel, Hausrat, sonstige Zubehörstücke gem. §§ 97, 98 BGB) sowie Tiere wegzuschaffen (s. auch § 128 Abs. 4 GVGA)[735]; **Rückbau** von Ein-, Um- und Aufbauten, **Schadensbeseitigung und sonstige Rückgabepflichten** gehören nicht zur Räumungsvollstreckung, sie sind – ggf. unter Beachtung der Voraussetzungen des § 259 ZPO – gesondert zu titulieren und nach §§ 887, 888 ZPO zu vollstrecken[736]. Insbesondere muss der Gerichtsvollzieher im Rahmen der Räumungs- 133

---

728 BGH NJW 1985, 2481.
729 *Rolfs* in Staudinger § 546 Rdn. 52.
730 BayObLG NJW-RR 1989, 1291 = WuM 1989, 489.
731 *Eckert* NZM 2006, 612/613.
732 S. dazu Rdn. 59.
733 *Eckert* NZM 2006, 613.
734 BGH NJW 2010, 859 = WuM 2009, 739; kritisch dazu und weiterführend zu Räumungsvergleichen *Blank* NZM 2010, 31. S. zu einem ähnlichen Fall auch LG Berlin ZMR 2014, 589, für den eine Verwirkung des titulierten Räumungsanspruchs verneint wird.
735 OLG Düsseldorf GE 2008, 1255 für bewegliche Sachen; BGH (I ZB 19/11) MDR 2012, 999 für Tiere.
736 S. Rdn. 127.

vollstreckung Gebäude oder Anlagen nicht entfernen und außerdem Anpflanzungen, Erdaufschüttungen oder große Mengen Abfalls nicht beseitigen, wenn das so aufwendig ist, dass es der Beseitigung eines Gebäudes oder einer Anlage gleichkommt[737]; die Abgrenzung kann im Einzelfall aber problematisch sein[738].

134 Die Kosten einer „klassischen Räumungsvollstreckung"[739] für Aufbrechen, Einpacken, Wegschaffen und Einlagern können erheblich sein. Vorschüsse in einer Größenordnung von 3.000,– € bis 4.000 € sind üblich[740]. Um die Kosten einer Räumung, die im wesentlichen durch den Spediteur verursacht werden, gering zu halten, hat der Gesetzgeber mit § 885a ZPO den nur auf Besitzverschaffung gerichteten **beschränkten Vollstreckungsauftrag** geschaffen (s. näher bei der Kommentierung zu § 885a ZPO). Davor hat man versucht, ein ähnliches Ergebnis mit anderen Strategien zu erreichen, deren Anwendung – bis auf die Berliner Räumung[741] – auch unter Geltung des § 885a ZPO nicht ausgeschlossen, aber doch unnötig erscheint[742]. S. zu diesen Strategien und deren Risiken in der 11. Aufl. bei § 546 Rdn. 135ff.

135 frei

136 frei

137 frei

138 frei

139 frei

140 frei

141 frei

VIII. Verjährung

142 Der Rückgabeanspruch gem. § 546 Abs. 1 und 2 BGB einschließlich des Anspruchs auf Rückgabe von Zubehör verjährt innerhalb der Regelverjährungsfrist von drei Jahren (§ 195 BGB)[743], spätestens gem. § 199 Abs. 4 BGB jedoch in 10 Jahren nach Entstehung des Anspruchs. Der Herausgabeanspruch gem. § 985 BGB verjährt gem. § 197 Abs. 1 Nr. 1 BGB in dreißig Jahren.

IX. Beweislast

143 Der Vermieter muss die Voraussetzungen des Rückgabeanspruchs gem. § 546 BGB beweisen, also den Mietvertrag und insbesondere dessen Beendigung sowie den Zeitpunkt der Beendigung[744]. Weil der Mieter die Mietsache nicht besitzen muss, ihn vielmehr auch ohne Besitz eine Rückgabepflicht trifft (s. Rdn. 25 und 63), muss er einen Besitz des Mieters nicht beweisen. Anders ist das bei dem Anspruch gem. § 546 Abs. 2 BGB, der er nur bei Besitz des Dritten besteht (s. Rdn. 98). Anders ist das ebenfalls bei dem Herausgabeanspruch gem. § 985 BGB, bei dem der Gläubiger Eigentümer und der Schuldner Besitzer der herausverlangten Sache sein und der Gläubiger beides beweisen muss; der Schuldner des Herausgabeanspruchs hat ein Recht zum Besitz zu beweisen, etwa das Bestehen eines Mietvertrages[745]. Die unterschiedliche Beweislastverteilung der Ansprüche aus § 546 Abs. 1 BGB bzw. aus § 985 BGB kann insbesondere Bedeutung erlangen, wenn das Bestehen eines Mietvertrages streitig ist; ist die Frage nicht aufklärbar und deshalb nach Beweislastgrundsätzen zu entscheiden, hat der Vermieter zwar keinen Anspruch gem. § 546 BGB (also auch keinen Anspruch auf Erfüllung der Rückgabepflichten wie Räumung), wohl aber den

---

737 BGH NJW-RR 2005, 212; OLG Düsseldorf NZM 2015, 895 = ZMR 2015, 852; OLG Düsseldorf NJW-RR 2000, 533; LG Limburg DGVZ 2005, 70/71 (der BGH hat den Antrag auf Bewilligung von Prozesskostenhilfe für die zugelassene Rechtsbeschwerde zurückgewiesen).

738 *Flatow* ZMR 2014, 937.

739 S. zur praktischen Durchführung einer solchen klassischen Räumungsvollstreckung *Hüermann* NZM 2004, 326, *Schuschke* NZM 2005, 681.

740 *Flatow* PiG 79 (2007), 151.

741 S. § 885a Rdn. 4.

742 S. zu diesen Strategien *Flatow* PiG 79 (2007), 150ff. sowie *Schuschke* NZM 2005, 684, *Scholz* ZMR 2010, 1 und *Fischer* WuM 2007, 239 – alle mit weitergehenden Nachweise zu folgenden Ausführungen.

743 BGH NJW 1975, 2103 (zu der damals noch geltenden dreißigjährigen Regelverjährung).

744 *Szabó* in DMT-Bilanz 2011, S. 296 und 300.

745 BGH (V ZR 115/13) NJW 2014, 2199; *Szabó* in DMT-Bilanz 2011, S. 298.

Herausgabeanspruch gem. § 985 BGB[746]. Der Mieter – bzw. im Falle des § 546 Abs. 2 BGB der Dritte – muss die (rechtzeitige) Erfüllung der Rückgabepflichten gem. § 546 BGB beweisen, also insbesondere die Besitzverschaffung, die Räumung und den Rückbau sowie die Rückgabe von Schlüsseln und sonstigem Zubehör[747]. Weil es um Erfüllung geht, die grundsätzlich der Schuldner zu beweisen hat, ändert sich an der Beweispflicht des Mieters nichts, wenn es im Rahmen von Nutzungsentschädigungsansprüchen um den Zeitpunkt der Rückgabe und damit die Dauer der Vorenthaltung geht oder wenn es darum geht, ob die Räumungspflicht nicht oder bloß schlecht erfüllt ist[748]. Ist streitig, ob der Mieter Schlüssel oder Zubehör erhalten oder bauliche Veränderungen vorgenommen hat, so hat dies der Vermieter zu beweisen, insbesondere muss er den Zustand beweisen, in dem er dem Mieter das Mietobjekt zu Beginn der Mietzeit überlassen hat[749]. Zur Beweislast bei Beschädigungen der Mietsache und Überschreitung des vertragsgemäßen Gebrauchs s. bei § 538 Rdn. 3 ff.

X. Abweichende Vereinbarungen

Abweichende Vereinbarungen der Parteien sind möglich und werden häufig hinsichtlich der Rückgabemodalitäten (Zustand, Zeitpunkt etc.) getroffen[750]. Sie dürfen aber den Vertragscharakter nicht ändern, insbesondere die Rückgabepflicht nicht insgesamt abbedingen; dann läge ein Mietvertrag nicht mehr vor[751]. Auch eine Kaufverpflichtung am Ende des Vertrages benachteiligt den Mieter unangemessen i. S. v. § 307 BGB[752]. Das OLG Düsseldorf[753] hält eine AGB-Klausel für wirksam, wonach ein Rückbau nur geschuldet ist, wenn ohne ihn, also bei Verbleiben der Ein- und Ausbauten, die weitere Vermietung erschwert sein sollte. Das soll dahingehend auszulegen sein, dass der Rückbauanspruch erst bei entsprechendem Verlangen des Nachfolgemieters entsteht[754]. Bei einer solchen Klausel ist zwar nicht zu verkennen, dass der Mieter über den Umfang seiner Pflichten bei Vertragsende unter Umständen keine Klarheit hat und von den Absichten und ggf. der Willkür des Nachmieters abhängig ist; letztlich ist die Klausel aber dennoch vorteilhaft für ihn, weil sich seine Leistungspflicht allenfalls reduzieren, nicht aber ausweiten kann. Eine Vereinbarung, wonach der Vermieter bei Verletzung der Räumungspflicht das Mietobjekt gegen den Willen des Mieters **selbst öffnen und räumen** lassen darf, ist wegen Verstoßes gegen die zwingende gesetzliche Wertung in §§ 229, 858 BGB gem. § 307 BGB unwirksam oder gem. § 138 BGB nichtig[755]. Eine Klausel, wonach der Vermieter berechtigt sein soll, die Räume zu öffnen, zu reinigen und in einen bezugsfertigen Zustand zu bringen, ohne dass es einer Nachfristsetzung zur Beseitigung der Mängel bedarf, ist gem. § 307 BGB unwirksam, da sie mit dem wesentlichen Grundgedanken der gesetzlichen Regelung, nämlich § 281 Abs. 1 BGB, nicht zu vereinbaren ist und den Mieter unangemessen benachteiligt[756]. 144

[746] S. umfassend *Szabó* in DMT-Bilanz 2011, S. 298.
[747] OLG Stuttgart ZMR 2005, 953; LG Berlin ZMR 1998, 703; AG Brandenburg NZM 2015, 307 (für die Schlüssel).
[748] **A. A.** *Blank/Börstinghaus* § 546 Rdn. 54. Zur Abgrenzung zwischen Nichterfüllung und Schlechterfüllung s. Rdn. 20.
[749] LG Essen ZMR 2016, 965.
[750] *Bieber* in MünchKomm § 546 Rdn. 25.
[751] *Lammel,* Wohnraummietrecht, § 546 Rdn. 2; *Bieber* in MünchKomm § 546 Rdn. 25.
[752] OLG Brandenburg MDR 2000, 1003.
[753] OLG Düsseldorf ZMR 2009, 754.
[754] OLG Düsseldorf GE 2009, 1045.
[755] BGH NJW 1977, 1818; LG Duisburg ZMR 2012, 550; OLG Hamm NJW-RR 1992, 502 = ZMR 1992, 152 (für das Leasingrecht); *Wolf/Eckert/Ball* Rdn. 1088.
[756] KG NZM 2007, 356 = WuM 2007, 71 = ZMR 2007, 112.

§ 546a Entschädigung des Vermieters bei verspäteter Rückgabe

(1) Gibt der Mieter die Mietsache nach Beendigung des Mietverhältnisses nicht zurück, so kann der Vermieter für die Dauer der Vorenthaltung als Entschädigung die vereinbarte Miete oder die Miete verlangen, die für vergleichbare Sachen ortsüblich ist.

(2) Die Geltendmachung eines weiteren Schadens ist nicht ausgeschlossen.

Systematische Übersicht

Alphabetische Schnellübersicht

I. Überblick und Zweck der Vorschrift

1 Miete bedeutet entgeltliche Nutzung auf Zeit. Nach Ablauf der Mietzeit hat der Mieter die Mietsache zurückzugeben. Tut er das nicht, kann der Vermieter gem. § 546a Abs. 1 BGB eine **Entschädigung für die Vorenthaltung** verlangen, die sich an der vereinbarten oder der ortsüblichen Miete bemisst. Außerdem wird in § 546a Abs. 2 BGB der Vorschrift klargestellt, dass dieser Nutzungsentschädigungsanspruch nicht den Anspruch des Vermieters auf Schadensersatz nach den allgemeinen Regeln verdrängt; ein solcher (weitergehender) Anspruch bleibt vielmehr ausdrücklich vorbehalten. Für Mietverhältnisse über Wohnraum erfährt der Schadensersatzanspruch des Vermieters jedoch aus sozialen Gründen eine Einschränkung in § 571 BGB. Der Mieter soll sich nicht aus Furcht vor einer Schadensersatzverpflichtung abhalten lassen, sich auf die Sozialklausel in § 574 BGB zu berufen, deren Eingreifen nur schwierig zu prognostizieren ist; außerdem hielt der Gesetzgeber die Ersatzpflicht für einen Verzugsschaden während einer Räumungsfrist gem. §§ 721, 794a BGB für nicht gerechtfertigt[1].

2 § 546a BGB soll auf den Mieter **Druck ausüben,** die Mietsache zurückzugeben, und dem Vermieter einen Ausgleich dafür verschaffen, dass ein Mieter trotz Beendigung des Vertrages über die Mietsache verfügt[2]. Dem Vermieter wird ohne Nachweis eines konkreten Schadens eine Mindestentschädigung in Höhe des vereinbarten (oder des ortsüblichen[3]) Mietzinses zugestanden, wenn sich nach Vertragsende an den tatsächlichen Verhältnissen nichts ändert; das gilt unabhängig davon, ob der Mieter aus dem vorenthaltenen Mietgegenstand tatsächlich einen entsprechenden Nutzen hat ziehen können[4]. Der historische Gesetzgeber des BGB hat die vereinbarte Miete als Mindestbetrag einer Nutzungsentschädigung für angemessen gehalten, weil sie die Äquivalenzvorstellungen der Parteien zum Wert von Leistung und Gegenleistung zum Maßstab nimmt und Streitigkeiten über die Höhe des konkreten Schadens des Vermieters bzw. der konkreten Bereicherung des Mieters vermeiden hilft[5]. Der Mieter, der die Mietsache nach Beendigung des Mietverhältnisses dem Vermieter vorenthält, sollte nicht besser gestellt werden, als er bei Fortdauer des Mietvertrages gestanden hätte[6]. Das ist gerechtfertigt, weil es nur an ihm liegt, dass er noch im Besitz der Mietsache ist, und weil er es selbst in der Hand hat, sich durch Rückgabe der Mietsache seiner Verpflichtung zu entledigen, wenn ihm die vereinbarte Miete zu hoch ist[7]. Das Recht, die ortsübliche statt der vereinbarten Miete verlangen zu können, wurde geschaffen, um den Vermieter bei steigenden bzw. gestiegenen Mieten während der oftmals langen Dauer eines Räumungsprozesses oder bei längeren Räumungsfristen nicht auf das vereinbarte Mietniveau zu beschränken[8].

---

[1] *Rolfs* in Staudinger § 546a Rdn. 5.

[2] BGH (VIII ZR 17/16) NZM 2017, 186 = WuM 2017, 134 Rdn. 25; BGH (XII ZR 66/13) NJW 2015, 2795 = WuM 2015, 493 = ZMR 2015, 754 Rdn. 21; BGH WuM 2005, 771 = NZM 2006, 52 = ZMR 2006, 32; BGH NZM 2004, 354 = ZMR 2004, 256.

[3] Den ortsüblichen Mietzins zu schulden ist in besonderem Maß geeignet, Druck auf den Mieter auszuüben, wenn er über dem vereinbarten Mietzins liegt; s. auch *Emmerich* NZM 1999, 931.

[4] BGH WuM 2005, 771 = NZM 2006, 52 = ZMR 2006, 32; BGH NJW 1989, 1730; LG Köln MDR 1966, 239.

[5] BGH NJW 1966, 248; *Rolfs* in Staudinger § 546 Rdn. 3.

[6] BGH WuM 2005, 771 = NZM 2006, 52 = ZMR 2006, 32.

[7] BGH (VIII ZR 17/16) NZM 2017, 186 = WuM 2017, 134 Rdn. 25; BGH WuM 2005, 771 = NZM 2006, 52 = ZMR 2006, 32; BGH NJW 1989, 1730.

[8] BGH (VIII ZR 17/16) NZM 2017, 186 = WuM 2017, 134 Rdn. 25; BGH NJW 1999, 2808 = WuM 1999, 689 = ZMR 1999, 749; *Emmerich* NZM 1999, 930 m.w.N. zur Gesetzgebungsgeschichte.

II. Entstehungsgeschichte

3 § 546a BGB entspricht im Wesentlichen § 557 Abs. 1 BGB a. F. Durch die zum 1.9.2001 in Kraft getretene Mietrechtsreform wurde allerdings der Anspruch auf die ortsübliche Miete auf alle Mietverhältnisse ausgedehnt; davor (seit dem 3. Mietrechtsänderungsgesetz von 1967[9]) gab es Nutzungsentschädigung in Höhe der ortsüblichen Miete nur bei Mietverhältnissen über Räume. Die Beschränkung der Schadensersatzpflicht des Wohnraummieters, die sich jetzt in § 571 BGB findet, war vor der Mietrechtsreform in § 557 Abs. 2 bis 4 BGB a. F. geregelt.

III. Anwendungsbereich

4 § 546a BGB baut auf § 546 BGB auf, setzt also einen Rückgabeanspruch gem. § 546 BGB voraus, gleichgültig, ob es sich um Miete beweglicher oder unbeweglicher Sachen handelt. Das ergibt sich schon auf Grund der systematischen Stellung der Vorschrift. Deshalb entspricht der **Anwendungsbereich von § 546a BGB** dem des § 546 BGB; auf die dortigen Ausführungen kann verwiesen werden. Lediglich für Pachtverträge gibt es in § 584b BGB und für Landpachtverträge in § 597 BGB besondere Regelungen, die hinsichtlich der Voraussetzungen des Entschädigungsanspruchs inhaltsgleich zu § 546a BGB sind[10], hinsichtlich der Höhe aber Besonderheiten enthalten. § 546a BGB ist auch auf **Leasingverträge** anwendbar[11] einschließlich der Vollamortisationsverträge[12]. Hat der Leasinggeber seinen Schaden nach vorzeitiger Vertragsbeendigung durch Abzinsung der noch ausstehenden Raten berechnet, kann er vom Leasingnehmer nicht zusätzlich Nutzungsentschädigung verlangen, wenn er aufgrund seiner AGB verpflichtet ist, den Leasinggegenstand sofort nach Herausgabe zu verwerten und den Erlös in voller Höhe dem Leasingnehmer gutzubringen[13].

5 Wenn **kein Mietverhältnis** bestanden hat oder es nicht wirksam ist, ist § 546a BGB nicht anwendbar, auch nicht analog[14]. In diesen Fällen können aber bei Erfüllung der entsprechenden Voraussetzungen Ansprüche auf Schadensersatz, aus ungerechtfertigter Bereicherung gem. §§ 812ff. BGB oder aus einem Eigentümer-Besitzer-Verhältnis gem. §§ 987ff. BGB gegeben sein[15]; zur Bestimmung der Höhe dieser Ansprüche s. Rdn. 104. § 292 BGB kommt als Anspruchsgrundlage nicht in Betracht, da es an einem Schuldverhältnis und damit an einer vertraglichen Herausgabepflicht fehlt; für dingliche Herausgabeansprüche gelten §§ 987ff. BGB unmittelbar[16]. Im Fall des **Widerrufs des Mietvertrages gem. § 355 BGB,** so er denn ausnahmsweise (s. § 312 Abs. 4 BGB) in Betracht kommt, gibt es keine Rückgabeansprüche gem. § 546 BGB und folglich auch keine Nutzungsentschädigung gem. § 546a BGB. Bis zum Widerruf schuldet der Mieter Entschädigung („Wertersatz") nur unter den engen Voraussetzungen des § 357 Abs. 8 BGB. Weitere Ansprüche sind § 361 BGB grundsätzlich ausgeschlossen, nicht allerdings dann, wenn der Mieter nach dem Widerruf die Verpflichtung zur Rückgabe gem. § 355 BGB verzögert[17]. In diesem Fall kommen Ansprüche gem. §§ 286, 812ff., 987ff. BGB in Betracht, nicht aber (mangels Rückgabeanspruchs gem. § 546 BGB) Ansprüche aus § 546a BGB[18].

6 **Beispielhaft** für das Fehlen eines Mietverhältnisses und damit das Fehlen von Ansprüchen nach § 546a Abs. 1 BGB sind zu nennen: Von Anfang an (etwa wegen § 138 BGB[19]) nichtige oder rückwirkend durch Anfechtung vernichtete Verträge[20]. – Das **Verhältnis von Vermieter zum Untermieter** oder einem sonstigen **Dritten** (z. B. dem Ehegatten des Mieters) i. S. v. § 546 Abs. 2 BGB[21];

---

[9] S. *Emmerich* NZM 1999, 930 zur Gesetzgebungsgeschichte.
[10] BGH NZM 2006, 820.
[11] BGH NJW 2007, 1594; BGH NJW-RR 2005, 1081 = ZMR 2005, 609; BGH NZM 2004, 354 = ZMR 2004, 256; BGH NJW 1989, 1730.
[12] BGH NJW-RR 2005, 1081 = ZMR 2005, 609; BGH NJW 1989, 1730.
[13] OLG Karlsruhe NJW-RR 1997, 1004.
[14] BGH (XII ZR 115/11) NJW 2013, 1881 = ZMR 2013, 766 Rdn. 11; BGH ZMR 1984, 16.
[15] BGH (XII ZR 115/11) NJW 2013, 1881 = ZMR 2013, 766.
[16] *Ernst* in MünchKomm (7. Aufl.) § 292 Rdn. 1.
[17] *Fritsche* in MünchKomm (7. Aufl.) § 361 Rdn. 4.
[18] **A. A.** *Lindner* ZMR 2016, 361.
[19] OLG Düsseldorf ZMR 1988, 221.
[20] *Schmid* WuM 2009, 156.
[21] OLG Hamburg NZM 1999, 1052 = WuM 1999, 289 = ZMR 1999, 481; LG Düsseldorf WuM 1988, 163; *Rolfs* in Staudinger § 546 Rdn. 74 m. w. N.; *Greiner* ZMR 1998, 404. **A. A.** OLG Köln NJW 1961, 30, das die-

zu den möglichen Ansprüchen gegen einen Untermieter bzw. Dritten i. S. v. § 546 Abs. 2 BGB, der die Mietsache nicht zurückgibt, s. bei § 546 Rdn. 108, zur Haftung von Mieter und Drittem bei einem (echten) (Miet-)Vertrag zu Gunsten Dritter gem. § 328 BGB s. Rdn. 29. – Wenn die Mietsache schon während der Vertragsverhandlungen überlassen wurde, ein Vertrag aber nicht zu Stande kommt[22]. – Wenn Eigentümer und Vermieter eines Mietgrundstücks[23] nicht identisch sind und das Grundstück vor Rückgabe, aber nach Vertragsbeendigung veräußert wird; der Erwerber tritt dann nicht nach § 566 BGB in das Abwicklungsverhältnis ein[24], hat also auch keinen Anspruch aus § 546a BGB, wohl aber aus § 987 ff. BGB ab Eigentumsübergang; Bereicherungsansprüche stehen bis zum Eigentumsübergang dem Vermieter zu[25]. – Wenn ein Miteigentümer den übrigen Miteigentümern die Alleinnutzung des gemeinschaftlichen Grundstücks gegen Entgelt überlässt; auf dieses Rechtsverhältnis sind in erster Linie die Regeln des Gemeinschaftsrechts anzuwenden[26]. – Wenn der Geschäftsführer der mietenden, aber insolventen GmbH als Gesellschafter einer GbR Besitz an der Mietsache ergreift[27].

§ 546a Abs. 1 BGB findet zwar grundsätzlich auch im **Verhältnis zwischen Mieter und Untermieter** Anwendung (nicht aber im Verhältnis Vermieter zu Untermieter, s. dazu vorstehend); einem Mieter steht aber dann kein Anspruch auf Nutzungsentschädigung gegen seinen Untermieter zu, wenn sein Vertrag mit dem Vermieter ebenfalls beendet ist, da er dann keine eigene Nutzungsberechtigung mehr hat, die ihm durch den Untermieter vorenthalten werden könnte[28]. Ansprüche aus § 987 BGB scheitern daran, dass der Mieter nicht Eigentümer der Mietsache ist. Der Untermieter ist auch nicht auf Kosten des Mieters bereichert. Ein Schadensersatzanspruch wegen Verzugs ist möglich, nicht jedoch die Geltendmachung eines Kündigungsfolgeschadens, da ein solcher Anspruch eine Weitervermietungsmöglichkeit voraussetzt, die aber nicht besteht, wenn der Hauptmietvertrag beendet ist[29]. Endet bei einer **gewerblichen Weitervermietung** das Zwischenmietverhältnis, ist § 546a BGB nicht anwendbar, da den Zwischenvermieter keine Rückgabepflichten treffen; gem. § 565 BGB wird das Mietverhältnis nämlich von dem gewerblichen Vermieter mit dem (End-)Mieter fortgeführt und der Vermieter hat einen eigenen Mietzinsanspruch[30]. Wird dieses neue Mietverhältnis beendet, sind Ansprüche aus § 546a Abs. 1 BGB möglich, sofern nicht vorher ein neuer Zwischenmieter gem. § 565 Abs. 1 Satz 2 BGB den Vertrag übernommen hat[31]. 7

Ist der Vermieter auch Eigentümer des Mietgrundstücks[32], geht bei einem **Eigentumswechsel** an dem Grundstück gem. **§ 566 BGB** neben dem Rückgabeanspruch gem. § 546 BGB[33] auch der Anspruch auf Nutzungsentschädigung gem. § 546a BGB sowie ein evtl. Anspruch auf Schadensersatz wegen Räumungsverzugs auf den neuen Eigentümer über, andere Rechte bzw. Pflichten nach der Rechtsprechung des BGH aber grundsätzlich nicht[34]. 8

Weist eine Behörde den Mieter durch Verwaltungsakt in die Wohnung ein[35] (etwa zur Vermeidung von **Obdachlosigkeit**), dann kann der Vermieter von dem (ehemaligen) Mieter keine Nutzungsentschädigung verlangen, da nicht der Mieter die Mietsache vorenthält, sondern die Behörde auf Grund der **hoheitlichen Einweisung**[36]. Es entsteht zwischen Vermieter und Behörde „eine Art öffentlich-rechtliches Verwahrungsverhältnis", das die Behörde – auch bei Vorliegen eines 9

---

ses Ergebnis aus § 546 Abs. 2 BGB folgert, sich damit aber über den eindeutigen Wortlaut des § 546a BGB hinwegsetzt.

22 BGH NZM 2000, 183.

23 Für die Vermietung beweglicher Sachen gilt das genauso. Wegen § 566 BGB, der nur für unbewegliche Sachen gilt, war es aber klarzustellen.

24 Anders, wenn der Veräußerer auch Vermieter war; s. Rdn. 8 und bei § 566 Rdn. 51.

25 OLG Düsseldorf ZMR 2007, 33.

26 BGH NJW 1998, 372 = ZMR 1998, 20.

27 OLG Köln ZMR 2006, 862.

28 BGH NJW 1996, 46 = WuM 1996, 32 = ZMR 1996, 15; KG ZMR 2013, 26; KG ZMR 2006, 283; OLG Saarbrücken NZM 2006, 180.

29 KG ZMR 2006, 283.

30 KG GE 2012, 1559; *Rolfs* in Staudinger § 546a Rdn. 12; *Lammel,* Wohnraummietrecht, § 546a Rdn. 17. Zur Rechtslage vor Einführung des § 565 BGB s. BGH NJW 1996, 1886.

31 *Rolfs* in Staudinger § 546a Rdn. 12.

32 S. Rdn. 6 zu dem Fall, dass Eigentum und Vermieterstellung auseinanderfallen.

33 Einzelheiten bei § 566 Rdn. 51. **A. A.** *Rolfs* in Staudinger § 546 Rdn. 7; OLG München ZMR 1996, 375 = NJW-RR 1996, 907, sämtlich aber ohne nähere Begründung.

34 BGH NJW 2007, 1818; BGH NJW 1978, 2148. Einzelheiten bei § 566 Rdn. 51.

35 S. hierzu vor § 535 Rdn. 161; *Günther/Traumann* NVwZ 1993, 130 und OVG Lüneburg NJW 2010, 1094.

36 *Rolfs* in Staudinger § 546a Rdn. 21.

Räumungstitels gegen den Mieter – im Wege des Folgenbeseitigungsanspruchs verpflichtet, nach Wegfall des Einweisungsgrundes für die Räumung zu sorgen[37]. Bis zur Räumung kommen gegen die Behörde Entschädigungsansprüche in Betracht. Anspruchsgrundlage ist, sofern nicht spezialgesetzliche, die allgemeinen Entschädigungsregeln verdrängende[38] landesgesetzliche Vorschriften eingreifen (etwa § 39 Abs. 1 OBG NW), eine Entschädigung wegen enteignenden Eingriffs, wenn es sich um eine rechtmäßige Einweisung gehandelt haben sollte[39], und wegen enteignungsgleichen Eingriffs, wenn die Einweisung rechtswidrig war[40]. Bei einer rechtswidrigen Einweisung kommt eine Kürzung des Anspruchs wegen Mitverschuldens in Betracht, wenn der Vermieter die Einweisung durch Inanspruchnahme von Primärrechtsschutz hätte bekämpfen können[41]. Die Höhe der Entschädigung orientiert sich an der ortsüblichen Miete; meist greifen die Behörden auf die zwischen dem eingewiesenen Mieter und dem Vermieter vereinbarte Miete zurück[42]. Die Entschädigung muss aber ggf. auch weitere Nachteile ausgleichen, die der Vermieter durch die Beschlagnahme erleidet (z. B. wegen unterbliebener Weitervermietung)[43]. Nach dem Ende der Einweisung kann ein Räumungsanspruch des Vermieters gegen den Mieter wiederaufleben, wenn der Eingewiesene dem von der Einweisung betroffenen Eigentümer gem. § 546 Abs. 1 oder Abs. 2 BGB zur Rückgabe verpflichtet war, weil der Eigentümer nur für die Dauer der Beschlagnahme daran gehindert ist, aus einem ggf. bestehenden privatrechtlichen Räumungstitel zu vollstrecken[44]. Wenn aber eine Rückgabepflicht besteht, ist der Mieter dem Vermieter bei Erfüllung der sonstigen Voraussetzungen auch zur Zahlung von Nutzungsentschädigung verpflichtet; Behörde und Mieter haften dann wie Gesamtschuldner.

IV. Rechtsverhältnis nach Vertragsbeendigung

10 Nach der Vertragsbeendigung entsteht zwischen den Parteien ein Rückgewährschuldverhältnis, das gerichtet ist auf die **Abwicklung des Vertrages**[45]. Es handelt sich um ein **gesetzliches Schuldverhältnis**[46], das insbesondere die Rückgabe der Mietsache durch den Mieter sowie die Erfüllung der sonstigen Rückgabepflichten gem. § 546 BGB zum Inhalt hat. Es umfasst darüber hinaus sämtliche nachvertraglichen Pflichten der ehemaligen Vertragsparteien; das können sowohl Leistungspflichten sein (etwa die Pflicht zur Aufrechterhaltung der Versorgung durch den Vermieter oder die Zahlung von Nutzungsentschädigung durch den Mieter[47]), als auch Rücksichtnahme- und Schutzpflichten i. S. v. § 241 Abs. 2 BGB[48]. Solche nachvertraglichen Pflichten kommen vornehmlich bei verzögerter Rückgabe in Betracht. Der konkrete Inhalt des nachvertraglichen Abwicklungsschuldverhältnisses ist durch Auslegung und Abwägung der beiderseitigen Interessen zu bestimmen. Angesichts der Vertragsbeendigung bestehen insbesondere die Vermieterpflichten nur im Rahmen des Zumutbaren[49]. Grundsätzlich ist zu unterscheiden zwischen der einfachen (unerlaubten) Weiternutzung nach Vertragsbeendigung und einer (gestatteten) Weiternutzung auf Grund der Gewährung einer Räumungsfrist durch den Vermieter oder das Gericht (§§ 721, 765a ZPO). Außerdem kann es gesetzliche Schwebezeiten nach Beendigung des Mietverhältnisses geben, während derer das Schicksal des Vertrages offen ist. Eine solche Schwebezeit ist in §§ 574ff. BGB (So-

---

[37] BGH NJW 1995, 2918 = WuM 1995, 720; BGH NZM 2006, 267 = WuM 2006, 164 = ZMR 2006, 349. **A. A.** OLG Köln NJW 1994, 1012.

[38] BGH NJW 1988, 1096.

[39] BGH NJW 1987, 2573, dort auch zu den näheren Voraussetzungen eines solchen Anspruchs.

[40] OLG Hamm VersR 2000, 643.

[41] BGH NJW 1995, 2918.

[42] *Günther/Traumann* NVwZ 1993, 130.

[43] *Heintzmann* in Soergel § 546a Rdn. 9.

[44] BGH NJW 1995, 2918.

[45] BGH (XII ZR 66/13) NJW 2015, 2795 = WuM 2015, 493 = ZMR 2015, 754 Rdn. 18; BGH NJW 1984, 1527 = WuM 1984, 131 = ZMR 1984, 380; *Lehmann-Richter* PiG 90 (2011) 213.

[46] *Rolfs* in Staudinger § 546a Rdn. 6 und wohl auch *Lehmann-Richter* PiG 90 (2011) 213.

[47] *Lehmann-Richter* PiG 90 (2011) 213.

[48] *Lehmann-Richter* PiG 90 (2011) 213. **A. A.** *Derleder* WuM 2011, 552, der ein gesetzliches Schuldverhältnis ablehnt, weil er meint, daraus könnten keine Treu- und Rücksichtnahmepflichten erwachsen. BGH NJW 2009, 1947 = WuM 2009, 469 = ZMR 2010, 263 Rdn. 16 siedelt jedenfalls die nachvertragliche Pflicht des Vermieters zur Aufrechterhaltung der Versorgung bei § 242 BGB an, was aber unnötig erscheint, wenn man ein gesetzliches Abwicklungsschuldverhältnis annimmt.

[49] BGH NJW 2009, 1947 = WuM 2009, 469 = ZMR 2010, 263 Rdn. 16; *Derleder* WuM 2011, 552.

zialklausel) vorgesehen, aber auch in §§ 543 Abs. 2 Satz 3, 569 Abs. 3 Nr. 2, 545, 575 Abs. 2 und 3 BGB[50]. Wenn die Fortsetzung (oder Neubegründung) des Mietverhältnisses nach Ablauf der Schwebezeit nicht mehr vom Willen des Vermieters, sondern nur vom Verhalten des Mieters bzw. von der (gerichtlichen) Feststellung eines bestehenden Rechts abhängt[51], dann ähnelt der Schwebezustand einer gestatteten Weiternutzung, in den anderen Fällen einer unerlaubten Weiternutzung. Letzteres (unerlaubte Weiternutzung) ist etwa bei § 545 BGB der Fall, ersteres (erlaubte Weiternutzung) etwa bei begründeten (nicht aber bei unbegründetem) Widerspruch gem. der Sozialklausel in § 574 BGB[52]. Die Nachholungsrechte der §§ 569 Abs. 3 Nr. 2, 543 Abs. 2 Satz 3 BGB stellen eine unerlaubte Weiternutzung dar, weil hier – anders als bei einem Widerspruch gem. § 574 BGB – der Mieter noch nichts getan hat zur Rechtewahrung, er hat vielmehr unbedingt zu räumen, eine Räumungsklage wäre (bis zur Nachholungshandlung) begründet[53]. Die nachfolgenden Ausführungen betreffen vornehmlich die Raum- und Grundstücksmiete, sind aber sinngemäß auch auf andere Mietverhältnisse anwendbar.

1. Unerlaubte Weiternutzung

Die Feststellung, dass zwischen den Vertragsparteien ein gesetzliches Schuldverhältnis besteht, 11
wenn der Mieter seinen Rückgabepflichten nicht rechtzeitig oder nicht vollständig nachkommt, besagt nichts über die konkret wechselseitig bestehenden nachvertraglichen Pflichten. Lediglich die Rückgabepflichten des Mieters gem. § 546 BGB und zur Zahlung von Nutzungsentschädigung sind eindeutig Inhalt des gesetzlichen Schuldverhältnisses. Ansonsten muss als **Ausgangspunkt** für die nachvertraglichen Pflichten genommen werden, dass mit der Vertragsbeendigung die wechselseitigen **Erfüllungspflichten erloschen** sind[54]. Der Vermieter ist nicht mehr zur **Gebrauchsgewährung** in dem vertragsgemäßen Zustand verpflichtet[55], der Mieter nicht mehr zur Zahlung der Miete. Bei der Raum- und Grundstücksmiete ist die Gebrauchsgewährungspflicht während der Vertragslaufzeit in aller Regel mit der Einräumung des Besitzes an der Mietsache verbunden[56]. Diesen Besitz darf der Vermieter aber trotz des Wegfalls der Gebrauchsgewährungspflicht nicht stören oder entziehen; das wäre verbotene Eigenmacht, derer sich der Mieter durch einstweilige Verfügung erwehren könnte[57]. Gebrauchsgewährungspflicht und Besitz sind nicht vollständig identisch[58]. Soweit erstere über das Besitzrecht hinausgeht, muss der Vermieter nicht mehr leisten[59]. Auch aus § 546a BGB folgt nichts anderes. Insbesondere kann aus dieser Vorschrift nicht geschlossen werden, der Vermieter müsse quasi das vertragliche Pflichtenprogramm aufrecht erhalten, weil er Anspruch auf die vereinbarte oder ortsübliche Miete als Nutzungsentschädigung hat[60]. Eine solche Sicht würde den Zweck des § 546a BGB verkennen, der dem Vermieter Vorteile verschaffen, ihm aber keine Pflichten auferlegen will. Er gewährt dem Vermieter nämlich einen einfach bestimmbaren Anspruch auf eine Mindestentschädigung für die Vorenthaltung der Mietsache. Will der Vermieter trotz dieses Anspruchs, der von einer im Wesentlichen unveränderten Fortführung der Nutzung ausgeht, das für die Äquivalenz von Gebrauch und Nutzungsentschädigung Erforderliche nicht zur Verfügung stellen, so zwingt ihn § 546a BGB nicht dazu, er muss nach h. M. nicht einmal Einbußen bei der Höhe der Nutzungsentschädigung hinnehmen, wenn das Mietobjekt

---

[50] S. zu diesen Schwebezeiten *Lehmann-Richter* PiG 90 (2011) 208ff.

[51] *Lehmann-Richter* PiG 90 (2011) 208 vergleicht das mit einem Anwartschaftsrecht.

[52] *Lehmann-Richter* PiG 90 (2011) 210 auch mit Nachweisen zur abweichenden h. M. bei unbegründetem Widerspruch gem. § 574 BGB; s. auch Rdn. 16.

[53] *Lehmann-Richter* PiG 90 (2011) 211.

[54] *Rolfs* in Staudinger § 546a Rdn. 6.

[55] BGH (XII ZR 66/13) NJW 2015, 2795 = WuM 2015, 493 = ZMR 2015, 754 Rdn. 18; BGH NJW 2009, 1947 = WuM 2009, 469 = ZMR 2010, 263; LG Berlin GE 2009, 518; *Lehmann-Richter* PiG 90 (2011) 206.

[56] Zu Ausnahmen s. bei § 546 Rdn. 30.

[57] S. dazu bei § 546 Rdn. 115.

[58] BGH NJW 2009, 1947 = WuM 2009, 469 = ZMR 2010, 263.

[59] BGH NJW 2009, 1947 = WuM 2009, 469 = ZMR 2010, 263 Rdn. 27; *Lammel*, Wohnraummietrecht, § 546a Rdn. 7.

[60] Das AG Miesbach WuM 1988, 57 folgert aus dem in § 546a BGB geregelten Nutzungsentschädigungsanspruch des Vermieters, dieser müsse eben wegen der Entschädigung für eine Versorgung der Wohnung sorgen. Das LG Hamburg NJW-RR 1986, 441 = ZMR 1986, 122 will einen Mängelbeseitigungsanspruch des Mieters bejahen, wenn sich die Kosten der Reparatur noch durch die voraussichtlich anfallende Nutzungsentschädigung amortisieren. Dagegen zu Recht *Blank/Börstinghaus* § 546a Rdn. 61.

mangelhaft wird[61]. Abgesehen von dem Besitzrecht des Mieters, das der Vermieter nicht verletzen darf, gibt es **nachvertragliche Pflichten,** die wechselseitig im Rahmen des Zumutbaren[62] zu erfüllen sind (s. Rdn. 10). Die Fortführung von Leistungen kommt insbesondere dann in Betracht, wenn der Mieter den Anspruch des Vermieters auf Nutzungsentschädigung ganz oder teilweise befriedigt. Ausgehend von diesen Determinanten ergibt sich **Folgendes:**

12 Der Vermieter darf den **Besitz** des Mieters nicht beeinträchtigen, d. h., er darf den Besitz weder stören noch entziehen im Sinne der §§ 861, 862 BGB. Dazu gehört, dass er dem Mieter (und seinen Besuchern[63]) freien und ungestörten Zugang zu dem Mietobjekt[64] und dessen Gemeinschaftseinrichtungen[65] (Waschkeller, Antenne, Telefonanschluss) belassen muss. Besitzstörungen anderer muss der Vermieter aber nicht verhindern; dazu wäre er nur bei bestehendem Vertrag verpflichtet[66]. Weiterhin schuldet der Vermieter grundsätzlich keine **Versorgungsleistungen** (Heizung, Wasser, Strom) mehr, er darf aber nicht in die Versorgungsbeziehung eingreifen, die der Mieter selbst mit einem Versorgungsunternehmen abgeschlossen hat[67]. S. näher zur der Frage, wann der Vermieter nach Vertragsbeendigung[68] die Versorgungsleistungen einstellen darf bzw. unter welchen Bedingungen er sie fortsetzen muss, bei § 546 Rdn. 116.

13 Der Vermieter ist dem Mieter zur **Verkehrssicherung** verpflichtet wie jedem Dritten gegenüber[69]. Der Zugang zum Mietobjekt muss gefahrlos möglich sein, auch in der Wohnung dürfen akute, kurzfristig nicht beherrschbare Gefahren für Leben, Gesundheit und Eigentum des Mieters nicht bestehen. In diesem Rahmen ist der Vermieter zur Mängelbeseitigung verpflichtet, ansonsten nicht, da vertragliche Erfüllungspflichten nicht mehr bestehen[70]. Die Abgrenzung zwischen notwendiger Verkehrssicherung und nicht mehr geschuldeter Mängelbeseitigung kann im Einzelfall schwierig sein. Schimmel stellt beispielsweise immer einen Mangel und ab einem gewissen Ausmaß eine Gesundheitsgefahr dar[71]. Eine Beseitigungspflicht wird dennoch wohl zu verneinen sein, da die Gefahr meist nicht akut ist, sondern ein Gesundheitsschaden sich erst bei einer längeren Exposition einstellt und der Mieter sich ihr einfach durch (den ohnehin geschuldeten) Auszug entziehen kann[72]. Bei Einsturzgefahren oder Glätte im Winter ist das anders. Vor diesen Gefahren hat der Vermieter jeden Dritten zu schützen. Die Beispiele zeigen, dass eine **Mängelbeseitigung nur ganz ausnahmsweise** in Betracht kommen dürfte. Ist der Zustand des Mietobjekts mangelhaft, kann das unter Umständen Auswirkungen auf die Höhe der Nutzungsentschädigung haben[73]. Beseitigt der Mieter einen Mangel, dann kommen als Grundlage seiner Ansprüche mangels Mietvertrages nicht §§ 536a, 539 BGB in Betracht, sondern gegen den (ggf. vom Vermieter unterschiedlichen) Eigentümer nur §§ 994ff. BGB[74]; Ansprüche gegen den Vermieter aus angemaßter Geschäftsführung gem. § 687 Abs. 2 BGB scheiden praktisch aus, weil dieser hierfür zunächst seinerseits Ansprüche gem. 667, 678 BGB gegen den Mieter geltend machen müsste[75].

---

[61] S. dazu näher bei Rdn. 68.

[62] BGH NJW 2009, 1947 = WuM 2009, 469 = ZMR 2010, 263 Rdn. 16; *Derleder* WuM 2011, 552.

[63] *Bieber* in MünchKomm § 546a Rdn. 30; *Derleder* WuM 2011, 553. **A. A.** *Lehmann-Richter* PiG 90 (2011) 207.

[64] BGH NJW 2009, 1947 = WuM 2009, 469 = ZMR 2010, 263.

[65] LG Waldshut-Tiengen WuM 1981, 212; *Rolfs* in Staudinger § 546a Rdn. 7; *Derleder* WuM 2011, 552/553.

[66] So auch *Busch* MDR 1960, 359; *Bieber* in MünchKomm § 546a Rdn. 28.

[67] BGH NJW 2009, 1947 = WuM 2009, 469 = ZMR 2010, 263; *Streyl* DWW 2009, 86 und 88; *Derleder* WuM 2011, 552.

[68] Zur Versorgungssperre bei unbeendetem Vertrag s. *Streyl* DWW 2009, 83.

[69] BGH (XII ZR 66/13) NJW 2015, 2795 = WuM 2015, 493 = ZMR 2015, 754 Rdn. 25; LG Berlin ZMR 1992, 541; *Lehmann-Richter* PiG 90 (2011) 206; *Derleder* WuM 2011, 553; *Busch* MDR 1960, 360; *Bieber* in MünchKomm § 546a Rdn. 28.

[70] LG Berlin MDR 1992, 478; LG Hamburg WuM 1987, 390; LG Hamburg ZMR 2011, 879; *Rolfs* in Staudinger § 546a Rdn. 7; *Busch* MDR 1960, 360/361. Das LG Aachen MDR 1992, 578 teilt den Ansatz, zieht die Grenze bei erheblichen Feuchtigkeitsschäden und Streit über die Räumungspflicht im konkreten Fall jedoch recht weit, was angesichts der voraussichtlichen Gewährung einer Räumungsfrist (s. dazu sogleich) aber noch gerechtfertigt erscheint.

[71] Zur Gefährlichkeit von Schimmel s. *Streyl* WuM 2007, 365. Es ist allerdings bei letzten Absatz der Ausführungen zu beachten, das 0,5 qm nicht einer sondern ca. vier DIN-A4-Seiten entsprechen.

[72] **A. A.** *Derleder* WuM 2011, 553.

[73] S. dazu bei Rdn. 68/69.

[74] *Lehmann-Richter* PiG 90 (2011) 207.

[75] *Lehmann-Richter* PiG 90 (2011) 207.

In keinem Fall ist der Vermieter dem Mieter zu einer **Erweiterung des Gebrauchsrechts** verpflichtet, er muss also weder eine Untervermietung, Tierhaltung, die Anbringung einer Parabolantenne oder ähnliches dulden[76]. Gleiches gilt für die Aufnahme weiterer Personen in die Mietwohnung, da hierdurch die Zwangsvollstreckung erschwert wird; bei nächsten Familienangehörigen kann es im Einzelfall bei dringender Notlage nach Treu und Glauben Ausnahmen geben[77]. Besuchern des Mieters muss der Vermieter hingegen den Zugang zum Mietobjekt gestatten[78]. 14

Auch den **Mieter** treffen grundsätzlich die vertraglich vereinbarten Pflichten nicht mehr. Da er aber wie jeder (ehemalige) Vertragspartner als Nebenpflicht gem. § 241 Abs. 2 BGB Rücksicht zu üben und das Eigentum und die Rechte des Vermieters zu schützen hat, hat er den **Hausfrieden** zu wahren und es obliegen ihm in Bezug auf die Mietsache **Obhutspflichten**[79]. Weil der Mieter i. d. R. Alleinbesitz unter Ausschluss des Vermieters hat, muss er Beeinträchtigungen nicht nur unterlassen, es ist vielmehr gerechtfertigt, das vertragliche Pflichtenprogramm hinsichtlich der Obhutspflichten (einschließlich der Anzeigepflichten gegenüber dem Vermieter[80]) aufrecht zu erhalten[81]. Das umfasst dann auch die Ausführung vereinbarter Kleinreparaturen oder die Durchführung fälliger **Schönheitsreparaturen** sowie die Hausreinigung und den Winterdienst[82]. Zwar ist der Mieter nach Vertragsende zum Gebrauch nicht mehr berechtigt, er hat aber dennoch nicht für Veränderungen oder Verschlechterungen einzustehen, die ansonsten vom **vertragsgemäßen Gebrauch** gem. § 538 BGB gedeckt wären[83]. **Instandhaltungs- und Modernisierungsmaßnahmen** i. S. v. § 554 BGB hat der Mieter als Minus zum Herausgabeanspruch zu dulden[84], auch wenn diese Pflicht eher theoretischer Natur ist, da die Räumung meist ebenso schnell durchgeführt sein dürfte wie die Erwirkung eines Duldungstitels. Zur Pflicht des Mieters, den Rückgabetermin mitzuteilen, s. bei § 546 Rdn. 52. 15

2. Gestattete Weiternutzung

Dem Mieter kann die Weiternutzung der Mietsache trotz der Vertragsbeendigung vorübergehend weiter gestattet sein. Das ist etwa der Fall, wenn er mit dem Vermieter eine **Räumungsfrist** vereinbart oder dieser die Rückgabepflicht stundet[85], wenn ihm durch das Gericht eine Räumungsfrist gem. § 721 ZPO eingeräumt wird oder wenn er Vollstreckungsschutz gem. § 765 a ZPO genießt. Ähnlich zu behandeln ist die Schwebezeit nach (wirksamem!) Widerspruch des Mieters gegen die Kündigung gem. der Sozialklausel des § 574 BGB (s. Rdn. 10). Durch diese Gestattungen, die vornehmlich bei der Wohnungsmiete vorkommen dürften, entsteht **kein Mietverhältnis** zwischen den Parteien[86], der frühere Vertrag bleibt vielmehr aufgelöst mit den soeben geschilderten Folgen für die wechselseitigen Rechte und Pflichten. Die Gestattung kann aber auf der anderen Seite nicht ohne Einfluss diese Rechte und Pflichten bleiben, da der Mieter entweder durch den Vermieter selbst oder durch das Gesetz eine stärkere Stellung eingeräumt wird als dem Mieter, der sofort räumen muss[87]. Es entsteht ein Nutzungsverhältnis eigener Art[88]. Im Falle der Schwebezeit nach (wirksamem!) Widerspruch des Mieters gegen die Kündigung gem. der **Sozialklausel** des § 574 BGB können die mietrechtlichen Regeln der §§ 535 ff. BGB und des gekündigten Vertrages analog angewendet werden; das frühere vertragliche Rechte- und Pflichtenprogramm bleibt auch in der Schwe- 16

---

76 *Rolfs* in Staudinger § 546 a Rdn. 7; *Lehmann-Richter* PiG 90 (2011) 206.

77 *Derleder* WuM 2011, 553 Fn. 12.

78 *Derleder* WuM 2011, 552/553. **A. A.** *Lehmann-Richter* PiG 90 (2011) 207.

79 Allg. M., s. nur *Bieber* in MünchKomm § 546 a Rdn. 27; *Derleder* WuM 2011, 553; LG Hamburg ZMR 2011, 879.

80 LG Hamburg ZMR 2011, 879 für die Mängelanzeige.

81 Im Ergebnis ebenso *Busch* MDR 1960, 360, dessen dogmatische Grundlage unklar ist, der möglicherweise trotz der Vertragsbeendigung eine aus § 242 BGB folgende vertragsähnliche Beziehung zwischen Mieter und Vermieter annimmt.

82 *Derleder* WuM 2011, 553. Im Ergebnis ebenso *Rolfs* in Staudinger § 546 a Rdn. 8 und LG Hamburg ZMR 2011, 879, die als Begründung den Entgeltcharakter dieser Leistungen anführen.

83 S. Rdn. 98 und weiterhin Rdn. 69. **A. A.** *Bieber* in MünchKomm § 546 a Rdn. 27.

84 *Lehmann-Richter* PiG 90 (2011) 205.

85 S. hierzu bei § 546 Rdn. 79.

86 So auch *Derleder* WuM 2011, 553.

87 *Lehmann-Richter* PiG 90 (2011) 212.

88 AG St. Blasien WuM 1996, 286; *Bosch* NZM 2009, 531 spricht von einem vertragsähnlichem Schuldverhältnis.

bezeit aufrechterhalten[89]. Da die Wirksamkeit des Widerspruchs oft erst nach einem Urteil gem. § 574a Abs. 2 BGB feststeht, sind Streitigkeiten über die Rechte und Pflichten in der Schwebezeit ggf. im einstweiligen Verfügungsverfahren zu klären; möglicherweise ist das die Erklärung dafür, dass die h. M.[90] auch bei unwirksamem Widerspruch von der Fortgeltung der vertraglichen Pflichten ausgeht. Außerhalb der Fälle eines wirksamem Widerspruchs gem. § 574 BGB ist an Hand des **Zwecks der Gestattung** zu ermitteln, welche Rechte und Pflichten ein solches Nutzungsverhältnis *zusätzlich* zu denen bei einer unerlaubten Weiternutzung nach sich zieht[91]. Es ist davon auszugehen, dass der Mieter nicht mittelbar zum Auszug gezwungen werden darf, weil dies den Vollstreckungsschutz vereiteln würde[92]; auf der anderen Seite ist zu berücksichtigen, dass die (Weiter-) Nutzung – anders als bei bestehendem Vertrag – ausschließlich dem Interesse des Mieters dient, was zur Folge hat, dass die Belange des Vermieters nicht über Gebühr beansprucht werden dürfen[93]. Dogmatisch sind die wechselseitigen Pflichten in dem Abwicklungsschuldverhältnis begründet, das mit dem Ende des Mietvertrages entsteht (s. dazu Rdn. 10). Aus diesem Abwicklungsschuldverhältnis können auch Hauptleistungspflichten folgen[94], im Fall der gestatteten Weiternutzung etwa die (eingeschränkte) Pflicht zur Gebrauchsgewährung.

17 Der Gebrauch des Mieters ist bei gestatteter Weiternutzung nicht nur besitzrechtlich geschützt, sondern auch durch die Gestattung. Zu einem sinnvollen Gebrauch gehört auch die **Versorgung** mit Wärme, Strom und Wasser, so dass der Vermieter bei einer Gestattung die Versorgung nicht sperren darf[95]. Anders kann das aber sein, wenn die Gestattung von der Zahlung der Nutzungsentschädigung abhängig gemacht wurde; zahlt der Mieter diese nicht, kann der Vermieter die Versorgungsleistungen unter Umständen (s. dazu § 546 Rdn. 119) zurückhalten. Zur **Mängelbeseitigung** über das hinaus, was die Verkehrssicherung gebietet, ist der Vermieter nur verpflichtet, wenn die Mietsache in dem mangelhaften Zustand nicht sinnvoll zu dem von der Gestattung vorausgesetzten Zweck genutzt werden kann[96]; völlige Mangelfreiheit (etwa Freiheit von Dekorationsmängeln) ist nicht geschuldet, wohl aber Beseitigung von Gesundheitsgefahren wie sie etwa bei längerfristigem Aufenthalt in einer schimmelbelasteten oder erheblich feuchten Wohnung entstehen können[97]. Aus ähnlichen Erwägungen kann der Vermieter zur Abwehr von Störungen durch Dritte verpflichtet sein. Ist der Zustand des Mietobjekts mangelhaft, kann das unter Umständen Auswirkungen auf die Höhe der Nutzungsentschädigung haben[98].

V. Nutzungsentschädigung (Abs. 1)

18 Wichtigster Teil des nach Vertragsbeendigung entstehenden Abwicklungsschuldverhältnisses ist – neben dem Rückgabeanspruch des Vermieters gem. § 546 BGB – der Nutzungsentschädigungsanspruch gem. § 546a Abs. 1 BGB.

---

89 *Lehmann-Richter* PiG 90 (2011) 213.

90 S. etwa *Häublein* in MünchKomm § 574 Rdn. 27; weitere Nachweise bei *Lehmann-Richter* PiG 90 (2011) 210.

91 *Müller* MDR 1971, 253.

92 *Lehmann-Richter* PiG 90 (2011) 213 m. w. N.

93 Das ergibt sich wohl auch aus BGH NJW 2009, 1947 = WuM 2009, 469 = ZMR 2010, 263. Außerdem AG St. Blasien WuM 1996, 286; *Müller* MDR 1971, 254.

94 *Lehmann-Richter* PiG 90 (2011) 213.

95 Allg. M., s. nur BGH NJW 2009, 1947 = WuM 2009, 469 = ZMR 2010, 263; AG St. Blasien WuM 1996, 286; *Müller* MDR 1971, 254.

96 LG Berlin ZMR 1992, 541; LG Berlin MDR 1992, 478. Das AG St. Blasien WuM 1996, 286 spricht von einer unbedingt erforderlichen Einrichtung für ein sachlich angemessenes Wohnen. Ähnlich auch *Lehmann-Richter* PiG 90 (2011) 213, der von für die Nutzung unerlässlichen Leistungen spricht, und *Derleder* WuM 2011, 553, der von unerträglichen Zuständen spricht. *Müller* MDR 1971, 255 möchte die Mängelbeseitigungspflicht davon abhängig machen, ob sie – wie bei laufenden Instandsetzungsmaßnahmen – von der Nutzungsentschädigung mit abgegolten ist. Wie bei Rdn. 11 ausgeführt ist das der falsche Ansatzpunkt. Der Anspruch auf Nutzungsentschädigung bestimmt nicht das Pflichtenprogramm, er ist allenfalls zu kürzen (s. dazu bei Rdn. 68), wenn der Vermieter nicht das erbringt, was bei Bestehen des Mietvertrages als Gegenleistung geschuldet war.

97 LG Berlin ZMR 1992, 541; LG Aachen MDR 1992, 578.

98 S. dazu bei Rdn. 68/69.

1. Rechtsnatur des Anspruchs

Der Entschädigungsanspruch aus § 546a Abs. 1 BGB beruht zwar nicht auf einem Vertrag, weil er gerade die Beendigung des Mietverhältnisses voraussetzt; er ist jedoch kein Schadensersatzanspruch oder schadensersatzähnlichen Anspruch[99], sondern nach h. M.[100] vertragsähnlicher Natur („ein **vertraglicher Anspruch eigener Art**"), der an die Stelle des ursprünglichen Mietzinsanspruchs tritt. Die Entschädigung ist nämlich für die weitere (Möglichkeit der) Nutzung der Sache zu zahlen, hat also ihre Ursache in der Gewährung einer Leistung[101]. Ihr liegt – genauso wie bei § 987 BGB – eine Gebrauchsüberlassung zu Grunde, die zum Zweck der Erzielung von Entgelt erbracht wurde; dass ein Vertrag nicht mehr besteht, ändert daran nichts, da es genau wie bei einem Eigentümer-Besitzer-Verhältnis um die **Abwicklung eines gegenseitigen Leistungsverhältnisses** geht[102]. 19

Die Frage, ob es sich bei der Nutzungsentschädigung um einen Schadensersatzanspruch oder einen vertragsähnlichen Anspruch handelt, ist nicht nur theoretischer Natur[103]. Nur bei vertragsähnlicher Natur ist die Nutzungsentschädigung ein **umsatzsteuerpflichtiges Geschäft**[104], dies allerdings nur, wenn die Umsatzsteuerpflicht für den Mietzins vereinbart war und die Umsatzsteueroption gem. §§ 4 Nr. 12, 9 UStG für den Mietvertrag auch wirksam ausgeübt war[105]. Weiterhin sind die Regeln über ein **Mitverschulden** aus § 254 BGB nicht anwendbar[106] (etwa in den Fällen, in denen der Vermieter nicht von seinem Rückforderungsanspruch gem. § 546 Abs. 2 BGB gegen einen die Mietsache inne haltenden Dritten Gebrauch macht[107]) und ein **vertragliches Aufrechnungsverbot** des Mieters gegenüber dem Mietzinsanspruch wirkt auch gegenüber dem Nutzungsentschädigungsanspruch[108]. Außerdem hat diese rechtliche Qualifizierung Auswirkungen auf die Frage, ob eine Minderung des Entschädigungsanspruchs zu bejahen ist[109]. 20

Ansprüche aus § 546a BGB wegen Vorenthaltung der Mietsache sind Entschädigungsforderungen i. S. v. § 562 Abs. 2 BGB; sie berechtigen aber nur für abgelaufene Zeiträume zur Geltendmachung des **Vermieterpfandrechts**[110]. 21

2. Voraussetzungen

Voraussetzung des Entschädigungsanspruchs gem. § 546a Abs. 1 BGB scheint zunächst nur zu sein, dass ein **Mietverhältnis** bestanden hat und inzwischen **beendet** wurde und dass der Mieter die Mietsache nicht zurückgibt. In der Begrenzung des Anspruchs auf die Dauer der Vorenthaltung steckt jedoch überdies ein weiteres Tatbestandselement, dass nämlich dieser Zustand dem **Willen des Vermieters widerspricht**[111]. Nimmt er die Mietsache zu Unrecht nicht zurück oder belässt er sie dem Mieter, steht ihm eine Entschädigung nicht zu. Hingegen kommt es i. d. R. nicht darauf an, ob der Mieter die Mietsache tatsächlich noch nutzt. Neben dem Rücknahmewillen muss der Vermieter nicht auch noch eine Nutzungsabsicht haben[112]. Einer Klage auf Nutzungsentschädigung kann das **Rechtsschutzbedürfnis** fehlen, wenn die Zeit für Verwahren und Wegschaffen 22

---

99 So aber *Greiner* ZMR 1998, 403/404 sowie – ohne weitere Begründung – BGH NJW 1961, 916; OLG Frankfurt NJW-RR 1988, 1213; OLG Karlsruhe ZMR 1987, 261.

100 BGH NJW 1984, 1527 = WuM 1984, 131 = ZMR 1984, 380; BGH NJW 2003, 1395 = WuM 2003, 280 = ZMR 2003, 333; BGH NZM 2003, 871 = WuM 2003, 510 = ZMR 2003, 827; BGH NJW 1988, 2665 = WuM 1988, 270 = ZMR 1988, 378; BGH NJW 1977, 1335; OLG Bremen MDR 2009, 1268; OLG Köln ZMR 2006, 772.

101 BGH NZM 1998, 192 = WuM 1999, 161 = ZMR 1998, 137.

102 BGH NZM 1998, 192 = WuM 1999, 161 = ZMR 1998, 137.

103 So aber *Rolfs* in Staudinger § 546a Rdn. 34.

104 BGH NJW 1988, 2665; bestätigt in BGH NZM 1998, 192 = ZMR 1998, 137 = WuM 1999, 161. Anders ist das bei Schadensersatzansprüchen gem. § 546a Abs. 2 BGB (s. dazu Rdn. 101).

105 BGH NZM 2009, 701 = ZMR 2010, 21 Rdn. 20.

106 BGH NJW 1988, 2665 = WuM 1988, 270 = ZMR 1988, 378; BGH NJW 1984, 1527 = WuM 1984, 131 = ZMR 1984, 380. S. dazu auch Rdn. 65.

107 BGH NJW 1984, 1527 = WuM 1984, 131 = ZMR 1984, 380.

108 BGH WuM 2000, 240 = NZM 2000, 336; OLG Düsseldorf GuT 2007, 438; OLG Karlsruhe ZMR 1987, 261. S. auch ausführlich bei § 556b Rdn. 34.

109 S. dazu bei Rdn. 68.

110 RGZ 142, 205/206; BGH NJW 1972, 721 (der BGH spricht in diesem Urteil missverständlich von Schaden anstatt von Entschädigung).

111 BGH NZM 2004, 354 = ZMR 2004, 256.

112 OLG München ZMR 1993, 466; LG Berlin GE 2015, 58.

des Räumungsgutes bei einer Vollstreckung gem. § 885a ZPO betroffen ist, da es sich dann um Kosten der Zwangsvollstreckung gem. § 788 ZPO handelt[113].

23 **a) Beendigung des Mietverhältnisses.** Der Anspruch aus Abs. 1 erfordert zunächst die Beendigung des (wirksam gewesenen) Mietvertrages. Der Grund der Vertragsbeendigung spielt keine Rolle, solange er den Vertrag nicht – wie bei der Anfechtung – rückwirkend vernichtet. Bei von Anfang an unwirksamem oder rückwirkend vernichtetem Vertrag bestehen ggf. Ansprüche aus §§ 812ff., 987ff. BGB[114]. Beendigungsgründe können Kündigung, Zeitablauf, Aufhebungsvertrag, Verwaltungsakt etc. sein.

24 Der Mietvertrag muss **beendet bleiben.** Wird er gem. § 545 BGB fortgesetzt, so schuldet der Mieter nur die vereinbarte Miete, da das Mietverhältnis rückwirkend als fortgesetzt gilt[115]. Ähnlich ist es bei einer Fortsetzung des Mietverhältnisses auf Grund der **Sozialklausel** der §§ 574 bis 574c BGB[116]; hier kommt eine Rückwirkung insbesondere bei Anwendung des § 574b Abs. 2 BGB in Betracht. Wenn ein Härtegrund gem. § 574 BGB durch Widerspruch gegen die Kündigung geltend gemacht wird, dann sind die Kündigungswirkungen gehemmt bzw. in der Schwebe[117], bis die Verhandlungen der Parteien über eine Fortsetzung des Vertrages beendet sind oder das Gericht über eine Fortsetzung entschieden hat. Während des Schwebezustandes schuldet der Mieter zunächst den vereinbarten Mietzins und nicht Nutzungsentschädigung; kommt es nicht zur Vertragsfortsetzung, entfällt der Schwebezustand und der Mieter schuldet rückwirkend Nutzungsentschädigung[118]. Wird das Mietverhältnis durch ausdrückliche oder konkludente Parteivereinbarung fortgesetzt[119], ist durch Auslegung der Vertragsbeginn zu ermitteln, um zu klären, ob und ggf. ab wann der Nutzungsentschädigungsanspruch in den Anspruch auf Mietzinszahlung umgewandelt wurde; in diese Auslegung sind auch mögliche Schadensersatzansprüche des Vermieters einzubeziehen, da sie bei einer Umwandlung in einen Mietzinsanspruch wohl erlöschen würden.

25 Wird bei der Wohnraummiete eine Kündigung wegen Zahlungsverzugs durch Begleichung des Mietrückstandes innerhalb der **Schonfrist** gem. § 569 Abs. 3 Nr. 2 BGB (rückwirkend[120]) wirkungslos und dadurch das Mietverhältnis unverändert fortgesetzt, dann kann es zu Konflikten zwischen der Höhe der nachgezahlten Nutzungsentschädigung und der geschuldeten Miete kommen. Liegt nämlich die ortübliche Miete über der vereinbarten Miete und hat der Vermieter nach der Kündigung die höhere ortsübliche Miete verlangt, so war die Nutzungsentschädigung in Höhe der ortsüblichen Miete fällig[121] im Sinne des § 569 Abs. 3 Nr. 2 BGB und zur Bewirkung der Unwirksamkeit der Kündigung zu zahlen. Wenn dann aber auf Grund der Fortsetzungsfiktion rückwirkend nur die vereinbarte Miete geschuldet wird, hätte der Vermieter zu viel erhalten. Der Rechtsgrund hierfür wäre auf Grund der Fortsetzungsfiktion nachträglich entfallen und der Vermieter hätte das zu viel Erhaltene nach § 812 BGB zu erstatten. Daraus folgt aber, dass es für den Eintritt der Fortsetzungsfiktion ausreichen muss, wenn der Mieter die Nutzungsentschädigung in Höhe der vereinbarten Miete nachzahlt, um die Wirkungen des § 569 Abs. 3 Nr. 2 BGB herbeizuführen.

26 Vertragliche oder gerichtliche/behördliche **Räumungsfristen** haben auf den Bestand des Mietverhältnisses keinen Einfluss, insbesondere kommt hierdurch ein Mietvertrag nicht zu Stande[122]. Deshalb haben Räumungsfristen auch keinen Einfluss auf den Nutzungsentschädigungsanspruch.

27 **b) Gläubiger des Entschädigungsanspruchs.** Gläubiger des Entschädigungsanspruchs gem. § 546a Abs. 1 BGB ist der Vermieter. Steht ein Grundstück unter **Zwangsverwaltung,** kann ihn nur der Zwangsverwalter geltend machen[123]. Wird ein Zwangsverwaltungsverfahren nicht wegen einer Antragsrücknahme (§§ 161 Abs. 4, 29 ZVG) oder der vollständigen Befriedigung des Gläubigers (§ 161 Abs. 2 ZVG) aufgehoben, sondern weil das Grundstück in der Zwangsversteigerung zu-

[113] S. näher bei § 885a Rdn. 62.
[114] S. Rdn. 5.
[115] *Rolfs* in Staudinger § 546a Rdn. 14.
[116] *Rolfs* in Staudinger § 546a Rdn. 14. S. auch bei § 574a Rdn. 2ff.
[117] Die dogmatischen Einzelheiten sind umstritten, über das Ergebnis besteht aber Einigkeit; s. bei § 574a Rdn. 10 sowie bei *Häublein* in MünchKomm § 574 Rdn. 27 und § 574a Rdn. 4.
[118] S. bei § 574a Rdn. 10; außerdem *Häublein* in MünchKomm § 574a Rdn. 4.
[119] S. zum konkludenten Neuabschluss eines Mietvertrages bei § 546 Rdn. 80.
[120] *Häublein* in MünchKomm § 569 Rdn. 44 mit Nachweisen auf die Gegenmeinung.
[121] S. zur Fälligkeit der Nutzungsentschädigung in Höhe der ortsüblichen Miete bei Rdn. 70.
[122] Einzelheiten bei § 546 Rdn. 79.
[123] BGH NZM 2003, 871 = WuM 2003, 510 = ZMR 2003, 827.

geschlagen wurde, ist der Zwangsverwalter auch ohne entsprechende Ermächtigung im Aufhebungsbeschluss befugt, wegen Nutzungen aus der Zeit vor der Zuschlagserteilung Klage zu erheben, sofern der die Zwangsverwaltung betreibende Gläubiger im Zeitpunkt des Wirksamwerdens des Zuschlagsbeschlusses noch nicht vollständig befriedigt ist[124]. Bilden mehrere Vermieter eine **GbR,** so steht dieser auf Grund ihrer Teilrechtsfähigkeit der Entschädigungsanspruch zu. Besteht lediglich eine (Eigentümer-)**Gemeinschaft,** kann jeder Miteigentümer den Anspruch (im Prozess als gesetzlicher Prozessstandschafter) geltend machen, jedoch nur Leistung an alle verlangen (§§ 1011, 432 BGB)[125]. Zur Frage, wann eine GbR und wann eine Gemeinschaft vorliegt s. vor § 535 Rdn. 240ff. und 260ff.

Bei einem **Eigentumswechsel** an einem Grundstück gem. § 566 Abs. 1 BGB geht der Nutzungsentschädigungsanspruch bezüglich der nach dem Eigentumswechsel fällig werdenden Ansprüche auf den neuen Eigentümer über[126]. Der Anspruch ist **abtretbar** und zwar auch unabhängig vom Rückgabeanspruch gem. § 546 BGB[127]; das folgt schon allein aus dem vertragsähnlichen, mietzinsersetzenden Charakter der Nutzungsentschädigung[128]. Im Einzelfall ist durch Auslegung zu ermitteln, ob dem Rückgabeanspruch gem. § 546 Abs. 1 BGB[129] auch der Anspruch auf Nutzungsentschädigung abgetreten werden soll. Die **Abtretung sämtlicher gegenwärtiger und zukünftiger Mietzinsansprüche** umfasst regelmäßig auch die Nutzungsentschädigungsansprüche aus § 546a BGB sowie die damit ggf. konkurrierenden Ansprüche aus §§ 812ff. bzw. 987ff. BGB[130]. 28

c) Schuldner des Entschädigungsanspruchs. Nach dem klaren Wortlaut des Abs. 1 ist Schuldner des Entschädigungsanspruchs nur der Mieter. **Untermieter bzw. Dritte** i. S. v. § 546 Abs. 2 BGB sind zwar zur Rückgabe verpflichtet und möglicherweise zu Schadensersatz bzw. Nutzungsersatz gem. §§ 812ff. bzw. 987ff. BGB[131], nicht aber zur Zahlung von Nutzungsentschädigung gem. § 546a Abs. 1 BGB[132]. Das gilt auch, wenn dem Untermieter eine gerichtliche Räumungsfrist bewilligt wurde[133]. Ähnlich ist es bei einem (echten) (Miet-)**Vertrag zu Gunsten Dritter** gem. § 328 BGB: Die Nutzungsentschädigung ist ein vertraglicher Anspruch eigener Art[134], der an die Stelle des Mietzinsanspruchs tritt. Mietzins und damit Nutzungsentschädigung schuldet aber auch beim Vertrag zu Gunsten Dritter nur der Mieter, nicht – auch nicht neben dem Mieter – der Dritte (Nutzer)[135]. Anders ist es bei Schadensersatzansprüchen wegen verspäteter Rückgabe (insbesondere Mietausfall). Da der Dritte zur Rückgabe gem. § 546 Abs. 1 BGB verpflichtet ist[136], haftet er auch für die Nichterfüllung der Rückgabepflicht[137]. Für Schadensersatzansprüche wegen Schlechterfüllung der Rückgabepflicht oder sonstige Schadensersatzansprüche aus dem Mietverhältnis kommt es darauf an, wen die verletzte Vertragspflicht traf[138]. Obhuts- und Sorgfaltspflichten (auch die Anzeige gem. § 536c Abs. 2 BGB) treffen den Dritten (Nutzer), so dass 29

[124] BGH (XII ZR 181/08) NJW 2010, 3033.
[125] BGH NZM 2001, 45 (für Mietzinsforderungen).
[126] Allg. M., s. dazu näher bei § 566 Rdn. 138.
[127] *Rolfs* in Staudinger § 546a Rdn. 38. In BGH NJW 1983, 112 und BGH NJW-RR 1999, 593 wird die Frage offen gelassen, ob eine getrennte Abtretung des Rückgabeanspruchs von dem Nutzungsentschädigungsanspruch möglich ist, verneinendenfalls wird aber eine Ermächtigung zur Geltendmachung des Anspruchs angenommen. Aus BGH NJW 1999, 715 = ZMR 1999, 233 dürfte allerdings zu folgern sein, dass der BGH von einer getrennten Abtretbarkeit ausgeht, weil dort in der Abtretung der Mietzinsansprüche auch eine Mitabtretung der Nutzungsentschädigungsansprüche gesehen, das Schicksal des Rückgabeanspruchs aber nicht problematisiert wird.
[128] S. zum vertragsähnlichen Charakter der Nutzungsentschädigung Rdn. 19.
[129] S. zur Abtretbarkeit des Rückgabeanspruchs bei § 546 Rdn. 61.
[130] BGH NJW 1999, 715.
[131] S. näher bei § 546 Rdn. 108.
[132] OLG Hamburg NZM 1999, 1052 = WuM 1999, 289 = ZMR 1999, 481; LG Düsseldorf WuM 1988, 163; *Rolfs* in Staudinger § 546 Rdn. 74 m. w. N.; *Greiner* ZMR 1998, 404. **A. A.** OLG Köln NJW 1961, 30, das dieses Ergebnis aus § 546 Abs. 2 BGB folgert, sich damit aber über den eindeutigen Wortlaut des § 546a BGB hinwegsetzt.
[133] LG Kiel WuM 1995, 540.
[134] S. Rdn. 19.
[135] *Lehmann-Richter* ZMR 2010, 820/821.
[136] *Lehmann-Richter* ZMR 2010, 820.
[137] Ähnlich *Lehmann-Richter* ZMR 2010, 821, ohne aber zwischen Nichterfüllung und Schlechterfüllung zu differenzieren; zu dieser Differenzierung Rdn. 39.
[138] *Lehmann-Richter* ZMR 2010, 821.

er etwa für Beschädigungen der Mietsache haftet; die Pflicht zur Durchführung von Schönheitsreparaturen besteht hingegen, da im Mietvertrag vereinbart und der Dritte hierdurch lediglich berechtigt nicht aber verpflichtet werden kann, nur zwischen Mieter und Vermieter, so dass der Mieter sie auszuführen hat und auch für die Sekundäransprüche des Vermieters einstehen muss[139].

30 Mehrere Mieter haften als Gesamtschuldner[140]. Da der Entschädigungsanspruch von der Nichterfüllung der Rückgabepflicht abhängt, ändert ein ggf. weit **vor Vertragsende erfolgter Auszug** aus der Mietwohnung grundsätzlich nichts daran, dass ein ausgezogener Mitmieter die Nutzungsentschädigung ebenso schuldet wie ein verbliebener Mitmieter – und zwar so lange bis die Räumung durch die verbliebenen Mitmieter erfolgt ist, die der ausgezogene Mitmieter ggf. veranlassen muss[141]. Der Anspruch des Vermieters auf Nutzungsentschädigung kann aber dann scheitern, wenn bzw. solange er die Mietsache von dem verbliebenen Mieter nicht zurückhaben will (etwa wegen Vertragsfortsetzungsverhandlungen); es fehlt dann am Rücknahmewillen des Vermieters[142].

31 In manchen Konstellationen muss aber sorgfältig überprüft werden, ob ein (früherer) Mitmieter nicht inzwischen **aus dem Vertrag ausgeschieden** ist und deshalb nicht mehr auf Rückgabe und Nutzungsentschädigung in Anspruch genommen werden kann. Der Auszug eines Ehegatten oder sonstigen Lebenspartners eines Mieters führt zwar noch nicht zu einem Vertragende mit diesem; das kann aber stillschweigend der Fall sein, wenn der verbliebene Mieter mit Wissen und Billigung einen neuen Partner aufnimmt[143] oder wenn der Vermieter einen neuen Partner wie einen Mitmieter behandelt. Die Einzelfallumstände entscheiden.

32 Rechtsfähige oder teilrechtsfähige **Personengesellschaften** (GbR, oHG, KG) sind selbst Partei des Mietvertrages und als solche zur Zahlung von Nutzungsentschädigung verpflichtet. Die Gesellschafter (bei der KG nur die Komplementäre) haften zudem persönlich gem. § 128 HGB[144]; das gilt in den Grenzen des § 160 HGB auch, wenn sie bei Vertragsende bereits aus der Gesellschaft ausgeschieden sind[145]. Der Erwerber eines Handelsgeschäfts kann gem. § 25 HGB für die Pflicht des früheren Inhabers auf Zahlung von Nutzungsentschädigung haften[146]. Der Eintritt eines Gesellschafters in den Betrieb eines Einzelkaufmanns und die Fortführung des Geschäfts durch die neugegründete Gesellschaft führen hingegen nicht kraft Gesetzes (auch nicht gem. §§ 25, 28 HGB) dazu, dass die Gesellschaft Vertragspartei eines zuvor von dem Einzelkaufmann abgeschlossenen Mietvertrags über die weiter genutzten Geschäftsräume wird; zu einem solchen Vertragsübergang ist vielmehr die Mitwirkung des Vermieters erforderlich[147], der bei Vertragsschluss eine Einzelperson und nicht eine Gesellschaft als Mieter akzeptiert hat und zu dessen Lasten auch nicht die Vorschriften des UmwG eingreifen.

33 Mieter ist ebenfalls, wer nach §§ 563ff. BGB, durch Erbschaft oder sonstige **Rechtsnachfolge** endgültig in den Vertrag eingetreten ist; ein Eintritt in den Mietvertrag nach Vertragsende ist nicht mehr möglich[148]. Der Erbe (nicht aber der Eintretende bzw. Fortsetzende gem. §§ 563, 563a BGB) kann allerdings das Abwicklungsverhältnis übernehmen und zur Zahlung von Nutzungsentschädigung verpflichtet sein. An der Endgültigkeit des Eintritts fehlt es etwa bei Ausübung des (ex-tunc wirkenden) Ablehnungsrechtes gem. § 563 Abs. 3 BGB, nicht aber bei den in §§ 563ff. BGB bzw. § 580 BGB vorgesehenen Kündigungsrechten. Zu den Einzelheiten s. bei der Kommentierung zu §§ 563ff. BGB.

34 **d) Insolvenz des Mieters.** Ist das Mietverhältnis über eine **unbewegliche Sache** *vor Eröffnung des Insolvenzverfahrens beendet,* die Mietsache aber noch nicht zurückgegeben worden, so sind alle Abwicklungsansprüche einschließlich des Nutzungsentschädigungsanspruchs (zum Rückgabeanspruch s. bei § 546 BGB Rdn. 69) bereits vor Eröffnung entstanden und deshalb grundsätzlich einfache Insolvenzforderungen gem. §§ 38, 174, 187 InsO; auf die Fälligkeit kommt es nicht entschei-

---

139 *Lehmann-Richter* ZMR 2010, 821.
140 *Blank/Börstinghaus* § 546a Rdn. 23.
141 LG Berlin GE 2016, 1444; LG Mannheim MDR 1973, 228. S. zur Pflicht eines ausgezogenen Mieters die Räumung der Mitmieter zu veranlassen, bei der Kommentierung zu § 546 BGB.
142 OLG Hamburg ZMR 2009, 603. S. näher zum Einfluss von Fortsetzungsverhandlungen auf den Rücknahmewillen bei Rdn. 50.
143 *Rolfs* in Staudinger § 546 Rdn. 15.
144 BGH NJW 2009, 433 = ZMR 2009, 108.
145 BGH NJW 1987, 2367 für die KG.
146 BGH NJW 1982, 577.
147 BGH NJW 2001, 2251.
148 *Bieber* in MünchKomm § 546a Rdn. 8.

dend an[149]. Der Nutzungsentschädigungsanspruch kann eine Masseforderung sein[150]. Eine Masseforderung gem. § 55 Abs. 1 InsO entsteht nach Insolvenzeröffnung nur dann, wenn der Insolvenzverwalter – ohne die Vertragsfortsetzung zu verlangen – die Mietsache nach Verfahrenseröffnung für die Masse in Anspruch nimmt, insbesondere indem er Besitz ergreift und den Vermieter dabei gezielt vom Besitz ausschließt[151]. Daran sind keine hohen Anforderungen zu stellen; es gelten die gleichen Grundsätze wie bei § 209 Abs. 2 Nr. 3 InsO[152]. Für eine Nutzung ist der Vermieter beweispflichtig[153]. Sie liegt etwa vor, wenn der Insolvenzverwalter über die Schlüssel der Mietsache verfügt und dort Sachen einlagert oder nach Beendigung des Hauptmietvertrages als Zwischenvermieter Untermietverträge fortsetzt und Mietzahlungen zugunsten der Masse einzieht[154]. Sie liegt hingegen nicht schon dann vor, wenn der Insolvenzverwalter lediglich die Insolvenzmasse insgesamt übernimmt und es bezüglich der Mietsache bei dem bei Verfahrenseröffnung gegebenen Zustand belässt[155]. Außerdem liegt eine Nutzung nicht schon dann vor, wenn er auf ein Herausgabeverlangen des Vermieters nicht reagiert; das würde den Anwendungsbereich des § 55 Abs. 1 InsO überdehnen, der an aktive Handlungen des Insolvenzverwalters anknüpft, denen in § 55 Abs. 1 Nr. 2 InsO nur der Fall gleichgestellt wird, dass der Verwalter das Dauerschuldverhältnis aus Rechtsgründen nicht sofort lösen kann, wobei hierbei jedoch der Gegenleistungsaspekt gewahrt ist[156]. Der Insolvenzverwalter ist allerdings gehalten, von sich aus alles zu unternehmen, um die weitere Inanspruchnahme der Gegenleistung zu verhindern[157]. Dazu muss der (vorläufige) Verwalter den Vermieter ggf. von dessen Überlassungspflicht „freistellen", indem er ihm die weitere Nutzung der Mietsache anbietet. Ist die Rückgewähr des unmittelbaren Besitzes wegen einer fortdauernden Unter- oder Weitervermietung nicht möglich, so ist die Übergabe des mittelbaren Besitzes anzubieten einschließlich des Rechts, den Untermietzins einzuziehen[158]. Bei der Wohnraummiete hat der Insolvenzverwalter wegen der Höchstpersönlichkeit der Wohnung keinen unmittelbaren Besitz, so dass keine Masseforderung entstehen kann; Nutzungsentschädigungsansprüche, die nach Insolvenzeröffnung entstehen, sind deshalb Neuforderungen gegen den Mieter[159]. Wird das Mietverhältnis *nach Insolvenzeröffnung beendet,* sind danach entstehende Nutzungsentschädigungsansprüche Masseforderungen[160]. Das gilt allerdings uneingeschränkt nur, soweit der Insolvenzverwalter den Besitz vorenthält. Geschieht die Vorenthaltung durch Verletzung der Räumungspflicht (Zurücklassen von Gegenständen), entsteht eine Masseverbindlichkeit nur insoweit, als der Insolvenzverwalter zur Räumung verpflichtet war; oblag die Räumung dem Mieter als Insolvenzschuldner, ist der Nutzungsentschädigungsanspruch nur eine Insolvenzforderung[161]. Zur Bestimmung der dem Insolvenzverwalter obliegenden Räumungspflichten s. bei § 546 BGB Rdn. 69.

Bei der Miete **beweglicher Sachen** ist die Rechtslage ähnlich, allerdings sind die aus § 103 InsO folgenden Besonderheiten zu beachten. Gem. § 103 InsO kann der Insolvenzverwalter den Vertrag an Stelle des Schuldners erfüllen oder die Erfüllung des Vertrags ablehnen. Die Eröffnung des Insolvenzverfahrens führt jedoch weder zu einem Ende des Vertrages noch zu einem Erlöschen der beiderseitigen Erfüllungsansprüche. Die Ansprüche beider Vertragsparteien auf Leistung und Gegenleistung (Mietzins und Gebrauchsüberlassung) bleiben vielmehr bestehen; sie verlieren lediglich zunächst, nämlich bis zu einem Erfüllungsverlangen des Insolvenzverwalters, ihre Durchsetzbarkeit[162]. Das bedeutet, dass auch das Besitzrecht des Mieters einer beweglichen Sache endet[163]. 35

---

[149] BGH NJW 2007, 1591 = WuM 2007, 387 = ZMR 2007, 348 m.w.N.; BGH NJW-RR 2010, 1283 Rdn. 15; OLG Düsseldorf ZMR 2012, 13.
[150] BGH (IX ZR 279/13) NZM 2015, 337 Rdn. 80.
[151] BGH (IX ZR 279/13) NZM 2015, 337 Rdn. 77; BGH NJW 2007, 1594; BGH NJW 1995, 2783; BGH NJW 2007, 1591 = WuM 2007, 387 = ZMR 2007, 348; OLG Düsseldorf ZMR 2012, 13; OLG Hamburg ZMR 2009, 603; OLG Hamburg, Urteil v. 30.3.2011 (Az.: 4 U 100/07; BeckRS 2011, 22905).
[152] *Eckert* NZM 2007, 832; BGH NJW 2007, 1594.
[153] OLG Düsseldorf ZMR 2012, 13.
[154] BGH (IX ZR 279/13) NZM 2015, 337 Rdn. 78.
[155] BGH (IX ZR 279/13) NZM 2015, 337 Rdn. 78; OLG Düsseldorf ZMR 2012, 13; OLG Hamburg ZMR 2009, 603.
[156] BGH NJW 2007, 1591 = WuM 2007, 387 = ZMR 2007, 348.
[157] BGH NJW 2003, 2454; OLG Rostock ZMR 2007, 367.
[158] BGH NJW 2007, 1594.
[159] *Flatow* NZM 2011, 616.
[160] *Flatow* NZM 2011, 616; *Eckert* NZM 2006, 611/612.
[161] *Eckert* NZM 2006, 611/612.
[162] BGH NJW 2007, 1594. S. dazu eingehend *Eckert* NZM 2007, 831.
[163] BGH NJW 2007, 1594.

Wählt der Insolvenzverwalter nicht[164] die Erfüllung des Mietvertrags, den der Schuldner geschlossen hatte, ist er entsprechend § 546 BGB von der Eröffnung des Insolvenzverfahrens an zur Herausgabe der Mietsachen an den Vermieter verpflichtet[165]. Unterlässt der Insolvenzverwalter die Herausgabe entgegen dem Willen des Vermieters, kann dieser Nutzungsentschädigung entsprechend § 546a BGB verlangen[166]. Es handelt sich um eine Masseverbindlichkeit i. S. v. § 55 Abs. 1 Nr. 1 InsO und nicht nur um eine einfache Insolvenzforderung, wenn der Insolvenzverwalter die Sache nutzt, obwohl er dies hätte verhindern können[167]; hierzu gelten dieselben Grundsätze wie bei unbeweglichen Sachen (s. soeben oben).

36 Gem. § 21 Abs. 2 Satz 1 Nr. 5 InsO kann das Insolvenzgericht anordnen[168], dass nach der **vorläufigen Insolvenzeröffnung** Gegenstände, deren **Aussonderung** oder Absonderung verlangt werden könnte, vom Gläubiger (Vermieter) nicht eingezogen werden dürfen und dass solche Gegenstände zur Fortführung des Unternehmens des Schuldners eingesetzt werden können, wenn sie hierfür von erheblicher Bedeutung sind. Während der ersten drei Monate nach Anordnung der vorläufigen Insolvenzverwaltung[169] ist gem. § 21 Abs. 2 Satz 1 Nr. 5 Satz 1 Teilsatz 3 InsO ein durch die Nutzung eingetretener Wertverlust an der Mietsache i. d. R. durch laufende Zahlungen an den Gläubiger auszugleichen. Der Wertverlust kann eintreten durch vertragsgemäße wie übermäßige Nutzung, aber auch durch Beschädigung und Zerstörung[170]. Der Wertersatzanspruch bemisst sich in allen Fällen nach der Differenz des Wertes der Sache bei Beginn und Ende der Nutzung[171]; bei Beschädigung oder Zerstörung dürfte aber kaum eine laufende Zahlung in Betracht kommen, diese ist vielmehr auf die vertragsgemäße Nutzung zugeschnitten. Nach Ablauf der Dreimonatsfrist ist gem. § 169 Satz 2 i. V. m. § 21 Abs. 2 Satz 1 Nr. 5 InsO nicht nur der Wertverlust auszugleichen, sondern der vereinbarte (Miet-)Zins als Nutzungsausfallentschädigung zu zahlen. Der daneben (weiter) bestehende Anspruch auf Ausgleich des Wertverlusts hat eigenständige Bedeutung nur bei übermäßiger Nutzung, Beschädigung oder Zerstörung[172]; der Wertverlust durch vertragsgemäße Nutzung ist dann Teil der Nutzungsausfallentschädigung. Sowohl der Wertersatzanspruch gem. § 21 Abs. 2 Satz 1 Nr. 5 Satz 1 Teilsatz 3 InsO als auch die Nutzungsausfallentschädigung gem. § 169 Satz 2 i. V. m. § 21 Abs. 2 Satz 1 Nr. 5 InsO sind Masseforderungen[173]. Der Differenzbetrag zwischen dem Wertersatzanspruch gem. § 21 Abs. 2 Satz 1 Nr. 5 Satz 1 Teilsatz 3 InsO und dem Mietzins bzw. der Nutzungsentschädigung gem. § 546a BGB ist – genauso wie der Mietzins bzw. die Nutzungsentschädigung in den Fällen, in denen eine Anordnung nach § 21 Abs. 2 Satz 1 Nr. 5 InsO nicht getroffen wird – einfache Insolvenzforderung, § 55 InsO ist nicht analog anzuwenden[174].

37 Ist **Vermieter ein Gesellschafter der Mieterin** (juristische Person), so ist im Falle der Insolvenz der Mieterin der zum 1. 11. 2008 in Kraft getretene § 135 Abs. 3 InsO zu beachten[175]. Danach kann der Vermieter einen **Aussonderungsanspruch** für ein Jahr nach Insolvenzeröffnung nicht geltend machen, wenn die Mietsache für die Fortführung des Unternehmens von erheblicher Bedeutung ist. Da die Mieterin (Insolvenzschuldner) bei bestehenden Mietvertrag ohnehin ein Besitzrecht hat, spielt diese Regelung nur bei einem vertragslosen Zustand eine Rolle[176]. Die Höhe der geschuldeten Miete bzw. Entschädigung[177] wird in § 135 Abs. 3 InsO für die Fälle der Vermietung durch einen Gesellschafter der Mieterin aber besonders geregelt[178].

---

[164] Der Insolvenzverwalter muss sich positiv für den Vertrag entscheiden, Untätigsein oder Nichtrückgabe reichen nicht aus (BGH NJW 2007, 1594).

[165] BGH NJW 2007, 1594. Die entsprechende Anwendung von § 546a BGB ist notwendig, weil es zunächst an einer Beendigung des Mietvertrages fehlt.

[166] BGH NJW 2007, 1594.

[167] BGH NJW 2007, 1594. S. auch BGH NJW 2007, 1591 = WuM 2007, 387 = ZMR 2007, 348.

[168] Zu den Anforderungen an eine wirksame Anordnung s. BGH NJW-RR 2010, 1283.

[169] S. zur Dreimonatsfrist BGH (IX ZR 7/09) NJW-RR 2010, 1283.

[170] BGH (IX ZR 78/11) MDR 2012, 736 = GuT 2012, 142 Rdn. 23.

[171] BGH (IX ZR 78/11) MDR 2012, 736 = GuT 2012, 142 Rdn. 23.

[172] BGH (IX ZR 78/11) MDR 2012, 736 = GuT 2012, 142 Rdn. 22.

[173] BGH (IX ZR 78/11) MDR 2012, 736 = GuT 2012, 142 Rdn. 24ff.; BGH (IX ZR 7/09) NJW-RR 2010, 1283 Rdn. 26.

[174] BGH (IX ZR 7/09) NJW-RR 2010, 1283.

[175] Die Vorschrift ist gem. § 103d EGInsO anwendbar, wenn das Insolvenzverfahren vor dem 1. 11. 2008 eröffnet wurde (BGH NJW 2009, 1277).

[176] *Hörndler/Hoisl* NZM 2009, 379.

[177] § 135 Abs. 3 InsO spricht von „Ausgleich".

[178] S. näher die einschlägige Kommentierung zu § 135 Abs. 3 InsO und *Hörndler/Hoisl* NZM 2009, 379/380.

e) Vorenthaltung der Mietsache. Die Vorenthaltung der Mietsache durch den Mieter ist die Kernvoraussetzung des Nutzungsentschädigungsanspruchs gem. § 546a Abs. 1 BGB. Der Anspruch ist der Ausgleich dafür, dass der Mieter seiner Rückgabepflicht gem. § 546 Abs. 1 BGB nicht nachkommt, was im Wortlaut des § 546a Abs. 1 BGB dadurch zum Ausdruck kommt, dass dort die Nutzungsentschädigung von der Nichterfüllung der Rückgabepflicht abhängig gemacht wird. Deshalb muss das Verständnis der Rückgabepflicht in beiden Vorschriften aufeinander abgestimmt sein. Außerdem gehört zur Vorenthaltung, dass die Nichtrückgabe dem Willen des Vermieters widerspricht. 38

aa) Nichterfüllung des Rückgabeanspruchs. Nicht jeder Verstoß gegen die nach § 546 Abs. 1 BGB bestehenden Rückgabepflichten führt zu einem Nutzungsentschädigungsanspruch auf Vermieterseite. Es wird vielmehr gerade im Hinblick auf § 546a BGB zwischen Schlechterfüllung und Nichterfüllung der Rückgabepflichten unterschieden und nur bei letzterem eine nutzungsentschädigungspflichtige Vorenthaltung der Mietsache bejaht; alle anderen Verstöße können aber Schadensersatzansprüche (einschließlich eines Mietausfallschadens) nach sich ziehen. S. eingehend zur Begründung bei § 546 Rdn. 18ff. Eine **Nichterfüllung der Rückgabepflicht liegt danach i. d. R. vor,** wenn der Mieter dem Vermieter den Besitz zum geschuldeten Zeitpunkt nicht vollständig verschafft hat oder – was insbesondere bei der Raummiete relevant ist – trotz Besitzverschaffung die von ihm eingebrachten Gegenstände und Einrichtungen nicht entfernt, also nicht geräumt hat; bei der Grundstücksmiete dürfen auch vom Mieter errichtete bauliche Anlagen nicht mehr vorhanden sein, der Mieter muss sie vielmehr beseitigt haben. Das entspricht h. M.[179], auch wenn teilweise nicht deutlich wird, dass nicht die Nutzungseinschränkung auf Vermieterseite entscheidend ist, sondern irgendeine Form der **Weiternutzung durch den Mieter,** die etwa bei unterlassener Räumung auch dann vorliegen kann, wenn der Mieter keinen Besitz mehr hat[180]; die Undeutlichkeit mancher Urteile oder Literatur mag der Wortwahl des Gesetzes (Nutzungsentschädigung, Vorenthaltung) geschuldet sein, die aber nicht darüber hinwegtäuschen darf, dass die Entschädigung der Ausgleich für eine (nachvertragliche) Leistung des Vermieters ist, nämlich die Möglichkeit der Nutzung durch den Mieter, und nicht ein Schadensausgleich[181]. Für den Fall, dass der Mieter noch Besitz an der Mietsache hat, ist es für den Anspruch auf Nutzungsentschädigung allerdings belanglos, ob der Mieter den Gebrauch tatsächlich ausübt, ob er also die Mietsache nutzt[182]. 39

Wegen des Zusammenhangs von §§ 546, 546a BGB kann hinsichtlich der **Einzelheiten,** wann eine nutzungsentschädigungspflichtige Nichterfüllung der Rückgabepflicht und wann eine bloße Schlechterfüllung der Rückgabepflicht vorliegt, auf die Kommentierung zu § 546 BGB verwiesen werden. Nichterfüllung liegt danach in aller Regel vor, wenn der Mieter dem Vermieter den Besitz an der Mietsache nicht verschafft; s. im Einzelnen und auch zu den Ausnahmen bei § 546 Rdn. 24ff. Ferner liegt – auch wenn der Vermieter den Besitz zurückerhalten hat – eine Nichterfüllung vor, wenn der Mieter die Mietsache nicht räumt, also Gegenstände und Einrichtungen nicht entfernt, wobei das Zurücklassen einiger weniger Gegenstände bzw. Einrichtungen nicht schadet, wenn sie geringen Raum einnehmen und ihre Beseitigung nur einen unerheblichen Aufwand an Mühe, Transport und Kosten erfordert; s. im Einzelnen bei § 546 Rdn. 37ff. Schließlich liegt eine Nichterfüllung vor, wenn der Mieter als Verstoß gegen die Rückbaupflicht von ihm errichtete Gebäude oder Gebäudeteile nicht entfernt; s. im Einzelnen bei § 546 Rdn. 44ff. Zweifelsfälle sind entsprechend dem Sinn und Zweck der Nutzungsentschädigung danach zu entscheiden, ob der Verstoß gegen die Rückgabepflicht mit einer (nicht nur unerheblichen) Weiternutzung der Mietsache durch den Mieter verbunden ist. Ist das der Fall, dann liegt Nichterfüllung vor, der bei Erfüllung der weiteren Voraussetzungen einen Nutzungsentschädigungsanspruch gem. § 546a Abs. 1 BGB nach sich ziehen kann. Bei bloßer Schlechterfüllung darf der Vermieter die Rück- 40

---

[179] BGH NJW 1983, 1049 = ZMR 1983, 198 mit Anmerkung *Haase* JR 1983, 364, der das Urteil zwar als unklar kritisiert, aber zu ähnlichen Ergebnissen kommt; BGH (VIII ZR 48/13) VersR 2014, 999 Rdn. 15; BGH WuM 2010, 632 = NZM 2010, 815 = ZMR 2011, 22; BGH NJW 1988, 2665 = WuM 1988, 270 = ZMR 1988, 378; BGH NJW 1966, 1409; KG ZMR 2012, 693; OLG Celle ZMR 2011, 948; OLG Köln DWW 1996, 189. Abweichend nimmt *Kandelhard* in Herrlein/Kandelhard (4. Aufl.) § 546a Rdn. 8 und 11 eine Nichterfüllung nur dann an, wenn der Mieter den Besitz behält; allerdings ist sein Ausgangspunkt – genauso wie hier vertreten – die Weiternutzung der Mietsache durch den Mieter und es ist dargelegt worden, dass eine jedenfalls faktische Weiternutzung auch ohne Besitz möglich ist (Einzelheiten bei § 546 Rdn. 20).

[180] Einzelheiten bei § 546 Rdn. 20.

[181] S. Rdn. 19.

[182] *Rolfs* in Staudinger § 546a Rdn. 16; *Wolf/Eckert/Ball* Rdn. 1119.

nahme der Mietsache nicht verweigern. Tut er dies doch, so steht ihm keine Nutzungsentschädigung zu (s. näher beim Rücknahmewillen).

41 Bei der Vermietung von Räumen und Grundstücken hat der Mieter gem. § 570 BGB kein **Zurückbehaltungsrecht** gegenüber dem Rückgabeanspruch aus § 546 Abs. 1 BGB[183]. Nicht anwendbar ist § 570 BGB auf den Rückgabeanspruch bei der Miete von beweglichen Sachen[184]. Gegenüber einem solchen Anspruch kann der Mieter bei Bestehen von Gegenansprüchen ggf. ein Zurückbehaltungsrecht geltend machen. Dieses Zurückbehaltungsrecht berechtigt ihn allerdings nicht zur weiteren Nutzung, sondern nur zum Behalten[185]. Für das bloße Behalten schuldet er keine Nutzungsentschädigung, da ansonsten das Zurückbehaltungsrecht wertlos wäre[186]. Nutzt der Mieter die Sache allerdings, kommt § 546a BGB zur Anwendung[187].

42 Zum Rückgabezeitpunkt sowie zu Vereinbarungen hierzu s. § 546 Rdn. 73ff. sowie unten Rdn. 47. Zur Wirkung gerichtlicher oder vom Vermieter bewilligter **Räumungsfristen** sowie zur Wirkung der Bewilligung von Vollstreckungsschutz s. bei Rdn. 48 sowie bei § 546 Rdn. 79. Bei **Unmöglichkeit der Rückgabe** besteht ein Anspruch auf Nutzungsentschädigung nicht. Denn der Begriff des Vorenthaltens setzt voraus, dass der Mieter die Sache nicht zurückgibt, obwohl er dazu im Stande wäre[188]; möglich sind aber Schadensersatzansprüche[189]. Unmöglichkeit liegt grundsätzlich nicht vor bei Verstoß gegen eine Besitzverschaffungspflicht, wenn also der Mieter durch Inanspruchnahme seiner Mietmieter oder von Untermietern bzw. Dritten i. S. v. § 546 Abs. 2 BGB dafür sorgen muss, dass die Mietsache dem Vermieter zurückgegeben wird[190]. Ein Verstoß gegen diese Pflicht stellt eine Vorenthaltung der Mietsache gem. § 546a BGB dar[191]. S. zur Frage, wann das ausnahmsweise anders ist und in welchen Fällen die Rückgabe unmöglich ist, bei § 546 Rdn. 30 und 84. Besonders relevant dürften hier die Fälle sein, dass der Mieter wegen einer vorherigen **verbotenen Eigenmacht** nicht in der Lage ist, das Mietobjekt zurückzugeben[192].

43 Verlangt der Vermieter nach Ablauf einer Frist gem. § 281 Abs. 1 BGB Schadensersatz gem. § 281 Abs. 4 BGB, so führt das zu dem **Untergang des Erfüllungsanspruchs** hinsichtlich der Pflichten, wegen deren Verletzung der Vermieter dem Mieter die Frist gesetzt hatte[193]. Handelt es sich dabei um eine Pflicht, deren Verletzung zur Nichterfüllung der Rückgabe i. S. v. Rdn. 39 führt, so geht mit dem Schadensersatzverlangen nicht nur der Erfüllungsanspruch, sondern auch der Anspruch auf Nutzungsentschädigung unter[194]. Schadensersatzansprüche auf Geldleistung[195] bleiben aber möglich. Diese Problematik wird hauptsächlich relevant bei der Verletzung der Räumungspflicht (Entfernung von Gegenständen und Einrichtungen). Aus dem Untergang der Räumungspflicht folgt aber nicht, dass der Mieter seine Gegenstände nicht mehr abholen bzw. deren **Herausgabe** verlangen kann; dieses Recht steht ihm vielmehr weiterhin als Eigentümer gem. § 985 BGB zu. Die schuldrechtliche und die sachenrechtliche Ebene haben somit eine gegenläufige Tendenz. Zu den Folgen eines Schadensersatzverlangens bei Verletzung der Pflicht zur Besitzverschaffung („Zwangskauf") s. Rdn. 86. Zu den Obhutspflichten des Vermieters bei unterlassenen Räumung s. § 546 Rdn. 59.

---

[183] Wohl aber, wenn ausschließlich gesetzliche Herausgabeansprüche etwa aus § 985 BGB in Betracht kommen; Einzelheiten bei der Kommentierung zu § 546 BGB.

[184] *Rolfs* in Staudinger § 570 Rdn. 4.

[185] S. § 570 Rdn. 4.

[186] *Blank/Börstinghaus* § 546a Rdn. 7.

[187] BGH NJW 1975, 1773; *Rolfs* in Staudinger § 546a Rdn. 17.

[188] BGH NJW-RR 2005, 1081 = ZMR 2005, 609 (für einen Leasingvertrag); OLG Düsseldorf GE 2006, 189 = DWW 2006, 65; *Lammel*, Wohnraummietrecht, § 546a Rdn. 14. Das KG NZM 2006, 376 folgert das gleiche Ergebnis aus § 242 BGB für den Fall, dass der Vermieter sich die Mietsache durch verbotene Eigenmacht verschafft hat; dabei dürfte es sich aber um eine Unmöglichkeit handeln.

[189] *Rolfs* in Staudinger § 546a Rdn. 27.

[190] BGH NJW 1984, 1527 = WuM 1984, 131 = ZMR 1984, 380.

[191] BGH NJW 1984, 1527 = WuM 1984, 131 = ZMR 1984, 380.

[192] Das KG NZM 2006, 376 (bestätigend KG WuM 2009, 667 = ZMR 2010, 183 und KG ZMR 2016, 939) hat in einem derartigen Fall eine Nutzungsentschädigung wegen § 242 BGB verneint; ein solcher Anspruch dürfte aber schon wegen Unmöglichkeit der Rückgabe scheitern, was das KG aber nicht diskutiert hat. Das OLG Düsseldorf GuT 2006, 250 (ähnlich OLG Düsseldorf ZMR 2011, 867) verneint einen Rücknahmewillen des Vermieters.

[193] *Palandt/Grüneberg* § 281 Rdn. 50.

[194] KG GE 2003, 46 (zur Rechtslage vor der Schuldrechtsreform); *Wolf/Eckert/Ball* Rdn. 1128.

[195] Naturalrestitution ist ausgeschlossen (*Riehm* DMT-Bilanz 2011 S. 315).

Einem **Mieter** steht kein Anspruch auf Nutzungsentschädigung gem. § 546a Abs. 1 BGB **gegen seinen Untermieter** zu, wenn der Vertrag des Mieters mit dem Hauptvermieter ebenfalls beendet ist, da er dann keine eigene Nutzungsberechtigung mehr hat, die ihm durch den Untermieter vorenthalten werden könnte[196]. Endet bei einer **gewerblichen Weitervermietung** das Zwischenmietverhältnis, ist § 546a BGB nicht anwendbar, da den Zwischenvermieter keine Rückgabepflichten treffen; gem. § 565 BGB wird das Mietverhältnis nämlich von dem gewerblichen Vermieter mit dem (End-)Mieter fortgeführt[197]. 44

bb) Rücknahmewille des Vermieters. Ein Verstoß gegen die (nicht unmögliche) Pflicht zur Rückgabe der Mietsache ist nicht die einzige Voraussetzung des Anspruchs auf Nutzungsentschädigung gem. § 546a Abs. 1 BGB. Erforderlich ist vielmehr zusätzlich, dass die **Nichtrückgabe dem Willen des Vermieters widerspricht**[198]. Ansonsten wäre es nämlich nicht gerechtfertigt, dem Vermieter quasi einen Anspruch auf Fortzahlung der Miete zu gewähren. Denn sowohl Mieter als auch Vermieter wären dann mit der weiteren Nutzung einverstanden, was den beendeten Vertrag perpetuieren würde. Eine solche Perpetuierung ist aber gerade nicht beabsichtigt, die Pflicht zur Zahlung von Nutzungsentschädigung soll im Gegenteil Druck auf den Mieter ausüben, der Rückgabepflicht nachzukommen[199]. Im Wortlaut von § 546a Abs. 1 BGB ist der Rücknahmewille des Vermieters nicht ausdrücklich angesprochen. Er ergibt sich aber einmal aus dem Zweck der Vorschrift und zum anderen aus dem Begriff der Vorenthaltung, der ein Willenselement enthält[200], im Gegensatz zu dem bloß beschreibenden Tatbestandsmerkmal der Nichtrückgabe. Grundsätzlich ist ein Rücknahmewille anzunehmen, weshalb es sich um ein negatives Tatbestandsmerkmal handelt, dessen Nichtvorliegen der Mieter zu beweisen hat[201]. Neben dem Rücknahmewillen muss der Vermieter nicht auch noch eine Nutzungsabsicht haben[202]. Scheitert ein Anspruch auf Nutzungsentschädigung am Rücknahmewillen des Vermieters, kommen Ansprüche aus §§ 812ff. bzw. 987ff. BGB in Betracht (s. näher bei Rdn. 103); bei diesen Ansprüchen ist nur auf die Nutzungsmöglichkeit, nicht auf die tatsächliche Nutzung abzustellen[203]. Außerdem können bei fehlendem Rücknahmewillen Schadensersatzansprüche wegen Mietausfalls bestehen (s. näher bei Rdn. 101). Hat der Vermieter bei Vertragsende aus den nachfolgend geschilderten Gründen zunächst keinen Rücknahmewillen, so entsteht der Nutzungsentschädigungsanspruch erst dann, wenn der **Rücknahmewille später vorhanden** und dem Mieter bekannt ist, weil erst dann alle Voraussetzungen des Anspruchs gegeben sind[204]; die Bekanntgabe an den Mieter ist erforderlich, um ihm die Entstehung des Anspruchs zu verdeutlichen. Entfällt der Rücknahmewille des Vermieters, obwohl er ursprünglich bei Vertragsende bestanden hat, dann endet die Nutzungsentschädigungspflicht des Mieters mit dem Wegfall des Rücknahmewillens[205]. Ist der Nutzungsentschädigungsanspruch einmal entfallen, kann er wiederaufleben, wenn später erneut Rücknahmewille vorhanden und dieser dem Mieter bekannt ist. 45

Abzustellen ist auf den Rücknahmewillen des Vermieters. Das gilt grundsätzlich auch dann, wenn der Vermieter zwar den **Rückgabeanspruch** gem. § 546 Abs. 1 BGB nicht aber den Nutzungsentschädigungsanspruch gem. § 546a Abs. 1 BGB **abgetreten** bzw. zu dessen Ausübung ermächtigt hat[206]. Allerdings muss sich der Wille des Vermieters dann auf Rückgabe an den Zessionar, 46

---

[196] BGH NJW 1996, 46 = WuM 1996, 32 = ZMR 1996, 15; KG ZMR 2006, 283; OLG Saarbrücken NZM 2006, 180. Zu anderen Anspruchsgrundlagen s. bei § 546 Rdn. 108.

[197] *Lammel,* Wohnraummietrecht, § 546a Rdn. 17. Zur Rechtslage vor Einführung des § 565 BGB s. BGH NJW 1996, 1886.

[198] BGH WuM 2010, 632 = NZM 2010, 815 = ZMR 2011, 22; BGH NJW 2007, 1594; BGH WuM 2006, 102 = NZM 2006, 12 = ZMR 2006, 192; BGH NJW 1984, 1527; BGH NJW 1983, 112; BGH NJW 1960, 909.

[199] BGH NZM 2004, 354 = ZMR 2004, 256.

[200] BGH NJW 1960, 909.

[201] *Blank/Börstinghaus* § 546a Rdn. 53.

[202] OLG München ZMR 1993, 466; LG Berlin GE 2015, 58.

[203] Näheres und Nachweise bei Rdn. 104.

[204] Ebenso OLG Celle ZMR 2011, 948.

[205] *Wolf/Eckert/Ball* Rdn. 1129.

[206] BGH NJW 1983, 112, wo aber offen gelassen wird, ob eine getrennte Abtretung des Rückgabeanspruchs von dem Nutzungsentschädigungsanspruch gem. § 546a BGB möglich ist, und verneinendenfalls eine Ermächtigung zur Geltendmachung des Anspruchs angenommen wird; aus BGH NJW 1999, 715 dürfte allerdings zu folgern sein, dass der BGH von einer getrennten Abtretbarkeit ausgeht, weil dort in der Abtretung der Mietzinsansprüche auch eine Mitabtretung der Nutzungsentschädigungsansprüche gesehen wird, das Schicksal des Rückgabeanspruchs aber nicht problematisiert wird. Ferner OLG München ZMR 1996, 375 = NJW-RR 1996, 907; *Rolfs* in Staudinger § 546 Rdn. 7.

also den neuen Inhaber des Rückgabeanspruchs richten und zusätzlich muss der Zessionar Rücknahmewillen haben[207]. Ansonsten könnte die Situation eintreten, dass der Gläubiger des Entschädigungsanspruchs (der Vermieter) rücknahmebereit ist, der Gläubiger des Rückgabeanspruchs aber nicht, und der Mieter müsste trotz Rückgabebereitschaft Nutzungsentschädigung bezahlen.

47 Nicht jede Weigerung des Vermieters, die Mietsache zurückzunehmen, schließt eine Vorenthaltung und damit einen Anspruch auf Nutzungsentschädigung aus. Der Vermieter darf die **Rücknahme** vielmehr immer dann **ablehnen,** wenn sich die Mietsache in einem nicht rücknahmefähigen Zustand befindet. Darunter ist – vorbehaltlich besonderer Vereinbarungen[208] – nicht jeder vertragswidrige Zustand zu verstehen, sondern nur ein solcher Zustand der Mietsache, der einer Nichterfüllung der Rückgabepflicht und nicht bloß einer Schlechterfüllung gleichkommt, da nur die Nichterfüllung der Rückgabepflicht zur Entschädigung gem. § 546a Abs. 1 BGB berechtigt[209]; bei Schlechterfüllung der Rückgabepflicht kann der Mieter sich aber schadensersatzpflichtig (einschließlich eines Mietausfallschadens) machen[210]. Eine Nichterfüllung, bei der der Vermieter ohne negative Folgen für den Nutzungsentschädigungsanspruch die Rücknahme verweigern darf, liegt i. d. R. bei Teilrückgabe der Mietsache[211] vor und auch bei Rückgabe ohne Beseitigung der vom Mieter errichteten Gebäude oder Gebäudeteile[212]. Weiterhin darf der Vermieter, was besonders **praxisrelevant** ist, die Rücknahme einer **nicht geräumten Mietsache** verweigern, wenn also der Mieter noch Gegenstände oder Einrichtungen zurückgelassen hat. Bei einem Insolvenzverwalter ist nur auf dasjenige abzustellen, was ihm als Räumungspflicht obliegt[213]; s. zu den Räumungspflichten des Insolvenzverwalters bei § 546 Rdn. 69. In jedem Falle darf der Vermieter die Rücknahme dann nicht verweigern, wenn der Mieter nur einige wenige Gegenstände bzw. Einrichtungen zurückgelassen, die geringen Raum einnehmen und deren Beseitigung nur einen unerheblichen Aufwand an Mühe, Transport und Kosten erfordern, weil dann eine bloße Schlechterfüllung vorliegt[214]. Ebenso darf er die Rücknahme nicht verweigern bei allen anderen Arten der Schlechterfüllung der Rückgabepflicht, insbesondere bei Verstößen gegen die Rückbaupflicht, bei Verstoß gegen Schadensbeseitigungspflichten und bei Verstoß gegen eine Pflicht zur Ausführung von **Schönheitsreparaturen**[215]. Weigert er sich in diesen Fällen dennoch, die ihm vom Mieter zur Rückgabe angebotene Mietsache zurückzunehmen, so verliert er wegen fehlenden Rücknahmewillens den Anspruch auf Nutzungsentschädigung[216]. Die bloße Anmahnung der Rückgabepflichten ist noch keine Verweigerung der Rücknahme, sondern nur ein Hinweis auf die nach § 546 BGB bestehenden Pflichten[217]. Mit einer unberechtigten Rücknahmeverweigerung gerät der Vermieter in Annahmeverzug mit der Folge einer Haftungserleichterung zugunsten des Mieters; durch den Annahmeverzug reduziert sich seine Obhutspflicht, weil er nach § 300 Abs. 1 BGB nur noch Vorsatz und grobe Fahrlässigkeit zu vertreten hat[218]. Auch bei anderweitig bedingtem Annahmeverzug fehlt es an einer Vorenthaltung der Mietsache, so etwa, wenn der Vermieter angebotene bzw. vereinbarte **Übergabetermine** nicht wahrnimmt oder um deren Verlegung bittet oder sich weigert, einen Übergabetermin zu vereinbaren; entscheidend ist allerdings nicht der Annahmeverzug, sondern der sich daraus ergebende fehlende Rücknahmewille, für den der Annahmeverzug aber wiederum ein Indiz ist[219]. Ein Ausschluss

---

[207] Das war in BGH NJW 1983, 112 gegeben, kommt in der Entscheidung aber nicht mit der notwendigen Deutlichkeit als Anspruchsvoraussetzung zum Ausdruck.
[208] OLG Köln DWW 1996, 189.
[209] S. dazu bei Rdn. 39 und bei § 546 Rdn. 18ff.
[210] S. dazu bei Rdn. 75ff.
[211] Einzelheiten und Ausnahmen bei § 546 Rdn. 51.
[212] Einzelheiten bei § 546 Rdn. 44ff.
[213] BGH (IX ZR 279/13) NZM 2015, 337 Rdn. 81/82.
[214] Einzelheiten bei § 546 Rdn. 37ff.
[215] BGH WuM 2010, 632 = NZM 2010, 815 = ZMR 2011, 22.
[216] BGH NJW 1988, 2665 = WuM 1988, 270 = ZMR 1988, 378; BGH WuM 2010, 632 = NZM 2010, 815 = ZMR 2011, 22; OLG Düsseldorf GuT 2008, 208 (in NZM 2009, 360 insoweit nicht abgedruckt); OLG Düsseldorf GE 2006, 327 = DWW 2006, 259; OLG Düsseldorf WuM 2002, 494 = NZM 2002, 742 = ZMR 2002, 23; KG GE 2003, 46; OLG Hamburg WuM 1990, 75 = ZMR 1990, 141; LG Lüneburg ZMR 2010, 765. **A. A.** OLG Düsseldorf WuM 1997, 218, das Nutzungsentschädigung bei vertragswidrigem Zustand des Mietobjekts so lange gewähren will, wie nicht eine Besitzveränderung zu Gunsten des Vermieters stattgefunden hat.
[217] OLG Celle ZMR 2011, 948.
[218] OLG Düsseldorf WuM 2002, 494 = NZM 2002, 742 = ZMR 2002, 23; OLG Hamburg WuM 1990, 75 = ZMR 1990, 141.
[219] KG GE 2003, 46; KG NZM 2001, 849 = WuM 2001, 437 = ZMR 2001, 890; OLG Köln WuM 1993, 46 = ZMR 1993, 77; OLG Düsseldorf NZM 2002, 742 = WuM 2002, 494 = ZMR 2003, 23; LG Mannheim

des Nutzungsentschädigungsanspruchs gem. § 546a Abs. 1 BGB kann sich im Annahmeverzug des Vermieters auch aus § 302 BGB ergeben[220]. Zur Erfüllung der Rückgabeverpflichtung durch den Mieter im Annahmeverzug s. bei § 546 Rdn. 30. In Fällen, die schadensrechtlich ein Mitverschulden darstellen würden, kommt ebenfalls das Fehlen des Rücknahmewillens in Betracht; s. dazu und zu § 242 BGB bei Rdn. 65.

Ausreichend ist ein grundsätzlicher (latenter[221]) Rücknahmewille des Vermieters[222]. Deshalb ist eine Vorenthaltung der Mietsache auch dann gegeben, wenn der Mieter auf Grund einer gerichtlichen **Räumungsfrist** vorläufig in den Mieträumlichkeiten verbleiben kann oder er Vollstreckungsschutz genießt[223]. Rechtsmittel muss der Vermieter hiergegen nicht eingelegt haben, um seinen Rücknahmewillen bejahen zu können[224]. Der Rücknahmewille geht i. d. R. durch die vertragliche Bewilligung einer Räumungsfrist (etwa in einem Räumungsvergleich) nicht verloren, da der Vermieter sich im Zweifel hierdurch nur den Notwendigkeiten fügt, die Mietsache aber gleichwohl zurückerhalten will[225]. Gleiches gilt für eine einseitig vom Vermieter gewährte Räumungsfrist[226]. Letztlich entscheiden aber die Einzelfallumstände. S. außerdem zur Wirkung gerichtlicher und oder vom Vermieter bewilligter Räumungsfristen sowie zur Wirkung der Bewilligung von Vollstreckungsschutz bei § 546 Rdn. 79. **48**

Ein grundsätzlicher **Rücknahmewille** kann **ausnahmsweise dann zu verneinen** sein, wenn der Vermieter, der einen Vollstreckungstitel erstritten hat, längere Zeit jegliche Vollstreckungsmaßnahme unterlässt[227]. Ähnlich kann es – auch ohne Vorhandensein eines Vollstreckungstitels – dann sein, wenn sich der Vermieter lange Zeit nicht um die Herausgabe der Schlüssel zu dem Mietobjekt bemüht[228] oder wenn er – nach eindeutiger Besitzaufgabe durch den Mieter und Kenntniserlangung davon – die Mietsache nicht in angemessener Zeit wieder in Besitz nimmt[229] oder die Schlüssel nicht von dem Makler oder dem Hausmeister oder einer sonst nicht vertretungsberechtigten Person zurückfordert, die die Schlüssel von dem Mieter erhalten hat[230]. Der Rücknahmewille darf in diesen Fällen aber nicht vorschnell verneint werden, da es nachvollziehbare Gründe für das Verhalten des Vermieters geben kann (etwa fehlende Mittel für den notwendigen Kostenvorschuss einer Vollstreckung oder voraussehbare Schwierigkeiten bei der Beitreibung von Selbstvornahmekosten einer Räumung[231] oder aus sonstigen in der Person des Vermieters liegenden, nachvollziehbaren Gründen) und grundsätzlich der Mieter in der Pflicht steht, die Rückgabe zu bewirken[232]. Entscheidend ist, ob aus den **Umständen des Einzelfalls** geschlossen werden kann, dass es dem Vermieter an dem notwendigen Rückerlangungswillen fehlt, dass er die Rückgabe nicht ernsthaft wünscht[233]. Ist das so, kann bei entsprechenden Anhaltspunkten auch der konkludente Abschluss eines neuen Mietvertrages in Betracht kommen, insbesondere dann, wenn der Vermieter den rückgabepflichtigen Mieter wie einen Vertragspartner behandelt (etwa durch Inanspruchnahme auf Zustimmung zur Mieterhöhung), denn darin kann je nach den Einzelfallumständen ein konkludenter Vertragsschluss liegen[234]. Schließen die Parteien etwa einen Räumungsvergleich mit Verfallklausel bzw. bedingter Räumungsverpflichtung oder einen Wohlverhaltensvergleich mit Aussicht auf einen neuen Vertragsschluss nach der Wohlverhaltensphase[235], so fehlt es dem Vermieter jedenfalls vorläu- **49**

WuM 1974, 202 (das allerdings mit § 242 BGB argumentiert). S. zum Zeitpunkt der Rückgabe auch bei der Kommentierung zu § 546 BGB.

220 BGH (VIII ZR 263/15) NJW 2017, 1301 Rdn. 41.

221 So die Formulierung von *Kandelhard* in Herrlein/Kandelhard (4. Aufl.) § 546a Rdn. 10.

222 BGH GuT 2007, 140 = NZM 2006, 820 (nur Leitsatz).

223 BGH GuT 2007, 140 = NZM 2006, 820 (nur Leitsatz).

224 *Rolfs* in Staudinger § 546a Rdn. 28.

225 BGH GuT 2007, 140 = NZM 2006, 820 (nur Leitsatz); BGH NJW 1983, 112.

226 OLG Celle ZMR 2011, 948.

227 OLG Düsseldorf GE 2006, 189 = DWW 2006, 65. Die Annahme des OLG Düsseldorf, auch ständige Rückgabeaufforderungen änderten hieran nichts, erscheint allerdings recht weitgehend, es sei denn, es würde sich um Scheinerklärungen zur Aufrechterhaltung des Nutzungsentschädigungsanspruchs handeln, was aber auch bei Bestehen eines Räumungstitels nicht ohne weiteres bejaht werden kann.

228 OLG Düsseldorf ZMR 2004, 750.

229 OLG München ZMR 1985, 289.

230 OLG Hamm NZM 2003, 26.

231 OLG Hamm ZMR 1996, 372.

232 *Blank/Börstinghaus* § 546a Rdn. 18.

233 OLG Düsseldorf ZMR 2004, 750 = NZM 2004, 870; OLG Düsseldorf GE 2006, 189 = DWW 2006, 65.

234 S. bei § 546 Rdn. 80.

235 S. zu diesen Fällen der vertragslosen Wohnungsnutzung eingehend *Hinz* WuM 2015, 269.

fig an einem Rücknahmewillen; in derartigen Vergleichen werden die Zahlungspflichten des Mieters aber meist direkt geregelt, so dass ein Rückgriff auf § 546a BGB entbehrlich ist.

50 Der Vermieter hat keinen Rücknahmewillen, wenn er zu Unrecht die **Vertragsbeendigung** überhaupt oder deren Zeitpunkt **bestreitet,** weil er beispielsweise eine Kündigung für unwirksam hält, und deshalb von einem Fortbestand des Vertrages ausgeht[236]; daran ändert sich nichts rückwirkend, wenn der Vermieter die Kündigung später als berechtigt anerkennt[237]. Das gilt selbst dann, wenn der Mieter – etwa wegen einer Untervermietung – zur Rückgabe nicht in der Lage ist[238]. In diesen Fällen ist auch ein Schadensersatzanspruch auf Erstattung des Mietausfallschadens wegen Mitverschuldens des Vermieters vollständig ausgeschlossen[239]. Weiterhin fehlt es an einem Rücknahmewillen, wenn der Vermieter dem Mieter nicht – wie vertraglich vorgesehen – den bei Vertragsende besonders zu bestimmenden Rückgabeort mitteilt[240]. Ähnlich soll es sein, wenn der Vermieter mit dem Mieter einen **neuen Vertrag schließen will**[241]; das allein kann aber nicht ausreichen, aus der Art der Verhandlungsführung oder sonstigem Verhalten muss vielmehr deutlich werden, dass die Mietsache bis zum Scheitern der Verhandlungen nicht zurückgegeben werden muss, weil der Vermieter ansonsten grundlos auf die Nutzungsentschädigung verzichten würde, was nicht seiner für den Mieter erkennbaren Interessenlage entsprechen würde[242].

51 Wenn der Vermieter dem Mieter die Mietsache nach bereits erfolgter Rückgabe nochmals zur Verfügung stellt, damit dieser einen **vertragswidrigen Zustand beseitigt** (Schlechterfüllung der Rückgabepflicht z. B. wegen **unterlassener Schönheitsreparaturen,** nichtbeseitigter Schäden oder unterlassenen Rückbaus), so scheitert ein Anspruch auf Nutzungsentschädigung nicht erst am fehlenden Rücknahmewillen des Vermieters, sondern bereits daran, dass eine Rückgabeverpflichtung *aus § 546 BGB,* an die § 546a BGB anknüpft, nicht mehr besteht[243]. Anders ist es, wenn eine Rückgabe an den Vermieter noch nicht erfolgt war: Verweigert in dieser Situation der Vermieter die Rücknahme wegen des Zustands der Mietsache (die Anmahnung der Rückgabepflichten ist noch keine Verweigerung der Rücknahme[244]) oder belässt er dem Mieter zur Durchführung der Arbeiten einen (von mehreren) Schlüsseln, fehlt es am Rücknahmewillen[245]; behält der Mieter das Mietobjekt aber zur Durchführung der Arbeiten trotz entgegenstehenden Rückgabewillens des Vermieters, so sind die Voraussetzungen des Entschädigungsanspruchs erfüllt[246]. Ähnlich ist die Lage, wenn der Mieter die Mietsache mit Zustimmung des Vermieters zur Durchführung eines **selbständigen Beweisverfahrens** behält oder zurückerhält; es fehlt dann am Rücknahmewillen[247]. Ist der Vermieter nicht einverstanden und gibt der Mieter dennoch nicht zurück, macht er sich nutzungsentschädigungspflichtig, weil das selbständige Beweisverfahren die Rückgabepflicht nicht hinausschiebt[248].

---

[236] BGH (XII ZR 34/12) NJW 2013, 3232 = ZMR 2013, 614; BGH WuM 2006, 102 = NZM 2006, 12 = ZMR 2006, 192; BGH NJW 2006, 140 = ZMR 2006, 116; BGH NZM 2004, 354 = ZMR 2004, 256 (für einen Leasingvertrag); BGH NJW 1960, 909; OLG Düsseldorf DWW 2007, 414.

[237] OLG Hamm NJW-RR 1997, 264. S. auch Rdn. 72.

[238] BGH NJW 1960, 909.

[239] AG Berlin-Schöneberg GE 2012, 756.

[240] BGH NJW 1982, 1747 (für einen Leasingvertrag).

[241] KG ZMR 1971, 321; OLG Hamburg ZMR 2009, 603 (bezüglich eines Nutzungsentschädigungsanspruchs gegen einen von zwei Mietern, weil der Vermieter nur mit dem anderen Mieter Fortsetzungsgespräche geführt hatte); *Blank*/Börstinghaus § 546a Rdn. 18; *Rolfs* in Staudinger § 546a Rdn. 29.

[242] Auch nach BGH NJW 2009, 433 = ZMR 2009, 108 (sich anschließend OLG Düsseldorf ZMR 2012, 15 = DWW 2011, 297) reicht das bloße Führen von Vertragsverhandlungen nicht für die Annahme eines fehlenden Rücknahmewillens aus.

[243] So auch LG Wuppertal WuM 1988, 21. Im Ergebnis ebenso BGH WuM 2010, 632 = NZM 2010, 815 = ZMR 2011, 22; OLG Hamburg WuM 1990, 75 = ZMR 1990, 141. Das LG Wuppertal WuM 1988, 21 möchte in dieser Situation § 546a BGB analog anwenden, weil es keinen entscheidenden Unterschied mache, ob der Mieter die Mietsache nach Beendigung des Mietverhältnisses sogleich behalte, um weitere Arbeiten darin auszuführen, oder ob er sie zunächst kurzfristig zurückgebe, um sie sodann wieder zu übernehmen. Das LG Wuppertal übersieht hierbei, dass auch bei Belassen der Mietsache zur Durchführung von Arbeiten mit Einverständnis des Vermieters ein Rücknahmewille fehlt; s. dazu sogleich. Abgesehen davon können dem Vermieter Schadensersatzansprüche zustehen.

[244] OLG Celle ZMR 2011, 948.

[245] KG NZM 2001, 849 = WuM 2001, 437 = ZMR 2001, 890; OLG Celle ZMR 2011, 948.

[246] KG ZMR 2016, 939.

[247] Im Ergebnis ebenso AG Neuss WuM 1994, 382; *Rolfs* in Staudinger § 546a Rdn. 30. S. zum selbständigen Beweisverfahren auch bei § 570 Rdn. 6 und bei § 546 Rdn. 17.

[248] S. bei § 546 Rdn. 17.

52 Macht der Vermieter an allen oder einzelnen Gegenständen, die der Mieter in die Mietsache eingebracht hat, ein **Vermieterpfandrecht** gem. §§ 562ff. BGB geltend, so hindert das den Mieter an der vollständigen Räumung. Das Zurücklassen von Gegenständen stellt grundsätzlich eine Nichterfüllung der Rückgabepflicht dar. Da dieser Zustand aber dem Willen des Vermieters entspricht, fehlt es an dem für einen Nutzungsentschädigungsanspruch notwendigen Rücknahmewillen[249] und zwar unabhängig davon, ob das Vermieterpfandrecht wirksam entstanden ist oder nicht[250]. Der Vermieter verhält sich widersprüchlich, wenn er einerseits die vollständige Räumung verhindert und andererseits wegen der unterbliebenen Räumung Nutzungsentschädigung wegen Vorenthaltung verlangt. Die Ausübung des Vermieterpfandrechts lässt nur die Räumungspflicht entfallen, nicht hingegen die Pflicht zur Herausgabe der Mietsache; der Nutzungsentschädigungsanspruch entfällt deshalb dann nicht, wenn der Vermieter zwar ein Vermieterpfandrecht geltend macht, der Mieter aber die Mietsache selbst nicht herausgibt[251]. Die sog. Berliner Räumung[252] setzt die Geltendmachung des Vermieterpfandrechts voraus. Die Berliner Räumung ist als beschränkter Vollstreckungsauftrag in § 885a ZPO Gesetz geworden, die Geltendmachung des Vermieterpfandrechts ist aber nicht mehr notwendig. Deshalb führt die Erteilung eines beschränkten Vollstreckungsauftrag gem. § 885a ZPO nicht mehr zum Verlust des Nutzungsentschädigungsanspruchs. Der Wille des Vermieters, dass der Mieter die Wohnung räumt, bleibt nämlich ebenso bestehen wie die Pflicht des Mieters hierzu (s. § 885a Abs. 4 Satz 1 ZPO). Beruft sich der Vermieter aber zusätzlich (also neben der Beschränkung des Vollstreckungsauftrags) auf sein Vermieterpfandrecht, verliert er den Anspruch auf Nutzungsentschädigung.

3. Höhe der Entschädigung

53 Zur Höhe der Nutzungsentschädigung bestimmt § 546a Abs. 1 BGB, dass dem Vermieter für die Dauer der Vorenthaltung die vereinbarte Miete oder die für vergleichbare Sachen ortsübliche Miete zusteht. Das Vorhandensein **zweier möglicher Bemessungsgrundlagen** (vereinbarte bzw. ortsübliche Miete) bedeutet nicht, dass der Vermieter durch rechtsgestaltende Willenserklärung bestimmen muss, nach welcher der beiden Grundlagen sich sein Anspruch richten soll. Der Entschädigungsanspruch entsteht vielmehr von vornherein in Höhe des vereinbarten Mietzinses oder, wenn der ortübliche Mietzins höher ist, in Höhe des ortsüblichen Mietzinses[253]. Deswegen ist auch ein Wahlrecht des Vermieters gem. § 263 BGB abzulehnen[254]. Mit der Einführung der Nutzungsentschädigung in ortsüblicher Höhe im Jahre 1967 hat der Gesetzgeber nämlich die Rechtsstellung des Vermieters verbessern wollen, der davor den ortsüblichen Mietzins aus Bereicherungsrecht verlangen konnte, ohne dass dafür eine Gestaltungserklärung notwendig gewesen ist[255]. Die früher h. M., die eine ausschließlich in die Zukunft wirkende rechtsgestaltende Willenserklärung annahm[256], ist nicht nur durch die Rechtsprechung des BGH[257] überholt, sondern auch durch den Willen des Gesetzgebers. Die Notwendigkeit einer gestaltenden Willenserklärung war nämlich aus dem Wortlaut des § 557 Abs. 1 BGB a. F. hergeleitet worden, der eine Entschädigung in Höhe der ortsüblichen Miete „anstelle" der vereinbarten Miete vorsah; diese Formulierung ist anlässlich der Mietrechtsreform durch ein einfaches „oder" ersetzt worden und die Gesetzesbegründung[258] hat sich hierzu ausdrücklich auf die Rechtsprechung des BGH berufen und sie gebilligt. Zu Vereinbarungen über die Höhe der Nutzungsentschädigung s. Rdn. 108. Zum Einfluss einer rückwirkenden Unwirksamkeit der Kündigung gem. § 569 Abs. 3 Nr. 2 BGB (Schonfristregelung) auf die Höhe der Nutzungsentschädigung s. Rdn. 25.

---

249 OLG Dresden NZM 2012, 88 = ZMR 2012, 268; OLG Rostock WuM 2007, 509 = ZMR 2008, 54; KG NZM 2005, 422 = WuM 2005, 348; OLG Hamburg WuM 1990, 77 = NJW-RR 1990, 86 = ZMR 1990, 8.
250 LG Osnabrück WuM 2006, 645.
251 KG ZMR 2013, 428 = MDR 2013, 643; KG ZMR 2016, 939.
252 S. dazu BGH NJW 2006, 848.
253 BGH NJW 1999, 2808 = WuM 1999, 689 = ZMR 1999, 749; *Emmerich* NZM 1999, 929.
254 **A. A.** *Bieber* in MünchKomm § 546a Rdn. 12.
255 BGH NJW 1999, 2808 = WuM 1999, 689 = ZMR 1999, 749.
256 LG Berlin WuM 1993, 351; LG Freiburg WuM 1993, 671; Nachweise auf die Literatur in BGH NJW 1999, 2808 = WuM 1999, 689 = ZMR 1999, 749.
257 BGH NJW 1999, 2808 = WuM 1999, 689 = ZMR 1999, 749.
258 BT-Drucksache 14, 4553 (abgedruckt in NZM 2000, 433/434).

54 **a) Vereinbarte Miete.** Als Mindestentschädigung schuldet der Mieter die **vereinbarte Miete einschließlich Umsatzsteuer**[259], wenn die Umsatzsteuerpflicht für den Mietzins vereinbart war und die Umsatzsteueroption gem. §§ 4 Nr. 12, 9 UStG für den Mietvertrag auch wirksam ausgeübt war[260]; zur Minderung s. Rdn. 68. Aus dem Charakter des Anspruchs als Mindestentschädigung folgt, dass sich der Mieter nicht darauf berufen kann, eine Weitervermietung sei nur zu einem geringeren Mietzins möglich. Ist der Mietzins bei einem Zeitmietvertrag nicht für bestimmte Zeitabschnitte, sondern für die gesamte Vertragslaufzeit vereinbart, so sind für die Bemessung der Nutzungsentschädigung fiktive Zeitanteile zu errechnen[261]. Soweit eine Mietzinsvereinbarung nichtig ist, ist der nichtige Anteil bei der Nutzungsentschädigung nicht zu berücksichtigen, die Entschädigung ist vielmehr auf die höchstzulässige Miete beschränkt; das kommt etwa bei einer Begrenzung der Wiedervermietungsmiete gem. § 556d BGB (Mietpreisbremse) in Betracht[262]. Bei Leasingverträgen ist die Leasingrate die vereinbarte Miete i. S. v. § 546a Abs. 1 BGB; das gilt aber nach Treu und Glauben ausnahmsweise dann nicht, wenn der Gebrauchswert der Leasingsache völlig außer Verhältnis zu der Leasingrate steht[263].

55 Hat sich die Miethöhe im Verlauf der Vertragszeit verändert, so ist der zur **Zeit der Vertragsbeendigung** geschuldete Mietzins **maßgeblich**[264]. Die Nutzungsentschädigung kann sich – nach Einhaltung der dafür ggf. vereinbarten Formalien[265] – über den letzten geschuldeten Mietzins hinaus erhöhen, wenn die Parteien eine **Staffelmiete** gem. § 557a BGB, eine **Indexmiete** gem. § 557b BGB oder (bei der Geschäftsraummiete) eine **Wertsicherungsklausel** vereinbart hatten und sich der Mietzins auch bei fortgesetztem Mietverhältnis erhöht hätte[266]. Die hierfür vielfach zu findende Begründung[267], der die Mietsache vorenthaltende Mieter solle nicht besser stehen als bei unbeendetem Vertrag, entstammt aber wohl eher schadensrechtlicher Denkweise und ist deshalb wenig tragfähig. Da es sich bei der Nutzungsentschädigung um einen vertragsähnlichen Anspruch handelt, ist vielmehr darauf abzustellen, dass die Erhöhung den Vereinbarungen der Parteien in dem beendeten Mietvertrag entspricht und deshalb die vereinbarte Miete i. S. v. § 546a Abs. 1 BGB darstellt. Andere Arten von **Mieterhöhungen,** also solche, die nicht schon in dem Mietvertrag angelegt waren, haben deshalb keinen Einfluss auf die Höhe der Nutzungsentschädigung. Das betrifft beispielsweise Mieterhöhungen gem. §§ 558, 559 BGB, aber auch die Erhöhung der Kostenmiete bei preisgebundenem Wohnraum gem. § 10 WoBindG[268]. Erst Recht gilt dies, wenn der Mieter wegen einer Mieterhöhung von seinem Sonderkündigungsrecht gem. § 561 BGB Gebrauch macht; da die Mieterhöhung gem. § 561 Abs. 1 Satz 2 BGB in diesem Fall nicht eintritt, kann sich auch die Nutzungsentschädigung nicht nach ihr bemessen[269]. Für die Fälle, in denen der Vermieter während der Vorenthaltung eine Mieterhöhung nicht mehr durchsetzen kann, sieht § 546a Abs. 1 BGB das Recht vor, die ortsübliche Miete zu verlangen[270].

56 Ist der **Mietzins** ganz oder teilweise nicht in Geld sondern **durch andere Leistung geschuldet,** so ist der Wert dieser Leistung zu bestimmen. Das kommt etwa bei Werkdienstwohnungen gem. § 567b BGB in Betracht oder bei Hausmeister- bzw. Putzdiensten. Die Bemessung des Wertes richtet sich vornehmlich nach den Parteivereinbarungen bzw. deren Vorstellungen[271], ersatzweise

[259] BGH NJW 1988, 2665; bestätigt in BGH NZM 1998, 192 = ZMR 1998, 137 = WuM 1999, 161. Anders ist das bei Schadensersatzansprüchen gem. § 546a Abs. 2 BGB (s. dazu Rdn. 101).

[260] BGH NZM 2009, 701 = ZMR 2010, 21 Rdn. 20.

[261] *Rolfs* in Staudinger § 546a Rdn. 41.

[262] *Artz* NZM 2017, 281.

[263] BGH NJW-RR 2005, 1081.

[264] *Blank/Börstinghaus* § 546a Rdn. 28.

[265] Die Erhöhung kann während der Vertragslaufzeit beispielsweise von einer Erklärung durch den Vermieter abhängen. Derartige Formalien sind auch für eine Erhöhung der Nutzungsentschädigung zu beachten, da es angesichts der Vertragsähnlichkeit des Entschädigungsanspruchs keinen Anlass gibt, den Vermieter besser zu stellen als während des Vertrages (**A. A.** *Blank/Börstinghaus* § 546a Rdn. 27).

[266] *Rolfs* in Staudinger § 546a Rdn. 45; *Lützenkirchen* GE 2013, 1176.

[267] S. etwa BGH ZMR 1973, 238 = MDR 1973, 492; OLG Celle NJW 1964, 1027; *Rolfs* in Staudinger § 546a Rdn. 45.

[268] *Lehmann-Richter* PiG 90 (2011) 205; LG Hamburg WuM 1991, 550. **A. A.** für §§ 558, 559 BGB OLG Celle NJW 1964, 1027; LG Kiel NJW 1961, 319; *Lammel,* Wohnraummietrecht, § 546a Rdn. 26 sowie für die Kostenmiete *Rolfs* in Staudinger § 546a Rdn. 45.

[269] AG Nidda WuM 1981, 105 (nur Leitsatz); *Rolfs* in Staudinger § 546a Rdn. 40.

[270] Dies aber erst seit einer Gesetzesänderung im Jahre 1967; hierdurch mag die ältere Rechtsprechung zu erklären sein, die jegliche Art von Mieterhöhungen berücksichtigen will.

[271] LG Hamburg WuM 1991, 550; *Rolfs* in Staudinger § 546a Rdn. 40.

ist die ortsübliche Miete heranzuziehen; §§ 315, 316 BGB sind angesichts des Umstandes, dass der Vermieter nach § 546a Abs. 1 BGB auch die ortsübliche Miete verlangen kann, nicht anzuwenden[272].

57 Auch die **Betriebskosten** gehören zur vereinbarten Miete. Die Vereinbarungen der Parteien hierzu gelten praktisch fort[273]. Schuldete der Mieter also Vorauszahlungen, so hat er diese fortan als Teil der Nutzungsentschädigung zu erbringen[274]. Nach Abrechnungsreife besteht der Anspruch auf Vorauszahlungen – wie bei bestehendem Mietverhältnis – nicht mehr[275]. Haben die Parteien eine Nebenkostenpauschale vereinbart, so ist weiterhin eine Pauschale geschuldet. Hatte der Mieter vertraglich keine Nebenkosten zu tragen, so bleibt das bestehen, wenn sich die Nutzungsentschädigung an der vereinbarten Miete orientiert. Weil trotz der Beendigung des Mietvertrages in Bezug auf den Mietzins (Höhe, Fälligkeit, vertraglich vereinbarte Mieterhöhung nebst deren Formalien, Zahlung von Betriebskostenvorschüssen) die Vereinbarungen der Parteien praktisch fortgelten, ist auf die Abrechnung auch die Regelung des § 556 Abs. 3 BGB (Abrechnungsfrist mit Nachforderungsausschluss für den Vermieter; Einwendungsfrist für den Mieter) in vollem Umfang anwendbar[276].

58 **b) Ortsübliche Miete.** Ist die ortsübliche Miete höher als die vereinbarte Miete, so steht dem Vermieter als Entschädigung gem. § 546a Abs. 1 BGB erstere zu. Das gilt – anders als bei der Vorgängerregelung § 557 BGB a. F. – nicht nur für die Raummiete, sondern auch für die Miete von Grundstücken und beweglichen Sachen. Die Entstehung des Anspruchs auf die ortsübliche Miete hängt nicht von einer entsprechenden Gestaltungserklärung des Vermieters ab[277]. Zum Einfluss einer rückwirkenden Unwirksamkeit der Kündigung gem. § 569 Abs. 3 Nr. 2 BGB (Schonfristregelung) auf die Höhe der Nutzungsentschädigung s. Rdn. 25.

59 Der Begriff der ortsüblichen Miete ist in § 546a Abs. 1 BGB nicht definiert. Als **Maßstab** kommt in Betracht die Marktmiete (üblicher Neuvermietungspreis), die Durchschnittsmiete (Durchschnitt aller Mietpreise in einer Gemeinde) oder die ortsübliche Vergleichsmiete gem. § 558 Abs. 2 BGB (Durchschnitt der in den letzten vier Jahren vereinbarten oder geänderten Mieten für nach fünf Wohnwertmerkmalen vergleichbare Wohnungen). Richtigerweise ist nach dem Sinn und Zweck der Regelung auf die **Marktmiete** abzustellen[278]. Der historische Gesetzgeber des BGB hat die vereinbarte Miete als Mindestbetrag einer Nutzungsentschädigung für angemessen gehalten, weil dies die Äquivalenzvorstellungen der Parteien zum Wert von Leistung und Gegenleistung zum Maßstab nimmt und Streitigkeiten über die Höhe des konkreten Schadens des Vermieters bzw. der konkreten Bereicherung des Mieters vermeiden hilft[279]. Der Mieter, der die Mietsache nach Beendigung des Mietverhältnisses dem Vermieter vorenthält, sollte nicht besser gestellt werden, als er bei Fortdauer des Mietvertrages gestanden hätte. Das Recht, die ortsübliche statt der vereinbarten Miete verlangen zu können, wurde erstmals 1967 geschaffen[280]. Das deshalb, um den Vermieter bei steigenden bzw. gestiegenen Mieten während der oftmals langen Dauer eines Räumungsprozesses bzw. bei längeren Räumungsfristen nicht auf das vereinbarte Mietniveau zu beschränken[281]. Dieser Zweck zeigt, dass es nicht darauf ankommt, was der Vermieter bei Fortsetzung

[272] **A. A.** LG Hamburg WuM 1991, 550; *Rolfs* in Staudinger § 546a Rdn. 40.

[273] BGH (XII ZR 66/13) NJW 2015, 2795 = WuM 2015, 493 = ZMR 2015, 754 Rdn. 32; OLG Dresden NZM 2012, 88; *Rolfs* in Staudinger § 546a Rdn. 43; *Lammel,* Wohnraummietrecht, § 546a Rdn. 22.

[274] OLG Dresden NZM 2012, 88.

[275] BGH (XII ZR 66/13) NJW 2015, 2795 = WuM 2015, 493 = ZMR 2015, 754 Rdn. 32; OLG Dresden NZM 2012, 88.

[276] OLG Dresden NZM 2012, 88. **A. A.,** den vertragsähnlichen Charakter des Anspruchs verkennend, *Lehmann-Richter* PiG 90 (2011) 207; *Lützenkirchen* GE 2013, 1176. Selbst wenn man § 556 Abs. 3 BGB nicht anwenden wollte, änderte das an der Abrechnungspflicht selbst nichts, was aus dem Wesen des Vorschusses folgt (**A. A.** *Lehmann-Richter* PiG 90 (2011) 207 wegen des Rechts des Mieters, die Vorschüsse vollständig zurückzufordern, wenn nicht abgerechnet wird). § 556 Abs. 3 BGB außerdem schon deswegen nicht bedeutungslos, weil der Vermieter aus Zumutbarkeitsgesichtspunkten nicht gehalten sein kann, die Abrechnung für das beendete Mietverhältnis vor den Abrechnungen für die übrigen Mietverhältnisses zu erstellen; vor Ablauf der Jahresfrist könnte deshalb der unberechtigte Nutzer eine Abrechnung nicht verlangen oder – wenn der Vermieter der Abrechnungspflicht nicht nachkommt – die Vorschüsse zurückfordern.

[277] S. dazu Rdn. 53.

[278] BGH (VIII ZR 17/16) NZM 2017, 186 = WuM 2017, 134 m. w. N. auch auf die Gegenmeinung.

[279] BGH NJW 1966, 248; *Rolfs* in Staudinger § 546 Rdn. 3.

[280] S. näher bei der Entstehungsgeschichte der Norm.

[281] BGH (VIII ZR 17/16) NZM 2017, 186 = WuM 2017, 134 Rdn. 23; BGH NJW 1999, 2808 = WuM 1999, 689 = ZMR 1999, 749; *Emmerich* NZM 1999, 930 m. w. N. zur Gesetzgebungsgeschichte.

des Mietverhältnisses vom Mieter durch Geltendmachung einer Mieterhöhung hätte erlangen können, sondern darauf, was bei einer Neuvermietung erzielbar gewesen wäre[282]. Bei einer Neuvermietung spielen aber – anders als bei einer Mieterhöhung auf die ortsübliche Vergleichsmiete gem. § 558 Abs. 2 BGB – die in der Vergangenheit erzielten Mieten grundsätzlich keine Rolle, sondern nur die aktuell erzielbaren Mieten[283]. Hinzu kommt, dass die ortübliche Vergleichsmiete gem. § 558 Abs. 2 BGB nur für die Wohnraummiete gilt, wohingegen die ortsübliche Vergleichsmiete gem. § 546a Abs. 1 BGB für alle Mietverhältnisse zu ermitteln ist. Dass hierbei ein unterschiedlicher Maßstab angewendet werden soll je nachdem, ob es sich um ein Wohnraummietverhältnis handelt oder nicht, ist § 546a BGB nicht zu entnehmen[284]; zur besonderen Problematik bei der Kostenmiete im preisgebundenen Wohnraum s. sogleich. Der vertragsähnliche Charakter des Entschädigungsanspruchs[285] steht dem nicht entgegen. Er besagt nichts über die Höhe der ortsüblichen Miete, die auf einen außervertraglichen Maßstab Bezug nimmt.

60 **Maßstab für den Marktmietzins** ist, zu welchem Preis ein vergleichbares Objekt während der Zeit der Vorenthaltung weiterzuvermieten bzw. anzumieten wäre. Ändert sich dieses Preisniveau während der Dauer der Vorenthaltung, so ändert sich auch die Höhe der Nutzungsentschädigung. Es spielt allerdings keine Rolle, ob es dem Vermieter tatsächlich gelungen wäre, die konkret vorenthaltene Mietsache überhaupt oder zu dem marktüblichen Mietzins zu vermieten, entscheidend ist das herrschende Mietniveau[286]. Die bei einer Neu- bzw. Weitervermietung erzielbare Marktmiete muss sich nach dem Wortlaut von § 546a Abs. 1 BGB an vergleichbaren Mietobjekten orientieren, die am Ort der Mietsache existieren. Der Begriff der Orts*üblichkeit* bedeutet dabei, dass nicht vereinzelte Spitzenwerte (nach oben oder unten) maßgeblich sind, sondern ein gewisser Durchschnitt[287]. Existieren am Ort (der Gemeinde) keine vergleichbaren Objekte – etwa weil es sich um ein Sonderobjekt handelt – dann scheidet eine Erhöhung der Nutzungsentschädigung auf Marktmietniveau nicht aus[288], denn auch für Einzel- oder Sonderobjekte gibt es Marktentwicklungen; es ist nicht ersichtlich, dass der Gesetzgeber die Vermieter von Sonder- bzw. Einzelobjekten von der Marktentwicklung fernhalten wollte, im Gegenteil, der Gesetzeszweck wird nur bei Einbeziehung auch dieser Objekte vollständig erreicht[289]. In diesen Fällen bemessen sich die Marktentwicklungen mangels einer Vielzahl von Vergleichsobjekten nach der Wiedervermietungsmiete des konkreten Objekts und seiner Nutzung, ausgerichtet an einem wirtschaftlich vernünftig handelnden Mietinteressenten. Unter Beachtung der Besonderheiten der jeweiligen Vorschriften kann bei der Bestimmung der Marktmiete auf die Regeln in §§ 558, 558a BGB und die dazu entwickelten Grundsätze zurückgegriffen werden, insbesondere hinsichtlich der Ermittlung der Miete durch Sachverständigengutachten und durch Vergleichsobjekte[290]. Zu beachten ist allerdings, dass weder die Wartefrist noch die Kappungsgrenze in § 558 Abs. 1 bzw. 3 BGB gelten, wohl aber die Begrenzung der Wiedervermietungsmiete in § 556d BGB (Mietpreisbremse)[291]. Grundsätzlich sind – anders als bei § 558 Abs. 2 BGB – auch nicht die in den letzten vier Jahren vereinbarten Mieten in die Ermittlung einzubeziehen, sie können aber Anhaltspunkt bzw. Indiz sein für die aktuelle Marktlage, sofern diese sich nicht gerade in einer dynamischen Auf- oder Abwärtsbewegung befindet. Gleichfalls ist eine strenge Beschränkung auf die fünf in § 558 Abs. 2 BGB genannten Wohnwertfaktoren (Art, Größe, Ausstattung, Beschaffenheit und Lage) nicht zulässig, auch wenn andere Bemessungsfaktoren in der Praxis eine geringe Rolle spielen dürften und die Wohnwertmerkmale deshalb für die Mietpreisbildung faktisch meist maßgeblich sein werden[292]. Praktisch bedeutet das, dass bei der Wohnraummiete oftmals im Wege der Schätzung gem. § 287 ZPO eine Orientierung an einem vorhandenen Mietspiegel möglich sein dürfte[293]; dies gilt jedenfalls dann, wenn es keine dynamischen Preisentwicklungen gibt bzw. in letzter Zeit gegeben hat.

---

282 BGH (VIII ZR 17/16) NZM 2017, 186 = WuM 2017, 134 Rdn. 19.
283 BGH (VIII ZR 17/16) NZM 2017, 186 = WuM 2017, 134 Rdn. 22.
284 BGH (VIII ZR 17/16) NZM 2017, 186 = WuM 2017, 134 Rdn. 17.
285 S. dazu Rdn. 19.
286 *Rolfs* in Staudinger § 546a Rdn. 53.
287 So auch OLG Celle ZMR 2016, 535.
288 So aber OLG Celle ZMR 2016, 535.
289 **A. A.** OLG Celle ZMR 2016, 535, das den auf die Massenmietmärkte zugeschnittenen Gesetzeswortlaut zu sehr in den Vordergrund stellt.
290 So ist wohl auch BGH (VIII ZR 17/16) NZM 2017, 186 = WuM 2017, 134 Rdn. 11 zu verstehen.
291 *Lindner* ZMR 2016, 361; *Artz* NZM 2017, 281; *Röck* NZM 2017, 188.
292 So auch BGH (VIII ZR 17/16) NZM 2017, 186 = WuM 2017, 134 Rdn. 11.
293 Ähnlich *Rolfs* in Staudinger § 546a Rdn. 54; *Lützenkirchen* GE 2013, 1178.

Auch bei **preisgebundenem Wohnraum** ist die Entschädigung grundsätzlich an der ortsüblichen Marktmiete zu orientieren[294]; in § 546a Abs. 1 BGB gibt es keinerlei Anhaltspunkte für eine Differenzierung. Die maximale Höhe der Nutzungsentschädigung ist allerdings durch die höchstzulässige Kostenmiete begrenzt, die der Vermieter bei einer Neuvermietung hätte verlangen dürfen, da ein die Kostenmiete übersteigender Mietzins unwirksam ist (§ 8 Abs. 2 WoBindG)[295]. Zwar handelt es sich bei der Nutzungsentschädigung nicht um einen Mietzins; aber einmal hat der Anspruch vertragsähnlichen Charakter[296] und zum anderen würde es den Zwecken der Wohnraumförderung widersprechen, wenn der Vermieter bei vertragsloser Nutzung mehr erhalten könnte als bei Bestehen eines Mietvertrages. Liegt also die Marktmiete unter der Kostenmiete, so kann der Vermieter nur die Marktmiete verlangen. Werden die Voraussetzungen für eine Mieterhöhung gem. § 10 WoBindG erst im Verlauf der Vorenthaltung erfüllt, steht dem Vermieter ab diesem Zeitpunkt die erhöhte Kostenmiete zu[297], sofern nicht die Marktmiete darunter liegt. Das WoBindG hat allerdings einen langsam auslaufenden Anwendungsbereich. Es gilt nämlich gem. §§ 1 WoBindG, 50 WoFG nur für solchen Wohnraum, für den die Fördermittel bis Ende 2001 bewilligt wurden[298]. Das WoFG und das WoBindG gelten darüber hinaus nicht mehr in allen Bundesländern. Durch die Föderalismusreform ist nämlich zum 1.9.2006 die ausschließliche Gesetzgebungsbefugnis für das Recht der Wohnraumförderung und der Wohnungsbindung auf die Länder übergegangen[299]. Die bundesrechtlichen Bestimmungen gelten gem. Art. 125a GG fort, bis sie durch Landesgesetze ersetzt oder aufgehoben werden. Einige Bundesländer haben eigene Wohnraumförderungs- oder Wohnungsbindungsgesetze oder beides erlassen, die teilweise mit den bundesrechtlichen Regeln übereinstimmen, teilweise aber auch davon abweichen oder keine besonderen Bestimmungen enthalten. Eine Liste der bestehenden Landesgesetze findet sich bei § 563 Rdn. 10. 61

Die Höhe der Marktmiete bzw. der Kostenmiete muss im Prozess[300] bei Bestreiten nachgewiesen werden, die **Formalien der Erhöhung** in § 10 WoBindG oder §§ 558ff. BGB müssen aber nicht eingehalten werden[301], da es – anders als bei der Nutzungsentschädigung, die sich an der vereinbarten Miete orientiert – nicht um die Fortschreibung vertraglicher Rechte und Pflichten, sondern um die Feststellung des ortsüblichen Mietzinses geht; insbesondere das Erfordernis eines Erhöhungsverlangens durch den Vermieter würde der erwähnten[302] Rechtsprechung des BGH zuwider laufen, wonach die Entschädigung in Höhe der ortsüblichen Miete ohne Weiteres entsteht, wenn sie höher ist als die vereinbarte Miete. 62

Hinsichtlich der **Betriebskosten** kommt es ebenfalls auf die ortsübliche Mietstruktur an[303], die bei Wohnungen meist die Leistung von abzurechnenden Vorauszahlungen vorsehen wird. Heizkosten sind wegen § 2 HeizKV praktisch immer abzurechnen[304]. Entsprach dies auch den vertraglichen Vereinbarungen, so können diese praktisch fortgeschrieben werden (s. Rdn. 57, dort auch zur Abrechnung der Vorauszahlungen). Hatten die Parteien demgegenüber eine Inklusiv- oder Teilinklusivmiete oder eine Nebenkostenpauschale vereinbart, so schuldet der Mieter, wenn der Vermieter die ortsübliche Miete als Nutzungsentschädigung verlangt, eine angemessene und abrechenbare Vorauszahlung auf die Nebenkosten[305]. 63

c) Teilleistung. Zu Teilleistungen ist der Mieter gem. § 266 BGB nicht berechtigt. Er darf deshalb nicht nur einen Teil der Mieträume zurückgeben, etwa die Gastwirtschaft ohne Wirtewohnung, das Haus ohne Garage etc. Der Vermieter darf aber die Rücknahme der Mietsache wegen einer bloßen Schlechterfüllung einzelner Rückgabepflichten nicht ablehnen, sondern nur dann, 64

294 *Rolfs* in Staudinger § 546a Rdn. 55. **A. A.,** nämlich für die Kostenmiete als Maßstab, auch wenn diese über der Markmiete liegt: *Lützenkirchen* GE 2013, 1178.
295 *Rolfs* in Staudinger § 546a Rdn. 55.
296 S. Rdn. 19.
297 *Rolfs* in Staudinger § 546a Rdn. 45.
298 S. den Wortlaut des § 50 WoFG sowie *Söfker* WuM 2002, 296 und *Bellinger* in Fischer-Dieskau/Pergande/Schwender, Wohnungsbaurecht, § 50 WoFG Anm. 2.
299 *Feßler* WuM 2009, 90.
300 Zu sonstigen prozessualen Besonderheiten s. *Fleindl* NZM 2017, 282.
301 LG Berlin GE 1996, 127; *Lehmann-Richter* PiG 90 (2011) 205; *Lützenkirchen* GE 2013, 1179. LG Freiburg WuM 1993, 671 hält zwar ein formelles Erhöhungsverfahren nicht für notwendig, wohl aber ein einseitiges Erhöhungsverlangen.
302 S. Rdn. 53.
303 *Lehmann-Richter* PiG 90 (2011) 204.
304 *Lehmann-Richter* PiG 90 (2011) 205.
305 So auch *Schmid* DWW 2013, 83.

wenn trotz Besitzveränderung zu seinen Gunsten von einer faktischen Weiternutzung durch den Mieter auszugehen ist, was bei dem Verbleib von Gegenständen und Einrichtungen bzw. vom Mieter errichteten Gebäuden der Fall ist; zu den Einzelheiten s. Rdn. 39. Nach Treu und Glauben darf der Vermieter eine Teilleistung weiterhin nicht ablehnen, wenn der Mieter ihm einen abgegrenzten Teil eines Mietobjektes zurückgeben will, der bereits geräumt ist und in Zukunft getrennt von dem übrigen Objekt oder gar nicht mehr vermietet werden soll[306], also etwa bei einer Wohnung mit Garage oder Keller. Nimmt der Vermieter ohne entsprechende Verpflichtung nur einen Teil der Mietsache zurück, so ist er an der Geltendmachung von Nutzungsentschädigung in vollem Umfang nicht gehindert[307]; die Entschädigung ist aber entsprechend § 537 BGB zu kürzen, wenn der Vermieter den zurückgenommenen Teil weitervermietet oder selbst nutzt[308].

65 **d) Mitverschulden des Vermieters; Treu und Glauben.** Ein **Mitverschulden** des Vermieters an der Entstehung des Nutzungsentschädigungsanspruchs führt nicht zur Anwendung des § 254 BGB[309]. Wie bereits[310] ausgeführt, handelt es sich bei § 546a Abs. 1 BGB nämlich nicht um einen Schadensersatzanspruch, sondern um einen vertragsähnlichen Anspruch. Deshalb kommt eine Kürzung des Entschädigungsanspruchs beispielsweise nicht in Betracht, wenn der Vermieter nicht von seinem Rückforderungsanspruch gegen den Mieter oder gegen einen die Mietsache inne haltenden Dritten i. S. v. § 546 Abs. 2 BGB Gebrauch macht[311].

66 Daraus folgt aber nicht, dass das Verhalten des Vermieters bei der Abwicklung des Mietverhältnisses stets unerheblich ist. Der Geltendmachung eines Entschädigungsanspruches kann nämlich der Einwand **treuwidrigen Verhaltens** des Vermieters § 242 BGB entgegenstehen[312]. Der Vermieter darf den Mieter beispielsweise nicht daran hindern, die Räumung des Mietobjektes rechtzeitig durchzuführen, oder in ihm den Eindruck erwecken, er werde die Räumung selbst vornehmen[313]. Weiterhin darf der Vermieter eine Wiederinbesitznahme nicht verzögern, wenn er weiß, dass der Mieter von einer (erfolgreichen) Übersendung der Schlüssel zum Mietobjekt ausgeht, die Schlüssel tatsächlich bei ihm aber nicht angelangt sind[314]. Außerdem kommt in Fallgestaltungen, die eine Anwendung des § 254 BGB erwägenswert erscheinen lassen, in Betracht, dass es dem Vermieter an dem notwendigen Rücknahmewillen fehlt und ein Entschädigungsanspruch daran scheitert (Beispielsfälle bei Rdn. 45 ff.).

67 Insbesondere bei der **Miete geringwertiger Sachen** (praktisch relevant sind insbesondere DVD, CD oder Videokassetten) übersteigt die Nutzungsentschädigung nach kurzer Zeit den Wert der Mietsache. In diesen Fällen wird häufig eine Anwendung von § 254 BGB analog oder von § 242 BGB befürwortet[315]. Auch der BGH hält das Verlangen einer Leasinggeberin nach Fortzahlung einer Nutzungsentschädigung in Höhe der vereinbarten Leasingrate dann für eine unzulässige Rechtsausübung gem. § 242 BGB, wenn der Zeitwert des Leasinggegenstandes alters- oder gebrauchsbedingt so weit abgesunken ist, dass eine Nutzungsentschädigung in Höhe der vereinbarten monatlichen Leasingrate zu dem verbliebenen Verkehrs- oder Gebrauchswert der Geräte völlig außer Verhältnis steht[316]. Richtigerweise dürfte in all diesen Fällen zunächst kritisch zu prüfen sein, ob es nicht dem Vermieter ab einem bestimmten Zeitpunkt an dem notwendigen Rücknahmewillen fehlt. Solange aber der Vermieter den Mieter (oder den Dritten) ernstlich zur Rückgabe auffordert, ist eine Kürzung oder zeitliche Beschränkung des Entschädigungsanspruchs nicht gerechtfertigt. Die gegenteilige Ansicht orientiert sich zu einseitig an der Wertrelation von Mietsache zu Nut-

---

[306] *Rolfs* in Staudinger § 546 Rdn. 30.

[307] OLG Hamburg WuM 1996, 543 = ZMR 1996, 259.

[308] *Blank/Börstinghaus* § 546 Rdn. 47.

[309] BGH NJW 1988, 2665 = WuM 1988, 270 = ZMR 1988, 378; BGH NJW 1984, 1527 = WuM 1984, 131 = ZMR 1984, 380; OLG Bremen MDR 2009, 1268; OLG Hamm ZMR 1996, 372. **A. A.** ohne nähere Begründung, aber möglicherweise weil sie § 546a BGB als Schadensersatzanspruch ansehen (s. dazu Rdn. 19) AG Rastatt NZM 2001, 1103; OLG Hamm NJW-RR 1988, 661; LG Köln NJW-RR 1988, 1248.

[310] S. Rdn. 19.

[311] BGH NJW 1984, 1527 = WuM 1984, 131 = ZMR 1984, 380; KG GE 2003, 46; LG Berlin GE 2009, 908.

[312] BGH NJW 1988, 2665 = WuM 1988, 270 = ZMR 1988, 378; LG Bielefeld NZM 2004, 199. S. auch BGH NJW 1997, 2234 zur entsprechenden Anwendung des § 254 BGB bei Ansprüchen aus § 1004 BGB.

[313] BGH NJW 1988, 2665 = WuM 1988, 270 = ZMR 1988, 378.

[314] OLG Bremen MDR 2007, 515.

[315] Für eine Anwendung des § 242 BGB ab dem Zeitpunkt, ab dem redlicherweise mit der Rückgabe nicht mehr gerechnet werden kann, LG Bielefeld NZM 2004, 199; LG Dortmund NJW-RR 1988, 661; *Rolfs* in Staudinger § 546a Rdn. 36.

[316] BGH NJW-RR 2005, 1081 = ZMR 2005, 609; OLG Bremen MDR 2009, 1268 (im Ergebnis verneint).

zungsentschädigung und vernachlässigt auf diese Weise das Interesse eines Eigentümers am Rückerhalt geringwertiger Sachen; der Nutzungsentschädigungsanspruch dient aber gerade dazu, Druck auf den Mieter zur Rückgabe auszuüben[317]. Überdies wird dem Vermieter durch die Vorenthaltung die Weitervermietungsmöglichkeit genommen und es ist nicht ungewöhnlich, dass die Summe der Mietraten den Zeitwert der Mietsache übersteigt[318]. Dass professionelle Vermieter von Videos oder DVD's wegen der leichten Wiederbeschaffbarkeit oftmals nur ein geringes Rückerlangungsinteresse haben, ist bei der kritischen Prüfung ihres Rücknahmewillens zu berücksichtigen. Die Anwendung von § 242 BGB sollte extremen Ausnahmefällen überlassen bleiben.

e) Minderung, Mängel. Ist die **Mietsache bei Beendigung der Mietzeit mangelhaft** und deshalb die Miete gemindert, so stellt diese geminderte Miete die vereinbarte Miete i. S. v. § 546a Abs. 1 BGB dar, da die Minderung kraft Gesetzes eintritt[319]; haben sich die Parteien vor Vertragsende auf eine bestimmte Minderung geeinigt, so gilt das für die Nutzungsentschädigung fort[320]. Wird der Mangel während der Zeit der Vorenthaltung beseitigt, fällt die Minderung fort[321]. Das entspricht auch dem vertragsähnlichen Charakter des Entschädigungsanspruchs (s. dazu bei Rdn. 19), der sich nicht nur bei der Höhe, sondern auch beispielsweise bei der Fälligkeit (s. nachfolgend) an den Rechten und Pflichten orientiert, die hinsichtlich der Mietzinszahlung während des bestehenden Vertrages bestanden haben. Ist für die Höhe des Entschädigungsanspruchs nicht die vereinbarte Miete maßgeblich, sondern die ortsübliche Miete, so ist die Mangelhaftigkeit der Mietsache deshalb zu berücksichtigen, weil für ein mangelhaftes Mietobjekt nur eine geringere Marktmiete zu erzielen ist[322]. 68

Mängel mindern die Nutzungsentschädigung nach dem BGH und der ihm folgenden h. M.[323] aber dann nicht, wenn sie erst während der Zeit der Vorenthaltung, also **nach Beendigung des Vertrages entstehen** oder sich verschlimmern. Gleiches müsste gelten, wenn der Vermieter wegen einer Verletzung der gem. § 536c Abs. 1 BGB bestehenden Anzeigepflicht, erst während der Vorenthaltungszeit von dem Mangel erfährt. Der BGH begründet seine Auffassung mit dem Willen des historischen Gesetzgebers, der dem Vermieter einen einfach durchsetzbaren, von Einwendungen des Mieters freien Ersatzanspruch habe gewähren wollen[324]; so werde auf den Mieter Druck ausgeübt, die geschuldete Rückgabe zu vollziehen[325]. Eine Herabsetzung des Nutzungsentschädigungsanspruchs entsprechend § 536 BGB ist aber nach Meinung des BGH möglich, wenn es um die Störung solcher Verpflichtungen des Vermieters geht, die wegen der Eigenart des Vertrages oder besonderer Belange des Mieters gem. § 242 BGB auch im Abwicklungsverhältnis im Rahmen des Zumutbaren aufrecht zu erhalten sind[326]. Das betrifft etwa die Fälle, in denen eine Versorgungssperre unzulässig wäre[327] oder in denen allgemeine, nicht nur gegenüber dem Mieter bestehende Verkehrssicherungspflichten verletzt werden[328]. Darüber hinaus besteht eine Mängelbeseitigungspflicht nur bei akuten und schwerwiegenden Gefahren für Leben, Gesundheit bzw. hohe Eigentumswerte des Mieters, wenn diesem entweder gesetzlich (insbesondere gem. §§ 721, 765a ZPO) die Weiternutzung gestattet war oder wenn er mit nachvollziehbaren Erwägungen vom berechtigten Besitz an der Mietsache ausgehen durfte[329]. Die h. M. ist abzulehnen[330] Das gebietet der ver- 69

[317] Ähnlich *Wolf/Eckert/Ball* Rdn. 1134.

[318] *Wolf/Eckert/Ball* Rdn. 1134.

[319] BGH (XII ZR 66/13) NJW 2015, 2795 = WuM 2015, 493 = ZMR 2015, 754 Rdn. 13; BGH WuM 1990, 246 = ZMR 1990, 206 = NJW-RR 1990, 884; BGH NJW 1961, 916; OLG Düsseldorf WuM 1991, 264; LG Berlin ZMR 1992, 541. **A. A.** *Lehmann-Richter* PiG 90 (2011) 204, der wegen des Wortlauts von § 546a Abs. 1 BGB („vereinbarte Miete") immer, d. h. auch bei Mangelhaftigkeit, auf die ungeminderte Miete abstellen will, was den vertragsähnlichen Charakter des Anspruchs leugnet und dessen Druckfunktion im Sinne eines Strafcharakters überbetont.

[320] BGH WuM 1990, 246 = ZMR 1990, 206 = NJW-RR 1990, 884; KG ZMR 2012, 693.

[321] *Blank/Börstinghaus* § 546a Rdn. 29.

[322] *Lammel,* Wohnraummietrecht, § 546a Rdn. 30.

[323] BGH (XII ZR 66/13) NJW 2015, 2795 = WuM 2015, 493 = ZMR 2015, 754 m.w.N.; BGH NJW 1961, 916; *Lehmann-Richter* PiG 90 (2011) 204; *Lützenkirchen* GE 2013, 1177.

[324] Dieses Argument widerlegt überzeugend *Zehelein* ZfIR 2015, 657.

[325] BGH (XII ZR 66/13) NJW 2015, 2795 = WuM 2015, 493 = ZMR 2015, 754 Rdn. 20/21.

[326] BGH (XII ZR 66/13) NJW 2015, 2795 = WuM 2015, 493 = ZMR 2015, 754 Rdn. 23. Zum Abwicklungsverhältnis s. Rdn. 10ff.

[327] S. dazu § 546 Rdn. 116/117.

[328] BGH (XII ZR 66/13) NJW 2015, 2795 = WuM 2015, 493 = ZMR 2015, 754 Rdn. 24/25. Zu den Verkehrssicherungspflichten s. Rdn. 13.

[329] BGH (XII ZR 66/13) NJW 2015, 2795 = WuM 2015, 493 = ZMR 2015, 754 Rdn. 26/27.

[330] So auch *Zehelein* ZfIR 2015, 657; LG Berlin WuM 1998, 28; LG Berlin ZMR 1992, 541. Weitere Nachweise bei BGH (XII ZR 66/13) NJW 2015, 2795 = WuM 2015, 493 = ZMR 2015, 754 Rdn. 15.

tragsähnliche Charakter des Anspruchs, der sich nicht nur zu Gunsten des Vermieters in Richtung einer höheren Miete (s. dazu bei Rdn. 58ff.) auswirken kann, sondern auch zu seinen Lasten, wenn die vertraglich vorausgesetzte Äquivalenz von Leistung und Gegenleistung nicht mehr besteht. Diese Äquivalenz wird als selbstverständlich bei der Ermittlung der ortsüblichen Miete vorausgesetzt, sie muss sich dann aber nicht nur bei Veränderungen des Mietniveaus auswirken, sondern auch bei Veränderungen der Mietsache selbst. Besonders deutlich wird das, wenn der Mangel nicht, wie üblich, ohne Verschulden einer Partei eintritt, sondern vom Vermieter verursacht wird. So ist der Vermieter nach dem Vertragsende nicht mehr zur Gebrauchsgewährung verpflichtet[331], er muss grundsätzlich Mängel nicht beseitigen[332] und kann die Versorgungsleistungen einstellen. Wenn er aber aus eigenem Entschluss das bei Vertragsende bestehende Leistungsniveau verringert, ist es nicht gerechtfertigt, ihm die volle vertragliche oder die für ein mangelfreies Objekt ortsübliche Miete zu gewähren. Das Argument des BGH, die Möglichkeit einer Minderung könnte den Mieter bestärken, die Mietsache widerrechtlich zurückzuhalten, wohingegen die Versagung der Minderung Druck auf ihn ausüben würde, leugnet trotz aller gegenteiligen Beteuerung des BGH[333] den vertragsähnlichen Charakter des Entschädigungsanspruchs und gewährt dem Vermieter eines mangelhaften Mietobjektes eine Art Strafschadensersatzanspruch[334], der dem Vermieter eines mangelfreien Mietobjekts in ansonsten ähnlicher Lage versagt bleibt.

70 **f) Fälligkeit, Verzug.** Die **Fälligkeit** der Nutzungsentschädigung richtet sich nach der Fälligkeit der Miete[335], soweit die Entschädigung die vereinbarte Miete nicht übersteigt (zur höheren ortsüblichen Miete sogleich). Das folgt einmal aus dem vertragsähnlichen Charakter des Anspruchs[336], aber auch aus der Überlegung, dass es für den Vermieter unbillig wäre, die Geltendmachung des Anspruchs bis zum Ende des Besitzes hinauszuschieben[337]. Das bedeutet, dass für die Fälligkeit zunächst die vertraglichen Vereinbarungen maßgeblich sind und mangels solcher die gesetzlichen Regelungen in §§ 579, 556b Abs. 1 BGB[338]. Ist der Zeitpunkt für die Zahlung der Miete nach dem Kalender bestimmt, wie es in § 556b Abs. 1 BGB oder vergleichbaren vertraglichen Regelungen der Fall ist, ist § 286 Abs. 2 Nr. 1 BGB anwendbar und mit der Fälligkeit tritt gleichzeitig Verzug ein[339]. Ansonsten gerät der Mieter durch Mahnung in Verzug oder gem. § 286 Abs. 3 BGB durch eine Rechnung oder eine gleichwertige Zahlungsaufstellung, da die Nutzungsentschädigung eine Entgeltforderung im Sinne dieser Vorschrift ist[340]. Ein **vertragliches Aufrechnungsverbot** für den Mieter gegenüber dem Mietzinsanspruch wirkt auch gegenüber dem Nutzungsentschädigungsanspruch[341]. Eine Regelung, nach der eine Aufrechnung des Mieters an eine vorherige Ankündigung gegenüber dem Vermieter geknüpft wird, verliert ihren Sinn mit der Beendigung des Mietverhältnisses und der Rückgabe des Mietobjekts[342].

71 Die vertraglichen Vereinbarungen bzw. §§ 579, 556b Abs. 1 BGB sind aber nur maßgeblich für die Fälligkeit der Nutzungsentschädigung, soweit sich diese an der vereinbarten Miete orientiert. Nur in diesem Fall nämlich kann der Mieter seine Schuld kennen. Die Lage ist insofern vergleichbar mit der Abrechnung von Werkleistungen oder von Nebenkosten; in all diesen Fällen kann der Schuldner den zu zahlenden Betrag nicht allein ermitteln, das Verlangen des Gläubigers ist konstitutiv für die Fälligkeit[343]. Wenn die **ortsübliche Miete** höher ist, tritt Fälligkeit des die vereinbarte Miete übersteigenden Betrages erst mit einem entsprechenden Verlangen des Vermieters ein, der die Entschädigung in Höhe der ortsüblichen Miete dann zwar auch rückwirkend verlangen

---

331 S. dazu sowie allgemein zum Rechtsverhältnis nach Vertragsbeendigung bei Rdn. 10ff.

332 Deshalb steht dem Mieter bei Mängeln auch ein Zurückbehaltungsrecht an der Nutzungsentschädigung nicht zu (LG Berlin WuM 1998, 28).

333 BGH (XII ZR 66/13) NJW 2015, 2795 = WuM 2015, 493 = ZMR 2015, 754 Rdn. 21.

334 So auch *Zehelein* ZfIR 2015, 658.

335 Allg. M., s. nur BGH NJW 1974, 556; BGH NJW 1989, 1730; OLG Dresden NZM 2012, 89; KG MDR 2014, 952. **A. A.** OLG Koblenz ZMR 2010, 759, wenn es § 556b BGB – allerdings ohne Begründung und Auseinandersetzung mit der h. M. – nicht für anwendbar hält.

336 *Rolfs* in Staudinger § 546a Rdn. 44.

337 BGH NJW 1974, 556.

338 **A. A.** OLG Koblenz ZMR 2010, 759 für § 556b BGB – allerdings ohne Begründung.

339 BGH NJW 1989, 1730.

340 OLG Köln ZMR 2006, 772.

341 BGH WuM 2000, 240 = NZM 2000, 336; OLG Karlsruhe ZMR 1987, 261; KG DWW 2013, 181. S. auch ausführlich bei § 556b Rdn. 34.

342 BGH WuM 2000, 240 = NZM 2000, 336.

343 S. dazu *Bittner* in Staudinger (2014) § 271 Rdn. 15.

kann[344], dem aber für die Vergangenheit keine Verzugszinsen zustehen. Verzug hinsichtlich der die vereinbarte Miete übersteigenden Entschädigung tritt vielmehr erst mit einer Mahnung gem. § 286 BGB ein, soweit es sich um Ansprüche aus der Vergangenheit handelt; für die nach dem Verlangen liegende Zeit tritt Verzug entsprechend der vertraglichen Regelung bzw. §§ 579, 556b BGB ein, weil der Mieter dann die Höhe seiner Schuld kennt[345].

g) Dauer. Die Vorenthaltung beginnt taggenau[346] mit dem Ende des Mietverhältnisses bzw. dem Beginn der Vorenthaltung und endet mit Erfüllung der Rückgabepflicht in der oben (Rdn. 39ff.) beschriebenen Weise oder mit der Unmöglichkeit der Rückgabepflicht (s. Rdn. 42) oder mit einem Schadensersatzverlangen gem. § 281 Abs. 4 BGB (s. Rdn. 43). Zum Einfluss des **Rücknahmewillen** auf die Dauer des Nutzungsentschädigungsanspruchs (Beginn, Ende und Wiederaufleben) s. Rdn. 45. 72

Der Anspruch auf Nutzungsentschädigung endet **taggenau** mit der Rückgabe und nicht erst mit dem Zeitabschnitt, nach dem der Mietzins bemessen war, bei monatlichen Mietzinsraten also nicht erst mit dem Ablauf des Monats, in dem die Rückgabe erfolgte[347]. Das gleiche gilt im Falle der Zwangsräumung[348] und auch, wenn der Mieter die Mietsache vor Ablauf einer Räumungsfrist zurückgibt[349]. Das folgt aus dem Wortlaut von § 546a Abs. 1 BGB (Dauer der Vorenthaltung) sowie dem Zweck der Vorschrift, Druck zur Rückgabe auf den Mieter auszuüben[350], und bedeutet, dass die Entschädigung auf die im Rückgabemonat bestehende Anzahl von Tagen umgerechnet und dieser „Tagessatz" mit der Zahl der Vorenthaltungstage multipliziert werden muss. Weitergehende Ansprüche, beispielsweise wegen Mietausfalls, können dem Vermieter gem. § 546a Abs. 2 BGB als Schadensersatz zustehen. Zur Pflicht des Mieters, den Vermieter über den Zeitpunkt der Rückgabe zu informieren, und zu den Folgen eines Verstoßes gegen diese Pflicht s. Rdn. 91. 73

4. Verjährung

Der Nutzungsentschädigungsanspruch gem. Abs. 1 unterliegt der Regelverjährungsfrist der §§ 195, 199 BGB[351]. 74

VI. Schadensersatz wegen Rückgabepflichtverletzungen (Abs. 2)

Der einfach geltend zu machende Nutzungsentschädigungsanspruch gem. § 546a Abs. 1 BGB, der kein Schadensersatzanspruch ist[352], gewährt dem Vermieter während der Dauer der Vorenthaltung nur eine Mindestentschädigung, die ihn so stellt, als würde der Vertrag noch bestehen. Der Vermieter ist aber nicht auf diese Mindestentschädigung beschränkt, sondern kann einen weitergehenden **Vorenthaltungsschaden** nach den allgemeinen Schadensersatzvorschriften ersetzt verlangen[353]. Das ist der Regelungsgehalt von § 546a Abs. 2 BGB. Bei Wohnraummietverhältnissen sind hierzu die Einschränkungen der Ersatzpflicht des Mieters in § 571 BGB zu beachten. Ein Vorenthaltungsschaden ist im Wesentlichen (Einzelheiten bei Rdn. 96ff.) das, was dem Vermieter dadurch entgeht, dass er die Mietsache wegen Verletzung der Rückgabepflichten nicht wie vorgesehen nutzen kann (entgangener Gewinn in Form von **Mietausfall** durch Vorenthaltung), oder was er an zusätzlichen Aufwendungen hat bzw. Dritten (etwa Nachfolgemietern) als Schadensersatz schuldet. Der Schadensersatzanspruch auf Erstattung des Vorenthaltungsschadens kann weitergehen als der Anspruch auf Nutzungsentschädigung. Während nämlich der Mieter Nutzungsentschädigung nur bei Nichterfüllung und nicht bei Schlechterfüllung der Rückgabepflicht[354] schuldet, ist der Schadensersatzanspruch nicht in dieser Weise begrenzt; er kann vielmehr auch im Falle der Schlecht- 75

---

344 S. dazu Rdn. 53.

345 Ebenso *Lützenkirchen* GE 2013, 1180.

346 OLG Dresden NZM 2012, 89.

347 BGH WuM 2005, 771 = NZM 2006, 52 = ZMR 2006, 32; *Rolfs* in Staudinger § 546a Rdn. 33 mit Nachweisen auf die früher herrschende gegenteilige Rechtsprechung.

348 LG Lübeck ZMR 2010, 857.

349 LG Freiburg WuM 1980, 223; AG Friedberg WuM 1980, 223; *Rolfs* in Staudinger § 546a Rdn. 32.

350 BGH WuM 2005, 771 = NZM 2006, 52 = ZMR 2006, 32.

351 BGH NJW 2009, 1488 = ZMR 2009, 515.

352 S. Rdn. 19.

353 *Rolfs* in Staudinger § 546a Rdn. 57.

354 Zur Abgrenzung von Nichterfüllung und Schlechterfüllung s. Rdn. 39ff. und eingehend bei § 546 Rdn. 18ff.

erfüllung bestehen, nämlich beispielsweise dann, wenn die Mietsache vor der Beseitigung von Beschädigungen oder baulichen Veränderungen nicht weitervermietet werden kann. Weiterhin kann der Vermieter neben oder anstatt des Vorenthaltungsschadens einen Anspruch auf Erstattung **sonstiger Schäden**[355] haben, die er erleidet, weil der Mieter die Rückgabepflichten nicht erfüllt und er sich die Erfüllung selbst verschaffen muss. Das sind ggf. die Kosten für eine Räumung und Einlagerung des Räumgutes (einschließlich der Rechtsverfolgungs- und Zwangsvollstreckungskosten), für einen Rückbau, für Reinigung, für Ersatzschlüssel oder Ersatzbeschaffung von sonstigem Zubehör, für Schönheitsreparaturen, für die Beseitigung von Schäden, bei beweglichen Sachen für den Rücktransport zum vertraglichen Rückgabeort etc.

76 Hinsichtlich der **Person von Gläubiger und Schuldner des Schadensersatzanspruchs** sowie hinsichtlich der Insolvenz des Mieters gilt das zur Nutzungsentschädigung Ausgeführte entsprechend (Rdn. 29ff.). Zur Haftung von Mieter und Drittem bei einem (echten) (Miet-)**Vertrag zu Gunsten Dritter** gem. § 328 BGB s. ebenfalls Rdn. 29. Auch ein **Nachmieter** kann Schäden erleiden, wenn der Mieter nicht rechtzeitig räumt. Grundsätzlich hat er nur Ansprüche gegen den Vermieter aus deren Vertragsverhältnis und dem darauf beruhenden Anspruch auf (rechtzeitige) Gebrauchsgewährung. Besteht ausnahmsweise ein verbindlicher Überlassungsanspruch (noch) nicht oder sind Ansprüche wegen nicht rechtzeitiger Übergabe zwischen Vermieter und Nachmieter abbedungen, kann sich der Nachmieter i. d. R. auch nicht an den Mieter halten. Für eine **Drittschadensliquidation** fehlt es gerade an einem Rechtsverhältnis, das zur Schadensverlagerung führt[356]. Auch entfaltet der Mietvertrag zwischen Vermieter und Mieter keine **Schutzwirkung zu Gunsten Dritter** (den Nachmieter)[357]. Anders ist das nur, wenn der Nachmieter Angehöriger des Vermieters ist und zu dessen Gunsten wegen Eigenbedarfs gekündigt wurde, ohne dass dem Angehörigen aber ein verbindlicher vertraglicher Anspruch auf Überlassung zusteht[358]. Da die Schutzwirkung sich aber nur auf den Überlassungsanspruch bezieht, kann der nachmietende Angehörige auch nur wegen verspäteter oder unterbliebener Überlassung Schadensersatz gem. § 280 BGB verlangen[359]. Zur Wirkung gerichtlicher oder vom Vermieter bewilligter **Räumungsfristen** sowie zur Wirkung der Bewilligung von Vollstreckungsschutz s. bei Rdn. 48 sowie bei § 546 Rdn. 79. Endet bei einer **gewerblichen Weitervermietung** das Zwischenmietverhältnis treffen den Zwischenvermieter keine Rückgabepflichten, da das Mietverhältnis gem. § 565 BGB von dem gewerblichen Vermieter mit dem Mieter fortgeführt wird[360]; Mietausfallschäden entstehen deshalb nicht.

1. Anspruchsgrundlagen

77 Als Anspruchsgrundlagen für ein Schadensersatzbegehren des Vermieters kommen § 280 Abs. 1 BGB (einfacher Schadensersatz), §§ 280 Abs. 2, 286 BGB (Verzugsschaden) und §§ 280 Abs. 3, 281 bis 283 BGB[361] (Schadensersatz statt der Leistung) in Betracht. Die Abgrenzung dieser verschiedenen Anspruchsgrundlagen ist teilweise problematisch und nicht abschließend, insbesondere in vielen Fragen nicht höchstrichterlich geklärt. Umstritten sind vornehmlich die Anwendungsbereiche des Schadensersatzes statt der Leistung und des Verzuges[362]. Bei der Verletzung von Rückgabepflichten dürften die praktischen Auswirkungen der Abgrenzungsschwierigkeiten gering sein, des-

---

[355] In § 546a Abs. 2 BGB ist klarstellend nur der Vorenthaltungsschaden erfasst, um deutlich zu machen, dass der Vermieter wegen der Vorenthaltung nicht auf die Nutzungsentschädigung nach § 546a Abs. 1 BGB beschränkt ist.

[356] *Lehmann-Richter/Keinert* ZMR 2011, 525.

[357] *Lehmann-Richter/Keinert* ZMR 2011, 524.

[358] Eingehend *Lehmann-Richter/Keinert* ZMR 2011, 524.

[359] *Lehmann-Richter/Keinert* ZMR 2011, 524.

[360] *Lammel*, Wohnraummietrecht, § 546a Rdn. 17. Zur Rechtslage vor Einführung des § 565 BGB s. BGH NJW 1996, 1886.

[361] Im Folgenden wird der Schadensersatz statt der Leistung auf den praktisch wichtigsten Fall des § 281 BGB reduziert.

[362] S. die Darstellungen bei *Mankowski* JuS 2006, 481; *Tiedtke/Schmitt* BB 2005, 615; *Bredemeyer* ZGS 2010, 10 und 71; *Ostendorf* NJW 2010, 2833; *Nietsch* NJW 2014, 2385; *Benicke/Hellwig* NJW 2014, 1697 sowie die umfassenden Erläuterungen von *Ernst* in MünchKomm (6. Aufl.) vor § 275 Rdn. 11, § 280 Rdn. 55, § 281 Rdn. 110, § 286 Rdn. 117; *Otto* in Staudinger (2004) § 280 Rdn. E1 und insbesondere E13. Sämtliche Ausführungen betreffen allerdings fast ausschließlich das Kaufrecht. Eine höchstrichterliche Grenzziehung zwischen § 280 Abs. 1 BGB und § 286 BGB findet sich in BGH (V ZR 93/08) NJW 2009, 2674 (s. hierzu nachfolgend) und in BGH (VIII ZR 169/12) NJW 2013, 2959 (dazu *Nietsch* NJW 2014, 2385).

halb werden im Folgenden nur die praktisch wichtigen Konstellationen unter Zugrundelegung der derzeit h. M. dargestellt und auf die abweichenden Meinungen nur kurz hingewiesen.

In **Vorwegnahme des Ergebnisses** der nachfolgenden Darlegungen gilt zusammengefasst für die **häufigsten Ansprüche in der Praxis** Folgendes: Schadensersatz wegen Beschädigung der Mietsache kann der Vermieter gem. § 280 Abs. 1 BGB verlangen (s. Rdn. 83). Ein Anspruch auf Ersatz der Kosten, die dem Vermieter wegen des Unterlassens bzw. der mangelhaften Ausführung der Rückgabepflichten entstehen, richtet sich nach § 281 BGB (s. Rdn. 80). Ein Mietausfallschaden in Folge der Verletzung von Rückgabepflichten unterliegt § 280 Abs. 1 BGB und kann daneben (bei Verzug) gem. § 286 BGB ersatzfähig sein (s. Rdn. 80 und 87 sowie zur Schadenshöhe Rdn. 99); bei Wohnraummietverhältnissen sind die Einschränkungen der Ersatzpflicht des Mieters in § 571 BGB zu beachten. 78

a) Abgrenzung. Auch soweit sich ein Anspruch nach § 281 BGB oder § 286 BGB richtet, ist eigentliche Anspruchsgrundlage § 280 Abs. 1 BGB; die übrigen genannten Vorschriften verweisen sämtlich hierauf und fordern nur die Erfüllung zusätzlicher Voraussetzungen (so der ausdrückliche Wortlaut von § 280 Abs. 2 und 3 BGB). Deshalb sollte zunächst geprüft werden, ob ein Schadensersatzbegehren unter §§ 280 Abs. 2, 286 BGB (Verzugsschaden) bzw. §§ 280 Abs. 3, 281 BGB (Schadensersatz statt der Leistung) fällt, wenn deren zusätzliche Voraussetzungen möglicherweise vorliegen[363]. Wenn ein Verzugsschaden oder ein Schadensersatzanspruch statt der Leistung nicht gegeben sind, kommt quasi als **Auffangtatbestand** ein einfacher Schadensersatz gem. **§ 280 Abs. 1 BGB** in Betracht[364]. Es ist allerdings nicht ausgeschlossen, dass ein Verzugsschaden darüber hinaus zugleich auch ein einfacher Schadensersatz oder ein Schadensersatz statt der Leistung ist; zu diesem Konkurrenzverhältnis s. sogleich. 79

§ 281 BGB **(Schadensersatz statt der Leistung)** betrifft ausschließlich Schäden, die durch Erfüllung oder Nacherfüllung des Leistungsanspruchs (also durch die Rückgabe der Mietsache einschließlich aller dazugehöriger Teilleistungen mit Ausnahme der Pflicht zur Beseitigung von Beschädigungen; Einzelheiten zu Letzterem bei Rdn. 83) abgewendet werden können[365]. Im Gegensatz dazu erfasst der einfache Schadensersatz gem. § 280 Abs. 1 BGB **(Schadensersatz neben der Leistung)** alle Schäden, die durch eine Pflichtverletzung (Verletzung der Rückgabepflichten) endgültig entstanden sind und die durch Erfüllung bzw. Nacherfüllung nicht beseitigt werden können[366]. Unter § 286 BGB **(Verzugsschaden)** fallen ausschließlich die Schäden, die allein durch die Verzögerung der Leistung eingetreten sind und die durch Erfüllung bzw. Nacherfüllung nicht beseitigt werden können[367]. Problematisch ist, nach welcher Vorschrift der praktisch bedeutsame **Vorenthaltungsschaden** (Mietausfall) zu ersetzen ist, bei dem es sich der Sache nach um einen (Mangel-)Folgeschaden handelt. Man könnte meinen, der Mietausfall, der als Folge der Verletzung von Rückgabepflichten eintritt, stelle einen typischen Verzögerungsschaden dar, weil er allein durch Zeitablauf entsteht und durch die spätere Erfüllung nicht mehr zu beseitigen ist. Letzteres besagt aber nur, dass der Mietausfall nicht ein Schadensersatz statt der Leistung gem. § 281 BGB ist[368], es besagt hingegen nichts zu der Abgrenzung von § 280 Abs. 1 BGB zu § 286 BGB. Diese Abgrenzung ist kein rein mietrechtliches Problem, sondern eines, dass in allen Bereichen des Schuldrechts auftreten kann, in denen §§ 280 ff. BGB anzuwenden sind; im Kaufrecht geht es beispielsweise um Betriebsausfallschäden, wenn eine Maschine nicht oder mangelhaft geliefert wird. Wegen der übergreifenden Problematik ist eine nicht auf das Mietrecht beschränkte Gesamtbetrachtung notwendig. Die h. M.[369] außerhalb des Mietrechts sieht nicht jede Schlechtleistung zugleich als zeitliche Verzögerung der vertragsgemäßen Leistung an[370], sondern trifft die **Abgrenzung zwischen § 280 Abs. 1 BGB und § 286 BGB** danach, ob der Schaden durch ein Ausbleiben der Leistung[371] (Nichterfüllung) oder 80

---

363 *Otto* in Staudinger (2004) § 280 Rdn. E2.
364 *Otto* in Staudinger (2004) § 280 Rdn. E2.
365 *Palandt/Grüneberg* § 280 Rdn. 18; *Otto* in Staudinger (2004) § 280 Rdn. E7.
366 *Palandt/Grüneberg* § 280 Rdn. 18; *Otto* in Staudinger (2004) § 280 Rdn. E11.
367 *Palandt/Grüneberg* § 280 Rdn. 13; *Otto* in Staudinger (2004) § 280 Rdn. E3.
368 *Mankowski* JuS 2006, 483.
369 BGH NJW 2009, 2674; *Palandt/Grüneberg* § 280 Rdn. 13 und 18; *Ernst* in MünchKomm (5. Aufl.) vor § 275 Rdn. 13 und § 280 Rdn. 55; *Otto* in Staudinger (2004) § 280 Rdn. E74 und E 29; *Mankowski* JuS 2006, 486; *Gsell* in FS Canaris (2007) S. 341.
370 So aber *Oechsler* NJW 2004, 1828 m. w. N.; *Dauner-Lieb/Dötsch* DB 2001, 2537.
371 *Ernst* in MünchKomm (7. Aufl.) vor § 275 Rdn. 13 definiert die Nichterfüllung dahingehend, dass die Leistung schon nach ihrem äußeren Erscheinungsbild nicht bewirkt wird.

eine andere Art der Pflichtverletzung (insbesondere Schlechterfüllung, aber auch Nebenpflichtverletzung u. a.) entstanden ist: Bei einer Nichterfüllung ist Verzug gem. § 286 BGB Voraussetzung für einen Schadensersatzanspruch auf Erstattung des Folgeschadens, bei einer Schlechterfüllung nicht. Diese Sicht entspricht – jedenfalls für das Kaufrecht – dem Willen und der Vorstellung des Gesetzgebers[372]. Tragender Grund[373] für eine solche Abgrenzung ist die Überlegung, dass der Gläubiger typischerweise sofort merkt und alsbald mahnen kann, wenn der Schuldner überhaupt nicht leistet. Wird die Sache hingegen pünktlich, aber mit einem schadensbringenden Mangel geliefert, bemerkt der Gläubiger den Mangel häufig erst mit dem Schadenseintritt (z. B. wenn er sich an der fehlerhaften Kreissäge verletzt hat). Müsste er dann erst noch mahnen, könnte er den vorher eingetretenen Schaden nicht ersetzt verlangen[374]. Diese Überlegung trifft auf die mietrechtlichen Rückgabepflichten nur eingeschränkt zu, da eine Nichterfüllung nicht nur dann vorliegt, wenn eine Besitzveränderung zu Gunsten des Vermieters ausbleibt, sondern auch dann, wenn der Mieter die Mietsache zwar zurückgibt, aber nicht räumt (s. Rdn. 39ff.). Die Leistung bleibt dann jedenfalls nicht in dem Sinne aus, dass der Vermieter gar nichts (zurück-)erhält. Das sollte aber nicht dazu führen, die Grenzen der §§ 280 Abs. 1, 286 BGB im gesamten Schuldrecht neu zu bestimmen, es sollte vielmehr akzeptiert werden, dass der tragende Grund für die Abgrenzung nicht in allen Fällen gleichermaßen relevant ist, eine solche Abgrenzung aber auch nicht ausschließt. Es kommt hinzu, dass die Abgrenzung der Nichterfüllung der Rückgabepflichten von deren Schlechterfüllung einer angemessenen Begrenzung des Nutzungsentschädigungsanspruchs gem. § 546a Abs. 1 BGB geschuldet ist (s. Rdn. 39 und § 546 Rdn. 20). Der Vermieter erhält Nutzungsentschädigung nur bei Nichterfüllung. Dann erscheint es aber nicht unbillig, sondern vielmehr sogar angemessen, wenn der Anspruch auf Ersatz eines ggf. weitergehenden Mietausfallschadens von einem Verzugseintritt abhängig ist. Bei bloßer (schuldhafter) Schlechterfüllung hingegen ist ein Mietausfall auch ohne Verzug zu ersetzen, dem Vermieter steht auf der anderen Seite jedoch keine Nutzungsentschädigung zu (s. Rdn. 39). Die **praktische Relevanz** dieser Abgrenzung ist deshalb gering, weil sich der Mieter wegen § 286 Abs. 2 Nr. 1 und 2 BGB mit Entstehung der Rückgabepflicht i. d. R. in Verzug befindet und der Verzugsschadensersatz neben dem einfachen Schadensersatz gem. § 280 Abs. 1 BGB bestehen kann[375]. Ein Verzugsschaden ist allerdings begrenzt auf den Zeitraum, in dem Erfüllung noch möglich ist. Das ist nicht mehr der Fall, wenn der Vermieter von seinem Wahlrecht auf Schadensersatz statt der Leistung gem. § 281 Abs. 4 BGB hinsichtlich aller offenen Rückgabepflichten Gebrauch gemacht hat[376]. In diesem Fall gehen die Schadensersatzansprüche neben der Leistung, also der einfache Schadensersatzanspruch gem. § 280 Abs. 1 BGB und der Verzugsschadensersatzanspruch gem. § 286 BGB, nicht unter und werden nicht Teil (Rechnungsposten) des Schadensersatzanspruchs statt der Leistung, sondern bleiben als selbständige Ansprüche bestehen[377].

81 **b) § 281 BGB (Schadensersatz statt der Leistung).** Anspruchsgrundlage eines Schadensersatzanspruchs statt der Leistung sind §§ 280 Abs. 3, 281 bis 283 BGB, die in diesem Rahmen nur in ihren mietrechtlichen Besonderheiten behandelt werden können. Der Anspruch gleicht ausschließlich Schäden aus, die durch Erfüllung oder Nacherfüllung des Leistungsanspruchs (also durch die Rückgabe der Mietsache einschließlich aller dazugehöriger Teilleistungen mit Ausnahme der Pflicht zur Beseitigung von Schäden; s. zu Letzterem sogleich) abgewendet werden können[378]. Praktisch relevant ist dabei vor allem § 281 BGB, der die Nicht- und Schlechterfüllung noch möglicher Leistungspflichten betrifft. Der Vorschrift unterfällt insbesondere die Erstattung von Kosten für eigentlich vom Mieter zu erbringende Leistungen wie etwa **Räumung, Rückbau, Schönheitsreparaturen.** Wird die Rückgabe insgesamt oder hinsichtlich einzelner Teilpflichten hingegen unmöglich, ist ggf. § 283 BGB anzuwenden. Ist dem Vermieter ausnahmsweise wegen einer Verletzung von Nebenpflichten (Rücksichtnahmepflichten gem. § 241 Abs. 2 BGB) die Erbrin-

---

372 BGH NJW 2009, 2674 Rdn. 14.

373 BGH NJW 2009, 2674 Rdn. 17ff.; *Medicus* JuS 2003, 528; *Ernst* in MünchKomm (5. Aufl.) § 280 Rdn. 56; *Otto* in Staudinger (2004) § 280 Rdn. E29; *Mankowski* JuS 2006, 486.

374 Die Gegenmeinung, die auch in den Fällen der mangelhaften Leistung § 286 BGB anwenden will, mildert diese Folge teilweise über eine großzügige Anwendung des § 286 Abs. 2 Nr. 4 BGB ab.

375 Es besteht Anspruchskonkurrenz, vgl. *Ernst* in MünchKomm (5. Aufl.) § 280 Rdn. 59; *Mankowski* JuS 2006, 486; *Otto* in Staudinger (2004) § 280 Rdn. E16. In diesem Sinn ist auch wohl BGH NJW 2009, 2674 Rdn. 12 zu verstehen.

376 *Ernst* in MünchKomm (5. Aufl.) § 281 Rdn. 111/112, 115; *Otto* in Staudinger (2004) § 280 Rdn. E16.

377 *Mankowski* JuS 2006, 486/487; *Otto* in Staudinger (2004) § 280 Rdn. E45 und E19–21.

378 *Palandt/Grüneberg* § 280 Rdn. 18; *Otto* in Staudinger (2004) § 280 Rdn. E7.

gung von Teilpflichten durch den Mieter nicht mehr zumutbar, kann sich ein Schadensersatzanspruch statt der Leistung aus § 282 BGB ergeben.

Schadensersatz statt der Leistung wegen Verletzung der Rückgabepflichten steht dem Vermieter grundsätzlich nur unter den Voraussetzungen des § 281 BGB zu[379]. Er muss dem Mieter also eine **Frist zur Erfüllung der Rückgabepflichten** gesetzt haben, es sei denn die Fristsetzung wäre gem. § 281 Abs. 2 BGB ausnahmsweise entbehrlich (s. dazu und zu den Anforderungen an eine Fristsetzung bei Rdn. 84). Da die Pflicht zur Rückgabe gem. § 546 BGB eine echte Leistungspflicht ist, die sich nicht in der Besitzverschaffung erschöpft[380], sondern sich nach h. M. auf den Rückbau, die Beseitigung von Beschädigungen an der Mietsache oder sonstiger Schäden auf Grund einer Verletzung von Nebenpflichten i. S. v. § 241 Abs. 2 BGB erstreckt[381], richtet sich auch ein diesbezügliches Schadensersatzverlangen nach § 281 BGB. Zwar haftet der Mieter wegen der Beschädigung bereits während des Mietverhältnisses regelmäßig gem. §§ 280 Abs. 1, 823 BGB. Richtigerweise (s. hierzu Rdn. 83) gehen diese Ansprüche aber mit Begründung der Rückgabepflicht am Ende des Mietverhältnisses weder unter, noch besteht zwingend ein Exklusivitätsverhältnis zwischen §§ 281, 546 BGB einerseits und §§ 280, 823 BGB andererseits[382]. Es ist vielmehr – ähnlich wie bei § 281 BGB und § 823 BGB möglich[383] – von sog. Anspruchskonkurrenz auszugehen. Der Eigentümer kann also bei der Beendigung des Mietverhältnisses wählen, ob er entweder Erfüllung und sodann Schadensersatz statt der Leistung gem. § 281 BGB oder aber Schadensersatz gem. §§ 280 Abs. 1, 823 BGB verlangt. Der letztgenannte Weg hat den Vorteil, dass eine Fristsetzung nicht erforderlich ist. 82

Die Behandlung von **Schadensersatzansprüchen wegen Nichtbeseitigung von Beschädigungen an der Mietsache** oder sonstiger Schäden auf Grund einer Verletzung von Nebenpflichten i. S. v. § 241 Abs. 2 BGB am Vertragsende ist allerdings problematisch und dementsprechend sehr umstritten; eine höchstrichterliche Klärung steht aus. Teilweise werden sie ausschließlich § 280 Abs. 1 BGB unterstellt[384], teilweise § 281 BGB[385]. Das hängt damit zusammen, dass einerseits der exakte Inhalt der (echten) Leistungspflichten gem. § 546 BGB höchstrichterlich ungeklärt ist, andererseits aber kein Zweifel daran besteht, dass Ansprüche wegen Beschädigung der Mietsache (oder wegen Verletzung von Nebenpflichten i. S. v. § 241 Abs. 2 BGB; nachfolgend wird bloß der Hauptfall der Beschädigung betrachtet) vor Vertragsbeendigung nur unter das von § 280 Abs. 1 BGB erfasste Integritätsinteresse fallen, wobei mit Beschädigung im hier zu erörternden Sinn lediglich solche Substanzverletzungen gemeint sind, die dem Mieter nicht gestattet waren. Ausgenommen sind damit zunächst die Folgen eines vertragsgemäßen Gebrauchs, deren Charakteristikum nach § 538 BGB gerade die fehlende Beseitigungspflicht ist, weshalb eine Haftung weder aus § 281 BGB noch aus §§ 280 Abs. 1, 823 BGB in Betracht kommt. Abgrenzungsschwierigkeiten ergeben sich auch dort nicht, wo die Substanzverletzung für sich genommen zulässig war, also keine Haftung gem. §§ 280 Abs. 1, 823 BGB begründen konnte (etwa bei einem gestatteten Umbau), aber gleichwohl (stillschweigend) eine Rückbaupflicht besteht[386]; in einem solchen Fall wird die an sich vertragsgerechte Handlung erst mit Mietvertragsbeendigung vertragswidrig bzw. wird erst dann eine Handlungspflicht des Mieters zum Rückbau ausgelöst. Ähnlich ist es, wenn ausnahmsweise die Folgen eines vertragsgemäßen Gebrauchs zu beseitigen sind (etwa kraft einer wirksamen Ab- 83

[379] BGH NZM 2009, 313 = WuM 2009, 224 (für Schönheitsreparaturen); BGH NJW 2009, 510 = WuM 2009, 225 = ZMR 2009, 267 (für die Reinigung eines Teppichbodens).

[380] So aber *Fervers,* Vortrag auf dem Mietgerichtstag 2017 (download unter www. mietgerichtstag.de, zur Veröffentlichung in WuM anstehend).

[381] S. bei § 546 Rdn. 18.

[382] So aber die bisher vertretenen Meinungen; Nachweise bei Rdn. 83.

[383] S. etwa BGH NJW 1988, 52 (zu § 377 HGB), BGH NJW-RR 1993, 1113 (zur kaufrechtlichen Gewährleistung), BGH NJW 1986, 922 (zu Fristsetzung gem. § 13 Nr. 5 VOB/B).

[384] So auch die 12. Aufl. (s. dort bei § 546 a Rdn. 83); LG Detmold, Urteil v. 1.6.2011 (Az.: 10 S 14/09); OLG Düsseldorf ZMR 2013, 629 (allerdings ohne Problematisierung). Im Ergebnis ähnlich *Oechsler* NZM 2004, 888 und – differenzierend – *Fervers,* Vortrag auf dem Mietgerichtstag 2017 (download unter www. mietgerichtstag. de, zur Veröffentlichung in WuM anstehend).

[385] *Kraemer* in FS Blank (2006) S. 289/290; *Kraemer* NZM 2010, 395; OLG Köln, Urteil vom 21.5.2015 (Az.: 18 U 60/14), nicht vollständig abgedruckt in MDR 2016, 207, das vornehmlich mit Praktikabilitätsgesichtspunkten (Abgrenzung zwischen Spuren vertragsgemäßen Gebrauchs und Beschädigung) argumentiert; AG Kassel WuM 2011, 467, allerdings ohne jegliche Problematisierung.

[386] S. bei § 546 Rdn. 44.

wälzung der Schönheitsreparaturpflicht oder bei ungewöhnlicher Dekoration[387]). Es sind deshalb nicht nur die Rückgabepflicht im engeren Sinne (Besitzverschaffung an der Mietsache und ggf. dem Zubehör) und die Räumungspflicht (Wegschaffung von Gegenständen und Einrichtungen) ausschließlich anhand von § 281 BGB zu beurteilende Leistungspflichten; dasselbe gilt vielmehr auch für die Pflicht zur Renovierung, die Pflicht zum Rückbau von baulichen Veränderungen[388] und die Pflicht zur Beseitigung einer ungewöhnlichen Dekoration[389]. Zweifelhaft ist lediglich, ob der Mieter aufgrund der Rückgabe auch zur Beseitigung von Beschädigungen verpflichtet ist. Das hängt damit zusammen, dass Ansprüche wegen Beschädigung der Mietsache jedenfalls nach Vertragsbeendigung nicht nur unter das Schutzinteresse von § 280 Abs. 1 BGB fallen, sondern auch unter das Schutzinteresse von § 281 BGB. Dass zu der Rückgabeleistung, die der Mieter am Vertragsende zu erbringen hat, nämlich ausgerechnet die Beseitigung von Beschädigungen nicht gehören soll[390], wohl aber die Rückgängigmachung aller anderen Zustandsveränderungen, ist nicht nachvollziehbar, weshalb es sich nicht nur um eine Schadensersatzpflicht, sondern – auch – um eine Leistungspflicht handelt. Deutlich wird das auch durch die Überlegung, dass der Mieter die Rückgabe der Mietsache nicht irgendwie schuldet, sondern in einem bestimmten Zustand; es handelt sich also um eine einheitliche Pflicht, nicht um ein Bündel von Teilpflichten. Allerdings führt die Annahme einer Leistungspflicht auch für die Beseitigung von Beschädigungen nicht dazu, dass neben diesem Leistungsanspruch, der sich bei Erfüllung der Voraussetzungen des § 281 BGB in einen Geldanspruch wandelt, der Schadensersatzanspruch gem. § 280 Abs. 1 BGB nicht mehr bestehen kann. Es ist vielmehr kein tragfähiger Grund ersichtlich, warum beide Ansprüche sich ausschließen sollten; sie stehen in Anspruchskonkurrenz. Das gilt allerdings nur für die Situation bei Vertragsende, da der Anspruch gem. § 281 BGB erst dann mit der Rückgabepflicht entstehen kann, wohingegen der Anspruch gem. § 280 Abs. 1 BGB mit der schädigenden Handlung bzw. dem Eintritt des Schadens entsteht. Die Richtigkeit dieser Sicht wird bestätigt, wenn man die Veräußerungssituation (§ 566 BGB) berücksichtigt. Der Schadensersatzanspruch gem. § 280 BGB geht nicht auf den Erwerber über, er bleibt beim Veräußerer[391]. Dem Erwerber steht – daneben – der Erfüllungsanspruch bzw. nach Fristsetzung der Geldanspruch aus § 281 BGB zu. Das ist interessengerecht. Wenn der Mieter nur dem Anspruch des Veräußerers ausgesetzt wäre, würde er in der Praxis weitgehend leistungsfrei, weil der Veräußerer oftmals kein Interesse an der Anspruchsverfolgung hat, wenn er überhaupt von dem Anspruch erfährt, der sich typischerweise erst bei der Rückgabe zeigt. Die Praxis differenziert dementsprechend – zu Recht – bei Schadensersatzansprüchen nicht danach, ob eine Erwerbssituation vorliegt. Da der Schadensersatzanspruch gem. § 280 Abs. 1 BGB und der Herstellungsanspruch gem. § 546 BGB auf das gleiche Interesse gerichtet sind[392], stehen Veräußerer und Erwerber in Gläubigergemeinschaft zueinander. Sie sind Gesamtgläubiger gem. § 428 BGB, was dazu führt, dass der Mieter durch Leistung an einen von Ihnen frei wird und Erwerber und Veräußerer den Innenausgleich suchen müssen. Für die Anwendung des § 428 BGB statt § 432 BGB spricht die Schuldner- (= Mieter) schützende Wirkung dieser Vorschrift und der Schutzgedanke des § 566 BGB, der den Mieter möglichst vor Rechtsnachteilen als Folge der Veräußerung bewahren soll[393].

84 Ein Verzug des Mieters macht die Fristsetzung gem. § 281 BGB nicht zwangsläufig entbehrlich, sondern nur dann, wenn der Verzug durch Mahnung gem. § 286 Abs. 1 BGB eingetreten ist; jede Fristsetzung gem. § 281 BGB setzt den Mieter aber auch in Verzug[394]. Für das Kaufrecht hat der VIII. Zivilsenat des BGH, der auch für das Wohnraummietrecht zuständig ist, die Anforderungen an eine **Fristsetzung** erheblich herabgesetzt; danach genügt es für eine Fristsetzung gem. § 281 Abs. 1 BGB, wenn der Gläubiger durch das Verlangen nach sofortiger, unverzüglicher oder umgehender Leistung oder vergleichbare Formulierungen deutlich macht, dass dem Schuldner für die Erfüllung nur ein begrenzter (bestimmbarer) Zeitraum zur Verfügung steht; der Angabe eines be-

---

387 S. dazu bei § 546 Rdn. 50.

388 S. bei § 546 Rdn. 48.

389 S. bei § 546 Rdn. 50.

390 So aber *Fervers,* Vortrag auf dem Mietgerichtstag 2017 (download unter www. mietgerichtstag.de, zur Veröffentlichung in WuM anstehend).

391 S. bei § 566 Rdn. 132.

392 Die Situation ist vergleichbar derjenigen im Baurecht, wenn Architekt und Unternehmer nebeneinander wegen Mängeln haften (vgl. dazu etwa BGH NJW 1965, 1175).

393 S. auch *Looschelders* in Staudinger (2012) § 428 Rdn. 54.

394 *Palandt/Grüneberg* § 281 Rdn. 7.

stimmten Zeitraums oder eines bestimmten (End-)Termins bedarf es nicht[395]. Diese Rechtsprechung dürfte auf das Mietrecht übertragbar sein. Die Fristsetzung kann **gem. § 281 Abs. 2 BGB entbehrlich** sein, wenn der Mieter die Leistung, die er im Rahmen der Rückgabepflicht zu erfüllen hat, ernsthaft und endgültig verweigert oder wenn besondere Umstände die sofortige Geltendmachung von Schadensersatz rechtfertigen. An das Vorliegen einer Erfüllungsverweigerung sind strenge Anforderungen zu stellen[396]. Der Mieter muss so eindeutig zum Ausdruck bringen, seine Verpflichtung nicht erfüllen zu wollen, dass es ausgeschlossen erscheint, eine Leistungsaufforderung mit Fristsetzung werde ihn umstimmen; die Verweigerung muss als sein letztes Wort aufzufassen sein[397]. Sie ist bei der Rückgabe von Mieträumen regelmäßig anzunehmen, wenn der Mieter durch sein Verhalten vor Vertragsbeendigung eindeutig zum Ausdruck bringt, dass er seinen vertraglich übernommenen Verpflichtungen nicht nachkommen wird und demgemäß bei Vertragsende auszieht, ohne vollständig geräumt zu haben oder – bei offensichtlichem Bedarf[398] – die vereinbarten Instandsetzungsarbeiten (insbesondere Schönheitsreparaturen) vorgenommen zu haben[399]. Eine ernsthafte und endgültige Erfüllungsverweigerung kann aber auch in diesen Fällen grundsätzlich erst dann angenommen werden, wenn dem Mieter klargemacht wurde, was man von ihm erwartet, der Vermieter ihm also konkret mitgeteilt hat, wo er Defizite sieht[400]. Vorgaben für eine bestimmte Art der Ausführung müssen nicht gemacht werden, das liegt in der Hand des Mieters[401]. Die Anforderungen an die Fristsetzung dürfen insgesamt nicht überspannt werden[402]. Hat der Mieter gar nicht renoviert, dürfte Bei Streit über die Berechtigung einer Kündigung ist im Einzelfall genau zu prüfen, ob das mit einer Erfüllungsverweigerung einhergeht[403]. Besondere Umstände i. S. v. § 281 Abs. 2 BGB, die die sofortige Geltendmachung von Schadensersatz rechtfertigen, liegen nicht schon darin, dass ein Nachmieter schon kurz nach Ablauf einer zu setzenden Frist einziehen möchte[404]. Zwar hat dann der Vermieter unter Umständen nicht mehr die Gelegenheit zur rechtzeitigen vertragsgemäßen Herstellung der Mietsache; er muss aber davon ausgehen, der Mieter werde innerhalb der Frist erfüllen, da ansonsten ein Fall der Erfüllungsverweigerung vorläge und eine Frist ohnehin entbehrlich wäre.

Die Leistungspflicht des Mieters bzw. der Leistungsanspruch des Vermieters enden nicht schon **85**
mit Ablauf der nach § 281 Abs. 1 BGB notwendigen Frist, sondern gem. **§ 281 Abs. 4 BGB**[405] erst dann, wenn der Vermieter ein Schadensersatzverlangen an den Mieter stellt. Bis dahin kann der Vermieter weiterhin Erfüllung verlangen, ohne an dieses Verlangen aber gebunden zu sein; der Vermieter kann also nach Fristablauf von einem Erfüllungsverlangen zu einem **Schadensersatzverlangen** wechseln, ohne erneut eine Frist setzen zu müssen[406]. Das Schadensersatzverlangen ist eine geschäftsähnliche Handlung, die den Willen des Vermieters eindeutig zum Ausdruck bringen muss; die bloße Ankündigung der Prüfung von Schadensersatzansprüchen reicht beispielsweise nicht aus.

Fraglich und umstritten ist, ob der Mieter im Falle der Nichterfüllung der Rückgabepflicht aus **86**
§ 546 BGB und entsprechendem Schadensersatzverlangen des Vermieters gem. § 281 Abs. 4 BGB im Wege des Schadensersatzes zu einer Art **Zwangskauf** der Mietsache verpflichtet ist (Erstattung des Wertes der Mietsache gegen Eigentumsübertragung)[407]. Gibt der Mieter die Mietsache nach

[395] BGH (VIII ZR 49/15) NJW 2016, 3654; BGH (VIII ZR 176/14) NJW 2015, 2564; BGH NJW 2009, 3153. Kritisch dazu *Höpfner* NJW 2016, 3633; *Koch* NJW 2010, 1636 und *Dubovitskaya* JZ 2012, 328.

[396] KG ZMR 2007, 533; *Palandt/Grüneberg* § 281 Rdn. 14.

[397] KG ZMR 2007, 533; *Palandt/Grüneberg* § 281 Rdn. 14.

[398] *Klimke* in DMT-Bilanz 2011 S. 33.

[399] Ständige Rechtsprechung des BGH, s. zuletzt BGH (XII ZR 76/13) NJW 2014, 1521 = WuM 2014, 201 = ZMR 2014, 532 Rdn. 27.

[400] KG NZM 2007, 356 = WuM 2007, 71 = ZMR 2007, 112; AG Kassel WuM 2011, 467; *Palandt/Grüneberg* § 281 Rdn. 14.

[401] *Klimke* in DMT-Bilanz 2011 S. 32.

[402] *Klimke* in DMT-Bilanz 2011 S. 32.

[403] BGH NJW 1988, 1778 = WuM 1988, 272 = ZMR 1988, 291.

[404] KG NZM 2007, 356 = WuM 2007, 71 = ZMR 2007, 112.

[405] S. zu dieser Bestimmung näher bei *Palandt/Grüneberg* § 281 Rdn. 49.

[406] BGH NJW 2006, 1198; LG Berlin GE 2010, 1341.

[407] Dafür: *Klinck* DMT-Bilanz 2011 S. 302 m. w. N. Dagegen: *Riehm* DMT-Bilanz 2011 S. 311 m. w. N.; *Katzenstein/Hüftle* NZM 2004, 603/604; *Oechsler* NZM 2004, 889; *Kohler* NZM 2014, 729. Dafür bei einem Anspruch auf Herausgabe einer beweglichen Sache aus § 985 BGB: BGH (V ZR 89/15) NJW 2016, 3235. S. auch *Fliescher,* Der Zwangskauf im Mietrecht, 2010; *Schaltenbrand,* Schadensersatz statt der Leistung, 2008; *Schüttlöffel,* Der nicht rechtzeitig leistende Sachschuldner zwischen Primär- und Schadensersatzhaftung, 2006.

Beendigung des Vertrages nicht zurück, dann begeht er eine Pflichtverletzung gem. § 280 BGB. Nach der Schuldrechtsreform spielt es keine Rolle mehr, dass die Rückgabepflicht keine synallagmatisch verknüpfte Hauptleistungspflicht ist, da § 280 BGB für alle Leistungspflichten gleichermaßen gilt. Setzt nun der Vermieter in dieser Situation der Pflichtverletzung dem Mieter eine Nachfrist zur Erfüllung gem. § 281 Abs. 1 BGB (oder ist eine solche Frist gem. § 281 Abs. 2 BGB entbehrlich), dann kann er nach Fristablauf Schadensersatz statt der Leistung verlangen. Wenn ein Zwangskauf in Betracht kommt, dürfte zusätzlich jedenfalls zu fordern sein, dass der Vermieter den Mieter auf diese Möglichkeit mit einer Art Ablehnungsandrohung hinweist, weil ein derartiges Interesse des Vermieters sehr ungewöhnlich und damit kaum vorhersehbar erscheint[408]. Sofern der Vermieter Eigentümer des Mietobjekts ist (allein diese Konstellation soll hier betrachtet werden[409]), könnte sein Schaden in dessen Sachwert bestehen[410] und nicht nur in dem Wert des Besitzes, den der Mieter vorenthält[411]. Die Sachlage unterscheidet sich insofern im Ansatz nicht wesentlich von dem Fall der Unmöglichkeit der Rückgabe, der in § 283 BGB geregelt und bei dem wohl unzweifelhaft der Sachwert zu ersetzen ist[412]. Anders als dort „verliert" der Vermieter sein Eigentum zwar nicht wegen Unmöglichkeit, er bleibt vielmehr (zunächst) Eigentümer; er ist aber nach seinem Schadensersatzverlangen gem. § 281 Abs. 4 BGB nicht nur gehindert, die Leistung, also die Rückgabe, noch zu verlangen, er ist überdies verpflichtet, dem Mieter das Eigentum an der Mietsache zu übertragen, wenn der Mieter ihm den Sachwert erstattet. Vermögensmäßig steht er sich deshalb so wie bei einem Untergang der Mietsache. Sämtliche Voraussetzungen eines Zwangskaufes im Wege des Schadensersatzes statt der Leistung gem. § 281 BGB scheinen also eigentlich erfüllt. Aber nicht nur das, es sind auch Konstellationen denkbar, in denen ein solches Verlangen nicht ohne Weiteres rechtsmissbräuchlich erscheint, in denen der Vermieter vielmehr ein berechtigtes Interesse an einem Zwangskauf haben kann. Das wäre etwa der Fall, wenn er das Mietobjekt wegen der unterlassenen Rückgabe nicht schnell genug selbst oder durch Weitervermietung nutzen kann, sich durch einen Deckungskauf ein Ersatzobjekt verschafft (statt des Deckungskaufes kommt freilich auch die Anmietung einer Ersatzsache in Betracht) und so das Interesse an der Rückerlangung verliert[413]. Ein berechtigtes Interesse des Vermieters ist jedoch nicht Voraussetzung eines Schadensersatzanspruchs gem. § 281 BGB; es sollte nur aufgezeigt werden, dass ein Zwangskaufverlangen nicht per se unredlich ist. Fälle berechtigten Interesses werden zwar selten sein, genauso wie es selten sein wird, dass ein Mieter finanziell in der Lage zu einem Zwangskauf ist; am ehesten kommt er bei der Vermietung beweglicher Sachen (etwa DVD oder Bücher) in Betracht. Dennoch darf man die Problematik nicht gering schätzen und sich auf die wirtschaftliche Vernunft und Redlichkeit der Vermieter bzw. auf Treu und Glauben[414] verlassen. Man stelle sich nur vor, in Deutschland gäbe es eine ähnliche Immobilienblase wie diejenige in den USA im Jahre 2008. In einer solchen Situation könnte das Vermieterinteresse an einem Zwangskauf relevante Größenordnungen erreichen. Eine Einzelfallkontrolle über Treu und Glauben ist dann nicht ausreichend. M. E. ist § 281 BGB einschränkend dahingehend auszulegen, dass ein Zwangskauf im Wege des großen Schadensersatzes bei bloßen Nutzungsüberlassungsverträgen wie der Miete generell ausgeschlossen ist, also unabhängig davon, ob es um Miete von Wohn- oder Gewerberaum oder von beweglichen Sachen (dazu noch unten) handelt[415]. Durch einen Zwangskauf würde nämlich der Mietvertrag (ebenso andere Nutzungsüberlassungsverträge wie Leihe oder Pacht) faktisch umgestaltet in einen Austauschvertrag. Das kommt auch in dem Begriff Zwangskauf, der sich für die Problematik eingebürgert hat, zum Aus-

---

408 **A. A.** *Klinck* DMT-Bilanz 2011 S. 305.

409 Zu den Ansprüchen des gegenüber dem Eigentümer zum Besitz berechtigten wie des unberechtigten Besitzers sowie zu den Konkurrenzen zu den Vindikationsansprüchen des Eigentümers s. Kohler NZM 2014, 729.

410 *Klinck* DMT-Bilanz 2011 S. 307 m. w. N.; *Riehm* DMT-Bilanz 2011 S. 314, auch zu dem Fall, dass der Vermieter nicht Eigentümer der Mietsache ist.

411 So aber *Katzenstein/Hüftle* NZM 2004, 603/604; *Oechsler* NZM 2004, 889.

412 *Klinck* DMT-Bilanz 2011 S. 307.

413 S. zu dieser Interessenlage *Klinck* DMT-Bilanz 2011 S. 303.

414 *Blank/Börstinghaus* § 546a Rdn. 43 möchte die Fälle einzelfallbezogen über § 242 BGB lösen.

415 Im Ansatz ähnlich wie hier *Riehm* DMT-Bilanz 2011 S. 317, der die teleologische Reduktion aber auf die (wenigen Ausnahme-)Fälle beschränken will, in denen der Vermieter kein Interesse mehr an der Herausgabe der Mietsache hat; bei unvertretbaren Sachen, insbesondere Immobilien, soll ein fortbestehendes Interesse des Vermieters vermutet werden. Der Gesetzgeber der Schuldrechtsreform hielt einen Zwangskauf für vermeidenswert, hat von einer gesetzlichen Regelung aber letztlich deswegen abgesehen, weil er von nur theoretischen Fallgestaltungen ausging, die über § 242 BGB zu lösen seien; damit ist die hier vertretene Lösung nach dem Willen des Gesetzgebers nicht ausgeschlossen. S. zur Gesetzgebungsgeschichte *Klinck* DMT-Bilanz 2011 S. 302.

druck. Diese nachträgliche Umgestaltung des Vertrages im Wege des Schadensersatzes ist dem Mietrecht grundsätzlich fremd[416]; ein Rücktritt ist beispielsweise nur bis zum Gefahrübergang möglich[417]. Weiter ist zu berücksichtigen, dass eine Änderung der dinglichen Rechtslage (durch Übereignung des Mietobjekts an den Mieter), zu der der Vermieter in Vollziehung des Schadensersatzanspruchs verpflichtet wäre, in § 255 BGB nur für den Verlust von Gegenständen vorgesehen ist, nicht aber für den Fall der bloßen Nichterfüllung. Genauso wenig wie der Vermieter nach entsprechender Fristsetzung durch ein Schadensersatzverlangen bei Zurücklassen von Gegenständen (Verstoß gegen die Räumungspflicht) Eigentümer dieser Gegenstände wird (s. Rdn. 43), wird der Mieter Eigentümer der Mietsache bei einem Verstoß gegen die Besitzverschaffungspflicht. Der dingliche Herausgabeanspruch kann nicht nach Maßgabe des schuldrechtlichen Rückgabeanspruchs erlöschen und zwar auch dann nicht, wenn die Voraussetzungen des § 281 Abs. 4 BGB erfüllt sind[418]. Das muss dann aber auch Rückwirkungen auf den Inhalt des schuldrechtlichen Schadensersatzanspruchs statt der Leistung haben. Bei beweglichen Sachen ist es erwägenswert, wegen eines praktischen Bedürfnisses einen „Zwangskauf" zuzulassen, weil hier der Gläubiger Probleme haben kann, die Sache bei der Vollstreckung aufzufinden[419]; bei unbeweglichen Sachen (Grundstücken) gibt es diese Probleme allerdings nicht. Selbst wenn man entgegen den obigen Ausführungen einen Zwangskauf für möglich halten sollte, so würde er bei der **Wohnraummiete** jedenfalls an **§ 571 Abs. 1 Satz 2 BGB** scheitern, da die Billigkeit eine derartige Schadloshaltung des Vermieters nicht erfordert[420]. Das gilt auch dann, wenn der Vermieter ausnahmsweise ein berechtigtes Interesse an einem Deckungskauf haben sollte. Abgesehen davon, dass meist statt eines Deckungskaufs auch die Anmietung einer Ersatzsache in Betracht kommen dürfte, ist es dem Vermieter im Rahmen der Billigkeit zuzumuten, sich auf den i. d. R. geringeren Vorenthaltungsschaden zu beschränken anstatt den Mieter mit einem nicht gewollten und finanziell schwer oder gar nicht verkraftbaren Kauf zu belasten. Hingegen erscheint es nicht möglich, § 571 Abs. 2 BGB analog auf die Nachfrist des § 281 BGB anzuwenden[421].

c) § 286 BGB (Verzug). § 286 BGB ist – neben § 280 Abs. 1 BGB[422] – in mietrechtlichem 87
Zusammenhang insbesondere Anspruchsgrundlage für den Ersatz eines Vorenthaltungsschadens (Mietausfall)[423]. Befindet sich der Mieter in Verzug mit der Rückgabe insgesamt (fehlender Besitzwechsel) oder der Erfüllung einer der Rückgabepflichten (fehlende Räumung, Rückbau etc.)[424], so kann der Vermieter den durch die Verspätung der Leistung eingetretenen Schaden gem. § 286 BGB ersetzt verlangen. § 286 BGB erfasst nicht den Ausgleich des Integritätsinteresses (§ 280 BGB) oder des Leistungsinteresses (§ 281 BGB), sondern ausschließlich das Interesse an der Rechtzeitigkeit der Leistung und den Ausgleich des durch die Verzögerung eingetretenen Schadens[425]. Deshalb kann der Vermieter nach § 286 BGB weder die Kosten für die Beseitigung von Schäden noch die Kosten für die eigentlich vom Mieter zu erbringenden Leistungen (etwa Räumung, Rückbau, Schönheitsreparaturen) verlangen; § 286 BGB dient vielmehr vornehmlich dem Ersatz des **Vorenthaltungsschadens** (Einzelheiten zum Schadensinhalt bei Rdn. 96ff.).

Der Anspruch aus §§ 280, 286 BGB setzt einen **Verzug des Mieters mit der Rückgabe-** 88
pflicht oder einem Teil davon voraus. Eine Fristsetzung gem. § 281 BGB ist nicht notwendig; jede Fristsetzung gem. § 281 BGB begründet aber auch einen Verzug des Mieters, da eine solche Fristsetzung eine Mahnung gem. § 286 Abs. 1 BGB darstellt[426]. Ein Verzug besteht i. d. R. jedoch schon

---

416 **A. A.** *Riehm* DMT-Bilanz 2011 S. 323/324.

417 *Oechsler* NZM 2004, 889.

418 Kohler NZM 2014, 739.

419 S. dazu BGH (V ZR 89/15) NJW 2016, 3235 für den dinglichen Herausgabeanspruch aus § 985 BGB.

420 *Riehm* DMT-Bilanz 2011 S. 312. **A. A.** für die Fälle, dass der Vermieter einen Deckungskauf tätigen muss, *Klinck* DMT-Bilanz 2011 S. 302.

421 *Klinck* DMT-Bilanz 2011 S. 309; s. auch § 571 Rdn. 14. **A. A.** *Riehm* DMT-Bilanz 2011 S. 312.

422 S. näher bei Rdn. 80.

423 BGH ZMR 2008, 867 und BGH NJW 1995, 252 jeweils zur Rechtslage vor der Schuldrechtsreform; KG GE 2009, 448 (unvollständig in WuM 2008, 724); *Rolfs* in Staudinger § 546a Rdn. 58.

424 Die Nichterfüllung einer Rückgabepflicht reicht für einen Verzug eben mit dieser Pflicht aus und kann einen Anspruch auf Ersatz des Mietausfallschadens begründen (so BGH NJW 1995, 252 für die Verletzung der Instandsetzungspflicht). **A. A.** *Wolf/Eckert/Ball* Rdn. 1145, der bei nicht vertragsgemäßem Zustand ohne nähere Begründung allein § 280 Abs. 1 BGB anwenden will.

425 *Palandt/Grüneberg* § 280 Rdn. 13.

426 *Palandt/Grüneberg* § 281 Rdn. 7.

früher und ohne Mahnung, weil die Vertragsbeendigung, bei der der Mieter auch seine Rückgabepflichten zu erfüllen hat, kalendermäßig i. S. v. § 286 Abs. 2 Nr. 1 bzw. Nr. 2 BGB feststeht[427].

89 Der Verzug endet nicht durch Bewilligung einer gerichtlichen **Räumungsfrist** oder durch die Gewährung von Vollstreckungsschutz, da das Vollstreckungsrecht grundsätzlich keinen Einfluss auf die materielle Rechtslage hat[428]. Gleiches gilt i. d. R. auch für die vertragliche oder einseitig durch den Vermieter erfolgte Bewilligung einer Räumungsfrist, etwa in einem Räumungsvergleich, da der Vermieter sich hierdurch meist nur den Notwendigkeiten fügt[429]; letztlich entscheiden aber die Einzelfallumstände[430]. S. ausführlich zur Wirkung gerichtlicher und oder vom Vermieter bewilligter Räumungsfristen sowie zur Wirkung der Bewilligung von Vollstreckungsschutz bei § 546 Rdn. 79. Bei Wohnraummietverhältnissen kann ein Schadensersatzanspruch gem. § 571 BGB beschränkt sein, ein Vorenthaltungsschaden etwa entfällt bei gerichtlicher Gewährung einer Räumungsfrist vollständig gem. § 571 Abs. 2 BGB (s. näher dort).

90 **d) § 280 Abs. 1 BGB (Folgeschaden, Nebenpflichtverletzung).** Der einfache Schadensersatz gem. § 280 Abs. 1 (Schadensersatz neben der Leistung) erfasst als **Auffangtatbestand** alle Schäden, die durch eine Pflichtverletzung (Verletzung der Rückgabepflichten) endgültig entstanden sind und die durch Erfüllung bzw. Nacherfüllung nicht beseitigt werden können[431]. Dazu gehören auch **Vorenthaltungsschäden (Mietausfall)**[432]. Der Mietausfall kann als Folgeschaden aus der Verletzung von Leistungspflichten, die im Rahmen der Rückgabe zu erfüllen sind, eintreten, aber auch durch die Verletzung von Nebenpflichten gem. § 241 Abs. 2 BGB. Der Mietausfallschaden ist bei Wohnraummietverhältnissen ggf. durch § 571 BGB beschränkt (s. näher dort). Zu Ansprüchen wegen **Beschädigung der Mietsache** s. Rdn. 83.

91 Der Mieter ist bei einer *ordentlichen Kündigung* oder Beendigung des Mietverhältnisses durch Zeitablauf nicht aus einer **Nebenpflicht** gem. § 241 Abs. 2 BGB verpflichtet, dem Vermieter seine Erfüllungsbereitschaft hinsichtlich der Rückgabe anzuzeigen bzw. entsprechende Anfragen zu beantworten[433]. Der Vermieter muss vielmehr von einer termingerechten Rückgabe ausgehen. Wohl aber ist der Mieter kurz vor dem Nutzungsende zu Absprachen hinsichtlich des genauen Übergabetermins gehalten, um die Übergabe auch praktisch durchführen zu können. Außerdem besteht die allgemeine Nebenpflicht, die Eingehung eines neuen Mietverhältnisses nicht unnötig zu behindern[434]. Deshalb hat der Vermieter bei einer *fristlosen Kündigung* bzw. bei Gewährung einer Räumungsfrist einen Anspruch auf Mitteilung des Räumungstermins, sobald dieser absehbar ist, damit er sich bei der Nachvermietung darauf einstellen kann[435]. Ein hierdurch bedingter Mietausfallschaden dürfte aber nur selten über den Kündigungsfolgeschaden hinausgehen. Der Vermieter kann vom Mieter aus einer Nebenpflicht des Mietvertrages gleichfalls Auskunft darüber verlangen, welchen Dritten er die Mietsache überlassen hat, damit der Vermieter auch gegen diese Personen einen Räumungstitel erwirken kann[436]. Zieht der Mieter vorzeitig aus, ohne dem Vermieter seine neue Anschrift zu hinterlassen und ihm den Zugang zu dem Mietobjekt für potentielle Nachmieter zu ermöglichen, so hat er den Mietausfall zu ersetzten, wenn daran eine zügige Weitervermietung scheitert[437].

2. Verschulden

92 Im Gegensatz zu dem Nutzungsentschädigungsanspruch gem. § 546a Abs. 1 BGB setzen Schadensersatzansprüche des Vermieters ein **Verschulden** des Mieters voraus. Der Maßstab für das Verschulden ergibt sich aus § 276 BGB. Danach haftet der Mieter für vorsätzliches oder fahrlässiges Verhalten. Letzteres liegt vor, wenn er die im Verkehr erforderliche Sorgfalt außer Acht gelassen hat, wenn er also nach einem objektivierten Maßstab des jeweiligen Verkehrskreises die Pflichtver-

---

[427] OLG Düsseldorf MDR 1990, 725; OLG Düsseldorf NJW-RR 1987, 911 = ZMR 1987, 377; AG Münster WuM 1983, 22. Das AG Fulda WuM 1982, 51 prüft einen Verzug ohne Mahnung gem. § 286 Abs. 2 Nr. 1 bzw. Nr. 2 BGB nicht und lehnt mangels Mahnung einen Schadensersatzanspruch ab.
[428] BGH NJW-RR 1987, 907 = WuM 1987, 261 = ZMR 1987, 287.
[429] BGH GuT 2007, 140 = NZM 2006, 820 (nur Leitsatz).
[430] BGH NJW-RR 1987, 907 = WuM 1987, 261 = ZMR 1987, 287.
[431] *Palandt/Grüneberg* § 280 Rdn. 18; *Otto* in Staudinger (2004) § 280 Rdn. E11.
[432] Einzelheiten bei Rdn. 80.
[433] S. eingehend bei § 546 Rdn. 128.
[434] BGH NJW 2010, 1135 = WuM 2009, 647 Rdn. 15.
[435] LG Freiburg WuM 1980, 223; LG Mönchengladbach DWW 1992, 215.
[436] LG Kiel ZMR 2010, 532; OLG Hamburg NZM 1998, 758.
[437] *Rolfs* in Staudinger § 546a Rdn. 60.

letzung (die Vorenthaltung, um die es bei § 546a BGB allein geht) erkennen und vermeiden konnte[438].

93 Bei der Geltendmachung von unberechtigten Ansprüchen oder der Ausübung von nicht bestehenden Gewährleistungsrechten wegen Mängeln liegt eine schuldhafte Verletzung von Nebenpflichten (Rücksichtnahmepflichten[439]) nur dann vor, wenn *der Gläubiger* eines (vermeintlichen) Anspruchs die eingenommene Rechtsposition für nicht plausibel halten durfte[440]. Er muss lediglich im Rahmen seiner Möglichkeiten sorgfältig, aber ohne besondere Fachkenntnis überprüfen, ob für den Anspruch bzw. das Gestaltungsrecht eine (Mangel-)Ursache vorliegt, die nicht seinem Verantwortungsbereich zuzuordnen ist; bleiben dabei Ungewissheiten, dürfen Mängelrechte geltend gemacht werden, ohne dass der Schuldner Schadensersatzpflichten wegen einer schuldhaften Vertragsverletzung befürchten muss, auch wenn sich das Verlangen im Ergebnis als unberechtigt herausstellt[441]. Ähnliches gilt, wenn die zu beurteilende Rechtslage in besonderem Maße unklar ist[442]. Würde man die Geltendmachung von (Gewährleistungs-)Ansprüchen an zu hohe Anforderungen knüpfen und so schadensersatzträchtig machen, würde die übliche Teilnahme am Wirtschaftsleben zu sehr verrechtlicht, die Gewährleistungsrechte wären teilweise entwertet[443] und die Verfolgung von Ansprüchen und Rechten unzumutbar erschwert[444]. Mit dieser Situation sind (Mietausfall-)Schäden wegen Vorenthaltung der Mietsache nur teilweise vergleichbar, nämlich nur insoweit, als von der Ausübung von Gewährleistungsrechten durch den Mieter verschuldensabhängige Kündigungstatbestände und – als Folge davon – Ersatzansprüche wegen Vorenthaltung der Mietsache betroffen sind (dazu näher unten). Ansonsten geht es bei Vorenthaltungsschäden nicht um Nebenpflichten eines Gläubigers, sondern um (Haupt-)Leistungspflichten *eines Schuldners* (des Mieters), nämlich konkret die Pflicht zur rechtzeitigen Rückgabe der Mietsache und die aus der Nichterfüllung resultierenden Schäden. Das Risiko, das Bestehen einer solchen Hauptleistungspflicht richtig einzuschätzen, muss in höherem Maß beim Schuldner liegen, weil der Gläubiger ansonsten nicht ausreichend vor den Folgen des Ausbleibens der Leistung geschützt wäre; der Geltungsanspruch des Rechts erfordert, dass der Schuldner als Verpflichteter das Risiko eines Irrtums über die Rechtslage selbst trägt[445]. Deshalb ist bei den **Vorenthaltungsschäden** bzw. allgemein bei Ausbleiben der Leistung der Verschuldensmaßstab für den Schuldner (Mieter) strenger als bei der Haftung des Gläubigers wegen der Geltendmachung vermeintlich bestehender Ansprüche bzw. Gewährleistungsrechte, auch wenn das Verhältnis beider Fallkonstellationen nicht als endgültig geklärt angesehen werden kann. M. E. gilt Folgendes[446]: Eine Vorenthaltung ist nicht immer ohne Weiteres erkennbar. Zwar weiß der Mieter i. d. R., dass er eine Sache nicht zurückgibt. Wenn er sich aber über seine Rückgabepflicht irrt, kann es an einer **Erkennbarkeit** im Rechtlichen wie im Tatsächlichen fehlen. Ein solcher Irrtum kommt insbesondere bei einem Streit über die Berechtigung oder den Wirkungszeitpunkt einer Kündigung in Betracht. Hier können, je nach Kündigungstatbestand, unterschiedliche Maßstäbe gelten. So ist bei § 573 Abs. 2 Nr. 1 BGB und bei § 543 Abs. 1 BGB auf ein Verschulden abzustellen, bei § 543 Abs. 2 Satz 1 Nr. 3 BGB hingegen auf den strengeren Maßstab des Vertretenmüssen, der auch ein verschuldensunabhängiges Einstehen bedeuten kann[447]. Bei einem **Rechtsirrtum** verlangt die verkehrsübliche Sorgfalt bei Anlegung eines strengen Maßstabes zunächst, dass der Mieter die Rechtslage sorgfältig prüft, die höchstrichterliche Rechtsprechung beachtet und, soweit erforderlich, Rechtsrat bei einem Fachmann einholt[448]. Je nach Schwierigkeit der Rechtsfrage kann das etwa ein Rechtsanwalt, der Mieterverein

438 BGH (XII ZR 34/12) NJW 2013, 3232 = ZMR 2013, 614.
439 BGH NJW 2009, 1262 Rdn. 17.
440 BGH NJW 2009, 1262 m.w.N.; kritisch dazu *Deckenbrock* NJW 2009, 1247.
441 BGH NJW 2009, 1262.
442 BGH (XI ZR 356/09) NJW 2011, 1063; BGH (VIII ZR 349/13) NJW 2014, 2717 = WuM 2014, 489 = ZMR 2014, 713 Rdn. 33.
443 *Streyl* WuM 2013, 456.
444 BGH NJW 2009, 1262 Rdn. 20.
445 BGH (VIII ZR 349/13) NJW 2014, 2717 = WuM 2014, 489 = ZMR 2014, 713 Rdn. 34. Grundsätzlich zu den unterschiedlichen Anforderungen an Gläubiger- und Schuldnerverschulden BGH (VIII ZR 281/13) NJW 2015, 2417 = WuM 2015, 416 = ZMR 2015, 693.
446 S. aber auch den Ansatz von *Häublein* PiG 97 (2014) S. 44ff.
447 S. dazu *Häublein* PiG 97 (2014) S. 40.
448 BGH (VIII ZR 103/13) NJW 2014, 2720 = WuM 2014, 562 = ZMR 2014, 710 Rdn. 23 und 25; BGH (VIII ZR 102/06) NJW 2007, 428 = WuM 2007, 24 = ZMR 2007, 103; BGH NJW 2006, 3271; BGH NJW 2001, 3114.

oder ein ähnlich Kundiger sein. Dessen Irrtum über die Rechtslage wird dem Mieter aber gem. § 278 BGB zugerechnet mit der Folge, dass ein Verschulden des Mieters anzunehmen ist, dieser aber ggf. bei seinem Berater Rückgriff nehmen kann[449]. Wegen dieser Zurechnung von Beraterverschulden kommt ein entschuldbarer Rechtsirrtum des Mieters nur ausnahmsweise in Betracht, nämlich dann, wenn die Beratung in Einklang mit der herrschenden Ansicht in Rechtsprechung und/oder Rechtsliteratur stand und das erkennende Gericht davon abgewichen ist[450], oder wenn die Rechtslage in besonderem Maße unklar ist[451]. Letzteres liegt nicht schon dann vor, wenn ein Rechtsproblem noch nicht *abschließend* höchstrichterlich geklärt ist[452]. In diesen Fällen trägt der (falsch beratene) Mieter das Risiko einer von seiner Meinung abweichenden Beurteilung genauso wie bei einer von seinem Vortrag abweichenden Tatsachenaufklärung oder einer abweichenden Rechtsansicht[453]; das gilt selbst dann, wenn ein Kollegialgericht die Rechtsauffassung des Mieters geteilt hat[454]. Eine in besonderem Maße unklare Rechtslage[455] liegt vielmehr nur vor, wenn das Ergebnis einer (höchst-)richterlichen Beurteilung offen erscheint und es dem Mieter nicht zuzumuten ist, seine Leistung (die Rückgabe der Mietsache) sofort zu erbringen[456]. In Relation zu setzen sind das Maß an Rechtsunsicherheit und das Gewicht des Interesses an sofortiger Rechtsverwirklichung, namentlich die Zumutbarkeit eines Zuwartens bzw. die Befugnis, auch bei Unsicherheit zu handeln[457]. Von einer **Zumutbarkeit für den Vermieter,** auf den Rückerhalt der Mietsache zu warten, wird in derartigen Fällen regelmäßig auszugehen sein, da der Mieter seinen Rechtsstandpunkt mit der Rückgabe faktisch aufgeben müsste und ihn nicht klären lassen könnte. Eine solche Problematik besteht zwar regelmäßig bei ungeklärten Rechtsfragen; die Besonderheit eines Streites um die Rückgabepflicht (und ggf. vorgelagert bei einem Streit um die Gründe, die zu einer Vertragsbeendigung führen, wie etwa bei einem Streit um die Mangelhaftigkeit des Mietobjekts; s. dazu noch nachfolgend) besteht aber darin, dass nicht nur – wie meist sonst – das Vermögen des Schuldners belastet wird, sondern dass der Mieter bei Erfüllung der Rückgabepflicht entgegen seiner Rechtsüberzeugung die Wohnung als seinen grundrechtlich geschützten Lebensmittelpunkt verliert[458]. Bei einem **Tatsachenirrtum** muss es ähnlich sein wie bei einem Rechtsirrtum[459]. Zwar trägt der Mieter grundsätzlich – wie jeder Schuldner – das Risiko, dass sich die von ihm zu

---

[449] BGH (VIII ZR 102/06) NJW 2007, 428 = WuM 2007, 24 = ZMR 2007, 103; BGH (VIII ZR 349/13) NJW 2014, 2717 = WuM 2014, 489 = ZMR 2014, 713 Rdn. 37; BGH (VIII ZR 103/13) NJW 2014, 2720 = WuM 2014, 562 = ZMR 2014, 710 Rdn. 25; *Harke* NZM 2016, 454. **A. A.,** also gegen eine Zurechnung des Beraterverschulden *Lorenz* WuM 2013, 206, weil sich der Mieter des Beraters nicht unmittelbar zur Erfüllung seiner Zahlungspflicht bediene; *Lorenz* übersieht hierbei aber die nahezu zwangsläufige Reflexwirkung der Beratung auf das Zahlungsverhalten des Mieters; außerdem würde der – wenn auch unverschuldet – Rechtsunkundige vor den Folgen eines falschen Rechtsrats bewahrt, obwohl der erwähnte Geltungsanspruch des Rechts ihm und nicht dem Gläubiger das Risiko dafür zuweist (*Häublein* PiG 97 (2014) S. 49). Wegen dieser Risikozuweisung und der mit der Anwendung von § 278 BGB verbundenen Folgeprobleme befürwortet *Häublein* PiG 97 (2014) S. 49/50, den Mieter – ähnlich wie bei der finanziellen Leistungsfähigkeit – im Ansatz verschuldensunabhängig bei Unkenntnis oder Fehleinschätzung der Rechtslage haften zu lassen.

[450] Ähnlich BGH (VIII ZR 102/06) NJW 2007, 428 = WuM 2007, 24 = ZMR 2007, 103; BGH NJW 2006, 3271; BGH NJW 1972, 1045; LG Duisburg NJW-RR 1996, 718; *Grundmann* in MünchKomm (5. Aufl.) § 276 Rdn. 74.

[451] BGH NJW 2005, 976 (wo allerdings eine in besonderem Maße unsichere Rechtslage nicht definiert wird, sondern ohne nähere Herleitung nur auf das Vorhandensein grundlegender, höchstrichterlich nicht geklärter Abgrenzungsprobleme abgestellt wird); kritisch dazu *Häublein* in MünchKomm § 571 Rdn. 5.

[452] BGH (VIII ZR 349/13) NJW 2014, 2717 = WuM 2014, 489 = ZMR 2014, 713 Rdn. 36; BGH (VIII ZR 103/13) NJW 2014, 2720 = WuM 2014, 562 = ZMR 2014, 710 Rdn. 24.

[453] Ähnlich BGH (VIII ZR 102/06) NJW 2007, 428 = WuM 2007, 24 = ZMR 2007, 103; BGH NJW 1996, 1216; BGH (VIII ZR 349/13) NJW 2014, 2717 = WuM 2014, 489 = ZMR 2014, 713 Rdn. 36.

[454] Eingehend *Blank* NZM 2007, 789 m. w. N. **A. A.** offenbar LG Berlin GE 2009, 1126 (Az. 65 S 114/06).

[455] Kritisch zu diesem Begriff *Häublein* PiG 97 (2014) S. 47.

[456] *Häublein* in MünchKomm § 571 Rdn. 5. Im Ansatz ähnlich die beiden Urteile LG Berlin GE 2009, 1126 (Az. 65 S 114/06 und 65 S 54/08), die aber zu weit gehen, wenn sie allgemein feststellen, der Mieter habe „das gute Recht" die Berechtigung einer Mietminderung und das Vorhandensein von Mängeln gerichtlich klären zu lassen bzw. die Höhe einer vom Gericht für angemessen gehaltenen Minderungshöhe sei nicht vorhersehbar.

[457] *Grundmann* in MünchKomm (7. Aufl.) § 276 Rdn. 74/75 m. w. N.; *Häublein* in MünchKomm § 571 Rdn. 5; *Häublein* NJW 2006, 1554/1555 (zu einer Rechtsunsicherheit bei einer verbraucherschutzrechtlichen Problematik).

[458] *Häublein* in MünchKomm § 571 Rdn. 5; *Häublein* PiG 97 (2014) S. 48.

[459] Für eine Gleichbehandlung von Tatsachen- und Rechtsirrtum *Harke* NZM 2016, 452; *Hinz* NJW 2013, 338/339 und wohl auch BGH (VIII ZR 138/11) NJW 2012, 2882 = WuM 2012, 499 (mit kritischer Anm. *Blank*) Rdn. 19.

Grunde gelegte tatsächliche Situation als nicht richtig erweist[460]. Bei gehöriger Anstrengung zur Vermeidung eines Irrtums über die Tatsachen, die die Hinzuziehung von Fachleuten erforderlich machen kann, erscheint eine Unzumutbarkeit der Rückgabe aber nicht ausgeschlossen. Von dem Rechtsirrtum unterscheidet sich der Tatsachenirrtum allerdings dadurch, dass er i. d. R. recht zuverlässig und schnell mit geeigneten Fachleuten aufzuklären ist, wohingegen die abschließende Klärung von Rechtsfragen die Anrufung der Gerichte mit dem erforderlichen Zeitaufwand erforderlich macht. Soweit also die Tatsachen für den Mieter zuverlässig aufklärbar sind, was meist der Fall sein wird, kommt eine Unzumutbarkeit kaum in Betracht[461]. Beraterverschulden wird dem Mieter auch hier zugerechnet. Diese strenge Sicht kann aber – sowohl für den Rechts- wie für den Tatsachenirrtum – nicht aufrecht erhalten bzw. eine Zumutbarkeit für den Vermieter, auf den Rückerhalt der Mietsache zu warten, muss in stärkerem Maß angenommen werden bei solchen Vorenthaltungsschäden, die aus der **Ausübung von Gewährleistungsrechten** durch den Mieter und einer dadurch bedingten verschuldensabhängigen Kündigung durch den Vermieter resultieren. In Bezug auf die Gewährleistungsrechte ist der Mieter nämlich Gläubiger (und gleichzeitig Schuldner der von den Gewährleistungsrechten abhängigen Mietzahlungspflicht); deshalb gilt auch hier der oben geschilderte Plausibilitätsmaßstab[462], bei dessen Einhaltung eine verschuldensabhängige Kündigung wegen Fehleinschätzung des Mangels bzw. der Mangelfolgen (etwa Höhe einer Minderung, nicht aber sonstiger Rechtsfragen) ausgeschlossen ist und Vorenthaltungsschäden mangels Beendigung des Mietvertrages nicht entstehen können[463]. Allein die Anwendung des Plausibilitätsmaßstabes bei verschuldensabhängigen Kündigungstatbeständen verhindert Wertungswidersprüche zur Haftung bei Ausübung von Gewährleistungsrechten im Kaufrecht und macht – verfassungsrechtlich geboten[464] – die Gewährleistungsrechte für den Mieter effektiv, weil er nur dann ohne Furcht vor Kündigung von ihnen Gebrauch machen kann[465]. Ein Streit über den Umfang der Zahlungspflicht des Mieters kann im Wege der Leistungsklage ausgetragen werden; das Kündigungsrecht ist – anders als bei einem auf fehlender finanzieller Leistungsfähigkeit beruhenden Zahlungsausfall[466] – kein legitimes Druck- und Reaktionsmittelmittel, um den Mieter zum Verzicht auf die Geltendmachung solcher Rechte zu bewegen, die er für plausibel halten darf[467].

Auch an die **Vermeidbarkeit** sind im Rahmen der Verschuldensprüfung strenge Anforderun- **94**
gen zu stellen, sie erfordert ein tatsächliches Können und ein rechtliches Müssen[468]. Das Können ist i. d. R. recht problemlos feststellbar; hierbei ist aber in Bezug auf die Rückgabepflichten nicht nur zu prüfen, ob der Mieter in Person nicht leisten kann, sondern auch daraufhin, ob er die Leistung nicht durch Dritte erbringen bzw. sie nicht organisieren kann. Ein Beinbruch etwa hindert einen Mieter nicht, einen Umzugsunternehmer zu bestellen, wohl aber ein Koma. Bei der Prüfung des rechtlichen Müssens spielen Zumutbarkeitsgesichtspunkte eine Rolle, die teilweise durch Rechtsnormen konkretisiert werden[469]. Eine solche Konkretisierung kann für **Wohnraummietverhältnisse** §§ 574ff. BGB sowie § 721 BGB entnommen werden; Einzelheiten dazu bei der Kommentierung zu § 571 BGB, wo die Schadensersatzpflicht des Wohnraummieters begrenzt wird.

---

[460] BGH WM 1969, 838 (am Ende); BGH (VIII ZR 138/11) NJW 2012, 2882 = WuM 2012, 499 (mit kritischer Anm. *Blank*) Rdn. 19.

[461] *Hinz* NJW 2013, 338. Möglicherweise noch enger als hier BGH (VIII ZR 138/11) NJW 2012, 2882 = WuM 2012, 499 (mit kritischer Anm. *Blank*). Beide lehnen aber den nachfolgend vertretenen Plausibilitätsmaßstab bei der Ausübung von Gewährleistungsrechten ab.

[462] **A. A.,** aber ohne Aufarbeitung des nachfolgend geschilderten Wertungswiderspruchs BGH (VIII ZR 138/11) NJW 2012, 2882 = WuM 2012, 499. Wie hier *Blank* WuM 2012, 501 und eingehend *Streyl* WuM 2013, 455.

[463] Wohl können Verzugsschäden wegen der verzögerten Zahlung der Miete entstehen, die an dem Haftungsprivileg des Plausibilitätsmaßstabes nicht teilnehmen (s. *Streyl* WuM 2013, 456; *Blank* WuM 2012, 501).

[464] BVerfG (1 BvR 1428/88) NJW 1989, 1917; *Streyl* WuM 2013, 457; *Blank* WuM 2012, 501. **A. A.** *Harke* NZM 2016, 452, der sich auf die gleichrangigen Verfassungsrechte des Vermieters beruft, dabei aber übersieht, dass es beim Mieter um den Verlust der Wohnung geht, beim Vermieter aber nur um eine Anpassung der Kündigungsvoraussetzungen (bei voller Aufrechterhaltung der Zahlungsansprüche); das hat bei der Abwägung der beteiligten Grundrechte eine Rolle zu spielen.

[465] S. eingehend *Streyl* WuM 2013, 455; *Blank* WuM 2012, 501. **A. A.** *Häublein* PiG 97 (2014) S. 46ff., der bei (trotz sorgfältiger Prüfung) unklarer Rechtslage die Hinterlegung für zumutbar hält, den Aspekt der faktischen Wertlosigkeit der Gewährleistungsrechte aber nicht erörtert.

[466] S. dazu BGH (VIII ZR 175/14) NZM 2015, 196 = WuM 2015, 152.

[467] *Blank* WuM 2015, 5; *Schmidt* NZM 2013, 717.

[468] *Grundmann* in MünchKomm (7. Aufl.) § 276 Rdn. 77/78.

[469] S. näher bei *Grundmann* in MünchKomm (7. Aufl.) § 276 Rdn. 74 und 78.

95 **Mehrere Mieter** haften für die Rückgabe der Mietsache als Gesamtschuldner gem. § 431 BGB, da die Rückgabeleistung nicht teilbar ist[470]. Das bedeutet, dass der Vermieter alle Mieter gemeinsam auf Rückgabe in Anspruch nehmen kann oder auch jeden Mieter einzeln bzw. nur einige von ihnen. Die Rückgabeverpflichtung ist aber trotz der Unteilbarkeit grundsätzlich keine gemeinschaftliche Schuld[471], so dass § 425 BGB anwendbar ist, jeder Mieter also nur für sein eigenes Verschulden haftet. Anders kann das sein, wenn nur einer der Mitmieter die Rückgabe vertragsgemäß bewirken kann, weil beispielsweise nur er einen Führerschein hat; dann wird die schuldhafte Verletzung der Rückgabepflicht durch diesen Mitmieter dem anderen Mieter trotz § 425 BGB zugerechnet[472]. Auf eine Zurechnung des Verschuldens anderer Mitmieter kommt es i. d. R. aber nicht an, da jeder Mieter nicht nur die Aufgabe des eigenen Besitzes schuldet, sondern auch die Besitzaufgabe durch seine Mitmieter und die Besitzverschaffung an den Vermieter zu bewirken und mit den möglichen rechtlichen und tatsächlichen Mitteln darauf hinzuwirken hat[473]. Das gilt auch dann, wenn er selbst nie Besitz hatte[474] und der Vermieter hiervon wusste oder er den Besitz bereits aufgegeben hat[475] – sei es nach Vertragsende oder auch davor. Zur Haftung von Mieter und Drittem bei einem (echten) (Miet-)**Vertrag zu Gunsten Dritter** gem. § 328 BGB s. Rdn. 29.

3. Anspruchsinhalt, insbesondere Mietausfallschaden

96 Es gibt **zwei Schadensgruppen,** die typischerweise bei Verletzung von Rückgabepflichten auftreten, nämlich einmal die Vorenthaltungsschäden (insbesondere Mietausfall, dazu näher unten) und zum anderen die Schäden wegen eigentlich vom Mieter zu erbringender Leistungen wie etwa Räumung, Rückbau, Schönheitsreparaturen sowie wegen Beschädigung der Mietsache. Beide Schadensgruppen können nebeneinander auftreten; wenn der Mieter beispielsweise nicht räumt, kann der Vermieter den Ersatz der Räumungskosten und zusätzlich den durch die Unterlassung der Räumung entstandenen Mietausfallschaden ersetzt verlangen. Gemäß den obigen Ausführungen sind mögliche Anspruchsgrundlagen für Mietausfallschäden §§ 280 Abs. 1 bzw. 286 BGB, für Schadensersatz wegen Beschädigung § 280 Abs. 1 BGB und für Schadensersatz statt der Leistung von Räumung, Rückbau und Schönheitsreparaturen § 281 BGB. Andere Schäden als die aus den beiden typischen Schadensgruppen sind nicht ausgeschlossen, die Vielfalt des Möglichen kann hier nicht abschließend erfasst werden. Zum Zwangskauf durch den Mieter s. Rdn. 86, zur Ersatzpflicht der Kosten für nicht durchgeführte Schönheitsreparaturen s. bei der Kommentierung zu § 538 BGB.

97 Der Schaden des Vermieters wegen **Vorenthaltung** der Mietsache realisiert sich hauptsächlich in seinem Mietausfall[476]. Aber auch **andere Schäden** sind möglich. In Betracht kommt das beispielsweise in folgenden Fällen: Wenn der Vermieter die Möglichkeit eines gewinnbringenden Verkaufs des Mietgrundstücks auf Grund der Vorenthaltung verliert[477]. – Wenn der Vermieter das Mietobjekt durch Zwangsversteigerung verliert, weil er wegen des Ausbleibens der höheren Mieteinnahmen aus einer Weitervermietung den Realkredit nicht mehr bedienen kann[478]. – Wenn der Mietinteressent zu Pflegeleistungen dem Vermieter gegenüber oder zu einer Renovierung des Mietobjekts bereit gewesen wäre. – Wenn der Vermieter seinerseits einem Mietinteressenten wegen der verzögerten oder unterbliebenen Gebrauchsüberlassung Schadensersatz leisten muss.

98 **Veränderungen oder Verschlechterungen** der Mietsache während der Zeit der Vorenthaltung, die über eine vertragsgemäße Abnutzung gem. § 538 BGB nicht hinausgehen, hat der Mieter

[470] BGH NJW 1996, 515 = WuM 1996, 83 = ZMR 1996, 182; BGH NJW 1976, 287. S. zur Unteilbarkeit auch *Palandt/Ellenberger* § 266 Rdn. 3.

[471] BGH NJW 1976, 287; OLG Düsseldorf NJW-RR 1987, 911 = ZMR 1987, 377. S. allgemein zur gemeinschaftlichen Schuld, die sich dadurch auszeichnet, dass sie in gemeinschaftlichem Zusammenwirken zu erbringen ist (etwa ein Orchesterkonzert), *Bydlinski* in MünchKomm (5. Aufl.) vor § 420 Rdn. 7.

[472] BGH NJW 1976, 287.

[473] BGH NJW 1996, 515 = WuM 1996, 83 = ZMR 1996, 182; KG NJW 2006, 2561 = ZMR 2006, 526; OLG Düsseldorf NJW-RR 1987, 1370; OLG Düsseldorf NJW-RR 1987, 911 = ZMR 1987, 377 (das allerdings fälschlicherweise mit § 425 BGB argumentiert).

[474] KG NJW 2006, 2561 = ZMR 2006, 526.

[475] BGH NJW 1996, 515 = WuM 1996, 83 = ZMR 1996, 182.

[476] Mietausfall kann nicht nur durch Vorenthaltung der Mietsache entstehen, sondern auch als Kündigungsfolgeschaden; s. dazu § 542 Rdn. 106. Zum Mietausfallschaden bei einem vom Mieter verursachten und durch den Gebäudeversicherer versicherten Wohnungsbrand s. BGH (VIII ZR 48/13) VersR 2014, 999.

[477] *Rolfs* in Staudinger § 546a Rdn. 62.

[478] BGH ZMR 2008, 867.

nicht zu ersetzen[479], da der Vermieter mit der Nutzungsentschädigung bzw. der entgangenen Miete so gestellt wird wie er bei einer Weitervermietung gestanden hätte; dann wäre die Abnutzung ebenfalls eingetreten. Anders kann es allenfalls dann sein, wenn der Vermieter die Pflicht zur Durchführung von Schönheitsreparaturen wirksam auf einen Nachmieter abgewälzt hätte oder wenn sich feststellen lässt, dass ein konkreter Nachmieter eine geringere Abnutzung verursacht hätte als der vorenthaltende Mieter. Es dürfte aber in der Praxis kaum feststellbar sein, welche Abnutzung auf die vertragliche Mietzeit bzw. auf die Zeit der Vorenthaltung entfällt.

Bei dem eigentlichen **Mietausfallschaden** handelt es sich um eine Form des entgangenen Gewinns gem. § 252 BGB[480]. Die zu dieser Vorschrift entwickelten Grundsätze sind anwendbar. Das bedeutet, dass dem Vermieter auch die Beweiserleichterungen der Vorschrift zu Gute kommen, die besagen, dass er nur die Umstände darlegen und in den Grenzen des § 287 ZPO beweisen muss, aus denen sich nach dem gewöhnlichen Verlauf der Dinge oder den besonderen Umständen des Falles die Wahrscheinlichkeit (nicht die volle Gewissheit[481]) des Gewinneintrittes ergibt[482]; liegt eine solche Wahrscheinlichkeit vor, wird – durch Gegenbeweis widerleglich, an den aber keine zu strengen Anforderungen gestellt werden dürfen – vermutet, dass der Gewinn gemacht worden wäre[483]. Statt dieses nach dem gewöhnlichen Verlauf eintretenden Gewinns kann der Vermieter auch einen ungewöhnlichen entgangenen Gewinn geltend machen, wenn er ihn konkret darlegen und beweisen kann, d. h., wenn ihm wegen Nichtdurchführbarkeit eines bestimmten Geschäfts ein Gewinn entgangen ist[484]. Diese Grundsätze haben zur Folge, dass der Vermieter nicht zwangsläufig nachweisen muss, einen bestimmten (Nach-)Mieter ab dem Beginn des Mietausfallzeitraums gehabt zu haben. Es kann vielmehr auch ausreichen, wenn der Vermieter darlegt oder es offensichtlich bzw. gerichtsbekannt ist, dass angesichts des Mietobjektes und der Marktlage üblicherweise ein Mieter innerhalb bestimmter Frist gefunden worden wäre[485]. **Im Einzelnen** ist wie folgt zu differenzieren: Verlangt der Vermieter Schadensersatz für die Zeit direkt nach regulärem, *voraussehbaren Ende eines Vertrages* (beendet etwa durch ordentliche Kündigung oder Zeitablauf), so muss er konkrete Mietinteressenten und den bei ihnen erzielbaren Mietzins benennen[486], weil – ausgenommen bei Wohnungsknappheit[487] – nach dem gewöhnlichen Verlauf eine sofortige Anschlussvermietung ohne vorherige Vermietungsbemühungen unwahrscheinlich ist[488]. Das gilt auch dann, wenn sich die Wohnung wegen einer Pflichtverletzung des Mieters in einem unvermeidbaren bzw. reparaturbedürftigen Zustand befindet[489], da dieser Zustand nichts daran ändert, dass der Vermieter nach dem gewöhnlichen Verlauf eine sofortige Vermietung nicht hätte erreichen können. Kann er konkrete Mietinteressenten, die bei vertragsgemäßer Rückgabe des Mietobjekts zur sofortigen oder baldigen Weitermiete bereit gestanden hätten, nicht benennen, ist für einen Mietausfall darauf abzustellen ist, wann der Vermieter bei damaliger Marktlage – einen vertragsgemäßen Rückgabezeitpunkt unterstellt – wahrscheinlich einen neuen Mieter gefunden hätte[490]. Hätte er vor der tatsächlichen Rückgabe nach dem gewöhnlichen Verlauf niemanden gefunden oder ist das Mietobjekt ohne Verschulden des Mieters gar unvermietbar, so schuldet der Mieter keinen Mietausfallschaden. Stand allerdings dennoch ein konkreter Nachmieter zur Verfügung, der das Mietobjekt überhaupt oder früher als nach dem gewöhnlichen Lauf zu erwarten übernommen hätte, ist auf diesen Zeitpunkt abzustellen. *Endet der Vertrag unvorhergesehen* (meist durch fristlose Kündigung des Vermieters) und gibt der Mieter die Mietsache nicht sofort zurück, dann kann der Vermieter sich nicht schon vor dem Vertragsende auf eine Nachvermietung vorbereiten und einen Nachmieter suchen. Mietausfall *wegen verzögerter Rückgabe* steht ihm deshalb erst ab dem Zeitpunkt zu, ab dem er nach dem ge- 99

479 **A. A.** *Rolfs* in Staudinger § 546a Rdn. 63.
480 BGH ZMR 2008, 867; BGH WuM 2010, 632 = NZM 2010, 815 = ZMR 2011, 22; BGH (IX ZR 149/15) Rdn. 19; KG ZMR 1970, 205/206; LG Berlin WuM 2016, 279; AG Kerpen WuM 2000, 19.
481 BGH GE 2010, 1741 = GuT 2010, 343.
482 So auch LG Berlin WuM 2016, 279. Ähnlich BGH WuM 2010, 632 = NZM 2010, 815 = ZMR 2011, 22; LG Berlin GE 2001, 210; LG Berlin GE 2001, 926.
483 BGH GE 2010, 1741 = GuT 2010, 343.
484 BGH GE 2010, 1741 = GuT 2010, 343.
485 BGH WuM 2010, 632 = NZM 2010, 815 = ZMR 2011, 22 Rdn. 6; LG Berlin GE 2001, 926.
486 BGH NZM 2000, 183; OLG Düsseldorf DWW 2006, 259 = GuT 2006, 86; AG Kerpen WuM 2000, 19.
487 AG Kerpen WuM 2000, 19; LG Siegen WuM 2000, 18.
488 So auch LG Berlin WuM 2016, 279.
489 So auch LG Berlin WuM 2016, 279. **A. A.** AG Wetzlar ZMR 2012, 455.
490 BGH (IX ZR 149/15) WuM 2016, 752 Rdn. 19.

wöhnlichen Verlauf einen Nachmieter gefunden hätte[491]; es kommt aber ein Kündigungsfolgeschaden in Betracht, wenn der Mieter die Kündigung schuldhaft verursacht hat (s. dazu näher bei § 542 Rdn. 102). Einer Klage auf Mietausfall kann das **Rechtsschutzbedürfnis** fehlen, wenn die Zeit für Verwahren und Wegschaffen des Räumungsgutes bei einer Vollstreckung gem. § 885 a ZPO betroffen ist, da es sich dann um Kosten der Zwangsvollstreckung gem. § 788 ZPO handelt[492].

100 Im Rahmen des Zumutbaren kann und muss sich der Vermieter um Schadensminderung (§ 254 BGB) bemühen. Im Gegensatz zum Anspruch auf Nutzungsentschädigung gem. § 546 a Abs. 1 BGB ist bei den Schadensersatzansprüchen nämlich ein **Mitverschulden** des Vermieters gem. § 254 BGB zu berücksichtigen[493]. So muss er ggf. selbst für einen vermietungsfähigen Zustand sorgen, wenn er zwar den Besitz an dem Mietobjekt zurückerhalten hat, der Mieter aber seine sonstigen Rückgabepflichten in Bezug auf den Zustand des Mietobjektes (etwa Räumung, Rückbau, Schönheitsreparaturen) nicht erfüllt hat und es deshalb unvermietbar war[494]. Dem Vermieter ist aber – bevor ein Mitverschulden angenommen werden kann – eine ausreichende Zeit für eine Zustandsfeststellung (auch mittels selbständigen Beweisverfahrens[495]), für Gespräche mit dem Mieter zur Erzielung einer gütlichen Einigung, für eine Fristsetzung gem. § 281 BGB und für die Selbstvornahme der notwendigen Arbeiten zuzugestehen[496]. Ist ein Rückgabezeitpunkt oder die Herstellung eines vermietungsfähigen Zustands absehbar, dann muss der Vermieter einen Nachmieter suchen. Geschieht dies zu spät oder sind die Bemühungen um einen Nachmieter unzureichend, dann begründet das nur dann eine Anspruchskürzung im Wege des Mitverschuldens, wenn der Vermieter bei gehöriger Anstrengung einen Nachmieter hätte finden können; das hat der Mieter zu beweisen, der Vermieter muss seine Anstrengungen allerdings wegen seiner sekundären Darlegungslast mitteilen[497]. Als Mitverschulden kommt weiterhin in Betracht, wenn der Vermieter schon für einen Zeitpunkt nachvermietet, zu dem der Mieter erkennbar nicht räumen wird[498]. Auf der anderen Seite ist es dem Vermieter nicht zuzumuten, bereits dann nachzuvermieten, wenn der Räumungszeitpunkt durch den säumigen Mieter noch unklar ist[499]. Das Mitverschulden schließt einen Schadensersatzanspruch vollständig aus, wenn der Vermieter sich zu Unrecht weigert, die Mietsache zurückzunehmen (etwa, weil er irrig vom Fortbestand des Vertrages ausgeht), und es deshalb nicht zu einer Weitervermietung kommt[500]. Der Mietausfallschaden kann bei Wohnraummietverhältnissen gem. § 571 BGB beschränkt sein (s. näher dort).

101 Die **Höhe des Mietausfallschadens** richtet sich nach der Miete, die der Vermieter bei rechtzeitiger bzw. ordnungsgemäßer Rückgabe hätte erzielen können. Das entspricht meist der Nutzungsentschädigung gem. § 546 a Abs. 1 BGB. Relevant wird der Mietausfallschaden deshalb meist nur dann, wenn der Vermieter eine höhere als die vereinbarte bzw. die ortsübliche Miete hätte vereinbaren können, was in jedem Fall den Nachweis eines konkreten Mietinteressenten erfordert, da nach dem gewöhnlichen Verlauf i. S. v. § 252 BGB nur die ortsübliche Miete zu erzielen ist. Findet der Vermieter einen Nachmieter, aber nur für einen geringeren als mit dem Mieter vereinbarten Mietzins, dann hat der Mieter die Differenz zu erstatten. Findet der Vermieter einen Nachmieter, der einen höheren Mietzins zahlt, muss er diesen Vorteil nicht auf einen bis dahin angefallenen Mietausfallschaden anrechnen (kein Vorteilsausgleich)[501]. Zeitlich ist der Mietausfallschaden begrenzt auf den Zeitpunkt, bis zu dem ein (Zeit-)Mietvertrag noch gedauert hätte bzw. zu dem der Mieter hätte kündigen können. Der **Mietausfallschaden** erlangt weiterhin dann **selbständige Bedeutung,** wenn ein Anspruch auf Nutzungsentschädigung durch Rückgabe endet, ohne dass ein Nachmieter bereit steht, oder wenn ein Nutzungsentschädigungsanspruch nie bestanden hat,

---

491 BGH (IX ZR 149/15) WuM 2016, 752 Rdn. 19.
492 S. näher bei § 885 a Rdn. 62.
493 OLG München ZMR 1989, 224.
494 AG Dülmen WuM 2013, 35.
495 OLG Düsseldorf ZMR 2007, 780, das zutreffend darauf hinweist, dass der Vermieter mit der Nachmietersuche schon nach Durchführung des Ortstermins durch den Sachverständigen beginnen muss und nicht erst den Eingang des Gutachtens abwarten darf, wenn er die Reparaturkosten fiktiv abrechnen und tatsächlich nicht reparieren will.
496 Im Ergebnis ähnlich KG GE 2009, 448 (unvollständig in WuM 2008, 724).
497 S. anschaulich und m. w. N. OLG Düsseldorf ZMR 2013, 704; BGH (XII ZR 162/01) NZM 2005, 340 = ZMR 2005, 433; OLG Koblenz ZMR 2009, 282.
498 OLG München ZMR 1989, 224.
499 OLG Düsseldorf GE 2012, 1229.
500 AG Berlin-Schöneberg GE 2012, 756.
501 OLG Düsseldorf NZM 1998, 916.

weil nur ein Fall der Schlechterfüllung der Rückgabepflichten vorliegt (s. dazu bei Rdn. 39) oder weil es an dem für die Nutzungsentschädigung notwendigen Rücknahmewillen des Vermieters fehlt. Ein fehlender Rücknahmewillen schließt allerdings ebenfalls einen Mietausfallschaden aus, wenn der Vermieter die Mietsache nicht mehr oder vorläufig nicht mehr vermieten will[502] oder wenn er den Rückgabeanspruch unter (ggf. konkludentem) Verzicht auf den Mietausfall gestundet hat[503], wohingegen ein Nutzungsentschädigungsanspruch beispielsweise schon dann scheitert, wenn der Vermieter dem Mieter die Mietsache zur Erfüllung von Rückgabepflichten überlässt oder deren Rücknahme wegen Schlechterfüllung solcher Pflichten verweigert (Einzelheiten bei Rdn. 45 ff.). Zum Schaden gehört auch die Erstattung der **Nebenkosten,** die der Vermieter bei einer Weitervermietung hätte umlegen können. Hierauf kann er einen Vorschuss verlangen, wenn er einen solchen mit einem Nachmieter vereinbart hätte, da er so zu stellen ist, wie er bei einer Weitervermietung gestanden hätte. Die Zahlung der auf die entgangene Miete entfallenden **Umsatzsteuer** kann der Vermieter selbst dann nicht beanspruchen, wenn er gem. §§ 4 Nr. 12, 9 UStG für die Umsatzsteuer optiert hat, da der Mietausfallschaden kein Entgelt für eine Lieferung oder sonstige Leistung ist[504]. Bei Nutzungsentschädigung sowie Ansprüchen aus Eigentümer-Besitzer-Verhältnis und Bereicherung ist das anders; s. dazu bei Rdn. 104. Der Mietausfallschaden wird sukzessive fällig zu den Zeitpunkten, zu denen die jeweiligen Mietzahlungen fällig würden[505].

4. Fälligkeit

Der Schadensersatzanspruch wird grundsätzlich sofort fällig, der Anspruch des Vermieters auf Ersatz von Mietausfall allerdings nur sukzessiv zu den Zeitpunkten, zu denen die jeweiligen Mietzinsraten fällig werden würden, auch wenn der Schadensersatzanspruch selbst früher entstanden sein kann (etwa im Zeitpunkt der Kündigung)[506]. Würde der Schadensersatzanspruch auch hinsichtlich des künftigen Mietausfalls bereits zum Zeitpunkt der Vertragsverletzung fällig, würde ein schadensersatzberechtigter Vermieter besser stehen als derjenige, dem ein vertraglicher Erfüllungsanspruch zusteht. 102

VII. Bereicherung, Eigentümer-Besitzer-Verhältnis

Die Regelung in § 546a Abs. 2 BGB, die Geltendmachung eines weiteren Schadens sei nicht ausgeschlossen, bedeutet nicht, dass neben der Nutzungsentschädigung nur Schadensersatzansprüche möglich, anderweitige Ansprüche aber gesperrt sind. **§ 546a BGB** enthält nämlich **keine abschließende Sonderregelung;** es besteht vielmehr **Anspruchskonkurrenz**[507]. Das ergibt sich aus dem Zweck der Vorschrift, die den Vermieter besser stellen soll, indem sie ihm ohne Nachweis eines konkreten Schadens eine Mindestentschädigung in Form der Nutzungsentschädigung gewährt, ihm seine sonstigen Rechte aber nicht abschneiden will; angesichts dessen hat § 546a Abs. 2 BGB nur klarstellenden Charakter[508]. Insbesondere kommen neben oder statt Nutzungsentschädigung und Schadensersatz Ansprüche aus ungerechtfertigter Bereicherung gem. §§ 812 ff. BGB oder einem Eigentümer-Besitzer-Verhältnis gem. §§ 987 ff. BGB ab Rechtshängigkeit bzw. Bösgläubigkeit des Besitzers in Betracht[509]. Bei Wohnraummietverhältnissen ist § 571 BGB zu beachten[510]. Das Verhältnis von Bereicherungsansprüchen zu Vindikationsansprüchen aus einem Eigentümer-Besit- 103

---

502 LG Siegen WuM 2000, 18; LG Hamburg WuM 1984, 74.

503 S. dazu bei § 546 Rdn. 79.

504 BGH ZMR 2008, 867; BGH NZM 1998, 192 = ZMR 1998, 137 = WuM 1999, 161; OLG Frankfurt ZMR 2013, 29; OLG Naumburg NJW 2012, 3587 = ZMR 2013, 36. **A. A.** *Weitemeyer* NZM 2006, 890 (unter Berufung auf die Rechtsprechung des EuGH); OLG Frankfurt DWW 1992, 336, OLG Hamm ZMR 1980, 375; *Rolfs* in Staudinger § 546a Rdn. 63.

505 BGH WuM 1979, 236 = ZMR 1979, 351.

506 BGH WuM 1979, 236 = ZMR 1979, 351; *Kluth/Böckmann/Freigang* NZM 2004, 446 (in ausführlicher Auseinandersetzung mit der andersartigen Rechtslage bei Leasingverträgen).

507 BGH NZM 2009, 701 = ZMR 2010, 21; *Riehm* JuS 2014, 940.

508 BGH NJW 1966, 248 mit Darlegung der gesetzgeberischen Motive.

509 BGH NZM 2009, 701 = ZMR 2010, 21; BGH NJW 1999, 2808 = WuM 1999, 689 = ZMR 1999, 749 m. w. N.; BGH NJW 1977, 1335; BGH NJW 1966, 248; OLG Düsseldorf ZMR 2007, 33 (24. Zivilsenat); *Emmerich* NZM 1999, 930. **A. A.** OLG Köln WuM 1999, 288 = NZM 1999, 710; OLG Düsseldorf WuM 1994, 280 = ZMR 1994, 215 = NJW-RR 1994, 596 (10. Zivilsenat); LG Mannheim NJW 1970, 1881.

510 S. bei § 571 Rdn. 5.

zer-Verhältnis kann hier nicht grundsätzlich aufbereitet werden[511]. Für die vorliegenden Zwecke reicht es aus festzustellen, dass nach der Rechtsprechung des BGH[512] bei Weiternutzung der Mietsache nach Beendigung des Mietvertrages Nutzungsersatzansprüche aus Leistungskondiktion (späterer Wegfall des Rechtsgrundes) trotz der Ausschlussregelung des § 993 Abs. 1 BGB gegeben sein können. Die Ansprüche aus §§ 987ff. BGB und insbesondere aus §§ 812ff. BGB haben jedoch seit der Erweiterung des Nutzungsentschädigungsanspruchs gem. § 546a Abs. 1 BGB auf die ortsübliche Miete durch das 3. Mietrechtsänderungsgesetz aus dem Jahre 1967 weitgehend an praktischer Bedeutung verloren, da sich damit alle Anspruchsgrundlagen bei der Höhe der zu ersetzenden Nutzungen weitgehend an der ortsüblichen Miete orientieren[513]. **Bedeutung** erlangen sie ggf. dann, wenn Ansprüche aus § 546a BGB (Nutzungsentschädigung oder Schadensersatz) nicht bestehen, etwa weil ein Anspruch auf Nutzungsentschädigung am Rücknahmewillen des Vermieters scheitert[514] oder weil der Vermieter keinen (Mietausfall-)Schaden erlitten hat[515]. Dazu gehören weiter die Fälle, in denen es keinen oder keinen wirksamen Vertrag gibt[516] oder in denen der Mieter mehr als die vereinbarte Fläche nutzt. Letzteres kommt nicht selten bei Mietern vor, die ihren PKW ständig auf einem nicht mitgemieteten Stellplatz parken[517]. Bereicherungsansprüche haben eigene Relevanz, wenn Ansprüche aus §§ 987ff. BGB ausscheiden, weil der Vermieter nicht Eigentümer der Mietsache ist[518]. Ist der Vermieter Eigentümer, haftet der Mieter nach Beendigung des Mietvertrages gem. § 990 BGB, sobald er positive Kenntnis vom Vertragsende hat[519]; der Ausspruch einer Kündigung reicht für eine Kenntnis aber nicht immer aus, der Mieter muss vielmehr die Wirksamkeit der Kündigung kennen[520]. Nach Rechtshängigkeit des Rückgabeanspruchs kommt als Anspruchsgrundlage auch § 292 Abs. 2 BGB in Betracht, der allerdings wiederum auf § 987 BGB verweist[521]. Besondere Bedeutung können Vindikationsansprüche bei einer Gebrauchsüberlassung an Dritte, insbesondere an **Untermieter,** erlangen; s. zu möglichen Ansprüchen des Vermieters gegen den Mieter nachfolgend Rdn. 105 und zu den Ansprüchen des Vermieters gegen den Untermieter bzw. gegen den Dritten gem. § 546 Abs. 2 BGB bei § 546 Rdn. 108. Der Nutzungsentschädigungsanspruch gem. § 546a Abs. 1 BGB und die Ansprüche aus §§ 812ff. bzw. 987ff. BGB sind auf den gleichen wirtschaftlichen Erfolg gerichtet und müssen vom Mieter nur einmal erfüllt werden[522]. Die auf eine der Anspruchsgrundlagen beschränkte **Abtretung** ist allenfalls mit Zustimmung des Mieters möglich, da durch eine solche beschränkte Abtretung, die nur selten dem Willen der Vertragspartner entsprechen wird, eine Gesamtgläubigerschaft entstehen würde, die zur Folge hätte, dass der Schuldner Gefahr liefe, wegen desselben Sachverhalts von verschiedenen Gläubigern verklagt zu werden[523]. Deshalb umfasst die Abtretung der Nutzungsentschädigung, wenn nicht ausdrückliche gegenteilige Anhaltspunkte vorliegen, auch die Ansprüche aus §§ 812ff. bzw. 987ff. BGB[524]. Die **Fälligkeit** der Bereicherungs- und Vindikationsansprüche richtet sich – wie bei dem Anspruch auf Nutzungsentschädigung gem. § 546a Abs. 1 BGB – nach der Fälligkeit der vereinbarten Miete[525].

---

[511] S. dazu etwa *Gursky* in Staudinger (2012) vor §§ 987–993 Rdn. 21, 39 und 49.

[512] BGH NJW 1968, 197. In späteren, im Folgenden erwähnten Entscheidungen wird diese Problematik nicht mehr ausdrücklich behandelt, sondern stillschweigend und als selbstverständlich zu Grunde gelegt, dass bereicherungsrechtliche Ansprüche neben solchen aus §§ 987ff. BGB möglich sind.

[513] *Emmerich* NZM 1999, 930 sieht eine praktische Relevanz der Ansprüche aus §§ 812ff. bzw. 987ff. BGB für den Fall, dass dem Mieter eine besonders günstige Untervermietung gelingt. Das dürfte nicht zutreffend sein, da bereicherungsrechtlich solche Nutzungen nicht zu erstatten sind, die auf besonderen Fähigkeiten und Leistungen des Schuldners beruhen (s. Rdn. 104).

[514] BGH ZMR 1973, 238 = MDR 1973, 492 für einen Bereicherungsanspruch.

[515] BGH NZM 2000, 183.

[516] S. BGH (XII ZR 115/11) NJW 2013, 1881 = ZMR 2013, 766 zu den Ansprüchen eines Zwangsverwalters bei Gebrauchsüberlassung an eine GbR (ohne Eigentumsübertragung) als Beitragsleistung der Gesellschafter.

[517] OLG Düsseldorf MDR 2009, 1157 = GE 2009, 1187; AG Kamenz ZMR 2000, 307.

[518] BGH NZM 2000, 183.

[519] BGH (XII ZR 115/11) NJW 2013, 1881 = ZMR 2013, 766 Rdn. 12.

[520] Die Einzelheiten sind streitig; s. *Gursky* in Staudinger (2012) § 990 Rdn. 31.

[521] BGH NZM 2009, 701 = ZMR 2010, 21.

[522] BGH NJW 1999, 715; BGH (V ZR 218/13) NZM 2014, 582 = WuM 2014, 347.

[523] BGH NJW 1999, 715.

[524] BGH NJW 1999, 715.

[525] Allg. M., s. nur BGH NJW 1974, 556; *Wolf/Eckert/Ball* Rdn. 1149.

Für die **Höhe der Ansprüche aus §§ 812ff. bzw. 987ff. BGB** kommt es allein darauf an, welche Nutzungen dem Mieter durch den Besitz der Mietsache nach Vertragsende zugeflossen sind. Es ist zu unterscheiden zwischen dem Eigengebrauch und der Weiterüberlassung an Dritte (Fruchtziehung in Form von Mietzins)[526]. Der Nutzungswert bemisst sich bei einem **Eigengebrauch durch den Mieter** (oder auch einem **Dritten gem. § 546 Abs. 2 BGB**[527]) bei den Vindikations- wie den Bereicherungsansprüchen[528] nach dem objektiven Mietwert der Sache[529], aber eben ermittelt an Hand der mit dem Mieter in dem beendeten Vertrag vereinbarten Nutzungsart[530] und nicht nach der gewinnträchtigsten Nutzungsart (etwa Weitervermietung an Firmen einer anderen Branche oder getrennte Vermietung einzelner Grundstücksteile), die allerdings für einen Schadensersatzanspruch maßgeblich sein kann, wenn der Vermieter sie tatsächlich hätte realisieren können[531]. Unberücksichtigt bleibt ein Mietzinsanteil, der nicht aus der herauszugebenden Sache erzielt wird, sondern ausschließlich auf einer besonderen Leistung oder Fähigkeit des Mieters beruht (etwa auf einem vom Mieter eingerichteten Gewerbebetrieb oder auf werterhöhenden Mieterinvestitionen)[532]. Wenn die ortsübliche Miete auch verbrauchsunabhängige Nebenkosten enthält, dann sind diese bei der Bestimmung des Wertersatzes einzubeziehen; verbrauchsabhängige Nebenkosten sind nachzuweisen[533]. Der Wertersatz ist – wie die Nutzungsentschädigung[534], aber anders als ein Mietausfallschaden[535] – ein **umsatzsteuer**pflichtiges Geschäft[536], dies aber nur, wenn die Umsatzsteuerpflicht für den Mietzins bei Bestehen eines Mietvertrages (üblicherweise) vereinbart und die Umsatzsteueroption gem. §§ 4 Nr. 12, 9 UStG ausgeübt worden wäre[537]. Der objektive Mietwert ist in den Fällen des Eigengebrauchs von Räumen grundsätzlich unabhängig davon zu erstatten, ob der Mieter, der die Mietsache nicht zurückgibt, **tatsächlich genutzt** hat, ob er also etwa dort gewohnt oder das (vereinbarte oder ein anderes) Gewerbe ausgeübt hat[538]. Sowohl § 818 Abs. 1 BGB als auch § 987 Abs. 1 BGB verwenden nämlich übereinstimmend den Begriff der Nutzung, der wiederum in § 100 BGB gesetzlich allgemein für diese (und andere) Vorschriften definiert ist[539]. Danach sind Nutzungen die Vorteile, die der Gebrauch einer Sache gewährt. Bei der Überlassung von Räumen – um die es in den hier interessierenden Fällen regelmäßig geht – liegt der Vorteil für den Besitzer darin, dass er den Besitz und die Möglichkeit der Nutzung erwirbt; entscheidend ist die objektive *Möglichkeit* der Nutzung, nicht die tatsächliche Nutzung[540]. Diese Sicht entspricht der Situation während der Vertragslaufzeit: Die Miete ist das Entgelt für die Nutzungsmöglichkeit. Der BGH[541] hat allerdings vereinzelt entschieden, der Besit- 104

---

[526] S. etwa BGH NZM 2009, 701 = ZMR 2010, 21 und BGH NJW 2002, 60 für §§ 987, 988 BGB.

[527] Zum Anspruchsgrund von direkten Ansprüchen des Vermieters/Eigentümers gegen den Dritten s. bei § 546 Rdn. 108.

[528] Schadensersatzansprüche können weitergehend sein; s. BGH (V ZR 218/13) NZM 2014, 582 = WuM 2014, 347 Rdn. 9.

[529] BGH (XII ZR 115/11) NJW 2013, 1881 = ZMR 2013, 766 Rdn. 12; BGH NZM 2009, 701 = ZMR 2010, 21; BGH NZM 2008, 886 = ZMR 2009, 103; BGH NZM 2000, 183 (für bereicherungsrechtliche Ansprüche); BGH NZM 1998, 192 = ZMR 1998, 137 = WuM 1999, 161 (für Ansprüche aus Eigentümer-Besitzer-Verhältnis).

[530] BGH NJW 1974, 556 (die hier interessierenden Passagen finden sich nur in Juris).

[531] BGH NJW 1974, 556 (die hier interessierenden Passagen finden sich nur in Juris).

[532] BGH NZM 2009, 701 = ZMR 2010, 21; BGH NJW 1992, 892.

[533] BGH NZM 2008, 886 = ZMR 2009, 103.

[534] BGH NJW 1988, 2665; bestätigt in BGH NZM 1998, 192 = ZMR 1998, 137 = WuM 1999, 161.

[535] BGH ZMR 2008, 867; BGH NZM 1998, 192 = ZMR 1998, 137 = WuM 1999, 161; s. auch Rdn. 101.

[536] BGH NZM 1998, 192 = ZMR 1998, 137 = WuM 1999, 161 (für Ansprüche aus Eigentümer-Besitzer-Verhältnis); BGH NZM 2008, 886 = ZMR 2009, 103 (für bereicherungsrechtliche Ansprüche).

[537] *Gursky* in Staudinger (2012) § 988 Rdn. 13.

[538] Im Ergebnis beim Eigengebrauch des Mieters ebenso, aber mit anderer Begründung, die wohl bei Untervermietung zu anderen Ergebnissen führen würde, *Fervers/Gsell* NJW 2013, 3607.

[539] *Stresemann* in MünchKomm (7. Aufl.) § 100 Rdn. 7.

[540] Allg. M., s. nur *Stresemann* in MünchKomm (7. Aufl.) § 100 Rdn. 4; *Jickeli/Stieper* in Staudinger (2004) § 100 Rdn. 2. **A. A.**, aber ohne nähere Begründung, LG Osnabrück NZM 2000, 1001.

[541] BGH NZM 2000, 183. Auch BGH (III ZR 231/12) NJW 2013, 2021 stellt für einen DSL-Anschluss auf die tatsächliche Nutzung ab; erheblich kritisch dazu und im Ergebnis wie hier *Fervers/Gsell* NJW 2013, 3607. In BGH (V ZR 218/13) NZM 2014, 582 = WuM 2014, 347 wird zwar auch nur Nutzungsersatz für einen Teil eines Hauses zugesprochen; in dieser Entscheidung stellt der BGH aber ausdrücklich auf des Besitz (an nur einigen Räumen des Hauses) ab, also – wie hier vertreten – letztlich auf die Nutzungsmöglichkeit im Rahmen des tatsächlich innegehabten Besitzes.

zer müsse den Nutzungswert nur vergüten, soweit er die Sache tatsächlich genutzt habe. Diese Entscheidung, die nicht ein beendetes Mietverhältnis, sondern die (beendete) Nutzung auf anderer Grundlage (Leihe) betraf, ist bei näherer Analyse nicht dahin zu verstehen, dass entgegen dem Vorstehenden in jedem Einzelfall der Nutzen auf Grund eines konkreten Gebrauchs festgestellt werden müsse[542]. Es war nach dem Sachverhalt wohl so, dass der Eigentümer den Besitz zumindest an dem überwiegenden Teil des Grundstücks zurückerhalten hatte, dass sich auf einem kleineren Teil aber noch Gegenstände des früheren Nutzers befanden. Nur so lässt sich die weitere Formulierung in dem Urteil verstehen, dass der Anspruch des Eigentümers grundsätzlich nur den Nutzungswert der von den einzelnen zurückgebliebenen Sachen konkret belegten Fläche erfasse, es sei denn, dem Eigentümer würde damit die eigene Nutzungsmöglichkeit vollständig genommen[543]. Es ging also nicht um Räume, die regelmäßig[544] nur in ihrer Gesamtheit nutzbar sind, sondern um ein Grundstück. Bei Grundstücken kann eine Nutzbarkeit von Grundstücksteilen gelegentlich in Betracht kommen. Ist das der Fall, muss festgestellt werden, welche Flächen der Herausgabepflichtige inne hatte. Hierbei kommt es aber nur auf dessen Besitz und die daraus folgende Nutzungsmöglichkeit an[545], nicht darauf, ob er die Flächen auch tatsächlich irgendwie genutzt hat. Das wird freilich meist der Fall sein, da sich der Besitz an einem Grundstück oder Teilen davon i. d. R. an einer Belegung der Fläche, also einer konkreten Nutzung, festmacht.

105 Gibt es **keinen Eigengebrauch** durch den Mieter, sondern durch Dritte[546], gilt Folgendes: Bei einer **Untervermietung** kann der Vermieter gegen den Mieter nach Beendigung des Mietverhältnisses einen Anspruch auf Herausgabe des (ggf. über dem objektiven Mietwert liegenden) tatsächlich erhaltenen Untermietzinses (oder anderer Leistungen wie etwa einer Entschädigung für die Vertragsauflösung[547]) ab Rechtshängigkeit oder Kenntnis des Rückgabeanspruchs aus §§ 292 Abs. 2, 987 Abs. 1 BGB[548] haben, da die Nutzungen bei Überlassung an Dritte nicht nach dem objektiven Mietwert bemessen werden, wenn – anders als bei einem Eigengebrauch – tatsächliche Nutzungen in Form von mittelbaren Sachfrüchten i. S. v. §§ 100, 99 Abs. 3 BGB, dazu gehört auch der Mietzins, gezogen worden sind; belanglos ist es, ob der Eigentümer diese Nutzungen auch selbst gezogen hätte[549]. Die tatsächlich gezogenen Nutzungen (Untermietzins) können unter oder über dem objektiven Mietwert liegen. Liegen sie darüber, gebühren sie dem Eigentümer, der Anspruch ist also nicht auf den objektiven Mietwert oder den vereinbarten Mietzins begrenzt[550]; liegen sie darunter (etwa wegen ausbleibender Zahlungen oder wegen Vermietung unter dem ortsüblichen Mietwert), ist der Anspruch des Eigentümers auf die tatsächlich erhaltenen Nutzungen beschränkt, es sei denn, der Mieter hat nach Rechtshängigkeit oder Bösgläubigkeit Nutzungen schuldhaft nicht gezogen (§ 987 Abs. 2 BGB ggf. i. V. m. § 990 BGB)[551]. Bereicherungsansprüche des Vermieters aus Leistungskondiktion (etwa nach Vertragsende oder Anfechtung des Mietvertrages) richten sich bei einer Überlassung des Mietobjekts an Dritte wie beim Eigengebrauch durch den Mieter auch nur auf Erstattung des objektiven Mietwerts, nicht aber auf Herausgabe des tatsächlich geleisteten Untermietzinses oder auf Auskehrung des vom Mieter mit der Untervermietung erzielten Gewinns (Mehrerlös), weil ein solcher Gewinn nicht auf einer rückabzuwickelnden Leistung des Vermieters, sondern auf der eigenen vermögensmäßigen Disposition des Mieters beruht[552], der mit der ihm ein-

---

[542] So aber wohl *Gursky* in Staudinger (2012) § 987 Rdn. 20; *Schwab* in MünchKomm (6. Aufl.) § 818 Rdn. 27.

[543] BGH NZM 2000, 183.

[544] Zu einer Ausnahme, bei der der Nutzer nur Besitz (und damit Nutzungsmöglichkeit) an einem Teil des Hauses hatte, s. BGH (V ZR 218/13) NZM 2014, 582 = WuM 2014, 347.

[545] So auch BGH (V ZR 218/13) NZM 2014, 582 = WuM 2014, 347, wenn dort ausdrücklich für die Frage des Umfangs des Nutzungsersatzes auf den Umfang des Besitzes an einem Haus abgestellt wird.

[546] Zum Anspruchsgrund von direkten Ansprüchen des Vermieters/Eigentümers gegen den Dritten s. bei § 546 Rdn. 108; zur Höhe eines solchen Anspruchs aus einem Eigentümer-Besitzer-Verhältnis gilt das gleiche wie vorstehend zur Höhe des Anspruchs gegen den eigennutzenden Mieter.

[547] BGH NZM 2009, 701 = ZMR 2010, 21.

[548] BGH NZM 2009, 701 = ZMR 2010, 21. S. auch *Riehm* JuS 2014, 941.

[549] BGH NZM 2009, 701 = ZMR 2010, 21; BGH NJW 2002, 60; BGH MDR 1969, 128; OLG Hamburg WuM 1997, 223. Kritisch dazu *Gursky* in Staudinger (2012) § 987 Rdn. 11. *Fervers/Gsell* NJW 2013, 3607 würden mit ihrem Begründungsansatz wohl dazu kommen, dass im Fall der Untervermietung ebenfalls auf den objektiven Mietwert abzustellen ist, auch wenn sie die Untervermietungssituation nicht ausdrücklich diskutieren.

[550] BGH NZM 2009, 701 = ZMR 2010, 21.

[551] BGH NJW 2002, 60.

[552] BGH NZM 2008, 886 = ZMR 2009, 103; BGH NJW 1964, 1853; OLG Düsseldorf WuM 1994, 280 = ZMR 1994, 215 = NJW-RR 1994, 596.

geräumten Gebrauchs- und Verwertungsmöglichkeit ein ihm zugewiesenes Geschäft wahrnahm[553]. Aus dem gleichen Grund steht dem Vermieter während der Dauer des (wirksamen) Vertrages ein Anspruch auf Auskehr des (die Miete übersteigenden) Untermietzinses nicht zu, selbst wenn der Mieter zu einer Untervermietung nicht berechtigt war[554]. Anders kann das dann sein, wenn sich der Eigentümer nicht – wie bei einer (beendeten oder unwirksamen) Vermietung der Fall – freiwillig der Gebrauchs- und Verwertungsmöglichkeiten begeben hat, wenn also etwa ein Fall der Eingriffskondiktion vorliegt[555]. Schadensersatzansprüche stellen auf den vom Vermieter erzielbaren (und wegen der Vorenthaltung entgangenen) Gewinn und nicht auf denjenigen des Mieters ab.

VIII. Beweislast

Bei allen Ansprüchen (Nutzungsentschädigung gem. § 546 a Abs. 1 BGB, Schadensersatz, Bereicherung, Eigentümer-Besitzer-Verhältnis) muss der Vermieter die Beendigung des Mietvertrages beweisen[556] bzw. bei Bereicherungsansprüchen und solchen aus §§ 987 ff. BGB das Nichtbestehen eines Mietvertrages. Außerdem trägt er die Beweislast für die Höhe des Anspruchs, also die Höhe des Schadens und der Nutzungsentschädigung. Hinsichtlich des Mietausfallschadens kommt ihm – wie oben erwähnt – die Beweiserleichterung des § 252 BGB zu Gute; die ortsübliche Miete kann mit der gebotenen Vorsicht und bei Beachtung der Besonderheiten der Nutzungsentschädigung oftmals gem. § 287 ZPO an Hand vorhandener Mietspiegel geschätzt werden[557]. Die Erfüllung der Rückgabepflichten unterliegt hingegen der Beweislast des Mieters[558], der auch für einen fehlenden Rücknahmewillen des Vermieters beweispflichtig ist[559] sowie dafür, dass zurückgelassene Gegenstände nicht die Bagatellgrenze i. S. v. § 546 Rdn. 43 überschreiten[560]. Ansonsten gelten zur Beweislast hinsichtlich der Schadensersatzansprüche die allgemeinen Grundsätze. 106

IX. Prozessuales

Gem. § 259 ZPO kann eine Klage auf **zukünftig fällig werdende Nutzungsentschädigungsansprüche**[561] (oder Miete) erhoben werden, wenn die Besorgnis gerechtfertigt ist, der Mieter werde sich der rechtzeitigen Leistung entziehen. Das ist nicht nur dann anzunehmen, wenn der Mieter die Pflicht zur Zahlung der Miete oder Nutzungsentschädigung ernsthaft bestreitet, sondern auch dann, wenn aus sonstigen Gründen zu erwarten ist, er werde nicht zahlen[562]. Die Anforderungen an diese Erwartung sind nicht hoch, ein über einen längeren Zeitraum bestehender, die Bruttomiete mehrfach übersteigender Rückstand des Mieters mit Miete oder Nutzungsentschädigung reicht aus[563], er kann[564], muss aber nicht auf Zahlungsunfähigkeit beruhen. Wurde der Mietvertrag allerdings nicht wegen Zahlungsverzugs, sondern aus anderen Gründen beendet, dürfte eine Besorgnis, der Mieter werde sich der rechtzeitigen Leistung entziehen, nicht ohne weiteres in Betracht kommen. I. d. R. wird in diesen Fällen für § 259 ZPO vielmehr zu fordern sein, dass der Vermieter 107

553 BGH NZM 2009, 701 = ZMR 2010, 21.
554 S. näher zur Begründung bei BGH NJW 1996, 838 = WuM 1996, 216 = ZMR 1996, 189 mit ausführlicher Darstellung des Meinungstands. **A. A.** in neuerer Zeit *Koch/Wallimann* JZ 2016, 343, die bei jeder unberechtigten Untervermietung eine Eingriffskondiktion wegen der damit verbundenen unerlaubten Mehrnutzung annehmen. Sie übersehen allerdings, dass nicht jede Mehrnutzung eine Bereicherung des Mieters herbeiführt; die Gewinnchancen, die mit der Anmietung verbunden sind, gebühren vielmehr dem Mieter, der Vermieter hat seine Gewinnchancen durch die Überlassung an den Mieter genutzt. Das Recht des Vermieters, eine Unterlassung der Mehrnutzung verlangen zu können, soll ihm nicht weiteren Gewinn ermöglichen, sondern sonstige aus der Mehrnutzung folgende Nachteile verhindern. Aus § 553 Abs. 2 BGB folgt nichts anderes, die Vorschrift dient dem Ausgleich eines Mehraufwands des Vermieters.
555 BGH NJW 2002, 60.
556 *Bieber* in MünchKomm § 546 a Rdn. 17.
557 Einzelheiten bei Rdn. 59.
558 KG MDR 2014, 952.
559 *Blank/Börstinghaus* § 546 a Rdn. 53.
560 OLG Düsseldorf GE 2011, 1681.
561 Zu den prozessualen Besonderheiten, wenn der Vermieter als Nutzungsentschädigung die ortsübliche Miete (= Marktmiete; s. Rdn. 58) verlangt, s. *Fleindl* NZM 2017, 282.
562 BGH NJW 2003, 1395 = WuM 2003, 280 = ZMR 2003, 333; BGH NJW 2011, 2886 = WuM 2011, 434 = ZMR 2011, 709.
563 BGH NJW 2011, 2886 = WuM 2011, 434 = ZMR 2011, 709.
564 So in BGH NJW 2003, 1395 = WuM 2003, 280 = ZMR 2003, 333.

zuwartet, ob ein Zahlungsrückstand mit der Nutzungsentschädigung eintritt. Ob stattdessen eine Klage auf zukünftige Leistung gem. §§ 257, 258 ZPO möglich ist, ist umstritten[565]. Die Entscheidung hängt davon ab, ob man annimmt, dass die Nutzungsentschädigung von einer Gegenleistung abhängig ist, da dann eine Klage auf zukünftige Leistung gem. §§ 257, 258 ZPO ausgeschlossen ist. Eine solche Abhängigkeit von einer Gegenleistung wird zu bejahen sein[566]. Der Vermieter ist nach Vertragsbeendigung zwar nicht mehr zur Gebrauchsgewährung verpflichtet, die Höhe der Nutzungsentschädigung ist aber davon abhängig, ob er das vertragliche Pflichtenprogramm fortführt oder nicht[567]. Ein **Klageantrag** auf zukünftige Leistung (Formulierungsvorschlag: „Der Beklagte wird verurteilt, an den Kläger ab dem … bis zum Tag der Räumung und Herausgabe der Mieträumlichkeiten monatlich eine Nutzungsentschädigung in Höhe von … €, fällig an jedem 3. Werktag eines Monats, nebst Zinsen in Höhe von 5 Prozentpunkten über dem Basiszins ab dem jeweiligen Fälligkeitstag zu zahlen.“[568]) muss im Verlauf des Rechtsstreits nicht hinsichtlich der fällig gewordenen Beträge umgestellt werden, hinsichtlich solcher vor Schluss der mündlichen Verhandlung fällig gewordener Beträge kann vielmehr auch aus dem Titel auf künftige Leistung vollstreckt werden. Der Anspruch auf Nutzungsentschädigung kann im **Urkundsprozess** gem. § 592ff. ZPO geltend gemacht werden, wenn der Vermieter die Voraussetzungen durch Urkunden beweisen kann[569]. Einer Klage auf Nutzungsentschädigung oder Mietausfall kann das **Rechtsschutzbedürfnis** fehlen, wenn die Zeit für Verwahren und Wegschaffen des Räumungsgutes bei einer Vollstreckung gem. § 885a ZPO betroffen ist, da es sich dann um Kosten der Zwangsvollstreckung gem. § 788 ZPO handelt[570]. Beruft sich der Kläger statt auf den vertraglichen Mietzahlungsanspruch auf § 546a BGB (oder andere gesetzliche Anspruchsgrundlagen), so liegt hierin keine Klageänderung[571]. Das gilt auch dann, wenn der Kläger zunächst im Wege der Stufenklage Auskunft über die Höhe einer Umsatzmiete sowie (noch unbeziffert) Zahlung der nach der Auskunft sich errechnenden Mieten verlangt und später in einem Hilfsantrag bezifferte Nutzungsentschädigung für den gleichen Zeitraum[572]. Gem. Art. 24 Nr. 1 Brüssel Ia-VO/VO (EU) Nr. 1215/2012 sind die Gerichte des Belegungsortes international auch zuständig für Klagen auf Nutzungsentschädigung wegen verspäteter Rückgabe eines (unbeweglichen) Mietobjekts[573].

X. Abweichende Vereinbarungen

108 Von § 546a BGB abweichende Vereinbarungen im Mietvertrag oder in einer Räumungsvereinbarung sind grundsätzlich möglich und zwar sowohl durch individualvertragliche Abreden als auch durch formularvertragliche Klauseln[574]. Soweit es sich um Formularverträge handelt, sind – neben § 307 BGB – die Grenzen der §§ 308 Nr. 7, 309 Nr. 5 und 7 BGB zu beachten[575], im unternehmerischen Rechtsverkehr über § 310 BGB, also nicht direkt, sondern als gesetzgeberische Wertung im Rahmen des § 307 BGB. Wenn in AGB vorgesehen ist, dass die Nutzungsentschädigung höher als die vereinbarte bzw. ortsübliche Miete liegen soll oder über die Rückgabe hinaus geschuldet sein soll (anstatt bis zum Rückgabetag beispielsweise bis zum Monatsende oder bis zur Herstellung des vertragsgemäßen Zustandes durch Schönheitsreparaturen, Rückbauten etc.), dann verstößt das gegen den Grundgedanken des § 546a Abs. 1 BGB und ist deshalb unangemessen i. S. v. § 307 Abs. 2 Nr. 1 BGB[576], weil § 546a Abs. 1 BGB dem Vermieter den Vorteil einer einfach durchzuset-

---

565 Vgl. die Nachweise in BGH NJW 2003, 1395 = WuM 2003, 280 = ZMR 2003, 333.

566 *Both* DWW 2010, 88. In der Tendenz wie hier, aber letztlich offenlassend BGH NJW 2003, 1395 = WuM 2003, 280 = ZMR 2003, 333.

567 S. dazu bei Rdn. 68 und zum Rechtsverhältnis nach Vertragsbeendigung bei Rdn. 10ff.

568 Zur Bestimmtheit eines solchen Antrags *Both* DWW 2010, 88.

569 *Sommer/Wichert* ZMR 2009, 507, dort auch allgemein zu den Voraussetzungen des Urkundenprozesses.

570 S. näher bei § 885a Rdn. 62.

571 BGH (IX ZR 267/13) MDR 2015, 174 Rdn. 8.

572 BGH (IX ZR 267/13) MDR 2015, 174.

573 OLG Köln ZMR 2016, 621.

574 *Bieber* in MünchKomm § 546a Rdn. 25.

575 *Bieber* in MünchKomm § 546a Rdn. 25.

576 *Burbulla* ZMR 2016, 842; OLG Frankfurt, Urteil v. 28.1.2011, Az.: 2 U 135/10, BeckRS 2011, 14076, das sich im Rahmen des § 307 BGB aber auf die Wertungen der §§ 309 Nr. 5b, 308 Nr. 7 BGB stützt. Im Ergebnis ähnlich *Heintzmann* in Soergel § 546a Rdn. 21, der eine verdeckte Schadenspauschalierung annimmt, eine solche aber dann für zulässig hält, wenn dem Mieter der Nachweis eines geringeren Schadens offenbleibt. S. auch OLG Düsseldorf NZM 2002, 742, das eine Klausel, nach der der Mieter den Mietzins bis zur Herstel-

enden, verschuldenslosen Mindestentschädigung nur in bestimmter Höhe gewähren will und ihn ansonsten auf verschuldensabhängige Schadensersatzansprüche verweist. Gleichfalls gegen § 307 Abs. 2 Nr. 1 BGB verstößt eine Regelung, nach der die Nutzungsentschädigung nur an die Verletzung der Rückgabepflicht geknüpft ist, nicht aber auch an die Vorenthaltung, also an den Rücknahmewillen des Vermieters[577]. Bei Wohnraummietverhältnissen sind von § 546a BGB abweichende Vereinbarungen, die zugleich zum Nachteil des Mieters von § 571 BGB abweichen, gem. § 571 Abs. 3 BGB unwirksam.

---

lung des vertragsgemäßen Zustands fortzuentrichten habe, für unwirksam hält, weil fremdverschuldete Schäden nicht ausgenommen seien.

[577] BGH NZM 2004, 354 = ZMR 2004, 256 (zu einem Leasingvertrag).

§ 547 Erstattung von im Voraus entrichteter Miete

(1) [1]Ist die Miete für die Zeit nach Beendigung des Mietverhältnisses im Voraus entrichtet worden, so hat der Vermieter sie zurückzuerstatten und ab Empfang zu verzinsen. [2]Hat der Vermieter die Beendigung des Mietverhältnisses nicht zu vertreten, so hat er das Erlangte nach den Vorschriften über die Herausgabe einer ungerechtfertigten Bereicherung zurückzuerstatten.

(2) Bei einem Mietverhältnis über Wohnraum ist eine zum Nachteil des Mieters abweichende Vereinbarung unwirksam.

Systematische Übersicht

Alphabetische Schnellübersicht

I. Überblick, Zweck und Entstehungsgeschichte

1 I. d. R. wird der Mietzins nach Zeitabschnitten bemessen, meist nach Monaten. Für die Raummiete ordnen §§ 556b, 579 Abs. 2 BGB eine Vorauszahlungspflicht für den jeweiligen Zeitabschnitt an. Darüber hinaus kann es die unterschiedlichsten Formen von und Anlässe für Mietvorauszahlungen geben, die höher als der nächste geschuldete Mietzins sind und weiter in die Zukunft reichen. Endet das Mietverhältnis, bevor diese Vorauszahlungen abgewohnt bzw. durch Nutzung der Mietsache abgegolten sind, ist der Vermieter bereichert. § 547 Abs. 1 Satz 1 BGB ordnet statt bzw. als spezielle Ausprägung des Bereicherungsausgleichs grundsätzlich eine unbedingte, verzinsliche **Erstattungspflicht des Vermieters für die Vorauszahlung** an. Der Mieter wird so vor wirtschaftlichen Einbußen geschützt, die ansonsten mit der Vorauszahlung verbunden sein könnten[1]. Auf die Bereicherung des Vermieters ist aber dann abzustellen, wenn dieser die Beendigung des Mietverhältnisses nicht zu vertreten hat. Das ist Ausdruck des allgemeinen Rechtsgedankens, dass jemand, der einen Rücktritt nicht zu vertreten hat, nur nach Bereicherungsrecht haftet[2]. Die Beschränkung

---

[1] *Bieber* in MünchKomm § 547 Rdn. 1.
[2] *Rolfs* in Staudinger § 547 Rdn. 3.

auf die Bereicherung kann den Erstattungsanspruch des Mieters nicht nur wegen des Entreicherungseinwandes erheblich beschränken.

§ 547 BGB ist durch die Mietrechtsreform zum 1.9.2001 ohne besondere Übergangsvorschrift neu gefasst worden, stimmt aber inhaltlich weitgehend mit der **Vorgängervorschrift** § 557a BGB a. F. überein, die ihrerseits seit dem zweiten Mietrechtsänderungsgesetz vom 14.7.1964[3] galt; davor gab es eine Erstattungsregelung in § 555 BGB. Im Unterschied zu § 547 BGB verwies § 557a BGB a. F. für den vom Vermieter zu vertretenden Rückerstattungsanspruch auf § 347 BGB a. F. („nach Maßgabe des § 347"), diese Vorschrift verwies weiter auf die Regelungen zum Eigentümer-Besitzer-Verhältnis und schrieb die Verzinsung einer Geldsumme von deren Empfang an vor. 2

II. Anwendungsbereich

§ 547 BGB gilt – schon auf Grund seiner systematischen Stellung – **für alle Arten von Mietverhältnissen** (also nicht nur für die Raum- und Grundstücksmiete, sondern auch für die Miete beweglicher Sachen) sowie gem. § 581 Abs. 2 BGB für die **Pacht**[4]. 3

Für bestimmte **Sozialwohnungen** gibt es eine besondere Regelung für einmalige Leistungen des Mieters in § 9 WoBindG[5]. Nach § 9 Abs. 1 WoBindG sind einmalige Leistungen des Mieters, die dieser mit Rücksicht auf die Überlassung der Wohnung zu erbringen hat, vorbehaltlich der Ausnahmen in § 9 Abs. 2 bis 6 WoBindG, unwirksam. Die unwirksamen Leistungen sind zurückzuerstatten (§ 9 Abs. 7 WoBindG); die Verjährungsfrist hierfür beträgt ein Jahr nach Mietvertragsende. Aus § 9 Abs. 7 WoBindG folgt im Umkehrschluss, dass für wirksame einmalige Leistungen auch im preisgebundenen Wohnraum § 547 BGB gilt, sofern es sich um Mietvorauszahlungen im Sinne die- 4

---

[3] BGBl. I 1964, 457.

[4] BGH NJW 2000, 2987 = WuM 2000, 428 = ZMR 2000, 664.

[5] Nähere Erläuterungen finden sich bei bei *Bellinger* in Fischer-Dieskau/Pergande/Schwender, Wohnungsbaurecht, § 9 WoBindG. Die Vorschrift lautet:

(1) [1]Eine Vereinbarung, nach der der Mieter oder für ihn ein Dritter mit Rücksicht auf die Überlassung der Wohnung eine einmalige Leistung zu erbringen hat, ist, vorbehaltlich der Absätze 2 bis 6, unwirksam. [2]Satz 1 gilt nicht für Einzahlungen auf Geschäftsanteile bei Wohnungsunternehmen in der Rechtsform der Genossenschaft oder ähnliche Mitgliedsbeiträge.

(2) Die Vereinbarung einer Mietvorauszahlung oder eines Mieterdarlehens als Finanzierungsbeitrag zum Bau der Wohnung ist nur insoweit unwirksam, als die Annahme des Finanzierungsbeitrages nach § 28 des Ersten Wohnungsbaugesetzes oder nach § 50 des Zweiten Wohnungsbaugesetzes ausgeschlossen oder nicht zugelassen ist.

(3) Die Vereinbarung einer Mietvorauszahlung oder eines Mieterdarlehens zur Deckung der Kosten für eine Modernisierung, der die zuständige Stelle zugestimmt hat, ist nur unwirksam, soweit die Leistung das Vierfache des nach § 8 zulässigen jährlichen Entgelts überschreitet.

(4) Ist ein von einem Mieter oder einem Dritten nach § 28 des Ersten Wohnungsbaugesetzes oder § 50 des Zweiten Wohnungsbaugesetzes zulässigerweise geleisteter Finanzierungsbeitrag oder eine nach Absatz 3 zulässige Leistung wegen einer vorzeitigen Beendigung des Mietverhältnisses dem Leistenden ganz oder teilweise zurückerstattet worden, so ist eine Vereinbarung, wonach der Mietnachfolger oder für ihn ein Dritter die Leistung unter den gleichen Bedingungen bis zur Höhe des zurückerstatteten Betrages zu erbringen hat, zulässig.

(5) [1]Die Vereinbarung einer Sicherheitsleistung des Mieters ist zulässig, soweit sie dazu bestimmt ist, Ansprüche des Vermieters gegen den Mieter aus Schäden an der Wohnung oder unterlassenen Schönheitsreparaturen zu sichern. [2]Im Übrigen gilt § 551 des Bürgerlichen Gesetzbuchs.

(6) [1]Eine Vereinbarung, nach der der Mieter oder für ihn ein Dritter mit Rücksicht auf die Überlassung der Wohnung Waren zu beziehen oder andere Leistungen in Anspruch zu nehmen oder zu erbringen hat, ist unwirksam. [2]Satz 1 gilt nicht für die Überlassung einer Garage, eines Stellplatzes oder eines Hausgartens und für die Übernahme von Sach- oder Arbeitsleistungen, die zu einer Verringerung von Bewirtschaftungskosten führen. [3]Die zuständige Stelle kann eine Vereinbarung zwischen den Verfügungsberechtigten und dem Mieter über die Mitvermietung von Einrichtungs- und Ausstattungsgegenständen und über laufende Leistungen zur persönlichen Betreuung und Versorgung genehmigen; sie hat die Genehmigung zu versagen, wenn die vereinbarte Vergütung offensichtlich unangemessen hoch ist.

(7) [1]Soweit eine Vereinbarung nach den Absätzen 1 bis 6 unwirksam ist, ist die Leistung zurückzuerstatten und vom Empfang an zu verzinsen. [2]Der Anspruch auf Rückerstattung verjährt nach Ablauf eines Jahres von der Beendigung des Mietverhältnisses an.

(8) [1]Für Vereinbarungen, die vor dem 1. August 1968 in denjenigen kreisfreien Städten, Landkreisen oder Gemeinden eines Landkreises, in denen zu diesem Zeitpunkt die Mietpreisfreigabe noch nicht erfolgt war, getroffen worden sind, gelten die Vorschriften des Absatzes 7 entsprechend, soweit die Vereinbarungen nach den bis zu diesem Zeitpunkt geltenden Vorschriften unzulässig waren. [2]Das gleiche gilt für Vereinbarungen, die vor dem 1. September 1965 in denjenigen kreisfreien Städten, Landkreisen oder Gemeinden eines Landkreises getroffen worden sind, in denen zu diesem Zeitpunkt die Mietpreisfreigabe bereits erfolgt war.

ser Vorschrift handelt. Für verlorene (Baukosten-)Zuschüsse gilt das Baukostenzuschüsse-Rückerstattungsgesetz (s. dazu bei Rdn. 20). Das WoBindG hat allerdings einen langsam auslaufenden Anwendungsbereich. Es gilt nämlich gem. §§ 1 WoBindG, 50 WoFG nur für solchen Wohnraum, für den die Fördermittel bis Ende 2001 bewilligt wurden[6]. Das WoFG und das WoBindG gelten darüber hinaus nicht mehr in allen Bundesländern. Durch die Föderalismusreform ist nämlich zum 1.9.2006 die ausschließliche Gesetzgebungsbefugnis für das Recht der Wohnraumförderung und der Wohnungsbindung auf die Länder übergegangen[7]. Die bundesrechtlichen Bestimmungen gelten gem. Art. 125a GG fort, bis sie durch Landesgesetze ersetzt oder aufgehoben werden. Einige Bundesländer haben eigene Wohnraumförderungs- oder Wohnungsbindungsgesetze oder beides erlassen, die teilweise mit den bundesrechtlichen Regeln übereinstimmen, teilweise aber auch davon abweichen oder keine besonderen Bestimmungen enthalten. Eine Liste der Landesgesetze findet sich bei § 563 Rdn. 10. Für Altfälle, also solche, bei denen die Vereinbarung über die einmalige Leistung vor dem Außer-Kraft Treten des Bunderechtes geschlossen wurde und in denen es keine vergleichbare Landesregelung gibt, muss § 9 WoBindG aber weiterhin gelten, weil sonst auf abgeschlossenen Sachverhalte, nämlich die Wirksamkeit einer solchen Vereinbarung, eingewirkt und eine unzulässige echte Rückwirkung vorliegen würde.

III. Voraussetzungen (Abs. 1)

5 Die Rückerstattungspflicht des Vermieters setzt voraus, dass der Mieter Vorausleistungen auf die Miete (je nach Vereinbarung ggf. auch auf Umlagen und Betriebskostenvorschüsse[8]) für die Zeit nach Beendigung des Mietverhältnisses erbracht hat, dass also das Mietverhältnis beendet ist und die Vorausleistungen noch nicht abgewohnt bzw. durch Nutzung der Mietsache abgegolten sind[9].

1. Mietvorauszahlung

6 **a) Definition.** Auch wenn allgemein von Mietvorauszahlung[10] gesprochen wird, muss sich die Vorausleistung des Mieters nicht auf Geldzahlungen beschränken. Das Gesetz verwendet den Begriff der Vorausentrichtung der Miete. Schon daraus wird deutlich, dass Mietvorauszahlung i. S. v. § 547 BGB **jede Mieterleistung** ist, die nach dem Inhalt des Mietvertrags (oder späterer Vereinbarungen[11]) **Bezug zum Mietzins** hat und mit ihm innerlich verbunden, die also letztlich Gegenleistung für die Gebrauchsüberlassung der Mietsache ist und durch die der Mietzins ganz oder teilweise als für eine bestimmte Zeit im Voraus als erbracht gilt; es ist nicht von Belang, ob diese Vorausleistung im Wege der Zahlung oder auf andere Weise, etwa durch Verrechnung oder Dienst- bzw. Werkleistungen, erbracht wird, genauso wenig wie es von Belang ist, ob die Parteien die Leistung als Vorauszahlung oder sonstwie (beispielsweise als Darlehen[12]) betrachtet oder bezeichnet haben[13]. Erbringt der Mieter die Vorausleistung anders als durch Zahlung, so entsteht einheitlicher, aber typengemischter Vertrag, bei dem die mietvertraglichen Elemente überwiegen[14]. Auf die Fälligkeit der im Voraus erbrachten Leistung kommt es ebenfalls nicht an, sondern darauf, dass sie für einen Zeitabschnitt in der Zukunft bestimmt war[15]. Nur so wird man dem Zweck des § 547 BGB gerecht, einen Ausgleich zu schaffen. Für diesen Ausgleich nach Beendigung des Vertrages ist es belanglos, ob zur Zeit der Erbringung der Leistung ein nach dem Gesetz fälliger Anspruch bestand; entscheidend ist allein, ob diese vor der Zäsur bewirkte Leistung Erfüllungswirkung für Ansprüche nach der Zäsur hat. Ob der Erwerber eines Grundstücks, der gem. § 566 BGB in den Mietvertrag

[6] S. den Wortlaut des § 50 WoFG sowie *Söfker* WuM 2002, 296 und *Bellinger* in Fischer-Dieskau/Pergande/Schwender, Wohnungsbaurecht, § 50 WoFG Anm. 2.
[7] *Feßler* WuM 2009, 90.
[8] *Rolfs* in Staudinger § 547 Rdn. 7.
[9] *Rolfs* in Staudinger § 547 Rdn. 4.
[10] S. auch die umfassenden Darstellungen der besonderen Mieterleistungen, zu denen die Mietvorauszahlungen gehören, bei § 535 Rdn. 666ff.
[11] BGH NJW 1955, 301; BGH NJW 1962, 1860.
[12] BGH NJW 1970, 1126.
[13] BGH NJW 2000, 2987 = WuM 2000, 428 = ZMR 2000, 664; BGH NJW 2008, 2256 = WuM 2008, 402; *Wunner* NJW 1966, 2285. S. auch die systematischen Darstellungen zu den besonderen Mieterleistungen, zu denen die Mietvorauszahlungen gehören, bei § 535 Rdn. 666ff.
[14] BGH NJW 1959, 1425.
[15] *Rolfs* in Staudinger § 547 Rdn. 5.

eintritt, dem Mieter die Mietvorauszahlungen zu erstatten hat, richtet sich nicht allein nach § 547 BGB, sondern auch nach §§ 566b, 566c BGB (s. dort und bei Rdn. 28).

b) Beispiele. Der heutzutage[16] wohl häufigste Fall der Mietvorauszahlung folgt aus §§ 556b, 579 Abs. 2 BGB[17]. Dort ist für alle Mietverhältnisse über Räume (im Gegensatz zur Grundstücksmiete; s. § 579 Abs. 1 BGB) die **Vorfälligkeit der Miete** angeordnet, nämlich die Zahlungspflicht des Mieters bis spätestens zum dritten Werktag des Zeitabschnitts, nach dem sie bemessen ist, bei der i. d. R. vereinbarten Monatsmiete also bis zum dritten Werktag eines Monats. Endet das Mietverhältnis während eines Monats, so hat der Vermieter den auf die verbleibende Zeit entfallenden Mietanteil einschließlich etwaiger Betriebskostenvorauszahlungen zurückzuerstatten[18]. 7

Bei der Miete von beweglichen Sachen wird häufiger[19], bei der Raummiete gelegentlich eine **Einmalmiete** für einen festen Nutzungszeitraum vereinbart. Endet der Vertrag vorzeitig, so ist der auf die Zeit nach Beendigung des Vertrages entfallende Teil gem. § 547 BGB zurückzuerstatten. Dies gilt nicht bei einer Einmalmiete auf Lebenszeit des Mieters[20]. Hier kann der Mietzins zwar auch im Voraus bezahlt werden, eine Erstattung kommt aber nicht in Betracht, da eine zeitanteilige Aufteilung nicht möglich und von den Vertragsparteien auch wohl nicht gewollt ist[21]. 8

Eine Vorauszahlung liegt auch vor, wenn mit einer **Einmalleistung** der periodisch anfallende Mietzins insgesamt oder zu einem Teil im Voraus für einen bestimmten Zeitraum abgegolten sein soll[22]. Das ist beispielsweise der Fall, wenn die Parteien vereinbaren, dass eine Einmalzahlung des Mieters den Mietzins für ein Jahr zur Hälfte (oder einem anderen Bruchteil) im Voraus tilgen soll. Meist handelt es sich hierbei um sog. **anrechenbare Baukostenzuschüsse,** mit denen der Mieter dem Vermieter *zweckgebunden*[23] aus dem eigenen Vermögen einen bestimmten Betrag für die Herstellung, Sanierung oder Modernisierung der Mietsache zur Verfügung stellt[24]. Anrechenbar ist der Baukostenzuschuss, wenn eine Verrechnung mit dem Mietzins stattfinden soll (zum verlorenen Baukostenzuschuss s. Rdn. 13ff.). Wird der Vertrag beendet, bevor der Zuschuss abgewohnt ist, hat eine Erstattung gem. § 547 BGB zu erfolgen. Statt einer Einmalzahlung an den Vermieter kommt als Vorausleistung (Baukostenzuschuss) auch die eigenhändige Erbringung von Werk- oder Dienstleistungen zur Herstellung, Sanierung oder Modernisierung der Mietsache durch den Mieter in Betracht oder deren Erbringung durch Beauftragung und Bezahlung eines Dritten[25]. Zum Beispiel kann der Mieter sich zur Instandsetzung oder zum Umbau der Räume gegen Verrechnung mit der Miete verpflichten. Ohne die Verrechnungsabrede hätte der Mieter gegen den Vermieter einen Zahlungsanspruch aus dem Werk- oder Dienstvertrag; durch die Verrechnungsabrede wird daraus die Erfüllung des Mietzinsanspruches des Vermieters im Voraus, nämlich eine Mietvorauszahlung gem. § 547 BGB[26]. Die Einordnung als Baukostenzuschuss hat erhebliche Auswirkungen auf einen Bereicherungsausgleich gem. § 547 Abs. 1 Satz 2 BGB (s. dazu bei Rdn. 46). Insbesondere bei Eigenleistungen des Mieters ist auf den Bezug zum Mietzins, d. h. eine Verrechnungsvereinbarung der Vertragsparteien, zu achten, da ein Mieter derartige Arbeiten oftmals aus reinem Eigeninteresse durchführt. Ohne Verrechnungsvereinbarung ist zwar eine Erstattung gem. § 547 BGB ausgeschlossen, es kommt aber ein (bereicherungsrechtlicher) Aufwendungsersatzanspruch bei vorzeitiger Beendigung des Vertrages in Betracht[27], für den ähnliche Grundsätze gelten wie für einen verlorenen Baukostenzuschuss. 9

---

[16] Nach dem II. Weltkrieg hatten anrechenbare und verlorene Baukostenzuschüsse eine große Bedeutung, auf die die Vermieter zur Schaffung von Wohnraum oftmals angewiesen waren.

[17] *Blank/Börstinghaus* § 547 Rdn. 4.

[18] Eine Vorauszahlung gem. § 547 BGB, die immer auf einer ausdrücklichen oder konkludenten Vereinbarung beruht, liegt aber nicht vor, wenn der Mieter länger Miete bezahlt als notwendig. Endet etwa der Vertrag voraussehbar zum 15. Tag eines Monats, zahlt aber der Mieter noch zu Anfang des Monats die volle Miete, so stellt dies keine Vorauszahlung, sondern eine rechtsgrundlose Zahlung dar.

[19] Etwa bei der „Leihe" von Büchern in öffentlichen Bibliotheken; bei die Beendigung des Vertrages durch vorzeitige Rückgabe ist ein Anspruch nach § 547 BGB aber jedenfalls stillschweigend abbedungen.

[20] S. etwa die Fallkonstellation in BGH NJW 1998, 595 = WuM 1998, 104 = ZMR 1998, 141.

[21] Die Problematik ist ähnlich wie bei §§ 566b, 566c BGB (s. bei § 566b Rdn. 31).

[22] S. zur Periodizität des Mietzinses auch bei § 566b Rdn. 30.

[23] Das ist der Unterschied zum Mieterdarlehen; s. näher sogleich unter Rdn. 10.

[24] BGH NJW 1959, 874; BGH NJW 2003, 1317 = WuM 2003, 263 = ZMR 2003, 415; BGH (VIII ZR 166/10) NZM 2012, 301 = WuM 2012, 210 = ZMR 2012, 432.

[25] BGH NJW 1959, 874; BGH NJW 2000, 2987 = WuM 2000, 428 = ZMR 2000, 664; BGH (VIII ZR 166/10) NZM 2012, 301 = WuM 2012, 210 = ZMR 2012, 432.

[26] BGH NJW 2008, 2256 = WuM 2008, 402; BGH NJW 1970, 2289; OLG Düsseldorf ZMR 1992, 110.

[27] S. dazu § 539 Rdn. 52 und BGH NZM 2006, 15 = ZMR 2006, 185.

10 Auch ein **Darlehen,** das der Mieter dem Vermieter gewährt, kann eine Mietvorauszahlung sein, nämlich dann, wenn das Darlehen jeweils bei Fälligkeit der Darlehensrate durch die Verrechnung mit dem dann fälligen Mietzins getilgt werden soll und dadurch der Bezug zum Mietzins hergestellt wird[28]. Die tatsächliche Verrechnung von Miete und Darlehenstilgung durch die ständige Praxis der Vertragsparteien kann für die Qualifizierung eines Darlehens als Mietvorauszahlung gleichfalls ausreichen[29], ebenso die Erwähnung der Abwohnbarkeit in dem Darlehensvertrag; weitere, aber nicht zwingende Anhaltspunkte für eine Vorauszahlung sind neben der Verrechnungsabrede die Unkündbarkeit und Unverzinslichkeit des Darlehens[30]. Wird das Darlehen des Mieters dagegen erst mit oder nach der Beendigung des Mietvertrages zur Rückzahlung fällig, ist es also vorher nicht mit der Miete verrechnet worden, so ist zu untersuchen, ob es sich – ggf. trotz eines gewissen (inneren) Zusammenhangs mit dem Mietverhältnis – um ein „echtes" Darlehen handelt oder evtl. um eine Mietvorauszahlung, durch deren Vertragskonstruktion eine nach § 547 Abs. 2 BGB unzulässige Umgehung[31] der Erstattungspflicht beabsichtigt ist, oder um eine verdeckte Mietsicherheit, die bei der Wohnraummiete den Regeln des § 551 BGB zu unterwerfen wäre. Entscheidend für die Beantwortung der Frage ist, ob die Darlehenstilgung einen Bezug zum Mietzins hat[32]. Liegt danach in Wahrheit eine Mietvorauszahlung vor, so ist der Vermieter im Falle des Abs. 1 Satz 1 – nicht hingegen bei einem Bereicherungsausgleich gem. Abs. 1 Satz 2[33] – zur sofortigen Erstattung verpflichtet; entgegenstehende Vereinbarungen sind gem. § 547 Abs. 2 BGB unwirksam[34]. Eine Mietvorauszahlung als Mieterdarlehen unterscheidet sich von einem anrechenbaren Baukostenzuschuss dadurch, dass der Baukostenzuschuss zweckgebunden für das Mietobjekt zu verwenden ist, während der Vermieter in der Verwendung des Darlehensbetrages und sonstigen Mietvorauszahlungen frei ist[35]. Die Einordnung als Baukostenzuschuss hat erhebliche Auswirkungen auf den Bereicherungsausgleich gem. Abs. 1 Satz 2 (s. Rdn. 46).

11 Vereinbaren die Parteien eines **Grundstückskaufvertrages,** dass der Veräußerer das Grundstück mietet und ein Teil des Kaufpreises mit der zu zahlenden Miete verrechnet werden soll, so stellt der **Kaufpreisnachlass** ebenfalls eine Mietvorauszahlung dar[36].

12 Auch **Betriebskostenvorauszahlungen** können ausnahmsweise Mietvorauszahlungen i. S. v. § 547 BGB sein. Es ist wie folgt zu differenzieren: Der Begriff der Betriebskostenvorauszahlung darf nicht dazu verleiten, sie generell dem Anwendungsbereich des § 547 BGB zuzuordnen. Es handelt sich nämlich nicht um Vorauszahlungen auf die Zukunft, sondern um abzurechnende Abschläge, die monatlich fällig werden für eine Leistung, die der Vermieter zum Zeitpunkt der Abschlagszahlung erbringt. Insofern fehlt es an dem Zukunftselement, das einer Vorauszahlung gem. § 547 BGB immanent ist. Die Regelung ist deshalb auf Betriebskostenvorauszahlungen nur anwendbar, wenn diese für zukünftige Abrechnungsperioden gezahlt werden.

13 **c) Verlorener (Baukosten-)Zuschuss.** Verlorene (Baukosten-)Zuschüsse sind keine Mietvorauszahlungen i. S. v. § 547 BGB. Im Unterschied zu anrechenbaren Baukostenzuschüssen (s. dazu bei Rdn. 9) werden sie nämlich nicht mit der Miete verrechnet, sind also **keine Gegenleistung für die Gebrauchsüberlassung**[37]. Sie werden meist neben der Zahlung des Mietzinses[38] in einer besonderen Zuschussvereinbarung[39] vorgesehen (als Geldzahlung oder als Erbringung von Sach-

---

[28] BGH NJW 2003, 1317 = WuM 2003, 263 = ZMR 2003, 415; BGH NJW 1970, 1125. Zu möglichen Arten von Verrechnungsvereinbarungen s. *Bachmann* ZMR 1961, 33.

[29] BGH NJW 1970, 1125; LG Berlin GE 1991, 1035.

[30] BGH NJW 1970, 1125.

[31] BGH NJW 1971, 1658.

[32] BGH NJW 2003, 1317 = WuM 2003, 263 = ZMR 2003, 415 Rdn. 9.

[33] S. Rdn. 49.

[34] BGH NJW 1971, 1658. Das Urteil hält eine solche Vereinbarung wohl nur hinsichtlich der Erstattungspflicht aus Abs. 1 Satz 1 für unzulässig, wenn es formuliert, dass der Mieter die Vorauszahlung „auf jeden Fall alsbald in vollem Umfang und nicht etwa nur ratenweise zurückerhält, es sei denn, dass die Beendigung des Mietverhältnisses vom Vermieter nicht zu vertreten und dieser nicht bereichert ist". Bei einem Bereicherungsausgleich gibt es ohnehin nur eine ratenweise Erstattung (s. Rdn. 47).

[35] *Bartholomäi/Lindner-Figura/Stellmann* in Lindner-Figura Kap. 10 Rdn. 220.

[36] BGH NJW 2000, 2987 = WuM 2000, 428 = ZMR 2000, 664.

[37] *Wunner* NJW 1966, 2285; OLG Düsseldorf NZM 2001, 1093.

[38] Ein verlorener Baukostenzuschuss kommt nicht nur bei Mietverträgen in Betracht, sondern auch bei anderen Arten der Nutzungsüberlassung, etwa bei Leihverträgen (vgl. BGH NJW 1985, 315).

[39] *Wunner* NJW 1966, 2286; diese Zuschussvereinbarung muss aber nicht als solche bezeichnet sein, sie ist nur ein besonderer Bestandteil des eigentlichen Mietvertrages.

oder Arbeitsleistungen[40]), beruhen also auf einer Vereinbarung[41], um den Abschluss eines langfristigen Mietvertrages zu erreichen und das Objekt langfristig nutzen zu können[42]. Die Möglichkeit der weiteren langfristigen Nutzung ist kein zwingendes Merkmal der Zuschussvereinbarung, sie kann sich auch darin erschöpfen, den Mietvertragsschluss zu ermöglichen[43]. Die Zuschüsse dienen i. d. R. dem Bau, Ausbau, Umbau oder der Ausstattung[44] der Mietsache, weshalb allgemein von Baukostenzuschüssen gesprochen wird[45]. Wie erwähnt kann der Mieter bei Gewährung des Zuschusses von einer Mindestdauer des Mietverhältnisses ausgehen, ohne die er zur Zahlung des Zuschusses oder der Erbringung der Leistungen nicht bereit gewesen wäre, weil ihm der Vertrag insgesamt zu teuer erschienen wäre. Diese Vorstellung drückt sich oft in einer bestimmten Laufzeit des Vertrages aus. Ohne die Vereinbarung einer bestimmten Vertragsdauer kann aus der Vorstellung der Amortisation des Zuschusses nicht auf den (konkludenten) Ausschluss des Kündigungsrechtes geschlossen werden (oder auf eine ungerechtfertigte Härte i. S. v. § 574 BGB), da die Parteien jedenfalls eine Vorstellung über den Zeitraum der Amortisation des Zuschusses haben und dem Mieter ein Ausgleichsanspruch für den Zuschussanteil zusteht, der nicht durch die bisherige Dauer des Vertrages als getilgt anzusehen ist.

Verlorene (Baukosten-)Zuschüsse sind **keine Vorauszahlungen.** Deshalb ist bei Beendigung 14
des Mietvertrages § 547 BGB auf mögliche Ausgleichsansprüche des Mieters nicht anwendbar. Hinsichtlich der Ausgleichsansprüche bei verlorenen Zuschüssen ist zwischen Wohnraummietverhältnissen und sonstigen Mietverhältnissen zu unterscheiden.

aa) Gewerbe- und Grundstücksmiete. Bei anderen als Wohnraummietverhältnissen, also 15
insbesondere bei der Gewerberaum- und Grundstücksmiete, sind diejenigen Zuschussanteile, die durch die bisherige Dauer des Vertrages nicht als getilgt anzusehen sind, **nach bereicherungsrechtlichen Grundsätzen zu erstatten,** wenn der Zuschuss auch dem Zweck diente, das Objekt langfristig nutzen zu können. Der Bereicherungsanspruch gem. § 812 BGB scheitert nicht daran, dass der Zuschuss auf Grund der Zuschussvereinbarung der Parteien geleistet wurde; die Zuschussvereinbarung ist kein hinreichender Rechtsgrund für das Behaltendürfen. Wie ausgeführt verbindet der Mieter mit der Verpflichtung hierzu i. d. R. eine bestimmte Erwartung, nämlich die einer bestimmten Vertragsdauer[46] und der Amortisation des Zuschusses innerhalb dieser Zeit. Endet der Vertrag vorzeitig, wird die (vom Vermieter erkannte und geteilte[47]) Erwartung des Mieters enttäuscht und er kann den nicht durch die Nutzungszeit getilgten Teil des Zuschusses wegen späteren Wegfalls des Rechtsgrundes (condictio ob causam finitam) zurückverlangen[48]. Hatte der Mieter diese Erwartung hingegen nicht, sondern bezweckte er nur die Erreichung des Mietvertragsschlusses, kommt ein Bereicherungsausgleich nach vorzeitiger Beendigung des Vertrages nicht in Betracht[49]. Ist der Zuschuss in Raten neben der Miete zu entrichten, entfällt mit dem Ende des Vertrages die Zahlungspflicht; ein weiterer Bereicherungsausgleich ist nicht notwendig.

Die meisten verlorenen Zuschüsse sind Baukostenzuschüsse bzw. vereinbarte Eigenleistungen 16
des Mieters. Ihr Zweck erschöpft sich auch ohne besondere Absprache bzw. ohne gegenteilige Anhaltspunkte nicht in der Erreichung des Vertragsschlusses, sondern ist mit der **Erwartung der Amortisation** über eine bestimmte Mietzeit verbunden. Bei der Ermittlung der zum Wertersatz nach § 818 Abs. 2 BGB verpflichtenden Bereicherung handelt es sich nach der Rechtsprechung

[40] BGH (VIII ZR 166/10) NZM 2012, 301 = WuM 2012, 210 = ZMR 2012, 432 Rdn. 13.

[41] Zu Aufwendungen des Mieters aus anderen Gründen s. bei der Kommentierung zu § 539 BGB.

[42] Sehr instruktiv BGH NJW 1985, 313 für einen Leihvertrag; ferner *Wunner* NJW 1966, 2286/2287 und OLG Düsseldorf NZM 2001, 1093.

[43] *Wunner* NJW 1966, 2286/2287.

[44] Beispiele für Ausstattung sind Zahlungen des Mieters zur Errichtung einer Gemeinschaftsantenne (LG Aachen WuM 1986, 336) oder zur Anschaffung von Einrichtungsgegenständen, wenn diese nicht in das Eigentum des Mieters übergehen oder nicht dessen Wegnahmerecht unterliegen (LG Köln WuM 1990, 485).

[45] *Bachmann* ZMR 1961, 33.

[46] Bei einem auf unbestimmte Dauer geschlossenen Vertrag wird eine solche Erwartung allerdings nur in Ausnahmefällen berechtigt sein; ein Bereicherungsanspruch ohne eine berechtigte Erwartung einer bestimmten Vertragsdauer erscheint nicht möglich (vgl. BGH NJW 1959, 1427).

[47] Eine Willensübereinstimmung ist notwendig (BGH NJW 2004, 512).

[48] BGH NJW 2009, 2374 = ZMR 2009, 749; BGH NJW 1959, 1427 und BGH NJW 1967, 2256; *Bachmann* ZMR 1961, 37. Für eine condictio ob rem OLG Düsseldorf MDR 1990, 447 und *Wunner* NJW 1966, 2287. *Walker* LMK 2009, 284366 geht mit beachtlichen Argumenten von einer Eingriffskondiktion aus, weil zwar der Zuschuss eine Leistung sei, nicht aber die vorzeitige Nutzungsmöglichkeit, an Hand derer sich die Höhe der Bereicherung bemesse (s. dazu Rdn. 46).

[49] *Wunner* NJW 1966, 2286/2287.

des BGH[50] um einen Unterfall des **bereicherungsrechtlichen Aufwendungsersatzes**[51] und es ist – genauso wie bei dem bereicherungsrechtlichen Ausgleich eines anrechenbaren Baukostenzuschusses gem. § 547 Abs. 1 Satz 2 BGB[52] – zu berücksichtigen, dass der Baukostenzuschuss mit der Errichtung des Bauwerks ungeachtet der vorzeitigen Vertragsbeendigung zunächst seine entsprechend der Zuschussvereinbarung bestimmungsgemäße Verwendung gefunden hat. Demgemäß ist die Bereicherung weder nach den mit dem Zuschuss gedeckten Baukosten noch nach der durch die Mieterleistung geschaffenen Werterhöhung des Bauwerks zu bemessen (zur Ausnahme s. nachfolgend Rdn. 17 am Ende), sondern es ist nur auf die Vorteile abzustellen, die der Vermieter daraus erzielen kann, dass er vorzeitig in den Genuss derjenigen Nutzungsmöglichkeit des vermieteten Objekts gelangt ist, die dem Mieter für die Zeit nach tatsächlicher Vertragsbeendigung bis zum an sich vorgesehenen Vertragsablauf[53] oder bis zu der vorgesehenen Amortisationsdauer entgangen ist. Bei Zeitmietverträgen stimmt die Amortisationsdauer i. d. R. mit der Vertragsdauer überein. Das ist aber nicht zwingend[54]. Bei unbefristeten Verträgen kann die Vertragsdauer nie einen Anhaltspunkt für die Amortisation bieten. Wenn Absprachen oder gemeinsame Vorstellungen der Parteien fehlen, dürfte die Regelung in § 2 Baukostenzuschüsse-Rückerstattungsgesetz, das eigentlich nur für Wohnräume gilt, eine gute Schätzgrundlage i. S. v. § 287 Abs. 2 ZPO bieten[55].

17 Eine etwaige **Bereicherung des Vermieters** bestimmt sich daher in den genannten Fällen danach, inwieweit es ihm bis zum eigentlich beabsichtigten Vertragsende oder bis zur vorgesehenen Amortisationsdauer gelingt, die Räume wegen des Baukostenzuschusses (und nicht etwa wegen einer Veränderung der Marktlage)[56] anderweitig zu einem gegenüber dem vom bisherigen Mieter geschuldeten[57] höheren Mietzins zu vermieten bzw. sonst gewinnbringend zu nutzen; Nachteile aus einer vorzeitigen Vertragsbeendigung für den Vermieter sind im Rahmen der bereicherungsrechtlichen Saldierung zu berücksichtigen[58]. Entscheidend für die Bemessung der Bereicherung ist im Zweifel, was der Vermieter nach dem objektiven Ertragswert der Räume hätte erzielen können[59]. Daher kann sich der Vermieter seiner Pflicht, die Bereicherung dem alten Mieter herauszugeben, nicht schon dadurch entziehen, dass er schuldhaft zu derselben oder einer niedrigeren Miete oder gar nicht vermietet (vgl. § 819 BGB). Die Miete, die er vom Nachfolger erhält, dürfte allerdings meist ein guter Maßstab dafür sein, wie hoch der Wert des ihm vorzeitig zugefallenen Nutzungsrechts ist[60]. Eine Mangelhaftigkeit des Mietobjektes ist bei der Beurteilung der Ertragswertsteigerung dann nicht zu berücksichtigen, wenn der Vermieter seiner Pflicht zur Mängelbeseitigung nicht nachgekommen ist[61]. Scheitert eine Neuvermietung hingegen ganz oder eine Zeitlang ohne Verschulden des Vermieters, weil das Objekt nicht vermietbar ist, ist eine Bereicherung insoweit ausgeschlossen[62]. Wenn es dem Vermieter gelingt, von dem neuen Mieter bei Abschluss des Vertrages einen Zuschuss in entsprechender Höhe zu erhalten, kann der frühere Mieter sofortigen Ausgleich der Bereicherung verlangen[63]. Ansonsten beschränkt sich der Bereicherungsanspruch des Mieters auf die laufende Zahlung des monatlich vom Vermieter erzielten Mehrerlö-

[50] Ständige Rechtsprechung, s. nur BGH NJW 1959, 1424; BGH NJW 1959, 872; BGH NJW 1964, 37; BGH NJW 1968, 888; BGH NJW 1985, 313; BGH ZMR 1996, 122; BGH NZM 2006, 15 = ZMR 2006, 185 und OLG Düsseldorf NZM 2001, 1093. Zur Kritik an dieser Rechtsprechung s. Rdn. 48.

[51] S. z. B. BGH NZM 2006, 15 = ZMR 2006, 185 und OLG Düsseldorf NZM 2007, 644.

[52] BGH NJW 1959, 1424; danach sind Vorauszahlungen und verlorene Zuschüsse bei der Bemessung der zu erstattenden Bereicherung im Ansatz gleich zu behandeln. Zu Einzelheiten und Besonderheiten hinsichtlich anrechenbarer Zuschüsse s. Rdn. 46.

[53] S. BGH NZM 2006, 15 = ZMR 2006, 185 und BGH ZMR 1996, 122 zu der Begrenzung des Bereicherungsausgleichs auf die vorgesehene Vertragslaufzeit.

[54] *Bachmann* ZMR 1961, 33.

[55] Ähnlich *Scheuer/Emmerich* in Bub/Treier V Rdn. 460.

[56] Eine zuschussbedingte Ertragswertsteigerung ist notwendig, weil der Mieter nur Gläubiger derjenigen Bereicherung ist, die auf ihn bzw. seine Leistung zurückzuführen ist. So ausdrücklich in BGH ZMR 1996, 122; BGH NZM 2001, 425 und wohl auch BGH NZM 2006, 15 = ZMR 2006, 185. Frühere Urteile hatten das nicht in dieser Weise erwähnt.

[57] BGH NJW 1959, 874.

[58] OLG Düsseldorf NZM 2001, 1093.

[59] BGH NJW 2009, 2374 = ZMR 2009, 749; BGH NJW 1967, 2256; *Artz* LMK 2006, 172089.

[60] BGH NJW 2009, 2374 Rdn. 14 = ZMR 2009, 749; BGH NJW 1967, 2256; BGH NJW 1959, 1428.

[61] BGH NZM 2006, 15 = ZMR 2006, 185; *Artz* LMK 2006, 172089.

[62] Ähnlich wohl auch BGH NJW 2009, 2374 Rdn. 14 = ZMR 2009, 749, wenn dort von konkreter Vermietbarkeit gesprochen wird.

[63] BGH ZMR 1996, 122; BGH NJW 1959, 874.

ses[64], d. h. der Bereicherungsanspruch ist auf eine laufende Zahlung in Höhe und nach Fälligkeit des zusätzlichen Entgelts gerichtet, so dass vom Zeitpunkt der Beendigung des Mietvertrags aus betrachtet nur ein Anspruch auf zukünftig fällige werdende laufende Zahlungen in Betracht kommen kann[65]. Soweit der BGH demgegenüber und ohne jegliche Auseinandersetzung mit seiner früheren Rechtsprechung in einer neueren Entscheidung[66] davon auszugehen scheint, die Ertragswertsteigerung sei – abgezinst[67] – in einem Betrag sofort auszugleichen, ist das abzulehnen, da der Vermieter ggf. zu einer Finanzierung des Bereicherungsausgleichs gezwungen wäre[68]. **Ausnahmsweise** kann sich die Bereicherung nach der durch die Mieterleistung geschaffenen **Werterhöhung des Bauwerks** bemessen. Das ist dann der Fall, wenn der Vermieter eine Ertragswertsteigerung durch Vermietung (oder Selbstnutzung) nicht mehr realisiert, weil er das Objekt unvermietet verkauft[69]. Bei der Bemessung der Werterhöhung kommt es – genauso wie bei der Ertragswertsteigerung – nicht auf den tatsächlich erzielten, sondern auf den objektiv erzielbaren Mehrerlös an.

Der Bereicherungsanspruch unterliegt der Regelverjährung des § 195 BGB und nicht der kurzen **Verjährung** des § 548 Abs. 2 BGB[70]. 18

Die **Abbedingung** des Anspruchs durch Vereinbarung des Ausschlusses der Rückerstattung des verlorenen Zuschusses ist individualvertraglich zulässig, muss aber eindeutig erkennen lassen, dass der Ausschluss auch für den Fall der vorzeitigen Vertragsbeendigung gelten soll[71]. 19

bb) Wohnraummiete. Für Wohnraummietverhältnisse gibt es eine besondere gesetzliche Regelung für die Erstattung verlorener Zuschüsse, nämlich das Baukostenzuschüsse-Rückerstattungsgesetz[72], das nicht nur verlorene Baukostenzuschüsse erfasst, sondern alle wirksam vereinbarten[73] verlorenen Zuschüsse des Mieters. Die Regelungen in § 1 Baukostenzuschüsse-Rückerstattungsgesetz sind § 547 BGB vergleichbar[74], sehen aber – wie die Vorgängervorschrift zu § 547 BGB – die 20

---

[64] BGH NJW 1959, 872; BGH NJW 1959, 1429; OLG Düsseldorf NZM 2001, 1093; OLG Düsseldorf NZM 2007, 644.

[65] BGH NJW 1968, 888.

[66] BGH NZM 2006, 15 = ZMR 2006, 185 Rdn. 33.

[67] Zur Berechnung der Abzinsung s. BGH NZM 2006, 15 = ZMR 2006, 185 Rdn. 33.

[68] S. auch § 539 Rdn. 61.

[69] BGH NJW 1967, 2255 (Rdn. 24 bei Juris); *Blank* WImmoT 2010, 90/91.

[70] BGH NJW 1968, 888; OLG Düsseldorf NZM 2001, 1093.

[71] BGH NJW 1967, 2255.

[72] Eingeführt durch Art. VI des Gesetzes zur Änderung des II. Wohnungsbaugesetzes, anderer wohnungsrechtlicher Vorschriften und über die Rückerstattung von Baukostenzuschüssen vom 21.7.1961, zuletzt geändert durch das Mietrechtsreformgesetz vom 19.6.2001 (BGBl. I 2001, 1149). Das Gesetz hat folgenden Wortlaut:

§ 1: [1]Hat ein Mieter oder für ihn ein Dritter dem Vermieter mit Rücksicht auf die Vermietung einer Wohnung auf Grund vertraglicher Verpflichtung einen verlorenen Zuschuß, insbesondere einen verlorenen Baukostenzuschuß, geleistet, und wird das Mietverhältnis nach dem 31. Oktober 1965 beendigt, so hat der Vermieter die Leistung, soweit sie nicht durch die Dauer des Mietverhältnisses als getilgt anzusehen ist, nach Maßgabe des § 347 des Bürgerlichen Gesetzbuchs zurückzuerstatten. [2]Erfolgt die Beendigung des Mietverhältnisses wegen eines Umstandes, den der Vermieter nicht zu vertreten hat, so hat er die Leistung nach den Vorschriften über die Herausgabe einer ungerechtfertigten Bereicherung zurückzuerstatten.

§ 2: [1]Beruht der Zuschuß auf einer nach dem Inkrafttreten dieses Gesetzes getroffenen Vereinbarung, so gilt ein Betrag in Höhe einer Jahresmiete durch eine Mietdauer von vier Jahren von der Leistung an als getilgt. [2]Dabei ist die ortsübliche Miete für Wohnungen gleicher Art, Finanzierungsweise, Lage und Ausstattung zur Zeit der Leistung maßgebend. [3]Leistungen, die den Betrag einer Vierteljahresmiete nicht erreichen, bleiben außer Betracht.

§ 3: Beruht der Zuschuß auf einer vor dem Inkrafttreten dieses Gesetzes getroffenen Vereinbarung, so gilt er als für eine Mietdauer gewährt, die unter Berücksichtigung aller Umstände, insbesondere der Höhe des Zuschusses und der laufenden Miete, der Billigkeit entspricht.

§ 4: Der Anspruch auf Rückerstattung verjährt nach Ablauf eines Jahres von der Beendigung des Mietverhältnisses an.

§ 5: Eine von den Vorschriften der §§ 1 bis 4 zum Nachteil des Mieters abweichende Vereinbarung ist unwirksam.

§ 6: Die §§ 1 bis 5 gelten nicht für verlorene Zuschüsse, die wegen ihrer Unzulässigkeit nach anderen Vorschriften zurückzuerstatten sind.

[73] S. § 6 Baukostenzuschüsse-Rückerstattungsgesetz. Die Unwirksamkeit kann sich bei preisgebundenem Wohnraum aus § 9 WoBindG ergeben (s. dazu Rdn. 4), ansonsten bei unangemessener Mietpreiserhöhung aus § 5 WiStG (vgl. *Bieber* in MünchKomm § 547 Rdn. 18). Als Anspruchsgrundlage für die Rückerstattung unwirksamer Zuschüsse (auch des nicht durch die Nutzungsdauer getilgten Teils) kommen §§ 280, 812, 823 BGB in Betracht.

[74] So auch BGH NJW 1971, 1659.

Rückzahlung des Zuschusses nach Maßgabe des § 346 BGB[75] vor bzw. bei vom Vermieter nicht zu vertretendem Vertragsende nach Bereicherungsrecht[76]. Rückerstattung kann derjenige verlangen, der den Zuschuss geleistet hat; war das ein Dritter, so steht diesem der Anspruch zu[77]. Ein Nachfolgemieter gilt als Leistender, wenn er dem Vormieter den Zuschuss erstattet hat[78]. Die Verjährungsvorschrift in § 4 Baukostenzuschüsse-Rückerstattungsgesetz weicht von § 195 BGB ab, die Verjährungsfrist beträgt danach ein Jahr ab Beendigung des Mietverhältnisses. Wichtigster Unterschied zu § 547 BGB ist aber die Regelung in § 2 Baukostenzuschüsse-Rückerstattungsgesetz. Dort ist nämlich vorgesehen, dass ein Zuschuss in Höhe einer ortsüblichen Jahresmiete für eine vergleichbare Wohnung durch eine Mietdauer von vier Jahren als getilgt angesehen wird. Soweit nach bereicherungsrechtlichen Vorschriften zurückzuerstatten ist, gilt das in Rdn. 16/17 Ausgeführte.

21 **cc) Vermieterwechsel.** Der **Erwerber muss** bei einem Vermieterwechsel gem. § 566 BGB den Bereicherungsanspruch bzw. den Erstattungsanspruch gem. § 346 BGB (iVm. dem Baukostenzuschüsse-Rückerstattungsgesetz) **erfüllen.** Nach § 566 BGB tritt er nämlich für die Zeit seines Eigentums in alle Rechte und Pflichten aus dem Mietvertrag ein. Das setzt voraus, dass es sich bei der Erstattungspflicht bzw. bei dem Bereicherungsausgleich um eine mietvertragliche Pflicht handelt und der Anspruch nach dem Eigentumsübergang fällig wird[79]. Letzteres ist ohne Weiteres der Fall, da der Erstattungsanspruch bzw. der Bereicherungsausgleich erst mit der Beendigung des Mietverhältnisses entstehen (s. auch Rdn. 44 und 51). Als mietvertraglich sind die Ansprüche ebenfalls zu qualifizieren. Zwar beruht die Leistung des verlorenen Baukostenzuschusses, wie dargelegt, auf einer Zusatzvereinbarung. Dabei handelt es sich aber nicht um einen gesonderten, vom Mietverhältnis unabhängigen Vertrag, sondern um eine Abrede, die dem Abschluss und/oder der Durchführung des Vertrages dienen soll, die also dessen Bestandteil ist. Es kann im übrigen hinsichtlich des Bereicherungsausgleichs (und des Erstattungsanspruchs nach dem Baukostenzuschüsse-Rückerstattungsgesetz als dessen gesetzliche Ausprägung für die Wohnraummiete) für die Anwendung von § 566 BGB nichts anderes gelten als allgemein für bereicherungsrechtliche Aufwendungsersatzansprüche, da es sich bei dem Bereicherungsausgleich von verlorenen Baukostenzuschüssen um einen Unterfall des bereicherungsrechtlichen Aufwendungsersatzes (s. dazu Rdn. 16 und bei § 566 Rdn. 136) handelt. Zu der Problematik, ob der Mieter gegen seinen früheren Vermieter Schadensersatzansprüche haben kann, wenn der Ersteher in der Zwangsversteigerung von seinem Sonderkündigungsrecht gem. § 57a ZVG Gebrauch macht, s. bei § 566 Rdn. 145.

22 Die Anwendung des § 566 BGB ist nicht beschränkt auf den **rechtsgeschäftlich bedingten Eigentumsübergang,** den Erwerber eines Grundstücks trifft die Pflicht zum Bereicherungsausgleich vielmehr auch dann, wenn der Eigentumsübergang durch **Zuschlag in der Zwangsversteigerung** erfolgt ist[80]. Die gegenteilige Ansicht des OLG Düsseldorf[81], das – außer bei der Wohnraummiete[82] – einen Übergang des Anspruchs auf den Erwerber verneint und sich insbesondere auf ältere Rechtsprechung des BGH[83] bezieht, ist mit dem Gesetz nicht vereinbar. Der Verweis in § 57 ZVG auf § 566 BGB ist einschränkungslos. Wohl deshalb argumentieren die beiden vom OLG Düsseldorf in Bezug genommene Urteile des BGH auch nicht mit einer Einschränkung des § 566 BGB, sondern rein bereicherungsrechtlich. Das ältere der beiden Urteile[84] verneint bereicherungsrechtliche Ansprüche, weil die Möglichkeit zur Erzielung eines höheren Mietzinses ihren Rechtsgrund in dem gesetzlichen Kündigungsrecht des Erstehers gem. § 57a ZVG habe. Diese Argumentation ist aus heutiger Sicht nicht mehr tragfähig, weil sie gleichermaßen für einen rechtsgeschäftlichen

---

75 Im Gesetzestext steht § 347 BGB; wegen der Neugestaltung des Rücktrittsrechtes durch die Schuldrechtsreform ist der Verweis auf § 347 BGB allerdings nicht mehr korrekt, richtigerweise gilt § 346 BGB.

76 Es handelt sich wie bei § 547 BGB um einen Rechtsfolgenverweis (BGH NJW 1971, 1659).

77 BGH NJW 1967, 561.

78 *Bieber* in MünchKomm § 547 Rdn. 18.

79 S. zum Fälligkeitsprinzip bei § 566 Rdn. 86 und zur Qualifizierung als mietvertragliche Pflicht bei § 566 Rdn. 88.

80 BGH NJW 2009, 2374 = ZMR 2009, 749.

81 OLG Düsseldorf NZM 2007, 644. Die Revision hiergegen war erfolgreich (BGH NZM 2009, 783). Der BGH hat die Entscheidung des OLG Düsseldorf aus den nachfolgend dargestellten Gründen aufgehoben; das Urteil in BGH NZM 2009, 783 entspricht fast wortgleich einer in BGH NJW 2009, 2374 = ZMR 2009, 749 veröffentlichten Parallelentscheidung.

82 *Bartholomäi/Lindner-Figura/Stellmann* in Lindner-Figura Kap. 10 Rdn. 228 halten den Erwerber allgemein, also auch bei Wohnraummietverhältnissen nicht für verpflichtet; so wohl auch *Bachmann* ZMR 1961, 37.

83 BGH NJW 1955, 302 = BGHZ 16, 31; BGH ZMR 1961, 101 = WM (nicht WuM) 1960, 1125.

84 BGH NJW 1955, 302 = BGHZ 16, 31.

Grundstückserwerb gelten müsste, wenn der Erwerber als neuer Vermieter ein bestehendes Recht zur Kündigung wahrnimmt. Außerdem ist sie monokausal auf das Sonderkündigungsrecht gem. § 57a BGB bezogen und blendet – anders als die sonstige Rechtsprechung des BGH – aus, dass zur Erzielung des Vermögensvorteils nicht nur die Vertragsbeendigung notwendig ist, sondern auch die Erbringung des verlorenen Baukostenzuschusses durch den (vorzeitig) gekündigten Mieter. Abgesehen davon hatte das Urteil nicht einen verlorenen Baukostenzuschuss zum Gegenstand, sondern einen anrechenbaren Zuschuss, also eine Mietvorauszahlung. Hierfür galt damals § 555 BGB, die Vorvorgängernorm des heutigen § 547 BGB, die der BGH auch angewendet hat; für einen Rückgriff auf das Bereicherungsrecht bestand also eigentlich kein Anlass. Das neuere der beiden vom OLG Düsseldorf in Bezug genommenen BGH-Urteile[85] betraf allerdings einen verlorenen Baukostenzuschuss. Es verweist auf das ältere Urteil und fügt hinzu, nur der ursprünglich Berechtigte sei der unmittelbar Bereicherte. Das ist zwar in dem Sinne richtig, dass der ursprüngliche Vermieter und nicht der Ersteher den Baukostenzuschuss erhalten hat; der Zuschuss ist aber in das Mietobjekt geflossen und hat zu einer Erhöhung der Ertragskraft geführt, die nach einem Eigentumswechsel nur der Ersteigerer im Falle der vorzeitigen Beendigung des Mietverhältnisses nutzen kann, weswegen ein Ersteigerer genauso bereichert ist wie ein rechtsgeschäftlicher Erwerber[86]. Mit genau dieser bereicherungsrechtlichen Argumentation hat der BGH[87] schon 2005 bei einem rechtsgeschäftlich bedingten Eigentumsübergang eine Erstattungspflicht des Erwerbers nach ertragswertsteigernden Investitionen des Mieters bejaht, ohne auf die geschilderte frühere Rechtsprechung einzugehen; im Jahre 2009 hat der BGH[88] diese Argumentation auf einen Erwerb in der Zwangsversteigerung übertragen. Damit hat er die frühere Rechtsprechung konkludent aufgegeben. Das OLG Düsseldorf[89] hält eine Differenzierung nach der Art des Eigentumsübergangs wohl jedenfalls bei verlorenen Baukostenzuschüssen (anders als bei Mietvorauszahlungen) dann für angebracht, wenn die Vereinbarung über den Baukostenzuschuss entgegen dem Schriftformerfordernis des § 550 BGB nicht in der Vertragsurkunde enthalten ist. Das gebiete der Schutz der Realgläubiger und die Notwendigkeit, in der Zwangsvollstreckung angemessene Erlöse zu erzielen. Es ist aber nicht ersichtlich, warum – als Folge davon – die Ersteher gegenüber dem rechtsgeschäftlichen Erwerber bevorzugt werden sollen. Dies zumal, als anerkanntermaßen ein Erwerber auch an Mietverhältnisse gebunden ist, von denen er nichts wusste[90]; das muss dann erst Recht für einzelne mietvertragliche Vereinbarungen gelten.

Der Bereicherungsausgleich bzw. der Erstattungsanspruch nach dem Baukostenzuschüsse-Rückerstattungsgesetz sind nicht durch §§ 566b, 566c BGB begrenzt, da die Leistung eines verlorenen Baukostenzuschusses (im Gegensatz zum anrechenbaren Baukostenvorschuss) per Definition gerade **keine Verfügung i. S. v. §§ 566b, 566c BGB** über den Mietzins oder eine Vereinbarung darüber darstellt. 23

2. Vertragsbeendigung

Mietvorauszahlungen gem. § 547 BGB sind mit Beendigung des Mietvertrages zu erstatten. Abzustellen ist auf das **rechtliche Ende des Vertrages** (ggf. einschließlich einer stillschweigenden Verlängerung gem. § 545 BGB) und nicht auf die Rückgabe bzw. den Zeitpunkt, ab dem der Mieter keine Nutzungsentschädigung mehr schuldet[91]. Das folgt nicht nur aus dem Wortlaut von § 547 BGB, sondern vermeidet auch Ungereimtheiten bei der Anwendung von § 566 BGB, wenn das Eigentum an dem Mietgrundstück nach rechtlichem Vertragsende aber vor Rückgabe übergeht. Vor Vertragsende muss der Vermieter Vorauszahlungen auch dann nicht erstatten bzw. ist dem Mie- 24

[85] BGH ZMR 1961, 101 = WM (nicht WuM) 1960, 1125.

[86] **A. A.** *Eckert* NZM 2009, 769.

[87] BGH NZM 2006, 15 = ZMR 2006, 185.

[88] BGH NJW 2009, 2374 = ZMR 2009, 749.

[89] OLG Düsseldorf NZM 2007, 644. Ähnlich *Eckert* NZM 2009, 769, der allerdings nicht ausdrücklich auf den Schriftformverstoß abstellt, sondern allgemein darauf, dass ein Ersteher aus den in der Zwangsvollstreckung zugänglichen Unterlagen meist die Wertverbesserungen des Mieters nicht ersehen könne; *Eckert* verneint deshalb einen Bereicherungsanspruch des Mieters gegen den Ersteher in allen Fällen, in denen das Mietverhältnis gem. § 57a ZVG beendet wird, und will dem Mieter stattdessen einen Schadensersatzanspruch gegen den ursprünglichen Vermieter gewähren (s. dazu bei § 566 Rdn. 145).

[90] S. bei § 566 Rdn. 85.

[91] Im Ergebnis ebenso *Rolfs* in Staudinger § 547 Rdn. 23; *Lammel,* Wohnraummietrecht, § 547 Rdn. 5 und BGH NJW 1959, 1428, wenn dort auf den Zeitpunkt des Wirksamwerdens der Kündigung abgestellt wird. Für die Maßgeblichkeit der Rückgabe *Blank/Börstinghaus* § 547 Rdn. 11.

ter ein Zurückbehaltungsrecht wegen des Erstattungsanspruchs verwehrt, wenn der Vermieter in Vermögensverfall gerät[92], da der Erstattungsanspruch noch nicht fällig und § 321 BGB mangels Gegenseitigkeit von Mietzahlungspflicht und Erstattungsanspruch vor Vertragsende nicht anwendbar ist.

25 **Die Art der Vertragsbeendigung ist belanglos**[93]: § 547 BGB gilt für die ordentliche und die außerordentliche Kündigung und auch dann, wenn sie durch den Insolvenzverwalter gem. § 109 InsO, durch den Erwerber gem. § 111 InsO oder den Ersteigerer gem. § 57 a ZVG[94] erfolgt, außerdem für die Beendigung durch Zeitablauf und für die einverständliche Aufhebung des Vertrages[95]. Zur Beendigung eines Vertrages mit Nachfolgeklausel, also für den Eintritt eines Nachmieters in den Vertrag s. Rdn. 31. Eine **Anfechtung** vernichtet den Mietvertrag mit ex-tunc Wirkung[96], so dass es auf Grund dieser Rückwirkungsfiktion nie einen wirksamen Vertrag gab; mangels Rechtsgrundes für die Vorauszahlungen ist nicht § 547 BGB, sondern Bereicherungsrecht anzuwenden[97].

IV. Erstattungsanspruch

1. Allgemeines

26 Der Anspruch auf Erstattung ist **vertraglicher Natur** und nicht eine bloße Entschädigung; das gilt auch, wenn der Vermieter gem. § 547 Abs. 1 Satz 2 BGB die bei ihm vorhandene Bereicherung herauszugeben hat, weil es sich nur um eine Rechtsfolgenverweisung handelt, die den mietvertraglichen Charakter des Anspruchs nicht ändert[98]. Der Erstattungsanspruch wird sofort mit Vertragsbeendigung fällig[99]; s. zu Ausnahmen (insbesondere bei anrechenbaren Baukostenzuschüssen und bei Mieterdarlehen) aber auch Rdn. 46 und 49. Weil sich das Vertragsende stets kalendermäßig feststellen lässt, tritt gem. § 286 Abs. 2 Nr. 1 BGB auch sofort **Verzug** ein[100]. Gegenüber dem Erstattungsanspruch aus § 547 BGB kann der Vermieter bei verspäteter Rückgabe mit seinen Ansprüchen auf Nutzungsentschädigung und Schadensersatz **aufrechnen** bzw. – soweit die Schadensersatz- und Nutzungsentschädigungsansprüche noch nicht entstanden sind – ein Zurückbehaltungsrecht gem. § 273 BGB geltend machen[101]. In diesen Fällen kommt der Vermieter auch nicht in Verzug mit der Erstattung[102].

27 Die **Verjährung** des Erstattungsanspruchs richtet sich nach § 195 BGB; er verjährt innerhalb der Regelverjährungsfrist von drei Jahren. Die sechsmonatige Verjährungsfrist des § 548 Abs. 2 BGB gilt auch dann nicht, wenn die Parteien einen Aufwendungsersatzanspruch des Mieters aus §§ 536 a Abs. 2, 539 Abs. 1 BGB als Mietvorauszahlung behandeln[103].

2. Schuldner des Anspruchs (einschließlich Vermieterwechsel)

28 Schuldner des Erstattungsanspruchs ist derjenige, der zum Zeitpunkt der Beendigung des Mietverhältnisses **Vermieter** ist. Erstattungspflichtig ist also ggf. der **Einzel- oder Gesamtrechts-**

---

92 *Blank/Börstinghaus* § 547 Rdn. 11.
93 *Rolfs* in Staudinger § 547 Rdn. 12.
94 BGH NJW 1955, 302.
95 *Bieber* in MünchKomm § 547 Rdn. 3. **A. A.** *Strutz,* NJW 1968, 1956, weil der Mieter sich bei der einverständlichen Vertragsaufhebung durch entsprechende Vereinbarung die Rückerstattung der Vorauszahlungen sichern könne; diese Ansicht geht fehl, weil der Mieter gerade im Vertrauen auf § 547 BGB, der hinsichtlich der Beendigungsgründe keine Differenzierung enthält, eine diesbezügliche vertragliche Vereinbarung unterlassen kann.
96 BGH NJW 2009, 1266 = ZMR 2009, 103.
97 *Bieber* in MünchKomm § 547 Rdn. 3.
98 Grundlegend BGH NJW 1970, 2290. Außerdem BGH NJW 1955, 303, LG Berlin GE 1991, 1035.
99 *Blank/Börstinghaus* § 547 Rdn. 11. Soweit eine Abrechnungsfrist für den Vermieter diskutiert wird (s. Nachweise bei *Blank/Börstinghaus* § 547 Rdn. 10), überzeugt das nicht, weil dem eine entsprechende Abrechnungspflicht des Vermieters zu Grunde liegen müsste. Es kann sich aber allenfalls um eine Obligation handeln, um den Verzugsfolgen zu entgehen; ansonsten ist es Sache des Mieters wie jedes Anspruchstellers seine Forderung zur Vorbereitung der Geltendmachung zu berechnen. Anders ist es nur bei der Mietsicherheit; die dortige Abrechnungspflicht des Vermieters folgt aber aus der Kautionsabrede und dem Treuhandverhältnis.
100 *Rolfs* in Staudinger § 547 Rdn. 23.
101 *Lammel,* Wohnraummietrecht, § 547 Rdn. 5.
102 *Löwisch* in Staudinger (2004) § 286 Rdn. 126.
103 BGH NJW 2008, 2256 = WuM 2008, 402; BGH NJW 1970, 2289, 2290.

nachfolger[104]. Das gilt auch bei einer Rechtsnachfolge[105] gem. § 566 BGB (einschließlich der Verweisungen auf diese Vorschrift, insbesondere in § 57 ZVG für die Zwangsversteigerung)[106]; die Begründung hierfür ist ähnlich wie bei dem Übergang des Ausgleichsanspruchs für einen verlorenen Baukostenzuschuss (s. dazu Rdn. 21). Anders als bei einem verlorenen Baukostenzuschuss sind allerdings für die Erstattungspflicht von Mietvorauszahlungen durch den Erwerber die Regelungen des § 566c BGB zu beachten[107], weil es sich bei Mietvorauszahlungen um Vereinbarungen über den Mietzins handeln kann, die in die Eigentumszeit des Erwerbers wirken (s. zu Einzelheiten, auch zu den Besonderheiten der Behandlung von anrechenbaren Baukostenzuschüssen, bei der Kommentierung zu § 566c BGB). Die Beteiligten können jedoch vereinbaren, dass der Erwerber ohne die Beschränkung des § 566c BGB an die Absprachen des Vermieters mit dem Mieter über die Mietvorauszahlungen gebunden ist. Dann trifft ihn auch die Erstattungspflicht gem. § 547 BGB in vollem Umfang. Auf eine solche Vereinbarung sind die Regeln über die befreiende Schuldübernahme anzuwenden, d. h. alle Beteiligten müssen mit der Übernahme durch den Erwerber und der Entlassung des Veräußerers aus der Schuld einverstanden sein[108].

Soweit der Erwerber die Vereinbarung über die Anrechnung der Mietvorauszahlung und damit die Erstattungspflicht nicht vertraglich übernommen hat und sie deshalb gem. § 566c BGB ihm gegenüber beschränkt ist, kann der Mieter von dem Veräußerer **(früheren Vermieter)** Schadensersatz gem. § 280 BGB verlangen; die Abrede über die Verrechnung der Vorauszahlung ist nämlich dahingehend auszulegen, der Vermieter wolle dem Mieter dafür einstehen, dass die Verrechnung während der vorgesehenen Vertragsdauer möglich ist und nicht im Falle der (ggf. auch mehrfachen) Veräußerung des Mietgrundstücks wegen §§ 566b, 566c BGB unwirksam wird[109]. 29

3. Gläubiger des Anspruchs (einschließlich Nachmieter)

Gläubiger des Erstattungsanspruchs aus § 547 BGB ist der **Mieter.** Das gilt auch dann, wenn ein Dritter gem. § 267 BGB die Mietvorauszahlung für den Mieter erbracht hat, da es sich um die im Voraus erbrachte Gegenleistung des Mieters für die Gebrauchsüberlassung handelt. Mehrere Mieter sind i. d. R. Mitgläubiger gem. § 432 BGB[110]; die Abtretung der Forderung ist zulässig. 30

Ist ein Mieter, der einen **Nachmieter** gestellt hat (auf Grund einer vertraglichen Nachfolgerklausel oder gem. § 242 BGB[111]), aus dem Vertrag entlassen worden und hat der Nachmieter dem Mieter die noch nicht abgewohnte Mietvorauszahlung ausbezahlt[112], so steht dem Nachmieter bei vorzeitiger Beendigung des Mietverhältnisses der Erstattungsanspruch gem. § 547 BGB gegen den Vermieter zu; die technische Umsetzung des Mieterwechsels, etwa durch Abschluss eines neuen Vertrages, spielt keine Rolle, entscheidend ist, dass der Wechsel sich in Erfüllung des Rechtes auf Nachmieterstellung vollzieht[113]. Ist hingegen zwischen Mieter und Nachmieter kein Ausgleich erfolgt, so kann der Mieter den Erstattungsanspruch sofort bei seinem Ausscheiden aus dem Vertrag und nicht erst bei Beendigung des Vertrages zwischen Vermieter und Nachmieter gegen den Vermieter geltend machen[114]. Das kann zwar den Vermieter belasten, der die Vorauszahlung vorzeitig 31

[104] *Rolfs* in Staudinger § 547 Rdn. 37.

[105] Zu der umstrittenen Frage, ob § 566 BGB eine Rechtsnachfolge anordnet, s. bei § 566 Rdn. 9.

[106] BGH NJW 1955, 302; BGHZ 53, 35; BGH NJW 1970, 93; LG Berlin GE 1991, 1035. Eine Zusammenstellung der Verweisungen auf § 566 BGB findet sich bei § 566 Rdn. 19ff.

[107] BGH NJW 1970, 93. Soweit das LG Berlin GE 1991, 1035 meint, Mieterdarlehen, die als Mietvorauszahlung zu qualifizieren seien, fielen allgemein nicht unter § 566c BGB, beruht das wohl auf einem Missverständnis der in Bezug genommenen Entscheidung BGH NJW 1962, 1860, die dies nur für Mieterdarlehen in Form von anrechenbaren Baukostenzuschüsse ausgesprochen hatte.

[108] BGH NJW 1966, 1703.

[109] BGH NJW 1966, 1703. In dem vom BGH entschiedenen Fall hatte der erste Erwerber die Vereinbarung zur Anrechnung der Vorauszahlungen übernommen, nicht aber der weitere Erwerber bei der darauffolgenden Zwangsversteigerung; der BGH diskutierte auch die Frage, unter welchen Voraussetzungen der ursprüngliche Vermieter aus seiner Haftung entlassen wird.

[110] *Häublein* in MünchKomm § 535 Rdn. 48; *Kraemer* NZM 2002, 470.

[111] S. dazu *Streyl* NZM 2005, 364.

[112] Die Erfüllung in der Höhe, die auch der Vermieter schulden würde, ist entscheidend, nicht das Bestehen eines Anspruchs gegen den Nachmieter, da der Mieter ansonsten den Erstattungsanspruch aus § 547 BGB gegen den Vermieter ohne echte Kompensation verlöre, was jedenfalls bei Wohnraummietverhältnissen gegen § 547 Abs. 2 BGB verstoßen würde (vgl. *Rolfs* in Staudinger § 547 Rdn. 40).

[113] BGH NJW 1966, 1705.

[114] *Rolfs* in Staudinger § 547 Rdn. 40.

erstatten muss, folgt aber bei Wohnraummietverhältnissen wohl zwingend aus § 547 Abs. 2 BGB, der ein Abweichen von dem sofortigen Erstattungsanspruch bei Ende des Vertrages verbietet. Bei anderen Mietverhältnissen müssten die Parteien eine Abweichung angesichts des Wortlauts von § 547 Abs. 1 BGB ausdrücklich vereinbaren. Überdies hätte der Vermieter die ihm ungewünschte Folge der Erstattungspflicht nach dem Mieterwechsel dadurch abwenden können, dass er einer Nachmiete ohne einen Ausgleich zwischen den Mietern nicht zugestimmt hätte. Zu einer Zustimmung wäre er nämlich nicht verpflichtet gewesen, weil die (vorzeitige) Erstattungspflicht für ihn einer Vertragsänderung gleichkommt.

4. Vertretenmüssen der Vertragsbeendigung

32 Gem. § 547 Abs. 1 Satz 1 BGB hat der Vermieter dem Mieter die Mietvorauszahlungen (nebst Zinsen) ohne weitere Bedingungen zu erstatten. Eine **Einschränkung der Erstattungspflicht** ergibt sich aber aus § 547 Abs. 1 Satz 2 BGB. Danach muss der Vermieter das Erlangte nur nach den Vorschriften über die Herausgabe einer ungerechtfertigten Bereicherung herausgeben, wenn er die Beendigung des Mietverhältnisses nicht zu vertreten hat. Das kann für den Vermieter eine Erleichterung sein (s. dazu Rdn. 45 ff.). Positiv formuliert bedeutet das: Hat der Vermieter die Beendigung des Vertrages zu vertreten, gilt die uneingeschränkte Erstattungspflicht aus Abs. 1 Satz 1, hat der Mieter sie zu vertreten, gilt Bereicherungsrecht. Aus der negativen Formulierung der Gesetzesfassung ergibt sich aber, dass die Erstattung nach § 547 Abs. 1 Satz 1 die Regel und der Bereicherungsausgleich die Ausnahme ist. Das wiederum hat zur Folge, dass den Vermieter in Zweifelsfällen oder bei beiderseitigem Vertretenmüssen die uneingeschränkte Erstattungspflicht (nebst Verzinsung) trifft und dass er **beweisen** muss, dass und warum er die Vertragsbeendigung nicht zu vertreten hat. Das gilt auch im Falle einer ordentlichen Kündigung[115]; der Mieter hat hier aber im Wege der sekundären Darlegungslast zunächst zu behaupten, warum der Vermieter die ordentliche Kündigung zu vertreten habe, und der Vermieter muss dies widerlegen. Wenn in einem Rechtsstreit nichts zum Grund der Vertragsbeendigung vorgetragen wird, kommt eine Beschränkung auf den Bereicherungsausgleich nicht in Betracht.

33 Nach dem Gesetzeswortlaut darf der Vermieter die Beendigung des Vertrages nicht zu vertreten haben. Der Vermieter hat die Vertragsbeendigung zu vertreten, wenn ihm **die Vertragsbeendigung objektiv zugerechnet** werden kann, wenn der Grund hierfür also aus seiner Sphäre stammt[116]. Vertretenmüssen ist nicht gleichzusetzen mit Verschulden, Verschulden ist nur eine Form des Vertretenmüssens. Vertretenmüssen bedeutet vielmehr Zurechnung[117]. Was zurechenbar ist, ergibt sich aus § 276 BGB; die Vorschrift ist zwar gesetzessystematisch nur den Sekundäransprüchen zugeordnet, aber dennoch für alle Ansprüche maßgeblich, bei denen es auf Zurechenbarkeit ankommt[118]. Nach § 276 BGB muss ein Schuldner grundsätzlich nur Vorsatz und Fahrlässigkeit, also Verschulden, vertreten; das gilt aber vorbehaltlich abweichender Absprachen oder abweichender gesetzlicher Anordnungen[119]. Eine solche abweichende gesetzliche Anordnung ist in dem Zweck des § 547 BGB zu sehen. Mietvorauszahlungen verändern das gesetzliche Leistungsgefüge, weil hierdurch der Mieter teilweise für eine lange Zeit vorleistungspflichtig ist. Oftmals geschieht das, um dem Vermieter Liquidität für die Erbringung der geschuldeten Gegenleistung, der Gebrauchsüberlassung, zu verschaffen. Beide Parteien gehen dabei davon aus, dass die Vorausleistung während der beabsichtigten Dauer des Mietverhältnisses abgegolten werden wird. Geschieht das nicht, hat der Vermieter zuviel an Miete erlangt und muss sie erstatten. Da er sich aber auf die beabsichtigte Dauer des Vertrages eingestellt und möglicherweise finanziell entsprechend disponiert hat, kann ihm die uneingeschränkte Erstattungspflicht nur dann auferlegt werden, wenn die Ursache für die Beendigung aus seiner Sphäre stammt. Ein Verschulden ist nicht notwendig, der Vermieter ist mit seinen Dispositionen schon dann nicht mehr schützenswert, wenn die Ursache der Vertragsbeendigung ihm zurechenbar ist; das Interesse des Mieters, die ohne Gegenleistung erbrachte Vorauszahlung wiederzuerlangen, überwiegt dann.

34 Unerheblich ist allerdings, wer den **äußeren Akt der Vertragsbeendigung** vollzogen hat und wie die Beendigung rechtstechnisch umgesetzt wurde. Deutlich wird das am Beispiel der ordent-

[115] **A. A.** *Bieber* in MünchKomm § 547 Rdn. 14.
[116] Im Ergebnis ebenso *Blank/Börstinghaus* § 547 Rdn. 16; *Lammel,* Wohnraummietrecht, § 547 Rdn. 8.
[117] *Grundmann* in MünchKomm (7. Aufl.) § 276 Rdn. 4.
[118] *Grundmann* in MünchKomm (7. Aufl.) § 276 Rdn. 2 und 11.
[119] *Grundmann* in MünchKomm (7. Aufl.) § 276 Rdn. 10.

lichen Kündigung des Mieters, die ohne Kündigungsgrund erklärt werden kann. Anlass für die Kündigung kann etwa die Unzufriedenheit mit den Wohnverhältnissen wegen Familienzuwachses sein; diese Beendigung hätte der Vermieter nicht zu vertreten. Anlass kann aber auch ein mangelhafter Zustand der Wohnung oder ein Verhalten des Vermieters sein, wegen dessen der Mieter nur deshalb nicht außerordentlich kündigt, weil er einen Rechtsstreit mit dem Vermieter über die Berechtigung der Kündigung scheut[120]. In diesem Fall hätte der Vermieter die Vertragsbeendigung zu vertreten. Notwendig ist aber, dass der Mieter tatsächlich hätte außerordentlich kündigen können; ansonsten würde an ein Verhalten des Vermieters eine Kündigungsfolge geknüpft, ohne dass ein Kündigungsgrund vorgelegen hätte.

Für die **einzelnen Beendigungstatbestände** gilt folgendes: 35

Bei der **ordentlichen Kündigung des Mieters** und der eher exotischen Kündigung gem. 36
§ 544 BGB kommt es – wie ausgeführt – darauf an, ob es einen tieferliegenden Anlass für die Kündigung gibt, der dem Vermieter zugerechnet werden kann. Ist das nicht der Fall, hat er die Kündigung nicht zu vertreten[121]. Umgekehrt ist es bei der ordentlichen Kündigung des Vermieters gem. § 573a BGB; hier ist das Vertretenmüssen des Vermieters ausgeschlossen, wenn der tiefergehende Anlass auch zur außerordentlichen Kündigung berechtigen würde. Bei der **ordentlichen Kündigung des Vermieters** gem. § 573 BGB ist nach dem Interesse zu differenzieren, auf das der Vermieter die Kündigung stützt. Schuldhafte Pflichtverletzungen des Mieters (§ 573 Abs. 2 Nr. 1 BGB) hat er nicht zu vertreten, aus seiner Sphäre stammen aber der Eigenbedarf (§ 573 Abs. 2 Nr. 2 BGB)[122], das Interesse an einer angemessenen wirtschaftlichen Verwertung (§ 573 Abs. 2 Nr. 3 BGB)[123], außerdem die Teilkündigung gem. § 573b BGB.

Verhaltenskündigungen und Kündigungen **wegen Verletzung vertraglicher Pflichten** hat 37
derjenige zu vertreten, wegen dessen Verhalten bzw. Pflichtverletzung gekündigt wird[124]. Das betrifft die Tatbestände der §§ 543, 569 BGB[125]. Im Falle des § 569 Abs. 1 BGB hat der Vermieter die Vertragsbeendigung allerdings dann nicht zu vertreten, wenn der Mieter den gesundheitsgefährdenden Zustand selbst herbeigeführt hat.

Die Kündigung des Mieters gem. § 540 Abs. 1 BGB hat der Vermieter zu vertreten, wenn er die 38
Untermiete zu Unrecht verweigert hat[126]. Ähnlich ist es bei der Kündigung des Mieters gem. § 554 Abs. 3, 561 BGB, da die **Modernisierung** bzw. das Mieterhöhungsverlangen dem Vermieter zuzurechnen sind[127]; sie hängen nur von seinem Willen ab und der Mieter würde in unzulässiger Weise von einer Kündigung abgehalten, wenn sie Folgen für die Erstattungspflicht hätte. Eine Kündigung gem. § 563 Abs. 4 BGB nach dem **Tod des Mieters** hat der Vermieter nicht zu vertreten, da das Kündigungsrecht in der Person des eintretenden Angehörigen begründet ist. Auch die Kündigung der überlebenden Mieter gem. § 563a Abs. 2 BGB hat ihren Grund in der Sphäre der den Vertrag fortsetzenden überlebenden Mieter[128]. Das Kündigungsrecht gem. §§ 564, 580 BGB dient dazu, dass Vermieter und Erbe einem starken personalen Bezug des Mietverhältnisses und den Veränderungen Rechnung tragen können, die der Tod des Mieters möglicherweise mit sich bringt, es ist ein gesetzlich geregelter Fall des Wegfalls der Geschäftsgrundlage; die Person des Mieters ist für den Vermieter nämlich oft von wesentlicher Bedeutung, auf der anderen Seite hat ein Erbe oft kein Interesse an der Fortführung des Vertrages, weil er schon über Wohnraum verfügt[129]. Der Kündigungsanlass stammt also aus der Sphäre des (verstorbenen) Mieters; auch wenn der Vermieter kündigt, hat dieser die Vertragsbeendigung nicht zu vertreten und er schuldet nur den Bereicherungs-

120 Ähnlich *Rolfs* in Staudinger § 547 Rdn. 14.

121 **A. A.** *Kandelhard* in Herrlein/Kandelhard (4. Aufl.) § 547 Rdn. 11, weil sich der Vermieter auf eine ordentliche Kündigung einzustellen habe, was aus den Wertungen des Rücktrittsrechts folge. Abgesehen davon, dass dem Gesetz jetzt (im Gegensatz zur Vorgängernorm) der Verweis auf die Rücktrittsvorschriften fehlt und dessen Wertungen deshalb nicht anwendbar sind, darf das Vertretenmüssen der Vertragsbeendigung nicht mit einer möglichen Vorbereitung darauf gleichgesetzt werden.

122 *Blank/Börstinghaus* § 547 Rdn. 17, der aber zu Unrecht meint, hier würde die gegenteilige Meinung vertreten.

123 *Rolfs* in Staudinger § 547 Rdn. 18.

124 *Blank/Börstinghaus* § 547 Rdn. 18.

125 *Rolfs* in Staudinger § 547 Rdn. 21.

126 *Blank/Börstinghaus* § 547 Rdn. 17; *Rolfs* in Staudinger § 547 Rdn. 20; **a. A.** *Scheuer/Emmerich* in Bub/Treier V. B Rdn. 439.

127 *Rolfs* in Staudinger § 547 Rdn. 15.

128 **A. A.,** aber ohne nähere Begründung *Blank/Börstinghaus* § 547 Rdn. 17.

129 S. bei § 564 Rdn. 1.

ausgleich gem. § 547 Abs. 1 Satz 2 BGB[130]. Anders mag es – ähnlich wie bei der ordentlichen Kündigung des Mieters – dann sein, wenn die Kündigung nach §§ 564, 580 BGB nur einfacheres Mittel für eine aus anderen Gründen erwünschte und mögliche Vertragsbeendigung ist.

39 Eine Kündigung gem. § 109 Abs. 1 **InsO** hat der Vermieter nicht zu vertreten, was sich schon an der in § 109 Abs. 1 Satz 3 InsO angeordneten Schadensersatzpflicht zeigt[131]. Die **Sonderkündigungsrechte** gem. § 111 InsO, § 57a ZVG, § 37 WEG, § 30 Abs. 2 ErbbRVO, §§ 1056 Abs. 2, 2135 BGB dienen hingegen allein den Interessen des Erwerbers/Ersteigerer bzw. Eigentümers als neuem Vermieter, dem hierdurch die wirtschaftliche Verwertung des Grundstücks erleichtert wird[132].

40 Endet ein Mietverhältnis durch **Zeitablauf,** hat dies der Vermieter ebenfalls nicht zu vertreten[133]. Es ist das (erkennbare) Risiko des Mieters, wenn dieser Vorauszahlungen vereinbart und leistet, die die Vertragslaufzeit übersteigen. Anders kann es sein, wenn der Vermieter eine **Verlängerungsoption** nicht ausübt, obwohl der Mieter hiermit rechnen durfte. Dann durfte der Mieter nämlich auch die Erwartung haben, die Vorauszahlung werde durch die Nutzung abgegolten[134].

41 Auch bei einem **Aufhebungsvertrag** kann der Vermieter entgegen anderer Literaturmeinungen die Vertragsbeendigung zu vertreten haben; es kommt darauf an, wer die Ursache für den Abschluss der Aufhebungsvereinbarung gesetzt hat bzw. auf wessen Wunsch hin sie geschlossen wurde[135]. Schon dem Wortlaut von § 547 BGB ist eine Beschränkung auf bestimmte Beendigungsformen nicht zu entnehmen. Auch das Argument, niemand werde zum Abschluss eines Aufhebungsvertrages gezwungen, so dass von einem dem Vermieter zurechenbaren Verhalten nicht ausgegangen werden könne[136], greift zu kurz, da Anlass für einen Aufhebungsvertrag auch dem Vermieter zurechenbare, zur Kündigung berechtigende Umstände oder Verhaltensweisen sein können und der Aufhebungsvertrag nur einer geordneten Abwicklung des Vertrages dienen soll. Es ist dann aber zu prüfen, ob dieser Aufhebungsvertrag nicht Vergleichscharakter dahingehend hat, dass die Parteien den Aufhebungsgrund insgesamt dem Streit entziehen wollen. Wenn das so ist, ist nicht von einem Nichtvertretenmüssen des Vermieters auszugehen, vielmehr ist der Regelfall des § 547 BGB anzuwenden, die uneingeschränkte Erstattungspflicht nach Abs. 1 Satz 1.

5. Unbedingter Erstattungsanspruch (Abs. 1 Satz 1)

42 Hat der Vermieter die Vertragsbeendigung zu vertreten bzw. kann er nicht beweisen, dass er sie nicht zu vertreten hat, so ist er nach Abs. 1 Satz 1 zur Rückerstattung derjenigen Vorauszahlungen verpflichtet, die nach den Vereinbarungen oder Vorstellungen der Parteien bzw. nach der gesetzlichen Wertung (z. B. im Falle des § 556b BGB) noch nicht durch die Nutzung der Mietsache abgegolten waren. Die Erstattungspflicht ist nach dem Gesetzeswortlaut unbedingt, insbesondere kann sich der Vermieter nicht auf **Entreicherung** berufen[137]. Außerdem folgt aus der Unbedingtheit, dass die Erstattung sofort und vollständig zu erfolgen hat und nicht in Raten erbracht werden darf[138]; gegenteilige Vereinbarungen sind jedenfalls bei der Wohnraummiete wegen § 547 Abs. 2 BGB unwirksam.

43 Hat der Mieter die Vorausleistung nicht in Geld geleistet, so kann nicht auf die Regeln des Rücktrittsrechts (§ 346 BGB) zurückgegriffen werden[139], da der Gesetzgeber der Mietrechtsreform den Verweis auf das Rücktrittsrecht, der in der Vorgängernorm enthalten war, gerade aufgegeben

130 *Rolfs* in Staudinger § 547 Rdn. 20. **A. A.** *Blank/Börstinghaus* § 547 Rdn. 17.

131 *Rolfs* in Staudinger § 547 Rdn. 20. Der BGH geht in NJW 1958, 1582 und NJW 1959, 872 ebenfalls von einer nur bereicherungsrechtlichen Haftung aus; direkt einschlägig ist diese Rechtsprechung aber nicht mehr, da sie auf der auch inhaltlich anderen Vorschrift des § 19 KO beruhte, die ein beiderseitiges Kündigungsrecht für Mieter und Vermieter vorsah.

132 Ebenso für § 1056 BGB und für § 30 ErbbRVO *Rolfs* in Staudinger § 547 Rdn. 20. **A. A.** für § 57a ZVG und § 37 WEG *Rolfs* in Staudinger § 547 Rdn. 20 und *Lammel,* Wohnraummietrecht, § 547 Rdn. 13.

133 *Rolfs* in Staudinger § 547 Rdn. 17.

134 Im Ergebnis ebenso *Blank/Börstinghaus* § 547 Rdn. 17. **A. A.** *Rolfs* in Staudinger § 547 Rdn. 17.

135 *Rolfs* in Staudinger § 547 Rdn. 19. **A. A.** *Bieber* in MünchKomm § 547 Rdn. 10. Das OLG Celle MDR 1978, 492 meint, der Vermieter habe die Aufhebung unabhängig von Ursache und Anlass immer zu vertreten, weil er sich freiwillig daran beteiligt habe; das überzeugt genauso wenig wie die Gegenmeinung, die wegen der freiwilligen Zustimmung des Mieters ein Vertretenmüssen des Vermieters ausschließt, weil beides einer vernünftigen vergleichsweisen Vertragsbeendigung unnötige Hindernisse bereitet.

136 So *Bieber* in MünchKomm § 547 Rdn. 10.

137 *Rolfs* in Staudinger § 547 Rdn. 26.

138 BGH NJW 1971, 1658.

139 **A. A.** *Rolfs* in Staudinger § 547 Rdn. 27.

hat. Aus der in Abs. 1 Satz 1 angeordneten Verzinsungspflicht ab Erhalt der Vorausleistung lässt sich vielmehr entnehmen, dass der Gesetzgeber davon ausging, die Vorausleistung sei nicht in Natur zu erstatten, sondern in jedem Fall in ihren Geldwert umzurechnen und dem gemäß auch dann **in Geld zu erstatten,** wenn sie ursprünglich anders als durch Geldzahlung erbracht wurde[140]. Im Einzelfall, bei besonderem Interesse auf Mieter- oder Vermieterseite, sind hiervon nach Treu und Glauben Ausnahmen zuzulassen.

Der Vermieter hat die Vorausleistung des Vermieters nach Abs. 1 Satz 1 vom Empfang der Leistung an zu **verzinsen.** Diese Pflicht trifft ihn allerdings nicht für die gesamte Mietvorauszahlung, sondern nur für den zurückzuerstattenden Teil[141]. Die Zinshöhe bestimmt sich nach § 246 BGB, beträgt also 4% pro Jahr. Befindet sich der Vermieter in Verzug mit der Rückzahlung, so gilt der Verzugszinssatz aus § 288 BGB. Da der Erstattungsanspruch sofort mit Vertragsbeendigung fällig wird[142] und sich das Vertragsende stets kalendermäßig feststellen lässt, tritt gem. § 286 Abs. 2 Nr. 1 BGB sofort mit Vertragsende Verzug ein[143]. **44**

6. Bereicherungsausgleich (Abs. 1 Satz 2)

Hat der Vermieter die Vertragsbeendigung nicht zu vertreten, schuldet er nur einen Bereicherungsausgleich. Dieser Ausgleich ist eine im Mietvertrag wurzelnde **Vertragspflicht.** § 547 BGB schreibt nämlich ausdrücklich die Rückerstattung des im voraus entrichteten Mietzinses und nicht etwa eine Entschädigung des Mieters dafür vor, dass er den Gebrauch der Mietsache vorzeitig aufgibt. Der Umstand, dass nach § 547 BGB der Vermieter, wenn das Mietverhältnis aus einem von ihm nicht zu vertretenden Umstand endet, den vorausbezahlten Mietzins nach den Vorschriften über die Herausgabe einer ungerechtfertigten Bereicherung zu erstatten hat, ändert nichts an der vertraglichen Grundlage dieses Mieteranspruchs[144]. Lediglich der Umfang der Vertragspflicht bestimmt sich nach den Regeln der ungerechtfertigten Bereicherung; es handelt sich also um einen **Rechtsfolgenverweis auf das Bereicherungsrecht**[145]. Ein Verschulden des Mieters an der Vertragsbeendigung schließt den Anspruch nicht aus[146], nach dem Gesetz ist ein Verschulden bzw. ein Vertretenmüssen des Mieters gerade Voraussetzung der Beschränkung auf den Bereicherungsausgleich anstelle der unbedingten Erstattungspflicht gem. § 547 Abs. 1 Satz 1 BGB. Auch § 254 BGB ist nicht anwendbar, da es sich bei dem Erstattungsanspruch nicht um einen Schadensersatzanspruch handelt. **45**

Die Frage, ob der Vermieter noch bereichert ist, beantwortet sich danach, ob die empfangene Vorauszahlung wirtschaftlich gesehen noch im Vermögen des Vermieters vorhanden ist[147] und – anders als bei der unbedingten Rückerstattungspflicht nach § 547 Abs. 1 Satz 1 BGB – nicht danach, welcher Teil der Mietvorauszahlung noch nicht durch die Nutzung der Mietsache abgegolten ist[148]. Da die Vertragsbeendigung nur für die Zukunft wirkt, muss die **Bereicherung des Vermieters** nach der Rechtsprechung des BGH[149] jedenfalls dann, wenn die Mietvorauszahlung in einem **anrechenbaren Baukostenzuschuss** bestand, in der Weise ermittelt werden, dass man feststellt, was der Mieter im Zeitpunkt der Vertragsbeendigung zu Gunsten des Vermieters aufgibt. Diese Betrachtungsweise ergibt, dass der Mieter sein Nutzungsrecht verliert und dass dieses Nutzungsrecht vorzeitig auf den **46**

---

[140] Im Ergebnis ebenso *Lammel,* Wohnraummietrecht, § 547 Rdn. 10. **A. A.,** für eine Rückerstattung „in Natur", soweit dies möglich ist, oder von Sachen gleicher Art und Güte *Rolfs* in Staudinger § 547 Rdn. 25.

[141] *Blank/Börstinghaus* § 547 Rdn. 20.

[142] *Blank/Börstinghaus* § 547 Rdn. 11. Soweit eine Abrechnungsfrist für den Vermieter diskutiert wird (s. Nachweise bei *Blank/Börstinghaus* § 547 Rdn. 11) überzeugt das nicht, weil dem eine entsprechende Abrechnungspflicht des Vermieters zu Grunde liegen müsste. Es kann sich aber allenfalls um eine Obligation handeln, um den Verzugsfolgen zu entgehen; ansonsten ist es Sache des Mieters wie jedes Anspruchstellers seine Forderung zur Vorbereitung der Geltendmachung zu berechnen. Anders ist es nur bei der Mietsicherheit; die dortige Abrechnungspflicht des Vermieters folgt aber aus der Kautionsabrede und dem Treuhandverhältnis.

[143] *Rolfs* in Staudinger § 547 Rdn. 23.

[144] BGH NJW 1970, 2289.

[145] Allg. M., s. nur BGH NJW 1970, 2289; BGH NJW 1971, 1658.

[146] LG Mönchengladbach WuM 1989, 78.

[147] BGH NJW 1970, 2290.

[148] So aber wohl *Blank/Börstinghaus* § 547 Rdn. 21, obwohl dort ebenfalls die Entscheidung BGH NJW 1970, 2290 erwähnt wird, und *Lammel,* Wohnraummietrecht, § 547 Rdn. 13 a. Wie hier BGH NJW 1959, 1428.

[149] Grundlegend für anrechenbare Baukostenzuschüsse BGH NJW 1959, 1424. S. ferner für einen verlorenen Baukostenzuschuss BGH NJW 1959, 872; BGH NJW 1964, 37; BGH NJW 1968, 888 und OLG Düsseldorf NZM 2001, 1093 sowie für Aufwendungen des Mieters BGH NZM 2006, 15 = ZMR 2006, 185; BGH NJW 1967, 225; BGH NJW 1985, 313 und BGH NJW 1985, 2527.

Vermieter übergeht, der nun in der Lage ist, es anderweitig zu verwenden und daraus Nutzen zu ziehen. Wenn also dem auf der Mieterseite eingetretenen vorzeitigen Verlust der Nutzungsmöglichkeit die vorzeitige Nutzungsmöglichkeit des Vermieters entspricht, so kann nach Ansicht des BGH die Bereicherung des Vermieters auch nur in diesem Vermögensvorteil bestehen, der allerdings nicht unmittelbar gleichzusetzen ist mit dem, was der Vermieter durch anderweitige Vermietung der Mietsache erlangt hat und/oder noch erlangt. Denn diesen Vorteil erhält der Vermieter mit Rechtsgrund durch Abschluss eines selbständigen Vertrages mit dem neuen Mieter und damit ohne Leistung des alten Mieters. Insofern fehlt es schon an der Unmittelbarkeit der Vermögensverschiebung. Entscheidend für die Bemessung der Bereicherung ist im Zweifel deshalb das, was der Vermieter wegen des Baukostenzuschusses (und nicht etwa wegen einer Veränderung der Marktlage)[150] nach dem objektiven Ertragswert der Räume *mehr* gegenüber dem hätte erzielen können, was der alte Mieter ihm geschuldet hat[151]. Daher kann sich der Vermieter seiner Pflicht, die Bereicherung dem alten Mieter herauszugeben, nicht schon dadurch entziehen, dass er zu derselben oder einer niedrigeren Miete vermietet (vgl. § 819 BGB). Die Miete, die er vom Nachfolger erhält, dürfte allerdings meist ein guter Maßstab dafür sein, wie hoch der Wert des ihm vorzeitig zugefallenen Nutzungsrechtes ist[152]. Eine Mangelhaftigkeit des Mietobjektes ist bei der Beurteilung der Ertragswertsteigerung dann nicht zu berücksichtigen, wenn der Vermieter seiner Pflicht zur Mängelbeseitigung nicht nachgekommen ist[153]. Scheitert eine Neuvermietung hingegen ganz oder eine Zeitlang ohne Verschulden des Vermieters, weil das Objekt nicht vermietbar ist, ist eine Bereicherung insoweit ausgeschlossen[154]. **Ausnahmsweise** kann sich die Bereicherung nach der durch die Mieterleistung geschaffenen **Werterhöhung des Bauwerks** bemessen. Das ist dann der Fall, wenn der Vermieter eine Ertragswertsteigerung durch Vermietung (oder Selbstnutzung) nicht mehr realisiert, weil er das Objekt unvermietet verkauft[155]. Bei der Bemessung der Werterhöhung kommt es – genauso wie bei der Ertragswertsteigerung – nicht auf den tatsächlich erzielten, sondern auf den objektiv erzielbaren Mehrerlös an.

47 Da der Vermögensvorteil dem Vermieter meist nicht sofort mit der Vertragsbeendigung oder der Neuvermietung zufließt, kann der Mieter die **sofortige Zahlung** des nicht getilgten restlichen Teils der Vorauszahlung nur dann verlangen, wenn es dem Vermieter gelingt, die Mietsache sofort wieder zu vermieten und wenn er vom neuen Mieter eine Vorauszahlung in entsprechender Höhe erhält. Kann der Vermieter eine Vorauszahlung von dem neuen Mieter nicht erlangen, beschränkt sich der Bereicherungsanspruch des Mieters auf eine **laufende Zahlung** in Höhe und nach Fälligkeit der bisher in Bezug auf die Vorauszahlung vereinbarten Verrechnungsquoten[156]. Es sind auch Mischformen denkbar, bei denen ein Teil der Vorauszahlung sofort zur Erstattung fällig wird und der Rest sukzessive; das kann etwa dann in Betracht kommen, wenn der Vermieter mit dem neuen Mieter eine geringere Vorauszahlung vereinbart, als es dem nicht getilgten Teil der Vorauszahlung des alten Mieters entspricht[157]. Soweit der BGH demgegenüber und ohne jegliche Auseinandersetzung mit seiner früheren Rechtsprechung in einer neueren Entscheidung[158] zum vergleichbaren Bereicherungsausgleich bei verlorenen Baukostenzuschüssen davon auszugehen scheint, die Ertragswertsteigerung sei – abgezinst[159] – in einem Betrag sofort auszugleichen, ist das abzulehnen, da der Vermieter ggf. zu einer Finanzierung des Bereicherungsausgleichs gezwungen wäre[160].

48 Die **Rechtsprechung** zur Bestimmung der Bereicherung bei anrechenbaren Baukostenzuschüssen ist **nicht unwidersprochen geblieben.** Insbesondere *Wunner*[161] ist ihr mit erheblichen

---

150 Eine zuschussbedingte Ertragswertsteigerung ist notwendig, weil der Mieter nur Gläubiger derjenigen Bereicherung ist, die auf ihn bzw. seine Leistung zurückzuführen ist. So ausdrücklich in BGH ZMR 1996, 122; BGH NZM 2001, 425 und wohl auch BGH NZM 2006, 15 = ZMR 2006, 185. Frühere Urteile hatten das nicht in dieser Weise erwähnt.

151 BGH NJW 2009, 2374 = ZMR 2009, 749; BGH NJW 1967, 2256; *Artz* LMK 2006, 172089.

152 BGH NJW 2009, 2374 = ZMR 2009, 749; BGH NJW 1967, 2256; BGH NJW 1959, 1428.

153 BGH NZM 2006, 15 = ZMR 2006, 185; *Artz* LMK 2006, 172089.

154 Ähnlich wohl auch BGH NJW 2009, 2374 Rdn. 14 = ZMR 2009, 749, wenn dort von konkreter Vermietbarkeit gesprochen wird.

155 BGH NJW 1967, 2255 (Rdn. 24 bei Juris); *Blank* WImmoT 2010, 90/91.

156 BGH NJW 1959, 1428; ebenso OLG Düsseldorf NZM 2001, 1093 und OLG Düsseldorf NZM 2007, 644 für die sukzessive Erstattung eines verlorenen Baukostenzuschusses.

157 BGH NJW 1959, 1428/1429.

158 BGH NZM 2006, 15 = ZMR 2006, 185 Rdn. 33.

159 Zur Berechnung der Abzinsung s. BGH NZM 2006, 15 = ZMR 2006, 185 Rdn. 33.

160 S. auch § 539 Rdn. 61.

161 *Wunner* NJW 1966, 2288. Ähnlich auch OLG Frankfurt ZMR 1970, 181; *Bachmann* ZMR 1961, 37.

dogmatischen Argumenten entgegengetreten. Danach sollte Anknüpfungspunkt für die Bemessung der Bereicherung nicht der vorzeitige Rückerhalt der Nutzungsmöglichkeit und die damit ggf. verbundenen Vorteile sein, sondern der Erhalt der Vorauszahlung und deren Vorhandensein bei Vertragsende im Vermögen des Vermieters[162]. Der BGH hält aber an seiner Rechtsprechung fest und zwar nicht nur bei der Erstattung von anrechenbaren und verlorenen Baukostenzuschüssen[163], sondern auch bei bereicherungsrechtlichem Aufwendungsersatz[164]. Dem ist m. E. für diese Fälle zu folgen[165], weil der Vermieter i. d. R. hinsichtlich der Vorauszahlung disponiert hat (bei einem anrechenbaren Baukostenzuschuss etwa durch langfristige Investitionen in die Mietsache) und ihn eine Erstattung unter Umständen erheblich belasten kann. Den Baukostenzuschuss lässt er sich nämlich oft deshalb gewähren, weil er aus eigener Kraft zu entsprechenden Leistungen nicht in der Lage ist. Nicht selten werden die Investitionen auch im vorrangigen Interesse des Mieters für dessen spezielle Nutzungszwecke getätigt. Bei einer sofortigen Erstattungspflicht in Höhe der erhaltenen und noch nicht durch Nutzung abgegoltenen Vorauszahlungen würde dem Vermieter das Risiko auferlegt, dass eine Abtragung des Zuschusses in Zukunft zu erreichen ist[166] – und dies, obwohl der Vermieter bei dem Bereicherungsausgleich gem. § 547 Abs. 1 Satz 2 BGB die vorzeitige Vertragsbeendigung nicht zu vertreten hat. Das ist allerdings keine bereicherungsrechtliche Argumentation, da das Bereicherungsrecht auf eine Abschöpfung der beim Bereicherten vorhandenen Vermögensvorteile abzielt, sondern eher Ausfluss von Treu und Glauben und von Vertrauensschutzgesichtspunkten. Das gesteht wohl auch der BGH[167] zu, wenn er ausführt, in Wirklichkeit handele es sich um eine nach Bereicherungsgrundsätzen zu bestimmende Entschädigung. Schon wegen ihres Ausnahmecharakters steht die bereicherungsrechtliche Bemessung von Mieterinvestitionen auch nicht der Rechtsprechung des BGH[168] zur Bereicherung des Vermieters entgegen, wenn der Mieter Schönheitsreparaturen auf Grund einer unwirksamen Dekorationsklausel erbracht hat; überdies stellt der BGH[169] – in Abgrenzung zu den hier in Rede stehenden Mieterinvestitionen – zu Recht den Entgeltcharakter der Renovierungspflicht in den Vordergrund und bemisst den vom Vermieter geschuldeten Wertersatz danach, was der Mieter neben einem Einsatz an freier Zeit als Kosten für das notwendige Material sowie als Vergütung für die Arbeitsleistung seiner Helfer aufgewendet hat oder hätte aufwenden müssen.

Der Vertrauensschutzgedanke greift zwar nicht nur bei anrechenbaren (oder verlorenen) Bau- **49**
kostenzuschüssen ein, sondern auch bei **frei verwendbaren Zuschüssen,** beispielsweise dann, wenn die Parteien einem **Mieterdarlehen** durch Anrechnung auf den Mietzins den Charakter einer Mietvorauszahlung gegeben haben. Auch in diesen Fällen hat der Vermieter berechtigterweise langfristige Vermögensdispositionen treffen dürfen. Ein Bereicherungsausgleich, wie ihn der BGH für Baukostenzuschüsse und Aufwendungsersatzansprüche entwickelt hat, ist jedoch nicht möglich, weil es wegen der freien Verfügbarkeit eines solchen Zuschusses, den der Vermieter also beispielsweise auch zur allgemeinen Lebensführung verwenden kann, keine Ertragswertsteigerung bei der Mietsache gibt, die gerade auf diesen Zuschuss zurückzuführen ist. Eine zuschussbedingte Ertragswertsteigerung ist notwendig[170], weil der Mieter nur Gläubiger derjenigen Bereicherung ist, die auf ihn bzw. seine Leistung zurückzuführen ist. Bei frei verwendbaren Zuschüssen ist der Vermieter demnach zwar in Höhe des erhaltenen Zuschusses bereichert, er muss ihn aber wegen des Vertrauensschutzes wie einen Baukostenzuschuss nicht sofort voll erstatten, sondern ratenweise in Höhe der vereinbarten Verrechnungsquote zu deren jeweiliger Fälligkeit[171]. Eine Entreicherung gem. § 818 Abs. 3 BGB erscheint angesichts dessen jedoch nur schwer vorstellbar.

---

162 *Wunner* NJW 1966, 2288/2289.

163 BGH NJW 1959, 1424; danach sind Vorauszahlungen und verlorene Zuschüsse bei der Bemessung der zu erstattenden Bereicherung im Ansatz gleich zu behandeln. Zu Einzelheiten und Besonderheiten hinsichtlich verlorener Zuschüsse s. Rdn. 13 ff.

164 S. z. B. BGH NZM 2006, 15 = ZMR 2006, 185. S. auch LG Dortmund ZMR 2008, 389 m. w. N.

165 So auch *Rolfs* in Staudinger § 547 Rdn. 34.

166 *Rolfs* in Staudinger § 547 Rdn. 34.

167 BGH NJW 1968, 888 am Ende.

168 BGH NJW 2009, 2590 = WuM 2009, 581 = ZMR 2009, 829.

169 BGH NJW 2009, 2590 = WuM 2009, 581 = ZMR 2009, 829 Rdn. 23.

170 So ausdrücklich in BGH ZMR 1996, 122; BGH NZM 2001, 425 und wohl auch in BGH NZM 2006, 15 = ZMR 2006, 185. Frühere Urteile hatten das nicht in dieser Weise erwähnt.

171 Das Urteil BGH NJW 1971, 1658 steht dem nicht entgegen. Zwar hat der BGH hier eine Vereinbarung gem. Abs. 2 für unwirksam gehalten, die eine sofortige Erstattung des Darlehens ausschloss. Das Urteil hält eine solche Vereinbarung aber wohl nur für die Erstattung gem. Abs. 1 Satz 1 für unzulässig, wenn es formuliert, dass

50 Es gibt auch Fälle der Bereicherung, bei denen der Vermieter **keinen Vertrauensschutz** in Anspruch nehmen kann, weil die Vorauszahlung (bzw. der verlorene Zuschuss oder die Aufwendung des Mieters) nicht im Hinblick auf eine bestimmte erwartete Vertragsdauer erfolgte bzw. entgegengenommen wurde. Das ist insbesondere der Fall bei Vorauszahlungen gem. §§ 556b, 579 Abs. 2 BGB (s. dazu bei Rdn. 7)[172]. Hier kann und muss sich der Vermieter auf die sofortige und volle Rückzahlung des Erhaltenen einstellen, er ist in Höhe des Mietzinses (vorbehaltlich einer Entreicherung) bereichert und nicht durch die in Folge des vorzeitigen Rückerhalts der Mietsache eingetretene Ertragswertsteigerung. In diesen Fällen ist der Schutz durch den Entreicherungseinwand gem. § 818 Abs. 3 BGB ausreichend, da langfristige Vermögensdispositionen nicht in Rede stehen. Im Rahmen von § 818 Abs. 3 BGB ist die Vermögenslage des Vermieters bei Empfang der Vorauszahlung mit derjenigen bei Entstehung des Erstattungsanspruchs zu vergleichen. Es gelten die allgemeinen zu § 818 Abs. 3 BGB entwickelten Grundsätze.

51 Den Bereicherungsausgleich hat der Vermieter nur im Falle des **Verzuges** zu verzinsen. Da der Erstattungsanspruch sofort mit Vertragsbeendigung fällig wird[173] und sich das Vertragsende stets kalendermäßig feststellen lässt, tritt gem. § 286 Abs. 2 Nr. 1 BGB sofort mit Vertragsende Verzug ein[174], bei ratenweiser Fälligkeit des Bereicherungsausgleichs erst mit Fälligkeit der jeweiligen Rate. Daneben kommen als Anspruchsgrundlage für einen Zinsanspruch §§ 818 Abs. 4, 819, 292 Abs. 2 BGB in Betracht, nicht hingegen § 818 Abs. 1 BGB, da diese Vorschrift die tatsächliche Ziehung von Nutzungen voraussetzt[175].

V. Abweichende Vereinbarungen (Abs. 2)

52 Gem. § 547 Abs. 2 BGB sind bei **Wohnraummietverhältnissen** auch individualvertraglich vereinbarte Abweichungen von den Regelungen des § 547 Abs. 1 BGB **zum Nachteil des Mieters unzulässig.** Nachteilig für den Wohnungsmieter ist der völlige Ausschluss der Erstattungspflicht, deren Hinausschieben, eine geringere Verzinsung oder die ratenweise Erfüllung[176]. Letzteres ist beim unbedingten Erstattungsanspruch nach Abs. 1 Satz 1 immer nachteilig, weil der Anspruch sofort und in voller Höhe fällig wird; beim Bereicherungsausgleich nach Abs. 1 Satz 2 wird der Anspruch selbst unter Umständen in Raten fällig, dann darf die abweichende Vereinbarung die Ratenzahlung nicht ungünstiger gestalten. Nachteilig ist weiter eine Vereinbarung, die dem Mieter unabhängig vom Beendigungsgrund stets nur einen Bereicherungsausgleich gem. Abs. 1 Satz 2 gewährt[177]. Eine unzulässige abweichende Vereinbarung macht nicht den ganzen Mietvertrag unwirksam; dies würde dem Schutzzweck des § 547 Abs. 2 BGB zuwider laufen[178].

53 Unter § 547 Abs. 2 BGB fallen nicht nur Vereinbarungen, die den Mieter und den (ursprünglichen) Vermieter betreffen, sondern auch solche, die die Erstattungspflicht zu Gunsten eines **Grundstückserwerbers,** der in den Mietvertrag eintritt, abbedingen oder erleichtern; das gilt auch für einen Erwerb in der Zwangsversteigerung[179]. Umgehungsvereinbarungen[180] sind ebenfalls gem. § 547 Abs. 2 BGB unwirksam.

---

der Mieter die Vorauszahlung „auf jeden Fall alsbald in vollem Umfang und nicht etwa nur ratenweise zurückerhält, es sei denn, daß die Beendigung des Mietverhältnisses vom Vermieter nicht zu vertreten und dieser nicht bereichert ist".

[172] Ähnlich ist es bei schlichten Überzahlungen, für die es nie einen Rechtsgrund gegeben hat; sie sind allerdings kein Anwendungsfall des § 547 BGB, sondern von § 812 BGB und insofern nur hinsichtlich der Rechtsfolgen vergleichbar.

[173] *Blank/Börstinghaus* § 547 Rdn. 11. Soweit eine Abrechnungsfrist für den Vermieter diskutiert wird (s. Nachweise bei *Blank/Börstinghaus* § 547 Rdn. 11), überzeugt das nicht, weil dem eine entsprechende Abrechnungspflicht des Vermieters zu Grunde liegen müsste. Es kann sich aber allenfalls um eine Obligation handeln, um den Verzugsfolgen zu entgehen; ansonsten ist es Sache des Mieters wie jedes Anspruchstellers seine Forderung zur Vorbereitung der Geltendmachung zu berechnen. Anders ist es nur bei der Mietsicherheit; die dortige Abrechnungspflicht des Vermieters folgt aber aus der Kautionsabrede und dem Treuhandverhältnis.

[174] *Rolfs* in Staudinger § 547 Rdn. 23.

[175] BGH NJW 1961, 2205.

[176] S. dazu BGH NJW 1971, 1658.

[177] *Rolfs* in Staudinger § 547 Rdn. 43.

[178] *Rolfs* in Staudinger § 547 Rdn. 42.

[179] BGH NJW 1970, 93.

[180] S. beispielsweise BGH NJW 1971, 1658, wo eine Mietvorauszahlung als vom Mietvertrag unabhängiges Mieterdarlehen ausgestaltet war, das auch nach Vertragende weiterlaufen sollte.

54 **Wirksam sind** – auch bei der Wohnraummiete – solche nachteiligen Vereinbarungen, die der Mieter mit dem Vermieter nach Beendigung des Vertrages bzw. nach Entstehung der Ansprüche trifft; dann kann der Mieter auch zu seinen Ungunsten über seine Rechtsposition verfügen[181].

55 Bei **sonstigen Mietverhältnissen,** also insbesondere solchen über bewegliche Sachen, Grundstücke und Gewerberäume, sind von § 547 Abs. 1 BGB abweichende Vereinbarungen zulässig[182]. Ein völliger Ausschluss der Erstattungspflicht in einem Formularmietvertrag dürfte den Mieter aber gem. § 307 BGB unangemessen benachteiligen, ebenso eine erhebliche Beschränkung des Anspruchs wie etwa die Beschränkung des Mieters auf den Bereicherungsausgleich unabhängig von der Art der Vertragsbeendigung oder die Beschränkung der Erstattung auf volle Jahre des Nichtfortbestehens des Vertrages[183]. Außerdem können solche ausschließenden oder beschränkenden Klauseln überraschend gem. § 305c BGB sein. Bei Mischmietverhältnissen entscheidet allein der Schwerpunkt des Vertrages[184] darüber, ob die Vorschriften über die Wohnraummiete und damit auch § 547 Abs. 2 BGB anwendbar sind[185].

181 *Rolfs* in Staudinger § 547 Rdn. 45.
182 OLG Düsseldorf ZMR 1992, 110; OLG Saarbrücken ZMR 2014, 35.
183 OLG München NJW-RR 1993, 655 = ZMR 1994, 15.
184 S. vor § 535 Rdn. 109.
185 **A. A.** *Rolfs* in Staudinger § 547 Rdn. 46, der danach differenzieren will, ob die abweichende Vereinbarung nur die Wohnräume oder nur die anderen Räume betrifft.

§ 548 Verjährung der Ersatzansprüche und des Wegnahmerechts

(1) [1]Die Ersatzansprüche des Vermieters wegen Veränderungen oder Verschlechterungen der Mietsache verjähren in sechs Monaten. [2]Die Verjährung beginnt mit dem Zeitpunkt, in dem er die Mietsache zurückerhält. [3]Mit der Verjährung des Anspruchs des Vermieters auf Rückgabe der Mietsache verjähren auch seine Ersatzansprüche.

(2) Ansprüche des Mieters auf Ersatz von Aufwendungen oder auf Gestattung der Wegnahme einer Einrichtung verjähren in sechs Monaten nach der Beendigung des Mietverhältnisses.

Systematische Übersicht

Alphabetische Schnellübersicht

I. Überblick und Zweck der Vorschrift

§ 548 BGB regelt die Verjährung solcher mietrechtlicher Ansprüche, die erst am Ende der vertraglichen Beziehung entstehen bzw. relevant werden. Die Vorschrift unterscheidet zwischen den Ansprüchen des Vermieters (§ 548 Abs. 1 BGB) und denen des Mieters (§ 548 Abs. 2 BGB). Das hat seinen Grund einmal in der Unterschiedlichkeit der erfassten Ansprüche, insbesondere aber in der unterschiedlichen Anknüpfung des Verjährungsbeginns. Während die Verjährung für den Vermieter mit Rückerhalt der Mietsache zu laufen beginnt, ist für die Mieteransprüche die Vertragsbeendigung der maßgebliche Zeitpunkt. Der Mieter kann seine Ansprüche schon während des Mietverhältnisses kennen, hat aber Anlass zur Durchsetzung erst nach der Vertragsbeendigung; der Vermieter hingegen hat i. d. R. keinen Einblick in den Zustand der Mietsache und kann sich Klarheit erst nach deren Rückgabe verschaffen[1]. § 548 BGB regelt nicht die Verjährung aller Ansprüche zwischen Mieter und Vermieter, sondern erfasst nur die **typischen Abwicklungsansprüche** (s. auch Rdn. 13). Das sind auf Vermieterseite die Ersatzansprüche wegen Veränderung oder Verschlechterung der Mietsache und auf Mieterseite die Ansprüche auf Ersatz von Aufwendungen und auf Gestattung der Wegnahme von Einrichtungen. Praktische Relevanz haben vornehmlich die Vermieteransprüche wegen unterlassener Schönheitsreparaturen oder der Verletzung von Rückgabe- bzw. Räumungspflichten (einschließlich des daraus resultierenden Mietausfalls). 1

Wie alle kurzen Verjährungsfristen dient § 548 BGB der **schnellen Abwicklung des beendeten Mietverhältnisses** und der schnellen Klarstellung möglicher Ansprüche wegen des Zustands der Mietsache[2]. Es soll einem möglichen, zu beider Nachteil wirkenden **Verlust des Beweisgegenstandes** vorgebeugt werden, weil sich ein Verschulden und der Zustand der Mietsache, der im Zeitpunkt der Rückgabe vorhanden war, nach einer oder ggf. mehreren Weitervermietungen oftmals nicht mehr oder nur noch unzureichend feststellen lassen[3]; außerdem soll der jeweilige Schuldner nicht zu einer Rückstellung wegen möglicher Ansprüche des (ehemaligen) Vertragspartners gehalten sein[4] und die Regelung zum Verjährungsbeginn soll verhindern, dass das laufende Mietverhältnis unnötig mit Auseinandersetzungen belastet wird, indem sie die erfassten Ansprüche während des Mietverhältnisses nicht verjähren lässt[5]. Für den Vermieter begründet § 548 BGB faktisch einen **Zwang zur zeitnahen Untersuchung** der Mietsache. Wegen des Zwecks der schnellen Abwicklung der wechselseitigen, auf dem Zustand der Mietsache beruhenden Ansprüche ist § 548 BGB im Zweifel weit auszulegen[6]. Diese **weite Auslegung** betrifft einmal die Anwendung der Vorschrift auf solche gesetzlichen Anspruchsgrundlagen, die auf demselben Lebenssachverhalt beruhen und mit mietvertraglichen Ansprüchen konkurrieren[7] (z. B. aus unerlaubter Handlung, s. dazu Rdn. 22). Außerdem erfasst die weite Auslegung von § 548 BGB auch andere, nicht auf einem 2

---

[1] S. einhegend zur Interessenlage der Parteien an einer Anspruchsverfolgung während und nach Beendigung des Mietverhältnisses *Peters* in DMT-Bilanz 2011 S. 356.

[2] Allg. M., s. nur BGH (VIII ZR 349/10) NJW 2011, 2717 = WuM 2011, 509 = ZMR 2011, 968; BGH NJW 2010, 2652 = ZMR 2010, 932; BGH NJW 2006, 1963 = ZMR 2006, 441; BGH NJW 1967, 980; BGH NJW 1997, 2316 = ZMR 1997, 454; BGH NJW 1997, 1983 = WuM 1997, 372 = ZMR 1997, 400; *Wietz/Streyl* WuM 2014, 702; *Kandelhard* NZM 2002, 930. Diese Meinung entspricht auch den Motiven des historischen Gesetzgebers; s. dazu *Wiek* WuM 2011, 67. Grundsätzlich kritisch zur Sondervorschrift des § 548 BGB *Eckert* DMT-Bilanz 2011 S. 336/337.

[3] Ständige Rechtsprechung, s. nur BGH NJW 2006, 1963 = ZMR 2006, 441; BGH NJW 1993, 2797 = WuM 1993, 535 = ZMR 1993, 458; BGH NJW 1987, 187 = WuM 1987, 22 = ZMR 1987, 53; BGH NJW 1967, 980; OLG Düsseldorf DWW 2007, 246 = GE 2008, 265; *Kandelhard* NZM 2002, 930.

[4] *Kandelhard* NZM 2002, 930.

[5] BGH NJW 2008, 2256 = WuM 2008, 402 = ZMR 2009, 263 Rdn. 16; BGH NJW 2011, 1866 = WuM 2011, 363 = ZMR 2011, 705 Rdn. 15.

[6] BGH (VIII ZR 349/10) NJW 2011, 2717 = WuM 2011, 509 = ZMR 2011, 968; BGH NJW 2010, 2652 = ZMR 2010, 932; BGH NJW 2006, 1963 = ZMR 2006, 441; BGH NJW 1967, 980; BGH 1993, 2797 = WuM 1993, 535 = ZMR 1993, 458; BGH NJW 1997, 1983 = WuM 1997, 372 = ZMR 1997, 400.

[7] BGH NJW 1987, 187 = WuM 1987, 22 = ZMR 1987, 53.

Mietvertrag beruhende Formen der Gebrauchsüberlassung (s. dazu näher Rdn. 7), da bei ihnen die gleiche Interessenlage der Parteien nach einer schnellen Abwicklung der wechselseitigen Ansprüche vorhanden ist[8]. § 548 BGB enthält nach der Vorstellung des Gesetzgebers einen **allgemeinen Rechtsgedanken,** den man ebenfalls den vergleichbaren Regelungen in §§ 591b, 606, 1057 BGB entnehmen kann[9]. Allerdings ist die Vorschrift in beiden Absätzen nicht auf eine Generalbereinigung der wechselseitigen Ansprüche innerhalb kurzer Zeit angelegt[10]. Nach Vertragsende können insbesondere noch Mietforderungen offen sein, die in ihrer Höhe oftmals von Gewährleistungsrechten des Mieters und damit auch vom Zustand der Mietsache abhängig sind. Derartige Ansprüche unterliegen nicht der kurzen Verjährung. Die Regelverjährung und nicht die kurze Verjährung gilt aber nicht zufällig für Mietzinsansprüche des Vermieters oder vergleichbare Ansprüche[11], die Differenzierung hat vielmehr einen Grund. Diese (Ersatz-)Ansprüche sind nämlich nicht tatbestandsmäßig, also immer und zwangsläufig, vom **Zustand der Mietsache** abhängig, Mietzinsrückstände gibt es vielmehr auch ohne Streit über Gewährleistungsrechte. Bei den von § 548 BGB erfassten Ansprüchen ist das anders: Veränderungen oder Verschlechterungen gem. § 548 Abs. 1 BGB betreffen durchweg unmittelbar den Zustand der Mietsache, genauso wie die Aufwendungen des Mieters oder die wegzunehmenden Einrichtungen gem. § 548 Abs. 2 BGB[12]. S. näher zur Abgrenzung der Ersatzansprüche des Vermieters von seinen Erfüllungsansprüchen bei Rdn. 13. § 548 BGB ist eine **Sondervorschrift** im Sinne von § 200 BGB, d. h., sie enthält nicht nur eine von den allgemeinen Vorschriften abweichende Verjährungshöchstfrist, sondern regelt auch den Verjährungsbeginn eigenständig[13]. Da die Verjährung wegen der Maßgeblichkeit der Rückgabe bzw. des Vertragsendes meist erst nach der Entstehung des Anspruchs beginnt, normiert § 548 BGB – ähnlich wie etwa §§ 208, 771 BGB – der Sache nach eine **anfängliche Verjährungshemmung**[14]. Die Parteien können deshalb – anders als bei einer Stundung – ihre Ansprüche schon vor Verjährungsbeginn, d. h., während des noch laufenden Vertrages durchsetzen[15].

II. Entstehungsgeschichte

3 Der Regelungsgehalt von § 548 BGB wurde durch die zum 1.9.2001 in Kraft getretene Mietrechtsreform nicht verändert. Im Vergleich zur Vorgängervorschrift § 558 BGB a. F.[16] gab es lediglich sprachliche Anpassungen an die neue Diktion des Gesetzes („Aufwendungen" statt „Verwendungen")[17]; außerdem wurden die Bestimmungen der Vorschrift neu gegliedert. Für eine kurze Übergangszeit bis zum In-Kraft-Treten des Schuldrechtsmodernisierungsgesetzes zum 1.1.2002 gab es in § 548 Abs. 3 BGB eine dem jetzigen § 204 Abs. 1 Nr. 7 BGB entsprechende Regelung.

III. Anwendungsbereich

4 § 548 BGB gilt auf Grund seiner systematischen Stellung für **alle Mietverhältnisse** sowie gem. § 581 Abs. 2 für **Pachtverträge.** Eine Regelung für die Landpacht findet sich in § 591b BGB; sie entspricht inhaltlich § 548 BGB, Wortlaut und Aufbau der Norm sind aber nahezu identisch mit § 558 BGB a. F., der Vorgängervorschrift zu § 548 BGB. Für die Leihe gibt es in § 606 BGB und für den Nießbrauch in § 1057 BGB ebenfalls dem § 548 BGB vergleichbare Vorschriften.

---

8 BGH NJW 2002, 1336.

9 BGH NJW 2002, 1336.

10 *Wietz/Streyl* WuM 2014, 701f.

11 Etwa Bereicherungsansprüche wegen Überzahlung der Miete oder Ansprüche auf Erstattung von Vorauszahlungen gem. § 547 BGB; zu Letzteren s. Rdn. 50.

12 *Wietz/Streyl* WuM 2014, 702; *Streyl* WuM 2010, 605.

13 *Witt* NZM 2012, 546. S. näher bei Rdn. 54.

14 *Peters* in DMT-Bilanz 2011 S. 356; *Eckert* DMT-Bilanz 2011 S. 327.

15 *Peters* in DMT-Bilanz 2011 S. 359.

16 Zu den Motiven des historischen Gesetzgebers s. *Wiek* WuM 2011, 67.

17 In den mietrechtlichen Vorschriften wird seit der Mietrechtsreform durchgängig der Begriff der „Aufwendung" verwendet und nicht mehr der Begriff der „Verwendung". Damit war jedoch keine Änderung in der Sache beabsichtigt, die Bedeutung der Begriffe stimmt vielmehr überein und Definitionen aus der älteren Rechtsprechung haben weiterhin Gültigkeit (*Emmerich* in Staudinger § 536a Rdn. 38; s. auch die Begründung der Bundesregierung zur Mietrechtsreform in BT-Drucksache 14/4553 (abgedruckt in NZM 2000, 432), dort zu §§ 540, 548 des Entwurfs).

5 Auf **Leasingverträge** sind die mietrechtlichen Vorschriften anwendbar, wenn keine leasingtypischen Besonderheiten bestehen[18]. Solche Besonderheiten gibt es bei der Verjährung gem. § 548 Abs. 1 BGB. Der Regelverjährung unterliegen, obwohl diese Ansprüche vom Zustand der Leasingsache abhängen, der Ausgleichsanspruch des Leasinggebers bei vorzeitiger Vertragsbeendigung[19], der Restwertausgleichsanspruch[20] und der Minderwertausgleichsanspruch[21] (s. auch Rdn. 13).

6 Wegen der weiten Auslegung des § 548 BGB (s. dazu Rdn. 2) ist die Vorschrift in folgenden Fällen anwendbar, in denen ein Mietvertrag nicht besteht; weitere Fälle sind denkbar und an Hand des Normzwecks zu beurteilen:

7 Bei aus verschiedenen Vertragstypen **gemischten Verträgen** ist zu untersuchen, ob sie einen eigenständigen Regelungsbereich enthalten, der Gebrauchsüberlassungselemente enthält. Ist das so, dann unterliegen die entsprechenden Ansprüche dieses Regelungsbereichs der Verjährungsregelung des § 548 BGB, soweit das nicht im Widerspruch zum Gesamtvertrag steht[22]. § 548 BGB gilt deshalb für Ersatzansprüche eines Auftraggebers, der dem Werkunternehmer unentgeltlich ein Gerät zur Fertigstellung des Werkes zur Verfügung gestellt hatte[23]; für den Rückbauanspruch aus einem privaten Gleisanschlussvertrag[24]; für Ersatzansprüche des Gastwirts wegen Beschädigung der dem Gast auf Grund des Beherbergungsvertrages zur Verfügung gestellten Räume und Gegenstände[25]; für Ansprüche des Filmverleihers wegen Beschädigung der Filmkopie[26].

8 Zur Erweiterung des Anwendungsbereichs auf **andere Personen** als Vermieter und Mieter bei Bestehen eines Mietvertrages s. Rdn. 28. Die Verjährung des Ausgleichsanspruchs des Gebäudeversicherers des Vermieters gegen den Haftpflichtversicherer des Mieters nach einer Beschädigung der Mietsache durch den Mieter richtet sich nicht nach § 548 BGB, sondern nach § 195 BGB[27].

9 § 548 BGB kann (analog[28]) anwendbar sein, wenn **kein Mietvertrag** besteht. Der Regelungszweck der Vorschrift ist nämlich auch einschlägig, wenn es zwar zu einer Gebrauchsüberlassung kommt, der Abschluss eines wirksamen Vertrages aber unterbleibt. Das ist beispielsweise der Fall bei einem (z. B. wegen Minderjährigkeit des Mieters[29]) von Anfang an unwirksamen Vertrag[30], bei durch Anfechtung[31] vernichtetem Vertrag[32], bei schuldhaftem Abbruch der Verhandlungen über einen Mietvertrag (vorvertragliche Pflichtverletzung gem. §§ 280 Abs. 1, 311 Abs. 2 BGB)[33] oder bei Ansprüchen gegen einen vollmachtlosen Vertreter des Mieters[34]. Die bisher vom BGH ent-

---

18 BGH NJW 1996, 2860.

19 *Emmerich* in Staudinger § 548 Rdn. 2.

20 BGH NJW 1996, 2860.

21 BGH (VIII ZR 22/12) NZM 2013, 163; BGH (VIII ZR 177/99) NJW-RR 2000, 1303. S. auch Rdn. 13.

22 BGH NJW 2002, 1336; BGH NZM 2002, 605.

23 BGH NJW 2002, 1336.

24 BGH NZM 2002, 605.

25 BGH NJW 1978, 1426 = ZMR 1978, 337.

26 Bei einem solchen Vertrag spielen neben den mietvertraglichen Elementen auch die Nutzung von Urheberrechten eine Rolle, vgl. OLG Celle NJW 1965, 1667

27 BGH NZM 2010, 450 = ZMR 2010, 515 = WuM 2011, 579; BGH WuM 2011, 577.

28 BGH NJW 1964, 1225.

29 Aus Gründen des Minderjährigenschutzes will *Gramlich* in Bub/Treier VI. Rdn. 86 die kurze Verjährung nur auf Ansprüche gegen den Minderjährigen anwenden, nicht aber, wenn er Gläubiger ist.

30 BGH NJW 1967, 980.

31 Nach BGH NJW 2009, 1266 = ZMR 2009, 103 ist ein Mietvertrag auch nach Gebrauchsüberlassung wegen arglistiger Täuschung gem. § 123 BGB anfechtbar. Der BGH hat nicht über die Zulässigkeit einer Anfechtung wegen Eigenschaftsirrtums gem. § 119 Abs. 2 BGB entschieden; s. dazu *Dötsch* NZM 2011, 457.

32 *Blank/Börstinghaus* § 548 Rdn. 41; *Gramlich* in Bub/Treier VI. Rdn. 88. **A. A.** OLG Hamm NJW 1988, 784, weil der Mieter im konkreten Fall Schadensersatz- und nicht Aufwendungsersatzansprüche geltend gemacht hatte; dieser Einwand trägt nicht, wenn man eine doppelte Analogie (für unwirksame Verträge und für vorvertraglich entstandene Aufwendungsersatzansprüche; zu Letzteren nachfolgend) für zulässig hält.

33 BGH NJW 2006, 1963 = ZMR 2006, 441 (Der potentielle Vermieter hatte schon Umbauten im Hinblick auf den beabsichtigten Vertragszweck veranlasst; kritisch hierzu *Eckert* DMT-Bilanz 2011 S. 330, weil es weder einen Mietvertrag noch eine Gebrauchsüberlassung gegeben hatte).

34 BGH NJW 2004, 774 = WuM 2004, 21 = ZMR 2004, 108. Der BGH geht in dem Urteil davon aus, dass die Verjährungsfrist erst mit der Entstehung des Anspruchs beginnt, was bei Ansprüchen aus § 179 BGB erst der Fall ist, wenn feststeht, dass eine Genehmigung des Vertrags nicht in Betracht kommt. Das widerspricht nicht nur dem Wortlaut des § 548 BGB, nach dem der Beginn der Verjährungsfrist nicht von der Entstehung des Anspruchs abhängig ist, sondern auch der neueren BGH-Rechtsprechung zum reformierten Verjährungsrecht, die in BGH NJW 2005, 739 = WuM 2005, 126 = ZMR 2005, 291 Rdn. 24 und BGH NJW 2006, 1588 = WuM

schiedenen Fälle betrafen Ansprüche des Vermieters; der Zweck des § 548 BGB spricht aber in gleicher Weise für eine kurze Verjährung von Aufwendungsersatz- und Wegnahmeansprüchen des Mieters bei gescheiterten bzw. nicht zustande gekommenen Verträgen[35].

10 Weiterhin ist § 548 BGB entsprechend anwendbar auf Pflichtverletzungen bei einer **Probefahrt** anlässlich von Kaufvertragsverhandlungen über einen PKW[36] oder während der Probezeit bei einem Kauf auf Probe[37]. Das gilt auch dann, wenn der Verkäufer nicht Eigentümer des Wagens ist, er aber Ansprüche aus abgetretenem Recht des Eigentümers geltend macht[38]. Liegt die Probefahrt in derartigen Fällen ausschließlich im Interesse des Kaufinteressenten (und nicht auch im Interesse des verkaufswilligen Verkäufers), so dürfte ein Leihvertrag vorliegen und § 606 BGB einschlägig sein[39]; ein gemischter Vertrag im obigen Sinn liegt meist nicht vor, da der Abschluss eines Kaufvertrages noch nicht feststeht.

11 § 548 BGB ist **unanwendbar,** wenn die Ersatzansprüche des Vermieters nicht den Zustand der Mietsache betreffen. Beispielsweise richtet sich die Verjährung von **Personenschäden** selbst dann nach den allgemeinen Verjährungsregeln, wenn sie durch Veränderungen oder Verschlechterungen der Mietsache verursacht wurden[40]. S. zu den Ansprüchen, die der **Regelverjährung** unterliegen und damit aus dem Anwendungsbereich des § 548 BGB fallen, Rdn. 63ff.

IV. Vermieteransprüche (Abs. 1)

12 Der kurzen Verjährung des § 548 BGB unterliegen von den Vermieteransprüchen nur die Ersatzansprüche wegen **Veränderungen oder Verschlechterungen der Mietsache,** also solche Ansprüche, die aus dem (vertragswidrigen) Zustand der Mietsache abgeleitet werden. Die Anspruchsgrundlage (vertraglich, gesetzlich) ist gleichgültig, solange die Ansprüche auf demselben Sachverhalt beruhen. Auch ist es gleichgültig, ob es sich um eine Haupt- oder Nebenpflicht handelt[41]. Außerdem ist die Regelung nicht zwingend auf Ansprüche der am Vertrag beteiligten Personen beschränkt (s. Rdn. 28). Abzugrenzen sind die Ersatzansprüche von den nach den allgemeinen Regeln verjährenden sog. Erfüllungsansprüchen, insbesondere dem Anspruch auf Zahlung des Mietzinses und auf Rückgabe der Mietsache (s. Rdn. 13), den Ansprüchen wegen verspäteter Rückgabe (s. Rdn. 64) sowie den Ansprüchen wegen völliger Zerstörung der Mietsache (s. Rdn. 32). Die Verjährungsfrist für die Vermieteransprüche beginnt mit dem Rückerhalt der Mietsache. Es handelt sich nicht um eine Verjährungshöchstfrist für solche Ansprüche, die bei Rückgabe der Mietsache noch nicht nach §§ 195ff. BGB verjährt waren[42].

1. Erfasste Ansprüche

13 **a) Abgrenzung der Ersatzansprüche von den sog. Erfüllungsansprüchen.** Nach dem Wortlaut des § 548 Abs. 1 BGB gilt die Vorschrift nur für *Ersatz*ansprüche wegen Veränderungen oder Verschlechterungen der Mietsache. Damit werden typische Abwicklungsansprüche am Ende des Mietverhältnisses erfasst. Das ergibt sich einmal aus dem Verjährungsbeginn, der von der Rückgabe abhängig gemacht ist, die wiederum regelmäßig erst nach Vertragsbeendigung erfolgt. Weiterhin ergibt es sich aus der systematischen Stellung der Norm; auch §§ 546 bis 547 BGB enthalten Abwicklungsvorschriften. § 548 Abs. 1 BGB regelt aber nur die Verjährung von Ansprüchen, die den Zustand der Mietsache betreffen. Das folgt sowohl aus dem Wortlaut („Veränderungen oder Verschlechterungen"), als auch aus dem Zweck, dem Verlust des Beweisgegenstandes wegen einer Neuvermietung vorzubeugen (s. Rdn. 2). Es unterliegen also nicht alle Ansprüche des Vermieters der kurzen Verjährung, die bei Vertragsende noch bestehen. In Abgrenzung zu den Ersatzansprü-

2006, 319 = ZMR 2006, 507 ausdrücklich betont, dass ein Anspruch schon vor dessen Entstehung und auch vor Beendigung des Mietverhältnisses (nämlich bei vorzeitiger Rückgabe) verjähren kann.

[35] So wohl auch *Gramlich* in Bub/Treier VI. Rdn. 76.

[36] BGH NJW 1964, 1225. Dabei spielt es keine Rolle, ob die Probefahrt mit einem Vorführwagen oder einem dem konkreten Kaufinteresse unterliegenden Wagen unternommen wird, vgl. BGH NJW 1968, 1472.

[37] BGH NJW 1992, 2413.

[38] BGH NJW 1970, 1736.

[39] BGH NJW 1964, 1225; BGH NJW 1968, 1472.

[40] BGH NJW 1994, 251 = WuM 1994, 20 = ZMR 1994, 63.

[41] BGH NJW 1983, 679; BGH NJW 1988, 1778.

[42] So aber *Lehmann-Richter* NZM 2009, 762. Dagegen *Peters* in DMT-Bilanz 2011 S. 355; *Eckert* DMT-Bilanz 2011 S. 332; s. zur ähnlichen Problematik bei § 548 Abs. 2 BGB auch Rdn. 54.

chen gem. § 548 Abs. 1 BGB werden diese anderen Ansprüche vielfach als Erfüllungsansprüche bezeichnet[43]. Dabei wird durch § 548 Abs. 1 Satz 3 BGB zunächst klargestellt, dass der (Erfüllungs-) Anspruch auf **Rückgabe der Mietsache** (einschließlich Zubehör wie etwa der Schlüssel zum Mietobjekt oder von dem Vermieter gehörenden Einrichtungen) nicht in kurzer Frist verjährt[44]. Die Rückgabe ist überhaupt erst Voraussetzung für den Verjährungsbeginn gem. § 548 Abs. 1 BGB. Mit Rückgabe ist in § 548 Abs. 1 Satz 3 BGB nur die Besitzverschaffung gemeint (s. dazu Rdn. 36), nicht die Erfüllung sämtlicher Rückgabepflichten gem. § 546 Abs. 1 BGB. Die über die Besitzverschaffung hinausgehenden Pflichten hängen vielmehr in weitem Maß vom Zustand der Mietsache ab und sind deshalb gerade Anwendungsfälle des § 548 Abs. 1 BGB. Das gilt auch für den Anspruch auf Räumung, da ein Zurücklassen der eingebrachten Gegenstände und Einrichtungen Einfluss auf die Vermietbarkeit hat und damit zustandsverändernd wirkt[45]. Für andere Erfüllungsansprüche des Vermieters als den Rückgabeanspruch fehlt es im Gesetz an einer genauen Grenzziehung zu den Ersatzansprüchen. Diese Abgrenzung der in kurzer Frist verjährenden Ersatzansprüche von den anderen Ansprüchen, den sog. Erfüllungsansprüchen, hat insbesondere nach dem Zweck des § 548 Abs. 1 BGB zu erfolgen. Einigkeit besteht richtigerweise dahingehend, dass der **Mietzinsanspruch** nicht der kurzen Verjährung unterliegt[46]. Das ergibt sich schon aus dem vom Gesetz verwendeten Begriff des Ersatzanspruchs. Auch wenn der historische Gesetzgeber sich zur Bedeutung dieses Begriffs nicht geäußert hat, so ist durch die Wortwahl doch jedenfalls ausgeschlossen, hierunter auch die Hauptpflicht des Mieters zur Erbringung der für die Gebrauchsüberlassung geschuldeten Gegenleistung (den Mietzins eben) zu verstehen. Dieses Verständnis widerspricht nicht dem Zweck der Regelung, da der Mietzins im Gegensatz zu den Ersatzansprüchen nicht stets vom konkreten Zustand der Mietsache abhängt (s. Rdn. 2). Anders ist das zwar, wenn ein Mangel vorliegt. Das rechtfertigt es aber nicht, alle Mietzinsansprüche der kurzen Verjährung zu unterwerfen und den Vermieter auf diese Weise schlechter bzw. anders zu stellen als andere Entgeltgläubiger. Dies zumal, als ein mietzinsrelevanter Streit um den Zustand des Mietobjektes nicht nur bei Vertragsende entstehen kann, sondern jederzeit bei Auftauchen von Mängeln; es geht in den Fällen der Mietzinsminderung also nicht typischerweise um Abwicklungsansprüche bzw. um Ansprüche aus Zuständen, die der Vermieter wegen der frühestens dann bestehenden Untersuchungsmöglichkeit erst nach Rückgabe geltend machen kann. Weitergehende Schlüsse als den Ausschluss der Mietzinsansprüche können aus dem Begriff des Ersatzanspruchs nicht gezogen werden. Er deutet vielmehr fälschlicherweise darauf hin, es seien nur Sekundäranprüche gemeint. Wäre das so, würden sämtliche **Primäransprüche auf Erfüllung** nicht darunter fallen. Erfüllungsansprüche kann es aber gerade am Ende des Mietverhältnisses in vielfältiger Weise geben: Die Pflicht zur Rückgabe, zur Räumung (Entfernung von Gegenständen und Einrichtungen), zum Rückbau, zur Instandsetzung von Beschädigungen, zur Renovierung etc. Bis auf die Pflicht zur Rückgabe unterliegen all diese Ansprüche nach wohl einhelliger Meinung der kurzen Verjährung – und zwar sowohl die Primäransprüche auf Erfüllung der Pflicht als auch evtl. Sekundäransprüche auf Schadensersatz (s. Rdn. 19 und 25). Die einhellige Sicht beruht darauf, dass sie *immer* mit dem Zustand der Mietsache, also deren Veränderung bzw. Verschlechterung, zusammenhängen und deshalb vom eingangs geschilderten Zweck des § 548 BGB erfasst werden, zustandsabhängige Ansprüche innerhalb der kurzen Verjährungsfrist zu klären[47]. Bei der Unterscheidung zwischen **zustandsabhängigen Abwicklungsansprüchen** (kurze Verjährung) und dem Gegenleistungsanspruch auf Mietzins (Regelverjährung) verbleibt es auch in Grenzfällen. Problematisch ist hier insbesondere die Renovierungspflicht des Mieters, ähnlich kann es bei Instandsetzungspflichten sein. Der BGH sieht die vom Mieter übernommene Pflicht zur Durchführung von **Schönheitsreparaturen** nach der Entgeltthese als Teil der Miete an[48]; allerdings entspricht es ebenso herrschender Ansicht (auch des BGH), dass der entsprechende Anspruch des Vermieters genauso wie daraus folgende Ersatzansprü-

---

43 Allerdings wird der Begriff „Erfüllungsanspruch" in Zusammenhang mit § 548 Abs. 1 BGB mehrdeutig verwendet, nämlich einmal für die Primärpflicht (etwa auf Widerherstellung; s. etwa BGH NJW 1983, 679), zum anderen zur Bezeichnung der Gegenleistung des Mieters für die Gebrauchsüberlassung (Mietzins; s. BGH NJW 1965, 151; BGH NJW 1996, 2860).

44 Einzelheiten und Nachweise bei Rdn. 64.

45 Nachweise bei Rdn. 19.

46 BGH NJW 2009, 1488 = ZMR 2009, 515.

47 *Streyl* WuM 2010, 605.

48 BGH (VIII ZR 302/07) NJW 2009, 2590 = WuM 2009, 395 = ZMR 2009, 829 Rdn. 20.

che der kurzen Verjährung unterliegen[49]. Das erscheint zunächst inkonsequent, weil der Gegenleistungscharakter es zu gebieten scheint, wie bei Mietzinsansprüchen die Regelverjährung anzuwenden. Man muss sich aber vor Augen halten, dass nicht alle Ansprüche, die Preisrelevanz haben, auch im verjährungsrechtlichen Sinn Gegenleistung für die Gebrauchsüberlassung sind[50]. Nach der Konzeption des Gesetzes gehört hierzu vielmehr nur die typische Gegenleistung. Wegen des Dauerschuldcharakters der Miete ist das der nach der Mietzeit bemessene Gegenanspruch, üblicherweise der periodisch zu zahlende Mietzins. Andere Pflichten mit Gegenleistungscharakter entstehen nicht zwangsläufig mit Zeitablauf, sondern punktuell, d. h., aus bestimmtem Anlass: Instandsetzungspflichten etwa bei einem Schaden, Renovierungspflichten, wenn die Mietsache abgewohnt und unansehnlich ist, vereinbarte Fristen sind nur ein Anhaltspunkt. In diesem Sinn handelt es sich um Ersatzansprüche, weil sie eine Art unregelmäßiger Sonderausgleich neben dem regelmäßig geschuldeten Mietzins darstellen. Daran ändert sich nichts, wenn die Parteien den Gegenleistungscharakter solcher Leistungen ausdrücklich vereinbaren, wie das bei Schönheitsreparaturen in neueren Mietverträgen nicht selten geschieht. Durch derartige Vereinbarungen können die Parteien die Verjährungsfrist nicht (indirekt) steuern[51]. Das würde dem Zweck des § 548 BGB zuwiderlaufen. Diese Sicht wird bestätigt durch die Praxis der Mietminderung. Eine Minderung wird nur auf den (regulären) Mietzins bezogen, nicht aber auf den Umfang einer Renovierungspflicht (Beispiel: bei 10% Minderung wegen Flächenabweichung müssen nicht nur 90% der Wände gestrichen werden). Nur dann, wenn statt des Mietzinses ganz oder ganz überwiegend eine atypische Gegenleistung vereinbart wird, etwa die Erbringung von Dienstleistungen für den Vermieter, kann das Auswirkung auf die Verjährungsfrist haben. Soweit solche Ansprüche nicht den Zustand der Mietsache betreffen, kann ein verjährungsrechtlicher Konflikt nicht entstehen, da der Anwendungsbereich des § 548 Abs. 1 BGB schon vom Wortlaut her nicht eröffnet ist. Soweit die (nahezu) alleinigen Gegenansprüche den Zustand der Mietsache betreffen (etwa bei Instandsetzungspflichten), hat ausnahmsweise der Gegenleistungscharakter Vorrang mit der Folge, dass diese Ansprüche der Regelverjährung unterliegen[52]. Die Sachlage ist insofern nicht unvergleichbar der Behandlung des Erfüllungsanspruchs des Leasinggebers auf **Minderwertausgleich,** der nach der ständigen Rechtsprechung des BGH[53] unabhängig von der Bezeichnung des Anspruchs im **Leasingvertrag**[54] der Regelverjährung unterliegt. Teilweise wird hierin ein Wertungswiderspruch zu der dargestellten Abgrenzung der Ersatzansprüche von den Erfüllungsansprüchen bei der Miete gesehen[55], weil es sich ebenfalls um einen vom Zustand der Leasingsache abhängigen Anspruch handelt, der sich ohne Weiteres unter den Wortlaut des § 548 Abs. 1 BGB subsumieren lässt. Die unterschiedliche Behandlung kann aber mit den Besonderheiten des Leasingvertrages erklärt werden[56]. Der Minderwertausgleich wegen übermäßiger Abnutzung (zu hohe Kfz-Laufleistung, Beschädigungen) ist ein Teil des Preises für die Überlassung des Leasingguts[57]. Der Gegenleistungscharakter des Anspruchs auf Minderwertausgleich rechtfertigt allerdings für sich allein die Regelverjährung nicht, weil er keine Besonderheit des Leasing ist; auf Grundlage der Entgeltthese sind – wie dargestellt – auch Ansprüche wegen übertragener Schönheitsreparaturen Teil der Gegenleistung, wenngleich nicht so offensichtlich wie beim Leasing. Rechtfertigen kann man die besondere verjährungsrechtliche Behandlung des Anspruchs auf Minderwertausgleich mit der Typisierung im Leasingrecht, die den Preischarakter des Anspruchs auf Minderwertausgleich als Wesensmerkmal des Leasingvertrages in den Vordergrund rückt und den Charakter als typischen Abwicklungsanspruch in den Hintergrund treten lässt. Das zeigt sich schon

[49] BGH NJW 1983, 679; BGH NJW 2006, 1588 = WuM 2006, 319 = ZMR 2006, 507; OLG Düsseldorf ZMR 2009, 753 = GuT 2009, 180; LG Berlin GE 2002, 188 = NZM 2002, 121 (nur Leitsatz); *Roth* PiG 83 (2008) S. 222.

[50] So auch im Ergebnis, aber ohne nähere Begründung BGH NJW 1965, 151.

[51] Möglich sind aber ggf. direkte Abreden über abweichende Verjährungsfristen für bestimmte Ansprüche; s. dazu Rdn. 61.

[52] Im Ergebnis ebenso, aber ohne Begründung OLG Königsberg HRR 1937 Nr. 6; *Emmerich* in Staudinger § 548 Rdn. 1. Offen lassend BGH NJW 1965, 151.

[53] BGH (VIII ZR 22/12) NZM 2013, 163 (Schadensersatz wegen nicht vertragsgemäßen Zustands); BGH (VIII ZR 177/99) NJW-RR 2000, 1303 (Minderwertausgleich wegen nicht vertragsgerechten Zustands); BGH NJW 1996, 2860 (Restwertausgleich).

[54] BGH (VIII ZR 22/12) NZM 2013, 163 Rdn. 21.

[55] So *Eckert* DMT-Bilanz 2011 S. 327.

[56] Der BGH wendet auf Leasingverträge Mietrecht ohnehin nur an, wenn keine leasingtypischen Besonderheiten bestehen (s. BGH NJW 1996, 2860).

[57] BGH (VIII ZR 22/12) NZM 2013, 163 Rdn. 18.

daran, dass den Leasingnehmer anders als den Mieter keine Primärpflichten auf Vornahme bestimmter Maßnahmen (z. B. Instandsetzung von Schäden) treffen, sondern nur Zahlungspflichten, die bei der Miete i. d. R. erst auf der Sekundärebene als Geldersatzanpruch zu finden sind. Bestimmte Formen des übermäßigen Gebrauchs können beim Leasing gar nicht beseitigt werden, hier ist ausschließlich ein Wertausgleich möglich; das ist etwa der Fall, wenn ein Leasingfahrzeug eine höhere Laufleistung hat als vereinbart. Erst der Wertausgleich führt dazu, dass sich der Vertrag für den Leasinggeber amortisiert[58]. Das Leasinggut wird nämlich am Ende eines Vertrages meist nicht weiter verleast, sondern verwertet[59]. Die Amortisation (einschließlich der Anschaffungskosten) muss deshalb mit nur einen Vertrag erreicht werden. Hierdurch wird deutlich, dass die vom Leasingnehmer zu tragenden Kosten nicht allein Entgelt für die Gebrauchsüberlassung sind, sondern – unter Berücksichtigung des Restwertes – vollständiger Ausgleich für die Anschaffung und deren Finanzierung (sowie den Gewinn)[60]. Der Finanzierungscharakter ist prägend für den Leasingvertrag[61]. Bei der Miete hingegen ist die Anschlussvermietung die Regel, so dass erst der Mietzins mehrerer Mietverhältnisse die Anschaffungskosten erwirtschaften muss; im jeweils bestehenden Mietverhältnis sind neben dem Vermietergewinn „nur" die laufenden Kosten (einschließlich der laufenden, aber nicht notwendig aller Finanzierungskosten für die Anschaffung) zu decken.

b) Veränderung bzw. Verschlechterung. Die Ersatzansprüche des Vermieters müssen Veränderungen oder Verschlechterungen der Mietsache betreffen. Das Verständnis dieser Begriffe erscheint zunächst einfach, ist aber in Randbereichen genau zu definieren. Jede Verschlechterung ist zugleich eine Veränderung; das Gesetz hätte sich deshalb mit Letzterem begnügen können. Der Begriff der Verschlechterung drückt aber plakativ die Vertragswidrigkeit der Veränderung aus und ist praktisch gleichzusetzten mit einer Beschädigung[62]. Eine Veränderung liegt nicht nur dann vor, wenn der Mieter (oder ihm zuzurechnende Personen) sie herbeigeführt hat; sie ist vielmehr immer dann gegeben, wenn der Zustand der Mietsache bei Vertragsende **nicht dem geschuldeten Zustand entspricht** – etwa weil die Parteien einen bestimmten, zu Vertragsbeginn nicht vorhandenen Zustand vereinbart haben[63]. 14

Der vertragswidrige Zustand zeigt sich i. d. R. in einer **Substanzveränderung** der Mietsache. Das muss allerdings nicht zwingend und immer so sein[64]. Der BGH hat vielmehr in zwei Fällen auch anderweitige Veränderungen genügen lassen, nämlich einmal bei einer dauerhafte Beeinträchtigung des Wertes eines verpachteten Unternehmens („Goodwill")[65] und zum anderen bei einer dauerhaften Nutzungsänderung der Pachtsache auch über das Pachtende hinaus (Aufgabe einer „Milchreferenzmenge")[66]. Diese Entscheidungen dürften jedoch den Besonderheiten des überlassenen Objekts geschuldet sein. Es handelte sich um Pachtverträge, es bestanden zu Gunsten des Nutzers also über die bloße Nutzungsmöglichkeit hinausgehende Rechte (Fruchtziehung[67]; Betriebsüberlassung[68]). Diese Rechte (die Fruchtziehungsmöglichkeit, den Betrieb) kann der Nutzer (Pächter) verändern oder verschlechtern, ohne dass es zu einer Substanzbeeinträchtigung kommt. Bei der bloßen Miete, die sich vordergründig in der bloßen Sachnutzungsmöglichkeit erschöpft, erscheint es hingegen schwer vorstellbar, dass es einem Mieter gelingt, eine dauerhafte Änderung der Nutzungsmöglichkeiten an der Mietsache herbeizuführen, die nicht mit einer Substanzveränderung verbunden ist (s. aber Rdn. 16). Dementsprechend unterliegen Schadensersatzansprüche des Vermieters gegen den Mieter wegen pflichtverletzender Lärmbelästigung und darauf begründeter Minderungen der anderen Mieter des Hauses nicht der kurzen Verjährung, sondern der Regelverjährung[69]. Ebenso hat der BGH entschieden für den Fall, dass der Vermieter von der Ordnungsbe- 15

[58] BGH (VIII ZR 177/99) NJW-RR 2000, 1303; BGH NJW 1996, 2860.
[59] BGH (VIII ZR 177/99) NJW-RR 2000, 1303.
[60] BGH NJW 1986, 1335.
[61] BGH NJW 1986, 1335.
[62] *Emmerich* in Staudinger § 548 Rdn. 4.
[63] BGH NJW 1983, 679.
[64] So aber *Lammel,* Wohnraummietrecht, § 548 Rdn. 13 unter Berufung auf BGH NJW 2000, 3203 = WuM 2000, 419 = ZMR 2000, 596, das die Frage aber nur aufwirft, aber nicht entscheidet.
[65] BGH NJW 1993, 2797 = WuM 1993, 535 = ZMR 1993, 458; OLG Karlsruhe BB 1970, 147.
[66] BGH NJW 1997, 2316 = ZMR 1997, 454; BGH NJW-RR 2001, 194. S. dazu auch BGH NJW 2000, 3203 = WuM 2000, 419 = ZMR 2000, 596.
[67] BGH NJW 1997, 2316 = ZMR 1997, 454; BGH NJW-RR 2001, 194.
[68] BGH NJW 1993, 2797 = WuM 1993, 535 = ZMR 1993, 458; OLG Karlsruhe BB 1970, 147.
[69] AG Bremen NZM 2012, 383 = WuM 2011, 362.

hörde wegen der Beseitigung von gefährlichen Chemikalien in Anspruch genommen wurde, die das Mietgrundstück nicht beeinträchtigt hatten[70].

16 Fraglich ist die verjährungsrechtliche Behandlung solcher Ansprüche des Vermieters (zur Pacht s. vorstehend) wegen vertragswidrigen Gebrauchs, der die Mietsache selbst nicht verändert, wohl aber deren **Verkehrswert** oder deren **Vermietbarkeit** (vorübergehend) beeinflusst. Lagert der Mieter etwa vertragswidrig gefährliches Material auf dem Mietgrundstück oder betreibt er in der Mietwohnung ein Bordell oder kommt er einer Betriebspflicht nicht nach[71], so kann das die Vermietbarkeit bzw. den Verkaufspreis beeinträchtigen oder beides ganz verhindern. Der BGH[72] hat Skepsis gegenüber einer Ausdehnung des § 548 BGB auch auf solche Fälle angedeutet, wobei nicht ganz klar ist, ob sich die Skepsis auf die fehlende Substanzbeeinträchtigung oder auf die nur **vorübergehende Vertragswidrigkeit** bezieht. M. E. besteht die Skepsis zu Unrecht. Wenn der Mieter die Rückgabepflichten ordnungsgemäß erfüllt, sind derartige „ideelle" Beeinträchtigungen mit der Rückgabe der Mietsache beendet, weil das Bordell nicht mehr unterhalten wird bzw. das gefährliche Lagergut weggeräumt ist. Wenn hingegen die Rückgabepflichten verletzt werden und beispielsweise das gefährliche Lagergut auf dem Grundstück verbleibt, liegt ohne Weiteres ein vertragswidriger Zustand vor und der deswegen bestehende Ersatzanspruch unterliegt der kurzen Verjährung. Hierzu gehören dann auch Folgeschäden, die aus einer Beeinträchtigung des Verkehrswertes des Mietgrundstücks resultieren. Wertungsmäßig sind beide Fälle gleich zu behandeln; es macht keinen Unterschied, ob der Mieter den vertragsgemäßen Zustand vor oder bei der Rückgabe bzw. vor Vertragsbeendigung wiederherstellt. Weiterhin macht es wertungsmäßig keinen Unterschied, ob die (vorübergehende) Verkehrswertbeeinflussung auf einem substanzverändernden oder einem sonstigen vertragswidrigen Gebrauch beruht. Bei letzterem ist allerdings immer ein hinreichender Bezug zur Mietsache zu beachten, da von § 548 BGB im Ansatz nur zustandsbezogene Abwicklungsansprüche erfasst werden. Ein Bezug zur Mietsache ist ohne Weiteres bei Substanzveränderungen vorhanden. Wie aber schon vorstehend in Rdn. 15 gezeigt, können auch ideelle Beeinträchtigungen eine Veränderung bzw. Verschlechterung darstellen. Eine relevante ideelle Beeinträchtigung liegt – ähnlich wie bei der Pacht – immer dann vor, wenn der Pflichtenkreis des Mieters in Bezug auf die Mietsache bzw. deren Nutzungsmöglichkeit über reine Obhutspflichten hinausgeht; der Unterschied zur Pacht dürfte nur darin zu sehen sein, dass dort der Nutzungsgegenstand nicht nur durch Pflichten beschränkt, sondern auch durch Rechte erweitert wird. Dementsprechend gilt § 548 BGB in den angesprochenen Fällen: Eine Betriebspflicht dient meist dazu, die Attraktivität des gesamten Mietobjektes für alle Mieter zu steigern bzw. hoch zu halten, damit sie höhere Umsätze erzielen und der Vermieter höhere Mieten verlangen kann[73]. Das Verbot, ein Bordell zu betreiben oder gefährliche Chemikalien zu lagern, dient ebenfalls der Erhaltung der Vermietbarkeit. Ein Pflichtverstoß des Mieters kann zu einem Mangel der Mietsache führen, weil die relevanten Verkehrskreise (Neumieter oder auch Grundstückskäufer) Befürchtungen wegen der Nutzbarkeit bzw. des Wertes haben – ähnlich einem Mangelverdacht im Kaufrecht.

17 Wird die Mietsache erst nach dem Vertragsende zurückgegeben, sind **Veränderungen oder Verschlechterungen bis zur Rückgabe** der Mietsache einzubeziehen; außerdem sind einzubeziehen Veränderungen des geschuldeten Zustandes, die sich bei der Rückgabe selbst ergeben[74]. Ansprüche aus der Abwicklung des beendeten Mietverhältnisses fallen nämlich ebenfalls unter den Zweck der Vorschrift, für eine schnelle Auseinandersetzung zu sorgen. Zu derartigen **Abwicklungsansprüchen** gehört beispielsweise der Ersatz von Beschädigungen während der Vorenthaltung der Mietsache oder wegen vertragswidriger Wegnahme einer Einrichtung des Vermieters[75]. Der vertragswidrige Zustand muss bis zur Rückgabe eingetreten sein, daraus resultierende Schäden und Ansprüche können auch erst später entstehen, ohne dass dies den Lauf der Verjährung beeinflussen oder ihn neu in Gang setzen würde (s. Rdn. 43).

18 Verursacht der Mieter erst **nach Rückgabe der Mietsache** eine Veränderung oder Verschlechterung, ist eine Anwendung des § 548 BGB grundsätzlich nicht mehr möglich, da der Vermieter dem Mieter nun wie ein Dritter gegenübersteht, mit dem er nicht in vertraglicher Beziehung

---

70 BGH NJW 2000, 3203 = WuM 2000, 419 = ZMR 2000, 596.
71 Für diesen Fall bejaht OLG Frankfurt ZMR 2015, 18 die Anwendung von § 548 BGB.
72 BGH NJW 2000, 3203 = WuM 2000, 419 = ZMR 2000, 596.
73 So im Ergebnis auch OLG Frankfurt ZMR 2015, 18.
74 BGH NJW 1970, 1182.
75 BGH NJW 1970, 1182.

stand. Anders ist das, wenn die Veränderung in Zusammenhang mit nachwirkenden Vertragspflichten steht, die den Zustand der Mietsache betreffen. Praktisch kommen hier insbesondere die Fälle in Betracht, in denen der Mieter die Mietsache zurückerhält, um restliche Rückgabepflichten zu erfüllen (Schönheitsreparaturen, Rückbau, Räumung etc.) und sie hierbei beschädigt. Es wäre allerdings offensichtlich unbillig, auch hieraus folgende Ansprüche ab der (ersten) Rückgabe verjähren zu lassen, da der Vermieter den vertragswidrigen Zustand bei einer Untersuchung nicht einmal theoretisch hätte entdecken können. Für den Beginn der kurzen Verjährung ist vielmehr auf den erneuten Rückerhalt der Mietsache abzustellen.

Zu den Veränderungen und Verschlechterungen in dem soeben dargelegten Sinn gehören **zum Beispiel** der Dekorationszustand des Mietobjekts[76], insbesondere nicht oder schlecht ausgeführte Schönheitsreparaturen[77]; die unterlassene Entfernung von Einrichtungen[78], Gegenständen und sonstigem Räumungsgut[79]; der unterlassene Rückbau bzw. die unterlassene Beseitigung baulicher Veränderungen[80]; die unterlassene Herstellung eines vertraglich vereinbarten Zustands[81]; die Beschädigung der Mietsache durch vertragswidrigen Gebrauch[82], Verletzung der Obhutspflicht[83] oder Unterlassen der Mängelanzeige[84]; die Beschädigung von nicht zur Mietsache gehörenden Gegenständen, wenn eine Haftung hierfür vereinbart war[85]; unterlassene Instandsetzungs- oder Instandhaltungsarbeiten[86]; die Nicht- oder Schlechterfüllung von Rückgabevereinbarungen oder -vergleichen (sei es auf Durchführung bestimmter Arbeiten oder auf finanzielle Abgeltung solcher Arbeiten)[87]; der unterlassene Abschluss einer Feuerversicherung[88]; die dauerhafte Beeinträchtigung des Wertes eines verpachteten Unternehmens („Goodwill")[89] bzw. die dauerhafte Nutzungsänderung der Pachtsache auch über das Pachtende hinaus (Aufgabe einer „Milchreferenzmenge")[90]. **Dazu gehören nicht** (bereicherungsrechtliche) Ansprüche des Vermieters auf Erstattung eines Kostenvorschusses für die Selbstvornahme von Mängelbeseitigungsarbeiten, da der Mieter derartige Arbeiten trotz des Vorschusses nicht schuldet, die Mietsache vielmehr auch im mangelbehafteten Zustand zurückgeben darf; für diese Ansprüche gilt die Regelverjährung[91]. Führt der Mieter hingegen Mängelbeseitigungsarbeiten durch, so unterfallen daraus resultierende Ansprüche des Vermieters wegen Zustandsveränderungen (etwa Schlechtleistung, Beschädigung der Mietsache) der kurzen Verjährung des § 548 BGB. Zur Nichtrückgabe von dem Vermieter gehörenden Gegenständen oder **Einrichtungen oder Zubehör** s. Rdn. 64 „Rückgabe". 19

c) Rechtsgrundlage. Auf den Rechtsgrund der Ersatzansprüche (zum Rückgabeanspruch selbst s. Rdn. 64 „Rückgabe") kommt es nicht an, entscheidend ist allein, dass sie aus dem vertragswidrigen Zustand der Mietsache abgeleitet sind[92] (s. näher Rdn. 2). § 548 BGB bezieht sich deshalb zunächst auf alle möglichen **mietrechtlichen Ansprüche.** Es ist dabei unerheblich, ob die Ersatzpflicht des Mieters auf (miet-)gesetzlicher Anspruchsgrundlage oder vertraglicher Vereinbarung be- 20

---

76 BGH NJW 2006, 1588 = WuM 2006, 319 = ZMR 2006, 507; *Emmerich* in Staudinger § 548 Rdn. 10.

77 BGH NJW 2006, 1588 = WuM 2006, 319 = ZMR 2006, 507; OLG Düsseldorf ZMR 2009, 753 = GuT 2009, 180; OLG Düsseldorf NZM 2006, 866 = ZMR 2006, 925. S. weitergehend Rdn. 66 zur (Un-)Verjährbarkeit des Anspruchs auf Durchführung von Schönheitsreparaturen und Rdn. 44 zu möglichen Problemen beim Verjährungsbeginn.

78 BGH NJW 1988, 1778; OLG Köln NZM 1998, 767.

79 BGH NJW 2006, 1588 = WuM 2006, 319 = ZMR 2006, 507 Rdn. 8. S. auch Rdn. 13.

80 BGH NJW 1980, 389 = WuM 1980, 106; BGH NZM 2002, 605; OLG Düsseldorf NZM 2006, 866 = ZMR 2006, 925.

81 BGH NJW 1983, 679; OLG Düsseldorf NZM 2006, 866 = ZMR 2006, 925.

82 BGH NJW 1980, 389 = WuM 1980, 106; OLG Düsseldorf NZM 2006, 866 = ZMR 2006, 925.

83 LG Köln VersR 1979, 415; *Emmerich* in Staudinger § 548 Rdn. 9.

84 *Emmerich* in Staudinger § 548 Rdn. 9.

85 BGH NJW 1983, 679.

86 BGH (XII ZR12/13) NJW 2014, 920 = WuM 2014, 140 = ZMR 2014, 526 Rdn. 15; BGH NJW 1980, 389 = WuM 1980, 106; BGH NJW 1965, 151.

87 OLG Düsseldorf ZMR 1990, 340 = NJW-RR 1991, 208; LG Nürnberg-Fürth ZMR 1993, 119.

88 BGH NJW 1964, 545.

89 BGH NJW 1993, 2797 = WuM 1993, 535 = ZMR 1993, 458.

90 BGH NJW 1997, 2316 = ZMR 1997, 454; BGH NJW-RR 2001, 194. S. dazu auch BGH NJW 2000, 3203 = WuM 2000, 419 = ZMR 2000, 596.

91 OLG Celle GuT 2011, 276. Zur fehlenden Pflicht, das Selbsthilferecht auszuüben, s. für das Mietrecht *Häublein* in MünchKomm § 536a Rdn. 24 und für das Werkvertragsrecht BGH NJW 1988, 2728 sowie BGH NJW 2010, 1195 Rdn. 19, wo auf den fehlenden Willen des Bauherrn abgestellt wird.

92 BGH NJW 1987, 187 = WuM 1987, 22 = ZMR 1987, 53; BGH NJW 2010, 2652 = ZMR 2010, 932.

ruht, denn es wäre gleichermaßen mit dem Sinn des § 548 BGB unvereinbar, bei der Verjährung danach zu unterscheiden, ob die Veränderung oder Verschlechterung der Mietsache darauf zurückzuführen ist, dass der Mieter eine gesetzliche Verpflichtung (etwa zur schonenden Behandlung der Mietsache) verletzt hat oder dass er einer besonders vereinbarten vertraglichen Verpflichtung (etwa zur Instandsetzung), die über das gesetzlich geschuldete Maß hinaus geht, nicht nachgekommen ist[93]. Wann eine solche Abrede getroffen wird, ist gleichgültig; auch Vereinbarungen oder Vergleiche nach Vertragsbeendigung unterliegen § 548 BGB[94]. Zu den mietrechtlichen Ansprüchen gehören insbesondere alle Ansprüche, die in Zusammenhang mit dem Dekorationszustand des Mietobjekts stehen, also etwa auf Durchführung von Schönheitsreparaturen, auf Schadensersatz wegen deren Unterlassung oder Schlechtausführung oder aus Abgeltungsvereinbarungen, weil das Renovierungsintervall bei Vertragsende noch nicht abgelaufen war (Quotenklausel)[95].

21 Außerdem bezieht sich § 548 BGB – in analoger Anwendung[96] – auch auf solche **konkurrierenden Ansprüche,** die der Vermieter aus anderen Rechtsgründen außerhalb des Mietrechts herleiten kann[97] und die auf demselben Sachverhalt beruhen[98]. Ohne eine solch weite Auslegung würde der dem Schutz des Mieters dienende Zweck der Regelung, eine schnelle Klarstellung und Abwicklung der Ansprüche aus einem beendeten Gebrauchsüberlassungsverhältnis zu gewährleisten, vereitelt, weil sich der Mieter noch anderer, praktisch nicht selten bestehender Ansprüche vergegenwärtigen müsste[99]. § 548 BGB verdrängt deshalb, wenn der Zweck der schnellen Abwicklung des Mietverhältnisses es gebietet, die für die konkurrierenden Ansprüche geltenden allgemeinen Verjährungsfristen der §§ 195 ff. BGB und ggf. auch besonders geregelte Verjährungsfristen[100].

22 Ansprüche aus **unerlaubter Handlung** gem. §§ 823 ff. BGB bilden den Hauptanwendungsfall dafür, dass konkurrierende Ansprüche außerhalb des Mietrechts der kurzen Verjährung des § 548 BGB unterworfen werden[101]. Das Maß des Verschuldens ist unerheblich, so dass § 548 BGB auch bei vorsätzlichem Handeln anwendbar ist[102]. Eine Ausnahme sollte lediglich bei einer vorsätzlich sittenwidrigen Schädigung gem. § 826 BGB gemacht werden, da einem solchen Schädiger nicht auch noch das Privileg der kurzen, insbesondere kenntnisunabhängigen Verjährungsfrist zu Gute kommen sollte[103].

23 Ähnlich wie Ansprüche gem. § 823 ff. BGB sind deliktische Sondertatbestände, deliktsähnliche Ansprüche und **sonstige Ansprüche** zu behandeln. Nach § 548 BGB richtet sich deshalb die Verjährung von Ansprüchen aus § 1004 BGB[104], aus Geschäftsführung ohne Auftrag[105], aus Bereicherung gem. § 812 ff. BGB[106], aus dem Eigentum (dingliche Ansprüche)[107], aus dem StVG[108], aus dem Haftpflichtgesetz[109], aus § 280 Abs. 1 BGB wegen der Verletzung von Nebenleistungspflichten (un-

---

[93] BGH NJW 1965, 151; BGH NJW 1987, 2072 = WuM 1987, 154 = ZMR 1987, 210; BGH NJW 1983, 679.

[94] BGH NJW 2010, 2652 = ZMR 2010, 932.

[95] BGH NJW 2006, 1588 = WuM 2006, 319 = ZMR 2006, 507; OLG Düsseldorf ZMR 2009, 753 = GuT 2009, 180.

[96] BGH NJW 1987, 187 = WuM 1987, 22 = ZMR 1987, 53.

[97] BGH NJW 1965, 151.

[98] BGH NJW 1987, 187 = WuM 1987, 22 = ZMR 1987, 53.

[99] BGH NJW 1987, 187 = WuM 1987, 22 = ZMR 1987, 53.

[100] Allg. M. und ständige Rechtsprechung, s. nur zum reformierten Verjährungsrecht BGH (VIII ZR 349/10) NJW 2011, 2717 = WuM 2011, 509 = ZMR 2011, 968 und für die besondere Verjährung von Ansprüchen aus unerlaubter Handlung in § 852 BGB a. F. BGH NJW 2006, 2399 = ZMR 2006, 754 = WuM 2006, 437; BGH NJW 1997, 1983 = WuM 1997, 372 = ZMR 1997, 400; BGH NJW 1987, 187 = WuM 1987, 22 = ZMR 1987, 53.

[101] BGH (XII ZR 52/08) NJW 2010, 2652 = ZMR 2010932 Rdn. 18; BGH (VI ZR 259/04) NZM 2006, 624 = WuM 2006, 437 = ZMR 2006, 754 Rdn. 14 m. w. N.

[102] BGH NJW 1993, 2797 = WuM 1993, 535 = ZMR 1993, 458, der dieses Ergebnis nicht nur mit dem weit auszulegenden Zweck des § 548 BGB begründet, sondern auch mit der im Einzelfall schwierigen Abgrenzung von Vorsatz und Fahrlässigkeit.

[103] BGH NJW 2001, 2253 (zu der vergleichbaren Verjährungsregelung in § 591 b BGB für die Landpacht). In der Tendenz ebenso, aber letztlich offenlassend BGH NJW 1993, 2797 = WuM 1993, 535 = ZMR 1993, 458.

[104] BGH NJW 1997, 1983 = WuM 1997, 372 = ZMR 1997, 400; BGH NJW 1987, 187 = WuM 1987, 22 = ZMR 1987, 53.

[105] BGH NJW 1987, 187 = WuM 1987, 22 = ZMR 1987, 53 mit zustimmender Anm. *Peters* in JZ 1987, 198; OLG Karlsruhe WuM 1994, 281 = ZMR 1994, 161 = NJW-RR 1994, 594.

[106] BGH NJW 1987, 187 = WuM 1987, 22 = ZMR 1987, 53 mit zustimmender Anm. *Peters* in JZ 1987, 198.

[107] BGH NJW 1987, 187 = WuM 1987, 22 = ZMR 1987, 53 mit zustimmender Anm. *Peters* in JZ 1987, 198.

[108] BGH NJW 1973, 2059; BGH NJW 1987, 187 = WuM 1987, 22 = ZMR 1987, 53.

[109] OLG Karlsruhe WuM 1994, 281 = ZMR 1994, 161 = NJW-RR 1994, 594.

terlassener Abschluss einer Feuerversicherung[110]) oder wegen vorvertraglichen Verschuldens[111] und aus § 22 WHG[112]. Notwendig ist immer, dass die Ansprüche eine Veränderung des Zustands der Mietsache bzw. einen abredewidrigen Zustand betreffen[113]. Für Ansprüche nach **§ 24 Bundes-Bodenschutzgesetz** (BBodSchG)[114] gilt die kurze Verjährung allerdings nicht, und zwar auch dann nicht, wenn sie in Zusammenhang mit dem vertragswidrigen Zustand einer Mietsache stehen. Das gilt seit dem 15. 12. 2004 auf Grund der zu diesem Zeitpunkt in Kraft getretenen Regelung in § 24 Abs. 2 Satz 3 BBodSchG, die nicht nur eine eigene Verjährungsregelung enthält, sondern die Anwendung des § 548 BGB ausdrücklich ausschließt. Ebenso ist es nach dem Sinn und Zweck des Ausgleichsanspruchs in § 24 BBodSchG für Fälle vor dem 15. 12. 2004[115].

Mit dem auf Zahlung oder sonstige Leistung (s. dazu sogleich) gerichteten Hauptanspruch verjähren auch etwaige **Nebenansprüche** (§ 217 BGB) sowie Hilfsansprüche[116]. Dazu gehören insbesondere Ansprüche auf Ersatz eines Verzugsschadens gem. § 286 BGB[117] oder von Anwalts- und Gutachterkosten[118]. Etwas anderes gilt dann, wenn die Nebenansprüche vor dem Eintritt der Verjährung des Hauptanspruchs bereits gerichtlich geltend gemacht waren[119]. 24

d) Art und Umfang des Ersatzes. Genau so, wie der Rechtsgrund eines Anspruchs für die Anwendbarkeit von § 548 BGB grundsätzlich keine Rolle spielt, solange der Anspruch aus dem vertragswidrigen Zustand der Mietsache abgeleitet wird, spielt die Art der als Ersatz geforderten Leistung keine Rolle. Es ist deshalb belanglos, ob der Vermieter einen Primäranspruch etwa auf **(Wieder-)Herstellung bzw. Beseitigung** geltend macht oder einen Sekundäranspruch auf Zahlung[120]. Das ergibt sich nicht nur aus dem Zweck der kurzen Verjährung, eine beschleunigte und abschließende Klarstellung der Ansprüche herbeizuführen[121], sondern auch aus § 213 BGB, nach dessen Wertung ein Gleichlauf der Verjährung von Sekundär- und Primäransprüchen herzustellen ist[122]. Die kurze Verjährungsfrist gilt also beispielsweise gleichermaßen, wenn der Mieter abredewidrig die mit Erlaubnis des Vermieters veränderte Sache bei Vertragsbeendigung nicht wieder in den früheren Zustand zurückversetzt und der Vermieter einen Anspruch auf Naturalherstellung in Form von Beseitigung der auf dem verpachteten Grundstück errichteten Anlagen oder Gebäude geltend macht[123], wie in dem Fall, dass der Vermieter wegen einer solchen Pflichtverletzung Schadensersatz statt der Leistung gem. § 281 BGB verlangt[124]. Ist der Erfüllungsanspruch verjährt, kann er sich nicht mehr in einen Schadensersatzanspruch umwandeln[125]. Schließlich ist es belanglos, ob die verletzte Pflicht als Gegenleistung für die Gebrauchsüberlassung, also als **Teil der Miete** geschuldet wird, solange sie nur mit dem Zustand der Mietsache zusammenhängt und nicht die ausschließliche oder ganz überwiegende Gegenleistung darstellt (Einzelheiten bei Rdn. 13). 25

Nach dem Wortlaut des § 548 BGB betrifft die kurze Verjährung nur Ersatzansprüche wegen des Zustands der **Mietsache** selbst. Hierzu gehören auch diejenigen mitvermieteten Sachen und Sachteile, die dem Mieter nicht zur alleinigen Nutzung zustehen, die er aber mitbenutzen darf (Hauseingang, Flure, Treppenhaus, Aufzug, Waschkeller, Garten etc.)[126]. Unter Umständen sind 26

110 BGH NJW 1964, 545.
111 BGH NJW 2006, 1963 = ZMR 2006, 441.
112 BGH NJW 1987, 187 = WuM 1987, 22 = ZMR 1987, 53 mit zustimmender Anm. *Peters* in JZ 1987, 198; OLG Karlsruhe WuM 1994, 281 = ZMR 1994, 161 = NJW-RR 1994, 594. Kritisch dazu *Gerauer* ZMR 1991, 413.
113 BGH NJW 2006, 1963 = ZMR 2006, 441.
114 Zum Verjährungsbeginn in diesen Fällen s. BGH (III ZR 312/11) NJW 2012, 3777; danach beginnt die Verjährung mit Beendigung der gesamten im Einzelfall erforderlichen bzw. angeordneten Maßnahmen zu laufen.
115 So BGH NJW 2009, 139 mit ausführlicher Begründung und Nachweisen auf die Gegenmeinung.
116 *Lüneborg* NJW 2012, 2145; s. dort auch zur Definition dieser Ansprüche.
117 BGH NJW 1995, 252 = WuM 1995, 149 = ZMR 1995, 114; BGH NJW 1998, 1303 = WuM 1998, 155 = ZMR 1998, 208.
118 AG Leipzig NZM 2015, 83.
119 BGH NJW 1995, 252 = WuM 1995, 149 = ZMR 1995, 114.
120 BGH (XII ZR 12/13) NJW 2014, 920 = WuM 2014, 140 = ZMR 2014, 526 Rdn. 16; BGH NJW 1980, 389 = WuM 1980, 106; BGH NZM 2002, 605. **A. A.** *Eckert* DMT-Bilanz 2011 S. 327.
121 BGH NJW 1980, 389 = WuM 1980, 106.
122 S. auch *Peters/Jacoby* in Staudinger (2009) § 213 Rdn. 6; *Jacoby* DMT-Bilanz 2011 S. 339.
123 BGH NZM 2002, 605.
124 S. zum Verjährungsbeginn bei Ansprüchen gem. § 281 BGB bei Rdn. 43.
125 BGH NZM 2004, 583 = ZMR 2004, 800.
126 BGH NJW 1973, 2059.

aber auch Schäden an **nicht mitvermieteten Sachen oder Flächen**[127] einzubeziehen. Der Zweck der Vorschrift und deren weite Auslegung gebieten es nämlich, einen einheitlichen Sachverhalt einheitlich jedenfalls dann verjähren zu lassen, wenn der anspruchsbegründende Umstand bei angemessener Untersuchung nach Rückgabe mitentdeckt worden wäre. Deshalb verjähren Ansprüche wegen des Zustands nicht mitvermieteter Flächen, die der Mieter während der Mietzeit unberechtigt genutzt und die er mit der Mietsache zu räumen und herauszugeben hat, nach § 548 Abs. 1 BGB[128]. Ein **einheitlicher Schaden** an vermieteten und nicht mitvermieteten Sachen liegt vor, wenn er in innerem Zusammenhang mit der Nutzung des Mietobjekts steht[129]. Das ist i. d. R. dann der Fall, wenn es *neben* der Beschädigung der (mit-)vermieteten Gegenstände zu *weiteren* Schäden am Eigentum des Vermieters (oder eines Dritten, dem der Vermieter Ersatz geleistet hat, so dass es zu einem Schaden des Vermieters geworden ist[130]) kommt[131], wenn also – etwa wegen Brandes oder Wasseraustritts – nicht nur die Wohnung des Mieters, sondern auch angrenzende Wohnungen desselben Hauses oder ein Nachbarhaus beschädigt werden. Dabei spielt es keine Rolle, wie groß der Schaden an den nicht mitvermieteten Gegenständen ist oder ob er größer ist als an den vermieteten Gegenständen[132]. Die Rechtsstellung des Vermieters wird durch die einheitlich kurze Verjährung aber nur dann nicht über Gebühr beeinträchtigt, wenn er nach Rückgabe der Mietsache in der Lage ist und Veranlassung hat, Art und Ausmaß des Schadens sofort festzustellen[133], was i. d. R. voraussetzt, dass die beschädigten nicht vermieteten Gegenstände in seinem unmittelbaren Besitz stehen[134]. Aus diesem Grund kann beispielsweise ein Vermieter auch noch nach Ablauf der kurzen Verjährungsfrist bei seinem Mieter Regress nehmen, weil er einem PKW-Eigentümer Ersatz für Schäden leisten musste, die nach einer Obhutspflichtverletzung des Mieters durch herabfallende Gegenstände entstanden waren[135]. Aus diesem Grund dürfte es deshalb – von der nacherwähnten Ausnahme abgesehen – auch nicht ausreichen, wenn der Schaden *ausschließlich* solche Gegenstände betrifft, die nicht mitvermietet wurden, wenn der Schaden also beispielsweise nur auf anderen Grundstücken als dem Mietgrundstück eingetreten ist[136]. Zum einen bezieht sich die Untersuchung des Vermieters nach Rückgabe der Mietsache i. d. R. nämlich nicht auf derartige Schäden; zum anderen erfordert der Schutzzweck des § 548 BGB eine Anwendung nicht, so dass es bei der allgemeinen Verjährung bleiben muss. Der Vermieter – wenn denn er und nicht ohnehin ein Dritter betroffen ist – steht dem Mieter in diesen Fällen nämlich eher wie ein am Mietvertrag nicht beteiligter Dritter gegenüber, dem nur mehr oder weniger zufällig eine Doppelrolle als Vermieter und geschädigter Eigentümer zuwächst; der nach der Rechtsprechung des BGH[137] notwen-

---

[127] BGH NJW 2010, 2652 = ZMR 2010, 932.

[128] BGH NJW 2010, 2652 = ZMR 2010, 932.

[129] Instruktiv BGH NJW 1994, 251 = WuM 1994, 20 = ZMR 1994, 63 (s. zum Verständnis dieser Entscheidung auch BGH NJW 2000, 3203 = WuM 2000, 419 = ZMR 2000, 596); außerdem BGH NJW 2010, 2652 = ZMR 2010, 932; BGH ZMR 2004, 813 = NJW-RR 2004, 1566; BGH NJW 1992, 687 = WuM 1992, 71 = ZMR 1992, 96.

[130] BGH NJW 1992, 687 = WuM 1992, 71 = ZMR 1992, 96; OLG Düsseldorf ZMR 1988, 256 = NJW-RR 1988, 912. Der direkte Anspruch eines Dritten unterliegt hingegen allenfalls dann der kurzen Verjährung, wenn es sich bei dem Dritten um den vom Vermieter verschiedenen Eigentümer des Mietobjekts handelt (Einzelheiten bei Rdn. 30); ansonsten beurteilt sich die Verjährung von Ansprüchen Dritter gegen den Mieter nach den allgemeinen Regeln.

[131] BGH NJW 1973, 2059; BGH NJW 2006, 2399 = ZMR 2006, 754 = WuM 2006, 437; OLG Düsseldorf ZMR 1988, 256 = NJW-RR 1988, 912.

[132] BGH NJW 1973, 2059; BGH NJW 1992, 687 = WuM 1992, 71 = ZMR 1992, 96. Kritisch dazu *Eckert* DMT-Bilanz 2011 S. 329.

[133] Eingehend BGH NJW 1994, 251 = WuM 1994, 20 = ZMR 1994, 63 und schon BGH NJW 1973, 2059. S. zum Verständnis der ersteren Entscheidung auch BGH NJW 2000, 3203 = WuM 2000, 419 = ZMR 2000, 596.

[134] BGH NJW 1973, 2059.

[135] OLG Dresden NZM 2007, 803 = ZMR 2007, 691.

[136] *Emmerich* in Staudinger § 548 Rdn. 12. Der BGH hat die Frage bisher formal offen gelassen, aber in BGH NJW 2000, 3203 = WuM 2000, 419 = ZMR 2000, 596 und BGH NJW 1983, 679 eine restriktive Tendenz im hier vertretenen Sinn geäußert. In BGH NJW 1994, 251 = WuM 1994, 20 = ZMR 1994, 63 hat er einen Bezug des Schadens an einem entfernten Fischteich, der durch vom Mietgrundstück herrührende Ölverunreinigung eingetreten war, zu dem Mietobjekt abgelehnt und darauf abgestellt, dass der Vermieter keinen Anlass hatte, auf Grund einer Überprüfung der Mietsache nach deren Rückgabe derartige Schäden zu vermuten.

[137] Instruktiv BGH NJW 1994, 251 = WuM 1994, 20 = ZMR 1994, 63 (s. zum Verständnis dieser Entscheidung auch BGH NJW 2000, 3203 = WuM 2000, 419 = ZMR 2000, 596); außerdem BGH ZMR 2004, 813 = NJW-RR 2004, 1566; BGH NJW 1992, 687 = WuM 1992, 71 = ZMR 1992, 96.

dige innere Zusammenhang zum Mietverhältnis fehlt. Da vermietete Gegenstände in dieser Fallkonstellation nicht betroffen sind, wird auch die schnelle Abwicklung des Mietverhältnisses nicht behindert und der Gefahr des Verlustes von Beweismöglichkeiten wegen einer Weitervermietung muss nicht begegnet werden. Anders ist das allerdings dann, wenn der Mieter gegenüber dem Vermieter vertraglich ausdrücklich die Haftung auch für Schäden an Gegenständen übernommen hat, die nicht zum Mietobjekt gehören[138]; durch eine solche Vereinbarung haben die Parteien eine innere Verbindung zum Mietverhältnis auch für solche Schäden hergestellt, die ausschließlich mitvermietete Gegenstände betreffen. § 548 BGB ist in jedem Fall unanwendbar, wenn die Ersatzansprüche **Personenschäden** betreffen, diese richten sich selbst dann nach den allgemeinen Verjährungsregeln, wenn sie durch Veränderungen oder Verschlechterungen der Mietsache verursacht wurden[139]. Die kurze Verjährung greift ebenfalls nicht ein, wenn der Vermieter einen Schaden durch die Nutzung des Mietobjekts erleidet, das Mietobjekt selbst aber nicht verändert oder verschlechtert wird; in diesem Sinn hat der BGH entschieden für den Fall, dass der Vermieter von der Ordnungsbehörde wegen der Beseitigung von gefährlichen Chemikalien in Anspruch genommen wurde, die das Mietgrundstück nicht beeinträchtigt hatten[140].

Gem. § 548 BGB verjähren **sämtliche Schadensfolgen,** die aus dem vertragswidrigen Zu- 27
stand der Mietsache resultieren und deshalb zu einem einheitlichen Schadensbild gehören[141]; das folgt sowohl aus dem Zweck des § 548 BGB, als auch aus dem Grundsatz der Schadenseinheit[142]. Dazu gehören insbesondere die Schadensfeststellungskosten, die Verzugsschäden und alle, auch die monatlich neu entstehenden[143] **Mietausfallschäden,** wenn der Vermieter wegen des Zustands an einer Weitervermietung gehindert ist[144]. Auf den Zeitpunkt der Entstehung des konkreten Folgeschadens oder dessen Erkennbarkeit kommt es nicht an[145].

e) Einbeziehung Dritter. § 548 BGB regelt unmittelbar nur die Ansprüche zwischen Ver- 28
mieter und Mieter. Der Schutzzweck der Vorschrift, für eine schnelle Klärung und Abwicklung der Ansprüche zu sorgen, kann es – genauso wie bei der Einbeziehung konkurrierender Ansprüche – gebieten, im Wege der Analogie[146] auch Ansprüche von Dritten gegen den Mieter oder Ansprüche des Vermieters gegen Dritte der kurzen Verjährung zu unterwerfen, obwohl sie am Mietvertrag nicht beteiligt sind. Wenn nämlich beispielsweise der Vermieter einen für den Schaden mitverantwortlichen Mitbewohner nach Ablauf der für den Mieter geltenden Verjährung in Anspruch nehmen könnte, dann wäre der Mieter mittelbar über § 426 BGB trotz Verjährungsablaufs noch einer Haftung ausgesetzt. Die Verjährung des Ausgleichsanspruchs des Gebäudeversicherers gegen den Haftpflichtversicherer des Mieters richtet sich nicht nach § 548 BGB, sondern nach § 195 BGB[147].

aa) Auf Vermieterseite. Vermieter und Geschädigter bzw. Anspruchsinhaber müssen nicht 29
personenidentisch sein. Ein solches Auseinanderfallen kommt in Betracht, wenn der Vermieter nicht Eigentümer des Mietobjekts ist, also z. B. bei einer **Untervermietung.** Wird das Mietobjekt beschädigt, stehen dem Vermieter die vertraglichen Ansprüche zu, dem Eigentümer die deliktischen Ansprüche. Außerdem können Vermieterstellung und Anspruchsinhaberschaft auseinander-

---

[138] BGH NJW 1983, 679; OLG Karlsruhe WuM 1994, 281 = ZMR 1994, 161 = NJW-RR 1994, 594.
[139] BGH NJW 1994, 251 = WuM 1994, 20 = ZMR 1994, 63.
[140] BGH NJW 2000, 3203 = WuM 2000, 419 = ZMR 2000, 596.
[141] BGH NJW 1998, 1303 = WuM 1998, 155 = ZMR 1998, 208; BGH NJW 1992, 687 = WuM 1992, 71 = ZMR 1992, 96; BGH NJW 1965, 151; *Finger* ZMR 1988, 4.
[142] BGH NJW 1998, 1303 = WuM 1998, 155 = ZMR 1998, 208. S. zum Grundsatz der Schadenseinheit auch bei Rdn. 59.
[143] Der Beginn der Verjährungsfrist gilt einheitlich für alle, also auch die weniger als sechs Monate zurückliegenden Mietausfälle, die aus der Pflichtverletzung, ohne dass es auf den jeweiligen monatlichen Entstehungszeitpunkt der Mietausfälle ankommt (vgl. BGH NJW 1998, 981 = WuM 1998, 224 = ZMR 1998, 270).
[144] BGH NJW 1998, 1303 = WuM 1998, 155 = ZMR 1998, 208; BGH NJW 1965, 151; OLG Düsseldorf ZMR 2009, 753 = GuT 2009, 180; *Finger* ZMR 1988, 4. S. auch Rdn. 64 bei Nutzungsentschädigung.
[145] **A. A.,** aber noch zum unreformierten Verjährungsrecht, OLG Schleswig WuM 1996, 220. Diese Ansicht widerspricht der jetzigen Rechtslage, zu der in BGH NJW 2005, 739 = WuM 2005, 126 = ZMR 2005, 291 Rdn. 24 und BGH NJW 2006, 1588 = WuM 2006, 319 = ZMR 2006, 507 ausdrücklich betont wird, dass ein Anspruch schon vor dessen Entstehung und auch vor Beendigung des Mietverhältnisses (nämlich bei vorzeitiger Rückgabe) verjähren kann. S. weiterhin Rdn. 43 (zum Zeitpunkt der Schadensentstehung) und Rdn. 35 (zur Erkennbarkeit).
[146] BGH (VIII ZR 349/10) NJW 2011, 2717 = WuM 2011, 509 = ZMR 2011, 968 Rdn. 17.
[147] BGH NZM 2010, 450 = ZMR 2010, 515.

fallen nach einer Abtretung des Schadensersatzanspruchs oder nach einer Veräußerung der Mietsache. In diesen Fällen würde der Zweck des § 548 BGB nach einer schnellen Klarstellung und Abwicklung der Ersatzansprüche nur unvollkommen verwirklicht und der dadurch beabsichtigte Schutz des Mieters würde leiden, wenn der Eigentümer bzw. der Anspruchsinhaber noch nach der für den Vermieter geltenden kurzen Verjährungsfrist Ansprüche gegen den Mieter geltend machen könnte. Deshalb ist § 548 BGB in folgender Weise analog[148] auf Ansprüche Dritter anzuwenden: War der **Eigentümer** mit der Vermietung einverstanden[149] oder war er mit dem Vermieter wirtschaftlich eng verbunden[150], dann stellt sich die Personenverschiedenheit von Eigentümer und Vermieter als zufällig dar und deshalb unterliegen die Ansprüche des Eigentümers ebenso der kurzen Verjährung wie diejenigen des Vermieters[151]. Dabei spielt es keine Rolle, ob der Eigentümer sie selbst geltend macht oder ob er sie an den Vermieter abgetreten hat[152]; die Verjährungsfrist ändert sich durch eine Abtretung allgemein nicht. Nach diesen Grundsätzen unterliegen Ansprüche gegen einen rechtmäßigen Untermieter der kurzen Verjährung, nicht aber solche gegen einen unrechtmäßigen Untermieter[153]. Ist der unrechtmäßige Untermieter gutgläubig in Bezug auf das Recht zur Untervermietung, ist es nicht unbillig[154], ihm die Einrede der kurzen Verjährung zu verwehren, weil er – im Gegensatz zum Hauptvermieter – hinreichend Gelegenheit hat, sich nach dem Recht zur Untervermietung zu erkundigen. Wird das Mietobjekt nach Beendigung des Mietverhältnisses und Rückgabe **veräußert,** so unterliegen die Ansprüche des neuen Eigentümers ebenfalls der kurzen Verjährung des § 548 BGB[155].

30 Auf Schadensersatzansprüche der **Wohnungseigentümergemeinschaft** gegen den Mieter einer Eigentumswohnung wegen Beschädigung des Gemeinschaftseigentums findet § 548 Abs. 1 BGB nach Ansicht des BGH[156] hingegen keine Anwendung. Wegen der Verschiedenheit von Eigentümer und Vermieter käme – wie auch schon in den vorgenannten Fällen – nur eine analoge Anwendung in Betracht; allerdings fehle es – so der BGH – sowohl an einer Gesetzeslücke wie an einer vergleichbaren Interessenlage[157]: Anders als bei einer engen wirtschaftlichen Verflechtung von Eigentümer und Vermieter ist die Personenverschiedenheit von Eigentümer und Vermieter bei der Vermietung von Wohneigentum nicht zufällig; die Eigentümergemeinschaft hat auch keinen Einfluss auf die Vermietung[158]. Ebenso hat sie meist keine Kenntnis von einem Auszug des Mieters und deshalb keine Veranlassung zur Untersuchung des Gemeinschaftseigentums; der wirtschaftlich verflochtene Eigentümer kann hingegen eine Untersuchung in seinem Verhältnis zum Vermieter ohne Weiteres sicherstellen[159]. Der Mieter wird nicht über Gebühr belastet, da das Gemeinschaftseigentum nicht derart schnell von Veränderungen betroffen ist wie die weitervermieteten Räume und deshalb dem Verlust des Beweisgegenstandes (s. dazu Rdn. 2) nicht derart dringend vorgebeugt werden muss. Trotz dieser gewichtigen Argumente ist das Ergebnis nicht zwingend. Eigentümer des Gemeinschaftseigentums ist nämlich nicht die Gemeinschaft ist, Eigentümer sind vielmehr gem. § 10 Abs. 1 WEG die Wohnungseigentümer[160], so dass jedenfalls eine Teilidentität von Vermieter und Eigentümer gegeben ist, womit man eine analoge Anwendung von § 548 Abs. 1 BGB hätte rechtfertigen können, zumal die Vermietung von Wohneigentum der Gemeinschaft bzw. den übrigen Wohnungseigentümern nicht nur bekannt ist, sie ist vielfach sogar Zweck ganzer Wohnungseigentumsanlagen oder eines großen Teils davon. Abgesehen davon kann sich Gemeinschafts-

---

[148] BGH (VIII ZR 349/10) NJW 2011, 2717 = WuM 2011, 509 = ZMR 2011, 968 Rdn. 19.

[149] BGH (VIII ZR 349/10) NJW 2011, 2717 = WuM 2011, 509 = ZMR 2011, 968 Rdn. 13; BGH NJW 1997, 1983 = WuM 1997, 372 = ZMR 1997, 400.

[150] BGH (VIII ZR 349/10) NJW 2011, 2717 = WuM 2011, 509 = ZMR 2011, 968 Rdn. 13; BGH NJW 1992, 1821/1822 = WuM 1992, 127 (zwei GmbH mit demselben Hauptsitz und demselben Geschäftsführer).

[151] *Emmerich* in Staudinger § 548 Rdn. 14.

[152] BGH NJW 1997, 1983 = WuM 1997, 372 = ZMR 1997, 400; BGH NJW 1970, 1736.

[153] *Fuerst* in Lindner-Figura/Oprée/Stellmann Kap. 17 Rdn. 21.

[154] *Eckert* DMT-Bilanz 2011 S. 335 sieht hingegen einen nicht befriedigend auflösbaren Widerspruch.

[155] BGH NJW 1987, 187 = WuM 1987, 22 = ZMR 1987, 53 zu Ansprüchen gem. § 22 WHG.

[156] BGH (VIII ZR 349/10) NJW 2011, 2717 = WuM 2011, 509 = ZMR 2011, 968 m.w.N. auch auf die Gegenmeinung, die hier in der 10. Aufl. ebenfalls vertreten wurde. Kritisch zur Begründung, im Ergebnis aber übereinstimmend mit dem BGH *Häublein* ZMR 2011, 970; ähnlich auch *Witt* NZM 2012, 547.

[157] BGH (VIII ZR 349/10) NJW 2011, 2717 = WuM 2011, 509 = ZMR 2011, 968 Rdn. 17.

[158] BGH (VIII ZR 349/10) NJW 2011, 2717 = WuM 2011, 509 = ZMR 2011, 968 Rdn. 19/20.

[159] BGH (VIII ZR 349/10) NJW 2011, 2717 = WuM 2011, 509 = ZMR 2011, 968 Rdn. 20/21.

[160] Darauf weisen *Häublein* ZMR 2011, 970 und Schmid DWW 2011, 370 zutreffend hin. Geltend zu machen ist der Anspruch aber wohl durch die Gemeinschaft (*Jacoby* ZWE 2012, 74).

eigentum in der Wohnung befinden (z. B. Heizkörper einer Einrohrheizung[161]); hier tritt der Gedanke des Verlusts des Beweisgegenstandes durch Neuvermietung wieder in den Vordergrund. Die Vielzahl der Gläubiger (Wohnungseigentümer) hat auch Einfluss auf den Verjährungsbeginn. Kenntnis i. S. v. § 199 Abs. 1 Nr. 2 BGB muss gem. §§ 432, 429, 425 BGB bei jedem Wohnungseigentümer vorliegen[162]; allerdings kann unter Umständen eine Kenntnis des Verwalters den Wohnungseigentümern gem. § 166 BGB zugerechnet werden[163].

bb) Auf Mieterseite. Die kurze mietvertragliche Verjährung gilt auch dann, wenn es um von 31
§ 548 BGB erfasste Ansprüche des Vermieters gegen einen Dritten geht, der – ohne selbst Vertragspartei zu sein – in den Schutzbereich des Mietvertrages einbezogen ist; der Mietvertrag ist ein Vertrag mit Schutzwirkung für Dritte, was nicht nur zur Haftung des Vermieters führen kann, sondern auch zur Privilegierung des Dritten bei der Verjährung[164]. Der entscheidende Gesichtspunkt für den Eintritt der Schutzwirkung ist der Umstand, dass nach dem Inhalt des Vertrages der **Mietgebrauch durch den Dritten gewissermaßen bestimmungsgemäß ausgeübt** wird und dass das erkennbar für den Dritten ebenso wie für den Mieter die Gefahr mit sich bringt, wegen Beschädigung der Mietsache auf Ersatz in Anspruch genommen zu werden[165]. Eine von den Parteien gewollte Einbeziehung in den Schutzbereich des Mietvertrages ist **anerkannt für** zum Hausstand gehörende Personen, insbesondere Familienangehörige des Mieters[166], Bedienstete[167], Werkunternehmer/Handwerker[168], den berechtigten Fahrer eines Mietwagens[169], Beherbergungsgäste[170], Besucher. Zur Untermiete s. soeben oben. Wird das Mietobjekt von diesen Personen, denen der Mieter nach den ausdrücklichen oder stillschweigenden Abreden des Vertrages die Mietsache überlassen durfte, beschädigt oder verursachen die Personen andere unter § 548 BGB fallende Ersatzansprüche, so verjähren diese Ansprüche wie diejenigen gegen den Mieter selbst innerhalb von sechs Monaten nach Rückgabe[171].

f) Unmöglichkeit der Rückgabe. § 548 BGB passt nicht für den Untergang des Mietobjekts 32
oder dessen Zubehörs[172], weil die Vorschrift auf dessen Rückerhalt als Anfangspunkt der Verjährung abstellt und ein völlig zerstörtes Mietobjekt nicht zurückgegeben werden kann[173]. In § 548 BGB werden dementsprechend auch nur die Ansprüche des Vermieters wegen Veränderungen und Verschlechterungen der Mietsache der kurzen Verjährung unterworfen. Der Begriff der Zerstörung reicht aber weiter als der einer Veränderung oder Verschlechterung. Der Zweck der Vorschrift, eine möglichst schnelle Abwicklung der gegenseitigen Ansprüche zu erreichen und einem Beweisverlust durch Weitervermietung vorzubeugen, erfordert eine Anwendung bei einem Untergang der Mietsache nicht[174]. Deshalb gelten in diesem Fall die **allgemeinen Verjährungsregeln**[175].

Eine **vollständige Zerstörung** liegt nur dann vor, wenn jedwede Rückgabe ausgeschlossen ist, 33
nicht aber wenn – selbst bei schwersten Gebäudeschäden[176] – noch wieder verwendbare Reste der

---

161 *Schlüter* ZMR 2011, 936. S. zu den Eigentumsverhältnissen bei Heizungsanlagen auch BGH NJW 2011, 2958.

162 BGH (V ZR 183/13) NJW 2014, 2861; *Gaier* NZM 2003, 93; *Schmid* DWW 2011, 370.

163 S. dazu BGH (V ZR 183/13) NJW 2014, 2861.

164 BGH NJW 1976, 1843; BGH (VIII ZR 349/10) NJW 2011, 2717 = WuM 2011, 509 = ZMR 2011, 968 Rdn. 12; BGH NJW 2006, 2399 = ZMR 2006, 754 = WuM 2006, 437; BGH NJW-RR 1988, 1358 = ZMR 1988, 419.

165 BGH NJW 1976, 1843 und grundlegend BGH NJW 1973, 2059.

166 BGH NJW 2006, 2399 = ZMR 2006, 754 = WuM 2006, 437; BGH NJW 2001, 2253 (für die Ehefrau des Mieters).

167 BGH NJW 1973, 2059; BGH NJW-RR 1988, 1358 = ZMR 1988, 419.

168 BGH NJW 1976, 1843.

169 BGH NJW 1968, 694.

170 BGH NJW 1978, 1426; OLG Köln WuM 1991, 394 = NJW-RR 1991, 1292 (für Obdachlose, die in einem angemieteten Hotel untergebracht wurden).

171 *Emmerich* in Staudinger § 548 Rdn. 15. Kritisch hierzu *Peters* in DMT-Bilanz 2011 S. 358/359, der den Mietvertrag in diesen Fällen als Vertrag zu Lasten Dritter ansieht und §§ 195 ff. BGB anwenden will, soweit diese im konkreten Vergleich mit § 548 BGB zu einer kürzeren Verjährungsfrist führen.

172 *Gramlich* in Bub/Treier VI. Rdn. 46. S. auch Rdn. 45.

173 BGH NJW 1981, 2406 = ZMR 1981, 314; BGH NJW 2006, 2399 = ZMR 2006, 754 = WuM 2006, 437.

174 BGH NJW 1981, 2406 = ZMR 1981, 314.

175 BGH NJW 2006, 2399 = ZMR 2006, 754 = WuM 2006, 437; OLG Düsseldorf ZMR 1990, 272.

176 *Gramlich* in Bub/Treier VI. Rdn. 50.

zurückzugebenden Sache vorhanden sind; ob es sich hierbei um einen wesentlichen (Gebäude-)Teil handelt, ist unerheblich[177]. Es kommt darauf an, ob überhaupt noch etwas zurückgegeben werden kann, so dass eine Wiederherstellung möglich erscheint, auch wenn dies nicht wirtschaftlich sein mag[178]; eine vollständige Wiederherstellung muss aber nicht möglich sein[179]. Deshalb ist ein wirtschaftlicher Totalschaden nicht notwendigerweise eine völlige Zerstörung im hier relevanten Sinn[180]. Sind bei einem abgebrannten Gebäude noch Grundmauern oder sonstige wiederverwertbare Reste (Fundament, Boden) verblieben, so ist eine völlige Zerstörung nicht gegeben[181]. Ob eine völlige Zerstörung vorliegt, wenn neben einem völlig zerstörten Gebäude auch das Grundstück herauszugeben ist, hat der BGH in einer neueren Entscheidung[182] offen gelassen, in einer früheren Entscheidung[183] unter Berufung auf das RG[184] aber schon bejaht. Hierfür spricht[185], dass die Anwendung des § 548 BGB bei untergegangener Mietsache deshalb abgelehnt wird, weil die Vorschrift auf den Rückerhalt der Sache als Anfangspunkt der Verjährung abstellt und eine völlig zerstörte Mietsache nicht zurückgegeben werden kann; hat der Mieter aber neben dem völlig zerstörten Gebäude das Grundstück herauszugeben, ist dieser Anfangspunkt bestimmbar.

2. Beginn der Verjährungsfrist

34 Gem. § 548 Abs. 1 Satz 2 BGB beginnt die kurze Verjährungsfrist von sechs Monaten für die Ersatzansprüche des Vermieters – unabhängig von der Entstehung der Ansprüche (s. dazu Rdn. 43) – mit dem Rückerhalt der Mietsache zu laufen, weil der Vermieter deren Zustand mangels Zutrittsmöglichkeit während der Besitzzeit des Mieters erst nach Rückerhalt überprüfen kann[186]. Der **Begriff des Rückerhalts** ist weder sprachlich noch in der Bedeutung gleichzusetzen mit dem Begriff der Rückgabe in § 546 BGB[187]. Rückerhalt und Rückgabe haben eine unterschiedliche Funktion. Während die Rückgabe für das Ende der Nutzungsberechtigung und die vom Mieter hierbei zu erfüllenden Pflichten in Bezug auf die Mietsache steht, ist die Funktion des Rückerhalts eingeschränkter. Durch den Rückerhalt der Mietsache soll der Vermieter nämlich die Möglichkeit erhalten, die Mietsache auf ihren vertragsgemäßen Zustand zu überprüfen, ob also der Mieter seine Rückgabepflichten erfüllt hat[188]. Das bedeutet, dass der Vermieter die **Möglichkeit zur Untersuchung** haben muss und dass der Mieter keine Einwirkungsmöglichkeiten mehr haben darf, weil ansonsten die Untersuchung des Vermieters nur vorläufig wäre[189]. Der Beginn der Verjährungsfrist hängt nicht von einer vollständigen Räumung oder der Erfüllung der sonstigen Rückgabepflichten ab[190] – im Gegenteil, der Rückerhalt dient gerade der Möglichkeit, die Vertragsmäßigkeit der Mietsache festzustellen. Auch ist die Beendigung des Mietverhältnisses nicht Voraussetzung für den Beginn der Verjährung[191]. Für die Fristberechnung gilt § 187 Abs. 1 BGB[192].

---

[177] BGH NJW 2006, 2399 = ZMR 2006, 754 = WuM 2006, 437; BGH NJW 1981, 2406 = WuM 1981, 262 = ZMR 1981, 314.

[178] BGH NJW 1981, 2406 = WuM 1981, 262 = ZMR 1981, 314; OLG Köln NJW 1997, 1157; OLG Düsseldorf ZMR 2006, 276.

[179] OLG Köln NJW 1997, 1157 (für ein Kunstwerk).

[180] BGH NJW 1984, 289; BGH NJW 1981, 2406 = WuM 1981, 262 = ZMR 1981, 314; OLG Oldenburg MDR 1982, 492.

[181] BGH NJW 2006, 2399 = ZMR 2006, 754 = WuM 2006, 437; BGH NJW-RR 1988, 1358 = ZMR 1988, 419; BGH NJW 1981, 2406 = WuM 1981, 262 = ZMR 1981, 314; OLG Düsseldorf ZMR 1990, 272.

[182] S. BGH NJW 2006, 2399 = ZMR 2006, 754 = WuM 2006, 437.

[183] BGH NJW-RR 1988, 1358 = ZMR 1988, 419.

[184] RGZ 96, 300.

[185] So auch BGH NJW 2006, 2399 = ZMR 2006, 754 = WuM 2006, 437, wo die Frage aber letztlich offen gelassen wurde.

[186] *Lehmann-Richter* NZM 2009, 763 will die Ersatzansprüche des Vermieters parallel der Verjährung des § 195 BGB unterwerfen, so dass Ersatzansprüche schon vor Rückerhalt verjährt sein könnten. Das widerspricht, was auch *Lehmann-Richter* zugesteht, dem klaren Wortlaut des Gesetzes.

[187] OLG Düsseldorf WuM 2008, 554; OLG München MDR 2007, 514 = GuT 2006, 234; OLG Hamm ZMR 1996, 372. **A. A.** *Lammel,* Wohnraummietrecht, § 548 Rdn. 18.

[188] BGH NJW 1968, 2241; OLG Düsseldorf ZMR 2009, 753 = GuT 2009, 180; OLG Düsseldorf NZM 2006, 866 = ZMR 2006, 925.

[189] KG ZMR 2005, 455; *Witt* NZM 2012, 548.

[190] OLG München MDR 2007, 514 = GuT 2006, 234; KG ZMR 2005, 455; OLG Hamm ZMR 1996, 372.

[191] BGH (VIII ZR 8/11) NJW 2012, 144 = WuM 2012, 95 = ZMR 2012, 175.

[192] BGH (XI ZR 172/13) NJW 2014, 3435 Rdn. 9.

35 Eine Möglichkeit zur Untersuchung besteht nicht, wenn der Vermieter trotz des Rückerhalts aus nicht in seiner Person liegenden Gründen außer Stande ist, die Mietsache zu untersuchen[193]. Der Beginn der Verjährungsfrist setzt aber nicht voraus, dass der Vermieter sie tatsächlich untersucht[194] oder dass er – falls dies geschieht – den vertragswidrigen Zustand erkennt oder erkennen kann[195]. Letzteres kann harte Konsequenzen für den Vermieter haben, ist aber – ähnlich wie bei der kaufrechtlichen Gewährleistung – vom Gesetz zu Gunsten der schnellen Abwicklung des Mietverhältnisses in Kauf genommen. Praktisch wird das Problem der **Erkennbarkeit** besonders häufig relevant in den Fällen der Bodenkontamination; hier schafft der Ausgleichsanspruch in § 24 Bundes-Bodenschutzgesetz (BBodSchG) mit seiner von § 548 BGB unabhängigen Verjährungsregelung eine Erleichterung[196].

36 I. d. R. ist ein derart verstandener Rückerhalt nur bei einer **Veränderung der Besitzverhältnisse zugunsten des Vermieters** gegeben[197] (zu den Ausnahmen s. Rdn. 39). Die Veränderung der Besitzverhältnisse ist deswegen erforderlich, weil der Vermieter in die Lage versetzt werden muss, sich durch Ausübung der unmittelbaren Sachherrschaft (d. h. des unmittelbaren Besitzes[198]) und durch freien Zutritt ungestört ein umfassendes Bild von den Mängeln, Veränderungen und Verschlechterungen der Mietsache (einschließlich der zurückgelassenen Gegenstände und Einrichtungen[199]) zu machen[200]; das kann meist nur geschehen, wenn der Mieter den Besitz vollständig und eindeutig (aber nicht notwendig endgültig[201]) aufgegeben[202] und der Vermieter hiervon Kenntnis erhalten hat[203]. **Neben der Besitzübertragung** auf den Vermieter ist also **auch Kenntnis des Vermieters davon** notwendig[204]. Zu den Fällen des Besitzübergangs ohne Kenntnis des Vermieters s. bei § 546 Rdn. 27 und nachfolgend. Ist der Vermieter persönlich an dem Besitzwechsel beteiligt, erhält er automatisch nicht nur von der Besitzaufgabe Kenntnis, sondern auch von seinem eigenen Besitz. Das gleiche gilt, wenn er sich bei diesem Vorgang umfassend vertreten lässt: Der Vertreter erlangt für ihn sowohl Besitz (als Besitzdiener), als auch Kenntnis vom Besitzwechsel (als Vertreter); die Kenntnis des Besitzwechsels wird dem Vermieter gem. § 166 BGB zugerechnet, so dass von der Möglichkeit der ungestörten Untersuchung des Mietobjekts auszugehen ist[205]. Die Kenntnis eines Besitzdieners (etwa eines Hauswarts) von der Besitzaufgabe des Mieters wird dem Vermieter nicht automatisch zugerechnet[206]. Das ist vielmehr nur dann der Fall, wenn der Besitzdiener über den reinen Besitzwechsel hinaus mit der Übergabe (Rücknahme) der Mietsache beauftragt war; nur dann ist der Vermieter in der Lage, sich ein umfassendes Bild von deren Zustand zu machen[207]. Es ist nämlich zu unterscheiden zwischen dem Willen des Besitzdieners, die Sachherrschaft für den Vermieter auszuüben, und der Kenntnis des Vermieters von der Besitzergreifung durch den Besitzdiener; die

---

193 BGH NJW 1968, 2241 unter Berufung auf RG HRR 1928 Nr. 1586.

194 BGH NJW 1968, 2241 für den Fall, dass der Vermieter die Untersuchung wegen Rechtsirrtums unterlassen hat.

195 OLG Frankfurt WuM 2001, 397.

196 S. Rdn. 23.

197 BGH (VIII ZR 8/11) NJW 2012, 144 = WuM 2012, 95 = ZMR 2012, 175; BGH ZMR 2004, 813 = NJW-RR 2004, 1566; BGH NJW 1991, 2416 = WuM 1991, 550 = ZMR 1991, 420; OLG München ZMR 2010, 285; OLG Düsseldorf DWW 2007, 246 = GE 2008, 265; OLG Düsseldorf ZMR 2001, 267.

198 BGH NJW 1968, 2241; OLG Düsseldorf GE 2002, 1196.

199 S. Rdn. 19.

200 BGH (VIII ZR 8/11) NJW 2012, 144 = WuM 2012, 95 = ZMR 2012, 175; *Streyl* NJW 2014, 665.

201 BGH NJW 1991, 2416 = WuM 1991, 550 = ZMR 1991, 420.

202 BGH NJW 1991, 2416 = WuM 1991, 550 = ZMR 1991, 420; BGH NJW 2000, 3203 = WuM 2000, 419 = ZMR 2000, 596; BGH NJW 2006, 2399 = ZMR 2006, 754 = WuM 2006, 437; BGH NJW 2006, 1963 = ZMR 2006, 441; BGH NJW 2004, 774 = WuM 2004, 21 = ZMR 2004, 108; BGH ZMR 2004, 813 = NJW-RR 2004, 1566; BGH NJW 1968, 2241; *Emmerich* in Staudinger § 548 Rdn. 26. Das OLG Düsseldorf ZMR 1989, 463 = NJW-RR 1990, 21 vernachlässigt die Notwendigkeit der Besitzaufgabe und stellt für einen Verjährungsbeginn m. E. fälschlicherweise nur darauf ab, dass der Vermieter von einer Betriebseinstellung gewusst habe und die Mietsache schon vor der förmlichen Übergabe auf Schadstoffe untersucht habe.

203 BGH (VIII ZR 402/12) NJW 2014, 684 = WuM 2013, 729 Rdn. 13 (eingehend zu dieser Entscheidung *Streyl* NJW 2014, 665); BGH NJW 2004, 774 = WuM 2004, 21 = ZMR 2004, 108; BGH NJW 2006, 2399 = ZMR 2006, 754 = WuM 2006, 437; BGH NJW 2006, 1963 = ZMR 2006, 441.

204 BGH (VIII ZR 402/12) NJW 2014, 684 = WuM 2013, 729 Rdn. 13. Der BGH spricht nur von Besitzaufgabe. Auf die isolierte Kenntnis der Besitzaufgabe kommt es allerdings nicht an, weil sie der Kenntnis des Besitzwechsels immanent ist.

205 *Streyl* NJW 2014, 666.

206 BGH (VIII ZR 402/12) NJW 2014, 684 = WuM 2013, 729 Rdn. 17.

207 BGH (VIII ZR 402/12) NJW 2014, 684 = WuM 2013, 729Rdn. 18.

Kenntnis des Besitzdieners kann dem Vermieter nicht ohne Weiteres zugerechnet werden, sondern nur unter den Voraussetzungen des § 166 BGB[208]. Beauftragt allerdings der Vermieter den Besitzdiener, die Schlüssel zur Wohnung in Empfang zu nehmen, räumt er ihm eine äußere Stellung ein, die typischerweise mit der Übertragung einer der Aufgabe angepassten Vertretungsmacht verbunden ist[209]; das bedeutet, der Besitzdiener (etwa der Hauswart) ist zumindest stillschweigend bevollmächtigter Wissensvertreter des Vermieters in Bezug auf die Kenntnis vom Besitzwechsel[210]. Diese Vollmacht kann zwar durch Erklärung gegenüber dem Mieter eingeschränkt werden, mit Wirkung für den Verjährungsbeginn aber nur dann, wenn der Mieter noch keinen Anspruch auf Rückgabe der Mietsache hatte, weil die Kenntnis des Vermieters von der Besitzaufgabe des Mieters ansonsten über die dargelegte Schutzfunktion hinaus zu einem Instrument der willkürlichen Verjährungsverlängerung werden könnte (weshalb auch AGB-Klauseln hierzu unwirksam sind)[211]. Bei einer Zwangsräumung sind die Voraussetzungen der Rückgabe erfüllt, wenn der Gerichtsvollzieher den Vermieter in den Besitz eingewiesen hat[212]. Dass der Vermieter (vorübergehend) die Möglichkeit hat, während des (auch nur mittelbaren) Besitzes des Mieters die Mieträume zu besichtigen, oder er sonstwie Kenntnis von dem vertragswidrigen Zustand erhält, genügt hingegen nicht[213]. Das gilt nicht nur für die Mieträume selbst, sondern für das gesamte Mietobjekt; erhält beispielsweise der Vermieter vor dem Rückerhalt der Mieträume Kenntnis von Schäden an den Gemeinschaftsflächen, so beginnt die Verjährung nicht schon mit dieser Kenntnis zu laufen, sondern erst mit dem Rückerhalt der Mieträume[214]. Gleichfalls genügt es nicht, wenn der Vermieter – mit Gestattung des Mieters, aber ohne eigene unmittelbare Sachherrschaft zu haben – Reparaturarbeiten an der Mietsache ausführen (lassen) kann[215] oder wenn der Mieter den Besitz aufgibt, ohne dass der Vermieter davon Kenntnis erlangt oder eine Zugangsmöglichkeit erhält[216]. Zur Frage, wann eine Besitzveränderung zu Gunsten des Vermieters eintritt, s. bei § 546 Rdn. 24ff. Diese Frage ist für § 546 BGB nicht anders zu beantworten als für § 548 BGB; es handelt sich um identische besitzrechtliche Vorgänge[217]. Haben allerdings die Parteien für die Zeit nach Besitzübergang einen besonderen Begehungstermin zur gemeinsamen Zustandsfeststellung vereinbart, so beginnt die Verjährung nicht vor diesem Termin zu laufen[218]. Erscheint der Mieter verabredungswidrig nicht zu dem Termin, beginnt die Verjährung zu laufen, da der Vermieter dann allein untersuchen kann[219].

37 Die **Besitzaufgabe des Mieters** muss allerdings **nicht immer endgültig** sein. Vielmehr kommt ein Verjährungsbeginn ausnahmsweise auch dann in Betracht, wenn der Vermieter das Mietobjekt insgesamt (oder abgrenzbare Teile davon[220]) für Instandsetzungsmaßnahmen zurückerhält und sich so *unter Ausschluss des Mieters* ungestört ein umfassendes Bild von Beschädigungen am Mietobjekt machen kann, um dann nach Abschluss der Arbeiten das Mietverhältnis unter erneuter Besitzeinräumung fortzusetzen[221]. Die entsprechende Anwendung des § 548 BGB auf derartige Fallgestaltungen ermöglicht entsprechend dem Zweck der Vorschrift eine schnelle Klärung der Ansprüche und ist geeignet, einer Verschlechterung der Beweissituation durch Zeitablauf vorzubeu-

---

[208] *Streyl* NJW 2014, 666.
[209] S. etwa OLG Köln, NJW-RR 1994, 1501; BGH, NJW 2002, 1041.
[210] *Streyl* NJW 2014, 666.
[211] *Streyl* NJW 2014, 667.
[212] *Blank/Börstinghaus* § 548 Rdn. 20.
[213] BGH NJW 1991, 2416 = WuM 1991, 550 = ZMR 1991, 420; BGH NJW 2000, 3203 = WuM 2000, 419 = ZMR 2000, 596; BGH NJW 2006, 2399 = ZMR 2006, 754 = WuM 2006, 437; BGH NJW 2004, 774 = WuM 2004, 21 = ZMR 2004, 108; OLG Düsseldorf GE 2002, 1196.
[214] **A. A.** AG Köln WuM 2012, 375 für den Fall der dem Vermieter bekannten Beschädigung des Aufzuges einige Wochen vor Übergabe der Wohnung.
[215] BGH NJW 1992, 687 = WuM 1992, 71 = ZMR 1992, 96.
[216] S. auch Rdn. 39.
[217] Etwas anders offenbar OLG Düsseldorf DWW 2007, 246 = GE 2008, 265, das aber zu einseitig auf die Möglichkeit des Vermieters zur Untersuchung abstellt und hierbei vernachlässigt, dass eine ungestörte, vom Mieter unbeeinflusste Untersuchung i. d. R. nur bei vollständiger Besitzaufgabe durch den Mieter möglich ist; im Fall des OLG Düsseldorf war streitig, ob der Mieter sämtliche Schlüssel zurückgegeben hat (s. dazu auch bei § 546 Rdn. 27/28).
[218] OLG München ZMR 2010, 285. Der Rückgriff des OLG München auf Treu und Glauben dürfte aber unnötig sein, die Folge ergibt sich ebenso aus dem Rechtsgedanken des § 203 BGB.
[219] *Schmid* DWW 2011, 371.
[220] BGH NJW 1991, 2416 = WuM 1991, 550 = ZMR 1991, 420; OLG Düsseldorf WuM 1993, 272.
[221] BGH NJW 1986, 2103 = WuM 1986, 276 = ZMR 1986, 308. Ablehnend *Eckert* DMT-Bilanz 2011 S. 333, der von einem gnadenlos harten Urteil spricht.

gen[222]. Die obige Definition des Begriffs des Rückerhalts als Herbeiführung einer Sachherrschaft, die den Vermieter durch freien Zutritt in die Lage versetzt, die Mietsache ungestört auf etwaige Mängel zu untersuchen, gewährleistet, dass auch bei fortbestehendem Mietverhältnis der Beginn der Verjährungsfrist eindeutig festgelegt werden kann[223]. Verjährung kann also ausnahmsweise auch bei fortbestehendem Mietverhältnis eintreten, dies aber nur, wenn der Vermieter den Besitz zurückerhält und so in die Lage versetzt wird, sich ungestört ein Bild von der Mietsache zu machen[224].

Eine **Rückgabe** der Mietsache an den Mieter zur Erfüllung seiner Rückgabepflichten (also **für** 38 **Schönheitsreparaturen, Rückbau, Instandsetzung** etc.) ändert nichts am Verjährungsbeginn und führt grundsätzlich nicht zu einer Hemmung oder Unterbrechung der Verjährung, und zwar auch dann nicht, wenn dies mit einer Rückübertragung der Sachherrschaft einher geht; anders ist das nur, wenn dies mit dem Abschluss eines Stillhalteabkommens i. S. v. § 205 BGB verbunden ist oder wenn mit der Maßnahme ein Tatbestand verwirklicht wird, der der Verhandlung über die Ansprüche i. S. v. § 203 BGB gleichkommt[225]; weiterhin kann in der Bereitschaft des Mieters, in der vorübergehend zurückgegebenen Mietsache seine Rückgabepflichten zu erfüllen, ein **Anerkenntnis** i. S. v. § 212 Abs. 1 Nr. 1 BGB zu sehen sein, das zu einem **Neubeginn** der Verjährung führt.

Die Erlangung der **Sachherrschaft,** d. h. des unmittelbaren Besitzes, ist aber **nicht in jedem** 39 **Falle erforderlich,** um die Verjährungsfrist in Lauf zu setzen. Das gilt insbesondere dann, wenn es wegen der **Weitervermietung** an einen Dritten zur Erlangung des unmittelbaren Besitzes durch den Vermieter gar nicht kommt[226]. Schließt der Vermieter mit dem **Untermieter** seines Mieters noch während des Bestehens des Mietvertrages seinerseits einen neuen Mietvertrag, der sich zeitlich an den auslaufenden Vertrag anschließt, und behält der Untermieter infolgedessen mit Einverständnis des Vermieters den unmittelbaren Besitz an der Mietsache, dann hat der Vermieter die Mietsache im Augenblick der Beendigung des Mietverhältnisses zurückerhalten und die Verjährung beginnt zu laufen[227]. Er hat nämlich, wenn der Untermieter an sich zur Räumung und Herausgabe bereit ist, bei Ablauf des Mietvertrages die Möglichkeit, die unmittelbare Sachherrschaft auszuüben. Begibt er sich dieser Möglichkeit, indem er den bisherigen Untermieter als Mieter den unmittelbaren Besitz fortsetzen lässt, so wird dadurch der Beginn der Verjährung der Ersatzansprüche nicht zum Nachteil des Mieters hinausgeschoben. Ähnlich ist es, wenn der Untervermieter durch einvernehmliche Vertragsübernahme ausgewechselt wird[228]; auch hier hat sich der (alte) Vermieter freiwillig der Möglichkeit begeben, am Vertragsende in Besitz der Mietsache zu gelangen und sie untersuchen zu können. S. weitergehend zum Verjährungsbeginn bei **Parteiwechsel** (Veräußerung der Mietsache, Vertragsübernahme, Ausscheiden eines Mieters) bei Rdn. 56 ff. Zum Verjährungsbeginn, wenn der Untermieter die Mietsache nicht an seinen Untervermieter, sondern auf Verlangen des Hauptvermieters an diesen zurückgibt, s. bei § 546 Rdn. 14.

Weiterhin ist eine Veränderung der Besitzverhältnisse ausnahmsweise nicht erforderlich, wenn 40 der **Vermieter** den unmittelbaren Besitz und die tatsächliche **Sachherrschaft nie verloren** hatte[229]. Dann ist von einem Rückerhalt i. S. v. § 548 Abs. 1 BGB auszugehen, wenn der Mieter den Gebrauch einstellt und der Vermieter davon erfährt[230] bzw. – bei vorvertraglichem Verschulden ohne Gebrauchsüberlassung – wenn die Verhandlungen ihr tatsächliches Ende gefunden haben[231].

---

[222] BGH NJW 1986, 2103 = WuM 1986, 276 = ZMR 1986, 308.

[223] BGH NJW 1986, 2103 = WuM 1986, 276 = ZMR 1986, 308.

[224] BGH NJW 2000, 3203 = WuM 2000, 419 = ZMR 2000, 596 (unter 2.f.).

[225] OLG Düsseldorf DWW 2007, 246 = GE 2008, 265.

[226] BGH NJW 1968, 2241; KG ZMR 2005, 455; OLG München ZMR 1997, 178. S. zu einer weiteren Ausnahme auf Grund der Besonderheiten der inzwischen außer Kraft getretenen Vergleichsordnung BGH NJW 1994, 1858.

[227] BGH NJW 1968, 2241.

[228] BGH NJW 1992, 687 = WuM 1992, 71 = ZMR 1992, 96; OLG Karlsruhe WuM 1994, 281 = ZMR 1994, 161 = NJW-RR 1994, 594.

[229] BGH ZMR 2004, 813 = NJW-RR 2004, 1566 (für ein Leihverhältnis, bei dem der Verleiher eines Flugzeuges auch das Flugpersonal zur Verfügung stellte); BGH NJW 2006, 1963 = ZMR 2006, 441 (für eine Haftung wegen vorvertraglichen Verschuldens ohne Gebrauchsüberlassung, wenn der Vermieter im Hinblick auf einen Vertragsschluss schon mit Umbaumaßnahmen begonnen hatte; kritisch hierzu *Eckert* DMT-Bilanz 2011 S. 330, weil es weder einen Mietvertrag noch eine Gebrauchsüberlassung gegeben hatte).

[230] BGH ZMR 2004, 813 = NJW-RR 2004, 1566 (für ein Leihverhältnis, bei dem der Verleiher eines Flugzeuges auch das Flugpersonal zur Verfügung stellte).

[231] BGH NJW 2006, 1963 = ZMR 2006, 441 (kritisch hierzu *Eckert* DMT-Bilanz 2011 S. 330, weil es weder einen Mietvertrag noch eine Gebrauchsüberlassung gegeben hatte).

41 Bei einer **Teilrückgabe** kann die Verjährungsfrist für die zurückgegebenen Teile gesondert zu laufen beginnen. Voraussetzung ist aber, dass es sich um abgrenzbare, selbständig nutzbare Teile handelt[232], an denen der Mieter den Besitz schon vollständig aufgegeben hat und bei denen es sinnvoll[233] und dem Vermieter möglich ist, sie gesondert zu untersuchen[234]. In Betracht kommt das insbesondere, wenn eine Mieter mehrere Gebäudeteile angemietet hat und beispielsweise die Wohnung vor dem Keller[235] oder der Garage zurückgegeben wird; im umgekehrten Fall ist kritisch zu prüfen, ob dem Vermieter eine gesonderte Untersuchung derartiger Nebenräume zumutbar ist.

42 Weigert sich der Vermieter zu Unrecht[236] die Mietsache zurückzunehmen bzw. nimmt er vereinbarte Übergabetermine nicht wahr und kommt er hierdurch in **Annahmeverzug,** so begründet der Annahmeverzug für sich genommen nicht den Lauf der kurzen Verjährung[237]. Zwar mag hierdurch das Verjährungsende hinausgezögert werden. Der Mieter ist aber nicht schutzlos, da der Verjährungsbeginn – wie dargelegt – nur von der Möglichkeit der ungestörten Untersuchung der Mietsache abhängt. Diese Möglichkeit ist schon dann gegeben, wenn der Mieter den Besitz vollständig aufgibt und dem Vermieter Gelegenheit zur ungestörten Sachherrschaft bietet, indem er ihn hiervon in Kenntnis setzt und ihm ggf. die Schlüssel zukommen lässt[238]. Abgesehen davon ist der Mieter hinreichend durch die Regelungen des § 548 Abs. 1 Satz 3 BGB (s. dazu Rdn. 45) sowie der §§ 303, 383 BGB (s. dazu bei § 546 Rdn. 30) geschützt.

43 Anders als für den allgemeinen Verjährungsbeginn in § 200 BGB vorgesehen ist die **Entstehung des Ersatzanspruchs** nicht Voraussetzung für den Beginn der kurzen Verjährungsfrist. § 548 BGB ist eine anderweitige Bestimmung i. S. v. § 200 Satz 1 BGB. Das bedeutet, dass Ersatzansprüche auch schon vor deren Entstehung verjährt sein können[239]. Relevant kann das insbesondere bei Ansprüchen auf Schadensersatz statt der Leistung werden, die mit Ablauf der Frist gem. § 281 Abs. 1 BGB (und nicht erst mit einem Schadensersatzverlangen gem. § 281 Abs. 4 BGB) entstehen[240]. Wichtiger Unterfall sind Ersatzansprüche wegen unterlassener Schönheitsreparaturen. Die Verjährungsproblematik verschärft sich bei vorzeitiger, also vor dem Vertragsende liegender endgültiger Rückgabe des Mietobjekts; der Lauf der Verjährungsfrist ist nämlich nicht nur von der Entstehung des Anspruchs unabhängig, sondern auch vom **Vertragsende**[241] – maßgeblich ist allein der Rückerhalt der Mietsache[242]. Bei vorzeitiger Rückgabe darf der Vermieter deshalb mit der Untersuchung der Mietsache und der Feststellung der Ansprüche nicht bis zum Vertragsende zuwarten und ggf. muss er rechtzeitig geeignete verjährungshemmende Maßnahmen treffen[243]. Dabei kommt ihm

---

[232] BGH NJW 2006, 2399 Rdn. 23 = ZMR 2006, 754 = WuM 2006, 437.

[233] Insbesondere bei Sachgesamtheiten ist es i. d. R. weder sinnvoll noch zumutbar, sie sukzessive zu untersuchen (vgl. OLG Düsseldorf MDR 1972, 695).

[234] *Emmerich* in Staudinger § 548 Rdn. 32.

[235] BGH NJW 2006, 2399 Rdn. 23 = ZMR 2006, 754 = WuM 2006, 437.

[236] Zu der Frage, wann das der Fall ist, s. bei § 546a Rdn. 45 und bei § 546 Rdn. 77.

[237] *Witt* NZM 2012, 548. **A. A.** KG ZMR 2005, 455; AG Leipzig NZM 2015, 83. Offenlassend BGH (VIII ZR 8/11) NJW 2012, 144 = WuM 2012, 95 = ZMR 2012, 175.

[238] Im Ergebnis ebenso OLG Düsseldorf NZM 2006, 866 = ZMR 2006, 925; OLG München WuM 2003, 279; KG ZMR 2005, 455; LG Duisburg ZMR 1997, 356 = NJW-RR 1997, 1171; LG Saarbrücken NZM 1998, 811; *Witt* NZM 2012, 548. Weitergehend, d. h. nur auf den Annahmeverzug abstellend, *Fuerst* in Lindner-Figura/Oprée/Stellmann Kap. 17 Rdn. 48 und möglicherweise *Emmerich* in Staudinger § 548 Rdn. 29, der sich aber auf die vorerwähnte Rechtsprechung stützt. S. zu den Rückgabemöglichkeiten des Mieters im Annahmeverzug des Vermieters bei § 546 Rdn. 30.

[239] BGH NJW 2006, 1588 = WuM 2006, 319 = ZMR 2006, 507; BGH NJW 2005, 739 = WuM 2005, 126 = ZMR 2005, 291 Rdn. 24; BGH NJW 2005, 2004 = WuM 2005, 381; BGH (XII ZR12/13) NJW 2014, 920 = WuM 2014, 140 = ZMR 2014, 526 Rdn. 17; OLG Saarbrücken NZM 2009, 485; *Jacoby* DMT-Bilanz 2011 S. 339.

[240] BGH (XII ZR 12/13) NJW 2014, 920 = WuM 2014, 140 = ZMR 2014, 526 Rdn. 17. S. eingehend zu dieser nicht unproblematischen Frage *Ernst* in MünchKommBGB (7. Aufl.) § 281 Rdn. 170ff.

[241] BGH NJW 2006, 1588 = WuM 2006, 319 = ZMR 2006, 507; OLG Düsseldorf NZM 2006, 866 = ZMR 2006, 925; *Emmerich* in Staudinger § 548 Rdn. 29. Der BGH weist in der genannten Entscheidung zu Recht darauf hin, dass sich dem Wortlaut des § 548 BGB nichts dafür entnehmen lasse, ein Verjährungsbeginn vor Vertragsende sei nicht möglich.

[242] Vor der Reform des Verjährungs- und des allgemeinen Schuldrechts, also vor 2002, war das anders. Der Beginn der Verjährungsfrist hing damals von der Entstehung des Anspruchs ab, so dass er für Ansprüche auf Erfüllung und für Schadensersatzansprüche wegen Nichterfüllung gem. § 326 BGB a. F. unterschiedlich war (s. BGH NJW 1989, 1854 und *Langenberg* WuM 2002, 71).

[243] S. eingehend zu den Möglichkeiten BGH NJW 2006, 1588 = WuM 2006, 319 = ZMR 2006, 507 Rdn. 11/12.

die Regelung des § 213 BGB zu Gute[244]. Nach dieser Vorschrift wirken Umstände, die zur Hemmung bzw. zum Neubeginn der Verjährung gem. §§ 204ff. BGB des Primäranspruchs (etwa auf Durchführung von Schönheitsreparaturen) führen, auch verjährungshemmend auf die möglichen Sekundäransprüche (etwa auf Schadensersatz wegen § 281 BGB)[245]. Zum Anspruch des Mieters auf vorzeitige Rückgabe s. bei § 546 Rdn. 77. Zur Verjährung sich im zeitlichen Verlauf entwickelnder Schäden, insbesondere dem Mietausfallschaden und der Nutzungsentschädigung s. Rdn. 60.

Schließen die Parteien eine Vereinbarung über die Ersatzansprüche des Vermieters (etwa über deren Verrechnung mit der Kaution) und übt der Mieter ein ihm zustehendes **Verbraucherwiderrufsrecht** erst innerhalb der Frist des § 356 Abs. 3 S. 2 BGB aus, weil er über das Widerrufsrecht nicht belehrt wurde, bleibt die Verjährungsfrist des § 548 Abs. 1 BGB unberührt, so dass der Vermieteranspruch bei Widerrufserklärung bereits verjährt sein kann[246]. Mit Gegenansprüchen kann der Vermieter unter den Voraussetzungen des § 215 BGB aufrechnen, allerdings wird es in diesen Fällen oftmals an einer bereits entstandenen Gegenforderung fehlen, da viele Rückgabeansprüche des Vermieters erst durch Fristsetzung gem. § 281 Abs. 1 BGB als Geldzahlungsansprüche entstehen[247]. **43a**

Verursacht der Mieter eine **Veränderung oder Verschlechterung nach Rückgabe** der Mietsache, kommt eine Anwendung des § 548 BGB grundsätzlich nicht mehr in Betracht, da der Mieter dem Vermieter nun wie ein Dritter gegenüber steht. Anders ist das, wenn die Veränderung in Zusammenhang mit nachwirkenden Vertragspflichten steht, die den Zustand der Mietsache betreffen. Praktisch sind hier insbesondere die Fälle relevant, in denen der Mieter die Mietsache zurückerhält, um restliche Rückgabepflichten zu erfüllen (Schönheitsreparaturen, Rückbau, Räumung etc.) und sie hierbei beschädigt. Es wäre allerdings offensichtlich unbillig, auch hieraus folgende Ansprüche ab der (ersten) Rückgabe verjähren zu lassen, da der Vermieter den vertragswidrigen Zustand bei einer Untersuchung nicht einmal theoretisch hätte entdecken können. Für den Beginn der kurzen Verjährung ist vielmehr auf den erneuten Rückerhalt der Mietsache abzustellen, dies aber nur, soweit es um die neuen, im Rahmen der (Nach-)Erfüllung der Rückgabepflichten erstmals entstandenen Veränderungen oder Verschlechterungen geht. Die Anknüpfung an den erneuten Rückerhalt entspricht eher dem in § 548 Abs. 1 BGB zum Ausdruck gekommenen Willen des Gesetzgebers als eine Anknüpfung an § 200 BGB, also ein Verjährungsbeginn mit Entstehung des Anspruchs, die dann konsequenterweise auch kenntnisabhängig ausgestaltet sein müsste[248]. Die Verjährung für die Ersatzansprüche, die auf bereits vorhanden gewesenen Veränderungen beruhen, können für die Dauer der (Nach-)Erfüllung gem. § 203 BGB gehemmt sein[249]. **44**

3. Höchstdauer der Verjährung (Abs. 1 Satz 3)

Gem. § 548 Abs. 1 Satz 3 BGB verjähren mit dem Anspruch auf Rückgabe gem. § 546 Abs. 1 und 2 BGB (gemeint ist der Anspruch des Vermieters Wiederverschaffung des Besitzes an der Mietsache nebst Zubehör bzw. dem Vermieter gehörenden Einrichtungen; s. Rdn. 13) auch die Ersatzansprüche des Vermieters wegen Verletzung der Rückgabeverpflichtung (im Sinne von Wiederverschaffung des Besitzes)[250]. Diese Regelung stellt eine spezielle Ausprägung des § 217 BGB dar[251]. Sie sorgt für eine Höchstbegrenzung der Verjährungsfrist für die Ersatzansprüche des Vermieters. § 548 Abs. 1 Satz 3 BGB gilt nicht, wenn der Ersatzanspruch schon vor der Verjährung des Rück- **45**

---

[244] *Jacoby* DMT-Bilanz 2011 S. 339.

[245] Umgekehrt dürfte es ebenso sein: Wenn also zunächst wegen des Sekundäranspruchs Hemmungstatbestände eingreifen, wirken sie gleichermaßen auf den Primäranspruch (vgl. *Jacoby* DMT-Bilanz 2011 S. 340; *Peters/Jacoby* in Staudinger (2014) § 213 Rdn. 6; s. auch BGH (VIII ZR 180/14) NJW 2015, 2106.

[246] *Hinz* NZM 2016, 630.

[247] *Hinz* NZM 2016, 630 (dort auch zu Handlungsstrategien des Vermieters).

[248] Für einen Verjährungsbeginn mit Entstehung des Anspruchs *Heintzmann* in Soergel § 548 Rdn. 12. Für die Geltung der allgemeinen Verjährungsregeln *Kandelhard* in Herrlein/Kandelhard (4. Aufl.) § 548 Rdn. 17 unter Berufung auf BGH NJW 1991, 3031; diese Entscheidung erging jedoch zum unreformierten Verjährungsrecht, bei dem ein Verjährungsbeginn, anders als jetzt nach § 200 BGB, nicht vor der Entstehung des Anspruchs möglich war.

[249] So *Palandt/Weidenkaff* § 438 Rdn. 16a (am Ende) für die ähnliche Problematik bei der Nacherfüllung von Kaufverträgen.

[250] S. Rdn. 64 („Rückgabe").

[251] *Witt* NZM 2012, 549.

gabeanspruchs rechtshängig gemacht wurde[252]. Für die Verjährung des schuldrechtlichen Rückgabeanspruchs (Besitzverschaffung) nebst der Ersatzansprüche gilt die Regelverjährungsfrist von drei Jahren (§ 195 BGB)[253]. Die Verjährung dinglicher Herausgabeansprüche aus § 985 BGB richtet sich nach § 197 BGB (dreißigjährige Verjährung)[254].

V. Mieteransprüche (Abs. 2)

46 Die Verjährung der von § 548 Abs. 2 BGB erfassten Mieteransprüche hat nicht dieselbe praktische Bedeutung wie die Verjährung der Ersatzansprüche des Vermieters. Die Regelung dient aber gleichermaßen der schnellen Abwicklung des Mietverhältnisses und hat ebenso **Ansprüche zum Gegenstand, die den Zustand der Mietsache betreffen** bzw. sich aus deren Zustand ergeben und deren Beweisbarkeit gerade bei einer Weitervermietung typischerweise mit dem Zeitablauf leidet[255] (s. zur Verjährung sonstiger Ansprüche des Mieters Rdn. 63ff.). Da der Vermieter während der Besitzzeit des Mieters regelmäßig keinen Zutritt zur Mietsache hat, kann er deren Zustand erst nach Rückerhalt überprüfen. Deshalb hat das Gesetz in § 548 Abs. 1 BGB den Rückerhalt zum Anknüpfungspunkt für den Verjährungsbeginn der Ersatzansprüche des Vermieters gemacht. Der Mieter hingegen kann seine Aufwendungs- und Wegnahmeansprüche schon bei Bestehen des Mietverhältnisses kennen und sie direkt nach dessen Ende geltend machen. Deshalb hat das Gesetz in § 548 Abs. 2 BGB das Vertragsende als Anknüpfungspunkt für den Verjährungsbeginn der Ansprüche des Mieters gewählt. Für die Fristberechnung gilt § 187 Abs. 2 BGB[256].

1. Erfasste Ansprüche

47 Der kurzen Verjährung unterliegen Ansprüche des Mieters auf Ersatz von Aufwendungen oder auf Gestattung der Wegnahme einer Einrichtung. Entsprechend dem Zweck der Vorschrift nach schneller Abwicklung und entsprechend der gleichartigen Handhabung in § 548 Abs. 1 BGB gilt dies nicht nur für Aufwendungsersatz- und Wegnahmeansprüche auf mietrechtlicher Grundlage, sondern auch für gleichartige Ansprüche aus konkurrierenden Anspruchsgrundlagen[257].

48 **a) Aufwendungsersatzansprüche.** Allgemein sind **Aufwendungen** freiwillige Vermögensopfer für die Interessen eines anderen, hier des Vermieters[258]; die Freiwilligkeit des Vermögensopfers ist nur dann anzunehmen, wenn die Aufwendung auf einer Leistung beruht[259]. In den mietrechtlichen Vorschriften wird seit der Mietrechtsreform durchgängig der Begriff der „Aufwendung" verwendet und nicht mehr der Begriff der „Verwendung". Damit war jedoch keine Änderung in der Sache beabsichtigt[260]. Die Bedeutung beider Begriffe stimmt im Übrigen auch weitgehend überein: Verwendungen bezeichnen Aufwendungen auf eine Sache (hier: die Mietsache), Aufwendungen können zu irgendeinem beliebigen Zweck gemacht werden[261]. Da es in § 548 Abs. 2 BGB aber um Ansprüche geht, die sich auf den Zustand der Mietsache beziehen[262], haben die Definitionen aus der älteren Rechtsprechung – vorbehaltlich der nachfolgenden Ausführungen zu Ansprüchen gem. § 536a Abs. 1 BGB – weiterhin Gültigkeit, d. h., dass die Aufwendungen dem Mietobjekt zu Gute gekommen sein und es in seinem Bestand erhalten, wiederhergestellt oder verbessert haben müs-

---

252 *Witt* NZM 2012, 549.

253 BGH NJW 1975, 2103 (zu der damals noch geltenden dreißigjährigen Regelverjährung); s. weitergehend Rdn. 64.

254 *Blank/Börstinghaus* § 548 Rdn. 56.

255 BGH NJW 2008, 2256 = WuM 2008, 402 sowie BGH NJW 1974, 743, wo darauf hingewiesen wird, dass sich der Vorschlag der historischen Gesetzgebungskommission sogar zunächst nur auf die kurze Verjährung der Mieteransprüche beschränkte; LG Köln WuM 1991, 588; *Wietz/Streyl* WuM 2014, 702.

256 BGH (XI ZR 172/13) NJW 2014, 3435 Rdn. 9.

257 BGH NJW 1974, 743.

258 BGH (XII ZR 65/14; Urteil vom 13.5.2015) NJW 2015, 2419 = WuM 2015, 619 = ZMR 2015, 842 Rdn. 24; *Wietz/Streyl* WuM 2014, 702.

259 BGH (XII ZR 65/14; Urteil vom 13.5.2015) NJW 2015, 2419 = WuM 2015, 619 = ZMR 2015, 842 Rdn. 24.

260 *Emmerich* in Staudinger § 536a Rdn. 38; s. auch die Begründung der Bundesregierung zur Mietrechtsreform in BT-Drucksache 14, 4553, abgedruckt in NZM 2000, 432, dort zu §§ 540, 548 des Entwurfs.

261 *Wietz/Streyl* WuM 2014, 702.

262 S. etwa BGH (VIII ZR 12/12) NJW 2012, 3031 = WuM 2012, 445 = ZMR 2012, 766 Rdn. 14.

sen[263]; Zustands*veränderungen,* zu denen insbesondere die Bebauung eines Mietgrundstücks mit einem Gebäude gehört, sind hingegen keine Aufwendungen[264]. Die Eigentumsverhältnisse an der Mietsache oder deren Zubehör bzw. Inventar sind für den Verjährungsbeginn belanglos, da § 548 BGB im Ausgangspunkt die Verjährung schuldrechtlicher, an den Mietvertrag anknüpfender Ansprüche regeln soll[265]. Unter § 548 Abs. 2 BGB fallen deshalb jedenfalls **Ansprüche aus §§ 536a Abs. 2**[266]**, 539 Abs. 1 BGB**[267]. Erheblich problematisch ist die Behandlung von **Schadensersatzansprüchen gem. § 536a Abs. 1 BGB,** von denen bisher angenommen wird, sie unterfielen nicht der kurzen Verjährung des § 548 Abs. 2 BGB[268], da Schadensersatz ein unfreiwilliges Vermögensopfer voraussetzt. Allerdings können Mangelbeseitigungskosten, die dem Mieter entstehen, zugleich sowohl Schaden gem. § 536a Abs. 1 BGB als auch Aufwendung gem. § 536a Abs. 2 BGB sein[269]. Der Zweck des § 548 BGB, zustandsbezogene Ansprüche einer schnellen Klärung zuzuführen, gebietet m. E. – ähnlich wie bei den nachfolgend behandelten konkurrierenden Ansprüchen – eine ausdehnende Auslegung des § 548 Abs. 2 BGB auf alle Schäden, die zugleich Aufwendungen sind, und ebenso dessen analoge Anwendung auf sog. „reine" Schäden, die nicht zugleich Aufwendungen sind, die aber *zumindest auch* in Zusammenhang mit einer Aufforderung zur Mangelbeseitigung oder deren Durchführung stehen; entscheidend ist, ob der Anspruchsinhalt (also das, was der Mieter auf der Rechtsfolgenseite verlangen kann) selbst einen Bezug zu Verwendungen (zur Mangelbeseitigung) aufweist, ohne dass es darauf ankommt, ob die geforderte Mangelbeseitigung unterblieben oder – vom Mieter oder Vermieter – durchgeführt worden ist[270]. So unterfallen etwa Ansprüche gem. § 536a Abs. 1 BGB auf Erstattung von Hotelkosten für die Unterbringung während einer Mangelbeseitigung oder auf Ersatz von schimmelgeschädigten Möbeln oder auf Erstattung von Gutachter- und Anwaltskosten zur Vorbereitung bzw. Durchsetzung einer Mangelbeseitigung der kurzen Verjährung[271]. Eine ausdehnende Auslegung bzw. eine Analogie kommt allerdings – in ähnlicher Weise wie bei Vermieteransprüchen – nicht in Betracht für Schadensersatzansprüche gem. § 536a Abs. 1 BGB im Fall der vollständigen Unmöglichkeit der Mangelbeseitigung und bei Personenschäden auf Mieterseite als Folge unterlassener Mangelbeseitigung[272]. Der Kündigungsentschädigungsanspruch gem. § 11 Bundeskleingartengesetz verjährt nicht gem. § 548 Abs. 2 BGB, da dieser Anspruch einer öffentlich-rechtlichen Entschädigung gleichkommt[273]. Ob Ansprüche auf Aufwendungsersatz gem. **§ 555a Abs. 3 BGB** der kurzen Verjährung unterfallen ist streitig. M. E. ist das zu bejahen[274]. Selbst wenn es sich nämlich um eine Art Entschädigungsanspruch für modernisierungsbedingte Einbußen[275] oder um überobligationsmäßige Leistungen des Mieters aus Anlass einer Modernisierung[276] handeln sollte, so erfüllen diese Einbußen/Leistungen doch ohne Weiteres die obige Definition der Aufwendung[277]. Sie betreffen den Zustand der Mietsache und werden deshalb vom Sinn und Zweck der kurzen Verjährung, der schnellen Abwicklung der Ansprüche bei Vertragsende, genauso erfasst wie die anderen genannten Aufwendungsersatzansprüche[278].

---

[263] BGH NJW 2011, 1866 = WuM 2011, 363 = ZMR 2011, 705 Rdn. 13; BGH NJW 1986, 254; BGH NJW 1968, 888; OLG Hamm WuM 1996, 474 = ZMR 1996, 653; *Klimke/Lehmann-Richter* WuM 2006, 655.

[264] BGHZ 41, 157; BGH NJW 1953, 1466; OLG Bremen NZM 2002, 292 (nur Leitsatz, vollständig bei Juris). **A. A.** *Heintzmann* in Soergel § 548 Rdn. 18, der in der Änderung der Begrifflichkeit in Abs. 2 (Aufwendungen statt Verwendungen) eine sachliche Änderung sieht in der Weise, dass auch Zustandsveränderungen erfasst sind.

[265] **A. A.** *Gramlich* in Bub/Treier VI. Rdn. 57 für mitvermietetes, aber nicht dem Vermieter gehörendes Inventar.

[266] Allg. M., s. nur OLG Düsseldorf, Beschluss v. 29.7.2010 (Az.: 24 U 20/10); *Wietz/Streyl* WuM 2014, 701; BGH NJW 1974, 743.

[267] Allgemeine Meinung, s. nur *Emmerich* in Staudinger § 548 Rdn. 34; BGH NJW 1974, 743.

[268] OLG Düsseldorf, Beschluss v. 29.7.2010 (Az.: 24 U 20/10); KG ZMR 2015, 539 für einen Rechtsmangel; BGH (XII ZR 167/92) NJW-RR 1994, 379 = WuM 1994, 203 für die Rechtslage vor der Mietrechtsreform.

[269] *Wietz/Streyl* WuM 2014, 701 m.w.N.

[270] S. eingehend zur Begründung *Wietz/Streyl* WuM 2014, 703ff.

[271] *Wietz/Streyl* WuM 2014, 704f.

[272] *Wietz/Streyl* WuM 2014, 705 bzw. 703.

[273] BGH NZM 2002, 698.

[274] Wie hier LG Köln WuM 1991, 588; *Witt* NZM 2012, 548. **A. A.** *Blank/Börstinghaus* § 548 Rdn. 29.

[275] So *Blank/Börstinghaus* § 548 Rdn. 29.

[276] So *Lammel,* Wohnraummietrecht, § 548 Rdn. 27.

[277] S. § 555a Rdn. 47; dort auch zur Abgrenzung zu § 536a Abs. 2 BGB.

[278] LG Köln WuM 1991, 588.

49 Mit §§ 536a Abs. 2, 539 Abs. 1, 555a Abs. 3 BGB **konkurrierende Ansprüche** unterliegen wegen des Zwecks von § 548 Abs. 2 BGB, das Mietverhältnis schnell abzuwickeln, in analoger Anwendung der Vorschrift gleichfalls der kurzen Verjährung. Das sind – neben den zuvor erwähnten Ansprüchen gem. § 536a Abs. 1 BGB – zunächst Ansprüche aus **Vereinbarungen** der Parteien über einen Ausgleichsanspruch zu Gunsten des Mieters für getätigte Aufwendungen[279]; der Zweck des § 548 Abs. 2 BGB, die Ansprüche schnell zu klären, würde teilweise vereitelt, wenn nur gesetzliche, nicht aber vertragliche Aufwendungsersatzansprüche darunter fielen[280] (s. auch nachfolgend zur Leistungskondiktion). Weiterhin können sich konkurrierende Ansprüche aus **Geschäftsführung ohne Auftrag, Bereicherungsrecht oder einem Eigentümer-Besitzer-Verhältnis**[281] ergeben. Diesen Ansprüchen ist – so der BGH[282] – „... gemeinsam, dass sie gewissermaßen eine Notordnung darstellen, deren Zweck es jedenfalls dem Grundsatz nach in erster Linie ist, einen dem Rechtsfrieden dienenden Ausgleich auch in den Fällen zu schaffen, in denen es an einer vertraglichen Regelung fehlt. Das ist die Rechtfertigung dafür, im Falle einer Konkurrenz derartiger Ansprüche mit mietrechtlichen Ansprüchen auf Verwendungsersatz die kurze Verjährung umfassend eingreifen zu lassen. Wenn schon die Abwicklung der vertraglichen Ansprüche nach dem Zweck des Gesetzes rasch vonstatten gehen soll, so ist es nur folgerichtig, die Erreichung dieses Zweckes nicht vereiteln zu lassen durch die Berufung auf außervertragliche Ansprüche, die auf demselben Sachverhalt beruhen und die ihrem Wesen nach nur Hilfscharakter tragen." Voraussetzung ist aber, dass die Aufwendungen, die nach diesen Vorschriften bzw. Vereinbarungen zu erstatten sind, einen rechtlichen Bezug zu dem Mietverhältnis haben[283]. Es kommt also darauf an, auf welchem Rechtsverhältnis die Aufwendungen des Mieters beruhen, d. h., ob er sie in seiner Eigenschaft als Mieter oder jedenfalls als vermeintlicher Mieter gemacht hat[284]. Bereicherungsansprüche können auch dann als Aufwendungsersatzansprüche i. S. v. § 548 Abs. 2 BGB eingeordnet werden, wenn es sich um eine Leistungskondiktion handelt. Leistungen sind zweckgerichtete Zuwendungen[285]. Dieser Leistungsbegriff schließt aber nicht aus, dass es sich bei einer Aufwendung, also einem freiwilligen Vermögensopfer, gleichzeitig um eine Leistung handeln kann. Das Merkmal der Freiwilligkeit im Aufwendungsbegriff dient nur der Abgrenzung von einem unfreiwillig erlittenen Schaden, nicht der Abgrenzung von Leistung und Aufwendung[286]. Auch ist dem Begriff des Vermögensopfers nicht zwangsläufig immanent, dass das Opfer ohne Ausgleich bleibt, dass das Vermögen des Opfernden also endgültig um das Opfer geschmälert wird; für einen Vermögensausgleich können vielmehr die Aufwendungsersatzansprüche sorgen. Anders als im Regelfall der Leistung wird ein Vermögensopfer aber nicht *wegen* einer Gegenleistung erbracht. Diese Gegenleistung schließt Aufwendungsersatzansprüche von vornherein aus. Der grundsätzliche Ausschluss von Aufwendungsersatzansprüchen bei Leistungen besagt aber nichts darüber, ob Leistungen nicht auch unter den Aufwendungsbegriff fallen können. Das ist der Fall, weil der Leistende (wegen der Gegenleistung) einen Teil seines Vermögens oder eine vermögenswerte Leistung weggibt. Entsprechend diesen Grundsätzen ist § 548 Abs. 2 BGB **beispielsweise anwendbar** auf Bereicherungsansprüche und Schadensersatzansprüche nach Renovierung des Mietobjekts auf Grund einer **unwirksamen Schönheitsreparaturklausel**[287] oder nach Instandsetzung auf Grund einer unwirksamen Kleinreparaturklausel[288]; dies wegen des Verjährungsbeginns mit Vertragsende unabhängig davon, ob der Mieter die Unwirksamkeit der

[279] BGH NJW 1974, 743; BGH NJW 2011, 1866 = WuM 2011, 363 = ZMR 2011, 705 Rdn. 14; BGH NJW 2008, 2256 = WuM 2008, 402 Rdn. 14; BGH NJW 1986, 254; OLG Stuttgart OLGR Stuttgart 2006, 455; in diesem Fall handelte es sich um Ausgleich für die Errichtung eines Gebäudes; das stellt eigentlich keine Aufwendung auf die Mietsache dar, sondern eine Zustandsänderung (s. Rdn. 48), die Anwendung des § 548 Abs. 2 BGB ist aber dennoch gerechtfertigt, weil die Parteien die Errichtung wie eine Aufwendung behandelt haben.

[280] BGH NJW 1974, 743 (unter III.2.a.).

[281] BGH NJW 1974, 743; BGH NJW 2011, 1866 = WuM 2011, 363 = ZMR 2011, 705 Rdn. 14; *Klimke/Lehmann-Richter* WuM 2006, 655.

[282] BGH NJW 1974, 743.

[283] BGH NJW 1989, 2745 = ZMR 1989, 371; BGH NJW 1974, 743.

[284] BGH NJW 1989, 2745 = ZMR 1989, 371; BGH NJW 1974, 743.

[285] *Jacoby* ZMR 2010, 336.

[286] *Otto* in: Staudinger (2009), § 284 Rdn. 20; *Wieck* WuM 2010, 536. **A. A.** wohl *Jacoby* ZMR 2010, 336.

[287] BGH NJW 2011, 1866 = WuM 2011, 363 = ZMR 2011, 705 Rdn. 14/15 m. w. N. S. grundlegend auch *Streyl* WuM 2010, 603. Ebenso LG Kassel NJW 2010, 3666 = WuM 2010, 681; LG Berlin GE 2010, 1059; *Witt* NZM 2012, 550. **A. A.** *Jacoby* ZMR 2010, 335; *Blank* WuM 2010, 233; *Wiek* WuM 2010, 535 und WuM 2011, 67.

[288] *Beyer* NZM 2011, 702.

Klausel und der sich daraus ergebenden Ansprüche kennen konnte[289]. Bei (tatsächlich durchgeführten) Schönheitsreparaturen handelt es sich um Aufwendungen[290], die immer (s. dazu Rdn. 2) mit dem (Dekorations-)Zustand der Mietsache zusammenhängen; damit hängen auch Erstattungsansprüche des Mieters wegen dieser Aufwendungen – gleichgültig ob sie auf Vertrag, Aufwendungsersatzkondiktion, Leistungskondiktion oder schadensersatzrechtlichen Anspruchsgrundlagen beruhen – immer mit dem Zustand der Mietsache zusammen und sie werden vom Zweck der § 548 Abs. 2 BGB erfasst[291]. Gleiches gilt für Ersatzansprüche in den Fällen, in denen der Mieter nicht selbst renoviert, sondern eine Geldleistung auf Grund einer unwirksamen **Abgeltungs-/Quotenklausel** erbringt oder auf Grund einer Vereinbarung mit dem Vermieter bei Vertragsende[292]. Der gezahlte Geldbetrag stellt ebenfalls eine Aufwendung dar; abgesehen davon wäre eine unterschiedliche Behandlung beider Sachlagen (tatsächliche Renovierung bzw. Abgeltung durch Zahlung) nicht gerechtfertigt[293]. Dies einmal wegen des Zwecks der kurzen Verjährung, alle Ansprüche, die den Zustand der Mietsache betreffen, zu erfassen, aber auch weil der Mieter i. d. R. das Recht hat, statt des Abgeltungsbetrages die Renovierung selbst durchzuführen; tut er das, würde eine Aufwendung vorliegen und § 548 Abs. 2 BGB ohne Weiteres anwendbar sein. Auch Aufwendungsersatzansprüche wegen **Renovierung nach Vertragsende** sollten m. E. der kurzen Verjährung unterworfen werden. Das entspricht wohl der Tendenz in der Rechtsprechung des BGH[294]; s. weitergehend sowie zur Problematik des Verjährungsbeginns in diesen Fällen Rdn. 54. Ein Verjährungsbeginn mit Vertragsende bedeutet, dass auch lang zurückliegende Renovierungen erst sechs Monate nach Rückgabe der Mietsache verjähren. **Nicht anwendbar** ist § 548 Abs. 2 BGB auf den Bereicherungsanspruch des Mieters, der auf die Mietsache Aufwendungen nicht in seiner Eigenschaft als Mieter, sondern deswegen macht, weil er erwartet, seine Ehefrau werde das Mietobjekt erben[295], oder weil er zugleich Miteigentümer des Mietobjekts ist[296]; es fehlt dann an der notwendigen mietrechtlichen Beziehung. Hat ausnahmsweise ein **Untermieter** gegen den (Haupt-)Vermieter Ansprüche auf Aufwendungsersatz, die auf einer zwischen ihm und dem (Haupt-)Vermieter getroffenen Vereinbarung beruhen, verjähren diese Ansprüche in entsprechender Anwendung des § 548 Abs. 2 BGB in sechs Monaten nach Beendigung des Untermietvertrages[297]. S. zu **unwirksamen oder sonstwie nicht zustande gekommenen Verträgen** Rdn. 9.

Die kurze Verjährung gilt weiterhin nicht für Ansprüche auf Erstattung von **Vorauszahlungen** 50
auf den Mietzins **gem. § 547 BGB**[298], da hier nicht Ansprüche wegen des Zustands der Mietsache betroffen sind, sondern Ansprüche, die das Äquivalenzverhältnis von Gebrauchsüberlassung und der dafür zu erbringenden Gegenleistung betreffen[299]. Das gilt selbst dann, wenn Gegenstand der Anrechnungsvereinbarung ein unter § 548 Abs. 2 BGB fallender Aufwendungsersatzanspruch ist; dieser wird durch die Anrechnungsvereinbarung unter Änderung seines Rechtscharakters zur Vorauszahlung mit der Folge, dass ein Erstattungsanspruch des Mieters nicht der kurzen Verjährung, sondern der Regelverjährung des § 195 BGB unterliegt[300]. Bereicherungsansprüche wegen eines **verlorenen Baukostenzuschusses** und allgemein Bereicherungsansprüche, die dem Mieter wegen wertsteigernder Investitionen zustehen, unterliegen ebenfalls der Regelverjährung des § 195 BGB und nicht der kurzen Verjährung des § 548 Abs. 2 BGB, weil Gegenstand der Bereicherung und Grundlage für deren Bemessung letztlich nicht der Wert der Aufwendungen, sondern der

---

289 BGH NJW 2011, 1866 = WuM 2011, 363 = ZMR 2011, 705 Rdn. 16.

290 BGH NJW 2011, 1866 = WuM 2011, 363 = ZMR 2011, 705 Rdn. 14.

291 *Streyl* WuM 2010, 605; ebenso auch BGH (VIII ZR 12/12) NJW 2012, 3031 = WuM 2012, 445 = ZMR 2012, 766 Rdn. 14. **A. A.** *Wiek* WuM 2010, 537. Schadensersatzansprüche kommen in Zusammenhang mit Schönheitsreparaturen insbesondere in Betracht, wenn den Vermieter ein Verschulden an der Unwirksamkeit der Überwälzungsklausel oder der unberechtigten Inanspruchnahme des Mieters trifft.

292 BGH (VIII ZR 12/12) NJW 2012, 3031 = WuM 2012, 445 = ZMR 2012, 766 Rdn. 13; *Börstinghaus* InfoM 2012, 319. **A. A.** *Klimke/Lehmann-Richter* WuM 2006, 655; *Wiek* WuM 2011, 68.

293 BGH (VIII ZR 12/12) NJW 2012, 3031 = WuM 2012, 445 = ZMR 2012, 766 Rdn. 13.

294 BGH (VIII ZR 12/12) NJW 2012, 3031 = WuM 2012, 445 = ZMR 2012, 766 Rdn. 13: „Nach der Rechtsprechung des Senats unterliegen sämtliche Ansprüche, die der Mieter wegen der Durchführung von Schönheitsreparaturen gegen den Vermieter erhebt, der kurzen Verjährung nach § 548 Abs. 2 BGB …".

295 BGH NJW 1989, 2745 = ZMR 1989, 371.

296 BGH NJW 1974, 743.

297 S. näher BGH NJW 1986, 254.

298 BGH NJW 2008, 2256 = WuM 2008, 402; BGH NJW 1970, 2289, 2290.

299 S. zur Definition der Vorauszahlung BGH NJW 2008, 2256 = WuM 2008, 402 sowie ausführlich bei der Kommentierung zu § 547 BGB.

300 BGH NJW 2008, 2256 = WuM 2008, 402; BGH NJW 1970, 2289, 2290.

Nutzungsvorteil für den Vermieter ist[301]. Für Wohnraummietverhältnisse gibt es eine besondere Verjährungsvorschrift in § 4 Baukostenzuschüsse-Rückerstattungsgesetz[302], die von § 195 BGB abweicht: Die Verjährungsfrist beträgt danach ein Jahr ab Beendigung des Mietverhältnisses.

51 **b) Wegnahmeansprüche.** Neben den Aufwendungsersatzansprüchen unterliegen die Ansprüche des Mieters gem. §§ 539 Abs. 2, 258 BGB der kurzen Verjährung des § 548 Abs. 2 BGB. Die genannten Vorschriften betreffen nur **Einrichtungen,** nicht aber sonstige Gegenstände des Mieters. Einrichtungen sind im Gegensatz zu sonstigen Gegenständen bewegliche Sachen, die mit der Mietsache vorübergehend verbunden werden, um ihrem wirtschaftlichen Zweck zu dienen[303]. Ein Verbinden liegt nicht schon bei jedem Befestigen vor, entscheidend ist vielmehr, ob die Befestigung der Verhinderung von Umfallen oder Herabfallen dient (dann keine Einrichtung, sondern normaler Gegenstand) oder der körperlichen Verbindung mit dem Mietobjekt (dann Einrichtung)[304]. Die Verbindung mit der Mietsache muss ohne Zerstörung wieder trennbar sein[305], ansonsten handelt es sich um eine bauliche Änderung[306]. Einrichtungen sind etwa – ohne dass es auf die Eigentumsverhältnisse ankommt[307] – Türen, Schlösser, Waschbecken, Badewannen, Küchenzeilen, Einbauschränke, lose verlegter Teppichboden oder Laminat (bei fester Verklebung handelt es sich um eine bauliche Änderung), umpflanzbare Pflanzen etc.

52 Gem. § 548 Abs. 2 BGB verjährt der **Anspruch auf Duldung („Gestattung") der Wegnahme gegenüber dem Vermieter** innerhalb von sechs Monaten. Dieser Gestattungsanspruch hat dinglichen Charakter und modifiziert den Herausgabeanspruch gem. § 985 BGB, indem er ihn beschränkt[308]; der Vermieter schuldet nicht die Herausgabe, die etwa mit einem Ausbau der Einrichtungen verbunden wäre, sondern nach Rückgabe der Mietsache nur noch die Duldung der Wegnahme[309]. Die Verpflichtung des Vermieters zur bloßen Gestattung der Wegnahme führt dazu, dass er solange ein Besitzrecht hat, bis die Wegnahme verlangt wird[310]. Das gilt nicht nur gegenüber dem Mieter, sondern auch gegenüber einem **vom Mieter verschiedenen Eigentümer** der Einrichtung[311]. Das folgt aus dem dinglichen, also gegen jedermann wirkenden Charakter[312] des Gestattungsanspruchs sowie daraus, dass für die Anwendbarkeit des § 539 Abs. 2 BGB die Eigentumsverhältnisse an der eingebrachten Sache belanglos sind[313]; wenn sie vom Mieter eingebracht wurden (das allein ist nach dem Wortlaut des § 539 BGB Voraussetzung), erfährt der Herausgabeanspruch auch in der Person eines (vom Mieter verschiedenen) Eigentümers die erwähnte Beschränkung auf den Gestattungsanspruch. Das rechtfertigt es, auch den Gestattungsanspruch eines solchen Eigentümers der kurzen Verjährung des § 548 Abs. 2 BGB zu unterwerfen[314] – wegen des starken Schutzes, den § 935 BGB gewährt, allerdings nicht, wenn der Einrichtungsgegenstand dem Eigentümer abhanden gekommen ist. Die Interessenlage auf Vermieterseite ist bei Dritteigentum identisch, der

---

[301] BGH NZM 2006, 15 = ZMR 2006, 185; BGH NJW 1968, 888; OLG Düsseldorf NZM 2001, 1093. S. zur Bemessung der Bereicherung eingehend bei der Kommentierung zu § 547 BGB.

[302] Textwiedergabe und Erläuterung bei der Kommentierung zu § 547 BGB.

[303] BGH (VIII ZR 136/86) NJW 1987, 2861.

[304] Einzelheiten bei § 539 Rdn. 12ff.

[305] *Blank/Börstinghaus* § 539 Rdn. 21.

[306] *Blank* PiG 79 (2007) S. 4.

[307] *Emmerich* in Staudinger § 539 Rdn. 24.

[308] BGH (VIII ZR 326/80) NJW 1981, 2564.

[309] BGH (VIII ZR 326/80) NJW 1981, 2564; BGH (VIII ZR 136/86) NJW 1987, 2861.

[310] BGH (VIII ZR 326/80) NJW 1981, 2564.

[311] OLG Frankfurt ZMR 2016, 441 (kritisch ist dieses Urteil allerdings deshalb zu sehen, weil es § 548 Abs. 2 BGB auf Schadensersatzansprüche des Mieters bzw. des Dritten anwendet, obwohl die Vorschrift nur die Verjährung des Duldungsanspruchs auf Wegnahme regelt); *Emmerich* in Staudinger § 539 Rdn. 24. S. auch RGZ 109, 128; BGH (VIII ZR 326/80) NJW 1981, 2564 für einen Eigentumserwerb nach Mietvertragsende.

[312] Zur Herleitung des dinglichen Charakters s. BGH (VIII ZR 326/80) NJW 1981, 2564; bestätigt in BGH (VIII ZR 136/86) NJW 1987, 2861. Trotz des dinglichen Charakters sind auf den Gestattungsanspruch aber die Regeln anzuwenden, die für Forderungen gelten mit der Folge, dass der Gestattungsanspruch abtretbar ist (s. näher *Emmerich* in Staudinger § 539 Rdn. 33).

[313] BGH (VIII ZR 148/64) WM 1968, 765 (in NJW 1966, 1409 und MDR 1966, 755 insoweit nicht abgedruckt); BGH (XI ZR 97/93) NJW-RR 1994, 847 (für den Fall, dass der Vermieter Eigentümer geworden ist); *Emmerich* in Staudinger § 539 Rdn. 24. S. auch § 546 Rdn. 38.

[314] Ähnlich LG Berlin GE 2013, 269, das aber – ohne Begründung – von einem Herausgabeanspruch des Eigentümers ausgeht und ausschließlich mit dem Zweck des § 548 BGB argumentiert. Ablehnend *Eisenhardt* InfoM 2013, 69; zustimmend *Stellwaag* MietRB 2014, 319, der den Gedanken der Gesamtgläubigerschaft zwischen Mieter und Eigentümer heranzieht, die wegen des zwischen den Gesamtgläubigern bestehenden Rechtsverhältnisses gem. § 425 BGB zu einer einheitlichen Verjährung führen müsse.

Eigentümer, der dem Mieter die Sache überlassen hat und damit rechnen musste, dass sie als Einrichtung genutzt wird, erscheint – außer in den Fällen des § 935 BGB – nicht schutzbedürftig[315]. Solange der **Mieter** (auch noch nach Vertragsende) **Besitzer** der Mietsache ist, ist er auf die Gestattung des Vermieters nicht angewiesen, er kann die Einrichtungen (vorbehaltlich eines Vermieterpfandrechts) aus eigener Macht wegnehmen und zwar unabhängig davon, ob er deren Eigentümer ist oder nicht[316]. Zu den Folgen der Verjährung des Gestattungsanspruchs für das Besitzrecht und zu evtl. Ansprüchen des Mieters auf Nutzungsentschädigung s. bei § 539 Rdn. 73.

Neben dem Gestattungsanspruch verjähren innerhalb der kurzen Verjährungsfrist Schadensersatz- oder Bereicherungsansprüche wegen Eigentumsverlusts (z. B. nach Veräußerung durch den Vermieter an den Nachmieter)[317]; Schadensersatzansprüche wegen Verletzung des Wegnahmerechts[318]; Ansprüche auf Nutzungsentschädigung gem. §§ 987, 990 BGB, die dann bestehen können, wenn der Vermieter unberechtigt die Wegnahme verweigert[319]; Ansprüche auf Ablösung/Entschädigung des Wegnahmerechts, gleichgültig, ob sie auf Vereinbarung oder Gesetz (§§ 539 Abs. 2, 552 BGB) beruhen[320]; konkurrierende Ansprüche aus Geschäftsführung ohne Auftrag, Bereicherung und unerlaubter Handlung[321]. 53

2. Beginn der Verjährung

Die Verjährungsfrist beginnt sowohl für mögliche Aufwendungsersatzansprüche des Mieters als auch für seine möglichen Ansprüche auf Gestattung der Wegnahme mit dem **Ende des Mietverhältnisses** zu laufen; das gilt unabhängig von der Anspruchsentstehung[322]. § 548 Abs. 2 BGB enthält nämlich eine Sonderregelung zum Verjährungsbeginn i. S. v. § 200 Satz 1 BGB, die dazu führen kann, dass – anders als unter dem unreformierten Verjährungsrecht – auch noch **nicht entstandene Ansprüche** verjähren können[323]. Diese Folge hat der BGH[324] inzwischen mehrfach im Rahmen des § 548 Abs. 1 BGB für Ersatzansprüche des Vermieters gem. § 281 BGB akzeptiert. Es ist kein tragfähiger Grund ersichtlich, warum bei § 548 Abs. 2 BGB etwas anderes gelten soll[325]. Insbesondere kann aus dem zu § 548 Abs. 1 BGB leicht unterschiedlichen Wortlaut des § 548 Abs. 2 BGB nichts hergeleitet werden[326]. Zwar ist in § 548 Abs. 2 BGB nicht ausdrücklich von dem Beginn der Verjährungsfrist die Rede. Das lässt aber nicht den Rückschluss zu, es gelte die Regelverjährung und die Bedeutung von § 548 Abs. 2 BGB erschöpfe sich in einer absoluten Höchstgrenze[327]. Denn aus der Angabe des Verjährungsendes und der Verjährungsfrist in der Vorschrift lässt sich durch einfache Auslegung der Verjährungsbeginn bestimmen. Dieses Ergebnis wird bestätigt durch den Zweck der Vorschrift, der auch darin besteht, das Mietverhältnis während seines Be- 54

[315] Ob der BGH dieser Sicht folgen würde, ist angesichts von BGH (VIII ZR 349/10) NJW 2011, 2717 = WuM 2011, 509= ZMR 2011, 968 allerdings fraglich.

[316] S. näher bei § 539 Rdn. 75. Außerdem BGH (VIII ZR 136/86) NJW 1987, 2861; *Derleder/Bartels* JZ 1997, 985.

[317] BGH (VIII ZR 136/86) NJW 1987, 2861 (unter IV.3.).

[318] OLG Hamm WuM 1986, 280.

[319] BGH (VIII ZR 136/86) NJW 1987, 2861 (unter II.2.); BGH (VIII ZR 326/80) NJW 1981, 2564.

[320] OLG Bremen NZM 2002, 292 (nur Leitsatz, vollständig bei Juris); LG Mannheim WuM 1986, 279 (dort auch ausführlich zum scheinbar abweichenden Wortlaut von § 548 Abs. 2 BGB). **A. A.** *Kandelhard* in Herrlein/Kandelhard (4. Aufl.) § 548 Rdn. 34. S. auch bei § 552 Rdn. 12.

[321] *Bieber* in MünchKomm § 548 Rdn. 22.

[322] BGH NJW 2008, 2256 = WuM 2008, 402 Rdn. 15/16 (dort ging es zwar vordergründig nur um die Frage, ob statt des rechtlichen Endes auf die tatsächliche Vertragsbeendigung abzustellen sei, der BGH hat sich aber vorbehaltlos für ersteres entschieden).

[323] *Jacoby* DMT-Bilanz 2011 S. 341; *Emmerich* in Staudinger § 548 Rdn. 34 und 36. **A. A.** *Palandt*/Weidenkaff § 548 Rdn. 8 unter Berufung auf BGH NJW 1991, 3031; diese Entscheidung erging jedoch zum unreformierten Verjährungsrecht, bei dem ein Verjährungsbeginn, anders als jetzt nach § 200 BGB, nicht vor der Entstehung des Anspruchs möglich war.

[324] BGH NJW 2006, 1588 = WuM 2006, 319 = ZMR 2006, 507; BGH NJW 2005, 739 = WuM 2005, 126 = ZMR 2005, 291 Rdn. 24; BGH NJW 2005, 2004 = WuM 2005, 381.

[325] So auch *Jacoby* DMT-Bilanz 2011 S. 338; *Peters* in DMT-Bilanz 2011 S. 355; *Witt* NZM 2012, 546; *Blank* WImmoT 2010, 96/97.

[326] *Jacoby* DMT-Bilanz 2011 S. 338; *Witt* in DMT-Bilanz 2011 S. 368. **A. A.** *Eckert* NZM 2008, 314.

[327] *Jacoby* DMT-Bilanz 2011 S. 338. **A. A.** *Häublein* in MünchKomm § 536a Rdn. 29; *Eckert* NZM 2008, 314 und *Lehmann-Richter* NZM 2009, 763. Eine entsprechende Regelung war Gegenstand der Überlegungen des historischen Gesetzgebers (Wortlaut des Entwurfs bei *Eckert* NZM 2008, 314; s. auch *Peters* in DMT-Bilanz 2011 S. 355 Fn. 1 und 7), sie ist aber gerade nicht Gesetz geworden.

stehens zum Schutz des Mieters nicht mit der Geltendmachung von Aufwendungsersatzansprüchen zu belasten[328]. Deshalb kann es dazu kommen und ist vom Gesetzeszweck ausdrücklich in Kauf genommen, dass weit vor Vertragsende fällig gewordene Aufwendungsersatzansprüche, die nach § 195 BGB bereits verjährt wären, nach Vertragsende innerhalb der kurzen Verjährungsfrist von sechs Monaten noch geltend gemacht werden können[329]. Wegen der ausschließlichen Anknüpfung des Verjährungsbeginns an das Vertragsende kann es aber auch dazu kommen, dass ein Anspruch auf Gestattung der Wegnahme bei Ablauf der Verjährungsfrist noch gar nicht **fällig** war[330]. Wie oben dargelegt wird der Gestattungsanspruch nämlich erst nach dem Besitzverlust des Mieters an der Mietsache relevant und fällig, also i. d. R. erst nach Rückgabe und damit nach tatsächlicher Beendigung des Mietverhältnisses. Die Verjährungsfrist beginnt aber schon mit dem rechtlichen Ende (s. dazu näher Rdn. 55) zu laufen und ihr Lauf wird durch die Geltendmachung eines Vermieterpfandrechts nicht gehemmt[331]. Bei längerem Räumungsverzug oder einem Räumungsrechtsstreit liegt das tatsächliche Ende des Vertrages deshalb oftmals nach Ablauf der Verjährungsfrist mit der Folge, dass der Gestattungsanspruch undurchsetzbar wird. Diese Folge hat der Mieter hinzunehmen, der die Rückgabe unberechtigt verweigert[332]. Er kann sich hiervor im Übrigen **schützen,** indem er bereits vor oder bei der Rückgabe von seinem Wegnahmerecht (das nach Rdn. 52 zu unterscheiden ist von dem Gestattungsanspruch gegen den Vermieter) Gebrauch macht oder indem er geeignete verjährungshemmende Maßnahmen ergreift (etwa eine Verjährungsvereinbarung mit dem Vermieter schließt oder eine Feststellungsklage erhebt[333]). Letzteres könnte der Mieter, der eine **Renovierung** auf Grund einer **unwirksamen Schönheitsreparaturklausel** *nach Vertragsende* vornimmt und deshalb einen **Aufwendungsersatzanspruch** hat (s. Rdn. 49), zwar theoretisch ebenfalls; hier ist aber zu berücksichtigen, dass nicht er, sondern der Vermieter die Ursache für die nicht geschuldete Renovierung gesetzt, wenn nicht sogar verschuldet hat. Sofern die Renovierung erst nach Vertragsende erfolgt, sollte das wegen des Gesetzeszwecks zwar nicht zur Folge haben, dass dann die Regelverjährung eingreift[334]; die kurze Verjährung sollte aber erst mit Beendigung der Renovierungsarbeiten zu laufen beginnen[335]. Jedenfalls müsste die Frage wohl genauso behandelt werden wie die ähnliche Problematik bei der Verjährung von Vermieteransprüchen gem. § 548 Abs. 1 BGB (s. dazu Rdn. 44).

55 Mit Beendigung des Mietverhältnisses i. S. v. § 548 Abs. 2 BGB ist das **rechtliche Ende des Vertrages** gemeint und nicht dessen tatsächliches Ende (Rückgabe, Räumung)[336]. Die Besitzlage zu

---

[328] BGH NJW 2008, 2256 = WuM 2008, 402 = ZMR 2009, 263 Rdn. 16; BGH NJW 2011, 1866 = WuM 2011, 363 = ZMR 2011, 705 Rdn. 15; *Jacoby* DMT-Bilanz 2011 S. 338. *Eckert* NZM 2008, 314, der – wie zuvor erwähnt – in § 548 Abs. 2 BGB nur eine Höchstgrenze für die ansonsten geltende Regelverjährung sieht, wendet hiergegen ein, der Mieter könne bei Verwirklichung der entsprechenden Voraussetzungen zur Vermeidung einer Verwirkung gezwungen sein, trotz § 548 Abs. 2 BGB seine Ansprüche noch während des Vertrages geltend zu machen. Dabei dürfte es sich aber um Ausnahmefälle handeln und auf derartige Ausnahmefälle kann das Verständnis einer Gesetzeskonstruktion nicht gestützt werden. Dass der Gesetzgeber Ansprüche aus § 536a Abs. 1 BGB nicht § 548 Abs. 2 BGB unterworfen oder eine ähnliche Konstruktion geschaffen hat, mag zwar inkonsequent erscheinen (so *Eckert* NZM 2008, 314 und *Häublein* in MünchKomm § 536a Rdn. 29), lässt aber keine weiteren Rückschlüsse zu und ist als Beispiel gesetzgeberischer Unvollkommenheit hinzunehmen.

[329] So auch *Witt* NZM 2012, 550. **A. A.** *Häublein* in MünchKomm § 536a Rdn. 29; *Eckert* NZM 2008, 314.

[330] So auch *Jacoby* DMT-Bilanz 2011 S. 338; *Witt* NZM 2012, 550. **A. A.** *Blank/Börstinghaus* § 548 Rdn. 39, insbesondere unter Berufung auf BGH NJW 1991, 3031 = WuM 1991, 486 = ZMR 1991, 369. Die BGH-Entscheidungen betraf aber die Rechtslage zum unreformierten Verjährungsrecht, das den jetzt in § 200 Satz 1 BGB enthaltenen allgemeinen Vorbehalt nicht kannte (s. § 198 BGB a. F.) und deshalb von einem frühestmöglichen Verjährungsbeginn mit Anspruchsentstehung ausging.

[331] OLG Stuttgart MDR 2008, 679 = GuT 2008, 127. Das folgt aus § 205 BGB. Nach dieser Vorschrift hemmen nur noch vertragliche Leistungsverweigerungsrechte die Verjährung. Die Vorgängervorschrift § 202 BGB a. F. war weitgehender, aber schon dazu hatte BGH (VIII ZR 136/86) NJW 1987, 2861 eine Hemmung nach Ausübung des Vermieterpfandrechts abgelehnt.

[332] OLG Bamberg WuM 2004, 20 = NZM 2004, 342.

[333] *Jacoby* DMT-Bilanz 2011 S. 341. Einer Feststellungklage fehlt auch nicht das Feststellungsinteresse, weil der Mieter die Wegnahme noch jederzeit vor der Rückgabe vornehmen könnte; der Mieter kann nämlich nicht sicher absehen, ob er nicht (schuldhaft oder schuldlos) in der Zeit bis zur Rückgabe an der Wegnahme gehindert ist und ob der Vermieter die Wegnahme nicht verhindert oder von seinem Vermieterpfandrecht Gebrauch macht.

[334] So aber *Wiek* WuM 2011, 68.

[335] *Streyl* WuM 2010, 605.

[336] Ständige Rechtsprechung, s. nur BGH NJW 2008, 2256 = WuM 2008, 402 m.w.N.; OLG Bamberg WuM 2004, 20 = NZM 2004, 342.

diesem Zeitpunkt spielt keine Rolle[337]. Rechtlich ist ein Mietverhältnis beendet mit Ablauf einer Kündigungsfrist, mit Zugang einer fristlosen Kündigung, am Ende der vereinbarten Vertragslaufzeit oder zum vereinbarten Zeitpunkt bei einem Aufhebungsvertrag. Das gilt auch dann, wenn die Parteien über das ob oder den Zeitpunkt der Vertragsbeendigung streiten und ein Rechtsstreit hierüber ggf. erst nach Ablauf der Verjährungsfrist entschieden wird[338]. Auch die Gewährung einer **Räumungsfrist** gem. §§ 721, 794a ZPO oder von Vollstreckungsschutz gem. § 765a ZPO lassen die Vertragsbeendigung und damit den Lauf der Verjährungsfrist unberührt[339]. Anders ist es allerdings, wenn es zu einer stillschweigenden **Vertragsverlängerung** gem. § 545 BGB oder zur Anwendung der Sozialklausel gem. § 574a BGB kommt; in ersterem Fall setzt sich der Vertrag auf unbestimmte Zeit fort, in letzterem Fall beginnt die Verjährungsfrist mit Ablauf der Fortsetzungszeit[340]. Zum Verjährungsbeginn bei **Parteiwechsel** (Veräußerung der Mietsache, Vertragsübernahme, Ausscheiden eines Mieters) s. Rdn. 56ff. Ist ein Mietvertrag von Anfang an **unwirksam** oder wird er es später (etwa durch Anfechtung), so ist § 548 BGB ebenfalls anwendbar (s. Rdn. 9). Für den Verjährungsbeginn dürfte es auf den Zeitpunkt ankommen, zu dem der Mieter Kenntnis von der Unwirksamkeit erlangt[341]; bei der Anfechtung wäre das die Erklärung bzw. der Zugang der Anfechtung[342]. Hat ausnahmsweise ein **Untermieter** gegen den (Haupt-)Vermieter Ansprüche auf Aufwendungsersatz, die auf einer zwischen ihm und dem (Haupt-)Vermieter getroffenen Vereinbarung beruhen, verjähren diese Ansprüche in entsprechender Anwendung des § 548 Abs. 2 BGB in sechs Monaten nach Beendigung des Untermietvertrages[343].

VI. Parteiwechsel und kurze Verjährung (Veräußerung der Mietsache, Vertragsübernahme, Ausscheiden eines Mieters)

Bei einer Veräußerung der Mietsache gem. § 566 BGB gehen nicht alle Rechte und Pflichten 56
auf den Erwerber über. Für den Übergang von Ansprüchen gilt grundsätzlich das Fälligkeitsprinzip, d. h., dass Ansprüche, die vor dem Eigentumsübergang fällig geworden sind, dem veräußernden Vermieter zustehen bzw. von ihm zu erfüllen sind, Ansprüche, die danach fällig geworden sind, hingegen dem Erwerber[344]. Das Fälligkeitsprinzip gilt aber nicht ausnahmslos. Ist in der Person des Veräußerers Verjährung hinsichtlich eines Einzelanspruchs eingetreten, der entgegen dem Fälligkeitsprinzip auf den Erwerber übergehen kann (etwa der Anspruch auf Leistung der Kaution[345]), so ändert sich an der Verjährung durch die Veräußerung nichts, der Anspruch lebt also in der Person des Erwerbers nicht wieder auf, weil sich der Charakter bzw. der Zustand eines Anspruchs durch einen Rechtsübergang grundsätzlich nicht ändert[346]. Für Ansprüche, die nicht auf den Erwerber übergehen bzw. nicht ihm gegenüber geltend gemacht werden können, die vielmehr zwischen Veräußerer und Mieter abzuwickeln sind, gilt hinsichtlich der kurzen Verjährung des § 548 BGB Folgendes: Die **Ansprüche des Mieters** auf Aufwendungsersatz und Gestattung der Wegnahme verjähren im Falle der Veräußerung des Mietgrundstücks und **Vermieterwechsel gem. § 566 BGB**[347] innerhalb von sechs Monaten ab sicherer[348] Kenntnis des Mieters von der Eintragung des Erwerbers in das Grundbuch[349]. Dabei kann dahinstehen, ob der Mietvertrag als solcher mit dem

[337] *Emmerich* in Staudinger § 548 Rdn. 33.
[338] OLG Bamberg WuM 2004, 20 = NZM 2004, 342.
[339] *Blank/Börstinghaus* § 548 Rdn. 36.
[340] *Emmerich* in Staudinger § 548 Rdn. 33.
[341] Auf die Kenntniserlangung von der Eigentumseintragung stellt BGH NJW 2008, 2256 = WuM 2008, 402 z. B. bei einem Vermieterwechsel gem. § 566 BGB ab.
[342] *Blank/Börstinghaus* § 548 Rdn. 35.
[343] BGH NJW 1986, 254.
[344] BGH NZM 2005, 17 = ZMR 2005, 37.
[345] S. § 566a Rdn. 10.
[346] S. etwa BGH NJW 1977, 36.
[347] Die nachfolgende Problematik spielt nur im Anwendungsbereich des § 566 BGB, also vornehmlich bei der Raum- und Grundstücksmiete eine Rolle, da es nur hier mit dem Eigentumsübergang zu einem Vermieterwechsel kommt. Bei einem Eigentumswechsel an beweglichen vermieteten Sachen ändert sich an der Person des Vermieters nichts.
[348] Den Mieter treffen keine Erkundigungspflichten (BGH NJW 2008, 2256 = WuM 2008, 402).
[349] BGH NJW 2008, 2256 = WuM 2008, 402; BGH NJW 1965, 1225; *Emmerich* in Staudinger § 548 Rdn. 37; *Derleder/Bartels* JZ 1997, 984.

Eigentumsübergang endet und in der Person des Erwerbers mit gleichem Inhalt neu entsteht[350] oder ob er nur zwischen Veräußerer (altem Vermieter) und Mieter beendet wird[351] oder ob ein Fall der Rechtsnachfolge gegeben ist[352]. Denn in jedem Fall scheidet der Veräußerer aus dem Vertragsverhältnis aus und das gebietet entsprechend dem Zweck des § 548 BGB, die wechselseitigen Ansprüche aus dem Zustand der Mietsache schnell abzuwickeln, die Anwendung der kurzen Verjährung auf diese Fälle. Der Schutzzweck des § 566 BGB steht nicht entgegen, da die Vorschrift den Mieter nicht vor allen Nachteilen in Zusammenhang mit einem Eigentumswechsel bewahren will, sondern vornehmlich vor dem Verlust des Mietobjekts[353]. Es ist zwar nicht zu leugnen, dass die Möglichkeit der Verjährung dem Mieter bei einem Eigentumswechsel eine gesteigerte (auch rechtliche) Aufmerksamkeit im Hinblick auf die eigenen Ansprüche abverlangt; das ist aber bei sonstiger Beendigung des Mietverhältnisses nicht grundlegend anders. Praktisch relevant ist die Problematik nur bei den Aufwendungsersatzansprüchen, die bei Eigentumsübergang bereits fällig waren, nicht hingegen bei noch nicht fälligen Aufwendungsersatzansprüchen und den Wegnahmeansprüchen. Denn der Anspruch auf Gestattung der Wegnahme entsteht – wie oben ausgeführt – erst mit der Rückgabe der Mietsache an den Vermieter und kann deshalb gegenüber dem Veräußerer im Zeitpunkt des Eigentumsübergangs nicht geltend gemacht werden, sondern wegen des bei § 566 BGB geltenden Fälligkeitsprinzips erst bei Vertragsbeendigung dem Erwerber gegenüber[354]. Nach dem Fälligkeitsprinzip treffen den Erwerber auch solche Aufwendungsersatzansprüche, die erst bei Beendigung des Mietvertrages insgesamt fällig werden[355]. Ähnlich wie bei einem Eigentumswechsel gem. § 566 BGB ist die Sachlage in den Fällen des § 565 BGB; deshalb ist auch hier für den Beginn der Verjährungsfrist auf den Vermieterwechsel abzustellen[356].

57 In vergleichbarer Weise verjähren die **Ersatzansprüche des gem. § 566 BGB ausgeschiedenen Vermieters** (Veräußerer) nach einem Eigentumswechsel. Zwar ist Anknüpfungspunkt für den Verjährungsbeginn nach § 548 Abs. 1 BGB der Rückerhalt des Mietobjekts und bei einer Veräußerung kommt es hierzu nicht. Der Sinn und Zweck des § 548 BGB gebietet für die Ansprüche des ausgeschiedenen Vermieters aber in gleicher Weise eine Anwendung der kurzen Verjährung wie bei den Ansprüchen des Mieters[357]. Dass es eine Rückgabe nicht gibt, steht nicht entgegen. Sie ist auch ansonsten in Ausnahmefällen entbehrlich, nämlich insbesondere dann, wenn es wegen der Weitervermietung an einen Dritten zur Erlangung des unmittelbaren Besitzes durch den Vermieter gar nicht kommt[358]. Die Sachlagen erscheinen vergleichbar[359]. Die Verjährung beginnt mit dem Zeitpunkt des Vertragsübergangs zu laufen, also mit Eintragung des Erwerbers im Grundbuch. Anders als bei den zuvor dargestellten Mieteransprüchen erscheint eine Kenntnis des veräußernden Vermieters von dieser Eintragung nicht notwendig, da er – im Gegensatz zum Mieter – an der Veräußerung des Grundstücks beteiligt ist und sich deshalb nach der Umschreibung erkundigen und zeitnah vom Verjährungsbeginn Kenntnis erlangen kann. Jedenfalls besteht für den Veräußerer eher Anlass, sich bei der Veräußerung Kenntnis vom Zustand des Mietobjektes zu verschaffen als bei Rückgabe des Mietobjekts nach Ende des (mit dem Erwerber zunächst fortbestehenden) Mietverhältnisses[360], von der er meist nicht erfahren wird.

58 Ähnlich wie bei einem Vermieterwechsel gem. § 566 BGB ist es bei einer **rechtsgeschäftlichen Vertragsübernahme,** sei es auf Vermieter- oder Mieterseite[361], oder bei einer **Wohnungsüberlassung gem. § 1568 a Abs. 3 BGB**[362]. Zwar wird hierdurch der Vertrag als solcher nicht beendet, der Wechsel des Vertragspartners führt nach Sinn und Zweck der Regelung aber gleichermaßen zur An-

---

350 So BGH NJW 2008, 2256 = WuM 2008, 402 entsprechend der ständigen Rechtsprechung zu § 566 BGB. Ablehnend und weitere Nachweise dazu bei § 566 Rdn. 9ff.

351 So die Begründung in BGH NJW 1965, 1225.

352 S. umfassend bei § 566 Rdn. 9ff.

353 S. zum Schutzzweck bei der Kommentierung zu § 566 BGB. **A. A.** *Eckert* NZM 2008, 315.

354 *Derleder/Bartels* JZ 1997, 985. S. auch bei § 566 Rdn. 139.

355 S. dazu bei § 566 Rdn. 135.

356 *Emmerich* in Staudinger § 548 Rdn. 37. **A. A.** *Derleder/Bartels* JZ 1997, 988.

357 *Eisenhuth/Pütz* WuM 1987, 78. **A. A.** *Eckert* DMT-Bilanz 2011 S. 334.

358 S. dazu bei Rdn. 39.

359 So auch *Eisenhuth/Pütz* WuM 1987, 78.

360 Auf diesen Zeitpunkt will *Eckert* DMT-Bilanz 2011 S. 334 entsprechend dem Wortlaut des § 548 Abs. 1 BGB abstellen.

361 *Lehmann-Richter* NZM 2009, 766/767.

362 S. dazu vor § 535 Rdn. 354ff. S. eingehend zur Verjährung von Vermieteransprüchen bei Mieterwechsel wegen Tod, Scheidung oder Auflösung einer Mietermehrheit *Blank* NJW 2014, 1985.

wendung der kurzen Verjährung des § 548 BGB ab dem Wirkzeitpunkt der Vertragsübernahme[363]. Wertungsmäßig ist es belanglos, ob der Wechsel der Vertragspartei durch das Gesetz angeordnet wird (wie in § 566 BGB oder in § 1568 a Abs. 3 Nr. 2 BGB) oder ob er durch rechtsgeschäftliche Vereinbarung (wie bei der Vertragsübernahme oder bei § 1568 a Abs. 3 Nr. 2 BGB) bewirkt wird, da der Mietvertrag für eine der Vertragsparteien beendet wird; beide Fälle sind Regelungsgegenstand des § 548 BGB und deshalb verjährungsrechtlich gleich zu behandeln. Kommt es nicht zur Auswechslung aller Mieter, sondern nur zum **Ausscheiden eines Mieters** aus dem Vertrag, etwa auf Grund entsprechender Vereinbarungen aller Beteiligten[364] oder gem. § 1568 a Abs. 3 BGB, greift hinsichtlich der Ansprüche zu Gunsten des bzw. gegen den ausgeschiedenen Mieter ebenfalls die kurze Verjährung des § 548 BGB ab dem Wirkzeitpunkt des Ausscheidens[365]. Im Falle der Wohnungsüberlassung gem. § 1568 a Abs. 3 Nr. 2 BGB ist für die Vermieteransprüche aber Kenntniserlangung der gerichtlichen Entscheidung notwendig, soweit dieser am Verfahren nicht beteiligt gewesen sein sollte; außerdem muss er die Möglichkeit zur Untersuchung der Mietsache gehabt haben[366], da der Vertrag – anders als in den Fällen Rdn. 39 – unabhängig von seinem Willen von dem verbliebenen Mieter fortgeführt wird. Die Sachlage ist in Bezug auf den ausgeschiedenen Mieter einem vollständigen Parteiwechsel vergleichbar, weil sein Mietverhältnis mit dem Vermieter beendet wird. Für Mieteransprüche dürfte die kurze Verjährung dennoch praktisch nicht in Betracht kommen, da der ausgeschiedene Mieter mit dem verbliebenen Mieter i. d. R. in Mitgläubigerschaft gem. § 432 BGB steht[367]. Es ist kein Grund ersichtlich, warum die Ansprüche des verbliebenen Mieters vor Vertragsende verjähren sollten, so dass bei Mitgläubigerschaft das Ausscheiden eines Mieters insgesamt nicht zum Verjährungsbeginn für gemeinschaftliche Ansprüche führt. Anders kann es sein bei Ansprüchen, die dem ausgeschiedenen Mieter allein zustehen. Soweit der ausgeschiedene und der verbliebene Mieter gesamtschuldnerisch für eine Forderung des Vermieters haften, ist gem. § 425 Abs. 2 BGB ein unterschiedlicher Verjährungslauf für beide Mieter möglich, d. h., die Verjährung kann für den ausgeschiedenen Mieters vor derjenigen des verbliebenen Mieters beginnen und enden; der Innenausgleich der Mieter gem. § 426 Abs. 1 BGB unterliegt aber nicht der kurzen Verjährung[368].

VII. Allgemeines Verjährungsrecht

Wenn nicht die Besonderheiten des § 548 BGB zu Beginn und Dauer der Verjährungsfrist eingreifen, dann gelten auch für solche Ansprüche, die § 548 BGB unterfallen, die Regeln des allgemeinen Verjährungsrechts der §§ 194 ff. BGB[369], außerdem die Regeln zur Fristberechnung in §§ 187 Abs. 1, 188 Abs. 2, 193 BGB[370]. In diesem Rahmen können nur einige wenige mietrechtliche Besonderheiten des allgemeinen Verjährungsrechts behandelt werden. Es kann insbesondere relevant werden, dass die Verjährung mehrerer unterschiedlicher Ansprüche (z. B. mehrere Ersatzansprüche des Vermieters wegen voneinander zu trennender Veränderungen oder Verschlechterungen) **für jeden Anspruch gesondert** zu beurteilen ist[371]. Wegen der einheitlichen Anknüpfung an den Rückerhalt der Mietsache bzw. das Vertragsende spielt das zwar für den Verjährungsbeginn i. d. R. keine Rolle, wohl aber für verjährungshemmende bzw. verjährungsunterbrechende Umstände[372]. Im Wege der Klageänderung kann dann beispielsweise statt eines ursprünglich begehrten Anspruchs ein anderer, verjährter Ersatzanspruch nicht mehr erfolgreich geltend gemacht werden[373]. Eine verdeckte **Teilklage,** bei der also weder für den Beklagten noch für das Gericht erkennbar ist, dass die bezifferte Forderung nicht den Gesamtschaden abdeckt, hemmt die Verjährung nur im beantragten (bezifferten) Umfang[374]. Anders 59

363 Für die Vertragsübernahme: BGH NJW 1992, 687 = WuM 1992, 71 = ZMR 1992, 96; OLG Karlsruhe WuM 1994, 281 = ZMR 1994, 161 = NJW-RR 1994, 594; *Blank* NJW 2014, 1988; *Lehmann-Richter* NZM 2009, 766/767. Für § 1568 a Abs. 3 BGB: *Blank* NJW 2014, 1986.

364 S. dazu *Streyl* NZM 2011, 385.

365 *Blank* NJW 2014, 1987.

366 Ebenso *Blank* NJW 2014, 1987; *Götz/Brudermüller* NJW 2010, 8.

367 Das übersieht *Götz* PiG 92 (2012) S. 164, die eine Verjährung der Ansprüche nur des ausgeschiedenen Mieters gem. § 548 BGB annimmt.

368 BGH NJW 2010, 435.

369 *Finger* ZMR 1988, 3.

370 BGH (XI ZR 172/13) NJW 2014, 3435 Rdn. 9.

371 OLG Düsseldorf ZMR 1988, 57 = NJW-RR 1988, 202.

372 *Lammel,* Wohnraummietrecht, § 548 Rdn. 21.

373 OLG Düsseldorf ZMR 1988, 57 = NJW-RR 1988, 202.

374 BGH (XII ZR 12/13) NJW 2014, 920 = WuM 2014, 140 = ZMR 2014, 526 Rdn. 25.

ist das, wenn mit der Klage von Anfang an ein bestimmter Anspruch in vollem Umfang geltend gemacht wird und sich dann Umfang und Ausprägung des Klageanspruchs ändern, nicht aber der Anspruchsgrund[375]. Der Kläger macht dann nicht bzw. nur vordergründig eine Geldsumme, sondern den Schaden insgesamt geltend und unterbricht damit die Verjährung der Ersatzforderung in ihrem betragsmäßig wechselnden Bestand; für die endgültige Bemessung des Schadens ist der Zeitpunkt der letzten mündlichen Verhandlung maßgebend, so dass dem Umfang der Verjährungswirkung durch den ursprünglich geringeren Klageantrag keine Grenzen gezogen werden[376]. Derartige Hemmungssituationen kommen vor allem bei Schäden in Betracht, die der Höhe nach schwer bzw. nur sachverständig beraten abzuschätzen sind oder bei denen sich die Bedingungen für die Schadensbewertung ändern[377], nicht hingegen bei rein durch Zeitablauf sich entwickelnden Mietausfallschäden. Eine Klage auf Ersatz des Mietausfalls für eine bestimmte Zeit hemmt vielmehr nicht die Verjährung für den Mietausfallschaden insgesamt, also weder für vor dem geltend gemachten Zeitraum bereits entstandene Ausfälle, noch für zukünftig entstehende Ausfälle; das folgt daraus, dass es sich um eine (offene) Teilklage handelt[378]. Zur Hemmung wegen weiterer Mietausfälle müsste der Vermieter eine Feststellungsklage erheben. Ähnlich ist es bei dem Anspruch auf **Nutzungsentschädigung** gem. § 546a Abs. 1 BGB. Zu einem Ersatzanspruch gehören nach dem **Grundsatz der Schadenseinheit** sämtliche auf einem einheitlichen Schadensereignis (Pflichtverletzung) beruhenden Schäden einschließlich der Folgeschäden (z. B. Verzug oder Mietausfall), soweit schon beim Auftreten des ersten Schadens mit den später eintretenden Schäden zu rechnen war bzw. sie als möglich voraussehbar waren[379]; nur die Verjährung für Schadensfolgen, die selbst für Fachleute nicht vorhersehbar waren, beginnt gesondert mit der Kenntnismöglichkeit des konkreten Schadenseintritts[380]. Der Anspruch entsteht einheitlich auch für die erst noch in der Zukunft fällig werdenden Positionen (einschließlich der Verzugsschäden), sobald ein erster Teilbetrag mit der Leistungsklage geltend gemacht werden kann[381]. Der Beginn der Verjährungsfrist gilt grundsätzlich also einheitlich für alle Mietausfälle, die aus derselben Pflichtverletzung entstehen, ohne dass es auf den jeweiligen monatlichen Entstehungszeitpunkt der Mietausfälle ankommt[382]. **Ersatzansprüche,** die als wirtschaftliches Äquivalent an die Stelle des Hauptanspruchs treten wie etwa Schadensersatzansprüche **gem. § 281 BGB,** verjähren grundsätzlich wie der Hauptanspruch[383]. Für **Verzugsschäden** (und andere **Nebenansprüche**) bestimmt § 217 BGB, dass sie spätestens mit der Hauptforderung verjähren; das hat Bedeutung in den Fällen, in denen die Verjährungsfrist für den Hauptanspruch kürzer ist als für die verjährungsrechtlich selbständigen, an sich der Regelverjährung unterliegenden Nebenansprüche[384]. **Hilfsansprüche** (wie etwa Auskunfts- und Rechenschaftsansprüche) verjähren wegen ihres akzessorischen Charakters wie der Hauptanspruch[385]. Etwas anderes gilt dann, wenn (und nur soweit[386]) die Nebenansprüche vor dem Eintritt der Verjährung des Hauptanspruchs bereits gerichtlich geltend gemacht waren[387]. Gegenüber einem Anspruch des Mieters auf **Rückzahlung einer Kaution** kann der Vermieter unter den Voraussetzungen des **§ 215 BGB** auch mit verjährten Gegenansprüchen aufrechnen; Ähnliches gilt gem. § 216 BGB für das Befriedigungsrecht des Vermieters aus einem verpfändeten Sparbuch (s. näher bei Rdn. 65 „Kautionsrückzahlungsanspruch").

---

[375] BGH (III ZR 135/01) NJW 2002, 2167; BGH (XII ZR 12/13) NJW 2014, 920 = WuM 2014, 140 = ZMR 2014, 526 Rdn. 25.

[376] BGH (XII ZR 12/13) NJW 2014, 920 = WuM 2014, 140 = ZMR 2014, 526 Rdn. 25.

[377] S. etwa BGH (XII ZR 12/13) NJW 2014, 920 = WuM 2014, 140 = ZMR 2014, 526 Rdn. 25 (für eine mietrechtliche Instandsetzungspflicht); BGH (III ZR 135/01) NJW 2002, 2167 (für eine Grundstücksbewertung).

[378] *Bieber* in MünchKomm § 548 Rdn. 25; *Peters* in Staudinger (2004) § 204 Rdn. 17 (allgemein zu Teilklagen).

[379] BGH (VI ZR 200/15) MDR 2017, 149 Rdn. 15; BGH NJW 1998, 1303 = WuM 1998, 155 = ZMR 1998, 208; BGH NJW 1965, 151; *Krapf* in DMT-Bilanz 2011 S. 344.

[380] BGH NJW 2000, 861. Zu weiteren Einschränkungen der Schadenseinheit s. *Ostendorf/von Laer* NJW 2013, 1479.

[381] BGH (V ZR 309/12). Nach KG ZMR 2015, 539 ist das bei einer Doppelvermietung dann der Fall, wenn feststeht, dass der Vermieter die Mietsache nicht mehr von dem besitzenden Mieter zurückerlangen und dem besitzenden Mieter überlassen kann.

[382] BGH NJW 1998, 981 = WuM 1998, 224 = ZMR 1998, 270.

[383] S. eingehend *Lüneborg* NJW 2012, 2145 (auch zu Ausnahmefällen).

[384] S. eingehend *Lüneborg* NJW 2012, 2149.

[385] *Lüneborg* NJW 2012, 2148/2149.

[386] BGH NJW 1998, 1303 = WuM 1998, 155 = ZMR 1998, 208 unter 1.d.

[387] BGH NJW 1995, 252 = WuM 1995, 149 = ZMR 1995, 114.

Gem. § 204 BGB wird die Verjährung durch die dort genannten Rechtsverfolgungsmaßnahmen gehemmt, insbesondere durch Zustellung des Antrags auf selbständiges Beweisverfahren, Erhebung der Klage oder Zustellung des Mahnbescheids. Die Hemmungswirkung tritt jedoch nur bei einem wirksamen, insbesondere gem. § 253 Abs. 2 ZPO hinreichend bestimmten Antrag ein[388], was bei **Mahnbescheidsanträgen,** mit denen eine Vielzahl von Forderungen geltend gemacht werden, oftmals problematisch ist[389]. Für eine Individualisierung genügt die Bezeichnung des Anspruchs unter bestimmter Angabe der verlangten Leistung; der Anspruch muss durch seine Kennzeichnung von anderen Ansprüchen so unterschieden und abgegrenzt werden können, dass er Grundlage eines der materiellen Rechtskraft fähigen Vollstreckungstitels sein kann und der Schuldner bereits im Zeitpunkt der Zustellung des Mahnbescheids erkennen kann, woraus der Gläubiger seinen Anspruch herleiten will, so dass ihm die Beurteilung möglich ist, ob er sich gegen den Anspruch zur Wehr setzen will oder nicht; bei einer Mehrzahl von Einzelforderungen muss deren Bezeichnung im Mahnbescheid die Zusammensetzung des verlangten Gesamtbetrags aus für ihn unterscheidbaren Ansprüchen ermöglichen, wozu auch die Bezugnahme auf vorprozessuale Schreiben genügen kann[390]. Eine wirksame, insbesondere des Anforderungen des § 253 Abs. 2 ZPO genügende Klageerhebung hemmt die Verjährung auch dann, wenn zum Zeitpunkt der Klageerhebung – von der Sachbefugnis abgesehen – noch nicht alle Anspruchsvoraussetzungen vorliegen, etwa eine für einen Schadensersatzanspruch nach § 281 Abs. 1 Satz 1 BGB erforderliche Fristsetzung noch fehlt; denn auch in diesem Fall weiß der Schuldner, dass er sich wegen der Rechtsverfolgung ggf. auf eine Erfüllung nach Ablauf der Verjährungsfrist einstellen muss[391]. Eine (vorübergehende) Rückgabe der Mietsache an den Mieter zur Erfüllung seiner Rückgabepflichten (Schönheitsreparaturen, Rückbau, Instandsetzung etc.) führt grundsätzlich nicht zu einer **Hemmung** oder Unterbrechung der Verjährung der Vermieteransprüche, und zwar auch dann nicht, wenn dies mit einer Rückübertragung der Sachherrschaft verbunden ist[392]; anders ist das nur, wenn zugleich ein vorübergehendes Leistungsverweigerungsrecht gem. § 205 BGB (meist Stundung) zu Gunsten des Mieters vereinbart wird, wenn er also die Arbeiten nicht unverzüglich ausführen muss, oder wenn mit der Rückgabe an den Mieter, damit dieser seine Pflichten erfüllen kann, ein Tatbestand verwirklicht würde, der der Verhandlung über die Ansprüche gem. § 203 BGB gleichkäme[393]; weiterhin kann in der Bereitschaft des Mieters, in der vorübergehend zurückgegebenen Mietsache seine Rückgabepflichten zu erfüllen, ein **Anerkenntnis** i. S. v. § 212 Abs. 1 Nr. 1 BGB zu sehen sein, das zu einem **Neubeginn** der Verjährung führt. Eine **Klage auf Erfüllung** von Rückgabepflichten (Durchführung von Schönheitsreparaturen, Instandsetzung, Rückbau etc.) **hemmt** auch einen **Schadensersatzanspruch statt der Leistung** gem. § 281 BGB und umgekehrt; das folgt aus § 213 BGB[394]. Schadensersatz gem. §§ 280, 286 BGB **(Verzug)** wird hingegen nicht von § 213 BGB erfasst, da diese Vorschrift nur für alternative Ansprüche wie § 281 BGB gilt, nicht aber für kumulativ nebeneinander stehende Ansprüche[395]. Deshalb hemmt eine Erfüllungsklage nicht einen Anspruch des Vermieters auf Ersatz des **Mietausfalls,** da dieser sich entweder aus § 280 BGB oder aus § 286 BGB ergibt[396]. Die Verjährung von Ansprüchen auf Mietzins und Nutzungsentschädigung eines Mieters gegen seinen Untermieter wird durch eine **Streitverkündung** i. S. v. § 204 Abs. 1 Nr. 6 BGB auch dann gehemmt, wenn sich die Streitverkündung (nur) auf Gewährleistungsrechte (Minderung) des Streitverkündungsempfängers (Untermieters) bezieht (§ 72 Abs. 1 2. Alt. ZPO)[397]. Die Streitver- 60

[388] BGH (XII ZR 12/13) NJW 2014, 920 = WuM 2014, 140 = ZMR 2014, 526 Rdn. 21; *Grothe* NJW 2015, 19.

[389] S. allgemein zu den Anforderungen an Mahnbescheidsanträge *Grothe* NJW 2015, 17.

[390] BGH NJW 2008, 1220. S. auch BGH NJW 2011, 613; *Grothe* NJW 2015, 18.

[391] BGH (XII ZR 12/13) NJW 2014, 920 = WuM 2014, 140 = ZMR 2014, 526 Rdn. 21.

[392] OLG Düsseldorf DWW 2007, 246 = GE 2008, 265.

[393] OLG Düsseldorf DWW 2007, 246 = GE 2008, 265.

[394] *Peters/Jacoby* in Staudinger (2014) § 213 Rdn. 6; *Jacoby* DMT-Bilanz 2011 S. 339; BGH NJW-RR 2006, 736 (für einen Herausgabeanspruch). **A. A.** noch BGH NZM 2000, 547, weil ein anderer Streitgegenstand vorliege; diese Entscheidung erging aber zum unreformierten Verjährungsrecht, das eine allgemeine, § 213 BGB entsprechende Vorschrift nicht kannte. Wie der BGH, aber auch § 213 BGB übersehend, OLG Köln, Urteil v. 21.5.2015 (Az.: 18 U 60/14), nicht vollständig abgedruckt in MDR 2016, 207.

[395] *Peters/Jacoby* in Staudinger (2014) § 213 Rdn. 7.

[396] S. dazu bei § 546a Rdn. 78.

[397] BGH NJW 2009, 1488 = ZMR 2009, 515. Der Untermieter hatte gegenüber dem Mieter wegen Mängeln gemindert, dieser gegenüber dem Vermieter. Auf die Mietzinsklage des Vermieters hatte der verklagte Mieter dem Untermieter den Streit verkündet.

kündung muss allerdings zulässig sein, was dann der Fall ist, wenn der Streitverkünder der Annahme sein darf, durch die im Vorprozess zu treffenden Feststellungen könne ein Folgeprozess ganz oder teilweise entbehrlich werden[398]. Weder die Erhebung einer negativen Feststellungsklage durch den Schuldner (etwa dahingehend, dass dem Mieter ein Anspruch auf Kautionsrückzahlung nicht zusteht) noch die Verteidigung des Gläubigers hiergegen genügt, um eine Hemmung der Verjährung zu bewirken[399].

VIII. Abweichende Vereinbarungen

61 Gem. § 202 BGB können Verjährungsfristen verlängert oder verkürzt, ein späterer Verjährungsbeginn und Hemmungsgründe vereinbart werden sowie Tatsachen, die den Neubeginn der Verjährung zur Folge haben sollen. Eine Grenze zieht § 202 Abs. 2 BGB nur insofern, als die Verjährungsfrist nicht wirksam über eine Frist von 30 Jahren hinaus ausgedehnt werden kann[400]. § 202 BGB ist eine Vorschrift aus dem allgemeinen Teil des BGB und findet auch auf die Verjährungsregelung in § 548 BGB Anwendung. Die weiten Grenzen des § 202 BGB gelten aber nur für **individualvertragliche Verjährungsvereinbarungen.**

62 Handelt es sich bei einer Vertragsklausel, die eine von § 548 BGB abweichende Regelung enthält, um eine **allgemeine Geschäftsbedingung,** sind insbesondere die Schranken von § 307 BGB zu beachten. Eine Verjährungsregelung verändert das vertragliche Rechte- und Pflichtenprogramm zwar nicht, dennoch kann sie in besonderen Fällen die Rechte des Mieters so einschränken, dass der Vertragszweck gefährdet erscheint und die Klausel einer Angemessenheitsprüfung gem. § 307 Abs. 2 Nr. 2 BGB nicht standhält[401]. Das dürften aber Ausnahmefälle besonders kurzer Verjährungsfristen sein. Auch § 309 Nr. 7b BGB kann einer Verjährungsverkürzung im Wege stehen, da sie möglicherweise eine unzulässige Haftungsbeschränkung darstellt[402]. Verjährungsverkürzungen dürften bei § 548 BGB allerdings in der Praxis kaum eine Rolle spielen. I. d. R. wird die Angemessenheit einer (verjährungsverlängernden) Klausel gem. § 307 Abs. 2 Nr. 1 BGB davon abhängen, ob die Verjährungsregelung in § 548 BGB zum wesentlichen Grundgedanken der gesetzlichen Regelung, d. h. zum **Leitbild der mietrechtlichen Vorschriften** gehört. Die Frage ist umstritten[403]. M. E. ist sie grundsätzlich zu bejahen, nicht aber hinsichtlich der gesetzlich festgesetzten Dauer von sechs Monaten. Diese Frist kann vielmehr moderat, etwa auf ein Jahr, verlängert werden[404]. Nicht nur im Mietrecht, sondern auch im Kauf- und im Werkvertragsrecht hat der Gesetzgeber im Hinblick auf die schnelle Abwicklung der Verträge kurze Verjährungsfristen vorgesehen, deren Beginn in allen Fällen an objektive Umstände anknüpft und so Rechtsfrieden durch festen, von Kenntnis des Anspruchs unabhängigen Zeitablauf schafft. Durch dieses gesetzliche Regelungsmuster kristallisiert sich ein gesetzliches Leitbild heraus, zu dem allerdings nicht die im Gesetz fixierte **Länge der Verjährungsfrist** gehört, sondern nur, dass sie kurz ist, kürzer jedenfalls als die Regelverjährung des § 195 BGB. Die Festlegung einer Frist ist nämlich in weiten Grenzen willkürlich und vielfach geprägt von Zahlenmystik. Wegen der im Mietrecht typischerweise durch Zeitablauf größeren Beweisschwierigkeiten als im Kauf- oder Werkvertragsrecht[405], muss eine angemessene Verjährungsfrist kürzer als die dortige Frist von zwei Jahren sein. Auf der anderen Seite ist aber auch anzuerkennen, dass es einem Vermieter in nicht wenigen Fällen (etwa bei der **Autovermietung** nach einem Unfall[406] oder bei unbekannter

---

[398] BGH NJW 2009, 1488 = ZMR 2009, 515.

[399] BGH (XII ZR 86/11) NJW 2012, 3633 = WuM 2012, 601.

[400] *Kandelhard* NJW 2002, 3295; *Scheffler* ZMR 2008, 513. Bedenken gegen eine individualvertragliche Verlängerung über drei Jahre hinaus hat *Fuerst* in Lindner-Figura/Oprée/Stellmann Kap. 17 Rdn. 78.

[401] *Scheffler* ZMR 2008, 513. **A. A.** *Kandelhard* NZM 2002, 931.

[402] S. etwa BGH (VIII ZR 174/12) NJW 2013, 2584.

[403] Bejahend: AG Detmold WuM 2012, 142 (dagegen die Berufungsinstanz LG Detmold, Urteil v. 1.6.2011 (Az.: 10 S 14/09); AG Dortmund, Urteil v. 7.2.2017 (Az.: 425 C 6067/16) für Automietverträge; LG Dortmund, Urteil v. 17.3.2010 (Az.: 2 O 53/09); *Emmerich* in Staudinger § 548 Rdn. 46; *Hau* NZM 2006, 567; *Gruber* WuM 2002, 255, *Fritz* NZM 2002, 719. Verneinend: *Kandelhard* NZM 2002, 931/932 (eingehend) und wohl auch, aber nicht ganz eindeutig *Fuder* NZM 2004, 852. Offen lassend *Scheffler* ZMR 2008, 513.

[404] Im Ergebnis ebenso LG Detmold, Urteil v. 1.6.2011 (Az.: 10 S 14/09); *Hau* NZM 2006, 567; *Kandelhard* NZM 2002, 931/932; *Roth* PiG 83 (2008) S. 219. **A. A.** LG Dortmund, Urteil v. 17.3.2010 (Az.: 2 O 53/09). S. auch BGH NJW 2006, 47 zur Zulässigkeit der Verlängerung der kaufrechtlichen Verjährung in AGB.

[405] *Kandelhard* NZM 2002, 932.

[406] So ist in BGH NJW 1986, 1608 und BGH NJW 1994, 1788 eine Verjährungsverlängerung für möglich gehalten worden wegen der regelmäßigen Schwierigkeiten eines KFZ-Vermieters, die Verantwortlichkeit für

Anschrift des Mieters [dazu noch unten]) Mühe macht, einen Anspruch innerhalb von sechs Monaten soweit zu klären, dass über die Führung eines Rechtsstreits zur Verjährungshemmung sinnvoll entschieden werden kann. Manche Kosten, die nur zur Verjährungsunterbrechung notwendig sind und später einer Einigung im Wege stehen, könnten bei einer moderaten Verjährungsfristverlängerung vermieden werden. In manchen Fällen (z. B. einer Bodenkontamination) ist eine späte Schadensentdeckung sogar typisch[407]. Den **Verjährungsbeginn** in AGB mit der Anspruchsentstehung zu verknüpfen, erscheint nicht bedenkenlos[408]. Solches würde zwar dem Grundsatz des § 200 BGB entsprechen und – bei Beibehaltung der Sechsmonatsfrist – i. d. R. auch nicht zu überlangen Verjährungsläufen führen; anders kann das aber sein in den kritischen Fällen, in denen die Anspruchsentstehung wie bei § 281 BGB vom Willen des Vermieters abhängt. Eine Höchstfrist für die Verjährung dürfte deshalb notwendig sein[409]. Eine Anknüpfung des Verjährungsbeginns an die Kenntnis der Mieteradresse kann ebenfalls überlange Verjährungsläufe bewirken[410]. Zwar würde dies nur zu einer § 199 BGB vergleichbaren Regelung führen; eine solche ist für die von § 548 BGB erfassten Ansprüche aber gerade nicht erwünscht. Hingegen erscheint es möglich, wegen möglicher und in der Praxis nicht seltener Schwierigkeiten bei der Adressermittlung, die Verjährungsfrist im obigen Sinne moderat zu verlängern. Eine Anknüpfung des Verjährungsbeginns für die Vermieteransprüche an das Vertragsende kann bei vorzeitiger Rückgabe der Mietsache zu einer überlangen Verjährungsfrist führen und ist deshalb unangemessen[411]. Vereinbarungen, die **andere Verjährungsregelungen** abbedingen oder erweitern (z. B. zur Hemmung), dürften in weiterem Maß zulässig sein als Verlängerungsvereinbarungen, sind aber im Einzelfall an § 307 BGB zu messen; insbesondere dürfen sie den Zweck des § 548 BGB nicht unterlaufen. Verjährungsvereinbarungen durch AGB-Klauseln, insbesondere solche über eine Verlängerung der Verjährungsfrist oder deren Beginn[412], erscheinen – abgesehen von den vorstehenden Kriterien – regelmäßig nur dann als angemessen, wenn sie **für beide Seiten** gleichermaßen gelten[413]. Die Gegenansicht[414] meint, der Gleichlauf müsse nicht für alle Ansprüche aus § 548 BGB gelten, sondern nur für jeweils gleichartige Ansprüche, also etwa für die Schadensersatzansprüche des Mieters und Vermieters. Das aber würde eine einseitige Bevorzugung der Vermieterinteressen bedeuten, da seine sechsmonatige Frist verlängert, die dreijährige Regelverjährung für Schadensersatzansprüche des Mieters aber verkürzt würde; bei den Mieteransprüchen nach § 548 Abs. 2 BGB wäre das zwar umgekehrt, praktisch gibt es aber keine Aufwendungs- und Wegnahmeansprüche des Vermieters. Deshalb widerspräche ein Gleichlauf nur der gleichartigen Ansprüche der Rechtsprechung des BGH zur Verlängerung der Regelverjährungsfrist, wonach die Verlängerung sachlich gerechtfertigt sowie maßvoll sein und die Begünstigung des Verwenders durch Vorteile für dessen Vertragspartner kompensiert werden muss[415]. Abgesehen davon überzeugt der Ansatzpunkt der Gleichartigkeit der Ansprüche nicht. Die Anspruchsgrundlage und die Anspruchsart sind für die Regelung des § 548 BGB nämlich grundsätzlich belanglos, ihr sollen vielmehr möglichst alle typischen Abwicklungsansprüche unterfallen, die auf dem Zustand der Mietsache bei Vertragsende gründen (s. Rdn. 1/2). Eine Klausel in einem Wohnraummietvertrag über die Verlängerung der Verjährungsfrist des § 548 Abs. 1 BGB auf ein ganzes Jahr ist **überraschend** gem. § 305 c Abs. 1 BGB, wenn sie drucktechnisch nicht hervorgehoben ist; sie wird deshalb nicht Vertragsbestandteil, weil auch der informierte Mieter nicht mit einer solchen Verlängerung rechnet[416].

---

einen Unfall mit dem Mietwagen innerhalb der regulären Verjährungsfrist zu klären; die Wirksamkeit der Klauseln scheiterte allerdings jeweils daran, dass dem Mieter der Verjährungsbeginn regelmäßig unbekannt blieb, weil er von einer Einsicht des Vermieters in die Polizeiakte abhing, und keine Höchstgrenze für die Verjährung vorgesehen war; das war anders bei OLG Stuttgart NJW-RR 2002, 1254, das dementsprechend eine Verlängerungsklausel für wirksam hielt.

[407] Allerdings schafft hier § 24 BBodSchG mit seiner von § 548 BGB unabhängigen Verjährungsregelung einen Ausgleich.

[408] Uneingeschränkt dafür *Wolf/Eckert/Ball* Rdn. 1234.

[409] Ähnlich wohl *Hau* NZM 2006, 567.

[410] LG Bielefeld ZMR 2015, 27.

[411] LG Berlin WuM 2017, 88.

[412] S. dazu *Streyl* NJW 2014, 667.

[413] *Hau* NZM 2006, 567 unter Hinweis auf das AGB-rechtliche Reziprozitätsprinzip; *Kandelhard* NZM 2002, 933/934; *Schmid* DWW 2011, 371; AG Frankfurt, Urteil v. 14.10.2010 (Az.: 33 C 2617/10 – 26; BeckRS 2011, 00076), bestätigt durch LG Frankfurt NZM 2011, 546.

[414] *Roth* NZM 2011, 64 und PiG 83 (2008) S. 219.

[415] BGH (XI ZR 200/14) NJW 2015, 2571.

[416] AG Berlin Köpenick GE 2015, 981.

IX. Verjährung mietrechtlicher Ansprüche außerhalb von § 548 BGB

63 Wenn nicht die Regelung des § 548 BGB über die kurze Verjährung eingreift oder ausnahmsweise andere spezielle Verjährungsregelungen (wie etwa in § 197 BGB für dingliche und titulierte Ansprüche, § 24 Abs. 2 Satz 3 Bundes-Bodenschutzgesetz [BBodSchG][417], §§ 8 Abs. 2 und 9 Abs. 7 WoBindG[418], § 4 Baukostenzuschüsse-Rückerstattungsgesetz[419]), dann verjähren mietrechtliche Ansprüche innerhalb der Regelverjährungsfrist des § 195 BGB[420], die drei Jahre beträgt und gem. § 199 BGB mit dem Schluss des Jahres zu laufen beginnt, in dem der Anspruch entstanden ist und in dem der jeweilige Gläubiger Kenntnis von den Anspruchs begründenden Umständen und der Person des Schuldners Kenntnis erlangt hat oder ohne grobe Fahrlässigkeit hätte erlangen müssen. In § 199 BGB gibt es außerdem kenntnisunabhängige Höchstfristen für die Verjährung. Der Anwendungsbereich des **§ 195 ist also negativ abzugrenzen:** Ihm unterfallen alle Ansprüche des Vermieters und des Mieters, die nicht von § 548 BGB erfasst sind. Zum Sonderproblem der Verjährbarkeit des Gebrauchsgewährungsanspruchs (insbesondere in Form des Mängelbeseitigungsanspruchs und des Anspruchs auf Durchführung von Schönheitsreparaturen) und anderer unverjährbarer Ansprüche s. nachfolgend unter Abschnitt X. Die Verjährung des **Ausgleichsanspruchs des Gebäudeversicherers** des Vermieters gegen den Haftpflichtversicherer des Mieters nach einer Beschädigung der Mietsache durch den Mieter richtet sich nicht nach § 548 BGB, sondern nach § 195 BGB[421]

64 Folgende **Ansprüche des Vermieters** unterliegen, soweit nichts anderes gesagt wird, der dreijährigen Regelverjährung des § 195 BGB:

- **Mietzinsansprüche**[422] oder andere als Gegenleistung für die Gebrauchsüberlassung vereinbarte Ansprüche; hängen die Gegenleistungsansprüche vom Zustand der Mietsache ab (wie etwa bei Ansprüchen auf Instandsetzung oder Renovierung des Mietobjekts), dann gilt § 548 Abs. 1 BGB, es sei denn, diese Ansprüche stellen die (nahezu) einzige Gegenleistung dar (s. näher bei Rdn. 13).
- Ansprüche auf die **Betriebskostenvorauszahlungen**[423]. Der Anspruch auf Vorauszahlungen kann nach Abrechnungsreife (bei der Wohnraummiete innerhalb der Frist des § 556 Abs. 3 BGB, bei der Gewerbemiete regelmäßig binnen eines Jahres nach Ablauf der Abrechnungszeitraums[424]) nicht mehr geltend gemacht werden; der Vermieter kann Betriebskosten allerdings bis zum Betrag der geschuldeten Vorauszahlungen auf Grund einer nach Ablauf der Abrechnungsfrist erteilten Abrechnung verlangen[425]. Ist der Vorauszahlungsanspruch verjährt, ist er lediglich nicht mehr selbständig durchsetzbar, er gilt aber nicht als bezahlt; er kann deshalb noch in eine Betriebskostenabrechnung als offener Posten eingestellt werden[426].
- Ansprüche auf **Nachzahlung aus Betriebskostenabrechnungen**[427]. Die Verjährungsfrist beginnt gem. § 199 Abs. 1 BGB mit dem Schluss des Jahres zu laufen, in dem die Abrechnung dem Mieter zugeht und damit fällig wird[428]. Soweit der Vermieter bei der Gewerberaummiete nicht an die Abrechnungsfrist mit Ausschlusswirkung des § 556 Abs. 3 Satz 2 und 3 BGB gebunden ist[429], hat er den Beginn der Verjährung durch sein Abrechnungsverhalten in der Hand; es greifen allen-

---

[417] S. Rdn. 23.
[418] S. zum eingeschränkten Anwendungs- und Geltungsbereich des WoBindG bei § 563 Rdn. 10.
[419] Textwiedergabe und Erläuterung bei der Kommentierung zu § 547 BGB.
[420] *Emmerich* in Staudinger § 548 Rdn. 16.
[421] BGH NZM 2010, 450 = ZMR 2010, 515 = WuM 2011, 579; BGH WuM 2011, 577.
[422] BGH NJW 2009, 1488 = ZMR 2009, 515.
[423] *Artz* PiG 97 (2014) S. 77; *Roth* PiG 83 (2008) S. 220; *Schmid* GE 2009, 289.
[424] BGH (XII ZR 22/07) NJW 2010, 1065.
[425] S. dazu näher BGH NJW 2008, 142 = WuM 2007, 700 = ZMR 2008, 38.
[426] *Schmid* GE 2012, 871; BGH NJW 1999, 713 für die ähnlich gelagerte Problematik bei Abschlagsforderungen auf Architektenhonorar. Anders für den Wohngeldvorschussanspruch einer WEG BGH (V ZR 171/11) NJW 2012, 562, wo aber in Rdn. 23 ausdrücklich auf die Unterschiede zu gewöhnlichen Abschlagszahlungen einschließlich Betriebskostenvorauszahlungen hingewiesen wird.
[427] BGH (VIII ZR 263/14) NJW 2016, 3231 = WuM 2016, 620 Rdn. 13; LG Rostock WuM 2009, 232; *Roth* PiG 83 (2008) S. 220.
[428] BGH (VIII ZR 263/14) NJW 2016, 3231 = WuM 2016, 620 Rdn. 13; LG Düsseldorf NJW 2011, 688 = WuM 2010, 749; LG Hamburg ZMR 2010, 760; LG Rostock WuM 2009, 232.
[429] S. zur Geltung des § 556 Abs. 3 Satz 2 und 3 BGB bei der Gewerberaummiete BGH NJW 2010, 1065.

falls die Grundsätze der Verwirkung[430]. Für Nachberechnungen solcher Betriebskostenteile, an deren rechtzeitiger Umlegung der Vermieter innerhalb der Abrechnungsfrist gehindert war (insbesondere bei einer Nachbelastung des Vermieters mit Grundsteuern), beginnt die Verjährungsfrist nicht mit dem Zugang der Ausgangsabrechnung zu laufen, sondern – auch ohne Nachforderungsvorbehalt in der Ausgangsabrechnung[431] – erst mit dem Schluss des Jahres, in dem der Vermieter nach Kenntniserlangung der für diese Positionen anspruchsbegründenden Tatsachen (also etwa durch Zugang des Bescheids über die Neufestsetzung der Gewerbesteuer) über die Nachforderung abrechnet[432]; bei der Wohnraummiete muss die Nachberechnung zur Vermeidung der Ausschlusswirkung des § 556 Abs. 3 Satz 3 BGB innerhalb von drei Monaten nach Kenntniserlangung erfolgen[433]. Die Verjährung einer Nachforderung aus der Ausgangsabrechnung wird durch eine Nachforderung oder einen Nachforderungsvorbehalt nicht beeinflusst[434].

- **Nutzungsentschädigungsansprüche** gem. § 546a BGB[435] und damit konkurrierende bzw. diese ergänzende Ansprüche wegen Vorenthaltung der Mietsache aus Schadensersatz, ungerechtfertigter Bereicherung und einem Eigentümer-Besitzer-Verhältnis[436]. Soweit ein Schadensersatzanspruch wegen Mietausfalls nicht auf verspäteter Rückgabe (Nichterfüllung; s. § 546a Rdn. 39), sondern auf der Verletzung sonstiger Rückgabepflichten (Schlechterfüllung) beruht, die mit dem Zustand der Mietsache zusammenhängen, unterliegt auch der Schadensersatzanspruch der kurzen Verjährung (s. Rdn. 19 und 27).
- **Bereicherungsansprüche** und Ansprüche aus einem **Eigentümer-Besitzer-Verhältnis** im Falle eines gescheiterten Vertragsschlusses oder eines unwirksamen Vertrages[437].
- Bereicherungsansprüche auf Rückzahlung eines **Mängelbeseitigungskostenvorschusses** (s. Rdn. 19).
- Zum Anspruch auf Durchführung von **Schönheitsreparaturen** nach deren wirksamer Abwälzung auf den Mieter s. Rdn. 66.
- Der Anspruch auf Leistung der **Kaution**[438] (einschließlich des Anspruchs gem. § 563 Abs. 3 BGB[439]) oder auf deren Wiederauffüllung[440]. Wenn die Kaution in Teilzahlungen zu leisten ist (s. § 551 Abs. 2 BGB), kann es wegen des Verjährungsbeginns zum Jahresende gem. § 199 Abs. 1 BGB zu unterschiedlichen Verjährungsläufen bei den einzelnen Teilzahlungen kommen[441]. Zum Anspruch auf getrennte Anlage der Kaution gem. § 551 Abs. 3 BGB s. Rdn. 66. Zu Ansprüchen in Zusammenhang mit der Veräußerung der Mietsache s. bei § 566a Rdn. 10, 18ff., 34.
- Der (schuldrechtliche) Anspruch auf **Rückgabe** (Besitzverschaffung) der **Mietsache** gem. § 546 Abs. 1 und 2 BGB einschließlich der Rückgabe von **Zubehör** (etwa der Schlüssel)[442] bzw. von

---

430 BGH NJW 1991, 836 = WuM 1991, 150 = ZMR 1991, 133; *Flatow* WuM 2010, 613; *Schmid* ZMR 2013, 269. **A. A.** und für eine fiktive Fälligkeit bei Abrechnungsreife gem. § 242 BGB KG GE 2003, 117 = KGR Berlin 2003, 139.

431 *Zühlke* InfoM 2012, 519.

432 BGH (VIII ZR 264/12) NJW 2013, 456 = WuM 2013, 108; OLG Celle ZMR 2015, 541(für die Gewerberaummiete); LG Berlin GE 2004, 817; LG Berlin GE 2012, 1096; *Flatow* WuM 2010, 613; *Both* jurisPR-MietR 18/2009 Nr. 4; *ders.* InfoM 2011, 111; *Schmid* DWW 2011, 370. **A. A.** LG Düsseldorf NJW 2011, 688 = WuM 2010, 749; LG Rostock WuM 2009, 232. Differenzierend *Streyl* WuM 2011, 99.

433 BGH (VIII ZR 264/12) NJW 2013, 456 = WuM 2013, 108 Rdn. 11.

434 *Schmid* ZMR 2013, 269.

435 BGH NJW 2009, 1488 = ZMR 2009, 515; OLG Düsseldorf MDR 2012, 1155.

436 *Bieber* in MünchKomm § 548 Rdn. 28; BGH NJW 1977, 1335 (Diese zum unreformierten Verjährungsrecht ergangene Entscheidung hat an Bedeutung verloren, da im Gegensatz zu damaligen Gesetzeslage Erfüllungsansprüche grundsätzlich der gleichen Verjährung unterliegen wie Schadensersatzansprüche oder andere gesetzliche Ansprüche).

437 *Schmid* DWW 2013, 82.

438 KG NZM 2009, 743 m. w. N.; LG Darmstadt NZM 2007, 801; LG Duisburg NZM 2006, 774 = WuM 2006, 250 = ZMR 2006, 533; LG Bochum WuM 2011, 563.

439 *Schmid* ZMR 2014, 257. Dieser Anspruch verjährt gem. § 195, 199 BGB in drei Jahren ab Schluss des Jahres, in dem der Vermieter Kenntnis von dem endgültigen Eintritt des Mieters erlangt.

440 *Schmid* ZMR 2014, 256.

441 *Schmid* ZMR 2014, 256.

442 BGH NJW 1975, 2103 (für Zubehör); BGH NJW 1993, 2797; LG Saarbrücken NJW 1974, 1711 (für Zubehör); OLG Köln NZM 1998, 767; AG Wolfratshausen NZM 2014, 32 (für Schlüssel); *Roth* PiG 83 (2008) S. 222. **A. A.** für abhanden gekommene Teile eines Gerüsts OLG Hamm NJW-RR 1994, 1297; s. dagegen überzeugend LG Saarbrücken NJW 1974, 1711. Kritisch auch *Blank/Börstinghaus* § 548 Rdn. 56, der meint, verjährungsrechtlich sei eine unterschiedliche Behandlung der Ansprüche des Vermieters wegen der unterlassenen Rückgabe von Zubehör bzw. wegen Rückgabe in beschädigtem Zustand nicht gerechtfertigt.

dem Vermieter gehörenden Einrichtungen und einschließlich etwaiger Sekundäransprüche wegen Verletzung der Rückgabeverpflichtung (im Sinne von Wiederverschaffung des Besitzes)[443]. Die Regelverjährung ergibt sich einmal schon aus § 548 Abs. 1 Satz 3 BGB (s. dazu Rdn. 45), aber auch aus der Abgrenzung der Ersatzansprüche von den Erfüllungsansprüchen. Diese Abgrenzung besagt, dass nur der Anspruch des Vermieters auf Wiedereinräumung des Besitzes der Regelverjährung unterliegt, nicht aber sonstige Ansprüche in Zusammenhang mit Rückgabe und Räumung; Einzelheiten bei Rdn. 13. Die Verjährung dinglicher Herausgabeansprüche aus § 985 BGB richtet sich nach § 197 BGB (dreißigjährige Verjährung).

– **Unterlassungsansprüche** aus § 541 BGB verjähren grundsätzlich gem. §§ 195, 199 BGB[444], was sich schon aus § 199 Abs. 5 BGB ergibt. Hiernach ist zu beachten[445], dass für den Beginn der Verjährungsfrist gem. § 199 Abs. 1 BGB der Zeitpunkt der Zuwiderhandlung maßgeblich ist; außerdem kommt es zusätzlich auf die Kenntnis des Vermieters als Gläubiger an[446]. Streitig ist, ob mit jeder Zuwiderhandlung ein neuer Unterlassungsanspruch entsteht[447]. Abgesehen davon unterliegt nicht jeder Unterlassungsanspruch überhaupt der Verjährung[448], die Vorschrift enthält vielmehr nur eine besondere Regelung für den Verjährungsbeginn. Genau wie bei Ansprüchen auf ein Tun gibt es nämlich auch bei Ansprüchen auf Unterlassung **unverjährbare Ansprüche.** Bei dem mietrechtlichen Anspruch aus § 541 BGB sollte Ähnliches gelten wie bei unverjährbaren Dauerpflichten des Vermieters (s. dazu Rdn. 66): Würde im Falle einer Verjährbarkeit des Unterlassungsanspruchs eine Umgestaltung des Vertrages bzw. der vertraglichen Rechte und Pflichten dauerhaft herbeigeführt, dann ist ein Unterlassungsanspruch des Vermieters unverjährbar. Die Dauerpflicht des Mieters zur Unterlassung ist insofern das Spiegelbild zur Dauerpflicht des Vermieters auf Gebrauchsgewährung. Besondere praktische Bedeutung kommt dieser Frage bei dem Anspruch des Vermieters auf **Beseitigung einer Parabolantenne** zu, der unverjährbar ist, weil ein Belassen der Antenne zu einer dauerhaften Vertragsumgestaltung führen würde[449].
– Ersatzansprüche wegen **Zerstörung der Mietsache**[450].
– Schadensersatzansprüche des Vermieters gegen den Mieter wegen pflichtverletzender Lärmbelästigung und darauf begründeter Minderungen der anderen Mieter des Hauses[451].
– Schadensersatzansprüche wegen **Personenschäden;** das gilt selbst dann, wenn sie durch Veränderungen oder Verschlechterungen der Mietsache verursacht wurden[452].
– Schadensersatzansprüche wegen Vertragsauflösungsverschuldens des Mieters **(Kündigungsfolgeschaden)**[453].
– Zu Ansprüchen aus **Leasingverträgen** s. Rdn. 5 und 13.

---

443 AG Wolfratshausen NZM 2014, 32. In BGH (VIII ZR 355/85) NJW 1987, 2072 = WuM 1987, 154 = ZMR 1987, 210 werden Ansprüche eines Verpächters auf Ersatz für fehlendes Inventar der kurzen Verjährung unterworfen; ähnlich in BGH NJW 1970, 1182 für Einrichtungen. Das ist in beiden Fällen aber ohne jegliche Erörterung und Problematisierung geschehen und dürfte ein Versehen gewesen sein, es ging vorrangig um Ansprüche wegen unterlassener Instandsetzung, den Rückgabezeitpunkt und Fragen des Beginns und der Hemmung der Verjährung.

444 AG Hamburg-Altona WuM 2009, 410; LG München I, Urteil v. 19.2.2014 (Az.: 15 S 4624/13), BeckRS 2014, 10262; LG Halle ZMR 2014, 644 (sämtlich für die Beseitigung einer Parabolantenne). Weiterhin *Schmid* WuM 2010, 657; *Roth* PiG 83 (2008) S. 220.

445 S. dazu eingehend *Jacoby* in Staudinger (2014) § 199 Rdn. 107ff.

446 *Jacoby* in Staudinger (2014) § 199 Rdn. 114.

447 Dafür BGH NZM 2006, 192 und BGH (V ZR 1/11) ZMR 2011, 967 Rdn. 7; *Lehmann-Richter* NZM 2009, 764. Dagegen *Jacoby* in Staudinger (2014) § 199 Rdn. 110.

448 *Jacoby* in Staudinger (2014) § 199 Rdn. 107. Im Ergebnis ebenso BGH (V ZR 178/14) NZM 2015, 495 = WuM 2015, 446 Rdn. 9, wenn dort für die Unterlassung der zweckwidrigen Nutzung von Teileigentum offen gelassen wird, ob eine einheitliche Dauerhandlung den rechtswidrigen Zustand fortlaufend aufrechterhält und die Verjährungsfrist deshalb nicht in Gang gesetzt wird, oder ob wiederholte Störungen jeweils neue Ansprüche begründen. Kritisch zur Rechtsprechung über die Unverjährbarkeit von Ansprüchen in Dauerschuldverhältnissen *Eichel* NJW 2015, 3265.

449 Ähnlich *Sternel* PiG 97 (2014) S. 135 und im Ergebnis ebenso AG München, Urteil v. 29.1.2013 (Az.: 412 C 27581/12), unveröffentlicht; **a. A.** die Berufungsinstanz LG München I, Urteil v. 19.2.2014 (Az.: 15 S 4624/13), BeckRS 2014, 10262; AG Hamburg-Altona WuM 2009, 410; LG Halle ZMR 2014, 644.

450 Nachweise und Einzelheiten bei Rdn. 32.

451 AG Bremen WuM 2011, 362.

452 BGH NJW 1994, 251 = WuM 1994, 20 = ZMR 1994, 63.

453 *Jendrek* NZM 1998, 597.

Folgende **Ansprüche des Mieters** unterliegen, soweit nichts anderes gesagt wird, der dreijährigen Regelverjährung des § 195 BGB: 65

- Der Anspruch auf (erstmalige) **Gebrauchsüberlassung;** hierbei gilt § 199 Abs. 5 BGB entsprechend, so dass es für den Verjährungsbeginn auf die erstmalige Verweigerung der Gebrauchsüberlassung ankommt[454]. Wenn man allerdings die erstmalige Gebrauchsüberlassung als Beginn einer Dauerverpflichtung ansieht, dann kann man den Gebrauchsüberlassungsanspruch – ähnlich wie den Gebrauchserhaltungsanspruch[455] – auch für unverjährbar halten[456]. Zu Schadensersatzansprüchen s. nachfolgend.
- Schadensersatzansprüche wegen **Vertragsverletzungen** des Vermieters (nicht aber aus § 536a Abs. 1 BGB[457]), wegen einer **unberechtigten Kündigung**[458]. Auch Schadensersatzansprüche wegen gänzlich unterbliebener oder verspäteter Überlassung der Mietsache unterliegen der Regelverjährung[459]. Das gilt selbst dann, wenn man den auf Überlassung gerichteten Primäranspruch entsprechend dem Vorstehenden für unverjährbar hält, weil er spätestens mit seiner Umwandlung in einen Schadensersatzanspruch seinen Charakter als Dauerverpflichtung verliert (s. auch Rdn. 66)
- Zum **Mängelbeseitigungsanspruch** und zum Anspruch auf Durchführung von **Schönheitsreparaturen** s. Rdn. 66.
- Bereicherungsansprüche wegen **zu viel geleisteter Miete**[460]. Bei Rückzahlungsansprüchen wegen **Flächenabweichungen** ist für den Verjährungsbeginn Kenntnis von der Flächenabweichung notwendig[461]; da es für den Verjährungsbeginn gem. § 199 Abs. 1 Nr. 2 BGB nur auf Tatsachenkenntnis, nicht aber auf die Kenntnis der Rechtslage ankommt[462], ist die Kenntnis der Kantenlänge aller Räume und die Raumhöhe ausreichend, nicht aber die nur mit Rechtskenntnis (etwa der Wohnflächenverordnung) und rechtlicher Bewertung zu bewerkstelligende Errechnung der Flächenzahl in qm[463]. Die Kenntnis von Kantenlänge bzw. Raumhöhe hat der Mieter aber nicht schon auf Grund bloßen Ansehens bei Nutzung der Mieträume[464], sondern erst durch Nachmessen[465]. Bei preisgebundenem Wohnraum ist ggf. § 8 Abs. 2 WoBindG[466] zu beachten[467]; die dortige Verjährungsfrist gilt nicht für einen Anspruch auf Rückerstattung überzahlter Miete, die auf Grund einer einseitigen Mieterhöhung gem. § 10 WoBindG verlangt wurde[468].
- Ansprüche auf Erstattung von **Mietvorauszahlungen** gem. § 547 BGB einschließlich solcher Aufwendungsersatzansprüche, die die Parteien vertraglich wie Vorauszahlungen behandeln[469].

---

454 BGH NJW 1995, 2548; *Feuerlein* WuM 2008, 385; *Lehmann-Richter* NZM 2009, 764.

455 S. bei Rdn. 66.

456 Hierzu finden sich auch Anhaltspunkte in BGH NJW 1995, 2548 unter 2.c.aa.; dagegen *Lehmann-Richter* NZM 2009, 764.

457 S. Rdn. 48.

458 BGH (XII ZR 167/92) NJW-RR 1994, 379 = WuM 1994, 203 = ZMR 1994, 150; OLG Düsseldorf ZMR 2013956.

459 KG ZMR 2015, 539 für einen Fall der Doppelvermietung; *Bieber* in MünchKomm § 540 Rdn. 29, *Jendrek* NZM 1998, 597.

460 BGH NZM 2011, 627 = WuM 2011, 464, dort auch zur Verjährung von Ansprüchen aus der Zeit vor Inkrafttreten der Mietrechtsreform zum 1.9.2001; LG Dresden ZMR 2011, 465.

461 BGH NZM 2011, 627 = WuM 2011, 464 Rdn. 8. Kritisch dazu *Börstinghaus* NJW 2011, 3546.

462 S. allgemein hierzu *Bitter/Alles* NJW 2011, 2081.

463 LG Krefeld NJW 2013, 401 = WuM 2012, 674 = NZM 2012, 858; *Börstinghaus* NJW 2011, 3546 und *Jacoby* InfoM 2011, 367, der zutreffend darauf hinweist, das ein Mieter zur Vermeidung des Vorwurfs der grob fahrlässigen Unkenntnis gem. § 199 Abs. 1 Nr. 2 BGB ohne Anlass nicht zu Nachforschungen gehalten ist. In BGH NZM 2011, 627 = WuM 2011, 464 Rdn. 8 wird eine Kenntnis des Mieters zu einem bestimmten Zeitpunkt lapidar mitgeteilt, ohne die konkret bekannten Umstände anzugeben.

464 So aber wohl AG Bonn, Urteil vom 18.4.2012 (Az.: 203 C 55/11); *Börstinghaus* NJW 2011, 3546 (diese Sicht relativierend in NZM 2012, 185); *Witt* NZM 2012, 552.

465 LG Krefeld NJW 2013, 401 = WuM 2012, 674 = NZM 2012, 858; AG Koblenz WuM 2015, 443; LG München WuM 2014, 135; *Jacoby* InfoM 2011, 367; *Emmert* jurisPR-MietR 1/2013 Anm. 1 und BGH (VIII ZR 44/03) NJW 2004, 2230 = WuM 2004, 337 = ZMR 2004, 501 Rdn. 19 zur vergleichbaren Problematik bei § 536b BGB.

466 S. zum eingeschränkten Anwendungs- und Geltungsbereich des WoBindG bei § 563 Rdn. 10.

467 *Bieber* in MünchKomm § 548 Rdn. 29; *Roth* PiG 83 (2008) S. 222.

468 Streitig, vgl. OLG Hamm NZM 1998, 152 = WuM 1997, 543 = ZMR 1997, 588, dort auch Nachweise zur Gegenmeinung.

469 Nachweise und Einzelheiten bei Rdn. 50.

– Bereicherungsansprüche wegen **verlorener Baukostenzuschüsse** oder sonstiger wertsteigernder Investitionen[470]; bei preisgebundenem Wohnraum gibt es für verlorene Zuschüsse eine besondere Regelung in § 4 Baukostenzuschüsse-Rückerstattungsgesetz[471].
– Zu Bereicherungsansprüchen nach **Renovierung** des Mietobjekts bzw. nach Abgeltungszahlungen auf Grund einer unwirksamen Renovierungsklausel s. Rdn. 49.
– Einmalige Leistungen des Mieters von **preisgebundenem Wohnraum** verjähren nach der besonderen Regelung des § 9 Abs. 7 WoBindG[472].
– Ansprüche aus **Rechtsverhältnissen** der Parteien, die **neben dem Mietvertrag** bestehen[473] wie etwa Werklohnansprüche des Mieters für Werkleistungen an der Mietsache oder Aufwendungen, die der Mieter, der zugleich Miteigentümer des Mietobjekts ist, in seiner Eigenschaft als Miteigentümer gemacht hat[474]; ggf. sind verjährungsrechtliche Besonderheiten dieser Ansprüche (etwa § 634 a BGB) zu beachten.
– Der Anspruch auf **Abrechnung der Betriebskosten**[475]. Wenn die Abrechnungsperiode mit dem Kalenderjahr übereinstimmt, dann hat der Vermieter die Abrechnung spätestens mit Ablauf des 31.12. des Folgejahres abzuliefern[476], so dass der Abrechnungsanspruch erst am 1.1. fällig wird und die Verjährungsfrist gem. § 199 Abs. 1 BGB mit dem Schluss dieses Jahres zu laufen beginnt; faktisch beträgt die Verjährungsfrist in diesen Fällen deshalb vier Jahre[477]. Gem. § 215 BGB ist die Geltendmachung eines Zurückbehaltungsrechts trotz eingetretener Verjährung nicht ausgeschlossen[478]; dazu müssen sich der Anspruch des Vermieters auf Betriebskostenvorauszahlungen, der allein als konnexe Forderung in Betracht kommt[479], und der Abrechnungsanspruch des Mieters in unverjährter Zeit gegenüber gestanden haben.
– Der Anspruch auf **Belegeinsicht** (einschließlich des nach Treu und Glauben in besonderen Fällen bestehenden Rechts auf Übersendung der Belege).[480] Der Anspruch auf Belegeinsicht, der sich auf §§ 259, 242 BGB gründet[481], ist dem Auskunftsanspruch verwandt, der mangels besonderer Vorschriften ebenfalls aus § 242 BGB hergeleitet wird[482]. Beides sind Hilfsansprüche, die der Vorbereitung anderer Ansprüche dienen; es handelt sich deshalb nicht um Nebenansprüche gem. § 217 BGB[483]. Der dienende Charakter des Anspruchs auf Belegeinsicht lässt es aber als angemessen erscheinen, ihn – insofern § 217 BGB ähnlich – verjährungsrechtlich wie den Hauptanspruch zu behandeln[484]. Das bedeutet, dass zwei unterschiedliche tatsächliche Situationen auseinanderzuhalten sind, nämlich die Belegeinsicht zur Überprüfung einer erteilten Abrechnung und die Belegeinsicht zur Erstellung einer Abrechnung durch den Mieter selbst, wenn der Vermieter seiner Abrechnungspflicht nicht nachgekommen ist. Hat der Vermieter eine Abrechnung erteilt, beginnt die Verjährungsfrist mit dem Schluss des Jahres (§ 199 Abs. 1 BGB) zu laufen, in dem die Abrechnung zugeht. Das gilt auch, wenn die Abrechnung ganz oder teilweise formell unwirksam ist, weil auch in diesem Fall ein Recht des Mieters auf Belegeinsicht besteht. Nach Ablauf der Einwendungsfrist des § 556 Abs. 3 Satz 5 BGB dürfte es auf Verjährungsfragen regel-

---

470 Nachweise und Einzelheiten bei Rdn. 50.

471 Textwiedergabe und Erläuterung bei der Kommentierung zu § 547 BGB.

472 Textwiedergabe, landesrechtlicher Geltungsbereich und Erläuterung bei der Kommentierung zu § 547 BGB.

473 BGH NJW 1974, 743; BGH NJW 1989, 2745.

474 BGH NJW 1974, 743.

475 LG Neubrandenburg WuM 2007, 390; AG Berlin-Schöneberg, Urteil v. 19.3.2009 (Az.: 109 C 527/08); *Börstinghaus* jurisPR-MietR 19/2009 Nr. 3; *Leo/Ghassemi-Tabar* NZM 2009, 185; *Schmid* GE 2009, 298. S. auch bei § 556 Rdn. 516.

476 Für die Wohnraummiete folgt das aus § 556 Abs. 3 Satz 2 BGB, für andere Mietverhältnisse gilt ohne besondere Vereinbarung ebenfalls eine Frist von einem Jahr nach Ablauf des Abrechnungszeitraums (BGH NJW 2010, 1065).

477 AG Berlin-Schöneberg, Urteil v. 19.3.2009 (Az.: 109 C 527/08); *Börstinghaus* jurisPR-MietR 19/2009 Nr. 3; *Artz* PiG 97 (2014) S. 78.

478 *Schmid* WuM 2010, 339; *Schmid* GE 2012, 871.

479 S. dazu BGH (VIII ZR 191/05) NJW 2006, 2552 = WuM 2006, 383 = ZMR 2006, 672.

480 *Wolbers* NZM 2010, 844.

481 BGH (VIII ZR 78/05) NJW 2006, 1419 = WuM 2006, 200 = ZMR 2006, 358.

482 *Peters/Jakoby* in Staudinger (2014) Anhang zu § 217 Rdn. 1.

483 Für den Auskunftsanspruch: *Peters/Jakoby* in Staudinger (2014) Anhang zu § 217 Rdn. 1. Für das Bucheinsichtsrecht des Handelsvertreters: OLG Düsseldorf NJW 1965, 2352.

484 Ähnlich für der Auskunftsanspruch *Peters/Jakoby* in Staudinger (2014) Anhang zu § 217 Rdn. 1; *Lüneborg* NJW 2012, 2148.

mäßig (nämlich hinsichtlich der formell wirksamen Teile; hinsichtlich der formell unwirksamen Teile läuft die Einwendungsfrist nicht) nicht mehr ankommen, da der Anspruch auf Belegeinsicht mangels der Möglichkeit, noch Einwendungen zu erheben, untergegangen ist; das gilt aber nur, soweit man annimmt, der Mieter müsse zur Wahrung der Einwendungen die Belege überprüfen[485], bzw. soweit die Einwendungsfrist schuldhaft versäumt wurde. Erteilt der Vermieter gar keine Abrechnung, beginnt die Verjährungsfrist in ähnlicher Weise zu laufen wie bei dem Anspruch auf Abrechnung der Betriebskosten (s. vorstehend), damit sich der Mieter mit Hilfe der Belege in den Stand setzen kann, ein Guthaben zu seinen Gunsten zu errechnen.

– Ansprüche auf Erstattung von **Betriebskostenguthaben** aus Betriebskostenabrechnungen[486]. Die Verjährungsfrist beginnt mit dem Ende des Jahres zu laufen, in dem die Abrechnung erteilt wurde, da derartige Forderungen erst mit der Abrechnung fällig werden[487]. Ergibt sich ein (weiterer) Anspruch auf Erstattung erst aus der nachträglichen Korrektur einer Abrechnung zu Gunsten des Mieters, so kommt es für den Verjährungsbeginn auf den Zeitpunkt seiner Kenntnis von den Umständen an, die zu der Korrektur führen; für die Beurteilung einer grobfahrlässigen Unkenntnis gem. § 199 Abs. 1 Nr. 2 BGB kann die Pflicht zur Erhebung von Einwendungen (einschließlich der Pflicht zur Belegeinsicht) gem. § 556 Abs. 3 Satz 5 BGB bedeutsam sein. Ähnliches gilt für Bereicherungsansprüche auf Erstattung ungerechtfertigter Betriebskostennachzahlungen; frühester Verjährungsbeginn ist hier allerdings der Schluss des Jahres, in dem der Mieter den Saldo der falschen Abrechnung ausgeglichen hat[488].
– Ansprüche auf Rückzahlung von **Betriebskostenvorauszahlungen** bei Fehlen einer Abrechnung; die Verjährungsfrist beginnt mit dem rechtlichen Ende des Mietvertrages, zusätzlich muss die Abrechnungsfrist abgelaufen sein[489] (bei Wohnraummietverhältnissen die Jahresfrist aus § 556 Abs. 3 BGB, bei anderen Mietverhältnissen i. d. R. ist ebenfalls innerhalb eines Jahres nach Ablauf des Abrechnungszeitraums abzurechnen[490]). Ein Rückforderungsanspruch besteht nach der Rechtsprechung des BGH[491] nicht, wenn der Anspruch auf Erteilung einer Nebenkostenabrechnung bei Beendigung des Mietverhältnisses bereits verjährt ist oder wenn der Mieter während dessen Dauer nicht von der – tatsächlich bestehenden – Möglichkeit Gebrauch gemacht hat, den Abrechnungsanspruch durch Geltendmachung eines Zurückbehaltungsrechts an den laufenden Vorauszahlungen durchzusetzen.
– (Bereicherungs-)Ansprüche bei **unwirksamer Betriebskostenumlagevereinbarung;** dieser Anspruch entsteht sofort mit Zahlung der vermeintlich geschuldeten Vorauszahlung[492].
– Der Anspruch auf Rückerstattung der **Kaution** gegen den Vermieter[493] einschließlich der Anlagezinsen, bei denen es sich – anders als bei Verzugszinsen – nicht um eine Nebenleistung gem. § 217 BGB handelt[494]. Für den Verjährungsbeginn kommt es auf den Schluss des Jahres an, in dem die Fälligkeit des Kautionsrückzahlungsanspruchs eintrat[495]. Haben die Parteien einen bestimmten Fälligkeitstag (etwa den Ablauf einer bestimmten Frist nach Vertragsende) festgelegt, so kommt es für den Verjährungsbeginn auf diesen Tag an; das gilt auch dann, wenn zu Gunsten des Vermieters ein Zurückbehaltungsrecht wegen noch offener Ansprüche (etwa wegen noch

[485] S. dazu bei § 556 Rdn. 501.

[486] BGH (VIII ZR 263/14) NJW 2016, 3231 = WuM 2016, 620 Rdn. 13 (für den Nachforderungsanspruch des Vermieters, der sich verjährungsrechtlich aber nicht vom Erstattungsanspruch des Mieters unterscheidet); *Roth* PiG 83 (2008) S. 222. S. auch bei § 556 Rdn. 515.

[487] BGH (VIII ZR 263/14) NJW 2016, 3231 = WuM 2016, 620 Rdn. 13; *Wiek* GuT 2003, 3. Ebenso BGH (VIII ZR 210/11) MDR 2012, 828 für Rückzahlungsansprüche wegen Gaspreisüberzahlungen.

[488] *Flatow* WuM 2010, 613.

[489] KG ZMR 2010, 600; AG Peine WuM 2010, 420; AG Berlin-Charlottenburg GE 2010, 1625; LG Berlin NZM 2008, 571; *Leo/Ghassemi-Tabar* NZM 2009, 185. S. auch bei § 556 Rdn. 515.

[490] BGH (XII ZR 22/07) NJW 2010, 1065.

[491] BGH (VIII ZR 315/11) NJW 2012, 3508 = WuM 2012, 620. **A. A.** für einen verjährten Abrechnungsanspruch KG ZMR 2010, 600.

[492] *Blank/Börstinghaus* § 548 Rdn. 51.

[493] BGH (XII ZR 86/11) NJW 2012, 3633 = WuM 2012, 601 Rdn. 19; LG Berlin GE 2011, 484; AG Erfurt WuM 2010, 561; *Schmid* WuM 2010, 656. Zu den Besonderheiten bei einer Kautionsbürgschaft s. *Schmid* ZMR 2014, 258.

[494] *Schmid* ZMR 2014, 257; *Gramlich* in Bub/Treier VI. Rdn. 124. Mittelbar ergibt sich das wohl auch aus den Gründen von LG Lübeck ZMR 2011, 42, ausdrücklich ist es nur im nichtamtlichen Leitsatz erwähnt (der bei Juris nicht zu finden ist).

[495] BGH (XII ZR 86/11) NJW 2012, 3633 = WuM 2012, 601 Rdn. 23; LG Berlin GE 2011, 484. S. eingehend zu Rechtsnatur und Entstehung des Kautionsrückgewährungsanspruchs *Ludley* NZM 2013, 777.

nicht abgerechneter Betriebskosten) besteht oder vereinbart wurde[496]. Haben die Parteien einen bestimmten Fälligkeitstag nicht festgelegt, tritt Fälligkeit nach Ablauf der Abrechnungsfrist ein[497], die sich nach den individuellen Gegebenheiten des Einzelfalls bestimmt[498]. Gegenüber einem Anspruch des Mieters auf Rückzahlung einer Kaution kann der Vermieter unter den Voraussetzungen des § 215 BGB auch mit verjährten Gegenansprüchen aufrechnen[499], d. h., der Gegenanspruch des Vermieters darf bei Erfüllbarkeit (s. § 387 BGB) des Rückzahlungsanspruchs[500] noch nicht verjährt sein[501]. Wurde eine dingliche Sicherheit gegeben, etwa ein Sparbuch verpfändet, gilt § 216 BGB, d. h., der Vermieter kann sich auch ohne das bei § 215 notwendige Bestehen einer Aufrechnungslage in unverjährter Zeit wegen verjährter Ansprüche aus der Kaution befriedigen. Betriebskostennachforderungen sind allerdings – genauso wie die Miete (einschließlich der Betriebskostenvorauszahlungen) – wiederkehrende Leistungen im Sinne des § 216 Abs. 3 BGB; dem Vermieter ist es deshalb nach § 216 Abs. 3 BGB verwehrt, sich wegen bereits verjährter Mieten oder Betriebskostennachforderungen aus der verpfändeten Mietsicherheit zu befriedigen[502]. Wenn der Vermieter wegen einer vom Mieter bestrittenen Forderung mit der unstreitigen Forderung auf Kautionsrückzahlung aufrechnet, kann darin ein Anerkenntnis gem. § 212 Abs. 1 Nr. 1 BGB liegen, das zu einem Neubeginn der Verjährung führt[503]. Die Regelverjährung gilt bei einem verpfändeten Kautionskonto nicht für den Anspruch auf Rückgabe des Sparbuchs gem. § 985 BGB; dieser verjährt gem. § 197 Abs. 1 Nr. 2 BGB in dreißig Jahren und das Besitzrecht des Vermieters gem. § 986 BGB erlischt mit dem Pfandrecht[504]. Allerdings gilt die Regelverjährung auch für den Anspruch des Mieters auf Freigabe der Kaution gem. §§ 1275, 409 Abs. 2 BGB[505]; ohne Freigabe kann der Mieter trotz Erlöschen des Pfandrechts faktisch nicht über das Sparbuch verfügen. Ist der Freigabeanspruch verjährt, kann der Mieter gegen den Vermieter aber noch auf Feststellung des Erlöschens des Pfandrechts klagen[506]; ein stattgebendes Urteil hat in der Praxis gegenüber der Bank eine ähnliche Wirkung wie eine Freigabeerklärung[507]. Außerdem kann er die Freigabe als Anspruch auf Aufhebung der zwischen Mieter und Vermieter hinsichtlich des Pfandes bestehenden Gemeinschaft verlangen; gem. § 758 BGB ist der Aufhebungsanspruch unverjährbar[508]. Bei einem Bereicherungsanspruch wegen zu viel geleisteter Kaution (Verstoß gegen § 551 Abs. 1 BGB) beginnt die dreijährige Regelverjährungsfrist – unabhängig von der Rechtskenntnis der Unwirksamkeit – mit dem Ende des Jahres zu laufen, in

---

[496] BGH (XII ZR 86/11) NJW 2012, 3633 = WuM 2012, 601 Rdn. 22 für ein vereinbartes Zurückbehaltungsrecht.

[497] **A. A.** *Schmid* ZMR 2014, 257, der (nur für den Verjährungslauf!) eine feste Frist von sechs Monaten nach Vertragsende annimmt.

[498] S. zur Bestimmung der Abrechnungsfrist bei § 551 Rdn. 97.

[499] BGH NJW 1987, 2372. Eingehend und instruktiv OLG Düsseldorf WuM 2002, 495 = ZMR 2002, 658; AG Montabaur ZMR 2013, 973 sowie LG Berlin GE 2013, 1340.

[500] Gem. § 387 BGB kommt es für die „Passivforderung" des Mieters, gegen die der Vermieter aufrechnet, nicht auf die Fälligkeit, sondern auf die Erfüllbarkeit („bewirken") an. Der Kautionsrückzahlungsanspruch steht unter der aufschiebenden Bedingung der Beendigung des Mietvertrages (*Ludley* NZM 2013, 777 m. w. N.). Ab dann ist Erfüllbarkeit gegeben (OLG Düsseldorf WuM 2002, 495 = ZMR 2002, 658). Fälligkeit tritt nach Ablauf der Abrechnungsfrist ein.

[501] Für eine analoge Anwendung von § 216 BGB in den Fällen, in denen eine Aufrechnungslage mangels Gleichartigkeit der Forderungen nur deshalb nicht existierte, weil die Frist zur Nacherfüllung gem. § 281 BGB nicht gesetzt und abgelaufen war, *Stellwaag* ZMR 2014, 350. *Stellwaag* übersieht zunächst, dass Gleichartigkeit nicht schon mit Fristablauf entsteht, sondern erst mit dem Verlangen gem. § 281 IV BGB. Abgesehen davon erscheint eine analoge Anwendung unzulässig, weil er die Differenzierung des Gesetzgebers zwischen der Befriedigung durch Aufrechnung und dinglichen Sicherheiten egalisiert; wer den Schutz des § 216 BGB genießen will, kann eine dingliche Sicherheit vereinbaren (etwa durch Verpfändung eines Sparguthabens). Zwar hat der BGH (XI ZR 36/09) NJW 2010, 1144 eine analoge Anwendung von § 216 Abs. 2 BGB bei einem abstrakten Schuldversprechen für zulässig gehalten; durch die Anbindung an eine Grundschuld war aber eine gewisse Verdinglichung der Sicherheit gegeben. Die Mietkaution ist eher mit einer Bürgschaft vergleichbar, auf die § 216 BGB nicht analog anzuwenden ist (BGH [XII ZR 63/96] NJW 1998, 981).

[502] BGH (VIII ZR 263/14) NJW 2016, 3231 = WuM 2016, 620 Rdn. 18.

[503] BGH (XII ZR 86/11) NJW 2012, 3633 = WuM 2012, 601 Rdn. 30.

[504] *Streyl* WuM 2013, 107; *Schmid* ZMR 2014, 258.

[505] S. näher *Streyl* WuM 2013, 107. *Schmid* ZMR 2014, 258. LG Oldenburg ZMR 2013, 892, das aber die nachfolgend geschilderten Möglichkeiten, die Freigabe zu erreichen, nicht erörtert.

[506] S. näher *Streyl* WuM 2013, 107. Im Ergebnis ebenso, aber ohne Begründung LG Berlin WuM 2013, 106; *Schmid* ZMR 2014, 258.

[507] *Streyl* WuM 2013, 107.

[508] S. näher *Streyl* WuM 2013, 107.

dem der das gesetzlich zulässige Maß übersteigende Betrag geleistet wurde[509]. Das bedeutet nicht, dass der Vermieter nach dem Eintritt der Verjährung die zu viel geleistete Kaution endgültig behalten darf, sie kann aber – aus der Kautionsabrede und nicht aus Bereicherungsrecht[510] – erst mit Fälligkeit des rechtswirksam geleisteten Kautionsbetrags zurückgefordert werden[511]. Der Vermieter darf gegenüber dem unwirksam geleisteten Kautionsanteil auch mit eigenen Gegenansprüchen aufrechnen[512]; dadurch wird zwar die Unwirksamkeitsregelung des § 551 Abs. 4 BGB faktisch umgangen, das ist aber nur eine Folge des Aufrechnungsrechts gem. § 387 BGB und des Umstands, dass der Mieter den Bereicherungsanspruch hat verjähren lassen[513]. Für den Anspruch des Mieters, nach Veräußerung des Mietobjekts die Herausgabe der „Barkaution zur freien Verfügung" an den Erwerber verlangen zu können, gilt die Regelverjährungsfrist des § 195 BGB (s. auch bei § 566a Rdn. 21). Der subsidiäre Haftungsanspruch gem. § 566a Satz 2 BGB gegen den Veräußerer verjährt ebenfalls innerhalb der Regelverjährungsfrist des § 195 BGB; s. näher – auch zum Verjährungsbeginn – bei § 566a Rdn. 34; zu sonstigen Ansprüchen in Zusammenhang mit der Veräußerung der Mietsache s. bei § 566a Rdn. 10 und 18ff. Zum Anspruch auf getrennte Anlage der Kaution gem. § 551 Abs. 3 BGB s. Rdn. 66.

- **Unterlassungsansprüche** aus § 567 Satz 2 BGB[514]; § 199 Abs. 5 BGB ist zu beachten[515].
- Zu den Ansprüchen auf **Barrierefreiheit** gem. § 554a BGB und auf Erteilung der **Untermieterlaubnis** gem. § 553 BGB s. Rdn. 66.

X. Unverjährbare Ansprüche, insbesondere Mängelbeseitigungsanspruch

Problematisch ist die Verjährung des Gebrauchserhaltungsanspruchs, insbesondere des Anspruchs des Mieters auf Mängelbeseitigung. Wegen der Besonderheiten der Miete als Dauerschuldverhältnis und wegen der Dauerverpflichtung des Vermieters zur Gebrauchserhaltung und damit zur Mängelbeseitigung ist nach h. M.[516] der **Gebrauchserhaltungsanspruch unverjährbar.** Die Gegenmeinung[517] möchte hingegen auf die Verjährung der **Mängelbeseitigungsansprüche des Mieters** § 195 BGB anwenden und sie innerhalb von drei Jahren nach Ende des Jahres der Anspruchsentstehung und Kenntnis des Mieters davon verjähren lassen. Die insbesondere von *Lehmann-Richter*[518] formulierte Ansicht meint, das Gebrauchserhaltungsrecht sei ein auf die Dauer des Mietverhältnisses angelegtes Stammrecht, das als solches nicht verjähren könne. Aus diesem Stammrecht erwüchsen jeweils Ansprüche auf Beseitigung eines konkreten Mangels, der dann aber, wie jeder andere Anspruch, verjähren könne. Aber auch die Annahme eines Stammrechtes, von dem sozusagen die Einzelansprüche abfallen, ist abzulehnen. Sie dürfte zum einen – ohne dass das hier vertieft werden könnte – nicht den Vorstellungen des Gesetzgebers entsprechen und allgemein unnötig sein[519]; sie passt zum anderen und entscheidend bei der Miete nicht zu dem vereinbarten Pflichtenprogramm. Bei der Annahme eines Stammrechts wird nämlich unterstellt, der Schuldner (Vermieter) müsse nicht ständig leisten, sondern sozusagen nur in der Krise, wenn ein Mangel auftritt[520]. Das geht nicht nur deswegen fehl, weil der Vermieter in nahezu jedem Mietverhältnis auch 66

---

509 BGH NJW 2011, 2570 = WuM 2011, 469.

510 *Peters* NZM 2011, 803; *Schmid* WuM 2011, 500.

511 BGH NJW 2011, 2570 = WuM 2011, 469 Rdn. 19 („vor dem Rückerhalt der Wohnung nicht verpflichtet"); *Witt* NZM 2012, 552; *Schmid* WuM 2011, 500.

512 So wohl auch *Witt* NZM 2012, 552. **A. A.** *Peters* NZM 2011, 803.

513 Konsequenterweise muss man dann auch eine Pflicht zur treuhänderischen Anlage des zuviel geleisteten Kautionsteils gem. § 551 Abs. 3 Satz 3 BGB annehmen; ansonsten stünde der Mieter in Bezug auf diesen Teil schlechter als bei wirksamer Vereinbarung, weil er nicht vor dem Insolvenzrisiko geschützt wäre.

514 *Palandt/Weidenkaff* § 567 Rdn. 4.

515 S. dazu eingehend *Jacoby* in Staudinger (2014) § 199 Rdn. 107ff.

516 BGH NJW 2010, 235 = WuM 2010, 238; eingehend *Streyl* WuM 2009, 630; *Both* GE 2009, 239. Kritisch zur dogmatischen Grundlage der Dauerverpflichtung, von der der BGH ausgeht, aber im Ergebnis dem BGH folgend *Eichel* NJW 2015, 3265.

517 *Lehmann-Richter* NJW 2008, 1197; *Lehmann-Richter* NZM 2009, 764; *Feuerlein* WuM 2008, 385; *Beuermann* GE 2008, 236; *Schmid* ZMR 2009, 585. Ferner AG Wetzlar WuM 2009, 172; AG Düren GE 2009, 205; AG Berlin-Mitte/LG Berlin GE 2008, 1196.

518 *Lehmann-Richter* NJW 2008, 1197; *Lehmann-Richter* NZM 2009, 764.

519 S. dazu näher *Peters* in Staudinger (2104) § 194 Rdn. 16/17.

520 *Lehman-Richter* NJW 2008, 1198 („Es darf nämlich nicht übersehen werden, dass sich die Erhaltungspflicht des Vermieters erst dann konkretisiert, wenn Mängel der Mietsache eintreten.").

vorbeugende Pflichten zur Verhinderung von Gebrauchsbeeinträchtigungen hat (etwa Verkehrssicherungspflichten und Überwachungspflichten). Der Vermieter muss den Gebrauch vielmehr immer, zu jedem Zeitpunkt der Vertragsdauer gewähren, auch wenn ihm dies oftmals nicht viel Aktivität abverlangen mag. Je nach Ausgestaltung und Besonderheiten des Mietvertrages kann das aber radikal anders sein. Man denke etwa an das (tatsächlich so existierende) Einkaufszentrum mit Tiefgarage, das nur deswegen unterhalb des Erdgeschosses nutzbar ist, weil der Vermieter das Grundwasser ständig abpumpt. Die Gebrauchsgewährungspflicht ist deshalb eine Dauerverpflichtung, die ständig neu entsteht[521]; zu ihr gehört nicht nur, dem Mieter den Gebrauch nicht wieder zu entziehen oder ihn darin zu stören, es ist vielmehr im Gegensatz zu einmaligen Austauschverträgen eine ständige Leistung, eine ständige Pflichtenanspannung[522] notwendig. Allein diese Sicht dürfte auch der Vorstellung der Vertragsparteien entsprechen, die von einer Aufrechterhaltung des Pflichtenprogramms während der gesamten Vertragsdauer ausgehen. Eine Verjährung von Mängelbeseitigungsansprüchen vor Vertragsende würde in diese Vereinbarungen/Vorstellungen der Parteien unzulässig eingreifen. Zwar gestaltet die Verjährung auch bei einem Kaufvertrag das vertraglich geschuldete Pflichtenprogramm für die Zukunft faktisch um, weil verjährte Ansprüche undurchsetzbar werden. Bei einem Kauf und anderen einmaligen Austauschverträgen ist aber nur zu einem bestimmten Zeitpunkt eine bestimmte vereinbarte Leistung zu erbringen; damit ist die Leistungsbeziehung beendet, alles andere ist Abwicklung bzw. Nachwirkung. Bei einem Mietverhältnis hingegen haben die Parteien die Leistung nicht nur für einen bestimmten Zeitpunkt vereinbart, sondern für einen längeren Zeitraum. Sie gehen von der Aufrechterhaltung des Pflichtenprogramms für die gesamte Vertragslaufzeit aus, nur Ansprüche aus bereits vergangenen Leistungszeitpunkten sollen verjähren können. Allein eine solche Sicht dürfte dem Parteiwillen entsprechen und dem Zweck der Verjährung gerecht werden. Beweisschwierigkeiten, denen eine Verjährung ebenfalls vorbeugen soll, treten nicht auf, weil auf die Mangelhaftigkeit gestützte Ansprüche aus der Vergangenheit (etwa auf Rückforderung überzahlten Mietzinses) verjähren können und eine aktuelle Vertragswidrigkeit (Mangelhaftigkeit) ohne Weiteres festgestellt werden kann. Zur Mängelbeseitigung gehört auch der – deshalb ebenfalls unverjährbare[523] – Anspruch des Mieters gegen den Vermieter auf Durchführung von **Schönheitsreparaturen,** sofern diese Pflicht nicht oder nicht wirksam auf den Mieter übertragen wurde. Aber nicht nur dem Mieter stehen Gebrauchserhaltungsansprüche zu, der Vermieter kann gleichfalls derartige Ansprüche haben. Das etwa dann, wenn er vom Mieter im Falle der wirksamen Abwälzung die Erfüllung der Pflicht zur Durchführung von Schönheitsreparaturen oder von **Instandsetzungsmaßnahmen** verlangen will[524]. Auch in dieser Konstellation ist der Anspruch unverjährbar, weil der Rechtscharakter einer Pflicht und damit deren Verjährbarkeit sich nicht dadurch ändert, dass sie auf einen anderen als den gesetzlich vorgesehenen Schuldner übertragen wird[525]. Mit dem **Ende des Mietvertrages** enden die Erfüllungsansprüche, grundsätzlich also auch die Ansprüche auf Mängelbeseitigung bzw. Durchführung von Schönheitsreparaturen. Für die Erfüllungsansprüche des Mieters gegen den Vermieter auf Mängelbeseitigung gilt das uneingeschränkt. Wenn allerdings der Mieter auf Grund einer wirksamen Vereinbarung die Pflicht zur Durchführung von Schönheitsreparaturen übernommen hat, ist diese Vereinbarung i. d. R. so auszulegen, dass er auch nach bzw. zum Vertragsende die fälligen Schönheitsreparaturen noch ausführen muss. Es greift dann § 548 Abs. 1 BGB, da es sich bei Vertragsende nicht mehr um eine Dauerverpflichtung handelt, sondern um Ansprüche *des Vermieters* wegen des Zustands der Mietsache, deren Verjährung in § 548 Abs. 1 BGB speziell geregelt ist (s. Rdn. 19 sowie Rdn. 44 zur Behandlung der Fälle, in denen die Schönheitsreparaturen erst nach Rückgabe ausgeführt wurden). Ähnlich ist es bei **Sekundäransprüchen auf Schadensersatz** wegen Verletzung von Gebrauchs-

[521] BGH NZM 2006, 696 = WuM 2006, 435 = ZMR 2006, 761; BGH NZM 2003, 472 = WuM 2003, 338 = ZMR 2003, 418 (beide Urteile befassen sich nicht mit einer Verjährungsfrage, sondern damit, ob einen Erwerber gem. § 566 BGB bzw. einen Insolvenzverwalter die Pflicht zur Beseitigung von Mängeln trifft, die bereits vor ihrer Rechtszuständigkeit entstanden waren; kritisch zur Übertragbarkeit dieser Rechtsprechung auf die Verjährungsproblematik *Lehmann-Richter* NJW 2008, 1198/1199 und *Lehmann-Richter* NZM 2009, 766); AG Berlin-Tiergarten WuM 2009, 453; *Both* GE 2009, 239. Kritisch zur Annahme einer Dauerverpflichtung *Eichel* NJW 2015, 3265.

[522] *Weller* JZ 2012, 882.

[523] *Schmid* WuM 2010, 655.

[524] Ebenso *Schmid* WuM 2010, 655.

[525] Durch die Überwälzung änderte sich unter dem unreformierten Schuldrecht auch nicht der Charakter als Hauptleistungspflicht (BGH NJW 1977, 36). Ebenfalls für einen Gleichlauf beider Konstellationen *Emmerich* in Staudinger § 548 Rdn. 10a, der allerdings von einer Verjährbarkeit gem. §§ 195, 199 BGB ausgeht.

erhaltungspflichten. Durch die Umwandlung der Erfüllungs- in eine Schadensersatzpflicht geht der Charakter als Dauerverpflichtung verloren und § 548 Abs. 1 BGB greift ein, soweit es um Ansprüche des Vermieters wegen des Zustands der Mietsache geht; für Sekundäransprüche des Mieters gem. § 536 a Abs. 1 BGB wegen Verletzung der Gebrauchserhaltungspflicht gilt § 548 Abs. 2 BGB hingegen grundsätzlich nicht, es sei denn, es wird im Wege des Schadensersatzes Aufwendungsersatz begeht (Einzelheiten bei Rdn. 48). Die **Duldungspflicht des Mieters** gem. § 555 a Abs. 1 BGB in Bezug auf Erhaltungs- und Instandsetzungsmaßnahmen korrespondiert mit der Mängelbeseitigungspflicht des Vermieters; sie stellt deshalb ebenfalls eine unverjährbare Dauerpflicht dar[526]. Gleiches gilt für andere Duldungspflichten, etwa gem. § 555 a Abs. 3 BGB, § 4 HeizKV. **Weitere unverjährbare Dauerpflichten** sind Verkehrssicherungspflichten[527], der Anspruch auf Barrierefreiheit gem. § 554 a BGB[528], der Anspruch auf Zustimmung zur Untervermietung gem. § 553 BGB[529], der Anspruch auf getrennte Anlage der Kaution gem. § 551 Abs. 3 BGB[530]. **Gestaltungsrechte** wie Kündigung oder auch bestimmte Mieterhöhungsverlangen (§§ 557 b Abs. 3, 559, 560 Abs. 1 und 4 BGB) sind keine Ansprüche und unterliegen damit gem. § 194 Abs. 1 BGB nicht der Verjährung. Der Mieterhöhungsanspruch gem. § 558 BGB ist ein sog. verhaltener Anspruch, der nicht schon mit der Veränderung des Mietzinsniveaus entsteht, sondern erst mit der Geltendmachung gem. § 558 a BGB[531], so dass eine Verjährung praktisch nicht in Betracht kommt. Zu Unterlassungsansprüchen gem. § 541 BGB s. Rdn. 64. Zum Anspruch des Mieters auf **Freigabe eines verpfändeten Kautionskontos** s. Rdn. 65.

XI. Beweislast

Die Verjährung muss nach den allgemeinen Grundsätzen derjenige beweisen, der sich darauf beruft, also regelmäßig der Mieter[532]. Hemmungstatbestände u. ä. hat hingegen der Vermieter zu beweisen. **67**

---

526 *Schmid* WuM 2010, 655.
527 *Schmid* WuM 2010, 655.
528 *Schmid* WuM 2010, 656; **a. A.** *Lehmann-Richter* NZM 2009, 766.
529 *Schmid* WuM 2010, 656; **a. A.** *Lehmann-Richter* NZM 2009, 766. § 540 BGB gewährt – anders als § 553 BGB – keinen Anspruch auf Zustimmung zur Untermiete, sondern ein Kündigungsrecht, das als Gestaltungsrecht gem. § 194 Abs. 1 BGB nicht der Verjährung unterliegt.
530 *Schmid* ZMR 2014, 257; *Schmid* WuM 2010, 656. Die Ansprüche des Vermieters auf Leistung und des Mieters auf Rückerstattung der Kaution unterliegen hingegen der Regelverjährung; s. dazu bei Rdn. 64/65.
531 *Schmid* WuM 2010, 656.
532 *Bieber* in MünchKomm § 548 Rdn. 27.

Untertitel 2. Mietverhältnisse über Wohnraum

Kapitel 1. Allgemeine Vorschriften

§ 549 Auf Wohnraummietverhältnisse anwendbare Vorschriften

(1) Für Mietverhältnisse über Wohnraum gelten die §§ 535 bis 548, soweit sich nicht aus den §§ 549 bis 577 a etwas anderes ergibt.

(2) Die Vorschriften über die Miethöhe bei Mietbeginn in Gebieten mit angespannten Wohnungsmärkten (§§ 556 d bis 556 g), über die Mieterhöhung (§§ 557 bis 561) und über den Mieterschutz bei Beendigung des Mietverhältnisses sowie bei der Begründung von Wohnungseigentum (§ 568 Abs. 2, §§ 573, 573 a, 573 d Abs. 1, §§ 574 bis 575, 575 a Abs. 1 und §§ 577, 577 a) gelten nicht für Mietverhältnisse über

1. Wohnraum, der nur zum vorübergehenden Gebrauch vermietet ist,

2. Wohnraum, der Teil der vom Vermieter selbst bewohnten Wohnung ist und den der Vermieter überwiegend mit Einrichtungsgegenständen auszustatten hat, sofern der Wohnraum dem Mieter nicht zum dauernden Gebrauch mit seiner Familie oder mit Personen überlassen ist, mit denen er einen auf Dauer angelegten gemeinsamen Haushalt führt,

3. Wohnraum, den eine juristische Person des öffentlichen Rechts oder ein anerkannter privater Träger der Wohlfahrtspflege angemietet hat, um ihn Personen mit dringendem Wohnungsbedarf zu überlassen, wenn sie den Mieter bei Vertragsschluss auf die Zweckbestimmung des Wohnraums und die Ausnahme von den genannten Vorschriften hingewiesen hat.

(3) Für Wohnraum in einem Studenten- oder Jugendwohnheim gelten die §§ 556 d bis 561 sowie die §§ 573, 573 a, 573 d Abs. 1 und §§ 575, 575 a Abs. 1, §§ 577, 577 a nicht.

Systematische Übersicht

Alphabetische Schnellübersicht

I. Bedeutung der Vorschrift

1 In den §§ 549–577 a BGB sind die Sondervorschriften für die Wohnraummiete geregelt.

2 **§ 549 Abs. 1** BGB bestimmt zur Klarstellung, dass die allgemeinen Vorschriften über Mietverhältnisse (§§ 535–548 BGB) auch für Mietverhältnisse über Wohnraum gelten und dass zusätzlich die in den §§ 549–577 a BGB enthaltenen abweichenden oder ergänzenden Vorschriften zu beachten sind. Der **Begriff „Mietverhältnisse über Wohnraum“** wird in Abs. 1 in dem schon bisher verwendeten Sinn gebraucht. Wegen der Einzelheiten s. Vor § 535 BGB Rdn. 94.

3 **§ 549 Abs. 2 BGB** regelt, dass die Mieterschutzvorschriften im engeren Sinne für bestimmte Gruppen von Wohnraummietverhältnissen nicht gelten. Diese **Ausschlusstatbestände** waren bis zur Mietrechtsreform durch das Mietrechtsreformgesetz vom 16. 6. 2001 (BGBl. I 1149) in §§ 556 a Abs. 8, 564 b Abs 7 BGB a. F., § 10 Abs. 3 MHG a. F. geregelt. Die heute geltende Fassung stimmt

überwiegend (aber nicht vollständig) mit den früheren Ausschlusstatbeständen überein. Übergangsvorschriften bestehen nur für die früher ungeschützten Mietverhältnisse in Ferienhäusern und Ferienwohnungen (s. Rdn. 48) Im Übrigen hat der Gesetzgeber keine Übergangsvorschriften erlassen. Nach allgemeinen Grundsätzen sind alle Mietverhältnisse – unabhängig vom Zeitpunkt ihrer Begründung – nach § 549 Abs. 2 BGB n. F. zu beurteilen.[1]

II. Wohnraum zu vorübergehendem Gebrauch (Abs. 2 Nr. 1)

Dabei handelt es sich um Mietverhältnisse, die aufgrund **besonderer Umstände** nach dem Willen beider Vertragsparteien nur von einer **relativ kurzen Dauer** sein sollen.[2] In diesen Fällen ist der Mieter nicht schutzbedürftig, weil seine Interessen durch den Entzug des Mietgebrauchs nicht wesentlich beeinträchtigt werden.[3] Maßgeblich ist, ob ein allgemeiner Wohnbedarf von unbestimmter Dauer oder ein Sonderbedarf gedeckt werden soll; Abs 2 Nr. 1 gilt nur für den kurzzeitigen Sonderbedarf.[4] Der Wegfall des Sonderbedarfs muss nicht sicher feststehen; er muss nur absehbar sein. Deshalb gilt Nr. 1 auch für einen Mietvertrag, den ein Mieter bis zur Fertigstellung eines Neubaus anmietet.[5] Die Fertigstellung muss allerdings absehbar sein; es genügt nicht, wenn der Mieter irgendwann einmal bauen will.[6] Gleiches gilt für Mietverhältnisse, die zur Überbrückung von Notlagen geschlossen werden.[7] Werden Räume in einem im Übrigen leerstehenden Gebäude an eine Einzelperson gegen (ein i. d. R. geringes) Entgelt überlassen, damit die Immobilie vor Vandalismusschäden geschützt ist[8] so ist der Überlassungsvertrag – unabhängig von seiner Bezeichnung – als Mietvertrag zu bewerten. In der Regel wird ausdrücklich oder stillschweigend vereinbart, dass die Überlassung lediglich für die Zeit des Leerstands der Immobilie erfolgt. In diesem Fall gilt der Wohnraum als zum vorübergehenden Gebrauch i. S. des Nr. 1 BGB vermietet. Nach dem Rechtsentscheid des OLG Bremen vom 7. 11. 1980[9] ergibt sich der vorübergehende Gebrauch aus der „Verknüpfung einer vereinbarungsgemäß kurzfristigen, überschaubaren Vertragsdauer mit einem Vertragszweck, der sachlich die Kurzfristigkeit der Gebrauchsüberlassung begründet und so das Mietverhältnis in Übereinstimmung mit seiner kurzen Dauer nur als ein Durchgangsstadium erscheinen lässt". Sowohl die besonderen Umstände als auch das baldige Vertragsende müssen nach den Vorstellungen **beider Parteien** feststehen und **Vertragsinhalt** geworden sein. Es ist nicht erforderlich, dass das Mietverhältnis bereits bei Vertragsschluss befristet wird; es genügt, wenn sich die Parteien darüber einig sind, dass das Mietverhältnis nur kurze Zeit dauern soll. Eine vereinbarte kurze Befristung ist lediglich ein Indiz für ein Mietverhältnis auf vorübergehende Dauer. Die Befristung alleine reicht aber nicht aus. Erforderlich ist weiter, dass die Befristung sich aus dem Vertragszweck ergibt.[10] Fehlt es an den besonderen Umständen, so fällt auch ein auf wenige Monate befristetes Mietverhältnis nicht unter die Nr. 1; ein solches Mietverhältnis gilt dann als auf unbestimmte Zeit abgeschlossen (§ 575 Abs. 1 Satz 2 BGB). Sind solche Umstände gegeben, so kann umgekehrt auch ein Mietverhältnis auf die Dauer eines Jahres als Mietverhältnis zu vorübergehendem Gebrauch bewertet werden.[11] Auf die Vorstellungen und Pläne nur einer Partei kommt es nicht an.[12] 4

---

[1] *Weitemeyer* in Staudinger § 549 BGB Rdn. 10; **a. A.** *Haas,* Das neue Mietrecht § 549 BGB Rdn. 10: Danach soll dasjenige Recht anwendbar sein, das zum Zeitpunkt der Überlassung gegolten hat.

[2] So bereits die frühere Rechtsprechung zu dem rechtsähnlichen § 25 MSchG; s. BGH WuM 1964, 137.

[3] OLG Frankfurt RE 19. 11. 1990 NJW-RR 1990, 268 = WuM 1991, 17 = ZMR 1991, 63.

[4] OLG Frankfurt a. a. O.

[5] *Weitemeyer* in Staudinger § 549 BGB Rdn. 23; *Lammel* § 549 BGB Rdn. 20; **a. A.** *Sternel* Mietrecht (1988) Rdn. III 504.

[6] *Weitemeyer* in Staudinger § 549 BGB Rdn. 24.

[7] *Franke* in WoBauR § 549 BGB Anm. 4; **a. A.** *Weitemeyer* in Staudinger § 549 BGB Rdn. 24. **a. A.** *Sternel* a. a. O.

[8] Sog. „Hauswächter", vgl. FAZ Nr. 254 vom 1. 11. 2013 S. 43.

[9] OLG Bremen WuM 1981, 8 = ZMR 1982, 238 = DWW 1982, 124.

[10] AG Schöneberg GE 2012, 756.

[11] LG Mannheim ZMR 1977, 238 betr. Überlassung eines Einfamilienhauses an einen von mehreren Erben für die Dauer eines Jahres.

[12] LG Freiburg WuM 1991, 172: wenn der Vermieter die Räume wegen Sanierungsplänen nur für eine Übergangszeit vermieten will; LG Köln WuM 1991, 190: Vermietung bis zum (ungewissen) Verkauf des Grundstücks.

5 **Typisch** für das Mietverhältnis auf vorübergehende Dauer ist die Miete eines **Hotelzimmers** oder die Miete einer **Ferienwohnung** für die Dauer einiger Tage oder einiger Wochen. Gleiches gilt für die Mietverhältnisse von Monteuren am Ort der **Montage,** für Mietverhältnisse für die Dauer einer **Messe,** einer **Kur,** einer **Sportveranstaltung,** etc. Hier ergibt sich die vorübergehende Dauer aus dem vorübergehenden Aufenthalt des Mieters am Ort der Unterkunft. Den hier genannten Fällen ist ein fehlendes „Sich-Einrichten des Mieters" gemeinsam; deshalb handelt es sich hierbei um ein wichtiges Kriterium zur Bestimmung des vorübergehenden Gebrauchs. Das „sich-Einrichten" schließt aber die Annahme des Abs. 2 Nr. 1 nicht zwingend aus.[13] Wird eine Ferienwohnung oder ein Ferienhaus auf Dauer vermietet, so liegt allerdings auch dann kein Mietverhältnis zu vorübergehendem Gebrauch vor, wenn der Mieter das Mietobjekt nur gelegentlich nutzt.[14] Der Umstand, dass plangemäß ein mehr oder weniger häufiger Mieterwechsel stattfinden soll, wie etwa bei Mietverhältnissen mit **Studenten**[15] oder einer **Wohngemeinschaft,**[16] reicht für die Annahme einer vorübergehenden Dauer nicht aus. Ein Mietverhältnis mit einem Studenten kann auch dann nicht als Mietverhältnis zu vorübergehendem Gebrauch angesehen werden, wenn der Mietvertrag für die Dauer des Studiums abgeschlossen worden ist. Dies gilt auch für Studenten- oder Jugendwohnheime;[17] hier fehlt es bereits am Merkmal der Kurzzeitigkeit. Etwas anderes kann gelten, wenn der Mietvertrag auf Veranlassung des Mieters nur für ein Semester abgeschlossen worden ist. Mietverhältnisse, die von vorneherein länger als ein Jahr dauern sollen, fallen im Allgemeinen nicht mehr unter Nr. 1. Gleiches gilt für ein befristetes Mietverhältnis mit Verlängerungsklausel.[18]

III. Möblierter Wohnraum (Abs. 2 Nr. 2)

6 Hierunter fällt Wohnraum, der Teil der vom Vermieter selbst bewohnten Wohnung ist und den der Vermieter ganz oder überwiegend mit Einrichtungsgegenständen auszustatten hat, sofern der Wohnraum nicht zum dauernden Gebrauch für eine Familie überlassen ist. Den Familienangehörigen sind diejenigen Personen gleichgestellt, mit denen der Mieter einen auf Dauer angelegten gemeinsamen Haushalt führt.

7 Der Vermieter muss nicht zugleich der Eigentümer sein; Abs. 2 Nr. 2 gilt auch im Verhältnis zwischen dem Mieter und dem Untermieter. Der **typische Fall** des Abs. 2 Nr. 2 ist das **möblierte Zimmer innerhalb der Vermieterwohnung;** die Vorschrift umfasst aber auch andere Fälle.

8 Erforderlich ist zunächst, dass zwischen den Parteien ein **Mietverhältnis** besteht. Hiervon ist auszugehen, wenn der Wohnungsinhaber einem Dritten einen oder mehrere Räume gegen Entgelt zur ausschließlichen Benutzung überlässt. Gleiches gilt, wenn dem Mieter lediglich ein Teil eines Raumes zusteht, z. B. ein Bett und ein Schrank und er hierfür ein Entgelt bezahlt. Bei einer unentgeltlichen Überlassung ist Leihe gegeben (s. Vor § 535 BGB Rdn. 134). Wird dem Dritten das Recht zur Mitbenutzung der gesamten Mietsache eingeräumt, so liegt kein Mietverhältnis vor. Der Mieter kann den Dritten jederzeit aus der Wohnung weisen.

9 Die Wohnung des Mieters muss ein **Teil der Vermieterwohnung** sein. Dies ist dann anzunehmen, wenn die Räume des Mieters funktional in den Wohnbereich des Vermieters einbezogen sind.[19] In einem Einfamilienhaus gehören i. d. R. sämtliche Räume ohne separaten Abschluss zur Wohnung des Vermieters. Befindet sich die Wohnung des Vermieters in einem Mehrfamilienhaus, so gehören sämtliche Räume hinter der Wohnungsabschlusstür zur Wohnung des Vermieters. Haben die Räume des Mieters einen separaten Abschluss, so fallen diese gleichwohl unter Nr. 2, wenn die Vertragsparteien die Küche oder das Bad gemeinsam benutzen („Wohnen hinter der

---

13 **A. A.** wohl: *Zimmermann* WuM 1989, 1.

14 OLG Hamburg NJW-RR 1993, 84 = WuM 1992, 634; LG Lübeck WuM 1989, 632; *Weitemeyer* in Staudinger § 549 BGB Rdn. 25; *Both* in Herrlein/Kandelhard § 549 BGB Rdn. 9; *Lützenkrichen* in: Erman § 549 Rdn. 4 *Sternel* Mietrecht (1988) Rdn. III 504 und Mietrecht aktuell (2009) Rdn. XI 372; *Bieber* in MünchKomm § 549 BGB Rdn. 13; *Zimmermann* WuM 1989, 1; **a. A.** LG Braunschweig MDR 1980, 671; AG Viechtach NJW-RR 1987, 787; *Franke* in WoBauR § 549 BGB Anm. 4; *Kossmann* § 113 Rdn. 9.

15 AG Charlottenburg MM 1990, 349.

16 LG Köln WuM 1992, 251.

17 OLG Hamm RE 31.10.1980 NJW 1981, 290 = WuM 1981, 5 = ZMR 1982, 93 = DWW 1982, 124; OLG Bremen a. a. O.; LG Freiburg WuM 1980, 230 = ZMR 1980, 143.

18 AG Schöneberg GE 2012, 756.

19 AG Schöneberg GE 2012, 756.

Glastür"). Eine bloße Mitbenutzung des Treppenhauses oder von Wirtschafts- oder Nebenräumen reicht dagegen nicht aus.[20] Deshalb fällt ein möbliertes Zimmer, das von den Räumen des Vermieters durch eine stets verschlossene Tür abgetrennt ist und das einen eigenen Zugang zum Treppenhaus hat, nicht unter Nr. 2.[21] Gleiches gilt, wenn die Wohnung des Vermieters und die Räume des Mieters in verschiedenen Stockwerken liegen und der Vermieter im Wohnbereich des Mieters lediglich ein Zimmer nutzt.[22] In diesem Fall ist es nicht angezeigt, das eine Zimmer als „Vermieterwohnung" zu bewerten.[23] Davon abgesehen ist es aber unerheblich, wer von den Parteien den überwiegenden Teil der Räume nutzt.

Der Vermieter muss die Räume **in eigener Person** als Wohnung nutzen. Es ist nicht erforderlich, dass der Vermieter ständig anwesend ist.[24] Eine Nutzung als Wochenendwohnung genügt. Ebenso genügt es, wenn der Vermieter überwiegend an einem anderen Ort lebt, die Wohnung aber als Haupt- oder Zweitwohnung weiterhin nutzt.[25] Es reicht aber nicht aus, wenn der Vermieter die von ihm genutzten Räume nur zum Unterstellen von Möbeln oder zur Aufbewahrung von Gegenständen verwendet. **10**

Der Vermieter muss nach den vertraglichen Vereinbarungen verpflichtet sein, die Wohnung ganz oder überwiegend mit **Einrichtungsgegenständen** auszustatten. Von einer überwiegenden Ausstattung kann ausgegangen werden, wenn der Vermieter mehr als die Hälfte der für eine Haushaltsführung erforderlichen Einrichtungsgegenstände zu stellen hat.[26] Es kommt auf die funktionale Bedeutung, nicht auf den Wert der Gegenstände an. Unter den Einrichtungsgegenständen versteht man Möbel, Öfen, Beleuchtungskörper, Gardinen, Vorhänge, Teppiche, Betten, Bett- und Tischwäsche, nicht aber Geschirr und sonstigen Hausrat.[27] Ist diese Voraussetzung gegeben, so kommt es nicht darauf an, ob und in welchem Umfang der Mieter weitere Einrichtungsgegenstände in die Wohnung eingebracht hat. **11**

Maßgeblich ist nicht, wie der Vermieter die Räume ausgestattet hat, sondern ob er hierzu **verpflichtet** gewesen ist. Von einer solchen Verpflichtung ist immer dann auszugehen, wenn nach dem Mietvertrag die Übergabe eines „möblierten" Zimmers geschuldet wird. Maßgeblich ist das von den Parteien gewollte. Ist nach dem schriftlichen Mietvertrag ein möbliertes Zimmer geschuldet, während die Parteien in Wirklichkeit einen Vertrag über ein Leerzimmer beabsichtigt haben, so ist Nr. 2 unanwendbar. Ist dagegen die Übergabe eines möblierten Zimmers wirklich gewollt und hat der Vermieter in einem solchen Fall vertragswidrig ein Leerzimmer übergeben, so ist Nr. 2 anwendbar. Gleiches gilt, wenn der Vermieter nach Abschluss des Mietvertrags auf die Ausstattung auf Verlangen des Mieters verzichtet hat. War nach den vertraglichen Vereinbarungen dagegen die Übergabe eines Leerzimmers geschuldet, so führt der Umstand, dass der Vermieter gleichwohl ihm gehörende Gegenstände in den Räumen belassen oder die Räume möbliert hat, nicht zur Anwendung des Nr. 2. In den hier beschriebenen Fällen ist allerdings zu prüfen, ob der Vertrag durch eine nachträgliche (ausdrückliche oder stillschweigende) Vereinbarung geändert worden ist. **12**

Ist der Wohnraum zum **dauernden Gebrauch** für eine Familie überlassen, so ist Nr. 2 unanwendbar. Dauernd ist ein Gebrauch, der nicht vorübergehend i. S. der Nr. 1 ist. Es ist nicht erforderlich, dass der Vermieter den Mietvertrag mit allen Familienangehörigen abgeschlossen hat. Es genügt, dass ein Mieter nach den Vereinbarungen des Mietvertrags berechtigt ist, zusammen mit seinen Familienangehörigen die Räume zu beziehen. Eine den Vereinbarungen widersprechende Aufnahme eines Familienangehörigen führt allerdings nicht zum Ausschluss des Abs. 2 Nr. 2. **13**

---

[20] AG Königswinter WuM 1994, 689.
[21] LG Detmold NJW-RR 1991, 77.
[22] AG Köln WuM 1985, 267.
[23] Ebenso: *Sternel* Mietrecht (1988) Rdn. III 506.
[24] LG Berlin WuM 1980, 134 = ZMR 1980, 144.
[25] **A. A.** *Franke* in WoBauR § 549 BGB Anm. 5; *Sternel* Mietrecht (1988) Rdn. III 507: danach genügt es nicht, wenn der Vermieter die Räume nur als Zweitwohnung nutzt.
[26] *Weitemeyer* in Staudinger § 549 BGB Rdn. 30; *Lützenkirchen* in: Erman § 545 Rdn. 5*Ehlert* in Bamberger/Roth § 549 BGB Rdn. 14; *Both* in Herrlein/Kandelhard § 549 BGB Rdn. 13; *Palandt/Weidenkaff* § 549 BGB Rdn. 22; teilweise abw. *Sternel* Mietrecht (1988) Rdn. III 508: danach muss der Vermieter mindestens Bett, Tisch, 2 Stühle, Schrank, Koch- und Waschgelegenheit, Vorhang und Gardinen stellen; *Lammel* § 549 BGB Rdn. 28: Tisch Stuhl, Bett, Schrank; *Bieber* in MünchKomm § 549 Rdn. 18 und *Franke* in WoBauR § 549 Anm. 5: der Vermieter muss die wesentlichen Einrichtungsgegenstände stellen; *Kossmann* § 113 Rdn. 14: maßgeblich ist der Wert der Gegenstände.
[27] *Franke* in WoBauR § 549 BGB Anm. 5.

14 Der **Begriff der Familie** richtet sich nach den Bestimmungen des BGB. Hierzu gehören alle durch Ehe oder Verwandtschaft verbundenen Personen. Die Abgrenzung der Familienangehörigen von sonstigen Personen ist allerdings von geringer praktischer Bedeutung. Die speziellen mieterschützenden Vorschriften sind nämlich auch dann anwendbar, wenn der Wohnraum zum dauernden Gebrauch einem Mieter überlassen wurde, der dort mit Dritten einen **auf Dauer angelegten gemeinsamen Haushalt** führt. Diese durch das Mietrechtsreformgesetz geschaffene Erweiterung betrifft insbesondere die **eheähnlichen Gemeinschaften** und die **gleichgeschlechtlichen Partnerschaften** aber auch das Zusammenleben ohne sexuellen Bezug (Geschwister, ältere Menschen). Ein Zusammenleben in diesem Sinn setzt eine Lebensgemeinschaft voraus, die auf Dauer angelegt ist, daneben keine weitere Lebensgemeinschaft gleicher Art zulässt und sich durch innere Bindungen auszeichnet, die ein gegenseitiges Einstehen der Partner füreinander begründen, also über die Beziehungen einer reinen Haushalts- und Wirtschaftsgemeinschaft hinausgeht. Ob diese Voraussetzungen gegeben sind, muss anhand von Indizien festgestellt werden, wobei vor allem die lange Dauer des Zusammenlebens, die Versorgung von Kindern und Angehörigen im gemeinsamen Haushalt und die Befugnis über Einkommen und Vermögensgegenstände des Partners zu verfügen von Bedeutung sind.[28] Der Mieter muss die für die Annahme einer Gemeinschaft erforderlichen Tatsachen darlegen und beweisen. Unerträgliche Nachforschungen, die die Intimsphäre berühren, sind dabei allerdings nicht veranlasst.

15 Die **Dauerhaftigkeit der Beziehung** kann problemlos unterstellt werden, wenn die Partner bereits längere Zeit zusammengelebt haben. Nach der hier vertretenen Ansicht kann es allerdings nicht entscheidend darauf ankommen, ob die Beziehung schon seit längerer Zeit besteht; maßgeblich muss vielmehr sein, ob sie auf Dauer angelegt ist. Dies kann nur an Hand der Umstände des Einzelfalls beurteilt werden. Der Umstand, dass die Partner nur einen einzigen gemeinsamen Hausstand führen, stellt dabei bereits ein Indiz für eine auf Dauer angelegte Beziehung dar.

IV. Mietverhältnisse mit juristischen Personen des öffentlichen Rechts oder mit anerkannten privaten Trägern der Wohlfahrtspflege (Abs. 2 Nr. 3)

16 Hat eine juristische Person des öffentlichen Rechts oder ein anerkannter privater Träger der Wohlfahrtspflege Wohnraum angemietet (Hauptmieter) um ihn Personen mit dringendem Wohnungsbedarf zu überlassen, so sind im Verhältnis des Hauptmieters zum Wohnraumnutzer (Untermieter) die speziellen Schutzvorschriften unanwendbar, wenn der Hauptmieter den Untermieter bei Vertragsschluss auf die Zweckbestimmung des Wohnraums und den Ausschluss der Schutzvorschriften hingewiesen hat.

17 Die Vorschrift will erreichen, dass die auf dem allgemeinen Wohnungsmarkt benachteiligten Gruppen durch die Einschaltung eines Zwischenvermieters (Hauptmieters) mit Wohnungen versorgt werden. Der private Eigentümer erhält bei der Vermietung an eine Person des öffentlichen Rechts oder einen Träger der Wohlfahrtspflege einen leistungsfähigen (Haupt)Mieter. Da dieses Mietverhältnis kein Wohnraummietverhältnis darstellt, sind die Parteien bei der Ausgestaltung des Hauptmietverhältnisses relativ frei. Insbesondere kann die Miethöhe bei und während des Mietverhältnisses nach den für die Geschäftsraummiete geltenden Vorschriften vereinbart werden. Zur Regelung der Vertragsbeendigung stehen flexible Lösungen zur Verfügung. Die Vereinbarung beliebiger Kündbarkeit ist ebenso möglich, wie der Abschluss eines befristeten Mietvertrags, weil die §§ 573, 575 BGB nicht gelten. Der Hauptmieter ist seinerseits auf Grund des Abs. 2 Nr. 3 in der Lage, das Mietverhältnis mit den Untermietern jederzeit zu beenden.

18 Als Hauptmieter kommen zunächst die **Körperschaften und Anstalten des öffentlichen Rechts** in Betracht. Hierzu gehören beispielsweise die Gemeinden und Gemeindeverbände, die Landkreise, die Landeswohlfahrtsverbände, die Kirchen, kirchliche Organisationen, Stiftungen des öffentlichen Rechts, und die Studentenwerke an den deutschen Hochschulen, soweit diese nicht privatrechtlich organisiert sind. Die kommunalen Wohnungsunternehmen können nicht als Hauptmieter auftreten, weil diese nicht dem öffentlichen Recht unterliegen. (Walburg/Czink GE 2016, 502, 504)

19 Die **anerkannten privaten Träger der Wohlfahrtspflege** sind unabhängig von ihrer Rechtsform den juristischen Personen gleichgestellt. Hierzu zählen in erster Linie die Verbände der freien

[28] Vgl. BGH RE 13.1.1993 BGHZ 121, 116 = NJW 1993, 999 = WuM 1993, 254 = ZMR 1993, 261 zu § 569a BGB a. F.

Wohlfahrtspflege i. S. v. § 10 BSHG.[29] Im einzelnen werden hierzu gerechnet:[30] das Diakonische Werk der Evangelischen Kirche in Deutschland e. V.; der Deutsche Caritasverband e. V.; der Deutsche Paritätische Wohlfahrtsverband e. V.; das Deutsche Rote Kreuz e. V.; die Arbeiterwohlfahrt – Bundesverband e. V.; die Zentralwohlfahrtsstelle der Juden in Deutschland e. V.; der Deutsche Blindenverband e. V.; der Bund der Kriegsblinden Deutschlands e. V.; der Verband Deutscher Wohltätigkeitsstiftungen e. V.; die Bundesarbeitsgemeinschaft „Hilfe für Behinderte" e. V.; der Verband der Kriegs- und Wehrdienstopfer, Behinderter und Sozialrentner Deutschlands e. V.; sowie alle Personenvereinigungen und Körperschaften, die Mitglied der genannten Verbände sind.

Abs. 2 Nr. 3 gilt nur für Wohnräume, die von den genannten Organisationen **angemietet** sind. 20
Für eigenen Wohnraum gilt die Vorschrift nicht. Jedoch ist es möglich und zulässig, dass etwa eine Gemeinde eine Wohnung von einem kommunalen Wohnungsunternehmen anmietet und diese sodann weitervermietet. Hierfür gilt Abs. 2 Nr. 3.[31] Die Gemeinde muss allerdings selbst vermieten. Die Einschaltung eines weiteren Zwischenvermieters ist nicht möglich.[32]

Zu den **Personen mit dringendem Wohnbedarf** gehören alle Personengruppen, die beson- 21
dere Schwierigkeiten bei der Wohnraumsuche haben, z. B. Menschen im höherem Lebensalter, Alleinerziehende, kinderreiche oder einkommensschwache Personen, Studenten, Gastarbeiter, Aussiedler, Obdachlose, Asylbewerber, Flüchtlinge (Walburg/Czink GE 2016, 502, 504), subsidiär Schutzsuchende usw.[33]

Nach dem bis 31. 8. 2001 geltenden Recht waren die speziellen Mieterschutzvorschriften auch 22
dann ausgeschlossen, wenn der Hauptmieter die Räume an **in Ausbildung befindliche Personen** (Schüler, Studenten, Auszubildende, Umschüler, Referendare, Ärzte im Praktikum, usw.) vermietet hat. Seit dem 1. 9. 2001 kommt diese Mietergruppe in den Genuss der speziellen Mieterschutzvorschriften. Mangels einer Übergangsvorschrift gilt dies auch dann, wenn der Untermietvertrag vor dem 1. 9. 2001 abgeschlossen worden ist.[34] Anders ist es, wenn das Mietobjekt in Form eines Studenten- oder Jugendwohnheims betrieben wird (unten Rdn. 33). In der Praxis wird sich für die Gruppe der in Ausbildung befindlichen Personen allerdings nichts ändern, weil diese Personen auf Grund ihres geringen Einkommens, besondere Schwierigkeiten bei der Wohnraumsuche haben werden. In diesem Fall sind weiterhin die Voraussetzungen des Abs. 2 Nr. 3 erfüllt.

Das Handeln des Hauptvermieters muss auf die Versorgung mit **Wohnraum** gerichtet sein. 23
Zum Wohnraum in diesem Sinne zählen sowohl abgeschlossene Wohnungen als auch einzelne Zimmer. Es genügt, wenn die Untermieter die Räume lediglich als Zweitwohnungen nutzen, was etwa bei Studenten häufig vorkommen wird. Die lagermäßige oder vorübergehende Unterbringung von Asylbewerbern oder Obdachlosen wird vom Gesetzeszweck nicht erfasst.[35]

Es ist nicht erforderlich, dass die untergebrachte Person einen dringenden Wohnbedarf hatte; 24
vielmehr genügt es, dass der **Wohnraum generell zur Erfüllung des genannten Zweckes angemietet** worden ist.[36] Deshalb ist Abs. 2 Nr. 3 auch dann anwendbar, wenn der betreffende Untermieter nie zu den Personen mit dringendem Wohnbedarf gehört hat oder wenn dessen Zugehörigkeit zu diesem Kreis später entfallen ist.

Das Mietverhältnis zwischen dem Eigentümer und dem Hauptmieter ist als Geschäftsraummiet- 25
verhältnis anzusehen, so dass die besonderen Mieterschutzvorschriften bereits aus diesem Grund nicht gelten. Das Mietverhältnis zwischen dem Hauptmieter und den Wohnraumnutzern ist ein Wohnraummietverhältnis, für das die Mieterschutzvorschriften aufgrund der Ausschlussvorschrift nicht gelten, wenn die Wohnungsnutzer (Untermieter) bei Vertragsschluss hierauf hingewiesen worden sind.

---

29 *Haas,* Das neue Mietrecht § 549 BGB Rdn. 4.

30 *Lammel* § 549 BGB Rdn. 33.

31 Gesetzesbegründung, BT-Drucks. 11/5972 S. 18; *Schilling* ZMR 1990, 281; *Otto* DWW 1990, 162; *Gather* DWW 1990, 190, 197; **a. A.** *Barthelmess* § 564b BGB Rdn. 47b.

32 *Schilling* a. a. O.

33 Enger: *Franke* in WoBauR § 549 BGB Anm. 6.

34 S. Fn. 1.

35 *Otto* DWW 1990, 162.

36 *Bieber* in MünchKomm § 549 BGB Rdn. 25; *Weitemeyer* in Staudinger § 549 BGB Rdn. 40; *Schultz* in Bub/Treier Kap. III Rdn. 1009; *Ehlert* in Bamberger/Roth § 549 BGB Rdn. 22; *Kossmann* § 113 Rdn. 23; *Lammel* § 549 BGB Rdn. 36; Walburg/Czink GE 2016, 502, 504; **a. A.** *Franke* in WoBauR § 549 BGB Anm. 6; *Barthelmess* § 564b BGB Rdn. 47b.

26 Die Hinweispflicht muss sich auf zwei Punkte erstrecken. Zum einen muss der Mieter über die besondere Zweckbestimmung der Wohnung informiert werden. Zum anderen ist aber auch eine Belehrung über die Rechtsfolgen des Ausschlusses der besonderen Mieterschutzvorschriften erforderlich. Ein mündlicher Hinweis genügt; es wird praktisch allerdings nicht möglich sein, über die „Ausnahme von den (in Abs. 2) genannten Vorschriften" in mündlicher Form zu belehren. Teilweise wird vertreten, dass der Hinweis bei einem der deutschen Sprache unkundigen Mieter (Asylbewerber, Flüchtlinge) in der Heimatsprache erfolgen muss.[37] Eine solche Praxis ist nützlich, aber von Rechts wegen nicht erforderlich. Wer einen Vertrag abschließt muss dessen Inhalt auch dann gegen sich gelten lassen, wenn er den Vertragstext nicht liest oder nicht versteht. Für den Hinweis gilt nichts anderes.[38]

V. Ausgeschlossene Mieterschutzvorschriften

27 Für die unter Rdn. 4 bis Rdn. 26 aufgezählten Mietverhältnisse sind folgende speziellen Mieterschutzvorschriften nicht anwendbar:

27a **Vorschriften über die höchstzulässige Miete beim Neuabschluss eines Mietvertrags** (§§ 556d bis 556g). Diese Regelungen dienen der Dämpfung des Mietanstiegs in angespannten Wohnungsmärkten. Zu diesem Zweck bestimmt das Gesetz, dass die beim Abschluss eines Mietvertrags zulässige Miete die ortsübliche Vergleichsmiete grundsätzlich um höchstens 10% übersteigen darf (§ 556d Abs. 1, sog. „Mietpreisbremse"). Die Vorschriften gelten nur, wenn der Wohnraum in einem Gebiet mit einem angespannten Wohnungsmarkt liegt, was durch eine Verordnung der jeweiligen Landesregierung ermittelt werden soll. Nach der Gesetzesbegründung ist eine Mietpreisbegrenzung für die in § 549 Abs. 2 aufgeführten Sondermietverhältnisse nicht geboten.

28 **Vorschriften über die Mieterhöhung** (§§ 556d–561 BGB). Bei den in Abs. 2 aufgezählten Mietverhältnissen herrscht insoweit Vertragsfreiheit. Die Vorschriften zur Begrenzung der Miete beim Abschluss des Mietvertrags (§§ 556d–556g) gelten nicht. Eine Mieterhöhung kann durch Vereinbarung geregelt oder im Wege der Änderungskündigung durchgesetzt werden. Werden spätere Mieterhöhungen bereits bei Vertragsschluss vereinbart, so müssen die Beschränkungen der §§ 557a BGB (Staffelmiete) und § 557b BGB (Indexmiete) nicht beachtet werden.

29 **Vorschriften über den Mieterschutz bei Beendigung des Mietverhältnisses** (§ 568 Abs. 2 BGB, §§ 573, 573a, 573d Abs. 1, §§ 574–575, 575a Abs. 1 BGB). Aus der Aufzählung der Ausnahmevorschriften folgt zunächst, dass das Mietverhältnis befristet werden kann (§ 542 Abs. 2 BGB), weil § 575 Abs. 1 Satz 2 BGB nicht zur Anwendung kommt. Das Mietverhältnis endet in einem solchen Fall mit dem Ablauf der Mietzeit. Unbefristete Mietverhältnisse enden durch Kündigung. Bei der **Kündigung** dieser Mietverhältnisse ist die **Schriftform zu beachten;** dies folgt aus § 568 Abs. 1 BGB, der nicht zum Katalog der ausgeschlossenen Vorschriften gehört. Dies ist eine Abweichung gegenüber dem bis 31. 8. 2001 geltenden Recht. Die Regelung des § 569 Abs. 4 BGB (Begründungserfordernis bei fristloser Kündigung) gilt auch für Mietverhältnisse i. S. v. § 549 Abs. 2 BGB (s. § 569 BGB Rdn. 75).

30 Weiter folgt aus der Aufzählung der Ausnahmevorschriften, dass bei diesen Mietverhältnissen eine **Teilkündigung möglich** ist. Die Teilkündigung ist in § 573b BGB geregelt. Die Anwendung dieser Vorschrift ist nicht ausgeschlossen. Auch dies ist eine Abweichung gegenüber dem bis zum 31. 8. 2001 geltenden Recht.

Die Kündigungsfristen richten sich nach §§ 573c und § 573d Abs. 2 BGB.

31 **Ausgeschlossen werden:** die Obliegenheit des Vermieters, den Mieter im Kündigungsschreiben auf die Möglichkeit des Kündigungswiderspruchs hinzuweisen (§ 568 Abs. 2 BGB); der Kündigungsschutz (§§ 573, 573a, 573d, 575a Abs. 1 BGB), die Möglichkeit des Kündigungswiderspruchs (§§ 574–574c BGB) und die Regelungen über den Zeitmietvertrag (§ 575 BGB). Der Ausschluss des § 575 BGB hat zur Folge, dass die in Abs. 2 genannten Mietverhältnisse befristet werden können (s. § 575 Abs. 1 Satz 2 BGB). Weiter ist die Anwendung des § 575a Abs. 1 BGB ausgeschlossen. Diese Vorschrift bestimmt, dass das Recht zur außerordentlichen Kündigung mit gesetzlicher Frist durch den Vermieter nur ausgeübt werden kann, wenn Kündigungsgründe i. S. v. § 573 BGB gegeben sind. Die in Abs. 2 genannten Mietverhältnisse können also auch dann durch außerordentliche Kündigung mit gesetzlicher Frist beendet werden, wenn keine Kündigungsgründe vorliegen.

---

37 *Bieber* in MünchKomm § 549 BGB Rdn. 26.
38 *Walburg/Czink* GE 2016, 502, 504.

Vorschriften über den Mieterschutz bei der Begründung von Wohnungseigentum (§§ 577, 577a BGB). Dies bedeutet, dass den Mietern der in Abs. 2 genannten Mietverhältnisse kein Vorkaufsrecht bei der Umwandlung von Miet- in Eigentumswohnungen zusteht (§ 577 BGB) und dass für den Erwerber einer solchen Wohnung keine Kündigungsbeschränkung (§ 577a BGB) gilt. 32

VI. Wohnraum in einem Studenten- oder Jugendwohnheim (Abs. 3)

Der Ausschluss dieser Wohnungsgruppe von den speziellen Mieterschutzvorschriften besteht seit dem Jahre 1983.[39] Die Regelung in § 549 Abs. 3 BGB knüpft an den früheren Ausschlusstatbestand (§ 564b Abs. 7 Nr. 3 BGB a. F.) an. Dabei ist der Gesetzgeber nicht davon ausgegangen, dass Studenten und Jugendliche weniger schutzwürdig oder schutzbedürftig sind als andere Bevölkerungsgruppen. Die gesetzliche Regelung beruht vielmehr auf einer Initiative der Träger von Studentenheimen, insbesondere der Studentenwerke. Nach Meinung der Initiatoren soll durch die Geltung des Bestandsschutzes für Studentenwohnheime die Einhaltung bestimmter Regelmietzeiten (sog. „Rotationsprinzip") erschwert werden.[40] Diese Schwierigkeiten sollten durch die gesetzliche Neuregelung beseitigt werden. 33

Für den Begriff des **Wohn**heims gelten die §§ 15, 100 des II. WoBauG. Danach sind Heime dann als Wohnheime zu bewerten, wenn sie „nach ihrer baulichen Anlage und Ausstattung für die Dauer dazu bestimmt und geeignet sind, Wohnbedürfnisse zu befriedigen". Für die Einordnung eines Wohnhauses als „Heim" genügt es nicht, dass sämtliche Räume eines Hauses von Studenten oder Jugendlichen bewohnt werden. Durch den Umstand, dass die Bewohner hinsichtlich eines sozialen Merkmals (Beruf/Alter) übereinstimmen, wird ein Mietshaus nämlich nicht zum Heim. Erforderlich ist vielmehr, dass die Überlassung des Raumes im Rahmen eines bestimmten Zwecks erfolgt. Aus dem **Gesetzeszweck** ist abzuleiten, dass der Begriff des „**Studenten**- oder **Jugend**wohnheims" restriktiv ausgelegt werden muss. Auf die Bezeichnung des Vertrags als Heimvertrag kommt es dabei nicht an; maßgeblich sind immer die objektiven Gegebenheiten. Dabei kann von folgender **Definition** ausgegangen werden: Ein Studenten- oder Jugendwohnheim i. S. v. § 549 Abs. 3 BGB ist ein Wohngebäude, das nach seiner baulichen Anlage und Ausstattung ausschließlich oder überwiegend zur entgeltlichen oder unentgeltlichen Unterbringung einer Vielzahl von Studenten der Universitäten, Technischen Hochschulen und höheren Fachschulen für die Dauer ihrer Ausbildung (Studentenwohnheim) oder von Personen ab dem 14. Lebensjahr bis zum Erreichen der Volljährigkeit (Jugendwohnheim) bestimmt ist.[41] Die Unterbringung kann dabei in Mehrbettzimmern, Einzimmerapartments oder in abgeschlossenen Wohnungen erfolgen. Die Räume können leer oder möbliert sein. Auf das Vorhandensein von Gemeinschaftseinrichtungen (Aufenthaltsräume, Gemeinschaftsküche) kommt es nicht an;[42] allerdings kann dies ein starkes Indiz für den Heimcharakter sein. Unerheblich ist auch, ob die Räume an Einzelpersonen oder an eine Familie überlassen werden. 34

Nach der **Rechtsprechung des BGH**[43] ist § 549 Abs. 3 nur anzuwenden, wenn folgende Voraussetzungen gegeben sind: **(1)** Die Vergabe der Zimmer muss nach dem sog. **„Rotationsprinzip"** erfolgen. Dies erfordert ein Belegungskonzept, das die zeitliche Begrenzung der Mietverhältnisse nach abstrakt-generellen Kriterien gewährleistet. **(2)** Dieses Belegungskonzept muss sich mit hinreichender Deutlichkeit aus Rechtsnormen, z. B. einer Satzung, oder einer entsprechenden Selbstbindung des Vermieters ergeben; unter Umständen genügt es, wenn sich die begrenzte Mietdauer aus einer konstanten tatsächlichen Übung ergibt. Dagegen genügt es nicht, wenn die Dauer der jeweiligen Mietverhältnisse auf den Entscheidungen der Studenten beruht oder im Belieben des Vermieters steht. Ebenso dürfte § 549 Abs. 3 BGB unanwendbar sein, wenn ein regelmäßiger Mieterwechsel zwar vertraglich vorgesehen ist, dieser aber nicht oder nicht durchgängig praktiziert wird. Über die jeweils zulässige Wohndauer (ein Semester, mehrere Semester, die Dauer des Stu- 35

---

[39] Gesetz zur Erhöhung des Angebots an Mietwohnungen vom 20. 12. 1982 (BGBl. I S. 1912).

[40] BT-Drucks. 9/2079, S. 11; kritisch hierzu: zu Recht *Lechner* WuM 1983, 71.

[41] Ähnlich: LG Konstanz WuM 1995, 539, wonach vier Kriterien maßgebend sein sollen, nämlich (1) Zweckbestimmung, (2) Eignung, (3) Günstiger Mietzins, (4) Rotationsprinzip; LG Heidelberg WuM 2011, 167: danach ist maßgebend (1) ein „verbindliches Förderkonzept und (2) das „Rotationsprinzip"; vgl. auch AG München WuM 1992, 133.

[42] AG Freiburg WuM 1987, 128.

[43] BGH (VIII ZR 92/11) NJW 2012, 2881 = WuM 2012, 447.

diums) hat der BGH nicht entschieden. Jedenfalls kann in den Mietverträgen nicht vereinbart werden, dass das Mietverhältnis mit der Exmatrikulation (oder nach einer bestimmten Semesterzahl) endet. Hierin liegt eine auflösende Bedingung i. S. des § 572 Abs. 2 BGB, die im Ergebnis wirkungslos ist. Die Regelung des § 572 Abs. 2 BGB wird durch § 549 Abs. 3 BGB nämlich nicht ausgeschlossen.

36 In der instanzgerichtlichen Rechtsprechung und in der Literatur wird teilweise vertreten, die Bewertung eines Wohngebäudes als Studentenwohnheim setze weiter voraus, dass die jeweiligen Zimmer zu einer **günstigen Miete** überlassen werden.[44] Der BGH a. a. O. teilt diese Ansichten nicht. Eine gewinnbringende Miete stehe der Bewertung eines Gebäudes als Studentenheim nicht entgegen.

36a Wird das Rotationsprinzip nicht beachtet, so ist § 549 Abs. 3 BGB unanwendbar. In diesem Fall ist zu fragen, ob die fraglichen Mietverträge unter § 549 Abs. 2 Nr. 1 BGB (Wohnraum zum vorübergehenden Gebrauch) zu subsumieren sind. Dies wird nur im Ausnahmefall anzunehmen sein (s. oben Rdn. 5). Man kann deshalb zwischen den **Studentenwohnheimen mit Mieterschutz** i. S. des § 549 Abs. 1 BGB und den Studentenwohnheimen ohne Mieterschutz im Sinne des § 549 Abs. 3 BGB unterscheiden. Für die erstgenannte Gruppe gelten die allgemeinen Vorschriften für Mietverhältnisse über Wohnraum. Eine Befristung dieser Mietverhältnisse ist nicht möglich (§ 575 Abs. 1 BGB). Hier ist ungeklärt, ob und unter welchen Voraussetzungen der Vermieter das Mietverhältnis kündigen kann. Diese Frage stellt sich z. B. dann, wenn der Mieter nach Beendigung seines Studiums wohnen bleibt und der Vermieter die Räume einem studierenden Mietinteressenten überlassen will. Nach der hier vertretenen Ansicht kann die Kündigung auf § 573 Abs. 1 BGB gestützt werden. die Umgekehrt kann in den Mietverträgen vereinbart werden, dass die ordentliche Kündigung für beide Parteien für eine bestimmte Zeit ausgeschlossen ist. Ein formularvertraglicher Kündigungsausschluss zu Lasten des Mieters dürfte allerdings gegen § 307 Abs. 1 BGB verstoßen.[45]

37 Die Regelung des § 549 Abs. 3 BGB erfasst nur Wohnheime für Studenten und Jugendliche. Nach dem allgemeinen Sprachgebrauch werden nur solche Personen als **Studenten** bezeichnet, die sich in einer gehobenen schulischen Ausbildung befinden, also die immatrikulierten Angehörigen der Universitäten und Technischen Hochschulen sowie die Besucher der Fachhochschulen. **Jugendliche** sind nach juristischem und allgemeinem Sprachgebrauch (vgl. z. B. § 1 Abs 2 JGG) Personen zwischen dem 14. und dem 18. Lebensjahr. Es ist nichts dafür ersichtlich, dass der Gesetzgeber diese Begriffe in § 549 Abs. 3 BGB in einem abweichenden Sinn gebraucht hat. Deshalb werden nur solche Heime vom Geltungsbereich der Vorschrift ausgeschlossen, die satzungsgemäß von diesen speziellen Personengruppen benutzt werden sollen. Für Heime, die den Instituten der Erwachsenenbildung angeschlossen sind (wie z. B. Wohnheime für Absolventen des zweiten Bildungswegs), Ledigenheime und dergleichen, gelten dagegen die allgemeinen Vorschriften.

38 Für die Einordnung eines Wohnhauses als Studenten- oder Jugendwohnheim genügt es, wenn die Räume grundsätzlich für Studenten oder Jugendliche bestimmt sind und im Wesentlichen auch von diesen Personen bewohnt werden.[46] Die Vermietung einzelner Räume an andere Personen schadet nicht. Die Eigenschaft als Studenten- oder Jugendwohnheim geht auch nicht dadurch verloren, dass den Bewohnern nach Beendigung ihres Studiums oder nach Eintritt der Volljährigkeit der weitere Verbleib gestattet wird. Es kommt nicht auf die Person des konkreten Bewohners, sondern auf die grundsätzliche Zweckbestimmung des Raumes an.

39 In besonders gelagerten Einzelfällen kann die Auslegung des Mietvertrags ergeben, dass kein typisches Mietverhältnis i. S. v. § 549 Abs 3 BGB vorliegt, etwa wenn ein Zimmer in einem Studentenwohnheim an eine Familie mit Kind vermietet ist.

40 Bei den Mietverhältnissen nach § 549 Abs. 3 BGB sind folgende **speziellen Mieterschutzvorschriften nicht anwendbar:**

40a **Vorschriften über die höchstzulässige Miete beim Neuabschluss eines Mietvertrags** (§§ 556d bis 556g).

41 **Vorschriften über die Mieterhöhung** (§§ 557–561 BGB). Bei den in Abs. 3 aufgezählten Mietverhältnissen herrscht insoweit Vertragsfreiheit. Eine Mieterhöhung kann durch Vereinbarung geregelt oder im Wege der Änderungskündigung durchgesetzt werden. Werden spätere Mieterhö-

[44] LG Konstanz WuM 1995, 539; *Sternel* Mietrecht aktuell 4. Aufl. 2009 Rdn. XI 385.
[45] BGH (VIII ZR 307/08) NJW 2009, 3506 = WuM 2009, 587.
[46] AG Konstanz WuM 1989, 573.

hungen bereits bei Vertragsschluss vereinbart, so müssen die Beschränkungen der §§ 557a BGB (Staffelmiete) und § 557b BGB (Indexmiete) nicht beachtet werden.

Vorschriften über den Mieterschutz bei Beendigung des Mietverhältnisses (§§ 573, 573a, 573d Abs. 1, §§ 575, 575a Abs. 1 BGB). Aus der Aufzählung der Ausnahmevorschriften folgt zunächst, dass bei der **Kündigung** dieser Mietverhältnisse die **Schriftform zu beachten** ist; dies folgt aus § 568 Abs. 1 BGB, der nicht zum Katalog der ausgeschlossenen Vorschriften gehört. 42

Weiter folgt aus der Aufzählung der Ausnahmevorschriften, dass bei diesen Mietverhältnissen eine **Teilkündigung möglich** ist. Die Teilkündigung ist in § 573b BGB geregelt. Die Anwendung dieser Vorschrift ist nicht ausgeschlossen. Dies ist eine Abweichung gegenüber dem bis zum 31.8.2001 geltenden Recht. 43

Die Kündigungsfristen richten sich nach §§ 573c und § 573d Abs. 2 BGB.

Für die ordentliche befristete Kündigung und die außerordentliche Kündigung mit gesetzlicher Frist durch den Vermieter sind keine Kündigungsgründe erforderlich, weil die §§ 573 und 575a Abs. 1 BGB ausgeschlossen sind. 44

Anders als bei den in Abs. 2 genannten Mietverhältnissen gelten für die Mietverhältnisse nach Abs. 3 aber die Vorschriften über die **Sozialklausel** (§§ 574–574c). Dies entspricht bisherigem Recht (§ 556a Abs. 8 BGB a. F.). Folglich soll der Mieter in der Kündigungserklärung auf die Möglichkeit des Kündigungswiderspruchs hingewiesen werden (§ 568 Abs. 2 BGB). Die Gewährung einer Räumungsfrist und von Vollstreckungsschutz ist möglich. 45

Ausgeschlossen werden die Regelungen über den **Zeitmietvertrag** (§ 575 BGB). Der Ausschluss des § 575 BGB hat zur Folge, dass die in Abs. 3 genannten Mietverhältnisse befristet werden können (s. § 575 Abs. 1 Satz 2 BGB). 46

Vorschriften über den Mieterschutz bei der Begründung von Wohnungseigentum (§§ 577, 577a BGB) sind ausgeschlossen. Dies bedeutet, dass den Mietern der in Abs. 3 genannten Mietverhältnisse kein Vorkaufsrecht bei der Umwandlung von Miet- in Eigentumswohnungen zusteht (§ 577 BGB) und dass für den Erwerber einer solchen Wohnung keine Kündigungsbeschränkung (§ 577a BGB) gilt. 47

VII. Wohnraum in Ferienhäusern und Ferienwohnungen in Ferienhausgebieten

Nach dem bis zum 31.8.2001 geltenden Recht war auch Wohnraum in Ferienhäusern und Ferienwohnungen in Ferienhausgebieten vom Mieterschutz ausgenommen (§ 564b Abs. 7 Nr. 4 BGB a. F.). Dieser Ausschlusstatbestand ist ersatzlos entfallen. 48

Allerdings besteht hierfür eine Übergangsvorschrift: Ein am 1.9.2001 bestehendes Mietverhältnis über Wohnraum in Ferienhäusern und Ferienwohnungen in Ferienhausgebieten kann noch bis zum 1.9.2006 unter Anwendung des § 564b Abs. 7 BGB a. F. gekündigt werden (Art. 223 § 3 Abs. 2 EGBGB; Einzelheiten hierzu s. in der 7. Aufl. § 564b BGB Rdn. 388 ff.). 49

§ 550 Form des Mietvertrags

[1] Wird der Mietvertrag für längere Zeit als ein Jahr nicht in schriftlicher Form geschlossen, so gilt er für unbestimmte Zeit. [2] Die Kündigung ist jedoch frühestens zum Ablauf eines Jahres nach Überlassung des Wohnraums zulässig.

Systematische Übersicht

A. Regelungszweck

1 Die bis zur Mietrechtsreform 2001 seit dem In-Kraft-Treten des BGB unveränderte Norm ist Ausdruck der schwierigen Entscheidungsfindung über den rechtlichen Charakter und die Wirkungen des Mietvertrages bei einem Wechsel im Eigentum am Mietobjekt. Im Vordergrund der damaligen Diskussionen stand zunächst die Entscheidung zwischen den beiden Prinzipien „Kauf bricht Miete" oder „Kauf bricht nicht Miete". Im Verlauf der Entscheidungsfindung zum ersten Entwurf des BGB, der dem Prinzip „Kauf bricht Miete" folgte, wurde die Formfreiheit des Mietvertrages hervorgehoben, gleichzeitig aber weiter über seine Eintragungsfähigkeit in das Grundbuch diskutiert und diese letztlich abgelehnt.

2 Nachdem man sich im zweiten Entwurf für das gegenteilige Prinzip „Kauf bricht nicht Miete" entschieden hatte, tauchte wiederum die Frage der Dokumentation des Inhalts des Mietvertrages auf. Ausführlicher erörtert wurde nochmals seine Eintragungsfähigkeit, letztlich begnügte man sich aber in Abweichung von der allgemeinen Regel der Formfreiheit für schuldrechtliche Verträge mit der vorliegenden Formvorschrift.

3 Inhaltlich knüpft die Regelung an eine entsprechende Vorschrift des ALR, I, 21, § 269, an, bei der aber das Lösungsrecht vom Vertrag, nicht dessen Dokumentation im Vordergrund stand. Denn der dort niedergelegte Formzwang stand nicht unbedingt im Zusammenhang mit der Bindung eines Grundstückserwerbers an den Mietvertrag, sondern ergab sich aus allgemeinen Vorschriften über die Schriftform bei Verträgen, deren Gegenstandswert über 50 Taler Silber hinausging, ALR I, 5, § 131, worauf ALR I, 21, § 267, ausdrücklich Bezug nahm.

4 Demgegenüber stellte die Vorschrift in ihrer bisherigen Form den Ersatz für die Eintragung des Mietvertrages in das Grundbuch dar,[1] was sich auch daraus ergibt, dass der Formmangel entgegen § 125 Satz 1 BGB nicht zur Unwirksamkeit des Rechtsgeschäfts führte, sondern nur zur Verhinderung einer langfristigen Bindung des Grundstückserwerbers. Dass diese Bindung bei Wohnraummietverhältnissen infolge der sich insbesondere aus § 573 ergebenden Kündigungsbeschränkung dennoch besteht, steht dem nicht entgegen; beide Vorschriften sind inhaltlich nicht koordiniert worden. Die bei Formvorschriften im übrigen noch genannten Zwecke, wie Beweis des Inhalts und Warnung vor einer langfristigen oder wirtschaftlich schwerwiegenden Bindung, treten demgegenüber in den Hintergrund.[2] Sie ergeben sich notwendigerweise auch aus dem Formerfordernis, sind aber bei der Auslegung seines Umfangs nicht primär mit heranzuziehen.

5 Allerdings ist nicht zu verkennen, dass die Praxis im Laufe der Zeit diese Grundlagen der Norm aus den Augen verloren hat und ihre historischen Grenzen nur noch als praxisfremd und praxisschädlich empfindet. Die höchstrichterliche Rechtsprechung ist diesen Bestrebungen mit der von

---

[1] Protokolle II, 149/150.

[2] Bieber, in: MünchKomm, § 550 Rdn. 2; *Emmerich* in: Staudinger, § 550 Rdn. 3/3a; zweifelnd an der praktischen Bedeutung dieser zusätzlichen Funktionen auch *Guhling* NZM 2014, 529/533.Weitergehend BGH (XII ZR 69/06) NJW 2008, 2178 m. Anm. *Stapenhorst;* der BGH verwechselt hier wieder einmal Zustandekommen des Vertrages und Formwirksamkeit; richtig dagegen noch BGH (XII ZR 121/05) NJW 2007, 3346 m. Anm. *Lehmann-Richter* ZMR 2007, 940.

ihr selbst so bezeichneten „Auflockerungsrechtsprechung“[3] gefolgt, so dass der grundbuchrechtliche Zusammenhang[4] weitgehend verloren gegangen ist. Hintergrund ist der Paradigmenwechsel bei der Anwendung der Norm in der Praxis: nicht (mehr) Erwerberschutz steht im Vordergrund, sondern die Vertragsreue eines der ursprünglichen Vertragspartner[5]. Dieses Problem wäre allerdings mit dem Gedanken des Schutzbereichs der Norm besser zu lösen gewesen, womit sich auch die Frage der Erweiterung des Schutzes nicht gestellt hätte; d. h. auf den Formmangel können sich nur der Erwerber, nicht aber die ursprünglichen Vertragspartner berufen; denn in ihren Händen hätte es gelegen (bzw. liegt es, s. Rn 74–76) den Vertrag formgerecht abzuschließen bzw. die Form nachzuholen. Unter Beachtung von Dogmatik und Methodik sollte an § 311b angeknüpft werden Die Urkunde über einen längerfristigen Mietvertrag steht an der Stelle von notarieller Beurkundung für den Grundbucheintrag und muss daher ebenfalls die für diesen Bereich geltenden Formerfordernisse erfüllen, wodurch sich eine Fülle der von der höchstrichterlichen Rechtsprechung verursachten Einzelprobleme erledigen: In der Urkunde müssen sämtliche Vertragskriterien ohne Unterscheidung in wichtige und unwichtige Abreden enthalten sein[6] (anders aber Rspr. s. Rdn. 33); Anlagen müssen in den „Willen“ des beurkundeten Vertrages ausdrücklich aufgenommen werden (entsprechend §§ 9, 13 BeurkG; anders die Rspr. zu § 550, s. Rdn. 38); Änderungen und Ergänzungen der ursprünglichen Urkunde sind nicht nur ebenfalls formbedürftig[7] (anders wiederum Rspr. Rdn. 41–45), sondern sind auch auf der Ursprungsurkunde zu vermerken (§ 44a BeurkG). Denn nur auf diese Weise wird der jeweils geltende Vertragsinhalt formgerecht dokumentiert (anders Rspr. s. Rdn. 44). Wird das Formerfordernis punktuell nicht erfüllt, ist aus der Mitwirkungspflicht der vertragschließenden Parteien an der Herbeiführung des beabsichtigten Vertragszieles (i. e. langfristiger Mietvertrag) ein Anspruch auf Nachholung der Form herzuleiten.[8] Denn § 550 dient nicht dem Schutz der Vertragschließenden, so dass sie durch diese Pflicht keines Schutzes verlustig gehen (anders aber bei Rdn. 4). Damit erübrigen sich die Diskussionen um die sog. Heilungsklauseln (s. unten Rdn. 74).

Systematisch verfehlt steht die Vorschrift jetzt im Abschnitt über Wohnraummietverhältnisse. **6**
Kraft der Verweisung in § 578 gilt sie aber sowohl für Mietverhältnisse über Grundstücke als auch sonstige Räume, also insbesondere für die Geschäftsraummiete[9]; über § 581 Abs. 2 auch für Pachtverträge, für Landpachtverträge enthält § 585a eine dem § 550 mit Ausnahme der über zweijährigen Laufzeit entsprechende Vorschrift.

Die durch die Mietrechtsreform geänderte Fassung (Altfassung: § 566 S. 1: „Ein Mietvertrag **7**
über ein Grundstück, der für längere Zeit als ein Jahr geschlossen wird, bedarf der schriftlichen Form“ gegenüber der Neufassung „Wird der Mietvertrag … nicht in schriftlicher Form geschlossen …“) hat die Frage aufgeworfen, ob es sich jetzt noch um eine gesetzlich vorgeschriebene Schriftform iS des § 126 oder nur noch um eine vereinbarte Form nach § 127 handelt mit der Folge, dass die strengen Erfordernisse des § 126 nur noch „im Zweifel“ gelten und die übrigen Erleichterungen des § 127 Anwendung finden.[10] Zusätzlich zur Wortlautinterpretation wird auf die Gesetzgebungsgeschichte verwiesen, wonach es ausdrücklich für entbehrlich erklärt worden ist, die Schriftform zwingend vorzuschreiben.[11]

Demgegenüber ist auch angesichts der Umformulierung der Vorschrift daran festzuhalten, dass **8**
die Schriftform gesetzlich iS des § 126 vorgeschrieben ist.[12] Die Berufung auf die Gesetzgebungsgeschichte ist nicht zwingend; denn darin heißt es auch, dass die Norm im Wesentlichen unverändert dem bisherigen § 566 entspricht.[13] Methodologisch kann ein Gesetzeszwang sowohl durch eine ausdrückliche Handlungsanweisung als auch durch die Anordnung von Rechtsfolgen für den Fall

---

3 So zuletzt BGH (XII ZR 234/95) NJW 1998, 58; BGH (XII ZR 60/97) NZM 1999, 559; BGH (XII 251/97) NZM 2000, 381; wobei zu bezweifeln ist, ob es Aufgabe des BGH ist, ein Gesetz aufzulockern und nicht seiner Wahrung zu dienen. Kritik am BGH zurückweisend *Treier,* Gedächtnisschrift Sonnenschein S. 150.

4 In diesem Sinne noch *Schlemminger* NJW 1992, 2249/2253.

5 AnwK-BGB/*Riecke* § 550 Rdn. 3; *Börstinghaus,* in: DMT-Bilanz 2011, 377.

6 *Kanzleiter,* in: MünchKomm § 311b Rdn. 50.

7 Palandt/*Grüneberg* § 311b Rdn. 41.

8 Wenn diese Pflicht schon bei einer vereinbarten Form gilt, so muss sie erst recht bei einer gesetzlichen Form gelten.

9 *Löwe* NZM 2000, 577/581.

10 *Löwe* NZM 2000, 577/581; *Eckert* NZM 2001, 409.

11 *D. Both* in: Herrlein/Kandelhard § 550 Rdn. 7 in sophistischer Auseinandersetzung mit der hM.

12 *Blank/Börstinghaus,* Neues Mietrecht, § 550 Rdn. 2; *Treier,* Gedächtnisschrift Sonnenschein S. 142.

13 Begr.RegEntw. bei *Grundmann,* Mietrechtsreformgesetz, S. 101.

der Unterlassung der erwünschten Handlung ausgeübt werden.[14] Teleologisch ist der Formzwang zur Erreichung des Gesetzeszweckes, – Information des Grundstückserwerbers –, weiterhin erforderlich.[15] Denn von einer derartigen Information kann bei einer formal umfangmäßig im Belieben der Mietvertragsparteien stehenden Vertragsgestaltung, insbesondere unter Berücksichtigung der Möglichkeiten der §§ 126a, 126b, auf die § 127 Abs. 1 ausdrücklich verweist, nicht mehr gesprochen werden.

B. Formerfordernis

9 Dem Formzwang unterworfen sind nur solche Mietverträge über Grundstücke oder Räume, in deren rechtliche Wirkungen der Grundstückserwerber eintreten kann. Das gilt zunächst für alle (Haupt-)Mietverträge über das Mietobjekt, sowohl über Wohnraum als auch über Gewerberaum.

10 Ferner findet die Vorschrift Anwendung auf gemischte Verträge, die aus mietvertraglichen und sonstigen Elementen (Versorgung, Pflege, andere Dienstleistungen) zusammengesetzt sind, sofern die Zusatzleistungen notwendigerweise auf dem Bestehen des „Miet-"Vertrages aufbauen müssen und der mietvertragliche Anteil an den rechtlichen Beziehungen überwiegt.[16]

11 Die Schriftform gilt auch für einen längerfristigen **Untermietvertrag**[17], obwohl zwischen Untermieter und Hauptvermieter keinerlei rechtliche Beziehungen bestehen. Denn der Erwerber des mit derartig gestaffelten Mietverhältnissen belasteten Grundstücks ist mittelbar auch an diesen Untermietvertrag gebunden, zumal jetzt die Schutzmöglichkeiten für den Untermieter auch gegenüber dem Hauptvermieter mit der Einführung des § 565 erheblich erweitert worden sind.

12 Schließlich bedarf auch der kurzfristige Vertrag der Schriftform, wenn er eine Verlängerungsklausel oder eine **Optionsklausel** enthält, die zu einer über die Jahresfrist hinausgehenden Verlängerung berechtigen.[18] Das gilt auch für die **selbständige Vereinbarung** einer Verlängerungsoption, über deren Verlängerungsdauer keine ausdrückliche Vereinbarung getroffen worden ist. Denn die die Vertragslaufzeit beeinflussende Option ist ein wesentlicher Bestandteil des Mietvertrages und bedarf allein bereits deshalb der Schriftform, vorausgesetzt, der Grundmietvertrag hatte eine längere Laufzeit als ein Jahr.[19] Die **Ausübung** der **Option** bedarf ebenfalls der Form[20]. Denn hierbei handelt es sich dogmatisch um die Annahme eines im Hauptvertrag niedergelegten Vertragsangebots auf Verlängerung dieses ursprünglichen Vertrages. Aus dem vorliegenden Vertrag muss sich aber für den Erwerber ergeben, welche Laufzeit er hat. Unbehelflich ist insoweit der Hinweis, er könne sich erkundigen[21]; das kann er bei jedem formlosen Vertrag tun.

13 Mangels gesetzlicher Bindung eines Erwerbers bedarf der **Miet-Vorvertrag** nicht der Schriftform.[22] Denn dieser Vertrag gewährt noch kein Besitzrecht am Mietobjekt, sondern lediglich einen Anspruch auf Abschluss des – je nach Laufzeit formbedürftigen – Hauptvertrages. Formbedürftig ist aber die Abrede, dass der Vorvertrag nunmehr als Hauptvertrag gelten solle.[23]

14 Da ein Erwerber auch beim **Vor-Mietrecht** noch nicht gebunden wird, bleibt dessen Vereinbarung formfrei. Der in Ausübung dieses Rechts zustande gekommene Mietvertrag bedarf dagegen bei entsprechender Vertragsdauer der Schriftform[24].

---

[14] Davon ging wohl auch die Bund-Länder-Arbeitsgruppe „Mietrechtsvereinfachung" aus, Bericht mit Textvorschlägen zur Neugliederung und Vereinfachung des Mietrechts, S. 133 Nr. 3.

[15] *Emmerich* in: Staudinger § 550 Rdn. 3; *Lindner-Figura,* in: ders./Oprée/Stellmann Kap. 6 Rdn. 4.

[16] BGH (VIII ZR 331/80) NJW 1982, 221.

[17] BGH (VIII ZR 166/80) NJW 1981, 2246, der allerdings nur auf das Verhältnis zwischen Unter-Vermieter und Untermieter abstellt.

[18] KG OLGE 8, 396; LG Berlin MM 1996, 165.

[19] BGH (VIII ZR 225/86) NJW-RR 1987, 1227; OLG Düsseldorf ZMR 2013, 431; *Soergel/Heintzmann,* Vor § 535 Rdn. 8; KG GE 2007, 1486, OLG Rostock MietRB 2010, 196, wobei es sich im konkreten Fall nicht um eine Option handelte.

[20] OLG Hamburg ZMR 2012, 100; KG ZMR 2013, 702 Rdn. 19; aA OLG Dresden BeckRS 2017, 107876 = ZMR 2017, 465; allgemein MüKo/*Busche* Vor § 145 Rdn. 74; *Zöll,* in: Lindner-Figura/Oprée/Stellmann, Kap. 9 Rdn. 26; die Formbedürftigkeit ist allerdings sowohl in Rechtsprechung wie Literatur umstr., s. im einzelnen *Börstinghaus,* in: DMT-Bilanz 2011, 377/379 bei Fn. 16.

[21] So *Börstinghaus,* in: DMT-Bilanz 2011, 377/381.

[22] RGZ 86, 30; BGH (XII ZR 40/05) NJW 2007, 1817 = ZMR 2007, 519 m. Anm. *Dusil;* OLG Brandenburg ZMR 2010, 23; a. A. *Michalski* WM 1998, 1997.

[23] BGH (V ZR 97/69) NJW 1970, 1596; *Emmerich* in: Staudinger § 550 Rdn. 6.

[24] *Emmerich* in: Staudinger § 550 Rdn. 7.

Ist ein Mietvertrag formgerecht beurkundet worden, gilt für seinen Inhalt die Vermutung der Richtigkeit und Vollständigkeit. Ein Vertragspartner, der sich auf weitergehende Vereinbarungen beruft, die keinen Niederschlag im schriftlichen Mietvertrag gefunden haben, ist hierfür darlegungs- und beweispflichtig.[25] 15

Nach der Regel des § 416 ZPO erbringt der formgerecht abgeschlossene Mietvertrag den vollen Beweis dafür, dass die im Vertrag niedergelegten Erklärungen von den Vertragspartnern abgegeben worden sind; die Beweisregel erfasst dagegen nicht den Inhalt der Erklärungen. 16

Weitergehend ergibt sich aus den §§ 439 Abs. 2, 440 Abs. 2 ZPO, dass die Echtheit der über der Unterschrift stehenden Erklärungen dann vermutet wird, wenn der Gegner des Beweisführers die Echtheit seiner Unterschrift unter dem Mietvertrag anerkennt. Gegenüber dieser gesetzlichen Vermutung ist der Beweis des Gegenteils zulässig. 17

I. Vertragsdauer

In Umkehrung des Vorbildes in ALR I, 21, § 269, bei dem der Formmangel die Vertragsdauer auf 1 Jahr bestimmte, verlangt § 550 bei einer über ein Jahr hinausgehenden Vertragsdauer die Einhaltung der Schriftform. Für die Berechnung der Vertragszeit ist der Zeitpunkt des vertraglich vereinbarten **Nutzungsbeginns** maßgebend. Nicht abgestellt werden darf auf den Vertragsschluss oder auf den Zeitpunkt der tatsächlichen Nutzung.[26] Ersterer sagt nichts über die zur Nutzung berechtigende Vertragslaufzeit; letzterer ist – ex ante vom Vertragsabschluss her – nicht mit Sicherheit festzustellen (s. unten Rdn. 59). 18

Eine Laufzeit über ein Jahr hinaus liegt bei Verträgen vor, die auf mehrere Jahre abgeschlossen worden sind (z. B. auf zwei, fünf oder zehn Jahre). 19

Eine längere Laufzeit ist bei Verträgen gegeben, die zwar auf unbestimmte Zeit abgeschlossen worden sind, bei denen aber die Möglichkeit einer ordentlichen Kündigung auf die Weise beschränkt ist, dass sie frühestens nach Ablauf eines Vertragsjahres erfolgen darf.[27] Ob eine derartige **Kündigungsbeschränkung** vorliegt, ist danach zu entscheiden, ob sich der Mieter darauf berufen kann. Das ist zum einen der Fall, wenn sie im Mietvertrag mit ihm vereinbart worden ist; eine getrennte entsprechende Absprache bedarf aber wiederum der Schriftform.[28] Ist eine diesbezügliche Absprache zwischen dem Veräußerer-Vermieter und dem Erwerber getroffen worden, ist darin ein Vertrag zugunsten Dritter (= Mieter) zu sehen, so dass durch diese nachträgliche die Laufzeit berührende Abrede die Formbedürftigkeit eintritt.[29] Wegen der bei Nichteinhaltung der Form eingreifenden vorzeitigen Kündbarkeit des Vertrages kann darin kein Vertrag zu Lasten des Mieters gesehen werden; denn er kann einer vorfristigen Kündigung des Erwerbers den Einwand des venire contra factum proprium entgegenhalten.[30] Auch im Wohnraummietrecht ist der befristete Ausschluss des Kündigungsrechts zugunsten des Mieters zulässig.[31] 20

Ferner gehören Verträge hierher, die zwar zunächst auf eine Laufzeit unter einem Jahr abgeschlossen worden sind, in denen aber bestimmt ist, dass sich der Vertrag auf bestimmte oder unbestimmte Zeit verlängern soll, wenn er nicht zum Ende der ersten Laufzeit gekündigt wird; auch dies betrifft nur noch Gewerberaummietverträge. Aus dem Zusammenwirken beider vertraglicher Regelungen ergibt sich eine über ein Jahr hinausgehende Vertragsdauer.[32] 21

Wird in einem (Nichtwohnraummiet-)Vertrag die Mietzeit oder auch nur die Aussetzung der Zahlung des Mietzinses an das Abwohnen eines Baukostenzuschusses gekoppelt, liegt, sofern die Höhe den Mietzins für ein Jahr übersteigt, ein längerfristiger Vertrag vor. Denn entweder ist – bei 22

---

[25] RGZ 62, 49; LG Berlin GE 2001, 1541.

[26] *Lindner-Figura* in: ders./Oprée/Stellmann, Kap. 6 Rdn. 14.

[27] BGH (VIII ZR 164/58) NJW 1960, 475; BGH (VIII ZR 223/06) WuM 2007, 272 m. Anm. *Lammel,* jurPR-MietR 13/2007 Anm. 3; MietPrax-AK § 550 BGB Nr 18 (Anm. *Eisenschmid*); BGH (XII ZR 117/06) NZM 2008, 687; OLG Düsseldorf GE 2009, 841.

[28] BGH (VIII ZR 235/11) NZM 2012, 502; OLG Hamburg MietRB 2015, 357; OLG München ZMR 2016, 945.

[29] *Soergel/Heintzmann,* § 550 Rdn. 3, allerdings unterscheidend zwischen unechtem und echtem Vertrag zugunsten Dritter.

[30] RGZ 103, 381.

[31] BGH (VIII ZR 81/03) NJW 2004, 1448 und BGH (VIII ZR 379/03) NJW 2004, 3117; s. § 575 Rdn. 66, 78, 81.

[32] *Emmerich in: Staudinger* § 550 Rdn. 9.

Vorliegen einer Verrechnungsabrede – für die Dauer dieser Verrechnung die Befugnis zur ordentlichen Kündigung ausgeschlossen, oder die Mietzeit ergibt sich aus der Höhe des Baukostenzuschusses und der entsprechenden Mietanteile.

23 Schließlich gelten auch solche Verträge als über ein Jahr dauernd, deren Laufzeit vom zeitlich unbestimmten Eintritt eines Ereignisses abhängig gemacht worden ist (z. B. Vertrag auf Lebenszeit;[33] bis zur Anmietung oder Fertigstellung einer anderen Wohnung; bis zur Eheschließung, der Arbeitsaufnahme);[34] was bei Wohnraummietverträgen angesichts der zwingenden Voraussetzungen für einen qualifizierten Zeitmietvertrag ebenfalls nicht mehr zulässig ist.[35]

II. Schriftform

24 Die inhaltlichen Voraussetzungen für die Einhaltung der Schriftform ergeben sich aus § 126. Neben der dort aufgeführten eigenhändigen Unterzeichnung erfüllen auch die notarielle Beurkundung nach den §§ 8 bis 13 BeurkG sowie der Vertragsschluss im Wege des gerichtlichen Vergleichs, § 127 a BGB, §§ 159 bis 163 ZPO, die gesetzliche Schriftform. Zur elektronischen Form s. unten Rdn. 47.

25 Die Einhaltung der Schriftform bezieht sich nur auf die **Unterzeichnung** der Urkunde durch ihren Aussteller, nicht auf deren sonstige Ausgestaltung. Die Befolgung der Form dient lediglich der Dokumentation des zwischen den Parteien Vereinbarten, nicht aber der Herbeiführung des materiell richtigen Inhalts, sie gibt den Ist-Zustand wieder, zwingt aber nicht zur Einhaltung des Soll-Zustandes.[36] Entgegen dieser Trennung zwischen Urkunde (= Form) und Vertrag (= Wirksamkeit)[37] hat die gerichtliche Praxis **bisher** im wesentlichen danach unterschieden, in welcher rechtlichen Form der „Vertragsschließende" der Urkunde auftritt (natürliche Person, Personenmehrheit, Gesamtperson oder juristische Person); zum anderen danach, ob der „Vertragsschließende" in Person unterschreibt oder sich durch einen Dritten hierbei vertreten lässt. Dabei wird aber nicht berücksichtigt, dass zu trennen ist zwischen Erfüllung der Form und den sich aus der Urkunde ergebenden Rechtswirkungen. Denn **Aussteller** der Urkunde i. S. des § 126 Abs. 1 ist nach hM derjenige, der die beurkundete Willenserklärung abgegeben hat[38], nicht aber derjenige, den die Rechtsfolgen treffen sollen. Inhaltlich müssen daher nach § 550 beide Elemente erfüllt werden: das Schriftformerfordernis des § 126 und der formentsprechende Vertragsschluss. Während es für die Schriftform auf den Aussteller der Urkunde ankommt, bedarf es für den Vertragsschluss eines klarstellenden Hinweises auf die Vertragspartner. Die Trennung zwischen den Erfordernissen der Form und denen des Vertragsschlusses ist auch bei anderen Elementen zu machen, die die Perfektion des Mietvertrages betreffen, so z. B. die rechtzeitige Annahme eines Vertragsangebots; die Angabe der Zeitspanne zwischen den Annahmeerklärungen der Parteien ist daher keine Frage der Form, sondern des Vertragsschlusses gem. §§ 147 Abs. 2, 150 Abs. 1;[39] dieser Vertragsschluss muss aber wiederum formgerecht erfolgen![40] Die praktische Missachtung der dogmatischen Strukturen führte zu dem **Missbrauch der Formvorschrift** als Mittel zur Lösung von einem unbequem gewordenen Vertrag. Dieser Erscheinung begegnete dann die Rechtsprechung mit ihrer Auflockerungsrechtsprechung, die letztlich die Vorhersehbarkeit der Entscheidungen nahezu unmöglich gemacht hat. Die Befolgung des Trennungsprinzips erledigt dagegen die problematischen Differenzierungen hinsichtlich der Erfüllung der Form.[41] In seiner neueren Rechtsprechung nähert sich der BGH inhaltlich diesem Trennungsgebot an: Zwar prüft er weiterhin unter dem Rechtsmerkmal „Form", er unterscheidet aber zwischen äußerer Form, die er dem § 550 unterstellt, und einer inneren Form, die

---

[33] S. dazu auch § 575 BGB Rdn. 81.

[34] BGH (VIII ZR 134/57) NJW 1958, 2062; LG Berlin WuM 1991, 498; OLG Frankfurt OLG Report Frankfurt 1994, 146.

[35] Zu den Einzelheiten s. § 542 Rdn. 162–164.

[36] *Lindner-Figura,* in: ders/Oprée/Stellmann, Kap. 6 Rdn. 21.

[37] Diese Trennung liegt auch der Entscheidung des BGH (XII ZR 120/06) NZM 2010, 319 zugrunde, so in ihrer Anm. dazu *Pleister/Ehrich,* ZMR 2010, 595–596; *Disput,* ZMR 2010, 827/829; einengend hingegen nur auf den konkreten entschiedenen Fall *Eupen,* NZM 2010, 389.

[38] RGZ 76, 191; die Materialien sprechen insoweit stets vom Erklärenden; MüKo/Einsele § 126 Rdn. 12.

[39] BGH (XII ZR 66/07) NZM 2009, 515; BGH (XII ZR 120/06) ZMR 2010, 535; KG NZM 2007, 86; OLG Jena NZM 2008, 572; *Pleister/Ehrich,* ZMR 2009, 820; aA aber KG ZMR 2007, 535; KG NZM 2007, 731; OLG Rostock MietRB 2005, 317; *D. Both,* in: *Herrlein/Kandelhard,* § 550 Rdn. 8.

[40] *Schultz,* NZM 2007, 509.

[41] So auch *Disput,* ZMR 2010, 827/829.

jedenfalls nicht unter § 550 zu subsumieren ist.[42] Diese sog. innere Form wird nicht genau definiert, sie stellt aber die materiellen Voraussetzungen für einen Vertragsschluss dar. Die Bezeichnung als „Form" verstellt allerdings den Blick auf die Elemente eines Vertragsschlusses;[43] materielles und formelles Recht sind aber strikt nach ihren jeweiligen Tatbestandsmerkmalen zu trennen. Die **Prüfung eines Vertrages** erfolgt daher in **zwei Schritten:** Erstens muss festgestellt werden, ob überhaupt ein materiell wirksamer Vertragsschluss vorliegt (übereinstimmende Willenserklärungen bzgl. des Inhalts, Parteien, Vertretungsbefugnis); bei einem entsprechend positiven Ergebnis kann zweitens überprüft werden, ob dieser wirksame Vertrag formgerecht abgeschlossen worden ist.[44] Die jüngsten Entscheidungen des BGH stellen daher inhaltlich keine Fortsetzung der Auflockerungsrechtsprechung dar[45] (wenn auch von ihr nicht ausdrücklich Abschied genommen wird), sondern sind Ausdruck der notwendigen Trennung von materiellem und formellem Recht.

Erfüllt wird die **Form** durch die **Unterzeichnung der Urkunde** mit dem Namenszeichen der **26** Aussteller, dh. bei einem Vertrag mit den Namenszeichen aller Vertragsparteien. Das gilt auch bei Gesamtpersonen (GbR[46], KG, OHG, juristischen Personen). Bei ihnen leistet die „Gesamtperson" die Unterschrift durch das für sie bestellt Organ; ein Vertretungszusatz ist daher – mangels Vertretung i. S. des § 164 – nicht erforderlich[47]; die **Instanz-Rechtsprechung** sieht dies ebenfalls unter Verkennung des Unterschieds von Form und Wirkung durchweg **anders** [48]. Besteht eine Vertragspartei aus mehreren Personen und werden diese bei der Unterzeichnung nicht vertreten, müssen grundsätzlich alle ihre Unterschrift leisten, da sie in diesem Fall auch Aussteller der Urkunde sind[49]. Die **Unterschrift** muss den Aussteller hinreichend kennzeichnen.[50] Das erfordert nicht unbedingt die Unterzeichnung mit (Vor- und) Zunamen,[51] sondern zulässig ist auch die Verwendung z. B. nur des Vornamens, eines Pseudonyms, eines Künstlernamens, sofern die betreffende Person unter diesen Bezeichnungen hinreichend identifizierbar ist und mit ihnen am Rechtsverkehr teilnimmt. Anstelle des Namens kann auch mittels der nach den §§ 39, 40 Abs. 6 BeurkG notariell beglaubigten Handzeichen unterschrieben werden. Der Vollkaufmann zeichnet mit seiner Firma, § 17 HGB. **Nicht ausreichend** ist dagegen die Unterzeichnung mit einer Paraphe, die zwar der Zuordnung zum Aussteller dienen kann, aber nicht den Charakter der Endgültigkeit trägt; ferner mit einer Verwandtschaftsbezeichnung oder einem bloßen Titel.

---

[42] BGH (XII ZR 98/13) NZM 2015, 662 Rdn. 33.

[43] Gerade in dem Fall BGH (XII ZR 98/13) NZM 2015, 662 bestanden durchaus berechtigte Zweifel, ob überhaupt ein Mietvertrag zustande gekommen war, s. auch die Anm. Lepczyk, jurisPR-MietR 18/2015 Anm. 4; das gleiche gilt für den Fall einer Erbengemeinschaft (BGH (VIII ZR 298/14) MietRB 2015, 226, bei dem ebenfalls Zweifel bestehen könnten, ob überhaupt und wenn ja, mit wem, der Mietvertrag zustande gekommen ist; s. auch zur Erbengemeinschaft OLG Hamburg ZMR 2016, 941.

[44] Leider werden diese unterschiedlichen Merkmale immer noch miteinander verknüpft, so. z. B. *Eisenschmid,* MietPrax-AK, § 550 BGB, Entscheidung Nr. 41, in seiner Anmerkung, wenn er für die Wahrung der Schriftform verlangt, dass die für den Abschluss des Vertrages notwendige Einigung vorliegt.

[45] So aber die Anmerkungen von *Lepczyk,* jurisPR-MietR 18/2015 Anm. 4 und *Eisenschmid,* MietPrax-AK, § 550 BGB, Entscheidung Nr. 41.

[46] BGH (II ZR 331/00) NJW 2001, 1056. Hier gilt aber das Erfordernis der Unterzeichnung mit einem Vertretungszusatz, BGH (XII ZR 300/99) GE 2003, 523; BGH (XII ZR 65/02) NJW 2003, 3053; BAG NJW 2005, 2572; OLG Köln MietRB 2005, 92, was aber der Anerkennung als Gesamtpersönlichkeit ähnlich einer juristischen Person nicht entspricht; undeutlich insoweit OLG Dresden MietRB 2006, 164.

[47] MüKo/*Einsele* § 126 Rdn. 13; OLG Düsseldorf MDR 2012, 902 Rdn. 54; OLG Koblenz BeckRS 2014, 14502 = ZMR 2015, 20; in BGH (XII ZR 55/14) ZMR 2015, 695, Rz 24 heißt insoweit ausdrücklich, dass die Vertretungsproblematik keine Frage der Schriftform, sondern des Zustandekommens des Vertrages ist.

[48] OLG Köln MietRB 2005, 257; BGH (XII ZR 121/05) NJW 2007, 3346; KG DWW 2007, 374; BGH (XII ZR 35/11) NJW 2013, 1082 m. Anm. *Lammel* jurisPR-MietR 7/2013 Anm. 1; s. auch *Wiek* GuT 2003, 207 aA die in Fn. 39 zitierte Rechtsprechung, die aber die Gesamtpersönlichkeit der GbR nicht ausreichend berücksichtigt. Bei BGH (XII ZR 132/03) NJW 2005, 2225 wird nicht deutlich, ob eine GmbH Vertragspartnerin gewesen ist. Anders auch LG Berlin GE 2007, 846.

[49] OLG Nürnberg MietRB 2004, 343; LG Hamburg ZMR 2009, 535; BGH (XII ZR 69/06) NJW 2008, 2178 m. Anm. Stapenhorst; OLG Köln ZMR 2015, 446; OLG Hamburg ZMR 2016, 941 lässt bei einer Erbengemeinschaft die Bestimmbarkeit deren Mitglieder ausreichen, was aber nicht unbedingt etwas darüber aussagt, ob diese auch Vertragspartner geworden sind; BGH (XII ZR 86/07) NZM 2010, 82: Vertretungszusatz erforderlich, um zu erkennen, dass alle Vertragspartner unterzeichnet haben (Rz 13, 14); dazu *Einsele,* LMK 2010, 296352; *Schäfer,* GWR 2010, 8; *Timme/Hülk,* NZG 2010, 177; *Kuxkein,* NZM 2010, 148. Das ist aber keine Frage der Form, sondern des wirksamen Vertragsschlusses, so jetzt BGH (XII ZR 55/14) ZMR 2015, 695 Rz 24.

[50] Zur „Wellenlinie" s. OLG Köln NZM 2005, 705.

[51] OLG Hamm (Urt. v. 6.5.2011 – 30 U 15/10) BeckRS 2011, 13445.

27 Das Merkmal der **eigenhändigen** Unterzeichnung wird nur durch eine handschriftliche Unterschrift erfüllt. Daher genügt es nicht, wenn die Unterschriftsleistung mittels Stempel, Druck, Schreibmaschine, Schreibautomat, Faksimile erfolgt. Nicht ausreichend für die Erfüllung der Form ist ferner die Übersendung des Vertrages im Wege eines „unterzeichneten" Telegramms oder durch Telefax,[52] wobei letzteres mehr ein Problem des Vertragsschlusses ist, da dem Telefax ein „Original" des Vertragsexemplars zu Grunde liegen muss (s. unten Rdn. 31). Wird die elektronische Form (s. Rdn. 47) gewählt, ist neben der Namensangabe des Erklärenden als „Unterschrift" (s. Rdn. 28) seine elektronische Signatur erforderlich, § 126a Abs. 1. Außerhalb des Anwendungsbereichs von § 126a ist der Vertragsschluss durch E-Mail nicht formwahrend.[53]

28 Um eine **Frage des Vertragsschlusses** i. S. des § 550 handelt es sich, wenn die Vertragspartner bei der Unterzeichnung des Mietvertrages durch einen Dritten **vertreten** werden. Dann ist dieser zwar Aussteller der Urkunde. Er muss aber in Verfolgung des Offenkundigkeitsprinzips nach § 164 Abs. 2 klarstellen, dass er **nicht** der **Vertragspartner** sein will. Deshalb ist es bei den Vertretungsfällen erforderlich, dass der Unterschrift des Vertreters ein sein Vertretungsverhältnis kennzeichnendes Merkmal beigefügt wird[54]; der Vertretungszusatz dient in diesen Fällen der Dokumentation, dass alle Vertragspartner ihre Unterschrift geleistet haben[55] Keine Frage der Form, sondern der Wirksamkeit des Vertrages liegt bei einer Vertretung durch mehrere Personen vor, von denen aber nur einer – unter Hinweis auf die Vertragspartnerstellung des Vertretenen, nicht aber unter gleichzeitigem Hinweis darauf, dass er auch die anderen Vertreter „vertritt" – unterzeichnet hat[56] Die Vertretereigenschaft kann sich aber auch aus den Umständen ergeben, wenn z. B. im Vertragsrubrum die Namen der Vertragspartner aufgeführt sind, zu denen der Unterschreibende aber mangels dortiger Erwähnung nicht gehört[57]. Technisch gesehen kann daher der **Vertreter** sowohl mit seinem Namen unter Kennzeichnung seiner Vertreterstellung (sofern sich diese nicht aus der Urkunde selbst ergibt, z. B. aus dem „Rubrum" der Mietvertragsformulare) als auch mit dem Namen des Vertretenen[58] unterzeichnen …

29 Der Gesetzeswortlaut verlangt ausdrücklich eine **„Unterzeichnung"** der Urkunde. Das ist keine bloße sprachliche Förmelei, sondern entspricht dem Zweck der Schriftform als Erklärung, dass die verkörperte Willenserklärung vom Aussteller herrührt (s. auch § 416 ZPO), also zeitlich vor der Bestätigung liegen muss. Die Unterzeichnung muss die Urkunde abschließen[59] Deshalb erfüllen Namenszeichnungen oberhalb des Urkundentextes („Oberschrift") oder neben diesem („Nebenschrift") das Formerfordernis nicht.[60] Zusätze unter der Unterschrift bedürfen daher zu ihrer Wirksamkeit (bzw. zur Wirksamkeit der gesamten Urkunde, s. unten Rdn. 60) erneut der Unterschrift; spätere Zusätze, die oberhalb der Unterschrift angebracht werden, sind dagegen unter dem Gesichtspunkt der Wahrung der Schriftform wirksam.[61]

30 Das gesetzliche Formerfordernis sollte zwar bei Vertragsschluss erfüllt werden. Die Unterschriften können aber noch später nachgeholt werden mit der Folge, dass die nachteiligen Wirkungen des Formmangels ex tunc entfallen.[62] Mangels Nichtigkeit des gegen die Formvorschrift des § 550 verstoßenden Geschäfts findet § 141 Abs. 1 keine Anwendung; die Rückwirkung der Formerfüllung ist aus einer Analogie zu §§ 141 Abs. 2, 184 Abs. 1 herzuleiten.[63]

---

[52] BGH (IX ZR 259/91) NJW 1993, 1127; OLG Celle ZMR 1996, 26.
[53] KG GE 2001, 849.
[54] OLG Nürnberg MietRB 2004, 343.
[55] OLG Düsseldorf MietRB 2012, 38; VerfGH Berlin GE 2012, 121.
[56] AA OLG Hamm (30. ZS) NZM 2011, 584 = ZMR 2011, 632 mit Anm. Späth.; anders hingegen OLG Hamm (7. ZS) MietRB 2012, 311, das in diesem Fall eine stillschweigende Genehmigung der anderen Vertretungsberechtigten annimmt; ähnlich *Leo* NJW 2013, 2393/2394, dessen Argumentation aber einer petitio principii nahekommt.
[57] BGH (XII ZR 132/03) NJW 2005, 2225; OLG Koblenz WuM 2012, 616 mit einem zu weitgehenden Leitsatz.
[58] Dann nach der hM sogar ohne Vertretungszusatz, kritisch dazu Einsele in: MünchKomm, § 126 BGB Rdn. 12; Bedenken dagegen *Jauernig,* § 126 Rdn. 3.
[59] OLG Düsseldorf MietRB 2012, 40; so auch BGH (VIII ZR 72/14) WuM 2014, 612 bzgl. Textform.
[60] So bereits die Motive zum BGB bei *Haidlen,* BGB, § 126 Rdn. b; BGH (VIII ZR 296/88) NJW-RR 1990, 518; BGH (XI ZR 71/91) NJW 1992, 829.
[61] OLG Köln NJW-RR 1989, 1336.
[62] *Roquette,* § 566 Rdn. 45; BGH (XII ZR 68/02) WuM 2004, 535; *Lindner-Figura,* in: ders./Oprée/Stellmann, Kap. 6 Rdn. 109; a. A. *Sternel,* I Rdn. 204: ex nunc-Wirkung; offengelassen jetzt in Mietrecht aktuell[4] I Rdn. 143.
[63] Das übersieht *Streyl* NZM 2015, 28/29 bei seinem Verdikt über die Sinnlosigkeit von Heilungsklauseln völlig.

1. Ursprungsvertrag

Bei Mietverträgen entspricht es der Regel, dass **mehrere** gleichlautende **Urkunden** über die vertraglichen Vereinbarungen erstellt werden, z. B. ein Formularvertragsexemplar für den Mieter und eines für den Vermieter. In diesen Fällen müssen nicht beide Exemplare von beiden Vertragspartnern unterzeichnet werden, sondern es reicht aus, wenn das jeweils für den anderen Partner bestimmte Exemplar unterschrieben wird, § 126 Abs. 2 Satz 2[64]; das gilt auch für die elektronische Form, § 126 a Abs. 2.Die Schriftform ist allerdings auch gewahrt, wenn ein Vertragsexemplar von beiden vertragschließenden Parteien unterzeichnet worden ist.[65] Nicht ausreichend für die Erfüllung der Schriftform ist ein Briefwechsel über die Annahme des Vertragsangebots[66]; denn in diesem Fall enthält nicht eine Urkunde beide rechtsgeschäftlich relevanten Erklärungen der Parteien, die letztlich den Vertragsinhalt ausmachen.[67] Keine Frage der Erfüllung der Schriftform, sondern ihres Nachweises stellt es dar, wenn die formgerechte Urkunde im Streitfall nicht vorgelegt werden kann.[68] 31

Von der Erfüllung der Form streng zu trennen ist das **Zustandekommen** des Vertrages[69] (abgesehen vom Vertreterhandeln). Erfolgt der Vertragsschluss in Gegenwart beider Parteien („unter Anwesenden"), werden die diesem zu Grunde liegenden Willenserklärungen sofort mit Unterzeichnung und Austausch der unterzeichneten Exemplare wirksam. Beim Vertragsschluss unter Abwesenden, wenn eine Vertragspartei also sowohl das für sie bestimmte, bereits unterschriebene Vertragsexemplar als auch das noch zu unterschreibende, für den anderen Partner bestimmte Exemplar zugesandt erhält, reicht die Unterschrift unter dem für den Vertragspartner bestimmten und deshalb zurückzusendenden Exemplar nicht aus. Denn nach § 130 Abs. 1 Satz 1 muss die Annahmeerklärung dem anderen zugehen; da die Annahme der Form bedarf, muss also das unterschriebene Exemplar des Mietvertrages dem anderen Vertragspartner übersandt werden und diesem auch zugehen, um den Vertrag materiellrechtlich (im Sinne von übereinstimmenden Willenserklärungen) wirksam werden zu lassen. Von einem Verzicht auf die Übersendung der formgerechten Annahmeerklärung gemäß § 151 Satz 1 kann gerade bei länger dauernden Mietverträgen nicht ausgegangen werden.[70] Daher reicht auch die schriftliche Bestätigung über die Unterzeichnung des für den anderen bestimmten Vertragsexemplars für das Zustandekommen des Vertrages nicht aus. 32

Der Form wird **inhaltlich** nur Genüge getan, wenn **alle** vertraglichen Vereinbarungen in der formvollendeten Urkunde enthalten sind.[71] Hierbei ist **nicht** zu unterscheiden zwischen wesentlichen und unwesentlichen Vereinbarungen,[72] sondern der formpflichtige Inhalt ist analog den Anforderungen zu § 311 b zu bestimmen (s. o. Rdn. 5), da die Formvorschrift des § 550 insoweit die Grundbucheintragung ersetzen sollte. Außerdem stellen die sog. **mietvertraglichen Nebenabreden** im wesentlichen nur eine Konkretisierung der in dem § 535 enthaltenen Hauptpflichten der Mietvertragsparteien dar, so dass sie auch unter diesem Gesichtspunkt formbedürftig sind.[73] Des weiteren sind wesentliche Vertragsbestandteile nicht nur solche, die kraft Gesetzes konstitutiv für den Vertragstyp sind, sondern alles das, was die Vertragsparteien als wesentlich angesehen und deshalb in den Vertrag mit aufgenommen haben. Deshalb sind **nur** die vertraglichen Vereinbarungen formgemäß niederzulegen. Beinhalten diese bestimmte Punkte nicht (z. B. konkreten Vertragsbeginn bei der Anmietung vom Reißbrett; detaillierte Wohnungsbeschreibung[74]), ist lediglich zu prü- 33

[64] OLG Düsseldorf MietRB 2010, 324.
[65] OLG Düsseldorf ZMR 2001, 441.
[66] RGZ 59, 245; RG LZ 1930, 840; BGH (XII ZR 179/98) NZM 2001, 42.
[67] BGH (KZR 51/97) NJW-RR 1999, 689.
[68] OLG Stuttgart MietRB 2010, 359.
[69] BGH (XII 68/02)NJW 2004, 2962.
[70] BGH (II ZR 99/98) NJW 1999, 1328.
[71] OLG Hamm ZMR 2014, 721; BGH (XII ZR 137/12) ZMR 2014, 439; OLG Düsseldorf BeckRS 2014, 01866; *Schmid* GE 2015, 895/896.
[72] *Einsele* in: MünchKomm § 125 Rdn. 32; § 126 Rdn. 7; BeckOK MietR/Leo BGB § 550 Rdn. 136; unklar insoweit *Soergel/Heintzmann,* § 550 Rdn. 6; *Emmerich* in: Staudinger, § 550 Rdn. 24 – 24 d einerseits und Rdn. 25 andererseits; **anders** und ohne dogmatisch schlüssige Begründung BGH (VIII ZR 71/97) WuM 2008, 290 Rdn. 19; BGH (XII ZR 69/06) NJW 2008, 2178 unter II 2b; BGH (XII ZR 114/14) NZM 2016, 98 Rdn. 12.
[73] Bieber in: MünchKomm § 550 Rdn. 7; *Wolf/Eckert,* Rdn. 95; a. A. *Jauernig/Teichmann,* § 550 Rdn. 3; Lindner-Figura in: ders./Oprée/Stellmann Kap. 6 Rdn. 35, 36, wobei der ständige Hinweis auf nicht wesentliche Inhalte zur Rechtsunklarheit führt.
[74] So der Fall AG Gießen ZMR 2004, 759.

fen, ob ein wirksamer Mietvertrag zustande gekommen, nicht aber, ob die Form eingehalten ist (s. u. Rdn. 34); ein nicht vorhandener Vertragsinhalt bedarf logischerweise nicht der Form[75].

34 Es stellt **keine Frage** der Erfüllung der **Formvorschrift** dar, wenn diese formal zwar eingehalten ist, der „formgerecht" geschlossene Vertrag aber **mehrdeutig** ist oder wesentliche Elemente des geplanten Vertrages gar nicht enthält[76]. Bei letzterem ist unter Anwendung der Regelungen der §§ 154, 155 zu klären, ob bei wesentlichen Punkten, die fehlen, ein Vertrag überhaupt zustande gekommen ist.[77] Mehrdeutigkeiten unterliegen der Auslegung, wofür auch auf außerhalb der Urkunde liegende Umstände zurückgegriffen werden darf,[78] sofern Anhaltspunkte für die Auslegung in der Urkunde selbst enthalten sind[79]. **Demgegenüber** subsumiert die **obergerichtliche Rechtsprechung** diese Mängel unter das Formerfordernis.[80] Insbesondere bei der **Vermietung vom Reißbrett** stellt sie darauf ab, ob das Mietobjekt eindeutig bestimmbar ist.[81] Der damit zusammenhängende Zeitpunkt des Mietvertragsbeginns („Mit der **Übergabe**") wird ebenfalls unter das Problem „Wahrung der Schriftform" subsumiert. [82] Die Prüfung solcher Fallgestaltungen hat stattdessen zweistufig zu erfolgen: Zuerst ist festzustellen, auf was sich die Parteien geeinigt haben[83]. Ist ihre vertragsbegründende Willensübereinstimmung inhaltlich undeutlich geblieben, ist zu prüfen, ob trotzdem ein gültiger Vertrag vorliegt oder ob wesentliche Teile von der Einigung nicht erfasst worden sind[84]. Erst auf der zweiten Stufe hat die Schriftform die Einigung abzubilden. Ihr kommt insoweit keine selbständige Bedeutung zu, sondern sie muss dem übereinstimmenden Parteiwillen folgen. Ist dieser unbestimmt und wird trotzdem ein Vertragsabschluss angenommen, kann auch die Mietvertragsurkunde nicht mehr an Bestimmtheit enthalten.

35 **Ausgenommen** von der Formbedürftigkeit sind nur solche Abreden, die einen potentiellen Grundstückserwerber nicht verpflichten können. Dazu gehören einmalige Leistungen aus Anlass des Vertragsschlusses; ferner Vereinbarungen, die lediglich bei Gelegenheit des Vertragsschlusses getroffen werden, sich aber auf den Inhalt des Vertrages selbst nicht auswirken[85] (wie z. B. Übernahme von Inventar[86]).

36 Nach dem Gesetzeswortlaut muss die Unterschrift der Parteien bei einem Mietvertrag auf **„derselben Urkunde"** erfolgen, § 126 Abs. 2 Satz 1, wobei die gleichlautende Urkunde des Satzes 2 immer noch dieselbe Urkunde darstellt. Dieser **Grundsatz der Urkundeneinheit** kann dadurch erfüllt werden, dass bei einer aus mehreren Blättern bestehenden Urkunde die einzelnen Seiten mechanisch so fest miteinander verbunden werden, dass eine Trennung wegen der teilweisen Zerstörung des Urkundenmaterials sichtbar wird.[87]

37 Darüber hinaus geht die nunmehr wohl überwiegende höchstrichterliche **Rechtsprechung** davon aus, dass die **Einheit der Urkunde** auch durch die **fortlaufende Paginierung,** fortlaufende Nummerierung der einzelnen Bestimmungen, einheitliche graphische Gestaltung und den

---

[75] Entgegen OLG Dresden ZMR 2005, 41; NZM 2004, 826; OLG Naumburg NZM 2004, 825; wie hier *Durst/Weber,* ZMR 2005, 760.

[76] *Schmid* MietRB 2015, 20/21.

[77] BGH (V ZR 54/98) NJW-RR 1999, 1030; BGH (XII ZR 15/97) NJW 1999, 3257.

[78] BGH (XII ZR 55/97) NJW 1999, 2591; LG Hamburg ZMR 2009, 287;OLG Koblenz MietRB 2011, 43; OLG Düsseldorf NZM 2014, 394.

[79] LG Berlin ZMR 2016, 31.

[80] BGH (XII ZR 163/97) NZM 1999, 763; OLG Köln WuM 1999, 521; OLG Rostock ZMR 2001, 27. 29; OLG Hamm (Urt. v. 6.5.2011 – 30 U 15/10) BeckRS 2011, 13445; OLG Köln (Beschl. v. 3.2.2012 + 3.11.2011 – 22 U 50/11) BeckRS 2012, 04968.

[81] OLG Hamm ZMR 2010, 441; OLG München ZMR 2009, 611; OLG Naumburg ZMR 2008, 371; KG NZM 2007, 248; LG Gießen WuM 2007, 11; die Auswahl eines mitvermieteten, aber nicht näher bestimmten Kellers („1 Keller) soll einmal nicht der Schriftform unterliegen, BGH (VIII ZR 71/07)WuM 2008, 290, anders aber BGH (XII ZR 178/04) NZM 2007, 443 (das gesamte Mietobjekt betreffend); richtig dagegen diese Frage als Vertragsschlussproblem behandelnd OLG Frankfurt ZMR 2007, 532 („Leistungsbestimmungsrecht nach § 315 BGB").

[82] BGH (XII ZR 149/05) GE 2008, 195; BGH (XII ZR 104/12) WuM 2013, 668; OLG Brandenburg NZM 2008, 406.

[83] So legt *Ahlt,* DMT-Bilanz 2011, 374, die BGH-Rechtsprechung aus; so wohl auch Thüringer OLG ZMR 2014, 119.

[84] Das wäre die Lösung im Fall KG NZM 2007, 248, gewesen.

[85] *Huneke* NZM 2015, 478/479.

[86] OLG Koblenz MietRB 2016, 131.

[87] Darauf stellen im wesentlichen ab OLG Jena ZMR 1997, 291; OLG Brandenburg ZMR 1997, 410.

inhaltlichen Zusammenhang des Textes gewahrt werden kann.[88] Das gilt nicht nur für Formularverträge, zu denen die Entscheidungen überwiegend ergangen sind und bei denen die genannten Erfordernisse durchweg kraft ihrer Formulareigenschaft erfüllt werden, sondern auch für Individualverträge, sofern dort die besonderen Merkmale vorliegen. Dieser Rechtsprechung ist auch unter dem besonders zu beachtenden Schutzzweck des § 550[89] zu folgen: die grundbuchvertretende Funktion wird auch durch die in dieser Art ausgestalteten Verträge erfüllt; denn das Grundbuch selbst besteht heute nicht mehr zwingend aus fest zusammengefügten Seiten, sondern auch aus losen Blättern, § 2 GBV. Die Tatsachenlage hinsichtlich der Ausgestaltung von „Urkunden", von der das Gesetz bei seiner Formulierung wohl stillschweigend ausgegangen ist, hat sich insofern geändert und wirkt dadurch auch auf die Auslegung des Gesetzes ein.

Werden dem Mietvertrag besondere **Anlagen** beigefügt (etwa Grundrisse des Mietobjekts), so genügt allerdings der Verweis darauf im Urkundentext nicht dem Schriftformerfordernis; denn insoweit fehlt es (notwendigerweise) an der Einheitlichkeit der Gestaltung.[90] In diesen Fällen müssen die „Anlagen" entweder in den Vertragstext inkorporiert (etwa durch Einkopieren an der entsprechenden Stelle des Vertrages) **oder** mit dem Vertrag insgesamt fest verbunden[91] **oder** unterschrieben werden.[92] Die vom BGH [93] zugelassene sog. „gedankliche" Verbindung stellt keine Erfüllung der Form dar.[94] Davon kann lediglich dann Abstand genommen werden, wenn den Anlagen kein eigener Erklärungsinhalt zukommt, sondern sie lediglich bereits im formgültig abgeschlossenen Vertrag enthaltene Regelungen verdeutlichen sollen.[95] 38

Eine Vereinbarung zur **Aufhebung** des gesamten formbedürftigen Mietvertrages bedarf ihrerseits nicht der Schriftform, weil nunmehr kein Rechtsverhältnis mehr bestehen soll, dessen Wirkungen auf einen Grundstückserwerber übergehen können. Betrifft die Aufhebungsvereinbarung nur einen **Teil des Mietvertrages,** ist sie dagegen formbedürftig, um den Grundstückserwerber über den Umfang seiner möglichen vertraglichen Verpflichtungen zu informieren. 39

Ebenso bedarf die Vereinbarung der Parteien, nach erfolgter **Kündigung** des Mietvertrages diesen zu den alten Bedingungen fortzusetzen, wiederum der Schriftform, unabhängig davon, ob der gekündigte Vertrag bereits formgerecht abgeschlossen worden ist. Denn mit der Kündigung und dem Ablauf der Kündigungsfrist ist der Vertrag beendet und kann nur durch einen Neuabschluss, der eben formbedürftig ist, „fortgesetzt" werden.[96] Das gilt hingegen nicht für eine Fortsetzung **vor** Ablauf der Kündigungsfrist, weil der „alte" Vertrag noch Bestand hat[97]. Der Neuabschluss kann aber auch in der Form erfolgen, dass diese formgültige Vereinbarung auf den früheren Mietvertrag verweist.[98] 40

2. Vertragsänderungen

Grundsätzlich ist davon auszugehen, dass Abänderungen eines formbedürftigen und formgerecht abgeschlossenen Vertrages ebenfalls der vorgeschriebenen Form bedürfen.[99] Deshalb ist es un- 41

---

[88] So jetzt insbesondere BGH (XII ZR 234/95) NJW 1998, 58; BGH (KZR 36/95) NJW 1997, 2182; OLG Naumburg NJ 1997, 543; ZMR 1997, 636; OLG Hamburg HambGE 1996, 155; KG NJWE-MietR 1997, 175.

[89] Davon glaubt nur OLG Dresden WuM 1998, 142 absehen zu können.

[90] *Kinne* GE 1998, 218; LG Erfurt NZM 2000, 277; OLG Naumburg WuM 2000, 671; a. A. KG GE 1999, 569.

[91] BGH (XII ZR 149/05) GE 2008, 195, allerdings inhaltlich widersprüchlich: feste Verbindung als auch eindeutige wechselseitige Bezugnahme; OLG Düsseldorf ZMR 2011, 629.

[92] BGH (XII ZR 70/98) NZM 2000, 907; BGH (XII ZR 313/98) NJW 2000, 354; BGH XII ZR 307/98) NZM 2002, 20; OLG Köln NZM 1999, 619; KG ZMR 1999, 705; KG ZMR 2014, 974; weitergehend *Lindner-Figura* NJW 1998, 731//32; BGH VII ZR 93/97) NJW 1999, 1104; KG GE 2001, 1402. Jetzt aber noch lockerer BGH (XII ZR 253/01) NJW 2003, 1248: der konkrete Hinweis auf Anlagen reiche aus; hier wird aber Vertragsinhalt mit Vertragsform verwechselt: für ersteren reicht der Hinweis, für letztere i. S. der Urkundeneinheit keinesfalls; wie soll sich ein Erwerber Kenntnis über nicht beigefügte und/oder selbst gekennzeichnete Anlagen Kenntnis verschaffen?

[93] S. *Guhling* NZM 2014, 529/531.

[94] So die Rspr. zu § 311b, Palandt/*Grüneberg* § 311b Rdn. 25.

[95] BGH (XII ZR 133/98) NZM 2001, 43; KG GE 2001, 1402; BGH (XII ZR 57/07) NZM 2009, 198.

[96] *Emmerich* in: Staudinger, § 550 Rdn. 30; BGH NJW 1998, 2664; *Soergel/Heintzmann,* § 550 Rdn. 9; anders für eine formularvertragliche Schriftformklausel OLG Düsseldorf NZM 2001, 1125.

[97] *Wolf/Eckert,* Rdn. 117; *Lützenkirchen,* Mietrecht § 550 Rdn. 78.

[98] BGH (XII ZR 75/98) GE 2001, 485.

[99] *Mittelstein* S. 185.

erheblich, ob sich die Änderung auf einen wesentlichen Vertragspunkt oder nur auf sog. Nebenabreden bezieht;[100] denn beim Mietvertrag gibt es keine unwesentlichen Nebenabreden (s. o. Rdn. 33). Das gilt insbesondere bei Veränderungen des Mietzinses. Dieser stellt ein notwendiges Tatbestandsmerkmal des „Mietvertrages" dar, und jeder Erwerber hat ein schützenswertes Interesse daran, in welcher Höhe ihm ein Mietzins zustehen wird, ganz abgesehen davon, dass diese Höhe auch für den Kauf des Objekts preisbildend ist. Deshalb kann die Erfüllung der Formvorschrift nicht davon abhängen, ob der Mietzins nur geringfügig verändert wird[101] oder von mehr oder weniger langer Dauer ist oder vom Vermieter jederzeit einseitig wieder auf den ursprünglichen Vertragsmietzins zurückgeführt werden kann[102]. Ebenso müssen von der gesetzlichen Regelung abweichende Fälligkeitsvereinbarungen formgerecht getroffen werden.[103]

42 Formbedürftig sind daher insbesondere der Austausch des Mietobjekts[104] oder dessen Veränderung hinsichtlich der Größe[105], ein Wechsel des Vertragspartners[106], so der Austausch der Mieter[107] bzw. Beitritt eines weiteren Mieters[108] oder deren zeitweilige Ersetzung,[109] eine Veränderung der Höhe und der Zahlungsweise des Mietzinses,[110] eine Verlängerung der Vertragslaufzeit; [111] ferner Abreden über die Veränderung des Mietobjekts zum Zwecke der vertraglich vorausgesetzten Nutzung.[112] Hinsichtlich der Betriebskosten ist inhaltlich zu differenzieren: formbedürftig als Bestandteil des Mietvertrages sind sowohl die Vereinbarung, dass der Mieter die Betriebskosten zu tragen hat, als auch deren genauer Umfang sowie die Verpflichtung, Vorauszahlungen zu leisten. Ferner ist im Mietvertrag die ursprüngliche Höhe festzuhalten sowie das Recht des Vermieters (eines Gewerberaummietvertrages; für den Wohnraummietvertrag ist dieses Recht in § 560 Abs. 4 enthalten), diese Vorauszahlungen entsprechend dem Ergebnis der Abrechnung anzupassen. Nicht formbedürftig ist hingegen die Anpassung selbst.[113] Durch deren „Unkenntnis" wird ein Erwerber nicht belastest, weil die Vorauszahlungen nicht endgültig in sein Vermögen fließen, sondern mit den jährlichen Betriebskosten verrechnet werden, wobei ein evtl. Überschuss auszukehren ist. Darin

---

[100] *Jendrek in:* Erman (12.A.), § 550 Rdn. 10, stellt darauf ab, ob Interessen des Grundstückerwerbers durch die Änderung berührt werden können; *Emmerich* in: Staudinger, § 566 a. F. Rdn. 45/46; kritischer jetzt *Emmerich* in: Staudinger (2014) § 550 Rd. 28–30; *Soergel/Heintzmann,* § 550 Rdn. 8;.

[101] BGH (XII ZR 114/14) NZM 2016, 98 m. zust. Anm. Börstinghaus, jurisPR-BGHZivilR 1/2016 Anm. 1; aA KG NZM 2005, 457 unter Abänderung von LG Berlin NZM 2003, 284; OLG Jena NZM 2008, 572 (unter Übernahme der unsäglichen 10%-Grenze des BGH bei Flächenabweichungen); OLG Naumburg ZMR 2008, 371; LG Münster MietRB 2011, 12 bzgl. Betriebskostenhöhe; OLG Düsseldorf ZfIR 2014321 z. 35 zur Miethöhe, m. Anm. *Lammel* jurisPR-MietR 14/2013, Anm. 2. Anders auch noch *Blank,* in: Blank/Börstinghaus, 5.A., § 550 Rdn. 54.

[102] **AA** BGH (XII ZR 192/01) NZM 2005, 456, dessen Hinweis auf den Übergang des Veränderungsrechts bezüglich des Mietzinses auf den Erwerber unbehelflich ist, wenn der Erwerber mangels Form von diesem Recht nichts weiß.

[103] BGH (XII ZR 198/05) NJW 2008, 365, mit Besprechung Leonhard NZM 2008, 353; zur Mietsicherheit s. KG ZMR 2007, 271.

[104] BGH (VIII ZR 235/11) NZM 2012, 502; dem OLG Zweibrücken MDR 2011, 349 = MietRB 2011, 143, ist daher nicht zu folgen, wenn es den Austausch von Teilflächen für nicht formbedürftig hält; krit. hierzu auch Leo NZM 2012, 710 (zu Nr. 6).

[105] OLG Dresden ZMR 2016, 27

[106] BGH (XII ZR 149/05) GE 2008, 195; OLG Brandenburg, Teilurteil v. 24.3.2010, 3 U 117/09, BeckRS 2010, 08958 = MietRB 2010, 194; OLG Düsseldorf, Beschluss v. 28.1.2010, I-24 U 145/09, BeckRS 2010, 13331 = ZMR 2010, 756.

[107] BGH (VIII ZR 223/73) NJW 1975, 1653; BGH (XII ZR 296/95) NJW 1998, 62; BGH (XII ZR 106/99) NZM 2002, 291; BGH (XII ZR 137/12) ZMR 2014, 439; OLG Naumburg MietRB 2005, 200; OLG Düsseldorf MietRB 2012, 69; **a. A.** bzgl. vorzeitiger Beendigung mit Nachmieterstellung OLG Düsseldorf GE 2002, 800; OLG Düsseldorf ZMR 2008, 122; anders aber OLG Düsseldorf ZMR 2008, 711; ebenso **aA** hinsichtlich einer Vertragsübernahme BGH (XII ZR 29/02) NZM 2005, 584: woraus soll hier eigentlich der Erwerber erkennen, wer sein Mietvertragspartner ist?

[108] LG Berlin GE 2008, 479; OLG Celle ZMR 2008, 120, dem insoweit nicht beizustimmen ist, als die Zustimmung des bisherigen Mieters zum Beitritt formlos erfolgen könne; denn beim Eintritt eines weiteren Mieters in ein bereits bestehendes (formpflichtiges) Mietverhältnis handelt es sich um einen dreiseitigen Vertrag.

[109] BGH (VIII ZR 263/77) NJW 1979, 369.

[110] OLG Karlsruhe GE 2001, 694; LG Gießen ZMR 2002, 272; KG GE 2002, 1265; KG GE 2014, 120; aA KG NZM 2005, 457; BGH (XII ZR 192/01) NZM 2005, 456.

[111] BGH (VIII ZR 71/66) NJW 1968, 1229; BGH (VIII ZR 296/88) NJW-RR 1990, 518; LG Hamburg ZMR 2014, 794; oder deren ungenaue Beschreibung im Mietvertrag, KG ZMR 2016, 438, 533.

[112] BGH (XII ZR 114/14) NZM 2016, 98 Rdn. 29; OLG Frankfurt MietRB 2016, 282.

[113] BGH (XII ZR 65/13) NZM 2014, 308–309 m. Anm. *Pfeifer,* jurisPR-MietR 9/2014, Anm. 2.

liegt der Unterschied zu einer Mietanpassung während des Laufes der Mietzeit. Vorausgesetzt wird aber immer, dass der Grundvertrag wegen seiner über ein Jahr hinausreichenden Laufzeit der Schriftform bedurft hätte und dass die Abänderung auch den potentiellen Grundstückserwerber nachteilig betreffen kann.

Von der Frage der Formbedürftigkeit ist die der **Erfüllung der Formvorschrift** zu trennen. **43**
Werden die Ergänzungen oder Abänderungen des Ursprungsvertrages zwischen den ursprünglichen Vertragsparteien vorgenommen, so können sie diese über ihre damaligen Unterschriften auf den Mietvertragsexemplaren anbringen, wodurch sie durch die frühere Unterzeichnung mit umfasst werden.[114]

Wird über die Ergänzung eine **besondere Urkunde** errichtet, reicht es nicht aus, dass diese **44**
formgerecht erstellt wird. Zusätzlich ist erforderlich, dass sich aus **beiden** Urkunden ergibt, dass nunmehr beide zusammengenommen den „Mietvertrag", also dieselbe Urkunde im Sinne des § 126 Abs. 2 Satz 1, verkörpern.[115] Es reicht ferner nicht aus, dass lediglich in dem Nachtrag auf die Haupturkunde verwiesen wird; denn maßgeblich bleibt die Ursprungsurkunde, die den Mietvertrag gegenüber dem Grundstückserwerber darstellt. Die höchstrichterliche **Rechtsprechung** lässt es demgegenüber **ausreichen,** wenn der formgültige Änderungsvertrag auf den ersten Vertrag Bezug nimmt und zum Ausdruck bringt, dass unter Einbeziehung des Nachtrags dieser ursprüngliche Vertrag weiter gelten solle.[116] Damit wird aber der drittschützende Charakter der Schriftform verkannt, da sich ein Grundstückserwerber nicht mehr darauf verlassen kann, dass der ihm vorgelegte Mietvertrag unverändert weiterhin Gültigkeit hat.[117]

Wird die **Abänderungsvereinbarung** nicht (oder nicht nur) zwischen den Parteien des Ur- **45**
sprungsvertrages geschlossen (z. B. an deren Stelle sind im Wege des Erbfalls andere Personen getreten), bedarf die Erfüllung der Schriftform zusätzlich der festen körperlichen Verbindung beider Urkunden.[118] Denn angesichts der Änderung der Vertragsparteien kann nur auf diese Weise dokumentiert werden, dass das gesamte Vertragswerk von dem rechtsgeschäftlichen Willen der neuen Parteien getragen wird. Der bloße Verweisungsvermerk auf der ursprünglichen Urkunde reicht deshalb nicht, weil die dortigen Unterschriften nicht von den nunmehrigen Vertragspartnern herrühren.[119] Die **hM** lässt aber auch hier einen bloßen **Verweis** in der Nachtragsurkunde auf den ursprünglichen Mietvertrag genügen, sofern die neue Vertragspartei ihre Mieterstellung gegenüber dem Vermieter oder einem Grundstückserwerber dadurch nachweisen kann.[120] Hier wird nicht beachtet, dass es nicht auf die Möglichkeit eines Nachweises der Mieterstellung gegenüber dem Grundstückserwerber ankommt, sondern darauf, dass sich dieser **vor** Erwerb des Grundstücks über den Umfang der ihn möglicherweise treffenden **schuldrechtlichen** Belastungen informieren kann.

Weder einer wechselseitigen Bezugnahme noch einer festen Verbindung bedarf es in dem Fall, **46**
dass der **Nachtrag alle Elemente eines Mietvertrages** aufweist und damit die Rechtsbeziehungen der Parteien allein und umfassend regelt.

---

[114] BGH (XII ZR 142/07) NZM 2009, 515 Rz 32; OLG Hamm (Urt. v. 6.5.2011 – 30 U 15/10) BeckRS 2011, 13445.

[115] OLG Düsseldorf ZMR 1994, 213; so auch der Fall BGH (VIII ZR 326/86) NJW-RR 1988, 201; BGH (XII ZR 162/98) ZMR 2000, 589.

[116] BGH (XII ZR 175/90) NJW-RR 1992, 654; BGH (V ZR 168/98) NJW 1999, 3704 für eine Bestätigung; BGH (XII ZR 89/06) NJW 2008, 2181 m. Anm. Streyl WuM 2008, 579; BGH (XII ZR 38/12) NZM 2013, 269; BGH (XII ZR 55/14) NZM 2015, 490 Rdn. 18; OLG Düsseldorf ZMR 2008, 362; KG BeckRS 2014, 15351 = MDR 2014, 1020.

[117] Kritisch auch *Emmerich* in: Staudinger (1997), § 566 Rdn. 51 (milder 2014 § 550 Rdn. 32); *Michalski* WM 1998, 2003.

[118] So noch BGH (V ZR 8/62) NJW 1964, 395; KG GE 1995, 812: mit jedem Exemplar der Ursprungsurkunde.

[119] *Emmerich* in: Staudinger § 550 Rdn. 32.

[120] Zuletzt BGH (XII ZR 296/95) NJW 1998, 62 für einen Mieterwechsel; BGH (XII ZR 38/12) GE 2013, 416.

C. Elektronische Form

47 An die Stelle der herkömmlichen Schriftform kann auch die elektronische Form des § 126a treten:

(1) Soll die gesetzlich vorgeschriebene schriftliche Form durch die elektronische Form ersetzt werden, so muss der Aussteller der Erklärung dieser seinen Namen hinzufügen und das elektronische Dokument mit einer qualifizierten elektronischen Signatur nach dem Signaturgesetz versehen.

(2) Bei einem Vertrag müssen die Parteien jeweils ein gleichlautendes Dokument in der in Absatz 1 bezeichneten Weise elektronisch signieren.

48 Voraussetzung für die Anwendung dieser Form ist einmal, dass sich aus den jeweiligen Formvorschriften kein Ausschluss dieser neuen Möglichkeit ergibt, § 126 Abs. 3. Bislang wird hierfür der ausdrückliche Ausschluss der elektronischen Form im Gesetzestext gefordert; diese Form ist aber auch dann ausgeschlossen, wenn eine höher qualifizierte Form im Gesetz gefordert wird als die Schriftform. Denn § 126a tritt ausdrücklich nur an die Stelle der Schriftform, nicht aber sonstiger höherrangiger Formen. Die Ersetzung nachrangiger Formen (z. B. Textform) durch die elektronische Form ist dagegen möglich.

49 Als zweite Voraussetzung für die Anwendung der elektronischen Form bei empfangsbedürftigen Willenserklärungen ist eine entsprechende Vereinbarung der Parteien erforderlich. § 126 Abs. 3 eröffnet die Möglichkeit zum Ersatz der Schriftform durch die elektronische Form, zwingt aber dem jeweils anderen Vertragspartner diese Form nicht auf. Die Vereinbarung kann ausdrücklich, auch formlos, getroffen werden, aber auch stillschweigend dadurch, dass die Parteien ihren bisherigen Schriftverkehr überwiegend auf elektronischem Wege abwickeln. Für einen Mietvertrag wird letzteres nur bei **Geschäftsraummiete** in Betracht kommen, sofern die Parteien nicht den Mietvertrag als Erstkontakt vereinbaren. Angesichts der technischen Voraussetzungen und der Kosten wird die Vereinbarung über die Anwendung der elektronischen Form für Folgevereinbarungen nicht formularvertraglich erfolgen können. Im **Wohnraummietverhältnis** dürfte die elektronische Form (jedenfalls vorerst) ausscheiden, weil von Privatpersonen nicht erwartet werden kann, dass sie derartige technische Vorkehrungen für den Rechtsverkehr mit dem Vermieter bereit halten.

50 Der Mietvertrag kann dann als elektronisches Dokument erstellt werden. Hinsichtlich des Tatbestandsmerkmals „Dokument" gelten hierfür keine anderen Voraussetzungen als für die herkömmlich erstellten Dokumente. Elektronisch ist das Dokument, wenn es in digitaler Gestalt erstellt worden ist, beim Mietvertrag also als Textdokument oder als E-Mail. Schließlich muss das Dokument auf einen zur dauerhaften Wiedergabe geeigneten Datenträger gespeichert sein (CD-ROM, DVD, Festplatte, digitale Speicherkarten).

51 Dem Dokument muss der Name des Ausstellers hinzugefügt werden. Diesem kommt hier keine Abschlussfunktion, sondern lediglich eine Zuordnungsfunktion zu. Deshalb ist es nicht erforderlich, den Namen als „Unterschrift" anzufügen. Es reicht aus, wenn der Aussteller-Name entweder im Dokumentenkopf oder sonst im Dokument erscheint, wobei aber deutlich werden muss, dass es sich bei dem aufgeführten Namen um den Aussteller handelt[121].

52 Schließlich bedarf das Dokument einer qualifizierten elektronischen Signatur[122]. Sie muss also den Legaldefinitionen des § 2 Nr. 1 bis 3 SigG entsprechen: es muss sich zunächst um Daten in elektronischer Form handeln, die anderen elektronischen Daten beigefügt oder logisch mit ihnen verknüpft sind und die zur Authentifizierung dienen. Zusätzlich muss die Signatur ausschließlich dem Signaturinhaber zugeordnet sein; seine Identifizierung ermöglichen; mit Mitteln erzeugt werden, die der Schlüsselinhaber unter seiner alleinigen Kontrolle halten kann; mit den Daten, auf die sie sich bezieht, so verknüpft werden, dass eine nachträgliche Veränderung erkannt werden kann; auf einem zum Zeitpunkt ihrer Erzeugung gültigen qualifizierten Zertifikat beruhen; mit einer sicheren Signaturerstellungseinrichtung erzeugt werden. Technisch sind hierfür erforderlich besondere Hard- und Software und von einem Zertifizierungsdienstanbieter ein qualifiziertes Zertifikat. Der Nutzer erhält dann eine Signatur-Chip-Karte; um zu signieren, wird diese unter zusätzlicher Eingabe einer PIN über ein Zusatzgerät in den PC eingelesen.

---

[121] *Einsele,* in: MünchKomm § 126a Rdn. 6.
[122] *Einsele,* in: MünchKomm § 126a Rdn. 7.

Mit der Signatur wird aber lediglich die nach § 126 Abs. 1 erforderliche Unterschrift durch eine elektronische Signatur ersetzt. Die übrigen Erfordernisse an die Urkunde (s. vorstehend Rdn. 31–46) müssen auch bei dieser Gestaltung erfüllt werden.[123] Für den Vertragsschluss ist daher die Signatur zweier gleichlautender Dokumente erforderlich, § 126a Abs. 2, und zwar jeweils des für die andere Partei bestimmten. Dieses Dokument muss dann der anderen Partei zugehen; denn es handelt sich um die Abgabe von Willenserklärungen unter Abwesenden. Hierzu wird es elektronisch übersandt, wobei der Zugang mit der Möglichkeit der Kenntnisnahme abgeschlossen ist. Da die Verwendung der elektronischen Signatur vom Einverständnis der Vertragspartner abhängt, ist davon auszugehen, dass nach erklärtem Einverständnis auch die entsprechenden technischen Empfangsmöglichkeiten vorhanden sind, so dass der Zugang mit Speicherung in der Mail-Box (zu einem Zeitpunkt, in dem normalerweise von dauerndem Zugriff darauf auszugehen ist) vollzogen ist. 53

D. Formmangel

Der unter Missachtung der gesetzlichen Form abgeschlossene Mietvertrag ist **nicht** nach § 125 Satz 1 nichtig; denn die Formvorschrift ist hier kein Element der Perfektion des Vertrages durch Dokumentation übereinstimmender Willenserklärungen, sondern dient lediglich dem Schutz eines Grundstückserwerbers. Diesem relativen Zweck entsprechend genügt es, den Fortbestand des Vertrages in seine Hände zu legen. 54

Mangels Nichtigkeit des Vertrages oder auch nur einer Teilnichtigkeit der über ein Jahr hinausgehenden Laufzeit findet § 139 keine Anwendung. Allerdings können besondere Abreden des Vertrages, die auf eine bestimmte Laufzeit berechnet sind, unter dem Gesichtspunkt des Fortfalls der Geschäftsgrundlage entweder der neuen Laufzeit angepasst werden oder ganz wegfallen. 55

Der formunwirksame Mietvertrag gilt als für unbestimmte Zeit geschlossen; eine vertragliche Regelung, die eine längere Laufzeit vorsieht, wird also durch die gesetzliche Fiktion einer Laufzeit auf unbestimmte Dauer ersetzt. Das gilt selbst dann, wenn die Parteien unter keinen Umständen einen Mietvertrag mit nur unbestimmter Laufzeit abgeschlossen haben würden.[124] 56

Daraus ergibt sich, dass eine während der vertraglichen längeren Befristung ausgeschlossene ordentliche Kündigung unter Einhaltung der gesetzlichen Fristen vorzeitig möglich ist. Beim Wohnraummietvertrag müssen zusätzlich die Kündigungsgründe für eine ordentliche Kündigung durch den Vermieter nach § 573[125] vorliegen; denn § 550 gewährt kein selbständiges Kündigungsrecht, sondern lässt nur eine vorzeitige Kündigung zu. 57

Das **vorzeitige Kündigungsrecht** steht nicht nur dem Grundstückserwerber, sondern auch den ursprünglichen Vertragspartnern zu. Es darf allerdings erst zum Ablauf des ersten Jahres ausgeübt werden. Denn der Vertrag hätte wirksam auch ohne Beachtung der Schriftform für diese Frist abgeschlossen werden können, so dass dem Mieter jedenfalls für diese Zeit der Besitz am Mietobjekt ungestört gewährt werden muss.[126] Die vorzeitige Kündigung muss nicht zum erstmöglichen Termin ausgesprochen werden; die Fortsetzung des Vertrages über die Jahresfrist hinaus lässt das Kündigungsrecht nicht erlöschen. Eine Bestätigung des formunwirksamen Rechtsgeschäfts oder eine analoge Anwendung des § 545 kommen nicht in Betracht; denn der Vertrag ist als solcher voll wirksam und endet ohne Kündigung auch nicht automatisch. Davon zu trennen ist die Frage der Wirksamkeit eines durch einen vollmachtlosen Vertreter geschlossenen Vertrages; dessen Rechtshandlung kann nachträglich genehmigt werden und damit den Vertrag wirksam werden lassen.[127] 58

Die **Jahresfrist,** während der der Mieter das Mietobjekt auf jeden Fall nutzen darf, berechnet sich bei in Vollzug gesetzten Verträgen ab dem Zeitpunkt, zu dem nach den vertraglichen Vereinbarungen der Mieter zur Nutzung berechtigt sein sollte, unabhängig davon, ob er die Mietsache in Besitz genommen hat.[128] Ist dagegen die Mietsache dem Mieter weder übergeben worden noch nach dem Vertrag der Übergabezeitpunkt (z. B. Mietvertrag einer noch herzustellenden Sache) er- 59

---

123 *Stellmann/Süss* NZM 2001, 970; *Einsele,* in: MünchKomm § 126a Rdn. 26.

124 RG WarnRspr. 1929 Nr. 3.

125 Wobei die Frage der Zulässigkeit der Befristung eines Wohnraummietvertrages ohne Einhaltung des § 575 dahingestellt bleiben kann.

126 Protokolle II, 178.

127 AG Gießen ZMR 2011, 555.

128 *Roquette* § 566 Rdn. 38; *Emmerich* in: Staudinger, § 550 Rdn. 38; *Hannemann* in: Münchener Anwaltshandbuch Wohnraummietrecht § 47 Rdn. 38;. *Bieber* in: MünchKomm, 550 Rdn. 18.

reicht, berechnet sich die Jahresfrist ab Vertragsschluss, da hier noch kein Besitzschutzinteresse berührt werden kann.[129] Nach der Gesetzesbegründung soll die Mindestlaufzeit auch in diesem Fall ab dem vertraglich vereinbarten Überlassungszeitpunkt beginnen.[130] Bei Anmietung vom „Reißbrett" ist aber nicht einsehbar, warum eine Bindung bis zur Fertigstellung eintreten soll.

60 Formlose, aber formbedürftige **Vertragsänderungen** führen nicht nur dazu, dass – je nach Ausgestaltung – der Änderungsvertrag vorfristig gekündigt werden kann. Vielmehr wirken sie auf den Grundvertrag dergestalt ein, dass auch dieser infolge der formlosen Änderung insgesamt zu einem nicht der Form entsprechenden Vertrag wird, selbst wenn er ursprünglich formgerecht abgeschlossen worden sein sollte. Die Möglichkeit der vorzeitigen Kündigung gilt mithin für das gesamte Vertragswerk. In diesem Fall berechnet sich die Jahresfrist für die Mindestlaufzeit des abgeänderten Vertrages ab Datum des Abschlusses des Abänderungsvertrages, da nur durch diesen die besondere Wirkung des § 550 Satz 1 eingetreten ist.[131]

61 Die **Einwirkungen** einer Änderung auf den Ursprungsvertrag dahingehend, dass nunmehr ein Recht zur vorzeitigen Kündigung besteht, werden durch den Zweck der Regelung, Schutz eines Grundstückserwerbers, **begrenzt.** In Anlehnung an die Rechtsprechung zur Teilbarkeit von Klauseln in Allgemeinen Geschäftsbedingungen, um auf diese Weise die Unwirksamkeit des nicht vom rechtlichen Mangel betroffenen restlichen Klauselwerks zu vermeiden, lässt sich die Wirkung des § 550 Satz 1 dann auf die Neuregelung beschränken, wenn Alt- und Neu-Regelung sinnvoll zu trennen sind und wenn – unter Berücksichtigung des Willens der Parteien entsprechend § 139 2. Halbsatz – davon auszugehen ist, dass der formgerechte Ursprungsvertrag jedenfalls auch ohne die Abänderungen aufrechterhalten werden sollte. Das bedingt aber auch die Möglichkeit, dass der Abänderungsvertrag selbständig kündbar sein muss.[132]

62 Beschränkt sich die formlose Abänderung eines formgerecht geschlossenen Mietvertrages auf eine Verlängerung der Laufzeit, ohne die übrigen Regelungen des Vertrages zu berühren, wird nur die neue Laufzeitregelung von den Wirkungen des § 550 Satz 1 erfasst, sie gilt mithin für unbestimmte Zeit. Die Laufzeit des Grundvertrages bleibt dagegen in der vereinbarten Form bestehen.[133] Sinnvoll ist diese Trennung allerdings nur, wenn die vereinbarte Dauer des ursprünglichen Vertrages noch nicht abgelaufen ist.

63 Ähnlich kann verfahren werden, wenn in einen bestehenden Mietvertrag ein weiterer Mieter ohne Beachtung der erforderlichen Form eintritt, insbesondere hierüber nur eine mündliche Vereinbarung getroffen worden ist. Dann wird der an sich einheitliche Vertrag hinsichtlich der Laufzeit aufgespalten: gegenüber dem neuen Mieter besteht das Kündigungsrecht nach § 550 Satz 1, für den alten Mieter verbleibt es dagegen bei der ursprünglichen Vereinbarung;[134] der Grundsatz, dass ein Mietvertrag über ein Grundstück nur einheitlich gekündigt werden kann, wird unter diesen besonderen Umständen eingeschränkt.

64 Ohne weitere Absprachen[135] besteht **kein Anspruch auf Erfüllung der gesetzlichen Form (s. aber Rdn. 74–76).**[136] Etwas anderes gilt nur, wenn zwischen den Parteien Vereinbarungen bestehen, die nicht nur zum Abschluss eines Mietvertrages verpflichten, sondern auch die ausdrückliche Verpflichtung beinhalten, diesen in der gesetzlichen Form einzugehen, etwa in der Form einer sog. qualifizierten Schriftformklausel.[137] Die bloße Vereinbarung, einen Mietvertrag schriftlich abschließen zu wollen, reicht hierfür nicht aus. Darunter ist ohne nähere Ausführungen nur die Einhaltung der gewillkürten Schriftform zu verstehen, deren Nichtbeachtung über die Wir-

---

129 BGH (VIII ZR 253/85) NJW 1987, 948; BGH (VIII ZR 296/88) NJW-RR 1990, 518/519; BGH (XII ZR 93/99) NZM 2001, 1077.

130 *Grundmann,* Mietrechtsreformgesetz, S. 101/102; *D.Both* in: Herrlein/Kandelhard § 550 Rdn. 40.

131 BGH (VIII ZR 253/85) NJW 1987, 948.

132 *Emmerich* in: Staudinger, § 550 Rdn. 36.

133 BGH (VIII ZR 71/66) NJW 1968, 1229; BGH (LwZR 4/93) NJW 1994, 1649/1651.

134 BGH (VIII ZR 223/73) NJW 1975, 1653; OLG Düsseldorf GE 2003, 47; OLG Düsseldorf ZMR 2013, 794.

135 Z. B. in einem Vorvertrag über die Begründung eines langfristigen Mietverhältnisses, BGH (XII ZR 40/05) NJW 2007, 1817.

136 RGZ 104, 131; auch nicht bei Vorliegen einer sog. salvatorischen Klausel BGH (XII ZR 248/99) NJW-RR 2002, 1377; BGH (XII ZR 143/05) NZM 2007, 730.

137 RGZ 97, 219; OLG Düsseldorf ZMR 2004, 749; OLG Frankfurt ZMR 2013, 708; dazu generell Klimke WuM 2010, 12ff.; LG Hamburg ZMR 2009, 127. auch *Leo* NZM 2006, 815; *Kreikenbohm/Niederstetter* NJW 2009, 406; dagegen wohl *Timme/Hülk* NZM 2008, 764.

kungen des § 550 hinaus zur Unwirksamkeit des nur mündlich abgeschlossenen Vertrages führt, § 154 Abs. 2.[138]

Die **Berufung auf den Formmangel** verstößt im Regelfall nicht gegen § 242, da ein nicht am Vertrag beteiligter Dritter durch die Form geschützt werden soll.[139] Deshalb soll der Einwand des treuwidrigen Verhaltens auch nicht gegenüber dem **Grundstückserwerber** erhoben werden können.[140] Das gilt jedoch nur insoweit, wie der Schutzzweck der Norm, die Information des Dritten sicherzustellen, berührt ist.[141] Erhält der Grundstückserwerber außerhalb des formwidrigen Mietvertrages vollständige Kenntnis von seinem Inhalt (etwa durch einen den mündlichen Vertragsschluss begleitenden Briefwechsel oder entsprechende unstreitige Vertrags-Vorarbeiten), verstößt eine dennoch unter Berufung auf § 550 Satz 1 ausgesprochene vorfristige Kündigung gegen Treu und Glauben.[142] 65

Der Einwand der unzulässigen Rechtsausübung gegenüber einer auf den Formmangel gestützten Kündigung kann gegenüber dem **ursprünglichen Vertragspartner** dann gerechtfertigt sein, wenn dieser den Formmangel bewusst herbeigeführt hat, insbesondere dem Begehren des anderen Teils auf schriftliche Abfassung des mündlich Vereinbarten unter Berufung auf seine Vertrauenswürdigkeit widersprochen hat. Das gleiche gilt für den Fall, dass sich der sich auf die Formwidrigkeit Berufende selbst zur Erfüllung der gesetzlichen Schriftform verpflichtet hatte,[143] etwa wenn im Vertrag eine entsprechende Verpflichtung zur Nachholung der Schriftform gemäß § 550 enthalten ist.[144] Auch wird der Einwand der Treuwidrigkeit zuzulassen sein, wenn die Einhaltung der Form aus rechtlichen Gründen zunächst nicht möglich war, etwa bei der Ausübung eines Vormietrechts.[145] Schließlich ist besonders bei Gewerberaummietverträgen an die in Bezug auf einen Formmangel häufig gebrauchte allgemeine Formulierung zu denken, dass die Berufung auf den Formmangel zu schlechterdings untragbaren Ergebnissen führen würde, etwa wenn sich der gekündigte Vertragspartner mit erheblichen Investitionen auf eine längere Vertragsdauer eingerichtet hat.[146] Treuwidrig ist eine Berufung auf den Formmangel auch dann, wenn die Vertragsänderung zugunsten des sich jetzt auf die Nichteinhaltung des § 550 berufenden Vertragspartners wirkte (z. B. Mieterhöhung).[147] 66

Ausgeschlossen ist die Berufung auf die unzulässige Rechtsausübung, wenn der jeweilige Vertragspartner selbst nicht schutzwürdig ist, z. B. wenn er die Formbedürftigkeit selbst kannte oder nur infolge grober Fahrlässigkeit verkannt hat[148]. Ferner kann der Berufung auf unzulässige Rechtsausübung eine eigene Treuwidrigkeit des Kündigungsgegners entgegenstehen, so wenn sich der Formmangel daraus ergeben hat, dass der ursprünglich formgerecht geschlossene Vertrag durch eine zugunsten des Gekündigten wirkende Abänderung formbedürftig geworden ist[149]; der Berufung auf eine Treuwidrigkeit der mit dem Formmangel begründeten vorzeitigen Kündigung steht hier das unzulässige venire contra factum proprium entgegen. 67

---

[138] RG WarnRspr 1908 Nr 492; 1909 Nr. 82; 1912 Nr. 160.

[139] BGH (VIII ZR 34/85) ZMR 1986, 230; BGH (VIII ZR 296/88) NJW-RR 1990, 518; BGH (XII ZR 134/02) NJW 2004, 1103; OLG Stuttgart NJWE-WettbR 1999, 266.

[140] *Wolf/Eckert/Ball,* Rdn. 131; *Emmerich* in: Staudinger, § 550 Rdn. 42.

[141] BGH (VIII ZR 223/73) NJW 1975, 1653/1655.

[142] *Heile/Landwehr* in: *Bub/Treier,* II Rdn. 2534 a.E; anders OLG Celle MDR 2017, 389 Rdn. 9, 10, das einen Anhaltspunkt für eine behauptete mündliche Abrede im Mietvertrag verlangt, was aber den Kern des Einwandes nach § 242 BGB bei einer nur mündlichen Vereinbarung wohl verkennt.

[143] BGH (VIII ZR 124/65) ZMR 1968, 86; OLG Rostock NZM 2001, 427; OLG Celle NZM 2005, 219.

[144] OLG Naumburg NZM 2012, 808; *Scheer-Hennings/Quast,* ZMR 2009, 180 entgegen OLG Rostock NZM 2008, 646: wer vertraglich zur Vornahme einer Handlung verpflichtet ist, kann aus der vertragswidrigen Nichtvornahme keine Vorteile (i. e. vorzeitige Kündigung) ziehen; *Sternel,* Mietrecht aktuell⁴ I Rdn. 145; kritisch dazu *Emmerich,* in: Staudinger § 550 Rdn. 46, der im wesentlichen auf die zwingende Natur des § 550 abstellt, aber übersieht, dass durch solche Heilungsklauseln gerade der Zweck der Norm erfüllt werden soll.

[145] BGH (VIII ZR 73/69) NJW 1971, 422/424.

[146] BGH (VIII ZR 296/88) NJW-RR 1990, 518; OLG Celle NJW 2001, 607; LG Deggendorf GuT 2001, 17; AG Pinneberg ZMR 2008, 468; LG Düsseldorf MietRB 2009, 71; LG Frankfurt NZM 2007, 288; das gilt dann nicht, wenn im Mietvertrag für den Fall der vorzeitigen Kündigung eine Entschädigung vorgesehen ist, OLG Frankfurt MietRB 2009, 257.

[147] LG Kassel ZMR 1999, 715; OLG Bamberg (Urt. v. 2.3.2011 – 3 U 182/10) BeckRS 2011, 08583 (II.3); LG Berlin ZMR 2016, 949.

[148] OLG Brandenburg NZM 2008, 406.

[149] BGH (VIII ZR 223/73) NJW 1975, 1653.

68 Angesichts der kasuistischen, dogmatisch kaum noch nachvollziehbaren Rechtsprechung zur Frage der Einhaltung oder Nichteinhaltung der Form des § 550 könnte daran gedacht werden, deren Anwendungsbereich hinsichtlich ihrer **Rechtsfolgen** auf den vorrangig in den Schutzbereich der Norm einbezogenen **Grundstückserwerber zu beschränken**[150]. Denn die höchstrichterlich entschiedenen Fälle zeichnen sich dadurch aus, dass einer der ursprünglichen Vertragspartner die Einhaltung des langfristigen Vertrages reut und er zum „Notanker" des § 550 greift. Hierin ist ein Rechtsmissbrauch dieser Norm zu sehen. Das erklärt wohl auch das Bemühen der höchstrichterlichen Rechtsprechung, Kündigungen, die sich auf einen Formmangel nach § 550 berufen, zurückzudrängen. Nur sollten diese Anstrengungen nicht in der Auflösung der Formerfordernisse gegründet sein, sondern dort, wo die Berufung auf den Formmangel in den entschiedenen Fällen ihren eigentlichen Prüfungsmaßstab hat, der Regelung von Treu und Glauben.

E. Vereinbarungen über die Schriftform

69 Vereinbaren die Vertragsparteien für den zu schließenden Vertrag die Einhaltung einer bestimmten Form, kann dies durch die Erfüllung der Tatbestandsmerkmale des § 126 erfolgen, § 127 Satz 1. In Abweichung zu der dortigen Regelung reicht hier im Regelfall auch die telegraphische Übermittlung oder der Vertragsschluss durch einen Briefwechsel aus, § 127 Satz 2. Handelt es sich bei dem Vertrag um einen nicht der Formvorschrift des § 550 Satz 1 unterfallenden Mietvertrag, ist er mit Einhaltung der gewillkürten Schriftform formwirksam zustande gekommen.

70 Wird die gewillkürte Schriftform nicht eingehalten, hat das nicht nur Auswirkungen auf die Dauer des Mietvertrages, sondern auf dessen Wirksamkeit. Denn nach § 154 Abs. 2 gilt die Auslegungsregel, dass der wirksame Vertragsschluss von der Einhaltung der gewillkürten Form abhängen soll. Zum Abschluss des Vertrages ist daher nicht nur die Abgabe von zwei übereinstimmenden Willenserklärungen erforderlich, sondern diese müssen zusätzlich formgerecht dokumentiert werden.

71 Diese die Wirksamkeit des Vertrages berührende gesetzliche Auslegungsregel gilt aber nur dann, wenn die Einhaltung der Form nach dem Willen der Parteien **konstitutive** Wirkung haben sollte, wenn sie also bewusst die Wirksamkeit des Vereinbarten von dessen formgerechter Niederlegung abhängig gemacht haben.[151] Hierbei wird aber nicht beachtet, dass nach der Fassung des Gesetzes „im Zweifel" von der konstitutiven Wirkung des Formerfordernisses auszugehen ist, so dass nicht der Wille der Parteien hierfür zu erforschen ist, sondern lediglich das Gegenteil, die bloße deklaratorische Wirkung. Inhaltlich soll diejenige Form als konstitutiv vereinbart sein, die die Parteien anschließend bei der Vertragsunterzeichnung eingehalten haben.

72 Die Wirksamkeit des Vertrages wird dagegen von der mangelnden Einhaltung der gewillkürten Form dann nicht berührt, wenn diese nur Beweiszwecken dienen sollte, also rein **deklaratorischen** Charakter hat. Davon ist auszugehen, wenn die Vereinbarung über eine besondere Form des Vertrages erst nach dessen Abschluss getroffen worden ist[152] oder wenn der Vertrag trotz des Formmangels bereits in Vollzug gesetzt worden ist, etwa durch Überlassung des Mietobjekts[153].

73 Handelt es sich bei dem der gewillkürten Form unterliegenden Mietvertrag um einen solchen, der auch der gesetzlichen Formvorschrift des § 550 Satz 1 unterfallen würde, führt die Nichteinhaltung der gewillkürten Form im Regelfall dazu, dass entsprechend der Auslegungsregel des § 154 Abs. 2 überhaupt kein Mietvertrag vorliegt. Beim Nebeneinander von gewillkürter und gesetzlicher Formvorschrift geht also die gewillkürte mit den entsprechenden Rechtsfolgen vor,[154] für die Anwendung des § 550 bleibt dann kein Raum.[155]

74 Haben die vertragsschließenden Parteien die **Einhaltung** einer bestimmten **Form** für den Vertrag **vereinbart,** ergibt sich aus dieser Vereinbarung selbst der Anspruch der Vertragspartner auf Erfüllung der Formvorschrift. Hierzu gehören auch sie sog. **Reparaturklauseln/Schriftformheilungsklauseln,** wonach die Parteien verpflichtet sind, nachträglich einen Mangel in der

[150] Dazu ausführlich *Lammel,* DMT-Bilanz 2011, 418–428; *Breiholdt/Breiholdt,* DMT-Bilanz 2011, 392.
[151] OLG München ZMR 1997, 293.
[152] So bereits die Materialien zu § 154 Abs. 2 bei *Haidlen,* BGB, § 154 Abs. 2; RG WarnRspr. 1913 Nr. 44; RG LZ 1923, 269.
[153] BGH (XII ZR 66/06) NZM 2008, 931; KG ZMR 2010, 359.
[154] BGH (XII ZR 258/97) NZM 2000, 548.
[155] RG WarnRspr. 1909 Nr. 82; 1912 Nr. 160; KG OLGE 39, 176; a. A. OLG Naumburg WuM 2000, 671.

Schriftform durch Nachholung der entsprechenden Formhandlungen zu beseitigen.[156] Diese Klauseln – mögen sie individualvertraglich oder formularvertraglich vereinbart sein – verstoßen nicht gegen den zwingenden Charakter des § 550.[157] Denn der normierte Rechtszwang ist nicht mehr absolut zu sehen, sondern nach dem von ihm verfolgten Zweck (einschränkend) auszulegen.[158] Die Heilungsklausel verwirklicht gerade den Zweck der Norm, Dokumentation des Vertragsinhalts für einen Grundstückserwerber,[159] macht ihn aber nicht obsolet.[160] Darüber hinaus stellt die Klausel einen Ausfluss der Verpflichtung von Vertragsparteien dar, bei der wirksamen Durchführung des Vertrags mitzuwirken.[161] Die Nutzung des Kündigungsrechts aus § 550 trotz eigener Pflichtverletzung verstößt gegen den Grundsatz von Treu und Glauben.[162] Verdeutlicht werden muss aber in diesem Zusammenhang, dass sich diese Verpflichtung **nur** auf die jeweils **vertragschließenden Parteien** erstreckt (s. bereits ob. Rdn. 66). Da sich diese Beschränkung bereits aus dem Zweck des § 550 ergibt, erscheint es zweifelhaft, ob unter dem Gesichtspunkt des § 307 Abs. 2 Nr. 1 die Einschränkung ausdrücklich in der Formularklausel enthalten sein muss[163] Ein Erwerber tritt trotz § 566 nicht in diese Verpflichtung ein.[164] Denn er wäre dadurch gehalten, erst selbst die Voraussetzungen für eine Kenntnis des Umfangs der auf ihn übergehenden Objekte zu schaffen, was dem Sinn und Zweck des § 550 zuwiderlaufen würde.[165] Entsprechend dem Schutzzweck der Norm kann sich der Erwerber gegenüber dem Mieter auf den Formmangel berufen, nicht aber der Mieter gegenüber dem Erwerber[166]. Das gleiche gilt für die Berufung auf eine Reparaturklausel: Der Erwerber kann als neuer Vertragspartner die vom Mieter vertraglich übernommene Verpflichtung zur Herstellung eines formgültigen Vertrages geltend machen, um insoweit Rechtsklarheit und Rechtssicherheit herbeizuführen; der Mieter seinerseits kann sich gegenüber dem Erwerber allerdings nicht auf die Reparaturklausel berufen, weil dies den durch § 550 gewollten Schutz des Erwerbers beeinträchtigen würde. Ein Erwerber kann auf den ihm gewährten gesetzlichen Schutz verzichten, er kann aber dazu nicht durch einen Vertrag, an dem er nicht beteiligt gewesen ist, gezwungen werden.

Bei sog. **Schriftformklauseln** in Mietverträgen, die die Formbedürftigkeit von Nebenabre- **75**
den, Abänderungen und Ergänzungen des Vertrages verlangen, ist danach zu differenzieren, ob der Grundvertrag der Formvorschrift des § 550 unterliegt oder nicht. Derartige Klauseln in formbedürftigen Verträgen, die nach ihrem Wortlaut keinen anderen Zweck haben als die Einhaltung der Form, sind – sowohl als Individual – als auch als Formularvereinbarung – wirksam.[167] Denn ihr Regelungsgehalt geht nicht über das hinaus, was sich bereits aus der Gesetzesnorm ergibt; für eine Anwendung des § 305b (Vorrang der Individualabrede, die in der späteren formlosen Abänderungsvereinbarung zu sehen wäre) ist daher kein Raum. Im Gegenteil ergibt sich aus dieser Klausel ein Anspruch auf Einhaltung der Schriftform.[168] Auf diese (Rdn. 75/76) notwendige Differenzierung geht der BGH[169] nicht ein, sondern postuliert unabhängig von der an sich gesetzlichen Formbedürftigkeit des langfristigen Mietvertrages den Vorrang einer (auch formlosen) Individualabrede. Dabei wird aber übersehen, dass diese doppelte Schriftformklausel den „Kunden" nicht benachtei-

156 OLG Koblenz NZM 2013, 767.

157 So aber z. B. *Emmerich,* in Staudinger § 550 Rdn. 46; LG Krefeld ZMR 2016, 547 m. zust. Anm. *Dittert* jurisPR-MietR 19/2016 Anm. 4.

158 *Dorn,* in: HKK I, §§ 134–137, Rdn. 12–14.

159 So selbst *Emmerich,* in: Staudinger § 550 Rdn. 3.

160 OLG Frankfurt ZMR 2015, 709; KG ZMR 2016, 775.

161 Palandt/Grüneberg § 242 Rdn. 32.

162 KG ZMR 2016, 775; OLG Köln MietRB 2016, 709.

163 So aber OLG Düsseldorf BeckRS 2017, 108304 = ZMR 2017, 471.

164 KG ZMR 2016, 613; aA *Bieber* jurisPR-MietR 2/2016 Anm. 2; zum Verhältnis von § 566 zu § 550s. kurz *Lammel,* jurisPR-MietR 16/2014, Anm. 3; s. auch *Lohn/Schott* ZfIR 2016, 170.

165 So OLG Düsseldorf ZMR 2013, 276; BGH (XII ZR 146/12) ZMR 2014, 717 = NJW 2014, 2102; BGH (XII ZR 68/10) NJW 2014, 1087 m. Anm. *Emmerich* JuS 2014, 648.

166 Anders möglicherweise OLG Braunschweig ZMR 2016, 108 mit insoweit zweifelnder Anmerkung *Disput* NZM 2016, 202.

167 AA *Leo* NJOZ 2014, 321; es geht bei diesen Klauseln aber nicht um den Grundsatz „pacta sunt servanda", sondern um eine allgemeine Mitwirkungspflicht – nur – der vertragschließenden Parteien an der Erstellung eines rechtswirksamen – langfristigen – Vertrages. Mit diesen Klauseln wird auch nicht der Regelungszweck des § 550 umgangen (was *Streyl* NZM 2015, 28/30, diskutiert), sondern im Gegenteil gerade erfüllt, nämlich die Dokumentation des Vertragsinhalts gegenüber dem Erwerber, s. *Piepers/Robles y Zepf* NZM 2014, 153/154.

168 OLG Hamm NZM 2013, 760 Rdn. 204–215.

169 BGH (XII ZR 69/16) WuM 2017, 131, insbes. Rdn. 16–19.

ligt, sondern von ihm nur etwas fordert, was sich bereits aus dem Gesetz selbst ergibt; Sinn und Zweck des § 305b BGB[170] werden in diesem Sonderfall nicht berührt. Im übrigen war im konkreten Fall der Erwerber wegen des Schutzzwecks des § 550 nicht an die Schriftformklauseln gebunden, so dass es eigentlich auf den Vorrang einer Individualabrede nicht ankommen konnte.

76 Handelt es sich bei dem Grundvertrag um keinen nach § 550 formbedürftigen Mietvertrag oder geht die Wirkung der Klausel nach ihrem Wortlaut dahin, die Wirksamkeit der ergänzenden Abreden von der Einhaltung der Form abhängig zu machen, ist dies in Formularmietverträgen deshalb unzulässig, weil dadurch der Vorrang von Individualabreden, die auch unter Verzicht auf die Form mündlich abgeschlossen werden können, berührt wird, 305b.[171] Die qualifizierte Schriftformklausel, wonach die Schriftform auch für die Aufhebung der vereinbarten Schriftform gelten soll, ist daher durch mündliche (ausdrückliche) Abreden abänderbar.[172] Individualvertraglich ist die Abrede über die besondere Form von Ergänzungen etc. dagegen wirksam.[173]

F. Textform

77 Zur Vereinfachung des Rechtsverkehrs und zum Zwecke der Vereinheitlichung bislang verstreut in verschiedenen Gesetzen enthaltener Regelungen für eine unterschriftslose Erklärung ist mit dem Gesetz zur Anpassung der Formvorschriften des Privatrechts und anderer Vorschriften an den modernen Rechtsgeschäftsverkehr vom 13.7.2001 u. a. in den Allgemeinen Teil des BGB eine neue Formvorschrift, § 126b, eingeführt worden, auf die in verschiedenen Normen des Mietrechts verwiesen wird. Wegen des engen Sachzusammenhanges wird sie hier kommentiert:

§ 126b Ist durch Gesetz Textform vorgeschrieben, so muss eine lesbare Erklärung, in der die Person des Erklärenden genannt ist, auf einem dauerhaften Datenträger abgegeben werden. Ein dauerhafter Datenträger ist jedes Medium, das

1. es dem Empfänger ermöglicht, eine auf dem Datenträger befindliche, an ihn persönlich gerichtete Erklärung so aufzubewahren oder zu speichern, dass sie ihm während eines für ihren Zweck angemessenen Zeitraums zugänglich ist, und
2. geeignet ist, die Erklärung unverändert wiederzugeben.

78 In folgenden **Mietrechts-Fällen** genügt die Übermittlung einer Erklärung in Textform: die Mitteilung über Modernisierungsmaßnahmen nach § 554 Abs. 3 S. 1; die Bestimmung des Übergangs zu einer verbrauchsabhängigen Umlegung von Betriebskosten nach § 556a Abs. 2 S. 1; die Aufrechnungsmitteilung des Mieters nach § 556b Abs. 2 S. 1; die Geltendmachung einer Mietänderung bei Vorliegen einer vereinbarten Indexmiete nach § 557b Abs. 3 S. 1; das Verlangen nach Zustimmung zu einer Mieterhöhung gemäß § 558 nach § 558a Abs. 1; die Geltendmachung einer Mieterhöhung nach Modernisierung, §§ 559, 559b Abs. 1 S. 1; die Erhöhung einer Betriebskostenpauschale nach § 560 Abs. 1 S. 1, sowie die Anpassung von Betriebskostenvorauszahlungen, § 560 Abs. 4. Bei diesen Erklärungen handelt es sich weitestgehend um Abänderungen des ursprünglichen Mietvertrages, die an sich der Form des § 550 bedürften. Der Gesetzgeber hat diese Kollision zweier Normbereiche – zum einen Erwerberschutz durch vollständige Dokumentation des Vertragsinhalts, zum anderen Erleichterung des Rechtsverkehrs –, nicht gesehen und damit auch nicht aufgelöst. Jedoch betreffen die jeweiligen Formvorschriften unterschiedliche Bereiche. § 550 will den Vertrag selbst der Schriftform unterwerfen. Die einzelnen Normen über die Form bestimmter mietrechtlicher Erklärungen beziehen sich nur auf diese Erklärungen, nicht aber auf den Vertag. Für die einzelne Erklärung ist die Sondernorm maßgebend („lex specialis derogat legi generali"). Für die dadurch auch eintretende Abänderung des Vertrages ist dagegen die allgemeine Regelung in § 550 anzuwenden.[174]

79 Während der RegE die Regelung des ehemaligen § 8 MHG („Erklärungen ..., die mit Hilfe automatischer Einrichtungen gefertigt worden sind, muss der Erklärende nicht eigenhändig unterschreiben") auf die in Rdn. 78 aufgeführten Erklärungen mittels eines Abs. 2 in § 550 ausdehnen

[170] Dazu ausführlich *Basedow,* in: MünchnerKommentarBGB § 305b Rdn. 11–16.

[171] OLG München WuM 1989, 12/133; OLG Frankfurt WuM 1992, 56/64; BGH (VIII ZR 38/90) NJW 1991, 1750; LG Berlin MM 2008, 334; OLG Brandenburg GE 2012, 1375 jedenfalls für die Wohnraummiete.

[172] KG GE 2001, 278; OLG Düsseldorf ZMR 2007, 35; AG Villingen-Schwenningen WuM 2016, 100; anders jetzt wohl KG NZM 2005, 908.

[173] OLG Düsseldorf GE 2011, 1680.

[174] Dazu auch *Börstinghaus* vor § 558 BGB Rdn. 62ff.; aA *Nies* NZM 2009, 687.

wollte,[175] befürwortete der Rechtsausschuss die Übernahme der im Allgemeinen Teil geplanten Textform auch in das Mietrecht.[176] Allerdings wurde sowohl in der Gesetzesbegründung als auch in der Ausschussempfehlung zum Formvorschriften-Gesetz der wesentliche Nachdruck auf die unterschriftslose Erstellung gelegt; die Verwendung elektronischer Medien wurde erst aus diesen Kriterien geschlussfolgert.[177] Die Eignung dieser Form für die mietrechtlichen Erklärungen wurde hingegen nicht weiter problematisiert, weil man offenbar davon ausging, dass lediglich die Regelung des § 8 MHG verallgemeinert wird. Nachdem sich der Bundesrat gegen die Textform als allgemeine Formvorschrift ausgesprochen und für die Analogie zu § 8 MHG in geeigneten Fällen votiert hatte, erhielt die Norm ihre als Gesetz verkündete Form erst im Vermittlungsverfahren.[178] Während der ursprüngliche Gesetzesvorschlag lautete: „ist durch Gesetz Textform vorgeschrieben, so muss die Erklärung einem anderen gegenüber so abgegeben werden, dass sie in Schriftzeichen lesbar, die Person des Erklärenden angegeben und der Abschluss der Erklärung in geeigneter Weise erkennbar gemacht ist", so enthielt die Endfassung (bis 2014) zwei Einschübe: einmal muss die Erklärung in einer Urkunde oder auf andere zur dauerhaften Wiedergabe in Schriftzeichen geeignete Weise abgegeben werden, zum anderen ist der Abschluss durch Nachbildung einer Namensunterschrift oder anders erkennbar zu machen. Diese Änderung ist schriftlich nicht begründet worden; nach mündlichen Auskünften soll darin gegenüber der ursprünglichen Fassung keine sachliche Änderung zu sehen sein.

Zwar legt der insoweit missverständliche Gesetzeswortlaut nahe, dass in den jeweiligen Fällen **80**
die Textform benutzt werden muss. Der Gesetzeszweck, Erleichterung des Rechtsverkehrs, eröffnet dem Erklärenden aber nur die Möglichkeit, sich mindestens dieser Form zu bedienen. Er kann auch auf die Erleichterung verzichten und seine Erklärungen in herkömmlicher Schriftform, also insbesondere mit eigenhändiger Unterschrift, abgeben.[179] Allerdings können die Parteien für die genannten Erklärungen keine über die Textform hinausgehenden Form-Erleichterungen vereinbaren. Insofern ist die Regelung zwingend, als sie einen Mindeststandard vorschreibt.

Wie sich aus dem Tatbestandsmerkmal „abgegeben" entnehmen lässt, muss der Erklärende **81**
sämtliche formellen Voraussetzungen für die Erfüllung der Textform schaffen; er kann sich nicht darauf berufen, dass der Empfänger selbst auch tätig werden kann, was insbesondere für den elektronischen Verkehr von Bedeutung ist (s. unten Rdn. 84–86).

Zunächst kann als Trägermedium der Erklärung eine Urkunde gewählt werden. Nach der her- **82**
kömmlichen Definition handelt es sich hierbei um eine „verkörperte" Gedankenerklärung, woraus sich ergibt, dass der Urkundsbegriff nur durch einen Gegenstand verwirklicht wird. Im Mietrechtsverkehr ist hierunter im wesentlichen die Papierform zu verstehen.

Die andere Alternative, die dauerhafte Wiedergabe in Schriftzeichen, wird einmal durch die bis- **83**
lang im Rahmen des § 8 MHG ausgeschlossenen technischen Vervielfältigungsmöglichkeiten erfüllt, wie Vervielfältigung, Fotokopie, Hektografie, Umdruckverfahren, Durchschrift, vorgefertigte Formulare, Telefax. Denn das diese Möglichkeiten bislang ausschließende Merkmal der Fertigung durch automatische Einrichtungen ist entfallen. Darüber hinaus wird dieses Kriterium auch erfüllt, wenn die Erklärung auf einem Datenträger, wie etwa einer Diskette oder einer CD-ROM, abgespeichert ist (zum Problem des Zugangs in diesen Fällen s. unten Rdn. 91). In diesen Bereich gehört auch das Computer-Fax, bei dem zwar der Absender keine Verkörperung hat, diese aber in Kombination mit der vom Empfänger zur Verfügung gestellten Fax-Adresse vornimmt.

Die Gesetzesbegründung zur Altfassung und ihr folgend die wohl überwiegende Meinung ging **84**
weiterreichend davon aus, dass auch die Versendung der Erklärung per E-Mail die Textform erfüllt.[180] Dies mag für die Altfassung zweifelhaft gewesen sein.[181] Jedenfalls nach der seit 2014 geltenden Fassung trifft auch den Empfänger der Mitteilung eine Speicherungspflicht, wodurch das Merkmal der dauerhaften Wiedergabe auch von ihm zu erfüllen ist, so dass letztlich der E-Mail-Verkehr für die Erfüllung der Textform genügt.[182]

---

[175] *Grundmann* (wie Fn. 13) S. 102.
[176] *Grundmann* (wie Fn. 13) S. 195.
[177] BT-Drs. 14/4987, S. 12, 18–20.
[178] BT-Drs. 14/6353.
[179] BT-Drs. 14/4987, S. 20; *Pfeifer*, Das neue Mietrecht³, 2004, S. 29 (Nr. 6c ee).
[180] BT-Drs. 14/4987, S. 20; s. auch das Muster in Anlage 2 zu § 14 Abs. 1 und 3 BGB-InfoV; *Börstinghaus* Vorbem. zu §§ 558–560 BGB Rdn. 65; *Palandt/Ellenberger* § 126b Rdn. 3; *Blank/Börstinghaus*, Neues Mietrecht § 556a Rdn. 12.
[181] S. *Lammel*, in: Schmidt-Futterer, 12.A. § 550 Rdn. 84–86.
[182] Beuermann GE 2015, 430.

85 Die Erklärung muss in Schriftzeichen abgegeben werden. Sie muss also sofort lesbar sein, ohne dass eine Konvertierung in eine lesbare Fassung erfolgt. Ausgeschlossen ist daher die Abgabe in Computer-Maschinenschrift. Andererseits ist es nicht erforderlich, dass lateinische Schriftzeichen verwendet werden. Es können alle Schriftzeichen verwendet werden, die dem bisherigen Geschäftsverkehr zwischen den Parteien entsprechen. Wenn die Bedenken hinsichtlich der dauerhaften Wiedergabe (s. oben Rdn. 84, 85) beiseite gelassen werden, reicht auch die Übermittlung von PC-Bildschirm auf PC-Bildschirm (oder andere Bildschirme, sofern diese die Erklärung auf Grund ihrer Kapazität wiedergeben können) aus.

86 Ferner muss die Person des Erklärenden (d. h. eine natürliche Person!) in der Mitteilung genannt werden. Sie kann sich aus der Absenderangabe, aber auch aus dem Text selbst ergeben. Erklärender und Vertragspartner müssen nicht identisch sein, sofern der Erklärende als Vertreter tätig wird.[183]

87 Schließlich muss die Erklärung abgeschlossen werden, d. h. wie bei der Schriftform (s. oben Rdn. 29) muss deutlich werden, dass der Umfang der Erklärung begrenzt wird.[184] Diese Begrenzung kann einmal durch eine Nachbildung der Unterschrift erfolgen, da die Unterschrift als solche gerade nicht mehr erforderlich ist. Diese Nachbildung kann sich als eine eingescannte, faksimilierte, kopierte oder getippte Unterschrift darstellen. Insoweit müssen aber Abersendername und Unterschriftsname übereinstimmen; denn nur auf diese Weise wird dokumentiert, dass die Erklärung willentlich vom Absender herrührt. Der Abschluss der Erklärung kann aber auch dadurch dokumentiert werden, dass eine entsprechende Bemerkung erfolgt, wie etwa „Ende der Erklärung", „diese Mitteilung wird nicht unterschrieben" oder ähnliche Vermerke. Ein Text, der nach dieser Erklärung (ohne erneute Abschlussbemerkung) folgt, wird von der Formvorschrift nicht mehr gedeckt.

88 Ist die Abgabe der Haupt-Erklärung in Textform zulässig, können auch die Nebenerklärungen, z. B. beizufügende Vollmachten, Berechnungen der Mieterhöhung oder der Modernisierung sowie der Erhöhung der Indexmiete, in derselben Form abgegeben werden. Die Formbedürftigkeit von Hilfsgeschäften kann nicht strenger beurteilt werden als das Hauptgeschäft. Andererseits bedürfen diese Anlagen nicht der Textform des Hauptgeschäfts, sie können also z. B. „unterschriftslos" beigefügt werden.[185]

89 Die Erklärung muss dem Vertragspartner zugehen, dh. so in seinen Machtbereich gelangen, dass er sie zur Kenntnis nehmen kann. Das bedeutet für die Übermittlung auf **Datenträgern** (Diskette, CD-ROM), dass beim Empfänger ein entsprechendes Abspielgerät vorhanden ist, was im Wohnraummietrecht nicht unbedingt vorausgesetzt werden darf. Allerdings wird man einen derartig nicht ausgestatteten Empfänger als verpflichtet ansehen müssen, die mangelnde Kenntnismöglichkeit dem Absender mitzuteilen. Im **Fax-Verkehr** kann von einem Zugang nur dann gesprochen werden, wenn der Empfänger mit einer Fax-Nummer im Rechtsverkehr auftritt und das Dokument bei ihm ausgedruckt worden ist, es sei denn, es liegt bei **seinem** Empfangsgerät ein technischer Fehler vor; in diesem Fall ist von einer ihm zuzurechnenden Zugangsvereitelung auszugehen. Beim **E-Mail-Verkehr** ist eine Zusendung ebenfalls nur dann zulässig, wenn der Empfänger (z. B. auf Briefbögen) seine E-Mail-Adresse für den Rechtsverkehr öffnet. Hinsichtlich des **Zugangs** ist zwischen Wohnraum- und Geschäftsraummiete zu differenzieren. Bei letzterem ist von einer Nachforschungspflicht nach in seiner E-Mail-Box eingegangenen E-Mails auszugehen, weil er im Geschäftsverkehr mit seiner E-Mail-Adresse auftritt. Der Zugang erfolgt daher bei Einlegung der E-Mail in der Mailbox des Empfängers, wenn diese zu gewöhnlichen Geschäftszeiten vorgenommen wird, was sich aus der Mitteilung des Internet-Providers über den Posteingang ergibt.[186] Bei der **Wohnraummiete** ist trotz Bekanntgabe einer E-Mail-Adresse nicht von einer derartigen Nachforschungspflicht auszugehen, so dass der Zugang erst mit Abruf durch den Empfänger erfolgt. Der Absender ist nach allgemeinen Regeln beweispflichtig für den Zugang. Dieser Beweis wird nicht durch den Nachweis der Absendung der E-Mail erbracht. Nutzen Absender und Empfänger den gleichen Internet-Provider, lässt sich der Zeitpunkt der Kenntnisnahme vom Absender abrufen; einige Provider bieten mittlerweile ein elektronisches Empfangsbekenntnis als Zusatzleistung an.[187]

---

[183] LG Berlin GE 2003, 1156; LG Hamburg ZMR 2004, 680; AG Berlin-Charlottenburg MM 2003, 431; großzügiger LG Berlin MM 2005, 146; s. im übrigen oben bei Rdn. 25/26.
[184] BGH (VIII ZR 262/09) GE 2012, 200.
[185] LG Potsdam WuM 2004, 671.
[186] *Ultsch* NJW 1997, 3007; *Palandt/Ellenberger* § 130 Rdn. 7a; LG Nürnberg-Fürth NJW 2002, 1721.
[187] Beuermann GE 2015, 431.

§ 551 Begrenzung und Anlage von Mietsicherheiten

(1) Hat der Mieter dem Vermieter für die Erfüllung seiner Pflichten Sicherheit zu leisten, so darf diese vorbehaltlich des Absatzes 3 Satz 4 höchstens das Dreifache der auf einen Monat entfallenden Miete ohne die als Pauschale oder als Vorauszahlung ausgewiesenen Betriebskosten betragen.

(2) [1]Ist als Sicherheit eine Geldsumme bereitzustellen, so ist der Mieter zu drei gleichen monatlichen Teilzahlungen berechtigt. [2]Die erste Teilzahlung ist zu Beginn des Mietverhältnisses fällig. Die weiteren Teilzahlungen werden zusammen mit den unmittelbar folgenden Mietzahlungen fällig.

(3) [1]Der Vermieter hat eine ihm als Sicherheit überlassene Geldsumme bei einem Kreditinstitut zu dem für Spareinlagen mit dreimonatiger Kündigungsfrist üblichen Zinssatz anzulegen. [2]Die Vertragsparteien können eine andere Anlageform vereinbaren. [3]In beiden Fällen muss die Anlage vom Vermögen des Vermieters getrennt erfolgen und stehen die Erträge dem Mieter zu. [4]Sie erhöhen die Sicherheit. [5]Bei Wohnraum in einem Studenten- oder Jugendwohnheim besteht für den Vermieter keine Pflicht, die Sicherheitsleistung zu verzinsen.

(4) Eine zum Nachteil des Mieters abweichende Vereinbarung ist unwirksam.

Systematische Übersicht

Alphabetische Schnellübersicht

I. Entstehungsgeschichte und Zweck

1 Die Vorschrift hat ihren **Vorläufer** in § 550b BGB, der durch das Gesetz zur Erhöhung des Angebots an Mietwohnungen vom 20.12.1982[1] in das BGB eingefügt worden ist. Die Regelungen betr. die Kautionshöhe und des Rechts zur Ratenzahlung versuchen das Sicherungsbedürfnis des Vermieters mit dem Schutzbedürfnis des Mieters in Einklang zu bringen. Die Regelung über die Verzinsungspflicht beruht auf dem Rechtsgedanken, den der BGH in dem Rechtsentscheid vom 8.7.1982[2] im Anschluss an den Rechtsentscheid des BayObLG vom 9.2.1981[3] entwickelt hat. In diesem Rechtsentscheid war die bis dahin nicht gesetzlich geregelte Frage zu klären, ob der Vermieter eine Barkaution bei fehlender vertraglicher Vereinbarung zu verzinsen hat. Dies wird vom BGH mit der Erwägung bejaht, dass die Kaution dem Vermieter nicht zur Erlangung von Einkünften sondern nur als Sicherheit für die Erfüllung von dessen Ansprüchen zur Verfügung gestellt werde. Dementsprechend erwarte der Mieter, dass der Vermieter die Kautionssumme zu einem Zinssatz anlege, „der bei Spareinlagen mit gesetzlicher Kündigungsfrist üblicherweise erzielt wird". Die Verpflichtung des Vermieters zur Anlage einer Barkaution auf einem Sonderkonto, soll den Mieter vor einem Zugriff von Drittgläubigern sichern.

2 Durch das Vierte Mietrechtsänderungsgesetz wurde § 550b BGB hinsichtlich der Anlagepflicht novelliert. Nach der ursprünglichen Gesetzesfassung hatte der Vermieter die Kaution „bei einer öffentlichen Sparkasse oder bei einer Bank zu dem für Spareinlagen mit gesetzlicher Kündigungsfrist üblichen Zinssatz anzulegen. Nach der nunmehrigen Fassung muss die Anlage „bei einem Kreditinstitut zu dem für Spareinlagen mit dreimonatiger Kündigungsfrist üblichen Zinssatz" erfolgen. Die Neuregelung trägt dem Umstand Rechnung, dass mit der Aufhebung der Sparverkehrsvorschriften (§§ 21–22a KWG) der Bezugspunkt für den Zinssatz („gesetzliche Kündigungsfrist") entfallen ist.

3 Die Regelungen des § 550b BGB a. F. wurden vom **Mietrechtsreformgesetz** mit folgenden Änderungen übernommen.

4 – Nach dem bis 31.8.2001 geltenden Recht blieben „Nebenkosten, über die gesondert abzurechnen ist" unberücksichtigt. Nunmehr ist auch eine Betriebskostenpauschale nicht zu berücksichtigen (s. Rdn. 53).

5 – Nach § 551 Abs. 3 Satz 2 BGB können die Parteien eine andere als die gesetzlich vorgesehene Anlageform vereinbaren (s. Rdn. 66).

II. Anwendungsbereich

1. Altverträge (Vertragsschluss vor dem 1.1.1983)

6 Nach Art. 223 § 3 Abs. 8 EGBGB ist § 551 Abs. 3 Satz 1 (Verzinsungspflicht) nicht anzuwenden, wenn die Verzinsung vor dem 1.1.1983 durch Vertrag ausgeschlossen worden ist. Die Regelung ersetzt die früher geltende (und durch Art. 10 Nr. 4 des Mietrechtsreformgesetzes aufgehobene) Übergangsvorschrift in Art. 4 Nr. 2 des Gesetzes zur Erhöhung des Angebots an Mietwohnungen. Im Einzelnen ist hinsichtlich der Altverträge (Vertragsschluss vor dem 1.1.1983) wie folgt zu unterscheiden:

7 **a) Altverträge mit vereinbartem Verzinsungsausschluss.** Unter der Geltung des Art. 4 Nr. 2 des Gesetzes zur Erhöhung des Angebots an Mietwohnungen war streitig, ob der Ausschluss der Verzinsung durch **Formularvertrag** gegen § 9 AGBG a. F. (= § 307 BGB) verstößt. Die Frage ist zu bejahen, weil der Vermieter durch die Kaution lediglich Sicherheit, nicht aber zusätzliche Einnahmen haben soll.[4] Die Streitfrage besteht fort, weil sich aus Art. 223 § 3 Abs. 8 EGBGB nichts für die Wirksamkeit formularmäßiger Ausschlussvereinbarungen herleiten lässt.[5] Deshalb ist ein

---

[1] BGBl. I S. 1912.
[2] BGH NJW 1982, 2186 = WuM 1982, 240 = ZMR 1982, 366.
[3] BayObLG NJW 1981, 994 = WuM 1981, 22 = ZMR 1982, 82.
[4] LG Frankfurt WuM 1986, 336; LG Nürnberg-Fürth WuM 1988, 158; LG München I WuM 1989, 236; LG Itzehoe WuM 1989, 290; LG Hamburg WuM 1996, 765; AG Langenfeld WuM 1989, 512; **a. A.** AG Ludwigshafen WuM 1986, 335; LG Frankfurt WuM 1988, 307 = DWW 1988, 348; AG Hannover DWW 1988, 91; AG Langen ZMR 1988, 67; *Lammel* § 551 BGB Rdn. 4.
[5] **A. A.** *Derleder* WuM 2002, 239.

vereinbarter Verzinsungsausschluss auch nach gegenwärtiger Rechtslage nur zu beachten, wenn er individualvertraglich getroffen worden ist.

Streitig war außerdem, ob die Übergangsregelung nur für die Verzinsung[6] oder auch für die Verpflichtung zur insolvenzsicheren Anlage[7] gilt. In Art. 4 Nr. 2 des Gesetzes vom 20.12.1982 ist hierzu folgendes geregelt: „Art. 1 Nr. 3 (ist) … ab dem Inkrafttreten dieses Gesetzes in bezog auf die Verzinsung auch auf Mietverhältnisse über Wohnraum anzuwenden, die vor Inkrafttreten dieses Gesetzes vereinbart worden sind, wenn ein Ausschluss der Verzinsung nicht ausdrücklich vereinbart wurde". Die Vorschrift wurde teilweise dahingehend verstanden, dass damit die auf einem Sonderkonto angelegten Kautionen angesprochen sind. Soweit die Parteien wegen der Verzinsung keine Absprache getroffen haben, sollten die Zinsen ab dem 1.1.1983 dem Mieter zustehen. Bei einem vereinbarten Verzinsungsausschluss sollten die Zinsen weiterhin dem Vermieter zufließen. Wurde eine Kaution dagegen vor dem 1.1.1983 bar dem Vermieter übergeben oder auf sein Privatkonto eingezahlt, so sollte es hierbei verbleiben. Der Vermieter war also weder zu einer gesonderten Anlage noch zu einer Verzinsung verpflichtet.[8] Nach dieser Ansicht trifft den Vermieter keine Pflicht zur gesonderten Anlage der Kaution. Nach anderer Ansicht soll sich aus der Regelung in Art. 4 Nr. 2 des Gesetzes vom 20.12.1982 ergeben, dass der Vermieter seit dem 1.1.1983 verpflichtet ist, alle die in früherer Zeit empfangenen Sicherheiten auf einem entsprechenden Sonderkonto verzinslich anzulegen.[9] Danach muss der Vermieter die Kaution ab dem 1.1.1983 verzinslich anlegen. Der **BGH** vertritt die Ansicht, dass der Vermieter verpflichtet ist, die Kaution insolvenzfest anzulegen, die Kaution muss aber nicht verzinst werden.[10] Nach der hier vertretenen Meinung ist die Frage im erstgenannten Sinn zu beantworten. Nach dem Wortlaut des Art. 4 Nr. 2 des Gesetzes zur Erhöhung des Angebots an Mietwohnungen ist § 550b BGB a. F. „in bezog auf die Verzinsung" auch auf Altmietverträge anwendbar. Hätte der Gesetzgeber darüber hinaus auch sicherstellen wollen, dass Altkautionen gesondert anzulegen sind, so hätte er eine Regelung mit anderem Wortlaut gewählt. Auch die Gesetzesbegründung[11] spricht nur von der Pflicht zur Verzinsung und nicht davon, dass Altkautionen ab 1.1.1983 auf einem Sonderkonto anzulegen sind. Nach der Übergangsregelung in Art. 223 § 3 Abs. 8 EGBGB gilt dasselbe, weil die Vorschrift auf § 551 Abs. 3 Satz 1 BGB (wo die Anlagepflicht geregelt ist) Bezug nimmt und klarstellt, dass diese Vorschrift auf Altmietverträge mit vereinbartem Verzinsungsausschluss nicht anwendbar sein soll. 8

b) Altverträge ohne wirksam vereinbarten Verzinsungsausschluss. Hierzu zählen solche Verträge, in denen die Verzinsungspflicht durch Formularvertrag ausgeschlossen worden ist oder die hinsichtlich der Verzinsungspflicht keine Regelung enthalten. Nach der hier vertretenen Ansicht ist die Kaution grundsätzlich ab dem Vertragsschluss zu verzinsen.[12] Es wird allerdings auch die Meinung vertreten, dass die Verzinsungspflicht generell erst ab dem Jahre 1972 beginnt.[13] Diese Ansicht beruft sich auf die Beschlussformel des Rechtsentscheids des BGH vom 8.7.1982, dessen Wortlaut darauf abstellt, dass der Mieter „eines im Jahre 1972 geschlossenen Mietvertrags eine Barkaution gestellt" hat. Tatsächlich ist die Wortfassung der Beschlussformel aber lediglich darauf zurückzuführen, dass dem Rechtsentscheid des BGH ein Mietvertrag zugrunde lag, der im Jahre 1972 abgeschlossen worden war; weitergehende Schlüsse lassen sich hieraus nicht ziehen. In den Gründen seiner Entscheidung hat der BGH allerdings darauf hingewiesen, dass die Erwartungen eines Mieters nicht zu allen Zeiten dieselben gewesen sind. Dies trifft zu, weshalb bei sehr alten Mietverträgen (Vertragsschluss vor 1970) eine über das Jahr 1970 hinausreichende Verzinsungspflicht nur bejaht werden kann, wenn der Vermieter die Kaution tatsächlich verzinslich angelegt hatte oder wenn sonstige Anhaltspunkte für die Vereinbarung einer Verzinsungspflicht gegeben sind. Ein Verzinsungsausschluss – mag er auch formularmäßig vereinbart sein – spricht gegen diese Annahme. 9

---

6 LG Hamburg WuM 1987, 316; *Sternel* Mietrecht (1988) Rdn. III 243; *v. Martius* in Bub/Treier Rdn. III 790.
7 AG Ludwigshafen WuM 1987, 350; *Derleder* WuM 1986, 39.
8 LG Hamburg WuM 1987, 316; *Sternel* Mietrecht (1988) Rdn. III 243.
9 AG Ludwigshafen WuM 1987, 350; *Derleder* WuM 1986, 39, 43.
10 BGH WuM 2009, 289.
11 BT-Drucks. 9/2079.
12 Ebenso: AG Augsburg WuM 1984, 213 = ZMR 1984, 409.
13 AG Düsseldorf WuM 1984, 212 = ZMR 1984, 409; AG Tiergarten ZMR 1986, 58.

2. Sachlicher Anwendungsbereich

10 Die Vorschrift gilt ausschließlich für die Wohnraummiete, nicht für die Miete von Geschäftsräumen. Sie gibt keinen gesetzlichen Anspruch auf Leistung einer Sicherheit, sondern setzt eine vertragliche Vereinbarung voraus. Eine solche Vereinbarung kann auch durch **Formularvertrag** getroffen werden. Allerdings ist insoweit eine deutliche drucktechnische Gestaltung zu fordern;[14] anderenfalls muss eine formularmäßige Kautionsvereinbarung als überraschende Klausel i. S. v. § 305 c Abs. 1 BGB bewertet werden. In der Regel wird die Kautionsvereinbarung beim Vertragsschluss getroffen; § 551 BGB gilt aber auch für solche Vereinbarungen, die während der Mietzeit zustande kommen. Für gerichtlich angeordnete Sicherheiten gilt § 551 BGB nicht.[15] Bei **preisgebundenem Wohnraum** ist außerdem § 9 Abs. 5 Satz 1 WoBindG zu beachten; danach ist die Vereinbarung einer Sicherheit nur insoweit zulässig, als sie dazu bestimmt ist, Ansprüche des Vermieters gegen den Mieter aus Schäden an der Wohnung oder unterlassenen Schönheitsreparaturen zu sichern. Gleichwohl kann der Vermieter bei Mietende mit Forderungen auf restliche Miete gegen den Rückzahlungsanspruch aus der Kaution aufrechnen.[16] Bei **freifinanziertem Wohnraum** gilt diese Beschränkung nicht. Hier kann vereinbart werden, dass die Sicherheit zur Abdeckung aller Ansprüche des Vermieters verwendet werden kann. Hierzu gehören Zahlungsansprüche aller Art, die sich aus dem Mietverhältnis ergeben (Miete, Betriebskosten, Nutzungsentschädigung, Schadensersatzansprüche) oder mit ihm im Zusammenhang stehen (Prozesskostenerstattungsansprüche).[17] Fehlt eine ausdrückliche Regelung, so ist die Vereinbarung über die Leistung einer Sicherheit bei freifinanziertem Wohnraum in einem umfassenden Sinne[18] und bei preisgebundenem Wohnraum i. S. d. § 9 Abs. 5 Satz 1 WoBindG auszulegen. Ist bei preisgebundenem Wohnraum ausdrücklich vereinbart, dass die Kaution zur Deckung aller Ansprüche dienen soll, so ist die Vereinbarung insgesamt unwirksam. Bei steuerbegünstigten oder frei finanzierten Wohnungen die mit **Wohnungsfürsorgemitteln** für Angehörige des öffentlichen Dienstes oder ähnliche Personengruppen unter Vereinbarung eines Wohnungsbesetzungsrechts gefördert worden sind (§ 16 NMV) darf keine Kaution vereinbart werden, weil dies in den hierfür maßgeblichen Preisvorschriften (§§ 1 Abs. 3 und 16 NMV) nicht vorgesehen ist.[19]

3. Arten der Sicherheitsleistung

11 **a)** Die Regelungen in §§ 551 Abs. 1, 9 Abs. 5 Satz 1 WoBindG gelten für Sicherheiten jeder Art. In Betracht kommen:

12 **aa)** die **Barkaution:** Sie liegt vor, wenn der Mieter nach den vertraglichen Vereinbarungen verpflichtet ist, an den Vermieter einen bestimmten Geldbetrag zu übergeben oder auf ein vom Vermieter bestimmtes Konto einzuzahlen. Es handelt sich um die in der Praxis häufigste Form der Sicherheitsleistung.

13 **bb) Sparkonto, Sparbuch, Bankguthaben.** Möglich ist die Verpfändung oder die Sicherungsabtretung. Bei der **Verpfändung** zahlt der Mieter einen bestimmten Betrag auf einem Sparbuch ein, das auf seinen Namen ausgestellt ist. Sodann wird das Recht auf die Sparforderung an den Vermieter verpfändet. Bei einer Verpfändung müssen sich die Parteien dahingehend einig sein, dass ein dingliches Pfandrecht (und nicht lediglich eine schuldrechtliche Verpflichtung)[20] begründet werden soll. Außerdem setzt eine wirksame Verpfändung voraus, dass der Mieter die Verpfändung dem Kreditinstitut anzeigt. Hierfür reicht es nicht aus, dass die Bank vom Verwendungszweck des Sparbuchs Kenntnis hat. Vielmehr muss der Bank mitgeteilt werden, dass die Verpfändung stattgefunden hat und wer der Pfandgläubiger ist.[21] Das Kreditinstitut versieht das Sparbuch i. d. R. mit einem Sperrvermerk zugunsten des Vermieters. Der Sperrvermerk hat zur Folge, dass jede Partei

---

[14] *Kraemer* PiG 62, 213, 215.

[15] Vgl. OLG Hamm FamRZ 1993, 574 betr. Anordnung einer Mithaftung des geschiedenen Ehemannes für die Verbindlichkeiten betr. die der Ehefrau zugewiesene Wohnung.

[16] AG Spandau GE 2011, 1488; *Sternel* Mietrecht aktuell 4. Aufl. 2009 Rdn. III 159 a; **a. A.** AG Köln WuM 2008, 222.

[17] *Von der Osten* in Bub/Treier Kap. III Rdn. 2033; *Emmerich* in Staudinger § 551 BGB Rdn. 4 a; *Lammel* § 551 BGB Rdn. 14; **a. A.** OLG Hamm WPM 1970, 698.

[18] *Emmerich* in Staudinger § 551 BGB Rdn. 4 a; *Fritz,* Gewerberaummietrecht Rdn. 141 für Gewerbemiete; *Palandt/Weidenkaff* § 551 BGB Rdn. 7.

[19] LG München I WuM 1985, 399.

[20] Zu den verschiedenen Auslegungsmöglichkeiten s. BGH NJW 1984, 1749.

[21] OLG Nürnberg NZM 1998, 660.

nur mit Zustimmung der anderen Partei über die Sparforderung verfügen kann. Wird die Zustimmung nicht freiwillig erteilt, so kann jede Partei den anderen Teil auf Erteilung der Zustimmung in Anspruch nehmen. Das Pfandrecht erstreckt sich auch auf die Zinsen (§ 1289 BGB). In der **Insolvenz des Mieters** hat der Vermieter ein Absonderungsrecht. Für die Wirksamkeit der Verpfändung spielt es keine Rolle, in wessen Hand sich das Sparbuch befindet; in der Praxis wird das Sparbuch i. d. R. dem Vermieter ausgehändigt. Der Mieter kann durch einstweilige Verfügung verhindern, dass der Vermieter auf das Sparkonto zugreift. Auf einen Rechtsmissbrauch des Vermieters kommt es nicht an. Dies gilt auch dann, wenn der Mieter mit seiner Bank vereinbart hat, dass die Sparforderung gegen Vorlage des Sparbuchs ausgezahlt werden kann.[22] Im Falle der **Insolvenz der Bank** steht dem Mieter ein Entschädigungsanspruch nach den §§ 3, 4 des Einlagensicherungs- und Anlegerentschädigungsgesetzes (EAEG) in Höhe von 90% der jeweiligen Einlagen, maximal 20.000 € zu. Hierbei handelt es sich um einen eigenständigen gesetzlichen Anspruch. Ein an der ursprünglichen Sparforderung bestehendes Pfandrecht setzt sich nicht am Entschädigungsanspruch fort.[23] Der Vermieter muss den Mieter in einem solchen Fall auf Wiederauffüllung der Kaution in Anspruch nehmen.

Eine **Sicherungsabtretung** der Sparforderung gem. §§ 398ff. BGB ist auch dann wirksam, wenn sie dem Kreditinstitut nicht angezeigt wird. Die Sicherungsabtretung setzt lediglich eine Einigung der Parteien darüber voraus, dass die Sparforderung zur Sicherheit für die Erfüllung der Verbindlichkeiten aus dem Mietvertrag dem Vermieter zustehen soll. In der Regel wird die Sicherungsabtretung schlüssig vereinbart, in dem der Mieter dem Vermieter ein auf seinen Namen ausgestelltes Sparbuch übergibt.[24] Für den Vermieter hat die Sicherungsabtretung den Vorteil, dass er auch ohne Einwilligung des Mieters über die Sparforderung verfügen kann, wenn sich das Sparbuch in seinem Besitz befindet (§ 808 BGB); anders ist es, wenn die Bank (auf Veranlassung des Mieters) einen Sperrvermerk angebracht hat. In der Insolvenz des Mieters hat der Vermieter ebenso wie bei der Verpfändung ein Absonderungsrecht.[25] 14

cc) Eine gewisse praktische Bedeutung – insbesondere bei der Geschäftsraummiete hat daneben noch die Sicherheitsleistung in der Form der **Bankbürgschaft.** Hier verpflichtet sich eine Bank gegenüber dem Vermieter, für die Verbindlichkeiten des Mieters einzustehen. Ist bei Beendigung des Mietverhältnisses streitig, ob dem Vermieter gegen den Mieter Forderungen zustehen, so wird die Bank die Bürgschaftssumme i. d. R. bei der Hinterlegungsstelle des Amtsgerichts hinterlegen (vgl. § 13 HinterlegungsO). Der Vermieter muss dann den Mieter auf Einwilligung zur Auszahlung in Anspruch nehmen (s. auch Rdn. 52). Im Verhältnis des Vermieters zum Bürgen gilt nicht der besondere Gerichtsstand des § 29a ZPO, sondern der allgemeine Gerichtsstand.[26] 15

Bei einer **Bürgschaft auf erstes Anfordern** muss der Bürge dagegen leisten, wenn der Vermieter die Zahlung anfordert. Einer schlüssigen Darlegung der Verbindlichkeit bedarf es nicht.[27] Der Vermieter muss lediglich erklären, dass der Anspruch besteht. Der Bürge ist mit allen Einwendungen ausgeschlossen; alle Streitfragen sind im Rückforderungsprozess auszutragen. Eine Ausnahme gilt, wenn die Unbegründetheit der Hauptforderung klar auf der Hand liegt, etwa bei Rechtsmissbrauch.[28] Die Anforderung der Zahlung ist rechtsmissbräuchlich, wenn offenkundig oder mit liquiden Mitteln beweisbar ist, dass der Sicherungsfall nicht vorliegt.[29] Die Prüfungspflichten des Bürgen sind stark eingeschränkt. Der Bürge muss den Mieter benachrichtigten, damit dieser eventuelle liquide Einwendungen zur Abwehr des Bürgschaftsanspruchs mitteilen kann. Bestehen keine liquiden Einwendungen, so kann der Bürge leisten. Entgegenstehende Weisungen des Hauptschuldners muss der Bürge nicht beachten.[30] Hat der Bürge ohne Bestand einer Hauptverbindlichkeit geleistet, so kann er die Zahlung im Rückforderungsprozess kondizieren (§ 812 BGB). Der Mieter kann sich den Kondiktionsanspruch abtreten lassen. Wird der Mieter vom Bürgen in Anspruch genommen, so 16

[22] LG Berlin GE 2003, 742.

[23] BGH NZM 2008, 456.

[24] LG Dortmund WuM 2007, 73; **a. A.** OLG Nürnberg NZM 1998, 660: danach ist es bei dieser Form der Sicherheitsleistung üblich, dass das Sparkonto als Konto des Vermieters errichtet wird.

[25] BGH NJW 1984, 1749, 1750.

[26] BayObLG NZM 1999, 1141.

[27] BGH MDR 1994, 721; *Fischer* NZM 2003, 497.

[28] *Fischer* NZM 2003, 497, 498.

[29] BGHZ 143, 381, 383; BGHZ 147, 99, 102; NJW 2002, 1493.

[30] *Fischer* a. a. O.

kann er aus eigenem Recht gegen den Vermieter vorgehen, weil die Anforderung der Zahlung ohne Bestand einer Hauptverbindlichkeit eine Vertragsverletzung darstellt.

17 Eine **Bürgschaft auf erstes Anfordern** kann **formularvertraglich** grundsätzlich nur von Kreditinstituten, Banken, Sparkassen, Versicherungen und von solchen Personen abgegeben werden, die mit den besonderen Risiken dieser Art von Bürgschaft vertraut sind.[31] Individualvertraglich kann jedermann eine Bürgschaft auf erstes Anfordern übernehmen.[32] Eine unwirksame Formularvereinbarung über eine Bürgschaft auf erstes Anfordern ist als Vereinbarung über eine gewöhnliche Bürgschaft aufrecht zu erhalten.[33] Hat eine Privatperson eine solche Bürgschaftserklärung abgegeben, so kann sie Einwendungen gegen die Hauptschuld geltend machen. Die Rückgabe der Bürgschaftsurkunde kann der Bürge nicht verlangen, wohl aber Rückgabe Zug um Zug gegen eine gewöhnliche Bürgschaft.[34] Ist streitig, ob eine Bürgschaftserklärung von einer Privatperson formularmäßig erteilt worden ist, so ist dies vom Bürgen zu beweisen. Da sich der Bürge lediglich mit liquiden Beweismitteln verteidigen kann, muss sich die Unzulässigkeit der formularmäßigen Vereinbarung einer Bürgschaft auf erstes Anfordern aus dem Inhalt der Vertragsurkunde einschließlich des unstreitigen Sachverhalts ergeben. Fischer vertritt die Auffassung, dass der Hinweis auf eine gesicherte obergerichtliche Rechtsprechung zur Bürgschaft auf erstes Anfordern und zum Transparenzgebot (s. Vor § 535 BGB Rdn. 55) genügt.[35] Bei unwirksamer Bürgschaft auf erstes Anfordern kann der Mieter vom Bürgen verlangen, dass dieser die Leistung verweigert. Verstößt der Bürge gegen diese Weisung, so verliert er den Aufwendungsersatzanspruch nach §§ 675, 670 BGB. Etwas anderes gilt, wenn der Bürge nachweist, dass die Forderung des Hauptschuldners besteht. Die auf Grund einer unwirksamen Vereinbarung über eine Bürgschaft auf erstes Anfordern geleistete Zahlung kann nicht allein wegen der Unwirksamkeit der Bürgschaftsabrede zurückverlangt werden (weil der Mieter eine gewöhnliche Bürgschaft schuldet). Im Rückforderungsprozess muss der Vermieter beweisen, dass die Forderung besteht und fällig ist.[36]

18 Ist in einem **Mietvertrag vereinbart,** dass der Mieter eine **gewöhnliche Bürgschaft** beizubringen hat und beauftragt der Mieter eine Bank die Bürgschaft gemäß dem Mietvertrag zu übernehmen, so darf die Bank dem Vermieter keine Bürgschaft auf erstes Anfordern anbieten. Geschieht dies dennoch, so ist die Bank gegenüber dem Vermieter zur Zahlung verpflichtet, wenn dieser behauptet, dass ihm eine Forderung gegenüber dem Mieter zustehe. Den Mieter kann die Bank erst in Anspruch nehmen, wenn feststeht, dass die Forderung des Vermieters zu Recht besteht.[37]

19 **Bürgschaften von Privatleuten** werden insbesondere bei Mietverträgen mit juristischen Personen verlangt, wenn ein Bedürfnis besteht, dass die Gesellschafter für die Verbindlichkeiten der Gesellschaft persönlich haften sollen. Bei der Wohnraummiete machen Vermieter die Bereitschaft zum Vertragsschluss mit Studenten gelegentlich davon abhängig, dass die Eltern die Bürgschaft für die Verpflichtungen aus dem Mietvertrag übernehmen. Das LG Kassel[38] hat in einer vertraglichen Vereinbarung, wonach die Eltern als Bürgen „für die rechtzeitige Zahlung" der Miete haften, eine Bürgschaft unter Verzicht auf die Einrede der Vorausklage gesehen. Die Vorschrift des § 551 Abs. 1 BGB, wonach die Sicherheit auf das Dreifache der Monatsmiete beschränkt ist, gilt auch für die Bürgschaft (s. Rdn. 54)

Im Übrigen gelten folgende Grundsätze[39]

20 **(1)** Die Bürgschaft bedarf nach § 766 BGB der **Schriftform.** Nach der obergerichtlichen Rechtsprechung[40] gelten hierfür wegen des besonderen Schutzzwecks des § 766 BGB (abw. von §§ 126 Satz 1, 167 Abs. 2 BGB) folgende Grundsätze: **(a)** Bei einer Bürgschaft ist die Schriftform nur

---

31 LG Hamburg WuM 2003, 36; LG Rostock DWW 2016, 296; *Fischer* NZM 2003, 497, 498; *Palandt/Sprau* Einf. vor § 765 BGB Rdn. 14; *von der Osten* in Bub/Treier Kap. III Rdn. 2148; **a. A.** KG DWW 2004, 85 = GE 2004, 233; OLG Karlsruhe NZM 2004, 742: danach kann sich jedermann entsprechend verpflichten.

32 BGH NJW 1998, 2280; *Fischer* NZM 2003, 497, 498.

33 *Fischer* NZM 2003, 497, 499f; **a. A.** *Leo/Ghassemi-Tabar* NZM 2012, 97: danach entfällt die Verpflichtung zur Stellung der Bürgschaft ersatzlos; der Vermieter muss sich mit dem gesetzlichen Vermieterpfandrecht begnügen.

34 *Fischer* NZM 2003, 497, 501.

35 *Fischer* NZM 2003, 497, 500.

36 BGH NJW 1989, 1606; 1997, 1435; *Fischer* NZM 2003, 497, 501.

37 OLG Köln NZM 2003, 518.

38 LG Kassel NZM 1998, 328.

39 S. auch OLG Hamburg ZMR 1999, 639.

40 BGH MDR 1996, 810.

gewahrt, wenn die Urkunde außer dem Willen, für fremde Schuld einzustehen, auch die Bezeichnung des Gläubigers, des Hauptschuldners und der verbürgten Forderung enthält. Durch die Übergabe eines Blanko-Formulars wird die Schriftform nicht gewahrt. **(b)** Der Bürge kann das Bürgschaftsformular blanko unterzeichnen und einen Dritten ermächtigen, die Urkunde in dem erforderlichen Umfang zu ergänzen. In diesem Fall muss die Vollmacht zur Ergänzung der Urkunde (abw. von § 167 Abs. 2 BGB) schriftlich erteilt werden. **(c)** Der Bürge kann einen Dritten zur Abgabe einer Bürgschaftserklärung bevollmächtigen. Auch in diesem Fall muss die Vollmacht (abw. von § 167 Abs. 2 BGB) schriftlich erteilt werden.[41] Etwas anderes gilt, wenn die Bürgschaft auf der Seite des Bürgen ein Handelsgeschäft darstellt.

(2) Nach der Rechtsprechung[42] ist die Übernahme einer **Bürgschaft oder Mithaftung** für die Verbindlichkeiten eines Dritten nach § 138 Abs. 1 BGB **nichtig,** wenn zwischen der übernommenen Zahlungsverpflichtung und der finanziellen Leistungsfähigkeit des Mithaftenden ein **grobes Missverhältnis** besteht und weitere dem Gläubiger zurechenbare Umstände vorliegen, auf Grund derer die Mithaftung sittenwidrig erscheint. Solche Umstände können in der Ausnutzung der geschäftlichen Unerfahrenheit oder einer seelischen Zwangslage liegen. Bei Mietverhältnissen werden diese Voraussetzungen i. d. R. nicht gegeben sein.[43] 21

(3) Es ist erforderlich, dass der **Umfang einer Bürgschaft hinreichend bestimmbar** ist. Die Übernahme einer Bürgschaft für alle nur denkbaren Verpflichtungen eines Schuldners ist unwirksam.[44] Es genügt aber, wenn eine Bürgschaft für alle Verpflichtungen aus dem Mietvertrag übernommen wird. In einem solchen Fall haftet der Bürge auch für die Kosten eines Räumungsrechtsstreits einschließlich der Kosten der Zwangsvollstreckung.[45] 22

(4) Eine umfassende Mietbürgschaft umfasst auch solche Verpflichtungen, die nur vom Mieter erfüllt werden können **(unvertretbare und höchstpersönliche Verpflichtungen).** Werden diese Verpflichtungen vom Mieter nicht erfüllt, so haftet der Bürge für die Schadensersatzansprüche. 23

(5) Die Übernahme einer Bürgschaft ist auch dann wirksam, wenn der Bürge deren Reichweite mangels ausreichender **Sprachkenntnisse** nicht überblicken kann. 24

(6) Mängel der Sicherungsabrede haben auf die Wirksamkeit des Bürgschaftsvertrages keinen Einfluss. Der Bürge hat aber dieselben Einwendungen wie der Hauptschuldner (§§ 768 Abs. 1 Satz 1, 770 BGB). Deshalb kann sich auch der Bürge auf die Unwirksamkeit der Sicherungsabrede berufen.[46] 25

(7) Die Bürgschaft erstreckt sich grundsätzlich nicht auf solche Verpflichtungen, die sich aus einem nach Übernahme der Bürgschaft geschlossenen Vertrag zwischen dem Mieter und dem Vermieter ergeben.[47] Wegen dieser Ansprüche kann der Vermieter auch kein Zurückbehaltungsrecht an der Bürgschaftsurkunde geltend machen.[48] Etwas anderes gilt, wenn der Bürge mit einer **Erweiterung der Verbindlichkeiten** rechnen musste. Bei Mieterhöhungsvereinbarungen kommt es darauf an, ob sie eine vertragliche (z. B. Wertsicherungsklausel) Grundlage haben. Vergleichbare Grundsätze gelten für Mietzinsansprüche, die nach dem Tod des Mieters entstehen. Für solche Ansprüche haften die Erben. Für deren Schulden hat der Bürge nicht einzustehen.[49] Die Parteien können jedoch vereinbaren, dass der Mieter eine Bürgschaft beizubringen hat, die auch die Mietzinsansprüche nach dem Tod des Mieters umfasst.[50] 26

(8) Wird ein ursprünglich befristeter **Mietvertrag vertraglich verlängert,** so haftet der Bürge grundsätzlich nicht für die nach der Befristung entstehenden Verbindlichkeiten. Etwas anderes gilt, wenn der Bürge mit der Verlängerung rechnen musste, z. B. weil dem Mieter ein Optionsrecht zustand oder eine Verlängerung vertraglich vorgesehen war. Wird das **Mietverhältnis durch fristlose Kündigung wirksam beendet** und einigen sich die Parteien über eine „Rücknahme" der Kündigungswirkungen, so scheidet eine Fortsetzung des früheren Vertragsverhältnisses nach der 27

---

41 BGH NJW 1996, 1467; KG GE 2003, 118.
42 Vgl. BGH NJW 1997, 1773.
43 Vgl. OLG Hamburg ZMR 2001, 887; *Schläger* ZMR 2001, 888.
44 BGHZ 25, 318.
45 LG Hamburg ZMR 2000, 764.
46 *Fischer* NZM 2003, 497, 500.
47 OLG Frankfurt NZM 2006, 900.
48 OLG Frankfurt a. a. O.
49 LG Münster WuM 2008, 481.
50 LG Münster a. a. O.

Rechtsprechung aus (§ 542 Rdn. 89). In diesem Fall erlischt dir für den Ursprungsvertrag erteilte Bürgschaft. Die Einigung der Parteien über die Fortsetzung des Vertrags führt unter diesen Umständen zur Begründung eines neuen – nunmehr ungesicherten – Mietverhältnisses.[51]

28 **(9)** Wird die **Mietsache** nach Ablauf der Mietzeit vom Mieter **nicht an den Vermieter zurückgegeben,** so haftet der Bürge auch für die Nutzungsentschädigung nach § 546a BGB.

29 **(10)** Der Vermieter ist weder verpflichtet, den Bürgen über die Höhe der Rückstände des Mieters zu **informieren,** noch ist er gehalten, das Mietverhältnis wegen Zahlungsverzugs zu kündigen.[52] Der Bürge muss sich selbst über die Vermögenslage des Mieters informieren.

30 **(11)** Liegen die Voraussetzungen einer **Kündigung wegen Zahlungsverzugs** nach § 543 Abs. 2 Nr. 3 BGB vor, so ist der Vermieter gegenüber dem Bürgen verpflichtet, „diejenigen Schritte zu ergreifen, die er ohne Bürgschaftsvertrag zur Wahrung seiner eigenen Interessen unternommen hätte".[53] Gleichwohl kann der Vermieter mit der Kündigung zuwarten, wenn die Möglichkeit besteht, dass sich die Verhältnisse bessern. Außerdem darf der Vermieter seine eigenen Interessen an einer zeitnahen Anschlussvermietung wahren. Ist die Weitervermietung auf Grund der Marktlage mit einem Risiko behaftet, so kann der Vermieter von der Kündigung Abstand nehmen. Er ist nicht in jedem Fall verpflichtet, den Bürgen zu schonen.[54]

30a **(12)** Bei einem unbefristeten Mietverhältnis kann der Bürge die **Bürgschaft mit Wirkung für die Zukunft beenden.**[55] Der Bürge muss allerdings auf die Interessen des Vermieters Rücksicht nehmen; deshalb muss die Kündigungsfrist so bemessen werden, dass sich der Vermieter auf die geänderte Situation einstellen kann. Diese Voraussetzung ist i. d. R. gewahrt, wenn die Kündigungsfrist so bemessen wird, dass der Vermieter seinerseits das Mietverhältnis kündigen kann.[56] Hat der Vermieter von seinem Kündigungsrecht Gebrauch gemacht, so haftet der Bürge trotz Beendigung der Bürgschaft für diejenigen Verbindlichkeiten des Mieters, die infolge der Vorenthaltung der Mietsache entstehen, insbesondere auf die Nutzungsentschädigung. Bei einem befristeten Mietverhältnis ist eine vorzeitige Enthaftung des Bürgen ausgeschlossen.[57]

31 **(13) Zahlt ein Bürge,** so geht die Forderung des Vermieters nach § 774 Satz 1 BGB auf ihn über. Dies gilt allerdings nur dann, wenn der Anspruch des Vermieters zu Recht besteht. Der Bürge kann im Falle der Zahlung einen Aufwendungsersatzanspruch nach §§ 675, 670 BGB gegen den Mieter geltend machen. Dieser Anspruch setzt nicht voraus, dass die Forderung des Vermieters zu Recht besteht. Jedoch ist der Bürge verpflichtet, die Rechtslage sorgfältig zu prüfen. Wird diese Pflicht verletzt, so scheidet ein Aufwendungsersatzanspruch aus.[58]

32 **(14)** Hat der **Bürge den Mieter in Anspruch genommen,** so steht dem Mieter gegenüber dem Vermieter ein eigenes Rückforderungsrecht zu, wenn die Hauptschuld nicht besteht. Dies ergibt sich aus der Sicherungsabrede.[59] Daneben hat auch der Bürge einen Rückforderungsanspruch. Mieter und Bürge sind Gesamtgläubiger.[60]

33 **(15)** Ist das **Mietverhältnis beendet,** so ist die **Bürgschaftsurkunde** zurückzugeben. Der Rückgabeanspruch steht dem Bürgen, nicht dem Mieter zu.[61]

34 **(16)** Beantragt der Mieter den Vermieter zu verurteilen gegenüber der Bank eine Erklärung abzugeben, dass keine Ansprüche aus der Bürgschaft erhoben werden und dass diese freigegeben wird und weist das Amtsgericht die Klage ab, so bemisst sich die **Beschwer** des Mieters nach der Bürgschaftssumme.[62] Gleiches gilt hinsichtlich der Beschwer für eine Klage auf Herausgabe der Bürgschaftsurkunde, wenn der Mieter mit der Herausgabeklage eine Inanspruchnahme des Bürgen verhindern will.[63]

---

[51] OLG Düsseldorf ZMR 2013, 628.
[52] OLG Düsseldorf ZMR 2002, 191, 192.
[53] BGH NJW 1995, 1886.
[54] KG GE 2001, 1196.
[55] KG DWW 2012, 134, 135; *Sternel* Mietrecht Aktuell Rdn. III 220; *Wolf/Eckert/Ball* Handbuch des Gewerblichen Miet-, Pacht- und Leasingrechts Rdn. 812.
[56] KG a. a. O.
[57] Wolf/Eckert/Ball a. a. O.
[58] BGH NJW 2005, 2552 = NZM 2005, 538 = WuM 2005, 401 = ZMR 2005, 688.
[59] BGH NJW 1999, 55; LG Berlin GE 2003, 1332; *Fischer* NZM 2003, 497, 501.
[60] *Fischer* a. a. O.
[61] BGH NZM 2004, 907, 909.
[62] BGH WuM 2006, 215.
[63] BGH NJW-RR 1994, 758.

Für die **Abgrenzung der Bürgschaft vom Schuldbeitritt** (Schuldmitübernahme) kommt es maßgeblich darauf an, ob nach dem Parteiwillen eine selbständige oder nur eine angelehnte Schuld begründet werden soll; im erstgenannten Fall liegt ein Schuldbeitritt vor, im letztgenannten Fall ist eine Bürgschaft anzunehmen.[64] Die von den Parteien gewählten Bezeichnungen können ein wichtiges Indiz für den Parteiwillen darstellen, insbesondere, wenn diese rechtskundig sind. Die Abgrenzung ist häufig schwierig. Der BGH hat die Mitunterzeichnung des Mietvertrags durch den Geschäftsführer einer GmbH als „Mieter und Mithaftender" als Schuldmitübernahme bewertet.[65] Das LG Gießen[66] hat dagegen die Erklärung eines Dritten, wonach dieser „selbstschuldnerisch alle Verpflichtungen" aus dem Mietvertrag übernehme, nicht als Schuldbeitritt, sondern als Bürgschaftserklärung mit dem Verzicht der Einrede auf die Vorausklage ausgelegt. Im Zweifel soll eine Bürgschaft vorliegen.[67] 35

Beim Schuldbeitritt/der Schuldmitübernahme erwirbt der Vermieter einen Anspruch gegen den Sicherungsgeber auf Zahlung der Miete, wenn diese beim Hauptschuldner uneinbringlich wird. Gleiches gilt für die Erfüllung der sonstigen Verbindlichkeiten. Bei einem befristeten Mietvertrag kann das zwischen dem Sicherungsgeber und dem Vermieter bestehende Sicherungsverhältnis vor Ablauf der Befristung nicht im Wege der ordentlichen Kündigung beendet werden.[68] Eine fristlose Kündigung ist gem. § 314 Abs. 1 BGB möglich, wenn ein wichtiger Grund vorliegt. Der Umstand, dass der Sicherungsgeber aus dem Betrieb des Mieters ausscheidet (etwa weil der Geschäftsführervertrag beendet wird), genügt nicht.[69] Dies folgt aus der Erwägung, dass der Sicherungsgeber das Insolvenzrisiko des Mieters zu tragen hat. Möglicherweise hat der Sicherungsgeber in Fällen der vorliegenden Art gegenüber dem Mieter einen Anspruch darauf, dass dieser dem Vermieter eine geeignete Sicherheit stellt. Das Rechtsverhältnis des Sicherungsgebers zum Vermieter wird hierdurch aber nicht berührt, weil die Gefahr einer Kündigung des Anstellungsvertrags in die Risikosphäre des Sicherungsgebers fällt.[70] Will der Sicherungsgeber das Risiko einer zeitlich unbegrenzten Haftung vermeiden, muss er mit dem Vermieter eine Haftungsbeschränkung oder eine Lösungsklausel vereinbaren. 35a

Vergleichbare Grundsätze gelten für die Abgrenzung der Bürgschaft vom **selbständigen Garantieversprechen.** Die Bürgschaftsverpflichtung ist vom Bestand der Hauptforderung abhängig, beim Garantieversprechen wird die Zahlungspflicht unabhängig davon begründet.[71] 35b

Die **Wirksamkeit eines Schuldbeitritts** bei der **Wohnungsmiete** ist ungeklärt. Das Problem ergibt sich aus der Verwandtschaft des Schuldbeitritts mit der Bürgschaft. Für die Bürgschaft gilt hinsichtlich der Höhe der Bürgenverpflichtung die Regelung des § 551 BGB (s. Rdn. 54). Der Bürge kann also nur in Höhe von 3 Monatsmieten in Anspruch genommen werden. Deshalb ist zu fragen, ob beim Schuldbeitritt dieselbe Rechtsfolge gilt. Nach der hier vertretenen Ansicht kommt es darauf an, ob der Beitretende ein eigenes wirtschaftliches Interesse am Zustandekommen des Mietvertrags hat oder ob die Sicherung des Vermieters im Vordergrund steht. Im erstgenannten Fall (Beispiel: Eltern übernehmen die Mithaftung für den Mietvertrag ihrer einkommenslosen Kinder) wird man den Schuldbeitritt für wirksam ansehen müssen. In anderen Fällen kann in dem Schuldbeitritt aber auch ein Rechtsgeschaft zur Umgehung des § 551 BGB gesehen werden. Obergerichtliche Rechtsprechung hierzu gibt es noch nicht. 36

Bei der **Inanspruchnahme des Bürgen** sind zwei Fälle zu unterscheiden:

(1) Die **Bürgschaftssumme reicht** zur Befriedigung aller Ansprüche des Vermieters **aus:** Hier kann der Vermieter den Bürgen ohne Rechtsnachteile in Höhe der Bürgschaftssumme in Anspruch nehmen.[72] 37

(2) Die Ansprüche des Vermieters übersteigen die Bürgschaftssumme. Dieser Fall wird häufig bei der Wohnungsmiete auftreten, weil dort die Bürgschaft auf 3 Monatsmieten begrenzt ist. In diesem Fall gilt folgendes: a) Nimmt der Vermieter den Bürgen wegen aller Mietforderungen in 37a

---

[64] OLG Düsseldorf ZMR 2001, 882, 883.

[65] BGH (XII ZR 155/09) NZM 2011, 709 = ZMR 2011, 945; ebenso OLG Düsseldorf ZMR 2001, 882 für die Erklärung des Geschäftsführers, für die „Erfüllung" des Vertrags „persönlich" zu haften.

[66] LG Gießen ZMR 1995, 33.

[67] OLG Düsseldorf ZMR 2001, 882.

[68] Der BGH (XII ZR 155/09) NZM 2011, 709 = ZMR 2011, 945 hat dies offengelassen.

[69] BGH (XII ZR 155/09) NZM 2011, 709 = ZMR 2011, 945.

[70] BGH a. a. O.

[71] OLG Düsseldorf ZMR 2003, 735, 736.

[72] OLG Düsseldorf ZMR 2000, 602.

Anspruch, so kann der Bürge nach § 366 Abs. 1 BGB bestimmen, welche Forderungen des Vermieters durch die Zahlung erlöschen sollen.[73] b) Nimmt der Vermieter den Bürgen dagegen wegen bestimmter genau bezeichneter Forderungen in Anspruch, so erlöschen diese Forderungen.

38 Bei einer **befristeten Bürgschaft** – wie sie regelmäßig von den Banken angeboten wird, – kann der Vermieter den Bürgen grundsätzlich (Ausnahmen s. o. Rdn. 26, 27) nur wegen solcher Forderungen in Anspruch nehmen, die bis zum Ende der Befristung fällig geworden sind.[74] Hierzu gehört der Anspruch auf rückständige Miete. Der Anspruch auf Durchführung von Schönheitsreparaturen gehört ebenfalls zu den gesicherten Ansprüchen, weil die Verpflichtung des Mieters zur Durchführung von Schönheitsreparaturen spätestens zum Vertragsende fällig wird. Der Bürge haftet auch für den Schadensersatzanspruch wegen nicht durchgeführter Schönheitsreparaturen. Dies gilt auch dann, wenn die nach § 281 BGB erforderliche Nachfrist erst nach dem Zeitpunkt abläuft, zu dem die Befristung der Bürgschaft endet: die Hauptverbindlichkeit wird durch den Verzug des Mieters nämlich nicht geändert (§ 767 Abs. 1 Satz 2 BGB).[75] Dagegen haftet der Bürge nur dann auf Zahlung eines Saldos aus einer Betriebskostenabrechnung, wenn diese noch vor Ablauf der Befristung erteilt wird. Dies ist in der Praxis insbesondere dann nicht möglich, wenn der Mieter vor Ablauf des Abrechnungszeitraums auszieht; dies hat regelmäßig zur Folge, dass der Vermieter keine Sicherheit für die noch nicht abgerechneten Betriebskosten erlangt. Auch bei einer **unbefristeten Bürgschaft** haftet der Bürge im Zweifel nicht für solche Mietzahlungsverpflichtungen, die entstehen, weil die Parteien des Mietvertrags nach Vertragsende die weitere Fortsetzung des Mietverhältnisses vereinbart haben (Ausnahme oben Rdn. 27). Etwas anderes gilt für Ansprüche nach einer Vertragsfortsetzung gem § 545 BGB, weil diese Ansprüche seit der Rechtsänderung durch das Mietrechtsreformgesetz nicht auf dem vermuteten Willen der Parteien zur Vertragsfortsetzung sondern auf einer gesetzlichen Rechtsfolge beruhen. Fraglich ist, welche Rechtsfolge gilt, wenn der Mieter oder der Vermieter das Mietverhältnis kündigt und die Parteien im Anschluss hierin ein neues Mietverhältnis begründen. Nach der Ansicht des LG Berlin[76] bleibt der „gekündigte Vertrag … zu den bisherigen Bedingungen unverändert in Kraft". Zu diesen Bedingungen zähle auch die Bürgschaft. Diese Ansicht ist zweifelhaft, weil der Bürge nicht an die von den Mietvertragsparteien getroffenen Vereinbarungen gebunden ist. Die befristete Bürgschaft ist kündbar.[77] Die Kündigung des Bürgen wird allerdings erst zu einem Zeitpunkt wirksam zu dem der Vermieter – dem zudem ein gewisser Überlegungsspielraum einzuräumen ist – das Mietverhältnis ordentlich kündigen kann.[78] Nach der Ansicht des OLG Düsseldorf[79] gilt dies auch dann, wenn der Vermieter – etwa wegen des Zahlungsverzugs des Mieters – einen Grund zur außerordentlichen fristlosen Kündigung hat. Dies beruht auf der Erwägung, dass die Bürgschaft nicht nur die laufende Miete, sondern auch den Kündigungsfolgeschaden absichern soll.

39 Ist die **Hauptverbindlichkeit verjährt,** so kann auch der Bürge die Einrede der Verjährung erheben. Es gelten folgende **Grundsätze:**[80]

40 **(1)** Eine Klage gegen den Bürgen hemmt nicht die Verjährung des Anspruchs gegen den Hauptschuldner. Der Bürge kann die Einrede der Verjährung auch dann erheben, wenn der Anspruch gegen den Hauptschuldner zu einem Zeitpunkt verjährt, zu dem die Klage gegen den Bürgen bereits anhängig war.

41 **(2)** Verjährt der Anspruch nach Schluss der mündlichen Verhandlung vor dem Berufungsgericht, so kann der Bürge Vollstreckungsgegenklage erheben.[81]

42 **(3)** Verjährt der Anspruch nach Rechtskraft der Verurteilung des Bürgen, so kann der Bürge Vollstreckungsgegenklage erheben.[82]

---

[73] OLG Düsseldorf DWW 1992, 213, 214.
[74] OLG Düsseldorf a. a. O.
[75] OLG Hamm ZMR 1995, 255.
[76] LG Berlin GE 2017, 1.
[77] OLG Düsseldorf NZM 1999, 558.
[78] AG Iserlohn WuM 2004, 544.
[79] OLG Düsseldorf a. a. O.
[80] S. dazu *Geldmacher* NZM 2003, 502.
[81] BGH NJW 1993, 1131; *Tiedtke* NJW 2001, 1015, 1024; *Geldmacher* NZM 2003, 502, 503.
[82] BGH NJW 1999, 278; *Geldmacher* NZM 2003, 502, 503.

(4) Hat der Bürge geleistet, so kann er die Leistung im Wege der verlängerten Vollstreckungsgegenklage zurückfordern, wenn er unter Vorbehalt geleistet hat.[83] Bei vorbehaltloser Erfüllung ist die Rückforderung nach §§ 813, 214 Abs. 2 BGB ausgeschlossen. **43**

(5) Der Bürge hat auch dann die Einrede der Verjährung, wenn der Hauptschuldner vermögenslos oder im Handelsregister als Rechtsperson gelöscht ist.[84] Der Vermieter muss den vermögenslosen Mieter verklagen, um die Verjährung zu unterbrechen. Eine Klage gegen den Bürgen genügt nicht. Ist die Rechtsperson des Mieters im Handelsregister gelöscht, so genügt es allerdings, wenn die Verjährung gegenüber dem Bürgen unterbrochen wird.[85] **44**

(6) Der Vermieter hat drei Möglichkeiten, sich gegen die mit dem Akzessoritätsgrundsatz verbundenen Nachteile zu sichern. **(a)** Er kann in der Sicherungsabrede und dem Bürgschaftsvertrag vereinbaren, dass er bei der Geltendmachung verjährter Forderungen durch die Bürgschaft nicht schlechter gestellt sein soll, als er bei Leistung einer Barkaution stehen würde.[86] **(b)** Der Vermieter kann mit dem Mieter eine Verlängerung der Verjährung vereinbaren. Eine Verlängerung der gesetzlichen Frist von 6 Monaten auf 12 Monate ist auch durch Formularvertrag möglich.[87] **(c)** Der Vermieter kann mit dem Bürgen vereinbaren, dass dieser auf die Verjährungseinrede verzichtet;[88] eine solche Regelung kann aber nicht durch Formularvertrag getroffen werden. **45**

(7) Ein Verzicht des Mieters auf die Erhebung der Verjährungseinrede wirkt nicht gegen den Bürgen.[89] **46**

dd) Die **Verpfändung von Wertpapieren** ist bei der Miete selten: Für Inhaberpapiere (z. B. Aktien) gilt § 1293 BGB. Für die Entstehung des Pfandrechts ist die Übergabe des Papiers und die Einigung über die Entstehung des Pfandrechts erforderlich (§ 1205 BGB). Der Vermieter ist mangels gegenteiliger Vereinbarungen nur zur Verwahrung, nicht zur Werterhaltung verpflichtet. Mangels besonderer Vereinbarungen sind die Bestimmungen des Gesetzes über die Verwahrung und Anschaffung von Wertpapieren vom. 4. 2. 1937[90] ergänzend heranzuziehen. Deshalb ist der Vermieter grundsätzlich verpflichtet, Wertpapiere gesondert von seinen eigenen Beständen aufzubewahren (§ 2 DepotG). Im Fall eines Kursverlustes hat der Vermieter nur dann Anspruch auf Erhöhung der Sicherheit, wenn dies vertraglich vereinbart ist. Hiervon ist auch dann auszugehen, wenn der Mieter nach den Vereinbarungen im Mietvertrag eine Kaution in einer bestimmten Höhe (z. B. 3 Monatsmieten) zu leisten hat mit der Maßgabe, dass die Kaution durch Wertpapiere mit entsprechendem Kurswert erbracht werden kann.[91] Die Dividende erhöht die Sicherheit (§§ 1213 Abs. 2, 1214 BGB). Die Verwertung kann im Wege des freihändigen Verkaufs (§ 1221 BGB) erfolgen. **47**

ee) Vereinzelt lassen sich Vermieter den **Lohn- oder Gehaltsanspruch** des Mieters abtreten. Diese Form der Sicherung ist gegenwärtig noch so ungewöhnlich, dass eine Formularklausel den Tatbestand des § 305c Abs. 1 BGB erfüllt.[92] Darüber hinaus hat eine Lohnabtretung zur Sicherung der künftigen Ansprüche des Vermieters Knebelungscharakter, weil dadurch die wirtschaftliche Bewegungsfreiheit des Mieters über Gebühr eingeschränkt wird. Viele Mieter leben in bescheidenen Einkommens- und Vermögensverhältnissen; der Arbeitslohn ist hier die einzige Sicherheit, die zur Erlangung eines Kredits oder zur Finanzierung eines Ratenkaufs eingesetzt werden kann. In der formularmäßigen Vereinbarung einer Lohnabtretung liegt deshalb auch ein Verstoß gegen § 307 BGB.[93] **48**

ff) Weitere Formen der Sicherheitsleistung, wie etwa die **Sicherungsübereignung von Wertgegenständen** oder die **Hinterlegung von Wertpapieren** sind denkbar; sie haben aber in der Praxis keine Bedeutung. Gleiches gilt für **Vertragsgestaltungen mit Sicherungsfunktion,** die gelegentlich neben oder anstelle einer herkömmlichen Kaution gewählt werden. **Beispiele:** Eine Vereinbarung, wonach der Mieter bei Vertragsschluss einen bei Vertragsende zurückzuzahlenden **49**

---

[83] *Kraemer* NZM 2001, 737; *Geldmacher* NZM 2003, 502, 503.
[84] BGH NJW 2003, 1250; *Geldmacher* NZM 2003, 502, 503.
[85] BGH NJW 2003, 1250; *Geldmacher* NZM 2003, 502, 503.
[86] Dazu: *Durst* NZM 1999, 64, 66.
[87] *Geldmacher* DWW 2002, 182; *Langenberg* PiG 65, 227, 246; *Kandelhard* NZM 2002, 929, 933.
[88] BGH NJW 1969, 1480.
[89] *Geldmacher* NZM 2003, 502, 505.
[90] BGBl. I S. 171 – DepotG.
[91] AG Tempelhof-Kreuzberg GE 2014, 525.
[92] LG Lübeck WuM 1986, 14; AG Hamburg-Wandsbek WuM 1985, 144; *Derleder/Stapelfeld* ZMR 1987, 123; *Wetekamp,* Mietsachen Rdn. 396.
[93] AG Hamburg-Wandsbek a. a. O.

Betrag von 2.500 DM für die Füllung des Öltanks zu hinterlegen hat;[94] eine Regelung, wonach sich der Mieter verpflichtet, bereits beim Einzug einen Betrag für die Endrenovierung an eine vom Vermieter zu benennende Malerfirma zu entrichten;[95] ein „Schlüsselpfand" zur Absicherung des Vermieters für Schadensersatzansprüche beim Verlust von Schlüsseln;[96] eine Sonderkaution für die Überlassung einer Kücheneinrichtung;[97] eine Pauschalzahlung für die Abnutzung eines Teppichbodens.[98] Auf die von den Parteien gewählte Bezeichnung kommt es nicht an. Deshalb ist auch eine als **„Mieterdarlehen"** bezeichnete Leistung an § 551 BGB zu messen, wenn die Umstände ergeben, dass mit dem „Darlehen" in Wirklichkeit eine Sicherheitsleistung erbracht werden soll. Gleiches gilt für einen vereinbarten **Schuldbeitritt,** wenn die Umstände ergeben, dass der Beitretende in Wirklichkeit nicht die Rechtsstellung eines Mieters erlangen will. Hiervon ist auszugehen, wenn der Beitretende die Mietsache nicht nutzt und im Verhältnis zum ursprünglichen Mieter auch nicht nutzen darf.

50 Die übrigen Regelungen des § 551 BGB gelten nur für die sog. „Barkaution". Bei der Überlassung eines Sparbuches versteht es sich von selbst, dass die Zinsen dem Mieter zustehen und die Sicherheit erhöhen.

51 **gg)** Eine Formularklausel, wonach der Mieter verpflichtet ist, eine **Hausrats- und/oder Haftpflichtversicherung** abzuschließen, verstößt gegen § 307 BGB.[99] Eine Individualvereinbarung ist dagegen wirksam. Allerdings kann der Mieter nur in den Grenzen des § 551 BGB zur Vorausabtretung seiner Versicherungsansprüche verpflichtet werden.[100]

51a **hh) Patronatserklärung.** Bei der Patronatserklärung verpflichtet sich der „Patron" für die Erfüllung der Verbindlichkeiten des Mieters einzustehen. Solche Erklärungen werden gelegentlich bei der Vermietung von Räumen an ein Konzerntochterunternehmen von der Konzernmutter abgegeben. Die Patronatserklärung ist ein bürgschaftsähnliches Sicherungsmittel auf das die §§ 765 ff BGB entsprechend anzuwenden sind. Die Verpflichtung des Patrons setzt – wie bei der Bürgschaft – den Bestand einer Hauptforderung voraus, wobei eine künftige Forderung genügt. Die für die Kündigung einer Bürgschaft maßgeblichen Grundsätze gelten auch für die Kündigung einer Patronatserklärung.[101]

52 **b)** In welcher **Form** die Sicherheit geleistet werden muss, richtet sich nach den **vertraglichen Vereinbarungen.** Ist eine Barkaution vereinbart, so ist der Mieter weder zur Übergabe eines Sparbuchs,[102] noch zur Stellung einer Bürgschaft noch zu anderen Formen der Sicherheitsleistung berechtigt.[103] Dies gilt schon deshalb, weil der Vermieter seine Ansprüche am einfachsten bei der Barkaution realisieren kann, nämlich durch Aufrechnung. Bei der Übergabe eines Sparbuches muss der Vermieter den Mieter i. d. R. auf Zustimmung zur Freigabe der Sparsumme in Anspruch nehmen. Ist die Kaution in Form in einer Bankbürgschaft geleistet worden, so steht sich der Vermieter ebenfalls ungünstiger (s. Rdn. 15). Eine vertragliche Regelung, wonach der Mieter eine Kaution in Höhe von … € zu zahlen hat, ist nach der Verkehrssitte als Vereinbarung einer Barkaution auszulegen.[104] Die unter Rdn. 13–43 aufgezählten Kautionsformen müssen ausdrücklich vereinbart werden.[105] Ist mietvertraglich vereinbart, dass der Mieter eine Barkaution zu leisten hat, so ist die Beibringung einer Mietbürgschaft als Leistung erfüllungshalber zu bewerten. Der Vermieter muss primär Befriedigung aus der Bürgschaft suchen.[106] Den Anspruch auf die Barkaution kann der Vermieter erst geltend machen, wenn die Befriedigung aus der Bürgschaft fehlgeschlagen oder nicht mehr möglich ist. Durch die Leistung erfüllungshalber geht der Anspruch des Vermieters auf die Barkaution also nicht verloren. Vielmehr wird dieser Anspruch gestundet, mit der weiteren Folge, dass die Verjährung des Anspruchs auf die Barkaution gehemmt ist. Der Anspruch auf die Barkau-

---

94 AG Büdingen WuM 1994, 537.
95 AG Köln WuM 1992, 369.
96 LG Berlin GE 1990, 817.
97 LG Köln WuM 1992, 372.
98 AG Aachen WuM 1986, 336.
99 LG Berlin WuM 1993, 261; *Emmert* WuM 2000, 578, 581.
100 *Emmert* a. a. O.
101 KG DWW 2012, 134.
102 AG Braunschweig WuM 1987, 257.
103 *Steinig* ZfGWBay 1992, 628.
104 *Kraemer* PiG 62, 213, 216.
105 **A. A.** *Sternel* Rdn. III 221; *von der Osten* in Bub/Treier Kap. III Rdn. 1987: danach kann der Mieter nach § 262 BGB wählen, in welcher Form er die Sicherheit erbringt.
106 BGH (VIII ZR 31/91) BGHZ 116, 278 = NJW 1992, 683.

tion kann auch noch nach der Beendung des Mietverhältnisses geltend gemacht werden, wenn das Sicherungsbedürfnis fortbesteht.[107] Ist vereinbart, dass der Mieter die Kaution in Form einer Bankbürgschaft zu erbringen hat, so ist der Mieter in der Auswahl der Bank frei. Teilweise wird vertreten, dass der Mieter in einem solchen Fall nicht berechtigt ist, an Stelle der Bankbürgschaft eine Bürgschaft der „Deutschen Kautionskasse" zu stellen. Die Bürgschaft einer Versicherung sei der Bankbürgschaft nicht gleichzustellen. Es komme nicht darauf an, ob eine solche Bürgschaft dem Vermieter dieselbe Sicherheit bietet wie eine Bankbürgschaft.[108] Hat der Mieter die Kaution in Form einer Bürgschaft zu erbringen so kann der Vermieter nach der Ansicht des OLG Düsseldorf[109] gleichwohl eine Barkaution verlangen, wenn das Mietverhältnis beendet ist und dem Vermieter noch Ansprüche aus dem Mietverhältnis zustehen.

III. Inhalt der gesetzlichen Regelung

1. Zulässige Höhe (Abs. 1)

Nach § 551 Abs. 1 BGB darf die Kaution eine **dreifache Monatsmiete** nicht übersteigen. Maßgeblich ist die zulässige Grundmiete. Verstößt die Vereinbarung gegen mietpreisbegrenzende Vorschriften (§§ 556d–556e BGB; Einzelheiten s. dort), so ist die zulässige Höhe der Kaution aus der zulässigen Miete zu berechnen. Der überschießende Teil kann zurückgefordert werden. Es kommt nicht darauf an, ob der Mieter den Verstoß gegen die §§ 556d ff gerügt hat. Nach dem bis 31.8.2001 geltenden Recht blieben „Nebenkosten, über die gesondert abzurechnen ist" unberücksichtigt. Nach jetziger Rechtslage sind sowohl eine Betriebskostenvorauszahlung als auch eine Betriebskostenpauschale nicht zu berücksichtigen. Derjenige Teil der Vorschrift, aus dem sich ergibt, dass Betriebskostenpauschalen bei der Kaution unberücksichtigt bleiben, gilt erst ab 1.9.2001.[110] Ist eine Pauschalmiete vereinbart, so kann eine Sicherheit in Höhe einer dreifachen Pauschalmiete vereinbart werden. 53

Die Regelung über die Höhe der Kaution gilt nicht nur für die Barkaution, sondern für jede Form der Sicherheitsleistung, also auch für die oben Rdn. 13–43 aufgeführten Kautionsformen. Wird die zulässige **Obergrenze überschritten,** so führt dies nicht zur Unwirksamkeit der gesamten Kautionsvereinbarung; vielmehr bleibt die Vereinbarung in der zulässigen Höhe wirksam (s. Rdn. 82). **Mehrere Sicherheiten** sind zusammenzurechnen; sie dürfen insgesamt die in Abs. 1 bestimmte Grenze nicht übersteigen; den überschießenden Betrag kann der Mieter zurückfordern.[111] Für den **Rückforderungsanspruch** gilt die reguläre **Verjährungsfrist** von drei Jahren (§ 195 BGB). Diese Frist beginnt gem. § 199 Abs. 1 mit dem Schluss des Jahres in dem der Anspruch entstanden ist und „der Gläubiger von den den Anspruch begründenden Umständen … Kenntnis erlangt oder ohne grobe Fahrlässigkeit erlangen müsste". Für die Kenntnis im Sinne des § 199 Abs. 1 BGB reicht es aus, wenn dem Mieter die Tatsachen bekannt sind, aus denen sich der Rückforderungsanspruch ergibt. Es ist nicht erforderlich, dass der Mieter die Rechtslage kennt und zutreffend bewertet.[112] An einer Aufrechnung ist der Mieter auch dann nicht gehindert, wenn ein Aufrechnungsverbot vereinbart ist.[113] Zu Lasten des Vermieters besteht demgegenüber ein gesetzliches Aufrechnungsverbot, weil anderenfalls der Schutzzweck des § 551 BGB nicht erreicht werden könnte.[114] Ist der Rückforderungsanspruch jedoch verjährt, so kann der Mieter diesen Teil der Kaution nach Eintritt der Verjährung nicht zurückverlangen. Unbeschadet hiervon ist der Vermieter verpflichtet, auch diesen Teil der Kaution entsprechend § 551 Abs. 2 BGB anzulegen. Bei Mietende hat der Vermieter die gesamte Kaution zurückzuzahlen, falls ihm keine Forderungen gegen den Mieter zustehen.[115] Anderenfalls stellt sich die Frage, ob der Vermieter bei Vertragsende mit seinen Forderungen gegen die insgesamt geleistete Kaution aufrechnen kann oder ob die Aufrechnung auf den zulässigen Teil der Kaution zu beschränken ist. In der Literatur wird teilweise die 54

[107] BGH (VIII ZR 65/11) NJW 2012, 996 = WuM 2012, 97.
[108] AG Lichtenberg/LG Berlin GE 2015, 515, zweifelhaft.
[109] OLG Düsseldorf ZMR 2000, 453.
[110] *Derleder* WuM 2002, 239, 241.
[111] AG Köln WuM 1992, 369.
[112] BGH (VIII ZR 91/10) NJW 2011, 2570 = WuM 2011, 469.
[113] LG Heidelberg NJWE-MietR 1997, 99.
[114] LG Bremen NJW-RR 1993, 19; LG Berlin GE 1996, 741; **a. A.** *Dickersbach* WuM 2006, 595, 597.
[115] *Witt* NZM 2012, 545.

letztgenannte Ansicht vertreten, anderenfalls „hätte der Eintritt der Verjährung jenen Effekt, den § 551 Abs. 1, Abs. 4 BGB verhindern will".[116] Hieraus wird weiter abgeleitet, dass der Mieter den überschießenden Teil der Kaution jederzeit zurückverlangen kann und dass die Verjährung hierbei keine Rolle spielt. Dabei wird allerdings verkannt, dass der Schutzweck des § 551 Abs. 1 und 2 BGB auf den Abschluss des Mietvertrags zugeschnitten ist und beim Vertragsende keine Rolle spielt. Es ist deshalb nicht angezeigt, die Befugnis des Vermieters zur Aufrechnung zu beschränken.

54a Hat der Mieter die Sicherheit durch Abtretung von Forderungen geleistet die ihm gegen einen Dritten zustehen so ist die Abtretung ist nur bis zur Höhe von 3 Monatsmieten wirksam; im Übrigen ist sie unwirksam.[117] Ist der Mieter nach den vertraglichen Vereinbarungen verpflichtet, neben einer Barkaution zusätzlich eine Bürgschaft beizubringen, so werden beide Sicherheiten zusammengerechnet. Sie dürfen insgesamt die gesetzliche Obergrenze von 3 Monatsmieten nicht übersteigen. Ein Verstoß hiergegen führt allerdings nicht zur Unwirksamkeit der gesamten Kautionsregelung. Vielmehr bleibt die Sicherheit bis zur Grenze des gesetzlich zulässigen wirksam.[118]

55 Der Bürgschaftsvertrag ist insoweit nichtig, als – unter Berücksichtigung der Barkaution – die Obergrenze überschritten wird.[119] Nach der Rechtsprechung kann der Mieter verlangen, dass der Bürge über den Betrag von drei Monatsmieten hinaus nicht in Anspruch genommen wird; auch der Bürge kann dieses Recht einredeweise geltend machen.[120] Maßgeblich für die Bürgenverpflichtung ist die zur Zeit der Übernahme der Bürgschaft bestehende Miethöhe. Spätere Mieterhöhungen haben auf die Höhe der Verpflichtung keinen Einfluss.[121]

56 Nach dem Grundsatzurteil des BGH vom 7.6.1990 ist **§ 551 Abs. 1, Abs. 4 ausnahmsweise nicht anzuwenden,** wenn die Eltern eines Mietinteressenten freiwillig eine Bürgschaft anbieten, um den Vermieter zum Vertragsschluss zu bewegen und wenn mit der Bürgschaft keine besonderen Belastungen für den Mieter verbunden sind.[122] Gleiches gilt, wenn dem Vermieter während der Mietzeit eine zusätzliche Sicherheit angeboten wird, damit dieser einem in Zahlungsschwierigkeiten geratenen Mieter nicht kündigt oder eine Kündigung wieder zurücknimmt.[123] Diese restriktive Auslegung des § 551 Abs. 1 BGB wird mit dem Sinn und Zweck der Vorschrift begründet. Danach soll im Interesse der Mobilität der Mieterschaft durch § 551 Abs. 1 BGB verhindert werden, dass der Abschluss eines Mietvertrags an hohen Kautionsforderungen scheitert. Durch eine ausnahmslos geltende Obergrenze werde der Mietinteressent aber benachteiligt, weil sie dazu führt, dass dieser die Wohnung nicht erhält oder wieder verliert. Es kommt nach der Ansicht des BGH[124] nicht darauf an, ob der Dritte die Sicherheit unaufgefordert beibringt oder der Vermieter die Stellung einer solchen Sicherheit verlangt. Der Umstand, dass der Bürge ein starkes Eigeninteresse am Zustandekommen des Mietvertrags hat, soll für die Annahme eines Ausnahmefalls nicht ausreichen.[125]

56a Das Urteil des BGH vom 7.6.1990[126] enthält die Einschränkung, dass die Ausnahmeregelung „zumindest dann (gilt), wenn mit einer solchen Bürgschaft erkennbar **keine besonderen Belastungen für den Mieter** verbunden sind." Hieraus ist zu schließen, dass § 551 Abs. 4 uneingeschränkt anzuwenden ist, wenn feststeht, dass der Bürge im Falle seiner Inanspruchnahme den Mieter in Anspruch nehmen wird (§ 774 BGB). Hiervon ist bei Bürgschaften von Banken oder ähnlichen Institutionen ohne weiteres auszugehen. Bei Bürgschaften unter Verwandten, insbeson-

---

[116] *Peters* NZM 2011, 803.

[117] OLG Celle ZMR 2011, 379.

[118] BGH NZM 2004, 613 = WuM 2004, 473.

[119] *Emmerich* in Staudinger § 551 BGB Rdn. 8; *von der Osten* in Bub/Treier Kap. III Rdn. 2137; *Sternel* Mietrecht (1988) Rdn. III 246; **a. A.** *Eckert* EWiR 1989, 241.

[120] BGHZ 107, 210 = NJW 1989, 1853 = WuM 1989, 289 = ZMR 1989, 256 = DWW 1989, 255; OLG Düsseldorf MDR 1998, 464; s. dazu auch Anm. *Eckert* EWiR 1989, 569; Anm. *Haase* JR 1989, 511; *Valentin* ZMR 1992, 1; OLG Köln ZMR 1988, 429 = WuM 1989, 136 mit Anm. *Eckert* EWiR 1989, 241; LG Hamburg WuM 1989, 138 = DWW 1989, 27 mit Anm. *Voelskow* DWW 1989, 112; LG Kassel NZM 1998, 328.

[121] LG Leipzig ZMR 2003, 191, 194.

[122] BGHZ 111, 361 = NJW 1990, 2380 = WuM 1990, 343 = ZMR 1990, 327; s. auch abl. Anm. *Tiedtke* EWiR 1990, 765 und ZMR 1990, 401; *Schmitz* MDR 1990, 893; s. auch LG Berlin, GE 2017, 17; AG Saarbrücken GE 2016, 263: wenn ein Dritter die Übernahme einer Bürgschaft anbietet um den Vermieter zum Vertragsschluss mit dem Mieter zu bewegen; **a. A.** *Wiek* WuM 2014, 119, 121; kritisch hierzu: *Derleder* WuM 2002, 239, 241.

[123] BGH (VIII ZR 379/12) NJW 2013, 1876; LG Kiel NJW-RR 1991, 1291; **a. A.** *Emmerich* in Staudinger § 551 Rdn. 10; *Wiek* WuM 2014, 119, 121.

[124] BGH NJW 2013, 1876.

[125] OLG Düsseldorf MDR 1998, 464 betr. Bürgschaft des Arbeitgebers.

[126] BGHZ 111, 361 = NJW 1990, 2380.

dere bei Bürgschaften von Eltern für die Verbindlichkeiten ihrer Kinder kann man regelmäßig davon ausgehen, dass die Kinder hierdurch nicht belastet werden.[127] Zweifelhaft ist, wenn die Motive und Interessen des Bürgen und sein Verhältnis zum Mieter unklar bleiben. Die Rechtsentwicklung ist insoweit noch nicht abgeschlossen. Nach der hier vertretenen Ansicht kann die gesetzliche Obergrenze nur in eng begrenzten Ausnahmefällen überschritten werden, nämlich dann, wenn nach der Lebenserfahrung mit hinreichender Sicherheit feststeht, dass der Mieter durch die Überscheitung der Obergrenze weder finanziell noch auf sonstige Weise belastet wird.

Schließlich sind Fälle denkbar, in denen eine Überschreitung der Obergrenze deshalb geboten ist, weil der Vermieter dem Mieter freiwillig weitergehende Rechte an der Mietsache eingeräumt hat, die zu einem **Sonderrisiko** führen. Dies ist der Fall, wenn der Vermieter auf Wunsch des Mieters eine zusätzliche Leistung erbringt, durch die die Wohnqualität verbessert wird und die Zusatzleistung mit einer Erhöhung des Vermieterrisikos verbunden ist. Gleiches gilt, wenn der Vermieter auf Wunsch der Mieter einen von mehreren Mietern aus dem Vertrag entlässt und die Vertragsänderung zu einer Erhöhung des Mietausfallrisikos führt.[128] Ebenso kann eine Sondervereinbarung, wie beispielsweise die Gestattung von baulichen Änderungen bei Übernahme der Rückbauverpflichtung zum Vertragsende gesondert gesichert werden.[129] Für die Fälle des § 554a BGB ist dies gesetzlich geregelt. Ein Umkehrschluss aus § 554a Abs. 2 BGB, dass eine Zusatzkaution ausschließlich bei Maßnahmen zur Herstellung der Barrierefreiheit vereinbart werden kann, ist nicht angezeigt: es kann ausgeschlossen werden, dass der Gesetzgeber nur die Behinderten, nicht aber andere Mieter mit einer zusätzlichen Sicherheit belasten wollte.[130] Ebenso ist die Vereinbarung einer Sonderkaution für die Sicherung der Verpflichtung zur Entfernung einer Parabolantenne zulässig.[131] Die Sonderkaution unterliegt der Zweckbindung (s. auch § 554a BGB Rdn. 64). Auf Grund dessen kann der Vermieter nicht mit sonstigen Schadensersatzansprüchen gegen den Rückzahlungsanspruch aufrechnen. Insoweit besteht ein Aufrechnungsverbot.[132] Von den Fällen des Sonderrisikos abgesehen kann die nach § 551 BGB zulässige Obergrenze nicht durch die Vereinbarung besonderer Sicherheiten umgangen werden. Hat der Mieter beispielsweise vereinbarungsgemäß eine allgemeine Mietkaution und zusätzlich eine besondere Kaution (für den Teppichboden, für Schönheitsreparaturen) zu zahlen, so sind die Kautionen zusammenzurechnen.[133] 57

Für die Berechnung der Kaution ist derjenige Mietpreis maßgeblich, der im Zeitpunkt der Kautionsvereinbarung geschuldet wird. **Mängel** der Mietsache haben auf die Höhe der zulässigen Kaution keinen Einfluss. Eine Ausnahme gilt für nicht behebbare Mängel.[134] Verstößt die Mietpreisvereinbarung gegen **§ 5 WiStG,** so richtet sich die Höhe der Kaution nicht nach der vereinbarten Miete, sondern nach dem dreifachen Monatsbetrag der höchstzulässigen Miete. Gleiches gilt bei Verstößen gegen § 556d BGB. Eine nach einer unzulässig hohen Miete berechnete Kaution hat nicht zur Folge, dass die gesamte Kautionsvereinbarung unwirksam ist. Vielmehr bleibt die Vereinbarung bis zur gesetzlich zulässigen Höhe wirksam; der überschießende Teil kann zurückgefordert werden ohne dass es einer Rüge nach § 556g BGB bedarf.[135] Ein vorübergehend vereinbarter 58

[127] Vgl. aber AG Charlottenburg GE 2016, 127 betr. die Bürgschaft des Vaters für seine Volljährige Tochter mit eigenem Einkommen: danach reicht eine Belastung der familiären Beziehungen aus.

[128] *Börstinghaus* in FS Blank 2006, S. 77.

[129] Ebenso *von der Osten* in Bub/Treier Kap. III Rdn. 1994; *Geldmacher* in WoBauR § 551 BGB Anm. 4; *Kraemer* PiG 62, 213, 215; *Mersson* NZM 2002, 313, 318; *Derleder* WuM 2002, 239, 241; *Lammel* § 551 BGB Rdn. 25; *Ehlert* in Bamberger/Roth § 551 BGB Rdn. 20; *Sternel* Mietrecht aktuell (2009) Rdn. III 170; *Rieke* FA MietRWEG Kap. 7. Rdn. 46; *Kinne* in Kinne/Schach/Bieber Miet- und Mietprozessrecht § 551 BGB Rdn. 7; **a. A.** *Emmerich* in Staudinger § 551 BGB Rdn. 10; *Lützenkirchen,* Neue Mietrechtspraxis Rdn. 466; *Horst* NJW-Schriften 19 Rdn. 794.

[130] *Geldmacher* in WoBauR § 551 BGB Anm. 4; *Kraemer* PiG 62, 213, 215; *Mersson* NZM 2002, 313, 318; *Derleder* WuM 2002, 239, 241; *Lammel* § 551 BGB Rdn. 25; *Ehlert* in Bamberger/Roth § 551 BGB Rdn. 20; **a. A.** *Emmerich* in Staudinger § 551 BGB Rdn. 10; *Lützenkirchen,* Neue Mietrechtspraxis Rdn. 466.

[131] Vgl. OLG Karlsruhe NJW 1993, 2815; *Horst* NJW-Schriften 19 Rdn. 794; *Riecke* FA MietRWEG Kap. 7 Rdn. 47; *Ehlert* in Bamberger/Roth § 551 BGB Rdn. 19; **a. A.** *Sternel* Mietrecht aktuell (2009) Rdn. III 170.

[132] AG Köln WuM 2008, 556 m. Anm. *Lammel* WuM 2009, 34 betr. eine Kaution für die Sicherung der Rückbauverpflichtung bei Anbringung einer Parabolantenne.

[133] AG Aachen WuM 1986, 336 betr. Zusatzkaution für Teppichboden; LG Berlin WuM 1992, 472 betr. Zusatzkaution für Kücheneinrichtung.

[134] BGH NJW 2005, 2773 = NZM 2005, 699 = WuM 2005, 573 = ZMR 2005, 854 = DWW 2005, 371 = GE 2005, 1120.

[135] *Abramenko* MDR 2015, 921, 924.

Mietnachlass – etwa wegen Mängeln eines noch nicht restlos fertig gestellten Neubaus – kann entsprechend dem Sinn und Zweck der Regelung vernachlässigt werden.

59 Eine Vereinbarung über die Erhöhung der Kaution anlässlich einer Mieterhöhung ist möglich.[136] Nach der hier vertretenen Auffassung ist auch eine allgemeine **Vereinbarung** zulässig, wonach der Mieter zur **Aufstockung der Kaution** verpflichtet ist, wenn sich die Miete erhöht.[137] Der Wortlaut des § 551 BGB steht einer solchen Regelung nicht entgegen, wenn durch die Vereinbarung sichergestellt ist, dass die gesetzlich vorgegebene Obergrenze der jeweils geschuldeten dreifachen Monatsmiete gewahrt bleibt; die Zinsgutschriften können dabei unberücksichtigt bleiben, weil diese bei der Bemessung der Obergrenze nicht mitgezählt werden (§ 551 Abs. 1 BGB). Der Sinn und Zweck des § 551 BGB spricht für die Zulässigkeit einer solchen Regelung, weil das Sicherungsbedürfnis des Vermieters mit der Miethöhe wächst. Dem Mieter entsteht hierdurch kein gravierender Nachteil, weil die Kaution in seinem Vermögen verbleibt. Wird die Aufstockungsvereinbarung formularmäßig getroffen, so ist § 305c Abs. 1 BGB zu beachten, weil Regelungen der genannten Art nicht üblich sind. Ohne eine besondere Anpassungsvereinbarung bleibt die Höhe der Sicherheit unverändert. Einen gesetzlichen Anspruch auf Aufstockung hat der Vermieter nicht;[138] § 240 BGB ist unanwendbar.[139] Dies gilt auch dann, wenn die Sicherheit in Form einer unbeschränkten Bürgschaft geleistet worden ist;[140] für die Gewerbemiete s. u. Rdn. 118). Ebenso wenig hat der Mieter einen Anspruch auf Herabsetzung der Kaution, wenn die Miete sinkt; etwas anderes gilt, wenn die Mietpreisvereinbarung – etwa wegen eines Verstoßes gegen § 5 WiStG – teilunwirksam ist.

2. Fälligkeit (Abs. 2)

60 Nach § 551 Abs. 2 Satz 1 BGB darf der Mieter eine Barkaution in **drei gleichen Monatsraten** bezahlen. Dies beruht auf der gesetzgeberischen Erwägung, dass der Mieter gerade zu Beginn des Mietverhältnisses durch andere Ausgaben, wie Umzugskosten und Anschaffungskosten für Einrichtungsgegenstände stark in Anspruch genommen ist; andererseits ist das Sicherungsbedürfnis des Vermieters noch gering, weil bei Vertragsbeginn weder Mietrückstände noch Schadensersatzansprüche – etwa wegen unterlassener Schönheitsreparaturen oder Mietschäden vorliegen werden.[141] Die Regelungen über die Ratenzahlung sind auch dann anwendbar, wenn der Mieter vereinbarungsgemäß ein Sparbuch mit der Kautionssumme anzulegen hat.[142] Für eine Sicherheitsleistung durch Bürgschaft gilt die Regelung dagegen nicht.

61 Nach der Formulierung des Gesetzes soll der Mieter zu **drei gleichen monatlichen Teilzahlungen** berechtigt sein. Diese Quotelung ist auf eine Kaution in Höhe von drei Monatsmieten zugeschnitten. Sie gilt aber auch dann, wenn die Kaution in geringerer Höhe vereinbart worden ist. Die **erste Teilleistung** ist zu Beginn des Mietverhältnisses fällig (Abs. 2 Satz 2). Unter dem „Beginn des Mietverhältnisses" ist nicht der Vertragsschluss, sondern derjenige Zeitpunkt zu verstehen, zu dem das Mietverhältnis vereinbarungsgemäß beginnen soll.[143] Diese Fälligkeitsregelung gilt unabhängig davon, ob die Miete im Voraus oder am Monatsende bezahlt werden muss. Enthält der Mietvertrag keine nach dem Kalender bestimmte Fälligkeitsregelung für die erste Kautionsrate, so kommt der Mieter erst durch eine Mahnung des Vermieters in Verzug (§ 286 Abs. 1 Satz 1 BGB).[144] Die Regelung des § 284 Abs. 3 Satz 1 BGB, wonach der Zahlungsverzug erst 30 Tage nach der Fälligkeit eintritt, ist bei der Kaution regelmäßig stillschweigend abbedungen.[145] Die weiteren Teilzahlungen werden zusammen mit den unmittelbar folgenden Mietzahlungen fällig (Abs. 2 Satz 2), also bei monatlicher Mietzahlung jeweils am dritten Werktag des zweiten und des dritten Mietmonats. Anders ist es, wenn der Vermieter dem Mieter kein **insolvenzfestes Konto** nachweist, auf das dieser

---

136 Ebenso: *Derleder* WuM 2002, 239, 241.

137 **A. A.** *Derleder* WuM 2002, 239, 241; *Sternel* Mietrecht aktuell (2009) Rdn. III 168; *Kinne* in Kinne/Schach/Bieber Miet- und Mietprozessrecht § 551 BGB Rdn. 8; *Ehlert* in Bamberger/Roth § 551 BGB Rdn. 16; *Lammel* § 551 BGB Rdn. 18: Verstoß gegen § 551 Abs. 4 BGB.

138 *Sternel* Mietrecht (1988) Rdn. III 241; *Palandt/Weidenkaff* § 551 BGB Rdn. 9; *Wetekamp* Mietsachen Kap. 3 Rdn. 22; **a. A.** *von der Osten* in: Bub/Treier Kap III Rdn. 1998.

139 *Sternel* MDR 1983, 268.

140 Zweifelnd: *Steinig* ZfgWBay 1992, 628.

141 Gesetzentwurf, BT-Drucks. 9/2079 S. 14.

142 Gesetzentwurf, BT-Drucks. 9/2079 S. 13.

143 LG Mannheim ZMR 1990, 18.

144 *Wiek* WuM 2013, 195 S. 197.

145 *Kraemer* PiG 62, 213, 218.

die Kaution einzahlen kann (s. Rdn. 74). Dann steht dem Mieter bis zum Nachweis des Kontos ein **Zurückbehaltungsrecht** an der Kaution zu. Die Fälligkeitstermine verschieben sich entsprechend. Gleiches gilt, der Mieter die **Übernahme der Mietsache zu Recht ablehnt.** Hierzu ist der Mieter berechtigt, wenn ihm die Mietsache nicht im vertraglich geschuldeten Zustand angeboten wird. Dann steht dem Mieter ein Zurückbehaltungsrecht an der Miete zu, mit der weiteren Folge, dass diese nicht fällig wird. In einem solchen Fall wird auch die Kaution nicht fällig, so dass der Vermieter weder nach § 543 Abs. 2 Nr. 3, noch nach § 569 Abs. 2a kündigen kann. Ist die Miete wegen eines Mangels gemindert, so hat dies weder auf die Höhe noch auf die Fälligkeit der Kaution einen Einfluss. Dies gilt unabhängig von der Minderungsquote, also auch dann, wenn diese 100% beträgt.

Wird vereinbart, dass der Mieter für eine gewisse Zeit ab Vertragsbeginn **Mietfreiheit** genießt, so hat dies auf die Verpflichtung zur Zahlung der ersten Kautionsrate keinen Einfluss. Die Folgeraten sind dann mit der ersten und der zweiten Miete zu entrichten. Die Parteien können aber auch vereinbaren, dass § 551 Abs. 2 Satz 2 abbedungen wird. So könnte beispielsweise vereinbart werden, dass der Mieter die erste Kautionsrate zusammen mit der ersten Miete zu entrichten hat. Eine solche Vereinbarung kann auch stillschweigend getroffen werden. § 551 Abs. 4 steht einer solchen Vereinbarung nicht entgegen, weil diese nicht zum Nachteil sondern zum Vorteil des Mieters von der gesetzlichen Regelung abweicht. Bei der Vereinbarung einer zeitlich begrenzten Mietfreiheit wird eine solche Auslegung wegen des Sicherungszwecks der Kaution aber regelmäßig nicht in Betracht kommen.

Sind die ersten drei Mietmonate verstrichen, so kann der Vermieter die gesamte Kaution verlangen; ein Recht zur Ratenzahlung besteht in diesem Falle nicht mehr.[146] Etwas anderes gilt, wenn die Kaution erst während des Mietverhältnisses vereinbart wird. In diesem Fall ist die erste Rate sofort fällig, während die Folgeraten jeweils einen Monat später zu zahlen sind.[147] Der gesetzgeberische Grund für das Ratenzahlungsrecht passt zwar nicht für Vereinbarungen, die während der Mietzeit getroffen werden; die gesetzliche Regelung ist allerdings eindeutig. Bei verspäteter Zahlung hat der Vermieter Anspruch auf diejenigen **Zinsen,** die bei rechtzeitiger Zahlung auf dem Sonderkonto angefallen wären.[148] Die Zinsen sind allerdings kautionserhöhend anzulegen.[149] Ein darüber hinaus gehender Verzugsschaden ist kaum denkbar, weil die Kaution im Vermögen des Mieters verbleibt. **61a**

Das Recht des Mieters zur Ratenzahlung ist unabdingbar (§ 551 Abs. 4 BGB). Es ist allerdings nicht erforderlich, dass sich die Ratenzahlungsbefugnis aus der Vereinbarung ergibt.[150] Die Ratenzahlungsbefugnis darf aber weder ausdrücklich noch schlüssig ausgeschlossen werden. Unwirksam ist deshalb eine Vereinbarung, wonach die Kaution bei Mietbeginn fällig sein soll.[151] Gleiches gilt für **Umgehungsgeschäfte,** etwa für die Vereinbarung, dass das Mietverhältnis unter der aufschiebenden Bedingung der Kautionszahlung zustande kommt oder ähnliche Vertragsgestaltungen. Eine Vereinbarung, wonach die Übergabe der Schlüssel von der Zahlung der vollen Kaution abhängig sein soll, ist ebenfalls unwirksam. Die Wirksamkeit des Mietvertrags bleibt hiervon unberührt. Auch die Kautionsvereinbarung bleibt in der gesetzlich zulässigen Form erhalten;[152] die Anwendung des § 139 BGB wäre im Hinblick auf den Schutzzweck des § 551 BGB verfehlt.[153] Die hiervon abweichende Rechtsprechung einiger Instanzgerichte[154] ist auf Grund der Rechtsprechung des BGH[155] überholt. Verhält sich der Vermieter entsprechend der unwirksamen Vereinbarung, so kann der Mieter nach § 543 Abs. 2 Nr. 1 BGB fristlos kündigen und Ersatz des Kündigungsfolgeschadens **62**

---

[146] LG Berlin WuM 1988, 266 = GE 1988, 729.
[147] *Ehlert* in Bamberger/Roth § 551 BGB Rdn. 22.
[148] LG Nürnberg-Fürth NJW-RR 1992, 335; *Lammel* § 551 BGB Rdn. 28.
[149] *Kraemer* PiG 62, 213, 218.
[150] LG Gießen ZMR 1995, 594; *Wiek* WuM 2002, 300.
[151] BGH WuM 2004, 269; LG Mannheim a. a. O.; AG Dortmund WuM 1997, 212.
[152] BGH NZM 2003, 754 = NJW 2003, 2899 = ZMR 2003, 729 = WuM 2003, 495 m. Anm. *Wiek;* BGH WuM 2004, 269; BGH NJW 2004, 613; WuM 2004, 473 LG Berlin GE 1989, 147; LG Lüneburg NZM 2000 376; LG Leipzig NZM 2002, 1024; ZMR 2003, 576; AG Bergisch Gladbach WuM 2003, 30; *Wiek* WuM 2002, 300; *Bub* in Bub/Treier Rdn. II 443a; *Lützenkrichen* in: Erman § 551 Rdn. 7; *Kinne* NZM 1998, 987; *Kraemer* NZM 2001, 739 und PiG 62, 213, 219; *Lammel* § 551 BGB Rdn. 34, 86.
[153] *Heinrichs* WuM 2005, 155, 164.
[154] Z. B. LG Berlin MM 2001, 1495; GE 2001, 1468; GE 2002, 55; MM 2003, 46; LG Potsdam GE 2002, 262; LG Hamburg ZMR 1998, 560, 561; LG München I WuM 2001, 280; AG Dortmund WuM 1997, 212; AG Görlitz WuM 2000, 547.
[155] S. Fn. 140.

geltend machen. Die Zahlung der ersten Mietrate kann dagegen als Bedingung für den Vertragsschluss oder die Übergabe der Schlüssel vereinbart werden. Auch ohne entsprechende Regelung hat der **Vermieter** ein **Zurückbehaltungsrecht** an der Wohnung (§ 273 BGB), wenn der Mieter die erste Kautionsrate nicht bezahlt; folgerichtig kann er die Übergabe der Schlüssel kraft Gesetzes von der Zahlung der ersten Kautionsrate abhängig machen.[156] Der Vermieter behält in diesem Fall den Anspruch auf die Miete: Mit dem Angebot auf Überlassung der Mietsache Zug um Zug gegen Zahlung der ersten Kautionsrate, hat der Vermieter die ihm nach § 535 BGB obliegende Verpflichtung erfüllt. Weigert sich der Mieter die Kautionsrate zu bezahlen, so ist der Vermieter wegen seines Zurückbehaltungsrechts nicht zur Überlassung der Räume verpflichtet. Da die Überlassung wegen der fortschreitenden Zeit nicht nachgeholt werden kann, richtet sich die Verpflichtung des Mieters zur Mietzahlung nach § 326 Abs. 2 BGB. Danach behält der Vermieter den Anspruch auf die Miete, weil der Mieter die Nichtzahlung der ersten Kautionsrate zu vertreten hat. Der Mieter schuldet die ungeschmälerte Miete; dies gilt auch dann, wenn die Mietsache zum vertraglich vereinbarten Übergabetermin mangelhaft ist.[157] Etwas anderes kommt in Betracht, wenn der Mangel wegen seiner Art oder seines Umfangs nicht beseitigt werden kann. Wegen des Rechts zur Kündigung s. § 543 BGB Rdn. 183; § 569 BGB Rdn. 183). Das Zurückbehaltungsrecht nach § 273 BGB entsteht allerdings erst, wenn es gegenüber dem Mieter geltend gemacht wird. Deshalb muss der Vermieter den Mieter zur Zahlung auffordern. Anders ist es, wenn der Mieter die Zahlung endgültig und bestimmt verweigert hat.[158] Dem Vermieter steht es frei, einen Mietvertrag erst dann abzuschließen, wenn ihm die Kaution ausgehändigt worden ist. Derartige Kautionszahlungen kann der Mieter auch nicht zurückfordern, weil sie nicht ohne Rechtsgrund geleistet worden sind und weil die vorzeitige Zahlung einer Schuld nach § 813 Abs. 2 BGB keinen Rückforderungsanspruch begründet.

63 Der Anspruch auf Zahlung der Kaution kann auch längere Zeit nach Beginn des Mietverhältnisses geltend gemacht werden.[159] Nach h. M. entfällt der Anspruch nicht mit der **Beendigung des Mietvertrags;** vielmehr hat ein Vermieter noch solange Anspruch auf Zahlung der Kaution, so lange ihm aus dem beendeten Vertrag noch Forderungen zustehen.[160] Diese Ansicht trifft zu, weil das Recht aus einer entstandenen und fälligen Forderung nicht erlischt, wenn das Mietverhältnis endet. Der Anspruch erlischt auch nicht wegen „Zweckerreichung". Nach einer in Rechtsprechung und Literatur vertretenen Ansicht muss der Vermieter bei der Kautionsklage nach beendetem Mietverhältnis substantiiert darlegen, dass ihm trotz Beendigung des Mietverhältnisses Zahlungsansprüche gegen den Mieter zustehen.[161] Dies überzeugt nicht, weil der Vertragsanspruch auf die Kaution nicht vom Bestand einer Gegenforderung abhängt. Richtig ist nur, dass ein Fall der unzulässigen Rechtsausübung vorliegt, wenn der Vermieter nach Beendigung des Mietvertrags die Kaution geltend macht, obwohl er nichts oder nur einen geringen Betrag zu fordern hat.[162] Die tatsächlichen Voraussetzungen der unzulässigen Rechtsausübung sind aber nach allgemeinen Grundsätzen vom Mieter darzulegen und zu beweisen.[163] Endet das Mietverhältnis, nachdem der Vermieter einen Titel auf Zahlung der Kaution erwirkt hat, so kann der Mieter Vollstreckungsgegenklage erheben, wenn der Vermieter nach Ablauf der Abrechnungsfrist (Rdn. 97) vollstreckt, ohne dass er eine Abrechnung vorgelegt hat.[164]

64 Der Mieter muss die Kautionssumme auch dann bezahlen, wenn sich die Mietsache zum Zeitpunkt des vereinbarten Fälligkeitszeitpunkts nicht in einem vertragsmäßigen Zustand befindet und

---

[156] *Lützenkrichen* in: Erman § 551 Rdn. 7; *Häublein* PiG 97 (2014) S. 35, 54.
[157] OLG Düsseldorf DWW 2006, 425.
[158] Brandenburgisches OLG Urteil vom 16.2.2011 – 3 U 84/10.
[159] LG Karlsruhe WuM 1992, 367.
[160] BGH NJW 1981, 976; OLG Celle WuM 1983, 291; OLG Düsseldorf GE 2000, 342; ZMR 2000, 453; KG GE 2008, 670; LG Potsdam GE 2004, 690; AG Frankfurt NJW-RR 1990, 1295 = DWW 1991, 26; *Sternel* Mietrecht aktuell (2009) Rdn. III 163; *von der Osten* in Bub/Treier Kap. III Rdn. 2074; *Lammel* § 551 BGB Rdn. 31; *Fritz,* Gewerberaummietrecht Rdn. 141; *Bieber* in MünchKomm § 551 BGB Rdn. 17; *Heintzmann* WiB 1995, 569, 574.
[161] OLG Düsseldorf GE 2000, 342 = NZM 2001, 380; *Emmerich* in Staudinger § 551 BGB Rdn. 13; *Lammel* Wohnraummietrecht § 551 BGB Rdn. 31; *Kinne* in Kinne/Schach/Bieber Miet- und Mietprozessrecht § 551 BGB Rdn. 11; *Sternel* Mietrecht aktuell (2009) Rdn. III 163a.
[162] OLG Celle a. a. O.
[163] Wie hier: KG GE 2008, 670; *Bieber* in MünchKomm § 551 Rdn. 17; *Riecke* FA MietRWEG Kap. 7 Rdn. 69.
[164] LG Nürnberg-Fürth WuM 1994, 708; **a. A.** OLG Düsseldorf ZMR 1996, 493.

der Mieter deshalb die Übernahme ablehnen darf.[165] Zur Durchsetzung von Mangelbeseitigungs- oder Schadensersatzansprüchen besteht kein Zurückbehaltungsrecht.[166] Eine **Aufrechnung** des Mieters gegen den Anspruch des Vermieters auf Zahlung der Kaution ist ebenfalls ausgeschlossen.[167] Für den Anspruch auf Zahlung der Kaution gilt die **regelmäßige Verjährungsfrist** von 3 Jahren, beginnend mit dem Schluss des Jahres in dem die Kautionsvereinbarung getroffen wurde.[168] Im Einzelfall kann **Verwirkung** vorliegen, wenn die Kaution längere Zeit nicht geltend gemacht wird und der Mieter darauf vertrauen durfte, dass er nicht mehr in Anspruch genommen wird. Nach Meinung des OLG Koblenz ist bereits ein Abwarten von ca 10 Monaten seit Kenntnis der Nichtzahlung zu lang mit der weiteren Folge, dass das Kündigungsrecht gem. § 314 Abs. 3 BGB nicht mehr ausgeübt werden kann.[169] Nach der hier vertretenen Meinung steht es dem Vermieter frei ob er die Kaution bei Fälligkeit geltend macht oder ob er hiermit zuwartet, bis ein konkretes Bedürfnis nach einer Sicherheit besteht. Vor diesem Zeitpunkt ist eine Verwirkung des Kündigungsrechts ausgeschlossen. Der Anspruch auf Wiederauffüllung der Kaution ist ein eigenständiger Anspruch, für den eine neue Verjährungsfrist gilt.[170] Wegen des Kündigungsrechts des Vermieters s. § 543 BGB Rdn. 183; § 569 BGB Rdn. 32a–32j.

3. Anlage und Verzinsung (Abs. 3)

a) Anlage. Nach § 551 Abs. 3 BGB hat der Vermieter eine Barkaution von seinem Vermögen **65**
getrennt bei einem Kreditinstitut anzulegen. Die **Wahl des Kreditinstituts** steht dem Vermieter frei: er kann das Geld auch bei einer kleinen Privatbank oder bei einer ausländischen Bank im EG-Bereich anlegen. Dem Vermieter obliegt keine Verpflichtung, dasjenige Kreditinstitut auszuwählen, das die höchsten Zinsen zahlt.[171] In der Begründung zum Gesetzentwurf[172] ist zum Zweck des § 551 Abs. 3 Satz 1 BGB ausgeführt, dass die Kaution wie ein Treuhandvermögen oder wie Mündelgeld zu behandeln sei, um sie im Falle der Insolvenz des Vermieters zu schützen und um das Pfandrecht der Banken an dem Kautionskonto auszuschließen. Diese Rechtsfolge tritt nach der Rechtsprechung des BGH[173] nur bei einem **offenen Treuhandkonto** ein. Die gesetzeskonforme Anlage der Kaution setzt zweierlei voraus, nämlich zum einen, dass zwischen Vermieter und Mieter eine Treuhandvereinbarung abgeschlossen wird und zum anderen, dass diese dinglich, d. h. für Dritte erkennbar, umgesetzt wird.[174] Für die dingliche Umsetzung gelten für die Mietkaution im Wesentlichen drei Kriterien, nämlich die Vermögenstrennung, das Prinzip der Offenkundigkeit und das Bestimmtheitsprinzip. Vermögenstrennung bedeutet, dass der Vermieter die Kaution von seinem Vermögen getrennt anlegen muss. Das Prinzip der Offenkundigkeit besagt, dass das Kautionskonto entweder offen als solches ausgewiesen wird oder sonst nachweisbar zur Aufnahme von treuhänderisch gebundenen Fremdgeldern bestimmt ist.[175] Unter einem offenen Treuhandkonto ist mithin ein Konto zu verstehen, das speziell für einen anderen geführt wird, und zwar dergestalt, dass dies nach außen erkennbar ist.[176] Es muss sich um ein ausschließlich zur Aufnahme von

---

[165] BGH NJW-RR 2007, 884 = NZM 2007, 401 = GuT 2007, 128 = ZMR 2007, 441 = GE 2007, 710; OLG Celle NZM 2003, 64; *Sternel* Mietrecht aktuell (2009) Rdn. III 161; *Lammel* § 551 BGB Rdn. 30; **a. A.** *Emmerich* in Staudinger § 551 BGB Rdn. 16; *Bieber* in MünchKomm § 551 BGB Rdn. 15.

[166] OLG Düsseldorf ZMR 1998, 159; ZMR 2000, 453; OLG Celle ZMR 1998, 272, 273; OLG München NZM 2000, 908 = ZMR 2000, 528; KG GE 2003, 525; LG Berlin GE 2000, 1475; GE 2016, 330; LG Köln WuM 1987, 257; WuM 1993, 605; LG Nürnberg-Fürth ZMR 1991, 479; NJW-RR 1992, 335; LG Hamburg ZMR 1991, 344; AG Bonn WuM 1988, 266; *Kraemer* PiG 62, 213, 219; *Sternel* Mietrecht aktuell (2009) Rdn. III 161; *Bieber* in MünchKomm § 551 BGB Rdn. 15; *von der Osten* in Bub/Treier Kap. II Rdn. 2078; *Heintzmann* WiB 1995, 569, 574; *Herrlein* in Herrlein/Kandelhard § 551 BGB Rdn. 11; **a. A.** *Emmerich* in Staudinger § 551 BGB Rdn. 16.

[167] LG Baden-Baden WuM 1989, 73; *Sternel* Mietrecht aktuell (2009) Rdn. III 160; *Kinne* in Kinne/Schach/Bieber Miet- und Mietprozessrecht § 551 BGB Rdn. 9; *Herrlein* in Herrlein/Kandelhard § 551 BGB Rdn. 11.

[168] LG Duisburg NZM 2006, 774; LG Bochum WuM 2011, 563.

[169] OLG Koblenz GuT 2011, 391.

[170] LG Bochum WuM 2011, 563.

[171] *Schmid* GE 1985, 385; *Sternel* MDR 1983, 265; *Emmerich* in Staudinger § 551 BGB Rdn. 18; *Ehlert* in Bamberger/Roth § 551 BGB Rdn. 26; *v. Martius* in Bub/Treier Rdn. III 804.

[172] BT-Drucks. 9/2079 S. 10.

[173] BGH NJW 1985, 1654.

[174] *Eckert* ZMR 2010, 9, 10.

[175] BGH ZIP 2005, 1465.

[176] S. dazu auch *Erlebach* PiG 27, 83.

treuhänderisch gebundenen Fremdgeldern bestimmtes Konto handeln.[177] Es genügt also nicht, wenn der Vermieter ein besonderes Konto anlegt; das Konto muss auch als Treuhandkonto deklariert werden, und zwar gegenüber dem Kreditinstitut.[178] Anderenfalls unterliegt die Kaution dem Pfandrecht der Banken für Forderungen gegen den Vermieter als Kontoinhaber. Die Anlage einer Barkaution auf einem nicht als Sonderkonto gekennzeichnetem Sparbuch genügt diesen Anforderungen nicht. Die Übergabe des Sparbuchs an einen Treuhänder zum Zwecke der treuhänderischen Verwaltung und Verwahrung ändert daran nichts.[179] Die Bezeichnung eines Kontos als „Mietkonto" reicht hierfür ebenfalls nicht aus,[180] wohl aber die Bezeichnung als „Kautionskonto". Wird der Treuhandcharakter des Kontos später offenbart, so bedarf es einer besonderen Vereinbarung zwischen Bank und Kontoinhaber, dass das Pfandrecht ausgeschlossen sein soll; die Bank kann sich aber schadenersatzpflichtig machen (§ 826 BGB), wenn sie ein Pfandrecht wegen persönlicher Forderungen des Vermieters an solchen Geldern geltend macht, die nach der Offenlegung eingehen.[181] Es ist nicht erforderlich, dass für jede Kaution ein gesondertes Konto angelegt wird; es genügt, wenn ein **Sammelkonto** für sämtliche Kautionsgelder vorhanden ist.[182] Es muss sich aber um ein Sammelkonto handeln, das ausschließlich als Treuhandkonto geführt wird. Deshalb muss das Konto auch hier als „Kautionskonto" deklariert werden; empfehlenswert ist die Angabe des oder der Grundstücke auf denen sich die Mietobjekte befinden. Eine gesetzeskonforme Anlage liegt nicht vor, wenn der Vermieter das Konto auch als Eigenkonto nutzt. Insoweit genügt es nicht, dass sich Treugut und Eigengut klar trennen lassen.[183] Auch beim Sammelkonto verbietet das Bestimmtheitserfordernis jede Vermischung von Fremd- und Eigengeld.[184] Dies kann zu Problemen führen, wenn der Vermieter im Zuge der Verwertung einzelner Kautionen Teilbeträge auf ein Eigenkonto umbucht. In einem solchen Fall stimmt das Kautionskonto mit der Summe der Einzahlungen nicht mehr überein. Dies kann zur Folge haben, dass die jeweils Berechtigten nicht mehr festzustellen sind.[185] Allerdings wird es in einem solchen Fall ausreichen, wenn die einzelnen Mieter ihre Berechtigung anhand der Vertragsunterlagen nachweisen können.[186] Dies ist der Fall, wenn der Mieter belegen kann, dass die Kautionssumme auf dem Treuhandkonto angelegt wurde (s. Rdn. 77).

65a Wird die Kaution auf Verlangen des Mieters **nachträglich auf einem Sonderkonto angelegt,** so kann die **Insolvenzanfechtung** eines kongruenten Deckungsgeschäfts nach **§ 130 InsO** in Betracht kommen. Dies setzt dreierlei voraus, nämlich eine zeitliche Nähe zum Insolvenzantrag (3 Monate davor oder danach), die Zahlungsunfähigkeit des Vermieters zur Zeit der Anlage auf dem Sonderkonto oder Anlage nach Stellung des Insolvenzantrags sowie die Kenntnis des Mieters von der Zahlungsunfähigkeit oder dem Insolvenzantrag. Gerüchte oder Pressemitteilungen über Liquiditätsprobleme genügen nicht. Nach **§ 133 InsO** kommt eine Anfechtung wegen vorsätzlicher **Gläubigerbenachteiligung** in Betracht, wenn die Handlung in den letzten zehn Jahren vor dem Insolvenzantrag mit dem Vorsatz vorgenommen wird, die Gläubiger zu benachteiligen und der Mieter den Vorsatz kannte. Der Mieter ist allerdings nicht gehindert im Falle der Krise von der Miete einen Betrag in Höhe der Kautionssumme zurückzuhalten (s. Rdn. 77).

66 **Nach 551 Abs. 3 Satz 2** BGB können die Vertragsparteien eine andere Anlageform vereinbaren. Darunter sind solche Anlageformen zu verstehen, bei denen die Erzielung eines Gewinns möglich ist, z. B. in Form von Zinsen oder einer Dividende.[187] Die bloße Verwahrung des Geldes ist keine Kapitalanlage.[188] Anderseits ist es nicht erforderlich, dass ein Gewinn wahrscheinlich ist.

---

177 BGH NJW 2008, 1152 = NZM 2008, 203 = WuM 2008, 149 = ZMR 2008, 280 = DWW 2008, 104 = GE 2008, 326.

178 BGH (VIII ZR 324/14) NZM 2015, 736.

179 AG Homburg WuM 2015, 668.

180 BGH WuM 1991, 50.

181 BGH a. a. O.

182 *Schmid* GE 1985, 385; *Palandt/Weidenkaff* § 551 BGB Rdn. 12; *Ehlert* in Bamberger/Roth § 551 BGB Rdn. 26; *Palandt/Weidenkaff* § 551 BGB Rdn. 12; **a. A.** *Lammel* § 551 BGB Rdn. 40: insolvenzrechtliche Bedenken; ebenso: *Emmerich* in Staudinger § 551 BGB Rdn. 18.

183 BGH ZMR 2003, 662, 663.

184 BGH NJW 2008, 1152; *Emmerich* in Staudinger § 551 BGB Rdn. 18.

185 Vgl. OLG Schleswig ZIP 1989, 252.

186 So *Derleder* ZIP 1988, 415, 418; zweifelnd *Eckert* ZMR 2010, 9, 14.

187 Gesetzesbegründung, BT-Drucks. 14/4553 S. 48.

188 *Geldmacher* in WoBauR § 551 BGB Anm. 5.

Auf das mit der Anlage verbundene Risiko kommt es nicht an. Auch spekulative Anlageformen sind nicht ausgeschlossen.[189]

Entstehen durch die Anlage Verluste, so hat der Mieter keinen Anspruch auf eine Mindestverzinsung oder auf Schadensersatz. Die allgemeinen Vorschriften über die Ersatzpflicht bei Verschulden oder Verletzung eines Garantieversprechens bleiben unberührt.[190] Ebenso kann der Mieter Anspruch auf Schadensersatz haben, wenn er auf eine unwirksame Formularklausel geleistet hat.[191] Umgekehrt hat der Vermieter keinen Anspruch auf „Wiederauffüllung" der Kaution, wenn sich die Sicherheit infolge einer unrentablen Anlage vermindert.[192] Eine solche „Wiederauffüllungspflicht" kann auch nicht vereinbart werden (Abs. 4).[193] 67

Die „andere Anlageform" muss stets vereinbart werden; weder der Vermieter noch der Mieter haben einen Anspruch gegen den anderen Teil, dass die Geldsumme anders als nach Satz 1 angelegt wird. Aus der Vereinbarung muss sich ergeben, in welcher konkreten Form die Sicherheit zu leisten ist. Eine generelle Bezeichnung wie Wertpapiere, Aktien, Immobilenfonds etc. genügt nicht.[194] Formularvereinbarungen sind an § 307 Abs. 1 und 2 BGB zu messen.[195] Insoweit ist davon auszugehen, dass der Mieter durch eine risikoreiche Anlage wider Treu und Glauben benachteiligt wird.[196] Bei einer Individualvereinbarung treffen den Vermieter i. d. R. Hinweispflichten.[197] Dies gilt insbesondere, wenn der Mieter in Anlagegeschäften erkennbar unerfahren ist. 68

Die Regelung des Satz 3 gilt auch für die vereinbarte Anlageform. Daraus folgt u. a., dass der Vermieter z. B. verpflichtet ist, Wertpapiere gesondert von seinen eigenen Beständen aufzubewahren. 69

b) Rechtswirkungen. Die **gesetzeskonforme Anlage** hat folgende **Rechtswirkungen:** 70

(1) Die Gläubiger des Vermieters können das Kautionsguthaben nicht pfänden. Wird dennoch eine solche **Pfändung** ausgesprochen, so hat der Mieter das Interventionsrecht des § 771 ZPO; auf diesem Wege kann er geltend machen, dass die Kautionsforderung nicht zum Vermögen des Vermieters gehört. Das Vollstreckungsgericht muss eine solche Pfändungsmaßnahme für unzulässig erklären. 71

(2) Das Kreditinstitut kann nicht auf das Kautionskonto zurückgreifen, wenn der Vermieter anderweitige Verbindlichkeiten gegenüber dem Kreditinstitut nicht erfüllt. Das Pfandrecht gemäß **Nr. 19 der Allgemeinen Geschäftsbedingungen der Kreditinstitute** greift nicht.[198] 72

(3) Wird über das Vermögen des Vermieters das **Insolvenzverfahren** eröffnet, so hat der Mieter ein Aussonderungsrecht (§ 47 InsO). Das Kautionsguthaben fällt also nicht in die Insolvenzmasse.[199] Wird das Mietverhältnis nicht fortgesetzt, so muss der Insolvenzverwalter über die Kaution abrechnen und den verbleibenden Rest an den Mieter auszahlen (s. auch Rdn. 116). 73

c) Nachweispflicht. In § 551 Abs. 3 Satz 1 und 3 BGB ist bestimmt, dass der Vermieter eine ihm als Sicherheit überlassene Geldsumme von seinem Vermögen getrennt anzulegen hat. Der Wortlaut dieser Regelung spricht dafür, dass der Mieter eine Barkaution zunächst dem Vermieter übergeben und dass dieser sodann die Geldsumme (§ 551 Abs. 3 Satz 3 BGB) anlegen muss.[200] Mit dem Sinn und Zweck der Vorschrift steht eine solche Praxis allerdings nicht im Einklang. Nach der Vorstellung des Gesetzgebers soll die Pflicht zur getrennten Anlage der Kaution sicherstellen, dass die Sicherheit im Falle der Insolvenz des Vermieters im Vermögen des Mieters bleibt und dass die kontoführende Bank kein Pfandrecht an der Kaution geltend machen kann.[201] Hieraus leitet der **BGH**[202] ab, dass der Vermieter ein solches Kautionskonto einzurichten und gegenüber dem Mieter 74

---

189 *Ehlert* in Bamberger/Roth § 551 BGB Rdn. 27.
190 *Drasdo* NZM 2000, 1109; *Geldmacher* DWW 2001, 178.
191 *Kandelhard* WuM 2002, 303.
192 *Kandelhard* WuM 2002, 302.
193 *Geldmacher* in WoBauR § 551 BGB Anm. 5.
194 *Bieber* in MünchKomm § 551 BGB Rdn. 21.
195 *Ehlert* in Bamberger/Roth § 551 BGB Rdn. 27.
196 *Haas,* Das neue Mietrecht § 551 BGB Rdn. 2, 3; *Lammel* § 551 BGB Rdn. 41; *Derleder* WuM 2002, 239, 240; *Kandelhard* WuM 2002, 302; *Lützenkirchen* in: Erman § 551 Rdn. 18.
197 *Kraemer* PiG 62, 213, 220.
198 Vgl. BGH WPM 1973, 894; *Röbbert* Betrieb 1983, 161.
199 OLG Frankfurt NJW-RR 1987, 786; *Cymutta* WuM 2008, 441.
200 LG Berlin WuM 1988, 266; *Eckert* ZMR 2010, 9, 13; **a. A.** *Derleder* WuM 1986, 39; *Emmerich* in Staudinger § 551 Rdn. 19.
201 BT-Drucks.9/2079 S. 10.
202 BGH (VIII ZR 98/10) NJW 2011, 59 = WuM 2010, 752 m. Anm. *Blank* LMK 2010, 311294.

nachzuweisen hat. Zu einer Übergabe von Bargeld ist der Mieter ebenso wenig verpflichtet, wie zur Einzahlung der Kautionssumme auf das gewöhnliche Privat- oder Geschäftskonto des Vermieters. Hat der Mieter die Kaution gleichwohl auf ein nicht insolvenzfestes Konto überwiesen oder die Kautionssumme bar übergeben, so kann der Mieter vom Vermieter verlangen, dass die Kautionsumme gesetzeskonform angelegt wird. Wird dieser Anspruch tituliert, so richtet sich die Vollstreckung nach § 888 ZPO.[203]. Ebenso ist dem Mieter ein **Anspruch auf Nachweis** der gesetzeskonformen Anlage zuzubilligen.[204] Der Nachweis wird erbracht durch eine Bestätigung des Kreditinstituts, dass die Kaution von Vermögen des Vermieters getrennt angelegt ist. Die Übermittlung einer Kontostandbestätigung genügt nicht; vielmehr muss sich aus dem Nachweis ergeben, dass das Konto als Treuhandkonto geführt wird.[205] Der Mieter kann auch nach dem rechtlichen Ende des Mietverhältnisses verlangen, dass die Kaution gesetzeskonform angelegt wird. Die Zweckbindung endet erst mit der Rückgewähr der Kaution an den Mieter.[206] Der Anspruch auf die gesetzeskonforme Anlage der Kaution kann mit der **Auskunftsklage** durchgesetzt werden.[207] Eine Verbindung von Auskunfts- und Erfüllungsklage ist möglich (Stufenklage). Der Mieter kann auch ein **Zurückbehaltungsrecht** an der Miete (bis zur Höhe der Kaution) geltend machen, bis der Vermieter die Kautionssumme angelegt hat.[208] Das Zurückbehaltungsrecht nach § 273 BGB ist nicht von Amts wegen zu beachten, sondern muss im Wege der Einrede geltend gemacht werden. Die Einrede ist bedingungsfeindlich; eine bloße Rechtsbedingung ist unschädlich. Deshalb ist die Einrede auch dann wirksam erhaben, wenn der Mieter erklärt, dass er von seinem Zurückbehaltungsrecht Gebrauch mache, falls der Nachweis nicht bis zum … erbracht wird.[209] Das Zurückbehaltungsrecht kann auch gegenüber einem Zwangsverwalter ausgeübt werden.[210] Bei ratenweiser Zahlung der Kaution hat der Mieter auch ein Zurückbehaltungsrecht an weiteren Raten bis zum Nachweis der gesetzesgemäßen Anlage der bereits geleisteten Zahlungen.[211] Mit der Eröffnung des Insolvenzverfahrens gehen diese Ansprüche aber verloren.[212] Zwar wird in der Literatur die Ansicht vertreten, dass der Anspruch auf insolvenzfeste Anlage der Kaution auch nach der Insolvenzeröffnung fortbesteht und deswegen zu den Masseverbindlichkeiten zählt.[213] Der BGH teilt diese Ansicht nicht.[214] Danach ist maßgebend, dass der Anspruch auf die insolvenzfeste Anlage der Kaution bereits mit der Zahlung der Kautionssumme entsteht und also Insolvenzforderung i. S. von § 108 Abs. 3 InsO wird. Dies hat zur weiteren Folge, dass das dem Mieter zustehende Zurückbehaltungsrecht wegen seines Anspruchs auf insolvenzfeste Anlage mit der Eröffnung des Insolvenzverfahrens seine Wirkung verliert.[215]

75 **d) Nichtbeachtung der Anlagepflicht.** Wird die Kaution nicht gesetzeskonform angelegt, so liegt eine **Vertragsverletzung** vor, die den Vermieter zum Schadensersatz verpflichtet. Der Schaden besteht i. d. R. in dem durch die unterlassene Anlage entstandenen Zinsverlust; das für Scha-

---

[203] *Derleder* WuM 2002, 239, 242; *Timme* NZM 2008, 429.

[204] BGH NJW 2008, 1152 = NZM 2008, 203 = WuM 2008, 149 = ZMR 2008, 280 = DWW 2008, 104 = GE 2008, 326; LG Mannheim WuM 1990, 293 = NJW-RR 1991, 79; LG Kiel WuM 1988, 266; *Emmerich* in Staudinger § 551 BGB Rdn. 19; *Ehlert* in Bamberger/Roth § 551 BGB Rdn. 35; *Lützenkirchen* in: Erman § 551 Rdn. 13 *Cymutta* WuM 2008, 441; *Timme* a. a. O.

[205] AG Bremen WuM 2012, 16.

[206] BGH (VIII ZR 324/14) NZM 2015, 736.

[207] AG Braunschweig WuM 1987, 257; AG Langenfeld WuM 1987, 350; AG München NJW-RR 1987, 786; AG Tiergarten MM 1992, 24; *Bieber* in MünchKomm § 551 BGB Rdn. 24.

[208] BGH NJW 2008, 1152 = NZM 2008, 203; BGH (VIII ZR 324/14) NZM 2015, 736; *Sternel* Mietrecht aktuell (2009) Rdn. III 176; *Kraemer* PiG 62, 213, 221; *Blank* NZM 2002, 58; *Emmerich* in Staudinger § 551 BGB Rdn. 19; *Herrlein* in Herrlein/Kandelhard § 551 BGB Rdn. 16; *Ehlert* in Bamberger/Roth § 551 BGB Rdn. 35; *Palandt/Weidenkaff* § 551 BGB Rdn. 12; **a. A.** LG Kiel WuM 1988, 266; AG Norderstedt WuM 1987, 316; *Lammel* § 551 BGB Rdn. 57; *Geldmacher* DWW 1999, 249; *Cymutta* WuM 2008, 441.

[209] **A. A.** AG Bremen WuM 2012, 16.

[210] **A. A.** LG Mannheim a. a. O.

[211] AG Ludwigshafen WuM 1992, 188; *Emmerich* in Staudinger § 551 BGB Rdn. 19; *Herrlein* in Herrlein/Kandelhard § 551 BGB Rdn. 16; *Lammel* § 551 BGB Rdn. 57; *Ehlert* in Bamberger/Roth § 551 BGB Rdn. 35; *Bieber* in MünchKomm § 551 BGB Rdn. 24; *von der Osten* in Bub/Treier Kap. III Rdn. 2093.

[212] BGH NJW 2008, 1152 = NZM 2008, 203 = WuM 2008, 149 = ZMR 2008, 280 = DWW 2008, 104 = GE 2008, 326.

[213] *Derleder* NZM 2004, 568, 577; *Streyl* GuT 2009, 368, 371.

[214] BGH (IX ZR 9/12) NJW 2013, 1243.

[215] BGH a. a. O.

densersatzansprüche im Allgemeinen geltende Zinseszinsverbot greift nicht.[216] Nach allgemeinen Grundsätzen ist der Mieter für die Höhe des Zinssatzes beweispflichtig.[217]

Die Vorschrift des § 551 Abs. 3 Satz 1 BGB ist darüber hinaus als **Schutzgesetz i. S. v. § 823 Abs. 2 BGB** anzusehen.[218] Dies hat zur Folge, dass der Geschäftsführer einer Vermietungs-GmbH persönlich auf Schadensersatz haftet, wenn die Kaution nicht entsprechend dem Gesetz angelegt wird und der Mieter dadurch (z. B. bei der Insolvenz des Vermieters) einen Schaden erleidet.[219] Darüber hinaus kann der Vermieter von Wohnraum wegen **Untreue (§ 266 StGB)** bestraft werden, wenn er eine Kaution nicht entsprechend § 551 Abs. 3 Satz 1 BGB auf einem Anderkonto anlegt und dem Mieter hierdurch ein Vermögensnachteil entsteht.[220] Eine schadensgleiche Gefährdung des Vermögens genügt. Hiervon ist auszugehen, wenn der Vermieter bereits im Zeitpunkt der Einzahlung überschuldet war. Ist dagegen der Vermieter auf Grund seines Vermögens in der Lage, einen entsprechenden Betrag aus eigenen flüssigen Mitteln auszukehren, so fehlt es an einem Nachteil i. S. d. § 266 StGB. Verschlechtern sich die Vermögensverhältnisse des Vermieters nach der Einzahlung der Kaution, so ist dieser verpflichtet, die Kaution insolvenzfest anzulegen. Anderenfalls kann er sich wegen Untreue durch Unterlassen strafbar machen, wenn ein Tatvorsatz gegeben ist. Dies setzt voraus, dass der Vermieter die tatsächlichen Umstände erkennt und gleichwohl untätig bleibt, weil er die Schädigung des Mieters zumindest billigend in Kauf nimmt.[221] Unter Umständen ist auch eine Verurteilung wegen **Betrugs (§ 263 BGB)** möglich. Hiervon kann ausgegangen werden, wenn die wirtschaftlichen Verhältnisse des Vermieters bereits im Zeitpunkt der Einzahlung so angespannt waren, dass der Rückzahlungsanspruch des Mieters bereits aus diesem Grunde gefährdet ist. Auch insoweit ist Vorsatz erforderlich. Dies setzt voraus, dass der Vermieter die tatsächlichen Umstände erkennt und die Schädigung des Mieters zumindest billigend in Kauf nimmt.[222] 76

e) Verzinsung. Eine Barkaution ist zu dem für Spareinlagen mit dreimonatiger Kündigungsfrist üblichem Zinssatz anzulegen. An einer **höherverzinslichen Anlage** (z. B. als Termingeld auf einem offenen Treuhandsammelkonto) ist der Vermieter nicht gehindert;[223] er ist hierzu aber nicht verpflichtet.[224] Die Zinsen stehen auch in diesem Fall dem Mieter in voller Höhe zu.[225] 77

Abweichende Vereinbarungen sind nach § 551 Abs. 4 BGB unzulässig.[226] Nach dem Sinn und Zweck der gesetzlichen Regelung soll der Vermieter nämlich aus der Kaution keine über den Sicherungszweck hinausgehenden finanziellen Vorteile erzielen. Eine von dem Kreditinstitut gezahlte **Provision** – etwa weil ein Großvermieter alle Kautionen bei einem bestimmten Kreditinstitut anlegt – muss nach wirtschaflicher Betrachtungsweise als (vorab bezahlter) Zinsteil angesehen werden. Deshalb ist auch die Provision an den Mieter auszukehren.[227] 78

---

[216] LG Gießen ZMR 1996, 609; AG Bremerhaven WuM 1989, 75.

[217] AG Köln WuM 1989, 17.

[218] LG Hannover NJW-RR 1991, 593; AG Hildesheim WuM 1988, 157 m. Anm. *Hänlein* WuM 1988, 305; *Emmerich* in Staudinger § 551 BGB Rdn. 22; *von der Osten* in Bub/Treier Kap. III Rdn. 2085; *Ehlert* in Bamberger/Roth § 551 BGB Rdn. 36; *Sternel* Mietrecht aktuell (2009) Rdn. III 179.

[219] AG Hildesheim WuM 1988, 157 m. Anm. *Hänlein* WuM 1988, 305, AG Aachen WuM 1989, 74.

[220] So BGH NJW 1996, 65; BGHSt 52, 182 = NJW 2008, 1827 = NZM 2008, 415 = WuM 2008, 336 = ZMR 2008, 687 = GE 2008, 858; OLG Frankfurt WuM 1989, 138 = ZMR 1990, 9; LG München NStZ 1991, 134; LG Aachen WuM 1989, 292; LG Hamburg MDR 1990, 269 = WuM 1990, 206; *Pauly* ZMR 1996, 417; *Emmerich* in Staudinger § 551 BGB Rdn. 22; **a. A.** OLG Düsseldorf NJW 1989, 82; DWW 1993, 333 = WuM 1993, 680 = ZMR 1993, 576 m. Anm. *Krause* ZMR 1994, 267; LG Bonn NStZ 1993, 343.

[221] BGH NJW 2008, 1827 = NZM 2008, 415 = GuT 2008, 210 = ZMR 2008, 687 = GE 2008, 858.

[222] BGH NJW 2008, 1827 = NZM 2008, 415 = GuT 2008, 210 = ZMR 2008, 687 = GE 2008, 858.

[223] *Beuermann* GE 1992, 890; *Pauly* ZMR 1996, 417.

[224] *Sternel* Mietrecht (1988) Rdn. III 244; *Riecke* FA MietRWEG Kap. 7 Rdn. 100; **a. A.** *Pauly* a. a. O. für Großvermieter.

[225] So zutreffend: AG Duisburg WuM 1996, 763; grundlegend: *Buß* ZMR 1996, 8; *Pauly* a. a. O.; *Sternel* MDR 1983, 269 und Mietrecht (1988) Rdn. III 244; *Hirte* MDR 1993, 500; *Otto* ZMR 1992, 93; *Hülsmann* WuM 1996, 688; *Derleder* WuM 2002, 239, 242; *Heintzmann* WiB 1995, 569, 572 (für die Geschäftsraummiete); *Emmerich* in Staudinger § 551 BGB Rdn. 18, 23, 24; *Lammel* § 551 BGB Rdn. 45; *Bieber* in MünchKomm § 551 BGB Rdn. 25; *Kinne* in Kinne/Schach/Bieber Miet- und Mietprozessrecht § 551 BGB Rdn. 15; *Ehlert* in Bamberger/Roth § 551 BGB Rdn. 29; *Palandt/Weidenkaff* § 551 BGB Rdn. 13; **a. A.** AG Köln DWW 1991, 149; MDR 1994, 56 = ZMR 1994, 119 = NJW-RR 1994, 27; AG Siegburg DWW 1994, 382; *von der Osten* in Bub/Treier Kap. III Rdn. 2116.

[226] *Hirte* a. a. O.; *Emmerich* in Staudinger § 551 BGB Rdn. 33.

[227] Ähnlich *Derleder* WuM 2002, 239, 242: danach ist eine Provision nach den Grundsätzen des Treuhandrechts herauszugeben; **a. A.** *Sternel* Mietrecht (1988) Rdn. III 244; *Bieber* in MünchKomm § 551 BGB Rdn. 25.

79 Die **Zinsen (und Zinseszinsen)** erhöhen die Sicherheit (§ 551 Abs. 3 Satz 4 BGB); daraus folgt, dass der Mieter keinen Anspruch auf jährliche Auszahlung des Zinsbetrags hat. Die Verzinsungspflicht besteht solange bis das Kautionskonto aufgelöst wird, unter Umständen also auch über das Ende des Mietvertrags hinaus.[228] Die **Kosten der Kontoführung** und -auflösung sind vom Mieter zu tragen.[229]

80 Für die **Versteuerung der Zinsen** gilt das Schreiben des Bundesministers der Finanzen vom 9.5.1994 (IV B 4 – S 2252 – 276/94) in dem dieser aufgrund der Erörterungen mit den obersten Finanzbehörden der Länder zu der Frage der Pflichten des Vermieters und des Mieters wegen der Einkommensteuer auf Zinsen aus Mietkautionen Stellung genommen hat. Das Schreiben wird nachfolgend im Wortlaut wiedergegeben.

„Werden die Mietkautionen mehrerer Mieter auf demselben Konto angelegt, ist der Vermieter als Vermögensverwalter i. S. d. AO verpflichtet, gegenüber dem für ihn zuständigen Finanzamt eine Erklärung zur einheitlichen und gesonderten Feststellung der Einkünfte aus Kapitalvermögen der Mieter (§ 180 AO) abzugeben. Sieht das Finanzamt nach § 180 Abs. 3 Satz 1 Nr. 2 AO von einer einheitlichen und gesonderten Feststellung der Einkünfte ab, kann es dies gegenüber dem Vermieter durch negativen Feststellungsbescheid feststellen. In diesem Fall hat der Vermieter dem Mieter eine Ablichtung des Bescheids und der Steuerbescheinigung des Kreditinstituts zur Verfügung zu stellen sowie den anteiligen Kapitalertrag und den anteiligen Zinsabschlag mitzuteilen. Diese Unterlagen hat der Mieter seiner Einkommensteuererklärung beizufügen.

Diese Regelung tritt an die Stelle des BMF-Schreibens vom 26.10.1992 (BStBl. I S. 693) zu Tz. 6 Nr. 3."[230].

81 Bei dieser Steuerlage ist es einfacher, wenn der Vermieter für jeden Mieter ein eigenes Kautionskonto anlegt. In diesem Fall ist der Vermieter lediglich verpflichtet, dem Mieter die Zinsabschlagsteuerbescheinigung auszuhändigen.

4. Abweichende Vereinbarungen (Abs. 4)

82 Abweichende Vereinbarungen zum Nachteil des Mieters sind gemäß § 551 Abs. 4 BGB unzulässig. Übersteigt die vereinbarte Kautionssumme den Betrag von **drei Monatsmieten,** so ist die Kautionsvereinbarung allerdings nur teilweise unwirksam,[231] so dass der Mieter gleichwohl zur Zahlung von drei Monatsmieten verpflichtet ist; ein bereits gezahlter, überschüssiger Betrag kann zurückgefordert werden. Die Rechtsfolge des § 551 Abs. 4 BGB kann nicht dadurch umgangen werden, dass der Mieter ihm gegen einen Dritten zustehende Forderungen in voller Höhe abtritt. Eine solche Abtretung ist nur bis zur Höhe von 3 Monatsmieten wirksam; im Übrigen ist sie unwirksam.[232] Zur Übersicherung durch Bürgschaft s. Rdn. 55)

82a Unwirksam sind Vereinbarungen, durch die die **Verzinsungspflicht** beschränkt oder ausgeschlossen wird (z. B.: „Der Mieter leistet bei Abschluss des Mietvertrags eine unverzinsliche Mietsicherheit ... in Höhe der dreifachen Monatsmiete"). Der Grund für die Ausschlussvereinbarung spielt keine Rolle. Deshalb ist ein Verzinsungsausschluss auch dann unwirksam, wenn dem Mieter als Ersatz für die Zinsen günstigere Mietbedingungen (z. B. eine geringere Miete) eingeräumt werden. Es ist nicht erforderlich, dass sich die Verzinsungspflicht aus der Kautionsvereinbarung ergibt. Die Verzinsungspflicht darf aber nicht ausgeschlossen werden. Eine die **Verzinsungspflicht beschränkende Vereinbarung** muss auch dann angenommen werden, wenn im Mietvertrag geregelt ist, dass dem Mieter nicht die tatsächlich erzielten, sondern nur die gesetzlichen Mindestzinsen zustehen sollen.[233] Die Zinsen können auch nicht durch die Vereinbarung einer Kontoverwaltungs- oder „Verwahrungsgebühr" geschmälert werden.[234]

83 Unwirksam ist eine Vereinbarung, wonach der Mieter für das Anlegen und/oder Auflösen eines Sparbuchs eine Kostenpauschale tragen soll.[235]

---

[228] AG Wetzlar WuM 1987, 20; AG Hannover NJW-RR 1991, 1111; AG Wetzlar WuM 1987, 20.
[229] *Sternel* MDR 1983, 265.
[230] Quelle: NJW 1994, 2600.
[231] BGH NZM 2004, 217 = WuM 2004, 147 für eine geringfügige Überschreitung.
[232] OLG Celle ZMR 2011, 379.
[233] *Hirte* MDR 1993, 500.
[234] AG Hamburg WuM 1990, 426.
[235] LG München I ZMR 1998, 295.

Unwirksam sind Vereinbarungen, durch die das **Recht des Mieters auf Ratenzahlung** ausgeschlossen wird. Für die Annahme einer Ausschlussvereinbarung reicht es allerdings nicht aus, wenn im Mietvertrag vereinbart ist, dass der Mieter eine „Kaution von € … zu zahlen" hat. Die Regelung des § 271 BGB (wonach die Leistung sofort fällig ist) wird hier durch § 551 Abs. 2 BGB verdrängt. Das Verbot kann nicht dadurch umgangen werden, dass der Mietvertrag unter der auflösenden oder aufschiebenden Bedingung der Kautionszahlung vor Mietbeginn geschlossen wird. Derartige Bedingungen führen i. E. zum Ausschluss des Rechts zur Ratenzahlung und sind deshalb unwirksam. Die Wirksamkeit der übrigen Teile der Kautionsvereinbarung bleibt hiervon unberührt.[236] Eine Vereinbarung, wonach der Mieter die Kaution bei Mietbeginn (in voller Höhe) zu bezahlen hat, ist als Fälligkeitsregelung zu bewerten, bei deren Wegfall eine sprachlich und inhaltlich selbständige Regelung über die Kaution verbleibt.[237] Eine Rechtsauffassung, wonach die Kautionsvereinbarung insgesamt unwirksam, der übrige Mietvertrag aber insgesamt wirksam sein soll, verkennt den Parteiwillen: i. d. R. ist nicht davon auszugehen, dass der Vermieter den Mietvertrag auch ohne die Kautionsvereinbarung abgeschlossen hätte. 84

Unwirksam sind Vereinbarungen, wonach sich der Vermieter mit der **Rückzahlung** beliebig Zeit lassen kann. Gleiches gilt für die Vereinbarung **überlanger Abrechnungsfristen** und die damit in Zusammenhang stehenden Umgehungsvereinbarungen.[238] Hierzu zählt etwa eine vertragliche Regelung, wonach der Mieter bei Mietbeginn eine als „Mieterdarlehen" bezeichnete Kaution zu zahlen hat, dessen Rückzahlung erst längere Zeit nach Mietende verlangt werden kann. Eine Vereinbarung, wonach eine **Mietkaution verfällt,** wenn die Mietzeit weniger als 2 Jahre beträgt, ist als Verfallklausel zu bewerten; hierauf ist § 555 BGB anwendbar.[239] Bei **öffentlich gefördertem Wohnraum** ist eine Klausel unwirksam, nach der die Kaution zur Deckung aller Ansprüche aus dem Mietverhältnis dienen soll. Eine solche Regelung verstößt gegen § 9 Abs. 5 Satz 1 WoBindG. 85

Wirksam sind solche abweichenden **Regelungen,** die **dem Mieter günstig** sind, wie zum Beispiel die Vereinbarung eines höheren Zinssatzes, die Verpflichtung zur jährlichen Auszahlung der Zinsen oder die Einräumung längerer Zahlungsraten. Vom Vermieter gestellte Klauseln, die den Mieter verpflichten, einer spekulativen Anlage der Sicherheit zuzustimmen, verstoßen gegen § 307 Abs. 1 und 2 BGB, weil hierdurch fundamentale Gerechtigkeitsgrundsätze tangiert werden.[240] Anders ist es, wenn die Klausel vom Mieter gestellt ist. 86

Die Regelung in § 551 BGB betrifft nur solche Vereinbarungen, die dem Vermieter eine Sicherheit gegen Mietausfall, Beschädigung der Mietsache oder der Nichterfüllung vertraglicher Pflichten geben sollen. Auf eine Vereinbarung, wonach das **Mitglied einer Wohnungsbaugenossenschaft** im Falle der Überlassung einer Wohnung Geschäftsanteile in bestimmter Höhe zeichnen muss, ist die Regelung des § 551 Abs. 4 BGB nicht anwendbar.[241] Eine Vereinbarung, wonach sich der Mieter zur Gewährung eines Mieterdarlehens verpflichtet, fällt i. d. R. ebenfalls nicht unter § 551 BGB. Anders kann es sein, wenn das Darlehen die Funktion einer Mietsicherheit übernehmen soll. 87

Macht der Vermieter den Abschluss eines **Mietvertrags mit einem Minderjährigen** davon abhängig, dass ein **Elternteil** dem Vertrag als **Mitmieter** beitritt, so wird von einem Teil der Rechtsprechung und Literatur die Ansicht vertreten, dass der Vertragsschluss mit dem Elternteil als „Sicherheit" im Sinne von § 551 BGB zu bewerten sei. Eine solche Vereinbarung verstößt nach dieser Ansicht gegen § 551 BGB mit der weiteren Folge, dass der Vermieter gegen den Elternteil keine mietvertraglichen Ansprüche erwirbt.[242] Nach der hier vertretenen Auffassung kommt es nur darauf an, ob die Parteien wollen, dass die mitunterzeichnete Person die Rechte und Pflichten eines Mieters erhält.[243] Anders ist es, wenn der Mitunterzeichnete nur die Mieterpflichten über- 87a

---

236 BGH NZM 2003, 754 = WuM 2003, 495; NZM 2004, 217 = WuM 2004, 147; WuM 2004, 269; WuM 2004, 473 = NZM 2004, 613.

237 BGH NZM 2003, 754 unter II 2; NZM 2004, 217; NZM 2004, 613; NZM 2011, 28 unter Rz. 14.

238 *Sternel* Mietrecht (1988) Rdn. III 247.

239 AG Karlsruhe WuM 1989, 73; ebenso LG Mannheim WuM 1977, 99 = ZMR 1978, 54 bei Auszug vor Ablauf einer einjährigen Mietzeit.

240 *Kandelhard* WuM 2002, 302.

241 AG Kiel ZMR 2012, 201; *Roth* NZM 2008, 356; **a. A.** AG Saarbrücken WuM 2007, 506 m. abl. Anm. *Feßler/Kegel* WuM 2007, 693.

242 LG Lübeck ZMR 2010, 857; wohl auch *Sternel* Mietrecht aktuell 4. Aufl. 2009 Rdn. III 174.

243 *Blank* PiG 88 (2010) S. 19, 23.

nehmen soll. In diesem Fall dürfte die Mitunterzeichnung als Schuldbeitritt zu bewerten sein; hierfür gilt § 551 BGB.[244] Der Umstand, dass der Mitunterzeichnete die Wohnung nicht selbst nutzt, spielt für die Abgrenzung – wie Allgemein – keine Rolle. Ein Mietvertrag kann auch mit dem Inhalt geschlossen werden, dass der Gebrauch der Sache nicht dem Mieter sondern einem Dritten zustehen soll. Dies gilt etwa für den Mietvertrag zugunsten eines Dritten (§ 328 BGB) und für den Vertrag mit der Abrede, dass der Mieter die Sache weitervermieten oder den Gebrauch einem Dritten überlassen darf. Sind im Kopf eines schriftlichen Vertrags mehrere Personen als Mieter aufgeführt und wird der Vertrag von diesen Personen unterzeichnet, so wird die Auslegung i. d. R. ergeben, dass das Mietverhältnis mit der Mietermehrheit zustande gekommen ist.

5. Sonderregelungen für Studenten- und Jugendwohnheime (Abs. 3 Satz 5)

88 Bei Wohnraum, der Teil eines Studenten- oder Jugendwohnheims ist (zum Begriff s. § 549 BGB Rdn. 33), besteht für den Vermieter keine Verpflichtung, die Sicherheitsleistung zu verzinsen (§ 551 Abs. 3 Satz 5 BGB). Die Regelung beruht auf der Annahme des Gesetzgebers, dass die Betreiber von Jugend- und Studentenwerken ihren Mietern im Hinblick auf den Zinsgewinn eine günstigere Miete einräumen.[245] Bei der Anwendung der Ausschlussvorschrift spielt das gesetzgeberische Motiv allerdings keine Rolle, so dass es nicht darauf ankommt, wie die tatsächlich verlangte Miete kalkuliert worden ist. Die jeweiligen Heimbetreiber haben auch keine Pflicht zur treuhänderischen Anlage oder Verwahrung der Kaution. Die Regelungen über die Höhe der Sicherheit, über die Fälligkeit und über das Recht zur Ratenzahlung gelten aber auch hier.

IV. Die Kaution während der Mietzeit

89 Die Anlage auf dem Sonderkonto bewirkt, dass der Vermieter im Hinblick auf das Kautionsguthaben einschließlich der Zinsen wie ein Treuhänder anzusehen ist. Aus diesem Grunde ist der Vermieter verpflichtet, dem Mieter jederzeit **Auskunft** über den Stand des Kautionskontos zu geben.[246]

90 Solange für den Vermieter kein Grund besteht, auf die Kaution zurückzugreifen, darf er die Kaution nicht vom Treuhandkonto abheben. Ebenso darf der Vermieter die Kaution nicht mit mietvertragsfremden Forderungen verrechnen.[247] Dies gilt auch dann, wenn die Kaution am Ende des Mietverhältnisses nicht für Forderungen des Vermieters aus dem Mietverhältnis benötigt wird;[248] s. weiter Rdn. 103a. Als echter Treuhänder, der für den Mieter zweckgebundenes Vermögen zu verwalten hat, macht er sich anderenfalls unter Umständen nach § 266 StGB wegen Untreue strafbar. Die treuhänderische Gebundenheit erlischt erst, wenn der Vermieter fällige Forderungen aus dem Mietverhältnis gegen den Mieter hat und damit gegen die Kaution aufrechnet oder einen entsprechenden Betrag aus dem Kautionskonto entnimmt. Solche Forderungen können bereits während der Mietzeit entstehen, beispielsweise dann, wenn der Mieter in Zahlungsverzug gerät oder sonstige Verbindlichkeiten nicht erfüllt. Während der Mietzeit kann der Vermieter allerdings nur wegen rechtskräftig festgestellter, unstreitiger, oder offensichtlich begründeter Forderungen auf die Kaution zugreifen (s. u. Rdn. 91). Er ist hierzu aber nicht verpflichtet. Da die Kaution hierdurch geschmälert wird, kann der Vermieter **Wiederauffüllung der Kaution** bis zur Höhe von drei Monatsmieten verlangen.[249] Zwischenzeitliche Mieterhöhungen bleiben bei der Berechnung der Kaution auch im Falle der Wiederauffüllung unberücksichtigt, wenn nicht eine Aufstockungsverpflichtung vereinbart ist (s. Rdn. 59) Allerdings ist der Vermieter nicht verpflichtet, sich während der Mietzeit aus der Kaution zu befriedigen;[250] er kann den Mieter stattdessen auch auf Erfüllung in Anspruch nehmen und/oder (im Falle des Zahlungsverzugs) kündigen.

---

[244] *Derleder* NZM 2006, 601, 605; wohl auch LG Leipzig NJW-RR 2005, 1250, 1252.
[245] Gesetzesbegründung, BT-Drucks.9/2284 S. 3.
[246] *V. Martius* in Bub/Treier Rdn. III 813; *Emmerich* in Staudinger § 551 BGB Rdn. 27.
[247] BGH (I ZR 209/96) NJW-RR 1999, 1192; *Dickersbach* WuM 2006, 595, 596.
[248] BGH a. a. O.
[249] BGH WPM 1972, 335; *v. Martius* in Bub/Treier Rdn. III 767.
[250] BGH a. a. O.; KG WuM 1992, 8; AG Rastatt WuM 1989, 73; *Emmerich* in Staudinger § 551 BGB Rdn. 27; *Lammel* § 551 BGB Rdn. 75; *Ehlert* in Bamberger/Roth § 551 BGB Rdn. 36; *Wolf/Eckert/Ball* Rdn. 794; *Lützenkrichen* in: Erman § 551 Rdn. 19.

Teilweise wird vertreten, dass sich der Vermieter auch während der Mietzeit wegen seiner Forderungen aus der Kaution befriedigen darf und dass dieses Recht auch hinsichtlich der bestrittenen Forderungen besteht.[251] Nach anderer Ansicht ist ein Zugriff des Vermieters auf die Kaution während der Mietzeit nur möglich, wenn die Forderung unstreitig oder rechtskräftig festgestellt oder unmittelbar liquide ist.[252] Nach der **Rechtsprechung des BGH** ist bei der Wohnraummiete während der Mietzeit eine Aufrechnung mit streitigen Forderungen nicht zulässig.[253] Eine Vertragsregelung mit diesem Inhalt verstößt gegen § 551 Abs. 3 BGB und ist unwirksam.[254] Diese Rechtsansicht beruht auf der zutreffenden Erwägung, dass der Zweck der Kaution in der materiellen Absicherung, nicht in der Ermöglichung einer einfachen Rechtsdurchsetzung besteht. Behauptet ein Vermieter zu Unrecht, dass ihm Forderungen aus dem Mietverhältnis zustehen, so kann der Mieter im Wege der einstweiligen Verfügung Unterlassungsansprüche geltend machen.[255] Ist die Kaution wegen einer streitigen Forderung geschmälert worden, so kann der Mieter die Wiederauffüllung der Kaution verlangen. Der Mieter darf nicht darauf verwiesen werden, dass er eine zu Unrecht in Anspruch genommene Kaution bei Mietende zurückverlangen könne, weil jener Kautionsteil nach der Aufrechnung oder Entnahme nicht mehr zum Treuhandvermögen gehört und in der Insolvenz des Vermieters nicht gesichert wäre. Weil der Mieter aber hierauf einen Anspruch hat, muss er sich bereits während des Mietverhältnisses gegen möglicherweise unberechtigte Entnahmen zur Wehr setzen können. Das Sicherungsbedürfnis des Vermieters wird hierdurch nicht tangiert, weil ihm die Kaution verbleibt. Der BGH hat in dem Urteil vom 7.5.2014[256] nicht entschieden in welchen Fällen der Vermieter während der Mietzeit auf die Kaution zurückgreifen darf. Dies ist zweifelsfrei der Fall, wenn der Mieter mit dem Zugriff einverstanden ist. Überwiegend wird vertreten, dass dasselbe gilt, wenn die Forderung des Vermieters unstreitig oder rechtskräftig festgestellt oder unmittelbar liquide ist. In diesem Fällen kann der Vermieter Wiederauffüllung der Kaution verlangen. Dies folgt aus der Kautionsabrede; einer besonderen Vereinbarung bedarf es nicht. 91

Der **Mieter** kann während der Mietzeit nicht über die Kaution verfügen. Er darf, solange das Mietverhältnis besteht, mit dem Kautionsrückzahlungsanspruch **nicht aufrechnen;**[257] er kann insbesondere die Kaution nicht „abwohnen".[258] Deshalb ist es unzulässig, wenn der Mieter drei Monate vor Vertragsende die Mietzahlungen einstellt und den Vermieter auf die Kaution verweist. Der Rückzahlungsanspruch wird nämlich frühestens mit der Beendigung des Mietverhältnisses fällig. Der Mieter kann den Vermieter auch nicht auf die Kaution verweisen, um eine Kündigung wegen Zahlungsverzugs nach § 543 Abs. 2 Nr. 3 BGB abzuwenden.[259] Der Vermieter darf zwar in einem solchen Fall auf die Kaution zurückgreifen; er ist hierzu aber nicht verpflichtet. 92

Eine **Verschlechterung der Vermögensverhältnisse des Vermieters** ist ohne Bedeutung, wenn die Kaution auf einem Treuhandkonto angelegt ist. Der Mieter ist in diesem Fall nicht zur Rückforderung der Kaution berechtigt. Anders ist es, wenn sich die Kaution im Vermögen des Vermieters befindet. Dann kann der Mieter verlangen, dass die Kaution insolvenzsicher angelegt wird (§ 321 BGB).[260] Ein Anspruch auf Auszahlung der Kaution besteht dagegen nicht. 93

---

[251] LG Berlin GE 2003, 1161; *Lützenkirchen* in: Lützenkirchen, Mietrecht § 551 Rdn. 105; *Bieber* in: MünchKomm § 551 Rdn. 14; *Kiessling* JZ 2004, 1146, 1153; vgl. auch: *Kluth/Grün* NZM 2002, 1015: danach kann der Vermieter bereits im laufenden Mietverhältnis auf die Kaution zugreifen, wenn sich der Mieter in Verzug befindet, der Vermieter die Verrechnung angedroht hat und eine angemessene Wartefrist verstrichen ist.

[252] OLG Celle NZM 1998, 265; LG Mannheim WuM 1996, 269; LG Wuppertal NZM 2004, 298; LG Darmstadt WuM 2008, 726; LG Halle NZM 2008, 685; *Emmerich* in: Staudinger § 551 Rdn. 26; *Sternel* Mietrecht Aktuell Rdn III 184; *Schneider* in Spielbauer/Schneider Mietrecht § 551 Rdn. 113; *Kraemer* NZM 2001, 737, 741; *Derleder* NZM 2006, 601, 607; *Geldmacher* DWW 2002, 182, 184; DWW 2011, 122.

[253] BGH (VIII ZR 234/13) NJW 2014, 2496.

[254] BGH a. a. O.

[255] *Ulrici* ZMR 2004, 404.

[256] BGH a. a. O.

[257] AG Aachen DWW 1989, 226.

[258] BGH WuM 1972, 57; LG München I WuM 1996, 541.

[259] LG Berlin MM 1986, 30.

[260] AG Itzehoe WuM 1986, 63; *Derleder* WuM 1986, 39; *Emmerich* in Staudinger § 551 BGB Rdn. 28.

V. Die Kaution bei Vertragsende

1. Vorbehaltslose Rückgabe

94 In der vorbehaltslosen Rückgabe der Kaution bei Vertragsende liegt nach der Auffassung des OLG München[261] ein **Anerkenntnis** des Inhalts, dass der Vermieter den Zustand der Mietsache als vertragsgemäß anerkennt und auf die Geltendmachung von Ersatzansprüchen wegen erkennbarer Mängel oder Beschädigungen verzichtet.[262] Die spätere Geltendmachung von Schadensersatzansprüchen ist dann ausgeschlossen. Die Ansprüche des Vermieters wegen der zum Zeitpunkt der Kautionsrückgabe noch nicht fälligen Betriebskostennachzahlungen werden von dem Anerkenntnis allerdings nicht erfasst, weil es dem Vermieter freisteht, ob er wegen dieser Ansprüche ein (rechtlich zweifelhaftes; s. Rdn. 98) Zurückbehaltungsrecht geltend macht.

2. Abrechnung

95 Mit Leistung der Sicherheit erwirbt der Mieter einen aufschiebend bedingten Anspruch auf Rückgewähr.[263] Die Bedingung tritt ein, wenn der Mieter die Mietsache zurückgegeben hat. Der Kautionsrückzahlungsanspruch des Mieters ist ab diesem Zeitpunkt erfüllbar, wenn auch noch nicht fällig. Der Rückzahlungsanspruch wird fällig, wenn eine angemessene Überlegungsfrist abgelaufen ist und dem Vermieter keine Forderungen aus dem Mietverhältnis mehr zustehen, wegen derer er sich aus der Sicherheit befriedigen darf.[264] Dies ist der Fall, wenn der Vermieter übersehen kann, ob er zur Befriedigung seiner Ansprüche auf die Kaution zurückgreifen muss. Deshalb darf der Vermieter nicht untätig bleiben. Er kann die Kaution auch nicht mit der Begründung zurückhalten, dass er gegen den Mieter einen Anspruch auf Schadensbeseitigung im Wege der Naturalherstellung habe; ein derartiges **Zurückbehaltungsrecht** steht mit dem Sinn und Zweck einer Kaution nicht im Einklang.[265] Auch das Recht zur Herstellung eines vertraglich vereinbarten Zustands oder die Durchführung von Schönheitsreparaturen kann der Vermieter nicht auf diese Weise durchsetzen.[266] Eine Besonderheit gilt, wenn der Untervermieter mit dem Untermieter vereinbart hat, dass dieser ihn von allen Ansprüchen des Hauptvermieters freistellt. In einem solchen Fall kann der Untervermieter wegen seines Freistellungsanspruchs ein Zurückbehaltungsrecht geltend machen, wenn der Hauptvermieter den Untervermieter in Anspruch nimmt. Das Zurückbehaltungsrecht führt zur Verurteilung zur Rückzahlung der Kaution, Zug um Zug gegen Freistellung des Untervermieters von den Ansprüchen des Hauptvermieters.[267]

96 Von diesem Sonderfall abgesehen, muss der Vermieter eine Abrechnung erteilen und hierin mit seinen Gegenforderungen aufrechnen. Teilweise wird vertreten, dass der Vermieter auch bei Mietende nur dann auf die Kaution zugreifen darf, wenn seine Ansprüche rechtkräftig festgestellt, unstreitig oder offensichtlich begründet sind.[268] Dem ist nicht zu folgen, weil der Gesichtspunkt der materiellen Absicherung (s. Rdn. 91) bei Vertragsende keine Rolle spielt.[269] Die Abrechnungspflicht besteht auch dann, wenn der Vermieter einen Titel auf Zahlung der Kaution erwirkt hat und hieraus vollstrecken will.[270] Der **Inhalt der Abrechnung** muss den Anforderungen des **§ 259 BGB** entsprechen. Aus ihr muss sich die Höhe der Kautionssumme einschließlich der Zinsen ergeben. Eventuelle Gegenforderungen müssen nachvollziehbar nach Grund und Höhe dargelegt werden. Die Kosten für die Auflösung des Kautionskontos sind vom Mieter zu tragen;[271] werden sie vom Vermieter verauslagt, so können sie von der Kautionssumme abgezogen werden.

97 Eine gesetzlich geregelte **Abrechnungsfrist** besteht nicht. Ein Teil der Instanzgerichte hält im Regelfall eine Frist von 2 Monaten für ausreichend, wobei die Höhe eines eventuellen Schadens-

---

[261] NJW-RR 1990, 20; ähnlich OLG Düsseldorf ZMR 2001, 962 = WuM 2001, 439; *Harsch* ZMR 2017, 223, 227: Erlassvertrag nach § 397 BGB n. F.

[262] Ebenso: *Sternel* Mietrecht (1988) Rdn. III 254.

[263] BGHZ 84, 345 = WuM 1982, 240; BGHZ 141, 160 = WuM 1999, 397 = NZM 1999, 496; *Sternel* Mietrecht (1988) Rdn. III 253.

[264] BGH (VIII ZR 263/14) Rz. 12, NJW 2016, 3231.

[265] LG Mannheim WuM 1988, 362; LG Hamburg WuM 1991, 95; AG Frankenthal ZMR 2016, 295.

[266] AG Köln WuM 1994, 680.

[267] OLG München ZMR 1995, 20.

[268] LG Halle NZM 2008, 685; *Emmerich* in: Staudinger § 551 BGB Rdn. 31.

[269] Wie hier: OLG Karlsruhe ZMR 2009, 120; *Schneider* in: Spielbauer/Schneider Mietrecht § 551 Rdn. 120.

[270] LG Nürnberg-Fürth WuM 1994, 708.

[271] AG Büdingen WuM 1995, 483; AG Frankenthal ZMR 2016, 295.

ersatzanspruchs gegebenenfalls durch Schätzung (z. B. durch einen Kostenvoranschlag) ermittelt werden soll.[272] Nach anderer Ansicht sollen drei Monate ausreichend sein.[273] Steht noch eine Betriebskostenabrechnung aus, so soll gegebenenfalls auf der Basis einer Schätzung vorab abgerechnet werden.[274]; andere halten hier eine 9-monatige Abrechnungsfrist für angemessen.[275] Es wird auch vertreten, dass die Abrechnung regelmäßig 6 Monate nach Beendigung des Mietverhältnisses fällig werden soll.[276] Nach der **Auffassung des BGH** gibt es keine allgemeingültige Abrechnungsfrist.[277] Dem Vermieter steht eine angemessene Frist zur Abrechnung zu, die von den Umständen des Einzelfalls abhängt; diese können so beschaffen sein, dass mehr als 6 Monate für den Vermieter erforderlich und dem Mieter zumutbar sind.[278] Die Abrechnungsfrist kann aber auch wesentlich kürzer sein, so z. B. wenn der Vermieter alsbald feststellen kann, welche Ansprüche ihm gegen den Mieter zustehen.[279]

Fraglich ist, ob der Vermieter die Kaution über den regulären Abrechnungszeitraum hinaus **zurückbehalten** darf, wenn ein Nachzahlungsanspruch zu seinen Gunsten für noch **nicht fällige Betriebskosten** zu erwarten ist. Die Frage wird überwiegend bejaht.[280] Im Allgemeinen müsse der Vermieter innerhalb von 6 Monaten über die Kaution abrechnen; im Einzelfall könne die Abrechnungsfrist auch länger sein. Der BGH vertritt die Ansicht, dass die Mietkaution alle – auch die noch nicht fälligen – Ansprüche des Vermieters sichert, die sich aus dem Mietverhältnis und seiner Abwicklung ergeben. Dazu gehören auch Ansprüche aus einer noch zu erstellenden Betriebskostenabrechnung. Es stehe den Parteien zwar frei, etwas anderes zu vereinbaren. Wird eine solche Vereinbarung aber nicht getroffen, so gelte kraft Gesetzes ein umfassender Sicherungszweck.[281] Der **BGH** hat offen gelassen, ob der Vermieter in jedem Fall die gesetzliche Höchstfrist für die Erteilung der Betriebskostenabrechnung von 12 Monaten (§ 556 Abs. 3 Satz 2 BGB) ausschöpfen darf. Ebenso hat der BGH offen gelassen, ob sich der Einbehalt der Höhe nach an der zu erwartenden Nachzahlung orientieren muss und ob der Vermieter auch dann einen Teil der Kaution zurückbehalten darf, wenn voraussichtlich keine Nachzahlung zu erwarten ist. Von den Instanzgerichten wird vertreten, dass das Zurückbehaltungsrecht erlischt, wenn nicht in angemessener Zeit über die Betriebskosten abgerechnet wird. Maßgeblich ist, wann die Abrechnung möglich ist. Die Frist des § 556 Abs. 3 Satz 2 BGB darf der Vermieter nicht in jedem Fall ausschöpfen.[282] Ebenso darf der Vermieter nicht die gesamte Kaution, sondern nur einen angemessenen Teil zurückhalten.[283] 98

Die von der h. M. vertretene Ansicht ist zweifelhaft, weil das gesetzliche Zurückbehaltungsrecht nach § 273 BGB nur wegen fälliger Ansprüche geltend gemacht werden kann. Eine Auslegung der Kautionsabrede dahingehend, dass der Vermieter bezüglich der noch nicht abgerechneten Be- 99

[272] LG Köln WuM 1978, 105; AG Dortmund WuM 1981, 235; AG Zwickau WuM 1994, 266: 2–3 Monate.

[273] LG Köln WuM 1983, 109; WuM 1984, 109; LG Berlin GE 1987, 135; LG Berlin: 2–6 Monate; AG Herford WuM 1987, 131; AG Aachen WuM 1988, 17: 3 bis 4 Monate.

[274] AG Kassel WuM 1984, 226.

[275] AG Coesfeld WuM 1998, 348.

[276] OLG Celle NJW 1985, 1715 = WuM 1986, 61; OLG Karlsruhe WuM 1987, 156; LG Nürnberg-Fürth WuM 1994, 708; LG München WuM 1996, 541; LG Berlin GE 2011, 266; 258; AG Neuss DWW 1991, 245; AG Hamburg WuM 1997, 213.

[277] BGH RE 1.7.1987 WuM 1987, 310, 311; BGH NJW 2006, 1422 = NZM 2006, 343 = WuM 2006, 197 = ZMR 2006, 431 = DWW 2006, 376 = GE 2006, 510; ebenso: OLG Düsseldorf WuM 2003, 621 = ZMR 2003, 921 = DWW 2004, 19 = GE 2003, 1608.

[278] BGH RE 1.7.1987 WuM 1987, 310, 311; BGH NJW 2006, 1422 = NZM 2006, 343 = WuM 2006, 197 = ZMR 2006, 431 = DWW 2006, 376 = GE 2006, 510; ebenso LG Landau ZMR 1997, 189, 191.

[279] OLG Köln WuM 1998, 154; OLG Düsseldorf WuM 2003, 621, 622.

[280] BGH NJW 2006, 1422 = NZM 2006, 343 = WuM 2006, 197 = ZMR 2006, 431 = DWW 2006, 376 = GE 2006, 510; OLG Karlsruhe WuM 1987, 156; OLG Hamburg DWW 1988, 42; OLG Düsseldorf GE 2000, 342, 343; OLG Düsseldorf ZMR 2008, 708 mit der Einschränkung, dass das Zurückbehaltungsrecht zeitlich begrenzt ist; LG Regensburg NJW-RR 1995, 907; AG Köln WuM 1988, 267; AG Langen WuM 1996, 31; *Kraemer* PiG 62, 213, 227; *Schulz* DWW 1986, 170; *Scheuer/Emmerich* in Bub/Treier Kap. V Rdn. 378; *Sternel* Mietrecht (1988) Rdn. III 256 mit der Beschränkung auf Betriebskostennachforderungen die spätestens 3 Monate nach Ablauf der Abrechnungsperiode abgerechnet werden müssen; in der Höhe soll das Zurückbehaltungsrecht in diesen Fällen „auf den dreifachen Vorauszahlungsbetrag" begrenzt sein (ähnlich AG Hamburg WuM 1997, 213: 3–4 Vorauszahlungsbeträge; **a. A.** LG Darmstadt WM 1987, 273; AG Offenbach WuM 1986, 117; AG Regensburg NJW-RR 1995, 114; *Goetzmann* ZMR 2002, 566, 568.

[281] BGH NJW 2006, 1422 = NZM 2006, 343 = WuM 2006, 197 = ZMR 2006, 431 = DWW 2006, 376 = GE 2006, 510.

[282] AG Hamburg-Bermbek WuM 2010, 153; AG Frankenthal ZMR 2016, 295.

[283] AG Hamburg-Bermbek WuM 2010, 153; AG Frankenthal ZMR 2016, 295.

triebskosten ein Zurückbehaltungsrecht haben soll, ist nach der hier vertretenen Auffassung nicht möglich.[284] Eine solche Auslegung stellt das Sicherungsinteresse des Vermieter in den Vordergrund und vernachlässigt den Umstand, dass der Mieter häufig auf die alsbaldige Rückzahlung der Kaution angewiesen ist. Der Vermieter kann mit der Abrechnung der Betriebskosten nach der Regelung in § 556 Abs. 3 Satz 2 BGB bis zur Dauer von einem Jahr nach Beendigung der Abrechnungsperiode zuwarten; die vom Gesetz gewünschte rasche Auseinandersetzung der wechselseitigen Ansprüche (§ 548 BGB) wird so über Gebühr verzögert. Eine solch lange Zeit ist dem Mieter kaum zuzumuten. Zudem ist der Vermieter in nahezu allen Fällen in der Lage, durch eine hinreichende Bemessung der Betriebskostenvorauszahlungen (§ 560 Abs. 4 BGB) dafür zu sorgen, dass keine oder nur geringe Nachzahlungen entstehen. Nach der hier vertretenen Auffassung kann nur dann ein Zurückbehaltungsrecht ausgeübt werden, wenn dies vertraglich vereinbart wird. (Beispiel: „Der Vermieter darf die Kaution solange zurückbehalten, bis über die Heiz- und sonstigen Betriebskosten abgerechnet ist."). Wird eine solche Klausel formularmäßig getroffen, so muss sich aus ihr der Zeitpunkt ergeben, zu dem die Abrechnung spätestens zu erfolgen hat; anderenfalls ist die Klausel unwirksam, weil nach der insoweit maßgeblichen „kundenfeindlichen Auslegung" (s. Vor § 535 BGB, Rdn. 59) die Abrechnungsfrist ins Belieben des Vermieters gestellt wäre. Die Frist darf nicht länger als ein Jahr nach Ablauf der Abrechnungsperiode bemessen werden.[285]

100 Nach der hier vertretenen Ansicht muss der Vermieter unverzüglich nach Rückgabe der Mietsache prüfen, welche fälligen Gegenansprüche (Mietrückstände, Schadenersatzansprüche usw.) bestehen; eine feste Abrechnungsfrist ist abzulehnen. Liegen keine fälligen Gegenansprüche vor, muss der Vermieter sofort abrechnen.[286] Sind fällige Gegenansprüche vorhanden, muss der Vermieter diese unverzüglich nach Grund und Höhe feststellen und im Anschluss hieran sofort aufrechnen, wobei aus der Aufrechnungserklärung die Tilgungsreihenfolge ersichtlich sein soll. Nach Beendigung des Mietverhältnisses hat die Kaution nicht nur eine Sicherungs- sondern auch eine Verwertungsfunktion. Deshalb kann der Vermieter auch mit **streitigen Ansprüchen aufrechnen.**[287] Dabei ist es ratsam, zunächst mit den Schadenersatzansprüchen und dann mit den Mietansprüchen aufzurechnen. Dies gilt insbesondere dann, wenn die Kaution zur Deckung der Gesamtforderungen des Vermieters nicht ausreicht, weil sonst wegen der Schadenersatzansprüche die Verjährung droht. Solange die Kaution zur Deckung der Ansprüche ausreicht, spielt die Verjährungsfrage keine Rolle, weil der Vermieter auch mit verjährten Forderungen aufrechnen kann.[288] Voraussetzung ist allerdings, dass der der Anspruch in dem Zeitpunkt, in dem erstmals aufgerechnet werden konnte, noch nicht verjährt war, (§ 215 BGB). Aus dem Umkehrschluss folgt, dass die Aufrechnung ausgeschlossen ist, wenn zum Zeitpunkt des Verjährungseintritts noch keine Aufrechnungslage bestand.[289] Diese Konstellation kann vorliegen, wenn dem Vermieter Schadensersatzansprüche wegen unterlassener Schönheitsreparaturen zustehen. Diese Ansprüche unterliegen der kurzen Verjährung nach § 548 Abs. 1 BGB und entstehen erst mit dem Ablauf einer vom Vermieter gesetzten Frist zur Nacherfüllung. Liegt dieser Zeitpunkt mehr als sechs Monate nach der Rückgabe, so ist der Anspruch verjährt. Für Ansprüche, die durch ein Pfandrecht (z. B. eine verpfändete Sparforderung) gesichert sind gilt jedoch § 216 BGB. Danach kann sich der Vermieter wegen solcher Forderungen aus dem belasteten Gegenstand (der Sparforderung) befriedigen.[290] Für die Barkaution gilt § 216 BGB nicht.[291] Bei der Aufrechnung gegen den Rückzahlungsanspruch aus der Barkaution muss der Vermieter einen verbleibenden Restbetrag unverzüglich freigeben. Wegen der noch nicht fälligen Betriebskostennachzahlungen kann der Vermieter nur dann ein Zurückbehaltungsrecht an der Kaution geltend machen, wenn dies vertraglich vereinbart ist. Werden diese Schadensermittlungs- und Abrechnungspflichten nicht erfüllt, so wird der Rückzahlungsanspruch fällig. Diese Ansicht beruht auf der Erwägung, dass der Mieter – der durch den Wohnungswechsel ohnehin finanziell

[284] **A. A.** *Goetzmann* ZMR 2002, 566, 568.

[285] Vgl. dazu auch OLG Düsseldorf DWW 1992, 52 = ZMR 1992, 191, wonach jedenfalls ein Abrechnungszeitraum von 2 Jahren unangemessen ist; vgl. weiter AG Heidelberg WuM 1989, 568, wonach bei bestimmten Vertragsgestaltungen ein Verstoß gegen § 3 AGBG vorliegen kann.

[286] AG Rosenheim ZMR 1986, 447.

[287] OLG Karlsruhe GE 2009, 1311.

[288] BGH RE 1.7.1987 NJW 1987, 2372 = WuM 1987, 310 = ZMR 1987, 412; OLG Düsseldorf Beschluss vom 30.12.2011 – 24 U 76/11.

[289] OLG Düsseldorf ZMR 2002, 658; AG Montabaur ZMR 2013, 973.

[290] KG Beschluss vom 8.2.2010 – 20 U 167/08; **a. A.** KG WuM 2011, 471.

[291] **a. A.** *Stellwaag* ZMR 2014, 350: danach ist § 216 BGB analog anzuwenden.

stark belastet wird – in den meisten Fällen auf die alsbaldige Rückgewähr der Kaution angewiesen ist und dass es dem Vermieter i. d. R. ohne weiteres zugemutet werden kann, für eine beschleunigte Abwicklung Sorge zu tragen.

Hat der Vermieter gegen den Mieter keine Ansprüche aus dem Mietvertrag oder verbleibt nach der Aufrechnung mit Ansprüchen aus dem Mietvertrag ein Guthaben zugunsten des Mieters, so kann der Vermieter nicht mit mietvertragsfremden Forderungen gegen das Guthaben aufrechnen.[292] **101**

3. Prozessuales

Bei Beendigung des Mietverhältnisses hat der Mieter hinsichtlich des Rückgewähranspruchs aus der Kautionsabrede folgende Möglichkeiten: **(1) Klage auf Rückzahlung** der gesamten oder eines Teils der Kaution: Der Anspruch setzt voraus, dass der Rückzahlungsanspruch fällig ist. Dies ist der Fall, wenn mit hinreichender Sicherheit feststeht, welche Ansprüche dem Vermieter gegen den Mieter zustehen und dass unter Berücksichtigung dieser Ansprüche ein Rest zugunsten des Mieters verbleibt. Diese Voraussetzungen muss der Mieter darlegen; anderenfalls ist die Klage unschlüssig. Es genügt nicht, wenn der Mieter lediglich geltend macht, der Vermieter habe nicht abgerechnet.[293] Solange die Abrechnungsfrist (Rdn. 97) noch nicht abgelaufen ist, darf der Mieter weder mit dem Kautionsrückzahlungsanspruch aufrechnen, noch kann er ihn klageweise geltend machen. Soweit dem Vermieter mit der h. M. (s. Rdn. 98) ein Zurückbehaltungsrecht wegen noch nicht fälliger Betriebskosten zugebilligt wird, muss der Mieter außerdem abwarten bis die Frist für die Erteilung der Betriebskostenabrechnung abgelaufen ist. **(2) Klage auf Abrechnung:** Sind dem Mieter die Gegenforderungen des Vermieters – wie i. d. R. – unbekannt, so kann der Mieter auf Abrechnung klagen. Der Anspruch setzt voraus, dass der Vermieter zur Abrechnung in der Lage ist. Hiervon ist auszugehen, wenn der Vermieter seine ihm gegen den Mieter zustehenden Ansprüche abschätzen kann. **(3) Stufenklage:** Der Anspruch auf Abrechnung kann mit der Zahlungsklage verbunden werden. Ergibt sich nach der Abrechnung, dass die Kaution ganz oder zum Teil verbraucht ist, so können die Parteien die Hauptsache ganz oder zum Teil für erledigt erklären. Je nach dem Ergebnis der Abrechnung kann dem Mieter ein materieller Kostenerstattungsanspruch (§§ 280 Abs. 2, 286 BGB) zustehen, der im Rahmen der Kostenentscheidung nach § 91 a ZPO zu berücksichtigen ist. Der Anspruch setzt voraus, dass sich der Vermieter mit der Abrechnung in Verzug befunden hat, der Mieter nicht zuverlässig wissen konnte, ob und in welcher Höhe ihm ein Rückzahlungsanspruch zusteht und der Mieter deshalb zur Klage herausgefordert wurde.[294] Ist die Höhe der Kautionszinsen unbekannt, so kann ebenfalls **Stufenklage** (Klage auf Auskunft über die Höhe der Zinsen verbunden mit einer Klage auf Leistung) erhoben werden.[295] Der Anspruch auf Verzugszinsen setzt eine Mahnung voraus.[296] Der Erlass einer **einstweiligen Verfügung** auf Rückzahlung ist auch dann unzulässig, wenn der Mieter dringend auf den Kautionsbetrag angewiesen ist. Eine Klage im **Urkundenprozess** ist ebenfalls nicht möglich, weil der Mieter nicht nur die Leistung der Sicherheit und die Beendigung des Mietverhältnisses, sondern auch den Wegfall des Sicherungsbedürfnisses belegen muss.[297] **102**

Nach **h. M.** steht der Rückforderungsanspruch aus der Kaution **mehreren Mietern** als **Mitgläubiger** (Gläubiger zur gesamten Hand) zu.[298] Dies hat zur Folge, dass der Vermieter an beide Mieter gemeinsam leisten muss. Die Mieter können (und müssen) den Vermieter gemeinsam auf Rückzahlung der Kaution in Anspruch nehmen. Klagt nur einer der Mieter, so muss er Zahlung an sich und die Mitmieter beantragen; anderenfalls ist die Klage als unzulässig zu verwerfen.[299] Anders ist es, wenn der Rückzahlungsanspruch abgetreten wird; hier kann der Zessionar Zahlung an sich selbst verlangen. Wird über das Vermögen eines Mieters das Insolvenzverfahren eröffnet, so ist der **103**

---

[292] BGH (I ZR 209/96) NJW-RR 1999, 1192; *Moeser* in Lindner-Figura/Oprée/Stellmann, Geschäftsraummiete Kap 12 Rdn. 46; **a. A.** *Dickersbach* WuM 2006, 595; *Lützenkirchen* in: Erman § 551 Rdn. 27.

[293] OLG Karlsruhe NJW-RR 2010, 585.

[294] OLG Karlsruhe NJW-RR 2010, 585.

[295] *Hirte* MDR 1993, 500.

[296] AG Zwickau WuM 1994, 266: mit Fristsetzung.

[297] LG Mönchengladbach Urt. v. 25.2.1994 – 2 S 283/93.

[298] OLG Düsseldorf OLGR 2003, 23; LG Saarbrücken ZMR 1992, 60; LG Gießen NJW-RR 1996, 1162; AG Köpenick GE 2010, 1275; AG Brandenburg GE 2012, 758; AG Pankow-Weißensee, GE 2013, 1460; *Bieber* in MünchKomm § 551 BGB Rdn. 30; *Palandt/Weidenkaff* Einf. vor § 535 BGB Rdn. 122.

[299] KG GE 2012, 688.

Rückzahlungsanspruch vom Insolvenzverwalter (Treuhänder) gemeinsam mit dem anderen Mieter geltend zu machen.[300] Nach **anderer Ansicht** ist zu differenzieren: Gesamtgläubigerschaft liegt vor, wenn im Außenverhältnis ein Mieter die volle Kaution geleistet hat. In diesem Fall kann der Vermieter an einen beliebigen Mieter leisten; die Leistung wirkt schuldbefreiend auch gegenüber dem anderen Mieter. Jeder der Mieter kann den Vermieter im eigenen Namen auf Rückzahlung in Anspruch nehmen. Wird die Kaution von den Mietern anteilig geleistet, so ist Teilgläubigerschaft anzunehmen. Jedem Mieter steht (nur) der von ihm geleistete Kautionsteil zu.[301] Wird ein mit mehreren Mietern abgeschlossener Mietvertrag beendet und schließt der Vermieter mit einem der Mieter einen neuen Mietvertrag mit der Abrede, dass die von den ursprünglichen Mietern gezahlte Kaution für das neue Mietverhältnis gilt, so steht der Rückzahlungsanspruch nach Beendung des Mietverhältnis demjenigen Mieter zu, der Partei des Anschlussmietvertrags geworden ist.[302]

103a Aus dem Treuhandcharakter der Kaution ist u. a. abzuleiten, dass der Vermieter die Kaution grundsätzlich nicht mit **mietvertragsfremden Forderungen** verrechnen darf. Dies gilt auch für die Geschäftsraummiete. Jedoch ist streitig, ob die treuhänderische Zweckbindung auch dann fortbesteht, wenn das Mietverhältnis beendet ist und feststeht, dass dem Vermieter keine Ansprüche aus dem Mietverhältnis zustehen. Dies wird teilweise bejaht,[303] teilweise verneint.[304] Der BGH folgt der erstgenannten Ansicht.[305] Bei Treuhandverhältnissen gilt ganz allgemein, dass der Treuhänder nur mit solchen Gegenforderungen aufrechnen kann, die aus dem Treuhandverhältnis stammen; die Aufrechnung mit nicht konnexen Gegenforderungen ist dagegen ausgeschlossen.[306] Für die Mietkaution gilt dasselbe. Sie dient ausschließlich der Sicherung von Forderungen des Vermieters aus dem konkreten Mietverhältnis. Aus der sog. „Sicherungsabrede" folgt ein stillschweigend vereinbartes Aufrechnungsverbot mit mietfremden Forderungen, das über das Ende des Mietverhältnisses hinaus fortbesteht.

103b Bei **öffentlich gefördertem, preisgebundenem Wohnraum** ist darüber hinaus **§ 9 Abs. 5 Satz 1 WoBindG** zu beachten. Danach ist die Vereinbarung einer Sicherheit nur insoweit zulässig, als sie dazu bestimmt ist, Ansprüche des Vermieters gegen den Mieter aus Schäden an der Wohnung oder unterlassenen Schönheitsreparaturen zu sichern. Deshalb kann der Vermieter bei Mietende nicht mit Forderungen auf restliche Miete oder Betriebskosten gegen den Rückzahlungsanspruch aus der Kaution aufrechnen.[307]

103c Eine mietvertragliche Vereinbarung, wonach der Vermieter auch zur Aufrechnung mit vertragsfremden Forderungen berechtigt ist, dürfte bei der Wohnraummiete gegen § 551 Abs. 4 BGB verstoßen, weil sich der Treuhandcharakter aus der zwingenden Vorschrift des § 551 Abs. 3 Satz 3 BGB ergibt. Bei der Geschäftsraummiete dürfte eine abweichende Vereinbarung möglich sein, wenn sie individualvertraglich getroffen wird. Eine Formularklausel dürfte an § 305c Abs. 1 BGB scheitern. Die Kautionsvereinbarung wird von der Unwirksamkeit der Verrechnungsabrede nicht berührt.[308]

104 Die **Verjährung** hindert die Aufrechnung nicht. Erforderlich ist nur, dass die Aufrechnungslage bereits in unverjährter Zeit bestand (§ 215 BGB).[309] Hat der Vermieter eine **Barkaution** geleistet, so gilt für die Aufrechnung mit verjährten Forderungen die Regelung des **§ 215 BGB.** Danach schließt die Verjährung einer Gegenforderung die Aufrechnung nicht aus, wenn sie in dem Zeitpunkt noch nicht verjährt war, in dem sie der Hauptforderung erstmals aufrechenbar gegenübergestanden hat. Der Vermieter kann die durch eine Aufrechnungslage begründete Aufrechnungsbefugnis danach nicht mehr durch Verjährung verlieren.

104a Mit Forderungen aus **rückständigen Mieten und Betriebskostenvorauszahlungen** kann der Vermieter bei Ende des Mietverhältnisses gegen den Rückzahlungsanspruch aus der Kaution abrechnen. Die Verjährung der Betriebskostenvorauszahlungen beginnt, wenn der Vermieter hie-

---

[300] AG Brandenburg GE 2012, 758.
[301] *Woitkewitsch* ZMR 2005, 426.
[302] LG Berlin GE 2011, 266.
[303] OLG Düsseldorf ZMR 2008, 47; *Emmerich* in Staudinger § 551 BGB Rdn. 32.
[304] *Sternel* Mietrecht aktuell 4. Aufl. 2009 Rdn. III 183.
[305] BGH (VIII ZR 36/12) WuM 2012, 502.
[306] BGH (I ZR 209/96) NJW-RR 1999, 1192.
[307] So bereits: AG Köln WuM 2008, 222; **a. A.** AG Spandau GE 2011, 1488.
[308] **A. A.** LG Berlin GE 2012, 755 für eine Vereinbarung in einem Mietvertrag über eine öffentlich geförderte Wohnung wonach die Kaution über den Sicherungsumfang des § 9 Abs. 5 WoBindG hinaus auch als Sicherung für rückständige Betriebskosten dient.
[309] OLG Düsseldorf Beschluss vom 30.12.2011 – 24 U 76/11.

rüber abgerechnet hat. Für diese Ansprüche sowie für Nachzahlungsansprüche aus der Betriebskostenabrechnung gilt die allgemeine Verjährungsfrist von 3 Jahren, beginnend mit dem Ende des Jahres in dem die Abrechnung erteilt wird (§ 195, 199 Abs. 1 BGB). Für die Aufrechnung kommt es deshalb darauf an, ob die Rückstände im Zeitpunkt der Beendigung des Mietverhältnisses bereits verjährt sind; dann scheidet eine Aufrechnung aus. Anders ist es, wenn die Verjährung erst nach dem Ende des Mietverhältnisses eintritt; dann ist die Aufrechnung möglich, auch wenn die Aufrechnungserklärung erst nach Eintritt der Verjährung erfolgt.

Hat der Mieter die Mietsicherheit durch **Verpfändung einer Sparforderung** geleistet, gilt **§ 216 BGB.** Nach § 216 Abs. 1 BGB hindert die Verjährung eines Anspruchs, für den ein Pfandrecht besteht, den Vermieter nicht, seine Befriedigung aus dem belasteten Gegenstand – also aus der Sparforderung – zu suchen. Jedoch findet § 216 Abs. 1 BGB „keine Anwendung auf die Verjährung von Ansprüchen auf Zinsen und andere wiederkehrende Leistungen" (§ 216 Abs. 3 BGB). Wiederkehrende Leistungen im Sinne dieser Vorschrift sind solche, die nach Gesetz oder Parteivereinbarung zu von vorneherein bestimmten regelmäßig wiederkehrenden Terminen erbracht werden müssen. Hierzu zählen zweifelsfrei die Miete und die Betriebskostenvorauszahlung. Nachzahlungsansprüche aus einer Betriebskostenabrechnung entstehen dagegen nur dann, wenn die Vorauszahlungen nicht zur Deckung der Betriebskosten ausreichen; dies kann von Jahr zu Jahr verschieden sein. Nach der **Ansicht des BGH**[310] geht die Rechtsnatur einer Betriebskostenzahlung aber nicht dadurch verloren, „dass sie als Saldo einer Betriebskostenjahresabrechnung verlangt werden, zumal auch die sich daraus ergebenden, üblicherweise von Jahr zu Jahr in der Höhe schwankenden Zahlungen – wenn die Abrechnung einen Saldo zugunsten des Vermieters ergibt – regelmäßig wiederkehrend zu erbringen sind, da der Vermieter über die Betriebskosten jährlich abzurechnen hat"(Rz. 19). Die Betriebskostenabrechnung als solche sei als „reiner Rechenvorgang" (Rz. 20) zu bewerten. Sie sei deshalb nicht als Rechtsgrundlage für den Nachzahlungsanspruch anzusehen. Deshalb gilt: Dem Vermieter ist es nach § 216 Abs. 3 BGB verwehrt, sich wegen bereits verjährter Betriebskostennachforderungen aus dem Pfandrecht zu befriedigen. **104b**

Wird die Aufrechnung mit **Schadensersatzansprüchen** wegen einer Verschlechterung der Mietsache oder unterlassenen Schönheitsreparaturen erklärt und ist die Abrechnungsfrist abgelaufen, so genügt es nicht, wenn über die Kosten der Schadensbeseitigung nur grobe Angaben gemacht werden.[311] Die Vorlage eines hinreichend substantiierten Kostenvoranschlags reicht aber aus. Ist der Vermieter zu einem substantiierten Vortrag über den Schadensgrund und die Schadenshöhe nicht in der Lage, weil er nichts zur Schadensermittlung unternommen hat sondern untätig geblieben ist, so führt dies nicht dazu, dass sich die Abrechnungsfrist verlängert.[312] Der Vermieter kann nach Ablauf der regulären Abrechnungsfrist auch kein Zurückbehaltungsrecht bis zum Abschluss der Schadensermittlung geltend machen. Vielmehr muss das Gericht in einem solchen Fall über die Gegenforderung entscheiden. Diese Entscheidung erwächst in Rechtskraft.[313] Rechnet der Vermieter mit Forderungen auf, die der Mieter als berechtigt ansieht, so kann er den Rechtsstreit in der Hauptsache für erledigt erklären. Das Gericht entscheidet dann über die Verfahrenskosten; hierbei ist zu berücksichtigen, ob der Vermieter seine Obliegenheit zur beschleunigten Schadensermittlung und zur rechtzeitigen Abrechnung der Betriebskosten verletzt hat. **104c**

Hat der Mieter eine **Sparforderung** verpfändet (s. Rdn. 13, 104b), so kann der Vermieter bei Vertragsende auf Pfandfreigabe in Anspruch genommen werden. Sind mehrere Mieter Partei des Mietverhältnisses und hat einer der Mieter eine Sparforderung an den Vermieter verpfändet, so kann der Anspruch nur von demjenigen Mieter geltend gemacht werden, der die Verpfändungserklärung abgegeben hat.[314] Wird die Mietsache im Verlauf der Mietzeit veräußert, so ist derjenige zur Abgabe der Freigabeerklärung verpflichtet, der im Zeitpunkt der Rückgabe der Mietsache Eigentümer ist. Dies gilt auch dann, wenn das Eigentum im Wege der Zwangsversteigerung erworben wurde.[315] Hat der Mieter dem Vermieter ein Sparbuch mit der Kautionssumme übergeben ohne dies dem Kreditinstitut anzuzeigen, so liegt hierin eine konkludente Sicherungsabtretung der Sparforderung. Bei Vertragsende kann der Mieter den Vermieter auf Herausgabe des Sparbuchs und **105**

---

310 BGH (VIII ZR 263/14) Rz. 19, NJW 2016, 3231.
311 AG Bonn WuM 1992, 123.
312 LG Traunstein WuM 1991, 587.
313 LG Köln WuM 1990, 38.
314 AG Leonberg WuM 2015, 157.
315 AG Erfurt WuM 2012, 209.

Freigabe der Sicherheit in Anspruch nehmen. Ist – wie häufig in den Fällen der Verpfändung und Sicherungsabtretung – das Sparbuch mit einem Sperrvermerk versehen, so kann der Mieter auf Freigabe klagen. Eine Klage auf Zahlung der Kautionssumme ist in Fällen dieser Art unzulässig.[316]

106 Nimmt der Vermieter den **Bürgen** in Anspruch, so gilt hierfür nicht der besondere Gerichtsstand des § 29a ZPO, sondern der allgemeine Gerichtsstand.[317] Der Vermieter muss seine Forderungen innerhalb der Abrechnungsfrist gegenüber dem Mieter oder gegenüber dem Bürgen geltend machen. Unterlässt er dies, so wird der Anspruch auf Herausgabe der Bürgschaftsurkunde fällig. Hieran ändert sich nichts, wenn der Vermieter seine Gegenforderungen einredeweise geltend macht.[318]

107 Bei einer **befristeten Bürgschaft** muss die Vorschrift des § 777 BGB beachtet werden. Danach ist zu unterscheiden, ob dem Bürgen die Einrede der Vorausklage zusteht oder ob er hierauf verzichtet hat. Im erstgenannten Fall muss der Vermieter den Mieter unverzüglich auf Bezahlung der Forderung in Anspruch nehmen und die Vollstreckung versuchen. Im Falle des Scheiterns des Vollstreckungsversuchs muss der Vermieter dem Bürgen unverzüglich anzeigen, dass er ihn in Anspruch nehme (§ 777 Abs. 1 Satz 1 BGB). Steht dem Bürgen – wie häufig – die Einrede der Vorausklage nicht zu, so ist die vorherige Inanspruchnahme des Mieters entbehrlich. Hier muss der Vermieter dem Bürgen aber unverzüglich nach Ablauf der Befristung Anzeige machen (§ 777 Abs. 1 Satz 2 BGB).

108 Bestehen bei Beendigung des Mietverhältnisses keine Verbindlichkeiten, so kann der Mieter den Vermieter auf Freigabe der Sicherheit und auf Rückgabe der Bürgschaftsurkunde an den Bürgen in Anspruch nehmen.[319] Dagegen kann der Mieter nicht die Rückgabe der Bürgschaftsurkunde **an sich selbst** verlangen.[320] Hat der **Bürge geleistet, obwohl dem Vermieter keine Forderungen gegen den Mieter zustehen,** so steht dem Mieter ein Bereicherungsanspruch gegen den Vermieter zu (§ 812 BGB). Gleiches soll nach der Ansicht des KG gelten, wenn der Vermieter den Bürgen in Anspruch nimmt ohne zuvor über die Kaution abzurechnen;[321] anders soll es sein, wenn der Vermieter die Bürgschaftssumme von seinem Vermögen getrennt auf einem Anderkonto anlegt. Macht der Mieter den Bereicherungsanspruch geltend, so soll dem Vermieter ein Zurückbehaltungsrecht zustehen, weil der Mieter die Sicherheit bis zu dem Zeitpunkt schuldet, zu dem der Vermieter über die Kaution abrechnen kann.[322] – Das KG verkennt, dass ein Bereicherungsanspruch nur besteht, wenn die Zahlung ohne rechtlichen Grund erfolgt ist; insoweit ist allein auf die materielle Rechtslage abzustellen.

109 Der Mieter muss **beweisen,** dass er bei Vertragsbeginn eine Kaution geleistet hat. Der Vermieter muss beweisen, dass der Rückforderungsanspruch durch Aufrechnung erloschen ist. Hat der Vermieter einen vereinbarten Rückgabetermin nicht wahrgenommen mit der weiteren Folge dass über den Wohnungszustand kein Rückgabeprotokoll angefertigt werden konnte, so wird vereinzelt vertreten, dass sich der Vermieter nach Treu und Glauben nur dann auf Mietschäden berufen kann, wenn diese unstreitig sind.[323] Dieser Ansicht ist nicht zu folgen; jedoch kann das Verhalten des Vermieters bei der Beweiswürdigung berücksichtigt werden. Ist streitig ob eine Kaution zurückgezahlt worden ist, so trifft die Beweislast den Vermieter.[324] Hat der Vermieter an den Mieter eine Kaution zurückbezahlt und wird sodann streitig ob der Mieter bei Vertragsbeginn eine Kaution geleistet hat, so muss der Vermieter beweisen, dass der Mieter durch die Auszahlung der Kaution bereichert ist.[325]

4. Verjährung

110 Der Anspruch des Mieters auf Rückzahlung der Kaution verjährt in 3 Jahren (§ 195 BGB). Dies gilt auch bezüglich der Kautionszinsen. Die Verjährung beginnt nicht mit dem Ende des Mietver-

[316] LG Berlin ZMR 2002, 349; LG Kaiserlautern WuM 2003, 630; AG Tiergarten WuM 1997, 214.
[317] BGH NZM 2004, 299.
[318] OLG Hamm NJW-RR 1992, 1036; AG Köln WuM 2000, 674.
[319] BGH NJW 1989, 1482, 1483; OLG Celle ZMR 2002, 813; OLG Frankfurt/M ZMR 2012, 863; *Geldmacher* DWW 2000, 180, 187.
[320] OLG Celle a. a. O; OLG Frankfurt/M ZMR 2012, 863.
[321] KG GE 2013, 1586.
[322] KG a. a. O.
[323] AG Donaueschingen WuM 2015, 730.
[324] LG Hamburg ZMR 2008, 454.
[325] OLG Düsseldorf DWW 1992, 339.

trags, sondern mit der Fälligkeit des Rückforderungsanspruchs des Mieters.[326] Der Anspruch gegen den Bürgen verjährt ebenfalls gem. § 195 BGB. Die Verjährung beginnt mit dem Schluss des Jahres, in dem die gesicherte Forderung fällig wird. Eine Leistungsaufforderung gegenüber dem Bürgen ist nicht erforderlich.[327]

VI. Zwangsverwaltung/Insolvenz

Die Anordnung der **Zwangsverwaltung** bewirkt, dass der vom Gericht eingesetzte Zwangsverwalter anstelle des Vermieters in die vor der Beschlagnahme abgeschlossenen und vollzogenen Mietverträge für die Dauer der Beschlagnahme in vollem Umfang eintritt (§ 152 ZVG). Der Zwangsverwalter ist befugt, von dem Schuldner (Grundstückseigentümer) die Überlassung einer vor der Beschlagnahme von einem Mieter des Objekts geleisteten Kaution zu verlangen. Der Beschluss über die Anordnung der Zwangsverwaltung stellt zusammen mit der Ermächtigung des Zwangsverwalters zur Besitzergreifung einen Vollstreckungstitel dar, aufgrund dessen wegen dieses Anspruchs nach § 883 ZPO vollstreckt werden kann.[328] Hat der Vermieter eine **Kaution entsprechend § 551 gesondert angelegt,** so kann der Zwangsverwalter verlangen, dass ihm die entsprechenden Urkunden (Sparbuch, Kontounterlagen) ausgehändigt werden, damit der Zwangsverwalter auf die Kaution zugreifen kann. Wird die Kaution gesondert aufbewahrt, so erfolgt die Vollstreckung gem. § 883 Abs. 1 ZPO. Danach hat der Gerichtsvollzieher dem Vermieter die Kaution wegzunehmen und dem Zwangsverwalter zu übergeben. Wird die Kaution nicht vorgefunden, so hat der Vermieter auf Antrag des Zwangsverwalters zu Protokoll an Eides statt zu versichern, dass die Kaution nicht (mehr) vorhanden ist (§ 883 Abs. 2 ZPO). Der Antrag auf Wegnahme und der Antrag auf Abgabe der eidesstattlichen Versicherung können miteinander verbunden werden. Erklärt der Vermieter, dass er gegen den Rückzahlungsanspruch aus der Kaution mit Mietforderungen aufgerechnet habe, so stellt sich die Frage, ob der Vermieter weitere Einzelheiten offenbaren muss. Dies wird vom BGH verneint: Hat der Vermieter die eidesstattliche Versicherung abgegeben, kann der Zwangsverwalter nur noch Schadensersatzansprüche (§ 893 ZPO) geltend machen oder strafrechtliche Ermittlungen wegen der Abgabe einer falschen eidesstattlichen Versicherung in die Wege leiten.[329] Zur Durchsetzung dieses Anspruchs genügt ebenfalls der Zwangsverwalterausweis. Ist die **Kaution** dagegen **nicht gesondert angelegt,** so trifft diese Pflicht den Verwalter; dies gilt auch dann, wenn er die Kaution nicht vom Vermieter erhalten hat.[330] Will der Vermieter zum Zwecke des Erhalts der Kautionssumme in das Vermögen des Vermieters vollstrecken, so bedarf der Zwangsverwalter eines besonderen Titels. Der Zwangsverwalterausweis genügt nicht.[331] Die vom Grundstückseigentümer erlangte Kaution muss der Zwangsverwalter gem. § 551 BGB anlegen.[332] Der Mieter hat seinerseits einen Anspruch gegenüber dem Vermieter dass dieser die Kaution an den Zwangsverwalter aushändigt.[333] War die Kaution nicht auf einem Sonderkonto angelegt und hatte der Mieter aus diesem Grund die laufende Miete zurückbehalten, auf einem Sparbuch angelegt und den angelegten Betrag dem Vermieter als Kaution zur Verfügung gestellt, so hat der Zwangsverwalter bei einer späteren Beschlagnahme des Grundstücks keinen Anspruch auf den zurückbehaltenen Mietzinsteil.[334] Das Zurückbehaltungsrecht kann auch gegenüber dem Zwangsverwalter ausgeübt werden, weil dieser die Pflichten aus dem Mietverhältnis in vollem Umfang erfüllen muss.[335] Dies gilt auch dann, wenn neben der Zwangsverwaltung über das Mietobjekt auch ein Insolvenzverfahren über das Vermögen des Vermieters anhängig ist.[336] 111

---

326 OLG Düsseldorf NZM 2005, 783; *Sternel* Mietrecht aktuell (2009) Rdn. III 200.

327 BGHZ 175, 161 = NJW 2008, 1729; OLG Düsseldorf DWW 2010, 182.

328 BGH NJW-RR 2005, 1032 = NZM 2006, 71 = WuM 2005, 405 = GE 2005, 857; NJW 2008, 1598 = NZM 2008, 478 = GuT 2008, 160.

329 BGH NJW 2008, 1598 = NZM 2008, 478 = GuT 2008, 160.

330 LG Lüneburg ZMR 2009, 687; *Streyl* GuT 2010, 368; Jakoby ZMR 2015, 1; s. auch § 566a Rdn. 37.

331 BGH NJW-RR 2005, 1032 = NZM 2006, 71 = WuM 2005, 405 = GE 2005, 857; NJW 2008, 1598 = NZM 2008, 478 = GuT 2008, 160.

332 BGH WuM 2009, 289; WuM 2009, 668 = NJM 2009, 3505 = NZM 2009, 815 = ZMR 2010, 105.

333 **A. A.** LG Köln WuM 1987, 351; WuM 1990, 427; LG Düsseldorf WuM 1992, 542= ZMR 1992, 549; AG Düsseldorf WuM 1992, 432 = ZMR 1992, 549.

334 LG Kiel WM 1989, 18.

335 BGH WuM 2009, 668 = NJW 2009, 3505 = NZM 2009, 815 = ZMR 2010, 105; LG Mannheim WuM 1990, 293 = NJW-RR 1991, 79; AG Berlin-Neukölln MM 1993, 112.

336 BGH WuM 2009, 668 = NJW 2009, 3505 = NZM 2009, 815 = ZMR 2010, 105.

112 Hatte der **Mieter** die **Kaution noch nicht bezahlt,** so kann ihn der Zwangsverwalter auf Zahlung der Kautionssumme in Anspruch nehmen.[337] In diesem Fall muss der Zwangsverwalter die Kaution in einer § 551 BGB entsprechenden Weise anlegen.

113 Unter der Geltung des bis zum 31.8.2001 geltenden Rechts war streitig, ob der Zwangsverwalter die Kaution auch dann zurückzahlen muss, wenn ihm die **Kautionssumme nicht vom Vermieter ausgehändigt** wird[338] oder ob in diesem Fall § 566a BGB unmittelbar oder entsprechend anzuwenden ist.[339] Die Rechtsfrage hat sich durch das Mietrechtsreformgesetz nicht erledigt. Nach § 566a BGB tritt der Erwerber in die Rechte *und* Pflichten aus der Kautionsvereinbarung ein. Der Erwerber ist deshalb auch dann zur Rückzahlung der Kaution (einschließlich der Zinsen)[340] verpflichtet, wenn er diese nicht erhalten hat. Nach der Rechtsprechung des BGH[341] gilt dasselbe für den Zwangsverwalter. Diese Ansicht ist zutreffend; die hiergegen gerichtete Kritik[342] ist nicht berechtigt:[343]: Der Zwangsverwalter muss[344] über die Kaution abrechnen. Ist die Kaution nicht mehr vorhanden, so kann der Zwangsverwalter die Kaution zwar nur auf Kosten der Gläubiger zurückzahlen. Die Mieter können so auf ein Haftungsvermögen zugreifen, das ihnen ohne Zwangsverwaltung nicht zur Verfügung stünde. Die Besserstellung der Mieter ist aber vom Gesetz gewollt.[345] Solange die Zwangsverwaltung besteht, muss der Mieter den Zwangsverwalter auf Rückzahlung der Kaution in Anspruch nehmen. Wird die Zwangsverwaltung vor Rechtshängigkeit der Streitsache aufgehoben, so ist die Klage mangels Prozessführungsbefugnis des als Zwangsverwalter in Anspruch genommenen Beklagten als unzulässig abzuweisen.[346] Erfolgt die Aufhebung der Zwangsverwaltung zwischen Rechtshängigkeit und letzter mündlicher Verhandlung, so ist eine Klagänderung erforderlich; anderenfalls ist die Klage gegen den (früheren) Zwangsverwalter abzuweisen.

114 Ist das **Mietverhältnis zum Zeitpunkt der Beschlagnahme bereits beendet** und hat der Mieter die Mietsache an den Vermieter herausgegeben, ist § 152 Abs. 2 ZVG unanwendbar.[347] Die Vorschrift setzt nach ihrem Wortlaut voraus, dass die Wohnung zum Zeitpunkt der Beschlagnahme an den Mieter überlassen *ist;* es genügt also nicht, dass sie vor der Beschlagnahme überlassen *war.* Zum anderen dient die Zwangsverwaltung vornehmlich den Interessen der Gläubiger des Vermieters; diese Interessen würden beeinträchtigt, wenn der Zwangsverwalter die Kaution zurückgeben müsste, obwohl das Mietverhältnis bereits abgewickelt ist.

115 Der BGH hat in der genannten Entscheidung offen gelassen, welche Rechtsfolge gilt, wenn die Beschlagnahme zwischen dem rechtlichen Ende des Mietverhältnisses und der Rückgabe erfolgt und der Zwangsverwalter die Nutzungsentschädigung zur Haftungsmasse zieht. Folgt man dem Wortlaut des § 152 Abs. 2 ZVG, so muss dieser Fall dem noch bestehenden Mietverhältnis gleichgestellt werden. Solange der Mieter die Sache in Besitz hat, ist sie ihm überlassen. Zwar kann der Mietvertrag gegenüber dem Zwangsverwalter nicht mehr wirksam werden. Während der Zeit der Vorenthaltung besteht aber ein Abwicklungsschuldverhältnis mit wechselseitigen Verpflichtungen. Die hieraus folgenden Vermieterpflichten sind vom Zwangsverwalter zu erfüllen; dazu gehört auch die Pflicht zur Verwahrung und Rückzahlung der Kaution.

115a Ist das Mietverhältnis beendet und hat der Mieter die Sache nicht zurückgegeben, so ist § 566a BGB anzuwenden: der Zwangsverwalter ist zur Abrechnung und Rückgabe der Kaution verpflichtet.[318] Wird die Zwangsverwaltung nach Versteigerung des Grundstücks aufgehoben, so ist der Verwalter nicht zur Abrechnung verpflichtet; der Mieter muss sich an den Vermieter halten[349] Wird das

---

[337] *Streyl* GuT 2010, 368; Jakoby ZMR 2015, 1; s. auch § 566a Rdn. 37.
[338] OLG Hamburg RE 8.11.1989 DWW 1990, 84 = WuM 1990, 10; WuM 2002, 29; *Scheuer* in Bub/Treier 3. Aufl. Rdn. V 309; *Derleder* WuM 1986, 39; *Emmerich* PiG 28, 145.
[339] LG Berlin NJW 1978, 1633; LG Köln WuM 1990, 500; AG Düsseldorf ZMR 1992, 549.
[340] AG Wetzlar WuM 2012, 376.
[341] BGH NZM 2003, 849 = NJW 2003, 3342 = WuM 2003, 630; BGH NJW-RR 2005, 1029 = NZM 2005, 596 = WuM 2005, 460 = ZMR 2005, 603 = GE 2005, 858; BGH WuM 2009, 668 = NJM 2009, 3505 = NZM 2009, 815 = ZMR 2010, 105.
[342] *Alff/Hintzen* Rechtspfleger 2003, 635.
[343] *Streyl* GuT 2010, 368, 369.
[344] Bis zur Beendigung der Zwangsverwaltung LG Berlin GE 2004, 691.
[345] BGH NJW-RR 2005, 1029 = NZM 2005, 596 = WuM 2005, 460 = ZMR 2005, 603 = GE 2005, 858; BGH WuM 2009, 668 = NJM 2009, 3505 = NZM 2009, 815 = ZMR 2010, 105; **a. A.** *Walke* WuM 2004, 185.
[346] BGH WuM 2005, 463.
[347] BGH NJW-RR 2006, 1021 = NZM 2006, 680 = WuM 2006, 403 = ZMR 2006, 603 = GE 2006, 1035.
[348] *Streyl* GuT 2010, 368, 370.
[349] *Streyl* a. a. O.

Mietobjekt im Anschluss an die Zwangsverwaltung zwangsversteigert so tritt der Erwerber in das Mietverhältnis ein; dieser haftet dann auch auf die Rückgabe der Kaution. Im Falle des Erwerbs der Wohnung durch den Mieter erlischt das Mietverhältnis durch Konfusion. Der Anspruch des früheren Mieters auf Rückzahlung der Kaution kann dann nur noch gegenüber dem früheren Vermieter – nicht gegenüber dem Verwalter – geltend gemacht werden.[350]

Befindet sich die **Kaution** nicht in den Händen des Vermieters, sondern **in den Händen eines vom Vermieter mit der Wohnungsverwaltung beauftragten Dritten,** so kann der Zwangsverwalter den Dritten auf Herausgabe der Kaution in Anspruch nehmen. Dies folgt aus der Erwägung dass der Zwangsverwalter alle mit dem Mietverhältnis zusammenhängenden Ansprüche und Forderungen der Haftungsmasse zuzuführen hat; hierzu zählt auch der Anspruch des Vermieters auf die Kaution. Ob er eine auf einem Sonderkonto angelegte Kaution sodann dem Mieter zurückgeben muss, hängt davon ab, ob dem Vermieter aufrechenbare Gegensprüche zustehen.[351] **115b**

Wird über das Vermögen des Vermieters das **Insolvenzverfahren** eröffnet, so hat der Mieter in bezug auf die Kaution ein Aussonderungsrecht, wenn die **Kautionssumme** zum Zeitpunkt der Insolvenzeröffnung entsprechend § 551 BGB **auf einem Treuhandkonto angelegt** war.[352] Dies gilt auch dann, wenn der Vermieter die Kaution zunächst in sein Vermögen überführt und erst später ein Treuhandkonto zugunsten des Mieters errichtet hat.[353] Dieser Anspruch ist allerdings erst mit der Fälligkeit des Herausgabeanspruchs zu erfüllen. Der Insolvenzverwalter kann die Kaution zur Befriedigung von Vermieteransprüchen verwenden.[354] Streitig ist demgegenüber, ob der Mieter auch dann Anspruch auf ungeschmälerte Rückzahlung der **Kaution** hat, wenn diese **nicht auf einem Anderkonto angelegt** wurde. Nach herrschender – und zutreffender – Meinung hat der Mieter in einem solchen Fall kein Aussonderungsrecht; vielmehr ist der Rückzahlungsanspruch im Insolvenzverfahren als einfache Insolvenzforderung zu behandeln.[355] Nach anderer Ansicht hat der Mieter vor Eröffnung des Insolvenzverfahrens einen klagbaren Anspruch gegen den Vermieter auf eine dem Gesetz entsprechende Anlage. Nach Insolvenzeröffnung kann der Mieter diesen Anspruch gegenüber dem Insolvenzverwalter geltend machen, weil dieser das Mietverhältnis anstelle des Vermieters zu erfüllen hat.[356] Hat der Mieter seine **Sparforderung verpfändet** oder sicherungsübereignet, so hat er in der Insolvenz des Vermieters nur ein Absonderungsrecht (§§ 50 Abs. 1, 51 Nr. 1 InsO). Das Absonderungsrecht berechtigt zur vorrangigen Befriedigung aus dem Sicherungsgut.[357] Ist die **Kaution** bereits **in der Insolvenz des Voreigentümers untergegangen,** so hat der Erwerber analog § 566a, 812 BGB einen Anspruch gegen den Veräußerer auf Aushändigung der vom Mieter gezahlten Kaution.[358] Der Erwerber hat sodann die Wahl, ob er die Kautionssumme gesetzeskonform anlegt oder an den Mieter zurückzahlt.[359] Die in der Vorauslage vertretene abweichende Ansicht wird nicht aufrechterhalten. Außerdem kann der Mieter vertragliche und deliktische (§§ 823 Abs. 2 BGB, 266 StGB) Schadenersatzansprüche geltend machen (vgl. Rdn. 76). Die deliktischen Ansprüche sind insbesondere dann von Bedeutung, wenn die Wohnung von einer juristischen Person vermietet worden ist und die Schadenersatzsumme wegen der Zahlungsunfähigkeit des Vermieters nicht beigetrieben werden kann; hier haftet der gesetzliche Vertreter der Vermietungsgesellschaft persönlich, wenn ihm die gesetzeswidrige Verfügung zuzurechnen ist. **116**

Fraglich ist, welche Rechtsfolge gilt, wenn **neben der Zwangsverwaltung zugleich ein Insolvenzverfahren** läuft. Der BGH (VIII ZS) ist der Ansicht, dass die Eröffnung eines parallelen In- **116a**

---

[350] BGH (VIII ZR 189/09) NZM 2010, 698.

[351] BGH (VIII ZR 300/14) NZM 2015, 859.

[352] *Cymutta* WuM 2008, 441.

[353] BayObLG RE 8.4.1988 NJW 1988, 1796 = WuM 1988, 205 = ZMR 1988, 253 = DWW 1988, 164; OLG Düsseldorf NJW-RR 1988, 782.

[354] *Cymutta* WuM 2008, 441.

[355] BGH NJW 2008, 1152 = NZM 2008, 203 = WuM 2008, 149 = ZMR 2008, 280 = DWW 2008, 104 = GE 2008, 326; OLG Hamburg WuM 1990, 5 = ZMR 1990, 103 = DWW 1990, 20 = NJW-RR 1990, 213; OLG München ZMR 1990, 413; OLG Schleswig EWiR 1989, 185 m. Anm. *Eckert; Timme* NZM 2008, 429; *Cymutta* WuM 2008, 441; *Eckert* in MünchKomm § 108 Inso Rdn. 109; *Palandt/Weidenkaff* § 551 BGB Rdn. 12; Jakoby ZMR 2015, 1, 3.

[356] *Derleder* NZM 2004, 568, 578.

[357] *Cymutta* WuM 2008, 441.

[358] LG Wuppertal WuM 2015, 731.

[359] LG Wuppertal a. a. O.

solvenzverfahrens die dem Zwangsverwalter obliegenden Pflichten nicht tangiert.[360] Diese Ansicht hat im Ergebnis zur Folge, dass das Zwangsverwaltungsverfahren zu einer vollen Befriedigung des Insolvenzgläubigers führt. Aus diesem Grunde wird die Ansicht vertreten, dass der Zwangsverwalter im Falle der Vermieterinsolvenz nur die Masseverbindlichkeiten voll befriedigen darf. Die Ansprüche des Mieters aus § 551 Abs. 3 BGB zählen hierzu nicht.[361] Wird die **Mietsache aus der Insolvenzmasse verwertet,** so wird vom XII ZS des BGH die Ansicht vertreten, dass der Mieter seine Ansprüche aus § 551 Abs. 3 BGB gegen den Erwerber geltend machen kann.[362] Nach dieser Ansicht kann der Mieter verlangen, dass der Vermieter die Kaution an den Ersteher herausgibt. Der Ersteher haftet auch dann auf die Rückgabe einer Kaution, wenn sie ihm nicht ausgehändigt worden ist. Ebenso ist unerheblich, ob der insolvent gewordene Voreigentümer die vom Mieter erhaltene Mietsicherheit getrennt von seinem sonstigen Vermögen angelegt hatte.[363] Nach anderer Ansicht kann der Mieter auch in diesem Fall seine Ansprüche nur im Wege der Anmeldung zur Insolvenztabelle verfolgen.[364]

116b In der **Insolvenz des Mieters** kann der Vermieter bis zur Eröffnung des Insolvenzverfahrens den Anspruch auf die Kaution unbeschränkt geltend machen.[365] Teilweise wird vertreten, dass der Kautionsanspruch nach der Verfahrenseröffnung Insolvenzforderung sei, so dass der Vermieter – nach Anmeldung der Forderung zur Insolvenztabelle – Anspruch auf die Quote habe.[366] Dagegen ist einzuwenden, dass die Kaution lediglich Sicherungsmittel ist und nicht zur Befriedigung des Vermieters dient. Deshalb spricht mehr für die Ansicht, dass der Kautionsanspruch nach der Eröffnung des Insolvenzverfahrens weder als Insolvenz- noch als Masseforderung geltend gemacht werden kann.[367] Hat jedoch der Treuhänder die Enthaftungserklärung nach § 109 Abs. 1 Satz 2 InsO abgegeben, kann der Vermieter den Mieter auf Kautionszahlung in Anspruch nehmen.[368] Endet das Mietverhältnis (vor oder nach Eröffnung des Insolvenzverfahrens oder vor oder nach Abgabe der Enthaftungserklärung), so kann der Vermieter die Mietforderungen mit dem Rückzahlungsanspruch aus der Kaution verrechnen. Durch die Kaution soll der Vermieter auch gegen das Insolvenzrisiko des Mieters abgesichert werden.[369] Deshalb ist die Sicherungsabrede dahingehend auszulegen, dass der Rückzahlungsanspruch von vorneherein um die noch offenen Mietforderungen reduziert ist. Stehen dem Vermieter keine Gegenforderungen zu, so zählt der Rückzahlungsanspruch aus der Kaution zu den Insolvenzforderungen.[370] Anders ist es, wenn der Rückzahlungsanspruch nach der Enthaftungserklärung fällig wird. Dann fällt die Kaution nicht in die Insolvenzmasse, sondern steht dem Mieter zur Verfügung und ist an diesen auszuzahlen.[371] Streitigkeiten zwischen dem Mieter und dem Treuhänder über die Zugehörigkeit einer Forderung zur Masse sind vor dem Prozessgericht und nicht vor dem Insolvenzgericht auszutragen. Darum kann der Mieter nur durch eine Klage vor dem Streitgericht eine Klärung herbeiführen, wem das Kautionsguthaben nach Beendigung des Mietvertrages zusteht.[372] Wird der Vermieter in einem solchen Fall sowohl vom Treuhänder als auch vom Mieter auf Rückzahlung in Anspruch genommen, so sollte er die Kaution hinterlegen.

VII. Preisgebundener Wohnraum

117 Bei preisgebundenem Wohnraum, für den die Kostenmiete gilt, ist eine Kautionsabrede nur zulässig, wenn sie dazu bestimmt ist, Ansprüche des Vermieters aus Schäden an der Wohnung oder aus unterlassenen Schönheitsreparaturen zu sichern (§ 9 Abs. 5 WoBindG). Eine auf Grund einer unzulässigen Abrede geleistete Kaution kann der Mieter nach § 9 Abs. 7 WoBindG zurückfordern. Diese Vorschrift ist gegenüber den §§ 812ff. BGB lex specialis. Insbesondere sind die §§ 814, 817 Satz 2,

---

[360] BGH NJW 2009, 3505.
[361] *Jakoby* ZMR 2015, 1, 4.
[362] BGH NJW 2012, 1353.
[363] BGH (XII ZR 13/10) NJW 2012, 1353.
[364] *Jakoby* ZMR 2015, 1, 5.
[365] *Flatow* NZM 2011, 607, 617.
[366] *Horst* ZMR 2007, 167, 174.
[367] *Flatow* NZM 2011, 607, 618.
[368] *Flatow* a. a. O.
[369] *Flatow* a. a. O.; *Eckert* in MünchKomm § 109 InsO Rdn. 33; *Döderlein* ZMR 2016, 181; **a. A.** *Heinze* ZinsO 2010, 1073, 1076.
[370] *Flatow* NZM 2011, 607, 618.
[371] BGH (IX ZB 45/15) WuM 2017, 296.
[372] BGH (IX ZB 89/15) NZM 2016, 519.

818 Satz 3 BGB unanwendbar.[373] Der Vermieter kann gegenüber dem Rückzahlungsanspruch des Mieters nicht aufrechnen;[374] es besteht das Aufrechnungsverbot des § 393 BGB.[375]

VIII. Geschäftsraummietverhältnisse

Auf Geschäftsraummietverhältnisse ist § 551 BGB weder unmittelbar noch entsprechend anwendbar. Daraus folgt zunächst, dass die Parteien die **Höhe der Kaution** – bis zur Grenze der §§ 137, 138 BGB[376] – frei vereinbaren können.[377] Ebenso kann vereinbart werden, dass die **Kaution** bereits **vor der Übergabe** zu erbringen ist[378] oder dass die Übergabe von der Zahlung der Kaution abhängen soll. Wird die Kaution nicht geleistet, so steht dem Vermieter ein Zurückbehaltungsrecht hinsichtlich der Überlassungspflicht zu.[379] Der Mieter hat in einem solchen Fall grundsätzlich auch dann kein Zurückbehaltungsrecht an der Kaution (§ 273 BGB), wenn ihm die Mietsache in einem vertragswidrigen Zustand angeboten wird.[380] Etwas anderes muss allerdings dann gelten, wenn der Vermieter die Mangelbeseitigung endgültig und bestimmt verweigert. Hierin liegt eine schwere Vertragsverletzung, die zur Folge hat, dass das Verlangen nach Zahlung der Kaution treuwidrig ist. Wegen der Kündigung wegen Nichtzahlung der Kaution s. § 543 BGB Rdn. 183). Die Vereinbarung einer **Nachschusspflicht** – beispielsweise für den Fall einer Mieterhöhung ist möglich. Nach der Auffassung des OLG Düsseldorf[381] kann sich eine solche Nachschusspflicht sogar aus den Umständen ergeben (bei langer Vertragslaufzeit und im Voraus vereinbarten Mieterhöhungen). Auch die Frage der **Verzinsungspflicht** kann von den Parteien nach Belieben geregelt werden. Eine vertragliche Regelung über eine Verzinsung oder die Begründung einer Verpflichtung zur zinsbringenden Anlage ist ebenso möglich, wie ein Verzinsungsausschluss. Fehlt eine ausdrückliche Regelung, so ergibt sich eine Verzinsungspflicht zu den für Spareinlagen mit dreimonatiger Kündigungsfrist üblichem Zinssatz im Wege der ergänzenden Vertragsauslegung.[382] Wird die Kaution bei fehlender Vereinbarung einer Verzinsungspflicht oder bei fehlender vertraglicher Regelung nicht verzinslich angelegt, so schuldet der Vermieter Schadenersatz in Höhe der nicht erwirtschafteten Zinsen. Fraglich ist, ob ein **Verzinsungsausschluss** auch formularmäßig vereinbart werden kann. Nach der hier vertretenen Auffassung ist dies zu verneinen[383]; der BGH hat diese Frage in dem Urteil vom 21.9.1994[384] offen gelassen. In der Regel wird es dem Sicherungsbedürfnis beider Parteien entsprechen, wenn die Kaution auf einem **Sonderkonto** angelegt wird. Deshalb ist der Mietvertrag beim Fehlen einer vertraglichen Regelung dahingehend auszulegen, dass die Anlage auf einem Sonderkonto erfolgen soll[385] und dass die Zinsen die Sicherheit erhöhen. Gleiches gilt, wenn die Parteien eine Verzinsungspflicht vereinbart haben, der Vertrag aber keine Regelungen über die Art der Anlage enthält. Zu einer **Teilzahlung** ist der Gewerberaummieter nur berechtigt, wenn dies vereinbart **118**

---

[373] *Bellinger* WuM 2007, 177, 178.

[374] LG Bremen MDR 1973, 937; LG Hamburg WuM 1992, 591; *Bellinger* WuM 2007, 177, 178; **a. A.** *Dickersbach* WuM 2006, 595; *Sternel* Mietrecht aktuell (2009) Rdn. III 159a.

[375] *Bellinger* a. a. O.

[376] *Heintzmann* WiB 1995, 569, 571.

[377] OLG Brandenburg ZMR 2006, 854; *Moeser* in: Lindner-Figura/Opree/Stellmann, Geschäftsraummiete Kap.12 Rdn. 35, 36.

[378] KG GE 2008, 670; *Moeser* in: Lindner-Figura/Opree/Stellmann, Geschäftsraummiete Kap.12 Rdn. 50.

[379] KG GE 2008, 670; *Moeser* in: Lindner-Figura/Opree/Stellmann, Geschäftsraummiete Kap.12 Rdn. 53.

[380] BGH NJW-RR 2007, 884 = NZM 2007, 401 = GuT 2007, 128 = ZMR 2007, 444 = GE 2007, 710; *Moeser* in: Lindner-Figura/Opree/Stellmann, Geschäftsraummiete Kap.12 Rdn. 56.

[381] OLG Düsseldorf BB 1994, 1814.

[382] BGH NJW 1994, 3287; OLG Koblenz DWW 1993, 332 = ZMR 1993, 565 = WuM 1993, 667; OLG Düsseldorf NJW-RR 1993, 709 = ZMR 1993, 219; *Kraemer* PiG 62, 213, 222; **a. A.** LG Berlin GE 1994, 765; *Moeser* in: Lindner-Figura/Opree/Stellmann, Geschäftsraummiete Kap.12 Rdn. 87.

[383] Ebenso *Sternel* Mietrecht (1988) Rdn. III 232; *Ehlert* in Bamberger/Roth § 551 BGB Rdn. 47; *Wolf/Eckert/Ball* Rdn. 792 (Ausnahme: bei Vertragsschluss vor 1983); **a. A.** *Fritz,* Gewerberaummietrecht Rdn. 142; *Bub* in Bub/Treier Kap. II Rdn. 1257; *Moeser* in: Lindner-Figura/Opree/Stellmann, Geschäftsraummiete Kap.12 Rdn. 88.

[384] BGH a. a. O.

[385] OLG Frankfurt WuM 1989, 138 = ZMR 1990, 9; KG GE 1998, 1337; *Heintzmann* WiB 1995, 569, 570; *Kluth/Grün* NZM 2002, 1015; *Emmerich* in Staudinger § 551 BGB Rdn. 35; *Moeser* in: Lindner-Figura/Opree/Stellmann, Geschäftsraummiete Kap.12 Rdn. 80ff; **a. A.** *v. Martius* in Bub/Treier Rdn. III 790; *Lützenkrichen* in: Erman § 551 Rdn. 39 *Ehlert* in Bamberger/Roth § 551 BGB Rdn. 47.

ist.[386] Für den **Zugriff auf die Kaution während der Mietzeit** und für die Abrechnung bei Vertragsende gelten die für die Wohnraummiete maßgeblichen Grundsätze (Rdn. 90, 91, 96). Die Kaution unterliegt auch bei der Gewerbemiete oder der Pacht einer treuhänderischen Zweckbindung. Deshalb kann der Vermieter den Kautionszahlungsanspruch nicht an einen Dritten abtreten.[387] Abweichende Vereinbarungen sind aber möglich. Ist vereinbart, dass die Kaution zur freien Verfügung des Vermieters stehen soll, kann dieser auch während der Mietzeit wegen streitiger Forderungen auf die Kaution zurückgreifen.

[386] *Moeser* in: Lindner-Figura/Opree/Stellmann, Geschäftsraummiete Kap.12 Rdn. 50.
[387] OLG Düsseldorf GE 2000, 342, 343.

§ 552 Abwendung des Wegnahmerechts des Mieters

(1) Der Vermieter kann die Ausübung des Wegnahmerechts (§ 539 Abs. 2) durch Zahlung einer angemessenen Entschädigung abwenden, wenn nicht der Mieter ein berechtigtes Interesse an der Wegnahme hat.

(2) Eine Vereinbarung, durch die das Wegnahmerecht ausgeschlossen wird, ist nur wirksam, wenn ein angemessener Ausgleich vorgesehen ist.

Systematische Übersicht

Alphabetische Schnellübersicht

I. Anwendungsbereich der Vorschrift

§ 552 BGB wiederholt mit geringer sprachlicher Änderung die Vorschriften des § 547 a Abs. 2, 3 BGB a. F. § 552 Abs. 1 BGB gilt für alle Mietverhältnisse über Räume. Die Bestimmung steht zwar im Untertitel 2, Mietverhältnisse über Wohnraum, ist jedoch über § 578 Abs. 2 BGB auf *„Mietverhältnisse über Räume, die keine Wohnräume sind, … entsprechend anzuwenden"*. Bei bloßer Grundstücksmiete greift die Vorschrift mithin nicht ein, so dass der Vermieter z. B. die Wegnahme von Sträuchern und Pflanzen bei Aufgabe eines Gartenbaubetriebs nicht abwenden kann.[1] § 552 Abs. 2 BGB gilt ausschließlich für Wohnraum. **1**

II. Abwendung des Wegnahmerechts (Abs. 1)

1. Bestehen des Abwendungsrechts

Nach § 552 Abs. 1 BGB kann der Vermieter von Räumen die Wegnahme von Einrichtungen (zum Begriff s. § 539 BGB Rdn. 12) durch den Mieter abwenden, indem er ihm eine angemessene Entschädigung zahlt, sofern der Mieter nicht ein berechtigtes Interesse an der Wegnahme hat. Das Recht besteht, **solange** die Einrichtung noch **mit dem Mietobjekt verbunden** ist. Hat sie der Mieter abgetrennt und damit weggenommen, ist das Recht erloschen, und zwar auch dann, wenn der Mieter sie noch in den Mieträumen aufbewahrt.[2] Der Mieter ist daher nicht verpflichtet, die Einrichtung auf Anforderung des Vermieters wieder mit der Mietsache zu verbinden. **2**

Da die Verbindung von Mietobjekt und Einrichtung maßgeblich ist, besteht das Abwendungsrecht **unabhängig vom Zustand des Mietverhältnisses.** Deshalb kommt es nicht darauf an, ob das Mietverhältnis bis auf weiteres andauert, gekündigt oder beendet ist.[3] Zwar wird das Wegnahmerecht in der Praxis meist erst mit der Beendigung des Mietverhältnisses relevant, es kann aber auch während der Durchführung des Vertrags für beide Parteien von Interesse sein, für den Vermie- **3**

---

[1] *Bieber* in MünchKomm § 552 Rdn. 3; *Emmerich* in Staudinger § 552 Rdn. 2.

[2] Z. B. *Emmerich* in Staudinger § 552 Rdn. 3; *Gather* DWW 2008, 122 (125); Palandt/*Weidenkaff* § 552 Rdn. 2; *Scheuer/Emmerich* in Bub/Treier V. B Rdn. 350.

[3] *Bieber* in MünchKomm § 552 Rdn. 6; *Pietz/Oprée* in Lindner-Figura/Oprée/Stellmann Kap. 16 Rdn. 275; *Scheuer/Emmerich* in Bub/Treier V. B Rdn. 348; **a. A.** *Emmerich* in Staudinger § 552 Rdn. 3; *Kinne* in Kinne/Schach/Bieber § 552 Rdn. 1.

ter z. B. im Rahmen von Mieterhöhungen (vgl. § 539 BGB Rdn. 45), für den Mieter, weil er mit der Übernahme der Einrichtung durch den Vermieter von der Erhaltungslast befreit wird.

4 Das Abwendungsrecht ist **ausgeschlossen,** wenn der Mieter ein **berechtigtes Interesse** an der Wegnahme hat. Hierbei kann es sich auch um ein Liebhaberinteresse handeln,[4] etwa bei einer Einrichtung aus Familienbesitz. In der Regel werden jedoch wirtschaftliche Gründe für den Mieter im Vordergrund stehen. Hat er etwa in Küche oder Bad aufwendige Armaturen installiert, die er anderweitig verwenden oder auch nur behalten will, um später die höheren Kosten für eine Neuanschaffung zu vermeiden, geht sein Interesse vor. Die Berücksichtigung plausibler Gründe des Mieters ist überdies deshalb geboten, weil die Berechnung der vom Vermieter zu zahlenden Entschädigung zum Nachteil des Mieters ausschlagen kann (dazu Rdn. 9). Allerdings sind nicht alle Gründe des Mieters tragfähig. Will der Vermieter die Einrichtung dem Mietobjekt durch die Geltendmachung des Abwendungsrecht erhalten und übt der Mieter sein Wegnahmerecht nur aus, um sie lieber dem Nachfolgemieter zu überlassen, etwa wegen eines besseren Preises oder der Ausführung von Schönheitsreparaturen, greift nach dem Wortlaut des § 552 Abs. 1 BGB das primäre Abwendungsrecht des Vermieters.[5]

5 Dem Abwendungsrecht des Vermieters entspricht **keine Übernahmepflicht.** Sofern die Parteien keine andere Abrede getroffen haben, ist auch die nach dem früheren Recht der DDR bestehende Pflicht des Vermieters aus § 113 Abs. 1 ZGB obsolet, dem Mieter eine angemessene Entschädigung i. S. d. § 112 Abs. 3 ZGB zu zahlen,[6] wenn es für den Mieter wirtschaftlich nicht vertretbar ist, die Einrichtung zu entfernen und den früheren Zustand wiederherzustellen. Der Mieter kann die Einrichtung dem Vermieter daher nicht mit dem Ziel aufdrängen, eine Entschädigung zu erhalten.[7] Macht er von dem Wegnahmerecht keinen Gebrauch und der Vermieter ebenfalls nicht von seinem Abwendungsrecht, belässt der Mieter die Einrichtung mithin im Mietobjekt, sei es, weil er kein Interesse mehr an ihr hat, sei es, weil er die Kosten für die Herstellung des früheren Zustands scheut, besteht auch dann keine Pflicht zur Übernahme gegen Entschädigung, wenn der Vermieter die Mietsache anschließend unverändert weiter vermietet.[8] Da § 552 Abs. 1 BGB eine **abschließende Regelung** darstellt (s. § 539 Rdn. 7), kommen Ansprüche des Mieters auf Verwendungsersatz nach § 539 Abs. 1 BGB oder Nutzungsentschädigung nicht in Betracht.

6 Aus dem Abwendungsrecht des Vermieters folgt **keine Anzeige- oder Anbietpflicht** des Mieters[9] und keine Verpflichtung des Vermieters, ein Übernahmeangebot abzugeben.[10] Eine derartige Verpflichtung ist in den Beratungen des Rechtsausschusses des Bundestags zur Vorgängervorschrift des § 547a BGB abgelehnt worden;[11] die Parteien können allerdings eine Anzeigepflicht vereinbaren.[12] Die Belange des Vermieters sind im Regelfall dadurch hinreichend gewahrt, dass er während des Mietverhältnisses in angemessenen Abständen und zumal gegen dessen Ende zur Besichtigung berechtigt ist. Eine Ausnahme greift nur dann ein, wenn die Anzeige nach den Grundsätzen von Treu und Glauben gem. § 242 BGB geboten erscheint, etwa wenn der Vermieter während einer früheren Besichtigung bereits Interesse an einer späteren Übernahme der Einrichtung bekundete und die Wegnahme für den Mieter nicht von besonderem Nutzen ist.

2. Ausübung des Rechts

7 Die Abwendung erfolgt gem. § 552 Abs. 1 BGB durch Zahlung einer angemessenen Entschädigung. **Nach einer Meinung** genügt es für die Ausübung des Abwendungsrechts schon, dass der

---

[4] Z. B. *Blank* in Blank/Börstinghaus § 552 Rdn. 9; *Emmerich* in Staudinger § 552 Rdn. 9; *Gather* DWW 2008, 122 (126); *Kandelhard* in Herrlein/Kandelhard § 552 Rdn. 5.

[5] *Blank* in Blank/Börstinghaus § 552 Rdn. 9; *Emmerich* in Staudinger § 552 Rdn. 9, *Lützenkirchen* in Lützenkirchen § 552 Rdn. 37.

[6] Dazu *Pahlke* S. 52f.

[7] *Hinz* in Hinz/Junker/v. Rechenberg/Sternel 13.4.1, 1.

[8] BGH (VIII ZR 5/68) NJW 1969, 1855 (LS) = ZMR 1969, 340.

[9] *Derleder* WuM 2006, 175 (179); *Emmerich* in Staudinger § 552 Rdn. 5; *Kinne* in Kinne/Schach/Bieber § 552 Rdn. 1; *Lammel* § 552 Rdn. 5; Palandt/*Weidenkaff* § 552 Rdn. 2; *Sternel* PiG 103 (2016), 61 (87); **a. A.** *Horst* DWW 1996, 184.

[10] OLG Köln WuM 1995, 268; *Bieber* in MünchKomm § 552 Rdn. 8; *Pietz/Oprée* in Lindner-Figura/Oprée/Stellmann Kap. 16 Rdn. 276.

[11] BT-Drucks. IV/2195 S. 3.

[12] Z. B. *Blank* in Blank/Börstinghaus § 552 Rdn. 3; kritisch zu entsprechenden Formularklauseln *Lammel* § 552 Rdn. 6.

Vermieter die Übernahme der Einrichtung gegen Zahlung einer Entschädigung anbietet;[13] danach reicht ein wörtliches Angebot, insbesondere eine Zahlungszusage. Dafür spricht das Interesse des Vermieters, der bereits auf diese Weise sicherstellen kann, dass der Mieter nach Mitteilung der Abwendungsabsicht die Verwirklichung der Übernahme nicht folgenlos dadurch zunichtemacht, dass er die Einrichtung kurzerhand entfernt. Auf der anderen Seite ist allerdings der Wortlaut des Gesetzes zu berücksichtigen und die darin festgelegte Vorleistungspflicht des Vermieters. Hinzu kommt die Situation des Mieters, der seinen Teil durch Zurücklassung der Einrichtung leistet, die Erfüllung des Zahlungsversprechens aber u. U. gerichtlich durchsetzen muss. **Nach anderer Ansicht** ist dem Mieter die Aufgabe des Besitzes **nur gegen Zahlung oder ein den Annahmeverzug begründendes tatsächliches Angebot des Vermieters** zuzumuten,[14] wobei die Zahlung unmittelbar, aber auch durch Aufrechnung erfolgen kann;[15] die Ankündigung, den Entschädigungsbetrag zu hinterlegen, reicht nicht.[16] Dieser Auffassung ist der Vorzug zu geben. Über die genannten Gründe hinaus hat sie nämlich noch den wesentlichen praktischen Vorteil, dass sich die Parteien mehr als bei einer bloßen Übernahmeerklärung des Vermieters sogleich über die Höhe der Entschädigung schlüssig werden müssen. Zwar ist dadurch nicht jegliches Streitpotential ausgeschlossen, aber immerhin minimiert. Bietet der Vermieter z. B. nur die Zahlung einer offensichtlich unangemessenen Entschädigung an, bleibt es beim Wegnahmerecht des Mieters. Ist die Forderung des Mieters völlig überhöht, kann der Vermieter von sich aus von der Übernahme Abstand nehmen. Es verbleiben daher im Grundsatz nur die Fälle, in denen die Preisvorstellungen deutlich auseinanderfallen, der Vermieter aber nachhaltig an der Übernahme interessiert ist; hier ist ggf. gerichtlich zu klären, ob der Mieter sein Bestimmungsrecht nach §§ 315, 316 BGB[17] angemessen ausübte. Das Erfordernis der Zahlung oder eines entsprechenden tatsächlichen Zahlungsangebots befreit den Mieter im Übrigen von der Unsicherheit, ob eine angekündigte, aber ausgebliebene Zahlung nun auf Interessewegfall oder Zahlungsunfähigkeit des Vermieters beruht, ob er also die Einrichtung doch wegnehmen kann oder soll. Unbenommen bleibt es dem Mieter, mit dem Vermieter eine eigenständige Vereinbarung zur Übernahme und Entschädigung zu einem späteren Zeitpunkt zu treffen und damit selbst in Vorleistung zu treten; damit übernimmt er freiwillig das Risiko, seinen Anspruch realisieren zu können.

Der Entschädigungsanspruch des Mieters besteht im Übrigen auch dann, wenn der Vermieter **ohne Angebot einer Entschädigung verlangt,** der Mieter solle eine **Einrichtung zurücklassen,** und der Mieter dieser Aufforderung nachkommt; dies gilt selbst dann, wenn der Vermieter ausdrücklich erklärt, eine Entschädigung dafür nicht zahlen zu wollen. Anderenfalls würde derjenige Mieter benachteiligt, der das Verlangen des Vermieters für rechtmäßig hält oder sich ihm nur beugt.[18] Eine Ausnahme gilt lediglich in dem Fall, dass die Erklärung des Vermieters als Vertragsangebot auf kostenlose Übernahme zu verstehen war, auf das der Mieter einging; die Beweislast liegt insoweit beim Vermieter. 8

Streitig ist die **Berechnung** der vom Vermieter geschuldeten **angemessenen Entschädigung.** Auf den **Verkehrswert,** also den Verkaufspreis der Einrichtung **im ausgebauten Zustand,** kann es schon deshalb nicht ankommen, weil sonst nicht selten nur noch ein Schrottwert zu veranschlagen wäre,[19] was mit der angeordneten Angemessenheit der Entschädigung nicht zu vereinbaren ist. Nach **einer Ansicht** richtet sich die Entschädigung auf Ersatz des **Zeitwerts,**[20] d. h. des Anschaffungspreises abzüglich der Wertminderung durch den Gebrauch. Bei diesem Ansatz wird der Mieter jedenfalls bei einem längeren Mietverhältnis häufig leer ausgehen. Nach **anderer Meinung** ist der Zeitwert zu berücksichtigen, der indes zusätzlich noch um den Betrag zu kürzen ist, der für die Herstellung des früheren Zustands hätte aufgewandt werden müssen.[21] Diese Einschrän- 9

[13] *Blank* in Blank/Börstinghaus § 552 Rdn. 7; *Scheuer/Emmerich* in Bub/Treier V. B Rdn. 351.

[14] KG GE 2001, 850; *Bieber* in MünchKomm § 552 Rdn. 4; *Emmerich* in Staudinger § 552 Rdn. 4; *Gather* DWW 2008, 122 (125); *Lützenkirchen* in Lützenkirchen § 552 Rdn. 24; *Sternel* PiG 103 (2016), 61 (88).

[15] *Scheuer/Emmerich* in Bub/Treier V. B Rdn. 351; *Sternel* IV Rdn. 622.

[16] KG GE 2001, 850.

[17] AG/LG Köln WuM 1998, 345.

[18] BGH (VIII ZR 5/68) NJW 1969, 1855 (LS) = ZMR 1969, 340.

[19] *Blank* in Blank/Börstinghaus § 552 Rdn. 4; *Emmerich* in Staudinger § 552 Rdn. 7; *Sternel* IV Rdn. 623; vgl. OLG Hamburg WuM 1997, 333.

[20] AG/LG Köln WuM 1998, 345; *Bieber* in MünchKomm § 552 Rdn. 5; *Horst* DWW 1996, 184; *Lammel* § 552 Rdn. 7; *Scholl* WuM 1998, 327 (328); *Sternel* Mietrecht aktuell (2009) Rdn. XIII 145.

[21] Z. B. *Lützenkirchen* in Lützenkirchen § 552 Rdn. 29; Palandt/*Weidenkaff* § 552 Rdn. 3; *Scheuer/Emmerich* in Bub/Treier V. B Rdn. 352.

kung kann erst recht nicht überzeugen. Zwar hat der Mieter gem. § 258 BGB nach der Wegnahme den früheren Zustand auf seine Kosten wiederherzustellen. Im vorliegenden Zusammenhang geht es indes nicht um die Beseitigung der Folgen der Wegnahme, die der Vermieter gerade verhindern will. § 552 Abs. 1 BGB bezweckt einen gerechten Interessenausgleich, dem nicht dadurch Rechnung getragen wird, dass der Mieter, wie sich in der Praxis auf dieser Berechnungsbasis immer wieder zeigt, die Einrichtung zu einem Spottpreis zurücklassen soll, während der Vermieter von den Kosten einer Neuanschaffung entlastet wird. Es wird ferner nicht in Ansatz gebracht, dass dem Vermieter die Einbaukosten erspart werden, die dem Mieter bei der Verbindung der Einrichtung mit dem Mietobjekt entstanden. Diese Kosten sind zwar bei der Wertermittlung nicht zu berücksichtigen, sie kompensieren aber der Sache nach zumindest teilweise die Wiederherstellungskosten.

Maßgeblich ist mithin auf den Wert abzustellen, den der Vermieter erhält,[22] denn er ist an der Übernahme der Einrichtung in aller Regel gerade aus wirtschaftlichen Gründen für die Zukunft interessiert. Der Wert richtet sich nach den Umständen des Einzelfalls. Maßgeblich sind auf dieser Grundlage der **Zeitwert und der Wert der weiteren Nutzung.**[23] Dass der Vorschlag, den Zeitwert in die Vorschrift einzufügen, im Rechtsausschuss des Bundestags abgelehnt wurde,[24] steht dessen Berücksichtigung als Komponente bei der Wertermittlung nicht entgegen. Geht es um die Berechnung des Wertes der weiteren Nutzung wäre z. B. an den Umstand zu denken, dass eine Einrichtung dem Vermieter ein mietwertrelevantes Kriterium bei der Bestimmung der ortsüblichen Vergleichsmiete, etwa anhand der Vorgaben eines Mietspiegels, verschafft. Vereitelt der Vermieter die Wertermittlung durch einen gerichtlich beauftragten Sachverständigen, indem er die vom Mieter eingebrachte Nachtspeicherheizung vor der Begutachtung entfernen lässt, kann jedoch schlicht das Verhältnis von Abschreibungszeit als Mindestnutzungszeit zur Nutzungsdauer durch den Mieter zugrunde gelegt werden.[25] Auf der anderen Seite kann es von Bedeutung sein, dass es sich z. B. um eine modische Einrichtung handelt, die zwar funktionsfähig ist, von Nachmietern aber nicht mehr als sonderliche Verbesserung eingeschätzt wird.

10 Ist die **Einrichtung mangelhaft,** ist dies bei der Bemessung der Entschädigung zu berücksichtigen. Hat der Vermieter die deshalb reduzierte Entschädigung geleistet, scheiden Gewährleistungsrechte aus.[26]

11 Wird das Mietverhältnis **nach Veräußerung des Mietobjekts** gem. § 566 BGB mit dem Erwerber fortgesetzt und ist die Einrichtung nach wie vor vorhanden, hat auch der Erwerber das Ablösungsrecht.[27] Vereinbarten Mieter und Veräußerer eine Entschädigung für den Zeitpunkt des Vertragsendes, ist diese Voraussetzung nicht bereits mit dem Vermieterwechsel erfüllt. Zwar endet der Mietvertrag zwischen diesen Parteien mit der Eintragung des Erwerbers im Grundbuch, gleichwohl muss der Erwerber die Abrede gegen sich gelten lassen, da durch sie in aller Regel der Ersatzanspruch so lange aufgeschoben ist, bis der Mieter aus dem Mietverhältnis ausscheidet.[28]

3. Folgen der Ausübung

12 Mit der wirksamen Ausübung des Abwendungsrechts entfällt das Wiederaneignungsrecht des Mieters, so dass die Einrichtung endgültig im Eigentum des Vermieters bleibt oder er deren Eigentümer wird. Der nunmehr geschaffene Zustand ist **nicht mehr einseitig abänderbar.** Hat sich der Mieter darauf eingelassen, die Einrichtung schon auf eine bloße Zahlungszusage des Vermieters zurückzulassen und erfüllt der Vermieter diese nicht, darf der Mieter die Einrichtung nicht wegnehmen, sondern muss seinen Anspruch notfalls gerichtlich durchsetzen. Reut die Übernahme den Vermieter, kann er nicht einseitig gegen Rückzahlung der Entschädigung nach Mietende Beseitigung nach § 546 BGB verlangen; hierzu bedarf es vielmehr eines Rückabwicklungsvertrags.

---

[22] *Blank* in Blank/Börstinghaus § 552 Rdn. 5; *Derleder* WuM 2006, 175 (179); *Eisenschmid* WuM 1987, 243 (247); *Emmerich* in Staudinger § 552 Rdn. 7; *Kossmann/Meyer-Abich* § 98 Rdn. 11; *Pietz/Oprée* in Lindner-Figura/Oprée/Stellmann Kap. 16 Rdn. 280; *Sternel* IV Rdn. 623; ähnlich *Kandelhard* in Herrlein/Kandelhard § 552 Rdn. 4 *(„Mindestentschädigung")*.

[23] Ebenso *Derleder* WuM 2006, 175 (179), der allerdings widersprüchlich auch die Wiederherstellungskosten einbezieht.

[24] BT-Drucks. IV/2195 S. 3.

[25] LG Hamburg WuM 1977, 141.

[26] *Blank* in Blank/Börstinghaus § 552 Rdn. 8; *Scheuer/Emmerich* in Bub/Treier V. B Rdn. 352; *Sternel* IV Rdn. 623.

[27] *Schopp* ZMR 1969, 261.

[28] BGH (VIII ZR 246/86) NJW 1988, 705 = WuM 1988, 16.

Auch wenn die Parteien über den Ausschluss des Wegnahmerechts und die Höhe der Entschädigung eine Vereinbarung getroffen haben, **verjährt** der Anspruch des Mieters auf die entsprechende Leistung in der kurzen Frist des § 548 BGB.[29]

III. Abweichende Vereinbarungen (Abs. 2)

Während aus § 578 Abs. 2 BGB, der nur auf § 552 Abs. 1 BGB verweist, im Umkehrschluss folgt, dass die Parteien eines Mietvertrags über Räume, die keine Wohnräume sind, das Wegnahmerecht auch entschädigungslos ausschließen können,[30] sofern nicht im Einzelfall ein Verstoß gegen die guten Sitten nach § 138 BGB vorliegt, müssen Vereinbarungen, durch die das **Wegnahmerecht** des Mieters von Wohnraum **ausgeschlossen** wird, einen **angemessenen Ausgleich** vorsehen; anderenfalls sind sie unwirksam. Auch Individualabreden, nach denen der Mieter *„Einrichtungen entschädigungslos zurückzulassen hat"* oder in denen mit anderer Formulierung dasselbe Ergebnis erzielt werden soll, sind daher nichtig. Demgegenüber sind Vereinbarungen, auch formularvertraglich, möglich, in denen nur die Modalitäten festgelegt sind, wie im Zusammenhang mit Einrichtungen durch den Mieter zu verfahren ist. Hierzu gehört insbesondere die Verpflichtung, die beabsichtigte Wegnahme dem Vermieter anzuzeigen oder ihm die Einrichtung zunächst zur Übernahme anzubieten. Enthalten Formularklauseln eine Anbietpflicht, werden sie allerdings im Hinblick auf § 307 BGB nur wirksam sein, wenn sie ein berechtigtes Interesse des Mieters an der Wegnahme ausnehmen.[31] 13

Fraglich ist, ob § 552 Abs. 2 BGB Abreden entgegensteht, in denen sich der **Mieter verpflichtet** hat, eine Einrichtung anzubringen und entschädigungslos zurückzulassen; bei Mietverträgen über Räume, die keine Wohnräume sind, hat der Mieter nach Beendigung des Mietverhältnisses keinen Anspruch auf Wegnahme der Einrichtungen.[32] Es kann jedoch keinen Unterschied begründen, ob der Mieter sich verpflichtet, dem Vermieter die Geldmittel für die Schaffung der Einrichtung zur Verfügung zu stellen oder sie selbst anzubringen. In beiden Alternativen handelt es sich um eine zusätzliche Leistung von Mietentgelt (vgl. § 539 BGB Rdn. 18), hier der Vereinbarung eines verlorenen Baukostenzuschusses, auf die zwingend die Bestimmungen des BauKostZuschG (s. § 539 BGB Rdn. 23) anzuwenden sind.[33] Der zusätzlichen Einschränkung der Vertragsfreiheit der Parteien bedarf es daher zum Schutz des Mieters nicht. Mit der überwiegenden Auffassung ist davon auszugehen, dass § 552 Abs. 2 BGB derartige Absprachen auch bei Wohnraum nicht hindert,[34] sondern dass es sich um Einrichtungen handelt, die in aller Regel schon nicht unter das Wegnahmerecht fallen.[35] 14

Im Unterschied zu § 552 Abs. 1 BGB, der eine angemessene Entschädigung verlangt, genügt es für die Wirksamkeit der **Abbedingung des Wegnahmerechts,** einen **angemessenen Ausgleich** zu vereinbaren. Dieser wird nicht nur durch eine Zahlung erreicht, sondern auch durch andere Gegenleistungen des Vermieters. Dabei kann es sich um die Berücksichtigung bei der Festlegung der Miethöhe bei Abschluss des Vertrags handeln; dies setzt allerdings voraus, dass der Mietnachlass auf eine bestimmte Zeit festgeschrieben und damit der Höhe nach fixiert wird, um den Ausgleich nicht z. B. durch eine Kündigung leerlaufen zu lassen.[36] Der Ausgleich kann ferner im Rahmen von Mieterhöhungen erfolgen, der vorzeitigen Entlassung aus dem Mietvertrag oder durch den Erlass von Leistungen, die der Mieter schuldet, etwa der Verpflichtung, die Schönheitsreparaturen auszuführen. Ein Ausgleich erfordert schon begrifflich, dass die Gegenleistung des Vermieters gerade im Hinblick auf die Einrichtung erfolgt.[37] Fraglich ist, ob als Ausgleich auch solche Gegenleistungen zu behandeln sind, die sich nicht auf einen Geldwert umrechnen lassen,[38] z. B. der Abschluss eines 15

---

[29] Z. B. OLG Bremen NZM 2002, 292; LG Mannheim WuM 1986, 279.
[30] BGH (VIII ZR 155/57) NJW 1958, 2109; OLG Karlsruhe NJW-RR 1986, 1394; *Fritz* Rdn. 197; *Wolf/Eckert/Ball* Rdn. 1263.
[31] Vgl. *Blank* in Blank/Börstinghaus § 552 Rdn. 10 und *Gather* DWW 2008, 122, 126: Überraschungsklausel; *Lammel* § 552 Rdn. 6: ggf. privatrechtlicher Enteignungstatbestand.
[32] BGH (XII ZR 202/94) ZMR 1996, 122.
[33] Vgl. LG Köln WuM 1990, 485; *Emmerich* in Staudinger § 552 Rdn. 10.
[34] *Bieber* in MünchKomm § 552 Rdn. 10; *Lammel* § 552 Rdn. 14; *Scheuer/Emmerich* in Bub/Treier V. B Rdn. 362; *Sternel* IV Rdn. 626.
[35] BGH (VIII ZR 155/57) NJW 1958, 2109; *Wolf/Eckert/Ball* Rdn. 1263.
[36] LG Bonn ZMR 2017, 245.
[37] *Scheuer/Emmerich* in Bub/Treier V. B Rdn. 361.
[38] Ja: *Scheuer/Emmerich* in Bub/Treier V. B Rdn. 361; nein: *Sternel* IV Rdn. 625.

Mietvertrags mit langjährigem Ausschluss der ordentlichen Kündigung zulasten des Vermieters, um dem Mieter den Nutzen seiner Aufwendungen zu sichern. Da § 552 Abs. 2 BGB dem Wohnungsmieter einen finanziellen Ausgleich für seine Investition sichern will, ist die wirtschaftliche Kompensation in den Vordergrund zu stellen.[39] Nur auf diese Weise werden zudem Umgehungsgeschäfte verhindert.

IV. Prozessuales

16 Macht der Mieter einen Anspruch auf Entschädigung für eine von ihm zurückgelassene Einrichtung geltend, trägt er die **Beweislast,** dass er die Einrichtung anbrachte, was ihm bei einem Vermieterwechsel ggf. Schwierigkeiten bereitet; hier kann dem Mieter ein ausführliches Übergabeprotokoll zur Hilfe kommen.[40] Ferner hat der Mieter zu beweisen, dass der Vermieter ihren Verbleib im Mietobjekt verlangte. Streiten die Parteien über die Höhe der Entschädigung, ist es Sache des Vermieters, deren Angemessenheit darzutun und ggf. zu beweisen. Ist es unstreitig oder erwiesen, dass der Vermieter die Zurücklassung forderte, hat er gegenüber dem Entschädigungsanspruch des Mieters zu beweisen, dass es sich beim Zurücklassen der Einrichtung nur um die Bestätigung eines freiwilligen Wegnahmeverzichts handelte.[41] Den Mieter trifft die Beweislast für das berechtigte Interesse an der Wegnahme der Einrichtung.

[39] *Kossmann/Meyer-Abich* § 98 Rdn. 15.
[40] *Gather* DWW 2008, 122 (126).
[41] BGH (VIII ZR 5/68) NJW 1969, 1855 (LS) = ZMR 1969, 340.

§ 553 Gestattung der Gebrauchsüberlassung an Dritte

(1) [1]Entsteht für den Mieter nach Abschluss des Mietvertrags ein berechtigtes Interesse, einen Teil des Wohnraums einem Dritten zum Gebrauch zu überlassen, so kann er von dem Vermieter die Erlaubnis hierzu verlangen. [2]Dies gilt nicht, wenn in der Person des Dritten ein wichtiger Grund vorliegt, der Wohnraum übermäßig belegt würde oder dem Vermieter die Überlassung aus sonstigen Gründen nicht zugemutet werden kann.

(2) Ist dem Vermieter die Überlassung nur bei einer angemessenen Erhöhung der Miete zuzumuten, so kann er die Erlaubnis davon abhängig machen, dass der Mieter sich mit einer solchen Erhöhung einverstanden erklärt.

(3) Eine zum Nachteil des Mieters abweichende Vereinbarung ist unwirksam.

Systematische Übersicht

Alphabetische Schnellübersicht

I. Anwendungsbereich und Bedeutung der Vorschrift

1 Die Vorschrift ist als Ergänzung zu § 540 BGB zu lesen und zu verstehen. Nach § 540 BGB ist der Mieter nicht befugt, die Mietsache ohne Erlaubnis des Vermieters einem Dritten zu überlassen, insbesondere sie weiter zu vermieten. Die Regelung des § 553 BGB enthält eine für die **Wohnungsmiete** bedeutsame Ausnahme: Danach hat der Mieter von Wohnraum gegen den Vermieter einen Anspruch auf Erteilung der Erlaubnis, wenn er einen Teil seiner Wohnung einem Dritten zum selbständigen Gebrauch (s. § 540 BGB Rdn. 3, 20) überlassen will. Gleiches gilt, wenn einem Dritten der unselbständige Mitgebrauch an der Wohnung eingeräumt werden soll (s. § 540 BGB Rdn. 30). Dem Dritten darf der Gebrauch **nur zu Wohnzwecken** überlassen werden. Ist dem Hauptmieter die teilgewerbliche Nutzung der Räume gestattet, so kann der Mieter einen Anspruch auf die Erteilung der Untermieterlaubnis geltend machen, wenn dem Untermieter ein Teil der Räume zu Wohnzwecken überlassen werden soll. Es besteht dagegen kein Anspruch, wenn der Untermieter in einem Teil der Räume eine gewerbliche Tätigkeit ausüben will.[1] Außerhalb der Wohnraummiete ist § 553 BGB unanwendbar.

2 Wird die **Erlaubnis verweigert,** so kann der Mieter Leistungsklage auf Erteilung der Erlaubnis erheben (§ 540 Rdn. 81). Satt dessen kann der Mieter nach § 540 Abs. 1 Satz 1 BGB kündigen (§ 540 BGB Rdn. 65). Hat der Vermieter die Erlaubnis zu Unrecht verweigert, so steht dem Mieter darüber hinaus das Kündigungsrecht aus § 543 Abs. 2 Nr. 1 BGB zu (§ 540 BGB Rdn. 74). Stattdessen oder daneben kann der Mieter den entgangenen Untermietzins als Schadensersatz geltend machen.[2] Dies folgt aus der Erwägung, dass die unberechtigte Verweigerung der Erlaubnis als Pflicht-

---

[1] LG Berlin GE 1995, 703.

[2] LG Berlin MM 1999, 169; *Emmerich* in Staudinger § 553 BGB Rdn. 10; *Sternel* Mietrecht aktuell (2009) Rdn. VII 207.

verletzung zu bewerten ist. Dies gilt auch dann, wenn die Rechtslage in der instanzgerichtlichen Rechtsprechung unterschiedlich beurteilt wird.[3]

II. Anspruchsvoraussetzungen

3 Der Anspruch nach § 553 BGB setzt voraus, dass (1) der Mieter ein berechtigtes Interesse an der Aufnahme eines Dritten hat, (2) dieses Interesse nach Abschluss des Mietvertrags entstanden ist und (3) keine überwiegenden Interessen des Vermieters gegen die Gebrauchsüberlassung sprechen. Sind mehrere Personen Mieter, so genügt es, wenn einer der Mieter ein berechtigtes Interesse geltend machen kann. Dies ist insbesondere in denjenigen Fällen von Bedeutung, in denen einer von mehreren Mietern die Wohnung verlassen hat und der oder die verbleibenden Mieter einen Dritten aufnehmen wollen, sei es zur Deckung der Wohnkosten, sei es aus anderen wirtschaftlichen oder persönlichen Gründen.

1. Berechtigtes Interesse

4 Grundlegend für die **Konkretisierung des berechtigten Interesses** ist der Rechtsentscheid des BGH vom 3.10.1984 zu § 549 Abs. 2 BGB a. F.[4] Danach reicht der bloße Wunsch des Mieters zur Aufnahme eines Dritten für sich allein nicht aus. Andererseits sind an die Annahme eines berechtigten Interesses aber auch keine besonders hohen Anforderungen zu stellen. Es genügt, wenn dem Mieter vernünftige Gründe zur Seite stehen, die seinen Wunsch nach Überlassung eines Teils der Wohnung an Dritte nachvollziehbar erscheinen lassen. Dabei ist jedes Interesse des Mieters von nicht ganz unerheblichem Gewicht als berechtigt anzusehen, das mit der geltenden Rechts- und Sozialordnung im Einklang steht. Es kann sich um ein wirtschaftliches aber auch um ein persönliches Interesse handeln.[5] Deshalb ist ein berechtigtes Interesse zu bejahen, wenn der Mieter durch die Untervermietung seine Wohnkosten reduzieren will.[6] Ebenso zählt zu den berechtigten Interessen in diesem Sinn grundsätzlich auch die Entscheidung des Mieters, sein Privatleben innerhalb der eigenen Wände nach seinen Vorstellungen zu gestalten, indem er eine weitere Person bei sich aufnimmt um mit dieser eine auf Dauer angelegte Wohngemeinschaft zu bilden.[7] Hierbei spielt es keine Rolle, ob es sich um eine Person des eigenen oder des anderen Geschlechts handelt[8] (Einzelheiten § 540 BGB Rdn. 30) oder ob ein Ehepaar mit einem Dritten eine Wohngemeinschaft bilden will.[9] Entgegen einer häufig vertretenen Meinung[10] reichen auch rein humanitäre Interessen aus,[11] beispielsweise die Aufnahme von Personen aus Kriegsgebieten und vergleichbare Fälle. Ein ausschließlich öffentliches Interesse an der Aufnahme eines Dritten (z. B. Unterbringung von Studenten) scheidet allerdings aus.[12] Wird das Interesse aus wirtschaftlichen oder finanziellen Umständen hergeleitet, so ist es nicht erforderlich, dass den Mieter an den Schwierigkeiten kein Verschulden trifft.[13]

5 Auf die **instanzgerichtliche Rechtsprechung** zu § 549 Abs. 2 BGB a. F. kann weiterhin zurückgegriffen werden. Danach liegt ein berechtigtes Interesse in folgenden Fällen vor: wenn sich die wirtschaftlichen Verhältnisse des Mieters nach Abschluss des Mietvertrags so geändert haben, dass er ohne die Einnahmen aus der Untervermietung die Miete nicht aufbringen kann;[14] wenn ein Mieter seine Berufstätigkeit einschränken und einen finanziellen Ausgleich in Form des Unter-

---

[3] LG Hamburg WuM 2014, 144.

[4] BGHZ 92, 213 = NJW 1985, 130 = WuM 1985, 7 = ZMR 1985, 50 = DWW 1985, 24.

[5] BGH a. a. O.; LG Frankfurt WuM 1981, 39.

[6] BGH NJW 2006, 1200; BGH (VIII ZR 349/13) NJW 2014, 2717 betr. Untervermietung eines Teils der Wohnung bei längerem berufsbedingtem Auslandsaufenthalt; LG Berlin GE 2007, 783; AG München ZMR 2014, 735; AG Berlin-Schöneberg NZM 2016, 195; AG Frankfurt WuM 2016, 209; *Sternel* Mietrecht aktuell (2009) Rdn. VI 182.

[7] BGH NJW 2006, 1200.

[8] OLG Hamm RE 17.8.1982 NJW 1982, 2876 = WuM 1982, 318 = ZMR 1983, 49 = DWW 1982, 308.

[9] AG Berlin-Wedding GE 1990, 549.

[10] AG Berlin-Neukölln/LG Berlin WuM 1994, 326; *Emmerich* in Staudinger § 553 BGB Rdn. 4; *Ehlert* in Bamberger/Roth § 553 BGB Rdn. 6; *Franke* in WoBauR § 553 BGB Anm. 4.

[11] So zutr. *Derleder* WuM 1994, 305; *Kandelhard* in Herrlein/Kandelhard § 553 BGB Rdn. 4.

[12] *Franke* in WoBauR § 553 BGB Anm. 4.

[13] **A. A.** *Lammel* § 553 BGB Rdn. 12.

[14] LG Hamburg NJW 2013, 548.

mietzinses erreichen will;[15] wenn ein arbeitsloser Mieter zur Kosteneinsparung untervermieten will;[16] wenn sich der Mieter finanziell entlasten möchte;[17] wenn die verbleibenden Mitglieder einer Wohngemeinschaft durch die Aufnahme weiterer Mitglieder wirtschaftlich entlastet werden;[18] wenn ein Mieter mit Kind einen Untermieter mit Kind aufnehmen will, damit die Kinder gemeinsam erzogen werden können;[19] wenn ein Mieter infolge der Auflösung einer Wohngemeinschaft den Mietzins nicht mehr bezahlen kann;[20] bei Auflösung einer eheähnlichen Gemeinschaft;[21] bei Auszug eines von mehreren Mietern;[22] wenn der Mieter einen Verwandten aufnehmen will, um diesem bei der Lösung seiner familiären Probleme zu helfen;[23] wenn ein Mieter seine in Wohnungsnot geratene Schwester aufnehmen will;[24] wenn ein älterer Mieter Angst vor Vereinsamung hat;[25] wenn ein Mieter nach dem Auszug seiner Ehefrau einen Untermieter aufnehmen will, um den Schwierigkeiten des Alleinlebens zu begegnen;[26] wenn ein Ehepartner aus noch bestehender aber zerrütteter Ehe eine Person des anderen Geschlechts mit ihren Kindern in der Ehewohnung aufnimmt;[27] wenn ein türkischer Mieter seinen Bruder in die Wohnung aufnehmen will, damit dieser sich in Deutschland eingewöhnen kann; wenn eine Mieterin nach Auszug ihres Ehemannes wegen der Verschlechterung ihrer wirtschaftlichen Verhältnisse und zur Betreuung ihres Kleinkindes zwei weitere Personen in die Wohnung aufnehmen will;[28] wenn eine Mieterin mit Kindern eine erwachsene Person mit Kind aufnehmen will um die Wohnkosten zu senken und die Versorgung der eigenen Kinder zu verbessern;[29] wenn der Untermieter bei der Betreuung des Kleinkindes des Mieters helfen soll;[30] wenn nach Auszug des Ehegatten und der Kinder die monatliche Mietbelastung für den verbleibenden Ehegatten zu hoch geworden ist;[31] wenn ein häufig abwesender Mieter einen Dritten aufnehmen will, um das Einbruchsrisiko zu vermindern.[32] Der Gesichtspunkt der finanziellen Entlastung ist allerdings unerheblich, wenn der Mieter mehrere Wohnungen angemietet hat; dann ist ihm zuzumuten eine der mehreren Wohnungen aufzugeben.[33]

Wesentlich ist, dass das Interesse an der Gebrauchsüberlassung nach dem Vertragsschluss entsteht. 6
Hiervon ist auch dann auszugehen, wenn die später eingetretene Entwicklung bereits beim Vertragsschluss absehbar war.[34] Es kommt insoweit nicht darauf an ob der Mieter die später eingetretene Entwicklung hätte voraussehen können.

2. Teil des Wohnraums

Die Regelung in § 553 BGB setzt voraus, dass sich die Gebrauchsüberlassung auf einen Teil der 7
Wohnung beschränkt und dass der verbleibende Teil weiterhin vom Mieter genutzt wird. Dieser Teil des Tatbestandes wird in der instanzgerichtlichen Rechtsprechung und in der Literatur unterschiedlich ausgelegt: **(1)** Teilweise wird die Ansicht vertreten, dass ein Anspruch auf Erteilung der Untermieterlaubnis nur besteht, wenn die Wohnung weiterhin „Lebensmittelpunkt des Mieters" bleibt.[35] **(2)** Nach anderer Ansicht genügt es, wenn der Mieter weiterhin die „Sachherrschaft (Obhut) über

---

[15] LG Hamburg WM 1983, 261.
[16] AG Charlottenburg MM 1986, Nr. 7–8 S. 11; LG Berlin MM 1987, Nr. 4, S. 27; ähnlich LG Landau ZMR 1989, 259 = WM 1989, 510.
[17] LG Mannheim WuM 1997, 263; AG Köln WuM 1995, 654; AG Tempelhof-Kreuzberg GE 2012, 66.
[18] LG Berlin GE 1996, 1053.
[19] AG Hamburg WuM 1985, 87.
[20] AG Berlin-Schöneberg MM 92, 284; AG Hamburg-Altona MM 86, 32; LG Berlin MDR 1983, 132, LG Hamburg WuM 1992, 432; **a. A.** LG Berlin WuM 1982, 192 = ZMR 1982, 280.
[21] LG Hamburg WuM 1989, 510; **a. A.** LG Berlin ZMR 1983, 200.
[22] AG Bielefeld WuM 1992, 122.
[23] LG Kassel WuM 1989, 72.
[24] LG Berlin GE 1991, 879.
[25] AG Hamburg WuM 1990, 500.
[26] LG Berlin GE 1983, 1111.
[27] LG Berlin GE 1986, 659.
[28] LG Berlin MM 1990, 287.
[29] AG Büdingen WuM 1991, 585.
[30] LG Berlin MM 1989,Nr. 5 S. 27.
[31] AG Kandel FamRZ 1989, 505.
[32] LG Lüneburg WuM 1995, 705; AG Köln WuM 1995, 654.
[33] AG Hamburg-Altona ZMR 2015, 382.
[34] AG München ZMR 2014, 735.
[35] OLG Hamm MDR 1998, 1197.

die Wohnung" hat.[36] **(3)** Eine andere Meinung fordert, dass dem Mieter „mindestens die Hälfte des Wohnraums zur Eigennutzung verbleibt".[37] **(4)** Schließlich wird die Auffassung vertreten, dass es genügt, wenn der Mieter weiterhin Mitgewahrsam an einem Teil der Wohnung hat. Eine Untermieterlaubnis scheidet nur dann aus, wenn der Mieter „die Sachherrschaft endgültig und vollständig aufgegeben hat.[38] Der **BGH** hat in dem Urteil vom 23.11.2005 die Auffassung vertreten, dass der Anspruch des Wohnungsmieters auf Erteilung zur Untervermietung nicht davon abhängt, ob der Mieter in der Wohnung seinen Lebensmittelpunkt hat: auch in diesem Fall habe der Mieter ein berechtigtes Interesse an der Untervermietung.[39] Nach dem Zweck der Vorschrift soll dem Mieter auch dann die Wohnung erhalten bleiben, wenn er an einem Teil der Räume keinen Bedarf hat. Des Weiteren sei zu bedenken, dass „der Mobilität und Flexibilität" in der heutigen Gesellschaft zunehmende Bedeutung zukomme. Deshalb könne der Mieter auch dann einen Anspruch auf Erteilung der Erlaubnis haben, wenn er sich überwiegend nicht in der Wohnung aufhalte.[40] In dem Urteil vom 11.6.2014[41] hat er diese Rechtsprechung fortgeführt. Danach genügt es, wenn der Mieter „ein Zimmer einer größeren Wohnung zurückbehält, um hierin Einrichtungsgegenstände zu lagern und/oder dieses gelegentlich zu Übernachtungszwecken (Urlaub, kurzzeitiger Aufenthalt) zu nutzen." Die Entscheidungen des BGH sind im Ergebnis zutreffend.[42] Aus ihnen ergibt sich aber nur, dass der Mieter an der Erteilung der Untermieterlaubnis in den Fällen der hier fraglichen Art ein berechtigtes Interesse hat. Für die Abgrenzung der teilweisen von der vollständigen Gebrauchsüberlassung geben die dargestellten Argumente nichts her.

7a Zunächst ist daran festzuhalten, dass eine lediglich marginale Nutzung der Wohnung nicht ausreicht; andernfalls käme dem genannten Tatbestandsmerkmal keine Bedeutung zu. So ist § 553 BGB nicht anzuwenden, wenn der Mieter die Wohnräume einem Dritten überlassen und lediglich einen Kellerraum oder eine mitvermietete Garage weiterhin selbst nutzen will, etwa um dort Möbel oder Einrichtungsgegenstände aufzubewahren. Gleiches gilt, wenn der Mieter ein Zimmer der Wohnung zu diesem Zweck nutzen will. In diesen Fällen wird die Wohnungsnutzung aufgegeben. Hat der Mieter seinen Wohnsitz dauerhaft an einen anderen Ort verlegt, so ist die Untervermietung einer großen Wohnung mit Ausnahme eines einzelnen Zimmers zum Zwecke einer gelegentlichen Übernachtung der Untervermietung der gesamten Wohnung gleichzustellen. Umgekehrt ist die Anwendung des § 553 BGB auch dann möglich, wenn sich der Mieter nicht ständig in seiner Wohnung aufhält. Dazwischen liegen zahlreiche Fallgestaltungen, bei denen fraglich sein kann, ob lediglich ein Teil oder ob (jedenfalls faktisch) die gesamte Wohnung einem Dritten überlassen werden soll.

8 Nach der hier vertretenen Ansicht setzt § 553 BGB voraus, dass der Mieter auch in Zukunft die Sachherrschaft über die Wohnung ausüben kann. Einen Anspruch auf Überlassung des selbständigen Mietgebrauchs der **gesamten Wohnung** hat der Mieter nicht.[43] Dies gilt auch dann, wenn die Wohnung einem Familienangehörigen[44] dem Partner oder dem Lebensgefährten[45] überlassen wird. Zur Ausübung der Sachherrschaft ist es allerdings nicht erforderlich, dass der Mieter ständig in der Wohnung lebt. Auch derjenige Mieter kann die Sachherrschaft ausüben, der die Wohnung nur an den Wochenenden nutzt.[46] Gleiches gilt für einen Mieter, der für **kürzere oder längere Zeit ortsabwesend** ist.[47] Deshalb kann aus dem Erfordernis der Sachherrschaft nicht abgeleitet werden,

---

[36] *Bieber* in: MünchKomm § 553 BGB Rdn. 6.

[37] *Lammel* in: Wohnraummietrecht § 553 BGB Rdn. 6.

[38] LG Berlin NJW-RR 1994, 1289; LG Hamburg WuM 1994, 535; *Emmerich* in: Staudinger § 553 Rdn. 6; *Lützenkirchen* in: Lützenkirchen, Mietrecht § 553 Rdn. 11; *B. Heilmann* NZM 2016, 74, 75.

[39] BGH NJW 2006, 1200 = NZM 2006, 220 = WuM 2006, 147 = ZMR 2006, 261 = GE 2006, 249.

[40] BGH a. a. O.

[41] BGH (VIII ZR 349/13) NJW 2014, 2717 betreffend einen längeren berufsbedingten Auslandsaufenthalt des Mieters.

[42] **A. A.** Derleder ZMR 2015, 521, 524 danach soll der Mieter „nur bei ganz kurzen Fristen für auswärtige und Auslandsaufenthalte" einen Anspruch auf Erlaubnis haben.

[43] LG Berlin GE 1989, 1111; AG Charlottenburg GE 1987, 1003; *Beuermann* GE 1996, 562.

[44] LG Berlin GE 1989, 1299; LG Cottbus ZMR 1995, 31; **a. A.** AG Wedding GE 2015, 456.

[45] AG Neukölln GE 1996, 1433.

[46] LG Berlin MM 1992, 352.

[47] LG Berlin GE 2007, 783; LG Berlin GE 2011, 1159 betr. die Überlassung der Wohnung an einen Familienangehörigen während der Sommerzeit; AG Tempelhof-Kreuzberg GE 2012, 66: Überlassung einer 1-Zimmer-Wohnung für die Dauer eines Auslandsaufenthalts von 1 Jahr an einen Dritten; vgl. auch AG Stuttgart Beschluss vom 8.2.2012 – 32 C 6091/11 betr. Überlassung einer Wohnung für die Dauer einer vorübergehenden Lehrtätigkeit des Mieters an einem anderen Ort.

dass der Mieter keinen Anspruch auf Erlaubniserteilung hat, wenn die Wohnung nicht mehr den Lebensmittelpunkt des Mieters darstellt.[48] Der Mieter kann dem Untermieter auch gestatten, während seiner Abwesenheit die gesamte Wohnung zu benutzen[49], er darf ihm aber nicht die gesamte Wohnung vermieten.

Die Rechtsprechung hat einen **Anspruch auf Erteilung der Erlaubnis bejaht:** bei längerer krankheitsbedingter Verhinderung an der Wohnungsnutzung;[50] bei längerem Sanatoriumsaufenthalt im Ausland;[51] bei einjährigem berufsbedingtem Auslandsaufenthalt;[52] bei zweijährigem Auslandsaufenthalt;[53] bei zwei- bis dreijährigem Auslandsaufenthalt;[54] bei längerem beruflichen Aufenthalt im Ausland;[55] bei dreijähriger Umschulungsmaßnahme außerhalb des Wohnorts;[56] bei fünfjährigem Aufenthalt in einer anderen Stadt;[57] bei längerer Abwesenheit vom Wohnort[58]: Ein **Anspruch wurde** (zu Unrecht) **verneint:** wenn der Mieter häufiger ortsabwesend ist und der Dritte im wesentlichen für die Wohnung sorgen soll;[59] wenn der Mieter wegen eines Auslandsaufenthalts nicht ausreichend erreichbar ist;[60] wenn der Mieter die Wohnung nur noch ein- bis zweimal die Woche aufsucht.[61] 9

Steht fest, dass der Mieter die **Wohnung (faktisch) aufgegeben** hat, so ist eine Untermieterlaubnis zu versagen. **Beispiele:** wenn ein Ehepaar die Wohnung nur noch selten nutzt, weil beide Eheleute an einem anderen Ort berufstätig sind und dort eine Wohnung angemietet haben;[62] wenn der Mieter nur noch ein Zimmer der Wohnung gelegentlich nutzt;[63] wenn der Mieter die Wohnung nur noch benötigt, um bei gelegentlichen Besuchen am früheren Wohnort eine Unterkunft zu haben;[64] wenn die Mieterin seit vielen Jahren im Ausland als Lehrerin berufstätig ist und nur gelegentlich in die frühere Wohnung zurückkehrt;[65] wenn der Mieter über viele Jahre abwesend ist und die Wohnung nur noch zum Lagern der Möbel benötigt[66]; Ob der Mieter weiterhin seinen früheren Wohnsitz als Haupt- oder Nebenwohnsitz angemeldet hat, spielt hierbei keine Rolle.[67] Hat der Mieter seinen Lebensmittelpunkt in eine andere Wohnung verlegt, so rechtfertigt der Umstand, dass er irgendwann wieder in seine frühere Wohnung zurückkehren will, keinen Anspruch auf Erteilung einer Untermieterlaubnis.[68] 10

Der Mieter hat keinen Anspruch auf Erteilung einer Erlaubnis, wenn der die Wohnung tage- oder wochenweise an **Touristen oder Geschäftsleute** überlassen will).[69] Bei einer ungenehmigten Überlassung ist der Vermieter i. d. R. zur fristlosen Kündigung nach § 543 Abs. 1 BGB berechtigt. Eine Abmahnung ist entbehrlich, wenn zweifelsfrei feststeht, dass der Mieter nicht zur Unter- 10a

---

[48] Insoweit zutreffend: BGH NJW 2006, 1200 = NZM 2006, 220 = WuM 2006, 147 = ZMR 2006, 261 = GE 2006, 249; BGH (VIII ZR 349/13) NJW 2014, 2717; LG Berlin GE 2007, 783; LG Hamburg ZMR 2001, 973, 974.

[49] LG Heidelberg WuM 1987, 316.

[50] AG Berlin-Schöneberg GE 1993, 267.

[51] LG Berlin MM 1992, 284.

[52] AG Berlin-Schöneberg GE 1990, 549.

[53] LG Berlin MM 1986 Nr. 6 S. 37.

[54] BGH (VIII ZR 349/13) NJW 2014, 2717.

[55] LG Berlin NJW-RR 1994, 1289.

[56] BGH NJW 2006, 1200 = NZM 2006, 220 = WuM 2006, 147 = ZMR 2006, 261 = GE 2006, 249; LG Berlin GE 2007, 783; LG Berlin MM 1993, 109.

[57] LG Berlin GE 1981, 439.

[58] LG Berlin GE 1994, 931.

[59] LG Berlin WuM 1992, 192 = ZMR 1992, 280; LG Mannheim WuM 1997, 369 mit abl. Stellungnahme *Mutter* ZMR 1998, 204.

[60] LG Berlin GE 1982, 947; ebenso LG Berlin GE 1995, 565; AG Berlin-Neukölln GE 1990, 259.

[61] LG Berlin GE 2001, 1133.

[62] BGH (VIII ZR 4/05) NJW 2006, 1200.

[63] LG Cottbus ZMR 1995, 31 betr. Nutzung eines Raumes als Arbeitszimmer.

[64] LG Berlin WuM 1991, 483 für gelegentliche Besuche beim Untermieter; AG Berlin-Tiergarten GE 1987, 523 für gelegentliche Übernachtungen in der früheren Wohnung; AG Berlin-Schöneberg GE 1991, 191 für vorübergehende Aufenthalte; **a. A.** wohl BGH (VIII ZR 349/13) NJW 2014, 2717.

[65] LG Berlin WuM 1995, 38.

[66] LG Berlin GE 1995, 1277; **a. A.** wohl BGH (VIII ZR 349/13) NJW 2014, 2717.

[67] LG Cottbus a. a. O.

[68] LG Berlin GE 1994, 703; AG Berlin-Schöneberg GE 1991, 191.

[69] BGH (VIII ZR 210/13) NJW 2014, 622.

vermietung berechtigt war und weitere Umstände hinzutreten, auf Grund derer der Vertragsverstoß als besonders schwerwiegend zu bewerten ist.[70]

3. Nach Vertragsschluss entstandenes Interesse

11 Das Interesse des Mieters an der Untervermietung oder Aufnahme des Dritten muss nach Abschluss des Mietvertrags entstanden sein. Maßgeblich ist nicht der vereinbarte Mietbeginn oder die tatsächliche Überlassung der Wohnung, sondern der Zeitpunkt zu dem der Mietvertrag abgeschlossen wird.[71] Maßgeblich ist, ob nach Vertragsschluss Umstände eintreten, die den Entschluss des Mieters zur Aufnahme des Dritten als gerechtfertigt erscheinen lassen. Dagegen kommt es nicht darauf an, wann der Entschluss zur Aufnahme des Dritten gefasst wird. Die Abgrenzung zwischen dem bereits vorhandenen und dem nachträglichen Interesse kann im Einzelfall schwierig sein. Will der Mieter beispielsweise einen Dritten in die Wohnung aufnehmen um mit diesem in der Art einer eheähnlichen Gemeinschaft zusammenzuleben, so wird es an einem nachträglichen Interesse fehlen, wenn die Beziehung bereits vor Vertragsschluss bestand. Anders kann es sein, wenn sich eine zunächst nur freundschaftliche Beziehung nach Vertragsschluss intensiviert und sich hieraus das Interesse am Zusammenleben ergibt. Die Abgrenzung muss sich am Zweck des Tatbestandsmerkmals orientieren. Es soll verhindert werden, dass der Mieter die Grenzen des vertragsgemäßen Gebrauchs unter Berufung auf § 553 BGB unterläuft.[72] Deshalb ist zu fordern, dass der Mieter konkrete und nachprüfbare Tatsachen vorträgt, aus denen sich ergibt, dass sein Interesse an der Aufnahme des Dritten erst nach Vertragsschluss entstanden ist. Die Situation bei Vertragschluss muss sich von der späteren Situation deutlich unterscheiden.

4. Entgegenstehende Interessen des Vermieters

12 Der Vermieter ist trotz eines berechtigten Interesses des Mieters nicht zur Erteilung der Erlaubnis verpflichtet, wenn in der Person des Dritten ein wichtiger Grund vorliegt, der Wohnraum übermäßig belegt würde oder sonst dem Vermieter die Überlassung nicht zugemutet werden kann (§ 553 Abs. 1 Satz 2 BGB). In früherer Zeit war umstritten, ob der Vermieter nur dann zur Erteilung der Erlaubnis verpflichtet ist, wenn ihm die Person des Dritten namentlich benannt wird, oder ob der Mieter – in einem zweistufigen Verfahren – in der ersten Stufe zunächst klären lassen kann, ob ihm generell ein berechtigtes Interesse an der Aufnahme eines Dritten zusteht und ob sodann der Vermieter in der zweiten Stufe eventuelle Bedenken bezüglich der Person des Dritten geltend machen muss. Diese Frage ist durch den Rechtsentscheid des Kammergerichts vom 11.6.1992[73] geklärt. Danach ist der Vermieter nur dann zur Erteilung einer Untermieterlaubnis verpflichtet, wenn ihm die Person des Untermieters namentlich benannt wird.

13 Im Falle der **Ablehnung der Erlaubnis zur Untervermietung aus personenbezogenen Gründen** sind die Wertentscheidungen des AGG (s. § 535 Rdn. 49ff) zu beachten.[74] Deshalb kann der vom Mieter ausgewählte Untermieter nicht allein wegen seiner Rasse oder wegen der ethnischen Herkunft, des Geschlechts, der Religion oder Weltanschauung, einer Behinderung, des Alters[75] oder der sexuellen Identität abgelehnt werden (§ 1 AGG) Vielmehr müssen konkrete Anhaltspunkte dafür vorliegen, dass der Dritte den Hausfrieden stören oder die Mietsache beschädigen könnte. Ein solcher Fall kann etwa gegeben sein, wenn sich der Dritte bereits in früherer Zeit in dieser Weise verhalten hat. Die Solvenz des Dritten spielt keine Rolle, weil der Dritte nicht gegenüber dem Vermieter für die Verbindlichkeiten aus dem Mietverhältnis haftet.[76] Der Umstand, dass der Dritte Ausländer ist, rechtfertigt die Versagung der Erlaubnis nicht.[77] Wegen des Versagungsgrunds der **Überbelegung** s. § 540 BGB Rdn. 27. Ein **sonstiger Fall der Unzumutbarkeit** kann insbesondere dann vorliegen, wenn der Vermieter durch die Gebrauchsüberlassung an den Dritten unzumutbar belastet würde. Hiervon ist auszugehen, wenn der Mieter einen Teil der Miet-

---

[70] LG Berlin WuM 2015, 31 betr. Vermietung an Berlin-Touristen während eines anhängigen Räumungsverfahrens.

[71] *Bieber* in MünchKomm § 553 BGB Rdn. 7.

[72] *Emmerich* in Staudinger § 553 BGB Rdn. 4.

[73] KG GE 1992, 819 = WuM 1992, 350 = ZMR 1992, 382 = DWW 1992, 240.

[74] AG Berlin-Schöneberg NZM 2016, 195.

[75] AG Berlin-Schöneberg a. a. O.

[76] LG Berlin WuM 1993, 344; *Roquette* § 549 BGB Rdn. 18.

[77] LG Köln WuM 1978, 50 = ZMR 1978, 266; LG Berlin NJW-RR 1994, 1289.

sache einem Dritten überlassen will, obwohl das Hauptmietverhältnis alsbald endet. Hier würde der Vermieter durch die Gebrauchsüberlassung zusätzlich belastet, weil der Dritte durch die Überlassung selbständigen Besitz erwirbt, so dass zur Durchsetzung des Rückgabeanspruchs u. U. ein zusätzlicher Räumungstitel erforderlich wird. Befinden sich die Mieträume innerhalb der Vermieterwohnung, so kann die Gebrauchsüberlassung an einen Dritten ebenfalls unzulässig sein. Ebenso ist die Erteilung der Erlaubnis dem Vermieter nicht zuzumuten, wenn der Mieter in der Vergangenheit einen Teil der Wohnung ohne Erlaubnis des Vermieters untervermietet hat.[78]

Der Vermieter muss die Verweigerung der Erlaubnis zwar nicht von sich aus, wohl aber auf Verlangen des Mieters **begründen.** Dies folgt aus dem Umstand, dass der Mieter diese Information zur Beurteilung der Erfolgsaussichten einer Klage auf Erteilung der Erlaubnis oder einer Kündigung des Mietverhältnisses benötigt. Hat der Vermieter die Gründe der Ablehnung mitgeteilt – sei es freiwillig, sei es auf Verlangen des Mieters –, so muss er sich hieran festhalten lassen (s. im übrigen § 540 BGB Rdn. 75) 14

III. Darlegungspflicht des Mieters

Der Mieter muss gegenüber dem Vermieter die **tatsächlichen Umstände** offen legen, die sein 15
Interesse an der Aufnahme dritter Personen in die Wohnung begründen. Dabei muss deutlich werden, dass und warum diese Umstände erst **nach dem Abschluss des Mietvertrags** entstanden sind. Der Mieter muss daher die Veränderung seiner persönlichen Situation im Vergleich zur derjenigen dartun, die beim Abschluss des Mietvertrags vorgelegen hat. Wird der Anspruch auf Erteilung der Erlaubnis mit wirtschaftlichen Interessen begründet, so muss der Mieter Einzelheiten zu seinen wirtschaftlichen Verhältnissen vortragen.[79] Hat der Mieter persönliche Gründe für die Aufnahme des Dritten, so muss er unter Umständen auch Einzelheiten aus seiner Privatsphäre offenbaren, die seine Motivation belegen.[80] In diesem Zusammenhang muss der Mieter auch mitteilen, ob es sich bei dem Dritten um einen echten Untermieter handelt oder ob dem Dritten der Mitgebrauch an der gesamten Wohnung eingeräumt werden soll. Die Offenlegung von Einzelheiten, welche die Intimsphäre berühren, ist dabei allerdings nicht veranlasst.

Der Mieter muss den **Dritten namentlich benennen,** damit der Vermieter prüfen kann, ob 16
der Erteilung der Erlaubnis personenbezogene Gründe entgegenstehen. Weiterhin ist der Mieter verpflichtet, über die berufliche oder sonstige Tätigkeit des Dritten Auskunft zu geben[81]. Außerdem muss der Mieter die Gründe der Untervermietung mitteilen und darlegen, dass diese Gründe erst nach dem Abschluss des Mietvertrags entstanden sind. Nach wohl überwiegender Ansicht muss der Mieter weder einen Untermietvertrag vorlegen, noch muss er Auskunft über die Höhe des Untermietzinses geben.[82] Diese Ansicht verkennt, dass die Höhe des Untermietzinses im Rahmen des § 553 Abs. 2 BGB in manchen Fällen durchaus von Bedeutung sein kann (s. Rdn. 20).

IV. Erhöhung der Miete

Nach § 553 Abs. 2 BGB kann der Vermieter die Erlaubnis von der Bereitschaft des Mieters zur 17
Zahlung einer höheren Miete (Grundmiete oder Betriebskosten) abhängig machen, wenn ihm die Überlassung nur bei einer angemessenen Erhöhung der Miete zuzumuten ist (s. dazu auch § 558 BGB Rdn. 25, 158). Rechtsdogmatisch handelt es sich hierbei nicht um einen (neben der Miete geschuldeten) „Zuschlag", sondern um eine Vertragsanpassung wegen eines erweiterten Mietgebrauchs.[83] Durch die Erlaubnis wird der Umfang des Gebrauchsrechts des Mieters erweitert; als Gegenleistung hierfür soll der Mieter in eine Erhöhung der Miete einwilligen. Die Mieterhöhung muss also vereinbart werden. Es handelt sich um eine Form der Vertragsanpassung.[84] Der Vermieter

---

78 **A. A.** AG Frankfurt WuM 2016, 209 bei unerlaubter Vermietung an Feriengäste über airbnb.
79 LG Berlin MDR 1993, 45.
80 BGH RE v. 3.10.1984, BGHZ 92, 213 = NJW 1985, 130; WuM 1985, 7 = ZMR 1985, 50.
81 BGH RE v. 3.10.1984, zu § 549 Abs. 2 BGB a. F. BGHZ 92, 213 = NJW 1985, 130; WuM 1985, 7 = ZMR 1985, 50; LG Hamburg NJW-RR 1992, 13 = DWW 1991, 241 = WuM 1991, 585.
82 LG Berlin MM 1993, 109.
83 *Börstinghaus* GE 1996, 88, 90; *Lützenkirchen,* Neue Mietrechtspraxis Rdn. 525; *Ehlert* in Bamberger/Roth § 553 BGB Rdn. 14; **a. A.** LG München WuM 1999, 575.
84 *Proppe* ZMR 2008, 803.

hat keinen gesetzlichen Anspruch auf Zustimmung zur Mieterhöhung; es steht ihm lediglich frei, die Erlaubnis zu verweigern, wenn der Mieter eine Mieterhöhung zu Unrecht ablehnt. Ist der Mieter mit einer Mieterhöhung einverstanden, so kommt eine **freiwillige Änderungsvereinbarung** i. S. v. § 557 Abs. 1 BGB zustande. Die ursprüngliche Mietzinsvereinbarung wird abgeändert. Dies hat zur Folge, dass bei nachfolgenden Mieterhöhungen die Kappungsgrenze aus der abgeänderten Gesamtmiete zu errechnen ist (s. aber auch § 558 BGB Rdn. 158).[85] Die formellen und materiellen Erhöhungsvoraussetzungen der §§ 558 ff. BGB spielen bei der Mieterhöhung keine Rolle.[86] Wurde durch die Mieterhöhung anlässlich der Erteilung der Untermieterlaubnis die ortsübliche Miete bereits erreicht oder überschritten, so ist eine weitere Mieterhöhung nach § 558 BGB nicht möglich.[87] Dabei ist zu beachten, dass die ortsübliche Miete für Wohnungen mit Untermieterlaubnis höher liegen kann, als für Wohnungen ohne diese Erlaubnis.[88] Allerdings wird diese Differenzierung nur bei der Untermiete im engeren Sinn gerechtfertigt sein; die Mietpreise für Wohnungen, die von nichtehelichen Gemeinschaften oder Partnerschaften gemietet worden sind, unterscheiden sich vermutlich nicht von den Mietpreisen, die von Ehepaaren für gleichartige Wohnungen gefordert werden. Bei der Ermittlung der höchstzulässigen Miete nach § 5 WiStG gelten dieselben Grundsätze.

18 Die **Beendigung der Gebrauchsüberlassung** hat auf die Höhe des Mietpreises keinen Einfluss.[89] Etwas anderes gilt, wenn die Parteien anlässlich der Erlaubniserteilung eine Mieterhöhung unter einer auflösenden Bedingung oder eine Mietermäßigung für den Fall der Beendigung der Gebrauchsüberlassung vereinbart haben.[90] Im Einzelfall kann die Vertragsauslegung ergeben, dass solche Zusatzregelungen stillschweigend vereinbart worden sind. Hiervon kann beispielsweise ausgegangen werden, wenn die Parteien die Mieterhöhung als „Untermietzuschlag" bezeichnet haben, weil durch die Verwendung dieses Begriffs zum Ausdruck kommt, dass das erhöhte Entgelt nur für die Zeit der Untermiete gezahlt werden soll.[91]

19 Nach h. M. hängt der **Anspruch des Vermieters auf eine Mieterhöhung** davon ab, ob der Vermieter durch die Aufnahme des Dritten vermehrt belastet wird, etwa durch eine stärkere Abnutzung der Wohnung oder durch eine höhere Belastung mit Betriebskosten.[92] Diese aus dem System der Kostenmiete abgeleiteten Kriterien überzeugen nicht, weil die Betriebskosten entweder ohnehin vom Mieter getragen oder nach § 556 BGB auf den Mieter abgewälzt werden können; eine stärkere Abnutzung der Wohnung durch die Aufnahme eines Dritten fällt bei realistischer Betrachtungsweise ohnehin nicht ins Gewicht. Betrachtet man den erhöhten Mietzins als Gegenleistung für die Einräumung eines erweiterten Mietgebrauchs, so ist es folgerichtig, wenn der Umfang der Mieterhöhung an der zusätzlich erbrachten Leistung des Vermieters gemessen wird. Maßgeblich ist dann, welcher Mietzins für Wohnräume mit vergleichbarer Erlaubnis üblicherweise gezahlt wird.[93]

20 Soll der Dritte neben dem Mieter die Wohnung insgesamt mitbenutzen, etwa in Form einer **nichtehelichen Gemeinschaft** oder einer **Partnerschaft,** so wird es der Üblichkeit entsprechen, wenn sich der Mieter verpflichtet, diejenigen Betriebskosten zu tragen, die durch die Aufnahme des Dritten zusätzlich entstehen. Eine Erhöhung der Grundmiete ist hier nicht angemessen,[94] weil es zwischen den Mietpreisen für Ehewohnungen und den Preisen für Wohnungen von nichtehelichen Gemeinschaften oder Partnerschaften keinen Unterschied gibt. Anders ist es in den Fällen der **echten Untermiete.** Wird der Mietpreis in einem solchen Fall ausgehandelt, so entspricht es der Üblichkeit, dass der Vermieter am Untermietzins partizipiert. Im Regelfall wird ein Betrag von

---

[85] LG Berlin MM 1991, 363; AG Hamburg WuM 1992, 257; *Ehlert* in Bamberger/Roth § 553 BGB Rdn. 18.

[86] *Kraemer/von der Osten* in Bub/Treier Kap III Rdn. 2524; *Bieber* in MünchKomm § 553 BGB Rdn. 11; Pauly WuM 2008, 320; **a. A.** *Lammel* § 553 BGB Rdn. 25.

[87] *Lammel* § 553 BGB Rdn. 25; **a. A.** *Emmerich* in Staudinger § 553 BGB Rdn. 15; *Franke* in WoBauR § 553 BGB Anm. 8.

[88] *Börstinghaus* GE 1996, 88, 90.

[89] AG Kiel WuM 1985, 262; *Sonnenschein* PiG 23, 167, 182; *Roquette* § 549 BGB Rdn. 36; **a. A.** *Sternel* Mietrecht (1988) Rdn. II 269.

[90] *Börstinghaus* GE 1996, 88, 90.

[91] Ähnlich *Pauly* WuM 2008, 320.

[92] *Sonnenschein* PiG 23, 167, 182; *Sternel* Mietrecht (1988) Rdn. II 257; *Kraemer/von der Osten* in Bub/Treier Kap. III Rdn. 2523; *Bieber* in MünchKomm § 553 BGB Rdn. 11; *Ehlert* in Bamberger/Roth § 553 BGB Rdn. 15; *Palandt/Weidenkaff* § 553 BGB Rdn. 6; *Wetekamp* Mietsachen Kap. 1 Rdn. 155.

[93] LG Berlin GE 2016, 1093; *Emmerich* in Staudinger § 553 BGB Rdn. 16; *Pauly* WuM 2008, 320.

[94] AG Trier WuM 1992, 239.

etwa 20% des Untermietzinses angemessen sein.[95] Auf die für preisgebundenen Wohnraum geltenden Untermietzuschläge (§ 26 Abs. 3 NMV) kann hier nicht zurückgegriffen werden.[96] Diese Zuschläge beruhen auf anderen Gesichtspunkten und sind hinsichtlich der Höhe (2,50 € monatlich bei Nutzung des untervermietete Raums durch 1 Person und 5 € monatlich bei Nutzung des untervermietete Raums durch 2 und mehr Personen) für den preisfreien Wohnraum unrealistisch.

Eine Mieterhöhung nach § 553 Abs. 2 BGB wegen einer Gebrauchsüberlassung an einen Dritten kommt nicht in Betracht, wenn der Mieter bereits nach den Vereinbarungen im Mietvertrag berechtigt ist, einen Dritten in die Wohnung aufzunehmen. In diesem Fall liegt keine Gebrauchserweiterung vor, so dass für eine nachträgliche Anpassung des Mietzinses keine Notwendigkeit besteht. **21**

V. Abweichende Vereinbarungen

Nach § 553 Abs. 3 BGB ist eine Vereinbarung unwirksam, die von den Regelungen der Absätze 1 und 2 zum Nachteil des Mieters abweicht. Hierzu gehören alle Vereinbarungen, durch die der Anspruch des Mieters auf die Aufnahme eines Dritten ausgeschlossen oder von weitergehenden als den gesetzlichen Voraussetzungen abhängig gemacht wird. Sog. **„Zölibatsklauseln"**, die sicherstellen sollen, dass der Mieter nicht mit einer Person des anderen Geschlechts zusammenlebt, verstoßen gegen § 553 Abs. 1 BGB.[97] Unwirksam sind auch solche Vereinbarungen, durch die ein **mittelbarer Ausschluss** bewirkt wird (Beispiel: „Die Wohnung darf nur durch 1 Person genutzt werden).[98] Eine Vereinbarung, wonach für den Fall einer künftigen Untervermietung ein **„Untermietzuschlag"** in einer bestimmten Höhe zu zahlen ist, verstößt gegen § 553 Abs. 2 BGB, weil sich das Ob und die Höhe einer Mieterhöhung nach dem Kriterium der Zumutbarkeit richtet; hierüber kann nicht generell, sondern nur entsprechend den Gegebenheiten des Einzelfalls entschieden werden.[99] Vorausvereinbarungen über die **Sicherungsabtretung des Untermietzinses** verstoßen zwar nicht gegen § 553 Abs. 2 BGB;[100] jedoch liegt ein Verstoß gegen § 307 BGB vor, wenn die Abtretung formularmäßig erfolgt.[101] Eine individualvertragliche Vereinbarung, wonach der Mieter „im Fall der Untervermietung … im Ganzen oder teilweise die Forderungen auf Zahlung des Untermietzinses … dem Vermieter in Höhe von dessen Mietforderungen zur Sicherheit" abtritt, genügt nicht dem Erfordernis der ausreichenden Bestimmbarkeit und ist deshalb unwirksam.[102] Werden mehrere Forderungen derart im voraus abgetreten, dass der Umfang dieser Forderungen mit dem Umfang der zu sichernden Forderung verknüpft ist, so muss dem Abtretungsvertrag genau und für jeden Stand der zu sichernden Schuld zu entnehmen sein, welche der abgetretenen Forderungen mit welchem Betrag jeweils auf den neuen Gläubiger übergegangen ist. Die nötige Bestimmbarkeit fehlt, wenn von mehreren Forderungen nicht eine bestimmte Quote, sondern ein summenmäßiger Teil ihrer Gesamtheit ohne Verteilung auf die einzelnen Forderungen als abgetreten bezeichnet wird.[103] Darüber hinaus können individualvertraglich vereinbarte Sicherungsabtretungen bei der Wohnraummiete gegen § 551 BGB verstoßen, wenn der zulässige Höchstbetrag der Sicherheit von 3 Monatsmieten durch eine vom Mieter geleistete Barkaution bereits erreicht ist. **22**

---

[95] AG Hamburg ZMR 2008, 213; LG Berlin GE 2016, 1093; *Pauly* WuM 2008, 320, 321; ähnlich *Hak* in Hannemann/Wiek Handbuch des Mietrechts § 5 Rdn. 53 „10% der Nettomiete oder 20% der vereinbarten Untermiete".

[96] *Emmerich* in Staudinger § 553 BGB Rdn. 16; **a. A.** *Lammel* § 553 BGB Rdn. 25.

[97] *Strätz* FamRZ 1980, 434, 438.

[98] Vgl. AG Lörrach WuM 1988, 361.

[99] LG Hannover WuM 1983, 236; LG Mainz WuM 1982, 191; LG Berlin Urteil vom 27.1.2015 – 16 O 442/14; AG Langenfeld/Rhld WuM 1992, 477; AG Hamburg-Altona WuM 1999, 600; *Börstinghaus* GE 1996, 88; *Emmerich* in Staudinger § 553 BGB Rdn. 18; *Lammel* § 553 BGB Rdn. 24, 28, 30; *Franke* in WoBauR § 553 BGB Anm. 8.

[100] **A. A.** *Sternel* Mietrecht (1988) Rdn. II 257: der Mieter habe einen Anspruch auf die Erteilung der Erlaubnis „ohne wenn und aber"; *Lammel* § 553 BGB Rdn. 28, 31.

[101] OLG Celle WuM 1990, 103; vgl. auch LG Hannover WuM 1989, 511: Verstoß gegen § 3 AGBG; differenzierend: *Thaler/Tachezy* NZM 2000, 1043 mit Formulierungsvorschlägen.

[102] OLG Hamburg WuM 1999, 278; NZM 1999, 806.

[103] OLG Hamburg a. a. O.

VI. Beweislast/Prozessuales

23 S. zunächst § 540 BGB Rdn. 80. Der Anspruch auf Erteilung einer Untermieterlaubnis kann grundsätzlich nicht im Wege der einstweiligen Verfügung erlangt werden. Eine Ausnahme gilt, wenn der Mieter dringend auf die Einnahmen aus der Untermiete angewiesen ist, ein auf Erteilung der Erlaubnis gerichteter Titel nicht zeitnah erlangt werden kann und der dem Mieter bei verzögerter Erlaubniserteilung drohende Schaden schwerer wiegt als die dem Vermieter drohenden Nachteile. Diese Voraussetzungen liegen regelmäßig vor, wenn der Mieter ohne die Einnahmen aus der Untermiete die Mietzahlungen nicht vollständig erbringen kann, so dass ihm die fristlose Kündigung droht.[104] Der Mieter muss im Prozess darlegen und beweisen, dass er ein berechtigtes Interesse an der Aufnahme des Dritten hat und dass dieses Interesse nach Abschluss des Mietvertrags entstanden ist. Der Vermieter muss diejenigen Umstände darlegen und beweisen, aus denen sich sein entgegenstehendes Interesse ergibt. Ist streitig, ob der Mieter dem Untermieter die gesamte Wohnung überlassen hat, so muss der Mieter beweisen, dass er noch in den Räumen wohnt.[105] Als Indiz hierfür kann gewertet werden, wenn der Mieter dort polizeilich gemeldet ist. Eine Abmeldung spricht gegen diese Annahme. Vergleichbare Grundsätze gelten, wenn streitig ist, ob der Mieter einen Dritten in die Wohnung aufgenommen hat. Eine polizeiliche Anmeldung begründet ein Indiz dafür, dass der Dritte auf Dauer in den Räumen wohnt.[106]

24 Die tatsächlichen Voraussetzungen der Mieterhöhung nach § 553 Abs. 2 BGB muss der Vermieter darlegen und beweisen.

---

[104] LG Hamburg NJW 2013, 548.
[105] **A. A.** LG Berlin MM 1992, 353; MM 1993, 109.
[106] **A. A.** AG Hamburg WuM 1983, 327; vgl. auch LG Köln WuM 1983, 327: wenig aussagekräftiges Indiz.

§ 554 *(aufgehoben)*

§ 554a Barrierefreiheit

(1) [1]Der Mieter kann vom Vermieter die Zustimmung zu baulichen Veränderungen oder sonstigen Einrichtungen verlangen, die für eine behindertengerechte Nutzung der Mietsache oder den Zugang zu ihr erforderlich sind, wenn er ein berechtigtes Interesse daran hat. [2]Der Vermieter kann seine Zustimmung verweigern, wenn sein Interesse an der unveränderten Erhaltung der Mietsache oder des Gebäudes das Interesse des Mieters an einer behindertengerechten Nutzung der Mietsache überwiegt. [3]Dabei sind auch die berechtigten Interessen anderer Mieter in dem Gebäude zu berücksichtigen.

(2) [1]Der Vermieter kann seine Zustimmung von der Leistung einer angemessenen zusätzlichen Sicherheit für die Wiederherstellung des ursprünglichen Zustandes abhängig machen. [2]§ 551 Abs. 3 und 4 gilt entsprechend.

(3) Eine zum Nachteil des Mieters von Absatz 1 abweichende Vereinbarung ist unwirksam.

Systematische Übersicht

Alphabetische Schnellübersicht

I. Einleitung

1 Die Vorschrift ist ein Teil des Paradigmenwechsels des Bundes in der Behindertenpolitik. Im Vordergrund der staatlichen und gesellschaftlichen Maßnahmen für Menschen mit einer Behinderung stehen nicht mehr Fürsorge, sondern Selbstbestimmung und Teilhabe am gesellschaftlichen Leben. Vor diesem Hintergrund wurden drei große Gesetze verabschiedet, die im Kern die Teilhabe der behinderten Menschen am gesellschaftlichen Leben fördern und stärken wollen.[1]

2 In diesem Kontext hat sich der Rechtsausschuss im Gesetzgebungsverfahren erstmalig mit der Frage befasst, ob eine Regelung zum **barrierefreien Wohnen** behinderter Menschen aufgenommen werden sollte.[2] Da der Bundesgesetzgeber auch im Privatrecht die Ziele der Gleichbehandlung durch ein zivilrechtliches Antidiskriminierungsgesetz verfolgte[3], lag es nahe, diese Fragen auch im Besonderen Schuldrecht zu erörtern. Er hat sich für eine gesonderte Regelung ausgesprochen und vorgeschlagen, einen neuen § 554a BGB „Barrierefreiheit" einzufügen.[4] Diese Vorschrift sollte die geltende Rechtslage nicht verändern, sondern lediglich auf der Basis der Entscheidung des BVerfG vom 28.3.2000[5] ein **Signal** setzen, die Verhandlungsposition behinderter Menschen gegenüber dem Vermieter stärken und für mehr Rechtsklarheit und Rechtssicherheit sorgen.[6] Konsequenterweise darf daher von der Vorschrift zum Nachteil des Mieters nicht abgewichen werden (Abs. 3).

II. Verhältnis des § 554a BGB zu § 535 BGB

3 Wenn nach dem Willen des Gesetzgebers mit der neuen Vorschrift die Rechtslage nicht verändert, sondern nur verdeutlicht werden sollte (vgl. Rdn. 2), dann bleiben bei Mietereinbauten die bisherigen Grundüberlegungen zur **Mietermodernisierung** maßgeblich. Da der Mieter durch die Kodifizierung des § 554a BGB nicht schlechter gestellt werden sollte, als er nach allgemeinen Vertragsrecht ohne diese spezielle Vorschrift stünde, gehen Ansprüche des Mieters auf Veränderung der Mietsache, deren Grundlagen im vertragsgemäßen Gebrauch zu finden sind, vor. Hierfür ist § 535 BGB die maßgebliche Anspruchsnorm (vgl. § 535 BGB Rdn. 419ff.).

4 Ist aber der Gebrauch der Mietsache wirksam vertraglich eingeschränkt worden, so dass die Durchsetzung der beabsichtigte Maßnahme nicht möglich ist, kann der Mieter nunmehr seinen Anspruch auf § 554a BGB stützen, da dessen Absatz 3 Vereinbarungen zum Nachteil des Mieters für unwirksam erklärt. Voraussetzung ist, dass es sich um eine Maßnahme zur Herstellung der **Barrierefreiheit** handelt. In diesem Fall muss der Mieter aber alle Voraussetzungen der Vorschrift einhalten, insbesondere – sofern der Vermieter dies verlangt – eine zusätzliche Sicherheit für die Wiederherstellung des ursprünglichen Zustandes der Mietsache leisten.

5 Greift der Mieter mit seiner **baulichen Maßnahme** in die Bausubstanz so ein, dass er die Mietsache verändert, wird die damit veränderte Nutzung der Mietsache, häufig auch ohne besondere Vereinbarung vom vertragsgemäßen Gebrauch nicht mehr gedeckt (zum vertragsgemäßen Gebrauch vgl. § 535 BGB Rdn. 230ff.). Allerdings können im Einzelfall besondere Umstände vorliegen, die dem Mieter zwar einen Anspruch auf Erweiterung des vertragsgemäßen Gebrauchs gewähren, der aber im Interesse des Vermieters mit Bedingungen und/oder Auflagen verbunden wird, um die schutzwürdigen (verfassungsrechtlichen) Belange beider Parteien ausreichend zu wahren.[7] Solche Fälle werden ebenfalls von § 554a BGB für den Bereich der Barrierefreiheit erfasst, der

---

[1] Gesetz zur Bekämpfung der Arbeitslosigkeit Schwerbehinderter – BGBl. I 2000, 1394; Sozialgesetzbuch IX – BGBl. I 2001, 1046; Gesetz zur Gleichstellung behinderter Menschen und zur Änderung anderer Gesetze – BGBl. I 2002, 1467.

[2] BT Drucks. 14/5663, S. 167, 168.

[3] Vgl. Diskussionsentwurf eines Gesetzes zur Verhinderung von Diskriminierungen im Zivilrecht vom 10.12.2001 (zur Umsetzung der Richtlinie 2000/43/EG des Rates vom 29.6.2000 – Abl. EG Nr. L 180 S. 22); vgl. jetzt Allgemeines Gleichbehandlungsgesetz (AGG) v. 14.8.2006 – BGBl. I, 1897.

[4] Zur grundsätzlichen Kritik dieser Vorschrift als in jeder Hinsicht misslungen vgl. *Wallrabenstein,* 10 Jahre Mietrechtsreform, S. 511, 512ff.

[5] BVerfG WuM 2000, 298 = NJW 2000, 2658 = GE 2000, 670 = NZM 2000, 539 = MDR 2000, 756 = ZMR 2000, 435.

[6] BT Drucks. 14/5663, S. 165, 166; *Jansen* BBauBl. 2001, 12, 16; zur Kritik wegen mangelhafter Umsetzung der internationalen Anforderungen *Wallrabenstein,* 10 Jahre Mietrechtsreform, S. 511, 514.

[7] BVerfG WuM 1993, 377 = NJW 1993, 2035 = MDR 1993, 728 = ZMR 1993, 405 = DWW 1993, 224 = GE 1993, 796.

zwar hinsichtlich der Zustimmung auf die bauliche Maßnahme abstellt, damit aber inzidenter die Zustimmung zur dadurch bedingten erweiterten „vertragsgemäßen" Nutzung erfasst (s. Rdn. 16).

III. Begriff der Behinderung

Gem. § 3 BGG[8] liegt eine **Behinderung** vor, wenn die körperliche Funktion, geistige Fähigkeit oder seelische Gesundheit eines Menschen länger als sechs Monate von dem für das Lebensalter typischen Zustand abweicht und daher seine Teilhabe am Leben in der Gesellschaft beeinträchtigt ist.[9] 6

Daher erschließt sich der Regelungsgehalt der Vorschrift auch aus der amtlichen Überschrift „Barrierefreiheit". Gem. § 4 BGG sind barrierefrei solche **baulichen Anlagen,** die für behinderte Menschen in der allgemeinen üblichen Weise ohne besondere Erschwernis und grundsätzlich ohne fremde Hilfe zugänglich und nutzbar sind. Es geht bei der Umsetzung der Barrierefreiheit somit um eine Gestaltung des Lebensumfeldes, die Benachteiligungen beseitigt und damit dem Menschen eine gleichberechtigte Teilhabe am Leben in der Gesellschaft und damit eine selbstbestimmte Lebensführung ermöglicht.[10] Dies ist in Zweifelfragen bei der Auslegung der Vorschrift zu beachten.[11] 7

Der Begriff in § 554a BGB „behindert"engerechte Nutzung ist somit nicht im engen Sinne des Sozialrechts zu verstehen, wie etwa in § 3 Schwerbehindertengesetz, sondern soll jede erhebliche und dauerhafte Einschränkung der **Bewegungsfähigkeit** des Mieters erfassen. Auf eine amtliche Anerkennung der Behinderung kommt es somit nicht an. Dabei ist es gleich, ob die Einschränkung bereits bei Abschluss des Vertrages vorhanden ist oder erst im Laufe des Mietverhältnisses entsteht. Der Gesetzgeber wollte vor allem die Gruppe der älteren Menschen mit dieser Vorschrift bevorzugen, die ihre Wohnung altersbedingt umgestalten muss, um nicht in ein Pflegeheim zu ziehen.[12] 8

Die Ursachen der Einschränkung sind unerheblich. Es ist daher gleichgültig, ob es sich um eine körperliche, geistige, krankheits – oder altersbedingte **Behinderung** handelt. Die Behinderung muss aber immer im Zusammenhang mit der Barrierefreiheit gesehen werden. Daher werden auch Maßnahmen zur Einschränkung der **Bewegungsfreiheit** erfasst, wie z. B. das Anbringen von Gittern vor dem Fenster einer Erdgeschoss-Wohnung, um einen geistig verwirrten Angehörigen am Weglaufen zu hindern. Ebenso können zum Schutz des Angehörigen **Sicherheitsvorrichtungen** am Balkon notwendig sein. 9

Unbeachtlich ist auch der **Entstehungsgrund** der Behinderung. Daher kommen auch solche Behinderungen in Betracht, die der Mieter bzw. der Mitbewohner selbst verschuldet oder verursacht hat. 10

Der Anspruch des Mieters ist nicht davon abhängig, wann die Behinderung aufgetreten ist. Daher können auch solche Mieter einen Anspruch geltend machen, deren Behinderung schon vor In-Kraft-Treten des § 554a BGB vorlag oder sonst lange zurückliegt. Eine **Verwirkung** kommt regelmäßig nicht in Betracht, weil der Mieter mit einer Behinderung sein berechtigtes Interesse an der Barrierefreiheit nicht verliert, nur weil er seinen Anspruch nicht sofort geltend macht. 11

Das Gesetz schreibt nicht vor, welchen **Grad** und welches **Ausmaß** die Behinderung haben muss. Es kommt daher allein darauf an, ob der Mieter auf Grund der Behinderung an seiner Teilhabe am gesellschaftlichen Leben (vgl. Rdn. 6, 7) beeinträchtigt ist und dies seine Ursache in dem baulichen Zustand der Wohnung und des Gebäudes (mit) hat. 12

IV. Anspruch des Mieters auf Zustimmung

Da der Mieter mit einer Behinderung die Wohnung lediglich dann ohne Gefahren und Einschränkungen nutzen kann, wenn sie behindertengerecht ausgestattet und der **Zugang** zur Wohnung gewährleistet ist, erwächst daraus das Recht, vom Vermieter die Zustimmung solcher Maßnahmen zu verlangen, die den besonderen Anforderungen der Behinderung Rechnung tragen.[13] 13

---

[8] Behindertengleichstellungsgesetz – BGG – vom 27.4.2002, BGBl. 2002, 1467 (Nr. 28).
[9] LG Bonn ZMR 2012, 276.
[10] *Braun* MDR 2002, 862, 863.
[11] Zum Begriff der Barrierefreiheit siehe *Barfknecht* WuM 2012, 252.
[12] BT Drucks. 14/5663; Nachweis bei *Börstinghaus/Eisenschmid,* S. 200.
[13] BVerfG WuM 2000, 298 = NJW 2000, 2658 = GE 2000, 670 = NZM 2000, 539 = MDR 2000, 756 = ZMR 2000, 435; nicht abgeleitet werden kann daraus eine Pflicht des Vermieters, bei Modernisierungen eine behindertengerechte Aussstattung zu wählen, AG München ZMR 2015, 940 m. Anm. *Klimesch.*

Daher ist auch im Rahmen dieser Vorschrift das sich aus Art. 14 Abs. 1 Satz 1 GG ergebende Nutzungsrechts des Mieters im Kontext mit Art. 3 Abs. 3 Satz 2 GG[14] zu beachten. Danach darf niemand wegen seiner Behinderung **benachteiligt** werden. Das Verbot der Benachteiligung von Menschen mit Behinderung als Teil der objektiven Wertordnung greift in die Auslegung des Zivilrechts ein.[15]

14 In Umsetzung dieser verfassungsrechtlichen Grundsätze gibt die Vorschrift dem Mieter das Recht, vom Vermieter die **Zustimmung** zu baulichen Veränderungen oder sonstigen Einrichtungen zu verlangen, die für eine behindertengerechte Nutzung der Mietsache oder den Zugang zu ihr erforderlich sind und der Mieter ein berechtigtes Interesse daran hat. Überwiegt das Interesse des Vermieters an der unveränderten Erhaltung der Mietsache oder des Gebäudes dem Interesse des Mieters an der behindertengerechten Nutzung der Mietsache, kann der Vermieter seine Zustimmung verweigern. Die berechtigten Interessen anderer Mieter im Gebäude sind bei der Abwägung ebenfalls zu berücksichtigen.

15 § 554a BGB gewährt dem Mieter einen Anspruch auf Zustimmung. Gemeint ist damit die vorherige Zustimmung, also die **Einwilligung** des Vermieters.[16] Der Mieter darf nicht durch einseitiges Tätigwerden die Vermieterinteressen umgehen und vollendete Tatsachen schaffen. Der Vermieter muss vielmehr vor Beginn der baulichen Maßnahme, so wie umgekehrt bei Vermietermaßnahmen im Rahmen des § 554 BGB der Mieter, prüfen können, ob das Anliegen berechtigt ist und ob gewichtige Interessen der Maßnahme entgegenstehen. Damit wird dem Umstand Rechnung getragen, dass der Mieter in die **Gebäudesubstanz** des Vermieters eingreifen und damit den Vertragsgegenstand ändern will. Zur Ausübung seines besonderen, die Behinderung Rechnung tragenden Gebrauchs entspricht die Mietsache in dem angemieteten Zustand nicht oder nicht „mehr" den Anforderungen an die Barrierefreiheit und muss daher der neuen Situation angepasst werden.

16 Rips belegt überzeugend, dass die erforderliche Zustimmung des Vermieters gem. § 554a BGB nicht unmittelbar dazu dient, das Gebrauchsrecht des Mieters an der Mietsache zu erweitern, sondern dazu, den **Vertragsgegenstand** zu ändern, der dann weitere Gebrauchsmöglichkeiten für den Mieter zulässt.[17] Diese „Vertragsänderungstheorie" führt zu zwei Konsequenzen. Zum einen reicht die Zustimmung des Vermieters allein nicht aus, die Maßnahmen des Mieters umzusetzen, wenn sich der Vermieter trotz ersetzter Zustimmung nach § 894 ZPO weigert, die baulichen Arbeiten zuzulassen. In solchen Fällen ist der Mieter gehalten, den Vermieter zusätzlich auf Duldung der Maßnahme in Anspruch zu nehmen[18]. Zum anderen bedarf es beim **Rückbau** während des Mietverhältnisses erneut einer Vertragsänderung (auf den alten Zustand), was bei fehlender Zustimmung des Mieters durch den Vermieter über § 313 BGB durchgesetzt werden muss[19]. Ein Anspruch auf Rückbau kann z. B. in Betracht kommen, wenn das behinderte Mitglied des Mieterhaushalts nicht mehr in der Wohnung wohnt. Dann kommt über den Grundsatz des **Wegfalls der Geschäftsgrundlage** eine Vertragsanpassung in Betracht.

17 Beginnt der Mieter mit baulichen Maßnahmen, ohne vorher die Zustimmung (Einwilligung) des Vermieters eingeholt zu haben, kann er das Mietverhältnis **fristlos** kündigen, wenn die weiteren Tatbestandsvoraussetzungen des § 543 Abs. 1 BGB vorliegen, oder den Mieter auf Unterlassung in Anspruch nehmen. Hält der Mieter in diesem Verfahren dem Vermieter seinen vermeintlichen Anspruch nach § 554a BGB entgegen, ist über diesen mit zu entscheiden.[20]

18 Der Anspruch auf Zustimmung richtet sich gegen den **Vermieter.**[21] Der Vermieter ist nicht immer der Eigentümer, was insbesondere bei der gewerblichen Zwischenvermietung und bei der Untervermietung von Bedeutung ist. Unklar ist, ob der Vermieter nach Treu und Glauben seine Zustimmung versagen kann, solange der Mieter noch Mietrückstände hat (§ 273 BGB).[22]

---

[14] Art. 3 Abs. 3 Satz 2 GG ist in die Verfassung durch Gesetz vom 27.10.1994 (BGBl. I, 1994, 3146) eingefügt worden.

[15] BVerfG BVerfGE 99, 341 = NJW 1999, 1853.

[16] *Rolfs* in Staudinger § 554a Rdn. 17; *Lammel* § 554a Rdn. 3; *Both* in Herrlein/Kandelhard § 554a Rdn. 20; *Blank/Börstinghaus* § 554a Rdn. 5 meint die Erlaubnis, die allerdings vor Durchführung eingeholt werden muss; *Mersson* NZM 2002, 313, 316; **a. A.** *Drasdo* WuM 2002, 123.

[17] *Rips,* Barrierefreiheit gemäß § 554a BGB, S. 74ff.

[18] *Rips,* Barrierefreiheit gemäß § 554a BGB, S. 168; Derleder ZWE 2004, 118, 120.

[19] *Derleder* ZWE 2004, 118, 121.

[20] *Lammel* § 554a Rdn. 4.

[21] Zum Klageantrag auf Zustimmung AG Charlottenburg GE 2014, 1205.

[22] Verneinend AG Flensburg WuM 2015, 733.

Zweifelhaft kann sein, ob der Mieter seinen Anspruch auf Zustimmung gem. § 242 BGB verliert, wenn er bei Anmietung des Objektes nicht auf seine Behinderung oder die eines Mitbewohners hinweist, welche eine Maßnahme zur Schaffung von Barrierefreiheit auslösen kann.[23] Die ratio des Gesetzes verbietet eine solche Annahme, da der Mieter i. S. d. Barrierefreiheit geschützt werden soll.[24] Zudem ist die Behinderung ein höchstpersönlicher Umstand, der wegen Art. 3 Abs. 3 Satz 2 GG nicht zu einer Benachteiligung führen darf und somit nicht mitteilungspflichtig ist.[25] Würde man den potentiellen Mieter zur Preisgabe der Behinderung verpflichten, käme dies einer Verweigerung der Wohnung gleich. Denn kaum ein Vermieter würde die Wohnung einem potentiellen Mieter überlassen, der möglicherweise nicht nur die Wohnung, sondern teilweise auch das Wohnhaus umgestalten darf. Die in den Vorauflagen vertretene Auffassung, wonach die unterlassene Mitteilung im Rahmen der **Interessenabwägung** zu berücksichtigen ist[26], wird aufgeben. 19

V. Art der Maßnahmen des Mieters

Der Mieter hat dafür zu sorgen, dass die baulichen Maßnahmen nach den anerkannten **Regeln der Technik** durchgeführt werden.[27] Daher sind die Vorschriften der Bauordnung einzuhalten. Eigenleistungen kann der Mieter in diesen Fällen nur erbringen, wenn er durch eine entsprechende Ausbildung den Nachweis der Fachkunde erbracht hat. Der Mieter darf im Übrigen auch keine Hilfspersonen hinzuziehen, die den Schutz aus der Haftpflichtversicherung gefährden. 20

1. Bauliche Veränderungen

Der Begriff „bauliche Veränderung" gilt sowohl innerhalb als auch außerhalb der gemieteten Wohnung und soll alle dort vorgenommenen Umbauten erfassen. Es kommt also nicht darauf an, ob der Mieter bauliche Maßnahmen an **Gemeinschaftsflächen** und **-räumen** oder ob er innerhalb seiner Wohnung bauliche Änderungen vornimmt. Der Begriff ist umfassend und schließt grundsätzlich keine Maßnahme aus, da das Korrektiv im Rahmen des Zwecks und der Interessenabwägung zu suchen ist. 21

Bauliche Veränderungen können beispielsweise vorgenommen werden, um die Haus- oder Wohnungstüren zu verbreitern, um wegen der für einen **Rollstuhlfahrer** besseren Erreichbarkeit die Armaturen und Schalter zu versetzen, um eine behindertengerechte **Nasszelle** einzubauen oder um **Türschwellen** zu entfernen. Denkbar sind auch das Verlegen eines rutschsicheren Bodenbelags sowie die Montage von **Stützstangen** oder **Gehhilfen.** Die Überlassung weiterer Schlüssel wird dagegen nicht erfasst.[28] 22

2. Sonstige Einrichtungen

Mit dem Begriff „sonstige Einrichtung" sollen nach dem Willen des Gesetzgebers Maßnahmen erfasst werden, die nicht in die bauliche Substanz massiv eingreifen, sondern lediglich dazu dienen, Vorrichtungen zu installieren (z. B. besondere Griffe, besondere Klingelanlage etc.).[29] Der Begriff der Einrichtung deckt sich mit dem des § 539 Abs. 2 BGB[30]. Genau betrachtet handelt es sich aber auch bei derartigen kleineren Eingriffen um **bauliche Maßnahmen,** so dass es dieses Auffangtatbestandes nicht bedurfte.[31] Zudem sind derartige Eingriffe in die Bausubstanz auch ohne Rückgriff auf § 554a BGB möglich (vgl. § 535 BGB Rdn. 419ff.). An dieser Rechtslage ändert sich nichts. Da 23

[23] So *Lammel* § 554a Rdn. 8.

[24] LG Münster NJW 2009. 3730; *Rips,* Barrierefreiheit gemäß § 554a BGB, S. 99; so i. E. Kinne/Schach/Bieber § 554a BGB Rdn. 2; *Blank/Börstinghaus* § 554a BGB Rdn. 4; *Derleder* ZWE 2004, 118, 120; anders § 305 Abs. 2 Nr. 2 BGB, weil der Klauselverwender nicht immer erkennen kann, ob eine Behinderung vorliegt und daher mit der Offenbarung der Behinderung der Verbraucher geschützt wird.

[25] BVerfG WuM 1991, 463 = NJW 2001, 2411 = ZMR 2001, 366 = DWW 2001, 280.

[26] *Schmid* NJW 2014, 1201, 1202; *Rolfs* in *Staudinger* § 554a Rdn. 7; *Blank/Börstinghaus* § 554a BGB Rdn. 4; Kinne/Schach/Bieber § 554a BGB Rdn. 2.

[27] *Damrau-Schröter* S. 126.

[28] LG Bonn ZMR 2012, 276.

[29] BT Drucks. 14/5663, S. 78 – Nachweis bei *Börstinghaus/Eisenschmid* S. 200; vgl. Beispiel im KG GE 2009, 1555 = WuM 2009, 738 = DWW 2010, 56.

[30] *Bieber* in MünchKomm § 554a BGB Rdn. 7; *Blank/Börstinghaus* § 554a BGB Rdn. 5; *Rolfs* in *Staudinger* § 554a Rdn. 9.

[31] *Mersson* ZMR 2001, 956, 957.

bei der Schaffung der Norm aber auch die Rechtsklarheit und Rechtssicherheit im Vordergrund stand,[32] muss diesem Merkmal nur dann besonderes Gewicht beigemessen werden, wenn es gilt, den Anspruch des Mieters entgegen anderslautenden vertraglichen Regeln durchzusetzen (vgl. Rdn. 4).

VI. Zweck der Maßnahmen des Mieters

1. Behindertengerechte Nutzung der Mietsache

24 Die behindertengerechte Nutzung der **Mietsache** bezieht sich auf die vom Mieter bewohnte Wohnung sowie die mitvermieteten Räume und Gemeinschaftsflächen. Somit fallen darunter auch Balkone, Terrassen oder Kellerräume sowie Waschküchen oder Trockenböden.

2. Zugang zur Mietsache

25 Der behindertengerechte Zugang zur Mietsache betrifft in erster Linie den **Eingangsbereich** des Hauses. Dieser kann beispielsweise durch eine Verbreiterung behindertengerecht umgebaut werden. Auch die Überwindung von Höhenunterschieden durch Bau einer **Auffahrtsrampe** betrifft dieses Merkmal. Wird der Hausflur mit zusätzlichen Haltegriffen versehen oder ein **Treppenlift** eingebaut, dienen diese Maßnahmen ebenfalls dem behindertengerechten Zugang.

26 Zudem sind Veränderungen an vermieteten Garagen und Stellplätzen denkbar, um am Kraftfahrzeug den Ein- und Ausstieg zu ermöglichen. Das können Verbreiterungen sein oder auch **Absperrmaßnahmen,** um den Stellplatz vor einer Fremdbelegung zu sichern.[33] Es wird bezweifelt[34], ob auch die Schaffung eines Abstellplatzes für einen Rollstuhl dem Zugang zur Mietsache dient.

3. Erforderlichkeit

27 Die baulichen Maßnahmen oder die Einrichtungen müssen für die behinderten gerechte Nutzung des Wohnraums erforderlich sein. Die Erforderlichkeit erweitert und begrenzt den Mieteranspruch gleichzeitig. Zum einen stellt dieses Merkmal sicher, dass der Mieter die Zustimmung zu Maßnahmen verlangen kann, die notwendig sind, um seiner Behinderung gerecht zu werden. Die Zustimmung muss für Maßnahmen gegeben werden, die **geeignet** sind, die Nutzung der Mietsache und den Zugang zu ihr barrierefrei zu ermöglichen.[35] Der Vermieter kann somit den Mieter dann nicht auf weniger einschneidende Maßnahmen mit dem Argument verweisen, diese würden die Nutzung oder den Zugang verbessern, wenn sie „noch" nicht barrierefrei (vgl. Rdn. 6, 7) sind.

28 Andererseits hat der Vermieter ein Interesse daran, dass **unnötige** Maßnahmen unterbleiben. Somit hat der Mieter einen Zustimmungsanspruch nur soweit, wie es zur Umsetzung der Barrierefreiheit notwendig ist. Weiter gehende Maßnahmen, auch wenn sie für den Mieter mehr Bequemlichkeit versprechen, wie z. B. die Verbreiterung der Türen über das DIN-Maß hinaus oder der Einbau einer Videokameraanlage[36] muss der Vermieter nicht hinnehmen.

29 Der Begriff der Erforderlichkeit führt aber nicht dazu, dass der Person mit einer Behinderung das **größtmögliche Opfer** an Anstrengung abverlangt werden darf, bevor sie einen Anspruch auf barrierefreies Wohnen umsetzen kann.[37] Mit diesem Merkmal ist keine Zumutbarkeitsprüfung verbunden.[38] Die Wertentscheidung des Gesetzgebers geht vielmehr dahin, Schranken dort abzubauen, wo sie auftreten. Somit sind allein **objektive** Kriterien entscheidend, ob durch bauliche Veränderungen Behinderungen abgebaut oder geschmälert werden können[39], um dem Betroffenen die möglichst uneingeschränkte Teilhabe am gesellschaftlichen Leben zu ermöglichen.

---

[32] Nachweis bei *Börstinghaus/Eisenschmid* S. 200.
[33] *Drasdo* WuM 2002, 123, 124.
[34] *Drasdo* WuM 2002, 123, 124.
[35] Vgl. *Mersson* ZMR 2001, 956, 957.
[36] KG WuM 2009, 738 = GE 2009, 1555 = DWW 2010, 56.
[37] LG Hamburg ZMR 2004, 914.
[38] **A. A.** *Drasdo* WuM 2002, 123, 124.
[39] *Barfknecht* WuM 2012, 252, 257.

4. Der geschützte Personenkreis

Das BVerfG hat in seiner sog. Treppenliftentscheidung[40] hervorgehoben, dass das aus Art. 14 Abs. 1 Satz 1 GG sich ergebende Nutzungsrecht des Mieters im Lichte der grundgesetzlichen Bestimmung des Art. 3 Abs. 3 Satz 2 GG zu sehen ist. Somit wird das Nutzungsrecht, auch wenn der behinderte Angehörige oder Lebensgefährte nicht Partei des Mietvertrages ist, durch diese Grundentscheidung mitgeprägt. Das bedeutet, dass nicht nur der Mieter selbst, sondern alle in seiner Wohnung berechtigterweise **aufgenommenen Personen** von der Vorschrift erfasst werden. Der Zustimmungsanspruch muss aber formal vom Mieter geltend gemacht werden. Da die vertragsgemäße Nutzung der Wohnung zudem auch davon abhängt, ob der Zugang zur Wohnung eröffnet ist, erstreckt sich das Recht des Mieters i. S. v. Art. 14 Abs. 1 Satz 1 GG schließlich auch darauf, dass ihm oder seinem Mitbewohner der „barrierefreie" Zugang zur Wohnung gewährt wird. 30

Mit dem Tatbestandsmerkmal behindertengerechte „Nutzung" wollte der Gesetzgeber verdeutlichen, dass nicht nur auf eine Behinderung des Mieters abzustellen ist, sondern die Umbauten auch bei entsprechender Abwägung zuzulassen sind, wenn in der Wohnung lebende Angehörige oder der Lebensgefährte des Mieters behindert sind. Somit werden auch diejenigen Personen von der Regelung erfasst, die der Mieter **berechtigterweise** in seine Wohnung aufgenommen hat.[41] 31

Der Wortlaut des Absatz 1 Satz 1 nimmt auch den regelmäßigen **Besucher** in den begünstigten Personenkreis auf, da Ausgangspunkt die vertragsgemäße, behindertengerechte Nutzung der Mietsache ist.[42] Sie wird eingeschränkt, wenn der Mieter nicht von Personen besucht werden kann, die wegen einer Behinderung keinen oder nur erschwerten Zugang zur Mieterwohnung finden. Allerdings wird ein solches Mieterinteresse häufig hinter dem berechtigten Interesse der anderen Beteiligten (Vermieter, andere Mieter) zurückbleiben.[43] 32

VII. Berechtigtes Interesse des Mieters

Es hat eine umfassende Interessenabwägung der Vertragsparteien und der Mitmieter in dem Gebäude zu erfolgen. Dabei ist zu berücksichtigen, dass das Bundesverfassungsgericht[44] den Besitz des Mieters an der Wohnung als Eigentum i. S. d. Art. 14 GG ansieht. Die Grenzen des Gebrauchs und damit auch der **Mietermodernisierung** ergeben sich somit schon aus verfassungsrechtlichen Gründen aus einer umfassenden Abwägung der widerstreitenden Interessen. Je schwerer der bauliche Eingriff des Mieters ist, desto stärker gehen die Belange des Vermieters in die Interessenabwägung ein.[45] Umgekehrt ist dem Interesse des Mieters stärker Rechnung zu tragen, je weniger der Vermieter an berechtigten Einwänden geltend machen kann. 33

Allgemeine Abwägungsgründe sind z. B. die Art, Dauer (Heilungschancen), Schwere der Behinderung, Umfang und Erforderlichkeit der Maßnahme, Dauer der Bauzeit, Möglichkeit des Rückbaus[46], bauordnungsrechtliche Genehmigungsfähigkeit, Beeinträchtigung der Mitmieter während der Bauzeit, Einschränkung durch die Maßnahme selbst sowie mögliche Haftungsrisiken des Vermieters auf Grund der ihm obliegenden Verkehrssicherungspflicht.[47] 34

Ein berechtigtes Interesse liegt nicht vor bei Maßnahmen zur Erfüllung einer bloßen **Nützlichkeit**[48] oder **Bequemlichkeit.** Das Interesse des Mieters muss vielmehr in der Schaffung der Barrierefreiheit zu finden sein. Daher reicht es für das Vorliegen eines berechtigten Interesses nicht aus, wenn der Mieter krank ist und als Folge der Krankheit eine Behinderung befürchtet. Vielmehr muss die Behinderung als Folge einer Krankheit unausweichlich sein und zeitlich so nah bevorstehen, dass ein Zuwarten mit der Maßnahme für den Mieter unzumutbar erscheint. 35

---

[40] BVerfG WuM 2000, 298 = NJW 2000, 2658 = GE 2000, 670 = NZM 2000, 539 = MDR 2000, 756 = ZMR 2000, 435.

[41] *Blank/Börstinghaus* § 554a BGB Rdn. 8; *Lammel* § 554a, Rdn. 6.

[42] *Bieber* in MünchKomm § 554a BGB Rdn. 4; *Both* in Herrlein/Kandelhardt § 554a Rdn. 15; **a. A.** *Blank/Börstinghaus* § 554a Rdn. 7; *Lammel* § 554a Rdn. 15; Kinne/Schach/Bieber § 554a BGB Rdn. 7.

[43] *Lammel* § 554a Rdn. 16.

[44] BVerfG WM 1993, 377 = NJW 1993, 2035.

[45] *Haas* § 554a Rdn. 10.

[46] LG Duisburg ZMR 2000, 463.

[47] BT-Drucks. 14/5663, S. 165, 167; LG Duisburg ZMR 2000, 463.

[48] *Mersson* ZMR 2001, 956, 957.

VIII. Das Recht zur Verweigerung der Zustimmung

1. Interesse des Vermieters an der unveränderten Erhaltung

36 So wie die Interessen des Mieters, sind auch die Interessen des Vermieters umfassend zu würdigen. Wird ein Mieteranspruch bejaht, ist der Vermieter zur Zustimmung verpflichtet. Die Vornahme der Arbeiten durch den Vermieter kann der Mieter dagegen nicht fordern. Der Mieter muss die Arbeiten selbst und auf eigene Kosten durchführen.

37 Der Vermieter kann dem Mieter zum einen berechtigte Auflagen bei der Durchführung der Maßnahmen machen[49], die wegen der Hausgemeinschaft erforderlich werden. Seine **Fürsorgepflicht** (vgl. § 535 BGB Rdn. 99 ff.) erfordert das Eingreifen dort, wo berechtigte Interessen der anderen Mieter betroffen sind. Er kann somit – soweit dies bautechnisch unbedenklich ist – Vorgaben über Art und Umfang oder über den Zeitpunkt einzelner Vorgehensweisen machen. Die Auflagen sind keine zum Nachteil des Mieters abweichende Vereinbarungen i. S. d. Absatz 3. Sie beeinflussen ihrerseits die Interessenabwägung. Sind mehrere gleich taugliche und gleich teure Lösungen möglich, hat der Mieter diejenige zu wählen, die dem Vermieterinteresse bzw. dem Bewohnerinteresse am ehesten gerecht werden.[50]

38 Da der Mieter mit seinen Maßnahmen in die **Bausubstanz** des Mietobjektes eingreift, hat der Vermieter ein berechtigtes Interesse daran, dass die Maßnahmen sach- und fachgerecht ausgeführt werden. Daher sind die Maßnahmen durch einen **Fachbetrieb** auszuführen. Der Mieter darf nur dann in Eigenleistung tätig werden, wenn er die notwendige Fachkunde besitzt.[51]

39 Besteht bei einer vom Mieter durchzuführenden baulichen Maßnahme ein **Schadensrisiko,** kann der Vermieter als maßgeblichen Gesichtspunkt für die Interessenabwägung einbringen, dass der Mieter eine entsprechende Haftpflichtversicherung abzuschließen hat[52] (vgl. auch § 535 BGB Rdn. 431 ff.). Eine Haftungsübernahmeerklärung des Mieters kann für dieses Sicherungsbedürfnis des Vermieters dann nicht einer Haftpflichtversicherung gleichgestellt werden, wenn die Erklärung nicht sicherstellt, dass jederzeit ausreichende Mittel zur Behebung eines Schadens zur Verfügung stehen.

40 Zu den in die Abwägung einfließenden Interessen gehören nicht nur Haftungsfragen und technische Gründe, sondern auch rechtliche Überlegungen, wie z. B. Belange des **Denkmalschutzes.** Aber auch bau- und nachbarrechtliche Erwägungen können im Einzelfall in die Abwägung einbezogen werden. **Alternative** Lösungsmöglichkeiten müssen hinsichtlich ihres bautechnischen Risikos, ihrer Kosten und ihres Umfangs in die bauliche Substanz abgewogen werden. Der Vermieter hat nicht von vornherein ein Bestimmungsrecht.[53] Soweit das Gebäude in seinem Erscheinungsbild beeinträchtigt wird, ist dies ebenfalls zu berücksichtigen.[54] Insbesondere sind auch wirtschaftliche Überlegungen in die Abwägung einzubeziehen, wie z. B. die Kosten und der technische Aufwand für die Rückbaumaßnahmen sowie die Höhe der vom Mieter zu leistenden Sicherheit.

41 Für den Vermieter ist auch von Bedeutung die Regelung über neu anfallende oder erhöhte **Betriebskosten.** Dieser Gesichtspunkt kann auch die Interessen der anderen Mieter berühren. Der Vermieter wird vor Zustimmung sicherstellen, dass neue oder höhere Betriebskosten vom bauwilligen Mieter zu tragen sind und dieser auch für die Reinigung, Instandhaltung und Sicherheit zu sorgen hat.

42 Zweifelhaft kann sein, ob der Mieter, der bauliche Maßnahmen an **Gemeinschaftseinrichtungen** vornimmt, z. B. die Errichtung einer Auffahrtsrampe im Eingangsbereich, andere Mieter von der Nutzung ausschließen kann. Das wird man bei neuen eigenständigen Anlagen, z. B. Treppenlift, grundsätzlich bejahen müssen (vgl. aber Rdn. 43). Anderes gilt jedoch bei reinen Umbaumaßnahmen, da die gemeinschaftlich nutzbaren Bauteile ihren Charakter als Gemeinschaftsanlagen nicht dadurch verlieren, dass sie umgebaut werden. Zudem ist es dem Vermieter häufig nicht möglich, ohne gesonderten Aufwand die alleinige Nutzung durch den betroffenen Mieter zu überwachen.

---

[49] *Drasdo* WuM 2002, 123, 126.

[50] *Blank/Börstinghaus* § 554a BGB Rdn. 11; *Mersson* NZM 2002, 313, 316.

[51] OLG Frankfurt/M. WuM 1992, 458 = NJW 1992, 2490 = GE 1992, 871 = ZMR 1992, 435 = DWW 1992, 308 = MDR 1992, 869 zu Parabolantennen.

[52] *Damrau-Schröter,* Modernisierung S. 123.

[53] **A. A.** *Drasdo* WuM 2002, 123, 125.

[54] Vgl. Beispiele bei *Mersson* ZMR 2001, 956, 958; *Drasdo* WuM 2002, 123, 125.

Eine **Auffahrtsrampe** bedarf i. d. R. keiner besonderen Wartung und führt auch dann kaum zu Problemen, wenn sie von anderen Mietern mitbenutzt wird. Dies ist anders, wenn z. B. ein **Treppenlift** von anderen in der Bewegungsfähigkeit eingeschränkten Mietern des Hauses beansprucht wird, was der den Treppenlift einbauende Mieter gem. § 242 BGB zu dulden hat. Sonst müsste jeder weitere gehbehinderte Mieter des Hauses ebenfalls einen Treppenlift einbauen, was aber – wenn technisch überhaupt möglich – für den Vermieter unzumutbar wäre. Mieter, die mit dem Gebrauch der Mietereinbauten nur ein Nutzungsinteresse außerhalb der Barrierefreiheit verwirklichen wollen (z. B. die Nutzung des Treppenlifts, um schwere Gegenstände zu transportieren), haben keinen Anspruch auf Nutzung der Einrichtung. 43

Neben der Durchführung von Wartungs- und Reparaturarbeiten sind für technische Anlagen regelmäßig auch **Betriebskosten** aufzubringen. Der Vermieter ist von derartigen Belastungen freigestellt, weil er nur den Einbau und den dadurch erweiterten vertragsgemäßen Gebrauch zu dulden, aber keine weiteren vertraglichen Verpflichtungen zu übernehmen hat, wie beispielsweise anfallende Reparaturen, Wartungen oder gar die Vornahme einer Betriebskostenabrechnung. Wird eine solche Anlage von mehreren Mietern des Hauses genutzt, erfolgt der Ausgleich der laufenden Kosten innerhalb der Mietergruppe nach den Grundsätzen des Gemeinschaftsrechts (§ 741 ff. BGB), die auch bei Aufhebung der Gemeinschaft sachgerechte Lösungen zulassen. 44

2. Interesse der anderen Mieter

Nicht geregelt wurde der Fall, bei dem die baulichen Maßnahmen in einer **Eigentumswohnung** stattfinden[55] und damit nicht die Interessen anderer Mieter, sondern die anderer Eigentümer berührt werden. Da von den baulichen Maßnahmen aber auch Gemeinschaftseigentum betroffen sein kann, sind in diesen Fällen die Interessen der anderen Eigentümer bzw. deren Mieter in die Abwägung einzubeziehen[56] (s. im Übrigen Rdn. 66). 45

Beachtlich sind die Interessen anderer Mieter in dem Gebäude. Nicht unter die Vorschrift fallen somit die Interessen anderer Mieter, die in einem anderen Gebäude, wenn auch auf dem gleichen Grundstück, wohnen. 46

Die Interessen anderer Mieter können beeinträchtigt sein, wenn sie durch die Maßnahme in der Nutzung beeinträchtigt werden, z. B. bei einem durch den Einbau eines Treppenliftes verengten Hausflur oder bei Maßnahmen im Zugangsbereich, die gleichzeitig den Zugang der anderen Mieter, z. B. in den Keller etc. erschweren. Die Installation einer **Videoüberwachungsanlage** im Treppenhaus stellt einen Eingriff in das Selbstbestimmungsrecht der Mitbewohner dar. Wenn damit dem Sicherheitsbedürfnis des behinderten Mieters Rechnung getragen werden kann, muss ausgeschlossen sein, dass eine Aufzeichnung der von Hausbewohner und -besuchern gefertigten Aufnahmen erfolgt[57]. Leben mehrere Menschen mit unterschiedlicher Behinderung in dem Haus, dürfen die Maßnahmen des einen nicht die Erleichterungen des anderen zunichte machen. Grundsätzlich unbeachtlich sind rein optische Beeinträchtigungen, da diese allein nach subjektiven Kriterien zu beurteilen sind. 47

Die Interessen der anderen Mieter sind einzeln zu prüfen. Es gibt keine **Mehrheitsentscheidung** der restlichen Mieter. 48

§ 554a BGB schränkt die Rechte anderer Mieter insoweit ein, als sie Maßnahmen dulden müssen, die möglicherweise ihren vertragsgemäßen Gebrauch beschränken. Weiter gehende vertragliche Einschränkungen der anderen Mieter sind dem § 554a BGB jedoch nicht zu entnehmen. Der durch eine Maßnahme eines Mitmieters insoweit durch § 554a BGB in seinem Gebrauchsrecht eingeschränkte Mieter (Mangel) verliert somit seinen Erfüllungsanspruch, da der Vermieter gem. § 275 Abs. 1 BGB von seiner Leistungspflicht wegen Unmöglichkeit frei wird. 49

Ist der Zustand der Mietsache somit ein anderer als vertraglich vereinbart, kann der Mieter dennoch wegen des dadurch bedingten eingeschränkten Gebrauchs auch nicht gem. § 536 BGB die Miete **mindern**[58]. Zwar ist es im Rahmen des § 536 BGB nicht erforderlich, dass der Vermieter den Mangel zu vertreten hat. Aber der Gesetzgeber hat zu Gunsten der Barrierefreiheit eine Vorschrift geschaffen, die bei wohlverstandenem Interessenausgleich das Gewährleistungsrecht der Mit- 50

[55] Dazu unten Rdn. 50ff.
[56] *Derleder* ZWE 2004, 118, 120.
[57] AG Köpenick MM 2004, 79.
[58] *Blank/Börstinghaus* § 554a Rdn. 22; *Mersson* NZM 2002, 313, 318; *Rolfs* in Staudinger § 554a Rdn. 20; Kinne/Schach/Bieber § 554a BGB Rdn. 4.

mieter überlagert. Das ergibt sich schon daraus, dass gem. § 554a Abs. 1 Satz 3 BGB die Interessen der anderen Mieter in die Abwägung einzubeziehen sind. Sie unterliegen mit Ihrem Eigentum i. S. d. Art. 14 GG[59] in gleicher Weise der Sozialpflichtigkeit wie der Vermieter und Eigentümer.[60] Ist es ihnen danach zumutbar, die Maßnahmen zur Barrierefreiheit hinzunehmen, liegt eine nur unwesentliche Beeinträchtigung des Mietgebrauchs vor. Sie können nicht über den Umweg der Geltendmachung von Gewährleistungsrechten die praktische Umsetzung der Barrierefreiheit erschweren[61].

51 § 536a BGB verlangt für einen **Schadensersatz** des Mieters in seiner zweiten und dritten Alternative ein Verschulden des Vermieters, was bei der Duldung im Rahmen des § 554a BGB ausgeschlossen ist. Hat der Vermieter den Mieter bei Abschluss des Vertrages nicht über schon geplante und ihm bekannte Maßnahmen nach § 554a BGB unterrichtet, kommt nicht ein Schadensersatzanspruch nach § 536a BGB 1. Alternative, sondern ggf. ein Anspruch wegen Verletzung der Aufklärungspflicht (c. i. c.) in Betracht (s. § 536 BGB Rdn. 607ff.).

52 Dem Wortlaut nach kann der Mieter gem. § 543 Abs. 2 Nr. 1 BGB das Vertragsverhältnis **kündigen,** wenn die mit der baulichen Maßnahme gem. § 554a BGB verursachte Beeinträchtigung des Gebrauchs einen nachträglichen Mangel darstellt. Aus den unter Rdn. 49 genannten Gründen ist aber dieses Kündigungsrecht ausgeschlossen, weil schon bei der Abwägung der Interessen aller Betroffenen zur Prüfung der Duldungspflicht die Zumutbarkeit der baulichen Maßnahme geprüft und bejaht wurde. Zudem ist bei einer nur unwesentlichen Beeinträchtigung das Kündigungsrecht nach § 543 Abs. 2 Nr. 1 BGB ausgeschlossen[62] (s. § 536 BGB Rdn. 60f.).

3. Zusätzliche Sicherheit für die Wiederherstellung

53 Nach Beendigung der Mietzeit ist der Mieter mangels einer anderen ausdrücklichen Regelung dazu verpflichtet, den **ursprünglichen Zustand** wieder herzustellen und etwaige Schäden zu beseitigen (§ 546 Abs. 1 BGB). Der Vermieter kann von dem Mieter verlangen, dass dieser für diesen Wiederherstellungsanspruch eine zusätzliche Sicherheit bietet. Verweigert der Mieter eine **zusätzliche** Sicherheit, kann auch der Vermieter seine Zustimmung verweigern. Die angemessene Sicherheitsleistung durch den Mieter ist daher, wenn sich der Vermieter darauf beruft, Voraussetzung seiner Zustimmungspflicht[63].

54 Diese „zusätzliche" Sicherheit ist unabhängig von der **Kautionszahlung** gem. § 551 BGB. Die Höhe der Sicherheit (vgl. Rdn. 58ff.) wie auch die Art der Sicherheit hängen von den vertraglichen Vereinbarungen ab. Insbesondere kommen nach der Gesetzesbegründung[64] folgende Absprachen in Betracht: eine Barkaution, eine Bürgschaft, die Abtretung einer Sparbuchforderung oder die Verpflichtung eines öffentlichen Trägers zur Kostenübernahme.

55 Sind keine vertraglichen Vereinbarungen getroffen worden, so kann der Mieter eine angemessene Kaution anbieten. Der Begriff der Angemessenheit hat in dieser Vorschrift eine Doppelfunktion. Er bezieht sich sowohl auf die Höhe als auch auf die Art der Kaution[65]. Der Mieter kann daher eine dem Gesetzeszweck dienliche Sicherheit leisten. Die in § 232 Abs. 1 BGB genannten Sicherheiten haben für die Fälle des § 554a BGB keine praktische Bedeutung, da dieser sich nur auf Wohnraummietverhältnisse bezieht und diese Mieter eher selten die dort genannten Sicherheiten anbieten werden. Dennoch sind Sie möglich, wenn sich Mieter und Vermieter auf die Art der Kaution nicht einigen können. Unter Umständen kann daher auch ein tauglicher Bürge gestellt werden (§ 232 Abs. 2 BGB), wenn der Schuldner nicht in der Lage ist, andere Sicherheiten zu erbringen.

56 Können sich die Parteien somit über die Art der Sicherheit nicht einigen, steht das **Wahlrecht** dem Mieter zu[66], weil auch im Rahmen des § 232 Abs. 1 BGB der Verpflichtete die Wahl hat, welche der dort aufgeführten Sicherheiten er leisten will[67]. Wegen der erforderlichen Angemessenheit

---

[59] BVerfG WuM 1993, 377 = NJW 1993, 2035 = MDR 1993, 728 = GE 1993, 796 = ZMR 1993, 405 = DWW 1993, 224.
[60] *Rolfs* in Staudinger § 554a Rdn. 20.
[61] **A. A.** *Rips,* Barrierefreiheit gemäß § 554a BGB, S. 139.
[62] *Kandelhard* in Herrlein/Kandelhard § 543 Rdn. 41.
[63] Erman/*Lützenkirchen* § 554a Rdn. 9.
[64] Begründung des Rechtsausschusses zu § 554a BGB, BT-Drucks. 14/5663; Nachweis bei *Börstinghaus/Eisenschmid* § 554a, S. 201.
[65] *Geldmacher* DWW 2002, 182, 184.
[66] *Blank/Börstinghaus* § 554a Rdn. 15; **a. A.** *Geldmacher* DWW 2002, 182, 184.
[67] Palandt/*Heinrichs* § 232 Rdn. 1; Erman/*Schmidt-Räntsch* § 232 Rdn. 8.

kommen grundsätzlich nur solche Sicherheiten in Betracht, die dem Vermieter im Bedarfsfall auch zur Verfügung stehen, ohne dass er sie erst einklagen muss. Die vertragliche Übernahme der **Rückbaukosten** durch Dritte (z. B. Sozialamt) ist als Sicherheitsleistung für den Vermieter nur akzeptabel, wenn entsprechend § 232 Abs. 1 BGB, wie bei der Stellung eines Bürgen, der Mieter nicht in der Lage ist, andere Sicherheiten zu erbringen.

Die Regelung über die Sicherheit hat **Signalwirkung** für andere Formen der Mietermodernisierung. Zwar wurde durch Rechtsentscheid klargestellt, dass der Mieter z. B. bei Errichtung einer Parabolantenne dem Vermieter Sicherheit für die Rückbaukosten zu gewähren hat.[68] Dennoch ist bislang umstritten, ob diese Sicherheitsleistung im Rahmen der Mietkaution[69] oder neben der Mietkaution zu erbringen ist.[70] Der Gesetzgeber hat die Interessenlage des Vermieters gesehen und entschieden, dass seine Zustimmung bei den hier besprochenen Modernisierungsmaßnahmen von einer angemessenen Sicherheitsleistung für den Rückbau abhängig gemacht werden kann. Dieser Rechtsgedanke ist auf andere bauliche Maßnahmen des Mieters zu übertragen, da die Interessenlage für den Vermieter die Gleiche ist.[71] 57

§ 554a BGB verweist auf § 551 Abs. 3 und 4 BGB. Damit ist zunächst klargestellt, dass die Sicherheit nicht in Teilleistungen erbracht werden darf und fällig ist, bevor mit den Bauarbeiten begonnen wird.[72] Der Mieter ist insoweit **vorleistungspflichtig.**[73] 58

Der Höhe nach hat sich die Angemessenheit an dem Umfang der voraussichtlichen Rückbau- und Entsorgungskosten zu orientieren.[74] Soweit das Objekt durch die Maßnahmen des Mieters an Wert verliert, kann dies die Höhe der Sicherheitsleistung beeinflussen. Die Angemessenheit ist notfalls durch **Sachverständigengutachten** festzustellen. Absatz 2 will den Vermieter von allen Kosten für die Wiederherstellung des ursprünglichen Zustandes freistellen. Daher entspricht es der gesetzlichen Regelung, wenn der Mieter auch mit den Kosten für den Nachweis der Angemessenheit belastet wird.[75] 59

Die Feststellung der angemessenen Höhe der Sicherheit führt zu Problemen, wenn das Mietverhältnis als qualifizierter Zeitmietvertrag (§ 575 BGB) auf Dauer angelegt ist. Aber auch bei unbefristeten Mietverhältnissen ist regelmäßig von langen Mietzeiten auszugehen, weil anderenfalls der Mieter von erheblichen Investitionen schon aus wirtschaftlichen Gründen absehen würde. Nach einem langen Zeitraum können aber im Bedarfsfall wegen steigender Baukosten die dann aktuellen Preise durch die Kaution nicht mehr ausreichend gesichert sein. Dem Vorschlag[76], bei der Bemessung der Höhe der Sicherheit die prognostizierte **Kostenentwicklung** im Bausektor schon einzukalkulieren, ist beizupflichten, obwohl er risikobehaftet ist. Der Vermieter soll umfassende Sicherheit haben, dass der spätere Rückbau finanziell abgesichert ist.[77] 60

Unklar bleibt indessen, ob der Vermieter im laufenden Mietverhältnis einen Anspruch auf **Anpassung** der Höhe der Sicherheit hat, wenn festgestellt wird, dass sich die Rückbaumaßnahmen nicht mit dem ursprünglich geschätzten Kostenaufwand durchführen lassen. Die Anwendung des § 240 BGB wird allgemein für unzulässig erachtet (s. § 551 BGB Rdn. 59).[78] Im Rahmen der Kautionszahlung nach § 551 BGB wird bei steigenden Mieten das Recht auf Anpassung der Kautionshöhe[79] selbst bei einer entsprechenden Vereinbarung verneint.[80] Das spricht dafür, auch hier dem Vermieter grundsätzlich ein Erhöhungsrecht aus einer entsprechenden Vereinbarung zu versagen[81], 61

---

[68] OLG Karlsruhe, Rechtsentscheid v. 24.8.1993 – 3 REMiet2/93 = WM 1993, 525 = NJW 1993, 2815 = ZMR 1993, 511 = DWW 1993, 294 = GE 1993, 1151; OLG Frankfurt/M. WM 1992, 458 = NJW 1992, 2490.

[69] LG Berlin MM 1999, 441.

[70] LG Berlin GE 1994, 1121.

[71] Ausführlich zum Problem einer zusätzlichen Kaution: *Börstinghaus* NZM 2008, 558.

[72] *Haas* Rdn. 15.

[73] Kinne/Schach/Bieber § 554a Rdn. 9.

[74] AG Pankow-Weißensee GE 2013, 555.

[75] *Drasdo* WuM 2002, 123, 127.

[76] *Blank/Börstinghaus* § 554a Rdn. 16; *Mersson* ZMR 2001, 956, 958.

[77] Stellungnahme des Rechtsausschusses, Nachweis bei *Börstinghaus/Eisenschmid,* S. 201; wohl **a. A.** *Rips,* Barrierefreiheit gemäß § 554a BGB, S. 129.

[78] *Sternel* MDR 1983, 268.

[79] Palandt/ *Weidenkaff* § 551 Rdn. 9; *Wetekamp,* Mietesachen, Kap. 3 Rdn. 22.

[80] *Derleder* WuM 2002, 239, 241; Emmerich in: Staudinger § 551 BGB Rdn. 9; Ehlert in: Bamberger/Roth § 551 BGB Rdn. 19; *Lammel,* § 551, Rdn. 18; **a. A.** *Blank/Börstinghaus* § 551 Rdn. 49.

[81] *Both* in Herrlein/Kandelhardt § 554a Rdn. 25; *Bieber* in MünchKomm § 554a Rdn. 18; **a. A.** *Hinz* in Dauner-Lieb/Heidel/Ring, BGB, § 554a Rdn. 36.

da gem. Abs. 2 die Grundsätze des § 551 Abs. 3 und 4 BGB auch auf diese Sicherheitsleistung anzuwenden sind.

62 Für die **Angemessenheit** der Höhe der Sicherheitsleistung ist der Vermieter darlegungs- und beweispflichtig.[82] Das ergibt sich aus dem Aufbau der Vorschrift. Der Vermieter kann dem grundsätzlichen Zustimmungsanspruch des Mieters entgegenhalten, dass keine angemessene Sicherheit geleistet ist. Somit obliegt es ihm, dem Vermieter, die fehlende Angemessenheit vorzutragen und darzulegen. Daher kann er diesen – unterlassenen – Einwand nicht mehr vortragen, wenn er die Zustimmung gegeben hat.[83]

63 Die Sicherheit ist mangels einer anderweitigen gesetzlichen Regelung spätestens bei Beginn der Baumaßnahme fällig (§ 271 BGB). Überlässt der Mieter dem Vermieter eine Sicherheit in Geld, dann hat er sie wie eine Mietkaution treuhänderisch anzulegen. Sie unterliegt somit der gesetzlichen Verzinsungspflicht[84]. Die Parteien können aber auch eine andere Anlageform vereinbaren (§ 551 Abs. 3 BGB). Generell ist anzuraten, wegen der häufig nicht unerheblichen Beträge, schriftliche Vereinbarungen zu treffen. Die für eine **Mietkaution** vorgesehenen Regelungen in § 551 Abs. 1 und Abs. 2 BGB sind nicht anzuwenden. Daher wird die Sicherheit nicht auf drei Monatsmieten beschränkt. Zu Teilleistungen ist der Mieter nicht berechtigt.

64 Die Sicherheit dient der Wiederherstellung des ursprünglichen Zustandes (Abs. 2). Die Sicherheit ist daher **zweckgebunden.**[85] Somit ist der Vermieter nicht berechtigt, sich während der Mietzeit außerhalb des Sicherungszwecks aus der Kaution zu bedienen. Bei Beendigung des Mietverhältnisses darf er auch Teile der Sicherheit nicht zur Abdeckung anderer Forderungen verwenden, so lange die Zweckbindung noch besteht, also die Wiederherstellungsmaßnahmen nicht abgeschlossen und mit dem Sicherheitsbetrag beglichen sind.

65 Will der Vermieter nach Beendigung des Mietverhältnisses auf den **Rückbau** verzichten, weil er die Maßnahmen des Mieters übernehmen will, richtet sich die Rechtslage nach den allgemeinen Vorschriften über das Wegnahmerecht des Mieters (§ 539 Abs. 2 BGB) und die Übernahme durch den Vermieter (§ 552 BGB).[86]

IX. Die Eigentumswohnung

66 Die Vorschrift des § 554a BGB weist insofern Schwächen auf, weil sie das Mietverhältnis mit dem Vermieter ignoriert, der eine Eigentumswohnung vermietet hat.[87] Sind die Interessen von selbstnutzenden Wohnungseigentümern berührt, gilt § 554a BGB analog[88]. Verlangt der Mieter einer Eigentumswohnung Maßnahmen, die nur das Sondereigentum betreffen, wird die Abwägung so vorzunehmen sein, wie bei einem sonstigen Vermieter. Schwierigkeiten können aber solche Fälle bereiten, bei denen der Mieter **Eingriffe** in das Gemeinschaftseigentum vornehmen will, z. B. bei Veränderungen im Treppenhaus,[89] der Wohnungseingangstür[90], bei der Beseitigung von tragenden Wänden,[91] oder bei der Herstellung einer Rollstuhlrampe.[92]

67 Dieser Konfliktfall wird dahingehend gelöst, dass der Mieter einer Eigentumswohnung gegenüber seinem Vermieter die **gleichen** Rechte hat, wie gegenüber anderen Vermietern. Verlangt somit der Mieter die Zustimmung nach § 554a BGB, ist der Vermieter verpflichtet, eine Wohnungs-

---

[82] **A. A.** *Drasdo* WuM 2002, 123, 127.

[83] Einschränkend *Mersson* ZMR 2001, 956, 958; **a. A.** *Drasdo* WuM 2002, 123, 127.

[84] *Rips,* Barrierefreiheit gemäß § 554a BGB, S. 132; *Derleder* ZWE 2004, 118, 121.

[85] *Blank/Börstinghaus* § 554a BGB Rdn. 20; *Mersson* NZM 2002, 313, 317; *Geldmacher* DWW 2002, 182, 183.

[86] *Mersson* ZMR 2001, 956, 959.

[87] *Rips,* 10 Jahre Mietrechtsreform, S. 502, 508.

[88] *Derleder* ZWE 2004, 118, 120.

[89] OLG München NZM 2008, 848 = NJW-RR 2008, 1332; NZM 2005, 707 = NJW-RR 2005, 1324; BayObLG ZWE 2000, 417; WuM 1998, 373 = NZM 1998, 339; WuM 1998, 307 = NJW-RR 1998, 875 = NZM 1998, 336; NJW-RR 1994, 82 = WuM 1994, 163; KG WuM 1993, 83 = ZMR 1993, 181 = NJW-RR 1993, 403; LG Erfurt NZM 2003, 402; LG Hamburg NZM 2001, 767 = ZWE 2001, 503; AG Hamburg ZMR 2005, 821; 2003, 454.

[90] BayObLG WuM 1993, 564 = ZMR 1993, 534; OLG Stuttgart Wohnungseigentümer 1990, 145.

[91] BayObLG ZMR 1983, 285.

[92] AG Pinneberg WuM 2004, 227; Anm. *Rips* in juris PraxisReport Miet- und Wohnungseigentumsrecht, 8/2004; AG Bielefeld, WE 2004, 104; *Rips,* 10 Jahre Mietrechtsreform, S. 502, 509; siehe dazu umfassend zum Anspruch des behinderten Eigentümers *Hogenschurz* ZWE 2015, 22 sowie des behinderten Mieters in der Wohnungseigentumsanlage *Schmid* NJW 2014, 1201.

eigentümerversammlung über den Verwalter einberufen zu lassen, um über die Zulässigkeit des Eingriffs in die Gemeinschaftsflächen zu entscheiden.[93]

Andererseits können die Rechte des Mieters nicht weiter gehen, als die des Eigentümers.[94] Da aber auch der Wohnungseigentümer gegenüber der Wohnungseigentümergemeinschaft eine behindertengerechte Nutzung und einen entsprechenden Zugang seiner Wohnung verlangen kann,[95] steht dieses Recht auch dem Mieter zu (zur Interessenabwägung s. Rdn. 45ff.). Die Eigentümer haben diesem Wunsch mit der Zustimmung zur baulichen Veränderung Rechnung zu tragen. 68

Die vorstehenden Überlegungen gelten gleichermaßen für den Fall, dass der Vermieter nicht zugleich Eigentümer der vermieteten Wohnung ist. 69

Der Anspruch auf **Duldung** durch die Wohnungseigentümer ist vom Vermieter (Eigentümer) gegenüber der Gemeinschaft geltend zu machen.[96] Es ist der Auffassung von Hinz[97] zu folgen, dass der Vermieter nach Treu und Glauben vom Mieter die Freistellung von den damit verbundenen (Prozess-)Kosten verlangen kann. Ist ein Verfahren zwischen dem Mieter und dem Vermieter in dieser Sache anhängig, kann das Gericht den Rechtsstreit bis zum Abschluss des WEG-Verfahrens aussetzen.[98] 70

Die Parteien des Mietvertrags können sich auch dahingehend einigen, dass der Mieter den Anspruch des Vermieters gegen die Eigentümergemeinschaft im Wege der **gewillkürten Prozessstandschaft** geltend macht.[99] Ein eigenes rechtliches Interesse des Mieters liegt vor, da er auf Grund des Mietvertrags einen Anspruch auf Mitbenutzung des Gemeinschaftseigentums hat und da die aus § 554a BGB folgenden Rechte von der Entscheidung berührt werden können.[100] 71

Hat die Wohnungseigentümergemeinschaft gegen den Vermieter als Eigentümer der Wohnung einen Anspruch auf Sicherheit für die Rückbaukosten, ist der Mieter verpflichtet, die Zustimmung zur Übertragung seiner dem Vermieter gegebenen Sicherheit auf die Eigentümergemeinschaft zu geben.[101] 72

X. Beweislast

Die Beweislast für alle Umstände, die ein berechtigtes Interesse zum behindertengerechten Umbau begründen, trägt der Mieter. Der Vermieter ist dagegen beweispflichtig für das Vorliegen seiner Gegeninteressen bzw. der Interessen der Mitmieter. Zudem trägt der Vermieter die Beweislast für die Angemessenheit seiner verlangten zusätzlichen Sicherheit. 73

XI. Abweichende Vereinbarungen

Von den Regelungen des Absatzes 1 darf **nicht** zum Nachteil des Mieters abgewichen werden. Da von Absatz 2 Satz 1 abgewichen werden darf, können die Vertragsparteien auf eine Sicherheitsleistung verzichten, wenn beispielsweise der Vermieter die baulichen Maßnahmen übernehmen will. Haben die Parteien allerdings eine Sicherheitsleistung vereinbart, darf von § 551 Abs. 3 BGB nicht abgewichen werden (§ 551 Abs. 4 BGB).[102] 74

93 *Bieber* in MünchKomm § 554a BGB Rdn. 16; *Drasdo* WuM 2002, 123, 128.
94 *Drasdo* WuM 2002, 123, 129 m. w. N.
95 BVerfG NJW 1996, 2858.
96 *Bieber* in MünchKomm § 554a Rdn. 16.
97 *Hinz* in Dauner-Lieb/Heidel/Ring, BGB, § 554a Rdn. 42.
98 *Blank/Börstinghaus,* § 554a Rdn. 25.
99 *Blank/Börstinghaus* § 554a Rdn. 27.
100 BayObLG WuM 2001, 202 = NZM 2000, 678 = ZMR 2001, 906.
101 *Drasdo* WuM 2002, 123, 129f.
102 *Lammel* § 554a Rdn. 31.

§ 555 Unwirksamkeit einer Vertragsstrafe

Eine Vereinbarung, durch die sich der Vermieter eine Vertragsstrafe vom Mieter versprechen lässt, ist unwirksam.

Systematische Übersicht

I. Entstehungsgeschichte/Anwendungsbereich/Zweck

1 Die Regelung wurde durch das Zweite Mietrechtsänderungsgesetz vom 14.7.1964[1] als § 550a in das BGB eingefügt. Das Mietrechtsreformgesetz vom 19.6.2001[2] hat die Vorschrift inhaltlich unverändert als § 555 BGB übernommen. Die Regelung gilt nur für die **Wohnraummiete** (s. Vor § 535 BGB Rdn. 94) und nur für solche Vertragsstrafen, die zugunsten des Vermieters vereinbart werden. Es handelt sich um eine Mieterschutzvorschrift, die verhindern soll, dass sich der Vermieter in Zeiten einer Wohnungsmangellage unangemessene Druckmittel zur Durchsetzung seiner Rechte einräumen lässt. Auf eine Differenzierung zwischen angemessenen Vertragsstrafen einerseits und unangemessenen Vertragsstrafen andererseits hat der Gesetzgeber aus Gründen der Rechtsklarheit allerdings verzichtet.[3] Das Vertragsstrafenverbot gilt für alle Vereinbarungen, auch für solche, die in einem gerichtlichen Vergleich getroffen werden. Für Mietaufhebungsverträge s. nach § 542 BGB. Bei den **Mischräumen** soll es nach einer verbreiteten Meinung darauf ankommen, ob sich die Vertragsstrafe auf den Geschäftsbereich oder auf den Bereich des Wohnens bezieht.[4] Dies überzeugt nicht, weil die Zuordnung des Mietverhältnisses zur Geschäfts- oder Wohnraummiete (nach der Theorie der überwiegenden Bedeutung der jeweiligen Nutzung) gerade im Hinblick auf die Schutzbedürftigkeit des Mieters erfolgt. Es ergibt wenig Sinn, das Mischmietverhältnis als einheitliches Vertragsverhältnis zu bewerten, hinsichtlich des Mieterschutzes aber zwischen der geschäftlichen und der privaten Nutzung zu unterscheiden. Deshalb gilt § 555 BGB für alle Mischmietverhältnisse, die als Wohnraummietverträge zu bewerten sind.[5]

2 Vertragsstrafenregelungen sind nichtig (§ 134 BGB); § 139 BGB ist nicht anwendbar, weil sonst der Schutz des Gesetzes ins Gegenteil verkehrt würde. Die Regelung des § 555 BGB wird für Formularklauseln ergänzt durch §§ 307, 306, 308 Nr. 7, 309 Nr. 5 BGB, die für alle Mietverträge gelten. Bei öffentlich geförderten Wohnraum ist außerdem § 9 WoBindG zu beachten.

II. Begriff der Vertragsstrafe

3 Unter einer **Vertragsstrafe** versteht man das Versprechen der Zahlung einer Geldsumme (§ 339 BGB) oder einer anderen Leistung (§ 342 BGB) durch den Schuldner für den Fall, dass dieser eine Verbindlichkeit nicht oder in nicht gehöriger Weise, insbesondere nicht rechtzeitig (§ 341 BGB) erfüllt. Dem ist nach dem Schutzzweck des § 555 BGB der Fall gleichzustellen, in dem sich ein Dritter für den Mieter zur Zahlung einer Vertragsstrafe verpflichtet.[6] Die Regelung ist entsprechend anzuwenden, wenn der Mieter für diesen Fall auf die Wahrnehmung von Rechten verzichtet. Die Vertragsstrafe verfolgt in erster Linie den Zweck, den Schuldner am Vertrag festzuhalten, insbesondere ihn zu einer vertragsgemäßen Erfüllung anzuhalten. In zweiter Linie soll sie dem Vermieter im

---

[1] BGBl. I S. 457.

[2] BGBl. I S. 1149.

[3] *Roquette* § 550a BGB Rdn. 6.

[4] *Emmerich* in Staudinger § 555 BGB Rdn. 2; *Lammel* § 555 BGB Rdn. 2; *Ehlert* in Bamberger/Roth § 555 BGB Rdn. 3; *Franke* in WoBauR § 555 BGB Anm. 2.

[5] Wie hier *Sternel* Mietrecht (1988) Rdn. III 287; *Bieber* in MünchKomm § 555 BGB Rdn. 2; *Both* in Herrlein/Kandelhard § 555 BGB Rdn. 1; *Harz* FA MietRWEG Kap. 3 Rdn. 42.

[6] *Emmerich* in Staudinger § 555 BGB Rdn. 3; *Ehlert* in Bamberger/Roth § 555 BGB Rdn. 4; *Bieber* in MünchKomm § 555 BGB Rdn. 4; *Sternel* Mietrecht (1988) Rdn. III 288; *Franke* in WoBauR § 555 BGB Anm. 2; *Lützenkrichen* in: Erman § 555 Rdn. 2.

Verletzungsfall eine erleichterte Schadloshaltung ermöglichen.[7] Die Vertragsstrafe ist in ihrer typischen Erscheinungsform ein Druckmittel zur Erfüllung der Hauptforderung.[8] Deshalb ist die Vertragsstrafe immer akzessorisch. Dies unterscheidet die Vertragstrafe vom **selbstständigen Strafversprechen;** hier verspricht der Schuldner eine Zahlung für den Fall, dass er eine Handlung vornimmt oder unterlässt ohne dass dem Gläubiger eine durchsetzbare Handlungs- oder Unterlassungsverpflichtung zusteht. Eine **Verfallklausel** bewirkt einen Rechtsverlust im Falle der Nichterfüllung oder der nicht gehörigen Erfüllung. Ist mit der Vertragsverletzung typischerweise der Eintritt eines bestimmten Schadens verbunden und soll mit der Vereinbarung einer bestimmten Geldzahlung erreicht werden, dass der Gläubiger vom Nachweis des Schadenseintritts und der Schadenshöhe befreit wird, so liegt keine Vertragstrafe, sondern eine vereinbarte **Schadenspauschalierung** vor. Hierfür ist typisch, dass sich die Höhe der Zahlung am Schaden orientiert. Die Grenze zwischen einer Vertragsstrafe und einer Schadenspauschalierung ist fließend. Ist vereinbart, dass eine Vertragspartei gegen Zahlung einer Geldsumme zum Rücktritt vom Vertrag berechtigt sein soll, so spricht man von einem **Reugeld** (§§ 336 Abs. 2, 353 BGB); auch das Reugeld ist keine Vertragsstrafe, obwohl die Grenzen auch zwischen diesen beiden Rechtsinstituten fließend sind.

Der Anwendungsbereich des § 555 BGB ist umstritten. Weitgehende Einigkeit besteht, dass auf **Verfallklauseln § 555 BGB entsprechend** anwendbar ist.[9] Gleiches wird hinsichtlich des selbstständigen Strafversprechens und des Reugelds gelten, weil damit ähnliche Zwecke wie mit der Vertragsstrafe verfolgt werden. Nach der hier vertretenen Ansicht ist § 555 BGB auch für **Schadenspauschalierungen entsprechend anwendbar,** weil die Grenze zwischen der Vertragstrafe und der Schadenspauschalierung fließend ist. Bei der Zulassung von Schadenspauschalierungen bestünde mithin die Gefahr, dass der durch § 555 BGB bezweckte Schutz durch eine geschickte Vertragsgestaltung umgangen werden könnte.[10] Nach anderer Ansicht fallen Schadenspauschalierungen nur dann unter § 555 BGB, wenn sie in ihrer Wirkung einer Vertragsstrafe gleichkommen, was dann der Fall ist, wenn sie als Druckmittel dienen sollen oder wenn die Pauschale überhöht ist.[11] 4

III. Einzelfälle

Eine Vereinbarung, wonach der Mieter für den Fall der **vorzeitigen Vertragsauflösung** zum Ausgleich für den hierdurch entstehenden Verwaltungs- und Vermietungsaufwand „eine Pauschalabgeltung in Höhe von einer Monatsmiete – netto/kalt – ohne besonderen Nachweis des Vermieters“ zu zahlen hat, stellt eine Schadenspauschalierung dar. Eine solche Vereinbarung fällt nach dem Rechtsentscheid des OLG Hamburg vom 17.4.1990[12] nicht unter § 550a BGB a. F. = § 555 BGB. Die Klausel kann auch formularmäßig vereinbart werden, wenn dem Mieter der Nachweis eines geringeren Schadens nicht abgeschnitten wird; dem wird – nach der Ansicht des OLG Hamburg[13] – durch die Verwendung der Formulierungen „Pauschalabgeltung“ und „ohne besonderen Nachweis“ hinreichend Rechnung getragen.[14] Demgegenüber hat das OLG Karlsruhe in einem negativen Rechtsentscheid vom 15.2.2000[15] ausgeführt, dass folgende Formularklausel gegen § 11 Nr. 5b 5

[7] KG NZM 1999, 1048, 1049.

[8] BGHZ 49, 84, 89; NJW 1976, 1887.

[9] BGH NJW 1960, 1568; *Sternel* Mietrecht (1988) Rdn. III 288; *Emmerich* in Staudinger § 555 BGB Rdn. 5; *Franke* in WoBauR § 555 BGB Anm. 3; *Bieber* in MünchKomm § 555 BGB Rdn. 4; *Lützenkrichen* in: Erman § 555 Rdn. 2 *Lammel* § 555 BGB Rdn. 8; *Ehlert* in Bamberger/Roth § 555 BGB Rdn. 5; *Harz* FA MietRWEG Kap. 3 Rdn. 9.

[10] Ebenso *Emmerich* in Staudinger § 555 BGB Rdn. 7; *Sternel* Mietrecht (1988) Rdn. III 289; *Kossmann* § 76 Rdn. 4; **a. A.** *Lammel* Wohnraummietrecht § 555 BGB Rdn. 11; *Both* in Herrlein/Kandelhard § 555 BGB Rdn. 4.

[11] OLG Hamburg RE 17.4.1990 WuM 1990, 244; *Ehlert* in Bamberger/Roth § 555 BGB Rdn. 7; *Lützenkrichen* in: Erman § 555 Rdn. 2; *Bieber* in MünchKomm § 555 BGB Rdn. 4; *Franke* in WoBauR § 555 BGB Anm. 2, 4.

[12] OLG Hamburg WuM 1990, 244.

[13] OLG Hamburg a. a. O.

[14] Ähnlich AG Reinbek WuM 1985, 112; AG Hamburg WuM 1985, 113; AG Norderstedt WuM 1985, 112 m. abl. Anm. *Blank* WuM 1985, 274 für Pauschale von einer Monatsmiete; AG Bad Homburg WuM 1990, 142 für Pauschale i. H. v. 500 DM; **a. A.** LG Lübeck WuM 1981, 104; LG Itzehoe WuM 1989, 176; LG Berlin GE 1996, 607 wonach durch Formulierungen wie „es ist vereinbart“ oder ähnl. suggeriert wird, dass der Pauschalbetrag bindend sein soll; s. dazu auch *Schmid* WuM 1981, 99.

[15] OLG Karlsruhe ZMR 2000, 380.

AGBG a. F. (= § 309 Nr. 5 BGB) verstößt: „Sollte das Mietverhältnis auf Wunsch des Mieters vor Ablauf der Vertragszeit bzw. der gesetzlichen Fristen einverständlich beendet werden, zahlt der Mieter als pauschale Abgeltung der Kosten der vorzeitigen Beendigung des Mietverhältnisses an den Vermieter den Betrag der zuletzt vereinbarten Kaltmiete für einen Monat". Weiterhin weist das OLG Karlsruhe darauf hin, dass durch die Klausel ein Teilaspekt einer einvernehmlichen Vertragsaufhebung geregelt werde. Bei solchen Aufhebungsvereinbarungen sei es üblich, dass die Modalitäten der Vertragsbeendigung unter Berücksichtigung der Umstände des Einzelfalls ausgehandelt werden. Deshalb müsse ein Mieter nicht damit rechnen, dass einzelne Rechtsfolgen der einvernehmlichen Mietaufhebung bereits im Mietvertrag geregelt sind. Solche Klauseln werden deshalb nicht Bestandteil des Mietvertrags (§ 305c Abs. 1 BGB). Sowohl zu der Entscheidung des OLG Hamburg als auch zu der des OLG Karlsruhe ist darüber hinaus anzumerken, dass die jeweils streitgegenständlichen Klauseln auch den Fall umfassen, in dem der Mieter zur außerordentlichen Kündigung berechtigt wäre, hiervon aber keinen Gebrauch macht, sondern eine einvernehmliche Vertragsauflösung anstrebt. Bei richtiger Bewertung verstößt eine solche Klausel auch gegen § 307 Abs. 1 BGB.[16] Der Rechtsentscheid des OLG Hamburg kommt nicht zum Zuge, wenn der Mieter einen Anspruch auf eine Entlassung aus dem Mietvertrag hat.

6 Eine Vereinbarung, wonach der Mieter auch **im Falle einer** von ihm ausgesprochenen **berechtigten Kündigung** einen **Geldbetrag** zu zahlen hätte, fällt unter § 555 BGB. Bei vertragsgemäßer Beendigung des Mietverhältnisses kann nämlich von einem Schaden keine Rede sein. Hierunter fällt auch die Klausel: „Falls der Mieter vor Ablauf der Vertragszeit kündigt, ist der Vermieter berechtigt, für den damit verbundenen Verwaltungsaufwand einen einmaligen Betrag von 500 DM zu fordern", weil die Klausel nicht zwischen berechtigten und unberechtigten Kündigungen unterscheidet.[17] Ebenso ist eine Klausel unwirksam, wonach der Mieter eine Abstandszahlung zu leisten hat, wenn er den Vertrag vor Ablauf von 12 Monaten kündigt.[18]

7 Eine Vereinbarung, wonach der Mieter beim Ein- oder Auszug einen Betrag von 200 DM zum Ausgleich für die Verursachung **kleinerer Schäden im Treppenhaus** zahlen soll **(Einzugs-/Auszugs-/Umzugspauschale),** wird vom AG Frankfurt[19] als Schadenspauschale bewertet, auf die § 555 BGB anwendbar ist.

8 Gleiches gilt nach AG Charlottenburg[20] für eine Klausel, für die der Mieter für jede **Mahnung des Vermieters** einen Betrag von 10 DM zahlen soll, weil die Höhe der Mahngebühr „in unrealistischer Höhe fingiert" werde.[21] Ist vereinbart, dass der Mieter für den Fall der verspäteten Mietzahlung **Verzugszinsen in einer bestimmten Höhe** zu zahlen hat, so liegt hierin keine Vertragsstrafe, sondern entweder eine vereinbarte Verzugsschadenspauschalierung oder eine schadensunabhängige Vereinbarung von Fälligkeitszinsen.[22] Vereinbarungen mit einer Schadenspauschalierung in einem Formularmietvertrag sind jedenfalls an § 309 Nr. 5 lit. b BGB zu messen. Danach sind Schadenspauschalierungen unwirksam, wenn dem Mieter nicht ausdrücklich der Nachweis gestattet wird, dass kein Schaden oder nur ein geringerer Schaden als die Pauschale entstanden sei.[23]

9 Eine Vereinbarung, wonach eine **Mietkaution verfällt,** wenn die Mietzeit weniger als 2 Jahre beträgt, ist als Verfallklausel zu bewerten; hierauf ist § 555 BGB anwendbar.[24] Gleiches gilt für eine Vereinbarung, wonach beim vorzeitigen Auszug eine **Mietvorauszahlung** verfallen soll.[25]

9a Wird anlässlich eines **Räumungsverfahrens** in einem **gerichtlichen Vergleich** vereinbart, dass das Mietverhältnis fortgesetzt werden soll und dass der Mieter die Mietsache im Falle eines (erneuten) Zahlungsverzugs an den Vermieter herauszugeben hat, so ist der Verzicht des Mieters auf die

[16] So bereits BGH NJW 1985, 57 betr. den rechtsähnlichen Fall der Verwirkung einer Vertragsstrafe bei einer vorzeitigen Vertragsauflösung.

[17] S. dazu auch AG Wiesbaden WuM 1996, 25: Verstoß gegen § 11 Nr. 5 AGBG.

[18] AG Dresden WuM 2017, 201 m. Anm. *Breyer.*

[19] AG Frankfurt WuM 1990, 195.

[20] AG Charlottenburg WuM 1981, 227.

[21] Ebenso AG Darmstadt WuM 1988, 109.

[22] Vgl. dazu BGH NJW 1992, 2625 für eine entsprechende Vereinbarung in einem Grundstückskaufvertrag.

[23] BGH NJW 2006, 1056 = NZM 2006, 256 = WuM 2006, 97 = ZMR 2006, 262 = GE 2006, 250 für Mahnkosten.

[24] AG Karlsruhe WuM 1989, 73; ebenso LG Mannheim WuM 1977, 99 = ZMR 1978, 54 bei Auszug vor Ablauf einer einjährigen Mietzeit.

[25] AG Bergheim ZMR 1977, 236.

gesetzlichen Schutzrechte nach der Rechtsprechung des BGH nicht als Vertragsstrafe zu bewerten.[26] Dem ist zuzustimmen. Nach der hier vertretenen Ansicht ist auf eine solche Vereinbarung jedoch die Regelung des § 572 Abs. 2 BGB anzuwenden, mit der Folge, dass der Prozess zwar durch den Vergleich beendet wird, die Lösungsklausel aber unwirksam ist.[27]

IV. Geschäftsraummiete/Pacht

Bei der Geschäftsraummiete und bei der Pacht ist die Vereinbarung einer Vertragsstrafe möglich 10
(§§ 339ff. BGB). Die Vereinbarung bedarf in den Fällen des § 550 BGB der Schriftform. Eine formularmäßige Vereinbarung ist denkbar,[28] jedoch sind die Gestaltungsmöglichkeiten durch §§ 307, 309 Nr. 6 BGB stark beschränkt.[29] Danach ist eine Formularklausel unwirksam, wenn sie den Pächter entgegen Treu und Glauben unangemessen benachteiligt. Für die Vertragsstrafe wird hieraus abgeleitet, dass die vorgesehene Sanktion nicht außer Verhältnis zum Gewicht des Vertragsverstoßes stehen darf.[30] Ist ein bestimmter Betrag als pauschale Sanktion vorgesehen, ohne dass nach Art, Gewicht und Dauer der Vertragsverstöße differenziert wird, kann die Unangemessenheit schon daraus folgen; eine solche Sanktion wäre nur dann zulässig, wenn dieser Betrag auch angesichts des typischerweise geringsten Vertragsverstoßes noch angemessen wäre.[31] Ebenso liegt ein Verstoß gegen § 307 Abs. 1 Satz 1 BGB vor, wenn nach dem Wortlaut der Klausel die Strafe verschuldensunabhängig geschuldet wird[32] oder wenn für Verstöße gegen eine Betriebspflicht eine Vertragsstrafe von 10% der Tagesmiete vereinbart wird.[33] In einem Mietvertrag über ein vom Vermieter noch zu erstellendes Mietobjekt („Vermietung vom Reißbrett") kann eine Vertragsstrafe für den Fall der Nichterfüllung der Bauverpflichtung vereinbart werden. Eine solche Vereinbarung ist auch dann wirksam, wenn sie keine zeitliche Grenze vorsieht).[34] Anders als beim Bauvertrag muss sich die Höhe der Vertragsstrafe beim Gewerbemietvertrag nicht aus der Vereinbarung ergeben. Ist die Vertragsstrafe für den Fall der verspäteten Übergabe vereinbart, so kommt es darauf an, welchen Gewinn der Mieter bei der pünktlichen Übergabe der Immobilie hätte erzielen können.[35] Durch die Vertragsstrafe kann jede mietvertragliche Haupt- oder Nebenpflicht gesichert werden. Dagegen darf die Vertragsstrafenklausel keinen gesetzesfremden Gehalt haben.[36] Da zwischen der gesicherten Verpflichtung und der Vertragsstrafe Akzessorität bestehen muss, ist es erforderlich, dass die Verpflichtung wirksam entstanden ist und zum Zeitpunkt der verwirkten Strafe noch besteht. Daran fehlt es, wenn der Mietvertrag vor Verwirkung der Strafe durch Anfechtung vernichtet oder durch Kündigung oder Zeitablauf erloschen ist. Soweit in der Vertragstrafenregelung nicht anderes vereinbart ist, setzt die Verwirkung der Strafe ein Verschulden voraus. In den Fällen des § 339 Satz 1 BGB ergibt sich dies aus dem Umstand, dass danach Verzug vorausgesetzt wird; für § 339 Satz 2 BGB gilt aber nichts anderes.[37] Die Wirksamkeit einer Vertragsstrafenregelung hängt allerdings nicht davon ab, dass sich das Verschuldenskriterium aus dem Wortlaut der Klausel ergibt; ist das Verschuldenskriterium nicht ausdrücklich genannt, so ist die Klausel entsprechend dem gesetzlichen Leitbild zu verstehen.[38] Wie allgemein beim Verzug muss der Mieter beweisen, dass ein Verschulden nicht vorgelegen hat. Das Verschuldenserfordernis kann vertraglich abbedungen werden, allerdings nicht formularmäßig (§ 307 Abs. 1 BGB).[39] Ist vereinbart, dass die Vertragsstrafe für den Fall der verspäteten

[26] BGH WuM 2009, 739 = NJW 2010, 859 = NZM 2010, 39.
[27] Blank NZM 2010, 31.
[28] BGH NJW 1985, 57.
[29] Vgl. OLG Hamburg DWW 1988, 41 betr. Unwirksamkeit einer Klausel über eine Vertragsstrafe für den Fall der „Nichteinhaltung des Vertrags" durch den Pächter; OLG Düsseldorf MDR 1996, 465 betr. die Unwirksamkeit einer Vertragsstrafenklausel für den Fall einer vom Pächter verschuldeten Kündigung.
[30] BGH NJW 2003, 2158 unter Nr. IV 2; BGH (VIII ZR 26/15) Rn. 34 NJW 2016, 1230.
[31] BGH (VIII ZR 26/15) Rn. 34 NJW 2016, 1230.
[32] BGH NJW 1985, 57.
[33] OLG des Landes Sachsen-Anhalt, NJW 2012, 3587.
[34] BGH (XII ZR 18/00) NJW 2003, 2158; OLG Celle Beschluss vom 14.11.2014 – 2 U 111/14.
[35] OLG Celle ZMR 2014, 354 im Anschluss an BGH NJW 2003, 2158.
[36] BGH NJW 1998, 3488; KG NZM 1999, 1048.
[37] BGH NJW 1972, 1894.
[38] OLG Celle ZMR 2014, 354.
[39] BGH NJW 1985, 57 betr. eine verschuldensunabhängige Vertragsstrafe für den Fall einer vertraglich vereinbarten Mietaufhebung; ebenso OLG Hamm OLGZ 89, 461 betr. eine Vertragsstrafe für abhanden gekommene Videofilme.

Übergabe zu zahlen ist, so entsteht der Anspruch, wenn die Übergabe nach dem vereinbarten Zeitpunkt erfolgt. Der Anspruch erlischt jedoch, wenn sich der Mieter die Geltendmachung der Vertragsstrafe bei der Besitzübernahme nicht vorbehält (§ 341 BGB).[40] Es ist nicht erforderlich, dass die Dauer der Zahlungspflicht zeitlich begrenzt wird. Jedoch ist irgendwann eine zeitliche Grenze erreicht, jenseits derer sich das Verlangen nach Fortzahlung der Vertragsstrafe als treuwidrig (§ 242 BGB) erweist.[41]

11 Vereinbarungen über die Zahlung einer **Schadenspauschale** sind bei der Geschäftsraummiete ebenfalls möglich. Bei Formularvereinbarungen ist § 309 Nr. 5 BGB zu beachten. Danach ist eine Schadenspauschalierung unwirksam, wenn die Pauschale den in den geregelten Fällen nach dem gewöhnlichen Lauf der Dinge zu erwartenden Schaden oder die gewöhnlich eintretende Wertminderung übersteigt, oder dem anderen Vertragsteil nicht ausdrücklich der Nachweis gestattet wird, ein Schaden oder eine Wertminderung sei überhaupt nicht entstanden oder wesentlich niedriger als die Pauschale.

12 Nach der Rechtsprechung des BGH ist eine Klausel betr. die Höhe der vom Mieter geschuldeten **Verzugszinsen** wirksam, wenn die Verzugszinsen mit höchstens 2% über dem Bundesbankdiskontsatz pauschaliert werden und dem Mieter die Möglichkeit des Nachweises verbleibt, dass ein Zinsschaden überhaupt nicht oder wesentlich niedriger entstanden sei.[42] Die Regelungen über den Diskontsatz sind mit Wirkung vom 1. 1. 1999 aufgehoben worden. Auf die entsprechenden Vereinbarungen über die Höhe der Verzugszinsen hat dies allerdings keinen Einfluss, weil an die Stelle des Diskontsatzes der **„Basiszinssatz“** getreten ist (§ 247 BGB). Demgemäß kann der Vermieter bei einer wirksamen Verzugszinsenregelung im Falle des Zahlungsverzugs dem Mieter weiterhin Verzugszinsen in Höhe eines bestimmten Prozentsatzes über dem Basiszinssatz in Rechnung stellen.[43]

[40] OLG Düsseldorf GuT 2005, 155 = ZMR 2006, 35 = GE 2006, 188.
[41] OLG Celle ZMR 2014, 354.
[42] BGH NJW 1982, 331; NJW 1984, 2941.
[43] Vgl. BayObLG ZMR 2000, 111 zu der rechtsähnlichen Klausel in einer Gemeinschaftsordnung.

Kapitel 1a. Erhaltungs- und Modernisierungsmaßnahmen

Vorbemerkung zu §§ 555a bis 555f BGB: Entstehungsgeschichte der Erhaltungs- und Modernisierungsregelungen, Gesetzeszweck, Folgen und Anwendungsbereich

Systematische Übersicht

Alphabetische Schnellübersicht

I. Entstehungsgeschichte

Das BGB enthielt ursprünglich keine Regelung zur Duldungspflicht des Mieters für Einwirkungen des Vermieters auf die Mietsache.[1] Erst 1960 wurde durch das Abbaugesetz[2] ein § 28a in das Mieterschutzgesetz[3] eingefügt, der diesen Fragenkreis regelte. Danach konnte das Mieteinigungsamt auf Antrag des Vermieters den Mieter verpflichten, bauliche Verbesserungen oder die Anbringung von Einrichtungen, durch die der Wohnraum auf Dauer verbessert wurde, bei Zumutbarkeit zu dulden. Im Jahre 1964 wurde durch das zweite Mietrechtsänderungsgesetz[4] § 541a in das BGB eingefügt.[5] Damit hatte der Gesetzgeber die schon von der Rechtsprechung sowie vom Schrifttum aus § 242 BGB abgeleitete Duldungspflicht des Mieters gesetzlich festgeschrieben.[6] Die Vorschrift umfasste damals zwei Absätze. Der frühere Absatz 2 ist aufgehoben und 1983 mit dem Gesetz zur Erhöhung des Angebots an Mietwohnungen[7] durch § 541b BGB ersetzt worden. Der Absatz 1 des § 541a BGB blieb unverändert. Gleichzeitig wurde das im Jahre 1978 eingeführte ModEnG[8], welches in seinem § 20 vorsah, dass der Mieter Modernisierungsmaßnahmen des Vermieters grundsätzlich zu dulden hat, soweit die Maßnahmen mit Mitteln öffentlicher Haushalte gefördert wurden oder Energiesparmaßnahmen darstellten, aufgehoben.[9] Ziel dieser gesetzgeberischen Maßnahme war u. a. die Vereinheitlichung der Duldungspflicht des Mieters sowie die Verbesserung des Schutzes des Mieters vor Luxusmodernisierung, ohne dabei zugleich die sachgerechte Verbesserung älteren Wohnraums zu hemmen.[10] 1

Mit dem 4. Mietrechtsänderungsgesetz[11] wurde die Vorschrift erweitert. Der Mieter muss seit dem 1.10.1993 auch Maßnahmen dulden, die der Schaffung neuen Wohnraums und der Einspa- 2

---

[1] *Müller* GE 1986, 526 m. w. N.

[2] BGBl. I 1960, 389 – Gesetz über den Abbau der Wohnungszwangswirtschaft und über ein soziales Miet- und Wohnrecht v. 23.6.1960.

[3] RGBl. I 1923, 353 – Gesetz über Mieterschutz und Mieteinigungsämter v. 1.6.1923.

[4] BGBl. I 1964, 457 – Zweites Mietrechtsänderungsgesetz v. 14.7.1964.

[5] BGH NJW 1972, 723 = MDR 1972, 509 zu § 541a Abs. 2 BGB i. d. F. vom 14.7.1964.

[6] *Bieber* in MünchKomm § 554 Rdn. 2.

[7] BGBl. I 1982, 1912.

[8] BGBl. I 1978, 993 – Gesetz zur Förderung der Modernisierung von Wohnungen und von Maßnahmen zur Einsparung von Heizenergie i. d. F. v. 12.7.1978.

[9] Vgl. zur Geschichte des § 541a BGB im Einzelnen *Emmerich,* PiG 16, 1984, 43, 46ff.

[10] Vgl. BT-Drucks. 9/2079.

[11] BGBl. I 1993, 1257 – Viertes Gesetz zur Änderung mietrechtlicher Vorschriften vom 21.7.1993.

rung von Wasser dienen. Mit dem Mietrechtsreformgesetz[12] wurde 541a BGB zusammen mit § 541b BGB in einer neuen Vorschrift, § 554 BGB, zusammengefasst. § 554 BGB regelte nunmehr einheitlich die Duldungspflicht des Mieters für Erhaltungs- und Modernisierungsmaßnahmen. Der in § 541a BGB a. F. enthaltene Begriff der „Einwirkung" wurde durch den Begriff der „Maßnahme" ersetzt. Beide Regelungen wurden damit sprachlich harmonisiert. § 541a BGB a. F. fand sich wieder in Abs. 1 des § 554 BGB und § 541b BGB a. F. in § 554 Abs. 2–5 BGB. Neben den redaktionellen Vereinfachungen sollte inhaltlich vor allem der Einsatz stromsparender Maßnahmen gefördert werden.[13] Von einer Normierung weiterer duldungspflichtiger ökologischer Maßnahmen, wie z. B. Maßnahmen zur Verbesserung des Wohnumfeldes, zur Senkung von Schadstoffen oder Schadstoffauswirkungen[14], zur Förderung regenerativer Energien oder zur Einsparung von Betriebs- oder Bewirtschaftungskosten, hatte der Gesetzgeber abgesehen, was im Laufe der Gesetzesanwendung allerdings nicht unumstritten blieb.[15]

3 Die §§ 555a–555f BGB wurden erstmals mit dem Mietrechtsänderungsgesetz[16] 2013 eingefügt. Mit dem Anspruch des Gesetzgebers, die Duldungspflichten des Mieters den Anforderungen an ein modernes, der Energieeinsparung dienenden Systems anzupassen, wurde die Vorschrift des § 554 BGB a. F. völlig überarbeitet und zwecks besserer Lesbarkeit und Übersichtlichkeit in 6 Vorschriften unterteilt. § 555a regelt die Duldung und Ankündigung von Instandhaltungs- und Instandsetzungsmaßnahmen (Erhaltungsmaßnahmen) einschließlich des Aufwendungsersatzes. Modernisierungsmaßnahmen erhalten in § 555b BGB eine Legaldefinition. Die Modalitäten der Ankündigung solcher Modernisierungsmaßnahmen regelt § 555c BGB, während die Duldungspflicht dieser Maßnahmen in § 555d BGB normiert wurde. § 555e BGB enthält das Sonderkündigungsrecht des Mieters. In § 555f werden Regelungen zur Vereinbarung über Modernisierungs- und Erhaltungsmaßnahmen getroffen.

4 Nach Auffassung des Gesetzgebers sollte auch das Mietrecht einen Beitrag dazu leisten, die energetische Modernisierung und Energieeffizienz im vermieteten Gebäudebestand zu fördern.[17] Vereinzelt wurde auch dort, wo es zur Klarstellung notwendig schien, die Rechtsprechung des BGH[18] kodifiziert, wie beispielsweise bei der Ankündigungspflicht des Vermieters von Erhaltungsmaßnahmen gem. Absatz 2.

5 Eine über den Anwendungsbereich der § 555a ff. BGB hinausgehende und weiter gehende Duldungspflicht des Mieters kann sich aus Sondervorschriften ergeben; z. B. aus § 4 Abs. 2 HeizkV[19] sowie aus dem BauGB.[20] Gem. § 175 Abs. 3 BauGB haben der Mieter, der Pächter sowie sonstige Nutzungsberechtigte die Durchführung der Maßnahmen nach § 176 BauGB (Baugebote), § 177 BauGB (Modernisierungs- und Instandsetzungsgebot), § 178 BauGB (Pflanzgebote) sowie § 179 BauGB (Rückbau- und Entsiegelungsgebot) zu dulden. Weitere Duldungspflichten können sich aus § 242 BGB ergeben.

II. Regelungszweck und Folgen

6 Die Vorschrift des § 555a Abs. 1 BGB ist das Gegenstück zur Erhaltungspflicht (§ 535 Satz 2 BGB) des Vermieters. Der Vermieter kann sich der Verpflichtung zur Erhaltung der Mietsache

---

[12] Mietrechtsreformgesetz vom 19. 6. 2001, BGBl. I S. 1149.

[13] BR Drucks. 439/00, S. 124.

[14] *Derleder,* Gutachten Rechtsausschuss, S. 3, 4 = NZM 2001, 170.

[15] Siehe jetzt BGH (VIII ZR 275/07) WuM 2008, 667 = WuM 2009, 40 mit Anmerkung *Eisenschmid* = MietPrax-AK § 554 BGB Nr. 3 = NZM 2008, 883 = NJW 2008, 3630 = GuT 2008, 359 = GE 2008, 1485; zustimmend *Flatow* jurisPR-Mietrecht 10/2008 Anm. 4 zur Fernwärme mit Kraft-Wärme-Koppelung; *Meyer-Harport* NZM 2006, 524, 527; *Börstinghaus/Eisenschmid* § 559, S. 349; *Geldmacher* in WoBauR § 554 Anm. 5; LG Hamburg NZM 2006, 536; *Lammel,* Wohnraummietrecht, § 554 Rdn. 48; *Ehlert* in Bamberger/Roth § 554 Rdn. 10; *Ringel* WuM 2009, 62; *Wilcken* NZM 2006, 521.

[16] Gesetz über die energetische Modernisierung von vermietetem Wohnraum und die vereinfachte Durchsetzung von Räumungstiteln – MietRÄndG, BGBl. I, 2013, 434.

[17] BT-Drucks. 17/10485, 18.

[18] BGH (VIII ZR 110/08) WuM 2009, 290 = MietPrax-AK § 554 BGB Nr. 4 = NJW 2009, 1736 = CuR 2009, 57 = GE 2009, 646 = NZM 2009, 394.

[19] BGBl. I 1989, 115 – Verordnung über die verbrauchsabhängige Abrechnung der Heiz- und Warmwasserkosten vom 20. 1. 1989.

[20] BGBl. I 1997, 2141 – „Gesetz über das Baugesetzbuch" in der Fassung und Bekanntmachung vom 27. 8. 1997.

nicht durch Kündigung des Mietverhältnisses entziehen.[21] Ihm muss daher eine andere Möglichkeit eingeräumt werden, sein Gebäude zu erhalten und damit seine Gewährleistungspflicht zu erfüllen. Ohne Duldungspflicht könnte der Mieter wegen seines **Rechts zum ungestörten Mietgebrauch** notwendige Bau- und Reparaturmaßnahmen verhindern und damit dem Vermieter die Erfüllung seiner Pflicht, die Mietsache in dem vertragsgemäßen Zustand zu erhalten, unmöglich machen.

§§ 555b bis 555f BGB sollen einerseits die Verbesserung und Modernisierung von Wohnraum sowie Maßnahmen der Energie- oder Wassereinsparung bei fortbestehendem Mietverhältnis ermöglichen und fördern, andererseits aber auch durch eine **Härteklausel** die Mieter vor Luxusmodernisierungen[22] und dem Hinausmodernisieren schützen. Bei der Wohnraummiete ist nämlich zu beachten, dass der Vermieter nach durchgeführter Modernisierung bei freifinanziertem Wohnraum sowie solchem, der – noch – dem WoFG unterliegt, gem. § 559 BGB sowie bei Wohnraum, der unter die NMV fällt, gem. § 6 NMV iVm. § 11 Abs. 6 II. BV, den Mietzins erhöhen kann. Um den unterschiedlichen Belangen der Parteien gerecht zu werden, wurde die Interessenabwägung eingeführt und der Vermieter verpflichtet, **vor Beginn** der baulichen Arbeiten dem Mieter eine qualifizierte Mitteilung über Art, voraussichtlichen Umfang und voraussichtlichem Beginn sowie voraussichtliche Dauer der Maßnahme zukommen zu lassen, aus der sich auch die zu erwartende höhere Miete ergibt. Für **Bagatellmaßnahmen** des Vermieters wurden diese Anforderungen nicht für erforderlich gehalten (§ 555c Abs. 4). Gem. § 555d Abs. 6 hat der Mieter einen **Aufwendungsersatzanspruch,** um in jedem Fall vor weiteren finanziellen Nachteilen geschützt zu sein. 7

Hat der Vermieter die Modernisierung bei ordnungsgemäßer Ankündigung mit Duldung des Mieters durchgeführt, ist der veränderte bauliche Zustand Vertragsgegenstand geworden. Es kommt dabei nicht darauf an, ob der Mieter der Maßnahme zugestimmt oder sie nur geduldet hat oder einem folgenden Mieterhöhungsverlangen nachgekommen ist.[23] § 555b ff. BGB sowie § 559 BGB sind insoweit völlig selbständige Anspruchsnormen mit eigenständigem Regelungsgehalt. § 555b ff. BGB regeln das „Dürfen" der einseitigen Vertragsänderung hinsichtlich des Vertragsgegenstandes, § 559 BGB dagegen die möglichen rechtlichen Folgen hinsichtlich der Miethöhe im vereinfachten Umlageverfahren. Hat der Mieter bei ordnungsgemäßer Ankündigung die Maßnahme somit geduldet oder ist er zur Duldung verpflichtet, ist mit Abschluss der Maßnahmen das **veränderte** Objekt Gegenstand der mietvertraglichen Leistungspflicht des Vermieters[24] (siehe auch § 555b Rdn. 11ff.). Der Mieter ist daher spätestens ab diesem Zeitpunkt nicht mehr berechtigt, eine andere Ausführung der Maßnahmen zu verlangen.[25] Aber auch der Vermieter darf die Maßnahme nicht gegen den Willen des Mieters rückgängig machen, da dies eine unerlaubte einseitige Vertragsänderung wäre.[26] Aus der Weigerung des Mieters allein, den vom Vermieter gem. § 559 BGB erhöhten Mietzins zu zahlen, darf daher keineswegs geschlossen werden, dass der veränderte bauliche Zustand nicht Gegenstand des Mietvertrages ist. 8

Ergibt sich für den Mieter nach Abschluss der Arbeiten eine Verschlechterung der Mietsache, ist dieser Mangel durch eine Minderung der Miete auszugleichen und so das Äquivalenzverhältnis wieder herzustellen.[27] Daraus kann auch noch nach Abschluss der Arbeiten ein Kündigungsrecht gem. § 543 BGB aus wichtigem Grund entstehen.[28] Dass der Mieter die Maßnahme dulden und ggf. nach § 559 BGB bezahlen muss, ändert an dem Ergebnis nichts. Denn die Duldungspflicht ergibt sich aus der Abwägung der unterschiedlichen Interessen (§ 555d Abs. 2 BGB), so dass vom Mieter neben der Modernisierung durchaus auch eine Verschlechterung hinzunehmen sein kann. 9

[21] LG Gießen WuM 1984, 2; AG Essen ZMR 1997, 423; AG Köln WuM 1984, 2.

[22] BGH, Rechtsentscheid vom 19.2.1992, BGHZ 117, 217 = WuM 1992, 181 = NJW 1992, 1386 = MDR 1992, 476 = ZMR 1992, 234 = GE 1992, 375.

[23] KG, Rechtsentscheid vom 1.9.1988, ZMR 1988, 459–461 = NJW-RR 1988, 1420 = GE 1988, 993 = WuM 1988, 389 = DWW 1988, 371.

[24] Ähnlich *Sternel,* PiG 99 (2015), 95, 98 = NZM 2015, 873, 877ff.; siehe dazu auch *Lehmann-Richter* NZM 2011, 572; offengelassen BGH (VIII ZR 298/13) WuM 2014, 546 = GE 2014, 1133; *Eisenschmid,* jurisPR-MietR 21/2014 Anm. 2.

[25] *Sternel,* PiG 99 (2015), 95, 99 = NZM 2015, 873, 877ff.; AG Schöneberg GE 2000, 1033.

[26] AG Wedding GE 1985, 369; **a. A.** LG Berlin GE 1988, 941 vor Erlass des Rechtsentscheids des KG Fn. 168; *Blömeke/Blümmel,* Modernisierung A 28.

[27] So im Ergebnis LG Berlin ZMR 2014, 789 = GE 2014, 60; LG Berlin GE 2015, 1292 – Verschattung durch angebaute Balkone; *Sternel,* PiG 99 (2015), 95, 105 = NZM 2015, 873, 877ff.; *Hau,* NZM 2014, 809, 816; *Sternel,* NZM 2010, 721, 726.

[28] *Hau* NZM 2014, 809, 817.

Abschließend ist dieses Problem noch nicht geklärt. So wird auch vertreten, dass der Mieter gegen den Vermieter einen Schadensersatzanspruch hat, der den Mangel kompensiert.[29]

10 Klar erscheint die Rechtslage aber dann, wenn der Mieter nicht über alle maßgeblichen Umstände der baulichen Maßnahme unterrichtet wurde und die Maßnahme durch seinen Härteeinwand nicht verhindern konnte. In diesen Fällen vertraut der Mieter dem Vermieter trotz unterlassener Mitteilung oder trotz einer ungenauen Ankündigung und erkennt erst nach Abschluss der Bauarbeiten, was der Vermieter tatsächlich geplant und durchgeführt hat. Wurde beispielsweise ein Außenfahrstuhl angekündigt, ohne dem Mieter mitzuteilen, dass infolge der Maßnahme in einem Zimmer ein Fenster zugemauert werden muss, hat der Vermieter die Durchführung der Maßnahme erschlichen. Bei ordnungsgemäßer Ankündigung hätte der Mieter wegen der baulichen Folgen (möglicherweise) einen Härteeinwand gehabt (§ 555d Abs. 2 BGB). Die Wohnung ist daher mangelhaft, was zur Mietminderung führt, und der Mieter hat einen Wiederherstellungsanspruch.[30] Ebenso bleibt ihm sein Kündigungsrecht nach § 543 BGB aus wichtigem Grund.[31]

III. Anwendungsbereich

11 § 555a ff. BGB erfassen in ihrem gegenständlichen Bereich die „Mietsache". Vor der Mietrechtsreform 2001 musste der Mieter Einwirkungen auf die Mietsache dulden, die zur „Erhaltung der Mieträume oder des Gebäudes" erforderlich waren (§ 541a BGB a. F.). Die Duldungspflicht für Modernisierungen bezog sich u. a. auf Maßnahmen zur Verbesserung der gemieteten Räume oder sonstigen Teile des Gebäudes (§ 541b BGB a. F.). Mit der Zusammenführung der Vorschriften durch das Mietrechtsreformgesetz[32] in § 554 BGB a. F. war eine inhaltliche Änderung allerdings nicht verbunden. Vielmehr sollte seinerzeit die unterschiedliche sprachliche Fassung von § 541a BGB a. F. und § 541b BGB a. F. vereinheitlicht werden. Damit wurde die Vorschrift zugleich sprachlich mit § 559 BGB harmonisiert.[33] Sowohl Räume als auch Teile des Gebäudes werden somit von dem Begriff der „Mietsache" erfasst. Das hat sich auch mit der Neuregelung in § 555a BGB nicht geändert. Zur Mietsache zählen auch Erhaltungsmaßnahmen in der **Nachbarwohnung** (anders bei der Modernisierung, vgl. § 555b BGB Rdn. 74), weil die Erhaltung von Teilen des Gebäudes auch der Erhaltung des Gesamtgebäudes und damit indirekt der Mietsache dient. Werden Maßnahmen am Grundstück vorgenommen, muss der Mieter sie im Rahmen des § 555a BGB nur dulden, wenn sie der Erhaltung des Gebäudes bzw. seiner Funktionen dienen. Während unter Geltung des alten Rechts vor der Mietrechtsreform 2001 Bedenken geäußert wurden, ob von den Duldungsvorschriften für Modernisierungen auch Maßnahmen an den **Außenanlagen** erfasst wurden,[34] werden mit dem Begriff „Mietsache" in §§ 555a, 555b BGB zweifellos auch solche baulichen Aktivitäten erfasst.

12 Dem Zweck der Vorschrift des § 555a BGB entspricht es, dass die Duldungspflicht des Mieters von Maßnahmen zur Erhaltung der Mietsache sich zwar grundsätzlich auf alle Gebäudeteile und Außenanlagen bezieht, aber in eingeschränktem Sinne nur dann, wenn er in seinem **Mietgebrauch** durch die Maßnahme **beeinträchtigt** wird[35]. Solange der Mieter ungestört seinen Mietgebrauch ausüben kann, bedarf es für die Maßnahmen des Vermieters keiner besonderen mietrechtlichen Anordnung. In diesen Fällen besteht kein Regelungsbedürfnis, den Mieter zu einer Duldung der Maßnahmen anzuhalten. Wegen der weiter gehenden Folgen, die durch Maßnahmen nach § 555b BGB ausgelöst werden, gilt dort die vorgenannte Einschränkung nicht. Aus der Pflicht des Mieters zur Duldung einer Modernisierung lässt sich im Umkehrschluss kein Anspruch des Mieters auf Modernisierung ableiten.[36]

13 Die Pflicht zur Duldung von Erhaltungs- und Modernisierungsmaßnahmen gilt entsprechend ihrer Stellung im Gesetz zunächst nur für Mietverhältnisse über Wohnräume sowie gem. § 581 Abs. 2 BGB für Pachträume. Über § 578 Abs. 2 BGB gelten die Regelungen über die Duldungspflicht auch für Räume, die nicht Wohnräume sind. Soweit die Vorschriften abweichende Verein-

[29] LG Düsseldorf GE 2014, 195; *Lehmann-Richter* NZM 2011, 572; Anm. zu LG Berlin ZMR 20124, 206.
[30] Ähnlich auch *Hau* NZM 2014, 809, 815.
[31] *Hau* NZM 2014, 809, 817.
[32] Gesetz zur Neugliederung, Vereinfachung und Reform des Mietrechts v. 19.6.2001 – BGBl. I, 1149.
[33] Vergleiche Begründung zu § 554 BGB – Nachweis bei *Börstinghaus/Eisenschmid,* S. 194.
[34] Vergleiche *Thomsen,* Modernisierung von preisfreiem Wohnraum durch den Vermieter, 1998, S. 43.
[35] *Sternel* ZMR 2001, 937, 942.
[36] BGH (XII ZR 80/12) NZM 2014, 163 = NJW 2014, 685 = GE 2014, 245 = CuR 2014, 30.

barungen zum Nachteil des Mieters für unwirksam erklären, gelten diese dagegen nur für Wohnräume, weil die u. a. für Gewerberäume maßgebliche Verweisungsvorschrift des § 578 Abs. 2 BGB die entsprechenden Regelungen nicht nennt. Die Duldungsvorschriften gelten mangels Verweisung in § 578 Abs. 1 BGB nicht für Mietverhältnisse über reine Grundstücke.

Auch der **Untermieter** wird durch die Vorschrift verpflichtet[37], da anderenfalls der Hauptmieter ihm gegenüber die Erhaltungspflicht nicht erfüllen könnte. Der Hauptvermieter hat allerdings keinen unmittelbaren Anspruch auf Duldung gegenüber dem Untermieter. Er kann nur vom Hauptmieter verlangen, dass dieser den Untermieter zur Duldung veranlasst.[38] Die Modernisierungsvorschriften sind nicht anwendbar auf den Inhaber eines dinglichen Wohnungsrechtes.[39] **14**

Es spielt keine Rolle, ob eine Wohnung freifinanziert oder öffentlich gefördert ist.[40] Die tatbestandlichen Voraussetzungen für die Duldungspflicht sind gleich. Das gilt auch für Wohnungen und Räume in den östlichen Bundesländern, für die bis zum 31. 12. 1997 das Mietenüberleitungsgesetz galt, welches nur Sonderregelungen zur Mietzinserhöhung, wie z. B. eine Kappungsgrenze von 3 DM/qm bei bestimmten modernisierungsbedingten Mieterhöhungen, enthalten hatte. **15**

Zeitlich erstreckt sich die Anwendung des § 555 a BGB auf die Dauer des Mietverhältnisses. § 555 a BGB gilt entsprechend für die Zeit **nach Beendigung** des Mietverhältnisses, wenn der Mieter die Räume rechtmäßig nutzt, weil er z. B. noch vorübergehend Vollstreckungsschutz genießt.[41] Dies rechtfertigt sich aus der Überlegung, dass der Mieter die Wohnung zwar außerhalb des Vertrages aber innerhalb der Rechtsordnung benutzt. Er hat berechtigten Besitz an der Wohnung und darf daher – auch wenn der Vermieter nicht mehr vertraglich gebunden ist – nicht willkürlich behandelt werden. Bei der Abwägung treten die Interessen des Mieters allerdings in den Hintergrund, da sein vertragsloser Besitz ihn zu weit gehenden Zugeständnissen verpflichtet. Der fehlende Vertrag zwischen Besitzer (Mieter) und Eigentümer (Vermieter) führt somit nicht dazu, dass die Duldungspflicht entfällt,[42] weil sonst der vertragslose Nutzer besser gestellt wäre, als der vertragsgebundene Mieter. **16**

Die Pflicht zur Duldung von Ausstattungen zur Verbrauchserfassung von Wärme und Warmwasser regelt die Spezialvorschrift des § 4 Abs. 2 Satz 1 HeizkV, die auch für Gewerberaum Anwendung findet. **16a**

IV. Übergangsregelung

Grundsätzlich gilt, dass bei einem Dauerschuldverhältnis nach Inkrafttreten einer Rechtsänderung das neue Recht auch auf das bestehende Schuldverhältnis anzuwenden ist. **17**

Für die Modernisierungsvorschriften gibt es allerdings eine abweichende Übergangsregelung (Art. 2 § 29 Abs. 1 MietRÄndG)[43]. Auf Mietverhältnisse, die vor Inkrafttreten des neuen Gesetzes entstanden sind, ist § 554 BGB in der alten Fassung anzuwenden, wenn **18**

- dem Mieter die Mitteilung der Modernisierungsmaßnahme gem. § 554 Abs. 3 Satz 1 BGB a. F. vor dem Inkrafttreten des Gesetzes zugegangen ist oder
- bei Maßnahmen, die nur eine unerhebliche Auswirkung auf die Mietsache haben und nur zu einer unerheblichen Mieterhöhung führen (§ 554 Abs. 3 S. 3 BGB a. F.), der Vermieter mit der Ausführung der Maßnahme vor dem Inkrafttreten des Gesetzes begonnen hat.

Von dieser Übergangsregelung sind allerdings die §§ 555 a sowie 555 f BGB nicht betroffen, da die Übergangsregelung zum einen auf Modernisierungsankündigungen abstellt und nicht auf die Mitteilung von Erhaltungsmaßnahmen. Zum anderen hat § 554 a BGB a. F. die Frage der Modernisierungsvereinbarung nicht geregelt, so dass eine Anwendung unter diesem Gesichtspunkt nicht in Betracht kommt. §§ 555 a, 555 f BGB gelten somit uneingeschränkt mit Inkrafttreten des Gesetzes. **19**

---

[37] *Weimar* ZMR 76, 33.
[38] *Bieber in* MünchKomm § 554 Rdn. 13.
[39] LG Düsseldorf WuM 1988, 166 zu § 554 BGB a. F.
[40] BayObLG WuM 1996, 749 für Wohnungen gem. § 87 a II. WoBauG; *Franke* DWW 2009, 138, 139.
[41] AG Regensburg WuM 1992, 104; *Thomsen,* S. 37.
[42] So LG Berlin NZM 1999, 1137.
[43] BGBl. I 2013, 434.

§ 555a Erhaltungsmaßnahmen

(1) Der Mieter hat Maßnahmen zu dulden, die zur Instandhaltung oder Instandsetzung der Mietsache erforderlich sind (Erhaltungsmaßnahmen).

(2) Erhaltungsmaßnahmen sind dem Mieter rechtzeitig anzukündigen, es sei denn, sie sind nur mit einer unerheblichen Einwirkung auf die Mietsache verbunden oder ihre sofortige Durchführung ist zwingend erforderlich.

(3) [1]Aufwendungen, die der Mieter infolge einer Erhaltungsmaßnahme machen muss, hat der Vermieter in angemessenem Umfang zu ersetzen. [2]Auf Verlangen hat er Vorschuss zu leisten.

(4) Eine zum Nachteil des Mieters von Absatz 2 oder 3 abweichende Vereinbarung ist unwirksam.

Systematische Übersicht

Alphabetische Schnellübersicht

A. Begriff der Erhaltungsmaßnahme und Duldungspflicht (Abs. 1)

I. Begriff der Erhaltungsmaßnahmen

1. Maßnahme

§ 555a BGB hat inhaltlich die Sprachregelung des § 554 Abs. 1 BGB a. F. übernommen. Die dort genannten vom Mieter zu duldenden Erhaltungsmaßnahmen werden allerdings präzisiert, in dem sie mit Instandhaltungs- bzw. Instandsetzungsmaßnahmen umschrieben werden. Der Gesetzgeber hat damit aber keine Regelung dazu getroffen, was unter Instandhaltungs- und Instandsetzungsmaßnahmen zu verstehen ist. Im allgemeinen Sprachgebrauch werden unter Instandhaltung im Wesentlichen kleinere, vorbeugende Arbeiten erfasst, die Mängel verhindern sollen[1], während die Instandsetzung größere Arbeiten betrifft, die bereits eingetretene Mängel beheben sollen und sich auch werterhöhend auswirken können. Dies steht jedoch nicht gänzlich im Einklang mit der gesetzlichen Regelung von Instandhaltungs- und Instandsetzungsmaßnahmen in § 1 Abs. 2 Nr. 2 BetrKV. Diese Vorschrift wirkt über § 556 Abs. 1 BGB auch in das BGB hinein. Sie enthält auch eine Legaldefinition. Instandhaltungs- und Instandsetzungsmaßnahmen sind danach Maßnahmen, die darauf abzielen, die durch Abnutzung, Alterung und Witterungseinwirkung entstehenden baulichen oder sonstigen Mängel ordnungsgemäß zu beseitigen. Es ist zu bedenken, dass hier eine gewisse Inkongruenz zu § 555a Abs. 1 BGB besteht. Zum einen spricht die Definition in der Betriebskostenverordnung nur von der Beseitigung, nicht aber von vorbeugenden Maßnahmen. Zum anderen werden nur Maßnahmen erfasst, die durch Abnutzung, Alterung oder Witterungseinwirkung entstehende Mängel beseitigen sollen. Nicht erfasst wird die Beseitigung anderer Mängel, z. B. solche, die durch mutwillige Zerstörung (etwa Vandalismus oder das Beschmieren von Wänden) hervorgerufen werden. 1

Zudem verwendet das Gesetz in § 177 Abs. 3 BBauG sowie in § 3 Abs. 4 ModEnG die gleiche Definition für den Begriff der Instandsetzung wie § 28 II. BV für den Begriff der Instandhaltung. Es ist versäumt worden, die unterschiedlichen Definitionen für Instandhaltungs- und Instandsetzungsmaßnahmen für diese Vorschrift aufzulösen. In der Praxis wird sich das allerdings kaum auswirken, weil es letztendlich um die Sicherstellung der vom Vermieter gem. § 535 BGB geschuldeten Aufrechterhaltung des vertragsgemäßen Gebrauchs geht und es dabei gleichgültig ist, ob seine darauf zielende Maßnahme die Instandsetzung oder Instandhaltung betrifft. 2

Die Duldungspflicht des Mieters bezieht sich auf „Maßnahmen an der Mietsache". Mit dem Mietrechtsreformgesetz[2] zum 1. 9. 2001 wurde der Begriff **„Einwirkung"** durch den Begriff „Maßnahme" ersetzt. Der Begriff **„Maßnahme"** wurde auch für § 555a BGB übernommen und geht weiter als der in § 541a BGB a. F. verwendete Begriff der Einwirkung. Daher fallen unter § 555a BGB zunächst alle Einwirkungen, die den Mieter bei der Ausübung seines Gebrauchsrechts hindern oder einschränken. Unerheblich ist, auf welche Ursachen die zu behebenden Schäden und die damit notwendig werdenden Maßnahmen zurückgehen; ob sie beispielsweise der Vermieter, der Mieter oder ein Dritter zu vertreten hat. 3

Darüber hinaus sind Maßnahmen grundsätzlich aber auch solche Tätigkeiten, die keine unmittelbare Einwirkung auf die Nutzung der Mietsache durch den Mieter nach sich ziehen. Der Mieter muss aber durch die Maßnahmen sonst beeinträchtigt oder belästigt werden, da es anderenfalls nicht verständlich wäre, den Mieter gesondert zur Duldung zu verpflichten. Dagegen beinhaltet der Begriff der Maßnahme nicht, dass der Mieter mit dem Gegenstand der Maßnahme zwingend in Berührung kommt. Daher hat der Mieter auch unter Einschränkung seines vertragsgemäßen Gebrauchs zu dulden, dass der Vermieter einen Balkon der Nachbarwohnung oder die Außenanlage saniert. 4

2. Erhaltung der Mietsache

Die Maßnahmen müssen zur Erhaltung der Mietsache erforderlich sein. Nach dem Recht vor dem 1. 9. 2001 bezog sich die Duldungspflicht auf Einwirkungen auf die Mietsache, die zur Erhaltung der Mieträume oder des Gebäudes erforderlich waren. Eine inhaltliche Änderung sollte nach dem Willen des Gesetzgebers weder mit der Neufassung des Mietrechtsreformgesetzes 2001 ver- 5

[1] OLG Köln ZMR 1994, 158; zum Begriff der Instandhaltung im Rahmen der II. BV vgl. *Wall* WuM 1998, 524, 526; *Herzog* NZM 2005, 385.
[2] BGBl. I 2001, 1149.

bunden sein[3], noch mit dem Mietrechtsänderungsgesetz 2013 (MietRÄndG). Sowohl die Verbesserungen an Räumen, an den überlassenen Einrichtungen[4], als auch an Teilen des Gebäudes werden von dem Begriff der „Mietsache" erfasst. In jedem Fall werden von dem Begriff der „Mietsache" die unmittelbar gemieteten Räume und die zur Mitbenutzung überlassenen Räume und Raumteile erfasst. Aber auch alle weiteren Gebäudeteile zählen dazu, z. B. Gemeinschaftsflächen oder selbst die Nachbarwohnung, da dort ausgeführte Erhaltungsmaßnahmen (anders bei der Modernisierung, s. Vorbem. zu §§ 555a–f BGB Rdn. 9) der Erhaltung des Gesamtgebäudes und damit indirekt der Mietsache dienen.[5] Letztlich werden von dem Begriff Mietsache auch die Außenanlagen erfasst.[6] Die weite Auslegung der Begriffs „Mietsache" rechtfertigt sich damit, dass der Vermieter grundsätzlich uneingeschränkt berechtigt sein muss, seinen Vermieterpflichten auf Gewährung und Erhaltung der Mietsache zum vertragsgemäßen Gebrauch nachzukommen.

6 Die Mietsache i. S. d. § 555a BGB ist nicht betroffen, wenn der Vermieter an anderen Gebäuden auf demselben Grundstück, die **nicht zur Wohnanlage** des vom Mieter genutzten Gebäudes gehören, Arbeiten vornimmt. Gleiches gilt für den Fall, dass der Vermieter Arbeiten auf dem ihm gehörenden Nachbargrundstück durchführen lässt.[7] Die Duldung von Beeinträchtigungen durch derartige Arbeiten ist unter nachbarrechtlichen Gesichtspunkten zu beurteilen.

7 **a) Umfang der Erhaltungsmaßnahmen. Erhaltungsarbeiten** sind das Ausbessern und die Erneuerung schadhafter Teile. Zu den Erhaltungsarbeiten gehören sowohl Instandsetzungsmaßnahmen als auch Instandhaltungen, nicht dagegen Modernisierungen, die durch § 555b erfasst werden. Die Begriffe Instandhaltung und Instandsetzung kannte das BGB bislang nicht. Daher gibt es auch keine klare gesetzliche Abgrenzung (s. Rdn. 1). Die Unterscheidung ist im Rahmen dieser Vorschrift für die Praxis aber ohne Bedeutung. Es geht bei den Erhaltungsarbeiten um Maßnahmen, die zur Erhaltung des Gebäudes, einschließlich des Grundstücks, in seinem ursprünglichen wirtschaftlichen Bestand objektiv erforderlich sind.[8]

8 Zu den erforderlichen Erhaltungsmaßnahmen zählen aber nicht nur die reinen Baumaßnahmen, die unmittelbar dem angestrebten Erfolg dienen. **Vorbereitende Arbeiten,** wie z. B. das Aufstellen von Gerüsten an der Außenfront, das zeitweise Entfernen von Fenstergittern oder Treppengeländern[9] sowie Schlussmaßnahmen, sind ebenso hinzunehmen wie notwendige Besichtigungen vor, nach und während der Bauphase durch den Bauherrn, die Architekten und Handwerker. Darüber hinaus hat der Mieter auch die mit den Baumaßnahmen verbundenen Immissionen hinzunehmen, wie die Belästigungen durch Lärm, Erschütterungen und Schmutz. Gewährleistungsansprüche bleiben davon jedoch unberührt (vgl. Rdn. 64ff.).

9 **b) Die Ersetzung veralteter Bauteile und Anlagen.** Ungeklärt bleibt, ob der Austausch veralteter Bauteile und Anlagen durch moderne Ausstattungen eine Maßnahme zur Erhaltung der Mietsache nach § 555a Abs. 1 BGB oder eine modernisierende Instandsetzung (§ 555b Rdn. 84f), also eine Modernisierungsmaßnahme darstellt. Eine Modernisierung ließe sich damit rechtfertigen, dass der neue Standard regelmäßig höherwertig ist, weil die technische Entwicklung fortschreitet.

9a Dagegen ist es sachgerechter, die richtige Einordnung als Instandsetzung oder Modernisierung davon abhängig zu machen, ob der Vermieter bei Durchführung der baulichen Maßnahme eine Wahlmöglichkeit hat.[10] Denn der Vermieter ist keinesfalls verpflichtet, den Originalzustand zu erhalten, der bei Beginn des Mietverhältnisses bestanden hat. Das ist häufig schon aus praktischen Gründen nicht möglich, z. B. wenn für eine technische Anlage Ersatzteile nicht mehr beschafft werden können. Der Vermieter hat vielmehr grundsätzlich das Recht, den jeweils neuesten Stand der Technik einzuhalten.[11] Kann er noch zwischen einer Wiederherstellung des ursprünglichen Zustandes und einem modernisiertem Zustand frei entscheiden, liegt eine Modernisierung vor. Bringt die Instandsetzung dagegen notwendigerweise eine Verbesserung mit sich, weil der Markt

---

[3] Nr. 1 der Begründung des Kabinettsentwurfs zu § 554 BGB; Nachweis bei *Börstinghaus/Eisenschmid,* Arbeitskommentar Neues Mietrecht, § 554, S. 194.

[4] BGH (VIII ZR 10/11) WuM 2011, 671 = MietPrax-AK § 535 BGB Nr. 47 = CuR 2011, 163 = GE 2012, 57 = NJW-RR 2012, 262 = NZM 2012, 154 = DWW 2012, 52 = ZMR 2012, 174.

[5] Zum Begriff der Mietsache s. *Sternel,* ZMR 2001, 937, 941.

[6] Kinne/Schach/Bieber § 555a Rdn. 3.

[7] *Emmerich* in Staudinger § 554 Rdn. 5.

[8] *Emmerich* in Emmerich/Sonnenschein Miete § 554 Rdn. 2; *Emmerich* in Staudinger § 554 Rdn. 4.

[9] *Franke* DWW 2009, 15; *Erman/Lützenkirchen* § 554 BGB Rdn. 12 mit weiteren Beispielen.

[10] Vgl. im Einzelnen *Blank* WuM 2008, 311, 313; *Eisenschmid* WuM 2008, 264.

[11] Kinne/Schach/Bieber § 555a Rdn. 2.

eine veraltete Technik nicht mehr zulässt, ist der Vermieter auf Grund dieser Situation praktisch gezwungen, eine moderne Technik einzusetzen. Dann liegt eine Ersetzung vor, die der Instandhaltung gleichzusetzen ist[12]. Die Duldung richtet sich dann nach § 555a Abs. 1 BGB.

Abzuleiten ist dieses Ergebnis aus den Vorschriften zum sozialen Mietwohnungsbau (vgl. § 11 Abs. 4 II. BV). Dort versteht man unter Erneuerung die Ersetzung des gesamten Bauteils, einer Anlage oder Einrichtung durch ein gleichwertiges Bauteil[13]. Führt die Ersetzung zu einem anderen, aber gleichwertigen Zustand oder zwangsläufig infolge der allgemeinen technischen Entwicklung zu Änderungen, so handelt es sich nicht um bauliche Änderungen, sondern um Instandsetzungen oder Erneuerungen.[14] Auf die Kostenmiete hat eine solche Ersetzung keinen Einfluss, da diese Investition schon mit der (Sonder-)Abschreibung in der Kostenmiete berücksichtigt wurde (s. Anh. zu § 561 BGB Rdn. 33f.). Für den preisfreien Wohnraum gilt die gleiche wirtschaftliche Betrachtungsweise. Dieses Ergebnis entspricht auch der Gesetzessystematik. Die Formulierung in § 555a BGB lehnt sich an den Wortlaut des § 21 Abs. 5 Ziff. 2 WEG an. Da zudem § 22 Abs. 2 Satz 1 WEG auf die mietrechtliche Terminologie der Modernisierung Bezug nimmt, ist ein einheitlichen Gesetzesverständnis geboten. Das WEG versteht die Ersetzung – auch auf höherem Niveau – als Instandsetzung nach § 21 Abs. 5 Nr. 2 WEG[15]. 10

c) Maßnahmen nach § 9 EnEV[16]. Von der Ersetzung, die vom Vermieter freiwillig durchgeführt wird, ist zu unterscheiden eine bauliche Maßnahme, die den gesetzlichen Anforderungen der EnEV genügen muss. Hier sind wiederum Maßnahmen gem. § 9 EnEV zu unterscheiden von denen nach § 10 EnEV. § 9 Abs. 1, 3 EnEV sieht vor, dass Änderungen an Außenbauteilen, wie Außenwände, Fenster, Decken und Dächer etc., die mehr als 10% der jeweiligen Bauteilfläche des Gebäudes betrifft, so auszuführen sind, dass die in Anlage 3 der EnEV festgelegten Wärmedurchgangskoeffizienten der betroffenen Außenbauteile nicht überschritten werden. Diese Regelung greift also nur dann, wenn der Vermieter sich (freiwillig) für eine entsprechende bauliche Maßnahme entscheidet. Daher spricht man in diesem Zusammenhang von „bedingten" Maßnahmen des Bauherrn. Da der Vermieter in diesen Fällen durch öffentlich-rechtliche Vorschriften gezwungen ist, die Verbesserungen durchzuführen, können sich Zweifel ergeben, ob der Mieter der grundsätzlichen Duldungspflicht den Härteeinwand des § 555d BGB entgegenhalten kann. Mit der Härteregelung könnte nämlich der Vermieter einerseits an der Durchführung der Maßnahme mietrechtlich gehindert sein und andererseits wegen Nichtbeachtung der EnEV öffentlich-rechtlich mit einem Bußgeld belegt werden. 11

Handelt es sich bei der vom Vermieter freiwillig in Angriff genommenen Maßnahme um eine Instandsetzung, bestimmt sich die Duldungspflicht des Mieters nach § 555a Abs. 1 BGB. Hierfür gilt die Härteregelung des § 555d BGB nicht. Zu § 554 BGB a. F. wurde hier die Auffassung vertreten[17], dass die Härteregelung auch nicht für die – bedingte – gleichzeitig vorgenommene und nach der EnEV verpflichtende Modernisierung gelte, weil die Instandsetzung im Vordergrund stehe, die der Mieter zum einen nicht behindern und zum anderen nicht mit einem Härteeinwand an den Vermieter unterlaufen dürfe. Da der Vermieter bei diesen Maßnahmen keine Wahl einer anderen Ausführung habe, weil er die Mietsache Instandhalten müsse und die EnEV ihn zu weitergehenden baulichen Maßnahmen verpflichte, sei die gesamte bauliche Aktivität der Instandsetzung zuzuordnen. Da mit der ab 1.5.2013 geltenden Änderung nunmehr auch Maßnahmen, die der Vermieter nicht zu vertreten hat, einer Härtefallprüfung unterliegen, ist diese Auffassung nicht mehr tragfähig. Führt die notwendige Reparatur zu einer bedingten Modernisierung, weil die EnEV den Vermieter dazu verpflichtet, unterliegt diese energieeinsparende (Teil-)Maßnahme auch der Härtefallprüfung (§§ 555b Nr. 6). Die reinen Erhaltungsmaßnahmen bleiben außen vor, da § 555b Ziff. 6 ausdrücklich diese Maßnahmen ausnimmt. 12

Soweit die Maßnahme der Energieeinsparung dient, kann der Mieter wegen einer Beeinträchtigung des vertragsgemäßen Gebrauchs durch die Maßnahmen trotz § 536 Abs. 1a BGB die Miete für die Dauer der Beeinträchtigung mindern (s. § 555b Rdn. 46, 55). 12a

[12] AG Hamburg-St. Georg ZMR 2012, 964; *Blank* WImmoT 2006, 109, 114; **a. A.** *Dickersbach* in: Lützenkirchen, Mietrecht, § 555a Rdn. 39.

[13] *Herzog* ZdWBay 2005, 385.

[14] *Hogenschurz* NZM 2014, 501, 503; Pergande/*Heix* § 11 II. BV, Anm. 10.5; so auch RdSchr. des BMBau v. 5.1.1973, BBauBl. 1973, 81.

[15] *Abramenko,* Mietrechtsänderungsgesetz 2013, § 1 Rdn. 8f.

[16] Energieeinsparverordnung – EnEV v. 24.4.2009 (BGBl. I S. 954); EnEV 2014 v. 18.11.2013 (BGBl. I. S. 3951).

[17] Schmidt-Futterer, 10. Aufl., § 554 Rdn. 19d.

13 **d) Maßnahmen nach § 10 EnEV**[18]. Gem. § 10 EnEV dürfen Eigentümer von Gebäuden bestimmte Heizkessel, die vor dem 1.10.1978 eingebaut oder aufgestellt worden sind, nicht mehr betreiben. Diese Vorschrift zwingt den Vermieter zur Anschaffung eines neuen Heizkessels. Wird daher der alte Heizkessel nur ersetzt (vgl. Rdn. 9ff.) handelt es sich nach der hier vertretenen Auffassung bei dem Kesselaustausch um eine Instandhaltung.[19] Diese Auffassung wird durch folgende Kontrollüberlegung bestätigt. § 10 EnEV verpflichtet den Eigentümer (Vermieter) nur zur Stilllegung der Anlage. Der Vermieter wird somit nicht durch Gesetz verpflichtet, eine neue Anlage einzubauen. Es handelt sich somit streng genommen nicht um eine „nicht zu vertretende Maßnahme". Zum Einbau der neuen Heizungsanlage ist der Vermieter vielmehr nur deshalb gezwungen, weil er dem Mieter die Beheizung der Wohnung mietvertraglich schuldet. Der Einbau ist nur die faktische Konsequenz der Betriebsuntersagung.[20] (zur Dämmung von Leitungen und Armaturen s. § 555b Rdn. 42; zur Dämmung von Geschossdecken § 555b Rdn. 44). Da die Maßnahme der Instandhaltung zuzuordnen ist, scheidet eine Umlage nach § 559 BGB auch unter dem Gesichtspunkt der „nicht zu vertretenen Maßnahme" aus (vgl. § 555b Nr. 6). Seit Inkrafttreten der EnEV 2014 müssen grundsätzlich auch Heizkessel ausgetauscht werden, die vor dem 1. Januar 1985 eingebaut worden sind und mit flüssigen oder gasförmigen Brennstoffen befeuert werden. Sie dürfen ab 1. Januar 2015 nicht mehr betrieben werden. Nach dem 1. Januar 1985 verbaute Heizsysteme dürfen maximal 30 Jahre genutzt werden (§ 10 Abs. 1 Satz 2, 3 EnEV 2014). Ausnahmen werden in Abs. 1 Satz4 EnEV 2014 geregelt.

3. Erforderlichkeit

14 Die Erhaltungsmaßnahmen müssen erforderlich sein. Hierbei ist dem Eigentümer wegen Art. 14 GG ein breiter **Beurteilungsspielraum** einzuräumen. Ihm obliegt daher grundsätzlich die Einschätzung, ob und in welchem Umfang Vorsorge- und Reparaturmaßnahmen notwendig und sinnvoll sind. Die Erforderlichkeit der Maßnahme erfordert keine besondere Dringlichkeit.[21] Andererseits reicht die bloße theoretische Möglichkeit eines zukünftigen Schadenseintritts nicht aus. Es ist vielmehr von einem objektiven Standpunkt aus zu prüfen, ob ohne die Arbeiten mit großer Wahrscheinlichkeit Schäden an dem Objekt zu befürchten sind oder ob aus anderen sachlich gebotenen Gründen eine bauliche Maßnahme gerechtfertigt erscheint.[22] Zur modernisierenden Instandsetzung vgl. § 555b Rdn. 84f.

15 Tauscht der Vermieter Bleirohre aus, um den innerhalb der Zulässigkeit liegenden **Belastungswert** des Trinkwassers für Blei weiter zu senken, liegt eine Instandhaltung, nicht dagegen eine duldungspflichtige Verbesserungsmaßnahme vor. Ob eine solche Maßnahme geeignet ist, den Gebrauchswert der Mietsache i. S. d. § 559 BGB zu erhöhen, ist sehr zweifelhaft. Mit der Schaffung von Grenzwerten wird nur die Zulässigkeitsschwelle bestimmt, aber keine Wertung innerhalb der zulässigen Bandbreite der Belastung vorgenommen. Die zulässige Bleibelastung in der Nähe des Grenzwertes ist rechtlich betrachtet genauso ungefährlich wie gänzlich unbelastetes Trinkwasser.

Von Pfeifer[23] wird in diesem Zusammenhang die Auffassung vertreten, dass der Austausch von Bleirohren (Zuflussleitungen) keine Instandhaltung, sondern eine Modernisierung sei, wenn zum Zeitpunkt der Maßnahme der Bleigehalt im Trinkwasser zwar die zulässige Belastungsgrenze nicht überschreite, aber durch die neuen Rohrleitungen die **Bleikonzentration des Trinkwassers** nach den Anforderungen schon bekannter, künftiger Regelungen verringert werde. Der Vermieter könne so den Anforderungen der Trinkwasserverordnung[24] schon vorab Rechnung tragen, die nach einer gewissen Übergangszeit[25] (s. dazu § 536 BGB Rdn. 181f.) den Vermieter verpflichtet, den Belastungswert von Blei im Trinkwasser von 0,01 mg/l nicht zu überschreiten. Diese Meinung

---

[18] Energieeinsparverordnung – EnEV v. 24.4.2009 (BGBl. I S. 954) sowie EnEV 2014 v. 18.11.2013 (BGBl. I. S. 3951).

[19] AG Hamburg-St. Georg ZMR 2012, 964; *Blank/Börstinghaus* § 559 Rdn. 13; *Blank* WImmoT 2006, 109, 115; das Gleiche galt auch für Maßnahmen entsprechend § 10a EnEV. Diese Vorschrift ist seit dem 13.7.2013 außer Kraft.

[20] *Dickersbach* in: Lützenkirchen, Mietrecht, § 555b BGB Rdn. 81.

[21] *Erman/Lützenkirchen* § 554 BGB Rdn. 7.

[22] LG Berlin GE 2015, 1101.

[23] *Pfeifer* GE 1999, 623, 626.

[24] TrinkwV in der Fassung vom 21.5.2001 – BGBl. I, 959.

[25] Vgl. § 6 Abs. 2 Satz 3 TrinkwasserVO.

verkennt, dass eine Modernisierung nur dann vorliegt, wenn der Vermieter durch die Baumaßnahme der Gebrauchswert der Wohnung erhöhen will. Dies ist aber bei einer derartigen Maßnahme nicht erkennbar. Vielmehr will der Vermieter in dem vorgenannten Fall mit dem Austausch der im Haus liegenden Bleirohre lediglich seiner künftigen Instandsetzungspflicht nachkommen, die wegen der drohenden Gesetzesänderung lediglich zeitlich vorgezogen wird. Zu Blei als Mangel s. § 536 BGB Rdn. 179 ff.

Erst recht ist eine Instandsetzung anzunehmen, wenn der Vermieter die Rohre austauscht, nachdem sich die Grenzwerte verschärft haben und dadurch seine aktuellen Belastungswerte unzulässig wurden. Dann kommt der Vermieter mit dem Austausch der Bleirohre nicht einem drohenden, sondern einem aktuellen gesetzlichen Auftrag zur Mängelbeseitigung nach. Die Beseitigung der Bleibelastung erfolgt dann in Vollzug der vertraglichen Verpflichtung zur Herstellung einer vertragsgerechten – gesundheitlich unbedenklichen – Wohnung. 16

Instandhaltungsmaßnahmen liegen auch vor, wenn der Vermieter – auch im Rahmen von Modernisierungsarbeiten – Bauschadstoffe beseitigt. Vor allem in Gebäuden, die vor mehr als 25 Jahren errichtet wurden, finden sich schadstoffhaltige Bauteile.[26] Häufig ist das Gefährdungspotential erst später erkannt worden. Daher wird bei der Modernisierung häufig auch insoweit ein deutlicher Anteil an Instandsetzung vorliegen. Die Schadstoffe reichen von Asbest[27] in brandschutztechnischen Bauteilen, künstliche Mineralfasern (KMF), Mineralkohlenwasserstoffen (MKW), Polychlorierte Biphenyle (PCB)[28], Polycyclische aromatische Kohlenwasserstoffe (PAK) über Pentchlorphenol (PCP) in Holzschutzmitteln. Betroffen sind beispielsweise asbesthaltige Kabelkanäle, PCB haltige Fugendichtungen, Gussasphalt unter dem Bodenbelag (PAK und MKW) sowie Dacheindeckungen aus Asbestzementplatten.[29] 16a

4. Einzelfälle

Zu den duldungspflichtigen Maßnahmen gehören z. B. der Austausch brüchiger Wasser- und Abwasserleitungen[30] sowie von Bleirohren[31] (s. auch § 536 BGB Rdn. 180 ff.) oder der Ersatz schadhafter Fenster[32] sowie alle Maßnahmen zur Beseitigung normaler Verschleißschäden, wie die Durchführung von Schönheitsreparaturen.[33] 17

Soweit allerdings die Schönheitsreparaturen vertraglich dem Mieter auferlegt wurden, entfällt die Pflicht des Vermieters. Anderes gilt jedoch bei Wohnraummietverhältnissen für Kleinreparaturen, da diese formularvertraglich nur im Wege des **Kostenersatzes,** nicht aber als Reparaturpflicht dem Mieter auferlegt werden dürfen.[34] Derartige Vertragsklauseln schränken daher die Instandsetzungspflicht des Vermieters nicht ein. 18

Der Austausch von Installationen, wie Waschbecken und Badewanne im Badezimmer der Wohnung, ist vom Mieter nach Abs. 1 nur hinzunehmen, wenn diese entweder schadhaft sind oder ihr Ausfall bei sachgerechter Beurteilung zu erwarten ist.[35] Eine Instandsetzung ist auch die Ersetzung einer schadhaften Gemeinschaftsantenne durch eine andere Empfangsanlage bei gleicher Leistung[36] oder die Erneuerung des Treppenhauses[37] sowie der Einbau einer neuen Wohnungseingangstür.[38] Der Mieter muss die Erhaltungsmaßnahmen auch dulden, soweit sie außerhalb der Mieträume 19

---

[26] *Hartmann* ZdWBay 2014, 60.

[27] AG Schöneberg; Urt. v. 18.2.16 – 106 C 282/15 – juris; *Eisenschmid*, jurisPR-MietR 4/2017 Anm. 3; *Binder*, IMR 2016, 506 .

[28] Zur Sanierung PCB-belasteter Gebäude siehe die Antwort der Bundesregierung auf die kleine Anfrage der Fraktion DIE LINKE v. 15.1.2014 – BT-Drs. 18/293.

[29] *Hartmann* ZdWBay 2014, 60, 62.

[30] LG Hamburg WuM 1995, 267; s. auch LG Berlin ZMR 1992, 546 = GE 1992, 1099.

[31] AG Halle-Saalkreis WuM 1992, 683 = DWW 1993, 46.

[32] AG Neuss NJW-RR 1986, 891 = DWW 1986, 180.

[33] Weitere Beispiele bei *Emmerich* in Emmerich/Sonnenschein Miete § 554 Rdn. 4.

[34] BGHZ 118, 194 = WuM 1992, 355 = NJW 1992, 1759 = MDR 1992, 669 = DWW 1992, 207 = ZMR 1992, 332 = GE 1992, 663.

[35] LG Hamburg WuM 1995, 267; AG Charlottenburg MM 1993, 111.

[36] KG Berlin, Rechtsentscheid vom 27.6.1985, WuM 1985, 248 = NJW 1985, 2031 = ZMR 1985, 262 = GE 1985, 729.

[37] KG WuM 1984, 42 = GE 1984, 81; LG München I WuM 1993, 736; AG Berlin-Schöneberg MM 1994, 211; AG Hamburg WuM 1995, 652.

[38] LG Köln WuM 1993, 608.

durchgeführt werden[39] z. B. den Anschluss an die Ortskanalisation,[40] die Durchführung von Korrosionsschutzmaßnahmen am Öltank[41] sowie Arbeiten an der Außenfassade, z. B. bei Schwammbefall[42], mit allen sich daraus ergebenden Konsequenzen. Im Rahmen seiner **Schutzpflicht** (s. § 535 BGB Rdn. 102) ist der Vermieter allerdings gehalten, den Mieter auf ein eventuell erhöhtes Einbruchsrisiko durch das Aufstellen eines Baugerüstes hinzuweisen.[43]

20 Der Mieter ist dagegen nicht verpflichtet, den Ausbau von Dachgauben oder die Entfernung einer Speisekammer zu Gunsten der Erweiterung des Badezimmers zu dulden, weil es sich dabei um eine Umgestaltung der Mietsache handelt.[44] Gleiches gilt dann, wenn der Vermieter Kastendoppelfenster durch isolierverglaste Kunststofffenster[45] ersetzen oder die zur Wohnung gehörende Terrasse überdachen will.[46] Soweit bloße Veränderungen der Mietsache durchgeführt werden sollen, wie z. B. der Austausch eines Gasherdes gegen einen Elektroherd[47], kann sich eine Duldungspflicht des Mieters nur im Einzelfall aus § 242 BGB ergeben.[48] Umgekehrt kann sich der Austausch eines Elektroherdes durch einen Gasherd wegen des hohen Primärenergiefaktors 2,6 für Strom und des niedrigen Faktors 1,1 für Gas als duldungspflichtige Maßnahme zur Primärenergieeinsparung gem. § 555b Ziff. 2 BGB erweisen (zum Primärenergiefaktor s. § 555b Rdn. 56ff.).

II. Duldungspflicht des Mieters

1. Umfang der Duldungspflicht

21 Da der Vermieter zur Erhaltung der Mietsache uneingeschränkt verpflichtet ist, gilt auch die Duldungspflicht des Mieters grundsätzlich uneingeschränkt.[49] Die Duldungspflicht des Mieters erfasst somit u. a. auch Einwirkungen, die durch **bauliche Maßnahmen** entstehen können. So z. B. Belästigungen durch Schmutz, Staub, Lärm, Gerüche und Erschütterungen. Auch der Entzug von Licht und Luft, z. B. durch ein **Baugerüst,** kann als vorübergehende Beeinträchtigung zu dulden sein. In der zunehmenden Einbruchsgefahr durch ein Baugerüst liegt eine **Gefahrerhöhung** der Einbruchsversicherung i. S. v. § 23 VVG.

22 Der Mieter hat die notwendigen Einschränkungen hinzunehmen, auch wenn sie für ihn und seine Familie eine Härte bedeuten. Das gilt auch, wenn die Wohnung nur zu vorübergehendem Gebrauch vermietet wurde.[50] Grenzen der Duldung ergeben sich aus der Erforderlichkeit der Maßnahme sowie aus §§ 226, 242 BGB.[51]

23 Der Anspruch des Vermieters auf Duldung einer Instandsetzungsmaßnahme durch den Mieter bedeutet auch, dass dieser die Arbeiten nicht ver- oder behindern darf.[52] Zudem umfasst der Duldungsanspruch auch die **Gestattung des Zutritts** zu den Mieträumen[53], damit der Vermieter die erforderlichen Arbeiten ausreichend planen und sachgerecht ausführen kann. Eine Besichtigung zur Unzeit, z. B. an Sonn- und Feiertagen oder in den Abendstunden, braucht der Mieter aber nicht zu dulden[54]. Weiter gehende Duldungspflichten können sich aus anderen Vorschriften, z. B. aus der HeizkV, dem Nachbarrecht sowie aus dem BauGB ergeben.

---

[39] *Kraemer/Schüller* in Bub/Treier III. A Rdn. 2644.
[40] AG Miesbach WuM 1984, 198.
[41] AG Regensburg WuM 1995, 319.
[42] AG Frankfurt/M. WuM 1992, 12.
[43] OLG Hamburg WuM 1989, 68 = NJW-RR 1988, 1481.
[44] LG Berlin ZMR 1988, 180 = MDR 1988, 321 = GE 1988, 145; AG Neukölln WE 2005, 17; AG Berlin-Mitte MM 2000, 280.
[45] LG Berlin MM 2002, 97; WuM 1987, 384; AG Berlin-Mitte MM 2000, 280.
[46] LG Gießen WuM 1998, 278.
[47] LG Berlin GE 2006, 1616; 1997, 185; AG Berlin-Mitte MM 2000, 280.
[48] BGH NJW 1972, 723 = MDR 1972, 509; *Emmerich/Sonnenschein* § 554 Rdn. 5; vgl. auch LG Berlin GE 2003, 809.
[49] LG Mannheim WuM 1987, 272; AG Neuss NJW-RR 1986, 891 = DWW 1986, 180.
[50] LG Berlin WuM 1980, 185 = ZMR 1980, 278 für Studentenwohnheim.
[51] BGH NJW 1972, 723 = MDR 1972, 509; *Bieber* in MünchKomm § 554 Rdn. 14.
[52] LG Berlin GE 2002, 1567; *Bieber* in MünchKomm § 554 BGB Rdn. 12; *Kraemer/Schüller* in Bub/Treier III. A Rdn. 2646.
[53] LG Berlin GE 1997, 245; *Kellendorfer* in: Spielbauer/Schneider, Mietrecht, § 555a Rdn. 14.
[54] Kinne/Schach/Bieber § 555a BGB Rdn. 6; *Kossmann* § 30 Rdn. 10; *Blömeke/Blümmel* Modernisierung A 15.

Zur Sichtung des Schadens, z. B. bei Schwammbefall, ist der Vermieter zu umfangreichen Untersuchungen berechtigt.[55] Müssen defekte, irreparable Gasöfen wegen eines davon ausgehenden Gefahrenrisikos durch eine neue Gasheizungsanlage ersetzt werden, so muss der Mieter die durch die Erneuerung der Heizungsanlage verursachten, unvermeidbaren Nachteile in Bezug auf den Gebrauch seiner Wohnung hinnehmen.[56] **24**

Der Mieter darf seine Bereitschaft zur Duldung nicht davon abhängig machen, dass der Vermieter erklärt, er werde für mögliche Schäden aufkommen oder die Kosten der Wiederherstellung übernehmen[57] (zum Aufwendungsersatz vgl. Rdn. 41 ff.). Der Vermieter ist allerdings verpflichtet, die Arbeiten so auszuführen, dass **unnötige** Beeinträchtigungen vermieden werden. Auf einen vertretbaren wirtschaftlichen Aufwand ist dabei Rücksicht zu nehmen. **25**

Ein Mieter, der die Duldungspflicht nach § 554 Abs. 1 BGB a. F. bzw. § 555a Abs. 1 BGB hat gerichtlich klären lassen, schuldet **Schadensersatz** wegen der verzögerten Arbeiten ab dem Zeitpunkt, zu dem er positive Kenntnis von seiner Duldungspflicht erhalten hat.[58] Hat andererseits der Vermieter Verzögerungen der Arbeiten zu vertreten, ist er dem Mieter zum Schadensersatz, z. B. wegen verlorener Urlaubszeit,[59] verpflichtet. **26**

Ist zur Ausübung der Baumaßnahme die Zustimmung eines Dritten erforderlich, z. B. des **Landeskonservators,**[60] kann der Mieter die Duldung verweigern, bis die Zustimmung vorliegt. **27**

2. Zumutbarkeit der Maßnahme

Im Einzelfall können auch Zumutbarkeitserwägungen dazu führen, dass der Mieter die vom Vermieter geplante Maßnahme **nicht** dulden muss. Anders als bei § 555d Abs. 2 BGB findet eine Interessenabwägung nicht statt. Als allgemeines Prinzip jeder Rechtsausübung ist im Rahmen der Duldung aber die Zumutbarkeit zu prüfen. Dabei gilt das Gebot der gegenseitigen Rücksichtnahme.[61] Hierbei kommt es auf die persönlichen Verhältnisse des Mieters an, auf die Dauer und Schwere der Beeinträchtigung sowie auf die Dringlichkeit der vom Vermieter auszuführenden Arbeiten. Ein durch die Baumaßnahme bedingter dreimalige Umzug innerhalb von neun Monaten überschreitet die Grenze des Zumutbaren.[62] **28**

Die Zumutbarkeitserwägungen erfassen aber nicht nur die Frage, ob die Maßnahme selbst geduldet werden muss, sondern auch, ob die Art und Weise der Ausführung vom Mieter hinzunehmen ist. So muss der Mieter nicht hinnehmen, dass der Vermieter die Arbeiten **nach Feierabend** selbst oder mit **Nachbarschaftshilfe** ausführt.[63] In der kalten Jahreszeit braucht der Mieter nicht zu dulden, dass der Vermieter die Fenster und Balkontüren der Mietwohnung in langsamer Arbeitsweise selbst streicht.[64] Um die Einwirkungen so gering wie möglich zu halten, dürfen somit die Maßnahmen nicht unnötig in die Länge gezogen werden.[65] Bei Außenputzarbeiten hat es der Mieter hinzunehmen, dass vor die Hausfassade eine staubdichte Plane für die Gesamtdauer der Arbeiten gehängt wird. Den dadurch **verminderten Lichteinfall** hat der Mieter zu dulden.[66] Muss ein mangelhafter Teppichboden ersetzt werden, darf der Vermieter keine ausgefallenen, sondern nur vielseitig verwendbare Farben auswählen. Er ist aber nicht verpflichtet, unbedingt den Farbwunsch des Mieters zu erfüllen.[67] Das gilt auch bei der Auswahl neuer Fenster.[68] **29**

Auch das **Schikaneverbot** gem. § 226 BGB kann im Einzelfall zu einem Ausschluss der Duldungspflicht des Mieters führen. So kann es schikanös sein, wenn der Vermieter trotz jahrelangem Streit mit dem Mieter darauf besteht, eine Instandhaltungsmaßnahme in der Wohnung persönlich auszuführen. **30**

---

55 AG Charlottenburg GE 2002, 1566; AG Frankfurt/M. WuM 1992, 12.
56 AG Münster WuM 1987, 256.
57 LG Frankfurt/M. ZMR 1968, 141; AG Neuss NJW-RR 1986, 891 = DWW 1986, 180.
58 AG Wedding WuM 1984, 927.
59 LG Hamburg WuM 1989, 173.
60 AG Wuppertal WuM 1981, 184.
61 *Kossmann* § 30 Rdn. 11.
62 AG Bad Schwartau WuM 1984, 215 = ZMR 1984, 375.
63 AG Hamburg-Blankenese ZMR 2007, 866; *Kossmann* § 30 Rdn. 11.
64 LG Kassel WuM 1981, 36.
65 *Kossmann* § 30 Rdn. 11.
66 AG Berlin-Mitte GE 1999, 989.
67 AG Köln WuM 1997, 553.
68 AG München ZMR 2013, 974.

3. Mitwirkungspflicht des Mieters

31 Der Mieter hat keine aktive Mitwirkungspflicht.[69] Die Duldungspflicht aus § 555a Abs. 1 BGB beschränkt sich auf ein passives Stillhalten[70]. Der Vermieter hat somit den notwendigen Ab- und Umbau der Möbel selbst vorzunehmen.[71] Den Abtransport der Möbel zur Schaffung von Baufreiheit muss der Mieter nur dulden, wenn ihm der Ort der Unterbringung mitgeteilt wird.[72] Der Mieter ist aber nach Treu und Glauben verpflichtet, ggf. seine privaten und höchstpersönlichen Sachen und Unterlagen so zusammenzustellen bzw. zu sichern, dass sie bei einem notwendigen Transport bzw. bei erforderlichen Umstell- und Umräumarbeiten nicht beschädigt werden bzw. verloren gehen.[73] Darüber hinaus notwendige Ausräumarbeiten sowie die Entfernung und Sicherstellung von Dekorationen oder Wertgegenständen obliegt dem Vermieter.[74] Der Vermieter hat keinen Anspruch auf **Aufwendungsersatz,** weil er mit den Arbeiten ein eigenes Geschäft geführt hat.

32 Aus der Duldungspflicht ergibt sich, dass der Mieter die Durchführung der Maßnahme nicht behindern darf. Ihm ist es auch untersagt, die Duldung der Maßnahme davon abhängig zu machen, dass der Vermieter die Maßnahmen umfangreich darlegt und erläutert.[75]

33 Zur Erhaltungspflicht des Vermieters gehört, dass die Wohnung nach Abschluss der Arbeiten wieder in den vertragsgemäßen Stand versetzt wird. Dies umfasst auch **Reinigungsarbeiten** in der Wohnung sowie in den Gemeinschaftsräumen. Soweit Möbel und Einrichtungsgegenstände des Mieters verstellt wurden, sind sie wieder an den ursprünglichen Platz zu bringen.[76]

34 Sofern dies wegen der Instandsetzungsarbeiten notwendig ist, kann der Mieter verpflichtet sein, vorübergehend die Wohnung zu verlassen.[77] Ob er in ein **Hotel** oder in eine **andere Wohnung** ziehen muss, hängt von den Umständen des Einzelfalls, insbesondere von der Schwere und der Dauer der durchzuführenden Maßnahme ab. Der Vermieter ist verpflichtet, dem Mieter den Ersatzwohnraum zur Verfügung zu stellen.[78] Keinesfalls ist der Mieter verpflichtet, sich selbst um Ersatzwohraum zu bemühen.[79] Zudem muss der Vermieter den Ersatzwohnraum so rechtzeitig anbieten, dass der Mieter den Zwischenumzug ausreichend organisieren kann.

Für den Zeitraum der Unbewohnbarkeit entfällt die Mietzahlungspflicht[80] (siehe § 555d BGB Rdn. 95).

35 In schwerwiegenden Einzelfällen, z. B. bei fehlender Standsicherheit des Hauses, kann die Notwendigkeit einer Instandsetzungsmaßnahme den Vermieter auch zur Kündigung des Mietverhältnisses berechtigen.[81] Auch in diesen Fällen kann der Vermieter bei Vorliegen besonderer Umstände verpflichtet sein, dem Mieter eine Ersatzwohnung zu stellen.

B. Ankündigungspflicht des Vermieters (Abs. 2)

36 In § 555a Abs. 2 BGB wird geregelt, dass grundsätzlich auch Erhaltungsmaßnahmen, die nicht mit einer nur unerheblichen Einwirkung auf die Mietsache verbunden sind, „rechtzeitig" angekün-

---

[69] LG Berlin WuM 1996, 143 = NJW-RR 1996, 1163; AG Gelsenkirchen WuM 1988, 13; AG Wuppertal WuM 1988, 15; *Bieber* in MünchKomm § 554 Rdn. 12; Kinne/Schach/Bieber § 555a BGB Rdn. 6; *Emmerich* in Emmerich/Sonnenschein Miete § 554 Rdn. 6; *Emmerich* in Staudinger § 554 Rdn. 10; *Kossmann* § 30 Rdn. 12; *Kraemer/Schüller* in Bub/Treier III. A Rdn. 2647.

[70] LG Berlin WuM 1996, 143 = NJW-RR 1996, 1163; **a. A.** AG Charlottenburg GE 1983, 35; *Schläger* ZMR 1985, 193.

[71] AG Erfurt WuM 2009, 342; AG Wuppertal WuM 1988, 15; *Voelskow* PiG 16, 1984, 33, 37; *Emmerich* in Staudinger § 554 Rdn. 10; einschränkend Hannemann/*Horst,* Das neue Mietrecht, § 2 Rdn. 6; **a. A.** *Blömeke/Blümmel* Modernisierung A 15.

[72] LG Berlin NJW 2015, 93.

[73] *Kraemer/Schüller* in Bub/Treier III. A Rdn. 2647; *Kellendorfer* in: Spielbauer/Schneider, Mietrecht, § 555a BGB Rdn. 15; *Dickersbach* in: Lützenkirchen, Mietrecht, § 555a BGB Rdn. 50.

[74] *Kellendorfer* in: Spielbauer/Schneider, Mietrecht, § 555a BGB Rdn. 15.

[75] AG Wedding GE 2007, 1557.

[76] AG Wuppertal WuM 1988, 15; AG Gelsenkirchen WuM 1988, 13.

[77] *Dickersbach* in: Lützenkirchen, Mietrecht, § 555a Rdn. 51.

[78] Erman/*Lützenkirchen,* 13. Aufl. Bd. 1, § 554 BGB Rdn. 5; LG Berlin WuM 2016, 282; **a. A.** LG Berlin MM 1997, 280.

[79] LG Berlin WuM 2016, 285.

[80] LG Berlin GE 2002, 1269.

[81] LG Braunschweig DWW 1965, 85.

digt werden müssen. Eine besondere Form ist nicht vorgeschrieben, also ist eine mündliche Mitteilung ausreichend.

Der Vermieter muss den Mieter in angemessener Frist rechtzeitig über Art und Umfang der Maßnahme informieren.[82] Die Rechtzeitigkeit orientiert sich dabei an der Dringlichkeit und dem Umfang der Maßnahme[83], sowie an den persönlichen und zeitlichen Planungen des Mieters.[84] Ihr elastischer Inhalt entspricht den Bedürfnissen der Praxis.[85] Aus der vertraglichen Pflicht zur Rücksichtnahme ergibt sich auch die Pflicht zur Angabe des voraussichtlichen Endes der Arbeiten.[86] Je nach der Schwere der mit den Bauarbeiten verbundenen Behinderung des vertragsgemäßen Gebrauchs kann der Vermieter verpflichtet sein, seine Maßnahmen einige Wochen vor Baubeginn anzukündigen.[87] Sofern nicht die Dringlichkeit der Maßnahme eine schnellere Durchführung erfordert, muss sich der Mieter auf die durch die Maßnahmen vorgenommenen Behinderungen durch notwendige (organisatorische) **Vorsorgemaßnahmen** einstellen können.[88] Allerdings ist der Mieter auch gehalten, an einer baldigen Terminabstimmung mitzuwirken.[89] Er kann auch nicht ausschließlich seine Terminwünsche durchsetzen.[90] Bei nicht rechtzeitiger oder ordnungsgemäßer Ankündigung kann der Mieter den Handwerkern den Zutritt verwehren.[91] 37

Für die Pflicht zur Ankündigung kommt es gem. 2. Halbs. 1 Alt. auf die Frage an, ob die Erhaltungsmaßnahme mit einer nur unerheblichen Einwirkung auf die Mietsache verbunden ist. Für diesen Fall sieht das Gesetz eine Pflicht des Vermieters zur Ankündigung nicht vor. Die Frage, ob trotz einer nur unerheblichen Einwirkung auf die Mietsache eine erhebliche Beeinträchtigung beim Mieter vorliegt und daher Zumutbarkeitsgesichtspunkte eine Rolle spielen können, ist nach dem Wortlaut ohne Belang. Damit würde die Vorschrift aber in ihrem Sinngehalt beschnitten. Die Ankündigungspflicht des Vermieters dient dem Interesse des Mieters, damit er sich auf die Arbeiten einstellen und ggf. sicherstellen kann, dass während der Arbeiten die Wohnung beaufsichtigt wird. Unabhängig von der Schwere der mit der Behebung des Mangels verbundenen Einwirkung kann es für die Ankündigungspflicht weiter darauf ankommen, ob der Handwerker die Wohnung betreten muss.[92] In diesen Fällen ist wegen des verfassungsrechtlichen Schutzes der Wohnung (Art. 13, 14 GG) immer von einer erheblichen Einwirkung auf die Mietsache auszugehen. Sonst bräuchte der Vermieter nach dem klaren Wortlaut des § 555a Abs. 2 BGB auch dann keine „rechtzeitige" Ankündigung vorzunehmen, wenn die vorzunehmende Erhaltungsmaßnahme einen Zutritt zur Wohnung erfordert. Anders ist dies, wenn der Handwerker nur kleinere Arbeiten z. B. im Keller durchführen muss, und der Mieter weder durch die Arbeiten selbst noch durch eine Störung seines Wohnbereichs betroffen ist. 38

Bei **Notmaßnahmen,** also bei Gefahr im Verzug, kann eine Unterrichtung des Mieters entbehrlich sein. Daher sieht der 2. Halbs. 2. Alt. vor, dass für den Fall einer zwingend erforderlichen sofortigen Durchführung der Erhaltungsmaßnahme der Vermieter keine gesonderte Ankündigung vornehmen muss. Dagegen ist die Ankündigung keinesfalls entbehrlich, nur weil der Mieter der Maßnahme zugestimmt hat, wenn damit nicht auch der Zeitpunkt der Durchführung gebilligt wurde.[93] 39

---

[82] BGH (VIII ZR 110/08) WuM 2009, 290 = MietPrax-AK § 554 BGB Nr. 4 = NJW 2009, 1736 = NZM 2009, 394 = GE 2009, 646 = DWW 2009, 219 = ZMR 2009, 440; AG Wedding GE 2007, 1557; AG Hamburg ZMR 2004, 825; AG Köln WuM 1986, 86.

[83] BGH (VIII ZR 110/08) WuM 2009, 290 = MietPrax-AK § 554 BGB Nr. 4 = NJW 2009, 1736 = NZM 2009, 394 = GE 2009, 646 = DWW 2009, 219 = ZMR 2009, 440; Theesfeld, jurisPR-Mietrecht 14/2009 Anm. 3.

[84] *Eisenschmid,* Anm. zu BGH (VIII ZR 110/08) in MietPrax-AK § 554 BGB Nr. 4; *Dickersbach* in: Lützenkirchen, Mietrecht, § 555a Rdn. 42; Kinne/Schach/Bieber § 555a Rdn. 12.

[85] *Hinz* ZMR 2012, 153, 154.

[86] AG Köln WuM 2015, 669.

[87] In Anlehnung an die Modernisierungsankündigung im Regelfall 3 Monate: *Grüter* in: Schach, Mietrecht, § 3 Rdn. 25c; für kleiner Maßnahmen im Regelfall 10–14 Tage: Hannemann/*Horst,* Das neue Mietrecht, § 2 Rdn. 7.

[88] LG Berlin GE 2016, 527, 528.

[89] BGH (VIII ZR 110/08) WuM 2009, 290 = NJW 2009, 1736 = NZM 2009, 394 = GE 2009, 646 = CuR 2009, 57.

[90] AG Lichtenberg ZMR 2015, 621.

[91] AG Aachen WuM 1986, 87; *Kellendorfer* in: Spielbauer/Schneider, Mietrecht, § 555a BGB Rdn. 11; *Dickersbach* in: Lützenkirchen, Mietrecht, § 555a Rdn. 42.

[92] *Dickersbach* in: Lützenkirchen, Mietrecht, § 555a Rdn. 43b; a. A. Deutscher AnwaltVerein NZM 2012, 105, 106.

[93] Kinne/Schach/Bieber § 555a Rdn. 13.

40 Für die Pflicht zur Ankündigung spielt es keine Rolle, ob der Vermieter aus eigenem Entschluss tätig wird oder ob er die Maßnahme aufgrund einer behördlichen Anordnung oder gesetzlichen Verpflichtung durchführt.[94]

C. Aufwendungsersatzanspruch des Mieters (Abs. 3)

41 Der Wortlaut des § 555a Abs. 3 BGB entspricht der Vorgängervorschrift § 554 Abs. 4 BGB a. F. Lediglich das Wort „musste" wurde durch das Wort „muss" ersetzt. Dies soll der Klarstellung dienen, dass es – wie schon bisher – keine Rolle spielt, ob die Aufwendungen des Mieters im Vorfeld notwendig waren, um die Instandhaltungsmaßnahme zu ermöglichen (Schränke versetzen) oder ob die Aufwendungen erst nach der Maßnahme erforderlich wurden (Schönheitsreparaturen). Der Aufwendungsersatz wird gleichermaßen auch bei Durchführung von Modernisierungsmaßnahmen gem. §§ 555b, 555d Abs. 6 BGB gewährt.

42 Zum Aufwendungsersatz gehören nicht die Umzugskosten, wenn der Mieter nach einer Modernisierungsankündigung von seinem Sonderkündigungsrecht nach § 555e BGB Gebrauch macht. Denn der Aufwendungsersatzanspruch knüpft von seinem Sinn- und Regelungsgehalt her an die Fortsetzung des Mietverhältnisses an.[95] Diesen Gedanken wird man auf den vergleichbaren Fall übertragen müssen, wenn der Mieter wegen bevorstehender umfangreicher Erhaltungsmaßnahmen kündigt und in eine neue Wohnung zieht. Bei gewerblichen Mietverhältnissen kann die Verpflichtung des Vermieters zum Ersatz von Aufwendungen nach §§ 555a Abs. 3, 578 Abs. 2 BGB, die der Mieter infolge einer Instandsetzungsmaßnahme tätigen musste, auch formularvertraglich abbedungen werden.[96] Dieser Ansicht wird man nur folgen können, soweit die Mietsache betroffen ist, die dem unmittelbaren Zugriff des Mieters unterliegt.

43 Hat der Mieter Aufwendungen auf Grund modernisierungsbedingter Bauarbeiten (§§ 555b) oder infolge Instandsetzungsarbeiten gehabt, muss der Vermieter diese nach § 555a Abs. 3 oder nach 555d Abs. 6 i. V. m. § 555a Abs. 3 BGB in angemessenem Umfang ersetzen.[97] D. h., die Aufwendungen müssen je nach Sachlage erforderlich erscheinen[98] (s. unten Rdn. 55). Auf Verlangen hat der Vermieter Vorschuss zu leisten (Abs. 3 Satz 2, s. Rdn. 59).

44 Die Regelung des Abs. 3 berücksichtigt u. a., dass es nach Durchführung von Modernisierungs- bzw. Instandsetzungsarbeiten in einer bewohnten Wohnung üblich und zweckmäßig ist, wenn der Mieter selbst bestimmte Arbeiten in seinem Haushalt vornimmt[99] (z. B. Möbelrücken), was nicht ausschließt, dass andere Arten von Aufwendungen ersetzt werden müssen. Keinesfalls kann aus dieser Regelung herausgelesen werden, dass der Mieter zu irgendeiner **Mitwirkung** verpflichtetet wäre[100] (s. hierzu Rdn. 31 ff.).

45 Aufwendungsersatz kann u. a. für Reinigungsarbeiten, für eine Aufsichtsperson, für die Kosten einer Anschlussrenovierung, einer Hotelunterkunft oder für die Einlagerung von Möbeln verlangt werden.[101] In Betracht kommen auch Umzugskosten, wenn der Mieter für die Dauer der Maßnahmen in eine Ersatzwohnung ziehen muss oder wenn eine vorübergehende anderweitige Unterbringung sowie einhergehende Pflegeleistungen erforderlich werden[102]. Zieht der Mieter endgültig aus, kommt allerdings eine Erstattung der **Umzugskosten** nicht in Betracht[103]. Eine **Umsatzeinbuße** fällt nicht unter den Aufwendungsanspruch gemäß § 555a Abs. 3 BGB. Denn der Aufwendungsersatzanspruch setzt eine freiwillige Aufopferung von Vermögenswerten für die Interessen eines anderen voraus (s. Rdn. 48 sowie § 548 Rdn. 48). Daran fehlt es aber bei der Umsatzeinbuße[104].

---

[94] BGH (VIII ZR 110/08) WuM 2009, 290 = MietPrax-AK § 554 BGB Nr. 4 = NJW 2009, 1736; **a. A.** Kinne/Schach/Bieber § 555a Rdn. 13.
[95] BGH (XII ZR 126/11) WuM 2013, 37.
[96] *Baer* ZMR 2012, 676, 679; anders bei Modernisierung.
[97] LG Hamburg WuM 1987, 386.
[98] *Kraemer/Schüller* in Bub/Treier III. A Rdn. 2647.
[99] *Kossmann* § 31 Rdn. 13.
[100] *Kossmann* § 31 Rdn. 12; *Kraemer/Schüller* in Bub/Treier III. A Rdn. 2647.
[101] *Blank/Börstinghaus* § 555a BGB Rdn. 24.
[102] AG Hamburg WuM 2007, 262.
[103] BGH (XII ZR 126/11) WuM 2013, 37 = MietPrax-AK § 554 BGB Nr. 11 = NZM 2013, 122 = NJW 2013, 223; **a. A.** AG Dresden ZMR 2004, 435.
[104] BGH (XII ZR 65/14) NZM 2015, 538 = GE 2015, 905 = NJW 2015, 2419 = WuM 2015, 619 = ZMR 2015, 842 = MietPrax-AK § 555a BGB Nr 1 *(Eisenschmid); Günter,* WImmoT 2015, 19, 35f.; *Börstinghaus* jurisPR-BGHZivilR 14/2015, Anm. 3; *Blank* in: Börstinghaus/Blank § 555a Rdn. 24.

Der Aufwendungsersatzanspruch ist bei Wohnraummietverhältnissen zwingend (Abs. 4). Dieser Anspruch des Mieters kann daher weder vertraglich beschränkt noch ausgeschlossen werden. Auch ein vertragliches Aufrechnungsverbot mit dem Aufwendungsersatzanspruch ist unzulässig.[105] **45a**

Für gewerbliche Mietverhältnisse gilt § 578 Abs. 2, wonach § 555a Abs. 4 keine Anwendung findet. **46**

I. Konkurrenzverhältnis zu § 536a Abs. 2 BGB und § 539 Abs. 1 BGB

§ 555a Abs. 3 BGB entspricht der Regelung des § 554 Abs. 4 BGB a. F. Wie schon nach altem Recht bleibt umstritten, in welchem Verhältnis der Aufwendungsersatzanspruch nach § 555a Abs. 3 BGB zu dem Aufwendungsersatzanspruch des Mieters nach § 536a Abs. 2 Nr. 1 BGB steht. Nach letzterer Vorschrift kann der Mieter Aufwendungen nämlich regelmäßig nur unter den Voraussetzungen des Verzuges vom Vermieter verlangen. Zudem ist § 539 Abs. 1 BGB zu beachten,[106] wonach der Mieter Aufwendungen auf die Mietsache, die der Vermieter nicht nach § 536a Abs. 2 BGB zu ersetzen hat, nach den Vorschriften über die Geschäftsführung ohne Auftrag **(GoA)** verlangen kann. Dabei handelt es sich um eine Rechtsgrundverweisung, so dass der Mieter insbesondere mit Fremdgeschäftsführungswillen gehandelt haben muss,[107] was bei den hier in Rede stehenden Aufwendungen jedenfalls im Regelfall nicht zutreffen wird. **47**

In diesem Zusammenhang bedarf es eher einer Auseinandersetzung mit dem Verhältnis des § 555a Abs. 3 BGB zu § 536a Abs. 2 BGB. Daher ist zunächst der Begriff der Aufwendungen zu untersuchen. Das Bürgerliche Gesetzbuch verwendet den Begriff der Aufwendungen an verschiedenen Stellen (z. B. außerhalb des Mietrechts § 256 BGB, § 478 BGB, § 670 BGB), ohne über den Inhalt eine Aussage zu treffen. Aufwendungen umfassen auch **Verwendungen** (z. B. §§ 994ff. BGB). Letztere werden auf eine Sache gemacht, während Aufwendungen zu einem bestimmten Zweck erfolgen.[108] Es handelt sich dabei um **freiwillige** Vermögensopfer für die Interessen eines anderen,[109] wobei sich eine allgemeine, für alle Normen gültige Definition verbietet, weil der unterschiedliche Zweck bei den den Aufwendungsersatz regelnden Normen eine unterschiedliche Auslegung erfordert.[110] **48**

§ 555a Abs. 3 BGB regelt den Aufwendungsersatz sowohl infolge von Maßnahmen zur Erhaltung der Mietsache als auch infolge einer Modernisierung (Verweisung in § 555d Abs. 6 BGB). Beiden Maßnahmen ist gemeinsam, dass dann, wenn die Räume des Mieters unmittelbar betroffen sind, regelmäßig auch der vertragsgemäße Gebrauch i. S. d. § 535 BGB beeinträchtigt ist. Daher ist der Vermieter auch verpflichtet, den vertragsgemäßen Zustand nach Abschluss der Erhaltungs- oder Modernisierungsarbeiten wieder herzustellen. Der Vermieter hat diese Maßnahmen selbst veranlasst und durch sein „duldungspflichtiges" Tätigwerden den vertragsgemäßen Gebrauch des Mieters eingeschränkt. Es macht daher keinen Sinn, zwecks Beseitigung solcher Mängel den Mieter zu verpflichten, zunächst den Vermieter in Verzug zu setzen. Allein durch die notwendige Bauüberwachung müssen dem Vermieter alle aufgetretenen Mängel bekannt sein. Zudem treffen ihn erhöhte **Sorgfaltspflichten.** Wegen der Gesamtumstände ist es ihm auch zuzumuten, ohne gesonderte Mahnung die Mängelbeseitigung vorzunehmen (vgl. auch § 286 Abs. 2 Nr. 4 BGB). Wenn § 536a Abs. 2 Nr. 1 BGB dagegen eine Mahnung verlangt, dann deshalb, weil der Mangel für den Vermieter überraschend auftritt und er zunächst Prüfungs- und Handlungsspielraum behalten soll, die Mietsache wieder instandzusetzen. In solchen Fällen ist es gerechtfertigt, vor Ergreifung von Eigenmaßnahmen den Vermieter zunächst in Verzug zu setzen. Zusammenfassend bleibt festzuhalten, dass § 555a Abs. 3 BGB auch Aufwendungen des Mieters zur Mängelbeseitigung erfasst, soweit diese durch die Baumaßnahmen des Vermieters erforderlich wurden. **49**

---

105 AG Pinneberg WuM 1990, 73.

106 Zur Kritik des Deutschen Mietgerichtstages an der Vorschrift vgl. Nachweis bei *Börstinghaus/Eisenschmid* § 539, S. 83.

107 Nr. 1 der Begründung des Kabinettsentwurfs zu § 539 BGB; Nachweis bei *Börstinghaus/Eisenschmid* § 539, S. 82.

108 *Selb* in *Staudinger* § 256 Rdn. 3.

109 *Streyl* § 548 Rdn. 48; *Krüger* in MünchKomm § 256 Rdn. 2.

110 *Selb* in *Staudinger* § 256 Rdn. 4.

II. Umfang des Aufwendungsersatzes

50 Als ersatzfähig gelten namentlich Reinigungsarbeiten[111] oder Entgelte für die Beaufsichtigung der Wohnung während der Arbeiten.[112] Ebenso stellen die Demontage und das spätere Wiederanbringen eines Bücherregals[113] oder einer Einbauküche[114] notwendige Aufwendungen des Mieters dar. Erstattungsfähige Aufwendungen liegen auch vor, wenn der Mieter Einrichtungen, mit denen er die Mietsache erlaubterweise versehen hat, entfernen und **ersetzen** muss. Dies wird der Fall sein, wenn ein Fenster durch ein größeres Fenster ersetzt wird und dadurch die Gardinen nicht mehr brauchbar sind oder wenn vom Mieter eingebaute Nachtspeicheröfen entfernt und entsorgt werden müssen, weil der Vermieter eine Zentralheizung einbauen will.[115] Gleiches gilt, wenn der Vermieter anlässlich der Bauarbeiten Einrichtungen entfernt und vertragswidrig nicht wieder installiert hat und nun der Mieter diese Arbeiten nachholen möchte.[116] Auch Aufwendungen zur Trocknung nach einem Wasserschaden fallen unter die Ersatzpflicht.[117] Der Mieter kann auch **eigene** Leistungen in Ansatz bringen. Vergleichbare Regelungen finden sich in § 27 Abs. 2 II. BV zugunsten des Eigentümers. Die Höhe ist mit einer in der Bauhandwerker-Branche entsprechenden Zahlung anzusetzen.[118] Dabei wird der Kenntnis- und Ausbildungsstand des Mieters für eine derartige Maßnahme eine Rolle spielen. Für ungelernte Arbeiter ist ein Stundenlohn von ca. 10–15 Euro anzusetzen.[119] Die „verlorene" **Freizeit** des Mieters, also der reine Zeitaufwand, kann nicht ersetzt werden[120], während unbezahlter genommener Urlaub vergütet werden muss.[121] Dagegen fallen jedoch Kosten für das Beiseitestellen und Abdecken der Möbel[122] sowie für ihre vorübergehende Auslagerung unter den Aufwendungsersatz sowie die Übernachtungskosten eines notwendigen Hotelaufenthaltes[123] und die damit verbundenen höheren Fahrtkosten. Erstattungsfähig sind auch die Mehrkosten einer **Gaststättenverpflegung,** falls üblicherweise selbst gekocht wurde und die Küche wegen der Modernisierungsarbeiten nicht benutzbar war.

51 Vielfach werden dem Mieter auch die Kosten für notwendige Ausbesserungsarbeiten über den Aufwendungsersatz des § 554 Abs. 4 BGB a. F. (§ 555a Abs. 3 BGB) zugesprochen, z. B. für Tapete[124], Farbe, Gips und sonstiges Kleinmaterial, obwohl diese für Aufwendungen zur Instandsetzung entstanden sind, die grundsätzlich über § 536a Abs. 2 BGB zu ersetzen sind. Dies ist aus den unter Rdn. 49 dargestellten Gründen unbedenklich, weil für diese Fälle § 555a Abs. 3 BGB eine Sonderregelung darstellt.[125] Die erfolgreiche Geltendmachung derartiger Aufwendungen erfordert daher keinen Verzug des Vermieters.

52 Der Anspruch auf Aufwendungsersatz besteht auch für vorzunehmende **Schönheitsreparaturen.** Es ist unerheblich, ob ein vereinbarter Fristenplan schon teilweise abgelaufen ist.[126] Der Mieter muss sich keine Vorteilsausgleichung anrechnen lassen, weil der im Schadensrecht entwickelte Abzug **„Neu für Alt"** hier nicht passt. Hier geht es um die Realisierung des Erfüllungsanspruchs „auf Wiederherstellung", der einem Abzug nicht zugänglich ist.[127] Etwas anderes gilt, wenn der Mieter

[111] LG Essen WuM 1981, 67; AG Hamburg WuM 207, 445 (10 €/Std.); AG Schöneberg WuM 1978, 210; AG Gelsenkirchen-Buer WuM 1979, 83; AG Pinneberg WuM 1990, 73; **a. A.** *Kraemer/Schüller* in Bub/Treier III. A Rdn. 2652.

[112] LG Hamburg WuM 1987, 386.

[113] AG Braunschweig WuM 1990, 340.

[114] AG Lichtenberg MM 2002, 142.

[115] LG Hamburg WuM 1993, 399.

[116] LG Berlin GE 1997, 1341.

[117] AG Tempelhof-Kreuzberg GE 2016, 1280.

[118] AG Hamburg WuM 1999, 364; 1987, 386; AG Braunschweig WuM 1990, 340; AG Kiel WuM 1978, 174; *Harke* WuM 1991, 1, 6.

[119] AG Hohenschönhausen, MM 2004, 265; *Dickersbach* in: Lützenkirchen, Mietrecht, § 555a Rdn. 66 (15–20 Euro).

[120] *Maciejewski* MM 2001, 197, 198.

[121] *Kellendorfer* in: Spielbauer/Schneider, Mietrecht, § 555a BGB Rdn. 18.

[122] AG Hamburg WuM 1999, 364.

[123] LG Hamburg WuM 1987, 387; AG Genthin WuM 1995, 534.

[124] LG Essen WuM 1981, 67 zu § 20 Abs. 3 ModEnG; AG Hamburg WuM 1985, 262; AG Kiel WuM 1978, 174.

[125] *Breckerfeld* NZM 2000, 1172, 1173; **a. A.** LG Dresden ZMR 1996, 267; *Thomsen,* S. 76; *Kraemer/Schüller* in Bub/Treier III. A Rdn. 2647.

[126] LG Saarbrücken WuM 1979, 140.

[127] OLG Hamm, Urt. v. 18.9.1979, Az: 4 U 207/78; LG Essen WuM 1981, 67; s. auch *Sternel* WuM 2002, 585, 586; *Eisenschmid* NZM 2002, 889, 890.

seiner wirksam übertragenen Renovierungspflicht nicht nachgekommen ist und er die Wohnung ohnehin renovieren musste.[128] Auch dann muss der Mieter aber nicht für etwaige Mehrkosten aufkommen, die infolge der Maßnahmen des Vermieters angefallen sind.

Zu beachten ist allerdings, dass zu den Kosten baulicher Modernisierungsarbeiten auch Aufwendungen zur Wiederherstellung einer durch die Bauarbeiten beschädigten Dekoration zählen.[129] Diese Kosten können auch dann gemäß § 559 Abs. 1 BGB umgelegt werden, wenn der Mieter die Arbeiten selbst durchgeführt und der Vermieter ihm die Aufwendungen gemäß § 555d Abs. 6 BGB erstattet hat. Wie weit andere Aufwendungen in die Mietberechnung nach § 559 BGB einfließen, ist höchstrichtlich noch nicht geklärt. **53**

Selbst Neuanschaffungen können unter die Ersatzpflicht des Vermieters fallen. Dies gilt nicht nur für Gardinen, sondern auch für Beleuchtungskörper oder Möbel und Einrichtungsgegenstände, wenn die Anschaffung wegen veränderter Grundrisse und Stellflächen erforderlich wurde. In allen Fällen der Neuanschaffung ist aber der Abzug **„Neu für Alt"** zu beachten, um eventuelle Vorteile, die der Mieter aus der **Neuanschaffung** zieht, nicht dem Vermieter aufzubürden.[130] Im Gegensatz zu Rdn. 52 dienen die Aufwendungen nicht der Realisierung des Erfüllungsanspruchs, so dass die Vorteilsausgleichung hier grundsätzlich gerechtfertigt ist. **54**

Die Kosten sind in angemessenem Umfang zu ersetzen. Die Begrenzung des Aufwendungsersatzes auf einen angemessenen Umfang bedeutet aber nicht, dass der Mieter selbst einen Teil der Kosten zu tragen hat.[131] Vielmehr bedeutet der Verweis auf die Angemessenheit lediglich, dass die Kosten in einem vernünftigen Verhältnis zu den Verbesserungsmaßnahmen und zu den dadurch bedingten Beeinträchtigungen des Mieters stehen müssen.[132] Der Mieter darf daher keinen **unvernünftigen** Aufwand zu Lasten des Vermieters betreiben.[133] Andererseits kann von dem Mieter aber auch nicht verlangt werden, dass er immer nur den billigsten Weg wählt. Er kann daher grundsätzlich seinen gewohnten Lebensstandard beibehalten, auch wenn dies für den Vermieter teuer wird.[134] Die zu erstattenden Kosten müssen aber immer nur soweit ersetzt werden, wie sie objektiv erforderlich gewesen sind.[135] **55**

Aus der „Angemessenheit" ergibt sich auch, dass der Mieter keinen Aufwendungsersatz verlangen kann, wenn er lediglich übliche und ihm ohne weiteres zumutbare Arbeiten in Eigenleistungen vornimmt, wie z. B. in kleinerem Umfang das Zusammenräumen und Sichern seiner Sachen oder die Durchführung geringfügiger Reinigungsarbeiten. **56**

Die Aufwendungen sind gem. §§ 256, 246 BGB mit 4% jährlich zu verzinsen. **57**

Keine Aufwendungen sind erhöhte **Betriebskosten** (z. B. Heizkosten) als Folge der Modernisierung sowie entgangene Einkünfte bei gewerblichen Räumen.[136] Derartige Einbußen sind ggf. unter dem Gesichtspunkt des Schadensersatzes vom Vermieter zu ersetzen. **58**

III. Vorschuss

Der Mieter kann gem. Abs. 3 Satz 2 einen Vorschuss verlangen.[137] Das wird im Regelfall nur bei umfangreichen Baumaßnahmen in Betracht kommen. Solange der Vermieter dem Verlangen des Mieters auf Vorschuss nicht nachgekommen ist, braucht der Mieter die Verbesserungsmaßnahme nicht zu dulden. Der Mieter hat insoweit ein **Zurückbehaltungsrecht** gem. § 273 BGB.[138] Er **59**

---

[128] LG Aachen WuM 1991, 341 = ZMR 1991, 145; *Kellendorfer* in: Spielbauer/Schneider, Mietrecht, § 555a BGB Rdn. 19.

[129] BGH (VIII ZR 173/10) WuM 2011, 293 = MietPrax-AK § 559 BGB Nr 5 = NJW 2011, 1499 = GE 2011, 681 = NZM 2011, 358 = DWW 2011, 184 = ZMR 2011, 622.

[130] Kinne/Schach/Bieber § 555a Rdn. 14; *Dickersbach* in: Lützenkirchen, Mietrecht, § 555a Rdn. 65.

[131] So aber Erman/*Jendrek* § 554 Rdn. 19.

[132] AG Tempelhof-Kreuzberg GE 2016, 1280.

[133] LG Dortmund WuM 2006, 95.

[134] *Emmerich* PiG 16, 1984, 43, 57.

[135] *Emmerich* in Emmerich/Sonnenschein Miete § 554 Rdn. 33; *Kraemer/Schüller* in Bub/Treier III. A Rdn. 2647; *Thomsen*, S. 75.

[136] *Bieber* in MünchKomm § 554 Rdn. 40; *Kraemer* in Bub/Treier III. A Rdn. 1122.

[137] Vgl. AG Köln WuM 1981, 95 zu § 20 Abs. 3 ModEnG.

[138] AG Aachen WuM 2015, 734; *Emmerich* in Staudinger § 554 Rdn. 54; *Geldmacher* in WoBauR § 554 Anm. 5; *Horst* NZM 1999, 193, 194; *Lammel*, Wohnraummietrecht, § 554 Rdn. 90; **a. A.** LG Berlin GE 1992, 39.

kann den Vorschuss auch mit einer einstweiligen Verfügung durchsetzen[139] (s. § 555d Rdn. 88). Der Vorschussanspruch ist nicht zu verzinsen,[140] da er als vorgezogener Aufwendungsanspruch nicht weitergehen kann als der Hauptanspruch. Gem. § 256 BGB ist aber der Ersatzanspruch erst von der Zeit der Aufwendung an zu verzinsen.

60 In besonders gelagerten Fällen muss der Mieter die Wohnung vorübergehend räumen.[141] Der Vermieter ist allerdings verpflichtet, dem Mieter für den Zeitraum der Bauphase eine zumutbare **Ersatzwohnung** oder eine ausreichende **Hotelunterbringung** anbieten[142] (siehe auch § 555d BGB Rdn. 95). Im letzteren Fall hat der Vermieter zwar für die Unterbringung im Hotel Sorge zu tragen, nicht aber die Hotel-**Restaurantverpflegung** – ggf. aber die **Mehrkosten** – zu übernehmen.[143] Für die voraussichtlichen erstattungsfähigen Aufwendungen muss der Vermieter einen Vorschuss zahlen.

IV. Sonstiges

61 Der Vermieter kann nicht alle dem Mieter erstattungspflichtigen Aufwendungen für seine spätere Mietberechnung in Ansatz bringen. In Betracht kommen hierfür nur die eigentlichen Baukosten und Baunebenkosten, soweit sie nicht der Instandhaltung dienen. Ansatzfähig sind auch diejenigen Kosten, die dazu dienen, das Mietobjekt nach Durchführung der baulichen Maßnahmen wiederherzustellen (Putz- und Malerarbeiten), insbesondere **Schönheitsreparaturen.**[144]

62 Nicht ansatzfähig sind dagegen **Mietausfall** und **Mietminderungsbeträge.** Ebenso wenig ansatzfähig sind Schadenersatzansprüche des Mieters nach § 536a BGB.[145] Der Schutzzweck dieser Vorschriften würde in sein Gegenteil verkehrt, wenn der Mieter, machte er von seinen Rechten Gebrauch, mit einer höheren Miete „bestraft" würde und letztlich seine Aufwendungen und sonstigen Einbußen doch selbst tragen müsste.

D. Abweichende Vereinbarungen

63 Die Vorschrift kann abbedungen werden. Abs. 4, wonach abweichende Vereinbarungen zum Nachteil des Mieters unwirksam sind, gilt nicht für Vereinbarungen nach Abs. 1. Eine Grenze ergibt sich aus §§ 138, 157, 242 BGB. Dennoch ist im Rahmen von **Geschäftsbedingungen** und **Verbraucherverträgen** eine Erweiterung der Duldungspflicht über den Rahmen des nach Abs. 1 Zumutbaren hinaus unangemessen i. S. d. § 307 Abs. 2 BGB.[146] Wegen der ohnehin nahezu unbegrenzten Duldungspflicht des Mieters dürfte eine solche Erweiterung aber kaum vorkommen. Für eine Unterscheidung zwischen notwendigen und zweckdienlichen Erhaltungsmaßnahmen[147] ist kein Raum. Mit einer eingeschränkten Duldungspflicht würde sich der Mieter letztlich selbst schaden. Die Individualvereinbarung von Mitwirkungspflichten schon beim Mietvertragsabschluss ist möglich.

63a Formularvertragliche Vereinbarungen, die über die Duldungspflicht hinaus Mitwirkungspflichten für den Mieter begründen, sind wegen Verstoßes gegen § 307 Abs. 2 Nr. 1 BGB unwirksam. Da sich das Dulden auf ein passives Verhalten beschränkt (vgl. Rdn. 31 ff.), können weiter gehende Verpflichtungen nicht begründet werden,[148] ohne dass vom wesentlichen Grundgedanken der gesetzlichen Regelung abgewichen würde. Unabdingbar sind die Schadensersatzansprüche des Mie-

---

[139] AG München ZMR 2013, 364; AG Köln WuM 1981, 95; *Schüller* in Bub/Treier III. A Rdn. 2712; **a. A.** *Hinz* WuM 2005, 615, 624.

[140] **A. A.** *Horst* NZM 1999, 193, 194.

[141] LG Braunschweig DWW 1965, 85; LG Saarbrücken NJW 1956, 637; LG Frankenthal MDR 1957, 42.

[142] LG Berlin NZM 2016, 721 = WuM 2016, 282; zustimmend *Eisenschmid,* NZM 2016, 721, 724, Anmerkung zu LG Berlin.

[143] LG Hamburg WuM 1987, 387.

[144] BGH (VIII ZR 173/10) WuM 2011, 293 = MietPrax-AK § 559 BGB Nr 5 = NJW 2011, 1499 = GE 2011, 681 = NZM 2011, 358 = DWW 2011, 184 = ZMR 2011, 622.

[145] *Emmerich* in Staudinger § 559 Rdn. 42.

[146] *Bieber in* MünchKomm § 554 Rdn. 43.

[147] Einschränkend Kinne/Schach/Bieber § 555a BGB Rdn. 16; *Dickersbach* in: Lützenkirchen, Mietrecht, § 555a Rdn. 52.

[148] *Sternel* NZM 1998, 833, 845; *Dickersbach* in: Lützenkirchen, Mietrecht, § 555a Rdn. 52; **a. A.** *Schach* GE 2006, 1446, 1447.

ters zum einen wegen § 309 Nr. 7 BGB (Vorsatz und grobe Fahrlässigkeit) und darüber hinaus unter dem Gesichtspunkt, dass die auslösende Ursache des Schadens das Vermieterverhalten war und die Haftung daher aus Billigkeitserwägungen nicht ausgeschlossen werden darf. **Nicht abdingbar** ist das Kündigungsrecht gem. § 543 BGB. Soweit Wohnraum betroffen ist, ergibt sich dies aus § 569 Abs. 5 BGB und im Übrigen aus § 307 BGB.

E. Verhältnis des § 555a zu Erfüllungs-, Gewährleistungs- und Kündigungsregelungen

Führt der Vermieter Erhaltungsmaßnahmen durch, muss der Mieter diese hinnehmen. Daher wird in diesem Umfang mit der „vorübergehenden" Gebrauchsbeschränkung der Anspruch des Mieters auf Erfüllung eingeschränkt.[149] Unberührt bleiben somit die Ansprüche des Mieters (§ 535 BGB) auf Beseitigung von Schmutz und Wiederherstellung des vertragsgerechten renovierten Zustandes sowie auf Zurückstellung von Einrichtungsgegenständen.[150] Ersparte Schönheitsreparaturen muss sich der Mieter grundsätzlich nicht anrechnen lassen, wenn der Vermieter Dekorationsschäden beseitigt.[151] Nur wenn der Mieter schon fällige Schönheitsreparaturen auszuführen hat, kann ihm der Vermieter dies entgegenhalten. In den anderen Fällen ist dem Vermieter den Einwand **„Neu für Alt"** abgeschnitten, weil es sich hierbei um einen Erfüllungsanspruch handelt, auf den das dem Schadensersatzrecht entliehene Institut der Vorteilsausgleichung nicht passt.[152] Für diese Auffassung spricht, dass es auch dem Mieter versagt ist, bei einer Mieterhöhung nach § 559 BGB dem Vermieter den Einwand der ersparten Instandhaltungen entgegenzusetzen. 64

Die Anwendung des Abs. 1 kann durch § 555b BGB eingeschränkt werden, wenn Erhaltungsmaßnahmen auch der der Modernisierung dienen. In diesen Fällen richtet sich die Duldungspflicht ausschließlich nach§ 555d BGB,[153] um dem Vermieter nicht die Möglichkeit zu geben, durch eine **Verbindung** von Erhaltungs- und Verbesserungsmaßnahmen die Duldungspflicht des Mieters willkürlich zu erweitern. 65

Die Gewährleistungsrechte des Mieters bleiben unberührt; insbesondere sein Minderungsrecht aus § 536 BGB. Je nach Art der Erhaltungsmaßnahme kann die Durchführung der Arbeiten im Einzelfall zu einer **hundertprozentigen** Mietminderung führen.[154] 66

Führen die Einwirkungen zu weiter gehenden Beschädigungen, kommt auch ein Anspruch auf Schadensersatz, § 536a Abs. 1 BGB, in Betracht. Kommt es zu Verzögerungen der Herstellungsarbeiten, ist auch der Anspruch auf Ersatz der **Aufwendungen** gem. § 536a Abs. 2 BGB nicht ausgeschlossen (vgl. aber Rdn. 47 ff.). 67

In der Regel kommt ein Schadenersatzanspruch nur in Betracht, wenn der Vermieter gem. § 536a Abs. 1 Alt. 2 bzw. Alt. 3 BGB **schuldhaft** gehandelt hat. Ein solches vorwerfbares Verhalten liegt regelmäßig vor, wenn die Schäden bei unsachgemäßer Durchführung der Arbeiten herbeigeführt worden sind. Zu prüfen ist aber auch, ob dem Vermieter wegen der Erforderlichkeit der Maßnahme im Zeitraum des Mietverhältnisses ein Schuldvorwurf zu machen ist.[155] 68

Umstritten ist, ob der durch die Erhaltungsmaßnahme eintretende Schaden auch deshalb vom Vermieter ersetzt werden muss, weil dieser die Maßnahme **veranlasst** hat.[156] Die dies ablehnende Ansicht betont, dass auch dann, wenn der Schaden durch die Mangelhaftigkeit der Mietsache verursacht wurde, den Vermieter doch regelmäßig kein Verschulden trifft. Das sei nur anders, wenn ihm ein vorwerfbares Unterlassen nachgewiesen werden könne. Das ist z. B. anzunehmen, wenn er es zu einem Reparaturstau hat kommen lassen. Ansonsten ist allein aus dem Umstand, dass die Mietsache instand gesetzt werden muss, dem Vermieter kein Vorwurf zu machen. Diese inzwischen 69

---

149 *Bieber* in MünchKomm § 554 Rdn. 7.

150 *Kraemer/Schüller* in Bub/Treier III. A Rdn. 2652.

151 *Sternel,* Mietrecht aktuell (2009), Rdn. VII 170; *Harsch* in *Lützenkirchen* H 55; **a. A.** *Lammel,* Wohnraummietrecht, § 554 Rdn. 32; *Kraemer/Schüller* in Bub/Treier III. A Rdn. 2652.

152 OLG Hamm, Urt. v. 18.9.1979, Az: 4 U 207/78; LG Essen WuM 1981, 67; *Franke* DWW 2009, 15, 18; s. auch *Sternel* WuM 2002, 585; *Eisenschmid* NZM 2002, 889.

153 AG Osnabrück WuM 1990, 291; *Bieber* in MünchKomm § 554 Rdn. 9 jeweils zum alten Recht.

154 LG Berlin GE 2002, 1269; AG Hamburg WuM 1987, 272; AG Köln ZMR 1980, 87; *Kossmann* § 31 Rdn. 14; *Kraemer/Schüller* in Bub/Treier III. A Rdn. 2650; vgl. *Cathrin Börstinghaus,* Mietminderungstabelle.

155 *Kellendorfer* in: Spielbauer/Schneider, Mietrecht, § 555a BGB Rdn. 22.

156 LG Berlin GE 1997, 555; *Emmerich* in Emmerich/Sonnenschein Miete § 554 Rdn. 7; *Emmerich* in Staudinger § 554 Rdn. 52, 51; *Soergel/Kummer* § 541a Rdn. 5.

auch vom BGH[157] abgesegnete Auffassung führt aber zu unbilligen Ergebnissen, weil sie zur Folge hat, dass das dem Vermieter obliegende Abnutzungsrisiko (§ 538 BGB) teilweise auf den Mieter übertragen wird.[158] Zudem spricht auch § 276 BGB für die verschuldensunabhängige Haftung, weil der Vermieter nach dem Inhalt des Schuldverhältnisses die **Garantie** für die vertragsgemäße Beschaffenheit übernimmt (vgl. § 535 BGB). Greift der Vermieter einseitig in das Vertragsverhältnis ein, um seiner Instandhaltungs – und Instandsetzungspflicht nachzukommen, ist es nach der hier vertretenen Auffassung gerechtfertigt, ihn auch für dadurch veranlasste Folgeschäden haftbar zu machen.

70 Andererseits ist in diesem Zusammenhang festzuhalten, dass der Vermieter fällige Reparaturen und notwendige Instandhaltungen vornehmen muss, um seinen vertraglichen Pflichten gegenüber dem Mieter auf Gewährung des vertragsgemäßen Gebrauchs nachkommen zu können. Anders als bei der Modernisierung[159] (vgl. § 555 d Rdn. 15) kann es hier gerechtfertigt sein, dem Vermieter grundsätzlich ein Kündigungsrecht (§§ 543 Abs. 1, 573 Abs. 2 BGB) einzuräumen, wenn der Mieter die Maßnahmen verhindert, weil er irrtümlich glaubt, die Maßnahmen nicht dulden zu müssen. In der unberechtigten, ggf. irrtümlichen Verweigerung einer duldungspflichtigen Maßnahme nach § 555 a BGB kann im Einzelfall ein Kündigungsgrund zu sehen sein, ohne dass der Vermieter verpflichtet wäre, zuvor eine Duldungsklage zu erheben.[160]

71 Eine **Kündigung** des Mieters gem. § 543 Abs. 2 Nr. 1 BGB wegen der Vornahme von Erhaltungsmaßnahmen durch den Vermieter kommt in Betracht, wenn die Voraussetzungen des § 536 a BGB vorliegen.[161] Das ist beispielsweise der Fall, wenn eine seit Beginn des Mietverhältnisses bestehende Schadensanlage sich zum Schaden entwickelt und zeigt oder wenn der Vermieter die Durchführung der Maßnahme zu vertreten hat, weil er in der Vergangenheit seiner Erhaltungspflicht schuldhaft nicht oder nur unzureichend nachgekommen ist und der Mieter dadurch Beeinträchtigungen ausgesetzt ist, die nicht unerheblich über das Maß dessen hinausgehen, was er bei ordnungsgemäßer Durchführung der Maßnahme hätte hinnehmen müssen.[162]

72 Die in der Vorauflage vertretene Auffassung, dass der Mieter gemäß § 543 BGB auch dann **kündigen** kann, wenn der Vermieter die Erhaltungsmaßnahmen **nicht** verschuldet hat[163], ist unter Zugrundelegung der Entscheidung des XII. Zivilsenats[164] nicht mehr aufrechtzuerhalten. Denn es wäre ein Wertungswiderspruch, wenn dem Mieter ein Schadensersatzanspruch mangels Verschulden des Vermieters versagt wird, dem Mieter aber andererseits gleichzeitig ein weitreichenderes außerordentliches Kündigungsrecht eingeräumt würde.

F. Schadensersatzanspruch des Vermieters

73 Fraglich kann sein, ob dem Vermieter ein Regressanspruch zusteht, wenn ihm durch die vom Mieter wegen fehlender Duldung verursachte Verzögerung ein Schaden entsteht, wie z. B. ein zusätzlicher Zinsaufwand oder höhere Handwerkerkosten. Die Schadensersatzpflicht setzt ein Verschulden des Mieters voraus. Dies kann regelmäßig angenommen werden, wenn der Mieter wusste, dass er die vom Vermieter geplante Maßnahme dulden muss und trotzdem deren Durchführung verhindert.

74 Problematisch sind die Fälle, bei denen der Mieter glaubt, nicht zur Duldung verpflichtet zu sein und dabei einem Irrtum unterliegt. In diesem Fall soll der Mieter nur bei einem unvermeidbaren

[157] BGH (XII ZR 65/14) NZM 2015, 538 = GE 2015, 905 = NJW 2015, 2419 = WuM 2015, 619 = ZMR 2015, 842 = MietPrax-AK § 555a BGB Nr 1 *(Eisenschmid); Günter,* WImmoT 2015, 19, 35 f.

[158] *Bieber* in MünchKomm § 554 BGB Rdn. 8; *Emmerich* in Emmerich/Sonnenschein Miete § 554 BGB Rdn. 32.

[159] Siehe dagegen BGH BGH (VIII ZR 281/13) WuM 2015, 416 = GE 2015, 853 = NZM 2015, 536 = NJW 2015, 2417 = ZMR 2015, 693 = MietPrax-AK § 543 BGB Nr 35 m. Anm. *Börstinghaus.*

[160] Siehe BGH (VIII ZR 281/13) WuM 2015, 416 = GE 2015, 853 = NZM 2015, 536 = NJW 2015, 2417 = ZMR 2015, 693 = MietPrax-AK § 543 BGB Nr 35 m. Anm. *Börstinghaus; Dickersbach* in: Lützenkirchen, Mietrecht, § 555a Rdn. 61.

[161] *Emmerich* in Staudinger § 554 Rdn. 51.

[162] KG GE 2002, 1561; LG Berlin GE 1997, 555.

[163] *Bieber* in MünchKomm § 554 BGB Rdn. 8; *Emmerich* in Emmerich/Sonnenschein Miete § 554 BGB Rdn. 32.

[164] BGH (XII ZR 65/14) NZM 2015, 538 = GE 2015, 905 = NJW 2015, 2419 = WuM 2015, 619 = ZMR 2015, 842 = MietPrax-AK § 555a BGB Nr 1 *(Eisenschmid).*

Rechtsirrtum von einer Pflicht zum Schadensersatz befreit sein.[165] Der Mieter muss daher grundsätzlich die Rechtslage sorgfältig prüfen und ggf. sachkundigen Rat einholen.[166] Dabei ist allerdings zu bedenken, dass der Vermieter die Duldung des Mieters durch eine entsprechende Klage herbeiführen und so zur Schadensbegrenzung beitragen kann.

G. Prozessuales

Der Anspruch des Vermieters geht auf Duldung der Maßnahme und der damit verbundenen **75** Einwirkungen, ggf. auf Unterlassung von Behinderungen.[167] Denkbar ist auch eine **einstweilige Verfügung** des Vermieters auf Duldung bzw. auf Unterlassung von Behinderungen[168] oder auf Betreten der Wohnung zum Zwecke der Durchführung der Instandsetzung.[169] Allerdings wird selten ein Verfügungsgrund vorliegen.[170] Ein **Verfügungsgrund** ist aber gegeben, wenn die Instandsetzung besonders dringlich ist,[171] z. B. weil wegen eines Wasserrohrbruchs eine akute Gefahr für das Gebäude besteht oder wenn die instandsetzungsbedürftigen Wasserrohre in einem Haus nur zeitgleich repariert werden können, weil sonst die Wasserversorgung aller anderen Mieter blockiert wird.[172] Dagegen kann die Eilbedürftigkeit nicht damit begründet werden, dass der Vermieter die Handwerker schon bestellt hat oder die Arbeiten in einem Zuge ausführen lassen will. Denn auf Grund seiner Planungen ist der Vermieter für derartige Organisationsmängel selbst verantwortlich. Gem. § 940a Abs. 1 ZPO, wonach die einstweilige Verfügung für die Räumung **von Wohnraum** nur bei verbotener Eigenmacht oder einer konkreten Gefahr für Leib und Leben zulässig ist, ist eine nur teilweise Räumung von Wohnraum durch eine einstweilige Verfügung nach des zweiten Fallvariante des § 940a Abs. 1 ZPO denkbar.

Für eine einstweilige Anordnung des Vermieters auf Erlass **einer Nutzungsuntersagung** der **76** Bauaufsichtsbehörde gegenüber seinem Mieter bei Vorliegen gravierender Wohnungsmängel fehlt das allgemeine Rechtsschutzbedürfnis, weil er sein Ziel der Mängelbeseitigung auf dem Zivilrechtsweg erreichen kann.[173]

Dieser Gedanke gilt auch im Verhältnis zum Mieter. Kann der Vermieter sein Recht auf Vor- **77** nahme einer bestimmten Handlung nur auf dem Klageweg durchsetzen, weil das Gesetz ihm einen Selbsthilfeanspruch versagt, handelt er widerrechtlich, wenn er dennoch die vermeintlich gerechtfertigte Handlung vornimmt. Daher kann er dann vom Mieter im Wege der einstweiligen Verfügung angehalten werden, die Störung zu beseitigen, also die Handlung zu unterlassen.[174]

Die Voraussetzungen des Duldungsanspruchs muss der Vermieter beweisen. Der **Streitwert** der **78** Klage auf Duldung von Maßnahmen zur Erhaltung der Mieträume bemisst sich nach § 41 Abs. 5 Satz 1 GKG. Danach ist der Jahresbetrag einer möglichen Mietminderung maßgeblich. Das gilt auch, wenn der Mieter seinen Instandsetzungsanspruch durchsetzen will.

---

165 *Dickersbach* in: Lützenkirchen, Mietrecht, § 555a Rdn. 58.

166 BGH (VIII ZR 138/11) MietPrax-AK § 543 BGB Nr 26 = WuM 2012, 499 = NZM 2012, 637 = NJW 2012, 2882 = ZMR 2013, 177 = GE 2012, 1161; Börstinghaus, jurisPR-BGHZivilR 18/2012 Anm. 4; Krapf, jurisPR-MietR 19/2012 Anm. 1; BGH (VIII ZR 102/06) MietPrax-AK § 573 BGB Nr 9 = WuM 2007, 24 = NZM 2007, 35 = ZMR 2007, 103 = GE 2007, 46.

167 Zur Vollstreckung des Duldungsanspruchs siehe *Lehmann-Richter,* AnwZertMietR 13/2010 Anm. 2.

168 AG Neukölln GE 1982, 1043; *Franke* DWW 2009, 15, 20; *Bieber* in MünchKomm § 554 Rdn. 44; Kinne/Schach/Bieber § 555a BGB Rdn. 17.

169 *Börstinghaus* ZAP 2001 Fach 4, 711, 713.

170 LG Hamburg WuM 1986, 243; AG Neuss WuM 1986, 244 = NJW-RR 1986, 314; AG Unna WuM 1980, 179.

171 LG Frankfurt/M., Urt. vom 31.1.1967 – Az: 2/11 S 6/67 – *Hinz* WuM 2005, 615, 623; Kinne/Schach/Bieber § 555a BGB Rdn. 17.

172 LG Berlin GE 1977, 245.

173 OVG Berlin DWW 1989, 335 = GE 1990, 1153.

174 LG Berlin WuM 2012, 554 = GE 2012, 1231= ZMR 2013, 113; AG Berlin-Mitte GE 1999, 984.

§ 555b Modernisierungsmaßnahmen

Modernisierungsmaßnahmen sind bauliche Veränderungen,

1. durch die in Bezug auf die Mietsache Endenergie nachhaltig eingespart wird (energetische Modernisierung),
2. durch die nicht erneuerbare Primärenergie nachhaltig eingespart oder das Klima nachhaltig geschützt wird, sofern nicht bereits eine energetische Modernisierung nach Nummer 1 vorliegt,
3. durch die der Wasserverbrauch nachhaltig reduziert wird,
4. durch die der Gebrauchswert der Mietsache nachhaltig erhöht wird,
5. durch die die allgemeinen Wohnverhältnisse auf Dauer verbessert werden,
6. die auf Grund von Umständen durchgeführt werden, die der Vermieter nicht zu vertreten hat, und die keine Erhaltungsmaßnahmen nach § 555a sind, oder
7. durch die neuer Wohnraum geschaffen wird.

Systematische Übersicht

Alphabetische Schnellübersicht

A. Entwicklung der Vorschrift

Alle Maßnahmen, die Energie einsparen können, gelten als duldungspflichtige Modernisierung. 1
§ 555b BGB hat diese Maßnahmen ins Zentrum gerückt, um klarzustellen, dass auch solche Arbeiten zu dulden sind, mit denen keine Verbesserung des Gebäudes oder des Substanzwertes verbunden ist. Während noch bis 2001 gem. § 541b BGB a. F. zu den Modernisierungsmaßnahmen nur solche zur Einsparung von Heizenergie gehörten, erweiterte die Mietrechtsreform 2001 den Modernisierungsbegriff auf alle Maßnahmen zur Einsparung von Energie. Dabei hatte der Gesetzgeber vor allem an stromsparende Maßnahmen gedacht, wie z. B. an den Einbau drehzahlabhängiger Umwälzpumpen, Ventilatoren und Aufzugsmotoren sowie an Energiesparlampen.[1]

Indem in der Folgezeit der BGH[2] die Einsparung von Primärenergie als duldungspflichtige 2
Energieeinsparmaßnahme angesehen hatte, wurden auch Gesichtspunkte des **Umweltschutzes**[3]

---

[1] Nr. 2 der Begründung des Kabinettsentwurfs – BR Drucks. 439/00, S. 124; Nachweis bei *Börstinghaus/Eisenschmid,* Arbeitskommentar Neues Mietrecht, § 554, S. 186.

[2] BGH (VIII ZR 275/07) WuM 2008, 667 = WuM 2009, 40 mit Anmerkung *Eisenschmid* = MietPrax-AK § 554 BGB Nr 3 = NZM 2008, 883 = NJW 2008, 3630 = GuT 2008, 359 = GE 2008, 1485 = CuR 2009, 142; zustimmend *Flatow* jurisPR-Mietrecht 10/2008 Anm. 4.

[3] Siehe dazu *Klinski* WuM 2012, 354 mit Reformvorschlägen zu einem umweltfreundlicheren Mietrecht.

bei der Energieeinsparung maßgebend. So konnten schon nach altem Recht umweltfreundliche Maßnahmen befördert und für den Vermieter interessant gemacht werden[4].

3 § 555b BGB verstärkt diese Ansätze und unterscheidet bei Maßnahmen zur Energieeinsparung danach, ob Endenergie oder Primärenergie eingespart wird. Die Differenzierung hat Auswirkungen auf die Rechtsfolgen im Rahmen des § 559 BGB. Nur wenn auch Endenergie eingespart wird, kann der Vermieter die Modernisierungsmaßnahme zum Anlass einer Mieterhöhung nach § 559 BGB nehmen. Wird lediglich Primärenergie eingespart, ist § 559 BGB nicht anzuwenden. Allerdings macht das Gesetz hinsichtlich der grundsätzlichen Duldungspflicht keine Unterschiede.

B. Begriffe

I. Grundlagen der Neuregelung

4 Modernisierungsmaßnahmen dienen weder der Instandhaltung noch der Instandsetzung, denn sie sollen weder das Mietobjekt in einem bestimmten Zustand erhalten, noch bauliche Mängel beheben, sondern in erster Linie den **Gebrauchswert** der Mietsache erhöhen. Reine Verwaltungsmaßnahmen des Vermieters zur Kosteneinsparung sind keine Modernisierung.[5]

5 Mit dem MietRÄndG[6] wurde der Begriff „Modernisierung" erstmals in die Duldungsvorschriften eingeführt und die bisher geltende Legaldefinition in § 559 BGB a. F. gestrichen. § 559 BGB verweist nunmehr auf den Modernisierungsbegriff in § 555b BGB, der die energetische Modernisierung in den Mittelpunkt rückt, aber die bisher als Modernisierung geltenden Maßnahmen weiterführt.

6 Zudem wurden bauliche Veränderungen als Modernisierung definiert, die aufgrund von Umständen durchgeführt werden, die der Vermieter nicht zu vertreten hat und die keine Erhaltungsmaßnahmen nach § 555a BGB sind (§ 555b Ziff. 6 BGB). Bislang wurde die Duldungspflicht für derartige Maßnahmen dem § 242 BGB entnommen.[7] Die Neuregelung führt dazu, dass die behördlich oder gesetzlich vorgeschriebenen Maßnahmen über § 555d Abs. 2 Satz 1 BGB einer Härtefallprüfung unterliegen. Eine Mieterhöhung nach Durchführung solcher Modernisierungsmaßnahmen gem. § 559 BGB war schon nach altem Recht möglich.[8]

7 § 555b BGB beschreibt die Modernisierungsmaßnahmen und führt eine Legaldefinition ein. Diese gilt über § 578 Abs. 2 BGB auch für Geschäfts- bzw. Gewerberäume. Darüber hinaus wird der Begriff der „energetischen Modernisierung" eingeführt (Nummer 1). Die Nummer 2 betrifft die Einsparung von Primärenergie in sonstiger Weise sowie den nachhaltigen Klimaschutz. Darunter fallen nicht solche Veränderungen, die generell, also außerhalb energetischer oder klimarelevanter Zielsetzungen, dem Umweltschutz dienen, wie z. B. die Verlegung von Rasengittersteinen zur Regenwasserversickerung.[9] Nr. 3 erfasst die bauliche Veränderung zur nachhaltigen Einsparung von Wasser. Nr. 4 und 5 betreffen die nachhaltige Erhöhung des Gebrauchswertes sowie die Verbesserung der allgemeinen Wohnverhältnisse auf Dauer. Nr. 7 übernimmt aus § 554 BGB a. F. die Modernisierungsmaßnahme im Wege der Schaffung neuen Wohnraums.

8 Der Gesetzgeber will § 555b BGB mit der Vorschrift über die Mieterhöhung gem. § 559 BGB harmonisieren. Dennoch wurde aus regelungstechnischen Gründen der Modernisierungsbegriff zur Primärenergieeinsparung und zum Klimaschutz gem. Nr. 2 und zur Schaffung von Wohnraum gem. Nr. 7 aufgenommen, obwohl diese Maßnahmen von einer Mieterhöhung gem. § 559 BGB ausgenommen sind.

9 Die Modernisierung[10] ist somit ein Sammelbegriff für bauliche Veränderungen, die der Vermieter oder Dritte entsprechend den in § 555b Ziff. 1–7 BGB aufgeführten Fallgruppen vornehmen

---

[4] LG Berlin MM 2000, 278; *Blank* WuM 2008, 311, 317; *Schläger* ZMR 1994, 189, 191; zur Kritik s. *Eisenschmid* WuM 2009, 40 sowie MietPrax-AK § 554 BGB Nr. 3; *Krüger,* Der Modernisierungsbegriff im Miet- und WEG-Recht, S. 46 f.; zu den Restriktionen im WEG siehe *Müller* WImmoT 2009, 253.

[5] **A. A.** *Blümmel* GE 2001, 1455.

[6] Gesetz über die energetische Modernisierung von vermietetem Wohnraum, und die vereinfachte Durchsetzung von Räumungstiteln – MietRÄndG, BGBl. I, 2013, 434.

[7] Schmidt-Futterer/*Eisenschmid,* § 554 BGB, Rdn. 77, 10. Aufl., m. w. N.

[8] *Börstinghaus* in: Schmidt-Futterer, 10. Aufl., § 559 BGB Rdn. 83.

[9] *Pfeifer,* MietrechtKompakt, Sonderausgabe Oktober 2011, S. 2.

[10] Zur Abgrenzung zum Begriff der Erneuerung: *Herzog* ZdWBay 2005, 385, zur Abgrenzung von Maßnahmen der Instandhaltung und Instandsetzung vgl. die Ausführungen unter § 555a BGB Rdn. 9.

können. Jede der in Ziff. 1–7 des § 555b BGB formulierten Modernisierungsmaßnahme weist abschließende Voraussetzungen aus, so dass eine damit ausgelöste Verschlechterung an anderer Stelle ihre Einordnung als Modernisierung nicht absprechen kann. Spart der Vermieter somit durch eine Maßnahme Endenergie ein und bedingt diese bauliche Veränderung zugleich eine Verschlechterung des Gebrauchswertes an anderer Stelle oder führt die Maßnahme gleichzeitig zu einer Verschlechterung der allgemeinen Wohnverhältnisse, ändert dies an der Qualifizierung der Maßnahme als energetische Modernisierung grundsätzlich nichts. Unter Umständen kann der Mieter nach § 555d Abs. 2 BGB oder nach Treu und Glauben (§ 242 BGB) die Maßnahme verweigern, wenn die nachfolgende Beeinträchtigung unzumutbar erscheint, z.-B. in den Fällen der Durchführung einer Maßnahme zur Energieeinsparung bei gleichzeitiger Verschlechterung des Wohnwertes (siehe dazu vor §§ 555a-555f BGB Rdn. 8ff.).

Der mit der Verbesserungsmaßnahme bezweckte Erfolg muss auch nach Beendigung der Maßnahme eintreten. Das neue Beschaffenheitsmerkmal der Mietsache wird vom vertragsgemäßen Gebrauch erfasst. Es unterliegt nach Beendigung der Maßnahme dem Gewährleistungsrecht[11]. **10**

II. Die Änderung des vertragsgemäßen Zustands

In der Literatur ist die Frage aufgeworfen worden, ob und ggf. auf welche Art und Weise die baulichen Veränderungen Vertragsbestandteil werden.[12] Nach dieser Auffassung soll es sich bei dem Duldungsanspruch des Vermieters um ein Gestaltungsrecht handeln, den Mietvertrag in Bezug auf die Soll-Beschaffenheit einseitig zu ändern.[13] Der neue Zustand soll dann die vom Vermieter geschuldete Leistung sein, also dem vertragsgemäßen Gebrauch Rechnung tragen (siehe Vorbemerkung zu §§ 555a bis 555f BGB Rdn. 8ff.). **11**

Diese Auffassung wird jedenfalls im Ergebnis den Parteiinteressen nicht in jedem Fall ausreichend gerecht. Sie berücksichtigt z. B. nicht, dass der Vermieter bei der Bauausführung mangelhaft gearbeitet haben kann oder dass selbst bei duldungspflichtigen Bauarbeiten deren Folgen zu einer gegenüber dem unmodernisierten Zustand der Wohnung schlechteren Beschaffenheit führen kann. Errichtet der Vermieter beispielsweise einen Fahrstuhl an der Außenfassade und führt dies bei der Mieterwohnung zu einem verminderten Lichteinfall oder zu einer Lärmstörung beim Betrieb des Aufzuges, hat der Mieter einerseits ein erweitertes Gebrauchsrecht (Nutzung des Fahrstuhls), andererseits ist er aber auch in seinem Gebrauchsrecht eingeschränkt (mangelnder Lichteinfall/Lärmstörung).[14] Schon nach altem Recht wurde eine Duldungspflicht des Mieters verneint, wenn die geplante Verbesserung des Wohnraums zwar für sich allein gesehen den Tatbestand der Modernisierung erfüllt, aber als Begleiteffekt an anderer Stelle die Mietsache unzumutbar verschlechtert wird. Dies wurde beispielsweise angenommen, wenn der Vermieter durch seine baulichen Maßnahmen den **Lichteinfall** deutlich verschlechtert hatte.[15] **12**

Das Beispiel zeigt, dass die Maßnahme des Vermieters einerseits den Modernisierungsbegriff des § 555b BGB erfüllen, andererseits aber mit der gleichen Maßnahme eine Verschlechterung der Wohnverhältnisse einhergehen kann. Die erreichten Ziele der Maßnahme widersprechen sich. Unter dem Gesichtspunkt der baulichen Folgen (vgl. § 555d BGB) ist daher zu prüfen, ob mit der Maßnahme eine Härte vorliegt, die unter Würdigung der berechtigten Interessen sowohl des Vermieters als auch anderer Mieter in dem Gebäude sowie von Belangen der Energieeinsparung und des Klimaschutzes nicht zu rechtfertigen ist. Wird eine Härte bejaht, ist der Mieter zur Duldung solcher Maßnahmen nicht verpflichtet. Ist somit im Falle des Einbaus isolierverglaster Fenster von vornherein mit dem Auftreten von **Feuchtigkeitsproblemen** in einer Altbauwohnung zu rechnen, muss der Mieter den Einbau solcher Fenster nicht dulden[16]. Führt der Vermieter die Maßnahme gegen den Mieterwillen dennoch durch, hat der Mieter einen Erfüllungsanspruch auf Wiederherstellung des Zustandes vor Durchführung der Maßnahme. Im anderen Fall muss er die Maßnahme hinnehmen. **12a**

---

[11] AG Berlin-Köpenick WuM 2008, 25.

[12] *Lehmann-Richter* NZM 2011, 572.

[13] Offengelassen von BGH (VIII ZR 105/07) WuM 2008, 219 = MietPrax-AK § 554 BGB Nr 2 = NJW 2008, 1218 = NZM 2008, 283 = GE 2008, 469 = ZMR 2008, 519.

[14] Siehe auch den Ausgangsfall LG Berlin GE 2015, 916.

[15] LG Berlin GE 2014, 60 = ZMR 2014, 206 m. Anm. *Lehmann-Richter;* MM 2004, 124; AG Hamburg WuM 1999, 160; AG Tempelhof-Kreuzberg MM 1992, 211.

[16] LG Hamburg NJW-RR 1995, 1101.

12b Es stellt sich die Frage, ob der veränderte Zustand der Mietsache nach einer Modernisierung die geschuldete Sollbeschaffenheit abbildet. Bejaht man dies uneingeschränkt, muss der Mieter den schlechteren Zustand sowie wegen des enthaltenen Modernisierungsanteils eine Mieterhöhung hinnehmen, ohne wegen der mit der baulichen Maßnahme verbundenen Verschlechterung der Wohnverhältnisses Gewährleistungsrechte geltend machen zu können. Dies wäre ein unbilliges Ergebnis. Die neue Sollbeschaffenheit kann sich nur auf die Modernisierung beziehen[17], nicht aber auf die Verschlechterung. Dass der Mieter diese im Rahmen seiner Duldungspflicht hinnehmen muss, ändert nichts daran, dass das Äquivalenzverhältnis zu seinen Lasten verändert wurde und von ihm durch eine Mietminderung wieder hergestellt werden kann.[18] (siehe auch Vorbemerkung zu §§ 555a bis 555f BGB Rdn. 8ff.).

III. Die einzelnen Modernisierungsmaßnahmen

1. Bauliche Veränderung

13 Eine Modernisierungsmaßnahme ist eine bauliche Veränderung, die den Zielen der Nummern 1–7 dient. Gegenüber dem alten Recht wird der Begriff der „Maßnahme" durch den Begriff der „Veränderung" ersetzt. Die „Veränderung" ist ein weitergehender Begriff als der der „Maßnahme". Während die Maßnahme eine zweckbestimmte und zielgerichtete Handlung ist, also einen bestimmten Erfolg herbeiführen will, wird mit dem Begriff Veränderung nur ein neutraler Hinweis auf ein (bauliches) Ergebnis gegeben, ohne dass damit eine Zielrichtung der die Veränderung herbeiführenden Handlung verbunden ist. Ob damit inhaltliche Änderungen gegenüber dem alten Recht verbunden sind, ist fraglich. Der Gesetzgeber will den Begriff weit auslegen und neben Eingriffen in die bauliche Substanz z. B. auch Veränderungen der Anlagentechnik des Gebäudes erfassen.[19]

14 § 555b BGB gibt keinen Hinweis darauf, wer die baulichen Veränderungen durchführt oder gar bezahlt. Wie schon im Rahmen des § 554 BGB a. F. kommt es für die Duldungspflicht nicht darauf an, wer die Maßnahmen durchführt. Da das Mietverhältnis betroffen ist, muss der Vermieter mit der Maßnahme (des Dritten) einverstanden sein. Anderenfalls hätte der Mieter wegen der verbotenen Eigenmacht (§ 858 BGB) ein Abwehrrecht und müsste die Maßnahme nicht dulden. Die Duldungspflicht des Mieters besteht nur gegenüber dem Vermieter.

2. Die Einsparung von Endenergie

15 Der Konflikt zwischen dem Wunsch des Gesetzgebers nach einer möglichst flächendeckenden, energetischen Sanierung des Wohngebäudebestandes und der daraus resultierenden hohen Mietmehrbelastung, die das Umlagesystem des § 559 BGB wegen der starren Anknüpfung an die Investitionskosten mit sich bringt, machten es erforderlich, zwischen End- und Primärenergie zu unterscheiden. Nur Maßnahmen zur Einsparung von Endenergie sind im Rahmen des § 559 BGB umlagefähig, da diese auch für den Mieter finanzielle Vorteile bringen. Dagegen kann es je nach der Art der Maßnahme vorkommen, dass zwar – nicht erneuerbare – Primärenergie, nicht aber Endenergie eingespart wird. In diesen Fällen würde der Mieter nach Abschluss der Maßnahme keine finanzielle Entlastung bei den Energiekosten spüren, was den Gesetzgeber bewogen hat, derartige Maßnahmen aus dem Umlagesystem des § 559 BGB herauszunehmen.[20] Die Duldungspflicht des Mieters bleibt davon allerdings unberührt.

16 **a) Die Endenergie.** Um eine energetische Modernisierungsmaßnahme i. S. d. § 555b Ziff. 1 BGB annehmen zu können, ist erforderlich, dass durch die bauliche Veränderung **Endenergie** eingespart wird. Die Endenergie besteht aus der Nutzenergie einschließlich der Verluste der Anlagentechnik bei der Übergabe, der Verteilung, der Speicherung und der Erzeugung von Wärme im Gebäude. Während die Nutzenergie nur die Energie meint, die für eine bestimmte Energiedienstleistung am Ort des Verbrauches notwendig ist, erfasst die Endenergie zusätzliche Aufwendungen, die mit dem Betrieb der Anlagen erforderlich sind. Die Bestimmung der Endenergie erfordert so-

---

[17] *Sternel,* PiG 99 (2015), 95, 98, nimmt einen schuldrechtlichen Anspruch des Vermieters auf Umgestaltung an.

[18] *Sternel,* PiG 99 (2015), 95, 105; im Ergebnis so auch LG Berlin GE 2013, 1589.

[19] BT-Drucks. 17/10485, S. 27.

[20] BT-Drucks. 17/11894. S. 10 (Beschluss des 6. Ausschusses).

mit die Betrachtung, was an Gesamtenergie in die Heizungsanlage eingegeben werden muss, um die angestrebte Wärme zu erreichen.[21] Je kleiner die Verluste gehalten werden, desto größer ist der **Wirkungsgrad** einer Heizungsanlage. Mit dem höheren Wirkungsgrad kann mehr Nutzenergie produziert und somit die Endenergie verringert werden. Je weniger Endenergie eingesetzt wird, desto weniger Primärenergie wird verbraucht (Endenergie = Nutzenergie + Anlagenverluste).

Gradmesser für den Endenergieverbrauch ist auch der sog. **Jahresnutzungsgrad** (JNG) der Anlage. Betreibt der Vermieter eine alte Heizungsanlage mit einem Jahresnutzungsgrad von 70%, dann wird damit die Aussage getroffen, dass 70% der eingesetzten Energie als Nutzenergie verwendet werden und 30% der eingesetzten Energie als Verlust „durch den Schornstein" gehen. Wird diese unwirtschaftliche Heizung ersetzt durch eine neue Heizungsanlage, z. B. mit einem Jahresnutzungsgrad von 90%, ist damit wegen der Minderung des Energieverlustes eine Einsparung an Heizmaterial und damit eine Einsparung von Endenergie verbunden. Diese Verluste werden mit der sog. **Aufwandszahl** ausgedrückt. Diese beschreibt, wie viel mehr an Energie dem Heizsystem zugeführt werden muss, um die benötigte Heizwärme zu erzeugen. **17**

Die Einsparung von Endenergie kann auf vielfältige Weise erfolgen. Dazu sind lediglich Maßnahmen erforderlich, die den Verbrauch von Heizmaterial verringern, weil mit der baulichen Veränderung Verluste vermieden werden oder der Nutzenergiebedarf verringert wird.[22] Die klassischen Maßnahmen, wie Wärmedämmung oder die Ersetzung alter Fenster durch moderne 3-fach-Verglasungen führen regelmäßig zur Einsparung von Endenergie durch Senkung des Nutzenergiebedarfs. **18**

Zweifelhaft erscheint, ob eine Endenergieeinsparung vorliegt, wenn auch **Sonnenkollektoren** (s. Rdn. 28) eingesetzt werden, um die Erzeugung von Warmwasser zu unterstützen. Festzuhalten bleibt, dass die einzusetzende Nutzenergie sich nicht verändert, denn der Energiebedarf des Hauses bleibt gleich. Denkbar ist, dass sich mit der neuen Anlage (Sonnenkollektoren) die Verluste verringern und dadurch Endenergie eingespart wird. Zwingend ist das nicht. Allerdings wird **fossile** Nutzenergie – und damit auch Endenergie – eingespart. Der Gesetzgeber nimmt diese Differenzierung allerdings nur verklausuliert vor, indem er in der Begründung zum Gesetzentwurf auf die zu bezahlende Endenergie abstellt.[23] Daraus lassen sich zwei Schlussfolgerungen ableiten. Der Begriff Endenergie beschreibt im Regelfall die verbrauchte fossile Energie, aber auch zu bezahlende erneuerbare Energie, wie beispielsweise Holzpellets. Energie, die durch Sonnenkollektoren gewonnen wird, ist für den Mieter kostenlos. **19**

Missverständlich ist die Begründung des Gesetzgebers[24], dass der Mieter von der Unterstützung durch Sonnenkollektoren profitiert, weil er weniger Energie bezahlen muss. Das ist zwar grundsätzlich richtig, denn um den Energieertrag der Sonnenkollektoren kann der fossile Energieverbrauch der Warmwasser- oder Heizungsanlage reduziert werden. Dabei wird aber eine Mehrbelastung des Mieters durch die wegen des vorangegangenen Aufbaus der Sonnenkollektoren vorgenommene Mieterhöhung gem. § 559 BGB ausgeblendet, die weit höher ausfallen kann, als die Energieeinsparung ausmacht. **20**

b) Die Energieeffizienz. Auch die effizientere Nutzung von Energie führt zur End- bzw. Primärenergieeinsparung. Mit der Energieeffizienz werden Maßnahmen erfasst, die den Betrieb der Heizungsanlage optimieren, wie z. B. ein sog. hydraulischer Abgleich. Darüber hinaus sind Maßnahmen denkbar wie die Dämmung des Warmwasserspeichers, die Einstellung geringerer Vorlauftemperaturen, der Einbau eines Zirkulationsreglers oder die Überprüfung der Termostatventile. **21**

Kritisch bleibt hier anzumerken, dass es sich im Regelfall um Maßnahmen handelt, die der Wartung zuzuordnen und deren Kosten daher den Verwaltungskosten oder den Betriebskosten zuzuordnen sind. Während durch die Harmonisierung der Vorschrift mit § 559 BGB die Aufwendungen nunmehr zu einer Mieterhöhung führen, wären sie bei Einordnung als Verwaltungskosten vom Vermieter zu tragen und als Betriebskosten nur dann auf den Mieter umlegbar, wenn die Umlage vertraglich vereinbart war. Diese nunmehr gefundene Regelung entlastet den Vermieter auch bei den Kosten der Instandhaltung. Dieser ist nämlich gem. § 535 BGB vertraglich verpflichtet, die Mietsache in einem zum vertragsgemäßen Gebrauch geeigneten Zustand zu erhalten. Bezogen auf die Heizung bedeutet diese Pflicht nach der hier vertretenen Auffassung, dass der Vermieter durch **22**

---

[21] LG Berlin GE 2013, 516 zum Wirkungsgrad der Heizungsanlage.
[22] AG Rheine WuM 1987, 127.
[23] BT-Drucks. 17/10485, S. 27 f.
[24] BT-Drucks. 17/10485, S. 28.

entsprechende Wartung über die Dauer des Betriebs den Jahres-Nutzungsgrad der Anlage optimieren muss.

23 Früher hat sich – weil in den vergangenen Jahrzehnten der Klimaschutz keine Rolle in der Wohnungswirtschaft spielte und die Energiepreise vergleichsweise moderat waren – unter Vermietern die Auffassung durchgesetzt, dass die Wartung und Instandhaltung der Heizungsanlage nur unter dem Gesichtspunkt des „Notwendigsten" gesehen werden muss. Die dadurch bedingte Verminderung des Jahres-Nutzungsgrades der Heizungsanlage um teilweise mehr als 1% jährlich wurde daher in Kauf genommen. Mit der jetzigen Regelung wird wegen der Umlagefähigkeit der entstehenden Kosten für Maßnahmen der Energieeffizienz gem. § 559 BGB ein finanzieller Anreiz geschaffen, diese anlagenbezogenen Maßnahmen nunmehr umfassend durchzuführen.

24 Zu den Maßnahmen zur Verbesserung der Energieeffizienz gehören auch solche, die im Heizungssektor von bestimmten Dienstleistern (Contractoren) angeboten werden (s. § 556c BGB sowie § 1 HeizKV). Damit wird auf diesem sehr problematischen Gebiet ein Stück weit Rechtssicherheit geschaffen.

25 **c) Die Nachhaltigkeit.** Als weiteres Tatbestandsmerkmal des § 555b Ziff. 1 BGB wird die „nachhaltige" Einsparung von Endenergie genannt. Die Maßnahmen zur Energieeffizienz müssen ebenfalls nachhaltig sein, was sich zwar nicht zwingend aus dem Wortlaut, aber jedenfalls aus dem Sinnzusammenhang ergibt, da es auch dort um die Einsparung von Endenergie geht.[25]

26 Zum Begriff der Nachhaltigkeit hat der VIII. Zivilsenat erstmalig im Rahmen eines Rechtsentscheids entschieden[26]. Gegenstand der Entscheidung war § 3 Miethöhegesetz. Diese Vorschrift sah vor, dass eine Modernisierung auch dann vorliegt, wenn durch die bauliche Maßnahme nachhaltig Heizenergie eingespart wird. Nachhaltig im Sinne dieser Vorschrift ist die Einsparung schon dann, wenn überhaupt eine messbare Einsparung an Heizenergie erzielt wird und diese dauerhaft ist. Für den Begriff der Nachhaltigkeit ist zudem nicht die Feststellung einer bestimmten Mindestenergieeinsparung erforderlich. Für die Praxis wird aber eine gewisse Mindesteinsparung gefordert, damit überhaupt eine signifikante Einsparung festgestellt werden kann.[27] Der Begriff der Nachhaltigkeit hat somit bis heute lediglich eine zeitliche Komponente dahingehend, dass die Einsparung von Heizenergie nicht nur vorübergehend bestehen darf. Diese Rechtsprechung hat der Senat bestätigt für den preisgebundenen Wohnraum.[28] Für derartige Wohnungen ist eine Modernisierung gem. § 11 Abs. 6 II. BV dann anzunehmen, wenn u. a. nachhaltig Einsparungen von Energie oder Wasser bewirkt wird.

27 **d) In Bezug auf die Mietsache.** Das weitere Tatbestandsmerkmal des § 555b Ziff. 1 BGB verlangt, dass die Modernisierungsmaßnahmen „in Bezug auf die Mietsache" erfolgen müssen. Diese Regelung dient der Abgrenzung zur Ziffer 2 und soll verdeutlichen, dass, was auch im Rahmen des § 559 BGB berücksichtigt wird, es einen Unterschied ausmacht, ob die Wohnung oder das Wohnhaus selbst energetisch ertüchtigt wird und dem Mieter als Vorteil zugutekommt oder ob es sich um Energieeinsparmaßnahmen handelt, die nur der Allgemeinheit nützen. Letzteres ist mit ganz wenigen Ausnahmen bei der Stromerzeugung durch **Photovoltaikanlagen** und **Windräder** der Fall (vgl. Rdn. 56ff.), deren Installation somit nicht in den Anwendungsbereich des § 555b Ziff. 1 BGB fällt. In Betracht kommen aber auch Maßnahmen, die nur einem Teil des Wohnhauses dienen und daher nicht allen Wohnungen zu Gute kommt, z. B. die Dämmung von Außenfassaden, die die mit Einzelöfen beheizte Wohnung des Mieters nicht mit umschließen. Auch dann führt die Maßnahme in Bezug auf die Mietsache zu keiner Endenergieeinsparung.[29]

28 Anders als bei den Photovoltaikanlagen und den Windkraftwerken wird mit **Sonnenkollektoren** nicht Strom erzeugt, der dann dem allgemeinen Stromnetz zugeführt wird. Vielmehr wird mit Hilfe von Sonnenkollektoren Wärme erzeugt, indem unmittelbar ein Medium erhitzt wird, das mit Hilfe eines **Wärmetauschers** die Wärme an die Warmwasseranlage des Wohnobjektes abgibt. Für die Erwärmung des Wassers wird somit die Energie aus der Sonneneinstrahlung unmittelbar genutzt. Ein Bezug zur Mietsache ist somit vorhanden. Mit dem Einsatz von Sonnenkollektoren kann unter günstigen Umständen bis zu 50% des Warmwasserbedarfs abgedeckt werden. Für den

[25] *Pfeifer,* MietrechtKompakt, Sonderausgabe Oktober 2011, S. 2.

[26] BGH (VIII ARZ 3/01) WuM 2002, 366 = NJW 2002, 2036 = NZM 2002, 519 = ZMR 2002, 503 = GE 2002, 926.

[27] *Emmert* in: Hannemann/Wiek/Emmert § 19 Rdn. 18 (mehr als 3% Einsparung).

[28] BGH (VIII ZR 151/03) = WuM 2004, 288 = MietPrax-AK § 10 WoBindG Nr 4.

[29] LG Berlin GE 2014, 874.

Betrieb der Heizungsanlage sind solche Kollektoren in unseren Breitengraden regelmäßig nicht geeignet, weil die gewonnene Wärme im Sommer für den Winterbetrieb nicht oder nur mit hohem Aufwand gespeichert werden kann und im Winter die Sonneneinstrahlung für eine effektive Nutzung zu gering ist (zur Einsparung von Endenergie durch Sonnenkollektoren s. Rdn. 19).

e) Wirtschaftlichkeit der Energieeinsparmaßnahme. Nachdem der BGH in seiner grundlegenden Entscheidung zur Erforderlichkeit einer Wärmebedarfsberechnung[30] im Zusammenhang mit einer Mieterhöhung nach § 3 Miethöhegesetz (heute: § 559 BGB) die Frage der Wirtschaftlichkeit von Energieeinsparmaßnahmen schon kritisch angesprochen hatte, ohne sie zu entscheiden, war die Rechtsprechung zu diesem Problemkreis, basierend auf der Entscheidung des OLG Karlsruhe[31] zunehmend in Zweifel gezogen worden[32]. Nunmehr ist nach Auffassung des BGH der Gesichtspunkt der **Wirtschaftlichkeit** jedenfalls bei der Mieterhöhung nach § 559 BGB unbeachtlich, da eine Kappung der Mieterhöhung nach Modernisierung vom Gesetz grds. nicht vorgesehen ist[33]. Auch aus dem für den sozialen Mietwohnungsbau geltenden Postulat, wonach eine wirtschaftliche Bauausführung zu wählen ist, § 7 Abs. 1 II. BV, könne selbst für diesen Wohnungsbestand eine solche Kappung nicht hergeleitet werden, weil damit nicht auch die Grenzen der Mieterhöhung geregelt würden. 29

Für den Bereich der Duldungspflicht sind die Entscheidungen des BGH nicht von ausschlaggebender Bedeutung. Er braucht also nicht die Kosten der Maßnahme den Ersparnissen aufgrund des dadurch verminderten Energieverbrauchs gegenüberzustellen. Der Mieter, der mit einer „angeblichen" Energiesparmaßnahme konfrontiert wird, muss mit der Ankündigung der Maßnahme nur erkennen können, ob und ggf. in welchen Umfang Energie eingespart werden soll. Das ergibt sich zum einen aus § 555c Abs. 1 Ziff. 3 BGB, wonach der Vermieter auch die voraussichtlichen künftigen Betriebskosten in der Modernisierungsankündigung anzugeben hat. Verringern sich voraussichtlich die Energiekosten, kann der Mieter dies an dem mitgeteilten Wert erkennen. Zum anderen darf der Vermieter bei der Ankündigung der Maßnahme gem. § 555c Abs. 3 BGB hinsichtlich der energetischen Qualität der Bauteile auf allgemein anerkannte Pauschalwerte Bezug nehmen. Diese Regelung ist nur verständlich, wenn der Vermieter zur Angabe und Beschreibung von beabsichtigten energetischen Einsparungen verpflichtet ist. Mit der Möglichkeit, auf Pauschalwerte Bezug zu nehmen, soll dem Vermieter die Darlegung der Energieeinsparung erleichtert werden.[34] Ohne Angabe der Betriebskosten könnte der Mieter zudem die erforderliche Abwägung zur Kontrolle seiner Duldungspflicht oder möglicher finanzieller Härten nach § 555d i. V. m. § 559 BGB nicht treffen. Er wäre daran gehindert, die zu erwartende Mieterhöhung (11 % der aufgewendeten Kosten als Jahresmiete abzüglich des Betrags der Einsparung) als Härtegrund zu prüfen. Daher ist der Vermieter gehalten, mit der Ankündigung der Energiesparmaßnahme dem Mieter den voraussichtlichen **Energiegewinn** (Endenergie sowie Primärenergie) zu belegen. Dies ist auch nicht unzumutbar, weil der Vermieter, der solche Maßnahmen plant, ohnehin solche Berechnungen regelmäßig vorbereiten lässt. 30

f) Einzelfälle. aa) Fenster. Der Einbau von Isolierglasfenstern ist, wenn sie einfach verglaste Fenster ersetzen, grundsätzlich eine Modernisierungsmaßnahme,[35] da Isolierglasfenster im Verhältnis zu einfach verglasten Fenstern eine wesentlich höhere **Schall-** und/oder **Wärmedämmung** besitzen.[36] Im letzteren Fall wird Endenergie eingespart. Eine Schalldämmung wirkt sich jedenfalls dann aus, wenn die zur Straßenseite gelegenen Fenster ersetzt werden.[37] Die Isolierverglasung eines **Wintergartens** führt zur Endenergieeinsparung und damit auch zur Wohnwertverbesserung.[38] 31

---

[30] BGH (VIII ARZ 3/01) WuM 2002, 366 = NJW 2002, 2036 = NZM 2002, 519 = ZMR 2002, 503 = DWW 2002, 201; so auch BGH (VIII ZR 156/03) MietPrax-AK § 559b BGB Nr. 2 = WuM 2004, 155 = NZM 2004, 252 = DWW 2004, 83 = ZMR 2004, 407.

[31] OLG Karlsruhe, Rechtsentscheid v. 20.9.1984, WuM 1985, 17 = ZMR 1984, 411 = GE 1984, 1079.

[32] AG Lichtenberg NJW-RR 2003, 1309 bestätigt durch LG Berlin GE 2004, 107; *Schläger* ZMR 2002, 580, 581; *Blümmel* GE 2002, 1244; *Kinne* ZMR 2003, 396, 402.

[33] BGH (VIII ZR 151/03) WuM 2004, 288 = MietPrax-AK § 10 WoBindG Nr. 4; BGH (VIII ZR 149/03) WuM 2004, 285 = NZM 2004, 336 = NJW 2004, 1738 = DWW 2004, 121 = MDR 2004, 739 = GE 2004, 620 = MietPrax-AK § 10 WoBindG Nr. 2; *Sternel* PiG, Bd. 73, 2006, 1, 10.

[34] Begründung des Kabinettsentwurfs zu § 555c BGB – Nachweis bei *Börstinghaus/Eisenschmid,* AK-Mietrechtsänderungsgesetz 2013, § 555c BGB Rdn. 29.

[35] OVG Berlin GE 1981, 579 zu § 11 AMVOB; LG Berlin GE 1985, 141; zweifelnd AG Berlin-Schöneberg MM 1990, 315 = GE 1991, 189.

[36] LG Berlin GE 1990, 255.

[37] AG Köln WuM 1987, 273.

[38] VG Berlin GE 1984, 727 zu § 11 AMVOB.

32 Der Austausch von einfachverglasten Fenstern gegen Kunststofffenster mit Wärmedämmverglasung in Küche,[39] Toilette und Kammer[40] oder im Keller[41] stellt trotz der geringen Einsparungseffekte wegen des Verzichts des BGH auf qualitative Merkmale bei der Nachhaltigkeit (vgl. Rdn. 25f.) eine Wertverbesserung dar.[42] Sie kann auch gegeben sein, wenn der Vermieter Verbundfenster durch Isolierglasfenster ersetzen will.[43]

33 Eine Wertverbesserung liegt auch im Einbau von **Rollläden,** da diese einen Wärmeschutz und einen Schallschutz bieten.[44]

34 nicht besetzt

35 Keine Modernisierung ist anzunehmen, wenn Kastendoppelfenster durch Verbundfenster ersetzt werden, ohne dass End- oder Primärenergie eingespart wird, da erstere in der Handhabung vielseitiger und einfacher sind.[45] Daher ist bei solchen Maßnahmen regelmäßig von einer Veränderung der Mietsache und nicht von einer Modernisierung auszugehen.[46] **Kastendoppelfenster** können zudem wegen ihrer speziellen Eigenschaften neben ihrer Wärmedämmung auch mehr Wohnkomfort vermitteln als Isolierglasfenster.[47] Deshalb führt eine um 10 dB höhere Schalldämmung, die eine Halbierung des durchgelassenen Schallpegels zur Folge hat, nicht ohne weiteres dazu, dass der Austausch von Kastendoppelfenster gegen Isolierglasfenster als Wohnwertverbesserung einer Altbaumietwohnung anzusehen ist.[48]

36 In Altbauwohnungen kann trotz des Einbaus von isolierverglasten Doppelfenstern anstelle von Einfachfenstern unter Umständen dann keine Modernisierungsmaßnahme anzunehmen sein, wenn durch das damit verbundene Erfordernis eines häufigen Lüftens der Wohnung keine nachhaltige Einsparung von Heizkosten (Endenergie) eintritt.[49]

37 Eine Luxusmodernisierung (zum Begriff s. Rdn. 79) muss der Mieter nicht dulden. Werden Fensterrahmen aus Mahagoniholz statt aus Kiefernholz verwendet, kann darin eine **Luxusmodernisierung** wegen der Verwendung von Tropenholz liegen.[50]

38 **bb) Heizungsanlage.** Schon nach altem Recht war der Mieter verpflichtet, den Einbau von Flachheizkörpern und den Anschluss seiner Wohnung an eine Gaszentralheizung zu dulden, wenn die Wohnung mit **Nachtstromspeicheröfen** ausgestattet war.[51] Mit der Umstellung einer Nachtstromspeicherheizung auf eine Gaszentralheizung geht zwar regelmäßig keine Endenergieeinsparung einher.[52] Aber nachdem der BGH[53] auch die Einsparung von Primärenergie als Modernisierung anerkannt hatte, muss der Austausch von Nachtstromspeicheröfen gegen eine Gaszentralheizung wegen des Primärenergiefaktors für Gas von 1,1, und des hohen Primärenergiefaktors (2,4 siehe aber Rdn. 62) für Strom regelmäßig als eine energetische Modernisierung anerkannt werden.[54] Dies ist nach neuem Recht wegen § 555b Ziff. 2 ohne Zweifel. Zweifel sind dagegen angebracht, ob eine

---

[39] LG Berlin GE 1984, 871 = WuM 1986, 245 zu § 11 AMVOB.
[40] LG Berlin GE 2013, 1341; GE 1992, 101; MM 1991, 32; vgl. auch LG Berlin GE 1990, 707.
[41] **A. A.** AG Köln WuM 2012, 316, wobei jedoch der Begriff der Nachhaltigkeit nicht beachtet wurde.
[42] OVG Berlin GE 1988, 951 zu § 11 AMVOB; LG Berlin GE 2011, 1085; GE 1987, 1113 zu § 11 AMVOB; GE 1986, 1019; **a. A.** LG Berlin GE 1994, 455; GE 1984, 871 = WuM 1986, 245 zu § 11 AMVOB; VG Berlin GE 1984, 727 zu § 11 AMVOB; AG Charlottenburg MM 1986, Nr. 11, 31.
[43] LG Berlin MM 2001, 401.
[44] AG Steinfurt WuM 1985, 262; die durchschnittliche Nutzungsdauer wird mit 25–35 Jahren angenommen: Wetekamp Mietrecht kompakt 2011, 64, 66.
[45] AG Rostock GE 1996, 1251; AG Berlin-Mitte MM 2003, 195; AG Schöneberg MM 2001, 107; AG Charlottenburg GE 1991, 577; VG Berlin GE 1983, 755; GE 1983, 131 zu § 11 AMVOB; zum Ersatz von Kastendoppelfenstern durch Aluprofilfenster vgl. LG Berlin GE 1993, 425; **a. A.** bei Austausch durch Holzisolierglasfenster LG Berlin GE 2011, 338; GE 2013, 1589; Energieeinsparung wurde bejaht: AG Tempelhof-Kreuzberg GE 2014, 1205; AG Schöneberg GE 2014, 1138.
[46] LG Berlin MM 2002, 97; WuM 1987, 384; AG Berlin-Mitte MM 2000, 280.
[47] Umfassend zum Problem der Modernisierung bei Kastendoppelfenster *Both* NJ 1997, 468f.
[48] OVG Berlin GE 1985, 687; LG Berlin WuM 2002, 337 (LS).
[49] AG Charlottenburg GE 1988, 779.
[50] **A. A.** LG Hamburg WuM 1986, 344.
[51] LG Hamburg WuM 1990, 18.
[52] AG Siegburg WuM 1994, 612; AG Hamburg WuM 1991, 30; WuM 1993, 41; **a. A.** LG Hamburg WuM 1990, 18.
[53] BGH (VIII ZR 275/07) WuM 2008, 667 = WuM 2009, 40 mit Anmerkung *Eisenschmid* = MietPrax-AK § 554 BGB Nr 3 = NZM 2008, 883 = NJW 2008, 3630 = GuT 2008, 359 = GE 2008, 1485 = CuR 2009, 142.
[54] LG Berlin GE 2010, 1622; AG Frankfurt/Main ZMR 2010, 860 = GE 2010, 1749; AG Münster WuM 1996, 268.

Mieterhöhung nach § 559 BGB möglich ist, da weitergehende Vorteile wie Wohnwertverbesserung oder Endenergieeinsparung nicht ersichtlich sind.[55]

Die Ersetzung eines schlichten Heizkörpers durch einen Handtuchheizkörper ist eine Modernisierungsmaßnahme (Verbesserung des Wohnwertes), da so die Nutzung erweitert wird.[56] 39

cc) Heizungskessel. Die Umstellung einer Heizungsanlage von Öl auf Gas stellt eine Modernisierungsmaßnahme dar, wenn durch das neue Heizungssystem eine Einsparung von Endenergie erzielt wird.[57] Wegen des gleich hohen Primärenergiefaktors von 1,1 für Öl und Gas, wird ohne gleichzeitige Einsparung von Endenergie auch keine Primärenergie eingespart. Dagegen kann die Umstellung von Koks auf Fernwärme zur Einsparung von Primärenergie führen (s. auch Rdn. 57 f.).[58] Der Rechtsprechung, wonach bei einer Öleinsparung von allenfalls 3% für einen begrenzten Zeitraum von drei Jahren nicht von einer **nachhaltigen** Modernisierung auszugehen ist[59], kann auch im Lichte des § 555b BGB gefolgt werden. Darüber hinaus ist bei nur geringsten Energieeinsparungen die Duldungspflicht wegen des in § 25 Abs. 1 EnEV festgehaltenen Wirtschaftlichkeitsgrundsatzes abzulehnen.[60] 40

Soll unter dem Gesichtspunkt des Klimaschutzes eine Heizungsumstellung vorgenommen werden, muss der Mieter diese gem. § 555b Ziff. 2, 2.Alt. BGB dulden, wenn damit auch eine (Primär-)Energieeinsparung verbunden ist gem. § 555b Ziff. 2, 1. Alt. BGB.[61] Soweit Maßnahmen zur Verringerung des CO_2-Ausstoßes getroffen werden, gehen diese aber regelmäßig mit einer Energieeinsparung einher.[62] Ob somit der Regelung zum Klimaschutz künftig eine hervorzuhebende eigenständige Bedeutung zukommt, bleibt abzuwarten.[63] Erneuert der Vermieter einen Heizkessel, weil die EnEV (§ 10) für den alten Kessel den Weiterbetrieb untersagt, liegt eine Instandhaltungsmaßnahme vor (siehe § 555a BGB Rdn. 13). 41

dd) Leitungen und Armaturen. Die Wärmedämmung ist eine Maßnahme zur Energieeinsparung (Endenergie und Primärenergie), gleich, ob sie an Dächern, Wänden, Fenstern und Außentüren, Decken oder wärmeführenden Leitungen vorgenommen wird.[64] 42

Der Eigentümer eines Gebäudes hat dafür zu sorgen, dass bei heizungstechnischen Anlagen bisher ungedämmte, zugängliche Warmwasserleitungen sowie Armaturen, die sich in nicht beheizten Räumen befinden, zur Begrenzung der Wärmeabgabe gedämmt sind. Die Mindestdicke der Dämmschicht ergibt sich aus § 10 Abs. 2 iVm Anlage 5 der EnEV. Mit dieser Regelung soll der Wärmeverlust durch ungedämmte Warmwasserleitungen vermieden werden. Es wird aus technischer Sicht angeraten, entgegen der Vorschrift auch in beheizten Räumen die Warmwasserleitungen zu dämmen.[65] Gem. § 10 Abs. 5 EnEV ist die Dämmmaßnahme nicht erforderlich, wenn die für die Nachrüstung erforderlichen Aufwendungen durch die eintretenden Einsparungen nicht innerhalb angemessener Frist erwirtschaftet werden können. 43

Die Durchführung der Dämmung von Geschossdecke (§ 10 Abs. 3 EnEV) sowie Leitungen und Armaturen hat der Mieter zu dulden. Ob sich die Duldungspflicht nach § 555a oder 555b BGB richtet, entscheidet sich danach, ob die Maßnahmen als Instandhaltung oder Modernisierung anzusehen sind. 44

Ausgangsnorm ist – wie schon beim Austausch alter Bauteile und Anlagen – § 535 Abs. 1 Satz 2 BGB. Danach ist der Vermieter verpflichtet, die Mietsache in einem „zum vertragsgemäßen Gebrauch geeigneten Zustand" zu erhalten. Hieraus wird teilweise abgeleitet, dass der Vermieter eine Mietsache schuldet, die den Vorgaben der EnEV entspricht.[66] Zur Begründung wird darauf verwiesen, dass das Objekt energetisch unwirtschaftlich ist, wenn die Anforderungen der EnEV nicht eingehalten sind. Zudem kann der Mieter die Einhaltung der gesetzlichen Vorschriften als Mindest- 45

---

55 Zumal § 10a EnEV 2009 gestrichen wurde, wonach solche Heizsysteme mittelfristig außer Betrieb zu nehmen waren.
56 LG Berlin NZM 2011, 548 = NJW-RR 2011, 951 = GE 2011, 548.
57 AG Pankow/Weißensee ZMR 2015, 466; AG Rheine WuM 1987, 127.
58 OVG Berlin GE 1981, 577; LG Berlin GE 2000, 1541; WuM 1991, 482.
59 OVG Berlin GE 1982, 275 zu § 11 AMVOB.
60 AG Pankow/Weißensee ZMR 2015, 466.
61 *Fritz* ZMR 1997, 553, 557.
62 *Fritz* ZMR 1997, 553, 557.
63 *Emmert* in: Hannemann/Wiek/Emmert § 19 Rdn. 28.
64 KG WuM 2006, 450 = ZMR 2006, 613; *Kinne/Schach/Bieber* § 555b Rdn. 4.
65 *Volland*, Energieeinsparverordnung, S. 50.
66 *Artz* WuM 2008, 259; *Eisenschmid* in Schmidt-Futterer § 535 BGB Rdn. 114; *Häublein* in MünchKomm § 536 Rdn. 8.

standard erwarten. Letztendlich wird darauf hingewiesen, dass gem. § 20a GG der Staat die natürlichen Lebensgrundlagen zu schützen hat, was bei der Auslegung des § 535 BGB zu berücksichtigen ist[67] (vgl. auch § 535 BGB Rdn. 126ff.).

46 Die Gegenmeinung verweist darauf, dass der Zustand der Wohnung vertraglich vereinbart wird. Werden Bauvorschriften nicht eingehalten, die den energetischen Zustand des Gebäudes betreffen, berührt dies nicht die Tauglichkeit der Wohnung. Der Mieter muss allenfalls mehr heizen, um die Räume ausreichend zu erwärmen. Damit muss er aber nur höhere Kosten aufwenden, während der vertragsgemäße Gebrauch unbeeinträchtigt bleibt.[68]

46a Geht man von einer Modernisierung in diesen Fällen aus, ist zu entscheiden, ob eine Maßnahme gem. Ziff. 1 oder gem. Ziff. 6 des § 555b BGB vorliegt. Da der Vermieter zu der Maßnahme nach EnEV verpflichtet ist, entspricht es dem Zweck des Gesetzes, Ziff. 6 anzuwenden und damit den Minderungsausschluss gem. § 536 Abs. 1a BGB zu verneinen (vgl. im Einzelnen Rdn. 55).

47 **ee) Thermostatventile.** Das Thermostatventil ermöglicht die genaue Regulierung der Wärmezufuhr zum Heizkörper durch automatische Veränderung der Warmwasser-Durchflussmenge.[69] Es trägt damit in zweifacher Weise zur Verringerung der Heizkosten bei. Zum einen, weil der Nutzer die Warmwasser-Durchflussmenge selbst drosseln kann und zum anderen, weil sich das Ventil bei Erwärmung des Raumes durch Fremdwärmequellen (z. B. Sonne) selbst schließt. Der Einbau von **Thermostatventilen** ist somit eine Endenergiesparmaßnahme, deren Durchführung der Mieter dulden muss.[70]

48 Gem. § 14 Abs. 2 EnEV (2009) sind alle Heizkörper von Zentral- oder Etagenheizungen, die mit Wasser als Wärmeträger betrieben werden, mit „selbständig wirkenden Einrichtungen zur raumweisen Temperaturregelung", also mit Thermostatventilen auszurüsten. Dieser öffentlichrechtlichen Verpflichtung hat der Vermieter nachzukommen. Der Mieter muss die Nachrüstung gem. § 555b Ziff. 6 BGB dulden. Kommt der Vermieter seiner gesetzlichen Pflicht nicht nach, kann der Mieter seinen zivilrechtlichen Anspruch gegen den Vermieter auf Einbau der Thermostatventile geltend machen[71] (umstritten).

49 Zentralheizungen sind ebenfalls nachzurüsten mit Einrichtungen zur Nachtabsenkung bzw. zur Absenkung der Wärmezufuhr in Abhängigkeit von der Außentemperatur (§ 14 Abs. 1 EnEV 2009).

50 **ff) Ausstattung zur Verbrauchserfassung.** Die Erstausstattung von **Heizkostenverteilern** oder **Wärmemesszählern** hat der Mieter unabhängig von § 555b BGB nach § 4 Abs. 2 i. V. m. § 5 Abs. 1 Satz 1 HeizKV zu dulden.[72] Die Frage, ob der Austausch solcher Geräte (z. B. solchen mit Funkablesung) zur verbesserten Erfassung der Werte im laufenden Mietverhältnis vom Mieter nach § 4 Abs. 2 HeizKV zu dulden ist, war bislang in Rechtsprechung und Literatur heftig umstritten.[73] Inzwischen hat sich der BGH[74] der Meinung angeschlossen, die von einer uneingeschränkten Duldungspflicht des Nutzers ausgeht. Zur Erhärtung seiner Auffassung stützt sich der Senat auf die in § 4 HeizKV verfolgte Intention des Verordnungsgebers, mit der Einführung der „Pflicht zur Verbrauchserfassung" im Interesse der Energieeinsparung das Verbrauchsverhalten der Nutzer nachhaltig zu beeinflussen. Die Argumentation überzeugt dennoch nicht, weil die Intention in erster Linie darauf abzielt, die Installation von Erfassungsgeräten zu ermöglichen und nicht, dem Vermieter die Freiheit zu geben, im Laufe eines Mietverhältnisses jeden technischen Fortschritt ungeachtet seiner Sinnhaftigkeit in seinen Mieträumen umzusetzen.[75]

51 Die Erleichterungen durch eine verbesserte Ablesetechnik aufgrund einer Funkablesung können nach der Verkehrsanschauung den Wert einer Wohnung erhöhen (§ 555b Ziff. 4). Der Mieter ist auch dann zur Duldung verpflichtet, wenn ein Messgerät infolge eines Defektes ausgetauscht

---

[67] *Schwintowski* WuM 2006, 115.

[68] KG GuT 2008, 344; *Flatow* NZM 2008, 785; *Beyer* GE 2008, 1472, 1476; *Blank* WuM 2008, 311, 312.

[69] *Blumenstein* ZMR 1987, 401.

[70] LG Berlin GE 1986, 751 = ZMR 1986, 444; AG Schöneberg GE 1988, 735.

[71] AG Gelsenkirchen WuM 1993, 735; *Blumenstein* ZMR 1987, 401, 404; *Schläger* ZMR 1988, 407, 409; *Eisenschmid* PiG 2002, 147, 154; **a. A.** AG Berlin-Charlottenburg GE 1991, 829.

[72] LG Hamburg WuM 1990, 33; der Einbau elektronischer Erfassungsgeräte als Modernisierung, AG Frankfurt/M. ZMR 2006, 292 = NZM 2006, 537; Übersichtsbeitrag: *Schmid* WuM 2011, 331.

[73] Dagegen: LG Kassel NZM 2006, 818 = GE 2006, 1614; **a. A.** AG Berlin-Lichtenberg GE 2010, 1351; AG Frankfurt/M. NZM 2006, 537; AG Düsseldorf DWW 2008, 98.

[74] BGH (VIII ZR 326/10) WuM 2011, 625 = MietPrax-AK § 554 BGB Nr. 7 = NZM 2011, 804 = NJW 2011, 3514 = GE 2011, 1550 = MDR 2011, 1344.

[75] Siehe dazu *Bieber* GE 2011, 1518.

werden muss (§ 555a Abs. 1 BGB). Eine gesundheitsschädliche Wirkung der Funktechnik ist wissenschaftlich nicht belegt und daher aus Sicht eines objektiven Mieters nicht geeignet, die mit Funkablesesystemen verbundenen Nutzungsvorteile zu entwerten.[76]

Problematisch ist bei neueren Funkablesezählern jedoch, dass diese technisch in der Lage sind, umfangreichere Daten zu erheben, als für die Erstellung der (Jahres-)Abrechnung benötigt werden. Insbesondere können – gegenüber der herkömmlichen Auslesung durch einen Ablesedienst vor Ort – weitaus häufiger Verbrauchsdaten erhoben und oftmals auch nahezu in Echtzeit eingesehen werden. Dies bringt einerseits viele Vorteile mit sich, wie z. B. leichtere und schnellere Einsichtnahme in eigene Verbrauchsdaten und eine bessere Kontrolle der Abrechnungsdaten, führt aber andererseits zu einem datenschutzrechtlichen Problem, weil die Zulässigkeit zur Verarbeitung (z. B. Weiterleitung) dieser Daten von der Einwilligung des Mieters abhängt. **52**

Da der Mieter Modernisierungsmaßnahmen nur dulden muss, wird allein mit der Duldung keine Einwilligung zu Datenverarbeitung erteilt, unabhängig davon, ob sich der Mieter schriftlich zur Duldung der Modernisierung bereit erklärt oder diese nur tatsächlich geduldet hat. Es stellt sich somit hier die Frage, ob die Rechtmäßigkeit der baulichen Veränderung i. S. d. § 555b BGB – ungeschriebenes – Tatbestandsmerkmal ist. Wird dies bejaht, liegt bei angenommener Rechtswidrigkeit dieser baulichen Veränderung schon keine Modernisierungsmaßnahme vor. Für die Voraussetzungen der Modernisierungsmaßnahme trägt der Vermieter die Beweislast[77], somit auch für ihre Rechtmäßigkeit. **52a**

Wird das Erfordernis eines Tatbestandsmerkmals der Rechtmäßigkeit verneint, kommt dieser Aspekt jedoch bei der Härteregelung des § 555d BGB zum Tragen (siehe dort, Rdn. 47a). Gemäß Abs. 2 Satz 1 dieser Vorschrift ist der Mieter nicht zur Duldung einer Modernisierungsmaßnahme verpflichtet, wenn sie für ihn, seine Familie oder einen Angehörigen seines Haushaltes eine Härte bedeuten würde, die auch unter Würdigung der berechtigten Interessen des Vermieters, der andere Mieter im Hause oder unter dem Aspekt der Energieeinsparung nicht zu rechtfertigen ist. Für die Voraussetzungen einer Härte trägt der Mieter die Beweislast.[78] **52b**

Nach der hier vertretenen Auffassung verbietet schon der Begriff der Modernisierung das Vorliegen einer rechtswidrigen baulichen Veränderung. Eine Modernisierung soll eine Verbesserungsmaßnahme sein. Ist die Maßnahme rechtswidrig, kann jedenfalls im Rechtssinne nicht von einer Verbesserung, schon gar nicht von einer nachhaltigen Verbesserung gesprochen werden. **52c**

Ähnliche datenschutzrechtliche Probleme existieren auch bei intelligenten Stromzählern. Hier sind die datenschutzrechtlichen Risiken teilweise noch höher, da anhand des Stromverbrauchs Rückschlüsse gezogen werden können, welche einzelnen elektrischen Geräte zu welchen Zeitpunkten eingeschaltet wurden. **52d**

gg) Wärmedämmung. Die Wärmedämmung ist eine Maßnahme zur Energieeinsparung, gleich, ob sie an Dächern, Wänden, Fenstern und Außentüren oder an Decken vorgenommen wird.[79] Dabei kommt es nicht darauf an, ob die Einsparung sich spürbar auf die Kosten des Mieters durchschlägt[80] (vgl. Rdn. 25). **53**

Ob Heizenergie eingespart wird, ist anhand der Betrachtung der Dämmwerte vor und nach der baulichen Maßnahme zu entscheiden. Die Energieeinsparung wird belegt durch eine Wärmebedarfsberechnung, die den Nachweis eines verbesserten Wärmedurchgangskoeffizienten U (früher sog. k-Wert) nach Tabelle 1 Anlage 3 EnEV 2014 führt.[81] In der Mieterhöhungserklärung wegen Modernisierungsmaßnahmen ist eine ausführliche Erläuterung der Energieeinsparung nicht erforderlich, wenn die hierzu notwendigen Informationen (Verbesserung des Wärmedurchgangskoeffizienten) bereits in dem nach § 555c BGB ergangenen Ankündigungsschreiben enthalten sind und auf dieses Bezug genommen wird.[82] Da der Vermieter nach herrschender Meinung (s. § 535 BGB **54**

[76] BGH (VIII ZR 326/10) WuM 2011, 625 = MietPrax-AK § 554 BGB Nr. 7 = NZM 2011, 804 = NJW 2011, 3514 = GE 2011, 1550 = MDR 2011, 1344.

[77] *Eisenschmid* in: Schmidt-Futterer § 555d BGB Rdn. 90.

[78] *Eisenschmid* in: Schmidt-Futterer § 555d BGB Rdn. 90.

[79] KG WuM 2006, 450 = ZMR 2006, 613; Kinne/Schach/Bieber § 555b Rdn. 4; zur Kritik an fehlendem Brandschutz der Dämmplatten sowie zu sonstigen Auswirkungen auf das Wohnklima siehe *Kodim* GE 2015, 307.

[80] BGH (VIII ZR 275/07) WuM 2008, 667 = WuM 2009, 40 mit Anmerkung *Eisenschmid* = NZM 2008, 883 = NJW 2008, 3630 = GuT 2008, 359 = GE 2008, 1485 = CuR 2009, 142 zur Fernwärme.

[81] Fehlerhaft daher LG Berlin GE 2015, 189, siehe dazu *Flatow,* jurisPR-MietR 8/2015 Anm. 2.

[82] LG Berlin GE 2007, 1553 zu § 554 Abs. 3 BGB a. F.

Rdn. 131f.) keine mietvertragliche Pflicht zur Modernisierung hat, führt nach dieser Auffassung ein Verstoß gegen die Anforderungen der EnEV allein nicht zum vertraglichen Schadensersatz (siehe dazu aber § 535 BGB Rdn. 126ff.). Auch eine Haftung des Vermieters gem. § 823 Abs. 2 BGB scheidet aus, weil die EnEV kein Schutzgesetz zu Gunsten des Mieters ist.[83] Allerdings kann im Einzelfall ein Verstoß gegen den Wirtschaftlichkeitsgrundsatz vorliegen, der zum Schadensersatz nach § 280 BGB verpflichtet (vgl. § 535 BGB Rdn. 131ff.).

55 Zur angemessenen Aufteilung der Modernisierungskosten nach einer Wärmedämmung am Mehrfamilienhaus[84] vgl. § 559 BGB.

55a Von der reinen Dämmmaßnahme zu unterscheiden ist die mit einer Instandhaltung verbundenen Wärmedämmung gem. § 9 EnEV (siehe § 555a Rdn. 11f.). In diesen Fällen stellt sich nämlich die Frage der Konkurrenz von § 555b Ziff. 1 BGB (Endenergieeinsparung) und § 555b Ziff. 6 BGB (nicht zu vertretende Maßnahme), da die bedingte Maßnahme des § 9 EnEV durch eine freiwillige Instandsetzung ausgelöst wird und mit einer gesetzlich gebotenen Maßnahme zur Endenergieeinsparung abschließt. Die „Teilmaßnahme" Wärmedämmung kann daher sowohl unter § 555b Ziff. 1 BGB als auch unter § 555b Ziff. 6 BGB subsumiert werden. Je nachdem, wie man sich entscheidet, hat dies praktische Auswirkungen auf das Minderungsrecht des Mieters, weil im letzteren Fall der Mieter während der gesamten Baumaßnahme bei einer entsprechenden Beeinträchtigung des vertragsgemäßen Gebrauchs die Miete mindern könnte, da der Minderungsausschluss nach § 536 Abs. 1a BGB nur bei energetischen Maßnahmen nach Ziff. 1 einschlägig ist.

55b Die gestellte Frage ist mit dem Vorrang des § 555b Ziff. 6 BGB zu beantworten. Zu bedenken ist nämlich, dass der Minderungsausschluss nach § 536 Abs. 1a BGB deshalb eingeführt wurde, weil der Gesetzgeber die Mietminderung als Investitionshemmnis für die erwünschte, vom Vermieter aber freiwillig vorzunehmende energetische Modernisierung ansah.[85] Dieser Zweck kann aber bei der bedingten Maßnahme gem. § 9 EnEV nicht erreicht werden, weil der Vermieter nach dem Mietvertrag verpflichtet ist, die Instandsetzung durchzuführen und sich dieser Verpflichtung nicht mit dem Hinweis auf die entstehenden Kosten für die damit bedingte Dämmung entziehen kann. Mit einem Ausschluss der Mietminderung wird dem Vermieter die Durchführung der Dämmung nicht „schmackhaft gemacht", denn sie ist gesetzlich geboten. Daher ist hier der gesetzliche Auftrag in den Vordergrund zu stellen und nicht die freiwillig durchgeführte Maßnahme nach § 555b Ziff. 1 BGB.

3. Die Einsparung nicht erneuerbarer Primärenergie

56 **a) Der Primärenergiefaktor.** § 555b Ziff. 2 sieht vor, dass Modernisierungsmaßnahmen sowohl Maßnahmen zur Einsparung nicht erneuerbarer **Primärenergie** als auch Maßnahmen sind, die das **Klima** nachhaltig schützen. Anders als die von Nummer 1 erfassten Maßnahmen berechtigen die in Nummer 2 genannten Maßnahmen jedoch nicht zur Mieterhöhung nach § 559 und führen nicht zum Minderungsausschluss nach § 536 Absatz 1a BGB. Erforderlich ist zudem, dass die Maßnahmen nachhaltig sein müssen (zum Begriff der Nachhaltigkeit s. Rdn. 25f.).

57 Die Primärenergie ist – untechnisch ausgedrückt – eine natürlich vorkommende Energieform bzw. Energiequelle wie beispielsweise Kohle, Öl, Gas, Sonne und Wind. Zu unterscheiden ist die erneuerbare Primärenergie, wie beispielsweise Wind und Sonne, von der nicht erneuerbaren Primärenergie, wie Kohle, Öl und Gas. Unter § 555b Ziff. 2 BGB fällt nur die nicht erneuerbare Primärenergie.

57a Die Einsparung von nicht erneuerbarer Primärenergie kann auf vielfältige Weise erfolgen. Die klassischen Maßnahmen sind Wärmedämmung, Heizungsaustausch oder die Ersetzung älterer Fenster durch Fenster mit moderner 3-fach-Verglasung. In diesen Fällen wird regelmäßig Endenergie eingespart und damit gleichzeitig Primärenergie. Wie der letzte Halbsatz der Ziff. 2 zeigt, werden diese Maßnahmen nicht erfasst, sondern sind in Ziff. 1 verortet. Wird somit die Primärenergie nicht durch Einsparung von Endenergie vermindert, muss eine eventuelle Einsparung über den Primärenergiebedarf ermittelt werden.[86]

[83] LG Berlin GE 2011, 485.

[84] LG Münster GE 2010, 848.

[85] Begründung des Kabinettsentwurfs zu § 536a BGB; Nachweis bei *Börstinghaus/Eisenschmid,* AK-Mietrechtsänderungsgesetz 2013, § 536 Rdn. 24 (S.21).

[86] Vgl. dazu DIN V 18599.

Die Ermittlung des Primärenergiebedarfs ist ein Rechenergebnis, nämlich das Produkt aus Endenergie und dem sog. Primärenergiefaktor. Der Primärenergiebedarf berücksichtigt im Unterschied zur Endenergie zusätzlich auch diejenige Energiemenge, die durch vorgelagerte Prozesse außerhalb des Gebäudes zur Gewinnung, Umwandlung und Verteilung benötigt wird. Kurz gesagt handelt es sich um weitere Energie, die neben der Endenergie aufgebracht werden muss, um diese auch bereitstellen zu können, wie z. B. der Energieaufwand in der Raffinerie zur Gewinnung des Heizöls, für den Transport sowie für die Förderung und Gewinnung der Energie (Bohrung, Holzschlag)[87]. Der so definierte zusätzliche Aufwand wird mit Hilfe eines sog. **Primärenergiefaktors** (siehe nachstehende Tabelle) ausgedrückt. Im Rahmen der Modernisierungsmaßnahmen interessiert nur der Primärenergiefaktor für „nicht erneuerbare Energien". Das sind die Energieträger, die in ihrem Vorkommen begrenzt und nicht reproduzierbar sind, wie Kohle, Gas und Öl. **57b**

Endenergie	Faktor	Primärenergie
1 kWh	× 1,1 =	1,1 kWh aus Kohle, Öl, Gas
1 kWh	× 1,3 =	1,3 kWh aus Fernwärme (Kohle, Gas)
1 kWh	× 0,7 =	0,7 kWh aus Fernwärme (Kohle, Gas) mit KWK
1 kWh	× 0,2 =	0,2 kWh aus Holz (Pellets)
1 kWh	× 0,0 =	0,0 kWh aus Sonnenenergie oder Windenergie
1 kWh	× 2,4 =	2,4 kWh aus Strom

Aus der Tabelle wird ersichtlich, dass die Produktion von 1 kWh Energie aus Kohle, Öl oder Gas einer Primärenergie von 1,1 kWh entspricht. Entsprechend errechnen sich aus 1 kWh Energie aus einer Anlage mit Kraft-Wärme-Kopplung (KWK) 0,7 kWh Primärenergie und aus 1 kWh Energie aus Holzpellets 0,2 kWh Primärenergie. Aus dem Primärenergiefaktor 0,0 für Sonnen- oder Windenergie erschließt sich, dass im Wesentlichen nur die fossile Primärenergie eine Rolle spielt. **58**

b) Die EnEV. Ein praktisches Beispiel für die Nutzung der errechneten Primärenergie gibt die EnEV. Sie beschreibt den Primärenergiebedarf von Wohngebäuden anhand der DIN V 18599. Danach wird der Anteil an erneuerbarer Energie bei der Ermittlung des Primärenergiebedarfs eines Gebäudes nicht berücksichtigt. Zur Ermittlung des fossilen Primärenergiebedarfs eines Hauses wird aus den bauphysikalischen Daten des Gebäudes (U-Werte der Bauteile), der Geometrie und den meteorologischen Bedingungen zunächst der fossile Nutzenergiebedarf berechnet, der für die gewünschte Innentemperatur des Gebäudes erforderlich ist. Es folgt die Ermittlung der Verluste innerhalb des Gebäudes für die Erzeugung, Speicherung, Verteilung und Abgabe von Heizwärme, Warmwasser und Lüftung. Die Summe ergibt die errechnete (fossile) Endenergie, die beispielsweise am Gaszähler verifiziert werden kann. **59**

c) Kraft-Wärme-Kopplung. Die Frage, ob eine Maßnahme, mit der nur Primärenergie eingespart wird, eine Modernisierung ist, war bislang in Literatur und Rechtsprechung nicht unumstritten.[88] Der BGH[89] hatte sich bislang in nur einer Entscheidung mit der Frage befasst, ob auch die Einsparung von „fossiler" Primärenergie eine duldungspflichtige Modernisierung sein kann. Jedenfalls für die Anlagen der Kraft-Wärme-Kopplung hat der Senat insbesondere aus der Vorschrift des § 20 Modernisierungs- und Energieeinsparungsgesetz hergeleitet, dass sowohl die Vorgängervorschriften, nämlich § 541b BGB a. F., als auch § 554 Abs. 2 Satz 1 BGB a. F. die Duldung des Anschlusses einer Hausanlage an ein mit Kraft-Wärme-Kopplung gespeistes Wärmenetz erfassen. Ob der Mieter auch andere Maßnahmen zu dulden hat, mit denen lediglich Primärenergie eingespart wird, hatte der Senat ausdrücklich offengelassen. Indessen ist diese Frage nunmehr zugunsten der Duldungspflicht mit der gesetzlichen Neuregelung geklärt. **60**

Die Wärmegewinnung mit **Kraft-Wärme-Koppelung** (KWK) nutzt die eingesetzte Energie für die Strom- und Wärmeerzeugung durch einen besseren **Wirkungsgrad** effektiver aus, als wenn **61**

---

[87] Allerdings wird eine Gesamtenergiebilanz nicht hergestellt. So bleibt beispielsweise unberücksichtigt der Energieaufwand, der zur Herstellung der für die Förderung, Transport, Produktion etc. benötigten Maschinen und Anlagen erforderlich ist.

[88] Siehe *Eisenschmid* WuM 2009, 40 mit Anmerkung zu BGH (VIII ZR 275/07) WuM 2008, 667 = MietPrax-AK § 554 BGB Nr. 3 = NZM 2008, 883 = NJW 2008, 3630 = GuT 2008, 359 = GE 2008, 1485; zustimmend *Flatow* jurisPR-Mietrecht 10/2008 Anm. 4 zur Fernwärme mit Kraft-Wärme-Koppelung.

[89] BGH (VIII ZR 275/07) WuM 2008, 667 = MietPrax-AK § 554 BGB Nr. 3 = NZM 2008, 883 = NJW 2008, 3630 = GuT 2008, 359 = GE 2008, 1485.

isoliert nur Strom erzeugt würde. Daher wird auch bei diesem Verfahren Primärenergie eingespart, indem die bei der Stromerzeugung entstehende Abwärme zur Wärmeerzeugung genutzt wird. Insoweit ist hier kritisch anzumerken, dass sich das Verfahren der Kraft-Wärme-Koppelung bei der Fernwärme nur beim Strom- und Wärmeerzeuger kostensparend auswirkt.[90] Für den Mieter muss das Verfahren keinen kostenmäßigen Vorteil bringen. Darin liegt der Grund, warum diese Form der Primärenergieeinsparung keine Mieterhöhung gem. § 559 BGB zulässt.

62 Es bleibt aber dennoch immer eine Frage des Einzelfalls, ob ein Anschluss der vermieteten Wohnung an eine Anlage mit Kraft-Wärme-Kopplung tatsächlich zur Einsparung von Primärenergie beiträgt. Zu bedenken ist nämlich, dass der Primärenergiefaktor von 0,7 für Fernwärme aus Kraft-Wärme-Kopplungsanlagen nicht automatisch eine Primärenergieeinsparung gegenüber der bisherigen Anlage in der vermieteten Wohnung mit einem Primärenergiefaktor von 1,1 für Gas, Öl oder Kohle (siehe Tabelle Rdn. 57) garantiert.[91] Dies hängt damit zusammen, dass aufgrund der langen Leitungswege von der Erzeugung bis zur Verbrauchseinheit ein hoher Energieverlust stattfindet und darüber hinaus häufig erhebliche Hilfsenergien in Form von Strom für den Pumpenbetrieb eingesetzt werden müssen. Strom hat aber den Primärenergiefaktor 2,4[92] (EnEV2014), was sich deutlich auf den gesamten Primärenergiebedarf auswirkt. Da aber allein durch den Anschluss an das Fernwärmenetz die benötigte Nutzenergie (Rdn. 16) des Hauses gleich bleibt, kann der Anschluss an das Fernwärmenetz ohne begleitende Dämmmaßnahmen leicht zu erhöhten Verbräuchen sowohl von End- als auch insbesondere von Primärenergie führen.[93] Hat der Vermieter jedoch eine Ofenheizung durch einen Fernwärmeanschluss ersetzt, liegt darin eine Modernisierung wegen der Verbesserung des Wohnkomforts.[94]

63 **d) Wärmepumpe.** Die Installation von **Wärmepumpen** führt – jedenfalls wenn die Pumpe nicht mit Strom betrieben wird, der aus Kohlekraftwerken produziert wird – regelmäßig zur Einsparung von Primärenergie (vgl. § 5 Abs. 4 EEWärmeG) und ist daher als Energieeinsparmaßnahme zu dulden.

64 Das gilt regelmäßig auch für weitere nach dem EEWärmeG vorgeschriebenen Maßnahmen, wie die Nutzung von Biomasse (§ 5 Abs. 2 EEWärmeG) oder Abwärme § 7 Nr. 1 EEWärmeG).

65 **e) Ausnahmen.** Eine Modernisierung nach § 555b Ziff. 2 BGB ist nicht anzunehmen, wenn mit der baulichen Veränderung zur Einsparung nicht erneuerbarer Primärenergie gleichzeitig eine energetische Modernisierung vorliegt, also Endenergie eingespart wird. Dann ist Ziff. 1 vorrangig anzuwenden mit der Folge, dass der Vermieter nach Abschluss der Maßnahme gem. § 559 BGB die Miete anheben kann.

4. Der nachhaltige Klimaschutz

66 § 555b Ziff. 2 BGB erfasst auch Maßnahmen, die das Klima auf sonstige Weise nachhaltig schützen. Der Tatbestand wurde so offen formuliert, dass auch künftige neue Techniken, die dem Klimaschutz dienen, darunter fallen.[95] Dies dürften vor allem Maßnahmen zur Einsparung von CO_2 sein. Dagegen ist die Vorschrift nicht anzuwenden auf Maßnahmen, die zwar ökologisch sinnvoll, nicht aber klimarelevant sind. So dient beispielsweise die Verlegung von Rasengittersteinen zur Regenwasserversickerung[96] nicht dem Klimaschutz, ebensowenig Maßnahmen zum Auffangen und zur Weiterverwertung von Regenwasser, die aber unter Ziff. 3 fallen können (Rdn. 70). Die Ausnahme bei gleichzeitiger Einsparung von Endenergie (Rdn. 65) gilt auch hier. Ob somit der Regelung zum Klimaschutz künftig eine hervorzuhebende eigenständige Bedeutung zukommt, bleibt abzuwarten.[97]

---

[90] BGH (VIII ZR 275/07) WuM 2008, 667 = NZM 2008, 883 = NJW 2008, 3630 = GuT 2008, 359 = CuR 2009, 142 = GE 2008, 1485 = WuM 2009, 40 mit ablehnender Anmerkung *Eisenschmid;* zustimmend *Ringel* WuM 2009, 71, 73; LG Hamburg NZM 2006, 536; LG Berlin GE 2005, 1193.

[91] So wohl LG Berlin, GE 2007, 849.

[92] Ab 1.1.2016 beträgt der Primärenergiefaktor für Strom nur 1,8. Für den in KWK-Anlagen erzeugten Strom gilt der Faktor 2,8 – Anlage 1 zu §§ 3 und 9 EnEV 2014, Ziff. 2.1.1.

[93] Siehe dazu Gutachten im Verfahren LG Berlin – 63 S 456/10.

[94] BGH (VIII ZR 147/13) NZM 2014, 304.

[95] BT-Drucks. 17/10485, S. 29 – Nachweis bei *Börstinghaus/Eisenschmid,* AK-Mietrechtsänderungsgesetz 2013, § 555b Rdn. 41 (S.52).

[96] *Pfeifer,* MietrechtKompakt, Sonderausgabe Oktober 2011, S. 2.

[97] *Emmert* in: Hannemann/Wiek/Emmert § 19 Rdn. 28.

Mit Hilfe von Windenergieanlagen (Windkraftwerke) wird **Windenergie** in elektrischen Strom umgewandelt. Auch **Solarzellen** zur photovoltaischen Nutzung können Sonnenstrahlen direkt in Elektrizität umwandeln. So wie bei der Windkraftenergie wird durch den Einbau einer **Photovoltaik-Anlage** zunächst keine Endenergie eingespart, weil auch unter Nutzung dieser Energie der Verbrauch im Haus nicht beeinflusst wird. Allerding dienen die Anlagen dem Umweltschutz und der Einsparung von Primärenergie, weil sie mit der Stromerzeugung den Bedarf an mit fossiler Energie erzeugten Strom und damit die Verbrennung fossiler Energien vermindern. 67

5. Die Reduzierung des Wasserverbrauchs

Der Mieter muss auch Maßnahmen dulden, die der Einsparung von Wasser dienen. Dabei kommt es – wie bei der Einsparung von Primärenergie[98] – nur darauf an, dass sich der tatsächliche Gesamtverbrauch verringert. Eine Erhöhung des Gebrauchswertes, eine Verringerung der Wasserkosten beim einzelnen Mieter[99] oder die Verschaffung eines sonstigen Vorteils für den Mieter ist für die Frage der Duldungspflicht unerheblich. 68

In erster Linie ist bei Maßnahmen zur Wassereinsparung an den nachträglichen Einbau von Wasseruhren zu denken. Da **Wasseruhren** kein Wasser sparen, sondern nur technische Geräte zur Ablesung darstellen[100], liegt die Einsparung in dem häufig verbrauchsbewussteren Nutzerverhalten[101]. Der BGH[102] hat offen gelassen, ob er dieser Auffassung folgt. Er konnte den Einbau als Maßnahme klassifizieren, die der Vermieter – wegen des gesetzlichen Auftrages nach der Hamburger Bauordnung[103] – nicht zu vertreten hat (Ziff. 6). Wird der Einbau einer Wasseruhr als Maßnahme zur Reduzierung des Wasserverbrauchs bejaht, ist aber das Vorliegen der zusätzlich in Ziff. 3 aufgestellten Anforderung zweifelhaft, wonach die Verminderung des Verbrauchs nachhaltig sein muss. Denn die Reduzierung des Wasserverbrauchs erfolgt in diesen Fällen nur über das Verhalten des jeweiligen Mieters. Ein sparsameres Verhalten mit Wasser kann dann prognostiziert werden, wenn vor dem Einbau der Wasseruhren besonders verschwenderische Mieter von der nicht verbrauchsabhängigen Abrechnung profitiert haben.[104] 69

Weiterhin sind sog. **Durchlaufbegrenzer,**[105] also Spareinrichtungen bei der Toilettenspülung oder bei Duscheinrichtungen, als duldungspflichtige Modernisierungsmaßnahmen anzusehen. Auch Regenwassergewinnungsanlagen[106] oder Einrichtungen zum Gebrauch von Brauchwasser fallen unter die Vorschrift. Zu denken ist dabei z. B. an das Sammeln von Regenwasser zur Gartenbewässerung, zur Toilettenspülung oder zum Händewaschen. 70

6. Gebrauchswert und Wohnverhältnisse

a) Erhöhung des Gebrauchswerts. Maßnahmen zur Verbesserung der Mietsache durch nachhaltige Erhöhung des Gebrauchswerts sind in erster Linie alle baulichen Veränderungen, die den objektiven Gebrauchs- und Substanzwert der Räume oder Gebäudeteile im Rahmen ihres Zweckes erhöhen und eine bessere Benutzung ermöglichen[107] (zum Begriff der Mietsache vgl. § 555a Rdn. 5 ff.). Zur näheren Bestimmung solcher Maßnahmen kann auf den Katalog in **§ 4** 71

98 OVG Berlin GE 1984, 715 zur Energieeinsparung.

99 *Bieber in* MünchKomm § 554 Rdn. 20.

100 OVG Berlin GE 1981, 579; AG Halle-Saalkreis WuM 1992, 683; WuM 1992, 682.

101 *Both* in Herrlein/Kandelhard § 554 Rdn. 48.

102 BGH (VIII ZR 41/08, VIII ZR 84/08) WuM 2009, 124 = MietPrax-AK § 559 BGB Nr. 3 m. Anm. *Börstinghaus* = NZM 2009, 150 = NJW 2009, 839 = ZMR 2009, 351 = DWW 2009, 64; vgl. *Börstinghaus,* jurisPR-MietR 5/2009 Anm. 2; BGH (VIII ZR 110/08) MietPrax-AK § 554 BGB Nr 4 = WuM 2009, 290 = NJW 2009, 1736 = MietPrax-AK § 554 BGB Nr 4 = CuR 2009, 57 = NZM 2009, 394; vgl. *Theesfeld,* jurisPR-MietR 11/2009 Anm. 3.

103 Zur Nachrüstungspflicht siehe auch § 44 Abs. 2 der Landesbauordnung für das Land Schleswig-Holstein vom 22. Januar 2009, GVOBl. 2009, 6 (bis 2020) sowie § 43 Abs. 2 der Berliner BauO vom 29.9.2005, GVBl. 2005, 495.

104 *Emmerich* in: Hannemann/Wiek/Emmerich § 19 Rdn. 31.

105 *Eisenschmid* PiG 2002, 147; *Fritz* ZMR 1997, 553, 556; *Schläger* ZMR 1994, 189, 190; *Both* in Herrlein/Kandelhard § 554 Rdn. 48; *Bieber* in MünchKomm § 554 Rdn. 20; Kinne/Schach/Bieber § 555b Rdn. 19.

106 *Fritz* ZMR 1997, 553, 556.

107 KG, Rechtsentscheid vom 27.6.1985, WuM 1985, 248 = ZMR 1985, 262 = NJW 1985, 2031 = DWW 1985, 204 = GE 1985, 729; KG, Rechtsentscheid vom 1.9.1988, WuM 1988, 389 = NJW-RR 1988, 1420 = ZMR 1988, 459 = DWW 1988, 371 = GE 1988, 993; KG GE 1984, 763; LG Karlsruhe WuM 1992, 121; *Emmerich* in Emmerich/Sonnenschein Miete § 554 Rdn. 9.

Abs. 1 ModEnG zurückgegriffen werden, der zwar aufgehoben wurde,[108] gleichwohl aber grundsätzlich heute noch zur Begriffsbestimmung und Definition herangezogen werden kann.[109] Die Objektivierung des Modernisierungsbegriffs stellt sicher, dass der Mieter solche Maßnahmen nicht hinnehmen muss, die lediglich für einen kleinen Kreis von Mietern von Bedeutung sind.[110]

72 Vom Sinn und Zweck der Vorschrift her, nämlich einerseits dem Vermieter die Verbesserung und Modernisierung seines Miethauses zu ermöglichen, andererseits den Mieter davor zu schützen, „hinausmodernisiert" zu werden, umfasst sie darüber hinaus aber auch Maßnahmen zur Verbesserung der Räume, die für die Zwecke, denen die Räume dienen sollen, bedeutsam sind. Bei einer Mietwohnung fällt unter § 555b Ziff. 4 BGB somit grundsätzlich jede das Mietverhältnis berührende Maßnahme zur Verbesserung der Eigenschaften, die für den **Wohnzweck** Bedeutung haben (zur Abgrenzung von Erhaltungsmaßnahmen s. Rdn. 84ff.).

73 Ob somit eine Verbesserung und damit eine Modernisierung vorliegt, ergibt regelmäßig der Vergleich des Zustandes des Objektes vor der geplanten Maßnahme mit dem Zustand der Wohnung nach Durchführung dieser Maßnahme. Für den zum Zeitpunkt der Durchführung der geplanten Maßnahme maßgeblichen Zustand der Wohnung sind grundsätzlich auch die vom Mieter vorgenommenen Investitionen und Verbesserungsmaßnahmen zu berücksichtigen.[111] Nur wenn der Mieter vertragswidrig bauliche Veränderungen vorgenommen hat, bleiben diese ohne Beachtung. Ist trotz der vom Mieter durchgeführten baulichen Maßnahmen von einer Modernisierung des Vermieters auszugehen, sind die Mieterinvestitionen im Rahmen der Härteregelung gem. § 554d Abs. 2 BGB unter Anwendung des gleichen Maßstabes[112], zu prüfen.

74 Von der Vorschrift nicht unmittelbar erfasst wird der Fall, bei dem z. B. der Vermieter die Wohnung des Mieters zur Verlegung von **Versorgungsleitungen** für die Nachbarwohnung beansprucht.[113] Die Modernisierung der Nachbarwohnung ist keine Verbesserungsmaßnahme der Mietsache (des Mieters) und die Inanspruchnahme der Mietwohnung zwecks Durchführung der Versorgungsleitungen ist für die Erhaltung der Mietsache nicht erforderlich. Es handelt sich bei solchen Maßnahmen um das schon nach altem Recht diskutierte Problem, ob der Mieter nicht nur die Erhaltung der Substanz, sondern auch die Verbesserung der Substanz nach § 555b BGB dulden muss, ohne dass damit die Wohnung und deren Gebrauch selbst verbessert wird.

75 Unter wirtschaftlichen Gesichtspunkten kann es für den Vermieter eine Erschwernis bedeuten, ihm im Rahmen des § 555b BGB die Verbesserung seiner Immobiliensubstanz zu versagen und ihn allein auf die Aufrechterhaltung des Gebäudezustandes bzw. auf die Verbesserung der Mietsache zu verweisen. Andererseits muss der Normzweck beachtet werden, der je nach geplanter Maßnahme eine abgestufte Duldungspflicht des Mieters vorsieht. Danach muss der Mieter Instandsetzungsmaßnahmen regelmäßig dulden und Modernisierungen nur im Rahmen der Interessenabwägung hinnehmen. Da Maßnahmen des Vermieters zur **Substanzverbesserung** weder der einen noch der anderen Kategorie zuzuordnen sind, muss die Duldungspflicht im Einzelfall nach § 242 BGB geprüft werden.[114] Dabei ist der Vermieter über § 242 BGB auch verpflichtet, den Mieter rechtzeitig über Art und Umfang der Maßnahme zu unterrichten.[115] Dem wirtschaftlichen Interesse des Vermieters ist Rechnung zu tragen, aber auch die Schwere des Eingriffs in den ungestörten und vertragsgemäßen Mietgebrauch ist gleichermaßen zu berücksichtigen.[116] Substanzverbesserungen sind

---

108 Aufgehoben durch Rechtsbereinigungsgesetz vom 16.12.1986, BGBl. I, S. 2441.

109 Vgl. aber KG GE 1984, 763 sowie Rdn. 151a.

110 *Blank* PiG Bd. 60, 2000, 79, 85; s. aber auch BGH (VIII ZR 253/04) WuM 2005, 576 = NJW 2005, 2995 = NZM 2005, 697 = GE 2005, 1056 = ZMR 2005, 851 = MietPrax-AK § 554 BGB Nr. 1 mit Anm. *Eisenschmid*.

111 BGH (VIII ZR 110/11) WuM 2012, 448 = MietPrax AK § 554 BGB Nr. 8 = NJW 2012, 2954 = MDR 2012, 448 = GE 2012, 1036; BGH (VIII ZR 56/12) WuM 2012, 678 = MietPrax-AK § 554 BGB Nr. 10 = ZMR 2013, 180; BGH (VIII ZR 25/12) WuM 2012, 677 = MietPrax-AK § 554 BGB Nr. 9 = NZM 2013, 141 = ZMR 2013, 106; AG Hamburg-Barmbek ZMR 2012, 780.

112 BGH (VIII ZR 25/12) WuM 2012, 677 = MietPrax-AK § 554 BGB Nr. 9 = NZM 2013, 141 = ZMR 2013, 106.

113 BGH WuM 2009, 290 = NJW 2009, 1736 = CuR 2009, 57 = NZM 2009, 394 = GE 2009, 646; vgl. *Sternel* NZM 2001, 1058, 1059; **a. A.** LG Berlin GE 2012, 205.

114 *Sternel*, ZMR 2001, 937, 941, 942; **a. A.** AG Hamburg ZMR 2004, 825.

115 BGH WuM 2009, 290 = NJW 2009, 1736 = CuR 2009, 57 = NZM 2009, 394 = GE 2009, 646.

116 Vgl. dazu *Thomsen* a. a. O., S. 41 – zum alten Recht; Vorrang hat regelmäßig das wirtschaftliche Interesse des Vermieters, *Klimesch*, ZMR 2014, 346, 349.

z. B. Verschönerungsmaßnahmen der Fassade[117] oder Maßnahmen, die nur Dritten zugutekommen[118] sowie leitungsverdeckende Abhängungen der Zimmerdecken.[119]

Problematisch ist, wann im Falle einer Vergrößerung des Wohnraums eine nachhaltige Erhöhung des Gebrauchswerts anzunehmen ist. Dabei kann angeknüpft werden an die Rechtsprechung des BGH zum Mietmangel bei Wohnflächenabweichung. So wie eine mehr als 10 prozentige Unterschreitung der vereinbarten Wohnfläche eine Mietmangel indiziert, kann umgekehrt bei einer über 10 prozentigen Erweiterung der richtig vereinbarten Wohnfläche von einer Wohnwertverbesserung ausgegangen werden, die eine Mieterhöhung nach § 559 Abs. 1 BGB ermöglicht. Bleibt die Erweiterung unter dieser Marge, handelt es sich grundsätzlich nur um die Schaffung von Wohnraum, die der Mieter zwar regelmäßig dulden muss, aber für den Vermieter keine Mieterhöhung gem. § 559 BGB ermöglicht (siehe Rdn. 156). In diesen Fällen kann aber dennoch eine Einzelfallbewertung auf eine nachhaltige Gebrauchswertverbesserung schließen lassen. 75a

Die zunehmende Technisierung aller Lebensbereiche führt auch im Bereich der Wohnung zu großen Veränderungen. Smart Home und KogniHome sind Begriffe, die die zukunftsfähige Wohnung beschreiben sollen.[120] In diesen Zusammenhang werden neben vielen anderen kommunizierenden Geräten, z. B. automatisierte Reinigungsroboter, Intelligente Kühlschränke, kommunizierende Türen und Spiegelschränke genannt. Solchen Einrichtungen ist gemeinsam, dass es zur Herstellung ihrer Funktionsfähigkeit im Regelfall ausreicht, sie mit dem in der Wohnung vorhandenen WLAN-Netz oder Bluetooth-Anschluss zu koppeln. Die Herstellung einer Steckerverbindung bzw einer Anbindung an das WLAN-Netz bzw. Internet ist aber keine bauliche Veränderung am Gebäude, so dass für diese Fälle die Annahme einer Modernisierung ausscheidet.[121] Generell ist davon auszugehen, dass die bloße Schaffung oder die Veränderung von Einrichtungen und Ausstattungen, jedenfalls wenn sie frei beweglich sind, keine bauliche Maßnahme ist[122], wie beispielsweise die Auswechslung einzelner technischer Geräte. In den meisten Fällen wird auch zweifelhaft sein, ob die Einrichtungen zu einer nachhaltigen Erhöhung des Gebrauchswertes führen. 75b

b) Verbesserung der allgemeinen Wohnverhältnisse. Eine Modernisierung ist auch die dauerhafte Verbesserung der allgemeinen Wohnverhältnisse (§ 555 Ziff. 5 BGB). Dies war unter Geltung der (Vor-)Vorgängervorschrift des § 541b BGB a. F. nicht ohne Zweifel, da nach dem Wortlaut dieser Vorschrift lediglich Maßnahmen erfasst wurden, die sich auf vorhandene Gebäudeteile, beispielsweise Bad oder Dusche, bezogen.[123] Der Gesetzgeber hat jedoch mit der Mietrechtsreform 2001 den Bezug auf die Gebäudeteile in § 554 BGB a. F. nicht übernommen, sondern stattdessen auf die Mietsache abgestellt. Dieser Begriff ist weiter gehend. Mit der nunmehr geltenden Vorschrift wurde auch darauf verzichtet, wohl um klarzustellen, dass die Verbesserung nicht nur das Gebäude betreffen muss. Nunmehr soll jede bauliche Veränderung als Modernisierung gelten, durch die die allgemeinen Wohnverhältnisse auf Dauer verbessert werden. Die Erweiterung des Anwendungsbereichs der Vorschrift erfasst daher auch Maßnahmen zur **Wohnumfeldverbesserung**[124] sowie beispielsweise auch die Einrichtung eines **Kinderspielplatzes** oder die Schaffung von **Grünanlagen.** In Anlehnung an den inzwischen aufgehobenen[125] § 4 Abs. 2 ModEnG fallen unter die „dauerhafte Verbesserung der allgemeinen Wohnverhältnisse" alle Maßnahmen, die den Außenbereich betreffen und allen Wohnungen zugutekommen, wie z. B. Kinderspielplätze, Grünanlagen und Stellplätze.[126] Auch an Einrichtungen wie z. B. **Waschküchen, Müllboxen**[127] und **Fahrradunterstände** ist zu denken. Die Schließung einer vorhandenen Müllabwurfanlage ist dagegen keine Modernisierung, weder unter dem Gesichtspunkt der Gebrauchswerterhöhung noch unter dem Gesichtspunkt der Verbesserung der allgemeinen Wohnverhältnisse, auch wenn im Gegenzug der vorhandene Müllplatz erweitert wird.[128] 76

---

117 AG München ZMR 2013, 974; AG Köln WM 1987, 31.
118 AG Charlottenburg GE 2013, 625 = ZMR 2014, 368 zum Balkonanbau bei der darüber liegenden Wohnung.
119 VG Berlin GE 1991, 1103.
120 *Artz,* Festschrift für Norbert Eisenschmid, S. 7; *Herlitz/Cimiano,* NZM 2016, 409; *Will,* http://www.mietgerichtstag.de/mietgerichtstage/programme-fr%C3%BCherer-mietgerichtstage/mietgerichtstag-2017/.
121 *Herlitz/Cimiano,* NZM 2016, 409, 414.
122 *Emmerich* in: Staudinger BGB, § 555b Rn. 6.
123 Siehe dazu *Thomsen,* a. a. O., S. 43f., zu § 541b BGB a. F.
124 Nr. 1 des Kabinettsentwurfs; Nachweis bei *Börstinghaus/Eisenschmid,* a. a. O., S. 193f.
125 Rechtsbereinigungsgesetz vom 16. 12. 1986, BGBl. I, S. 2441.
126 Siehe AG Altona WuM 2005, 778; *Blömeke/Blümmel* Modernisierung A 21.
127 LG Berlin GE 2015, 727 mit Anm. *Beuermann* GE 2015, 688.
128 AG Neukölln GE 2016, 868; zweifelnd *Schach* GE 2016, 825.

77 **c) Der anzulegende Bewertungsmaßstab.** Ob eine Maßnahme zur Verbesserung der Mietsache, also des Gebrauchswerts oder der allgemeinen Wohnverhältnisse vorliegt, ist sowohl nach dem Aufbau der Vorschrift als auch nach ihrem Zweck, dem Hauseigentümer Handlungsfreiheit im Rahmen des für den Mieter Zumutbaren zu gewähren, objektiv zu bestimmen.[129] Der Maßstab, nach dem beurteilt werden muss, ob der Wohnwert verbessert wird, orientiert sich nicht an der Wertung des derzeitigen Mieters, sondern allein an der **Verkehrsanschauung.**[130] Entscheidend ist, ob allgemein in den für das Mietobjekt in Betracht kommenden Mieterkreisen der Maßnahme eine Wohnwertverbesserung zugemessen wird. Sinn und Zweck des § 555 Ziff. 5 BGB beschränkt den Vermieter nicht auf die Herstellung eines durchschnittlichen Standards. Der Vermieter darf den Wert seiner Wohnung auch durch eine **überdurchschnittliche Ausstattung** erhöhen und damit die Entwicklung des Wohnungsmarktes vorantreiben. Der Vermieter soll damit kalkulieren können, dass die Wohnung nach Durchführung der Maßnahme von künftigen Mietinteressenten – bei im Übrigen gleichen Verhältnissen – eher angemietet wird als eine vergleichbare nicht durch diese Maßnahme modernisierte Wohnung.[131]

78 Gem. § 555b Ziff. 4 BGB liegt eine Modernisierungsmaßnahme nur vor, wenn der Gebrauchswert der Mietsache nachhaltig erhöht wird. § 555b Ziff. 5 verlangt dagegen für Wohnwertverbesserungsmaßnahmen, dass sie auf Dauer angelegt sind. Nach der Rechtsprechung des BGH beinhaltet der Begriff der Nachhaltigkeit lediglich, dass die Maßnahme auf Dauer und nicht nur vorübergehend wirkt[132] (siehe zur Nachhaltigkeit Rdn. 25f.). Die Begriffe „nachhaltig" und „auf Dauer" sind daher synonym.

79 Ausgeschlossen sind **Luxusmodernisierungen**[133], da sie vom Modernisierungsbegriff des § 555b Ziff. 4 und 5 BGB (§ 559 BGB) nicht erfasst werden.[134] Den Begriff „Luxusmodernisierung" kennt das Gesetz nicht. Was eine Luxusmodernisierung ist, bleibt nach wie vor offen, da der BGH eine Abgrenzung zur noch zulässigen Modernisierung gehobenen Standards nicht vorgenommen hat. Unter Luxusmodernisierung wird man einen nach durchgeführter Modernisierung erreichten Ausstattungsstandard verstehen müssen, der so hochwertig ist und damit zu so hohen Mieten führt, dass er regelmäßig nur von einem kleinen vermögenden Interessentenkreis nachgefragt wird. Überdurchschnittliche Ausstattungen fallen dagegen nur aus der üblichen Ausstattung einer Wohnung heraus, werden aber von großen Teilen der Wohnungssuchenden – auch mit einem Mietzuschlag – angenommen.

80 **d) Rückbaumaßnahmen.** Sog. **Rückbaumaßnahmen**[135] führen objektiv zur Verbesserung des Wohnwertes der verbleibenden Wohnungen. Mit diesen Rückbaumaßnahmen werden nicht nur Hoch- und Plattenbauten vollständig beseitigt, sondern auch verkleinert, indem in der Breite oder in der Höhe Bauteile (Wohnungen) abgetragen werden. Derartige Baumaßnahmen haben positiven Einfluss auf das **Wohnklima** und auf das **Wohnumfeld**[136] und tragen somit zu einer Wohnwertverbesserung bei.

81 Die Anwendung der Modernisierungsvorschrift auf derartige Rückbaumaßnahmen ist aber von ihrem Sinn und Zweck her ausgeschlossen.[137] § 555b Ziff. 4 und 5 BGB will dem Vermieter ermöglichen, durch bauliche Aktivitäten die wegen ihres Alters nicht mehr marktgerechte Mietsache wieder **marktfähig** zu machen. Die Vorschrift geht davon aus, dass der Vermieter sich in der Vergangenheit lediglich um die Instandsetzung seines Objektes gekümmert hat, nicht aber um die Ver-

[129] KG, Rechtsentscheid vom 27.6.1985, WuM 1985, 248 = ZMR 1985, 262 = NJW 1985, 2031 = DWW 1985, 204 = GE 1985, 729; *Bieber* in MünchKomm § 554 Rdn. 16.

[130] LG Berlin GE 1997, 1031 = NZM 1998, 189; zweifelhaft insoweit OLG Köln MDR 1998, 98 zum Einbau einer Dunstabzugshaube zwecks Vermeidung von Gerüchen in der Nachbarwohnung.

[131] BGH (VIII ZR 253/04) WuM 2005, 576 = MietPrax-AK § 554 BGB Nr. 1 = NJW 2005, 2995 = NZM 2005, 697 = MDR 2006, 142 = GE 2005, 1056.

[132] BGH (VIII ARZ 3/01) WuM 2002, 366 = NJW 2002, 2036 = NZM 2002, 519 = ZMR 2002, 503 = GE 2002, 926.

[133] BGH (VIII ZR 253/04) WuM 2005, 576 = MietPrax-AK § 554 BGB Nr. 1 = NJW 2005, 2995 = NZM 2005, 697 = MDR 2006, 142 = GE 2005, 1056.

[134] *Hinz* in Dauner-Lieb/Heidel/Ring, BGB, § 554 Rdn. 16; *Krüger,* Der Modernisierungsbegriff im Miet- und WEG-Recht, S. 30.

[135] Vgl. Bericht der Kommission „Wohnungswirtschaftlicher Strukturwandel in den neuen Bundesländern", sog. Leerstandskommission, November 2000, im Auftrag des Bundesministeriums für Verkehr, Bau und Wohnungswesen.

[136] Vgl. *Both* in Herrlein/Kandelhard § 554 Rdn. 42.

[137] Franke DWW 138, 140; **a. A.** *Both* in Herrlein/Kandelhard § 554 Rdn. 42.

besserung des Mietobjektes und um seine Anpassung an den technischen Fortschritt. Die hier diskutierten Fälle des Rückbaus bei Plattenbauten werden von der Norm deshalb nicht erfasst, weil die Maßnahmen den Wohnraum nicht in Folge der fortschreitenden technischen Entwicklung verbessern, sondern weil sie unternehmerische Fehlentscheidungen oder Folgen der Wiedervereinigung rückgängig machen sollen. Zudem hat der Gesetzgeber in § 555b Ziff. 7 (siehe schon § 554 Abs. 2 BGB a. F.) ausdrücklich die Schaffung neuen Wohnraums als Modernisierungsmaßnahme anerkannt und damit den **Abriss von Wohnungen** ausdrücklich ausgenommen. Über § 242 BGB wird der Mieter im Einzelfall dennoch derartige bauliche Maßnahmen dulden müssen. Die Anwendung des § 559 BGB (Mieterhöhung) ist aber ausgeschlossen[138], weil die Norm in Abs. 1 Satz 1 auf § 555b BGB inhaltlich Bezug nimmt und der hier angesprochene Tatbestand nicht normiert ist.

e) Maßnahmen zur Erhöhung der Sicherheit. Auch Maßnahmen zur Erhöhung der Sicherheit können Verbesserungsmaßnahmen sein, wie z. B. der Einbau von **Sicherheitsschlössern, Kellervergitterungen** und **Rollläden, Gegensprechanlagen**[139] (zur Videoüberwachung s. § 535 BGB Rdn. 582ff.), **Türspione**[140], **Hausumzäunungen**[141] und **Feuerwehrzufahrten**[142]. Dass die jeweilige Maßnahme der Sicherheit dient, hat der Vermieter nachzuweisen.[143] Die Schaffung einer eigenen abgeschlossenen Wohnung durch Einbau einer nur den Mietern zur Verfügung stehenden Treppe stellt eine Modernisierungsmaßnahme dar.[144] 82

f) Maßnahmen nach einer Wohnwertverbesserung. Der Vermieter kann auch eine vorgenommene Wertverbesserung erneut verbessern. Dass er in der Vergangenheit z. B. eine Anlage durch eine Modernisierung erneuert hat, steht einer weiteren Modernisierung der schon erneuerten Anlage nicht entgegen.[145] Die Frage der Wertverbesserung ist grundsätzlich an dem **vorhergehenden Standard** zu messen. Im Einzelfall kann sich aus § 242 BGB etwas anderes ergeben, wenn der Vermieter von vornherein im Rahmen einer Gesamtmaßnahme lediglich einen Zwischenzustand schafft, der schon gegenüber dem ursprünglichen Zustand eine Verbesserung darstellt.[146] 83

g) Modernisierende Instandsetzung. Soweit die Maßnahmen der Verbesserung dienen und gleichzeitig auch Instandhaltungsarbeiten umfassen, kann die Duldungspflicht umstritten sein, je nachdem, ob die Maßnahmen als Modernisierung – dann § 555b BGB – oder Instandhaltung – dann § 555a BGB – zu werten sind.[147] Da § 555a BGB dem Vermieter lediglich das Recht einräumt, die Mietsache im ursprünglichen Zustand zu erhalten, ohne dass sich der Mieter auf den ungestörten Besitz berufen kann, würde bei **gleichzeitiger** Einbeziehung von Verbesserungsmaßnahmen der Anwendungsbereich der Norm überschritten.[148] Richtigerweise ist daher – auch wegen der sich regelmäßig anschließenden Mieterhöhung bzw. wegen eines möglichen Härtefalls – bei einer Maßnahme, die auch zu Verbesserungen, also zu einer Modernisierung führt, von der Anwendung des § 555b BGB auszugehen.[149] Zudem muss verhindert werden, dass über die **Kombination** von Erhaltungs- und Verbesserungsmaßnahmen die Duldungspflicht des Mieters künstlich ausgedehnt wird.[150] 84

Reine Instandhaltungsmaßnahmen sind dagegen allein nach Absatz 555a BGB zu bewerten, auch wenn verschlissene Teile, Anlagen und Einrichtungen durch neue ersetzt werden[151] (vgl. zur Ersetzung § 555a Rdn. 9). Wird eine Instandsetzung wegen einer künftigen vertraglichen oder ge- 85

---

[138] **A. A.** *Both* in Herrlein-Kandelhard § 554 Rdn. 42.
[139] **A. A.** LG Berlin GE 1983, 1067.
[140] LG Berlin GE 2003, 1615.
[141] Kinne/Schach/Bieber § 555b Rdn. 45.
[142] AG Hamburg-Altona WuM 2005, 778.
[143] LG Stuttgart WuM 2011, 416 zum Rückbau der Gasversorgung.
[144] AG Berlin-Schöneberg GE 1991, 195.
[145] LG Berlin GE 2007, 1553; VG Berlin GE1984, 721 zu § 11 AMVOB.
[146] OVG Berlin ZMR 1990, 75 = GE 1989, 569.
[147] Wird eine Modernisierung angenommen, ist bei der Mieterhöhung der ersparte fällige Instandsetzungsteil abzuziehen, BGH (VIII ZR 88/13) WuM 2015, 165 = NJW 2015, 934 = NZM 2015, 198 = GE 2015, 245.
[148] *Thomsen,* S. 38.
[149] LG Berlin NZM 1999, 1137; GE 1994, 927; LG Köln WuM 1993, 608; AG Osnabrück WuM 1990, 291; *Franke* DWW 2009, 15; *Blank* PiG Bd. 60, 2000, 79, 82; *Bieber* in MünchKomm § 554 Rdn. 9; OLG Düsseldorf NZM 2002, 704, 705 zum WEG; **a. A.** *Elzer* in: 10 Jahre Mietrechtsreformgesetz, S. 486, 488; *Schopp* ZMR 1983, 111, wonach der Schwerpunkt der Maßnahmen entscheiden soll.
[150] *Emmerich* in Staudinger § 554 Rdn. 6.
[151] AG Münster WuM 1987, 256; AG Neuss DWW 1986, 180 = NJW-RR 1986, 891.

setzlichen Pflicht des Vermieters lediglich **zeitlich vorgezogen,** dann ist darin keine Modernisierung zu sehen. Für den Austausch von Bleirohren vgl. § 536 BGB Rdn. 180ff.

86 **h) Weitergehende Maßnahmen.** Während § 555a BGB die Duldungspflicht des Mieters bei Instandhaltungs- und Instandsetzungsmaßnahmen begründet, besteht die Duldungspflicht nach §§ 555b BGB nur für die dort genannten baulichen Veränderungen. Sie gilt nicht für sonstige weitergehende Änderungen der Mietsache, wie z. B. für rein **ökologische Maßnahmen** (vgl. Rdn. 66) oder für einen **Umbau,** der zum Wegfall ganzer Wohnungen führt oder umgekehrt, wenn eine große Wohnung in mehrere Appartements aufgeteilt werden soll (zum Ausbau zu Wohnraum s. Rdn. 153). Auch wenn die Mietsache so verändert wird, dass etwas **völlig Neues** entsteht, also ihr Charakter durch weit reichende Ein- und Umbauten grundlegend verändert wird, liegt keine Modernisierung vor,[152] wie z. B. der Umbau einer alten Dachwohnung in ein Luxusappartement.[153] Ebenso muss die Veränderung der **Raumaufteilung** nicht zwangsläufig einen Modernisierungscharakter haben.[154] Die Beurteilung, ob darin eine Wohnwertverbesserung zu sehen ist, unterliegt keiner generalisierenden sondern einer Einzelfallbetrachtung[155] unter Berücksichtigung des konkreten Zuschnitts der Wohnung, der Wohnungsgröße und sonstiger baulichen Details sowie der allgemeinen Wohnbedürfnisse für die in Betracht kommenden Mieterkreise. Auch die bloße Erneuerung einer schon vorhandenen Ausstattung oder die durch die Maßnahme verbundene Änderung des Vertragsinhaltes eines Mietvertrages fällt nicht unter den Modernisierungsbegriff; so zum Beispiel, wenn erhebliche **Grundrissveränderungen** durchgeführt werden.[156] In solchen Fällen kann sich eine Duldungspflicht des Mieters nur aus § 242 BGB ergeben.[157] Handelt es sich beispielsweise bei der vom Vermieter geplanten Maßnahme um einen zu gewerblichen Zwecken errichteten Anbau, kann eine Duldungspflicht des Mieters nur dann aus § 242 BGB begründet werden, wenn einerseits dem Vermieter die Unterlassung oder Verschiebung der Baumaßnahme bis zum Ende der Mietzeit nicht zumutbar erscheint und andererseits dem Mieter die durch die bauliche Tätigkeit ausgelöste Störung seines Besitzes zumutbar ist.[158]

87 Allgemein kann in diesen Fällen die Duldungspflicht des Mieters nur bejaht werden, wenn ohne Durchführung der Maßnahmen die **Wirtschaftlichkeit** des Hausbesitzes oder der Verlust des Gebäudes zu befürchten ist. Auch in diesen Fällen ist der Vermieter zur ausreichenden und rechtzeitigen Information des Mieters verpflichtet. Gegebenenfalls kann für den Vermieter das Recht einer Kündigung aus § 573 Abs. 1 oder Abs. 2 Nr. 3 BGB in Betracht kommen.[159]

88 **i) Sonstiges.** Der Einbau bisher nicht vorhandener Bäder, Toiletten und Zentralheizungsanlagen in Wohnhäuser stellt die Änderung baulicher Anlagen i. S. v. § 172 Abs. 4 Nr. 1 BauGB dar und bedarf daher auch im Gebiet einer Erhaltungssatzung (§ 172 Abs. 1 Nr. 2 BauGB) grundsätzlich nicht der Genehmigung.[160] Voraussetzung ist, dass die Ausbauten der zeitgemäßen Ausstattung einer durchschnittlichen Wohnung unter Berücksichtigung der bauordnungsrechtlichen Mindestanforderungen dienen. Maßnahmen, die allein darauf ausgerichtet sind, die zur Aufteilung des Gebäudes in **Wohnungseigentum** erforderliche Abgeschlossenheit zu erlangen, sind keine Wertverbesserungen.[161]

89 Die Klage eines Mieters gegen die von der Bewilligungsstelle gem. § 6 Abs. 1 NMV ausgesprochene Zustimmung zu einer Modernisierung i. S. d. § 11 Abs. 6 II. BV ist unzulässig, da der Mieter

---

152 BGH NJW 1972, 723 = MDR 1972, 509 zu § 541a Abs. 2 BGB i. d. F. vom 14.7.1964; LG Göttingen WuM 1990, 205 = ZMR 1990, 59; LG Frankfurt/M. WuM 1986, 138; LG Kiel WuM 1977, 120; AG Dortmund WuM 1980, 9; AG Lübeck WuM 1977, 182 = ZMR 1978, 120; AG Hagen WuM 1978, 126.

153 AG Köln WuM 1984, 220 = ZMR 1984, 375.

154 KG GE 1984, 757; LG Karlsruhe WuM 1992, 121.

155 BGH (VIII ZR 105/07) WuM 2008, 219 = NJW 2008, 1218 = DWW 2008, 17 = NZM 2008, 283 = ZMR 2008, 51 = MietPrax-AK § 554 BGB Nr. 2.

156 LG Köln WuM 1993, 40 = NJW-RR 1993, 1161; AG Charlottenburg GE 1998, 1403; *Emmerich* in Emmerich/Sonnenschein Miete § 554 Rdn. 10; dagegen LG Berlin GE 2013, 1341; LG Marburg WuM 2011, 256.

157 BGH NJW 1972, 723 = MDR 1972, 509 zu § 541a Abs. 2 BGB i. d. F. vom 14.7.1964; LG Göttingen WuM 1990, 205 = ZMR 1990, 59; AG Berlin-Tiergarten GE 1993, 209; *Emmerich* in Emmerich/Sonnenschein Miete § 554 Rdn. 10; *Emmerich,* PiG 16, 1984, 43, 58.

158 BGH NJW 1972, 723 = MDR 1972, 509 zu § 541a Abs. 2 BGB i. d. F. vom 14.7.1964.

159 BayObLG WuM 1984, 16 = NJW 1984, 372 = ZMR 1984, 59 = MDR 1984, 234 = GE 1984, 77; AG Dortmund WuM 1984, 55.

160 Anders unter Geltung des § 172 BauGB a. F.: BayObLG WuM 1995, 208 = ZMR 1995, 128 = GE 1995, 187 = DÖV 1995, 432.

161 LG Stuttgart WuM 1992, 13; *Dickersbach* in: Lützenkirchen, Mietrecht, § 555b Rdn. 12.

durch diese Erklärung nicht in seinen Rechten verletzt wird.[162] Die Bewilligungsbehörde kann die Zustimmung zu einer Modernisierung unter der auflösenden Bedingung erteilen, dass sich auf Grund der Modernisierung die Miete nicht über einen bestimmten Betrag hinaus von der tragbaren Miete fortentwickelt. Denn es ist Aufgabe der Behörde, zu verhindern, dass öffentlich geförderte Wohnungen durch Modernisierungsmaßnahmen der Gemeinwohlbindung entzogen werden.[163]

Der Mieter muss eine Modernisierungsmaßnahme nicht dulden, solange das **Restitutionsverfahren** nicht abgeschlossen ist, infolge dessen ihm als Miteigentümer ein Mitspracherecht zur Modernisierungsmaßnahme zustehen könnte.[164] 90

Die formelle Baurechtswidrigkeit einer geplanten Maßnahme führt dazu, dass der Vermieter keinen Anspruch auf Duldung der Modernisierungsmaßnahme hat.[165] 91

k) Einzelfälle. aa) Antenne. – s. auch Kabelanschluss.

Die technische Entwicklung im Bereich des Fernsehens sowie im Multimedia-Bereich verhilft dem Antennenproblem zu erneuter Aktualität, da das in der Vergangenheit mit hohen Investitionen verlegte Breitbandkabel (sog. Netzebene 3) seine scheinbaren Vorzüge einbüßt.[166] Mit Hilfe der modernen **Satelliten-Empfangstechnik** können die Nutzer nicht nur mehr Programme als der „Kabel-Kunde" konsumieren, sondern sie sind auch in der Lage, diese mit nur einer kleinen und unauffälligen Zimmerantenne in digitalisierter Form zu empfangen. Die erst 2017 erfolgte Umstellung von DVB-T auf DVB-T2 HD ermöglicht digitales Fernsehen bei terrestrischem Empfang in HD-Qualität. Dies wirft Fragen sowohl bei der Duldungspflicht als auch bei der Mieterhöhung auf. 92

Zunächst ist die Maßnahme selbst zu untersuchen, die der Vermieter durchführen will. Handelt es sich lediglich um Arbeiten an der **Hausanlage** (sog. Netzebene 4), ohne dass die Programmleistung erweitert wird, ist regelmäßig von einer Instandsetzung auszugehen, die der Mieter nach § 555a BGB dulden muss. Solche Maßnahmen liegen beispielsweise vor, wenn Arbeiten am Hausnetz vorgenommen werden, um den Anforderungen an die Störstrahlfestigkeit zu genügen. 93

Wird die Hausanlage dagegen erstmalig installiert, ist unabhängig von den Empfangssignalen (Kabel, Parabolantenne, terrestrischer Empfang) von einer Modernisierung auszugehen, da die Gemeinschaftsantenne eine Wohnwertverbesserung verspricht. Gleiches wird man annehmen müssen, wenn die Netzebene 4, also die Hausanlage, so aufgerüstet wird, dass Internetzugänge über dieses Netz ermöglicht werden. Auch die Installation spezieller Online-Dienste des Vermieters ist als Verbesserung der allgemeinen Wohnverhältnisse zu werten, was aus heutiger Sicht nicht mehr zweifelhaft sein dürfte.[167] 94

Es ist aber dennoch fraglich, ob die Installation solcher Dienste im Netz als Modernisierungsmaßnahme angesehen werden kann. Da für die Annahme einer Modernisierung eine bauliche Veränderung (§ 555b BGB) verlangt wird, ist dies abzulehnen, da die Installation von Software diese Voraussetzungen nicht erfüllt. Auch wenn lediglich der Provider (der Betreiber der Netzebene 3) seine Gebühren ändert, kann der Vermieter diese Kosten allenfalls über eine Betriebskostenumlage (vgl. dazu § 556 BGB) beim Mieter geltend machen. Wird mit der Gebührenerhöhung ein erweitertes Leistungsangebot verbunden, kann dieses nur über eine einvernehmliche Vertragsänderung an den Mieter weitergegeben werden. 95

Die Umstellung des Fernsehempfangs von einer „terrestrischen" Gemeinschaftsantenne auf den Empfang über Satellit (Gemeinschafts-Parabolantenne) oder Kabel ist heute keine Modernisierungsmaßnahme mehr, weil inzwischen auf allen Empfangswegen Programme in digitaler Form angeboten werden, mit Ausnahme einiger ländlicher Gebiete, die aber bis 2018 ebenfalls mit DVB-T2 HD abgedeckt werden. Daher würde in diesen Gebieten eine Umrüstung des terrestrischen Empfangs auf Kabel oder Parabolantenne nicht nachhaltig sein. 96

Diese Einschätzung kann sich ändern, wenn die mit der Umstellung von DVB-T auf DVB-T2 HD (siehe dazu § 535 BGB Rdn. 290a) verbundenen Rahmenbedingungen auf den Empfang über 96a

---

[162] VG Berlin MM 1988, Nr. 9, 40.
[163] VG Köln WuM 1986, 378.
[164] KreisG Strausberg WuM 1994, 265.
[165] **A. A.** AG Charlottenburg GE 1985, 367.
[166] Einen umfassenden Überblick über Probleme der Breitbandkabelkommunikation gibt *Schalast* TKMR 2002, 428.
[167] BGH (VIII ZR 253/04) MietPrax-AK § 554 BGB Nr. 1 = WuM 2005, 576 = NJW 2005, 2995 = NZM 2005, 697 = GE 2005, 1056.

Parabolantennen oder Kabelnetze ausgedehnt werden. Wegen der z. Zt. noch bestehenden Vorteile einer Parabolantenne bzw. Kabelanschluss bezüglich der Quantität der Programme kann es unter DVB-T2 HD zweifelhaft sein, ob die Umstellung von einer „terrestrischen" Gemeinschaftsantenne auf einen Kabelanschluss als Modernisierung anzusehen ist. Es ist dabei zu bedenken, dass zwar das freie terrestrische Fernsehen keinen Empfang der privaten Sender zulässt, insoweit also ein nur eingeschränktes Programmangebot bietet, dass aber andererseits die Option geboten wird, von der Plattform freenet-TV den Empfang dieser Privatsender in HD-Qualität zu kaufen. Der Empfang der privaten Sender in HD-Qualität muss aber auch z. B. bei Kabelempfang zusätzlich bezahlt werden. Vermutlich werden sich die Programmanbieter durchsetzen und für alle Empfangswege die geringfügigen Unterschiede ausgleichen und gleiche Rahmenbedingungen schaffen, so dass die Umstellung von einer Empfangsart auf die andere heute keine Modernisierung mehr darstellt. Der Empfang über das Internet Protokoll Television (IPTV in geschlossenen bzw. offenen Netzen) bedarf für eine genaue Einschätzung noch weiterer Beobachtung.

97 Inzwischen werden die Fernsehprogramme flächendeckend im Kabel (Netzebene 3 – sog. DVB-C) digitaler Form angeboten. Terrestrischer Empfang (DVB-T) als auch der Empfang über Satellit (sog. DVB-S) ist ebenfalls nur noch in digitaler Form, teilweise nur in HD-Qualität (siehe dazu auch § 535 Rdn. 290a), möglich.[168] Ältere Geräte bedürfen daher der Unterstützung eines selbständigen Empfangsgerätes, welches die digitalen Signale in analoge umwandelt, eines **Decoders**[169] (sog. Set-Top-Box oder integrierte Fernsehgeräte). Wird aber die qualitative Verbesserung des Fernsehempfangs als duldungspflichtige Modernisierung angesehen (s. Rdn. 94), stellt sich die Frage, wer die **Set-Top-Box,** die für ca. 100 € zu erwerben ist, zu bezahlen hat.

98 Auszugehen ist vom vertragsgemäßen Gebrauch (vgl. § 535 BGB Rdn. 48ff.). Der Vermieter schuldet danach die Signale nur bis zur Wohnung des Mieters. Bezüglich der Art der Signale, analog oder digital, ist er verpflichtet, mangels anderer Abrede die verkehrsüblichen anzubieten. Wird somit in einer Region auf die Ausstrahlung analoger Signale gänzlich verzichtet und werden die Programme nur noch digital gesendet, dann schuldet der Vermieter den digitalen Empfang, weil nur dieser **verkehrsüblich** ist. Ist somit die bisherige Haus-Antennenanlage geeignet, digitale Signale an die Steckdose der Mieterwohnung weiterzuleiten, braucht der Vermieter sich nicht um die **Set-Top-Box** zu kümmern.[170] Ist die vorhandene und vom Mieter genutzte Hausantennenanlage dagegen nicht geeignet, die (üblichen) digitalen Signale zu empfangen und weiterzuleiten, muss der Vermieter die Anlage erneuern, was im Regelfall eine Instandsetzung darstellt, weil der Vermieter mit der Maßnahme den vertragsgemäßen Gebrauch wieder herstellt. Keinesfalls handelt es sich dabei um eine Maßnahme, die der Vermieter i. S. d. § 555b Ziff. 6 BGB nicht zu vertreten hat.[171] Derartige Maßnahmen betreffen nur Verpflichtungen aufgrund gesetzlicher oder behördlicher Gebote.[172] Notwendige bauliche Veränderungen, die aufgrund der vorgefundenen Marktverhältnisse erforderlich werden, fallen nicht darunter. Hier geht es allein um die Frage, was vertragsgemäß ist. Die Anschaffung einer Set-Top-Box ist allerdings Sache des Mieters[173]. Zur Abgabe nach dem UrhG bei Weiterleitung der Signale innerhalb einer Hausgemeinschaft siehe § 535 BGB Rdn. 489a.

99 *derzeit nicht belegt*

---

[168] Sog. DVB-S ab 30.4.2012.

[169] *Kroner* ZdWBay 2005, 104, 105.

[170] Kinne/Schach/Bieber § 555b Rdn. 49; *Schach* GE 2002, 1090.

[171] So aber Grundeigentum (ohne Namen) 2012, 227.

[172] Beispielsweise der Einbau von Wärmezählern zur Erfassung des Verbrauchs von Warmwasser bis zum 31.12.2013 aufgrund § 9 Abs. 2 Satz 1 HeizKV.

[173] Vgl. auch LG Berlin GE 2003, 1613; zum Anspruch aus der Sozialhilfe, ablehnend: VG Hannover WuM 2004, 493; *Hitpaß* NZM 2012, 401, 406.

Tabellarische Übersicht zur Duldungspflicht und Mieterhöhung

Alt \ Neu		A	B	C	D	E
		Gemeinschafts-Parabolantenne	**Kabelanschluss**	**Multimedia**	**Erneuerung und Erweiterung der Hausanlage (Netzebene 4)**	**Internetzugänge (Netzebene 4)**
1	herkömmliche terrestrische Gemeinschafts-Hausantenne	Duldung + Mieterhöhung –	Duldung + Mieterhöhung –	Duldung + Mieterhöhung +	Duldung + Mieterhöhung +	Duldung + Mieterhöhung +
2	Kabelanschluss im Haus	Duldung – Mieterhöhung –	./.	Duldung + Mieterhöhung – (keine bauliche Maßnahme)	Duldung + Mieterhöhung +	Duldung + Mieterhöhung +
3	Parabol-Mieterantenne	Duldung + Mieterhöhung (kommt auf die Vertragsabrede an)	Duldung + Mieterhöhung +	Duldung + Mieterhöhung +	./.	Duldung + Mieterhöhung +
4	DVB-T beim Mieter	Duldung + Mieterhöhung +	Duldung + Mieterhöhung +	Duldung + Mieterhöhung +	./.	Duldung + Mieterhöhung +

bb) Aufzug. Der Einbau eines Fahrstuhls ist grundsätzlich als Wertverbesserung und Modernisierung anzusehen. Die angestrebte Wohnwertverbesserung muss nach objektivem Maßstab für die betreffende Wohnung eine Verbesserung bringen.[174] Dies ist bei dem Einbau eines Fahrstuhls für die Mieter einer Hochparterre-Wohnung zweifelhaft.[175] Die überwiegende Rechtsprechung lässt es aber für die Annahme einer Verbesserung ausreichen, wenn bei einem Gebäude mit mehreren Obergeschossen zuzüglich Dachgeschoss ein **Fahrstuhl** eingebaut wird, der auf **halben** Stockwerken und nicht auf der Wohnungsebene hält.[176] In einer bloßen, wenn auch vollständigen Erneuerung einer Aufzugsanlage liegt regelmäßig keine Modernisierung.[177] **101**

Es ist zudem sachgerecht und entspricht billigem Ermessen, wenn die Modernisierungskosten nach dem Einbau eines Fahrstuhls nicht gleichmäßig auf alle Mieter umgelegt, sondern die Mieter der oberen Etagen entsprechend ihrer **intensiveren** Nutzung stärker belastet werden.[178] Dies entspricht auch dem Gedanken des § 24 NMV für den sozialen Mietwohnungsbau, der eine differenzierte Betriebskostenumlage zulässt. **102**

Eine ordnungsgemäße Modernisierungsankündigung gemäß § 555c BGB erfordert, dass beim beabsichtigten Einbau eines Aufzugs auch die zukünftigen Betriebskosten angegeben werden (Abs. 1 Nr. 3).[179] Allein aus der Duldung einer Modernisierung und aus der Zahlung des Modernisierungszuschlages durch den Mieter ergibt sich nicht ohne weiteres auch dessen Verpflichtung, die **103**

174 LG Berlin GE 2015, 727 mit Anm. *Beuermann* GE 2015, 688; GE 2011 483; GE 2011, 1555.
175 VG Berlin MM 1989, Nr. 10, 31 zu § 11 AMVOB.
176 LG Berlin GE 2002, 930; LG Berlin NJWE-MietR 1997, 145; AG Berlin-Schöneberg GE 1990, 265.
177 VG Berlin GE 1983, 441 zu § 11 AMVOB; Modernisierung wird dagegen bejaht: VG Berlin GE 88, 637 zu § 11 AMVOB.
178 Anders bei der Umlage von Betriebskosten: BGH, Urt. v. 20.9.2006 – VIII ZR 103/06; LG Berlin GE 1994, 703.
179 So schon LG Berlin MM 1992, 136.

für den Aufzug anfallenden Betriebskosten im Wege einer **anteiligen Umlage** zu tragen.[180] Nur wenn die Umlage sehr gering ist, soll der Vermieter die **voraussichtliche** Betriebskostenerhöhung nicht im Duldungsverlangen mitteilen müssen[181] (zu den Voraussetzungen der Umlage neuer Betriebskosten s. § 555c BGB Rdn. 46ff.).

104 **cc) Badezimmer.** Der Einbau eines Bades stellt objektiv eine Modernisierungsmaßnahme dar[182], selbst wenn bereits eine transportable Duschkabine vorhanden ist. Denn derartige Einrichtungen sind nur eine Behelfslösung gegenüber einem fest eingebauten Dusch- oder Wannenbad.[183] Die Vergrößerung eines Zimmers auf Kosten einer vorhandenen Abstellkammer, die Vergrößerung des Badezimmers[184] auf Kosten einer separaten Toilette und der Speisekammer sowie der Einbau eines Hängebodens anstelle eines früheren Abstellraumes sind keine Wohnwertverbesserungen.[185] Verfügt dagegen eine Einzimmerwohnung weder über eine Innentoilette noch über eine Waschmöglichkeit, so ist der Einbau eines **Duschbades** mit WC auch dann eine Modernisierung, wenn hierdurch die Küche auf die Hälfte der bisherigen Fläche verkleinert wird.[186] Auch der Wegfall einer „Mädchenkammer" kann trotz der damit verbundenen Grundrissveränderung als Wertverbesserung anzusehen sein, wenn zum Ausgleich die Wohnung mit einem größeren Badezimmer und einem separaten WC ausgestattet wird.[187] Vergrößert der Vermieter die Sanitärfläche und teilt sie in gesonderte WC-Räume und Baderäume entsprechend modernem Wohnkomfort auf, gilt dies als Modernisierung.[188] Dies ist auch bei einer erstmaligen Verfliesung des Bades anzunehmen[189] sowie beim Aufstellen einer Einbaubadewanne anstelle einer freistehenden Wanne.[190] Die Erhöhung der **Verfliesung** im Bad von 1,60 m auf 2 m ist dagegen keine Verbesserung des Wohnwertes der Wohnung.[191] Ebenso kann die alleinige Wandverkachelung im Badezimmer eine Maßnahme ohne Gebrauchswerterhöhung sein.[192]

105 Werden lediglich der Toilettentopf sowie die Badewanne ausgetauscht[193] oder Armaturen und das Handwaschbecken, also die Sanitäreinrichtungen[194] erneuert, liegt darin noch keine Wertverbesserung.[195] Auch der Austausch eines Druckspülers gegen einen Spülkasten sowie der Ersatz von Sanitärobjekten sind keine Modernisierung.[196] Als Modernisierung ist dagegen anerkannt worden die Ersetzung eines kleinen Waschbeckens durch ein großes, breites Handwaschbecken sowie die Neuordnung der Badobjekte zwecks besserer Ausnutzung des beschränkten Platzangebotes.[197] Ebenso soll die Installation eines wandhängenden WCs als Ersatz für ein Steh-WC als Modernisierung gelten.[198]

106 **dd) Balkon.** Der Anbau eines Balkons hat nicht zwingend eine Mieterhöhung zur Folge, da zwar regelmäßig[199], aber nicht in jedem Fall eine Modernisierung vorliegt.[200] Es liegt beispielsweise dann keine Wohnwertverbesserung vor, wenn der Balkon an der **Nordseite** des Gebäudes errichtet wurde, nur durch einen Abstellraum erreichbar ist und auch die Lichtverhältnisse der Wohnung nicht verbessert werden.[201] Der Anbau eines nach Süden ausgerichteten kleinen Balkons kann da-

---

180 LG Berlin GE 2007, 597; MM 1995, 25.
181 AG Schöneberg GE 1993, 163.
182 LG Berlin GE 2011, 338.
183 LG Berlin GE 1990, 255.
184 Siehe LG Berlin GE 2015, 727 mit Anm. *Beuermann* GE 2015, 688.
185 KG Berlin GE 1984, 757 zu § 11 AMVOB; **a. A.** LG Berlin GE 1989, 99.
186 LG Berlin GE 1992, 39; **a. A.** AG Schöneberg MM 1993, 292.
187 OVG Berlin GE 1988, 951 zu § 11 AMVOB; LG Berlin GE 2013, 1341.
188 LG Itzehoe ZMR 2012, 872; LG Berlin GE 1997, 1473.
189 AG Gelsenkirchen NZM 1999, 801.
190 OVG Berlin GE 1985, 687.
191 LG Berlin MM 1989, Nr. 3, 21.
192 LG Hamburg WuM 1984, 217 = ZMR 1984, 375; **a. A.** AG Berlin-Mitte GE 2014, 1461.
193 AG Dortmund, Urt. v. 19.9.1995 Az: 125 C 10 165/95.
194 AG Gelsenkirchen NZM 1999, 801.
195 LG Itzehoe ZMR 2012, 873; LG Berlin GE 1997, 1473.
196 OVG Berlin GE 1985, 687.
197 AG Berlin-Mitte GE 2014, 1461.
198 LG Berlin NZM 2011, 548.
199 LG Berlin GE 2016, 1574.
200 BGH (VIII ZR 242/10) WuM 2011, 677 = MietPrax-AK § 554 BGB Nr. 6 = NJW 2012, 63 = ZMR 2012, 94 = NZM 2011, 849 = GE 2011, 1545; LG Berlin WuM 2017, 30 zum Zweitbalkon; LG Berlin WuM 2007, 322; so aber LG München I WuM 1989, 27.
201 AG Hannover WuM 1996, 282; Balkon zur Südseite als Modernisierung LG Leipzig NJW-RR 2013, 1356.

gegen auch dann eine Wohnwertverbesserung sein, wenn die Wohnung schon mit einem anderen (Nord-)Balkon ausgestattet ist.[202] Der Mieter hat in diesem Zusammenhang auch eine bodentiefe Fenstertür bei Verlegung des Heizkörpers als Zutritt zu Balkon hinzunehmen.[203] Die **Ersetzung** eines alten Balkons durch einen neuen Balkon ist keineWohnwertverbesserung.[204] Der Mieter hat gem. § 242 BGB zu dulden, dass die über ihm liegende Wohnung eines anderen Mieters im Hause einen Balkon erhält.[205]

Ebenso soll es für die Annahme einer Wohnwertverbesserung nicht ausreichen, wenn der Vermieter Balkone anbringen will, um die Wohnungen danach besser verkaufen zu können.[206] Diese Auffassung verkennt, dass die Frage der Wohnwertverbesserung objektiv zu bestimmen ist.[207] Danach kann allerdings kein Zweifel daran bestehen, dass der Anbau eines Balkons für sich betrachtet jedenfalls dann eine Modernisierung darstellt[208], wenn der Balkon gut zugänglich ist, sich in die Wohnung einfügt und mit der Baumaßnahme keine sich zum Nachteil des Mieters auswirkenden Umbauten in der Wohnung verbunden sind[209]. Allerdings kann sich aus dem Umstand, dass der Vermieter die Wohnung nach Modernisierung verkaufen will, ein Gesichtspunkt für die Interessenabwägung im Rahmen des § 555 d Abs. 2 ergeben. **107**

Soll ein Balkon abgerissen und durch eine Terrasse ersetzt werden, ist der Mieter mangels einer Modernisierung nicht zur Duldung verpflichtet.[210] Baut der Vermieter einen Balkon in einen **Wintergarten** um, liegt ebenfalls keine Modernisierung vor, weil die Mietsache dadurch gänzlich verändert wird.[211] **108**

ee) Behindertengerechte Ausstattung. Die behindertengerechte Ausstattung einer Wohnung durch den Vermieter, z. B. für einen Mieter, der auf einen **Rollstuhl** angewiesen ist, stellt grundsätzlich keine Modernisierung i. S. d. § 555b BGB dar.[212] **109**

Ob die Voraussetzungen einer Modernisierung bei einer Maßnahme zur Herstellung von Barrierefreiheit vorliegen, kann deshalb zweifelhaft sein, weil für die Annahme einer Modernisierung entscheidend ist, ob nach objektiver Beurteilung die für die Wohnung in Frage kommenden Verkehrskreise generell in dieser Maßnahme eine Wertverbesserung sehen.[213] Handelt es sich somit um eine Wohnung, die jedermann auf dem Markt angeboten wird, dürfte im Regelfall das Herstellen von Barrierefreiheit nicht als Verbesserung der Wohnverhältnisse oder des Gebrauchswerts empfunden werden, weil diese Maßnahme für einen nicht behinderten Mieter keine Vorteile bietet. **109a**

In dieser Frage kann das inzwischen außer Kraft getretene ModEnG[214] entscheidend weiter helfen. Gem. § 4 Abs. 1 Satz 3 ModEnG kann der Gebrauchswert der Wohnung „auch durch besondere bauliche Maßnahmen für behinderte und alte Menschen erhöht werden, wenn die Wohnungen auf Dauer für sie bestimmt sind". Mit dem Wort „kann" wird zunächst aufgezeigt, dass nicht jede bauliche Maßnahme in der Wohnung zugunsten behinderter oder alter Menschen automatisch als Modernisierung angesehen wurde. Vielmehr galt das nur für besondere bauliche Maßnahmen. Dies sind Maßnahmen, die eine bessere Nutzung der Wohnung ermöglichen, wie z. B. der Abbau von Schwellen zum Balkon oder zur Terrasse sowie im Bad zur Dusche. Erfasst werden auch Maßnahmen, die den Zugang zum Gebäude und zur Wohnung barrierefrei gestalten. Darüber hinaus muss die Wohnung auf Dauer für diese Zielgruppe von Menschen bestimmt sein. Das heißt, dass eine Modernisierung nur angenommen werden kann, wenn die Wohnung zum Zeitpunkt der Modernisie- **109b**

---

202 Zweifelhaft: LG Leipzig NZM 20113, 857; kritisch *Herrlein* NJW 2014, 1279, 1282; zur einstweiligen Verfügung auf Unterlassen eines Balkonanbaus siehe LG Berlin GE 2015, 512.

203 LG Berlin GE 2015, 788.

204 LG Frankfurt/Main NZM 2012, 760.

205 LG Berlin GE 2015, 788 mit ähnlicher Begründung.

206 AG Münster WuM 1983, 236.

207 KG, Rechtsentscheid vom 27.6.1985, WuM 1985, 248 = ZMR 1985, 262 = NJW 1985, 2031 = DWW 1985, 204 = GE 1985, 729.

208 LG Berlin GE 2012, 486; 2008, 201; ZMR 2004, 193.

209 LG Berlin WuM 2008, 85.

210 AG Konstanz WuM 1997, 553.

211 LG Hamburg WuM 2008, 27; LG Berlin GE 1997, 1031 = NZM 1998, 189; AG Hamburg-Altona ZMR 2008, 214; AG Neukölln GE 1996, 1433.

212 **A. A.** *Barfknecht* WuM 2012, 252, 254 (zu § 554 Abs. 2 BGB a. F.); *Horst,* Altersgerechter Umbau als Modernisierungsmaßnahme, S. 9 ff. http://www.mietgerichtstag.de/mietgerichtstag-2014/vortr%C3%A4ge-2014/.

213 So auch BFH DB 1977, 2309 = DStR 1978, 45 zum einkommenssteuerrechtlichen Nutzungswert der Wohnung.

214 Modernisierungs- und Energieeinsparungsgesetz, aufgehoben mit Wirkung v. 1.1.2002 (BGBl. I, S. 2376).

rung auch von diesem Mieterkreis bewohnt wird und nach Abschluss der Arbeiten auch weiter bewohnt werden soll[215]. Das wird deutlich bei dem Einbau eines Treppenlifts, der für einen jungen Haushalt überflüssig ist und für diesen weder den Gebrauchswert noch die allgemeinen Wohnverhältnisse verbessert. Dies kann natürlich ganz anders bewertet werden, wenn der angesprochene Mieterkreis einen solchen Lift benötigt bzw. ihm das Wohnen erleichtert. Das von Barfknecht[216] und Horst[217] angeführte Gegenbeispiel einer Modernisierung durch Anlegen eines Kinderspielplatzes, der auch nur für bestimmte Mieterkreise errichtet werde, ist ungeeignet, weil es das Wohnumfeld betrifft und nicht die Wohnung und zudem für beide Mieterkreise objektiv gleichermaßen geeignet ist. Für die hier vertretene Lösung spricht, dass derartige (Umbau-)Maßnahmen lediglich den besonderen Anforderungen bestimmter Mieterkreise an das Wohnen gerecht werden (zum Anspruch des Mieters auf Eigenumbau vgl. § 554a BGB). Für die Annahme einer Modernisierung ist daher entscheidend, ob nach objektiver Beurteilung die für die Wohnung in Frage kommenden Verkehrskreise generell in dieser Maßnahme des Vermieters eine Wertverbesserung sehen.[218]

110 Andererseits kann im Einzelfall auch der Mieter ein Interesse daran haben, die Wohnung für ihn selbst oder für einen Familienangehörigen behinderten gerecht auszustatten. Dann ist gem. § 554a BGB zu prüfen, ob der Mieter diesen Anspruch gegen den Vermieter durchsetzen kann.

111 Dem Vermieter ist grundsätzlich nicht gestattet, die Wohnung anlässlich einer Modernisierung so umzugestalten, dass eine behindertengerechte Ausstattung verloren geht.[219]

112 **ff) Fahrstuhl.** – s. Aufzug.

113 **gg) Fußboden.** Die Versiegelung von bisher nicht versiegeltem **Parkett** ist keine Wertverbesserung.[220] Das Gleiche gilt für die Verfliesung des Fußbodens im Bad anstelle eines bisherigen Estrichs mit Fußbodenentwässerung.[221]

114 **hh) Gegensprechanlage.** Der Einbau eines Türöffners einschließlich einer Klingel- und Gegensprechanlage ist als Bagatellmaßnahme zu werten.[222] Eine solche Maßnahme muss nicht gem. § 555c Abs. 1 BGB angekündigt werden.

115 Für den Einbau solcher Anlagen ist die Hilfe eines **Architekten** regelmäßig nicht erforderlich. Daher können derartige Architektenleistungen nicht bei der Festsetzung des Modernisierungszuschlags berücksichtigt werden.[223]

116 **ii) Haustür.** Die Erneuerung einer Haustür unter dem Gesichtspunkt der **Einbruchsicherung** stellt eine Verbesserung der Mietsache dar. Das gilt insbesondere beim Austausch einer in der DDR üblichen Wabentür gegen eine massive Holztür.[224] Wegen ihres vorbeugenden Charakters kann die Maßnahme u. U. auch als Instandsetzung angesehen werden.[225]

117 **kk) Kabelanschluss.** Der Anschluss an das Breitbandkabel ist grundsätzlich eine Maßnahme zur Verbesserung der gemieteten Räume, da er nach allgemeiner Verkehrsanschauung den Gebrauchswert der Wohnung erhöht[226] (vgl. dazu Rdn. 92ff.). Erforderlich ist aber, dass der Vermieter die Hausanlage (Netzebene 4) erstmalig einrichtet.

---

[215] Kinne/Schach/Bieber § 555b Rdn. 26; *Blank,* PiG Bd. 60, 2000, 79, 84.

[216] *Barfknecht* WuM 2012, 252, 254.

[217] *Horst,* Altersgerechter Umbau als Modernisierungsmaßnahme, S. 11, http://www.mietgerichtstag.de/mietgerichtstag-2014/vortr%C3%A4ge-2014/.

[218] So auch BFH DB 1977, 2309 = DStR 1978, 45 zum einkommenssteuerrechtlichen Nutzungswert der Wohnung.

[219] AG Pankow-Weißensee GE 2012, 1498; vgl. aber AG München ZMR 2015, 389 zur Anbringung von Rollläden mit Bedienung durch eine Kurbel; AG München ZMR 2012, 559 zum Anspruch eines Wohnungseigentümers gegenüber der Wohnungsgemeinschaft – Zugang zum Balkon mit Rollator.

[220] OVG Berlin GE 1985, 877 zu § 11 AMVOB.

[221] LG Berlin MM 1989, Nr. 3, 21.

[222] LG Berlin GE 2015, 727 mit Anm. *Beuermann* GE 2015, 688; AG Tiergarten GE 1991, 153; AG Wedding GE 1989, 419; AG Charlottenburg GE 1989, 683; vgl. auch LG Berlin GE 1983, 1067.

[223] Zur Erforderlichkeit baulicher Maßnahmen s. BGH (VIII ZR 41/08; 84/08) = WuM 2009, 124 = MietPrax-AK § 559 BGB Nr. 3 m. Anm. *Börstinghaus* = NZM 2009, 150 = NJW 2009, 839 = ZMR 2009, 351 = DWW 2009, 64.

[224] AG Berlin-Hohenschönhausen GE 2000, 1035.

[225] LG Köln WuM 1993, 608 zur Wohnungstür.

[226] BGH WuM 1991, 381 = NJW 1991, 1750 = MDR 1991, 628 = ZMR 1991, 290 = GE 1991, 615 = DWW 1991, 212; KG, Rechtsentscheid vom 27.6.1985, WuM 1985, 248 = NJW 1985, 2031 = ZMR 1985, 262 = DWW 1985, 204 = GE 1985, 729 für das Land Berlin; LG Berlin DWW 1985, 286 = NJW-RR 1986, 890; LG Tübingen NJW-RR 1986, 694 = ZMR 1986, 203; LG Berlin GE 2004, 964; AG Neukölln

Unerheblich für die Frage, ob eine Modernisierung vorliegt, ist, ob der Mieter den Anschluss nutzen will.[227] Zusätzlich entstehende **Betriebskosten** für die Wartung der Verteileranlage und die Kosten für den Betriebsstrom der Verstärkeranlage sind – ggf. nach entsprechender Erklärung in der Ankündigung gem. § 555c Abs. 1 Nr. 3 BGB (s. Rdn. 46ff.) – vom Mieter zu tragen.[228] Das gilt aber nicht für die laufenden Grundgebühren des Kabelanschlusses, wenn die Mieter dem Anschluss an das Kabel nicht zugestimmt haben[229]. Für preisgebundenen Wohnraum ergibt sich dies aus § 24a Abs. 2 Satz 2 NMVO. Der Rechtsgedanke ist für den freifinanzierten Wohnungsbau ebenfalls anwendbar, wenn der in die Wohnung führende Kabelanschluss verplombt ist, da die Kabelgrundgebühren auch für den Vermieter nur anfallen, wenn die Leistung des Kabelbetreibers auch abrufbar ist. Gleiches gilt für die Anbringung einer Satelliten-Empfangsanlage. **118**

Die Duldungspflicht des Mieters beinhaltet nicht automatisch das Recht des Vermieters, die alten Empfangsanlagen abzubauen. Vielmehr ist er zum Betrieb der alten Anlage weiter verpflichtet, wenn der Mietvertrag den mit der Altanlage gewährleisteten Empfang weiterer Programme bzw. Empfangsmöglichkeiten vorsieht.[230] **119**

Werden über das neue Empfangsnetz alle Programme eingespeist, die bisher auch vom Mieter empfangen wurden, ist die Beibehaltung der mietereigenen **Einzelantennen** nicht mehr erforderlich. Die Mieter haben somit die Antennen auf eigene Kosten zu entfernen, soweit sie außerhalb der Mietwohnung (z. B. auf dem Dach) installiert wurden. Der Mieter darf nämlich die nicht vermieteten, aber zur Nutzung überlassenen Gebäudeteile nur benutzen, solange dies zur Ausübung des vertragsgemäßen Gebrauchs erforderlich ist.[231]

nicht belegt **121**

ll) Kacheln. – s. Badezimmer **122**

mm) Küche. Der Einbau von **Küchenmöbeln** ist keine baulicheVeränderung. Die Geltendmachung eines Modernisierungszuschlags gem. § 559 BGB ist damit ausgeschlossen.[232] Der Austausch eines Gasherdes durch einen Ceran-4-Plattenelektroherd bei gleichzeitiger Verstärkung der Elektrosteigeleitung ist eine Modernisierung[233], ebenso soll der Ersatz eines Gasherdes durch einen Induktionsherd eine Modernisierung darstellen.[234] **123**

Der durch Versetzen einer Küchentür erreichte Stellflächengewinn kann eine Wertverbesserung sein.[235] Die Herstellung eines Glasausschnittes in einer Tür zum nichtbelichteten Flur führt nicht in jedem Fall zu einer messbaren Wertverbesserung.[236] Der Einbau zusätzlicher Fenster ist dann keine Wohnwertverbesserung, wenn dem Wohnraum dadurch die einzige durchgehende Wand mit Stellfläche genommen wird.[237] **124**

nn) Multimedia. Der Begriff Multimedia umfasst eine Vielzahl von Angeboten und Diensten im Kommunikationsbereich. Der Ausbau der Kommunikationsnetze mit Breitbandkabeln und Internet ermöglicht die Übertragung digitaler Informationen und damit ein vielfältiges Angebot an Bildern, Sprache, Bildschirm- und Videotexten, Rundfunk, Fernsehen etc. Darüber hinaus ist es möglich, mit dieser technischen Einrichtung Mehrwegdienste in Anspruch zu nehmen, wie z. B. das **Homeshopping** oder **Notrufeinrichtungen.** Der Netzausbau wird regelmäßig als Modernisierung vom Mieter zu dulden sein (vgl. zur Duldungspflicht § 555d BGB). Das Kommunikationsangebot selbst, also die Software sowie die Bereitstellung der Informationen, kann als kostenpflichtiger Service vom Mieter nur über eine Vertragsänderung durchgesetzt werden. **125**

MM 2004, 126; *Pfeifer,* FS Blank, S. 349, 354; kritisch: *Schach* GE 2004, 928; AG Karlsruhe DWW 1987, 164; vgl. *Emmerich* in Staudinger § 554 Rdn. 22.

[227] AG Karlsruhe-Durlach DWW 1987, 165.

[228] *Langenberg,* Betriebskostenrecht, Rdn. C5.

[229] AG Hannover WuM 2008, 29; AG Hanau WuM 1989, 189; *Wall* in Eisenschmid/Rips/Wall, Betriebskostenkommentar, Rdn. 3825; **a. A.** AG Berlin-Schöneberg GE 2004, 1595.

[230] LG Berlin DWW 1985, 286 = NJW-RR 1986, 890; LG Tübingen NJW-RR 1986, 694 = ZMR 1986, 203.

[231] *Blank/Börstinghaus,* 3. Aufl. 2008, § 554 BGB Rdn. 13; *Pfeifer,* FS Blank, S. 349, 372; *Blank* PiG Bd. 60, 2000, 79, 85.

[232] VG Berlin GE 1981, 91 zu § 11 AMVOB; **a. A.** LG Berlin GE 1989, 99.

[233] LG Berlin GE 2011, 338.

[234] AG Schöneberg WuM 2016, 739 = NZM m. krit. Anm. *Ochs.*

[235] VG Berlin GE 1985, 789 zu § 11 AMVOB.

[236] VG Berlin GE 1985, 789 zu § 11 AMVOB.

[237] VG Berlin GE 1981, 91 zu § 11 AMVOB.

126 **oo) Nebenräume.** Schafft der Vermieter durch den Ausbau vorhandener Räume oder durch die Schaffung neuer Räume in der gleichen Wohnung etwas völlig Neues, liegt keine Wohnwertverbesserung vor.[238]

127 Der Einbau einer zweiten Küche und eines zweiten Bades in einer ungeteilten Wohnung stellt ebenfalls keine Wohnwertverbesserung dar. Vielmehr handelt es sich insoweit lediglich um eine Vermehrung von **Funktionsräumen**[239], da jedenfalls eine zweite Küche keinen zusätzlichen Nutzen, sondern eher Nachteile bringt. Die Beseitigung von Schutt und Gerümpel, die erforderlich ist, um in einem bestimmten Raum Modernisierungsmaßnahmen durchführen zu können, ist noch nicht Teil der Baumaßnahme[240] (s. § 555c Rdn. 17ff.).

128 **pp) Rauchwarnmelder.** Rauchmelder dienen dem Schutz des Lebens sowie der Gesundheit. Sie sollen nicht das Gebäude vor Brand- bzw. Sachschäden schützen.[241] Der Staat ist nicht verpflichtet, sie für bestehende Wohngebäude zwingend vorzuschreiben.[242] Sie können als Modernisierungsmaßnahme gelten, da sie die Mietsache mit einem erhöhten Sicherheitsstandard versehen[243]. In der Rechtsprechung wurden Maßnahmen zur **Erhöhung der Sicherheit,** etwa vor Diebstahl und Gewalt, als Verbesserung der Mietsache angesehen[244]. Daher liegt die Dispositionsbefugnis über die einzubauende Marke, die Anzahl der einzubauenden Geräte sowie das zu beauftragende Fachunternehmen beim Vermieter[245], soweit nicht die Landesbauordnung etwas anderes festgelegt hat. Die technischen Mindestanforderungen der Rauchwarnmelder sind in der DIN EN 14604 festgelegt.[246] Der Mieter hat den Einbau regelmäßig zu dulden.[247]

129 Zweifelhaft kann sein, ob eine Duldungspflicht auch dann besteht, wenn der Mieter schon zuvor selbst zulässigerweise Rauchwarnmelder installiert hat.[248] Die Installation durch den Mieter gehört zum vertragsgemäßen Gebrauch (siehe dazu § 535 BGB Rdn. 518). Seit der Entscheidung des BGH[249] zur Berücksichtigung von Modernisierungsmaßnahmen durch den Mieter ist der Auffassung zu folgen, die dem Vermieter grundsätzlich keinen Duldungsanspruch gibt. Hat der Mieter zugelassene und funktionierende Rauchwarnmelder eingebaut, ist der vom Vermieter begehrte Zustand bereits hergestellt. Eine Verbesserung ist daher in der geplanten Maßnahme nicht mehr zu sehen.[250] In seiner Entscheidung v. 17.6.2015 hat der BGH[251] die Verbesserung damit begründet, dass der Vermieter, wenn die Wartung der Rauchwarnmelder für das gesamte Gebäude in einer Hand liege, ein hohes Maß an Sicherheit gewährleisten könne. Diese Argumentation überzeugt allerdings nicht, denn der Rauchwarnmelder dient nicht dem Schutz des Gebäudes, sondern dem Schutz des Mieters vor einem Erstickungstod. Das Argument der einheitlichen Wartung ist allenfalls der Verwaltung des Gebäudes zuzuordnen und nicht dem Gesichtspunkt der Verbesserung des Objektes als Modernisierung, wenn der Mieter sich durch den Einbau schon selbst gesichert hat.

---

[238] BGH NJW 1972, 723 = MDR 1972, 509 zu § 541a Abs. 2 BGB i. d. F. vom 14.7.1964; LG Göttingen WuM 1990, 205 = ZMR 1990, 59; zum Umfang der Duldungspflicht gem. § 242 BGB vgl. *Wiese*, WuM 1991, 371.

[239] VG Berlin GE 1985, 689 zu § 11 AMVOB.

[240] OVG Berlin GE 1985, 1201 zu § 11 AMVOB.

[241] Siehe dazu umfassend *Wall*, jurisPR-MietR 24/2014 Anm. 2; Rauchwarnmelder im Wohnungseigentum, *Fritsch*, ZMR 2016, 925ff.; *Riecke*, NZM 2016, 217ff.

[242] RhPfVerfGH NZM 2005, 695.

[243] AG H AG Hamburg-Barmbek ZMR 2012, 780; AG Burgwedel ZMR 2011, 800; AG Lübeck ZMR 2008, 302; **a. A.** AG Hamburg-Altona ZMR 2012, 22 = NZM 2012, 306; zur Beschlusskompetenz einer WEG siehe BGH (V ZR 238/11) WuM 2013, 427 = NJW 2013, 3092 = ZMR 2013, 642 = NZM 2013, 512.

[244] LG Köln WuM 1993, 608; AG Hohenschönhausen GE 2000, 1035; AG Magdeburg WuM 1996, 229; *Lammel*, Wohnraummietrecht, 3. Aufl. 2006, § 554 Rdn. 40.

[245] BVerfG (1BvR 2921/15) NZM 2016, 306; AG Hamburg-Bergedorf ZMR 2010, 969; zur Beschlusskompetenz einer Wohnungseigentümergemeinschaft LG Braunschweig GE 2014, 1535.

[246] *Wall* WuM 2013, 4; für Duldungspflicht AG Hamburg-Blankenese ZMR 2011, 395; AG Hamburg-Wandsbek ZMR 2009, 47 = NJW-RR 2009, 1237; einschränkend AG Hagenow ZMR 2010, 770.

[247] Hierzu umfassend auch zum WEG *Oppermann/Steege* WuM 2016, 3.

[248] Bejahend LG Halle (Saale) ZMR 2014, 986 m. Anm. *Schach; Schach*, jurisPR-MietR 23/2014 Anm. 2; AG Halle (Saale) ZMR 2014, 455; zum Meinungsstand *Wall* in jurisPRMietR 24/2014 Anm. 2; *Wall* WuM 2013, 3, 17.

[249] BGH (VIII ZR 56/12) WuM 2012, 678; BGH (VIII ZR 110/11) WuM 2012, 448.

[250] AG Hamburg-Barmbek ZMR 2012, 780; AG Hamburg-Altona NZM 2012, 306; *Oppermann/Steege* WuM 2016, 3, 6; *Wall*, jurisPR-MietR 24/2014 Anm. 2; **a. A.** LG Halle, Urt. v. 30.6.2014 – 3 S 11/14 – Revision eingelegt (VIII ZR 216/14); siehe auch *Schach*, jurisPR-MietR 23/2014 Anm. 2.

[251] BGH (VIII ZR 216/14) WuM 2015, 497–498 = NZM 2015, 588 = NJW 2015, 2488 = ZMR 2015, 760 = MietPrax-AK § 555b BGB Nr 1 m. Anm. *Eisenschmid;* ihm folgend AG Halle/Saale ZMR 2015, 932.

Allerdings ist der Vermieter auch in diesen Fällen berechtigt, sofern eine öffentlich-rechtliche Pflicht zum Einbau und zur Überwachung der Geräte durch seine Person besteht[252], die Wartung selbst sicherzustellen.

Wird die Installation von Rauchmeldern gesetzlich vorgeschrieben[253], liegt eine Maßnahme vor, die der Vermieter nicht zu vertreten hat (§ 555b Ziff. 6 BGB). Die gesetzlichen Pflichten orientieren sich an der DIN 14676, die Folgendes vorsieht: 130

„In Wohnungen müssen Schlafräume und Kinderzimmer sowie Flure, über die Rettungswege von Aufenthaltsräumen führen, jeweils mindestens einen Rauchwarnmelder haben. Die Rauchmelder müssen so eingebaut (oder angebracht) und betrieben werden, dass Brandrauch frühzeitig erkannt und gemeldet wird."

Landesgesetzliche Regelungen zu Heimrauchmeldern 131

Baden-Württemberg	Gesetz i. d. F. v. 16.7.2013 Rauchmelderpflicht gem. § 15 Abs. 7 LBO Ba-Wü für alle Neubauten sowie Nachrüstpflicht bis zum 31.12.2014. Sonderregelung für Wartungspflichten.
Bayern	Gesetz i. d. F. v. 11.12.2012 Rauchwarnmelderpflicht gem. Art. 46 Abs. 4 BayBO im Neubau sowie Nachrüstpflicht bis 31.12.2017 im Bestand. Sonderregelung für Wartungspflichten.
Berlin	Gesetz idF v.17.6.2016 Rauchwarnmelder im Neubau Pflicht gem. § 48 BauO Bln für Aufenthaltsräume und Flure (ohne Küche). Nachrüstpflicht bis 31.12.2020. Sicherstellung der Betriebsbereitschaft durch Mieter, wenn nicht Vermieter dies übernimmt.
Brandenburg	Gesetz idF v. 19.5.2016 Rauchwarnmelder im Neubau Pflicht gem. § 48 BbgBO für Aufenthaltsräume und Flure (ohne Küche). Nachrüstpflicht bis 31.12.2020. 2020.
Bremen[254]	Gesetz idF v. 6.10.2009 Rauchmelderpflicht gem. § 48 Abs. 4 LBauO in Neu- und Umbauten. Nachrüstpflicht in vorhandenen Wohnungen bis zum 31.12.2015. Sicherstellung der Betriebsbereitschaft durch Besitzer.
Hamburg[255]	Gesetz v. 14.12.2005. Rauchmelderpflicht gem. § 45 Abs. 6 LBauO in Neu- und Umbauten. Nachrüstpflicht in vorhandenen Wohnungen bis zum 31.12.2010.
Hessen[256]	Gesetz idF v. 15.1.2011 Rauchmelderpflicht in Neu-, Um- und Bestandsbauten. Nachrüstpflicht in vorhandenen Wohnungen bis zum 31.12.2014. Sicherstellung der Betriebsbereitschaft durch Besitzer.

[252] BGH (VIII ZR 290/14) WuM 2015, 498 – die öffentlich-rechtliche Pflicht zum Einbau von Rauchwarnmeldern richtet sich im Zweifel an den Vermieter; so auch *Beyer,* jurisPR-MietR 16/2015 Anm. 3.

[253] Nachweise (ohne Namen) im Modernisierungsmagazin 2007, 26 (Pflicht im Bestand für die Länder Hamburg, Hessen und Schleswig-Holstein und Mecklenburg-Vorpommern; im Neubau für die Länder Rheinland-Pfalz und Saarland); vgl. auch *Harsch* WuM 2008, 521, Fußn.1.

[254] Bremische Landesbauordnung v. 6.10.2009 – Brem.GBl. 2009, 401.

[255] Hamburgische Bauordnung v. 14.12.2005 – HmbGVBl. 2005, 525.

[256] Hessische Bauordnung idF v. 15.1.2011 – GVBl. I 2011, 46.

Mecklenburg-Vorpommern[257]	Gesetz v. 18.4.2006. Rauchmelderpflicht in Neu- und Umbauten. Nachrüstpflicht (für Besitzer) gem. § 48 Abs. 4 LBauO in vorhandenen Wohnungen bis zum 31.12.2009.
Niedersachsen[258]	Gesetz v. 3.4.2012 Rauchmelderpflicht gem. § 44 Abs. 5 LBauO in Neu- und Umbauten. Nachrüstpflicht in vorhandenen Wohnungen bis zum 31.12.2015. Sicherstellung der Betriebsbereitschaft durch Besitzer.
Nordrhein-Westfalen	Gesetz i. d. F. v. 21.3.2013 Gem. § 49 Abs. 7 BauO NRW besteht Rauchmelderpflicht in Neubauten sowie Nachrüstpflicht bis 31.12.2016. Sonderregelung für Wartungspflicht.
Rheinland-Pfalz[259]	Gesetz i. d. Fassung v. 4.7.2007. Gem. § 44 Abs. 8 LBauO besteht Rauchmelderpflicht in Neu- und Umbauten. Nachrüstpflicht in vorhandenen Wohnungen bis 2012.
Saarland[260]	Gesetz v. 18.2.2004, geändert durch Gesetz v. 16.6.2010. Gem. § 46 Abs. 4 LBauO besteht Rauchmelderpflicht in Neu- und Umbauten.
Sachsen	Gesetz idF v. 11.5.2016 Rauchwarnmelder im Neubau ab 2016 Pflicht gem. § 47 SächsBO. Keine Nachrüstpflicht geplant.
Sachsen-Anhalt[261]	Gesetz v. 20.12.2005 Rauchmelderpflicht gem. § 47 Abs. 4 LBauO in Neubauten. Nachrüstpflicht in vorhandenen Wohnungen bis zum 31.12.2015.
Schleswig-Holstein[262]	Gesetz vom22.1.2009. Rauchmelderpflicht gem. § 49 Abs. 4 LBauO in Neubauten. Nachrüstpflicht in vorhandenen Wohnungen bis zum 31.12.2010. Sicherstellung der Betriebsbereitschaft durch Besitzer.
Thüringen[263]	Änderungs-Gesetz v. 5.2.2008. Rauchmelderpflicht gem. § 46 Abs. 4 ThürBauO in Neubauten sowie genehmigungspflichtigen Umbauten. Nachrüstpflicht bis 31.12.2018.

132 Angesichts der geringen Kosten und der unproblematischen Anbringung wird die Auffassung vertreten, dass sich die Installation von Heimrauchmeldern als **unerhebliche** Einwirkung auf die Mietsache darstellt[264] und daher nicht mit der Drei-Monats-Frist des § 555c Abs. 1 BGB angekündigt werden muss.[265]

133 Richtig ist, dass die zu erwartende geringe Mieterhöhung und der baulich geringe Eingriff unter dem Gesichtspunkt des Mieterschutzes keine umfassende Modernisierungsankündigung gem. § 555c Abs. 1 Satz 2 BGB erfordert. Eine unerhebliche Einwirkung auf die Mietsache liegt aber schon dann nicht mehr vor, wenn der Handwerker für die Durchführung der Maßnahme die Wohnung betreten muss. Anderenfalls könnte mangels einer Ankündigungspflicht des Vermieters sich der Mieter nicht rechtzeitig auf die Durchführung der Maßnahme einstellen, z. B. im Falle seiner Berufstätigkeit durch Sicherstellung einer Aufsichtsperson oder durch Beantragung eines Urlaubstages bei seinem Arbeitgeber (siehe auch § 555a Rdn. 37f.).

257 Landesbauordnung Mecklenburg-Vorpommern v. 18.4.2006 – GVOBl. M-V 2006, 102.
258 Niedersächsische Bauordnung v. 3.4.2012 – Nds. GVBl. 2012, 46.
259 Landesbauordnung Rheinland-Pfalz v. 24.11.1998 – GVBl 1998, 365.
260 Landesbauordnung v. 18.2.2004 – Amtsblatt 2004, 822.
261 Bauordnung des Landes Sachsen-Anhalt v. 20.12.2005 – GVBl. LSA 2005, 769.
262 Landesbauordnung für das Land Schleswig-Holstein v. 22.1.2009 – GVOBl. 2009, 6.
263 Thüringer Bauordnung idF der Bekanntmachung v. 16.3.2004 – GVBl 2004, 349.
264 *Wall* WuM 2013, 3, 17.
265 Vgl. auch AG Schwarzenbek ZMR 2008, 721.

Heimrauchmelder müssen nach **DIN 14676** einmal jährlich einer Funktionskontrolle unterzogen werden. Die Wartung, soweit der Vermieter dazu verpflichtet ist, hat der Mieter zu dulden.[266] Sie besteht aus einer Sichtkontrolle, einer kurzen Überprüfung der Funktion sowie einem Batteriewechsel[267]. Die Kosten derartiger Funktionskontrollen können grundsätzlich als sonstige **Betriebskosten** gem. § 2 Nr. 17 BetrKV umgelegt werden.[268] **133a**

qq) Satellitenschüssel. – s. Kabelanschluss **134**

rr) Schallschutz. Eine Wertverbesserung liegt auch im Einbau von **Rollläden,** da diese einen Wärmeschutz und einen Schallschutz bieten.[269] Auch der Einbau einer Schallschutzwand ist eine duldungspflichtige Maßnahme, da hiermit die Geräuschbeeinträchtigungen in der Wohnung gemindert werden.[270] Es ist für die Annahme einer Verbesserungsmaßnahme unbeachtlich, wenn der Schallschutz neu eingebauter Fenster geringfügig hinter dem technischen Optimum zurückbleibt.[271] **135**

ss) Versorgungsleitung. Die Erstellung und Verstärkung einer neuen **Elektroinstallation** ist grundsätzlich eine Wohnwertverbesserung.[272] Allerdings muss die Maßnahme als Ergebnis den Anschluss weiterer moderner Haushaltsgeräte in der Wohnung des Mieters zulassen.[273] Nach anderer Auffassung soll die Verstärkung einer Steigeleitung auch dann eine Modernisierung darstellen, wenn eine Verstärkung der Verkabelung innerhalb der Wohnung des Mieters nicht vorgesehen ist.[274] Genau betrachtet handelt es sich dabei um **Substanzverbesserungen** (s. Rdn. 75), die dem Vermieter nur über § 242 BGB ermöglicht werden muss. **136**

Eine Wohnwertverbesserung als Modernisierung ist auch die Installation einer Ladestromanlage für ein Elektroauto. In der Regel kommt eine solche Installation nur in der Tiefgarage oder auf dem Grundstück in Betracht, die der Mieter grundsätzlich dulden muss. Ob eine Mieterhöhung in Betracht kommt (§ 559 BGB) richtet sich danach, ob mit der Installation eine Endenergieeinsparung, eine Wohnwertverbesserung oder eine Verbesserung der allgemeinen Wohnverhältnisse einhergeht. In allen Fällen fehlt es aber an dem Wohnungsbezug, so dass eine Mieterhöhung nach der hier vertretenen Auffassung ausscheidet. **136a**

Wird eine dauernde Überlastung des Leitungssystems behoben, muss von einer **Instandsetzungsmaßnahme** gem. Abs. 1 ausgegangen werden, wenn die Verstärkung der Steigeleitung nicht auch eine Verbesserung der Hausanlage mit sich bringt, die spürbaren Einfluss auf die Gebrauchstauglichkeit der Mietsache hat.[275] Davon ist beispielsweise auszugehen, wenn der Mieter von Wohnraum schon vor Verlegung der neuen Steigeleitung moderne Elektrogeräte benutzen konnte und die technische sowie bauliche Erweiterung der Steigeleitung lediglich dem Betreiben besonders lastenintensiver (gewerblicher) Einrichtungen diente.[276] Von einer Instandsetzungsmaßnahme ist auch auszugehen, wenn die neue Steigeleitung nur deshalb erforderlich ist, weil der Vermieter sonst nicht den erforderlichen Mindestandard gewähren kann.[277] Häufig bestehen Kabelkanäle aus asbesthaltigen Leichtbauplatten, die aus gesundheitlichen Gründen entfernt und entsorgt werden müssen.[278] **137**

Auch wenn die Erneuerung der Steigeleitung keine Wohnwertverbesserung darstellt, so kann die Maßnahme dennoch vom Mieter zu dulden sein, wenn sie der Schaffung neuen Wohnraums dient; z. B. durch den Ausbau des Dachgeschosses.[279] **138**

---

[266] AG Hamburg-Blankenese ZMR 2013, 965; *Pfeifer,* jurisPR-MietR 8/2014 Anm. 3.
[267] *Schumacher* NZM 2005, 641, 642.
[268] LG Magdeburg NJW 2012, 544 = GE 2012, 131; AG Burgwedel ZMR 2011, 800; AG Lübeck ZMR 2008, 302; *Wall* WuM 2013, 3, 20; *Schumacher* NZM 2005, 641, 643; *Harsch* WuM 2008, 521; *Langenberg,* Betriebskostenrecht, Rdn. A 159; **a. A.** LG Berlin NZM 2000, 27; AG Bielefeld GE 2012, 132; s. Rdn. 277 a ff.; nicht Umlagefähig sind die Kosten der Anmietung AG Hamburg-Wandsbek ZMR 2014, 804; **a. A.** LG Magdeburg NJW 2012, 544.
[269] AG Steinfurt WuM 1985, 262.
[270] LG Berlin ZMR 1999, 554.
[271] LG Berlin WuM 2007, 384.
[272] KG Berlin GE 1984, 757 zu § 11 AMVOB; LG Berlin GE 2015, 727 mit Anm. *Beuermann* GE 2015, 688; LG Berlin NZM 1999, 705; AG Pankow-Weißensee GE 2012, 1498.
[273] LG Berlin GE 1999, 46; AG Hoyerswerda WuM 1997, 228.
[274] LG Berlin GE 1992, 611; MM 1986, Nr. 3, 30; GE 1985, 141.
[275] LG Berlin NZM 1999, 705; AG Schöneberg MM 1993, 292.
[276] VG Berlin GE 1981, 93 zu § 11 AMVOB.
[277] BGH (VIII ZR 281/03) WuM 2004, 527 = NJW 2004, 3174 = NZM 2004, 736 = ZMR 2004, 807 = DWW 2004, 292 = GE 2004, 1090 = MietPrax-AK § 535 BGB Nr. 7.
[278] Hartmann ZdWBay 2014, 60, 62.
[279] LG Berlin ZMR 1999, 554.

139 Werden die **Wasserleitungsnetze** sowie die **Abwassernetze** erweitert und erhalten dadurch eine höhere Kapazität, ist von einer Verbesserung der allgemeinen Wohnverhältnisse auszugehen.[280]

140 **tt) Treppenhaus.** Ein beheiztes Treppenhaus zählt i.d.R. nicht als wohnwerterhöhendes Merkmal, da der hiermit verbundene Komfort für die Mieter denkbar gering ist[281] und die damit verbundenen, nicht steuerbaren erhöhten Kosten eher als Nachteil empfunden werden. Der Austausch einfachverglaster Fenster durch isolierverglaste Fenster in einem **Treppenhaus** kann regelmäßig als energetische Modernisierung (§ 555b Ziff. 1) angesehen werden.

141 Die Erneuerung der Treppenhausanlage bei gleichzeitiger Verlegung des Zugangs einer Wohnung vom Hinterhaus zum Vorderhaus ist eine vom Mieter hinzunehmende Wertverbesserung.[282] Das Gleiche gilt für die erstmalige Ausstattung von Treppenhäusern mit beleuchteten Treppenlichttastern.[283]

142 **uu) Türschließanlage.** – s. Gegensprechanlage

143 **vv) Warmwasser.** Eine den Wohnraum verbessernde Modernisierung liegt nicht im Anschluss einer Wohnung an eine zentrale Warmwasserversorgungsanlage, wenn die Wohnung einen **Durchlauferhitzer** hat.[284] Allerdings kann eine solche Maßnahme unter dem Gesichtspunkt der Energieeinsparung zur Duldungspflicht des Mieters führen.

144 Der Einbau eines **Wärmezählers** für Warmwasser, zu dem der Vermieter spätestens bis 31.12.2013 verpflichtet ist (§ 9 Abs. 2 Satz 1 HeizkV), stellt eine duldungspflichtige Modernisierung i.S.d. § 555b BGB dar. Mit dem Einbau ist zwar weder eine Verbesserung des Wohnwertes noch eine Energieeinsparung verbunden.[285] Die Duldungspflicht des Mieters ergibt sich aber aus § 555b Nr. 6 iVm § 555d BGB, da der Einbau eine Maßnahme ist, die der Vermieter nicht zu vertreten hat und zudem keine Erhaltungsmaßnahme nach § 555a BGB darstellt.

145 **ww) Wohnumfeld.** Eine Verbesserung der gemieteten Räume liegt auch vor, wenn die Räume nicht selbst und unmittelbar durch die Maßnahmen betroffen sind. Es reicht aus, wenn beispielsweise das Wohnumfeld so gestaltet wird, dass der Mieter dadurch auch eine Verbesserung seiner Wohnverhältnisse erfährt. Daher kann die Neugestaltung und Begrünung einer Hof- und Rasenfläche eine nach Ziff. 5 duldungspflichtige Maßnahme sein,[286] insbesondere, wenn sie mit einer Entsiegelung der Bodenfläche und einer umfassenden Anpflanzung einhergeht[287]; nicht aber z.B. die **Dachbegrünung,** die keine Verbesserung der gemieteten Räume bewirkt, sondern lediglich eine Umgestaltung der Mietsache darstellt. Wird mit einer Maßnahme nur der Gebäudewert erhöht, ist die Duldungspflicht nach § 555b BGB ausgeschlossen und die Voraussetzungen der Duldung nach § 242 BGB zu prüfen.

146 Bei Maßnahmen zur Gestaltung des Wohnumfeldes kann eine Luxusmodernisierung vorliegen, wenn beispielsweise der Vermieter anfällige und exotische **Bepflanzungen** vornimmt, die bei der Pflege einen überdurchschnittlichen Aufwand erfordern[288]

147 **xx) Wohnungstür.** Der Austausch eines Bartschlosses gegen ein **Sicherheitsschloss** bringt ein Mehr an Sicherheit und ist daher eine Wertverbesserung.[289] – s. auch Haustür (Rdn. 116). Wird die Wohnungstür gegen eine Neue ausgetauscht, hat der Vermieter darzulegen, welche Konstruktionsmerkmale den Einbruchsschutz gegenüber der alten Tür erhöhen.[290]

148 **yy) Zentralheizung.** Zur Frage der Wohnwertverbesserung durch den Einbau einer Zentralheizung gibt es vielfältige Rechtsprechung. Grundsätzlich ist davon auszugehen, dass der Ersatz von Einzelöfen durch **zentralgesteuerte** Heizungsanlagen eine Modernisierung darstellt. So ist der

---

280 Kinne/Schach/Bieber § 555b Rdn. 32f.
281 AG Tiergarten GE 1988, 895.
282 AG Dülmen WuM 1998, 345.
283 OVG Berlin GE 1985, 683 zu § 11 AMVOB.
284 AG Charlottenburg MM 1990, 349.
285 *Kinne* GE 2009, 492.
286 AG Köln WuM 1987, 31; vgl. auch AG Löbau WuM 1994, 19.
287 *Fritz* ZMR 1997, 553, 557.
288 *Fritz* ZMR 1997, 553, 558.
289 VG Berlin GE 1988, 687 zu § 11 AMVOB.
290 LG Berlin MM 2001, 401.

Einbau einer Gasetagenheizung[291] oder einer Zentralheizung[292] anstelle von Einzelöfen eine Wohnwertverbesserung.[293]

Die Umstellung einer Gasetagenheizung auf Ölzentralheizung[294] oder Gaszentralheizung[295] oder die Ersetzung eines Gasherdes durch einen Elektroherd[296] verbessert den Gebrauchswert der Wohnung nicht. Dies sind rein technische **Umstellungen der Heizungsart,** die auch den Wohnwert nicht erhöhen. Damit kann aber eine Einsparung von Primärenergie (Ziff. 2) verbunden sein. Die Erweiterung einer Gasetagenheizung soll dagegen eine Modernisierung sein.[297] Die Umstellung von einer Koksheizung auf eine Ölzentralheizung stellt wegen des erhöhten Bedienungskomforts ebenfalls eine Wohnwertverbesserung dar.[298] **149**

Wird eine Wohnung zwar stufenweise, jedoch auf Grund eines umfassenden Modernisierungsvorhabens von Ofenheizung über eine Gasetagenheizung auf Ölzentralheizung umgestellt, so ist für den zur Beurteilung einer Wertverbesserung anzustellenden Vergleich von der vor Beginn des Gesamtvorhabens bestehenden Lage auszugehen und der von vornherein nicht auf Dauer vorgesehene Zwischenzustand außer Betracht zu lassen[299] (s. Rdn. 83). **150**

Kleinere Einschränkungen können von dem Mieter hinzunehmen sein. Wird die Zentralheizungsanlage durch eine zusätzliche Fußleistenheizung erweitert, um Energiekosten einzusparen, ist der Mieter zur Duldung der Maßnahme gem. Ziff. 1,2 verpflichtet, auch wenn Möbelstücke infolge der Modernisierung von den Zimmerwänden abgerückt bleiben müssen (siehe zum Problem der einhergehenden Verschlechterung Rdn. 9). **150a**

Der Austausch eines 5000 Liter fassenden **Heizöltanks** gegen einen, der 30000 Liter fasst, stellt keine Wertverbesserungsmaßnahme dar.[300] **150b**

7. Nicht zu vertretende Maßnahmen

Soweit es sich um Maßnahmen handelt, die dem Vermieter durch Gesetz, Verordnung oder gemeindliche Satzung auferlegt werden, ist § 555b Ziff. 6 BGB anwendbar (bei Konkurrenz mit Ziff. 1 s. Rdn. 55). Nach altem Recht musste für solche Maßnahmen auf § 242 BGB zurückgegriffen werden[301], um eine Duldungspflicht des Mieters zu begründen. Mit Aufnahme dieser „erzwungenen" baulichen Veränderungen in den Kanon der Modernisierungen des § 555b BGB ist allerdings auch die Härteregelung gem. § 555d BGB anwendbar, was der Gesetzgeber der Mietrechtsreform 2001 noch vermeiden wollte.[302] **151**

In Betracht kommen hier z. B. Maßnahmen des Denkmalschutzes[303] sowie ggf. Verpflichtungen aus der EnEV.[304] Aber auch der Einbau von Wärmezählern für die Erfassung des verbrauchten Warmwassers gem. § 9 Abs. 2 Satz 1 HeizKV bis zum 31. 12. 2013 fällt hierunter.[305] **152**

8. Schaffung neuen Wohnraums

Seit 1993 ist mit dem 4. Mietrechtsänderungsgesetz der Mieter auch verpflichtet, die Schaffung neuen Wohnraums durch Anbau, Ausbau oder Umbau der Wohnung oder des Hauses zu dulden **153**

---

291 LG Berlin GE 1999, 1359; NJW-RR 1992, 144 = MM 1991, 299 = GE 1991, 933; GE 1986, 1069; 1985, 479; WuM 1984, 219; AG Langenfeld WuM 1999, 284; AG Münster WuM 1996, 268; AG Bochum WuM 1983, 140.

292 LG Berlin GE 2003, 394; VG Berlin GE 1985, 785 zu § 11 AMVOB.

293 LG Berlin ZMR 2003, 488; vgl. auch VG Berlin GE 1984, 721 zu § 11 AMVOB.

294 OVG Berlin ZMR 1990, 75 = GE 1989, 569; GE 1986, 1217; s. auch AG Schöneberg GE 1984, 765.

295 BGH (VIII ZR 110/11) WuM 2012, 448 = MietPrax AK § 554 BGB Nr. 8 = NJW 2012, 2954 = MDR 2012, 448 = GE 2012, 1036; BGH (VIII ZR 25/12) WuM 2012, 677 = MietPrax-AK § 554 BGB Nr. 9 = NZM 2013, 141 = ZMR 2013, 106.

296 AG Hoyerswerda WuM 1997, 228.

297 VG Berlin GE 1981, 583 zu § 11 AMVOB.

298 VG Berlin GE 1982, 329; OVG Berlin GE 1986, 95 zu § 11 AMVOB.

299 OVG Berlin ZMR 1990, 75 = GE 1989, 569.

300 OVG Berlin GE 1990, 1263 zu § 11 AMVOB.

301 BGH (VIII ZR 110/08) WuM 2009, 290 = NZM 2009, 394 = NJW 2009, 1736 = GE 2009, 646 = MietPrax-AK § 554 BGB Nr. 4.

302 Begründung des Kabinettsentwurfs v. 19.7.2000, BT-Drucks. 14/4553 zu § 554 BGB; Nachweis bei *Börstinghaus/Eisenschmid,* Arbeitskommentar Neues Mietrecht, S. 194.

303 Hierzu umfassend *Goliasch* ZMR 1992, 129.

304 Siehe dazu BVerwG (5 B 28/13) GE 2013, 1468.

305 *Kinne* GE 2012, 303, 306.

(zum Rückbau von Wohnungen s. Rdn. 80ff.). Jetzt findet sich die Regelung in § 555b Ziff. 7. Darunter fällt in erster Linie der **Dachgeschossausbau,** der Ausbau von bisherigen Nebenräumen sowie die Aufstockung eines Gebäudes. Der Sinn und Zweck dieser Gesetzesfassung geht dahin, dass nicht nur solche Maßnahmen hinzunehmen sind, die den Wohnwert erhöhen, also sich für den Mieter vorteilhaft auswirken, sondern auch solche, die dazu dienen, den **wirtschaftlichen Wert** eines Hausgrundstücks auszuschöpfen.[306] Daher muss der Mieter beispielsweise das Verlegen von Leitungen und den Zutritt von Handwerkern dulden, soweit dies für den Ausbau notwendig ist.[307] Die Maßnahmen des Vermieters beziehen sich nur auf schon vorhandene Gebäudeteile. Will der Vermieter daher eine Baulücke schließen, kann sich eine Duldungspflicht des Mieters nur aus § 242 BGB ergeben (s. auch Rdn. 86). Zu einer Mieterhöhung nach § 559 BGB führen Maßnahmen nach § 555b Ziff. 7 BGB allerdings nur dann, wenn sie gleichzeitig zu einer Verbesserung nach Ziff. 4 oder 5 führen.

154 **a) Errichten eines neuen selbstständigen Gebäudes.** Wohnraum kann durch Baumaßnahmen in einem neuen selbstständigen Gebäude geschaffen werden. Diese Fälle sind für den Mieter dann von Bedeutung, wenn der Vermieter das Grundstück der Mietsache **faktisch aufteilt** und auf ihm ein neues Gebäude errichtet oder **Baulücken** schließt. In diesen Fällen wird dem Bau des neuen Gebäudes regelmäßig eine Kündigung gem. § 573b Abs. 1 Nr. 1 BGB (Einzelheiten s. dort Rdn. 6f.) vorangehen. Die Duldungspflicht ergibt sich in diesen Fällen allenfalls aus § 242 BGB, weil § 555d Abs. 2 BGB nicht den selbstständigen Neubau erfasst.

155 **b) Beseitigung von Schäden.** Der Vermieter kann Wohnraum auch dadurch schaffen, dass er Schäden an Gebäuden unter wesentlichem Bauaufwand beseitigt, und dadurch die Gebäude auf Dauer wieder zu Wohnzwecken nutzbar macht (§ 16 Abs. 1 Nr. 2 WoFG). Diese Maßnahme setzt somit voraus, dass die Räume **nicht auf Dauer** nutzbar sind. Davon ist auszugehen, wenn ein Gebäudeteil zerstört ist[308] oder wenn sich der Raum oder der Gebäudeteil in einem Zustand befindet, der aus bauordnungsrechtlichen Gründen eine dauernde, der Zweckbestimmung entsprechende Nutzung nicht gestattet. Unerheblich ist es, ob der Raum oder der Gebäudeteil zum Zeitpunkt der Schadenbeseitigung tatsächlich genutzt wird.

156 **c) Änderung, Nutzungsänderung oder Erweiterung von Gebäuden.** Änderungen, Nutzungsänderungen oder Erweiterungen von Gebäuden sind ebenfalls Schaffung von Wohnraum, wenn die Maßnahmen unter **wesentlichem** Bauaufwand getroffen werden (§ 16 Abs. 1 Nr. 3 WoFG). Von dieser Regelung werden insbesondere der Anbau sowie der Ausbau erfasst. Die Rechtsprechung, die den Anbau unter Geltung des früheren Rechts nicht als Modernisierung eingestuft hatte, ist daher veraltet.[309] Die Neugestaltung des Hauses muss i. E. mehr Wohnraum schaffen. Dass mehr Wohnungen entstehen, ist nicht erforderlich.[310] Daher ist bei einer Wohnraumerweiterung immer zu prüfen, ob darin eine nachhaltige Erhöhung des Gebrauchswertes der Mietsache gesehen werden kann, da nur in diesen Fällen der Vermieter zu einer Mieterhöhung gem. § 559 BGB befugt ist (siehe auch Rdn. 75a). Wann eine Altbauwohnung nach einem Anbau und nach Durchführung von Modernisierungsmaßnahmen als „bezugsfertig" gilt, richtet sich nach der Verkehrsauffassung.[311]

157 **Ausbau** ist das Schaffen von Wohnraum durch den Ausbau des **Dachgeschosses**[312] oder eine unter wesentlichem Bauaufwand durchgeführte **Umwandlung** von Räumen, die nach ihrer baulichen Anlage und Ausstattung bisher **anderen** als Wohnzwecken dienten (vgl. § 17 Abs. 1 Satz 1 II. WoBauG[313]). Dazu kann auch gehören, dass ein Einfamilienhaus ein zusätzliches Staffelgeschoss erhält[314], wobei im Einzelfall zu prüfen ist, ob ein den Charakter des Hauses verändernder Umbau nicht durch Vereinbarung ausgeschlossen wurde.[315] Der Ausbau von **Nebenräumen** zur gewerb-

---

[306] Bundestagsdrucksache 12/3254, S. 17.

[307] LG Berlin GE 1994, 455; 1994, 927; *Emmerich* in Staudinger § 554 Rdn. 17.

[308] Vgl. BGH (VIII ZR 298/13) WuM 2014, 546 = MietPrax-AK § 557 BGB Nr 11 = ZMR 2015, 13 = GE 2014, 1133.

[309] LG Köln WuM 1993, 40 = NJW-RR 1993, 1161; vgl. aber neue Rechtslage: AG Pankow-Weißensee GE 2008, 415 = NZM 2008, 769.

[310] LG Duisburg NZM 2000, 1000; *Bieber* in MünchKomm § 554 Rdn. 21.

[311] OVG NW WuM 1988, 229.

[312] Zum Umfang der Minderung vgl. LG Berlin GE 2001, 771.

[313] II WoBauG, aufgehoben durch Art. 2 des Gesetzes zur Reform des Wohnungsbaurechts vom 13.9.2001.

[314] BGH (VIII ZR 106/07) ZMR 2008, 116.

[315] LG Hamburg ZMR 2007, 455; zum vertraglichen Modernisierungsausschluss LG Berlin GE 2016, 1030.

lichen Nutzung dient nicht der Schaffung von Wohnraum. Hier kann sich eine Duldungspflicht des Mieters nur aus § 242 BGB ergeben.[316] (zum Abriss bzw. Rückbau vgl. Rdn. 80 ff.)

158 Die Durchführung von Heizungsrohren sowie Frischwasserrohren und Abwasserrohren ist vom Mieter zu dulden, wenn dadurch die in dem darüber liegenden Dachgeschoss einzubauende Wohnung an die Bewässerung und Entwässerung sowie an die Heizung angeschlossen wird[317] (s. Rdn. 75).

159 **d) Anpassung an geänderte Wohnbedürfnisse.** Wird Wohnraum unter wesentlichem Bauaufwand an geänderte Wohnbedürfnisse angepasst, liegt jedenfalls nach der Begriffsbestimmung des § 16 Abs. 1 Nr. 4 WoFG eine Maßnahme zur Schaffung von Wohnraum vor.[318] Hierbei ist insbesondere an den Umbau von Wohnraum zu denken, der den Änderungen in den Wohngewohnheiten Rechnung trägt.[319] Ein Bauaufwand ist den Kosten nach als wesentlich anzusehen, wenn er etwa ein Drittel des für einen vergleichbaren Neubau erforderlichen Aufwands erreicht.[320]

9. Übergangsregelung

160 Zur Regelung für laufende Mietverhältnisse hat der Gesetzgeber eine Übergangsregelung vorgesehen (s. § 555a Rdn. 13f.). Auf Mietverhältnisse, die vor Inkrafttreten des neuen Gesetzes entstanden sind, ist § 554 BGB in der alten Fassung anzuwenden, wenn

– dem Mieter die Mitteilung der Modernisierungsmaßnahme gem. § 554 Abs. 3 Satz 1 BGB a. F. vor dem Inkrafttreten des Gesetzes zugegangen ist oder
– bei Maßnahmen, die nur eine unerhebliche Auswirkung auf die Mietsache haben und nur zu einer unerheblichen Mieterhöhung führen (§ 554 Abs. 3 S. 3 BGB a. F.), der Vermieter mit der Ausführung der Maßnahme vor dem Inkrafttreten des Gesetzes begonnen hat (vgl. Vorbemerkung zu §§ 555a–555f BGB Rdn. 19).

---

316 *Blank* PiG Bd. 60, 2000, 79, 89.

317 LG Berlin MDR 1986, 589 = ZMR 1986, 169 = GE 1986, 609; **a. A.** LG Berlin GE 1994, 455 nach altem Recht.

318 Siehe § 556f Satz 2 BGB zum Begriff der „umfassenden Modernisierung".

319 Vgl. dazu BVerwG WuM 1990, 572 = NJW-RR 1990, 1425 = DÖV 1990, 894 zum steuerbegünstigten Wohnungsbau nach § 82 II WoBauG; *Bieber* in MünchKomm § 554 Rdn. 21.

320 BVerwGE 38, 286, 289f.; BGH (VIII ZR 316/09; VIII ZR 50/10) WuM 2010, 679 = MietPrax-AK § 16 WoFG Nr 1 = ZMR 2011, 107.

§ 555c Ankündigung von Modernisierungsmaßnahmen

(1) [1]Der Vermieter hat dem Mieter eine Modernisierungsmaßnahme spätestens drei Monate vor ihrem Beginn in Textform anzukündigen (Modernisierungsankündigung). [2]Die Modernisierungsankündigung muss Angaben enthalten über:

1. die Art und den voraussichtlichen Umfang der Modernisierungsmaßnahme in wesentlichen Zügen,

2. den voraussichtlichen Beginn und die voraussichtliche Dauer der Modernisierungsmaßnahme,

3. den Betrag der zu erwartenden Mieterhöhung, sofern eine Erhöhung nach § 559 verlangt werden soll, sowie die voraussichtlichen künftigen Betriebskosten.

(2) Der Vermieter soll den Mieter in der Modernisierungsankündigung auf die Form und die Frist des Härteeinwands nach § 555 d Absatz 3 Satz 1 hinweisen.

(3) In der Modernisierungsankündigung für eine Modernisierungsmaßnahme nach § 555 b Nummer 1 und 2 kann der Vermieter insbesondere hinsichtlich der energetischen Qualität von Bauteilen auf allgemein anerkannte Pauschalwerte Bezug nehmen.

(4) Die Absätze 1 bis 3 gelten nicht für Modernisierungsmaßnahmen, die nur mit einer unerheblichen Einwirkung auf die Mietsache verbunden sind und nur zu einer unerheblichen Mieterhöhung führen.

(5) Eine zum Nachteil des Mieters abweichende Vereinbarung ist unwirksam.

Systematische Übersicht

Alphabetische Schnellübersicht

A. Die Modernisierungsankündigung

1 Mit § 555 c BGB hat der Gesetzgeber erstmals eine Vorschrift allein für die Ankündigung einer Modernisierungsmaßnahme geschaffen. Absatz 1 entspricht im Wesentlichen § 554 Absatz 3 Satz 1 a. F. Darüber hinaus wurde in Satz 1 eine Legaldefinition der Modernisierungsankündigung einge-

führt. Sie wird bei der Härteregelung in § 555d BGB sowie bei dem Sonderkündigungsrecht in § 555e BGB aufgegriffen. Zudem ist die Ankündigung für den Zeitpunkt der Wirkung der Mieterhöhung nach § 559ff. BGB von Bedeutung. Satz 1 regelt darüber hinaus Form und Frist der Modernisierungsankündigung, während Satz 2 die Inhalte der Ankündigung regelt.

In der Modernisierungsankündigung soll der Mieter auf Form und Frist des Härteeinwandes hingewiesen werden (Absatz 2). **2**

Absatz 3 enthält eine ergänzende Regelung zum Inhalt der Modernisierungsankündigung. **3**

Absatz 4 entspricht § 554 Absatz 3 Satz 3 a. F. Wegen § 578 Abs. 2 BGB gilt die Vorschrift auch für Geschäfts- und Gewerberäume. **4**

I. Die Mitteilung durch den Vermieter

Die Modernisierungsankündigung gem. § 555c Abs. 1 BGB muss vom Vermieter ausgehen. Ist eine Mietwohnung von einer Bruchteilsgemeinschaft vermietet, kann die von ihr beanspruchte Duldung einer Wohnungsmodernisierung gem. § 432 Abs. 1 Satz 1 BGB auch von einzelnen ihrer Mitglieder aus eigenem Recht – klageweise – durchgesetzt werden.[1] Wird die Wohnung im zeitlichen Zusammenhang mit der Durchführung von Modernisierungsmaßnahmen veräußert, so kann der **Erwerber** die Mitteilung erst nach seiner Eintragung ins Grundbuch abgeben (vgl. § 566 BGB).[2] Das Recht des Vermieters auf Duldung von Modernisierungsmaßnahmen ist nicht auf Dritte übertragbar.[3] Auch die Eintragung einer Auflassungsvormerkung reicht nicht aus, den Erwerber für die Geltendmachung des Duldungsanspruchs zu legitimieren.[4] Frühere Erklärungen des noch nicht im Grundbuch eingetragenen Erwerbers werden durch eine **nachträglich** erfolgte Eintragung nicht geheilt.[5] **5**

Nachdem der XII. Zivilsenat in einem gewerblichen Mietverhältnis die Ermächtigung (§ 185 BGB) zur ordentlichen Kündigung für wirksam erklärt hat[6], hat nunmehr auch der VIII. Zivilsenat die Ermächtigung des Käufers einer Immobilie zur Durchführung von Modernisierungsmaßnahmen im Wohnraummietverhältnis vor der Grundbucheintragung gebilligt.[7] Die entscheidenden Argumente des VIII. Zivilsenats finden sich in der Auffassung, dass der Käufer ein (rechtliches) Eigeninteresse habe und der Mieter mit der Durchführung der Modernisierung keinen Nachteil erleide, weil schützenswerte Interessen nicht beeinträchtigt würden. Dem Mieter stehen weiterhin Minderungs- und Zurückbehaltungsrechte zu, wenn die baulichen Aktivitäten durch den ermächtigten Dritten zu einer wesentlichen Beeinträchtigung des vertragsgemäßen Gebrauchs führen. Darüber hinaus hat der Mieter gegen seinen Vermieter Erfüllungsansprüche, wenn es zu einem Baustillstand kommen sollte, z. B. weil der Kaufvertrag nicht vollzogen wird. Die Auffassung des BGH ist aber nicht zwingend. Problematisch ist die Ermächtigung in einem abgewandelten Fall, in dem der Mieter zur Vermeidung der Modernisierung die Wohnung gekündigt hat und wegen eines Streites zwischen den Kaufvertragsparteien die Modernisierung unterbleibt und der Verkauf rückabgewickelt wird.[8] Dann hat der Mieter durch diese Konstruktion seine Wohnung verloren. **6**

Der Erwerber ist gehalten, die Ermächtigung offen zu legen; zum einen, um dem Mieter die Möglichkeit einer an den Parteien orientierten Interessenabwägung zu ermöglichen und zum anderen, weil der Mieter die Erklärung sonst zurückweisen kann.[9] **7**

Sind mehrere Personen Vermieter bzw. Mieter, so muss die Mitteilung von allen Vermietern ausgehen bzw. an alle Mieter gerichtet sein. Geht das Schriftstück nur einem Mieter zu, reicht dies **8**

---

[1] BGH (VIII ZR 242/10) WuM 2011, 677 = MietPrax-AK § 554 BGB Nr. 6 = NJW 2012, 63 = NZM 2011, 849 = ZMR 2012, 94 = GE 2011, 1545.

[2] LG Berlin GE 1999, 1359; AG Charlottenburg GE 1984, 765.

[3] LG Berlin MM 1987, 29.

[4] LG Berlin GE 1983, 1161.

[5] **A. A.** LG Berlin MM 1991, 32.

[6] BGH WuM 1998, 99 = NJW 1998, 896 = MDR 1998, 271 = ZMR 1998, 214 = DWW 1998, 45 für die Kündigung eines gewerblichen Mietverhältnisses.

[7] BGH (VIII ZR 105/07) WuM 2008, 219 = NJW 2008, 1218 = NZM 2008, 469 = GE 2008, 469 = ZMR 2008, 519 = MietPrax_AK § 554 BGB Nr. 2; s. auch *Ingendoh,* jurisPR 8/2008 Anm. 4.

[8] *Scholz,* Anm. zu BGH ZMR 2008, 519.

[9] Offen gelassen BGH WuM 1998, 99 = NJW 1998, 896 = MDR 1998, 271 = ZMR 1998, 214 = DWW 1998, 45.

nur aus, wenn sich die Mieter gegenseitig zum Empfang von Erklärungen des Vermieters bevollmächtigt haben.[10] Eine allein an einen Mieter gerichtete Willenserklärung ist unwirksam.[11]

9 Die Mitteilung des Vermieters muss **vollständig** sein, insbesondere muss sie richtige Angaben zur Wohnung beinhalten, wie beispielsweise Angaben zum Grundriss bzw. zur Ausstattung.[12] Alle Erklärungen müssen in einer Mitteilung enthalten sein. Eine sukzessive Mitteilung über Art und Umfang der Maßnahmen entspricht nicht den Anforderungen des § 555c BGB.[13] Sinn der Mitteilung ist nämlich, dem Mieter zu ermöglichen, sich ein Bild über die bevorstehenden Arbeiten und ihre Auswirkungen auf das Mietverhältnis zu verschaffen. Dies ist mit einer nur „scheibchenweisen" Information schwerlich möglich.[14]

10 Wird in der Mitteilung ein Vertreter als Erklärender genannt, muss aus dem Schreiben die Person des Vermieters als Absender erkennbar und das Vertretungsverhältnis offen gelegt sein. Eine entsprechende Vollmachtsurkunde muss im Original beigefügt sein, weil anderenfalls der Mieter die Mitteilung gem. § 174 BGB unverzüglich zurückweisen kann.[15]

11 Bei der Mitteilung nach § 555c Abs. 1 BGB handelt es sich um eine **einseitige empfangsbedürftige** Willenserklärung[16]. Der Mieter ist umfassend über die beabsichtigten Baumaßnahmen zu informieren, weil diese in das bestehende Vertragsverhältnis ändernd eingreifen. Spätere wesentliche Änderungen gegenüber den ursprünglichen Angaben machen eine neue Mitteilung erforderlich[17] (s. Rdn. 14).

II. Die Modernisierungsmaßnahme

12 Während § 555a Abs. 2 BGB die Ankündigungspflicht des Vermieters von beabsichtigten Erhaltungsmaßnahmen regelt, schafft § 555c BGB eine Legaldefinition der Ankündigung bei beabsichtigten Modernisierungsmaßnahmen. Die Ankündigung von Modernisierungsmaßnahmen ist form- und fristgebunden, während die Ankündigung nach § 555a Abs. 2 BGB formlos ist und die Frist der Ankündigung sich auf die Rechtzeitigkeit beschränkt.

13 Die Modernisierungsmaßnahmen sind solche nach § 555b BGB. Es macht also keinen Unterschied aus, ob der Vermieter beispielsweise energetisch sanieren will oder ob er eine Maßnahme durchführen muss, die er nicht zu vertreten hat.

III. Die Ankündigungsfrist

14 Die dreimonatige Ankündigungsfrist ist eine **Mindestfrist.**[18] Das bleibt sie auch nach der Mietrechtsänderung 2013. Entscheidend ist, dass der Vermieter drei Monate warten muss, bevor er mit den Maßnahmen beginnen kann.[19] Vorher wird der Anspruch auf Duldung durch den Mieter nicht fällig.[20] Der Vermieter hat dem Mieter die Mitteilung „spätestens" drei Monate vor Beginn der Modernisierungsmaßnahme zuzuleiten. Durch die Einfügung des Wortes „spätestens" wurde klargestellt, dass auch frühere Mitteilungen, soweit sie den inhaltlichen Anforderungen genügen, wirksam sein können. Daher ist eine Ankündigung fehlerhaft, wenn die geplanten Arbeiten „in spätestens drei Monaten" ausgeführt werden sollen.[21] Der Vermieter kann daher nur eine längere, nicht aber kürzere Ankündigungsfrist wählen. Allerdings muss die Ankündigung noch in einem engen

[10] KG, Rechtsentscheid vom 25.10.1984, WuM 1985, 12 = NJW-RR 1986, 173 = ZMR 1985, 22 = DWW 1985, 149 = GE 1984, 1167; OLG Schleswig, Rechtsentscheid vom 22.3.1983, WuM 1983, 130 = NJW 1983, 1862 = MDR 1983, 670 = ZMR 1983, 249.

[11] OLG Celle WuM 1982, 102 = ZMR 1982, 245 = DWW 1982, 185 = OLGZ 1982, 254.

[12] LG Berlin WuM 2015, 670.

[13] LG Hamburg NZM 2001, 332; LG Berlin ZMR 1992, 546 = GE 1992, 1099; Kinne/Schach/Bieber § 555c Rdn. 7; *Sternel* NZM 2001, 1058, 1063; **a. A.** *Bieber* in MünchKomm § 554 Rdn. 36.

[14] *Thomsen,* S. 63.

[15] Vgl. OLG Hamm, Rechtsentscheid vom 28.5.1982, WuM 1982, 204 = NJW 1982, 2076 = MDR 1982, 851 = ZMR 1982, 374 = DWW 1982, 213 = GE 1982, 741 zu § 2 MHG.

[16] **A. A.** *Ulrici* NJW 2003, 2053 (geschäftsähnliche Handlung).

[17] LG Hamburg WuM 2005, 60; *Kossmann* § 44 Rdn. 67.

[18] *Thomsen,* S. 64; *Kinne/Blümmel* DWW 1988, 302.

[19] *Kossmann* § 44 Rdn. 76; *Thomsen,* S. 64.

[20] LG Kempten WuM 2016, 345; *Blank*/Börstinghaus § 555c BGB Rdn. 29.

[21] AG Köln MietRB 2005, 89 mit Anmerkung *Walburg.*

zeitlichen Zusammenhang zu der Modernisierungsmaßnahme stehen,[22] weil sonst die in § 555e Abs. 1 BGB festgelegte Kündigungsfrist missbraucht werden könnte, z. B., um den Mieter möglichst frühzeitig zur Kündigung zu zwingen, wenn er die Folgen der Modernisierung, beispielsweise die künftige Mieterhöhung, abwenden will.

Es ist unschädlich, wenn der Vermieter die zunächst unvollständigen Angaben in einem weiteren Schreiben vor Beginn der 3-Monatsfrist vervollständigt. Entscheidend ist der zeitliche Zusammenhang, der die Nachholung der Information auch für den Mieter erkennbar lassen muss. Der Vermieter darf aber die **Bestandteile** der Ankündigung nicht splitten und dem Mieter über einen längeren Zeitraum nur sukzessiv bekannt geben, ohne die Angaben insgesamt in einer Mitteilung dem Mieter innerhalb des gesetzlich vorgegebenen Zeitraumes zuzuleiten. Das wäre beispielsweise der Fall, wenn der Vermieter dem Mieter etwa 6 Monate vor Beginn der Bauarbeiten die Art der beabsichtigten Maßnahme mitteilt und erst 3 Monate vor Baubeginn die restlichen Angaben zum voraussichtlichen Umfang und Dauer der Maßnahmen macht. Der Vermieter als Bauherr besitzt alle erforderlichen Daten schon vor Baubeginn, so dass es ihm regelmäßig zumutbar ist, diese dem Mieter übersichtlich und nachvollziehbar in einer einheitlichen Erklärung bekannt zu geben. Zudem würde mit einem solchen Vorgehen der Zeitpunkt der Ausübung des Sonderkündigungsrechts manipuliert (s. Rdn. 14). 15

Die Fristberechnung erfolgt nach §§ 187, 188 BGB. Die Frist beginnt mit dem Tag, der dem **Zugang** der Mitteilung beim Mieter folgt.[23] Sie endet an dem Tag, der durch seine Zahl dem Tag des Zugangs entspricht. Fehlt in dem Monat, in dem die Frist endet, der für ihren Ablauf maßgebende Tag, so endet die Frist mit dem Ablauf des letzten Tages des Monats (zum Beginn der Maßnahme s. Rdn. 37 ff.). 16

Für die Frage, ob die Mitteilung dem Mieter rechtzeitig zugegangen ist, muss auf den „Beginn der Modernisierungsmaßnahme" abgestellt werden. Bloße **Vorbereitungshandlungen** ohne Einwirkungen auf den Mietgebrauch oder das Gebäude reichen nicht aus.[24] Daher sind technische oder planerische Vorbereitungen beim Bauherrn oder seinem Architekten unbeachtlich. Von einem Beginn der Maßnahme kann man nur ausgehen, wenn tatsächlich Baumaßnahmen ergriffen worden sind. Diese müssen sich wiederum auf die Wohnung, das Haus oder das Hausgrundstück beziehen. Plant der Vermieter daher umfangreiche Sanierungsmaßnahmen am Haus und beginnt er mit Maßnahmen außerhalb des Hausgrundstücks, z. B. mit der Erstellung neuer Parkplätze auf dem **Nachbargrundstück,** dann liegt darin noch kein Beginn der baulichen Maßnahme. Sind für die beabsichtigte Modernisierung nur die Maschinen bereitgestellt worden, dient diese Tätigkeit lediglich der technischen Vorbereitung; ein Baubeginn ist darin nicht zu sehen. Auch die Einleitung von Vorfertigungsarbeiten, die zwecks Herstellung bestimmter Bauteile erforderlich werden kann, stellt keinen Baubeginn dar. Die Maßnahmen des Vermieters müssen einen unmittelbaren Grundstücksbezug aufweisen. Anderenfalls wäre die notwendige Transparenz und Erkennbarkeit der Baumaßnahme nicht gewährleistet. 17

Die Beseitigung von **Schutt** und **Gerümpel,** die erforderlich ist, um in einem bestimmten Raum Modernisierungsmaßnahmen durchführen zu können, ist noch nicht Teil der Baumaßnahme.[25] Solche Maßnahmen können sinnvollerweise auch ohne Modernisierung durchgeführt werden und sind daher dem Bereich der Instandsetzung zuzuordnen. 18

Mit der Modernisierung wird allerdings begonnen, wenn der Vermieter z. B. das **Haus einrüstet, Zugangswege** zur Baustelle schafft oder wenn **Leitungen** für Strom und Wasser zwecks Versorgung des Baustellenbetriebs verlegt werden. Solche Maßnahmen wären ohne die nachfolgende Modernisierung sinn- und zwecklos und müssen ihr daher zugeordnet werden.[26] Dabei ist es nicht erforderlich, dass die Baumaßnahme einen bestimmten Umfang erreicht haben muss. Es genügt, wenn mit den Arbeiten im Wortsinne begonnen, also der erste Spatenstich gesetzt wurde. 19

Der Vermieter hat wegen der notwendigen Planungssicherheit ein berechtigtes Interesse daran, möglichst frühzeitig zu erfahren, ob der Mieter die Arbeiten dulden oder Einwände vorbringen will. Dem hat der Gesetzgeber dadurch Rechnung getragen, dass er den Mieter verpflichtet, ggf. Härten bis zum Ablauf des Monats vorzubringen, der auf den Zugang der Modernisierungsankün- 20

---

[22] **A. A.** *Kinne/Blümmel* DWW 1988, 302.
[23] AG Berlin-Schöneberg NJW-RR 1992, 269 = MM 1991, 301.
[24] LG Hamburg WuM 2005, 60; *Schüller* in Bub/Treier III. A Rdn. 2684.
[25] OVG Berlin GE 1985, 1201 zu § 11 AMVOB.
[26] OVG Berlin GE 1985, 1201 zu § 11 AMVOB.

digung folgt (§ 555d Abs. 3 BGB). Weiterer Entgegenkommen des Mieters bedarf es daher nicht, so dass er nicht etwa gehalten ist, auf **Nachfrage** des Vermieters diesem den Stand seiner Überlegung mitzuteilen.[27] In der gleichen Frist mutet das Gesetz dem Mieter zu, sich zu entscheiden, ob er das Mietverhältnis wegen der Baumaßnahmen kündigen will. Der Mieter hat somit regelmäßig wenig zeitlichen Spielraum (näheres s. § 555d).

21 § 555c BGB gilt auch bei einer vom Vermieter zugelassenen Modernisierung durch einen Wohnungsnachbarn, soweit der Mieter durch die baulichen Maßnahmen seines Nachbarn im vertragsgemäßen Gebrauch gestört wird. Denn es kommt nicht darauf an, wer die Modernisierungsmaßnahme durchführt. Entscheidend ist, dass der Vermieter die Maßnahme billigt, weil er sonst gegen den Dritten zum Schutz der Mitmieter vorgehen müsste. Daher muss der Mieter solche Maßnahmen nur dulden, wenn alle erforderlichen Voraussetzungen der Duldungsvorschriften vorliegen.[28]

IV. Die Textform der Modernisierungsankündigung

22 Der Vermieter muss die Maßnahme in Textform ankündigen (zur Textform siehe § 550 Rdn. 77 ff.). Das Mietrechtsreformgesetz 2001 hat die Textform in § 554 BGB a. F. erstmals für die Modernisierungsregelungen übernommen. § 126b BGB soll die Textform als „verkehrsfähige" Form von **unterschriftslosen** Erklärungen installieren. Im Bereich der Modernisierung sah der Gesetzgeber das Informationsbedürfnis im Vordergrund und erachtete daher die Textform als ausreichend.[29] Mit dem Mietrechtsänderungsgesetz 2013 wurde diese Einschätzung aufrechterhalten.

23 Kennzeichen der Textform ist die Fixierung einer Mitteilung oder Erklärung in lesbare Schriftzeichen. Darüber hinaus muss der Urheber der Erklärung sowie ihr räumlicher Abschluss erkennbar sein.[30] Da es keiner eigenhändigen Unterschrift bedarf, ist die Fixierung des Textes sowohl auf Papier, Disketten, CD-Roms und USB-Sticks. möglich.[31] Auch gesprochene Mitteilungen entsprechen nicht der Form, selbst wenn sie in **digitalisierter** Form vorliegt und mit Hilfe spezieller Anwendungen in einen sichtbaren Text umgewandelt werden können.[32]

23a § 126b BGB[33] verlangt eine lesbare Erklärung, in der die Person des Erklärenden genannt ist und die auf einem dauerhaften Datenträger abgegeben wird. Die Erklärung muss somit einen Urheber und Absender erkennen lassen. Die Anforderungen richten sich nach den allgemeinen Regeln. Der räumliche Abschluss der Erklärung erfolgt i. d. R. durch Setzen des Namens. Der Zugang[34] der Erklärung in Textform setzt voraus, dass die grafischen Zeichen, wie Buchstaben und Ziffern, auch bei dem Empfänger erscheinen und nicht etwa nur in **Maschinensprache** vorliegen.[35] Bei der Wohnraummiete erreicht eine Erklärung per E-Mail den Adressaten, auch wenn die E-Mail-Adresse dem Vermieter bekannt gegeben wurde, erst mit dem Abruf durch den Empfänger. Der Mieter hat keine Nachforschungspflicht bzw. Überwachungspflicht bezüglich des E-Mail-Accounts. Weitere Einzelheiten zur Textform s. § 550 BGB Rdn. 77 ff.

V. Die Angaben zur Modernisierungsmaßnahme

24 Gemäß § 555c Abs. 1 Satz 2 BGB hat der Vermieter dem Mieter spätestens drei Monate vor Beginn der Maßnahme deren Art, sowie voraussichtlichen Umfang, voraussichtlichen Beginn und voraussichtliche Dauer sowie die zu erwartende Erhöhung der Miete in Textform (§ 126b BGB) mitzuteilen. Damit soll dem Mieter die Möglichkeit der Prüfung gegeben werden, ob er die vom Vermieter angestrebte Modernisierungsmaßnahme dulden muss oder ob er ggf. von seinem außerordentlichen Kündigungsrecht nach § 555e BGB Gebrauch machen will. Der Vermieter hat daher dem Mieter alle Angaben zu machen, die für die Beurteilung als Modernisierungsmaßnahme und als Grundlage für die vorzunehmende Interessenabwägung notwendig sind. Will der Vermieter bei-

[27] So KG ZMR 2010, 180 = GE 2009, 1553 = NZM 2010, 203 = DWW 2010, 146 zu § 554 BGB a. F.
[28] OLG München WuM 1991, 481.
[29] Begründung des Regierungsentwurfs, BT-Drucksache 14/4987, S. 21.
[30] BT-Drucks. 14/4987, S. 19; s. im Einzelnen *Mankowski* ZMR 2002, 481 ff.
[31] Zur Zulässigkeit von emails bei Wohnraummietverträgen, s. *Lammel* ZMR 2002, 333, 336.
[32] BT-Drucks. 14/4987, S. 20.
[33] § 126b BGB idF v. 20. September 2013, BGBl. I, 3642.
[34] Zum Zugangsproblem von emails und anderen elektronischen Nachrichten vgl. *Nowak* MDR 2001, 841; *Vehslage* AnwBl 2002, 86, 87.
[35] *Mankowski* ZMR 2002, 481, 482.

spielsweise eine energetische Modernisierung vornehmen, sind die Angaben nach Abs. 3 zu machen (s. Rdn. 57ff.) Die formalen Anforderungen der Mitteilungspflicht des Vermieters entfallen, wenn er lediglich Maßnahmen durchführen will, die mit keiner oder nur mit einer unerheblichen Einwirkung auf die vermieteten Räume verbunden sind und zu keiner oder nur zu einer unerheblichen Erhöhung der Miete führen (Abs. 4). Das betrifft aber nur die Anforderungen nach Abs. 2, nicht die Mitteilung selbst und wegen Art. 13, 14 GG erst recht nicht bei Modernisierungsmaßnahmen, soweit zu ihrer Durchführung die Wohnung des Mieters betreten werden muss. (vgl. auch § 555a Abs. 2 BGB).

Der Umfang der inhaltlichen Anforderungen an die Mitteilungspflicht[36] hat schon in der Vergangenheit in der Literatur Kritik erfahren,[37] da mit ihnen dem Vermieter die Modernisierung faktisch unmöglich gemacht werde. Der Mieter verdiene keinen Schutz vor Maßnahmen, die materiell im Einklang mit dem Gesetz stünden. Das Modernisierungsrecht dürfe daher nicht so angewendet werden, dass es faktisch zu einem Modernisierungsstopp führe. Dies habe auch das Bundesverfassungsgericht[38] für Mieterhöhungsverlangen des Vermieters postuliert. Der Gesetzgeber hat diese Kritik schon mit dem Mietrechtsreformgesetz 2001 aufgegriffen und die Voraussetzungen für eine wirksame Ankündigung der Modernisierungsvorhaben erleichtert[39], indem der Vermieter nur den voraussichtlichen Umfang der geplanten Maßnahme darlegen musste. Damit sollte insbesondere auch dem Umstand Rechnung getragen werden, dass der Vermieter häufig zu präzisen Angaben nicht in der Lage ist.[40] Nach Auffassung des BGH hat die in § 554 Abs. 3 Satz 1 BGB a. F. (§ 555c Abs. 1 BGB) geregelte Mitteilungspflicht nicht zum Ziel, die rechtliche Befugnis des Vermieters zur Durchführung von Modernisierungsmaßnahmen einzuschränken, sondern sie soll dem Mieter lediglich einen ergänzenden Schutz bei der Durchführung von Modernisierungsmaßnahmen gewähren.[41] Mit dieser Beschränkung der Mieterrechte ist der Senat dem Vermieterinteresse weiter entgegengekommen. Mit seiner Entscheidung aus dem Jahre 2007[42] stellte der Senat noch fest, dass die Mitteilungspflicht dem Schutz des Mieters dient, nicht aber den Vermieter in seinem Mieterhöhungsrecht nach Durchführung der Modernisierung beschränken soll. 25

Beide Sichtweisen geben dem Umstand zu wenig Raum, dass mit der Modernisierung der Vermieter den Vertragsgegenstand einseitig ändert und daher nicht nur der Mieter besonders schutzwürdig ist, sondern auch die Duldungstatbestände eine einengende Auslegung erfahren müssen. Bei dem Wunsch, dem Vermieter die Anpassung der Wohnungen an zeitgemäße Wohnverhältnisse zu ermöglichen oder ihm die Möglichkeit einzuräumen, den Wohnraum energetisch zu ertüchtigen, darf nicht unberücksichtigt bleiben, dass der Vermieter sich vertraglich auch bezüglich des Vertragsgegenstandes gebunden hat und Änderungen diesbezüglich nicht die Regel sondern die Ausnahmen sind. Nach dieser Maßgabe hat der Vermieter dem Mieter ein hinreichendes Bild von dem zu vermitteln, was mit der geplanten Modernisierung voraussichtlich an Änderungen auf ihn zukommt.[43] Diese Vorgehensweise befördert auch das Vertrauensverhältnis zwischen den Vertragsparteien.[44] Der Vorlage eines Bauzeitenplans bedarf es aber regelmäßig nicht. 26

Es reicht nicht aus, wenn der Vermieter nur allgemein und pauschal die Maßnahmen am und im Haus beschreibt. Die Mitteilung muss vielmehr **individuell** für die Wohnung des Mieters erfolgen[45] (s. Rdn. 33). Sie muss die geplante Maßnahme, ihre Bedeutung und ihre Auswirkungen sowie die vermutliche Mietzinserhöhung so konkret wie möglich beschreiben.[46] Die Ankündigung 27

---

[36] Zum Klageantrag auf Duldung der Modernisierung siehe BGH (VIII ZR 242/10) WuM 2011, 677 = MietPrax-AK § 554 BGB Nr. 6 = NJW 2012, 63 = ZMR 2012, 94 = NZM 2011, 849 = GE 2011, 1545.

[37] *Steike* DWW 2000, 47, 48 m. w. N.

[38] BVerfG WuM 1986, 237 = NJW 1987, 313 = MDR 1986, 821 = DWW 1986, 173; WuM 1980, 123 = NJW 1980, 1617 = MDR 1980, 732= ZMR 1981, 57.

[39] *Jansen,* BBauBl. 2001, 12, 16.

[40] Begründung zu § 554 Kabinettsentwurf – Nachweis bei *Börstinghaus/Eisenschmid,* S. 193.

[41] BGH (VIII ZR 242/10) WuM 2011, 677 = MietPrax-AK § 554 BGB Nr. 6 = NJW 2012, 63 = ZMR 2012, 94 = NZM 2011, 849 = GE 2011, 1545.

[42] BGH (VIII ZR 6/07) WuM 2007, 630 = MietPrax-AK § 559 BGB Nr. 1 = NJW 2007, 3565 = ZMR 2008, 186 = NZM 2007, 882 = GE 2007, 1479.

[43] BGH (VIII ZR 242/10) MietPrax-AK § 554 BGB Nr. 6 = WuM 2011, 677 = NJW 2012, 63 = NZM 2011, 849 = GE 2011, 1545.

[44] *Schach* in: jurisPR-MietR 23/2011 Anm. 2.

[45] AG Langenfeld WuM 1999, 284; Kinne/Schach/Bieber, § 555c Rdn. 38.

[46] LG Berlin GE 1987, 521; WuM 1987, 386 = MDR 1987, 325 = GE 1986, 1121; AG Stuttgart WuM 2006, 33; *Emmerich* in Staudinger § 554 Rdn. 44.

darf daher keine Vorbehalte enthalten.[47] Die Ankündigungspflicht gilt selbst dann, wenn der Vermieter nach Abschluss der Baumaßnahmen keine Mieterhöhung beabsichtigt.[48]

28 Werden in der Ankündigung die gesetzlichen Anforderungen nicht berücksichtigt, ist die Mitteilung unwirksam.[49] Die Ankündigung muss somit neu erklärt werden.[50] Der Grund hierfür lässt sich beispielhaft belegen. Der Mieter kann z. B. nur durch detaillierte Angaben zu der Lage der über Putz verlaufenden Steige – und Ringleitungen sowie der Heizkörper[51] prüfen, ob die beabsichtigten Maßnahmen beispielsweise den räumlichen **Zuschnitt** der Wohnung verändern oder ob sie durch den Verlauf der Leitungen sowie die Lage der Heizkörper **Stellfläche** wegnehmen.[52] Daher sind auch „übliche" Baumaßnahmen detailliert anzukündigen.[53] Dies gebietet auch die Rechtssicherheit, da über das, was „üblich" ist, zwischen Vermieter und Mieter selten Einigkeit bestehen wird. Dient die Maßnahme der Energieeinsparung, muss der Vermieter nachvollziehbar Einzelheiten zur voraussichtlichen **Verbrauchsminderung** darlegen[54] (s. Rdn. 57ff.).

29 Keinesfalls gilt die Ankündigungspflicht nur für Arbeiten in der Wohnung.[55] Denn die Ankündigung dient der Vorbereitung des Mieters auf alle geplanten Maßnahmen, damit er sich seinen Bedürfnissen entsprechend darauf einstellen und einrichten kann.[56] Die Mitteilungspflicht besteht daher auch für Arbeiten im **Außenbereich,**[57] also außerhalb des Gebäudes. Derartige Maßnahmen außerhalb der Mieträume können z. B. sein der Einbau eines Fahrstuhls im Treppenhaus[58] oder die Wärmedämmmaßnahme[59] an der Fassade.

30 Eine Ankündigung nach § 555c Abs. 1 BGB ist auch dann erforderlich, wenn der Vermieter mehrere Bagatellmaßnahmen durchführen will, die insgesamt zu einer erheblichen Beeinträchtigung oder Mieterhöhung führen. Dies gilt auch dann, wenn jede Maßnahme für sich betrachtet **ohne** vorherige Ankündigung durchgeführt werden könnte. Die gleichen Grundsätze sind zu beachten, wenn im Zuge einer umfangreichen Modernisierung eine oder mehrere **Bagatellmaßnahmen** mit erledigt werden.[60]

1. Die Art der Maßnahme

31 Die Art der Maßnahme betrifft das einzelne Werk, also z. B. den Einbau neuer Fenster, neuer Heizkörper, die Veränderung des Grundrisses oder die Durchführung von Wärmedämmmaßnahmen. Der Vermieter muss somit klar und präzise darlegen, welche baulichen Maßnahmen beabsichtigt sind.[61] Im Einzelfall kann dies dazu führen, dass er auch Angaben über Details oder sogar **Baustoffe** geben muss. Will der Vermieter beispielsweise eine Dämmschicht aufbringen, muss er dem Mieter auf Nachfrage Angaben machen, ob diese den geltenden Baunormen bzw. der EnEV entspricht. Daher ist der Vermieter auch gehalten, beim Austausch von Heizungsanlagen darzulegen, ob und warum es sich dabei um eine Verbesserung der Mietsache bzw. um eine Energieeinsparungsmaßnahme handelt[62] (siehe dazu Rdn. 57ff.).

2. Der voraussichtliche Umfang

32 Der Vermieter hat dem Mieter den „voraussichtlichen" Umfang der Maßnahme mitzuteilen. Der Umfang der baulichen Maßnahmen betrifft die Schwere des Eingriffs in die Bausubstanz und in die Wohnsituation des Mieters. Der Vermieter ist überfordert, die **Bauschritte** seiner einzelnen Ge-

[47] Kinne/Schach/Bieber, § 555c Rdn. 38; *Beuermann* GE 1986, 8.
[48] LG Berlin GE 1990, 763.
[49] LG Berlin WuM 1987, 386 = MDR 1987, 325 = GE 1986, 1121; AG Tempelhof-Kreuzberg MM 1984, 133.
[50] LG Berlin GE 2017, 977.
[51] LG Berlin ZMR 1999, 554; **a. A.** *Steike* DWW 2000, 47, 50.
[52] AG Köpenick GE 2009, 1051.
[53] LG Berlin GE 1985, 1033; **a. A.** *Kinne/Schach/Bieber,* § 555c Rdn. 38.
[54] LG Berlin GE 1999, 575; LG Nürnberg-Fürth WuM 1993, 670; LG Lübeck WuM 1990, 499.
[55] So aber LG Berlin GE 1996, 415.
[56] *Ratjen* PiG Bd. 58, 1999, 15.
[57] LG Berlin WuM 1987, 386 = MDR 1987, 325 = GE 1986, 1121.
[58] LG Berlin WuM 1987, 386 = MDR 1987, 325 = GE 1986, 1121.
[59] LG Düsseldorf WuM 1999, 113.
[60] **A. A.** AG Berlin-Tiergarten GE 1991, 153.
[61] AG Berlin-Köpenick GE 2010, 415.
[62] LG Berlin GE 2013, 516 zum Wirkungsgrad der Heizungsanlage.

werke in jedem Fall vorauszuplanen. Häufig führen erst im Zuge der Baumaßnahmen auftretende technische Fragestellungen zu neuen Lösungen, die anders geartete Eingriffe als geplant erfordern[63]. Daher ist es sachgerecht, wenn der Vermieter nur den **voraussichtlichen** Umfang der Maßnahme im Ankündigungsschreiben angeben muss. Denn es kann vorkommen, dass aus bautechnischen Gründen Änderungen gegenüber der Ankündigung und der ursprünglichen Planung notwendig werden. Der Begriff „voraussichtlich" befugt aber den Vermieter keinesfalls, während der Baumaßnahme quasi willkürlich Veränderungen gegenüber seiner ursprünglichen Planungsabsicht vorzunehmen. Der Begriff „voraussichtlich" räumt ihm kein freies Ermessen hinsichtlich der Bauausführung ein, sondern gibt ihm lediglich einen **Durchführungsspielraum** im Falle technischer unvorhergesehener Hindernisse.

Hinsichtlich der Art und des voraussichtlichen Umfangs der Maßnahme soll der Mieter eine Vorstellung davon bekommen, wie er durch die geplanten Maßnahmen beeinträchtigt wird.[64] Der Umfang der Mitteilungspflicht bleibt insoweit im Einzelnen streitig. Eine Lösung durch den Gesetzgeber ist nicht erfolgt, auch wenn er den voraussichtlichen Umfang der geplanten Maßnahmen nur „in wesentlichen Zügen" aufzeigen muss. Zwar muss eine Modernisierungsankündigung nicht jede Einzelheit der beabsichtigten Modernisierungsmaßnahme beschreiben und nicht jede mögliche Auswirkung mitteilen. Sie muss aber so konkret gefasst sein, dass sie den Informationsbedürfnissen des Mieters Rechnung trägt, das Ziel der beabsichtigten Modernisierung und die zu dessen Erreichung geplanten Maßnahmen zu erfahren, um ihm darüber eine zureichende Kenntnis zu vermitteln, in welcher Weise die Wohnung durch die geplanten Maßnahmen verändert wird und wie sich diese Maßnahmen künftig auf den Mietgebrauch einschließlich etwaiger Verwendungen des Mieters sowie die zu zahlende Miete auswirken.[65] Diese vom BGH zu § 554 BGB a. F. aufgestellten Mindestanforderungen werden auch nach neuem Recht einzuhalten sein, da die Formulierung „in wesentlichen Zügen" den Inhalt der vorgenannten BGH-Entscheidung wiedergibt. Dennoch gibt die Formulierung den Gerichten einen weiten Auslegungsspielraum, der bestehende Unsicherheiten nicht vermindert.[66] In diesem Sinne ist es jedenfalls ausreichend, wenn der Vermieter den Austausch aller Fenster im Treppenhaus ankündigt, ohne die Zahl der Fenster zu nennen.[67] 33

Soll eine Wohnung modernisiert werden, so sind im Ankündigungsschreiben die Maßnahmen im Einzelnen zu beschreiben, so dass der Mieter deren Auswirkungen auf alle Räume, einschließlich auf die Möblierung der Wohnung prüfen kann.[68] Eine ungefähre, stichwortartige Beschreibung der Arbeiten wird daher in aller Regel nicht ausreichen, dem Informationsbedürfnis des Mieters gerecht zu werden.[69] Es ist zu kurz gegriffen, wenn die Auffassung vertreten wird, dass der Vermieter nur solche Maßnahmen in der Ankündigung beschreiben müsse, die Einfluss auf den Zuschnitt der Wohnung hätten. Begründet wird diese Auffassung damit, dass der Gesetzgeber dem Mieter nur darüber Informationen zukommen lassen wollte.[70] Der Gesetzestext lässt dagegen an keiner Stelle erkennen, dass hinsichtlich der baulichen Maßnahmen die Informationspflicht des Vermieters nur den **Zuschnitt** der Wohnung betrifft. Es ist für den Mieter gleichermaßen von Bedeutung, ob er wegen des erstmaligen Anbringens von Heizkörpern oder wegen des Verlegens von über Putz verlaufenden Rohrleitungen **Stellfläche** für seine Möbel verliert. Daher ist es für den Mieter von erheblichem Belang, ob Rohrleitungen auf oder unter Putz verlegt werden und im ersteren Fall, soweit z. B. Stellfläche verloren geht – welchen Verlauf sie haben werden.[71] Es genügt daher dem Konkretisierungsgebot des § 555c Abs. 1 Ziff. 1 BGB nicht, wenn der Vermieter beim Einbau einer 34

[63] BGH (VIII ZR 242/10) MietPrax-AK § 554 BGB Nr. 6 = WuM 2011, 677 = NJW 2012, 63 = NZM 2011, 849 = GE 2011, 1545.
[64] BGH (VIII ZR 242/10) WuM 2011, 677 = NJW 2012, 63 = MietPrax-AK § 554 BGB Nr. 6 = NZM 2011, 849 = GE 2011, 1545.
[65] (BGH (VIII ZR 242/10) WuM 2011, 677 = NJW 2012, 63 = MietPrax-AK § 554 BGB Nr. 6 = NZM 2011, 849 = GE 2011, 1545.
[66] *Hinz* ZMR 2012, 153, 156; *Neuhaus* ZMR 2013, 686, 690.
[67] LG Berlin GE 2016, 977.
[68] LG Berlin GE 2011, 1085; LG Hamburg WuM 2005, 60; WuM 1992, 121; WuM 1990, 18; AG Stuttgart WuM 2006, 33; *Kossmann* § 44 Rdn. 63.
[69] *Thomsen*, S. 65.
[70] *Steike* DWW 2000, 47, 50.
[71] LG Hamburg WuM 1992, 121; AG Stuttgart WuM 2006, 33; AG Schöneberg GE 1987, 285; *Kossmann* § 44 Rdn. 63.

Zentralheizungsanlage keine Angaben über die Größe der Heizkörper macht.[72] Dagegen ist es ohne Einfluss auf die Duldungspflicht, wenn der Vermieter eine Gaszentralheizung angekündigt, aber eine Ölzentralheizung eingebaut hat,[73] weil dies für den Mieter keinen sachlichen Unterschied bedeutet und insbesondere keinen Einfluss auf die Ausstattung der Wohnung hat.

35 Die Angaben müssen vollständig in dem Ankündigungsschreiben enthalten sein. Eine nachträgliche Substantiierung führt nicht zu einer Heilung ex tunc.[74] Allerdings muss der Vermieter nicht jedes mögliche Detail dem Mieter ankündigen, zumal technische Einzelfragen ohnehin häufig erst während der Bauphase auftreten und eine andere Form der Durchführung als geplant erforderlich machen.[75]

36 Beim Einbau einer **Gasetagenheizung** (anstelle einer Einzelofenheizung) ist es somit notwendig, dem Mieter die Anzahl der Heizkörper, den Ort ihrer Anbringung und die Größe sowie den Standort der Gastherme mitzuteilen.[76] Bei einer energetischen Modernisierung (§ 555b Nummer 1 BGB) ist regelmäßig auch die Darlegung erforderlich, dass die geplante Maßnahme zu einer Endenergieeinsparung führt[77] (siehe auch Rdn. 57).

3. Voraussichtlicher Beginn der Maßnahme

37 Schon § 554 BGB a. F. sah vor, dass der Vermieter nicht den Beginn, sondern den „voraussichtlichen“ Beginn der Maßnahme dem Mieter mitteilen muss. Sinn und Zweck dieser Regelung sind darin zu sehen, dass der Vermieter bei einem **unerwarteten verspäteten** Baubeginn nicht verpflichtet wird, das Ankündigungsschreiben an den Mieter mit der Folge eines neuen Fristenlaufes zu wiederholen. Welcher Zeitraum dabei noch von dem Begriff „voraussichtlich“ erfasst wird, bedarf der Auslegung und wird maßgeblich von den Umständen des Einzelfalls beeinflusst.

38 Dennoch ist der Vermieter gehalten, einen möglichst genauen Termin zu benennen. Dies wird der Tag sein, den er mit den Handwerkern zur Durchführung der Maßnahmen vereinbart hat. Daher wird es dem Vermieter i. d. R. möglich sein, ein **konkretes** Datum zu nennen.[78] Ein taggenaues Datum ist aber nicht in jedem Fall erforderlich. Im Einzelfall kann auch die Angabe einer kurzen Zeitspanne von **einigen** Tagen ausreichend sein, z. B. wenn das Handwerksunternehmen den Baubeginn von der Fertigstellung eines anderen Gewerkes abhängig macht und Verzögerungen nicht auszuschließen sind.[79] Eine ungenaue und daher zu unbestimmte Terminangabe liegt aber regelmäßig vor, wenn der Vermieter den Beginn der Arbeiten **„zwischen Januar und Februar“** angibt oder auf **„Frühjahr“** oder **„Sommer**[80]**“** hinweist. Denn der Mieter muss seine Planung – etwa **Urlaub** – nach den Angaben des Vermieters einrichten können[81]. Auch der Hinweis des Vermieters, dass mit den Arbeiten **kurzfristig**[82] oder **demnächst**[83] begonnen werden könne, reicht nicht aus.

39 Unklar ist die Länge des Zeitraums der gesetzgeberischen Spanne, in dem noch von einem „voraussichtlichen“ Beginn gesprochen werden kann. Verzögerungen von einigen Tagen sind von dem

---

[72] AG Hamburg ZMR 2004, 825; AG Neukölln WE 2005, 17; AG Neukölln MM 1995, 147; **a. A.** *Both* in Herrlein/Kandelhard § 554 Rdn. 100f.; *Emmert* in: Hannemann/Wiek/Emmert, Handbuch, § 19 Rdn. 64; Kinne/Schach/Bieber, § 555c Rdn. 42; KG WE 2005, 16 zum Klageantrag.

[73] LG Berlin WuM 1992, 444 = GE 1992, 679.

[74] LG Berlin GE 2016, 977; AG Neukölln MM 1993, 398.

[75] LG Berlin GE 2001, 853.

[76] LG Berlin GE 1993, 861; GE 1987, 521; LG Hamburg WuM 1992, 121; 1990, 18; weniger streng LG Berlin GE 1985, 1099.

[77] Vgl. BGH (VIII ZR 47/05) MietPrax-AK § 559b BGB Nr. 3 = WuM 2006, 157, für ein Mieterhöhungsverlangen nach § 559; KG, WuM 2006, 450 für eine Modernisierungsankündigung, und für ein Duldungsverlangen nach § 554 vgl. LG Berlin GE 2013, 486; AG München, Urt. v. 26.4.2010 (424 C 19779/09).

[78] AG Hamburg WuM 1987, 220; **a. A.** LG Berlin GE 1985, 1033; AG Langenfeld WuM 1999, 284.

[79] Vgl. LG Berlin ZMR 1999, 554 für 14-tägige Zeitspanne; LG Köln WuM 1997, 212 hält Angabe der Kalenderwoche für ausreichend; so auch *Emmert* in: Hannemann/Wiek/Emmert, Handbuch, § 19 Rdn. 68; ebenso *Kellendorfer* in: Spielbauer/Schneider, Mietrecht, § 555c BGB Rdn. 6; Kinne/Schach/Bieber, § 555c Rdn. 46.

[80] LG Berlin WuM 1987, 386 = MDR 1987, 325 = GE 1986, 1121.

[81] AG Hamburg ZMR 2004, 825.

[82] LG Berlin ZMR 1986, 441 = MDR 1986, 852 = GE 1986, 747; AG Hamburg WuM 1987, 220.

[83] LG Berlin ZMR 1999, 554; *Bieber* in MünchKomm § 554 Rdn. 35; ähnlich *Emmert* in jurisPR-MietR 7/2005 Anm. 3.

Mieter regelmäßig hinzunehmen.[84] Muss die bauliche Maßnahme aber um einige Wochen oder gar Monate zurückgestellt werden, reicht dies nicht mehr aus, um den gesetzlichen Anforderungen der Mitteilung Rechnung zu tragen. Dann kann sich der Mieter nicht mehr mit seinen persönlichen Planungen auf den neuen Termin einstellen. Eine zeitliche Verzögerung des Baubeginns muss noch mit dem ursprünglichen Termin in einem zeitlichen Zusammenhang stehen.

Ist dies nicht der Fall, ist die Mitteilung hinfällig.[85] Der Vermieter muss dann eine neue vollständige Erklärung unter Einhaltung der dreimonatigen Frist abgeben.[86] Dabei kann bei ansonsten unverändertem Inhalt auf die frühere Mitteilung Bezug genommen werden. Einer neuen Mitteilung bedarf es nicht, wenn die **Verzögerung** darauf beruht, dass der Vermieter seinen Duldungsanspruch gerichtlich durchsetzen musste.[87] In diesen Fällen erhält der Mieter die notwendigen Informationen im Rahmen des Gerichtsverfahrens. **40**

Ändern sich im Laufe der Ankündigungsfrist wesentliche **Planungsbestandteile,** muss der Vermieter dies dem Mieter mitteilen. Dabei kann er aber auf die Inhalte der vorausgegangenen Erklärung Bezug nehmen, wobei für den dreimonatigen Fristlauf dann die letzte ergänzende Erklärung maßgebend ist.[88] **41**

Wegen Abs. 5 darf der voraussichtliche Beginn der Maßnahme nicht in dem Zeitraum zwischen Mitteilung und Ablauf der dreimonatigen Ankündigungsfrist liegen. **42**

4. Voraussichtliche Dauer der Maßnahme

Das Gesetz spricht von der „voraussichtlichen Dauer" der Maßnahme, die der Vermieter mitteilen muss. D. h. aber nicht, dass der Vermieter bei der voraussichtlichen Dauer nicht festgelegt ist. Die Angabe „Dauer der Arbeiten – **2 bis 3 Monate**" – ist zu unbestimmt[89] ebenso wie die Angabe der Bauzeit **„von August 2002 bis ca. Dezember 2003".**[90] Der Vermieter hat die Zeitspanne möglichst genau zu benennen.[91] Die voraussichtliche Dauer ist zumindest nach Tagen bzw. Wochen möglichst **konkret** zu bestimmen. Bei gebündelten, aber nicht untrennbar zusammenhängenden Modernisierungsmaßnahmen muss die voraussichtliche Dauer für jede Maßnahme einzeln angegeben werden[92] **43**

Ändert sich die voraussichtliche Dauer im Laufe der Modernisierungsarbeiten, muss der Vermieter hierüber dem Mieter eine Mitteilung geben. Grundsätzlich hat der Mieter dann die Möglichkeit, seine Pflicht zur Duldung erneut zu prüfen. Ob im Einzelfall dadurch die Maßnahme verhindert werden kann, hängt von den Gesamtumständen ab.[93] Kleinere Verzögerungen hat der Mieter allerdings hinzunehmen. **44**

5. Die zu erwartende Erhöhung der Miete

Der Vermieter muss die zu erwartende **Erhöhung der Miete** sowie die voraussichtlichen künftigen Betriebskosten mitteilen. Die zu erwartende Mieterhöhung ist allerdings nur anzugeben, wenn der Vermieter eine Mieterhöhung gem. § 559 BGB beabsichtigt. Über erhöhte Betriebskosten hat er den Mieter aber auch dann zu unterrichten, wenn keine Mieterhöhung geplant ist.[94] Einigen sich die Parteien im Vorfeld der Modernisierung um einen konkreten Erhöhungsbetrag, wäre die nochmalige Angabe in der Ankündigung reine Förmelei. Eine Angabe zu der zu erwartenden Mieterhöhung ist auch dann nicht notwendig, wenn der Vermieter die Miete nach § 558 BGB anheben möchte. Nach Auffassung des Gesetzgebers handelt es sich bei dieser Regelung um **45**

---

[84] *Both* in Herrlein/Kandelhard § 554 Rdn. 85; anders noch nach altem Recht LG Berlin WuM 1989, 287 = MDR 1989, 547 = GE 1989, 415.
[85] LG Berlin WuM 1989, 287 = MDR 1989, 547 = GE 1989, 415.
[86] LG Berlin WuM 1989, 287 = GE 1989, 415 = MDR 1989, 547; *Kossmann* § 44 Rdn. 67.
[87] LG Berlin GE 1994, 455.
[88] LG Berlin GE 1987, 1219; 1990, 765; *Kossmann* § 44 Rdn. 67.
[89] LG Berlin GE 1987, 521.
[90] AG Hamburg ZMR 2004, 825.
[91] LG Berlin GE 2008, 201; LG Köln WuM 1997, 212.
[92] AG Hamburg-Blankenese WuM 2010, 151; AG Berlin-Mitte GE 2005, 1133; Kinne/Schach/Bieber, § 555c Rdn. 47; zur Mieterhöhung vgl. LG Berlin GE 2015, 513.
[93] *Kossmann* § 44 Rdn. 69.
[94] Begründung zu § 555c in BT-Drs. 17/10485 (S.19) – Nachweis bei Börstinghaus/*Eisenschmid,* Arbeitskommentar MietRÄndG, § 555c BGB Rdn. 29; *Emmert* in: Hannemann/Wiek/Emmert, Handbuch, § 19 Rdn. 76.

eine Klarstellung, da dies schon altem Recht (§ 554 BGB a. F.) entspricht.[95] Hinweise auf mögliche Abzüge sind erst bei der Erläuterung gem. § 559b Abs. 1 BGB erforderlich.

Der Vermieter muss die zu erwartende Mieterhöhung mit einem konkreten Betrag beziffern.[96] Es reicht nicht aus, wenn er nur einen prozentualen Steigerungsbetrag nennt oder wenn er die zu erwartende Erhöhung mit einer Mietspanne angibt. Unterschiedliche Modernisierungsmaßnahmen sind auch mit dem Erhöhungsbetrag[97] getrennt auszuweisen. Die voraussichtliche Mieterhöhung muss aber nicht detailgenau dargelegt werden, da sie die spätere Mieterhöhungserklärung nicht vorweg nimmt.[98] Der Vermieter ist auch nicht verpflichtet, eine Berechnung der angekündigten Erhöhung sowie eine Erläuterung der Angaben vorzunehmen.[99] Diese Anforderung hat der Vermieter im Rahmen der Mieterhöhung nach § 559 BGB einzuhalten.

46 Neben dem Betrag der Mieterhöhung nach § 559 BGB hat der Vermieter die voraussichtlichen künftigen Betriebskosten mitzuteilen, soweit sich diese durch die Modernisierungsmaßnahme ändern[100] (s. auch Rdn. 57). Das kann sinnvollerweise nur für Betriebskosten gelten, mit denen der Vermieter den Mieter auch belasten darf.[101] Diese gesetzliche Verpflichtung könnte die Vermutung zulassen, dass der Vermieter in jedem Fall berechtigt sein soll, durch die Modernisierung neu entstandene Betriebskosten auf die Mieter umzulegen. Hatte der Vermieter eine Öffnungsklausel sowie die neue Betriebskostenart schon bei Vertragsschluss vereinbart, z. B. durch vertragliche Einbeziehung der BetriebskostenVO, kann er die nunmehr entstandenen Betriebskosten umlegen.[102] Anders ist dies allerdings dann, wenn weder die Kostenart selbst noch ein Änderungsvorbehalt vereinbart wurde. Der Gesetzestext selbst gibt für diese Fälle keine Auskunft, so dass grundsätzlich die divergierenden Meinungen sich nach wie vor gegenüberstehen.

47 Die Auffassung, wonach der Mieter auch im Falle einer Modernisierung nicht verpflichtet ist, eine Umlagenerweiterung hinzunehmen[103], entspricht dem Gesetzeswortlaut. Gem. § 559 BGB darf der Vermieter nur die Miete in dem dort zugelassenen Verfahren erhöhen, also durch Anhebung der Miete mit 11% der modernisierungsbedingten Investitionen. Dennoch bleibt dem Vermieter die Möglichkeit, über § 558 BGB im Rahmen der ortsüblichen Vergleichsmiete den „neuen" Betriebskostenanteil zu berücksichtigen; indem er den neuen in der Miete enthaltenen Betriebskostenanteil herausrechnet und nach Anhebung der so ermittelten Nettomiete auf die ortsübliche Vergleichsmiete den Betriebskostenanteil wieder draufsattelt.

48 Die andere Auffassung bejaht eine Umlage der neu entstandenen Betriebskosten mit unterschiedlichen Begründungen. Zum einen habe der Mieter die vertragliche Nebenpflicht, mit dem Vermieter eine Umlagevereinbarung über die neuen Betriebskosten zu treffen[104]. Allerdings müssten die Kosten auch dem Grunde nach als Betriebskosten umlegbar sein. Dies ergebe sich zum einen aus dem Mietvertrag, der keine entgegenstehende Abrede vorsehen darf[105] und zum anderen aus dem Katalog der Betriebskostenverordnung. Des Weiteren wird die Pflicht des Mieters zur Tragung neu entstehender Betriebskosten aus einer ergänzenden Vertragsauslegung abgeleitet[106]. Nach der hier vertretenden Auffassung ist die erste Begründung abzulehnen, weil es zu weit geht, eine vertragliche Nebenpflicht zur Veränderung der Hauptleistungspflicht (Miete) zu konstruieren. Die konstruktiv überzeugendere Lösung über die ergänzende Vertragsauslegung versagt dort, wo der

[95] Vgl. BGH (VIII ZR 275/07) MietPrax-AK § 554 BGB Nr. 3 = WuM 2008, 667 = ZMR 2009, 264 = GE 2008, 1485 = GuT 2008, 359 = NZM 2008, 883 = NJW 2008, 3630–3633 = DWW 2008, 376; siehe auch Staudinger/Emmerich § 554 Rdn. 46.

[96] LG Berlin GE 2013, 1656; LG Fulda WuM 1992, 243.

[97] LG Berlin GE 2013, 1656.

[98] Kinne/Schach/Bieber, § 555c Rdn. 48.

[99] LG Berlin GE 1990, 497; Kinne/Schach/Bieber, § 555c Rdn. 48.

[100] So auch LG Berlin GE 2014, 874 zu § 554 BGB a. F.

[101] *Abramenko,* Neues Mietrecht, § 2 Rdn. 38; *Dickersbach* WuM 2013, 575, 577.

[102] BGH (VIII ZR 80/06) WuM 2006, 612 = NJW 2006, 3558 = NZM 2006, 896 = ZMR 2007, 25 = MietPrax-AK § 556 BGB Nr. 20; BGH (VIII ZR 167/03) WuM 2004, 290 = NZM 2004, 417 = GE 2004, 613 = ZMR 2004, 430 = MietPrax-AK § 2 Nr. 17 BetrkV Nr. 1; AG Burgwedel ZMR 2011, 800.

[103] LG Berlin GE 2007, 597 = MM 2007, 75; *Warnecke,* jurisPR-MietR 11/2007 Anm. 3; *Heilmann* in jurisPK-BGB, 4. Aufl. 2008, § 554 BGB Rdn. 38; *Weitemeyer* in Emmerich/Sonnenschein § 556 Rdn. 64; **a. A.** *Rips in Eisenschmid/Rips/Wall,* Betriebskostenkommentar, Rdn. 1765; *Langenberg* § 556 Rdn. 253; *Schmid,* Mietnebenkosten, Rdn. 3035c.

[104] *Kunze* MDR 2002, 142.

[105] Zur ergänzenden Vertragsauslegung in derartigen Fällen s. OLG Köln ZMR 1995, 69.

[106] *Sternel,* PiG 99 (2015), 95, 100; *Langenberg,* Betriebskostenrecht, C Rdn. 5; *Dickersbach* WuM 2013, 575, 577.

Mieter der Modernisierung ausdrücklich widersprochen hat[107]. Dann ist auch ein hypothetischer „ergänzender" Wille des Mieters zur Vertragserweiterung nur schwer zu begründen, will man nicht den Grundsatz von Treu und Glauben über Gebühr beanspruchen.

Die „voraussichtlichen" Betriebskosten können nur – zeitnah – geschätzt werden, da viele Posi- **49**
tionen, wie z. B. Heizkosten oder Fahrstuhlkosten, in ihrer Höhe von der Witterung, dem künftigen Preisniveau oder vom Nutzerverhalten abhängig sind. Prognosen über die künftige Entwicklung der Kosten muss der Vermieter dabei nicht aufstellen. Ist die Höhe der künftigen Betriebskosten allein vom Verhalten des Mieters abhängig, wie z. B. beim Energieverbrauch, dann muss der Vermieter den errechneten Durchschnittsverbrauch angeben. Unter Umständen kann auf einen aktuellen Betriebskostenspiegel Bezug genommen werden.[108] Auf die zwangsläufige Ungenauigkeit der Angabe sollte der Vermieter vorsorglich hinweisen.[109] Teilt der Vermieter dem Mieter in einem Ankündigungsschreiben über beabsichtigte Modernisierungsmaßnahmen mit, dass infolge dieser Maßnahmen keine Erhöhung des Mietzinses erfolgt, muss er keine Angaben über eine theoretisch mögliche Mietzinserhöhung machen.[110]

Hat der Mieter das Ankündigungsschreibens zur Modernisierung, welches die vorgesehenen **50**
Maßnahmen und den voraussichtlichen Mieterhöhungsbetrag aufführt, zum Zeichen seines Einverständnisses gegengezeichnet, ist darin regelmäßig keine Zustimmung zur Mieterhöhung zu sehen. Der Vermieter muss vielmehr auch in diesem Fall das Verfahren nach § 559 BGB einhalten.[111] Ebenfalls liegt keine Vereinbarung über eine bestimmte Mieterhöhung vor, wenn die Parteien sich darüber verständigen, dass der Mietzins nach Modernisierung nicht einen bestimmten Betrag überschreiten soll.[112]

Will der Vermieter mehrere Maßnahmen durchführen, die notwendigerweise zusammengehö- **51**
ren, wie z. B. die Erneuerung der Wasserinstallation und die Modernisierung des Badezimmers, ist dies in der Ankündigung deutlich zu machen. Der Mieter muss die einzelnen Gewerke erkennen können, die nach Abschluss der **Gesamtmaßnahme** eine Mieterhöhung nach § 559 BGB nach sich ziehen sollen.[113] Innerhalb der einzelnen Gewerke ist allerdings eine rechnerische Nachprüfbarkeit nicht erforderlich. Ein bestimmter Betrag als Ergebnis der Berechnungen des Vermieters reicht jedenfalls dann aus, wenn die Kosten der Einzelmaßnahmen mitgeteilt werden.[114]

Umstritten ist, ob der Vermieter nach den einzelnen **Baufortschritten** eine Mieterhöhung auf **52**
§ 559 BGB stützen kann, wenn er mehrere selbständige Maßnahmen angekündigt und nicht deutlich gemacht hat, dass nach Abschluss jeder Einzelmaßnahme eine Mieterhöhung folgen soll. Nach der hier vertretenen Auffassung kann in diesen Fällen der Vermieter die höhere Miete nur nach Beendigung und Vollendung aller Baumaßnahmen verlangen, wenn er die voraussichtliche Mieterhöhung in der Ankündigung nicht ebenfalls nach selbständigen Gewerken unterteilt hat.[115] Der Mieter macht sich sonst falsche Vorstellungen über den Beginn der Mietsteigerung, weil er nur die voraussichtliche Dauer der Gesamtmaßnahme kennt.

Hat der Vermieter die angekündigte Mieterhöhung im Ankündigungsschreiben bewusst deut- **53**
lich **zu niedrig** beziffert und der Mieter daraufhin die Maßnahme geduldet, hat dies Konsequenzen in zweierlei Hinsicht. Zum einen kann der Mieter nach Abschluss der Maßnahmen Härtegründe nachschieben, weil die Ausschlussfrist des § 555d BGB gem. § 559 Abs. 5 Satz 2 BGB keine Anwendung findet, wenn die vorgelegte Mieterhöhung den angekündigten Erhöhungsbetrag um mehr als 10% übersteigt. Bleibt die Mieterhöhung unterhalb der 10% Marke gegenüber der angekündigten Erhöhung, so kann der Vermieter nur die ursprünglich angekündigte Mieterhöhung verlangen. Dies folgt aus der Schadensersatzpflicht des Vermieters, die durch die bewusst fehlerhafte Angabe entstanden ist.[116] Voraussetzung ist allerdings, dass dem Mieter auch ein ursächli-

---

107 *Flatow* DWW 2007, 193, 195.

108 *Dickersbach* WuM 2013, 575, 576.

109 *Pfeifer,* Mietrecht Kompakt, Sonderheft Oktober 2011, S. 4.

110 BayObLG, Rechtsentscheid vom 13.11.2000, WuM 2001, 16 = NZM 2001, 89 = ZMR 2001, 177 = MDR 2001, 264.

111 AG Hamburg WuM 1999, 341.

112 LG Görlitz WuM 1999, 340.

113 LG Berlin GE 2013, 747; WuM 1991, 164; **a. A.** LG Fulda WuM 1992, 243 = NJW-RR 1992, 658 = MDR 1992, 577 = ZMR 1992, 393; LG Berlin GE 1990, 497.

114 LG Berlin GE 2015, 189; LG Fulda WuM 1992, 243 = NJW-RR 1992, 658 = MDR 1992, 577 = ZMR 1992, 393; LG Berlin GE 1990, 497; **a. A.** LG Berlin WuM 1991, 164 = MDR 1991, 445 = GE 1991, 251.

115 *Thomsen,* S. 66.

116 LG Bautzen WuM 1999, 45.

cher Schaden entstanden ist. Dieser liegt vor, wenn der Mieter bei wahrheitsgemäßer Angabe die Mieterhöhung nicht hätte zahlen müssen, weil sie nach § 559 Abs. 4 BGB als eine Härte zu berücksichtigen gewesen wäre. Die Beweislast liegt beim Mieter.

54 § 559b Abs. 2 BGB steht den vorgenannten Überlegungen nicht entgegen. Die Vorschrift dient nicht dazu, den Schutzgehalt der Modernisierungsvorschriften, namentlich den des § 555c BGB, zu unterlaufen.[117] Sie hat vielmehr gegenüber dem Vermieter **Sanktionscharakter.** Sie gilt daher nur für die Fälle, bei denen dem Mieter kein Härteeinwand zur Seite steht.

6. Der Hinweis auf den Härteeinwand

55 Gem. Absatz 2 soll der Vermieter den Mieter in der Modernisierungsankündigung auf die Form und die Frist des Härteeinwands nach § 555d Absatz 3 Satz 1 BGB hinweisen. Das darf aber nicht so geschehen, dass der Vermieter durch gleichzeitige Mitteilung einer Reihe unnötiger Informationen von dem gesetzlich gebotenen Hinweis ablenkt.[118] Diese Vorschrift ist erst im laufenden Gesetzgebungsverfahren durch den Rechtsausschuss des Deutschen Bundestages eingebracht worden.[119] Sie beschreibt eine Obliegenheit des Vermieters. Die Rechtsfolgen bei einem Verstoß regelt § 555d Abs. 5 BGB abschließend. Eine im Übrigen ordnungsgemäße Modernisierungsankündigung ist also wirksam. Anders als bei Vorliegen sonstiger gravierender Mängel der Ankündigungserklärung ändert ein fehlender Hinweis gemäß § 555c Absatz 2 nichts an der Fälligkeit der Duldungspflicht und schiebt auch die Mieterhöhung nach § 559b Absatz 2 Satz 2 nicht heraus.[120] Er führt allerdings zur Aufhebung der Form- und (Ausschluss)-Fristbestimmungen (§ 555 Abs. 5 BGB).

56 Bei Absatz 2 handelt es sich um eine Soll-Vorschrift. Sie verpflichtet den Vermieter für den Regelfall zur Mitteilung. Sie ist aber nicht zwingend und kann in atypischen Fällen dazu führen, dass der Vermieter von dem Hinweis absehen darf. Daran kann gedacht werden, wenn der Vermieter den Mieter schon vorab in einem in dieser Angelegenheit geführten Schriftwechsel deutlich auf den möglichen Härteeinwand hingewiesen hat. Der Vermieter muss auch nicht einen möglichen Härteeinwand des Mieters vorwegnehmen und ihn zu entkräften suchen, bevor der Mieter in erhoben hat.[121]

7. Der Hinweis auf Pauschalwerte

57 Die Angabe gem. Abs. 1 Satz 2 Nr. 1 (Art und voraussichtlicher Umfang) beinhaltet bei einer energetischen Modernisierung (§ 555b Nummer 1) regelmäßig auch die Darlegung, dass die geplante Maßnahme zu einer Endenergieeinsparung führt.[122] Zwar bedarf es zur Erläuterung einer Mieterhöhungserklärung des Vermieters wegen baulicher Maßnahmen zur Einsparung von Heizenergie nicht der Beifügung einer Wärmebedarfsberechnung.[123] Daher werden an die formalen Anforderungen der Ankündigung solcher Maßnahmen auch keine überzogenen Anforderungen gestellt. Aber allein wegen der Pflicht zur Mitteilung der voraussichtlichen Betriebskosten ist der Vermieter gehalten, die Einsparung an Endenergie darzulegen. In der Praxis wird es daher dem Vermieter anzuraten sein, die Informationen über die Energieeinsparung zwecks erhöhter Akzeptanz bei den Mietern eher großzügig auszugestalten. Damit kann allerdings dann ein nennenswerter Aufwand zur Ermittlung der technischen Werte verbunden sein, wenn das bauausführende Unternehmen oder der Planungsarchitekt die Zahlen nicht vorliegen hat.[124] Das wird aber die Ausnahme sein. Dennoch wollte der Gesetzgeber hierzu eine ergänzende Regelung schaffen. Nunmehr soll es

[117] LG Berlin GE 1998, 1275.

[118] LG Berlin GE 2015, 323.

[119] BT-Drucks. 17/**11894** – Nachweis bei Börstinghaus/*Eisenschmid,* Arbeitskommentar MietRÄndG, § 555c Rdn. 7 und 32.

[120] BT-Drucks. 17/11894, S. 33 – Nachweis bei Börstinghaus/*Eisenschmid,* Arbeitskommentar MietRÄndG, § 555c Rdn. 32; kritisch *Abramenko* ZMR 2014, 343.

[121] LG Berlin GE 2015, 791.

[122] LG Berlin GE 2013, 516 zum Wirkungsgrad der Heizungsanlage; ähnlich *Zehelein* WuM 2013, 133, 134; vgl. BGH (VIII ZR 47/05) MietPrax-AK § 559b BGB Nr. 3 = WuM 2006, 157, für ein Mieterhöhungsverlangen nach § 559 BGB; KG WuM 2006, 450 für eine Modernisierungsankündigung und für ein Duldungsverlangen nach § 554 BGB a. F. vgl. AG München, Urt. v. 26.4.2010, 424 C 19779/09.

[123] BGH (VIII ARZ 3/01) WuM 2002, 366 = NJW 2002, 2036 = NZM 2002, 519 = ZMR 2002, 503 = DWW 2002, 201 = MDR 2002, 875 = GE 2002, 926.

[124] *Hinz* ZMR 2012, 153, 156.

nach Absatz 3 genügen, wenn der Vermieter bei der Ankündigung auf anerkannte Pauschalwerte Bezug nimmt, wenn er beispielsweise über die Einsparung von Energie informieren möchte. Dabei kann es sich nur um Standardmaßnahmen handeln. Bei umfassenden vom Standard abweichende Maßnahmen muss der Vermieter ggf. auf einen Energiebedarfsausweis zurückgreifen, der den energetischen Zustand des Hauses vor der Modernisierung wiedergibt.

Es muss sich um anerkannte Pauschalwerte handeln. Wer die Anerkennung zu verantworten hat, **58**
sagt das Gesetz nicht.[125] Denkbar sind privatrechtliche Stellen wie der DIN oder der VDI. Darüber hinaus können auch öffentlich-rechtliche Stellen gemeint sein, wie ein Ministerium oder selbständige Oberbehörden, wie das Bundesumweltamt. Andererseits sind auch gesetzliche Vorgaben denkbar, wie technische Werte aus der EnEV.

In der Gesetzesbegründung wird beispielhaft auf die „Bekanntmachung der Regeln zur Daten- **59**
aufnahme und Datenverwendung im Wohngebäudebestand" des Bundesministeriums für Verkehr, Bau und Stadtentwicklung vom 30. Juli 2009 verwiesen.[126] Diesem Regelwerk können beispielsweise in seiner Tabelle 2 Wärmedurchgangskoeffizienten für bestimmte, nicht nachträglich gedämmter Bauteile entnommen werden, geordnet nach Baualtersklassen. Den Einspareffekt kann der Vermieter dann durch Vergleich dieses Wertes mit dem Wärmedurchgangskoeffizienten des zu montierenden Bauteils darlegen, der vom Hersteller mitgeteilt wird. Die Bestimmung gilt gem. § 559b Absatz 1 Satz 3 BGB entsprechend für das Mieterhöhungsverfahren.

VI. Entbehrlichkeit der Mitteilung/Bagatellmaßnahme

Es besteht keine förmliche Mitteilungspflicht (s. Rdn. 24) nach § 555c Abs. 4 BGB für Maßnah- **60**
men, die mit keinen oder nur unerheblichen Einwirkungen auf die Mietsache verbunden sind und zu keiner oder nur zu einer unwesentlichen Mieterzinserhöhung führen. Die Voraussetzungen müssen **kumulativ** vorliegen.[127] Der Wortlaut der Vorschrift entspricht § 554 Abs. 3 Satz 3 BGB a. F. Daher ist die Frage nach wie vor ungelöst, ob das Vorliegen einer „unerheblichen" Mieterhöhung subjektiv[128] oder objektiv zu bestimmen ist. Da diese Frage darüber entscheidet, ob der Vermieter die Formalien einer Modernisierungsankündigung einhalten muss, kann nur eine objektive Betrachtung dem Vermieter eine ausreichende Rechtssicherheit geben.

Seit Inkrafttreten des Mietrechtsänderungsgesetzes wird man generell Contracting (§ 556c **60a**
BGB) als Bagatellmaßnahme ansehen können. Entweder erfolgt im Kellergeschoss ein Anschluss an das Fernwärmenetz oder der Brenner wird ausgetauscht. Ein Eingriff in die Wohnung des Mieters ist im Regelfall nicht erforderlich. Da wegen der in § 556c BGB postulierten Warmmietenneutralität mit der Umstellung auch keine Mehrbelastungen auf den Mieter zukommen dürfen, ist generell von einer Bagatellmaßnahme auszugehen, es sei denn, zur Optimierung der Heizungsanlage muss die Wohnung des Mieters in Anspruch genommen werden oder die Umstellung fällt in die Heizungsperiode (siehe dazu Rdn. 24).

Eine **unerhebliche Erhöhung** der Miete muss jedenfalls unter 10 € monatlich liegen.[129] Die **61**
Geringfügigkeit ist objektiv zu bestimmen und nicht etwa am jeweiligen Einkommen des Meters zu messen. Daher wird der Auffassung nicht gefolgt, die die **Bagatellgrenze** allgemein an prozen tualen Mieterhöhungen messen will.[130] Zudem ist die individuelle Belastung des Mieters zum Zeitpunkt der Ankündigung für den Vermieter nicht erkennbar.

Von der Anzeigepflicht nach § 555c Abs. 1–3 BGB sind generell auch Maßnahmen befreit, die **62**
mit keiner oder nur mit einer unerheblichen Einwirkung auf die vermieteten Räume verbunden sind (vgl. aber Rdn. 24) und deren Kosten der Vermieter übernommen hat.[131] Er kann später, sollten die Kosten wider Erwarten höher ausfallen, keine weiter gehende Mietzinserhöhung verlangen.[132]

---

125 Vgl. *Börstinghaus* NZM 2012, 697, 701.

126 BT-Drucks. 17/10485, S. 30.

127 *Sternel,* Mietrecht aktuell (2009), Rdn. VII 166; *Thomsen,* S. 67.

128 AG Rheine WuM 2008, 491; *Börstinghaus* WuM 2009, 282, Anm. zu AG Rheine.

129 Vgl. AG Charlottenburg GE 1991, 255 (30,– DM); *Ratjen* PiG Bd. 58, 1999, 14; **a. A.** AG Rheine WuM 2008, 491.

130 So aber LG Berlin NJW-RR 1992, 144; WuM 1991, 482; *Pfeifer,* FS Blank, S. 349, 359; Palandt/*Weidenkaff* § 554 BGB Rdn. 25; *Thomsen,* S. 67; *Bieber* in MünchKomm § 554 Rdn. 39; s. auch LG Berlin ZMR 1986, 444 = GE 1986, 751 bei maximal 5%; vgl. auch LG Detmold WuM 1990, 121 (7,5%).

131 LG Köln WuM 1993, 608; *Kraemer* in Bub/Treier III. A Rdn. 1118.

132 *Schüller* in Bub/Treier III. A Rdn. 2690.

63 Als Maßnahmen mit **unerheblicher Einwirkung** wurden z. B. der Anschluss der Wohnung an das Kabelnetz angesehen;[133] ebenso der Einbau von Thermostatventilen[134] oder die Installation einer Klingel-[135] bzw. Gegensprechanlage.[136] Der Abriss eines **Balkons** und seine Ersetzung durch eine Terrasse stellt keine unerhebliche Einwirkung dar.[137] Weitere Beispiele für **Bagatellmaßnahmen** sind u. a. der Austausch einer Wohnungseingangstür gegen eine einbruchhemmende Tür, wenn der Vermieter die Kosten der Maßnahme allein trägt[138] oder die Errichtung eines Kinderspielplatzes, wenn diese zu einer monatlichen Mieterhöhung von nur einem Euro führt.[139] Diesen Beispielen kann man aber nur zustimmen, wenn man auch den Zutritt zur Wohnung des Mieters und die damit verbundene Belästigung als unerheblich einstuft. Dies ist aber zu verneinen.[140] Daher ist auch angesichts der geringen Kosten und der unproblematischen Anbringung die Installation eines Rauchwarnmelders nicht als unerhebliche Einwirkung auf die Mietsache anzusehen.

64 Die gegenteilige Auffassung muss aber eine vertragliche Nebenpflicht des Vermieters annehmen, den Mieter – entgegen dem Wortlaut des § 555a Abs. 2 BGB und § 555c Abs. 4 BGB – auch bei diesen Bagatellmaßnahmen rechtzeitig über den Einbau zu unterrichten, damit dieser sich auf den Zutritt des Vermieters bzw. seiner Helfer einrichten kann.

65 *derzeit nicht belegt*

VII. Nichterfüllung, Schlechterfüllung der Mitteilungspflicht

66 Bei einem Verstoß des Vermieters gegen die Ankündigungspflicht auf Grund einer fehlenden oder am Maßstab des § 555c BGB gemessenen unzulänglichen Mitteilung muss der Mieter die Maßnahme nicht dulden, die Duldungspflicht gem. § 555d BGB ist nicht fällig.[141] Duldet sie der Mieter dennoch, macht dies die Modernisierungsmaßnahme nicht materiell rechtswidrig. Duldet sie der Mieter nicht, muss der Vermieter dem Mieter eine neue – gesetzmäßige – Mitteilung machen. Das Fehlen einer ordnungsgemäßen Ankündigung kann zudem Auswirkungen auf die Frist für den Härteeinwand des Mieters haben (s. § 555d Abs. 2 Satz 2 BGB).

66a Die gesetzliche Sanktion knüpft aber nur an die fehlende Mitteilung an, nicht an die fehlerhafte Angabe über die Höhe der Betriebskosten. Stellt sich nach Abschluss der Modernisierungsmaßnahme heraus, dass die Betriebskosten höher sind als in der vorangegangenen Erklärung nach § 555c Abs. 1 Ziff. 3 BGB angegeben, verpflichtet das den Vermieter im Regelfall nicht zu einer Korrektur. Auch der Wirkungszeitpunkt gem. § 559b Abs. 2 Satz 2 Ziff. 2 BGB ist nicht betroffen, da diese Vorschrift nur bei der Mieterhöhung (ohne Betriebskosten) anzuwenden ist.[142]

66b Da der Vermieter auch dann die voraussichtlichen Betriebskosten angeben muss, wenn sie sich verringern, stellt sich die Frage, ob das Fehlen dieser für die Mieter günstigen Information ebenfalls den Eintritt der Fälligkeit der Duldungspflicht hindert. Dies wird mit dem Argument verneint, dass eine Senkung der Betriebskosten dem Mieter nur Vorteile bringe und ihm insbesondere auch im Hinblick auf die Härteregelung nach § 555d Abs. 4 BGB keine Nachteile entstehen.[143] Isoliert betrachtet, ist dies richtig. Dennoch ist diese Auffassung abzulehnen, weil der Mieter ein berechtigtes Interesse daran hat, die auf ihn zukommenden Gesamtkosten zu kennen. Auch wenn sich die Betriebskosten vermindern, so muss der Mieter doch die diesem Sachverhalt zugrunde liegende Baumaßnahme wegen § 559 BGB mit 11% der aufgewendeten Baukosten (anteilig) bezahlen und kann daher nur bei Kenntnis der künftigen voraussichtlichen Betriebskosten entscheiden, ob er sich die Wohnung noch leisten kann oder besser von seinem Sonderkündigungsrecht gem. § 555e BGB Gebrauch macht.

---

[133] AG Tempelhof-Kreuzberg GE 2007, 1055; AG Hamburg WuM 1990, 498; AG Karlsruhe DWW 1987, 164; zweifelnd *Pfeifer*, FS Blank, S. 349, 359.
[134] LG Berlin GE 1986, 751.
[135] AG Charlottenburg GE 1989, 683.
[136] AG Berlin-Tiergarten GE 1991, 153.
[137] AG Konstanz WuM 1997, 553.
[138] LG Köln WuM 1993, 608.
[139] LG Berlin MM 1991, 330.
[140] **A. A.** *Kinne* GE 2014, 1504, 1507.
[141] KG, Rechtsentscheid vom 1.9.1988, WuM 1988, 389 = NJW-RR 1988, 1420 = ZMR 1988, 459 = DWW 1988, 371 = GE 1988, 993; OLG München WuM 1991, 481; LG Hannover WuM 1981, 38 zu § 20 ModEnG; AG Hamburg ZMR 2004, 825; s. aber AG Neukölln GE 2006, 1043.
[142] *Dickersbach* WuM 2013, 575, 576.
[143] *Dickersbach* WuM 2013, 575, 577.

Darüber hinaus kann sich aus dem Rechtsinstitut der positiven Vertragsverletzung (pFV) eine **Schadensersatzpflicht** ergeben, wenn der Vermieter schuldhaft Falschangaben gemacht hat (§ 280 BGB). Hat der Vermieter beispielsweise mit den **Falschangaben** den Mieter zum Auszug veranlasst, z. B. durch Angabe einer überhöhten Mieterhöhung oder überhöhter Betriebskosten, begründet dieses Verhalten einen Schadensersatzanspruch, z. B. auf die Umzugskosten (zum Umfang des Schadensersatzes vgl. § 536a BGB Rdn. 79ff.) oder auf den Ersatz der Kosten des eingeschalteten Rechtsanwalts[144]. Hat der Vermieter dagegen den Mieter z. B. über die Höhe der künftigen Miete nach Modernisierung durch Angabe einer bewusst zu niedrigen Erhöhung oder zu niedriger Betriebskosten getäuscht, muss er ggf. diese Angaben seiner Mieterhöhung nach § 559 BGB zu Grunde legen[145]. Macht der Vermieter in diesen Fällen eine Mieterhöhung nach § 558 BGB geltend, bildet aus den gleichen Erwägungen der in der Ankündigung angegebene Erhöhungsbetrag ebenfalls die Obergrenze. 67

1. Vorschusspflicht

Hat der Mieter infolge der modernisierungsbedingten Bauarbeiten **Aufwendungen** gehabt, muss der Vermieter diese nach § 555d Abs. 6 i. V. m. § 555a Abs. 3 BGB in angemessenem Umfang ersetzen[146] (Einzelheiten s. § 555a Rdn. 50). Auf Verlangen hat der Vermieter hierfür Vorschuss zu leisten. 68

2. Kündigung

Grundsätzlich kann der Vermieter nicht kündigen, um eine Modernisierungsmaßnahme durchzusetzen.[147] Das gilt insbesondere, wenn der Vermieter durch unterlassene Instandhaltung das Objekt vernachlässigt hat.[148] Vielmehr regelt die spezielle Vorschrift des § 555e BGB den Konfliktfall zwischen Vermieter und Mieter grundsätzlich abschließend.[149] Der Vermieter kann aber das Mietverhältnis u. U. aus berechtigtem Interesse kündigen, wenn dadurch eine Modernisierung – **in einer anderen Wohnung** – erst möglich wird.[150] 69

Ist der Mieter rechtskräftig zur Duldung einer Modernisierungsmaßnahme verurteilt worden oder hat er sich in einem gerichtlichen Vergleich zu Duldung verpflichtet, und weigert er sich auch nach gerichtlicher Androhung eines Zwangsgeldes, die Maßnahme zu dulden, kann der Vermieter das Mietverhältnis fristlos kündigen, weil der Mieter die friedensstiftende Funktion des gerichtlichen Verfahrens nicht anerkennt.[151] Dies ist nicht zu übertragen auf Maßnahmen, für die das Betreten der Wohnung durch die Handwerker nicht erforderlich ist. Da sich die Vollstreckung der Duldungspflicht nach § 890 ZPO[152] in den anderen Fällen als schwierig erweisen kann, kann die grundsätzliche Vollstreckungsmöglichkeit das Kündigungsrecht nicht verdrängen. Bei einem Verstoß gegen den rechtskräftigen Tenor des Duldungsurteils liegt eine Pflichtverletzung vor. Im Einzelfall sind aber die Tatbestandsmerkmale der „schuldhaften" sowie der „erheblichen" Pflichtverletzung genau zu prüfen. 70

Neben dem Sonderkündigungsrecht aus § 555e BGB kann der Mieter gem. § 561 BGB kündigen, wenn der Vermieter nach Abschluss der Modernisierung eine Mieterhöhung gem. §§ 558, 559 BGB geltend macht. 71

3. Schadensersatz

Bestreitet der Mieter seine Pflicht zur Duldung der Modernisierungsmaßnahme, ist dies zunächst ohne Folgen. Der Mieter kann grundsätzlich seine Rechte wahren, ohne dadurch schadensersatzpflichtig zu werden. Will er daher sein Verhalten einer richterlichen Entscheidung unterstellen, macht er damit von einem Mittel Gebrauch, das im Rechtsstaat gerade für die Entscheidung 72

144 AG Charlottenburg GE 2006, 1621.
145 *Röder* NJW 1983, 2665, 2667; *Thomsen,* S. 69.
146 LG Hamburg WuM 1987, 386.
147 AG Berlin-Tempelhof-Kreuzberg MM 1992, 357 zur Kündigung nach § 554a BGB.
148 LG Frankfurt/M. WuM 1995, 441 = NJW-RR 1996, 266 = NJWE-MietR 1996, 76.
149 AG Essen ZMR 1997, 423.
150 BayObLG, Rechtsentscheid vom 17.11.1983, WuM 1984, 16 = NJW 1984, 372 = ZMR 1984, 59 = MDR 1984, 234 = GE 1984, 77.
151 LG Berlin GE 2010, 548; AG Löbau DWW 1996, 124.
152 Andere Auffassung nach § 887 ZPO *Löfflad*/Lützenkirchen AHB H 186.

und Entwirrung von Streitigkeiten unter Privatpersonen gegeben ist.[153] Verweigert der Mieter daher die Duldung der vom Vermieter beabsichtigten Modernisierungsmaßnahmen unter Berufung auf eine Härte, so liegt darin keine positive Vertragsverletzung, die ihn zum Ersatz des Schadens verpflichtet, der sich auf Grund von Arbeitsverzögerungen ergibt.[154]

72a Hat der Mieter aber Kenntnis von seiner Duldungspflicht, z. B. nach einer rechtlichen Beratung oder gerichtlichen Entscheidung über diese Frage, kann der Vermieter seinen Anspruch auf Schadensersatz wegen der durch den Mieter verzögerten Modernisierungsarbeiten ab dem Zeitpunkt der positiven Kenntnis von seiner Duldungspflicht geltend machen.[155] Eine Pflicht zum Schadensersatz kann sich für den Mieter auch dann ergeben, wenn er mit seiner Verweigerungshaltung gegen § 242 BGB verstößt und nur deshalb die Modernisierung behindert, weil er den Vermieter **schikanieren** will.[156]

73 Hat der Mieter einen Mietvertrag über Gewerberäume abgeschlossen, unterliegt er als Gewerbetreibender einer gesteigerten Prüfungspflicht. Daher ist es ihm zumutbar, vor der Ablehnung zunächst **Rechtsrat** einzuholen. Der Verstoß gegen die Pflicht zur Einholung von Rechtsrat führt als Verstoß gegen vertragliche Nebenpflichten zur Schadensersatzpflicht (§ 280 iVm. § 241 Abs. 2 BGB).

VIII. Nachteilsverbot

74 Gem. § 555c Abs. 5 BGB ist eine zum Nachteil des Mieters abweichende Vereinbarung unwirksam. Dennoch kann der Mieter von Wohnraum trotz des Nachteilsverbots in Abs. 5 im Einzelfall auf die Einhaltung der dreimonatigen Frist **verzichten,** wenn dies ihm ausschließlich einen Vorteil bringt. Der Mieter muss also zum Zeitpunkt des Verzichts alle Konsequenzen seines Handelns übersehen können. Das birgt für den Vermieter, der darauf vertraut, ein Risiko. Der Verzicht auf die Einhaltung der Ankündigungsfrist für künftige, im Einzelnen noch ungewisse Maßnahmen ist aus den vorgenannten Gründen immer unwirksam. Das gilt sowohl beim Abschluss des Mietvertrages als auch bei der Vereinbarung im laufenden Mietverhältnis. Verzichtet der Mieter nachträglich auf die Einhaltung der Frist, hat diese Erklärung die Wirkung, dass er aus einer eventuellen Verletzung der Ankündigungspflicht keine Rechte herleiten werde.[157]

74a Da § 578 Abs. 2 BGB nicht auf § 555c Abs. 5 BGB verweist, können für den Mieter einer Gewerberaumeinheit nachteilige, von der gesetzlichen Regelung abweichende Vereinbarungen getroffen werden. Das kann bis zu einem völligen Verzicht über Form und Inhalt der Ankündigung führen.[158]

IX. Übergangsregelung

75 Zur Regelung für laufende Mietverhältnisse hat der Gesetzgeber eine Übergangsregelung vorgesehen (s. § 555a Rdn. 13f.).

[153] BGHZ 20, 169.
[154] AG Berlin-Schöneberg GE 1982, 233 zur finanziellen Unzumutbarkeit gem. § 554 BGB a. F.
[155] AG Wedding GE 1984, 927; *Horst* NZM 1999, 193, 195.
[156] AG Löbau DWW 1996, 124 bei Missachtung einer gerichtlichen Entscheidung.
[157] AG Leipzig NZM 2000, 619.
[158] *Neuhaus* ZMR 2013, 686, 690 mit Klauselbeispielen; zur Modernisierungsvereinbarung siehe § 555f BGB.

§ 555d Duldung von Modernisierungsmaßnahmen, Ausschlussfrist

(1) Der Mieter hat eine Modernisierungsmaßnahme zu dulden.

(2) [1]Eine Duldungspflicht nach Absatz 1 besteht nicht, wenn die Modernisierungsmaßnahme für den Mieter, seine Familie oder einen Angehörigen seines Haushalts eine Härte bedeuten würde, die auch unter Würdigung der berechtigten Interessen sowohl des Vermieters als auch anderer Mieter in dem Gebäude sowie von Belangen der Energieeinsparung und des Klimaschutzes nicht zu rechtfertigen ist. [2]Die zu erwartende Mieterhöhung sowie die voraussichtlichen künftigen Betriebskosten bleiben bei der Abwägung im Rahmen der Duldungspflicht außer Betracht; sie sind nur nach § 559 Absatz 4 und 5 bei einer Mieterhöhung zu berücksichtigen.

(3) [1]Der Mieter hat dem Vermieter Umstände, die eine Härte im Hinblick auf die Duldung oder die Mieterhöhung begründen, bis zum Ablauf des Monats, der auf den Zugang der Modernisierungsankündigung folgt, in Textform mitzuteilen. [2]Der Lauf der Frist beginnt nur, wenn die Modernisierungsankündigung den Vorschriften des § 555c entspricht.

(4) [1]Nach Ablauf der Frist sind Umstände, die eine Härte im Hinblick auf die Duldung oder die Mieterhöhung begründen, noch zu berücksichtigen, wenn der Mieter ohne Verschulden an der Einhaltung der Frist gehindert war und er dem Vermieter die Umstände sowie die Gründe der Verzögerung unverzüglich in Textform mitteilt. [2]Umstände, die eine Härte im Hinblick auf die Mieterhöhung begründen, sind nur zu berücksichtigen, wenn sie spätestens bis zum Beginn der Modernisierungsmaßnahme mitgeteilt werden.

(5) [1]Hat der Vermieter in der Modernisierungsankündigung nicht auf die Form und die Frist des Härteeinwands hingewiesen (§ 555c Absatz 2), so bedarf die Mitteilung des Mieters nach Absatz 3 Satz 1 nicht der dort bestimmten Form und Frist. [2]Absatz 4 Satz 2 gilt entsprechend.

(6) § 555a Absatz 3 gilt entsprechend.

(7) Eine zum Nachteil des Mieters abweichende Vereinbarung ist unwirksam.

Systematische Übersicht

Alphabetische Schnellübersicht

A. Überblick

1 § 555d Absatz 1 bestimmt, dass Modernisierungsmaßnahmen vom Mieter grundsätzlich zu dulden sind.

2 Absatz 2 beschreibt die Härtegründe, mit denen der Mieter die Modernisierung ausschließen oder verzögern kann. Dabei hat der Gesetzgeber, anders als in § 554 Abs. 2 BGB a. F., zwecks sprachlicher Straffung der Norm darauf verzichtet, Regelbeispiele für Härtegründe aufzustellen.[1] Daher muss man davon ausgehen, dass die bisher nach altem Recht geltenden Härtegründe auch nach neuem Recht beachtlich sind. Allerdings ist die zu erwartende Mieterhöhung als Härtegrund nicht im Rahmen der Duldung, sondern bei der Mieterhöhung zu berücksichtigen.

3 Neu ist die Schaffung einer Ausschlussfrist für die Geltendmachung der Härte. Mit der Bindung des Härteeinwandes an die Textform sowie an eine Frist soll dem Vermieter die Möglichkeit eingeräumt werden, sich rechtzeitig auf die vom Mieter vorgetragenen Umstände einstellen zu können und so für die Durchführung des Bauvorhabens Planungssicherheit zu erhalten.[2] Der Vermieter profitiert hiervon aber nur, wenn seine Modernisierungsankündigung den gesetzlichen Voraussetzungen des § 555c BGB entspricht (Abs. 3 Satz 2).

4 Ähnlich wie bei der Ausschlussfrist für Einwendungen gegen eine Betriebskostenabrechnung kann der Mieter seine Einwände nachholen, wenn er unverschuldet an der Einhaltung der Frist gehindert war. Für den Härteeinwand der hohen Miete gilt das aber nicht unbegrenzt, sondern höchstens bis zum Beginn der Modernisierungsmaßnahme. Zudem ist der Mieter von Form und Frist für seine Härteeinwendungen befreit, wenn der Vermieter in der Modernisierungsankündigung nicht auf die gesetzlichen Anforderungen für Form und Frist des Härteeinwands hingewiesen hat (Abs. 5).

---

[1] BT-Drucks. 17/10485, S. 30, 31 – Nachweis bei *Börstinghaus/Eisenschmid,* Arbeitskommentar MietRÄndG, § 555d BGB Rdn. 34.

[2] BT-Drucks. 17/10485, S. 31 – Nachweis bei *Börstinghaus/Eisenschmid,* Arbeitskommentar MietRÄndG, § 555d BGB Rdn. 34.

Absatz 5 regelt den Aufwendungsersatz. Nach Absatz 6 sind wie im bisherigen Mietmodernisierungsrecht Vereinbarungen unwirksam, die zum Nachteil des Mieters von den gesetzlichen Bestimmungen abweichen. 5

B. Die Duldung von Modernisierungsmaßnahmen

I. Die Duldungspflicht des Mieters

1. Umfang der Duldungspflicht

Absatz 1 bestimmt den Grundsatz, dass der Mieter Modernisierungsmaßnahmen zu dulden hat. Modernisierungsmaßnahmen sind solche baulichen Veränderungen, die in § 555b Ziff. 1 bis 7 aufgeführt sind. Im Gegensatz zum bisherigen Recht wurde nunmehr die Duldungspflicht von Modernisierungsmaßnahmen von der nachfolgenden Mieterhöhung gem. § 559 BGB konsequent entkoppelt. Die grundsätzliche Duldungspflicht besteht auch dort, wo keine Kostenumlage möglich ist, wie z. B. bei der Einsparung von Primärenergie oder bei der Schaffung neuen Wohnraums. Damit wird den besonderen energiewirtschaftlichen, klimaschützenden und wohnungspolitischen Zielsetzungen Rechnung getragen. 6

Die Duldungspflicht kann wie bisher nach Maßgabe des Absatzes 2 entfallen, wenn besondere Härtegründe vorliegen. Absatz 2 enthält die bereits nach geltendem Recht vorgeschriebene Härtefallprüfung, allerdings in einer leicht modifizierten Fassung. Die bislang in § 554 Absatz 2 Satz 3 BGB a. F. enthaltenen Abwägungsgründe wurden aus Gründen der sprachlichen Straffung der Norm[3] im Gesetzestext nicht mehr aufgenommen. In der Sache sind sie jedoch wie bislang bei der gebotenen Abwägung zu berücksichtigen. 7

Hat der Vermieter alle Voraussetzungen des § 555c BGB erfüllt, muss der Mieter die Maßnahme dulden, wenn er nicht eine Härte gem. Abs. 2 Satz 1 vorbringen kann. Das bedeutet aber noch nicht, dass der Mieter auch die Entfernung von Gegenständen und Einrichtungen zu dulden hat, die bislang Gegenstand des Mietvertrages waren.[4] Unter Duldung ist das passive Verhalten des Mieters in Kenntnis der Vermietermaßnahmen zu verstehen.[5] Passiv verhält sich der Mieter, wenn er dem Vermieter gegenüber der ihm bekannten Modernisierungsabsicht weder mündlich noch schriftlich widerspricht noch diesem den Zutritt verweigert.[6] Wird eine Einrichtung durch eine andere vollständig ersetzt, wie z. B. bei Installationen oder dem Einbau neuer Fenster, ist die Entfernung der alten Einrichtung vom Mieter hinzunehmen.[7] Kann dagegen die alte Einrichtung noch sinnvoll neben der neuen genutzt werden, ist anhand des Vertrages zu bestimmen, ob der Mieter einen Anspruch auf Weiternutzung der Einrichtung hat. Beispielsweise kann die Beibehaltung eines **Kachelofens** trotz Einbaus einer Zentralheizung sinnvoll, stilvoll oder sonst wünschenswert sein. Auch die Entfernung einer **Dachantenne** nach Installation eines Breitbandkabels ist nur dann unproblematisch, wenn sie keine weiter gehenden Empfangsmöglichkeiten bietet. 8

Lässt sich dem Mietvertrag keine Bestimmung über die Nutzung der alten Einrichtung entnehmen, kann sich die Pflicht des Mieters, die Entfernung derartiger Einrichtungen anlässlich der Modernisierungsmaßnahme zu dulden, nur aus § 242 BGB ergeben.[8] Dabei müssen neben den vertraglichen Absprachen die Interessen des Mieters auf der einen Seite und die wirtschaftlichen Gründe des Vermieters auf der anderen Seite berücksichtigt werden.[9] 9

Wie schon unter § 555a BGB Rdn. 31 ff. ausgeführt, besteht die Duldungspflicht des Mieters nicht nur darin, die Maßnahmen des Vermieters nicht durch aktives Handeln zu behindern. Vielmehr muss er den **Zutritt** des Vermieters und seiner **Handwerker** in die Wohnung gestatten; und zwar 10

---

[3] BT-Drucks. 17/10485, S. 20 – Nachweis bei *Börstinghaus/Eisenschmid,* Arbeitskommentar MietRÄndG, § 555d BGB Rdn. 34.

[4] KG, Rechtsentscheid vom 27.6.1985, WuM 1985, 248 = ZMR 1985, 262 = NJW 1985, 2031 = DWW 1985, 204 = GE 1985, 729 für Dachantenne.

[5] KG, Rechtsentscheid vom 1.9.1988, WuM 1988, 389 = NJW-RR 1988, 1420 = ZMR 1988, 459 = DWW 1988, 371 = GE 1988, 993.

[6] AG Dortmund DWW 2009, 65.

[7] *Schüller* in Bub/Treier III. A Rdn. 2693.

[8] *Schüller* in Bub/Treier III. A Rdn. 2693.

[9] Vgl. LG Tübingen NJW-RR 1986, 694 = ZMR 1986, 203; NJW-RR 1986, 890 = DWW 1985, 286; AG Wuppertal WuM 1988, 105; alle zum Breitbandanschluss.

nicht nur in der Bauphase, sondern auch schon in der Vorbereitungs- und Planungsphase.[10] Darüber hinaus muss der Mieter auch solche Einwirkungen hinnehmen, die zwangsläufig mit der Durchführung von Baumaßnahmen verbunden sind, wie Lärm, Schmutz und Staub, die – vorübergehende – Sperrung von Gas, Strom oder Wasser sowie die Beeinträchtigungen, die mit der Aufstellung eines Baugerüstes verbunden sind. In Extremfällen kann auch eine Pflicht des Mieters zur vorübergehenden **Räumung** der Wohnung in Betracht kommen[11] (s. auch zur Härteregelung Rdn. 18 ff.).

11 Auch der **Untermieter** ist zur Duldung der Modernisierung verpflichtet.[12] Der Vermieter hat gegen den Untermieter allerdings keinen unmittelbaren Duldungsanspruch, da zu ihm keine vertraglichen Beziehungen bestehen. Der Vermieter kann aber vom Mieter verlangen, den Untermieter zur Duldung zu veranlassen.[13] Umstritten ist, nach welcher Anspruchsgrundlage der selbst duldungspflichtige Mieter vom Untermieter die Duldung verlangen kann.[14] Nach der hier vertretenen Auffassung kann der Mieter nur nach Maßgabe der § 555a ff. BGB die Duldung vom Untermieter verlangen.[15] Mit der Zustimmung des Vermieters zur Untervermietung ist es ihm versagt, das Risiko seiner Modernisierungs-Dispositionen auf den Hauptmieter abzuwälzen.

12 Kann der Hauptmieter z. B. wegen des Vorliegens einer Härte des Untermieters dem Vermieter die angekündigte Modernisierung nicht gestatten, so liegt darin i. d. R. keine Vertragsverletzung, die zur Kündigung berechtigt[16] (siehe aber Rdn. 15). Eine Ausnahme wird man außerhalb der Vermietung von Wohnraum nur dann zulassen müssen, wenn der Hauptmieter gegenüber dem Vermieter die Garantie übernommen hat, auch für persönliche Umstände des Untermieters einstehen zu wollen. Diese enge Betrachtung ist gerechtfertigt, weil § 555d BGB den Grundsatz durchbricht, dass Verträge nicht einseitig verändert werden können. Trifft nun der Vermieter einseitig die Entscheidung, den **Mietgegenstand** zu verändern, darf er das Risiko bei der Interessenabwägung im Rahmen der Duldungspflicht nicht auf den (Haupt-)Mieter verlagern; zumal dieser keinerlei Einfluss auf das Vorliegen von Härtegründen beim Untermieter nehmen kann.

13 Auch bei **Bagatellmaßnahmen** hat der Vermieter die Voraussetzungen des § 555d BGB zu beachten. Eine Verletzung der Abwägungspflicht des Vermieters mit seinen Interessen und denen des Mieters wird in der Praxis aber selten Auswirkungen haben. Es wird nicht häufig der Fall auftreten, dass eine vom Vermieter geplante Bagatellmaßnahme zu einer Härte des Mieters führt und damit den Vermieter an der Umsetzung seiner Planung hindert. Bagatellmaßnahmen, die z. B. keine Maßnahmen der in § 555b BGB beschriebenen Art sind, muss der Mieter nur unter den Voraussetzungen des § 555a BGB oder des § 242 BGB dulden.

14 Der Vermieter kann bei einer Klage auf Duldung einer Modernisierungsmaßnahme[17] die Mitteilung nach § 555c BGB noch im Laufe des Verfahrens nachholen. In diesem Fall beginnt für den Mieter die **Überlegungsfrist** erst mit der Zustellung der Mitteilung zu laufen.

15 Ist der Mieter zur Duldung nicht verpflichtet, hat der Vermieter die Maßnahme zu unterlassen.[18] Er kann auch keinen Ersatz schon getätigter Aufwendungen vom Mieter verlangen.[19] Ist der Mieter dagegen zur Duldung verpflichtet, glaubt aber irrtümlich, die Durchführung der Maßnahme zunächst verweigern zu können, kann der Vermieter u. U. gem. §§ 543 Abs. 1, 573 Abs. 2 BGB das Mietverhältnis kündigen.[20] Der Mieter kann sich nicht auf einen entschuldigenden Rechtsirrtum berufen[21]. Die hierzu ergangene BGH-Rechtsprechung ist deswegen problematisch, weil dem Mieter damit jedenfalls bei der Modernisierung[22] das Risiko aufgebürdet wird, dass der Vermieter

---

[10] LG Berlin GE 2014, 938; AG Lichtenberg GE 2014, 671 in zeitlicher Hinsicht; *Kossmann* § 44 Rdn. 56.

[11] LG Mannheim WuM 1987, 272.

[12] Palandt/*Weidenkaff* § 554 BGB Rdn. 28.

[13] LG Berlin GE 2014, 938; *Bieber* in MünchKomm § 554 Rdn. 13; *Schüller* in Bub/Treier III. A Rdn. 2694.

[14] Vgl. hierzu mit Darlegung des Meinungsstandes *Thomsen,* S. 82 f.

[15] *Schüller* in Bub/Treier III. A Rdn. 2694.

[16] **A. A.** *Kraemer* in Bub/Treier III. A Rdn. 1120; *Kellendorfer* in: Spielbauer/Schneider, Mietrecht, § 555d BGB Rdn. 3.

[17] Zu den Anforderungen einer Duldungsklage siehe *Lehmann-Richter* WImmoT 2016, 77.

[18] LG Stuttgart WuM 1987, 252; LG Mannheim WuM 1987, 385.

[19] LG Köln WuM 1994, 465; AG Leverkusen WuM 1994, 465.

[20] BGH (VIII ZR 281/13) WuM 2015, 416 = GE 2015, 853 = NZM 2015, 536 = NJW 2015, 2417 = ZMR 2015, 693 = MietPrax-AK § 543 BGB Nr 35 m. Anm. *Börstinghaus.*

[21] *Börstinghaus,* Anm. zu BGH (VIII ZR 281/13) MietPrax-AK § 543 BGB Nr 35; anders kann es beim Tatsachenirrtum sein: BGH (VIII ZR 138/11), MietPrax-AK, § 543 BGB Nr. 26 m. Anm. *Börstinghaus,* BGH (VIII ZR 136/14), MietPrax-AK, § 543 BGB Nr. 36 m. Anm. *Börstinghaus.*

[22] Anders bei Instandhaltung und Instandsetzung, § 555a Rdn. 69a.

rechtmäßig handelt.[23] Scheut der Mieter die gerichtliche Auseinandersetzung, muss er möglicherweise die rechtswidrige Handlung des Vermieters dulden. Führt er den gerichtlichen Streit, muss er im Unterliegensfall die Kosten tragen, obwohl die Maßnahme vom Vermieter ausgeht und nur er das Vertragsverhältnis auf eine neue Grundlage stellen will. Darüber hinaus bezweckt § 543 Abs. 1 BGB nicht, dem Vermieter ein Druckmittel in die Hand zu geben, um sein Duldungsverlangen gegenüber dem Mieter durchzusetzen.[24] Anders ist die Rechtslage dann, wenn der Mieter trotz vorliegenden Duldungstitels die Modernisierungsmaßnahmen nicht zulässt. Dann ist er verpflichtet, ggf. Schadensersatz zu leisten.[25]

2. Unterlassungspflicht

Hat der Mieter von seinem Sonderkündigungsrecht (§ 555e BGB) Gebrauch gemacht, aber ist er **nach Ablauf** der Kündigungsfrist noch nicht ausgezogen, schadet dies nicht, weil die Duldungspflicht durch die unterlassene Räumung nicht beeinflusst wird. Hat der Vermieter dem Mieter allerdings eine **Räumungsfrist** gewährt, ist zu prüfen, ob darin die Erklärung enthalten ist, mit den Baumaßnahmen in der Wohnung erst nach Auszug zu beginnen. Dies wird aber nur Maßnahmen betreffen, die den Mieter auch berühren. Der Vermieter kann daher auch in solchen Fällen schon mit den Modernisierungsmaßnahmen z. B. am Haus oder in den anderen Wohnungen beginnen. 16

3. Mitwirkungspflicht

Die Vorschrift des § 555d BGB verpflichtet den Vermieter nicht zur Durchführung von Modernisierungsvorhaben.[26] Vielmehr regelt sie die bloße Duldungspflicht des Mieters, dem Vermieter den Zugang zu den Räumen und Raumteilen zu ermöglichen, die von den Modernisierungsvorhaben betroffen sind. Selbstverständlich muss er auch die Durchführung der Modernisierungsmaßnahme selbst dulden. Weiter gehende Pflichten bestehen nicht. Insbesondere ist der Mieter nicht verpflichtet, die **Möbel** selbst oder auf eigene Kosten durch Dritte umräumen zu lassen[27]. Auch unter dem Gesichtspunkt der **Schadensminderungspflicht** kann dem Mieter grundsätzlich keine Pflicht zur Mitwirkung auferlegt werden.[28] 17

II. Die Härtegründe

Der Mieter hat eine Modernisierungsmaßnahme nicht zu dulden, wenn sie für den Mieter, seine Familie oder einen Angehörigen seines Haushalts eine Härte bedeuten würde, die auch unter Würdigung der berechtigten Interessen sowohl des Vermieters als auch anderer Mieter in dem Gebäude sowie von Belangen der Energieeinsparung und des Klimaschutzes nicht zu rechtfertigen ist. Die Vorschrift versucht, einen Kompromiss zu finden, zwischen den Interessen des Vermieters an der Modernisierung seines Wohnungsbestandes und den Interessen des Mieters, vor **Luxusmodernisierungen** und einem **Hinausmodernisieren** geschützt zu werden. Es gilt also, das Vorliegen eines Härtefalls im Rahmen einer umfassenden Abwägung der gegenseitigen Interessen zwischen dem Mieter und dem Vermieter bzw. den anderen Mietern im Haus festzustellen. Daher ist zunächst festzustellen, ob für den Mieter, seine Familie oder einen Angehörigen seines Haushalts eine Härte vorliegt. Je länger die zu beabsichtigten Maßnahmen andauern und je umfangreicher die Modernisierungsmaßnahmen sind, desto eher ist eine Härte anzunehmen.[29] Erst wenn dies bejaht werden kann, sind die berechtigten Interessen sowohl des Vermieters als auch anderer Mieter in dem Gebäude sowie die Belange der Energieeinsparung und des Klimaschutzes zu ermitteln. Am Schluss erfolgt eine Abwägung der Härtegründe des Mieters mit den Interessen des Vermieters 18

---

[23] Schmid, MietRB 2015, 195.
[24] So auch *Blank*/Börstinghaus, § 543 Rdn. 143 zu § 543 Abs. 2 Satz 1 Nr. 3 BGB.
[25] LG Berlin GE 2016, 1389.
[26] AG Berlin-Schöneberg GE 1987, 631; 1990, 613; AG Hamburg WuM 1990, 70; mit ausführlicher Begründung *Thomsen*, S. 73f.
[27] LG Berlin GE 2014, 938; WuM 1996, 143 = NJW-RR 1996 = GE 1996, 187, 1163 m. w. N.; Palandt/*Weidenkaff* § 554 BGB Rdn. 7; *Ehlert* in Bamberger/Roth § 554 Rdn. 33.
[28] **A. A.** *Hau* NZM 2014, 809, 813; *Blömeke/Blümmel* Modernisierung A 26; zu einem Fall der Schadensminderungspflicht s. LG Berlin GE 1989, 883.
[29] LG Berlin WuM 2015, 486; GE 2014, 55.

bzw. den Belangen der Energieeinsparung und des Klimaschutzes. Fällt die Abwägung zugunsten des Mieters aus, kann er sich mit Erfolg auf seine Härtegründe berufen.

19 Bei den Härtegründen ist zunächst zu beachten, dass der Härteeinwand der zu hohen Miete zwar vom Mieter in dem Ankündigungsstadium der Modernisierungsmaßnahme schon vorgetragen werden muss. Er kann aber die Modernisierung nicht stoppen. Die Regelung ist nur im Rahmen der Mieterhöhung nach § 559 Abs. 4 BGB von Bedeutung, wo auch die Abwägung mit den Vermieterinteressen (nicht die Interessen der anderen Mieter des Gebäudes oder Belange der Energieeinsparung bzw. des Klimaschutzes) vorgenommen werden muss (s. § 559 Rdn. 99ff.). Klargestellt wird auch, dass bei der Abwägung im Mieterhöhungsverfahren voraussichtliche künftige Betriebskosten zu beachten sind. Dass auch die Betriebskosten bei der Frage, ob eine wirtschaftliche Härte vorliegt, zu berücksichtigen sind, entspricht der bisherigen Rechtslage[30]. Die Neuregelung gilt für alle Modernisierungsmaßnahmen. Der Gesetzgeber war der Auffassung, dass ein Sonderregime nur für ausgewählte Modernisierungen nicht praktikabel gewesen wäre.[31] Kein Fall der wirtschaftlichen Härte liegt vor, wenn die Maßnahme selbst unwirtschaftlich ist.[32]

20 Im Rahmen des § 555d Abs. 2 BGB sind die sonstigen, eher personalen Härtegründe zu berücksichtigen. Damit erlangt der Vermieter insbesondere bei den besonders wichtigen energetischen Modernisierungen weitgehende Baufreiheit und Planungssicherheit, während zugleich die wirtschaftlichen Interessen des Mieters vollumfänglich gewahrt bleiben.[33] Der Begriff der Härte wird nicht näher umschrieben. Die Regelbeispiele des § 554 Abs. 2 BGB a. F. wurden im Gesetzestext entfernt, ohne allerdings auf ihre inhaltliche Berücksichtigung zu verzichten. Damit hat der Gesetzgeber aber auf eine wichtige Aufklärungsfunktion, wie sie in der bisherigen Norm installiert war, verzichtet.[34]

21 Bei den Mieterinteressen sind die bisher in § 554 Abs. 2 BGB a. F. enthaltenen Umstände hervorzuheben, ohne dass sie wegen der offenen Formulierung des Abs. 2 Satz 1 abschließend sein können. So sind die vorzunehmenden Arbeiten, die baulichen Folgen, die vorausgegangenen Aufwendungen des Mieters sowie die zu erwartende Mieterhöhung als Härtegrund geltend zu machen. Die zu erwartende Mieterhöhung ist allerdings nur im Rahmen des § 559 Abs. 4 und 5 BGB abzuwägen und zu berücksichtigen. Dies führt zu einer Zweiteilung der Härtefallprüfung: Der Vermieter kann nach allgemeinem Prozessrecht jedoch auch Feststellungsklage erheben, um im Streitfall vor Ausführung der Modernisierungsmaßnahme die Zulässigkeit der angekündigten Mieterhöhung notfalls gerichtlich klären zu lassen.

22 Neu eingefügt wurden zwei zusätzliche Abwägungsgründe. Neben den Interessen von Mieter, Vermieter und anderen Mietern sind nunmehr auch Belange des Klimaschutzes und der Energieeinsparung zu berücksichtigen. Die Vermieterposition wird somit durch die Abwägung der Mieterinteressen mit den Belangen des Klimaschutzes gestärkt. Damit wurde eine grundrechtliche Wertentscheidung (Art. 20a GG), die üblicherweise in zivilrechtlichen Generalklauseln zu berücksichtigen ist, direkt in das Gesetz aufgenommen.[35] Dem kann der Mieter nicht entgegenhalten, dass die vom Vermieter geplante Maßnahme dem Klimaschutz nur in geringem Umfang Rechnung trägt, weil maßgebliche Vorschriften, z. B. die der EnEV, nicht eingehalten werden. Solange somit die Maßnahme Klimaschutzkomponenten enthält, streitet dieser Abwägungsgrund gegen den Härteeinwand des Mieters.

23 Auf besondere volkswirtschaftliche Interessen, die über den Regelungsgehalt der Vorschrift hinausgehen, ist dabei nicht einzugehen.[36] Ist die Wohnung oder ein Teil von ihr untervermietet, sind die Härtegründe des **Untermieters** ebenfalls zu berücksichtigen.

---

[30] *Emmerich* in Emmerich/Sonnenschein Miete § 554 Rdn. 23; *Röder* NJW 1983, 2665; Palandt/*Weidenkaff* § 554 Rdn. 22; Kinne/Schach/Bieber § 559 Rdn. 5; Soergel/Heintzmann, § 554 Rdn. 14.

[31] BT-Drucks. 17/10485, S. 31 – Nachweis bei Börstinghaus/Eisenschmid, Arbeitskommentar MietRÄndG, § 555d BGB Rdn. 34.

[32] AG Pankow/Weißensee WuM 2015, 357 zu § 25 Abs. 1 EnEV.

[33] BT-Drucks. 17/10485, S. 31 – Nachweis bei Börstinghaus/Eisenschmid, Arbeitskommentar MietRÄndG, § 555d BGB Rdn. 34.

[34] Pfeifer, Mietrecht Kompakt, Sonderheft Oktober 2011, S. 6.

[35] *Hinz* NZM 2012, 153, 157.

[36] *Kummer* WuM 1983, 227.

1. Die vorzunehmenden Arbeiten

Unter diesen Härtegrund fallen zunächst alle Umstände, die sich im Hinblick auf das Alter sowie den Gesundheitszustand des Mieters, seiner Familienangehörigen oder Angehörigen seines Haushalts ergeben. Darüber hinaus sind alle Beeinträchtigungen durch Lärm, Schmutz oder Erschütterungen sowie Beeinträchtigungen der Nutzbarkeit der Räume zu bedenken. Letzteres kann sich gerade bei Gewerberäumen auswirken. 24

Der **Fensteraustausch** in den Wintermonaten ist unzumutbar.[37] Der Vermieter ist in diesen Fällen gehalten, die Bauarbeiten auf einen späteren Zeitpunkt zu verschieben. Das gilt auch bei Krankheit des Bewohners.[38] Tauscht der Vermieter die Fenster dennoch aus, und führt die mangelhaft organisierte Fenstermodernisierung während des Winters zu einer Erkältungskrankheit des Mieters, haftet der Vermieter auf Schmerzensgeld.[39] 25

Ist das Mietverhältnis bereits gekündigt oder steht die Beendigung des Mietverhältnisses aus anderen Gründen bevor, ist es dem Vermieter grundsätzlich zuzumuten, den Auszug des Mieters abzuwarten und erst dann mit den Arbeiten zu beginnen.[40] Allerdings muss die Verzögerung organisatorisch möglich sein und sie darf die Baukosten nicht unzumutbar erhöhen. 26

Eine Härte kann sich auch aus in der Person des Mieters liegenden Gründen ergeben.[41] So beispielsweise dann, wenn der Mieter **körperbehindert** oder schwer erkrankt ist oder in einem hohen Lebensalter steht. Dann können umfangreiche, die Nutzung der Wohnung stark beeinträchtigende Arbeiten unzumutbar sein.[42] Für die Annahme derartiger Härtegründe ist immer eine strenge, am Einzelfall ausgerichtete Prüfung erforderlich, so dass allgemeine Behauptungen über Gesundheitsgefahren nicht ausreichen.[43] 27

Je länger die Maßnahmen andauern und je umfangreicher die Modernisierungsvorhaben sind, desto eher ist eine Härte anzunehmen.[44] Die vorübergehende vollständige Räumung einzelner Zimmer, ein **Zwischenumzug** oder ein Ausweichen **ins Hotel** kommt i. d. R. nur in Betracht, wenn ganz besonders schwerwiegende, zwingende Gründe für die Modernisierung sprechen.[45] Ist das Leben des Mieters im Falle der Räumung zur Durchführung der Modernisierungsmaßnahmen bedroht, scheidet regelmäßig eine Duldungspflicht aus.[46] 28

Der bei einem Heizungseinbau auftretende Lärm und Schmutz führt dann nicht zu einer Härte des Mieters, wenn er den Arbeiten ausweichen kann. So ist es für einen Studenten zumutbar, einige Tage in der Bibliothek zu arbeiten.[47] Auch der Umstand, dass der Mieter ausschließlich nachts arbeitet, führt nicht zwingend zu einer Härte. So ist zunächst zu prüfen, ob nicht die Arbeiten in der Wohnung des Mieters mit dessen Schlafrhytmus koordiniert werden können.[48] Derartige Erschwernisse können dem Mieter aber nur für wenige Tage abverlangt werden. 29

Ein Dachausbau, der erhebliche Lärmbeeinträchtigungen nach sich zieht, ist dennoch vom Mieter zu dulden, wenn der Vermieter zuvor die Fortsetzung des Vertrages gem. § 574 BGB dulden musste.[49] In den Fällen des § 574 BGB sind besonders strenge Anforderungen an den Einwand der Härte des Mieters zu stellen. 30

2. Die baulichen Folgen

Der Vermieter muss bei der Prüfung der Duldungspflicht des Mieters auch berücksichtigen, welche baulichen Auswirkungen die Modernisierungsmaßnahmen für den Mieter haben. Sie erfassen die Art und Weise der durch die Verbesserung insgesamt bewirkten Veränderungen und sind 31

[37] AG Charlottenburg MM 1986, Nr. 11, 31; AG Köln WuM 1975, 225.
[38] **A. A.** AG Berlin-Neukölln GE 1982, 1043.
[39] AG Hannover WuM 1989, 634.
[40] AG Dortmund WuM 1980, 246.
[41] AG Hannover WuM 1979, 166 = ZMR 1979, 312.
[42] AG Hamburg, WuM 1988, 359; *Emmerich* in Staudinger § 554 Rdn. 32.
[43] AG Wedding GE 1986, 561.
[44] LG Berlin, Urt. v. 18.10.2013 – 63 S 387/12 – juris – mit Anm. *Herlitz* in jurisPR-MietR 14/2014 Anm. 4.
[45] LG Berlin, Urt. v. 18.10.2013 – 63 S 387/12 – juris – mit Anm. *Herlitz* in jurisPR-MietR 14/2014 Anm. 4; LG Mannheim WuM 1987, 272.
[46] BVerfG WuM 1992, 104 = NJW 1992, 1378.
[47] AG Köln WuM 1990, 388.
[48] AG Langenfeld WuM 1999, 284.
[49] AG Bad Schwartau WuM 1986, 216.

insbesondere dann nicht vom Mieter hinzunehmen, wenn die Wohnung nach Abschluss der Maßnahmen seinen **Wohnbedürfnissen** nicht mehr im gleichen Umfang wie vor den Bauausführungen gerecht wird.

32 So ist die Änderung des **Zuschnitts** der Wohnung zum Nachteil des Mieters i. d. R. eine Härte.[50] Das gilt u. U. auch für gravierende optische Änderungen.[51] Der Mieter braucht insbesondere nicht zu dulden, dass die Art der Nutzung völlig geändert wird, z. B. wenn seine Wohnung in zwei Appartements umgebaut wird oder wenn seine Zwei-Zimmer-Wohnung durch Einbau eines Bades zur Ein-Zimmer-Wohnung gemacht werden soll oder ein Zimmer durch den Einbau eines Bades verkleinert wird.[52] Ebenfalls ist regelmäßig unzumutbar, wenn die bauliche Maßnahme die ohnehin beengten Wohnverhältnisse noch weiter schmälert[53] und diese damit den Bedürfnissen des Mieters nicht mehr genügen.

33 Unzumutbar kann eine Modernisierung zudem sein bei dauernder Beeinträchtigung durch Geräusche oder Schmutz, sofern diese Folge der Vermietermaßnahmen ist und durch die Vorteile der Modernisierung nicht aufgewogen werden.[54] Die kurzfristige Beeinträchtigung durch Baulärm und Schmutz sowie die erforderliche Umstellung der Möbel infolge des Einbaus einer Balkontür, begründet noch keine Härte.[55] Dagegen kann eine Härte durch die Einbuße von **Stellfläche** vorliegen, wenn z. B. durch die Installation von Heizkörpern der Zuschnitt der Wohnung ungünstig verändert wird.[56] Eine Härte liegt für den Mieter auch vor, wenn durch die Schaffung neuen Wohnraums und dem damit verbundenen Umbau die Wohnung des Mieters ein **Fenster** einbüßt oder ein **Zimmer** verliert und damit ein wesentlicher Verlust an Licht und Sonne eintritt.[57] Im Einzelfall kann es schon ausreichen, wenn durch die beabsichtigte Modernisierung sich die **Glasfläche** um ein Drittel verkleinert und dadurch die Wohnung erheblich schlechter belichtet würde[58] (siehe dazu auch vor §§ 555 a–555 f Rdn. 8 ff.).

34 Ebenso muss regelmäßig von einer Härte ausgegangen werden, wenn durch einen umfangreichen Umbau der Mieter seine Wohnung aufgeben muss und der Vermieter[59] nicht zumutbaren und angemessenen **Ersatzwohnraum** bei Erstattung der notwendigen Umzugskosten zur Verfügung stellt.[60]

35 Eine geplante Grundrissänderung im Bereich zwischen Speisekammer und Küche kann für den Mieter zumutbar sein, soweit durch das Versetzen einer **Trennwand** die Räume keinen völlig anderen Zuschnitt erhalten und eine sachgerechte Nutzung des verbleibenden Raums gewährleistet ist.[61] Auch die eingeschränkte Stellmöglichkeit wegen Einbaus einer Balkontür muss nicht zu einer unzumutbaren Härte führen.[62]

36 Der Mieter muss nicht hinnehmen, dass mit dem Ausbau des Dachgeschosses **Fallrohre** durch sein Wohnzimmer geführt werden. Die Schaffung neuen Wohnraums durch Ausbau soll nicht zu seinen Lasten gehen.[63] Das gilt auch für die Errichtung eines Staffelgeschosses auf ein vermietetes Einfamilienhaus.[64] Auch wenn die Wohnung durch Ein- und Umbauten optisch grundlegend verändert wird, liegt eine unzumutbare Härte vor.[65]

---

[50] LG Braunschweig WuM 1982, 208.
[51] LG Berlin GE 2017, 977 durch Belüftungssysteme.
[52] LG Frankfurt/M. WuM 1986, 138; AG Dortmund WuM 1980, 9.
[53] LG Hamburg WuM 1989, 174.
[54] *Thomsen,* S. 50.
[55] LG Leipzig NZM 20113, 857.
[56] LG Frankfurt/M. WuM 1986, 138; LG Hamburg WuM 1989, 174; *Schüller* in Bub/Treier III. A Rdn. 2705; *Thomsen,* S. 50.
[57] AG Köln WuM 1979, 242.
[58] AG Hamburg WuM 1999, 160.
[59] Zur Pflicht des Vermieters Ersatzwohnraum zu stellen LG Berlin WuM 2016, 282 = GE 2016, 725 = NJW 2916, 2582 = NZM 2016, 721 m. Anm. *Eisenschmid.*
[60] LG Berlin GE 2016, 725; LG Berlin GE 2014, 55; *Bieber* in MünchKomm § 554 Rdn. 30; *Thomsen,* S. 50.
[61] LG Berlin GE 1990, 255.
[62] LG Berlin GE 2014, 1007.
[63] AG Berlin-Wedding MM 1991, 167.
[64] BGH (VIII ZR 106/07) ZMR 2008, 116.
[65] LG Berlin GE 2016, 977; z. B. das Abhängen der Decke einer Altbauwohnung LG Berlin GE 2016, 1568.

3. Die vorausgegangene Aufwendung des Mieters

Bei der Abwägung der Interessen ist auch zu berücksichtigen, ob sich die Maßnahmen des Vermieters auf die eigenen Aufwendungen des Mieters auswirken. Die Mieterinvestitionen können sich auf die Wohnung, aber auch auf das Gebäude beziehen. Die Art der Aufwendung ist dabei grundsätzlich unbeachtlich. So können durch die Modernisierung die eigenen Aufwendungen des Mieters entwertet oder nutzlos werden, ohne dass sich für ihn der Wohnwert verbessert. Daher ist die vom Mieter zulässigerweise vorgenommene Investition schon bei der Frage zu berücksichtigen, ob mit der geplanten Maßnahme des Vermieters unter Berücksichtigung der Mietereinbauten überhaupt eine Modernisierung angenommen werden kann[66] (siehe dazu § 555 b Rdn. 73). Wird dies bejaht, kann für den Mieter, der im Einverständnis mit dem Vermieter eigene Investitionen getätigt hat, die Modernisierung des Vermieters daher eher eine Härte bedeuten als für andere Mieter. Er bedarf daher eines besonderen Schutzes. Im Einzelnen kommt es darauf an, ob der Mieter die Investitionen mit Zustimmung[67], z. B. auch mit **schweigender** Duldung, des Vermieters getätigt hat. Hat der Mieter die Maßnahmen ohne Einwilligung des Vermieters durchgeführt und ist der Vermieter auch nachträglich nicht zur Genehmigung verpflichtet, sind diese Verwendungen in die Interessenabwägung nicht mit einzubeziehen. 37

Andererseits muss sich der Vermieter an gegebene Zusagen halten.[68] Ist Gegenstand seiner Absprache mit dem Mieter gewesen, dass der Vermieter innerhalb eines bestimmten Zeitraumes keine **vergleichbaren** Investitionen tätigen werde, dann muss er sich daran festhalten lassen.[69] Eine solche Abrede erfolgt konkludent, wenn der Vermieter die vom Mieter erbetene Maßnahme ohne Vorbehalt genehmigt. Der Vermieter muss in diesen Fällen dem Mieter die Gelegenheit bieten, seine Investitionen auch abzuwohnen.[70] Bei einem befristeten Mietverhältnis liegt die Annahme nahe, dass der Vermieter über die gesamte Laufzeit des Vertrages nicht berechtigt sein soll, durch eine Folgemodernisierung die Maßnahme des Mieters zu ersetzen.[71] Hat der Vermieter den Mieter verpflichtet, jederzeit auf Aufforderung die bauliche Maßnahme rückgängig zu machen, dann handelt der Vermieter bei einer entsprechenden Erklärung jedenfalls dann treuwidrig, wenn der Zeitraum zwischen der baulichen Maßnahme des Mieters und dem Rückbauverlangen des Vermieters sehr kurz ist (zur Frage der Restwertentschädigung siehe § 535 Rdn. 452). Haben die Parteien vereinbart, dass der Mieter Energieeinsparmaßnahmen zu dulden hat, muss er dies auch angesichts seiner selbst eingebauten Gasetagenheizung respektieren. Der Vermieter hatte in diesem Fall schon nach altem Recht die Pflicht, die Energieeinsparung nachzuweisen.[72] 38

Feste Regeln, wann von einer Härte ausgegangen werden kann, können nicht aufgestellt werden. Die Härte ist umso größer, je mehr der Mieter im Einvernehmen mit dem Vermieter in die Wohnung investiert hat und je kürzer die Verwendungen zeitlich zurückliegen.[73] Somit müssen zeitlich länger zurückliegende und nicht allzu hohe Aufwendungen bei der Bestimmung einer Härte regelmäßig außer Betracht bleiben.[74] 39

Ferner wird zu berücksichtigen sein, ob der Vermieter durch Verzicht auf eine an sich zulässige Mieterhöhung oder auf einen Teil der Miete die Investitionen des Mieters mitfinanziert hat. Maßgebend ist dabei auch die Dauer des Verzichtes.[75] Darüber hinaus ist von Bedeutung, ob die Maßnahmen für das Haus oder die Wohnung von Bedeutung waren und ob sie ggf. als abgewohnt anzusehen sind.[76] Allgemein ist davon auszugehen, dass eine Investition in Höhe einer Jahresmiete in 4 Jahren als **abgewohnt** gilt.[77] Der Vermieter kann diesen Härtegrund allerdings durch Über- 40

---

[66] BGH (VIII ZR 110/11) WuM 2012, 448 = MietPrax-AK § 554 BGB Nr. 8 = NZM 2012, 679 = NJW 2012, 2954 = GE 2012, 1036 =ZMR 2013, 22.
[67] *Röder* NJW 1983, 2665.
[68] KG ZMR 2009, 32.
[69] LG Köln WuM 1978, 8.
[70] *Damrau-Schröter* S. 168.
[71] *Damrau-Schröter* S. 169.
[72] LG Berlin GE 2007, 294.
[73] Vgl. BGH (VIII ZR 110/11) MietPrax-AK § 554 BGB Nr. 8 = NJW 2012, 2954 = NZM 2012, 679 = DWW 2012, 295 = ZMR 2013, 22; BGH (VIII ZR 25/12) WuM 2012, 677 = GE 2012, 1555; LG Hamburg MDR 1983, 1026 = DWW 1984, 20 = ZMR 1984, 60 = GE 1985, 361.
[74] LG Berlin GE 2012, 270.
[75] *Bieber* in MünchKomm § 554 Rdn. 25.
[76] LG Berlin GE 1998, 616; AG Berlin-Tempelhof/Kreuzberg GE 2011, 57.
[77] Vgl. § 2 des Gesetzes … über die Rückerstattung von Baukostenzuschüssen vom 21. 7. 1961, BGBl. I S. 104; *Schüller* in Bub/Treier III. A Rdn. 2706.

nahme einer entsprechenden Zahlung oder eines Verzichts auf künftige Mieterhöhungen ausräumen.[78]

41 Ob die dem Mieter für seine bauliche Maßnahme gewährten öffentlichen Mittel zu seinen Gunsten anzurechnen sind, ist umstritten.[79] Richtigerweise wird man die **öffentlichen Mittel** jedenfalls dann dem Mieter zurechnen, wenn es um die Ermittlung der Abwohndauer geht. Sie ist nicht nur maßgeblich für die Berechnung einer Restwertentschädigung, sondern auch dafür, ob der Vermieter durch Folgemaßnahmen die Investition des Mieters nutzlos machen kann.

4. Die zu erwartende Mieterhöhung

42 Der Härtegrund der Erhöhung des Mietzinses kommt wegen § 559 BGB in erster Linie für den Wohnraummieter in Betracht.[80] Der Mieter von **Geschäftsräumen** kann sich nur auf diesen Härtegrund berufen, wenn der Vermieter die Möglichkeit der vertraglichen Mietzinsanpassung hat.

43 Die Mieterhöhung erfasst auch die voraussichtlich künftigen Betriebskosten. Das sind diejenigen Betriebskosten, die aufgrund der Modernisierung neu oder erhöht bzw. vermindert entstehen und vom Vermieter umgelegt werden können.

5. Sonstige Härten

44 Die unter II 1 bis 4 genannten Härtegründe sind nur beispielhaft. Daher können auch andere Härtegründe zu einer Verhinderung der vom Vermieter beabsichtigten Modernisierungsmaßnahme führen. Beispielsweise ist eine Härte denkbar bei Berücksichtigung von **persönlichen** Lebensumständen, wie Alter, Krankheit, Ängste[81], psychische Erkrankungen[82], kurz bevorstehende Geburt oder geschäftliche Schwierigkeiten.[83] Auch Nachtarbeit[84], Arbeitslosigkeit und Kurzarbeit[85], eine Behinderung oder eine unmittelbar bevorstehende Abschlussprüfung[86] können eine Härte darstellen. Ebenso kann ein kurz bevorstehendes Vertragsende den Vermieter verpflichten, die Modernisierungsmaßnahme bis zum Auszug des Mieters zurückzustellen.[87] Im gewerblichen Mietverhältnis ist eine Härte bejaht worden, wenn die umfangreiche und zeitaufwendige Maßnahme des Vermieters wegen der damit notwendigen Einstellung des Betriebs des Mieters für diesen existenzbedrohend ist.[88] Auch die sonstigen Härtegründe sind in die Abwägung mit den Interessen des Vermieters einzubeziehen. Keine Härte wird angenommen, wenn der Mieter als starker Raucher sich gegen den Einbau von Rauchwarnmeldern zur Wehr setzt.[89] Die Duldung ist auch dann nicht ausgeschlossen, wenn die Parteien eine Indexmiete vereinbart haben, die gem. § 557b Abs. 2 BGB eine Mieterhöhung nach § 559 BGB verbietet.[90]

45 In der Regel wird daher die Duldungspflicht zu verneinen sein, wenn der Vermieter selbst Umstände setzt, die unter dem Gesichtspunkt von Treu und Glauben zugunsten des Mieters berücksichtigt werden müssen. Beispielsweise kann sich der Vermieter regelmäßig nicht auf die Duldungspflicht des Mieters berufen, wenn er diesem zuvor die Unterlassung der Maßnahme **zugesagt** hat[91] oder wenn der Vermieter ohne vernünftigen Grund mehrere Maßnahmen in kurzen zeitlichen Abständen durchführt und der Mieter dadurch die Mieträume längere Zeit nicht vertragsgemäß nutzen kann.

46 Zudem kann maßgeblich sein, ob der Vermieter die Wohnung nur deshalb modernisiert, um sie nach Umwandlung in eine Eigentumswohnung besser **verkaufen** zu können. In diesen Fällen mo-

---

[78] *Kritisch Kossmann* § 44 Rdn. 72; § 157 Rdn. 33.
[79] Dafür LG Berlin MM 1999, 169; dagegen LG Berlin ZMR 1999, 554.
[80] Zum Beurteilungszeitpunkt für die wirtschaftliche Leistungsfähigkeit siehe *Börstinghaus* NZM 2014, 689.
[81] LG Köln WuM 2002, 669.
[82] LG Bremen ZMR 2013, 346; LG Berlin GE 2015, 388.
[83] *Schüller* in Bub/Treier III. A Rdn. 2707; *Thomsen,* S. 58.
[84] AG Bremen WuM 2016, 493.
[85] Kinne/Schach/Bieber § 555d Rdn. 9.
[86] *Bieber* in MünchKomm § 554 Rdn. 30.
[87] LG Köln ZMR 1970, 237 zu § 541a Abs. 2 BGB a. F.
[88] BGH (XII ZR 126/11) WuM 2013, 37 = MietPrax-AK § 554 BGB Nr. 11 = NZM 2013, 122 = NJW 2013, 223 = MietRB 2/2013 m. Anm. *Schach.*
[89] AG Halle/S. ZMR 2014, 649.
[90] BGH (VIII ZR 147/13) WuM 2014, 284 = MietPrax-AK § 555d BGB Nr 1 = GE 2014, 665 = ZMR 2014, 626; Jahreis, jurisPR-MietR 15/2014 Anm. 3.
[91] LG Köln WuM 1978, 8 = ZMR 1978, 181.

dernisiert der Vermieter nämlich nicht, um sein Objekt bei fortbestehendem Mietverhältnis zu verbessern. Vielmehr dient die Wertverbesserung dann ausschließlich der Erzielung eines höchst möglichen Verkaufserlöses, während der Mieter in Folge des Verkaufs dem erhöhten Risiko einer Eigenbedarfskündigung ausgesetzt wird. Die Zielsetzung des Vermieters kommt daher dem Herausmodernisieren sehr nahe, vor dem der Mieter aber durch die Modernisierungsvorschriften geschützt werden soll.

Bei der Abwägung mit dem Modernisierungsinteresse des Vermieters gebührt der gesundheitlichen Unversehrtheit des Mieters besondere Aufmerksamkeit.[92] Nach den verfassungsrechtlich gebotenen Grundsätzen[93] verlangt Art. 2 GG in Fällen, in denen ein schwerwiegender Eingriff in das Recht auf Leben und körperliche Unversehrtheit zu besorgen ist, unter anderem eine besonders sorgfältige Nachprüfung des entsprechenden Vortrages und dessen angemessene Berücksichtigung bei der Interessenabwägung.[94] 47

Dem Mieter kann noch ein weiteres Grundrecht zur Seite stehen, nämlich das Grundrecht auf „informationelle Selbstbestimmung" gem. Art. 2 Abs. 1 i. V. m. Art. 1 Abs. 1 GG[95] und somit Grundlage des Härteeinwands sein. In Betracht kommt dies, wenn die als zukunftsweisend diskutierten Wohnmodelle von „Smart Home" und „KogniHome" umgesetzt werden und der Mieter solche Einrichtungen dulden soll. Dann kann sein Recht auf informationelle Selbstbestimmung zu einer Härte führen. Auch wenn die Maßnahmen – einzeln betrachtet – über § 28 Abs. 1 BDSG datenschutzrechtlich gerechtfertigt erscheinen, so können die erfassten Daten aber in ihrer Gesamtschau ein Bewegungsprofil des Mieters zulassen, das über die Zweckbestimmung der Einzeldaten hinausgeht (Internet der Dinge). Beispielsweise ist Verarbeitung der vom „intelligenten Kühlschrank" (siehe auch § 555b Rdn. 52a) erfassten Daten, sowie die vom elektronischen Heizkostenverteiler oder Wasserzähler, vom kommunikationsfähigen Bewegungsmelder und Heizsystem, vom „Reinigungsroboter", vom „Gesundheits-Avatar"[96], vom Herd und von der Tür für sich alleine betrachtet durch den Vertrag gedeckt (vgl. § 28 Abs. 1 BDSG). Zusammen können sie aber Rückschlüsse zulassen auf die Essgewohnheiten des Mieters, auf eventuelle Zusammenhänge mit seinen Gesundheitsdaten, auf die Häufigkeit von Besuch und zur Reinlichkeit des Mieters, die den Pflegezustand der Wohnung erkennen lässt. Die Erstellung eines solchen Profils wäre von Datenschutz nicht mehr gedeckt, da damit der Grundsatz der Verhältnismäßigkeit, den der Vermieter als „verantwortliche Stelle" zu beachten hat, verletzt ist.[97] Zudem muss der Vermieter bei seiner Datenerhebung Zurückhaltung üben. Denn es gilt auch der Grundsatz der Datensparsamkeit, wonach durch Vermeidung der Speicherung personenbezogener Daten die Beeinträchtigung des Rechts auf informationelle Selbstbestimmung reduziert werden soll.[98] 47a

III. Die zu berücksichtigenden Personen auf der Mieterseite

Zunächst gilt die Härteregelung zu Gunsten der Interessen des Mieters. Daneben sind aber auch seine **Familienangehörigen** zu berücksichtigen. Zur Familie können alle Angehörigen gezählt werden, die in der Wohnung des Mieters leben. Dazu gehört auch der Lebenspartner gem. § 1 LPartG. Ein bestimmter Grad der Verwandtschaft oder Schwägerschaft ist nicht erforderlich.[99] Entscheidend ist das soziale Band innerhalb der einem Haushalt zugehörenden Personen, so dass auch der **nichteheliche Lebenspartner** zu berücksichtigen ist.[100] 48

Schon seit der Neufassung der Vorschrift mit dem Mietrechtsreformgesetz 2001 sind nunmehr auch die Interessen eines Angehörigen des Mieterhaushalts zu berücksichtigen. Das sind die Personen, die mit dem Mieter in seinen Räumen einen **gemeinsamen** Haushalt führen. Somit ist erforderlich und ausreichend, dass die Personen mit dem Mieter gemeinsam wirtschaften.[101] Neben 49

---

92 BVerfG WuM 1992, 104 = NJW 1992, 1378; AG Hamburg WuM 1988, 359.
93 Siehe BVerfG WuM 1980, 27 = NJW 1979, 2607 = MDR 1980, 116 = ZMR 1980, 12.
94 BVerfG WuM 1992, 104 = NJW 1992, 1378.
95 BVerfG v. 15.12.1983 (1 BvR 209/83 u. a.), NJW 1984, 419.
96 Siehe Pressemeldung der Universität Bielefeld v. 8.8.2014.
97 Vgl. *Kramer,* Zum Begriff „Internet der Dinge" (IoT), DSB, 2017, 70.
98 *Auernhammer,* BDSG, 4. Aufl., § 3 a Rdn. 17.
99 *Emmerich* in Emmerich/Sonnenschein Miete § 554 Rdn. 20.
100 Zum Begriff der „eheähnlichen Gemeinschaft" vgl. BVerfG WuM 1993, 240 = NJW 1993, 643 = ZMR 1993, 317.
101 *Blank/Börstinghaus* § 555d BGB Rdn. 9.

solchen Personen, die zwecks Vermeidung des Wohnens in einem Alters- oder Pflegeheim als Wohngemeinschaft zusammenwohnen,[102] gehören zu den Angehörigen eines Mieterhaushalts auch die Pflegekinder des Mieters oder die Kinder seines Lebenspartners. Entscheidend ist immer auch die Berechtigung der Nutzung gegenüber dem Vermieter.[103]

50 Anders als § 563 Abs. 2 BGB verlangt § 555d Abs. 2 Satz 1 BGB nicht, dass der Angehörige zu einem „auf Dauer angelegten" Haushalt gehört.[104] Daher kommt es bei der Interessenabwägung nicht darauf an, ob die zum Haushalt gehörende Person dort ständig verbleiben möchte. Eine vorübergehende Zugehörigkeit reicht aus. So kann die Aufnahme einer **Hauswirtschaftskraft** für ein Jahr zwar nicht als auf Dauer angesehen werden. Sie muss aber doch als Angehörige des Haushalts gelten. Kurzfristige, tageweise aufgenommene Personen sind allerdings davon ausgenommen,[105] weil sie nicht Haushaltsangehörige, sondern Gäste des Mieters sind.

51 Bei einer **Mehrheit** von Mietern oder Angehörigen genügt es, wenn die Maßnahme nur für einen der Mieter oder Angehörigen unzumutbar ist.[106] Der Mieter kann aber nicht mit Erfolg vortragen, dass er von ursprünglich mehreren Mitmietern nur noch alleine die Wohnung bewohne und deshalb die Maßnahme für ihn unzumutbar sei.[107]

Im gewerblichen Mietverhältnis sind auf Mieterseite Umstände zu berücksichtigen, die im Hinblick auf die Duldung der Modernisierungsmaßnahme eine Härte bei Mitarbeitern und Beschäftigten begründen. Belange der Kunden sind jedoch ausgeschlossen.[108]

IV. Die zu berücksichtigenden Personen auf der Vermieterseite

52 Zunächst sind die Interessen des Vermieters selbst beachtlich. Bei der Abwägung der gegenseitigen Interessen ist daneben zugunsten des Vermieters zu berücksichtigen, wie stark das Interesse der anderen Mieter in der Hausgemeinschaft an der Durchführung der Maßnahme ist. Es sind nur die Interessen der **Mitmieter** in dem von der beabsichtigten Maßnahme betroffenen Gebäude zu berücksichtigen. Dafür spricht zum einen der Wortlaut („Mieter in dem Gebäude") und zum anderen wegen der schwierigen Abgrenzungsfragen die Rechtssicherheit.[109]

1. Die Vermieterinteressen

53 Auf der Seite des Vermieters sind alle „berechtigten" Interessen mit Ausnahme des Interesses an der bloßen Mieterhöhung zu berücksichtigen.

54 In erster Linie zählt die Wertverbesserung des Hausbesitzes als Abwägungskriterium zu Gunsten des Vermieters. Dabei ist zu bedenken, dass der Vermieter sein Mietobjekt dem üblichen Wohnkomfort sowie den jeweiligen technischen und sonstigen nachgefragten Standards anpassen muss, um die **Vermietbarkeit** des Hausbesitzes langfristig zu sichern. Hierzu gehören insbesondere Energiesparmaßnahmen, welche die Heizkostenbelastung der Mieter senken oder die Verringerung von fossiler Energie, um damit CO_2 einzusparen. Zudem erfordert häufig auch die Änderung der Rechtslage, dass bestimmte Maßnahmen vorgenommen werden müssen, wie z. B. der Einbau von Thermostatventilen[110] oder anderer Maßnahmen nach EnEV (2013) sowie Maßnahmen im Rahmen des Anschluss- und Benutzungszwanges nach dem jeweiligen landesspezifischen Kommunalabgabengesetz.

55 Ein berechtigtes Interesse des Vermieters liegt insbesondere auch dann vor, wenn er günstige Angebote für die Ausführung der Arbeiten erhält oder wenn auf dem Finanzmarkt günstige **Finanzierungsmittel** zur Verfügung gestellt werden.[111] Auch die bessere kurzfristige Vermietbarkeit kann ein zu berücksichtigendes Interesse sein.

---

102 Kinne/Schach/Bieber § 555d Rdn. 6; *Both* in Herrlein/Kandelhard § 554 Rdn. 56.
103 *Lammel,* Wohnraummietrecht, § 554 Rdn. 56.
104 *Sternel,* ZMR 2001, 937, 942 mit Beispielen.
105 *Bieber* in MünchKomm § 554 Rdn. 24; vgl. *Sternel,* ZMR 2001, 937, 942.
106 AG Bergheim WuM 1996, 415; *Emmerich* in Emmerich/Sonnenschein Miete § 554 Rdn. 20.
107 AG Schöneberg GE 1992, 389.
108 *Neuhaus* ZMR 2013, 686, 691.
109 Siehe *Both* in Herrlein/Kandelhard § 554 Rdn. 59 zur Modernisierung von Plattenbauten sowie NZM 2001, 78.
110 Gesetz zur Einsparung von Energie in Gebäuden (Energieeinsparungsgesetz – EnEG) vom 22.7.1976, BGBl. I, 701.
111 *Bieber* in MünchKomm § 554 Rdn. 32.

Die zu berücksichtigenden Interessen können auch in der Person des Vermieters selbst begründet sein. Solche Besonderheit kann z. B. vorliegen, wenn der Vermieter selbst im Haus wohnt und aus Altersgründen oder gesundheitlichen Erfordernissen eine Zentralheizung benötigt. 56

Nicht zu berücksichtigen sind die Interessen der Allgemeinheit, wie z. B. das Interesse an der **Schaffung** von Wohnraum oder Fragen des Naturschutzes. Der Wortlaut des § 555d BGB stellt im Wesentlichen auf die Interessen der Vertragsparteien bzw. der anderen Mieter im Haus ab, so dass für die Einbeziehung von Allgemeininteressen an dieser Stelle kein Raum bleibt.[112] 57

2. Die Interessen anderer Mieter

Die Interessen anderer Mieter sind zu Gunsten des Vermieters insoweit zu berücksichtigen, als die Maßnahme auf ihren Mietgebrauch einwirkt. Interessen außerhalb des Mietgebrauchs bleiben daher unberücksichtigt. Die zu berücksichtigenden Interessen können z. B. im erwünschten höheren **Wohnkomfort** liegen und damit die Interessen des Vermieters an der Durchführung der Maßnahme verstärken. So kann der Einbau eines Fahrstuhles nicht nur zu einer Werterhöhung des Eigentums des Vermieters, sondern auch zu einer Verbesserung der allgemeinen Wohnverhältnisse der anderen Mieter im Haus führen.[113] Das Gleiche gilt für den Einbau einer Zentralheizung oder für Energieeinsparmaßnahmen, wie beispielsweise die Wärmedämmung einer Fassade. 58

Die Abwägung betrifft nicht nur Maßnahmen, von denen die anderen Mieter gleichermaßen profitieren, sondern auch solche, die durch die Modernisierung in der Wohnung eines anderen Mieters notwendig werden, wie z. B. bei der Verlegung von **Versorgungsleitungen.**[114] 59

Das Gesetz bezieht nur die berechtigten Interessen „an der Durchführung der Maßnahme" in die Abwägung mit ein. Interessen anderer Mieter, die gegen die vom Vermieter beabsichtigte Maßnahme sprechen, werden nicht etwa zu Gunsten des von der Härte betroffenen Mieters berücksichtigt. 60

Die Vorschrift ist auf das typische Mehrfamilienhaus mit einem Vermieter zugeschnitten und passt daher nicht auf Verhältnisse in Wohneigentums-Anlagen. Daher kann sich die Frage aufdrängen, ob auch die Interessen der anderen **Wohnungseigentümer** sowie die Interessen deren Mieter in die Abwägung einzubeziehen sind.[115] Wegen des klaren Wortlauts und der Tatsache, dass seit 1982 die Vorschrift vier mal geändert wurde,[116] ohne ihre Anwendung auf WEG-Verhältnisse auszuweiten, muss von einer so weit gehenden Anwendung abgesehen werden. Dies erscheint im Übrigen auch nicht erforderlich, denn wenn die Maßnahmen Auswirkungen auf andere Wohnungsnutzer in der Wohnungseigentums-Anlage hat, dann wird der Modernisierung regelmäßig ein wirksamer Beschluss der Gemeinschaft vorausgehen. Somit fließt dieses Gemeinschaftsinteresse jedenfalls mittelbar in die Abwägung mit ein. Die Interessen der Mieter anderer Wohnungseigentümer sind deshalb nicht zu berücksichtigen, weil sie schon über den zustimmenden Beschluss der Wohnungseigentümer repräsentiert werden und gegen die Maßnahme sprechende Interessen anderer Mieter in die Abwägung nicht einfließen. 61

Die Interessen der Mieter in dem Gebäude sind aber nicht im Sinne einer Mehrheitsentscheidung zu prüfen.[117] Die Berücksichtigung der Interessen der Mitmieter ist nur als eines der in Betracht zu ziehenden Abwägungskriterien zu Gunsten des Vermieters mit heranzuziehen.[118] Daher kann es durchaus vorkommen, dass sich in Grenzfällen die Interessen der Hausgemeinschaft oder nur einzelner Nachbarmieter gegen den sich wehrenden Mieter letztlich nicht durchsetzen. 62

V. Belange der Energieeinsparung und des Klimaschutzes

Kann der Mieter eine Härte geltend machen, ist diese unter Umständen mit den Belangen der Energieeinsparung und des Klimaschutzes abzuwägen. Die Vermieterposition wird somit durch die Abwägung mit den Belangen des Klimaschutzes gestärkt. Diese Vorschrift führt regelmäßig im Bereich der energetischen Modernisierung sowie bei Maßnahmen zur Einsparung von nicht erneuer- 63

---

[112] *Thomsen,* S. 59 mit Hinweis auf die Gesetzesmaterialien.
[113] LG Berlin GE 2011, 483; GE 1996, 1489.
[114] AG Leonberg WuM 1984, 216 = ZMR 1984, 376.
[115] So *Blank/Börstinghaus* § 555d BGB Rdn. 10.
[116] BGBl. I 1993, 1257; 2001, 1149; 2001, 1542; 2013, 434.
[117] **A. A.** *Kellendorfer* in: Spielbauer/Schneider, Mietrecht, § 555d Rdn. 22.
[118] *Bieber* in MünchKomm § 554 Rdn. 32.

barer Primärenergie dazu, dass der Mieter mit seinem Härteeinwand ausgeschlossen ist.[119] Es sind nur ganz selten Fälle (Gefahr für Leib und Leben) denkbar, bei denen der Gedanke der Endenergieeinsparung oder des Klimaschutzes nach Abwägung mit der vom Mieter vorgetragene Härte gänzlich zurücktreten muss. Zudem kann der Mieter dem Vermieter nicht entgegenhalten, dass die von ihm geplante Maßnahme dem Klimaschutz nur in geringem Umfang Rechnung trägt, weil maßgebliche Vorschriften, z. B. die der EnEV, nicht eingehalten werden. Solange somit die Maßnahme dem Klimaschutz nicht zuwiderläuft, ist der Mieter diesem Abwägungsgrund ausgesetzt. Sowohl bei der Einsparung von Endenergie als auch bei der Einsparung nicht erneuerbarer Primärenergie gibt es keine Mengenvorgaben, die mit einer Modernisierungsmaßnahme erreicht werden müssten.

VI. Das Abwägungsgebot

64 Der Vermieter ist zur Abwägung verpflichtet. Er kann nicht von vornherein einem bestimmten Interesse Vorrang einräumen. Daher verbieten sich auch vertragliche Regelungen, die versuchen, auf eine Abwägung Einfluss zu nehmen oder gar zu steuern (§ 555d Abs. 7 BGB), soweit sich diese nachteilig auf die Mieterinteressen auswirken können.

Hervorzuheben ist die Abwägung der Mieterinteressen mit den Vermieterinteressen, wenn es sich um Maßnahmen handelt, die der Vermieter nicht zu vertreten hat. Bei einem Abwägungsergebnis zugunsten des Mieters besteht hier die Gefahr, dass dem Vermieter im verwaltungsgerichtlichen Verfahren Zwangsmittel oder Bußgelder auferlegt werden. Hier muss der Vermieter darauf achten, dass er die besondere Härte des Mieters in das Verwaltungsverfahren einbringt, um nicht zu Lasten des Mieters einen Vollzug der Maßnahme herbeizuführen.[120]

VII. Gewerberaum

65 Gem. § 578 Abs. 2 Satz 1 BGB findet auf gewerbliche Mietverhältnisse § 555d Abs. 1 bis 6 entsprechend Anwendung. Abweichend vom Wohnraummietvertrag wäre hier eine Vereinbarung möglich, die die Abwägungskriterien verändern oder die ihnen eine stärkere Gewichtung zu Gunsten des Vermieters zukommen lässt. Dies ist für den Mieter nicht unproblematisch. Für ihn wird vor allem im Vordergrund stehen, ob er während der Bauphase seinen Betrieb weiterführen kann, bzw. in welchem Umfang und für welchen Zeitraum mit Hindernissen und Einschränkungen im Betriebsablauf zu rechnen ist. Dabei ist auch die Arbeitssicherheit sowie die Gesundheit der Mitarbeiter und Angestellten ein wichtiges Härtekriterium.[121] Darüber hinaus streitet für den Mieter die Umsatzeinbuße, wenn er durch die Baumaßnahme seinen Geschäftsbetrieb nicht in vollem Umfang aufrechterhalten kann oder wenn durch Zugangshindernisse u. a. ein notwendiger Kundenverkehr eingeschränkt wird.[122]

C. Die Mitteilungspflicht des Mieters

1. Der Fristbeginn

66 Nach Abs. 3 hat der Mieter seine Härtegründe bis zum Ablauf des Monats zu begründen, der auf den Zugang der Modernisierungsankündigung folgt. Geht die Ankündigung am Ende des Monats dem Mieter zu, beträgt seine Frist zur Geltendmachung der Härtegründe einen guten Monat. Erreicht ihn die Modernisierungsankündigung dagegen am Beginn eines Monats, bleiben ihm knapp zwei Monate Zeit, seine Härtegründe geltend zu machen.

67 Die Härtegründe sind dem Vermieter in Textform (§ 126b BGB) zugänglich zu machen (zu der Ausnahme s. Rdn. 78). Entscheidend für den Fristablauf ist somit der Zugang der Nachricht beim Vermieter. Für den Zugang ist entscheidend, dass die Nachricht zum einen in den Machtbereich des Empfängers gelangt ist und zum anderen, dass der Empfänger unter normalen Verhältnissen

[119] Siehe auch *Emmerich/Staudinger* § 555d Rdn. 9.
[120] *Dickersbach* in: Lützenkirchen, Mietrecht, § 555d BGB Rdn. 42.
[121] *Neuhaus* ZMR 2013, 686, 691.
[122] *Leo/Ramm* NZM 2014, 63, 64; Neuhaus ZMR 2013, 686, 691.

noch am selben Tag vom Inhalt Kenntnis nehmen kann.[123] Bedient sich der Mieter eines Zustellunternehmens, haftet er für deren Verschulden nach § 278 BGB.[124]

Dem Mieter wird für die Geltendmachung des Härteeinwands eine Frist auferlegt. Die Frist ist eine Ausschlussfrist (vgl. Abs. 4) und wurde ähnlich konzipiert wie die Ausschlussfrist gem. § 556 Abs. 3 BGB betreffend einer Betriebskostenabrechnung. Die Regelung soll dem Vermieter für die Durchführung seines Bauvorhabens Planungssicherheit geben. Die Fristbeginn setzt allerdings eine ordnungsgemäß ankündigte Modernisierungsmaßnahme voraus. Unterlässt der Vermieter die Ankündigung oder entspricht diese nicht den gesetzlichen Anforderungen, wird der Fristlauf nicht in Gang gesetzt. Der Fristlauf beginnt somit nur, wenn der Vermieter mit der Modernisierungsankündigung die Vorschrift des § 555c BGB beachtet hat. Macht er beispielsweise nur oberflächliche Angaben zur Art und zum Umfang der Modernisierung, hindert dies den Lauf der Frist. Das gilt auch, wenn der Vermieter beispielsweise bei einer energetischen Modernisierung den Nachweis, ggf. mit Pauschalwerten gem. § 555c Abs. 4 BGB (siehe dort Rdn. 57ff.), zur Einsparung von Endenergie unterlässt. Der Vermieter sollte daher aus Gründen der Sicherheit bei den Angaben zur Modernisierung sich nicht zu knapp fassen, da er sonst riskiert, dass die Ausschlussfrist für den Härteeinwand des Mieters nicht zu laufen beginnt. **68**

Beispiele für Fristberechnung: Ist dem Mieter die Ankündigung des Vermieters am 2. Juni zugegangen (alternativ: 27. Juni), dann beginnt die 3-Monatsfrist am 3. Juni (28. Juni) gem. § 555c Abs. 1 BGB. Der Beginn der Modernisierungsmaßnahme ist dann frühestens der 2. September (27. September). Im Regelfall kann der Mieter daher seinen Härteinwand nur bis zum 31. Juli vorbringen (§ 555d Abs. 3). **69**

Zu beachten ist, dass der Fristablauf für beide Härtekategorien gilt, also für die eher persönlichen Härtegründe sowie für die Härte der zu hohen Miete, auch wenn die Abwägung dieses Härtegrundes mit den berechtigten Interessen des Vermieters erst mit Vorlage der Mieterhöhungserklärung vorzunehmen ist (§ 559 Abs. 4, 5 BGB). **70**

2. Ablauf der Frist

Werden die Umstände, die eine Härte im Hinblick auf die Duldung oder die Mieterhöhung begründen, nach Ablauf der Frist des Abs. 3 erstmalig vorgebracht, sind sie gem. Abs. 4 Satz 1 nur zu berücksichtigen, wenn der Mieter ohne Verschulden an der Einhaltung der Frist gehindert war. **71**

Ein fehlendes Verschulden des Mieters nach Absatz 4 kann angenommen werden, wenn der Mieter wegen schwerer Krankheit nicht in der Lage war, rechtzeitig zu antworten oder wenn die Gründe erst nach Ablauf der Frist gem. Absatz 3 entstanden sind. Die Gründe der Fristversäumnis sowie der Härtegrund selbst sind dem Vermieter unverzüglich, also ohne schuldhaftes Zögern (§ 121 BGB), in Textform mitzuteilen. **72**

Problematisch kann das „Verschulden" des Mieters sein, wenn er längere Zeit abwesend ist, sich z. B. im Ausland aufhält, und der Vermieter in der Zeit der Abwesenheit des Mieters die Modernisierungsankündigung versendet. Zwar ist der Mieter grundsätzlich verpflichtet, Vorkehrungen zu treffen, dass ihm auch in der Zeit der Abwesenheit wichtige Post zugehen kann, notfalls über einen Vertreter (Freund, Nachbar).[125] Ist der Mieter aber nur für einen üblichen Zeitraum von 3 – maximal 6 Wochen – auf Urlaubsreise, ist es ihm nicht zuzumuten, eine Person zu bestellen, die in dem Zeitraum der relativ kurzen, urlaubsbedingten Abwesenheit nicht nur die private Post entgegen nimmt, sondern sie auch öffnet, inhaltlich kontrolliert und eine eventuelle Härte des Mieters ermittelt. Das gilt jedenfalls dann, wenn es vor der Abreise des Mieters keine Hinweise auf eine Modernisierungsabsicht des Vermieters gab. Eine Nachsendung der Post kommt idR wegen der häufig abgelegenen Urlaubsziele in der kurzen Zeit nicht in Betracht. Ergeben sich daher bei der Geltendmachung einer Härte aufgrund der Abwesenheit Verzögerungen, sind diese vom Mieter nicht zu vertreten. Zu vertreten hat der Mieter allerdings Verspätungen, die auf Verzögerungen durch die Bearbeitung der Modernisierungsankündigung durch einen Vertreter, z. B. Rechtsanwalt, auftre- **72a**

[123] Palandt/*Ellenberger* § 130 Rdn. 5; LAG Brandenburg MDR 1999, 368; LG München WuM 1993, 331; Eisenschmid/*Wall* Rdn. 1866 m. w. N.

[124] *Langenberg* § 556 Rdn. 465.

[125] Kinne/Schach/Bieber, Mietrecht, § 555d BGB Rdn. 19.

ten. Ebenfalls zu vertreten hat er Verzögerungen, die durch die Briefzustellung verursacht wurden, weil die Post Erfüllungsgehilfe des Absenders ist.[126]

73 Eine Frist, bis wann die Härtegründe entstanden sein müssen, gibt es nicht. Es ist daher durchaus möglich, dass der Mieter nach Beginn der baulichen Maßnahmen schwer krank wird und nicht in der Lage ist, die Beeinträchtigungen in seiner Wohnung ohne weitere körperliche Schäden zu erdulden. In solchen Fällen ist daher auch während der schon eingeleiteten Baumaßnahmen eine Interessenabwägung vorzunehmen. Allerdings kommt dem Vermieterinteresse dann besonderes Gewicht zu.

74 Die unverzügliche Mitteilung des Härtegrundes ist Voraussetzung für dessen Berücksichtigung. Daher liegt hierin eine weitere, nachgelagerte „Ausschlussfrist" bezüglich der Härtegründe, die sich gegen die Duldung richten. Denn wenn der Mieter trotz unverschuldeter Säumnis des Härteeinwandes sich für die Mitteilung an den Vermieter wegen der nachgeschobenen Umstände zu lange Zeit lässt, ist er endgültig mit seinem Härteeinwand ausgeschlossen. Im Interesse einer zügigen Baudurchführung muss der Mieter daher ebenfalls schnell handeln. Einige Tage dürften unter Berücksichtigung des Postlaufs ausreichend sein.[127]

75 Während die eher persönlichen Härtegründe im Einzelfall auch später nachgeschoben werden können, gibt es für den Härteeinwand im Hinblick auf die Mieterhöhung einen absoluten Schlusspunkt. Auch wenn der Mieter die Verzögerung der Mitteilung des Härtegrundes nicht zu vertreten hat, kann er diesen Einwand nur bis spätestens zum Beginn der Modernisierungsmaßnahme mitteilen (zum Begriff des „Beginns" s. § 555c Rdn. 37). Erreicht die Mitteilung den Vermieter zu spät, kann der Mieter mit seinem Einwand grundsätzlich nicht mehr gehört werden. Eine weitere Ausnahme sieht allerdings § 559 Abs. 5 Satz 2 BGB vor, wenn die tatsächliche Mieterhöhung die angekündigte um mehr als 10% übersteigt (s. § 559 Rdn. 120).

75a Da der Mieter grundsätzlich bis zum Beginn der Modernisierungsmaßnahme seinen Härtegrund vorbringen muss, kann es vorkommen, dass sich zum Zeitpunkt der Mieterhöhungserklärung (vgl. § 559 Abs. 4 BGB) des Vermieters die Verhältnisse zu Gunsten oder zu Lasten des Mieters geändert haben. § 559 Abs. 5 Satz 1 BGB bestimmt, dass nur solche Umstände zu berücksichtigen sind, die gem. § 555d Abs. 3 BGB vom Mieter rechtzeitig mitgeteilt worden sind. Dies hat mehrere Konsequenzen (zur Problematik vgl. auch § 559 Rdn. 108a ff.). Der Mieter kann zum einen bei der Geltendmachung des Härtegrundes nicht pauschal einen Härtegrund anmelden, um später, sollte ein Härtegrund etwa durch Verlust des Arbeitsplatzes eintreten, diesen nachzuschieben. § 559 Abs. 5 BGB verlangt, dass die Umstände, die eine Härte begründen, rechtzeitig mitgeteilt sein müssen, nicht aber der bloße Härteeinwand. Berücksichtigt werden also nur Härtegründe, deren Umstände bis zum Beginn der Modernisierungsmaßnahme vorlagen und geltend gemacht wurden.

75b Zum anderen folgt daraus, dass die Umstände für die Geltendmachung des Härtegrundes zum Zeitpunkt der Mieterhöhungserklärung noch vorliegen müssen (umstritten). Auf den Wirkungszeitpunkt der Mieterhöhungserklärung kommt es nicht an, weil der Vermieter mit dem Erhöhungsbegehren eine einseitige Willenserklärung abgibt, die mit Zugang beim Mieter wirksam wird und den zugrundliegenden Mietvertrag ändert. Würde man auf den Wirkungszeitpunkt abstellen, könnte der Vermieter die Wirkung der Erklärung rückgängig machen, ohne dass dafür eine Rechtsgrundlage im Gesetz erkenntlich ist. Sind die Härtegründe des Mieters bis zur Mieterhöhungserklärung entfallen, muss der Vermieter sie auch nicht berücksichtigen. Ebenso unbeachtlich sind Härtegründe, die nicht angemeldet wurden und nach Beginn der Baumaßnahmen erstmalig entstehen. Muss der Vermieter dagegen bei Abgabe der Mieterhöhungserklärung die Härtegründe beachten, sind sie auf Dauer verbindlich. Der Vermieter kann somit nicht den wegen der Härtegründe eingeräumten Mietnachlass nachholen, wenn es dem Mieter wieder wirtschaftlich besser geht.

D. Rechtsfolgen bei Verletzung der Hinweispflicht des Vermieters

76 Gem. § 555c Abs. 2 BGB soll der Vermieter den Mieter in der Modernisierungsankündigung auf die Form und die Frist des Härteeinwands nach Abs. 3 Satz 1 hinweisen. Diese Vorschrift ist

[126] BGH (VIII ZR 107/08) WuM 2009, 236 = MietPrax-AK § 556 BGB Nr. 39 = NZM 2009, 274 = GE 2009, 509; *Langenberg,* Betriebskosten- und Heizkostenrecht, G 62; Kinne/Schach/Bieber, Mietrecht, § 555d BGB Rdn. 19.

[127] Kinne/Schach/Bieber, Mietrecht, § 555d BGB Rdn. 20.

erst im laufenden Gesetzgebungsverfahren durch den Rechtsausschuss des Deutschen Bundestages eingebracht worden.[128] Sie ist als Obliegenheit ausgestaltet. Ihre Verletzung führt daher nicht zum Schadensersatz.[129] Vielmehr beschreibt die Rechtsfolgen der Obliegenheitsverletzung § 555d Abs. 5 BGB abschließend.

Der Gesetzgeber ist der Auffassung, dass der Mieter hinreichend dadurch geschützt ist, dass dem Vermieter die Berufung auf die Ausschlussfrist versagt bleibt.[130] Denn die Obliegenheit soll lediglich dem Schutz des Mieters vor der Unkenntnis der neu geschaffenen Befristung dienen. Allerdings hat der Gesetzgeber dieses Ziel nur unzureichend umgesetzt. Gem. Abs. 5 Satz 2 gilt Abs. 4 Satz 2 entsprechend. Das bedeutet für den Mieter, dass er sich nach Beginn der Modernisierungsmaßnahmen nicht mehr auf eine Härte im Hinblick auf die Mieterhöhung berufen kann. Hier wurde zu Lasten des Mieters der Wirtschaftlichkeit Vorrang eingeräumt, obwohl der Vermieter selbst derjenige war, der die Fristversäumung mit dem unterlassenen Hinweis verursacht hat. **77**

Ansonsten führt der unterbliebene Hinweis des Vermieters dazu, dass die Mitteilung des Mieters über seinen Härtegrund nach Abs. 3 form- und fristlos möglich ist. Der Mieter kann somit noch nach Beginn der Maßnahmen die Umstände seines Härtegrundes vortragen. Das kann er in diesem Fall gegenüber dem Vermieter oder seinem Beauftragten auch mündlich erledigen. **78**

E. Aufwendungsersatz

Absatz 6 schreibt vor, dass die Bestimmung über den Aufwendungsersatz bei Erhaltungsmaßnahmen in § 555a Absatz 3 entsprechend anzuwenden ist. Dies entspricht der bislang geltenden Rechtslage, denn die Vorschrift über den Aufwendungsersatz in § 554 Absatz 4 BGB a. F. galt bisher sowohl für Erhaltungs- als auch für Modernisierungsmaßnahmen. Die BGH-Rechtsprechung[131], wonach jedenfalls Aufwendungen zur Beseitigung einer zu Bauzwecken beschädigten Dekoration zu den umlegbaren Modernisierungskosten gehören, bleibt weiterhin maßgeblich. Ob diese Rechtsprechung auch auf andere Aufwendungen des Mieters ausgedehnt werden kann, ist nach wie vor offen. Das AG Schöneberg[132] hat dem Mieter Aufwendungsersatz für Töpfe und Pfannen zugesprochen, weil der Vermieter einen Gasherd durch einen Induktionsherd ersetzt hat. Aus Mietersicht ist bei der Geltendmachung von Aufwendungen Vorsicht geboten.[133] **79**

F. Nachteilsklausel

Von der Vorschrift darf nicht zum Nachteil des Wohnraummieters durch Vereinbarung abgewichen werden. Eine zum Nachteil des Mieters von den gesetzlichen Bestimmungen abweichende (generelle) Vereinbarung ist also unwirksam. Diese Regelung gilt gem. § 578 Abs. 2 BGB nicht für gewerbliche Mietverhältnisses. Absatz 7 entspricht § 554 Absatz 5 BGB a. F. Unbenommen bleibt den Vertragsparteien, im Einzelfall abweichende Vereinbarungen zu schließen und damit Erhaltungs- und Modernisierungsmaßnahmen im beiderseitigen Interesse zu regeln (vgl. § 555f BGB). **80**

Zulässig ist somit eine Vereinbarung, wonach der Vermieter sich verpflichtet, Modernisierungsmaßnahmen für eine bestimmte Dauer nur mit Zustimmung des Mieters durchzuführen.[134] **80a**

G. Übergangsregelung

Zur Regelung für laufende Mietverhältnisse hat der Gesetzgeber eine Übergangsregelung vorgesehen (Art. 2 § 29 Abs. 1 MietRÄndG).[135] Auf Mietverhältnisse, die vor Inkrafttreten des neuen Gesetzes entstanden sind, ist § 554 BGB in der alten Fassung anzuwenden, wenn **81**

---

128 BT-Drucks. 17/11894 – Nachweis bei Börstinghaus/Eisenschmid, Arbeitskommentar MietRÄndG, § 555d BGB Rdn. 7, 37.

129 Palandt/*Grüneberg* vor § 241 Rdn. 13.

130 BT-Drucks. 17/11894, S. 33 – Nachweis bei Börstinghaus/Eisenschmid, Arbeitskommentar MietRÄndG, § 555d BGB Rdn. 37.

131 BGH (VIII ZR 173/10) WuM 2011, 293 = MDR 2011, 591 = NJW 2011, 1499 = GE 2011, 681 = NZM 2011, 358 = DWW 2011, 184 = ZMR 2011, 622 = MietPrax-AK § 559 BGB Nr 5.

132 AG Schöneberg WuM 2016, 739 = NZM 2017, 291 m. Anm. *Ochs*.

133 *Geldmacher,* Mietrecht Kompakt, Sonderausgabe, 2011, 1, 7.

134 LG Berlin ZMR 2016, 691 = WuM 2017, 90.

135 BGBl. I 2013, 434.

– dem Mieter die Mitteilung der Modernisierungsmaßnahme gem. § 554 Abs. 3 Satz 1 BGB a. F. vor dem Inkrafttreten des Gesetzes zugegangen ist oder
– bei Maßnahmen, die nur eine unerhebliche Auswirkung auf die Mietsache haben und nur zu einer unerheblichen Mieterhöhung führen (§ 554 Abs. 3 S. 3 BGB a. F.), der Vermieter mit der Ausführung der Maßnahme vor dem Inkrafttreten des Gesetzes begonnen hat (vgl. Vorbem. zu §§ 555a–555f BGB Rdn. 16).

H. Prozessuale Fragen

I. Klage/einstweilige Verfügung

82 Der Vermieter muss den Duldungsanspruch im Klagewege durchsetzen.[136] Das gilt auch dann, wenn die Maßnahmen Gebäudeteile außerhalb der Mieträume betreffen.[137] Der Vermieter hat grundsätzlich auch dann ein Rechtsschutzbedürfnis für die Duldungsklage, wenn die Maßnahme eine Modernisierung im Außenbereich betrifft.[138] Die Klageerhebung zwecks Durchsetzung des Duldungsanspruchs sollte grundsätzlich nicht vor Fälligkeit des Anspruchs erfolgen. Stimmt der Mieter nämlich nach Einreichen der Duldungsklage den Maßnahmen zu, bevor der Duldungsanspruch fällig war, trägt der Vermieter die Kosten des erledigten Rechtsstreits.[139] Äußert sich der Mieter aber trotz mehrfacher Aufforderung des Vermieters nicht und erhebt der Vermieter daraufhin eine **Duldungsklage,** hat der Mieter für die Klage Veranlassung gegeben, so dass ihm im Falle der Erledigung der Hauptsache die Kosten auferlegt werden können.[140] Erhebt der Mieter gegenüber der Duldungsklage des Vermieters Widerklage auf Beseitigung von Mängeln, ist die Widerklage als unbegründet abzuweisen, soweit der Vermieter mit der Modernisierung die beanstandeten Mängel beseitigen will.[141]

83 Der Vermieter ist grundsätzlich nicht berechtigt, seinen Duldungsanspruch gegen den Mieter im Wege einer **einstweiligen Verfügung** durchzusetzen.[142] Dies hängt damit zusammen, dass eine solche Anordnung (Leistungs- oder Erfüllungsverfügung) die Erfüllung des Anspruchs bedeuten würde. Der Vermieter hätte dann seinen endgültigen Anspruch in einem „verkürzten" Verfahren durchgesetzt (Leistungsverfügung). Dies ist deshalb problematisch, weil das summarische Verfahren der einstweiligen Verfügung für den Antragsgegner mit weniger Rechtsschutzgarantien ausgestattet ist. Daher können solche „Schnell"-Verfahren eher zu Fehlentscheidungen führen, als die Durchführung der mit allen Rechtsschutzgarantien ausgestatteten Erkenntnisverfahren. Zudem können die Abwägungskriterien des § 555 d Abs. 2 BGB im Eilverfahren nicht mit der gebotenen Sorgfalt geprüft und behandelt werden. Die einstweilige Verfügung ist als Rechtsinstrument daher regelmäßig nur einsetzbar, wenn es um die Regelung eines vorläufigen Zustandes[143] (§ 940 ZPO) oder um die einstweilige Sicherung eines Anspruchs (§ 935 ZPO) geht. Es wäre somit eine **Vorwegnahme** des Hauptsacheverfahrens, wenn der Mieter zur Duldung der Modernisierung im Wege der einstweiligen Verfügung verpflichtet werden könnte.[144] Denn auch in diesem Verfahren kann es ja nur darum gehen, ob der Mieter trotz seiner Einwände zur Duldung verpflichtet ist.

84 Ausnahmen von diesem Grundsatz sind möglich.[145] Dabei sind aber strenge Anforderungen an die Schlüssigkeit und Glaubhaftmachung zu stellen[146], da die Leistungsverfügung auf richterlicher

---

[136] OLG Stuttgart NJW 1973, 908; LG Braunschweig NJW 1975, 782; zu den Anforderungen einer Duldungsklage siehe *Lehmann-Richter* WImmoT 2016, 77, zur Vollstreckung des Duldungsanspruchs *Lehmann-Richter*, AnwZertMietR 13/2010 Anm. 2.

[137] LG Berlin WuM 1986, 138 = MDR 1984, 669 = ZMR 1984, 310 = GE 1984, 489.

[138] LG Berlin NJW-RR 1997, 520 = GE 1996, 1489; **a. A.** LG Berlin WuM 1996, 407; vgl. *Hinz* WuM 2005, 615, 624 m. w. N.

[139] LG Hamburg WuM 2010, 152.

[140] KG NJW-RR 2010, 442; LG Berlin GE 1997, 621.

[141] AG Frankfurt/M. WuM 1992, 12.

[142] **H. M.** *Hinz* WuM 2005, 615, 624; *Blank* ZMR 1981, 321, 322; *Schmid* S. 708 Rdn. 137; *Emmerich* in Staudinger § 554 Rdn. 61; *Kraemer/Schüller* in Bub/Treier III. A Rdn. 2649; *Börstinghaus* ZAP 2001 Fach 4, 711, 714.

[143] AG Büdingen WuM 1982, 2 (nur Leitsatz); AG Dortmund WuM 1979, 38.

[144] AG Neuss WuM 1986, 244 = NJW-RR 1986, 314; AG Unna WuM 1980, 179; AG Wuppertal WuM 1980, 180; *Fritsche* Rpfleger 2005, 637, 640.

[145] LG Köln WuM 1984, 199.

[146] *Hartmann* in Baumbach/Lauterbach/Albers/Hartmann Grdz. § 916 ZPO Anm. 2 C.

Rechtsfortbildung beruht und weit über den gesetzgeberischen Anwendungsbereich des einstweiligen Rechtsschutzes hinausgeht.[147] Daher kommt eine **Leistungsverfügung** nur in Betracht, wenn nicht geringere Maßnahmen genügen[148] und besondere Gründe des Gläubigers über die Anforderungen hinausgehen, die bei einer „normalen" einstweiligen Verfügung ohnehin verlangt werden.[149] Das kann der Fall sein, wenn einem bestehenden Notstand abzuhelfen[150] oder einem künftigen vorzubeugen ist,[151] wenn der Gläubiger dringend auf die sofortige Erfüllung angewiesen ist[152] oder wenn er anderenfalls den Anspruch im ordentlichen Verfahren nicht mehr verwirklichen könnte.[153] Die Voraussetzungen derartiger Leistungs- oder Erfüllungsverfügungen liegen beim Duldungsanspruch des Vermieters im Rahmen des § 555 d BGB zumeist nicht vor.[154] Die Verfügungen werden daher regelmäßig nicht ohne mündliche Verhandlung oder Anhörung des Gegners ergehen.[155] Sie ersetzen nicht den Hauptprozess.[156]

Die Rechtsprechung hat die Voraussetzungen einer Leistungsverfügung in unterschiedlicher Strenge angewendet. Abgelehnt wurde z. B. eine Leistungsverfügung, weil der Vermieter durch unsachgemäße Planung und Durchführung seines Modernisierungsvorhabens die Eilbedürftigkeit selbst herbeigeführt[157] bzw. weil er **nicht rechtzeitig** die Zustimmung der Mieter eingeholt hatte.[158] Auch der Wunsch auf Duldung des Einbaus von Thermostatventilen muss im Wege der ordentlichen Klage durchgesetzt werden.[159] Der Vermieter erhält selbst dann keine einstweilige Verfügung, wenn durch den Streit um die Duldungspflicht des Mieters öffentliche Modernisierungszuschüsse zu verfristen drohen oder wenn eine Vertragsbeendigung bevorsteht.[160] Keine einstweilige Verfügung erhält der Vermieter auch dann, wenn er die Arbeiten für eine Wohnanlage terminlich projektiert hat und diese Terminvorgabe durch den Einspruch des Mieters in Gefahr gerät.[161] Das gilt auch, wenn dem Vermieter durch die Verzögerung der Arbeiten ein zeitlicher und wirtschaftlicher Mehraufwand zugemutet wird.[162] **85**

Dagegen hat der Vermieter mit Erfolg eine **einstweilige Verfügung** beantragt, weil der Mieter ihm den Zutritt zu der Revisionsöffnung im Schornstein untersagte und dadurch Gefahr für Leib und Leben der Mitbewohner bestand[163] oder weil die Gasheizungsanlage aus Sicherheitsgründen dringend saniert werden musste.[164] Auch wenn mit der Maßnahme schon begonnen wurde und mit der Einstellung der Arbeiten den anderen Mietern ein erheblicher Nachteil droht, kann eine Leistungsverfügung gerechtfertigt sein.[165] Auf die Mitwirkung des Mieters ist der Vermieter dringend angewiesen, wenn er die Wohnung zum Zwecke der Ablesung von Heizkostenverteilern betreten will.[166] In zwei älteren Entscheidung des LG Münster aus dem Jahre 1968 und des LG Berlin aus dem Jahre 1980 wurde dem Vermieter im Wege der einstweiligen Verfügung zugesprochen, dass der Mieter den Zentralheizungseinbau zu dulden habe.[167] Diese Entscheidungen sind in Anbetracht der Grundsätze für den Erlass einer Leistungs- bzw. Erfüllungsverfügung nicht unproblematisch und dürfen daher nicht verallgemeinert werden. Das gilt auch für den Fall, in dem der Mieter **86**

---

[147] *Müller* GE 1986, 534.
[148] *Hartmann* in Baumbach/Lauterbach/Albers/Hartmann Grdz § 916 Rdn. 9.
[149] AG Wuppertal WuM 1980, 180; *Müller* GE 1986, 526, 532; *Zöller* § 940 ZPO Rdn. 1.
[150] LG Hamburg WuM 1986, 243; AG Görlitz WuM 1993, 390; *Zöller/Vollkommer* § 940 Rdn. 1; *Hartmann* in Baumbach/Lauterbach/Albers/Hartmann Grdz. § 916 ZPO Anm. 2 B; *Emmerich* in Staudinger § 554 Rdn. 61.
[151] OLG Köln InVo 1996, 154; AG Neuss WuM 1986, 244 = NJW-RR 1986, 314.
[152] BayObLG InVo 1996, 152; *Zöller/Vollkommer* § 940 Rdn. 6.
[153] LG Berlin MM 1996, 452; *Zöller/Vollkommer* § 940 Rdn. 6.
[154] *Schmid* S. 708 Rdn. 137.
[155] *Müller* GE 1986, 526, 532.
[156] *Zöller/Vollkommer* § 940 Rdn. 7.
[157] LG Berlin MM 1983 Nr. 12, 23.
[158] AG Schöneberg MM 1983 Nr. 10, 18; AG Unna WuM 1980, 179; **a. A.** AG Wuppertal MDR 1973, 409; vgl. auch LG Mannheim WuM 1971, 159.
[159] AG Köln WuM 1989, 88.
[160] LG Frankenthal/Pfalz WuM 1993, 418.
[161] AG Görlitz WuM 1993, 390; *Fritsche* Rpfleger 2005, 637, 640; *Horst* GE 1999, 172.
[162] LG Berlin MM 1996, 452.
[163] LG Frankfurt/M. MDR 1968, 328; s. auch LG Bamberg ZMR 2004, 581 zur Betriebspflicht.
[164] AG Münster WuM 1987, 256.
[165] LG Berlin GE 2013, 1375, 1455 m. Anm. *Kinne;* AG Neukölln GE 2016, 1219; zur Beweislast siehe LG Berlin GE 2014, 1138.
[166] LG Hamburg DWW 1987, 164; *Fritsche* Rpfleger 2005, 637, 640.
[167] LG Münster WuM 1969, 135; LG Berlin GE 1981, 33.

die Wohnung gekündigt hatte und der Vermieter damit gehört wurde, dass durch die Hinauszögerung der Arbeiten bis zum (kurzfristigen) Auszug des Mieters einerseits weitere Unkosten zu entstehen drohten und andererseits die große Anzahl der anderen Mieter im Haus baldmöglichst in den Genuss der Modernisierung kommen wollten.[168]

87 Der Mieter kann in vielfältiger Weise die einstweilige Verfügung zur Durchsetzung seines Rechts auf Unterlassung von baulichen Maßnahmen durch den Vermieter einsetzen. Kann der Mieter aber allein dadurch die Maßnahme des Vermieters unterbinden, dass er die **Handwerker** nicht in die Wohnung lässt, fehlt es an einem **Verfügungsgrund.**[169] Die einstweilige Verfügung ist dagegen möglich, wenn der Vermieter ohne ordnungsgemäße Mitteilung, soweit sie nicht entbehrlich ist, mit den Bauarbeiten – außerhalb der Wohnung – beginnt,[170] z. B. bei Aufstellung eines Baugerüstes[171], selbst wenn die Maßnahmen die Wohnung des Mieters nicht unmittelbar berühren[172], bei Anbau eines Balkons[173] oder bei Instandsetzungsarbeiten am Balkon,[174] in der Nachbarwohnung[175] oder wenn er, ohne dazu berechtigt zu sein, Strom, Heizung[176] oder Wasser[177] abstellt oder eigenmächtig an den gemieteten Wohnräumen Veränderungen vorgenommen hat. Der Mieter muss auch die Außenarbeiten des Vermieters nur unter den Voraussetzungen der §§ 555a ff. BGB dulden.[178] Der Mieter kann generell nicht auf das Mieterhöhungsverfahren gem. § 559 BGB verwiesen werden[179] (Ausnahme: § 555d Abs. 2 Satz 2 BGB), da die Vorschriften den Mieter nicht nur vor einer Mieterhöhung nach Durchführung der Maßnahme, sondern vor der Maßnahme schlechthin schützen sollen, wenn er für sich weitergehende Härtegründe geltend machen kann. Mit der einstweiligen Verfügung kann der Vermieter u. U. zur Einstellung der Arbeiten sowie zur Herstellung des ursprünglichen Zustandes verpflichtet werden.[180]

88 Die Durchsetzung des **Vorschussanspruchs** mit Hilfe der **einstweiligen Verfügung** ist umstritten.[181] Sie wird teilweise deshalb für unzulässig gehalten, weil es regelmäßig an der Anspruchsgefährdung und an der Eilbedürftigkeit fehle, da dem Mieter auch ein Zurückbehaltungsrecht zustehe. Dem muss aber entgegengehalten werden, dass die Ausübung des Zurückbehaltungsrechts bei hohen Aufwendungen den zu leistenden Ersatz nur sukzessiv abdecken kann, da der Umfang der Verrechnung entweder abhängig ist von der Höhe des jeweils fälligen Mietzinses oder von den Mangelbeseitigungskosten (s. § 536 Rdn. 409 ff.). Zudem reagiert der nicht zahlungswillige Vermieter bei derartigen Maßnahmen häufig mit einer fristlosen Kündigung gem. § 543 Abs. 2 Nr. 3 BGB, so dass über die Frage des Vorschusses plötzlich das gesamte Mietverhältnis auf dem Prüfstand steht. Es dient daher auch dem Rechtsfrieden, wenn ein Gericht über den Vorschuss vorläufig befinden kann.

---

[168] So AG Berlin-Neukölln GE 1982, 1043; wohl **a. A.** LG Köln WuM 1971, 41.

[169] AG Tiergarten GE 1986, 47; *Börstinghaus* jurisPR-MietR 15/2012 Anm. 1; *Hinz* WuM 2005, 615, 624.

[170] Strittig: dafür OLG München WuM 1991, 481; LG Berlin GE 2013, 1376 m. Anm. *Schach* (innerhalb der Wohnung); GE 2013, 1382, 1454 m. Anm. *Schach;* WuM 2012, 213 = GE 2012, 1097; GE 2015, 256; LG Gera, Urt. v. 10.4.1995, Az: 5 T 152/95; BezirksG Potsdam WuM 1993, 599; einschränkend LG Berlin MM 1998, 390; **a. A.** LG Berlin GE 1999, 317; AG Tiergarten GE 1986, 47; AG Schöneberg GE 1984, 763; *Börstinghaus* ZAP 2001 Fach 4, 711, 716; insbesondere zum possessorischen Besitzschutz siehe *Hau* NZM 2014, 809, 812.

[171] LG Berlin ZMR 2014, 792.

[172] LG Berlin WuM 2012, 213; MM 1984, 79; AG Charlottenburg MM 1983 Nr. 8, 16; *Börstinghaus* jurisPR-MietR 15/2012 Anm. 1; **a. A.** LG Berlin GE 2013, 487; LG Hamburg ZMR 2009, 209; LG Berlin WuM 1996, 407 = MDR 1996, 899 = NJWE-MietR 1996, 244; MM 1988, Nr. 1, 24; AG Charlottenburg MM 1985, 169; GE 1983, 973.

[173] LG Berlin GE 2015, 512.

[174] LG Berlin WuM 2012, 554 = GE 2012, 1231; *Dötsch* in: juris jurisPRMietR 1/2013 Anm. 4.

[175] AG Pankow-Weißensee GE 2007, 989.

[176] LG Berlin NZM 2014, 826.

[177] LG Osnabrück WuM 1980, 198; LG Mannheim ZMR 1978, 140.

[178] Zum possessorischen Besitzschutz des Mieters bei Erhaltungs- und Modernisierungsmaßnahmen siehe *Lehmann-Richter* NZM 2013, 451; *Hau* NZM 2014, 809, 812; *Klimesch* ZMR 2014, 346, 349.

[179] So aber LG Berlin WuM 1996, 407 = MDR 1996, 899; GE 1999, 317; *Ratjen* PiG Bd. 58, 1999, 8, 17.

[180] AG Wolgast WuM 1994, 265; ablehnend wegen Vorwegnahme der Hauptsache AG Köln ZMR 2016, 710.

[181] Zulässig: AG Köln WuM 1981, 95.

II. Streitwert/Beschwer

89 Der Streitwert einer Klage des Vermieters auf Duldung der Modernisierung war in der Vergangenheit umstritten[182], da er nach § 3 ZPO ermittelt werden musste. Nunmehr richtet sich der Wert nach § 41 Abs. 5 GKG. Danach ist zu unterscheiden:

Macht der Mieter Ansprüche auf **Durchführung von Instandsetzungsmaßnahmen** geltend, ist der Jahresbetrag einer angemessenen Mietminderung der richtige Streitwert. Endet das Mietverhältnis ab Klageeinreichung vor Ablauf eines Jahres, ist nach § 41 Abs. 5 Satz 2 GKG nicht der Jahresbetrag, sondern der niedrigere zeitanteilige Betrag maßgebend.

Verlangt der Vermieter dagegen die **Duldung der Durchführung von Modernisierungs- oder Erhaltungsmaßnahmen,** ist der Jahresbetrag einer möglichen Mieterhöhung für den Streitwert entscheidend. Beabsichtigt der Vermieter **keine** Mieterhöhung, z. B. weil er Instandsetzungsmaßnahmen durchführen will, ist der Jahresbetrag einer möglichen Minderung zu ermitteln. Die Kosten der Modernisierungsmaßnahme sind für den Streitwert unbeachtlich.[183] Endet das Mietverhältnis vor Ablauf eines Jahres, ist ein entsprechend niedrigerer Betrag maßgebend.

Gesetzlich nicht geregelt ist der Streitwert für den Fall, dass der Mieter einen Modernisierungsanspruch durchsetzen will. Zweckmäßigerweise wird man diesen Fall nach der möglichen Mieterhöhung beurteilen.

III. Darlegungs- und Beweislast

90 Der Mieter muss das Vorliegen der Härtegründe beweisen.[184] Die Abwägung mit den Interessen des Vermieters, die dieser zu beweisen hat, erfolgt von Amts wegen. Zudem trägt der Mieter die Beweislast für alle Gegenrechte[185] und grundsätzlich auch für etwaige Schadenersatzansprüche[186] und den Aufwendungsersatzanspruch. Der Vermieter ist beweispflichtig für alle Voraussetzungen des Duldungsanspruchs, insbesondere hat der Vermieter unter schlüssiger Darlegung des Duldungsanspruches Art und Umfang der beabsichtigten Arbeiten, die im Einzelnen sich voraussichtlich ergebende Mieterhöhung[187] sowie die Voraussetzungen für die berechtigten Interessen des Vermieters und der Mitmieter darzulegen.[188] Ggf. muss der Vermieter auch die Voraussetzungen der Bagatellklausel darlegen und beweisen. Der Zugang der Modernisierungsankündigung ist vom Vermieter, die Voraussetzungen der rechtzeitigen Ausübung des Sonderkündigungsrechts sind vom Mieter zu beweisen.

J. Das Verhältnis der Modernisierungsregelungen zu den Erfüllungs- und Gewährleistungsvorschriften

91 Die §§ 535–536a BGB bleiben von §§ 555a–f BGB weitgehend unberührt.[189] Zur Einräumung des vertragsgemäßen Gebrauchs kann der Mieter somit Erfüllung[190] und die Wiederherstellung des – unter Berücksichtigung der Modernisierung – vertragsgemäßen Zustandes verlangen. Die allgemeine **Erhaltungspflicht** wird somit durch die Modernisierung nicht berührt. Der Vermieter

---

[182] Siehe dazu LG Berlin GE 1998, 249 = NZM 1998, 304; GE 1996, 129; WuM 1995, 547; MM 1993, 110; GE 1991, 151; LG Aachen ZMR 1995, 161; KreisG Weißwasser WuM 1992, 468; LG Fulda WuM 1992, 243 = NJW-RR 1992 = ZMR 1992, 393 für Beschwerdewert; LG Hildesheim WuM 1989, 579 = MDR 1990, 58 für Beschwerdewert; LG Hamburg WuM 1987, 61 = ZMR 1985, 127; **a. A.** (1 Jahr) LG Berlin GE 1995, 563; 1995, 311; LG Hamburg WuM 1994, 704 = ZMR 1993, 570 = DWW 1993, 264; LG Berlin MM 1992, 389 für Berufungsbeschwer; LG Köln WuM 1989, 566; LG Hamburg WuM 1989, 442 für Beschwerdewert; LG Hannover WuM 1989, 433; LG Berlin MM 1988, Nr. 8, 22; LG Mannheim WuM 1976, 131 = ZMR 1977, 89. LG Berlin ZMR 1999, 554 – 42-fache des Modernisierungszuschlags für Beschwerdewert.

[183] LG Hamburg WuM 1994, 704 = DWW 1993, 264 = ZMR 1993, 570.

[184] AG Köln NZM 2013, 677; Röder NJW 1983, 2665; *Schüller* in Bub/Treier III. A Rdn. 2702.

[185] LG Essen WuM 1983, 139 = ZMR 1983, 131; LG Berlin GE 1984, 1125.

[186] BGH BGHZ 109, 205; WuM 1990, 36 = NJW 1990, 453 = MDR 1990, 333.

[187] *Kummer* WuM 1983, 227.

[188] AG Neukölln WuM 1985, 262; *Emmerich* in Emmerich/Sonnenschein Miete § 554 Rdn. 40; *Emmerich* in Staudinger § 554 Rdn. 63; *Bieber* in MünchKomm § 554 Rdn. 45.

[189] *Emmerich* in Emmerich/Sonnenschein Miete § 554 Rdn. 32; offen gelassen BGH BGHZ 109, 205; WuM 1990, 36 = NJW 1990, 453 = MDR 1990, 333.

[190] LG Bonn WuM 1990, 388; *Emmerich* in Staudinger § 554 Rdn. 50.

muss daher nach Abschluss der Arbeiten sämtliche noch verbliebene Beeinträchtigungen des vertragsgemäßen Gebrauchs beseitigen.[191] Der Mieter kann seinem Anspruch auf Wiederherstellung mit Hilfe seines Zurückbehaltungsrechts (§ 320 BGB) Nachdruck verleihen.[192]

91a Beispielsweise kann der Mieter verlangen, dass nach Erneuern der Fenster- und Türanlagen im Zuge einer Modernisierung die Balkontür durch eine solche ersetzt, die sich von außen – wie zuvor auch – abschließen lässt.[193] Waren am Balkon der Mietwohnung vor Erneuerung der Hausfassade zur Aufnahme von Blumenkästen geeignete Metallgitterhalterungen angebracht, dann steht nach Abschluss der Fassadenarbeiten dem Mieter ein Anspruch auf Wiederanbringung oder Erneuerung der Schutzgitterhalterungen für **Blumenkästen** zu.[194] Der Mieter hat auch einen Anspruch darauf, dass funktionsfähige **Außenjalousien** nach einer durchgeführten Wärmedämmung wieder angebracht werden[195] oder dass die sanitäre Außenversorgung beibehalten bleibt.[196]

92 Daneben kann der Mieter die Miete mindern[197] (zur Minderung aufgrund durchgeführter Modernisierung siehe Vorbem. zu §§ 555a–555f BGB, Rdn. 9ff. sowie § 555b Rdn. 11ff.) oder Schadenersatz verlangen.[198] Das Minderungsrecht besteht zum einen während der Bauphase, wenn z. B. wegen des mit den Maßnahmen verbundenen Lärms und Schmutzes der Mieter in seinem Wohnen beeinträchtigt wird, sowie zum anderen nach der Bauphase bei nunmehr eingeschränkter oder aufgehobener Nutzbarkeit einzelner Räume. Dabei kommt z. B. in Betracht ein verringerter **Lichteinfall** durch neue Fenster,[199] die nach Modernisierung und Umbau mögliche Einsichtnahme Dritter in den **Balkon** des Mieters[200] oder der Verlust von **Stellflächen** durch Heizungsrohre oder Heizkörper. Das Minderungsrecht geht nicht dadurch verloren, dass der Mieter die Arbeiten geduldet hat.[201] Das gilt auch dann, wenn der Mieter einen Mangel erst nach Abschluss der Bauarbeiten erkennen konnte, z. B., wenn er lange nach Abschluss der Bauarbeiten wegen der Verarbeitung gesundheitsschädlicher Baustoffe krank wird.

93 Gem. § 536 Abs. 1a BGB ist der Mieter ausnahmsweise mit einer Mietminderung für einen Zeitraum bis zu drei Monaten ausgeschlossen, soweit die Minderung der Tauglichkeit aufgrund einer Maßnahme eintritt, die einer energetischen Modernisierung nach § 555b Nr. 1 BGB dient.

94 Zudem kann der Mieter sein Recht auf Minderung verlieren, wenn der Vermieter z. B. durch **Ausgleichszahlungen** schon selbst den Mieter für die Nachteile auf Grund der Umbauarbeiten „entschädigt" hat.[202] Wenn Zahlungen dieser Art geleistet werden, ist daher genau zu prüfen, welchem Zweck der Geldausgleich diente.

95 Keinesfalls ist eine das Minderungsrecht einschränkende Leistung dann anzunehmen, wenn der Vermieter wegen des Umfangs der Bauarbeiten ein Hotelzimmer bezahlt oder für eine Ersatzwohnung sorgt. Zu derartigen Maßnahmen ist er nach dem Gesetz verpflichtet. Da der Mieter seine Wohnung nicht nutzen kann, muss er für sie auch keinen Mietzins entrichten.[203] In welchem Umfang er eine **Austauschwohnung** oder die **Hotelunterbringung**[204] bezahlen muss, hängt davon ab, in welchem Umfang er gegenüber dem Gebrauch seiner „alten" Wohnung eingeschränkt ist.[205] Keinesfalls ist er aber verpflichtet, mehr als den vertraglich vereinbarten Mietzins zu zahlen. Hinsichtlich der erforderlichen und vom Vermieter geschuldeten Qualität der Ersatzwohnung ist auf die konkreten Umstände, insbesondere auf die Lebensverhältnisse des Mieters abzustellen.[206]

---

[191] LG Bonn WuM 1990, 388; AG Hamburg WuM 1985, 262; *Hau* NZM 2014, 809, 815.
[192] *Hau* NZM 2014, 809, 815.
[193] LG Bonn WuM 1990, 388.
[194] AG Berlin-Tempelhof-Kreuzberg MM 1990, 353.
[195] LG Berlin GE 1997, 1341; NZM 1998, 432.
[196] AG Berlin-Mitte MM 1995, 311.
[197] LG Berlin GE 1997, 619; LG Hannover WuM 1986, 311; LG Mannheim WuM 1986, 139; AG Osnabrück WuM 1996, 754 = NJW-RR 1997, 774; AG Köln WuM 1995, 312 für Genossenschaftswohnung; AG Hamburg-Altona WuM 1986, 245.
[198] LG Berlin 1997, 619; LG Hamburg WuM 1989, 173.
[199] Vgl. AG Hamburg WuM 1999, 160 zum Duldungsanspruch.
[200] LG Berlin MM 2000, 222.
[201] LG Mannheim WuM 1986, 139; AG Hamburg WuM 1987, 272.
[202] Vgl. auch *Harke* WuM 1991, 1, 6.
[203] **A. A.** *Horst* NZM 1999, 193, 194.
[204] Zur Notwendigkeit eines Hotelaufenthalts s. AG Hamburg ZMR 2010, 455.
[205] Vgl. AG Hamburg-Harburg ZMR 2011, 300; *Voscherau,* 10 Jahre Mietrechtsreformgesetz, S. 495, 500.
[206] LG München NJW-RR 2016, 393; *Eisenschmid* NZM 2016, 721.

Der Vermieter ist zum Schadensersatz verpflichtet, wenn er schuldhaft Rechtsgüter des Mieters beschädigt hat. Das ist beispielsweise anzunehmen, wenn die Ausführung der Bauarbeiten mangelhaft ist und durch eine erhebliche **Staubentwicklung** eingelagerte Sachen des Mieters geschädigt werden[207] oder wenn der Vermieter schuldhaft den angekündigten Bautermin versäumt und dem Mieter dadurch ein Schaden entsteht.[208] Für das Verschulden seiner Erfüllungsgehilfen haftet der Vermieter gem. § 278 BGB. **96**

Umstritten ist, ob der Vermieter allein deshalb aus Verschulden gem. § 536a Abs. 1 2. Alt. BGB haftet, weil er die Modernisierungsmaßnahmen **veranlasst** und in Auftrag gegeben hat.[209] Inzwischen hat sich der BGH[210] im Zusammenhang mit Instandsetzungsmaßnahmen gegen eine derartige Haftung ausgesprochen (siehe dazu § 555a BGB Rdn. 69ff.). Die für den BGH maßgeblichen Argumente lassen sich auch gegen eine Haftung aus Veranlassung bei Modernisierungsmaßnahmen einwenden, da auch in diesen Fällen der Vermieter weder rechtswidrig noch schuldhaft handelt.[211] Zudem wurde unter Geltung des § 554 BGB a. F. hervorgehoben, dass des dem Zweck der Modernisierung widerspräche, wenn der Vermieter mit für ihn vorab nicht absehbaren Schadensersatzansprüchen rechnen müsste.[212] Zudem sei die Bestimmung über den Aufwendungsersatz überflüssig, wenn der Vermieter schon in jedem Fall nach § 536a Abs. 1 BGB zum Schadensersatz verpflichtet wäre. **97**

Dem muss allerdings entgegengehalten werden, dass es – insoweit anders als bei Maßnahmen nach § 555a BGB (s. dort Rdn. 69ff.) – im Belieben des Vermieters steht, ob er die Maßnahmen durchführt.[213] Er kann daher über das Schadensersatzrisiko frei entscheiden. Im Übrigen handelt es sich bei den §§ 555b–d BGB um **Ausnahmevorschriften** zu Gunsten des Vermieters, die es ihm abw. vom Mietvertrag – auch Zeitmietvertrag – gestatten, den Vertragsgegenstand jedenfalls in tatsächlicher Hinsicht einseitig zu ändern.[214] Dies rechtfertigt es, das dadurch entstehende Risiko der Beschädigung oder des Untergangs der dem Mieter gehörenden Sachen dem Vermieter aufzuerlegen. Die Modernisierungsregelungen enthalten keinen Rechtfertigungsgrund für schädigende Einwirkungen des Vermieters auf die Rechtsgüter des Mieters.[215] **98**

Problematisch ist, ob und in welchem Umfang der Mieter seine aufgewendete Zeit als Schadensposition geltend machen kann. Sofern sich für die Tätigkeit des Mieters ein Marktwert ermitteln lässt, liegt ein ersatzfähiger Schaden vor.[216] Daher bekommt der Mieter nach überwiegender Ansicht grundsätzlich keine Erstattung für „verlorene" Zeit, wenn er z. B. bezahlten **Urlaub** für die Zeit der Bauarbeiten in seiner Wohnung genommen hat.[217] Das gilt auch dann, wenn der Mieter nicht berufstätig ist und gar keinen Urlaub nehmen kann.[218] Hat der Mieter aber unbezahlten Urlaub genommen, hat der Ausfall seiner Arbeitsleistung somit einen Marktwert, dann ist der Zeitverlust zu ersetzen, wenn der Vermieter z. B. eine Terminabsprache mit dem Mieter nicht eingehalten hat.[219] **99**

---

[207] BGH BGHZ 109, 205; WuM 1990, 36 = NJW 1990, 453 = MDR 1990, 333.
[208] LG Hamburg WuM 1989, 173.
[209] *Bieber* in MünchKomm § 554 BGB Rdn. 8; LG Berlin GE 1997, 619.
[210] BGH (XII ZR 65/14) NZM 2015, 538 = GE 2015, 905 = NJW 2015, 2419 = WuM 2015, 619 = ZMR 2015, 842 = MietPrax-AK § 555a BGB Nr 1 *(Eisenschmid); Günter,* WImmoT 2015, 19, 35f.
[211] *Lammel,* Wohnraummietrecht, § 554 Rdn. 34; *Ehlert* in Bamberger/Roth § 554 Rdn. 38.
[212] LG Berlin GE 1997, 619; *Horst* NZM 1999, 193, 194.
[213] **A. A.** LG Berlin GE 1997, 619.
[214] Umstritten ist, ob sich damit auch die Sollbeschaffenheit ändert (siehe nur *Hau* NZM 2014, 809, 816. Zu den damit verbundenen Rechtsfragen insbesondere bezüglich der Mietminderung siehe § 555 BGB Rdn. 8ff.
[215] *Emmerich* in Staudinger § 554 Rdn. 51.
[216] BGH NJW 1996, 921 = GE 1996, 539 = MDR 1996, 1113.
[217] BGH NJW 1989, 766; NJW 1977, 1446; LG Berlin NJW-RR 1988, 203; AG Mannheim DWW 1995, 288; Palandt/*Grüneberg,* § 249 Rdn. 68; **a. A.** LG Hamburg WuM 1989, 173.
[218] *Maciejewski* MM 2001, 197, 198.
[219] BGH NJW 1996, 921 = GE 1996, 539 = MDR 1996, 1113.

§ 555e Sonderkündigungsrecht des Mieters bei Modernisierungsmaßnahmen

(1) [1]Nach Zugang der Modernisierungsankündigung kann der Mieter das Mietverhältnis außerordentlich zum Ablauf des übernächsten Monats kündigen. [2]Die Kündigung muss bis zum Ablauf des Monats erfolgen, der auf den Zugang der Modernisierungsankündigung folgt.

(2) § 555c Absatz 4 gilt entsprechend.

(3) Eine zum Nachteil des Mieters abweichende Vereinbarung ist unwirksam.

Systematische Übersicht

I. Einführung

1 Wie schon nach altem Recht (§ 554 Abs. 3 Satz 2 BGB a. F.) kann der Mieter auf eine Modernisierungsankündigung mit einer außerordentlichen Kündigung antworten. Neben der dem Mieter eingeräumten Möglichkeit, auf die Mitteilung (§ 555c BGB) des Vermieters seine Duldungspflicht zu überprüfen (§ 555d BGB) und ggf. einen Härteeinwand geltend zu machen, soll er auch das Recht erhalten, auf die in der Modernisierung liegende Vertragsänderung des Vermieters mit einer Kündigung zu reagieren. Denn auch wenn dem Mieter die Maßnahme unter den gesetzlichen Voraussetzungen zumutbar ist, kann er doch ein berechtigtes Interesse daran haben, das modernisierte Mietobjekt als Vertragsgegenstand abzulehnen.

II. Die Kündigung

2 Bei der Kündigung handelt es sich um eine außerordentliche Kündigung. Sie muss nicht begründet werden.[1] Formal gelten für die Kündigung die allgemeinen Vorschriften. Das Kündigungsrecht besteht unabhängig von sonstigen vertraglichen Fristen. Es ist ein außerordentliches Recht und steht daher neben den allgemeinen, nach Gesetz und Vertrag zulässigen Kündigungen; ungeachtet, ob es sich um ein befristetes oder unbefristetes Mietverhältnis handelt. Die Kündigung ist auch zulässig, wenn der Mieter zur Duldung nicht verpflichtet ist.

Sie ist dagegen ausgeschlossen, wenn die Maßnahmen nur mit einer unerheblichen Einwirkung (siehe dazu § 555a BGB Rdn. 38) auf die Mietsache verbunden ist, und nur zu einer unerheblichen Mieterhöhung führt (§ 555e Abs. 2 BGB i. V. m. § 555c Abs. 4 BGB).

III. Die Kündigungsfrist

3 Mit der Neuformulierung wurde der Versuch unternommen, die Regelung verständlicher zu gestalten, ohne damit inhaltlich Veränderungen vorzunehmen.[2] Der Gesetzgeber wollte sicherstellen, dass bei einer rechtzeitig ausgesprochenen Kündigung das Mietverhältnis unabhängig vom konkreten Kündigungszeitpunkt immer mit Ablauf des übernächsten Monats nach Zugang der Modernisierungsankündigung endet.[3]

4 Ob die sprachliche Vereinfachung gelungen ist, erscheint fraglich. Nach Auffassung des Gesetzgebers legt Satz 1 fest, dass der Mieter mit Wirkung zum Ablauf des übernächsten Monats, „der auf den Zugang der Modernisierungsankündigung folgt", kündigen darf.[4] Die Kündigung muss nach

---

[1] *Dickersbach* in: Lützenkirchen, Mietrecht, § 555e Rdn. 9.

[2] BT-Drucks. 17/10485, S. 32 – Nachweis bei *Börstinghaus/Eisenschmid,* Arbeitskommentar Mietrechtsänderungsgesetz 2013, § 555e BGB Rdn. 19.

[3] BT-Drucks. 17/10485, S. 32– Nachweis *bei Börstinghaus/Eisenschmid,* Arbeitskommentar Mietrechtsänderungsgesetz 2013, § 555e BGB Rdn. 19.

[4] BT-Drucks. 17/10485, S. 32– Nachweis bei *Börstinghaus/Eisenschmid,* Arbeitskommentar Mietrechtsänderungsgesetz 2013, § 555e BGB Rdn. 19.

Satz 2 bis spätestens zum Ablauf des auf den Zugang folgenden Monats erfolgen. Erreicht die Modernisierungsankündigung den Mieter somit am 10. August, kann er zum Ablauf des 31. Oktober kündigen, unabhängig davon, ob er die Kündigung sofort im August oder erst nach einer längeren Überlegungszeit im September ausspricht.

Dieses Ergebnis ist aus dem Wortlaut der Vorschrift aber nicht zwingend herauszulesen. Denn Satz 1 sagt nur, dass der Mieter „nach Zugang" der Modernisierungsankündigung zum Ablauf des übernächsten Monats kündigen kann. Dass die Berechnung des Zeitraums mit dem Zugang der Ankündigung beginnt, ist dem Wortlaut nicht zu entnehmen. Vielmehr liegt es näher, die Berechnung von dem Zeitpunkt der Mieterkündigung abhängig zu machen. Würde der Mieter nach dem obigen Beispiel also sich erst im September zur Kündigung entschließen, würde diese – anders als vom Gesetzgeber gewollt – zum Ende des Monats November wirken. 5

IV. Verstöße gegen die Ankündigungspflicht

Das außerordentliche Kündigungsrecht des Mieters ist nicht davon abhängig, ob die Mitteilung des Vermieters den Anforderungen des § 555 c BGB entspricht.[5] Sonst hätte es der Vermieter in der Hand, das Kündigungsrecht des Mieters zu **manipulieren.** Daher besteht das Kündigungsrecht des Mieters unabhängig davon, ob der Vermieter seiner Verpflichtung zur Mitteilung vollständig oder nur teilweise nachgekommen ist. Hat der Vermieter pflichtwidrig keine Mitteilung gemacht, beginnt die Kündigungsfrist erst dann, wenn der Mieter verbindlich von den Modernisierungsabsichten des Vermieters, ggf. durch Dritte, Kenntnis erlangt, spätestens jedoch dann, wenn der Vermieter mit den ankündigungspflichtigen Baumaßnahmen beginnt. Zudem kommt in diesen Fällen auch eine Kündigung des Mieters nach § 543 BGB in Betracht. 6

V. Weitere Kündigungsgründe

Modernisiert der Vermieter die Wohnung ohne Ankündigung oder gegen den Willen des nicht zur Duldung verpflichteten Mieters, ergibt sich das Kündigungsrecht auch aus § 543 Abs. 2 Nr. 1 BGB[6], da bei rechtwidrigem Handeln des Vertragspartners das fristlose Kündigungsrecht nicht ausgeschlossen werden darf und zudem der rechtswidrig Handelnde nicht schutzbedürftig ist. 7

Erhöht der Vermieter nach Abschluss der Modernisierungsmaßnahmen den Mietzins gem. § 559 BGB, kann der Mieter gem. § 561 BGB das Mietverhältnis kündigen. Mieterhöhungen gem. § 10 WoBindG bei preisgebundenen Mietwohnungen führen zu einem Sonderkündigungsrecht des Mieters nach § 11 WoBindG.

VI. Sonstiges

Kündigt der Mieter, kann der Vermieter dennoch vorbereitende Maßnahmen, wie z. B. das Ausmessen der Gewerke oder die Besichtigung der betroffenen Räumlichkeiten, treffen. Der Mieter hat es auch hinzunehmen, wenn der Vermieter mit Maßnahmen beginnt, die den vertragsgemäßen Mietgebrauch des Mieters nicht beeinträchtigen.[7] 8

Vertragliche Abreden zum Nachteil des Wohnraummieters sind unzulässig. Da § 578 Abs. 2 BGB nicht auf § 555 e Abs. 3 BGB verweist, gilt dies nicht zugunsten des Gewerberaummieters. In diesem Vertragsverhältnis kann zum Nachteil des Mieters z. B. das Sonderkündigungsrecht nicht nur eingeschränkt, sondern auch ganz ausgeschlossen werden.

---

[5] LG Berlin GE 1999, 573; MM 1995, 187; **a. A.** LG Essen WuM 1990, 513, das dem Vermieter aber den Mietzins abspricht.

[6] LG Berlin GE 1999, 573; *Leo/Ramm* NZM 2014, 63, 66; einschränkend *Dickersbach* in: Lützenkirchen, Mietrecht, § 555 e BGB Rdn. 15 f.; **a. A.** *Lammel*, Wohnraummietrecht, zu § 554 BGB Rdn. 84; *Kellendorfer* in: Spielbauer/Schneider, Mietrecht, § 555 e BGB Rdn. 2.

[7] Palandt/*Weidenkaff* § 554 Rdn. 30; *Thomsen*, S. 78.

§ 555f Vereinbarungen über Erhaltungs- oder Modernisierungsmaßnahmen

Die Vertragsparteien können nach Abschluss des Mietvertrags aus Anlass von Erhaltungs- oder Modernisierungsmaßnahmen Vereinbarungen treffen, insbesondere über die
1. zeitliche und technische Durchführung der Maßnahmen,
2. Gewährleistungsrechte und Aufwendungsersatzansprüche des Mieters,
3. künftige Höhe der Miete.

Systematische Übersicht

Alphabetische Schnellübersicht

I. Einleitung

1 Die Vorschrift hat Deklarationscharakter. Sie will deutlich machen, dass es neben dem formellen Verfahren nach §§ 555a–555e BGB auch eine einvernehmliche Lösung möglich ist. Mieter und Vermieter können sich nämlich auch über die Durchführung von konkreten Erhaltungs- und Modernisierungsmaßnahmen einigen. Insofern ändern die Vorschriften nichts an der vor ihrer Einfügung bestehenden Rechtslage.[1] Daher bleiben auch die in den §§ 555a ff. und in den §§ 559ff. jeweils enthaltenen Verbote, abweichende Regelungen zu Ungunsten des Mieters zu vereinbaren, unberührt. Solche den Mieter benachteiligende Vereinbarungen betrafen bereits nach alter Rechtslage nur generelle Abreden, die im Mietvertrag oder in späteren Ergänzungen des Vertrags für den Fall einer Modernisierung oder Erhaltungsmaßnahme getroffen wurden. Individuelle, aus konkretem Anlass getroffene Vereinbarungen, waren und sind – mit Einschränkungen – möglich. Diese Praxis soll nach dem Willen des Gesetzgebers mit der neuen Vorschrift gestärkt werden.[2]

Eine bestimmte Form ist nicht vorgeschrieben, aus Gründen der Beweissicherung aber empfehlenswert.[3] Allerdings ist § 550 BGB zu beachten, beispielsweise wenn wesentliche Vertragselemente wie die Miethöhe oder die Beschaffenheit der Mietsache verändert werden.[4] Dies kann insbesondere für gewerbliche Mietverhältnisse von Bedeutung sein, da bei Nichteinhaltung der Form das auf eine bestimmte Zeit abgeschlossene Mietverhältnis als auf unbestimmte Zeit geschlossen gilt (§ 550 Satz 1 BGB).

II. Der Normenkonflikt

2 Wegen der halbzwingenden Normen zum Minderung-, Mieterhöhungs- und Modernisierungsrechts ist es unzulässig, schon vor oder bei Abschluss des Mietvertrages den Mieter zur Dul-

[1] Begründung zum Kabinettsentwurf – Nachweis in: *Börstinghaus/Eisenschmid,* Arbeitskommentar Mietrechtsänderungsgesetz 2013, § 555f BGB Rdn. 17 (S.92).

[2] BT-Drucks. 17/10485, S. 33 – Nachweis in: *Börstinghaus/Eisenschmid,* Arbeitskommentar Mietrechtsänderungsgesetz 2013, § 555f BGB Rdn. 17 (S.92).

[3] *Artz in:* MünchKomm § 555f Rdn. 5; *Blank*/Börsinghaus § 555f BGB Rdn. 3; *Abramenko* MietRB 2013, 278.

[4] *Dickersbach* in: Lützenkirchen, Mietrecht, § 555f BGB Rdn. 7.

dung von ungewissen in der Zukunft liegenden Modernisierungs- oder Erhaltungsmaßnahmen zu verpflichten. §555f BGB erlaubt daher eine Vereinbarung über konkrete Maßnahmen erst nach Abschluss des Mietvertrages (s. Rdn. 5).

Keine Regelungskonflikte ergeben sich bei Vereinbarungen, die den gesetzlichen Vorgaben entsprechen oder die dem Mieter eine günstigere Rechtsposition verschaffen.[5] Noch nicht endgültig geklärt ist das Verständnis über die neue Regelung insbesondere in Hinblick auf Ziff. 2, wonach sich die Mietvertragsparteien auch über die Minderung und Aufwendungsersatzansprüche verständigen können. Die Konkurrenz mit den halbzwingenden Normen eröffnet Zweifel, ob nicht beispielsweise §536 Abs. 4 BGB eine Vorrangstellung genießt[6] (siehe dazu auch Rdn. 16). Auch die Regelungen zur AGB-Kontrolle sowie über Haustürgeschäfte geben dem Vermieter für Vereinbarungen nach §555f BGB keinen Freibrief.[7] Diese Absprachen sind somit an den allgemeinen Regelungen des Privatrechts zu messen.[8] Der Gesetzgeber wollte mit der Vorschrift im Wesentlichen ein Signal setzen, um die – zu wenig geübte – Praxis von Modernisierungsvereinbarungen zu stärken[9]. Dabei sind Zweifelsfragen offen geblieben. 3

III. Die Wohnraummiete

Die Vorschrift gilt für alle Wohnungen, einschließlich der **Genossenschaftswohnungen,**[10] auf die das allgemeine Wohnraummietrecht anwendbar ist.[11] 4

1. Nach Abschluss des Mietvertrages

Die Vereinbarungen nach §555f BGB dürfen nur **nach Abschluss** des Wohnraummietvertrages getroffen werden. Dies dient dem Schutz des Wohnraummieters, damit der Mietvertragsabschluss und die Überlassung der Wohnung nicht von weiter gehenden Duldungspflichten abhängig gemacht werden kann.[12] Dem Schutzzweck entspricht es, diese Anforderung auch auf solche Fälle zu erstrecken, bei denen zum Mietvertragsabschluss schon mit der Baumaßnahme begonnen wurde.[13] Problematisch ist die Auffassung, wonach es ausreichen soll, wenn die Modernisierungsvereinbarung dem Mietvertrag mit minimalem zeitlichen Abstand folgt.[14] Der zeitliche Zusammenhang darf keinesfalls so eng sein, dass die Vereinbarungen als einheitliches Verhandlungsergebnis gewertet werden können. Dann wäre nicht sichergestellt, dass die Modernisierungsvereinbarung frei von dem bei der Anmietung der Wohnung bestehenden psychologischen Druck abgeschlossen wurde. Solange der Mieter den Mietvertrag nicht unterzeichnet hat, ist er gegenüber dem Vermieter regelmäßig in der schwächeren Verhandlungsposition.[15] Diese zeitliche Barriere ist bei Wohnraummietverhältnissen nicht verhandelbar, findet allerdings auf Gewerberaummietverhältnisse keine Anwendung. 5

2. Aus Anlass der Maßnahme

Vereinbarungen nach §555f BGB sind im Wohnraummietverhältnis nur zulässig, wenn sie **aus Anlass** einer Erhaltungs- oder Modernisierungsmaßnahme getroffen werden. Die Gesetzesformulierung „aus Anlass" ist auf Initiative des Deutschen Mietgerichtstages ins Gesetz aufgenommen worden[16]. Damit sollte sichergestellt werden, dass die Vereinbarungen nicht generell und für jeden 6

---

[5] *Blank*/Börstinghaus §555f BGB Rdn. 1.

[6] *Hau* PiG 2011, 31, 42; *Lehmann-Richter* WuM 2010, 3; siehe aber auch *Lützenkirchen/Dickersbach* ZMR 2006, 821; *Dickersbach* in: Lützenkirchen, Mietrecht, §555f BGB Rdn. 15ff.; *Abramenko* MietRB 2013, 278.

[7] *Hau* PiG 2011, 31, 42.

[8] *Artz,* WImmoT 2014, 139, 142.

[9] Begründung zu §555f BGB; Nachweis bei *Börstinghaus/Eisenschmid,* Mietrechtsänderungsgesetz 2013, §555f BGB Rdn. 17 (S.92).

[10] LG München WuM 1986, 312.

[11] OLG Karlsruhe, Rechtsentscheid vom 21.1.1985, WuM 1985, 77 = NJW-RR 1986, 89 = ZMR 1985, 123 = OLGZ 1986, 437.

[12] LG Leipzig WuM 2010, 243 = GE 2010, 847; LG Berlin MM 2001, 202; *Thomsen,* S. 80.

[13] *Blank*/Börstinghaus §555f BGB Rdn. 6.

[14] *Abramenko,* MietRB 2014, 307, 308.

[15] **A. A.** *Artz* in: MünchKomm §555f Rdn. 11.

[16] Nachweis bei Börstinghaus/*Eisenschmid,* Mietrechtsänderungsgesetz 2013, §555f BGB Rdn. 21 (S.92).

'Fall möglich sein sollen, sondern nur dann, wenn der Vermieter eine konkrete[17] Maßnahme ins Auge gefasst hat und diese umsetzen möchte.

7 Daher reicht es nicht aus, wenn nach Abschluss des Mietvertrages eine Vereinbarung nach § 555f BGB getroffen wird, ohne dass dabei eine konkrete, schon fertig geplante Maßnahme ins Auge gefasst wird.[18] Bloße Absichtserklärungen des Vermieters, eine bestimmte Maßnahme durchführen zu wollen, werden der Normanforderung „aus **Anlass** von Erhaltungs- oder Modernisierungsmaßnahmen" nicht gerecht. Der Mieter hat keine ausreichende Verhandlungsgrundlage, wenn er nicht Beginn, Dauer, Art und Umfang der Maßnahme kennt.[19] Denkbar ist allerdings auch eine Vereinbarung nach Abschluss einer Modernisierungsmaßnahme.[20]

3. Die einzelnen Inhalte einer Vereinbarung

8 **a) Kein Absehen von der Mitteilungspflicht.** § 555f BGB erlaubt Vereinbarungen insbesondere über die zeitliche und technische Durchführung der Maßnahme, die Gewährleistungsrechte und Aufwendungsansprüche des Mieters und über die künftige Höhe der Miete. Mit dem Wort „insbesondere" wird sichergestellt, dass die Aufzählung des Gesetzes nur Beispielscharakter hat[21] und nicht abschließend ist. Dennoch gibt es Vorschriften, die sich einer vertraglichen Absprache entziehen, beispielsweise die Pflicht des Vermieters zur Ankündigung der Maßnahme gem. §§ 555a, 555c BGB.

9 Der Abschluss einer Vereinbarung nach § 555f BGB setzt idealiter voraus, dass sich die Mietvertragsparteien auf gleicher Augenhöhe zusammensetzen, über die einzelnen Punkte verhandeln und zu einem Ergebnis kommen, das in der Vereinbarung festgehalten wird. Eine solche Besprechung setzt voraus, dass insbesondere der Mieter über alle wichtigen Punkte informiert ist, also den Sachstand bekommt, der ihm gem. § 555c BGB formell und materiell zusteht. Zu Recht geht das Gesetz bei den halbzwingenden Normen davon aus, dass bei typisierender Betrachtungsweise die Verhandlungen mit dem Vermieter nicht unter den zuvor beschriebenen Voraussetzungen ablaufen und der Mieter vor Übervorteilung geschützt werden muss. Das muss bei der Anwendung des § 555f BGB beachtet werden, da eine beabsichtigte Modernisierung in der Regel alle Bewohner des Hauses betrifft und ein einzelner Mieter dem psychischen Druck des Vermieters sowie der Mitmieter selten standhalten kann. Daher ist § 555f BGB dahingehend einzuschränken, dass solche Vereinbarungen unzulässig sind, die den Bestandsschutz des Mieters an seiner Wohnung gefährden. Dies ist auch verfassungsrechtlich geboten, da der Besitz der Wohnung Grundrechtsschutz genießt.[22]

10 Daraus folgt, dass der Ausschluss oder die Einschränkung der **Mitteilungspflicht** gem. §§ 555a, 555c BGB sowie der Verzicht des Mieters auf die Einhaltung ihrer formellen Anforderungen jedenfalls dann unwirksam ist[23], wenn neben einzelnen Absprachen aus den Regelbeispielen auch eine Vereinbarung über die Duldung der Maßnahmen getroffen wird. Das wird wohl der Regelfall sein. Richtig ist zwar, wie teilweise hervorgehoben wird, dass die Ankündigungspflicht in erster Linie das Hemmnis der Mieterduldung überwinden soll[24], was bei einer vertraglichen Regelung überflüssig ist. Daneben hat § 555c Abs. 1 BGB aber auch eine Schutzfunktion derart, dass der Mieter nur dulden soll, was gesetzlich erlaubt ist. Das soll der Vermieter mit seiner Ankündigung belegen. Diese Anforderung hat sich mit der Neufassung des § 555f BGB nicht geändert, sonst hätte der Gesetzgeber nicht gerade die Duldung von den Regelbeispielen ausgenommen. Würde der Vermieter ohne jegliche Vorabinformationen zum Gespräch einladen mit dem Ziel einer Vereinbarung nach § 555f BGB, könnte in einem späteren Streitfall nicht mehr nachgewiesen werden, ob der Vermieter alle erforderlichen Informationen gegeben hat und der Mieter seine Interessen, insbesondere seine Härtegründe ausreichend einbringen konnte. Der Gestaltungsrahmen des § 555f BGB lässt in diesem Punkt aus den vorgenannten Erwägungen eine abweichende Regelung nicht zu.[25] Dabei ist auch zu

---

[17] Begründung des Kabinettsentwurfs zu § 555f BGB – Nachweis bei Börstinghaus/*Eisenschmid*, Mietrechtsänderungsgesetz 2013, § 555f BGB Rdn. 17 (S. 92).
[18] *Artz*, WImmoT 2014, 139, 144ff.
[19] *Blank*/Börstinghaus § 555f BGB Rdn. 7; *Artz* in: MünchKomm § 555f Rdn. 12.
[20] *Sternel*, PiG 99 (2015), 95, 109.
[21] *Blank*/Börstinghaus § 555f BGB Rdn. 8; *Abramenko* MietRB 2014, 307, 310.
[22] BVerfG WuM 1993, 377 = NJW 1993, 2035 = MDR 1993, 728 = GE 1993, 796 = ZMR 1993, 405.
[23] So schon LG Berlin MDR 1986, 589 = ZMR 1986, 169 = GE 1986, 609.
[24] *Artz* in: MünchKomm § 555f Rdn. 17.
[25] **A. A.** *Blank*/Börstinghaus § 555f BGB Rdn. 9; *Artz* WImmoT 2014, 139, 144; *Abramenko* MietRB 2014, 307, 310.

berücksichtigen, dass § 555f Ziff. 1–3 BGB für die Vereinbarungen nur Umstände erwähnt, die nach dem Beginn der Baumaßnahmen liegen. Daraus muss geschlossen werden, dass über Art und Umfang der Maßnahmen grundsätzlich keine Vereinbarungen getroffen werden sollen. Das liegt auch deshalb auf der Hand, weil schließlich der Vermieter als Investor darüber entscheidet, ob und wie er Modernisieren bzw. Instandsetzen will. Bevor er diese Entscheidung nicht getroffen hat, macht eine Vereinbarung mit dem Mieter über die Durchführung der Maßnahme, die Gewährleistungsrechte oder die künftige Miete keinen Sinn. Daher wird in der Begründung zu § 555f BGB hervorgehoben, dass „die Vorschrift …… insbesondere Vermieter mit wenig Erfahrung in Modernisierungsangelegenheiten darauf aufmerksam" macht, „dass es neben dem Verfahren, zunächst eine Duldung zu verlangen und danach ggf. die Miete zu erhöhen, auch die Möglichkeit gibt, all dies nach Abschluss des Mietvertrages im Einzelfall anlassbezogen einvernehmlich zu regeln: …".[26] Damit der Mieter mit dem Vermieter auf Augenhöhe verhandeln kann, muss er die gleichen Informationen haben, die der Vermieter im Falle der einseitigen Durchsetzung der Maßnahme dem Mieter geben muss. Das ist im Übrigen auch zu seinem Vorteil, denn wenn die Verhandlungen scheitern, kann er aufgrund der ordnungsgemäßen Mitteilung nach § 555c BGB direkt mit den Baumaßnahmen beginnen.

Aus den vorgenannten Erwägungen reicht es auch nicht aus, wenn der Vermieter die Mieter **11**
z. B. in Einzelgesprächen oder auf Mieterversammlungen über die Maßnahmen mündlich informiert. Der Vermieter muss in solchen Fällen dennoch die Mitteilung nach § 555c BGB in der gesetzlich vorgesehenen Form nachholen, damit der Mieter die Maßnahmen kontrollieren kann, denn mit Ihnen steht und fällt die Vereinbarung. Es leuchtet auch nicht ein, warum der Mieter weniger schutzbedürftig sein soll, nur weil der Vermieter eine Vereinbarung treffen will und das Gesetz noch nicht einmal vorgibt, welchen Umfang eine Vereinbarung haben muss. Will der Vermieter z. B. nur die künftige Miethöhe regeln oder nur das Gewährleistungsrecht während der Baumaßnahmen, ist kaum einzusehen, warum ihm dann gestattet werden soll, alle formalen und inhaltlichen Voraussetzungen der Ankündigungen nach § 555c BGB zu ignorieren. Der Umgehung von essentiellen Mieterschutzrechten wäre Tür und Tor geöffnet.

Gegenstand einer Vereinbarung nach § 555f BGB kann aber z. B. der Verzicht des Mieters sein, **12**
sich im Rahmen der ihm eingeräumten „Ausschlussfrist" auf eine Härte zu berufen.[27] Voraussetzung ist aber, dass der Vermieter ihn auf die Möglichkeit des Härteeinwandes hingewiesen hat, wie es § 555c Abs. 2 vorsieht. Daher kommt ein konkludenter Verzicht ohne einen vorangegangenen Hinweis nicht in Betracht.

Der Schutzzweck der Modernisierungsregelungen unterhalb des Bestandsschutzes der Wohnung **13**
verlangt dagegen nicht, dass der Vermieter auch im laufenden Mietverhältnis in allen Fällen an die Anforderungen der §§ 555a ff. BGB gebunden ist. So kann der Mieter im laufenden Mietverhältnis jederzeit unter den genannten Voraussetzungen wirksam einer Maßnahme des Vermieters zustimmen, auch wenn sie nicht gem. § 555d BGB geduldet werden müsste.[28]

b) Zeitliche und technische Durchführung der Maßnahme. Die **zeitliche** Durchführung **14**
der Maßnahme betrifft vor allem die Dauer der Erhaltungs- und Modernisierungsmaßnahmen. Hier lässt sich beispielsweise eine zeitlich flexible Durchführung von geplanten Maßnahmen vereinbaren[29], wenn der Vermieter die Option schaffen will, aus Zweckmäßigkeitsgründen die bauliche Abfolge bestimmter Maßnahmen zu ändern. Vereinbarungen über den Beginn der Maßnahme können nur getroffen werden, soweit die dreimonatige Ankündigungsfrist nicht verkürzt wird.

Die **technische** Durchführung betrifft Art und Umfang der Maßnahme.[30] So können insbe- **15**
sondere Maßnahmen in der Wohnung des Mieters hinsichtlich ihrer Durchführung und Folgen besser abgestimmt werden. Die hier zu treffenden Angaben bedürfen in der Regel einer genauen Darstellung der Maßnahmen in Bezug auf die Wohnung des Mieters, was eine individuelle Vereinbarung erforderlich machen dürfte. Auch Vereinbarungen über den technischen Stand der Wohnung nach Abschluss der Arbeiten fallen hierunter. Vorformulierte Regelungen sind daher regelmäßig unzureichend und verstoßen gegen das Transparenzgebot gem. § 307 Abs. 1 Satz 2 BGB.[31]

---

[26] Nachweis bei Börstinghaus/*Eisenschmid*, Arbeitskommentar Mietrechtsänderungsgesetz 2013, § 555f BGB Rdn. 17.

[27] *Abramenko* MietRB 2014, 307, 310; Lützenkirchen/*Dickersbach* § 555f Rdn. 27.

[28] LG Berlin MM 2002, 141; *Sternel,* Mietrecht aktuell (2009), Rdn. VII 183; *Bieber* in: MünchKomm § 554 Rdn. 43; *Horst* NZM 1999, 193, 195; *Thomsen,* S. 81.

[29] *Abramenko,* MietRB 2014, 307, 308.

[30] *Blank*/Börstinghaus § 555f Rdn. 10.

[31] *Blank*/Börstinghaus § 555f Rdn. 10.

16 **c) Gewährleistungsrechte und Aufwendungsersatzansprüche des Mieters. aa) Mietminderung.** Gem. § 536 Abs. 4 BGB ist die Vereinbarung über die Mietminderung zum Nachteil des Mieters unwirksam. § 536 Abs. 1a BGB schließt das Mietminderungsrecht aus, soweit ein Mangel aufgrund einer Maßnahme eintritt, die einer energetischen Modernisierung nach § 555b Nr. 1 BGB dient. § 555f BGB hat beide Varianten im Blick. Eine Vereinbarung des Mieters mit dem Vermieter anlässlich einer energetischen Modernisierung bietet die Möglichkeit einer Vereinbarung zum Nachteil des Mieters, z. B. durch Festlegung eines geringen Mietminderungssatzes oder durch Erschwerungen, indem der Mieter den Minderungsbetrag erst nachträglich geltend machen kann. Es lassen sich aber auch für den Mieter vorteilhafte Regelungen aushandeln, indem beispielsweise der Mieter durchgehend die Miete mindern darf, auch wenn die Mietminderung gem. § 536 Abs. 1a BGB ausgeschlossen wäre.[32] Im Gegenzug könnte der Vermieter vom Mieter sich andere Leistungen versprechen lassen.[33]

17 Vereinbarungen über die Mietminderung verbieten sich als vorformulierte Klauseln, weil die Mietminderung ein Kernelement der Mieterrechte darstellt und damit zu den wesentlichen Grundgedanken des Vertrags zählt.[34] Daher ist auch individualvertraglich ein genereller Ausschluss des Mietminderungsrechts ausgeschlossen.

18 **bb) Aufwendungsersatzansprüche.** § 555a Abs. 3 BGB sieht vor, dass der Mieter Aufwendungen im angemessenen Umfang ersetzt verlangen kann, die er infolge einer Erhaltungsmaßnahme machen musste. Das Gleiche gilt gem. § 555d Abs. 6 BGB bei Modernisierungsmaßnahmen. Einvernehmliche abweichende Regelungen sind hier insoweit denkbar, als dass über die Höhe des Aufwendungsersatzes eine Verständigung gefunden wurde[35] oder der Mieter beim Anfall bestimmter Aufwendungen auf einen Ersatz verzichtet.

19 § 555f BGB erfasst nicht die Aufwendungen gem. § 536a Abs. 2 BGB. Diese Vorschrift unterscheidet den Aufwendungsersatz beim Verzug des Vermieters sowie zur Erhaltung bzw. Wiederherstellung des Bestands der Mietsache (siehe § 536a BGB Rdn. 104ff.). Da der Verzug die Pflicht des Vermieters zum Handeln voraussetzt, kann die Vereinbarung nach § 555f BGB mit § 536a Abs. 2 Ziff. 1 BGB nicht kollidieren, es sei denn, der Vermieter würde sich unzulässigerweise von den Rechtsfolgen des Verzugs freizeichnen wollen. Dem Mieter die Aufwendungen zum Erhalt des Bestands der Mietsache aufzubürden, würde auch als Individualvereinbarung[36] unzulässig sein, weil damit dem Mieter der Kern der Vermieterpflichten überbürdet würde.

20 **d) Verpflichtung zur Durchführung von Arbeiten.** Da § 555f BGB keine abschließende Aufzählung über die Art der Vereinbarung vornimmt („insbesondere"), ist auch denkbar, den Mieter mit kleineren Arbeiten zu belasten, z. B. Mitwirkungspflichten zum entfernen oder Verrücken von Möbeln.[37]Zulässig ist auch die Übertragung solcher Maßnahmen, die den Umfang von Kleinreparaturen nicht überschreiten. Weitergehenden Arbeiten lassen sich im Wohnraummietverhältnis auch individualvertraglich nicht auf den Mieter abwälzen. Damit würde dem Mieter das Risiko der Vertragsabwicklung mit dem beauftragten Handwerksunternehmen sowie die Überwachung und Einhaltung der ordnungsgemäßen Ausführung einer baulichen Maßnahme übertragen, was zu den Kernpflichten des Vermieters gehört und ihre Übertragung auf den Mieter mit Treu und Glauben nicht mehr zu vereinbaren ist. Dies ist nur im Gewerberaummietverhältnis eingeschränkt zulässig. Formularvertraglich kann der Vermieter selbst bei Kleinreparaturen den Wohnraummieter nur zu Zahlung verpflichten[38] und Schönheitsreparaturen darf der Mieter fachkundig ausführen, um seine Kostenbelastung zu senken.[39]

21 **e) Schadensersatz.** § 555f Ziff. 2 BGB lässt Vereinbarungen über alle Gewährleistungsrechte dazu. Dazu gehören auch Schadensersatzansprüche des Mieters nach § 536a Abs. 1 BGB. Folgt

---

32 *Artz* in: MünchKomm § 555f Rdn. 20.
33 *Artz* in: MünchKomm § 555f Rdn. 21.
34 *Blank*/Börstinghaus § 555f Rdn. 12.
35 *Artz*, WImmoT 2014, 139, 148; *Blank*/Börstinghaus § 555f Rdn. 17.
36 **A. A.** *Blank*/Börstinghaus § 555f Rdn. 15.
37 *Blank*/Börstinghaus § 555f Rdn. 23.
38 BGH (VIII ZR 343/08) WuM 2010, 235 = MietPrax-AK § 536 BGB Nr 31 = NZM 2010, 356 = ZMR 2010, 517 = GE 2010, 480; AG Bremen NZM 2008, 247; BGH (XII ZR 158/01) NZM 2005, 863 = GuT 2005, 213 = ZMR 2005, 844 = DWW 2005, 372 = GE 2005, 1185 = MietPrax-AK § 538 BGB Nr. 17 mit Anm. *Eisenschmid;* BGHZ 108, 1 = WuM 1989, 324 = NJW 1989, 2247 = ZMR 1989, 327 = NJW-RR 1989, 1160 = DWW 1989, 195 = GE 1989, 669.
39 *Blank*/Börstinghaus § 555f Rdn. 15.

man der Auffassung, dass der Vermieter schon allein deshalb auf Schadensersatz haftet, weil er die Maßnahme veranlasst hat[40], steht einer Regelung über die Verschuldensfrage 276 Abs. 3 BGB entgegen, wonach die Haftung wegen Vorsatzes dem Schuldner im Voraus nicht erlassen werden kann.[41] Die andere inzwischen auch vom BGH[42] vertretene Auffassung verlangt ein pflichtwidriges Verhalten, welches den Schaden kausal herbeigeführt hat. In diesem Fall wäre eine Regelung über einen individuellen Haftungsausschluss für fahrlässiges Handeln des Vermieters denkbar. Für Erfüllungsgehilfen gilt § 278 Satz 2 BGB. Der BGH[43] hat den formularvertraglichen Haftungsausschluss im Wohnraummietverhältnis bei der Verletzung von Instandhaltungspflichten für leichte Fahrlässigkeit dann als unzulässig abgelehnt, wenn der Mieter das ausgeschlossene Risiko nicht beherrschen und auch nicht versichern kann.[44] Eine solche Klausel gefährdet den Vertragszweck, weil der Mieter derartige Schäden nicht durch eigene Vorsicht abwenden kann und zudem üblicherweise nur der Vermieter in der Lage ist, sich durch Abschluss einer Haus-Haftpflichtversicherung vor solchen Schäden zu schützen (siehe dazu § 536a BGB Rdn. 101 ff.).

Vergleichbare Formularklauseln sind im gewerblichen Mietverhältnis nur wirksam, wenn die haftungsausschließende Klausel die Freizeichnung von einzelnen Instandhaltungspflichten unmissverständlich und transparent[45] darlegt.[46] 22

f) Die künftige Höhe der Miete. Dass sich die Vertragsparteien über die Miete individualvertraglich verständigen können, ergibt sich schon aus § 557 Abs. 1 BGB, wonach die Parteien während des Mietverhältnisses eine Erhöhung der Miete vereinbaren können. Formularvertraglich ist dies allerdings nicht möglich, weil sonst die zu Gunsten des Mieters zwingenden Regelungen zur Mieterhöhung unterlaufen würden. Soll bei der Verhandlung über die Miete nach Modernisierung auch die weitere Entwicklung der Miete geregelt werden, bleibt nur die Möglichkeit der Vereinbarung einer Staffel- oder Indexmiete (§ 557 Abs. 2 BGB). Wird eine Verständigung über die neue Miete nach Modernisierung herbeigeführt, liegt darin regelmäßig auch ein Ausschluss weiterer Mietanpasungen gem. § 559 BGB.[47] Für diese Mieterhöhung ist § 558 Abs. 1 Satz3 sowie Abs. 3 Satz 1 anzuwenden.[48] 23

4. Widerrufsrecht bei Verbraucherverträgen

Gem. § 312g BGB steht dem Verbraucher ein Widerrufsrecht von mit dem Vermieter als Unternehmer geschlossenen Verträgen auch dann zu, wenn eine Vertragsveränderung erreicht werden soll. Ist der Vermieter selbst Verbraucher, kommt ein Widerrufsrecht von vornherein nicht in Betracht.[49] Zudem muss der Änderungsvertrag außerhalb der Geschäftsräume geschlossen werden.[50] Das ist z. B. der Fall, wenn der Vermieter den Mieter vor Durchführung der Modernisierungs- oder Instandhaltungsmaßnahme aufsucht und mit ihm eine Vereinbarung gem. § 555f BGB aushandelt.[51] Ist der Vermieter Unternehmer i. S. d. § 14 BGB[52], was regelmäßig der Fall sein wird, hat er in dieser Situation den Wohnraummieter über das Widerrufsrecht zu informieren. Die Widerrufsfrist beträgt 14 Tage (§ 355 Abs. 2 Satz 1 BGB). Hat der Vermieter den Mieter nicht über sein Widerrufsrecht belehrt, verlängert sich die Widerrufsfrist um maximal ein Jahr (§ 356 Abs. 3 24

---

40 *Bieber* in: MünchKomm, 6. Aufl., § 554 BGB Rdn. 8; *Emmerich* in: Staudinger § 554 Rdn. 12; siehe auch § 555a Rdn. 48f.

41 *Artz,* WImmoT 2014, 139, 147.

42 BGH (XII ZR 65/14) NZM 2015, 538 = GE 2015, 905 = NJW 2015, 2419 = WuM 2015, 619 = ZMR 2015, 842 = MietPrax-AK § 555a BGB Nr 1 *(Eisenschmid); Günter,* WImmoT 2015, 19, 35f.

43 BGH (VIII ARZ 1/01) WuM 2002, 141 = NJW 2002, 673 = NZM 2002, 116 = ZMR 2002, 184 = MDR 2002, 330 mit Anm. *Lützenkirchen* (Vorlagebeschluss LG Hamburg WuM 2001, 233).

44 Siehe auch *Häublein* in: MünchKomm § 536a BGB Rdn. 22; *Kraemer/Ehlert* in Bub/Treier III. B Rdn. 3318; *Blank*/Börstinghaus § 555f BGB Rdn. 14.

45 Zum Transparenzgebot s. *Schumacher* NZM 2003, 13ff.

46 Vgl. auch *Schmitz/Reischauer* NZM 2002, 1019, 1020; zweifelhaft insoweit OLG Düsseldorf NJW-RR 1999, 735.

47 *Artz*/MünchKomm § 555f Rdn. 26.

48 BGH (VIII ZR 287/06) WuM 2008, 355 = GE 2008, 729 = NZM 2008, 441 = NJW 2008, 2031; kritisch *Lammel,* jurisPR-MietR 15/2008 Anm. 3.

49 *Artz,* WImmoT 2015, 53, 66.

50 *Hinz* WuM 2016, 76, 83.

51 *Hau* NZM 2015, 435, 440; *Artz,* WImmoT 2015, 53ff.

52 Zur Unternehmereigenschaft siehe BGH (XI ZR 63/01) NJW 2002, 368 = MDR 2002, 222; *Hau* NZM 2015, 435, 441.

Satz 2 BGB). Hat der Vermieter über den Widerruf belehrt, obwohl die Voraussetzungen nicht gegeben sind, sind die Rechtsfolgen noch unklar.[53]

25 In Betracht zu ziehen ist ein Widerrufsrecht auch dann, wenn der Vermieter die Vereinbarung im Rahmen eines Fernabsatzvertrages geschlossen hat, also ausschließlich unter Verwendung von Briefen, Telefax oder Emails. Ein Fernabsatzvertrag setzt aber voraus, dass der Vertragsschluss im Rahmen eines für den Fernabsatz organisierten Vertriebs- oder Dienstleistungssystems erfolgt (§ 312c Abs. 2 BGB). Ob dies immer einer Einzelfallprüfung bedarf oder ob die Voraussetzung schon angenommen werden kann, wenn der Vermieter eine bestimmte Anzahl von Wohnungen verwaltet, ist nicht abschließend geklärt.[54]

5. Sonstige Fragen

26 Die Zustimmung des Mieters unterliegt im Übrigen als Willenserklärung den allgemeinen Anfechtungsmöglichkeiten gem. §§ 119, 123 BGB. Die **Anfechtung** kommt beispielsweise in Betracht, wenn der Mieter nicht ausreichend informiert wurde. In diesem Fall ist auch eine Haftung des Vermieters auf Schadensersatz zu prüfen. Daneben bleibt dem Mieter der Einwand der Härte gem. § 555d BGB, sofern das Unterlassen des Härteeinwandes auf eine unvollständige oder falsche Information seitens des Vermieters zurückzuführen war und die Vereinbarung nach § 555f BGB auch die Duldung der Modernisierungsmaßnahme geregelt hat. Ob der Vermieter bei einer Zustimmung des Mieters im Rahmen des § 555f BGB den Mietzins entsprechend § 559 BGB anpassen kann, muss sich aus der Abrede ergeben. Die Vereinbarung einer Beschränkung der Mieterhöhung nach Abschluss der Arbeiten ist zulässig.[55]

27 Die Vorschrift ist auch anzuwenden auf Modernisierungsmaßnahmen, die der Mieter durchführt.[56] In diesen Fällen wird neben den im Gesetz angesprochenen Regelungsbedarfen auch die Erbringung einer Sonderkaution durch den Mieter in Frage stehen. Dies wird allgemein für zulässig gehalten[57], da im Zuge baulicher Maßnahmen hohe Schäden eintreten können.

IV. Die Gewerberaummiete

28 Bei der Geschäftsraummiete sind wegen § 578 Abs. 2 BGB die Unabdingbarkeitsregeln der §§ 555a ff. BGB nicht anwendbar. Das gilt auch bei Mischraummietverhältnissen, wenn auf sie das Recht der Gewerberaummiete anwendbar ist.[58]

29 Somit können in diesen Fällen auch formularvertraglich abweichende Regelungen getroffen werden. So ist es möglich, die besonderen Härtetatbestände nach § 555d BGB einzuschränken, auszuschließen oder die Anforderungen an die Ankündigungspflicht des Vermieters zu begrenzen.[59] Der völlige formularmäßige Ausschluss von Mieterrechten ist aber auch im gewerblichen Mietverhältnis nicht schrankenlos zulässig, wenn z. B. ein Kernbereich vertraglicher Vermieterpflichten auf den Mieter abgewälzt werden soll. Dagegen kann das außerordentliche Kündigungsrecht des Mieters nach § 555e BGB ausgeschlossen werden, weil das allgemeine außerordentliche Kündigungsrecht gem. § 543 BGB verbleibt.

V. Inkrafttreten

30 Da der Regelungsinhalt dieser Vorschrift bislang nicht normiert war, ist die für § 554 BGB a. F. und § 536 BGB a. F. geschaffene Übergangsregelung nicht einschlägig. Die Vorschrift ist ab 1.5.2013 in Kraft getreten.

---

[53] Siehe dazu *Kolbe* JZ 2013, 441.

[54] *Lindner* ZMR 2015, 261; *Brinkmann/Ludwigkeit* NJW 2014, 3270; einschränkend *Artz/Brinkmann/Pielsticker* ZAP Fach 4, 1639; **a. A.** *Hau* NZM 2015, 435, 441.

[55] Auch für Mieterhöhungen, die die Grenze des § 559 BGB übersteigen, *Abramenko* MietRB 2013, 278, 280.

[56] **A. A.** Staudinger/*Emmerich* § 555f BGB Rdn. 7; *Blank*/Börstinghaus § 555f BGB Rdn. 2.

[57] Schmidt-Futterer/*Blank* § 551 Rdn. 45; *Hinz* ZMR 2012, 153, 157.

[58] Zur Abgrenzung siehe BGH (VIII ZR 376/13) WuM 2014, 539 = DWW 2014, 254 = NZM 2014, 626 = GE 2014, 1129 = NJW 2014, 2864; BGH WuM 1986, 274 = NJW-RR 1986, 877 = MDR 1986, 842 = ZMR 1986, 278; *Blank/Börstinghaus* § 554 BGB Rdn. 6.

[59] *Schach* GE 2006, 1447, 1449 mit Klauselvorschlägen.

Kapitel 2. Die Miete

Unterkapitel 1. Vereinbarungen über die Miete

§ 556 Vereinbarungen über Betriebskosten

(1) [1]Die Vertragsparteien können vereinbaren, dass der Mieter Betriebskosten trägt. [2]Betriebskosten sind die Kosten, die dem Eigentümer oder Erbbauberechtigten durch das Eigentum oder das Erbbaurecht am Grundstück oder durch den bestimmungsmäßigen Gebrauch des Gebäudes, der Nebengebäude, Anlagen, Einrichtungen und des Grundstücks laufend entstehen. [3]Für die Aufstellung der Betriebskosten gilt die Betriebskostenverordnung vom 25. November 2003 (BGBl. I S. 2346, 2347) fort. [4]Die Bundesregierung wird ermächtigt, durch Rechtsverordnung ohne Zustimmung des Bundesrates Vorschriften über die Aufstellung der Betriebskosten zu erlassen.

(2) [1]Die Vertragsparteien können vorbehaltlich anderweitiger Vorschriften vereinbaren, dass Betriebskosten als Pauschale oder als Vorauszahlung ausgewiesen werden. [2]Vorauszahlungen für Betriebskosten dürfen nur in angemessener Höhe vereinbart werden.

(3) [1]Über die Vorauszahlungen für Betriebskosten ist jährlich abzurechnen; dabei ist der Grundsatz der Wirtschaftlichkeit zu beachten. [2]Die Abrechnung ist dem Mieter spätestens bis zum Ablauf des zwölften Monats nach Ende des Abrechnungszeitraums mitzuteilen. [3]Nach Ablauf dieser Frist ist die Geltendmachung einer Nachforderung durch den Vermieter ausgeschlossen, es sei denn, der Vermieter hat die verspätete Geltendmachung nicht zu vertreten. [4]Der Vermieter ist zu Teilabrechnungen nicht verpflichtet. [5]Einwendungen gegen die Abrechnung hat der Mieter dem Vermieter spätestens bis zum Ablauf des zwölften Monats nach Zugang der Abrechnung mitzuteilen. [6]Nach Ablauf dieser Frist kann der Mieter Einwendungen nicht mehr geltend machen, es sei denn, der Mieter hat die verspätete Geltendmachung nicht zu vertreten.

(4) Eine zum Nachteil des Mieters von Absatz 1, Absatz 2 Satz 2 oder Absatz 3 abweichende Vereinbarung ist unwirksam.

Systematische Übersicht

Alphabetische Schnellübersicht

A. Veränderungen gegenüber dem früheren Recht

Die Regelung in § 546 BGB a. F., dass der Vermieter die auf der Mietsache ruhenden Lasten zu tragen hat, wurde als **§ 535 Abs. 1 Satz 3 BGB** eingefügt. Das **gesetzliche Leitbild,** dass der Vermieter die Kosten in den Mietzins einkalkuliert und dem Mieter im Rahmen des vereinbarten Mietentgelts berechnet, gilt mithin fort. Die Vorschriften der §§ 556, 556a, 560 BGB enthalten allein Bestimmungen für den Fall, dass die Parteien im Mietvertrag Vereinbarungen getroffen haben, die von diesem Leitbild abweichen, d. h. den Mieter mit Betriebskosten belasten. Hierzu wurden nicht nur die Regelungen des § 4 MHG aus dem Bereich des preisfreien Wohnraums übernommen, sondern auch solche aus § 20 NMV, die bislang nur für den öffentlich geförderten Wohnraum galten; § 556 Abs. 3 Satz 5 und 6 BGB ist völlig neu geschaffen. 1

§ 556 Abs. 1 BGB enthält eine explizite **Ermächtigungsgrundlage** für die Parteien, die gesetzliche Lastenverteilung des § 535 Abs. 1 Satz 3 BGB durch Vereinbarung abzuändern. Bislang war dies in § 4 Abs. 1 Satz 1 MHG durch die Formulierung, dass Vorauszahlungen auf Betriebskosten in angemessener Höhe vereinbart werden dürfen, nur mittelbar zum Ausdruck gekommen. Wie bisher durch § 27 II. BV nebst Anl. 3 sind die Möglichkeiten der Betriebskostenabwälzung bei Wohnraummietverhältnissen eingeschränkt, nunmehr seit dem 1.1.2004 durch den Kostenkatalog des § 2 BetrKV, und zwar in zwingender Form (§ 556 Abs. 4 BGB). 2

§ 556 Abs. 1 BGB gestattet den Parteien, **weiterhin alle bislang zulässigen Mietstrukturen** zu vereinbaren, d. h. Brutto- und Bruttokaltmieten sowie Teilinklusiv- und Nettomieten nebst Betriebskostenpauschale oder -vorauszahlung. Eine Verschlechterung gegenüber der bisherigen Rechtslage hat sich bei Neuverträgen für den Vermieter dadurch eingestellt, dass er bei Geltung einer Brutto-, Bruttokalt- oder Teilinklusivmiete nicht mehr berechtigt ist, eine Mehrbelastung bei den Kostenarten, die Teil des nicht separat ausgewiesenen Betriebskostenanteils sind, durch eine einseitige Erklärung nach § 4 Abs. 2, 3 MHG auf die Mieter umzulegen. Wenn er den Kostenanstieg an die Mieter weitergeben will, kann dies nur noch im Rahmen einer allgemeinen Mietererhöhung nach § 558 BGB erfolgen; infolge der nach § 558 Abs. 3 BGB auf 20% gesenkten Kappungsgrenze verbleibt ihm dadurch u. U. nur ein geringer Spielraum für die Erhöhung des Nettomietanteils. 3

§ 556 Abs. 2 Satz 1 BGB sieht die separate Belastung des Mieters mit Betriebskosten **nur in Form einer Pauschale oder von Vorauszahlungen** vor. Er präzisiert damit § 556 Abs. 1 BGB und darf nicht etwa dahin verstanden werden, die Abwälzung von Betriebskosten sei nur in diesen zwei Varianten möglich (s. Rdn. 8). 4

§ 556 Abs. 3 BGB wiederholt in Satz 1, 1. Hs., die Regelung in § 4 Abs. 1 MHG über den **Abrechnungszeitraum.** Für preisfreien Wohnraum neu sind die ausdrückliche Übernahme des Wirtschaftlichkeitsgebots aus § 20 Abs. 1 Satz 2 NMV sowie die verbindliche (§ 556 Abs. 3 Satz 2–4 i. V. m. § 556 Abs. 4 BGB) **Abrechnungsfrist als Ausschlussfrist** aus § 20 Abs. 3 Satz 4 NMV. Originär neu ist die **Einwendungsfrist** für den Mieter nach § 556 Abs. 3 Satz 5 und 6 BGB. Zweck der Ausschlussfrist für Abrechnung und Einwendungen ist es, dass beide Parteien möglichst zügig Klarheit über den kostenintensiven Bereich Betriebskosten erhalten. Auch der Mieter preisfreien Wohnraums, der oft beträchtliche Vorauszahlungen leistet, ist daran interessiert, bald zu wissen, welche Belastung sich zum Ende der Abrechnungsperiode tatsächlich ergeben hat, und Überzahlungen erstattet zu erhalten, dem Vermieter ist an verlässlichen Grundlagen gelegen und daran, sich nicht noch nach Jahren Beanstandungen der Abrechnungen gegenüber zu sehen, wobei er Korrekturen zugunsten eines Mieters gemeinhin nicht mehr auf die anderen begünstigten Mieter abwälzen kann, sondern aus der Nettomiete ausgleichen muss. 5

B. Anwendungsbereich der Vorschrift

I. Allgemeiner Anwendungsbereich

§ 556 BGB gilt **nur für** Mietverhältnisse über **Wohnraum;**[1] die Vorschrift ist in den §§ 578ff. BGB zu Mietverhältnissen über Grundstücke und Räume nicht in Bezug genommen. Sie ist gleichermaßen für preisfreien und preisgebundenen Wohnraum relevant, soweit nicht die Bestimmungen für preisgebundenen Wohnraum spezielle Regelungen enthalten. 6

[1] BGH (XII ZR 22/07) Gut 2010, 26 = NZM 2010, 240.

Zu beachten ist, dass die im Folgenden jeweils behandelten besonderen Regelungen für öffentlich geförderten Wohnraum nur eingreifen, soweit die bundesrechtlichen Bestimmungen in den Ländern noch gelten oder in entsprechendes Landesrecht übergeleitet wurden. Z. B. finden in Baden-Württemberg durch das LWoFG BW[2] seit 1. 1. 2009 das WoBindG, die NMV 1970, die II. BV und die damit verbundenen Ausführungsgesetze keine Anwendung mehr.[3]

II. Anwendungsbereich nach Mietstrukturen

7 Die Vorschrift betrifft allein Abreden, nach denen der Mieter **gesonderte Zahlungen auf Betriebskosten** leisten soll. Sie bezieht sich mithin nur auf die Mietstrukturen, bei denen die Betriebskosten ganz oder nur zum Teil nicht vom Vermieter in die Miete einkalkuliert wurden. **Maßgeblich** ist damit die **Mietstruktur.**

1. Vereinbarungen zur Mietstruktur

8 **a) Grundsätze.** Die Parteien haben **mehrere Möglichkeiten,** die Miete festzulegen. Sie können einen einzelnen Betrag als Gesamtentgelt vereinbaren, sie können den Mietzins aber auch strukturieren. Die Strukturierung kann in mehreren Varianten erfolgen; je nach dem Mietobjekt – preisfreie oder preisgebundene Wohnung – ist das Wahlrecht allerdings eingeschränkt. Die Auswahlfreiheit wurde den Parteien durch § 556 Abs. 2 Satz 1 BGB nicht genommen. Zwar ist hier nur die Umlage durch Vorauszahlung oder Pauschale vorgesehen. Die Bestimmung ist jedoch in § 556 Abs. 4 BGB bei den Vorschriften, die nicht zum Nachteil des Mieters abgeändert werden dürfen, nicht aufgeführt, so dass sich die Parteien grundsätzlich auf einen anderen Umlagemodus verständigen können.

9 In der Praxis begegnen im Wesentlichen die folgenden **Strukturen:**

- Brutto/Inklusivmiete: ein einzelner Betrag als Gesamtentgelt einschließlich Heizkosten
- Bruttokaltmiete 1: ein einheitlicher Betrag für die Netto(Grund)miete und die Betriebskosten, daneben ein Betrag auf die Heizkosten
- Bruttokaltmiete 2: alle zur Zeit des Vertragsabschlusses anfallenden Betriebskosten sind in der Miete enthalten (also ein einheitlicher Betrag), Erhöhungen des in der Miete enthaltenen Sockelbetrages (Betriebskostenanteils) können jeweils umgelegt werden, daneben treten die Heizkosten
- Teilinklusivmiete: in einem einheitlichen Betrag sind die Netto(Grund)miete und ein Teil der Betriebskosten (Betriebskostenanteil) enthalten, daneben werden (meist) die verbrauchsabhängigen Kosten separat erhoben, was wahlweise im Wege einer Abrechnung mit Vorauszahlungen oder durch eine Pauschale geschehen kann, daneben die Heizkosten
- Nettomiete: das reine Entgelt für Raumüberlassung und Erhaltung des vertragsgemäßen Gebrauchs, daneben werden die Betriebskosten entweder pauschal erhoben oder durch Vorauszahlungen auf eine Abrechnung.

10 **b) Änderung der Mietstruktur.** In der Praxis kommt es immer wieder zum Streit, wenn der Vermieter von einer Mietstruktur auf eine andere übergehen will. Dabei handelt es sich in aller Regel um die Änderung von einer **Bruttokaltmiete oder Teilinklusivmiete** (hinsichtlich des eingeschlossenen Betriebskostenanteils) auf Vorauszahlungen auf eine Betriebskostenabrechnung; hiervon zu trennen ist der Fall, dass eine Nettomiete vereinbart ist und es um die Umstellung von einer Pauschale auf Betriebskostenvorauszahlungen, mithin eine Änderung der Zahlungsmodalität, geht.[4] Alle derartigen Änderungen bedürfen **grundsätzlich** einer entsprechenden **Vereinbarung.** Einigen sich die Vertragsparteien hierauf im Laufe des Mietverhältnisses, ergeben sich keine Probleme. Häufig bezieht sich der Vermieter jedoch auf eine **Formularklausel,** welche ihm das Recht einräumt, zu einem späteren Zeitpunkt die Mietstruktur zu ändern, und die hierin liegende antizipierte Zustimmung des Mieters. Derartige Formularklauseln sind aus mehreren Gründen unwirk-

---

[2] Gesetz zur Förderung von Wohnraum und Stabilisierung von Quartiersstrukturen in der Fassung vom 11. 12. 2007 (Landeswohnraumförderungsgesetz – LWoFG BW), verkündet als Art. 1 des Gesetz zur Umsetzung der Föderalismusreform im Wohnungswesen vom 11. 12. 2007, Gesetzblatt für Baden-Württemberg Nr. 20 vom 14. 12. 2007 siehe auch *Börstinghaus* MK 2009, 209 mit einer Übersicht zur Rechtslage in sechs Bundesländern.

[3] Zu allem ausführlich *Feßler* WuM 2009, 90 und WuM 2010, 267.

[4] LG Hamburg Urt. vom 19. 5. 2006 – 311 S 140/05.

sam. Zum einen ist ein Verstoß gegen § 307 Abs. 1 Satz 2 BGB zu konstatieren. Bei einem Mietvertrag, der mit den vorgenannten Mietstrukturen nach dem 1. 9. 2001 abgeschlossen wurde, ist die Belastung des Mieters mit gestiegenen Betriebskosten nur noch im Rahmen einer allgemeinen Mieterhöhung nach § 558 BGB zulässig. Für den Mieter wird die weitreichende Folge nicht deutlich, dass die Klausel dem Vermieter die Möglichkeit eröffnet, ihm nunmehr die vollen Betriebskosten außerhalb dieses Verfahrens in Rechnung zu stellen; zudem verstoßen sie gegen § 556 Abs. 4 BGB, da sie von § 556 Abs. 1 BGB zulasten des Mieters abweichen, weil die Umstellung auf eine Nettomiete zumindest in der Tendenz eine höhere Betriebskostenbelastung für den Mieter zur Folge hat.[5] Zum anderen handelt es sich im Regelfall um eine verdeckte Mieterhöhung, so dass eine Kollision mit § 557 Abs. 3 BGB vorliegt. Für Altverträge wurde dieses Ergebnis aus dem letztgenannten Grund zutreffend aus § 10 Abs. 1 MHG abgeleitet.[6] Zur Problematik der stillschweigenden Änderung der Mietstruktur s. Rdn. 56 ff.

Eine **Ausnahme** ergibt sich aus **§ 556a Abs. 2 BGB,** der die Bestimmung des § 4 Abs. 5 MHG **11**
in modifizierter Form übernommen hat. § 556a BGB betrifft nach seiner Überschrift zwar nur den Abrechnungsmaßstab für Betriebskosten, enthält jedoch in Abs. 2 u. a. das Recht des Vermieters, **einseitig** die vereinbarte Mietstruktur zu ändern. Sofern einzelne Betriebskosten **nach Verbrauch oder Verursachung** erfasst und entsprechend umgelegt werden sollen, kann der Vermieter insoweit von der vereinbarten Brutto-, Bruttokalt- oder Teilinklusivmiete abgehen, bei letzterer hinsichtlich derjenigen Betriebskosten, die nicht ohnehin separat erhoben werden; § 556a Abs. 2 BGB gestattet dem Vermieter mithin nicht, etwa die in einer Inklusivmiete enthaltenen Kosten in Zukunft nach Wohnfläche abzurechnen.[7] Die Mieter werden sodann mit den Kosten nach ihrem Anteil belastet; der Vermieter darf hierauf angemessene Vorauszahlungen verlangen. Zu den Voraussetzungen der Umstellung im Einzelnen und zum Verfahren s. § 556a BGB Rdn. 131 ff.

2. Mietstruktur ohne Umlagevereinbarung (Brutto(-warm-/Inklusiv-)miete)

Die Brutto(warm/Inklusiv)miete fällt nicht in den Anwendungsbereich der Bestimmung. Hier- **12**
bei legen die Parteien fest, dass das **gesamte Mietentgelt,** bestehend aus Nettomietanteil, Betriebskosten- und ggf. Heizkostenanteil, **in einem Betrag** gezahlt wird. Die an sich umlagefähigen Betriebskosten sind mit diesem Mietzins abgegolten.[8] Diese einfache Lösung hat etwa für den Kleinvermieter den Vorteil, dass er sich die Vorbereitungsarbeiten für die Abrechnung und die Mühe bei der Erstellung der Abrechnung selbst erspart. Der Mieter mag es als günstig ansehen, dass seine monatliche Mietbelastung fixiert ist, so dass er besser disponieren kann und Nachbelastungen nicht ausgesetzt ist. Bei dieser Struktur erfolgt die Ermittlung der Betriebskosten allein intern beim Vermieter, wenn er die Gesamtmiete kalkuliert. Für eine separate Umlage und erst recht für eine Betriebskostenabrechnung ist kein Raum. Erst wenn der Vermieter feststellt, dass entweder sein Kalkulationsansatz von Anfang an zu niedrig bemessen war oder dass der Ansatz mit der Zeit zur Abdeckung der Betriebskosten auf Grund von Mehrbelastungen nicht mehr ausreicht, so dass sich der Nettomietanteil ständig verringert, stellt sich die Frage, ob und ggf. wie er die Steigerungsbeträge auf den Mieter umlegen kann (dazu § 560 BGB Rdn. 3 f., 124).

Streitig war, **ob eine Bruttomiete wirksam** vereinbart werden kann, **wenn auf das Mietver- 13**
hältnis die HeizkostenV anzuwenden ist. Nach Ansicht des BGH ist die Vereinbarung im Hinblick auf § 2 HeizkostenV jedenfalls nicht *„anzuwenden"*.[9] § 2 HeizkostenV bestimmt, dass die Vorschriften dieser Verordnung gegenüber rechtsgeschäftlichen Bestimmungen Vorrang haben, soweit nicht die Verordnung selbst Ausnahmen vorsieht. Diese bestehen nach § 2 HeizkostenV für Gebäude mit nicht mehr als zwei Wohnungen, von denen der Vermieter eine selbst bewohnt, und unter den Voraussetzungen des § 11 HeizkostenV. Durch § 2 HeizkostenV werden mithin entgegenstehende Abreden außer Kraft gesetzt, so dass die Verordnung auch solchen Vertragsbestimmungen vorgeht, die noch vor ihrem In-Kraft-Treten vereinbart worden waren.[10]

---

[5] *Gather* DWW 2012, 362 (363).
[6] Z. B. AG Tempelhof-Kreuzberg MM 2002, 230; AG Hamburg-Blankenese WuM 1998, 418.
[7] Unzutreffend AG Köln ZMR 2004, 119; AG Augsburg WuM 2003, 566, korrigiert durch LG Augsburg WuM 2004, 148 = ZMR 2004, 269.
[8] OLG Stuttgart RE 13.7.1983 DWW 1983, 227 = NJW 1984, 2329 = WuM 1983, 285 = ZMR 1983, 389.
[9] BGH (VIII ZR 212/05) NZM 2006, 652 = WuM 2006, 518.
[10] OLG Hamm RE 2.7.1986 DWW 1986, 69 = WuM 1986, 267.

14 Eine an **Sinn und Zweck des § 2 HeizkostenV** orientierte Auffassung legt es nahe, die Vorschrift als ein Verbotsgesetz i. S. d. § 134 BGB zu verstehen. Ziel der Verordnung war es nicht, den einzelnen Nutzer von Heiz- und Warmwasserkosten zu entlasten, sondern die Reduzierung der Energiekosten in diesem Bereich aus volkswirtschaftlichen Gründen.[11] Dieser im Vordergrund stehende, volkswirtschaftlich gewünschte Effekt wird durch die Regelung in § 12 Abs. 1 HeizkostenV nicht in Frage gestellt. Nach dieser Bestimmung kann der Nutzer den auf ihn entfallenden Kostenanteil pauschal um 15% kürzen, wenn entgegen der HeizkostenV nicht verbrauchsabhängig abgerechnet wurde. Zwar wird mit einer Energieeinsparung in dieser Höhe bei verbrauchsabhängiger Abrechnung gerechnet.[12] Der Energieeinsparung steht jedoch keineswegs automatisch eine entsprechende Kostenverringerung gegenüber. Zum einen ist der Anteil an den Kosten der Verbrauchserfassung und -abrechnung gegenzurechnen, zum anderen kommt es entscheidend auf die konkrete Lage des Mietobjekts an; liegt es sehr ungünstig (z. B. Nordlage, Außenlage, Wetterseite), wird sich die Energieeinsparung kostenmäßig kaum auswirken.

15 Es ist daher davon auszugehen, dass im Geltungsbereich der HeizkostenV Bruttomieten **nicht zulässig** sind. Im Streitfall sind die Verträge den Vorschriften der HeizkostenV so anzupassen, dass nur eine Bruttokaltmiete verbleibt. Waren in den östlichen Bundesländern Bruttowarmmieten vereinbart, wurden sie spätestens mit dem 31.12.1995 unwirksam (§ 4 Abs. 2 BetrKostUV). Diese Rechtsfolge gilt für Mietverhältnisse über preisfreien Wohnraum ebenso wie über Gewerberaum.

16 Bei **preisgebundenem Wohnraum** ist die Anwendung der HeizkostenV durch § 22 Abs. 1 NMV ohnehin verbindlich. Wird sie nicht beachtet und führt dies zu einer höheren Belastung des Mieters, liegt ein Verstoß gegen § 8 Abs. 1 WoBindG vor. Nach § 8 Abs. 2 Satz 1 WoBindG hat der Vermieter dem Mieter die Mehrbelastung zu erstatten.

3. Mietstrukturen mit Umlagevereinbarung

17 **a) Bruttokaltmiete.** Bei der **Bruttokaltmiete** wird das Gesamtmietentgelt aufgespalten. Bei der Variante 1 (s. Rdn. 9) trägt der Mieter **in einem Betrag die Nettomiete und die Betriebskosten,** mit einem **gesondert** ausgewiesenen Betrag die **Heizkosten.** Eine Abrechnung der entstandenen Betriebskosten findet nicht statt. Reicht der Betriebskostenanteil der Bruttokaltmiete nicht mehr zur Deckung der Kosten aus, ergibt sich wie bei der Bruttomiete das Problem, ob der Vermieter die Mehrbelastung umlegen kann (dazu § 560 BGB Rdn. 3f., 124). Bei der Variante 2 erfolgt ebenfalls keine Abrechnung der Betriebskosten, für Mehrbelastungen ist jedoch von vornherein vereinbart, dass der Vermieter diese im Wege der Differenzberechnung (s. Rdn. 353) umlegen darf. Diese Vertragsgestaltung begegnet gemeinhin nur bei der Vermietung von Gewerberaum, sie ist aber auch bei der Vermietung von Wohnraum ohne Verstoß gegen § 556 Abs. 4 BGB zulässig.

18 **b) Teilinklusivmiete.** Das Mietentgelt kann noch weiter gegliedert werden. Verpflichtet sich der Mieter, neben den gesonderten Heizkosten **einen Teil der anfallenden Betriebskosten separat** zu bezahlen, so entrichtet er **die übrigen Betriebskosten zusammen mit der Nettomiete** in einem Betrag, der als Teilinklusivmiete bezeichnet wird. Bei dieser Strukturierung setzen sich die gesondert abgewälzten Betriebskosten im Allgemeinen aus den weitgehend vom individuellen Verhalten des Mieters abhängigen verbrauchsbedingten Kosten zusammen. Sie werden meist im Abrechnungsweg mit Vorauszahlungen erhoben, können aber auch als Pauschale gezahlt werden; da sich der Vermieter vom Risiko der für ihn kaum beeinflussbaren Höhe der Verbrauchskosten frei halten will, wird eine Pauschale in diesem Zusammenhang nur selten vereinbart. Auch die teilweise separate Belastung des Mieters mit Betriebskosten erfordert immer eine entsprechende vertragliche Vereinbarung (vgl. im Einzelnen Rdn. 31 ff.).

19 Wirtschaftlich besteht die Teilinklusivmiete aus **zwei Komponenten,** der Nettomiete und dem sog. Betriebskostenanteil, rechtlich handelt es sich um eine einheitliche Leistung. Gleichwohl kann es im Einzelfall erforderlich sein, sie getrennt zu betrachten. Soll z. B. die Nettomiete auf der Basis eines Mietspiegels mit Nettomieten nach § 558 BGB erhöht werden oder ist die ortsübliche Vergleichsmiete im Rahmen einer Überprüfung der vereinbarten Miete nach § 5 WiStG auf Nettobasis festzustellen, ist der Betriebskostenanteil für die notwendigen Berechnungen auszusondern. Nach deren Abschluss ist er wieder hinzuzusetzen, da er nur einen unselbstständigen Rechnungsposten[13] darstellt; anderenfalls ergäbe sich eine unzulässige Veränderung der Mietstruktur.

---

[11] *Eisenschmid* WuM 1981, 97.
[12] *Lammel* HeizkostenV § 12 Rdn. 14.
[13] Vgl. LG München I WuM 1995, 113.

c) Nettomiete. Bei der Nettomiete setzt sich der Mietzins aus maximal **drei selbstständigen Komponenten** zusammen, die in der Summe das vom Mieter geschuldete Mietentgelt (z. B. i. S. v. § 543 Abs. 2 Satz 1 Nr. 3 BGB) ausmachen. Neben der Nettomiete für die Gebrauchsüberlassung und -erhaltung sind die anteiligen Betriebskosten und, wenn der Mieter nicht selbst für die Beheizung zu sorgen hat, die anteiligen Heizkosten zu entrichten. Diese Mietstruktur hat sich bei **Gewerbe- und preisfreiem Wohnraum** inzwischen durchgesetzt. Sie sichert dem Vermieter durchgehend den Bestand der Nettomiete. Er vermeidet die Risiken, die bei den anderen Mietstrukturen daraus resultieren, dass die Betriebskosten ständig, zum Teil erheblich steigen und der Höhe nach im Voraus kaum abzuschätzen sind. 20

Bei **preisgebundenem Wohnraum** alter Art gilt gem. § 8 Abs. 1 WoBindG die Kostenmiete, d. h. die Miete, die zur Deckung der laufenden Aufwendungen erforderlich ist. Nach §§ 8a Abs. 7 WoBindG, 24 Abs. 1 Satz 2 II. BV sind die Betriebskosten als Bewirtschaftungskosten Teil der Kostenmiete; die Erhöhung der Betriebskostenumlage hat über §§ 20 Abs. 4 Satz 1, 4 Abs. 7 und 8 NMV gem. § 10 Abs. 1 WoBindG zu erfolgen, ist mithin wie eine Mieterhöhung vom Vermieter geltend zu machen. Rechtlich ist die Kostenmiete daher als Inklusivmiete zu qualifizieren. Wirtschaftlich handelt es sich hingegen durch die Regelungen in §§ 20 Abs. 1 NMV, 27 Abs. 3 II. BV hinsichtlich der Betriebskosten und durch § 22 Abs. 1 NMV bezüglich der Heizkosten um eine Nettomiete. 21

Die Umlage der Betriebskosten ist in **zwei Varianten** möglich, nämlich als Pauschale und auf Grund einer Abrechnung, auf die üblicherweise Vorauszahlungen geleistet werden. 22

aa) Nettomiete und Pauschale. Bei **preisfreiem Wohnraum** kann der Vermieter die Betriebskosten im Wege einer Pauschale erheben; bei **preisgebundenem Wohnraum** ist diese Umlageform nicht zulässig. Die Pauschale ist vom **Begriff** her ein Betrag, der sich nicht aus genau errechneten einzelnen Positionen zusammensetzt, sondern in den entweder die einzelnen Ansätze nach oben gerundet einfließen oder der von vornherein auf Grund einer überschlägigen Berechnung ermittelt wird. Um Steigerungen der Betriebskosten aufzufangen, enthält er ferner einen geschätzten Sicherheitszuschlag. 23

Die Pauschale **erspart** dem Vermieter die genaue **Betriebskostenabrechnung.** Der Mieter kann, zumindest vorerst, von einem auch für die Zukunft gleich bleibenden, festen Betrag ausgehen. Da der Mieter die Kalkulation des Vermieters nicht kennt und der Vermieter diese auch grundsätzlich nicht offen zu legen braucht, sind Streitigkeiten über die vom Vermieter einkalkulierten Betriebskostenarten oder über eine kostenorientierte Bewirtschaftung durch den Vermieter ausgeschlossen. Differenzen treten im Allgemeinen erst auf, wenn die Pauschale die Betriebskosten nicht mehr deckt und sich, wie bei der Brutto-, Bruttokalt- und dem Betriebskostenanteil der Teilinklusivmiete, die Frage ergibt, ob und ggf. in welcher Weise sie erhöht werden kann (s. § 560 BGB Rdn. 8 ff.). 24

Der sich mit der Zeit verringernde **Sicherheitszuschlag** ist ein verdeckter zusätzlicher Nettomietanteil.[14] Auch wenn die Vereinbarung einer derartigen Pauschale, wie § 556 Abs. 2 Satz 1 BGB zeigt, ohne weiteres zulässig ist, können sich je nach der Höhe des Überschusses des Vermieters allerdings bei Wohnraummietverhältnissen im Rahmen einer Mieterhöhung nach § 558 BGB oder einer Überprüfung der Miethöhe nach § 5 WiStG Probleme ergeben. Bei einem sehr hohen Überschuss setzt sich der Vermieter der Gefahr aus, dass die gesamten Nettomieteinnahmen in den Regelungsbereich des § 5 WiStG fallen. Bei der Beurteilung, ob ein Entgelt i. S. d. § 5 WiStG unangemessen hoch ist, sind Nettomiete und sonstige Nebenleistungen zusammenzurechnen.[15] Ist nur der objektive Tatbestand der Vorschrift erfüllt, hat der Vermieter zwar kein Bußgeldverfahren zu befürchten, dem Mieter jedoch nach §§ 134, 812, 818 BGB grundsätzlich den Mietanteil herauszugeben, der die ortsübliche Vergleichsmiete zuzüglich der sog. Wesentlichkeitsgrenze nach § 5 Abs. 2 WiStG übersteigt.[16] 25

Auf Grund dieses Korrektivs ist ein **Anspruch** des Mieters auf **Herabsetzung einer unangemessen hohen Pauschale,** etwa nach den Grundsätzen des Wegfalls der Geschäftsgrundlage, **abzulehnen.**[17] Solange Nettomiete und in der Pauschale versteckter Nettomietanteil nicht die Grenzen des § 5 WiStG übersteigen, der Vermieter i. E. also nicht mehr erhält als 120% oder maximal 26

---

[14] Ausführlich *Langenberg* ZMR 1982, 65.
[15] OLG Stuttgart RE 26. 2. 1982 NJW 1982, 1160 = WuM 1983, 129.
[16] Dazu ausführlich die Kommentierung im Anhang zu § 535 BGB Rdn. 1 ff.
[17] *Weitemeyer* in Staudinger § 556 Rdn. 70; **a. A.** *Schmid/Zehelein* in MünchKomm § 556 Rdn. 31.

150%[18] der ortsüblichen Vergleichsmiete, ist keine Grundlage ersichtlich, auf der ihm die Mieteinnahmen sollten gekürzt werden können. Ebenso wenig ist die Pauschale über § 138 Abs. 2 BGB zu reduzieren, jedenfalls solange kein auffälliges Missverhältnis von Leistung und Gegenleistung, d. h. eine Differenz von 100% oder mehr[19], festzustellen ist.[20] Eine Ausnahme gilt nach § 560 Abs. 3 BGB nur für den Fall, dass sich die Betriebskosten selbst ermäßigen (s. § 560 Abs. 3). Die Regelung in § 556 Abs. 2 Satz 2 BGB, nach der Vorauszahlungen nur in angemessener Höhe vereinbart werden dürfen, ist auf Pauschalen nicht übertragbar.

27 **bb) Nettomiete und Vorauszahlungen.** Die Parteien können ferner vereinbaren, dass der Mieter neben der Nettomiete alle Betriebskosten auf der **Grundlage einer Abrechnung** des Vermieters über die konkret angefallenen Kosten zu tragen hat. Die Belastung des Mieters kann jeweils nach Ablauf des vereinbarten Abrechnungszeitraums in einer Summe erfolgen. Da diese Methode dem Vermieter eine erhebliche Vorfinanzierung abverlangt und den Mieter mit beträchtlichen Einmalleistungen konfrontiert, wird der Mieter üblicherweise verpflichtet, **monatliche Vorauszahlungen** (s. Rdn. 251 ff.) auf die Abrechnung zu entrichten.

4. Mietstruktur nach Auslaufen der Preisbindung

28 Bis zur Verordnung vom 5.4.1984[21] waren die Betriebskosten bis auf die Kosten für Wasser, Entwässerung, Fahrstuhl und maschinelle Wascheinrichtungen in die Wirtschaftlichkeitsberechnung zur Ermittlung der Kostenmiete einzustellen. Nach § 25b NMV hatte der Vermieter die Betriebskosten aus der Wirtschaftlichkeitsberechnung bis zum 31.12.1986 herauszurechnen, d. h. die **Mietstruktur entsprechend umzustellen.** Machte er hiervon innerhalb der Übergangsfrist keinen Gebrauch, konnte und kann er die Umstellung nachholen,[22] allerdings nur so lange, wie die Preisbindung noch bestand oder besteht.[23] Die Umstellung hat durch eine Erklärung gem. § 10 WoBindG zu erfolgen, wobei dem Mieter nicht nur eine neue oder fortgeschriebene Wirtschaftlichkeitsberechnung übermittelt werden muss, in der die bisher als Teil der laufenden Aufwendungen in der Kostenmiete angesetzten Betriebskosten abgezogen sind (§ 5 NMV), sondern auch die Berechnung und Erläuterung der Vorschüsse, des Abrechnungszeitraums und des Umlageschlüssels mitzuteilen sind.[24] Allein dadurch, dass der Mieter die vom Vermieter für separat umgelegte Betriebskosten verlangten Vorschüsse zahlt, kommt die Änderung der Mietstruktur nicht zustande.[25]

29 Da die Vorschriften zum preisgebundenen Wohnraum keine Sanktion für den Vermieter vorsehen, der die Umstellung unterließ oder preisrechtswidrig eine andere Struktur vereinbarte, stellt sich die Frage, von welcher Struktur nach Auslaufen der Preisbindung auszugehen ist. Nach herrschender Meinung **bleibt die während der Preisbindung praktizierte Struktur** nach deren Beendigung zwischen den Parteien **verbindlich;** die zuletzt geschuldete Kostenmiete – einschließlich etwaiger Zuschläge nach § 26 NMV – ist nunmehr als Marktmiete zu zahlen.[26] Ohne diese Abrede ist der Vermieter nicht berechtigt, die zuvor in der Kostenmiete enthaltenen Betriebskosten gesondert abzurechnen.

5. Mietstruktur in den östlichen Bundesländern

30 Gem. Art. 6 Abs. 2 Nr. 3 MÜG trat die BetrKostUV am 11.6.1995 außer Kraft. Durch Art. 1 Nr. 2 MÜG wurde u. a. § 14 MHG eingeführt. Nach § 14 Abs. 1 MHG konnte auch bei Verträgen, die vor dem 11.6.1995 abgeschlossen worden waren, die Mietstruktur **noch bis zum 31.12.1997** verändert werden, d. h. insbesondere durfte der Vermieter durch einseitige schriftliche Erklärung die Betriebskosten auf die Mieter umlegen und hierfür Vorauszahlungen in angemessener Höhe verlangen. Diese Erklärung war nur wirksam, wenn die gesetzliche Schriftform (§ 126 BGB) eingehalten wurde und wenn sie einen Inhalt hatte, aus dem für den Mieter hinreichend ersichtlich war,

---

[18] OLG Hamburg RE 5.8.1992 WuM 1992, 527; OLG Stuttgart RE 30.9.1988 WuM 1988, 395.
[19] Palandt/*Ellenberger* § 138 Rdn. 67.
[20] LG Berlin GE 2016, 66 = NZM 2016, 97 m. Anm. *Ludley* = WuM 2016, 103.
[21] BGBl. I S. 546.
[22] LG Koblenz WuM 1996, 560.
[23] BGH (VIII ZR 121/10) GE 2011, 687 = WuM 2011, 280.
[24] **A. A.** LG Koblenz WuM 1996, 560.
[25] LG Lüneburg DWW 1999, 96; siehe aber LG Itzehoe WuM 2009, 741.
[26] BGH (VIII ZR 258/09) GE 2010, 1051 = NZM 2010, 736 = WuM 2010, 490 = ZMR 2010, 847; OLG Oldenburg neg. RE 23.11.1983 WuM 1984, 274.

wie der Vermieter in Zukunft verfahren wollte, insbesondere welche Art von Betriebskosten im Einzelnen umgelegt werden sollten.[27] Da das Recht zur Umstellung mit dem 31.12.1997 endete, dürften die mit ihr verbundenen rechtlichen Probleme nur noch sehr selten relevant sein.[28]

C. Vereinbarungen zur Betriebskostenumlage (Abs. 1 Satz 1)

I. Notwendigkeit einer Vereinbarung

Nach § 535 Abs. 1 Satz 2 BGB ist der Vermieter verpflichtet, dem Mieter den Gebrauch der Mietsache in vertragsgemäßem Zustand während des Mietverhältnisses ständig zu gewähren. Die gesetzliche Regelung in § 535 Abs. 1 Satz 3 BGB, dass der Vermieter die auf der Mietsache ruhenden Lasten zu tragen hat, geht davon aus, dass der Vermieter die aus der Gebrauchsgewährung resultierenden **Kosten in die Miete einkalkuliert** und dem Mieter im Rahmen des vereinbarten einheitlichen Mietentgelts berechnet. Dies betrifft sowohl die öffentlich-rechtlichen (z. B. Grundsteuer, Schornsteinfegergebühren, Straßen- oder Wegereinigungskosten, gemeindliche Müllabfuhrgebühren) wie auch die privatrechtlichen Lasten (z. B. aus einer Reallast gem. §§ 1105 ff. BGB, aber auch die Zinsbelastungen aus einem durch Hypothek oder Grundschuld gesicherten Darlehen); persönliche Lasten (z. B. Vermögenssteuer oder Realsteuern wie die Gewerbesteuer) fallen ohnehin nicht unter die Vorschrift. Schon aus dieser Rechtslage ergibt sich, dass es **immer einer Vereinbarung** der Parteien bedarf, durch welche die Lasten des Grundstücks und die Betriebskosten ganz oder zum Teil auf den Mieter abgewälzt werden; sie ist nunmehr **in § 556 Abs. 1 BGB zusätzlich festgeschrieben.** 31

Wie bereits dargelegt (Rdn. 7 ff.), entscheidet die vereinbarte **Mietstruktur, ob § 556 Abs. 1 BGB** eingreift. Einer Vereinbarung bedarf es daher allein, wenn die Betriebskosten ganz (Nettomiete) oder teilweise (Teilinklusivmiete hinsichtlich des separat erhobenen Betriebskostenanteils) umgelegt werden sollen. Für die Frage, **inwieweit Abweichungen** von der gesetzlichen Lastenverteilung **zulässig** sind, war und ist dabei zwischen Wohnraum- und Gewerberaummietverhältnissen zu **differenzieren.** 32

Bei **Wohnraummietverträgen** fand die **Abdingbarkeit** nach § 556 Abs. 1 Satz 2 BGB bis zum 31.12.2003 ihre Grenzen an der Bestimmung des Begriffs der Betriebskosten in § 27 II. BV nebst Betriebskostenkatalog in der Anl. 3 zu § 27 II. BV; ab 1.1.2004 war der Katalog des § 2 BetrKV über § 19 WoFG maßgeblich, seit 1.1.2007 gilt er unmittelbar gem. § 556 Abs. 1 Satz 3 BGB. Die Betriebskostendefinitionen können durch § 556 Abs. 1 i. V. m. Abs. 4 BGB bei allen Arten von Wohnraum nicht zum Nachteil des Mieters abgeändert, insbesondere erweitert werden.[29] Dies galt zuvor schon durch § 4 Abs. 1 i. V. m. § 10 Abs. 1 MHG für preisfreien,[30] durch § 20 Abs. 1 NMV für i. S. d. NMV 1970 preisgebundenen und durch § 14 Abs. 1 MHG – wie auch durch den Vortext zur Anlage zu § 1 BetrKostUV – für den preisgebundenen (Altbau-)Wohnraum in den östlichen Bundesländern. 33

Bei **Gewerberaummietverträgen** hingegen kann der Vermieter den Mieter durch individualvertragliche Regelungen ohnehin, aber auch weitgehend durch Formularklauseln mit **Kosten** belasten, die **durch den Betriebskostenkatalog nicht gedeckt** sind (dazu im Einzelnen Rdn. 68 ff.). Wird allerdings, wie oft, nur auf die Vorschriften zur Umlage von Betriebskosten bei Wohnraum Bezug genommen, bleibt es bei den nach dem Betriebskostenkatalog ansetzbaren auch dann, wenn für den Gewerberaum spezifische weitere anfallen. 34

II. Ausdrückliche Vereinbarung

1. Umlage durch konkrete Bestimmung der Betriebskosten

a) Preisfreier Wohnraum und Gewerberaum. Die Umlage von Betriebskosten bedarf einer **inhaltlich bestimmten und eindeutigen Vereinbarung.**[31] Es gibt keine Vermutung dafür, dass Betriebskosten immer zusätzlich zu zahlen sind. Außerhalb des preisgebundenen Wohnraums ist, 35

---

[27] BGH (VIII ZR 279/05) NZM 2007, 38 = WuM 2006, 686 = ZMR 2007, 21.

[28] Hierzu ausführlich *Langenberg* Betriebskostenrecht, 1. Aufl. 1997 B Rdn. 50 ff.

[29] Z. B. LG Karlsruhe GuT 2002, 177 für Bankgebühren und Reparaturen bei einer Vereinbarung, dass der Mieter die *„Betriebskosten/Wohngeld gemäß Abrechnung des WEG-Verwalters"* zu tragen hat.

[30] OLG Koblenz RE 7.1.1986 WuM 1986, 50.

[31] Z. B. BGH (XII ZR 158/01) NZM 2005, 863; *v. Brunn/Emmerich* in Bub/Treier III. A Rdn. 95 ff.; *Weitemeyer* in Staudinger § 556 Rdn. 50.

wie erwähnt, keine gesetzliche Regelung vorhanden, die eine bestimmte Mietstruktur vorschreibt. Auch § 556 Abs. 1 BGB enthält für Wohnraum nur eine Ermächtigungsgrundlage sowie ergänzende Verfahrensvorschriften; der allgemeine Grundsatz, dass der Vermieter die Betriebskosten zu tragen hat, ist durch diese Bestimmung nicht aufgehoben. Die separate Belastung des Mieters mit Betriebskosten setzt daher immer eine entsprechende vertragliche Vereinbarung voraus. Aus dem Mietvertrag muss sich ergeben, welche Betriebskostenarten der Mieter tragen soll, damit es ihm möglich ist, sich zumindest ein grobes Bild davon zu machen, welche zusätzlichen Kosten auf ihn zukommen. Die bloße Festsetzung eines Betriebskostenvorschusses ohne nähere Bestimmung der betroffenen Betriebskostenarten reicht daher nicht als Vereinbarung über die Umlage abrechenbarer Betriebskosten;[32] zu der Frage, wie mit dem monatlich gezahlten Betrag rechtlich zu verfahren ist, s. Rdn. 64.

36 Die bloße, auch formularvertragliche **Vereinbarung,**

– „Der Mieter trägt/übernimmt die/alle Betriebskosten."

genügt nach der Rechtsprechung des **BGH** für die wirksame Übertragung der Betriebskosten auf den Mieter, auch wenn dem Mietvertrag kein Betriebskostenkatalog beigefügt oder auf die BetrKV Bezug genommen wurde.[33] Ein Verstoß gegen das Transparenzgebot liege darin nicht, weil der Begriff der Betriebskosten seit Jahrzehnten durch Verordnung und inzwischen durch Gesetz definiert sei. Auf dieser Grundlage macht es auch keinen Unterschied, ob eine Pauschale oder Vorauszahlungen mit Abrechnungspflicht vereinbart wurden.[34]

Demgegenüber erfüllen **Vereinbarungen, wie**

– „Der Mieter übernimmt die (alle) Nebenkosten",
– „... die üblichen Nebenkosten",
– „Zur Deckung der Nebenkosten wird eine monatliche Vorauszahlung von ... € gezahlt"[35]
– „Der Mieter übernimmt alle anfallenden öffentlichen und privaten Kosten" oder
– Der Mieter trägt die Kosten „gem. Bescheid der Stadt/Gemeinde für das jeweilige Abrechnungsjahr".[36]

das Bestimmtheitserfordernis nicht. Angesichts der Spannweite der Kosten, die unter den Begriff der Nebenkosten fallen, weiß der Mieter sonst nicht, mit welchen Zusatzkosten er zu rechnen hat. Da es einen durch Verkehrssitte oder Handelsbrauch anerkannten Begriff der Nebenkosten nicht gibt[37] und die Begriffsbestimmungen der preisgebundenen Miete ohne ausdrückliche Bezugnahme im Mietvertrag nicht zugrunde gelegt werden dürfen,[38] ist eine entsprechende Klausel wegen unangemessener Benachteiligung des Mieters nach § 307 BGB unwirksam. Dasselbe gilt ohnehin für die pauschale Abwälzung aller öffentlichen und privaten Kosten, aber auch für die nicht spezifizierten Kosten *„gemäß Bescheid der Gemeinde"*. Werden dem Mieter die *„Grundbesitzabgaben"* auferlegt, sollen wenigstens die Grundsteuern zu seinen Lasten gehen, nicht aber weitere Kosten.[39]

Dies gilt **auch bei gewerblichen Mietverhältnissen;**[40] hier wird allerdings vertreten, dass eine Klausel, nach der *„der Mieter alle anfallenden Nebenkosten – soweit gesetzlich zulässig – zu tragen hat"*, ausreichend bestimmt sei, weil die Bedingung als Hinweis auf die Betriebskosten nach (vormals) § 27 II. BV zu verstehen sei.[41] Nach einer Entscheidung des KG[42] sollen die Anforderungen an die Transparenz bei der Vermietung von Gewerberaum niedriger sein: *„Mit „Bewirtschaftungs- und sonstigen Verbrauchsabgaben" in einem Gewerberaummietvertrag ist dasselbe gemeint wie mit „Betriebskosten"*

---

[32] BGH (XII ZR 88/10) GE 2012, 822 = WuM 2012, 453 = ZMR 2012, 614; LG Konstanz ZMR 2014, 291.
[33] BGH (VIII ZR 137/15) GE 2016, 385 = NZM 2016, 235 = WuM 2016, 211 = ZMR 2016, 287; *Streyl* NZM 2014, 409 (410f.); dazu kritisch Mietprax-*Pfeifer* Fach 2 Rdn. 76ff.; **a. A.** z. B. OLG Jena NZM 2002, 70.
[34] BGH (VIII ZR 274/15) NZM 2016, 720 = WuM 2016, 498 = ZMR 2016, 682.
[35] Z. B. OLG Düsseldorf NZM 2002, 526.
[36] AG Köln ZMR 1996, 269.
[37] Z. B. LG Mannheim ZMR 1994, 22.
[38] OLG Düsseldorf ZMR 1984, 20.
[39] OLG Düsseldorf DWW 2000, 196 = GE 2000, 1028 = NZM 2001, 588; ebenso OLG Hamm ZMR 2005, 617 für *„Gemeindeabgaben"*.
[40] OLG Jena NZM 2002, 70; OLG Düsseldorf DWW 1991, 283.
[41] OLG München ZMR 1997, 233.
[42] KG NZM 2008, 128.

i. S. d. Anl. 3 zu § 27 II. BV; dies ist von einem durchschnittlichen Gewerberaummieter auch in diesem Sinne zu verstehen." Soweit es sich um Verbrauchsabgaben handelt, mag diese Ansicht zutreffen, nicht aber hinsichtlich der völlig unbestimmten „*Bewirtschaftungskosten*". Die Kosten der Bewirtschaftung sind Abschreibung, Verwaltungskosten, Betriebskosten und Instandhaltungskosten (vgl. § 24 Abs. 2 II. BV) und daher eben nicht nur die Betriebskosten i. S. d. Anl. 3 zu § 27 II. BV oder des § 2 BetrKV. Es fehlt daher insoweit an der gebotenen Transparenz.

Bei einem **individualvertraglich abgeschlossenen Mietvertrag** folgt die Unwirksamkeit aus §§ 133, 157 BGB; im Rahmen eines Dauerschuldverhältnisses ist ein besonders schutzwürdiges Interesse der Vertragspartei an der eindeutigen Festlegung der von ihr geschuldeten Leistung anzuerkennen. Unklarheiten gehen daher immer zu Lasten des Vermieters.[43] Die unzureichende Abwälzung der Betriebskosten darf auch nicht im Wege der ergänzenden Vertragsauslegung dahin verstanden werden, dass der Mieter jedenfalls verpflichtet ist, die ortsüblichen verbrauchsabhängigen Betriebskosten zu tragen;[44] einer derartigen Auslegung steht entgegen, dass es nach den Vorschriften des BGB Sache des Vermieters ist, die Betriebskosten aus der Gesamtmiete zu bestreiten. Vereinbarungen zur Abwälzung von Betriebskosten sind daher generell eng auszulegen. Soll der Mieter alle Kosten mit Ausnahme der Grundsteuer direkt tragen, folgt daraus z. B., dass er die Grundsteuer im Zweifel nicht übernommen hat.[45]

Enthält der Mietvertrag einen **Leerraum,** in dem die umzulegenden Betriebskosten einzutragen, oder einen **Kostenkatalog,** aus dem nur einzelne besonders kenntlich gemacht oder herausgehoben sind, oder bei einigen Kostenarten die Angabe der **einzelnen Vorauszahlungsbeträge** nebst deren Summierung als Gesamtvorschuss, so beschränkt sich die Umlagefähigkeit auf die eingetragenen oder gekennzeichneten Kostenarten (zum Zusammentreffen einer solchen Regelung mit der Bezugnahme auf § 27 II. BV/§ 2 BetrKV s. Rdn. 50).[46] Die Auflistung bzw. Kennzeichnung hat abschließenden Charakter.[47] Dies gilt auch dann, wenn bei einer Abrede, dass der Mieter „*sämtliche*" Nebenkosten zu tragen hat, einige Kosten beispielhaft aufgezählt werden und die Aufzählung sodann mit „*etc.*" ausgeleitet wird,[48] oder wenn der Mieter neben einzeln bezeichneten Betriebskosten „*alle hier nicht aufgeführten Kosten*" tragen soll.[49] Zu den weiteren rechtlichen Folgen s. Rdn. 67. 37

Fraglich ist, ob **eine konkret bezeichnete** Betriebskostenart eine **andere, nicht angeführte Kostenart einbezieht,** wenn beide in engem sachlichem Zusammenhang stehen. 38

Die Frage stellt sich insbesondere im Zusammenhang mit der **Wasserversorgung/Entwässerung.** Hier sind mehrere Alternativen zu unterscheiden. 39

– Die Kosten der Wasserversorgung sind ausdrücklich umlagefähig, eine Regelung zu den **Abwasserkosten** indes **fehlt.** Hierzu wird vertreten, dass die Umlage von Wasserkosten diejenige der Abwasserkosten nicht einschließe.[50] Diese Meinung ist insoweit zutreffend, als es sich, auch ausweislich des Betriebskostenkatalogs, um verschiedene Kostenarten handelt. Gleichwohl dürfte es entscheidend auf die Verhältnisse im Einzelfall ankommen. Werden die Wasser- und Abwasserkosten vom örtlichen Leistungsträger **einheitlich abgerechnet,** so dass im Umfang des Frischwasserverbrauchs zugleich die Abwasserkosten in Rechnung gestellt werden, erscheint es im Wege der Vertragsauslegung nach §§ 133, 157 BGB zulässig anzunehmen, dass die Vereinbarung der Wasserumlage die Kosten der Abwasserbeseitigung umfasst.[51] Jedenfalls wird insoweit eine klarstellende Konkretisierung durch nachfolgende Abrechnung in Betracht kommen (s. Rdn. 55).
– Über die Kosten von Frischwasser und entsprechend Schmutzwasser einerseits und **Niederschlags(Oberflächen)wasser** andererseits wurde vom Leistungsträger **schon zur Zeit des**

---

[43] LG Mannheim ZMR 1994, 22.
[44] LG Mannheim ZMR 1994, 22; LG Braunschweig WuM 1982, 300; **a. A.** AG St. Wendel/LG Saarbrücken NZM 1999, 458 = WuM 1998, 722 bei Vermietung eines Einfamilienhauses.
[45] KG GE 2001, 849.
[46] OLG Brandenburg GE 2012, 1315 = ZMR 2013, 337 (Dem Kostenkatalog folgte die handschriftliche Bezeichnung nur einiger Betriebskostenarten.); AG Hamburg-Blankenese ZMR 2013, 360.
[47] Vgl. BGH (VIII ZR 279/06) GE 2008, 46 = NZM 2008, 81 = WuM 2007, 694.
[48] OLG Hamburg HmbGE 1990, 98.
[49] OLG Düsseldorf GuT 2002, 178 = NZM 2002, 700.
[50] LG Köln WuM 1988, 307; *Blank* in Blank/Börstinghaus § 556 Rdn. 106; *Wall* Rdn. 1536.
[51] AG St. Wendel/LG Saarbrücken NZM 1999, 458 = WuM 1998, 722; vgl. OLG Köln ZMR 1995, 69; AG Schöneberg GE 2003, 889.

Mietvertragsabschluss getrennt abgerechnet. Hier fehlt beim Oberflächenwasser das Bindeglied der gemeinsamen Abrechnung nach Verbrauch. Die Einbeziehung der Kosten für die Ableitung des Niederschlagwassers in die Abrede kommt daher nicht in Betracht.[52]

– Die Gemeinde geht **während des Mietverhältnisses** von der Gebührenerhebung ausschließlich auf der Grundlage des Frischwasserverbrauchs ab und erhebt nunmehr eine nach dem Wasserverbrauch ermittelte Schmutzwassergebühr und daneben eine neue Niederschlagsgebühr, deren Höhe sich nach der bebauten, überdachten und befestigten Fläche, die zum Kanal entwässert wird, richtet.[53] Bei der Niederschlagsgebühr handelt es sich um eine nachträglich entstandene Unter-Kostenart, die von der Vereinbarung im Mietvertrag gedeckt wird, zumal aus ihr deutlich wird, dass der Mieter sämtliche Kosten, die unter den Begriff Wasser und damit Entwässerung fallen, tragen soll.

40 Bei den Straßenreinigungskosten erfasst die Vereinbarung ohne weiteres die Kosten der **Fußwegreinigung.**[54] Bei einem gewerblichen Mietvertrag kann zu den Kosten der vom Mieter übernommenen *„Straßen- und Fußwegreinigung"* auch der Aufwand für die Reinigung der nicht auf öffentlichem Grund befindlichen Stellplätze und von den Kunden des Mieters benutzten Grundstücksflächen gehören.[55] Die vereinbarte Umlage der Kosten einer *„Gebäudevielschutzversicherung"* schließt die Kosten einer Haftpflichtversicherung nicht ein.[56]

41 **b) Preisgebundener Wohnraum.** Nach § 20 Abs. 1 Satz 3 NMV sind dem Mieter die geltend gemachten Betriebskosten **nach Art und Höhe bei Überlassung der Wohnung** bekannt zu geben. Überlassung bedeutet hier nicht die Übergabe der Wohnung etwa durch Aushändigung der Schlüssel, sondern meint den Abschluss des Mietvertrags.[57] Bekanntgabe der Art nach bedeutet, dass die Betriebskosten, die umgelegt werden sollen, im Einzelnen bezeichnet sind. Fehlen einzelne anfallende Betriebskostenarten, scheidet ihre Umlage aus (ob auf Dauer oder nur vorerst s. Rdn. 42).[58] Entgegen der vormaligen überwiegenden Ansicht[59] ist es jedoch ausreichend, pauschal früher auf § 27 II. BV oder dessen Anl. 3, jetzt auf die BetrKV oder § 2 BetrKV Bezug zu nehmen.[60] Hieraus folgt zugleich, dass die Bekanntgabe der Höhe nach in einem einheitlichen Vorauszahlungsbetrag genügt. Zur Begründung wird darauf verwiesen, dass der Mieter auch daraus ersehen kann, welche Belastungen damit ungefähr für ihn verbunden sind.[61]

42 **Fehlen einzelne** der anfallenden **Kostenarten** im mietvertraglichen Katalog der umzulegenden Betriebskosten, ist eine Teilinklusivmiete vereinbart. Einigkeit besteht darüber, dass der Vermieter bei der folgenden Abrechnung mit der Umlage der betroffenen Kostenarten ausgeschlossen ist. Streitig ist, ob diese Folge des Verstoßes auf Dauer gilt[62] oder ob der Vermieter durch einseitige Erklärung nach §§ 10 Abs. 1 WoBindG, 20 Abs. 4 NMV für zukünftige Abrechnungsperioden sein Versäumnis heilen kann.[63] Nach Ansicht des BGH kann der Vermieter durch einseitige Erklärung – für die Zukunft – die Umlage weiterer Betriebskosten i. S. des § 27 II. BV/§ 2 BetrKV erreichen, indem er dem Mieter diese nach Art und Höhe bekannt gibt; dies kann auch durch eine – formell ordnungsgemäße – Betriebskostenabrechnung geschehen, die derartige Betriebskosten umfasst.[64] Voraussetzung ist, dass die Preisbindung noch besteht.[65] Selbst wenn die Abrechnung ganz oder

---

[52] OLG Naumburg GuT 2006, 131.

[53] OLG Düsseldorf WuM 2000, 591; GE 2001, 488; LG Hannover NZM 2004, 343; LG Berlin GE 2003, 1159; LG Mannheim NZM 2003, 398; LG Aachen NZM 1998, 333 (LS).

[54] AG Hannover WuM 1987, 275.

[55] LG Hannover MDR 1994, 796 für einen Supermarkt mit 60 Stellplätzen und einer straßenähnlichen Zuwegung.

[56] *Kinne* GE 1998, 841.

[57] Z. B. *Derleder* PiG 23 (1986) S. 15 (31); *Hanke* PiG 23 (1986) S. 101 (106); *Heitgreß* WuM 1984, 263; *Sternel* III Rdn. 380.

[58] *Derleder* PiG 23 (1986) S. 15 (31).

[59] Z. B. OLG Oldenburg neg. RE 14.3.1997 WuM 1997, 609; LG Mannheim WuM 1994, 693; *Sternel* III Rdn. 380.

[60] BGH (VIII ZR 137/09) NZM 2010, 274 = WuM 2010, 153.

[61] BGH (VIII ZR 137/09) NZM 2010, 274 = WuM 2010, 153.

[62] AG Hildesheim WuM 1990, 557; AG Aachen DWW 1989, 332; *Derleder* PiG 23 (1986) S. 31, 32: Ausschluss der fehlenden Betriebskostenarten; *Heitgreß* WuM 1984, 264: Genereller Ausschluss.

[63] OLG Oldenburg neg. RE 14.3.1997 WuM 1997, 609; LG Köln WuM 1991, 259; AG Freiburg WuM 1989, 637; *Heix* WoBauR § 20 NMV Anm. 2.5; *Hanke* PiG 23 (1986) S. 101 (108); *Sternel* III Rdn. 380.

[64] BGH (VIII ZR 120/09) GE 2010, 757 = NZM 2010, 346 = WuM 2010, 364 = ZMR 2010, 599.

[65] BGH (VIII ZR 121/10) GE 2011, 687 = WuM 2011, 280.

zum Teil unwirksam ist, weil § 20 Abs. 1 Satz 3 NMV nicht beachtet wurde, liefert sie dem Mieter für künftige Abrechnungen die notwendigen Informationen über die Betriebskostenarten und deren Höhe. Es erscheint daher zu förmlich, zusätzlich zur Betriebskostenabrechnung noch eine Erklärung des Vermieters zu verlangen, dass in Zukunft so, wie aus der Abrechnung ersichtlich, abgerechnet werden solle.[66] Auch wenn mithin eine separate Erklärung entbehrlich ist, macht sie, rechtzeitig dem Mieter zugeleitet, Sinn, um schon die zweite Abrechnungsperiode abrechnen zu können, weil Erklärungen des Vermieters nur zum Beginn des folgenden Abrechnungszeitraums wirken, vgl. z. B. § 556a Abs. 2 Satz 2 BGB.

2. Umlage durch Bezugnahme auf Vorschriften zu den Betriebskosten

a) Generelle Bezugnahme. In vielen Mietverträgen haben die Parteien darauf verzichtet, die für Grundstück und Gebäude anfallenden Betriebskostenarten konkret zu bezeichnen, sondern sich früher auf die **allgemeine Angabe beschränkt,** dass *„die Betriebskosten gem. § 27 II. BV"* oder *„die Betriebskosten gem. Anl. 3 zu § 27 II. BV"*, seit dem 1.1.2004 *„die Betriebskosten nach der BetrKV"*, *„die Betriebskosten nach § 2 BetrKV"* oder *„die Betriebskosten nach § 556 Abs. 1 BGB"* umgelegt werden sollen. Gegen die **formularvertragliche Verbindlichkeit** einer derartigen generellen Bezugnahme wird eingewandt, dass es an der wirksamen Einbeziehung in den Vertrag fehle, weil der Vermieter dem Mieter entgegen § 305 Abs. 2 Nr. 2 BGB nicht die Möglichkeit verschaffe, in zumutbarer Weise vom Inhalt der AGB, hier also der in Bezug genommenen Vorschriften Kenntnis zu nehmen; dazu reiche es nicht, dass sie in mietrechtlichen Vorschriftensammlungen über den Buchhandel bezogen werden können. Zudem seien die Bezugnahme-Klauseln für den Durchschnittsmieter unverständlich.[67] 43

Diese dogmatischen Bedenken überzeugen letztlich nicht. Die Klauseln weichen nicht gem. § 307 Abs. 2 Nr. 1 BGB vom Gesetz ab, sondern bedienen sich dessen Formulierung. Was für die (unwirksame) Abbedingung einer nur dem Paragrafen nach bestimmten gesetzlichen Vorschrift ohne nähere Angabe, was damit inhaltlich gemeint ist, gilt,[68] kann nicht spiegelbildlich auf den umgekehrten Fall übertragen werden, in dem eine gesetzliche Begriffsbestimmung übernommen wird. Es ist vielmehr anerkannt, dass in AGB gesetzliche Rechtsbegriffe verwendet werden dürfen, ohne dass damit ein Verstoß gegen das Transparenzgebot verbunden wäre,[69] zumal der Begriff der Betriebskosten, der infolge deren außerordentlichen Anstiegs seit Jahrzehnten in allen Medien breit diskutiert und behandelt wurde, ohnehin weitgehend bekannt ist.[70]

Für die Praxis haben sich die vorbeschriebenen Meinungsdifferenzen erledigt. Der **BGH** hat die Streitfrage i. S. d. Wirksamkeit der formularmäßigen Abrede zunächst nur mit einem bloßen Nebensatz,[71] später noch einmal ausdrücklich entschieden[72] und damit die Rechtsprechung nach früheren Rechtsentscheiden[73] bestätigt. Damit genügt auch im Hinblick auf § 307 Abs. 1 Satz 2 BGB **die bloße Bezugnahme** entweder in Altverträgen auf § 27 II. BV oder auf die Anl. 3 zu § 27 II. BV oder in Neuverträgen auf § 556 Abs. 1 BGB, auf die BetrKV oder deren § 2 zur Einbeziehung in den Vertrag.

Was die **Auswirkungen der generellen Bezugnahme** betrifft, hat die Rechtsprechung des **BGH** zu einer **gravierenden Änderung** geführt, die an seinen Entscheidungen zu Wärmelieferungsverträgen mit Dritten (Contracting) deutlich wird. Zunächst hatte auch er zugrunde gelegt, dass der Vermieter, der im laufenden Mietverhältnis den Betrieb einer vorhandenen Heizungsanlage auf einen Dritten übertragen will, dazu die Zustimmung des Mieters benötigt, wenn eine *ausdrück-* 44

[66] Vgl. BGH (VIII ZR 120/09) GE 2010, 757 = NZM 2010, 346 = WuM 2010, 364; **a. A.** AG Lemgo Urt. vom 12.9.2005 – 17 C 446/04.

[67] Kein Vertragsbestandteil wegen Unverständlichkeit: LG München I WuM 1984, 106; *Derleder* PiG 23 (1986) S. 26ff.; *Geldmacher* DWW 1994, 337 m. w. N.; *Löwe* WuM 1984, 193; *Sternel* III Rdn. 312.

[68] OLG Schleswig RE 27.3.1995 NJW 1995, 2858 = WuM 1996, 85 zu einer unzureichenden formularmäßigen Abbedingung der Vorschrift des § 568 BGB (= § 545 BGB n. F.) (m. zu Unrecht abl. Anm. *Voelskow* ZMR 1996, 431; vgl. OLG Frankfurt NZM 2000, 130).

[69] Z. B. ausdrücklich BGH (VIII ZR 262/92) NJW 1994, 1004.

[70] *Both* in Herrlein/Kandelhard § 556 Rdn. 14.

[71] BGH (VIII ZR 167/03) GE 2004, 613 m. Anm. *Blümmel* GE 2004, 584 = MM 2004, 219 = NZM 2004, 417 = WuM 2004, 290 = ZMR 2004, 430.

[72] BGH (VIII ZR 202/06) GE 2007, 1310 = NZM 2007, 769 = WuM 2007, 571.

[73] OLG Frankfurt RE 10.5.2000 GE 2000, 890 = NZM 2000, 757 = WuM 2000, 411 = ZMR 2000, 607; OLG Hamm RE 22.8.1997 NZM 1998, 186 = WuM 1997, 542; BayObLG RE 26.2.1984 DWW 1984, 73 = NJW 1984, 1761 = WuM 1984, 104 = ZMR 1984, 203.

liche Regelung hierfür im Mietvertrag fehlt und dem Mieter dadurch zusätzliche Kosten auferlegt werden sollen.[74] Mit einer in Literatur und Rechtsprechung weit verbreiteten Meinung ging er davon aus, dass sich die mietvertraglichen Beziehungen der Parteien auf den Ausstattungsstand von Grundstück und Haus im Zeitpunkt des Abschlusses des Mietvertrags konkretisierten, bei einer vorhandenen, vom Vermieter betriebenen Heizanlage also deren weiteren Eigenbetrieb.[75] Den Ansatz hielt er in einem weiteren Urteil[76] auch für den Fall aufrecht, dass der Wärmecontractor die bestehende Heizanlage nicht nur übernahm, sondern erneuerte. Auffällig war allerdings der Leitsatz der Entscheidung, in dem er allein darauf einging, dass zwar eine generelle Bezugnahme auf die Anl. 3 zu § 27 II. BV im Mietvertrag enthalten war, diese dem Vermieter jedoch nicht zu einer Anspruchsgrundlage verhelfe, weil die zum Zeitpunkt des Vertragsschlusses geltende Fassung der II. BV vom 5.4.1984 die Umlage von Nahwärme nicht vorsah. Dieser Leitsatz begegnet – sachlich unverändert – in einer weiteren Entscheidung,[77] nunmehr positiv gewendet mit dem Ergebnis, dass der Vermieter, der im Mietvertrag, wenn auch nur generell, auf die Anl. 3 zu § 27 II. BV Bezug nahm, berechtigt ist, hier die Fernwärmelieferungskosten umzulegen, weil der Mietvertrag am 9.5.1984 und damit erst wenige Tage nach dem Inkrafttreten der vorgenannten, ab 1.5.1984 geltenden Regelung abgeschlossen worden war; mit der Verordnung zur Änderung energiesparrechtlicher Vorschriften vom 19.1.1989[78] wurde die Nahwärme der Fernwärme gleichgestellt (zunächst durch die Änderung der Nr. 4c i. V. m. Nr. 4a der Anl. 3 zu § 27 II. BV, seit 1.1.2004 § 2 Nr. 4c i. V. m. Nr. 4a BetrKV), so dass seit 1.3.1989 auch die vollen Nahwärmekosten zu den Betriebskosten zählen.

45 Nach dieser Rechtsprechung hat schon die **generelle Bezugnahme** auf den **Betriebskostenkatalog** zur Folge, dass **sämtliche Kostenarten** – ausgenommen solche, die unter Nr. 17 fallen, s. Rdn. 47 – als vertraglich **vereinbart** gelten; dies soll im Wege der Vertragsauslegung auch für die Kostenarten gelten, die erst durch eine nachträgliche Ergänzung des Kostenkatalogs nach § 2 Nr. 1 bis 16 BetrKV umlagefähig werden.[79] Ist der Katalog nicht in Bezug genommen, darf der Vermieter z. B. selbst dann nicht die Kosten der Nahwärmelieferung umlegen, wenn diese Art der Wärmeversorgung schon zur Zeit des Mietvertragsabschlusses bestand;[80] der Vermieter hatte hier ein veraltetes Mietvertragsformular verwandt, das nur die Umlage von Fernwärme vorsah.

Soweit der **Katalog** bei einzelnen Betriebskosten **verschiedene Ausführungsarten** nennt, dürfte dem Vermieter nunmehr die **Wahl** eröffnet sein, durch rechtzeitige Erklärung vor Beginn einer neuen Abrechnungsperiode von einer Ausführungsart auf eine andere, wenn auch teurere zu wechseln, was eben nicht nur die Art der Wärmeversorgung betrifft, sondern z. B. auch die Umstellung der Hausreinigung durch die Mieter auf die Einschaltung einer externen Reinigungskraft;[81] auf dieser Grundlage erfolgt die Kostenbegrenzung nur noch durch das Wirtschaftlichkeitsgebot. **AGB-rechtlich** löst diese Rechtsprechung nachhaltige **Bedenken** aus.[82] Der „durchschnittliche, verständige Mieter“[83] akzeptiert den durch die Verhältnisse des Einzelfalls konkretisierten Betriebskostenkatalog. Soweit der Katalog Wahlmöglichkeiten eröffnet, ist für ihn die Wahl durch das, was er auf dem Grundstück und im Haus vorgefunden hat, getroffen, sei es als Einrichtung, die Folgekosten etwa durch Wartung produziert, sei es als übliches Verfahren, mit dem bestimmte Arbeiten erledigt werden, bei der Gebäudereinigung z. B. durch den Plan für die Treppenhausreinigung seitens der Mieter. Dass der Vermieter mit der Vereinbarung des Katalogs zugleich das Recht erhält, mit den zahlreichen Kostenfacetten im Grunde nach Belieben umzugehen, erschließt sich ihm nicht, es wird für ihn erst recht nicht durch Vereinbarung im Wege der generellen Bezugnahme, aber auch nicht durch den Abdruck des Katalogs im Mietvertrag *„klar und verständlich“* (§ 307 Abs. 1 Satz 2 BGB). Hierbei ist auch zu berücksichtigen, dass der Mieter die Gesamtmiete bei der Anmietung nach finanzieller Tragbarkeit sowie örtlicher Angemessenheit bewertet und nicht mit Kosten rechnet, die aus der Vereinbarung des Kostenkatalogs quasi als Wunschzettel des Vermieters resultieren.

[74] BGH (VIII ZR 54/04) NZM 2005, 450 = WuM 2005, 387 m. Anm. *Derleder;* ebenso BGH (VIII ZR 153/05) WuM 2006, 256.
[75] *Langenberg* WuM 2004, 375 (378 f. m. w. N.).
[76] BGH (VIII ZR 362/04) NZM 2006, 534 = WuM 2006, 322.
[77] BGH (VIII ZR 202/06) GE 2007, 1310 = NZM 2007, 769 = WuM 2007, 571.
[78] BGBl. I 109.
[79] *Zehelein* WuM 2016, 400 (402).
[80] BGH (VIII ZR 244/06) GE 2007, 1118 = WuM 2007, 445 = ZMR 2007, 768.
[81] Vgl. AG Köln WuM 2008, 226.
[82] Ausführlich *Beyer* NZM 2008, 12 (15); **a. A.** *Milger* NZM 2008, 1 (5).
[83] Z. B. BGH (VIII ZR 106/05) NZM 2006, 620 = WuM 2006, 377.

Die Handhabung des Kostenkatalogs nach freier **Wahl des Vermieters scheidet aus,** wenn und soweit der **Mietvertrag** selbst **Festlegungen** enthält. Bei dem Beispiel der Gebäudereinigung ist dies jedenfalls dann der Fall, wenn der Mietvertrag die Treppenhausreinigung allein im Wechsel der Mieter vorsieht und keine Öffnungsklausel aufgenommen ist.

Wurde zur Vereinbarung der umlagefähigen Betriebskosten **vor dem 31. 12. 2003** auf die Anl. 3 zu § 27 II. BV Bezug genommen, bleibt die Umlagevereinbarung mit dem zur Zeit des Mietvertragsabschlusses geltenden Katalog weiterhin die Grundlage für den Umfang der vertraglich vereinbarten Betriebskosten, auch wenn die Vorschrift ab 1. 1. 2004 durch die BetrKV ersetzt wurde.[84] Ist die Anl. 3 zu § 27 II. BV **noch nach dem 1. 1. 2004** in Bezug genommen worden, steht dies nach der Rechtsprechung des BGH der Anwendung der BetrKV nicht entgegen (s. Rdn. 36).[85] **Ausgenommen** sind die Fälle, in denen durch eine **Modernisierung** neue Betriebskosten anfallen. Galt z. B. nach der Bezugnahme in einem Altvertrag noch die Nr. 15 der Anl. 3 zu § 27 II. BV ohne die Alternative b), so dass nur die Umlage der Kosten einer Gemeinschaftsantenne genannt war, kommt es durch den Anschluss des Mietobjekts an das Breitbandnetz zu einer Modernisierung und grundsätzlich[86] umlegbaren Folgekosten.[87] **46**

Ein **Sonderproblem** stellt sich im Zusammenhang mit **Nr. 17 des Kostenkatalogs,** zuvor der Anl. 3 zu § 27 II. BV, nunmehr des § 2 BetrKV. Sie gestattet den Ansatz **„sonstiger Kosten"** als Auffangtatbestand (hierzu Rdn. 202). Hier fragt es sich, ob es genügt, dass im Mietvertrag diese Formulierung nur wiederholt wird, sei es durch die generelle Verweisung auf die Grundnorm bzw. den dazugehörigen Kostenkatalog, sei es als abschließende Rubrik eines aufgeführten Betriebskostenkatalogs. Nach herrschender Ansicht reicht eine derartige Angabe für die wirksame Umlage entsprechender Kosten nicht aus.[88] Die Kosten, die neben dem Katalog nach Nr. 1–16 ansatzfähig sein sollen, müssen daher **im Einzelnen bezeichnet** sein. Es fehlt sonst an der notwendigen Bestimmtheit der Abrede; der Mieter kann nicht erkennen, welche zusätzlichen Kosten auf ihn zukommen können. Eine Ausnahme gilt nur, wenn die Betriebskosten nachträglich in zulässiger Weise neu eingeführt wurden, insbesondere auf Grund einer wirksamen Mehrbelastungsklausel;[89] diese Voraussetzung ist jedoch nicht erfüllt, wenn es sich um sog. **vergessene Betriebskosten** handelt, d. h. Kostenarten, die bei Abschluss des Mietvertrags bereits anfielen und deren Aufnahme in den Mietvertrag nur versäumt wurde,[90] etwa bei Rauchwarnmeldern.[91] **47**

Die generelle Bezugnahme lässt es daher den Parteien **unbenommen, ausdrücklich weitere Betriebskosten,** die im Katalog nicht enthalten sind, als umlagefähig festzulegen. Geht es um ein Mietverhältnis über Wohnraum, muss es sich allerdings der Sache nach um umlagefähige sonstige Kosten handeln (dazu ausführlich Rdn. 206 ff.), bei Gewerberaum sind auch andere Kosten durch Vereinbarung umlegbar (s. Rdn. 68 f.). **48**

b) Kombination von Bezugnahme und Aufführung von Betriebskostenarten. Keine Probleme bereiten diejenigen Mietverträge, in denen einerseits eine Klausel mit genereller **Bezugnahme** enthalten ist **und** in denen entweder im anschließenden Text oder in einer Anlage zum Mietvertrag **alle Betriebskostenarten** gem. § 2 BetrKV bzw. früher der Anl. 3 zu § 27 II. BV **zumindest stichwortartig** aufgeführt sind.[92] Nach allgemeiner Auffassung[93] ist es unschädlich, wenn dabei auch Betriebskostenarten benannt werden, die im konkreten Fall nicht entstehen kön- **49**

---

[84] BGH (XII ZR 22/07) GE 2010, 406 = GuT 2010, 26 = NZM 2010, 240; *Gather* DWW 2012, 362 (364); *Sternel* Mietrecht aktuell (2009) Rdn. V 126.

[85] BGH (VIII ZR 137/15) GE 2016, 385 = NZM 2016, 235 = WuM 2016, 211 = ZMR 2016, 287; **a. A.** AG Hanau NZM 2015, 47; *Lützenkirchen* in Lützenkirchen § 556 Rd. 319.

[86] Dazu *Langenberg* NJW 2008, 1269 (1273): Kein Ansatz von laufenden Kabelgebühren, wenn der Mieter den Anschluss nicht will, sondern Einbau eines Sperrfilters.

[87] BGH (VIII ZR 202/06) GE 2007, 1310 = NZM 2007, 769 = WuM 2007, 571.

[88] BGH (VIII ZR 167/03) DWW 2004, 188 = GE 2004, 613 m. Anm. *Blümmel* GE 2004, 584 = MM 2004, 219 = NZM 2004, 417 = WuM 2004, 290 = ZMR 2004, 430; OLG Oldenburg neg. RE 22. 2. 1995 WuM 1995, 430; KG GE 2002, 327 für Gewerberaum; *Sternel* III 356; **a. A.** *Pfeifer* ZMR 1993, 356.

[89] *Zehelein* WuM 2016, 400 (403).

[90] OLG Naumburg GuT 2006, 131; LG Frankenthal (Pfalz) NZM 1999, 958; LG Hamburg ZMR 1997, 358.

[91] *Blank* NZM 2008, 745 (746); *Harsch* WuM 2008, 521 (522); *Kinne* GE 2008, 1029 (1032); *Wall* WuM 2013, 3 (20).

[92] OLG Karlsruhe RE 18. 10. 1985 DWW 1986, 70 = NJW-RR 1986, 91 = WuM 1986, 9 = ZMR 1986, 51; *Sternel* III Rdn. 312.

[93] So auch BGH (VIII ZR 167/03) GE 2004, 613 m. Anm. *Blümmel* GE 2004, 584 = MM 2004, 219 = NZM 2004, 417 = WuM 2004, 290 = ZMR 2004, 430.

nen,[94] wie etwa Fahrstuhlkosten bei einem Gebäude ohne Aufzug, oder die bislang noch nicht angefallen waren. Zur Bestimmung des Umfangs der Kosten, die bei der jeweiligen Betriebskostenart umlagefähig sind, kann auf die Beschreibung in § 2 BetrKV bzw. der Anl. 3 zu § 27 II. BV und die dazu ergangene Rechtsprechung abgestellt werden.

50 Davon zu trennen ist die Gestaltung, dass der Mietvertrag eine **Bezugnahme,** z. B. *„die folgenden Betriebskosten gem. § 2 BetrKV (früher § 27 II. BV)"*, enthält **und** sodann eine **Aufzählung einzelner Betriebskostenarten.** In diesem Fall dient der Verweis auf die BetrKV nicht einer generellen Bezugnahme, sondern nur der näheren Bestimmung, was unter den explizit angeführten Betriebskosten zu verstehen ist, insbesondere ihres Umfangs.[95] Eine derartige Klausel enthält mithin keine Vereinbarung, dass alle im allgemeinen Kostenkatalog aufgelisteten Betriebskostenarten umlagefähig sind. Es bleibt beim abschließenden Charakter des ausdrücklich vertraglich festgelegten Kostenkatalogs. Zu den weiteren rechtlichen Folgen, auch der nachfolgenden Varianten s. Rdn. 63ff.

51 Manche Mietverträge sind so beschaffen, dass ein **Betriebskostenkatalog vorhanden** ist, aus dem **aber nur bestimmte Betriebskostenarten** etwa durch Ankreuzen **hervorgehoben** sind. Fehlt die Bezugnahme auf § 2 BetrKV bzw. § 27 II. BV, sind ohne weiteres nur die bezeichneten Kostenarten umlagefähig. Ist der Verweis auf § 2 BetrKV bzw. § 27 II. BV aufgenommen, gilt dasselbe, wie bei der Aufzählung einzelner Betriebskostenarten (s. Rdn. 50). Es macht keinen substantiellen Unterschied, ob bestimmte Kosten aufgeführt oder ob diese z. B. durch Ankreuzen einzelner in einem Katalog hervorgehoben wurden. Das Mietvertragsformular eröffnet dem Vermieter bei dieser Gestaltung ein Wahlrecht, von dem er in einer bestimmten Weise Gebrauch machte, so dass nur die in dieser Weise individualisierten Kostenarten im Rahmen einer Abrechnung angesetzt werden dürfen. Die Vorauszahlungen des Mieters beziehen sich nur auf die bezeichneten Betriebskosten, nur diese darf der Vermieter in die Abrechnung einstellen. Auch wenn er eine Vollumlage beabsichtigte, verbleibt lediglich eine Teilinklusivmiete.

52 Eine ähnliche Problematik ergibt sich, wenn der Mietvertrag die Betriebskostenarten in einer Liste beschreibt und sodann **nicht einen einheitlichen Vorauszahlungsbetrag** angibt, sondern in den Spalten hinter den Kostenarten für **einige,** zuweilen sogar bis auf den Cent genau, **Beträge** anführt. Es ist streitig, ob die Umlagefähigkeit auf diese Kosten beschränkt ist, auch wenn der Mietvertrag eine Bezugnahme auf § 2 BetrKV bzw. § 27 II. BV enthält,[96] oder ob es dieser Verweis dem Vermieter ermöglicht, auch andere der aufgelisteten Kostenarten auf Abrechnungsbasis umzulegen.[97] Die letztgenannte Ansicht wird damit begründet, dass der Vermieter nicht verpflichtet sei, für alle umzulegenden Betriebskosten eine Vorauszahlung auszuwerfen, sondern dass es ihm unbenommen sei, einen Teil erst mit der Abrechnung geltend zu machen. Zwar trifft es zu, dass der Vermieter die Höhe der Vorauszahlungen – bei Wohnraum bis zur angemessenen Höhe, §§ 556 Abs. 2 Satz 2 BGB, 20 Abs. 3 NMV – frei bestimmen kann. Bei dieser Argumentation wird jedoch nicht hinreichend der Erklärungswert der Regelung auch für einen verständigen Mieter berücksichtigt. Für ihn stellt sich die Einfügung von Beträgen bei einzelnen Kostenarten nicht anders dar, als wenn sie angekreuzt oder in anderer Weise hervorgehoben worden wären. Dies gilt insbesondere dann, wenn die Summe der Beträge genau den am Schluss der Liste bestimmten Vorauszahlungsbetrag ergibt oder die Vorauszahlung nur geringfügig über dieser Summe liegt; die Differenz ist als bloßer Sicherheitszuschlag für etwaige Kostensteigerungen zu werten. Wollte der Vermieter hier eigentlich eine Vollumlage der Kosten erreichen, wurde dies nicht unmissverständlich klar, Zweifel am formularmäßigen Erklärungsinhalt gehen zu seinen Lasten. Übersteigt die Vorauszahlung hingegen die Summe deutlich, kann der Mieter erkennen, dass es bei den durch die Angabe der Beträge hervorgehobenen Kostenarten nicht sein Bewenden haben kann, dass die Bezifferung nur quasi nachrichtlich vorgenommen wurde.

53 **c) Bezugnahme bei vermieteten Eigentumswohnungen.** Bei vermieteten Eigentumswohnungen **gilt nichts anderes.** Maßgeblich sind die Regelungen im Mietvertrag zwischen Eigentümer und Mieter. Diese müssen der Kontrolle nach den obigen Grundsätzen Stand halten. Nimmt der Mietvertrag nur pauschal die Beschlüsse der Eigentümerversammlung oder die Abrechnung des Verwalters nach WEG in Bezug, liegt wegen fehlender inhaltlicher Bestimmtheit keine

---

94 **A. A.** *Pfeilschifter* WuM 2002, 76.

95 BGH (VIII ZR 279/06) GE 2008, 46 = NZM 2008, 81 = WuM 2007, 694.

96 LG Frankfurt/M. WuM 1986, 93; AG Hamburg-Blankenese ZMR 2016, 118; AG Münden WuM 1990, 32; AG Freiburg WuM 1990, 84; *Sternel* III Rdn. 313.

97 AG Neuss DWW 1987, 298; AG Schwetzingen WuM 1987, 31.

wirksame Betriebskostenabwälzung vor.[98] Dies gilt auch bei der Vermietung von Teileigentum zu gewerblichen Zwecken.

III. Schlüssige Vereinbarung

54 Die Frage, ob sich die Parteien im Wege der stillschweigenden Einigung auf eine Änderung des Mietvertrags verständigt haben, stellt sich in **zwei Hauptvarianten.** Die eine betrifft den Fall, dass der Mietvertrag eine unklare oder unvollständige Regelung enthält, bzw. ob eine zumindest einigermaßen klare Abrede geändert wurde, mithin primär die Mietstruktur, die andere, ob einzelne Betriebskostenarten umlagefähig sind.

1. Stillschweigende Konkretisierung unklarer Abreden

55 Handhaben die Parteien den Mietvertrag ab Mietbeginn über längere Zeit in einer bestimmten Weise, insbesondere durch **Abrechnung und Ausgleich des Saldos,** ist zu vermuten, dass sie die unklaren Regelungen des Mietvertrags einvernehmlich durch schlüssige Vereinbarung konkretisiert haben.[99] Es hat durch die Parteien selbst eine Auslegung des Vertragsinhalts stattgefunden. Dies kann sich auf die auf die Umlageart beziehen, wenn etwa im Eingangstext der Vereinbarungen zu den Betriebskosten Alternativen *(„als Vorauszahlung/Umlage", „als Vorauszahlung/Pauschale")* nicht gestrichen wurden, aber auch auf den Einschluss naheliegender Kosten in eine vereinbarte Kostenart; dies kommt z. B. bei einer offensichtlich unvollständigen Regelung zu den Kosten aus Wasserversorgung und Entwässerung im Mietvertrag in Betracht, wenn der hierzu vertretenen Ansicht (s. o. Rdn. 38ff.) nicht gefolgt wird. Nicht mehr um Konkretisierung handelt es sich, wenn abweichend von der vertraglichen Regelung verfahren wird, sei es durch den Ansatz nicht als umlagefähig vereinbarter Kosten, sei es durch Abrechnung nur über einen Teil der ansetzbaren Kosten. In diesen Fällen ist die Mietstruktur selbst berührt, ihre Umstellung bedarf einer, ggf. stillschweigenden, Änderung des Mietvertrags. Streitig ist, ab welchem Zeitraum die vermutete Konkretisierung eingreift. Da es um eine Klarstellung zu bestehenden Vereinbarungen geht, passen die zum Teil für stillschweigende Vertragsänderungen vertretenen langen Fristen (s. u. Rdn. 61) nicht. So ist vertreten worden, dass die einem mündlich, mit einer Nebenkostenvorauszahlung abgeschlossenen Mietvertrag alsbald schriftlich nachfolgende Aufstellung der umzulegenden Betriebskosten schon durch fortgesetzte, widerspruchslose Abschlagszahlungen des Mieters über einen Zeitraum von etwas über einem Jahr verbindlich sei.[100] Auf jeden Fall wird die Konkretisierung bereits nach einer unbeanstandet gebliebenen Abrechnung anzunehmen sein.

2. Stillschweigende Vertragsänderung

56 Die Problematik, ob die Mietstruktur durch schlüssiges Verhalten **geändert** wurde, begegnet in verschiedenen Untervarianten: Der Vermieter fordert Betriebskostenzahlung im Wege einer Abrechnung, obwohl dies im Mietvertrag insgesamt nicht vorgesehen ist (Bruttokaltmiete, Betriebskostenpauschale) oder nur Vorauszahlungen auf einen Teil der anfallenden Betriebskosten festgesetzt wurden (Teilinklusivmiete), zu denen die nunmehr abgerechneten nicht zählen. In diesen Fällen könnte von der Bruttomiete oder Betriebskostenpauschale auf eine Teilinklusiv- oder Nettomiete übergegangen worden sein, von der Teilinklusivmiete auf eine weiter eingeschränkte Teilinklusiv- oder ebenfalls eine Nettomiete. Ferner ist es anzutreffen, dass der Vermieter bei einer vereinbarten Nettomiete überhaupt nicht oder nur über einen Teil der anfallenden und als umlagefähig vereinbarten Betriebskosten abrechnet. Hier könnte sich die Nettomiete in eine Brutto- oder eine Teilinklusivmiete geändert haben.

57 Von der stillschweigenden Vertragsänderung ist die **Auslegung des unveränderten Vertrags** zu trennen. Hat der Mieter z. B. in den ersten Jahren des langen Mietverhältnisses bestimmte Betriebskosten unmittelbar getragen, etwa die Müllbeseitigung durch selbst beschaffte Müllgefäße, und fallen die Kosten später durch organisatorische Änderungen sodann beim Vermieter an, weist

[98] Z. B. LG Hamburg WuM 2008, 727; LG Karlsruhe GuT 2002, 177.

[99] BGH (XII ZR 88/10) GE 2012, 822 = WuM 2012, 453 = ZMR 2012, 614; KG GE 2014, 1584; LG Darmstadt DWW 2005, 70; AG Hamburg-Blankenese ZMR 2016, 118; vgl. BGH (VIII ARZ 1/90) neg. RE 11.7.1990 WuM 1990, 415 = ZMR 1990, 449.

[100] LG Koblenz WuM 1990, 312; vgl. auch OLG Karlsruhe ZMR 2009, 849.

der Mietvertrag eine Lücke auf, die durch ergänzende Vertragsauslegung zu schließen ist. Hier ist es sachgerecht, dass der Mieter die Kosten weiterhin trägt, nunmehr in Form von umlagefähigen Betriebskosten.[101]

58 **a) Abrechnung ohne Vereinbarung.** Ein Änderungsvertrag kann grundsätzlich auch stillschweigend zustande kommen. Seine Wirksamkeit setzt jedoch wie bei jedem Vertrag immer einen entsprechenden **rechtsgeschäftlichen Willen** der Parteien voraus. Auf Seiten des Vermieters mag bei Übersendung der Abrechnung durchaus ein rechtsgeschäftlicher Wille gegeben sein, vor allem wenn er festgestellt hat, dass ihm die Regelung des ursprünglichen Mietvertrags nachteilig ist. In aller Regel kommt dieser Wille in der Betriebskostennachforderung jedoch nicht klar zum Ausdruck, da der Mieter nur ein Rechenwerk ohne Hinweis auf die Abweichung vom Mietvertrag erhält. Für ihn ist kein Angebot auf Abschluss eines Änderungsvertrages erkennbar.[102] Er gleicht die Forderung des Vermieters üblicherweise in der irrigen Ansicht kommentarlos aus, hierzu verpflichtet zu sein;[103] Erklärungsbewusstsein und rechtsgeschäftlicher Wille sind nicht vorhanden.[104]

59 Der **BGH** verlangt für einen stillschweigenden Änderungsvertrag, dass der Vermieter nach den Gesamtumständen davon ausgehen kann, der Mieter stimme einer Umlage der (hier) weiteren Betriebskosten zu. Dafür **reicht** es aber **grundsätzlich nicht** aus, dass der Mieter **Betriebskostenabrechnungen** unter Einbeziehung bisher nicht vereinbarter Betriebskosten lediglich **nicht beanstandet.**[105] Vielmehr ist die Sicht des Mieters einzubeziehen, der einer Betriebskostenabrechnung, die vom Mietvertrag abweicht, nämlich schon nicht ohne weiteres den Willen des Vermieters entnehmen kann, eine Änderung des Mietvertrags herbeizuführen. Selbst wenn der Mieter daraufhin eine Zahlung erbringt, kommt darin zunächst allein die Vorstellung des Mieters zu Ausdruck, hierzu verpflichtet zu sein. Anders verhält es sich, wenn aufgrund besonderer Umstände der Änderungswille des Vermieters für den Mieter erkennbar ist.[106] Diese Rechtsprechung hat der BGH in einem Fall, in dem über zwanzig Abrechnungsperioden trotz Vereinbarung einer Nettomiete mit Vorauszahlungen nicht abgerechnet worden war, bestätigt; da die ursprüngliche Vermieterin kommentarlos von der Abrechnung absah und der Mieter dies ebenso kommentarlos hinnahm, blieb es trotz der langen Zeit bei der Regelung im Mietvertrag, so dass der Rechtsnachfolger zur Abrechnung befugt war.[107] Bei der Bezahlung nicht geschuldeter Betriebskosten auch über einen längeren Zeitraum ist daher im Zweifel nicht von einer schlüssig vereinbarten Vertragsänderung auszugehen. Dies soll selbst dann gelten, wenn der Mieter die Abrechnung rechnerisch richtigstellt und vom Vermieter verlangte Betriebskostenvorauszahlungen entrichtet.[108]

60 Dieser Rechtsprechung ist **zuzustimmen.** Auch die Grundsätze von Treu und Glauben gem. § 242 BGB rechtfertigen kein anderes Ergebnis, zumal sowohl Vermieter als auch Mieter insoweit allein aus ihrer Interessenlage argumentieren. Sie werten das jeweilige Vorgehen der Gegenseite, nach Jahren auf den ursprünglichen Mietvertrag zurückzugreifen, als unzulässiges widersprüchliches Verhalten. Dieser Bewertung ist entgegen zu halten, dass über Vertrauensschutzgesichtspunkte grundsätzlich nicht das fehlende rechtsgeschäftliche Erklärungsbewusstsein ersetzt werden kann. Der Vermieter, der vertragswidrig abrechnet, hat entweder seine eigene Vertragswidrigkeit nicht bemerkt oder sich bewusst über den Vertragsinhalt hinweggesetzt. Hat er die Vertragswidrigkeit der Abrechnung nicht erkannt, hat er schon selbst kein entsprechendes Angebot abgegeben, so dass er aus dem Verhalten der anderen Vertragsseite nicht auf eine Zustimmung zur Vertragsänderung schließen kann; ist dem Mieter die nicht vertragsgerechte Abrechnung aufgefallen und ist er tatsächlich bereit, sie nicht nur als solche, sondern weiter gehend als Vertragsänderung zu akzeptieren, kommt dieses Erklärungsbewusstsein nicht schon in der kommentarlosen Zahlung zum Aus-

---

[101] BGH (VIII ZR 36/14) GE 2014, 1134 m. Anm. *Kinne* GE 2014, 1090 = WuM 2014, 550 = ZMR 2014, 965; vgl. BGH (VIII ZR 202/06) NZM 2007, 769 = WuM 2007, 571 zur Vertragsauslegung bei der Ersetzung einer Gemeinschaftsantenne durch einen Breitbandanschluss.

[102] OLG Hamburg DWW 1988, 279 = WuM 1988, 347; LG Karlsruhe GuT 2002, 117; LG Münster WuM 2001, 578.

[103] LG Waldshut-Tiengen WuM 2001, 245.

[104] LG München I WuM 2001, 361.

[105] BGH (VIII ZR 279/06) GE 2008, 46 = NZM 2008, 81 = WuM 2007, 694; **a. A.** AG Neukölln GE 2017, 422.

[106] BGH (VIII ZR 279/06) GE 2008, 46 = NZM 2008, 81 = WuM 2007, 694; (XII ZR 22/07) DWW 2010, 178 = GE 2010, 406 = GuT 2010, 26 = NZM 2010, 240.

[107] BGH (VIII ZR 14/06) DWW 2008, 175 = GE 2008, 534 = NZM 2008, 276 = WuM 2008, 225 = ZMR 2008, 443.

[108] OLG Hamburg DWW 1988, 279 = WuM 1988, 347; **a. A.** AG Alsfeld NZM 2001, 707.

druck, darüber hinaus fehlt es an der Annahme eines eventuellen Änderungsangebots; § 151 BGB ist mangels jeglichen rechtsgeschäftlichen Bewusstseins des Vermieters nicht anzuwenden. Ist der Vermieter mit Absicht vom Vertrag abgewichen, scheitert sein Hinweis auf Treu und Glauben bereits daran, dass sich hierauf nicht berufen kann, wer sich selbst vertragswidrig verhalten hat; der Vermieter ist in einem solchen Fall nicht schutzwürdig.

Ob es zu einer stillschweigenden Vertragsänderung kam, hängt mithin primär davon ab, ob besondere **Umstände** gegeben waren, die für einen den Parteien **bewussten rechtsgeschäftlichen Vorgang** sprechen. Wurde von den Parteien über viele Jahre im Widerspruch zum Mietvertrag verfahren, lassen sich oft **Anhaltspunkte** für die Entscheidung finden, ob die Änderung vom beiderseitigen Willen getragen war oder nicht (s. ergänzend Rdn. 62). Berechnete z. B. der frühere Vermieter nur die Kosten für Heizung und Warmwasser, nach einem Vermieterwechsel der neue hingegen alle in Betracht kommenden Betriebskosten, wird für den Mieter deutlich, dass der neue Vermieter auf eine Vertragsänderung hinaus will.[109] Hat der Vermieter dem Mieter vor Übersendung der Abrechnung telefonisch oder schriftlich mitgeteilt, welche zusätzlichen Betriebskosten in die Abrechnung eingestellt werden, und die nachfolgende Abrechnung entsprechend aufgemacht,[110] haben die Parteien über die Mietstruktur oder die Betriebskostenbelastung korrespondiert, hat der Vermieter Erläuterungen gegeben, können ebenfalls Indizien für einen bestimmten Vertragswillen vorhanden sein. Insbesondere kommt das Verhalten der Parteien im Rahmen von Mieterhöhungsverfahren nach § 558 BGB in Betracht.[111] Will der Vermieter von der Brutto- oder Teilinklusivmiete auf eine Nettomiete übergehen, muss er dem Mieter nämlich deutlich machen, inwieweit sein Mieterhöhungsverlangen auf eine Vertragsänderung gerichtet ist.[112] 61

b) Unterlassene Abrechnung/unterlassene Kostenansätze. Wie bereits ausgeführt (Rdn. 56) zeigen sich die vorgenannten Probleme **spiegelbildlich** in den Fällen, in denen der Vermieter ganz oder zum Teil davon absah, über die als umlagefähig vereinbarten Betriebskosten abzurechnen, sei es, dass der Mieter über Jahre überhaupt keine Abrechnung erhielt, sei es, dass in der Abrechnung bestimmte der anfallenden Betriebskosten fehlten. Auch für diese umgekehrte Konstellation gelten die obigen Ausführungen. Wie angeführt, reicht es z. B. ohne besondere Umstände nicht für die Änderung der Nettomietabrede, dass der Vermieter über zwanzig Abrechnungsperioden nicht abrechnete.[113] Ebenso scheidet die nachträgliche Umstellung von Vorauszahlungen auf eine Pauschale aus, wenn einige Mitmieter der Vertragsänderung nicht, wie erforderlich, zustimmten, sondern nur in der Folgezeit keine Abrechnungen verlangten bzw. die Nichterteilung von Abrechnungen nicht beanstandeten, was keine stillschweigende Genehmigung der Änderung darstellt.[114] 62

Unterließ der Vermieter über lange Zeit ganz oder teilweise die Abrechnung der als umlagefähig vereinbarten Betriebskosten, ohne dass es zu einer Vertragsänderung kam, kann er jederzeit wieder auf sein **Abrechnungsrecht zurückgreifen.**[115] Fraglich ist, ob er sich gegenüber den bis zum Aufleben des Abrechnungsverfahrens **verstrichenen Abrechnungszeiträumen** den Einwand der **Verwirkung** gefallen lassen muss mit der Folge, dass er nur über die Abrechnungsperiode abrechnen könnte, welche sich der Erklärung, in Zukunft abrechnen zu wollen, anschließt. Da Verwirkung nur beim Zusammentreffen des Zeit- und Umstandsmoments eingreift, hier aber gerade besondere Umstände fehlen, die im Übrigen schon zu einer stillschweigenden Vertragsänderung geführt hätten, kann der Vermieter vom Wohnraummieter den Ausgleich der Nachforderung aus einer rechtzeitigen Abrechnung über die Vorperiode verlangen,[116] vom Gewerberaummieter bis zur Grenze der ggf. erhobenen Einrede der Verjährung.[117]

---

[109] Vgl. BGH (VIII ZR 279/06) GE 2008, 46 = NZM 2008, 81 = WuM 2007, 694; KG GE 2015, 55 m. krit. Anm. *Kinne* GE 2015, 19.
[110] BGH (VIII ZR 36/14) GE 2014, 1134 m. Anm. *Kinne* GE 2014, 1090 = WuM 2014, 550 = ZMR 2014, 965.
[111] Vgl. LG Berlin ZMR 1998, 165.
[112] OLG Hamm RE 4.4.1984 WuM 1984, 121 = ZMR 1984, 282; OLG Stuttgart RE 13.7.1983 DWW 1983, 227 = NJW 1984, 2329 = WuM 1983, 285 = ZMR 1983, 389; OLG Hamburg RE 20.12.1982, DWW 1983, 47 = WuM 1983, 49.
[113] BGH (VIII ZR 14/06) GE 2008, 534 = NZM 2008, 276 = WuM 2008, 225 = ZMR 2008, 443.
[114] BGH (VIII ZR 326/14) WuM 2016, 353 = ZMR 2016, 519.
[115] LG Berlin GE 2014, 749: Das Abrechnungsrecht unterliegt nicht der Verjährung.
[116] BGH (VIII ZR 14/06) GE 2008, 534 = NZM 2008, 276 = WuM 2008, 225 = ZMR 2008, 443.
[117] OLG Düsseldorf ZMR 2014, 441.

IV. Folgen unwirksamer Vereinbarungen

1. Vollständig unwirksame Abwälzung

63 Ist im Mietvertrag ein vom Mieter **monatlich zu zahlender Betrag auf die Betriebskosten** vorgesehen, die Vorauszahlungsvereinbarung jedoch insgesamt unwirksam, stellt sich die Frage, wie mit der Leistung des Mieters zu verfahren ist.

64 Nach einer Meinung soll dem Mieter wegen der zu Unrecht gezahlten Betriebskostenvorauszahlungen ein **Rückforderungsanspruch** aus ungerechtfertigter Bereicherung gem. §§ 812, 818 BGB zustehen.[118] Ein derartiger Anspruch des Mieters ist abzulehnen.[119] Es wird übersehen, dass die monatlichen Betriebskostenleistungen nur einen Teil der vom Mieter nach dem Mietvertrag geschuldeten Gesamtmiete ausmachen. Die Offenlegung der kalkulatorischen Elemente der Gesamtmiete durch den Vermieter kann nicht dazu führen, dass er einen Teil des Mietentgelts verliert, wenn sich herausstellt, dass ein für ein Element vorgesehenes Verfahren nicht durchführbar ist. Das Ergebnis wäre eine Mietzinsreduzierung, obwohl der Vermieter deutlich machte und der Mieter akzeptierte, dass neben der Nettomiete noch eine Leistung auf Betriebskosten erbracht wird.

65 Nach **zutreffender Ansicht behält** der Vermieter seinen **Anspruch auf regelmäßige Zahlung des** als Vorauszahlung ausgewiesenen **Betrags.** Fraglich ist allein, wie er zu behandeln ist. Der Betrag kann gleichermaßen entweder als Betriebskostenpauschale oder als unselbstständiger Teil einer Bruttokaltmiete qualifiziert werden. Die jeweilige Einordnung entscheidet über die wirtschaftlich wichtige Frage, ob und ggf. wie der Vermieter Betriebskostenmehrbelastungen an den Mieter weitergeben kann.

66 Nach vorherrschender Ansicht wandelt sich der unwirksame Vorauszahlungsbetrag im Wege der **Vertragsauslegung** nach §§ 133, 157 BGB in eine **Betriebskostenpauschale.**[120] Nun ist in der Praxis festzustellen, dass Vorauszahlungen nicht selten mit einem beträchtlichen Sicherheitszuschlag kalkuliert sind, obwohl sie bei der Vermietung von Wohnraum nach § 556 Abs. 2 Satz 2 BGB eine angemessene Höhe nicht übersteigen dürfen. Gegen die Annahme einer Pauschale wird daher angeführt, dass dem Mieter auf diese Weise das zu erwartende Guthaben aus der – nunmehr unzulässigen – Abrechnung abgeschnitten werde.[121] Dieser Effekt stellt sich in der Tat ein, das Ergebnis unterscheidet sich jedoch nicht von demjenigen bei der originären Vereinbarung einer Pauschale, die üblicherweise von vornherein mit einem geschätzten Sicherheitszuschlag für Kostensteigerungen angesetzt ist. Soweit es sich um Wohnraum handelt und eine Ermäßigung der Betriebskostenlast, z. B. bei den verbrauchsabhängigen Kosten durch sparsames Verhalten des Mieters, eintritt, ist der Vermieter ohnehin aus § 560 Abs. 3 BGB zur Herabsetzung der Pauschale verpflichtet. Waren die **Vorauszahlungen zu knapp** bemessen, darf der Vermieter von Wohnraum den Mieter nach Maßgabe des § 560 BGB mit den erhöhten Betriebskosten belasten, wenn der Mietvertrag einen sog. Erhöhungsvorbehalt enthält, d. h. das Recht, Mehrkosten auf den Mieter umzulegen; fehlt der Vorbehalt, kann er immer noch auf den Ansatz im Rahmen einer allgemeinen Mieterhöhung nach § 558 BGB zurückgreifen. Der Vermieter von **Gewerberaum,** dessen Mietvertrag keinen Erhöhungsvorbehalt aufweist, hat keine Möglichkeit, die Kostensteigerungen weiterzugeben, er behält aber immerhin den auf die Betriebskosten angesetzten Betrag.

2. Teilweise unwirksame Abwälzung

67 Enthält der Mietvertrag einen Kostenkatalog, aus dem nur einzelne Betriebskosten als umlagefähig gekennzeichnet wurden, sind nur diese in einer Abrechnung ansatzfähig (s. Rdn. 37). Soweit weitere Kosten schon bei Abschluss des Mietvertrags anfielen, bilden sie den Betriebskostenanteil der dadurch entstandenen **Teilinklusivmiete.** Dasselbe gilt, wenn der Mietvertrag nur einzelne Betriebskostenarten aufführt und im Übrigen auf die BetrKV oder § 2 BetrKV bzw. § 27 II. BV oder dessen Anl. 3 Bezug nimmt (s. Rdn. 50ff.) Auch wenn der Vermieter durch die Bezugnahme eine Vollumlage erzielen wollte, verbleibt es bei einer Teilinklusivmiete. Als deren sog. Betriebskostenanteil sind sie nur ein Rechnungsposten der einheitlichen Teilinklusivmiete (vgl. Rdn. 19).

---

[118] OLG Dresden NZM 2000, 827 m. abl. Anm. *Langenberg* NZM 2000, 801.

[119] OLG Düsseldorf NZM 2002, 526 = ZMR 2002, 595 (ausdrücklich gegen OLG Dresden NZM 2000, 827).

[120] OLG Düsseldorf GE 2002, 858 = GuT 2002, 136 = NZM 2002, 526; AG Neuss ZMR 1997, 305; AG München NZM 1999, 415; *Kleffmann* WuM 1987, 160; *Sternel* Mietrecht aktuell (2009) Rdn. V 138.

[121] *Weitemeyer* in Staudinger § 556 Rdn. 52.

Anders als bei der vollständig unwirksamen Abwälzung verbleibt hier kein Betrag, der als Pauschale behandelt werden könnte; die ausgewiesenen Vorauszahlungen beziehen sich nur auf die abrechenbaren Betriebskosten. Zur Erhöhung der Teilinklusivmiete s. § 560 BGB Rdn. 4, 128.

V. Besonderheiten bei der Vermietung von Gewerberaum

1. Grundsätze

Bei der Vermietung von Gewerberaum ist, grundsätzlich auch formularvertraglich, die Umlage von Betriebskosten möglich, die **nicht im Betriebskostenkatalog** des § 2 BetrKV ausdrücklich aufgeführt sind. In der Sache entsprechen sie zum einen denjenigen, die bei Wohnraum unter § 2 Nr. 17 BetrKV fallen, zum anderen kann es sich, anders als nach § 1 Abs. 2 BetrKV, auch um Instandhaltungs- und Verwaltungskosten handeln. Für die **Umlagevereinbarung** als solche gelten die oben, zum Teil ausdrücklich auch für Gewerberaum, dargestellten Voraussetzungen. Dies bedeutet insbesondere, dass die Abrede einen **klaren Inhalt** haben muss, damit die auf den Mieter zukommende Belastung deutlich ist; wie bei Wohnraum (vgl. Rdn. 47) reicht daher die bloße Angabe *„Sonstige Kosten"* nicht, um die spezifischen Kosten der jeweiligen gewerblichen Nutzung auf den Mieter abwälzen zu können.[122] Ebenso reicht die Vereinbarung, dass der Mieter die *„Nebenabgaben und Kosten, die mit dem Betrieb des Mietgegenstands zusammenhängen"* zu tragen hat, auch dann nicht, wenn es sich bei dem Mieter um einen bundesweit tätigen Filialisten handelt.[123] Ist im Mietvertrag vereinbart, dass *„Nebenkosten … in ihrer tatsächlich nachgewiesenen Höhe* ***ohne Beschränkung auf die in der Anl. 3 zu § 27 Abs. 1 der II. Berechnungsverordnung aufgeführten Kosten*** *auf die Mieter umgelegt"* werden, ist die Übertragung der Kosten für *„Versicherungen"* unwirksam. Zur Ausfüllung des Begriffs kann nicht auf die Bestimmungen der Anl. 3 zu § 27 II. BV bzw. § 2 BetrKV zurückgegriffen werden, weil die daraus resultierenden Beschränkungen im Mietvertrag ausdrücklich ausgeschlossen wurden. Aus denselben Gründen ist die Überbürdung der Kosten für *„Hausmeister"* unwirksam. Eine solche Regelung ermöglicht es dem Vermieter zudem, über die Umlage der Hausmeistervergütung auch einen Teil der Kosten für Instandhaltung und Instandsetzung von Gemeinschaftsflächen auf den Mieter abzuwälzen; sie ist nur dann wirksam, wenn der Mieter insgesamt durch eine Kostenobergrenze gegen die „uferlose" Übertragung der Erhaltungslast für Allgemeinbereiche geschützt ist.[124] Über die vom BGH behandelten Kostenarten Versicherungen und Hausmeister hinaus wird die Rechtsfolge aus der fehlenden Beschränkung auf den Kostenkatalog der Anl. 3 zu § 27 II. BV bzw. § 2 BetrKV auch alle Kostenarten erfassen, die nicht schon durch ihre Bezeichnung einen klar begrenzten Inhalt haben. 68

Auch sonstige **schlagwortartige Bezeichnungen,** welche mehrdeutig oder ungenau sind, genügen nicht,[125] jedenfalls solange sich in den beteiligten Wirtschaftskreisen kein eindeutiger Inhalt herausgebildet hat. Sie begegnen vor allem bei der Vermietung von Flächen in Einkaufszentren. Werden hier die *„Kosten von Gemeinschaftsflächen"* oder des ***„Center-Manager"*** ohne nähere Beschreibung im Mietvertrag genannt, ist die formularmäßige Umlagevereinbarung unwirksam.[126] Dies gilt indes nicht hinsichtlich zugleich ausdrücklich umgelegter Verwaltungskosten. Hier bleibt es bei der Ansatzfähigkeit der Verwaltungskosten, weil die Abrede insoweit hinreichend bestimmt ist i. S. des § 307 Abs. 1 Satz 2 BGB.[127] Anders verhält es sich, wenn in der vereinbarten Umlage der *„Kosten für das Management"* auch Verwaltungskosten eingerechnet sind. Die Klausel ist intransparent sowie nach Grund und Höhe unbestimmt; sie darf nicht im Wege der geltungserhaltenden Reduktion auf einen wirksamen Teil (Verwaltungskosten) reduziert werden.[128] **Unproblematisch** sind nur **konkrete Angaben,** z. B. dass der Vermieter den Mieter mit den anteiligen laufenden

---

[122] Z. B. OLG Düsseldorf GE 2012, 202.

[123] OLG Schleswig InfoM 2012, 272 m. Anm. *v. Seldeneck.*

[124] BGH (XII ZR 112/10) NZM 2013, 85 = WuM 2012, 662.

[125] BGH (XII ZR 158/01) DWW 2005, 372 = GE 2005, 1185 = GuT 2005, 213 = NZM 2005, 863 = ZMR 2005, 844 für die Formulierung: *„alle für den Betrieb, die Unterhaltung, Bewachung und Verwaltung notwendigen Kosten einschließlich der Gestellung und Unterbringung des hierfür erforderlichen Personals"*.

[126] BGH (XII ZR 56/11) NZM 2014, 830; (XII ZR 205/09) GE 2011, 1301 = NZM 2012, 24; OLG Rostock NZM 2005, 507; KG GE 2002, 327 = NZM 2002, 954; *Schultz* S. 117; *Streyl* NZM 2014, 409 (411 f.); **a. A.** *Fritz* Rdn. 127 a.

[127] BGH (XII ZR 112/10) NZM 2013, 85 = WuM 2012, 662; (XII ZR 205/09) GE 2011, 1301 = NZM 2012, 24.

[128] OLG Düsseldorf DWW 2012, 172 = ZMR 2012, 438.

Kosten von Befahranlagen für Glasdächer und Fassaden, der regelmäßigen Reinigung von Glasfassaden,[129] von Fahnen/Fahnenmasten oder Hinweisschildern[130] oder der Wartung von Betriebsvorrichtungen[131] belastet.

69 Es ist im Grundsatz zulässig, dem Mieter anteilige Kosten aus **Instandhaltung und Instandsetzung** aufzuerlegen. Es sind indes Besonderheiten und Einschränkungen zu beachten. Zwar gehören die Kosten der Überprüfung der Funktionsfähigkeit einer technischen Anlage als Inspektions- und Wartungskosten nicht zu den Instandhaltungskosten.[132] Im Regelfall sind die Vermieter von Gewerberaum jedoch daran interessiert, nicht nur die Kosten der bei einer Wartung anfallenden Erneuerung von Kleinteilen (vgl. z. B. zum Aufzug Rdn. 136) anzusetzen, sondern auch größere Teile der Anlage, sog. **Verschleißteile.** Sollen auch die Kosten des vorsorglichen Austauschs größerer Verschleißteile umgelegt werden, bedarf es bei formularvertraglicher Vereinbarung nach dem **Transparenzgebot** einer Klausel, welche näher beschreibt, was unter einem Verschleißteil im Einzelnen zu verstehen ist und unter welchen Voraussetzungen die Austauschkosten ansatzfähig sind.[133] Hieran fehlt es meist, zumal schon die häufige Klausel, mit der den Mietern *„die laufende Instandhaltung und Instandsetzung im Innern der Räume"* auferlegt wird, dem Transparenzgebot nicht genügt. Derartige Regelungen machen nicht deutlich, dass die Instandsetzungspflicht des Mieters nicht anfängliche Mängel sowie Schäden betrifft, deren Ursache außerhalb der Risikosphäre des Mieters liegt.[134] Erst recht gilt dies für die Beteiligung der Mieter an den Kosten der Instandsetzung von Gemeinschaftsanlagen, solange sie keine Begrenzung zur Höhe enthalten.[135]

Es ist inzwischen häufig anzutreffen, dass der Mieter mit einem Anteil der **Verwaltungskosten** des Vermieters belastet wird, so z. B. den Verwaltungskosten bei der Vermietung bei Teileigentum,[136] den Kosten einer rechtlich nicht mit dem Vermieter identischen Hausverwaltung,[137] aber auch einer Verwaltungspauschale zur Abgeltung des Verwaltungsaufwands des Vermieters. Es besteht Streit darüber, ob für den Mieter aus der Angabe des bloßen Begriffs Verwaltungskosten hinreichend erkennbar ist, welche Belastungen auf ihn zukommen können, mithin, ob dem **Transparenzgebot** aus § 307 Abs. 1 Satz 2 BGB Rechnung getragen ist. Nach einer Ansicht fehlt es mangels Erläuterung an der notwendigen inhaltlichen Bestimmtheit.[138] Nach anderer Ansicht, der sich der **BGH** angeschlossen hat,[139] ist zur Ausfüllung des Begriffs auf die hinreichend geläufige Definition in § 26 Abs. 1 II. BV und § 1 Abs. 2 Nr. 1 BetrKV zurückzugreifen,[140] so dass der Mieter erkennen könne, mit welcher Belastung er zu rechnen habe. Die Abwälzung von Verwaltungskosten kann daher auch durch eine Formularklausel erfolgen.[141] Die schlagwortartige Angabe *„Verwaltungskosten"* reicht mithin für deren Abwälzung aus, sofern sie nicht an systemwidriger und damit überraschender Stelle im Vertrag erscheint (§ 305c Abs. 1 BGB); es genügt, sie z. B. unter der Überschrift „Aufstellung der Betriebskosten" aufzuführen. Die Umlage von Verwaltungskosten ist auch dann wirksam, wenn die Abwälzungsklausel **keine Bezifferung** oder höhenmäßige Begrenzung der Kosten enthält;[142] allerdings ergibt die Auslegung der Klausel eine Beschränkung auf das Orts-

---

[129] Vgl. LG Frankfurt/M. Urt. v. 18.3.2005 – 2–11 S 242/04.

[130] *Pfeifer* DWW 2000, 14; *Schmidt* MDR 1999, 1296.

[131] OLG Frankfurt/M. GE 2016, 326 = NZM 2016, 264; OLG Koblenz ZMR 2013, 795.

[132] Z. B. BGH (VIII ZR 221/08) GE 2010, 118 = NZM 2010, 79 = WuM 2010, 33.

[133] Z. B. durch Beifügung der Richtlinie GEFMA/gif 210 (Dezember 2006).

[134] Dazu im Einzelnen *Langenberg/Zehelein* Schönheitsreparaturen II Rdn. 40ff.

[135] BGH (XII ZR 56/11) NZM 2014, 830; (XII ZR 112/10) NZM 2013, 85 = WuM 2012, 662; (XII ZR 158/01) GE 2005, 1185 = GuT 2005, 213 = NZM 2005, 863 = ZMR 2005, 844; LG Essen NZM 2016, 265 = ZMR 2016, 780.

[136] OLG Frankfurt WuM 1985, 91.

[137] OLG Hamburg NZM 2002, 388; OLG Nürnberg WuM 1995, 308.

[138] OLG Rostock DWW 2008, 220 = GuT 2008, 200; OLG Köln (22. ZS) NZM 2008, 368 = ZMR 2008, 449 m. Anm. *Lützenkirchen;* KG GE 2002, 327 = NZM 2002, 954; *Lützenkirchen* GE 2006, 614 (615ff.); *Seldeneck* Rdn. 6221; *v. Westphalen* NZM 2015, 112 (114); *Wolf/Eckert/Ball* Rdn. 512.

[139] BGH (XII ZR 205/09) GE 2011, 1301 = NZM 2012, 24; (XII ZR 109/08) GE 2010, 261 = GuT 2010, 23 = NZM 2010, 123.

[140] So OLG Köln (1. ZS) GuT 2008, 31 = NZM 2008, 366; OLG Hamburg NZM 2002, 388; *Fritz* Rdn. 127a; *Ludley* NZM 2006, 851 (852) unter Verweis auf § 27 WEG.

[141] Z. B. BGH (XII ZR 69/08) GE 2010, 482 = GuT 2010, 96 = NZM 2010, 279; zustimmend *Streyl* NZM 2014, 409 (414); **a. A.** *Lehmann-Richter* ZMR 2012, 837 (840) wegen unangemessener Belastung des Mieters (§ 307 Abs. 1 Satz. 1 BGB).

[142] **A. A.** LG Essen NZM 2016, 265 = ZMR 2016, 780 m. krit. Anm. *Kraemer.*

übliche und Notwendige,[143] zudem ist der Mieter durch das auch im Gewerberaummietrecht vom Vermieter zu beachtende Wirtschaftlichkeitsgebot geschützt.[144] Diese Gesichtspunkte sperren z. B. den Ansatz ungewöhnlicher Stundenhonorare oder Sondervergütungen. Bei bezifferter Höhe wird üblicherweise ein Anteil von 3%–5% der Nettomiete vereinbart, er kann jedoch darunter, bei hochpreisigen Objekten auch darüber liegen.[145] Jedenfalls regional kann auch die Bruttomiete üblich sein, z. B. in Höhe von 5,5%.[146] Die Brutto*soll*miete scheidet als Bezugsgröße aus, weil sie dem Vermieter bei Leerstand ermöglicht, z. B. die zuletzt gültige Miete zugrunde zu legen, und damit einen Teil des Vermietungsrisikos auf den Mieter abzuwälzen.[147]

Nicht selten findet sich die Umlage der ***„kaufmännischen und technischen"*** **Hausverwaltung.** Unter technischer Verwaltung ist die Vergabe von Instandhaltungs- und Instandsetzungsaufträgen an Handwerker, ihrer Überwachung und Bezahlung zu verstehen,[148] so dass es sich in der Sache nicht um eine Erweiterung des Verwaltungsbegriffs handelt, sondern um die Angabe der relevanten Bereiche unter dem Oberbegriff der Verwaltung; soll mit technischer Hausverwaltung allerdings der Begriff des Gebäudemanagements gem. DIN 32736 gemeint sein, wäre er viel zu weit gefasst, weil er weitgehend auf die originären Interessen des Eigentümers abzielt,[149] und damit überraschend ist (§ 305c Abs. 1 BGB). Soweit bei der technischen Hausverwaltung Überschneidungen zum Hauswart und ggf. zur Instandhaltung in Betracht kommen, betrifft dies nicht die Wirksamkeit der Abwälzung, sondern ist bei der Betriebskostenabrechnung sorgfältig zu prüfen.[150]

2. Mehrwertsteuer auf die Betriebskosten

Vermietet ein **Unternehmer Gewerberaum an einen anderen Unternehmer** für dessen Unternehmen, kann der Vermieter nach § 9 Abs. 1 UStG auf die Steuerfreiheit seiner Mieteinnahmen (§ 4 Nr. 12a UStG) verzichten, wenn der Mieter eine vorsteuerabzugsfähige Nutzung (§ 15 UStG) ausübt (§ 9 Abs. 2 UStG).[151] Macht er von dieser Option Gebrauch und vereinbaren die Parteien, dass der Mieter neben der Nettomiete auch auf die Betriebskosten Mehrwertsteuer zu zahlen hat, ergeben sich keine Probleme; zur Verpflichtung des Mieters zur Zahlung von Mehrwertsteuer auf den vollen Saldo einer Betriebskostenabrechnung s. Rdn. 372. Fraglich ist, wie es sich rechtlich verhält, wenn zwar die Nettomiete der Mehrwertsteuer unterworfen, jedoch versäumt wurde, eine entsprechende Bestimmung hinsichtlich der Betriebskosten zu treffen. Nach einer Ansicht fehlt es dann an der notwendigen eindeutigen Regelung, die erst die Verpflichtung des Mieters begründe.[152] Diese Meinung berücksichtigt jedoch nicht ausreichend, dass die Betriebskosten Teil des vom Mieter zu zahlenden Gesamtmietzinses sind, es sich also um einen einheitlichen steuerbaren Umsatz handelt (s. ausführl. Rdn. 372); ein isolierter Verzicht auf die Steuerfreiheit nur bezogen auf die Nettomiete ist nicht möglich. Würde dieser Ansicht gefolgt, müsste der Vermieter den Teil der Mehrwertsteuer, der auf die Betriebskosten entfällt und den er an das Finanzamt abzuführen hat, aus der Nettomiete bestreiten. Es ist offensichtlich, dass dies von den Parteien bei Abschluss des Mietvertrags nicht beabsichtigt war. Nach überwiegender Auffassung ist der Vertrag daher ergänzend (§ 157 BGB) dahin auszulegen, dass sich die Verpflichtung des Mieters zur Zahlung von Umsatzsteuer auch auf die Betriebskosten erstreckt.[153] 70

Haben die Parteien die Zahlung von **Umsatzsteuer vereinbart,** obwohl die beschriebenen **Voraussetzungen nicht** vorliegen, macht diese Abrede die nach dem Gesetz steuerfreien Umsätze

---

143 BGH (XII ZR 56/11) NZM 2014, 830; (XII ZR 109/08) GE 2010, 261 = GuT 2010, 23 = NZM 2010, 123 = ZMR 2010, 352 m. Anm. *Schmid*.
144 BGH (XII ZR 170/13) NZM 2015, 132.
145 *Seldeneck* Rdn. 6221; AG Schöneberg ZMR 2000, 685: 4%.
146 BGH (XII ZR 112/09) GE 2011, 946 = NZM 2012, 83.
147 Dazu *Lützenkirchen* GE 2006, 614 (618).
148 OLG Rostock DWW 2008, 220 = GuT 2008, 200.
149 *Joachim* NZM 2008, 563 (564f.).
150 BGH (XII ZR 109/08) GE 2010, 261 = GuT 2010, 23 = NZM 2010, 123; *Schmid* GuT 2008, 15.
151 Dazu ausführlich *Beck* GE 2014, 42; *Herrlein* NZM 2013, 404 (412f.); *Schütz* NZM 2014, 417; *Weitemeyer* NZM 2006, 881.
152 OLG Düsseldorf WuM 1993, 411; LG Bochum WuM 1997, 210; LG Berlin GE 1995, 497.
153 OLG Schleswig GE 2001, 851 = ZMR 2001, 618; OLG Düsseldorf DWW 1996, 251 = ZMR 1996, 82, ZMR 2000, 603; LG Hamburg Urt. v. 2.7.1999 – 311 S 80/99; *Bub* in Bub/Treier II Rdn. 1967; *Fritz* Rdn. 99b; *Sternel* Mietrecht aktuell (2009) Rdn. V 360; *Weitemeyer* NZM 2006, 881 (890); *Westphal* ZMR 1998, 264 (265); *Wolf/Eckert/Ball* Rdn. 514.

nicht etwa steuerpflichtig.[154] Ob der Vermieter die auf die Miete nebst Betriebskosten gezahlte Umsatzsteuer aus ungerechtfertigter Bereicherung an den Mieter herauszugeben hat, ist eine Frage des Einzelfalls. War der Mieter mit dem Gesamtmietzins, d. h. einschließlich des auf die Umsatzsteuer entfallenden Betrags einverstanden und es ihm gleichgültig, ob der Vermieter tatsächlich Umsatzsteuer abzuführen hat, erfolgte die Leistung mit Rechtsgrund, so dass ein Rückzahlungsanspruch des Mieters ausscheidet.[155]

D. Umlagefähige Betriebskosten (Abs. 1 Satz 1 und 2)

71 Die Parteien können vereinbaren, dass der Mieter Betriebskosten i. S. d. § 19 Abs. 2 WoFG (bis 31.12.2006), nach § 556 Abs. 1 BGB oder der BetrKV zu tragen hat, wobei der Katalog nach § 2 BetrKV wie zuvor nach der Anl. 3 zu § 27 II. BV maßgeblich ist. Auf dieser Grundlage sind sowohl die (kalten) Betriebskosten i. S. d. Sprachregelung, die sich inzwischen weitgehend durchgesetzt hat, eingeschlossen wie auch die Heizkosten. Wird dieser Sprachgebrauch zugrunde gelegt, gestattet die Vorschrift **Regelungen zu** beiden Kostengruppen, die zusammen meist als **Nebenkosten** bezeichnet werden. Dies entspricht der Bestimmung in § 24 Abs. 1 Satz 2 Nr. 3 II. BV, die ebenfalls allgemein nur Betriebskosten nennt. Im Folgenden werden allein die Betriebskosten im engeren Sinne behandelt, zu den Heizkosten ist auf die Kommentierung zur HeizkostenV zu verweisen.

I. Definition des § 556 Abs. 1 Satz 2 BGB bzw. § 1 BetrKV

72 Nach der Definition des § 556 Abs. 1 Satz 2 BGB bzw. § 1 Abs. 1 Satz 1 BetrKV (weitgehend = § 27 Abs. 1 II. BV) sind Betriebskosten solche Kosten, die dem Eigentümer (Erbbauberechtigten)

– durch das Eigentum am Grundstück (Erbbaurecht) oder
– durch den bestimmungsmäßigen Gebrauch des Gebäudes, der Nebengebäude, Anlagen, Einrichtungen und des Grundstücks

laufend entstehen.

73 Diese Definition gilt für **preisgebundenen Wohnraum** wie für **preisfreien** über § 556 Abs. 1 BGB unmittelbar (dazu Rdn. 33). Bei Gewerberaum-Mietverhältnissen ist sie nur bei einer entsprechenden Vereinbarung verbindlich; im Rahmen der Vertragsauslegung wird sie jedoch häufig herangezogen (zur Umlage anderer Kosten bei Gewerberaum s. Rdn. 68f.).

1. Kosten des Eigentümers

74 Durch die Aufnahme der Definition in § 556 Abs. 1 Satz 2 BGB ist klargestellt, dass die Definition für **jeden Vermieter von Wohnraum** gilt, gleichviel ob er als Eigentümer, Erbbauberechtigter, Untervermieter oder gewerblicher Zwischenvermieter handelt. Die frühere Ausnahme für bestimmte Mietverhältnisse, die in § 10 Abs. 3 Nr. 2–4 MHG aufgeführt waren, ist weggefallen; § 549 Abs. 2, 3 BGB enthält keinen entsprechenden Ausschluss mehr.

75 **a) Unmittelbare Mieterleistungen.** Betriebskosten sind **nicht ansatzfähig,** wenn *„sie üblicherweise vom Mieter außerhalb der Miete unmittelbar getragen werden"*.[156] Das können zum einen je nach der regionalen Übung solche Kosten sein, die zwar grundsätzlich den Eigentümer treffen – insoweit also unter die Definition des § 556 Abs. 1 Satz 2 BGB fallen –, hier aber vom Mieter direkt ausgeglichen werden. Dazu zählt der unmittelbare Erwerb der entsprechenden Leistung, z. B. bei der Schornsteinreinigung oder beim Kauf von Müllsäcken oder sog. Müllmarken für die Müllabfuhr. Dazu gehört aber auch der eigene Arbeitseinsatz des Mieters wie bei der Straßenreinigung, meist durch den Erdgeschossmieter. Zum anderen handelt es sich um Kosten, die sich für den Mieter ergeben, wenn ihm durch den Mietvertrag nur eine Betriebsmöglichkeit zur Verfügung gestellt wurde, er für die Betriebsmittel aber selbst zu sorgen hat. In diesen Fällen ist er gehalten, entweder selbst Vertragspartner und damit Kostenschuldner eines Versorgungsunternehmens (Strom, Gas, Wasser) zu werden oder sich z. B. bei Beheizung mit Öfen oder einer Wohnungsheizung[157] das Brennmaterial zu beschaffen.

---

[154] BGH (XII ZR 79/07) NZM 2009, 237; (XII ZR 292/02) GuT 2004, 159 = NZM 2004, 785.
[155] BGH (XII ZR 79/07) GE 2009, 840 = GuT 2009, 22; KG GE 2012, 1316 = ZMR 2012, 860.
[156] Vgl. den früheren Vortext zur Anl. 3 zu § 27 II. BV.
[157] Vgl. BayObLG NJW-RR 1997, 715 = WuM 1997, 234 = ZMR 1997, 256.

b) Eigenleistungen des Eigentümers. aa) Zulässigkeit des Ansatzes. Unter Betriebskosten gem. § 556 Abs. 1 Satz 2 BGB sind solche Kosten zu verstehen, die dem Eigentümer durch die **Inanspruchnahme von Fremdleistungen** erwachsen. Dies folgte bisher sowohl aus § 27 Abs. 2 II. BV wie auch aus dem Vortext zur Anl. 3 zu § 27 Abs. 1 II. BV. Bei den meisten Betriebskostenarten ist er ohnehin auf die Leistungen von Ver- und Entsorgungsunternehmen oder Fachfirmen angewiesen. 76

Als Ausnahme hierzu gestattete § 27 Abs. 2 II. BV bei der Vermietung von Wohnraum der in § 1 II. BV genannten Art, dem sog. preisgebundenen Wohnraum, dass der Eigentümer eigene Sach- und Arbeitsleistungen, durch die Betriebskosten erspart wurden, mit dem **Betrag** ansetzte, der **für gleichwertige Leistungen eines Dritten,** insbesondere eines Unternehmers, hätte aufgewandt werden müssen, reduziert um die Umsatzsteuer des Dritten. § 19 Abs. 2 Satz 1 WoFG wiederholte nur § 27 Abs. 1 II. BV, nicht jedoch die Erweiterung gem. § 27 Abs. 2 II. BV. Die Fortgeltung dieser Bestimmung ergab sich indes aus § 46 Abs. 3 Satz 2 WoFG, und zwar bis zum Erlass der Rechtsverordnung nach § 19 Abs. 2 Satz 2 WoFG, d. h. der BetrKV. § 27 Abs. 2 II. BV war damit vorerst weiterhin anzuwenden. 77

Nunmehr regelt **§ 1 Abs. 1 Satz 2 BetrKV die Ansatzfähigkeit von Eigenleistungen des Vermieters.** Das frühere Problem, ob und ggf. inwieweit § 27 Abs. 2 II. BV auf preisfreien Wohnraum übertragbar war, hat sich erledigt. Dadurch dass § 556 Abs. 1 Satz 3 BGB auf die Betriebskostenverordnung Bezug nimmt, ist § 1 Abs. 1 Satz 2 BetrKV gleichermaßen auf preisgebundenen und preisfreien Wohnraum anzuwenden. 78

Es hat keine sachliche Bedeutung, dass der **Textteil** in § 27 Abs. 2 II. BV, nach dem Sach- und Arbeitsleistungen, *„durch die Betriebskosten erspart werden"*, umgelegt werden dürfen, in der Formulierung des § 1 Abs. 1 Satz 2 BetrKV **weggefallen** ist. Im Grunde handelte es sich um einen irreführenden Passus, weil er den Anschein erweckte, Eigenleistungen seien nur ansatzfähig, wenn damit eine Kostenersparnis einhergehe. Tatsächlich beruhte er darauf, dass als Betriebskosten nur Fremdkosten zu verstehen sind, die eben durch Eigenleistungen erspart werden.[158] Dieses Verständnis gilt zwar weiterhin, weil es sonst der Ergänzung in § 1 Abs. 1 Satz 2 BetrKV nicht bedurft hätte, die Streichung des Passus dient indes der Klarstellung. 79

§ 1 Abs. 1 Satz 2 BetrKV schafft mithin **keine** besondere, **zusätzliche Betriebskostenart.** Die Gleichstellung ermöglicht nur, dass ein bestimmter Bewirtschaftungsaufwand des Eigentümers ebenfalls umgelegt wird. Dieser Aufwand ist an den Betriebskostenkatalog gebunden, wie sich aus dem Einleitungstext des § 2 BetrKV (*„Betriebskosten i. S. v. § 1 sind ..."*) ergibt. Der Mieter wird nicht zusätzlich belastet, sondern es findet allein eine ggf. kostengünstigere Verlagerung des Aufwands statt. 80

Aus der bloßen Gleichstellung folgt, dass § 1 Abs. 1 Satz 2 BetrKV nicht mit der Definition der Betriebskosten in § 556 Abs. 1 Satz 2 BGB kollidiert. Die Einhaltung der gesetzlichen Regelung ist zudem durch die Bindung an den Betriebskostenkatalog abgesichert. 81

bb) Voraussetzungen des Ansatzes. Verweist die Umlagevereinbarung generell auf § 556 Abs. 1 BGB oder die BetrKV, sind Eigenleistungen des Eigentümers stets auch dann umlegbar, wenn der Mietvertrag, wie oft, keine entsprechende Regelung enthält. Ist im Mietvertrag allerdings nur auf die Anl. 3 zu § 27 II. BV oder § 2 BetrKV Bezug genommen oder nur der Betriebskostenkatalog wiedergegeben, **fehlt die vertragliche Einbeziehung der Regelung in § 1 Abs. 1 Satz 2 BetrKV.** Abweichend von der hier bisher vertretenen Ansicht bedeutet dies jedoch nicht, dass der Eigentümer keine Eigenleistung ansetzen darf. Es wäre sachlich nicht gerechtfertigt, ihm den Ansatz seines Aufwands für Arbeiten, die zu den vereinbarten umlagefähigen Betriebskostenarten gehören, etwa eines Hausmeisters, abzuschneiden. Die fehlende vertragliche Einbeziehung hat indes zur Folge, dass er **nur** seinen wirtschaftlich angemessenen **tatsächlichen Aufwand** in Ansatz bringen darf (s. Rdn. 84). 82

cc) Umfang des Ansatzes. Bei **wirksamer vertraglicher Einbeziehung** der Regelung in § 27 Abs. 2 II. BV/§ 1 Abs. 1 Satz 2 BetrKV darf der Vermieter die Kosten umlegen, die für eine gleichwertige Leistung eines Dritten, insbesondere eines Unternehmers, angesetzt werden können. Er hat dadurch die Möglichkeit, zu bestimmten Arbeiten verschiedene Angebote einzuholen und die Kosten nach dem **günstigsten Angebot** für die Berechnung seiner Eigenleistung zugrunde zu legen.[159] Das Angebot dient dabei **als Nachweis des Aufwandes,** wobei es sich von selbst ver- 83

---

[158] Ausführlich *Zehelein* NZM 2014, 649 (653).
[159] BGH (VIII ZR 41/12) NZM 2013, 120 = WuM 2013, 44 = ZMR 2013, 257.

steht, dass der Vermieter auch die von der jeweiligen Leistungsbeschreibung erfassten Arbeiten tatsächlich erbringt; soweit dies nicht der Fall ist, muss er sich in demselben Umfang Kürzungen gefallen lassen, wie sie bei der unzureichenden Erledigung von Arbeiten durch Fremdunternehmen vorzunehmen sind. Nach der eindeutigen Regelung in § 1 Abs. 1 Satz 2 BetrKV ist es dem Vermieter daher möglich, höhere Kosten in der Betriebskostenabrechnung anzusetzen, als sie bei ihm angefallen waren,[160] was genau betrachtet nicht mit dem Grundsatz in Einklang steht, dass nur tatsächlich entstandene Kosten umgelegt werden dürfen.

84 **Fehlt** die **vertragliche Einbeziehung,** zählen zu den umlagefähigen Kosten nur diejenigen, die dem Vermieter durch **nachweisbaren Aufwand** entstanden sind. Pauschale Ansätze sind unzulässig.[161] Soweit der Vermieter persönlich Arbeiten ausführt, kann er eine angemessene Vergütung berechnen, z. B. auf der Basis des gesetzlichen Mindestlohns. Lässt er die Arbeiten durch eigene Arbeitskräfte erledigen, kann er deren Kosten in Ansatz bringen.[162] In allen diesen Fällen ist der Vermieter allerdings grundsätzlich nicht berechtigt, Sachleistungen wie Anschaffung- und Unterhaltungskosten, Abschreibungen auf eingesetzte Geräte oder anteilige Gemeinkosten in Rechnung zu stellen.[163] Auch diese Kosten sind mit dem Mietzins abgegolten. Eine Ausnahme betrifft die Fälle, in denen der Betriebskostenkatalog selbst die Einbeziehung von Sachleistungen vorsieht, wie z. B. bei der Erneuerung von Pflanzen im Rahmen der Gartenpflege, beim Einsatz von Reinigungsmitteln bei der Gebäudereinigung oder bei der Verwendung von Streugut beim Winterdienst.

85 Handelt es sich um unselbstständige Einheiten, wie Abteilungen für Hauswartsdienste u. Ä. eines Großvermieters, gelten **uneingeschränkt die vorstehenden Ausführungen.**[164] Sind die Betriebe als sog. Regiebetriebe rechtlich verselbstständigt, etwa als Hauswarts-GmbH, kann der Vermieter die von diesen berechneten Kosten ansetzen, allerdings nur bis zur Höhe des Betrages, den üblicherweise andere Unternehmen für eine gleichwertige Leistung beanspruchen.[165] In derartigen Fällen verteuern sich die Kosten und damit die Belastung des Mieters zwangsläufig um die berechnete Umsatzsteuer, sofern keine Vorsteuerabzugsberechtigung besteht.

86 *derzeit nicht belegt*

2. Kosten durch das Eigentum am Grundstück oder seinen bestimmungsgemäßen Gebrauch

87 **a) Kosten durch das Eigentum.** Die Kosten können auf dem Eigentum am Grundstück beruhen. Damit scheiden Vorkosten sowie Erwerbs- und Baukosten aus. Es kommen zudem **ausschließlich objektbezogene Kosten** in Betracht. Wiederholte Leistungen z. B. an den Eigentümer des Nachbargrundstücks, damit dieser dessen unansehnlichen Zustand, etwa des Gartens, beseitigt, fallen nicht unter die Definition ebenso wie Kosten aus der sozialen Betreuung der Mieter.

88 **b) Kosten aus bestimmungsgemäßem Gebrauch.** Die Kosten können ferner *„durch den bestimmungsmäßigen Gebrauch des Gebäudes, der Nebengebäude, Anlagen, Einrichtungen oder des Grundstücks"* verursacht sein. Unter bestimmungsgemäßem Gebrauch ist aufgrund des Kontextes die **Bewirtschaftung durch Vermietung** zu verstehen, wobei auch hier die Vorkosten der Anwerbung von Mietern und des Abschlusses des Mietvertrags nicht zu den umlagefähigen Kosten gehören. Die Kosten des Gebäudes etc. halten sich nur dann in dem durch den bestimmungsgemäßen Gebrauch vorgegebenen Rahmen, wenn sie einer **ordentlichen Bewirtschaftung** entsprechen. Der Grundsatz der Wirtschaftlichkeit ist nunmehr durch die Aufnahme in §§ 556 Abs. 3 Satz 1, 560 Abs. 5 BGB in besonderem Maße zu beachten. Zu Bedeutung und Umfang dieses Grundsatzes wird auf die Ausführungen in § 560 Rdn. 71 ff. verwiesen.

---

160 LG Köln ZMR 2012, 444.
161 LG Berlin GE 1999, 909.
162 LG Berlin NZM 2002, 65.
163 *Sternel* III Rdn. 303.
164 BGH (VIII ZR 41/12) NZM 2013, 120 = WuM 2013, 44 = ZMR 2013, 257.
165 *Westphal* WuM 1998, 330 (331).

3. Laufende Kosten

Die Kosten müssen **relativ regelmäßig** anfallen. Dabei ist nicht vorausgesetzt, dass die Kosten jährlich entstehen; es genügt auch ein mehrjähriger Turnus, wie z. B. beim E-Check,[166] bei den Kosten aus der Überprüfung eines Aufzugs durch den TÜV oder der Eichung von Wohnungswasserzählern; es wird allerdings in Anlehnung an § 4a Abs. 1 Satz 3 i. V. m. § 4a Abs. 1 Satz 1 Nr. 3 II. BV vertreten, dass die Obergrenze des laufenden Entstehens bei einem Turnus von sechs Jahren liegt, soweit nicht insbesondere durch technische Regelwerke andere Abstände vorgegeben sind.[167] Es erscheint jedoch eher sachgerecht darauf abzustellen, ob der Turnus noch eine überschaubare Länge hat,[168] was z. B. bei der Öltankreinigung mit einem Intervall von bis zu sieben Jahren der Fall ist.[169] 89

Bei den nur **in langen Intervallen** entstehenden Betriebskosten ist streitig, **wann** sie angesetzt werden dürfen, ob sie also im Jahr ihrer Verursachung anzusetzen sind oder auf mehrere Jahre verteilt werden können; Probleme ergeben sich zusätzlich bei mehrjähriger Verteilung für Fälle des Mieterwechsels (hierzu im Einzelnen Rdn. 320 f.).

4. Konkrete Kosten

Nach § 24 Abs. 2 Satz 2 II. BV dürfen Bewirtschaftungskosten wie die Betriebskosten nur angesetzt werden, *„wenn sie ihrer Höhe nach feststehen oder wenn mit ihrem Entstehen sicher gerechnet werden kann"*. Letzteres ist insbesondere gegeben, wenn die Kosten aus entsprechenden **vertraglichen Verpflichtungen** des Vermieters gegenüber Dritten sicher zu erwarten sind; dies ist z. B. beim Zwischenvermieter nur hinsichtlich der Kosten der Fall, mit denen ihn der Hauptvermieter belasten kann. Beträge, die der Vermieter in Raten auf später u. U. anfallende Kosten ansparen will, gehören nicht zu den Betriebskosten.[170] Von dieser Begriffsbestimmung zu trennen ist die Frage, welche Kosten der Vermieter in eine Betriebskostenabrechnung einstellen darf. Die Problematik, ob er dort auch Abschlagszahlungen, die er seinerseits an die Versorgungsunternehmen entrichtet, ansetzen kann, ist ebenso im Zusammenhang mit dem Abrechnungsrecht zu behandeln wie die weitere, ob es auf den Verbrauchszeitraum, das Datum der Rechnungsstellung oder dasjenige des Mittelabflusses zur Bezahlung der Rechnung ankommt (s. Rdn. 304 ff.). 90

5. Abgrenzung zu anderen Kosten

Aus dem Eigentum am Grundstück und dessen Gebrauch entstehen verschiedene Bewirtschaftungskosten, u. a. Betriebskosten, Verwaltungskosten, Instandsetzungskosten, Kapitalkosten (vgl. § 24 Abs. 1 II. BV). Zwischen den verschiedenen Arten der Bewirtschaftungskosten können sich **Überschneidungen** ergeben. Da bei Wohnraummietverhältnissen nur die in § 2 BetrKV genannten Betriebskosten umlagefähig sind und zur Auslegung bei Gewerberaummietverhältnissen häufig auf den Betriebskostenkatalog zurückgegriffen wird, müssen sie von den anderen Bewirtschaftungskosten abgegrenzt werden. 91

a) Verwaltungskosten. Nach der **Definition** in § 1 Abs. 2 Nr. 1 BetrKV sind unter Verwaltungskosten *„die Kosten der zur Verwaltung des Gebäudes erforderlichen Arbeitskräfte und Einrichtungen, die Kosten der Aufsicht, der Wert der vom Vermieter persönlich geleisteten Verwaltungsarbeit, die Kosten für die gesetzlichen oder freiwilligen Prüfungen des Jahresabschlusses und die Kosten für die Geschäftsführung"* zu verstehen, also die Kosten, die der Vermieter selbst oder durch Arbeitskräfte wie Büropersonal, ggf. mit Hilfe von Einrichtungen (Büroausstattung) zur kaufmännischen und rechtlichen Verwaltung des Gebäudes aufwenden muss. Sie dienen dazu, den Wert der Immobilie und ihrer Rentabilität zu erhalten, z. B. um die bei der Vermietung anfallenden Geschäfte zu erledigen. Hierzu gehören auch die Kosten der allgemeinen Aufsicht über Grundstück und Gebäude. Die Begriffsbestimmung 92

---

[166] BGH (VIII ZR 123/06) GE 2007, 439 = NZM 2007, 282 = WuM 2007, 198 = ZMR 2007, 361.

[167] *Blank* WImmoT 2004, 95 (98); vgl. BGH (VIII ZR 221/08) GE 2010, 118 = NZM 2010, 79 = WuM 2010, 33: Öltankreinigung alle 5–7 Jahre.

[168] BGH (VIII ZR 221/08) GE 2010, 118 = NZM 2010, 79 = WuM 2010, 33 m. Anm. *Dittert* WuM 2010, 285.

[169] BGH (VIII ZR 221/08) GE 2010, 118 = NZM 2010, 79 = WuM 2010, 33 m. Anm. *Dittert* WuM 2010, 285.

[170] Vgl. AG Neuss DWW 1988, 284 = WuM 1988, 309.

macht deutlich, dass es sich um Kosten handelt, die dem Vermieter aus der Wahrnehmung seiner originären Interessen entstehen. Diese Kosten werden grundsätzlich mit der Miete abgegolten.

93 **Mit drei Ausnahmen** dürfen daher die **Kosten** für die **Erstellung der Betriebskostenabrechnungen** dem Mieter **nicht** belastet werden: Werden Einzelwasserzähler verwendet, sind die Kosten für die Berechnung und Aufteilung der Wasserkosten Betriebskosten (§ 2 Nr. 2 BetrKV), dasselbe gilt für die verbrauchsabhängige Abrechnung von Heiz- und Warmwasserkosten (§ 2 Nr. 4a, 5a BetrKV) sowie der Kosten der Müllbeseitigung, wenn Müllmengenerfassungsanlagen vorhanden sind (§ 2 Nr. 8 BetrKV). Diese Umlagemöglichkeiten sind systemfremd und im Grunde von der Definition der Betriebskosten in § 556 Abs. 1 Satz 2 BGB nicht gedeckt; es handelt sich um einen umweltpolitisch motivierten Anreiz für die Vermieter.[171] Der Aufwand für die Abrechnung z. B. von Stromkosten, der bei mehreren Zwischenzählern etwa in einem gemischt genutzten Objekt durchaus erheblich sein kann, ist ebenso wenig ansatzfähig wie der Aufwand für die Verteilung von Heizkosten, wenn die HeizkostenV nicht einschlägig ist, oder der Kosten maschineller Wascheinrichtungen.[172] Der Vermieter darf den Mieter allerdings mit den Kosten der Einzelzähler-Wasserabrechnung auch dann belasten, wenn sie nicht durch ein Fremdunternehmen erstellt wurde. Da Eigenleistungen des Vermieters ansatzfähig sind, kann er den tatsächlichen Zeit- und Personalaufwand berechnen, allerdings der Höhe nach nur bis zu vergleichbaren Fremdkosten; es geht nicht zulasten des Mieters, wenn der Vermieter oder sein Personal wegen der Schwierigkeit der Materie besonders viel Zeit benötigt, um eine ordnungsgemäße Abrechnung zustande zu bringen.

94 Hat sich der **Wohnungsmieter** verpflichtet, dem Vermieter über den Betriebskostenkatalog hinausgehende und damit **weitere periodische Kosten** in Form eines Festbetrages zu zahlen, handelt es sich um eine zusätzliche Leistung zum Nettomietzins. In Betracht kommen **z. B. Verwaltungskosten,** die der Wohnungseigentümer im Rahmen des sog. Wohngelds oder Hausgelds zu tragen hat,[173] was sachlich nur die Offenlegung der Kalkulation des Vermieters darstellt. Erhöhungen können jedoch nicht nach Betriebskostengrundsätzen, sondern allein nach § 558 BGB geltend gemacht werden.[174] Die teilweise Nichtigkeit der Betriebskostenregelung lässt die Mietvereinbarung im Übrigen nach § 134 BGB unberührt.[175] Vereinbaren die Parteien während des Bestehens eines Wohnungsmietvertrags, dass der Mieter auf andere, dem Vermieter entstehende Kosten (hier: Bank- und Hausverwaltungskosten) monatlich Vorauszahlungen zu leisten hat, die erhöht werden können und über die jährlich abzurechnen ist, ist auch diese Abrede nach § 557 BGB unwirksam; derartige Kosten kann der Vermieter dem Mieter zwar auf Grund der Vertragsfreiheit auferlegen, jedoch nur in der Weise, dass er sich mit ihm auf eine Erhöhung der Grundmiete um einen bestimmten Betrag gem. § 557 BGB einigt.[176] Demgegenüber kann sich der Vermieter mit dem **Gewerberaummieter** wirksam darauf verständigen, dass er auch andere periodisch anfallende Kosten, etwa Verwaltungskosten, in der jeweiligen Höhe tragen soll (s. auch Rdn. 68f.).

95 Die Problematik der **Kostentrennung** ist insbesondere bei den Hausmeisterkosten relevant. Je nach der Ausgestaltung des Hausmeistervertrags gehört es z. B. zu dessen Aufgaben, Vermieterschreiben zu verteilen, Zählerstände zu ermitteln und Wohnungszustandsprotokolle anzufertigen (hierzu Rdn. 184); die hierauf entfallenden Anteile des Hausmeisterentgelts sind im Rahmen der Betriebskostenabrechnung herauszurechnen und vom Vermieter zu tragen.

96 **b) Instandhaltungs- und Instandsetzungskosten.** Hierunter sind nach § 1 Abs. 2 Nr. 2 BetrKV die Kosten zu verstehen, die *„während der Nutzungsdauer zur Erhaltung des bestimmungsmäßigen Gebrauchs aufgewendet werden müssen, um die durch Abnutzung, Alterung, Witterungseinwirkung entstehenden baulichen oder sonstigen Mängel ordnungsgemäß zu beseitigen"*. Sie sind ein Kostenfaktor im Rahmen der Erhaltungswirtschaft, der in die betriebswirtschaftlichen Kalkulationsüberlegungen des Vermieters einbezogen wird.[177] Die Vorschrift fasst **unterschiedliche Kosten** zusammen. Während es sich bei Instandhaltung um Sicherungsmaßnahmen vor drohenden Schäden handelt,[178]

---

171 *Blank* WImmoT 2004, 95 (101).
172 AG Mülheim/Ruhr NZM 2001, 335.
173 LG Mannheim NZM 2000, 490.
174 OLG Koblenz RE 7.1.1986 WuM 1986, 50; LG Düsseldorf DWW 1996, 123; **a. A.** LG Braunschweig WuM 1996, 283.
175 BGH (VIII ARZ 13/83) RE 11.1.1984 WuM 1984, 68; LG Berlin GE 1998, 1396; GE 1999, 1648; LG Mönchengladbach WuM 1992, 200.
176 OLG Karlsruhe RE 6.5.1988 WuM 1988, 204.
177 BGH (VIII ZR 161/82) NJW 1984, 971.
178 LG Hamburg WuM 1995, 267.

geht es bei Instandsetzung um die Behebung bereits eingetretener Schäden, also um Reparaturen oder Wiederbeschaffung. Beide Kostenarten sind damit nicht als Betriebskosten umlagefähig, was indes im folgenden Betriebskostenkatalog nach § 2 BetrKV nicht durchgehalten ist. So besteht selbst für Instandsetzung eine ausdrückliche Ausnahme (Gartenpflege gem. § 2 Nr. 10 BetrKV), seltene weitere sind bei den einzelnen Kostenarten behandelt. Eine Veränderung zu der Regelung in § 28 Abs. 1 II. BV ist nach allem nicht eingetreten.

Für **Instandhaltung** gilt § 1 Abs. 2 Nr. 2 BetrKV ohnehin nur im Grundsatz. In der Form der Wartungskosten sind sie zunächst in den in § 2 BetrKV ausdrücklich zugelassenen Fällen als Betriebskosten umlagefähig (Nr. 2: Wassermengenregler,[179] Nr. 4: Heizung, Nr. 5 c: Warmwassergeräte, Nr. 7: Aufzug, Nr. 10: Gartenpflege, Nr. 15: Gemeinschaftsantenne und Nr. 16: maschinelle Wascheinrichtung). Darüber hinaus können sie als sonstige Betriebskosten angesetzt werden, soweit sie die Überprüfung technischer Einrichtungen auf Funktion und Sicherheit betreffen (dazu ausführlich Rdn. 206 ff.). **Instandsetzungskosten** sind Kosten aus Reparatur und Wiederbeschaffung. Sie sind grundsätzlich keine Betriebskosten.

Ist der Ansatz von Instandhaltungskosten nicht ausdrücklich zugelassen oder handelt es sich um **97**
Instandsetzungskosten, ist der entsprechende **Kostenanteil herauszurechnen,** wenn die Aufwendungen mit Betriebskosten zusammentreffen. Dies ist vor allem bei Vollwartungsverträgen (Aufzug, Antenne), Gartenpflege- und Hausmeisterkosten zu beachten.

derzeit nicht belegt **98**

c) Kapitalkosten. Kapitalkosten sind **keine** Bewirtschaftungskosten (vgl. § 18 Abs. 1 II. BV). **99**
Zinsbelastungen des Vermieters sind daher nie Betriebskosten.[180] Dasselbe gilt für verrentete Gebühren aus dem Anschluss an öffentliche Versorgungs- oder Entsorgungseinrichtungen oder Anliegerbeiträge.

Finanzierungskosten für die Anschaffung von Betriebsmitteln sind ebenfalls keine Betriebs- **100**
kosten, auch wenn deren Kosten umlagefähig sind, z. B. für den Ankauf von Heizöl.[181]

Leasingkosten sind grundsätzlich nur in den in § 2 BetrKV ausdrücklich genannten Fällen an- **101**
satzfähig:[182] Nr. 2: Wasserzähler, Nr. 4 a, 5 a: Ausstattung zur Verbrauchserfassung, Nr. 15 a: Antennenanlagen; zu Müllmengenerfassungsanlagen s. Rdn. 147. Die Argumentation, auch Mietkosten würden laufend und durch den bestimmungsgemäßen Gebrauch des Gebäudes entstehen, so dass sie unter § 2 Nr. 17 BetrKV fielen, wenn es um neu entstehende Betriebskosten gehe,[183] überzeugt nicht. Es handelt sich vielmehr um eine Umgehung der BetrKV, wenn nicht ansatzfähige Anschaffungskosten durch Anmietung zu laufenden Kosten mutieren sollen.[184] Ebenso wenig überzeugt es, zwischen den Kosten der Anschaffung einer Aufzugsanlage und den Kosten für die notwendige Überwachungsanlage zu trennen und diese allein dem Betrieb der Anlage zuzuschlagen.[185]

II. Definitionen des Betriebskostenkatalogs gem. § 2 BetrKV

Nach § 556 Abs. 1 Satz 1 BGB können die Parteien vereinbaren, dass *„der Mieter Betriebskosten* **102**
trägt". Was unter Betriebskosten zu verstehen ist, regelt § 556 Abs. 1 Satz 2 BGB; für die Aufstellung der Betriebskosten gilt nach § 556 Abs. 1 Satz 3 BGB die BetrKV[186] fort. Sie enthält in § 2 einen Betriebskostenkatalog, der weitgehend demjenigen in der Anlage 3 zu § 27 Abs. 1 II. BV entspricht; die wesentliche Änderung ist die Ersetzung des Wortes *„Fachmann"* durch das geschlechtsneutrale Wort *„Fachkraft".* Seine Definitionen sind über § 556 Abs. 1, 4 BGB (und § 20 Abs. 1 NMV) **für Wohnraum verbindlich.** Als allgemeine Begriffsbestimmungen können sie auch für Mietverhält-

[179] Art. 8 Nr. 5 Gesetz zur Reform des Wohnungsbaurechts v. 13. 9. 2001, BGBl. I S. 2376.

[180] Z. B. Erbpachtzins: AG Mannheim NZM 2009, 28; Erbbauzins: LG Osnabrück WuM 1987, 267, AG Hannover WuM 2002, 233.

[181] AG Siegburg WuM 1985, 345.

[182] LG Hagen DWW 2016, 175 = WuM 2016, 482 m. Bespr. *Wall* = ZMR 2016, 701; AG Dortmund WuM 2017, 203; AG Halle/Saale ZMR 2016, 708; AG Oranienburg GE 2016, 735; ebenso z. B. *Schmid* WuM 2013, 363; *Wall* Rdn. 2990; *Wüstefeld* WuM 2012, 133; vgl. auch BGH (VIII ZR 92/08) GE 2009, 258 = NZM 2009, 120 = WuM 2009, 115 = ZMR 2009, 354 m. Anm. *Schmid* zu § 7 Abs. 2 HeizKV (Leasingkosten für Brenner, Öltank und Verbindungsleitungen).

[183] LG Magdeburg GE 2012, 131 = NZM 2012, 305 (Anmietung von Rauchwarnmeldern).

[184] *Schmid* WuM 2013, 363.

[185] LG Gera WuM 2001, 615.

[186] Verordnung über die Aufstellung von Betriebskosten (Betriebskostenverordnung – BetrKV) v. 25. 11. 2003, BGBl. I S. 2346.

nisse über Gewerberaum herangezogen werden, sofern sich aus dem Mietvertrag nichts Anderes ergibt.

1. Laufende öffentliche Lasten des Grundstücks

Nr. 1: „die laufenden öffentlichen Lasten des Grundstücks, hierzu gehört namentlich die Grundsteuer;"

103 **a) Grundsätze.** Nach § 2 Nr. 1 BetrKV gehören die laufenden öffentlichen Lasten, insbesondere die Grundsteuer, zu den umlagefähigen Betriebskosten. Maßgeblich ist, dass es sich um **öffentliche Lasten** handelt, **die auf dem Grundstück selbst ruhen** und die als Bewirtschaftungskosten einzustufen sind. Realkirchensteuer, Deichabgaben und ähnliche laufende öffentliche Lasten sind daher umlagefähig, z. B. Beiträge zu Wasser- und Bodenverbänden[187]; nach § 29 WVG[188] ruht die Beitragspflicht der dinglichen Verbandsmitglieder als öffentliche Last auf den Grundstücken. Nicht hierzu gehören die BID-Abgaben. Sie ruhen zwar als öffentliche Last auf dem Grundstück,[189] was jedoch nur dem Zweck dient, die Finanzierung der Innovationen in einem business improvement district sicherzustellen, der die Attraktivität eines Einzelhandels-, Dienstleistungs- und Gewerbezentrums erhöhen soll, vermieteten Wohnraum mithin nicht betrifft. Ist Gewerberaum vermietet, kann die Umlage der BID-Abgabe vereinbart werden.

104 Nicht umlagefähig sind **Erschließungsbeiträge** für den Neubau von Straßen, Wegen und Plätzen, **Straßenausbaubeiträge** für die Erneuerung, Verbesserung oder Veränderung bestehender Straßen oder **Beiträge für Wasserversorgungs- und Abwasserbeseitigungsanlagen,** die nach BauGB oder Kommunalabgabengesetzen erhoben werden, **auch wenn** die **Beiträge verrentet** wurden;[190] in der Sache handelt es sich bei derartigen Beiträgen um Kosten des Baugrundstücks (vgl. § 5 Abs. 2 II. BV).[191] **Grunderwerbssteuer** ist ebenfalls nicht umlegbar, sie gehört zu den anschaffungsnahen Nebenkosten des Grundstückserwerbs und fällt ohnehin nicht laufend an.

Infolge ihrer Finanznot gehen manche Gemeinden auf der Grundlage landesrechtlicher Kommunalabgabengesetze[192] dazu über, **Straßenausbaubeiträge** nicht mehr vorzufinanzieren, sondern sie im Wege **regelmäßiger Beiträge** von den Grundstückseigentümern **im Vorwege** zu erheben. Es wird vertreten, dass es sich bei diesen Beiträgen um öffentliche Lasten des Grundstücks handelt, so dass sie unter § 2 Nr. 1 BetrKV fallen.[193] Auch wenn die Einordnung als öffentliche Last des Grundstücks zutrifft, kann es mit dieser Feststellung nicht sein Bewenden haben. Zum einen steht diesen Abgaben eine Gegenleistung an den Grundstückseigentümer gegenüber, nämlich eine Wertsteigerung seines Grundstücks.[194] Zum anderen **fehlt** es für die **Umlagefähigkeit** am Merkmal des laufenden Entstehens der Kosten.[195] Die Beiträge werden nicht ständig erhoben, sondern jeweils im Hinblick auf demnächst anstehende Arbeiten beschlossen; ist der Finanzierungsbedarf gedeckt, entfällt der Beitrag. Die Kosten fallen daher nur zeitweilig an, weil sich die Erhebungsdauer nach dem Umfang der in Aussicht genommenen Maßnahmen, deren prognostizierter Kosten und der Zahl der beteiligten Grundstückseigentümer richtet. Der vorläufige Charakter der Beiträge wird zumal daran deutlich, dass bei Überzahlungen infolge geringer ausgefallener Kosten Rückerstattungen erfolgen und dass Gemeinden gelegentlich von ihren Vorhaben abgesehen und den Eigentümern die Zahlungen erstattet haben. In der Sache handelt es sich daher um Einmalleistungen, die der Eigentümer nicht wie bislang nach dem Entstehen der Kosten ggf. ratenweise erbringt, sondern vorschüssig vor ihrem Anfall.

105 **Realsteuern** sind ebenso wenig umlagefähig wie **Personensteuern** des Vermieters; zu letzteren zählt z. B. die Ortskirchensteuer in Rheinland-Pfalz, die von der Konfession des Eigentümers

187 LG Hamburg Urt. vom 20.4.2000 – 307 S 14/00.

188 Wasserverbandsgesetz vom 12.2.1991, BGBl. I S. 405.

189 Z. B. § 7 Abs. 8 GSED (Gesetz zur Stärkung der Einzelhandels-, Dienstleistungs- und Gewerbezentren vom 28.12.2004 HmbGVBl. 2004, 525).

190 Ausführlich *Ruff* WuM 2016, 595 ff., DWW 2004, 48 ff.

191 AG Greiz WuM 1999, 133; *Ruff* DWW 2004, 48 (51).

192 Z. B. § 10 Abs. 3 Kommunalabgabengesetz Rheinland-Pfalz i. V. m. der Satzung der Gemeinde, inzwischen in der Fassung des Zweiten Landesgesetzes zur Änderung des Kommunalabgabengesetzes vom 12.12.2006 (GVBl S. 401) in § 10a geregelt, diese Vorschrift ist verfassungsgemäß: BVerfG DWW 2015, 27.

193 LG Zweibrücken Urt. v. 5.10.2004 – 3 S 26/04 unter Hinweis auf §§ 10 Abs. 10, 7 Abs. 7 Kommunalabgabengesetz a. F.

194 AG Greiz WuM 1999, 133; *Ruff* DWW 2004, 48, 51.

195 Zutreffend AG Pirmasens Urt. v. 26.10.2005 – 2 C 110/05.

abhängig ist.[196] Die **Gewerbesteuer** wird von der Bestimmung daher auch dann nicht erfasst, wenn das Grundstück Teil des Betriebsvermögens ist, da die Steuerpflicht nicht aus dem Eigentum am Grundstück, sondern aus dem Betrieb des Gewerbes folgt. Soweit die öffentlichen Lasten zu einer anderen der in der Anl. 3 aufgeführten Betriebskostenarten gehören, richtet sich die Umlagefähigkeit nicht nach der Nr. 1, sondern der spezielleren Regelung, was z. B. bei den Kosten der Schornsteinreinigung, den Sielgebühren oder Versicherungsprämien der Fall sein kann.

Der Vermieter ist grundsätzlich berechtigt, die Grundsteuer **in voller Höhe** an die Mieter wei- **106**
terzugeben (zur Ausnahme bei der Grundsteuererhöhung durch Aufteilung nach WEG s. Rdn. 107, zur Problematik, wie sie bei gemischt genutzten Gebäuden zu verteilen ist, s. § 556a BGB Rdn. 84 ff.); ausgenommen sind Säumniszuschläge.

b) Grundsteuererhöhungen. Fraglich ist, ob die **Grundsteuererhöhung** umlagefähig ist, **107**
die durch die **Aufteilung** der Mietobjekte in Wohn-/Teileigentum **nach WEG** in oft erheblichem Maße eintritt. Sie betrifft entweder den Eigentümer, der nach der Umwandlung vorerst noch alle Eigentumsanteile hält, oder den Erwerber des Sondereigentums nebst Miteigentumsanteil. Nach der Definition des § 1 Abs. 1 BetrKV sind Betriebskosten u. a. diejenigen Kosten, die dem Eigentümer durch das Eigentum am Grundstück entstehen. Was den aufteilenden Eigentümer betrifft, liegt primär kein Verstoß gegen das Wirtschaftlichkeitsgebot (dazu im Einzelnen § 560 BGB Rdn. 71 ff.) vor, weil die Umwandlung durchaus ordentlicher Geschäftsführung entspricht, wenn die alsbaldige Verwertung des Eigentums beabsichtigt ist. Hiervon zu trennen sind allerdings die Fälle, die in der Praxis immer wieder zu beobachten sind, dass der Vermieter auch ohne konkrete Verkaufsabsicht die Aufteilung nach WEG vornimmt und über viele Jahre Eigentümer aller Anteile bleibt, sei es um befürchteten Restriktionen bei der Umwandlung vermieteter Wohnungen und damit einer Verschlechterung gegenüber dem durch den Beschluss des GmSOGB vom 30. 6. 1992[197] geschaffenen Zustand vorzubeugen, sei es, um im Hinblick auf Basel II zu einem höheren Immobilienwert zu kommen. Die Maßnahme des Eigentümers verursacht hier ohne äußere Notwendigkeit einen Kostensprung; sie beruht auf einer selbstbestimmten Entscheidung zur Erhöhung des Veräußerungserlöses. Derartig motivierte Mehrkosten hat der Vermieter zu tragen, sie verstoßen jedenfalls gegen das Wirtschaftlichkeitsgebot. Bis zum Verkauf der Wohnung schuldet der Mieter daher nur seinen Anteil an der ursprünglichen Grundsteuer, ab Eintragung des Erwerbers im Wohnungsgrundbuch die diesem berechnete erhöhte.

Ist zwischen den Parteien eines **Gewerbemietvertrags** vereinbart, dass der Mieter Erhöhungen **108**
der Grundsteuer zu tragen hat, bedarf es der Auslegung des jeweiligen Vertrags gem. § 157 BGB, ob der Vermieter, der das Grundstück vor der Vermietung bebaute, der aber erst danach den Grundsteuerbescheid für das nunmehr bebaute Grundstück erhält, bereits die Erhöhung auf Grund der ersten Anpassung der Grundsteuer auf den Mieter abwälzen darf oder ob dieser erst spätere Grundsteuererhöhungen übernehmen muss.[198] Die Klausel *„Die Grundsteuer zahlt die Vermieterin. Erhöhungen gegenüber der bei Übergabe des Objekts erhobenen Grundsteuer tragen die Mieter."* ist jedenfalls hinsichtlich der durch die Vermietbarkeit des [sodann] bebauten Grundstücks bedingten Grundsteuererhöhung nicht eindeutig und daher zu Lasten des Verwenders auszulegen.[199]

2. Kosten der Wasserversorgung

Nr. 2: „die Kosten der Wasserversorgung, hierzu gehören die Kosten des Wasserverbrauchs, die Grundgebühren, die Kosten der Anmietung oder anderer Arten der Gebrauchsüberlassung von Wasserzählern sowie die Kosten ihrer Verwendung einschließlich der Kosten der Eichung sowie der Kosten der Berechnung und Aufteilung, die Kosten der Wartung von Wassermengenreglern, die Kosten des Betriebs einer hauseigenen Wasserversorgungsanlage und einer Wasseraufbereitungsanlage einschließlich der Aufbereitungsstoffe;"

a) Kosten des Wasserverbrauchs. aa) Grundsätze. Ob die Kosten des Wasserverbrauchs als **109**
privatrechtliches Entgelt oder als öffentlich-rechtliche Gebühr erhoben werden, ist ohne Einfluss auf die Umlagefähigkeit. Wichtig ist allein, dass es sich um Kosten handelt, die durch einen **Verbrauch seitens der Nutzer** verursacht wurden. Wasserkosten, die nicht hierauf beruhen, bleiben außer Ansatz. Wasserverbrauch infolge von Umbau- oder Instandsetzungsarbeiten durch den Ver-

[196] LG Landau/Pfalz NZM 2013, 144 = WuM 2012, 469 = ZMR 2013, 43.
[197] GmSOGB WuM 1992, 671.
[198] OLG Frankfurt NZM 2000, 243; OLG Celle ZMR 1990, 410; OLG Hamm ZMR 1986, 198.
[199] BGH (XII ZR 183/13) GE 2016, 454 = NZM 2016, 315.

mieter geht daher allein zu seinen Lasten. Mehrkosten durch Defekte am Leitungssystem (Rohrbruch) oder an einer Verbrauchsstelle (Wasserhahn, Toilettenspülung[200]) gehören ebenfalls nicht zu den Verbrauchskosten, die auf alle Mietparteien umgelegt werden dürfen. Der Kostenansatz aus Wasserverbrauch ist in den vorgenannten Fällen in der Abrechnung entsprechend zu kürzen. Die Mehrkosten treffen auch dann den Vermieter, wenn der Schaden nicht auf fehlende Wartung und Instandsetzung, sondern auf Mieterverhalten zurückzuführen ist; zu seinem Schadensersatzanspruch gegen den Verursacher s. Rdn. 111.

110 **bb) Außergewöhnlicher Wasserverbrauch.** Weist die Abrechnung des Wasserlieferanten einen deutlichen, aus dem Zustand des Hauses wie auch dem mehrjährigen Verbrauchsverhalten der Mieter **nicht nachvollziehbaren Anstieg** des Wasserverbrauchs auf, ist der Vermieter gehalten, nachhaltig nach der Ursache zu forschen, etwa durch Kontrolle der Wasserzähler, Hinweise an die Mieter mit der Aufforderung, den Wasserverbrauch zu überprüfen, ggf. durch Untersuchung der Wasserverbrauchsstellen in den Mietobjekten. Ist eine Druckerhöhungsanlage vorhanden, sollte sie in die Überprüfung einbezogen werden; bei sehr hoher Schalthäufigkeit kann es zu großen Änderungen der Fließgeschwindigkeit des Wassers im Rohrsystem kommen, welche die Messgenauigkeit des Hauptzählers beeinflussen. Bleibt der Vermieter untätig, erwächst den Mietern ein Schadensersatzanspruch aus schuldhafter Vertragsverletzung, der auf Freihaltung von den Kosten gerichtet ist, die das Übliche übersteigen;[201] dieses kann z. B. anhand eines langjährigen Verbrauchsvergleichs ermittelt werden. Führen die Kontrollen zu keinem Ergebnis, muss er jedenfalls vor dem Ausgleich der Rechnung auf deren Überprüfung durch den Wasserlieferanten dringen. Je nach dem Ort einer Leckage kommt eine Reduzierung des Rechnungsbetrages nach den Grundsätzen von Treu und Glauben gem. § 242 BGB in Betracht.[202] Zumindest sollte eine Kulanzregelung versucht werden.

111 Stellt sich eine Schadstelle in einem Mietobjekt heraus, steht dem Vermieter ein Schadensersatzanspruch in Höhe der zunächst zu seinen Lasten verbliebenen Differenz aus dem Mehrverbrauch gegen den Mieter zu, dem eine **Verletzung der Anzeige- oder Obhutspflicht** vorzuwerfen ist. Kommt ein Mieter seiner Anzeigepflicht aus § 536c Abs. 1 BGB nicht nach, kann er unter den Voraussetzungen des § 536c Abs. 2 BGB auf Schadensersatz in Anspruch genommen werden. Die Anzeigepflicht bezieht sich ohne weiteres auf Mängel, die das Mietobjekt selbst betreffen, wie Wasserverlust durch schadhafte Dichtungen an Wasserhähnen oder eine undichte Toilettenspülung.[203] Die Anzeigepflicht erstreckt sich aber auch auf mitbenutzte Teile des Hauses, wie Hausflur, Keller, Treppenhaus,[204] so dass ein Schaden an den Rohrleitungen, der etwa durch Feuchtigkeit an Wänden oder Decken erkennbar wird, gleichfalls dem Vermieter mitzuteilen ist. Die Schadensersatzpflicht des Mieters kann ferner aus einer Obhutspflichtverletzung resultieren, wenn er z. B. während eines längeren Urlaubs nicht für eine Kontrolle des Mietobjekts und seiner Einrichtungen sorgt oder auf ausreichenden Frostschutz im Winter achtet. Anzeige- und Obhutspflicht bestehen bis zum Ende der Mietzeit. Zieht der Mieter vorher aus, muss er gleichwohl den Zustand der Mieträume in angemessenen Abständen überprüfen.[205] Ist das Mietverhältnis beendet, hat der Vermieter die rasche Verjährung seines Schadensersatzanspruchs nach § 548 Abs. 1 BGB zu beachten.[206]

112 Die Wasserrechnung ist um den nicht ansatzfähigen Mehrverbrauch zu **kürzen.** Hat sich bei der Reparatur ein genau zu bestimmender Fehler herausgestellt, kann der Verlust von einem Sachverständigen ermittelt werden.[207] Meist ist dies jedoch nicht der Fall. Hier bleibt nur, den Abzug zu

---

[200] AG Hannover WuM 2009, 178.

[201] LG Hamburg Urt. v. 12.6.1998 – 311 S 37/97.

[202] LG Karlsruhe NJW-RR 1990, 1271 für den Wasserverlust aus einem Rohrleck, das hinter der Wasseruhr, aber in der 1,2 m tief im Erdreich liegenden Wasserleitung eintrat.

[203] Z. B. LG Hamburg Urt. v. 3.4.1998 – 311 S 132/96: Schadensersatzanspruch gegen den Mieter in Höhe von 11.512,07 DM, weil er eine defekte Dichtung am WC-Spülkasten nicht angezeigt hatte; nach einer Mitteilung der Hamburger Wasserwerke: Wasserverbrauch in einem 6-Familienhaus von 28,5 m^3 täglich, weil ein Mieter versucht hatte, den Mechanismus des Einlaufventils am Spülkasten des WC mit einem Zahnstocher zu blockieren.

[204] Ebenso z. B. *Lützenkirchen* in Lützenkirchen § 556 Rdn. 86.

[205] Vgl. LG Lübeck WuM 1991, 482, das dem Vermieter einen Schadensersatzanspruch in Höhe von 7.193,75 DM zusprach, weil der ausgezogene Mieter einen Defekt am Spülkasten der Toilette nicht gemeldet hatte.

[206] Vgl. LG Gießen Urt. vom 23.3.2011 – 1 S 213/10.

[207] Bei einem Druck von 5 bar und einem Lochdurchmesser von z. B. 5 mm fließen im Monat 960 m^3 Wasser aus, vgl. die Aufstellung der Wasserverluste je nach Lochgröße und Betriebsdruck von *Franke* in Kreuzberg/Wien 11.12.

schätzen. Eine Schätzgrundlage bieten, in Anknüpfung an § 9a HeizkostenV, der Durchschnittsverbrauch mehrerer früherer Jahre[208] oder der Mindestverbrauch pro Person.[209] Der örtliche Wasserlieferant verfügt i. d. R. über die entsprechenden Daten; ist dort nur ein Durchschnittsverbrauch bekannt, ist allerdings ein Sicherheitsabschlag angebracht.

b) Grundgebühren. Die **Grundgebühren** betreffen primär die Vorhaltekosten des Wasserwerks und die Kosten des Rohrnetzes. Häufig werden diese und die Entgelte für Wasserzähler, die dem Vermieter nicht vermietet sind, als einheitliche Grundgebühr zusammengefasst. **113**

c) Zählerkosten. Das Wasserwerk kann die **Zählerkosten** auch separat erheben, als sog. Zählermiete oder Zählergebühr. Umlegbar sind ferner die Kosten von Zwischen- und Einzelwasserzählern, die der Vermieter gemietet hat, gleichviel ob vom Wasserversorger oder von privaten Firmen, nicht jedoch die Kosten aus dem Kauf der Zähler; da Einzelwasserzähler eine Einsparung von Wasser bewirken, können diese Kosten bei vermietetem Wohnraum nach § 559 BGB als Modernisierungsumlage geltend gemacht werden. Zu den Mietkosten zählen auch die Kosten funkbasierter Erfassungsgeräte.[210] Streitig ist, wie die Kosten von Zählern, die nur für die Erfassung des Verbrauchs einzelner Nutzer oder Nutzergruppen, z. B. bei einem gemischt genutzten Grundstück, installiert wurden, zu verteilen sind. Da sämtliche Zähler der *„Berechnung und Aufteilung"* der Wasserkosten dienen, bedarf es keiner Differenzierung, vielmehr sind die Kosten ohne weiteres den Gesamtkosten zuzurechnen.[211] **114**

Die **Kosten** für die **Eichung** der Zähler gehören zu den *„Kosten ihrer Verwendung"*. Da Zwischen- und Einzelwasserzähler üblicherweise sog. Trockenläufer sind (dazu Rdn. 357), erfolgt die Eichung durch den Austausch der Messkapsel. Auch wenn es sich dabei um eine Erneuerung handelt, sind die Austauschkosten in voller Höhe ansatzfähig, weil dadurch die Kosten für doppelte Anfahrt und Aus- und Einbau vermieden werden, so dass sie unter denen der Nacheichung der ursprünglichen Messkapsel liegen.[212] Muss der Zähler wegen eines Defekts ersetzt oder repariert werden, gehen die Kosten allein zu Lasten des Vermieters. **115**

Nach §§ 31 Abs. 2 Nr. 3, 33, 37 Abs. 1 MessEG[213] (zuvor § 2 Abs. 1 EichG[214]) **müssen** Messgeräte **geeicht** sein, sofern sie im geschäftlichen Verkehr verwendet werden. Diese Voraussetzung ist erfüllt, wenn die Messergebnisse die Grundlage für die Verteilung der Kosten abgeben.[215] Die **Verwendung** von Zählern **nach Ablauf der Eichfrist** ist **unzulässig,** § 37 Abs. 1 Nr. 1, 3 MessEG. Der Verstoß kann nach § 60 Abs. 2 MessEG nunmehr mit einer Geldbuße bis zu € 50.000,00 geahndet werden. **116**

Ist die **Gültigkeitsdauer** der Eichung **überschritten** und werden die Geräte trotzdem weiterverwendet, soll zwischen den öffentlich-rechtlichen und den zivilrechtlichen Folgen zu unterscheiden sein.[216] Öffentlich-rechtlich ist eine Ordnungswidrigkeit des Vermieters zu konstatieren. Sie tritt mit Ablauf der Eichgültigkeitsfrist ein; ob der Zähler noch richtig arbeitet, ist irrelevant. Das Eichamt ist daher berechtigt, die rechtswidrige Verwendung der Zählerergebnisse zu verbieten.[217] Zur zivilrechtlichen Seite hat der BGH entschieden, dass es allein darauf ankommt, ob der nicht mehr geeichte Zähler den Verbrauch richtig erfasst hat;[218] diese zivilrechtliche Bewertung stellt einen Verstoß gegen die objektive Rechtsordnung dar.[219] Während bei einem geeichten Messgerät eine tatsächliche Vermutung dafür spricht, dass der tatsächliche Verbrauch richtig wiedergegeben ist (§ 34 MessEG), muss der Vermieter bei Verwendung eines nicht mehr geeichten Geräts nachweisen, dass das Messergebnis trotzdem zutrifft. Dazu muss er den Prüfbericht einer staatlich anerkann-

---

[208] AG Hohenschönhausen ZMR 2003, 934; *Sternel* Mietrecht aktuell (2009) Rdn. V 43.
[209] AG Münden WuM 1990, 85.
[210] BGH (VIII ZR 326/10) GE 2011, 1555 m. krit. Anm. *Bieber* S. 1518 = NZM 2011, 804 = WuM 2011, 625.
[211] Ebenso *Schmid/Zehelein* in MünchKomm § 2 BetrKV Rdn. 5; **a. A.** *Kinne* ZMR 2001, 1 (2).
[212] Z. B. AG Koblenz DWW 1996, 252; *Wall* Rdn. 3209.
[213] Das MessEG, Art. 1 des Gesetzes zur Neuregelung des gesetzlichen Messwesens vom 25.7.2013 (BGBl. I S. 2722), ist nach Art. 27 in dem hier relevanten Bereich erst am 1.1.2015 in Kraft getreten; zum MessEG ausführlich *Pfeifer* GE 2015, 103.
[214] In der Neufassung vom 23.3.1992, BGBl. I S. 711.
[215] Z. B. OVG Münster NZM 2016, 773 = WuM 2016, 611 m. Bespr. *Lammel* = ZMR 2016, 621.
[216] *Geldmacher* MK 2011, 39; *Schmidt/Krüger* HKA 2010, 33.
[217] OVG Münster NZM 2016, 773 = WuM 2016, 611 m. Bespr. *Lammel* = ZMR 2016, 621.
[218] BGH (VIII ZR 112/10) GE 2011, 126 = NZM 2011, 117 = WuM 2011, 21 = ZMR 2011, 362; **a. A.** ausführl. *Lammel* WuM 2016, 611 über § 134 BGB.
[219] OVG Münster NZM 2016, 773 = WuM 2016, 611 = ZMR 2016, 621.

ten Prüfstelle für Messgeräte für Wasser vorlegen, dass die Verkehrsfehlergrenzen eingehalten sind.[220] Die Ansicht des BGH, im Einzelfall sei auch eine Schätzung des Verbrauchs durch das Gericht nach § 287 ZPO möglich, z. B. anhand der Verbrauchswerte der letzten unbeanstandeten Abrechnungsperioden, ist **abzulehnen.** Es vermag keinen sachlichen Unterschied zu begründen, ob die vereinbarte Abrechnung nach Verbrauch unterbleiben muss, weil die Zähler nicht abgelesen wurden oder weil ihre Werte wegen Ablaufs der Eichfrist nicht verwendbar sind. Es ist mithin nach dem Flächenschlüssel abzurechnen mit einem Abzug von 15% zugunsten des Mieters (hierzu ausführlich Rdn. 351).

117 **d) Kosten der Berechnung und Aufteilung auf einzelne Nutzer. aa) Preisfreier Wohnraum und Gewerberaum.** Dieser Teil der Bestimmung bezieht sich auf Gebäude, in denen **Einzelwasserzähler** vorhanden sind, die vom Vermieter oder mit seiner Zustimmung eingebaut wurden. Eigenmächtig von Mietern installierte Geräte bleiben außer Betracht. Der Vermieter ist, sofern landesrechtlich nichts Anderes geregelt ist, grundsätzlich nicht zur Anbringung verpflichtet; eine Ausnahme soll gem. § 242 BGB eingreifen, wenn ein erheblicher Unterschied im Verbrauch der Nutzer vorliegt und dem Vermieter die Umstellung der Abrechnungsweise zumutbar ist. Ist im Mietvertrag vereinbart, dass nach Verbrauch abgerechnet wird, oder hat der Vermieter von der Möglichkeit des § 556 a Abs. 2 BGB, dass die Kosten in Zukunft nach Verbrauch umgelegt werden, Gebrauch gemacht, kann er die Kosten der Berechnung und Aufteilung auf die einzelnen Nutzer umlegen, z. B. die Kosten eines hiermit beauftragten Abrechnungsunternehmens. § 2 Nr. 2 BetrKV gestattet daher die Abwälzung von Verwaltungskosten. Zu den Folgen unterlassener Ablesung von Einzelwasserzählern s. Rdn. 351.

118 Fraglich ist, wie der Vermieter abzurechnen hat, wenn nur ein **Teil der Mietobjekte mit Wasserzählern** ausgerüstet ist. Die Problematik resultiert daraus, dass die Summe der Einzelverbräuche in aller Regel nicht dem Verbrauch nach dem Hauptwasserzähler entspricht, sondern darunter liegt (s. im Einzelnen Rdn. 357, auch § 556 a BGB Rdn. 132). Hierzu wird vertreten, der Messdifferenz sei dadurch Rechnung zu tragen, dass auf die Gesamtkosten nach den Wohnungswasserzählern ein Aufschlag von 10% gemacht wird.[221] Es gibt jedoch keinen Erfahrungssatz, dass mit dem Aufschlag von 10% die Nachteile für die Mieter, deren Wohnung keinen Wasserzähler hat, ausgeglichen werden. Der Vermieter hat daher im Zweifel nach dem Flächenschlüssel abzurechnen; der Mieter, dessen Wohnung mit einem Zähler ausgestattet war, hat keinen Anspruch gegen den Vermieter auf Abrechnung nach Verbrauch.[222]

119 Zum **Umlageschlüssel** im Einzelnen s. § 556 a BGB Rdn. 90 ff., zum **Wirtschaftlichkeitsgrundsatz** s. § 560 BGB Rdn. 89 ff.

120 **bb) Preisgebundener Wohnraum.** Nach § 21 Abs. 2 Satz 3 NMV setzt die Umlage nach Verbrauch zwingend voraus, dass er **in allen Wohnungen** mit Wasserzählern erfasst wird. Die Umlagefähigkeit der Kosten der Berechnung und Aufteilung auf die einzelnen Nutzer ist folglich nur unter dieser Bedingung gegeben.

121 **e) Hauseigene Wasserversorgungsanlage.** Die Kosten für den Betrieb eines **hauseigenen Brunnens, einer Pumpanlage oder eines kleinen Wasserwerks,** das eine Wohnanlage oder ein Gewerbeobjekt versorgt, sind umlagefähig. Hierzu zählen neben den Stromkosten für die Pumpe die Aufwendungen für die Wartung und die Gebühren für eine nach öffentlich-rechtlichen Bestimmungen notwendige regelmäßige Wasseruntersuchung,[223] nicht außerplanmäßige nach Eintritt von Störungen oder Zweifeln an der Qualität des Wassers. Reparaturkosten hat der Vermieter ebenso zu tragen wie Kosten, die im Zusammenhang mit den Wasserleitungen im Hause anfallen.

122 Unter den Begriff der hauseigenen Wasserversorgungsanlage fallen nicht nur solche Einrichtungen, welche die Wasserversorgung sicherstellen sollen, weil ein Anschluss an das örtliche Wasserleitungsnetz fehlt, sondern auch **Druckerhöhungsanlagen.** Sie sind notwendig, wenn der Wasserdruck im Netz des externen Lieferanten nicht ausreicht, um die Nutzer in den oberen Stockwerken eines Hochhauses auch dann ordnungsgemäß mit Wasser zu versorgen, wenn in den unteren Etagen ein größerer Verbrauch anfällt. Hier entstehen umlagefähige Stromkosten für die Pumpe(n) und Wartungskosten, insbesondere für den Druckwasserbehälter, der je nach seiner Größe gem. Anhang 2,

---

[220] Dementsprechend war der Vermieter im Fall des BGH verfahren, er hatte das Messprotokoll einer staatlich anerkannten Prüfstelle vorgelegt.
[221] LG Kassel WuM 2006, 273.
[222] BGH (VIII ZR 188/07) GE 2008, 661 = NZM 2008, 444 = WuM 2008, 288.
[223] VG Koblenz Urt. vom 9.9.2015 – 2 K 1236/14.KO; AG Wesel WuM 1990, 443; *Seldeneck* Rdn. 2363.

Abschnitt 4 BetrSichV[224] regelmäßig zu überprüfen und zu warten ist; er wird eingebaut, damit der Wasserdruck nicht bei jeder Abnahme auch von kleinen Mengen abfällt, so dass die Pumpe ständig anspringen müsste, was zu übermäßigem Verschleiß führen würde. Ferner gehören die Kosten der Wartung von **Wassermengenreglern** (dazu Rdn. 219, auch zu Durchflussbegrenzern) zu den umlagefähigen Kosten.

derzeit nicht belegt 123

f) Wasseraufbereitungsanlage. Sowohl das vom örtlichen Wasserversorgungsunternehmen 124 wie auch das von einer hauseigenen Anlage gelieferte Wasser kann **Inhaltsstoffe** aufweisen, die seine Behandlung notwendig machen. Bei großen Wasserversorgern handelt es sich meist um Kalk; hohe Wasserhärte schadet den Wasserleitungen, insbesondere der Heiz- und Warmwasseranlage, aber auch z. B. den Waschmaschinen der Nutzer, die durch die zentrale Wasseraufbereitung den häufigen Einsatz von Entkalkern sparen. Bei hauseigenen Anlagen ist je nach der Beschaffenheit des Erdreichs an Schwebstoffe, Farb- und Geruchsbeeinträchtigungen zu denken. Stromkosten und Wartung der Anlage zählen zu den Betriebskosten; ferner die Aufbereitungsstoffe wie Filter oder chemische Zusätze wie Phosphat.[225] Korrosionsschutzmittel hingegen dienen nicht der Verbesserung der Genuss- und Gebrauchsfähigkeit des Wassers, sondern der Vermeidung von Lochfraß (vgl. auch Rdn. 211).[226]

g) Überprüfung der Wasserqualität. Zur Überprüfung der Qualität von Trinkwasser, das 125 von Wasserversorgungsunternehmen geliefert wird, kann es unter verschiedenen Aspekten kommen. Erfährt der Vermieter von Tatsachen, nach denen das Trinkwasser nicht mehr einwandfrei ist, hat er nach § 16 Abs. 3 TrinkwV[227] alle notwendigen Untersuchungen und Abhilfemaßnahmen zu veranlassen. Hier geht es um Kosten aus einem konkreten Schadensfall, die mithin nicht laufend anfallen und daher nicht umlagefähig sind. Die Frage, ob die Kosten einer regelmäßigen **Wasserbeprobung auf Blei** umlagefähig sind, hat sich faktisch erledigt. Nach § 6 Abs. 2 TrinkwV i. V. mit Teil II Nr. 4 der Anlage 2 zu § 6 gilt seit 1. 12. 2013 ein Grenzwert von 0,01 mg/l. Wie den einschlägigen Veröffentlichungen zu entnehmen ist,[228] ist dieser Wert nicht zu erreichen, solange noch Bleileitungen im Haus vorhanden sind. Sie sind daher rechtzeitig durch anderes zugelassenes Rohrmaterial zu ersetzen. Erhält der Vermieter nach dem 1. 12. 2013 Kenntnis davon, dass (doch noch) Bleileitungen im Haus sind, hat er die betroffenen Verbraucher unverzüglich schriftlich oder durch Aushang zu informieren (§ 21 Abs. 1 Satz 3, 4 TrinkwV) und für Abhilfe zu sorgen. Lässt der Vermieter vor dem 1. 12. 2013 eine Beprobung vornehmen, ggf. um herauszufinden, ob bleihaltige Rohre im Haus übersehen wurden, handelt es sich um nicht umlegbaren einmaligen Aufwand. Im Übrigen handelt es sich dabei ohnehin um eine Maßnahme, die vermeiden soll, dass die Mietsache ab Inkrafttreten des Grenzwertes Gesundheitsgefahren für die Mieter birgt und damit mangelhaft ist.[229] Die nach § 14 Abs. 3 i. V. mit Anl. 4 Teil II b) TrinkwV nunmehr alle drei Jahre, erstmals bis zum 31. 12. 2013,[230] notwendige **Untersuchung auf Legionellen** betrifft nur den Vermieter von Wohnungen, die zentral mit Warmwasser versorgt werden. Die Kosten fallen mithin nicht im Rahmen der Versorgung mit Frischwasser an. Ihre Umlage erfolgt daher im Rahmen der Heizkostenabrechnung.

3. Kosten der Entwässerung

Nr. 3: „die Kosten der Entwässerung, hierzu gehören die Gebühren für die Haus- und Grundstücksentwässerung, die Kosten des Betriebs einer entsprechenden nicht öffentlichen Anlage und die Kosten des Betriebs einer Entwässerungspumpe;"

Zu den Kosten der Entwässerung zählen zunächst die Gebühren für die **Haus- und Grund-** 126 **stücksentwässerung** durch eine **öffentliche Entwässerungseinrichtung,** die sog. Kanal- oder

[224] BetrSichV vom 3. 2. 2015 BGBl. I S. 49.
[225] Vgl. AG Friedberg/Hessen WuM 1985, 369.
[226] AG Lörrach WuM 1995, 593; *Kinne* ZMR 2001, 1 (3); *Schmid/Zehelein* in MünchKomm § 2 BetrKV Rdn. 9, *Seldeneck* Rdn. 2363; **a. A.** AG Dresden NZM 2001, 708 (als sonstige Betriebskosten); *Wall* Rdn. 3220; *Weitemeyer* in Staudinger § 556 Rdn. 23.
[227] Erste Verordnung zur Änderung der Trinkwasserverordnung vom 3. 5. 2011, BGBl. I S. 748.
[228] Z. B. BR-Drucks. 530/10 S. 108.
[229] BayObLG RE 4. 8. 1999 NZM 1999, 899 = WuM 1999, 568; vgl. BVerfG NZM 1999, 302 = WuM 1998, 657.
[230] Zweite Verordnung zur Änderung der Trinkwasserverordnung vom 5. 12. 2012, BGBl. I S. 2562.

Sielgebühren; dass § 21 Abs. 3 Satz 1 NMV für preisgebundenen Wohnraum nur die *„Gebühren für die Benutzung einer öffentlichen Entwässerungsanlage"* ohne Differenzierung zwischen Haus- und Grundstücksentwässerung anführt, begründet keinen sachlichen Unterschied. Es ist mithin unerheblich, ob die Entwässerung von Haus- und Grundstück mit einer einheitlichen Gebühr berechnet wird oder ob die Kosten für die Hausabwässer (Schmutzwasser) getrennt von denjenigen für die Oberflächenabwässer (Regenwasser von Grundstücks- und Dachflächen) erhoben werden. Für die Fragen, welche Folgen die **Änderung der Gebührenstruktur** (Aufteilung der Abwassergebühr in Gebühren für Schmutzwasser und Niederschlagswasser) nach Abschluss des Mietvertrags hat und ob die Vereinbarung der Umlage von Wasserkosten auch die Kosten der Entwässerung einschließt, ist auf Rdn. 39 zu verweisen. Zum **Umlageschlüssel** s. § 556a BGB Rdn. 90ff., zum **Wirtschaftlichkeitsgrundsatz** s. § 560 BGB Rdn. 93.

126a Problematisch ist die von manchen Städten und Gemeinden auf der kommunalen Satzung beruhende Übung, die **Schmutzwasserkosten nach** dem **Frischwasserverbrauch der Vorperiode** zu berechnen. Dies kann dazu führen, dass nach einem Mieterwechsel und zumal zwischenzeitlichem Einbau von Wohnungswasserzählern der neue Mieter bei den Abwassergebühren mit weit höheren Kosten als nach seinem eigenen Frischwasserverbrauch belastet wird, weil der hohe Verbrauch des Vormieters maßgeblich ist. Hier bedürfen die Satzungen dringend der Anpassung an den Umstand, dass zunehmend zur Verbrauchseinsparung Wohnungswasserzähler installiert werden. Der Vermieter hat auf dieses kommunale Verfahren jedoch keinen Einfluss, so dass es zulässig ist, dass er die ihm in der Abrechnungsperiode berechneten Gebühren in seine Betriebskostenabrechnung einstellt.[231]

126b Gewähren die örtlichen Wasserwerke einen sog. **Sprengwasserabzug** für die Bewässerung von Grünanlagen, muss ihn der Vermieter geltend machen; unterlässt er dies, ist die Differenz nicht umlagefähig.[232] Sofern die Wasserwerke den Abzug von der Erfassung des Verbrauchs abhängig machen, wird der Vermieter aus den Grundsätzen einer ordnungsgemäßen Bewirtschaftung jedenfalls dann zur Installation eines Zwischenzählers verpflichtet sein,[233] wenn großflächige Grünanlagen vorhanden sind und damit nicht unerhebliche Bewässerungskosten anfallen können.

127 Ansatzfähig sind auch die Kosten des Betriebs einer entsprechenden nicht öffentlichen Anlage. Bei einer **hauseigenen Abwasseranlage** kann es sich um eine Sammelgrube, Sickergrube oder biologische Kläranlage[234] handeln. Ansatzfähig sind die Entleerungskosten, d. h. der Abfuhr des gesammelten Schmutzwassers oder des Klärschlamms, zusätzliche Reinigungskosten und die Kosten der Wartung der Anlage. Die Kosten für Entleerung, Reinigung und Wartung einer **Fettabscheideranlage**[235] hat allein der Mieter zu tragen, dessen Betrieb die Anlage dient.

128 Wird eine **Entwässerungspumpe** eingesetzt, sind die Strom- und Wartungskosten umlegbar. Hierzu gehören hauseigene **Hebeanlagen,** mit denen die Abwässer entweder auf das höher gelegene Kanalnetz oder die nicht öffentliche Abwasseranlage gefördert werden. Es kommen auch Entwässerungspumpen in Betracht, die je nach der Lage des Grundstücks notwendig sind, um etwa nach starken Regenfällen Überschwemmungen der Keller zu vermeiden.[236]

129 **Keine Entwässerungskosten** sind die Kosten der Beseitigung einer Rohrverstopfung in den Fallleitungen des Hauses;[237] sie gehören zu den Instandsetzungskosten. Dasselbe gilt für die Kosten der Reparatur von hauseigenen Entwässerungsanlagen und Pumpen oder deren Erneuerung. Vorbeugende Rohrreinigungskosten sind nicht umlegbar (s. Rdn. 211). Nicht zu den Betriebskosten zählen ohnehin einmalige Kanalanschlussgebühren (vgl. Rdn. 103).

130 Bei der Umlage der Entwässerungskosten stellen sich **zwei Sonderprobleme.** Das erste Problem betrifft die Umlage der **Kosten** für die **Überprüfung der Dichtigkeit von Grundstücksentwässerungsanlagen.** Nach DIN EN 752-2 Abschn. 5 und 6 sowie DIN 1986-30[238] sind Dichtigkeitsprüfungen grundsätzlich alle fünf Jahre, bei Anlagen, die ausschließlich häusliches Abwasser ableiten, im Einvernehmen mit der Überwachungsbehörde maximal alle zehn Jahre durch-

---

[231] AG Herne-Wanne Urt. v. 31.3.1995 – 3 C 693/94; *Wall* Rdn. 3386.
[232] AG Brandenburg a. d. H. GE 2010, 1751 = WuM 2011, 190; AG Schöneberg GE 1998, 1343.
[233] AG Brandenburg a. d. H. GE 2010, 1751 = WuM 2011, 190; *Kinne* in Kinne/Schach/Bieber § 556 Rdn. 116.
[234] AG Bergisch Gladbach WuM 1985, 369.
[235] Ausführlich *Reinecke* GE 2010, 744.
[236] *Heix* WoBauR § 21 NMV Anm. 4.
[237] OLG Hamm RE 19.5.1982 WuM 1982, 201; AG Hagen WuM 1990, 200.
[238] Zitiert nach *Blöcker* DW 2007, 86.

zuführen, wobei die Erstprüfung spätestens bis 2015 zu erfolgen hatte. Die einschlägige Verpflichtung des Grundstückseigentümers folgt aus den landesrechtlichen Abwassergesetzen,[239] in Verbindung mit den kommunalen Abwassersatzungen; diese sehen allerdings meist Wiederholungsprüfungen erst nach jeweils zwanzig Jahren vor.[240] Fraglich ist, ob derartige Prüfkosten umlagefähig sind: **Als umlagefähige Betriebskosten** scheiden die Kosten der vorgeschriebenen **Erstprüfung für *neue* Abwasserleitungen** ohne weiteres aus, weil sie zu den nicht ansetzbaren Baukosten gehören. Was die Kosten der **Erstprüfung *bestehender* Anlagen** betrifft, geht es hierbei nicht wie bei der Gefährdungsbeurteilung von Aufzügen (s. dazu Rdn. 134) um eine bloße Bestandsaufnahme, sondern schon unmittelbar um die Feststellung von Undichtigkeiten, deren Beseitigung sodann zu den Instandsetzungskosten zählt. Sowohl die Kosten der Erstprüfung als auch der **Folgeprüfungen** können daher umlagefähig sein, aber nur, wenn es sich um *„laufende"* Aufwendungen handelt; fehlt es hieran, sind naturgemäß auch die Kosten der Erstprüfung nicht ansetzbar. Die Umlage wird indes ausscheiden, wenn ein Turnus von zwanzig oder mehr Jahren gilt; er ist so lang, dass er nicht mehr als „überschaubar" angesehen werden kann.[241] Soweit als Ergebnis der Überprüfung Schäden behoben werden müssen, fallen allein Instandsetzungskosten an.

Die **zweite** Problematik resultiert daraus, dass, anders als in Nr. 2 für die Kosten der Wasserver- 131
sorgung, bei der Entwässerung die **Kosten der Berechnung und Aufteilung** nicht explizit als umlagefähig aufgeführt sind. Es wird daher vertreten, dass sie nicht angesetzt werden dürfen, auch wenn der Frischwasserverbrauch, an dem die Entwässerungskosten festgemacht sind, durch Einzelwasserzähler ermittelt wird.[242] In der Begründung zur BetrKV findet sich nichts zu dieser Problematik. Es dürfte jedoch davon auszugehen sein, dass sie schlicht übersehen wurde, weil ansonsten, wie zumal § 556a Abs. 2 BGB zeigt, die verbrauchs- bzw. verursachungsabhängige Abrechnung Vorrang hat. Da die Gebühr für die Entwässerung von Schmutzwasser üblicherweise durch die bloße Multiplikation des Frischwasserverbrauchswerts mit dem Gebührensatz je m^3 errechnet wird, fallen nur marginale Kosten für die Berechnung und Aufteilung an, die eine Ausgliederung zulasten des Vermieters nicht rechtfertigen.[243]

4. Kosten des Betriebs des Personen- oder Lastenaufzugs

Nr. 7: „die Kosten des Betriebs des Personen- oder Lastenaufzugs, hierzu gehören die Kosten des Betriebsstroms, die Kosten der Beaufsichtigung, der Bedienung, Überwachung und Pflege der Anlage, der regelmäßigen Prüfung ihrer Betriebsbereitschaft und Betriebssicherheit einschließlich der Einstellung durch eine Fachkraft sowie die Kosten der Reinigung der Anlage;"

a) Betriebsstrom, Beaufsichtigung, Bedienung und Überwachung der Anlage. Zu den 132
Stromkosten gehören die Kosten aus dem Betrieb des Aufzugs (Fördervorgang, Schaltungen) sowie die Beleuchtung der Kabine. Zum **Umlageschlüssel** s. § 556a BGB Rdn. 98ff., zum **Wirtschaftlichkeitsgrundsatz** s. § 560 BGB Rdn. 94.

Für Aufzugsanlagen, die zu gewerblichen oder wirtschaftlichen Zwecken Personen oder Güter befördern, gelten die Vorschriften der **Betriebssicherheitsverordnung** (BetrSichV), § 2 Abs. 3 Satz 2 Nr. 1.

Nach Anhang 1 Nr. 4.1 BetrSichV muss der Betreiber einer Aufzugsanlage dafür sorgen, *„dass* 133
im Fahrkorb der Aufzugsanlage ein wirksames Zweiwege-Kommunikationssystem installiert ist, über das ein Notdienst ständig erreicht werden kann." Dieses Ziel ist nur durch eine ständig besetzte **Notrufbereitschaft** zu erreichen. Die entsprechenden Kosten sind daher umlagefähig, und zwar einschließlich der Wartungs- und Betriebskosten der Notrufanlage,[244] nicht aber die Kosten aus deren Miete oder Leasing[245] (s. auch Rdn. 101).

b) Pflege und regelmäßige Prüfung der Betriebsbereitschaft und -sicherheit einschl. 134
der Einstellung durch eine Fachkraft. Nach § 16 BetrSichV unterliegen Aufzugsanlagen ***„wie-***

---

[239] Vgl. § 15 Abs. 2 Satz 1 Hamburgisches Abwassergesetz v. 24.7.2001 (HmbGVBl. S. 258, 280): „Die allgemein anerkannten Regeln der Technik sind bei Betrieb, Unterhaltung, Wartung, Überprüfung und Eigenüberwachung von Grundstücksentwässerungsanlagen einzuhalten."
[240] Z. B. München, zit. nach *Ruff* DWW 2006, 411 (413).
[241] BGH (VIII ZR 221/08) GE 2010, 118 = NZM 2010, 79 = WuM 2010, 33.
[242] *Wall* Rdn. 3372.
[243] *Schmid/Zehelein* in MünchKomm § 2 BetrKV Rdn. 10, im Ergebnis ebenso *Wall* Rdn. 3372.
[244] Z. B. Begründung zur BetrKV BR-Drucks. 568/03 S. 31; LG Gera WuM 2001, 615; *Herlitz/Viehrig* S. 54.
[245] LG Heidelberg ZMR 2014, 987; *Wall* Rdn. 3707; **a. A.** LG Gera WuM 2001, 615.

derkehrenden Prüfungen". Die Prüfintervalle sind in Anhang 2, Abschnitt 2 Nr. 4 BetrSichV bestimmt; eine **Hauptprüfung** ist mindestens alle zwei Jahre und eine **Zwischenprüfung** im Zeitraum zwischen den Hauptprüfungen vorzunehmen. Alle Prüfungen haben durch eine zugelassene Überwachungsstelle zu erfolgen, so dass nunmehr nur noch insoweit zugelassene Wartungsfirmen zu beauftragen sind. Die bei den wiederkehrenden wie den Zwischenprüfungen anfallenden Kosten des Sachverständigen und bei der Prüfung zusätzlich erforderlicher Fachkräfte nebst der Gestellung von Prüfgewichten sind umlagefähige Kosten. **Nicht** ansatzfähig sind die Kosten für die sicherheitstechnische Bewertung der Anlage nach § 3 BetrSichV **(Gefährdungsbeurteilung),** die nach § 3 Abs. 3 Satz 3 BetrSichV nur durch fachkundige Personen (zum Begriff s. § 2 Abs. 5 BetrSichV) erstellt werden darf. Hierbei werden alle sicherheitsrelevanten Aspekte des Aufzugs anhand einer in der europäischen Norm EN 81–80 festgelegten Prüfliste abgearbeitet, nach dem Ergebnis wird der Turnus für die Zwischenprüfungen festgesetzt. Es handelt sich mithin um einen **einmaligen Aufwand.** Daran ändert sich nichts dadurch, dass die Gefährdungsbeurteilung nach § 3 Abs. 7 BetrSichV ihrerseits *„regelmäßig zu überprüfen"* ist. Nach der Begründung der Verordnung[246] bedeutet die regelmäßige Überprüfung nicht, dass sie vollständig zu wiederholen ist. Es muss lediglich überprüft werden, ob Änderungen eingetreten sind, die eine teilweise oder vollständige Aktualisierung notwendig machen. Derartige Änderungen beruhen in der Regel auf wesentlichen Änderungen oder Reparaturen der Anlage. Sie verursachen keine laufend entstehenden Kosten. Ebenso wenig sind die Kosten einer außerordentlichen Prüfung nach § 16 BetrSichV umlagefähig, die nach Schadensfällen vorzunehmen ist.

135 Unabhängig von den regelmäßigen Prüfungen hat der Betreiber einer überwachungsbedürftigen Anlage nach §§ 6 ff. BetrSichV *„dafür zu sorgen, dass sie sicher verwendet"* werden kann. Zur Erfüllung dieser Pflicht werden üblicherweise **Wartungsverträge** mit Fachunternehmen abgeschlossen, oft mit dem Kundendienst des Herstellers. Soweit sich diese Verträge auf die turnusmäßige Überprüfung aller Sicherheitsteile, der Schaltgeräte, Kabinenbeleuchtung, Anzeigegeräte und des Ölstands im Getriebe sowie die Wartung, insbesondere den Abschmierdienst beschränken (sog. einfacher Wartungsvertrag), sind die Kosten in voller Höhe ansatzfähig. Dass sie zum Teil beträchtlich schwanken, ergibt sich zum einen aus der Konstruktion der Anlage, ihrer Förderhöhe, Haltestellenzahl, Tragkraft, der Aufstellung der Aufzugsmaschine und dem Baujahr (ältere Anlagen, die noch nicht über eine Automatisierung mit Mikroprozessoren verfügen, sind wesentlich pflegeintensiver als moderne), zum anderen aus der Leistungsfähigkeit der Wartungsfirma, d. h. vor allem ob sie einen Tag- und Nachtservice bereithält, der bei Störungen zur Befreiung Eingeschlossener kurzfristig hilft. Zum Wirtschaftlichkeitsgrundsatz beim Wartungsturnus s. § 560 Rdn. 94.

136 Zu den **Wartungskosten** zählen ohne weiteres der Arbeitslohn für Wartung und Abschmierung, die Kosten von Schmier- und Reinigungsmitteln, Arbeitsaufwand und Materialverbrauch bei Ölwechseln in Motoren und Getrieben, Schrauben, Muttern, Splinten u. Ä. und die Kosten für den Ersatz sonstiger Kleinteile, die im Interesse der Betriebssicherheit vorsorglich ausgetauscht werden; auch beim Ersatz defekter Kleinteile, wie Kohlen und Kontakte, dürfte es sich um umlegbaren Aufwand handeln.[247] Zu den Instandhaltungskosten gehören die Kosten für Arbeitsaufwand und Materialverbrauch von Reparaturen sowie der Erneuerung von Verschleißteilen. Hiervon wird auch der Austausch des Öls bei Hydraulikaufzügen erfasst. In der Sache erfüllt das Hydrauliköl die Aufgabe der Tragseile beim Seilaufzug, indem es über den Druck im Hydraulikkolben, der durch eine Pumpe erzeugt wird, den Fahrkorb nach oben befördert.[248] Sein Austausch geht mithin weit über einen Ölwechsel bei Motor oder Getriebe hinaus.

137 Häufig werden **Vollwartungsverträge** vereinbart, die je nach ihrer Ausgestaltung auch Instandsetzungsarbeiten in unterschiedlichem Umfang einschließen bis hin zu einer Art Vollkaskoversicherung. Letzteres ist für eine Wohnungseigentümergemeinschaft durchaus sinnvoll, weil hiermit alle Risiken aus Betrieb und Reparatur abgedeckt und keine Reparaturrücklagen zu bilden sind. Bei der Vermietung von Wohn- oder Gewerberaum sind indes die Instandsetzungskosten auszugliedern, weil sie keine Betriebskosten darstellen. Weist die Rechnung des Wartungsunternehmens die **Kostenanteile getrennt** aus, ergeben sich grundsätzlich keine Abgrenzungsschwierigkeiten. Eine Ausnahme gilt, wenn das Unternehmen die Instandhaltungsbegriffe nach DIN 31051 zugrunde legt. Danach besteht die Instandhaltung aus Wartung, Inspektion und Instandsetzung, wo-

---

[246] BR-Drucks. 400/14 S. 81.
[247] **A. A.** *Blank* in Blank/Börstinghaus § 556 Rdn. 58; *Wall* Rdn. 3726 f.
[248] Ebenso *Wall* Rdn. 3728.

bei die Instandsetzung nur auf die Reparatur größerer Anlagenteile bezogen wird. Auf dieser Basis wird der Instandsetzungsanteil lediglich mit 20% veranschlagt. Unter den betriebskostenrechtlichen Instandsetzungsbegriff fallen indes auch kleinere Reparaturen. Bei einem **einheitlichen Rechnungsbetrag** für Wartung und Instandsetzung ist der Reparaturkostenanteil nach herrschender Ansicht zu schätzen; nur vereinzelt wurde vertreten, dass die Abrechnung um die gesamten Wartungskosten zu kürzen ist.[249] Die Ergebnisse der Schätzung fallen sehr unterschiedlich aus. Kann der Vermieter keine nachvollziehbare Grundlage für eine Schätzung darlegen, soll der Reparaturkostenanteil 50% der Wartungskosten betragen[250] oder jedenfalls 40%.[251] Nach anderer Ansicht liegt der Erfahrungswert bei einem Reparaturkostenanteil von 30%[252] 37%,[253] oder sogar nur 20%;[254] die beiden letztgenannten Werte erscheinen eher zu gering, da bei Reparaturen nicht nur die Materialkosten zu Buche schlagen, sondern auch der entsprechende, nicht unbeträchtliche Lohnanteil. Die Schätzung sollte daher immer die unterschiedlichen Leistungsbeschreibungen der Wartungsverträge und bei den Angaben der Wartungsfirmen berücksichtigen, dass diese nicht selten für den Auftraggeber, den Vermieter, vor dem Hintergrund der DIN 31051 günstig kalkuliert sind. Wegen der Ungenauigkeiten von Schätzungen wird vertreten, der Instandsetzungsanteil sei konkret zu ermitteln, indem sämtliche im Abrechnungszeitraum angefallenen Material- und Arbeitskosten herausgerechnet werden.[255] Dies ist indes nur dann möglich, wenn das Wartungsunternehmen sämtliche Arbeiten am Aufzug im Einzelnen aufschlüsselt, was i. d. R. wegen des Aufwands und der Aufdeckung der Preiskalkulation an dessen Widerstand scheitern wird.

Streitig ist, wie bei den Kosten aus der Behebung von **Betriebsstörungen** zu verfahren ist. **138**
Waren zu ihrer Beseitigung nur Wartungsarbeiten erforderlich, sollen die Kosten umlagefähig sein.[256] Nach anderer Meinung soll es darauf ankommen, ob der Monteur den Aufzug mit dem mitgeführten Bordwerkzeug wieder in Betrieb setzen kann, ggf. unter Reparatur oder Austausch kleinerer Teile, oder ob der Ausbau und die Bearbeitung von Teilen in der Werkstatt notwendig ist; im ersteren Fall handele es sich um Wartung, im anderen um Reparatur.[257] Schließlich wird vertreten, dass die Kosten nicht umlagefähig sind, wenn die Beseitigung von Störungen über die regelmäßige Wartung hinausgeht,[258] es sei denn, die Beseitigungsarbeiten beschränken sich auf Wartung und ersetzen zugleich die nächstfällige, wobei keine übermäßige Verkürzung des Wartungsintervalls eintreten darf.[259] Diese einschränkende Auffassung erscheint zutreffend. Der Vermieter ist verpflichtet, den Aufzug, der zum Mietgegenstand gehört, im vertragsgemäßen, mithin betriebsfähigen Zustand zu erhalten.[260] Hierzu dient die Wartung. Treten dennoch wiederholt Störungen auf, spricht einiger Anschein dafür, dass die Wartungsarbeiten entweder nicht ordnungsgemäß oder vollständig ausgeführt wurden, in diesem Fall muss sich der Vermieter an das Unternehmen halten,[261] oder dass Reparaturen überfällig sind. Lässt sich die Störung nur durch Ersatz verbrauchter Teile beheben, handelt es sich ohnehin um eine nicht umlegbare Instandsetzungsmaßnahme.

c) Reinigung der Anlage. Hierher gehören nur die Kosten der Reinigung von Teilen und **139**
Flächen **außerhalb des Fahrkorbs,** also dessen Außenflächen, des Fahrstuhlschachts, der Seile, Räder u. Ä.[262] Die Reinigung des Inneren zählt zu den Kosten der Gebäudereinigung (§ 2 Nr. 9 BetrKV).

---

249 LG Berlin GE 2003, 257; AG Berlin-Tiergarten MM 2005, 191.
250 LG Essen WuM 1991, 702; AG Rheinbach WuM 1988, 220.
251 LG Duisburg WuM 2004, 717; LG Braunschweig ZMR 2003, 114; LG Aachen DWW 1993, 42: 40–50%.
252 LG Hamburg Urt. vom 8.10.1993 – 311 S 330/92.
253 LG Hamburg NZM 2001, 806.
254 LG Berlin GE 1987, 89 nach den Angaben der Wartungsfirma; LG Berlin GE 1987, 827 auf der Grundlage eines weiten Wartungsbegriffs; LG Berlin GE 1990, 655 ohne weitere Begründung; LG Düsseldorf DWW 1999, 354 m. abl. Anm. *Geldmacher* DWW 1999, 357.
255 *Kinne* in Kinne/Schach/Bieber § 556 Rdn. 162; *Wall* Rdn. 3720.
256 *Lützenkirchen* in Lützenkirchen § 556 Rdn. 145.
257 LG Berlin GE 1987, 827.
258 LG Hamburg GE 2001, 992 = NZM 2001, 806; LG Berlin GE 1988, 465; AG Bruchsal WuM 1988, 62; *Geldmacher* S. 23.
259 LG Duisburg WuM 2004, 717; *Wall* Rdn. 3723.
260 *Schmid/Zehelein* in MünchKomm § 2 BetrKV Rdn. 33; ausführlich *Weimar* ZMR 1982, 37.
261 *Sternel* III Rdn. 298.
262 *Herlitz/Viehrig* S. 55.

5. Kosten der Straßenreinigung und Müllbeseitigung

Nr. 8: „die Kosten der Straßenreinigung und Müllbeseitigung, zu den Kosten der Straßenreinigung gehören die für die öffentliche Straßenreinigung zu entrichtenden Gebühren und die Kosten entsprechender nicht öffentlicher Maßnahmen; zu den Kosten der Müllbeseitigung gehören namentlich die für die Müllabfuhr zu entrichtenden Gebühren, die Kosten entsprechender nicht öffentlicher Maßnahmen, die Kosten des Betriebs von Müllkompressoren, Müllschluckern, Müllabsauganlagen sowie des Betriebs von Müllmengenerfassungsanlagen einschließlich der Kosten der Berechnung und Aufteilung;“

140 **a) Straßenreinigung.** Die öffentliche Straßenreinigung ist landesrechtlich geregelt. Die Durchführung ist Sache der Kommunen, die allerdings berechtigt sind, die Aufgabe durch Satzung den Eigentümern der anliegenden Grundstücke zuzuweisen. Durch die Einbeziehung entsprechender nicht öffentlicher Maßnahmen sind die Reinigungskosten daher umlagefähig, gleichviel ob die Reinigung durch die Gemeinde, den Eigentümer oder einen von ihm beauftragten Dritten erledigt wird. Die Straßenreinigung schließt nach den landesrechtlichen Regelungen den sog. **Winterdienst,** d. h. die Beseitigung von Schnee und das Streuen bei Glätte ein. Zu der Frage, ob die vereinbarte Umlage von Straßenreinigungskosten auch die Kosten der Fußwegreinigung erfasst, s. Rdn. 40.

141 **Ansatzfähig** sind die von der Gemeinde in angemessener Höhe[263] erhobenen Gebühren sowie die dem Eigentümer entstehenden Kosten. Führt der Eigentümer die Reinigung aus, kann er eine angemessene Vergütung für den nachweislich entstandenen Zeitaufwand verlangen (vgl. Rdn. 83 f.). Nimmt er ein Unternehmen in Anspruch, sind dessen Kosten, soweit sie angemessen sind, umlagefähig. Bei einem schneearmen Winter kann der Mieter nicht darauf verweisen, die Kosten seien zu hoch, da das Unternehmen kaum zum Einsatz gekommen sei; ihm entstehen Vorhaltungskosten, die es berechnen und die der Vermieter weiter belasten darf. Erledigt der Hausmeister die Reinigung, scheidet der separate Kostenansatz nach Nr. 14 aus. Die Kosten für Reinigungsmittel, im Winter vor allem Streugut, sind ansetzbar. Bei Reinigungsgeräten ist zu differenzieren. Die Erstanschaffung und auch die Ersatzbeschaffung verbrauchter Geräte ist Sache des Vermieters,[264] die Kosten ihrer Wartung und ihres Betriebs (z. B. Benzin) sind umlagefähig. Streitig ist, ob auch Reparaturen, z. B. motorgetriebener Reinigungsgeräte, ansetzbar sind. Die Frage stellt sich nur, wenn der Vermieter die Arbeiten selbst ausführt oder dafür eigene Leute, etwa den Hauswart, einsetzt, so dass der in § 1 Satz 2 BetrKV geregelte Bereich der Eigenleistung betroffen ist. Ist diese Vorschrift oder war § 27 II. BV in Bezug genommen, kann der Vermieter seine Kosten nach einem günstigen Vergleichsangebot in Ansatz bringen und dadurch mit der Zeit normale Reparaturen erstattet erhalten.

142 Übernimmt ein **Mieter die Reinigung,** richtet sich die Ansatzfähigkeit der Kosten nach den örtlichen Gepflogenheiten und den vertraglichen Regelungen. Ist es üblich, dass die Reinigung von den Mietern, insbesondere den Erdgeschossmietern, ohne Kostenansatz vorgenommen wird, entstehen dem Vermieter keine umlegbaren Kosten; die Mieter haben auch für die Reinigungsmittel zu sorgen. Rechtlich handelt es sich dabei um ein zusätzliches Mietentgelt durch Erbringung von Dienst- und Sachleistungen. Dasselbe gilt, wenn die Reinigungspflicht einem Mieter durch den Mietvertrag auferlegt wurde, was auch bei preisgebundenem Wohnraum nach § 9 Abs. 6 Satz 2 WoBindG zulässig ist. Erhält der Mieter indes zum Ausgleich für seinen Aufwand einen Mietnachlass, ist die Differenz umlegbar.

143 Will der Vermieter die Arbeiten, zumal den Winterdienst, **statt durch den Mieter durch ein Unternehmen** besorgen lassen, ist der Grund für diesen Entschluss maßgeblich. Ist die Reinigungspflicht dem Mieter durch Mietvertrag auferlegt, steht der Umlagefähigkeit der Fremdkosten grundsätzlich die spezielle vertragliche Regelung entgegen; der Vermieter verstößt durch die Einschaltung eines Reinigungsunternehmens gegen den Mietvertrag und hat daher keinen Anspruch auf Ersatz dessen Kosten.[265] Kommt der Mieter schuldhaft seiner Verpflichtung nicht nach, darf der Vermieter den Vertrag nach § 649 BGB ebenso wie nach § 314 BGB jederzeit kündigen[266] und

---

[263] KG GE 2008, 1491 (11. ZS).

[264] Vgl. LG Hamburg WuM 1985, 390; AG Lörrach WuM 1996, 628; *Blank* in Blank/Börstinghaus § 556 Rdn. 59; *Schmid/Zehelein* in MünchKomm § 2 BetrKV Rdn. 39; *Wall* Rdn. 3805; *Weitemeyer* in Staudinger § 556 Rdn. 46a; Rdn. 3805; **a. A.** LG Berlin GE 2000, 539; AG Schöneberg NZM 2001, 808.

[265] LG Karlsruhe WuM 1992, 368; AG Frankfurt/O. WuM 1997, 432; ebenso für die Treppenhausreinigung AG Köpenick GE 2013, 819; AG Magdeburg WuM 2002, 576.

[266] Palandt/*Sprau* § 649 Rdn. 13.

die Arbeiten an ein Unternehmen vergeben; die entsprechenden Kosten sind jedoch nicht auf alle Mieter umzulegen, sondern im Wege eines Schadensersatzanspruchs dem betreffenden Mieter anzulasten.[267] Ist die Umlagefähigkeit der Kosten nur allgemein durch Bezugnahme auf den Kostenkatalog vereinbart, kann der Vermieter nach der Rechtsprechung des BGH von der Eigenleistung der Mieter auf Fremdleistung durch Dritte oder ein Unternehmen umstellen (dazu Rdn. 45); im Hinblick auf das Wirtschaftlichkeitsgebot ist allerdings der Grund für diesen Entschluss zu überprüfen, so dass die Fremdvergabe der Arbeiten zu höheren Kosten nur bei sachlichen Gründen gerechtfertigt ist, etwa wenn es durch immer wieder unterlassene oder schlechte Reinigung seitens einzelner Mieter zu Unzuträglichkeiten im Hause gekommen ist.

Ist der Mieter infolge von **Krankheit, Alter oder Gebrechlichkeit** nicht mehr in der Lage, seine Reinigungspflicht zu erfüllen, wird er von seiner Verpflichtung frei.[268] Die früher zum Teil zulasten des Mieters herangezogene Vorschrift des § 613 BGB ist jedenfalls nicht einschlägig, weil es sich beim Winterdienstvertrag nicht um einen Dienst-, sondern einen Werkvertrag handelt.[269] Die Auslegung des Vertrags nach §§ 133, 157 BGB ergibt die selbstverständliche Erwartung beider Vertragsparteien, dass die Reinigung kostengünstig durch den Mieter selbst oder Familienangehörige, bei Verhinderung etwa infolge Urlaubs durch Nachbarn, erledigt wird. Ist die Reinigungspflicht formularvertraglich übertragen worden, scheitert die alleinige Belastung des Mieters ohnehin an mangelnder Transparenz der finanziellen Folgen. In einem derartigen Fall darf der Vermieter die Arbeiten einem Unternehmen übertragen, die Kosten sind als neu eingeführte Betriebskosten auf alle Mieter umlegbar.[270] Die Kosten dürfen nicht etwa allein dem Mieter belastet werden, dem die Ausführung unmöglich geworden ist.[271]

b) Müllbeseitigung. Grundsätzlich ist es Sache der nach Landesrecht zuständigen Entsorgungsträger, neben der Verwertung für die Beseitigung von Abfällen zu sorgen.[272] Die von den Gemeinden für die Müllabfuhr in angemessener Höhe[273] erhobenen **Gebühren** sind in voller Höhe ansatzfähig. Zu den Kosten des Vermieters kann auch das Entgelt für ein Wegerecht gehören, wenn die Müllbeseitigung nur durch Inanspruchnahme des Nachbargrundstücks möglich ist.[274] In den Gebühren sind die Kosten für die zur Verfügung gestellten Müllbehälter üblicherweise eingeschlossen. Die Kosten für die Anmietung weiterer Abfallbehälter sind nicht nach Nr. 8 umlegbar,[275] je nach den Verhältnissen im Einzelfall könnte aber die Umlage als sonstige Betriebskosten in Betracht zu ziehen sein; die Kosten für den Kauf von Müllbehältern sind Investitionskosten und daher ohnehin nicht ansatzfähig.[276] Ob die üblichen Trinkgelder umgelegt werden können, ist streitig,[277] der Vermieter wird diese Kosten in aller Regel jedenfalls nicht belegen können.[278] Beschränkt sich die öffentliche Müllabfuhr auf eine bestimmte Müllart,[279] z. B. Hausmüll, gehören die Kosten für die **regelmäßige Entsorgung anderen Mülls** wie Schlacken aus Koksheizungen und Sperrmüll (Gerümpel, Grobmüll, hierzu Rdn. 146) ebenfalls zu den Betriebskosten; hierbei handelt es sich um die Abfuhrkosten, die dem Eigentümer aus eigenem Einsatz entstehen oder die ihm von einer Drittfirma belastet werden, und etwaige Gebühren für Deponien oder Müllverbrennungsanlagen. Die Kosten aus der Beseitigung von **Gartenabfällen** gehören zu denjenigen der Gartenpflege; werden sie im Rahmen der Müllabfuhr mit entsorgt, dürfen sie gegenüber dem Mieter nur in Ansatz gebracht werden, wenn die Gartenpflegekosten als umlagefähig vereinbart sind.[280] Die Kosten 144

267 Ebenso *Lützenkirchen* AZ Stichwort „Kehrplan"

268 LG Münster WuM 2004, 193; AG Hamburg MJ 3/2011 S. 18; ausführlich LG Hamburg WuM 1989, 622 und *Hitpaß* WuM 2011, 662; **a. A.** LG Kassel WuM 1991, 580 m. ausführl. abl. Anm. *Fuchs-Wissemann;* LG Flensburg WuM 1987, 52.

269 BGH (VII ZR 355/12) NZM 2013, 696.

270 Ebenso AG Köpenick GE 2009, 1558 für Hausreinigung; *Kinne* in Kinne/Schach/Bieber § 556 Rdn. 165; differenzierend *Schmid* NZM 2013, 669 (672).

271 So aber AG Münster WuM 2005, 648; *Wall* Rdn. 3821.

272 § 17 Abs. 1 KrW (Gesetz zur Neuordnung des Kreislaufwirtschafts- und Abfallrechts vom 24.2.2012, BGBl. I S. 212).

273 KG GE 2008, 1491.

274 **A. A.** wohl Staudinger/*Weitemeyer* § 556 Rdn. 33.

275 LG Neuruppin WuM 2003, 153; AG Oranienburg GE 2016, 735; *Kinne* in Kinne/Schach/Bieber § 556 Rdn. 167; *Schmid* WuM 2009, 487 (489); *Wall* Rdn. 3859.

276 OLG Naumburg ZMR 2007, 618.

277 **Nein:** LG Berlin GE 1981, 235; *Schmid* GE 2000, 164.

278 *Seldeneck* Rdn. 2641.

279 Vgl. § 15 Abs. 3 KrW-/AbfG a. F.

280 *Schmid/Zehelein* in MünchKomm § 2 BetrKV Rdn. 44.

aus der Abfuhr von **Bauschutt** aus Umbau- oder Modernisierungsmaßnahmen oder im Zusammenhang mit **Entrümpelungsaktionen** z. B. von Dachböden oder Kellern sind keine umlegbaren Betriebskosten. Soweit der Hausmeister tätig wird, dürfen die Kosten nicht separat umgelegt werden. Zur Kostenumlage bei **Müllmanagement** s. Rdn. 418.

145 Es ist gleichgültig, ob der Müll unsortiert oder **nach den Müllbestandteilen getrennt,** z. B. durch Wertstoff- oder Biotonnen und Tonnen für sonstigen Abfall, abgefahren wird. Auch wenn der Mietvertrag nur allgemein die Kosten der Müllabfuhr auf den Mieter abwälzt, ohne zwischen den sich aus der Mülltrennung ergebenden Müllarten zu unterscheiden, sind die Kosten der Abfuhr der verschiedenen Müllmaterialien in vollem Umfang umlagefähig.[281] Dass die unterschiedlichen Arten des Mülls in getrennten Gefäßen gesammelt und separat entsorgt werden, ändert nichts daran, dass es sich insgesamt nach wie vor um Müllabfuhr und demnach ansetzbare Kosten handelt. Mit der Wertstofftrennung stellt sich allerdings das nicht seltene Problem ein, ob Zusatzkosten infolge **fehlerhafter Trennung**[282] umlegbar sind. Bei nicht sortenreiner Befüllung der verschiedenen Tonnen werden diese als allgemeiner Hausmüll geleert; der Inhalt kann nicht dem Wirtschaftskreislauf zugeführt, sondern muss über Deponie oder Müllverbrennung und damit teurer entsorgt werden. Kommt dies in größerem Umfang vor, so dass eine Vielzahl von Mietern daran beteiligt sein muss, dürften die Zusatzkosten auf alle Mieter umlegbar sein. Handelt es sich um seltene Einzelfälle, sind die Kosten nicht ansetzbar (vgl. nachfolgend zur Sperrmüllabfuhr).

146 Bei der Abfuhr von **Sperrmüll** kommt es für die Umlagefähigkeit der Kosten entscheidend darauf an, ob sie laufend erforderlich ist, weil anderenfalls ein gem. § 1 Abs. 1 BetrKV wesentliches Merkmal für die Qualifikation als Betriebskosten fehlt. Diese Kosten entstehen ohne weiteres dann laufend, wenn der Vermieter den Mietern, z. B. im Keller oder auf dem Grundstück (Schuppen, Container), eine Möglichkeit zur Verfügung stellt, wo der Sperrmüll gelagert werden kann und wo er mehr oder weniger regelmäßig entfernt wird.[283] Fraglich ist, wie mit den Kosten zu verfahren ist, wenn die Mieter **Sperrmüll auf Gemeinschaftsflächen,** z. B. im Kellerflur oder neben den Müllgefäßen deponieren. Im Grundsatz liegt ein vertragswidriges Verhalten der Mieter vor, für dessen Folgen die Verursacher einzustehen haben bzw., wenn diese nicht feststellbar sind, der Vermieter aufzukommen hat.[284] Dieses Ergebnis ist jedoch dann nicht sachgerecht, wenn sich der vertragswidrige Umgang mit Sperrmüll bei den Mietern eingebürgert hat.[285] In diesen Fällen kommt der Vermieter häufig nicht daran vorbei, für eine relativ regelmäßige Abfuhr zu sorgen. Die Kosten entstehen damit laufend und sind umlagefähig. Ist die Sperrmüllabfuhr hingegen notwendig, weil nur einzelne Mieter oder Dritte *gelegentlich* Sperrmüll vertragswidrig abstellen, gilt der oben genannte Grundsatz, dass ggf. der Vermieter die Kosten zu tragen hat.[286] Eine Haftungsgemeinschaft aller Mieter für das vertragswidrige Verhalten Einzelner besteht nicht.[287]

147 Neu in § 2 Nr. 8 BetrKV sind die Umlagefähigkeit der Kosten bestimmter Arten der **Müllsammlung** sowie des Betriebs von **Müllmengenerfassungsanlagen** einschließlich der Kosten der Berechnung und Aufteilung. Letztere bestehen zumeist aus einem Gehäuse, in das der Müllbehälter geschoben wird, und einem Oberteil mit der Einrichtung zur Verbrauchserfassung. Während nach Nr. 2, 4a und 5a BetrKV die Kosten der Anmietung der für die Berechnung und Aufteilung zwingend erforderlichen Ausstattung umlagefähig sind, fehlt hier eine Regelung. Diese technische Seite ist offensichtlich übersehen worden, so dass von einer planwidrigen Regelungslücke auszugehen ist, die durch Analogie zu schließen ist: In rechtlicher Hinsicht handelt es sich um vergleichbare Tatbestände. Bei Anwendung der gleichen Grundsätze wäre der Normgeber zu dem Ergebnis ge-

---

[281] *Börstinghaus* NZM 1998, 62; unzutreffend AG Uelzen NZM 1998, 75.

[282] Vgl. DASS (Die Andere Systementsorgungs-Gesellschaft mbH) GE 2000, 148.

[283] Nicht wenn sich einzelne Mieter bei Bedarf beim Vermieter melden können; LG Berlin GE 2000, 126.

[284] LG Berlin GE 1998, 681; LG Siegen WuM 1992, 630; *Fuchs-Wissemann* WuM 1993, 654; *Lützenkirchen* in Lützenkirchen § 556 Rdn. 171; **a. A.** LG Berlin GE 1986, 1121 mit der Begründung, die Sperrmüllabfuhr erfolge im Interesse der Mieter; AG Schöneberg GE 1989, 251, dass es schließlich die Mieter waren, die das Gerümpel dort abgestellt hatten.

[285] BGH (VIII ZR 137/09) NZM 2010, 274 = WuM 2010, 153; LG Itzehoe WuM 2009, 404; *Geldmacher* DWW 1997, 165; *Seldeneck* Rdn. 2647; vgl. LG Berlin GE 2001, 1469.

[286] Ebenso *Schmid* MietRB 2010, 120; nach der vom BGH (VIII ZR 137/09) NZM 2010, 274 = WuM 2010, 153 bestätigten Ausgangsentscheidung des LG Itzehoe WuM 2009, 404 war die Sperrmüllabfuhr laufend notwendig.

[287] OLG Hamm RE 19.5.1982 NJW 1982, 2005 = WuM 1982, 201: Eine Kanal- oder Leitungsverstopfungsklausel mit anteiliger Haftung aller Mieter, wenn der Verursacher nicht zu ermitteln ist, ist unwirksam.

kommen, dass auch hier die **Kosten der Anmietung** der eigentlichen **Erfassungsvorrichtung,** nicht des Gehäuses, umlagefähig sind.

Mit der zunehmenden Verbreitung von Anlagen zur Erfassung der Müllmengen wird das Risiko eines kleinräumigen sog. **Mülltourismus** wachsen. Es ist zu hoffen, dass Wald- und andere Freiflächen davon verschont bleiben, die Gefahr, dass manche Mieter zur persönlichen Kostensenkung ihren Müll in den Müllgefäßen von Nachbarobjekten abladen, ist indes nicht von der Hand zu weisen.[288] Nimmt dies einen größeren Umfang zulasten einzelner Mietobjekte an, ist der Vermieter vor die Frage gestellt, ob er die zusätzlichen Kosten umlegen darf. Dies ist zu verneinen.[289] Ebenso wenig, wie Schäden am Mietobjekt durch Dritte zulasten der Mieter gehen, können sie mit Betriebskosten belastet werden, die nicht durch ihren Gebrauch bzw. Verbrauch verursacht wurden. Der Vermieter wird in derartigen Fällen Maßnahmen zu ergreifen haben, die eine unbefugte Nutzung der zum Haus gehörenden Müllgefäße ausschließen.

Zum **Umlageschlüssel** s. § 556 a BGB Rdn. 105 ff., **Wirtschaftlichkeitsgrundsatz** s. § 560 BGB Rdn. 95 ff.

6. Kosten der Gebäudereinigung und Ungezieferbekämpfung

Nr. 9: „zu den Kosten der Gebäudereinigung gehören die Kosten für die Säuberung der von den Bewohnern gemeinsam benutzten Gebäudeteile, wie Zugänge, Flure, Treppen, Keller, Bodenräume, Waschküchen, Fahrkorb des Aufzugs;"

a) Gebäudereinigung. Ansatzfähig sind neben den **Personalkosten** – bei Ausführung **149**
durch den Hausmeister sind sie dort anzusetzen – die Kosten für die **Reinigungsmittel** und die **Reinigungsgeräte,** sofern es sich nicht um die Erst- bzw. Ersatzanschaffung handelt. Der Vermieter kann sich auch eines Reinigungsunternehmens bedienen.

Die Kosten für die **Reinigung der Fassade,** auch von Graffitis,[290] zählen **nicht** mehr zu Pflegemaßnahmen, sondern zu den Instandhaltungskosten. Daran ändert sich nichts dadurch, dass es durch die Graffitis nicht zu einer Sachbeschädigung, sondern nur zu Reinigungsaufwand gekommen ist, mit dem der Vermieter die Graffitis regelmäßig beseitigen lässt.[291] Die Fassade ist kaum als *„gemeinsam benutztes Gebäudeteil"* und ohnehin nicht i. S. der aufgeführten Beispiele zu verstehen.[292] Dasselbe gilt für **Glasdächer,** z. B. für die Belichtung des Treppenhauses; die Kosten ihrer Reinigung dürften aber als sonstige Betriebskosten i. S. von § 2 Nr. 17 BetrKV in Betracht kommen,[293] ihre Umlage setzt daher eine entsprechende Vereinbarung voraus. Durch die Umbenennung der Haus- zur Gebäudereinigung hat sich nichts geändert, weil sie nur die Harmonisierung mit dem Ausbildungsberuf des Gebäudereinigers bezweckt. Dasselbe gilt daher für die Reinigung der Marmorverkleidung im Treppenhaus mit chemischen Mitteln[294] oder die Beschichtung des Treppenhausfußbodens mit PVC.[295]

Die Kosten der Reinigung des **Hausmeisterbüros** sind Verwaltungskosten. Die Kosten für die Reinigung von **Garagen** und deren Zufahrten sind nur auf die Garagenmieter zu verteilen (dazu § 556 a BGB Rdn. 96); diejenigen für die Reinigung von Außenanlagen (Höfe, Zuwege) gehören zu den Kosten der Gartenpflege.

Für die Kosten einer **Sonderreinigung,** etwa der Beseitigung von Farbschmierereien, Hunde- **150**
dreck, Baudreck und -staub auf Grund von Umbaumaßnahmen u. Ä., gelten die Ausführungen zu Sonderabfuhren bei der Müllentsorgung (Rdn. 146) entsprechend.

Führen alle **Mieter** im Wechsel nach einem Kehrplan die Reinigung durch, scheidet der Ansatz **151**
von Kosten aus, zumal Reinigungsmittel und -geräte in diesem Fall üblicherweise von den Mietern selbst gestellt werden. Für den Fall, dass der Vermieter die Reinigung statt durch die Mieter durch einen Dritten erledigen lassen will, ist auf die Darstellung unter Rdn. 143 zu verweisen.

Zum **Umlageschlüssel** s. § 556 a BGB Rdn. 109 f., zum **Wirtschaftlichkeitsgrundsatz** s. **152**
§ 560 BGB Rdn. 98 f.

---

288 *Both* NZM 1998, 460.
289 LG Tübingen WuM 2004, 497.
290 LG Kassel WuM 2016, 740; LG Berlin GE 2016, 723; AG Köln WuM 2001, 515.
291 So aber AG Berlin-Mitte GE 2007, 1529.
292 Nach AG Neukölln GE 2017, 42. Umlage als sonstige Betriebskosten; s. aber Rdn, 171.
293 Ebenso *Schmid* GE 2013, 1242; **a. A.** AG Potsdam GE 2007, 917.
294 AG Köln WuM 1985, 368.
295 AG Hamburg MJ 1999, 10; WuM 1995, 652.

153 **b) Ungezieferbekämpfung.** Zur Ansatzfähigkeit kann grundsätzlich auf die vorstehenden Ausführungen zur Gebäudereinigung Bezug genommen werden. Zu beachten ist allerdings, dass die Beschränkung auf die „gemeinsam genutzten Gebäudeteile" bei der Gebäudereinigung in § 2 Nr. 9 BetrKV für die Ungezieferbekämpfung nicht wiederholt ist. Umlagefähige Kosten können daher **auch** bei der Bekämpfung von Ungeziefer **in einzelnen Mietobjekten** anfallen. Dies kommt etwa in Betracht, wenn sich Ungeziefer aus den gemeinsam benutzten Gebäudeteilen oder von außen im Haus verbreitet. Hier ist allerdings jeweils zu prüfen, ob die Ursache aus einem Fehlverhalten des Vermieters oder einzelner Mieter stammt (s. Rdn. 154); in diesem Fall scheidet die Umlage der Bekämpfungskosten auf alle Mieter aus. Hat sich z. B. aus einem Mietobjekt Ungeziefer auf Gemeinschaftsflächen verbreitet, haftet allein der betreffende Mieter für die zur Bekämpfung aufgewandten Kosten.[296] Bei dieser Kostenart ist in besonderem Maße darauf zu achten, dass **nur** die Kosten einer regelmäßigen und damit **laufenden** (vgl. § 556 Abs. 1 Satz 2 BGB) **Bekämpfung** umlegbar sind.[297] Soweit für einzelne Mietobjekte eine turnusmäßige, prophylaktische Ungezieferbekämpfung notwendig ist, wie etwa bei Gaststätten, gehen die Kosten zu Lasten der betreffenden Mieter.

154 Die Kosten aus der **Holzbockbekämpfung** einschließlich Nachschau gehören zu den Instandhaltungskosten. Kommt es zum Befall mit **Schwalbenwanzen,** ist deren regelmäßige Bekämpfung umlagefähig, wenn die Schwalbennester aus Gründen des Naturschutzes nicht entfernt werden dürfen.[298] Ist das Haus oder eine Wohnung mit **Taubenzecken** befallen, ist die Bekämpfung schon aus gesundheitlichen Gründen dringend geboten.[299] Die Umlage der Bekämpfungskosten auf alle Mieter ist jedoch nicht ohne weiteres zulässig. Stammt die Ursache z. B. vom Balkon eines einzelnen Mieters, der seiner Obhutspflicht nicht nachkam, indem er Taubenkot und Taubenkadaver nicht entfernte, hat er allein für die Kosten einzustehen. Vernachlässigte der Vermieter einzelne Grundstücksteile mit entsprechenden Folgen, hat er die Kosten selbst zu tragen; er ist mithin nicht berechtigt, eine regelmäßige Bekämpfung auf Kosten der Mieter in Auftrag zu geben, statt die notwendige Pflege des Grundstücks nachzuholen und aufrecht zu erhalten. Bilden sich hinter einer **Vorhangfassade Motten- oder Ameisennester,** darf sich der Vermieter nicht auf regelmäßige Ungezieferbekämpfung und die Umlage der Kosten beschränken. Vorrangig ist er verpflichtet, alle baulichen Möglichkeiten zu ergreifen, mit denen das Eindringen der Motten oder Ameisen verhindert werden könnte. Die Kosten einer periodischen Bekämpfung von **Ameisen innerhalb des Gebäudes** gehören zu den Kosten der Ungezieferbekämpfung. Auch wenn Ameisen nicht generell als Ungeziefer einzuordnen sind,[300] ist der Ort, an dem sie erscheinen, zu berücksichtigen. Was für Wald und Flur stimmt, lässt sich nicht schlicht auf Gebäude übertragen. Maßgeblich ist der Umfang ihres Auftretens; sind sie nur gelegentlich im Erdgeschossbereich anzutreffen, wird eine Bekämpfung nicht sachgerecht und zugleich unwirtschaftlich sein.[301] Die Kosten der allgemeinen Bekämpfung von **Ameisen auf Flächen außerhalb des Gebäudes** gehören nicht zu den nach Nr. 9 umlagefähigen Betriebskosten. Dies zeigt sich an den Beispielen in Nr. 9, die sich zwar auf die Gebäudereinigung beziehen, jedoch ohne weiteres auf die Ungezieferbekämpfung übertragen werden können. Die Kosten der Beseitigung eines **Bienennests** im Dachstuhl oder von **Wespennestern** auf Grundstücksteilen außerhalb des Hauses betreffen eine selten erforderliche Maßnahme, sie fallen nicht laufend an und sind schon deshalb nicht umlegbar.[302]

155 Eine **Formularklausel,** nach der es Sache des Mieters ist, Ungeziefer innerhalb der Wohnung zu bekämpfen[303] oder nach der er zu beweisen hat, dass der Ungezieferbefall nicht von ihm oder Personen, deren Verhalten ihm zuzurechnen ist, verursacht wurde, ist unwirksam; dasselbe gilt für eine Klausel, dass der Mieter auch für Schäden durch das Beseitigen von Ungeziefer, das der Vermieter veranlasst, haftet.[304]

---

[296] Z. B. AG Köln WuM 2000, 213.

[297] KG GE 2002, 801; LG München I WuM 2001, 245; LG Siegen WuM 1992, 630; AG Hamburg NZM 2002, 265; AG Oberhausen WuM 1996, 714; AG Köln WuM 1992, 630.

[298] Die Bekämpfung ist für den Vermieter auch deshalb notwendig, weil die Mieter sonst ggf. wegen Gesundheitsgefährdung nach § 569 Abs. 1 BGB kündigen können; so LG Berlin GE 1997, 689 beim Befall des Hauses mit Taubenzecken.

[299] LG Berlin GE 1997, 689.

[300] LG Berlin GE 2000, 1687.

[301] Vgl. AG Köln WuM 1993, 670 für Spinnen.

[302] AG Freiburg WuM 1997, 471.

[303] LG Hamburg NZM 2001, 853.

[304] OLG Frankfurt WuM 1992, 57 (61).

7. Kosten der Gartenpflege

Nr. 10: „die Kosten der Gartenpflege, hierzu gehören die Kosten der Pflege gärtnerisch angelegter Flächen einschließlich der Erneuerung von Pflanzen und Gehölzen, der Pflege von Spielplätzen einschließlich der Erneuerung von Sand und der Pflege von Plätzen, Zugängen und Zufahrten, die dem nicht öffentlichen Verkehr dienen;"

a) Gärten. Ansatzfähig sind die gesamten Kosten, die für die **Pflege und Unterhaltung** einer Gartenfläche anfallen. Hierzu zählen die Pflege des Rasens durch Mähen und Vertikutieren, die Beseitigung von Unkraut auf Rasen und Rabatten, Entfernen verblühter Blumen, Beschaffung und Ausbringen von Dünger, Beschneiden bzw. Auslichten von Bäumen und Sträuchern,[305] Wässern in sommerlichen Trockenperioden, die Abfuhr von Gartenabfällen sowie die Beseitigung von Verunreinigungen durch Mieter oder Dritte.[306] **Voraussetzung** ist allerdings, dass die Garten- oder Parkflächen **nicht** durch bauplanerische Bestimmungen oder durch den Vermieter selbst für die Nutzung der Öffentlichkeit gewidmet sind, so dass **jedermann** die Nutzung dieser Flächen unabhängig davon gestattet ist, ob er eine Wohnung in der Wohnanlage der Beklagten angemietet hat.[307] **156**

Zur Pflege von Bäumen gehört auch die sog. **Unterhaltungspflege.**[308] Hierzu ist regelmäßig zu kontrollieren, ob die Bäume noch stand- und bruchsicher sind, d. h. z. B. ob der Stammfuß von Pilzen befallen ist, der Stamm Kernfäule oder Wucherungen zeigt, sich Pilzfruchtkörper am Stamm oder an Ästen befinden oder sich in der Krone Totholz ausgebildet hat.[309] Aus der Kontrolltätigkeit wird abgeleitet, dass damit keine Pflegemaßnahme, sondern die Verkehrssicherung im Vordergrund stehe, so dass die Kosten nicht unter § 2 Nr. 10 BetrKV[310] fallen, sondern nur unter § 2 Nr. 17 BetrKV.[311] Dabei wird indes nicht hinreichend berücksichtigt, dass die Kontrolle auch dazu dient festzustellen, ob Maßnahmen zur Erhaltung des Baums ergriffen werden müssen. So sind auch die Kosten der regelmäßigen Kontrolle von Spielgeräten auf Verkehrssicherheit umlegbar (s. Rdn. 163).

Neben diesen Kosten sind auf Grund ausdrücklicher Bestimmung in Nr. 10 auch Instandsetzungskosten ansetzbar, nämlich diejenigen entsprechender **Neubepflanzung,** soweit Pflanzen, Sträucher und Bäume durch Alter, Witterungs- oder Umwelteinflüsse abgängig wurden. Ansatzfähig sind damit nicht nur die Kosten für die Ersatzbepflanzung von Blumen, sondern auch für die teilweise Erneuerung der Rasenfläche,[312] etwa wenn sie durch berechtigte Nutzung seitens der Mieter oder durch Witterungseinflüsse unansehnlich geworden ist.

Dasselbe gilt für das **Fällen** und den Abtransport **kranker oder morscher Bäume**[313] einschließlich der Anpflanzung junger Bäume. Hierzu ist der Einwand nicht berechtigt, es handele sich um Kosten, die jeweils erst nach Jahrzehnten anfallen;[314] diese isolierte Betrachtung berücksichtigt nicht, dass es hier nicht auf die Intervalle ankommt, in denen bestimmte Arbeiten zu erledigen sind, sondern allein darauf, ob bestimmte Maßnahmen zu einer ordnungsgemäßen, laufend ausgeführten Gartenpflege gehören.[315] Es kann daher auch keinen Unterschied machen, ob der

---

[305] Z. B. LG Hannover WuM 2003, 450; nach LG Landshut DWW 2004, 126 auch die Kosten von Verspannarbeiten zur Sicherung und Entlastung der Baumkrone.

[306] BGH (VIII ZR 33/15) GE 2016, 387 = NZM 2016, 353 m. Anm. *Both* = WuM 2016, 214 = ZMR 2016, 434.

[307] BGH (VIII ZR 33/15) GE 2016, 387 = NZM 2016, 353 m. Anm. *Both* = WuM 2016, 214 = ZMR 2016, 434; zur Problematik der Umlage von Reinigungs- und sonstigen Pflegekosten privater Wege über Grundstücke verschiedener Eigentümer, auf denen mehrere Gebäude hintereinander errichtet wurden, s. *Langenberg/Zehelein* Betriebskosten A Rdn. 167.

[308] S. DIN 18919.

[309] Im Einzelnen s. Baumkontrollrichtlinie der Forschungsgesellschaft Landschaftsentwicklung, Landschaftsbau e. V. – FLL.

[310] AG Bottrop WuM 2014, 568; *Wall* Rdn. 4020.

[311] *Wall* Rdn. 4020.

[312] LG Hamburg WuM 1989, 191.

[313] LAG Frankfurt/M. WuM 1992, 545; AG Hamburg-Wandsbek ZMR 2014, 804; AG Köln NZM 2001, 41; *Blank* in Blank/Börstinghaus § 556 Rdn. 71; *Kinne* in Kinne/Schach/Bieber § 556 Rdn. 176; *Lützenkirchen* in Lützenkirchen § 556 Rdn. 203; *Pfeifer* S. 73; *Schmid/Zehelein* in MünchKomm § 2 BetrKV Rdn. 53; *Weitemeyer* in Staudinger § 556 Rdn. 35b; **a. A.** LG Krefeld WuM 2010, 357; LG Berlin GE 1988, 355; AG Potsdam GE 2012, 493 = WuM 2012, 203; *Hertle* ZMR 1990, 407.

[314] So LG Krefeld WuM 2010, 357; AG Berlin-Schöneberg NZM 2010, 473; AG Dinslaken WuM 2009, 115; AG Hamburg WuM 1989, 641; *Bausch* NZM 2006, 366 (367).

[315] Vgl. BGH (VIII ZR 33/15) GE 2016, 387 = NZM 2016, 353 m. Anm. *Both* = WuM 2016, 214 = ZMR 2016, 434.

kranke Baum auf eigenen Entschluss des Vermieters im Rahmen der Gartenpflege entfernt oder ob die Maßnahme wegen der Erkrankung des Baums von einer Behörde angeordnet wurde.[316] Soweit ferner vertreten wird, die Wortwahl in Nr. 10 *„Pflanzen und Gehölze"* schließe Bäume von mehreren Metern Höhe nicht ein,[317] ist darauf hinzuweisen, dass die Bezeichnung Gehölz neutral ist und keinen Anhaltspunkt dafür bietet, es seien nur kleine bis mittlere Gewächse gemeint.[318] Es kommt hinzu, dass dieses Verständnis Streit darüber produziert, ob ein gefällter Baum im konkreten Fall noch ein mittleres Gewächs war, ob insoweit nur die Höhe oder bei geringer Höhe etwa sein Umfang maßgeblich ist; es fehlt jedes verlässliche Abgrenzungskriterium. Auch wenn ein Baum im Verhältnis zur Gartenfläche schlicht zu groß geworden ist[319] oder inzwischen zu nah am Wohngebäude steht,[320] dürfte seine Entfernung zur ordnungsgemäßen Gartenpflege gehören. **Anders** liegt es, wenn ein Baum nicht zur Pflege des Gartens, sondern deshalb entfernt wird, weil sich die Mieter des Nachbarhauses wegen des Sicht- und Lichtmangels beschwerten,[321] wenn alle Bäume auf dem Grundstück gefällt werden, was einer völligen Umgestaltung des Gartens gleichkommt[322] oder wenn ein Baum infolge unfachlichen Rückschnitts eingeht.[323]

157 Ob die Kosten aus der Beseitigung von **Sturmschäden** umlegbar sind, ist streitig. Nach einer Ansicht soll die Umlagefähigkeit am Schutz der Mieter vor überraschenden Kosten scheitern.[324] Nach anderer Meinung ist nach der Häufigkeit von Stürmen zu differenzieren. So sollen die Kosten allgemein in Gegenden mit häufigen schweren Stürmen, z. B. Hamburg,[325] ansetzbar sein, nicht jedoch in Gegenden, in denen schwere Stürme als *„ungewöhnliches Naturereignis"* zu beurteilen sind.[326] Die Häufigkeit bestimmter pflegerischer Arbeiten stellt indes kein geeignetes Abgrenzungskriterium dar; sachlich handelt es sich vielmehr um den aperiodischen Anstieg von Kosten innerhalb periodisch anfallender Betriebskosten. Gartenflächen sind den Witterungseinflüssen in vielfältiger Weise ausgesetzt; es ist nicht absehbar und auch durch vorbeugende Maßnahmen nicht einzugrenzen, ob und inwieweit im Laufe eines Jahres Erneuerungen erforderlich werden. Gartenflächen können gleichermaßen durch lange Trocken-, Regen- oder Frostperioden, durch Hagel- oder Blitzschlag Schaden nehmen wie durch Stürme. In allen diesen Fällen beruhen die Schäden und die daraus resultierenden Kosten auf einem Naturereignis.[327] Es macht keinen Unterschied, ob erfrorene, angefaulte oder entwurzelte Gehölze entfernt und ggf. durch Neuanpflanzung ersetzt werden müssen, so dass die hiermit zusammenhängenden Kosten als Betriebskosten zu behandeln sind.

158 Die Kosten für die **gärtnerische Erstausstattung,** also die Anlage und Bepflanzung, sind Baukosten (vgl. § 5 Abs. 3 II. BV). Die Kosten für eine **Grundüberholung** des Gartens, die wegen jahrelanger Vernachlässigung erforderlich ist, sind Instandsetzungskosten.[328] Um Kosten der **Erneuerung** von Pflanzen und Gehölzen handelt es sich nur, wenn dadurch der **natürliche Abgang** ausgeglichen wird,[329] daher nicht bei Ersatz wegen Schäden durch Menschen oder Tiere. Die Kosten für eine **zusätzliche Bepflanzung** sind keine Betriebskosten,[330] ebenso wenig die Kosten für die Bepflanzung einer bisher anders genutzten Fläche, etwa die Anlage eines Blumenbeetes in einer Rasenfläche oder die Umwandlung einer Hof- in eine Gartenfläche.[331] Die Kosten für **Mietpflanzen** zur Verschönerung des Gewerbeobjekts zur Messezeit sind mangels ausdrücklicher Vereinbarung nicht umlagefähig, weil es sowohl an der Pflege gärtnerisch angelegter Flächen als auch an

---

316 **A. A.** AG Oberhausen WuM 1990, 556.
317 *Wall* Rdn. 4019.
318 Ebenso *Pfeifer* DWW 2005, 205; *Schmid* DWW 2010, 49.
319 AG Düsseldorf WuM 2002, 498.
320 AG Sinzig ZMR 2004, 829.
321 AG Hamburg-Wandsbek WuM 1986, 123; *Herlitz/Viehrig* S. 69.
322 AG Köln NZM 2001, 41.
323 *Kinne* in Kinne/Schach/Bieber § 556 Rdn. 176.
324 AG Hamburg-Blankenese WuM 2016, 94 m. Bespr. *Scholz*.
325 LG Hamburg WuM 1989, 640.
326 LG Krefeld WuM 2010, 357; AG Mönchengladbach ZMR 2003, 198; AG Königstein/Ts. WuM 1993, 410.
327 Vgl. LG Hamburg WuM 1989, 640.
328 AG Neustadt a. d. Weinstr. NZM 2010, 41 (u. a. Baumschnitt nach 29 Jahren); LG Tübingen WuM 2004, 669 (Baumschnitt nach 12 Jahren); LG Hamburg WuM 1994, 695; *Hertle* ZMR 1990, 406; *Pfeifer* S. 73; **a. A.** AG Münster WuM 1992, 258.
329 AG Neuss DWW 1993, 296; *Sternel* PiG 28 (1988) S. 101 (109).
330 LG Berlin GE 1999, 909.
331 *Geldmacher* S. 25.

der Erneuerung abgängiger Bepflanzung fehlt.[332] Die Kosten aus der Pflege der **Begrünung** eines nicht begehbaren **Daches** sind nicht umlagefähig, da es hierbei um die Verbesserung der Isolationseigenschaften eines Flachdachs geht; die Pflegekosten sind den Instandhaltungskosten für ein konventionelles Dach gleichzusetzen;[333] anders verhält es sich bei den Kosten der Pflege eines **Dachgartens,** der den Mietern zur Nutzung zur Verfügung steht.[334] Die Kosten aus der Pflege der **Fassadenbegrünung** sind ansetzbar, jedenfalls wenn sie Teil einer Gartenanlage ist; sie dient der optischen Steigerung des Wohnwerts.

Zum **Umlageschlüssel** s. § 556a BGB Rdn. 112, zum **Wirtschaftlichkeitsgrundsatz** s. § 560 **159**
BGB Rdn. 100ff.

Die durch die Pflegearbeiten verursachten **Personalkosten** sind umlagefähig. Dies betrifft das **160**
Entgelt für einen Mieter, einen Dritten, ein Unternehmen, auch den Vermieter (s. Rdn. 77ff.); erledigt der Hausmeister die Arbeiten, sind sie nicht separat anzusetzen. Zu den Fragen, die sich bei der Beauftragung eines Mieters ergeben können, s. Rdn. 142f.

Zu den ansatzfähigen **Sachkosten** gehören zum einen die für die Pflege erforderlichen Materi- **161**
alien (Pflanzen, Dünger u. Ä.), zum anderen die Betriebs- und Wartungskosten für Geräte sowie Reparaturkosten für Geräte im Fall der Eigenleistung (s. Rdn. 141). Kosten für die Erstbeschaffung[335] scheiden ebenso aus wie für Ersatzanschaffung,[336] wobei für Letzteres eine Ausnahme für den Fall gemacht worden ist, dass die Ersatzbeschaffung kostengünstiger ist als die Reparatur.[337] Übernahm ein Mieter vertraglich die Gartenpflege, wird er sich das dazu notwendige Gerät im Regelfall beschaffen und es auf eigene Kosten instand halten müssen. Stellte der Vermieter es ihm zur Verfügung, ist die laufende Instandhaltung und Instandsetzung daher Sache des Mieters, es sei denn, dass die Parteien insoweit weiterhin die Zuständigkeit des Vermieters vereinbarten.

Besteht an den Gartenflächen ein **ausschließliches Nutzungsrecht** zugunsten des Vermieters **162**
oder sind sie einem Mieter mitvermietet, kommt die Umlage der Pflegekosten nach allgemeiner Meinung nicht in Betracht; der Blick ins Grüne reicht nicht aus.[338] Dies gilt auch dann, wenn der Vermieter in dem Garten, dessen Pflege dem Mieter übertragen wurde, selbst Gartenarbeiten vornahm; wenn er nicht zuvor die Voraussetzungen für eine Ersatzvornahme geschaffen hatte oder es sich um eine unaufschiebbare Maßnahme zur Gefahrenabwehr handelte, war er für diesen Aufgabenkreis nicht mehr zuständig, so dass er seinen Arbeitsaufwand nicht als Betriebskosten umlegen kann.[339] Stehen die Flächen allen Mietern zur Nutzung, etwa als Spiel- und Liegewiese, zur Verfügung, ist die Ansatzfähigkeit ebenfalls unstreitig. Die Möglichkeit zur Umlage der Kosten besteht jedoch auch, wenn den Mietern des Hauses **kein Nutzungsrecht** eingeräumt ist.[340] Maßgeblich ist, dass sich die Pflege der Gartenflächen im Einzelfall auf die Wohnqualität auswirkt, was bei gepflegten Freiflächen wie auch gärtnerisch gestalteten Flächen und Zuwegungen offensichtlich ist. Zumal bei größeren Objekten macht es auch durchaus einen Sinn, die allgemeinen Flächen nicht für die Benutzung durch alle Mieter frei zu geben, sondern auf die Spiel- und/oder Bolzplätze, ggf. auch Grillplätze zu verweisen. Ein ansehnlicher Zustand der Gartenflächen ließe sich bei intensiver Nutzung für die verschiedenen Aktivitäten der Mieter nur mit großem Aufwand aufrechterhalten. Die entsprechend höheren Betriebskosten können zudem, wie die Praxis zeigt, bei der Umlage zu Streitigkeiten mit einzelnen Mietern führen, die meinen, der höhere Aufwand beruhe nicht mehr auf normaler Abnutzung, sondern z. B. auf unsachgemäßem Verhalten der Nutzer, die hierfür allein einzustehen hätten.

b) Spielplätze. Zur **Pflege** von Spielplätzen gehören die Reinigung und der ausdrücklich auf- **163**
geführte turnusmäßige Austausch des Sandes, Überwachung zur Verkehrssicherung[341] und Pflege von Spielgeräten (z. B. das Ölen von Scharnieren), die Pflege von Bänken und ähnliche Arbeiten. Die Kosten der Instandsetzung von Einfassungen, Neuanstrich von Geräten oder Bänken oder de-

---

332 OLG Düsseldorf NZM 2000, 762.
333 KG GE 2006, 845; LG Karlsruhe WuM 1996, 230.
334 Mietprax-*Pfeifer* Fach 2 Rdn. 788.
335 LG Potsdam MM 2003, 143; AG Starnberg NZM 2002, 910; vgl. LG Hamburg WuM 1985, 390.
336 *Geldmacher* S. 24; **a. A.** *Herlitz/Viehrig* S. 70, wonach jedenfalls die Abschreibung im Rahmen der amtlichen AfA-Tabellen ansetzbar sein soll, dagegen OLG Naumburg ZMR 2007, 618.
337 AG Lichtenberg NZM 2004, 96.
338 *Pfeifer* S. 73; *Sternel* III Rdn. 350.
339 BGH (VIII ZR 124/08) GE 2008, 115 = NZM 2009, 27 = WuM 2009, 41.
340 BGH (VIII ZR 135/03) GE 2004, 959 = NZM 2004, 545 = WuM 2004, 399.
341 Z. B. AG Hamburg-Altona ZMR 2014, 801; *Wall* Rdn. 4021; dazu im Einzelnen DIN EN 1176 Teil 7.

ren Reparatur sind nach § 1 Abs. 2 Nr. 2 BetrKV nicht umlagefähig. Die **Erstausstattung** gehört zu den Baukosten, die **Ersatzbeschaffung** zu den nicht umlagefähigen Instandsetzungskosten; dies gilt auch für die vollständige Erneuerung angrenzender Bodenplatten und Bänke.[342] Sind Arbeiten notwendig, die auf vertragswidrigem Verhalten einzelner Mieter beruhen, etwa bei mutwilliger Beschädigung von Geräten, oder ist wegen Verunreinigungen durch Hundedreck der Sand auszutauschen, sind die Kosten nicht umlagefähig; der Vermieter muss sich an die Schädiger halten bzw., wenn diese nicht zu ermitteln sind, die Kosten selbst tragen. Anders verhält es sich bei der bloßen Reinigung der Anlage von Glas, Dreck oder Kot von Tieren.[343]

164 **c) Plätze, Zugänge, Zufahrten.** Hierzu zählen die Kosten der **Pflege** von Plätzen, z. B. Höfen, Mülltonnen-, Teppichklopf- oder Wäschetrocknungsplätzen, Zugängen und Zufahrten sowie dort aufgestellter Ausstattungsgegenstände, wie Bänke, Abfallkörbe, Teppichstangen u. Ä. Werden Gehwegplatten nur vereinzelt aufgenommen und ordnungsgemäß wieder verlegt, um z. B. Unebenheiten zu beseitigen, dürfte es sich um ansatzfähigen Aufwand handeln, nicht jedoch, wenn sie verbraucht sind und erneuert werden müssen; dabei geht es um Instandsetzungskosten.[344] **Nicht allgemein** umlagefähig sind die Kosten, wenn es sich um Flächen handelt, die etwa als Parkplätze oder Garagenzufahrten nur bestimmten Mietern zugeordnet sind.[345] Die Pflege umfasst die Reinigung einschließlich der Schnee- und Eisbeseitigung im Winter, auch die Reinigung von Gullys, Unkrautvernichtung und dergleichen.

8. Kosten der Beleuchtung

Nr. 11: „die Kosten der Beleuchtung, hierzu gehören die Kosten des Stroms für die Außenbeleuchtung und die Beleuchtung der von den Bewohnern gemeinsam genutzten Gebäudeteile, wie Zugänge, Flure, Treppen, Keller, Bodenräume, Waschküchen;"

165 Nach dieser Bestimmung sind **ausschließlich** die Stromkosten für die **Außenbeleuchtung** einschl. Beleuchtung der Hausnummer und des Klingeltableaus und für die **Beleuchtung von Gemeinschaftsflächen** umlagefähig, mithin Treppenhaus, Flure, Kellergänge, Wasch- und Trockenräume; hierzu zählt auch der Heizungskeller, obwohl er nicht zur allgemeinen Benutzung zur Verfügung steht, da er allen Mietern zugutekommt.[346] Ebenso ansetzbar sind die Kosten für den Strom der **Klingel- und Türöffneranlage.**[347] Sie verursacht evident so geringe Kosten, dass seine Aussonderung entbehrlich ist, selbst wenn eine Gegensprech- oder Videoanlage aufgeschaltet ist. Die Kosten der Beleuchtung von Zuwegungen sind nur ansetzbar, wenn die Leuchten auf privatem Grund stehen.[348] Der Ansatz von Stromkosten für Keller oder Bodenräume, die einzelnen Mietern mitvermietet sind, scheidet daher aus;[349] dasselbe gilt für die Beleuchtung einer Garagenzufahrt und der Garage selbst. Diese Kosten sind auf die jeweiligen Mieter zu verteilen. Sonderverbrauch, z. B. als Baustrom, ist vom Vermieter zu tragen. Die Stromkosten setzen sich aus den Grundgebühren, Verbrauchskosten und ggf. der Miete für die Zähler zusammen. Da eine der Nr. 10 entsprechende Regelung fehlt, sind die Kosten aus der Erneuerung der Leuchtmittel wie auch der Lichtschalter und Sicherungen als bloße Instandsetzungskosten nicht umlagefähig.[350]

166 Zum **Umlageschlüssel** s. § 556 a Rdn. 113, zum **Wirtschaftlichkeitsgrundsatz** s. § 560 Rdn. 103.

---

[342] Vgl. AG Stuttgart-Bad Cannstatt WuM 1986, 481; **a. A.** LG Hamburg WuM 1989, 640 bei preisgebundenem Wohnraum.

[343] *Wall* Rdn. 4021.

[344] AG Stuttgart-Bad Cannstatt WuM 1996, 481; **a. A.** Mietprax-*Pfeifer* Fach 2 Rdn. 790.

[345] LG Hamburg WuM 1989, 640; *Hertle* ZMR 1990, 407.

[346] *Kinne* in Kinne/Schach/Bieber § 556 Rdn. 182; *Wall* Rdn. 4102.

[347] Ebenso *Herlitz/Viehrig* S. 74; **a. A.** AG Leipzig WuM 2007, 576; *Kinne* in Kinne/Schach/Bieber § 556 Rdn. 182; *Wall* Rdn. 4103.

[348] Z. B. LG Aachen DWW 1993, 42.

[349] LG Mainz WuM 2003, 624.

[350] Z. B. OLG Düsseldorf NZM 2000, 762; *Kinne* GE 1998, 846; *Schmid/Zehelein* in MünchKomm § 2 BetrKV Rdn. 58; *Sternel* III Rdn. 351; *Wall* Rdn. 4107; differenzierend *Herlitz/Viehrig* S. 74: Umlagefähigkeit der Kosten aus der Umstellung auf Energiesparlampen als Kosten des Betriebskostenmanagements; **a. A.** *Lützenkirchen* in Lützenkirchen § 556 Rdn. 215 bei Vereinbarung als Sonstige Betriebskosten.

9. Kosten der Schornsteinreinigung

Nr. 12: „die Kosten der Schornsteinreinigung, hierzu gehören die Kehrgebühren nach der maßgebenden Gebührenordnung, soweit sie nicht bereits als Kosten nach Nummer 4 Buchstabe a berücksichtigt sind;"

Die Kehrgebühren, die Gebühren für die Emissionsmessung sowie der Feuerstättenschau (§ 14 Abs. 1 SchfHwG, KÜO Anl. 3 Nr. 3.9) nebst Feuerstättenbescheid (§ 14 Abs. 2 SchfHwG, KÜO Anl. 3 Nr. 5.8) sind umlagefähig; es handelt sich um Kosten der Prüfung der Betriebssicherheit.[351] Die aus dem Betrieb einer **zentralen Heizanlage** entstehenden Gebühren und Kosten fallen **nicht unter Nr. 12,** sondern unter Nr. 4a (und § 7 Abs. 2 HeizkostenV). Die Bestimmung in Nr. 12 betrifft daher nur **Einzelfeuerstätten,** d. h. Einzelöfen, die an einen Schornstein angeschlossen sind, Kamine, Feuerstellen von Etagenheizungen sowie Lüftungsanlagen und ähnliche Einrichtungen. Maßgeblich ist, ob ein Schornstein noch offen ist; auch wenn einzelne Mieter die Schornsteinzüge ihres Mietobjekts nicht mehr nutzen, weil sie Gasaußenwandheizer oder Nachtstromspeicherheizgeräte installiert haben oder mit Fernwärme versorgt werden, entfallen Schornsteinfegerkosten erst mit der endgültigen Stilllegung der Züge, vorher sind sie immer noch zu prüfen und ggf. zu reinigen.[352] Über die in Nr. 12 ausdrücklich genannten Kosten der Schornsteinreinigung hinaus sind nach dieser Bestimmung **auch diejenigen Prüf- und Reinigungskosten** umlegbar, die dem **Schornsteinfeger** durch Gesetz oder Verordnung **zwingend auferlegt** sind. Dies betrifft die in § 1 Satz 2 Nr. 1 SchfHwG[353] genannten ***„Lüftungsanlagen oder sonstige Einrichtungen"***, die in gewissen Zeitabständen *„gereinigt oder überprüft werden müssen"*. Es handelt sich insoweit um eine öffentliche Last, bei der es aber sich anbietet, sie nicht nach Nr. 1, sondern im Zusammenhang mit den Kosten des Schornsteinfegers abzurechnen. Aufgrund der Ermächtigung in § 1 Abs. 1 Satz 3 SchfHwG können die Bundesländer über die KÜO[354] hinaus durch Rechtsverordnung weitere Anlagen bestimmen, die in bestimmten Zeitabständen zu reinigen oder zu überprüfen sind. **167**

10. Kosten der Sach- und Haftpflichtversicherung

Nr. 13: „die Kosten der Sach- und Haftpflichtversicherung, hierzu gehören namentlich die Kosten der Versicherung des Gebäudes gegen Feuer-, Sturm-, Wasser- sowie sonstige Elementarschäden, der Glasversicherung, der Haftpflichtversicherung für das Gebäude, den Öltank und den Aufzug;"

a) Sachversicherungen. Ansatzfähig sind die Kosten von **Sachversicherungen** für das Gebäude. Hierzu zählen die in der Bestimmung aufgeführten Versicherungsarten, die Umlage weiterer Sachversicherungen ist jedoch durch die Formulierung *„namentlich"* möglich, wie etwa einer Schwamm- und Hausbockversicherung[355] oder einer Versicherung von Schäden durch Rückstau von Abwasser.[356] Für die Umlagefähigkeit ist es ohne Bedeutung, ob es sich um eine landesrechtliche Zwangsversicherung oder eine private Versicherung handelt; „Beiträge" für einen Eigenversicherungsfonds darf der Vermieter jedoch nicht erheben. Die Prämie ist in vollem Umfang umlegbar, auch wenn sie dadurch höher anfällt, dass der Vermieter das Kürzungsrecht des Versicherers aus § 81 Abs. 2 VVG bei grob fahrlässiger Schadensverursachung ausgeschlossen hat.[357] Während Wohngebäude-Versicherungen immer die Versicherung gegen **Mietverlust** einschließen,[358] so dass sie in voller Höhe angesetzt werden dürfen,[359] bedarf sie bei der Vermietung von Gewerberaum einer zusätzlichen Vereinbarung mit dem Versicherer, sodass die Umlage der Prämien auf den Mieter hier eine gesonderte Abrede voraussetzt.[360] **168**

---

351 Unzutreffend AG Soest DWW 2013, 340 = GE 2014, 129: öffentliche Last gem. § 2 Nr. 1 BetrKV.

352 LG Düsseldorf DWW 1999, 354 m. zust. Anm. *Geldmacher* DWW 1999, 356; AG Charlottenburg GE 2001, 775; *Wall* Rdn. 4208.

353 Schornsteinfeger-Handwerksgesetz vom 26.11.2008, BGBl I S. 2242.

354 Kehr- und Überprüfungsordnung vom 16.6.2009, BGBl. I S. 1292, geändert durch Art. 1 der VO vom 14.6.2011, BGBl. I S. 1077.

355 LG Hamburg WuM 1989, 191.

356 Dazu ausführlich *Maass* GE 2003, 932.

357 Dazu ausführlich *Zehelein* NZM 2016, 849.

358 LG Hamburg Urt. vom 5.2.1998 – 333 S 117/97.

359 **A. A.** *Leurs* WuM 2016, 527.

360 Allgemeine Ansicht, z. B. OLG Düsseldorf DWW 2000, 196 = WuM 2000, 435 (LS).

169 Mit der Novellierung des Betriebskostenkatalogs wurden die Beispiele von Sachversicherungen um die Versicherung gegen **Elementarschäden** ergänzt. Deren Prämien waren bislang schon ohne weiteres umlegbar, zumal wenn sie landesrechtlich vorgeschrieben waren. Elementarschäden sind solche Schäden, die durch Naturereignisse hervorgerufen wurden, insbesondere Überschwemmungen, Erdbeben, Erdfall, Erdrutsch, Schneedruck, Lawinen und Vulkanausbruch. Im Hinblick auf die inzwischen sehr erheblich gestiegenen Prämien ist das Wirtschaftlichkeitsgebot im Einzelfall von besonderer Bedeutung.

170 Die Prämien für eine Versicherung gegen **Vandalismusschäden** sind umlegbar.[361] Es handelt sich dabei um die Versicherung des Aufwands, mit dem der Vermieter mutwillige Beschädigungen am Gebäude, seinen Anlagen oder Einrichtungen beseitigt, wie sie insbesondere bei Großwohnanlagen zu beobachten sind. Werden die Reparaturen in den Vordergrund gestellt, scheidet die Umlage aus;[362] Reparaturversicherungen sind nicht ansatzfähig. Gegen die Betonung des Reparaturaspekts spricht jedoch, dass jede Sachversicherung vorrangig die Kosten der Reparaturen deckt, die durch den Eintritt einer der versicherten Gefahren notwendig werden. Dieser Gesichtspunkt kann der Ansatzfähigkeit daher nicht entgegengehalten werden. Vielmehr ist festzustellen, dass auch die Vandalismusschäden-Versicherung eine *„Versicherung des Gebäudes"* und damit eine echte Sachversicherung ist, so dass ihre Umlagefähigkeit zu bejahen ist.

171 Wie bereits behandelt, gehören die Kosten aus der Beseitigung von **Graffitis** nicht zu den Kosten der Gebäudereinigung (Rdn. 149); auch die Behandlung des Reinigungsaufwands als sonstige Betriebskosten scheidet aus, weil es eine Gesamthaftung der Mieter für Schäden, die – meist unbekannte – Dritte verursacht haben, nicht geben kann. Auf der Grundlage der Überlegungen zur Versicherung gegen Vandalismusschäden erscheint es jedoch zulässig, die Kosten einer Versicherung gegen Graffitis als Sachversicherung umzulegen. Im Hinblick auf den Wirtschaftlichkeitsgrundsatz wird im Einzelfall zu prüfen sein, ob eine Begrenzung, z. B. bis zur Höhe von 3,00 m ab Bodenniveau ausreicht.

172 Eine **Terrorschaden-Versicherung** ist umlagefähig, wenn konkrete Umstände vorliegen, welche die Gefahr eines Gebäudeschadens durch einen terroristischen Angriff begründen.[363] Es muss mithin ein nachvollziehbarer Anlass für die Annahme bestehen, ein Anschlag gerade auf das versicherte Gebäude sei in besonderer Weise wahrscheinlich,[364] weil es Symbolcharakter hat, in ihm staatliche Macht ausgeübt wird, es besonders viele Menschen anzieht oder in unmittelbarer Nähe von gefährdeten Objekten liegt,[365] z. B. US-staatlichen Einrichtungen.

173 Die Kosten für **Spezialversicherungen,** etwa Glasversicherungen, Versicherungen für Schäden an Fernmelde-, Alarm- und Brandanlagen, sonstige elektrotechnische oder elektronische Anlagen, sind nur ansetzbar, wenn die Anlage allen Mietern zugutekommt (zur Kostentrennung bei gemischt genutzten Objekten s. § 556a BGB Rdn. 115); ebenso scheidet die Umlage derjenigen Kosten aus, die auf Flächen entfallen, die der Vermieter z. B. zu Verwaltungszwecken nutzt.

174 Soweit der Vermieter zur Einbeziehung des Betriebskostenkatalogs in den Mietvertrag auf §§ 556 Abs. 1 BGB, (früher) 19 Abs. 2 WoFG oder die BetrKV (bzw. in älteren Verträgen auf § 27 II. BV/dessen Anl. 3) Bezug genommen hat oder dem Vertrag die Aufstellung der Betriebskostenarten beigefügt ist, ist es **nicht erforderlich,** die im einzelnen Mietverhältnis **tatsächlich anfallenden Versicherungsarten zu bezeichnen.** Der Verweis auf die Nr. 13 schließt sämtliche umlagefähigen Sach- und Haftpflichtversicherungen ein. Anders als bei den *„sonstigen Betriebskosten"* nach Nr. 17 (dazu Rdn. 47) sind sie daher nicht ausdrücklich zu benennen, um dem Bestimmtheitsgebot Rechnung zu tragen. Dasselbe gilt bei der Vermietung von Gewerberaum, auch wenn die Umlage der Kosten der Sach- und Haftpflichtversicherung ohne weitere Spezifikation vereinbart ist.[366]

175 **b) Haftpflichtversicherungen.** Umlegbar sind ferner die Kosten betriebsbezogener Haftpflichtversicherungen. Als solche kommt insbesondere die **Gebäudehaftpflichtversicherung** in

---

361 AG/LG Braunschweig WuM 2010, 423; *Herlitz/Viehrig* S. 79; *Kinne* in Kinne/Schach/Bieber § 556 Rdn. 184; *Lützenkirchen* in Lützenkirchen § 556 Rdn. 231; *Schmid/Zehelein* in MünchKomm § 2 BetrKV Rdn. 61; *Sternel* Mietrecht aktuell Rdn. V 93; **a. A.** *Wall* Rdn. 4318.

362 *Jendrek* DWW 2003, 142 (143) = NZM 2003, 697 (698); *Wall* Rdn. 4318.

363 BGH (XII ZR 129/09) GE 2010, 1679 = GuT 2010, 358 = NZM 2010, 864; **a. A.** *Neuhaus* NZM 2011, 65 (68 ff.).

364 AG Pankow-Weißensee MM 2009, 314; AG Wetzlar ZMR 2008, 548; *Lattka* ZMR 2008, 929 (933 f.).

365 *Günter* WuM 2012, 587 (595 f.).

366 OLG Brandenburg NZM 2000, 572.

Betracht, mit welcher der Eigentümer seine Haftung für Schäden durch das Gebäude versichert. Als mögliche Einzel- oder Zusatzversicherung nennt die Bestimmung die Haftpflichtversicherung für den **Öltank** (nicht, wenn er stillgelegt ist und nur aus Kostengründen im Grundstück verbleibt[367]) und den **Aufzug;** hierzu gehört auch die Versicherung der **Gemeinschaftsantenne,** sei es als Empfangsanlage für terrestrisch ausgestrahlte Programme, sei es als Parabolantenne.

Nach dem Wortlaut der Nr. 13 ist die *„Haftpflichtversicherung für das Gebäude"* umlagefähig, wo- **176**
bei das Grundstück, auf dem das Gebäude steht, ohne weiteres eingeschlossen ist. Fraglich ist, wie mit der sog. **Grundbesitzerhaftpflicht**-Versicherung zu verfahren ist, die immer Bestandteil der Gebäudehaftpflicht-Versicherung ist. Sie deckt die Schäden, die auf den ersten Blick weniger vom Gebäude oder Grundstück ausgegangen sind, als auf Unterlassungen des Eigentümers beruhen, etwa einem fehlenden Hinweis an die Mieter auf erhöhte Einbruchgefahr nach mehreren Einbrüchen in der Wohnanlage[368] bzw. durch Aufstellung eines Gerüsts[369] oder unzureichender Organisation des Hauswartsdienstes, die zu verspätetem Winterdienst und dem Sturz eines Mieters auf Glatteis führt. Da der Versicherer bei der Haftpflichtversicherung nach § 100 VVG[370] jedoch auch verpflichtet ist, *„unbegründete Ansprüche abzuwehren"*, wäre eine Differenzierung zwischen Grundstücks- und Grundbesitzerhaftpflicht nicht sachgerecht. Die Prämien für eine übliche Haus- und Grundbesitzerhaftpflicht-Versicherung sind folglich in vollem Umfang umlagefähig.[371]

Gegen den ungekürzten Ansatz der Haftpflichtversicherung wird gelegentlich eingewandt, sie **177**
enthalte auch Prämienanteile für die gem. § 101 VVG mitversicherten **Rechtsverfolgungskosten.** Da die Haftpflichtversicherung auch bei Schadensersatzansprüchen des Mieters gegen den Vermieter eintrittspflichtig ist, müsse der Mieter die Abwehr seiner eigenen Ansprüche durch den Vermieter mitfinanzieren; dies sei nicht angängig, so dass die Rechtsverfolgungskosten ausgeschlossen werden müssten oder ein Abschlag von der Prämie vorzunehmen sei. Diese Begründung ist zwar einleuchtend, gleichwohl ist ihr nicht zu folgen. Sie übersieht, dass es sich nicht um eine separate Rechtsschutzversicherung des Vermieters handelt, sondern um einen Bestandteil der Versicherung, der gesetzlich vorgegeben ist. Ein gewisser Ausgleich liegt für den Mieter darin, dass er dem Regress des Versicherers auf Grund des gesetzlichen Forderungsübergangs nach § 86 VVG nur ausgesetzt ist, wenn er Schäden vorsätzlich oder grob fahrlässig verursachte (s. § 538 BGB Rdn. 62).

c) Sonstige Versicherungen. Nicht umlagefähig sind **Reparaturversicherungen.**[372] Sie **178**
sind z. B. als Versicherung haustechnischer Anlagen gegen Schäden durch fehlerhaftes Nutzerverhalten oder durch Fehlfunktionen sowie gegen Mängel der Anlage anzutreffen. Die fehlende Umlegbarkeit ergibt sich bereits daraus, dass die zugrundeliegenden Kosten aus Instandhaltung und Instandsetzung grundsätzlich keine Betriebskosten sind; sie können daher auch nicht durch Abschluss einer entsprechenden Versicherung auf den Mieter abgewälzt werden. Ebenfalls nicht ansetzbar sind die Prämien für die Versicherung **privater Interessen** des Eigentümers und/oder Vermieters. Hierunter fallen eine Haus- und Mietrechtsschutzversicherung,[373] eine separate Mietausfallversicherung,[374] eine private Haftpflichtversicherung bzw. die Haftpflichtversicherung für ein KFZ der Hausverwaltung[375] oder eine Vermögensschadenhaftpflicht-Versicherung des Vermieters.

Zum **Umlageschlüssel** s. § 556a BGB Rdn. 114ff., **Wirtschaftlichkeitsgrundsatz** s. § 560 **179**
BGB Rdn. 104ff.

Die jeweiligen Prämien sind, soweit sie einer ordnungsgemäßen, sparsamen Bewirtschaftung **180**
entsprechen, in voller Höhe umlegungsfähig. Ist bei der Sachversicherung ein **Selbstbehalt** des Vermieters vereinbart, darf er diese Kosten nicht zusätzlich zur Prämie umlegen.[376] **Prämienrückvergütungen,** zum Teil auch als Gewinnbeteiligung bezeichnet, hat der Vermieter den Mietern gutzubringen.[377] Dies gilt auch dann, wenn die Prämienrückvergütung darauf beruht, dass der Ver-

---

[367] *Pfeifer* S. 76.
[368] OLG Hamburg NJW-RR 1988, 1481 = WuM 1989, 68.
[369] LG Hamburg Urt. v. 5.4.1990 – 7 S 295/89.
[370] VVG v. 23.11.2007, BGBl. I S. 2631.
[371] Vgl. BGH (VIII ARZ 1/01) NZM 2002, 116 (118).
[372] Z. B. AG Köln WuM 1990, 556; entgegen AG Hamburg WuM 2004, 202 bei vermietetem Wohnraum auch nicht aufgrund einer besonderen Vereinbarung, § 556 Abs. 4 BGB.
[373] OLG Düsseldorf ZMR 1995, 203 für Gewerberaum.
[374] Nach *Lützenkirchen* GE 2016, 837 sollen die Kosten nach § 2 Nr. 17 BetrKV bei entsprechender Vereinbarung umlagefähig sein; ohne Abrede auch nicht bei Gewerberaum: OLG Düsseldorf NZM 2001, 588.
[375] *Pfeifer* S. 75.
[376] Dazu *Abramenko* MietRB 2016, 172.
[377] *Lützenkirchen* in Lützenkirchen § 556 Rdn. 235: ebenso Provisionen.

mieter darauf verzichtete, kleinere Schäden zu melden, und die Kosten selbst trug.[378] Er ist daher nicht berechtigt, die Rückvergütung um die von ihm übernommenen Schadenskosten zu reduzieren.[379]

11. Kosten für den Hauswart

Nr. 14: „die Kosten für den Hauswart, hierzu gehören die Vergütung, die Sozialbeiträge und alle geldwerten Leistungen, die der Eigentümer oder Erbbauberechtigte dem Hauswart für seine Arbeit gewährt, soweit diese nicht die Instandhaltung, Instandsetzung, Erneuerung, Schönheitsreparaturen oder die Hausverwaltung betrifft; soweit Arbeiten vom Hauswart ausgeführt werden, dürfen Kosten für Arbeitsleistungen nach den Nummern 2–10 und 16 nicht angesetzt werden."

181 **a) Inhalt der Hauswartstätigkeit.** Aufgabe des Hauswarts ist es, für die Sicherheit und auch eine gewisse Ordnung im Mietobjekt zu sorgen.

Zum **Sicherheitsbereich** gehört z. B. die Kontrolle, dass

- keine Rettungs- oder Fluchtwege zugestellt sind, z. B. durch Sperrmüll,
- keine gefährlichen Gegenstände (Standardfall: Moped im Keller) auf den Gemeinschaftsflächen des Hauses gelagert werden,
- Außentüren ordnungsgemäß schließen,
- Außentüren bei Fehlen einer Türöffneranlage nachts verschlossen sind, damit sich nicht beliebige Dritte im Hause einquartieren oder leichter Zugang zu den einzelnen Mietobjekten verschaffen,
- Abflüsse im Keller oder auf dem Grundstück frei liegen,
- die Beleuchtung von Gemeinschaftsflächen ordnungsgemäß funktioniert, ggf. auch die ausreichende Dauer zeitgeschalteter Beleuchtung,
- haustechnische Anlagen, zumal die elektrischen Einrichtungen, in ordnungsgemäßem Zustand sind,
- Glasbereiche keine Schäden aufweisen,
- Handwerker im Rahmen von umlagefähigen Wartungsarbeiten,[380] nicht bei Reparaturen, sowie
- Fremdfirmen, die umlagefähige Arbeiten erledigen, wie Reinigung, Gartenpflege, eingewiesen werden,[381] und
- der allgemeinen Verkehrssicherungspflicht des Vermieters genügt ist, z. B. durch Überwachung auf Frostschutz, Einhaltung des Brandschutzes, gefahrlosen Zustand von Bodenflächen im Innen- und Außenbereich (Stolperfallen).

Schließlich soll der Hauswart bei Notfällen erreichbar sein, um Abhilfe zu leisten oder zu organisieren.[382]

182 Der **Ordnungsbereich** betrifft im Wesentlichen die Einhaltung der Hausordnung, nicht einer allgemeinen Aufsicht (vgl. § 26 Abs. 1 II. BV).[383] Hierzu zählt z. B. die

- Überwachung der Treppenhausreinigung und ggf. des Winterdienstes durch (meist) den Erdgeschossmieter sowie der Sauberkeit des Wohnumfeldes,
- Einhaltung der Ruhezeiten,
- Kontrolle von Waschküche und Trockenboden, dass keine Lüftungen verhängt oder verschlossen sind, um Feuchteschäden zu verhindern,
- generelle Überprüfung von Gemeinschaftsanlagen auf ordnungsgemäße Nutzung,
- Öffnung des Müllkellers für die regelmäßige Müllabfuhr.

Bei Verstößen einzelner Mieter gegen die Hausordnung wird er auch zu einem Hinweis auf deren Inhalt verpflichtet sein. Weitere Maßnahmen wie z. B. schriftliche Abmahnungen fallen in den Verwaltungsbereich.

---

378 **A. A.** *Zur Nieden* NZM 2013, 369 (373).

379 Zu Nachschüssen aus der Versicherung bei einem Versicherungsverein auf Gegenseitigkeit (VVaG) s. *Langenberg/Zehelein* Betriebskosten A Rdn. 197.

380 *Seldeneck* Rdn. 2339; **a. A.** LG München I WuM 2000, 258.

381 S. vorstehende Fn.

382 LG Köln WuM 1997, 230.

383 LG Köln WuM 1989, 82.

183 **b) Abgrenzung der Hauswartstätigkeit zu anderen Arbeiten.** Bei der Tätigkeit eines Hausmeisters kommt es immer wieder zu Überschneidungen mit Arbeiten, deren Kosten, wie in der Bestimmung ausdrücklich festgelegt, nicht umlagefähig sind. Zum einen handelt es sich dabei um **allgemeine Wartungs- und Reparaturmaßnahmen,** auch um Kleinreparaturen,[384] einschließlich der darauf entfallenden Sachkosten. Wartungs- und Pflegekosten, die nach Nr. 2–10 und 16 ansetzbar sind, müssen hingegen mit den Hausmeisterkosten abgerechnet werden; dies ist im Interesse der Klarheit und Überprüfbarkeit erforderlich, sofern die Kosten über eine Betriebskostenabrechnung geltend gemacht werden.[385]

184 Zum anderen sind **Verwaltungstätigkeiten** herauszurechnen, mit denen Hauswarte in vielfältiger Weise beauftragt werden.[386] Hierbei geht es um die Entlastung der Verwaltung, etwa durch Verteilung von Rundschreiben oder Abrechnungen, Abmahnung von Mietern, Einkassieren von Mieten u. Ä. oder um die Vertretung der Verwaltung vor Ort, wie bei Wohnungsabnahmen und Erstellung von Abnahmeprotokollen, Annahme und Weiterleitung von Schadensmeldungen, Terminabsprachen mit und Einweisung von Handwerkern, ggf. Abnahme ihrer Arbeiten.[387] Die Hausmeistertätigkeit ist mehr praktisch-technischer Natur als fürsorgend-verwaltender Art; die Abhaltung von Mietersprechstunden zählt daher zur Verwaltungstätigkeit.[388] Soweit große Wohnungsunternehmen eine Art Hausmeisterzentrale unterhalten, die den Einsatz zahlreicher Hauswarte koordiniert, handelt es sich der Sache nach nicht um eine Hauswartstätigkeit, sondern ausgelagerte Verwaltung, die nicht umlegbar ist. Die bei Verwaltungstätigkeiten verursachten Sachkosten wie das Hausmeisterbüro und dessen Ausstattung,[389] Telefongebühren, der Aufwand für Schriftverkehr sind ebenfalls keine Betriebskosten.

185 Die vorgenannten nicht umlagefähigen Kosten lassen sich am besten durch **Stundenlisten** ermitteln. Der Mieter hat zwar keinen Anspruch darauf, dass Stundennachweise angelegt werden,[390] da es Sache des Vermieters ist, wie er die verschiedenen Kostenanteile ermittelt. Spätestens im Streitfall muss der Vermieter die Aufteilung jedoch nachvollziehbar darlegen,[391] was am ehesten durch Stundenzettel möglich ist.[392] Werden diese über mehrere Monate geführt, ergibt sich eine Verteilung der Arbeitszeit, die für den gesamten Abrechnungszeitraum zugrunde gelegt werden kann und auch für folgende Perioden, wenn sich die Aufgabengebiete nicht verschieben;[393] zur Aufteilung der Tätigkeit in **separate Verträge** s. Rdn. 338. Wird ein **Sachverständigengutachten** eingeholt, ist es methodisch mangelhaft, wenn es seiner Preisermittlung die Kosten bei großen Wohnungsunternehmen zugrunde legt, es im Einzelfall aber nur um den Bestand von sechs Wohnungen eines privaten Vermieters geht. Die Anzahl und die Größe der vom Vermieter insgesamt vermieteten Wohnungen sind mithin zu berücksichtigen.[394]

186 Ansonsten bleibt nur die **Schätzung** der jeweiligen Anteile. Der gebotene Abzug kann nicht durch die Heranziehung von Betriebskostentabellen erfolgen,[395] weil er sachgerecht nur anhand der Leistungsbeschreibung im Vertrag mit dem Hauswart zu ermitteln ist.[396] So wurde der Instandhaltungs- und Verwaltungskostenanteil auf jedenfalls 10% für Wartung von Waschmaschine und Trockner, kleinere Reparaturen, Abstimmung von Handwerkerterminen, deren Einweisung und die Abnahme ihrer Arbeiten, Verteilung von Rundschreiben, Einkäufe im Bereich der Hausmeistertätigkeit und deren Abrechnung geschätzt,[397] aber auch auf 20% für gelegentliche kleine Repa-

---

[384] OLG Düsseldorf NZM 2000, 762; LG Berlin GE 2001, 923; LG Wuppertal WuM 1999, 342; LG Köln WuM 1992, 258 = ZMR 1992, 115; AG Wuppertal ZMR 1994, 372; AG Köln WuM 1995, 120; *Schmid/Zehelein* in MünchKomm § 2 BetrKV Rdn. 66; *Wall* Rdn. 4434; **a. A.** LG München I WuM 2000, 258; *Weitemeyer* in Staudinger § 556 Rdn. 40b.

[385] **H. M.,** z. B. LG Hamburg WuM 1990, 561.

[386] Einschränkend LG Gera WuM 2001, 615 für *„geringfügige Arbeiten"*.

[387] Z. B. LG Köln DWW 1996, 51; AG Magdeburg MM 2002, 428; AG Lichtenberg MM 2002, 428.

[388] AG Dortmund WuM 1996, 561 = ZMR 1996, 387.

[389] LG Aachen DWW 1993, 41; *Pfeifer* S. 80; *Schmid/Zehelein* in MünchKomm § 2 BetrKV Rdn. 68; *Wall* Rdn. 4446; **a. A.** *Blank* in Blank/Börstinghaus § 556 Rdn. 87.

[390] LG Karlsruhe WuM 1996, 230; AG Ulm WuM 1999, 402.

[391] BGH (VIII ZR 27/07) GE 2008, 662 = NZM 2008, 403 = WuM 2008, 285.

[392] AG Köln WuM 2001, 515.

[393] Ebenso *Lützenkirchen* in Lützenkirchen § 556 Rdn. 259.

[394] LG Halle NZM 2007, 40.

[395] **A. A.** *Kinne* in Kinne/Schach/Bieber § 556 Rdn. 196; *Weitemeyer* in Staudinger § 556 Rdn. 42.

[396] LG Neuruppin WuM 2004, 49: Abzug von 25% anhand des Aufgabenkatalogs und der Stundenzettel von zwei Monaten.

[397] LG Hamburg Urt. vom 15.1.1991 – 16 S 402/88.

raturen und Verwaltungstätigkeiten;[398] für die Meldung besonderer Vorkommnisse im Haus an den Eigentümer, Einweisung und Überwachung der fachlichen Kundendienste oder der zur Ausführung von Arbeiten herangezogenen Unternehmen, Entleerung der Münz- und Geldautomaten, Abrechnung der entnommenen Beträge mit Waschmaschinenabrechnungsblatt an die Hausverwaltung wurde der Verwaltungskostenanteil mit 20% berechnet;[399] für die die Überwachung und Wartung der Druckerhöhungsanlagen, Gartenarbeiten, Reparaturarbeiten, Schnee- und Eisbeseitigung für den Verwaltungsbereich und Sauberhalten der Sandkisten wurde ein Abzug von 50% vorgenommen,[400] was jedoch im Hinblick auf den Einschluss der Gartenpflegearbeiten zu hoch erscheint. Als allgemeiner Maßstab soll ein Ansatz von 22,5% Instandhaltungskosten und 7,5% Verwaltungskosten angemessen sein.[401]

187 **c) Ansatzfähige Kosten.** Umlagefähig sind die **Personalkosten** eines vom Vermieter angestellten Hausmeisters. Darunter sind der Arbeitslohn (einschl. Weihnachtsgeld) und die Lohnnebenkosten (Sozialbeiträge einschließlich der Arbeitgeberanteile, Beiträge zur betrieblichen Altersversorgung, auch pauschale Lohnsteuerbeträge) sowie die zusätzlichen Kosten aus einer Krankheits- oder Urlaubsvertretung zu verstehen; die Kosten der Lohnbuchhaltung für den Hausmeister sind Verwaltungskosten.[402] Hält ein Wohnungsunternehmen sog. Springer vor, die bei Urlaub, Krankheit oder Überlastung tätig werden, sind deren Kosten ansetzbar, soweit und solange sie auch tatsächlich als Hauswarte eingesetzt werden. Ferner gehören hierzu die geldwerten Sachleistungen an den Hauswart, wie die Kosten einer unentgeltlich überlassenen Hausmeisterwohnung[403] bzw. bei verringertem Mietzins die Differenz zur ortsüblichen Vergleichsmiete. Wohnt der Hauswart mietfrei und zahlt er damit auch keine anteiligen Nebenkosten, sind diese dem Hauswartsentgelt hinzuzurechnen, da sonst dieses zusätzliche Entgelt nicht transparent wird. Bei einer Betriebskostenabrechnung darf die Hauswartswohnung daher nicht von der Umlage ausgenommen werden, indem die Gesamtkosten nur auf die Mieter verteilt werden. Die auf den Hauswart entfallenden anteiligen Gemeinkosten sind nicht ansetzbar. Nimmt der Vermieter ein Hausmeisterservice-Unternehmen in Anspruch, sind die von ihm in Rechnung gestellten Kosten ansatzfähig; dasselbe gilt bei Beauftragung eines Regiebetriebs[404] (s. o. Rdn. 85). In beiden Fällen ist jedoch die Beschränkung auf reine Hausmeisterleistungen zu beachten; auch hier sind daher die Anteile, die auf Verwaltungs- und insbesondere Instandsetzungsarbeiten entfallen, herauszurechnen.[405]

Fraglich ist, wie die Personalkosten bei einer **Altersteilzeitvereinbarung** umzulegen sind. Bestanden die Mietverhältnisse mit den Mietern während der gesamten Arbeitsphasen der Altersteilzeitvereinbarung, können während der Freistellungsphase des Vorruhestands zumindest 50% der anfallenden Kosten auch dann umgelegt werden, wenn der Hausmeister in dieser Zeit keine Arbeitsleistungen erbrachte.[406] Hier hatten die Mieter den Vorteil, in der Zeit, als der Hausmeister die volle Leistung zum halben Entgelt geliefert hatte, nur mit den halben Kosten belastet zu werden, so dass es sachgerecht ist, sie in der Freistellungsphase ebenfalls mit den halben Kosten zu belasten. Die Schwierigkeiten liegen jedoch in den Fällen, in denen es zu einem Mieterwechsel gekommen ist. Der Mieter, der in der Freistellungsphase einzieht, wird dem Ansatz der halben Kosten widersprechen: Er soll die vollen Kosten des neuen Hausmeisters bezahlen und die halben des alten, denen während seiner Mietzeit keine Leistung gegenübersteht. Sein Standpunkt ist in der Sache zutreffend, weil die Fortzahlung des halben Entgelts ohne Leistung in der Sache eine Nachzahlung auf die zuvor bei halbem Entgelt in vollem Umfang erbrachte Leistung darstellt. Um hier Unzuträglichkeiten zu vermeiden, ist auf die Mieter, zu deren Mietzeit der Hausmeister in vollem Umfang gearbeitet hatte, der volle Arbeitslohn umzulegen. Dabei stellt sich allerdings das weitere Problem, dass unmittelbare Zahlungsbelege nur über den halben Lohn vorliegen, und damit, ob Kosten, die im Abrechnungszeitraum noch nicht angefallen sind, sondern erst in der Freistellungsphase anfallen werden, in einer Abrechnung angesetzt werden dürfen. So besteht z. B. Einigkeit da-

---

[398] LG Berlin GE 2001, 923; GE 2002, 736; GE 2002, 860 für Instandhaltung und Verwaltung; GE 1999, 1127 nur für Reparaturen; AG Köln WuM 1995, 120.
[399] AG Köln WuM 1999, 466.
[400] AG Hamburg-St. Georg Urt. v. 15.12.2006 – 911 C 552/05.
[401] *Herlitz/Viehrig* S. 90.
[402] LG Kassel WuM 2016, 740.
[403] AG Köln WuM 1997, 273.
[404] LG Hamburg ZMR 1995, 32.
[405] LG Wuppertal WuM 1999, 342; LG Frankfurt/M. NJWE-MietR 1996, 267 = WuM 1996, 561.
[406] AG Berlin-Köpenick GE 2009, 199.

rüber, dass der Vermieter nicht berechtigt ist, Raten auf zukünftige Kosten über die Abrechnungen anzusparen (s. Rdn. 90). Im vorliegenden Zusammenhang geht es beim Ansatz der vollen Kosten jedoch nicht um ein ratenweises Ansparen. Vielmehr erwirbt der Hausmeister mit seiner vollen Arbeitsleistung einen Anspruch auf volle Vergütung, die ihm nur gestreckt ausgezahlt wird, praktisch stundet er dem Vermieter jeweils den halben Lohn. Der Vermieter ist daher gehalten, insoweit Rückstellungen für die in der Freistellungsphase auszuzahlenden Lohnkosten zu bilden,[407] mit denen er den Ansatz der weiteren Lohnhälfte belegen kann.

Sachkosten sind im Rahmen der Bestimmung grundsätzlich nicht umlagefähig, weil die Nr. 14 die Umlage von Arbeitskosten regelt.[408] Eine Ausnahme ist für die unmittelbar mit der Hausmeistertätigkeit zusammenhängenden Kosten anzunehmen, wie anteilige Telefongebühren, die nicht auf Verwaltung entfallen,[409] oder Fahrtkosten[410] (nicht für die Fahrten zwischen verschiedenen betreuten Objekten), nicht aber Arbeitskleidung,[411] wie z. B. Arbeitsstiefel.[412] Erledigt der Hauswart Arbeiten, die zu anderen Betriebskostenarten gehören, etwa Gebäudereinigung und Gartenpflege, sind die hierbei eingesetzten Sachmittel bei den betreffenden Kostenarten abzurechnen.[413] **188**

Zum **Umlageschlüssel** s. § 556a BGB Rdn. 118f., zum **Wirtschaftlichkeitsgrundsatz** s. § 560 BGB Rdn. 108ff. **189**

Gilt eine **Teilinklusivmiete** und sind die Hausmeisterkosten im Abrechnungsweg umlagefähig, ist jeweils zu prüfen, ob die vom Hauswart über die eigentliche Hausmeistertätigkeit hinaus übernommenen Arbeiten, z. B. Gebäudereinigung und Gartenpflege, ebenfalls als in dieser Weise umlegbar vereinbart wurden. Ist dies nicht der Fall, dürfen die Kostenanteile nicht mit abgerechnet werden. Hier kommt für Altverträge aus der Zeit bis 31. 8. 2001 nur die Erhöhung des Betriebskostenanteils der Teilinklusivmiete über § 558 BGB oder (gem. Art. 229 § 3 Abs. 4 EGBGB) nach § 560 BGB in Betracht, für Verträge ab 1. 9. 2001 allein über § 558 BGB. **190**

12. Kosten des Betriebs der Gemeinschaftsantennenanlage

Nr. 15a: „die Kosten des Betriebs der Gemeinschafts-Antennenanlage, hierzu gehören die Kosten des Betriebsstroms und die Kosten der regelmäßigen Prüfung ihrer Betriebsbereitschaft einschließlich der Einstellung durch eine Fachkraft oder das Nutzungsentgelt für eine nicht zu dem Gebäude gehörende Antennenanlage sowie die Gebühren, die nach dem Urheberrechtsgesetz für die Kabelweitersendung entstehen;“

Umlagefähiger **Betriebsstrom** fällt für einen oder bei langen Signalwegen mehrere Verstärker an. Da die Kosten eines Zwischenzählers regelmäßig über denen des Betriebsstroms liegen,[414] reicht die Schätzung der Kosten, z. B. nach den Leistungsdaten der Verstärker. Im Hinblick auf die geringe Höhe erscheint es jedoch auch möglich, die Kosten zusammen mit denen der Beleuchtung abzurechnen;[415] nach anderer Ansicht soll die Zulässigkeit der gemeinsamen Abrechnung davon abhängen, dass nach demselben Umlageschlüssel abgerechnet wird.[416] **191**

Für die regelmäßige **Prüfung der Betriebsbereitschaft** und die Einstellung der Antenne kann der Vermieter einen **Wartungsvertrag** abschließen und die daraus resultierenden Kosten umlegen, sofern der Wartungsvertrag wirtschaftlich sinnvoll ist, was bei Kleinanlagen eher nicht der Fall ist. Die Kosten von Reparaturen oder dem Austausch von Teilen am Verstärker oder der Antenne sind nicht ansetzbar; der Vermieter ist auch nicht zum Ansatz einer Kleinpauschale mit der Begründung berechtigt, dass beim Leasing einer Anlage umlagefähige Instandhaltungskosten eingerechnet sind. Diese Kosten sind daher bei Vollwartungsverträgen herauszurechnen (vgl. Rdn. 137).

---

407 Ebenso *Herlitz/Viehrig* S. 84.
408 *Schmid* GE 2009, 1472; *Wall* Rdn. 4448.
409 AG Hannover WuM 1994, 435; *Blank* in Blank/Börstinghaus § 556 Rdn. 87; Staudinger/*Weitemeyer* § 556 Rdn. 40; generell **a. A.** *Schmid* GE 2009, 1472; *Wall* Rdn. 4448.
410 *Sternel* III Rdn. 353.
411 AG Brandenburg a. d. H. GE 2010, 915; *Wolbers* ZMR 2009, 417 (418); **a. A.** *Schmid* GE 2009, 1472.
412 AG Lörrach WuM 1996, 628.
413 *Herlitz/Viehrig* S. 82; *Schmid/Zehelein* in MünchKomm § 2 BetrKV Rdn. 68; *Wall* Rdn. 4506; *Wolbers* ZMR 2009, 417 (418).
414 *Pfeifer* S. 83.
415 *Schmid/Zehelein* in MünchKomm § 2 BetrKV Rdn. 70.
416 *Kinne* GE 2007, 337, 341; *Wall* Rdn. 4505.

192 Durch den Betrieb von Gemeinschaftsantennenanlagen fallen **keine Urheberrechtsgebühren** an.[417] Da der Vermieter die Signale ausschließlich an die Mieter weiterleitet, fehlt es an einer öffentlichen Wiedergabe im Sinne von § 15 Abs. 3 UrhG. Im Grunde bündelt der Vermieter mit der Gemeinschaftsanlage allein den Empfang durch Einzelantennen der Mieter. Die Kosten für eine sog. Set-Top-Box, mit der das terrestrische digitale Fernsehen **(DVB-T)** empfangen werden kann, hat der Mieter zu tragen.[418]

193 Nach der Bestimmung sind die Kosten einer **geleasten Anlage** umlegbar. Hier ist der gesamte Rechnungsbetrag ansatzfähig, eine Ausgliederung von Gewinn- oder Instandsetzungsanteilen findet nicht statt. Die Anlage gehört bereits dann nicht zur Wirtschaftseinheit, wenn sie im Eigentum eines Dritten steht;[419] ihre Aufstellung außerhalb des Gebäudes oder der Wirtschaftseinheit ist nicht erforderlich.[420] Umlagefähig sind auch die Kosten für den Anschluss an eine Antenne, die ein Dritter auf fremdem Grund errichtete und mit der eine Siedlung oder mehrere Wirtschaftseinheiten versorgt werden.

194 Die Kosten der **Erstausstattung** mit einer Gemeinschaftsantenne sind Baukosten. Bei preisfreiem Wohnraum sind sie ggf. als Modernisierungskosten nach § 559 BGB geltend zu machen. Bei preisgebundenem Wohnraum alter Art berechtigen sie zum Ansatz erhöhter laufender Aufwendungen, wenn die Bewilligungsstelle der Maßnahme zustimmte; die Zustimmung gilt als erteilt, wenn die Modernisierung mit Mitteln öffentlicher Haushalte gefördert worden ist (§§ 6 Abs. 1 NMV, 11 Abs. 7 II. BV).

13. Kosten des Betriebs der mit einem Breitbandnetz verbundenen privaten Verteilanlage

Nr. 15b: „die Kosten des Betriebs der mit einem Breitbandnetz verbundenen privaten Verteilanlage, hierzu gehören die Kosten entsprechend Buchstabe a, ferner die laufenden monatlichen Grundgebühren für Breitbandanschlüsse;“[421]

195 Soweit bei einem Breitbandanschluss **Kosten gem. Nr. 15a** anfallen, sind sie ansetzbar; problematisch ist die Umlagefähigkeit von Durchleitungsentgelten, die manche Vermieter von den Kabelnetzbetreibern für die Nutzung des hauseigenen Kabelnetzes (Netzebene 4) verlangen.[422] **Nicht zu den Betriebskosten** zählen das einmalige Anschlussentgelt und die Kosten für die Installation der Verteilung im Gebäude, anders, wenn die Verteilanlage geleast ist. Das laufende monatliche Grundentgelt ist umlagefähig.

Wird ein Breitbandanschluss nach Beginn des Mietverhältnisses hergestellt, handelt es sich auch unter Berücksichtigung des terrestrischen Digitalfernsehens um eine duldungspflichtige **Modernisierung;**[423] sie soll zur Folge haben, dass der Mieter die laufenden Kosten zu tragen hat, auch wenn er kein Fernsehgerät besitzt und den Anschluss daher nicht nutzt.[424] Eher sachgerecht wird es demgegenüber sein, dass er zwar einen Modernisierungszuschlag zu zahlen hat, von den laufenden Kosten aber durch Einbau eines Sperrfilters an der Steckdose für den Breitbandempfang befreit wird.[425] Soll der Sperrfilter sicherstellen, dass der Mieter, der dem Kabelanschluss widersprochen hat, weiterhin die über die – nunmehr stillgelegte – Gemeinschaftsantenne zuvor empfangenen Programme erhalten kann, sollen dessen laufende Kosten nur bei besonderer Vereinbarung umlegbar sein.[426] Es erscheint jedoch vertretbar anzunehmen, dass die Kosten für den Sperrfilter an die Stelle der Kosten aus dem Betrieb der Gemeinschaftsantenne treten, weil es sich nur um eine technische Umstellung der Art und Weise handelt, wie die Programme geliefert werden, nicht um eine andere Betriebskostenart.[427] Zudem werden die verbliebenen Nutzer von den Betriebskosten entlastet, die durch

---

[417] BGH (I ZR 228/14) GE 2015, 1589 = NZM 2016, 127 = WuM 2016, 51 (WEG); (I ZR 14/14) GE 2016, 522 (Wartezimmer in Arztpraxen).
[418] LG Berlin GE 2003, 1613; *Schach* GE 2003, 998 (1000).
[419] AG Haßfurt WuM 1990, 559.
[420] *Wall* Rdn. 4504.
[421] Nr. 15b geändert durch Art. 4 Gesetz zur Änderung telekommunikationsrechtlicher Regelungen vom 3.5.2012, BGBl. I S. 958 (Wegfall des Wortteils „kabel“).
[422] Dazu ausführlich *Langenberg/Zehelein* Betriebskosten A Rdn. 227.
[423] BGH (VIII ZR 253/04) NZM 2005, 697 = WuM 2005, 576.
[424] BGH (VIII ZR 202/06) GE 2007, 1310 = NZM 2007, 769 = WuM 2007, 571.
[425] Ausführlich *Langenberg* NJW 2008, 1269 (1272f.).
[426] AG Freiburg WuM 1996, 285.
[427] **A. A.** *Pfeilschifter* WuM 1987, 289.

den ohne Sperrfilter notwendigen weiteren Betrieb der Gemeinschaftsantenne entstehen würden (s. § 556a Rdn. 121).

Ist die Wohnung mit Breitbandanschluss vermietet oder später ein derartiger Anschluss hergestellt worden, gehört er zum Mietgegenstand. Schloss der Vermieter den Vertrag mit dem Versorger ab, ist der Mieter **nicht** zur **Kündigung des Anschlusses** berechtigt. Der Mieter hat die laufenden Kosten daher auch dann zu tragen, wenn er den **Anschluss nicht mehr nutzt,** etwa wegen des Empfangs des terrestrischen digitalen Fernsehens, solange es nicht zu einer einvernehmlichen Vertragsänderung gekommen ist.[428]

Entgegen dem Eindruck auf Grund der Fassung der Nr. 15 (a *„oder"* b) darf der Vermieter die **Kosten auch nebeneinander** umlegen, wenn beide Einrichtungen im Hause vorhanden sind. Hierzu kann es kommen, wenn zunächst nur eine Gemeinschaftsantenne installiert war und später ein Breitbandanschluss hergestellt wurde. Da über Breitband Rundfunkempfang auf Lang-, Mittel- und Kurzwelle nicht möglich ist, ist der Vermieter nicht berechtigt, wegen des Anschlusses an das Breitbandnetz die Gemeinschaftsantenne ohne Zustimmung aller Mieter zu entfernen,[429] ebenso wenig darf er kurzerhand einen Breitbandanschluss entfernen und auf digitalen Satellitenempfang umstellen.[430] Dasselbe gilt, wenn der Mieter über die Zimmerantenne keinen ausreichenden Empfang von DVB-T hat.[431] Formularmäßige **Klauseln,** dass der Mieter nach Abschluss des Mietvertrags verpflichtet ist, die spätere Installation einer Gemeinschaftsantenne oder eines Kabelanschlusses zu dulden, sind unwirksam;[432] Entsprechendes dürfte für einen formularmäßigen Verzicht auf den Anschluss an die Gemeinschaftsantenne bei Anschluss an das Kabelnetz gelten. Ist die Umlage der Kosten für die Gemeinschaftsantenne vereinbart und wird diese mit dem Anschluss an das Kabelnetz beseitigt, treten an deren Stelle die laufenden Entgelte für den Breitbandanschluss.[433] **196**

Zum **Umlageschlüssel** bei Anlagen nach Nr. 15a) und b) s. § 556a BGB Rdn. 120ff., zum **Wirtschaftlichkeitsgebot** s. § 560 BGB Rdn. 112.

14. Kosten des Betriebs der Einrichtungen für die Wäschepflege

Nr. 16: „die Kosten des Betriebs der Einrichtungen für die Wäschepflege, hierzu gehören die Kosten des Betriebsstroms, die Kosten der Überwachung, Pflege und Reinigung der Einrichtungen, der regelmäßigen Prüfung ihrer Betriebsbereitschaft und Betriebssicherheit sowie die Kosten der Wasserversorgung entsprechend Nummer 2, soweit sie nicht dort bereits berücksichtigt sind."

a) Preisfreier Wohnraum. Ansatzfähig sind die Kosten der vom Vermieter gestellten Einrichtungen zur Wäschepflege, die von allen Mietern des Hauses genutzt werden können. Die Kosten für eine private Wascheinrichtung, sei sie im Keller oder in der Wohnung aufgestellt, haben die Mieter selbst zu tragen. Die Neufassung der Nr. 16 stellt klar, dass nicht nur die Kosten der Waschmaschine selbst, sondern auch derjenigen Geräte, die beim Reinigungsvorgang insgesamt eingesetzt werden, also auch Wäscheschleudern, Trockengeräte und Bügelmaschinen, umgelegt werden dürfen, wie es bereits bisher allgemeiner Ansicht entsprach. **197**

Umlegbar sind die Kosten des **Betriebsstroms.** Er ist durch einen Zähler zu erfassen.[434] Er lässt sich durch Schätzung anhand der Anschlusswerte der Geräte nicht ermitteln, weil schon die Waschmaschine durch ihre vielseitigen Programme sehr unterschiedliche Verbräuche verursacht.

Die Kosten für **Pflege, Überwachung und Reinigung** sind nunmehr ebenfalls unter Nr. 14 zu berechnen, wenn die Arbeiten vom Hausmeister erledigt werden, sofern sie nicht ohnehin zu den originären Pflichten des Hauswarts gezählt werden und damit nicht separat umlegbar sind.

Die Kosten der **Wasserversorgung** dürfen unter Nr. 16 nur angesetzt werden, wenn sie nicht schon in die Berechnung nach Nr. 2 eingeflossen sind. Der Ansatz unter der Nr. 2 kommt indes nur in Betracht, wenn die Möglichkeit der Nutzung der Einrichtungen bei allen Mietern mietvertrag-

---

428 AG Münster NZM 2007, 771.

429 KG RE 27.6.1985 DWW 1985, 204 = WuM 1985, 248; AG Osnabrück WuM 1999, 34.

430 LG Kempten (Allgäu) WuM 2016, 345.

431 AG Charlottenburg GE 2004, 1530.

432 BGH (VIII ZR 38/90) DWW 1991, 212 = WuM 1991, 381 wegen der nach § 554 BGB zwingend erforderlichen Abwägung der Interessen der Parteien.

433 AG Münster WuM 1989, 190; **a. A.** *Pfeilschifter* WuM 1987, 289 im Hinblick auf die wesentlich höheren monatlichen Gebühren.

434 Ebenso *Schmid/Zehelein* in MünchKomm § 2 BetrKV Rdn. 72; **a. A.** *Kinne* in Kinne/Schach/Bieber § 556 Rdn. 206; *Wall* Rdn. 4601.

lich vorgesehen ist.[435] Sind allerdings die Mietobjekte mit Einzelwasserzählern ausgestattet, ist auch der Wasseranschluss der Waschmaschine mit einem Zähler zu versehen,[436] die Verbrauchskosten sind nach Nr. 16 umzulegen. Die Abwasserkosten sind nicht aufgeführt; werden sie vom Versorgungsunternehmen mit den Kosten des Frischwasserverbrauchs erhoben, können sie bei den Kosten der Wascheinrichtung berücksichtigt werden, ansonsten erfolgt die Umlage nach Nr. 3.

198 Der Vermieter kann auch einen **Wartungsvertrag** für Pflege, Reinigung und regelmäßige Überprüfung abschließen. Handelt es sich um einen Vollwartungsvertrag, sind die Kosten für Instandsetzungsarbeiten herauszurechnen (s. Rdn. 137). Eine Instandsetzungspauschale ist nur im preisgebundenen Wohnraum ansetzbar (dazu Rdn. 201). Die Kosten für die Beheizung des Raumes sind bei den Heizkosten, diejenigen für die Reinigung bei Nr. 9 zu berücksichtigen. Der Aufwand, der dem Vermieter aus der Um- und Abrechnung der Kosten aus dem Betrieb der Einrichtungen für die Wäschepflege entsteht, gehört zu den nicht umlagefähigen Verwaltungskosten.[437]

199 Problematisch ist die Umlage, wenn die Einrichtung **nur von einem Teil der Mieter** in Anspruch genommen wird, weil die Anderen private Geräte benutzen. Hierzu ist auf § 556a Rdn. 124ff., 128 zu verweisen.

200 Häufig ist der Betrieb der Einrichtungen nur nach Bedienung eines **Münzautomaten** möglich. Hier stellt sich die Frage, ob der Vermieter das Entgelt für einen Wasch-, Trocken- oder Bügelvorgang so berechnen darf, dass er neben den laufenden Kosten auch eine **Amortisation** erreicht, um die Kosten für Anschaffung und Installation neuer Geräte wegen Verschleißes der alten zu decken. Ist im Mietvertrag vereinbart, dass das Benutzungsentgelt für die laufenden Kosten und die Amortisation zu entrichten ist, umfasst der vom Vermieter zur Verfügung gestellte Mietgebrauch allein die Möglichkeit, ohne den umständlichen Weg des Besuchs eines sog. Waschcenters bequem im Hause die Wäsche zu reinigen und zu pflegen. In diesem Fall begegnet die Umlage der vollen Kosten keinen Bedenken; die Höhe muss allerdings angemessen i. S. d. § 315 BGB sein,[438] d. h. kostenorientiert, sie darf keinen Gewinn des Vermieters enthalten, da das Vorhandensein der Einrichtung im Hause bereits mit dem Mietzins abgegolten ist. Fehlt eine entsprechende Klarstellung im Mietvertrag, darf der Mieter davon ausgehen, dass die Einnahmen aus dem Münzbetrieb nur zur Abdeckung der laufenden Kosten dienen.[439] Zur Umlage der laufenden Kosten, wenn ein Münzautomat eingebaut ist, und zur Anrechnung der Münzeinnahmen vgl. § 556a BGB Rdn. 125, 127.

201 **b) Preisgebundener Wohnraum.** Nach § 25 Abs. 1 Satz 2 NMV darf für die **Kosten der Instandhaltung** zusätzlich ein Erfahrungswert als Pauschbetrag[440] angesetzt werden; die Instandhaltungskosten für die maschinelle Wascheinrichtung werden mithin nicht durch die Pauschale nach § 28 II. BV erfasst. Erfolgt der Betrieb über Münzautomaten, ist der Vermieter daher berechtigt, den Pauschbetrag bei der Berechnung des Entgelts je Wasch- oder Trockenvorgang zu berücksichtigen. Er dient jedoch nicht dazu, dem Vermieter das Ansparen des für eine Neuanschaffung erforderlichen Betrages zu ermöglichen, sondern bezieht sich nur auf u. U. anfallende größere Reparaturen. Die Amortisation erfolgt über die erhöhte Sonderabschreibung nach § 25 Abs. 3 Nr. 8 II. BV.

15. Sonstige Betriebskosten

Nr. 17: „sonstige Betriebskosten, hierzu gehören Betriebskosten im Sinne des § 1, die von den Nummern 1–16 nicht erfasst sind."

202 **a) Grundsätze.** Die Bestimmung der Nr. 17 gestattet den Ansatz *„sonstiger"* Kosten. Es handelt sich dabei um einen Auffangtatbestand,[441] der es z. B. ermöglicht, Kosten aufgrund künftiger technischer Entwicklungen umzulegen; die nach dem Betriebskostenkatalog umlagefähigen Wartungskosten stellen mithin keine Ausnahme dar. Die Umlage derartiger Kosten muss ausdrücklich und spezifiziert vereinbart sein (s. Rdn. 47).

203 Wie die Bezugnahme auf § 1 BetrKV zeigt, muss es sich bei **Wohnraummietverhältnissen** um Kosten handeln, welche der Definition in § 1 Abs. 1 Satz 1 BetrKV genügen und die nicht unter die nach § 1 Abs. 2 BetrKV ausgeschlossenen Kosten fallen. Es ist daher nicht zulässig, sonstige

---

435 *Schmid* DWW 1997, 68.
436 *Wall* Rdn. 4605.
437 AG Mühlheim/Ruhr WuM 2000, 424.
438 AG Pinneberg WuM 1983, 21.
439 AG Hamburg ZMR 2003, 565.
440 Zur Berechnung vgl. *Heix* WoBauR § 25 NMV Anm. 4.2.
441 Z. B. OLG Celle NZM 1999, 501; *Pfeifer* ZMR 1993, 353.

Kosten entgegen § 1 Abs. 2 BetrKV generell mit der Begründung umzulegen, dass auch der Katalog des § 2 BetrKV vereinzelt den Ansatz von Instandsetzungs- und Verwaltungskosten gestattet. Letzteres ist systemwidrig und im Übrigen durch die Ermächtigungsgrundlage in § 556 Abs. 1 Satz 2 BGB nicht gedeckt.[442] Es können daher nur solche Kosten umlagefähig sein, die mit den originären Betriebskosten in der Aufstellung nach Nrn. 1–16 vergleichbar[443] sind.

Bei **Gewerberaummietverhältnissen** kann hingegen die Umlage anderer Kosten vereinbart werden. Gestattet der Mietvertrag über Gewerberaum dem Vermieter die Umlage neu entstehender Betriebskosten, ist allerdings zu beachten, dass sonstige Betriebskosten, die bei Wohnraum nicht umlegbar sind, nur in Ansatz gebracht werden dürfen, wenn der Mietvertrag keine Verweisung auf die BetrKV enthält; sind deren Bestimmungen in Bezug genommen, können auch sonstige Betriebskosten nur solche sein, die bei der Vermietung von Wohnraum ebenfalls umlagefähig sind.[444] 204

Nicht umlagefähig sind zusammengefasst 205

- Anschaffungskosten, z. B. von Feuerlöschern;[445] sie gehören zu den Baukosten (Ausnahme: Erneuerungskosten bei der Gartenpflege gem. Nr. 10),
- Reparaturkosten, soweit sie in den einzelnen Nrn. des § 2 BetrKV nicht im Rahmen der Wartung als ansatzfähig bezeichnet sind; auch nicht die Instandhaltungsrücklage bei Eigentumswohnungen,
- Verwaltungskosten (Ausnahme: Kosten der Berechnung und Aufteilung des Wasserverbrauchs bei Verwendung von Einzelwasserzählern gem. Nr. 2, bei zentralen Heiz- und Warmwasseranlagen gem. Nrn. 4–6 und bei Müllmengenerfassungsanlagen gem. Nr. 8).

Ferner ist das **Gebot der Wirtschaftlichkeit** zu beachten; zum Wirtschaftlichkeitsgrundsatz s. bei den einzelnen sonstigen Betriebskosten Rdn. 210 ff. 206

b) Sonderproblem Wartungskosten. Besondere Probleme bereitet die Behandlung von Wartungskosten im Rahmen der sonstigen Betriebskosten. Dies hat seinen Grund in der Schwierigkeit, den **Begriff der Wartung** zu definieren. 207

Nach Auffassung des **BGH** sind umlagefähige sonstige Betriebskosten solche wiederkehrenden Kosten **aus vorbeugenden Maßnahmen,** welche der **Überprüfung der Funktionsfähigkeit**[446] oder **Betriebssicherheit** einer technischen Anlage[447] dienen.[448] **Keine** sonstigen Betriebskosten sind daher **Kosten,** die aus der **Beseitigung von Mängeln** stammen **oder** aus **einmaligen Maßnahmen** mit konkretem Anlass, etwa notwendigen Vorarbeiten für eine Instandsetzung. Danach sind z. B. die Kosten der Dachrinnenreinigung umlegbar, wenn kein Mangel zu beheben war, etwa die Behebung einer Verstopfung der Regenrinne, und wenn die Arbeiten regelmäßig notwendig sind, z. B. wegen angrenzender hoher Bäume.[449] Als Korrektiv zu diesen geringen Voraussetzungen ist der **Wirtschaftlichkeitsgrundsatz** im besonderen Maße zu beachten, weil der Vermieter dadurch in der Lage ist, alle regelmäßigen Kosten umzulegen, die ihm für eine reibungslose Durchführung der Vermietung sinnvoll erscheinen, und damit eine erhebliche wirtschaftliche Entlastung zu erreichen.[450] 208

Nach der **hier vertretenen Ansicht** ergibt sich die Lösung der Problematik aus der genaueren Definition des Wartungsbegriffs, wie er im Betriebskostenkatalog vorgegeben ist. Soweit Arbeiten substantiell den nach Definition und Struktur vorgezeichneten Wartungsbegriff erfüllen, sind sie auch im Rahmen der sonstigen Betriebskosten umlagefähig. 209

Im Betriebskostenkatalog findet sich die Wartung wörtlich nur an zwei Stellen, bei Nr. 4 d) und Nr. 5 c), jeweils als Unter-Kostenart. Nach der jeweils anschließenden beispielhaften Konkretisierung sind darunter *„die Kosten der regelmäßigen Prüfung der Betriebsbereitschaft und Betriebssicherheit und der damit zusammenhängenden Einstellung durch eine Fachkraft"* zu verstehen. In Nrn. 4 a), 7, 15 und 16 ist diese Umschreibung wiederholt. Wartung besteht damit aus einem **komplexen Vorgang,** der sich nicht auf ein Ausprobieren der Anlage oder Einrichtung auf ihre Funktionstüchtigkeit be-

---

442 *Langenberg* NZM 2004, 46; *Schmid* WuM 2002, 527.
443 *Schmidt* MDR 1999, 1296.
444 OLG Celle NZM 1999, 501.
445 AG St. Goar DWW 1990, 152.
446 BGH (VIII ZR 167/03) NZM 2004, 417 = WuM 2004, 290 = ZMR 2004, 430.
447 BGH (VIII ZR 123/06) GE 2007, 439 = NZM 2007, 282 = WuM 2007, 198 = ZMR 2007, 361.
448 *Beyer* GE 2007, 950 (951 f.); vgl. LG Berlin WuM 2013, 614 für eine Trockensteigeleitung.
449 BGH (VIII ZR 167/03) NZM 2004, 417 = WuM 2004, 290 = ZMR 2004, 430.
450 BGH (VIII ZR 123/06) GE 2007, 439 = NZM 2007, 282 = WuM 2007, 198 = ZMR 2007, 361.

schränkt, sondern sich aus Überprüfung *und* Einstellung zusammensetzt, d. h. aus den jeweils notwendigen speziellen Arbeiten zur Erhaltung von Betriebsbereitschaft und Betriebssicherheit. Erforderlich sind Pflege, Reinigung und anschließende Justierung. Typische Wartungsarbeiten sind daher z. B. das Schmieren beweglicher Teile, Ausbau und Zerlegung von Einzelteilen zur Überprüfung und ggf. Reinigung, Austausch oder Reinigung von Düsen, Austausch von Filtern bei Wasseraufbereitungsanlagen, Reinigung und Entkalkung bei maschinellen Wascheinrichtungen, der vorsorgliche Austausch von Kleinteilen. Aus der Definition folgt, dass die isolierte Überprüfung einer Anlage oder Einrichtung nicht ausreicht. Hierbei geht es nur um eine Inspektion auf Funktionstüchtigkeit. Der Vorgang beschränkt sich auf bloße Sichtkontrolle, Kontrolle der Wirksamkeit durch einfache Betätigung oder Durchmessen bei elektrischen Anlagen und Einrichtungen. Es macht folglich auch keinen sachlichen Unterschied, ob die jeweilige Inspektion darauf beruht, dass der Vermieter freiwillig entsprechenden Empfehlungen des Herstellers der Anlage oder Einrichtung nachkommt, oder ob sie durch Verordnungen vorgeschrieben ist bzw. sich aus DIN-, TÜV-, VDI- oder VDE-Richtlinien ergibt. Dies gilt zumal deshalb, weil die Vorschriften bzw. Richtlinien im Grunde nur die Erfüllung der Verkehrssicherungspflicht des Vermieters betreffen.

210 **c) Einzelne sonstige Betriebskosten.** Nachfolgend werden sonstige Betriebskosten behandelt, die mehr oder weniger häufig begegnen; eine abschließende Übersicht ist nicht möglich, da in der Praxis immer wieder neue Arten erscheinen, sei es wegen der Findigkeit beteiligter Wirtschaftskreise, sei es wegen technischer Neuerungen.

211 – **Abflussrohre.** Die **vorbeugende Reinigung** von Wasserrohren, insbesondere Abflussrohren verursacht keine umlagefähigen sonstigen Betriebskosten.[451] Die vorbeugende Reinigung ist technisch allenfalls in so langen Zeitabständen angezeigt, dass keine laufenden Kosten mehr vorliegen. Eine regelmäßige Durchführung in kürzeren Abständen ist daher mit dem Wirtschaftlichkeitsgebot nicht zu vereinbaren. Handelt es sich um alte Rohre, die durch Verkrustungen und Ablagerungen schon so zugewachsen sind, dass ihre Leistungsfähigkeit nur durch regelmäßige Reinigung aufrechterhalten werden kann, ist eine Instandsetzung erforderlich. Der Vermieter kann sich diese Kosten nicht durch ständige Belastung der Mieter ersparen. Hier gilt nichts anderes als bei der vorbeugenden Instandhaltung des Rohrnetzes durch Erneuerung brüchiger Wasserleitungen, einer Erhaltungsmaßnahme i. S. v. § 554 Abs. 1 BGB.[452] Soweit Rohre wegen der angeschlossenen Betriebe regelmäßig vorsorglich gereinigt werden, etwa eines Imbisses, in denen, wie die gerichtliche Praxis zeigt, gern auch z. B. das Fett der Fritteuse in den Ausguss entsorgt wird, sind die Kosten allein auf die Verursacher umzulegen.

212 – **Bank- und Kontogebühren.** Bank- und Kontogebühren sind Verwaltungskosten i. S. d. § 1 Abs. 2 Nr. 1 BetrKV. Sie sind nicht umlegbar.[453]

213 – **Bewachung.** Ob die Kosten der Bewachung des Gebäudes z. B. durch einen privaten Sicherheitsdienst (zum Bewachungseffekt bei Einrichtung eines Pförtnerdienstes s. Rdn. 229) umlagefähig sind, ist **streitig.** Nach einer Ansicht ist keine Ansatzfähigkeit gegeben, sei es, weil die Kosten nicht im Betriebskostenkatalog aufgeführt sind,[454] sei es, weil es primär um den vom Eigentümer gewünschten besseren Schutz seines Eigentums geht,[455] sei es, weil es sich um Verwaltungskosten handelt.[456] Die erstgenannte Begründung ist zu kurz gegriffen, da es nicht darum gehen kann, ob die Kosten in § 2 BetrKV ausdrücklich erwähnt sind; anderenfalls liefe der Auffangtatbestand der Nr. 17 leer. Die zweite Argumentation berücksichtigt die Verhältnisse im Einzelfall nicht hinreichend; die generelle Annahme, die Bewachung bezwecke primär den Schutz des Eigentums, ist nicht berechtigt. Gegen die dritte Ansicht spricht der Umstand, dass Bewachungskosten aus einem Aufwand stammen, der deutlich über die allgemeine Verwaltung hinausgeht. Nach anderer Meinung sind die Kosten generell umlagefähig;[457] hiergegen ist derselbe Einwand anzubringen, d. h. dass dem Einzelfall nicht Rechnung getragen wird.

---

[451] AG Lörrach WuM 1995, 593; Blank in *Blank/Börstinghaus* § 556 Rdn. 26; *Wall* Rdn. 3369; **a. A.** AG Tiergarten GE 1996, 1435; *Derckx* WuM 2005, 690; *Lützenkirchen* in Lützenkirchen § 556 Rdn. 120; *Pfeifer* ZMR 1993, 355.

[452] LG Hamburg WuM 1995, 267.

[453] Vgl. OLG Karlsruhe RE 6.5.1988 WuM 1988, 204.

[454] OLG Düsseldorf DWW 1991, 283 = MDR 1991, 964 = NJW-RR 1991, 1354; LG Berlin MM 2004, 76; AG Berlin-Mitte MM 2004, 266.

[455] LG Hamburg ZMR 1997, 358.

[456] AG Köln ZMR 2003, 684.

[457] *Pfeifer* ZMR 1993, 357 (358).

Die Kernfrage ist, wann Kosten *„durch den bestimmungsmäßigen Gebrauch des Gebäudes ..."* (§ 1 Abs. 1 BetrKV) entstehen, d. h. **unmittelbar** mit der **Bewirtschaftung** des Gebäudes zusammenhängen. Nach der Formulierung des § 1 Abs. 1 BetrKV ist Grundvoraussetzung für die Qualifikation als Betriebskosten, dass es sich um Aufwendungen handelt, die objektbezogen sind, nicht solche, die personenbezogen sind, wie etwa für die Betreuung von Mietern. Diese Forderung ist bei den Kosten für die Bewachung von Grundstück und Gebäude ohne weiteres erfüllt. Ob die Bewachung auch unmittelbar der Bewirtschaftung dient, ist von den Verhältnissen im Einzelfall abhängig.[458] Steht für den Eigentümer im Vordergrund, mit der Bewachung Schäden zu verhindern, etwa wenn es sich um ein architektonisch aufwendig gestaltetes Grundstück oder auf Grund der verwendeten Materialien besonders wertvolles Gebäude handelt, zumal wenn es in einem gefährdeten Gebiet liegt, geht es ihm vorrangig um den Schutz seines Eigentums. Sicherheitsprobleme können sich z. B. auch dann einstellen, wenn das Gebäude einen singulären Charakter innerhalb der umgebenden Bebauung hat und deshalb auf Ablehnung bei den Anliegern stößt; handelt es sich um einen Neubaukomplex, bei dessen Errichtung bereits offenkundige Sicherheitsprobleme vorlagen, dient die fortlaufende Bewachung auch nach der Eröffnung primär dem Schutz des Eigentums.[459] Dass die Bewachung als Reflex auch den Mietern zugutekommt, begründet keine Umlagefähigkeit. Verursachen Dritte Schäden am Gebäude, hat sie der Vermieter auf eigene Kosten zu beseitigen; es kann daher nichts anderes gelten, wenn er vorsorgliche Maßnahmen wie durch eine Bewachung ergreift, um dem Eintritt von Schäden vorzubeugen.[460]

Auf der anderen Seite kann die Bewachung angezeigt sein, um das **Eigentum der Mieter** zu schützen,[461] während Grundstück und Gebäude selbst keiner Gefährdung ausgesetzt sind; dies ist bei Gewerbemietern evident,[462] die entweder aus der Art des Gewerbes bekanntermaßen hochwertig ausgestattet sind oder etwa als Ladenmieter besonders teure Waren anbieten. Sie kann ferner notwendig sein, um unerwünschte Dritte vom Objekt fern zu halten, die Mieter, Lieferanten und Besucher belästigen.[463] Schutzbedürftig können jedoch auch Wohnungsmieter sein, wenn sie z. B. hochpreisigen Wohnraum angemietet haben. Es ist insoweit zu berücksichtigen, dass sich die Bestimmungen in der BetrKV primär auf öffentlich geförderten Wohnraum beziehen. Der Umstand, dass sie über § 556 Abs. 1 BGB verbindlich sind, bedeutet nicht, dass Besonderheiten preisfreien Wohnraums, die für preisgebundenen Wohnraum eher nicht relevant sind, nicht Rechnung getragen werden darf. Die zunehmende Erscheinung, dass etwa die Bewohner exklusiver Wohnlagen private Sicherungsdienste einschalten, bestätigt diesen Unterschied. Je nachdem, wo der Hauptgrund für die Einschaltung eines Bewachungsdienstes liegt, sind die hierdurch entstehenden Aufwendungen mithin als Betriebskosten ansatzfähig oder vom Eigentümer allein zu tragen. Sind hingegen beide Aspekte, Schutz des Eigentums des Vermieters und der Mieter, gleichrangiges Ziel, dürfte eine Aufteilung der Kosten in Betracht kommen, z. B. je zur Hälfte.[464] Im Übrigen ist eine Kontrolle der vom Vermieter umgelegten Kosten anhand des Wirtschaftlichkeitsgebots möglich.

– **Blitzschutzanlagen.** Sind Blitzschutzanlagen vorgeschrieben, wie z. B. nach den Bauordnungen für Hochhäuser, müssen sie regelmäßig alle sechs Jahre[465] entweder durch behördlich anerkannte Sachverständige oder geprüfte Sachkundige überprüft werden. Auch für freiwillig installierte Blitzschutzanlagen empfiehlt sich zur Absicherung der Funktionsfähigkeit eine entsprechende regelmäßige Überprüfung. Die Überprüfung dient dem Erhalt des Gebäudes, vorrangig jedoch der Sicherheit seiner Bewohner und Nutzer. Die Umlagefähigkeit der Prüfkosten wird daher überwiegend bejaht.[466] Nach der hier vertretenen Ansicht (s. Rdn. 208) fehlt 214

---

458 OLG Celle NZM 1999, 501 = WuM 2000, 130 = ZMR 1999, 238.
459 So im Fall des LG Hamburg ZMR 1997, 358.
460 *Blank* WImmoT 2004, 95 (106).
461 OLG Frankfurt ZMR 2004, 182: Einbruchdiebstähle; LG Berlin WuM 2013, 612; AG Köln WuM 2002, 615.
462 Vgl. OLG Frankfurt NZM 2006, 660.
463 OLG Celle NZM 1999, 501: Obdachlose und Drogensüchtige in erheblicher Anzahl.
464 So LG Köln WuM 2004, 400.
465 DIN V VDE 0185 Teil 3.
466 AG Bremervörde WuM 1987, 198; AG Köln ZMR 1996, Heft 9, XII generell für Brandschutzkosten; *Derckx* WuM 2005, 690 (694); *Kinne* in Kinne/Schach/Bieber § 556 Rdn. 209; *Schmid/Zehelein* in MünchKomm § 2 BetrKV Rdn. 78; *Seldeneck* Rdn. 2363; *Sternel* III Rdn. 356; *Wall* Rdn. 4727; *Weitemeyer* in Staudinger § 556 Rdn. 45a; **a. A.** AG Berlin-Mitte MM 2002, 186.

es an einer Wartung im eigentliche Sinne, weil sich die Überprüfung darauf beschränkt, die Erdleitung und die oberirdische Anlage durchzumessen sowie letztere einer Sichtkontrolle auf Beschädigungen zu unterziehen. Zeigen sich Fehler, sind diese durch eine Reparatur zu beheben, deren Kosten als Instandhaltung oder ggf. Instandsetzung ohnehin keine Betriebskosten sind. Auf der Grundlage der Ansicht des BGH (s. Rdn. 209) sind die Kosten der Überprüfung umlagefähig, wenn sie nicht zur Behebung von technischen Störungen erforderlich war.

215 – **Brandmeldeanlagen.** Wird die Begriffsbestimmung des **BGH** (s. Rdn. 209) zugrunde gelegt, geht es in allen vorbeschriebenen Fällen um die **technische Kontrolle** von Betriebsbereitschaft und Betriebssicherheit, nicht um die Beseitigung von Mängeln.[467] Damit ist auch der Aufwand für eine bloße Funktionsprüfung umlegbar; hierbei wird aber stets zu beachten sein, ob sie unschwer vom Hausmeister oder einem Mitarbeiter der Verwaltung und damit ohne zusätzliche Kosten bewerkstelligt werden kann.

216 – **Dachrinnenbeheizung.** Die Beheizung von Dachrinnen bei wechselndem Wetter mit Tauwetter und Frost dient der Vermeidung von Eiszapfen und damit der Gefährdung von Mietern und sonstigen Nutzern beim Betreten bzw. Verlassen des Gebäudes; zugleich schützt sie die Fassaden vor herablaufendem Schmelzwasser, das nachts durch Gefrieren Schäden verursachen kann. Soweit die Heizvorrichtung den relativ schmalen Eingangsbereich schützt, handelt es sich um eine technische Anlage des Vermieters, die dem Vermietungsgeschäft und damit dem bestimmungsgemäßen Gebrauch des Gebäudes i. S. v. § 1 Abs. 1 BetrKV dient, so dass deren Betriebskosten (Strom) bei entsprechender Vereinbarung im Grunde umlagefähig sind. Ob das zusätzliche Tatbestandsmerkmal des laufenden Entstehens erfüllt ist, hängt von der regionalen Lage des Grundstücks ab, d. h. ob es regelmäßig im Winter notwendig ist, die Bildung von Eiszapfen zu verhindern. Was den übrigen Bereich der Dachrinne betrifft, steht das Interesse des Vermieters am Erhalt der Bausubstanz im Vordergrund, so dass die hierauf entfallenden Kosten des Gemeinstroms nicht umlagefähig sind.[468] Hier gilt nichts Anderes als für die Kontrolle und Pflege von Schneefanggittern, die je nach der Dachneigung anzubringen sind.[469]

217 – **Dachrinnenreinigung.** Die Reinigung von Dachrinnen erfolgt vornehmlich, um Schäden durch überlaufendes Regenwasser zu verhindern. Sie wird deshalb zum Teil der Instandhaltung zugerechnet.[470] Es ist indes danach zu unterscheiden, ob die Reinigung nur vorsorglich in langen, unregelmäßigen Abständen geschieht oder turnusmäßig vorzunehmen ist. Im ersten Fall fehlt es bereits am Merkmal des „laufenden" Entstehens gem. § 1 Abs. 1 BetrKV, so dass die Umlage nicht in Betracht kommt; dasselbe gilt, wenn eine Reinigung nur vorgenommen wird, um anschließend Reparaturarbeiten ausführen zu können, etwa Ausbesserungs- und Anstricharbeiten.[471] Anders verhält es sich, wenn nach Höhe und Art angrenzender Bäume turnusmäßig nach dem Herbst die Reinigung von Laub notwendig ist. Hier handelt es sich um Kosten aus ordnungsgemäßer Bewirtschaftung.[472]

218 – **Druckerhöhungsanlagen.** Die Strom- und Wartungskosten werden von § 2 Nr. 2 BetrKV, Kosten der Wasserversorgung, erfasst. Dazu gehören auch die Kosten der Überprüfung nach der BetrSichV.

219 – **Durchflussbegrenzer.** Wasserspareinrichtungen für Wasserhähne dienen der Einsparung von Wasser. Sie werden in zwei verschiedenen technischen Ausführungen vertrieben, als **Durchflussbegrenzer** und als **Wassermengenregler.** Die Begrenzer sind auf einen bestimmten Wasserdurchlauf eingestellt. Ihr Nachteil liegt darin, dass sie den aktuellen Wasserdruck nicht berücksichtigen, so dass sich bei einem höheren Wasserdruck automatisch die Durchlaufmenge erhöht und sie sich bei niedrigerem Druck entsprechend verringert; im einen Fall schwindet das Einsparpotential, im anderen ist der Nutzer mit einem nicht zufrieden stellenden Wasserdurchlauf konfrontiert. Demgegenüber arbeiten die Wassermengenregler druckunabhängig, sie liefern also unabhängig vom Wasserdruck konstant – mit einem Toleranzbereich – die voreinge-

[467] Ebenso *Blank* WImmoT 2004, 95 (113); *Derckx* WuM 2005, 690 (695); *Schmid/Zehelein* in MünchKomm § 2 BetrKV Rdn. 78.

[468] AG Lüdenscheid WuM 1987, 87 m. Anm. *Eisenhuth; Derckx* WuM 2005, 690 (695); *Lammel* § 556 BGB Rdn. 109; *Schmid/Zehelein* in MünchKomm § 2 BetrKV Rdn. 78; **a. A.** *Lützenkirchen* in Lützenkirchen § 556 Rdn. 286; *Pfeifer* S. 85; *Wall* Rdn. 4731.

[469] Vgl. OLG Dresden DWW 1997, 268; OLG Celle VersR 1980, 1028.

[470] LG Berlin GE 1999, 1428; GE 1994, 1381; AG Gotha WuM 2001, 361.

[471] LG Hamburg WuM 1989, 640.

[472] BGH (VIII ZR 167/03) NZM 2004, 417 = WuM 2004, 290 = ZMR 2004, 430.

stellte Durchlaufmenge. Aufgrund dieses technischen Vorteils wurden in § 2 Nr. 2 BetrKV **nur** die Wartungskosten der **Mengenregler** als umlagefähig anerkannt (s. Rdn. 123) Dies bedeutet zugleich, dass die Wartungskosten für die **Begrenzer nicht** ansetzbar sind.

– **Elektroleitungen.** Wenn der Check – wie bei der Dachrinnenreinigung – nicht der Beseitigung von Mängeln dient, sondern allein der regelmäßigen Prüfung der Betriebssicherheit, sind die Kosten ansatzfähig (vgl. Rdn. 209).[473] Der sog. E-Check ist im Hinblick auf eine Entscheidung des OLG Saarbrücken[474] von Bedeutung. Nach diesem Urteil ist der Vermieter *„im Rahmen der ihn treffenden Instandhaltungspflicht gehalten, die elektrotechnische Anlage des vermieteten Gebäudes nach Maßgabe der anerkannten Regeln der Technik, den VDE-Bestimmungen und den wegen der Prüffristen einschlägigen Unfallverhütungsvorschriften „Elektrische Anlagen und Betriebsmittel" (VGB 4) regelmäßig zu überprüfen"*. Elektrische Anlagen und ortsfeste elektrische Betriebsmittel sind danach mindestens alle vier Jahre, Fehlerstrom- und Fehlerspannungs-Schutzeinrichtungen mindestens alle sechs Monate zu prüfen. Das OLG Saarbrücken erkannte dem Mieter einen Schadensersatzanspruch aus § 536a Abs. 1 2. Alt. BGB zu, weil der Vermieter durch Nichtbeachtung der Prüfvorschriften den schadensursächlichen Fehler der E-Installation zu vertreten habe. 220

– **Fenster.** Die Beseitigung von Schäden an Fenstern, die der Mieter nicht zu vertreten hat, ist Sache des Vermieters (§ 535 Abs. 1 Satz 2 BGB). In diesem Bereich stellt sich die Frage der Umlage sonstiger Betriebskosten nur, wenn der Vermieter einen Vertrag über deren regelmäßige Wartung durch einen Handwerksbetrieb abgeschlossen hat. Hierbei werden die Fenster einer Sicht- und Funktionskontrolle unterzogen, ggf. Schrauben nachgezogen, bewegliche Teile geölt und etwaiger Reparaturbedarf festgestellt; darüber hinaus gehende Arbeiten sind bereits als Reparatur zu bewerten.[475] Diese Arbeiten füllen den hier vertretenen Wartungsbegriff nicht aus, sie dürften jedoch auf der Basis der Ansicht des **BGH** (s. Rdn. 209) umlagefähigen Aufwand verursachen, weil es darum geht, die technische Funktionsfähigkeit zu erhalten. 221
Es ist allerdings stets zu prüfen, ob ein Verstoß gegen das **Wirtschaftlichkeitsgebot** vorliegt; grundsätzlich erscheint es wirtschaftlich günstiger, den Eintritt kleinerer Schäden abzuwarten und diese sodann zu beheben, als – zusätzlich – regelmäßige Kosten für die Durchsicht der Fenster zu produzieren. Eine Ausnahme mag z. B. bei Fenster- oder Türelementen mit komplizierter Mechanik in Betracht kommen, die ohne eine Wartung in angemessenem Turnus von z. B. fünf Jahren Schaden nimmt.

– **Feuerlöscher.** Während nach einer Meinung die Wartung der Löschgeräte nur den Zweck hat, die Funktionsfähigkeit zu überprüfen, und der ggf. notwendige Austausch des Löschmittels daher als Instandhaltung zu bewerten ist,[476] sind die Kosten nach herrschender Ansicht als sonstige Betriebskosten ansatzfähig.[477] Die Arbeiten füllen auch den hier vertretenen Wartungsbegriff aus. Bei der nach DIN 14406 alle zwei Jahre durch einen Sachkundigen vorzunehmenden Überprüfung wird der Löscher in seine Einzelteile zerlegt. Der Behälter wird von innen auf Zustand und Befüllung untersucht, diese ggf. ergänzt oder ausgetauscht; die CO_2-Druckkapsel wird gewogen, um die Füllung zu kontrollieren; sämtliche weiteren Einzelteile werden auf Zustand und Leichtgängigkeit durchgesehen. Dieser Aufwand geht deutlich über eine bloße Sichtkontrolle des äußeren Zustandes des Löschers oder eine – hier unsinnige – Betätigung zur Funktionskontrolle hinaus. 222

– **Gasleitungen.** Gasleitungen sind nach den Technischen Regeln für Gas-Installationen (TRGI) alle 12 Jahre auf Dichtigkeit zu überprüfen. Es handelt sich um eine Kontrolle auf Betriebssicherheit, deren Kosten nach der E-Check-Entscheidung des BGH (s. Rdn. 209) im Grundsatz gleichermaßen umlagefähig sind. Für die Ansetzbarkeit ist allerdings nach der **Funktion der Gasleitungen zu differenzieren.** Versorgen die Gasleitungen Gasheizgeräte in den Wohnungen und ggf. zugleich Gasherde, dient die Dichtigkeitsprüfung der Betriebssicherheit i. S. v. § 2 Nr. 4d BetrKV, so dass ihre Kosten ohne weiteres umlagefähig sind.[478] Versorgen die Gasleitungen allein Gasherde, setzt die Umlage der Kontrollkosten eine entsprechende Vereinbarung 223

---

473 BGH (VIII ZR 123/06) NZM 2007, 282 = WuM 2007, 198 = ZMR 2007, 361.

474 OLG Saarbrücken NJW 1993, 3077.

475 Vgl. AG Hamburg HmbGE 1996, 255.

476 *Wall* WuM 1998, 529.

477 Z. B. LG Berlin GE 2001, 63; AG Hamburg WuM 1998, 352; *Blank* WImmoT 2004, 95 (113); *Geldmacher* S. 28; *Herlitz/Viehrig* S. 98; *Lammel* § 556 BGB Rdn. 108; *Pfeifer* S. 85; *Seldeneck* Rdn. 2363; *Wall* Rdn. 4739.

478 LG Hannover GE 2007, 1694 = ZMR 2007, 865; AG Bad Wildungen GE 2005, 365; **a. A.** AG Kassel NZM 2006, 537 = WuM 2006, 149.

durch Spezifikation der sonstigen Betriebskosten im Mietvertrag voraus.[479] Der jeweilige lange zeitliche Abstand nimmt den Kosten nicht den für die Umlegbarkeit notwendigen Charakter des laufenden Entstehens.[480] Eine häufigere Dichtigkeitsprüfung, etwa alle zwei Jahre, verstößt gegen das Wirtschaftlichkeitsgebot;[481] die fachverbandliche Empfehlung hat die Vermutung eines angemessenen und ausreichenden Turnus für sich.[482] Dies gilt auch bei hohem Alter eines Gebäudes; allein das Alter ist kein ausreichender Anlass, um von dem in den technischen Regeln vorgegebenen 12-Jahres Rhythmus abzugehen.[483]

224 – **Gegensprechanlagen.** Die – auch regelmäßige – Überprüfung einer Gegensprechanlage verursacht keine umlagefähigen Wartungskosten.[484] Es handelt sich um eine bloße Funktionskontrolle, deren Notwendigkeit sich bisher nicht erschlossen hat, weil die Kontrolle ohnehin im täglichen Betrieb stattfindet. Die Kosten sind daher jedenfalls nach dem Wirtschaftlichkeitsgrundsatz nicht ansetzbar. Die Kosten können zudem nicht mit denjenigen der Wartung und Einstellung von Antennenanlagen nach Nr. 15a der Anl. 3 verglichen werden, zumal es hier z. B. witterungsbedingt zu Störungen kommen kann.[485]

225 – **Gemeinschaftseinrichtungen.** Aus dem Bereich der Gemeinschaftseinrichtungen, die allen Mietern zur Verfügung stehen, sind ansatzfähig die Kosten für den Betrieb eines Schwimmbades, einer Sauna, eines Fitnessraums, Hobby- oder Partykellers, soweit die Kosten nicht bereits nach den anderen Nummern des § 2 BetrKV umgelegt werden.[486]

226 – **Klingelanlagen.** Überprüfungskosten sind nicht umlegbar.[487] Zur Begründung s. vorstehend zu Gegensprechanlagen.

227 – **Lüftungsanlagen.** Die Kosten der Wartung von Lüftungsanlagen und -geräten werden allgemein für umlagefähig gehalten.[488] Soweit die **Überprüfung und Reinigung** von Lüftungsanlagen, zumal im Hinblick auf den Brandschutz, **öffentlich-rechtlich** vorgeschrieben ist, erfolgt die Umlage der Kosten bereits **nach Nr. 12,** Kosten der Schornsteinreinigung. Auf der Grundlage der Rechtsprechung des BGH gilt die Umlagefähigkeit auch für **einfache Abluftanlagen,** die nur aus einem Lüfter zur Abführung verbrauchter Luft bestehen. Hier beschränkt sich die Wartung zwar primär auf eine Funktionskontrolle, die ohnehin beim täglichen Betrieb vorgenommen wird. In der Praxis begegnen aber immer wieder Fälle, in denen das Lüftergitter weitgehend mit Staub zugesetzt ist, weil die Mieter es versäumten, das Gitter z. B. mit der Staubsaugerdüse zu reinigen, was die Betriebssicherheit gefährdet. Auf jeden Fall ist bei einfachen Anlagen der Wartungsturnus im Hinblick auf das Wirtschaftlichkeitsgebot zu prüfen. Bei Abluftanlagen in Nassräumen ist ggf. eine zusätzliche Sicherheitsprüfung angezeigt, die allerdings auch im Rahmen des E-Check erledigt werden kann; eine zusätzliche Wartung wird gegen das Wirtschaftlichkeitsgebot verstoßen. Ohne weiteres umlagefähig sind die Kosten der Wartung von **komplexen Anlagen,** bei denen Regler, z. B. für die Temperatur, zu überprüfen und justieren sind, Reinigungsarbeiten anfallen oder Filter ausgetauscht werden müssen.

228 – **Müllschlucker, Müllabsauganlagen, Müllkompressoren.** Die Kosten, die dem Vermieter aus der laufenden Unterhaltung derartiger Anlagen entstehen, waren bisher schon nach allgemeiner Auffassung ansetzbar, weil sie mit der direkten Müllbeseitigung in so enger Verbindung stehen, dass sie sachlich zu den sonstigen Betriebskosten zählten. Seit dem 1. 1. 2004 folgt die Umlagefähigkeit unmittelbar aus § 2 Nr. 8 BetrKV. Sowohl bei Alt- wie auch bei Neuverträgen sind die jeweiligen Kosten daher umlegbar.

Es wird allerdings zunehmend das **Wirtschaftlichkeitsgebot** relevant. Sind die Mieter durch Ortssatzung verpflichtet, Glas, Papier, Biomüll und Plastik zu trennen, so dass für die genannten Anlagen nur noch Restmüll in relativ geringer Menge anfällt, stehen die laufenden Unterhal-

---

[479] Ebenso *Rave* InfoM 2011, 368.
[480] **A. A.** *Sternel* Mietrecht aktuell (2009) Rdn. V 8; *Wall* Rdn. 4745.
[481] AG Köln WuM 2010, 384; **a. A.** *Schach* GE 2005, 334 (335f.).
[482] Ebenso AG Köln InfoM 2011, 368 m. zust. Anm. *Rave;* AG Köln WuM 2010, 384.
[483] AG Köln ZMR 2011, 222 nach Einholung eines Sachverständigen-Gutachtens.
[484] AG Hamburg WuM 1988, 308; *Geldmacher* S. 28; **a. A.** *Blank* WImmoT 2004, 95 (112); *Lammel* § 556 BGB Rdn. 108.
[485] AG Hamburg WuM 1988, 308.
[486] Z. B. LG Osnabrück WuM 1995, 434 für Schwimmbad und Sauna.
[487] AG Hamburg WuM 1988, 308; *Geldmacher* S. 28; *Seldeneck* Rdn. 2363.
[488] LG Frankenthal (Pfalz) NZM 1999, 958; AG Köln ZMR 1996, Heft 9, XII; AG Neukölln GE 1988, 523; *Derckx* WuM 2005, 690 (694); *Geldmacher* S. 28; *Herlitz/Viehrig* S. 98; *Lammel* § 556 BGB Rdn. 108; *Pfeifer* S. 85.

tungskosten möglicherweise nicht mehr in einem sinnvollen Verhältnis zu ihrem Vorteil, zumal die Mieter ohnehin zur sachgerechten Entsorgung der verschiedenen Müllanteile die beim Gebäude aufgestellten Behälter aufsuchen müssen und dabei unschwer den geringen Restanteil einwerfen können. Der Vermieter ist in derartigen Fällen gehalten, sich mit den Mietern über eine Stilllegung der Anlage zu verständigen; ihm dürfte auch ein Anspruch auf Zustimmung gegen einzelne Mieter, die an der Anlage festhalten, zustehen,[489] zumal wegen des geringen verbliebenen Nachteils eine Minderung gem. § 536 BGB ausgeschlossen ist.[490]

– **Pförtnerdienst.** Beim Pförtner laufen unterschiedliche Tätigkeiten zusammen. Seine Haupt- **229**
aufgabe ist es, unbefugten Personen den Zutritt zum Gebäude zu verwehren, daneben treten Serviceleistungen verschiedener Art. Ob die daraus resultierenden Kosten umlagefähig sind, ist streitig. So wird vertreten, dass es sich dabei um nicht ansetzbare Verwaltungskosten handelt,[491] zumal es hierbei nicht mehr um die originäre Zuständigkeit des Hauswarts gehe. Dieser generelle Ansatz überzeugt nicht. Was den Bewachungseffekt betrifft, zählt es zu den Kernaufgaben des Hauswarts, für eine gewisse Sicherheit im vermieteten Gebäude und dem dazugehörigen Grundstück zu sorgen. Je nach den Verhältnissen **im Einzelfall** ist es daher **gerechtfertigt,** im Sicherheitsbereich trotz erheblicher Kosten einen Pförtnerdienst einzurichten.[492] Zutreffend hat der **BGH**[493] daher ausgeführt, dass die Kosten umlagefähig sind, wenn für die Einrichtung dieses Dienstes eine konkrete praktische Notwendigkeit besteht. Hierfür hat er ein abstraktes Sicherheitsbedürfnis der Mieter nicht ausreichen lassen, allerdings auch nicht die Größe des Gebäudes mit hier 239 Einheiten. Letzteres begegnet Bedenken, weil schon die schiere Größe einer Mietanlage dazu führen kann, dass gelegentliche Kontrollgänge des Hauswarts nicht mehr genügen, ferner nicht seine telefonische Erreichbarkeit in Notfällen nur während der Woche und zu den üblichen Zeiten.

Von der Wahrnehmung von Sicherheitsaufgaben sind zusätzliche **Serviceleistungen** des Hauswarts **zu trennen.** Hier kommt etwa die Entgegennahme von Briefpost- und Paketsendungen für berufstätige oder verreiste Mieter in Betracht. Derartige Hilfestellungen sollen eine größere Mieterzufriedenheit schaffen und gerade in Problem- oder Leerstandsgebieten leichtere Vermietbarkeit sowie Mieterbindung bewirken. Auch wenn die Aufwendungen hierfür grundsätzlich den Verwaltungskosten i. S. v. § 1 Abs. 2 Nr. 1 BetrKV zuzurechnen sind,[494] ist der geringe zeitliche Umfang der Inanspruchnahme des Pförtners zu berücksichtigen, der in Geld nur schwer zu bewerten ist. Eine Kostenabgrenzung erscheint daher entbehrlich.[495]

Die vorbeschriebene **Grenze** ist jedoch **überschritten,** wenn der Pförtner z. B. die Pflege von Pflanzen oder Versorgung von Haustieren in den Wohnungen verreister Mieter übernimmt und dies während der Arbeitszeit erledigt. Hier liegt die einfachste Lösung darin, von denjenigen Mietern, welche den Service in Anspruch nehmen, ein Entgelt zu verlangen, dessen Höhe am Aufwand orientiert ist und dieses allen Mietern im Rahmen der Abrechnung gutzubringen.

– **Rauch- und Wärmeabzugsanlagen (RWA-Anlagen), Rauchwarnmelder.** Die Installa- **230**
tion von **Rauchwarnmeldern** in den einzelnen Wohnungen ist für Neubauten in den Landesbauordnungen allgemein vorgeschrieben, Wohnungen im Bestand sind innerhalb unterschiedlicher Übergangsfristen nachzurüsten. Rauchwarnmelder sind nach DIN 14676 Nr. 6 jährlich auf Beschädigungen und Funktion zu überprüfen und zu warten, d. h. die Lufteintrittsöffnung ist insbesondere von Staub, die Fotooptik z. B. von Zigarettenrauch zu reinigen, das Gerät ggf. mit einer neuen Batterie zu versehen und es ist ein Probealarm auszulösen. Die Wartung besteht mithin aus einer Kontrolle von Betriebsfähigkeit und -sicherheit, so dass die Kosten nach der Rechtsprechung des BGH (s. Rdn. 209) ansatzfähig sind. Dazu gehören auch die Kosten aus einem Batteriewechsel,[496] soweit es sich nicht um eine hochwertige Batterie handelt, die min-

---

489 AG Lichtenberg GE 2000, 815.

490 Vgl. LG Mainz NZM 1999, 758.

491 AG Berlin-Mitte NZM 2002, 523 und GE 2005, 129 = MM 2004, 266; AG Köln WuM 2002, 339.

492 Begründung zur BetrKV BR-Drucks. 568/03 S. 33, z. B. LG Potsdam GE 2003, 743; LG Köln DWW 1997, 125 = NJW-RR 1997, 1231 = WuM 1997, 230 für einen 24-stündigen Pförtnerdienst mit jährlichen Kosten von 250.000 DM in einer Anlage mit 515 Wohneinheiten.

493 BGH (VIII ZR 78/04) GE 2005, 607 = NZM 2005, 452 = WuM 2005, 336.

494 **A. A.** *Blank* WImmoT 2004, 95 (106): Betriebskosten.

495 Im Ergebnis ebenso *Beyer* GE 2007, 950 (952).

496 AG Lübeck NZM 2008, 929 = ZMR 2008, 302; *Riecke* ZMR 2011, 648; *Ruff* DWW 2006, 98 (103); *Schmidt/Breiholdt/Riecke* ZMR 2008, 341 (350 f.); *Schumacher* NZM 2006, 641 (642 f.); *Wall* WuM 2013, 3 (20).

destens 10 Jahre hält; nach DIN 14 676 Nr. 6.5 sind Rauchwarnmelder nach 10 Jahren und Ablauf einer Übergangsfrist von weiteren 6 Monaten sowieso auszutauschen oder im Werk mit Instandsetzung zu überprüfen. Instandsetzung wie auch die Anschaffung eines Ersatzgeräts lösen keine umlagefähigen Betriebskosten aus.[497] Nicht umlegbar sind die Kosten aus der Anmietung der Geräte.[498] Mietkosten dürfen grundsätzlich nur angesetzt werden, soweit es die BetrKV selbst zulässt, wie z. B. nach § 2 Nr. 2 BetrKV für Wasserzähler.[499] Es handelt sich dabei um Ausnahmeregelungen. Der Ausnahmecharakter verbietet es, im Rahmen der Sonstigen Betriebskosten gem. § 2 Nr. 17 BetrKV Mietkosten etwa deshalb als umlagefähig anzusehen, weil es sich dabei um einen Auffangtatbestand handelt.

Dass der Vermieter das **Wirtschaftlichkeitsgebot** zu beachten hat, versteht sich von selbst. Dies betrifft **zum einen** die Frage, **in welchen Räumen** die Geräte anzubringen sind. Bei der Mindestausstattung nach DIN 14676 sind Rauchwarnmelder in Schlaf- und Kinderzimmern sowie Fluren anzubringen. Die Ausstattung weiterer Räume wird daher zu unwirtschaftlichem Wartungsaufwand führen, sofern sie nicht durch bauliche Besonderheiten notwendig ist. **Zum anderen** geht es um die Frage, ob die **Wartung** nicht zur Kostensenkung den Mietern zu übertragen ist, wenn der Vermieter den Einbau der Geräte veranlasste, es sei denn, die Betriebspflicht ist nach der jeweils einschlägigen Landesbauordnung den Mietern zugewiesen;[500] hier bedarf es zur deren Übernahme einer entsprechenden Vereinbarung. Ist sie getroffen, hat der Vermieter aus seiner Verkehrssicherungspflicht dafür einzustehen, dass eine regelmäßige Prüfung erfolgt. Ihm ist es in diesen Fällen nicht zuzumuten, die Wartung aus Kostengründen doch wieder dem Mieter zu überlassen. Er müsste sonst sowohl im eigenen wie auch im Interesse aller Mieter des Hauses deren Ausführung kontrollieren, was ihm schon wegen des Aufwandes i. d. R. nicht zuzumuten ist.[501]

Durch eine Änderung der DIN 14676 sind seit September 2012 auch technische Maßnahmen zulässig, die eine Sichtprüfung vor Ort ersetzen können, mithin Geräte mit **Fernwartung per Funk.** Deren Kosten dürften grundsätzlich umlagefähig sein, solange sie nicht erheblich über denen ohne Funk liegen, weil sie eine häufigere Kontrolle und zudem aller Geräte, also auch bei Abwesenheit des Mieters, ermöglichen.

Ferner stellt sich die Frage, wie mit schon **vorhandenen mietereigenen Geräten** zu verfahren ist, es sei denn, die jeweilige Landesbauordnung verpflichtet ohnehin nur den Mieter zum Einbau.[502] Auf diese muss sich der Vermieter nicht verweisen lassen. Ist er nach der jeweiligen Landesbauordnung Adressat der Einbauverpflichtung, kann er von den Mietern die Duldung der Nachrüstung auch dann verlangen, wenn sie ihre Wohnungen bereits mit Rauchwarnmeldern ausstatteten.[503] Dies ist sinnvoll, weil er Vermieter aus seiner Verkehrssicherungspflicht gehalten ist, für die ausschließliche Verwendung geeigneter Geräte zu sorgen, zudem schafft die einheitliche Ausstattung ein hohes Maß an Sicherheit.[504]

Jedenfalls bei stark verschmutzten Geräten muss, um eine einwandfreie Funktion sicherzustellen, die Fotooptik elektronisch nachreguliert werden, was mit zusätzlichen Kosten verbunden ist; hier wird es wirtschaftlich günstiger sein, ein geprüftes **Austauschgerät** einzusetzen,[505] dessen Kosten allerdings als Instandsetzungskosten zu qualifizieren und daher nicht umlagefähig sind.

Bei RWA-Anlagen ist nach der Art der Anlage zu unterscheiden. Geht es um eine **manuell** zu betätigende Anlage, die z. B. auch zur Lüftung des Treppenhauses genutzt werden kann, entstehen keine umlagefähigen Wartungskosten; es ist nur eine gelegentliche Überprüfung der Funktion durch Betätigung der Anlage erforderlich, die der Hauswart, ein Mitarbeiter der Verwal-

---

[497] *Wall* WuM 2013, 3 (20).

[498] Z. B. LG Hagen WuM 2016, 482 m. Bespr. *Wall*; AG Dortmund WuM 2017, 203; AG Halle/Saale ZMR 2016, 708; AG Hamburg-Wandsbek ZMR 2014, 804; AG Schönebeck GE 2011, 1379 m. zust. Anm. *Kinne* S. 1348; *Fritsch* ZMR 2016, 925 (929); *Wall* WuM 2013, 3 (22); *Wüstefeld* WuM 2012, 133 (Besprechung von LG Magdeburg); *Zehelein* WuM 2016, 400 (408 ff.).; **a. A.** LG Magdeburg GE 2012, 131 = ZMR 2011, 957 m. zust. Anm. *Riecke;* AG Hamburg-Altona ZMR 2014, 801; *Pistorius* ZMR 2011, 934.

[499] Vgl. BGH (VIII ZR 92/08) GE 2009, 258 = NZM 2009, 120 = WuM 2009, 115 = ZMR 2009, 354 mit Anm. *Schmid* für das Leasing von Brenner und Öltank.

[500] Dazu ausführlich *Wall* WuM 2013, 3 (14).

[501] AG Lübeck NZM 2008, 929 = ZMR 2008, 302.

[502] Dazu ausführlich *Wall* WuM 2013, 3 (5 ff.).

[503] BGH (VIII ZR 290/14) NZM 2015, 587 = WuM 2015, 498.

[504] BGH (VIII ZR 216/14) WuM 2015, 497.

[505] Vgl. DW 2008, 80.

tung oder auch ein Mieter in deren Auftrag übernehmen kann. Auch bei Mietverträgen über Gewerberaum dürfte ein separater Ansatz mangels Wirtschaftlichkeit daran scheitern, dass derartige Kontrollen zum Pflichtenkreis des Hauswarts gehören. Handelt es sich um eine **automatisch** arbeitende Anlage, ist die regelmäßige, mindestens jährliche Überprüfung durch eine anerkannte Fachfirma in der DIN 18232 festgelegt, zum Teil hat auf Grund öffentlich-rechtlicher Vorschriften auch eine Überprüfung durch Sachverständige zu erfolgen.[506] Hierbei wird eine Simulation mit Rauchstäbchen oder Gas durchgeführt, mithin eine Überprüfung durch Betätigung; die Funktion der Steuerelemente und Öffnungsaggregate wird ausprobiert, die elektrischen Leitungen und Teile werden durchgemessen. Diese Regelprüfung erfüllt den Wartungsbegriff des BGH (s. Rdn. 209). Kosten des – wie bei den Brandmeldeanlagen (s. Rdn. 215) – in mehrjährigem Turnus notwendigen Austauschs elektronischer Bauelemente sind daher erst recht umlegbar.

– **Rohrleitungen** s. Abflussrohre 231

– **Rückstausicherung.** Rückstauverschlüsse sind von Zeit zu Zeit[507] auf ihren Zustand zu überprüfen und ggf. zu reinigen. Auf der Grundlage der Ansicht des BGH (s. Rdn. 253) und der vorherrschenden Auffassung[508] handelt es sich um die Überprüfung auf Funktionsfähigkeit und damit umlagefähigen Aufwand. Rückstausicherungen verhindern das Eindringen von Wasser aus Kellerabläufen, wenn das öffentliche Siel z. B. durch heftige Regenfälle so überlastet ist, dass das Wasser nicht mehr ordnungsgemäß abfließen kann, sondern in die Grundstücksleitungen hineindrückt. Ohne die Verschlüsse würden die Kellerflächen überschwemmt. 232

– **Sauna, Schwimmbad** s. Gemeinschaftseinrichtungen 233

– **Schließanlagen.** Die Kosten eines Wartungsdienstes für Schließanlagen zählen zwar auf der Basis der Rechtsprechung des BGH zu den sonstigen Betriebskosten, sie sind indes im Hinblick auf das Wirtschaftlichkeitsgebot bei **Wohnraum** in aller Regel **nicht umlagefähig.** Bei der Überprüfung von Schließanlagen geht es primär um eine Funktionskontrolle durch Betätigung, die ohnehin im täglichen Betrieb stattfindet, so dass Wartungskosten nicht anfallen, allenfalls stellt sich dabei die Notwendigkeit von Reparaturen heraus.[509] Derartige Kontrollen gehören zu den üblichen Pflichten eines Hauswarts, der auch gelegentlich einige Tropfen Öl zugeben kann, ohne dass dies bereits als Instandhaltung zu werten wäre. Es erscheint ferner nicht erforderlich, je nach Außentemperatur die Schließer nachzustellen; hochwertige Öle behalten ihre Elastizität auch bei sehr unterschiedlichen Temperaturen.[510] Reparaturen sind ohnehin nicht ansetzbarer Instandsetzungsaufwand. Ist **Gewerberaum** vermietet, kann die Umlage von Prüf- und Nachstellkosten vereinbart werden;[511] bei elektronischen Schließanlagen wird dies auch für die z. B. jährliche Schulung eines Objektbetreuers gelten. Dem Mieter eines kompletten Gebäudes dürfte allerdings der Einwand fehlender Wirtschaftlichkeit zustehen, wenn sich nach einiger Zeit zeigt, dass es wirtschaftlich sinnvoller ist, bei Störungen einen Handwerker, ggf. einen Notdienst, zu rufen, statt regelmäßige Kosten der Kontrolle durch einen Fachbetrieb zu verursachen. 234

– **Schmutzwasserhebeanlage.** Die Strom- und Wartungskosten gehören bereits zu den Kosten der Entwässerung gem. § 2 Nr. 3 BetrKV. 235

– **Sicherheits- und Notstrombeleuchtung.** Der bei Ausfall der Hauptbeleuchtung durch die Sicherheitsbeleuchtung verbrauchte Strom fällt unter Nr. 11 des Katalogs, sei es, dass er noch aus dem öffentlichen Netz bezogen, sei es, dass er durch ein Notstromaggregat erzeugt wird; die durch das Notstromaggregat verursachten Kosten, insbesondere Brennstoffkosten, sind daher ohne weiteres Kosten der Beleuchtung gem. Nr. 11.[512] Das Aggregat selbst ist nach verbreiteten Unfallverhütungsvorschriften und, je nach der Art der Baulichkeit, nach öffentlich-rechtlichen Vorschriften regelmäßig auf seine Funktions- und Betriebssicherheit zu überprüfen. Dies ist z. B. bei Wohn-Hochhäusern, Verkaufs- und Gaststätten, Ladenstraßenbereichen der Fall. Neben der reinen Funktionskontrolle entstehen Kosten aus Abschmieren und ggf. Ersatz von Kleinteilen, 236

---

506 Z. B. nach der HaustechÜVO (Hamburg) alle drei Jahre in Hochhäusern.

507 Nach *Brüdgam* HmbGE 2014, 28 (30) Wartung alle 6 Monate.

508 LG Braunschweig ZMR 1984, 243; *Lützenkirchen* AZ Stichwort Sielrückstau; *Pfeifer* ZMR 1993, 355; *Seldeneck* Rdn. 2363; *Wall* Rdn. 4786.

509 Vgl. AG Köln WuM 1985, 368.

510 AG Schöneberg GE 1998, 1343.

511 OLG Düsseldorf GE 2012, 202 = ZMR 2012, 184.

512 AG Koblenz NZM 2000, 238.

anschließend ist die Anlage einzustellen, so dass es sich um typischen, umlagefähigen Wartungsaufwand handelt.

Nach dem **Wirtschaftlichkeitsgebot** wird die Unterhaltung einer Anlage zur Sicherheitsbeleuchtung nur in Betracht kommen, wenn sie öffentlich-rechtlich vorgeschrieben ist. Dass sie auch bei kleineren Gebäuden im Einzelfall nützlich und angenehm ist, reicht nicht aus, zumal durch die Stromverbundnetze längere Stromausfälle inzwischen eher selten sind.

237 – **Sprechanlagen** s. Gegensprechanlagen

238 – **Sprinkleranlagen.** Sprinkler, die nur in gewerblich genutzten Objekten installiert werden, sind nach Nr. 19 der DIN 14489 regelmäßig zu warten. Die Wartungskosten können nach entsprechender Vereinbarung umgelegt werden.

239 – **Sprühwasser-Löschanlagen.** Sprühwasser-Löschanlagen, die im Unterschied zu Sprinklern offene Düsen aufweisen und bei Auslösung nicht wie diese ggf. nur örtlich begrenzt, sondern sämtlich Wasser abgeben, um einer schnellen Brandausbreitung vorzubeugen, sind nach Nr. 9 der DIN 14494 ebenfalls regelmäßig zu warten. Sie finden sich nur im gewerblichen Bereich, die Umlage der Wartungskosten kann ohne weiteres vereinbart werden.

240 – **Türöffner** s. Klingelanlage

241 – **Türschließanlage** s. Schließanlagen

242 – **Urheberrechtsgebühren.** Urheberrechtsgebühren fallen gelegentlich beim Betrieb von **Aufzügen** an (zu den Gebühren bei Gemeinschaftsantennen s. Rdn. 192). Manche Aufzüge in Hochhäusern sind mit einer **Musikberieselungsanlage** ausgestattet, die sich automatisch beim Betreten des Fahrkorbs einschaltet. Da durch die Verträge der GEMA mit den Rundfunkanstalten allein deren Senderechte abgegolten werden, ist die öffentliche Wiedergabe von Hörfunksendungen durch Dritte vergütungspflichtig; dasselbe gilt für die privaten Hörfunksender, insoweit ist die VG Media zuständig. Die Wiedergabe in einem Aufzug ist als öffentlich i. S. des § 15 Abs. 3 UrhG zu qualifizieren, weil er nicht nur von den Mietern, sondern z. B. auch von Besuchern benutzt wird.

243 Bei der **Umlage** der Lizenzgebühren ist zu **differenzieren.** Der Einsatz von Musikberieselungsanlagen ist vor allem dann anzutreffen, wenn die ersten Stockwerke gewerblich genutzt werden. Erfolgt die Berieselung für die Kunden/Besucher der Gewerbemieter, handelt es sich allein um eine Einrichtung in deren Interesse, so dass die Umlage auf die Wohnraummieter ausscheidet; dass sie auch davon „profitieren", ist ein unbeachtlicher Nebeneffekt. Die Gebühren sind auf die Gewerbeeinheiten umlegbar, wenn es vereinbart wurde. Ist die Anlage in einem reinen Wohn(hoch)haus installiert, wird die Umlage der Gebühren jedenfalls am Wirtschaftlichkeitsgebot scheitern. Dabei ist zu bedenken, dass die Musikbeschallung primär einen Wohlfühleffekt bei den Mietern auslösen soll und damit vorrangig dem Ziel des Vermieters dient, Mieterbindung und leichtere Vermietbarkeit zu erreichen.

E. Umlage durch Pauschale oder Vorauszahlung (Abs. 2)

247 Wie bereits oben (Rdn. 8f.) ausgeführt, sind zwar in § 556 Abs. 2 Satz 1 BGB als Umlagearten nur die Pauschale und die Vorauszahlung auf eine Abrechnung vorgesehen, den Parteien ist indes **grundsätzlich frei,** auch eine **andere Mietstruktur** zu vereinbaren; ausgenommen ist nur der preisgebundene Wohnraum.

I. Vereinbarung einer Pauschale

248 Zum **Wesen der Pauschale** und der Behandlung des eingerechneten **Sicherheitszuschlags** ist auf Rdn. 23ff. zu verweisen, zu ihrer **Erhöhung oder Ermäßigung** auf die Kommentierung zu § 560 BGB Rdn. 8ff.

249 Die **ausdrückliche Vereinbarung** einer Pauschale kommt nur bei den Mietstrukturen in Betracht, die eine separate Belastung des Mieters mit Betriebskosten festlegen. Dabei handelt es sich um die Bruttokaltmiete hinsichtlich der Heizkosten, sofern kein Verstoß gegen § 2 HeizkostenV vorliegt (vgl. dazu Rdn. 13f.), um die Teilinklusivmiete hinsichtlich der Kosten, die nicht im sog. Betriebskostenanteil (s. Rdn. 18f.) enthalten sind, sowie um die Nettomiete. In der Praxis bereiten klar vereinbarte Pauschalen keine Schwierigkeiten, solange sie unverändert bleiben; hier beginnen die Probleme erst, wenn sie erhöht werden sollen (s. § 560 Rdn. 8ff.).

Die Vereinbarung einer **Pauschale** kann sich aber auch **durch Auslegung** des Mietvertrags ergeben. Dabei handelt es sich zum einen um die Fälle, in denen aus der Regelung im Mietvertrag nicht hinreichend deutlich wird, ob eine Pauschale oder eine Vorauszahlung vereinbart wurde, mit der Folge, dass der Mieter im Zweifel statt der Vorauszahlungen nur eine Pauschale schuldet (s. Rdn. 264). Zum anderen geht es um die Konstellationen, dass sich der Mieter zur Zahlung eines bestimmten, meist monatlich zu leistenden, Betrags auf die Betriebskosten verpflichtete, der vom Vermieter als Vorauszahlung gedacht war, jedoch Teil einer insgesamt unwirksamen Vorauszahlungsabrede ist (s. Rdn. 63ff.). 250

II. Vereinbarung einer Vorauszahlung

1. Notwendigkeit einer Vereinbarung

Vereinbaren die Parteien eine Nettomiete, hat der Mieter die daneben anfallenden Betriebskosten zu tragen; dasselbe gilt bei einer Teilinklusivmiete hinsichtlich der nicht im eingerechneten Betriebskostenanteil enthaltenen Kosten. Der Vermieter ist gehalten, über die Betriebskosten turnusmäßig abzurechnen, den Saldo hat der Mieter auszugleichen. Bis zur Fälligkeit des Saldos tritt der Vermieter mit den Kosten in Vorlage. Dies stellt eine nicht unerhebliche wirtschaftliche Belastung dar, die mit dem Risiko verknüpft ist, ob die ggf. beträchtliche Nachforderung realisierbar ist. Je nach der finanziellen Lage des Mieters kann die Forderung uneinbringlich sein oder eine Ratenzahlungsabrede notwendig machen. Für den Mieter besteht die Gefahr, dass einmalig hohe Nachforderungen seine finanziellen Möglichkeiten übersteigen.[513] Es ist daher üblich, dass die Parteien Vorauszahlungen auf die Abrechnung vereinbaren. Trotz der Üblichkeit und trotz der auch dem Mieter erkennbaren Nachteile für den Vermieter bei fehlenden Abschlagszahlungen bedarf es grundsätzlich einer entsprechenden **eindeutigen Vereinbarung.**[514] Es ist im Regelfall nicht zulässig, dem Vermieter Vorauszahlungen im Wege der Vertragsauslegung[515] oder richterlicher Vertragsergänzung[516] zuzuerkennen. Dies gilt auch im Verhältnis eines Eigentümers zu einem Wohnungsberechtigten; der Gesichtspunkt der Gleichbehandlung der Mieter im Wohngebäude vermag die fehlende Vereinbarung nicht zu ersetzen.[517] Auf der anderen Seite darf das Fehlen einer Vorauszahlungsabrede aber auch nicht dahin verstanden werden, dass der Vermieter auf das vereinbarte Recht zur regelmäßigen Abrechnung über die angefallenen Betriebskosten verzichtete.[518] 251

Die Notwendigkeit einer Vereinbarung gilt **für alle Mietverhältnisse,** für gewerbliche ebenso wie für preisfreie oder preisgebundene. § 556 Abs. 2 Satz 1 BGB regelt wie § 20 Abs. 3 Satz 1 NMV und zuvor § 4 Abs. 1 MHG die Zulässigkeit einer entsprechenden Abrede, ersetzt sie indes nicht. Die einzige, durch eine Vorschrift geregelte Ausnahme betraf Mietverträge in den östlichen Bundesländern, auf welche die BetrKostUV anzuwenden war (§ 14 Abs. 1 MHG). Eine Vertragsänderung durch Vereinbarung war daher nur hier entbehrlich. 252

Eine **generelle Ausnahme** besteht bei **Modernisierungen,** sei es auf Grund einer Vereinbarung, sei es wegen der Duldungspflicht des Mieters, wenn durch die Art der Maßnahme laufende Betriebskosten ausgelöst wurden. Diese notwendigen Folgekosten darf der Vermieter auf den Mieter abwälzen, aus den oben (Rdn. 251) dargelegten Gründen ist ihm auch ein Anspruch auf Zahlung angemessener Vorauszahlungen zuzuerkennen,[519] die er mit einer einseitigen Erklärung geltend machen kann. 253

Die **Auslegung** führt nur in seltenen Einzelfällen zu einem Anspruch des Vermieters. Wird z. B. der vom gewerblichen Zwischenvermieter an den Eigentümer zu zahlende Mietzins allein als feste Nettomiete vereinbart, hat er gleichwohl die Betriebskostenzahlungen des Endmieters an den Eigentümer weiterzuleiten.[520] 254

---

[513] BayObLG RE 5.10.1995 NJW-RR 1996, 207 = WuM 1995, 694.

[514] BayObLG RE 5.10.1995 NJW-RR 1996, 207 = WuM 1995, 694; *Geldmacher* DWW 1997, 7; *Pfeifer* S. 88; *Seldeneck* Rdn. 3901; *Sternel* III Rdn. 323; *Wall* Rdn. 1615.

[515] Vgl. OLG Oldenburg neg. RE 23.11.1983 WuM 1984, 274.

[516] OLG Düsseldorf ZMR 1988, 97.

[517] BGH (V ZR 196/09) NZM 2010, 666.

[518] KG NZM 2008, 129; vgl. LG Potsdam GE 2004, 690.

[519] LG Berlin WuM 1992, 444; AG Hamburg WuM 2000, 82; *Pfeifer* S. 93; *Seldeneck* Rdn. 2715; *Sternel* III Rdn. 323.

[520] OLG Hamburg DWW 1988, 105.

2. Inhalt der Vereinbarung

255 Vorauszahlungen können bei Wohnraum nur für **umlagefähige Betriebskosten** und generell nur auf solche Kosten verlangt werden, die **im Mietvertrag als umlagefähig** bezeichnet wurden, sofern sie nicht nachträglich entstanden sind.

256 Hat der Vermieter den **gesamten Betriebskostenkatalog** in den Mietvertrag übernommen, bezieht sich die Vorauszahlungspflicht ohne weiteres auf alle im konkreten Mietverhältnis entstehenden Kosten. Der Vorauszahlungsbetrag muss daher nicht für die jeweils anfallenden Betriebskostenarten einzeln ausgewiesen sein, sondern es reicht aus, einen **einheitlichen Betrag** für die unter die Umlage fallenden Kosten anzugeben. Beabsichtigt der Vermieter, über einzelne Kostengruppen getrennt abzurechnen, z. B. über die nicht verbrauchsabhängigen nach dem Kalenderjahr, über die verbrauchsabhängigen nach Erhalt der Rechnung des jeweiligen Versorgungsträgers, kann die Zuordnung einheitlich geleisteter Vorauszahlungen problematisch sein, ohne jedoch die Wirksamkeit der Abrede zu berühren.[521]

257 Enthält der Mietvertrag nur **Angaben zu einigen Betriebskostenarten** oder ist bei Verwendung eines Formulars nur ein Teil gekennzeichnet, beziehen sich die Vorauszahlungen nur auf diese; darüber hinaus anfallende Kosten sind im übrigen Mietzins enthalten, so dass es sich nicht mehr um eine Nettomiete, sondern um eine Teilinklusivmiete handelt; Entsprechendes gilt, wenn Streichungen im Formularkatalog erfolgt sind (vgl. Rdn. 67).

258 Die **Fälligkeit** der Vorauszahlungen richtet sich nach den vertraglichen Absprachen. Üblicherweise werden sie zusammen mit dem übrigen Mietzins entrichtet, in aller Regel monatlich (so § 20 Abs. 3 Satz 1 NMV für den preisgebundenen Wohnraum). Ist der weitere Mietzins monatlich im Voraus zu zahlen, erfasst diese Regelung auch die Vorauszahlungen, sofern der Mietvertrag keine abweichende Bestimmung enthält.

259 Zur Verpflichtung des Mieters, **Mehrwertsteuer** auf die Betriebskosten, und damit auch auf vereinbarte Vorauszahlungen zu entrichten, ist auf die Darstellung unter Rdn. 70 zu verweisen.

3. Unklare Vereinbarung

260 Es ist immer wieder festzustellen, dass Formularverträge nicht sorgfältig ausgefüllt werden. In dem Abschnitt über die Betriebskostenumlage werden insbesondere entweder **Lücken oder Alternativen** nicht entsprechend den Bearbeitungshinweisen im Formular geschlossen bzw. teilweise gestrichen. Die Umlageabrede wird dadurch mehrdeutig; sie kann bedeuten, dass der für die aufgeführten Kostenarten ausgeworfene Betrag als Vorauszahlung, aber auch als Pauschale gemeint ist. In diesen Fällen ist zu versuchen, durch Auslegung nach §§ 133, 157 BGB die tatsächliche Absicht der Parteien zu ermitteln. Enthält der Mietvertrag keine Regelung zum Umlageschlüssel, kann dies schon für sich genommen die Vereinbarung einer Pauschale nahelegen.

261 Rückschlüsse auf den Willen der Parteien ermöglicht die Art, wie der Betriebskostenkatalog ausgefüllt wurde. Wurde hinter jeder Kostenart ein **genauer Betrag,** gelegentlich auf den Cent genau, vermerkt und entspricht die Betriebskostenbelastung der genauen Summe, ist von einer Vorauszahlungsabrede auszugehen.[522] Da Pauschalen üblicherweise eher großzügig kalkuliert werden, um Kostensteigerungen zumindest für einen gewissen Zeitraum aufzufangen, würde es keinen Sinn machen, sie nach dem genauen Betrag zur Zeit des Vertragsabschlusses zu beziffern. Entsprechendes gilt daher, wenn Einzelbeträge fehlen, aber ein centgenauer Gesamtbetrag angegeben ist. Anderenfalls würde zudem der Vermieter, der sich in besonderem Maß um Transparenz bemüht, indem er für den Mieter die Betriebskostenbelastung genau aufschlüsselt, unangemessen benachteiligt. Sind die **Einzelbeträge** oder der Gesamtbetrag dagegen **gerundet,** erscheint eher eine Pauschale beabsichtigt, zumal aus der Sicht des Mieters nicht erkennbar ist, inwieweit die Beträge die aktuellen Kosten berücksichtigen oder auch der Höhe nach unbekannte Zuschläge enthalten.

262 Haben die Parteien bei Abschluss des Vertrags die **Betriebskostenbelastung erörtert** und ist dabei deutlich geworden, dass sich der Vermieter von den umlagefähigen Kosten freihalten will, ist eine Vorauszahlung auch dann anzunehmen, wenn im Mietvertrag der Ausdruck Pauschale gewählt wurde;[523] für die vom Mieter akzeptierte Vorstellung des Vermieters können auch **sonstige For-**

---

[521] Vgl. *v. Brunn/Emmerich* in Bub/Treier III. A Rdn. 90ff.; **a. A.** *Sternel* III Rdn. 324.

[522] *Seldeneck* Rdn. 3907; vgl. AG Hamburg-Blankenese ZMR 2016, 118; **a. A.** KreisG Cottbus WuM 1994, 66; *Sternel* III Rdn. 315.

[523] *Sternel* III Rdn. 315.

mulierungen im Vertrag herangezogen werden, etwa wenn *„über die monatlichen Pauschalen … am Ende jeder Periode entsprechend dem tatsächlichen Verbrauch abgerechnet“*[524] werden soll, der Mieter auf die Abrechnung eine monatliche *„Vorauspauschale“* zu entrichten hat[525] oder es sich bei den angegebenen Beträgen nur um diejenigen *„z. Zt.“*[526] handelt. Umgekehrt liegt eine Pauschale vor, wenn der Vermieter bei den Vertragsverhandlungen z. B. zu erkennen gegeben hat, dass er sich die Mühe von Abrechnungen ersparen will.

Ist bei einem längeren Mietverhältnis entweder immer oder nie abgerechnet worden, kann aus dieser **Handhabung** auf den ursprünglichen Willen der Parteien geschlossen werden.[527] Hierbei handelt es sich um die Konkretisierung des mehrdeutigen Vertragsinhalts durch die Parteien selbst (s. Rdn. 55). **263**

Führt die Auslegung zu keinem Ergebnis, ist nach der **Unklarheitenregel** des § 305c Abs. 2 BGB von der Vereinbarung einer Pauschale auszugehen.[528] Zwar entlastet die Annahme einer Pauschale den Vermieter von der Abrechnung, sie benachteiligt ihn aber deshalb, weil er Kostensteigerungen nicht problemlos im Wege der Abrechnung erheben kann, sondern nur über das umständlichere Verfahren gem. § 560 Abs. 1 BGB, wobei zusätzlich Nachbelastungen gem. § 560 Abs. 2 BGB nur eingeschränkt zulässig sind. **264**

4. Wegfall der Vorauszahlungspflicht

a) Zeitweiser Wegfall. Der Mieter kann vorübergehend berechtigt sein, die Leistung der laufenden Vorauszahlungen einzustellen, wenn ihm ein **Zurückbehaltungsrecht** aus § 273 BGB zusteht. Dies ist insbesondere der Fall, wenn der Vermieter trotz Abrechnungsreife (s. Rdn. 454ff.) über die in der verstrichenen Abrechnungsperiode entstandenen Betriebskosten nicht abrechnet.[529] **265**

b) Endgültiger Wegfall. Vorauszahlungen beziehen sich immer auf einen bestimmten Abrechnungszeitraum. Ist er ablaufen, kann der Vermieter folgende Abschlagszahlungen nicht zusätzlich auf die verstrichene Periode anrechnen. War der Mieter, ohne dazu berechtigt zu sein, mit dem gesamten Mietzins oder den Vorauszahlungen ganz oder zum Teil in Rückstand geraten, besteht der Erfüllungsanspruch des Vermieters einstweilen fort. Er endet jedoch nach herrschender Ansicht[530] endgültig mit Eintritt der **Abrechnungsreife.** Mit diesem Zeitpunkt wandelt sich der Anspruch auf Leistung von Vorauszahlungen in einen Anspruch auf Ausgleich eines etwaigen Saldos aus der Betriebskostenabrechnung (hierzu im Einzelnen Rdn. 455). **266**

Mit der **Beendigung des Mietverhältnisses** endet die Verpflichtung des Mieters zur Zahlung von Mietzins und Vorauszahlungen, sofern er bis dahin vollständig geleistet hatte. Der Vermieter kann auch dann keine Fortzahlung der Vorschüsse verlangen, wenn die bisher gezahlte Summe zum Ausgleich des prognostizierten Saldos aus der Abrechnung nicht ausreichen wird. **267**

Fraglich ist, wie bei einem **Auszug des Mieters vor dem Vertragsende** zu verfahren ist. Der Grundsatz, dass der Auszug die Zahlungspflicht nicht berührt, ist allgemein anerkannt. Eine Ausnahme soll jedoch bei verbrauchsabhängigen Kosten eingreifen, wenn sicher ist, dass ein Verbrauch durch den Mieter nicht mehr stattfindet; dieses Ergebnis wird daraus abgeleitet, dass dem Zahlungsbegehren des Vermieters der Einwand der unzulässigen Rechtsausübung aus § 242 BGB entgegenstehe, da er die fortgezahlten Vorschüsse im Rahmen der Abrechnung ohnehin erstatten müsse.[531] **268**

Diese Ansicht ist **nicht überzeugend,** da ein unmittelbarer Zusammenhang zwischen Verbrauch und Kosten nicht zwangsläufig besteht. Selbst bei verbrauchsabhängiger Abrechnung können dem geringeren Verbrauch höhere Grundkosten gegenüberstehen. Auf die Höhe der Müllgebühren wirkt sich der Auszug eines Mieters üblicherweise nicht aus, dasselbe gilt für die Kosten der Stromversorgung von Gemeinschaftseinrichtungen. Wird im Rahmen der Wasser-/Entwässerungs- **269**

---

524 AG Landsberg DWW 1986, 19.

525 BGH (VIII ZR 14/06) GE 2008, 534 = NZM 2008, 276 = WuM 2008, 225 = ZMR 2008, 443.

526 AG Bochum ZMR 1987, 340.

527 OLG Hamburg DWW 1988, 105; *Blank* in Blank/Börstinghaus § 556 Rdn. 130; *Sternel* III Rdn. 315; vgl. LG Koblenz WuM 1990, 312.

528 LG Wiesbaden WuM 1987, 274; AG Hamburg-Altona WuM 1988, 66; *Kossmann/Meyer-Abich* § 35 Rdn. 13; *Seldeneck* Rdn. 3908; *Weitemeyer* in Staudinger § 556 Rdn. 69.

529 Z. B. BGH (VIII ZR 310/82) WuM 1984, 127 zu Gewerberaum; (VIII ZR 191/05) NZM 2006, 533 = WuM 2006, 383 zu Wohnraum.

530 **A. A.** *Schmid* NZM 2007, 555 (556).

531 AG Dortmund DWW 1989, 205; AG Arnsberg DWW 1988, 213; *Geldmacher* DWW 1997, 9; *Sternel* III Rdn. 328.

kosten auch die Oberflächenentwässerung berechnet, laufen diese Kosten weiter. Handelt es sich um Wasser/Entwässerungskosten, die nach dem Frischwasserverbrauch abgerechnet werden, steht allenfalls dann fest, dass sich mit dem Auszug eines Mieters die Kosten entsprechend verringern, wenn die übrige Mieterschaft unverändert bleibt und darüber hinaus über Jahre ein nahezu konstantes Verbrauchsverhalten gezeigt hat. Hat sich der Mieter an den nicht verbrauchsabhängigen Kosten zu beteiligen, müsste der Vermieter die Vorauszahlungen nach verbrauchs- und nicht verbrauchsabhängigen Kosten aufteilen, um den verbrauchsabhängigen Anteil zu ermitteln, der überschlägig als Vorschuss nicht mehr benötigt wird, obgleich er möglicherweise durch einen Anstieg bei den nicht verbrauchsabhängigen Kosten zumindest zum Teil kompensiert wird. Ein derartiges Verlangen des Mieters überstiege auf Grund des Verwaltungsaufwands die Zumutbarkeitsgrenze für den Vermieter.[532]

270 Zur Problematik, ob der Mieter die **Rückforderung von Vorauszahlungen** geltend machen kann, wenn der Vermieter **keine Abrechnung** vorlegt, s. Rdn. 282ff.

5. Abtretung/Aufrechnung/Pfändung von Vorauszahlungen

271 Nach allgemeiner Ansicht können Mietforderungen gem. § 398 BGB abgetreten, mit ihnen und gegen sie kann nach § 387 BGB aufgerechnet und sie können nach § 829 ZPO gepfändet werden. Nach herrschender Auffassung **gilt für die Vorauszahlungen** des Mieters **nichts Anderes.**[533] Dieser Ansicht ist zuzustimmen, weil die Vorauszahlungen kein Sonderentgelt des Mieters sind, sondern Teil der von ihm geschuldeten Gesamtmiete.

272 Nach einer **Mindermeinung**[534] sollen die Betriebskostenvorschüsse (und ebenso die Nachforderungen des Vermieters aus einer Betriebskostenabrechnung) nach § 399 BGB i. V. mit § 851 BGB demgegenüber weder abtretbar noch pfändbar sein. § 399 BGB soll eingreifen, weil es sich bei den Vorauszahlungen um eine Leistung handele, die zweckgebunden erbracht werde, nämlich um die im Einzelfall ausdrücklich vereinbarten umlagefähigen Nebenkosten abzugelten. Dieser Leistungszweck werde bei Zahlung an einen Dritten nicht erreicht. Richtig daran ist, dass jede Abtretung, Aufrechnung und Pfändung der Vorauszahlungen (wie auch der Nachforderung des Vermieters aus einer Abrechnung) dem Vermieter Mittel entzieht und damit die Gefahr in sich trägt, dass Zahlungsrückstände bei den Versorgungsunternehmen auflaufen, die zur Einstellung ihrer Leistungen mit sehr nachteiligen Auswirkungen für den Mieter führen.

273 **Gegen die Mindermeinung** spricht **zum einen,** dass bei ihrem Verständnis des § 399 BGB und damit auch des § 851 ZPO die Bestimmung des § 851b ZPO zu einem nicht unwesentlichen Teil schlicht überflüssig ist. Danach kann der Schuldner (Vermieter) beantragen, dass die Pfändung von Miet- oder Pachteinnahmen insoweit aufgehoben wird, wie er die Einkünfte zur laufenden Unterhaltung des Grundstücks benötigt, insbesondere zur Bezahlung der Nebenkosten. Die Bestimmung bestätigt einerseits, dass Miete und Pacht ohne weiteres pfändbar (und damit abtretbar und aufrechenbar) sind[535] und begründet andererseits einen eigenen Vollstreckungsschutz, was insbesondere Instandhaltung und Nebenkosten betrifft, ohne den die Nettoeinnahmen alsbald versiegen würden. **Zum anderen** trägt die Begründung der Mindermeinung nicht, Abtretung und Pfändung würden dem Inhalt der Leistung des Mieters gem. § 399 BGB widersprechen, weil auch der Vermieter selbst nur berechtigt sei, die vereinnahmten Vorauszahlungen zweckbestimmt zu verwenden. Damit macht sie die Vorauszahlungen beim Vermieter entgegen dem Leitbild des BGB zu einem fremdnützigen Treuhandvermögen und rückt sie in die Nähe der Kaution. Die Folge dieser Meinung wäre, dass sich der Vermieter, der die Vorauszahlungen nicht separat verwahrt und nicht nur zweckbestimmt einsetzt, dem Vorwurf der Untreue gem. § 266 StGB aussetzt, ein Gesichtspunkt, der bislang nie ernsthaft erwogen wurde.

III. Höhe von Vorauszahlungen

274 Bei Wohnraummietverhältnissen sind Vorauszahlungen nach §§ 556 Abs. 2 Satz 2 BGB, 20 Abs. 3 Satz 1 NMV nur in **angemessener Höhe** zulässig. Diese Beschränkung gilt auch für Miet-

---

532 Ebenso *Seldeneck* Rdn. 3950, 3951.
533 Z. B. *Schmid* ZMR 2000, 144; *Sternel* Mietrecht aktuell (2009) Rdn. V 265.
534 OLG Celle GE 1999, 1579 = ZMR 1999, 679 m. zust. Anm. *Lützenrath;* LG Frankfurt/M. Rpfleger 1989, 294.
535 BGH (IXa ZB 228/03) ZMR 2005, 288.

verträge über Gewerberäume. Ob sie aus Treu und Glauben gem. § 242 BGB[536] oder einer vertraglichen Nebenpflicht herzuleiten ist, bedarf keiner Entscheidung; in jedem Falle wohnt der Vorauszahlungsabrede die Vorstellung des Mieters inne, der von ihm geschuldete Betrag stelle kein verdecktes, partiell zinsloses Darlehn[537] für den Vermieter dar. Angemessen ist die Höhe, wenn die Summe der Vorauszahlungen zur **Deckung der Kosten** erforderlich ist. Bei der **erstmaligen Festsetzung** der Höhe der Vorauszahlungen darf diesem Betrag ein **Sicherheitszuschlag** in moderater Höhe hinzugefügt werden, der z. B. auf 10% zu veranschlagen ist, ohne die Angemessenheit der Vorauszahlungen zu überschreiten.[538] Der Zuschlag ist berechtigt, weil die Höhe der in Zukunft anfallenden Beträge für den Vermieter nicht vorhersehbar ist, insbesondere hinsichtlich der verbrauchsabhängigen Kosten.[539]

Zu hohe Vorauszahlungen sind unwirksam, weil sie die Angemessenheit überschreiten (§ 556 Abs. 2 Satz 2, Abs. 4 BGB i. V. mit § 134 BGB).[540] Allerdings ist nicht die gesamte Vereinbarung unwirksam, sondern nur hinsichtlich des überschießenden Betrags.[541] Der Mieter kann sie daher ohne weiteres durch eine Erklärung gem. § 560 Abs. 4 BGB der angemessenen Höhe anpassen. 275

Erheblich zu niedrig angesetzte Vorauszahlungen sind für sich betrachtet unschädlich. Sie haben zunächst für den Vermieter nur die Folge, dass er mit der Kostendifferenz in Vorlage treten muss. Für den Mieter werden sie erst problematisch, wenn er sich einer unerwartet hohen Nachforderung aus der Betriebskostenabrechnung gegenübersieht. Die sich hieraus ergebende Rechtslage ist streitig, vor allem ob der Vermieter den Saldo aus der Abrechnung nur bis zu einer gewissen Toleranzgrenze über der Summe der Vorauszahlungen verlangen darf. Diese Problematik wird daher im Rahmen der Betriebskostenabrechnung erörtert (s. Rdn. 388ff.). 276

Zur **Erhöhung und Ermäßigung** von Vorauszahlungen s. § 560 Rdn. 54ff. 277

F. Wirtschaftlichkeitsgrundsatz, Abrechnungspflicht und Abrechnungszeitraum (Abs. 3 Satz 1)

I. Wirtschaftlichkeitsgrundsatz

Nach § 556 Abs. 3 Satz 1, 2. Halbsatz ist bei der Abrechnung der Grundsatz der Wirtschaftlichkeit zu beachten. Die **Definition** des Grundsatzes findet sich in § 20 Abs. 1 Satz 2 NMV, § 24 Abs. 2 II. BV, wonach nur solche Kosten umgelegt werden dürfen, die *„bei gewissenhafter Abwägung aller Umstände und bei ordentlicher Geschäftsführung gerechtfertigt sind"*. Maßgeblich ist damit der Standpunkt eines *„vernünftigen Wohnungsvermieters"*, der ein *„vertretbares Kosten-Nutzen-Verhältnis im Auge behält."*[542] Als **Kontrollüberlegung** bietet es sich an, jeweils im Einzelfall danach zu fragen, ob ein verständiger Vermieter die Kosten auch veranlasst hätte, wenn er sie selbst tragen müsste. 278

Der Wirtschaftlichkeitsgrundsatz löst damit **keine Beschränkung der Privatautonomie** des Vermieters aus.[543] Er ist nicht gehindert, nach freiem Belieben Betriebskosten jeglicher Art und Höhe entstehen zu lassen, insbesondere Leistungen in Anspruch zu nehmen, die ihm z. B. die Verwaltung und Erhaltung des Mietobjekts angenehmer gestalten. An den Mieter weitergeben darf er sie jedoch nur bei ordnungsgemäßem Kostengrund und angemessener Kostenhöhe. Ohne sachlichen Grund darf er jedenfalls ein günstigeres Angebot nicht ausschlagen.[544]

Zum anderen folgt aus der Definition, dass der Vermieter durchaus einen **gewissen Ermessensspielraum** hat.[545] Er bedeutet indes nicht, dass ein Verstoß gegen die Wirtschaftlichkeit schon dann ausscheidet, wenn der Vermieter die höheren Kosten sachlich rechtfertigen, also ihren wirt-

---

536 So KG MDR 2010, 1311; AG Hamburg-Altona WuM 1996, 28.

537 BayObLG RE 5.10.1995, NJW-RR 1996, 207 = WuM 1995, 694; *Langenberg* ZMR 1982, 65; *Warbeck* GE 1981, 996.

538 Z. B. *Börstinghaus* PiG 62 (2002) S. 201 (207); *Pfeifer* S. 88.

539 BayObLG RE 5.10.1995 NJW-RR 1996, 207 = WuM 1995, 694; *Geldmacher* DWW 1997, 7 (8); *Seldeneck* Rdn. 3912.

540 BayObLG RE 5.10.1995 GE 1995, 1413 = NJW-RR 1996, 207 = WuM 1995, 694.

541 Vgl. BayObLG RE 5.10.1995 GE 1995, 1413 = NJW-RR 1996, 207 = WuM 1995, 694.

542 BGH (VIII ZR 243/06) DWW 2008, 143 = GE 2008, 116 = NZM 2008, 78 = WuM 2008, 29 = ZMR 2008, 195; OLG Karlsruhe RE 20.9.1984 WuM 1985, 17 = ZMR 1984, 412.

543 Z. B. *Artz* PiG 92 (2012) S. 174 (176).

544 AG Köln WuM 2014, 369.

545 BGH (XII ZR 170/13) NJW 2015, 855 = NZM 2015, 132; OLG Düsseldorf GE 2013, 1273 = ZMR 2014, 31; AG Steinfurt WuM 2014, 369; *Beyer* WuM 2013, 77 (81); *Seldeneck* Rdn. 2618ff.; *Sternel* III Rdn. 345.

schaftlichen Sinn darlegen kann.[546] Maßgeblich sind die konkreten Verhältnisse des Einzelfalls.[547] Hierzu gehören insbesondere die Größe und Art sowie die Lage des Mietobjekts. Nur bei Überschreitung des Ermessens ist die Umlage der insoweit entstandenen Kosten nicht gerechtfertigt, sondern der Vermieter muss sie aus der Nettomiete bestreiten.

Der Wirtschaftlichkeitsgrundsatz gibt dem Mieter **keinen Anspruch** auf **Modernisierung;**[548] dies gilt auch für Gewerberaum.[549] Er kann daher vom Vermieter nicht verlangen, noch ordnungsgemäß funktionierende Anlagen und Einrichtungen durch neue, wirtschaftlich besser arbeitende zu ersetzen.

Zu den **Auswirkungen** des **Wirtschaftlichkeitsgrundsatzes im Einzelnen** s. § 560 Rdn. 71 ff.

II. Abrechnungspflicht

1. Grundsätze

279 Haben die Parteien vereinbart, dass der Mieter alle oder einige Betriebskosten übernimmt, ohne vor einer Abrechnung Vorauszahlungen leisten zu müssen, steht es im Belieben des Vermieters, ob er eine Kostenzusammenstellung vornimmt und den Mieter mit seinem Anteil belastet. Er kann hiervon auch aus rein internen Gründen absehen. Hat der Mieter indes bei Vereinbarung einer Nettomiete oder einer Teilinklusivmiete, meist monatliche, Vorauszahlungen erbracht, ist der Vermieter **zur Abrechnung verpflichtet.** Diese Pflicht folgt bei der Vermietung von Gewerberaum aus der Vorauszahlungsabrede,[550] von preisfreiem Wohnraum aus § 556 Abs. 3 Satz 1 BGB, bei preisgebundenem Wohnraum zusätzlich aus § 20 Abs. 3 Satz 2 NMV.

Der Vermieter **schuldet** eine **formell und materiell richtige Abrechnung.** Auch wenn die Abrechnung materiell richtig ist, aber formelle Fehler aufweist, ist die Abrechnungspflicht nicht erfüllt.[551] Andererseits hat der Vermieter seiner Abrechnungspflicht *grundsätzlich* genügt, wenn die Abrechnung formell ordnungsgemäß ist, obwohl sie inhaltliche Fehler hat.[552]

Ist die Abrechnung **formell richtig,** kann der Mieter daher **im Regelfall keine neue Abrechnung** verlangen, die seine materiellen Einwände berücksichtigt. Eine **Ausnahme** greift ein, wenn die Abrechnung inhaltliche Fehler enthält, die der Mieter nicht selbst korrigieren kann, weil ihm die entsprechenden Bezugsdaten unbekannt sind. Dies ist z. B. der Fall, wenn der Vermieter einen anderen als den vertraglich vereinbarten Umlageschlüssel verwandte. Hier kann der Mieter „*vom Vermieter gezielt eine Neuberechnung* (hier: auf der Grundlage des vereinbarten Umlageschlüssels) *verlangen*".[553] Den Gesamtverbrauch (z. B. Warmwasser) muss der Mieter jedoch aus den Belegen in Erfahrung bringen, ein Neuberechnungsanspruch besteht hier nicht.[554] Der Anspruch wird insbesondere relevant, wenn der Mieter ein Guthaben erwartet und sich der Vermieter weigert, eine erneute und nun richtige Abrechnung aufzumachen. Zur Durchsetzung des Anspruchs auf Neuabrechnung kann der Mieter das Zurückbehaltungsrecht nach § 273 BGB an der Nachforderung geltend machen.[555]

2. Verstoß gegen die Abrechnungspflicht

280 Es kommt in der Praxis aus den verschiedensten Gründen immer wieder vor, dass der Vermieter über die angefallenen Kosten **nicht abrechnet.** Dabei ist zwischen der verspäteten und der unterlassenen Abrechnung zu differenzieren.

281 Die einzelnen **Folgen einer verspäteten Abrechnung** sind im Rahmen der Abrechnungsfrist nach § 556 Abs. 3 BGB dargestellt (s. Rdn. 462 ff.). Auch wenn der Vermieter auf Grund einer ver-

546 So *Neuhaus* ZMR 2011, 845 (847).
547 Z. B. *Streyl* NZM 2006, 125 (126).
548 BGH (VIII ZR 261/06) DWW 2008, 17 = GE 2007, 1686 = NZM 2008, 35 = WuM 2007, 700 = ZMR 2008, 38 m. Anm. *Schmid.*
549 BGH (XII ZR 80/12) GE 2014, 245 = NZM 2014, 163 = ZMR 2014, 436.
550 BGH (VIII ZR 310/82) WuM 1984, 127.
551 BGH (VIII ZR 243/10) WuM 2011, 281.
552 LG Hamburg WuM 1998, 727 zu preisgebundenem Wohnraum.
553 BGH (VIII ZR 115/04) GE 2005, 50 = NZM 2005, 13 = WuM 2005, 61 = ZMR 2005, 121.
554 LG Itzehoe Urt. vom 28.4.2015 – 1 S 99/14.
555 Dazu auch *Hinz* ZMR 2013, 414; *Schmid* WuM 2006, 481.

fristeten Abrechnung keine Nachforderungen mehr geltend machen kann, stellt ihn dies **nicht von der Abrechnungspflicht frei.**[556] Selbst in dem Fall, dass die letzte Abrechnung mit einer deutlichen Nachforderung zulasten des Mieters schloss, die Vorauszahlungen dem Saldo nicht angepasst wurden und sich die Sachlage hinsichtlich der anfallenden Betriebskosten nicht änderte, bleibt das Interesse des Mieters an einer Abrechnung grundsätzlich erhalten. Jedenfalls bei fortbestehendem Mietverhältnis kann er nur anhand der laufenden Abrechnungen die Kostenentwicklung verfolgen und bei der nächsten, rechtzeitigen Abrechnung Plausibilitätsüberlegungen anstellen. Ohne die nachträgliche Abrechnung entstände bei ihm eine Informationslücke, die er nicht hinnehmen muss. Eine Ausnahme ist nur dann zu erwägen, wenn die Ausschlussfrist die letzte Abrechnungsperiode des Mietverhältnisses betrifft und zusätzlich die vorgenannten Umstände erfüllt sind.

Bei **unterlassener Abrechnung** besteht die Möglichkeit, dass der Vermieter einen Überschuss vereinnahmte, der durch die Mietabrede nicht gedeckt war. Gerade bei hohen Vorauszahlungen ist der Mieter daran interessiert, eine Abrechnung zu erhalten, weil er aus ihr ein Guthaben erwartet. Es war lange streitig, wie der Mieter auf diesen Verstoß gegen die Abrechnungspflicht reagieren kann. 282

Nach der Rechtsprechung des **BGH** ist danach zu differenzieren, ob das **Mietverhältnis noch fortdauert oder beendet** ist. Dieser Ansatz überzeugt, weil sich gravierende Unterschiede in den rechtlichen Möglichkeiten des Mieters als Gläubiger des Abrechnungsanspruchs zeigen. Läuft der Mietvertrag weiter, kann der Mieter sogleich Gegenrechte geltend machen, welche einen Anspruch auf Rückzahlung der Vorauszahlungen entbehrlich erscheinen lassen. Anders verhält es sich, wenn der Mietvertrag ausgelaufen ist. 283

Bei fortdauerndem Mietverhältnis ist der Mieter zum einen dadurch geschützt, dass er hinsichtlich der weiterlaufenden Vorauszahlungen bis zur Vorlage der Abrechnung über den vergangenen Zeitraum das Zurückbehaltungsrecht nach § 273 BGB ausüben kann,[557] wenn auch nur bis zur Summe der für den abgerechneten Zeitraum gezahlten Vorauszahlungen.[558] Rechnet der Vermieter sodann auf dieses Druckmittel hin über die abgelaufene Periode ab, entfällt zwar das **Zurückbehaltungsrecht,** der Mieter hat damit aber zugleich eine Grundlage, auf der sich die Kosten für frühere nicht abgerechnete Perioden abschätzen lassen, so dass er sich überlegen kann, ob die weitere Durchsetzung des Abrechnungsanspruchs wirtschaftlich Sinn macht. Legt der Vermieter bis zum Ende des Mietvertrags keine Abrechnung vor, läuft das zuvor ausgeübte Zurückbehaltungsrecht weiter, den finanziellen Interessen des Mieters ist dadurch Rechnung getragen. Zum anderen hat der Mieter die Möglichkeit, seinen Anspruch auf Erteilung einer Abrechnung **einzuklagen** und ggf. durch Zwangsgelder nach § 888 ZPO,[559] nach hier vertretener Ansicht im Wege der Ersatzvornahme nach § 887 ZPO zu vollstrecken (dazu Rdn. 546).[560] Da auf diesen Wegen ein angemessener Ausgleich der Parteiinteressen zu erzielen ist, ist dem Mieter kein Anspruch auf Rückzahlung der Vorauszahlungen zuzuerkennen.[561] Rechnet der Vermieter nicht oder nicht nachvollziehbar ab, ist zwar die tatsächliche Höhe der Betriebskosten unbekannt, nicht aber, dass sie überhaupt angefallen sind. Ein Mietverhältnis, aus dem nach Überlassung des Mietobjekts an den Mieter keine Betriebskosten entstehen, gibt es nicht. 284

Bei beendetem Mietverhältnis ist die Sachlage für den Mieter problematisch, weil ihm das Druckmittel des Zurückbehaltungsrechts nicht mehr zur Verfügung steht. Soll dem Mieter der langwierige Weg einer Klage auf Abrechnung mit anschließender Zwangsvollstreckung erspart werden, bleibt nur, ihm einen **Anspruch auf Rückzahlung aller Vorauszahlungen** zuzuerkennen. 285

Der **BGH**[562] hat dieses Ergebnis der ergänzenden Auslegung des Mietvertrags entnommen und dabei entscheidend darauf abgestellt, dass keine überzeugenden Gesichtspunkte zu erkennen sind, den Vermieter in irgendeiner Weise von seiner Abrechnungspflicht freizustellen, indem der Mieter, 286

---

556 Ebenso z. B. *Both* in Herrlein/Kandelhard § 556 Rdn. 74; *Brückner* GE 2017, 88.

557 BGH (VIII ZR 191/05) NZM 2006, 533 = WuM 2006, 383.

558 KG GE 2002, 129; OLG Düsseldorf ZMR 2002, 37.

559 So BGH (I ZB 94/05) NZM 2006, 639 = WuM 2006, 401.

560 Ebenso OLG Hamm RE 26.6.1998 DWW 1998, 279 = NZM 1998, 568 = WuM 1998, 476 = ZMR 1998, 624; LG Berlin GE 2005, 1127.

561 BGH (VIII ZR 191/05) NZM 2006, 533 = WuM 2006, 383; vgl. OLG Hamm RE 26.6.1998 DWW 1998, 279 = NZM 1998, 568 = WuM 1998, 476 = ZMR 1998, 624.

562 BGH (VIII ZR 57/04) NZM 2005, 373 = WuM 2005, 337 = ZMR 2005, 439; ebenso für Gewerberaum KG GE 2010, 764.

wie es nach einem Rechtsentscheid des OLG Braunschweig notwendig sein sollte,[563] hypothetische Überlegungen zu einem Mindestverbrauch anstellen und beweisen muss. Eine **Einschränkung** der ergänzenden Vertragsauslegung betrifft die Fälle, in denen es um nicht abgerechnete Zeiträume geht, für welche die Abrechnungsfrist noch während des Bestehens des Mietvertrags abgelaufen war. Hier sei der Mieter nicht schutzwürdig, weil er während der Dauer des Mietverhältnisses die Möglichkeit hatte, den Abrechnungsanspruch durch Geltendmachung eines Zurückbehaltungsrechts an den laufenden Vorauszahlungen durchzusetzen.[564] Soweit es der Mieter versäumte, während des bestehenden Mietvertrags seine Rechte wahrzunehmen, soll er sie mithin nach Mietende jedenfalls nicht durch die Rückforderung der Vorauszahlungen nachholen können.

287 Es stellt sich allerdings das **Problem,** dass die Entscheidung zugunsten des Mieters in **Rechtskraft** erwächst, wenn sich der Vermieter auch von der Gefahr, alle Vorauszahlungen auskehren zu müssen, nicht dazu bewegen lässt, jedenfalls im Rückzahlungsprozess eine Abrechnung zu präsentieren; bliebe es dabei, würde die nicht haltbare Folge eintreten, dass dem Vermieter auf Dauer abgeschnitten wäre, den Mieter auf seinen Anteil an den evident angefallenen, wenngleich in der Höhe noch unbekannten Betriebskosten in Anspruch zu nehmen. Der BGH[565] löst den Konflikt dadurch, dass die Klage des Mieters **nur „zurzeit begründet"** ist, so dass es dem Vermieter offen steht, auch später noch abzurechnen und den vom Mieter danach ggf. geschuldeten Saldoausgleich geltend zu machen.

288 Macht der Mieter den **Rückzahlungsanspruch im Wege der Aufrechnung,** z. B. gegenüber Mietzinsansprüchen, geltend, so entfällt die Wirkung der Aufrechnung ex nunc, wenn der Vermieter nachträglich eine wirksame Betriebskostenabrechnung erteilt und der Mieter hiernach Betriebskosten schuldet.[566] Ist die Abrechnung allerdings teilweise formell unwirksam und greift die Aufrechnung des Mieters deshalb ihrerseits immerhin zum Teil, stellt sich die Frage, ob die Rechtskraft eines entsprechenden Urteils eine Klage des Vermieters hindert, die auf Zahlung des noch offenen gebliebenen Restbetrags aus einer nunmehr auch insoweit formell richtigen Abrechnung gerichtet ist.[567] Da die Aufrechnung nur als *„zurzeit begründet"* Erfolg hatte, ist die Leistungsklage des Vermieters auf der Grundlage der Rechtsprechung des BGH zulässig, jedenfalls wenn die Vorläufigkeit der der Aufrechnung zugrunde liegenden Forderung aus dem Urteil ersichtlich ist.[568]

Erhebt der Vermieter gegen den Mieter eine **Vollstreckungsabwehrklage** nach § 767 ZPO, nachdem dem Mieter der Anspruch auf Rückzahlung der Betriebskostenvorauszahlungen rechtskräftig zuerkannt worden war, ist der Vermieter mit seinem Einwand, er habe inzwischen abgerechnet, nicht nach § 767 Abs. 2 ZPO ausgeschlossen, wenn die Abrechnung erst nach dem Schluss der mündlichen Verhandlung im Vorprozess erfolgte und die sich daraus ergebende Nachforderung auch nicht mehr durch Einspruch hätte geltend gemacht werden können.[569]

289 Der unterlassenen Abrechnung ist der **Fall gleichzustellen,** dass der Vermieter dem Mieter nur eine schon **formell ungenügende Abrechnung** zukommen ließ.[570] Bei einfachen, insbesondere inhaltlichen Fehlern kommt der Anspruch des Mieters nicht in Betracht.[571] Bei Abrechnungen über Abrechnungsperioden, die nach dem 1. 9. 2001 enden, greift zugunsten des Mieters die **Ausschlussfrist** gem. § 556 Abs. 3 Satz 3 BGB ein. Zwar entfällt damit das Recht des Vermieters, Nachforderungen aus der Abrechnung anzubringen, im Grundsatz (s. Rdn. 473) jedoch nicht, einen Ausgleich in Höhe der ausweislich der Abrechnung verbrauchten Vorauszahlungen zu verlangen.[572]

---

563 OLG Braunschweig RE 8. 7. 1999 NZM 1999, 751 = WuM 1999, 511 = ZMR 1999, 694 m. abl. Anm. *Schmid.*

564 BGH (VIII ZR 315/11) NZM 2012, 832 = WuM 2012, 620 m. krit. Anm. *Zehelein;* AG Dortmund ZMR 2016, 42.

565 BGH DWW 2005, 230 = GE 2005, 543 = NZM 2005, 373 = WuM 2005, 337 = ZMR 2005, 439.

566 BGH (VIII ZR 285/09) GE 2010, 1613 = NZM 2010, 858 = WuM 2010, 688 m. Anm. *Tholl* WuM 2010, 748 und *Knabbe* WuM 2011, 108 = ZMR 2011, 112.

567 Dazu *Tholl* WuM 2011, 3.

568 *Tholl* WuM 2011, 3 (4).

569 BGH (VIII ZR 319/09) GE 2010, 1414 = NZM 2010, 783 = WuM 2010, 631.

570 Ebenso z. B. AG Gelsenkirchen ZMR 2008, 978.

571 KG GE 2009, 516; vgl. AG Pinneberg NZM 2005, 16.

572 BGH (VIII ZR 57/04) DWW 2005, 230 = GE 2005, 543 = NZM 2005, 373 = WuM 2005, 337 = ZMR 2005, 439.

3. Vermieterwechsel im Abrechnungszeitraum

Findet **während des Abrechnungszeitraums ein Vermieterwechsel** statt, fragt es sich, ob der Erwerber für die Abrechnung über die gesamte Periode zuständig ist oder ob Veräußerer und Erwerber jeweils für die Zeit ihres Eigentums abzurechnen haben. 290

Als **Vorfrage** ist im Einzelfall zu klären, **ob** der Vermieterwechsel **tatsächlich** in den **abzurechnenden Zeitraum** fällt. Die bloße Vereinbarung zwischen den Kaufvertragsparteien im notariellen Kaufvertrag über den Eintritt des Erwerbers in das Mietverhältnis lässt die Vermieterstellung des Veräußerers unberührt;[573] dem sog. Verrechnungstag kommt nur die Wirkung einer Zession hinsichtlich der Mietansprüche des Veräußerers zu. Zur rechtsgeschäftlichen Übertragung des Mietverhältnisses bedarf es immer eines dreiseitigen Vertrages, also der Beteiligung des Mieters. Der nach § 566 BGB maßgebliche Stichtag ist die Eintragung des Erwerbers als neuer Eigentümer im Grundbuch; er darf nicht auf den Zeitpunkt der Eintragung einer Auflassungsvormerkung vorverlegt werden.[574] 291

Die Verpflichtung, über die in einer Abrechnungsperiode als Teil des Mietzinses geleisteten Vorauszahlungen abzurechnen, bezieht sich auf den gesamten Abrechnungszeitraum. Sie geht nach § 566 BGB auf den **Erwerber** über. Er ist daher als **neuer Vermieter** gehalten, **einheitlich** über alle Kosten abzurechnen (vgl. Rdn. 368 ff.);[575] dies gilt auch für den Erwerber im Wege der Zwangsversteigerung, der nach § 57 ZVG an die Stelle des Vorvermieters getreten ist.[576] Soweit er nicht im Besitz der notwendigen Belege ist, muss er sich um sie bemühen, notfalls im Wege einer Klage gegen den Veräußerer[577] oder indem er sich Rechnungskopien beschafft. Ob der Erwerber die Vorauszahlungen für die Zeit vor seinem Eigentumserwerb erhalten hat, ist für die Einheitlichkeit der Abrechnungspflicht ohne Bedeutung; diese Frage betrifft allein die Problematik des Forderungsausgleichs zwischen Veräußerer und Erwerber, zu dem sich Regelungen schon im Kaufvertrag empfehlen.[578] 292

Endet das Mietverhältnis **vor der Eintragung** des Erwerbers im Grundbuch und ist der Mieter noch vor diesem Zeitpunkt aus dem Mietobjekt ausgezogen, kommt es daher schon nicht mehr zu einem Vermieterwechsel. Die Verpflichtung, über den bis zum Auszug des Mieters verstrichenen Teil des Abrechnungszeitraums abzurechnen, bleibt folglich beim Veräußerer.[579] Dies dürfte ihn nicht selten vor Probleme stellen, insbesondere beim Auszug des Mieters und der Eintragung des Erwerbers in der Anfangszeit der Abrechnungsperiode, weil die für die Abrechnung benötigten Unterlagen meist an den Erwerber gehen, der sie bei einer Neuvermietung seinerseits für die Abrechnung benötigt. Hierüber eine Einigung zu erzielen, am besten schon im Kaufvertrag, ist Sache der Kaufvertragsparteien. 293

Fraglich ist, wie es sich verhält, wenn der Mieter **trotz der Beendigung** des Mietverhältnisses **im Zeitpunkt der Eintragung noch nicht geräumt** hat. Hier tritt der Erwerber in das Rückabwicklungsverhältnis ein, das ihm jedoch nur die Ansprüche auf Räumung nach § 546 Abs. 1 BGB und Ersatz des Vorenthaltungsschadens nach § 546 a BGB verschafft;[580] ein weitergehender Eintritt findet nicht statt.[581] Der Erwerber wird daher einerseits nicht Vermieter, andererseits entstehen ihm fortlaufende Betriebskosten. Diese sind jedoch ein Teil des Vorenthaltungsschadens, fallen mithin in das Rückabwicklungsverhältnis. Durch den partiellen Eintritt in das Abwicklungsverhältnis hat der Erwerber die Abrechnung über die gesamte Abrechnungsperiode vorzunehmen. 294

4. Vermieterwechsel nach Ablauf des Abrechnungszeitraums

Nach **h. M.** berührt der **Wechsel** des Vermieters **nach Ablauf** der Abrechnungsperiode seine **Abrechnungspflicht nicht,** es kommt nicht darauf an, wann der Zahlungsanspruch fällig geworden ist.[582] Der Mieter kann daher vom Erwerber für die vor seinem Eigentumserwerb liegenden 295

---

573 LG Hamburg WuM 1993, 46; LG Münster WuM 1991, 105; LG Ellwangen WuM 1991, 489.
574 BGH (VIII ZR 22/88) WuM 1989, 141.
575 BGH (VIII ZR 211/99) GE 2000, 1471 = NZM 2001, 158 = WuM 2000, 609; LG Berlin GE 2005, 433.
576 BGH (IX ZR 156/06) GuT 2007, 445 = WuM 2007, 698.
577 AG Hamburg WuM 1992, 380.
578 *Wolbers* in Hinz/Junker/v. Rechenberg/Sternel 4.2.1.1.
579 BGH (VIII ZR 219/06) NZM 2007, 441 = WuM 2007, 267.
580 BGH (VIII ZR 139/77) BGHZ 72, 147 = NJW 1978, 2148.
581 BGH (VIII ZR 219/06) NZM 2007, 441.
582 BGH (III ZR 211/99) GE 2000, 1471 = NZM 2001, 156 = WuM 2000, 609; (VIII ZR 168/03) DWW

Abrechnungszeiträume keine Abrechnung verlangen; allerdings hat ihm der Vorvermieter bei fehlender Abrechnung alle Vorauszahlungen zurückzuzahlen.[583] Demgegenüber soll es **nach einer Minderansicht** darauf ankommen, ob der Vermieterwechsel in die Zeit der Abrechnungsfrist fällt, die zwölf Monate seit dem Ende der Abrechnungsperiode beträgt (s. Rdn. 446ff.). Entscheidend sei die Fälligkeit der Abrechnung, die erst mit Ablauf der Abrechnungsfrist, dem Zeitpunkt der sog. Abrechnungsreife (s. Rdn. 454), eintrete.[584] Diese Ansicht berücksichtigt nicht hinreichend, dass es bei der Abrechnung über Zeiträume, die vor dem Eigentümerwechsel abgeschlossen waren, darum geht, dass der Veräußerer Pflichten erfüllt, die aus der Zeit *seines* Eigentums stammen. Da Vorauszahlungen Bestandteil des Mietzinses sind, stellt die Abrechnung rechnerisch fest, ob der Veräußerer noch einen Anspruch auf vollständige Erfüllung des ihm geschuldeten Mietzinses, also eine Nachforderung, hat, oder ob er zu viel vereinnahmt hat, dem Mieter also ein Guthaben zusteht. Mit all dem hat der Erwerber nichts zu tun, auch dann nicht, wenn der Veräußerer seine Abrechnungspflicht nicht mehr erfüllen kann.[585] Die Minderansicht hat zudem etliche Unzuträglichkeiten zur Folge.[586] So muss sich der Erwerber die Abrechnungsunterlagen vom Veräußerer beschaffen und z. B. Guthaben an den Mieter auskehren, obwohl er die Vorauszahlungen nicht erhielt. Anschließend muss er mit dem Veräußerer einen Ausgleich herbeiführen, so dass er letztlich nur als Abrechnungsdienst für diesen tätig wurde.

5. Mieterwechsel im Abrechnungszeitraum

296 Endet das Mietverhältnis während der Abrechnungsperiode, ist der Vermieter nach allgemeiner Ansicht **nicht zu einer Zwischenabrechnung** verpflichtet. Der Anspruch des Mieters auf Erteilung einer Abrechnung entsteht vielmehr erst, wenn über den gesamten Zeitraum abgerechnet werden kann. Hiervon zu trennen ist eine etwaige Ablesepflicht bei verbrauchsabhängiger Umlage einzelner Kostenarten (s. Rdn. 363).

III. Abrechnungszeitraum

297 Mit Abrechnungszeitraum wird der **Zeitraum** bezeichnet, **über den** die Abrechnung zu erteilen ist. Zum Teil wird auch der Begriff Abrechnungsfrist verwandt, was jedoch zu Verwechslungen führt.

1. Maßgeblicher Zeitraum

298 Der Abrechnungszeitraum beträgt nach § 556 Abs. 3 Satz 1 BGB bei **Wohnraum ein Jahr,** wie zuvor nach § 20 Abs. 3 Satz 2 NMV für preisgebundenen und nach § 4 Abs. 1 Satz 2 MHG für preisfreien Wohnraum (so früher auch § 1 Abs. 2 Satz 2 BetrKostUV). Streitig ist, ob die Formulierung in § 556 Abs. 3 Satz 1 BGB, dass *„über die Vorauszahlungen für Betriebskosten jährlich abzurechnen"* ist, für **preisfreien Wohnraum** einen **Höchstzeitraum** für die Abrechnungsperiode vorgibt. Nach Ansicht des **BGH** steht § 556 Abs. 3 Satz 1, Abs. 4 BGB einer einmaligen einvernehmlichen Verlängerung der jährlichen Abrechnungsperiode zum Zweck der Umstellung auf einen anderen Abrechnungszeitraum, hier auf kalenderjährliche Abrechnung, nicht entgegen.[587] Von diesem Grund abgesehen dürfte es aber weiterhin bei der bislang völlig herrschenden Ansicht verbleiben, dass die Abrechnung über einen längeren Zeitraum jedenfalls inhaltlich nicht ordnungsgemäß ist,[588] so dass der Vermieter im Zweifel eine neue Abrechnung aufzumachen hat; Verlängerungsvereinbarungen im Mietvertrag verstoßen ohne Weiteres gegen § 560 Abs. 4 BGB.

2004, 54 = GE 2004, 292 = NZM 2004, 188 = WuM 2004, 94 = ZMR 2004, 250; (XII ZR 148/02) DWW 2004, 329 = GE 2004, 1522.

583 LG Magdeburg ZMR 2011, 289.

584 OLG Naumburg NZM 1998, 806; *Schenkel* NZM 1999, 5 (6); *Weitemeyer* FS Blank (2006) S. 445 (451).

585 **A. A.** *Derleder* NZM 2009, 8 (10f.).

586 BGH (VIII ZR 168/03) DWW 2004, 54 = GE 2004, 292 = NZM 2004, 188 = WuM 2004, 94 = ZMR 2004, 250.

587 BGH (VIII ZR 316/10) NZM 2011, 624 = WuM 2011, 511 = ZMR 2011, 941.

588 Z. B. AG Frankfurt/M. ZMR 2010, 43; *Blank* NZM 2008, 745 (749); *Both* in Herrlein/Kandelhard § 556 Rdn. 67; *Schmid/Zehelein* in MünchKomm § 556 Rdn. 62; *Wall* Rdn. 1982; **a. A. (schon formeller Fehler)** LG Gießen DWW 2009, 189 = NZM 2009, 581; LG Bremen WuM 2006, 199; AG Charlottenburg GE 2008, 1566.

Die Parteien sind jedenfalls **bei sachlichen Gründen** nicht gehindert, **kürzere Abrechnungsintervalle** zu vereinbaren,[589] etwa einen Rumpfzeitraum, um z. B. bei einem Neubau nach dem Erstbezug den Zeitraum bis zum Beginn der vom Vermieter vorgesehenen regelmäßigen Abrechnungsperiode zu überbrücken, oder entsprechend bei sachlichen Veränderungen in der Abrechnungsperiode wie der Umstellung der Müllabfuhr auf Mülltrennung.[590] Die Parteien können sich auch auf eine Abrechnung jeweils sogleich nach Eingang einer Rechnung beim Vermieter verständigen,[591] wovon Kleinvermieter gelegentlich Gebrauch machen. **299**

Bei **Gewerberaum** richtet sich der Abrechnungszeitraum nach den Abreden der Parteien;[592] ob ein formularvertraglicher, erheblich über ein Jahr hinausgehender Zeitraum wirksam ist, erscheint unter dem Aspekt fraglich, dass dem Mieter die sachliche Berechtigung der Kostenansätze umso weniger nachprüfbar ist, je länger die Abrechnungsintervalle sind, was ihn unangemessen benachteiligen kann. **300**

Der Abrechnungszeitraum **muss nicht mit dem Kalenderjahr** identisch sein. Als Beginn des Zeitraums kann ein beliebiger Stichtag gewählt werden, z. B. das Datum des Einzugs des jeweiligen Mieters, was allerdings bei mehreren Mietern im Haus zu großem Verwaltungsaufwand führt. **301**

Der Vermieter kann alle Kosten in einer Abrechnung zusammenfassen, für verschiedene Betriebskostenarten aber **auch unterschiedliche Abrechnungszeiträume** zugrunde legen. Dieses Wahlrecht ist dem Vermieter preisgebundenen Wohnraums in § 20 Abs. 3 Satz 3 NMV ausdrücklich eingeräumt, es gilt auch für preisfreien Wohnraum und Gewerberaum, allerdings **nur, wenn** es **vereinbart** ist; ist im Mietvertrag die jährliche Abrechnung über alle Kosten vorgesehen, darf er diese Abrechnungsperiode nicht durch Teilabrechnungen aufspalten,[593] auch nicht mit dem Argument, die Einzelrechnungen seien dann eben als Einheit zu betrachten.[594] Hingegen handelt es sich **nicht** um eine **unzulässige Teilabrechnung,** wenn der Vermieter über die Vorauszahlungen eine jährliche Gesamtabrechnung erstellt und nur bei bestimmten Betriebskostenpositionen sich zeitlich ergänzende Aufgliederungen des Abrechnungsjahres vornimmt, etwa wegen Preissteigerungen in der Abrechnungsperiode.[595] **302**

Während Wohnungsunternehmen i. d. R. kalenderjährlich abrechnen, trennen private Vermieter zum Teil die Abrechnungszeiträume, insbesondere für die Betriebs- und Heizkosten. Der Vermieter hat allerdings zu beachten, dass vereinbarte unterschiedliche Abrechnungszeiträume jeweils gesonderte Abrechnungsfristen mit Ausschlusswirkung zur Folge haben (s. Rdn. 478).

2. Ansatzfähige Kosten

a) Grundsätze. Rechnungen über Leistungen, die der Vermieter als Betriebskosten geltend machen kann, gehen ihm zu unterschiedlichen Zeitpunkten zu. Dementsprechend betreffen sie oft auch verschiedene Abrechnungsperioden. Bei der Jahresabrechnung stellt sich das Problem, in welcher Weise auf das **Auseinanderfallen von Verbrauchs- und Abrechnungszeitraum** zu reagieren ist, d. h. wie die für verschiedene Perioden berechneten Leistungen dem Abrechnungszeitraum zuzuordnen sind. Auch für Wohnraum ist weder durch Gesetz noch Verordnung festgelegt, wie der Vermieter zu verfahren hat. Einigkeit besteht darüber, dass es sich um entstandene Kosten handeln muss. Es war lange höchst umstritten, wann die Kosten entstehen, d. h. welcher **Kostenbegriff** der Abrechnung zugrunde zu legen ist. **303**

Für die Zuordnung der Betriebskosten stehen sachlich **drei Verfahren** zur Verfügung. **304**

– In der Abrechnung werden nur die Kosten für die im Abrechnungszeitraum in Anspruch genommenen bzw. verbrauchten Leistungen angesetzt **(Leistungsabrechnung).** Überschneiden sich Verbrauchs- und Abrechnungszeitraum, ist danach eine Kostenabgrenzung und zeitanteilige Berechnung erforderlich; aus diesem Grund wird das Verfahren auch Zeitabgrenzungsprinzip genannt.

---

589 Z. B. LG Berlin GE 2009, 780.

590 **H. M.,** z. B. AG Tempelhof-Kreuzberg GE 2009, 119; *Geldmacher* S. 56; *Kinne* in Kinne/Schach/Bieber § 556 Rdn. 64; *Pfeifer* S. 121; *Schmid/Zehelein* in MünchKomm § 556 Rdn. 62; *Sternel* PiG 55 (1998) S. 79 (95); *Wall* Rdn. 1982; **a. A.** LG Berlin GE 1991, 935; *Eisenschmid* PiG 23 (1986) S. 37 (48).

591 *Sternel* Mietrecht aktuell (2009) Rdn. V 363.

592 Z. B. *Beyerle* in Lindner-Figura/Oprée/Stellmann Kap. 11 Rdn. 182.

593 BGH (VIII ZR 227/09) NZM 2010, 781 = WuM 2010, 493 = ZMR 2010, 933; OLG Düsseldorf ZMR 2002, 46 (10. ZS).

594 So aber OLG Düsseldorf ZMR 2008, 45 (24. ZS).

595 BGH (VIII ZR 227/09) NZM 2010, 781 = WuM 2010, 493 = ZMR 2010, 933.

– In die Abrechnung fließen alle Kosten ein, über die in der Abrechnungsperiode eine Rechnung erteilt wurde **(Abrechnung nach Rechnungen).** Hierzu gibt es drei Varianten: Die Kosten können nach dem Datum der Rechnung,[596] dem Zeitpunkt, zu dem der Vermieter sie erhalten hat[597] oder dem Zeitpunkt ihrer Fälligkeit[598] in Ansatz gebracht werden. In allen Varianten kommt es nicht darauf an, ob und ggf. wann die Rechnungen bezahlt wurden.
– Schließlich kann auf den Zeitpunkt abgestellt werden, in dem der Vermieter die Rechnungen bezahlt **(Abflussabrechnung).** Danach fließen alle im Abrechnungszeitraum ausgeglichenen Rechnungen in die Abrechnung ein, wiederum ohne Bezug zu der dem Vermieter berechneten Leistungsperiode, maßgeblich sind allein die tatsächlichen Zahlungsausgänge. Diese Methode gilt für den Verwalter nach WEG.[599]

305 Die Abrechnung erfolgt über Betriebs**kosten.** Nach dem **betriebswirtschaftlichen Begriff** sind Kosten diejenigen Belastungen, die aus dem Verbrauch von Gütern materieller und immaterieller Art stammen. Sie sind unabhängig von Ausgaben;[600] es ist daher irrelevant, ob der Vermieter die ihm erteilten Rechnungen bereits bezahlt hat.[601] Maßgeblich ist, inwieweit Güter, die schon vor dem Abrechnungszeitraum oder während seiner Dauer angeschafft wurden, bis zu seinem Ende verbraucht wurden.

306 **Rechtlich** gesehen ist diese Definition nicht zwingend, weil, wie erwähnt, weder durch Gesetz noch durch Verordnung ein bestimmtes Zuordnungsverfahren vorgegeben ist. Der **BGH** hält vor diesem Hintergrund auch die **Abflussabrechnung** für **zulässig,** wobei dem Vermieter ein **Wahlrecht** zusteht, nach welchem Verfahren er abrechnet.[602] Er darf mithin diese Abrechnungsmethode auch dann anwenden, wenn er sich das Verfahren nicht vorbehalten hat, sondern wenn der Mietvertrag, wie meist, dazu schweigt. Ist ausnahmsweise eine bestimmte Abrechnungsmethode im Mietvertrag festgelegt, hat es ohnehin dabei sein Bewenden.

307 Bei genauerer Betrachtung zeigt sich, dass der Übergang zur **Abflussabrechnung für** die Abrechnung **verbrauchsabhängiger Betriebskosten nicht notwendig** ist, sondern dass die Leistungsabrechnung sogar in Teilen zu klareren Verhältnissen führt:

– Endet der dem Vermieter durch den Lieferanten in Rechnung gestellte Verbrauchszeitraum **alsbald nach Ablauf der mietvertraglichen Abrechnungsperiode,** kann der Vermieter den Rechnungsbetrag bei der Leistungsabrechnung über das Vorjahr in voller Höhe in die Abrechnung einstellen. Die Abrechnungsvereinfachung ist aus dem Gesichtspunkt berechtigt, dass ein im Verhältnis zum Gesamtverbrauch nennenswerter Verbrauch aus dem laufenden Abrechnungszeitraum nicht in die Rechnung einfließt.[603] Die vom Vermieter auf die Rechnung gezahlten Abschlagszahlungen sind unbeachtlich, da sie in der Rechnung berücksichtigt sind.
– Reicht der vom Leistungsträger berechnete Verbrauchszeitraum **weiter in die Abrechnungsperiode** hinein, kann der Vermieter den Betrag aus der **Rechnung** des Lieferanten, die ihm im Abrechnungszeitraum zugegangen ist, ***und*** die von ihm bis zum Ablauf der mietvertraglichen Abrechnungsperiode gezahlten **Abschlagszahlungen** in die Abrechnung einstellen.[604] Eine konkrete Kostenermittlung ist nämlich nicht notwendig, um ein der vorbeschriebenen wirtschaftlichen Kostendefinition entsprechendes Ergebnis zu erhalten. Es reicht aus, den Verbrauch und damit die entstandenen **Kosten zu bewerten.** Hierzu können die Abschlagszahlungen zugrunde gelegt werden. Ihre Höhe ist an der Vorabrechnung orientiert, es besteht eine Relation zum prognostizierten Verbrauch. Was den möglichen Einwand betrifft, dass die Endabrechnung des Leistungsträgers auch eine erhebliche Nachforderung ausweisen könne, bei der nicht zu erkennen sei, ob die Mehrkosten auf die Vorperiode oder auf die abzurechnende entfallen, ist da-

---

[596] *Blank* DWW 1992, 65f.
[597] So wohl LG Wiesbaden NZM 2002, 944.
[598] *Schmid* DWW 2008, 162.
[599] Z. B. PfälzOLG Zweibrücken ZMR 1999, 66; BayObLG WuM 1992, 448; NZM 1999, 133; *Bub* Finanz- und Rechnungswesen III Rdn. 62; *Seuß* WE 1993, 71.
[600] *Gabler* Wirtschafts-Lexikon, „Kosten"; *Kox* ZMR 1980, 292 (293 m. w. N.).
[601] Z. B. LG Düsseldorf DWW 1999, 354 m. zust. Anm. *Geldmacher* DWW 1999, 356 (357).
[602] BGH (VIII ZR 49/07) GE 2008, 471 = NZM 2008, 277 = WuM 2008, 223 = ZMR 2008, 444; (VIII ZR 27/07) GE 2008, 662 = NZM 2008, 403 = WuM 2008, 285; kritisch *Sternel* Mietrecht aktuell (2009) Rdn. V 326.
[603] OLG Schleswig RE 4. 10. 1990 WuM 1991, 333 für Heizkosten; AG Hannover WuM 1994, 435 für einen Verbrauchszeitraum von zwei Wochen bei Wasser und Entwässerung.
[604] Im Ergebnis ebenso schon *Hanke* PiG 23 (1986) S. 101 (116); *Pistorius* GW 1987, 126.

rauf zu verweisen, dass sich derartige Ungenauigkeiten nur mit konkreter und nicht zumutbarer Verbrauchsfeststellung zum Ablauf des Abrechnungszeitraums vermeiden lassen; sie sind daher zu tolerieren. Die Abschlagszahlungen des Vermieters an den Leistungsträger dürfen daher als Bewertungsergebnis in die Abrechnung einfließen. Bei einem Mieterwechsel in diesem Zeitraum ist, um eine unbillige Belastung des früheren wie auch des neuen Mieters zu vermeiden, die Folgeabrechnung des Lieferanten abzuwarten;[605] auf diese Weise ist sichergestellt, dass dem früheren Mieter auch ein etwaiges Guthaben des Vermieters aus der Rechnung des Lieferanten zugutekommt. Die in der laufenden Abrechnungsperiode eingegangene Rechnung, die sich auf den vorhergehenden und den laufenden Verbrauchszeitraum bezieht, bleibt unberücksichtigt.

Es wird dem Vermieter oder Verwalter ohnehin empfohlen, sich nicht kurzerhand durch die scheinbare Leichtigkeit künftiger Abrechnungen vom **„sicheren Weg"**, nämlich **der Leistungsabrechnung,** abbringen zu lassen,[606] zumal der Abflussabrechnung Ungenauigkeiten eigen sind.[607] Der Umfang der Pflicht zur Rechnungslegung muss für den Vermieter zumutbar sein; es muss *„eine sinnvolle Relation zwischen dem Arbeits- und Zeitaufwand des Vermieters einerseits und den schutzwürdigen Interessen des Mieters andererseits"*[608] gegeben sein. Dieser Vorgabe **scheinen** die Abrechnung nach Rechnungen und die Abflussabrechnung in besonderem Maße zu entsprechen. Der Vorteil für den Vermieter liegt auf der Hand: Es bedarf für die Abrechnung nur der Aufstellung aller im Abrechnungszeitraum eingegangener bzw. bezahlter Rechnungen. Für den Mieter liege der Vorteil darin, dass ihm die Kontrolle der Abrechnung erheblich erleichtert werde.[609] Diesem Nutzen stehen indes für beide Parteien erhebliche Nachteile gegenüber. Dem Mieter ist ein Vergleich der Kosten, die tatsächlich auf die verschiedenen Abrechnungsperioden entfallen, erschwert. Die Kostenentwicklung ist für ihn nicht mehr transparent, da sich die Bezugsgrößen nach den berücksichtigten Rechnungen und nicht danach richten, ob ein Kostenanstieg auf höherem Verbrauch oder bei den nicht verbrauchsabhängigen Kosten auf höheren Preisen beruht oder nur darauf, dass dem Vermieter innerhalb der Periode von dritter Seite zwei Rechnungen zugegangen sind, weil sich etwa die erste für eine frühere Zeit verspätet hatte. Erfasst die Rechnung zwei Verbrauchszeiträume, ist die Zuordnung besonderer Ereignisse schwierig, z. B. von Rohrbrüchen im Rahmen der Wasserabrechnung. Insgesamt leidet die Möglichkeit zur Plausibilitätskontrolle. Dies bringt dem Vermieter u. U. vermehrte Nachfragen und Belegeinsicht durch die Mieter, was den Vorteil des geringeren Verwaltungsaufwands bei der Abrechnung relativiert. Die Technik der Kostenabgrenzung ist den Wohnungsunternehmen im Rahmen der Jahresabschlussarbeiten ohnehin vertraut, ebenso dem WEG-Verwalter,[610] auch für den privaten Vermieter ist der Rechenvorgang zu bewältigen. Die Mehrarbeit infolge der zeitanteiligen Umrechnung ist gering. 308

Insbesondere aber gestaltet sich für den Vermieter die Abrechnung beim **Mieterwechsel** aufwendig. Für jede Betriebskostenart ist z. B. der Abrechnungsschlüssel zu überprüfen. Während es bei der Leistungsabrechnung im Grundsatz ausreicht, die beiden Mieter mit jeweils einem Zwölftel für jeden Monat der Mietzeit zu belasten, ist bei den Rechnungen zu berücksichtigen, ob sie verschieden lange Zeiten betreffen; bei Versicherungsprämien, die im Voraus erhoben worden sind, ist dem früheren Mieter eine Gutschrift für die Zeit nach Mietende zu erteilen. Bei der Ausgabenabrechnung, die auf dem Abflussprinzip beruht, werden die vorgenannten Nachteile besonders deutlich. Vor allem ist es für den Mieter ungünstig, dass der Vermieter die Höhe der jeweiligen Abrechnung auch aus rein internen Gründen in gewissem Umfang steuern kann, was die Plausibilitätskontrolle zusätzlich erschwert.

Aus dem **Wahlrecht** des Vermieters zwischen der Leistungsabrechnung und der Abflussabrechnung resultieren **neue Fragen.** 309

– Die erste geht dahin, ob der Vermieter nun **beide** Abrechnungsprinzipien **in derselben Abrechnung** benutzen darf. Nach einer Meinung ist dies zulässig,[611] hiergegen sind jedoch nachhaltige Bedenken anzubringen. Kann der Vermieter zwischen den Methoden hin und her wechseln, eröffnet sich ihm die Möglichkeit zur Manipulation des Abrechnungsergebnisses je-

605 *Hanke* PiG 23 (1986) S. 101 (117).
606 *Derckx* NZM 2008, 394 (395); *Milger* NZM 2008, 757 (762); *Schach* GE 2008, 444.
607 Ausführlich *Milger* NZM 2008, 757 (761).
608 BGH (VIII ZR 298/80) GE 1982, 135 = NJW 1982, 573 = WuM 1982, 207.
609 *Blank* DWW 1992, 66.
610 Vgl. *Bub* Finanz- und Rechnungswesen III Rdn. 88f.
611 *Geldmacher* MK 2008, 93 (94); *Schach* GE 2008, 444 (445).

denfalls dann, wenn der hier vertretenen Ansicht zu den Auswirkungen der Ausschlussfrist auch bei der Abflussabrechnung (s. Rdn. 474) nicht gefolgt wird. Ferner dürfte die Nachvollziehbarkeit der Abrechnung für den Mieter bei einem Methodenmix leiden, so dass der Vermieter Gefahr läuft, eine unverständliche und damit formell unwirksame Abrechnung zu produzieren sowie bei verspäteter Neuabrechnung mit Nachforderungen ausgeschlossen zu sein.

Was das vom BGH beschriebene Verfahren bei **nicht periodengerechter Abrechnung der Leistungsträger** betrifft, handelt es sich, wie ausgeführt, im Grunde nicht um eine Abflussabrechnung. Auch der Vermieter, der nach dem Leistungsprinzip abrechnet, kann mithin auf diese Weise verfahren, weil insoweit kein Prinzipienwechsel innerhalb der Abrechnung eintritt und die Einheitlichkeit der Leistungsabrechnung gewahrt ist.

310 – Des weiteren fragt sich, ob der Vermieter das **Abrechnungsprinzip** auch ohne sachlichen äußeren Anlass **immer wieder ändern** darf, im Extremfall von Jahr zu Jahr. Nach der Rechtsprechung des BGH müsste dies zulässig sein. Zum einen hat der Vermieter ein Wahlrecht, zum anderen schaden selbst deutliche jährliche Schwankungen in den Kosten je abgerechneter Betriebskostenart nicht, weil es allein auf die Verständlichkeit der einzelnen Abrechnung ankommt; dass die Kostenunterschiede beim Mieter Ratlosigkeit auslösen, zumal wenn er die Vorjahresabrechnung zum Vergleich heranzieht, ist irrelevant.[612] Nach anderer Ansicht ist der Vermieter überhaupt nicht zum Wechsel der Abrechnungsmethode berechtigt, nachdem jahrelang nach einem Prinzip verfahren wurde; es sei dadurch Vertragsbestandteil geworden.[613] Für den Vermieter ist jedenfalls zu bedenken, dass sich die mit der Abflussabrechnung hier erstrebte Abrechnungserleichterung in das Gegenteil verkehren kann. Der Mieter wird den Verdacht von Manipulationen haben, was Nachfragen und ggf. Korrespondenz auslöst.

311 – Bei der Abrechnung von **Heiz- und Warmwasserkosten** ist die Verwendung des Abflussprinzips nach völlig herrschender Ansicht nicht zulässig, jedenfalls soweit es *„die Kosten der verbrauchten Brennstoffe"* (§§ 7 Abs. 2, 8 Abs. 2 HeizkostenV) betrifft;[614] für die Grundkosten soll diese Einschränkung nicht gelten.[615] Während § 556a Abs. 1 Satz 2 BGB nur die Umlage nach erfasstem Verbrauch vorschreibt, ohne eine feste Verbindung mit dem Abrechnungszeitraum herzustellen, sind hier ausschließlich die in der Abrechnungsperiode *verbrauchten* Brennstoffe umlagefähig, so dass eine Leistungsabrechnung zu fertigen ist.

312 – Schließlich bleibt zu klären, wie bei einem **Mieterwechsel** zu verfahren ist. Mit der Formulierung, *„Ob der Vermieter in besonders gelagerten Fällen eines Mieterwechsels nach Treu und Glauben (§ 242 BGB) gehindert sein könnte, Betriebskosten nach dem Abflussprinzip abzurechnen, bedarf im vorliegenden Fall keiner Entscheidung.",*[616] scheint der BGH das Abflussprinzip grundsätzlich auch dann zu akzeptieren, wenn es zu sachlich nicht berechtigten Kostenansätzen beim Vor- oder Nachmieter kommt, solange kein *„besonders gelagerter Fall"* gegeben ist und kein Verstoß gegen Treu und Glauben. Auf dieser Grundlage wird z. B. vertreten, dass der am 1.1.2008 eingezogene Nachmieter einer Wohnung in einem Zweifamilienhaus anteilig die beträchtlichen Kosten zu tragen habe, die aus Gartenarbeiten im Jahre 2004 stammen und die wegen eines Rechtsstreits mit dem Gartenbauunternehmen erst im Jahre 2008 bezahlt wurden.[617] Dies überzeugt nicht, weil der Vermieter über die Wahl des Abrechnungsprinzips nicht dazu kommen kann, folgenlos schlichte Rechenvorgänge zu unterlassen. Nach hier vertretener Auffassung ist der wesentliche Gesichtspunkt der Entscheidung des BGH einzubeziehen, die Vereinfachung der Abrechnung für den Vermieter. Der Vermieter soll nicht zu feinsinnigen und damit aufwendigen Kostenabgrenzungen gezwungen sein. Die zeitgerechte Verteilung feststehender Kosten auf zwei Mietparteien ist indes ein derartiger schlichter Rechenvorgang. So überfordert es den Vermieter auch nicht, z. B. bei Versicherungsprämien, die im Voraus erhoben worden sind, dem früheren Mieter eine Gutschrift für die Zeit nach Mietende zu erteilen.

---

612 BGH (VIII ZR 261/07) GE 2008, 855 = WuM 2008, 407.

613 *Blank* NZM 2008, 745 (754).

614 Z. B. BGH (VIII ZR 156/11) GE 2012, 401 = GuT 2012, 36 = NZM 2012, 230 = WuM 2012, 143 = ZMR 2012, 341; BayObLG NZM 1999, 133; LG Hamburg ZMR 2009, 530 m. Anm. *Stadie-Garrn; Derckx* NZM 2008, 394 (395); *Geldmacher* MK 2008, 93 (95); *Lammel* in Schmidt-Futterer § 7 HeizkostenV Rdn. 19; *Milger* NZM 2008, 757 (761); **a. A.** wohl *Schmid* DWW 2008, 162 (163).

615 OLG Düsseldorf DWW 2015, 258 (Schornsteinfeger).

616 BGH (VIII ZR 49/07) DWW 2008, 143 = GE 2008, 471 = NZM 2008, 277 = WuM 2008, 223 = ZMR 2008, 444.

617 *V. Seldeneck* InfoM 2008, 107; **a. A.** z. B. *Milger* NZM 2008, 757 (762).

Aus der **gesetzlich vorgegebenen Prüfungsfolge** ist ohnehin beim Mieterwechsel grundsätzlich weiterhin eine Leistungsabrechnung notwendig.[618] Nach dem gesetzlichen Leitbild in § 535 Abs. 1 Satz 3 BGB trägt der Vermieter die Betriebskosten. Will er sie dem Mieter übertragen, braucht er hierzu nach § 556 Abs. 1 BGB eine Vereinbarung. In einem ersten Schritt ist daher zu prüfen, welchen Inhalt die Vereinbarung zur Abwälzung der Betriebskosten hat. Unabhängig von ihrer konkreten Ausgestaltung ist der Grundsatz der Umlagegerechtigkeit ein selbstverständlicher Bestandteil jeder Abwälzungsvereinbarung, d. h. dass die Kosten auf die beteiligten Nutzer der Mietobjekte im Gebäude entsprechend der jeweiligen Verursachung sachgerecht zu verteilen sind.[619] Führt das bloße Abstellen auf den Zeitpunkt der Bezahlung einer Rechnung zu einem Verstoß gegen diesen Grundsatz, liegt eine Verletzung der Abwälzungsvereinbarung vor, welche die Abrechnungsmethode unzulässig macht. Die Betriebskostenabrechnung und damit das Abrechnungsprinzip stellen demgegenüber erst den zweiten Schritt dar, der den Vorrang der Vereinbarung folglich nicht aushebeln kann.

b) Vermietung von Teil- und Wohnungseigentum. Soweit der Eigentümer über **Betriebskosten des Sondereigentums** abrechnet, bestehen keine Unterschiede zu der oben beschriebenen Sachlage. Es handelt sich um Kosten, die ausschließlich für die vermietete Wohnung anfallen. Der Eigentümer ist daher gehalten, über die Grundsteuer und z. B. die Betriebskosten für im Sondereigentum stehende Warmwassergeräte oder Antennen eine Abrechnung zu erstellen. **313**

Anders verhält es sich bei den **Betriebskosten des Gemeinschaftseigentums,** über die der Verwalter abrechnet. Die Jahresabrechnung des Verwalters hat grundsätzlich nach den tatsächlichen Einnahmen und Ausgaben im Wirtschaftsjahr zu erfolgen (Ein- und Ausgabenabrechnung).[620] Ausgenommen ist – wegen der zwingenden Vorschriften der HeizkostenV – die Abrechnung über die Heizkosten[621] und die Abrechnung über die Instandhaltungsrücklage;[622] ferner können die Eigentümer eine zeitanteilige Abrechnung, eine sog. erweiterte Jahresabrechnung,[623] vereinbaren.[624] Der Eigentümer erhält daher in aller Regel eine Abrechnung, die keine periodengerechte Aufteilung der Kosten ausweist. **314**

Es war bei vermietetem Wohnungseigentum streitig, wie die **Problematik der verschiedenen Abrechnungswege** zu lösen ist. Nach einer Meinung war der Eigentümer verpflichtet, die Ausgabenabrechnung in eine Leistungsabrechnung umzurechnen.[625] Nach anderer Ansicht durfte der Eigentümer mit den Beträgen aus der Ausgabenabrechnung des Verwalters abrechnen,[626] jedenfalls wenn es vereinbart war.[627] Dieser Streit ist durch die Entscheidungen des **BGH** zur Zulässigkeit von Abrechnungen nach dem Abflussprinzip erledigt.[628] **315**

Auch wenn der Vermieter die anteiligen Kosten an den Mieter auf der Grundlage der Ausgabenabrechnung des Verwalters weitergeben darf, hat er zu beachten, dass die Voraussetzungen für die **formelle Wirksamkeit** der Abrechnung erfüllt sind. Eine **unzulängliche Abrechnung des WEG-Verwalters,** die der Eigentümer selbst nicht zu akzeptieren hätte, braucht auch der Mieter nicht gegen sich gelten zu lassen; dabei ist es irrelevant, ob die Erstellung einer von der Verwalterabrechnung abweichenden Einzelabrechnung für den Vermieter mit erheblichem Aufwand verbunden wäre.[629] **316**

---

[618] Ebenso z. B. *Drasdo* ZMR 2008, 421 (429f.).
[619] Ausführlich *Langenberg* NJW 2008, 1269 (1274f.).
[620] BayObLG WuM 1992, 448; NZM 1999, 133; PfälzOLG Zweibrücken ZMR 1999, 66; *Bub* Finanz- und Rechnungswesen III Rdn. Rdn. 62; *Köhler* ZMR 1998, 328; *Seuß* WE 1993, 71.
[621] BGH (V ZR 251/10) GE 2012, 551 = GuT 2012, 61 = NZM 2012, 344 = WuM 2012, 222 = ZMR 2012, 372.
[622] PfälzOLG Zweibrücken ZMR 1999, 66.
[623] *Seuß* WE 1993, 71.
[624] PfälzOLG Zweibrücken ZMR 1999, 66.
[625] LG Düsseldorf DWW 1988, 210; *Geldmacher* DWW 1997, 167; *Münstermann-Schlichtmann* FS Deckert S. 280; *Riecke* WE 2002, 220; *Schmid* DWW 1990, 351.
[626] *Blank* DWW 1992, 65; *Seldeneck* Rdn. 3020; *Seuß* WE 1993, 70 (71).
[627] Z. B. OLG Schleswig RE 4.10.1990 DWW 1990, 355 = WuM 1991, 333; *Lützenkirchen* ZWE 2003, 99 (103); *Sternel* PiG 55 (1998) S. 79 (95).
[628] BGH (VIII ZR 49/07) DWW 2008, 143 = GE 2008, 471 = NZM 2008, 277 = WuM 2008, 223 = ZMR 2008, 444; (VIII ZR 27/07) DWW 2008, 216 = GE 2008, 662 = NZM 2008, 403 = WuM 2008, 285.
[629] BGH (VIII ZR 298/80) GE 1982, 135 = NJW 1982, 573 = WuM 1982, 207 gegen OLG Hamm WuM 1981, 62.

317 Der WEG-Verwalter rechnet über die Einnahmen und Ausgaben ab und differenziert bei den Ausgaben nicht zwischen Betriebskosten und Kosten aus Instandhaltung und Instandsetzung. Diese **Kostentrennung** muss der vermietende Wohnungseigentümer vornehmen. Er darf daher die WEG-Einzelabrechnung nicht schlicht an den Mieter durchreichen.[630]

318 Der Vermieter kann die Einhaltung der formellen Voraussetzungen für eine wirksame Abrechnung **nicht** dadurch vermeiden, dass er schon im Mietvertrag **die Bindung** des Mieters **an die Beschlüsse der Miteigentümer** festlegt. Eine derartige Vereinbarung ist nach § 556 Abs. 4 BGB unwirksam, weil sie generell geeignet ist, den Mieter zu benachteiligen, für preisgebundenen Wohnraum folgt dies unmittelbar aus §§ 8 Abs. 2 WoBindG, 20 NMV.[631] Es kommt daher nicht darauf an, ob die Abrede formularvertraglich oder individuell zustande kam. **Ebenso wenig** kann er darauf verweisen, bei der ihm selbst vom Verwalter präsentierten Abrechnung handele es sich um die nach § 28 Abs. 5 WEG von der Eigentümergemeinschaft **beschlossene Abrechnung.** Der Beschluss bindet zwar im Verhältnis der Miteigentümer zueinander, nicht aber im Verhältnis des Eigentümers zum Mieter. Die mietvertragliche Vereinbarung wird durch den Beschluss der Eigentümer nicht berührt, soweit er von den Abreden abweicht. Dies ergibt sich bereits daraus, dass der Mieter an der Beschlussfassung nicht beteiligt war.

319 Bei der Vermietung von **Teileigentum** wurde es bisher schon allgemein als zulässig angesehen, dass die Abrechnung im Mietverhältnis **der Abrechnung nach WEG folgt.** Zu den formellen Anforderungen an die Abrechnung gelten die vorstehenden Ausführungen entsprechend, soweit sie sich nicht auf die Ausschlussfrist gem. § 556 Abs. 3 Satz 3 BGB beziehen. Sie ist auf Gewerberaummietverhältnisse nicht anzuwenden.

320 **c) In mehrjährigem Turnus anfallende Betriebskostensteigerungen.** Bei manchen Betriebskostenarten fallen Kostensteigerungen **in mehrjährigem Turnus** an, etwa bei den Wasserkosten durch die Eichgebühren, den Gartenpflegekosten durch das Auswechseln des Sandes in Sandkästen für Kleinkinder. Es ist streitig, ob der Vermieter diese zusätzlichen Kosten in der Abrechnungsperiode anzusetzen hat, in der sie entstanden sind,[632] und zwar in voller Höhe,[633] ob er berechtigt ist, sie über mehrere Jahre verteilt umzulegen,[634] oder ob er sogar zur mehrjährigen Umlage verpflichtet ist.[635] Einigkeit besteht darüber, dass z. B. der Vermieter von Objekten in einem Neubau keinen jährlichen Beitrag zu den geschätzten, erst in Zukunft bei Ablauf eines langfristigen Turnus sich ergebenden Kosten erheben darf.[636]

320a Der **BGH** hat hierzu entschieden, dass Betriebskosten, die nicht jährlich, sondern in größeren zeitlichen Abständen wiederkehren, grundsätzlich **in dem Abrechnungszeitraum** umgelegt werden ***können,* in dem sie entstehen.**[637] Es besteht daher weder eine Verpflichtung des Vermieters zur mehrjährigen Verteilung der Kosten, noch eine Verpflichtung zum sofortigen Ansatz der Kosten in voller Höhe. Er darf die Kosten daher auch über mehrere Jahre verteilen, z. B. dem Turnus entsprechend, um die aktuelle Belastung der Mieter zu begrenzen. Rechtlich handelt es sich dabei um eine Stundung des jeweiligen Restbetrages.

321 Verteilt der Vermieter die Kosten über mehrere Abrechnungsperioden, hat er allerdings zu beachten, dass er **bei einem Mieterwechsel** dem ausziehenden Mieter den gestundeten Restbetrag berechnet. Er allein hat für die Betriebskosten, die während seiner Wohn- oder Nutzungszeit angefallen sind, einzustehen. Es ist nicht zulässig, den neuen Mieter zu den Restkosten heranzuziehen.

Soweit zugunsten der mehrjährigen Verteilung angeführt wird, dass diese den Vorteil biete, nicht nur den Mieter zu belasten, der zufällig im Zeitpunkt des Kostenanfalls Mieter gewesen sei,[638] wird der Stundungscharakter der Umlage über mehrere Jahre übersehen. Im Übrigen löst die Aufteilung zwischen Vor- und Nachmieter erheblichen Verwaltungsaufwand beim Vermieter aus. Er hätte ständig Listen zu erstellen und fortzuschreiben, aus denen sich die etlichen verschiedenen Turnus der Maßnahmen zwischen einem und zwölf Jahren ersehen lassen und korrespondie-

---

630 Z. B. AG Berlin-Mitte GE 2015, 327 = WuM 2015, 158.
631 AG Wuppertal WuM 1990, 560.
632 *Geldmacher* DWW 1997, 166; *Sternel* III Rdn. 302.
633 LG Berlin GE 1992, 385.
634 AG Neuss DWW 1988, 284; *Wall* WuM 1998, 67.
635 LAG Frankfurt/M. WuM 1992, 545.
636 Z. B. AG Neuss DWW 1988, 284.
637 BGH (VIII ZR 221/08) GE 2010, 118 = NZM 2010, 79 = WuM 2010, 33 m. Anm. *Dittert* WuM 2010, 285.
638 LAG Frankfurt/M. WuM 1992, 545; v. *Brunn/Emmerich* in Bub/Treier III. A Rdn. 107; *Hanke* PiG 23 (1986) S. 101 (113).

rend dazu die Mieter nebst ihrer jeweiligen Wohndauer; es wäre zusätzlich zu klären, ob die Verteilung nach Jahren oder monatsgenau zu erfolgen hat. Schließlich wäre es nur schwer verständlich, wenn das Verteilungssystem nicht auch auf die aperiodisch entstehenden Betriebskostensteigerungen übertragen würde. Bei diesen Kostensteigerungen ergäbe sich das zusätzliche Problem, über welchen Zeitraum die Kosten verteilt werden sollen, weil sich hierzu auch nur einigermaßen zuverlässige Prognosen nicht anstellen lassen.

d) Aperiodisch anfallende Betriebskostensteigerungen. Die vorgenannten Grundsätze gelten auch bei **aperiodisch anfallenden Kostensteigerungen,** z. B. den Kosten aus der Beseitigung von Sturmschäden oder unregelmäßig notwendigem Gehölzschnitt im Rahmen der Gartenpflege. Es handelt sich hierbei nicht, wie häufig formuliert, um aperiodisch anfallende Betriebskosten, die nicht umlagefähig wären, weil ihnen das Merkmal der laufenden Entstehung i. S. v. § 1 Abs. 1 BetrKV fehlt, sondern allein um unregelmäßig entstehenden Kostenanstieg innerhalb periodisch sich ergebender umlagefähiger Betriebskostenarten. 322

G. Abrechnung (Abs. 3 Satz 1 und 2)

I. Rechtsnatur der Abrechnung

Die Rechtsnatur der Abrechnung ist **streitig.** Das mag auf den ersten Blick überraschen, geht es doch „nur" darum, die entstandenen Kosten aufzulisten und in möglichst gerechter Weise auf die Mieter zu verteilen, wobei die Schwierigkeiten wie immer im Detail liegen. Auf den Streit ist einzugehen, da er nicht bloß akademischer Art ist; vielmehr ergeben sich aus den verschiedenen Standpunkten unterschiedliche praktische Folgen. 323

Nach einer Ansicht[639] stellt die Abrechnung eine **Leistungsbestimmung** i. S. d. § 315 BGB dar. Die Vorauszahlungen des Mieters seien Abschlagszahlungen auf das nach der Verbrauchsperiode zu bestimmende Entgelt. Durch die Berechnung, ob und was der Vermieter vom Mieter noch zu bekommen habe oder ob eine Überzahlung durch den Mieter vorliege, erfolge die endgültige Bestimmung der Leistungspflicht des Mieters. Diese Meinung überzeugt nicht. Die Leistungsbestimmung kommt nur in Betracht, wenn der bestimmenden Partei ein Beurteilungsspielraum eingeräumt ist.[640] Der abrechnende Vermieter hat jedoch **keinen Beurteilungsspielraum.** Weder hinsichtlich der Umlagefähigkeit von Betriebskosten noch hinsichtlich ihrer auf den Mieter entfallenden Höhe besteht ein Wahlrecht des Vermieters. Der Vermieter hat die Mietschuld des Mieters nicht etwa im Nachhinein nach billigem Ermessen gem. § 315 BGB für die Vergangenheit zu bestimmen. Nach Ablauf einer Abrechnungsperiode kommt es nur noch auf die rechnerische Feststellung an, ob der geleistete Mietzins mit dem durch den Verwendungszweck definierten Teil überzahlt wurde, ausreichte oder ob er aufzustocken ist. 324

Nach **anderer Ansicht** ist die Betriebskostenabrechnung keine Willenserklärung, sondern ein **reiner Rechenvorgang** i. S. d. § 259 BGB.[641] Sie ist die Feststellung eines Rechenergebnisses. Hat der Vermieter Kostenpositionen übersehen oder sich verrechnet, ist eine Nachberechnung (zur Korrektur von Abrechnungen s. Rdn. 396ff.) ohne Anfechtung oder Einschaltung des Gerichts möglich; weist die Abrechnung nach Meinung des Mieters sonstige Mängel auf, die das Gericht bei einem Rechtsstreit bestätigt, ersetzt nicht etwa das Gericht für den Vermieter dessen Leistungsbestimmung nach billigem Ermessen. Bei unzureichendem Sachvortrag des Vermieters hätte dies die Folge, dass er mit Nachforderungen auf Grund einer Neuberechnung endgültig ausgeschlossen wäre, da das Bestimmungsrecht grundsätzlich nur ein Mal ausgeübt werden kann. 325

Da sich die Abrechnung nicht nur auf die bloße Mitteilung von Tatsachen beschränkt, sondern Rechtsfolgen auslöst, ist sie als **geschäftsähnliche Handlung** zu qualifizieren.[642] Hierzu gehören 326

---

[639] LG Hamburg ZMR 1995, 32 (33); *Eisenhardt* WuM 2011, 143; *Sternel* PiG 40 (1993) S. 86; *ders.* Mietrecht aktuell (2009) Rdn. V 301f.

[640] Palandt/*Grüneberg* § 315 Rdn. 4.

[641] Ständ. Rspr., zuletzt BGH (VIII ZR 263/14) GE 2016, 1146 = NZM 2016, 762 = WuM 2016, 620 = ZMR 2016, 768; (XII ZR 62/12) GE 2013, 1130 = NZM 2013, 648 (Wissenserklärung); *Both* in Herrlein/Kandelhard § 556 Rdn. 69; *Dickersbach* WuM 2008, 439 (440); *Flatow* WuM 2010, 606 (607); *Lammel* WuM 2014, 387 (388); *Schach* GE 2000, 1678; *Weitemeyer* in Staudinger § 556 Rdn. 82; *Zehelein* WuM 2014, 3; differenzierend *Blank* DWW 2009, 91 (94): nur bei der Abrechnung über Gewerberaum.

[642] AG Köln NZM 2005, 740; *Blank* DWW 2009, 91 (95); *ders.* PiG 90 (2011) S. 90; *Dickersbach* WuM 2008, 439 (440); ausführlich *Jacoby* Referat auf dem DMT 2017; *Schmid* DWW 2010, 14.

die Herbeiführung der Fälligkeit,[643] der grundsätzliche Nachforderungsausschluss, wenn sie zu spät erfolgt,[644] und die Verpflichtung des Mieters zu vertraglich nicht vorgesehenen Leistungen, wenn er mit seinen Einwänden gegen die Abrechnung zu spät kommt (§ 556 Abs. 3 Satz 6 BGB; dazu ausführlich Rdn. 498ff.). Hieraus folgt, dass z. B. bei einer Abrechnung durch Dritte die Vorschriften der §§ 164ff. BGB anwendbar sind, so dass der Mieter die Abrechnung nach § 174 BGB zurückweisen kann, wenn nicht deutlich erkennbar in Vollmacht des Vermieters abgerechnet wurde.

327 Zum **Inhalt** der Abrechnung folgt daraus, dass sie **nach den Grundsätzen des § 259 BGB** aufzumachen ist. Diese Vorschrift gilt nicht unmittelbar, weil sie die Verpflichtung betrifft, über eine mit Einnahmen oder Ausgaben verbundene Verwaltung Rechenschaft abzulegen. Der Vermieter erhält die Betriebskostenvorauszahlungen nicht zur Verwaltung, sondern als Teil des ihm zustehenden, vom Mieter meist periodisch geschuldeten Mietzinses. Er rechnet also nicht über fremdes Geld ab. Da zwar – für Wohnraum gesetzlich angeordnet – eine Pflicht zur Abrechnung besteht, andererseits aber keine Vorschriften vorhanden sind, in denen ihr Inhalt festgelegt wäre, ist insoweit auf die Bestimmung des § 259 BGB zurückzugreifen.

II. Form der Abrechnung

328 Bei **preisfreiem Wohnraum** ist die Abrechnung dem Mieter *„mitzuteilen"* (§ 556 Abs. 3 Satz 2 BGB), ohne dass bestimmt wäre, in welcher Form diese Mitteilung zu erfolgen hat. Nach dem Wortlaut des Gesetzes könnte sie auch mündlich erteilt werden,[645] was sich indes mit dem Zweck der Abrechnungspflicht nicht vereinbaren ließe. Da der Vermieter kaum das gesamte Rechenwerk auswendig gelernt haben dürfte, bliebe nur, dass er es dem Mieter vorliest. Wie dieser nun den gesamten Inhalt behalten, sogleich auf Plausibilität nachprüfen und alles bis zur nächsten Abrechnung im Gedächtnis speichern soll, ist nicht nachvollziehbar. Diese Gesichtspunkte machen zugleich deutlich, dass die Rechte des Mieters nur gewahrt sind, wenn ihm die Abrechnung **schriftlich** (s. Rdn. 330) erteilt wird;[646] jedenfalls fehlende wesentliche Bestandteile der Abrechnung können daher nicht durch eine mündliche Erläuterung ersetzt werden.[647] Aus diesem Grund reicht z. B. die Auslage zur Einsicht beim Hausmeister ebenfalls nicht. Vielmehr hat der Mieter einen Anspruch auf eine Einzelabrechnung, die ihm verbleibt, so dass er sie zu seinen Unterlagen nehmen und zum Kostenvergleich heranziehen kann.[648]

329 Für die Abrechnung gegenüber dem Mieter von **Gewerberaum** gilt nichts Anderes. Er hat in gleichem Maße einen Anspruch darauf, eine Abrechnung zu erhalten, die er selbst überprüfen oder durch Dritte kontrollieren lassen kann.

330 Da Schriftlichkeit allerdings nicht vorgeschrieben ist, greift die Formvorschrift des § 126 BGB nicht ein,[649] so dass eine **eigenhändige Unterschrift** entbehrlich ist. Es wird daher auch genügen, wenn der Vermieter die Abrechnung per **Telefax** oder **E-Mail,** die sich der Mieter ausdrucken kann, übersendet. Ist im Mietvertrag vereinbart, dass die Abrechnung schriftlich erfolgt, gilt § 127 BGB, der wiederum auf § 126 BGB – mit dem Erfordernis einer eigenhändigen Unterschrift – verweist, sofern die Parteien, wie i. d. R., die Ausgestaltung der Schriftform nicht näher präzisiert haben. Ein maschinenschriftlicher Namenszug dürfte auch in diesem Fall ausreichen, denn § 127 Satz 2 BGB lässt zur Wahrung der Form auch ein Telegramm genügen.

331 Nimmt der Vermieter die Abrechnung nicht selbst vor, sondern lässt er sie durch eine **Hausverwaltung** erledigen, muss aus dem Anschreiben jedenfalls deutlich werden, dass für den Vermieter abgerechnet wird. Nicht zwingend erforderlich ist nach **BGH**[650] hingegen, dass die konkrete Person des Vermieters angegeben wird, da dieses für den Mieter insbesondere dann, wenn eine Haus-

---

[643] BGH (VIII ZR 319/09) GE 2010, 1414 = NZM 2010, 783 = WuM 2010, 631; (VIII ZR 263/09) GE 2010, 760 m. Anm. *Schach* GE 2010, 723 = NZM 2010, 577 = WuM 2010, 356 = ZMR 2010, 749; (VIII ZR 298/80) GE 1982, 135 = NJW 1982, 573 = WuM 1982, 207.

[644] *Dickersbach* WuM 2008, 439.

[645] *Both* in Herrlein/Kandelhard § 556 Rdn. 81; *Lützenkirchen* DWW 2002, 200.

[646] Z. B. *Kinne* in Kinne/Schach/Bieber § 556 Rdn. 68a; *Seldeneck* Rdn. 3400; *Sternel* III Rdn. 341; *Wall* Rdn. 1851; *Weitemeyer* in Staudinger § 556 Rdn. 103; *Wolbers* in Hinz/Junker/v. Rechenberg/Sternel 4.2.1, 1.

[647] LG Düsseldorf WuM 1980, 164; *Blank* NZM 2008, 745 (749).

[648] *Sternel* III Rdn. 341.

[649] Z. B. LG Berlin GE 1998, 1025; AG Schöneberg GE 2000, 475; *Weitemeyer* in Staudinger § 556 Rdn. 103.

[650] BGH (VIII ZR 22/13) GE 2013, 1651 = NZM 2014, 26 m. Anm. *Zehelein* = WuM 2013, 734 = ZMR 2014, 198; **a. A.** *Kinne* GE 2003, 504.

verwaltung für den Vermieter tätig wird, nicht von Interesse sei. Außerdem sollte der Ansprechpartner oder Sachbearbeiter benannt werden; auf diese Weise wird deutlich, wer für das Schreiben verantwortlich ist und an wen sich der Mieter bei Nachfragen wenden kann. Die Abwicklung wird dadurch erheblich vereinfacht.

Bei **preisgebundenem Wohnraum** gelten für die Erhebung des durch die Vorauszahlungen nicht gedeckten Umlagebetrags nach § 20 Abs. 4 Satz 1 NMV die Bestimmungen in § 4 Abs. 7 und 8 NMV entsprechend. Diese verweisen auf § 10 WoBindG, der eine schriftliche Erklärung verlangt. Hier ist mithin die Schriftform nach § 126 BGB zu beachten, so dass die Abrechnung vom Ersteller eigenhändig zu unterzeichnen ist. Ausgenommen ist nach § 10 Abs. 1 Satz 5 WoBindG der Fall, dass die Erklärung mit Hilfe automatischer Einrichtungen gefertigt wurde. Hier genügt die Angabe des Namens der juristischen Person; der Nennung der natürlichen Person, die die Erklärung abgefasst oder veranlasst hat, bedarf es nicht.[651] Während früher hierunter die weitgehend automatische Erstellung der Betriebskostenabrechnung verstanden wurde, reicht es nach einer Entscheidung des BGH aus, wenn ein Computerprogramm die manuell eingegebenen Daten verarbeitete.[652] **332**

III. Inhalt der Abrechnung

1. Formeller Inhalt

Formal ordnungsgemäß ist eine Abrechnung, wenn sie **fünf Voraussetzungen** erfüllt.[653] Sie muss enthalten:[654] **333**

– die Zusammenstellung der Gesamtkosten,
– die Angabe und ggf. Erläuterung der zugrunde gelegten Umlageschlüssel,
– die Berechnung des Anteils des Mieters,
– den Abzug der Vorauszahlungen des Mieters,
– die gedankliche und rechnerische Verständlichkeit. Sie hat grundsätzlich dem durchschnittlichen Verständnisvermögen eines juristisch und betriebswirtschaftlich nicht geschulten Mieters zu entsprechen.[655]

Diesen Forderungen kann im Regelfall durch **übersichtliche Gliederung und klare** Abfolge der einzelnen **Rechenschritte** Rechnung getragen werden.[656] Es ist jedoch nicht zu übersehen, dass Abrechnungen über Objekte mit zahlreichen Einheiten, zumal wenn unterschiedliche Umlageschlüssel zur Anwendung kommen, wie insbesondere bei gemischt genutzten Gebäuden, aus der Natur der Sache nur mit einiger Mühe nachvollziehbar sind. Auch wenn sie daher das Verständnisvermögen eines „durchschnittlichen" Mieters auf eine harte Probe stellen oder es sogar übersteigen, sind sie gleichwohl wirksam.[657] Feste Regeln lassen sich nicht aufstellen, da es sich um eine Bewertungsfrage handelt, was einem durchschnittlichen Mieter abverlangt werden kann und was darüber hinausgeht.

Sind die abgerechneten Positionen in verständlicher Form in die Abrechnung eingestellt, betrifft die Frage, **ob** sie dem **Ansatz oder** der **Höhe nach zu Recht** bestehen oder ob sonstige Mängel der Abrechnung vorliegen, **nur** noch die **inhaltliche Richtigkeit** der Abrechnung; etwaige inhaltliche Fehler können dann auch noch nach Ablauf der Ausschlussfrist korrigiert werden.[658] So ist eine Abrechnung formell in Ordnung, auch wenn der Vermieter bei der Umrechnung von kalenderübergreifenden Abrechnungen des Versorgers auf das abzurechnende Kalenderjahr die inso- **334**

---

[651] BGH (VIII ZR 321/09) NZM 2010, 734 = WuM 2010, 502.
[652] BGH (VIII ZR 341/03) GE 2004, 1388 = WuM 2004, 666 = ZMR 2004, 901.
[653] BGH (VIII ZR 115/04) GE 2005, 50 = NZM 2005, 13 = WuM 2005, 61 = ZMR 2005, 121; (VIII ZR 1/06) NZM 2007, 244 = WuM 2007, 196 = ZMR 2007, 359; *Gies* NZM 2002, 514 (515).
[654] Ständ. Rspr. seit BGH (VIII ZR 298/80) GE 1982, 135 = NJW 1982, 573 = WuM 1982, 207, z. B. (VIII ZR 193/14) NJW-RR 2015, 778 = WuM 2015, 423; KG GE 2014, 1584; *Beyer* WuM 2013, 77 (78).
[655] BGH (VIII ZR 298/80) GE 1982, 135 = NJW 1982, 573 = WuM 1982, 207; (VIII ZR 115/04) GE 2005, 50 = NZM 2005, 13 = WuM 2005, 61 = ZMR 2005, 121; ausgenommen hiervon hat der BGH die Heizkostenabrechnung: BGH (VIII ZR 268/10) GE 2012, 126 = NZM 2012, 153 = WuM 2012, 25 = ZMR 2012, 263.
[656] Ebenso z. B. *Beyer* WuM 2013, 77 (78).
[657] BGH (VIII ZR 133/85) WuM 1986, 214 (216).
[658] BGH (VIII ZR 322/08) GE 2010, 477 = NZM 2010, 315 = WuM 2010, 156.

weit erforderlichen **rechnerischen Zwischenschritte nicht offen** legte[659] oder eine **Kostenschätzung ohne** ihre **Erläuterung** vornahm.[660] Eine Ausnahme wird allerdings gelten, wenn es sich um eine bloße „Scheinabrechnung" handelt, weil der Vermieter, um der Ausschlussfrist des § 556 Abs. 3 Satz 2 BGB zu entgehen, nicht die aktuellen Werte der abgerechneten Periode, sondern vollständig die Vorjahreswerte ansetzte.[661] Die Abrechnung über eine **längere als einjährige Abrechnungsperiode** oder die Verwendung eines **falschen Umlageschlüssels** sind danach nur inhaltliche Fehler. Ebenso betrifft die Frage, ob der Vermieter mehrere Gebäude zu einer **Abrechnungseinheit** zusammenfassen durfte, nicht die formelle Wirksamkeit, sondern die materielle Richtigkeit der Betriebskostenabrechnung; in formeller Hinsicht ist die nähere Bezeichnung der von der Abrechnungseinheit erfassten Gebäude nicht geboten,[662] so dass es z. B. formell auch nicht schaden soll, wenn der Vermieter bei der Bezeichnung der Wirtschaftseinheit die Hausnummern einiger Gebäude vergisst.[663] Dasselbe soll für den **Ansatz nicht als umlagefähig vereinbarter Kostenarten** oder -teile gelten, etwa aus dem Betriebskostenanteil einer Teilinklusivmiete oder den pauschal abgegoltenen Kosten. Nach diesen Kriterien ist eine Abrechnung **formell ordnungsgemäß,** wenn sie **nach ihrer äußeren Aufmachung** die beschriebenen Mindestangaben enthält und sich das Zahlenwerk nachrechnen lässt.

Auch wenn außerhalb der Abrechnung gewonnene Erkenntnisse grundsätzlich außer Betracht zu bleiben haben, sind **Erläuterungen zu berücksichtigen,** die der Vermieter dem Mieter vor Ablauf der Abrechnungsfrist außerhalb der Abrechnung erteilte, zum Beispiel im Mietvertrag, in einer vorausgegangenen Abrechnung oder auf Nachfrage des Mieters.[664] So bedarf eine Abrechnung zur formellen Seite z. B. nicht einer Erläuterung, warum die angesetzten Flächen im Vergleich zur Vorjahresabrechnung Unterschiede aufweisen oder abgelesene Verbrauchswerte auffällige Schwankungen zeigen;[665] ebenso ist irrelevant, ob die der Abrechnung zugrunde gelegten unterschiedlichen Bezugspunkte für die einzelnen Betriebskosten maßgeblich sind und ob die insoweit angesetzten Flächenangaben zutreffen.[666] Eine aus sich heraus vollständige Überprüfbarkeit dieser Angaben auf ihre materielle Richtigkeit ist nicht erforderlich.[667]

335 Hält die Abrechnung **eines dieser fünf Erfordernisse nicht** ein, ist zu den Folgen zu differenzieren. Zieht sich der **Fehler** durch **alle Positionen,** ist die Abrechnung ohne weiteres insgesamt formell unzureichend. Die Abrechnung kann aber **auch nur hinsichtlich einzelner Kostenpositionen** unwirksam sein.[668] Sind nur einzelne Positionen betroffen und können diese unschwer herausgerechnet werden, entscheidet sich die Qualifizierung der Abrechnung danach, ob die verbleibenden, ordnungsgemäß abgerechneten noch die vom Vermieter geltend gemachte Nachforderung tragen; ist dies nicht der Fall, ist die Abrechnung ebenfalls insgesamt formell unwirksam, ansonsten verbleibt der formell richtig abgerechnete Restbetrag zu seinen Gunsten.[669] Diese vom BGH aufgezeigte Verfahrensweise ist sehr praktikabel, weil im Rahmen der Ausschlussfrist nur die Nachforderung zu überprüfen ist. Zu den formell unwirksam angesetzten Positionen kann der Mieter im Übrigen nach wie vor eine Abrechnung einfordern, weil sich bei richtiger Abrechnung möglicherweise ein Guthaben zeigt.

Beauftragt der Vermieter **professionelle Dritte,** die Betriebskostenabrechnung für ihn zu erstellen, handelt es sich rechtlich um einen **Werkvertrag** i. S. des § 611 BGB,[670] aus dem sie einen konkreten Erfolg, nämlich eine ordnungsgemäße und damit bei Nachforderungen auch durchsetz-

---

[659] BGH (VIII ZR 201/13) GE 2014, 659 = NZM 2014, 384 = WuM 2014, 420.
[660] BGH (VIII ZR 112/14) GE 2015, 49 = NZM 2015, 129 = WuM 2015, 32 m. Anm. *Lammel* WuM 2015, 143.
[661] AG Siegburg WuM 2014, 553.
[662] BGH (VIII ZR 207/11) GE 2012, 954 = WuM 2012, 404; (VIII ZR 228/11) WuM 2012, 97 = ZMR 2012, 344.
[663] BGH (VIII ZR 291/11) GE 2012, 824 = WuM 2012, 345.
[664] BGH (VIII ZR 45/10) NZM 2010, 784 = WuM 2010, 627 = ZMR 2011, 26.
[665] BGH (VIII ZR 261/07) GE 2008, 855 = NZM 2008, 567 = WuM 2008, 407 = ZMR 2008, 777 m. Anm. *Rave*.
[666] BGH (VIII ZR 227/09) GE 2010, 1191 = NZM 2010, 781 = WuM 2010, 493 = ZMR 2010, 933.
[667] BGH (VIII ZR 322/08) GE 2010, 477 = NZM 2010, 315 = WuM 2010, 156.
[668] BGH (VIII ZR 27/10) WuM 2011, 101.
[669] BGH (VIII ZR 84/07) GE 2008, 795 = NZM 2008, 477 = WuM 2008, 351; (VIII ZR 1/06) NZM 2007, 244 = WuM 2007, 196 = ZMR 2007, 359; *Milger* NJW 2009, 625 (626).
[670] Ebenso AG Krefeld ZMR 2013, 48.

bare Abrechnung schulden,[671] so dass der Vermieter z. B. vom Energiedienstleister nicht nur die Korrektur der unrichtigen Abrechnung, sondern auch Schadensersatz verlangen kann.[672] Häufig nimmt der **Hausverwalter** die Abrechnung für den Vermieter vor. Der Verwaltervertrag ist ein Geschäftsbesorgungsvertrag i. S. des § 675 BGB mit zum Teil dienstvertraglichen, zum Teil werkvertraglichem Inhalt.[673] Soweit es um die Anfertigung der Betriebskostenabrechnung geht, steht der schon erwähnte Erfolg seiner Bemühungen, die formell und inhaltlich richtige Abrechnung, im Vordergrund, so dass insoweit das werkvertragliche Element des Vertrags überwiegt (vgl. § 631 Abs. 2 BGB).[674] Unterlaufen dem Hausverwalter formelle Fehler, die infolge des Beginns der Ausschlussfrist nicht mehr behoben werden können, oder inhaltliche, etwa aus übersehenen Rechnungen, ist er dem Vermieter aus §§ 675, 633, 280 BGB zum Schadensersatz verpflichtet.[675]

Bei der **Zusammenstellung der Gesamtkosten** kommt nach den dargestellten Vorgaben **vor allem ein formeller Fehler** in Betracht. 336

Dieser Fehler betrifft die **unvollständige Trennung der eigenständigen Hauptkostenarten.** Die Abrechnung muss sich grundsätzlich an den **Kostenarten,** wie sie dem Mieter **im Mietvertrag** auferlegt sind, orientieren,[676] damit er verlässlich und auf einfache Weise erkennen kann, ob nur die vereinbarten Kosten in der Abrechnung angesetzt wurden. Kann der Mieter sie nur durch eine Rückrechnung feststellen, fehlt es an der erforderlichen Angabe der Gesamtkosten; die Angabe nur eines Gesamtbetrages für alle Kosten ist auch bei kleinen Mieteinheiten nicht zulässig.[677] Geht es um die Abrechnung für Wohnraum, ist daher grundsätzlich die Differenzierung nach den Kostenarten des in § 2 BetrKV enthaltenen Betriebskostenkatalogs erforderlich, wobei die nach ihrem Entstehungsgrund gleichartigen Kosten summenmäßig zusammengefasst werden dürfen;[678] bei der Abrechnung von Gewerberaum ist eine Aufschlüsselung nach den im Mietvertrag aufgelisteten Kosten erforderlich.[679] Auch die jeweils in Nr. 8 *(„Straßenreinigung und Müllbeseitigung")* und Nr. 9 *(„Gebäudereinigung und Ungezieferbekämpfung")* zusammen geregelten Kosten sind mithin getrennt anzuführen. Andererseits ist es nicht notwendig, die Bestandteile einer Kostenart deshalb aufzuschlüsseln, weil zu ihr getrennte Rechnungen erteilt wurden, wie etwa bei der Straßenreinigung nach Rechnungen über kommunale Gebühren und privatem Winterdienst. So reicht nach der Rechtsprechung des BGH die bloße Angabe *„Versicherungen"* aus,[680] obwohl die Kostenart im Betriebskostenkatalog ausdrücklich nur *„Kosten der Sach- und Haftpflichtversicherung"* betrifft. Eine **Ausnahme** gilt für die Kosten von **Frisch- und Schmutzwasser, wenn** sie vom Versorger einheitlich abgerechnet werden, indem die Menge des Schmutzwassers nach dem Verbrauch an Frischwasser berechnet wird; hier ist es nicht erforderlich, in der Abrechnung Frisch- und Schmutzwasser in getrennten Positionen anzuführen.[681] Um eine evidente und damit **unschädliche Falschbezeichnung** handelt es sich, wenn unter der (nicht anfallenden) Position *„Heizkosten"* die Kosten für Warmwasser, Frisch- und Abwasser angesetzt wurden, dies jedoch aus den der Abrechnung beigefügten Einzelabrechnungen ersichtlich war und für Heizkosten der Betrag von Null ausgewiesen wurde.[682]

Eine **unvollständige Trennung** liegt z. B. bei den Angaben „Wasserversorgung/Strom", „Straßenreinigung/Müllbeseitigung/Schornsteinreinigung", „Hausmeister/Gebäudereinigung" und „Hausmeister/Gebäudereinigung/Gartenpflege"[683] vor, wobei die formelle Unwirksamkeit allein die jeweils unzulässig zusammengefassten Kosten betrifft.[684] Eine derartige Zusammenfassung erlaubt es dem Mieter nicht mehr, wenigstens eine Plausibilitätskontrolle der angesetzten Beträge

---

671 BGH (VII ZR 355/12) NZM 2013, 696 zum Winterdienstvertrag.

672 KG GE 2016, 1275.

673 Z. B. OLG Saarbrücken NZM 2006, 878; *Blank* PiG 90 (2011) S. 85 (86); *Bub* NZM 2000, 1202.

674 Z. B. *Blank* PiG 90 (2011) S. 85 (86); *Bub* NZM 2000, 1202.

675 Z. B. LG Mannheim ZMR 2015, 717; *Blank* PiG 90 (2011) S. 85 (97f.); *v. Seldeneck* GE 2000, 792 (793).

676 OLG Düsseldorf GE 2009, 1489.

677 LG Münster WuM 2014, 146.

678 BGH (VIII ZR 322/08) GE 2010, 477 = NZM 2010, 315 = WuM 2010, 156.

679 KG GE 2012, 751 = WuM 2012, 273.

680 BGH (VIII ZR 346/08) NZM 2009, 906 = WuM 2009, 669 = ZMR 2010, 102; dazu kritisch *Schmid* ZMR 2010, 103; *v. Seldeneck* InfoM 2009, 427.

681 BGH (VIII ZR 340/08) GE 2009, 1037 = NZM 2009, 698 = WuM 2009, 516 = ZMR 2009, 839.

682 KG GE 2009, 1493 = WuM 2009, 670.

683 BGH (VIII ZR 285/09) GE 2010, 1613 = NZM 2010, 858 = WuM 2010, 688 m. Anm. *Tholl* WuM 2010, 748 und *Knabbe* WuM 2011, 108 = ZMR 2011, 112.

684 BGH (VIII ZR 285/09) GE 2010, 1613 = NZM 2010, 858 = WuM 2010, 688 = ZMR 2011, 112.

vorzunehmen. Soweit es um die Positionen „Hausmeister/Gebäudereinigung" und „Hausmeister/Gebäudereinigung/Gartenpflege" geht, ist allerdings zu bedenken, dass nach § 2 Nr. 14 BetrKV Arbeitsleistungen nach den Nrn. 2 bis 10 und 16 nicht angesetzt werden dürfen, soweit die Arbeiten vom Hauswart ausgeführt wurden. Sie sind mithin bei dessen Kosten in Ansatz zu bringen. Es fragt sich daher, ob aus der Entscheidung des BGH die Notwendigkeit zur Aufschlüsselung der Hauswartskosten nach der jeweiligen Tätigkeit und dem jeweiligen Kostenansatz abzuleiten ist. Dies ist zu verneinen, weil der BGH gleichzeitig darauf abstellt, dass für die Zusammenfassung der Kosten in einer Position *„ein sachlicher Grund weder vorgetragen, noch ersichtlich"* war.[685] Als derartiger sachlicher Grund ist die pauschale Entlohnung des Hauswarts ohne Differenzierung nach den verschiedenen betriebskostenrelevanten Tätigkeiten anzusehen, die in der Praxis den Regelfall darstellen dürfte.

Des Weiteren begegnet der Fehler der unvollständigen Bezeichnung der Hauptkostenarten durch die **Zusammenfassung unterschiedlicher Kosten in einer Position,** wenn z. B. unter der Position *„Heizungskosten"* die Heizkosten sowie Kosten der Klimaanlage und Wasserversorgung oder unter der Position *„Strom allgemein"* die Kosten für Beleuchtung, Entwässerung, Heizung[686] abgerechnet wurden. Hier ist **nur die angeführte Kostenart prüffähig,** nicht aber die nicht erkennbar eingerechnete(n),[687] so dass nur die korrekt bezeichnete Betriebskostenart in ihrer richtigen Höhe umlagefähig ist. In manchen Fällen verbleibt überhaupt **keine umlagefähige Kostenart,** wenn z. B. unter *„Instandhaltung"* alle 32 als umlagefähig vereinbarte Kostenarten zusammengefasst wurden,[688] unter der Bezeichnung *„Stadtwerke"* die Kosten für Gemeinschaftsstrom, Wasser, Entwässerung und Müll,[689] unter der Bezeichnung *„Städtische Abgaben"* die Positionen Grundsteuer und Straßenreinigung[690] oder bei schlagwortartigen Positionen wie *„Lieferungen und Leistungen"* oder *„Personalkosten"*.[691]

337 Streitig war, ob ein weiterer formeller Hauptfehler vorliegt, wenn **nur schon bereinigte Kosten,** also die nach Abzug z. B. von Instandhaltungs- oder Verwaltungskosten verbliebenen Kosten, angesetzt wurden. Hierzu hat der BGH unter Aufgabe seiner früheren Rechtsprechung entschieden, dass es zur formellen Ordnungsgemäßheit einer Betriebskostenabrechnung hinsichtlich der Angabe der „Gesamtkosten" genügt, wenn der Vermieter bei der jeweiligen Betriebskostenart den Gesamtbetrag angibt, den er auf die Wohnungsmieter der gewählten Abrechnungseinheit umlegt. Dies gilt auch dann, wenn der Vermieter diesen Gesamtbetrag vorab um nicht auf den Mieter umlagefähige Kostenanteile bereinigte; einer Angabe und Erläuterung der zum angesetzten Gesamtbetrag führenden Rechenschritte bedarf es nicht.[692] Diese Änderung war geboten. Zum einen ist es schon nicht zwingend, unter Gesamtkosten alle in einer Kostenart angefallenen Kosten zu verstehen; da es um die Abrechnung der auf den Mieter umlegbaren Kosten geht, liegt es sachlich näher, als Gesamtkosten diejenigen zu bezeichnen, die tatsächlich ansatzfähig sind.[693] Zum anderen und insbesondere führte die bislang vorgenommene Qualifikation der Gesamtkosten zu einem unangemessenen Ergebnis. Sowohl bei der unbereinigten als auch der vorab bereinigten Abrechnung ist jeweils nur eine Zahlenangabe vorhanden, auf deren Grundlage die Abrechnungen im gleichen Maße rechnerisch prüffähig sind. Für den *Mieter* war so oder so nicht ersichtlich, was sich hinter dem angeführten Betrag verbirgt; dies zeigt sich erst bei der nachgelagerten Einsicht in die Belege. Für den *Vermieter* war es kaum akzeptabel, dass die Abrechnung formell nicht ausreichte, obwohl er sich durch die Vorwegbereinigung um inhaltliche Richtigkeit bemühte, während der Vermieter, der, aus welchen Gründen auch immer, den Ausweis notwendiger Vorwegabzüge unterließ, eine Abrechnung lieferte, die er wegen bloß inhaltlicher Fehler ohne Sperre durch die Ausschlussfrist korrigieren konnte.

---

[685] Vgl. BGH (VIII ZR 45/11) WuM 2011, 684 Rz. 6.

[686] OLG Hamburg WuM 2003, 268.

[687] Ebenso *Gies* in Hannemann/Wiegner § 24 Rdn. 176; *Milger* NJW 2009, 625 (628); vgl. OLG Dresden GE 2002, 994 = ZMR 2002, 416.

[688] KG GE 2012, 751 = WuM 2012, 273.

[689] LG Mannheim Urt. v. 12.11.2008 – 4 S 19/08 InfoM 2009, 322 m. Anm. *Möhrle.*

[690] BGH (VIII ZR 285/15) GE 2017, 471 = WuM 2017, 205; AG Aachen WuM 2016, 288.

[691] OLG Düsseldorf GE 2009, 1489.

[692] BGH (VIII ZR 93/15) DWW 2016, 99 = GE 2016, 253 = NZM 2016, 192 = WuM 2016, 170 = ZMR 2016, 282.

[693] Ebenso *Milger* PiG 97 (2014) S. 141 f.

Manche Vermieter und Verwalter sind inzwischen dazu übergegangen, mit dem **Hauswart separate Verträge** über die reine Hausmeistertätigkeit sowie die ihm daneben übertragenen Reparatur- und/oder Verwaltungsleistungen abzuschließen, um sich den Abgrenzungsaufwand in der Abrechnung zu ersparen. Der Ansatz nur der Kosten aus dem Hausmeistervertrag war auch bisher schon keine Vorwegbereinigung.[694] Der andere separate Vertrag betrifft Kosten der Verwaltung, die der Vermieter nicht offenbaren muss.[695] Dass der Abschluss von Einzelverträgen mit demselben Dienstleister in der Praxis gelegentlich Vermieter dazu verführt, die Kosten aus dem Vertrag mit den nicht umlagefähigen Kosten zulasten des anderen Vertrags auffällig gering zu halten, betrifft allein die inhaltliche Richtigkeit. Ebenfalls handelte es sich nicht um einen Fall der Vorwegbereinigung, wenn ein Dienstleister, etwa ein Hauswartunternehmen zwar umfassend beauftragt war, aber für jede betreute Wohneinheit eine eigenständige Rechnung erteilte.[696] **338**

Die **Angabe** und ggf. Erläuterung des zugrunde gelegten **Umlageschlüssels** ist **zwingende formelle Wirksamkeitsvoraussetzung.**[697] Die Verwendung eines der **allgemein bekannten Verteilerschlüssel** wie Fläche oder Wohnfläche, Personenanzahl, Miteigentumsanteil, Wohneinheit, bedarf **keiner weiteren Erläuterung;**[698] sie sind selbsterklärend.[699] Zur formellen Seite der Abrechnung reicht es daher, wenn selbst bei den nach der Wohnfläche umzulegenden Nebenkostenpositionen der Verteilerschlüssel in Prozentsätzen angegeben wird.[700] **Nur bei ungewöhnlichen Umlageschlüsseln** ist eine Erläuterung angezeigt, damit der Mieter die Abrechnung rechnerisch nachprüfen kann[701] (s. Rdn. 341), wobei die Erläuterung nicht in der Abrechnung selbst enthalten sein muss, sie kann dem Mieter auch auf andere Weise mitgeteilt worden sein/werden (s. Rdn. 129). **339**

Unverzichtbar ist aber **grundsätzlich** die Angabe der **Gesamteinheiten;** ihr Fehlen wird daher im Regelfall als formeller Fehler zu werten sein. Eine **Ausnahme** betrifft die Umlegung nach **Prozentsätzen,**[702] weil bereits der aufzuteilende Kostenansatz die Gesamteinheit liefert, so dass weitere Angaben entbehrlich sind. Bei der Umlage nach dem **Flächenmaßstab** ist daher nicht nur die Fläche des Mietobjekts, sondern auch die Gesamtfläche anzugeben. Ihre Angabe genügt, auch wenn sie sich verändert hat, etwa durch An- oder Ausbau oder infolge einer Neuvermessung, was bei zuvor nur nach Bauzeichnungen ermittelten Flächen zu beträchtlichen Abweichungen führen kann; eine Erläuterung der neuen Werte ist daher nicht erforderlich, allerdings materiell sinnvoll, um Nachfragen der Mieter zu vermeiden. Bei der Abrechnung nach **Personen** genügt die bloße Angabe der angesetzten Kopfteile; ebenso verhält es sich bei der Umlage nach sog. Personenmonaten. Hier muss zwar die Anzahl der im Gebäude wohnenden Personen in ein Verhältnis zur Dauer ihres Aufenthalts im Abrechnungszeitraum gesetzt werden,[703] die Angabe „32,20 Personenmonate × 4,3470004 € je Personenmonat = 139,98 €" soll aber auch ohne weitere Erläuterung formell wirksam sein.[704]

Die **unvollständige** Angabe der **Bezugsdaten** begegnet in der Praxis **insbesondere, wenn zwei oder mehr Differenzierungen** z. B. beim Flächenschlüssel vorzunehmen waren. Verwendete der Vermieter verschiedene Flächenschlüssel oder gemischte Maßstäbe, müssen die jeweiligen Abweichungen von der Gesamtfläche bzw. die verwendeten unterschiedlichen Schlüssel angeführt sein.[705] Er hat daher **bei jeder Kostenart** zu vermerken, **welcher Verteilungsmaßstab** ange- **340**

---

[694] BGH (VIII ZR 33/15) DWW 2016, 137 = GE 2016, 387 = NZM 2016, 353 m. Anm. *Both* = WuM 2016, 214 = ZMR 2016, 434; (VIII ZR 137/09) NZM 2010, 274 = WuM 2010, 153; **a. A.** *Wolbers* ZMR 2009, 417 (421 f.).

[695] LG Berlin MM 12/2012, 29.

[696] BGH (VIII ZR 22/13) GE 2013, 1651 = NZM 2014, 26 = WuM 2013, 734.

[697] Z. B. LG Nürnberg-Fürth WuM 2016, 739: kein Umlageschlüssel für die Heizkosten als Hauptkosten, weil die Heizkostenabrechnung nicht beigefügt war.

[698] BGH (VIII ZR 295/07) GE 2009, 189 = NZM 2009, 78 = WuM 2009, 42; (VIII ZR 89/10) NZM 2011, 546 = WuM 2011, 367.

[699] *Milger* NJW 2009, 625 (628).

[700] BGH (VIII ZR 286/10) GE 2012, 402 = WuM 2012, 98.

[701] Z. B. BGH (VIII ZR 295/07) GE 2009, 189 = NZM 2009, 78 = WuM 2009, 42; (VIII ZR 84/07) GE 2008, 795 = NZM 2008, 477 = WuM 2008, 351.

[702] BGH (VIII ZR 286/10) GE 2012, 402 = WuM 2012, 98.

[703] Dazu *Both* in Herrlein/Kandelhard § 556 a Rdn. 29.

[704] BGH (VIII ZR 97/14) GE 2014, 1645 = NZM 2014, 902 = WuM 2014, 722; **a. A.** LG Berlin GE 2009, 980: Die pauschale Angabe *„Personen × Tage"* reicht formell nicht; *Schmid* GE 2010, 1589 (1590).

[705] OLG Nürnberg WuM 1995, 308.

wandt wurde.[706] Diese Pflicht bezieht sich nicht nur darauf, bei den **verbrauchsabhängigen Kosten** diejenigen für die einzelnen Mietobjekte auszuweisen und von den Gesamtkosten abzuziehen (sog. Vorerfassung). **Auch bei einheitlich verwendetem Flächenmaßstab** ist danach zu differenzieren, inwieweit die jeweiligen Einheiten an den Kosten teilhaben,[707] so dass ggf. mehrere Flächenschlüssel zur Anwendung kommen; allerdings müssen die jeweiligen Abweichungen von der Gesamtfläche bzw. die verwendeten unterschiedlichen Schlüssel nicht erläutert werden.[708]Auch wenn die Abrechnung dadurch aufwendiger wird, etwa bei einem Gebäudekomplex mit Supermarkt, Läden, Arztpraxen und Wohnungen, wo mehrere hundert Mietparteien betroffen sind, ist dem Vermieter die Offenlegung und nachvollziehbare Darlegung der unterschiedlichen Umlageschlüssel zuzumuten.[709] Entfallen z. B. bei der Abrechnung nach **Wirtschaftseinheit** manche Betriebskosten nur auf einzelne Häuser oder nehmen die beteiligten Häuser in unterschiedlichem Umfang an denselben Kosten teil, sind die Kosten entsprechend zuzuordnen; dies ist am besten durch die jeweils ausgewiesenen relevanten Flächen zu erreichen, was jedoch keine Bedingung für die formelle Wirksamkeit ist. Dasselbe gilt für die Kostenverteilung in **gemischt genutzten Objekten,** wenn die Gewerbeflächen nicht unerhebliche Mehrkosten verursachen. Bei der Umlage der Müllgebühren z. B. dürfte es auf der Grundlage der Rechtsprechung des BGH zur formellen Seite genügen, die Kosten nach dem Wohnungs- bzw. Teileigentum zu verteilen. Nach anderer Ansicht muss im Einzelnen dargelegt werden, wie die Müllgefäße dem jeweiligen Teileigentum zugeordnet sind, damit ersichtlich ist, dass etwa Wohnungen nicht an den auf eine Gaststätte entfallenden höheren Gebühren beteiligt werden.[710] Dasselbe gilt z. B. für eine Glasversicherung.

341 Ein **weiterer Fehler** betrifft die Verwendung von Umlageschlüsseln, die **ohne Erläuterung nicht verständlich** sind (*„O3 Umlage nach Quadratmeter Wohnfläche × Monate 3816,00 1176,00 12"*),[711] *„366 Tage Gesamtfläche des Hauses in qm-Wohnfläche × Tage bewohnt. Gesamt: 376649,52"*,[712] *„HB-Koste"* und *„AUFZ. 51,8"*.[713] *„MEA"* als Kürzel für Miteigentumsanteil wird zwar für sich genommen hinreichend bekannt sein, unterschiedlich angesetzte sind indes nicht nachvollziehbar.[714] Da nicht nur die Angabe, sondern ggf. auch die Erläuterung des Umlageschlüssels zum formellen Teil der Abrechnung zählen kann, ist die Abrechnung insgesamt formell nicht ordnungsgemäß, wenn sich die unklaren Umlagemaßstäbe auf alle oder fast alle Kostenansätze beziehen. Dies begegnet in der Praxis insbesondere bei gemischt genutzten Objekten, bei denen nachprüfbare und ggf. erläuterte Kostenkreise zu ziehen sind.

Soweit **verbrauchsabhängig** abzurechnen ist, sollten die jeweiligen Zählerstände angegeben sein. Beschränkt sich die Abrechnung auf eine Mitteilung wie *„lt. Zähler"*, ist sie allerdings nur inhaltlich nicht korrekt, weil der Fehler evident ist.[715]

342 Bei der **Berechnung des auf den Mieter entfallenden Kostenanteils** werden **nur Rechenfehler** in Betracht kommen, die allein die inhaltliche Richtigkeit betreffen.[716] Sie können vom Mieter bei der Prüfung der Abrechnung in aller Regel ohnehin leicht bemerkt werden.

343 Der **Abzug der Vorauszahlungen** des Mieters gehört ebenfalls zu den notwendigen Mindestangaben.[717] Sind die Vorauszahlungen zum einen für die kalten Betriebskosten, zum anderen die Heiz- und Warmwasserkosten im Mietvertrag getrennt ausgewiesen, sind sie auch separat auf diese Kosten zu verrechnen.[718] Wenn kein Abrechnungsergebnis unter Berücksichtigung der Vorauszah-

---

[706] Z. B. OLG Düsseldorf ZMR 2014, 441.
[707] BGH (VIII ZR 27/10) InfoM 2011, 106 m. Anm. *Beyer* = WuM 2011, 101.
[708] BGH (VIII ZR 227/09) GE 2010, 1191 = NZM 2010, 781 = WuM 2010, 493 = ZMR 2010, 933.
[709] BGH (VIII ZR 27/10) InfoM 2011, 106 m. Anm. *Beyer* = NZM 2011, 401 = WuM 2011, 101 = ZMR 2011, 454; so ausdrücklich schon BGH (VIII ZR 298/80) GE 1982, 135 = NJW 1982, 573 = WuM 1982, 207 zu einem Objekt mit mehreren hundert Mietparteien (vgl. die abgeänderte Entscheidung des OLG Hamm WuM 1981, 62).
[710] OLG Braunschweig WuM 1999, 173.
[711] BGH (VIII ZR 84/07) GE 2008, 795 = NZM 2008, 477 = WuM 2008, 351; LG Leipzig NZM 2005, 14.
[712] AG Leipzig ZMR 2004, 120.
[713] BGH (VIII ZR 295/07) GE 2009, 189 = NZM 2009, 78 = WuM 2009, 42.
[714] LG Leipzig NZM 2005, 14.
[715] BGH (VIII ZR 322/08) GE 2010, 477 = NZM 2010, 315 = WuM 2010, 156.
[716] *Milger* NJW 2009, 625 (628).
[717] BGH (VIII ZR 108/02) GE 2003, 250 = NZM 2003, 196 = WuM 2003, 216 = ZMR 2003, 334; (VIII ZR 75/07) GE 2008, 730 = NZM 2008, 442 = WuM 2008, 350; KG DWW 2014, 296 = GE 2014, 1137 = WuM 2014, 551 = ZMR 2014, 973.
[718] AG Berlin-Mitte WuM 2015, 158; vgl. LG Berlin GE 2017, 297.

lungen im Anschreiben oder auf einem Beiblatt ausgewiesen ist, erhält der Mieter keine Abrechnung, sondern nur eine Zusammenstellung der Kosten. Der Mieter hat einen Anspruch auf eine einheitliche Abrechnung, nicht eine solche auf Raten. Während mit Null angesetzte Vorauszahlungen für den Mieter eine klare Aussage enthalten, so dass die Abrechnung formell wirksam ist,[719] soll dies nunmehr nach Ansicht des **BGH** auch für eine Betriebskostenabrechnung gelten, in der keine Vorauszahlungen des Mieters in Ansatz gebracht worden sind, weil die Forderung der Angabe Null auf eine bloße Förmelei hinauslaufe.[720] Zwar mag argumentiert werden, dass der fehlende Ansatz von Vorauszahlungen bedeutet, dass keine geleistet wurden. Dies ist indes nicht zwingend. In der Praxis begegnen z. B. immer wieder Fälle, in denen der Mieter nicht die volle Miete zahlte, weil er sich zur Mietminderung berechtigt sah, und der Vermieter als Ausgleich die Vorauszahlungen ganz oder zum Teil nicht als gezahlt verbuchte, weil er die Minderung für unberechtigt hielt. Es ist daher keineswegs eine bloße Förmelei zu verlangen, dass der Vermieter jedenfalls eine Null bei den Vorauszahlungen ansetzt, damit der Mieter Klarheit erhält.

Den Streit über die Folgen **falsch angesetzter Vorauszahlungen,** zumal beim Unterfall der Abrechnung auf der Basis der zwischen den Parteien vereinbarten Vorauszahlungen **(Sollvorauszahlungen)** hat der BGH ausdrücklich dahin entschieden, dass auch eine Abrechnung mit derartigen Fehlern **formell wirksam** ist.[721]

Unschädlich ist es, wenn der Vermieter dem Mieter eine Abrechnung über die Betriebskosten ohne Ansatz der Wasser- und Entwässerungskosten erteilt und er die nach den Wohnungswasserzählern erstellte verbrauchsabhängige Einzelabrechnung der Stadtwerke schlicht als weitere Forderung beifügt, sofern er die Vorauszahlungen in seiner Abrechnung berücksichtigte.[722]

Erläuterungen sind nur zwingend, wenn sie sich auf den Verteilerschlüssel auswirken, also nicht, wenn die Erläuterung nur der Plausibilitätskontrolle dient, etwa zur Erklärung eines Kostenanstiegs bei einer Betriebskostenart. Bei einem Vergleich mit der Vorjahresabrechnung tritt die Veränderung sogleich zu Tage, der Mieter kann gezielt beim Vermieter Aufklärung anfordern, so dass allein ein inhaltlicher Mangel vorliegt; dasselbe gilt bei wechselnden Flächenangaben bei der Abrechnung nach dem Flächenmaßstab.[723] 344

2. Materieller Inhalt

a) Preisfreier Wohnraum und Gewerberaum. aa) Zusammenstellung der Gesamtkosten. In der Abrechnung sind die Gesamtkosten zusammen zu stellen. Zusammenstellung bedeutet schon begrifflich, dass die angefallenen Kostenarten aufzuführen sind. Wie detailliert dies zu sein hat, ist jedoch streitig. 345

(a) Angabe der Gesamtkosten. Die Abrechnung **sollte** mit einem Zusatz die Gesamtkosten je Betriebskostenart **auch dann** ausweisen, wenn sie **nur zum Teil umlagefähig** sind. Die Abrechnung wird für den Mieter leichter nachvollziehbar, der Vermieter erspart sich Rückfragen. 346

(b) Angabe der Betriebskostenarten. Für eine nachvollziehbare Abrechnung ist es unverzichtbar, dass alle angesetzten **Kostenarten einzeln** bezeichnet werden.[724] Sind in den angeführten Kostenarten andere enthalten, ist die Abrechnung hinsichtlich dieser verdeckten Kostenarten bereits formell fehlerhaft, weil insoweit überhaupt keine Abrechnung zu erkennen ist (vgl. die Beispiele Rdn. 336). Die Aufschlüsselung ist dem Vermieter zuzumuten, da er ohnehin zur Vorbereitung der Abrechnung eine entsprechende Aufstellung fertigen muss. 347

(c) Angabe der Rechnungsdaten. Rechnungsdaten müssen in der Abrechnung **nicht** aufgeführt werden.[725] Ihre Angabe hat für den Mieter keinen besonderen Informationswert, sie ist auch im Hinblick auf die Kontrollrechte des Mieters nicht angebracht. Bei Zweifeln an der Richtigkeit 348

---

[719] BGH (VIII ZR 286/10) GE 2012, 402 = WuM 2012, 98.

[720] BGH (VIII ZR 197/11) GE 2012, 609 = NZM 2012, 416 = WuM 2012, 278 m. krit. Anm. *Knabbe* WuM 2012, 679 = ZMR 2012, 525 m. abl. Anm. *Schmid*.

[721] BGH (VIII ZR 286/10) GE 2012, 402 = WuM 2012, 98; (VIII ZR 240/10) GE 2011, 949 = NZM 2011, 627 = WuM 2011, 420 = ZMR 2011, 784; (VIII ZA 2/08) GE 2009, 1489 = NZM 2009, 906 = WuM 2009, 671 = ZMR 2010, 272.

[722] BGH (VIII ZR 75/07) NZM 2008, 442 = WuM 2008, 350 = ZMR 2008, 702.

[723] BGH (VIII ZR 261/07) NZM 2008, 567 = WuM 2008, 407 = ZMR 2008, 777.

[724] Ebenso KG neg. RE 28.5.1998 NZM 1998, 620 = WuM 1998, 474 = ZMR 1998, 627.

[725] KG neg. RE 28.5.1998 DWW 1998, 244 = GE 1998, 796 = NZM 1998, 620 = WuM 1998, 474 = ZMR 1998, 627; LG Hamburg WuM 1997, 180; AG Köln ZMR 1996, I; *Blank* DWW 1992, 70; *Schmid* ZMR 1996, 415.

kann er alle Belege einsehen, die ihm in geordneter Form zu präsentieren sind. Die generelle Vorverlagerung der sich aus den Kontrollrechten des Mieters ergebenden Pflichten des Vermieters auf den Inhalt schon der Abrechnung ist daher für den Mieter nicht erforderlich und würde den Vermieter über Gebühr belasten. Dies gilt auch für ehemals preisgebundenen Wohnraum in den östlichen Bundesländern nach der Betriebskostenumlageverordnung.[726]

349 **(d) Angabe der Verbrauchsdaten.** Rechnet der Vermieter **nicht verbrauchsabhängig** ab, ist er grundsätzlich nicht verpflichtet, die **Verbrauchsdaten** in der Abrechnung mitzuteilen.[727] Der Mieter würde dadurch zwar in die Lage versetzt, mit einem Blick die Plausibilität des abgerechneten Verbrauchs zu überprüfen, zumal der Rechnungsbetrag allein nicht erkennen lässt, inwieweit ein Kostenanstieg auf erhöhtem Verbrauch und/oder auf erhöhten Gebühren beruht. Auf der anderen Seite ist zu berücksichtigen, dass die Versorger ihre Leistungen üblicherweise nur mit einer Jahresabrechnung in Rechnung stellen, so dass bei Aufklärungsbedarf des Mieters die kurze Einsicht in den Beleg ausreicht. Dieser Aufwand ist dem Mieter zuzumuten.

350 Bei **verbrauchsabhängiger Abrechnung** ist es demgegenüber selbstverständlich, dass die einzelnen Verbrauchsdaten einschließlich der Zählerstände aufgeführt sind; die bloße Angabe *„lt. Zähler"* reicht materiell nicht.[728]

351 Ein **Sonderproblem** stellt sich, wenn die **vorhandenen Einzelwasserzähler nicht abgelesen** wurden oder ihre Zählerstände ggf. wegen Ablaufs der Eichfrist (s. Rdn. 116) nicht mehr verwendet werden dürfen. In derartigen Fällen ist der Vermieter nicht in der Lage, entsprechend dem Mietvertrag oder gem. § 556a Abs. 1 Satz 2 BGB nach Verbrauch abzurechnen. Ihm bleibt nur die Umlage nach dem Regelmaßstab gem. § 556a Abs. 1 Satz 1 BGB, dem Flächenschlüssel. Diese sachwidrige Abrechnung muss der Mieter nicht akzeptieren. Unter dem Gesichtspunkt eines Schadensersatzanspruchs aus Vertragsverletzung ist es zulässig, **generell einen Abzug von 15 %** vorzunehmen,[729] der, das ist wegen zahlreicher Missverständnisse in der Praxis zu betonen, auf umfangreichen spezifischen Untersuchungen und eben nicht auf der Übernahme des Abzugs aus § 12 Abs. 1 HeizKV beruht. Eine gemeinsame Untersuchung der Hamburger Umweltbehörde und der Hamburger Wasserwerke aus der Mitte der neunziger Jahre des letzten Jahrhunderts zeigte eine Einsparung an Frischwasser zwischen 18,9% und 39,6%, eine Untersuchung der Hamburger Wasserwerke aus 1999 eine mittlere Einsparung von rund 26%.[730] Diese enorme Einsparquote kann jedoch hier nicht (mehr) zugrunde gelegt werden. Zum einen ist, wie bei dem Abzug nach § 12 Abs. 1 HeizkostenV, ein mittlerer Wert anzusetzen. Aus anderen Untersuchungen ist bekannt, dass die Größe der Gebäude und damit die Zahl der Bewohner einen signifikanten Einfluss auf den durchschnittlichen, nicht erfassten Wasserverbrauch hat.[731] Zum anderen ist zu berücksichtigen, dass seitdem viele Vermieter, insbesondere Wohnungsunternehmen, aber auch Mieter wegen der Höhe der Wasser- und der damit verbundenen Entsorgungskosten Wasserspareinrichtungen insbesondere in den Toiletten einbauten und z. B. Waschmaschinen mit sparsamem Wasserverbrauch kauften. Im Hinblick auf diese veränderten Umstände geht das Ministerium nunmehr von einer Einsparung von rund 15% aus.[732] Dieser Wert entspricht demjenigen aus anderen Untersuchungen,[733] auch die Hamburger Wasserwerke geben ihn als erfahrungsgemäßes Einsparpotential an.[734] Zwar werden durch diese schematische Verfahrensweise Besonderheiten des Einzelfalls nicht berücksichtigt. Dies ist indes unschädlich, was sich eindrucksvoll daran zeigt, dass die Umlage nach dem Flächenschlüssel nunmehr durch § 556a Abs. 1 Satz 1 BGB ausdrücklich als sachgerechter Verteilungsschlüssel anerkannt ist, obwohl ihm „Ungerechtigkeiten" im Einzelfall immanent sind.

352 **(e) Gegenüberstellung zur Vorabrechnung.** Die Gegenüberstellung mit den Kosten aus der vorangegangenen Abrechnung ist nach herrschender Auffassung **nicht erforderlich.** Sie belastet

---

726 OLG Brandenburg neg. RE 15.7.1998 GE 1998, 1271.

727 **A. A.** *Schläger* ZMR 1999, 443.

728 Z. B. LG Gießen NJW-RR 1996, 1163.

729 BGH (VIII ZR 218/11) GE 2012, 827 = WuM 2012, 316 = ZMR 2012, 615; LG Berlin GE 2011, 1683; LG Itzehoe InfoM 2011, 371 m. zust. Anm. *Flatow;* LG Kleve ZMR 2007, 620; AG Neukölln GE 2009, 384; **a. A.** *Brückner* GE 2012, 42.

730 *Sommer/Hartung* HKA 1999, 9, 11.

731 *Roth* DW 1993, 616.

732 *Fabig* HKA 2004, 25.

733 *Wege/Sommer* BBauBl. 1999, 63 (65); vgl. *Derleder* PiG 57 (1999) S. 59 (62) unter Bezug auf eine Untersuchung von *S. Meier.*

734 Undatierte Informationsbroschüre *„Wasserzähler für Hamburgs Wohnungen"*.

den Vermieter übermäßig, ohne dass berechtigte Interessen des Mieters dies erfordern würden.[735] Dem während der Abrechnungsperiode neu eingezogenen Mieter steht das Recht auf Einsicht in die Belege zu; dazu gehört auch die Vorabrechnung, wenn ihm die Kostenansätze ganz oder teilweise unplausibel erscheinen, um ihm einen Vergleich der Kostenentwicklung zu ermöglichen.

(f) Gegenüberstellung bei in der Miete eingeschlossenen Sockelbeträgen. Gelegentlich vereinbaren die Parteien eine **Bruttokaltmiete,** bei der die Betriebskosten **mit** dem **Stand des Vertragsabschlusses** im Mietzins enthalten sind, während die Kostensteigerungen im Wege der Abrechnung erhoben werden können. Als Variante dazu kommt der Fall vor, dass bei jeder Mieterhöhung die aktuellen Betriebskosten eingerechnet sind, so dass sich das Recht zur Abrechnung von Mehrkosten nur auf die Zeit zwischen zwei Mieterhöhungen bezieht. Hier gehört zu einer ordnungsgemäßen Abrechnung die Angabe des jeweils relevanten Sockelbetrages und des zwischenzeitlichen Kostenanstiegs. Der Vermieter muss mithin die Grundlagen seiner **Differenzberechnung** offenlegen; die bloße Angabe des Differenzbetrages reicht nicht.[736] 353

(g) Erläuterung der Abrechnung. Im Unterschied zur Erhöhung des Betriebskostenanteils gem. § 560 Abs. 1 BGB sieht § 556 Abs. 3 BGB für die jährliche Abrechnung **keine generelle Erläuterungspflicht** vor. Gleichwohl waren Erläuterungen nach bislang herrschender Ansicht für eine wirksame Abrechnung notwendig, wenn im Einzelfall Besonderheiten vorlagen, welche ihre Nachvollziehbarkeit allein aus dem Zahlenwerk heraus schwierig machten.[737] Manche der insoweit von der Rechtsprechung behandelten Varianten fallen seit der Einführung der Ausschlussfrist in § 556 Abs. 3 Satz 3 BGB und der daraus resultierenden Trennung in formelle und materielle Anforderungen an eine Betriebskostenabrechnung schon in den formellen Bereich. Dies betrifft etwa beim Umlageschlüssel dessen hier ausdrücklich erforderliche Erläuterung (s. Rdn. 341). In etlichen weiteren Fällen bleibt es aber dabei, dass eine Abrechnung, die von vornherein auch *materiell* wirksam sein soll, Erläuterungen erfordert. Nur sie ermöglicht es dem Vermieter im Übrigen, Nachforderungen zügig durchzusetzen und zeitaufwendige Nachfragen der Mieter zu vermeiden. 354

- Entstanden Kosten (z.B. Hauswartskosten) für mehrere Objekte des Vermieters, sind die Grundlagen für die nach Angabe der Gesamtkosten notwendige Umrechnung auf das abgerechnete Objekt zu bezeichnen.
- Entfallen auf einen Abrechnungsposten nur Teile einer Gesamtausgabe, sind sie nach Angabe der Gesamtkosten heraus zu rechnen, z. B. der Anteil eines nur teilweise umlagefähigen Stromverbrauchs,[738] der Instandhaltungsanteil bei einem Vollwartungsvertrag etwa für einen Aufzug[739] oder die Anteile, zu denen der Hauswart Reparatur- und/oder Verwaltungsarbeiten erledigt.[740] Hier sind die Grundlagen für die Berechnung zu erläutern. Wurde ein Kostenansatz nur geschätzt, sollen diese Tatsache und ihre Grundlagen offen gelegt werden.[741]
- Wird über gemischt genutzte Objekte abgerechnet, sind die Gründe anzugeben, aus denen die Vorerfassung der Verbrauchswerte für die Gewerbeflächen unterlassen wurde[742] oder nicht möglich war,[743] jedenfalls wenn nicht ohne weiteres deutlich ist, dass dort allenfalls unerhebliche Mehrkosten verursacht wurden.
- Ist bei einer Kostenart im Unterschied zu den Vorjahren ein sonst nicht nachvollziehbarer Kostenanstieg zu verzeichnen ist, etwa bei den Strom-,[744] Wasser-,[745] Gartenpflege oder Hausmeisterkosten,[746] scheidet zwar ein formeller Fehler aus; zur materiellen Seite ist eine Erläuterung indes erforderlich, um die Plausibilität der Abrechnung darzutun.
- Erhält der Hausmeister ein beträchtliches Entgelt und werden daneben weitere hohe Kosten für Winterdienst und Gebäudereinigung abgerechnet,[747] ist der Grund für diese hohe Belastung deutlich zu machen.

---

[735] LG Berlin GE 1991, 149 = WuM 1991, 121; *Blank* DWW 1992, 70.
[736] AG Köln ZMR 1994, 336.
[737] Z. B. KG neg. RE 28.5.1998 GE 1998, 796 = NZM 1998, 620 = WuM 1998, 474 = ZMR 1998, 627.
[738] KG neg. RE 28.5.1998 GE 1998, 796 = NZM 1998, 620 = WuM 1998, 474 = ZMR 1998, 627.
[739] LG Berlin GE 1999, 777.
[740] AG Kerpen WuM 2000, 37.
[741] AG Brühl WuM 1996, 628; AG Hamburg WuM 1991, 50.
[742] LG Berlin GE 2000, 1032; GE 2003, 190; AG Köln ZMR 2003, 684.
[743] AG Wiesbaden WuM 1996, 96; *Lützenkirchen* MDR 1998, 136.
[744] AG Brühl WuM 1991, 121.
[745] AG Hamburg Urt. v. 26.3.1996 – 43b C 1900/95.
[746] LG Kiel WuM 1996, 628; AG Köln WuM 1996, 628 und 629.
[747] AG Berlin-Mitte NZM 2002, 523.

– Werden Sperrmüllkosten umgelegt, soll der Vermieter erläutern, welche Anstrengungen er unternommen hat, um die Entstehung von Sperrmüll zu verhindern.[748]

355 **bb) Angabe und Erläuterung des Umlageschlüssels. (a) Offenlegung des Umlageverfahrens.** Da die Angabe und Erläuterung des Verteilungsmaßstabs bereits zu den Mindestangaben für eine formell wirksame Abrechnung gehören (s. Rdn. 340f.), werden **materielle Fehler** in diesem Bereich **eher selten** vorliegen. Einen Fall, die Verwendung eines anderen als des im Mietvertrag festgelegten Umlageschlüssels, hat der BGH als materiellen Fehler entschieden.[749] Ferner sind genauere Angaben dann entbehrlich, wenn der Mieter die entsprechenden Detailkenntnisse bereits aus dem Mietvertrag oder aus früheren Abrechnungen hat.[750]

356 *derzeit nicht belegt*

357 **(b) Verfahren bei Zählerdifferenzen.** Mit der zunehmenden Verwendung von Wohnungswasserzählern gewinnt das Problem an Bedeutung, dass die **Summe der Verbräuche nach den Einzelwasserzählern nicht dem Verbrauch nach dem Hauptzähler** entspricht. Es handelt sich hierbei um eine technische Erscheinung, die zur Irritation der Mieter und nicht selten zu gerichtlichen Auseinandersetzungen führt. Sie hat ihren Grund zunächst in den technischen Unterschieden zwischen Haupt- und Einzelwasserzählern. Hauptwasserzähler sind immer Mehrstrahl-Flügelradzähler, bei denen der Wasserstrom über mehrere Einlasskanäle auf das Flügelrad gelenkt und über mehrere Auslasskanäle wieder zusammengeführt wird und weiter fließt. Zudem sind sie Nassläufer, bei denen zwischen der Flügelradachse und dem Getriebe des Zählwerks eine direkte Verbindung besteht. Sie werden horizontal eingebaut und verfügen über eine frühe Ansprechempfindlichkeit (ab einem Durchfluss von 7 l/h[751]). Als Wohnungswasserzähler kommen praktisch nur Einstrahl-Flügelradzähler zum Einsatz, bei denen das Wasser in einem Strom durchfließt und das Rad antreibt. Sie sind Trockenläufer, bei denen die Drehbewegung der Radachse mit einer Magnetkupplung auf das Getriebe des Zählwerks übertragen wird; da die Kupplung mit Magneten unterbrochen werden kann, ist darauf zu achten, dass nur Zähler mit eingebautem Magnetschutz verwendet wurden. Sie sind technisch einfacher und dadurch billiger, haben jedoch eine geringere Ansprechempfindlichkeit; sie erfassen den Verbrauch nicht exakt,[752] sondern auf Grund des sog. Schlupfs zu wenig. Dieser Schlupf differiert noch je nach der Art des Einbaus, bei horizontalem Einbau muss die Durchflussmenge über 12 l/h liegen, bei vertikalem Einbau über 20 l/h.[753]

Ein weiterer Grund für die Messdifferenzen liegt in den Toleranzen, welche die Geräte aufweisen dürfen. Hierbei handelt es sich zum einen um die **Eichfehlergrenze,** die bei der Prüfung des Wasserzählers auf dem Prüfstand nicht überschritten werden darf (§ 22 Abs. 2 MessEV). Sie kann bei Einstrahlzählern +/– 2% im oberen Bereich[754] und +/– 5% im unteren Bereich betragen. Zum anderen geht es um die **Verkehrsfehlergrenze,** d. h. die maximale Toleranz des Geräts im eingebauten Zustand (§ 3 Nr. 21 MessEG). Sie beläuft sich auf das Doppelte der Eichfehlergrenze, so dass im unteren Bereich Fehlmessungen von bis zu 10% zulässig sind. Diese Toleranzen lassen sich minimieren, indes nur mit wirtschaftlich nicht vertretbarem Aufwand.

358 Diese systembedingten Ungenauigkeiten stellen **keinen Mangel** dar,[755] zumal die Bedingungen bei allen Nutzern gleich sind, wenn, wie vorgeschrieben, nur geeichte Geräte installiert wurden. Ungeeichte Zähler oder Zähler, bei denen die **Eichfrist** überschritten ist, können durch Verkalkung oder Verschmutzung (Rost oder Schwebstoffe nach Reparaturen am Rohrnetz) fehlerhafte Ergebnisse anzeigen, indem sie schneller oder langsamer liefen oder schlicht stehen blieben. Zu ihrer Verwendung nach der Rechtsprechung des BGH s. Rdn. 116; zur Korrektur der Abrechnung Rdn. 351.

Die Ungenauigkeiten haben aber zur Folge, dass die **Abrechnung nach Verbrauch nur** wirksam ist, **wenn alle Mietobjekte** mit Einzelwasserzählern ausgerüstet sind. So sieht auch § 21 Abs. 2 Satz 3 NMV für preisgebundenen Wohnraum eine Abrechnungspflicht des Vermieters nach Ver-

---

748 LG Berlin GE 2001, 1469.

749 BGH (VIII ZR 115/04) GE 2005, 50 = NZM 2005, 13 = WuM 2005, 61 = ZMR 2005, 121.

750 BGH (VIII ZR 298/80) GE 1982, 135 = NJW 1982, 573 = WuM 1982, 207; KG neg. RE 28.5.1998 NZM 1998, 620.

751 *Peters* NZM 2000, 696ff.

752 *Lange* HKA 1993, 35; *Peters* NZM 2000, 696ff.; *Roth* DW 1993, 616; *Wall* WuM 1998, 69.

753 *Peters* NZM 2000, 696ff.

754 Bei Warmwasserzählern sogar +/– 3%, vgl. *Lefèvre* HKA 1999, 29.

755 Ebenso BGH (VIII ZR 133/85) WuM 1986, 214 zu den weitaus ungenaueren Heizkostenverteilern nach dem Verdunstungsprinzip.

brauch erst vor, wenn alle Wohnungen mit Wasserzählern ausgestattet sind. Der Vermieter eines Hauses, in dem nicht in alle Wohnungen Einzelwasserzähler eingebaut wurden, ist daher nicht verpflichtet (noch berechtigt), zumindest gegenüber denjenigen Mietern, in deren Wohnung der Verbrauch erfasst wurde, auch nach Verbrauch abzurechnen; dies gilt selbst dann, wenn die Kosten bei der Umlage nach Flächenschlüssel das Doppelte der Kosten des erfassten Verbrauchs betragen.[756] Wegen der Ungenauigkeiten wäre es nicht sachgerecht, den Mietern ohne Wohnungswasserzähler schlicht im Wege der Subtraktion die Differenz der Summe der Verbräuche nach den Einzelwasserzählern zum Verbrauch nach dem Hauptwasserzähler aufzuerlegen (s. auch § 556a BGB Rdn. 94).[757] Auch ein Aufschlag von 10% auf die Gesamtkosten nach den Wohnungswasserzählern[758] scheidet aus; es gibt keine empirischen Anhaltspunkte, dass ein derartiger Zuschlag die Mehrbelastung ausgleicht. Gegen die Überlegung, die Wasserkosten der noch nicht mit Wohnungswasserzählern ausgestatteten Wohnungen nach dem Flächenschlüssel auf diese umzulegen und die verbleibenden Kosten sodann auf die anderen nach den jeweiligen Zählerständen,[759] ist einzuwenden, dass es sich hierbei nicht um eine Vorerfassung, sondern um die unzulässige Verwendung verschiedener Umlagemaßstäbe handelt, die zu verzerrten Ergebnissen führt.[760]

Ergibt sich eine **erhebliche Differenz,** sollten die Parteien nachprüfen, ob tatsächlich alle Zapfstellen mit Zählern ausgestattet sind. So kann ein Zähler etwa am Handwaschbecken eines Gemeinschaftsraums fehlen, an einer Zapfstelle im Keller, in Garagen oder an Gartenleitungen. Lässt sich eine derartige Fehlerquelle nicht ausmachen, scheidet die Umlage der Differenzmenge auf die Nutzer nach herrschender Ansicht aus, wenn sie mehr als 20% beträgt.[761] Der Anschein spreche dafür, dass sie auf mangelhafter Instandhaltung des Rohrleitungsnetzes durch den Vermieter beruhe. Auf keinen Fall darf einem Mieter ein unplausibel hoher Wasserverbrauch auf Grund bloßer Vermutungen auferlegt werden, z. B. könne der hohe Verbrauch auch auf häufigen Vollbädern beruhen.[762] Zu beachten ist, dass es auf die Messdifferenz zwischen Hauptwasserzähler und der Summe der Einzelzähler ankommt, nicht auf den Unterschied zwischen dem Wasser-Einstandspreis für den Vermieter und dem den Mietern berechneten Endpreis.[763] Der Einstandspreis ist der bloße Lieferpreis der Stadtwerke, er erhöht sich um die umlagefähigen weiteren Kosten der Wasserversorgung gem. § 2 Nr. 2 BetrKV wie z. B. Gerätemiete, Ablesung und Abrechnung.[764] Die Preisdifferenz besagt daher nichts dazu, ob die Toleranzgrenze überschritten wurde. **359**

Bei **geringeren Differenzen** erfolgt die Umlage der Differenzmenge nicht nach der Anzahl der Wohnungen oder dem Flächenmaßstab, sondern entsprechend dem Verhältnis der bei den Wohnungswasserzählern angezeigten Verbrauchsmengen zum Gesamtverbrauch.[765] Dazu werden die Gesamtkosten durch die Summe aller Einzelwasserzähler dividiert und das Ergebnis mit den einzelnen Verbrauchswerten multipliziert, so dass jeder Nutzer einen proportionalen Anteil an den Differenzen trägt. **360**

cc) Berechnung des Anteils des Mieters. (a) Angaben bei fortbestehendem Mietverhältnis. Nach den vorstehenden Ausführungen versteht es sich von selbst, dass die Abrechnung deutlich machen muss, **wie der Anteil** des Mieters ermittelt wurde. Kommen verschiedene Maßstäbe zur Anwendung, ist der jeweils auf den Mieter entfallende Anteil anzugeben. **361**

---

[756] BGH (VIII ZR 188/07) GE 2008, 661 = NZM 2008, 444 = WuM 2008, 288.

[757] So LG Berlin GE 2010, 1742; entgegen AG Erkelenz ZMR 1997, 245 auch dann nicht, wenn dem Mieter Gelegenheit gegeben wurde, die Stände aller Einzelzähler der anderen Mieter zu kontrollieren; unzutr. ferner AG Ibbenbüren WuM 2000, 83, das den Vermieter mit der Zählerdifferenz belastet; ausführlich *Langenberg* NZM 2010, 186.

[758] So LG Kassel WuM 2006, 273.

[759] *Milger* NZM 2008, 757 (760).

[760] *Lammel* § 556a Rdn. 32.

[761] LG Duisburg WuM 2006, 199; LG Berlin GE 2002, 193; LG Darmstadt WuM 2001, 515; AG Rheine WuM 2015, 388; AG Münster WuM 2000, 152; AG Salzgitter WuM 1996, 285; AG Schöneberg GE 2000, 1623: 20%–25%; AG Dortmund DWW 1992, 180: mehr als 25%; *Wall* Rdn. 3297: 25% unter Bezug auf eine Richtlinie des VDI.

[762] BVerfG WuM 1997, 27.

[763] So aber LG Braunschweig WuM 1999, 294: Einstandspreis 6,84 DM, den Mietern berechneter Preis 8,90 DM, damit eine Differenz von mehr als 30%.

[764] Z. B. *Both* in Herrlein/Kandelhard § 556a Rdn. 16; *Lefèvre* HKA 1999, 31 f.; *Peters* S. 177.

[765] LG Braunschweig WuM 1999, 294; AG Salzgitter WuM 1996, 285; AG Dortmund DWW 1992, 180; *Wall* WuM 1998, 69.

362 **(b) Angaben bei Mieterwechsel während des Abrechnungszeitraums. (aa) Umlage nach festem Maßstab.** Bei einem Mieterwechsel innerhalb der Abrechnungsperiode muss die Abrechnung erkennen lassen, **in welcher Weise Vor- und Nachmieter** belastet werden. Dazu ist es notwendig, den Gesamtbetrag der Betriebskosten anzugeben (s. Rdn. 337); teilt der Vermieter jeweils nur den schon auf die verbliebene Mietzeit im Abrechnungszeitraum umgerechneten Betrag mit, ist die Abrechnung bereits formell unwirksam. Üblich ist die Verteilung nach den Zeitanteilen der Nutzung. Gegen sie bestehen auch bei verbrauchsabhängigen Kosten keine Bedenken. Sollte während der Mietzeit des Nachmieters eine Gebührenerhöhung eingetreten sein, ist es wegen der immanenten Ungenauigkeiten der Umlage nach festem Maßstab grundsätzlich nicht erforderlich, Umrechnungen vorzunehmen. Eine Ausnahme wird allenfalls dann eingreifen, wenn die Mietzeit des Vormieters im Abrechnungszeitraum nur kurz war und die Erhöhung alsbald nach seinem Auszug vorgenommen wurde. Hat der Vermieter bei den in mehrjährigem Turnus oder aperiodisch anfallenden Betriebskostensteigerungen die Belastung des Mieters durch die Verteilung der Kosten auf mehrere Jahre gestreckt, ist der noch offene Restbetrag allein dem Vormieter anzulasten (s. Rdn. 321).

363 **(bb) Umlage nach Verbrauch.** Werden Betriebskosten nach erfasstem Verbrauch abgerechnet, hat der ausziehende Mieter nach allgemeiner Ansicht einen Anspruch auf **Zwischenablesung.** Dies folgt bei der Umlage der Kosten aus Beheizung und Warmwasserbereitung unmittelbar aus § 9b Abs. 1 HeizkostenV, bei den Kosten der Wasserversorgung und Entwässerung mittelbar aus § 556a Abs. 1 Satz 2 BGB; je nach der technischen Ausstattung von Müllerfassungsgeräten gilt dies entsprechend bei der Umlage nach erfasster Verursachung. Die Parteien können eine abweichende Vereinbarung treffen (vgl. § 9b Abs. 4 HeizkostenV),[766] die sich jedoch an der Billigkeit i. S. d. § 315 BGB orientieren muss. Formularklauseln, die sich unangemessen für den Vor- oder Nachmieter auswirken können, scheitern an der Inhaltskontrolle nach § 307 BGB. Da die Gradtagszahlentabelle bei der Verteilung der Wasser- und Entwässerungskosten nicht anwendbar ist, könnte die Aufteilung z. B. auf der Grundlage der Vorjahresabrechnung erfolgen oder nach der jeweiligen Nutzerzahl. Fehlt eine derartige Abrede und unterbleibt die Zwischenablesung aus Gründen, die nicht dem Mieter zuzurechnen sind, ist ihm das empirisch ermittelte Kürzungsrecht von 15% zuzuerkennen (s. Rdn. 351).

364 Da die Umlage nach genauem Verbrauch ohne Zwischenablesung nicht möglich ist, gehören die **Ablesekosten** schon systematisch zu den Verwaltungskosten, die nach § 2 Nr. 2 BetrKV und damit kraft ausdrücklicher Abweichung von § 1 Abs. 2 Nr. 1 BetrKV umgelegt werden dürfen. Der **BGH** hat allerdings entschieden, dass es sich um Verwaltungskosten handelt, die dem Vermieter zur Last fallen, wenn im Mietvertrag keine abweichende Regelung getroffen wurde.[767] Dies gilt daher auch im Gewerberaummietverhältnis.[768] Die Belastung des Mieters mit einem *bestimmten* Betrag (s. Rdn. 365) als Verwaltungskosten ist unproblematisch, weil es sich hierbei in der Sache um ein zusätzliches Mietentgelt handelt, das nicht nach Betriebskostengrundsätzen auf verschiedene Mieter zu verteilen ist.[769]

Bei **Altverträgen** kann die fehlende Vereinbarung nachgeholt werden. Während im laufenden Mietverhältnis nur selten ein Anlass hierzu bestehen dürfte, bietet es sich an, dies im Rahmen der Beendigung des Mietverhältnisses nachzuholen, z. B. im Rückgabeprotokoll, das der Mieter unterschreibt. Da hier von der Situation eines Haustürgeschäfts i. S. d. § 312 BGB auszugehen ist,[770] muss das Protokoll grundsätzlich eine Belehrung enthalten, dass der Mieter die Vereinbarung innerhalb von zwei Wochen (§ 355 BGB) widerrufen darf, andernfalls endet die Widerrufsfrist in jedem Fall 12 Monate und 14 Tage nach Abschluss der Vereinbarung (§ 356 Abs. 3 Satz 2 BGB). Die Belehrung lässt sich vermeiden, indem der Mieter schon rechtzeitig vor dem Rückgabetermin über alle beim Termin in Betracht kommenden Absprachen informiert wird, etwa durch Zusendung eines Protokollmusters. Hiermit hat der Mieter die Information, was ggf. alles zur Sprache kommen wird, so dass er nicht in einer Haustürsituation überrumpelt wird, was § 312 BGB verhindern will. Eine andere Möglichkeit ist, den neuen Mieter mit den Kosten zu belasten.

---

[766] **A. A.** *Seldeneck* Rdn. 3350.
[767] BGH (VIII ZR 19/07) GE 2008, 193 = NZM 2008, 123 = WuM 2008, 85.
[768] AG Charlottenburg GE 2013, 1345.
[769] Ebenso *Bub/Bernhard* NZM 2008, 513 (514); *Schmid* NZM 2008, 762 (763).
[770] *Bub/Bernhard* NZM 2008, 513 (514).

Der frühere intensive Streit, ob die Ablesekosten auf alle Mieter verteilt werden dürfen oder müssen oder ob sie stets oder nur unter Ausnahmen dem weichenden Mieter zu belasten sind, hat sich damit erledigt. Die Kosten hat nun nur ein Mieter zu tragen, was auch formularmäßig vereinbart werden kann; es wird allerdings ein Verstoß gegen das Übermaßverbot aus § 307 BGB vorliegen, wenn ein Mieter sowohl die vollen Kosten der Ablesung bei Einzug wie auch bei Auszug tragen soll.[771] Eine **Formularklausel** in **Neuverträgen** könnte z. B. lauten *„Endet das Mietverhältnis innerhalb des Abrechnungszeitraums, werden die Wohnungswasserzähler gesondert abgelesen. Die Ablesekosten betragen ... €; sie trägt der Mieter, sofern er das Mietverhältnis nicht begründet fristlos nach §§ 543, 569 Abs. 1 BGB kündigte."* Die Ablesekosten müssen als (angemessener) Festbetrag ausgewiesen sein, anderenfalls scheitert die Abwälzung an § 556 Abs. 4 BGB. Der Zusatz zur Ausnahme bei berechtigter fristloser Kündigung des Mieters stellt sicher, dass ihn die Klausel nicht unangemessen belastet; dies wäre der Fall, wenn er die Ablesekosten auch dann zu tragen hätte, wenn das Verhalten des Vermieters Anlass zur fristlosen Kündigung gab.[772] Hier steht dem Mieter ein Schadensersatzanspruch aus Vertragsverletzung zu, der auf Freihaltung von den kündigungsbedingten Kosten geht, zu denen diejenigen einer Zwischenablesung zählen. 365

(cc) Mieterwechsel bei der Vermietung von Wohnungseigentum. Beim Mieterwechsel hat der Vermieter sorgfältig zu prüfen, ob es bei der Aufteilung der Kosten nach der Mietzeit sein Bewenden haben kann oder ob **zusätzliche Abgrenzungen** erforderlich sind. Da zumal der Vermieter von Wohnungs- oder Teileigentum für seine Abrechnung im laufenden Mietverhältnis die Ansätze des WEG-Verwalters, die auf dem Abflussprinzip beruhen, übernehmen darf, kann es zur unberechtigten Inanspruchnahme des alten wie des neuen Mieters kommen. Dies ist z. B. beim alten Mieter der Fall, wenn der Verwalter noch kurz vor dem Ende des Wirtschaftsjahres Forderungen ausgleicht, die sich auf das folgende beziehen, etwa Versicherungsprämien oder Entgelte für den Hausmeister oder Dritte, und der Mieter alsbald im neuen Wirtschaftsjahr auszieht. Der neue Mieter ist betroffen, wenn das Gemeinschaftskonto mit Nachforderungen aus früheren Abrechnungsperioden und damit der Zeit vor seinem Einzug belastet wird. 366

dd) Abzug der Vorauszahlungen. (a) Ansatz aller Vorauszahlungen. Der Vermieter ist verpflichtet, **sämtliche** im Abrechnungszeitraum geleisteten **Vorauszahlungen** in der Abrechnung zu berücksichtigen. Die Abrechnung auf der Basis der **Sollvorauszahlungen** ist zwar nicht formell unwirksam, aber materiell unrichtig.[773] Es ist daher nicht zulässig, was in der Praxis gelegentlich zu beobachten ist, dass der Vermieter die Vorauszahlungen um für unberechtigt gehaltene Mietminderungsbeträge kürzt. Hat der Mieter zu Recht den Mietzins wegen eines Mangels nach § 536 BGB gemindert und die Quote der **Minderung** zutreffend nach der Bruttomiete[774] ermittelt, sind ihm gleichwohl die Vorauszahlungen in voller Höhe gutzubringen. Auf diese einfache Weise ist ihm die Differenz zwischen der geminderten und der vereinbarten Miete gutgebracht. 367

(b) Vorauszahlungen bei Vermieterwechsel. Fraglich ist, welche Vorauszahlungen der **Erwerber** dem Mieter in der Abrechnung gutzubringen hat, wenn die Eintragung seines Eigentums im Grundbuch innerhalb einer laufenden Abrechnungsperiode erfolgte. Da er grundsätzlich über den gesamten Abrechnungszeitraum abrechnen muss (s. Rdn. 291), ist es sachgerecht, ihm den Ansatz aller Vorauszahlungen aufzuerlegen, gleichviel ob sie an den alten oder den neuen Vermieter geleistet wurden.[775] Zulässig ist es allerdings, die Jahresgesamtabrechnung so aufzumachen, dass ausschließlich die Kostenanteile des Mieters in zwei sich ergänzende Zeitabschnitte des Abrechnungsjahres aufgegliedert werden;[776] da die Abrechnung über die gesamte Abrechnungsperiode geht, handelt es sich nicht um eine unzulässige Teilabrechnung. Sind noch **Vorperioden** abzurechnen, ist dies Sache des Veräußerers, der die vom Mieter an ihn geleisteten Vorauszahlungen anzusetzen hat. 368

Eine **Klausel** im Mietvertrag, nach der sich der Vermieter bei einem Verkauf des Grundstücks vorbehält, nur für die Zeit bis zum **Verrechnungstag,** mit dem die Rechte und Pflichten auf den Erwerber übergehen, abzurechnen, während der Erwerber für die Folgezeit des Abrechnungszeit- 369

---

[771] *Schmid* NZM 2008, 762 (764).

[772] AG Schopfheim WuM 2000, 331; *Sternel* PiG 55 (1998) S. 79 (96); **a. A.** LG Berlin GE 2005, 433.

[773] BGH (VIII ZA 2/08) NZM 2009, 906 = WuM 2009, 671 = ZMR 2010, 272; hierzu ausführlich *Zehelein* WuM 2014, 3.

[774] BGH (XII ZR 225/03) GE 2005, 666 = NZM 2005, 455 = WuM 2005, 384 = ZMR 2005, 524; (VIII ZR 347/04) WuM 2005, 573.

[775] BGH (III ZR 211/99) GE 2000, 1471 = NZM 2001, 158 = WuM 2000, 609.

[776] BGH (VIII ZR 227/09) GE 2010, 1191 = NZM 2010, 781 = WuM 2010, 493 = ZMR 2010, 933.

raums abzurechnen hat, ist unwirksam.[777] Sie belastet den Mieter unangemessen i. S. d. § 307 BGB mit zahleichen Unzuträglichkeiten. Zum einen sähe er sich gezwungen, ein Guthaben gegen zwei Schuldner durchzusetzen; bei einer Nachforderung stünden ihm zwei Gläubiger gegenüber, die ihn bei Beanstandungen an der Abrechnung ggf. beide gerichtlich in Anspruch nehmen. Zum anderen stellt sich das Problem der Aufteilung der jeweiligen Forderung. Während bei den verbrauchsunabhängigen Kosten eine zeitanteilige Aufteilung zu gerechten Ergebnissen führt, versagt sie bei den verbrauchsabhängigen Kosten, bei denen ohne Zwischenablesung – sofern überhaupt Einzelzähler vorhanden sind – nicht feststellbar ist, während welcher Eigentumszeit welcher Verbrauch angefallen ist. Bei einem Guthaben wäre der Mieter dem Einwand des alten oder des neuen Vermieters ausgesetzt, es sei gerade nicht während der Zeit seines Eigentums entstanden, bei Nachforderungen könnte er nach Ausgleich einer Teilforderung mit der Erklärung eines der Eigentümer konfrontiert sein, diese habe zum Teil eigentlich ihm zugestanden.

370 *derzeit nicht belegt*

371 **(c) Vorauszahlungen bei Zwangs- und Insolvenzverwaltung. Besteht** zu dem Zeitpunkt, zu dem die Anordnung der **Zwangsverwaltung** wirksam wird, ein **Mietverhältnis,** hat der Zwangsverwalter nicht nur die Abrechnung über die laufende Periode zu erstellen, sondern auch die noch offenen Abrechnungen über frühere Vorauszahlungen des Mieters nachzuholen.[778] Die zeitliche Begrenzung des § 152 Abs. 1 Satz 2 ZVG greift wegen der vorgehenden Spezialvorschrift des § 152 Abs. 2 ZVG nicht ein, so dass die Abrechnungspflicht auch solche Zeiträume erfasst, bei denen nach § 556 Abs. 3 Satz 3 BGB Nachforderungen ausgeschlossen sind.[779] Der Verwalter tritt nach § 152 Abs. 2 ZVG in alle Pflichten des Vermieters aus dem Mietvertrag ein, so dass er selbst dann Guthaben an den Mieter auszahlen muss, wenn er die betreffenden Vorauszahlungen nicht unmittelbar erhielt. Dementsprechend kann der Mieter gegen Mietforderungen des Zwangsverwalters mit dem Guthaben aus einer Abrechnungsperiode aufrechnen, die zwar vor der Beschlagnahme beendet war, die aber erst nach Beschlagnahme fällig wurde.[780]

War das **Mietverhältnis** im Zeitpunkt der Anordnung **beendet,** so dass es zum Eintritt in den Mietvertrag nicht kam, richtet sich die Abrechnungspflicht des Zwangsverwalters nach § 152 Abs. 1 Satz 2 ZVG. Er ist daher gehalten, noch über solche Abrechnungsperioden abzurechnen, auf die sich die Beschlagnahme des Grundstücks durch die Anordnung der Zwangsverwaltung erstreckt (§ 1123 Abs. 2 Satz 1 BGB, §§ 21, 148 Abs. 1 Satz 1 ZVG), weil anders evtl. Nachzahlungsansprüche nicht erkennbar sind. Ergibt sich bei der Abrechnung ein Guthaben des Mieters, hat er dieses unabhängig davon auszuzahlen, ob ihm die Vorauszahlungen des Mieters noch in irgendeiner Weise zuflossen.[781]

Wird das Grundstück im laufenden Abrechnungszeitraum **zwangsversteigert** und dauert die Zwangsverwaltung noch eine Zeit darüber hinaus an, hat der Zwangsverwalter dem Ersteher die noch nicht verbrauchten Nebenkostenvorauszahlungen, auch aus der Zeit vor dem Zuschlag, auszukehren, weil der Ersteher die Abrechnung über die laufende Periode schuldet.[782] Er darf nicht etwa den Ersteher mit den im laufenden Abrechnungszeitraum bis zum Zuschlag verauslagten, durch die Vorauszahlungen des Mieters nicht gedeckten Betriebskosten belasten, z. B. durch Abzug von den dem Ersteher zustehenden, nach dem Zuschlag vereinnahmten Mieten.[783]

Ist die **Zwangsverwaltung beendet,** ist für die Abrechnung wieder der Eigentümer zuständig, auch wenn dem Zwangsverwalter die Vorauszahlungen zugeflossen waren.[784] Die Begründung neuer Forderungen gehört nicht mehr zur ordnungsgemäßen Abwicklung der Verwaltung,[785] wie z. B. die Schlussabrechnung über die Verwaltung.

Nach der Eröffnung des **Insolvenzverfahrens** über das **Vermögen des Vermieters** hat nach § 80 InsO der Insolvenzverwalter sämtliche offenen Abrechnungen über die Vorauszahlungen des

---

[777] Vgl. *Sternel* PiG 55 (1998) S. 79 (95).

[778] BGH (VIII ZR 168/05) NZM 2006, 581 = WuM 2006, 402; (VIII ZR 333/02) GE 2003, 945 = NJW 2003, 2320 = NZM 2003, 473 = WuM 2003, 390 = ZMR 2004, 568.

[779] *Derleder* NZM 2009, 8 (14).

[780] OLG Rostock NZM 2006, 520.

[781] BGH (VIII ZR 333/02) GE 2003, 945 = NJW 2003, 2320 = NZM 2003, 473 = WuM 2003, 390 = ZMR 2004, 568.

[782] BGH (IX ZR 156/06) GuT 2007, 445 = NZM 2008, 100 = WuM 2007, 698.

[783] BGH (V ZB 34/11) GE 2012, 201.

[784] LG Potsdam GE 2013, 875; LG Berlin GE 2004, 691; AG Hanau Urt. vom 4.5.2011 – 91 C 212/10.

[785] So aber AG Köln WuM 2013, 109.

Mieters nachzuholen.[786] Nachforderungen, auch aus der Zeit vor Eröffnung des Verfahrens, stehen dem Insolvenzverwalter zu, Guthaben des Mieters sind Insolvenzforderungen (§ 108 Abs. 3 InsO); allerdings kann der Mieter mit einem Guthaben gegen Mietansprüche aus der Zeit nach Insolvenzeröffnung aufrechnen.[787] Soweit der Insolvenzverwalter über Abrechnungsperioden abrechnet, die nach Eröffnung liegen, hat der Mieter bei einem Guthaben eine Masseforderung. Bei Insolvenzeröffnung während eines laufenden Abrechnungszeitraums ist das Abrechnungsergebnis wie bei einem Mieterwechsel zeitanteilig aufzuteilen.[788] Fällt die Abrechnungsperiode zwar in die Zeit der Insolvenzverwaltung, ohne dass der Insolvenzverwalter abrechnete, wurde diese jedoch sodann aufgehoben, hat der Vermieter aufgrund der wieder erlangten Zuständigkeit abzurechnen.[789]

Bei der **Insolvenz des Mieters** ist die Nachforderung des Vermieters, die einen Abrechnungszeitraum *vor Eröffnung des Insolvenzverfahrens* betrifft, auch dann (einfache) Insolvenzforderung, wenn der Vermieter erst nach der Insolvenzeröffnung oder nach dem Wirksamwerden der Enthaftungserklärung des Insolvenzverwalters gem. § 109 Abs. 1 Satz 2 InsO abgerechnet hat.[790] Ergab die Abrechnung ein Guthaben des Mieters und damit eine Masseforderung, kann der Vermieter gleichwohl gegen den Rückzahlungsanspruch mit einer Mietzinsforderung aus der Zeit vor Verfahrenseröffnung aufrechnen, auch wenn die Abrechnung erst danach erfolgte und damit erst die Fälligkeit des Guthabens eintrat.[791] Forderungen des Vermieters aus der Zeit *nach Eröffnung* des Verfahrens sind Masseforderungen, nach Beendigung der Massehaftung solche, für die der Mieter selbst haftet.

ee) Ansatz von Mehrwertsteuer. Wird **Gewerberaum an einen Unternehmer** vermietet, kann der Vermieter nach § 9 Abs. 1 UStG auf die Steuerfreiheit seiner Mieteinnahmen verzichten. Machte er von dieser Option Gebrauch und vereinbarten die Parteien, dass der Mieter auf den Mietzins und damit auch auf die Betriebskosten (s. Rdn. 70) Mehrwertsteuer entrichten soll, ist der Saldo zuzüglich Mehrwertsteuer vom Mieter auszugleichen. Bei einer zulässigen Option unterliegen alle Nebenkosten der Umsatzsteuer, unabhängig davon, ob sie mit Vorsteuer belastet sind wie die Leistungen der Versorger oder nicht wie bei öffentlichen Lasten.[792] Bei den Betriebskosten handelt es sich um ein Entgelt i. S. d. Legaldefinition in § 10 Abs. 1 Satz 2 UStG, sie stellen keine durchlaufenden Posten i. S. v. § 10 Abs. 1 Satz 5 UStG dar.[793] Diese liegen nur dann vor, wenn der Unternehmer, der die Beträge vereinnahmt und verauslagt, im Zahlungsverkehr lediglich die Funktion einer Mittelsperson ausübt, ohne selbst einen Anspruch auf den Betrag gegen den Leistenden zu haben und auch nicht zur Leistung an den Empfänger verpflichtet zu sein.[794] Der Vermieter schuldet indes Dritten die ihm in Rechnung gestellten Beträge; er rechnet zudem nicht über Fremdvermögen ab. Der Mieter kann hiergegen nicht einwenden, der Vermieter erhalte i. E. höhere Umsatzsteuerbeträge auf die Betriebskosten als Vorsteuer anfalle. Würde die vom Mieter zu tragende Umsatzsteuer entsprechend reduziert, müsste der Vermieter die Differenz wegen seiner uneingeschränkten Steuerpflicht selbst tragen, wozu er nach der Vereinbarung nicht verpflichtet ist.[795] 372

Der Mietvertrag kann für die Miete und die Betriebskostenvorauszahlungen als „Dauerrechnung" nur dienen, wenn er die **Angaben gem. § 14 UStG** enthält.[796] Nach § 14 Abs. 4 UStG hat die Rechnung die Namen von Vermieter und Mieter, die dem Vermieter vom Finanzamt erteilte Steuernummer oder die vom Bundeszentralamt für Steuern erteilte Umsatzsteuer-Identifikationsnummer, Ausstellungsdatum, Beschreibung der Leistung nach Menge, Art und Zeitpunkt sowie

---

[786] Z. B. *Blank* in Blank/Börstinghaus § 556 Rdn. 254; *Derleder* NZM 2009, 8 (15); *Weitemeyer* in Staudinger § 556 Rdn. 102; *Wolf/Eckert/Ball* Rdn. 1522.

[787] BGH (IX ZR 7/06) NZM 2007, 162.

[788] BGH (IX ZR 7/06) NZM 2007, 162; *Börstinghaus* DWW 1999, 205 (207); *Derleder* NZM 2009, 8 (14); *Flatow* in FS Blank S. 513 (516); *Weitemeyer* in Staudinger § 556 Rdn. 120.

[789] *Reismann* GuT 2010, 326 (328).

[790] BGH (VIII ZR 295/10) GE 2011, 684 = NZM 2011, 404 = WuM 2011, 282 = ZMR 2012, 11; ausführlich *Flatow* FS Blank S. 513 (516ff.) zur Maßgeblichkeit des Abrechnungszeitraums, nicht der Fälligkeit durch Abrechnung.

[791] BGH (IX ZR 237/03) NZM 2005, 342.

[792] Verfügung der OFD Köln vom 11.9.1985, Verwaltungsentscheidungen UR 2/1986, BFH DWW 2000, 132 = GE 2000, 543.

[793] Ausführlich *Schütz* NZM 2014, 417 (418).

[794] Umsatzsteuerrichtlinien 1996 Anm. 152.

[795] LG Hamburg ZMR 1998, 294; *Sontheimer* NJW 1997, 694; *Westphal* ZMR 1998, 264f.

[796] OLG Düsseldorf GE 2005, 989 = NZM 2006, 262; LG Aachen MietRB 2016, 103; *Kahlen* ZMR 2006, 506; *Streyl* NZM 2012, 751 (752); einschränkend *Herrlein* NZM 2013, 409 (413).

die betragsmäßig ausgewiesene Mehrwertsteuer[797] anzuführen. Fehlt es an einer der Angaben, hat der Mieter ein Zurückbehaltungsrecht bis zur Aushändigung einer vollständigen Abrechnung.[798]

373 **ff) Ausweis haushaltsnaher Dienst- und Handwerkerleistungen.** Nach § 35a EStG kann der Steuerpflichtige einen Antrag auf **Verminderung** der tariflichen **Einkommensteuer** stellen, wenn er haushaltsnahe Dienstleistungen (§ 35a Abs. 2 Satz 1 EStG) und/oder haushaltsnahe Handwerkerleistungen (§ 35a Abs. 3 EStG) in Anspruch genommen und unbar bezahlt hat; der Aufwand des Vermieters für entsprechende Eigenleistungen ist steuerlich nicht ansetzbar.[799] **Begünstigter Aufwand** sind der Bruttoarbeitslohn, Maschinen- und Fahrtkosten; Rechnungen von Dienstleistern oder Handwerkern müssen daher zwischen diesen Kosten und den im Grundsatz nicht ansatzfähigen Materialkosten differenzieren. Die Steuerermäßigung beträgt jeweils 20%. Die für die Umsetzung der Vorschrift maßgeblichen Einzelheiten folgen aus dem Anwendungsschreiben zu § 35a EStG des Bundesministeriums der Finanzen vom 10. 1. 2014,[800] welches das Anwendungsschreiben vom 15. 2. 2010 nebst Anl. 1 ersetzt.[801]

- Aus dem Betriebskostenkatalog des § 2 BetrKV kommen etliche Betriebskostenarten in Betracht, die entweder vollständig oder in Teilen haushaltsnahe Tätigkeiten darstellen. Zu den **haushaltsnahen Dienstleistungen** gehören in der Reihenfolge des Katalogs z. B.
  - Nr. 2: Wasserversorgung: Kein Ansatz des Abrechnungsservice für Einzelwasserzähler
  - Nr. 3: Entwässerung: Kein Ansatz der Kosten des Abrechnungsservice, wie Nr. 2
  - Nr. 4–6: Heizung und Warmwasser: Kein Ansatz für Ablesung und Abrechnung, wie Nr. 2
  - Nr. 7: Aufzug: Reinigung des Fahrkorbs
  - Nr. 8: Straßen- und Wegereinigung einschl. Winterdienst, auch soweit nicht auf dem Privatgrund[802]
  - Nr. 8: Müllbeseitigung: Abrechnungsservice bei Erfassung wie Nr. 2; Behältertransport zur Straße, soweit hierfür Sonderzuschläge erhoben werden,[803] Abfallmanagement
  - Nr. 9: Gebäudereinigung
  - Nr. 9: Ungezieferbekämpfung
  - Nr. 10: Gartenpflege: Pflege inkl. Bewässerung; nicht: Neuanpflanzungen, die als Ersatzbepflanzung zu den Betriebskosten gehören
  - Nr. 14: Hauswart ohne Verwaltungs- und Instandsetzungskostenanteil

  Verbrauchsmaterial wie z. B. Reinigungs- oder Spülmittel und Streugut für den Winterdienst müssen nach Nr. 39 des Anwendungsschreibens nicht herausgerechnet werden.
- Zu den haushaltsnahen Handwerkerleistungen gehören
  - Nr. 2: Wasserversorgung: Wartung der hauseigenen Wasserversorgungsanlage, Wartung von Wassermengenreglern, nicht: Gutachten über die Untersuchung der Wasserqualität, Legionellenprüfung.
  - Nr. 3: Entwässerung: Wartung der privaten Abwasserentsorgungsanlage, Wartung einer privaten Entwässerungspumpe; auch: Dichtigkeitsprüfung[804].
  - Nr. 4–6: Heizung und Warmwasser: Kosten der technischen Unterhaltung (= Überwachung, Pflege, Wartung, Messungen, Eichkosten)
  - Nr. 7: Aufzug: Kosten der technischen Unterhaltung (= Überwachung, Pflege, Wartung), nicht: gutachterliche Kontrolle
  - Nr. 8: Wartung z. B. von Müllkompressoren oder Müllerfassungsgeräten, nicht: Sperrmüllabfuhr
  - Nr. 10: Gartenpflege: Wartung von Spielgeräten, Gartenpflegegeräten, Grünschnittabfuhr als Nebenleistung

---

797 BGH (XII ZR 292/02) NZM 2004, 785.
798 BGH Urt. vom 26.6.2014 – VII ZR 247/13; einschränkend *Herrlein* NZM 2005, 648 (649): nur hinsichtlich des Umsatzsteuerbetrags.
799 *Both/Both* ZMR 2015, 912 (917).
800 IV C 4 – S 2296-b/07/0003:004.
801 BMF GZ IV C 4 – S 2296-b/07/0003 (2010/0014334).
802 BFH (VI R 55/12) ZMR 2014, 843 entgegen Rdn. 9 des Anwendungsschreibens: auch Arbeiten auf öffentlichem Grund, zumal wenn eine Verpflichtung zur Reinigung und Schneeräumung besteht.
803 *Beck* GE 2007, 1540; *Both/Both* ZMR 2015, 912 (917); nicht in den Anwendungsschreiben angeführt.
804 BFH (VI R 1/13) DWW 2015, 69 = NZM 2015, 310.

– Nr. 12: Schornsteinfegerkosten; ab Veranlagungszeitraum 2014 aufzuteilen in Kehrarbeiten, Reparatur- und Wartungsarbeiten (begünstigt) und Mess- oder Überprüfungsarbeiten, Feuerstättenschau (nicht begünstigt)
– Nr. 15: Betrieb von Antennen: Wartung und Einstellung
– Nr. 16: Einrichtungen der Wäschepflege: Kosten der technischen Unterhaltung (= Überwachung, Pflege, Wartung)
– Nr. 17: Sonstige Betriebskosten: ja, soweit Wartung oder Reinigung durch Handwerker

Auch hier gilt, dass **Verbrauchsmaterial** wie Schmiermittel u. Ä. nicht abgezogen werden muss.

Der **Nachweis der Kosten** gem. § 35a Abs. 2, 3 EStG erfolgt für den Mieter nach Nr. 28 des neuen Anwendungsschreibens entweder in der Betriebs- und Heizkostenabrechnung oder einer gesonderten Bescheinigung des Vermieters gem. Anl. 2. Entgegen dem in § 11 EStG geregelten Abflussprinzip kann der Mieter nach Rdn. 47 des Anwendungsschreibens die gesamten begünstigten Kosten in dem Jahr geltend machen, in dem er die Abrechnung erhalten hat. Der Vermieter ist **nicht verpflichtet,** eine **Bescheinigung** gem. Anl. 2 auszustellen. Hiervon wird zum Teil sogar dringend abgeraten, weil sich für den Vermieter Haftungsrisiken ergeben können.[805] Dies kommt z. B. in Betracht, wenn er den Aufwand z. B. falsch zuordnete und dadurch die Höchstgrenze bei einer haushaltsnahen Tätigkeit überschritten, die Höchstgrenze bei der anderen ansatzfähigen Tätigkeit aber nicht erreicht wurde, oder wenn er zu wenig oder zu viel an Aufwand bescheinigte.

Auf der anderen Seite ist daher die **Nebenkostenabrechnung** so aufzumachen, dass der Mieter in die Lage versetzt ist, in seinem Antrag den steuerrelevanten Aufwand zu beziffern. Da Verwaltungs- und Instandsetzungskosten schon in der Betriebskostenabrechnung grundsätzlich nicht ansatzfähig sind, bereitet ihm dies bei einer formell und materiell richtigen Abrechnung im Allgemeinen keine Probleme. Eine Ausnahme betrifft die Kosten der Gartenpflege, weil hier die Kosten z. B. für Ersatzbepflanzung, obwohl Instandsetzungsarbeiten, ansetzbar sind, nicht jedoch beim Antrag auf Reduzierung der Einkommensteuer; die Abrechnung muss daher eine entsprechende Aufteilung enthalten, die auch in Form einer abschließenden Erläuterung erfolgen kann.

b) Preisgebundener Wohnraum. Die Abrechnung bei preisgebundenem Wohnraum alter 374
Art richtet sich ebenfalls nach den oben für preisfreien Wohnraum und Gewerberaum dargelegten Anforderungen. Eine **Besonderheit** resultiert allerdings daraus, dass nach § 20 Abs. 4 Satz 1 NMV für die Erhebung des durch die Vorauszahlungen nicht gedeckten Umlegungsbetrags die Vorschriften des § 4 Abs. 7 und 8 entsprechend gelten. Nach beiden Absätzen gilt wiederum die Vorschrift des § 10 Abs. 1 WoBindG entsprechend. Die Nachforderung des Vermieters ist daher wie eine Mieterhöhung beim Mieter geltend zu machen. Sowohl § 4 Abs. 7 Satz 2 NMV wie auch § 10 Abs. 1 Satz 2 WoBindG verlangen eine **Erläuterung** der Mieterhöhung.

Es ist **streitig, wie ausführlich die Erläuterung** zu erfolgen hat. Nach der Rechtsprechung 375
des **BGH** genügt im Regelfall eine Abrechnung, aus welcher der Mieter im Einzelnen die Gesamtkosten, deren Verteilung auf die Mieter und die Berechnung der Nachforderung ersehen kann.[806] Dieser Auffassung ist zuzustimmen. Die Meinungen, es sei notwendig, dass die Abrechnung eine Gegenüberstellung mit den Kosten des Vorjahres enthält[807] oder dass die einzelnen Rechnungsdaten sowie die entsprechenden Versorger in der Abrechnung aufgeführt sind,[808] überzeugen durch ihre zu hohen Anforderungen an die Erläuterung nicht.

Nach allem geht die Erläuterungspflicht **nicht** dahin, dass der Vermieter **jeglichen Grund für** 376
eine Erhöhung anzugeben hätte, z. B. einen Anstieg des Verbrauchs oder allgemeine Kostensteigerungen, etwa die Erhöhung des Mehrwertsteuersatzes. Dies gilt i. d. R. auch für den ständigen Anstieg der Gebühren von kommunalen Versorgungsunternehmen, die sich zudem unschwer aus dem zugrundeliegenden Beleg ersehen lassen. **Erläuterungen** sind daher **nur** notwendig, soweit ohne sie Änderungen der Kosten im Vergleich zu den Vorjahren nicht nachvollziehbar werden.

derzeit nicht belegt 377–378

c) Abrechnung über Wohnungseigentum. aa) Grundsätze. Die nach dem Gesamt- und 379
Einzelwirtschaftsplan vom Eigentümer zu entrichtenden **Wohngeldvorschüsse** scheiden als

---

805 *Beck* GE 2007, 1540 (1542).

806 BGH (VIII ZR 137/09) NZM 2010, 274 = WuM 2010, 153; (VIII ZR 118/11) NZM 2012, 155 = WuM 2012, 22: auch ohne Vorwegabzug bei gemischter Nutzung.

807 LG Berlin MM 2002, 333 = ZMR 2002, 666.

808 LG Berlin GE 1998, 1277; **a. A.** LG Berlin GE 2001, 209.

Grundlage der Abrechnung in jedem Fall aus, da sie nur auf einer Schätzung der Einnahmen und Ausgaben der Gemeinschaft beruhen.[809] Demgegenüber ist der Eigentümer von Wohnungs- oder Teileigentum nach Ansicht des BGH berechtigt (und bei Wohnraum im Hinblick auf die Abrechnungsfrist oft gehalten), schon auf der Grundlage der **Jahresabrechnung** des Verwalters, die dieser den Eigentümern zur Vorbereitung der Eigentümerversammlung übermittelt, abzurechnen,[810] obwohl es sich dabei um eine Beschlussvorlage handelt, die nur vorläufigen Charakter hat.

380 Der **frühere Streit,** ob der Vermieter bereits nach Maßgabe der beschlossenen Abrechnung abrechnen kann oder erst, nachdem die Gesamt- und Einzelabrechnungen bestandskräftig geworden sind, ist damit erledigt.

381 Da bei der Betriebskostenabrechnung auf der Grundlage der Jahresabrechnung **noch offen** ist, ob sie von der Eigentümerversammlung **unverändert beschlossen oder** ob der Beschluss sogar **angefochten** wird, sollte der Vermieter auf diesen Umstand hinweisen, um nicht über Vertrauensschutzgesichtspunkte etwaige Nachforderungen zu verlieren. Die Ausschlussfrist des § 556 Abs. 3 Satz 3 BGB wird einer späteren Korrektur und einem dadurch ggf. höheren Saldo zulasten des Mieters nicht entgegenstehen, wenn der Vermieter die verspätete zutreffende Abrechnung nicht zu vertreten hat. Hierzu hat er, soweit es ihm sachlich möglich ist, selbst Korrekturen vorzunehmen und sich auf jeden Fall mit Nachdruck um eine abschließende Klärung zu bemühen (s. Rdn. 467).

382 **bb) Fehlerhafte Verwalterabrechnung.** Nach § 28 Abs. 3 WEG hat der Verwalter nach Ablauf des Kalenderjahres eine Abrechnung über die Ausgaben und Einnahmen aufzustellen. Er muss sie so erstellen, dass die Miteigentümer in der Lage sind, ihre Prüfungsbefugnisse auszuüben. Der Vermieter kann daher an den Verwalter die gleichen Anforderungen stellen wie ein Mieter an den Vermieter.[811] Ist die **Abrechnung des Verwalters nicht ordnungsgemäß,** darf sich der Vermieter nicht darauf zurückziehen, er habe keine bessere erhalten,[812] sondern er hat eine nachgebesserte, spezifizierte Abrechnung durchzusetzen.

383 **cc) Ordnungsgemäße Verwalterabrechnung.** Ist die **Verwalterabrechnung ordnungsgemäß,** kann sie der Vermieter, bereinigt um die nicht umlagefähigen Kosten, an den Mieter weiterreichen.[813] Die fehlende Umlagefähigkeit bezieht sich nicht nur auf die Verwaltungs- und Instandhaltungskosten. Da im Verhältnis der Mietparteien nur die Kosten weitergegeben werden dürfen, die im Mietvertrag als umlagefähig vereinbart sind, sind ggf. weitere Kosten herauszunehmen. Ist z. B. die Umlagevereinbarung nur teilweise wirksam oder sind nur einzelne Betriebskostenarten als umlegbar angeführt, hat es bei diesen im Verhältnis zum Mieter sein Bewenden. Teilweise wird vertreten, dass eine durchgereichte Einzelabrechnung den Umlageschlüssel nicht ausreichend erläutert, wenn aus ihr nicht hervorgeht, welcher Maßstab den Miteigentumsanteilen zugrunde liegt.[814] Der **BGH** hält eine solche Abrechnung jedoch für formal unbedenklich.[815]

384 Zur Weitergabe der Kosten kann der Vermieter z. B. eine **Fotokopie** anfertigen, die ihm als Eigentümer verbleibenden Kosten streichen und den auf den Mieter entfallenden Betrag – bei entsprechender Vereinbarung mit Zusatz der ihm separat berechneten Grundsteuer – unter Berücksichtigung der Vorauszahlungen errechnen. Da eine bestimmte Form für die Betriebskostenabrechnung nicht vorgeschrieben ist, überzeugt es nicht, dass der Vermieter, der die umzulegenden Kosten durch Unterstreichen auf der Jahresabrechnung des WEG-Verwalters kennzeichnete und die entsprechende Summe handschriftlich hinzusetzte, keine formell wirksame Abrechnung produziert haben soll.[816] Entspricht der aus der Verwalterabrechnung ersichtliche Miteigentumsanteil der Wohnfläche (dazu § 556a BGB Rdn. 31), erhält der Mieter auch auf diesem einfachen Weg eine ordnungsgemäße Abrechnung.

385 Nimmt der Vermieter die Abrechnung des Verwalters als Grundlage für eine **eigenständige Abrechnung** gegenüber dem Mieter, sind nur die ihm tatsächlich berechneten Kosten weiterzugeben. Er ist nicht berechtigt, die bei den einzelnen Kostenarten für die Eigentumsanlage angefalle-

---

809 *Geldmacher* DWW 1997, 167; *Riecke* WuM 2003, 309 (310).

810 BGH (VIII ZR 249/15) NZM 2017, 216 = WuM 2017, 138; *Riecke* WE 2002, 220.

811 BGH (VIII ZR 298/80) GE 1982, 135 = NJW 1982, 573 = WuM 1982, 207.

812 BGH (VIII ZR 298/80) GE 1982, 135 = NJW 1982, 573 = WuM 1982, 207; LG Düsseldorf DWW 1990, 207; *Geldmacher* DWW 1990, 208; *Schmid* DWW 1990, 351.

813 *Beyer* WuM 2013, 77 (78f.); *Blank* NZM 2004, 365 (371).

814 AG Berlin-Mitte GE 2015, 327 = WuM 2015, 158; *Beyer* WuM 2013, 77 (80).

815 BGH (VIII ZR 295/07) GE 2009, 189 = NZM 2009, 78 = WuM 2009, 42; dazu kritisch *Langenberg/Zehelein* Betriebskosten H Rdn. 201.

816 So LG Mannheim Urt. v. 21.11.2007 – 4 S 11/07 zit. nach *Möhrle* InfoM 2008, 222.

nen Gesamtkosten zugrunde zu legen und auf diese Weise, etwa wegen besonderer Abrechnungsregelungen der Eigentümer untereinander, dem Mieter einen höheren Betrag zu belasten, als er ihn selbst nach seiner Jahresabrechnung zu zahlen hat.[817] Es wird daher verlangt, dass er in seiner Mieterabrechnung auch den Betrag angibt, den er nach der Verwalterabrechnung auszugleichen hat.[818] Er darf ferner nicht Kosten in die Abrechnung gegenüber dem Mieter einstellen, die ihm in der Verwalterabrechnung zu Unrecht auferlegt wurden. Dies gilt auch dann, wenn die Verwalterabrechnung durch Eigentümerbeschluss bestandskräftig ist.

Da die Abrechnung des WEG-Verwalters nicht zwischen den im Mietverhältnis umlagefähigen **386** Betriebskosten und dem Aufwand für Instandhaltung, Instandsetzung und Anschaffungen trennt, hat der Vermieter seine besondere Aufmerksamkeit auf die Betriebskosten zu richten, bei denen **Reparatur- oder Anschaffungskosten** enthalten sein können. So differenziert die Abrechnung des Verwalters bei den Aufzugskosten häufig nicht zwischen Wartung und Instandsetzung; vielmehr werden die Kosten eines Vollwartungsvertrags in voller Höhe und in einem Betrag angesetzt, da im Verhältnis der Miteigentümer zueinander eine Spezifikation nach Kostenanteilen entbehrlich ist. Allenfalls größere Reparaturen fallen in der Abrechnung auf, weil sie einen Kostensprung verursachen. Dasselbe gilt z. B. für die Position Gartenpflege, in der die Kosten für die Anschaffung von Geräten, etwa eines Rasenmähers, enthalten sein können. Soweit der Vermieter nicht schon aus den Eigentümerversammlungen über die entsprechenden Informationen verfügt, ist er gehalten, entweder selbst durch Einsicht in die Belege den Grund für Kostenveränderungen zu ermitteln oder ihn sich vom Verwalter erklären zu lassen.

Dies betrifft auch den **Kostenanstieg aufgrund sachlicher Veränderungen,** wenn etwa die **387** Prämienrechnung des Gebäudeversicherers nicht nur wegen der allgemeinen Teuerung höher ausfiel, sondern weil der Versicherungsschutz ausgeweitet wurde, wobei der Vermieter zusätzlich das Wirtschaftlichkeitsgebot zu beachten hat. Für eine inhaltlich plausible Abrechnung sollten die vorgenannten Abweichungen und Veränderungen zumindest knapp bezeichnet werden.

IV. Abrechnung bei zu niedrigen Vorauszahlungen

Übersteigt der **Saldo** aus der Betriebskostenabrechnung **die Summe der Vorauszahlungen** **388** **erheblich,** stellt sich die Frage, ob der Vermieter gleichwohl berechtigt ist, die Nachforderung in voller Höhe geltend zu machen. Hier ist zu differenzieren.

Im Hinblick auf die Höhe der Betriebskosten kommt es, zumal in Gebieten mit insgesamt entspanntem Markt für Wohn- und/oder Gewerberaum oder bei entspannten Teilmärkten, zunehmend vor, dass die Parteien im Rahmen der Vertragsverhandlungen die aus der Umlage der Nebenkosten resultierende Belastung des Mieters erörtern. Dies kann schon darin bestehen, dass der Vermieter auf die Nachfrage des Mieters erklärt, die im Mietvertragsentwurf angesetzten Betriebskosten seien ausreichend bemessen. Macht der Vermieter hierbei **schuldhaft falsche Angaben oder sogar Zusagen,** steht dem Mieter nach allgemeiner Ansicht ein Schadensersatzanspruch aus Verschulden bei Vertragsschluss zu (§§ 311 Abs. 2, 241 Abs. 2, 280 Abs. 1 BGB).[819]

Unter besonderen Umständen kommt jedoch die **Verletzung der Aufklärungspflicht** mit einem daraus resultierenden Schadensersatzanspruch **auch dann** in Betracht, wenn es an Zusicherungen des Vermieters fehlt. Dies ist der Fall, wenn er die Vorauszahlungen bewusst zu niedrig ansetzte, um den Mieter über den Umfang der tatsächlichen Mietbelastung zu täuschen und ihn auf diese Weise zum Abschluss des Mietvertrags zu bewegen.[820] Die ggf. beträchtliche Diskrepanz als solche zwischen der Summe der Vorauszahlungen und dem auf den Mieter entfallenden Kostenanteil ist dabei unbeachtlich, z. B. die Überschreitung der Vorauszahlungen im ersten Abrechnungs-

---

[817] AG Tiergarten WuM 1989, 86.

[818] LG Berlin MM 1994, 102.

[819] Z. B. BGH (VIII ZR 195/03) DWW 2004, 125 = GE 2004, 416 = MDR 2004, 624 = MM 2004, 121 = NJW 2004, 1102 = NZM 2004, 251 = WuM 2004, 201 m. Anm. *Eisenschmid* = ZMR 2004, 347; (XII ZR 21/02) GE 2004, 958 = GuT 2004, 160 = MDR 2004, 1177 = NJW 2004, 2674 = NZM 2004, 619 = ZMR 2004, 653.

[820] BGH (VIII ZR 195/03) DWW 2004, 125 = GE 2004, 416 = MDR 2004, 624 = MM 2004, 121 = NJW 2004, 1102 = NZM 2004, 251 = WuM 2004, 201 m. Anm. *Eisenschmid* = ZMR 2004, 347; (XII ZR 21/02) GE 2004, 958 = GuT 2004, 160 = MDR 2004, 1177 = NJW 2004, 2674 = NZM 2004, 619 = ZMR 2004, 653.

jahr um das Sechsfache, etwa wenn es sich um eine Erstvermietung handelt.[821] Bei einer derartigen Kostenüberschreitung liegt zwar häufig der Verdacht auf ein sog. Lockvogelangebot nahe, was indes die Benachteiligungsabsicht nicht nachweist.[822] Sie muss daher, ggf. gerichtlich, dargelegt und bewiesen werden, wobei der Umstand, dass die Vorauszahlungen nicht einmal die verbrauchsunabhängigen Kosten decken, vorsätzliches Handeln des Vermieters nahe legt.[823]

Fraglich ist, ob eine schuldhaft falsche Angabe auch dann vorliegt, wenn der **Formularmietvertrag** in der Spalte, welche dem Eintrag der Nettomiete folgt, den Passus *„zuzüglich angemessener Vorauszahlungen"* enthält. Dies könnte als bloße unverbindliche Wiederholung des § 556 Abs. 2 Satz 2 BGB verstanden werden; aus dieser Bestimmung leitet der BGH nur das Verbot erhöhter Vorauszahlungen ab, nicht jedoch unangemessen niedriger, obwohl diese den Mieter ungleich mehr belasten. Auf der anderen Seite schaffen auch formularvertragliche Zusicherungen einen Vertrauenstatbestand beim Mieter. Nach dem Empfängerhorizont liegt daher auch hier ein besonderer Umstand vor, der die Annahme einer Verletzung der Aufklärungspflicht rechtfertigt.[824]

389 **Streitig** ist, **worauf** sich der **Schadensersatzanspruch** des Mieters **richtet. Nach einer Ansicht** ist der Mieter darauf beschränkt, von der Möglichkeit der **Auflösung des Vertrags** Gebrauch zu machen, mithin den Mietvertrag fristlos nach § 543 Abs. 1 BGB zu kündigen und **Ersatz der Umzugskosten** sowie der infolge seines Auszugs nutzlos für das Mietobjekt aufgebrachten **Aufwendungen** zu verlangen,[825] wobei der Vermieter die Kündigung nicht durch eine Korrektur der Abrechnung hinfällig machen kann.[826] Dabei bleibt indes völlig außer Betracht, dass dem Mieter durch einen Umzug nicht nur geldwerte Nachteile erwachsen, sondern in sehr erheblichem Umfang auch solche, die im Rahmen eines Schadensersatzanspruchs üblicherweise nicht ausgeglichen werden. Diese reichen von meist nur pauschal angegebenen und damit nicht ausreichend spezifizierten persönlichen Freizeitverlusten und nervlichen Belastungen bis zu objektiven, etwa der allgemein bekannten Beanspruchung der Wohnungseinrichtung durch einen Umzug.

390 **Nach anderer Meinung** tritt ein **Schaden** des Mieters ohnehin **nur in** besonders gelagerten **Ausnahmefällen** ein, weil die Eingehung des Vertrages als solchem nicht automatisch einen Vermögensschaden begründe.[827] Diese Ansicht überzeugt nicht, weil sie den Regelungsgehalt des § 241 Abs. 2 BGB nicht hinreichend einbezieht. Die Vorschrift verpflichtet u. a. zur Rücksicht auf die Interessen der Gegenseite. Es geht daher nicht darum, z. B. im Rahmen der Betriebskosten bei korrekter Abrechnung eine werthaltige Gegenleistung zu den Vorauszahlungen in Form der tatsächlich beim Vermieter angefallenen Kosten zu erhalten,[828] sondern unter Verletzung des Gebots zur Rücksichtnahme zu einem Mietvertrag gebracht worden zu sein, der mit diesem Inhalt nicht abgeschlossen worden wäre, was ggf. der Mieter nachzuweisen hat. War das Interesse des Mieters am Mietobjekt allerdings vorrangig, etwa bei einem Ladengeschäft wegen dessen Lage, so dass er es auch bei angemessen angesetzten Betriebskostenvorauszahlungen angemietet hätte, scheidet ein Schaden des Mieters aus;[829] hier hat er aus den zu niedrigen Vorauszahlungen sogar den gewissen Vorteil, dass ihm der Vermieter die Differenzbeträge kreditierte.

391 Eine **dritte Ansicht** gesteht dem Mieter einen Schadensersatzanspruch zu, jedoch nur in Höhe der **Differenz** zu der Betriebskostenbelastung eines **Alternativobjekts,** das der Mieter wegen der bewusst zu niedrig angesetzten Vorauszahlungen des angemieteten Objekts ausschlug, auch wenn der Mieter den Kostenunterschied kaum dartun und beweisen könne.[830] Faktisch läuft der Schadensersatzanspruch auch hier leer.

---

[821] BGH (XII ZR 21/02) GE 2004, 958 = GuT 2004, 160 = MDR 2004, 1177 = NJW 2004, 2674 = NZM 2004, 619 = ZMR 2004, 653.

[822] OLG Hamm NZM 2003, 717; *Derckx* NZM 2004, 321 (322); *Scheffler* WuM 2008, 65 (66); **a. A.** *Artz* NZM 2004, 328 (330).

[823] *Wietz* WuM 2016, 323 (334).

[824] Z. B. im Fall OLG Naumburg NZM 2002, 387: Die Nachforderung überstieg die Vorauszahlungen um das 7, 5 bis 8-fache.

[825] LG Düsseldorf NZM 2002, 68; *Blank* in Blank/Börstinghaus § 556 Rdn. 125; *Geldmacher* DWW 1997, 9; *Lammel* § 556 BGB Rdn. 126.

[826] LG Hamburg ZMR 2003, 683.

[827] BGH (V ZR 29/96) WuM 1998, 88; *Scheffler* WuM 2008, 65 (67).

[828] So OLG Dresden RE 20.12.2002 NZM 2004, 68 = WuM 2004, 83; *Scheffler* WuM 2008, 65 (67).

[829] *Wolf/Eckert/Ball* Rdn. 509.

[830] *Both* in Herrlein/Kandelhard § 556 Rdn. 58.

Aufrechnung mit Gegenforderungen[844] oder, zumal bei höheren Nachforderungen des Vermieters, Ratenzahlungsabreden in Betracht.[845]

Formelle Mängel der Abrechnung hindern die Verbindlichkeit des Saldos nicht.[846] So kann der Mieter auch einem formell unwirksamen Mieterhöhungsverlangen, sogar stillschweigend, zustimmen mit der Folge, dass er zur Zahlung der erhöhten Miete verpflichtet ist.[847] **403**

Bei Zahlung unter **Vorbehalt** entfällt der nur vorläufige Charakter der Leistung, sobald der Vorbehalt fallen gelassen wird, was auch durch schlüssiges Verhalten geschehen kann. Ein wirksamer Vorbehalt setzt allerdings voraus, dass die Gegenseite erkennen kann, auf welche Umstände er sich bezieht; fehlt jede Erläuterung, ist er gegenstandslos.[848] **404**

b) Ausgleich des Saldos. Die **Verbindlichkeit der Abrechnung** kann sich, wie bereits ausgeführt, aus einem Anerkenntnis ergeben. Anders als zuvor weitgehend vertreten[849] erlauben nach der Rechtsprechung des **BGH weder** die vorbehaltlose **Zahlung** einer Betriebskostennachforderung durch den Mieter **noch** die vorbehaltlose **Erstattung** eines sich aus der Betriebskostenabrechnung ergebenden Guthabens durch den Vermieter **für sich genommen die Annahme eines deklaratorischen Schuldanerkenntnisses.** Die vorbehaltlose Bezahlung einer Rechnung hat für sich genommen nur die Bedeutung einer Erfüllungshandlung i. S. d. § 363 BGB.[850] **405**

Für den Bereich der **Wohnraummiete** folgert der BGH dieses Ergebnis daraus, dass seit der Einführung der für den Vermieter mit einer Ausschlusswirkung ausgestatteten Abrechnungsfrist (§ 556 Abs. 3 Satz 2, 3 BGB) und der ebenso bewehrten Einwendungsfrist für den Mieter (§ 556 Abs. 3 Satz 5, 6 BGB) durch die Mietrechtsreform kein Raum mehr für die Annahme eines deklaratorischen Schuldanerkenntnisses durch bloße Zahlungsvorgänge gegeben ist.[851] Zu demselben Ergebnis kommt der BGH für den Bereich der **Gewerberaummiete** durch die genauere Prüfung der Voraussetzungen eines vertraglichen kausalen Schuldanerkenntnisses, die mangels übereinstimmender Willenserklärungen nicht erfüllt sind.[852] **406**

Auch ein mit dem Ausgleich der Nachforderung verbundener **Einwendungsverzicht** des Mieters[853] scheidet daher ebenso aus wie die Annahme, dass der späteren Geltendmachung von Nachforderungen des Vermieters oder Rückforderungen des Mieters der Einwand der Verwirkung entgegenstehe.[854] **407**

Über die bloße Zahlung hinaus müssen daher für ein deklaratorisches Anerkenntnis **weitere Umstände** vorliegen. Es muss ein Interesse der Parteien an einer derartigen Folge deutlich werden, also insbesondere um die Beilegung eines Streits oder die Beseitigung einer subjektiven Ungewissheit über den Bestand des Rechtsverhältnisses oder seiner Rechtsfolgen gehen. Dies ist z. B. der Fall, wenn die Parteien über die Nebenkostenabrechnung streitig korrespondierten und der Mieter schließlich die Nachforderung ausglich[855] oder wenn die Parteien ihren Streit über einzelne Punkte einer Abrechnung schließlich durch die Vereinbarung eines Abschlags von 20% beilegten.[856] **408**

c) Verhältnis zu § 556 Abs. 4 BGB. Es fragt sich, ob die Annahme eines ausdrücklichen oder konkludenten Anerkenntnisses mit der Vorschrift des § 556 Abs. 4 BGB vereinbar ist, nach der **Vereinbarungen,** die **zum Nachteil des Mieters** von § 556 Abs. 3 BGB abweichen, **unwirksam** sind. Nach § 556 Abs. 3 BGB steht dem Mieter eine Einwendungsfrist von einem Jahr zu (dazu Rdn. 498ff.). Bei einem Anerkenntnis verkürzt sich diese Frist u. U. gravierend, und zwar zum **409**

---

[844] BGH (XII ZR 86/11) NZM 2013, 29: Aufrechnung mit einer bestrittenen Forderung gegen eine unbestrittene.

[845] Z. B. AG Frankfurt/M. ZMR 2010, 43; *Schmid/Zehelein* in MünchKomm § 556 Rdn. 102; *Wolbers* NZM 2010, 841 (843).

[846] Z. B. *Blank* in Blank/Börstinghaus § 556 Rdn. 230.

[847] BGH (VIII ZR 182/04) DWW 2006, 327 = NZM 2005, 736 = WuM 2005, 518.

[848] LG Berlin GE 2000, 1686; ausführlich *Harsch* ZMR 2017, 223.

[849] Z. B. LG Aachen NZM 2001, 707; LG Hamburg NZM 1999, 838; *Kinne* in Kinne/Schach/Bieber § 556 Rdn. 87; *Lammel* § 556 Rdn. 165; *Weitemeyer* in Staudinger § 556 Rdn. 133.

[850] BGH (VII ZR 165/05) GuT 2007, 29 = NJW-RR 2007, 530; (VIII ZR 265/07) GuT 2009, 122 = NJW 2009, 580; ausführlich *Milger* NZM 2009, 497; *Sternel* ZMR 2010, 81.

[851] BGH (VIII ZR 296/09) GE 2011, 331 = NZM 2011, 242 = WuM 2011, 108 = ZMR 2011, 375.

[852] BGH (XII ZR 6/13) NZM 2014, 641 = ZMR 2014, 705; (XII ZR 62/12) NZM 2013, 648; OLG Koblenz InfoM 2013, 235 m. Anm. *Wichert*.

[853] So *Blank* NZM 2008, 745 (750f.).

[854] So AG Jülich ZMR 1992, 27 (LS); AG Hamburg WuM 1985, 372; *Sternel* III Rdn. 377.

[855] *Milger* NZM 2009, 497 (499).

[856] OLG Düsseldorf NZM 2001, 588.

Nachteil des Mieters, der mit nachfolgenden Einwänden, auch wenn sie noch innerhalb der Frist angebracht werden, ausgeschlossen ist. Zugleich erhält der Vermieter durch diesen weit gehenden Ausschluss eine objektiv bessere Rechtsstellung.

410 Zur Lösung ist zunächst der **Zweck des Einwendungsausschlusses** in § 556 Abs. 3 Satz 5 BGB heranzuziehen. Nach der Begründung des Rechtsausschusses soll er einen gewissen Ausgleich zu der Ausschlussfrist zulasten des Vermieters schaffen. Wenn der Vermieter nach einer bestimmten Zeit keine Nachforderungen mehr anbringen kann, ist es auch dem Mieter zu verwehren, auf unbestimmte Zeit noch mit Einwänden gegen die Abrechnung hervorzutreten. Beide Fristen dienen dem Ziel einer zügigen Klärung des Abrechnungsergebnisses. Auf dieser Grundlage geht mithin allein um die Festlegung eines **Endpunktes für Einwände** des Mieters. Der Einwendungsausschluss zielt mithin nicht darauf, dem Mieter auch nach einer Verständigung mit dem Vermieter über das Abrechnungsergebnis bis zum Ablauf der Jahresfrist neue Streitfelder zu eröffnen.

411 Zum **Umfang des Verbots** benachteiligender Vereinbarungen ist nichts dafür erkennbar, dass den Parteien eine konkrete Regelung im Einzelfall abgeschnitten sein soll. Die Neuregelung stellt auf einen nur formalen Aspekt ab, die Einhaltung einer vorgegebenen Frist, sie lässt jedoch materiell-rechtliche Folgen einer auf den Einzelfall bezogenen Absprache unberührt. Die Grenze bildet in beiden Varianten die Ausschlussfrist, nach deren Beginn dem Vermieter auch ein Anerkenntnis des Mieters nicht zur Nachforderung verhilft.[857]

412 Als **Ergebnis** dieser Überlegungen ist festzustellen, dass sich die Regelung in § 556 Abs. 4 BGB auf **generelle Absprachen zulasten des Mieters schon im Mietvertrag beschränkt,**[858] d. h. auf Regelungen, die dem Mieter allgemein nur erlauben, Einwände in kürzerer Frist anzubringen. Will sich der Mieter trotz der Zahlung spätere Einwände offenhalten, muss er daher unter Vorbehalt zahlen.[859]

413 *derzeit nicht belegt*

3. Korrektur nach Anerkenntnis des Saldos

414 Das Anerkenntnis hat zur Folge, dass jede Partei zumindest mit solchen nachträglichen **Einwänden ausgeschlossen** ist, die sie bei Abgabe der Erklärung **kannte oder** mit denen sie zumindest **rechnete;** fehlt es hieran, kann sich der Vermieter auch nicht auf Vertrauensschutz (§ 242 BGB) berufen.[860]

415 Der Ausschluss wird **alle Fehler** betreffen, die sich aus der Abrechnung selbst feststellen lassen, ggf. unter Beiziehung des Mietvertrags. Ausgenommen ist die Umlage von Kosten, die nicht zu den Betriebskosten nach § 2 BetrKV zählen; bei ihnen hilft dem Vermieter eine Vereinbarung nicht weiter, weil sie nach § 556 Abs. 1, 4 BGB unwirksam ist.

416 Bei den relevanten Fehlern handelt es sich für den **Vermieter** z. B. um solche, die aus übersehenen Kosten resultieren, die ihm mithin bei einer Kontrolle der Abrechnung vor deren Herausgabe hätten auffallen können, aus Irrtümern[861] oder aus Rechenfehlern bei der Addition oder Multiplikation von Ansätzen und für den **Mieter** z. B. um Fehler aus unwirtschaftlicher Höhe der Kosten, nicht ausreichendem Abzug von Instandhaltungs- oder Verwaltungskosten oder den Ansatz von Kosten, über die als Betriebskostenanteil einer Teilinklusivmiete/als Teil einer Pauschale nicht abzurechnen ist. Die Anfechtung der Abrechnung wegen Irrtums nach § 119 BGB ist nicht möglich.[862] Im Übrigen stellt auch nicht jeder unrichtige Ansatz oder Rechenfehler eine grobe Vertragswidrigkeit dar,[863] da viele Fragen hoch streitig sind.

417 Infolge der Ausschlussfrist aus § 556 Abs. 3 Satz 3 BGB kommen **Ausnahmen zugunsten des Vermieters** auch in den Fällen nicht in Betracht, in denen bei **Gewerberaum** eine Korrektur wegen Störung der Geschäftsgrundlage möglich ist. Hier wird vertreten, dass ihm die Korrektur der Abrechnung möglich ist, wenn die angesetzten Kosten den tatsächlichen nicht einmal annähernd entsprechen. In diesem Fall soll der Anerkenntnisvertrag nach den Grundsätzen über die Stö-

---

[857] BGH (VIII ZR 84/07) GE 2008, 795 = NZM 2008, 477 = WuM 2008, 351.
[858] *Blank* in Blank/Börstinghaus § 556 Rdn. 230/259; *Ludley* NZM 2008, 72, 74.
[859] **A. A.** *Sternel* ZMR 2001, 937 (940).
[860] BGH (VIII ZR 94/05) GE 2006, 246 = NZM 2006, 222 = WuM 2006, 150 = ZMR 2006, 268.
[861] Vgl. AG Mettmann NZM 2004, 784: Erhöhtes Guthaben des Mieters infolge der Umrechnung von Euro-Beträgen nochmals auf Euro.
[862] LG Kassel WuM 1989, 582; **a. A.** LG Berlin MDR 1990, 550.
[863] *Sternel* PiG 28 (1988) S. 101 (129).

rung der Geschäftsgrundlage (§ 313 BGB) behandelt werden,[864] so dass eine Berichtigung zulässig ist. Die Korrektur ist jedoch auf extreme Sachverhalte zu beschränken.[865]

VI. Abrechnungsprobleme beim Betriebskostenmanagement

Durch Betriebskostenmanagement (zum Begriff s. § 560 Rdn. 78) werden z. T. in erheblichem Umfang Kosten eingespart. Obgleich entsprechende Maßnahmen für alle Beteiligten von Vorteil sind, fragt es sich, **welchen Betrag der Vermieter in die Abrechnung einstellen** darf, sofern die entsprechenden Kosten nicht ohnehin bereits nach dem Betriebskostenkatalog umlagefähig sind. Es kann sich dabei um die Gesamtsumme aus Betriebskosten und dem – aus einem Teil der Einsparung stammenden – Entgelt des Dienstleisters handeln oder auch allein den Ansatz der reduzierten Kosten. Gegen die Ansatzfähigkeit der Managementkosten ist eingewandt worden, dass sich an den dadurch ersparten Kosten nur zeige, dass zuvor unwirtschaftlich gearbeitet worden sei.[866] Hierbei wird indes nur der Effekt der Betriebskosteneinsparung isoliert gesehen und nicht, wie es dazu gekommen ist. Bei der Inanspruchnahme professionellen Managements geht es um erhebliche Zusatzmaßnahmen, für welche die eigene Kompetenz der Angestellten des Vermieters, etwa des Hauswarts,[867] oder seiner Hausverwaltung in aller Regel nicht ausreicht.[868] Insbesondere aber könnte der Vermieter die zusätzlichen Aufgaben im Rahmen der Eigenleistung ohne Aufstockung des Personals und seine entsprechende technische Ausstattung nicht erfüllen, wobei nicht einmal sicher ist, dass dies zuverlässig zu geringeren Kosten als bei Einschaltung eines externen spezialisierten Dienstleisters führen würde. Es ist daher sachgerecht, dass die Summe aus verbliebenen Betriebskosten und Entgelt des Dienstleisters ansatzfähig sind.[869] Im Übrigen ist einem Mieter nach § 242 BGB Treuwidrigkeit vorzuwerfen, wenn er einerseits den Vorteil geringerer Betriebskosten entgegennimmt, die hierfür notwendigen Kosten aber nicht zu tragen bereit ist.[870] Im Prozess ist es Sache des Vermieters, die Kostenreduzierung substantiiert darzutun, z. B. durch einen Vergleich der Kosten ohne und mit Müllmanagement.[871] **418**

Soweit es um die Wartung von **Wassermengenzählern** geht, ergibt sich die Ansatzfähigkeit der Kosten des Dienstleisters bereits unmittelbar aus § 2 Nr. 2 BetrKV. Was die Kosten des **Müllmanagements** betrifft, geht es hier um Kosten aus der Vorbereitung der Müllbeseitigung. Diese sind durch die Neufassung in § 2 Nr. 8 BetrKV ebenfalls in vollem Umfang umlagefähig geworden.[872] Während es bei Neuverträgen ab dem 1.1.2004 daher zur Begründung der Umlage nicht mehr des Rückgriffs auf die Ansetzbarkeit von Eigenleistungen gem. § 1 Abs. 1 Satz 2 BetrKV bedarf, bleibt es bei **Altverträgen** bei der Anknüpfung an § 27 Abs. 2 II. BV, der Umlagefähigkeit von Sach- und Arbeitsleistungen des Vermieters, durch die Betriebskosten erspart werden, und zwar **ohne** Ansatz der **Mehrwertsteuer.** **419**

VII. Fälligkeit und Durchsetzbarkeit des Saldos

1. Fälligkeit

a) Preisfreier Wohnraum. Mit Zugang einer formell ordnungsgemäßen **Abrechnung** beim Mieter entsteht der Nachzahlungsanspruch des Vermieters, damit ist er **fällig.**[873] Dies gilt um- **420**

---

[864] OLG Hamburg WuM 1991, 598: Ansatz von 87 cbm Wasserverbrauch statt richtig 800 cbm.

[865] Z. B. reicht nach LG Koblenz WuM 1997, 685 eine Differenz von insgesamt 2.060,05 DM aus drei Abrechnungsperioden nicht aus.

[866] AG Berlin-Mitte MM 2005, 75.

[867] AG Mainz WuM 2003, 450; **a. A.** für kleinere Objekte *Gabriel* DWW 2005, 366 (370); *Wall* WuM 2005, 393 (394).

[868] *Blümmel* GE 2014, 777 m. abl. Anm. zu AG Uelzen GE 2014, 808; *Sternel* Mietrecht aktuell (2009) Rdn. V 66, 338.

[869] LG Mainz Urt. vom 8.10.2003 – 3 S 138/03 über eine Eigenleistung des Vermieters; gegen diesen Ansatz *Zehelein* NZM 2014, 649 (652), aber Umlage über § 2 Nr. 17 BetrKV oder außerhalb der BetrKV ohne Verstoß gegen § 556 Abs. 4 BGB (658ff.).

[870] LG Lüneburg GE 2015, 58 m. ausführl. Anm. *Blümmel* GE 2015, 18; *Wall* Rdn. 1143.

[871] Vgl. LG Berlin GE 2009, 1254.

[872] **A. A.** AG Uelzen GE 2014, 808 m. abl. Anm. *Blümmel* GE 2014, 777 = ZMR 2014, 216.

[873] Z. B. BGH (VIII ZR 78/05) GE 2006, 502 = NZM 2006, 340 = WuM 2006, 200 = ZMR 2006, 358; (VIII ZR 57/04) DWW 2005, 230 = GE 2005, 543 = NZM 2005, 373 = WuM 2005, 337 = ZMR 2005, 439; *Lützenkirchen* NJW 2015, 1740.

gekehrt auch für Ansprüche des Mieters auf Auszahlung eines Guthabens.[874] Weist die Abrechnung Mängel auf, ist eine neue korrigierte Abrechnung grundsätzlich nicht erforderlich; vielmehr kann der Vermieter diese durch Erläuterungen beheben, Fälligkeit tritt sodann mit Zugang der Erläuterungen beim Mieter ein.[875] An die Fälligkeit sind dieselben Anforderungen zu stellen wie an die Einhaltung der Abrechnungsfrist (dazu im Einzelnen Rdn. 445 ff.). Fälligkeit ist mithin nicht schon mit dem Ende der Abrechnungsperiode gegeben;[876] zum **Zurückbehaltungsrecht** des Mieters s. Rdn. 430 ff.

421 Eine besondere **Zugangsproblematik** stellt sich, wenn auf Mieterseite **mehrere Mitmieter** Parteien des Mietvertrags sind. So wird vertreten, ein Abrechnungssaldo sei, solange die Abrechnung nicht allen Mitmietern zugegangen sei, schon nicht fällig, und zwar auch nicht im Verhältnis zu demjenigen, der sie tatsächlich erhielt.[877] Hier ist indes **zu differenzieren.**

422 Vorab ist festzustellen, dass eine Erklärung nur demjenigen zugehen kann, an den sie **adressiert** ist;[878] dies gilt für Willenserklärungen, aber auch für geschäftsähnliche Handlungen wie die Abrechnung. Ob der Mitmieter die Abrechnung durchliest und sie damit ebenfalls zur Kenntnis nimmt, ist irrelevant, weil sie an ihn nicht gerichtet ist. Zwar reicht der Zugang bei einem Mieter grundsätzlich aus, wenn der Mietvertrag, auch formularvertraglich, eine Klausel zur gegenseitigen Empfangsvollmacht der Mieter für Erklärungen des Vermieters enthält.[879] Diese Folge kann indes nur eintreten, wenn alle Mitmieter als Adressaten angeführt waren.[880]

423 Ist die Adressierung unvollständig, fragt es sich, ob sie **jedenfalls beim Adressaten** Rechtsfolgen auslöst. Dies ist zu bejahen.[881] Anders als bei Gestaltungserklärungen wie der Kündigung, die nur einheitlich gegen alle Mitmieter wirken können, ist der Vermieter bei Forderungen, die sich auf die Mieter als Gesamtschuldner beziehen, nicht gehindert, nur einen von ihnen in Anspruch zu nehmen. So kann er sich nach einer wirksamen Kündigung z. B. darauf beschränken, nur gegen einen Mitmieter Räumungsklage zu erheben (auch wenn ihm dies i. d. R. nur wenig hilft, weil aus dem Titel keine Vollstreckung gegen die weiteren Mitmieter oder Mitbesitzer möglich ist[882]), ebenso kann er eine Leistungsaufforderung mit Fristsetzung nach §§ 280, 281 BGB wegen unterlassener Schönheitsreparaturen wirksam an einen der Mitmieter richten (s. § 538 Rdn. 286), oder den Ausgleich von Mietrückständen nur gegenüber einem verfolgen. Um Letzteres handelt es sich auch bei der Geltendmachung eines Saldos durch die Übersendung der Betriebskostenabrechnung. Sie ist in der Sache nur die Feststellung, ob die geschuldete Miete im abgerechneten Zeitraum vollständig erbracht oder ggf. überzahlt wurde. Zahlt der Mitmieter den Nachforderungsbetrag, geht die Forderung des Vermieters nach § 426 Abs. 2 BGB auf ihn über. Er kann sie den Mitmietern gegenüber fällig stellen, indem er als neuer Gläubiger diesen innerhalb der Abrechnungsfrist die Abrechnung zukommen lässt.[883]

424 Schließt die Abrechnung **gegenüber einem Mitmieter** mit einem **Guthaben,** gilt im Grundsatz nichts Anderes. Der Unterschied besteht allein darin, dass der einzelne Mitmieter die Forderung im Regelfall nicht nur für sich geltend machen kann. Da es sich beim Guthaben um eine Überzahlung von Miete handelt, die im Außenverhältnis der Mitmieter zum Vermieter von allen erbracht wurde, steht der Rückforderungsanspruch auf Grund der gesamthänderischen Bindung nach § 709 BGB nur allen gemeinsam zu.[884] Der in der Abrechnung angesprochene Mieter kann ihn allerdings allein mit einem Antrag auf Zahlung an alle reklamieren.

---

[874] LG Konstanz ZMR 2014, 291.
[875] OLG Düsseldorf ZMR 2014, 441.
[876] So OLG Hamm WuM 1990, 377 in der Vorlage zu BGH (VIII ARZ 5/90) RE 19.12.1990 WuM 1991, 150.
[877] LG Berlin GE 2000, 1032; GE 2006, 1235.
[878] Z. B. *Schach* GE 2000, 1677.
[879] BGH (VIII ARZ 1/97) RE 10.9.1997 NZM 1998, 22 = WuM 1997, 599.
[880] Z. B. LG Frankfurt/M. NZM 2009, 481 = ZMR 2009, 365; LG Berlin GE 2000, 281; *Schach* GE 2000, 1677 (1678).
[881] BGH (VIII ZR 263/09) GE 2010, 760 = NZM 2010, 577 = WuM 2010, 356 = ZMR 2010, 749; LG Frankfurt/M. ZMR 2009, 365.
[882] BGH (IXa ZB 29/04) NZM 2004, 701 = WuM 2004, 555 = ZMR 2004, 738.
[883] BGH (VIII ZR 263/09) DWW 2010, 263 = GE 2010, 760 m. Anm. *Schach* GE 2010, 723 = NZM 2010, 577 = WuM 2010, 356 = ZMR 2010, 749.
[884] BGH (VIII ZR 263/09) DWW 2010, 263 = GE 2010, 760 m. Anm. *Schach* GE 2010, 723 = NZM 2010, 577 = WuM 2010, 356 = ZMR 2010, 749.

b) Preisgebundener Wohnraum. Bei preisgebundenem Wohnraum ist zu **differenzieren,** ob im Einzelfall die Vorschriften in § 4 Abs. 7 oder § 4 Abs. 8 NMV maßgeblich sind, die nach § 20 Abs. 4 Satz 1 NMV für die Erhebung des durch die Vorauszahlungen nicht gedeckten Umlegungsbetrags entsprechend gelten. Es kommt daher darauf an, ob dem Vermieter nur das generelle Recht zusteht, Mieterhöhungen bis zur Höhe der zulässigen Kostenmiete durchzuführen, oder ob die jeweils zulässige Miete als vertragliche Miete vereinbart ist. Für den ersten Fall verweist § 4 Abs. 7 NMV hinsichtlich Durchführung und Wirksamkeit der Mieterhöhung auf die Bestimmungen in § 10 WoBindG, für den zweiten § 4 Abs. 8 NMV zur Durchführung der Mieterhöhung nur auf § 10 Abs. 1 WoBindG. Ist § 4 Abs. 7 NMV einschlägig, kommt die Regelung in § 10 Abs. 2 WoBindG zur Anwendung. Danach wird die in der Übersendung der Abrechnung an den Mieter liegende Mieterhöhungserklärung mit dem 1. des folgenden Monats wirksam, wenn sie ihm vor dem 15. des Monats zugeht, sonst zum 1. des übernächsten Monats. Zu dem jeweils zutreffenden Termin wird daher die Nachforderung des Vermieters fällig. 425

Zu beachten ist, dass die Regelung in § 10 Abs. 2 Satz 3 WoBindG, die bei rückwirkend erhöhten Betriebskosten auch die Wirksamkeit der Mieterhöhungserklärung zurückdatiert, für die Erhebung des durch die Vorauszahlungen nicht gedeckten Umlagebetrags nicht gilt.[885] Enthält der Mietvertrag eine Regelung i. S. d. § 4 Abs. 8 Satz 1 NMV, ist § 10 Abs. 2 WoBindG nicht anzuwenden. In diesem Fall gilt dasselbe wie bei preisfreiem Wohnraum und Gewerberaum. 426

c) Teilfälligkeit. Enthält die formal ordnungsgemäße Abrechnung **einzelne Posten,** die zwischen den Parteien streitig werden oder die ganz oder teilweise ungerechtfertigt sind, bleibt die Abrechnung im Übrigen davon nach allgemeiner Meinung unberührt, sofern diese Positionen unschwer herausgerechnet werden können.[886] Hinsichtlich der nicht beanstandeten Positionen tritt Teilfälligkeit ein. Errechnet sich nach Abzug der streitigen Ansätze noch eine Nachforderung des Vermieters, ist sie vom Mieter auszugleichen. Demgegenüber liegt keine Teilfälligkeit vor, wenn zwar einzelne Positionen richtig erscheinen, insgesamt aber die Abrechnung neu erstellt werden muss, weil sie schwerwiegende formelle Mängel hat. Es ist nicht die Aufgabe des Mieters, soweit wie möglich die Abrechnung zu korrigieren und sich einen Mindestsaldo zu errechnen.[887] 427

d) Guthaben des Mieters. Ein Guthaben des Mieters auf Grund überzahlter Vorauszahlungen wird mit Übersendung der Abrechnung **sogleich fällig und zahlbar.**[888] Da der Vermieter die Abrechnung entweder selbst oder durch seine Hausverwaltung erstellte und alle Unterlagen zu diesem Zeitpunkt vorlagen, ist kein Grund ersichtlich, aus dem er die Auskehrung des Guthabens verzögern darf. Zu einem Vortrag des Guthabens auf die neue Abrechnungsperiode ist er nur bei einer entsprechenden individuellen Vereinbarung berechtigt. Bestehen Mietrückstände, kann er mit ihnen schon in der Abrechnung gegen die Rückforderung des Mieters aufrechnen.[889] Auch wenn der Vermieter mit der Verpflichtung auf Erstellung einer Betriebskostenabrechnung in Verzug geraten war, so dass das Guthaben des Mieters verspätet an ihn ausbezahlt wurde, hat der Mieter keinen Anspruch auf gesetzliche **Verzugszinsen;** insoweit scheidet auch die entsprechende Anwendung des § 288 Abs. 1 BGB aus.[890] Der Erstattungsanspruch des Mieters ist **abtretbar** und grundsätzlich **pfändbar.** Eine **Ausnahme** für die Pfändbarkeit besteht, wenn der Mieter Arbeitslosengeld II bezieht und die Erstattung deshalb im Folgemonat die Leistungen der Agentur für Arbeit für Unterkunft und Heizung des Hilfeempfängers mindert.[891] 428

2. Durchsetzbarkeit des Saldos

a) Preisfreier Wohnraum. Die Frage, **ab wann der Vermieter die Nachforderung mit Erfolg geltend machen kann,** ist **höchst streitig;** zum Erstattungsanspruch des Mieters s. Rdn. 428. Sie hat erhebliche praktische Bedeutung, da es um die Berechtigung des Vermieters geht, seine Forderung klageweise durchzusetzen oder mit ihr gegen Ansprüche des Mieters aufzurechnen. 429

[885] BGH (VIII ARZ 16/83) RE 11.4.1984 WuM 1984, 185.

[886] Z. B. schon BGH (VIII ZR 8/89) DWW 1990, 46 (48); LG Mannheim WuM 1996, 630; *Seldeneck* Rdn. 3666.

[887] BGH (VIII ZR 78/04) NZM 2005, 452 = WuM 2005, 336.

[888] BGH (VIII ZR 78/04) NZM 2005, 452 = WuM 2005, 336.

[889] Z. B. LG Berlin NZM 1999, 414; **a. A.** *Lammel* § 556 BGB Rdn. 155: Aufrechnung nur mit Forderungen aus dem Bereich der Betriebskosten.

[890] BGH (XII ZR 44/11) NZM 2013, 188 = WuM 2013, 168 = ZMR 2013, 265.

[891] BGH (IX ZR 310/12) GE 2013, 1000 = NZM 2013, 692 = WuM 2013, 487.

430 **aa) Bestehen eines Zurückbehaltungsrechts.** Während dem Mieter nach weit **verbreiteter Ansicht in Rechtsprechung und Literatur** eine **eigenständige Überlegungsfrist** zuzuerkennen ist,[892] hat der Mieter **nach anderer Ansicht,** auch des **BGH,** die Nachforderung **mit Übersendung** einer formell ordnungsgemäßen, nachprüfbaren Abrechnung **auszugleichen,**[893] jedenfalls im Grundsatz. Eine Ausnahme gilt z. B. bei Weigerung des Vermieters, Einsicht in die Abrechnungsunterlagen zu gewähren.[894] Es gebe keinen allgemeinen Rechtssatz, dass der Schuldner erst dann zur Leistung verpflichtet sei, wenn er sich von der Berechtigung der Forderung überzeugt habe.[895] Dies entspricht auf den ersten Blick der Regelung in § 271 Abs. 1 BGB, nach welcher der Gläubiger die Leistung sofort verlangen kann, wenn eine bestimmte Leistungszeit vertraglich nicht festgelegt ist. Die Leistungszeit und damit die Fälligkeit kann sich nach § 271 Abs. 1 BGB jedoch auch aus den Umständen ergeben. Aus der Natur von Nachforderungen aus Betriebskostenabrechnungen folgen hinreichende Umstände, die einer sofortigen Fälligkeit entgegenstehen. Anders als bei einer Kaufpreis- oder Werklohnforderung setzt schon ihre Entstehung voraus, dass sie nach bestimmten formalen Kriterien aufgemacht ist. Ob sie diesen genügt, erschließt sich für den Empfänger zwangsläufig erst, wenn er ausreichende Gelegenheit hatte, die zugrundeliegende Abrechnung durchzusehen und zu überprüfen. Zur inhaltlichen Seite kommt hinzu, dass Höhe und Zusammensetzung der Forderung dem Mieter bis zum Zugang der Abrechnung allenfalls in groben Umrissen bekannt sind. Der BGH hat es indes abgelehnt, diesen Umständen eine abweichende Leistungszeit zu entnehmen.[896]

431 Aber **auch bei** Annahme **sofortiger Fälligkeit** hat der Mieter die **Nachforderung nicht postwendend** zu begleichen. Allgemein anerkannt ist, dass ein Zurückbehaltungsrecht gegeben ist, solange der Vermieter dem Mieter keine Überprüfung der Abrechnung anhand der Belege ermöglicht.[897] Die Einsicht in die Abrechnungsunterlagen markiert aber nur den letzten Schritt bei der Kontrolle der Abrechnung. Es wäre widersprüchlich, dem Mieter das Zurückbehaltungsrecht nur für die noch nicht gewährte Einsicht in die Abrechnungsbelege zuzuerkennen, nicht jedoch für die vorangehende, für die Überprüfung der Abrechnung angemessene Zeit. Aus diesem Grund steht dem Mieter **gegen die sofortige Fälligkeit** jedenfalls das **Zurückbehaltungsrecht** aus § 273 BGB zu. Infolge der durch das Zurückbehaltungsrecht geschaffenen Prüfungsfrist verfügt der Mieter über einen Zeitraum zu, innerhalb dessen er sich schlüssig werden kann, ob er seine Rechte wahrnimmt. Erst mit ihrem Ablauf kann davon ausgegangen werden, dass er sie nicht ausüben will,[898] zumal der Vermieter ein berechtigtes Interesse an zügiger Abwicklung hat.

432 Das Zurückbehaltungsrecht aus § 273 BGB ist nur relevant, wenn es der Mieter geltend macht. Nach allgemeiner Ansicht ist die **Ausübung des Rechts** aber nicht nur durch eine ausdrückliche Erklärung, sondern **auch konkludent** möglich. Dies ist z. B. der Fall, wenn der Mieter durch einstweilige Nichtzahlung auf eine ihm gesetzte, nur kurze Zahlungsfrist reagiert. Hat der Vermieter die Belegeinsicht zumutbar angeboten und der Mieter diese in absehbarer Zeit nicht wahrgenommen, entfällt das Zurückbehaltungsrecht.[899]

433 Eine **Folge des Zurückbehaltungsrechts** ist, dass eine Forderung, der z. B. diese Einrede entgegensteht, nicht für eine Aufrechnung verwendet werden kann (§ 390 BGB). Der Vermieter ist daher gehindert, sogleich mit der Nachforderung gegen Forderungen des Mieters aufzurechnen, etwa einem Guthaben aus der Heizkostenabrechnung. Es genügt, dass die Einrede des Zurückbehaltungsrechts besteht, sie muss nicht geltend gemacht worden sein.[900] Auf der anderen Seite kann er gegen ein Guthaben des Mieters sogleich mit anderen Forderungen aufrechnen.

---

[892] OLG Düsseldorf ZMR 2000, 453; LG Limburg WuM 1997, 120; *Blank* in Blank/Börstinghaus § 556 Rdn. 232; *Blank* NZM 2008, 745 (751); *Geldmacher* DWW 1990, 208; *Pfeifer* S. 127; *Römer* WuM 1996, 595; *Seldeneck* Rdn. 3667; *Sternel* III Rdn. 374; *Weitemeyer* in Staudinger § 556 Rdn. 122a.

[893] BGH (VIII ZR 78/05) GE 2006, 502 = NZM 2006, 340 = WuM 2006, 200 = ZMR 2006, 358; (VIII ZR 57/04) NZM 2005, 373 = WuM 2005, 337 = ZMR 2005, 439; *Lammel* § 556 Rdn. 155; *Schmid* WuM 1996, 319.

[894] BGH (VIII ZR 78/05) GE 2006, 502 = NZM 2006, 340 = WuM 2006, 200 = ZMR 2006, 358: Zurückbehaltungsrecht.

[895] *Schmid* WuM 1996, 319 (320).

[896] BGH (VIII ZR 78/05) NZM 2006, 340 = WuM 2006, 200 = ZMR 2006, 358.

[897] Z. B. BGH (VIII ZR 78/05) NZM 2006, 340 = WuM 2006, 200 = ZMR 2006, 358.

[898] Ebenso *Pfeifer* in Mietprax Fach 2 Rdn. 866f.; *Wall* Rdn. 2238.

[899] LG Frankfurt/M. ZMR 2015, 307.

[900] Palandt/*Grüneberg* § 390 Rdn. 1 m.w.N.

Auf jeden Fall kann der Mieter **nicht in Verzug** kommen, solange er sich in angemessener Zeit über die Berechtigung der Nachforderung schlüssig werden will und deshalb nicht zahlt. Hier fehlt es an dem für den Verzug notwendigen Verschulden (§ 284 Abs. 4 BGB).[901] 434

derzeit nicht belegt 435

bb) Dauer des Zurückbehaltungsrechts. Für die Dauer der Prüfungsfrist stehen **mehrere Anknüpfungspunkte** zur Verfügung. Es kann auf die Frist von zwei Wochen für den Widerspruch gegen einen Mahnbescheid gem. § 692 Abs. 1 Nr. 3 ZPO[902] oder für die Fälligkeit nach § 27 AVB-FernwärmeV[903] abgestellt oder diese Zeitspanne generell für ausreichend[904] gehalten werden. Diese Frist ist indes recht kurz, insbesondere wenn es nicht um eine Abrechnung mit nur wenigen Positionen geht; zudem muss der Mieter grundsätzlich die Zeit haben, sich ggf. mit einem Dritten über die Abrechnung beraten zu können. Nach anderer Ansicht soll die Dauer jedenfalls[905] oder maximal[906] einen Monat, zwei/drei bis vier Wochen[907] oder, in Anknüpfung an § 286 Abs. 3 BGB, 30 Tage[908] betragen. 436

Näher liegt es, auf **gesetzliche Fristen aus dem Mietrecht** zurückzugreifen, zumal diese die Vermutung sachnaher Gerechtigkeit für sich haben. Hier bot es sich bisher an, die identischen Regelungen in § 4 Abs. 3 MHG und § 10 Abs. 2 WoBindG heranzuziehen;[909] bei beiden Arten von Wohnraum schuldete der Mieter danach den Ausgleich der Forderung des Vermieters zum 1. des folgenden Monats, wenn er die Erhöhungserklärung vor dem 15. des Monats erhielt, sonst zum 1. des übernächsten Monats. Während diese zeitliche Staffelung gem. § 10 Abs. 2 WoBindG für preisgebundenen Wohnraum weiterhin gilt, ist § 4 Abs. 3 MHG in § 560 Abs. 2 BGB aufgegangen. Bei der Erhöhung einer Betriebskostenpauschale (und gem. Art. 229 § 3 Abs. 4 EGBGB für Altverträge bei der Erhöhung des Betriebskostenanteils einer Brutto-, Bruttokalt- oder Teilinklusivmiete) schuldet der Mieter die erhöhte Umlage nunmehr generell erst **mit Beginn des auf die Erklärung folgenden übernächsten Monats.** Es ist gerechtfertigt, diese Frist im Grundsatz ebenfalls für die Dauer der Prüfungsfrist anzuwenden. So hat auch der BGH den Zeitraum, in dem der Vermieter die Abrechnung nachzuholen hat, wenn er unverschuldet die Abrechnungsfrist überschritt, durch Heranziehung des § 560 Abs. 2 BGB bestimmt.[910] Es kommt hinzu, dass keine sachlichen Gründe ersichtlich sind, den Mieter, der z. B. eine Erklärung über die Erhöhung der vereinbarten Pauschale erhält, anders zu behandeln als denjenigen, dem eine Betriebskostenabrechnung zugeht. In beiden Fällen geht es um die Überprüfung eines Rechenwerks und daran anknüpfende Zahlungspflichten. Schließlich ist zu bedenken, dass der hier zugrunde gelegte Wirkungszeitpunkt keineswegs stets auf eine zweimonatige Prüfungsfrist hinausläuft. Vielmehr beträgt sie beim Zugang gegen Ende eines Monats nur noch gut einen weiteren Monat. Sie entspricht damit der zum Teil bisher schon vertretenen Auffassung zum Prüfungszeitraum (s. Rdn. 436). In Einzelfällen wird auch eine längere Frist in Betracht kommen, etwa wenn es um die dritte, im Saldo erneut reduzierte Abrechnung geht, nachdem der Vermieter zuvor zwei Mal falsch abgerechnet hatte.[911] 437

cc) Zahlungsfristen. Formularmietverträge enthalten zum Teil Fristen zum Verfahren nach Mitteilung einer Betriebskostenabrechnung. Sie begegnen in **zwei Varianten. Zum einen** können sie die **Fälligkeit** bestimmen, etwa mit der Regelung, dass Nachforderungen mit der Fälligkeit der nächsten Miete fällig werden.[912] Selbst wenn die Abrechnung den Mieter erst am Monatsletzten erreicht, ist die Festsetzung des Fälligkeitstermins schon für den folgenden Tag nicht zu beanstanden, weil sich kein anderes Ergebnis einstellt als ohnehin nach der Rechtsprechung des BGH (s. Rdn. 430). Geht die Abrechnung dem Mieter schon kurz nach dem Monatsbeginn zu, bleiben Zahlungsziele oder Mahnungen, die vor Beginn des nächsten Monats abgegeben werden, mangels 438

901 AG Naumburg WuM 2004, 690; *Kinne* in Kinne/Schach/Bieber § 556 Rdn. 88; *Schmid* WuM 1996, 319 (320); *Weitemeyer* in Staudinger § 556 Rdn. 122a.

902 LG Berlin NZM 2001, 707 = ZMR 2001, 33; *Lammel* § 556 BGB Rdn. 156.

903 *Pfeifer* S. 127, 128.

904 *Kinne* in Kinne/Schach/Bieber § 556 Rdn. 88.

905 LG Frankfurt/M. WuM 1990, 271, 274; AG Gelsenkirchen-Buer WuM 1994, 549; *Blank* in Blank/Börstinghaus § 556 Rdn. 233.

906 *Weitemeyer* in Staudinger § 556 Rdn. 122.

907 *Lützenkirchen* AZ „Fälligkeit der Nachforderung aus einer Betriebskostenabrechnung".

908 *Wall* Rdn. 2241.

909 AG Potsdam NZM 2001, 378; *Seldeneck* Rdn. 3679; *Sternel* PiG 28 (1988) S. 101 (124).

910 BGH (VIII ZR 220/05) NZM 2006, 740 = WuM 2006, 516.

911 Vgl. *Winning* Anm. zu AG Sinzig WuM 2008, 86.

912 Vgl. OLG Düsseldorf WuM 2006, 381.

Fälligkeit der Forderung ohne rechtliche Wirkung. **Zum anderen** und häufiger sehen Mietverträge vor, dass Nachforderungen aus einer Betriebskostenabrechnung innerhalb einer bestimmten Zeit nach ihrem Zugang auszugleichen sind; es handelt sich dabei um einen Fall gemäß § 286 Abs. 2 Nr. 3 BGB.[913] Sind derartig gesetzte **Zahlungsfristen** zu kurz,[914] verlängern sie sich auf einen angemessenen Zeitraum, nach dessen Ablauf erst Verzug eintritt.[915]

439 Klauseln, nach denen die **Abrechnung als anerkannt** behandelt wird, wenn der Mieter nicht innerhalb einer bestimmten Frist Widerspruch erhoben hat, sind ohnehin unwirksam.[916] Sie verstoßen gegen § 308 Nr. 5 BGB, soweit der Klausel die Fiktion eines Einwendungsverzichts beizulegen ist, jedenfalls gegen § 309 Nr. 12 BGB, weil sie eine unzulässige Veränderung der Beweislast zum Nachteil des Mieters enthalten (s. auch Rdn. 401).

440 **b) Preisgebundener Wohnraum.** Die zuvor beschriebene Problematik stellt sich bei preisgebundenem Wohnraum nicht, sofern **§ 4 Abs. 7 NMV** einschlägig ist. Diese Vorschrift verweist auf die Bestimmungen des § 10 WoBindG, mithin auch auf § 10 Abs. 2 WoBindG. Nach dieser Bestimmung wird die Mieterhöhung des Vermieters erst mit Ablauf der darin aufgeführten Fristen wirksam und damit fällig. Diese Regelung bewirkt, dass dem Mieter in jedem Fall ein gewisser Zeitraum zur Überprüfung der Abrechnung zur Verfügung steht. Wurde im Mietvertrag eine Vereinbarung nach **§ 4 Abs. 8 NMV** getroffen, gelten auch hier die angeführten Gründe, aus denen die Forderung des Vermieters erst nach Ablauf einer angemessenen Prüfungsfrist durchsetzbar ist.

3. Gläubiger/Schuldner des Saldos

441 Bei **fortbestehendem Mietverhältnis** ist es selbstverständlich, dass Nachforderungen des Vermieters bzw. Guthaben des Mieters zwischen den Vertragsparteien auszugleichen sind. Dasselbe gilt bei einem **Mieterwechsel.** Noch restierende Ansprüche sind zwischen den Parteien des früheren Mietverhältnisses abzuwickeln, und zwar auch dann, wenn der Mieter aus einem längerfristigen Mietvertrag vorzeitig entlassen wird und ein Dritter an seine Stelle in den Vertrag einrückt. Maßgeblich ist allein, ob der jeweilige Anspruch noch aus dem Vertragsverhältnis stammt, nicht jedoch, wann er fällig gestellt oder geltend gemacht wird. Auch wenn die Abrechnung über Betriebskostenvorauszahlungen des Vormieters erst längere Zeit nach seinem Ausscheiden aus dem Vertrag erfolgt, ist es allgemein anerkannt, dass daraus resultierende Forderungen zwischen den ehemaligen Vertragsparteien zu regeln sind; weder hat der Nachmieter einen negativen Saldo auszugleichen, noch kann er ein Guthaben für sich reklamieren.

442 Die für den Mieterwechsel beschriebene Sach- und Rechtslage besteht ebenfalls bei **Vermieterwechsel** nach Ablauf der Abrechnungsperiode; zum Vermieterwechsel während des Abrechnungszeitraums s. Rdn. 290f. Der frühere Vermieter behält seinen Anspruch auf Ausgleich einer Nachforderung durch den Mieter, dieser den Anspruch auf Auskehrung eines Guthabens durch ihn (s. Rdn. 292).[917]

4. Abtretung/Aufrechnung/Pfändung des Saldos

443 Nach herrschender Ansicht kann der Vermieter die **Nachforderung,** die sich aus einer Abrechnung zu seinen Gunsten ergibt, **abtreten,** sie kann von Dritten **gepfändet** werden. Auch für den neuen Gläubiger bzw. Pfandgläubiger ist die Forderung nach der hier vertretenen Ansicht aus den oben genannten Gründen jedoch erst durchsetzbar, wenn die Überlegungsfrist für den Mieter verstrichen ist. Aus denselben Gründen, wie sie für die Abtretung, Aufrechnung und Pfändung von Betriebskostenvorauszahlungen ausführlich dargelegt wurden (s. Rdn. 270ff.), ist der dort erörterten Mindermeinung, welche die Abtretbarkeit und Pfändbarkeit verneint, nicht zu folgen.

444 Zum Erstattungsanspruch des Mieters aus einem **Abrechnungsguthaben** s. Rdn. 428.

---

913 Z. B. *Gruber* WuM 2002, 252.

914 LG Frankfurt/M. WuM 1990, 271 für eine Frist von 1 Woche.

915 Palandt/*Grüneberg* § 286 Rdn. 23.

916 KG NZM 2002, 954; OLG Düsseldorf ZMR 2000, 453 über § 10 Nr. 5 AGBG (= § 308 Nr. 5 BGB); *Sternel* PiG 55 (1998) S. 79 (95).

917 BGH (III ZR 211/99) GE 2000, 1471 = NZM 2001, 158 = WuM 2001, 609; AG Köln WuM 1994, 218; vgl. OLG Düsseldorf NJW-RR 1994, 1101; LG Berlin GE 1998, 1088.

H. Abrechnungs- und Ausschlussfrist (Abs. 3 Satz 2–4)

I. Abrechnungsfrist

Mit Abrechnungsfrist wird die **Frist** bezeichnet, **innerhalb derer** der Vermieter nach Ablauf des Abrechnungszeitraums dem Mieter eine Abrechnung vorzulegen hat. Sie ist nicht mit dem Abrechnungszeitraum zu verwechseln. 445

1. Grundsätze

Nach § 556 Abs. 3 Satz 2 BGB hat der Vermieter von preisfreiem **Wohnraum,** wie zuvor ausdrücklich nach § 20 Abs. 3 Satz 4 NMV der Vermieter preisgebundenen Wohnraums, dem Mieter die Abrechnung **spätestens bis zum Ablauf des zwölften Monats** nach dem Ende des Abrechnungszeitraums zuzuleiten. Die Abrechnungsfrist gilt **gleichermaßen,** wenn der Mieter **keine Vorauszahlungen** zu leisten hatte;[918] auch er hat ein evidentes Interesse daran, in angemessener Zeit zu erfahren, welche meist hohe Nachbelastung er für den abgelaufenen Abrechnungszeitraum zu entrichten hat. 446

Für **Gewerberaum** fehlt nach wie vor eine entsprechende Regelung. Nach allgemeiner Ansicht galt die vorgenannte Frist in Anlehnung an § 20 Abs. 3 Satz 4 NMV aber bislang schon für diesen Mietbereich,[919] was durch die Neuregelung eine zusätzliche Unterstützung erfahren hat; zur Begründung ist zudem anzumerken, dass jede Vertragspartei gehalten ist, alsbald für Klarheit über die gegenseitigen Ansprüche zu sorgen.[920] Da die vorgenannten Bestimmungen einschließen, dass eine Frist von einem Jahr ausreichend bemessen ist, steht der Anwendung dieser Frist auf Gewerberaum auch im Hinblick auf deren Dauer nichts entgegen.[921] 447

Es ist daher eine **einheitliche Abrechnungsfrist** für alle Arten der Raummiete zugrunde zu legen, sofern die Parteien bei der Vermietung von Gewerberaum nicht im Einzelfall eine andere Abrechnungsfrist vereinbarten. 448

2. Verlängerung der Frist

Eine **Verlängerung** der Abrechnungsfrist ist bei preisgebundenem **Wohnraum** grundsätzlich nicht zulässig, bei preisfreiem Wohnraum jedoch nach § 556 Abs. 4 BGB nur, wenn sie für den Mieter von Nachteil ist. Hiervon ist i. d. R. auszugehen.[922] Zum einen hat der Mieter, wie erwähnt, ein nachvollziehbares Interesse daran, dass über die jedenfalls in ihrer Summe oft beträchtlichen Vorauszahlungen auch abgerechnet wird, sobald dies technisch möglich ist; sie sollen dem Vermieter weder als zinsloses Darlehn noch als sonstige finanzielle Manövriermasse zur Verfügung stehen. Zum anderen kann ihm eine längere Abrechnungsfrist die Kontrolle der Abrechnung erschweren. Ist es in der Abrechnungsperiode z. B. zu Besonderheiten gekommen, etwa Bauarbeiten oder Rohrbrüchen, wird es ihm mit zunehmendem Zeitablauf immer schwieriger, diese Vorgänge der richtigen Periode zuzuordnen und damit die Plausibilität der Kostenansätze zu überprüfen. 449

Bei der Vermietung von **Gewerberaum** ist eine Verlängerung der Abrechnungsfrist zulässig.[923] Formularklauseln mit einer erheblich längeren Frist werden allerdings im Regelfall an § 307 BGB scheitern, weil sie den Mieter unangemessen benachteiligen. Die Überschreitung der Frist kommt nur in Betracht, wenn die Abrechnung dem Vermieter aus Gründen, die er nicht zu vertreten hat, nicht früher möglich ist; der Rechtsgedanke der in § 556 Abs. 3 Satz 2 BGB festgelegten Regelung ist auf diesen Mietbereich übertragbar.[924] 450

---

[918] LG Berlin GE 2007, 1252 unter Ansatz einer *„Vorschusshöhe Null"*; ausführlich *R. Breiholdt* DMT-Bilanz S. 523 (527 f.); *Schmid* GE 2012, 1597; **a. A.** LG München II NZM 2012, 342 = ZMR 2012, 777 m. zust. Anm. *Hausding;* AG/LG Potsdam ZMR 2011, 48; AG Neuruppin WuM 2011, 565; AG Berlin-Köpenick GE 2006, 1411.

[919] OLG Düsseldorf GuT 2005, 53; OLG Hamburg DWW 1988, 379 = MDR 1989, 162 = WuM 1989, 150.

[920] BGH (V ZR 36/09) NZM 2009, 904 = WuM 2009, 672.

[921] BGH (XII ZR 22/07) GuT 2010, 26 = NZM 2010, 240; (XII ZR 124/09) GE 2011, 128 = NZM 2011, 121 = WuM 2011, 220.

[922] Immer unzulässig: *Schmid/Zehelein* in MünchKomm § 556 Rdn. 48; *Wall* Rdn. 2043.

[923] Z. B. *Schmid/Zehelein* in MünchKomm § 556 Rdn. 48.

[924] So früher schon OLG Hamburg Urt. v. 30. 6. 1989 – 4 U 86/88 aus § 20 Abs. 3 Satz 4 NMV.

3. Verkürzung der Frist

451 Ob sich die Parteien **generell** auf eine **Verkürzung** der Frist verständigen können,[925] ist fraglich, aber wohl auch ohne sonderliche praktische Relevanz. Vermieter werden sich auf eine derartige Abrede schon allein wegen des zusätzlichen Verwaltungsaufwands kaum einlassen. Was den Mieter betrifft, ist § 556 Abs. 4 BGB zu beachten. Zu seinem Nachteil würde ausschlagen, dass die Kostenkontrolle insgesamt erschwert wird. Dies gilt für die verbrauchsabhängigen Kosten, über welche die Versorger jährlich abrechnen, so dass die Abrechnung in kürzeren Abständen immer dazu zwingt, bei jeder zweiten Abrechnung nicht den konkreten Verbrauch, sondern z. B. allein die Abschlagszahlungen zugrunde zu legen, aber auch für manche verbrauchsunabhängigen Kosten, die wie die Versicherungskosten meist jährlich anfallen. Zudem könnten bei unregelmäßigem Eingang der Rechnungen beim Vermieter manche Kosten in zwei Abrechnungen hintereinander, dann aber auch für einen längeren Zeitraum überhaupt nicht aufgeführt sein, was beim Mieter zusätzliche Verwirrung auslöst.

452 Die Vereinbarung einer kürzeren Frist für einen **Einzelfall** ist ohne weiteres zulässig, wenn sie auf sachlichen Gründen beruht. Will der Vermieter z. B. bei einem Neubau nach dem Erstbezug den Zeitraum bis zum Beginn der von ihm vorgesehenen regelmäßigen Abrechnungsperiode überbrücken oder will er für die Zukunft generell auf einen anderen Turnus umstellen,[926] ist es ihm möglich, einen kurzen Abrechnungszeitraum einzuschieben. Nach der Rechtsprechung des BGH kann sich der Vermieter den zusätzlichen Abrechnungsaufwand allerdings durch eine einmalige einvernehmliche Verlängerung der jährlichen Abrechnungsperiode ersparen.[927]

453 Ein **Anspruch** des Mieters **auf vorzeitige Abrechnung** ist grundsätzlich zu verneinen. Auch wenn er auf Grund eines hohen Guthabens aus der vorangegangenen Abrechnung wieder ein Guthaben erwartet, weil der Vermieter entgegen § 560 Abs. 4 BGB die Vorauszahlungen nicht auf eine angemessene Höhe reduzierte, kann er keine vorzeitige Abrechnung verlangen. Zum einen würde dadurch nicht nur ein erheblicher zusätzlicher Verwaltungsaufwand ausgelöst, weil einige Zeit später die turnusmäßige Abrechnung folgen müsste – auf die Begründung eines eigenständigen neuen Turnus mit einem einzelnen Mieter kann sich kein Vermieter einlassen –, sondern auch das Fehlerrisiko erhöht. Zum anderen muss sich der Mieter entgegenhalten lassen, dass er von der Möglichkeit keinen Gebrauch machte, von sich aus nach § 560 Abs. 4 BGB die Vorauszahlungen auf einen angemessenen Umfang zurückzuführen. Anders mag es sich verhalten, wenn der Wohnungseigentümer bereits gegenüber dem Zwischenvermieter abrechnete, dieser die Abrechnung jedoch ohne erkennbaren Grund nicht an den Endmieter weiterleitet und der Endmieter ein berechtigtes Interesse daran hat, die Abrechnung möglichst schnell zu erhalten, z. B. nach Auszug.

4. Abrechnungsreife

454 **Mit Ablauf der Abrechnungsfrist** tritt zugleich die sog. **Abrechnungsreife** ein. Mit ihr sind verschiedene Rechtswirkungen für die Parteien verbunden.

455 **a) Grundsätze.** Mit Eintritt der Abrechnungsreife **wandelt sich der Anspruch** des Vermieters auf Entrichtung der Vorauszahlungen in einen Anspruch auf Ausgleich des sich aus einer Abrechnung ergebenden Saldos zulasten des Mieters. Der Anspruch auf Zahlung der vereinbarten Vorauszahlungen geht mithin unter;[928] allerdings stehen dem Vermieter gleichwohl die Verzugszinsen auf die nicht gezahlten Abschläge bis zur Abrechnungsreife zu.[929] Der Vermieter, der den Mieter *gerichtlich* auf Nachzahlung von Mietrückständen einschließlich der periodisch geschuldeten Vorauszahlungen in Anspruch nimmt, muss daher die Klage, soweit sie sich auf die Betriebskostenvorschüsse bezieht, auf den Saldo umstellen.[930] Rechnete er pflichtwidrig in der Zwischenzeit nicht ab, ist der auf die Vorauszahlungen gerichtete Teil der Forderung abzuweisen.[931] Liegt die Abrechnung

---

[925] So *Wall* Rdn. 2039.
[926] Z. B. LG Berlin GE 2009, 780.
[927] BGH (VIII ZR 316/10) GE 2011, 1153 = NZM 2011, 624 = WuM 2011, 511 = ZMR 2011, 941.
[928] BGH (XII ZR 112/10) GE 2012, 1696 = NZM 2013, 85 = WuM 2012, 662 für Gewerberaum; (VIII ZR 258/09) GE 2010, 1051 = NZM 2010, 736 = WuM 2010, 490 = ZMR 2010, 847 für Wohnraum; OLG Naumburg NZM 2002, 957; *Geldmacher* NZM 2001, 921 (922); *Wall* Rdn. 1771; *Zehelein* WuM 2014, 3 (4).
[929] BGH (XII ZR 112/10) NZM 2013, 85 = WuM 2012, 662; OLG Düsseldorf GE 2000, 537 = ZMR 2000, 287; *Eupen* MietRB 2008, 246 (249).
[930] OLG Hamburg DWW 1988, 379 = MDR 1989, 162 = WuM 1989, 150.
[931] KG GE 2014, 1137 = WuM 2014, 551 = ZMR 2014, 973.

während des Prozesses vor, hat der Vermieter zwei Möglichkeiten.[932] Er kann den Rechtsstreit hinsichtlich der Vorauszahlungen in der Hauptsache für erledigt erklären und den infolge ihres Ausbleibens hohen Saldo geltend machen, er kann aber auch auf Basis der schon eingeklagten Sollvorauszahlungen abrechnen und die Klage nur in Höhe des ggf. zulasten der Mieters verbliebenen restlichen Saldos erhöhen.[933] Letzteres ist allerdings bei Wohnraum nur zulässig, wenn die Erhöhung noch innerhalb der Abrechnungsfrist erfolgt, anderenfalls greift die Ausschlussfrist gem. § 556 Abs. 3 Satz 3 BGB ein (s. Rdn. 473). Ergibt die Abrechnung nach den Sollvorauszahlungen ein Guthaben des Mieters, hat er die auf Zahlung der Bruttomiete gerichtete Klage insoweit in der Hauptsache für erledigt zu erklären, wodurch er dem Mieter das Guthaben gutbringt.[934]

Kündigt der Vermieter gestützt auf Rückstände des Gesamtmietzinses, also einschließlich der Vorauszahlungen, gem. § 543 Abs. 2 Satz 1 Nr. 3 BGB **fristlos,** verliert die Kündigung nicht dadurch ihre Grundlage, dass während des Räumungsrechtsstreits Abrechnungsreife (und damit bei Wohnraum zugleich der Ausschluss von Nachforderungen) eintritt.[935] **Ob** dies **nur für den Fall** gilt, dass der Vermieter die Kündigung schon vor Eintritt der Abrechnungsreife ausgesprochen hatte, ist **streitig.** Nach einer Meinung scheitert die nach deren Eintritt ausgesprochene Kündigung daran, dass die Vorauszahlungen ab diesem Zeitpunkt nicht mehr verlangt werden können.[936] Demgegenüber ist nach anderer Auffassung darauf abzustellen, dass ein einmal entstandenes Kündigungsrecht nur unter den Voraussetzungen des § 543 Abs. 2 Satz 2 BGB, also bei Ausgleich des Rückstands vor dem Zugang der Kündigung, erlischt.[937] Entscheidend ist daher, ob die aus dem Schuldnerverzug des Mieters folgenden Rechte dem Vermieter grundsätzlich auch über den Eintritt der Abrechnungsreife hinaus erhalten bleiben, was der **BGH** bejaht hat.[938] Die Nachforderungen aus der Abrechnung zählen nicht zum laufenden Mietzins i. S. d. § 543 Abs. 2 Satz 1 Nr. 3 BGB und berechtigen auch dann nicht zur fristlosen Kündigung, wenn der Mieter mit ihrem Ausgleich in Verzug ist (s. § 543 BGB Rdn. 87).[939] 456

b) Folgen für den Vermieter. Da der Ablauf der Abrechnungsfrist mit dem Beginn der Ausschlussfrist zusammenfällt, beschränkt sich die Bedeutung der Abrechnungsreife für den Vermieter von **Wohnraum** auf die unten, Rdn. 460ff., beschriebenen Grundsätze. 457

Die Ausschlussfrist des § 556 Abs. 3 Satz 3 BGB gilt **nicht** für vermieteten **Gewerberaum.**[940] Der Vermieter von Gewerberaum verliert grundsätzlich auch dann nicht den Anspruch auf Ausgleich einer schließlich erstellten Abrechnung, wenn er die Abrechnungsfrist erheblich überschreitet. Da für den Beginn der Verjährung seiner Nachforderung der Zeitpunkt maßgeblich ist, zu welchem dem Mieter die Abrechnung zugeht,[941] kann dem Anspruch des Vermieters nur der Einwand der Verwirkung aus § 242 BGB entgegenstehen. Eine **Ausnahme** greift dann ein, wenn die Parteien vertraglich eine bindende Abrechnungsfrist in der Weise festgelegt haben, dass bei ihrer Überschreitung ein Nachforderungsausschluss angenommen werden kann. Mit Formulierungen wie *„Die Abrechnung erfolgt bis spätestens zum 30.09. des folgenden Jahres.“*[942] oder *„… muss die Abrechnung jährlich bis zum 30. Juni erfolgen.“*[943] ist diese weitreichende Abrede noch nicht getroffen. Die Klausel, *„Der Vermieter ist verpflichtet, innerhalb eines Jahres nach Ablauf des Abrechnungszeitraums über die Betriebskosten abzurechnen. Die Parteien sind diesbezüglich einig, dass es sich hierbei darüber hinaus um eine Ausschlussfrist handelt. Rechnet der Vermieter nicht fristgerecht ab, ist der Mieter zum Einbehalt der Betriebskostenvorauszahlung gem. § 4 Nr. 9 berechtigt.“* enthält zwar einen ausdrücklichen Nachforderungsausschluss, sie ist indes nach § 307 BGB unwirksam, weil der Ausschluss auch dann eintreten soll, wenn den Vermieter kein Verschulden an der Verspätung trifft.[944] 458

---

932 Ebenso z. B. KG GE 2014, 1137 = WuM 2014, 551 = ZMR 2014, 973.
933 BGH (VIII ZR 108/02) GuT 2003, 61 = NZM 2003, 196 = ZMR 2003, 334 m. Anm. *Schmid.*
934 BGH (VIII ZR 244/02) NZM 2003, 277.
935 LG Berlin MDR 1986, 412.
936 *Sternel* WuM 2009, 699 (702).
937 *Blank* in Blank/Börstinghaus § 543 Rdn. 129.
938 BGH (XII ZR 112/10) NZM 2013, 85 = WuM 2012, 662.
939 OLG Koblenz RE 26.7.1984 WuM 1984, 269 = ZMR 1984, 351.
940 BGH XII ZR 124/09) GE 2011, 128 = NZM 2011, 121 = WuM 2011, 220 = ZMR 2011, 365; (XII ZR 22/07) GE 2010, 406 = GuT 2010, 26 = NZM 2010, 240.
941 BGH (VIII ARZ 5/90) RE 19.12.1990 WuM 1991, 150.
942 OLG Köln ZMR 2007, 115.
943 BGH (VIII ZR 152/15) GE 2016, 321 = NZM 2016, 307 = WuM 2016, 164 = ZMR 2016, 284.
944 OLG Jena NZM 2012, 642.

459 **c) Folgen für den Mieter.** Mit der Abrechnungsreife wird der **Anspruch des Mieters auf Erteilung einer Abrechnung** durch den Vermieter **fällig.** Der Mieter kann auf Erteilung einer Abrechnung klagen;[945] rechnet er mit einem Guthaben, kann er die Klage auf Rechnungslegung im Wege der Stufenklage gem. § 254 ZPO mit der Klage auf Auszahlung des sich aus der Abrechnung ergebenden Guthabens verbinden. Dem Mieter steht zur Durchsetzung seines Anspruchs zusätzlich ein Zurückbehaltungsrecht gem. § 273 BGB an den laufenden Betriebskostenvorauszahlungen zu,[946] das aber insgesamt nicht über die Vorauszahlungsbeträge hinausgeht, die im nicht abgerechneten Zeitraum geleistet wurden.[947] Da dem Mieter bereits das Druckmittel des Zurückbehaltungsrechts zusteht, ist ihm die Einrede des nicht erfüllten Vertrages gem. § 320 BGB nicht zusätzlich zuzuerkennen.[948] Ob der Mieter die auf die abzurechnende Periode geleisteten Vorauszahlungen zurückverlangen kann, ist streitig, s. Rdn. 282ff.

Klage- und Zurückbehaltungsrecht bestehen grundsätzlich **nur bis zur Vorlage** einer formell ordnungsgemäßen Abrechnung. Weist die Abrechnung jedoch **schwerwiegende inhaltliche Fehler** auf, die der Mieter mangels Kenntnis der Basisdaten nicht selbst beheben kann, kann er eine inhaltlich richtige Abrechnung verlangen. Diesen Anspruch kann er gerichtlich geltend machen (s. Rdn. 279), zudem wird ihm deshalb ebenfalls ein Zurückbehaltungsrecht zustehen.

Die vorgenannten Rechte hat auch der Mieter von Wohnraum. Zwar greift mit der Abrechnungsreife zugleich die Ausschlussfrist nach § 556 Abs. 3 Satz 3 BGB zulasten des Vermieters ein. Damit steht für den Mieter aber nicht fest, dass die Abrechnung kein Guthaben für ihn ergeben könnte, außerdem kann er aus weiteren Gründen eine Abrechnung verlangen, s. Rdn. 281.

II. Ausschlussfrist

460 Nach § 556 Abs. 3 Satz 3 BGB (gleichlautend § 20 Abs. 3 Satz 4 NMV für preisgebundenen Wohnraum) ist die **Abrechnungsfrist eine Ausschlussfrist,** es sei denn, der Vermieter hat die Geltendmachung erst nach Ablauf der Jahresfrist nicht zu vertreten. Aus einer verspäteten Abrechnung kann der Vermieter grundsätzlich (s. aber Rdn. 475) keine Zahlungsansprüche mehr herleiten;[949] auch die Aufrechnung mit einer errechneten Nachforderung gegen Ansprüche des Mieters ist ausgeschlossen.[950] Der Vermieter hat auch keinen Anspruch mehr auf nicht geleistete Betriebskostenvorauszahlungen, wenn er in die Abrechnung statt der tatsächlich geleisteten Vorauszahlungen die Sollvorauszahlungen des Mieters einstellte, ohne dies deutlich zu machen.[951]

Der Vermieter hält die Abrechnungsfrist **nur** mit der Erteilung einer **formal ordnungsgemäßen Abrechnung** ein. Zu den Anforderungen an eine formal ordnungsgemäße Abrechnung ist auf die Ausführungen Rdn. 333ff. zu verweisen (zu den materiellen Folgen der Ausschlussfrist s. Rdn. 473). Hat die Abrechnung formelle Mängel, hindert auch die noch innerhalb der Abrechnungsfrist erhobene Klage aus Ausgleich des Abrechnungssaldos nicht das Eingreifen der Ausschlussfrist; die Vorschrift des § 204 Abs. 1 Nr. 1 BGB – Hemmung der Verjährung durch Rechtsverfolgung – ist nicht, auch nicht analog, anwendbar.[952] Allerdings soll auch eine formal ordnungsgemäße Abrechnung dann die Abrechnungsfrist nicht einhalten, wenn der Vermieter bewusst falsche Werte (hier: Vorjahreswerte) einstellte, um den Ausschluss der Nachforderungen nach § 556 Abs. 3 Satz 3 BGB zu umgehen.[953]

---

[945] Z. B. BGH (VIII ZR 57/04) DWW 2005, 230 = GE 2005, 543 = NZM 2005, 373 = WuM 2005, 337 = ZMR 2005, 439; OLG Hamm RE 26.6.1998 NZM 1998, 568 m.w.N.

[946] Z. B. BGH (VIII ZR 191/05) NZM 2006, 533 = WuM 2006, 383; nach OLG Koblenz WuM 1995, 154 und OLG Düsseldorf WuM 2000, 678, ZMR 2002, 37 soll sich das Zurückbehaltungsrecht nicht auf die Nettomiete beziehen, dagegen *Lützenkirchen* WuM 2003, 63 (68) mit dem Hinweis, dass die Abrechnung die vom Mieter geschuldete Jahresmiete festlegt.

[947] KG GE 2002, 129; *Sternel* PiG 40 (1993) S. 83 (96).

[948] **A. A.** AG Chemnitz Urt. vom 30.8.2013 – 18 C 1977/11.

[949] BGH (VIII ZR 115/04) GE 2005, 50 = NZM 2005, 13 = WuM 2005, 61 = ZMR 2005, 121.

[950] AG Siegburg WuM 2001, 245.

[951] LG Aachen WuM 2016, 289 = ZMR 2016, 778.

[952] BGH (VIII ZR 295/07) GE 2009, 189 = NZM 2009, 78 = WuM 2009, 42.

[953] LG Bonn WuM 2015, 358.

1. Rechtzeitigkeit der Abrechnung

a) Grundsätze. Nach § 556 Abs. 3 Satz 2 BGB ist die Abrechnung „*dem Mieter **spätestens bis zum Ablauf des zwölften Monats nach Ende des Abrechnungszeitraums** mitzuteilen*". Gilt das Kalenderjahr als Abrechnungszeitraum, endet die Frist daher am 31. 12. des Folgejahres. Ist der Abrechnungszeitraum z. B. an den Beginn des Mietverhältnisses mitten im Monat gekoppelt, verlängert er sich um die Zeit bis zum Ablauf des Monats (§ 192 BGB).[954] Fällt der letzte Tag der Frist auf einen Sonnabend, Sonntag oder Feiertag, tritt an dessen Stelle der nächste Werktag (§ 193 BGB). Die früher z. T. streitige Frage, ob die Abrechnungsfrist bei einem Abrechnungsturnus, der im Verlauf des Jahres, z. B. mit dem 30. 4. oder 30. 6., endet, erst nach Ablauf des folgenden Kalenderjahres abläuft, ist durch die Vorschrift erledigt. 461

Nach § 20 Abs. 3 Satz 4 NMV ist die Abrechnung dem Mieter innerhalb der Abrechnungsfrist *„zuzuleiten"*, woraus abgeleitet wurde, dass die rechtzeitige Absendung ausreicht.[955] Demgegenüber stellt § 556 Abs. 3 Satz 2 BGB auf die Mitteilung an den Mieter innerhalb der Frist ab, so dass es nicht auf deren Absendung, sondern auf den **Zugang** beim Mieter ankommt.[956] Auch eine geringfügige Überschreitung der Frist ist daher nur dann unschädlich, wenn sie der Vermieter nicht zu vertreten hat. Zunehmend streiten die Parteien um den Zugang bei **Versendung** der Abrechnung **auf dem Postweg** (dazu Rdn. 470).

Zur Fristwahrung reicht es nicht aus, dass der Vermieter unmittelbar vor deren Ablauf dem Mieter **telefonisch** den Inhalt der Abrechnung durchsagt. Zieht der Vermieter die Abrechnung auf Einwände des Mieters zurück und lässt dem Mieter eine neue zukommen, ist auf diese abzustellen; sofern sie den Mieter erst nach Fristablauf erreicht, ist sie verspätet.[957]

b) Entschuldigte Verspätung. Bei der Frage, ob der Vermieter die **Verspätung zu vertreten** hat, ist zwischen **zwei Bereichen** zu differenzieren. Zum einen geht es um die Zeit bis zur Absendung der Abrechnung an den Mieter, zum anderen um den anschließenden Zeitraum, sei es bis zu ihrem Zugang, sei es bis zu dem Zeitpunkt, in dem feststeht, dass sie den Mieter nicht erreicht hat. 462

Der **erste Bereich** betrifft die **Sammlung** der für die Abrechnung notwendigen **Unterlagen.** Der Vermieter muss versuchen, sie **rechtzeitig** zu erhalten. Hat er schlicht zugewartet, dass die Rechnungen irgendwann bei ihm eingehen, hat er die Verspätung in jedem Fall zu vertreten.[958] Erhält er die Unterlagen erst so kurz vor Fristablauf, dass er nicht mehr rechtzeitig abrechnen kann, soll ihn dies entlasten,[959] was aber, wenn überhaupt, nur in Betracht kommt, wenn er sich nicht darauf beschränkte, die jeweiligen Rechnungen erst „in letzter Minute" anzumahnen.[960] 463

Nicht zu vertreten hat der Vermieter die ihm z. T. erst nach Jahren zugehenden **Grundsteuerbescheide,**[961] weil der Vermieter hier wie jeder Steuerpflichtige der Finanzverwaltung weitgehend ausgeliefert ist. Nach ihrem Eingang hat er sie alsbald, spätestens innerhalb von drei Monaten,[962] (s. Rdn. 469) umzulegen; die Verjährung der Nachforderung beginnt ohnehin nach § 199 Abs. 1 BGB erst mit dem Zugang des Grundsteuerbescheids.[963] Liegt der Zugang in zeitlicher Nähe zur nächsten Abrechnung, kann er die erhöhten Kosten auch dann in Ansatz bringen, wenn sie frühere Abrechnungsperioden betreffen, ansonsten hat er eine Nachberechnung vorzunehmen. Zu belasten sind nur diejenigen Mieter, deren Mietvertrag im betroffenen Zeitraum bestand, auch bei der Abrechnung nach dem Abflussprinzip gilt nichts Anderes (s. Rdn. 474).

Neben eigenem Verschulden des Vermieters kommt auch die **Zurechnung von Fremdverschulden** in Betracht. Nach § 278 BGB hat ein Schuldner das Verschulden von Personen, deren er sich zur Erfüllung seiner Verbindlichkeiten bedient **(Erfüllungsgehilfen),** in gleichem Umfang zu vertreten wie eigenes. Auf dieser Grundlage muss sich der Vermieter grundsätzlich das Verschulden Dritter zurechnen lassen, die er mit der Abrechnung beauftragte wie die externe Hausverwaltung[964] 464

---

[954] Ebenso LG Frankfurt (Oder) WuM 2013, 40 zum Ablauf der Frist für den Einwendungsausschluss.
[955] AG Bremen WuM 1995, 593.
[956] BGH (VIII ZR 107/08) DWW 2009, 146 = GE 2009, 509 = NZM 2009, 274 = WuM 2009, 236.
[957] AG Bergheim WuM 1993, 686.
[958] Z. B. AG Berlin-Köpenick WuM 2007, 577.
[959] *Schmid/Zehelein* in MünchKomm § 556 Rdn. 54; *Weitemeyer* in Staudinger § 556 Rdn. 109b.
[960] *Wall* Rdn. 2077.
[961] BGH (VIII ZR 220/05) GE 2006, 1160 = NZM 2006, 740 = WuM 2006, 516.
[962] BGH (VIII ZR 220/05) GE 2006, 1160 = NZM 2006, 740 = WuM 2006, 516.
[963] BGH (VIII ZR 264/12) GE 2013, 202 = NZM 2013, 84 = WuM 2013, 108 = ZMR 2013, 268 m. Anm. *Schmid*.
[964] Z. B. LG Düsseldorf WuM 2007, 132.

oder Abrechnungsdienste;[965] so entlastet es den Vermieter nicht, wenn sich ein Abrechnungsunternehmen Verbrauchsdaten vom Versorgungsunternehmen aufgeben ließ, diese für die Abrechnung verwendete, ohne zu bemerken, dass sie unschlüssig waren, und die Korrektur dem Mieter verspätet mitteilte.[966] **Streitig** ist, ob dem Vermieter das **Verschulden von Fremdfirmen** für Gebäudereinigung, Gartenpflege etc. oder der Lieferanten von Wasser und Wärme zuzurechnen ist. Während dies nach einer Meinung zu bejahen ist,[967] ist nach zutreffender Ansicht darauf abzustellen, **inwieweit** sie **Erfüllungsgehilfen** des Vermieters sind. Soweit es um die auf sie übertragenen Aufgaben geht, mit denen der Vermieter seinen sonstigen Nebenpflichten aus dem Mietvertrag nachkommt, haben sie diese Stellung, **nicht** aber **bei** der Erfüllung seiner **Abrechnungspflicht.**[968] Hier greift vielmehr ggf. eigenes Verschulden des Vermieters aus den in Rdn. 463 genannten Gründen ein.

465 **Ausgenommen** sind mithin **nur** die Fälle, in denen den **Erfüllungsgehilfen selbst kein Verschulden** trifft. Insoweit kommen als Entschuldigungsgründe z. B. in Betracht

– längerer Ausfall der EDV oder Softwareprobleme,[969] nach einschränkender Meinung nur, wenn sie unvorhersehbar eintraten und mit zumutbaren Mitteln keine Abhilfe geschaffen werden konnte.[970] Eine große Wohnungsverwaltung, die computergestützt arbeitet, soll die verspätete Abrechnung nicht damit begründen können, dass wenige Wochen vor Fristablauf ein Blitzschlag zum Absturz der Computer geführt habe und eine gewisse Zeit zur Neuinstallation und Rekonstruktion aller Daten erforderlich gewesen sei;[971] sie muss sich vorhalten lassen, dass sie die selbstverständliche separate Datensicherung versäumte;[972]
– hoher Krankenstand beim gewerblichen Vermieter oder der Hausverwaltung,[973] nach einschränkender Ansicht nur unter den vorbeschriebenen Voraussetzungen;[974] der private Kleinvermieter wird durch Krankheit entschuldigt sein;[975]
– Poststreik;[976]
– Verweigerung des Zutritts durch den Mieter zur Ablesung von Zählern.[977]

466 Aus der **unmittelbaren** eigenen **Sphäre des Vermieters** kommen **weitere Gründe** in Betracht, z. B.

– Streitigkeiten mit den Ausstellern der Rechnungen über deren Inhalt,[978]
– je nach Einzelfall ein Streit mit Mietern über die Vorjahresabrechnung, die zur Grundlage für die aktuelle Abrechnung dienen soll und über die das Gericht noch nicht entschieden hat.[979] Nach anderer Ansicht ist es allein das Risiko des Vermieters, ob seine Abrechnung den gerichtlichen Anforderungen genügt.[980] Dieser Auffassung ist zuzustimmen, auch wenn hochstreitige Fragen oder eine unterschiedliche Rechtsprechung innerhalb des Gerichts im Vordergrund stehen. Dem Vermieter ist es ohne weiteres zuzumuten, auch die Folgeabrechnung auf der Grundlage seiner Rechtsauffassung vorzunehmen und ggf. den Hinweis aufzunehmen, dass je nach dem Ergebnis des Prozesses eine Korrektur erfolgen werde.

Um späteren Auseinandersetzungen vorzubeugen, sollte der Vermieter die **Mieter rechtzeitig** vor Fristablauf über derartige Umstände **informieren.**[981]

---

965 Z. B. *Schmid/Zehelein* in MünchKomm § 556 Rdn. 54; *Sternel* ZMR 2001, 937 (939); *Wall* Rdn. 2077.
966 LG Köln WuM 2008, 560.
967 *Gies* NZM 2002, 514.
968 *Flatow* WuM 2010, 606 (611).
969 *Blank* in Blank/Börstinghaus § 556 Rdn. 205.
970 *Schmid/Zehelein* in MünchKomm § 556 Rdn. 53; *Sternel* Mietrecht aktuell Rdn. V 412.
971 AG Annaberg NZM 2008, 696 = WuM 2007, 131.
972 *Lützenkirchen* in Lützenkirchen § 556 Rdn. 668.
973 *Blank* in Blank/Börstinghaus § 556 Rdn. 205; *Herlitz/Viehrig* S. 131; *Pfeifer* S. 125.
974 *Lützenkirchen* in Lützenkirchen § 556 Rdn. 667.
975 *Flatow* WuM 2010, 606 (610).
976 *Pfeifer* S. 126.
977 *Blank* in Blank/Börstinghaus § 556 Rdn. 205.
978 *Heix* WuM 1993, 329.
979 So generell *Gies* NZM 2002, 514 (515).
980 *Blank* in Blank/Börstinghaus § 556 Rdn. 207.
981 *Seldeneck* Rdn. 5223.

Kommt der **WEG-Verwalter** seiner Pflicht zur zügigen Abrechnung nicht nach, stammt die Ursache für die Verzögerung der Abrechnung gegenüber dem Mieter aus der Sphäre des Vermieters, auch wenn der WEG-Verwalter, anders als der Verwalter des Sondereigentums,[982] nicht Erfüllungsgehilfe des Vermieters i. S. des § 278 BGB[983] ist. Um hier eigenes Verschulden auszuschließen, muss sich der Vermieter nachdrücklich um die Vorlage der WEG-Abrechnung bemühen;[984] ggf. muss er gegen den Verwalter auf Erteilung der Abrechnung klagen. Erhält er rechtzeitig eine nicht ordnungsgemäße Abrechnung, darf er sich z. B. nicht darauf beschränken abzuwarten, bis ggf. ein neuer WEG-Verwalter eine korrigierte Abrechnung vorlegt.[985] Nach anderer Meinung kann sich der Vermieter auf die zögerliche Bearbeitung durch den WEG-Verwalter ohnehin nicht berufen. Hier soll es seine Sache sein, sich durch Einsicht in die Unterlagen beim Verwalter die Informationen zu verschaffen, die er benötigt, um die Abrechnung sodann rechtzeitig selbst vorzunehmen.[986] Dagegen ist einzuwenden, dass der Vermieter hierdurch unzumutbar belastet wird, sowohl wegen der Schwierigkeit der Materie als auch, zumal bei größeren WEG-Anlagen, durch den Aufwand. **467**

Der **Zwangsverwalter** tritt nach § 152 Abs. 2 ZVG in alle Rechte und Pflichten des Vermieters aus dem Mietvertrag ein, wenn das Grundstück vor der Beschlagnahme einem Mieter überlassen war; er hat daher auch über alle Betriebskostenvorauszahlungen abzurechnen.[987] Die Verspätung der Abrechnung hat er daher auch dann zu vertreten, wenn die Zwangsverwaltung erst kurz vor Ablauf der Abrechnungsfrist angeordnet wurde und ihm der ursprüngliche Vermieter die notwendigen Unterlagen nicht aushändigte.[988] **468**

Nach Eingang aller Rechnungen ist der Vermieter gehalten, nunmehr so schnell wie möglich abzurechnen, spätestens innerhalb von drei Monaten.[989] Die Fristverlängerung greift nur so lange, wie er den verspäteten Zugang der Abrechnung nicht zu vertreten hat. Die zunächst entschuldigte Verspätung wird daher zu einer verschuldeten, wenn er sich nach Vorliegen aller Belege unnötig viel Zeit bis zur Erstellung der Abrechnung lässt. **469**

Streiten die Parteien in einem Prozess über die Abrechnung, wird der Vermieter geneigt sein anzunehmen, dass generell jede **Verzögerung durch das Gericht** nicht von ihm zu vertreten ist, etwa wenn er sich auf Hinweise des Gerichts veranlasst sieht, eine neue Abrechnung zu erstellen. Es ist indes nicht erkennbar, aus welchem Grund der Vermieter, der eine Forderung aus einer Abrechnung, die erhebliche formelle Defizite aufweist, einklagt, sich sollte z. B. mit dem Verweis auf die lange Terminierungsdauer des Gerichts entlasten können. Die Fehler der Abrechnung stammen aus seiner Sphäre, sie sind nicht vom Gericht geschaffen, sondern nur aufgedeckt. Er kann sein Risiko, eine nicht durchsetzbare Forderung gerichtlich zu verfolgen, nicht über den Verweis auf das Gericht auf den Mieter verlagern.[990]

Der **zweite Bereich** betrifft den **rechtzeitigen Zugang** der Abrechnung beim Mieter. Hier sind **zwei Konstellationen** zu unterscheiden: Die Abrechnung hat den Mieter, wenn auch verspätet, immerhin erreicht oder der Mieter bestreitet den Zugang. **470**

Den Meinungsstreit, ob der Vermieter **Verzögerungen auf dem Postweg** oder anderen Beförderungswegen bei rechtzeitiger Absendung zu vertreten hat, hat der **BGH** dahin entschieden, dass die Post als Erfüllungsgehilfin des Vermieters anzusehen ist, deren auch fahrlässige Fehler ihm daher zuzurechnen sind.[991] Dass der Vermieter keinen Einfluss auf die Erfüllungsgehilfin Post hat, ist nach herrschender Rechtsprechung und Literatur irrelevant.[992] Anders als nach lange vorherrschender Ansicht ist der Vermieter bei unerwarteten Verzögerungen auf dem Postweg daher nicht entschuldigt, wenn die Abrechnung rechtzeitig abgesandt wurde.[993] Er hat die verspätete Zustellung

---

[982] Vgl. BGH (VIII ZR 57/04) GE 2005, 543 = NZM 2005, 373 = WuM 2005, 337 = ZMR 2005, 439.

[983] BGH (VIII ZR 249/15) NZM 2017, 216 = WuM 2017, 138 = ZMR 2017, 303; *Drasdo* NZM 2004, 372 (374) m. w. N.; *Flatow* WuM 2010, 606 (611).

[984] BGH (VIII ZR 249/15) NZM 2017, 216 = WuM 2017, 138 = ZMR 2017, 303; *Blank* in Blank/Börstinghaus § 556 Rdn. 209; *Drasdo* NZM 2004, 372 (374); *Sternel* ZMR 2001, 937 (940); *Wall* Rdn. 2077.

[985] BGH (VIII ZR 249/15) NZM 2017, 216 = WuM 2017, 138 3 = ZMR 2017, 303.

[986] *Münstermann-Schlichtmann* in FS für *Deckert* S. 271 (278); *Riecke* WuM 2003, 309 (311); *Schmid/Zehelein* in MünchKomm § 556 Rdn. 55; *Wolbers* in Hinz/Junker/v. Rechenberg/Sternel 4.2.2, 6.

[987] BGH (VIII ZR 168/05) NZM 2006, 581 = WuM 2006, 402.

[988] LG Dortmund NZM 2012, 400; AG Dortmund WuM 2007, 697.

[989] BGH (VIII ZR 220/05) GE 2006, 1160 = NZM 2006, 740 = WuM 2006, 516.

[990] BGH (VIII ZR 295/07) GE 2009, 189 = NZM 2009, 78 = WuM 2009, 42.

[991] BGH (VIII ZR 107/08) GE 2009, 509 = NZM 2009, 274 = WuM 2009, 236.

[992] Ausführlich LG Berlin GE 2008, 411; *Schmid* MietRB 2008, 342 (343).

[993] LG Berlin GE 2006, 1407; *Kinne* GE 2008, 362 m. w. N.

daher nur dann nicht zu vertreten, wenn das Beförderungsunternehmen selbst nicht schuldhaft gehandelt hat, etwa bei witterungsbedingten Verzögerungen.

471 Soll die Abrechnung dem Mieter noch **am letzten Tag** der Abrechnungsfrist mitgeteilt werden, stellt sich die weitere Frage, **bis wann** dies erfolgt sein muss, um wirksam zu sein. Nach herrschender Auffassung kommt es auf den Zugang, nicht den Eingang der Abrechnung beim Mieter an. Während der Eingang im Empfangsbereich des Mieters, z. B. seinem Briefkasten, bis 24.00 Uhr möglich ist, entscheidet beim Zugang, ob der Mieter unter normalen Verhältnissen noch am selben Tag vom Inhalt der Sendung Kenntnis nehmen kann (§ 130 BGB). Wird z. B. ein Schriftstück erst am 31.12. nachmittags in den Briefkasten eines Bürobetriebs geworfen, in dem branchenüblich Silvester nachmittags – auch wenn dieser Tag auf einen Werktag fällt – nicht mehr gearbeitet wird, geht es erst am nächsten Werktag zu.[994] An anderen Tagen wird als Regel angenommen, dass der Mieter nach 18.00 Uhr nicht mit dem Eingang von Post rechnet und daher nicht mehr in seinen Briefkasten sieht,[995] was z. B. bei berufstätigen Mietern häufig nicht zutrifft, aber bei der notwendigen Generalisierung hinzunehmen ist.[996] In diesen Fällen tritt der Zugang erst am folgenden Tag ein.

472 Behauptet der Mieter, er habe überhaupt **keine Abrechnung** erhalten, greifen die dargestellten Gesichtspunkte für die Behandlung verspäteten Zugangs der Abrechnung nicht ein. Vielmehr muss die Abrechnung dem Mieter bis zum Ablauf der Abrechnungsfrist beweisbar zugegangen sein;[997] der Anscheinsbeweis soll auch bei der Versendung als Einwurf-Einschreiben nicht anwendbar sein.[998] Der Einwand, es könne dem Vermieter nicht zugemutet werden, die Abrechnungen sicherheitshalber stets per Boten oder Einschreiben zuzustellen, liegt neben der Sache. Hierzu besteht in der Praxis nur Veranlassung, wenn es entweder um Mieter geht, die z. B. bekanntermaßen nie Sendungen des Vermieters erhalten, oder wenn die verbleibende Frist äußerst knapp ist und ihr Ablauf auf das Ende des Kalenderjahres fällt, eine Zeit, in der – ebenfalls bekanntlich – großes Postaufkommen Verzögerungen nahelegt.

Die fehlende Mitteilung der Abrechnung kann außer den Verlusten auf dem Beförderungsweg noch **andere Gründe** haben, etwa die vergessene Beifügung der Heizkostenabrechnung, worauf der Mieter den Vermieter nicht hinweisen muss.[999] Der Vermieter wird es ebenfalls zu vertreten haben, wenn er nach vertragsgemäßem **Auszug des Mieters** dessen neue Anschrift nicht erfragte und auch keine Auskunft aus dem Melderegister einholte,[1000] sondern die Abrechnung kurzerhand noch an die alte Adresse sandte. Anders verhält es sich, wenn vertraglich vereinbart war, dass ein Vertragspartner jeden Wechsel der Wohnadresse unverzüglich der Gegenseite mitzuteilen hat; hier liegt bei einem Verstoß des Mieters ein schuldhaft vertragswidriges Verhalten vor, aus dem er keinen Vorteil ziehen kann.[1001] Ist dem Vermieter die **Untervermietung** der Wohnung bekannt, kann er eine Betriebskostenabrechnung nicht wirksam durch Einwurf in den zur Wohnung gehörenden Briefkasten übermitteln.[1002]

In der Praxis mehren sich die Fälle der **Zugangsvereitelung** durch Mieter, indem sie z. B. ihr Namensschild vom Briefkasten entfernen oder den Namen verändern. Leitet der Zusteller den Brief an den Vermieter zurück, kommt die erneute Übersendung möglicherweise zu spät; deponiert der Zusteller den Brief an anderer Stelle im Treppenhaus, damit er z. B. durch Nachbarn wei-

---

[994] BGH (XII ZR 148/05) GE 2008, 261 = GuT 2008, 28 = NZM 2008, 167; AG Köln NZM 2005, 740 = ZMR 2005, 543 (Faxeingang bei der Anwaltskanzlei des Mieters um 19.11 Uhr); **a. A.** *Schmid* GE 2008, 455 (456).

[995] Z. B. AG Ribnitz-Damgarten WuM 2007, 18.

[996] Palandt/*Ellenberger* § 130 Rdn. 6.

[997] BGH (VIII ZR 107/08) GE 2009, 509 = NZM 2009, 274 = WuM 2009, 236; LG Düsseldorf NZM 2007, 328 = WuM 2007, 132; AG Meißen WuM 2007, 628.

[998] AG Köln WuM 2008, 483.

[999] LG Berlin GE 2015, 1533.

[1000] AG Hannover/LG Hannover WuM 2007, 629; AG Köln WuM 2017, 265; AG Hamburg-Blankenese ZMR 2016, 378; *Kossmann/Meyer-Abich* § 37 Rdn. 46; ausführlich *Langenberg* WuM 2010, 115 und *Streyl* ZMR 2011, 188; **a. A.** AG Bad Neuenahr-Ahrweiler NZM 2008, 205: Nur wenn der Mieter die neue Anschrift selbst mitteilte, kann er sich auf die Ausschlussfrist berufen; ähnlich AG Neukölln GE 2009, 1323; *Blank* in Blank/Börstinghaus § 556 Rdn. 206.

[1001] BGH (XI ZR 248/03) WuM 2004, 676 (678); einschränkend *Streyl* ZMR 2011, 188 (190), weil es hier nicht, wie im Fall des BGH, um den Kreditgeber, sondern um den Vermieter gehe, der in der Regel Kenntnis vom Auszug habe; **a. A.** *Lützenkirchen* in Lützenkirchen § 556 Rdn. 680: keine Entlastung des Vermieters.

[1002] LG München I NZM 2008, 166.

tergeleitet werden kann, ist er u. U. alsbald unauffindbar. Derartige Verfahren von Mietern verhindern den rechtzeitigen Zugang nicht. Erreicht sie die Abrechnung aufgrund eines weiteren Mitteilungsversuchs erst nach Fristablauf, hat der Vermieter die Verspätung gem. § 556 Abs. 3 Satz 3 BGB schon nicht zu vertreten. Ohnehin greift zu seinen Gunsten eine Rechtzeitigkeitsfiktion ein; bleibt der Brief wegen der arglistigen Manipulation des Mieters verschwunden, ist der Zugang als Sanktion zu fingieren.[1003]

2. Folgen der Ausschlussfrist

a) Grundsätze. Der Ausschluss von Nachforderungen hat zur Folge, dass der Vermieter **nie mehr** einfordern kann, als er selbst **in der Abrechnung** angesetzt hat.[1004] Es scheidet sowohl das Nachschieben vergessener Positionen aus, d. h. nicht angesetzter Betriebskostenarten oder Rechnungen zu einzelnen Posten, als auch die Ersetzung einer unbegründeten Position durch eine andere, die in der Abrechnung noch nicht berücksichtigt war,[1005] etwa wenn zu einem bestimmten Kostenbetrag, der sich eigentlich auf die Versicherungskosten bezog, eine inzwischen nicht mehr anfallende Kostenart angegeben wurde.[1006] Ferner ist die Korrektur von Rechenfehlern ausgeschlossen, die bei der Ermittlung der jeweiligen Ansätze anhand der Belege auftraten und dann in der falschen, zu niedrigen Höhe in die Abrechnung übernommen wurden. 473

Darüber hinaus hat die Ausschlussfrist nach der Rechtsprechung des **BGH** zur Folge, dass der Vermieter die Betriebskostenabrechnung nach Beginn der Ausschlussfrist grundsätzlich **auch aus anderen Gründen nicht mehr zum Nachteil des Mieters** korrigieren kann. Eine nachträgliche Korrektur ist daher auch dann ausgeschlossen, wenn der Vermieter zugunsten des Mieters **höhere als die tatsächlichen Vorauszahlungen** ansetzte und deshalb zu Unrecht ein Guthaben des Mieters oder eine zu geringe Nachforderung ermittelte.[1007] Selbst wenn nach der Korrektur immer noch ein gewisses Guthaben verbleibt, scheidet dessen Reduzierung aus.[1008] Stellte der Vermieter z. B. die **Sollvorauszahlungen** statt der tatsächlich geleisteten Vorschüsse in die Nebenkostenabrechnung ein, ohne dies deutlich zu machen, besteht nach Ablauf der Abrechnungsfrist kein Anspruch auf die nicht geleisteten Vorauszahlungen.[1009] Der Vermieter kann einen irrtümlich errechneten Guthabenbetrag nach Ablauf der Abrechnungsfrist auch nicht zurückfordern oder mit einem bereicherungsrechtlichen Erstattungsanspruch in Höhe des Guthabens gegen den Kautionsrückzahlungsanspruch aufrechnen.[1010] Der BGH räumt der Abrechnungssicherheit und dem Beschleunigungszweck der Ausschlussfrist den Vorrang gegenüber dem Umstand ein, dass sich Nachforderungen begrifflich nur auf den über die Vorauszahlungen des Mieters hinausgehenden Betrag beziehen, so dass der Vermieter bei ordnungsgemäßer Ausweisung der geringeren tatsächlich gezahlten Vorauszahlungen immer noch Nachzahlungen bis zu deren vertraglich vereinbarter Höhe verlangen kann (dazu Rdn. 475). Eine **Ausnahme** hat er für den Fall gemacht, dass der Fehler der zu hoch angesetzten Vorauszahlungen dem Mieter auf den ersten Blick erkennbar war, zumal erst kurz zuvor ein Rechtsstreit um die Erhöhung der Vorauszahlungen rechtskräftig abgeschlossen worden war und die Korrektur nur einen Monat nach Fristablauf erfolgte; hier hat er dem Mieter die Berufung auf die Ausschlussfrist nach Treu und Glauben versagt.[1011]

b) Abflussabrechnung. Eine besondere **Problematik** resultiert aus der Abrechnung nach dem Abfluss/Ausgabenprinzip, das auch der Vermieter von Wohnraum nach den Entscheidungen des BGH ohne besondere mietvertragliche Vereinbarung seinen Berechnungen zugrunde legen darf.[1012] 474

1003 BGH (XII ZR 164/03) GE 2007, 1550.

1004 BGH (VIII ZR 115/04) NZM 2005, 13 = WuM 2005, 61 = ZMR 2005, 121.

1005 *Sternel* ZMR 2001, 937 (939).

1006 AG Lüdenscheid WuM 2014, 421.

1007 BGH (VIII ZR 133/10) GE 2011, 814 = NZM 2011, 478 = WuM 2011, 370 = ZMR 2011, 710.

1008 BGH (VIII ZR 190/06) NZM 2008, 204 = WuM 2008, 150.

1009 LG Aachen WuM 2016, 289 = ZMR 2016, 778; LG Bonn NZM 2014, 387 = ZMR 2014, 638; LG Berlin GE 2013, 421; LG Krefeld WuM 2011, 368 = ZMR 2011, 641; *Lützenkirchen* in Lützenkirchen § 556 Rdn. 634.

1010 BGH (VIII ZR 139/10) GE 2011, 1013 = WuM 2011, 421 (ebenso VIII ZR 133/10).

1011 BGH (VIII ZR 133/10) GE 2011, 814 = NZM 2011, 478 = WuM 2011, 370 = ZMR 2011, 710; ebenso LG Berlin GE 2014, 123 für einen offensichtlichen Additionsfehler, der „zeitnah" am 17.2. des Folgejahres korrigiert wurde.

1012 BGH (VIII ZR 49/07) DWW 2008, 143 = GE 2008, 471 = NZM 2008, 277 = WuM 2008, 223 = ZMR 2008, 444; (VIII ZR 27/07) DWW 2008, 216 = GE 2008, 662 = NZM 2008, 403 = WuM 2008, 285.

Sie betrifft die Fälle, in denen der Vermieter **Rechnungen erst nach langer Zeit bezahlt** und dementsprechend spät in einer Abrechnung ansetzt. Die Problematik stellte sich bis jetzt nicht in dieser Weise, weil sich der bisherige Streit über die Zulässigkeit des Abflussprinzips im Wesentlichen auf die Abrechnung von vermietetem Wohnungseigentum bezog. Der WEG-Verwalter sorgt in aller Regel dafür, dass in Rechnung gestellte Kosten alsbald abfließen, weil dies ordnungsgemäßer Verwaltung entspricht. In der Praxis begegnen jedoch immer wieder Vermieter, die ein sehr schleppendes Zahlungsverhalten an den Tag legen und den Gläubiger über Monate und länger auf den Ausgleich der Rechnung warten lassen. In derartigen Fällen fragt es sich, wie z. B. bei kalenderjährlicher Abrechnung mit dem Mittelabfluss für eine Rechnung etwa des Gartenpflegeunternehmens aus dem Herbst eines Jahres umzugehen ist, die erst im Laufe des Folgejahres oder sogar erst im übernächsten Jahr bezahlt wird.

Dass der Vermieter den Rechnungsbetrag erst im Jahr der Bezahlung in die Abrechnung einzustellen hat, versteht sich von selbst, weil es allein auf den Mittelabfluss ankommt. Auch periodengerecht angesetzte Mittelabflüsse sind jedoch **in der Sache Nachforderungen** im Sinne des § 556 Abs. 3 Satz 3 BGB, wenn ihnen die **Bezahlung von Rechnungen** zugrunde liegt, die **aus früheren Abrechnungsperioden** stammen.[1013] Sie unterliegen daher nur dann nicht dem Nachforderungsausschluss, wenn die späte Bezahlung auf unverschuldeten sachlichen Gründen beruhte. Der Mieter muss den späten Kostenansatz daher nicht hinnehmen. Anders verhält es sich, wenn die Abflussabrechnung allein auf das Rechnungsdatum bezogen wird; hier bleibt es bei der klaren Zuordnung zur Abrechnungsperiode.

Ein anderes Ergebnis widerspräche § 556 Abs. 3 Satz 3 BGB. **Über die Auswahl des Abrechnungssystems** darf es dem Vermieter **nicht** möglich sein, Kosten in Ansatz zu bringen, die sachlich aus früheren Abrechnungsperioden stammen; anderenfalls hätte er einen einfachen Weg, sich **folgenlos von den Auswirkungen der Ausschlussfrist** zu befreien.[1014] Der BGH hat wiederholt[1015] betont, dass die Vorschrift eine Abrechnung gewährleisten soll, die zeitnah zur abgelaufenen Abrechnungsperiode dem Mieter vorliegt, damit er alsbald entweder über ein sich ergebendes Guthaben verfügen kann oder Gewissheit erlangt, ob und in welcher Höhe eine Nachforderung besteht. Aus diesem Grund hat er den Vermieter sogar mit solchen Nachforderungen ausgeschlossen, die zu einem Abzug von dem Guthaben des Mieters aus einer bereits erteilten Abrechnung führen,[1016] obwohl also die Gesamtkosten nach der ersten Abrechnung noch unter der Summe der Vorauszahlungen des Mieters blieben und trotz der Nachbelastung weiterhin darunterblieben.

475 **c) Fehlende Vorauszahlungen.** Ein **Sonderfall** liegt vor, wenn der Mieter während der Abrechnungsperiode die **Vorauszahlungen ganz oder zum Teil nicht entrichtete** und der Vermieter verspätet abrechnete. Ergibt die Abrechnung auf der Grundlage der tatsächlich geleisteten Vorauszahlungen einen Saldo zulasten des Mieters, fällt er umso höher aus, je weniger Vorauszahlungen er zahlte. Bei dem Differenzbetrag aufgrund nicht gezahlter Vorauszahlungen handelt es sich **nicht** um eine **Nachforderung aus einer Abrechnung** im Sinne des § 556 Abs. 3 Satz 3 BGB.[1017] Der Vermieter kann mithin den Ausgleich des Saldos verlangen, der Höhe nach allerdings begrenzt durch die Summe der ausgebliebenen Abschläge.[1018] Diese Situation darf nicht mit derjenigen verwechselt werden, dass der Vermieter auf Basis der Sollvorauszahlungen abrechnete (s. dazu Rdn. 473).[1019]

476 **d) Ausgleich von Nachforderungen.** Hat der Mieter die Ausschlussfrist übersehen und die **Nachforderung ausgeglichen,** steht ihm ein **Rückzahlungsanspruch** aus ungerechtfertigter Bereicherung (§§ 812 Abs. 1 Satz 1, 818 BGB) zu.[1020] Insoweit kann der Rechtsgedanke der Vorschrift des § 214 Abs. 2 Satz 1 BGB nicht herangezogen werden; die Ausschlussfrist führt nicht nur zu einer Einrede, sondern zum Untergang des Rechts.

1013 *Ebenso* AG Bremen WuM 2009, 671; *Schach* GE 2008, 444 (445).
1014 AG Bremen WuM 2009, 671.
1015 Z. B. BGH (VIII ZR 49/07) GE 2008, 471 = NZM 2008, 277 = WuM 2008, 223 = ZMR 2008, 444.
1016 BGH (VIII ZR 190/06) NZM 2008, 204 = WuM 2008, 150.
1017 BGH (VIII ZR 261/06) DWW 2008, 18 = GE 2007, 1686 = NZM 2008, 35 = WuM 2007, 700 = ZMR 2008, 38 m. Anm. *Schmid;* **a. A.** *Hinkelmann* PiG 65 (2002) S. 247 (260); *Ritzmann* WuM 2006, 487.
1018 Z. B. LG Berlin GE 2016, 1514.
1019 So aber LG Bonn NZM 2014, 387 = ZMR 2014, 638.
1020 BGH (VIII ZR 94/05) GE 2006, 246 = NZM 2006, 222 = WuM 2006, 150 = ZMR 2006, 268.

3. Teilabrechnung

Nach § 556 Abs. 3 Satz 4 BGB ist der Vermieter zu Teilabrechnungen **nicht verpflichtet.** Er ist mithin nicht gehalten, auf Grund einzelner ihm schon vorliegender Belege teilweise abzurechnen. Wenn ihm aus Gründen, die er nicht zu vertreten hat, die gesamte Abrechnung innerhalb der Abrechnungsfrist nicht möglich ist, darf er warten, bis das Abrechnungshindernis beseitigt ist, hat sodann aber innerhalb von höchstens drei Monaten die Abrechnung nachzuholen.[1021] Er verliert in diesem Fall sein Nachforderungsrecht auch nicht hinsichtlich derjenigen Kosten, die ihm schon innerhalb der Frist bekannt waren. Auf der anderen Seite ist er zu Teilabrechnungen **berechtigt,** was für ihn je nach den Umständen des Einzelfalls dann von Interesse sein kann, wenn die wesentlichen Kosten erfasst sind und sich aus ihnen z. B. schon eine deutliche Nachforderung ergibt. **477**

Ein **Sonderproblem** betrifft die **Heizkostenabrechnung.** Auch wenn in der Praxis häufig zwischen Betriebskosten und Heizkosten differenziert wird, bezieht sich die Ausschlussfrist des § 556 Abs. 3 Satz 3 BGB auf beide Kostengruppen. Die Unterscheidung beruht auf einer wirtschaftlichen Betrachtungsweise, rechtlich handelt es sich einheitlich um Betriebskosten, was sich aus sowohl aus § 24 Abs. 1 Satz 2 II. BV als auch aus § 2 BetrKV ergibt, der Regelungen zu den Heizkosten in Nrn. 4–6 des Katalogs enthält. Fraglich ist, ob der Vermieter auch die Heizkostenabrechnung zurückhalten darf, solange ihm einzelne Belege zur Betriebskostenabrechnung fehlen, oder **ob** hier **zwei verschiedene Ausschlussfristen** laufen. Zur Lösung ist auf den Inhalt des Mietvertrags abzustellen. **478**

Zahlt der Mieter einen **einheitlichen Vorauszahlungsbetrag** auf Heiz- und Betriebskosten, ist von einer einheitlichen Abrechnungsfrist auszugehen. Sie beginnt mit dem Ablauf des Turnus für die maßgebliche *„Gesamtabrechnung"*.[1022] Haben die Parteien z. B. die Abrechnung der Betriebskosten nach dem Kalenderjahr, die Abrechnung der Heizkosten aber nach einem anderen Zeitraum, z. B. vom 1.7. bis zum 30.6. des Folgejahres vereinbart, beginnt die Abrechnungsfrist mit Ablauf des kalenderjährlichen Abrechnungszeitraums für die Betriebskosten, in den die nach der jährlichen Heizperiode aufgemachte Heizkostenabrechnung einbezogen ist. Dieses Ergebnis beruht auf der Überlegung, dass über einheitliche Vorauszahlungen sinnvollerweise auch nur einheitlich abgerechnet wird. Der Vermieter wäre zudem mit der Schwierigkeit konfrontiert, welchen Anteil der einheitlichen Abschläge er ggf. auf die Heizkosten- oder die Betriebskosten verrechnen soll oder darf.

Enthält der Mietvertrag, wie häufig, **getrennte Vorauszahlungen** für Heiz- und Betriebskosten, sind **vertraglich zwei Abrechnungskreise** festgelegt, die mithin auch unterschiedlich zu behandeln sind.[1023] Dies wird besonders deutlich, wenn für beide Kostengruppen verschiedene Abrechnungszeiträume festgelegt sind, z. B. für die Betriebskosten das Kalenderjahr, für die Heizkosten jeweils die Heizperiode. Bei getrennt ausgewiesenen Vorauszahlungen bezieht sich die Erleichterung aus § 556 Abs. 3 Satz 4 BGB daher nicht auf den Abrechnungskreis, für den dem Vermieter innerhalb der Frist alle Unterlagen vorliegen. Hat er etwa die vollständige Heizkostenabrechnung des Ablese- und Abrechnungsdienstes in Händen, wäre es auch sachlich nicht nachvollziehbar, dass er sie zurückhalten dürfte, bis ihm der letzte Beleg zur Betriebskostenabrechnung zugegangen ist. In der Sache geht es hier nicht um eine nicht notwendige Teilabrechnung, sondern um zwei verschiedene Abrechnungen, so dass für jede die Ausschlussfrist selbstständig läuft.[1024] Dies hat z. B. zur Folge, dass der Vermieter, der sämtliche Vorauszahlungen auf die dem Mieter rechtzeitig vorgelegte Betriebskostenabrechnung anrechnet, mit der Nachforderung aus einer verspätet übersandten Heizkostenabrechnung ausgeschlossen ist.[1025]

Soweit der **BGH** die verbindliche Festlegung auf zwei Abrechnungskreise in Frage zu stellen scheint,[1026] würde nicht hinreichend berücksichtigt, dass die Parteien selbst im Mietvertrag die ausdrückliche Aufteilung in die Betriebs- und die Heizkosten vorgenommen und den getrennt ausgewiesenen Vorauszahlungen jeweils eine genaue Zweckbestimmung beigelegt haben. Es wäre daher

---

[1021] BGH (VIII ZR 220/05) NZM 2006, 740 = WuM 2006, 516.
[1022] BGH (VIII ZR 240/07) GE 2008, 853 = NZM 2008, 520 = WuM 2008, 404; dagegen mit Nachdruck AG Kerpen ZMR 2012, 878.
[1023] Z. B. LG Berlin GE 2017, 297; AG Ludwigsburg WuM 2015, 429; AG Leonberg WuM 2015, 431; AG Melsungen WuM 2009, 459; *Dickersbach* in Lützenkirchen § 560 Rdn. 72; vgl. AG Berlin-Mitte GE 2015, 327 = WuM 2015, 158; **a. A.** *Lützenkirchen* in Lützenkirchen § 556 Rdn. 309.
[1024] Ebenso *Schmid/Zehelein* in MünchKomm § 556 Rdn. 44.
[1025] AG Melsungen WuM 2009, 459.
[1026] BGH (VIII ZR 268/10) GE 2012, 162 = NZM 2012, 153 = WuM 2012, 25.

z. B. vertragswidrig, wenn der Vermieter die gesamten Vorauszahlungen nur auf einen Bereich anrechnen würde oder wenn er einzelne Betriebskostenarten in die Heizkostenabrechnung zieht, auch wenn z. B. die Abrechnung der Wasser- und Abwasserkosten in der Heizkostenabrechnung diese insoweit nicht formell unwirksam macht;[1027] dies darf aber nicht bedeuten, dass er auf diesem Weg die Ausschlussfrist umgehen kann.

J. Einwendungen des Mieters (Abs. 3 Satz 5 und 6)

I. Kontrollrechte des Mieters

1. Einsicht in die Belege

479 **a) Einsichtsrecht.** Aus §§ 8 Abs. 4 WoBindG, 29 Abs. 1 NMV folgt für den Mieter **preisgebundenen Wohnraums** ein umfassendes Auskunfts- und Einsichtsrecht. Es handelt sich dabei um ein eigenständiges Recht, das an keine weiteren Voraussetzungen geknüpft ist und dem Mieter jederzeit während der Dauer des Mietverhältnisses zusteht.[1028] Auch dem Mieter von **preisfreiem Wohnraum oder Gewerberaum** steht nach allgemeiner Ansicht ein Einsichtsrecht zu, jedoch beschränkt auf die Abrechnungsunterlagen. Fehlt eine entsprechende Vereinbarung im Mietvertrag, resultiert es aus einer vertraglichen Nebenpflicht des Vermieters,[1029] die zum Teil mit einer Analogie zu § 29 Abs. 1 NMV begründet,[1030] vorherrschend jedoch aus § 259 BGB abgeleitet wird.[1031] Da § 259 BGB unmittelbar nur auf die Abrechnung im Rahmen einer Verwaltung anzuwenden ist, handelt es sich auch hierbei um eine Analogie. An die Stelle der in dieser Vorschrift vorgesehenen Vorlage von Belegen zugleich mit der Abrechnung tritt nach allgemeiner Meinung das Einsichtsrecht.

480 Das Einsichtsrecht scheitert grundsätzlich nicht daran, dass der Vermieter dem Mieter **bereits Fotokopien** der Belege zur Verfügung gestellt hat. Zwar bestimmt § 29 Abs. 2 NMV für den preisgebundenen Wohnraum, dass der Mieter *„an Stelle"* der Einsicht auch Ablichtungen der Belege verlangen könne, so dass dem Mieter ein Wahlrecht eingeräumt ist. Es schließt die Einsicht in die Originalbelege indes nicht aus, wenn der Mieter konkrete Gründe hat, sich mit den Kopien nicht zufrieden zu geben.[1032] Während der Prüfungsanspruch des Mieters mit der Einsicht in die Belege in aller Regel erfüllt ist, kann sich bei der Durchsicht von Kopien immer noch Aufklärungsbedarf einstellen, etwa wenn der Mieter den Eindruck hat, beim Fotokopiervorgang seien Fehler unterlaufen oder wenn die Kopien unvollständig sind. Diesem hat der Vermieter zu entsprechen, allerdings beschränkt auf die Unterlagen, auf die sich die Zweifel des Mieters beziehen.

481 **b) Umfang der Einsicht.** Der Vermieter ist nach allgemeiner Ansicht verpflichtet, dem Mieter **im Original**[1033] **sämtliche** Rechnungen und sonstigen Belege zu präsentieren. **Eigenbelege des Vermieters** genügen nicht, soweit es um Zahlungen an Dritte geht,[1034] auch nicht Buchungsbelege.[1035] Beziehen sie sich auf Eigenleistungen, müssen sie grundsätzlich so spezifiziert sein wie Fremdrechnungen, also Inhalt und Umfang der Tätigkeit ausweisen.[1036] Pauschale Angaben, wie sie in der Praxis begegnen, etwa *„für Gartenpflege"*, reichen daher nicht. Dasselbe gilt, wenn ein Unternehmen die **Abrechnungsabteilung** in eine eigene Firma ausgliederte und von ihr nur eine pauschale Rechnung ohne Einzelnachweise erhielt.[1037] Ist der Vermieter zugleich Geschäftsführer einer für die Treppenhausreinigung zuständigen GmbH, die ihrerseits als Subunternehmer

---

[1027] BGH (VIII ZR 268/10) GE 2012, 162 = NZM 2012, 153 =WuM 2012, 25.
[1028] BGH (VIII ARZ 10/83) RE 11. 1. 1984 WuM 1984, 70 (73).
[1029] Z. B. BGH (VIII ZR 78/05) GE 2006, 502 = NZM 2006, 340 = WuM 2006, 200 = ZMR 2006, 358; (VIII ZR 71/06) NZM 2006, 926; *Both* in Herrlein/Kandelhard § 556 Rdn. 95.
[1030] *Pfeifer* S. 116.
[1031] Z. B. Palandt/*Weidenkaff* § 556 Rdn. 13; *Römer* WuM 1996, 392; *Schmid/Zehelein* in MünchKomm § 556 Rdn. 83; *Weitemeyer* in Staudinger § 556 Rdn. 112.
[1032] *Römer* WuM 1996, 393; *Seldeneck* Rdn. 3705.
[1033] Z. B. OLG Düsseldorf WuM 2003, 411; *Blank* in Blank/Börstinghaus § 556 Rdn. 186; *Both* in Herrlein/Kandelhard § 556 Rdn. 82; *Maciejewski* MM 2003, 81 (83); *Seldeneck* Rdn. 3704; *Wall* Rdn. 2141.
[1034] LG Kiel WuM 1996, 631; *Both* MietRB 2012, 151 (152).
[1035] OLG Düsseldorf GE 2011, 751.
[1036] *Wall* Rdn. 2147.
[1037] AG Hamburg-Barmbek ZMR 2007, 458.

eine andere GmbH einsetzt, erstreckt sich die Belegvorlagepflicht auch auf Rechnungen der Subunternehmerin.[1038]

Fraglich ist, ob der Vermieter, der die **Belege gescannt** hat, berechtigt ist, dem Mieter die Einsicht in die Originale zu verweigern und ihn auf neu ausgedruckte Unterlagen zu verweisen.[1039] Hier ist zu **differenzieren.** Hat der Vermieter die Belege nur gescannt, um mit den gespeicherten Daten leichter arbeiten zu können, die Originale aber nach wie vor zur Hand, erscheint diese Beschränkung problematisch. Der Mieter erhält beim Ausdruck nur die Daten, wie sie im Computer gespeichert sind; ob sie mit den Originalen übereinstimmen, insbesondere ob es nicht durch Softwarefehler zu Veränderungen gekommen ist, wird nicht erkennbar. Es erscheint daher eher angebracht, dem Mieter das Recht zur Einsicht in derartigen Fällen nicht generell abzuschneiden, sondern den Vermieter für verpflichtet zu halten, dem Mieter die Ausdrucke auszuhändigen, damit er sie in Ruhe überprüfen kann, ihm aber bei Zweifeln weiterhin Einsicht in die Originale zu gestatten.[1040] Eine **Ausnahme** greift ein, wenn der Vermieter ohnehin ein **papierloses Büro** führt und dadurch, dass die Anforderungen der Finanzverwaltung[1041] erfüllt werden, größte Datensicherheit zu erwarten ist.[1042]

Auch Verträge sind vorzulegen, soweit deren Heranziehung zur sachgerechten Überprüfung notwendig ist,[1043] wobei der Mieter kein besonderes Interesse an der Einsicht auch dieser Unterlagen darlegen muss;[1044] dies betrifft etwa Vollwartungsverträge zur Ausgliederung von Instandsetzungskosten oder beim Hausmeistervertrag von Verwaltungskosten. Dasselbe gilt z. B. für die vom Vermieter selbst erstellten, als Umlageschlüssel zugrunde gelegten **Flächenberechnungen.**[1045] Datenschutzgesichtspunkte stehen nicht entgegen, auch soweit sich Daten auf andere Mietobjekte oder Mieter beziehen,[1046] etwa die **Einzelverbrauchsdaten der anderen Nutzer** hinsichtlich der Heiz- und Wasserkosten.[1047] Anders kann der Mieter z. B. nicht nachvollziehen, ob Sonderkosten, die von einem einzelnen Verursacher zu tragen sind, auch ordnungsgemäß nur bei diesem angesetzt wurden oder ob z. B. bei der verbrauchsabhängigen Abrechnung der Gesamtverbrauchswert mit der Summe der Verbrauchsdaten der anderen Wohnungen übereinstimmt bzw. deren Werte plausibel sind.[1048] Enthalten Verträge persönliche Daten, die für die Abrechnung ohne Belang sind, etwa das Geburtsdatum des Hausmeisters, sind diese abzudecken oder unkenntlich zu machen.[1049]

Der **Eigentümer von Wohnungs- oder Teileigentum** erhält vom Verwalter in aller Regel nur **482**
die Jahresabrechnung und die dazu gehörenden Unterlagen. Die Belege verbleiben beim Verwalter. Hieraus wird zum Teil abgeleitet, dass der vermietende Eigentümer nur die in seinen Händen befindlichen Unterlagen dem Mieter zur Einsicht vorzulegen habe.[1050] Diese Meinung ist abzulehnen, da sie die Rechte des Mieters unangemessen verkürzt.[1051] In die Abrechnung des Verwalters fließen i. d. R. Kosten ein, die nicht zu den Betriebskosten zählen, insbesondere Instandsetzungs- und Verwaltungskosten. Ergibt sich für den Mieter aus der ihm vom Vermieter erteilten Einzelabrechnung, sofern dieser nicht ohnehin die Jahresabrechnung, gekürzt um Verwalterentgelt und Instandset-

---

[1038] LG Bremen WuM 2013, 488 m. Anm. *Wall* WuM 2013, 470 = ZMR 2012, 549.

[1039] **Ja:** AG Mainz ZMR 1999, 114 m. zust. Anm. *Schmid; Kinne* in Kinne/Schach/Bieber § 556 Rdn. 89; **nein:** *Weitemeyer* in Staudinger § 556 Rdn. 112.

[1040] Ebenso *Both* MietRB 2012, 151 (152); *Sternel* Mietrecht aktuell (2009) Rdn. V 389.

[1041] „Grundsätze zur ordnungsmäßigen Führung und Aufbewahrung von Büchern, Aufzeichnungen und Unterlagen in elektronischer Form sowie zum Datenzugriff (GoBD 2015)", BMF GZ IV A 4 – S 0316/13/10003, DOK 2014/0353090 vom 14.11.2014.

[1042] Vgl. LG Hamburg WuM 2004, 97.

[1043] Z. B. BGH (VIII ZR 38/11) GE 2012, 825 = WuM 2012, 276 = ZMR 2012, 542; LG Berlin GE 2010, 546.

[1044] *Milger* PiG 92 (2012) S. 189 (194).

[1045] LG Berlin MM 3/2016, 28; LG Berlin GE 2011, 487.

[1046] Z. B. AG Charlottenburg GE 2005, 805; AG Münster WuM 2000, 198; *Blank* in Blank/Börstinghaus § 556 Rdn. 186; *Both* MietRB 2012, 151 (152); *Harsch* WuM 2015, 399 (401); *Kinne* in Kinne/Schach/Bieber § 556 Rdn. 89; *Pfeifer* S. 116; *Seldeneck* Rdn. 3706.

[1047] LG Berlin GE 2017, 294, WuM 2014, 28.

[1048] LG Berlin WuM 2014, 28 und GE 2013, 1143; AG Charlottenburg GE 2005, 805 für die Verbrauchsdaten aller Mieter bei der Heizkostenabrechnung.

[1049] *Weichert* WuM 1993, 728.

[1050] LG Mannheim WuM 1996, 630.

[1051] LG Frankfurt/M. WuM 1997, 52; AG Hamburg MJ 1999, 9; *Riecke* ZMR 2001, 79; *Wall* Rdn. 2144; *Weitemeyer* in Staudinger § 556 Rdn. 113; *Windisch* WuM 1996, 630; differenzierend *Seldeneck* Rdn. 3708: Einsicht nur, wenn die Überlassung von Kopien ausnahmsweise nicht reicht.

zungsrücklage, weiterleitet, nicht mit der notwendigen Sicherheit, dass er nur mit Betriebskosten belastet wird, ist sein Interesse an einer Nachprüfung anhand der Belege evident. Die Jahresabrechnung reicht insoweit nicht aus, selbst wenn einzelne Positionen den Vermerk tragen, es handele sich um Reparaturkosten; zumindest die Grundlagen für die Aufteilung der Reparatur- und Betriebskosten sind nicht ersichtlich. Dem Mieter bliebe nur der Glaube und die Hoffnung, dass alles seine Richtigkeit habe. Allerdings besteht kein Einsichtsanspruch des Mieters hinsichtlich der Beschlüsse der Wohnungseigentümergemeinschaft, die der Betriebskostenabrechnung zugrunde liegen.[1052]

Es kommt hinzu, dass die Beschränkung der Rechte des Mieters sachlich nicht geboten ist, da der **Eigentümer** vom Verwalter ohne weiteres **Einsicht** in die Abrechnungsunterlagen verlangen kann;[1053] auch der Verwalter einer großen Wohnanlage darf dem Eigentümer die Einsicht nicht mit der Begründung verwehren, er sei überfordert, wenn jeder Eigentümer dieses Recht geltend machen würde.[1054] Der Eigentümer darf daher z. B. den Mieter ermächtigen, die Unterlagen beim Verwalter einzusehen, und zwar auch dann, wenn die Abrechnung durch Beschluss der Eigentümer bestandskräftig geworden ist.[1055]

483 Der Mieter darf sein Recht **durch einen Dritten** ausüben lassen. Er ist ferner berechtigt, sich von einem kundigen Dritten begleiten zu lassen.[1056] Der Vermieter kann den Beauftragten oder Dritten nur abweisen, wenn es diesem erkennbar weniger auf die Belegeinsicht als darauf ankommt, Unterlagen ausfindig zu machen, die er z. B. bei Behörden gegen den Vermieter oder dessen Verwalter verwenden könnte.

484 **c) Vorbereitung und Kosten der Einsicht.** Der Vermieter ist verpflichtet, dem Mieter die Belege **in geordneter Form** zu präsentieren.[1057] Bei umfangreichen Abrechnungen sind die Belege zu den einzelnen Kostenarten bzw. Kostenblöcken zusammenzufassen und jeweils mit einem Deckblatt zu versehen, auf dem die Gesamtsumme gemäß der Abrechnung und die Einzelbeträge der Belege aufgeführt sind, damit dem Mieter eine zügige Kontrolle möglich ist.[1058] Für jeden Kostenansatz muss ein schriftlicher Beleg als Nachweis des Geschäftsvorgangs vorliegen; der Beleg muss seine Aufgabe als dokumentarisches Bindeglied zwischen Vorgang und Kostenansatz erfüllen.[1059] Ob es dem Vermieter, der die Belege auf Grund seiner internen Aktensystematik auf etliche Ordner verteilt, nicht zuzumuten ist, sie dort zu entheften und in einem eigenen Belegordner zur Einsicht zur Verfügung zu stellen,[1060] erscheint im Hinblick darauf fraglich, dass sich die ursprüngliche Ordnung durch Einlegeblätter und kurze Notizen unschwer wieder herstellen lässt; jedenfalls ist der Vermieter, der diesen Aufwand vermeiden will, gehalten, dem Mieter die einzelnen Unterlagen vorzulegen,[1061] was i. E. kaum weniger zeit- und arbeitsintensiv sein dürfte.

485 Die **Kosten** aus Vorbereitung und Durchführung der Einsichtnahme sind nach nahezu einhelliger Meinung vom Vermieter zu tragen.[1062] Die Vorlage der Belege ist keine Zusatzleistung des Vermieters, sondern gehört zu seinem Verwaltungsbereich. Ergänzend ist auf § 29 NMV zu verweisen, der den Mieter preisgebundenen Wohnraums nur für den Fall mit Kosten belastet, dass er Ablichtungen der Unterlagen verlangt (§ 29 Abs. 2 NMV); es ist kein Grund ersichtlich, warum der Mieter von preisfreiem Wohnraum oder Gewerberaum schlechter stehen sollte.

486 **d) Ort der Einsicht.** Die Parteien können schon **im Mietvertrag** festlegen, wo die Einsicht in die Abrechnungsbelege vorzunehmen ist. Hierbei ist jedoch zu beachten, dass eine formularvertragliche Vereinbarung das Einsichtsrecht des Mieters nicht gegenstandslos machen darf. Eine Klausel, die den Mieter auf die Einsicht in den weit entfernten Verwaltungsräumen des Vermieters verweist, würde ihn unter Verstoß gegen § 307 BGB unangemessen benachteiligen.[1063]

1052 BGH (VIII ZR 45/11) WuM 2011, 684.
1053 BGH (V ZR 66/10) GE 2011, 491 = WuM 2011, 314; OLG Hamm ZMR 1998, 586 m. w. N.; BayObLG NZM 2000, 873 = WuM 2000, 431; LG Düsseldorf ZWE 2015, 95; ausführlich *Schmid* ZWE 2014, 389.
1054 BayObLG NZM 2000, 873 = WuM 2000, 431.
1055 BayObLG GE 2004, 1175.
1056 Z. B. BGH (VIII ZR 78/05) GE 2006, 502 = NZM 2006, 340 = WuM 2006, 200= ZMR 2006, 358.
1057 Z. B. AG Köln WuM 1992, 201; *Blank* in Blank/Börstinghaus § 556 Rdn. 187; *Lützenkirchen* MDR 1998, 136.
1058 Ebenso *Both* MietRB 2012, 151 (152); *Lützenkirchen* in Lützenkirchen § 556 Rdn. 791.
1059 OLG Oldenburg ZMR 2008, 238.
1060 So *Seldeneck* Rdn. 3721.
1061 *Seldeneck* Rdn. 3721.
1062 **A. A.** *Pfeifer* S. 116.
1063 Z. B. *Goch* WuM 2001, 498; *Römer* WuM 1996, 392 (394).

Fehlt eine **vertragliche Bestimmung,** wo der Vermieter seine Verpflichtung zu erfüllen hat, liefern weder § 29 NMV noch § 259 BGB Anhaltspunkte für den Ort der Einsichtnahme. Nach einer Meinung ist hier § 811 Abs. 1 BGB entsprechend heranzuziehen,[1064] so dass der Ort entscheidet, an dem sich die vorzulegende Sache befindet. Diese Anknüpfung überzeugt nicht, weil sich § 811 BGB auf Urkunden nach § 810 BGB bezieht, im vorliegenden Zusammenhang mithin solche, die im Interesse des Mieters errichtet wurden, woran es hier fehlt.[1065] Näher liegt es, auf die Vorschrift des § 269 BGB zum Leistungsort abzustellen. Danach hat die Leistung im Zweifel am Wohnsitz des Schuldners zu erfolgen, also des Vermieters. Im Ergebnis besteht daher weitgehend Einigkeit darüber, dass der Mieter das Einsichtsrecht jedenfalls dann **am Sitz des Vermieters** wahrzunehmen hat, d. h. in seinem Büro, seiner Wohnung oder im Büro der Hausverwaltung, wenn er mit dem Ort, an dem sich das Mietobjekt befindet, identisch ist.[1066] Eine **Ausnahme** greift dann ein, wenn dem Mieter die Einsichtnahme dort nicht zumutbar ist, weil die Parteien völlig zerstritten sind[1067] oder der Mieter sogar um seine körperliche Unversehrtheit fürchten muss.[1068] 487

Der Mieter kann daher **nicht** die Vorlage der Unterlagen **im Mietobjekt** verlangen, weil es sich um Originalbelege handelt, die der Vermieter zu präsentieren hat. Zumal bei großen Wohn- oder Gewerbeanlagen besteht die Gefahr, dass einzelne Unterlagen verloren gehen, wenn sie in etlichen Mietobjekten vorzulegen wären. Außerdem würde es einen nicht vertretbaren Aufwand für den Vermieter mit sich bringen, die Vorlagetermine mit den verschiedenen Mietern abzustimmen und sich zu unterschiedlichen Zeiten in ihren Wohnungen oder Gewerberäumen einzufinden. Schließlich wird vertreten, die Vorlage habe jedenfalls im Miethaus oder Gebäudekomplex zu erfolgen.[1069] Diese Meinung erscheint nur für den Fall vertretbar, dass sich dort ein Hausmeister- oder Hausverwalterbüro befindet; liegen Sitz des Vermieters und Mietobjekt in derselben Gemeinde, braucht sich der Vermieter auf den Transport und die Lagerung der Originalbelege außerhalb seines Büros nicht einzulassen.

Auch wenn die Einsicht am Sitz des Vermieters in Großstädten mit einigem Fahraufwand verbunden sein kann, ist die Mobilität des Mieters hiermit nicht überfordert.[1070] Ist der Mieter aus gesundheitlichen Gründen nicht in der Lage, den Vermieter oder die Hausverwaltung aufzusuchen, kann er sein Recht durch einen Beauftragten ausüben oder ggf. Kopien gegen Erstattung der Auslagen anfordern (s. Rdn. 495). Befindet sich der **Sitz des Vermieters** allerdings **nicht am Ort des Mietobjekts,** kann der Mieter verlangen, dass ihm die Belege am Ort des Mietobjekts vorgelegt werden.[1071] Anderenfalls liefe das Einsichtsrecht leer. Üblicherweise hat der auswärts ansässige Vermieter ohnehin am Ort des Mietobjekts einen Hausverwalter oder eine sonstige Person seines Vertrauens. Da die Verpflichtung, Einsicht zu gewähren, am Ort der Mietsache zu erfüllen ist, gehen die hierdurch entstehenden Kosten und Risiken zu Lasten des Vermieters.[1072] Eine starre Grenze, welche Entfernung zwischen den Orten vorliegen muss, um den Fahraufwand des Mieters als unzumutbar erscheinen zu lassen, lässt sich nicht aufstellen;[1073] so ist die Einsicht im nur 16 km entfernten Hauptsitz des Vermieters für unzumutbar gehalten worden, weil er unmittelbar in der Wohnanlage ein Stadtteilbüro mit regelmäßigen Mietersprechstunden unterhält.[1074] Je nach der Verkehrsanbindung und den Verkehrsverhältnissen erfordert dieselbe Strecke einen sehr unterschiedlichen Zeitaufwand. 488

Nach diesem Maßstab richtet sich auch die Einsicht durch den Mieter einer **Eigentumswohnung oder von Teileigentum.** Grundsätzlich hat die Einsicht des Wohnungseigentümers in den 489

1064 AG Delmenhorst WuM 2003, 657; AG Bremen WuM 2002, 32.

1065 Ebenso *Weitemeyer* in Staudinger § 556 Rdn. 114.

1066 Z. B. BGH (VIII ZR 78/05) NZM 2006, 340 = WuM 2006, 200 = ZMR 2006, 358; AG Aachen WuM 2014, 369; *Both* in Herrlein/Kandelhard § 556 Rdn. 95; *Pfeifer* S. 116; *Seldeneck* Rdn. 3717.

1067 LG Berlin NZM 2014, 514; *Kinne* in Kinne/Schach/Bieber § 556 Rdn. 89.

1068 OLG Hamm NZM 1998, 722.

1069 *Römer* WuM 1996, 392.

1070 Z. B. LG Frankfurt/M. ZMR 2015, 307.

1071 Z. B. LG Freiburg NZM 2012, 23; AG Weißwasser WuM 2002, 233; AG Langenfeld/Rhld. WuM 1996, 426; *Maciejewski* MM 2003, 81 (82).

1072 Ebenso *Seldeneck* Rdn. 3715.

1073 Ausführlich *Langenberg/Zehelein* Betriebskosten H Rdn. 311; **a. A.** AG Halle (Saale) WuM 2014, 337 m. Anm. *Emmert* WuM 2014, 322: Ab einer Luftlinie von 30 km; *Römer* WuM 1996, 394: Ab einer Luftlinie von 100 km.

1074 AG Dortmund WuM 2015, 236.

Räumen des Verwalters zu erfolgen.[1075] Befindet sich das Verwalterbüro an einem anderen Ort als das Wohnungs- oder Teileigentum, etwa bei einer überörtlich arbeitenden Verwaltungsgesellschaft, sind die Belege in der Eigentumsanlage selbst,[1076] zumindest aber am Ort des Mietobjekts vorzulegen. Auch bei einer entfernt ansässigen Verwaltung braucht sich der Eigentümer und damit ebenfalls der Mieter nicht mit der Überlassung von Kopien zufrieden zu geben.

490 **e) Verweigerung der Einsicht.** Während Wohnungsunternehmen oder Hausverwaltungen häufig schon in die Abrechnung einen Hinweis aufnehmen, wo und zu welchen Zeiten die Belege von den Mietern eingesehen werden können, verweigern insbesondere Kleinvermieter immer wieder die Einsichtnahme. Sie empfinden den Wunsch des Mieters oft als ehrenrührigen Verdacht der Manipulation und lehnen die Einsicht entweder generell oder mit dem Hinweis ab, die Unterlagen befänden sich z. B. auf unbestimmte Zeit beim Steuerberater; gelegentlich sind sie zwar bereit, die ihnen erteilten Rechnungen zu präsentieren, nicht jedoch die zugrundeliegenden Verträge. In diesen Fällen stellt sich die **Frage** nach den **Folgen für die Ausgleichspflicht** des Abrechnungssaldos.

491 Ergab die Abrechnung eine **Nachforderung,** steht dem Mieter das **Zurückbehaltungsrecht** aus § 273 BGB zu,[1077] und zwar gleichermaßen hinsichtlich der abgerechneten Betriebskosten wie auch der laufenden Nebenkostenvorauszahlungen.[1078] Zahlt der Vermieter ein **Guthaben** aus der Abrechnung nicht aus, kann der Mieter in dessen Höhe jedenfalls dann ein Zurückbehaltungsrecht gem. § 273 BGB an den laufenden Vorauszahlungen geltend machen, wenn die Forderung, wegen welcher der Vermieter die Zahlung zurückstellt, streitig ist.

492 In der Praxis begegnet die **verdeckte Verweigerung** der Einsicht häufiger als die direkte Ablehnung. Sie ist z. B. festzustellen, wenn dem Mieter schlicht mehrere Aktenordner ausgehändigt werden, aus denen er sich zwischen anderen Unterlagen die erforderlichen Belege heraussuchen soll. Findet sich der Mieter in dem ihm ausgehändigten Aktenordner nicht zurecht, weil es sich um die gesamten Unterlagen einer Wohnungseigentumsanlage handelt, mithin in erheblichem Umfang auch solche, die keine Betriebskosten betreffen, darf er nicht darauf verwiesen werden, er hätte sich bei der Einsichtnahme fachkundiger Hilfe bedienen können.[1079] Auf diese Weise wird das Recht des Mieters in unzulässiger Weise unterlaufen. Nach der Vorstellung des BGH dient die Beiziehung fachkundiger Hilfe der Erläuterung der Abrechnung,[1080] nicht aber dazu, die Belege überhaupt erst in nachprüfbarer Weise zusammenzustellen.[1081] Die Belege müssen vielmehr, wie ausgeführt, in geordneter Form präsentiert werden; der Mieter muss ohne fremde Hilfe in der Lage sein, die Ansätze in der Abrechnung zu überprüfen.[1082]

493 Ebenso verhält es sich, wenn der Vermieter dem Mieter **keine ausreichende Zeit** für die Belegeinsicht einräumt, so sind zweieinhalb Stunden zu kurz[1083] und auch vier Stunden reichen für eine große Abrechnungseinheit erkennbar nicht aus.[1084] Zu unangemessen kurzen Zeiten für die Einsicht kommt es zum Teil aus Ressentiments gegenüber den Kontrollabsichten des Mieters und zumal bei manchen Hausverwaltern, weil die Anwesenheit eines Betriebsfremden die Büroabläufe stört oder Personal zur Aufsicht bindet.

2. Überlassung von Belegkopien

494 **a) Anspruch des Mieters auf Belegkopien.** Der Mieter hat nach allgemeiner Ansicht grundsätzlich keinen Anspruch, dass ihm der Vermieter die Originalbelege zur Einsicht übersendet, es sei denn, dass dies im Mietvertrag vereinbart oder aus Zusagen des Vermieters im Einzelfall begründet ist. Bei einem Mietvertrag über **preisgebundenen Wohnraum,** für den öffentliche Mittel **bis zum 31. 12. 2001** bewilligt worden waren, kann er allerdings nach § 29 Abs. 2 NMV für die Zeit der Bindung[1085] verlangen, dass ihm Ablichtungen gegen Erstattung der Auslagen des Vermieters

---

[1075] BGH (V ZR 66/10) GE 2011, 491 = WuM 2011, 314; *Bub* Finanz- und Rechnungswesen VII Rdn. 44.
[1076] OLG Köln NZM 2002, 221; *Bub* Finanz- und Rechnungswesen VII Rdn. 44.
[1077] Z. B. BGH (VIII ZR 78/05) NZM 2006, 340 = WuM 2006, 200 = ZMR 2006, 358.
[1078] BGH (VIII ZR 38/11) GE 2012, 825 = WuM 2012, 276 = ZMR 2012, 542.
[1079] So aber LG Berlin NZM 2007, 285 = WuM 2006, 617 m. abl. Anm. *Lammel* WuM 2007, 61.
[1080] BGH (VIII ZR 78/05) NZM 2006, 340 = WuM 2006, 200 = ZMR 2006, 358.
[1081] *Lammel* WuM 2007, 61.
[1082] Vgl. OLG Oldenburg ZMR 2008, 238.
[1083] AG München NZM 2006, 929.
[1084] **A. A.** AG Trier Urt. vom 17.7.2012 – 6 C 331/11.
[1085] AG Dortmund WuM 2016, 359.

zur Verfügung gestellt werden, und zwar unabhängig von der Zahl der Kopien.[1086] Zum Teil wird einschränkend vertreten, dass der Mieter nicht pauschal alle Belege in Kopie anfordern könne, sondern sie konkret bezeichnen müsse, um den Aufwand für den Vermieter in Grenzen zu halten.[1087] Dieses Recht steht dem Mieter *„an Stelle"* der Einsicht in die Unterlagen zu, so dass der Vermieter grundsätzlich mit der Übersendung von Kopien seiner Auskunftspflicht genügt. Aus wichtigem Grund (vgl. Rdn. 480) kann der Mieter jedoch beanspruchen, einzelne Kopien mit den Originalen zu vergleichen.

Soweit Wohnraum **seit dem 1.1.2002** öffentlich gefördert wird, gilt nur das Wohnraumförderungsgesetz vom 13.9.2001 (§ 50 WoFG, seit 1.1.2007 in der Fassung des Art. 9 Föderalismus-Reformgesetz vom 5.9.2006)[1088] (s. aber Rdn. 6 zu landesrechtlichen Regelungen). § 29 Abs. 2 NMV ist mithin auslaufendes Recht.

Nach bislang herrschender Meinung war § 29 Abs. 2 NMV auf Mietverhältnisse über **preisfreien Wohnraum** (und Gewerberaum) entsprechend anzuwenden, da die Interessen der Mieter gleichliegen. Diesem Ansatz ist der **BGH** nicht gefolgt.[1089] Er verneint die analoge Anwendbarkeit dieser Vorschrift, weil es sich um eine auf die Besonderheiten des sozialen Wohnungsbaus zugeschnittene Regelung gehandelt habe; sie gelte nach § 50 WoFG ohnehin nur noch für Altverträge. 495

Zugleich hat er aber auch einen Anspruch des Mieters aus Treu und Glauben gem. § 242 BGB aufgrund einer Interessenabwägung im Grundsatz abgelehnt. Auf der einen Seite steht danach das Interesse des Vermieters, sich den Aufwand für die Fertigung der Kopien zu ersparen und dem Mieter mögliche Unklarheiten im Gespräch sofort zu erläutern, um auf diese Weise Fehlverständnisse der Abrechnung und zeitliche Verzögerungen zu vermeiden. Auf der anderen Seite führt er das Interesse des Mieters an, die Abrechnung anhand der Fotokopien in seiner Wohnung zu überprüfen und sie ggf. einem fachkundigen Berater zu überlassen. Dieses Interesse hat er gegenüber demjenigen des Vermieters zurücktreten lassen, weil sich der Mieter bei der Einsicht, soweit erforderlich, fachkundiger Hilfe bedienen könne. Im entschiedenen Fall dürfte schließlich auch der Umstand von Bedeutung gewesen sein, dass der Vermieter dem Mieter bereits 300 Kopien überlassen, der Mieter jedoch weitere Belege angefordert hatte. Diese für sich genommen beeindruckende Zahl darf jedoch nicht den Blick darauf verstellen, dass die Parteien über die Abrechnungen aus vier Jahren stritten.

Als **Ausnahme vom Grundsatz** hat der BGH allein den Fall herausgestellt, dass dem Mieter die Einsichtnahme aufgrund zu weiter **Entfernung** zwischen Wohnung und Ort der Einsicht nicht zuzumuten ist.[1090] Genau betrachtet hat er damit lediglich einen Aspekt der Unzumutbarkeit der Einsicht behandelt, weil andere stichhaltige Gründe für die Unzumutbarkeit im Ausgangsfall nicht erkennbar waren. **Nicht entschieden** ist damit, dass nicht auch andere Fälle in Betracht kommen, in denen der Mieter aus **anderen berechtigten persönlichen Gründen** als der bloßen Entfernung zum Ort der Belege sein Einsichtsrecht nicht wahrnehmen kann.

- Dem Mieter ist die Wahrnehmung seines Einsichtsrechts z. B. nicht zumutbar, wenn die **Parteien** im selben Haus wohnen und gleichzeitig zwei Rechtsstreitigkeiten führen, also **völlig zerstritten** sind,[1091] wenn das Mietverhältnis generell erheblich belastet ist und die Parteien darüber streiten, ob der außergewöhnlich gehbehinderte Mieter die **Geschäftsräume** zur Belegeinsicht **barrierefrei** erreichen kann[1092] oder wenn der Mieter **mehrere Termine zur Belegeinsicht** durchführen müsste, weil **der Vermieter** pflichtwidrig die Unterlagen im ersten Einsichtstermin nicht vollständig zur Verfügung stellte.[1093]
- Was die Möglichkeit betrifft, sich bei der Einsicht **fachkundiger Hilfe** zu bedienen, ist zu berücksichtigen, dass dies die **finanziellen Mittel** etlicher Mieter überschreitet, weil die Kosten des Dritten zu berücksichtigen sind. Mag auch der Aufwand sachkundiger Durchsicht der Belege beim Vermieter oder der Kopien beim Dritten gleich sein, bleiben immer noch die nicht

---

1086 AG Brühl WuM 1992, 201.
1087 LG Düsseldorf ZMR 1998, 167; AG Neubrandenburg WuM 1994, 531.
1088 BGBl. I S. 2098 (2101).
1089 BGH (VIII ZR 78/05) NZM 2006, 340 = WuM 2006, 200 = ZMR 2006, 358.
1090 Vgl. BGH (VIII ZR 83/09) GE 2010, 761 = WuM 2010, 296; (VIII ZR 80/09) NZM 2010, 576 = WuM 2010, 363.
1091 Z. B. AG Bergisch Gladbach ZMR 2012, 198.
1092 LG Berlin GE 2014, 1140 = NZM 2014, 514.
1093 AG Charlottenburg MM 6/2013, 28.

unerheblichen Wegekosten des Dritten, welche die übliche Kostenerstattung für die Kopien deutlich übersteigen. Zu Recht ist in der Literatur gefragt worden, welche Anwältin bzw. welcher Anwalt sich die Zeit nehmen wird oder kann, den Mandanten zum Vermieter oder zur Verwaltung zu begleiten, um sich dort die Belege vorlegen zu lassen, und dies noch zu moderaten Gebühren,[1094] wobei ein Teil der Bevölkerung selbst diese nicht aufbringen kann.[1095]

- Ein weiteres Problem schaffen die Fälle, in denen Vermieter oder ihre Verwaltungen die Einsicht in die **Belege nur zu bestimmten Zeiten,** meist den üblichen Bürozeiten anbieten. Dies bringt den zumal gering verdienenden Mieter, der sich die Einsichtnahme durch einen sachkundigen Dritten nicht leisten kann, in das Dilemma, entweder von seinem Kontrollrecht abzusehen oder eine Urlaubszeit in Anspruch zu nehmen.[1096]
- Schließlich ist an die Konstellationen zu denken, in denen der Mieter aus **gesundheitlichen Gründen** nicht in der Lage ist, sein Einsichtsrecht wahrzunehmen. Ist er z. B. schwer behindert oder längere Zeit krank, so dass er die Wohnung nicht oder nur unter schwierigen Umständen verlassen kann, stehen ihm Belegkopien zu.[1097] Er darf hier auch nicht auf die Einsichtnahme durch Dritte verwiesen werden. Der Vermieter verhielte sich rechtsmissbräuchlich, würde er gegenüber den Kosten für den Mieter auf seinen Aufwand verweisen, zumal er ihm in gewissem Umfang vergütet wird.
- **Nicht entschieden** ist **ferner,** dass dem Mieter ein Anspruch auf **Belegkopien** auch ***nach* Einsicht** zustehen kann. Braucht der Mieter wegen der zum Teil komplexen Materie den Beistand kundiger Dritter und ist es ihm, wie häufig, aus finanziellen Gründen nicht möglich, den Beistand zur Einsicht mitzunehmen oder ihn sogar eigenständig mit der Einsichtnahme zu beauftragen, bliebe ihm für eine anderweitige Überprüfung der Belege nur, diese im Einzelnen **abzuschreiben.** Dabei geht es um Unterlagen von oft beträchtlichem Umfang. Es ist evident, dass dem Mieter ein derartiger Aufwand für die Anfertigung von Kopien sowohl in Handschrift als auch mit Hilfe eines Laptops nicht zuzumuten ist.[1098] Diesen Unzuträglichkeiten steht im Übrigen der nur kurze Kopiervorgang gegenüber.

Belässt es der Vermieter unter Bezug auf die Entscheidung des BGH bei der bloßen Gewährung der Einsicht in die Belege, wird dies **in der gerichtlichen Praxis** allerdings ein Umdenken erfordern. Ist der Mieter selbst bei der Einsicht technisch hinreichend ausgestattet (Digitalkamera, Scanner, Kopierer), hat ihm der Vermieter zu gestatten, sich selbst Kopien der Belege anzufertigen (s. Rdn. 497).[1099] In der Praxis ist allerdings immer wieder zu beobachten, dass der Vermieter die Selbstanfertigung der Kopien verbietet. In derartigen Fällen wie denjenigen, dass der Mieter über keine entsprechende Ausstattung verfügt, sind die dadurch beschnittenen Möglichkeiten des Mieters zu konkretem Vortrag im Prozess zwingend zu berücksichtigen. Zumal wenn es um umfangreiche Unterlagen geht, deren Abschreiben dem Mieter schlichtweg unzumutbar war, müssen eher allgemein gehaltene Bedenken des Mieters ausreichen, so dass der Vermieter aufzufordern ist, die kompletten Belege in Kopie zur Akte zu reichen. Die rechtliche Position des Mieters würde unangemessen eingeschränkt, wenn ihm auch hier vorgehalten würde, er dürfe sich nicht auf bloßes Bestreiten mit Nichtwissen zurückziehen, sondern habe seine Einwände spezifiziert anzubringen.

496 **b) Anspruch des Vermieters auf Auslagenerstattung.** Der Mieter muss entweder seine Anforderung der Belege mit dem **Angebot auf Übernahme der Kosten** verbinden **oder** sich **auf Nachfrage** des Vermieters zur Kostenerstattung verpflichten; anders verhält es sich, wenn der Vermieter die Belege unaufgefordert übersandte,[1100] z. B. um sich oder seinem Büro die Belegeinsicht zu ersparen. Hat der Mieter eine entsprechende Erklärung abgegeben, ist sodann der **Vermieter vorleistungspflichtig,** d. h. er darf die Versendung der Kopien nicht bis zum Eingang der Auslagenerstattung zurückstellen.[1101] Der Mieter schuldet keinen Kostenvorschuss, sondern die

---

[1094] *Fenn* WuM 2006, 482 (484); *Rau/Dötsch* ZMR 2006, 362.

[1095] *Fenn* WuM 2006, 482 (484).

[1096] *Fenn* WuM 2006, 482 (485).

[1097] AG Dortmund WuM 2011, 631, dazu *Breiholdt* InfoM 2012, 159; *Both* in Herrlein/Kandelhard § 556 Rdn. 97; *Wall* Rdn. 2191.

[1098] Z. B. *Blank* in Blank/Börstinghaus § 556 Rdn. 190; *Derckx* WuM 2005, 226; BayObLG ZMR 2000, 687 für den Anspruch des Wohnungseigentümers gegenüber dem Verwalter.

[1099] AG München GE 2010, 295 m. zu Unrecht abl. Anm. *Bieber* GE 2010, 234 = NZM 2010, 81 = WuM 2010, 567; AG Berlin-Mitte MM 2007, 299; *Beyer* WuM 2011, 399 (400).

[1100] AG Bingen am Rhein WuM 2016, 217 = ZMR 2016, 549.

[1101] OLG Düsseldorf WuM 2001, 344; AG Halle (Saale) WuM 2014, 337; *Maciejewski* MM 2003, 83 (90)

Erstattung entstandener Kosten. Soweit der Vermieter Belegkopien für den Mieter fertigt, hat der Mieter ihm die entstandenen **Auslagen** zu erstatten. Hierzu zählen zunächst die Kosten der Kopien selbst, die sich beim Einsatz eines vermietereigenen Kopiergeräts auf unter 0,10 €, bei der Inanspruchnahme der Geräte Dritter auf meist nicht mehr als 0,10 € je Stück belaufen. Nach einer Meinung soll es bei diesen Kosten sein Bewenden haben.[1102] Dabei wird jedoch übersehen, dass hier ein größerer Aufwand anfällt als bei der Einsicht in die Originale. Letzteren hat der Vermieter zu tragen, den Mehraufwand hingegen der Mieter zu erstatten. Dieser Mehraufwand resultiert aus den Personalkosten, die für die Anfertigung der Kopien notwendig sind, sowie den Kosten der Versendung (Verpackung, Porto), wenn es dem Mieter wegen der Entfernung oder aus anderen Gründen nicht zumutbar ist, die Belege beim Vermieter oder seiner Hausverwaltung abzuholen. Zur Abgeltung dieser zusätzlichen Auslagen ist es sachgerecht, den Preis je Kopie angemessen zu erhöhen, wobei pauschaliert verfahren werden kann. Überwiegend werden die gesamten Auslagen auf 0,25 €[1103] bzw. 0,26 €[1104] je Kopie veranschlagt, zum Teil ist auch ein Betrag von 0,50 € anerkannt worden.[1105] Gelegentlich machen Vermieter oder ihre Hausverwaltungen die Überlassung davon abhängig, dass der Mieter sich bereit erklärt, die nach vollem Zeitaufwand berechneten Personalkosten aus Bruttoarbeitslohn und Sozialabgaben nebst Amortisation der eingesetzten Sachmittel zu übernehmen.[1106] Diese Berechnungsweise ist unzutreffend, da sie die Hauptkosten, die auch bei der Einsichtnahme anfallen, einbezieht. Bei der Gewährung von Einsicht in die Belege ist es, wie bereits erwähnt, nicht damit getan, dem Mieter mehrere Aktenordner zur Verfügung zu stellen, aus denen er sich die passenden Belege heraussuchen kann. Die Unterlagen sind vielmehr zu ordnen, bei umfangreichen Belegen je Kostenart ist eine Kostenübersicht beizulegen, während der Einsicht sind die Mieter zu betreuen, unter Umständen sind ihnen Erläuterungen zu geben.[1107] Dieser gesamte Aufwand geht zulasten des Vermieters, nur der Mehraufwand ist erstattungspflichtig.

c) Verweigerung von Belegkopien. Hat der Mieter im Einzelfall ein berechtigtes Interesse, 497
Kopien der Abrechnungsbelege zu erhalten, muss der Vermieter **bei** ihrer **Herstellung mitwirken.** Hier kommen verschiedene Verfahren in Betracht.

Da kein Anspruch des Mieters auf Herstellung der Kopien durch den Vermieter besteht, kann der Mieter primär verlangen, dass ihm der Vermieter **Gelegenheit** gibt, die Kopien **kostengünstig selbst** zu produzieren. So hat er den Mieter die Belege durch eigene Geräte kopieren, scannen oder mit einem Fotoapparat erfassen zu lassen.[1108]

Ist der Mieter nicht hinreichend technisch ausgestattet, kann er die Benutzung eines **vermietereigenen Kopiergeräts** zum Selbstkostenpreis beanspruchen. Zieht es der Vermieter vor, zur Sicherheit des Geräts die Bearbeitung selbst vorzunehmen, steht ihm allerdings die übliche Kostenerstattung zu. Er darf die Anfertigung der Kopien nicht mit der Begründung ablehnen, dass die Zahl der Kopien im Vergleich zu den umlegungsfähigen Nebenkosten unverhältnismäßig hoch sei.[1109] Es ist allein Sache des Mieters zu entscheiden, ob der zeitliche und/oder finanzielle Aufwand für die Kopien im Hinblick auf eine nur geringe Belastung mit Nebenkosten sinnvoll ist.

---

m. w. N.; *Schmid/Zehelein* in MünchKomm § 556 Rdn. 95; *Weitemeyer* in Staudinger § 556 Rdn. 115 a; **a. A.** LG Duisburg WuM 2002, 32; *Both* in Herrlein/Kandelhard § 556 Rdn. 98 bei einer größeren Anzahl von Kopien; *Lützenkirchen* in Lützenkirchen § 556 Rdn. 774; *Wall* Rdn. 2194.

1102 AG Pankow/Weißensee NZM 2002, 655; AG Oldenburg WuM 1993, 412; *Gather* DWW 2012, 362 (367); *Römer* WuM 1996, 393.

1103 AG Leipzig WuM 2014, 337; AG Münster WuM 2007, 41; AG Pinneberg ZMR 2004, 595; AG Berlin-Mitte MM 2003, 383; AG Delmenhorst WuM 2003, 657; *Schmid/Zehelein* in MünchKomm § 556 Rdn. 94; *Both* in Herrlein/Kandelhard § 556 Rdn. 85: 0,15–0,20 €.

1104 AG Köln WuM 2005, 49; AG Aachen WuM 2004, 611; vgl. die frühere Rechtsprechung zu 0,50 DM: Z. B. LG Hamburg WuM 2000, 197; LG Berlin GE 2000, 409; LG Duisburg WuM 1990, 562.

1105 LG Berlin GE 1991, 151; AG Köln WuM 2000, 332; AG Neubrandenburg WuM 1994, 531; ausführlich AG Neuruppin WuM 2000, 437 unter Bezug auf das Kostenverzeichnis zum GKG und die jeweiligen Kostenverzeichnisse für Rechtsanwälte, Notare und Sachverständige (gegen diese Begründung LG Berlin GE 2000, 409); ebenso AG Bremen WuM 2005, 137.

1106 Auf dieser Grundlage sind in der Praxis schon 25,00 € je Seite verlangt worden.

1107 BGH (VIII ZR 78/05) NZM 2006, 340 = WuM 2006, 200 = ZMR 2006; AG Köln WuM 1996, 426; AG Neubrandenburg WuM 1994, 531.

1108 AG München NZM 2010, 81.

1109 So LG Frankfurt/M. NZM 2000, 27 = WuM 1999, 576 = ZMR 1999, 764 m. abl. Anm. *Rau* ZMR 1999, 765.

Will der Vermieter zur Vereinfachung des Verfahrens die Belegkopien gegen Kostenerstattung zur Verfügung stellen, darf er den Anspruch des Mieters nicht durch die Geltendmachung **unangemessen hoher Auslagen** unterlaufen (s. Rdn. 496).

Verweigert der Vermieter die Mitwirkung bei der Herstellung der Kopien, steht dem Mieter das **Zurückbehaltungsrecht** aus § 273 BGB an der Nachforderung zu. Hierzu ist auf die Ausführungen in Rdn. 491 zu verweisen.

II. Ausschlussfrist für Einwendungen

498 Nach § 556 Abs. 3 Satz 5 BGB hat der Mieter von **preisfreiem Wohnraum** seine Einwendungen gegen die Abrechnung **spätestens zwölf Monate nach Zugang der Abrechnung** mitzuteilen, es sei denn, er hat die verspätete Geltendmachung nicht zu vertreten. Zu beachten ist, dass die Ausschlussfrist für Einwendungen **nicht für preisgebundenen Wohnraum alter Art** gilt, weil § 20 Abs. 3 NMV keine entsprechende Bestimmung enthält;[1110] ebenso wenig wie die Ausschlussfrist aus § 556 Abs. 3 Satz 3 BGB läuft in Mietverträgen über **Gewerberaum** eine Ausschlussfrist für die Geltendmachung von Einwänden. Versäumt der Mieter die Frist, kann er *„Einwendungen nicht mehr geltend machen"* (§ 556 Abs. 3 Satz 6 BGB). Der Sinn und Zweck der Ausschlussfrist liegt darin, Klarheit über die Ansprüche aus der Betriebskostenabrechnung für ein bestimmtes Jahr zu erlangen.[1111] Nach Ablauf der Frist gilt diese daher, soweit keine Einwendungen erhoben wurden, als richtig,[1112] wobei streitig ist, wie diese Rechtsfolge dogmatisch einzuordnen ist.[1113]

499 Für den Beginn, die Dauer und die Gründe für das Überschreiten der Frist gelten im Grundsatz **dieselben Gesichtspunkte** wie für die Abrechnungsfrist des Vermieters, so dass darauf verwiesen werden kann (s. Rdn. 461 ff.). Die Frist endet mit Ablauf des zwölften Monats nach Zugang der Abrechnung, also mit dem Ablauf des Kalendermonats des auf den Zugang der Abrechnung folgenden Jahres (§ 192 BGB).[1114] Führen die Parteien einen Rechtsstreit über das Ergebnis der Abrechnung, wird die Frist nicht durch richterlich aus prozessualen Gründen gesetzte Fristen verlängert.[1115]

Voraussetzung für den **Fristbeginn** ist der Zugang einer **formell ausreichenden Abrechnung** beim Mieter.[1116] Die Einwendungsfrist wird auch dann nicht in Gang gesetzt, wenn die den formellen Anforderungen nicht genügende Betriebskostenabrechnung materiell richtig ist.[1117] Die Gegenmeinung, dass die Abrechnung für den Mieter in jedem Fall verbindlich ist, wenn er nicht vor dem Eingreifen des Einwendungsausschlusses mit Beanstandungen hervortrat,[1118] weil mögliche Streitigkeiten aus einer Abrechnung nach dem Gesetzeszweck einmal ein Ende haben sollen, überzeugt nicht. Sie führte zu einem widersprüchlichen Ergebnis: Mangels wirksamer Abrechnung besteht einerseits der Abrechnungsanspruch des Mieters fort,[1119] andererseits wäre er zum Ausgleich des Saldos der unwirksamen Abrechnung verpflichtet. Das Eingreifen des Einwendungsausschlusses würde damit den Anspruch des Mieters auf eine ordnungsgemäße Abrechnung vernichten, eine radikale Folge, für welche das Gesetz nichts hergibt. Liegt hingegen eine im Wesentlichen richtige Abrechnung vor, bei der sich die formellen Mängel nur auf einzelne Positionen beziehen, beginnt die Einwendungsfrist hinsichtlich der übrigen Posten mit Zugang der Abrechnung beim Mieter.

[1110] BGH (VIII ZR 371/04) DWW 2005, 328 = GE 2005, 1118 = NZM 2005, 737 = WuM 2005, 579.

[1111] BGH (VIII ZR 185/09) GE 2010, 901 = NZM 2010, 470 = WuM 2010, 420 = ZMR 2010, 669.

[1112] BT-Drucks. 14/4553 S. 87 = NZM 2001, 20 (24).

[1113] Ausführlich hierzu *Blank* DWW 2009, 91 (93ff. m. w. N.); *Zehelein* NZM 2014, 369 (370f.).

[1114] Ausführlich LG Frankfurt (Oder) WuM 2013, 40 (vom LG Berlin (ZK 63) GE 2016, 1508 als „jeglicher Begründung entbehrend" bezeichnet) m. zust. Anm. *Wall* WuM 2013, 345 und *Zühlke* InfoM 2103, 124; *Blank* in Blank/Börstinghaus § 556 Rdn. 217; *v. Brunn/Emmerich* in Bub/Treier III. A Rdn. 253; *Kinne* in Kinne/Schach/Bieber § 556 Rdn. 100; *ders.* GE 2012, 662; *Kossmann/Meyer-Abich* § 37 Rdn. 54; Palandt/*Weidenkaff* § 556 Rdn. 13; *Weitemeyer* in Staudinger § 556 Rdn. 128 i. V. mit Rdn. 107; *Schmid/Zehelein* in MünchKomm § 556 Rdn. 97; **a. A.** LG Berlin GE 2016, 1508; *Lützenkirchen* in Lützenkirchen § 556 Rdn. 725.

[1115] AG Leipzig NZM 2008, 126.

[1116] BGH (VIII ZR 27/10) NZM 2011, 401 = WuM 2011, 101, 158 = ZMR 2011, 454; AG Michelstadt WuM 2009, 179; *Hinz* NZM 2009, 97, 98; *Lützenkirchen* NZM 2002, 512; *Milger* NZM 2009, 497 (500f.); *Sternel* ZMR 2001, 937 (939); **a. A.** *Ritzmann* WuM 2010, 341; *Streyl* NZM 2007, 324; *ders.* NZM 2009, 809.

[1117] BGH (VIII ZR 243/10) WuM 2011, 281.

[1118] *Schmid* ZMR 2002, 727 (729); *Streyl* WuM 2005, 505; *ders.* NZM 2009, 809.

[1119] Z. B. AG Wetzlar ZMR 2008, 634.

Der Mieter hat die verspätete Geltendmachung z. B. **nicht zu vertreten,** wenn er überraschend für längere Zeit krank wurde, so dass er sich um seine Angelegenheiten nicht kümmern konnte, oder wenn der Vermieter ihn an der rechtzeitigen Ausübung seiner Kontrollrechte[1120] hinderte, z. B. ihm die rechtzeitig begehrte Belegeinsicht erst nach Ablauf der Einwendungsfrist gewährte.[1121] Ferner ist der Fall betroffen, dass der Vermieter auf Nachfrage des Mieters falsche Auskünfte erteilte[1122] oder dass die Abrechnung Fehler enthält, die durch bloße Prüfung und ggf. Vergleich mit dem Mietvertrag nicht erkennbar waren.[1123] Schaltet der Mieter Dritte für die Prüfung der Abrechnung ein, etwa einen Rechtsanwalt oder Mieterverein, muss er sich deren Verschulden zurechnen lassen, § 278 BGB.[1124] Auf den Grad des Verschuldens des Vermieters, das zum Abrechnungsfehler führte, oder der Offensichtlichkeit des Fehlers kommt es nicht an.[1125] Ist die Verhinderung behoben, muss der Mieter seine Einwände allerdings alsbald vorbringen; hier kann nichts anderes gelten als bei der Ausschlussfrist für Nachforderungen des Vermieters,[1126] bei welcher der Vermieter die Verspätung im Regelfall dann zu vertreten hat, wenn er nach Wegfall des Abrechnungshindernisses nicht innerhalb von drei Monaten abrechnet.[1127] Zu vertreten hat der Mieter die Verspätung, wenn er z. B. während einer geplanten längeren Abwesenheit nicht Vorsorge trifft, dass seine Interessen wahrgenommen werden, oder wenn der Brief, in dem er seine Einwendungen darlegte, den Vermieter durch einen Fehler der Post zu spät erreichte.[1128] **500**

Die Einwendungsfrist hält der Mieter nur ein, wenn er sich nicht auf allgemeine Bedenken beschränkt. Um den Sinn des Einwendungsausschlusses zu erhalten, hat er nach nahezu allgemeiner Ansicht bis zum Fristablauf **konkrete Beanstandungen** anzubringen.[1129] Er muss seine Einwände mithin so deutlich machen, dass der Vermieter erkennen kann, wo genau der Mieter einen Korrekturanlass sieht. Hierzu reicht z. B. der Hinweis, dass die Kosten bei einzelnen bezeichneten Betriebskostenarten gegenüber denjenigen der Vorperiode außerordentlich gestiegen sind, was aus dem allgemeinen Kostenanstieg nicht zu erklären sei.[1130] Vom Mieter im Grundsatz zu verlangen, er müsse vorab zur Vorbereitung seiner Einwände schon Einsicht in die Abrechnungsunterlagen nehmen, um die Verspätung seiner Beanstandungen zu vermeiden,[1131] stellt wegen des damit verbundenen beträchtlichen Aufwands eine sachlich nicht gerechtfertigte Einschränkung für die Ausübung seines Rechts dar.[1132] Es kommt hinzu, dass die Einsicht in die Belege dem Mieter häufig, etwa im vorgenannten Beispielfall, keine weiteren Erkenntnisse bringt, weil die zugrunde liegenden Rechnungen die Kosten nachweisen, nicht jedoch, warum es zum hohen Kostenanstieg kam. Die Kontrolle der Belege ist daher erst dann angezeigt, wenn der Vermieter zu den Einwänden Stellung genommen hat und diese Erläuterungen dem Mieter nicht ausreichen. Betreffen die Beanstandungen nur einzelne Aspekte, z. B. zu einer bestimmten Betriebskostenart, wird er nach Fristablauf nicht berechtigt sein, noch andere Bestandteile der Abrechnung zu reklamieren. Brachte er erfolglos bestimmte Einwände, z. B. gegen den Ansatz von Grundsteuer, gegenüber einer Abrechnung an und bestehen diese daher auch gegenüber der folgenden, soll er seine Beanstandung im Interesse der Rechtsklarheit und -sicherheit wiederholen müssen, ggf. Jahr für Jahr, um den Einwendungsausschluss zu vermeiden.[1133] Es wäre allerdings eher sachgerecht, dem Vermieter, der auf einen konkreten Einwand nicht reagiert und dem Mieter z. B. erläutert, dass der Ansatz zu Recht erfolgte, den Schutz des Einwendungsausschlusses zu versagen. **501**

1120 *Lützenkirchen* NZM 2002, 513.
1121 AG Hamburg WuM 2016, 663.
1122 *Blank* in Blank/Börstinghaus § 556 Rdn. 227; *Wall* Rdn. 2135.
1123 *Schmid/Zehelein* in MünchKomm § 556 Rdn. 104.
1124 BGH (VIII ZR 102/06) NZM 2007, 35 = WuM 2007, 24 = ZMR 2007, 103.
1125 *Lützenkirchen* NZM 2002, 512 (513); *Schmid/Zehelein* in MünchKomm § 556 Rdn. 104; **a. A.** *Sternel* ZMR 2001, 937 (940).
1126 LG Krefeld WuM 2010, 361; *Lützenkirchen* NZM 2002, 512 (513).
1127 BGH (VIII ZR 220/05) NZM 2006, 740 = WuM 2006, 516.
1128 LG Berlin GE 2011, 1229.
1129 Z. B. *Hinz* NZM 2009, 97 (99); Palandt/*Weidenkaff* § 556 Rdn. 13; *Schmid/Zehelein* in MünchKomm § 556 Rdn. 101; *Wolbers* in Hinz/Junker/v. Rechenberg/Sternel 4.2.5, 1.1.
1130 AG Hamburg WuM 2016, 663; *Kinne* in Kinne/Schach/Bieber § 556 Rdn. 86.
1131 OLG Düsseldorf ZMR 2003, 570; *Streyl* WuM 2005, 505 (508).
1132 Ebenso AG Hamburg WuM 2016, 663; *Milger* NZM 2009, 497 (500).
1133 BGH (VIII ZR 185/09) GE 2010, 901 = NZM 2010, 470 = WuM 2010, 420 = ZMR 2010, 669; AG Gießen Urt. v. 27.8.2008 – 48 MC 541/06; *Hinz* NZM 2010, 770 (771).

502 Fraglich sind die **Grenzen des Einwendungsausschlusses.** Zur Abgrenzung von verfristeten Einwänden zu solchen, die auch nach Jahresfrist noch geltend gemacht werden dürfen, ist nach der Art der Mängel zu differenzieren. **Formelle Fehler** der Abrechnung sind, wie bereits ausgeführt, vom Einwendungsausschluss nicht betroffen (s. Rdn. 499). Auch für den vom Mieter behaupteten **Verstoß gegen das Wirtschaftlichkeitsgebot** gilt die Einwendungsfrist **nicht.**[1134]

503 Enthält die Abrechnung Kosten, die **nicht zu den Betriebskosten** i. S. d. BetrKV zählen, liegt ein Verstoß gegen § 556 Abs. 1, 4 BGB vor. Gleichwohl kann sich der Mieter nach Ansicht des BGH hiergegen nach Ablauf der Einwendungsfrist nicht mehr wenden.[1135] Die fortbestehende Möglichkeit derartiger Einwände würde den Befriedungseffekt des § 556 Abs. 3 Satz 5 BGB unterlaufen.[1136] Nach der hier vertretenen Auffassung ist es ein **Wertungswiderspruch,** wenn das Gesetz die Umlage derartiger Kosten einerseits generell nicht gestattet und dem Mieter andererseits die Berufung darauf durch Fristablauf abschneiden würde. Außerdem stellt die Umlage derartiger Kosten in der Sache eine versteckte unzulässige Mieterhöhung dar.

504 Streitig ist, ob die Einwendungsfrist den Mieter auch dann mit nachträglichen Beanstandungen ausschließt, wenn der Vermieter über **einzelne Betriebskostenarten vertragswidrig abrechnete.** Dies ist z. B. der Fall, wenn eine Teilinklusivmiete vereinbart wurde und die abgerechneten Betriebskostenarten zu deren Betriebskostenanteil gehören oder wenn die Umlage zum Teil durch eine Pauschale, zum Teil durch Vorauszahlungen erfolgt und die angesetzten Betriebskosten in der Pauschale erfasst sind. Der **BGH** hat den Zweck des Einwendungsausschlusses in den Vordergrund gestellt; er solle vermeiden, dass die Parteien noch Jahre nach der Abrechnung darüber streiten, ob die Umlage bestimmter Kosten vereinbart wurde oder nicht. Auf dieser Grundlage schloss er den Mieter mit nachträglichen Einwänden gegen den Ansatz der Kosten aus dem Betriebskostenanteil einer Teilinklusivmiete[1137] ebenso aus wie mit Einwänden aus Kosten einer Teil-[1138] oder Vollpauschale.[1139] Ebenso entschied er die Frage, wie es sich bei Vereinbarung einer Bruttokaltmiete verhält.[1140]

505 Die **Rechtsprechung** des BGH **überzeugt nicht.**[1141] **Zum einen** stellt sich nach der **Systematik des Gesetzes** die Frage, wann und wie abzurechnen ist und welche **Ausschlussfristen** gelten, **allein bei** der Vereinbarung von **Vorauszahlungen.** Aus dem speziellen Regelungszusammenhang des § 556 Abs. 3 BGB für die Abrechnung von Vorauszahlungen Auswirkungen auf den vertragswidrigen Umgang des Vermieters zumal mit einer Bruttokalt- oder Teilinklusivmiete abzuleiten, ist systematisch nicht nachvollziehbar. Es ist daher unverständlich, dass auch Einwände gegen eine vertraglich überhaupt nicht vorgesehene Abrechnung sollen verfristen können. **Zum anderen** ist das **Ergebnis** nicht nachvollziehbar. In der nach § 556 Abs. 1 und 2 BGB maßgeblichen Vereinbarung ist für diese Kostenarten keine Abrechnung vorgesehen, dem Vermieter fehlt daher jegliche Grundlage für ein Abrechnungsrecht.[1142] Es kommt hinzu, dass der Mieter aufgrund der unterlassenen Einwendung zum Ausgleich der vertragswidrig angesetzten Kostenarten verpflichtet sein soll und sie daher bei einer Bruttokalt- oder Teilinklusivmiete doppelt, zum einen im Betriebskostenanteil, zum anderen aufgrund der Abrechnung zu zahlen hat.

506 Die Einwendungsfrist des § 556 Abs. 3 Satz 5 BGB gilt auch für die in der Betriebskostenabrechnung eingestellten **Vorauszahlungen.** Der Saldo ist für den Mieter nach § 556 Abs. 3 Satz 6 BGB grundsätzlich auch dann verbindlich, wenn hierbei nicht sämtliche Vorauszahlungen berück-

---

[1134] AG Dortmund WuM 2016, 338 m. Bespr. *Flatow* = ZMR 2016, 457/706; *Derckx* NZM 2014, 372; Palandt/*Weidenkaff* § 556 Rdn. 13; *Zehelein* NZM 2014, 369; **a. A.** LG Karlsruhe Urt. vom 30.3.2012 – 9 S 506/11; AG Pinneberg Urt. vom 17.10.2013 – 83 C 207/12; *Flatow* WuM 2012, 235 (237); *Streyl* NZM 2013, 97 (100).

[1135] BGH (VIII ZR 209/15) GE 2016, 854 = NZM 2016, 470 = WuM 2016, 420 m. Bespr. *Flatow* NZM 2016, 480 = ZMR 2016, 436; **a. A.** AG Karlsruhe ZMR 2012, 787.

[1136] *Sternel* ZMR 2001, 937 (939); *Streyl* WuM 2005, 505 (506).

[1137] BGH (VIII ZR 279/06) NZM 2008, 81 = WuM 2007, 694 = ZMR 2008, 107 m. Anm. *Schmid.*

[1138] BGH (VIII ZR 80/07) GE 2008, 664 = NZM 2008, 361 = WuM 2008, 283, wobei die Pauschale irrig als Teilinklusivmiete bezeichnet wurde; (VIII ZR 148/10) GE 2011, 329 = NZM 2011, 240 = WuM 2011, 158 = ZMR 2011, 373.

[1139] BGH (VIII ZR 83/13) GE 2014, 661 = WuM 2014, 336.

[1140] BGH (VIII ZR 240/10) GE 2011, 949 = NZM 2011, 627 = WuM 2011, 420.

[1141] Ebenso *Lützenkirchen* in Lützenkirchen § 556 Rdn. 721.

[1142] Ebenso z. B. *Lehmann-Richter* MietRB 2008, 283; *Lützenkirchen* WuM 2008, 186 (190); *Weitemeyer* in Staudinger § 556 Rdn. 129.

sichtigt wurden. Die Berufung des Vermieters auf den Ablauf der Einwendungsfrist ist grundsätzlich auch nicht treuwidrig.[1143]

K. Unwirksame Vereinbarungen (Abs. 4)

Vereinbarungen, die **zum Nachteil des Mieters** von Abs. 1, Abs. 2 Satz 2 oder Abs. 3 abweichen, sind **unwirksam.** 507

Bei **§556 Abs. 1 BGB** sind vornehmlich Abreden betroffen, nach denen der Mieter **andere Kosten als Betriebskosten** übernehmen soll, die nicht in §2 BetrKV aufgeführt sind. Die Vorschrift bezieht sich auf die Umlage anderer Kosten, die nach Betriebskostengrundsätzen, mithin mit entsprechenden Abrechnungs- oder Erhöhungsmöglichkeiten, behandelt werden sollen. Sie erfasst nicht separat neben der Miete ausgewiesene Festbeträge, etwa für Verwaltungskosten.[1144] Hierbei handelt es sich allein um die kalkulatorische Offenlegung der Mietberechnung des Vermieters. 508

§556 Abs. 2 Satz 2 BGB verbietet **unangemessene Vorauszahlungen,** die sich zum Nachteil des Mieters auswirken. Die Benachteiligung des Mieters ist offensichtlich, wenn die Vorauszahlungen zu hoch bemessen sind. 509

Fraglich ist, wie bei deutlich zu niedrigen Vorauszahlungen zu verfahren ist. Sie sind durchaus geeignet, den Mieter zu benachteiligen, z. B. in dem Fall, dass er, hätte er die richtige Höhe der Betriebskostenbelastung gekannt, von der Anmietung der Wohnung abgesehen hätte. Wie diese Fälle zu entscheiden sind, ist streitig (s. Rdn. 388ff.).

Die Bestimmungen in **§556 Abs. 3 BGB** dürfen **insgesamt nicht** zum Nachteil des Mieters abgeändert werden. Die Parteien können damit die Einwendungsfrist des Mieters verlängern, nicht aber eine längere Abrechnungsfrist erreichen. Auch Vereinbarungen, die mittelbar auf eine Verlängerung hinauslaufen, sind unwirksam, wie etwa die Klausel in einem Mietvertrag über eine Eigentumswohnung *„Die Betriebskosten werden jährlich nach Genehmigung der Abrechnung in der Eigentümerversammlung mit dem Mieter abgerechnet."*[1145] Die vorsorgliche Festlegung einzelner Gründe im Mietvertrag, aus denen der Vermieter eine verspätete Übermittlung der Abrechnung an den Mieter nicht zu vertreten haben soll, ist jedenfalls insoweit unwirksam, wie die Gründe einer objektiven Überprüfung im Einzelfall nicht Stand halten. 510

L. Verjährung und Verwirkung

I. Verjährung

1. Forderungen des Vermieters

Nach § 195 BGB beträgt die regelmäßige Verjährungsfrist **drei Jahre.** Die Verjährungsfrist beginnt gem. § 199 Abs. 1 BGB mit dem Schluss des Jahres, in dem die Forderung entstanden ist, allerdings nur unter der zusätzlichen Voraussetzung, dass der Gläubiger bis zu diesem Zeitpunkt *„von den den Anspruch begründenden Umständen und der Person des Schuldners Kenntnis erlangt hat oder ohne grobe Fahrlässigkeit"* hätte erlangen müssen. Diese weitere Bedingung wird in dem hier behandelten Zusammenhang in aller Regel ohne weiteres erfüllt sein, weil auf Grund des Mietvertrags die Umstände, aus denen sich der Anspruch ergibt, und die Person des Schuldners feststehen. Die Verjährungsfrist kann mithin fast vier Jahre erreichen. 511

Die Verjährungsfrist gilt für ausstehende **Betriebskostenpauschalen** wie auch **Mehrbelastungen** gem. § 560 Abs. 1 BGB, die Teil des vom Mieter regelmäßig geschuldeten Gesamtmietentgelts sind. Für die **Nachforderung von Betriebskostenvorauszahlungen** ist die Verjährungsfrist nicht relevant, obgleich es sich auch hierbei um Miete handelt. Der Mieter schuldet sie immer nur bis zum Eintritt der Abrechnungsreife, nach diesem Zeitpunkt wandelt sich der Anspruch auf Betriebskostenvorauszahlungen in die Forderung auf Ausgleich eines etwaigen Restbetrages aus der Abrechnung um, was zudem nur noch für den Vermieter von Gewerberaum von Bedeutung ist; für den Vermieter von Wohnraum fallen Abrechnungsreife und Ausschluss von Nachforderungen gem. §556 Abs. 3 Satz 3 BGB zusammen. Der Dreijahreszeitraum wird folglich nie erreicht. Für 512

[1143] LG München I ZMR 2016, 453.
[1144] LG Mannheim NZM 2000, 490.
[1145] BGH (VIII ZR 249/15) NZM 2017, 216 WuM 2017, 138 = ZMR 2017, 303.

Nachforderungen des Vermieters aus einer Betriebskostenabrechnung beginnt die Verjährungsfrist nicht schon mit dem Ablauf der Abrechnungsperiode, also dem Zeitpunkt, zu dem sie hätte geltend gemacht werden können, sondern erst mit dem Zugang der Abrechnung beim Mieter;[1146] ab Ablauf der Abrechnungsperiode läuft allerdings für den Vermieter von Wohnraum zugleich die vorgenannte Ausschlussfrist. Fraglich ist, auf welchen Zeitpunkt bei einer **korrigierten Abrechnung** abzustellen ist. Hierzu wird vertreten, dass es sich bei einer Betriebskostennachforderung um einen einheitlichen Anspruch handelt, der mit der Abrechnung fällig wird; die einzelnen Betriebskosten sind danach nur unselbständige Bestandteile dieses Anspruchs.[1147] Auf dieser Grundlage ist der Zeitpunkt des Zugangs der ursprünglichen Abrechnung maßgeblich. Wegen bereits verjährter Betriebskostennachforderungen ist der Vermieter nicht berechtigt, eine vom Mieter geleistete Mietsicherheit in Anspruch zu nehmen, weil Betriebskostennachforderungen aus Jahresabrechnungen des Vermieters wiederkehrende Leistungen i. S. des § 216 Abs. 3 BGB sind.[1148]

2. Forderungen des Mieters

513 **a) Zahlungsansprüche. aa) Preisgebundener Wohnraum.** Bei preisgebundenem Wohnraum alter Art ist der Vermieter an die Kostenmiete gebunden (§ 8 Abs. 1 WoBindG). Soweit das vereinbarte Entgelt die Kostenmiete übersteigt, ist die Abrede nach § 8 Abs. 2 Satz 1 WoBindG unwirksam, der Vermieter hat die zu Unrecht vereinnahmte Leistung zu erstatten. Der Anspruch verjährt nach § 8 Abs. 2 Satz 2 WoBindG weiterhin[1149] erst nach Ablauf von **vier Jahren** nach der jeweiligen Leistung, spätestens nach Ablauf eines Jahres von der Beendigung des Mietverhältnisses an. Es handelt sich hierbei um eine Sonderregelung, auf welche die Vorschriften über die ungerechtfertigte Bereicherung nach §§ 812ff. BGB auch nicht entsprechend angewandt werden können.[1150] Rückzahlungsansprüche des Mieters kommen nach § 8 Abs. 2 Satz 1 WoBindG in Betracht, wenn schon **im Mietvertrag** z. B. Kostenarten als umlagefähig vereinbart wurden, die nach dem Katalog in § 2 BetrKV nicht zu den Betriebskosten gehören.

514 § 8 Abs. 2 WoBindG betrifft nach seinem Wortlaut nur vereinbarte Entgelte, welche die Kostenmiete übersteigen. Streitig ist, ob die Vorschrift analog anzuwenden ist, wenn die Belastung des Mieters erst aus einer **einseitigen Mieterhöhung** nach § 10 Abs. 1 WoBindG resultiert und diese nicht wirksam abgegeben worden war. Fehlt die Wirksamkeit, fehlt es grundsätzlich auch am Rechtsgrund für die darauf erfolgten Leistungen des Mieters. Über §§ 20 Abs. 4, 4 Abs. 7 NMV gilt § 10 WoBindG für die Erhöhung der Vorauszahlungen, die Nachforderung des Betriebskostensaldos oder später entstandener Betriebskosten. Nach herrschender Ansicht ist es nicht zulässig, § 8 Abs. 2 WoBindG hier anzuwenden.[1151] In diesen Fällen steht dem Mieter nur der allgemeine Bereicherungsanspruch aus §§ 812ff. BGB zu, der in drei Jahren verjährt. Ist im Wege einer vertraglichen Mietpreisgleitklausel i. S. v. § 4 Abs. 8 NMV festgelegt, dass die jeweilige Kostenmiete als vereinbart gilt, scheidet über § 813 BGB auch der allgemeine Bereicherungsanspruch des Mieters selbst dann aus, wenn die Mieterhöhungserklärung unwirksam, allerdings sachlich berechtigt war und der Mieter auf die Erklärung hin zahlte.[1152]

515 **bb) Preisfreier Wohnraum.** Bei preisfreiem Wohnraum ist ebenfalls zu **differenzieren.** Der Mieter kann den Anspruch daraus ableiten, dass er z. B. in einer Betriebskostenabrechnung mit Kosten belastet wurde, die zwar ihrer Art nach als umlagefähig vereinbart waren, bei deren Berechnung dem Vermieter jedoch ein Fehler zulasten des Mieters unterlief. Bemerkte dieser den Fehler durch Unaufmerksamkeit nicht und glich die Nachforderung vorbehaltlos aus, kommt es auf die Frage der Verjährung nicht an, da in diesem Fall Rückforderungsansprüche weiterhin ausgeschlossen sind (s. i. E. Rdn. 414ff.). Anders liegt es, wenn der Mieter unter Vorbehalt zahlte und die Nachprüfung eine geringere Belastung ergibt. Hier erfolgte die Mehrleistung ohne Rechtsgrund, so dass der Vermieter zur Herausgabe der ungerechtfertigten Bereicherung nach §§ 812, 818 BGB

[1146] BGH (VIII ARZ 5/90) RE 19.12.1990 DWW 1991, 44 = WuM 1991, 150.

[1147] LG Berlin MM 3/2017, 30; anders kann es sich bei Gewerberaum verhalten, vgl. OLG Celle ZMR 2015, 541.

[1148] BGH (VIII ZR 263/14) GE 2016, 1146 = NZM 2016, 762 = WuM 2016, 620 = ZMR 2016, 768.

[1149] WoBindG in der Bekanntmachung der Neufassung vom 13.9.2001, BGBl. I S. 2404.

[1150] OLG Karlsruhe RE 26.3.1986 WuM 1986, 166; BayObLG RE 23.5.1985 WuM 1985, 217.

[1151] OLG Karlsruhe RE 26.3.1986 WuM 1986, 166; BayObLG RE 23.5.1985 WuM 1985, 217; **a. A.** *Sternel* III Rdn. 960.

[1152] BGH (VIII ZR 103/80) NJW 1982, 1587 = WuM 1981, 276; **a. A.** *Sternel* III Rdn. 961.

verpflichtet ist. In allen diesen Fällen verjähren die Rückforderungsansprüche des Mieters ebenfalls in **drei Jahren.**[1153]

Hat der Vermieter **innerhalb** der **Abrechnungsfrist nicht abgerechnet** oder dem Mieter nur eine formell unwirksame Abrechnung zukommen lassen, steht dem Mieter ein Anspruch auf Rückzahlung aller Vorauszahlungen zu, wenn das Mietverhältnis beendet ist (s. aber Rdn. 286); dieser Anspruch wird mit Ablauf der Abrechnungsfrist fällig.[1154] Zu diesem Zeitpunkt beginnt daher die regelmäßige Verjährungsfrist.

Zahlt der Mieter von **Wohnraum** die **Nachforderung** aus einer ihm **nach Beginn der Ausschlussfrist** zugegangenen Abrechnung, kann sich der Vermieter zur Abwehr des Rückzahlungsanspruchs nicht auf die Verjährungsvorschrift des § 214 Abs. 2 BGB berufen.[1155] Vielmehr hat der Mieter einen Herausgabeanspruch aus ungerechtfertigter Bereicherung gem. § 812 BGB, dessen dreijährige Verjährungsfrist nach § 199 BGB erst beginnt, sobald dem Mieter die Folge der Ausschlussfrist bekannt oder grob fahrlässig unbekannt geblieben ist.

b) Abrechnungs- und Auskunftsansprüche. Mit Eintritt der Abrechnungsreife, d. h. ein Jahr nach Ablauf der Abrechnungsperiode, wird der Anspruch des Mieters auf **Erteilung einer Abrechnung** fällig. Er verjährt bei **preisfreiem Wohnraum und Gewerberaum** gem. § 195 BGB in drei Jahren;[1156] eine Verlängerung der Verjährungsfrist nach § 199 BGB scheidet im Regelfall aus. 516

Für **Auskunftsansprüche,** hier in der Form der Kontrollrechte des Mieters (Einsicht in die Originalbelege, bei Unzumutbarkeit der Einsichtnahme ggf. Überlassung von Ablichtungen der Belege), gilt dieselbe Frist von drei Jahren. Hier kann es allerdings nach § 199 Abs. 1 BGB zu einer Verlängerung der Frist kommen, weil ihr Beginn die Kenntnis der den Anspruch begründenden Umstände oder deren grob fahrlässige Unkenntnis voraussetzt. Weist die Abrechnung des Vermieters Ungereimtheiten auf, wird dem Mieter grobe Fahrlässigkeit vorzuwerfen sein, wenn er ihnen nicht mit Hilfe seiner Kontrollrechte nachging. Ebenso wird es sich verhalten, wenn der Vermieter Kosten ansetzte, die nicht zu den Betriebskosten zählen. Stellt sich jedoch z. B. erst nach längerer Zeit heraus, dass der Vermieter unberechtigte Kostenansätze in einer Weise verschleierte, dass sie dem Mieter trotz Prüfung der Abrechnung verborgen blieben, beginnt die Verjährungsfrist nicht vor der Kenntnis des Mieters von diesen Umständen.

Beruft sich der Vermieter gegenüber einem etwaigen Rückzahlungsanspruch vorsorglich auf Verjährung, hat die **Auskunft** für den Mieter grundsätzlich **keinen Wert mehr.** Macht er die Auskunft gleichwohl gerichtlich geltend, ist die Klage als unbegründet abzuweisen,[1157] sofern er nicht dartun kann, dass ihm die Umstände nicht einmal grob fahrlässig unbekannt waren. Bei **preisfreiem Wohnraum und Gewerberaum** hat es der Vermieter daher häufig in der Hand, sich der Auskunftspflicht zu lange zurückliegenden Zeiträumen durch die Einrede der Verjährung des Hauptanspruchs zu entziehen. 517

Für den Auskunftsanspruch des Mieters aus §§ 8 Abs. 4 WoBindG, 29 NMV bei **preisgebundenem Wohnraum** gilt die Frist aus § 8 Abs. 2 WoBindG, also die Verjährungsfrist von vier Jahren. Anders als bei Auskunftsansprüchen des Mieters zur Höhe der Kostenmiete, deren Berechnung auch Auskunft über frühere Zeiträume erfordert, weil sie über die unverjährte Zeit hinaus auf den Berechnungen der davor liegenden Zeit beruht, so dass die Berechnungen jeweils auf der vorangegangenen aufbauen, fehlt dieser Zusammenhang bei den Betriebskostenabrechnungen. Sie enthalten eine jeweils neue Zusammenstellung der im Abrechnungszeitraum entstandenen Kosten, keine Fortschreibung oder Erhöhung früherer Ansätze. 518

3. Folgen der Verjährung

Die Verjährung gibt dem Vertragspartner ein **Leistungsverweigerungsrecht** (§ 214 Abs. 1 BGB). Klagt z. B. der Vermieter eine begründete, aber verjährte Nachforderung ein, ist der Mieter 519

[1153] So schon nach altem Recht (in 4 Jahren): OLG Hamburg RE 19.1.1988 NJW 1988, 1097 = WuM 1988, 83 für Wohnraum; OLG Hamm NJW-RR 1996, 523 = ZMR 1995, 294 und OLG Düsseldorf ZMR 1990, 411 für Gewerberaum; vgl. BGH (VIII ZR 12/88) WuM 1989, 361.

[1154] BGH (VIII ZR 57/04) GE 2005, 543 = NZM 2005, 373 = WuM 2005, 337 = ZMR 2005, 439.

[1155] BGH (VIII ZR 94/05) GE 2006, 246 = NZM 2006, 222 = WuM 2006, 150 = ZMR 2006, 268.

[1156] BGH (VIII ZR 315/11) GE 2012, 1556 = NZM 2012, 832 = WuM 2012, 620 m. Anm. *Zehelein;* LG Neubrandenburg WuM 2007, 390.

[1157] BGH (IVa ZR 198/88) BGHZ 108, 393 (399).

antragsgemäß zur Zahlung zu verurteilen, solange er sich nicht auf Verjährung beruft. Hat der Mieter die Forderung ausgeglichen und erst danach bemerkt, dass sie verjährt war, kann er sie nach § 214 Abs. 2 BGB nicht zurückverlangen, wenn es sich nicht um die Nachforderung aus einer verspäteten Betriebskostenabrechnung handelt (s. Rdn. 476).

II. Verwirkung

1. Grundsätze

520 Schon vor Eintritt der Verjährung können Forderungen ausgeschlossen sein, wenn dem Anspruch der aus Treu und Glauben gem. § 242 BGB abgeleitete Rechtsgedanke der Verwirkung entgegensteht. Es ist nach allgemeiner Auffassung als unzulässige Rechtsausübung zu werten, wenn ein Vertragspartner erst so spät Ansprüche geltend macht, dass der andere darauf vertrauen durfte, es würden keine Forderungen mehr erhoben, und wenn er sich entsprechend einrichtete. Verwirkung greift mithin nur ein, wenn zwei Voraussetzungen erfüllt sind, das **Zeit- und** das **Umstandsmoment,** wobei dem Umstandsmoment besondere Bedeutung zukommt. Die Frage der Verwirkung stellt sich sowohl für den Vermieter wie den Mieter. Sie betrifft den Vermieter von **Gewerberaum,** wenn er erst nach längerer Zeit über die Betriebskosten abrechnet und eine Nachforderung reklamiert[1158] (gegen den Vermieter von Wohnraum wirkt die Ausschlussfrist des § 556 Abs. 3 Satz 3 BGB) oder wenn er gegenüber der dem Mieter (hier vom Zwangsverwalter) erteilten Abrechnung Vorbehalte anbringt und erst zwei Jahre nach Abrechnungsreife eine eigene korrigierte Abrechnung vorlegt, obwohl der Mieter sogleich Zahlung unter Klagandrohung verlangt hatte;[1159] sie betrifft den Mieter, wenn er z. B. das Guthaben aus einer Abrechnung entgegengenommen hat und erst erheblich später mit Beanstandungen hervortritt.[1160] Haben die Parteien einen Vorbehalt angebracht, der in jeder Erklärung liegt, die dem Vertragspartner deutlich macht, es solle bei dem bisherigen Sachstand nicht sein Bewenden haben, scheidet Verwirkung aus.

2. Eingeschränkte Bedeutung

521 Ist **Wohnraum** vermietet, hat die Verwirkung infolge der Ausschlussfrist des § 556 Abs. 3 Satz 3 BGB ihre **Bedeutung in erheblichem Umfang verloren.** Viele der bisher im Rahmen der Verwirkung erörterten Fälle sind irrelevant geworden, dass z. B. der Vermieter jahrelang die vereinbarten Betriebskostenvorauszahlungen nicht geltend machte und erstmalig mit einer Abrechnung an den Mieter herantrat,[1161] er zwar über die Heizkosten regelmäßig abrechnete, trotz des mehrjährigen Mietverhältnisses aber über die Betriebskosten erstmals nach dessen Beendigung, und er nunmehr eine Nachforderung geltend macht,[1162] dass halbjährliche Abrechnung vereinbart war, sie aber erst zwei Jahre nach Mietende erfolgt.[1163] In allen diesen Fällen scheiden Nachforderungen schon wegen Versäumung der Abrechnungsfrist aus, sofern der Vermieter, wovon hier i. d. R. auszugehen ist, die Verspätung zu vertreten hat.

3. Verbliebene Fälle

522 **a) Zeitmoment.** Das Zeitmoment bedarf im Regelfall einer **deutlich über den Ablauf der Ausschlussfrist** des § 556 Abs. 3 Satz 3 BGB **hinausgehenden Zeitspanne.** Die Jahresfrist für die Abrechnung bleibt für die Bestimmung des Zeitmoments außer Betracht. Sie darf der Vermieter ausschöpfen, ohne gegen das Interesse des Mieters an zügiger Klärung zu verstoßen.

523 **b) Umstandsmoment.** Über den bloßen Zeitablauf und die ordnungsgemäße Leistung von Vorauszahlungen hinaus bedarf es **zusätzlicher Gesichtspunkte,** um das Umstandsmoment eingreifen zu lassen. Der Mieter muss im Übrigen im Regelfall nicht konkret nachweisen, dass er sich darauf eingerichtet hat, nicht mehr in Anspruch genommen zu werden.[1164] Ist der Vermieter über

---

[1158] Vgl. BGH (VIII ZR 334/07) NZM 2010, 243 = WuM 2010, 36 zu einem Wohnraum-Altfall; ferner BGH (XII ZR 22/07) GE 2010, 406 = GuT 2010, 26 = NZM 2010, 240.

[1159] KG GE 2009, 1124.

[1160] LG Düsseldorf WuM 1990, 69 bei zwischenzeitlichem, zwei Jahre zurückliegendem Vermieterwechsel.

[1161] LG Berlin GE 1999, 188.

[1162] LG Hannover WuM 1991, 599.

[1163] AG Königstein/Ts. WuM 1990, 122.

[1164] **A. A.** KG GE 2012, 545.

einen längeren Zeitraum untätig geblieben, entspricht die Erwartungshaltung des Mieters der allgemeinen Erfahrung.[1165]

Verwirkung kommt z. B. in Betracht, wenn der Vermieter auf Einwendungen des Mieters gegen eine erteilte Abrechnung fast zwei Jahre schwieg,[1166] nach Beanstandungen an der Abrechnung seitens des Mieters fast drei Jahre bis zur Einreichung eines Antrags auf Erlass eines Mahnbescheids wartete,[1167] die Klage auf Nachzahlung aus der Nebenkostenabrechnung auf Hinweis des Gerichts zurücknahm und sodann ein Jahr bis zur erneuten gerichtlichen Geltendmachung wartete,[1168] oder wenn die Abrechnungen 2001 bis 2007 jeweils in elf konkreten Punkten beanstandet wurden, der Vermieter die Forderungen aus 2001 bis 2004 verjähren ließ und die Forderung aus 2005 erst nach 34 Monaten und kurz vor Ablauf der Verjährungsfrist klageweise geltend gemacht wurde.[1169] **524**

In derartigen Fällen liegt das Umstandsmoment darin, dass der Mieter aufgrund seiner über lange Zeit unwidersprochen gebliebenen Einwände bzw. der Hinweise des Gerichts den berechtigten Eindruck haben darf, der Vermieter habe sich von seinen Argumenten überzeugen lassen und sehe daher von Nachforderungen ab.

Hauptfall der Verwirkung ist das Verhalten des Vermieters im Zusammenhang mit der Beendigung des Mietverhältnisses. Hier kann der Mieter eher damit rechnen und sich darauf einstellen, nicht mehr mit Nachforderungen konfrontiert zu werden. Es ist vor allem an die Fälle zu denken, dass der Vermieter über die Kaution des Mieters abrechnete, ohne sich eine mögliche Nachforderung aus der ausstehenden oder einer schon früher übermittelten Abrechnung vorzubehalten; auf das Zeitmoment kann aber auch hier nicht verzichtet werden.[1170] Die abschließende Abrechnung über die Forderungen aus dem Mietverhältnis darf der Mieter dahin verstehen, nicht mehr mit Betriebskostenforderungen belastet zu werden.[1171]

4. Folge der Verwirkung

Nach allgemeiner Ansicht ist es nicht notwendig, dass sich der Mieter auf Verwirkung beruft. Im Prozess ist dieses Rechtsinstitut **von Amts wegen** zu beachten, sobald die hierfür vorausgesetzten Tatsachen vorgetragen sind.[1172] **525**

M. Darlegungs- und Beweislast

I. Umlegbarkeit von Betriebskosten

Nach § 535 Abs. 1 Satz 3 BGB trägt der Vermieter die Lasten des Grundstücks. Diesem **Leitbild** entspricht die Bruttomiete bzw. im Geltungsbereich der Heizkostenverordnung die Bruttokaltmiete. Nimmt der Vermieter den Mieter abw. von der gesetzlichen Regelung auf Zahlung von Betriebskosten in Anspruch, gehört zur Schlüssigkeit der Klage zunächst, dass er den Abschluss eines Vertrages vorträgt, aus dem sich die Berechtigung zur entsprechenden Belastung des Mieters ergibt. Legt er der Klage eine Kopie des Mietvertrags bei, genügt die Bezugnahme auf den Vertragstext. Ist zwischen den Parteien streitig, ob der Vertrag den Anspruch trägt, muss der Vermieter die Vereinbarung einer Teilinklusiv- oder Nettomiete beweisen. **526**

II. Nachträgliche Veränderungen

Trägt der Vermieter gegenüber einem Mietvertrag, der keine Umlage oder nur eine eingeschränkte Belastung des Mieters mit Betriebskosten festlegt, vor, ihm sei die teilweise oder vollständige Abrechnung von Betriebskosten auf Grund einer **nachträglichen Vertragsänderung** möglich, behauptet er weitergehende Rechte. Er muss darlegen und beweisen, auf welche Weise es zu **527**

[1165] LG Mannheim ZMR 1990, 378.
[1166] AG Plön WuM 1988, 132.
[1167] OLG Düsseldorf NZM 2005, 379, AG Köln WuM 2015, 672.
[1168] AG Charlottenburg GE 2014, 1141 m. abl. Anm. *Kinne* GE 2014, 1098.
[1169] BGH (VIII ZR 146/11) GE 2012, 823 = NZM 2012, 677 = WuM 2012, 317 = ZMR 2012, 616.
[1170] **A. A.** AG Charlottenburg GE 2000, 474: Wegen der Rückzahlung der vollen Kaution bei Mietende Verwirkung schon nach acht Monaten.
[1171] Vgl. OLG München NJW-RR 1990, 20.
[1172] Z. B. Palandt/*Grüneberg* § 242 Rdn. 96.

einer Vertragsänderung gekommen sein soll. Zu dem Fall, dass er die Umstellung des Vertrags aus langjähriger anderer Handhabung herleitet, ist auf die Ausführungen in Rdn. 56ff. zu verweisen. Zweifel gehen zu seinen Lasten.

528 Hat der Vermieter über einen längeren Zeitraum in die Abrechnungen Betriebskostenarten nicht eingestellt, die nach dem Vertrag umlagefähig sind, trägt im Gegenzug der **Mieter** die Darlegungs- und Beweislast, dass es insoweit zu einer wirksamen Vertragsänderung gekommen ist, welche die Belastung mit diesen Kosten ausschließt.

529 Haben die Parteien eine **unklare Regelung** im Mietvertrag über längere Zeit einvernehmlich gehandhabt, liegt darin eine Konkretisierung der Absprache. Will sie eine der Vertragsparteien nicht gelten lassen, trifft sie die Darlegungs- und Beweislast, dass es sich nicht um eine Konkretisierung, sondern um eine Abweichung vom Mietvertrag handelt.

III. Vereinbarung einer Pauschale oder von Vorauszahlungen

530 Ist zwischen den Parteien umstritten, ob ein im Mietvertrag ausgeworfener Betrag für Betriebskosten als **Pauschale oder Vorauszahlung** zu behandeln ist, und macht der Vermieter geltend, die unklare Absprache sei als Vereinbarung von Vorauszahlungen zu verstehen, trägt er die Beweislast für die ihm günstigere Variante;[1173] spricht die Auslegung eher für eine Vorauszahlungsabrede, hat der Mieter die Qualifikation als Pauschale zu beweisen.

531 Zur Erhöhung eines Betriebskostenanteils oder einer Pauschale s. § 560 BGB Rdn. 123f.

IV. Leistung von Vorauszahlungen

532 Die Verpflichtung des Mieters zur **Zahlung von Vorauszahlungen muss** grundsätzlich **vereinbart** sein (s. Rdn. 251ff.). Vom Fall der nachträglichen Änderung einer Brutto- oder Bruttokaltmiete abgesehen, werden bei einer Teilinklusivmiete für die umlagefähigen, meist verbrauchsabhängigen Betriebskosten und bei einer Nettomiete üblicherweise Vorauszahlungen vorgesehen. In seltenen Fällen hat der Mieter allerdings keine Vorauszahlungen zu entrichten, sondern nur die Nachforderung aus einer Betriebskostenabrechnung auszugleichen.

533 Klagt der Vermieter **rückständigen Mietzins einschließlich der Vorauszahlungen** ein, muss er den auf sie entfallenden Teil der Klage mit Eintritt der Abrechnungsreife auf den Saldo aus der Abrechnung umstellen.[1174] Hat er pflichtwidrig in der Zwischenzeit nicht abgerechnet, bleibt ihm nur die Möglichkeit, den Rechtsstreit hinsichtlich der Vorauszahlungen in der Hauptsache für erledigt zu erklären; der Anspruch auf Zahlung von Verzugszinsen bleibt unberührt.[1175] Anderenfalls ist der auf die Vorauszahlungen gerichtete Teil der Forderung abzuweisen.[1176] Hat der Vermieter im laufenden Prozess nach Sollzahlungen abgerechnet und führt er den Saldo in den Prozess ein, sind die zuvor verlangten Vorauszahlungen ausnahmsweise auch dann als zusätzlicher Teil des Saldos zu behandeln.[1177] Die Umstellung der Klage auf Zahlung von Vorauszahlungen auf Ausgleich der Nachforderung aus der Abrechnung ist gem. § 264 Nr. 3 ZPO zulässig, also keine Klagänderung, wäre aber als solche ohnehin sachdienlich.[1178]

534 Hat er die Abrechnungsfrist versäumt, ist er durch die Ausschlussfolge des § 556 Abs. 3 Satz 3 BGB allerdings ggf. gehindert, zusätzliche Nachforderungen aus der **verfristeten Abrechnung** geltend zu machen. Hier kann er den Saldo nur noch in Höhe der nicht geleisteten Abschläge verlangen (s. Rdn. 475), nicht aber bei einer Abrechnung auf Basis der Sollvorauszahlungen (s. Rdn. 473).

535 Wendet der Mieter ein, er habe die Vorauszahlungen geleistet, muss er die **Erfüllung** seiner Verpflichtung darlegen und beweisen (§ 363 BGB).

[1173] Z. B. *Beierlein* in Mietprozess 9. Kap. Rdn. 40.
[1174] Z. B. OLG Düsseldorf ZMR 2001, 882; OLG Hamburg WuM 1989, 150.
[1175] Z. B. BGH (XII ZR 112/10) GE 2012, 1696 = WuM 2012, 662 = NZM 2013, 85.
[1176] KG GE 2014, 1137 = WuM 2014, 551 = ZMR 2014, 973.
[1177] BGH (VIII ZR 108/02) GE 2003, 250 = NZM 2003, 196 = WuM 2003, 216 = ZMR 2003, 334.
[1178] Z. B. LG Frankfurt (Oder) GE 2013, 813; LG Berlin GE 2001, 1469; *Both* in Herrlein/Kandelhard § 556 Rdn. 134; *Schmid* WuM 2010, 65 (66).

V. Nachforderung aus einer Abrechnung

Zur **Schlüssigkeit der Klage** reicht es nicht anzuführen, dass abgerechnet wurde, vielmehr ist die Mietstruktur zu bezeichnen, aus der die behauptete Abrechnungsmöglichkeit resultiert (s. Rdn. 9, 17ff.). Sodann sind der Abrechnungszeitraum, das Datum der Abrechnung und der Inhalt der Abrechnung selbst wiederzugeben. Da in die Abrechnung mehrere Einzelforderungen eingeflossen und die i. d. R. vom Mieter geleisteten Vorauszahlungen gegengerechnet sind, ist das Gericht ohne eingehende Darstellung nicht in der Lage, die sachliche Begründetheit der sich aus der Saldierung ergebenden Forderung nachzuvollziehen; ein Versäumnisurteil gegen den im Termin ausgebliebenen Mieter wäre nicht gerechtfertigt (§ 331 Abs. 2 ZPO). Die bloße Mitteilung eines Saldos zulasten des Mieters ist daher nicht ausreichend.[1179] Üblich und ausreichend ist die Beifügung der Abrechnung, auf deren Inhalt Bezug genommen werden kann, um ihre Wiederholung in der Klagschrift zu vermeiden. Belege sind grundsätzlich erst auf substantiiertes Bestreiten des Mieters vorzulegen. Ist die Klage schlüssig, die Nachforderung jedoch streitig, trägt **grundsätzlich** der **Vermieter** die **Darlegungs- und Beweislast für die Richtigkeit** der Abrechnung.[1180] Hat der Mieter den Saldo ausgeglichen, trägt jedoch er die Beweislast für die materielle Unrichtigkeit der Abrechnung, wenn er den Vermieter auf Rückzahlung angeblich überzahlter Heiz- und Betriebskosten in Anspruch nimmt.[1181] 536

Erst der Zugang einer **formal ordnungsgemäßen Abrechnung** begründet die Fälligkeit des Nachzahlungsanspruchs (§ 271 Abs. 1 BGB) und ist somit Teil der Schlüssigkeit.[1182] Das Gericht hat daher **von Amts wegen**[1183] zu prüfen, **ob** die **Abrechnung formell ausreichend** ist, also den notwendigen Inhalt aufweist; außerdem muss der Vermieter vortragen, dass die Abrechnung dem Mieter rechtzeitig vor Ablauf der Abrechnungsfrist zugegangen ist. Für den **Zugang der Abrechnung** trägt der Vermieter die Darlegungs- und Beweislast. Dies gilt sowohl für den Zugang überhaupt als auch für die Rechtzeitigkeit (§ 556 Abs. 3 Satz 3: *„es sei denn, der Vermieter… hat nicht zu vertreten“*). **Bestreitet der Mieter** mit Erfolg den **Zugang der Abrechnung** bereits vor Klagerhebung, kann er sie nach Vorlage im Rechtsstreit mit der Kostenfolge aus § 93 ZPO zulasten des Vermieters **sofort anerkennen.** Erfolgt die Vorlage der Abrechnung allerdings erst nach Ablauf der Abrechnungsfrist des § 556 Abs. 3 Satz 2 BGB, ist sie verspätet, so dass der Vermieter mit Nachforderungen ausgeschlossen ist; die Klage ist endgültig abzuweisen.[1184] Ebenso kann der Mieter ein sofortiges Anerkenntnis erklären, wenn ihm der Vermieter erst im Verlauf des Prozesses die Einsicht in die Abrechnungsbelege gestattet und er sodann nach Prüfung die Abrechnung akzeptiert. Zu dem Fall, dass der Mieter den **rechtzeitigen Zugang** bestreitet, s. Rdn. 470f. 537

Dasselbe gilt, wenn der Vermieter eine zunächst unzureichende **Abrechnung** im Rechtsstreit **nachbessert,** was bei **Gewerberaum** grundsätzlich zulässig ist.[1185] Nachbesserungen verhelfen dem Vermieter von **Wohnraum** jedoch nur zum Erfolg, wenn sie sich auf materielle Mängel der Abrechnung beziehen und innerhalb der Abrechnungsfrist erfolgen. Ist die Abrechnung formell unzureichend, was von Amts wegen zu prüfen ist, ist die Klage als zurzeit nicht begründet abzuweisen, nach Ablauf der Abrechnungsfrist erfolgt die endgültige Abweisung der Nachforderung.[1186] 538

Wendet sich der **Mieter mit materiellen Gründen gegen die Abrechnung,** darf er sich nach herrschender Meinung **grundsätzlich nicht** darauf beschränken, die Angaben des Vermieters in der Abrechnung **pauschal** oder **mit Nichtwissen** zu bestreiten; zu einem behaupteten Verstoß gegen den Grundsatz der Wirtschaftlichkeit s. ausführlich § 560 Rdn. 126. Konkreten Zweifeln und Bedenken muss er dadurch begegnen, dass er versucht, vom Vermieter entweder vor- oder außerprozessual nähere Aufklärung zu erlangen. Das Begehren nach näherer Aufklärung ist jedoch erst dann zulässig, wenn die zuvor durchgeführte Belegeinsicht die aufgeworfenen Fragen 539

1179 Vgl. *Schmid* MDR 2000, 124.

1180 BGH (VIII ZR 27/07) GE 2008, 662 = NZM 2008, 403 = WuM 2008, 285; z. B. AG Leonberg WuM 2016, 625, dass keine (nicht umlagefähigen) Eigentümerkosten enthalten sind.

1181 LG Berlin GE 2016, 915 = ZMR 2016, 690.

1182 BGH (VIII ZR 1/06) NZM 2007, 244 = WuM 2007, 196 = ZMR 2007, 359.

1183 LG Bonn WuM 2012, 155; LG Frankfurt/M. Urt. vom 15.2.2008 – 2-11 S 109/07; *Schmid* MDR 2015, 187 (188).

1184 *Milger* NJW 2009, 625 (628).

1185 OLG Dresden GE 2002, 994.

1186 *Milger* NJW 2009, 625 (628).

nicht beantwortet;[1187] zur Belegeinsicht s. aber auch Rdn. 495. Hat sich der Vermieter allerdings auf einen **pauschalen Abzug** beschränkt, kann ihn der Mieter mit schlichtem **Nichtwissen** bestreiten, weil die Darlegungs- und Beweislast beim Vermieter liegt.[1188] Die **Anforderungen an die Präzisierung** der Einwände finden jedoch ihre **Grenze an der Zumutbarkeit** für den Mieter. So ist der Mieter nicht etwa gehalten, sich bei fehlender eigener Fachkenntnis der Hilfe durch einen Sachverständigen zu bedienen oder konkrete Alternativangebote einzuholen.[1189]

Soweit dem Mieter **keine Belege in Kopie** überlassen wurden, **obwohl** ihm im Einzelfall die grundsätzlich vorrangige **Einsichtnahme unzumutbar** war, ist den dadurch beschnittenen Möglichkeiten zu konkretem Vortrag Rechnung zu tragen. So müssen z. B. eher allgemein gehaltene Bedenken des Mieters ausreichen, wenn es um umfangreiche Unterlagen ging, deren Abschreiben dem Mieter schlichtweg unzumutbar war und deren Kopie der Vermieter abgelehnt hatte. Hier ist der Vermieter aufzufordern, die kompletten Belege in Kopie zur Akte zu reichen.

Auch wenn der Vermieter **Belege** präsentiert hat, kann der Mieter bestreiten, dass die in Rechnung gestellten Leistungen für das Grundstück erbracht wurden, auf das sich die Abrechnung bezieht. Ebenso kann er einwenden, die berechneten Leistungen seien nicht oder nur zum Teil ausgeführt worden; der erstgenannte Einwand betrifft häufig den Winterdienst in schnee- und eisarmen Wintern, wenn die Mieter die Vorhaltekosten übersehen, der zweite insbesondere Reinigungs- und Gartenpflegearbeiten, die seltener als angegeben erledigt worden seien. Hat der Mieter bei außerordentlichem Anstieg von Verbrauchskosten zu möglichen, nicht auf Mieterverbrauch beruhenden Ursachen vorgetragen, muss das Gericht diesen Hinweisen nachgehen.[1190]

540 Bei **gemischt genutzten Grundstücken** ist für die Umlage der Kosten auf den Wohnraum die **Vorerfassung** der auf die Gewerbeflächen entfallenden Kosten notwendig, soweit sie einen nicht unerheblichen Umfang haben. Handelt es sich im Einzelfall um Gewerbeobjekte, bei denen ein Mehrverbrauch oder eine deutlich höhere Kostenverursachung **evident** ist, wird es bei unterlassener Vorerfassung schon an der Schlüssigkeit des Kostenansatzes fehlen.

Ansonsten trägt der **Mieter die Darlegungs- und Beweislast** für die nicht unerhebliche Mehrbelastung der Wohnraummieter und des deshalb erforderlichen Vorwegabzugs der auf die Gewerbeflächen entfallenden Kosten.[1191] Er muss mithin **konkrete Anhaltspunkte** für die Notwendigkeit der Kostenabgrenzung vortragen. Die Schwierigkeiten, die sich bei deren Ermittlung ergeben, entsprechen denjenigen für den Vortrag, der Vermieter habe gegen den Wirtschaftlichkeitsgrundsatz verstoßen. Zur Vermeidung von Wiederholungen kann daher auf die Ausführungen in § 560 Rdn. 126 verwiesen werden.

541 Dem Mieter steht eine **angemessene Zeit** zu, **bis** er die Nachforderung des Vermieters **auszugleichen** hat, und damit ab Zugang der Abrechnung ein Zurückbehaltungsrecht. Im Prozess hat das **Zurückbehaltungsrecht** nach § 274 BGB nur die Verurteilung **Zug-um-Zug** zur Folge, d. h. der Mieter wird verurteilt, die Nachforderung zu bezahlen z. B. gegen Einsicht in die Belege. Damit ergibt sich das **Problem,** dass der Mieter im Grunde sogleich nach der Einsicht und damit ggf. vor der Überprüfung des Ergebnisses der Einsicht durch Rücksprache mit Dritten die Zahlung zu leisten hätte. Ein gewisser Ausweg wäre die Zahlung unter dem Vorbehalt der weiteren Prüfung. Er würde den Mieter allerdings dazu zwingen, bei Beanstandungen Klage auf Rückzahlung des gesamten oder eines Teils des Betrags zu erheben, und damit in die Aktivrolle eines Prozesses. Zur **Lösung** ist in den **Vordergrund** zu stellen, dass die Pflicht zur Gewährung der Einsicht der Pflicht des Mieters, den Nebenkostensaldo auszugleichen vorgeht, so dass der **Vermieter** mit der Verweigerung der Belegeinsicht eine **vertragliche Nebenpflicht verletzt.** Dies rechtfertigt es, die in § 274 Abs. 1 BGB vorgesehene Folge der **Zug-um-Zug**-Verurteilung über die Grundsätze von Treu und Glauben gem. § 242 BGB zu **korrigieren.**[1192] Die Klage des Vermieters auf Ausgleich der Nachforderung ist daher bis zur Gewährung der Einsicht in die Belege, also als noch nicht fällig

---

[1187] BGH (VIII ZR 45/11) GE 2011, 1679 = NZM 2012, 96 = WuM 2011, 684 = ZMR 2012, 173; OLG Düsseldorf ZMR 2014, 441.

[1188] BGH (VIII ZR 27/07) DWW 2008, 216 = GE 2008, 662 = NZM 2008, 403 = WuM 2008, 285.

[1189] *Milger* NZM 2008, 1 (10); **a. A.** *Geldmacher* MK 2011, 183 (184).

[1190] BVerfG NJWE-MietR 1996, 265.

[1191] BGH (VIII ZR 251/05) NZM 2007, 83 = WuM 2006, 684 = ZMR 2007, 101.

[1192] KG GE 2012, 689; LG Kempten (Allgäu) ZMR 2017, 248; LG Bremen ZMR 2012, 548; AG Dortmund WuM 2016, 359; AG Pankow-Weißensee MM 2002, 228; *Lützenkirchen* in Lützenkirchen § 556 Rdn. 562; *Maciejewski* MM 2003, 83 (87); *Seldeneck* Rdn. 3679 f.; *Weitemeyer* in Staudinger § 556 Rdn. 123.

abzuweisen.[1193] Die Korrektur gesetzlich vorgesehener Folgen bei vertragswidrigem Verhalten einer Partei ist auch in anderem Zusammenhang anerkannt,[1194] die dort entwickelten Grundsätze sind auf die hier erörterte Problematik ohne weiteres übertragbar. **Zudem** ist auf **vollstreckungsrechtliche Probleme** hinzuweisen. Anders als bei der bloßen Verurteilung auf Herausgabe aller einschlägigen Belege (s. Rdn. 550) besteht die Zahlungspflicht des Mieters erst, wenn der Vermieter den ersten „Zug" vollständig erbrachte. Das zuständige Vollstreckungsorgan müsste daher prüfen und entscheiden, ob die Belege als solche hinreichend aussagekräftig und ob sie im Hinblick auf die im Einzelfall geschuldete Betriebskostenabrechnung vollständig sind. Unabhängig von den sachlichen Schwierigkeiten kann dergleichen nicht Aufgabe des Vollstreckungsorgans sein.[1195]

Zusätzlich ist die **Einwendungsfrist** aus § 556 Abs. 3 Satz 5, 6 BGB zu beachten. Sie hat zur 542 Folge, dass der Mieter, der innerhalb der Jahresfrist nur allgemein gehaltene Einwände gegen die Abrechnung anbrachte, nach deren Ablauf im Prozess auch mit konkreten Einwänden ausgeschlossen ist.[1196] Ferner bewirkt der Einwendungsausschluss, dass der Mieter Einwände, die er vor Beginn der Ausschlussfrist anbrachte, nicht austauschen oder ergänzen darf. Das Gericht hat mithin im Grundsatz nur die rechtzeitig erhobenen Einwendungen zu prüfen.[1197] Dazu gehören die Einwände nicht mehr, die der Mieter gegen die Vorjahresabrechnung anbrachte und gegen die streitige Abrechnung erst nach Beginn der Ausschlussfrist wiederholt.[1198] Sich auf die Verspätung der Einwendungen zu berufen, ist Sache des Vermieters; das Gericht ist nicht berechtigt, ihn nach § 139 ZPO darauf hinzuweisen.[1199] Ist streitig, ob die Einwendungen den Vermieter rechtzeitig erreichten, trifft den Mieter insoweit die Darlegungs- und Beweislast.[1200] Dies gilt ebenso für die Behauptung, er habe die verspätete Geltendmachung der Einwände nicht zu vertreten hat (§ 556 Abs. 3 Satz 6 *„es sei denn …"*).

Verwirkung ist zwar von Amts wegen zu berücksichtigen; die hierfür notwendigen Umstände 543 hat jedoch der Mieter darzulegen und ggf. zu beweisen.[1201]

Zum Streit über den **Umlageschlüssel** s. § 556 a Rdn. 147, zum Einwand des Mieters, die Ab- 544 rechnung verstoße gegen den Grundsatz der **Wirtschaftlichkeit** s. § 560 Rdn. 126.

VI. Vorlage einer Abrechnung

Mit Eintritt der **Abrechnungsreife** ist der Anspruch des Mieters auf Erteilung einer Abrech- 545 nung fällig; dass mit der Abrechnungsreife bei Wohnraum zugleich die Ausschlussfrist für Nachforderungen nach § 556 Abs. 3 Satz 3 BGB eingreift, berührt den Abrechnungsanspruch des Mieters nicht (s. Rdn. 281). Er kann nunmehr den Vermieter im Wege der Klage allein auf Abrechnung in Anspruch nehmen oder im Wege der Stufenklage vorgehen, d. h. in einer Klage den Anspruch auf Abrechnung und auf Erstattung eines positiven Saldos zusammenfassen.[1202] Dabei bedarf es keines Antrags, der die Einzelheiten der vertragsgemäßen Abrechnungsweise präzisieren würde.[1203] Hat der Vermieter bereits abgerechnet, ist zu differenzieren. Genügt die Abrechnung nicht einmal den Mindestanforderungen, ist sie unwirksam und der Vermieter zur Neuerteilung verpflichtet. Ist sie formell ordnungsgemäß, ist die (formelle) Abrechnungspflicht erfüllt. Hat der Mieter materielle Beanstandungen, ist er ggf. berechtigt, auf Erteilung einer neuen inhaltlich richtigen Abrechnung zu klagen (s. Rdn. 279).

Legt der Vermieter auch nach rechtskräftiger Verurteilung keine Abrechnung vor, ist die Durch- 546 setzung im Wege der **Zwangsvollstreckung** möglich. Diese hat nach Ansicht des BGH[1204] nach

---

1193 KG GE 2012, 689; OLG Frankfurt BB 1978, 323; LG Bremen ZMR 2012, 548; AG Dortmund NZM 2012, 24 = WuM 2011, 31; im Ergebnis ebenso LG Berlin WuM 2014, 28; LG Hannover ZMR 2010, 450; *Blank* in Blank/Börstinghaus § 556 Rdn. 184.

1194 BGH (XII ZR 198/91) NJW 1993, 1650 = WuM 1993, 346; OLG Koblenz NJW-RR 1995, 394 = WuM 1995, 154 jeweils zu § 537 Abs. 2 BGB.

1195 AG Gießen Urt. v. 29.1.2009 – 48 MC 527/07.

1196 *Lützenkirchen* NJW 2015, 1740 (1743).

1197 *Blank* NZM 2008, 745 (750).

1198 BGH (VIII ZR 185/09) GE 2010, 901 = NZM 2010, 470 = WuM 2010, 420 = ZMR 2010, 669.

1199 *Hinz* NZM 2009, 97 (100).

1200 Z. B. *Streyl* WuM 2005, 505 (508).

1201 LG Gießen NJW-RR 1996, 1163.

1202 Dazu ausführlich *Klas* WuM 1994, 659.

1203 LG Kassel WuM 1991, 358.

1204 BGH (I ZB 94/05) NZM 2006, 639 = WuM 2006, 401; ebenso für die Durchsetzung der Abrechnungs-

den Regeln zur Vollstreckung unvertretbarer Handlungen (§ 888 ZPO) zu erfolgen. Seine Argumentation, es komme auf die besonderen Kenntnisse des Vermieters an, hält der Überprüfung anhand der Erfahrungen in der Praxis allerdings nicht stand. Die Abrechnung kann ohne weiteres auch durch Dritte, insbesondere Sachverständige, angefertigt werden.[1205] Ist der **Vermieter im Besitz** aller für die Abrechnung notwendigen **Unterlagen,** führt die Klage auf Abrechnung bis zu einem bestimmten, angemessenen Datum verbunden mit einem Hilfsantrag, sie nach Fristablauf einem Sachverständigen zur Erstellung der Abrechnung herauszugeben, deutlich schneller und sicherer zu dem erstrebten Ziel. Auch wenn die **Unterlagen** z. B. durch Brand **vernichtet** sind, kann die Abrechnung durch einen Sachverständigen nachgeholt werden, der sich die notwendigen Unterlagen und Angaben besorgt. Auf die Kosten des Sachverständigen kann der Mieter nach diesem Ansatz vom Vermieter gem. § 887 Abs. 2 ZPO einen Vorschuss verlangen, dessen bloße Anforderung in der Praxis schon zur Vorlage der Abrechnung führte.

547 Der **Streitwert** richtet sich nach der Höhe des Guthabens, das der Mieter als Ergebnis der Abrechnung vermutet. Hat der Mieter, z. B. auf der Grundlage früherer Abrechnungen, einen bestimmten Betrag errechnet, beträgt der Streitwert i. d. R. 25% des behaupteten Rückzahlungsanspruchs.[1206] Fehlen nähere Angaben, ist er nach § 3 ZPO zu schätzen. Hierzu wird meist ein Prozentsatz der im Abrechnungszeitraum geleisteten Vorauszahlungen zugrunde gelegt.[1207] Wendet sich der Vermieter gegen die Verurteilung zur Rechnungslegung, bemisst sich die für die Zulässigkeit der Berufung notwendige **Beschwer** nach seinem Aufwand an Zeit und Kosten für die Erstellung der Abrechnung.[1208]

VII. Auskunft

548 Verweigert der Vermieter die **Einsicht in die Originalbelege,** kann der Mieter auf Gestattung der Einsichtnahme klagen. Dasselbe gilt, wenn dem Mieter zwar Gelegenheit zur Einsicht gewährt wurde, er jedoch den Eindruck hat, es seien ihm nicht alle Belege präsentiert worden. In diesem Fall gehört zu einer schlüssigen Klage die Angabe der Kostenarten, zu denen die Belege unvollständig gewesen sein sollen, sowie die Begründung, auf welchen Umständen der Eindruck beruht.

549 Der **Streitwert** für eine Klage auf Einsicht in die Belege ist mit 10%–20% des vom Mieter angegebenen Rückforderungsanspruchs festgesetzt worden.[1209] Hat der Mieter den vermuteten Rückzahlungsanspruch nicht beziffert, ist der Streitwert nach § 3 ZPO zu schätzen (s. Rdn. 547).

550 Hat der Vermieter dem Mieter die **Überlassung der Belege in Kopie** zugesagt, sich dann aber nicht an die Zusage gehalten, oder hat der Mieter einen Anspruch auf Überlassung, weil ihm das Abschreiben der Belege unzumutbar oder der Ort für die angebotene Einsicht zu weit entfernt ist, kann der Vermieter gegenüber der entsprechenden Klage so lange nicht auf seine Erfüllungsbereitschaft verweisen, wie er die Übersendung von zu hohen Kosten abhängig macht.[1210] Bei unvollständig erscheinenden Belegen gelten die vorstehenden Ausführungen. Ist der Vermieter verurteilt, *„die einschlägigen Rechnungen und Belege gegen Erstattung der Kopierkosten zu übersenden"*, handelt es sich nicht um eine unbestimmte Zug-um-Zug-Verurteilung; vielmehr ist der Titel hinreichend bestimmt und nach § 888 ZPO vollstreckungsfähig.[1211]

551 Klagt der Mieter auf Auskunft über die entstandenen Betriebskosten und Auszahlung eines sich dabei ggf. ergebenden Saldos zu seinen Gunsten, hat die Auskunft für den Mieter grundsätzlich keinen Wert mehr, wenn sich der **Vermieter gegenüber einem etwaigen Rückforderungsanspruch vorsorglich auf Verjährung** beruft. Hält der Mieter gleichwohl am Auskunftsverlangen

---

pflicht des WEG-Verwalters BGH (I ZB 5/16) WuM 2016, 586 = ZWE 2016, 422 m. krit. Anm. *Greiner* ZWE 2016, 409 gegen BayObLG NZM 2002, 489 m. w. N.; OLG Düsseldorf ZMR 1999, 425 m. w. N.

[1205] OLG Hamm RE 26.6.1998 DWW 1998, 279 = NZM 1998, 568 = WuM 1998, 476 = ZMR 1998, 624; LG Münster NZM 2001, 333 = WuM 2001, 31 = ZMR 2001, 227; LG Wuppertal WuM 2002, 273, ZMR 2001, 200; *Weyhe* MDR 1998, 1325.

[1206] Z. B. LG Bückeburg WuM 1989, 434; LG Stuttgart WuM 1989, 434.

[1207] Z. B. *„großzügig bemessen, die Hälfte der Vorauszahlungen"*: BGH (VIII ZR 98/16) WuM 2017, 220; 10%: OLG Düsseldorf Urt. vom 9.7.2015 – I-10 U 126/14; 1/3: LG Hamburg Beschl. v. 1.11.1995 – 311 S 139/95; LG Frankfurt/M. NZM 2000, 759; dazu kritisch *Kinne* in Kinne/Schach/Bieber Teil III Rdn. 292.

[1208] BGH (GSZ 1/94) NJW 1995, 664; (VIII ZB 87/06) WuM 2008, 615 = ZMR 2008, 873.

[1209] LG Köln ZMR 1997, 656.

[1210] Vgl. AG Langenfeld/Rhld. WuM 1996, 426.

[1211] OLG Düsseldorf WuM 2001, 344.

fest, ist die Klage als unbegründet abzuweisen.[1212] Zu beachten ist, dass diese Folge nur für die Stufenklage gilt, nicht aber für die selbstständige Klage auf Erteilung einer Abrechnung. Allerdings dürfte es am Rechtsschutzbedürfnis des Mieters jedenfalls dann fehlen, wenn der Vermieter bereits Verjährung eingewandt hat und sich die Einrede erkennbar auch auf den Zahlungsantrag bezieht. Der Gebührenstreitwert ist nach § 3 ZPO zu schätzen, die Beschwer des unterlegenen Vermieters richtet sich nach dem Aufwand an Zeit und Kosten, den die sorgfältige Erteilung der Auskunft erfordert.[1213]

Zum Auskunftsanspruch bei **Ermäßigung von Betriebskosten** s. § 560 BGB Rdn. 124. **552**

[1212] BGH (IVa ZR 198/88) BGHZ 108, 393 (399).
[1213] Z. B. BGH (XII ZR 550/15) MDR 2017, 105.

§ 556a Abrechnungsmaßstab für Betriebskosten

(1) [1]Haben die Vertragsparteien nichts anderes vereinbart, sind die Betriebskosten vorbehaltlich anderweitiger Vorschriften nach dem Anteil der Wohnfläche umzulegen. [2]Betriebskosten, die von einem erfassten Verbrauch oder einer erfassten Verursachung durch die Mieter abhängen, sind nach einem Maßstab umzulegen, der dem unterschiedlichen Verbrauch oder der unterschiedlichen Verursachung Rechnung trägt.

(2) [1]Haben die Vertragsparteien etwas anderes vereinbart, kann der Vermieter durch Erklärung in Textform bestimmen, dass die Betriebskosten zukünftig abweichend von der getroffenen Vereinbarung ganz oder teilweise nach einem Maßstab umgelegt werden dürfen, der dem erfassten unterschiedlichen Verbrauch oder der erfassten unterschiedlichen Verursachung Rechnung trägt. [2]Die Erklärung ist nur vor Beginn eines Abrechnungszeitraums zulässig. [3]Sind die Kosten bislang in der Miete enthalten, so ist diese entsprechend herabzusetzen.

(3) Eine zum Nachteil des Mieters von Absatz 2 abweichende Vereinbarung ist unwirksam.

Systematische Übersicht

Alphabetische Schnellübersicht

A. Anwendungsbereich und Inhalt

I. Anwendungsbereich

1 § 556 a BGB gilt **nur für** Mietverhältnisse über **Wohnraum.** Die Vorschrift ist in den §§ 578 ff. BGB zu Mietverhältnissen über Grundstücke und Räume nicht in Bezug genommen. Der **Vorbehalt anderweitiger Vorschriften** bezieht sich zum einen auf alle Mietobjekte, die in den Geltungsbereich der Heizkostenverordnung fallen; danach sind die Bestimmungen in §§ 7 ff. HeizkostenV (s. die Kommentierung zur HeizkostenV) maßgeblich. Zum anderen betrifft er preisgebundenen Wohnraum, für den ggf. die speziellen Regelungen der NMV vorgehen, soweit sie landesrechtlich noch anwendbar ist.

II. Inhalt

2 Allgemeine Regelungen zum Umlageschlüssel waren früher weder im BGB noch in § 4 MHG enthalten. § 556 a Abs. 1 Satz 1 BGB übernimmt für preisfreien Wohnraum den **Flächenmaßstab** aus § 20 Abs. 2 Satz 1 NMV **als regelmäßigen Umlageschlüssel.** Den Parteien wird es allerdings ausdrücklich freigestellt, sich auf einen anderen Abrechnungsmaßstab zu verständigen; dieser Passus ist im Grunde überflüssig, da § 556 a Abs. 1 BGB bereits über § 556 a Abs. 3 BGB abdingbar ist. Die Umlage hat *„nach dem Anteil der Wohnfläche"* zu erfolgen. Aus der Sicht der Praxis ist es unbefriedigend, dass eine verbindliche Festlegung, wie die Wohnfläche zu ermitteln ist, nach wie vor fehlt (dazu im Einzelnen Nach § 556 a).

3 Aus den Rechtsgedanken der §§ 21, 22 a und (mit Einschränkungen) §§ 24 a, 25 NMV wurde in § 556 a Abs. 1 Satz 2 BGB eingefügt, dass Betriebskosten, die von einem erfassten **Verbrauch** oder einer erfassten **Verursachung** abhängen, nach den entsprechenden Anteilen der Mieter umzulegen sind. Einerseits ist die Möglichkeit der Parteien, hier etwas anderes zu vereinbaren, nicht wie in Satz 1 aufgeführt, andererseits § 556 a Abs. 1 Satz 2 BGB nicht in § 556 a Abs. 3 BGB genannt. Abweichungen verbieten sich jedoch aus dem Sinn und Zweck der Vorschrift.

4 § 556 a Abs. 2 BGB nimmt in modifizierter Form § 4 Abs. 5 MHG auf. Auf der einen Seite wird der Regelungsumfang aus § 4 Abs. 5 Satz 1 Nr. 1 MHG über die Umlage der Kosten von Wasser, Entwässerung und Müllabfuhr hinaus erweitert. Der Vermieter ist nunmehr berechtigt, **einseitig** in **mehr** Fällen als bisher **in die Mietstruktur einzugreifen,** um eine Umlage nach **Verbrauch** oder **Verursachung** zu erreichen. Auf der anderen Seite wurde die dem Vermieter in § 4 Abs. 5 Satz 1 Nr. 2 MHG eingeräumte Option der Direktabrechnung abgeschafft. Diese Form der Abrechnung ist daher nur noch auf Grund einer entsprechenden Vereinbarung der Parteien zulässig.

B. Umlageschlüssel (Abs. 1)

I. Vereinbarungen zum Umlageschlüssel (Abs. 1 Satz 1)

1. Grundsätze

5 Seit dem 1.9.2001 gilt bei **preisfreiem Wohnraum** im **Grundsatz** der Flächenschlüssel als regelmäßiger Umlagemaßstab, vorbehaltlich anderweitiger Vorschriften (s. Rdn. 2) oder einer anderweitigen Vereinbarung der Parteien; nach § 556a Abs. 1 Satz 2 BGB sind nur die Kosten ausgenommen, die entsprechend dem jeweiligen Verbrauch bzw. der jeweiligen Verursachung durch die Mieter erfasst werden. Bei **preisgebundenem Wohnraum** ist gem. § 20 Abs. 2 Satz 1 NMV zwar ebenfalls nach der Wohnfläche umzulegen, jedoch zwingend, soweit in §§ 21–25 NMV nichts anderes bestimmt ist, so dass es den Parteien nicht frei steht, sich auf einen anderen Umlageschlüssel zu verständigen. Für **Gewerberaum** bestehen keine Regelungen. Hier wie auch bei Wohnraum außerhalb der vorgenannten Ausnahmen können die Parteien grundsätzlich einen anderen Umlagemaßstab vereinbaren.

2. Festlegung im Mietvertrag

6 Bei der Vermietung von Gewerbe- oder preisfreiem Wohnraum kann der Umlageschlüssel **in den Mietvertrag** aufgenommen sein. Der Umlageschlüssel ist damit zwischen den Parteien vereinbart, an dieser Vereinbarung müssen sich beide Seiten grundsätzlich festhalten lassen; zur nachträglichen Festlegung s. Rdn. 19.

7 **Trotz der Bindung** durch die Vertragsabrede kann allerdings **im Einzelfall** eine **Korrektur** notwendig sein. Die Vereinbarung beruht auf der Vorstellung, dass der festgelegte Verteilungsschlüssel zu einer gerechten Aufteilung der Kosten führt.[1] Insbesondere der Mieter, der die Verhältnisse auf dem Grundstück bei Abschluss des Mietvertrags nicht kennt, erwartet, dass er nur mit Kosten belastet wird, die mit dem Gebrauch seines Mietobjekts zusammenhängen; diese Erwartung muss bei Abschluss des Vertrags nicht zum Ausdruck kommen, sie ist selbstverständlich. Zeigt sich im Verlauf des Mietverhältnisses, dass der vereinbarte Umlageschlüssel ungerecht ist, ist er zu korrigieren.

8 Eine Korrektur ist **nicht schon** erforderlich, wenn der Umlageschlüssel eine **gewisse Ungleichbehandlung** der Mieter zur Folge hat. Bei den verbrauchsabhängigen Betriebskosten lässt sich eine gleichmäßige Belastung der Mieter vor allem mit den Kosten aus Wasserverbrauch und Müllbeseitigung nur erreichen, wenn Einzelwasserzähler und separate Müllgefäße vorhanden sind; ansonsten sind Ungerechtigkeiten bei der Verteilung unvermeidlich. Die Korrektur kommt daher nur unter **zwei Voraussetzungen** in Betracht. Zum einen muss es sich um einen erheblichen Unterschied in der Belastung handeln; die Zuvielbelastung einer Partei muss übermäßig erscheinen.[2] Zum anderen muss der neue Umlagemaßstab für den Vermieter zumutbar sein.[3] Der Anspruch ist daher nicht gegeben, wenn der vereinbarte Verteilungsmaßstab nur vorübergehend unbillig ist.[4] Bei Gewerberaum ist eine Störung der Geschäftsgrundlage z. B. bejaht worden, wenn für die Verteilung der Stromkosten für die Gewerbeobjekte der Flächenschlüssel vereinbart war, 47% der Gewerbefläche aber dauerhaft leer standen,[5] nicht aber, wenn der Vermieter irrig annahm, der vereinbarte Umlageschlüssel führe zur Deckung der Betriebskosten, weil eine fehlerhafte Kostenkalkulation in seine Risikosphäre fällt; anders verhält es sich nur, wenn der Mieter an der Kostenkalkulation beteiligt war.[6]

9 **a) Änderungsrecht des Vermieters.** Der Wechsel des vereinbarten Verteilungsschlüssels bedarf einer **Vertragsänderung.** Der Vermieter ist nicht berechtigt, den Schlüssel einseitig zu ändern. Da zumindest hinsichtlich der einzelnen Betriebskostenarten ein einheitlicher Maßstab auf

---

[1] *Blank* DWW 1992, 65 (68): *„Vertragsimmanenter Grundsatz der Umlagegerechtigkeit"*; *Kraemer* NZM 1999, 156 (162): *„Fürsorgepflicht des Vermieters"* zur sachgerechten Verteilung der Betriebskosten.

[2] BGH (VIII ZR 159/05) NZM 2006, 655 = WuM 2006, 440 *„krasse Unbilligkeit"*; LG Mannheim NJW-RR 1999, 884; LG Aachen DWW 1991, 284 = WuM 1991, 503; der bisherige Schlüssel muss *„grob unbillig"* sein: LG Wuppertal WuM 1989, 520; *Sternel* III Rdn. 361.

[3] *Blank* DWW 1992, 65 (69); *Sternel* III Rdn. 357; LG Aachen WuM 1993, 410 mit einer Beschränkung der Korrekturpflicht auf Extremfälle im Hinblick auf den Verwaltungsaufwand des Vermieters.

[4] *Riecke* GuT 2011, 5 (8).

[5] OLG Düsseldorf GE 2011, 689.

[6] OLG Düsseldorf DWW 2016, 215.

alle Mietverhältnisse anzuwenden ist, genügt die Umstellung im Verhältnis zu einer Mietpartei nicht, vielmehr sind notfalls alle Verträge zu ändern.

Der **Anspruch** des Vermieters **auf Zustimmung** der Mieter zur Vertragsänderung kann sich aus einer entsprechenden **Klausel** ergeben. Wurde sie so gestaltet, dass der Vermieter den Umlagemaßstab durch eine einseitige Erklärung ändern darf, ist die notwendige Zustimmung des Mieters bereits im Vorwege erteilt. Eine derartige Klausel ist jedoch nur wirksam, wenn in ihr zum Ausdruck kommt, dass das Änderungsrecht allein dann eingreift, wenn auf Grund sachlicher Veränderungen eine i. S. v. §§ 315, 316 BGB angemessene Neuverteilung erreicht werden soll.[7] Die Klausel, dass der Vermieter den Umlageschlüssel *„unter Berücksichtigung des Grundsatzes der Gleichbehandlung aller Mieter"* einseitig ändern kann, entspricht dieser Vorgabe nicht und ist daher unwirksam,[8] ebenso eine Klausel, die dem Vermieter gestattet, einen anderen *„geeigneten"* Umlageschlüssel zu verwenden, weil bei einer Bestimmung nach billigem Ermessen die Interessen beider Vertragsteile zu berücksichtigen sind, was bei bloßer Geeignetheit nicht sichergestellt ist.[9] Ohnehin sind alle Klauseln unwirksam, welche die vorrangigen Bestimmungen der §§ 7–9 HeizkostenV nicht ausnehmen.[10] 10

Ist die **Klausel unwirksam oder fehlt eine entsprechende Abrede** im Vertrag, ergibt sich der Änderungsanspruch des Vermieters aus den Bestimmungen über eine **Störung der Geschäftsgrundlage** (§ 313 BGB);[11] der Rückgriff auf § 242 BGB ist obsolet. Will er hiervon Gebrauch machen, muss er den Mietern ein Angebot auf Vertragsänderung zukommen lassen, weil ein einseitiges Änderungsrecht nicht besteht. Dies gilt auch bei der Vermietung von Gewerberaum.[12] Soweit es nicht akzeptiert wird, kann er es im Wege der Klage auf Zustimmung durchsetzen. Die **Klage** soll **nach einer Ansicht** nicht auf Zustimmung zur entsprechenden Vertragsänderung zu richten sein, sondern unmittelbar auf die danach geschuldete Leistung.[13] **Nach anderer Auffassung** besteht ein Wahlrecht.[14] Danach kann der Vermieter entweder auf Zustimmung zur Anpassung klagen oder sogleich auf Leistung. 11

Kündigt der Vermieter nur an, in Zukunft einen anderen Umlageschlüssel zu verwenden, liegt darin kein für die Gegenseite erkennbares Angebot. Gleichwohl ist hier von einer konkludenten Vertragsänderung auszugehen, wenn der Wechsel im Umlagemaßstab sachlich gerechtfertigt ist, so dass der Mieter einem ordnungsgemäßen Angebot hätte zustimmen müssen, und der Mieter in der Folgezeit die – bei einer Brutto-, Bruttokalt- oder Teilinklusivmiete – erhöhten Umlagebeträge rügelos entrichtet bzw. bei einer Nettomiete die neu festgesetzten Vorauszahlungen, soweit sie auf der Änderung beruhen, zahlt oder die folgende Abrechnung nicht moniert; der Streit zu konkludenten Vertragsänderungen (s. § 556 Rdn. 56ff.) ist hier nicht relevant, weil es vorliegend z. B. nicht um die grundsätzliche Umlegbarkeit von Betriebskosten geht, sondern allein darum, dass der Vermieter einen ihm zustehenden Anspruch nicht in der richtigen Weise geltend machte. Zumindest ist dem Mieter der später angebrachte Einwand, es sei nicht vertragsgemäß verfahren worden, wegen rechtsmissbräuchlichen Verhaltens abgeschnitten,[15] zumal der Vermieter die Mindereinnahme infolge einer Korrektur i. d. R. nicht mehr durch Nachforderungen gegenüber den anderen Mietern kompensieren kann.

Die Vertragsänderung wirkt **grundsätzlich nur für die Zukunft.** Ein Wechsel des Maßstabs schon für die laufende Abrechnungsperiode ist nicht zulässig (vgl. § 556a Abs. 2 Satz 3 BGB),[16] auch wenn eine Klausel dies an das Vorliegen sachgerechter Gründe knüpft,[17] für bereits abgelaufene Perioden ohnehin nicht.[18] Eine Ausnahme gilt nur bei einer entsprechenden Vereinbarung des Vermieters mit allen Mietern. 12

---

[7] LG Berlin GE 1999, 907; vgl. BGH (VIII ZR 10/92) DWW 1993, 74 = WuM 1993, 109; dazu kritisch *Seldeneck* Rdn. 3356.
[8] LG Hamburg ZMR 1998, 36, 98.
[9] BGH (VIII ZR 10/92) DWW 1993, 74 = WuM 1993, 109.
[10] BGH (VIII ZR 10/92) DWW 1993, 74 = WuM 1993, 109.
[11] BGH (VIII ZR 159/05) NZM 2006, 655 = WuM 2006, 440.
[12] OLG Düsseldorf DWW 2016, 215.
[13] BGH (VIII ZR 41/04) NZM 2005, 144 (146); **a. A.** *Schmid* WuM 2011, 453 (454).
[14] BGH (V ZR 17/11) GuT 2011, 263.
[15] *Blank* DWW 1992, 65 (69).
[16] OLG Hamburg WuM 1992, 76; LG Bautzen WuM 2001, 88; LG Düsseldorf WuM 1996, 777.
[17] OLG Rostock GE 2009, 324.
[18] OLG Frankfurt ZMR 2004, 182; LG Bonn WuM 1998, 353; LG Düsseldorf WuM 1996, 777; *Blank* DWW 1992, 65 (68); *Sternel* III Rdn. 362.

13 **b) Änderungsanspruch des Mieters.** Der Vereinbarung eines Umlageschlüssels wohnt nach §§ 133, 157 BGB inne, dass die Verteilung der Kosten nach sachlichen Gesichtspunkten und angemessen zu erfolgen hat. Kommt es zu tatsächlichen Veränderungen auf dem Grundstück, kann **der Mieter** aus dem Mietvertrag **verlangen,** dass ihnen durch Veränderung des Verteilungsmaßstabs Rechnung getragen wird.[19] Der Anspruch ist dem Mieter jedoch nur unter den bereits oben (Rdn. 8) erwähnten zwei Voraussetzungen zuzubilligen. Einen Anhaltspunkt, dass die Änderung sachlich geboten ist, kann der Umstand liefern, dass sich die Mehrheit der Mieter für einen anderen Umlagemaßstab aussprach.[20] Auch in diesem Fall muss aber hinzu kommen, dass die Anwendung des neuen Schlüssels für den Vermieter zumutbar ist, insbesondere im Hinblick auf seinen Verwaltungsaufwand;[21] für den Übergang der Abrechnung vom Flächenmaßstab auf den Personenschlüssel ist dies deshalb allenfalls für Kleinobjekte zu bejahen.[22] Soweit es sich um Kosten handelt, bei denen der unterschiedliche Verbrauch oder die unterschiedliche Verursachung seitens der Mieter bereits erfasst wird, wie insbesondere den Kosten der Wasserversorgung, Entwässerung und Müllabfuhr, kann der Mieter aus § 556a Abs. 1 Satz 2 BGB verlangen, dass die Kosten auch tatsächlich entsprechend umgelegt werden.

14 Auch ein Änderungsverlangen des Mieters wirkt sich **grundsätzlich nur für die Zukunft** aus. Fordert der Mieter, was in der Praxis die Ausnahme ist, auf Grund von Veränderungen noch während der laufenden Abrechnungsperiode, dass sie in der nächsten Abrechnung beim Umlageschlüssel berücksichtigt werden, kann der Vermieter, will er nicht wirtschaftliche Nachteile in Kauf nehmen, das Änderungsangebot nur annehmen, wenn auch die anderen Mieter mit der Veränderung schon jetzt einverstanden sind. Da zumindest die einzelnen Betriebskostenarten in derselben Weise umgelegt werden müssen und der Anspruch des Mieters auf Änderung nicht weitergehen kann als das, was dem Vermieter rechtlich möglich ist (vgl. Rdn. 9ff.), bleibt es bei Widerspruch einzelner Mieter zunächst bei der bisherigen Umlageweise.[23]

15 In der Regel tritt der Mieter indes mit dem Einwand unangemessener Kostenverteilung **erst nach Erhalt der Abrechnung** hervor. Zu diesem Zeitpunkt ist dem Vermieter die Korrektur erst recht nicht mehr möglich, zumal wenn die Ausschlussfrist nach § 556 Abs. 3 Satz 3 BGB eingreift; einen Ausweg bietet lediglich die einvernehmliche Regelung mit allen Mietern. Würde der verspäteten Kritik des Mieters am Verteilungsschlüssel Rechnung getragen, müsste der Vermieter die vom Mieter beabsichtigte Verringerung seiner Belastung ausgleichen. Dies ist jedoch nur sachgerecht, wenn dem Vermieter vorzuwerfen ist, dass er die Anwendung eines angemessenen Umlagemaßstabs versäumte; ihn trifft die selbstverständliche Nebenpflicht, die Angemessenheit des Verteilungsschlüssels zu überprüfen und insbesondere entsprechenden Hinweisen der Mieterschaft, die rechtlich als Angebot zur Vertragsänderung verstanden werden können, nachzugehen. Verletzt der Vermieter seine Pflicht schuldhaft, steht dem Mieter ein Schadensersatzanspruch zu, der auf Freihaltung von der unberechtigten Mehrbelastung gerichtet ist. Hat der Mieter den bisherigen Verteilungsschlüssel einmal oder mehrfach unbeanstandet gelassen, hat er mit seinem nach Erhalt der Abrechnung erhobenen Einwand wegen widersprüchlichen und damit rechtsmissbräuchlichen Verhaltens keinen Erfolg.[24]

16 **c) Wiederholte Änderung.** Erweist sich der Umlageschlüssel auf Grund von sachlichen Veränderungen als grob unbillig, kann er vom Vermieter **erneut geändert** werden.[25] Dieses Recht folgt entweder aus einer entsprechenden Klausel oder einer Störung der Geschäftsgrundlage (vgl. Rdn. 11). Ebenso können die Mieter eine Neubestimmung verlangen. Die Änderung ist nur für die Zukunft zulässig.

17 **Zum Teil** wird allerdings **vertreten,** dass die Ausübung des Bestimmungsrechts **nur einmal** möglich und damit für alle Zukunft bindend sei, sofern sich nicht die Mieter mit der Änderung einverstanden erklären.[26] Dieser Meinung ist insoweit zuzustimmen, dass der Vermieter mit der Be-

[19] LG Düsseldorf WuM 1996, 777; *Seldeneck* Rdn. 3383.
[20] Vgl. LG Wuppertal WuM 1989, 520; *Sternel* III Rdn. 361.
[21] Vgl. LG Wuppertal WuM 1989, 520.
[22] **A. A.** AG Weimar WuM 1997, 119 für ein Haus mit 9 Mietparteien und insgesamt 24 Personen.
[23] **A. A.** *Blank* DWW 1992, 65 (69), wonach eine Erklärung des Mieters noch bis zur Abrechnungsreife ausreichen soll.
[24] LG Düsseldorf DWW 1990, 240; *Blank* DWW 1992, 65 (69).
[25] BGH (VIII ZR 78/15) GE 2016, 718 = NZM 2016, 437 = WuM 2016, 357 = ZMR 2016, 521.
[26] AG/LG Wiesbaden WuM 1992, 630; *Blank* DWW 1992, 65 (69); *Kinne* GE 1998, 843; einschränkend *Sternel* III Rdn. 361.

stimmung ein Gestaltungsrecht ausübt; es tritt eine Konkretisierung des Leistungsinhalts des Vertrags ein, die nach allgemeiner Meinung einseitig nicht mehr widerrufen werden kann. Die Bestimmung betrifft indes immer nur die Umlage- oder Abrechnungsperiode, auf die sie sich bezieht, d. h. im Regelfall die kommende, als Ausnahme bei der erstmaligen Erhöhung oder Abrechnung nach Abschluss des Mietvertrags die vergangene. Die Besonderheit des Verteilungsschlüssels und damit der Leistungspflicht des Mieters liegt in der Abhängigkeit von den tatsächlichen Gegebenheiten; ob diese den gewählten Maßstab noch rechtfertigen, stellt sich insbesondere erst bei der jährlichen Abrechnung heraus.

3. Nachträgliche Festlegung

Bei **preisgebundenem Wohnraum** gelten ohne weiteres die zwingenden Vorschriften der §§ 20 ff. NMV. 18

Bei **preisfreiem Wohnraum** greift der gesetzliche Regelmaßstab nach § 556a Abs. 1 Satz 1 BGB, der Flächenschlüssel, ein. Das frühere Recht des Vermieters, ihn **nachträglich nach billigem Ermessen** gem. §§ 315, 316 BGB zu bestimmen, etwa durch die Vereinbarung, die Umlage erfolge nach Wahl des Vermieters, sollte nach der Begründung des MietRRG[27] wegfallen, um erklärtermaßen das Streitpotential aus entsprechenden Formularklauseln auszuräumen. Gleichwohl steht es nach Ansicht des **BGH** den Mietvertragsparteien im Wohnraummietrecht nach wie vor frei, anstelle eines konkreten Umlageschlüssels ein einseitiges Leistungsbestimmungsrecht nach billigem Ermessen des Vermieters zu vereinbaren, da die Regelung in § 556a Abs. 1 Satz 1 BGB abdingbar ist.[28] Er stellt damit den Rechtszustand aus der Zeit vor der Mietrechtsreform 2001 wieder her.[29] Richtigerweise sollte der gesetzliche Verteilungsmaßstab nur dann zurücktreten, wenn im Mietvertrag ein *konkreter* anderer Umlageschlüssel vereinbart war.[30] 19

Eine Formularklausel, die Umlage der Betriebskosten erfolge nach Vorgabe der Verwalterabrechnung[31] schafft noch keine vorrangige Vereinbarung i. S. d. § 556a Abs. 1 Satz 1 BGB, dasselbe gilt bei unklarer Abrede[32]. Eine Vertragslücke wird durch § 556a Abs. 1 Satz 1 BGB geschlossen, so dass eine spätere Abrechnung des Vermieters etwa nach dem Personenschlüssel nicht ordnungsgemäß wäre. Haben die Parteien allerdings schon vor dem 1. 9. 2001 die Lücke durch einverständliche Handhabung geschlossen, bleibt es auch in Zukunft dabei. In diesen Fällen liegt eine anderweitige Vereinbarung i. S. d. § 556a Abs. 1 Satz 1 BGB vor. In Formularverträgen ist üblicherweise eine entsprechende Klausel enthalten.

II. Flächenschlüssel als Grundsatz

1. Grundsätze

Die Umlage nach dem Verhältnis der Nutz-/Wohnflächen ist der **hauptsächlich praktizierte Verteilungsschlüssel,** der nunmehr durch § 556a Abs. 1 BGB auch als **Regelmaßstab** vorgesehen ist, wie es bisher bereits für preisgebundenen Wohnraum nach § 20 Abs. 2 Satz 1 NMV der Fall war; für Altbauwohnraum in den östlichen Ländern war er während des Geltungszeitraums der BetrKostUV nach § 9 BetrKostUV zugrunde zu legen. Im Bereich der HeizkostenV ist er für die Umlage der nicht verbrauchsabhängig abzurechnenden Kosten der Heizung und der Warmwasserversorgung gem. §§ 7 Abs. 1 Satz 2, 8 HeizkostenV vorgeschrieben. Der Vorteil liegt in der leichten Handhabung durch den Vermieter und der Transparenz für den Mieter; solange nicht Um-, An- oder Ausbauten erfolgen, steht er ein für alle Mal fest. 20

Die gesetzliche Festlegung des Flächenschlüssels als Regelmaßstab bedeutet, dass der Vermieter von Wohnraum, der dieses Verteilungsprinzip zugrunde legt, einen **sachgerechten Umlageschlüssel** verwendet. Ihm liegt die Erwägung zugrunde, dass Wohnungsgrößen in der Regel in einem bestimmten, also untereinander vergleichbaren Verhältnis zu der Anzahl der in der Woh- 21

[27] BT-Drucks. 14/4553 S. 51.

[28] BGH (VIII ZR 257/13) NZM 2015, 130 m. Anm. *Langenberg* NZM 2015, 152 = WuM 2015, 33 und m. krit. Anm. *Lammel* WuM 2015, 70.

[29] *Schmid/Zehelein* in MünchKomm § 556a Rdn. 27.

[30] Ebenso *Blank* in Blank/Börstinghaus § 556a Rdn. 50; ausführlich *Langenberg* NZM 2015, 152.

[31] LG Hamburg WuM 2008, 727.

[32] LG Lemgo Urt. v. 25. 10. 2006 – 10 S 76/06.

nung lebenden Personen stehen.[33] Aus der gesetzlichen Vorgabe folgt ohne weiteres seine grundsätzliche Billigkeit auch für Mietverhältnisse über Gewerberaum.

22 Die Umlage **verbrauchsabhängiger Betriebskosten** nach diesem Schlüssel ist durch § 556a Abs. 1 BGB auch in den Fällen sachgerecht, dass die Mietobjekte von einer unterschiedlichen Anzahl von Personen genutzt werden,[34] eine verschiedene Ausstattung aufweisen oder zu unterschiedlichen Zeiten benutzt werden.[35] In die Prüfung der Angemessenheit eines Umlageschlüssels ist immer der für den Vermieter zumutbare Verwaltungsaufwand einzubeziehen, der sich bei einem Wohnhaus mit wenigen Mietparteien völlig anders darstellt als bei einem Wohnblock mit vielen Wohnungen.[36] Während die Umlage nach den Flächenanteilen auch bei Großanlagen unschwer erfolgen kann, bereitet die von manchen favorisierte Umlage nach Personenzahl hier häufig beträchtliche Probleme. Gegen die Umlage nach Personenzahl spricht darüber hinaus, dass es maßgeblich auf das individuelle Nutzerverhalten ankommt, wodurch die Prämisse der größeren Umlagegerechtigkeit nachhaltig in Frage gestellt ist (s. Rdn. 71). Was die Ausstattung betrifft, hat der Vermieter kaum Einfluss darauf, ob sich die Mieter zusätzlich oder als Ersatz z. B. in besonderem Umfang Wasser verbrauchende Geräte anschaffen; er ist zudem nicht berechtigt, insoweit ständig Kontrollen durchzuführen.

23 Die Umlage **verbrauchsunabhängiger** Kosten hat **ohnehin nach dem Flächenmaßstab** zu erfolgen.[37] Der Anteil der gemieteten Wohn- oder Nutzfläche korreliert unmittelbar mit der Gesamtfläche des Gebäudes, d. h. z. B. den insoweit anfallenden Versicherungskosten bzw. den Kosten des Grundstücks wie Grundsteuer, Gartenpflege u. Ä. Die Umlage nach Personenzahl oder entsprechend dem Anteil des Mieters an ermittelten Verbrauchskosten[38] würde ersichtlich zu grob unbilligen Ergebnissen führen. Klauseln, welche die Umlage auch von verbrauchsunabhängigen Kosten nach dem Personenschlüssel bestimmen, sind daher nach § 307 BGB unwirksam.

24 Die Vereinbarung der Umlage nach **umbautem Raum,** der allgemein nach der Anl. 2 zur II. BV ermittelt werden kann, ist bei preisfreien Wohngebäuden und Gewerbeobjekten kaum anzutreffen, weil sich unterschiedliche Raumhöhen, in Altbauten z. B. Deckenhöhen von 4,50 m und mehr in den Vollgeschossen und eine Deckenhöhe von 2,50 m im ausgebauten Dachgeschoss, auf die Verursachung von Betriebskosten praktisch nicht auswirken, allenfalls marginal etwa auf die Kosten eines Aufzugs oder die Treppenhausreinigung. Anders verhält es sich bei einer Modifikation des Flächenschlüssels, der Umlage nach **umbauter Fläche.** Bei bestimmten baulichen Gegebenheiten empfiehlt sich die Vereinbarung dieses Verteilungsmaßstabs (s. Rdn. 27), um Abrechnungsstreitigkeiten zum Umlageschlüssel von vornherein zu vermeiden.

Sind in einem Gebäude mit **preisgebundenen Wohnungen** Gewerbeflächen vermietet, ist, wenn der Vorwegabzug der auf die Gewerbeflächen entfallenden Kosten nicht möglich ist, gem. § 20 Abs. 2 Satz 2 NMV nach dem Verhältnis des umbauten Raums oder der Wohn- und Nutzflächen umzulegen. Der Flächenmaßstab ist nur dann angemessen, wenn die Gewerbeobjekte und die Wohnungen keine gravierenden Unterschiede aufweisen.

2. Einheitlichkeit der Flächenberechnung

25 Die **Wohnflächenberechnung** hat bei **preisgebundenem Wohnraum** nach §§ 42–44 II. BV zu erfolgen, wenn sie vor dem 31. 12. 2003 nach diesen Bestimmungen ermittelt wurde und nach diesem Stichtag keine Neuberechnung aufgrund baulicher Änderungen erforderlich wird (§ 5 WoFlV), ansonsten seit dem 1. 1. 2004 nach der WoFlV.[39] Für **Gewerberaum oder preisfreien Wohnraum** existieren keine verbindlichen Vorschriften zur Flächenberechnung. Im Regelfall wurden auch für preisfreien Wohnraum die Vorschriften der II. BV herangezogen, was zulässig

[33] OLG Hamm RE 27. 9. 1983 WuM 1983, 315.

[34] Dagegen *Kox* ZMR 1980, 293, wonach die Umlage nach Fläche alles so verfälsche, dass man auch die Schuhgröße der Bewohner als Messgröße nehmen könne.

[35] OLG Hamm NJW-RR 1987, 969 für die Lüftungsanlage in einem großen Gewerbeobjekt.

[36] OLG Hamm RE 27. 9. 1983 WuM 1983, 315, 316.

[37] Z. B. *Blank* in Blank/Börstinghaus § 556a Rdn. 14, 17.

[38] Vgl. OLG Hamburg DWW 1987, 222 zur unzulässigen Umlage des Wärmeverbrauchs für die Beheizung von Allgemeinräumen wie Treppenhaus, Waschküche, Trockenraum nach dem individuell erfassten Wärmeverbrauchsanteil der einzelnen Mieter.

[39] Verordnung vom 25. 11. 2003 BGBl. I S. 2346; dazu z. B. *Grundmann* NJW 2003, 3745; *Langenberg* NZM 2004, 41.

war.[40] Dasselbe gilt seit dem 1. 1. 2004 für die WoFlV. Es ist jedoch auch möglich, nach der früheren DIN 283 zu verfahren; zu allem s. ausführlich Nach § 556a.

Hauptstreitpunkt in der Praxis ist die Frage der **Anrechnung von Balkonen, Terrassen** und 26
ähnlichen Flächen. Während § 27 I. BV und DIN 283 die Anrechnung zu einem Viertel vorsahen, gestattete § 44 II. BV die Anrechnung *„bis zur Hälfte"*. Nach § 4 Nr. 4 WoFlV sind diese Flächen *„i. d. R. zu einem Viertel, höchstens jedoch zur Hälfte"* anzurechnen; zur maßgeblichen Berechnung bei preisfreiem Wohnraum s. im Einzelnen Nach § 556a.

Die Fläche muss für alle Mietobjekte des Gebäudes **nach einheitlichen Kriterien ermittelt** 27
werden; anderenfalls ist ihre Berechnung unbillig. Obwohl es sich hierbei um eine selbstverständliche Bedingung für die Anwendung des Umlageschlüssels handelt, begegnen in der Praxis immer wieder Fälle, in denen sie nicht hinreichend beachtet wurde. Insbesondere ist die nicht korrekte Handhabung dann anzutreffen, wenn die Wohnungen des Hauses **unterschiedliche Freiflächen** aufweisen. So sind zumal in Altbauten Wohnungen zum Teil mit, zum Teil ohne Balkon versehen oder mit Balkonen unterschiedlicher Größe; Entsprechendes gilt für Loggien, Terrassen, Dachgärten. Da durch diese Flächen üblicherweise keine verbrauchsabhängigen Betriebskosten produziert und keine besonderen verbrauchsunabhängigen Kosten verursacht werden, ist die Umlage nach dem Flächenmaßstab nur dann rechnerisch richtig, wenn die Flächen je Mietobjekt auf die umbaute Fläche oder auf die Fläche reduziert werden, welche die Wohnung mit dem kleinsten Balkon etc. aufweist. Anderenfalls würden die Mieter von Wohnungen mit großen Freiflächen diejenigen Mieter bei den Betriebskosten subventionieren, deren Wohnung nur eine kleinere oder überhaupt keine Freifläche aufweist.

3. Differenz zwischen vereinbarter und tatsächlicher Fläche

Es ist **streitig,** welche Wohnfläche bei einer **Abweichung der vereinbarten von der tatsäch-** 28
lichen Fläche maßgeblich ist. Nach einer Meinung hat die vereinbarte Fläche Vorrang,[41] jedenfalls wenn sie für den Mieter günstiger ist,[42] nach herrschender und zutreffender Ansicht kommt es allein auf die objektive Fläche an.[43] Soweit der **BGH** entschieden hatte, dass die im Mietvertrag vereinbarte Wohnfläche für die Abrechnung der Betriebskosten maßgeblich ist, wenn die Abweichung nicht mehr als 10% beträgt,[44] ist diese Rechtsprechung inzwischen überholt,[45] nachdem er seine Rechtsprechung zu der entsprechend zu berücksichtigenden Fläche bei Mieterhöhungen ausdrücklich aufgegeben hat.[46] Zur Begründung führt er an, dass eine Beschaffenheitsvereinbarung auf die Sachmängelhaftung abzielt und damit keinen Anhaltspunkt dafür bietet, der einen oder anderen Seite der Mietvertragsparteien einen Vorteil oder Nachteil zu verschaffen. Diese Begründung ist ohne weiteres auf die maßgebliche Fläche bei der Umlage von Betriebskosten übertragbar. Da sich die Kosten des Mieters nach dem Anteil der von ihm gemieteten Einzelfläche an den Kosten der Gesamtfläche bemessen, wäre es nicht sachgerecht und damit unbillig, wenn er einen Teil der Kosten zu tragen hätte, die von anderen verursacht wurden oder deren Mietobjekt zuzurechnen sind bzw. wenn er im umgekehrten Fall auf Kosten anderer Mieter teilweise entlastet würde. Einer Flächenberechnung nach **billigen Ermessen** gem. §§ 315, 316 BGB wird daher nur die Berücksichtigung der **tatsächlichen Fläche** gerecht. Wird während des Mietverhältnisses eine **(Neu-)Vermessung** durchgeführt, ist deren Ergebnis in **ausstehenden und zukünftigen Betriebskostenabrechnung** für alle Mieter (Außenverhältnis) anzusetzen.[47] Zeigt sich bei der Vermessung eine größere Fläche als vereinbart, ist der Vermieter auch im Innenverhältnis zum einzelnen Mieter befugt, die richtige Fläche bei seinen Abrechnungen zugrunde zu legen; er kann ihn aber auch nur entsprechend der vereinbarten Fläche belasten und die Kostendifferenz selbst übernehmen.

---

[40] BGH (VIII ZR 44/03) DWW 2004, 183 = GE 2004, 680 = NZM 2004, 454 = WuM 2004, 337 = ZMR 2004, 501.

[41] Z. B. LG Köln WuM 1993, 362.

[42] LG Hannover WuM 1990, 228.

[43] Z. B. AG Trier WuM 2006, 168; *Beyer* NZM 2010, 417 (422); *Blank* in Blank/Börstinghaus § 556a Rdn. 36; *Hinz* WuM 2008, 633 (635); *Kraemer* NZM 1999, 156 (162); *Seldeneck* Rdn. 3151; *Sternel* III Rdn. 408; *Wall* Rdn. 2335; *Wiese* ZMR 1990, 85.

[44] BGH (VIII ZR 261/06) GE 2007, 1686 = NZM 2008, 35 = WuM 2007, 700 = ZMR 2008, 38 m. Anm. *Schmid;* krit. *Beyer* NJW 2010, 1025 (1029 f.).

[45] Ebenso *Heix* WuM 2016, 263 (265).

[46] BGH (VIII ZR 266/14) GE 2016, 49 = NZM 2016, 43 = WuM 2016, 34.

[47] *Beyer* NZM 2010, 417 (422).

29 Bei den **Folgen falsch angesetzter Wohnfläche** ist zu differenzieren. Im Hinblick auf die weite Anwendung der **Ausschlussfrist für Einwendungen** des Mieters nach § 556 Abs. 3 Satz 5 BGB durch den BGH (s. § 556 Rdn. 502ff.) ist davon auszugehen, dass der Mieter aus einer kleineren als der im Mietvertrag ausgewiesenen Fläche **nach Beginn der Ausschlussfrist** keine Ansprüche herleiten kann, wenn er den Einwand der falschen Fläche verspätet anbrachte.[48] Machte er seinen **Einwand rechtzeitig** geltend, kann er vom Vermieter eine neue Abrechnung auf der Grundlage der richtigen Fläche verlangen; hatte er den Abrechnungssaldo bereits ausgeglichen, steht ihm ein Rückzahlungsanspruch hinsichtlich der überzahlten Beträge zu, der sich aus ungerechtfertigter Bereicherung gem. §§ 812, 818 BGB ergibt. Für den Vermieter wird es mit den erteilten Abrechnungen sein Bewenden haben.

Handelt es sich um falsch angegebene **Nutzfläche von Gewerberaum,** steht dem Mieter bei **kleinerer Fläche** ein **Rückzahlungsanspruch** hinsichtlich der überzahlten Beträge zu, der sich aus ungerechtfertigter Bereicherung gem. §§ 812, 818 BGB ergibt; der Anspruch verjährt grundsätzlich nach Ablauf von drei Jahren. Ist die **Fläche größer,** liegt ein Kalkulationsirrtum des Vermieters vor, wenn er seine Berechnung bei Abschluss des Mietvertrags, wie meist, nicht offenlegte;[49] für die Vergangenheit bleibt er gebunden, für die Zukunft hat er die zutreffende Fläche zugrunde zu legen.[50] Hat der Vermieter dem Mieter die Flächenermittlung bekannt gemacht, liegt ein Erklärungsirrtum vor, der ihn zur unverzüglichen (§ 121 BGB) Anfechtung berechtigt.

30 Gelegentlich haben die Parteien **im Mietvertrag ausdrücklich** geregelt, dass es **in jedem Fall bei der zugrunde gelegten Fläche** sein Bewenden haben solle, um spätere Streitigkeiten ein für alle Mal auszuschließen,[51] etwa durch die Regelung *„ist die Größe des Mietgegenstands dem Mieter bekannt und gilt mit 206 m² als vereinbart"*.[52] Da im Grundsatz zu vermuten ist, dass sich die Umlage nach den tatsächlich bestehenden Verhältnissen richten soll,[53] bedarf diese Ausnahme einer klaren, individualvertraglichen Abrede.[54] Liegt eine entsprechende Vereinbarung vor, ist gleichwohl zu beachten, dass sie sich **nur im Innenverhältnis** der Vertragsparteien auswirkt.[55] Dies wird relevant, wenn die tatsächliche Fläche größer ist als vereinbart. Hier hat der Vermieter in der Gesamtabrechnung die richtige Fläche anzusetzen und nur in der Einzelabrechnung mit dem betreffenden Mieter die vereinbarte. Anderenfalls würde sich die Vereinbarung mit diesem wirtschaftlich als Vertrag zulasten Dritter auswirken. Die Differenz zwischen den Kosten der vereinbarten zur tatsächlichen Fläche hat der Vermieter zu tragen.

4. Fläche bei vermietetem Teil- und Wohnungseigentum

31 Wird Teil- oder Wohnungseigentum vermietet, enthält der Mietvertrag häufig eine Regelung, welche entweder ausdrücklich die **Umlage nach Miteigentumsanteilen** für verbindlich erklärt oder auf die Abrechnung des Verwalters verweist, die ihrerseits die Kosten in derselben Weise verteilt. Die Vereinbarung dieses Verteilungsmaßstabs ist zulässig,[56] weil er – jedenfalls im Regelfall – billigem Ermessen gem. §§ 315, 316 BGB entspricht.[57] Die Angemessenheit folgt aus dem grundsätzlichen Interesse der Eigentümer, dass Sondereigentum und Anteil am gemeinschaftlichen Eigentum – und damit das Verhältnis der nutzbaren Flächen – übereinstimmen, zumal sich gem. § 16 WEG sowohl die Nutzungen wie auch die Lasten und Kosten nach dem Verhältnis der Miteigentumsanteile bestimmen, wie sie gem. § 47 GBO im Grundbuch eingetragen sind. Zwingend ist die Übereinstimmung indes nicht[58] (vgl. § 10 Abs. 2 Satz 2 WEG). Die Bestimmung der Miteigentumsanteile ist den Beteiligten überlassen; ein bestimmtes Verhältnis zwischen Sondereigentum und dem damit verbundenen Miteigentumsanteil muss nicht bestehen.[59] Die Beteiligten können daher die Anteile etwa nach dem Nutzwert der Sondereigentumsflächen oder dem Nutzen aus einzelnen Ein-

---

48 AG Berlin-Tempelhof-Kreuzberg GE 2014, 1345.
49 *Schopp* ZMR 1990, 363; *Sternel* I Rdn. 249; *Wiese* ZMR 1990, 85.
50 *Sternel* I Rdn. 132; *Wiese* ZMR 1990, 85.
51 KG NZM 2006, 296 = WuM 2006, 35 = ZMR 2006, 284.
52 OLG Düsseldorf GE 2000, 888.
53 *Wiese* ZMR 1990, 85.
54 *Beyer* NZM 2010, 417 (423); *Schmid/Zehelein* in MünchKomm § 556a Rdn. 32.
55 LG Köln ZMR 2017, 311.
56 Vgl. BGH (VIII ZR 169/03) NZM 2004, 580 (VIII ZR 115/04) NZM 2005, 13.
57 **A. A.** LG München I ZMR 2003, 431, weil die Miteigentumsanteile *„ggf. willkürlich festgelegt sein"* können.
58 *Bub* Finanz- und Rechnungswesen I Rdn. 19ff.; *Jennißen* NZM 2002, 237.
59 BGH (IX ZR 260/97) WuM 1999, 422 (424).

richtungen unterschiedlich festlegen. Während der Nutzwert einzelner Einrichtungen auch bei der Umlage von Betriebskosten berücksichtigt werden kann (z. B. beim Aufzug, s. Rdn. 100), ist der Nutzwert der vermieteten Sondereigentumsfläche für den Flächenmaßstab ohne Bedeutung; er wirkt sich allein bei der Höhe der gewerblichen oder ortsüblichen Miete aus. Insbesondere wenn Wohnungseigentum nicht gem. § 3 WEG dadurch begründet wird, dass sich die Beteiligten gegenseitig Sondereigentum auf der Grundlage des Bruchteilsmiteigentums am Grundstück einräumen, sondern durch einseitige Aufteilung seitens des Eigentümers nach § 8 WEG, kann es zu Abweichungen kommen, weil der einzelne Eigentümer die Miteigentumsordnung allein gestalten und ändern darf. An der notwendigen Übereinstimmung von Nutzfläche und Miteigentumsanteil fehlt es ferner, wenn Teilflächen des gemeinschaftlichen Eigentums von einem Sondereigentümer, möglicherweise mit Zustimmung der anderen Miteigentümer, vereinnahmt werden, etwa durch Einbeziehung benachbarter Räume in sein Teil- oder Wohnungseigentum, solange sie ihm nicht nach § 4 WEG zugeordnet wurden. Im Einzelfall ist es daher möglich, dass die Umlage nach Miteigentumsanteilen nicht mehr billigem Ermessen entspricht,[60] sondern dass die Nutzflächen ins Verhältnis zu setzen sind.

Es hat **keinen Einfluss auf den mietvertraglich festgelegten Umlageschlüssel,** wenn die 32
Betriebskosten zwischen den Mitgliedern einer Wohnungseigentümergemeinschaft nach einem anderen Maßstab verteilt werden. Hierzu kann es insbesondere kommen, wenn die Wohnungseigentümer von der Möglichkeit aus **§ 16 Abs. 3 WEG** Gebrauch machen und mit Stimmenmehrheit einen anderen als den bisherigen Umlageschlüssel beschließen.[61] Will der Vermieter hierauf durch Anpassung des mietvertraglichen Verteilungsmaßstabs reagieren, braucht er einen entsprechenden Änderungsvorbehalt im Mietvertrag (s. dazu Rdn. 10). Zu beachten ist jedoch, dass der Änderung auch bei wirksamem Vorbehalt Grenzen gesetzt sind. Abrechnungsschlüssel, die den Eigentümern sinnvoll oder auch nur besonders praktisch erscheinen, dürfen nicht dazu führen, dass der Mieter darüber überproportional an den Gesamtbewirtschaftungskosten beteiligt wird. So dürfte ein Beschluss, nach dem alle Kosten unterschiedslos gemäß der Zahl der Wohnungen umzulegen sind, im Regelfall schwerlich ordnungsgemäßer Verwaltung i. S. d. § 16 Abs. 3 WEG entsprechen; ist er jedoch mangels rechtzeitiger Anfechtung bestandskräftig geworden, hat der Eigentümer die entsprechende Abrechnung zu akzeptieren, nicht jedoch der Mieter. Dasselbe gilt, wenn die Wohnungseigentümer z. B. alsbald nach Beginn des Wirtschaftsjahres beschließen, dass die Abrechnung über das laufende Jahr nach einem anderen Umlageschlüssel aufgemacht werden soll; für den Mieter sind nur Änderungen relevant, die vor Beginn der Abrechnungsperiode beschlossen wurden, für ihn gilt der neue Maßstab daher erst ab dem folgenden Abrechnungszeitraum. Unterschiedliche Verteilungsschlüssel dürfen auf keinen Fall dazu führen, dass der Vermieter dem Mieter höhere Kosten belastet, als er selbst an die Eigentümergemeinschaft zu zahlen hat.[62] Es soll allerdings **formell** nicht zu beanstanden sein, wenn der Vermieter trotz vereinbarten Flächenschlüssels nach Miteigentumsanteilen abrechnet.[63] Materiell ist dies sachgerecht, sofern diese, wie im Regelfall, identisch sind, wobei der Vermieter den Mieter auf diesen Umstand hinweisen sollte, um Nachfragen zu vermeiden.

5. Einbeziehung einer Hausmeisterwohnung oder eines Verwalterbüros

Gehört zum Gewerbeobjekt oder Wohngebäude eine Hausmeisterwohnung oder ein Verwalter- 33
büro, ist dessen Fläche **bei der Ermittlung der Gesamtfläche einzubeziehen.** Die Betriebskosten des Verwalterbüros zählen zu den Verwaltungskosten, für die der Vermieter aufzukommen hat. Bei einer Hausmeisterwohnung ist die Berücksichtigung der Fläche geboten, weil anders die hier angefallenen Kosten nicht transparent werden. Ist die Umlage der Hauswartskosten im Einzelfall nicht vereinbart, würde der Mieter vertragswidrig belastet. Können die Hausmeisterkosten umgelegt werden, handelt es sich bei den Betriebskosten für die Wohnung, zumal wenn der Hausmeister „mietfrei" wohnt, um einen Teil des Hausmeisterentgelts, der im Rahmen dieser Betriebskostenart anzusetzen ist. Auf diese Weise werden zudem die praktischen Schwierigkeiten vermieden, die sich

[60] Vgl. die Berechnungsbeispiele bei *Drasdo* ZMR 2008, 421 (427) mit Abweichungen von zum Teil mehr als 50% bei der Abrechnung nach Miteigentumsanteilen bzw. Wohnfläche.

[61] Zur Problematik ausführlich *Drasdo* ZMR 2008, 421.

[62] LG Berlin GE 1988, 1169.

[63] BGH (VIII ZR 295/07) GE 2009, 189 = NZM 2009, 78 = WuM 2009, 42; (VIII ZR 115/04) GE 2005, 50 = NZM 2005, 13 = WuM 2005, 61 = ZMR 2005, 121; dazu kritisch *Langenberg/Zehelein* H Rdn. 201.

einstellen, wenn der Hausmeister seine Tätigkeit aufgibt oder wenn die Wohnung nach seinem Auszug zeitweise leer steht.

6. Sonderproblem Leerstand

34 **a) Abrechnung nach Flächenschlüssel. aa) Grundsätze.** Stehen Gewerbeobjekte oder Wohnungen nach Beendigung des Mietverhältnisses und Auszug des Mieters leer, z. B. weil sich die Neuvermietung schwierig gestaltet oder der Vermieter wegen eines beabsichtigten Umbaus vorerst überhaupt nicht neu vermieten will, sind die auf diese Flächen entfallenden **Kosten vom Vermieter zu tragen.**[64] Das **Vermietungsrisiko** fällt ebenso allein in die Sphäre des Vermieters wie der Entschluss, aus anderen Gründen von der Neuvermietung abzusehen.

35 So darf der Vermieter die Gesamtfläche nicht um diejenige der nicht vermieteten Objekte reduzieren.[65] Die **Klausel,** dass ***„die Kostenverteilung im Verhältnis der vermieteten Flächen zueinander"*** erfolgt, ist daher unwirksam;[66] auch dem Mieter von Gewerberaum wird damit ein nicht kalkulierbares Kostenrisiko auferlegt, was ihn unangemessen belastet (§ 307 BGB). Eine entsprechende Individualvereinbarung scheitert bei der Vermietung von Wohnraum an §§ 557 Abs. 4, 558 Abs. 6 BGB, weil es sich in der Sache um eine variable Mieterhöhung handelt.[67]

36 Der Vermieter preisgebundenen Wohnraums erhält zur Abdeckung der Verluste aus uneinbringlichen Rückständen von Betriebskosten oder aus Leerstand gem. § 25 a NMV ein **Umlageausfallwagnis** von 2% der im Abrechnungszeitraum auf den Wohnraum entfallenden Betriebskosten. Auf diese Regelung darf der Vermieter preisfreien Wohnraums nicht zurückgreifen, auch nicht durch ausdrückliche Vereinbarung im Mietvertrag.[68] Er kann zwar einen separaten Betrag dafür im Mietvertrag ausweisen, jedoch nur in fester Höhe. Dabei handelt es sich allein um einen offen gelegten Teil seiner Mietkalkulation, der Teil der Gesamtmiete ist und z. B. bei einer Mieterhöhung nach § 558 BGB in der erhöhten neuen Miete aufgeht. Sieht die Abrede vor, dass es sich um einen Betrag handelt, der sich nach den jeweiligen Verhältnissen im Haus richten und daher flexibel sein soll, bleibt es zwar beim Ausgangsbetrag, im Übrigen ist die Vereinbarung indes unwirksam. Da es um Betriebskosten geht, welche den im Haus verbliebenen Mietern nicht zuzurechnen sind, stellt sich jede Erhöhungsmöglichkeit als Verstoß gegen das gesetzlich geregelte Verfahren zur Mieterhöhung zum Nachteil des Mieters dar, die unzulässig ist (§ 558 Abs. 6 BGB) (s. auch § 556 Rdn. 94).

37 Ist der **Flächenschlüssel** – sei es vereinbart, sei es über § 556 a Abs. 1 Satz 1 BGB – Inhalt des Mietvertrags, gilt er **auch bei Eintritt größerer und/oder längerer Leerstände im Grundsatz fort,** so dass der Vermieter die Kosten, welche nach ihrer Fläche auf die leer stehenden Wohnungen entfallen, selbst zu tragen hat. Der Vermieter darf daher zu einzelnen Betriebskostenarten nicht darauf verweisen, deren Kosten entstünden ausschließlich im Interesse der noch vorhandenen Mieter,[69] wie die Kosten der Hausbeleuchtung, Treppenhausreinigung oder des Aufzugs. **Auch** für die **Kosten aus Verbrauch oder Verursachung** bleibt es beim Flächenschlüssel, sofern sie nicht erfasst und entsprechend umgelegt werden.[70]

38 Der allgemeine, für die Umlage innerhalb des ganzen Hauses vereinbarte Flächenschlüssel bietet **keine Handhabe,** bei den Wasser/Abwasserkosten **nach** den **Grundkosten,** an denen alle Flächen beteiligt werden, **und** den **Verbrauchskosten,** die nur den bewohnten Wohnungen zugeordnet werden, zu differenzieren.[71] Der vom BGH betonte Vorrang des vertraglich festgelegten Verteilungsmaßstabs gilt bei den Müllkosten auch dann, wenn der Entsorger die Kosten nach Personenzahl berechnet.[72]

---

[64] BGH (VIII ZR 159/05) NZM 2006, 655 = WuM 2006, 440 m. Anm. *Wall;* (VIII ZR 30/03) NZM 2003, 756 = WuM 2003, 503; *Sternel* WuM 2003, 243 (245).

[65] AG Weißenfels WuM 2004, 24, vgl. BGH (VIII ZR 137/03) GE 2004, 351 = NZM 2004, 254 = ZMR 2004, 343.

[66] KG GE 2016, 971; OLG Hamburg WuM 2001, 343; **a. A.** AG Halle-Saalkreis WuM 2004, 24.

[67] Ausführlich *Langenberg* WuM 2002, 589; ebenso *Blank* in Blank/Börstinghaus § 556 a Rdn. 11; *Weitemeyer* in Staudinger § 556 a Rdn. 24; **a. A.** *Both* in Herrlein/Kandelhard § 556 a Rdn. 10.

[68] **A. A.** *Lefèvre* HKA 2001, 26.

[69] AG Zwickau NZM 2001, 467 = ZMR 2002, 205 m. Anm. *Maaß; Sternel* III Rdn. 359; **a. A.** zum Teil *Stellwag* DWW 1987, 36.

[70] BGH (VIII ZR 159/05) NZM 2006, 655 = WuM 2006, 440 m. Anm. *Wall.*

[71] AG/LG Braunschweig ZMR 2003, 490; **a. A.** AG Zwickau NZM 2001, 467 = ZMR 2002, 205 mit Anm. *Maaß.*

[72] **A. A.** AG Zwickau NZM 2001, 467 = ZMR 2002, 205 m. Anm. *Maaß.*

bb) Änderung des Umlageschlüssels. Will sich der **Vermieter** von den die Leerstandsflächen betreffenden **Kosten** von **Wasser/Abwasser und Müllabfuhr entlasten,** hat er die Möglichkeit, nach § 556a Abs. 2 BGB durch Installation der notwendigen technischen Einrichtungen vom Flächenschlüssel auf die **Umlage nach erfasstem Verbrauch und erfasster Verursachung** überzugehen (zum Verfahren im Einzelnen Rdn. 129ff.). 39

Fraglich ist, **ob** der Vermieter den verbliebenen Mietern die **vollen Kosten** nach den für sie ermittelten Daten in der Abrechnung belasten darf. Bei **Wasser/Abwasser** geht es um die in § 2 Nr. 2 BetrKV angeführten, über die Kosten des reinen Wasserverbrauchs hinausgehenden Kosten, also Grundgebühren ebenso wie Zählergebühren für in den leeren Objekten verbliebene Einzelzähler nebst Kosten für Ablesung und Aufteilung, Eichkosten, Wartungskosten. Nach Ansicht des **BGH** ist es im Grundsatz zulässig, die Gesamtkosten der Wasserversorgung einheitlich nach erfasstem Verbrauch umzulegen; zur Begründung wird auf § 556a BGB verwiesen, der die vollständige Umlage ausdrücklich zulasse. Ihre Grenze findet diese Art der Umlage, wenn ein erheblicher Wohnungsleerstand zu einer unzumutbaren Mehrbelastung der Mieter mit Fixkosten der Wasserversorgung führt, die auf die leerstehenden Wohnungen nicht nach Verbrauch umgelegt werden können, weil in ihnen aufgrund des Leerstands kein Wasserverbrauch anfällt. Ist in einer größeren Abrechnungseinheit die eine oder andere Wohnung vorübergehend nicht vermietet, ist die Grenze noch nicht überschritten; eine Klausel, „Frisch/Kaltwasser wird, soweit der Verbrauch über Messeinrichtungen erfasst wird, nach dem Ergebnis der Messungen abgerechnet. *Entsprechendes gilt für die Grundgebühr (sie wird im Verhältnis der je Wohnung erfassten Verbrauchsmenge umgelegt).*" hält jedoch hinsichtlich des kursiv gesetzten Teils der Inhaltskontrolle nach § 307 Abs. 1 Satz 1, Abs. 2 Nr. 1 BGB nicht stand, weil sie die genannte Grenze der Zulässigkeit einer Umlegung auch der Grundgebühren der Wasserversorgung nach dem erfassten Verbrauch nicht beachtet.[73] 40

Auf der Grundlage der vorgenannten Ansicht des BGH gilt dies auch für die **Müllgebühren,** also die neben der Müllbeseitigung selbst weiter anfallenden Kosten nach § 2 Nr. 8 BetrKV. Während damit ohne Weiteres u. a. die Kosten der Berechnung und Aufteilung beim Betrieb von Müllmengenerfassungsanlagen einheitlich abgerechnet werden dürfen, fragt es sich, wie es sich bei etwaigen Festbeträgen oder Mindestmüllvolumina je Wohnung im Haus verhält, jedenfalls solange der Entsorger bei seinen Gebühren nicht auf den Umfang des Leerstandes reagiert hat. Nach Auffassung des BGH sind die Kosten geringfügiger Leerstände von den verbliebenen Mietern mitzutragen,[74] so dass auch insoweit eine Kostenabgrenzung nicht erforderlich ist. Wegen der Höhe der Müllgebühren wird allerdings je nach Höhe eines Festbetrags oder Mindestmüllvolumens die für den Mieter nicht mehr hinnehmbare Mehrbelastung relativ schnell erreicht sein. 41

Der Vermieter kann auf einen **Änderungsvorbehalt** im Mietvertrag zurückgreifen. Solche Vorbehalte, mit denen der Mieter die Umstellung des Abrechnungsmaßstabs akzeptiert, sind jedoch, wie ausgeführt (s. Rdn. 10), nur wirksam, wenn ihre Anwendung und ihr Ergebnis billigem Ermessen entsprechen. Hieran fehlt es, wenn sie dem Vermieter erlauben, das Vermietungsrisiko einseitig auf den Mieter abzuwälzen.[75] Der Mieter wird mit einem unkalkulierbaren Risiko und damit unangemessen belastet.[76] 42

Meist wird die Abänderung des vertraglichen Flächenmaßstabs zugunsten des Vermieters daher nur in Betracht kommen, wenn er durch die für die unvermieteten Flächen entstehenden Kosten in unzumutbarer, krasser Weise so belastet wird, dass eine **Störung der Geschäftsgrundlage** (§ 313 BGB) zu konstatieren ist (s. auch Rdn. 11).[77] Hierzu stellen sich mehrere Probleme. 43

cc) Störung der Geschäftsgrundlage. (a) Voraussetzungen. Ab welchem Leerstand eine Störung der Geschäftsgrundlage überhaupt in Betracht kommt, wird verschieden beurteilt. Der BGH[78] hat sie für einen Vermieter verneint, aus dessen Wohnungsbestand von 35 Wohnungen 3 leer standen, mithin bei einer Quote von 8,6%. Nach einer Ansicht wird nur ein dauerhafter, struktureller Leerstand „nicht unter 20%, eher 30%"[79] oder „weit über 20%"[80] eine unzumutbare Belastung auslösen, nicht aber ein konjunktureller, vorübergehender, wobei Leerstand zur Vorbe- 44

[73] BGH (VIII ZR 183/09) GE 2010, 1615 = NZM 2010, 855 = WuM 2010, 685 = ZMR 2011, 195.
[74] BGH (VIII ZR 183/09) GE 2010, 1615 = NZM 2010, 855 = WuM 2010, 685 = ZMR 2011, 195.
[75] *Sternel* WuM 2003, 243 (247).
[76] *Both* in Herrlein/Kandelhard § 556a Rdn. 10; *Langenberg* WuM 2002, 589.
[77] BGH (VIII ZR 159/05) NZM 2006, 655 = WuM 2006, 440.
[78] BGH (VIII ZR 159/05) NZM 2006, 655 = WuM 2006, 440.
[79] *Blank* in Blank/Börstinghaus § 556a Rdn. 27; *Sternel* WuM 2003, 243 (246).
[80] *Kinne* in Kinne/Schach/Bieber § 556a Rdn. 2.

reitung einer Sanierung des Gebäudes oder infolge dessen grober Vernachlässigung ohnehin ausscheidet.[81] Nach anderer Ansicht kann auf den erheblichen Leerstand nach § 1 Altschuldenhilfeverordnung zurückgegriffen werden, der ab 15% eingreift;[82] diese Grenze erscheint indes zu niedrig. Verlangt der Miteigentümer einer WEG nach § 10 Abs. 2 Satz 3 WEG eine Änderung des Kostenverteilungsschlüssels von Miteigentumsanteilen auf Verteilung nach Wohn- oder Nutzflächen, kann dies grundsätzlich nur Erfolg haben, wenn *„das Festhalten an der geltenden Regelung aus schwerwiegenden Gründen … unbillig erscheint;"* der Schwellenwert muss dabei mindestens 25% betragen.[83] Nach allem wird eine relevante Quote eher erst bei einem **Leerstand von 30%** erreicht sein.

45 Aus dem Leerstand muss eine **unzumutbare, krasse finanzielle Belastung** des Vermieters resultieren. Sie wird bei entsprechender Leerstandsquote im Regelfall anzunehmen sein, zwingend ist dies jedoch nicht. So sorgen die Mieter in manchen Häusern z. B. selbst für Beheizung und Warmwasser sowie die Lieferung von Gas, Strom und Wasser durch direkte Versorgungsverträge, sie erledigen die Treppenhausreinigung und der Erdgeschossmieter die Gartenpflege, für den Hauswart verbleibt nur noch ein geringes Aufgabengebiet, so dass die besonders kostenintensiven Betriebskostenarten schon nicht anfallen. Hier kann es an einer krassen Belastung des Vermieters fehlen, zumal unter dem Gesichtspunkt, dass etliche Kosten schon aufgrund ihrer Art nicht allein den verbliebenen Mietern auferlegt werden dürfen (s. Rdn. 48).

46 *derzeit nicht belegt*

47 **(b) Folgen.** Ist im Einzelfall eine Störung der Geschäftsgrundlage zu bejahen, ist zu entscheiden, **welcher Umlageschlüssel als Ersatz** vom Vermieter angewendet werden darf. Will der Vermieter gravierende Unterschiede in der Nutzung der Mietobjekte vermeiden, kann er den Personenschlüssel verwenden, der ihn jedoch nur in engen Grenzen von den Folgen des Leerstands entlastet (s. Rdn. 56). Da der Flächenschlüssel in § 556a Abs. 1 Satz 1 BGB gesetzlich als angemessener Verteilungsmaßstab vorgegeben ist, bietet es sich vielmehr an, den vertraglichen Flächenschlüssel nur zu modifizieren, indem die Kosten **nach vermieteter Fläche** umgelegt werden. Hierbei bleibt aber zu klären, **ob** der Vermieter berechtigt ist, nunmehr **alle Kosten in voller Höhe nach vermieteter Fläche** umzulegen.

48 **(aa) Verbrauchsunabhängige Kosten.** Manche Kosten dürfen schon **aufgrund ihrer Art nicht allein den** verbliebenen **Mietern** auferlegt werden, weil sie **zwangsläufig das gesamte Gebäude** betreffen: Dies ist bei der Grundsteuer evident. Die Kosten der Straßenreinigung fallen aufgrund kommunaler Satzung an, gleichviel ob sie von der Gemeinde durchgeführt und mit Gebühren erhoben oder privat erledigt wird. Die Ungezieferbekämpfung dient dem Schutz des gesamten Gebäudes und der Wiedervermietbarkeit der freien Objekte; zum Teil ist sie auch öffentlich-rechtlich zum Schutz Dritter vorgeschrieben. Die Gartenpflege soll die allgemeine Wohnqualität erhalten. Die Außenbeleuchtung ist ohnehin beizubehalten, die Beleuchtung von Zugängen, Fluren, Treppen etc. dient der Verkehrssicherung für die verbliebenen Mieter.[84] Bei der Schornsteinreinigung gehen die Kosten der wegen des Leerstandes ungenutzten Schornsteine ebenso zulasten des Vermieters wie es bei den Mietern der Fall ist, die sich bis zur endgültigen Stilllegung der Schornsteine auch dann an den Kosten zu beteiligen haben, wenn sie die Schornsteine in ihrer Wohnung nicht mehr nutzen. Die Versicherungen gegen Sach- und Haftpflichtschäden laufen unvermindert weiter, weil sie an das Gebäude, dessen Schutz oder von ihm ausgehende Gefahren anknüpfen. Die Installation einer Gemeinschaftsantenne dient dem gesamten Haus, im Übrigen sind die Kosten im Regelfall so gering, dass sie vernachlässigt werden können. Bei den vorgenannten Betriebskostenarten ist eine Aufteilung in Festkosten und betriebsbedingte Kostenanteile nicht notwendig, weil sich anderenfalls für den Vermieter ein sehr hoher Verwaltungsaufwand ergibt, dem auf Seiten des Mieters nur eine marginale Ersparnis gegenübersteht.[85] Hier ist daher der **ursprüngliche Flächenschlüssel** zugrunde zu legen.

49 Ein **Sonderfall** sind die Kosten des **Aufzugs,** weil hier in beträchtlichem Umfang sowohl Grund- als auch betriebsbedingte Kosten anfallen. Die Kosten gliedern sich in den Betriebsstrom,[86] der bei der jeweiligen Benutzung durch die verbliebenen Mieter verbraucht wird, und die Kosten

---

[81] *Sternel* WuM 2003, 243 (246).
[82] *Maaß* ZMR 2006, 760 (761).
[83] BGH (V ZR 131/10) GuT 2010, 460 = ZMR 2011, 485; (V ZR 174/09) NZM 2010, 624 = WuM 2010, 520.
[84] KG DWW 2010, 264 = GE 2010, 1268 = GuT 2010, 199 = ZMR 2011, 35.
[85] *Sternel* WuM 2003, 243 (247); vgl. auch z. B. BGH (VIII ZR 78/05) NZM 2006, 340 = WuM 2006, 200.
[86] Vgl. *Maaß* ZdwBay 2002, 309.

aus der Beaufsichtigung, Bedienung und Überwachung der Anlage sowie der regelmäßigen Wartung. Mit Ausnahme der Wartungskosten[87] dürfen diese Kosten allein auf die Nutzer verteilt werden, weil sie nur von ihnen verursacht werden. An den Wartungskosten hat sich der Vermieter weiterhin entsprechend dem Leerstand zu beteiligen, weil sie aus dem Risiko stammen, die betreffenden Wohnungen nicht vermieten zu können oder zu wollen.

Auf der anderen Seite können weitere Kosten **allein den Mietern** belastet werden, **sobald** der Vermieter die **Kosten dem Bedarf angepasst** hat, so dass es eines Abzugs für die leerstehenden Flächen nicht bedarf: Gebäudereinigung, Beleuchtung, Hauswart. Soweit der Vermieter insoweit das Wirtschaftlichkeitsgebot nicht erfüllt hat, steht den Mietern ein Schadensersatzanspruch auf Freihaltung von den überflüssigen Kosten zu. **50**

(bb) Nicht erfasste verbrauchs- und verursachungsabhängige Kosten. Hier ist eine Aufteilung in Grund- und betriebsbedingte Kosten nur notwendig, soweit es nicht nur marginale Kosten angeht, die in das Vermietungsrisiko des Vermieters fallen. **51**

Auch wenn der Vermieter berechtigt ist, die **Wasserkosten** nach vermieteter Fläche umzulegen, haben Grundkosten, die auf die Leerstandsflächen entfallen, bei ihm zu verbleiben. Dabei handelt es sich um die Kosten, die nach hier vertretener Auffassung auch dann von ihm zu tragen sind, wenn nach erfasstem Verbrauch abgerechnet wird (s. Rdn. 41). Was die Kosten der **Entwässerung** betrifft, ist ebenso zu verfahren. Eine **Ausnahme** betrifft die Wasserkosten, die nicht am Frischwasserbezug festgemacht sind, d. h. die Kosten der Oberflächenentwässerung, zum Teil auch Regenwasserabgabe genannt. An ihnen haben stets auch die Leerstände teil. **52**

Erhebt die Gemeinde eine Grundgebühr für die **Müllbeseitigung** je Wohnung, auch für leer stehende, hat der Vermieter die entsprechenden Kosten mit zu tragen. Werden die Müllgebühren ohne Grundgebühr erhoben, kann nach der vermieteten Fläche abgerechnet werden, weil nur dort Müll produziert wird. Dies gilt allerdings erst, wenn dem durch Auszug von Mietern weniger anfallenden Müll auch eine entsprechende Kostenreduzierung gegenüber steht. Der Entsorger benötigt immer eine gewisse Vorlaufzeit, bis er durch Verringerung der Müllgefäße auf die Mitteilung, sie seien in diesem Umfang nicht mehr erforderlich, reagiert.[88] An den während dieser Übergangszeit entstehenden Kosten hat sich der Vermieter zu beteiligen, so dass die volle Umlage der Kosten auf die verbliebenen Mieter erst zulässig ist, wenn die Reduzierung des Volumens der insgesamt vorgehaltenen Müllgefäße oder des Abfuhrturnus erfolgt ist. **53**

(cc) Erfasste verbrauchs- und verursachungsabhängige Kosten. Hierzu ist auf die Ausführungen in Rdn. 40f. zu verweisen. **54**

b) Abrechnung nach Personenschlüssel. Bei Leerstand einzelner Wohnungen hat der Vermieter deren anteilige Kosten zu tragen (s. Rdn. 34). Beim Personenschlüssel kann nichts anderes gelten als bei der Verwendung des Flächenschlüssels. In beiden Fällen geht das Vermietungsrisiko zulasten des Vermieters.[89] **55**

Soweit es sich um **verbrauchsunabhängige Kosten** handelt, hat die Umlage ohnehin **nur nach dem Flächenschlüssel** zu erfolgen, weil die Zahl der jeweils eine Flächeneinheit nutzenden Personen irrelevant ist, so dass eine andere Umlage als die nach dem Flächenschlüssel unbillig i. S. des § 315 BGB ist (s. dazu Rdn. 23). Zu dem Fall, dass der Vermieter **gleichwohl nach Personen** abrechnet, hat der **BGH** entschieden, dass es für die Frage, ob und wie der Vermieter an den Kosten des Leerstands zu beteiligen ist, auf die jeweiligen Umstände des Einzelfalls ankommt, insbesondere den Umfang und die Dauer des Leerstands sowie die Höhe der streitigen Kosten; dem Leerstand darf durch eine fiktive Personenzahl für die Dauer des Leerstands zu Lasten des Vermieters Rechnung getragen werden.[90] Zu der Frage, wie die fiktive Personenzahl zu ermitteln ist, äußert der BGH nur allgemein, dass es in Betracht kommen könne, bei den verbrauchsunabhängigen Kosten eine fiktive Person anzusetzen. Diese Angabe darf jedoch nicht verallgemeinert werden. Im entschiedenen Fall handelte es sich um ein Dreifamilienhaus, der Leerstand einer Wohnung dauerte 2 Monate, die streitigen Kosten betrugen € 7,95. Hier mögen die vom BGH herausgestellten Umstände des Einzelfalls ausschlaggebend gewesen sein. **56**

Im Grundsatz ist das das Problem der fehlenden Personen vielmehr durch den **Ansatz hypothetischer Nutzer** zu lösen. Dabei ist eine sachgerechte Beteiligung des Vermieters auf der

---

87 *Seldeneck* Rdn. 3144.

88 Ebenso *Schach* GE 2002, 377.

89 Z. B. LG Krefeld WuM 2010, 357.

90 BGH (VIII ZR 180/12) GE 2013, 411 = NZM 2013, 264 = WuM 2013, 227.

Grundlage der **durchschnittlichen Belegung** der Wohnungen zu erzielen.[91] Dadurch wird im Ergebnis ein systematischer Gleichlauf mit der Behandlung des Leerstandes bei der Abrechnung nach dem Flächenmaßstab hergestellt. Die Meinung, die leerstehenden Wohnungen seien nur mit jeweils einer Person in Ansatz zu bringen, weil dies unabhängig von der Wohnungsgröße dem tatsächlichen Verhältnis aus der Nichtvermietung am nächsten komme,[92] übersieht, dass dieses Verfahren deutlich zulasten der verbliebenen Mieter ginge, sofern es sich nicht um ein Gebäude mit kleinen Einzimmerwohnungen handelt, die tatsächlich durchweg nur von einer Person bewohnt werden. Bei den Müllgebühren kann die alleinige Belastung der verbliebenen Mieter erfolgen, sobald der Vermieter auf den geringeren Bedarf an Müllbehältern und/oder Leerungshäufigkeit reagiert hat.

Bei den Kosten aus **erfasstem Verbrauch oder erfasster Verursachung** wird die Umlage mit Ansatz **einer Person** je leerstehendem Mietobjekt zu billigen Ergebnissen führen, soweit hier Grundkosten entstehen. Grundkosten kommen z. B. in Betracht für Messeinrichtungen (Wasser/Abwasser), ggf. aber auch aus einer Druckerhöhungsanlage u. Ä., sowie für die Müllbeseitigung, solange Festbeträge für Müllgebühren in den leeren Objekten erhoben werden. Die Kosten der Oberflächenentwässerung sind ohnehin, da verbrauchsunabhängig, nach Fläche zu verteilen.

7. Verwaltungs-/Abrechnungseinheiten

57 **a) Preisgebundener Wohnraum.** Nach **altem Recht** war gem. § 2 Abs. 1 Satz 1 II. BV die Wirtschaftlichkeitsberechnung für das Gebäude, das den Wohnraum enthält, aufzustellen, nach Satz 2 für eine Mehrheit solcher Gebäude, wenn sie eine **Wirtschaftseinheit** bilden. Nach der Definition in Satz 3 ist eine Wirtschaftseinheit die Mehrheit von Gebäuden, die demselben Eigentümer gehören,[93] in örtlichem Zusammenhang stehen (dazu Rdn. 62) und deren Errichtung ein einheitlicher Finanzierungsplan zugrunde gelegt wurde oder zugrunde gelegt werden soll. Die Betriebskosten der Wirtschaftseinheit sind nach der Regel in § 20 Abs. 2 NMV entsprechend dem Verhältnis der Flächen der gesamten Wirtschaftseinheit umzulegen.

Sofern die Bewilligungsstelle zustimmte, konnte der Vermieter nach §§ 8b Abs. 2 WoBindG, 2 Abs. 6 II. BV auch **nachträglich Wirtschaftseinheiten** bilden, wenn die bisherigen Gebäude oder Wirtschaftseinheiten in örtlichem Zusammenhang standen und die Wohnungen keine wesentlichen Unterschiede in ihrem Wohnwert aufwiesen. Machte er hiervon Gebrauch, war die neue Gesamtfläche für die Umlage der Betriebskosten maßgeblich.

58 Zum **neuen Recht** ist festzustellen, dass das am 1.1.2002 in Kraft getretene WoFG in § 19 Abs. 2 Satz 1 WoFG a. F. die Definition der Betriebskosten aus § 27 Abs. 1 Satz 1 II. BV übernahm, allerdings bis auf den Passus *„oder der Wirtschaftseinheit"*. Auch im Übrigen wird das Wort Wirtschaftseinheit im WoFG nicht mehr verwendet. § 1 Abs. 1 Satz 1 der seit 1.1.2004 geltenden BetrKV wiederholt die Definition aus § 19 Abs. 2 Satz 1 WoFG. Der Begriff Wirtschaftseinheit findet sich damit seit dem 1.1.2002 generell nicht mehr in den einschlägigen Vorschriften. Da nach § 46 Abs. 1 WoFG dieses Gesetz allerdings nur auf Maßnahmen der sozialen Wohnraumförderung anzuwenden ist, für welche die Förderzusage nach dem 31.12.2001 erteilt wurde, bleibt es für preisgebundenen Wohnraum alter Art bei der Möglichkeit der Abrechnung nach Wirtschaftseinheit, sofern sie zuvor in zulässiger Weise nach dem bisherigen Recht gebildet wurde; auf den Zeitpunkt des Abschlusses des jeweiligen einzelnen Mietvertrags kommt es nicht an. Was Förderzusagen nach dem 31.12.2001 betrifft, die mithin unter das WoFG fallen, soll eine sachliche Änderung nach der Begründung der Verordnung[94] damit nicht verbunden sein. Dies ist im Hinblick auf den Wortlaut des Gesetzes nicht überzeugend, jedenfalls soweit es um die einseitige Festlegung von Wirtschaftseinheiten durch den Vermieter geht. Ihm wird es **jedoch** im Hinblick auf die Begründung zur Verordnung **weiterhin möglich** sein, durch auch formularvertraglich zulässige **Vereinbarung** im Mietvertrag die Abrechnung nach Wirtschaftseinheiten vorzusehen und diese entsprechend den nach dem bisherigen Recht notwendigen Voraussetzungen zu bilden.

---

[91] Ebenso AG Köln WuM 2002, 285; *Seldeneck* Rdn. 3159; *Sternel* NZM 2006, 811 (813); *Wall* Rdn. 1944.

[92] AG Köln WuM 1998, 290.

[93] Diese Voraussetzung erfüllt die Eigentümergemeinschaft eines in Wohnungseigentum aufgeteilten Gebäudes nicht, wenn die einzelnen Wohnungen im Namen der jeweiligen Wohnungseigentümer vermietet wurden, KG neg. RE 29.1.1987 WuM 1987, 181.

[94] BR-Drucks. 568/03 S. 28.

b) Preisfreier Wohnraum. Will der Vermieter preisfreien Wohnraums aus Gründen der Verwaltungsvereinfachung oder z. B. nach Erwerb der Nachbargrundstücke über die Betriebskosten mehrerer Grundstücke einheitlich und (üblicherweise) nach Fläche abrechnen, also eine **Verwaltungs- und Abrechnungseinheit** bilden, ist zu differenzieren. 59

Maßgeblich ist zunächst **der Mietvertrag.**[95] Ist in ihm festgelegt, dass eine Einzelabrechnung für das Gebäude erfolgt, in dem die Wohnung liegt, ist die Abrechnung nach einer weiter gehenden Verwaltungseinheit ausgeschlossen. Fraglich ist, ob eine derartige Festlegung schon dann vorliegt, wenn in der Beschreibung des Mietobjekts lediglich angegeben ist, es erfolge die Vermietung einer Wohnung in X-Straße, Hausnr. … Nach einer Ansicht beziehen sich auf Grund der Angabe der Hausnummer alle folgenden Vereinbarungen auch über die Nebenkosten allein auf die gemietete Wohnung und das erwähnte Haus.[96] Nach überwiegender Ansicht ist der bloßen Objektbeschreibung in den ersten Abschnitten eines Mietvertrags eine derart weit reichende Wirkung **nicht** beizulegen.[97] 60

Enthält der **Mietvertrag keine Festlegung,** ist der Vermieter preisfreien Wohnraums nach der Rechtsprechung des **BGH** regelmäßig weiterhin berechtigt, bei der Abrechnung der umlagefähigen Betriebskosten mehrere von ihm verwaltete und der Wohnnutzung dienende zusammenhängende Gebäude vergleichbarer Bauweise, Ausstattung und Größe zu einer Abrechnungseinheit zusammenzufassen.[98] Dies hatte der BGH bisher schon für die Fälle angenommen, in denen einer hausbezogenen Abrechnung faktische oder jedenfalls unzumutbare technische Hindernisse entgegenstehen, z. B. eine einheitliche Versorgungsanlage,[99] was ggf. der Vermieter darzutun hat.[100] Dem Hinweis des Vermieters auf unzumutbare technische Hindernisse wurde allerdings für den Fall nicht gefolgt, dass zwar für drei Gebäude nur ein Hauptwasserzähler vorhanden war, nach der einschlägigen Landesbauordnung aber innerhalb einer längeren Übergangszeit ohnehin Wohnungswasserzähler einzubauen sind.[101] 61

Die **Bildung von Abrechnungseinheiten** ist **nur unter bestimmten Voraussetzungen** zulässig: Die Gebäude müssen einheitlich verwaltet sein, in unmittelbarem örtlichen Zusammenhang stehen, gleichartiger Nutzung dienen und sie dürfen keine wesentlichen Unterschiede im Wohnwert aufweisen.[102] Da es auf die **einheitliche Verwaltung** ankommt, können die Gebäude, anders als im öffentlich geförderten Wohnungsbau, verschiedenen Eigentümern gehören. Der **unmittelbare örtliche Zusammenhang** setzt keine unmittelbare Nachbarschaft, aber ein zusammenhängendes Bau- und Wohngebiet voraus.[103] Kein Zusammenhang ist mehr gegeben bei größerer räumlicher Entfernung der Gebäude und dazwischen liegenden Häuserzeilen, die anderen Verwaltungen unterliegen,[104] erst recht nicht durch die Lage der Gebäude im Stadtgebiet, auch wenn hier für die Gartenpflege ein einheitlicher Pauschalauftrag vergeben wurde.[105] Die Gebäude müssen **gleichartiger Nutzung** dienen.[106] Dass sie ganz oder zum Teil gemischt genutzt werden, wird der Bildung einer Abrechnungseinheit nicht entgegen stehen.[107] Unzulässig ist hingegen eine Abrechnungseinheit aus Gebäuden mit reiner Gewerbenutzung, gemischter Nutzung und reiner Wohnnutzung.[108] 62

---

[95] BGH (VIII ZR 73/10) GE 2010, 1682 = NZM 2010, 895 = WuM 2010, 742 = ZMR 2010, 198; OLG Koblenz neg. RE 8. 5. 1987 WuM 1987, 208; *Blank* DWW 1992, 66.

[96] LG Itzehoe ZMR 2003, 842; LG Köln WuM 1991, 281.

[97] BGH (VIII ZR 290/09) GE 2010, 1415 = NZM 2010, 781 = WuM 2010, 629 = ZMR 2011, 24; LG Itzehoe ZMR 2009, 369 (klarstellend zu LG Itzehoe ZMR 2004, 198); LG Darmstadt WuM 2000, 311; *Blank* DWW 1992, 66; *Kinne* in Kinne/Schach/Bieber § 556a Rdn. 27; *Weitemeyer* in Staudinger § 556a Rdn. 27.

[98] BGH (VIII ZR 73/10) GE 2010, 1682 = NZM 2010, 895 = WuM 2010, 742 = ZMR 2010, 198.

[99] BGH (VIII ZR 371/04) DWW 2005, 328 = GE 2005, 1118 = NZM 2005, 737 = WuM 2005, 579.

[100] LG Itzehoe ZMR 2004, 198.

[101] LG Itzehoe ZMR 2006, 779.

[102] OLG Koblenz RE 27. 2. 1990 WuM 1990, 268 = ZMR 1990, 297; *Sternel* III Rdn. 358; dazu kritisch *Seldeneck* Rdn. 2202 ff.

[103] OLG Koblenz RE 27. 2. 1990 WuM 1990, 268 = ZMR 1990, 297; AG Siegen WuM 1996, 426; vgl. LG Bautzen WuM 2002, 497: Kein Zusammenhang mehr bei größerer räumlicher Entfernung der Gebäude und dazwischen liegenden Häuserzeilen, die anderen Verwaltungen unterliegen; AG Leipzig WuM 1999, 467: Die Zusammenfassung von 107 Gebäuden ist unbillig, da sie dem Mieter keine Kontrolle mehr ermöglicht.

[104] LG Bautzen WuM 2002, 497.

[105] AG Siegen WuM 1996, 426.

[106] OLG Koblenz RE 27. 2. 1990 WuM 1990, 268 = ZMR 1990, 297; *Sternel* III Rdn. 358; dazu kritisch *Seldeneck* Rdn. 2202 ff.

[107] LG Bonn WuM 1998, 353.

[108] LG Köln NZM 2001, 617; AG Nürnberg WuM 2017, 206 bei Einbeziehung eines Hostels.

Die Gebäude dürfen **keine wesentlichen Unterschiede im bautechnischen Bestand, in der Bauweise, der Ausstattung und der Größe** aufweisen.[109] Bei diesen Kriterien besteht generell die Gefahr, dass dem Mieter Kosten zuwachsen, die aus der Einbeziehung besser gestalteter oder ausgestatteter Gebäude stammen. Die Verwaltungsvereinfachung für den Vermieter ginge sonst zu Lasten des Mieters. Lässt sich die **bessere Ausstattung** eines Hauses problemlos **ausgliedern,** wie z. B. bei Aufzügen, dürfte die Einbeziehung dieses Objekts in eine Abrechnungseinheit hingegen zulässig sein.[110] Bei der Abrechnung ist sodann aber darauf zu achten, dass nur die Objekte mit der entsprechenden Ausstattung belastet werden. Dasselbe gilt, wenn bestimmte Kosten nur deshalb für einzelne Einheiten anfallen, weil die Mieter der anderen Einheiten die Arbeiten selbst erledigen, etwa die Gebäudereinigung[111] oder die Gartenpflege.[112]

Die Bildung einer Abrechnungseinheit gestattet dem Vermieter **keine generell undifferenzierte Umlage** der Kosten. Dies bedeutet, dass der Vermieter z. B. jedenfalls dann nicht zur Abrechnung nach Abrechnungseinheit berechtigt ist, wenn sich **erhebliche Verbrauchsunterschiede,** etwa beim Wasserverbrauch, zwischen den Häusern zeigen und der Versorger den Verbrauch getrennt nach den Gebäuden erfasst und abrechnet, so dass der Vermieter unsinnigerweise die Verbräuche addieren muss, um sie nach der Gesamteinheit umlegen zu können.[113]

63 Sind die vorbeschriebenen **Voraussetzungen nicht erfüllt,** ist die Bildung von Abrechnungseinheiten unzulässig. Hier gilt uneingeschränkt der allgemeine Grundsatz der Umlage nach der kleinstmöglichen Einheit.[114] Dieser Grundsatz hat seine Berechtigung darin, dass sich kostenbewusstes, sparsames Verhalten der Mieter nur hier unmittelbar auswirkt.

64 **Nach Beendigung der Preisbindung** bleibt eine ursprüngliche oder nachträglich gebildete Wirtschaftseinheit für die Altmieter bestehen.[115] Hinsichtlich der Neumieter kann die Umlage auf dieser Basis nur erfolgen, wenn der Vermieter vor dem 1.1.2004 sein Leistungsbestimmungsrecht ausübte oder wenn sie vereinbart wurde.

8. Gemischt genutzte Objekte

65 Befinden sich in einem Gebäude sowohl Geschäftsbetriebe als auch Wohnungen, ist **im Grundsatz** eine **Kostentrennung** zwischen den Betriebskosten, die auf die gewerblich genutzten Objekte entfallen, und denjenigen für den Wohnraum notwendig. Es wäre nicht sachgerecht und damit unbillig, den Wohnungsmieter mit solchen Kosten zu belasten, die auf andersartiger Nutzung einzelner Räume des Hauses beruhen. Hat sich der Vermieter **im Mietvertrag** zur Kostentrennung verpflichtet, muss er sich daran festhalten lassen.[116] Da ein Vorwegabzug für den Mieter im Zweifel vorteilhaft ist, ist auch eine entsprechende Formularklausel nicht zu beanstanden.[117] **Fehlt eine Vereinbarung,** wurde die Pflicht des Vermieters zum Vorwegabzug wohnungsfremder Kosten entweder aus § 20 Abs. 2 Satz 2 NMV (*„Betriebskosten, die nicht für Wohnraum entstanden sind, sind vorweg abzuziehen."*) und dem darin zum Ausdruck kommenden allgemeinen Rechtsgedanken abgeleitet oder für die Zeit ab dem 1.9.2001 aus § 556a Abs. 1 BGB (*„nach dem Anteil der **Wohn**fläche"*).[118] Beiden Ansätzen ist der **BGH** nicht gefolgt;[119] zur Kritik an seiner Argumentation, die ausschließlich auf den regelmäßigen Flächenschlüssel gem. § 556a Abs. 1 BGB Bezug nimmt, s. ausführlich Rdn. 101. Auch er

---

[109] BGH (VIII ZR 73/10) GE 2010, 1682 = NZM 2010, 895 = WuM 2010, 742 = ZMR 2010, 198; OLG Koblenz RE 27.2.1990 WuM 1990, 268 = ZMR 1990, 297; vgl. LG Bautzen WuM 2002, 497: Wesentliche Unterschiede im Wohnwert von Außenanlagen, z. T. gepflasterter Parkplatz, z. T. dichte Bepflanzung, vorwiegend mit Bäumen, z. T. Grünfläche als Rondell gestaltet, z. T. mit Spielplatz, z. T. Rasen, alles mit jeweils völlig unterschiedlichem Pflegeaufwand; LG Hamburg WuM 2004, 498 gegen die gemeinsame Abrechnung eines Einfamilienhauses von 85 m² und eines Mehrfamilienhauses von 218 m²; AG Köln WuM 2000, 152 bei Einheit aus einem 7- und mehreren 2-stöckigen Gebäuden.

[110] *Pistorius* GW 1987, 126; *Blank* DWW 1992, 66; vgl. LG Köln NZM 2001, 617.

[111] AG Stuttgart WuM 2004, 475.

[112] AG Mülheim/Ruhr WuM 1998, 39.

[113] AG Spandau MM 10/2015, 30.

[114] AG Mülheim/Ruhr WuM 1998, 39; AG Köln WuM 1997, 232; AG Siegen WuM 1996, 426; AG Kassel WuM 1995, 442.

[115] AG Köln ZMR 2005, 629; vgl. BGH (VIII ZR 258/09) GE 2010, 1051 = NZM 2010, 736 = WuM 2010, 490.

[116] BGH (VIII ZR 251/05) NZM 2007, 83 = WuM 2006, 684 = ZMR 2007, 101.

[117] *Pfeifer* MietRB 2011, 24 (25).

[118] Z. B. *Langenberg* NZM 2001, 783 (789).

[119] BGH (VIII ZR 78/05) GE 2006, 502 = NZM 2006, 340 = WuM 2006, 200.

bestätigt indes, dass der Wohnungsmieter nicht an Kosten zu beteiligen ist, die allein oder in höherem Maße aufgrund einer gewerblichen Nutzung entstehen. **Formularklauseln,** welche die **generelle Aufteilung nach Wohn- *und* Nutzflächen** vorsehen, sind daher **unwirksam;**[120] sie sollen dem Vermieter die Kostentrennung auch in den Fällen ersparen, wenn sie wegen des unterschiedlichen Kostenanfalls evident angezeigt ist, was den Mieter unangemessen benachteiligt (§ 307 BGB). Dies bedeutet im Übrigen, dass dem Gewerberaummieter grundsätzlich nicht Kosten auferlegt werden dürfen, die ausschließlich für die Wohnungen anfallen.[121]

Zu der Frage, **wann** der **Vorwegabzug erforderlich** ist, hat der BGH den Standpunkt eingenommen, er scheide nicht etwa nur dann aus, wenn die auf die unterschiedliche Nutzung entfallenden Verursachungsanteile gleich hoch sind. Vielmehr sei er auch dann nicht notwendig, wenn die Geschäftsbetriebe hinsichtlich einzelner Kostenarten **keine erhebliche Mehrbelastung** verursachen. Zur Begründung hat er ausgeführt, dass selbst innerhalb eines allein zu Wohnzwecken dienenden Hauses gewisse Ungenauigkeiten bei der Verteilung der Betriebskosten nicht zu vermeiden und von den Mietern daher hinzunehmen seien, so dass eine andere Beurteilung im Verhältnis der Wohnungsmieter zu den gewerblichen Mitmietern nicht angebracht sei. Der BGH hat damit den früheren Ausnahmefall zum Regelfall gemacht.[122] Der Vorwegabzug scheidet auf dieser Basis nicht nur dann aus, wenn eine Mehrbelastung der Wohnungsmieter ausgeschlossen erscheint,[123] sondern auch dann, wenn eine gewisse Mehrbelastung zu vermuten ist. Nicht erforderlich ist er ohnehin, wenn die auf die Gewerbeeinheiten entfallenden Kosten separat ermittelt werden, z. B. durch getrennte Wasserzähler.[124] Auf dieser Grundlage ist **für die einzelnen Betriebskostenarten jeweils getrennt zu prüfen,**[125] ob eine deutliche Mehrbelastung durch die gewerbliche Nutzung eintritt. Die **Abrechnungsvereinfachung** für den Vermieter kann allerdings dann **nicht** in Betracht kommen, wenn es um **schlichte Rechenvorgänge** geht, wie bei der Aufteilung der Grundsteuer nach den Angaben im Einheitswertbescheid;[126] die Zuordnung der Kostenanteile ist hier nur entbehrlich, wenn die Gewerbefläche einen sehr geringen Teil der Gesamtfläche ausmacht. 66

Wann die Mehrbelastung **nicht *„ins Gewicht*“** fällt, ist bislang nicht geklärt. Nach einer Ansicht soll die Mehrbelastung 3% der *Gesamtkosten* nicht übersteigen dürfen:[127] gegen diesen Ansatz spricht nicht nur die vorbeschriebene Rechtsprechung des BGH, sondern auch der Umstand, dass die Anbindung an die Gesamtkosten auch bei geringen prozentualen Zuschlägen häufig schon für sich genommen zu einer Mehrbelastung des Mieters führt, die schwerlich noch als unerheblich einzustufen ist. Nach anderer Meinung wird anknüpfend an die 10%-Rechtsprechung des BGH (s. Rdn. 28) vertreten, eine Mehrbelastung bis zu dieser Höhe sei unerheblich.[128]. Auch ein Zuschlag von 10% bei einzelnen Betriebskostenarten wird indes nicht selten zu einer Mehrbelastung in erheblicher Höhe führen, zumal wenn die Kosten der Wasserversorgung/Entwässerung, der Müllbeseitigung und des Hausmeisters betroffen sind. Es bietet sich vielmehr an, auf den Rechtsgedanken des § 651a Abs. 5 Satz 2 BGB zurückzugreifen, dass ein Reisender vom Reisevertrag zurücktreten kann, wenn eine *„Erhöhung des Reisepreises um mehr als 5 vom Hundert oder eine erhebliche Änderung einer wesentlichen Reiseleistung“* eintritt. Eine Erhöhung um 5% ist danach einer erheblichen Änderung gleichgesetzt. Auf die hier behandelte Problematik übertragen fallen damit Mehrbelastungen des Wohnraummieters aus der teilgewerblichen Nutzung des Hauses von mehr als 5% *„ins Gewicht“*.[129]

Geht es **z. B.** um die Umlage der **Wasserkosten** und handelt es sich bei den gewerblich genutzten Flächen nur um Büros,[130] oder Lagerräume, werden die Wohnungsmieter durch eine einheit- 67

[120] Vgl. LG Hamburg GE 2001, 992; LG Freiburg WuM 2000, 614; *Wall* Rdn. 3120.

[121] OLG Düsseldorf DWW 2000, 54 m. Anm. *Geldmacher; Pfeifer* DWW 2000, 16.

[122] *Both* in Herrlein/Kandelhard § 556a Rdn. 5.

[123] AG Hamburg WuM 2002, 265 für Reisebüro und Juwelier; LG München II NZM 2002, 286 für die Kosten der Müllbeseitigung bei vier Läden, acht Büros und Wohnungen, wenn der Papiermüll der Gewerbeobjekte kostenlos entsorgt wird.

[124] BGH (VIII ZR 207/11) GE 2012, 954 = WuM 2012, 405.

[125] BGH (VIII ZR 45/10) GE 2010, 1261 m. Anm. *Kinne* GE 2010, 1237 = NZM 2010, 784 = WuM 2010, 627 = ZMR 2011, 26; (VIII ZR 78/05) NZM 2006, 340 = WuM 2006, 200 mit Anm. *Antoni* WuM 2006, 682.

[126] AG Charlottenburg MM 2008, 299; AG Köln WuM 2006, 568; *Weitemeyer* in Staudinger § 556a Rdn. 34.

[127] LG Aachen WuM 2006, 615; dagegen *Lammel* WuM 2007, 118 (119).

[128] *Wall* Rdn. 1905.

[129] *Beyer* NJW 2010, 1025 (1030); *Pfeifer* MietRB 2011, 25 (28).

[130] BGH (VIII ZR 78/05) NZM 2006, 340 = WuM 2006, 200 für Jobcenter und Internetcafé; AG Hamburg WuM 2002, 265 für Reisebüro und Juwelier.

liche Umlage nach Wohn- und Nutzflächen bevorzugt; üblicherweise wird in Büros u. Ä. weder gebadet, Wäsche gewaschen noch in größerem Umfang gekocht (s. auch Rdn. 94). Anders verhält es sich, wenn im Haus z. B. eine Gaststätte oder ein Friseursalon betrieben werden. Bei den **Stromkosten** ist eine Abgrenzung erforderlich, wenn die Fassade der Ladengeschäfte oder deren Werbung beleuchtet werden. Demgegenüber sollen die von den gewerblichen Einheiten verursachten **Müllkosten** unter denen für die Wohnraumnutzung liegen, wenn die Gewerbeobjekte ihren Papiermüll kostenlos entsorgen.[131] Zu weiteren Einzelheiten ist auf die Ausführungen zum Umlageschlüssel bei den einzelnen Betriebskostenarten in Rdn. 83 ff. zu verweisen. Die **Darlegungs- und Beweislast** für eine erhebliche Mehrbelastung der Wohnraummieter trifft den Mieter.[132] Allerdings bedarf es entsprechender Einwände seinerseits nicht, wenn die Mehrbelastung evident ist.[133]

68 Soweit im Einzelfall bei einzelnen Betriebskostenarten eine **sachliche Differenzierung nicht möglich** ist, scheidet die Kostentrennung aus; hier ist entsprechend § 20 Abs. 2 Satz 2 NMV für preisgebundenen Wohnraum auch bei preisfreiem Wohnraum im Verhältnis des umbauten Raums oder der Wohn- und Nutzflächen umzulegen. Ob die Differenzierung bereits dann unmöglich ist, wenn der Vermieter von dritter Seite eine undifferenzierte Kostenfestsetzung erhält, z. B. einen einheitlichen Grundsteuerbescheid oder eine einheitliche Versicherungsprämienabrechnung, ist ebenso streitig wie die Frage, ob die Kostentrennung nur dann in Betracht kommt, wenn sie problemlos erfolgen kann. So wird vertreten, dass eine pauschale Vorerfassung durch Abrechnung nach umbautem Raum nur zulässig ist, wenn sie auf andere Weise schlechthin unmöglich ist.[134] Zum Einzelnen ist auf die Ausführungen zu den verschiedenen Betriebskostenarten zu verweisen (Rdn. 83 ff.).

III. Andere Umlageschlüssel

1. Zahl der Mietobjekte

69 Die **generelle Umlage** der Kosten nach der Zahl der Mietobjekte ist **grundsätzlich nicht zulässig.**[135] Als **Ausnahme** ist sie zum einen **geboten,** wenn es um Kosten von Einrichtungen geht, deren Nutzwert für jedes Mietobjekt unabhängig von seiner Fläche identisch ist, wie bei Anschlüssen für den Rundfunk- und Fernsehempfang,[136] zum anderen, wenn Grundgebühren zu verteilen sind, die schon vom Rechnungssteller nach der Zahl der Wohneinheiten erhoben werden, wie es z. B. bei Wasser-[137] und Müllgebühren anzutreffen ist. Würde hier etwa nach dem Flächenschlüssel umgelegt, hätten die Wohnungen mit größerer Wohnfläche ohne sachlichen Grund einen höheren Kostenanteil zu tragen.

Ansonsten könnte dieser Umlagemaßstab sachlich noch zu rechtfertigen sein, wenn die Wohnungen etwa gleich groß und in der gleichen Weise ausgestattet sind. Die vermieterseitig gestellte Ausstattung darf dann aber nicht durch zusätzlich oder ersatzweise von den Mietern angeschaffte Einrichtungen verändert sein; dies bezieht sich nicht auf z. B. strombetriebene Geräte, deren Verbrauch der Mieter unmittelbar mit dem Leistungsträger abrechnet, jedoch auf solche, die sich auf die allgemeine Kostenumlage etwa von Wasser/Entwässerung auswirken.

Gelegentlich begegnet die Erwägung, (nur) bei den verbrauchsabhängigen Kosten nach der Zahl der Mietobjekte abzurechnen, wenn zwar die Wohnungen eine unterschiedliche Fläche, aber alle die gleiche Zimmerzahl aufweisen, wobei die Zimmer im Prinzip derselben Nutzung zugänglich sein müssen. Anknüpfung ist dabei die potentielle Belegung der Wohnungen. Gehören zu einzelnen Wohnungen nur halbe Zimmer, scheidet diese Umlageweise jedoch in jedem Fall aus.[138]

---

[131] LG München II NZM 2002, 286 für vier Läden, acht Büros und Wohnungen.

[132] BGH (VIII ZR 340/10) WuM 2011, 513; (VIII ZR 251/05) GE 2006, 1544 = NZM 2007, 83 = WuM 2006, 684 = ZMR 2007, 101.

[133] Vgl. LG Berlin WuM 2001, 412 = ZMR 2001, 111 für den Wasserverbrauch eines Friseurgeschäfts; LG Berlin WuM 2007, 576 für gewerblichen Müll eines größeren Lokals.

[134] LG Berlin WuM 2001, 412 = ZMR 2001, 111.

[135] Z. B. LG Berlin GE 2002, 1492 bei der Umlage der Kosten von Hauswart und Hausreinigung; **a. A.** OLG Düsseldorf DWW 2009, 260 (24. ZS).

[136] Vgl. BGH (VIII ZR 202/06) GE 2007, 1310 = NZM 2007, 769 = WuM 2007, 571; so auch bei der Verteilung unter Wohnungseigentümern: OLG Hamm NZM 2004, 914 (LS).

[137] AG Medebach DWW 2003, 190.

[138] LG Hamburg Beschl. v. 17.4.1998 – 311 S 3/98.

2. Zahl der Nutzer

Den Parteien steht es frei, bei den **verbrauchsabhängigen Kosten** (**nur dort,** s. Rdn. 23) die Umlage nach der **Zahl der Verbraucher** vorzunehmen, es sei denn, dass die Umlage nach dem Anteil der Flächen vorgeschrieben ist (s. Rdn. 20). Dieses Verfahren hat den **Anschein der größeren Verteilungsgerechtigkeit** für sich, zum Teil wird es für allein sachgerecht gehalten.[139] Zum Beleg wird auf eine Gegenüberstellung der Abrechnungsergebnisse auf der Basis der Flächen einerseits und der Nutzerzahlen andererseits verwiesen, aus der sich die Ungerechtigkeit des Flächenmaßstabs ergebe.[140] Diese Meinung ist jedoch nur auf den ersten Blick überzeugend. Ihr sind vor allem zwei Gesichtspunkte entgegenzuhalten. 70

Der erste Aspekt bezieht sich darauf, dass der angenommene größere Gerechtigkeitsgehalt auf der **Unterstellung** beruht, die Unterschiede im Nutzerverhalten lägen innerhalb einer schmalen Bandbreite; ohne diese Prämisse machte es wenig Sinn, diesen Umlageschlüssel zu bevorzugen. Wie die Praxis zeigt, ist diese Annahme nicht begründet. So gibt es Wohnungsmieter, die als Einzelmieter mehr Wasser verbrauchen als eine ökologisch motivierte mehrköpfige Familie, zumal wenn sie sämtliche Verbrauchsstellen mit Wasserspareinrichtungen versehen hat. Entsprechendes gilt für den Umfang der Müllverursachung.[141] Es kommt hinzu, dass der Wasserverbrauch von der Zahl und Art der Wasser verwendenden Geräte erheblich mitbestimmt wird. Die Nutzerzahl ist daher schon dann nicht aussagekräftig, wenn nicht alle Wohnungen in derselben Weise mit technischen Großgeräten, z. B. mit Waschmaschinen, ausgestattet sind, wobei auch hier der individuelle Umgang beträchtliche Unterschiede im Verbrauch produziert. Schließlich versagt die Personenzahl als Anknüpfung vollends, wenn, wie oft in einfachen Altbauten, in den Wohnungen zum Teil Vollbäder, zum Teil Duschen und immer noch gelegentlich zum Teil nur Waschbecken vorhanden sind. 71

Der zweite Aspekt betrifft die **Praktikabilität** für den Vermieter. Die Umlage nach Personenzahl stellt ihn vor erhebliche Probleme, weil er versuchen muss, ständig die aktuelle Belegung festzuhalten. Dies ist für den Vermieter einer größeren Wohnanlage kaum verlässlich erreichbar, auch wenn er den Mietern z. B. Fragebögen zukommen lässt, in denen sie die Belegung und deren Dauer eintragen sollen oder wenn er einen Angestellten beauftragt, bei den einzelnen Mietparteien nachzufragen, wie viele Personen dort wohnen und ob eine Wasch- und/oder Geschirrspülmaschine vorhanden ist.[142] Bei der Abrechnung ist er nicht selten mit dem Problem konfrontiert, dass einzelne Mieter mit den Angaben anderer nicht einverstanden sind; es schließen sich gerichtliche Verfahren an, in denen in einer umfangreichen Beweisaufnahme zahlreiche Mitmieter darüber vernommen werden müssen, ob die Angaben mancher Mieter korrekt waren oder ob etwa längere Besuche oder das tatsächliche Datum eines Zuzugs verschwiegen wurden.[143] Diesen Belastungen seines Verhältnisses zu den Mietern und der Mieter untereinander muss sich ein Vermieter nicht aussetzen. 72

Eine **Verpflichtung** zur Abrechnung nach Nutzerzahl ist für den **Sonderfall** angenommen worden, dass der Vermieter ohnehin die jeweiligen Bewohner durch Erhebungsbögen erfasst, die Mieter gehalten sind, Zu- und Abgänge in der Bewohnerschaft einer Wohnung dem Vermieter mitzuteilen[144] und die Abrechnung nach dem Flächenmaßstab zu einem grob nachteiligen Ergebnis für einen Mieter führt, etwa wenn er als Einzelmieter ebenso viel für Wasser und Abwasser wie eine vier- bis fünfköpfige Familie zahlen soll; Praktikabilitätsprobleme für den Vermieter bestehen hier nicht, weil ihm die notwendigen Angaben vorliegen. Kontrolliert der Vermieter die Belegung nicht schon von sich aus in dieser Weise, ist ihm hingegen der Aufwand allein für die Erstellung einer Abrechnung nach dem Nutzermaßstab nicht zuzumuten. Dies gilt grundsätzlich auch dann, wenn sich dadurch eine Einsparung für einzelne Mieter um 50% ihres Anteils ergeben würde,[145] weil der Ver- 73

---

139 Vehement *Kox* ZMR 1980, 292 und insbesondere ZMR 1981, 163.

140 *Kox* ZMR 1981, 164.

141 *Both* NZM 1998, 459.

142 AG Hannover WuM 1987, 227 mit der Problematik, dass der Mieter auf Nachfrage erklärt hatte, eine Geschirrspülmaschine sei vorhanden, ohne darauf hinzuweisen, dass sie nicht angeschlossen war.

143 Vgl. AG Bad Iburg WuM 1986, 234: Der Mieter hatte den Index von 109 Personen bestritten. Vom Vermieter wurde verlangt, dezidiert anzugeben, in welchem konkreten Monat wie viele Personen im Haus wohnten.

144 So im Fall LG Aachen NJW-RR 1992, 274 = WuM 1991, 503.

145 LG Aachen WuM 1993, 410; LG Frankfurt/M. NZM 1999, 1003; vgl. LG Mannheim NJW-RR 1999, 884.

waltungsaufwand des Vermieters einzubeziehen ist. Selbst bei derart gravierender ungleicher Kostenverteilung können die betroffenen Mieter daher die Umstellung vom Flächen- auf den Personenschlüssel allenfalls bei Objekten mit wenigen Wohneinheiten verlangen. Nur unter dieser Voraussetzung muss der Vermieter darauf eingehen, dass alle Mieter die Umstellung fordern.[146]

74 Der Vermieter ist **nicht** verpflichtet, von dem mietvertraglich vereinbarten Flächenmaßstab abzugehen, weil Wasser/Abwasserkosten und Müllgebühren **vom Leistungsträger nach Kopfteilen** berechnet werden.[147] Auf die dadurch ausgelösten Schwierigkeiten braucht er sich nicht einzulassen. So können Probleme z. B. bereits dadurch entstehen, dass die vom Leistungsträger zugrunde gelegte Personenzahl nicht mit seiner eigenen übereinstimmt, so dass er gehalten wäre, etwa durch Unterschriftenlisten und Mieterbefragung die Richtigkeit seiner vom Gebührenbescheid abweichenden Belegungszahl nachzuweisen.[148] Zu diesen Differenzen kommt es insbesondere dadurch, dass manche Leistungsträger nur auf die Meldedaten des zuständigen Einwohnermeldeamts zurückgreifen und ihre Kosten nach den zu einem bestimmten Stichtag gemeldeten Personen berechnen. Da sich etliche Mieter nicht sogleich an- bzw. abmelden, sondern mit zum Teil erheblicher Verspätung, ist der Streit mit dem Vermieter über die korrekte Belegungszahl im Abrechnungszeitraum vorprogrammiert. Aus diesem Grund ist es auch dem Vermieter verwehrt, seinerseits der Personenzahl die im Register nach dem Melderechtsrahmengesetz erfassten Bewohner zugrunde zu legen.[149]

75 Haben die Parteien die Umlage nach Nutzerzahl vereinbart, sollten die **Modalitäten,** nach denen die sog. **Personenmonate** (Anzahl der Personen x Dauer der Wohnzeit je Wohnung) ermittelt werden,[150] schon im Mietvertrag geregelt sein. Um Streitigkeiten vorzubeugen und auch den Verwaltungsaufwand in Grenzen zu halten, ist dem Vermieter anzuraten, ein grobes Raster zu verwenden. Eine Verpflichtung zu monatlichen Erhebungen besteht nicht,[151] mehrfache Ermittlung während der Abrechnungsperiode ist nur dem Kleinvermieter möglich, setzt ihn allerdings dem Verdacht der *„Schnüffelei"*[152] aus; jedenfalls formularvertragliche Meldepflichten sind unwirksam.[153] Im Hinblick auf die auch diesem Umlageschlüssel ohnehin immanenten Ungenauigkeiten dürfte die Feststellung der Personenzahl zu viertel-[154] oder halbjährlichen Stichtagen ausreichen;[155] ob ein jährlicher Stichtag genügt,[156] erscheint fraglich, weil er die Ungenauigkeiten noch vergrößert.

76 Bei **Leerstand** einzelner Wohnungen hat der Vermieter im Grundsatz deren anteilige Kosten zu tragen (s. ausführlich Rdn. 55f.).

3. Unterschiedliche Nutzung

77 Das Korrelat zur Abrechnung nach Verbrauch ist bei den Betriebskosten, die sich sowohl aus verbrauchsabhängigen als auch verbrauchsunabhängigen Kosten zusammensetzen, die Abrechnung nach dem **Umfang der Nutzung.** Sie kommt nur in Betracht bei der Umlage des Aufzugs und der Kosten von Einrichtungen zur Wäschepflege. Die Aufzugskosten werden nach verschiedenen Methoden verteilt, die aber sämtlich nur Annäherungen darstellen (s. Rdn. 100). Ein unmittelbarer Zusammenhang zwischen Nutzung und Kosten ist wiederum nur mit Hilfe technischer Zusatzausstattungen erreichbar. Er kann etwa dadurch hergestellt werden, dass die Mieter je nach Stockwerk des Mietobjekts eine kodierte Karte erhalten, die den Zugang zum Aufzug freigibt und die Zahl der Nutzungen speichert.[157] Für maschinelle Wascheinrichtungen bietet sich insbesondere die Verwendung von Münzzählern an (s. Rdn. 127).

---

146 **A. A.** AG Weimar NJWE-MietR 1997, 147 für ein Haus mit neun Mietparteien und sehr unterschiedlicher Wohnungsbelegung.

147 AG Siegburg WuM 1995, 120; *Kinne* GE 1998, 843; *Pfeifer* S. 111.

148 Vgl. AG Siegburg WuM 1995, 120 bei 136 Wohneinheiten.

149 BGH (VIII ZR 82/07) DWW 2008, 94 = GE 2008, 401 = NZM 2008, 242 = WuM 2008, 151; *Milger* NZM 2008, 757 (758); **a. A.** *Schmid* GE 2010, 1589.

150 Hierzu ausführlich *Harsch* MietRB 2015, 119.

151 **A. A.** Bad Iburg WuM 1986, 234; *Both* in Herrlein/Kandelhard § 556a Rdn. 29; *Lützenkirchen* in Lützenkirchen § 556a Rdn. 97; *Schmid* GE 2010, 1589 (1590).

152 *Pfeifer* S. 110.

153 Z. B. *Harsch* MietRB 2015, 119 (121).

154 *Harsch* MietRB 2015, 119 (120).

155 *Seldeneck* Rdn. 3158; *Wall* Rdn. 2344; wohl auch *Milger* NZM 2008, 757 (758).

156 *Seldeneck* Rdn. 3158 für größere Wohnanlagen.

157 Entsprechende Softwaremodule in Verbindung mit z. B. berührungslosen Zutrittsberechtigungen (Transpondern) können auch nachträglich installiert werden, vgl. GE 2003, 1010.

4. Unterschiedlicher Verbrauch

78 Die Umlage nach Verbrauch ist die wichtigste Möglichkeit, eine **unmittelbare Verknüpfung von Nutzerverhalten und Kosten** herzustellen. Sie ist eine besonders gerechte Lösung, da die Subventionierung verschwenderischen Verbrauchsverhaltens durch sparsame Mieter entfällt. Zudem schont sie Ressourcen und Umwelt. Es ist daher sachgerecht, dass § 556a Abs. 2 BGB dem Vermieter die einseitige Einführung der Umlage nach Verbrauch (und Verursachung) bzw. die Umstellung auf diese Umlageart ermöglicht. Zu den Einzelheiten s. Rdn. 81f., 131ff.

79 Diese Umlageform setzt allerdings entsprechende zuverlässige **technische Einrichtungen** voraus. Zur Ermittlung der Wasser- und Abwasserkosten sind Einzelwasserzähler notwendig, bei den Müllgebühren separate Müllgefäße oder die Müllbeseitigung über Müllsäcke, welche die Mieter selbst erwerben müssen. Auch wenn die Abrechnung auf Verbrauchsbasis an sich möglich ist, muss sie dem Vermieter im Einzelfall zumutbar sein. Daran fehlt es z. B. bei einer Belüftungsanlage in einem großen Gewerbeobjekt oder Einkaufszentrum; dem Vermieter kann nicht angesonnen werden, ständig bei den Mietern zu kontrollieren, wie lange und zu welchen Zeiten sie die Anlage in ihrem Mietobjekt nutzen, um daraus den jeweiligen Anteil an den Betriebskosten der Anlage zu ermitteln.[158]

5. Verhältnis der Mieten

80 Die Umlage des Wasserverbrauchs und der Mehrbelastungen durch Grundsteuer, Gebühren und Versicherungskosten hatte im Geltungsbereich der Verordnung über den Mietpreis für den bis zum 31.12.1949 bezugsfertig gewordenen Wohnraum (AMVO)[159] nach dem Verhältnis der Grundmieten zu erfolgen (§ 23 Abs. 1 AMVO).[160] Mit Ausnahme Berlins trat die AMVO nach § 18 2. BMietG[161] am 31.12.1974 außer Kraft. Dieser Verteilungsmaßstab hat seitdem keine Bedeutung mehr, was auch daran liegt, dass er für den Vermieter sehr unpraktisch ist, da er sich mit jeder Mieterhöhung ändert. Gleichwohl soll er in der Form der **Leerraummiete** von den Parteien vereinbart werden können.[162] Diese Meinung ist **nicht** überzeugend. Da der Umlageschlüssel keinen Bezug zur Entstehung der Betriebskosten aufweist[163] und zudem Mieter von Objekten, die allein auf Grund ihrer Lage im Haus oder auf dem Grundstück ein höheres Mietniveau erreichen, ohne sachlichen Grund benachteiligt, ist er nicht mehr als billiger Maßstab i. S. d. §§ 315, 316 BGB anzusehen.[164]

IV. Umlage nach Verbrauch oder Verursachung (Abs. 1 Satz 2)

81 Nach § 556a Abs. 1 Satz 2 BGB sind die Kosten vom Flächenmaßstab ausgenommen, die entsprechend dem jeweiligen Verbrauch bzw. der jeweiligen Verursachung durch die Mieter erfasst werden. Zwar können die Parteien auch in diesen Fällen Abweichendes vereinbaren, weil § 556a Abs. 3 BGB die Bestimmungen in § 556a Abs. 1 BGB nicht zwingend ausgestaltet hat. Derartige Abreden widersprächen jedoch der **Wertung des Gesetzes** zur Umlagegerechtigkeit bei erfasstem Verbrauch bzw. erfasster Verursachung. Für den Regelfall ist daher davon auszugehen, dass **andere Umlageschlüssel keine gerechte Verteilung der Kosten** i. S. d. § 315 BGB bewirken. Trotz der fehlenden Einbeziehung in Abs. 3 ist die Regelung damit faktisch zwingend.[165] Diese gesetzliche Wertung wird bei Gewerberaum gleichermaßen zu beachten sein. Zur Aufteilung der Gesamtkosten aus der Erfassung von Verbrauch/Verursachung s. Rdn. 132.

82 Die Umlage nach Verbrauch oder Verursachung ist **nur zulässig,** wenn die jeweiligen **technischen Voraussetzungen für eine gleichmäßige Behandlung der Mieter** erfüllt sind (dazu Rdn. 132f.). Zu beachten ist, dass der Wortlaut der Vorschrift nicht dahin misszuverstehen ist, der Vermieter sei verpflichtet, die technischen Vorgaben für die Umlage nach Verbrauch oder Verursachung zu schaffen; entsprechende Verpflichtungen des Vermieters folgen nur aus Landesbau-

---

158 OLG Hamm NJW-RR 1987, 969.
159 Vom 23.7.1958 (BGBl. I S. 549) mit zahlreichen späteren Änderungen.
160 Vgl. LG Berlin ZMR 1977, 303.
161 Vom 23.6.1960 (BGBl. I S. 389) mit zahlreichen späteren Änderungen.
162 AG/LG Köln WuM 1989, 583.
163 Vgl. AG Görlitz ZMR 2003, 269.
164 Vgl. *Kinne* in Kinne/Schach/Bieber § 556a Rdn. 22; *Weitemeyer* in Staudinger § 556a Rdn. 30.
165 Ebenso *Blank* PiG 85 (2009) S. 43 (58); *Wall* Rdn. 2357; *Zehelein* WuM 2016, 400 (406).

recht.[166] Es geht vielmehr allein darum sicher zu stellen, dass, wenn sie vorhanden sind, auch auf ihrer Grundlage abzurechnen ist. Ansprüche auf Modernisierung kann der Mieter daher aus der Bestimmung nicht herleiten.

C. Umlageschlüssel bei den einzelnen Betriebskostenarten

I. Grundsteuer

1. Grundsatz

83 Die Grundsteuer wird bei **Wohnraum** allgemein nach dem **Verhältnis der Wohnflächen** umgelegt. Für preisgebundenen Wohnraum ist dieser Maßstab in § 20 Abs. 2 Satz 1 NMV vorgeschrieben. Auch bei **Gewerberaum** ist die Umlage nach Nutzflächen üblich. Allerdings kann dieser Umlageschlüssel ebenfalls im Verhältnis von Geschäftsraummietern untereinander unbillig sein, wenn die Miethöhen erheblich differieren.[167]

Geht es um die Grundsteuer für eine **vermietete Eigentumswohnung,** kann der Vermieter die Kosten unmittelbar in der Abrechnung an den Mieter weitergeben, wenn die Grundsteuer von der Kommune direkt für die Eigentumswohnung erhoben wird; für die Anwendung eines gesetzlichen oder vertraglich vereinbarten Umlageschlüssels ist hier kein Raum.[168]

2. Gemischt genutzte Objekte

84 Ob der Vermieter zur Kostentrennung auch dann verpflichtet ist, wenn er einen **einheitlichen Grundsteuerbescheid** erhält, ist streitig. Nach einer Meinung ist der Mieter ohne weiteres entsprechend seinem Anteil an dem Betrag zu beteiligen, den der Vermieter an die Gemeinde abzuführen hat,[169] nach herrschend gewordener Auffassung hat indes aus Gerechtigkeitsgründen **grundsätzlich eine Aufteilung** nach der unterschiedlichen Nutzung der Flächen zu erfolgen.[170] Sie ist allenfalls entbehrlich, wenn ein Gebäude nur zu einem geringen Teil gewerblich genutzt wird, so dass eine etwaige Mehrbelastung der Wohnungsmieter marginal ist. Die Rechtsprechung des BGH zur Verteilung der Betriebskosten in gemischt genutzten Gebäuden (s. Rdn. 65) ist hier nicht generell zugrunde zu legen, weil es sich bei der Aufteilung nur um einen schlichten Rechenvorgang handelt. Von der Aufteilung kann auch nicht mit dem Argument abgesehen werden, die Grundsteuer gehöre nicht zu den verbrauchsabhängigen Betriebskosten.[171] Dieser Gesichtspunkt ist schon nicht nachvollziehbar, zudem widerspricht er der Rechtsprechung des BGH, dass die Mehrbelastung bei den einzelnen Betriebskostenarten jeweils getrennt zu prüfen ist[172] und dass der Wohnungsmieter nicht an Kosten zu beteiligen ist, die allein oder in höherem Maße aufgrund einer gewerblichen Nutzung entstehen.

85 Die **sachliche Berechtigung der Pflicht zum Vorwegabzug** zeigt sich zudem bei der genaueren Betrachtung des Verfahrens der Grundsteuerfestsetzung. Basis für die Festsetzung ist der Einheitswert. Er ist das Produkt, das sich aus der Multiplikation der nach dem Ertragswertverfahren ermittelten Jahresrohmiete (§ 79 BewG) mit dem Vervielfältiger (§ 80 BewG) ergibt, der wiederum aus den dem BewG beigefügten Tabellen ersichtlich ist und von Grundstücksart, Bauart und Bauausführung, Baujahr und Einwohnerzahl der Belegenheitsgemeinde im Hauptfeststellungszeit-

[166] *Roth* ZdWBay 2002, 118.

[167] KG GE 2001, 850.

[168] BGH (VIII ZR 252/12) GE 2013, 680 = NZM 2013, 457 = WuM 2013, 358; (VIII ZR 45/11) WuM 2011, 684.

[169] AG Siegburg WuM 1997, 629 m. abl. Anm. *Windisch;* AG Essen-Steele WuM 1993, 198; *Teitge* ZMR 1986, 261.

[170] LG Hamburg NZM 2001, 806; LG Frankfurt/M. NZM 1998, 434 = WuM 1997, 630 = ZMR 1997, 642; AG Köln WuM 2006, 568; AG Gütersloh WuM 1995, 660; *Beyerle* in Lindner-Figura/Oprée/Stellmann Kap. 11 Rdn. 245; *Blank* in Blank/Börstinghaus § 556a Rdn. 24; *Laug* WuM 1993, 171; *Lützenkirchen* in Lützenkirchen § 556 Rdn. 71; *Ruff* WuM 2003, 379 (380 f.); *Wall* Rdn. 3106; im Grundsatz auch *Both* in Herrlein/Kandelhard § 556 Rdn. 28.

[171] So LG Berlin (ZK 63) GE 2016, 530 für ein Haus, das zu 56% gewerblich genutzt wird und zu 44% zu Wohnzwecken, und eine Mehrbelastung des Mieters durch die unterbliebene Aufteilung von mehr als € 200.

[172] BGH (VIII ZR 45/10) GE 2010, 1261 m. Anm. *Kinne* GE 2010, 1237 = NZM 2010, 784 = WuM 2010, 627 = ZMR 2011, 26; (VIII ZR 78/05) NZM 2006, 340 = WuM 2006, 200 mit Anm. *Antoni* WuM 2006, 682.

punkt abhängt. Der Einheitswert wird sodann mit dem einheitlichen Grundsteuermessbetrag von grundsätzlich 3, 5‰ (§ 15 GrStG) multipliziert, das Produkt mit dem von der Gemeinde festgelegten Hebesatz (§ 25 GrStG). Das Ergebnis ist die zu zahlende Grundsteuer. Entgegen einer zum Teil vertretenen Ansicht[173] ist es daher nicht sachgerecht, allein auf die Messzahl und den Hebesatz abzustellen und, da diese nicht zwischen Wohn- und Gewerberaum differenzieren, vom Vorwegabzug für Gewerberaum abzusehen. Messzahl und Hebesatz besagen nichts darüber, mit welchen Anteilen die unterschiedlichen Rohmieten in den Einheitswert eingeflossen sind, vielmehr wirken sich höhere Gewerbemieten nur dort und unmittelbar aus. Der Vermieter hat daher die jeweiligen Anteile für Wohn- und Gewerberaum, wie sie aus dem Einheitswertbescheid zu ersehen sind, zueinander ins Verhältnis zu setzen und die Wohnungsmieter nach dem Flächenmaßstab nur mit den für sie relevanten Kosten zu belasten.[174] Zwar bleibt hierbei der Vervielfältiger außer Betracht,[175] was indes hinzunehmen ist.

Eine **Ausnahme** wird ohne weiteres vorliegen, wenn die gewerblich genutzte Fläche nur einen sehr geringen Anteil der Gesamtfläche in Anspruch nimmt. Die Mehrbelastung der Wohnungsmieter dürfte hier auch durch eine hohe Gewerbemiete kaum ins Gewicht fallen und daher zu vernachlässigen sein (s. Rdn. 66), zumal die Jahresrohmiete, die für die Höhe der Grundsteuer ausschlaggebend ist, auch innerhalb des Wohnungsbereichs erheblich schwanken kann. 86

Da für die Ermittlung des Einheitswertes die Verhältnisse im Zeitpunkt der letzten **Hauptfeststellung** zum 1.1.1964 bzw. in Ostdeutschland zum 1.1.1935[176] maßgeblich sind, sind spätere Veränderungen in aller Regel unbeachtlich. Es kommt mithin nicht auf die Nutzung der Gewerbeflächen im Abrechnungszeitraum an, ob z.B. zwischenzeitlich aus einem bescheidenen Laden mit geringer Miete ein hochpreisiges Geschäft mit hohem Mietniveau hergerichtet wurde, ebenso wenig wie darauf, ob etwa wegen Veränderung des Umfelds die früher hohen Mieten nicht mehr zu erzielen sind oder ob sich diese nach aufwendiger Modernisierung der Wohnungen von den dort erreichten Mieten kaum noch unterscheiden. 87

Bei einem **Eigentümerwechsel** erhält der neue Eigentümer nur einen Zurechnungsbescheid, mit dem ihm das Grundstück steuerlich zugerechnet wird (§§ 10, 11 GrStG). Der Einheitswertbescheid wird ihm nicht erneut zugestellt, er liegt ihm daher oft nicht vor. Dies entbindet ihn jedoch nicht von einem im Einzelfall gebotenen Vorwegabzug. Er ist gehalten, eine Kopie des Einheitswertbescheids von der Finanzverwaltung anzufordern, die ihm auf Grund seines evidenten rechtlichen Interesses problemlos erteilt wird. 88

Gehören zum Grundstück vermietete **Garagen oder Stellplätze,** ist danach zu differenzieren, ob jedem Mieter einer der Abstellplätze mitvermietet ist oder ob sie nur für einen Teil der Mieter ausreichen bzw. zum Teil an Dritte vermietet sind. Während im ersten Fall kein Vorwegabzug notwendig ist, ist er **auch** nach der Rechtsprechung des **BGH** in den weiteren Fällen geboten,[177] wobei die oben beschriebenen Grundsätze anzuwenden sind; der Vermieter ist nicht etwa zur Vereinfachung der Abrechnung berechtigt, vom Vorwegabzug abzusehen. Der Gesichtspunkt der Verfahrensvereinfachung gibt keine Grundlage, die Anforderungen an eine ordnungsgemäße Abrechnung zu reduzieren.[178] 89

Für **preisgebundenen Wohnraum** gelten keine Besonderheiten. Will der Vermieter den Aufwand für die Ausgliederung einzelner an Dritte vermietete Garagen vermeiden, kann er auch allen Mietern die Erträge aus dieser Vermietung durch die entsprechende Verringerung der Kostenmiete gutbringen (§ 31 II. BV).[179]

[173] LG Berlin GE 1998, 1027.
[174] Vgl. *Laug* WuM 1993, 172.
[175] *Teitge* ZMR 1986, 264.
[176] Art. 2 Abs. 1 BewGÄndG v. 13.8.1965 (BGBl. I S. 851, 866); § 129 BewG.
[177] BGH (VIII ZR 286/10) WuM 2012, 98; LG Berlin GE 2010, 983; AG Schöneberg GE 2013, 880; vgl. *Blank* in Blank/Börstinghaus § 556 Rdn. 75; *Hertle* ZMR 1990, 407.
[178] Vgl. BGH (VIII ZR 298/80) NJW 1982, 573 = WuM 1982, 207 zur Abrechnung über ein Objekt mit mehreren hundert Mietparteien.
[179] LG Dortmund NZM 1998, 573.

II. Wasser und Entwässerung

1. Preisgebundener Wohnraum

90 Nach § 21 Abs. 2 NMV sind zunächst stets die **Wasserkosten abzuziehen,** die nicht mit der üblichen Benutzung der Wohnungen zusammenhängen. Dabei handelt es sich nicht nur um die Kosten für Gewerbe- und preisfreie Wohnräume oder Garagen, die nach Möglichkeit entsprechend ihrem Verbrauch zu ermitteln, notfalls aber auch nach § 20 Abs. 2 Satz 2 NMV zu berechnen sind. Zu trennen sind auch die Kosten für Gemeinschaftseinrichtungen wie Gartenflächen oder eine Waschanlage; dieser Kostenanteil ist gem. § 21 Abs. 2 Satz 1 NMV nach Wohnfläche umzulegen.[180] Die verbleibenden Kosten dürfen nach dem Flächenmaßstab oder einem Schlüssel verteilt werden, der dem unterschiedlichen Wasserverbrauch Rechnung trägt. Der Vermieter ist daher berechtigt, nach Nutzerzahl oder einem gemischten Schlüssel umzulegen. Sind alle Wohnungen mit Einzelwasserzählern ausgestattet, hat die Umlage gem. § 21 Abs. 2 Satz 3 NMV nach Verbrauch zu erfolgen.

91 Die Umlage der **Entwässerungskosten** richtet sich nach dem vom Vermieter für die Wasserumlage gewählten Maßstab (§ 21 Abs. 3 Satz 2 NMV). Er hat hier kein eigenständiges Wahlrecht, sondern ist an den Schlüssel für die Wasserumlage gebunden.

2. Preisfreier Wohnraum

92 Der Vermieter kann nach freiem Ermessen **jeden billigen Umlageschlüssel** schon im Mietvertrag zugrunde legen; fehlt hierzu eine Vereinbarung, sind die Kosten gem. § 556a Abs. 1 BGB nach dem Flächenschlüssel zu verteilen. Er hat die Möglichkeit, auch bei verschieden großen Wohnungen oder unterschiedlicher Belegung nach dem Flächenmaßstab umzulegen (s. Rdn. 21f.) oder sich für die Verteilung nach Personenzahl oder der Zahl der Wasserzapfstellen[181] zu entscheiden; für die Niederschlagsgebühr besteht dieses Wahlrecht nicht, sie ist allein nach Fläche umzulegen (s. Rdn. 23). Eine Verpflichtung zur Umlage nach Nutzerzahl ist grundsätzlich nicht gegeben (s. Rdn. 70, 73f.). Ebenso wie im preisgebundenen Wohnraum sind gemischte Maßstäbe zulässig, wegen des zusätzlichen Verwaltungsaufwands jedoch unüblich. Sofern es vertraglich vorgesehen ist, kann er den Mieter auf die direkte Abrechnung mit dem Leistungsträger verweisen. Zur Umlage **erfassten Verbrauchs** s. Rdn. 129ff.

93 **a) Gemischt genutzte Objekte.** Bei gemischt genutzten Objekten ist eine **Kostentrennung** erforderlich, nach hier vertretener Ansicht schon dann, wenn nicht auszuschließen ist, dass auf die Gewerbeflächen ein höherer Verbrauch entfällt, nach Meinung des BGH erst, wenn eine nicht unerhebliche Mehrbelastung durch den gewerblichen Verbrauch zu konstatieren ist (s. Rdn. 65f.). Im Unterschied zum preisgebundenen Wohnraum beschränkt sich die Aufteilung auf gewerblich genutzte Räume; Gemeinschaftseinrichtungen, die alle Mieter betreffen, nehmen an der allgemeinen Umlage teil, etwa eine Gartenfläche, die im Sommer gesprengt wurde. Sonderverbräuche, die zwar in Gemeinschaftseinrichtungen anfielen, aber nur von einzelnen Mietern verursacht wurden, z. B. in der Waschküche oder an einem Autowaschplatz, sind hingegen vorweg abzuziehen.

Einen **Anhaltspunkt** für die Erforderlichkeit einer Kostentrennung bieten die jeweils im Gebäude vorhandenen Gewerbebetriebe. Handelt es sich bei den gewerblich genutzten Flächen z. B. um Büros oder Ladenverkaufsgeschäfte ohne sonderlichen Wasserverbrauch u. Ä., kann einheitlich nach dem Flächenmaßstab verfahren werden.[182] So beträgt der Wasserverbrauch durchschnittlich bei Büros je Beschäftigtem 10–40 Liter/Tag, der Kaltwasserverbrauch bei Wohnungen je Erwachsenem etwa 128 Liter/Tag,[183] wenn keine Einzelwasserzähler installiert sind. Geht es um Betriebe mit üblicherweise weit höherem Wasserverbrauch, wie z. B. bei Friseurgeschäften, Fleischereien, Gaststätten, Arztpraxen, Dentallabors,[184] muss getrennt umgelegt werden.

94 Ist eine Kostentrennung geboten, fragt es sich, **wie viele Zähler** für die richtige Erfassung des Verbrauchs installiert sein müssen. Zwischenzähler sprechen im Regelfall wegen ihrer einfachen Bauweise im Unterschied zum Hauptzähler auf den Durchfluss geringer Mengen nicht an. Auf-

[180] *Heix* WoBauR § 21 NMV Anm. 2.
[181] LG Düsseldorf DWW 1990, 240.
[182] Z. B. LG Berlin GE 2002, 1124 (Obdachlosenpension, Kindergarten); LG Berlin GE 1999, 1127 (Heilpraktikerschule); AG Hamburg WuM 2002, 265 (Reisebüro, Juwelier).
[183] Angaben nach *Pfeifer* S. 45.
[184] Vgl. *Seldeneck* Rdn. 3213.

grund des darauf beruhenden Schlupfs bleibt die Summe der Verbräuche nach den Zwischenzählern unter der Anzeige des Hauptzählers. Hieraus folgt, dass der Verbrauch der Gewerbeeinheiten und der Wohnungen mit **jeweils einem Zwischenzähler** zu erfassen ist, um nicht nur eine Seite mit dem Schlupf zu belasten. **Demgegenüber** hat der **BGH** entschieden, dass der Vermieter bei der Abrechnung der Wasserkosten mangels entsprechender Vereinbarungen nicht verpflichtet ist, verschiedene Nutzergruppen durch jeweils gesonderte Zähler zu erfassen; der Verbrauch der Wohneinheiten kann danach in der Weise ermittelt werden, dass der mittels Zwischenzähler gemessene Verbrauch eines gewerblichen Mieters von dem Gesamtverbrauch laut Hauptwasserzähler abgezogen wird.[185] Nachvollziehbar ist dies nicht,[186] zumal der BGH selbst für die Vorerfassung im Sinne von § 5 Abs. 2 Satz 1 HeizkostenV fordert, dass der Anteil jeder Nutzergruppe am Gesamtverbrauch durch einen gesonderten Zähler erfasst wird; das gilt auch dann, wenn nur zwei Nutzergruppen vorhanden sind, so dass es ebenfalls in diesem Fall nicht genügt, dass nur der Anteil einer Nutzergruppe am Gesamtverbrauch gemessen wird und der Anteil der anderen Nutzergruppe am Gesamtverbrauch in der Weise errechnet wird, dass vom Gesamtverbrauch der gemessene Anteil der einen Nutzergruppe abgezogen wird.[187] Es ist nicht ersichtlich, warum für eine gleichermaßen verbrauchsabhängige Abrechnung die Differenzmethode ein Mal zulässig, das andere Mal unzulässig sein soll. Fehlt ein Zwischenzähler, wird es zu einem angemessenen Ergebnis führen, die auf das Gewerbeobjekt entfallenden Wasserkosten anhand eines vergleichbaren Objekts zu schätzen.[188]

Auf der anderen Seite wird der Mieter einer **Gewerbefläche** grundsätzlich verlangen können, 95
nur nach seinem Verbrauch belastet zu werden, wenn das Mietobjekt etwa nur aus großen Ausstellungsräumen mit Personal- und Kunden-WC besteht, während im übrigen Haus zahlreiche Wohnungen vorhanden sind, zumal wenn sie eine hohe Belegung aufweisen, wie es insgesamt betrachtet bei 1- oder 1½-Zimmerwohnungen der Fall ist; eine Ausnahme gilt, wenn der Mietvertrag hierzu eine anderweitige ausdrückliche Regelung enthält.

b) Objekte mit Garagen. Auch die Mieter von Garagen oder Stellplätzen sind an den Be- 96
triebskosten zu beteiligen, soweit sie auf diese Objekte entfallen. Wie bereits ausgeführt (s. Rdn. 89), ist eine **Kostentrennung** entbehrlich, wenn nur und alle Wohnungsmieter zugleich Mieter der Abstellflächen sind. Soweit dies nicht der Fall ist, insbesondere also bei nicht für alle ausreichender Anzahl der Abstellflächen oder bei teilweiser Fremdvermietung durch den Vermieter, haben nur die Mieter der Abstellflächen die relevanten Kosten zu tragen.

Während das Problem der Kostentrennung bei der Wasserversorgung (Wasserzapfstellen) nicht 97
häufig auftreten dürfte, ist es für die Regionen von erheblicher Bedeutung, in denen eine separate **Niederschlagsgebühr** erhoben und zumal neu eingeführt wird. Im letztgenannten Fall waren die Kosten für die Ableitung des Regenwassers bislang in den Kosten der Entwässerung enthalten. Da die Stellplätze, sei es in einer Garage, sei es im Freien, meist keinen Wasseranschluss aufweisen, wurden deren Mieter nie mit Wasser- und Abwasserkosten belastet, sondern allein die Wohnungsmieter. In den wohl meisten Mietverträgen über Stellplätze fehlt daher auch eine Regelung zu Abwasserkosten. Dies rechtfertigt es indes nicht, weiterhin allein die Wohnungsmieter mit den Kosten der Regenwasserabgabe zu belasten. Die Gebühr wird nach den ganz- oder teilversiegelten Flächen berechnet. Stellplätze und die Vor- sowie Dachflächen separater Garagengebäude gehören zu den versiegelten Flächen. Diese Flächen lösen mithin Gebühren aus, mit denen die Wohnungsmieter nichts zu tun haben, sofern sie nicht selbst Stellplatzmieter sind. Soweit es sich um Tiefgaragen handelt, sind auch deren Stellplatzmieter an der Niederschlagsgebühr zu beteiligen, weil die Kosten aus der Ableitung des Regenwassers vom für alle Mieter gemeinsamen Dach stammen. Sollte der Stellplatzmietvertrag keine Öffnungsklausel enthalten, muss der Vermieter bis zu einer entsprechenden Vereinbarung mit den Mietern die anteiligen Kosten selbst tragen.

---

[185] BGH (VIII ZR 69/09) DWW 2010, 20 = GE 2010, 117 = NZM 2010, 195 = WuM 2010, 35; (VIII ZR 334/08) ZMR 2010, 282 m. Anm. *Schmid;* dazu kritisch *Flatow* juris-PR-MietR 3/2010; *Langenberg* NZM 2010, 186; s. auch § 556 Rdn. 358.

[186] Ebenso *Schmid* WuM 2011, 331 (335).

[187] BGH (VIII ZR 57/07) GE 2008, 1120 m. Anm. *Blümmel* GE 2008, 1092 = NZM 2008, 767 = WuM 2008, 556 m. Anm. *Wall* = ZMR 2008, 885 m. Anm. *Schmid.*

[188] LG Berlin GE 2001, 698.

III. Aufzug

1. Preisgebundener Wohnraum

98 Nach § 24 Abs. 2 NMV dürfen die Kosten nach dem **Verhältnis der Wohnflächen oder einem anderen Maßstab** umgelegt werden, sofern über diesen im Einvernehmen mit allen Mietern eine Vereinbarung getroffen wurde. Der Vermieter, der vom Flächenmaßstab abweichen will, ist hierzu nur bei einer entsprechenden Abrede berechtigt, ein einseitiges Bestimmungsrecht genügt nicht.[189] Im Wege allseitiger Vereinbarung ist z. B. die Umlage gestaffelt nach der Lage der Wohnung im Haus möglich.

99 **Wohnraum im Erdgeschoss** *„kann"* von der Umlegung nach § 24 Abs. 2 Satz 2 NMV ausgenommen werden. Die Formulierung der Vorschrift spricht dafür, dass eine Vereinbarung mit dem Erdgeschossmieter über seine Beteiligung an den Aufzugskosten den Regelfall darstellt.[190] Die Herausnahme der Erdgeschosswohnung kommt in Betracht, wenn der Aufzug für den Mieter ohne jeden Nutzen ist, etwa wenn dem Mieter nur Abstellräume im Keller mitvermietet sind, die Fahrt in den Keller mit dem Aufzug jedoch nicht möglich ist; ist ein Bodenraum überlassen, macht der Aufzug immerhin das oberste Wohnungsgeschoss bequem erreichbar. Ein Anspruch des Mieters, nicht mit den anteiligen Kosten belastet zu werden, besteht indes nicht.[191] Ein (einklagbarer) Ausgleich für die Kostenbelastung des Mieters trotz fehlender Vorteile durch den Aufzug ist vom Vermieter bei der Bestimmung der Einzelmiete gem. § 3 Abs. 3 NMV zu schaffen, die sich an der Billigkeit gem. §§ 315, 316 BGB zu orientieren hat.[192]

2. Preisfreier Wohnraum

100 Der Vermieter kann einen **beliebigen, billigen Umlagemaßstab** vereinbaren. Die Kosten können daher nach anteiliger Fläche, nach dem Nutzungsumfang oder einem gemischten Maßstab verteilt werden, **nicht** jedoch nach **Personenzahl** (s. Rdn. 23). Die Umlage nach Nutzungsumfang stellt auf die Geschosslage ab: Der Erdgeschossmieter wird nicht beteiligt, auf den Mieter im 1. Obergeschoss entfallen 10%, im 2. Obergeschoss 20% usw.[193] Sie erscheint nur auf den ersten Blick besonders plausibel, weil die längere Fahrt, um ein oberes Geschoss zu erreichen, auch höhere Kosten auslöst. Nicht beachtet wird jedoch, dass die Nutzungshäufigkeit weitaus mehr von Bedeutung ist; allein stehende, zumal berufstätige Mieter in den Obergeschossen produzieren im Regelfall weit weniger Kosten als etwa eine Familie in den unteren Stockwerken.[194] Auch dieser Umlageschlüssel bietet daher allenfalls tendenziell eine größere Umlagegerechtigkeit. Die Umlage nach der Zahl der Mietobjekte ist zulässig, wenn die Wohnungen eine weitgehend identische Wohnungsgröße haben. Anderenfalls ist dieser Verteilungsmaßstab unbillig, weil er keinen Bezug zur potentiellen Belegung und damit dem Umfang der Kostenverursachung hat, z. B. bei Gebäuden mit kleinen Wohnungen für ein bis zwei Nutzer und größeren, familiengerechten.

101 Es war umstritten, ob der **Erdgeschossmieter** von den Aufzugskosten auszunehmen ist. Nach einer Meinung sollte dies im Hinblick auf die Vorschrift des § 24 Abs. 2 Satz 2 NMV nicht notwendig sein;[195] es handele sich um eine Gemeinschaftseinrichtung, deren Kosten von allen Mietern anteilig zu tragen seien.[196] Andererseits wurde vertreten, dass die Umlage ausscheide, wenn der Mieter den Aufzug in sinnvoller Weise nicht nutzen könne,[197] wenn ihm also weder Boden- noch Kellerräume zur Verfügung stehen; bei der Benutzung, um andere Hausbewohner aufzusuchen, sei er

---

189 *Heix* WoBauR § 24 NMV Anm. 3.3.

190 LG Berlin WuM 1990, 559; AG Leverkusen WuM 1988, 436.

191 **A. A.** LG Berlin MM 2002, 333.

192 Vgl. LG Hamburg WuM 1987, 422.

193 Vgl. AG München WuM 1986, 91 für die Umlage der Modernisierungskosten gem. § 559 BGB nach Einbau eines Aufzugs; LG Nürnberg-Fürth ZMR 2009, 638 für die Verteilung der Kosten auf Wohnungseigentümer nach *„Aufzugspunkten"*.

194 Vgl. das Berechnungsbeispiel von *Hausding* WE 2009, 169.

195 AG Freiburg WuM 1993, 745; LG Duisburg WuM 1991, 597; AG Frankfurt/M. NJW-RR 1989, 1359.

196 AG Köln WuM 1998, 233; AG Düsseldorf DWW 1991, 373; LG Berlin MDR 1990, 1016 mit dem überraschenden Argument, dass sonst derjenige, der seine Wohnung ohnehin schon leichter erreichen könne, auch noch weniger bezahlen müsse.

197 AG Wuppertal WuM 1996, 284; AG Hamburg WuM 1988, 170; *Seldeneck* Rdn. 3324; *Sternel* III Rdn. 347; AG Frankfurt/M. NZM 2000, 906 auch für die Herausnahme der Mieter im 2. Obergeschoss, wenn der Aufzug vom Erdgeschoss erst wieder im 3. Obergeschoss hält.

einem nicht im Hause wohnenden Besucher gleich zu stellen.[198] Der **BGH**[199] hat sich der erstgenannten Ansicht angeschlossen, allerdings ohne Bezug auf § 24 NMV, weil es sich um auslaufendes Recht handelt. Der Mieter habe die in der Betriebskostenaufstellung des Mietvertrags aufgeführten Aufzugskosten akzeptiert; da er den Aufzug im Hause nicht habe übersehen können, handele es sich auch nicht um eine überraschende Klausel i. S. v. § 305 c Abs. 1 BGB. Obwohl der Aufzug für ihn keinerlei Nutzen habe, liege keine unangemessene Benachteiligung vor. Maßgeblich sei, dass die Beteiligung des Erdgeschossmieters dem Grundgedanken des § 556 a Abs. 1 Satz 1 BGB entspreche, dem Flächenschlüssel. Einrichtungen eines Hauses würden in unterschiedlichem Umfang genutzt, eine nach der tatsächlichen Nutzung differierende Umlage sei nicht praktikabel, gewisse Ungenauigkeit bei der Verteilung der Betriebskosten daher nicht zu vermeiden.

Diese Argumentation vermag aus zwei Gründen **nicht zu überzeugen.** Zum einen besagt das Vorhandensein einer Einrichtung im Hause auch dann nichts zur Umlegbarkeit der jeweiligen Kosten, wenn die entsprechende Kostenart im Mietvertrag angegeben ist. Sind etwa die Kosten der Gartenpflege aufgeführt, hat der Mieter gleichwohl keinen Anteil zu tragen, wenn der Garten einem Mieter zur Alleinnutzung überlassen ist; ist ein nicht zu übersehender Aufzug vorhanden, der, was in der Praxis schon begegnet ist, jedoch allein in die Dachgeschosswohnung führt, weil der Eigentümer diese zunächst selbst bewohnte, sie aber später vermietete, muss sich der Erdgeschossmieter an den Kosten nicht beteiligen. Gegenüber einer anteiligen Belastung unter Bezug auf den Mietvertrag kann er sich auf § 305 c Abs. 1 BGB berufen, jedenfalls aber auf eine unangemessene Belastung i. S. d. § 307 BGB.[200] Zum anderen regelt § 556 a Abs. 1 Satz 1 BGB nur, **wie** Kosten zu verteilen sind, an deren Entstehung der Mieter teilhat. **Ob** er aber überhaupt an der Entstehung der Kosten beteiligt ist, ist vorab zu klären; fehlt es hieran, ist jeglicher Umlageschlüssel für ihn irrelevant, weil es auf ihn nichts zu verteilen gibt. Beim Aufzug handelt es sich um eine bauseitige Anlage, die jedoch hier nicht für alle Mietobjekte des Hauses geschaffen wurde, sondern für die Mieter der oberen Geschosse. Deren Mietobjekte gehören folglich durch die Lage im Haus zum Kostenkreis, innerhalb dessen gem. § 556 a Abs. 1 BGB nach den Flächenanteilen umzulegen ist. Das beschriebene Mietobjekt auf der Erdgeschossfläche zählt nicht zum Kostenkreis, so dass es nicht an den Kosten zu beteiligen ist.

Immerhin hat der **BGH** selbst gewisse **Grenzen für die Einbeziehung des Erdgeschossmieters** gesetzt. So hat er die Mieter, die in einem Seitenflügel des Gebäudes mit separatem Eingang wohnen, nicht an den Kosten des Aufzugs im Vorderhaus beteiligt.[201] Dasselbe gilt für Mieter, die in einem Gebäude ohne Aufzug wohnen, das mit anderen zu einer Abrechnungseinheit zusammengefasst wurde, in denen zum Teil Aufzüge vorhanden sind, oder solche Mieter, denen die Nutzung des Aufzugs untersagt ist.[202]

Ob Mietern von Gewerberäumen in einem **gemischt genutzten Objekt** ein höherer Anteil **102**
an den Kosten des Aufzugs aufzuerlegen ist, ist eine Frage des Einzelfalls. Nach Ansicht des BGH (s. Rdn. 66) ist dies nur notwendig, wenn durch den Gewerbebetrieb erheblich höhere Kosten produziert werden.

Handelt es sich jedoch um **Gewerbeobjekte** mit einem **regen Publikumsverkehr,** wie etwa **103**
Arztpraxen, oder mit etlichen Angestellten, die im ersten oder einem höheren Geschoss liegen, wäre die gleichmäßige Belastung aller Mietparteien etwa nach dem Flächenmaßstab evident grob unbillig.[203] Dem entgegen zu halten, der starke Besuch der Gewerbeobjekte wirke sich nur wenig auf den Stromverbrauch aus, außerdem finde er, anders als die Wohnraumnutzung, nicht abends und am Wochenende statt,[204] überzeugt nicht. Zum einen geht es nicht nur um höheren Stromverbrauch, sondern wegen der hohen Beanspruchung auch um kürzere Wartungsintervalle mit ent-

[198] LG Braunschweig WuM 1990, 558.

[199] BGH (VIII ZR 103/06) GE 2006, 1398 = NZM 2006, 895 = WuM 2006, 613 = ZMR 2006, 919; dazu *Timme* NZM 2007, 29; ebenso für Gewerberaum OLG Düsseldorf ZMR 2015, 544 (rkr durch BGH XII ZR 114/12).

[200] BGH (VIII ZR 128/08) GE 2009, 711 = NZM 2009, 478 = WuM 2009, 351 = ZMR 2009, 675 m. Anm. *Schmid.*

[201] BGH (VIII ZR 128/08) GE 2009, 711 = NZM 2009, 478 = WuM 2009, 351 = ZMR 2009, 675 m. Anm. *Schmid; Kinne* ZMR 2001, 1 (5); s. ausführlich auch *Langenberg* NJW 2008, 1269 (1274 f.).

[202] OLG Köln NZM 2008, 806 für die Umlage der Kosten der Treppenhausreinigung.

[203] AG Hamburg-Wandsbek MJ 2006, 84: Abzug 50%; *Seldeneck* Rdn. 3223.

[204] So LG Braunschweig ZMR 2003, 114 bei Facharztpraxis im ersten und Allgemeinarztpraxis im zweiten Stock.

sprechenden Kosten. Zum anderen wird ein täglicher Strom von Besuchern im dreistelligen Bereich durch die Ruhezeiten abends und am Wochenende ersichtlich nicht ausgeglichen, wenn es sich nicht gerade um ein Hochhaus mit einer Vielzahl von Wohnungen handelt. Die Wohnungsmieter können zumindest dann verlangen, dass der jeweilige Nutzungsumfang durch technische Einrichtungen erfasst wird, die einen Vorwegabzug erlauben, wenn dies mit vertretbaren Kosten zu realisieren ist. Anderenfalls sind die Kostenanteile durch kurze Nachfrage nach den üblichen Besucherströmen bei den Gewerbemietern und die überschlägige Zahl der Wohnungsnutzer vom Vermieter zu schätzen, wobei ggf. ein Sicherheitsabschlag zugunsten der Wohnungsmieter vorzunehmen ist.

IV. Straßenreinigung und Müllbeseitigung

1. Straßenreinigung

104 Die Umlage erfolgt **i. d. R. nach dem Flächenmaßstab,** die Umlage nach **Personenzahl** ist **nicht zulässig** aus (s. Rdn. 23). Dieser Umlageschlüssel ist jedoch nicht immer sachgerecht. Besteht ein Gebäudekomplex zum Teil aus Wohnungen, zum Teil aus Gewerberaum, sind die Kosten für die Reinigung von Straßenflächen, die ausschließlich vor den Gewerbeobjekten oder den Wohnungen liegen, nur diesen anzulasten; dasselbe gilt, wenn Zuwege oder Zufahrten allein zu Gewerbeflächen oder Wohnungen zu reinigen sind.[205] Weist ein Grundstück Vor- und Hinterbebauung auf, sind die Mieter des Hinterhauses in demselben Maße wie die vorderen Mieter an den Kosten zu beteiligen, die aus der Reinigung der Straßenflächen vor dem Vorderhaus resultieren, da sie in demselben Umfang von ihnen genutzt werden;[206] ob die Mieter des Hinterhauses in die kommunale Gebührenbelastung einbezogen sind, ist irrelevant.[207] Demgegenüber sind die Reinigungskosten, die ausschließlich die zum hinteren Haus gehörenden Flächen betreffen, bei den vorderen Mietern nur ansetzbar, wenn sie diese nutzen, weil dort z. B. die Müllgefäße aufgestellt sind.

2. Müllbeseitigung

105 Bei **Gewerberäumen** werden die Kosten der Müllabfuhr üblicherweise **nach der anteiligen Fläche oder** der **Anzahl der** dem jeweiligen Mietobjekt zugeordneten **Müllgefäße** umgelegt.

106 Dieselben Umlageschlüssel kann der Vermieter sowohl beim preisgebundenen wie auch beim preisfreien **Wohnraum** verwenden, zusätzlich den bei Gewerberaum unüblichen Personenschlüssel. Eine Verpflichtung, vom Flächenmaßstab auf den Personenschlüssel überzugehen, hat der Vermieter auch bei unterschiedlicher Belegung der Mieträume nicht.[208] Der Flächenschlüssel ist ein in § 556a Abs. 1 BGB normierter billiger Umlagemaßstab, zudem führt der Personenschlüssel nur der Tendenz nach zu mehr Abrechnungsgerechtigkeit (vgl. Rdn. 71). Berechnet der Entsorger allerdings feste **Grundgebühren** je Nutzeinheit, sind diese allein nach der Zahl der beteiligten Einheiten zu verteilen. Sobald die auf die einzelnen Mieter entfallende Müllverursachung erfasst wird, sind die Kosten nach § 556a Abs. 1 Satz 2 BGB entsprechend der Verursachung umzulegen. Zwar ist diese Bestimmung nicht zwingend ausgestaltet, so dass sie auch das Festhalten am Flächen- oder Personenschlüssel gestatten würde; das Gesetz enthält indes eine Wertung zur Umlagegerechtigkeit mit der Folge, dass die Weiterverwendung der anderen Verteilungsmaßstäbe unbillig i. S. d. §§ 315, 316 BGB wäre.

107 Der Vermieter kann sich schließlich mit dem Mieter auf die **Direktabrechnung** zwischen Mieter und Leistungsträger verständigen (dazu im Einzelnen Rdn. 138ff.).

108 Müllgebühren, die in **gemischt genutzten Objekten** nicht für Wohnraum entstanden sind, sind nach § 20 Abs. 2 Satz 2 NMV bei preisgebundenen Wohnungen auszusondern. Bei preisfreiem Wohnraum besteht die Pflicht zum Vorwegabzug nur, wenn dort nicht unerheblich mehr Müll als bei den Wohnungen anfällt.[209] Hierzu kann auf die obigen Ausführungen zur Kostentrennung bei den Wasser- und Entwässerungskosten (s. Rdn. 94) verwiesen werden.

---

[205] *Seldeneck* Rdn. 3241; großzügiger BGH (VIII ZR 78/05) NZM 2006, 340 = WuM 2006, 200.
[206] LG Berlin GE 2005, 1197; LG Hamburg Beschl. v. 17.4.1998 – 311 S 3/98.
[207] **A. A.** *Wall* Rdn. 3809.
[208] **A. A.** AG Halle-Saalkreis ZMR 2006, 212.
[209] Vgl. die Aufstellung bei *Seldeneck* Rdn. 3230f.

V. Gebäudereinigung und Ungezieferbekämpfung

Für preisgebundenen Wohnraum gilt für die Kosten der **Gebäudereinigung** gem. § 20 Abs. 2 Satz 1 NMV der **Regelmaßstab** der Umlage nach anteiliger Fläche. Er wird auch bei preisfreiem Wohnraum und Gewerbeobjekten allgemein angewandt. Die Umlage nach dem **Personenschlüssel** ist **nicht zulässig** (s. Rdn. 23). 109

Bei **gemischt genutzten Objekten** ist eine **Kostentrennung** notwendig, wenn preisgebundener Wohnraum beteiligt ist (§ 20 Abs. 2 Satz 2 NMV), bei preisfreiem Wohnraum, wenn nach der Art des Gewerbebetriebs eindeutig ein höherer Aufwand anfällt als bei reiner Wohnungsnutzung. Offensichtlich ist ein erheblicher Mehraufwand bei den **Hausreinigungskosten,** z. B. wenn Betriebe einen hohen Publikumsverkehr aufweisen, etwa Ladenlokale oder Arztpraxen, die nur über das allgemeine Treppenhaus zugänglich sind. Muss das Treppenhaus hier, um einen gepflegten Zugangsbereich zu erhalten, häufiger gereinigt werden, sind die durch die zusätzlichen Reinigungsintervalle anfallenden Kosten leicht auszugliedern und nur den Gewerbemietern anzulasten. Der Vermieter kann auch die Reinigung bis zur gewerblich genutzten Ebene vollständig den Gewerbemietern selbst auferlegen oder sie verpflichten, durch eigene Kräfte in zusätzlichen Intervallen reinigen zu lassen. Notfalls sind die Mehrkosten zu schätzen. Auf der anderen Seite nehmen diejenigen Mieter an der Umlage nicht teil, die das Treppenhaus nicht benutzen, weil sie als Ladenmieter oder Mieter einer Erdgeschosswohnung einen separaten Eingang zu ihrem Mietobjekt haben und ihnen keine nur über das Treppenhaus erreichbaren Dachboden- oder Kellerräume mitvermietet sind; in diesen Fällen dient das Treppenhaus schon bauseitig allein dem Zugang zu den angrenzenden Wohnungen. Soweit Reinigungskosten auf **Garagen,** vor allem Tiefgaragen entfallen, dürfen die Kosten nur auf die jeweiligen Mieter umgelegt werden (vgl. Rdn. 89). 110

Die Kosten spezieller, auch wiederkehrender **Ungezieferbekämpfung** hat als Schadensersatzpflicht der Mieter zu tragen, der die Kosten verursachte, also derjenige, in dessen Mietobjekt es originär zu einem Befall kam oder in dem auf Grund der Art des Betriebes regelmäßige Vorsorgemaßnahmen erforderlich sind wie bei Gaststätten; die Einführung des Flächenschlüssels als regelmäßigem Umlagemaßstab in § 556 a Abs. 1 BGB hat hieran nichts geändert. 111

VI. Gartenpflege

Die Kosten der Gartenpflege sind bei preisgebundenem Wohnraum nach dem **Flächenmaßstab** umzulegen (§ 20 Abs. 2 Satz 1 NMV), ansonsten nach einem **beliebigen, billigen Maßstab, nicht** jedoch nach dem **Personenschlüssel** (s. Rdn. 23). Wird die Gartenpflege bei einzelnen Einheiten einer größeren Siedlung, die der Vermieter als Verwaltungseinheit bewirtschaftet, von den Mietern selbst erledigt, ist es nicht gerechtfertigt, sie mit dem ihrer Einheit entsprechenden Anteil der Gesamtkosten zu belasten.[210] 112

Im Grundsatz sind die Kosten auf alle Mietobjekte des Gebäudes zu verteilen; ob die Mieter die Gartenflächen nutzen können, ist ohne Belang (s. § 556 Rdn. 162). Kosten für die Pflege von **Flächen,** die **nur von einzelnen Mietern** genutzt werden, fließen nicht in die allgemeine Umlage ein. Sie sind auszusondern und nur dem Kostenkreis der beteiligten Mieter aufzuerlegen.

Zu den Pflegekosten zählen auch die Reinigung und im Winter die Schnee- und Eisbeseitigung. Dies betrifft z. B. **Hofflächen** und die **Zufahrten** von Tiefgaragen, Stellplätze im Freien. Bei allgemeinen Hofflächen haben alle Mieter diese Kosten zu tragen, bei gesondert zugewiesenen Flächen (Stellplätze auf dem Hof/in der Tiefgarage) gehen die Kosten allein zulasten dieser Mieter.

Handelt es sich um **gemischt genutzte** Gebäude, sind Kosten, die entweder allein auf den Wohn- oder den Gewerberaum entfallen, nach der Rechtsprechung des BGH vorweg abzuziehen, wenn sie eine nicht unerhebliche Höhe erreichen. Dementsprechend wird der Gewerbemieter z. B. nicht von den Kosten der Pflege von Spielplätzen auf dem Grundstück auszunehmen sein.

VII. Beleuchtung, Schornsteinreinigung

Es gelten die **vorstehenden Ausführungen** zu den Gartenpflegekosten, auch hinsichtlich der Kostentrennung. Bei gemischt genutzten Objekten nimmt z. B. der Mieter eines Ladens im Erdgeschoss mit eigenem Zugang nicht an den Kosten der Treppenhausbeleuchtung teil, der Wohnungs- 113

---

210 AG Mülheim/Ruhr WuM 1998, 39.

mieter nicht an den Kosten für die Beleuchtung von Zufahrt und Hof eines im hinteren Grundstücksteil gelegenen Gewerbeobjekts. Entsprechend ist bei den Kosten für die Reinigung von Schornsteinen zu verfahren, die nur einzelnen Mietern zur Verfügung stehen; Schornsteinfegerkosten entfallen erst mit der endgültigen Stilllegung der Züge, vorher sind sie immer noch zu prüfen und ggf. zu reinigen[211] (vgl. dazu Rdn. 121). Geht es um die Beleuchtung von Tiefgaragen- oder sonstigen Stellplätzen ist ggf. eine Kostentrennung erforderlich (s. Rdn. 89).

VIII. Sach- und Haftpflichtversicherung

114 Zu den **Grundsätzen** ist auf die vorangehende Darstellung zu verweisen; die Umlage nach Personen ist nicht zulässig (s. Rdn. 23). An den Versicherungskosten für Garagen oder Stellplätze sind nur die Mieter dieser Flächen zu beteiligen (s. Rdn. 89).

Für die Kosten einer **Glasbruchversicherung** wird zudem vertreten, dass sie nach den anteiligen Fensterflächen umzulegen sind. Geht es um ein reines Wohngebäude, ist diese Aufteilung überflüssig, weil die Fensterzahl und -fläche in aller Regel mit der Wohnfläche korrespondiert.[212] Die Meinung, die Flächen einer Dachgeschosswohnung seien wegen des geringeren Risikos, dass die Scheiben durch Dritte eingeworfen werden, nur mit einem Abschlag zu berücksichtigen,[213] ist empirisch nicht abgesichert; der Vermieter kann daher bei der Ermittlung der Kostenanteile die Geschosslage berücksichtigen, ist hierzu jedoch nicht verpflichtet.

115 Problematisch ist die Frage der Kostentrennung bei **gemischt genutzten Objekten.** Einigkeit herrscht darüber, dass in der Police oder der Prämienrechnung ausgewiesene Zuschläge auf Grund besonderer Risiken aus der Nutzung gewerblicher Flächen von den betreffenden Mietern allein zu tragen sind, etwa im Rahmen der Feuer- oder der Haftpflichtversicherung, aber auch der Glasbruchversicherung hinsichtlich der Schaufensterscheiben eines Ladengeschäfts im Erdgeschoss. Der Meinungsstreit bezieht sich darauf, ob der Vermieter zur Aussonderung der Kosten für die Gewerbeflächen auch dann verpflichtet ist, wenn er eine **einheitliche Prämienrechnung** erhält; es ist derselbe, der schon bei der Grundsteuerumlage bei einheitlichem Steuerbescheid behandelt wurde (s. Rdn. 84f.). Wie dort kommt es auf die Verhältnisse des Einzelfalls an, insbesondere die betroffene Versicherungsart und, nach der Rechtsprechung des BGH, die Frage, ob die Versicherung der Gewerbefläche nicht unerhebliche Mehrkosten verursacht (s. Rdn. 66).

116 Bei den **Sachversicherungen,** d.h. insbesondere der Feuer-, Leitungswasser- und Sturmversicherung, schlagen die verschiedenen Nutzungsarten praktisch nicht zu Buche.[214] Der Versicherer kann die Prämie nach dem abstrakten Gebäudewert ermitteln oder am konkreten Gebäudewert ausrichten. Bei beiden Methoden erfolgt mithin eine pauschalierte Bewertung, bei der sich die unterschiedliche Nutzungsart nicht auswirkt.

Bei der **Haftpflichtversicherung** richtet sich die Prämie – wie bei der Grundsteuer – nach der jeweiligen Miethöhe. Ob sich hier die gemischte Nutzung in einer höheren Prämie niederschlägt, hängt auf der einen Seite vom Mietniveau der gewerblichen Flächen ab, auf der anderen Seite vom Verfahren des jeweiligen Versicherers bei der Prämienberechnung. Was das Mietniveau betrifft, wird eine über den Wohnungsmieten liegende Miete für Gewerberäume zwar die Regel sein; je nach der Lage sind aus der Praxis aber auch Fälle bekannt, in denen sie diese nicht übersteigt oder sogar noch darunter liegt. Zur Prämienberechnung verwenden viele Versicherer einen Prämiensatz, der sich nach der Höhe der Jahresmiete richtet;[215] die Nutzungsart selbst wirkt sich dabei auf den Prämiensatz nicht aus. Der bei niedriger Wohnungsmiete hohe Prämiensatz reduziert sich durch Einbeziehung einer hohen Miete für Gewerberäume, möglicherweise sogar zulasten der Gewerbemieter, die jedoch wegen der für sie marginalen Mehrbelastung keine Korrektur verlangen könnten. Andere Versicherer berechnen die Prämie nach einem festen Prämiensatz z.B. je 500,00 € Bruttomietwert, so dass es zu der vorbeschriebenen Entlastung der Wohnungsmieter nicht kommen kann. Hier tritt eine deutliche Mehrbelastung der Wohnungsmieter ein, wenn nur wenige Wohnungen in einem im Übrigen gewerblich genutzten Gebäude vorhanden sind oder es sich bei

[211] LG Düsseldorf DWW 1999, 354 m. zust. Anm. *Geldmacher;* AG Charlottenburg GE 2001, 775; *Herlitz/Viehrig* S. 75; *Wall* Rdn. 4208.
[212] *Kinne* in Kinne/Schach/Bieber § 556 Rdn. 193.
[213] LG Stuttgart WuM 1989, 521.
[214] *Teitge* ZMR 1986, 263.
[215] *Teitge* ZMR 1986, 263.

zwar überwiegender Wohnnutzung um besonders hochpreisig vermietete Gewerbeflächen handelt. In diesem Fall sind die durch die Gewerberäume verursachten Kosten auszusondern. Dem Vermieter ist der dadurch verursachte Verwaltungsaufwand durchaus zuzumuten.[216]

Besondere Probleme bereiten **Sammelversicherungen,** sei es dass sie als verbundene Versicherungen etliche Risiken bündeln, sei es dass sie einen größeren Bestand unterschiedlich genutzter Gebäude betreffen. Sie werden gemeinhin abgeschlossen, um eine günstigere Prämie als bei der Einzelversicherung zu erzielen, und dienen damit zugleich der Umsetzung des Wirtschaftlichkeitsgebots. Soweit die Sammelversicherung entweder durch Einschluss bestimmter Risiken, z. B. Schäden durch innere Unruhen, Streik oder Aussperrung, oder durch ein deutliches Übergewicht einbezogener Gewerbeobjekte eine nicht unerhebliche Mehrbelastung der Wohnungsmieter bewirkt, ist im Grundsatz eine Kostentrennung erforderlich. Die Auskünfte eines Versicherungsmaklers reichen hier nicht für die notwendige Aufschlüsselung.[217] Eine Lösung dürfte dadurch zu erreichen sein, dass die Prämie für eine Versicherung der üblichen Risiken eines Wohngebäudes ermittelt und mit der Belastung aus der Sammelversicherung verglichen wird. Ist diese günstiger, kann es beim Ansatz dieser Kosten bleiben, anderenfalls ist die Vergleichsprämie maßgeblich. 117

IX. Hauswart

Sowohl bei Gewerbe- wie bei Wohnraum können **angemessene Umlageschlüssel** vereinbart werden, **nicht** jedoch der **Personenmaßstab** (s. Rdn. 23). Ist der Hauswart allerdings für mehrere örtlich nicht zusammenliegende Häuser zuständig, können seine Kosten nicht in der Weise umgelegt werden, dass auf die jeweiligen Häuser der Mittelwert der prozentualen Anteile an der Wohnfläche, der Grundstücksfläche und der Anzahl sämtlicher vom Hauswart betreuter Grundstücke verteilt wird.[218] Soweit der Hausmeister Arbeiten für den Vermieter (Verwaltungstätigkeiten, Instandsetzungsarbeiten) oder gesondert für einzelne Mieter erledigt, fließen die jeweiligen Kosten nicht in die allgemeine Umlage ein. 118

Bei **gemischt genutzten Objekten** ist eine Kostentrennung nur erforderlich, wenn der Hauswart für die gewerblich vermieteten Objekte erheblich mehr in Anspruch genommen wird als für den Wohnraum. Hier sind z. B. durch Stundenzettel die Grundlagen für eine Aufteilung der Kosten zu schaffen. Soweit Arbeitsanteile des Hausmeisters auf **Garagen- oder Stellplätze** entfallen, ist eine Kostentrennung notwendig (s. Rdn. 89). So kann zu seinen Aufgaben die Kontrolle der elektrischen und mechanischen Funktion des Garagentors gehören, die Überprüfung von Abluftanlagen und evtl. Notausgänge, die Reinigung. 119

X. Gemeinschaftsantenne und Breitbandanschluss

1. Gemeinschaftsantenne

Für die Umlage der Kosten aus dem Betrieb einer Gemeinschaftsantenne gelten die **allgemeinen Regeln.** Bei preisgebundenem Wohnraum ist gem. § 20 Abs. 2 Satz 1 NMV nach dem Flächenmaßstab umzulegen, solange nicht *„im Einvernehmen mit allen Mietern ein anderer Umlagemaßstab vereinbart ist"*, der sodann maßgeblich ist. Der Vermieter preisfreien Wohnraums kann den Umlageschlüssel nach billigem Ermessen wählen; **vorrangig** ist die Umlage nach **Wohneinheiten,**[219] da der Nutzwert nicht von der Fläche abhängt. 120

Soweit in **einzelnen Wohnungen** schon kein Antennenanschluss vorhanden ist, sind deren Mieter nicht an der Kostenumlage zu beteiligen. Auf der anderen Seite können die Kosten auf alle Mieter, deren Wohnung über einen Anschluss verfügt und denen die Antennenkosten im Mietvertrag auferlegt wurden, auch dann umgelegt werden, wenn einzelne kein Rundfunk- und/oder Fernsehgerät besitzen oder sich auf die Nutzung einer Einzelantenne verlegen;[220] ihr Kostenanteil hat seine Berechtigung daraus, dass der Vermieter eine vertraglich geschuldete Einrichtung auch für sie vorhält.

---

216 LG Berlin GE 1991, 935.
217 OLG Brandenburg NZM 2000, 572.
218 AG Schöneberg GE 2005, 58.
219 Vgl. BGH (VIII ZR 202/06) NZM 2007, 769 = WuM 2007, 571 = ZMR 2007, 851.
220 AG Münster NZM 2007, 771.

Sind alle Wohnungen an die Antenne angeschlossen, ist es zulässig, den **Betriebsstrom** gemeinsam mit dem Strom für die Hausbeleuchtung abzurechnen, ansonsten ist er anhand der Verbrauchsdaten zu ermitteln und nur auf die Nutzer umzulegen.

121 Ein **besonderes Umlageproblem** stellt sich ein, wenn die Gemeinschaftsantenne nach Installierung von Breitbandanschlüssen oder infolge des digitalen terrestrischen Fernsehens **nur noch von einigen Mietern benutzt** wird; der Vermieter ist nicht berechtigt, diese mitvermietete Gemeinschaftseinrichtung ohne Zustimmung aller Mieter zu beseitigen (s. § 556 Rdn. 196). Solange der Anschluss an die Gemeinschaftsantenne noch in allen Wohnungen funktionsfähig vorhanden ist, sind alle Mieter an den Betriebskosten zu beteiligen. Wird der Anschluss indes in den Wohnungen nach und nach entfernt oder unbrauchbar gemacht, schrumpft die Zahl der Nutzer der Antenne, bis im Extremfall nur noch eine Mietpartei verbleibt. Hier stellt sich die Frage, ob die Betriebskosten für die Antenne weiterhin von allen Mietern oder nur vom verbliebenen Nutzer zu tragen sind. Zur Begründung für die fortbestehende Kostentragungspflicht aller Mieter kann nicht angeführt werden, es handele sich anderenfalls um eine Vertragsänderung der Mieter (mit verkabelten oder für DVB-T mit Zimmerantennen versehenen Wohnungen) und des Vermieters zulasten des verbliebenen Antennennutzers.[221] Diese Argumentation berücksichtigt nicht, dass den anderen Mietern nicht Kosten für eine Einrichtung auferlegt werden dürfen, die sie nicht mehr nutzen können. Es geht vielmehr im vorliegenden Zusammenhang allein darum, wer die Kosten einer Einrichtung zu tragen hat, die nur noch zum Nutzen ggf. eines einzelnen Mieters unterhalten wird. Hier kann nichts anderes gelten als in sonstigen Fällen, in denen der Vermieter dem Mieter eine besondere Einrichtung oder Ausstattung zur Verfügung stellt. Notfalls hat also der letzte Nutzer alle Kosten zu tragen.[222] Dieser Belastung steht auf der Seite des Vermieters gegenüber, dass er weiterhin für den ordnungsgemäßen Zustand der Antenne zu sorgen, als auch etwaige Reparaturen zu bezahlen hat. Der Vermieter hat im Übrigen dem Mieter zu gestatten, auf eigene Kosten eine Einzelantenne zu installieren, um so die Kosten der Gemeinschaftsantenne einzusparen, wodurch sich die Investition des Mieters je nach der Höhe der bisherigen Betriebskosten in vertretbarer Zeit amortisiert.

2. Breitbandanschluss

122 Nach § 24a Abs. 2 NMV dürfen die Kosten bei **preisgebundenem Wohnraum** gem. § 24a Abs. 1 Satz 1 NMV, d. h. die Betriebskosten **ohne** die laufenden monatlichen **Grundgebühren,** nach dem Verhältnis der Wohnflächen umgelegt werden, der Vermieter kann aber auch mit allen Mietern einen anderen Umlageschlüssel vereinbaren. Von der Umlage betroffen sind nur diejenigen Mieter, deren Wohnungen an den Übergabepunkt angeschlossen sind und die von der Einrichtung Gebrauch machen können. Wurden zwar die entsprechenden Steckdosen in allen Wohnungen verlegt, auf Wunsch einzelner Mieter jedoch stillgelegt, scheiden diese bei der Umlage aus.[223] Sind nicht alle Wohnungen angeschlossen, darf der Stromverbrauch nicht über die Kosten des Hausstroms allgemein umgelegt werden.[224] Die laufenden monatlichen **Grundgebühren** sind demgegenüber nach § 24a Abs. 2 Satz 2 NMV immer zu gleichen Teilen umzulegen, und zwar nur auf diejenigen Mieter, mit deren Zustimmung der Anschluss erfolgte.

123 Für **preisfreien Wohnraum** bestehen **keine besonderen Vorschriften,** so dass wiederum auf die allgemeinen Regeln zurückzugreifen ist. Wie bei preisgebundenem Wohnraum erfolgt die Umlage nur auf die Mieter, deren Wohnungen an das Netz angeschlossen sind. Ist der Anschluss an das Breitbandnetz vertraglich vorgesehen, bleiben sie an den Kosten auch dann beteiligt, wenn sie auf den Empfang über DVB-T übergehen.

---

221 So *Pfeilschifter* WuM 1987, 289.

222 Vgl. AG Karlsruhe-Durlach DWW 1987, 165, das dem Mieter allerdings zu Unrecht die Kosten für die Wiederherstellung des zwischenzeitlich entfernten Antennenanschlusses in der Wohnung auferlegte.

223 *Heix* WoBauR § 24a NMV Anm. 5.2; *Wienicke* GE 1984, 607.

224 **A. A.** *Wienicke* GE 1984, 608.

XI. Einrichtungen für die Wäschepflege

1. Preisgebundener Wohnraum

Die Betriebs- und Instandhaltungskosten dürfen gem. § 25 Abs. 2 Satz 1 NMV **nur auf die Benutzer** der Einrichtung umgelegt werden, wobei der Umlegungsmaßstab nach Satz 2 dem **Gebrauch Rechnung** tragen muss. Der Vermieter ist daher zu einer **doppelten Kostenabgrenzung** verpflichtet, zum einen muss er sicherstellen, dass nur die Benutzer mit Kosten belastet werden, zum anderen muss er die Kosten zwischen diesen nach dem Gebrauch verteilen. Auch wenn die Anlage dadurch nicht mehr kostendeckend betrieben werden kann, dass immer mehr Mieter eine eigene Waschmaschine in ihren Wohnungen aufstellen, ist der Vermieter nicht berechtigt, alle Mieter etwa durch eine Grundgebühr an den festen Kosten zu beteiligen. Hier bleibt ihm nur, durch eine Reduzierung der Geräte eine Kostensenkung zu erreichen oder mit Zustimmung aller Mieter die Anlage stillzulegen. **124**

Die Betriebskosten sind daher **getrennt zu ermitteln,** d. h. insbesondere der Strom- und Wasserverbrauch ist durch eigene Zähler zu erfassen. Sind alle Wohnungen des Hauses mit Einzelwasserzählern ausgestattet, wird die Notwendigkeit eines separaten Wasserzählers bereits aus § 21 Abs. 2 Satz 3 NMV herzuleiten sein. Die Kosten dürfen nicht im Rahmen des allgemeinen Hausstrom- oder Wasserverbrauchs umgelegt werden, weil sonst auch die Mieter, welche die Einrichtung nicht benutzen, belastet würden.[225] Ein derartiges Verfahren verstieße gegen die Bestimmung in Satz 2, dass der Umlegungsmaßstab dem Gebrauch Rechnung tragen muss. Fehlen Zwischenzähler und können die Einrichtungen zur Wäschepflege nur über Münzautomaten in Betrieb genommen werden, liegt ein Ausweg zur Entlastung der Mieter, die sich der Anlage nicht bedient haben, darin, bei den Hausstrom- und Wasserkosten die Münzeinnahmen gut zu bringen,[226] allerdings gekürzt um den Instandhaltungspauschbetrag nach § 25 Abs. 1 Satz 2 NMV und die weiteren hier ansatzfähigen Kosten. **125**

Innerhalb der Zahl der Benutzer der Wascheinrichtung ist die vorgenannte zweite Kostenabgrenzung vorgeschrieben. Die Auswahl der Methode, die zu einer Umlage nach Billigkeit führt, ist dem Vermieter überlassen. Es wird nicht ausreichen, den Maßstab danach auszurichten, ob die Mieter ständig oder nur gelegentlich im Hause wohnen,[227] vielmehr ist eine individuelle Verteilung geboten. **126**

Der Vermieter kann den Gebrauch über sog. **Waschbücher** o. Ä. erfassen, die, obgleich verwaltungsaufwendig, allerdings nur bedingt zuverlässig sind, oder über **Münzautomaten,** die von Wohnungsunternehmen überwiegend eingesetzt werden. Sind Zwischenzähler für Strom- und Wasserverbrauch installiert, erfolgen bei der Verwendung von Münzautomaten beide Kostenabgrenzungen in einem Schritt, da einerseits die Verbrauchswerte vom Gemeinschaftsverbrauch abgezogen werden können, andererseits nur die tatsächlichen Nutzer belastet werden. Die Automaten sind **kostenorientiert** einzustellen. Ergeben sich Mehreinnahmen oder eine Unterdeckung, ist der Preis für jeden Wasch- oder Trockenvorgang für die Folgezeit zu korrigieren. **127**

2. Preisfreier Wohnraum

Auch wenn die Regelung in § 25 Abs. 2 NMV eine Ausprägung des Gebots der Umlagegerechtigkeit ist,[228] können dessen Umlagegrundsätze nicht ohne weiteres auf preisfreien Wohnraum übertragen werden. Es handelt sich um eine Einrichtung, die bauseitig für alle Mieter geschaffen wurde und dementsprechend für alle vorgehalten wird. So kann z. B. auch der Mieter einer Wohnung mit Anschluss an die Gemeinschaftsantenne gegen seine Kostenbelastung nicht einwenden, er habe überhaupt kein Rundfunk- oder Fernsehgerät (s. Rdn. 120). Ist die Umlage der Kosten der Wäschepflege vereinbart und stehen die entsprechenden Einrichtungen allen Mietern im Haus zur Verfügung, sind die **Kosten** daher **auf alle** zu verteilen. Sind die Wascheinrichtungen hingegen vertraglich nur für einzelne Mieter bestimmt, ist wie bei preisgebundenem Wohnraum zu verfahren. **128**

---

[225] *Herlitz/Viehrig* S. 96.
[226] AG Hamburg WuM 1993, 619; AG Pinneberg ZMR 2003, 121 mit der Aufteilung von 70% bei den Wasser- und 30% bei den Allgemeinstromkosten.
[227] **A. A.** *Heix* WoBauR § 25 NMV Anm. 5.
[228] *Blank* DWW 1992, 67.

D. Nachträgliche Umlage nach Verbrauch oder Verursachung (Abs. 2)

129 Mit § 556a Abs. 2 BGB wurde dem Vermieter von preisfreiem Wohnraum, wie bisher nach § 4 Abs. 5 Satz 1 MHG, das Recht erhalten, **einseitig** den vereinbarten Umlagemaßstab zu ändern, nunmehr allerdings nicht mehr beschränkt auf die Kosten der Wasserversorgung und der Entwässerung sowie die Kosten der Müllabfuhr. Voraussetzung ist, dass die Kosten **entsprechend dem Maß des Verbrauchs oder der Verursachung** umgelegt werden. Es handelt sich um eine Angleichung an §§ 21 Abs. 2 Satz 3, 22a NMV für preisgebundenen Wohnraum.[229] Die Vorschrift des § 556a Abs. 2 BGB gilt uneingeschränkt auch für Mietverhältnisse, die am 1. September 2001, also vor dem Inkrafttreten der Mietrechtsreform, bereits bestanden.[230] Sofern der Vermieter zur **Direktabrechnung** mit dem Leistungserbringer übergehen will, bedarf es einer entsprechenden Vereinbarung mit dem Mieter; die früher in § 4 Abs. 5 MHG enthaltene Option ist weggefallen (dazu im Einzelnen Rdn. 138ff.). Die Formulierung in § 556a Abs. 2 BGB, dass die Parteien ***„etwas anderes vereinbart haben"***, bezieht sich nicht auf den Flächenschlüssel nach Abs. 1. *„Etwas anderes"* i. S. d. Abs. 2 sind alle Umlageschlüssel, die sich nicht nach Verbrauch oder Verursachung richten. Es widerspräche evident der Absicht des Gesetzes, dem Vermieter das Recht zur einseitigen Umstellung des Abrechnungsmodus nur in den Fällen zuzugestehen, in denen andere als der Flächenschlüssel, etwa der Personenschlüssel, vereinbart wurden. Der Flächenschlüssel bewirkt gerade keine Schonung von Umwelt und Ressourcen; ihn auszunehmen, würde die Vorschrift bei dem am meisten verwendeten Umlageschlüssel leer laufen lassen. § 556a Abs. 2 BGB gestattet daher **erst recht** auch den **Übergang vom Flächenschlüssel** auf die Abrechnung nach Verbrauch oder Verursachung. Hatten die Parteien bei Abschluss des Mietvertrags keinen Umlageschlüssel festgelegt, greift § 556a Abs. 1 BGB mit der Folge ein, dass der Flächenmaßstab anzuwenden ist, von dem der Vermieter unter den Voraussetzungen des § 556a Abs. 2 BGB wiederum abweichen darf.

130 Ist eine **Brutto- oder Bruttokaltmiete** vereinbart, kann nach dieser Vorschrift die Mietstruktur durch Einführung einer separaten Umlage geändert werden; dasselbe gilt für die Kosten, die bislang im Betriebskostenanteil einer **Teilinklusivmiete** enthalten waren. Da die nunmehr gesondert erhobenen Kosten bislang Teil der vom Mieter entrichteten Miete waren, ist diese nach § 556a Abs. 2 Satz 3 BGB entsprechend herabzusetzen.

I. Grundsätze

131 Das Änderungsrecht besteht nur, wenn der Vermieter durch **technische Einrichtungen** oder auf ähnlich zuverlässige Weise die Voraussetzungen dafür geschaffen hat, dass die Kosten nach dem Verbrauchs- oder Verursachungsprinzip umgelegt werden können. Der **bloße Wechsel eines allgemeinen Umlageschlüssels** reicht **nicht** aus.[231] Hier wird das Ziel des Gesetzes, die Ressourcen zu schonen, nicht erreicht, so dass es sich verbietet, dem Vermieter den einseitigen Eingriff in die Mietstruktur zu ermöglichen. Dies gilt auch für den Übergang von der Abrechnung nach dem Verhältnis der Wohnflächen zur Abrechnung nach Personenzahl[232] oder vom Übergang von der Abrechnung nach Miteigentumsanteilen auf den Personenschlüssel.[233] Damit soll zwar die Umlage dem Verbrauch bzw. der Müllverursachung angenähert werden (oft nur in geringem Umfang, vgl. Rdn. 71), die Umstellung wirkt sich jedoch nicht auf das individuelle Verbrauchs- bzw. Nutzerverhalten aus. Nach wie vor wird der verschwenderische Umgang mit Wasser bzw. die sorglose Produktion von Müll nicht durch eine Mehrbelastung des Verursachers sanktioniert oder sparsames Verhalten durch eine Kostenentlastung belohnt; die übermäßig vom einzelnen Mieter verursachten Kosten hat die Mietergemeinschaft wie bisher mitzutragen. Aus § 556a Abs. 2 BGB ist nach allgemeiner Ansicht **keine Pflicht** des Vermieters **zu Investitionen** abzuleiten, die eine Umlage nach Verbrauch oder Verursachung ermöglichen.[234] Dies gilt auch dann, wenn ihm die Kosten vom Leis-

[229] Und an § 3 Abs. 2 Satz 2, § 3a der früheren BetrKostUV für Altbauwohnraum in den östlichen Bundesländern.

[230] BGH (VIII ZR 97/11) GE 2011, 1549 = NZM 2012, 152 = WuM 2011, 682 = ZMR 2012, 89.

[231] Z. B. LG Hamburg ZMR 1998, 36, 98; *Blank* in Blank/Börstinghaus § 556a Rdn. 45; Palandt/*Weidenkaff* § 556a Rdn. 7; *Schmid/Zehelein* in MünchKomm § 556a Rdn. 39; *Seldeneck* Rdn. 3372f.; *Weitemeyer* in Staudinger § 556a Rdn. 40.

[232] Z. B. LG Hamburg ZMR 1998, 36.

[233] AG Saarbrücken HKA 2012, 28.

[234] Z. B. *Both* in Herrlein/Kandelhard § 556a Rdn. 14.

tungsträger etwa nach Verursachung berechnet werden, z. B. infolge eines Beschlusses der Kommune, den Müll künftig nach Gewicht oder Volumen zu erfassen. Der Beschluss hat nur die Folge, dass der Müll des gesamten Hauses in dieser Weise abgerechnet wird; die Mieter können vom Vermieter nicht verlangen, nun entsprechende zusätzliche technische Einrichtungen zu schaffen, dass auch in ihrem Verhältnis zueinander verursachungsgerecht abgerechnet werden kann.

II. Abrechnung nach Verbrauch

Der Vermieter kann von der Befugnis aus § 556a Abs. 2 BGB Gebrauch machen, um insbeson- **132**
dere die Kosten der **Wasserversorgung und Entwässerung von Schmutzwasser** ganz oder teilweise nach dem erfassten unterschiedlichen Verbrauch umzulegen. Die Verbrauchserfassung setzt die Installation von **Einzelzählern in allen Mietobjekten** voraus.[235] Diese Notwendigkeit beruht auf den unvermeidlichen Zählerdifferenzen zwischen dem Wasserverbrauch, den der Hauptzähler anzeigt, und der Summe der Verbräuche nach den Wohnungswasserzählern. Die Differenz ginge anderenfalls zulasten derjenigen Mieter, deren Mietobjekt nicht mit Einzelzählern ausgestattet ist (dazu ausführlich § 556 Rdn. 357). Sie hätten den im Regelfall gegenüber der Summe der Einzelzählerwerte höheren Wert nach der Anzeige des Hauptwasserzählers allein zu tragen, was zu einer i. S. d. § 315 BGB unbilligen Aufteilung führt. Ergänzend ist auf § 21 Abs. 2 Satz 3 NMV hinzuweisen; die Vorschrift gestattet die Umlage nach Verbrauch nur, wenn er bei allen Wohnungen eines Gebäudes durch Wasserzähler erfasst wird.

Das Gesetz erlaubt darüber hinaus, dass der Vermieter die Kosten aus dem erfassten Verbrauch nach einem **unterschiedlichen Schlüssel** umlegt. Dies kann jedoch nach dem Sinn des Gesetzes **nicht die reinen Verbrauchskosten** betreffen, sondern nur die Kosten, die unabhängig vom individuellen Verbrauch als Festkosten (z. B. Grundgebühren, Eichgebühren, Wartungskosten) anfallen; insoweit ist es ohne weiteres zulässig, einen gemischten Maßstab zu verwenden, indem diese nach festem Maßstab, die Verbrauchskosten nach dem Verbrauch verteilt werden.[236] Da die Verbrauchskosten üblicherweise den Hauptanteil ausmachen, ist es aber evident nicht sachgerecht, in Anlehnung an § 7 Abs. 1 HeizkostenV z. B. die erfassten Kosten zu 50% nach Verbrauch und zu 50% nach Wohnfläche anzusetzen,[237] weil ein derartiger Verstoß gegen die Umlagegerechtigkeit und die ökologische Zielrichtung des Gesetzes auch aus technischen Gründen nicht gerechtfertigt ist. Der Verweis auf die Regelung in der HeizkostenV ist sachlich falsch: Der gemischte Maßstab ist bei der Umlage von Heiz- und Warmwasserkosten sachgerecht, weil es stets zu Energieverlusten im Rohrleitungsnetz kommt. Hier wird Energie ans Haus abgegeben, bevor das Heiz- und Warmwasser überhaupt den Verbraucher erreicht, so dass ein Verlustausgleich angezeigt ist. Demgegenüber findet ein Verbrauch an Wasser und die entsprechende Produktion von Abwasser nur statt, wenn die Zapfstelle bedient wird. Bei intaktem Leitungsnetz verschwindet kein Wasser. Der Verbraucher hat es allein in der Hand, wie viel Wasser er verwendet.

Auf der anderen Seite ist es nach § 556a BGB zulässig, **alle Kosten** ausschließlich entsprechend dem jeweiligen **Verbrauch** umzulegen.[238] Dies führt zwar bei hohem Einzelverbrauch zu einer Mehrbelastung aus den Festkosten, was jedoch wegen der im Verhältnis zu den reinen Verbrauchskosten nur geringen Zusatzbelastung und im Hinblick auf die Abrechnungsvereinfachung für den Vermieter hinzunehmen ist; die „Ungerechtigkeit" ist zudem im Vergleich zur Umlage nach dem Flächenschlüssel marginal (zur Behandlung bei Leerstand s. Rdn. 40). Eine **Ausnahme** betrifft die Fälle, zumal in Ostdeutschland, in denen die Wasserversorger zwar die Mengenpreise nur wenig erhöhten, aber die Grundpreise in erheblichem Umfang. Hier führt die Umlage der verbrauchsunabhängigen Kosten entsprechend dem Verbrauch in der Praxis bei Mehrverbrauchern wie Familien zu einer bis zu 20% höheren Belastung gegenüber den Mietern mit geringem Verbrauch. In derartigen Fällen sind die verbrauchsunabhängigen Kosten nach dem Flächenschlüssel umzulegen.

[235] BGH (VIII ZR 188/07) GE 2008, 661 = NZM 2008, 444 = WuM 2008, 288.
[236] *Blank* WuM 1993, 503 (507); *Kinne* in Kinne/Schach/Bieber § 556a Rdn. 13.
[237] **A. A.** AG Schöneberg GE 2009, 271; *Kinne* in Kinne/Schach/Bieber § 556a Rdn. 14.
[238] BGH (VIII ZR 183/09) GE 2010, 1615 = NZM 2010, 855 = WuM 2010, 685 = ZMR 2011, 195.

III. Abrechnung nach Verursachung

133 § 556a Abs. 2 BGB gestattet **allgemein** die Umstellung auf eine Umlage **nach erfasster Verursachung.** Es ist daher in Zukunft nicht nur möglich, die Müllgebühren entsprechend umzulegen, sondern auch andere Betriebskostenarten. Aus dem Betriebskostenkatalog des § 2 BetrKV dürfte vor allem die Umlage der Aufzugskosten in Betracht kommen, wenn Fahrtdauer und -häufigkeit z. B. durch eine Chipkarte erfasst werden.

134 Hauptanwendungsfall sind indes bis auf weiteres die Kosten der **Müllbeseitigung.** Wie bereits erwähnt, ist die Voraussetzung der erfassten Verursachung nicht erfüllt, wenn der Vermieter etwa nur von der Umlage nach dem Verhältnis der Wohnflächen zur Umlage nach Personenzahl wechseln will. **Erforderlich** ist vielmehr, dass durch geeignete, insbesondere **technische Maßnahmen,** der produzierte Müll den einzelnen Mietparteien zugeordnet wird; eine Erfassung, etwa nach genauem Volumen oder Gewicht, ist – anders als bei der Wasserversorgung und Entwässerung – nicht vorgeschrieben. Als Lösung kommt z. B. in Betracht, den Mietern jeweils verschließbare Müllgefäße zur Verfügung zu stellen[239] oder darüber hinaus, jede Leerung der den einzelnen Mietern überlassenen Mülltonnen zu registrieren.[240] Inzwischen werden auch Presscontainer angeboten, die nur mit einer Magnetkarte zu bedienen sind; der eingeworfene Müll wird gewogen und der entsprechende Wert der Karte zugebucht.[241] Die Kosten der Berechnung und Aufteilung bei Betrieb derartiger Müllmengenerfassungsanlagen sind nach § 2 Nr. 8 BetrKV umlagefähig. Mit der Einrichtung derartiger Anlagen einhergehende Kostensteigerungen, etwa bei der Umstellung von Müllgroßgefäßen auf Einzeltonnen[242] – aus Kostengründen wurden in den letzten Jahren umgekehrt zunehmend Einzeltonnen durch Großgefäße ersetzt – wären im übergeordneten Umweltinteresse hinzunehmen.

Sofern der Entsorger neben den Gebühren für die Beseitigung des jeweils anfallenden Mülls eine gesonderte, nach der Zahl der Wohneinheiten errechnete **feste Grundgebühr** erhebt, sind diese Kosten außerhalb der Verbrauchsabrechnung umzulegen. Dasselbe gilt, wenn der Versorger eine **feste Mindestmüllmenge** je Nutzeinheit berechnet;[243] hier dürfen diejenigen, die, was in der Praxis bereits zu beobachten ist, keinerlei (erfassten) Müll produzieren, nicht zulasten der anderen Mieter von den Festkosten entlastet werden.

IV. Form und Inhalt der Umlageerklärung

135 Die Änderung erfolgt nach § 556a Abs. 2 Satz 1 BGB durch **Erklärung in Textform** gem. § 126b BGB. Bestimmte **Fristen** sind nicht zu beachten. Die Erklärung kann nach § 556a Abs. 2 Satz 2 BGB jedoch nur für zukünftige Abrechnungszeiträume abgegeben werden, sie wirkt also nie in der laufenden Abrechnungsperiode; eine Klausel, die den Vermieter zur Umstellung im laufenden Jahr aus sachgerechten Gründen berechtigen soll, ist daher unwirksam.[244] Wurden die Betriebskosten bereits ganz oder zum Teil im Wege einer Abrechnung erhoben, steht die Abrechnungsperiode fest. Bei der teilweisen Umstellung der Mietstruktur einer Brutto- oder Bruttokaltmiete kann der Vermieter den Beginn des Abrechnungszeitraums frei festlegen, sollte aber die Fristen gem. § 560 Abs. 2 BGB einhalten; es bietet sich an, dem Abrechnungsturnus des Leistungsträgers Rechnung zu tragen.[245]

136 Für den **Inhalt** kann es nicht mit einer schlichten Erklärung sein Bewenden haben, denn der Mieter muss erkennen können, in welcher Weise der Vermieter von seinem Bestimmungsrecht Gebrauch macht;[246] ist das Bestimmungsrecht nicht wirksam ausgeübt worden, verbleibt es bei der zuvor geltenden Regelung. Der Umfang der Erläuterung hängt von der bisherigen Mietstruktur ab. Gilt eine Nettomiete, genügt die nachvollziehbare Mitteilung, welche Betriebskostenart betroffen ist; der Wirkungszeitpunkt sollte zur Klarstellung angegeben sein, auch wenn er sich schon aus dem

---

239 Z. B. LG Augsburg WuM 2004, 148 = ZMR 2004, 269; AG Brandenburg a. d. H. WuM 2010, 423.
240 Nach Ausrüstung der Müllfahrzeuge und Müllgefäße mit einem Scannersystem, vgl. AG Moers WuM 1996, 96.
241 Dazu kritisch *Both* NZM 1998, 460 (461).
242 AG Brandenburg a. d. H. WuM 2010, 423: Erhöhung der Kosten auf etwa das Doppelte.
243 BGH (VIII ZR 78/15) GE 2016, 718 = NZM 2016, 437 = WuM 2016, 357 = ZMR 2016, 521.
244 OLG Rostock GE 2009, 324.
245 *Blank* WuM 1993, 503 (508).
246 *Schmid/Zehelein* in MünchKomm § 556a Rdn. 41.

bislang geltenden Abrechnungsturnus ergibt. Ist eine Brutto- oder Bruttokaltmiete vereinbart oder eine Teilinklusivmiete, bei der die betroffene Kostenart im Betriebskostenanteil enthalten ist, oder wurden die Betriebskosten insgesamt durch eine Pauschale bezahlt, sind ebenso die jeweiligen Kostenarten und der Umlageschlüssel zu bezeichnen, darüber hinaus bei der Brutto- oder Bruttokaltmiete der Wirkungszeitpunkt und der erstmalige Abrechnungszeitraum; ferner sind gem. § 556a Abs. 2 Satz 3 BGB die bisher abgegoltenen Betriebskosten aus dem Mietzins herauszurechnen und die Vorauszahlungen für die in Zukunft abgerechneten Kosten zu beziffern.

Die Änderung kann sich auch aus den Umständen des Einzelfalls ergeben. Hier kommt insbesondere die **konkludente Zustimmung des Mieters** in Betracht. Dass der Mieter den Einbau von Einzelwasserzählern akzeptierte, soll zwar seine einseitige Erwartung wecken, es werde in Zukunft verbrauchsabhängig abgerechnet, aber noch keinen rechtsgeschäftlichen Erklärungswert im Sinne einer entsprechenden Verpflichtung des Vermieters haben.[247] Die konkludente Zustimmung wirkt nach § 556a Abs. 2 Satz 2 BGB zwar nicht für die abgelaufene oder laufende Periode, durchaus aber für die zukünftige. **137**

V. Direktabrechnung

Mit § 4 Abs. 5 Satz 1 Nr. 2 MHG hatte der Vermieter das Recht erhalten, durch eine einseitige Erklärung zu bestimmen, dass die Kosten der Wasserversorgung, Entwässerung und Müllabfuhr unmittelbar zwischen den Mietern und den Leistungserbringern abgerechnet werden. Diese **Option der Direktabrechnung** ist in § 556a Abs. 2 BGB, der im Übrigen § 4 Abs. 5 Satz 1 Nr. 1 MHG übernimmt und erweitert, **nicht mehr** enthalten. In der Begründung des RegE ist hierzu ausgeführt, die bisherige Regelung habe sich in der Praxis nicht bewährt, von ihr sei auch kaum Gebrauch gemacht worden.[248] Die Streichung wurde im weiteren Gesetzgebungsverfahren kritisiert, auch der Hinweis, dass schon 2001 allein in Norddeutschland etwa 240 000 Haushalte in die Direktabrechnung einbezogen waren,[249] blieb ohne Wirkung. Die geänderte Rechtslage hat zur Folge, dass dem Vermieter die **einseitige Umstellung** auf Direktabrechnung seit dem 1.9.2001 **nicht mehr** möglich ist. **138**

Den Parteien bleibt es indes **unbenommen,** sich **durch** eine entsprechende **Vereinbarung** auf die Direktabrechnung zu verständigen; einen Anspruch gegen den Ver- bzw. Entsorger kann der Vermieter allerdings daraus nicht herleiten.[250] Wird die Abrede im Verlauf des Mietverhältnisses aus konkretem Anlass getroffen, ergeben sich keine rechtlichen Schwierigkeiten. Fraglich ist, ob sie auch schon bei Abschluss des Mietvertrags und damit im Regelfall **formularvertraglich** für den Fall wirksam ist, dass die jeweiligen Leistungserbringer die Direktabrechnung irgendwann einmal ermöglichen. Es ist an einen Verstoß gegen § 308 Nr. 4 BGB zu denken, weil die Klausel dem Vermieter erlauben soll, später einseitig die ursprünglich versprochene Leistung zu ändern. Außerdem ergeben sich Gewährleistungsfragen, die streitig sind (s. Rdn. 143). **139**

Trotz dieser Gesichtspunkte wird auch die in einer **Formularklausel** antizipierte Zustimmung des Mieters zu einer späteren Umstellung auf Direktabrechnung **jedenfalls dann wirksam** sein, wenn sie sich auf die Sachverhalte beschränkt, die bisher in § 4 Abs. 5 MHG erfasst wurden, nämlich Wasser, Entwässerung und Müllabfuhr. Der Grund liegt darin, dass die nunmehr vertragliche Festlegung einer Möglichkeit, die derjenigen entspricht, wie sie zuvor vom Gesetz als sachgerecht und angemessen eingeräumt war, schwerlich beanstandet werden kann.[251] Dieses Ergebnis ist überdies im Hinblick auf die Art der infrage stehenden Betriebskostenarten sachgerecht. Bei den genannten Kostenarten geht es in der Sache um Lebenshaltungskosten des Mieters, die nur deshalb zum Leistungsumfang des Vermieters gehören, weil sie der Mieter mangels technischer Möglichkeiten und zum Teil wegen landes- oder kommunalrechtlicher Beschränkungen nicht selbst unmittelbar in Anspruch nehmen kann. Entfallen die Hinderungsgründe, ist es akzeptabel, dass es zur Sache des Mieters gemacht werden kann, selbst für die zu seiner Lebenshaltung notwendigen Leis- **140**

---

[247] BGH (VIII ZR 188/07) GE 2008, 661 = NZM 2008, 444 = WuM 2008, 288; **a. A.** *Blank* WuM 1993, 503 (509).
[248] BT-Drucks. 14/4553 S. 129.
[249] *Hannig* NZM 2001, 318 (320).
[250] BGH (VIII ZR 279/02) NZM 2003, 551 = WuM 2003, 460.
[251] LG Hamburg WuM 2006, 96; *Milger* NZM 2008, 757 (759); **a. A.** *Weitemeyer* in Staudinger § 556a Rdn. 44.

tungen zu sorgen. Demgegenüber benachteiligen weiter gehende formularvertragliche Abreden zur Direktabrechnung, etwa von Aufzugskosten, den Mieter unangemessen.

Zum **weiteren notwendigen Inhalt einer Formularklausel** kann auf § 4 Abs. 5 Satz 2 MHG zurückgegriffen werden. Danach ist die Erklärung über die Umstellung nur für künftige Abrechnungszeiträume zulässig und nur mit Wirkung zum Beginn eines Abrechnungszeitraums.

141 Im Übrigen kann es zur **Direktabrechnung auch dadurch** kommen, dass der Vermieter seine Ver- und Entsorgungsverträge kündigt und den Mieter auf direkte Verträge mit dem Leistungsträger verweist, sofern die technischen Voraussetzungen für eine Einzelabrechnung gegeben sind und der Leistungsträger zur Übernahme der Direktabrechnung bereit ist. Auch wenn der Mieter hiermit nicht einverstanden ist und z. B. die ihm vom Leistungsträger übersandten Entwürfe für einen unmittelbaren Vertrag nicht unterzeichnet, **stimmt** er **dem Vertragsangebot konkludent** bereits dadurch **zu,** dass er die entsprechende **Leistung** an Elektrizität, Gas, Wasser oder Fernwärme aus dem Verteilungsnetz eines Versorgungsunternehmens **tatsächlich in Anspruch** nimmt (Annahme einer sog. Realofferte).[252]

142 Zahlt der Mieter **Vorauszahlungen,** erfolgt deren Korrektur und damit der **finanzielle Ausgleich für den Mieter** spätestens im Rahmen der folgenden Betriebskostenabrechnung. Sind die von der Direktabrechnung betroffenen Betriebskostenarten Teil des Betriebskostenanteils einer **Brutto-, Bruttokalt- oder Teilinklusivmiete** in einem **Altmietvertrag,** greift über Art. 229 § 3 Abs. 4 EGBGB die Vorschrift des § 560 Abs. 3 BGB mit der Verpflichtung des Vermieters ein, den Betriebskostenanteil entsprechend seiner Entlastung herabzusetzen. Geht es um einen **Neuvertrag** mit einer Brutto-, Bruttokalt- oder Teilinklusivmiete, ist eine **Abrede** der Parteien über die Reduzierung des Betriebskostenanteils notwendig. Bei diesen Mietstrukturen wird eine **Formularklausel** mit der Zustimmung zu einer später u. U. möglichen Umstellung auf Direktabrechnung nur wirksam sein, wenn sie, etwa mit einem an § 4 Abs. 5 Satz 3 MHG angelehnten Passus, ausdrücklich die mit den beim Vermieter wegfallenden Betriebskosten korrespondierende Herabsetzung des Betriebskostenanteils vorsieht. Hier ist nämlich zu berücksichtigen, dass der Mieter ohne Ermäßigung des Betriebskostenanteils die Kosten der betroffenen Betriebskostenarten doppelt bezahlen müsste, was in der Sache auf eine verdeckte Mieterhöhung nach § 557 Abs. 1 BGB hinausläuft. So war auch der Vermieter nach § 4 Abs. 5 Satz 3 MHG verpflichtet, den Mietzins, soweit ausgegliederte Kosten in ihm enthalten waren, entsprechend zu reduzieren. Anderenfalls ist von einer unangemessenen Benachteiligung des Mieters auszugehen, welche die Klausel nach § 307 BGB unwirksam macht.

143 Der Übergang zur Direktabrechnung hat eine **Einschränkung der Gewährleistungsansprüche** des Mieters zur Folge, die der Mieter bei wirksamer Vereinbarung jedoch ebenso hinzunehmen hat wie zuvor bei der nach § 4 Abs. 5 MHG gesetzlich möglichen einseitigen Umstellung. Solange der Vermieter für die jeweilige Lieferung zuständig ist, mindert sich die vom Mieter geschuldete Miete nach § 536 Abs. 1 BGB automatisch auch dann, wenn ohne Verschulden des Vermieters einzelne Leistungen, etwa die Wasserversorgung oder die Müllabfuhr, ausbleiben. Bei der Direktabrechnung beruhen die Leistungen des Ver-/Entsorgers hingegen nicht mehr auf einem Vertrag zwischen ihm und dem Vermieter, sondern zwischen ihm und dem Mieter. Der Vermieter scheidet aus, an seine Stelle tritt der Mieter. Seine Lage ist mit derjenigen vergleichbar, die allgemein hinsichtlich der Strom- und Gaskosten besteht, die der Mieter im Mietobjekt verursacht und die auf einem eigenständigen Liefervertrag mit dem Versorger beruhen; kommt es zu Strom- oder Gasausfällen, die zulasten des Strom-/Gaslieferanten gehen und dadurch zu Schäden, richten sich etwaige Ansprüche des Mieters allein gegen den Lieferanten. Mietminderung scheidet aus, selbst dann, wenn dadurch keine Beheizung, etwa im Winter, mehr möglich ist.

144 Die Enthaftung des Vermieters bezieht sich im Übrigen nur auf Gründe, die aus der Sphäre des Ver- oder Entsorgungsunternehmens stammen. **Unberührt bleibt die Verpflichtung des Vermieters,** für den ordnungsgemäßen Zustand der Ver- und Entsorgungsleitungen und -einrichtungen zu sorgen.[253] Kommt es z. B. zur Unterbrechung der Wasserzufuhr infolge eines Rohrbruchs,

---

[252] BGH (VIII ZR 235/08) WuM 2010, 89 = ZMR 2010, 350; (VIII ZR 279/02) NZM 2003, 551 = WuM 2003, 460; dies gilt nicht für die Abnahme der von einem Contractor gelieferten Wärme: AG Winsen/Luhe WuM 2012, 603; zum Inhalt des durch eine Realofferte zustande gekommenen Vertrags (Fernwärme) BGH (VIII ZR 111/13) NZM 2014, 207; zum Vertragspartner des Versorgers BGH (VIII ZR 316/13) WuM 2014, 615.

[253] LG Hamburg WuM 2006, 96.

tritt Mietminderung gem. § 536 BGB ein, wenn es sich nicht um eine unwesentlich kurze Beeinträchtigung des vertragsgemäßen Gebrauchs handelt (§ 536 Abs. 1 Satz 3 BGB); dasselbe gilt, wenn keine Müllabfuhr stattfindet, weil der Zutritt zum Mülltonnenraum etwa durch Versäumnisse des Hauswarts nicht ermöglicht wird. Unter den Voraussetzungen des § 536a Abs. 1 BGB hat der Mieter einen Schadensersatzanspruch gegen den Vermieter auf Erstattung der überflüssigen Kosten, die ihm der Leistungsträger in Rechnung stellt.

E. Abweichende Vereinbarungen (Abs. 3)

Zum **Nachteil** des **Mieters von Abs. 2 abweichende Vereinbarungen** sind **unwirksam.** **145**
Wie bereits erwähnt, sind die Regelungen in Abs. 1 nicht zwingend, so dass sich die Parteien auf abweichende Abreden verständigen können.

Nach Abs. 2 sind **einseitige Veränderungen** durch den Vermieter **ausgeschlossen,** wenn **146**
z. B. kein erfasster unterschiedlicher Verbrauch oder keine erfasste unterschiedliche Verursachung vorliegt, sondern nur entsprechende Schätzungen zu Grunde gelegt werden sollen. Aus demselben Grund fehlender Erfassung ist dem Vermieter ferner die einseitige Umstellung vom Flächenmaßstab auf den Personenschlüssel versagt. Schließlich darf der Vermieter die Umstellung nicht in einer Abrechnung für die vergangene Periode vornehmen oder sich die Verrechnung eines Ermäßigungsbetrags mit anderen gestiegenen Kosten vorbehalten. In allen diesen Fällen ist eine Benachteiligung des Mieters entweder offensichtlich oder nahe liegend.

F. Darlegungs- und Beweislast

Die Frage, ob der Vermieter einen der Billigkeit entsprechenden **Umlageschlüssel** verwandte, **147**
ist meist nicht streitig, wenn es sich um einen der anerkannten Umlegungsmaßstäbe handelt. Wendet sich der Mieter gegen den Flächenschlüssel, trägt er die Darlegungs- und Beweislast, warum er im konkreten Fall unbillig ist, weil § 556a Abs. 1 BGB diesen Umlageschlüssel als Regelmaßstab bestimmt.[254]

Ein häufiger Streitpunkt ist jedoch, ob der eingesetzte **Schlüssel richtig angewandt** wurde. Hier trägt ohne weiteres der Vermieter als Schuldner der Abrechnung die Darlegungs- und Beweislast für deren richtige Erfüllung. Bei der Umlage nach **Kopfteilen** betrifft dies meist die Gesamtzahl der angesetzten Personen, beim **Flächenmaßstab** die zugrunde gelegten Flächen. Auch für ein zulässiges Bestreiten der Gesamtfläche muss der Mieter stichhaltige Anhaltspunkte vortragen,[255] woran jedoch keine zu hohen Anforderungen gestellt werden können; allerdings werden Einwände zur Gesamtfläche im Hinblick auf die Höhe der Kosten eines Sachverständigen, die unschwer einen fünfstelligen Betrag erreichen können, meist gütlich behoben.[256] Hauptstreitpunkt ist die Fläche des einzelnen Mietobjekts. Hier genügt der Mieter seiner Substantiierungslast nicht durch bloßes Bestreiten der vom Vermieter angegebenen Fläche, sondern er muss zunächst selbst nachmessen oder sich dazu der Hilfe Dritter bedienen;[257] inzwischen bieten bereits einige Mietervereine Wohnungsmietern eine kostengünstige Vermessung an. Verbleibt eine Differenz, hat der Vermieter, der zum Beweis für die Richtigkeit seiner Angabe die Einholung eines Gutachtens anbietet, den Auslagenvorschuss zu leisten. Bestätigt der Sachverständige die Berechnung des Vermieters, sind die Kosten der Beweiserhebung nach § 96 ZPO auch dann dem Mieter aufzuerlegen, wenn der Vermieter aus anderen Gründen keinen Erfolg mit seiner Klage hat.[258]

Der Grund für die Bildung von **Abrechnungseinheiten** ist nicht Teil der formalen Vorausset- **148**
zungen der Abrechnung selbst und muss daher nicht erläutert werden.[259] Streiten die Parteien um

[254] Vgl. die Argumentation BGH (VIII ZR 251/05) NZM 2007, 83 = WuM 2006, 684 = ZMR 2007, 101.
[255] BGH (VIII ZR 41/14) GE 2014, 1649 = NZM 2015, 44 = WuM 2014, 744 = ZMR 2015, 205.
[256] Nach LG Köln ZMR 2001, 624 genügt der Vermieter seiner Darlegungslast nicht, wenn er sich zur Richtigkeit der angesetzten Gesamtwohnfläche nur auf die Einholung eines Sachverständigengutachtens bezieht, weil dies auf unzulässige Ausforschung hinauslaufe.
[257] BGH (VIII ZR 41/14) GE 2014, 1649 = WuM 2014, 744 m. krit. Anm. *Bieber* WuM 2015, 72; LG Berlin GE 2011, 485; **a. A.** *Schmid* ZMR 2009, 335 (336 f.).
[258] Vgl. LG Hamburg WE 9/1999.
[259] BGH (VIII ZR 73/10) GE 2010, 1682 = NZM 2010, 895 = WuM 2010, 742 = ZMR 2010, 198; LG Berlin GE 2015, 452.

die Berechtigung der Umlage nach Abrechnungseinheit, muss der Vermieter die Voraussetzungen für die Bildung der Einheit darlegen und beweisen.[260]

149 Ist der Mieter der Ansicht, dass im **gemischt genutzten Gebäude** eine Vorerfassung mit entsprechendem Vorwegabzug der auf die Gewerbeflächen entfallenden Kosten notwendig ist, genügte es bislang, dass er substantiiert Gründe vortrug, aus denen sich jedenfalls dem Grunde nach die Berechtigung seines Einwands ergab. Er war sodann Sache des Vermieters, darzulegen und ggf. zu beweisen, dass ein Vorwegabzug nicht erforderlich war. Grundlage dieser völlig herrschenden Ansicht war der Umstand, dass der Vermieter bei der Bestimmung, ob überhaupt und ggf. in welcher Höhe Kostenkreise zu bilden sind, das billige Ermessen i. S. v. §§ 315, 316 BGB einhalten muss, so dass er auch die Beweislast für die Billigkeit seiner Entscheidung zu tragen hat.[261] Wie ausführlich behandelt (s. Rdn. 65f.) ist nach der Rechtsprechung des BGH jedoch als Regelfall zugrunde zu legen, dass der Vermieter mit der Anwendung eines einheitlichen Flächenschlüssels auf alle Mietobjekte seine Bestimmung nach billigem Ermessen traf, so dass es nunmehr am Mieter ist, die Ausnahme von der Regel, mithin die Erforderlichkeit eines Vorwegabzugs, darzulegen und zu beweisen.

Geht der Streit um Kosten, deren Höhe sich nach dem jeweiligen Verbrauch im Mietobjekt bestimmt, und hat der Mieter ein **Ableseprotokoll** unterschrieben, hat er darzulegen und zu beweisen, dass es gleichwohl unrichtig ist.[262]

150 Zur **Beweislast** im Übrigen s. ausführlich § 556 Rdn. 526.

[260] LG Köln WuM 2000, 36; AG Dortmund WuM 2012, 452; *Schmid* ZMR 2009, 335 (337).
[261] Z. B. Palandt/*Grüneberg* § 315 Rdn. 19.
[262] Z. B. OLG Köln DWW 1985, 180.

Nach § 556a BGB: Flächenberechnung

Systematische Übersicht

A. Wohnraum

I. Öffentlich geförderter Wohnraum

Die Berechnung der Wohnfläche richtete sich bis zum 31.12.2003 allgemein nach §§ 42–44 II. BV. Für die Zeit ab 1.1.2004 bleibt es bei dieser Berechnungsgrundlage, sofern die Wohnfläche zuvor nach den Vorschriften der II. BV berechnet worden war und nicht eine Neuberechnung der Fläche notwendig wurde oder wird (§ 5 WoFlV). Ist die Wohnfläche erstmals oder unter den Voraussetzungen des § 5 WoFlV neu zu berechnen, gilt ab 1.1.2004 vorerst die **Wohnflächenverordnung** (WoFlV), die aufgrund der Ermächtigung in § 19 Abs. 1 Satz 2 WoFG a. F. von der Bundesregierung erlassen worden war. Die Ermächtigung ging durch Art. 9 Nr. 3 des Föderalismus-Begleitgesetzes vom 11.9.2006 (§ 19 Satz 2 WoFG n. F.) ab 1.1.2007 auf die Landesregierungen über.[1] **Solange** die WoFlV jedoch nicht durch Landesrecht ersetzt ist, gilt sie gem. Art. 125a Abs. 1 GG **als Bundesrecht** fort. 1

II. Preisfreier Wohnraum

1. Berechnungsmethoden

a) DIN 283. Die DIN 283 ist **nach wie vor anwendbar.** Dies ergibt sich aus der Begründung des Normenausschusses Bauwesen für die Zurückziehung des Regelwerks.[2] Er war der Meinung, *„der Wohnungsbau, der heute noch völlig frei finanziert wird, d. h. der weder öffentliche Mittel noch steuerliche Begünstigungen in Anspruch nimmt, ist in seinem Umfang verschwindend gering"*; für *„solche Wohnungen wie auch bestehenden Altwohnungsbau* (könne) *das Ermittlungsverfahren der II. BV vereinbart werden, das in seinem Wortlaut mit der DIN 283 Teil 2 fast identisch*" sei. Es ist evident, dass diese Begründung falsch ist. Sie zeigt aber zugleich, dass die DIN 283 nicht etwa zurückgezogen[3] wurde, weil sie nicht oder nicht mehr richtig war.[4] 2

Die Unterschiede zwischen der DIN 283 und den §§ 42–44 II. BV waren bereits gering. Die WoFlV hat die beiden Regelungswerke hinsichtlich des Ansatzes von Wintergärten noch weiter angenähert, hinsichtlich der **Terrassen** allerdings einen **neuen,** nicht unerheblichen **Unterschied** geschaffen. Die DIN 283 Blatt 2 2.23 nennt weiterhin *„gedeckte Freisitze"*, so dass die Terrassenfläche nicht zu berücksichtigen ist, wenn kein Sichtschutz besteht (s. Rdn. 7). 3

b) §§ 42–44 II. BV/WoFlV. § 1 WoFlV enthält allgemeine Angaben zur Anwendung der Verordnung, die für die §§ 42–44 als IV. Teil der II. BV entbehrlich waren. **§ 2** Abs. 1 Satz 1 **WoFlV** bestimmt, dass die Wohnfläche einer Wohnung die **Grundflächen aller Räume** umfasst, die **ausschließlich zu dieser Wohnung** gehören; so zählt z. B. die Abseite einer Küche als Wirtschaftsraum zur Wohnfläche, wenn sie innerhalb der Wohnung liegt.[5] § 2 Abs. 2 WoFlV führt verschie- 4

---

1 Art. 9 Nr. 3 Föderalismusreform-Begleitgesetz v. 5.9.2006 (BGBl. I S. 2098, 2101).
2 Schreiben des Normenausschusses v. 21.11.1983 an den Deutschen Mieterbund e.V. WuM 1984, 113.
3 Blatt 1: 1989, Blatt 2: 1983.
4 LG Mannheim WuM 1989, 11.
5 AG Bergisch Gladbach ZMR 2015, 37.

dene äußere Grundflächen an, die zur Wohnfläche zählen, sofern sie ausschließlich zur Wohnung gehören. Diese Regelung ist klarer als die bisherige in § 44 II. BV, aus der sich die Zulässigkeit des Ansatzes derartiger Flächen nur dadurch ergab, dass sie im Rahmen der Bestimmung der anrechenbaren Grundflächen aufgeführt waren. § 2 Abs. 3 WoFlV scheidet wie bisher § 42 Abs. 4 II. BV bestimmte Räumlichkeiten aus der Wohnfläche aus. So werden insbesondere Zubehörräume **außerhalb der Wohnung** (§ 2 Abs. 3 Nr. 1 a: Kellerräume und Abstellräume, b) Kellerersatzräume außerhalb der Wohnung, c) Bodenräume) ausgenommen; auch das Treppenpodest vor der Wohnungstür ist daher auch dann nicht anzusetzen, wenn es zum Abstellen von Gegenständen genutzt werden darf.[6] Schuppen (Holzlegen) sind weggefallen ebenso Wirtschaftsräume, die gegenüber den Verhältnissen zur Zeit der Schaffung der II. BV im Jahr 1957 keine Bedeutung mehr haben. Die Grundfläche von Heizungsräumen gehört, klarstellend neu im Beispielkatalog, nicht zur Wohnfläche.

5 **§ 3 WoFlV** entspricht weitgehend § 43 II. BV. Zwischen Rohbau- und Fertigmaßen wird nicht mehr differenziert, vom Putzabzug wurde wegen der veränderten Bautechniken abgesehen. Es ist generell von der Vorderkante der Bekleidung der Bauteile an zu rechnen; sofern begrenzende Bauteile fehlen, etwa bei Terrassen, vom baulichen Abschluss an. § 3 Abs. 2 WoFlV nennt beispielhaft einige Grundflächen, die einzubeziehen sind. Die bisherige, recht pauschale Regelung in § 43 Abs. 2 II. BV wurde aufgegliedert und modernisiert. § 3 Abs. 3 WoFlV führt die Flächen an, die nicht anzusetzen sind. Die Regelung ist übersichtlicher als § 43 Abs. 5 II. BV. § 3 Abs. 4 WoFlV beschreibt die beiden Möglichkeiten für die Ermittlung der Grundfläche.

6 Die Bestimmungen in **§ 4 Nr. 1 und 2 WoFlV** zur Anrechnung von Flächen je nach ihrer lichten Höhe stimmen mit § 44 Abs. 1 Nr. 1 und 2 II. BV überein. Der weitere Text in § 44 Abs. 1 Nr. 2 II. BV wurde in die neue **Nr. 3** des § 4 übernommen. Wintergärten waren bisher generell nur zur Hälfte anzusetzen, nach der Neuregelung gilt dies allein für unbeheizbare Wintergärten, beheizbare fließen mit ihrer vollen Fläche ein (vgl. § 2 Abs. 2 Nr. 1 WoFlV). Hintergrund ist, dass Wintergärten 1957 im Wesentlichen für die Haltung und Aufbewahrung von Pflanzen und nur während der wärmeren Jahreszeit als zeitweiliger Aufenthaltsraum genutzt wurden, während sie inzwischen häufig beheizbar sind und, wie Medienberichte zeigen, bei entsprechender Möblierung einen vollwertigen Wohnraum darstellen.

7 **§ 4 Nr. 4 WoFlV** regelt den Ansatz von Freiflächen. Die Verordnung übernimmt **Balkone, Loggien und Dachgärten.** Die dem Duden unbekannten *„Freisitze"* werden zutreffend dem allgemeinen sprachlichen Verständnis entsprechend **Terrassen** genannt, der Zusatz *„gedeckte"* ist entfallen. Um eine **ansatzfähige Terrassenfläche** handelt es sich nicht, wenn sie nicht an den vermieteten Wohnraum angrenzt, weil es sich z. B. nur um eine „Sitzecke auf dem Hof" handelt, die 20 m von der Wohnung entfernt ist[7] oder wenn sie nicht mit einem festen Bodenbelag versehen und nicht zum Aufstellen von Stühlen und Tischen geeignet ist.[8]

§ 4 WoFlV bestimmt die **Regelanrechnung** zu einem **Viertel,** ausweislich der Begründung soll die Anrechnung zur Hälfte nur noch in Ausnahmefällen möglich sein. Welche Anrechnung im Einzelfall erfolgt, unterliegt nicht mehr dem Wahlrecht des Bauherrn, sondern richtet sich nach den Bestimmungen in der Förderzusage (§ 13 WoFG) der Förderstellen der Länder. Der Unterschied zum Referentenentwurf mit einem festen Satz von einem Viertel zur Endfassung der Verordnung beruht auf nachhaltigen Einwänden in der Anhörung der Länder; um ihnen die geforderte Flexibilität zu verschaffen, dürfen sie unter engen Voraussetzungen einen Ansatz der Freiflächen von mehr als einem Viertel akzeptieren. Diese Besonderheiten greifen bei preisfreiem Wohnraum nicht ein, so dass es dort beim Regelmaßstab, der Anrechnung zu einem Viertel, zu verbleiben hat, wie es vordem § 27 I. BV[9] bestimmte und weiterhin nach DIN 283 gilt. Im Verhältnis von **Wohnungseigentümern** untereinander stellt die WoFlV allerdings nur eine Richtlinie dar, von der sie in einzelnen Punkten (hier: Terrasse zu 50% statt 25%) abweichen können.[10]

8 Demgegenüber konnten nach **§ 44 Abs. 2 II. BV** ***„Balkone, Loggien, Dachgärten und gedeckte Freisitze ... bis zur Hälfte"*** angesetzt werden. Die jeweilige Bestimmung des Ansatzes war dem Bauherrn überlassen: Während der Bauherr öffentlich geförderten Wohnraums an einer möglichst

---

[6] LG Frankfurt/M. ZMR 2011, 382; *Blank* MietRB 2011, 325 (326).
[7] BGH (VIII ZR 218/08) GE 2009, 1118 = NZM 2009, 659 = WuM 2009, 514 = ZMR 2009, 838.
[8] LG Landau i. d. Pf. WuM 2014, 740.
[9] I. BV v. 20.11.1950 (BGBl. I S. 753).
[10] LG Berlin ZWE 2014, 269.

großen und damit geförderten Fläche interessiert war, ging es dem Bauherrn im (schon lange weggefallenen) steuerbegünstigten Wohnungsbau darum, diese Flächen überhaupt nicht in Ansatz zu bringen, weil er, um die steuerliche Vergünstigung nicht zu verlieren, die vorgeschriebenen Höchstflächen nicht überschreiten durfte (§§ 82, 39 Abs. 1 II. WoBauG). Der jeweilige Umfang der Anrechnung nach § 44 II. BV wurde daher vom Bauherrn je nach Interessenlage selbst bestimmt. Mit einer unterschiedlichen Nutzbarkeit dieser Außenflächen hatte die Formulierung *„bis zur Hälfte"* daher nie etwas zu tun.[11] ***„Gedeckt"*** i. S. d. § 44 Abs. 2 II. BV ist der **Freisitz,** wenn er Sichtschutz gewährt, sei es durch Bauteile oder durch Pflanzen;[12] bedeckt, d. h. mit einer Bedachung versehen, muss die Terrasse nicht sein, was immer wieder übersehen wird.[13] Ohne diesen Sichtschutz scheidet der Ansatz der Terrassenfläche mithin aus.

c) Gif-Richtlinie (MF/W). Mit Stand vom 1. Mai 2012 hat der Arbeitskreis Flächendefinitionen der Gesellschaft für immobilienwirtschaftliche Forschung e. V. (gif e. V.)[14] eine **Richtlinie zur Berechnung der Mietfläche für Wohnraum** (zur MF/G für Gewerberaum s. Rdn. 29) veröffentlicht. Sie orientiert sich zwar an den Grundflächenarten der DIN 277, legt aber darüber hinausgehend fest, welche Grundfläche als Mietfläche ansetzbar ist. Statt des Begriffs der Wohnfläche verwendet sie den Begriff der Mietfläche, den sie in **Wohnungsflächen und Nebenflächen** aufteilt; dadurch wird die unscharfe Bezeichnung „Wohn- und Nutzfläche" vermieden, die in vielen Mietvertragsformularen anzutreffen ist und immer wieder zu gerichtlichen Auseinandersetzungen führt. Zusätzlich **differenziert** sie bei den Wohnungsflächen zwischen **vollständigem und anteiligem Nutzungsrecht des Mieters,** was es erstmals ermöglicht, in den sog. neuen Wohnformen mit Aufenthalts- und Gemeinschaftsräumen, z. B. in Mehr-Generationshäusern und Seniorenresidenzen,[15] zu einer sachgerechten Flächenberechnung zu kommen. 9

Die Richtlinie nimmt zunächst als MF/W-0 bestimmte Flächen aus, die **nicht zur Mietfläche** zählen, nämlich Nutzflächen (Kraftfahrzeugabstellflächen, Zivilschutzräume), technische Funktionsflächen, Verkehrsflächen außerhalb der Wohneinheiten und Konstruktionsgrundflächen. Sodann nimmt sie eine **Mietflächentypisierung** vor und unterscheidet exklusiv genutzte Mietflächen, die keinen räumlichen Nutzungsbeschränkungen unterliegen (MF/W-1 a), Mietflächen, die überdeckt, aber nicht allseitig geschlossen sind (MF/W-1 b) oder die nicht überdeckt sind (MF/W-1 c), Mietflächen unter einer lichten Raumhöhe unter 1,50 m (MF/W-1 d) und Nebenflächen, die nach der Landesbauordnung und/oder einem Bebauungsplan nicht für Wohnzwecke zugelassen sind (MF/W-1 e). Anschließende graphische Erläuterungen (Reihenhaus, Mehrfamilienhaus, neue Wohnform) erleichtern den Zugang zu den Typisierungen. 10

Ein **Vergleich mit den** oben unter b) (Rdn. 4 ff.) aufgeführten **Verordnungen** zeigt zum einen, dass Terrassenflächen generell nur mit ¼ anzusetzen sind (wie schon immer nach DIN 283), zum anderen, dass Flächen unter 1,50 m lichter Höhe überhaupt nicht, Flächen mit höherer lichter Höhe voll angerechnet werden; die Einführung nur einer Höhengrenze soll die Berechnung z. B. in Dachgeschosswohnungen erleichtern. Auch wenn sich damit im Ergebnis eine weitgehende Übereinstimmung mit den anderen Regelwerken ergibt, liegt der Vorteil der MF/W darin, dass sie eine **transparente Flächenermittlung** erleichtert. Sie verlangt, dass alle zum Mietobjekt gehörenden Flächen separat ausgewiesen sind, mithin auch solche, die nicht in die Berechnung einfließen, damit jeder Mieter (und Käufer) genau ersehen kann, wie die schließlich zugrunde gelegte Flächenangabe zustande kam. Wegen des damit verbundenen Aufwands dürfte es längere Zeit dauern, bis sich die Richtlinie am Markt etabliert hat, auch wenn gerade die erzielbare Transparenz späteren Streitigkeiten in besonderem Maße vorbeugt. 11

d) DIN 277. Die Bezeichnung der DIN 277 in der Fassung 2005 lautet *„Ermittlung von Grundflächen und Rauminhalten von Bauwerken"*. Sie dient der Flächenermittlung für die Baugenehmigung sowie als Grundlage für die Kostenermittlung und -analyse nach DIN 276.[16] Sie liefert **allein** eine **Flächentypisierung,** indem sie die verschiedenen Flächenarten, nämlich die Brutto-Grundfläche (BGF), die Netto-Grundfläche (NGF), gegliedert in Nutzfläche (NF), Technische Funktionsfläche (TF), Verkehrsfläche (VF), sowie die Konstruktions-Grundfläche (KGF) beschreibt. Anders als die 12

---

[11] Vgl. auch LG Hamburg WuM 1987, 354; *Blümmel* DWW 1984, 18.

[12] BGH (VIII ZR 164/08) NZM 2010, 36; BVerwG ZMR 1977, 349; LG Hamburg NJWE-MietR 1996, 173 = WuM 1996, 278; *Börstinghaus* WImmoT 2016, 87 (116 f.).

[13] Z. B. LG Rostock WuM 2006, 247.

[14] Mosbacher Straße 9, 65187 Wiesbaden, von der die Richtlinie zurzeit kostenlos erworben werden kann.

[15] *Hörndler* MietRB 2012, 249 (251).

[16] *Hörndler* MietRB 2012, 249 (252); *Isenmann* ZMR 1986, 114.

DIN 283 und die WoFlV bzw. zuvor § 44 II. BV enthält sie daher **keine Bewertung** der jeweiligen Flächen nach ihrem Nutzwert für den Mieter;[17] Reduktions- oder Bewertungsfaktoren für eine unterschiedliche Nutzbarkeit der Grundflächen sind nicht Sache des Erstellers der Flächenberechnung, sondern des *„immobilienwirtschaftlichen Verwerters"*.[18] Der Unterschied wird z. B. auch an Tabelle 2 Nr. 1.1 *„Wohnräume"* deutlich, die unterschiedslos als Beispiele *„Wohn- und Schlafräume in Wohnungen, Wohnheimen, Internaten, Beherbergungsstätten, Unterkünften; Wohndielen, Wohnküchen, Wohnbalkone, -loggien, -veranden; Terrassen"* aufführt.

2. Berechnung im Einzelfall

13 **a) Prüfungsfolge.** Ein **allgemeiner Sprachgebrauch,** was unter Wohnfläche zu verstehen ist, hat sich **nicht** entwickelt,[19] der Begriff ist auslegungsbedürftig.[20] Der darauf beruhende, langjährige Streit, wie sie bei preisfreiem Wohnraum zu ermitteln ist, hat inzwischen durch mehrere überzeugende Entscheidungen des **BGH** jedenfalls für die Praxis weitgehend ein Ende gefunden.[21] Auf ihrer Basis ergibt sich eine **Prüfungsfolge.**

14 **aa) Ausdrückliche Vereinbarung.** Haben sich die Parteien auf eine **bestimmte Berechnungsweise geeinigt,** hat diese **Vorrang;** dies gilt auch, wenn sie dem Vermieter nachteilig ist, wie etwa bei der Vermietung eines jahrhundertealten Fachwerkhauses mit zum Teil geringer Deckenhöhe.[22]

15 **Wann tatsächlich** eine **Vereinbarung** zur Flächenberechnung vorliegt, ist eine Frage des Einzelfalls; sie kann auch konkludent zustande kommen.[23] Hat sich der Vermieter z. B. einer Dachgeschosswohnung mit der Angabe *„Mietraumfläche"* im Mietvertrag die Grundfläche ohne Berücksichtigung der Dachschrägen vorgestellt, kommt es zu einer entsprechenden Abrede nicht schon dadurch, dass der Mieter den Mietvertrag mit dieser Bezeichnung abschließt.[24] Demgegenüber ist die Bestimmung im Mietvertrag wirksam, *„Die Wohn-/Hobbyfläche ist mit 81,89 m² vereinbart. Sollte sich nachträglich herausstellen, dass die tatsächliche Wohn-/Hobbyfläche von der vorstehend vereinbarten Fläche abweicht, so soll keine der Parteien berechtigt sein, aus dieser Tatsache eine Anpassung der Miete zu verlangen. Die beheizte Fläche beträgt 81,89 m².*"; die Parteien wollten hier die Unsicherheit einer unterschiedlichen Berechnungsweise außer Streit stellen.[25] Die Parteien sollen sich auch auf den einfach zu handhabenden Grundsatz „Länge mal Breite" der Grundflächen individualvertraglich verständigen können, wodurch die Berechnung nach der WoFlV oder der II. BV ausscheide.[26]

Ebenso verhält es sich, wenn dem Mieter **Exposés und Grundrisse** vor Abschluss des Vertrags ausgehändigt wurden. Stellten sie das Mietobjekt vollständig und mit richtigen Maßen dar, konnte der Mieter genau ersehen, welche Flächen der Vermieter für die Größe des Mietobjekts zugrunde legte, so dass er mit Abschluss des Mietvertrags diese Berechnungsmethode ersichtlich billigte. Ebenso soll es liegen, wenn der Mieter nur einen Grundriss mit dem „Kernbereich" von drei Zimmern und Küche erhielt, die Nebenräume nicht nach ihrer Fläche beschrieben waren und zur Freifläche nur *„sehr große, sonnige Dachterrasse"* angeführt war.[27] Ob der Mieter ernstlich eine bestimmte Berechnungsweise akzeptiert, wenn ein wesentlicher Flächenanteil im Dunkeln bleibt und nur durch Mutmaßungen aufgefüllt werden kann, erscheint indes fraglich.[28]

16 Soweit die Vereinbarung auf einer **Formularklausel** beruht, ist das **Transparenzgebot** aus § 307 Abs. 1 Satz 2 BGB zu beachten. Ihm wird immer dann genügt sein, wenn die Klausel früher die §§ 42–44 II. BV und seit 1.1.2004 die WoFlV oder die DIN 283 in Bezug nimmt, weil es sich

---

[17] OLG Hamm NJW-RR 1997, 1551.
[18] Merkblatt 687 der Architektenkammer Baden-Württemberg zur neuen DIN 277, S. 8.
[19] Z. B. BGH (V ZR 246/96) WuM 1997, 625 = ZMR 1997, 633.
[20] BGH (VIII ZR 219/04) NZM 2006, 375 = WuM 2006, 245 m. Anm. *Wiek;* (VIII ZR 44/03) NZM 2004, 454 = WuM 2004, 337 = ZMR 2004, 501.
[21] BGH (VIII ZR 86/08) GE 2009, 773 = NZM 2009, 477 = WuM 2009, 344; (VIII ZR 231/06) NZM 2007, 595 = WuM 2007, 441 = ZMR 2007, 764; (VIII ZR 44/03) GE 2004, 680 = NZM 2004, 454 = WuM 2004, 337 = ZMR 2004, 501.
[22] BGH (VIII ZR 218/08) GE 2009, 1118 = NZM 2009, 659 = WuM 2009, 514 = ZMR 2009, 838.
[23] BGH (VIII ZR 256/09) GE 2010, 1047 = NZM 2010, 614 = ZMR 2010, 938.
[24] BGH (VIII ZR 244/08) GE 2010, 119 = NZM 2010, 80 = WuM 2010, 27; *Langenberg* NZM 2009, 76.
[25] LG Berlin GE 2005, 995; dazu BGH (VIII ZR 150/05) GE 2006, 1165: ein „berechtigter Ausnahmefall" zu BGH (VIII ZR 44/03) GE 2004, 680 = NZM 2004, 454 = WuM 2004, 337 = ZMR 2004, 501.
[26] LG Saarbrücken NZM 2015, 692.
[27] BGH (VIII ZR 219/04) NZM 2006, 375 = WuM 2006, 245 m. Anm. *Wiek.*
[28] *Wiek* WuM 2006, 246 (247).

dabei um zwei allgemein anerkannte Berechnungsverfahren handelt. **Fraglich** ist, wie mit Formularklauseln zu verfahren ist, die auf die **DIN 277** Bezug nehmen.

Nach einer Ansicht scheitert ihre formularvertragliche Vereinbarung bereits daran, dass sie den Mieter **unangemessen** belastet (§ 307 BGB).[29] Sie kürzt z. B. die Grundfläche nicht um solche Flächen, die ohne erkennbaren Nutzwert sind,[30] etwa bei Fehlen einer gewissen lichten Mindesthöhe, wie es bei den echten Flächendefinitionen der Fall ist, nämlich sowohl in der DIN 283 als auch in § 44 II. BV bzw. § 4 WoFlV und in der gif-Richtlinie MF/W ebenso wie in der zunehmend verwendeten gif-Richtlinie MF/G (s. u. Rdn. 32) für Gewerberaum; so wurde sogar die getrennte Ermittlung von Grundflächen unter Schrägen über bzw. unter 1,5 m in der neuen DIN 277 aufgegeben. Demgegenüber soll **nach anderer Meinung** die Vereinbarung, es werde eine Maisonettewohnung mit einer Größe von **ca. 176 m² gemäß DIN 277** vermietet, wirksam sein.[31] Sie bezieht sich auf die Rechtsprechung des BGH, dass nach der Art der Wohnung ein *„anderer Berechnungsmodus naheliegender"* sein kann.[32] So hat er es für eine Maisonettewohnung mit Dachschrägen im ausgebauten Spitzboden für *„denkbar"* gehalten, *„als Wohnfläche die reine Grundfläche der Wohnung nach der DIN 277 anzusetzen, ohne dabei einen Abzug von Flächen mit einer lichten Höhe unter 2 Meter vorzunehmen"*.[33] Dieser Verweis auf die Rechtsprechung des BGH ersetzt indes nicht die Prüfung der Formularvereinbarung auf ihre hinreichende **Transparenz,** die hier aus zwei Gründen **fehlt. Zum einen** ist die **schlichte Angabe „DIN 277" nicht ausreichend.**[34] Die Bezugnahme auf eine bloße Flächentypisierung (s. Rdn. 15) zur Berechnung der Wohnfläche ist überraschend, so dass die Formularklausel nach § 305c Abs. 1 BGB schon nicht Vertragsbestandteil wird.[35] Zudem soll die DIN 277 nach ihrem Zweck schon keine Bewertung schaffen,[36] sondern sie hat eine völlig andere Funktion (s. Rdn. 12).[37] **Zum anderen** hat der Vermieter als Verwender der Formularklausel den Mieter über deren Inhalt aufzuklären, also die **Grundlagen und Folgen zu erläutern.**[38] Anders als bei Gesetzen oder Verordnungen, wie etwa der WoFlV, reicht die Bezugnahme auf ein technisches Regelwerk insoweit nicht aus. Selbst wenn die Klausel einige erläuternde Zusätze, etwa die Bezeichnung Netto-Grundfläche (NGF), enthält, wird sie meist unwirksam sein, weil der Mieter kaum erkennen kann, worauf er sich letztlich einlässt. Handelt es sich nicht um eine originäre Formularklausel, sind ggf. die Einschränkungen nach § 310 Abs. 3 BGB zu beachten und darüber wiederum die Anwendbarkeit des § 307 BGB, da der Mietvertrag über Wohnraum i. d. R. einen Verbrauchervertrag darstellt. Die Vereinbarung der Flächenberechnung nach der DIN 277 dürfte daher **nur** dann rechtliche Relevanz haben, wenn sie **individualvertraglich** getroffen wurde.[39]

bb) Ortsübliche Berechnungsweise. Enthält der **Mietvertrag,** wie meist, **keine Regelung** **17**
zur Berechnungsmethode, ist das **jeweils ortsübliche Verfahren stillschweigend** vereinbart.[40] Dieser Ansatz des BGH überzeugt, weil der Mieter auch gegenüber den zum Teil recht eigenwilligen Formulierungen mancher Vermieter zur Mietfläche voraussetzen darf, dass ohne eindeutige entgegenstehende Hinweise die Flächenberechnung zugrunde gelegt wurde, die im weiteren Wohnbereich üblich ist. Soweit der BGH auch eine Berechnung zulässt, die *„nach Art der Wohnung nahe liegender ist"*,[41] dürfte es sich um eine allgemein gehaltene Öffnungsformulierung für nie auszuschließende Sonderfälle handeln; ein Anwendungsbereich ist bislang nicht deutlich geworden.

Auch **aus den Umständen,** die den Abschluss des Mietvertrags begleiten, kann sich eine stillschweigende Vereinbarung über die Wohnfläche der Mietwohnung ergeben, namentlich in Fällen, in denen der verwendete Formularvertrag insoweit kein Feld für Angaben vorsieht; in allen derartigen Fällen ist nach der Rechtsprechung des BGH die regional übliche Berechnungsmethode zur Ermittlung der Wohnfläche maßgeblich. Dies ist z. B. der Fall bei einer gemeinsamen Vorstellung

---

29 *Eisenschmid* in Eisenschmid/Wall Betriebskosten-Kommentar, 3. Aufl., Rdn. 4026.
30 *Häublein* PiG 92 (2012) S. 81 (99).
31 AG Charlottenburg/LG Berlin GE 2012, 1318.
32 BGH (VIII ZR 231/06) NZM 2007, 595 = WuM 2007, 441 = ZMR 2007, 764: DIN 283; (VIII ZR 44/03) NZM 2004, 454 = WuM 2004, 337 = ZMR 2004, 501: DIN 277.
33 BGH (VIII ZR 44/03) NZM 2004, 454 = WuM 2004, 337 = ZMR 2004, 501.
34 *Börstinghaus* Flächenabweichungen Rdn. 188.
35 *Häublein* PiG 92 (2012) S. 81 (99).
36 *Schul/Wichert* ZMR 2002, 633 (634).
37 OLG Düsseldorf WuM 2002, 42.
38 Z. B. *Fuchs* in Ulmer/Brandner/Hensen § 307 BGB Rdn. 335 m. w. N.
39 BGH (VIII ZR 44/03) WuM 2004, 337; *Hinz* WuM 2008, 633 (641).
40 BGH (VIII ZR 231/06) NZM 2007, 595 = WuM 2007, 441 = ZMR 2007, 764.
41 BGH (VIII ZR 231/06) NZM 2007, 595 = WuM 2007, 441 = ZMR 2007, 764.

zur Wohnungsgröße aufgrund der Angaben in der Zeitungsannonce einer Maklerin und in einer vor Vertragsabschluss überreichten *„Wohnflächenberechnung"*.[42] Streitig ist, ob sich der Vermieter schon an die Flächenangaben, die er zur Mietersuche in **Zeitungsinseraten** machte, festhalten lassen muss. Nach einer Meinung handelt es sich allein um einen Teil der Objektbeschreibung;[43] diese generelle Aussage ist verfehlt, weil sie die zentrale Bedeutung der Fläche für den Wert des Mietobjekts außer Betracht lässt. Nach anderer Ansicht ist im Hinblick auf die Bedeutung der Wohnfläche für einen redlichen Vertragspartner grundsätzlich von einer konkludenten Beschaffenheitsvereinbarung auszugehen,[44] zum Teil wird die Vorschrift des § 434 Abs. 1 Satz 3 BGB herangezogen.[45] Anders verhält es sich, wenn der formularmäßige Vertragstext Angaben zur Wohnfläche vorsieht und die betreffende Passage gestrichen oder wenn diese *bewusst* nicht ausgefüllt wurde.[46] Die Angaben in einer sog. **Vermieterbescheinigung,** die bei der Inanspruchnahme von Sozialleistungen vom Mieter vorzulegen ist, genügen nach allgemeiner Auffassung nicht, um eine konkludente Flächenvereinbarung anzunehmen.[47] Dasselbe gilt, wenn sich eine Flächenangabe allein beim **Umlageschlüssel für** die **Betriebskosten** findet.

18 Was die **Ortsüblichkeit** betrifft, ist allgemein anerkannt, dass **z. B. Mietspiegeln** insoweit eine besondere Bedeutung zukommt. Die in ihnen ausgewiesenen Mietwerte müssen sich an den Vorgaben des § 558 Abs. 2 Satz 1 BGB ausrichten, zu denen die Größe der Wohnungen gehört. Um die Vergleichbarkeit sicherzustellen, enthalten sie in aller Regel Hinweise, nach welcher Methode die ausgewiesenen Flächen ermittelt wurden.

19 **cc) Ergebnis.** Zusammenfassend ist damit festzustellen, dass die Flächenberechnung nach der DIN 283 erfolgen kann, wenn diese Berechnungsmethode vereinbart oder als regionale Übung und damit Verkehrssitte ortsüblich ist.[48] **Vorherrschend und** im Zweifel **stillschweigend vereinbart** sind damit als **Regelfall** die Bestimmungen der §§ 42–44 II. BV bzw. der WoFlV anzuwenden.[49]

20 Ist eine Berechnungsmethode vereinbart oder ortsüblich, ist die **gesamte Wohnfläche** nach ihren Vorgaben zu berechnen. Weder der Vermieter noch der Mieter können daher über einen **Methodenmix** zu einer für sie besonders günstigen Flächenermittlung kommen.[50]

21 **b) Varianten. aa) Zeitlicher Geltungsbereich.** Werden die für den preisgebundenen Wohnraum maßgeblichen Berechnungsweisen bei preisfreiem Wohnraum herangezogen, stellt sich die Frage nach dem jeweiligen **zeitlichen Geltungsbereich,** d. h. ob der Vermieter z. B. berechtigt ist, die Fläche einer nicht gedeckten Terrasse eines vor längerer Zeit vermieteten Mietobjekts ab 1.1.2004 in die Wohnfläche einzubeziehen und ggf. in welchem Umfang. Zur Lösung bietet es sich an, die Überleitungsvorschrift des § 5 WoFlV auf preisfreien Wohnraum entsprechend anzuwenden. Bei öffentlich gefördertem Wohnraum, bei dem es sich oft um jahrzehntelange Förderzeiträume handelt, dient sie dem Bestandsschutz des Vermieters. Wird dieser Gesichtspunkt auf preisfreien Wohnraum übertragen, kann der Vermieter Bestandsschutz erwarten, soweit das einzelne Mietverhältnis betroffen ist. **Maßgeblich** sind damit die **im Zeitpunkt des Abschlusses des Mietvertrags** geltenden Bestimmungen.[51]

22 Nach § 5 Satz 2 WoFlV ist auch bei Altverträgen die WoFlV maßgeblich, wenn die Fläche **wegen baulicher Änderungen** am Mietobjekt, etwa durch Aus- oder Umbau, nach dem

---

[42] BGH (VIII ZR 256/09) GE 2010, 1047 = NZM 2010, 614 = ZMR 2010, 938.

[43] LG München MietRB 2016, 62 = ZMR 2016, 375.

[44] *Emmerich* in Staudinger § 536 Rdn. 39; *Häublein* PiG 92 (2012), 81 (89); *Kandelhard* NZM 2008, 465 (472f.); *Lützenkirchen* in Lützenkirchen § 536 Rdn. 228; **a. A.** *Börstinghaus* Flächenabweichungen Rdn. 291ff., sofern die Fläche vor Vertragsabschluss nicht angesprochen wurde.

[45] *Fetten* InfoM 2009, 112; **a. A.** ausführlich *Börstinghaus* Flächenabweichungen Rdn. 274ff.

[46] BGH (VIII ZR 256/09) NZM 2010, 614 = WuM 2010, 480.

[47] Z. B. AG Bad Segeberg WuM 2014, 475 m. Anm. *Börstinghaus; Börstinghaus* Flächenabweichungen Rdn. 261ff.

[48] So z. B. BGH (V ZR 246/96) WuM 1997, 625 für den Stuttgarter Raum (Werkvertrag über die Herstellung einer Eigentumswohnung); LG München I WuM 2006, 91 für den Münchner Raum (Mietprozess); vgl. auch OLG Hamm NJW-RR 1997, 1551; *Kraemer* NZM 1999, 161.

[49] BGH (VIII ZR 86/08) GE 2009, 773 = NZM 2009, 477 = WuM 2009, 344; (VIII ZR 231/06) NZM 2007, 595 = WuM 2007, 441 = ZMR 2007, 764; (VIII ZR 44/03) GE 2004, 680 = NZM 2004, 454 = WuM 2004, 337 = ZMR 2004, 501.

[50] Vgl. BGH (VIII ZR 231/06) NZM 2007, 595 = WuM 2007, 441 = ZMR 2007, 764.

[51] BGH (VIII ZR 164/08) NZM 2010, 36 = WuM 2009, 733; (VIII ZR 86/08) GE 2009, 773 = NZM 2009, 477 = WuM 2009, 344.

1.1.2004 **neu zu berechnen** ist. Es fragt sich, **ob** diese Regelung **für preisfreien Wohnraum** zu übernehmen ist. Werden derartige Baumaßnahmen nicht im laufenden Mietverhältnis durchgeführt, gilt für den neuen Mietvertrag ohnehin die WoFlV. Geht es um Maßnahmen bei fortbestehendem Mietvertrag, wird es sich im Interesse einer klaren Rechtslage grundsätzlich empfehlen, weiterhin an das Datum des Abschlusses dieses Mietvertrags anzuknüpfen; so wäre es **nicht sachgerecht,** dem Vermieter, der z. B. im Küchen- und Badbereich einen Umbau mit einer geringen Flächenabweichung vornahm, die zur Wohnung gehörende Freifläche durch eine Neuberechnung von der Hälfte auf ein Viertel zu kürzen. Eine **Ausnahme** betrifft **neue** Freiflächen, die im Rahmen von Modernisierungen zunehmend insbesondere in Form von Vorbaubalkonen geschaffen werden.

bb) Balkone, Loggien, Terrassen. Vorab ist darauf hinzuweisen, dass nach überzeugender Rechtsprechung des **BGH** die **Lage, Ausrichtung und Nutzbarkeit** der Freifläche **nicht** zu berücksichtigen sind. Die gegenteilige Meinung[52] verknüpfte in unzutreffender Weise qualitative, subjektiv beeinflusste Kriterien (Wohnwert) mit rein quantitativen, objektiven Kriterien (Wohnfläche); der Wohnwert hat jedoch schon begrifflich nur Einfluss auf den Vergleichsmietzins, nicht auf die Wohnungsgröße. 23

Geht es im Einzelfall um derartige Freiflächen, hat die oben beschriebene zeitliche Zuordnung zur Folge, dass in Verträgen aus der ***Zeit vor dem 1.1.2004*** § 44 Abs. 2 II. BV einschlägig ist. Die Bestimmung gestattet die flexible Anrechnung der Flächen *„bis zur Hälfte"* aus Gründen, die für den preisfreien Wohnraum irrelevant sind (s. im Einzelnen Rdn. 8). Nach Ansicht des **BGH** können die Flächen bei preisfreiem Wohnraum gleichwohl generell bis zur Hälfte angesetzt werden.[53] Er stellt damit den Vermieter preisfreien Wohnraums demjenigen Vermieter gleich, dem an einer möglichst großen Fläche des öffentlich geförderten Wohnraums gelegen ist. Diese Gleichstellung überzeugt, weil die Interessenlage identisch ist, nämlich eine höchst mögliche Vermietungsfläche zu erhalten. Die Reduzierung der ansetzbaren Fläche bis hin zu null durch den Vermieter steuerbegünstigten Wohnraums hatte demgegenüber eine völlig anders liegende Motivation,[54] die mithin für eine Verallgemeinerung nicht taugt. 24

Für die Berechnung von **Balkonen, Loggien, Terrassen** in Mietverträgen aus der ***Zeit nach dem 1.1.2004*** gilt § 4 WoFlV mit dem Regelansatz von einem Viertel und dem Höchstsatz der Hälfte. Zwar besteht auch hier ein Spielraum zwischen den Sätzen, den sich der Vermieter preisfreien Wohnraums indes nicht zunutze machen kann. Dies folgt zum einen aus dem Unterschied zur Vorgängerregelung, die keinen Regelsatz vorgab, sondern ohne Einschränkung flexibel gestaltet war. Die Anordnung eines Regelsatzes schränkt Abweichungen auf Ausnahmefälle ein, deren Vorliegen der Bauherr im Einzelnen darlegen muss. Die Begründung zur Verordnung[55] liefert den Förderstellen hierzu Aspekte, wobei sie weitgehend die Gründe nach dem schon erwähnten Rechtsentscheid des BayObLG übernahm. Letztlich entscheidet die Förderzusage über den Anrechnungsmodus, die bei Nachteilen der Freifläche auch die Anrechnung von weniger als einem Viertel festlegen kann. Die Begründung richtet sich mithin allein an die Förderstellen der Länder, denen Anhaltspunkte gegeben werden, die auf preisfreien Wohnraum nicht übertragbar sind.[56] So führt die Begründung als Beispiele für ein Abgehen von der Anrechnung zu einem Viertel auch die Aufstockung des Gebäudes oder die Zusammenlegung von Wohnungen an. 25

cc) Verstoß gegen Bauordnungsrecht. Sowohl nach § 42 Abs. 4 Nr. 3 II. BV als auch nach § 2 Abs. 3 Nr. 2 WoFlV gehören Räume dann **nicht zur anrechenbaren Wohnfläche,** wenn sie *„den an ihre Nutzung zu stellenden Anforderungen des Bauordnungsrechts der Länder"* nicht genügen. Die Bestimmung erscheint für preisgebundenen Wohnraum im Grunde überflüssig, weil Räume, welche die Voraussetzungen der nach 1948 geltenden Bauordnungen nicht erfüllen, nicht gefördert wurden und werden. Anders verhält es sich nicht selten bei Wohnraum, der vor 1948 errichtet wurde, insbesondere demjenigen aus der Zeit vor 1918. So gehören z. B. zu herrschaftlichen Erdgeschosswohnungen aus der Gründerzeit nicht selten Küchen und andere Räume im Kellergeschoss, die von einer innen liegenden Treppe zugänglich sind; sie dürften oft den Vorgaben an Belichtung und Lage über dem Erdniveau heutiger Landesbauordnungen nicht entsprechen. Ähn- 26

[52] BayObLG RE 20.7.1983 WuM 1983, 254.
[53] BGH (VIII ZR 86/08) GE 2009, 773 = NZM 2009, 477 = WuM 2009, 344.
[54] Im Einzelnen *Langenberg* NZM 2003, 177 (178).
[55] BR-Drucks. 568/03 S. 26, 27.
[56] Ebenso z. B. *Börstinghaus* WImmoT 2016, 87 (116).

liches gilt für Dachgeschosswohnungen hinsichtlich der Deckenhöhe. Es versteht sich von selbst, dass die betroffenen Räume nicht aus der Flächenberechnung herausfallen oder als komplette Wohnung keine Wohnfläche aufweisen können. Dementsprechend enthielten §§ 25ff. I. BV[57], wenn sie nach § 1 Abs. 3 Nrn. 1 und 2 I. BV für die Berechnung der Wohnfläche auch auf Wohnraum mit Bezugsfertigkeit *bis* zum 20.6.1948 anzuwenden waren, keine Einschränkungen aus bauordnungsrechtlicher Hinsicht.

27 Demgegenüber hat der **BGH** hat darauf abgestellt, ob die betroffenen Räume einverständlich als Wohnräume vermietet wurden und als solche genutzt werden können. Ist dies der Fall, sind ihre Flächen anzurechnen, solange die Nutzbarkeit nicht durch Einschreiten der zuständigen Behörden eingeschränkt ist.[58] Es hätte allerdings auch die Möglichkeit bestanden, über die Anrechenbarkeit der Räume nach dem im Zeitpunkt der Errichtung des Hauses maßgeblichen Bauordnungsrecht zu entscheiden. Wohnraum, der danach zum dauernden Aufenthalt für Menschen geeignet war und entsprechend vermietet werden durfte, verliert seine Qualifizierung nicht durch spätere bauordnungsrechtliche Einschränkungen. Auf diesem Weg hätte auch der Unterscheidung zwischen Vorschriften des formellen Baurechts und solchen, die aus Gründen des Gesundheitsschutzes oder der Sicherheit von Wohnräumen resultieren, Rechnung getragen werden können; liegt ein Verstoß gegen die letztgenannten Vorschriften vor, sollte die Anrechnung der betroffenen Flächen ausscheiden.[59]

28 **dd) Flächenberechnung bei Eigentumswohnungen.** Die Flächenberechnung ist bei **Eigentumswohnungen** relevant, wenn die Kosten und Lasten des gemeinschaftlichen Eigentums nach der Gemeinschaftsordnung entsprechend anteiliger Wohnfläche umgelegt werden sollen; eine derartige Regelung hat für den vermietenden Wohnungseigentümer den Vorteil, dass Streit mit dem Mieter wie u. U. bei der Umlage nach Miteigentumsanteilen nicht entstehen kann (s. § 556a Rdn. 31). Enthält die Gemeinschaftsordnung keine Regelung zur Berechnung der Wohnfläche, kommt die DIN 283 zur Anwendung,[60] sofern die Miteigentümer die Teilungserklärung nicht mit einem Beschluss nach § 16 Abs. 3 WEG konkretisieren, etwa durch eine Wohnflächenberechnung nach der WoFlV, von der sie in einzelnen Punkten nach ihrem Ermessen abweichen können.[61]

B. Gewerberaum

29 Für die Ermittlung von Gewerberaumflächen existieren **keine allgemein anerkannten Berechnungsgrundlagen.** Eine Berechnung nach den Regelungen für Wohnraum wird der Mieter grundsätzlich nicht erwarten können.[62] Es wäre auch wenig einleuchtend, wenn etwa der Mieter einer Gaststätte mit Terrasse nur deren Ansatz zu einem Viertel verlangen dürfte, obwohl es sich um eine voll nutzbare Betriebsfläche handelt.[63]

30 Es ist den Parteien daher dringend anzuraten, die maßgebliche Berechnungsmethode zu vereinbaren.[64] Dies gilt insbesondere, wenn eine sog. Quadratmetermiete vereinbart wurde.[65] Der nicht selten anzutreffende schlichte **Verweis auf DIN 277 ist nicht aussagekräftig,**[66] was sich daraus erklärt, dass die DIN 277 eine völlig andere Zielrichtung hat (s. Rdn. 9). Sie enthält zudem eine Vielzahl verschiedener möglicher Flächen. DIN 277–1 setzt die Begriffe für die einzelnen Flächen fest, Brutto-Grundfläche (BGF), Konstruktions-Grundfläche (KGF), Netto-Grundfläche (NGF), Nutzfläche (NF), Technische Funktionsfläche (TF), Verkehrsfläche (VF) sowie Konstruktions-

---

[57] Erste Berechnungsverordnung – I. BV v. 20.11.1950 BGBl. I S. 753.

[58] BGH (VIII ZR 275/08) GE 2009, 1425 = NZM 2009, 814 = WuM 2009, 661 = ZMR 2010, 101; LG Itzehoe ZMR 2007, 40; **a. A.** LG Frankfurt/M. NZM 2009, 81.

[59] Vgl. LG Mannheim NZM 1999, 406.

[60] BayObLG NJW 1996, 2106; **a. A.** OLG Düsseldorf NZM 2002, 262 = WuM 2002, 42 = ZMR 2002, 214: Weil es keine DIN in gültiger Fassung seit 1983 mehr gebe, sei auf §§ 42–44 II. BV zurückzugreifen, allerdings mit der Korrektur, dass Keller und Spitzböden außerhalb der Wohnung, die nach § 42 Abs. 4 II. BV eigentlich nicht anzurechnen sind, in die Wohnfläche einzubeziehen seien.

[61] LG Berlin ZWE 2014, 269.

[62] KG GE 2006, 53.

[63] Vgl. KG GE 2006, 53.

[64] *Hübner/Griesbach/Fuerst* in Lindner-Figura/Oprée/Stellmann Kap. 14 Rdn. 251; vgl. OLG Brandenburg GE 2015, 590 *„volle Anrechnung"* nach DIN 277, weil die Festlegung der Flächenberechnung im Mietvertrag fehlte.

[65] Vgl. OLG Dresden NZM 2015, 697.

[66] *Fritz* Rdn. 269.

Grundfläche (KGF) und deren Berechnung. Auf dieser Grundlage nimmt DIN 277-2 eine genauere Bestimmung und Untergliederung der NGF, NF, FF und VF vor, die in der dazugehörigen Anlage 1 nach Nutzungsarten weiter aufgeschlüsselt werden. Die Tabelle 2 ordnet anhand von Beispielen Räume und Grundflächen bestimmten Nutzungsarten zu, allerdings, und dies ist der entscheidende Nachteil, ohne Bewertung des Nutzwerts. Wird auf die DIN 277 Bezug genommen, ist es daher erforderlich, in einem Zusatz zu erläutern, ob z. B. die BGF, die NGF oder die NF zugrunde gelegt wurde. Unklare Angaben sind streitträchtig, wie z. B. die Regelung, dass *„Mietfläche die Fläche innerhalb der Außenhaut des vermieteten Objekts"* ist. Hier soll abweichend von der NGF der DIN 277 auch die Konstruktionsfläche der Außenwände ab der Außenhaut zur Mietfläche gehören; sie beginnt daher schon nach Außenputz, Verblendschale o. Ä., mithin nahezu der BGF.[67]

Das **Bedürfnis,** für die anrechenbaren Flächen von vermietetem Gewerberaum **klare Vorgaben** zu haben, welche auch den wirtschaftlichen Nutzwert berücksichtigen, ist offensichtlich. Sie schaffen für den Vermieter wie den Mieter die notwendige Transparenz bei der Mietkalkulation und der Beurteilung von Vergleichsobjekten; sie dienen zugleich der Vermeidung von Streit. Die Zahl der gerichtlich ausgetragenen Auseinandersetzungen um die Mietfläche auch von Gewerberaum hat inzwischen deutlich zugenommen; gerät z. B. der Mieter in wirtschaftliche Schwierigkeiten oder sinkt das Mietniveau auf Grund eines Überangebots, scheint es sich, wie die gerichtliche Praxis zeigt, für ihn anzubieten, die Mietfläche einer genaueren Kontrolle zu unterziehen. 31

Diesem Anliegen dient die **„Richtlinie zur Berechnung der Mietfläche für gewerblichen Raum (MF-G)".**[68] Herausgeber ist die Gesellschaft für immobilienwirtschaftliche Forschung e. V. (gif e. V., s. Rdn. 9) in Zusammenarbeit mit dem Deutschen Verband Chartered Surveyors DVCS e. V. und dem Normenausschuss Bau DIN 2. Nach der Präambel wurde darauf geachtet, dass die einzelnen Festlegungen denen der DIN 277 nicht widersprechen. Ziel der Richtlinie ist es, eine Bewertung der Mietflächen unter wirtschaftlichen Kriterien zu ermöglichen. So wird z. B. hinsichtlich der Funktionsflächen danach unterschieden, ob sie primär dem Gebäudebetrieb dienen oder individuelle Nutzungsanforderungen des Mieters unterstützen, Erstere sind nicht anzusetzen; bei den Konstruktionsgrundflächen wird festgelegt, dass nur solche in die Berechnung einfließen, die der Mieter für seine spezielle Raumaufteilung in Anspruch nimmt; bei den Verkehrsflächen wird zwischen solchen unterschieden, die sich innerhalb des Mietobjekts selbst befinden, und denen, die gemeinschaftlich genutzt werden, wobei bei Letzteren Vorschläge zur Aufteilung zwischen den beteiligten Mietern gemacht werden; Räume oder Raumteile unter 1,50 m lichter Höhe sollen außer Ansatz bleiben. Die Beispiele machen deutlich, dass die Richtlinie einheitliche und klare Berechnungswege aufzeigt, welche den wirtschaftlich undifferenzierten Angaben der DIN 277 vorzuziehen sind. 32

Anlage 1: Formblatt DIN 283

WOHNUNGEN

Blatt 1 **Begriffe** **März 1951**

1 Wohnungen

1.1 Eine Wohnung ist die Summe der Räume, welche die Führung eines Haushaltes ermöglichen, darunter stets eine Küche oder ein Raum mit Kochgelegenheit. Zu einer Wohnung gehören außerdem Wasserversorgung, Ausguss und Abort.

1.11 **Abgeschlossene Wohnungen** sind solche Wohnungen, die baulich vollkommen von fremden Wohnungen und Räumen abgeschlossen sind, z. B. durch Wände und Decken, die den Anforderungen der Bauaufsichtsbehörden (Baupolizei) an Wohnungstrennwände und Wohnungstrenndecken entsprechen und einen eigenen abschließbaren Zugang unmittelbar vom Freien, von einem Treppenhaus oder einem Vorraum haben. Zu abgeschlossenen Wohnungen können zusätzliche Räume außerhalb des Wohnungsabschlusses gehören. Auch Wasserversorgung, Ausguss und Abort können außerhalb der Wohnungen liegen[69].

---

[67] OLG Hamm NZM 2014, 585.

[68] Vgl. auch LG Hildesheim GE 2010, 623; *Durst/v. Zitzewitz* NZM 1999, 605; *Höndler* MietRB 2012, 249 (250); *Schul/Wichert* ZMR 2002, 633.

[69] Einliegerwohnungen können sowohl abgeschlossene als auch nichtabgeschlossene Wohnungen sein.

1.12 **Nichtabgeschlossene Wohnungen** sind solche Wohnungen, die die Bedingungen des Abschn. 1.11 nicht erfüllen.

2 Räume der Wohnung

Unterschieden werden Wohn- und Schlafräume (Abschn. 2.1), Küchen (Abschn. 2.2) und Nebenräume (Abschn. 2.3).

2.1 **Als Wohn- und Schlafräume** gelten nur solche Räume der Wohnung (auch Wohndielen und ausreichend beheizbare Wintergärten), die den Anforderungen der Bauaufsichtsbehörden (Baupolizei) an Räume zum dauernden Aufenthalt von Menschen entsprechen. Nach der Größe werden unterschieden:

2.11 **Wohn- und Schlafzimmer** von mindestens 10 m^2 Wohnfläche (s. DIN 283, Blatt 2).

2.12 **Wohn- und Schlafkammern** von mindestens 6 und weniger als 10 m^2 Wohnfläche, deren kleinste Lichtweite auf wenigstens ⅔ der Grundfläche mindestens 2,1 m ist. (Kleinere Räume vergleiche Abschn. 2.3)

2.2 **Küchen**

2.21 **Wohnküchen** sind Räume von mindestens 12 m^2 Wohnfläche, die zum Wohnen geeignet, mit Einrichtung zum Kochen für hauswirtschaftliche Zwecke ausgestattet und beheizbar sind. Wohnräume mit Kochnischen werden ebenfalls zu den Wohnküchen gerechnet, wenn sie zusammen mindestens 12 m^2 Wohnfläche haben.

2.22 **Kochküchen** sind Räume, die mit einer Einrichtung zum Kochen für hauswirtschaftliche Zwecke ausgestattet sind und nicht unter Abschn. 2.21 fallen.

2.23 **Nebenräume** sind Räume einer Wohnung, die nicht unter Abschn. 2.1., 2.2, 3.1 oder 4 fallen, z. B. Dielen (Wohndielen s. Abschn. 2.1), Schrankräume, Abstellräume, Windfänge, Vorräume, Flure, Treppen innerhalb einer Wohnung einschl. Treppenabsätze, Galerien, Aborte, Wasch-, Dusch- und Baderäume, Spülküchen, Speisekammern, Besenkammern und dgl., Veranden, nicht ausreichend beheizbare Wintergärten. Als Nebenräume gelten auch Hauslauben (Loggien), Balkone und gedeckte Freisitze.

3 Ausstattung der Wohnung

3.1 **Räumliche Ausstattung**

3.11 **ausschließlich zu einer Wohnung gehörende Räume:** Bodenräume, Waschküchen, Kellerräume, Trockenräume, Speicherräume, Garagen usw.

3.12 **zur gemeinsamen Benutzung verfügbare Räume:** Vorplätze, Geschosstreppen und Treppenhäuser, Waschküchen, Trockenräume, Bade- und Brauseräume, Backstuben, Plättstuben, Rollkammern, Fahrrad- und Kinderwagenräume usw.

3.2 **Betriebliche Ausstattung** Wasserversorgung, Entwässerung, Elektrizitätsversorgung, Gasversorgung, Öfen, Herde, Fern- und Sammelheizungen, Warmwasserversorgung, Antennen und Rundfunkanlagen, Lasten- und Personenaufzüge, Müllschlucker, Hausfernsprecher usw.

3.3 **Sonstige Ausstattung**

3.31 **ausschließlich zu einer Wohnung gehörend:**

3.311 innerhalb der Wohnung: eingebaute Ausstattungsstücke, wie Wandschränke, Möbel, Garderoben usw.

3.312 außerhalb der Wohnung: Garten, Gartenlauben (Terrassen), Kinderspielanlagen usw.

3.332 **zur gemeinschaftlichen Benutzung:** Kinderspielanlagen, Grünanlagen, Trockenplätze, Teppichklopfstangen, Wäschepfähle, Müllkästen, Dunggruben usw.

3.32 **Nutzungsrecht in Verbindung mit der Wohnung:** Landwirtschaftliche oder gewerbliche Nutzung an Grundstücksflächen, Jagd-, Fischerei-, Bootsstegrechte mit zugehörigen Unterhaltungspflichten, Wiesen- und Weidennutzungen usw.

4 Wirtschaftsräume und gewerbliche Räume im Zusammenhang mit einer Wohnung

Mit einer Wohnung können Räume im Zusammenhang stehen, die keinen Wohnzwecken dienen und sich wegen ihrer Zweckbestimmung baulich wesentlich von den Wohnräumen unterscheiden.

4.1 **Wirtschaftsräume:** Arbeitsräume, Vorratsräume, Backstuben, Räucherkammern, Futterküchen, Futterkammern, Ställe, Scheunen, Einstellräume für Fahrzeuge und Geräte usw.

4.2 **Gewerbliche Räume:** Läden, Gaststättenräume, Werkstätten, Büro- und Lagerräume, Einstellräume für Fahrzeuge und Geräte usw.

5 Kennzeichnung der Wohnungsgröße

Die Größe einer Wohnung wird gekennzeichnet durch die Zahl der Zimmer (Abschn. 5.1) oder die Zahl der Räume (Abschn. 5.2). Neben der Zimmer- oder Raumzahl ist auch die gesamte Wohnfläche (s. DIN 283, Blatt 2) anzugeben. Zusätzliche Räume außerhalb des Wohnungsabschlusses (Abschn. 1.11) sind gesondert anzugeben.

5.1 **Kennzeichnung nach der Zahl der Zimmer:** Als Zimmer zählen **voll** die Wohn- und Schlafzimmer nach Abschn. 2.11 und **halb** die Kammern nach Abschn. 2.12. Küchen nach Abschn. 2.2 sind besonders anzugeben.

Z. B. Wohnung mit 2½ Zimmern und Wohnküche und mit 65 m² Wohnfläche oder Wohnung mit 3 Zimmern, Küche und ½ zusätzlichem Zimmer außerhalb der Wohnung (im Dachgeschoss) und mit 75 m² Wohnfläche.

5.2 **Kennzeichnung nach der Zahl der Räume:** Als Räume zählen bei der Angabe der Größe der Wohnung nur die Wohn- und Schlafräume nach Abschn. 2.1 und die Küchen nach Abschn. 2.2.

Z. B. Wohnung mit 4 Räumen mit 65 m² Wohnfläche oder Wohnung mit 4 Räumen und 1 zusätzlichem Raum außerhalb der Wohnung (im Dachgeschoss) und mit 75 m² Wohnfläche.

6 Angaben über Wirtschaftsräume und gewerbliche Räume

Für Wirtschaftsräume und gewerbliche Räume ist stets nur die gesamte Nutzfläche anzugeben (s. DIN 283, Blatt 2).

WOHNUNGEN

Blatt 2 **Berechnung der Wohnflächen und Nutzflächen** **Februar 1962**

Vorbemerkung: Bei Anwendung dieser Norm ist zu beachten: Für den mit öffentlichen Mitteln geförderten und steuerbegünstigten Wohnungsbau gilt im Gebiet der Bundesrepublik Deutschland die „Verordnung über wohnungswirtschaftliche Berechnungen des Zweiten Wohnungsbaugesetzes (2. Berechnungsverordnung II BVO)", vom 17. 10. 1957 (BGBl. I, Seite 17/19), die für die wohnungswirtschaftlichen Berechnungen ergänzende Bestimmungen enthält, insbesondere in Bezug auf die anrechenbare Grundfläche.[70]

1 Begriffsbestimmungen

1.1 **Wohnfläche** ist die anrechenbare Grundfläche der Räume von Wohnungen.

1.2 **Nutzfläche** ist die mit einer Wohnung im Zusammenhang stehende nutzbare Grundfläche von Wirtschaftsräumen und von gewerblichen Räumen.

2 Wohnfläche

Zunächst sind die Grundflächen nach Abschn. 2.1 und daraus die Wohnflächen nach Abschn. 2.2 zu ermitteln.

2.1 **Ermittlung der Grundflächen:**

2.11 Die Grundflächen von Wohnräumen sind aus den Fertigmaßen (lichte Maße zwischen den Wänden) zu ermitteln, und zwar in der Regel für jeden Raum einzeln, jedoch getrennt für (vgl. Abschn. 4.1):

Wohn- und Schlafräume	(DIN 283, Bl 1 – Abschn. 2.1)
Küchen	(DIN 283, Bl 1 – Abschn. 2.2)
Nebenräume	(DIN 283, Bl 1 – Abschn. 2.3)

70 Die II. BVO gilt jetzt in der Fassung d. Bek. vom 5. 4. 1984 (BGBl. I S. 533).

Werden die Maße aus einer Bauzeichnung entnommen, so sind bei verputzten Wänden die aus den Rohbaumaßen errechneten Grundflächen um 3% zu verkleinern.

2.12 In die Ermittlung der Grundflächen sind **einzubeziehen** die Grundflächen von: Fenster- und Wandnischen, die bis zum Fußboden herunterreichen und mehr als 13 cm tief sind, Erkern, Wandschränken und Einbaumöbeln, Raumteilen unter Treppen, soweit die lichte Höhe mindestens 2 m ist, **nicht einzubeziehen** die Grundflächen der Türnischen.

2.13 Bei der Ermittlung der Grundflächen nach Abschn. 2.11 sind **abzurechnen** die Grundflächen von: Schornstein- und sonstigen Mauervorlagen, frei stehende Pfeiler, Säulen usw. mit mehr als 0,1 m² Grundfläche, die in ganzer Raumhöhe durchgehen, Treppen (Ausgleichsstufen bis zu 3 Steigungen zählen nicht als Treppen), **nicht abzurechnen** die Grundflächen von: Wandgliederungen in Stuck, Gips, Mörtel und dgl., Scheuerleisten, Tür- und Fensterbekleidungen und -umrahmungen, Wandbekleidungen, Öfen, Kaminen, Heizkörpern und Kochherden, Stützen und Streben, die frei stehen oder vor der Wand vortreten, wenn ihr Querschnitt (einschl. einer Umkleidung) höchstens 0,1 m² beträgt.

2.2 **Ermittlung der Wohnflächen** Von den nach Abschn. 2.1 berechneten Grundflächen der einzelnen Räume oder Raumteile sind bei Ermittlung der Wohnfläche anzurechnen:

2.21 **voll:** die Grundflächen von Räumen oder Raumteilen mit einer lichten Höhe von mindestens 2 m,

2.22 **zur Hälfte:** die Grundflächen von Raumteilen mit einer lichten Höhe von mehr als 1 m und weniger als 2 m und von nicht ausreichend beheizbaren Wintergärten,

2.23 **zu einem Viertel:** die Grundflächen von Hauslauben (Loggien), Balkonen, gedeckten Freisitzen,

2.24 **nicht:** die Grundflächen von Raumteilen mit einer lichten Höhe von weniger als 1 m und von nichtgedeckten Terrassen und Freisitzen.

3 Nutzfläche

Die Nutzflächen von Wirtschaftsräumen und von gewerblichen Räumen sind ebenfalls nach Abschn. 2.1 und 2.2 zu berechnen.[71]

4 Angabe der Wohnflächen und Nutzflächen

4.1 Die **Wohnflächen** sind wie folgt anzugeben:

Wohn- und Schlafräume (DIN 283, Bl 1, Abschn. 1.2) … m²
Küchen (DIN 283, Bl 1, Abschn. 2.2) … m²
Nebenräume (DIN 283, Bl 1, Abschn. 2.3) … m²
Gesamte Wohnfläche … m²

4.2 Die **Nutzflächen** von Wirtschaftsräumen und von gewerblichen Räumen, die mit einer Wohnung in Zusammenhang stehen, sind wie folgt anzugeben:

Wirtschaftsräume (DIN 283, Bl 1, Abschn. 4.1) … m²
Gewerbliche Räume (DIN 283, Bl 1, Abschn. 4.2) … m²
Wohnflächen und Nutzflächen sind nicht zusammenzuzählen[72].

Anlage 2: Verordnung zur Berechnung der Wohnfläche (Wohnflächenverordnung – WoFlV)

vom 25.11.2003 (BGBl. I S. 2346)

§ 1 Anwendungsbereich, Berechnung der Wohnfläche

(1) Wird nach dem Wohnraumförderungsgesetz die Wohnfläche berechnet, sind die Vorschriften dieser Verordnung anzuwenden.

(2) Zur Berechnung der Wohnfläche sind die nach § 2 zur Wohnfläche gehörenden Grundflächen nach § 3 zu ermitteln und nach § 4 auf die Wohnfläche anzurechnen.

---

[71] Für selbständige gewerbliche Räume sind die Nutzflächen gleichfalls nach Abschnitt 2.1 und 2.2 zu berechnen.

[72] Für selbständige gewerbliche Räume ist stets nur die gesamte Nutzfläche anzugeben.

§ 2 Zur Wohnfläche gehörende Grundflächen

(1) [1]Die Wohnfläche einer Wohnung umfasst die Grundflächen der Räume, die ausschließlich zu dieser Wohnung gehören. [2]Die Wohnfläche eines Wohnheims umfasst die Grundflächen der Räume, die zur alleinigen und gemeinschaftlichen Nutzung durch die Bewohner bestimmt sind.

(2) Zur Wohnfläche gehören auch die Grundflächen von
1. Wintergärten, Schwimmbädern und ähnlichen nach allen Seiten geschlossenen Räumen sowie
2. Balkonen, Loggien, Dachgärten und Terrassen,

wenn sie ausschließlich zu der Wohnung oder dem Wohnheim gehören.

(3) Zur Wohnfläche gehören nicht die Grundflächen folgender Räume:
1. Zubehörräume, insbesondere:
   a) Kellerräume,
   b) Abstellräume und Kellerersatzräume außerhalb der Wohnung,
   c) Waschküchen,
   d) Bodenräume
   e) Trockenräume,
   f) Heizungsräume und
   g) Garagen,
2. Räume, die nicht den an ihre Nutzung zu stellenden Anforderungen des Bauordnungsrechts der Länder genügen, sowie
3. Geschäftsräume.

§ 3 Ermittlung der Grundfläche

(1) [1]Die Grundfläche ist nach den lichten Maßen zwischen den Bauteilen zu ermitteln; dabei ist von der Vorderkante der Bekleidung der Bauteile auszugehen. [2]Bei fehlenden begrenzenden Bauteilen ist der bauliche Abschluss zu Grunde zu legen.

(2) Bei der Ermittlung der Grundfläche sind namentlich einzubeziehen die Grundflächen von
1. Tür- und Fensterbekleidungen sowie Tür- und Fensterumrahmungen,
2. Fuß-, Sockel und Schrammleisten,
3. fest eingebauten Gegenständen, wie z. B. Öfen, Heiz- und Klimageräten, Herden, Bade- oder Duschwannen,
4. freiliegenden Installationen,
5. Einbaumöbeln und
6. nicht ortsgebundenen, versetzbaren Raumteilern.

(3) Bei der Ermittlung der Grundflächen bleiben außer Betracht die Grundflächen von
1. Schornsteinen, Vormauerungen, Bekleidungen, freistehenden Pfeilern und Säulen, wenn sie eine Höhe von mehr als 1,50 Meter aufweisen und ihre Grundfläche mehr als 0,1 Quadratmeter beträgt,
2. Treppen mit über drei Steigungen und deren Treppenabsätze,
3. Türnischen und
4. Fenster- und offenen Wandnischen, die nicht bis zum Fußboden herunterreichen oder bis zum Fußboden herunterreichen und 0,13 Meter oder weniger tief sind.

(4) [1]Die Grundfläche ist durch Ausmessung im fertig gestellten Wohnraum oder auf Grund einer Bauzeichnung zu ermitteln. [2]Wird die Grundfläche auf Grund einer Bauzeichnung ermittelt, muss diese
1. für ein Genehmigungs-, Anzeige-, Genehmigungsfreistellungs- oder ähnliches Verfahren nach dem Bauordnungsrecht der Länder gefertigt oder, wenn ein bauordnungsrechtliches Verfahren nicht erforderlich ist, für ein solches geeignet sein und
2. die Ermittlung der lichten Maße zwischen den Bauteilen im Sinne des Absatzes 1 ermöglichen.

[3]Ist die Grundfläche nach einer Bauzeichnung ermittelt worden und ist abweichend von dieser Bauzeichnung gebaut worden, ist die Grundfläche durch Ausmessung im fertig gestellten Wohnraum oder auf Grund einer berichtigten Bauzeichnung neu zu ermitteln.

§ 4 Anrechnung der Grundflächen

Die Grundflächen

1. von Räumen und Raumteilen mit einer lichten Höhe von mindestens zwei Metern sind vollständig,
2. von Räumen und Raumteilen mit einer lichten Höhe von mindestens einem Meter und weniger als zwei Metern sind zur Hälfte,
3. von unbeheizbaren Wintergärten, Schwimmbädern und ähnlichen nach allen Seiten geschlossenen Räumen sind zur Hälfte,
4. von Balkonen, Loggien, Dachgärten und Terrassen sind in der Regel zu einem Viertel, höchstens jedoch zur Hälfte

anzurechnen.

§ 5 Überleitungsvorschrift

[1]Ist die Wohnfläche bis zum 31. Dezember 2003 nach der Zweiten Berechnungsverordnung in der Fassung der Bekanntmachung vom 12. Oktober 1990 (BGBl. I S. 2178), zuletzt geändert durch Artikel 3 der Verordnung vom 25. November 2003 (BGBl. I S. 2346), in der jeweils geltenden Fassung berechnet worden, bleibt es bei dieser Berechnung. [2]Soweit in den in Satz 1 genannten Fällen nach dem 31. Dezember 2003 bauliche Änderungen an dem Wohnraum vorgenommen werden, die eine Neuberechnung der Wohnfläche erforderlich machen, sind die Vorschriften dieser Verordnung anzuwenden.

§ 556b Fälligkeit der Miete, Aufrechnungs- und Zurückbehaltungsrecht

(1) Die Miete ist zu Beginn, spätestens bis zum dritten Werktag der einzelnen Zeitabschnitte zu entrichten, nach denen sie bemessen ist.

(2) [1]Der Mieter kann entgegen einer vertraglichen Bestimmung gegen eine Mietforderung mit einer Forderung auf Grund der §§ 536a, 539 oder aus ungerechtfertigter Bereicherung wegen zu viel gezahlter Miete aufrechnen oder wegen einer solchen Forderung ein Zurückbehaltungsrecht ausüben, wenn er seine Absicht dem Vermieter mindestens einen Monat vor der Fälligkeit der Miete in Textform angezeigt hat. [2]Eine zum Nachteil des Mieters abweichende Vereinbarung ist unwirksam.

Art. 229 § 3 EGBGB

(1) Auf ein am 1. September 2001 bestehendes Mietverhältnis oder Pachtverhältnis sind

1. …

7. hinsichtlich der Fälligkeit § 551 des Bürgerlichen Gesetzbuchs in der bis zum 1. September 2001 geltenden Fassung anzuwenden.

§ 551 [Fälligkeit des Mietzinses]

(1) [1]Der Mietzins ist am Ende der Mietzeit zu entrichten. [2]Ist der Mietzins nach Zeitabschnitten bemessen, so ist er nach dem Ablaufe der einzelnen Zeitabschnitte zu entrichten.

Systematische Übersicht

Alphabetische Schnellübersicht

I. Anwendungsbereich der Vorschrift

§ 556b BGB fasst die früheren Bestimmungen in § 551 Abs. 1 BGB a. F. und § 552a BGB a. F. 1
zusammen. Die Regelung zum Fälligkeitszeitpunkt der Miete bei Grundstücken wurde von § 551 Abs. 2 BGB a. F. nach § 579 Abs. 1 BGB verlagert. § 556b Abs. 1 BGB gilt unmittelbar für Wohnräume und über § 579 Abs. 2 BGB entsprechend für Mietverträge über sonstige Räume. Die Bestimmung des § 556b Abs. 2 BGB betrifft allein Wohnräume.

2 § 556b Abs. 1 BGB beseitigt zunächst für Wohn- und Geschäftsräume die unübersichtliche Regelung des § 551 Abs. 1 BGB a. F., nach der die Miete zum Teil *„am Ende"*, zum Teil *„nach dem Ablaufe"* der einzelnen Zeitabschnitte zu entrichten war. Darüber hinaus verlegt er die **Fälligkeit** der Miete vom Ende an den Anfang des jeweils vereinbarten Zahlungsabschnitts; diese Regelung gilt jedoch gem. Art. 229 § 3 Abs. 1 Nr. 7 EGBGB **nur für nach dem 31. 8. 2001 begründete Mietverhältnisse** (zum Begriff s. Rdn. 15). Die Harmonisierung der Fälligkeit von Mieterhöhungsbeträgen – Fälligkeit zu Beginn eines bestimmten Kalendermonats (§ 558b Abs. 1 BGB) – und gesetzlich vorgesehener Fälligkeit der Miete (nicht bei Vereinbarung der Zahlung zum Monatsbeginn) tritt damit erst für die nach 31. 8. 2001 abgeschlossenen Mietverhältnisse ein.

§ 556b Abs. 2 BGB ist durch die Übergangsregelung in Art. 229 § 3 Abs. 1 Nr. 7 EGBGB nicht betroffen. Diese Bestimmung ist mithin am 1. 9. 2001 in Kraft getreten und gilt damit **gleichermaßen für Alt- wie Neuverträge.** Sie kann nach Abs. 2 Satz 2 nicht zum Nachteil des Mieters abgeändert werden.

II. Fälligkeit der Miete (Abs. 1)

1. Grundsätze

3 Der Mieter von Wohnraum hat die Miete *„zu Beginn"* der einzelnen Zeitabschnitte zu entrichten, *„spätestens bis zum dritten Werktag"*. Unter Miete ist die **Gesamtmiete** zu verstehen, also die Nettomiete einschließlich der Betriebs- und Heizkostenvorauszahlungen oder Betriebskostenpauschalen.[1] Auch wenn die Parteien die Miete in drei selbständige Komponenten (Nettomiete, Betriebskostenvorauszahlung oder -pauschale, Heizkostenvorauszahlung) gegliedert haben, macht die Summe das vom Mieter geschuldete Mietentgelt aus. Allein die Nachforderungen des Vermieters aus entsprechenden Abrechnungen werden von § 556b Abs. 1 BGB nicht erfasst. Zwar handelt es sich auch hierbei um – nacherhobene – Miete, es fehlt jedoch an der Verpflichtung, diesen Teil des Entgelts in bestimmten Zeitabschnitten zu entrichten.

4 **Streitig** ist, welche rechtlichen Folgen die Bestimmung auslöst, dass die Miete zu Beginn, spätestens bis zum dritten Werktag der einzelnen Zeitabschnitte zu entrichten ist, d. h. **ob** sich daraus eine **Vorleistungspflicht des Mieters** ergibt. Nach der Begründung des Gesetzes sollte *„der Zeitpunkt der Fälligkeit der Miete für Wohnraum auf den Beginn der Mietzeit oder der vereinbarten Zeitabschnitte"* vorverlegt werden, wobei es in Anknüpfung an die gängige Vertragspraxis ausreichen sollte, wenn der Mieter die Miete bis zum dritten Werktag entrichtet.[2] Aus dieser Begründung wird abgeleitet, dass den Mieter in Mietverträgen seit dem 1. 9. 2001 tatsächlich eine Vorleistungspflicht trifft und nur in seinem Schutzinteresse eine Karenzzeit von drei Tagen eingeführt wurde.[3] Zwar ist die Begründung eines Gesetzes vorrangig bei dem Verständnis einer Vorschrift zu beachten, sie kann indes dann nicht den Ausschlag geben, wenn sie erklärtermaßen nur auf eine Harmonisierung des Gesetzes mit der gängigen Vertragspraxis zielt, ohne sich überhaupt mit den sachlichen Voraussetzungen und rechtlichen Folgen zu befassen. So ist ganz offensichtlich die Vorschrift des **§ 535 Abs. 1 Satz 2 BGB nicht berücksichtigt** worden. Danach hat der **Vermieter** dem Mieter **die Mietsache** u. a. in einem zum vertragsgemäßen Gebrauch geeigneten Zustand zu überlassen. Er hat sie dem Mieter **zum unmittelbaren Anfang der vereinbarten Mietzeit,** z. B. am 1. eines bestimmten Monats, zur Übernahme des Gebrauchs zur Verfügung zu stellen. Er ist nicht berechtigt, das Mietobjekt bis zum Ablauf des dritten Werktags zurückzuhalten, um zunächst den Zahlungseingang abzuwarten, sondern kommt bei verschuldeter nicht rechtzeitiger Leistung ohne weiteres in Verzug (§ 286 Abs. 2 Satz 1 BGB). Nach der **gesetzlich vorgesehenen Reihenfolge,** wie sie sich aus § 535 BGB einerseits und § 556b Abs. 1 BGB andererseits ergibt, steht damit die Überlassung der Mietsache am Anfang, erst dann folgt die Zahlungspflicht.[4] Der Vermieter muss

[1] BGH (VIII ARZ 5/90) RE 19. 12. 1990 NJW 1991, 836 = WuM 1991, 150.

[2] BT-Drucks. 14/4553 S. 52; so schon die Begründung des Referentenentwurfs NZM 2000, 415 (438).

[3] BGH (VIII ZR 129/09 Rz. 45) NZM 2010, 661 = WuM 2010, 495 (im Widerspruch zu Rz. 37: *„Die von den Parteien in § 3 Mietvertrag getroffene Abrede, dass die Miete zum dritten Werktag fällig ist, stimmt mit der am 1. 9. 2001 in Kraft getretenen gesetzlichen Fälligkeitsbestimmung in § 556 Abs. 1 BGB überein"*); LG Göttingen WuM 2003, 626; *Both* in Herrlein/Kandelhard § 556b Rdn. 5; *Häublein* FS Blank S. 207 (210); *Heeresthal* NZM 2011, 833 (838); *Kinne* in Kinne/Schach/Bieber § 556b Rdn. 4; *Lammel* § 556b Rdn. 4; Palandt/*Weidenkaff* § 556b Rdn. 1; *Sternel* ZMR 2001, 937 (938).

[4] LG Krefeld NZM 2004, 298 = WuM 2004, 200; *Conrad* MDR 2013, 1381 (1382); *Gellwitzki* WuM 2001, 381 f.; *Haas* § 556b Rdn. 2.

daher seine Leistungshandlung schon zu einem Zeitpunkt vornehmen, zu dem er nicht sicher ist, dass er die vorgesehene Gegenleistung auch tatsächlich erhält; die typischen Voraussetzungen für (s)eine Vorleistungspflicht sind mithin erfüllt.[5] Demgegenüber schuldet der Mieter die Miete nach § 556b Abs. 1 BGB *„zu Beginn"* des jeweils maßgeblichen Zeitabschnitts; der Passus *„spätestens bis zum dritten Werktag"* stellt die Beschreibung dessen dar, was unter der Formulierung *„zu Beginn"* zu verstehen ist. Den Mieter trifft daher **keine Vorleistungspflicht.**[6] Er hat vielmehr erst am dritten Werktag zu leisten,[7] vor dessen Ablauf kann der Vermieter die Miete nicht verlangen.[8] Hiervon zu trennen ist die Erfüllbarkeit der Mietschuld, die für den Mieter schon vorher *(„... bis zum dritten Werktag")* gegeben ist. Ist der Mietvertrag zum 15. eines Monats abgeschlossen und die Zahlungspflicht des Mieters allgemein, d. h. ohne Konkretisierung auf eine Zahlung zunächst für die zweite Monatshälfte und dann nachfolgend zum Beginn der Kalendermonate, in monatlichen Abständen vereinbart, tritt Fälligkeit jeweils an dem dritten Werktag ein, der auf den 15. des Monats folgt.

Streitig ist weiter, wie es sich verhält, wenn in die **Zahlungszeitspanne** ein **Sonnabend** fällt. 5
Hier ist zu differenzieren. Handelt es sich bei dem Sonnabend um den **letzten Tag der Spanne,** greift ohnehin § 193 BGB ein, dass, wenn an einem bestimmten Tag zu leisten ist, der auf einen Sonnabend fällt, an dessen Stelle der nächste Werktag tritt. Der Mieter hat mithin i. d. R. am folgenden Montag zu leisten.[9] Dass die Mietforderung für den Mieter schon vorher erfüllbar ist, berührt den Anwendungsbereich des § 193 BGB nicht. Fraglich ist indes, ob der Sonnabend als Werktag mitzuzählen ist, wenn er **innerhalb der Spanne** liegt, wenn also z. B. der Erste des Monats auf einen Freitag fällt und es für die Rechtzeitigkeit der Zahlung des Mieters darauf ankommt, ob er noch am Montag oder erst am Dienstag zu leisten hatte.[10] Der **BGH** hat hierzu entschieden, dass der Mieter aus § 556b Abs. 1 BGB drei Tage Zeit für seine Leistung haben soll, so dass der **Sonnabend nicht als Werktag mitzuzählen** ist.[11] Dieses Ergebnis ist auch deshalb gerechtfertigt, weil der Sonnabend bei Bankgeschäften nicht zu den Werktagen zählt. Hiervon betroffen sind alle Fälle, in denen der Mieter durch **Einschaltung eines Bankinstituts** zu zahlen hat, sei es durch Einzahlung oder Überweisung, sei es infolge der Teilnahme am Einzugsverfahren. Nach § 675n Abs. 1 Sätze 1, 2 BGB werden Zahlungsaufträge nur wirksam, wenn sie dem Zahlungsdienstleister an einem Geschäftstag zugehen; fällt der Zugang nicht auf einen Geschäftstag, gilt der Zahlungsauftrag als am folgenden Geschäftstag zugegangen. Geschäftstag ist nach § 675n Abs. 1 Satz 4 BGB jeder Tag, an dem der Zahlungsdienstleister den für die Ausführung von Zahlungsvorgängen erforderlichen Geschäftsbetrieb unterhält, was nur an Werktagen der Fall ist. Zwar können Kunden der Postbank noch den Sonnabend am Vormittag nutzen und über online-banking steht das gesamte Wochenende zur Verfügung, die Aufträge werden indes nach Auskunft der Bankinstitute nur entgegengenommen und erst am kommenden Werktag bearbeitet. Die Überlegungen, die für die Berechnung der Kündigungsfrist des § 573c Abs. 1 Satz 1 BGB und die Behandlung des Sonnabends als Werktag[12] angestellt werden, ob insbesondere der Schutz des Kündigenden oder der Schutz desjenigen, dem gegenüber die Kündigung erklärt wurde, in den Vordergrund zu stellen ist, sind auf die hier erörterte Problematik nicht übertragbar ebenso nicht die sonstigen Gesichtspunkte, aus denen es sich beim Sonnabend nach wie vor um einen Werktag handelt.

Eine **Ausnahme** kann eingreifen, wenn der Mieter **bar** zu zahlen hat.[13] Sie besteht indes nur, wenn der in aller Regel private Kleinvermieter auch am Sonnabend zur Entgegennahme der Leistung bereitsteht. Sobald die Miete z. B. in seinem nur wochentags geöffneten Büro zu bezahlen ist, scheidet der Sonnabend als Zahltag aus.

---

[5] *Otto* in Staudinger § 320 Rdn. 3.

[6] *Artz* in MünchKomm § 556b Rdn. 7; *Blank* in Blank/Börstinghaus § 556b Rdn. 4; *Derleder* WuM 2007, 599; *Gellwitzki* WuM 2001, 381 f.; *Kossmann/Meyer-Abich* § 33 Rdn. 11; *Lützenkirchen* in Lützenkirchen § 556b Rdn. 13; *Weitemeyer* in Staudinger § 556b Rdn. 15.

[7] Vgl. *Derleder* WuM 2007, 599: *„akkurat"* am dritten Werktag.

[8] Z. B. BGH (III ZR 159/06) NJW 2007, 1581 = WM 2007, 612.

[9] BGH (VIII ZR 129/09) NZM 2010, 661 = WuM 2010, 495; (VIII ZR 291/09) NZM 2010, 664 = WuM 2010, 500; *Artz* in MünchKomm § 556b Rdn. 6; *Both* in Herrlein/Kandelhard § 556b Rdn. 6; *Bottenberg/Kühnemund* ZMR 1999, 221; *Derleder* WuM 2007, 599; *Lammel* § 556b Rdn. 6; *Lützenkirchen* in Lützenkirchen § 556b Rdn. 22; *Meist* ZMR 1999, 801; Palandt/*Weidenkaff* § 556b Rdn. 4; *Sternel* III Rdn. 113; *Weitemeyer* in Staudinger § 556b Rdn. 14a.

[10] Im Fall des BGH (VIII ZR 129/09) NZM 2010, 661 = WuM 2010, 495: Freitag, 1.12.2006.

[11] BGH (VIII ZR 129/09) NZM 2010, 661 = WuM 2010, 495; zust. z. B. *Häublein* NZM 2010, 651 (653 f.).

[12] BGH (VIII ZR 206/04) NJW 2005, 2154 = NZM 2005, 532 = WuM 2005, 465.

[13] **A. A.** *Blank* in Blank/Börstinghaus § 556b Rdn. 6.

6 Da § 556b Abs. 1 BGB zum **Leistungs- und Zahlungsort** keine Bestimmungen enthält, bleibt es weiterhin bei den Auslegungsregeln der §§ 269, 270 BGB, nach denen der Mieter die Miete an dem Ort zu leisten hat, an dem er bei Entstehung des Schuldverhältnisses seinen Wohnsitz hat oder ggf. eine Niederlassung unterhält, und sie auf seine Gefahr und Kosten dem Vermieter an dessen Wohnsitz bzw. Niederlassung übermitteln muss. Er trägt damit die Transportgefahr, d. h. ob die Miete überhaupt beim Vermieter eingeht, und die Übermittlungskosten.

7 Fraglich ist, bei wem das zeitliche Risiko liegt, wann der Vermieter über das Geld verfügen kann. Nach bisher herrschender Meinung liegt das **Verzögerungsrisiko** allein bei diesem, maßgeblich ist die rechtzeitige Leistungshandlung des Mieters als Schuldner, nicht der Leistungserfolg, d. h. der Zeitpunkt, zu dem der Vermieter als Gläubiger Zugriff auf das Geld hat (sog. qualifizierte Schickschuld).[14] Hat der Mieter im **bargeldlosen Zahlungsverkehr** zu leisten, handelt es sich nur um eine Vereinbarung über die Zahlungsweise, die den Leistungsort nicht verändert (§ 270 Abs. 4 BGB), und damit um eine Schickschuld. Ist der Mieter zur Leistung durch Scheck berechtigt oder nimmt ihn der Vermieter an, ist auf dieser Grundlage schon rechtzeitig geleistet, wenn der Scheck vor Ablauf der Zahlungsfrist auf den Weg gebracht wurde,[15] bei Banküberweisung ist vom Mieter das seinerseits Erforderliche veranlasst, wenn der Überweisungsvertrag gem. § 676a BGB z. B. durch Abgabe des Überweisungsauftrags bei bestehendem Girovertrag[16] – und gedecktem Konto – rechtzeitig abgeschlossen wurde.[17] Die bankinternen Bearbeitungszeiten für den Leistungserfolg sind nicht zu berücksichtigen,[18] so dass der Mieter nicht nach § 286 Abs. 2 Nr. 1 BGB in Verzug gerät, wenn das Geld dem Vermieter erst einige Tage später zur Verfügung steht.

8 Diese **Auffassung** ist, soweit es sich um **Geschäftsverkehr zwischen Unternehmen** handelt, durch die Richtlinie 2000/35/EG vom 29.6.2000[19], die sog. Zahlungsverzugsrichtlinie, **überholt.** Nach deren Art. 3 Abs. 1 Buchst. c Nr. ii ist der Gläubiger berechtigt, Zinsen wegen Zahlungsverzugs geltend zu machen, wenn er den fälligen Betrag nicht rechtzeitig erhalten hat, es sei denn, dass der Schuldner für die Verzögerung nicht verantwortlich ist. Nach der Rechtsprechung des EuGH verstößt die bislang in Deutschland herrschende Ansicht, dass die rechtzeitige Leistungshandlung ausreicht, gegen diese Richtlinie und damit Gemeinschaftsrecht, vielmehr muss der geschuldete Betrag dem Konto des Gläubigers rechtzeitig gutgeschrieben sein.[20] Der Mieter muss die Miete mithin so zeitig auf den Weg bringen, dass er mit deren rechtzeitigem Eingang beim Vermieter sicher rechnen kann. Bei der Leistung durch **Scheck** hat er daher nicht nur die üblichen Postlaufzeiten der Post zu berücksichtigen, sondern auch den Zeitraum, der für die Einlösung des Schecks und die Gutschrift auf dem Konto des Gläubigers notwendig ist. Bei der Zahlung durch **Banküberweisung** sind die Ausführungsfristen gem. § 675s BGB zu beachten. Nach § 675s Abs. 1 Satz 1 BGB hat der Zahlungsdienstleister im Grundsatz sicherzustellen, dass der Zahlungsbetrag spätestens an dem Geschäftstag beim Zahlungsdienstleister des Empfängers eingeht, der auf den Zeitpunkt des Zugangs des Zahlungsauftrags bei ihm folgt. Für Zahlungsvorgänge, die in Papierform ausgelösten wurden, können die vorgenannten Fristen nach § 675s Abs. 1 Satz 3 BGB um einen weiteren Geschäftstag verlängert werden. Für den Zeitpunkt des Zugangs sind nach § 675n Abs. 1 BGB nur Geschäftstage maßgeblich (s. Rdn. 5). **Verzögerungen** bei der Bearbeitung des Vorgangs durch die beteiligten Banken gehen nicht zulasten des Mieters. Nach Art. 3 Abs. 1 Buchst. c Nr. ii der Richtlinie 2000/35/EG ist der Schuldner nicht für Verzögerungen verantwortlich zu machen, die ihm nicht zugerechnet werden können; dies ist der Fall, wenn der Zahlungsverzug nicht die Folge eines Verhaltens des Schuldners ist, der den üblicherweise für die Durchführung einer Banküberweisung erforderlichen Fristen sorgfältig Rechnung getragen hat.[21] Den Mieter entlasten daher auch **Fehler der eigenen Bank** und ohnehin solche bei der Bank des Vermieters. **Vorausgesetzt** ist, dass er die Miete **in der richtigen Weise** zur Übermittlung aufgab, mithin auf das vom Vermieter angegebene Konto zahlte; die Überweisung auf ein anderes Konto des Vermieters ist keine rechtzeitige Leistung und führt auch nicht zur Erfüllung.[22] Er hat die Überweisung ferner

---

[14] Z. B. Palandt/*Heinrichs* 58. Aufl., § 270 Rdn. 6ff. m. w. N.
[15] Z. B. BGH (II ZR 120/63) NJW 1966, 46.
[16] *Derleder* WuM 2007, 599 (600).
[17] Z. B. OLG Köln NJW-RR 1992, 1528.
[18] *Blank* in Blank/Börstinghaus § 556b Rdn. 18; *Derleder* WuM 2007, 599 (600).
[19] ABl. L 200/36 vom 8.8.2000, neu gefasst durch die Richtlinie 2011/7/EU vom 16.2.2011, ABl. L 48.
[20] EuGH NJW 2008, 1935.
[21] EuGH NJW 2008, 1935.
[22] BGH (XI ZR 173/94) NJW 1995, 520.

so vorzunehmen, dass dem Vermieter die Zuordnung der Zahlung möglich ist.[23] So ist bei einer entsprechenden vertraglichen Abrede die Wohnungs-EDV-Nummer anzuführen.[24] Erfolgt die Zahlung durch einen Dritten, bedarf es jedenfalls einer Zweckbestimmung.[25]

9 Streitig ist, ob die **Richtlinie** auch auf den **Zahlungsverkehr mit Verbrauchern** anzuwenden ist.[26] Eine derartige **Ausweitung** des Regelungsbereichs **der Richtlinie** ist **abzulehnen.**[27] Sowohl nach der Ursprungs- (Erwägungsgrund 13) als auch der Neufassung (Erwägungsgrund 8) der Richtlinie ist sie auf als Entgelt für Handelsgeschäfte geleistete Zahlungen beschränkt. Sie umfasst ausdrücklich keine Geschäfte mit Verbrauchern. Nach Art. 1 (2) bzw. Art. 1 ist die Richtlinie vielmehr (nur) auf alle Zahlungen, die als Entgelt im Geschäftsverkehr zu leisten sind, anzuwenden, wobei als *„Geschäftsverkehr"* jeweils in Art. 2 Nr. 1 *„Geschäftsvorgänge zwischen Unternehmen oder zwischen Unternehmen und öffentlichen Stellen"* zu verstehen sind. Die Ausdehnung der Richtlinie auf Verbraucher kommt bei dieser Ausgangslage daher nur in Betracht, wenn die Veränderung zulasten der Verbraucher durch herausragende Gründe gerechtfertigt wäre; diese sind nicht zu erkennen.[28]

10 Die Parteien haben die Möglichkeit, die **Rechtzeitigkeit** der Leistung **über** die **Veränderung des Leistungsortes** zu beeinflussen. Bei einer **Barzahlungsabrede** vereinbaren sie eine Bringschuld. Der Mieter hat die Miete dem Vermieter am Wohnsitz oder dem Ort der Niederlassung auszuhändigen oder bei dem Geldinstitut, bei dem der Vermieter ein Konto unterhält, am Tage der Fälligkeit einzuzahlen; er trägt hier auch die Transportgefahr. Soll die Miete im **Lastschriftverfahren,** d. h. im Abbuchungs-[29] oder Einzugsverfahren,[30] entrichtet werden, liegt eine Holschuld vor.[31] Der Mieter hat nur dafür zu sorgen, dass sein Konto im Zeitpunkt der Fälligkeit ausreichend gedeckt ist; Verzögerungs- und auch Verlustrisiko[32] liegen beim Vermieter, soweit die Gründe in seinen Bereich fallen; er ist für die Rechtzeitigkeit selbst verantwortlich.[33] Die Pflichten des Zahlungsdienstleisters des Empfängers für den rechtzeitigen Zahlungsvorgang sind in § 675s Abs. 2 BGB geregelt.

11 Durch eine **Rechtzeitigkeitsklausel** soll das Verzögerungsrisiko auf den Mieter verlagert werden, er hat also die üblichen Laufzeiten bis zum Eingang des Geldes beim Vermieter einzurechnen. Sind die Parteien **Kaufleute** und geht es um die Zahlung der laufenden Miete, war die Bestimmung der Rechtzeitigkeit bisher schon auch formularvertraglich ohne weiteres wirksam,[34] sie stellt nunmehr nur eine Wiederholung der Richtlinie 2000/35/EG (s. Rdn. 8) dar.

Handelt es sich um einen Mietvertrag über **Wohnraum,** ist die Zulässigkeit der Klausel streitig. So wird vertreten, dass der Regelung des § 556b Abs. 1 BGB eine Leitbildfunktion zukomme, weil sie sicherstelle, dass der Mieter einen gewissen Zeitraum zur Verfügung habe, um die Miete fristgerecht leisten zu können.[35] Dieser **generelle Ausschluss** von Rechtzeitigkeitsklauseln erscheint indes **zum Schutz des Mieters nur dann** geboten, wenn sich die Rechtzeitigkeit auf den **Zahlungseingang bis zum ersten Werktag** bezieht. Hier muss der Mieter die Leistung schon zu einem Zeitpunkt auf den Weg bringen, zu dem er meist noch nicht über sein Gehalt verfügt, was ihn unangemessen i. S. des § 307 BGB benachteiligt.[36] Demgegenüber wird er mit der Notwendig-

---

[23] LG Köln WuM 1995, 104; *Kossmann/Meyer-Abich* § 33 Rdn. 22.

[24] LG Berlin GE 1989, 151; kritisch *Both* in Herrlein/Kandelhard § 556b Rdn. 10.

[25] LG Berlin GE 1991, 571.

[26] So z. B. *Artz* in MünchKomm § 556b Rdn. 6; *Both* in Herrlein/Kandelhard § 556b Rdn. 11; *Herresthal* NZM 2011, 833 (837 f.); Palandt/*Grüneberg* § 270 Rdn. 5 m. w. N.; *Weitemeyer* in Staudinger § 556b Rdn. 14.

[27] BGH (VIII ZR 222/15) GE 2017, 99 = NZM 2017, 120 = WuM 2017, 31 = ZMR 2017, 231 m. Anm. *Wedel; Blank* in Blank/Börstinghaus § 556b Rdn. 18; *Eisenhardt* WuM 2011, 408 (410 ff.); *Lorenz* WuM 2013, 202; **a. A.** LG Wuppertal NZM 2011, 855; AG Kassel WuM 2010, 92 (ohne jede Begründung).

[28] Ausführlich BGH (VIII ZR 222/15) GE 2017, 99 = NZM 2017, 120 = WuM 2017, 31 = ZMR 2017, 231 m. Anm. *Wedel.*

[29] Formularvertraglich unwirksam: LG Hamburg WuM 1990, 115 (116); LG Köln WuM 1990, 380; wohl auch BGH (XII ZR 271/94) WuM 1996, 205.

[30] Formularvertragliche unwiderrufliche Einzugsermächtigungen sind ebenfalls unwirksam, BGH (III ZR 63/83) NJW 1986, 3199; (III ZR 19/85) NJW 1984, 2816; zur Zulässigkeit der Einzugsermächtigung durch Formularklausel ausführlich BGH (XII ZR 271/94) WuM 1996, 205.

[31] Z. B. BGH (IVa ZR 91/83) WM 1985, 461; OLG Stuttgart GuT 2008, 349 = ZMR 2008, 967.

[32] BGH (IV ZR 149/76) NJW 1978, 215.

[33] OLG Koblenz NJW-RR 1994, 689.

[34] Z. B. BGH (XII ZR 195/96) NJW 1998, 2664 = ZMR 1998, 612.

[35] *Weitemeyer* in Staudinger § 556b Rdn. 16; ebenfalls unzulässig: LG Hamburg NZM 1999, 1041; AG Köln WuM 1991, 345.

[36] **A. A.** LG Bonn ZMR 2009, 529.

keit des Zahlungseingangs beim Vermieter bis zum **Ablauf des dritten Werktags** nicht ungebührlich belastet, weil sie dem Interesse des Vermieter Rechnung trägt, nach seiner Vorleistung der Übergabe der Mietsache möglichst bald über die Gegenleistung verfügen zu können.[37] Vorausgesetzt ist allerdings, dass die **Klausel Verzögerungen ausnimmt,** für die der Mieter nicht verantwortlich ist, die also nicht auf seinem Verhalten beruhen (vgl. Art. 3 (1) b) der neugefassten Zahlungsverzugsrichtlinie). Dies betrifft sowohl Verspätungen durch das Geldinstitut des Vermieters als auch außergewöhnliche Verzögerungen im Bereich seines eigenen Geldinstituts;[38] die eingeschalteten Zahlungsdienstleister werden nicht als Erfüllungsgehilfen des Mieters i. S. des § 278 BGB tätig.[39] Beide Varianten sind indes bei den gängigen Rechtzeitigkeitsklauseln nicht geregelt *(„Für die Rechtzeitigkeit kommt es nicht auf die Absendung, sondern den Eingang des Geldes beim Vermieter an.")*, was als unangemessene Benachteiligung des Mieters zu werten ist (§ 307 Abs. 1 BGB).[40] Formularklauseln zur Rechtzeitigkeit der Leistung halten der Klauselkontrolle daher nur Stand, wenn sie entsprechend § 3 Abs. 2 Satz 2 MMV 76 gefasst sind: *„Bei unbarer Zahlung genügt der Mieter seiner Verpflichtung zur rechtzeitigen Zahlung, wenn er nach dem normalen Verlauf mit rechtzeitiger Gutschrift auf dem vom Vermieter bestimmten Konto rechnen konnte."*[41] Zum Verhältnis einer Rechtzeitigkeitsklausel zur rechtzeitigen Zahlung innerhalb der Schonfrist s. § 569 Abs. 39.

2. Bedeutung für das Leistungsverweigerungsrecht aus § 320 BGB

12 Nach § 320 Abs. 1 Satz 1 BGB kann der **Schuldner** die ihm obliegende **Leistung** bis zur Bewirkung der Gegenleistung **verweigern,** *„es sei denn, dass er vorzuleisten verpflichtet ist"*. Besteht keine Vorleistungspflicht, kommt der Schuldner nicht in Verzug, solange der Gläubiger die eigene, schon früher fällig gewordene Leistung weder erbringt noch anbietet. Für **Altmietverträge** aus der Zeit vor dem 1.9.2001 gilt, dass sich die vertragliche Verpflichtung des Mieters zur Vorauszahlung der Miete ausschließlich auf die Fälligkeit der Zahlung bezieht und nicht zu einer Vorleistungspflicht des Mieters führt, was aus der gesetzlichen Nachzahlungspflicht gem. § 551 BGB a. F. begründet wird.[42]

13 Für **Neuverträge** wird mit nicht überzeugender Begründung (s. Rdn. 4) vertreten, dass § 556b Abs. 1 BGB die Vorleistungspflicht des Mieters bestimme. Die Folge wäre, dass er mit dem Leistungsverweigerungsrecht aus § 320 Abs. 1 BGB ausgeschlossen ist, wenn im Zeitraum zwischen Überlassung/Belassung des Mietobjekts, z. B. am Ersten eines Monats, und dem Termin für die Zahlung der Miete am dritten Werktag ein Mangel auftritt; ebenso müsste es sich verhalten, wenn der Mangel etwa über mehrere Monate besteht. Es ist evident, dass es mit diesem krausen Ergebnis nicht sein Bewenden haben kann. Vielmehr ist davon auszugehen, dass sich an der Vorleistungspflicht des Vermieters und damit an dem Leistungsverweigerungsrecht des Mieters aus § 320 BGB durch die Neuregelung nichts geändert hat.[43] Hierfür spricht schon die erwähnte Begründung des Gesetzentwurfs zum MRRG, mit § 556 Abs. 1 BGB die gesetzlich angeordnete Fälligkeit der *„ganz überwiegenden Vertragspraxis"* anzupassen. Sie zielte damit allein auf eine Harmonisierung der Fälligkeit der Mietzahlung, nicht darauf, dass etwa erst die Miete zu zahlen und danach die Überlassung des Mietobjekts vorzunehmen sei. Zusätzlich und insbesondere aber ist zu berücksichtigen, dass für die Leistung des Vermieters und die Gegenleistung des Mieters verschiedene Fälligkeitszeitpunkte bestehen. In der Sache handelt es sich um eine sog. unselbständige Vorleistungspflicht des Mieters, weil die Verpflichtung des Vermieters zur Überlassung der Mietsache nicht von der Mietzahlung des Mieters abhängt.[44]

---

[37] Zulässig z. B. LG Berlin NJW-RR 1993, 144; LG Kleve WuM 1988, 261 (LS); *Blank* in Blank/Börstinghaus § 556b Rdn. 20.

[38] Z. B. LG München I WuM 1994, 608; *Blank* WuM 1995, 569.

[39] BGH (VIII ZR 222/15) GE 2017, 99 = NZM 2017, 120 = WuM 2017, 31 = ZMR 2017, 231 m. Anm. *Wedel.*

[40] BGH (VIII ZR 222/15) GE 2017, 99 = NZM 2017, 120 = WuM 2017, 31 = ZMR 2017, 231 m. Anm. *Wedel; Derleder* WuM 2007, 599 (604); **a. A.** *Horst* MietRB 2017, 49 mit ausführlicher Kritik an der Entscheidung des BGH.

[41] BGH (VIII ZR 222/15) GE 2017, 99 = NZM 2017, 120 = WuM 2017, 31 = ZMR 2017, 231 m. Anm. *Wedel; Blank* in Blank/Börstinghaus § 556b Rdn. 20.

[42] BGH (V ZR 90/81) NJW 1982, 2242.

[43] *Artz* in MünchKomm § 556b Rdn. 7; *Eisenschmid* WuM 2001, 215 (218); *Gellwitzki* WuM 2001, 373 (381); Palandt/*Weidenkaff* § 556b Rdn. 1; *Schultz* PiG 65 (2002) S. 263 (272); *Sternel* GS Sonnenschein S. 301 über telelogische Reduktion der Vorschrift.

[44] BGH (X ZR 12/03) NJW-RR 2005, 388; vgl. BGH (XI ZR 61/88) NJW-RR 1989, 1356; (V ZR 200/84) NJW 1986, 1164; *Weitemeyer* in Staudinger § 556b Rdn. 15.

Wie oben ausführlich dargelegt, ist die erste Leistung vom Vermieter zu Beginn der Mietzeit zu erbringen, erst danach folgt die Gegenleistung des Mieters. Selbst wenn sie in der Folgezeit unterbleibt, hat der Vermieter nur das Recht, den Mietvertrag durch Kündigung zu beenden; auf der anderen Seite verliert der Mieter, der nicht zu seinem Fälligkeitszeitpunkt leistet, das Leistungsverweigerungsrecht für den laufenden Monat.

3. Bedeutung für die Kombination von Vorleistungs- und Aufrechnungsverbotsklauseln

Während sich für Wohnraummietverträge nach altem Recht aus der Kumulation von Vorauszahlungs- und Aufrechnungsverbotsklauseln die Unwirksamkeit der Vorfälligkeitsklausel ergeben konnte (dazu i. E. Rdn. 19), hat die Regelung des § 556b Abs. 1 BGB bei neuen Mietverhältnissen zur Folge, dass die nunmehr gesetzlich angeordnete **Fälligkeit** der Miete **zu Beginn** des jeweiligen Zeitabschnitts **auch** dann erhalten bleibt, **wenn** eine Klausel mit **Aufrechnungsverbot unwirksam** ist. 14

III. Übergangsregelung (Art. 229 § 3 Abs. 1 Nr. 7 EGBGB)

1. Anwendungsbereich

Nach Art. 229 § 3 Abs. 1 Nr. 7 EGBGB ist auf **ein am 1. September 2001 bestehendes Mietverhältnis oder Pachtverhältnis § 551 BGB a. F.** anzuwenden. Anknüpfend an das Wort *„Mietverhältnis"* wird vertreten, dass die Frage, ob altes oder neues Recht anzuwenden ist, danach zu beantworten sei, ob der Mietvertrag vor dem 1.9.2001 oder nach dem 31.8.2001 in Vollzug gesetzt wurde; der Mietvertrag sei nicht entscheidend, sondern das Datum, ab dem der Mieter über das Mietobjekt soll verfügen können.[45] Die feinsinnige Differenzierung ist jedoch mit dem Erfordernis besonders klarer Verhältnisse gerade bei Übergangsregeln nicht zu vereinbaren. **Maßgeblich** ist daher das **Datum des Mietvertrags,**[46] zumal es sich auf Grund der üblichen schriftlichen Fixierung unschwer aus dessen Inhalt entnehmen lässt. Stammt er aus der Zeit bis zum 31.8.2001, gilt altes Recht, sonst neues. 15

§ 551 BGB a. F. betraf Miet- und Pachtobjekte jeder Art und gilt daher für alle diese Bereiche fort. Zur teilweise neuen Rechtslage bei Räumen, die nicht Wohnräume sind, und Grundstücken s. § 579. 16

2. Fälligkeit nach § 551 Abs. 1 BGB a. F.

§ 551 Abs. 1 BGB a. F. enthielt eine differenzierte Regelung über die Fälligkeit der Miete. Gemeinsam war allen Varianten, dass die Miete jeweils **erst nachträglich fällig** wurde, sei es *am* Ende der Mietzeit (§ 551 Abs. 1 Satz 1 BGB a. F.), sei es *nach* Ablauf eines Nutzungsabschnitts (§ 551 Abs. 1 Satz 2 BGB a. F.). Waren bewegliche Sachen vermietet und wurde die Zahlung der Miete in einem Betrag vereinbart, schuldete sie der Mieter nach § 551 Abs. 1 Satz 1 BGB a. F. am Ende der Mietzeit. Dasselbe galt bei der Vermietung von Immobilien, wenn die Nutzungszeit unterhalb der zeitlichen Grenze des § 551 Abs. 2 BGB a. F. (Kalendervierteljahr) lag und keine Zahlung nach Zeitabschnitten vorgesehen wurde, etwa bei der Anmietung einer Ferienwohnung.[47] War die Miete nach Zeitabschnitten bemessen, war sie bei beweglichen Sachen ebenso wie bei Grundstücken gem. § 551 Abs. 1 Satz 2 BGB a. F. *nach* dem Ablauf der Zeitabschnitte zu entrichten, also am ersten folgenden Werktag[48]; sollte sie bei der Grundstücks- und damit auch der Raummiete (§ 580 BGB a. F.) in längeren als vierteljährlichen Abständen[49] gezahlt werden, griff § 551 Abs. 2 BGB a. F. ein mit der Folge, dass sie nach Ablauf je eines Kalendervierteljahres zu entrichten war. Zu beachten ist, dass der Sonnabend auch bei Altverträgen nicht zu den Werktagen zählt.[50] 17

In der **ehemaligen DDR** richtete sich die Fälligkeit nach § 102 Abs. 1 ZGB. Danach hatte die Zahlung der Miete, wenn nichts Anderes vereinbart war, bis zum 15. des laufenden Monats zu er- 18

---

[45] *Franke* ZMR 2001, 953; *Gellwitzki* WuM 2001, 379; vgl. auch *Stürzer* NZM 2001, 825.
[46] BGH (VIII ZR 336/04) NZM 2006, 927 = WuM 2006, 620 = ZMR 2007, 20; *Jansen* NJW 2001, 3152.
[47] *Blank* WuM 1995, 567.
[48] Vgl. BGH (VIII ZR 337/06) GE 2008, 113 = WuM 2008, 152.
[49] Z. B. jährlich, vgl. LG Wuppertal WuM 1992, 668.
[50] BGH (VIII ZR 291/09) NZM 2010, 664 = WuM 2010, 500.

folgen. Da diese Regelung mit dem 3. Oktober 1990 weggefallen ist, gilt seitdem auch für Altverträge § 551 BGB a. F. Nur wenn die gesetzliche Regelung in den Vertrag als Vereinbarung aufgenommen wurde, bleibt es bei der Zahlungspflicht und damit der Fälligkeit zur Monatsmitte.[51]

3. Zusammentreffen einer Vorfälligkeitsklausel mit einem Aufrechnungsverbot

19 **a) Grundsätze.** Ist **Wohnraum** vermietet, kann die **Kumulation** von Vorauszahlungs- und Aufrechnungsverbotsklausel dazu führen, dass die Vorfälligkeitsklausel unwirksam ist,[52] was auch nicht durch die oft zugleich vereinbarte Rechtzeitigkeitsklausel verhindert wird.[53] Dies ist der Fall, wenn das Aufrechnungsverbot zur Folge hat, dass der Mieter, der die Miete im Voraus zahlte und sich im laufenden Monat mit einem Mangel nicht nur unerheblicher Art (§ 536 Abs. 1 Satz 3 BGB) konfrontiert sieht, im Folgemonat nicht mit seinem Bereicherungsanspruch aus § 812 BGB gegen den Mietanspruch des Vermieters aufrechnen kann. Es schützt den Mieter nicht hinreichend, dass er in den Folgemonaten jedenfalls von seinem Zurückbehaltungsrecht aus § 320 BGB Gebrauch machen kann.[54] Das Zurückbehaltungsrecht ist nur ein Druckmittel, um den Vermieter zur Mängelbeseitigung zu veranlassen; der einbehaltene Betrag ist mit Mängelfreiheit nachzuzahlen. Den Bereicherungsanspruch aus der wegen der Minderung überzahlten Miete müsste der Mieter separat, ggf. gerichtlich geltend machen.

20 Es kommt allein darauf an, ob die Aufrechnungsklausel das Recht des Mieters zur umgehenden Aufrechnung beschneidet. Es ist **weder maßgeblich,** ob die **Aufrechnungsklausel unwirksam** ist, weil sie der Überprüfung nach § 309 Nr. 3 BGB nicht standhält,[55] **noch,** ob sie **für sich betrachtet wirksam** ist.[56] Auch wenn sie als solche unwirksam ist, verliert eine Vorauszahlungsklausel ihre Wirkung, da es sich insgesamt um eine intransparente Regelung handelt. Sind beide Klauseln für sich genommen wirksam, ist es ggf. nicht Sache des Gerichts auszusuchen, welche der beiden Klauseln bestehen bleiben soll. Treffen eine Vorauszahlungsklausel und ein Aufrechnungsausschluss zusammen, bleibt die Vorfälligkeitsklausel daher nur bestehen, wenn die Aufrechnungsklausel den Anforderungen des § 309 Nr. 3 BGB und § 556b Abs. 2 BGB Rechnung trägt, mithin die Aufrechnung mit den in § 556b Abs. 2 BGB bezeichneten Forderungen des Mieters zulässt (dazu Rdn. 39).[57] Die Ansicht, das Aufrechnungsverbot sei nur dahin zu korrigieren, dass dem Mieter die Aufrechnung mit den Forderungen aus § 556b Abs. 2 BGB gestattet sei, so dass die Vorauszahlungsklausel daneben bestehen bleiben könne,[58] läuft auf eine unzulässige geltungserhaltende Reduktion hinaus. Vielmehr ist eine eindeutige Formulierung zu verlangen, dass die privilegierten Forderungen des Mieters nicht ausgeschlossen sind.[59]

21 Eine nach den beschriebenen Kriterien unwirksame Vorauszahlungsklausel wird durch die im Einzelfall vereinbarte Zahlungsweise nicht berührt. Auch wenn ein **Dauerauftrag** bis zur Gutschrift des Überweisungsbetrages beim Vermieter[60] noch für kurze Zeit oder die Zahlung bei der **Einzugsermächtigung** ohne Angabe von Gründen[61] widerrufen werden kann, vermag diese Korrekturmöglichkeit die Klausel nicht zu heilen. Die Einbeziehung derartiger Gesichtspunkte würde dem Transparenzgebot zuwiderlaufen.[62]

22 Der Versuch mancher Vermieter, sich jedenfalls die Vorauszahlungsklausel durch einen einseitigen **Verzicht auf die Aufrechnungsklausel** zu sichern,[63] ist rechtlich wirkungslos.[64] Hierzu

---

[51] KG RE 22.1.1998 NZM 1998, 299 = WuM 1998, 149; *Blank* WuM 1995, 568; *Kinne* WuM 1992, 406; **a. A.** *Hök* MDR 1994, 1157: Fortgeltung der gesetzlichen Regelung im Wege der ergänzenden Vertragsauslegung.

[52] BGH (VIII ARZ 3/94) RE 26.10.1994 NJW 1995, 254 = WuM 1995, 28.

[53] Vgl. LG Hamburg NZM 1999, 1041.

[54] LG Hamburg NJW-RR 1993, 658 = WuM 1993, 188; *Geldmacher* WuM 1992, 586.

[55] **A. A.** *Wagner* WuM 1995, 241; *Kielholtz/Rau* ZMR 2000, 265 für das Zusammentreffen einer unwirksamen Beschränkung des Zurückbehaltungsrechts durch eine Ankündigungsklausel mit einer Vorfälligkeitsklausel.

[56] BGH (VIII ARZ 3/94) RE 26.10.1994 NJW 1995, 254 = WuM 1995, 28.

[57] Vgl. *Blank* WuM 1995, 571; *Franke* ZMR 1995, 63; *Hannemann* WuM 1995, 11.

[58] LG Berlin WuM 1993, 190.

[59] AG Hamm/LG Dortmund WuM 1996, 401.

[60] BGH (II ZR 320/87) NJW 1988, 1320.

[61] BGH (II ZR 277/84) NJW 1985, 2326.

[62] *Hannemann* WuM 1995, 10.

[63] Z. B. durch eine Mitteilung gem. *„Musterschreiben zur Vorauszahlung"* GE 1992, 586.

[64] *Blank* WuM 1995, 569; *Börstinghaus* DWW 1995, 34; *Geldmacher* WuM 1992, 586 (587); *Hannemann* WuM 1995, 10; *Schultz* PiG 65 (2002) S. 263 (267).

bedarf es eines Abänderungsvertrags, also der Mitwirkung des Mieters, da der Verzicht nach § 397 BGB nur vertraglich möglich ist. Dieser kommt durch bloße Fortzahlung der Miete im Voraus nicht zustande, auch nicht stillschweigend, weil es i. d. R. am Erklärungsbewusstsein und rechtsgeschäftlichen Willen fehlt. Eine Ausnahme ist für den Fall anzuerkennen, dass der Vermieter den Mieter über die Rechtslage aufklärt und der Mieter der Bitte nachkommt, auch in Zukunft im Voraus zu leisten.

Streitig ist, ob Unwirksamkeit auch vorliegt, wenn eine Vorauszahlungsklausel mit einer Klausel zusammentrifft, nach der die Aufrechnung gegen Mietansprüche zwar der Sache nach ohne weiteres möglich, jedoch nur zulässig ist, wenn die Aufrechnungsabsicht mindestens einen Monat vor Fälligkeit der Mietforderung dem Vermieter schriftlich angezeigt wird. Nach einer Meinung nimmt die **Ankündigungspflicht** dem Mieter die Möglichkeit, im folgenden Monat aufzurechnen; er könne erst im Übernächsten aufrechnen, was ihn unangemessen belaste.[65] Demgegenüber berührt die Ankündigungsklausel nach vorherrschender Auffassung die Vorfälligkeitsabrede nicht, sofern die Aufrechnungsklausel § 309 Nr. 3 BGB genügt und auch die Aufrechnung mit geminderter Miete zulässt.[66] Die Kombination führe nicht zu einer Aushöhlung des Minderungsanspruchs des Mieters, sondern nur zu einer einmonatigen Verzögerung des Mietabzugs; dies stelle nur eine geringfügige Beeinträchtigung des Mieters dar.[67] Anders als bei einem Aufrechnungsverbot werde er auch nicht zur Klage gezwungen.[68] Diese Ansicht begegnet **Bedenken.** Auf den ersten Blick überzeugt es zwar, dass die verzögerte Möglichkeit des Mietabzugs den Mieter nicht ungebührlich belastet. Bei genauerer Betrachtung wird indes deutlich, dass die Ankündigungspflicht einem Aufrechnungsausschluss für einen weiteren Monat gleichkommt, weil der Mieter im Folgemonat nach Mangeleintritt noch nicht aufrechnen darf, da er die übliche Monatsfrist bis zu der für ihn fälligen Miete nicht einhalten kann, und dies, obwohl die Minderung der Miete nach § 536 BGB von Gesetzes wegen und damit automatisch eintritt, so dass der Mieter nur die reduzierte Miete schuldet. Diese Folge wirkt sich, wie die Praxis zeigt,[69] im Rahmen des § 543 Abs. 2 Satz 1 Nr. 3 BGB erheblich zulasten des Mieters aus. Sie macht es dem Vermieter möglich, einen Mietrückstand aufzufüllen, der die Voraussetzungen des § 543 Abs. 2 Satz 1 Nr. 3 BGB erreicht, da er die ohne die vertraglich vorgesehene Ankündigung vorgenommene Aufrechnung nicht gegen sich gelten zu lassen braucht; der Mieter, der ein vertraglich festgelegtes Vorverfahren bis zum Mietabzug einzuhalten hat, kann im Regelfall auch kein fehlendes Verschulden geltend machen. Ihm ist es zudem abgeschnitten, die Kündigung nach § 543 Abs. 2 Satz 3 BGB durch unverzügliche Aufrechnung unwirksam werden zu lassen oder sich durch Aufrechnung innerhalb der Schonfrist gem. § 569 Abs. 3 Nr. 2 BGB die Wohnung zu erhalten.[70] Ist preisgebundener Wohnraum vermietet, ergeben sich zusätzliche Probleme für den Mieter.[71] 23

Da § 536 Abs. 4 BGB jede Art von Vereinbarung betrifft, die zum Nachteil des Mieters von § 536 Abs. 1–3 BGB abweicht, gelten die Einschränkungen aus der Kumulation von Vorfälligkeits- und Aufrechnungsklauseln ohne weiteres **auch** für **Individualabreden.** Weder durch einen vollständigen Individualvertrag noch durch einen Individualzusatz zum Mietvertrag ist es den Parteien möglich, diese Folgen zu vermeiden, wobei die handschriftliche Einfügung des Fälligkeitstermins in eine Vorauszahlungsklausel diese ohnehin nicht zu einer Individualvereinbarung macht.[72] 24

Die vorbeschriebene **Unwirksamkeit** wird durch die **Neuregelung in § 556b Abs. 1 BGB nicht geheilt.** Da es auf den materiellen Regelungsgehalt des Vertrags ankommt und dieser ggf. zur Unwirksamkeit beider Klauseln führte, kann die Vorleistungsklausel durch die Gesetzesänderung nicht wiederaufleben.[73] Sie bleibt solange unwirksam, bis die Parteien ggf. durch eine einvernehmliche Vertragsergänzung erneut die Vorauszahlungspflicht des Mieters bestimmen. 25

---

65 LG Berlin GE 2000, 206; LG München I WuM 1996, 329; *Beuermann* GE 1994, 1208; *Gellwitzki* WuM 1998, 198; *Kinne* GE 1998, 216; *Weitemeyer* in Staudinger § 556b Rdn. 3.

66 BGH (VIII ZR 301/10) WuM 2011, 674 = NZM 2012, 22; (VIII ZR 191/10) GE 2011, 947 = NZM 2011, 579; OLG Hamm RE 15.3.1993 WuM 1993, 176; LG Lüneburg ZMR 1999, 175.

67 *Blank* WuM 1995, 569; *v. Westphalen/Drettmann* Wohnraummiete Rdn. 119; vgl. BGH (VIII ARZ 3/94) RE 26.10.1994 NJW 1995, 254 = WuM 1995, 28; (VIII ZR 337/06) GE 2008, 113 = WuM 2008, 152.

68 LG Berlin WuM 1996, 541; *Hannemann* WuM 1995, 11; vgl. BGH (VIII ARZ 3/94) RE 26.10.1994 NJW 1995, 254 = WuM 1995, 28.

69 Vgl. z. B. OLG Rostock NZM 1999, 1006.

70 *Gellwitzki* WuM 1996, 739; *Oske* WuM 1984, 178.

71 Dazu ausführlich *Gellwitzki* WuM 1996, 739.

72 LG Osnabrück WuM 1995, 33.

73 BGH (VIII ZR 66/08) WuM 2009, 228; LG Berlin GE 2003, 529; AG Saarbrücken WuM 2004, 657; *Artz* in MünchKomm § 556b Rdn. 17; *Eisenschmid* WuM 2001, 215 (218); *Gellwitzki* WuM 2001, 383; *Schultz* PiG

26 Bei der Vermietung von **Gewerberaum** greifen die vorbeschriebenen **Beschränkungen nicht** ein.[74] § 536 Abs. 4 BGB verbietet nur Abreden, die dem Wohnraummieter nachteilig sind. Der Mietvertrag über Gewerberaum kann daher formularmäßig sowohl die Aufrechnung (bis zur Grenze des § 309 Nr. 3 BGB),[75] das Zurückbehaltungsrecht (bis zur Grenze des § 309 Nr. 2 BGB) sowie den Minderungsanspruch versagen und den Mieter ausdrücklich[76] auf einen Bereicherungsanspruch verweisen[77] als auch gleichzeitig die Vorauszahlung der Miete vorsehen. Ebenso kann die Ausübung dieser Rechte von einer fristgebundenen Ankündigung abhängig gemacht werden.[78]

27 **b) Folgen der Unwirksamkeit.** Ist die Vorauszahlungsklausel unwirksam, **verbleibt** es bei der in § 551 Abs. 1 BGB a. F. festgelegten Fälligkeit. Der Mieter schuldet die Miete erst *nach* Ablauf des vorgesehenen Zeitabschnitts, nicht schon an dessen letztem Tag. Enthält der Vertrag, wie häufig, eine mit der Vorfälligkeitsabrede verbundene Rechtzeitigkeitsklausel, hat die Regelung, dass der Eingang der Miete beim Vermieter maßgeblich ist, einen trennbaren, eigenständigen Inhalt, der von der Unwirksamkeit der Vorauszahlungsverpflichtung nicht erfasst wird. Hier hat der Mieter sicherzustellen, dass die Miete den Vermieter unmittelbar nach Ablauf des vereinbarten Zeitabschnitts erreicht.

IV. Aufrechnungs- und Zurückbehaltungsrecht (Abs. 2)

1. Anwendungsbereich und Bedeutung der Vorschrift

28 § 556b Abs. 2 BGB hat die Vorschrift des § 552a BGB a. F. durch eine **Ausweitung des Aufrechnungsrechts** inhaltlich geändert. Früher konnte der Mieter mit den Ansprüchen aus § 538 BGB (jetzt § 536a BGB) aufrechnen, nicht jedoch mit dem Anspruch auf Ersatz selbst notwendiger Verwendungen gem. § 547 Abs. 1 BGB a. F.[79] (jetzt § 536a Abs. 2 Nr. 2 BGB) oder mit den wirtschaftlich zum Teil erheblich bedeutsameren Gegenforderungen aus ungerechtfertigter Bereicherung gem. §§ 812, 818 BGB. Nunmehr ist ihm die Aufrechnung möglich mit allen Ansprüchen aus § 536a BGB, mithin auch dem verzugsunabhängigen Aufwendungsersatzanspruch, wie er sich früher aus § 547 Abs. 1 BGB a. F. ergab, dem Anspruch auf Ersatz sonstiger Aufwendungen aus § 539 BGB und dem Bereicherungsanspruch aus §§ 812, 818 BGB wegen zu viel gezahlter Miete.

Die Mietrechtsreform hat das Ziel der seinerzeitigen Bundesregierung beim Entwurf zur Einführung des § 552a BGB a. F. nicht aufgegriffen, den bis dahin geltenden § 28 MSchG für Mietverhältnisse über Wohnraum weiter zu entwickeln,[80] indem Aufrechnungs- und Zurückbehaltungsrecht mit Forderungen aus dem Mietverhältnis nach einmonatiger Vorankündigung ohne Einschränkung möglich sein sollten; dieses Ziel war im Rechtsausschuss des Bundestags gescheitert, der vor allem den *„kleinen Hausbesitzer"* vor zweifelhaften Forderungen eines säumigen Mieters schützen wollte,[81] so dass sich im Bundestag die alte restriktive Fassung durchsetzte.

29 Gleichwohl ist die **praktische Bedeutung** der Bestimmung **gering geblieben.** Die Vorschrift fußt auf § 552a BGB a. F., der durch Art. 1 Nr. 9 des 2. MietÄndG vom 14. 7. 1964[82] in das BGB eingefügt wurde und damit vor dem In-Kraft-Treten des AGBG vom 9. 12. 1976.[83] Eine Harmonisierung mit dessen Vorschriften, die dem § 552a BGB vorgingen wie sie auch jetzt dem § 556b Abs. 2 BGB vorgehen (s. Rdn. 30), ist nie erfolgt. Die Regelung wird daher meist nur für **Indivi-**

---

65 (2002) S. 263 (275); *Sternel* ZMR 2001, 937 (938); *Weitemeyer* in Staudinger § 556b Rdn. 9; **a. A.** *Lammel* § 556b Rdn. 49 ff.

[74] Nach *Gellwitzki* WuM 1998, 201 nur, wenn der Gewerberaummieter Kaufmann ist.

[75] Aber: BGH (XII ZR 29/15) GE 2016, 717 = NZM 2016, 585 m. Anm. *Streyl;* (XII ZR 30/15) ZMR 2016, 609: Die Beschränkung des Rechts zur Aufrechnung mit unbestrittenen oder rechtskräftig festgestellten Forderungen auf solche aus dem Mietverhältnis ist unwirksam und macht die gesamte Klausel mit ihren Verboten zu Aufrechnung, Zurückbehaltungsrecht und Mietminderung nach § 307 BGB unzulässig.

[76] Z. B. *Eisenschmid* in Schmidt-Futterer § 536 Rdn. 462; *Lützenkirchen* in Lützenkirchen § 536 Rdn. 56; str., zum Streitstand *Horst* DWW 2016, 362 (369).

[77] BGH (XII ZR 132/09) MK 2011, 102 m. Anm. *Geldmacher* = NZM 2011, 153 (auch bei Mietvertrag mit einem Freiberufler, hier: Kinderarzt); (XII ZR 141/91) NJW-RR 1993, 519.

[78] Z. B. OLG Düsseldorf NZM 2002, 953; OLG Rostock NZM 1999, 1006 = ZMR 2000, 294; OLG Hamburg NZM 1998, 264 = WuM 1998, 152; OLG Celle NZM 1998, 265; OLG Köln WuM 1998, 23.

[79] *Blank* WuM 1995, 570.

[80] BT-Drucks. IV/806 S. 9, 10.

[81] BT-Drucks. IV/2195 S. 4 und zu Drucks. IV/2195 S. 4.

[82] BGBl. I S. 457.

[83] BGBl. I S. 3317.

dualmietverträge relevant,[84] bei denen die Beschränkungen aus § 309 BGB für Formularklauseln nicht eingreifen, der Mieter aber durch die nach § 556b Abs. 2 Satz 2 BGB zwingende Regelung des § 556b Abs. 2 Satz 1 BGB geschützt werden soll. Zudem bezieht sie sich bei den Gegenansprüchen nur auf Mietforderungen.

2. Voraussetzungen

a) Materielle Voraussetzungen. § 556b Abs. 2 BGB ist **keine Sonderregelung, hinter** die etwa **§ 309 Nr. 3 BGB** zurücktritt.[85] Die Folge wäre sonst eine Schlechterstellung des Wohnungsmieters, dem der Schutz der §§ 305ff. BGB genommen wäre.[86] Ob § 556b Abs. 2 BGB überhaupt zum Zuge kommt, richtet sich daher danach, ob der Mietvertrag eine Regelung zur Aufrechnung enthält und ob diese AGB-rechtlich wirksam vereinbart ist. Fehlt es hieran, greift § 556b Abs. 2 BGB nicht ein, da der Mieter seine Rechte ohnehin geltend machen kann. 30

aa) Ausschluss des Aufrechnungsrechts. (1) Formularklauseln. Nach § 309 Nr. 3 BGB sind **Aufrechnungsverbote** nur wirksam, wenn sie unbestrittene oder rechtskräftig festgestellte Forderungen nicht einschließen. Sind nur unbestrittene Forderungen ausgenommen, werden sinngemäß auch rechtskräftig festgestellte erfasst, da diese nur einen Unterfall der unbestrittenen Forderungen darstellen.[87] Eine Forderung ist als unbestritten zu behandeln, wenn ihr nur unerheblicher Vortrag entgegengesetzt wird. Schließlich greift der Aufrechnungsausschluss nicht gegenüber entscheidungsreifen Forderungen.[88] Während früher Klauseln, nach denen die Aufrechnung mit Gegenansprüchen nur zulässig ist, *„wenn diese vom Vermieter anerkannt oder rechtskräftig festgestellt sind"*, als wirksam eingeordnet wurden,[89] weil dem Vertragspartner damit die Befugnis bleibe, auch mit einer unbestrittenen Forderung aufzurechnen, sind sie nach der Rechtsprechung des BGH unwirksam, weil sie die Zulässigkeit der Aufrechnung mit unbestrittenen Gegenforderungen von deren Anerkennung durch den Verwender abhängig machen.[90] Aus demselben Grund sind Klauseln, nach der nur solche Gegenforderungen zur Aufrechnung gestellt werden dürfen, *„die entweder rechtskräftig festgestellt sind oder zu denen die Vermieterin im Einzelfall jeweils ihre Zustimmung erklärt"*, unwirksam. Die Berufung auf ein wirksames Aufrechnungsverbot ist dem Vermieter nach § 242 BGB nur versagt, wenn er in Vermögensverfall geraten ist.[91] Ferner sind Klauseln unwirksam, die den Regelungsbereich des § 556 Abs. 2 BGB nicht ausnehmen.[92] Die Unwirksamkeit folgt aus § 307 BGB.[93] Sie sind objektiv geeignet, vom Mieter in dem ungünstigen Sinn verstanden zu werden, dass mit bestrittenen Forderungen auf keinen Fall aufgerechnet werden darf. 31

Hieraus folgt, dass sich die **Bedeutung** des § 556b Abs. 2 BGB **auf die Fälle beschränkt,** in denen wirksam die Aufrechnung mit bestrittenen oder nicht rechtskräftigen Gegenforderungen ausgeschlossen ist. Mit solchen Forderungen kann der Mieter daher, soweit sie zum privilegierten Kreis gehören, gegen Mietforderungen gleichwohl aufrechnen. 32

Aufrechnungsbeschränkungen sind zulässig, soweit sie den Mieter nicht übermäßig belasten. So kann die Aufrechnung an die Voraussetzung geknüpft werden, dass sie dem Vermieter innerhalb einer bestimmten Frist im Voraus anzukündigen ist.[94] Dies gilt allerdings nicht, wenn die Ankündigung *„schriftlich"* erfolgen soll und damit in strengerer Form als der bloßen in § 556 Abs. 2 Satz 1 BGB geforderten Textform;[95] zum Nachteil des Mieters abweichende Vereinbarungen sind unwirksam, § 556 Abs. 2 Satz 2 BGB. Unzulässig ist hingegen die Beschränkung des Aufrechnungsrechts auf Gegenforderungen aus dem Mietverhältnis, also konnexe Forderungen;[96] eine Klausel, 33

[84] **A. A.** *Häublein* FS Blank S. 207 (216f), letztlich über geltungsverhaltende Reduktion; vgl. *Artz* in MünchKomm § 556b Rdn. 12.
[85] Z. B. *Weitemeyer* in Staudinger § 556b Rdn. 25.
[86] Z. B. *Häublein* FS Blank S. 207 (208).
[87] BGH (XII ZR 141/91) NJW-RR 1993, 519; (X ZR 31/88) NJW 1989, 3215.
[88] BGH (II ZR 285/84) NJW 1986, 1757; (VIII ZR 242/76) WM 1978, 620; OLG Düsseldorf NZM 2017, 124.
[89] OLG Düsseldorf WuM 1995, 392.
[90] Z. B. BGH (XII ZR 54/05) NZM 2007, 684 = ZMR 2007, 854; KG NZM 2014, 909.
[91] BGH (VIII ZR 355/89) NJW-RR 1991, 971.
[92] *Häublein* FS Blank S. 207 (211f.).
[93] OLG Celle WuM 1990, 111; *Hannemann* WuM 1995, 11.
[94] BGH (VIII ZR 48/87) NJW-RR 1988, 329 = WuM 1988, 159; OLG Rostock NZM 1999, 1006; *Wolf/Eckert/Ball* Rdn. 574; einschränkend *Beuermann* GE 1994, 1208.
[95] LG Konstanz NZM 2014, 389 = ZMR 2014, 291.
[96] OLG Celle WuM 1990, 103 (111); *Hannemann* WuM 1995, 11.

die allein den Wortlaut des § 556b Abs. 2 BGB wiederholt, ist daher unwirksam (s. Rdn. 31). Ebenfalls unwirksam sind Klauseln, welche die Aufrechnung nur für den Fall zulassen, dass sich der Mieter mit seinen Zahlungsverpflichtungen nicht im Rückstand befindet,[97] die Aufrechnung auf monatliche Teilbeträge, z. B. höchstens 20%,[98] beschränken, weil dies auf eine Kreditgewährung an den Vermieter hinausläuft, oder die Aufrechnung gegen Nebenkostenforderungen generell ausschließen.[99]

34 Das Schicksal eines Aufrechnungsverbots oder einer -beschränkung bei **Beendigung des Mietverhältnisses** ist streitig. Nach einer Ansicht endet ein zulässiges Aufrechnungsverbot zugleich mit dem Mietvertrag, gleichviel ob der Mieter das Mietobjekt bereits herausgegeben oder noch in Besitz hat.[100] Die Gegenmeinung stellt demgegenüber auf den Schutzzweck des Verbots für den Vermieter ab, der mit dem Vertragsende nicht wegfällt, so dass auch das Verbot mit Vertragsablauf nicht hinfällig wird,[101] und zwar auch nicht mit Rückgabe der Mietsache.[102] Eine andere Handhabung würde den säumigen Mieter grundlos besser stellen.[103] Das Verbot gilt daher auch ohne weiteres gegenüber dem Anspruch des Vermieters auf Zahlung einer Nutzungsentschädigung gem. § 546a BGB. Ist nur eine formelle Aufrechnungsbeschränkung vereinbart wie die Anzeige der Aufrechnungsabsicht, kann sich der Vermieter auf sie nicht mehr berufen, wenn das Mietverhältnis beendet und das Mietobjekt zurückgegeben ist, so dass nur noch die wechselseitigen Ansprüche abzurechnen sind.[104] Gegenüber dem Anspruch auf Nutzungsentschädigung, mithin vor der Rückgabe, bleibt die Anzeigepflicht wirksam.[105]

35 Schließlich kann sich bei **Altverträgen** aus der **Kombination eines Aufrechnungsverbots mit einer Vorleistungsklausel** ergeben, dass auch die für sich betrachtet zulässige Verbotsklausel unwirksam ist. Wegen der Einzelheiten s. Rdn. 19ff.

36 **(2) Individualabreden.** Für Individualbestimmungen kann der Wortlaut der Norm zugrunde gelegt werden. Sie **privilegiert den Wohnungsmieter bei** einem **wirksamen Aufrechnungsverbot.** § 556a Abs. 2 BGB verbietet nicht i. S. d. § 134 BGB den Abschluss von Abreden, welche die Aufrechnung mit bestrittenen Gegenforderungen aus §§ 536a, 539 BGB oder ungerechtfertigter Bereicherung ausschließen,[106] sondern bestimmt nur, dass der Mieter trotz einer solchen Vereinbarung in diesem Bereich unter Beachtung der festgelegten Formalien aufrechnen kann.[107] Der Aufrechnungsausschluss bleibt daher hinsichtlich der durch § 556a Abs. 2 BGB nicht erfassten Forderungen bestehen.

37 **bb) Ausschluss des Zurückbehaltungsrechts. (1) Formularklauseln.** § 309 Nr. 2 BGB **verbietet** nicht nur den **Ausschluss,** sondern auch **Einschränkungen** des Zurückbehaltungsrechts. Anders als bei der Aufrechnung sind Formularklauseln, die das Leistungsverweigerungsrecht auf anerkannte oder rechtskräftig festgestellte Forderungen beschränken, ebenso unwirksam[108] wie Klauseln, die ein Zurückbehaltungsrecht nur nach vorheriger Ankündigung zulassen.[109] Aus § 556b Abs. 2 BGB ist nichts Gegenteiliges herzuleiten. Er ist keine Sondervorschrift, die für ihren Regelungsbereich abweichende Vereinbarungen gestattet. Die Vorschrift setzt, wie bereits oben ausgeführt, eine wirksame abweichende Abrede voraus, an der es bei Formularklauseln dieses In-

---

[97] LG München I WuM 1998, 553; *Blank* WuM 1995, 571; *Bub* in Bub/Treier II Rdn. 1158.
[98] LG Hannover WuM 1980, 179.
[99] Z. B. *Wolf/Eckert/Ball* Rdn. 575.
[100] *Beuermann* GE 1994, 1208.
[101] OLG Düsseldorf NZM 2017, 124; OLG Hamm NJW-RR 1994, 711; OLG Frankfurt NJW 1987, 1650; OLG Karlsruhe ZMR 1987, 261; KG GE 1981, 235; *Bartholomäi/Lindner-Figura/Stellmann* in Lindner-Figura/Oprée/Stellmann Kap. 10 Rdn. 258; *Both* in Herrlein/Kandelhard § 556b Rdn. 11; *Bub* in Bub/Treier II Rdn. 1150.
[102] BGH (XII ZA 21/99) DWW 2000, 85 = NZM 2000, 336 = WuM 2000, 240 = ZMR 2000, 364; *Artz* in MünchKomm § 556b Rdn. 10; *v. Westphalen/Drettmann* Wohnraummiete Rdn. 138; **a. A.** *Bub* in Bub/Treier II Rdn. 429.
[103] *Wolf/Eckert/Ball* Rdn. 576.
[104] BGH (XII ZA 21/99) NZM 2000, 336 = WuM 2000, 240 = ZMR 2000, 364; (VIII ZR 48/87) NJW-RR 1988, 329 = WuM 1988, 159; Palandt/*Weidenkaff* § 556b Rdn. 10.
[105] Z. B. KG GE 1981, 235.
[106] *Häublein* FS Blank S. 207 (210); **a. A.** *Blank* WuM 1995, 571; *Hannemann* WuM 1995, 11.
[107] *Sternel* II Rdn. 128.
[108] BGH (VII ZR 204/90) NJW 1992, 2160.
[109] Z. B. LG Berlin GE 1994, 403; LG Hamburg WuM 1990, 115; *Beuermann* GE 1994, 1206; *Blank* WuM 1995, 571; *Bub* in Bub/Treier II Rdn. 1165; *Conrad* MDR 2013, 1381 (1384); *v. Westphalen/Drettmann* Wohnraummiete Rdn. 140; *Weitemeyer* in Staudinger § 556b Rdn. 27; **a. A.** *Hannemann* WuM 1995, 11.

halts fehlt. Enthalten Klauseln die Anzeigepflicht sowohl für die Aufrechnung als auch die Zurückbehaltung,[110] entfaltet der Vorbehalt hinsichtlich der Zurückbehaltung keine Wirkung, während derjenige für die Aufrechnung nach dem „blue-pencil-test" bestehen bleibt. § 556b Abs. 2 BGB verbleibt damit nur noch Bedeutung für individualvertragliche Regelungen.

(2) Individualabreden. Für individuelle Vereinbarungen gelten die obigen (Rdn. 36) Ausführungen zum Aufrechnungsverbot entsprechend. 38

cc) Betroffene Forderungen. Die Zahl der **Forderungen, mit denen** der Mieter aufrechnen oder wegen derer er ein Zurückbehaltungsrecht geltend machen kann, hat sich gegenüber § 552a BGB a. F. vermehrt. **Forderungen aus § 536a** BGB sind der Schadensersatzanspruch statt der Leistung sowie der Anspruch auf Ersatz von Mangelfolgeschäden aus Abs. 1 und die Aufwendungsersatzansprüche aus Abs. 2 Nr. 1 und 2. Ferner erfasst § 556b Abs. 2 BGB die **Forderungen aus § 539 BGB.** Neben dem Anspruch auf Ersatz sonstiger Verwendungen gem. Abs. 1 sind damit auch Ansprüche eingeschlossen, die aus der Vereitelung des Wegnahmerechts an Einrichtungen (Abs. 2) resultieren. Ansprüche des Mieters auf Entschädigung aus § 552 Abs. 1 BGB oder angemessenen Ausgleich gem. § 552 Abs. 2 BGB, die auf der Abwendung des Wegnahmerechts durch den Vermieter beruhen, sind nicht geschützt. **Forderungen aus ungerechtfertigter Bereicherung** sind primär solche, die daraus resultieren, dass der Mieter die Miete zu Beginn des vereinbarten Zeitabschnitts zahlte und dass sodann im laufenden Abschnitt ein minderungsrelevanter Mangel i. S. d. § 536 BGB eintrat. Da sich hierdurch die geschuldete Miete automatisch reduziert, liegt hinsichtlich der Differenz eine Überzahlung vor, die der Vermieter herauszugeben hat. Rückzahlungsansprüche können sich aber auch aus nach § 5 WiStG zu viel gezahlter Miete ergeben oder aus unberechtigten Betriebskostenbelastungen. 39

Als **Forderung, gegen die** der Mieter ein Aufrechnungs- oder Zurückbehaltungsrecht anbringen darf, kommen weiterhin **nur Mietforderungen** in Betracht. Dabei handelt es sich um die Bruttomiete, d. h. die Miete einschließlich aller Betriebskostenanteile, Pauschalen oder Vorauszahlungen. Auch der Saldo zulasten des Mieters aus einer Nebenkostenabrechnung gehört hierzu.[111] Die Abrechnung stellt fest, ob der Mieter in der zurückliegenden Abrechnungsperiode zu wenig Miete zahlte (Nachforderung) oder über die vereinbarte Höhe hinaus und damit zu viel (Guthaben). Nachforderungen sind nur keine Miete i. S. d. § 543 Abs. 2 Satz 1 Nr. 3 BGB, weil diese Bestimmung allein Leistungen betrifft, die zu regelmäßig wiederkehrenden Zahlungsterminen zu erbringen sind.[112] 40

b) Formelle Voraussetzungen. Die Gegenrechte stehen dem Mieter nur bei einer **rechtzeitigen Anzeige seiner Absicht,** sie tatsächlich geltend zu machen, zu, d. h. wenn er sie mindestens einen Monat vor der Fälligkeit der Miete in Textform dem Vermieter mitteilte. Beachtete er diese Voraussetzungen nicht, bleiben Aufrechnung und – im Individualvertrag – Zurückbehaltung unwirksam. Die fehlerhafte Aufrechnung kann zur Folge haben, dass, ggf. in Verbindung mit weiteren ausstehenden Mieten, ein Rückstand eintritt, der den Vermieter zur Kündigung wegen Zahlungsverzugs nach § 543 Abs. 2 Satz 1 Nr. 3 BGB berechtigt; besteht allerdings ein Leistungsverweigerungsrecht nach § 320 BGB, was in den Fällen des § 536a Abs. 1 BGB die Regel sein wird, bleibt der unberechtigte Einbehalt insoweit unschädlich, da bereits das Bestehen des Zurückbehaltungsrechts den nach § 543 Abs. 2 Satz 1 Nr. 3 BGB notwendigen Verzug ausschließt, ohne dass sich der Mieter darauf berufen müsste.[113] Ob es zusätzlich noch einer **ausdrücklichen Aufrechnungserklärung** bedarf, ist eine Frage des Einzelfalls. Verfährt der Mieter entsprechend seiner rechtzeitigen Ankündigung, ist die Aufrechnung stillschweigend erklärt,[114] sofern er seine Gegenforderung in der Anzeige hinreichend konkretisierte (s. Rdn. 43), weil deutlich sein muss, welche Forderungen rückwirkend für den Zeitpunkt der Aufrechnungslage als erloschen gelten sollen (§ 389 BGB). Anders verhält es sich, wenn er die Umsetzung seiner Absicht zunächst zurückstellt und sie erst zu einem späteren und damit für den Vermieter unerwarteten Zeitpunkt realisiert. 41

Der **Zeitpunkt des Zugangs der Anzeige** richtet sich nach der gesetzlichen oder vereinbarten Fälligkeit der Miete. Hat der Mieter wie meist im Voraus bis zum dritten Werktag eines jeden 42

---

110 Z. B. § 9 Mustermietvertrag 1976.

111 *Lützenkirchen* in Lützenkirchen § 556b Rdn. 64; *Weitemeyer* in Staudinger § 556b Rdn. 21; **a. A.** *Lammel* § 556b Rdn. 35.

112 OLG Koblenz RE 26.7.1984 NJW 1984, 2369 = WuM 1984, 269.

113 St. Rspr., z. B. BGH (VIII ZR 100/97) NJW 1999, 53; (XII ZR 254/95) ZMR 1997, 567; (XII ZR 141/91) NJW-RR 1993, 519; (V ZR 87/63) NJW 1966, 200.

114 *Blank* in Blank/Börstinghaus § 556b Rdn. 58.

Monats zu leisten, ist die Anzeige nur rechtzeitig, wenn sie den Vermieter bis zu diesem Zeitpunkt des Vormonats erreicht. Eine verspätete Anzeige berechtigt zur Aufrechnung erst gegen die Miete des übernächsten Monats; die Erklärung des Mieters ist i. d. R. dahin zu verstehen, dass die Aufrechnung zum nächsten zulässigen Zeitpunkt beabsichtigt ist.[115]

43 Die Anzeige hat **Grund und Höhe der Forderung** zu bezeichnen. Es reicht nicht aus, wenn der Mieter Schadensersatzansprüche nur in Aussicht stellt.[116] Um dem Sinn der Anzeige, dem Vermieter rechtzeitige Dispositionen zu ermöglichen, gerecht zu werden, ist die Höhe der Forderung zu beziffern. Für den Grund genügt es hingegen, ihn in bestimmter Form zu beschreiben.[117] Leitet der Mieter seine Forderung z. B. aus einem Mangel gem. § 536a BGB ab, braucht dieser nur so konkretisiert zu werden, dass er von anderen abgegrenzt werden kann; es muss sichergestellt sein, dass er im Rahmen einer ggf. separaten Aufrechnungserklärung (s. Rdn. 41) nicht durch einen anderen ersetzt wird.

3. Beweislast

44 Beruft sich der Vermieter auf ein Aufrechnungsverbot oder einen individualvertraglichen Ausschluss des Zurückbehaltungsrechts, trifft ihn die entsprechende Darlegungs- und Beweislast, ferner dafür, dass die Gegenforderung unter den Ausschluss fällt. Bezieht sich der Mieter demgegenüber auf § 556b Abs. 2 BGB, hat er seine Gegenforderung sowie die Voraussetzungen der Vorschrift, insbesondere die rechtzeitige Anzeige und die Aufrechnungserklärung, zu beweisen.

[115] Z. B. *Artz* in MünchKomm § 556b Rdn. 11; *Both* in Herrlein/Kandelhard § 556b Rdn. 19; Palandt/*Weidenkaff* § 556b Rdn. 10.
[116] *Weitemeyer* in Staudinger § 556b Rdn. 22.
[117] *Sternel* III Rdn. 129.

§ 556c Kosten der Wärmelieferung als Betriebskosten, Verordnungsermächtigung

(1) [1]Hat der Mieter die Betriebskosten für Wärme oder Warmwasser zu tragen und stellt der Vermieter die Versorgung von der Eigenversorgung auf die eigenständig gewerbliche Lieferung durch einen Wärmelieferanten (Wärmelieferung) um, so hat der Mieter die Kosten der Wärmelieferung als Betriebskosten zu tragen, wenn

1. die Wärme mit verbesserter Effizienz entweder aus einer vom Wärmelieferanten errichteten neuen Anlage oder aus einem Wärmenetz geliefert wird und
2. die Kosten der Wärmelieferung die Betriebskosten für die bisherige Eigenversorgung mit Wärme oder Warmwasser nicht übersteigen.

[2]Beträgt der Jahresnutzungsgrad der bestehenden Anlage vor der Umstellung mindestens 80 Prozent, kann sich der Wärmelieferant anstelle der Maßnahmen nach Nummer 1 auf die Verbesserung der Betriebsführung der Anlage beschränken.

(2) Der Vermieter hat die Umstellung spätestens drei Monate zuvor in Textform anzukündigen (Umstellungsankündigung).

(3) [1]Die Bundesregierung wird ermächtigt, durch Rechtsverordnung ohne Zustimmung des Bundesrates Vorschriften für Wärmelieferverträge, die bei einer Umstellung nach Absatz 1 geschlossen werden, sowie für die Anforderungen nach den Absätzen 1 und 2 zu erlassen. [2]Hierbei sind die Belange von Vermietern, Mietern und Wärmelieferanten angemessen zu berücksichtigen.

(4) Eine zum Nachteil des Mieters abweichende Vereinbarung ist unwirksam.

Verordnung über die Umstellung auf gewerbliche Wärmelieferung für Mietwohnraum (Wärmelieferverordnung – WärmeLV)

Vom 7. Juni 2013
(BGBl. I S. 1509)
FNA 754-26

Auf Grund des § 556c Absatz 3 des Bürgerlichen Gesetzbuchs, der durch Artikel 1 des Gesetzes vom 11. März 2013 (BGBl. I S. 434) eingefügt worden ist, verordnet die Bundesregierung:

Abschnitt 1 Allgemeine Vorschriften

§ 1 Gegenstand der Verordnung

Gegenstand der Verordnung sind

1. Vorschriften für Wärmelieferverträge, die bei einer Umstellung auf Wärmelieferung nach § 556c des Bürgerlichen Gesetzbuchs geschlossen werden, und
2. mietrechtliche Vorschriften für den Kostenvergleich und die Umstellungsankündigung nach § 556c Absatz 1 und 2 des Bürgerlichen Gesetzbuchs.

Abschnitt 2 Wärmeliefervertrag

§ 2 Inhalt des Wärmeliefervertrages

(1) Der Wärmeliefervertrag soll enthalten:

1. eine genaue Beschreibung der durch den Wärmelieferanten zu erbringenden Leistungen, insbesondere hinsichtlich der Art der Wärmelieferung sowie der Zeiten der Belieferung,
2. die Aufschlüsselung des Wärmelieferpreises in den Grundpreis in Euro pro Monat und in Euro pro Jahr und den Arbeitspreis in Cent pro Kilowattstunde, jeweils als Netto- und Bruttobeträge, sowie etwaige Preisänderungsklauseln,
3. die Festlegung des Übergabepunkts,
4. Angaben zur Dimensionierung der Heizungs- oder Warmwasseranlage unter Berücksichtigung der üblichen mietrechtlichen Versorgungspflichten,
5. Regelungen zum Umstellungszeitpunkt sowie zur Laufzeit des Vertrages,

6. falls der Kunde Leistungen vorhalten oder Leistungen des Wärmelieferanten vergüten soll, die vom Grund- und Arbeitspreis nicht abgegolten sind, auch eine Beschreibung dieser Leistungen oder Vergütungen,

7. Regelungen zu den Rechten und Pflichten der Parteien bei Vertragsbeendigung, insbesondere wenn für Zwecke des Wärmeliefervertrages eine Heizungs- oder Warmwasseranlage neu errichtet wurde.

(2) Der Wärmelieferant ist verpflichtet, in seiner Vertragserklärung

1. die voraussichtliche energetische Effizienzverbesserung nach § 556c Absatz 1 Satz 1 Nummer 1 des Bürgerlichen Gesetzbuchs oder die energetisch verbesserte Betriebsführung nach § 556c Absatz 1 Satz 2 des Bürgerlichen Gesetzbuchs anzugeben sowie

2. den Kostenvergleich nach § 556c Absatz 1 Satz 1 Nummer 2 des Bürgerlichen Gesetzbuchs und nach den §§ 8 bis 10 durchzuführen sowie die ihm zugrunde liegenden Annahmen und Berechnungen mitzuteilen.

(3) Die Vereinbarung von Mindestabnahmemengen oder von Modernisierungsbeschränkungen ist unwirksam.

§ 3 Preisänderungsklauseln

Preisänderungsklauseln in Wärmelieferverträgen sind nur wirksam, wenn sie den Anforderungen des § 24 Absatz 4 Satz 1 und 2 der Verordnung über Allgemeine Bedingungen für die Versorgung mit Fernwärme in der jeweils geltenden Fassung entsprechen.

§ 4 Form des Wärmeliefervertrages

Der Wärmeliefervertrag bedarf der Textform.

§ 5 Auskunftsanspruch

Hat der Mieter nach einer Umstellung auf Wärmelieferung die Wärmelieferkosten nicht als Betriebskosten zu tragen, weil die Voraussetzungen des § 556c Absatz 1 des Bürgerlichen Gesetzbuchs nicht erfüllt sind, so kann der Kunde vom Wärmelieferanten verlangen, diejenigen Bestandteile des Wärmelieferpreises als jeweils gesonderte Kosten auszuweisen, die den umlegbaren Betriebskosten nach § 7 Absatz 2 und § 8 Absatz 2 der Verordnung über Heizkostenabrechnung entsprechen.

§ 6 Verhältnis zur Verordnung über Allgemeine Bedingungen für die Versorgung mit Fernwärme

Soweit diese Verordnung keine abweichenden Regelungen enthält, bleiben die Regelungen der Verordnung über Allgemeine Bedingungen für die Versorgung mit Fernwärme unberührt.

§ 7 Abweichende Vereinbarungen

Eine von den Vorschriften dieses Abschnitts abweichende Vereinbarung ist unwirksam.

Abschnitt 3 Umstellung der Wärmeversorgung für Mietwohnraum

§ 8 Kostenvergleich vor Umstellung auf Wärmelieferung

Beim Kostenvergleich nach § 556c Absatz 1 Satz 1 Nummer 2 des Bürgerlichen Gesetzbuchs sind für das Mietwohngebäude gegenüberzustellen

1. die Kosten der Eigenversorgung durch den Vermieter mit Wärme oder Warmwasser, die der Mieter bislang als Betriebskosten zu tragen hatte, und

2. die Kosten, die der Mieter zu tragen gehabt hätte, wenn er die den bisherigen Betriebskosten zugrunde liegende Wärmemenge im Wege der Wärmelieferung bezogen hätte.

§ 9 Ermittlung der Betriebskosten der Eigenversorgung

(1) Die bisherigen Betriebskosten nach § 8 Nummer 1 sind wie folgt zu ermitteln:

1. Auf der Grundlage des Endenergieverbrauchs der letzten drei Abrechnungszeiträume, die vor der Umstellungsankündigung gegenüber dem Mieter abgerechnet worden sind, ist der bisherige durchschnittliche Endenergieverbrauch für einen Abrechnungszeitraum zu er-

mitteln; liegt der Endenergieverbrauch nicht vor, ist er aufgrund des Energiegehalts der eingesetzten Brennstoffmengen zu bestimmen.

2. Der nach Nummer 1 ermittelte Endenergieverbrauch ist mit den Brennstoffkosten auf Grundlage der durchschnittlich vom Vermieter entrichteten Preise des letzten Abrechnungszeitraums zu multiplizieren.

3. Den nach Nummer 2 ermittelten Kosten sind die sonstigen abgerechneten Betriebskosten des letzten Abrechnungszeitraums, die der Versorgung mit Wärme oder Warmwasser dienen, hinzuzurechnen.

(2) Hat der Vermieter die Heizungs- oder Warmwasseranlage vor dem Übergabepunkt während der letzten drei Abrechnungszeiträume modernisiert, so sind die Betriebskosten der bisherigen Versorgung auf Grundlage des Endenergieverbrauchs der modernisierten Anlage zu berechnen.

§ 10 Ermittlung der Kosten der Wärmelieferung

(1) Die Kosten der Wärmelieferung nach § 8 Nummer 2 sind wie folgt zu ermitteln: Aus dem durchschnittlichen Endenergieverbrauch in einem Abrechnungszeitraum nach § 9 Absatz 1 Nummer 1 ist durch Multiplikation mit dem Jahresnutzungsgrad der bisherigen Heizungs- oder Warmwasseranlage, bestimmt am Übergabepunkt, die bislang durchschnittlich erzielte Wärmemenge zu ermitteln.

(2) Sofern der Jahresnutzungsgrad nicht anhand der im letzten Abrechnungszeitraum fortlaufend gemessenen Wärmemenge bestimmbar ist, ist er durch Kurzzeitmessung oder, sofern eine Kurzzeitmessung nicht durchgeführt wird, mit anerkannten Pauschalwerten zu ermitteln.

(3) Für die nach Absatz 1 ermittelte bisherige durchschnittliche Wärmemenge in einem Abrechnungszeitraum sind die Wärmelieferkosten zu ermitteln, indem der aktuelle Wärmelieferpreis nach § 2 Absatz 1 Nummer 2 unter Anwendung einer nach Maßgabe von § 3 vereinbarten Preisänderungsklausel auf den letzten Abrechnungszeitraum indexiert wird.

§ 11 Umstellungsankündigung des Vermieters

(1) Die Umstellungsankündigung nach § 556c Absatz 2 des Bürgerlichen Gesetzbuchs muss dem Mieter spätestens drei Monate vor der Umstellung in Textform zugehen.

(2) Sie muss Angaben enthalten

1. zur Art der künftigen Wärmelieferung,

2. zur voraussichtlichen energetischen Effizienzverbesserung nach § 556c Absatz 1 Satz 1 Nummer 1 des Bürgerlichen Gesetzbuchs oder zur energetisch verbesserten Betriebsführung nach § 556c Absatz 1 Satz 2 des Bürgerlichen Gesetzbuchs; § 555c Absatz 3 des Bürgerlichen Gesetzbuchs gilt entsprechend,

3. zum Kostenvergleich nach § 556c Absatz 1 Satz 1 Nummer 2 des Bürgerlichen Gesetzbuchs und nach den §§ 8 bis 10 einschließlich der ihm zugrunde liegenden Annahmen und Berechnungen,

4. zum geplanten Umstellungszeitpunkt,

5. zu den im Wärmeliefervertrag vorgesehenen Preisen und den gegebenenfalls vorgesehenen Preisänderungsklauseln.

(3) Rechnet der Vermieter Wärmelieferkosten als Betriebskosten ab und hat er dem Mieter die Umstellung nicht nach den Absätzen 1 und 2 angekündigt, so beginnt die Frist für Einwendungen gegen die Abrechnung der Wärmelieferkosten (§ 556 Absatz 3 Satz 5 des Bürgerlichen Gesetzbuchs) frühestens, wenn der Mieter eine Mitteilung erhalten hat, die den Anforderungen nach den Absätzen 1 und 2 entspricht.

§ 12 Abweichende Vereinbarungen

Eine zum Nachteil des Mieters von den Vorschriften dieses Abschnitts abweichende Vereinbarung ist unwirksam.

Abschnitt 4 Schlussvorschriften

§ 13 Inkrafttreten

Diese Verordnung tritt am 1. Juli 2013 in Kraft.

Systematische Übersicht

A. Regelungszweck

1 Die Norm ist durch das **Mietrechtsänderungsgesetz** 2013[1] in das BGB eingefügt worden, um die Energieeffizienz von Heizungsanlagen im **Wohnungsbestand** zu verbessern; nach § 578 Abs. 2 S. 2 gilt sie – mit Ausnahme des Abs. 4 – auch für **Gewerberaummietverhältnisse;** sie gilt nicht für preisgebundenen Wohnraum, da dort in § 5 Abs. 3 NMV eine Sonderregelung für die Veränderung der Kostenstruktur getroffen worden ist.[2] Der Gesetzgeber ging dabei davon aus, dass dieses Ziel durch die Einschaltung intermediärer Personen besser gelingen könnte als durch Tätigwerden des Gebäudeeigentümers = Vermieters selbst. **Drei** unterschiedliche **Energiedienstleistungen** werden hier zusammengefasst: der Ersteller einer neuen Anlage zur Wärmeerzeugung (eigentliches Contracting-Modell); der Wärmelieferant in ein Wärmenetz (Fernwärme); das Betriebsführungscontracting. Während bei den beiden ersten Formen die vorhandene Altanlage entfernt wird, bleibt sie beim dritten Modell bestehen und soll durch spezialisierte Bedienung effizienter gemacht werden.

2 Programmatisch wurde die Auffassung über die effizientere Nutzung von Energie durch Energiedienstleister mit verschiedenen **Energiekonzepten** unterlegt: (1) Im **10-Punkte-Sofortprogramm** zum Energiekonzept vom 28.9.2010 heißt es unter Punkt 8 Wärmeliefer-Contracting im Mietrecht „Die Möglichkeiten des Energie-Contracting werden erweitert, damit vor allem auch im Mietwohnungsbereich bestehende Einsparpotentiale effizient realisiert werden können. Die Bundesregierung wird deshalb einen Gesetzentwurf für einen einheitlichen Rahmen für das Wärmeliefer-Contracting vorlegen", was wohl mit auf einer Studie[3] beruhte, in der Contracting-Modelle als eines der Instrumente zur Reduktion des Energieverbrauchs im Gebäudebestand erwähnt werden mit der Einschränkung, dass dies nur bei Vermietern mit einem großen Wohnungsbestand von Bedeutung sein dürfte. (2) In den **Eckpunkten zur Energieeffizienz** vom 6.6.2011 wird Contracting allerdings nur im Zusammenhang mit öffentlichen Gebäuden erwähnt und von der Höhe der jährlichen Energiekosten und dem Gebot der Wirtschaftlichkeit abhängig gemacht.

3 Statt eines eigenständigen Gesetzes zum Wärmeliefer-Contracting[4] ist diese Vertragsgestaltung nunmehr in einen mehrere mietrechtliche Fragen regelnden umfassenden Gesetz mit behandelt worden. Die Fassung der Vorschrift ist vom ersten Referentenentwurf Mai 2011[5] bis letztlich der Gesetz gewordenen Regelung nahezu identisch geblieben; das vom Rechtsausschuss wieder eingefügte Tatbestandsmerkmal der **Energieeffizienz** war bereits in den Referentenentwürfen enthalten, allerdings dann im Regierungsentwurf gestrichen worden. Gerade dieses Merkmal diente aber zur **Rechtfertigung** der gesetzlichen Regelung. Denn in der **Begründung des Regierungsentwurfs**[6] heißt es dazu:

„Durch die Modernisierung der Wärmeerzeugungsanlagen einschließlich der Warmwassererzeugung, durch einen effizienteren Betrieb oder durch den Wechsel der Brennstoffversorgung, etwa die Umstellung auf Fernwärme, sind erhebliche **Effizienzsteigerungen** bei der Wärmeerzeugung und damit Einsparungen von Energie möglich. Allerdings scheuen viele Gebäudeeigentümer vermieteter Wohngebäude die mit einer Anlagenerneuerung verbundenen Investitionskosten. Da der Mieter in

---

[1] BGBl. 2013 I 434.

[2] *Beyer* CuR 2014, 4/6; *Lützenkirchen* ZMR 2014, 955; **a. A.** immer noch *Eisenschmid* WuM 2013, 393/395.

[3] Prognos-EWI-GWS, Energieszenarien für ein Energiekonzept der Bundesregierung, vom 27.8.2010, S. 71; selbst die Ethik-Kommission erwähnt in ihrem Abschlussbericht „Deutschlands Energiewende – Ein Gemeinschaftswerk für die Zukunft" vom 28.7.2011 befürwortend (S. 69/73) das Contracting-Modell.

[4] Stattdessen gibt es ein auf EU-Vorgaben beruhendes Gesetz über Energiedienstleistungen und andere Energieeffizienzmaßnahmen, BGBl 2010 I 1483.

[5] Dem wiederum ein Arbeitsentwurf 2008 vorangegangen war, der bereits die Elemente der Kostenneutralität und Energieeffizienz enthielt.

[6] BT-Drs. 17/10485 S. 14.

der Regel die Betriebskosten trägt, fehlen oft auch unmittelbare Anreize für den Vermieter, hier tätig zu werden. Die Umstellung auf eigenständig gewerbliche Wärmelieferung kann vor diesem Hintergrund eine attraktive Alternative zur Eigenversorgung durch den Vermieter sein. Durch sie kann die **Modernisierung der Wärmeversorgung** im Gebäudebestand erheblich beschleunigt werden, da energetisch wirksame Maßnahmen vorgezogen werden."

Diesen **finanziellen** und **persönlichkeitsbezogenen** Gründen werden dann **rechtliche** zur Seite gestellt.[7] Denn mit Abschluss eines Mietvertrages sind beide Parteien an die darin vereinbarte Form der Wärmeversorgung gebunden, der Vermieter bedarf also der Zustimmung des Mieters, wenn er zu einer anderen Versorgungsart wechseln will. Der **ökonomische Hintergrund** für den Zustimmungsvorbehalt liegt darin, dass in den Kosten der Wärmelieferung (= Wärmepreis) Positionen enthalten sind (s. unten Rdn. 4), die bei der Eigenversorgung durch den Vermieter nicht als Heizkosten umlegbar sind, die aber angesichts des Wortlauts des § 7 Abs. 4 HeizKV vom Mieter zu tragen sind; denn er hat den anteiligen Wärmepreis entsprechend der Heizkostenabrechnung zu tragen. Zwar hat der BGH – nachdem er zunächst diese Zustimmungsbedürftigkeit uneingeschränkt betont hatte –, diese Zustimmung im Verweis auf den Katalog umlegungsfähiger Betriebskosten (darunter auch diejenigen für Wärmelieferung) gesehen, der nahezu in jedem Formularmietvertrag enthalten ist.[8] Beschränkte sich dieser Verweis auf die pauschale Inkorporierung der Anlage 3 zu § 27 II. BV, so kam es auf die Fassung dieser Anlage an, da die Wärmelieferung erst später in sie aufgenommen worden war. Diese Unsicherheit möchte die Neuregelung beseitigen.

Terminologisch ist zu trennen zwischen der technischen und der kostenmäßigen Umstellung. 4
Die technische **Umstellung auf Wärmelieferung** im bestehenden Mietverhältnis fällt unter den Tatbestand der Modernisierung. Die kostenmäßige Umstellung der Heizkostenabrechnung von Einzelkosten i. S. des § 7 Abs. 2 HeizKV auf den Wärmepreis i. S. des § 7 Abs. 4 HeizKV ist jetzt **ausschließlich** nach § 556c zulässig und hängt trotz anderslautenden Mietvertrag und ohne Zustimmung des Mieters von mehreren **kumulativ** zu erfüllenden **Voraussetzungen** ab: (1) Verpflichtung des Mieters, die Wärmekosten zu tragen (dazu Rdn. 18, 19); (2) verbesserte Energieeffizienz (dazu Rdn. 24) durch (a) Errichtung einer neuen Anlage (dazu Rdn. 21), oder (b) Anschluss an ein Wärmenetz (dazu Rdn. 21); (3) Kostenneutralität (dazu Rdn. 25–27). Ist die bestehende Anlage bereits effizient, kann statt der Neuerrichtung oder dem Anschluss an ein Wärmenetz auf ein sog. Betriebsführungscontracting umgestellt werden (dazu Rdn. 22). Die Vorschrift wird ergänzt durch die „Verordnung über die Wärmelieferung für Mietwohnraum"[9], die insbesondere Regelungen zur Feststellung der Kostenneutralität (Rdn. 25–27) und zum Inhalt der Umstellungsankündigung (dazu Rdn. 10–16) enthält.

Betriebswirtschaftlicher Hintergrund der gesamten Regelung ist das Aufkommen der 5
Dienstleistungsform des „Contracting", dessen Inhalt inzwischen sowohl von einer DIN[10] als auch von einer EU-Richtlinie[11] beschrieben wird. Für § 556c ist (neben Einsparcontracting, technisches Anlagenmanagement und Finanzierungscontracting) nur das **Energieliefercontracting** von Bedeutung. Dieses kann in zwei Ausgestaltungen durchgeführt werden: Entweder plant, finanziert und erstellt der Dienstleister (= Contractor) die Energieerzeugungsanlage oder er übernimmt eine bestehende Anlage und trägt die volle Anlagenverantwortung, d. h. Einkauf der einzusetzenden Energie, Aufrechterhaltung des Betriebs durch Instandhaltung/Instandsetzung und Wartung. Die erzeugte Wärme wird dann an den Gebäudeeigentümer zum **Wärmepreis verkauft;** dieser Preis setzt sich zusammen aus einem fixen Grundpreis und einem variablen Arbeitspreis (ggfls. wird noch der fixe Messpreis gesondert aufgeführt). Der **Grundpreis** stellt allein auf die Vorhaltung der Anlage (ohne Wärmeabnahme) ab und soll die Kapitalkosten für die Investition (also auch die Verzinsung des eingesetzten Kapitals), ferner die Personal- und Sachkosten für Pflege, Überwachung, Wartung, Reparatur der Anlage, Versicherungskosten, Unternehmergewinn (und mangels gesonderter Vereinbarung auch die Messkosten) abdecken. Der **Arbeitspreis** berechnet sich nach der

---

7 BT-Drs. 17/10485 S. 14.

8 BGH (VIII ZR 202/06) NJW 2007, 3060; BGH (VIII ZR 75/07) GE 2008, 730. Der Streitstand wird ausführlich dargestellt von *Clemens* Arzt, in: BMVBS (Hrsg.) Contracting im Mietwohnungsbau, Forschungen Heft 141, 2009, S. 37ff.

9 Vom 7. Juni 2013, BGBl I 1509; Begründung BAnZ 20.6.2013.

10 DIN 8930-5 von 2003.

11 Richtlinie 2012/27/EU zur Energieeffizienz, zur Änderung der Richtlinien 2009/125/EG und 2010/30/EU und zur Aufhebung der Richtlinien 2004/8/EG und 2006/32/EG [ABl. L315 S. 1] Art. 2 Nr. 7; Art. 18 enthält materielle Regelungen für Energiedienstleistungen.

Wärmeabnahme und setzt sich zusammen aus den Kosten für die Brennstoffbeschaffung, Anlagenstrom (z. B. Pumpen), Wirkungsverluste der Anlage[12]. Diese betriebswirtschaftliche Aufteilung ändert aber nichts daran, dass nach § 7 Abs. 3, 4 HeizKV der Wärmepreis unaufgespalten verteilt werden muss. Die Einordnung des Vertrages über Energielieferungs-Contracting als **Kaufvertrag**[13] setzt voraus, dass der Energiedienstleister **Eigentümer** der Anlage ist[14], gleichgültig ob diese auf eigenem oder fremden Grund oder im fremden Gebäude errichtet oder gehalten wird; diese Position dient ferner der Kreditsicherung. Angesichts der dinglichen Zuordnung nach den §§ 93, 94 BGB von (wesentlichen) Bestandteilen zum Grundstück und damit zum Eigentum des Grundstückseigentümers muss eine vertragliche Regelung zwischen Contractor und Contractingnehmer dahingehend getroffen werden, dass es sich bei der zu errichtenden Anlage um einen Scheinbestandteil i. S. des § 95 BGB handelt[15], was auch nachträglich für den Fall der Übernahme einer bereits vorhandenen Anlage vereinbart werden kann[16].

6 Mit dem Einsatz von Contracting bei der Wärmelieferung sollen zwei Ziele erreicht werden, ein wirtschaftliches und ein energiepolitisches. **Wirtschaftlich** wird darauf verwiesen, dass Contracting zu einer sog. Win-Win-Situation zwischen Contractor und Contractingnehmer führt. Denn für den Mietwohnungsbereich wird davon ausgegangen, dass der Vermieter auch deshalb die Investitionen für Energieeinsparung scheut, weil er von den entsprechenden Kosten nach § 559 allenfalls 11% auf die Miete umlegen darf und die Beibehaltung des energetisch unbefriedigenden Zustandes für ihn keinen Verlust bedeutet, da er die dadurch erhöhten Betriebskosten auf die Mieter verteilen kann, diese ihn daher nicht belasten.[17] Der Contractingnehmer erspart Investitionen, die er für sein Kerngeschäft nutzen kann; es entstehen Kostenvorteile und Synergieeffekte durch die Abwicklung von Einkauf, Planung und Errichtung der Anlage durch den Contractor; Instandhaltung und Wartung durch einen Spezialisten[18]. Damit stellt sich das Wärmecontracting als eine spezielle Art des sog. Outsourcing dar, d. h. eine Möglichkeit zur wirtschaftlichen Optimierung von Unternehmensstrukturen, Funktionen und Prozessen durch Nutzung externer Dienstleistungs- oder Produktionsangeboten statt interner Funktionseinheiten. Hinzukommt dass die Fremdausübung bisher betrieblicher Funktionen auf längere Dauer angelegt ist.[19] Dies ist auch der Amortisation der Investitionen geschuldet, so dass die Verträge fest auf 10 bis 15 Jahre abgeschlossen werden.[20] Handelt es sich jedoch um einen Vertrag über die Lieferung von Fernwärme – wenn der Contractor also in eine neue Anlage außerhalb des zu beliefernden Gebäudes investiert und diese Anlage eigenständig betreibt[21] – darf nach § 32 Abs. 1 AVBFernwärmeV formularmäßig keine längere Laufzeit als 10 Jahre vereinbart werden. Darüber hinaus gehende Laufzeiten bedürfen einer individuell ausgehandelten Vereinbarung, die dann vorliegen kann, wenn die Höhe des Preises anhand der unterschiedlichen Laufzeiten dargestellt und eine entsprechende Vertragsgestaltung zur Auswahl gestellt wird. Die in den langdauernden Verträgen (notwendigerweise) enthaltenen Preisänderungsklauseln sind an den Vorgaben des § 24 Abs. 4 AVBFernwärmeV zu messen[22], d. h. an einer Kombination von Kostenentwicklung und Marktentwicklung. Diese sog. Win-Win-Situation betrachtet allerdings nur das Verhältnis Contractingnehmer (= Vermieter) und Contractor. Wirtschaftlich geht dieses Modell zu lasten des Mieters, der über den Wärmepreis sämtliche Kosten zu tragen hat; die ihm zugute kommende Einsparung durch geringere Energiekosten bewegt sich im Bereich von max. 2%[23].

7 **Energiepolitisch** soll Contracting zu mehr Effizienz und Einsparung bei der Verwendung von Primärenergie führen und damit auch zu mehr Umweltschutz. Hierzu werden Untersuchungen angeführt, aus denen sich der Einspareffekt ergeben soll. Daraus ergibt sich zwar, dass derartige Ein-

---

[12] So *Hack,* Energie-Contracting Rdn. 116.

[13] *Hack* (Fn. 12) Rdn. 23 m. w. Nachw.

[14] Gutglaubenserwerb kann vernachlässigt werden, ebenso schuldrechtliche Besitztitel an der Anlage (hingegen nicht am Anlagestandort!).

[15] Einzelheiten dazu bei *Hack* (Fn. 11) Rdn. 210–217.

[16] *Hack* (Fn. 12) Rdn. 221 unter Berufung auf BGH (V ZR 35/05) NJW 2006, 990.

[17] *Kramer,* Energieeinsparung im Mietwohnsektor durch Wärme-Contracting, ZUR 2007, 283.

[18] *Bäsmann,* In: Der Facility-Manager 2011, 12.

[19] So zusammengefasst die Definition bei *Balze/Rebel/Schuck,* Outsourcing und arbeitsrechtliche Restrukturierung von Unternehmen, 2007, Rdn. 3.

[20] *Bemmann/Schädlich* (Hrsg.) Contracting Handbuch 2002, 193.

[21] BGH (VIII ZR 262/09) WuM 2012, 115.

[22] BGH (VIII ZR 273/09) ZMR 2011, 376.

[23] EWI u. a. (Fn. 3), Energieszenarien für ein Energiekonzept der Bundesregierung 2010, 171–179.

sparungen zu erwarten sind[24]. Das liegt aber nicht unbedingt am Contracting als solchem, sondern an den durch diese Betriebsart durchgeführten Modernisierungen, die wiederum nur unter bestimmten wirtschaftlichen Rahmenbedingungen ökonomisch sinnvoll durchgeführt werden können.[25] Folglich hängt die Anwendung des Konstruktionsmodells Contracting von zahlreichen wirtschaftlichen Faktoren ab und sie stellt keineswegs das propagierte Zaubermittel zur Energieeinsparung dar, zumal es vor allem bei Großvermietern einsetzbar ist [26], während es für die Vielzahl der privaten Kleinvermieter – die etwa ⅔ der Vermieter ausmachen[27] – kaum sinnvoll anwendbar ist. Für letztere kommt im wesentlichen der Anschluss an ein bereits vorhandenes Fernwärmenetz oder das Betriebsführungscontracting in Betracht.

B. Kostenumstellung auf einen Wärmepreis

I. Formalien

Die in der Vorschrift gegebene **Befugnis** erfasst nur die beiden genannten **Umstellungsziele,** 8
Wärmelieferung aus einer neu errichteten Anlage oder Anschluss an ein Fernwärmenetz. Die Umstellungsbefugnis erlaubt hingegen nicht den (einseitigen) Verweis des Mieters auf Abschluss eines Direktvertrages mit dem Wärmelieferanten;[28] der Vermieter bleibt auch nach der angekündigten Umstellung der im Verhältnis zum Mieter für die Wärmeversorgung Verantwortliche. Einer solchen Befugnis bedarf es auch nur im laufenden Mietverhältnis. Beim Neuabschluss über ein durch Wärmelieferung versorgtes Mietobjekt hat der neue Miete das so beschaffene Objekt hinzunehmen.[29]

Eine Umstellung darf **nur** nach den **Kriterien** des § 556c erfolgen. Die anderen bisherigen 9
möglichen Rechtsgrundlagen wie pauschaler Verweis auf die Überwälzung der Betriebskosten nach Anlage 3 zu § 27 II.BV oder nach der BetrkV oder nach der HeizKV sind nicht mehr tragfähig. Eine Vereinbarung über die Umstellung zwischen Vermieter und den Mietern ist zwar möglich. Sie muss sich aber ebenfalls an die Vorgaben der Norm halten; Abweichungen (z. B. bzgl. der Feststellung/des Umfangs der Kostenneutralität) sind – soweit sie den Mieter benachteiligen – nach Abs. 4 unzulässig. Andererseits ist auch keine Zustimmung des Mieters zur neuen Kostenbelastung erforderlich.[30] Diese wird durch die Erfüllung der Tatbestandsmerkmale der Norm erfüllt.

Der Umstellung muss eine entsprechende **Ankündigung** des Vermieters gegenüber den Mie- 10
tern vorangehen, Abs. 2. Die Ankündigung muss wegen ihrer Folgen den Mietern auch **zugehen,** so dass ein allgemeiner Aushang im Treppenhaus nicht ausreicht. Die vom Gesetz vorgesehene Textform ist daher in ihrer elektronischen Form nur dann zulässig, wenn die Mieter bekanntermaßen entsprechende technische Empfangsvorrichtung besitzen. Ansonsten müssen die papiermäßigen Formen verwendet werden. Zulässig bleibt trotz der zugelassenen Textform auch eine schriftliche Mitteilung, da die Textform nur Mindestanforderungen an die Mitteilung aufstellt, höhere Formqualitäten aber nicht ausschließt. Daneben ist **keine** zusätzliche **Modernisierungsankündigung** nach § 555c erforderlich.[31] Denn bei der vorhandenen Eigenversorgung durch den Vermieter wird davon auszugehen sein, dass es sich dabei um eine zentrale Heizungsanlage i. S. des § 1 Abs. 1 Nr. 1 HeizKV handelt, deren Umstellung im Regelfall nur zu unerheblichen Einwirkungen auf die konkrete Mietsache führt, § 555c Abs. 3.[32]

Die Ankündigung ist **fristgebunden;** sie muss spätestens drei Monate vor dem Umstellungster- 11
min dem Mieter **zugehen.** Mit „Umstellung" ist hier die Einstellung des Wärmepreises an die Stelle der Einzelkosten in die Heizkostenabrechnung gemeint, nicht die technische Umgestaltung der Wärme-/Warmwasserversorgung. Außerdem unterliegt die Umstellung den allgemeinen Regelungen für Änderungen der Abrechnungsmodalitäten. Denn mit der Umstellung ist auch eine Änderung der Abrechnungsweise verbunden; anstelle der Einzelkostenabrechnung nach § 7 Abs. 2 HeizKV er-

[24] Forschungen Heft 141 (Fn. 7) 88–89.
[25] Forschungen Heft 141 (Fn. 7) 78 ff.
[26] Ab 13 Wohneinheiten, Forschungen Heft 141 (Fn. 7) 92.
[27] Bis 12 Wohneinheiten, Tabelle in: Forschungen Heft 141 (Fn. 7) 70.
[28] *Schmid,* Fachanwaltskommentar Mietrecht § 556c Rn. 22.
[29] *Lützenkirchen,* Mietrecht § 556c Rn. 20, 21; *Schmid,* Fachanwaltskommentar Mietrecht § 556c Rn. 13, 14.
[30] **A. A.** *Lützenkirchen* Mietrecht § 556c Rdn. 45; anders wohl jetzt ders. ZMR 2014, 955 Ziff. II und in der Neuauflage Mietrecht, § 556c Rdn. 46.
[31] So wohl auch *Hinz* NZM 2012, 777/787.
[32] *Hinz* WuM 2014, 55/66.

folgt nunmehr eine Gesamtkostenabrechnung nach dem Wärmepreis gem. § 7 Abs. 4 HeizKV. Eine derartige Änderung ist aber nach § 6 Abs. 4 S. 3 HeizKV nur zu **Beginn eines Abrechnungszeitraumes** zulässig, so dass eine Umstellung auf den Wärmepreis während des Laufes einer Abrechnungsperiode unzulässig ist. Wird die Drei-Monats-**Frist nicht eingehalten,** erfolgt also die Ankündigung verspätet oder zunächst gar nicht, ist weder die technische Umstellung unzulässig, weil sie von § 556c nicht erfasst wird, noch die darauf gründende nunmehrige Umlage des Wärmepreises per se unwirksam. Vielmehr obliegt es dem Mieter, Einwendungen gegen die Umlage zu erheben, wobei hierfür die Ausschlussfrist des § 556 Abs. 3 S. 5 nicht gilt, § 11 Abs. 3 WärmeLV. Die Ausschlussfrist beginnt erst mit Zugang einer ordnungsgemäßen Ankündigung zu laufen, wobei die Drei-Monats-Frist des § 11 Abs. 1 WärmeLV in diesem Fall bedeutungslos ist, weil die rechnerische Umstellung bereits erfolgt ist. Bis zur Erhebung von Einwendungen bleibt die umgestellte Heizkostenabrechnung wirksam und fällig;[33] eine darauf geleistete Zahlung erfolgt nicht rechtsgrundlos.

12 Der **Inhalt der Ankündigung** wird in § 11 Abs. 2 WärmeLV zwingend vorgeschrieben. Hierdurch sollen dem Mieter nicht nur die notwendigen Informationen geboten werden, damit er die Berechtigung der rechnerischen Umstellung nachprüfen kann,[34] sondern die einzelnen Vorgaben der Verordnung dienen insgesamt dazu, Kosten transparent und dem Gebot der Wirtschaftlichkeit entsprechend niedrig zu halten. Deshalb sind neben Tatbeständen, die sich auf das Verhältnis Vermieter – Mieter beziehen, auch solche aus dem Verhältnis Vermieter – Wärmelieferant in die Ankündigung aufzunehmen. Die Nummern 1 bis 4 in § 11 Abs. 2 WärmeLV enthalten mieterbezogene Ankündigungsinhalte; sie betreffen die Kostenbelastung des Mieters unmittelbar; die Nr. 5 bezieht sich auf die Vertragsgestaltung Vermieter – Wärmelieferant, die mittelbar auf die Kostenbelastung des Mieters einwirken kann.

13 Zunächst (Nr. 1) ist die Art der **zukünftigen Wärmelieferung** mitzuteilen. Darunter gehört nicht nur die Differenzierung nach (klassischer) Fernwärme und (sog.) Nahwärme, d. h. Fernversorgung oder haus- bzw. wirtschaftseinheitsbezogene Versorgung, sondern zusätzlich sowohl die Herstellungsart wie Blockheizkraftwerk, KWK-Anlagen als auch die eingesetzte Brennstoffart (fossile oder regenerative), da dies alles auf den Kostenumfang einwirken kann.

14 Weiter sind Angaben über die **Energieeinsparung** erforderlich (Nr. 2); denn diese stellt die eigentliche Grundlage für die Neuregelung dar (s. ob. Rdn. 2, 3). Diese Angaben sind für alle drei Umstellungsmaßnahmen erforderlich, sowohl für die Neuerrichtung einer Anlage zur Wärmelieferung, eines Anschlusses an ein Wärmeliefernetz oder auch für das reine Betriebsführungscontracting, also die optimierende Steuerung einer bereits vorhandenen Anlage. Die WärmeLV verweist für den Nachweis der Effizienz auf den neuen § 555c Abs. 2. Danach kann der Vermieter für die Energieeinsparung auf allgemein anerkannte Pauschalwerte Bezug nehmen. Dies passt auf die Umstellung zu Wärmelieferung nicht, da es hier nicht um bauliche Verbesserungen des Mietobjekts geht, sondern um die Bewertung von Heizungsanlagen. Hierfür ist auf den Unterschied der Jahresnutzungsgrade im Vergleich der alten zur neuen Wärmeerzeugungsanlage abzustellen.[35] Hinsichtlich des Betriebsführungscontractings müsste dargetan werden, welche Verbesserungen hinsichtlich des Ist-Zustandes der Heizungsanlage eingeführt werden können mit welchem energetischen Ergebnis.

15 Ferner ist in der Ankündigung der **Kostenvergleich** darzustellen (Nr. 3). Hieraus muss der Mieter ersehen können, dass das Kriterium der Kostenneutralität eingehalten worden ist. Das erfordert eine umfangreichere Berechnung nach den §§ 8–10 WärmeLV (dazu Rdn. 25–27). Um diesen Vergleich verstehen zu können, bedarf es sicher einiger Erläuterungen, die ebenfalls in die Ankündigung aufzunehmen sind. Der Vermieter darf nicht auf den Wortlaut der VO verweisen; denn dieser ist von ihm mit den darin genannten Daten auszufüllen, was der Mieter mangels Kenntnis der Daten nicht kann. Die Erläuterung muss derart gestaltet sein, dass der Mieter die Berechnungen selbständig nachvollziehen kann.

16 Schließlich ist der **Zeitpunkt** der Umstellung mitzuteilen (Nr. 4). Nach der amtlichen Begründung[36] soll hier unter „Umstellung" der Übergang der Beheizungspflicht – d. h. vom Eigenbetrieb zum Fremdbetrieb – zu verstehen sein. Das ist unter zwei Gesichtspunkten zumindest missverständ-

---

[33] **A. A.** *Lützenkirchen* Mietrecht § 556c Rdn. 55.

[34] Begr. Diskussionsentwurf der VO, NZM 2011, 451 zu § 7 Abs. 2; gleichlautend Begr. RefE § 11 Abs. 2 und amt. Begründung BAnZ 20.6.2013 S. 8.

[35] Eine Möglichkeit zur Ermittlung des Jahresnutzungsgrades bieten *Grinewitscshus/Lepper,* CuR 2016 Beilage 1.

[36] BAnZ 206.2013 S. 8 zu § 11 Abs. 2.

lich: (1) Der Übergang auf Wärmelieferung ändert nichts an der mietvertraglichen Beheizungspflicht des Vermieters gegenüber dem Mieter; (2) Es kommt für den gesamten Bereich des § 556c auf die Umstrukturierung der Kostenbelastung an, nicht auf die Veränderung der Beheizungsart; letztere unterfällt den Tatbestandsmerkmalen der § 555b, 555c. Der Mieter soll aus dieser Mitteilung ersehen, ob der Vermieter die Drei-Monats-Frist des § 556c Abs. 2 eingehalten hat.

17 Letztlich sind noch zwei Daten aus dem Wärmelieferungsvertrag zwischen Vermieter und Wärmelieferanten offen zulegen (Nr. 5), nämlich der vereinbarte Wärmepreis sowie die Regelungen zur Preisänderung.[37] Zwar gilt für den Zeitpunkt der Umstellung auf Wärmelieferung das Gebot der Kostenneutralität. Dies schließt aber spätere Kostensteigerungen nicht aus, wenn z. B. die Preise für die eingesetzte Energie steigen. Um aber zu vermeiden, dass zunächst ökonomisch nicht zu rechtfertigende Tiefstpreise vereinbart werden, deren Steigerung alsbald nach der Umstellung zu erwarten ist, müssen diese Anfangspreise mitgeteilt werden. Ferner darf der Wärmelieferungsvertrag nur ein solches einseitiges Preisänderungsrecht für den Lieferanten enthalten, welches sich an die Vorgaben des § 24 Abs. 4 S. 1, 2 AVBFernwärmeV hält, wie sich aus § 3 Abs. 1 WärmeLV ergibt. Diese Bestimmung lautet im einzelnen:

„Preisänderungsklauseln dürfen nur so ausgestaltet sein, dass sie sowohl die Kostenentwicklung bei Erzeugung und Bereitstellung der Fernwärme durch das Unternehmen als auch die jeweiligen Verhältnisse auf dem Wärmemarkt angemessen berücksichtigen. Sie müssen die maßgeblichen Berechnungsfaktoren vollständig und in allgemein verständlicher Form ausweisen."

Diese Darstellung hat ihre Berechtigung bei den Erfordernissen eines Wärmelieferungsvertrages, um die verschiedenen Angebote miteinander vergleichen zu können[38], überfordert jedenfalls aber den Mieter durch Überinformation. Denn die Vorgaben des § 24 Abs. 4 werden durch Formeln ausgefüllt, die sich über mehrere Seiten erstrecken können[39] und nur noch für den Spezialisten nachvollziehbar sind.

18 Die **inhaltliche Nichterfüllung der Ankündigungspflicht** wird ebenfalls nur dann berücksichtigt, wenn der durch die fristgemäße Umstellungsankündigung informierte Mieter innerhalb der Ausschlussfrist des § 556 Abs. 3 S. 5 Einwendungen gegen die Heizkostenabrechnung erhebt, in der in Abweichung von den bisherigen Abrechnungen der Wärmepreis als Kostenfaktor aufgeführt wird (s. auch unten Rn. 29). Ist dieser Kostenfaktor nicht aufgeführt, bleiben dem Mieter seine darauf bezüglichen Einwendungen erhalten, bis er eine den Wärmepreis beinhaltende Abrechnung bekommt.

II. Materielle Voraussetzungen

19 Es muss bereits ein Mietvertrag zwischen den Parteien bestehen, der Mieter braucht aber noch nicht eingezogen zu sein. Vor Vertragsschluss ist der Vermieter frei in der Wahl der Mittel zur Versorgung des Mietobjekts mit Wärme und Warmwasser. Nach Vertragsschluss wird ferner vorausgesetzt, dass der Mieter gemäß dem Mietvertrag die **Betriebskosten** für Wärme und Warmwasser zu tragen hat. Die Formulierung des Gesetzes „Betriebskosten" weist darauf hin, dass es sich um Kosten zu handeln hat, die **neben** der Miete auf Grund einer besonderen Vereinbarung zu zahlen sind. Deshalb fällt ein Wohnraummietverhältnis, in dem – entgegen § 2 HeizKV – eine Inklusivmiete vereinbart ist, nicht in den Anwendungsbereich des § 556c. Zwar zahlt in diesem Fall der Mieter betriebswirtschaftlich gesehen ebenfalls die Kosten für Wärme und Warmwasser. Nach einer Umstellung auf Wärmelieferung ändert sich für ihn in der Kostenstruktur aber nichts. Der Vermieter ist aber unter dem Gesichtspunkt des venire contra factum proprium, § 242, gehindert, ohne die Erfüllung der Voraussetzungen des § 556c eine Umstellung vorzunehmen. Denn mit der Vereinbarung einer Inklusivmiete handelt er verordnungswidrig, diese Regelung darf zwischen den Parteien nicht angewendet werden. Aus seinem gesetzwidrigem Handeln darf der Vermieter aber keine Vorteile ziehen, so dass er bei einer Umstellung das Verfahren nach § 556c einzuhalten hat.

20 Die **Vereinbarung** über die Tragung der **Wärmekosten** (wobei die Warmwasserkosten regelmäßig davon mit umfasst werden) kann sich darauf beschränken, konkret diese Kostenposition auf

---

[37] Damit ist insoweit die Entscheidung BGH (VIII ZR 145/10) WuM 2011, 219, überholt, wonach das Preisgefüge zwischen Versorger und Vorlieferant gegenüber dem Mieter nicht aufgeschlüsselt zu werden braucht.

[38] Wobei deren wettbewerblicher Wert angesichts der Verbändevereinbarung zum Wärmeliefercontracting und die wettbewerbsrechtliche Zulässigkeit durchaus bezweifelt werden kann.

[39] So in *Bemman/Schädlich* (Hrsg.) Contracing Handbuch 2002, 201–203.

den Mieter zu übertragen. Selbst wenn die Wärmekosten inhaltlich detailliert umschrieben werden und Wärmelieferungskosten darin nicht enthalten sein sollten, steht dies einer Umstellung auf Wärmelieferung nicht entgegen. Die Kostentragungspflicht für die Wärmekosten kann sich auch aus einem pauschalen Verweis entweder auf die BetrKV oder die HeizKV ergeben. Unerheblich ist für die Anwendung der Norm, ob die Wärmekosten im Wege der Vorauszahlung oder einer Pauschale – letzteres ebenfalls unter Verstoß gegen § 2 HeizKV[40] – entrichtet werden. Beide Kostenpositionen könnten nach einer Umstellung auf Wärmelieferung theoretisch verändert werden, § 560.

21 Der Vermieter muss beabsichtigen, von der Eigenversorgung – nicht darunter fällt die Selbstversorgung durch den Mieter durch z. B. Einzelöfen, Etagenheizung; diesbezügliche Umstellungen seitens des Vermieters fallen unter § 555b[41] – auf die **eigenständige gewerbliche Wärmelieferung** umzustellen; damit wird klargestellt, dass sämtliche Formen der Wärmelieferung (wie Fernwärme, Nahwärme, Quartierslösungen) darunter zu subsumieren sind[42] Dieses Tatbestandsmerkmal entspricht demjenigen in § 1 Abs. 1 Nr. 2 HeizKV und bedeutet zum einen, dass eine Trennung zwischen Vermieter und Versorger herbei geführt werden soll. **Eigenständig** heißt aber nicht nur die juristische Trennung der Personen, sondern auch deren jeweilige wirtschaftliche Selbständigkeit und Unabhängigkeit voneinander, so dass bei einem Versorger, der konzernmäßig mit dem Vermieter verbunden ist, nicht mehr von der geforderten Eigenständigkeit gesprochen werden kann. Denn aus § 2 WärmeLV und der darin enthaltenen Vorgaben für den Inhalt eines Angebots zum Abschluss eines Wärmeliefervertrages ergibt sich, dass damit ermöglicht werden soll, die jeweiligen Angebote untereinander zu vergleichen, um unter Förderung des Leistungs- und Preiswettbewerbs das wirtschaftlich günstigste Angebot dem Vertragsschluss zugrunde zu legen. Dieser Wettbewerbsgedanke tritt aber beim Anbieter im Konzernverbund in den Hintergrund.

22 Die Umstellung kann einmal dadurch erfolgen, dass der zukünftige Wärmelieferant eine **Heizungsanlage neu errichtet.** Unter das Tatbestandsmerkmal „neu" fallen nicht Modernisierungsmaßnahmen an der alten und damit bestehen bleibenden Anlage.[43] Diese neue Anlage kann sowohl im Gebäude selbst als auch davon getrennt als Blockheizkraftwerk errichtet werden; sie kann mit regenerativen oder auch mit fossilen Brennstoffen betrieben werden, also herkömmliche Gas- oder Ölzentralheizungen oder z. B. KWK-Anlagen, Pelletheizungen, verbundene Solaranlagen, Geothermie-Anlagen. Für die Erstellung der Neuanlage ist an Stelle von § 13 EneV mit Anlage 4a die EU-Durchführungsverordnung Nr. 813/2013 (Verordnung (EU) Nr. 813/2013 der Kommission vom 2. August 2013 zur Durchführung der Richtlinie 2009/125/EG des Europäischen Parlaments und des Rates im Hinblick auf die Festlegung von Anforderungen an die umweltgerechte Gestaltung von Raumheizgeräten und Kombiheizgeräten) in Verbindung mit Anlage II zu beachten. Darin wird eine Energieeffizienz der im einzelnen aufgezählten Heizungsanlagen vorgeschrieben, die zwischen 100% und 75% liegt (mit einer Ausnahme bei elektrischen Raumheizgeräten bei 30%).

Die andere Methode der Umstellung stellt den Anschluss an ein vorhandenes **Fernwärmenetz** dar. Allein durch die Versorgung mit Fernwärme soll Energie eingespart werden können, weil eine Heizanlage eine Vielzahl von Nutzern mit Wärme versorgt, die ansonsten jeweils für sich eine eigene Anlage betreiben müssten.

23 Dem Gebot der Wirtschaftlichkeit geschuldet ist die Sonderregelung in Abs. 1 S. 2. Danach braucht keine andere Quelle zur Erzeugung der Wärme verwendet werden, wenn die bereits **vorhandene Anlage** einen **Jahresnutzungsgrad** von 80% aufweist. Bei diesem Jahresnutzungsgrad handelt es sich um den tatsächlichen (und nicht den Normnutzungsgrad, der anhand optimaler Rahmenbedingungen vom Herstellerwerk festgelegt wird) Wirkungsgrad gerade dieser einen Heizungsanlage während eines Betriebsjahres. Er wird hier gemessen und berücksichtigt ihre verschiedenen Betriebszustände sowie ihre sämtlichen Betriebsverluste. Rechnerisch kann er nach VDI 2067 „Wirtschaftlichkeit gebäudetechnischer Anlagen" errechnet werden: Jahresnutzungsgrad (in %) = Kesselwirkungsgrad (in %) × (multipliziert) Brennerlaufzeit (Stunden pro Jahr [h/a]) : (geteilt durch) (1 + relativer Bereitschaftswärmeverlust × Einschaltdauer der Heizungsanlage [h/a]). Dabei ist der Kesselwirkungsgrad die abgegebene Heizleistung bezogene auf die zugeführte Brennstoff-

[40] S. § 2 HeizKV Rdn. 5.
[41] S. § 555b Rdn. 38.
[42] Bericht Rechtsausschuss BT-Drs. 17/11894 S. 33.
[43] Analog der Annahme von Fernwärme nach der AVBFernwärmeV, BGH (VIII ZR 262/09) WuM 2012, 115.

energie; der Bereitschaftswärmeverlust kann ebenfalls berechnet werden, wenn er nicht vom Gerätehersteller mitgeteilt worden ist.

Sind diese Voraussetzungen (Rdn. 23) erfüllt, kann die vorhandene Anlage weiterbenutzt und dadurch auf Drittlieferung umgestellt werden, dass lediglich Betriebsführungscontracting eingeführt und dadurch die Kosten der Wärmelieferung umlagefähig gemacht werden.[44] Die Umstellung auf Contracting bedeutet in diesem Falle aber auch, dass der Contractor die bestehende Anlage dinglich übernimmt.[45] Ansonsten fallen kein Wärmepreis an, der verteilt werden kann, sondern lediglich Kosten nach § 7 Abs. 2 HeizKV (Wartung etc.). Allerdings muss diese Umstellung eine Verbesserung der Betriebsführung bringen, was zumindest die Einhaltung der Pflichten aus § 9 HeizanlV voraussetzt. In § 3 Abs. 2 EnEG ist eine Ermächtigung zum Erlass einer Verordnung u. a. über die sachkundige Bedienung, regelmäßige Wartung, Instandhaltung und Inspektion enthalten, was u. a. durch die HeizanlV ausgefüllt worden war; diese enthielt in § 9 die einzelnen Wartungsverpflichtungen. Zwar ist diese VO durch die EnEV ersetzt worden, ohne diese Wartungspflichten zu übernehmen. Deshalb kann aber angesichts der Weitergeltung der Ermächtigungsgrundlage weiter auf § 9 HeizanLV zurückgegriffen werden. Danach hat die **Bedienung** durch fachkundige oder zumindest eingewiesene Personen zu erfolgen. Sie umfasst Funktionskontrolle und die Vornahme von Schalt- und Stellvorgängen (insbesondere An- und Abstellen, Überprüfen und ggf. Anpassen der Sollwerteinstellungen von Temperaturen, Einstellen von Zeitprogrammen) an den zentralen regelungstechnischen Einrichtungen. Die **Wartung** der Anlage erstreckt sich auf Einstellung der Brenner, Überprüfung der zentralen steuerungs- und regelungstechnischen Einrichtungen, sowie der Reinigung der Kesselheizflächen. Die **Instandhaltung** der Anlagen hat schließlich mindestens die Aufrechterhaltung des technisch einwandfreien Betriebszustandes, der eine weitest gehende Nutzung der eingesetzten Energie gestattet, zu umfassen. Diese Pflichten sollen in § 60 des Gesetzes zur Einsparung von Energie und zur Nutzung Erneuerbarer Energien zur Wärme- und Kälteerzeugung in Gebäuden (GEG) zusammengefasst werden. 24

Alle drei **Umstellungsmöglichkeiten** müssen zu einer **verbesserten Effizienz** führen. Zwar ging der Regierungsentwurf in seiner Begründung noch davon aus, dass die Effizienzgewinne im Einzelfall nicht nachgewiesen werden müssten, weil die Umstellungsformen erfahrungsgemäß regelmäßig zu Effizienzgewinnen führen würden[46]. Der Rechtsausschuss war jedoch der Ansicht, dass die Umstellung mit einem Effizienzgewinn verbunden sein müsse, was durch den Einschub „verbesserte Effizienz" klargestellt werden sollte[47], wobei diese Energieeffizienz das Verhältnis vom Leistungsertrag zum Energieeinsatz darstellt. Was unter der **Verbesserung** zu verstehen ist, lässt sich aus den Materialien nicht entnehmen. Hierbei sollte anhand der gesetzlichen Vorgaben unterschieden werden: Handelt es sich um Maßnahmen nach Abs. 1 Nr. 1, also den Ersatz einer alten Anlage durch eine neue bzw. Anschluss an Fernwärme, sollte die Verbesserung mindestens zu einem neuen Jahresnutzungsgrad von 80% entsprechend der Quote in Abs. 1 S. 2 führen. Handelt es sich um eine bereits diese Quote erfüllende Anlage und soll daher die Verbesserung „nur" durch Betriebsführungscontracting erzielt werden, sind die Vorgaben des § 3 des „Gesetzes über Energiedienstleistungen und andere Energieeffizienzmaßnahmen"[48] in Verbindung mit den dazu ergangenen Energiespar-Richtwerten zu erfüllen, d. h. bis 2017 sollen 9 Prozent Energie im Vergleich zum Durchschnitt der Jahre 2001 bis 2005 eingespart werden; allerdings sind nach 2017 die dann geltenden neuen Richtwerte als Effizienzsteigerung zu erfüllen. Die **methodischen Überlegungen** zur Ermittlung der Richtwerte und der Energieeinsparung ergeben sich aus den Veröffentlichungen der beim Bundesamt für Wirtschaft und Ausfuhrkontrolle angesiedelten Bundesstelle für Energieeffizienz, wobei die Vorgaben der Richtlinie 2012/27/EU zur Energieeffizienz[49] zu beachten sind. Da die Einsparungsquoten im Zeitpunkt der Umstellung zu prognostizieren sind, kommen die Methoden, die nachträglich den Einspareffekt verifizieren, nicht in Betracht. Vielmehr müssen diejenigen Methoden angewendet werden, die zur Erstellung einer Einsparprognose geeignet sind. Dabei sind heranzuziehen die Tabellen 25

[44] Begr. BT-Drs. 17/10485 S. 23 re. Sp.

[45] In diesem Kriterium sieht *Zehelein* NZM 2014, 649/650 den Unterschied zum Energie-Effizienz-Management, wobei sich dann die Frage nach einer Umgehung des § 556c stellt.

[46] Begr. BT-Drs. 17/10485 S. 23 li. Sp.

[47] Bericht Rechtsausschuss BT-Drs. 17/11894 S. 32. Der Antrag der SPD-Fraktion, der in diesem Punkt neben der Steigerung der Energieeffizienz eine reale Brennstoffeinsparung vorgesehen hatte, BT-Drs. 17/9559 S. 3, war abgelehnt worden.

[48] BGBl 2010 I 1483.

[49] Vom 25.10.2012, ABl L 315/1.

zur Umrechnung der Mengeneinheiten der Energieträger in Wärmeeinheiten (s. § 9 Abs. 3 S. 2 HeizKV)[50]; ferner annahmebasierte Einsparungen auf der Grundlage früherer unabhängig kontrollierter Energieeffizienzverbesserungen ähnlicher Anlagen; nur hilfsweise dürfen Schätzungen durchgeführt werden, wenn die anderen auf objektiven Kriterien (Messungen) beruhenden Werte nicht zu ermitteln sind oder wenn die Schätzungen anhand national festgelegter Methoden und Referenzwerte von qualifizierten oder akkreditierten **Experten** durchgeführt werden, die **unabhängig** von den verpflichteten, teilnehmenden oder beauftragten Parteien sind[51]. Es reicht also keinesfalls aus, dass der jeweilige Energiedienstleister die Energieeffizienz behauptet. Diese prognostizierte Verbesserung ist zu vergleichen mit dem Ist-Zustand, also dem derzeitigen Energieverbrauch für Wärme. Hierzu wird die erzeugte Wärme gemessen und ins Verhältnis zum verbrauchten Brennstoff gebracht (wozu die erwähnten Umrechnungstabellen dienlich sind).[52] Dieser Ist-Wert muss von dem prognostizierten Wert (deutlich) überschritten werden.

26 Für alle drei Umstellungsmethoden gilt schließlich das Gebot der **Kostenneutralität.** Terminologisch sollte hier nicht von Warmmietenneutralität gesprochen werden. Zum einen gibt es kaum Warmmieten (und darf es nach § 2 HeizKV auch nicht mehr geben), zum anderen wird dadurch eine völlig andere Kostenstruktur impliziert, auf die Abs. 1 Nr. 2 gerade nicht zugreifen will. Die Vorschrift spricht zutreffend von einem Vergleich der Betriebskosten für Wärme/Warmwasser, also der Heizkosten nach § 7 HeizKV.

27 Wie die **Vergleichsberechnung** durchgeführt werden soll, ergibt sich aus §§ 8–10 WärmeLV.[53] Der Vergleich ist zwar gegenüber dem Mieter – bei Mehrfamilienhäusern also gegenüber jedem Mieter einer Nutzungseinheit, wobei aber der Kostenvergleich auf der Basis der Gebäudekosten und nicht der Einzelkosten durchzuführen ist –, durchzuführen, aber nach § 2 Nr. 4 WärmeLV vom Wärmelieferanten als Anbieter in sein Vertragsangebot aufzunehmen. Als Vergleichsbasis wird die Wärmemenge ermittelt, die für Heizung/Warmwasser erforderlich gewesen ist sowie die dafür aufgewendeten Kosten. Denn nur die Wärmemenge kann als Vergleichsobjekt mit der Wärmelieferung dienen. Gegenübergestellt werden dann die aufgewendeten Kosten für die Altanlage (bzw. ohne Betriebsführungscontracting) denen, die entstanden sein würden, wenn im Vergleichszeitraum bereits Wärmelieferung vorliegen würde. Hierzu sind die Betriebskosten für das gesamte Gebäude auf der Grundlage des Energieverbrauchs der letzten drei Abrechnungsperioden zu ermitteln, wobei der Energieverbrauch entweder gemessen oder durch die Menge des eingesetzten Brennstoffs (s. Tabelle Rdn. 24) bestimmt wird. Unter „Betriebskosten" sind aber nicht nur die Energiekosten zu verstehen, sondern sämtliche Kosten für die Heizungsanlage gem. § 7 Abs. 2 HeizKV. Denn diese Kosten sind ebenfalls im Wärmepreis enthalten, so dass sie in die Vergleichsberechnung einbezogen werden müssen, § 9 Abs. 1 Nr. 3 WärmeLV. Danach ist der Durchschnittsverbrauch für einen Abrechnungszeitraum zu berechnen. Witterungsbedingte Sondereinflüsse können mit der Gradtagstabelle (§ 9b Abs. 2 HeizKV) bereinigt werden.[54] **Praktisch** sollten dieser Berechnung die Heizkostenabrechnungen der letztern drei Abrechnungsperioden zugrunde gelegt werden. Die betragsmäßige Summe wird durch die Summe der Energieverbräuche (also nach den Maßeinheiten der eingesetzten Brennstoffe) dividiert, damit werden die durchschnittlichen Kosten für einen Abrechnungszeitraum festgestellt. Und letztlich sind die Betriebskosten für diesen Durchschnittsverbrauch anhand der durchschnittlichen Preise des letzten Abrechnungszeitraums zu bestimmen. Die gleiche Prozedur muss als fiktive Rechnung für den Einsatz der Wärmelieferung durchgeführt werden. Dazu muss zunächst als Vergleichsmaßstab die durch die Alt-Anlage produzierte Wärmemenge berechnet werden, was durch die Multiplikation des vorher errechneten durchschnittlichen Energieverbrauchs mit dem Jahresnutzungsgrad der Altanlage durchgeführt wird. Für diese Wärmemenge wird nunmehr der fiktive Wärmepreis dadurch ermittelt, dass der im Angebot für den Wärmeliefervertrag enthaltene Wärmepreis nach der Indexklausel zurückgerechnet wird.[55] Denn dieser Wärmepreis darf bei Einhaltung des Gebots der Kostenneutralität nicht über den vorher angefallenen Betriebskosten liegen. Bei diesem Wärmepreis muss es sich aber um einen nach § 24 AVBFernwärmeV realistischen Preis handeln.

---

[50] Anhang IV der Richtlinie (Fn. 49) S. 34.
[51] So Anhang V Nr. 1 a, c der Richtlinie (Fn. 49) S. 35.
[52] So Anhang V Nr. 1 b der Richtlinie (Fn. 49) S. 35.
[53] Dazu im Einzelnen *Lammel* ZMR 2014, 517; *Wall* WuM 2014, 68.
[54] **A. A.** *Beyer,* CuR 2012, 48/63.
[55] Ebenso *Beyer,* CuR 2012, 48/63.

Mit dieser komplizierten Berechnung soll erreicht werden, dass dem Mieter nicht über den Wärmepreis die Investitionskosten mit (voll) in Rechnung gestellt werden. Diese Kostenneutralität gilt aber nur für den **Zeitpunkt der Umstellung.** Sie hindert den Wärmelieferanten nicht daran, später seinen Preis nach der im Wärmeliefervertrag vereinbarten Preisanpassungsklausel zu erhöhen, wenn z. B. die eingesetzten Energiekosten steigen. Betriebswirtschaftlich wird vermutet, dass der Wärmelieferant trotz dieser Kostendeckelung daraus einen **Gewinn** erzielen kann, dass er dieselbe Wärmemenge mit geringeren Energieeinsatz und damit mit geringeren Kosten liefern kann. Das trifft allerdings nur dann zu, wenn ihn die Preisanpassungsklausel nicht dazu zwingt, die geringeren eingesetzten Energiekosten an seine Abnehmer weiterzugeben. Denn nach § 3 Abs. 1 WärmeLV sind die Kostenveränderungen nach den tatsächlichen Kostenanteilen zu berechnen, was dazu führen könnte, dass Preissteigerungen solange nicht weiter gegeben werden dürfen, wie die tatsächlichen Kosten unter den berechneten liegen. Letztlich ist der Vermieter der Gewinner; denn er würde seine in die Miete eingestellt Investitionsrücklagen weiter erhalten, ohne dafür heizungsrelevante Investitionen erbringen zu müssen.[56] 28

Sind diese materiellen Voraussetzungen erfüllt, darf die Umstellung auf Wärmelieferung vorgenommen werden mit der Folge, dass in die Heizkostenabrechnung der Wärmepreis gem. § 7 Abs. 3, 4 HeizKV eingestellt werden darf. Werden die **materiellen Voraussetzungen** für die Umstellung **nicht erfüllt,** darf die Umstellung nicht vorgenommen werden. Wird die Umstellung dennoch durchgeführt und der Wärmepreis in die Heizkostenabrechnung eingestellt, fehlt dieser Berechnung insoweit die erforderliche vertragliche Rechtsgrundlage; denn der Mieter ist nur zur Tragung solcher Betriebskosten verpflichtet, die ihm vertraglich (oder gesetzlich) auferlegt worden sind. Das führt dazu, dass der Mieter weiterhin nur die ihm nach § 7 Abs. 2 HeizKV auferlegten Kosten zu tragen hat, die fiktiv zu berechnen sein sollen.[57] Dies müsste derart vorgenommen werden, dass die in das Gebäude eingeflossene Wärmemenge, d.i. die auf Grund der modernisierten Anlage verbrauchte Wärmemenge,[58] zurückgerechnet wird auf die verbrauchte Brennstoffmenge (s. Tabelle Rdn. 24) und für diese die durchschnittlichen Kosten der Verbrauchsperiode zugrunde gelegt werden. Hierbei handelt es sich nicht um die mietvertraglichen, sondern um die verordnungsrechtlichen Kosten.[59] Die übrigen Kosten (Wartung etc.) müssten entsprechend der Preissteigerungsrate auf der Basis der letzten Kostenerhebung vor der Umstellung fortgeschrieben werden. Um diese fiktive Berechnung durchführen zu können, hat der Kunde (= Vermieter) gegenüber dem Contractor einen Auskunftsanspruch über diejenigen Kosten, die im Wärmepreis enthalten sind, die nach § 7 Abs. 2 HeizKV der Mieter auf jedem Fall (bei entsprechender Vereinbarung oder nach § 2 HeizKV) zu tragen hat, § 5 WärmeLV. Missverständlich ist in diesem Zusammenhang der Ausdruck „Kappung der Betriebskosten"[60]: (1) Es handelt sich nicht am die allgemeinen Betriebskosten, sondern die speziellen Heizkosten; (2) Die Heizkosten (in der Form des Wärmepreises) werden nicht „gekappt", sondern dieser Preis wird in seine betriebswirtschaftlichen Bestandteile aufgespalten, so dass die nach § 7 Abs. 2 HeizKV zulässigerweise umlegbaren Kosten herausgerechnet werden können. 29

C. Verordnungsermächtigung, Abs. 3

Der Gesetzgeber war der Auffassung, dass der Erlass einer Verordnung zur Ergänzung der knappen BGB-Vorschrift für den technischen Bereich erforderlich sei, wobei er für diese Regelungsart auf die BetrKV und die HeizKV Bezug genommen hat.[61] Allerdings enthält die **Wärmelieferverordnung** überwiegend materiellrechtliche Regelungen bzw. solche Vorschriften, die die Tatbestände des § 556c ausfüllen und damit die Norm überhaupt erst anwendbar machen. Die Verordnung gliedert sich in zwei inhaltlich völlig unterschiedliche Abschnitte, einmal in Regelungen über den Inhalt des Wärmeliefervertrages, zum anderen in solche zur Ausfüllung des Gebots der Kostenneutralität und des Inhalts der Umstellungsankündigung. Während der erstere Bereich primär das 30

[56] *Beyer,* CuR 2012, 48/68.
[57] So die Gesetzesbegründung BT-Drs. 17/10485 S. 23r. Sp.
[58] *Eisenschmid* WuM 2013, 393/398; *Lützenkirchen* ZMR 2014,9 56.
[59] Anders wohl *Heix* WuM 2014, 511/513, wobei methodisch fraglich ist, ob in einer gleichlautenden vertraglichen Regelung ein Widerspruch zur identischen HeizKV-Regelung zu sehen ist.
[60] So *Heix* WuM 2014, 511/515, und ihm folgend *Lützenkirchen* ZMR 2014, 956.
[61] Begr. Disk-E NZM 2011, 449.

Verhältnis Wärmelieferant – Vermieter betrifft, erstreckt sich der zweite Bereich auf das Verhältnis Vermieter – Mieter.

31 Der Bereich **„Inhalt Wärmelieferungsvertrag"** (§§ 2–5) will erreichen, dass unter wettbewerblichen Gesichtspunkten die Vertragsangebote untereinander vergleichbar sind, so dass der Vermieter als potentieller Leistungsnehmer das günstigste Angebot heraussuchen kann, was letztlich auch dem Mieter zugute kommen soll, da er den Wärmepreis zu tragen hat. Deshalb enthält § 2 genaue Vorschriften über den **Mindestinhalt** eines Angebots auf Abschluss eines Wärmeliefervertrages. Die Vorschrift differenziert dogmatisch unsauber zwischen „Soll-Inhalten" (Abs. 1) und „Muss-Inhalten" (Abs. 2). Bei Nichtbeachtung des zwingenden Inhalts soll nach der Begründung nur ein Schadensersatzanspruch in Betracht kommen,[62] für die Folgen eines Verstoßes gegen den „Soll-Inhalt" wird hingegen auf die §§ 154,155 BGB verwiesen.[63] Hierin liegt eine unzulässige Vermengung zwischen Inhalt und Zustandekommen des Vertrages. Während letzteres vom Parteiwillen abhängt mit dem Beurteilungsmaßstäben §§ 154, 155 BGB, stellt ersteres ein gesetzliches Gebot mit dem Beurteilungsmaßstab § 134 BGB dar. Nach § 134 sind aber Muss- und Soll-Vorschrift im Regelfall gleich zu behandeln; nur in Ausnahmefällen darf von den Soll-Vorschriften abgewichen werden. Das führt hier dazu, dass der Wärmelieferungsvertrag sowohl die Inhalte nach Abs. 1 als auch die nach Abs. 2 aufweisen muss. Jedenfalls bei Abweichung von den „Muss"-Vorschriften ist der Vertrag nach § 134 BGB unwirksam; lediglich bei den „Soll"-Vorschriften kann nach deren Inhalt differenziert werden.[64] Ferner wird bezüglich der in solchen Verträgen üblichen Preisänderungsklauseln die entsprechende Regelung in § 24 Abs. 4 S. 1, 2 AVBFernwärmeV für anwendbar erklärt, § 4 Abs. 1; im übrigen gelten die Regelungen der AVBFernwärmeV ergänzend zu den Regelungen der VO, § 5 Abs. 2. Die Regelungen der §§ 2–5 sind zwingend, § 7.

32 Die weiteren Vorschriften, die sich mit dem Verhältnis Vermieter – Mieter befassen, nämlich dem Kostenvergleich, §§ 8–10 (dazu oben Rdn. 25–27) und dem Inhalt der Umstellungsankündigung, § 11 (dazu oben Rdn. 10–16), sind **halbzwingend.** Von ihnen darf nicht zu Ungunsten des Mieters abgewichen werden, § 12, d. h. insbesondere über den Inhalt des Kostenvergleichs dürfen keine abweichenden Vereinbarungen getroffen werden, die im Ergebnis den Mieter schlechter stellen. Vermieter und Mieter dürfen daher z. B. nicht vereinbaren, dass der Vermieter die Miete um die in ihr enthaltenen Investitionsrücklagen für die Heizung, entsprechende Gewinnanteile, Versicherungsanteile etc. kürzt (analog des auf den preisfreien Wohnraum nicht anwendbaren § 5 Abs. 3 NMV) und der Mieter stattdessen den gegenüber den früheren Heizkosten höheren Wärmepreis nach entsprechender Verbrauchsabrechnung zahlt. Dies gilt nicht für den Gewerberaummietvertrag; hier können abweichende Vereinbarungen getroffen werden. Denn das Abweichungsverbot in § 556c Abs. 4 erstreckt sich nicht auf Gewerberäume, § 578 Abs. 2 S. 2 und letztere Norm lässt abweichende Vereinbarungen von der VO nach ihrem Wortlaut ausdrücklich zu.

D. Abweichende Vereinbarungen, Abs. 4

33 Da es sich der ganzen Struktur nach um Regelungen zum Schutz des Mieters vor einer Kostenbelastung aus letztlich ökologischen Gründen – also aus Interessen der Allgemeinheit – handelt, sind abweichende Vereinbarungen, seien sie individuell oder formularmäßig getroffen, insoweit unwirksam, als sie den Mieter benachteiligen. Das gilt nicht nur für die direkte Kostenregelung, sondern auch für die umfassenden Informationen, die dem Mieter mittels der Umstellungsbenachrichtigung geboten werden müssen.

E. Zeitlicher Anwendungsbereich

34 Die Neuregelung ist am 1.7.2013 in Kraft getreten (nach Art. 9 Abs. 2 abweichend von den übrigen Vorschriften des Änderungsgesetzes erst vier Monate nach Verkündung mit der Rückausnahme der Verordnungsermächtigung, die sofort mit der Verkündung in Kraft tritt) und erfasst ab diesem Zeitpunkt auch die laufenden Mietverträge, so dass Umstellungen auf Wärmelieferung nur noch nach den Vorgaben des § 556c erfolgen dürfen; die möglichen vertraglichen Befugnisse dazu sind dann unwirksam.

---

[62] BAnZ 20.6.2013 S. 4 zu § 2 Abs. 2; anders noch Begr. RefE S. 11.
[63] Begr. RefE S. 13; Begr. WärmeLV BAnZ 206.2013 S. 4 zu § 2 Abs. 1.
[64] So auch *Eisenschmid* WuM 2013, 393/400.

Unterkapitel 1a. Vereinbarungen über die Miethöhe bei Mietbeginn in Gebieten mit angespannten Wohnungsmärkten

§ 556d Zulässige Miethöhe bei Mietbeginn; Verordnungsermächtigung

(1) Wird ein Mietvertrag über Wohnraum abgeschlossen, der in einem durch Rechtsverordnung nach Absatz 2 bestimmten Gebiet mit einem angespannten Wohnungsmarkt liegt, so darf die Miete zu Beginn des Mietverhältnisses die ortsübliche Vergleichsmiete (§ 558 Absatz 2) höchstens um zehn Prozent übersteigen.

(2) [1]Die Landesregierungen werden ermächtigt, Gebiete mit angespannten Wohnungsmärkten durch Rechtsverordnung für die Dauer von höchstens fünf Jahren zu bestimmen. [2]Gebiete mit angespannten Wohnungsmärkten liegen vor, wenn die ausreichende Versorgung der Bevölkerung mit Mietwohnungen in einer Gemeinde oder einem Teil der Gemeinde zu angemessenen Bedingungen besonders gefährdet ist. [3]Dies kann insbesondere dann der Fall sein, wenn
1. die Mieten deutlich stärker steigen als im bundesweiten Durchschnitt,
2. die durchschnittliche Mietbelastung der Haushalte den bundesweiten Durchschnitt deutlich übersteigt,
3. die Wohnbevölkerung wächst, ohne dass durch Neubautätigkeit insoweit erforderlicher Wohnraum geschaffen wird, oder
4. geringer Leerstand bei großer Nachfrage besteht.
[4]Eine Rechtsverordnung nach Satz 1 muss spätestens am 31. Dezember 2020 in Kraft treten. [5]Sie muss begründet werden. [6]Aus der Begründung muss sich ergeben, auf Grund welcher Tatsachen ein Gebiet mit einem angespannten Wohnungsmarkt im Einzelfall vorliegt. [7]Ferner muss sich aus der Begründung ergeben, welche Maßnahmen die Landesregierung in dem nach Satz 1 durch die Rechtsverordnung jeweils bestimmten Gebiet und Zeitraum ergreifen wird, um Abhilfe zu schaffen.

Systematische Übersicht

Alphabetische Schnellübersicht

A. Übersicht

I. Entstehungsgeschichte

1 Das Unterkapitel ist durch das Mietrechtsnovellierungsgesetz vom 21.5.2015[1] in das BGB eingefügt worden. Es enthält erstmals Regelungen im BGB[2] über die Höhe der zulässigen Miete bei **Neuabschluss eines Wohnraummietvertrages.** In der Vergangenheit wurden diese Mieten nur unter den Voraussetzungen des § 5 WiStG i. V. m. § 134 BGB begrenzt.[3] Aufgrund der Subjektivierung des Tatbestandes des § 5 WiStG durch den BGH[4] hat die Vorschrift rechtstatsächlich[5] völlig an Bedeutung verloren.[6] Dementsprechend gab es schon in der 17. Legislaturperiode Versuche, eine „Mietpreisbremse" einzuführen.[7] Das Gesetz geht auf mehrere Initiativen zurück. *Hinz*[8] hatte bereits bei der Anhörung im Rechtsausschuss zum Mietrechtsänderungsgesetz 2013[9] vorgeschlagen, die Länder zu ermächtigen, in bestimmten Regionen zu bestimmen, dass das Entgelt für Neu- oder Weitervermietungsmieten die ortsübliche Vergleichsmiete um nicht mehr als 10% übersteigen darf. Diesem Vorschlag ist der Rechtsausschuss im damaligen Gesetzgebungsverfahren nicht gefolgt. Stattdessen hat er nur in § 558 Abs. 3 BGB die Länder ermächtigt, die Kappungsgrenze bei Bestandsmieterhöhungen von 20% auf 15% abzusenken. Erst in der 18. Legislaturperiode wurde dann die Beschränkung der Wiedervermietungsmiete in der vorliegenden Form durch das „Gesetz zur Dämpfung des Mietanstiegs auf angespannten Wohnungsmärkten und zur Stärkung des Bestellerprinzips bei der Wohnungsvermittlung – Mietrechtsnovellierungsgesetz"[10] vom 21.4.2015 ins BGB aufgenommen. Damit wurde nicht völliges Neuland betreten.[11] Die Regelungen stellen nämlich eine Wiederbelebung der preisrechtlichen Beschränkungen[12] dar, die bereits im 1. Weltkrieg entwickelt wurden und dann in unterschiedlicher Form und für unterschiedlichen Wohnraum immer wieder mal galten und dann wieder aufgehoben wurden.[13] Nach *Derleder*[14] ist damit erstmals in der Bundesrepublik Deutschland eine neue Phase der Mietbegrenzung eröffnet worden, die teilweise an die **Wohnraumbewirtschaftungsvorschriften** erinnert. Schon früher haben all

[1] BGBl I 610; dazu *Börstinghaus* NJW 2015, 1553.

[2] Zu den vielfältigen mietpreisbegrenzenden Vorschriften in der Vergangenheit: *Herrlein,* 100 Jahre „Mietpreisbremse", NZM 2016, 1.

[3] Dazu *Börstinghaus,* Miethöhe-Handbuch, Kap. 4 Rdn. 12ff.

[4] BGH (VIII ZR 190/03) NJW 2004, 1740; (VIII ZR 44/04) NJW 2005, 471; (VIII ZR 56/04) NZM 2006, 291; dazu *Langenberg,* FS Blank, S. 291.

[5] Beispielhaft AG Köpenick GE 2014, 1141 m. Anm. *Herlitz* jurisPR-MietR 7/2015 Anm. 3.

[6] Nach *Weigelt,* Die wachsende Stadt als Herausforderung für das Recht (2016), S. 304 kann hier nur eine Gesetzesänderung etwas ändernd. Sie hierzu z. B. Bundesratsinitiative zur Wiederbelebung des § 5 WiStG: BT-Drs. 17/14360; nach *Emmerich* in Staudinger, § 556d Rdn. 11 wäre die Streichung des § 5 WiStG „nur folgerichtig gewesen".

[7] BT-Drs. 17/9559 S. 4.

[8] *Hinz* NZM 2012, 777, 795.

[9] „Gesetz über die energetische Modernisierung von vermietetem Wohnraum und über die vereinfachte Durchsetzung von Räumungstiteln (Mietrechtsänderungsgesetz – MietRÄndG)", BGBl I, 434 dazu *Börstinghaus/Eisenschmid,* Arbeitskommentar Mietrechtsänderungsgesetz.

[10] BGBl. I 2015, 610.

[11] So aber *Hinz* ZMR 2014, 593, 594.

[12] *Derleder* KJ 2015, 3.

[13] *Börstinghaus,* Miethöhe-Handbuch, Kap. 1 Rdn. 6ff.; *Derleder* KJ 2015, 5; siehe auch die Nachweise Vor § 557 BGB Fn. 2.

[14] *Derleder* KJ 2015, 5; *ders.* PiG 99 (2015) 27, 40.

diese Regelungen die **Ursachen** des Mietanstiegs nicht behoben, zumal sie die Belastung der Mieter durch steigende Betriebskosten unberücksichtigt lässt.[15]

Der Gesetzgeber wollte mit der Regelung auf vermeintliche Mietsteigerungen bei Neuvermie- 2
tung in bestimmten Regionen reagieren.[16] Die Begrenzung gilt nicht bei Neubauten und bei der ersten Vermietung nach umfassender Modernisierung, § 556f BGB. Von der **Grundregel** des § 556d Abs. 1 BGB, wonach die Miete bei der Neuvermietung maximal 10% über der ortsüblichen Vergleichsmiete liegen darf, gibt es gem. § 556e BGB **zwei Ausnahmen,** nämlich bei höherer **Vormiete** (§ 556e Abs. 1 BGB) und bei in den letzten drei Jahren durchgeführten **Modernisierungsarbeiten** (§ 556e Abs. 2 BGB). Die Begrenzung gilt bei **Staffelmieten** für die Ausgangsmiete und jede einzelne Staffel, § 557a Abs. 4 BGB. Bei der **Indexmiete** gilt die Begrenzung nur für die Ausgangsmiete, § 557b Abs. 4 BGB. Die Bundesregierung hat zu den Erfahrungen mit der gesetzlichen Regelung in der Antwort zu einer Kleinen Anfrage berichtet.[17]

II. Überblick

Nach Abs. 1 darf bei einem Wohnraummietvertrag die Miete zu Beginn des Mietverhältnisses 3
die ortsübliche Vergleichsmiete um höchstens 10% übersteigen. Damit hat der Gesetzgeber die Neuvertragsmieten an das für Bestandsmietenerhöhungen geltende Vergleichsmietensystem angekoppelt. Statt staatlicher Preisregulation auf vermeintlich „angemessene Preise" bleibt zumindest ein wenig Markteinfluss bestehen.[18] Die Regelungen gelten für Wohnraum in einem Gebiet mit angespanntem Wohnungsmarkt liegt, das durch Rechtsverordnung der Landesregierung bestimmt wurde. Die **Begrenzung** der Wiedervermietungsmiete gilt deshalb in der Bundesrepublik **nicht flächendeckend.** Es ist ein zweistufiges Verfahren erforderlich. Neben der bundesgesetzlichen Regelung hier im BGB muss auch noch der Landesgesetzgeber tätig werden und eine entsprechende Verordnung erlassen.

Abs. 2 enthält die **Ermächtigungsgrundlage** für die entsprechende Landesverordnung. Da- 4
nach werden die Landesregierungen ermächtigt, Gebiete mit angespannten Wohnungsmärkten für die Dauer von 5 Jahren zu bestimmen. Solche angespannten Wohnungsmärkte sollen vorliegen, wenn die ausreichende Versorgung der Bevölkerung mit Mietwohnungen in einer Gemeinde oder einem Teil der Gemeinde zu angemessenen Bedingungen besonders gefährdet ist. Insofern stimmt der Gesetzestext an dieser Stelle immer noch mit den Formulierungen der Ermächtigungsgrundlagen in §§ 577a Abs. 2, § 558 Abs. 3 S. 3 BGB und Art 6 § 1 S. 1 MRVerbG[19] überein. Im Referentenentwurf vom März 2014 war die Ermächtigungsgrundlage noch wortgleich formuliert. Aufgrund der wohl negativen Erfahrung mit dem Gebrauch der zuletzt geschaffenen Ermächtigungsgrundlage in § 558 Abs. 3 BGB durch die Länder[20] wurden die Voraussetzungen für die Annahme eines angespannten Wohnungsmarktes dann im Laufe des Gesetzgebungsverfahrens weiter präzisiert. Die herabgesetzte Kappungsgrenze gilt inzwischen in mehr als 350 Gemeinden (dazu § 558 Rdn. 182g), wobei bezweifelt werden darf, ob dies dem Zweck des Gesetzes wirklich entsprach. Deshalb enthält § 556d Abs. 2 Satz 3 BGB nunmehr eine Aufzählung von **Kriterien,** wann eine solche besondere Gefährdung der Versorgungslage anzunehmen ist.[21] Um die Länder zu zwingen, sorgfältig über die Aufnahme jeder einzelnen Gemeinde nachzudenken und nicht nur aus **politischer Opportunität** Gemeinden aufzunehmen, werden die Länder in Abs. 2 S. 4 verpflichtet, die **Verordnung zu begründen.**[22] Aus der Begründung muss sich ergeben, aufgrund welcher Tatsachen ein Gebiet mit einem angespannten Wohnungsmarkt im Einzelfall vorliegt. Es muss also für jede einzelne Gemeinde dargelegt werden, warum sie in die Verordnung aufgenommen wurde.[23] Die Angabe lediglich des

[15] *Weigelt,* Die wachsende Stadt als Herausforderung für das Recht (2016), S. 302.
[16] Zu den damit verbundenen Risiken: *Weigelt* a. a. O. S. 303.
[17] BT-Drs. 18/12447.
[18] *Weigelt,* Die wachsende Stadt als Herausforderung für das Recht (2016), S. 302.
[19] BGBl. I 1971, 1745.
[20] *Derleder* NZM 2015, 413, 414.
[21] Deshalb besteht auch keine vollständige Identität zwischen den Gemeinden, in denen die Kappungsgrenze herabgesetzt ist und denen mit Beschränkung der Wiedervermietungsmiete: *Happ* DWW 2016, 284, 289.
[22] Dazu *Zuck* NJW 2016, 3573, 3577; *Zuck* NZM 2016, 657 zu Begründungsfehlern der BaWü MietpreisbremsenVO.
[23] *Sieg* DWW 2016, 204, 206; *Blank* WuM 2014, 641, 646.

Gesamtergebnisses der Gesamtschau reicht nicht aus.[24] Das setzt **zwingend** vorher entsprechende **empirische Untersuchungen** voraus.[25] Da durch die Beschränkung der Wiedervermietungsmiete die **Ursachen des Mietanstiegs,** nämlich ein regional vorhandener Wohnungsmangel, nicht beseitigt wird und von Praktikern eher befürchtet wird, dass die Neuregelung dazu führen könnte, diese Situation zu verschärfen, schreibt das Gesetz vor, dass sich aus der Begründung ergeben muss, welche Maßnahmen die Landesregierung in den jeweils bestimmten Gebieten ergreifen wird, um den angespannte Wohnungsmarkt zu entspannen. Dies wird dem verfassungsrechtlichen Gebot der Aufgabenverteilung zwischen Bund und Ländern gerecht, da nur die Länder für den Wohnungsbau zuständig sind.

5 **Die Rechtsfolgen** eines Verstoßes gegen die Begrenzung ergeben sich aus § 556g BGB. Danach ist die über der Obergrenze liegende Mietvereinbarung **(teil-)unwirksam.** Rückforderungsansprüche erfordern darüber hinaus eine **qualifizierte Rüge** des Mieters. Dem Mieter steht ein **Auskunftsanspruch** gegen den Vermieter hinsichtlich der mietpreisbildenden Tatsachen zu.

6 Die Neuregelung führt jetzt zu einem **zersplitterten Wohnungsmarkt.**[26] Es gibt verschiedene Wohnungsbestände. **(a)** Zunächst gibt es Gemeinden, in denen die Regelungen gar nicht gelten, weil die Gemeinde in keine Landesverordnung aufgenommen wurde. **(b)** Dann gibt es gem. § 549 Abs. 2, 3 BGB nicht geschützte Wohnungen in Gemeinden, die in eine entsprechende Verordnung aufgenommen wurden. Insofern ist die Situation aber deckungsgleich mit den Regelungen für Bestandsmieterhöhungen. **(c)** Dann gibt es Wohnungen, die als Neubau i. S. d. § 556f S. 1 BGB gelten, für die eine Begrenzung der Wiedervermietungsmiete nicht gilt. **(d)** Des Weiteren gibt es umfassend modernisierte Wohnungen, bei denen die Begrenzung der Neuvertragsmiete zumindest bei der ersten Vermietung gem. § 556f S. 2 BGB nicht gilt. **(e)** Und zuletzt gibt es Wohnraum, für den die Begrenzung der Wiedervermietungsmiete gem. § 556d, e BGB uneingeschränkt gilt. Hier ist dann noch zu differenzieren zwischen Wohnungen, für die nur 110% der ortsüblichen Vergleichsmiete vereinbart werden dürfen, und solchen Wohnungen, für die dauerhaft gem. § 556e BGB eine höhere Miete zulässig ist. Der Wohnung sieht man diese Differenzierung in der Regel nicht an. Insofern ähnelt die Situation der bei Wohnungen, für die die Kostenmiete zu zahlen ist.

III. Übergangsregelungen – In-Kraft-Treten

7 Das Gesetz ist am 1.6.2015 in Kraft getreten. Die Begrenzung der Wiedervermietungsmiete gilt gem. Art. 229 § 35 Abs. 1 EGBGB erst für Mietverträge oder Staffelmietvereinbarungen, die ab Inkrafttreten der Landesverordnung, in der die entsprechende Gemeinde, in der die Wohnung liegt, **neu abgeschlossen** wurden. Der Wortlaut der Vorschrift ist eindeutig. Es kommt nicht auf den Mietvertragsbeginn an, sondern den **Vertragsschluss.** Bei nicht gleichzeitiger Anwesenheit der Vertragsparteien kommt der Vertrag mit der Annahmeerklärung zustande. Ist zwischen Erstunterzeichnung des schriftlichen Vertragsformulars (= Angebot) und der Unterschrift des Annehmenden die maßgebliche Verordnung in Kraft getreten, so gilt die Begrenzung der Wiedervermietungsmiete. Ist der Vertrag vor Inkrafttreten der Verordnung abgeschlossen worden, soll er aber erst nach deren Inkrafttreten in Vollzug gesetzt werden, so gilt die Begrenzung der Wiedervermietungsmiete nicht.[27]

8 Wurde eine **Staffelmietvereinbarung** vor Inkrafttreten der örtlich maßgeblichen Verordnung abgeschlossen, so gilt die Begrenzung gem. Art. 229 § 35 Abs. 1 EGBGB selbst dann nicht, wenn spätere Staffeln erst nach Inkrafttreten der Verordnung wirksam werden. Da Staffelmietvereinbarungen gem. § 557a BGB zeitlich ohne Beschränkung möglich sind, kann ein solcher Mietvertrag u. U. nie in den Geltungsbereich dieses Unterkapitels fallen. Endet das Mietverhältnis aber während der Geltungsdauer einer Verordnung, darf nur die letzte Staffel als Vormiete weiter wirksam vereinbart werden. Die vertraglich zwar wirksam vereinbarten zukünftigen Steigerungen werden vom Begriff der Vormiete gem. § 556e Abs. 1 BGB nicht umfasst.[28] Wurde die Staffelmietvereinbarung während der Laufzeit einer örtlich einschlägigen Verordnung abgeschlossen, so findet die Beschrän-

---

[24] So aber die Begründung der bayrischen MieterschutzVO JMBl. Bay 2015, 87; dazu *Sieg* DWW 2016, 204, 206.
[25] So schon die Gesetzesbegründung: BT-Drs. 18/3121 S. 29 „Es sollte eine tatsächliche statistische Erhebung stattfinden"; *Blank* WuM 2014, 641, 647; *Artz* in MünchKomm § 556d Rdn. 15; *Emmerich* in Staudinger, § 556d Rdn. 30; großzügiger *Derleder* NZM 2015, 413, 415.
[26] *Blank* WuM 2014, 641, 559.
[27] Zu einem ähnlichen Problem bei der herabgesetzten Kappungsgrenze: *Artz/Börstinghaus* NZM 2013, 593.
[28] *Flatow* WuM 2015, 191.

kung der Wiedervermietungsmiete gem. Art. 229 § 35 Abs. 2 EGBGB keine Anwendung mehr auf Staffeln, deren erste Miete zu einem Zeitpunkt fällig wird, in dem die Mietwohnung nicht mehr in den Anwendungsbereich der Verordnung fällt, etwa weil sie außer Kraft getreten oder abgeändert worden ist.

IV. Verfassungsrechtliche Rahmenbedingungen

Die Begrenzung der Wiedervermietungsmiete stellt einen Eingriff in das geschützte Eigentum[29] des Vermieters gem. Art 14 GG und Art. 1 des Zusatzprotokolls (ZP) der Europäischen Menschenrechtskonvention (EMRK) vom 4.11.1950[30] dar. Umstritten ist, ob es sich um eine zulässige **Inhalts- und Schrankenbestimmung** handelt.[31] **Zweck der Regelung** ist zum einen das Interesse der Bevölkerung an der Versorgung mit Mietwohnungen zu angemessenen (nämlich dem Durchschnittseinkommen angepassten) Mietpreisen und zum anderen die Verbesserung der Chancen einkommensschwacher Mieter gegenüber den zahlungskräftigeren Mitbewerbern auf Erhalt einer Wohnung durch die Festlegung einer höchstzulässigen Miete. Ob das mit dem Gesetz in verfassungsrechtlich zulässiger Weise erreicht wurde, wurde im Gesetzgebungsverfahren[32] früh problematisiert.[33] Ein im Auftrag von Haus & Grund Deutschland eingeholtes Sachverständigengutachten[34] kam zu dem Ergebnis, dass das Gesetz das Eigentumsrecht der Eigentümer aus Art. 14 GG sowie die Vertragsfreiheit von Vermietern und Mietern gem. Art 2 GG verletzt. Durch die Störung des Marktbezuges der Neuvertragsmieten werde sogar **das ganze Vergleichsmietensystem verfassungswidrig.** Voraussetzung für eine Verfassungsbeschwerde gegen die Beschränkung der Wiedervermietungsmiete durch die Vorschriften dieses Unterkapitels und die entsprechende Landesverordnung ist aber jeweils die Ausschöpfung des Zivilrechtswegs.[35] 9

Die Frage der **Verfassungsmäßigkeit der Begrenzung der Wiedervermietungsmiete** ist vor allem im Rahmen der Verhältnismäßigkeitsprüfung zu entscheiden. Dafür muss das Ziel der Regelung betrachtet werden. Zur Erreichung des Ziels muss die Regelung erforderlich, geeignet und angemessen sein. Hier sind bei allen drei Punkten **Bedenken durchaus angebracht.** Durch die Regelung wird nämlich die angespannte Wohnungssituation nicht beseitigt.[36] Anders als auf anderen Märkten reagiert der Wohnungsmarkt wegen der langen Planungs- und Bauphase nur sehr träge (**Schweinezyklus**[37]). Deshalb findet eine Anpassung zunächst nicht auf der Angebotsseite sondern auf der Preisebene statt.[38] Die Nachfragesituation kann sich sogar noch verschärfen, wegen der Gefahr, dass mehr Mietinteressenten jetzt in die Städte mit der Begrenzung ziehen wollen, weil dort die Mieten niedriger sein sollen. Den Wunsch einkommensschwächeren Mietern den Zugang zum Wohnungsmarkt zu erleichtern oder erstmals zu ermöglichen, werden die Regelungen auch nicht erfüllen können. Es konkurrieren weiterhin unterschiedlich leistungsfähige Mietergruppen um die Wohnung. Dabei steht zu vermuten, dass die leistungsfähigeren Mieter weiterhin die grö- 10

[29] Nach *Herrlein* NJW 2017, 711, 716 berührt die Begrenzung der Wiedervermietungsmiete „die verfassungsrechtlich schwierige und letztlich politischer Beliebigkeit ausgelieferte Frage, wieviel vermögensmäßige Einschränkung ein Vermieter aufgrund der Gemeinwohlbindung hinnehmen muss".

[30] BGBl 2002 II 1054; dazu *Börstinghaus/Thiede* NZM 2016, 489.

[31] Ausführlich dazu *Frank,* Die Mietpreisbremse – Eine Analyse der Rechtsvorschriften zur Begrenzung der Neu- und Wiedervertragsmiete auf 110% der ortsüblichen Vergleichsmiete, Diss, Marburg, 2016, S. 21ff.

[32] BT-Drs 18/3121; 18/3250; 18/4220; Ausschussempfehlung Bundesrat BR-Drs 447/1/14; Beschlussdrucksache BR-Drs 447/14(B); Wortprotokoll der Sachverständigenanhörung v. 3.12.2014 des Ausschusses für Recht und Verbraucherschutz inkl. der schriftlichen Stellungnahmen der Sachverständigen: 18/34; Plenarprotokoll 2./3. Lesung im Bundestag 18/91 ab S. 8594.

[33] *Leuschner* NJW 2014, 1929; *Börstinghaus* DWW 2014, 202; *Derleder* NZM 2015, 413, 414 Fn. 9; *ders.* WuM 2013, 383, 390; *ders.* WuM 2014, 443; *ders.* KJ 2015, 5; *Schultz* ZRP 2014, 37; *Herlitz* ZMR 2014, 262; *Börstinghaus/Kirchhoff/Derleder* ZRP 2013, 158; *Lange* DVBl 2015, 1551; sowie die Stellungnahmen des Deutschen Richterbunds Nr. 8/14 und der Bundesrechtsanwaltskammer Nr. 19/2014; auch *Hinz* ZMR 2014, 593; *Aufderhaar/Jaeger* ZfIR 2014, 541.

[34] *Blankenagel/Schröder/Spoerr* NZM 2015, 1.

[35] BVerfG NJW 2015, 3024.

[36] So auch *Gsell,* NZM 2017, 305.

[37] Schweinezyklus umschreibt die periodische Schwankung der Angebotsmenge und des Marktpreises, die dadurch entsteht, dass durch die Zeitverzögerungen nur träge auf die erhöhte Nachfrage reagiert wird, weshalb u. U. das erweiterte Angebot dann erfolgt, wenn die Nachfrage schon wieder sinkt.

[38] *Hofacker,* Preisvorschriften für den sogenannten preisfreien Wohnraum, 2000, S. 105.

ßeren Chancen haben. Das **BVerfG**[39] hat in seiner ersten Entscheidung zum damals noch befristeten Kündigungsausschluss zum Zwecke der Mieterhöhung und der Einführung der Mieterhöhung auf die ortsübliche Vergleichsmiete **ausdrücklich offengelassen,** ob der Gesetzgeber auch für die Neuvermietung eine Preisgrenze hätte anordnen können. Die Tatsache, dass der Gesetzgeber das damals nicht getan hat, hat das BVerfG aber im Rahmen der Prüfung der Verhältnismäßigkeit der Regelung ausdrücklich erwähnt. Gerade wegen der Beschränkung der Regelungen nur auf Bestandsmietenerhöhungen wurde die damalige Regelung zum einen dem besonders schutzwürdigen Interesse des Mieters am Fortbestand des Mietverhältnisses gerecht, beschränkten aber andererseits die aus sozialen Gründen gebotene Bindung des Eigentümers auf das zum Schutz des Mieters notwendige Maß.[40] Diese Ausgewogenheit ist durch die §§ 556d ff. BGB jetzt zumindest gefährdet. Das Vergleichsmietensystem funktionierte[41] in der Vergangenheit deshalb, weil Vermieter akzeptierten bei bestehenden Mietverhältnissen die Mieten nur schwer anpassen zu können, aber bei der Neuvermietung keinen Grenzen zu unterfallen. Diese **Akzeptanz,** die das BVerfG auch in die Abwägung einbezogen hat, ist jetzt gefährdet.

11 Im Übrigen betreffen die Regelungen der §§ 558–561 BGB **bestehende Mietverhältnisse.** Nur hier kann der Mieter eigentumsrechtlich einem Vermieter gleichgestellt werden. Die Regelungen des neuen Unterkapitels 1a gehen aber darüber hinaus, da der Schutz hier bereits auf die Mietinteressenten ausgedehnt wird. Sie können im Übrigen durch entsprechend höhere Mietgebote keinen Vorteil mehr erlangen, obwohl sie ggf. leistungsfähig und nicht schutzwürdig sind. Damit ist auch ihre Handlungsfreiheit gem. Art. 2 GG betroffen.

12 Und zuletzt hat das BVerfG[42] auch entschieden, dass rechtsstaatliche Grundsätze es gebieten, mietpreisrechtliche Vorschriften nach Inhalt und Voraussetzungen so zu gestalten, dass **Vermieter und Mieter in der Lage sind, in zumutbarer Weise die gesetzlich zulässige Miete zu ermitteln.** Das ist bei § 556d Abs. 1 BGB zumindest dann nicht möglich, wenn in die Verordnung eine Gemeinde aufgenommen wird, in der es **keinen Mietspiegel** gibt.[43] Bei Bestandsmieterhöhungen gibt es verschiedene Alternativen der Begründung in § 558a BGB. Sie sind unterschiedlich gut und geben die ortsübliche Vergleichsmiete unterschiedlich genau wieder. Das ist bei einer Bestandsmietenerhöhung aber unerheblich, weil die Mieterhöhung wirksam ist, wenn der Mieter zugestimmt hat, selbst wenn die Miete oberhalb der ortsüblichen Vergleichsmiete liegt. Nach § 556g Abs. 1 BGB sind aber alle Vereinbarungen die oberhalb der Grenzen der §§ 556d, 556e BGB liegen unwirksam. Nur wo die Grenze liegt, wird frühestens von einem Sachverständigen mit hohem Aufwand[44] im Zahlungsprozess ermittelt werden. Die Mietvertragsparteien sollen sich also an Grenzen halten, die sie nicht kennen. Das ist rechtsstaatlich sehr bedenklich. Wenn überhaupt, dann sind die Regelungen nur deshalb verfassungsgemäß, weil sie nur befristet gelten. In einer von der Privatautonomie geprägten Marktwirtschaft ist eine preisrechtliche Begrenzung immer nur als Ausnahme für den Fall eines Marktversagens denkbar.[45] Allein wegen der zeitlich nur sehr beschränkten Geltung der Regelung dürfte eine **Verfassungswidrigkeit aber noch nicht vorliegen.**[46]

13 Ein **Verstoß gegen Art. 1 ZP der EMRK** liegt ebenfalls nicht vor.[47] Danach hat jede Person das Recht auf Achtung ihres Eigentums. Niemandem darf sein Eigentum entzogen werden, es sei denn, dass das öffentliche Interesse es verlangt. Abs. 2 gestattet den Staaten aber ähnlich der Inhalts-

---

[39] BVerfGE 37, 134.
[40] *Gsell* NZM 2017, 305 „ist die Argumentation nicht über jeden Zweifel erhaben".
[41] *Börstinghaus* NJW 1997, 977.
[42] BVerfGE 37, 134.
[43] Zu den Bedenken schon die Gesetzesbegründung BT-Drs. 18/3121 S. 29; Auf verfassungsrechtliche Probleme weist auch *Blank* WuM 2014, 641, 646 hin; gerade die Existenz eines qualifizierten Mietspiegels für Berlin ist für das AG Neukölln NZM 2017, 31 das tragende Argument, warum in Berlin die Einführung der Beschränkung der Wiedervermietungsmiete verfassungsgemäß ist, bestätigt durch LG Berlin NZM 2017, 332 nach *Weigelt,* Die wachsende Stadt als Herausforderung für das Recht (2016), S. 292 soll die Aufnahme einer Gemeinde ohne qualifizierten Mietspiegel in eine VO kaum möglich sein.
[44] *Hinz* ZMR 2014, 593, 595.
[45] So ausdrücklich *Derleder* WuM 2013, 383.
[46] Auch nach *Frank,* Die Mietpreisbremse – Eine Analyse der Rechtsvorschriften zur Begrenzung der Neu- und Wiedervertragsmiete auf 110% der ortsüblichen Vergleichsmiete, Diss, Marburg, 2016, S. 34 sind die Regelungen verfassungsrechtlich gerechtfertigt; ebenso AG Neukölln NZM 2017, 31 unter Hinweis darauf, dass nur sie „kurzfristig zu wirken vermag", bestätigt durch LG Berlin NZM 2017, 332.
[47] *Börstinghaus/Thiede* NZM 2016, 489.

und Schrankenbestimmung des Art. 14 GG diejenigen Gesetze anzuwenden, die er für die Regelung der Benutzung des Eigentums im Einklang mit dem Allgemeininteresse oder zur Sicherung der Zahlung der Steuern oder sonstigen Abgaben oder von Geldstrafen für erforderlich hält. Der Europäische Gerichtshof für Menschenrechte (EGMR) hat sich in der Vergangenheit bereits mit Beschränkungen der Widervermietungsmiete in 6 Ländern[48] sowie mit der Erhöhung der Bestandsmieten in den Niederlanden[49] beschäftigen müssen. Nach der Rechtsprechung des Gerichtshofes[50] stellen Mietpreisbeschränkungen **keine Enteignung** i. S. d. Art. 1 Abs. 1 Satz 2 ZP EMRK dar. Es handelt sich hierbei nur um eine Eigentumsbeschränkung i. S. d. Art. 1 Abs. 2 ZP EMRK. Hier hat der Gesetzgeber jedoch nach Ansicht des Gerichtshofes sehr freie Hand, solange die Maßnahmen im öffentlichen Interesse liegen. Unzulässig ist die Eigentumsbeschränkung, wenn die Entscheidung des Gesetzgebers offenkundig einer vernünftigen Grundlage entbehrt. Der Gerichtshof hat es dabei abgelehnt z. B. das österreichische Mietpreissystem als solches zu überprüfen.[51] Die Mehrzahl der Entscheidungen betraf **Fälle nach Ende der kommunistischen Systeme** und Umstellung auf marktwirtschaftliche Systeme. So hat der Gerichtshof[52] die Mietpreisbindung in Polen für gerechtfertigt erachtet. Ein staatliches System der Mietenregulierung mit dem Ziel, finanziell schwachen Mietern angemessenen sozialen Schutz zu gewähren und nach dem Zusammenbruch eines kommunistischen Regimes den allmählichen Übergang von einer staatlich kontrollierten Miete in eine im Wege der privatrechtlichen Vereinbarung erzielten sicherzustellen, verfolgt ein rechtmäßiges Ziel, das auch im allgemeinen Interesse liegt, insbesondere in einer Situation anhaltender Wohnraumknappheit. Der Gerichtshof fand jedoch kein Verständnis für das anhaltende Versäumnis des polnischen Gesetzgebers, der Vermieterin zumindest die für die Instandhaltung der Wohnung anfallenden Kosten abzugelten, ganz zu schweigen von der ebenso wenig vorhandenen Möglichkeit eines durch die Miete erwirtschafteten **Mindestgewinns.** Der Gerichtshof kam deshalb zu dem Ergebnis, dass der Vermieter angesichts der nachhaltigen Auswirkungen, welche die staatlichen Mietenregulierung auf ihr Eigentumsrecht hatte, eine unverhältnismäßige und übermäßige Last auferlegt wurde, die mit dem Allgemeininteresse nicht mehr gerechtfertigt werden kann. Dabei erkennt der Gerichtshof[53] durchaus die berechtigten Interessen der Gesellschaft an einer gerechten Aufteilung der sozialen und finanziellen Lasten bei der Umstellung und Reform des Wohnungsmarktes eines Landes an. Diese Last darf nicht auf eine einzelne soziale Gruppe abgewälzt werden, wie wichtig auch die Interessen der anderen Gruppe oder der Gesellschaft insgesamt sind. Bei der Beurteilung der Lastenverteilung beschränkt sich der Gerichtshof aber nicht auf die Betrachtung der mietrechtlichen Vorschriften, er bezieht auch die gesamte **Wohnungsbau- und -marktpolitik** mit ein. Er kommt deshalb zu dem Ergebnis, dass Fehler bei der slowakischen Wohnungspolitik einen „gerechten Ausgleich" der Interessen verhinderten und zu einem Verstoß gegen Art 1 Abs. 2 ZP EMRK führen. Das ist eine Prüfung, die dem deutschen Verhältnismäßigkeitsmaßstab ähnlich ist. Das bedeutet, dass die neuen Vorschriften der §§ 556d ff. BGB nur dann dem Art. 1 ZP EMRK entsprechen, wenn sie **verhältnismäßig** sind. Dazu zählen auch Maßnahmen zur Wohnungsbauförderung, um solche mietpreisbegrenzenden Maßnahmen in absehbarer Zeit überflüssig zu machen. Der deutsche Gesetzgeber hat den Ländern diese Aufgabe ausdrücklich übertragen. Außerdem hat er das Gesetz auf 5 Jahre befristet. Mit diesen Beschränkungen dürfte zurzeit ein Verstoß gegen Art. 1 ZP EMRK nicht vorliegen. Entscheidend wird aber sein, welche **Maßnahmen die Länder zur Beseitigung der Wohnungsmangellagen** einleiten und auch umsetzen. Kritisch wird eine **Verlängerung der Laufzeit** der Verordnungen und der §§ 556d ff. zu beurteilen sein.

---

[48] Zammit, Attard Cassare/**Malta** Urt. v. 30.10.2015 Nr. 1046/12; Bittó u. a./**Slowakei** Urt. v. 28.4.2014 Nr. 30255/09; Berger-Krall/**Slovenien** Urt. v. 12.6.2014 Nr. 14717/04; R & L, SRO u. a./**Tschechien** Urt. v. 3.10.2014 Nr. 37926/05, 25784/09, 36002/09, 44410/09, 65546/09; Statileo/**Kroatien** Urt. v. 10.6.2014 Nr. 1207/10; Saliba u. a./**Malta** Urt. v. 22.2.2012 Nr. 20287/10; Amato Gauci/**Malta** Urt. v. 15.12.2009 Nr. 47045/06; Edwards/**Malta** Urt. v. 24.1.2007 Nr. 17647/04; Ghigo/**Malta** Urt. v. 26.12.2006 Nr. 31122/05; Huttwn-Czapska/**Polen** Urt. v. 22.2.2005 Nr. 35014/97; Mellacher u. a./**Österreich** Urt. v. 19.12.1989 Nr. 10522/83, 11011/84, 11070/84.

[49] Nobel u. a./**Niederlande** Urt. v. 2.7.2013 Nr. 27126/11; Terra Woningen/**Niederlande** Urt. v. 17.12.1996 Nr. 20641/92.

[50] EGMR Urt. v. 19.12.1989 – 10522/83 = EGMR-E 4, 485.

[51] EGMR Urt. v. 19.12.1989 – 10522/83 = EGMR-E 4, 485.

[52] EGMR Urteil v. 22.2.2005 – 35014/97 (Hutten-Czapska ./. Polen).

[53] EGMR Urteil v. 28.1.2014 Az: 30255/09, NJW 2015, 605 = NZM 2015, 124.

B. Tatbestandsvoraussetzungen

I. Mietvertrag über Wohnraum

14 Die Vorschriften dieses Unterkapitels gelten **ausschließlich für Mietverträge über Wohnraum.** Damit sind Wohnraummietverhältnisse gemeint.[54] Es wird in § 578 BGB nicht für andere Mietverträge auf diese Vorschriften verwiesen. Wohnraummiete liegt vor, wenn Räumlichkeiten nach dem Zweck der Vereinbarung entgeltlich zum Zwecke des privaten Aufenthalts und zur Befriedigung des Wohnbedürfnisses des Mieters oder seiner Angehöriger überlassen werden (Vor § 535 Rdn. 94 ff.). Wichtigstes **Abgrenzungskriterium zum Gewerberaummietvertrag** ist, dass die Räumlichkeiten nach den Abreden vom Mieter selbst oder/und seinen Angehörigen[55] genutzt werden soll. Nur wenn diese Zweckbestimmung[56] gegeben ist, handelt es sich um einen Wohnraummietvertrag. Die Regelungen gelten nicht für Wohnraum, der zum vorübergehenden Gebrauch vermietet wurde (§ 549 Abs. 2 Ziff. 1 BGB), möblierten Wohnraum, der Teil der Vermieterwohnung ist (§ 549 Abs. 2 Ziff. 2 BGB), Wohnraum, der an bestimmte Personen mit dringendem Wohnbedarf vermietet wurde (§ 549 Abs. 2 Ziff. 3 BGB) sowie bei Wohnraum in einem Studentenwohnheim (§ 549 Abs. 3 BGB).

15 Die Vorschriften der §§ 556d–556g BGB sind auch auf **Mischmietverhältnisse** (dazu Vor § 535 Rdn. 107) anwendbar[57], bei denen das Schwergewicht auf der Nutzung als Wohnung liegt.[58] Ein Mischmietverhältnis liegt vor, wenn der Mieter die Räumlichkeiten sowohl zu Wohnzwecken wie auch zu anderen Zwecken, z. B. einer beruflichen Tätigkeit nutzen darf.[59] Entscheidend ist die vertraglich vereinbarte Zweckbestimmung und nicht die tatsächliche Nutzung.[60] In Zweifelsfällen gilt Wohnraummiete[61] und deshalb **einheitlich**[62] für das ganze Mietverhältnis die Begrenzung der Wiedervermietungsmiete. Zu den Mischmietverhältnissen gehört auch die **Vermietung einer Wohnung und einer Garage**[63] in einem einheitlichen Vertrag (dazu Vor § 535 Rdn. 108). Auf den isolierten Garagenmietvertrag sind die Regelungen nicht anzuwenden.

16 Die Vorschriften gelten auch für **Zweit- oder Ferienwohnungen,** wenn diese nicht in den Anwendungsbereich des § 549 Abs. 1 BGB fallen. Es ist nicht erforderlich, dass der Mieter in der Wohnung den Lebensmittelpunkt hat. Auch Sinn und Zweck der Regelung sprechen nicht gegen die Anwendung. Auch diese Nutzungsarten führen u. U. zu angespannten Wohnungsmärkten. Unerheblich ist auch, ob es sich bei der Wohnung um ein Ein- oder Zweifamilienhaus, eine Wohnung in einem Mehrfamilienhaus oder um eine vermietete Eigentumswohnung handelt. Die Vorschriften gelten ohne Einschränkung auch für (teil-)**möblierte Wohnungen,** soweit nicht § 549 Abs. 2 Ziff. 2 BGB einschlägig ist. Das Problem ist hier die Ermittlung der ortsüblichen Vergleichsmiete (unten Rdn. 60).

17 In den Fällen der **Zwischenvermietung** handelt es sich bei dem Mietvertrag zwischen dem Eigentümer und dem Zwischenmieter um einen Gewerberaummietvertrag[64] für den die Begrenzung der Wiedervermietungsmiete nicht gilt. Dies gilt auch dann, wenn eine juristische Person eine Wohnung mietet, um sie einem Gesellschafter oder ihrem Geschäftsführer zu überlassen.[65]

---

54 *Emmerich* in Staudinger, § 556d Rn 2; **a. A.** *Abramenko* in Lützenkirchen, Mietrecht, § 556d Rdn 7 ff. der hier ein Verständnis hat und deshalb für Mischmietverhältnisse zu einem anderen Ergebnis kommt.

55 **A. A.** *Gregor* WuM 2008, 435, 438: Wohnraummiete schon und immer dann, wenn die Räumlichkeiten überhaupt zum Bewohnen durch irgendeine Person genutzt werden sollen, z. B. auch bei der Zwischenvermietung; insofern aber anders BGH NJW 1981, 1377; grundlegend *Sonnenschein* FS Seuss (1987) S. 253, 258.

56 BGH NJW-RR 1986, 9; NJW-RR 1986, 877; OLG Düsseldorf NZM 2002, 739, 740; OLG Köln WuM 1996, 266.

57 *Fleindl* WuM 2015, 212.

58 BGH (VIII ZR 376/13) WuM 2014, 539 unter Aufgabe der früheren Abgrenzungskriterien aus BGH (VIII ZR 60/85) NJW-RR 1986, 877; KG ZMR 2010, 956; OLG Köln ZMR 2007, 114; WuM 1987, 377; zur rechtlichen Behandlung von Mischmietverhältnissen, insb. in der höchst- und obergerichtlichen Rspr., auch *Lehmann-Richter* MietRB 2011, 84; *Bühler* ZMR 2010, 897.

59 BGH (VIII ZR 376/13) WuM 2014, 539; OLG Saarbrücken MDR 2012, 1335.

60 *Emmerich* in Staudinger, Vorbem. zu § 535 BGB Rdn. 24.

61 BGH (VIII ZR 376/13) WuM 2014, 539; OLG Frankfurt ZMR 2013, 119.

62 *Emmerich* in Staudinger, § 556d Rn 4; **a. A.** *Abramenko* in Lützenkirchen, Mietrecht, § 556d Rdn 12 (Begrenzung nur für den Anteil der Wohnräume).

63 *Emmerich* in Staudinger, § 556d Rn 5.

64 BGHZ (VIII ZR 36/84) 94, 11, 14; (VIII ZR 212/96) 135, 269, 272.

65 BGH (VIII ZR 282/07) NJW 2008, 3361.

Unerheblich ist, ob die Zwischenvermietung im Interesse des Eigentümers oder der Mieter vereinbart wurde.[66] Hier gelten die Vorschriften dieses Unterkapitels nicht. Zwar können auch die Parteien eines Zwischenmietvertrages vereinbaren, dass auf diesen Geschäftsraummietvertrag das Wohnungsraummietrecht Anwendung findet, jedoch bedarf dies einer ausdrücklichen Regelung[67], z. B. der Verwendung eines Formular für Wohnraummietverträge und zusätzlich der Vereinbarung, dass eine Kündigung schriftlich unter Angaben von Gründen zu erfolgen habe. Alleine die Tatsache, dass die Parteien eine oberhalb der zulässigen Wiedervermietungsmiete liegende Miete vereinbart haben spricht dafür, dass sie die Regelungen des vorliegenden Unterkapitels nicht vertraglich vereinbaren wollten.

Die Begrenzung der Wiedervermietungsmiete gilt auch nicht für **preisgebundene Wohnungen.** Zwar ergibt sich das nicht unmittelbar aus den Vorschriften der §§ 556d–556g BGB oder aus § 549 BGB, jedoch handelt es sich bei den entsprechenden bundes- und landesrechtlichen Vorschriften (dazu Vor § 557 BGB Rdn. 34ff.) um **Spezialvorschriften.**[68] Die Beschränkung der Miethöhe ergibt sich aus den entsprechenden Förderbescheiden sowie den regional geltenden Vorschriften. Das System ist regelmäßig vom Vergleichsmietensystem abgekoppelt, auch wenn einige Bundesländer inzwischen die Verfahrensvorschriften der §§ 558ff. BGB für anwendbar erklärt haben. 18

II. Der Mietvertragsabschluss

Nach dem ausdrücklichen Wortlaut des § 556d Abs. 1 gilt die Beschränkung nur dann, wenn ein Mietvertrag **abgeschlossen** wird.[69] Ähnlich lautet auch die Überschrift des Unterkapitels „Vereinbarungen über die Miethöhe **bei Mietbeginn**“. Das entspricht dem Gesetzeszweck erstmals die Wiedervermietungsmiete zu beschränken. Nicht betroffen sind also alle Vereinbarungen über Mieterhöhungen im Bestand unter Aufrechterhaltung der Identität des Vertrages.[70]. 19

Alle Formen der Mietvertragsverlängerung, -erneuerung, und des schlichten Parteiwechsels fallen nicht unter den Anwendungsbereich der §§ 556d ff. BGB. 20

Hat der Vermieter das Mietverhältnis fristlos, z. B. wegen Zahlungsverzuges gekündigt und erklärt er sich gegen Zahlung einer höheren Miete bereit **„die Kündigung zurückzunehmen“,** so ist strittig, ob damit ein neuer Mietvertrag zustande kommt oder ob der bestehende Mietvertrag nur zu einer höheren Miete fortgesetzt wird. Die Rücknahme einer fristlosten Kündigung ist anders als die Rücknahme einer fristgerechten Kündigung nicht möglich (s. a. § 542 BGB Rdn. 89).[71] Mit dem Zugang[72] der fristlosen Kündigung beim Mieter wird das Mietverhältnis beendet. Daraus folgert der *XII. Senat*[73], dass die Rechtsfolgen der Kündigung nach Wirksamwerden nicht zurückgenommen oder widerrufen werden können. Jede diesbezügliche Vereinbarung stelle deshalb einen neuen Mietvertrag dar, der ggf. auch wieder schriftlich abgeschlossen werden muss, wenn er dem Schriftformerfordernis des § 550 BGB unterfällt. Nach dieser Auslegung würde in diesem Fall auch die Begrenzung der Wiedervermietungsmiete gelten. Richtigerweise wird man die „Rücknahme der Kündigung“ durch den Vermieter in diesem Fall aber auf ein **Angebot auf Fortsetzung** des ursprünglichen Mietverhältnisses verstehen müssen.[74] Wenn diese Erklärung gegenüber dem Sozialamt im Rahmen der Schonfristzahlung gem. § 569 Abs. 3 BGB abgegeben wird, dann kommt der Fortsetzungsvertrag[75] entweder zustande, weil das Sozialamt in diesem 21

---

66 Die Unterscheidung ist allenfalls für die Anwendung des § 565 BGB von Bedeutung: BGH (VIII ZR 311/14) NZM 2016, 256 m. Anm. *Börstinghaus* LMK 2016, 377696; *Derleder* NZM 2016, 670.

67 KG WuM 2015, 666; OLG Frankfurt ZMR 2011, 119.

68 BGH (VIII ZR 327/11) NJW 2012, 2270 = MietPrax-AK, § 569 BGB Nr. 8 mit Anm. *Börstinghaus; ders.*, jurisPR-BGHZivilR 13/2012 Anm. 3; *Börstinghaus/Eisenschmid* Arbeitskommentar 2001, § 549 BGB S. 146.

69 *Derleder* WuM 2013, 383, 389.

70 *Emmerich* in Staudinger, § 556d Rdn. 8.

71 *Harke* ZMR 2015, 595; *Emmerich* in Staudinger, § 556d Rdn. 10.

72 Kritisch zur der Beschränkung der Argumentation nur auf das Zugangsproblem: *Harke* ZMR 2015, 595.

73 BGH NZM 1998, 628.

74 *Blank* WuM 2014, 641, 643.

75 Der ja nur für die zugleich erfolgte ordentliche Kündigung erforderlich ist, weil die fristlose Kündigung gem. § 569 Abs. 3 BGB unwirksam wird.

Punkt Vertreter des Mieters ist[76] oder weil ein Optionsvertrag geschlossen wird.[77] Der Mieter nimmt die ihm eingeräumte Option dann doch Weiternutzung der Wohnung an. In jedem Fall wird aber der **alte Mietvertrag fortgesetzt.** Bei dieser dem tatsächlichen Willen der Parteien entsprechenden Auslegung der maßgeblichen Willenserklärung scheidet eine Anwendung der §§ 556d ff. BGB auf diese Fallgestaltung aus, auch wenn der Vermieter die Fortsetzung des Mietvertrages von der Zahlung einer höheren Miete abhängig macht.[78] Dafür spricht auch, dass § 545 BGB eine Verlängerung des Mietverhältnisses bei Weiternutzung gesetzlich anordnet. Dies können die Mietvertragsparteien auch rechtsgeschäftlich vereinbaren.[79] Dass dies nur gegen Zahlung einer höheren Miete erfolgen soll, gestattet § 557 Abs. 1 BGB, der ebenfalls der Höhe nach nicht auf die ortsübliche Vergleichsmiete zzgl. 10% beschränkt ist.

22 Vereinbaren die ursprünglichen Parteien des Mietvertrages, dass der bisherige **Mieter aus dem Vertrag ausscheidet** und ein neuer Mieter in den Mietvertrag eintritt, kommt es auf die konkrete Vertragsgestaltung an.[80] Die Frage, ob und unter welchen Umständen mit dem Abschluss eines Mietvertrags mit einem vom Mieter gestellten Nachmieter die Aufhebung des bisherigen Mietvertrags verbunden ist, hängt von den Umständen des jeweiligen Einzelfalls ab und entzieht sich einer allgemeinen Betrachtung.[81] Möglich sind die Beendigung des alten Mietvertrages und der Abschluss eines neuen Vertrages.[82] Eine solche **Novation**[83] stellt dann einen den §§ 556d ff. BGB unterfallenden Mietvertragsabschluss dar. Ebenso können die Parteien aber vereinbaren, dass der neue Mieter an die Stelle des alten Mieters tritt.[84] Das kann auch mit einer Vertragsänderung, also einer Mieterhöhung verbunden werden. Ein solcher **Parteiwechsel** fällt nicht unter § 556d Abs. 1 BGB.[85] Er kommt durch dreiseitigen Vertrag zustande.[86] Auch bei einem Beitritt eines weiteren Mieters in den Vertrag gilt die Beschränkung nicht.[87] Ebenso ist bei einem Wechsel der Mietvertragsparteien im Rahmen einer Ersatzmietergestellung zu differenzieren.[88] Dabei ist aber zur berücksichtigen, dass der Mieter, der aufgrund sachlicher Gründe einen Anspruch darauf hat aus einem noch länger laufenden Mietvertrag gegen Gestellung eines Nachmieters entlassen zu werden, einen Anspruch hat, dass der Mietvertrag zu unveränderten Bedingungen fortgesetzt wird. Das spricht regelmäßig für einen Parteiwechsel und gegen eine Novation. In Missbrauchsfällen kann ggf. eine analoge Anwendung der Vorschriften in Betracht kommen.[89]

23 **Sachliche Erweiterung des Mietgegenstandes** erfolgen regelmäßig im Wege eine Vertragserweiterung, für die die §§ 556d ff. BGB nicht gelten. Das gilt z. B. für die Hinzuvermietung von Räumen, des Garten, von Kellerräumen oder einer Garage. Das Gleiche gilt für eine Verkleinerung des Mietgegenstandes, also die Herausnahme von Mansardenzimmern, der Garage oder von Kellerräumen aus dem Mietvertrag. In all diesen Fäll erfolgt keine Begrenzung der Miete gem. §§ 556d ff. BGB. Theoretisch möglich ist der Abschluss eines neuen Mietvertrages, also eine **Novation.** Das ist aber die absolute Ausnahme. Selbst bei einem Umzug innerhalb des Hauses im Interesse des Vermieters ist bei der Feststellung des Willens der Parteien, das alte Schuldverhältnis aufzuheben und durch ein neu begründetes Rechtsverhältnis zu ersetzen, große Vorsicht geboten. Es kann nur ausnahmsweise von einer Novation ausgegangen werden, sofern die Parteien einen solchen Willen unzweifelhaft zum Ausdruck bringen. Im Zweifel ist daher nur von einer **Vertragsänderung** auszugehen[90], für die die §§ 556d ff. BGB nicht gelten.

---

[76] Dafür spricht, dass das Sozialamt den Mieter nach Information durch das Gericht anschreibt, dieser einen Antrag stellen muss und seinen Willen, auf jeden Fall in der Wohnung bleiben zu wollen, mitgeteilt hat.
[77] *Harke* ZMR 2015, 595.
[78] *Blank* WuM 2014, 641, 643; **a. A.** *Emmerich* in Staudinger, § 556d Rdn. 10.
[79] *Blank* WuM 2014, 641, 643.
[80] *Emmerich* in Staudinger, § 556d Rdn. 8.
[81] BGH (VIII ZR 117/11) WuM 2012, 371; dazu umfassend *Schmid* WuM 2013, 643.
[82] Nach BGH (XII ZR 113/05) NZM 2007, 851 spricht ein Mieterwechsel grds. eher für eine Novation als für einen Parteiwechsel.
[83] Zur Novation auch BGH (VIII ZR 62/08) NJW 2009, 1139; BGH (VIII ZR 50/12) WuM 2013, 165 („Novation nur ausnahmsweise").
[84] BGHZ 95, 88.
[85] *Blank* WuM 2014, 641, 643.
[86] BGH (VIII ZR 84/09) NZM 2010, 471; BGH (VIII ZR 142/12) WuM 2013, 496.
[87] *Emmerich* in Staudinger, § 556d Rdn. 8.
[88] *Blank* WuM 2014, 641, 643.
[89] Nach *Emmerich* in Staudinger, § 556d Rdn. 8 sei in diesen Fällen „an eine Anwendung des § 556g Abs. 1 S. 1 zu denken".
[90] BGH (VIII ZR 50/12) WuM 2013, 165.

Im Fall der **Veräußerung des Grundstücks** wird ein neuer Mietvertrag mit gleichem Inhalt mit dem Erwerber begründet. Zum einen findet hier keine Mieterhöhung statt und zum anderen handelt es sich um den gleichen Mietvertrag, so dass trotz der dogmatischen Konstruktion der fehlenden Rechtsnachfolge, nicht von einem Neuabschluss eines Mietvertrages auszugehen ist.[91] Vereinbart der Erwerber dann eine höhere Miete, handelt es sich um eine Erhöhung im Bestandsmietverhältnis[92] für die die §§ 557ff. BGB gelten und nicht die §§ 556d ff. BGB (dazu auch § 566 Rdn. 98). 24

III. Angespannter Wohnungsmarkt

1. Allgemeines

Die Begrenzung der Wiedervermietungsmiete gilt nur für Wohnraummietverträge über eine Wohnung, die in einem durch **Rechtsverordnung** nach § 556d Abs. 2 BGB bestimmten Gebiet mit einem **angespannten Wohnungsmarkt** liegt.[93] Die Begrenzung gilt also nicht flächendeckend. Da es sich bei der Regelung um einen Eingriff in das Eigentumsgrundrecht des Vermieters gem. Art. 14 GG handelt, ist diese Beschränkung nur unter dem Gesichtspunkt der Verhältnismäßigkeit verfassungsgemäß. Eine **flächendeckende Beschränkung** würde dagegen verstoßen, weil es an der Erforderlichkeit einer Beschränkung in Gemeinden ohne angespannten Wohnungsmarkt fehlt.[94] 25

Die Vorschrift ähnelt in ihren **Voraussetzungen den Ermächtigungsgrundlagen** in § 577a Abs. 2 und § 558 Abs. 3 BGB sowie Art. 6 § 1 S. 1 MRVerbG vom 4.11.1971[95] für Zweckentfremdungsverordnungen.[96] Im Referentenentwurf vom 18.3.2014 waren die Voraussetzungen noch identisch.[97] Aufgrund der Erfahrung mit der Umsetzung der Ermächtigungsgrundlage des § 558 Abs. 3 BGB durch die Länder wurden die Voraussetzungen im Gesetzgebungsverfahren dann konkretisiert und verschärft.[98] Die Länder hatten von der Möglichkeit der Herabsetzung der Kappungsgrenze zum Teil sehr extensiv Gebrauch gemacht. Sie gilt heute in über 341[99] Gemeinden[100]. Das sollte bei der Begrenzung der Wiedervermietungsmiete nicht noch einmal geschehen, weshalb Abs. 2 Satz 3 nun **Kriterien**[101] für das Vorliegen eines angespannten Wohnungsmarktes benennt, den Ländern in Abs. 2 S. 5 und 6 eine **Begründungspflicht** auferlegt wird und außerdem die Länder nach Satz 7 darlegen müssen, was sie zur Linderung der örtlichen Wohnungsnot tun. Letzteres ist insbesondere im Hinblick auf die Rechtsprechung des EGMR[102] von großer Bedeutung. 26

2. Materielle Voraussetzungen

Voraussetzung für die Aufnahme der Gemeinde in eine entsprechende Landesverordnung ist, dass es sich um ein Gebiet mit angespanntem Wohnungsmarkt handelt.[103] Nach der Legaldefinition in Abs. 2 S. 2 handelt es sich dabei um Gebiete in denen die ausreichende Versorgung der Bevölke- 27

---

[91] Nach BGH (XII ZR 163/12) NJW 2014, 3775 kommt es auch für die Eigentümerstellung des Mieters beim Vermieterpfandrecht in den Veräußerungsfällen auf das Eigentum zum Zeitpunkt des ursprünglichen Mietvertrages an und nicht auf den Zeitpunkt des neubegründeten Vertrages mit dem Erwerber.

[92] *Emmerich* in Staudinger, § 556d Rdn. 9.

[93] Insofern unterscheidet sich die Regelung von der in § 558 Abs. 3 BGB, als dort kumulativ in der Gemeinde ein angespannter Wohnungsmarkt vorliegen muss und die Gemeinde in eine Verordnung aufgenommen worden sein muss: *Artz* in MünchKomm § 556d Rdn 12: in seiner Stellungnahme als Sachverständiger des Rechtsausschusses forderte er deshalb eine Harmonisierung der Vorschriften. Ähnlich *Weigelt,* Die wachsende Stadt als Herausforderung für das Recht (2016), S. 287 insbes. Fn 90.

[94] So auch *Hinz* ZMR 2014, 593, 594; *ders.* NZM 2012, 777, 795.

[95] BGBl. I 1971, 1745.

[96] Ähnliche aber etwas anders formulierte Regelungen gab es in den § 5a WoBindG und § 1 Abs. 4 AFWoG.

[97] *Hinz* ZMR 2014, 593, 595.

[98] Deshalb besteht auch keine vollständige Identität zwischen den Gemeinden, in denen die Kappungsgrenze herabgesetzt ist und denen mit Beschränkung der Wiedervermietungsmiete: *Happ* DWW 2016, 284, 289.

[99] Stand 10.3.2017. In Berlin und Hamburg laufen die derzeitigen Verordnungen im Laufe des Jahres 2018 aus, in NRW, Brandenburg und Schleswig-Holstein im Jahre 2019.

[100] Eine Liste der Gemeinden befindet sich bei § 558 Rdn. 182j.

[101] *Weigelt,* Die wachsende Stadt als Herausforderung für das Recht (2016), S. 288 spricht von „Leitlinien".

[102] EGMR Urteil v. 28.1.2014 Az: 30255/09, NJW 2015, 605 = NZM 2015, 124.

[103] Zu den Voraussetzungen in Bayern und zur dortigen MieterschutzVO (GVBl. 2015, 398) siehe *Sieg* DWW 2016, 206.

rung mit Mietwohnungen in einer Gemeinde oder einem Teil der Gemeinde zu angemessenen Bedingungen besonders gefährdet ist.

28 **a) Maßgeblicher Wohnungsmarkt.** Voraussetzung ist ein angespannter Wohnungsmarkt. Dazu muss erst der maßgebliche Markt ermittelt werden.[104] Dieser Markt ist in mehrfacher Hinsicht zu definieren. Zum einen geht es um die räumliche Abgrenzung. Hier ist die größte Einheit **die politische Gemeinde.** Zulässig ist aber auch eine kleinteiligere Abgrenzung, also für bestimmte **Quartiere** oder **Stadtteile.**[105] Letzteres ist mangels ausreichender Datenlage aber durchaus problematisch.[106] Zum anderen kann der Markt auch nach **Wohnungsteilmärkten** differenziert werden, also für Apartments, Luxuswohnungen[107] oder Großwohnungen.[108] Dafür spricht bereits die Verwendung des Plurals im Gesetzestext.[109] Das kann verfassungsrechtlich geboten sein, wenn nur bestimmte Bevölkerungsgruppen, die eine bestimmte Art von Wohnungen suchen, von der Mangelsituation betroffen sind.[110] Das kann z. B. bei kleinen Wohnungen für Studierende in Universitätsstätten der Fall sein. In der Regel fehlen hier aber ebenfalls ausreichende Daten und es kommt in diesen Märken auch zu Ausweichstrategien, z. B. mehr Wohngemeinschaften in Großwohnungen o. ä. Dies muss bei der erforderlichen Untersuchung des Wohnungsmarktes mit berücksichtigt werden, denn verfassungsrechtlich muss die Begrenzung der Neuvertragsmiete auf das erforderliche Maß beschränkt werden.[111] In der Praxis wird es anders als bei der Begrenzung auf bestimmte Quartiere oder Stadtteile schwierig, entsprechende Teilmärkte zu identifizieren und festzulegen. Die Landesregierung hat als ein demokratisch legitimiertes und politisch verantwortliches Staatsorgan einen gewissen **Beurteilungsspielraum.**[112]

29 **b) Angespannter Wohnungsmarkt.** Das Gesetz verlangt weiter, dass zuvor definierte Wohnungsmarkt „angespannt" ist. Nach der Legaldefinition des Abs. 2 S. 2 BGB liegt ein solcher Wohnungsmarkt vor, wenn **(a)** die „ausreichende Versorgung" der Bevölkerung mit Wohnungen **(b)** zu „angemessenen Bedingungen" **(c)** „besonders gefährdet" ist. Wie das BVerfG[113] bereits zum Zweckentfremdungsverbot entschieden hat, verweisen die Begriffe „ausreichende Versorgung" und „angemessene" Bedingungen" im Rahmen der Ermächtigungsgrundlage wegen der zusätzlich erforderlichen besonderen Gefährdung[114] nicht auf einen wünschenswerten Idealzustand, sondern auf die Sicherstellung des Normalen.

30 Eine **„ausreichende Versorgung"** liegt deshalb schon bei annäherndem Gleichgewicht von Angebot und Nachfrage vor.[115] Aber auch dazu ist nach der „Lebenserfahrung"[116] ein Angebotsüberhang notwendig. Erforderlich ist nämlich immer eine Leerstands- oder Fluktuationsreserve von ca. 3–5%, damit Umzüge überhaupt stattfinden können und Renovierungen möglich sind.[117]

---

[104] *Lehmann-Richter* WuM 2015, 204.

[105] *Blank* WuM 2014, 641, 645; bisher hat nur das Land Hessen bei einigen wenigen Großstädten bestimmte Stadtteile vom Anwendungsbereich ausgenommen.

[106] Nach *Blank* WuM 2014, 641, 645 ist in einer Großstadt eine differenzierte Untersuchung unerlässlich.

[107] *Blank* WuM 2016, 161, 163.

[108] *Herlitz* ZMR 2014, 262, 264; *Blank* WuM 2014, 641, 645.

[109] *Blank* WuM 2014, 641, 645; nach *Lehmann-Richter* WuM 2015, 204 kann aus der Verwendung des Plurals deshalb nichts abgeleitet werden, weil in Abs. 2 auch von „Gebieten" die Rede ist und in Abs. 1 der Singular gebraucht wird.

[110] *Lehmann-Richter* WuM 2015, 204; darauf weist zu Recht auch *Herlitz* jurisPR-MietR 7/2015 Anm. 3 im Zusammenhang mit dem „geringen Angebot" bei § 5 WiStG hin; **a. A.** *Blank* WuM 2016, 161, 164.

[111] *Herlitz* ZMR 2014, 262, 264; *Blank* WuM 2014, 641, 645; *Lehmann-Richter* WuM 2015, 204; **a. A.** aber *Blank* WuM 2016, 161, 164 der der Auffassung ist, dass allein der Bundesgesetzgeber den Umfang des Mieterschutzes bestimmen dürfe und dies mit der Aufnahme der §§ 556d ff BGB in den Katalog des § 549 Abs. 2 BGB abschließend getan habe.

[112] BVerfGE 38, 348; BGH (VIII ZR 217/14) NJW 2016, 476 = MietPrax-AK, § 558 BGB Nr. 35 m. Anm. *Börstinghaus; ders.* LMK 2016, 376055; *Blank* WuM 2016, 161; ebenso schon *Lehmann-Richter* WuM 2015, 204 m. w. N.

[113] BVerfGE 38, 348.

[114] In § 5 WiStG ist vom „geringen Angebotes an vergleichbarem Wohnraum" die Rede, das der Vermieter ausgenutzt haben muss; dazu zuletzt *Fleindl* WuM 2013, 703, 708.

[115] BVerfGE 38, 348, 360; BGH (VIII ZR 217/14) NJW 2016, 476 = MietPrax-AK, § 558 BGB Nr. 35 m. Anm. *Börstinghaus; ders.* LMK 2016, 376055; *Blank* WuM 2016, 161.

[116] So die Formulierung des BGH (VIII ZR 217/14) NJW 2016, 476 Txtziff. 71.

[117] BVerwG NZM 2003, 606; NJW 1983, 2893; VGH München NJW-RR 1987, 1498; *Börstinghaus* in Börstinghaus/Eisenschmid, Modernisierungs-Handbuch, Kap. 4 Rdn. 24 (zu § 5 WiStG).

Erforderlich ist darüber hinaus kein den Preis drückendes Überangebot.[118] Es ist aber auch keine akute Notlage erforderlich.[119]

„Angemessene Bedingungen" bedeutet auch nicht, dass die Mieten außergewöhnlich niedrig sind.[120] Die Mieten müssen von einem durchschnittlich verdienenden Arbeitnehmerhaushalt auch unter Berücksichtigung staatlicher Hilfen allgemein aufgebracht werden können. Die Einbeziehung staatlicher Hilfen ist auch im Rahmen von § 556d BGB gerechtfertigt, denn auch einkommensschwache Haushalte, insbesondere Haushalte, die auf staatliche Unterstützung angewiesen sind, sollen von der Begrenzung der Wiedervermietungsmiete profitieren.[121] 31

Da das Gesetz nur verlangt, dass eine **besondere Gefährdung** vorliegen muss, ist nicht erforderlich, dass die Unterversorgung bereits eingetreten ist. Es genügen latente Versorgungsschwierigkeiten.[122] Aus dem Tatbestandsmerkmal „besonders" ergibt sich, dass eine Gemeinde „durch sachliche Eigenarten gekennzeichnet ist, die geeignet sind, den Wohnungsmarkt für breitere Bevölkerungsschichten negativ zu beeinflussen".[123] Die Landesregierung soll und muss bereits einschreiten, wenn sich die Unterversorgung abzeichnet.[124] 32

Im Gesetzgebungsverfahren wurde in Abs. 2 der **Kriterienkatalog**[125] hinzugefügt, um Anknüpfungstatsachen zur Feststellung des angespannten Wohnungsmarktes vorzugeben. Die Aufzählung ist **nicht abschließend.**[126] Das ergibt sich aus dem Wort „insbesondere". Ob im Einzelfall ein Kriterium ausreicht[127] oder mehrere dieser Kriterien vorliegen müssen oder ob im Ausnahmefall trotz Vorliegens eines oder mehrerer Kriterien ein angespannter Wohnungsmarkt zu verneinen ist, muss anhand einer Gesamtschau beurteilt werden.[128] 33

aa) Überdurchschnittlicher Mietanstieg. Erstes Kriterium soll sein, dass die Mieten in der Gemeinde oder einem Teil der Gemeinde deutlich stärker steigen als im bundesweiten Durchschnitt. Offen ist dabei, ob sich diese Betrachtung auf die Vergangenheit bezieht oder eine Prognose für die Zukunft erfordert.[129] Da nur Daten für die Vergangenheit vorliegen, kommt es auf die Entwicklung bis heute an. Erforderlich ist eine umfassende Untersuchung mehrerer Jahre.[130] Dabei muss man die Werte dann mit dem Bundesdurchschnitt in Relation setzen. Wichtig ist, dass man aber wirklich vergleichbare Wohnungen vergleicht und die richtigen Mietbegriffe mit einander in Bezug setzt.[131] Deshalb muss sich die Auswertung auf alle Mietverhältnisse[132] und nicht nur Wohnungen mittlerer Art[133] beziehen. Fraglich ist auf welches Tatbestandsmerkmal aus § 556d Abs. 2 S. 2 BGB sich dieses Kriterium bezieht.[134] Es kann ggf. einen Rückschluss auf die ausreichende Versorgung als auch auf die unangemessenen Bedingungen gezogen werden. Zwingend ist das aber nicht, weil die Gründe für den Mietanstieg ganz unterschiedlicher Natur sein können, z.B. kann 34

---

118 BVerfGE 38, 348.

119 *Hinz* ZMR 2014, 593, 595.

120 BVerfGE 38, 348; BGH (VIII ZR 217/14) NJW 2016, 476 = MietPrax-AK, § 558 BGB Nr. 35 m. Anm. *Börstinghaus; ders.* LMK 2016, 376055; *Blank* WuM 2016, 161.

121 So BGH (VIII ZR 217/14) NJW 2016, 476 zur herabgesetzten Kappungsgrenze gem. § 558 Abs. 3 BGB.

122 BGH (VIII ZR 217/14) NJW 2016, 476.

123 BVerwG NJW 1983, 2893, 2894; BGH (VIII ZR 217/14) NJW 2016, 476 Txtziff. 73.

124 BVerwG NJW 1983, 2893; *Lehmann-Richter* WuM 2015, 204.

125 In der Gesetzesbegründung (BT-Drs. 18/3121) ist von „Indikatoren" die Rede; zu den Kriterien die die bayrische Staatsregierung für die VO aufgestellt hat: *Sieg* DWW 2016, 204, 205.

126 *Blank* WuM 2014, 641, 645.

127 *Weigelt,* Die wachsende Stadt als Herausforderung für das Recht (2016), S. 288.

128 So auch die Gesetzesbegründung BT-Drs. 18/3121 S. 29; nach *Artz* in MünchKomm § 556d Fn. 25 soll es sich bei der nachfolgenden Kommentierung des Verf. in der Vorauflage um „tapfere Interpretationsversuche" handeln.

129 *Blank* WuM 2014, 641, 644.

130 NK-BGB/*Hinz* § 556d Rn. 9 der an den Vierjahreszeitraum des § 558 Abs. 2 BGB denkt.

131 Soweit im Referentenentwurf vom 18.3.2014 S. 12 ein solcher Vergleich für ausgewählte Städte vorgenommen wurde, bestand der systematische Fehler dieser Tabelle darin, dass dort unter der Rubrik „Bestandsmieten" die Durchschnittsmieten aller Wohnungen in der entsprechenden Gemeinde aus allen Baualtersklassen ausgewiesen werden und in der Rubrik „Marktmiete" die Neuvertragsmieten für Wohnungen der Baualtersklasse „nach 1995". Damit wurden „Äpfel mit Birnen" verglichen; so bereits *Börstinghaus* DWW 2014, 202. Im Referentenentwurf BT-Drs. 18/3121 S. 11 wurde dieser Fehler behoben.

132 NK-BGB/*Hinz* § 556d Rn. 9.

133 So aber *Abramenko* in Lützenkirchen, Mietrecht, § 556d Rn. 42: nur die Mieten, für Wohnungen, die von den Mietern mit geringem und mittlerem Einkommen, die durch das Gesetz geschützt werden sollen, auch angemietet werden.

134 *Lehmann-Richter* WuM 2015, 204.

auch Nachholbedarf befriedigt oder ein neues Stadtquartier fertiggestellt worden sein. Deshalb sind bei diesem Kriterium weitere Indizien erforderlich.[135]

35 **bb) Die durchschnittliche Mietbelastung.** Ein weiteres Kriterium ist, dass die durchschnittliche Mietbelastung der Haushalte in der Gemeinde den bundesweiten Durchschnitt deutlich übersteigt. Darunter ist der prozentuale Anteil des Familieneinkommens zu verstehen, das für die Wohnungsmiete aufgewandt wird.[136] Das Kriterium lässt keinen Rückschluss auf die „angemessenen Bedingungen" zu.[137] Jedoch kann es ein Indiz für die nicht ausreichende Versorgung sein. Erforderlich sind aber auch hier gesicherte Daten und der Vergleich zwischen den Werten gleicher Nachfragergruppen (Alleinstehende, Alleinerziehende, Paare, Familien mit Kindern). Nur dann kann die ausgewiesene Relation auch aussagekräftig sein.[138]

36 **cc) Wachsende Wohnbevölkerung.** Als drittes Kriterium führt das Gesetz an, dass die Wohnbevölkerung wächst, ohne dass durch Neubautätigkeit insoweit erforderlicher Wohnraum geschaffen wird. Dieses Einwohnerwachstum kann ein Indiz für einen „Versorgungsengpass"[139] sein. Problematisch ist, dass solche Daten regelmäßig nicht vorliegen.[140] Zwar geht es nicht um Haushalte, aber der Begriff der Wohnbevölkerung ist nur bedingt aussagekräftig. Wenn 5 Singles in eine Stadt ziehen ist der Wohnbedarf ein anderer als wenn eine 5 köpfige Familie kommt. Die Zahlen des Zensus 2011 sind deshalb nur beschränkt verwertbar, da sie von der These ausgehen 1 Wohnung = 1 Haushalt. Die Anzahl der Nachfrager ist damit nicht bekannt und kann auch kaum ermittelt werden.[141] Die Anzahl der Haushalte kann nicht größer als die Zahl der Wohnungen sein. Diese Werte besagen deshalb wohl nichts. Überdurchschnittliche Nachfragesteigerungen können allenfalls ein Kriterium für eine nicht ausreichende Versorgung der Bevölkerung darstellen. Das kann sogar bei gleichbleibender Bevölkerung aber kleiner werdenden Haushaltsgrößen der Fall sein.

37 **dd) Leerstandsquote.** Deshalb ist das letzte Kriterium eigentlich viel bedeutsamer. Es soll erfüllt sein, bei geringem Leerstand bei großer Nachfrage. Wegen der für Umzüge und Sanierungen pp erforderlichen Fluktuationsreserve von mindestens 2–3% wird man wohl von einer erforderlichen Leerstandsquote von unter 2% ausgehen müssen, damit das Kriterium erfüllt ist. Es reicht nämlich keine „einfache" Gefährdung der Bevölkerung, sondern es muss eine **„besondere Gefährdung"** der Versorgung der Bevölkerung vorliegen. Schwieriger ist auch hier wie schon bei der Wohnbevölkerung die Nachfragerseite. Auch hier besagt die Anzahl der Haushalte gar nichts.[142] Wenn alle in einem „Haushalt" untergekommen sind, kann trotzdem noch große Nachfrage bestehen, wenn Personen aus dem Haushalt ausziehen wollen. Diese Werte sind kaum ermittelbar.

38 **ee) Weitere Kriterien.** Die Rechtsprechung hat zu den ähnlichen Ermächtigungsgrundlagen in denen ein angespannter Wohnungsmarkt Eingriffsvoraussetzung ist oder auch zu § 5 WiStG weitere Kriterien entwickelt, die auch hier zur Anwendung kommen können. Auch die Gesetzesbegründung[143] zählt weiteres Datenmaterial auf, das einen angespannten Wohnungsmarkt indizieren soll. Weitere Kriterien können z. B. sein:[144]

- Das Bestehen eines Zweckentfremdungsverbots in der Gemeinde
- Existenz eines Mietspiegels in der Gemeinde[145]
- Ein hohes Mietniveau in der Gemeinde[146]
- ein erheblicher Nachfrageüberhang nach preisgebundenen Wohnungen[147]

---

[135] BR-Drs. 447/14, S. 2; *Lehmann-Richter* WuM 2015, 204.

[136] *Blank* WuM 2014, 641, 644.

[137] *Lehmann-Richter* WuM 2015, 204.

[138] So hat Heilbronn das höchste Pro-Kopf-Einkommen in Deutschland und eine der niedrigsten durchschnittlichen Mietbelastungen. Das liegt am Einkommen eines einzelnen reichen (Einzelhandels-)Kaufmanns; Süddeutsche Zeitung v. 23.10.2015.

[139] *Blank* WuM 2014, 641, 644.

[140] Nach *Blank* WuM 2014, 641, 644 sollen diese Daten aber leichter als bei den beiden Merkmalen zuvor ermittelbar sein.

[141] Zu den Gründen des vor allem sehr punktuell auftretenden Nachfrageanstiegs siehe *Weigelt,* Die wachsende Stadt als Herausforderung für das Recht (2016), S. 32ff.

[142] So auch *Blank* WuM 2014, 641, 644.

[143] BT-Drs. 18/3121 S. 11.

[144] Siehe auch *Lehmann-Richter* WuM 2015, 204.

[145] Nach *Blank* WuM 2014, 641, 646 erscheint das Kriterium „auf den ersten Blick sachfremd". Verfassungsrechtlich könnte diese Beschränkung jedoch geboten sein.

[146] *Blank* WuM 2014, 641, 645.

[147] OVG Brandenburg NZM 1998, 315.

- eine hohe und gleichbleibende Zahl von Wohnungsnotfällen, die dringend auf die Hilfe der Behörden angewiesen sind
- die Tatsache, dass die Mietvertragsbedingungen weitgehend von den Vermietern diktiert werden
- Anstieg der Wohnungssuchenden bei Wohnungsamt.[148]
- Behördliche Bedarfsprognosen, Konjunkturberichte oder stattliche Wohnungsbauprogramme für bestimmte Mietgruppen.[149]
- eine hohe Obdachlosenquote[150]
- Abwanderung aus dem Stadtbereich[151]
- eine sinkende Mobilitätsrate[152].

c) Begründungserfordernis. Die Landesregierung[153] muss die entsprechende Verordnung gem. Abs. 2 S. 4 begründen.[154] Auf diese Weise soll die Entscheidung der Landesregierung nachvollziehbar gemacht werden.[155] Die Begründungspflicht des § 556d Abs. 2 Sätze 5 und 6 BGB dient dem Grundrechtsschutz.[156] Denn diese Pflicht, die die Entscheidungen der Landesregierungen insbesondere im Hinblick darauf, aufgrund welcher Tatsachen die Gebiete bestimmt wurden, nachvollziehbar machen soll, steht in funktionalem Zusammenhang mit der den Inhalt des Eigentums der Vermieter ausgestaltenden Regelung des § 556d Abs. 1 BGB. Die Bestimmung und Abgrenzung der Gebiete mit angespannten Wohnungsmärkten bedarf einer sorgsamen Überprüfung der Eignung, Erforderlichkeit und Angemessenheit der Maßnahme, um auf diese Weise den verfassungsrechtlichen Maßgaben des Eigentumsschutzes Rechnung zu tragen.[157] Damit soll die auf den Einzelfall bezogene Begründungspflicht im Interesse des Eigentumsschutzes zur Verhältnismäßigkeit der Gebietsbestimmung beitragen. Aus der Begründung muss sich ergeben, dass die Landesregierung sich an die gesetzlichen Vorgaben gehalten hat.[158] Nicht vorgeschrieben ist, ob die Begründung in der Verordnung oder an anderer Stelle zu erfolgen hat.[159] Fraglich ist, ob die Begründung eines Entwurfs durch ein Landesministerium ausreichend ist.[160] Aus der Begründung muss sich ergeben, auf Grund welcher Tatsachen in jedem einzelnen in die Verordnung aufgenommenen Gebiet ein angespannter Wohnungsmarkt im Einzelfall vorliegt.[161] Hintergrund ist, dass die Bestimmung und Abgrenzung der Gebiete in denen die Wiedervermietungsmiete begrenzt werden soll, eine sorgsame Überprüfung der Eignung, Erforderlichkeit und Angemessenheit erfordert.[162] Nur so kann den verfassungsrechtlichen Maßgaben des Eigentumsschutzes Rechnung getragen werden. Eine Begründung verlangt nachprüfbare Tatsachen, warum die jeweilige Gemeinde oder auch ein Gemeindeteil aufgenommen wurde.[163] Die Angabe lediglich des Gesamtergebnisses der Gesamtschau reicht nicht aus.[164] Die Begründung muss für die Bürger und die Gerichte öffentlich zugänglich sein. Die Aufnahme in eine nicht-öffentliche Senatsdrucksache reicht nicht aus.[165] Die Bundes- 39

148 AG Braunschweig/LG Braunschweig WuM 1990, 162.
149 LG Hamburg WuM 1989, 522; *Blank* PiG 35, 27, 40.
150 BVerwGE 59, 195.
151 BVerwGE 59, 195.
152 LG Berlin WuM 2014, 554.
153 Die Ermächtigung eines Landesministers ist gem. Art 80 Abs. 1 GG nicht möglich: BVerfGE 11, 77, 85.
154 Allgemein zu Umfang und Grenzen von Gesetzesbegründungen: *Zuck* NJW 2016, 3573, 3577; zu den Voraussetzungen in Bayern und zur dortigen MieterschutzVO (GVBl. 2015, 398) siehe *Sieg* DWW 2016, 206; zur VO in Baden-Württemberg *Zuck* NZM 2016, 657.
155 BT-Drs. 18/3121 S. 30; AG München Urt. v. 21.6.2017 – 414 C 26570/16.
156 BayVerfGH NZM 2017, 316.
157 BT-Drs. 18/3121 S. 28.
158 Nach *Emmerich* in Staudinger, § 556d Rdn. 28 bestehen schon aufgrund der Geschwindigkeit, mit der diese Verordnungen teilweise verabschiedet wurden, an der Einhaltung der Voraussetzungen „ernste Zweifel".
159 *Zuck* NJW 2016, 3573, 3577: Denkbar wäre die Veröffentlichung eines von der ganzen Landesregierung beschlossenen verbindlichen Begründungstextes z. B. im Gemeinsamen Amtsblatt.
160 Bedenken bei *Zuck* NJW 2016, 3573, 3577; *Zuck*, NZM 2016, 657.
161 AG München Urt. v. 21.6.2017 – 414 C 26570/16; AG Hamburg-Altona Urt. v. 23.5.2017 – 316 C 380/16.
162 BT-Drs. 18/3121 S. 29; AG München Urt. v. 21.6.2017 – 414 C 26570/16; AG Hamburg-Altona Urt. v. 23.5.2017 – 316 C 380/16.
163 *Sieg* DWW 2016, 204, 206; *Blank* WuM 2014, 641, 646.
164 So aber die Begründung der bayrischen MieterschutzVO JMBl. Bay 2015, 87; dazu *Sieg* DWW 2016, 204, 206; deshalb soll die VO für München unwirksam sein; AG München Urt. v. 21.6.2017 – 414 C 26570/16.
165 AG Hamburg-Altona Urt. v. 23.5.2017 – 316 C 380/16.

länder haben ganz unterschiedliche Wege der Begründung und ihrer Veröffentlichung gewählt.[166] Bedenklich ist das Verhalten in **Hessen,** das sich weigert, eine Begründung zu veröffentlichen.[167] Auch in Baden-Württemberg wurden mit Hinweis auf Vertraulichkeitszusagen gegenüber den Datenlieferanten nicht alle der Entscheidung zugrundeliegenden Daten veröffentlicht.[168] Da die Begründung der Verordnung zu den Wirksamkeitsvoraussetzungen gehört, bestehen erhebliche Bedenken gegen die Wirksamkeit dieser Verordnungen. Um eine überprüfbare Begründung geben zu können, muss vor Aufnahme einer Gemeinde in eine solche Verordnung regelmäßig **eine empirische Untersuchung** erfolgen.[169] Dies ist auch notwendig, um eine plausible Abgrenzung der Gebiete vorzunehmen.[170] Dem Begründungserfordernis ist Genüge getan, wenn in ihr die wesentlichen tatsächlichen Gründe genannt werden, warum die jeweilige Landesregierung die Gemeinde in die Verordnung aufgenommen hat.[171] Anders als § 172 Abs. 1 Ziff. 2 BBauG gehört die Erhaltung der Zusammensetzung der Wohnbevölkerung nicht zu den Gesetzeszielen.[172] Deshalb ist eine kostenintensive Erhebung der sozio-ökonomischen Lage der Haushalte, nicht zwingend erforderlich.[173] Bei einer **Popularklage** nach Art. 98 Satz 4 der bayerischen Verfassung gegen die entsprechende Landesverordnung gem. § 556d BGB darf der Verfassungsgerichtshof die Verordnung nicht umfassend daraufhin überprüfen, ob der Normgeber die rechtlichen und tatsächlichen Voraussetzungen der Ermächtigung zutreffend ermittelt und beurteilt oder ob er andere bundesrechtliche Vorschriften in ihrer Bedeutung für den Inhalt seiner Regelung richtig eingeschätzt hat.[174] Prüfungsmaßstab im Popularklageverfahren ist allein die Bayerische Verfassung. Verstößt eine abgeleitete Rechtsvorschrift des Landesrechts gegen Bundesrecht, so kann das im Popularklageverfahren nur insoweit entscheidungserheblich sein, als darin zugleich ein Verstoß gegen bayerisches Verfassungsrecht liegt. Einen solchen Verstoß hat der Bayerische Verfassungsgerichtshof bei der Mietpreisbremseverordnung vom 14. Juli 2015[175] nicht gesehen.[176]

40 **d) Maßnahmenkatalog.** Nach Abs. 2 S. 7 muss sich aus der Begründung ergeben, welche Maßnahmen die Landesregierung in dem durch die Rechtsverordnung jeweils bestimmten Gebiet und Zeitraum ergreifen wird, um Abhilfe hinsichtlich der angespannten Wohnungsmarktsituation zu schaffen. Ob das verfassungsrechtlich überhaupt zulässig ist, wird bestritten.[177] Letztendlich ging es dem Bundesgesetzgeber darum, ein extensives Gebrauch machen der Länder von dieser Ermächtigungsgrundlage zu erschweren. Konkrete Maßnahmen konnte der Bundesgesetzgeber aber den Ländern nicht vorscheiben, weil diese seit der Föderalismusreform[178] allein für Wohnungsmarktmaßnahmen zuständig sind. Der Bundesgesetzgeber wollte aber die Länder anhalten, von der vom Bund zur Verfügung gestellten Ermächtigungsgrundlage nur Gebrauch zu machen, wenn die Vorstellungen des Bundes, dass es sich um ein zeitlich begrenztes Instrument handelt und die Länder während der Laufzeit der Begrenzung der Wiedervermietungsmiete die Ursachen des Mietenanstiegs bekämpfen müssen, auch wirklich in Angriff genommen werden. Mietsteigerungen aufgrund angespannter Wohnungsmärkte kann man nur kurzfristig mit Preisregulierungen bekämpfen, auf Dauer helfen nur wohnungsmarkpolitische Maßnahmen wie Neubau, Umwidmung, Ausweisung von Bauland usw. Es handelt sich weder bei den Maßnahmen[179] noch bei der Informationspflicht des Abs. 2 S. 7 um eine **Wirksamkeitsvoraussetzung für die Verordnung.**[180] Die Länder haben sehr unterschiedliche Maßnahmen zur Bekämpfung der Wohnungsnot ergriffen. Auch unterschei-

---

[166] Siehe hierzu die Aufstellung bei *Börstinghaus/Thiede* NZM 2016, 489, 496ff.

[167] *Börstinghaus/Thiede* NZM 2016, 489, 497.

[168] Nach *Zuck* NJW 2016, 3573, 3577 und *Zuck,* NZM 2016, 657 ist das zumindest bedenklich.

[169] So schon die Gesetzesbegründung: BT-Drs. 18/3121 S. 29 „Es sollte eine tatsächliche statistische Erhebung stattfinden"; *Blank* WuM 2014, 641, 647; *Artz* in MünchKomm § 556d Rdn. 15; *Emmerich* in Staudinger, § 556d Rdn. 30; großzügiger *Derleder* NZM 2015, 413, 415.

[170] So ist in die KappungsgrenzensenkungsVO für NRW die Stadt Bottrop aufgenommen worden, obwohl in der unmittelbar angrenzenden Stadt Gelsenkirchen mehr als 10.000 Wohnungen leer stehen.

[171] *Lehmann-Richter* WuM 2015, 204.

[172] *Weigelt,* Die wachsende Stadt als Herausforderung für das Recht (2016), S. 287.

[173] *Weigelt,* a. a. O.

[174] VerfGH München vom 3.12.2013 VerfGHE 66, 187/192.

[175] GVBl S. 250.

[176] BayVerfGH NZM 2017, 316.

[177] *Lehmann-Richter* WuM 2015, 204.

[178] BGBl I 2006, 2034.

[179] Deshalb führt auch die Nichtumsetzung der Maßnahmen nicht zur Unwirksamkeit der VO: *Weigelt,* Die wachsende Stadt als Herausforderung für das Recht (2016), S. 289.

[180] AG Neukölln GE 2016, 1446, 1448; *Lehmann-Richter* WuM 2015, 205).

det sich das Verständnis, was alles als eine solche Maßnahme anzusehen ist.[181] Zum Teil zählen schon Gesprächskreise und runde Tische dazu.

3. Aufstellungsverfahren

a) Allgemeines. Für die Aufstellung sind ausschließlich die Länder zuständig. Welches Ministerium dafür zuständig ist bestimmt sich nach den Geschäftsordnungen der einzelnen Landesregierungen. Eine Pflicht zur Aufnahme einer Gemeinde in eine Landesverordnung besteht selbst dann nicht, wenn die Kriterien erfüllt wären.[182] 41

b) Datenermittlung. Erforderlich ist regelmäßig vor jeder Aufnahme einer Gemeinde eine **empirische Datenerhebung.**[183] Dabei müssen nicht zwingend alle in Betracht kommenden Kriterien untersucht werden, aber es müssen so viele Tatsachen ermittelt werden, dass eine tragfähige Begründung gegeben werden kann, warum die eine Gemeinde aufgenommen und ggf. eine andere vergleichbare Gemeinde nicht in die Verordnung aufgenommen wurde. Nicht ausreichend sind Forderungen aus der Politik oder von Verbänden oder Medienberichte, eine Gemeinde aufzunehmen. Das würde auch gegen Art. 14 GG und den Verhältnismäßigkeitsgrundsatz verstoßen. 42

c) Zeitpunkt. Maßgeblich für die Frage, ob die Voraussetzungen für die Aufnahme der Gemeinde in die Landesverordnung gegeben sind, ist ausschließlich der Zeitpunkt des Erlasses der jeweiligen Verordnung.[184] Spätere Veränderungen spielen keine Rolle. 43

d) Befristung. Es gibt zwei Befristungen. Zum einen darf in einer Gemeinde **maximal 5 Jahre** die Wiedervermietungsmiete begrenzt werden. Das ergibt sich aus der Formulierung in Abs. 2 S. 1. Danach darf ein Gebiet für die Dauer von 5 Jahren bestimmt werden. Das ist die Höchstgrenze. Das kann durch eine Verordnung mit einer Laufzeit von 5 Jahren erreicht werden aber auch durch mehrere Verordnungen mit kürzerer Laufzeit.[185] Bei solchen **Kettenverordnungen** darf nur die Gesamtlaufzeit von 5 Jahren nicht überschritten werden. Es ist nicht zwingend erforderlich, dass die Gemeinde 5 Jahre an einem Stück in die Verordnung aufgenommen wird. Die Landesregierung kann die Frist für eine Gemeinde auch verlängern, wenn dies nicht zu einer Überschreitung der 5 Jahresfrist führt.[186] Zulässig ist es auch, eine Gemeinde vorzeitig aus dem Anwendungsbereich der Verordnung wieder herauszunehmen.[187]Möglich ist es in einer Verordnung für unterschiedliche Gemeinden in dem Bundesland unterschiedliche Zeiträume festzulegen, so dass die Verordnung eine Laufzeit von bis zu 10 Jahren[188] haben kann. Nur die einzelne Gemeinde darf maximal 5 Jahre als Gebiet mit angespanntem Wohnungsmarkt benannt werden.[189] Zum anderen muss eine Gemeinde spätestens bis zum 31.12.2020 in eine solche Verordnung aufgenommen werden.[190] Wenn die Gemeinde bisher nicht in eine solche Verordnung aufgenommen worden ist, kann die Begrenzung der Wiedervermietungsmiete also maximal bis 31.12.2025 gelten. 44

---

[181] Siehe hierzu die Aufstellung bei *Börstinghaus/Thiede* NZM 2016, 489, 496ff.

[182] *Blank* WuM 2014, 641, 645; **a. A.** *Lehmann-Richter* WuM 2015, 204 m.w.N.

[183] So schon die Gesetzesbegründung: BT-Drs. 18/3121 S. 29 „Es sollte eine tatsächliche statistische Erhebung stattfinden"; *Blank* WuM 2014, 641, 647; *Artz* in MünchKomm § 556d Rdn. 15; *Emmerich* in Staudinger, § 556d Rdn. 33: erforderlich „sorgfältige und umfassende empirische Untersuchung"; großzügiger *Derleder* NZM 2015, 413, 415.

[184] *Lehmann-Richter* WuM 2015, 204.

[185] *Blank* WuM 2014, 641, 645.

[186] *Blank* WuM 2014, 641, 645.

[187] So geschehen in Bayern. Durch die Mieterschutzverordnung (GVBl. 2015, 398) wurde die Mietpreisbremseverordnung (GVBl. 2015, 118) ersetzt. Es wurden 9 weitere Städte aufgenommen und 16 Städte aus dem Anwendungsbereich herausgenommen; dazu *Sieg* DWW 2016, 2014.

[188] Wenn sie bis 31.12.2015 erlassen wird.

[189] So auch die Gesetzesbegründung BT-Drs. 18/3121 S. 31: „Nach Ablauf dieser Frist kommt eine erneute Ausweisung oder Verlängerung nicht mehr in Betracht."

[190] *Blank* WuM 2014, 641, 645.

4. Liste der Gemeinden, in denen die Beschränkung der Wiedervermietungsmiete gilt (Stand Juni 2017)

44a

Gemeinde	Regierungsbezirk	Bundesland	gültig von	gültig bis
Aachen	Köln	NRW	01.07.2015	30.06.2020
Ahrensfelde	Barnim	Brandenburg	01.01.2016	31.12.2020
Ainring	Oberbayern	Bayern	01.08.2015	31.07.2020
Allershausen	Oberbayern	Bayern	01.08.2015	31.07.2020
Altbach	Stuttgart	Baden-Württemberg	01.11.2015	31.10.2020
Altdorf	Niederbayerm	Bayern	01.08.2015	31.07.2020
Andechs	Oberbayern	Bayern	01.08.2015	31.07.2020
Anzing	Oberbayern	Bayern	01.08.2015	31.07.2020
Aschaffenburg	Unterfranken	Bayern	01.08.2015	31.07.2020
Aschheim	Oberbayern	Bayern	01.08.2015	31.07.2020
Asperg	Stuttgart	Baden-Württemberg	01.11.2015	31.10.2020
Attenkirchen	Oberbayern	Bayern	01.08.2015	31.07.2020
Augsburg	Schwaben	Bayern	01.08.2015	31.07.2020
Aying	Oberbayern	Bayern	01.08.2015	31.07.2020
Bad Aibling	Oberbayern	Bayern	01.01.2016	31.07.2020
Bad Heilbrunn	Oberbayern	Bayern	01.08.2015	31.07.2020
Bad Reichenhall	Oberbayern	Bayern	01.08.2015	31.07.2020
Bad Tölz	Oberbayern	Bayern	01.08.2015	31.07.2020
Bad Homburg v. d. H.[191]	Hochtaunuskreis	Hessen	27.11.2015	30.06.2019
Bad Krozingen	Freiburg	Baden-Württemberg	01.11.2015	31.10.2020
Bad Säckingen	Freiburg	Baden-Württemberg	01.11.2015	31.10.2020
Baienfurt	Freiburg	Baden-Württemberg	01.11.2015	31.10.2020
Baierbrunn	Oberbayern	Bayern	01.08.2015	31.07.2020
Baltrum	Aurich	Niedersachsen	01.12.2016	31.11.2021
Bamberg	Oberfranken	Bayern	01.01.2016	31.07.2020
Barsbüttel	Stormarn	Schleswig-Holstein	01.12.2015	30.11.2020
Bayerisch Gmain	Oberbayern	Bayern	01.08.2015	31.07.2020
Bayreuth	Oberfranken	Bayern	01.08.2015	31.07.2020
Berg	Oberbayern	Bayern	01.08.2015	31.07.2020
Bergkirchen	Oberbayern	Bayern	01.08.2015	31.07.2020
Berlin		Berlin	01.06.2015	31.05.2020
Bernau bei Berlin	Barnim	Brandenburg	01.01.2016	31.12.2020
Bernried am Starnberger See	Oberbayern	Bayern	01.08.2015	31.07.2020

[191] Außer Ober-Erlenbach.

Gemeinde	Regierungsbezirk	Bundesland	gültig von	gültig bis
Bielefeld	Detmold	NRW	01.07.2015	30.06.2020
Bietigheim-Bissingen	Stuttgart	Baden-Württemberg	01.11.2015	31.10.2020
Birkenwerder	Oberhavel	Brandenburg	01.01.2016	31.12.2020
Blankenfelde-Mahlow	Teltow-Fläming	Brandenburg	01.01.2016	31.12.2020
Bocholt	Münster	NRW	01.07.2015	30.06.2020
Bonn	Köln	NRW	01.07.2015	30.06.2020
Borkum	Leer	Niedersachsen	01.12.2016	31.11.2021
Braunschweig		Niedersachsen	01.12.2016	31.11.2021
Bremen (ohne Bremerhaven)		Bremen	01.12.2015	20.11.2020
Brühl	Köln	NRW	01.07.2015	30.06.2020
Brühl	Karlsruhe	Baden-Württemberg	01.11.2015	31.10.2020
Brunnthal	Oberbayern	Bayern	01.08.2015	31.07.2020
Buchholz in der Nordheide	Harburg	Niedersachsen	01.12.2016	31.11.2021
Buckenhof	Mittelfranken	Bayern	01.08.2015	31.07.2020
Buxtehude	Stade	Niedersachsen	01.12.2016	31.11.2021
Chiemsee	Oberbayern	Bayern	01.08.2015	31.07.2020
Dachau	Oberbayern	Bayern	01.08.2015	31.07.2020
Dallgow-Döberitz	Havelland	Brandenburg	01.01.2016	31.12.2020
Darmstadt[192]		Hessen	27.11.2015	30.06.2019
Denkendorf	Esslingen	Baden-Württemberg	01.11.2015	31.10.2020
Denzlingen	Freiburg	Baden-Württemberg	01.11.2015	31.10.2020
Dießen am Ammersee	Oberbayern	Bayern	01.08.2015	31.07.2020
Dorfen	Oberbayern	Bayern	01.01.2016	31.07.2020
Dossenheim	Karlsruhe	Baden-Württemberg	01.11.2015	31.10.2020
Dreieich	Landkreis Offenbach	Hessen	27.11.2015	30.06.2019
Durmersheim	Karlsruhe	Baden-Württemberg	01.11.2015	31.10.2020
Düsseldorf	Düsseldorf	NRW	01.07.2015	30.06.2020
Ebersberg	Oberbayern	Bayern	01.08.2015	31.07.2020
Eching	Oberbayern	Bayern	01.08.2015	31.07.2020
Edingen-Neckarhausen	Karlsruhe	Baden-Württemberg	01.11.2015	31.10.2020
Egenhofen	Oberbayern	Bayern	01.08.2015	31.07.2020
Eggenstein-Leopoldshafen	Karlsruhe	Baden-Württemberg	01.11.2015	31.10.2020

192 Außer Arheilgen, Eberstadt und Kranichstein.

Gemeinde	Regierungsbezirk	Bundesland	gültig von	gültig bis
Egmating	Oberbayern	Bayern	01.08.2015	31.07.2020
Eichenau	Oberbayern	Bayern	01.08.2015	31.07.2020
Eichwalde	Dahme-Spreewald	Brandenburg	01.01.2016	31.12.2020
Emmendingen	Freiburg	Baden-Württemberg	01.11.2015	31.10.2020
Emmering	Oberbayern	Bayern	01.08.2015	31.07.2020
Eppelheim	Karlsruhe	Baden-Württemberg	01.11.2015	31.10.2020
Erding	Oberbayern	Bayern	01.08.2015	31.07.2020
Erdweg	Oberbayern	Bayern	01.01.2016	31.07.2020
Eresing	Oberbayern	Bayern	01.08.2015	31.07.2020
Erfurt		Thüringen	31.03.2016	31.01.2021
Erkner	Oder-Spree	Brandenburg	01.01.2016	31.12.2020
Erkrath	Düsseldorf	NRW	01.07.2015	30.06.2020
Erlangen	Mittelfranken	Bayern	01.08.2015	31.07.2020
Fahrenzhausen	Oberbayern	Bayern	01.08.2015	31.07.2020
Falkensee	Havelland	Brandenburg	01.01.2016	31.12.2020
Feldafing	Oberbayern	Bayern	01.08.2015	31.07.2020
Feldkirchen	Oberbayern	Bayern	01.08.2015	31.07.2020
Fellbach	Stuttgart	Baden-Württemberg	01.11.2015	31.10.2020
Filderstadt	Stuttgart	Baden-Württemberg	01.11.2015	31.10.2020
Flörsheim am Main	Main-Taunus-Kreis	Hessen	27.11.2015	30.06.2019
Forstinning	Oberbayern	Bayern	01.08.2015	31.07.2020
Frankfurt am Main[193]		Hessen	27.11.2015	30.06.2019
Frauenneuharting	Oberbayern	Bayern	01.08.2015	31.07.2020
Frechen	Köln	NRW	01.07.2015	30.06.2020
Freiberg am Neckar	Stuttgart	Baden-Württemberg	01.11.2015	31.10.2020
Freiburg im Breisgau	Freiburg	Baden-Württemberg	01.11.2015	31.10.2020
Freilassing	Oberbayern	Bayern	01.08.2015	31.07.2020
Freising	Oberbayern	Bayern	01.08.2015	31.07.2020
Friedrichshafen	Tübingen	Baden-Württemberg	01.11.2015	31.10.2020
Fürstenfeldbruck	Oberbayern	Bayern	01.08.2015	31.07.2020
Fürth	Mittelfranken	Bayern	01.08.2015	31.07.2020
Garching b. München	Oberbayern	Bayern	01.08.2015	31.07.2020
Gauting	Oberbayern	Bayern	01.08.2015	31.07.2020
Gerbrunn	Unterfranken	Bayern	01.08.2015	31.07.2020

[193] Außer Berkersheim, Eckenheim, Harheim und Unterliederbach.

Gemeinde	Regierungsbezirk	Bundesland	gültig von	gültig bis
Germering	Oberbayern	Bayern	01.08.2015	31.07.2020
Gilching	Oberbayern	Bayern	01.08.2015	31.07.2020
Glienicke/Nordbahn	Oberhavel	Brandenburg	01.01.2016	31.12.2020
Glinde	Stormarn	Schleswig-Holstein	01.12.2015	30.11.2020
Glonn	Oberbayern	Bayern	01.08.2015	31.07.2020
Goldbach	Unterfranken	Bayern	01.08.2015	31.07.2020
Göttingen		Niedersachsen	01.12.2016	31.11.2021
Gräfelfing	Oberbayern	Bayern	01.08.2015	31.07.2020
Grafing b. München	Oberbayern	Bayern	01.08.2015	31.07.2020
Grasbrunn	Oberbayern	Bayern	01.08.2015	31.07.2020
Greiling	Oberbayern	Bayern	01.08.2015	31.12.2015
Grenzach-Wyhlen	Freiburg	Baden-Württemberg	01.11.2015	31.10.2020
Griesheim	Landkreis Darmstadt-Dieburg	Hessen	27.11.2015	30.06.2019
Gröbenzell	Oberbayern	Bayern	01.08.2015	31.07.2020
Großbeeren	Teltow-Fläming	Brandenburg	01.01.2016	31.12.2020
Großmehring	Oberbayern	Bayern	01.08.2015	31.12.2015
Grünwald	Oberbayern	Bayern	01.08.2015	31.07.2020
Gundelfingen	Freiburg	Baden-Württemberg	01.11.2015	31.10.2020
Haag a. d. Amper	Oberbayern	Bayern	01.08.2015	31.12.2015
Haar	Oberbayern	Bayern	01.08.2015	31.07.2020
Haimhausen	Oberbayern	Bayern	01.08.2015	31.07.2020
Hallbergmoos	Oberbayern	Bayern	01.08.2015	31.07.2020
Halstenbek	Pinneberg	Schleswig-Holstein	01.12.2015	30.11.2020
Hamburg		Hamburg	01.07.2015	30.06.2020
Hannover		Niedersachsen	01.12.2016	31.11.2021
Hattersheim am Main	Main-Taunus-Kreis	Hessen	27.11.2015	30.06.2019
Heidelberg	Karlsruhe	Baden-Württemberg	01.11.2015	31.10.2020
Heilbronn	Stuttgart	Baden-Württemberg	01.11.2015	31.10.2020
Heitersheim	Freiburg	Baden-Württemberg	01.11.2015	31.10.2020
Helgoland	Pinneberg	Schleswig-Holstein	01.12.2015	30.11.2020
Hemsbach	Karlsruhe	Baden-Württemberg	01.11.2015	31.10.2020
Hennigsdorf	Oberhavel	Brandenburg	01.01.2016	31.12.2020
Herrsching a. Ammersee	Oberbayern	Bayern	01.08.2015	31.07.2020

Gemeinde	Regierungsbezirk	Bundesland	gültig von	gültig bis
Hilgertshausen-Tandern	Oberbayern	Bayern	01.08.2015	31.07.2020
Hohen Neuendorf	Oberhavel	Brandenburg	01.01.2016	31.12.2020
Hohenbrunn	Oberbayern	Bayern	01.08.2015	31.07.2020
Höhenkirchen-Siegertsbrunn	Oberbayern	Bayern	01.08.2015	31.07.2020
Hohenlinden	Oberbayern	Bayern	01.08.2015	31.07.2020
Holzkirchen	Oberbayern	Bayern	01.08.2015	31.07.2020
Hoppegarten	Märkisch-Oderland	Brandenburg	01.01.2016	31.12.2020
Hörnum	Nordfriesland	Schleswig-Holstein	01.12.2015	30.11.2020
Hürth	Köln	NRW	01.07.2015	30.06.2020
Icking	Oberbayern	Bayern	01.08.2015	31.12.2015
Iffezheim	Karlsruhe	Baden-Württemberg	01.11.2015	31.10.2020
Ingolstadt	Oberbayern	Bayern	01.08.2015	31.07.2020
Irschenberg	Oberbayern	Bayern	01.08.2015	31.07.2020
Ismaning	Oberbayern	Bayern	01.08.2015	31.07.2020
Jena		Thüringen	31.03.2016	31.01.2021
Juist	Aurich	Niedersachsen	01.12.2016	31.11.2021
Kampen	Nordfriesland	Schleswig-Holstein	01.12.2015	30.11.2020
Karlsfeld	Oberbayern	Bayern	01.08.2015	31.07.2020
Karlsruhe	Karlsruhe	Baden-Württemberg	01.11.2015	31.10.2020
Kassel[194]		Hessen	27.11.2015	30.06.2019
Kempten (Allgäu)	Schwaben	Bayern	01.08.2015	31.07.2020
Kiel		Schleswig-Holstein	01.12.2015	30.11.2020
Kirchentellinsfurt	Tübingen	Baden-Württemberg	01.11.2015	31.10.2020
Kirchheim b. München	Oberbayern	Bayern	01.08.2015	31.07.2020
Kirchseeon	Oberbayern	Bayern	01.08.2015	31.07.2020
Kleinmachnow	Potsdam-Mittelmark	Brandenburg	01.01.2016	31.12.2020
Kleve	Düsseldorf	NRW	01.07.2015	30.06.2020
Kolbermoor	Oberbayern	Bayern	01.08.2015	31.07.2020
Köln	Köln	NRW	01.07.2015	30.06.2020
Königs Wusterhausen	Dahme-Spreewald	Brandenburg	01.01.2016	31.12.2020
Konstanz	Freiburg	Baden-Württemberg	01.11.2015	31.10.2020
Krailling	Oberbayern	Bayern	01.08.2015	31.07.2020
Kranzberg	Oberbayern	Bayern	01.08.2015	31.07.2020

194 Außer Wolfsanger/Hasenecke.

Gemeinde	Regierungsbezirk	Bundesland	gültig von	gültig bis
Kreuth	Oberbayern	Bayern	01.01.2016	31.07.2020
Kronberg im Taunus	Hochtaunuskreis	Hessen	27.11.2015	30.06.2019
Landau		Rheinland-Pfalz	08.10.2015	07.10.2020
Landsberg am Lech	Oberbayern	Bayern	01.08.2015	31.07.2020
Landshut	Niederbayerm	Bayern	01.08.2015	31.07.2020
Langenbach	Oberbayern	Bayern	01.08.2015	31.07.2020
Langenfeld	Düsseldorf	NRW	01.07.2015	30.06.2020
Langenhagen	Region Hannover	Niedersachsen	01.12.2016	31.11.2021
Langeoog	Wittmund	Niedersachsen	01.12.2016	31.11.2021
Leer		Niedersachsen	01.12.2016	31.11.2021
Leimen	Karlsruhe	Baden-Württem-berg	01.11.2015	31.10.2020
Lenting	Oberbayern	Bayern	01.08.2015	31.07.2020
Leverkusen	Köln	NRW	01.07.2015	30.06.2020
Linkenheim-Hochstetten	Karlsruhe	Baden-Württem-berg	01.11.2015	31.10.2020
List	Nordfriesland	Schleswig-Holstein	01.12.2015	30.11.2020
Lörrach	Freiburg	Baden-Württem-berg	01.11.2015	31.10.2020
Lüneburg		Niedersachsen	01.12.2016	31.11.2021
Mainz		Rheinland-Pfalz	08.10.2015	07.10.2020
Maisach	Oberbayern	Bayern	01.08.2015	31.07.2020
Manching	Oberbayern	Bayern	01.08.2015	31.07.2020
Marburg	Landkreis Mar-burg-Biedenkopf	Hessen	27.11.2015	30.06.2019
March	Freiburg	Baden-Württem-berg	01.11.2015	31.10.2020
Markt Indersdorf	Oberbayern	Bayern	01.08.2015	31.07.2020
Markt Schwaben	Oberbayern	Bayern	01.08.2015	31.07.2020
Marzling	Oberbayern	Bayern	01.08.2015	31.07.2020
Meerbusch	Düsseldorf	NRW	01.07.2015	30.06.2020
Merzhausen	Freiburg	Baden-Württem-berg	01.11.2015	31.10.2020
Miesbach	Oberbayern	Bayern	01.08.2015	31.07.2020
Möglingen	Stuttgart	Baden-Württem-berg	01.11.2015	31.10.2020
Monheim am Rhein	Düsseldorf	NRW	01.07.2015	30.06.2020
Moosach	Oberbayern	Bayern	01.08.2015	31.07.2020
Moosburg a. d. Isar	Oberbayern	Bayern	01.08.2015	31.07.2020
Mörfelden-Walldorf	Kreis Groß-Gerau	Hessen	27.11.2015	30.06.2019
Mühlenbecker Land	Oberhavel	Brandenburg	01.01.2016	31.12.2020
Müllheim	Freiburg	Baden-Württem-berg	01.11.2015	31.10.2020

Gemeinde	Regierungsbezirk	Bundesland	gültig von	gültig bis
München	Oberbayern	Bayern	01.08.2015	31.07.2020
Münster	Münster	NRW	01.07.2015	30.06.2020
Murnau a. Staffelsee	Oberbayern	Bayern	01.08.2015	31.07.2020
Neckarsulm	Stuttgart	Baden-Württemberg	01.11.2015	31.10.2020
Neubiberg	Oberbayern	Bayern	01.08.2015	31.07.2020
Neuburg a. d. Donau	Oberbayern	Bayern	01.08.2015	31.07.2020
Neuching	Oberbayern	Bayern	01.01.2016	31.07.2020
Neuenburg am Rhein	Freiburg	Baden-Württemberg	01.11.2015	31.10.2020
Neuenhagen bei Berlin	Märkisch-Oderland	Brandenburg	01.01.2016	31.12.2020
Neufahrn b. Freising	Oberbayern	Bayern	01.08.2015	31.07.2020
Neuhausen auf den Fildern	Stuttgart	Baden-Württemberg	01.11.2015	31.10.2020
Neuried	Oberbayern	Bayern	01.08.2015	31.07.2020
Neuss	Düsseldorf	NRW	01.07.2015	30.06.2020
Neutraubling	Oberpfalz	Bayern	01.08.2015	31.07.2020
Neu-Ulm	Schwaben	Bayern	01.08.2015	31.07.2020
Norderney	Aurich	Niedersachsen	01.12.2016	31.11.2021
Norderstedt	Segeberg	Schleswig-Holstein	01.12.2015	30.11.2020
Nürnberg	Mittelfranken	Bayern	01.08.2015	31.07.2020
Nuthetal	Potsdam-Mittelmark	Brandenburg	01.01.2016	31.12.2020
Oberding	Oberbayern	Bayern	01.01.2016	31.07.2020
Oberhaching	Oberbayern	Bayern	01.08.2015	31.07.2020
Oberschleißheim	Oberbayern	Bayern	01.08.2015	31.07.2020
Oberstaufen	Schwaben	Bayern	01.08.2015	31.12.2015
Oberursel	Hochtaunuskreis	Hessen	27.11.2015	30.06.2019
Offenbach am Main		Hessen	27.11.2015	30.06.2019
Offenburg	Freiburg	Baden-Württemberg	01.11.2015	31.10.2020
Olching	Oberbayern	Bayern	01.08.2015	31.07.2020
Oldenburg		Niedersachsen	01.12.2016	31.11.2021
Oranienburg	Oberhavel	Brandenburg	01.01.2016	31.12.2020
Osnabrück		Niedersachsen	01.12.2016	31.11.2021
Otterfing	Oberbayern	Bayern	01.08.2015	31.07.2020
Ottobrunn	Oberbayern	Bayern	01.08.2015	31.07.2020
Paderborn	Detmold	NRW	01.07.2015	30.06.2020
Panketal	Barnim	Brandenburg	01.01.2016	31.12.2020
Petershagen/Eggersdorf	Märkisch-Oderland	Brandenburg	01.01.2016	31.12.2020
Petershausen	Oberbayern	Bayern	01.08.2015	31.07.2020

Gemeinde	Regierungsbezirk	Bundesland	gültig von	gültig bis
Pfaffenhofen a. d. Ilm	Oberbayern	Bayern	01.08.2015	31.07.2020
Pfinztal	Karlsruhe	Baden-Württemberg	01.11.2015	31.10.2020
Piding	Oberbayern	Bayern	01.08.2015	31.07.2020
Planegg	Oberbayern	Bayern	01.08.2015	31.07.2020
Pliening	Oberbayern	Bayern	01.08.2015	31.07.2020
Plochingen	Stuttgart	Baden-Württemberg	01.11.2015	31.10.2020
Pöcking	Oberbayern	Bayern	01.08.2015	31.07.2020
Poing	Oberbayern	Bayern	01.08.2015	31.07.2020
Potsdam		Brandenburg	01.01.2016	31.12.2020
Prien a. Chiemsee	Oberbayern	Bayern	01.01.2016	31.07.2020
Puchheim	Oberbayern	Bayern	01.08.2015	31.07.2020
Pullach i. Isartal	Oberbayern	Bayern	01.08.2015	31.07.2020
Putzbrunn	Oberbayern	Bayern	01.08.2015	31.07.2020
Radolfzell am Bodensee	Freiburg	Baden-Württemberg	01.11.2015	31.10.2020
Rangsdorf	Teltow-Fläming	Brandenburg	01.01.2016	31.12.2020
Rastatt	Karlsruhe	Baden-Württemberg	01.11.2015	31.10.2020
Ratingen	Düsseldorf	NRW	01.07.2015	30.06.2020
Ravensburg	Tübingen	Baden-Württemberg	01.11.2015	31.10.2020
Regensburg	Oberpfalz	Bayern	01.08.2015	31.07.2020
Reichertshofen	Oberbayern	Bayern	01.08.2015	31.07.2020
Remchingen	Karlsruhe	Baden-Württemberg	01.11.2015	31.10.2020
Renningen	Stuttgart	Baden-Württemberg	01.11.2015	31.10.2020
Reutlingen	Tübingen	Baden-Württemberg	01.11.2015	31.10.2020
Rheinfelden (Baden)	Freiburg	Baden-Württemberg	01.11.2015	31.10.2020
Rheinstetten	Karlsruhe	Baden-Württemberg	01.11.2015	31.10.2020
Rielasingen-Worblingen	Freiburg	Baden-Württemberg	01.11.2015	31.10.2020
Rosenheim	Oberbayern	Bayern	01.08.2015	31.07.2020
Sandhausen	Karlsruhe	Baden-Württemberg	01.11.2015	31.10.2020
Sauerlach	Oberbayern	Bayern	01.08.2015	31.07.2020
Schäftlarn	Oberbayern	Bayern	01.08.2015	31.07.2020
Schönefeld	Dahme-Spreewald	Brandenburg	01.01.2016	31.12.2020
Schöneiche bei Berlin	Oder-Spree	Brandenburg	01.01.2016	31.12.2020
Schöngeising	Oberbayern	Bayern	01.08.2015	31.07.2020

Gemeinde	Regierungsbezirk	Bundesland	gültig von	gültig bis
Schulzendorf	Dahme-Spreewald	Brandenburg	01.01.2016	31.12.2020
Schwabhausen	Oberbayern	Bayern	01.08.2015	31.07.2020
Schwalbach am Taunus	Main-Taunus-Kreis	Hessen	27.11.2015	30.06.2019
Seefeld	Oberbayern	Bayern	01.08.2015	31.07.2020
Siegburg	Köln	NRW	01.07.2015	30.06.2020
Sindelfingen	Stuttgart	Baden-Württemberg	01.11.2015	31.10.2020
Singen (Hohentwiel)	Freiburg	Baden-Württemberg	01.11.2015	31.10.2020
Spiekeroog	Wittmund	Niedersachsen	01.12.2016	31.11.2021
St. Augustin	Köln	NRW	01.07.2015	30.06.2020
Starnberg	Oberbayern	Bayern	01.08.2015	31.07.2020
Steinen	Freiburg	Baden-Württemberg	01.11.2015	31.10.2020
Straßlach-Dingharting	Oberbayern	Bayern	01.08.2015	31.07.2020
Stutensee	Karlsruhe	Baden-Württemberg	01.11.2015	31.10.2020
Stuttgart	Stuttgart	Baden-Württemberg	01.11.2015	31.10.2020
Sulzemoos	Oberbayern	Bayern	01.08.2015	31.07.2020
Surberg	Oberbayern	Bayern	01.08.2015	31.12.2015
Sylt	Nordfriesland	Schleswig-Holstein	01.12.2015	30.11.2020
Taufkirchen	Oberbayern	Bayern	01.08.2015	31.07.2020
Teltow	Potsdam-Mittelmark	Brandenburg	01.01.2016	31.12.2020
Teningen	Freiburg	Baden-Württemberg	01.11.2015	31.10.2020
Tettnang	Tübingen	Baden-Württemberg	01.11.2015	31.10.2020
Trier		Rheinland-Pfalz	08.10.2015	07.10.2020
Troisdorf	Köln	NRW	01.07.2015	30.06.2020
Tübingen	Tübingen	Baden-Württemberg	01.11.2015	31.10.2020
Türkenfeld	Oberbayern	Bayern	01.08.2015	31.07.2020
Tutzing	Oberbayern	Bayern	01.08.2015	31.07.2020
Ulm	Tübingen	Baden-Württemberg	01.11.2015	31.10.2020
Umkirch	Freiburg	Baden-Württemberg	01.11.2015	31.10.2020
Unterföhring	Oberbayern	Bayern	01.08.2015	31.07.2020
Unterhaching	Oberbayern	Bayern	01.08.2015	31.07.2020
Unterschleißheim	Oberbayern	Bayern	01.08.2015	31.07.2020
Valley	Oberbayern	Bayern	01.08.2015	31.12.2015

Gemeinde	Regierungsbezirk	Bundesland	gültig von	gültig bis
Vaterstetten	Oberbayern	Bayern	01.08.2015	31.07.2020
Vechta		Niedersachsen	01.12.2016	31.11.2021
Velten	Oberhavel	Brandenburg	01.01.2016	31.12.2020
Waakirchen	Oberbayern	Bayern	01.08.2015	31.07.2020
Waldkirch	Freiburg	Baden-Württemberg	01.11.2015	31.10.2020
Waldkraiburg	Oberbayern	Bayern	01.08.2015	31.12.2015
Wangerooge	Friesland	Niedersachsen	01.12.2016	31.11.2021
Weichs	Oberbayern	Bayern	01.08.2015	31.07.2020
Weil am Rhein	Freiburg	Baden-Württemberg	01.11.2015	31.10.2020
Weilheim i. OB	Oberbayern	Bayern	01.08.2015	31.07.2020
Weingarten	Tübingen	Baden-Württemberg	01.11.2015	31.10.2020
Weiterstadt	Landkreis Darmstadt-Dieburg	Hessen	27.11.2015	30.06.2019
Wendlingen am Neckar	Stuttgart	Baden-Württemberg	01.11.2015	31.10.2020
Wenningstedt-Braderup	Nordfriesland	Schleswig-Holstein	01.12.2015	30.11.2020
Wentorf b. Hamburg	Herzogtum Lauenburg	Schleswig-Holstein	01.12.2015	30.11.2020
Werneuchen	Barnim	Brandenburg	01.01.2016	31.12.2020
Weßling	Oberbayern	Bayern	01.08.2015	31.07.2020
Wiesbaden[195]		Hessen	27.11.2015	30.06.2019
Wildau	Dahme-Spreewald	Brandenburg	01.01.2016	31.12.2020
Winnenden	Stuttgart	Baden-Württemberg	01.11.2015	31.10.2020
Wolfersdorf	Oberbayern	Bayern	01.08.2015	31.12.2015
Wolfratshausen	Oberbayern	Bayern	01.08.2015	31.07.2020
Wolfsburg		Niedersachsen	01.12.2016	31.11.2021
Würzburg	Unterfranken	Bayern	01.08.2015	31.07.2020
Würzburg	Unterfranken	Bayern	01.08.2015	31.07.2020
Wyk auf Föhr	Nordfriesland	Schleswig-Holstein	01.12.2015	30.11.2020
Zeuthen	Dahme-Spreewald	Brandenburg	01.01.2016	31.12.2020
Zirndorf	Mittelfranken	Bayern	01.01.2016	31.07.2020
Zolling	Oberbayern	Bayern	01.08.2015	31.12.2015
Zorneding	Oberbayern	Bayern	01.08.2015	31.07.2020

[195] Außer Igstadt, Medenbach und Naurod.

IV. Die zulässige Wiedervermietungsmiete

1. Die ortsübliche Vergleichsmiete

45 **a) Der Begriff.** Die Neuvertragsmiete darf im Anwendungsbereich einer entsprechenden Verordnung grundsätzlich die **ortsübliche Vergleichsmiete** bei Beginn des Mietverhältnisses um **nicht mehr als 10% übersteigen.** Damit verknüpft der Gesetzgeber die Höhe der zulässigen Wiedervermietungsmiete mit dem Regelungsregime für Mieterhöhungen im Bestand.[196] Etwas anderes gilt nur dann, wenn die Wohnung nicht gänzlich oder zumindest für die erste Vermietung aus dem **Anwendungsbereich** des § 556d Abs. 1 BGB herausgenommen wurde, es sich also um eine Neubauwohnung i. S. d. § 556f S. 1 BGB handelt oder wenn gem. § 556f S. 2 BGB zuvor eine umfassende Modernisierung stattgefunden hat. Ferner darf diese Grenze auch unter den Voraussetzungen des § 556e Abs. 1 BGB bei einer zulässig vereinbarten höheren Vormiete und gem. § 556e Abs. 2 BGB bei einer in den letzten drei Jahren durchgeführten Modernisierung i. S. d. § 559 BGB überschritten werden.

46 Der Begriff der ortsüblichen Vergleichsmiete in § 556d Abs. 1 BGB **entspricht der Definition** in § 558 Abs. 2 BGB.[197] Wegen der Einzelheiten wird deshalb auf die Kommentierung bei § 558 BGB Rdn. 41ff. verwiesen. Die ortsübliche Vergleichsmiete für die gesamte Wohnung ist aus der ortsüblichen Vergleichsmiete pro Quadratmeter multipliziert mit der **richtigen Wohnungsgröße** zu ermitteln.[198] **Flächenangaben im Mietvertrag** sind unbeachtlich.[199] Eine 10%-Grenze gibt es hier nicht. Jede in einem Wohnraummietvertrag enthaltene, von der tatsächlichen Wohnungsgröße abweichende Wohnflächenangabe ist sowohl für die Bestimmung der Wiedervermietungsmiete wie auch für eine Mieterhöhung im Bestand ohne rechtliche Bedeutung. Das ganze System der ortsüblichen Vergleichsmiete ist historisch und systematisch so angelegt, dass es nur auf die den Vergleich zwischen objektiven Kriterien ankommt. Insofern entspricht die Rechtslage bei der Begrenzung der Wiedervermietungsmiete der der Mietpreisüberhöhung gem. § 5 WiStG.[200]

47 Auch bei der Begrenzung der Wiedervermietungsmiete spielen **subjektive Merkmale,** die mit der **Person des Mieters** zu tun haben, keine Rolle.[201] Hierzu zählen selbstverständlich alle in Art. 3 GG aufgezählten sowie alle weiteren persönlichen Unterscheidungsmerkmale von Menschen wie Geschlecht, Nationalität, Alter, Religion, Hautfarbe usw. Neben einer (Teil-)Unwirksamkeit der Mietpreisabrede gem. § 556g Abs. 1 BGB kommen hier ggf. auch noch Ansprüche nach dem AGG in Betracht.[202] Auch die Bonität des Mieters ist ebenso unbeachtlich wie die Zahl der Wohnungsnutzer[203], so weit nicht ganz ausnahmsweise ein „Untermietzuschlag" gem. § 553 Abs. 2 BGB zulässig ist.[204] Ebenso wenig darf nach der **Person des Vermieters** differenziert werden, obwohl dies für die Miethöhe durchaus eine große Bedeutung haben kann.[205]

48 Die ortsübliche Vergleichsmiete wird üblicherweise zunächst als **reine Nettokaltmiete** ermittelt. Es handelt sich um einen **unbestimmten Rechtsbegriff** (s. a. § 558 BGB Rdn. 44). Die ortsübliche Vergleichsmiete ist in der Regel auch keine punktgenaue Einzelmiete,[206] sondern ein **repräsentativer Querschnitt** der üblichen Entgelte in der Gemeinde.[207] Der BGH spricht von

---

[196] *Weigelt,* Die wachsende Stadt als Herausforderung für das Recht (2016), S. 289.

[197] *Hinz* ZMR 2014, 593, 595; *Emmerich* in Staudinger, § 556d Rdn. 13.

[198] *Börstinghaus,* Flächenabweichungen in der Wohnraummiete, Rdn. 678.

[199] BGH (VIII ZR 266/14) NZM 2016, 42 = NJW 2016, 239 = MietPrax-AK § 558 BGB Nr. 36 m. Anm. *Börstinghaus; ders* jurisPR-BGHZivilR 2/2016 Anm. 1; *ders.* LMK 2016, 375498; *Beyer* jurisPR-MietR 1/2016 Anm. 1; *Beuermann* GE 2016, 30; *Heix* WuM 2016, 263.

[200] *Börstinghaus,* Flächenabweichungen in der Wohnraummiete, Rdn. 954.

[201] LG Hamburg WuM 2016, 434 Rn. 21.

[202] AG Tempelhof-Kreuzberg WuM 2015, 73.

[203] *Flatow* WuM 2015, 191.

[204] *Börstinghaus* GE 1996, 88, 90; *Blank* in Blank/Börstinghaus, Miete, § 553 BGB Rdn. 23.

[205] BGH (XII ZR 175/07) WuM 2010, 38.

[206] BGH (VIII ZR 30/09) NJW 2010, 149; BGH (VIII ZR 322/04) NJW 2005, 2621; BGH (VIII RE 110/04) NJW 2005, 2074; LG Dortmund NZM 2006, 134; LG Berlin GE 2003, 1023; AG Dortmund NZM 2005, 258; WuM 2003, 627; *Kossmann/Meyer-Abich,* Hdb. d. Wohnraummiete, § 148 Rdn. 4; *Sternel* Mietrecht, III, 560; für die ortsübliche Nutzungsentschädigung nach § 5 Abs. 1 Satz 2 NutzEV ebenso BGH (XII ZR 175/07) WuM 2010, 38; BGH (XII ZR 49/10) NZM 2012, 833.

[207] BayObLG RE v. 19.3.1981, NJW 1981, 1219; RE v. 27.10.1992, NJW-RR 1993, 202 und RE v. 22.3.2000, NZM 2000, 488, 489; LG München WuM 2002, 547, WuM 2000, 361, NJWE-MietR 1997, 123 mit krit. Anm. *Blank* WuM 1997, 178; LG Frankfurt NJW-RR 1991, 14; LG Lübeck WuM 1989, 306; *Thomma* WuM 2005, 496, 497; *Kunze/Tietzsch* Miethöhe, II, 241; *Schach* in Kinne/Schach/Bieber, § 558 BGB Rdn. 10.

einer **„Bandbreite“.**[208] Damit ist die Streuung der Einzelvergleichsmiete gemeint, da für völlig gleiche Wohnungen unterschiedliche Mieten gezahlt werden. Üblich ist hier immer noch ein 2/3 Intervall. Davon zu unterscheiden ist die Spanne, die vor allem in Mietspiegeln eine Rolle spielt. In einem Mietspiegel werden in einem Mietspiegelfeld mehrere solche Bandbreiten zusammengefasst (dazu § 558 BGB Rdn. 137). Die niedrigste Untergrenze einer dieser Bandbreiten ergibt dann die untere Grenze des Mietspiegelfeldes und die höchste Obergrenze einer der Bandbreiten in diesem Feld die obere Grenze des Mietspiegelfeldes. So entstehen Mietspiegelspannen. Für die Ermittlung der im Rahmen des § 556d Abs. 1 BGB maßgeblichen ortsüblichen Vergleichsmiete ist nur die Bandbreite von Bedeutung. Der Vermieter darf den **Oberwert der Bandbreite** zzgl. 10% als Wiedervermietungsmiete vereinbaren.

b) Die Ermittlung. Problematisch ist die **Ermittlung dieses Wertes.**[209] Anders als vielfach 49
behauptet wird, unterscheidet sich die Feststellung der zulässigen Wiedervermietungsmiete auch von der bisher schon möglichen Mieterhöhung im Bestand.[210] Bei Mieterhöhungen im Bestand liegt auch bei Fehlern im Erhöhungsverfahren eine Zustimmung des Mieters vor, auch wenn diese ggf. vom Gericht ersetzt wird. Der Mieter kann deshalb später nichts zurückverlangen. Anders ist es bei einem Verstoß gegen die zulässige Wiedervermietungsmiete. Hier kann der Mieter sich auch noch nach vielen Jahren auf die Teilunwirksamkeit berufen und Zahlungen zurückverlangen. Die Feststellung der zulässigen Wiedervermietungsmiete ist deshalb für beide Mietvertragsparteien viel bedeutsamer, da nicht disponibel. Soweit es in der Gemeinde einen **Mietspiegel** gibt, kann dieser in einem ersten Schritt herangezogen werden, um die Spanne zu ermitteln, aus der die Bandbreite ermittelt werden muss. Handelt es sich um einen **qualifizierten Mietspiegel,** gilt auch hier die **Vermutungswirkung** gem. § 558d Abs. 3 BGB.[211] Derjenige, der sich auf die Vermutungswirkung des § 558d BGB beruft, muss die Vermutungsgrundlagen beweisen.[212] Dies wird im Rückforderungsprozess regelmäßig der Mieter sein. Problematisch bei der Verwendung von Mietspiegelwerten ist in diesem Zusammenhang, dass durch die **Extremwertbereinigung** und die Beschränkung auf die **„Üblichkeit“** die regelmäßig am oberen Rand liegenden Neuvertragsmieten so gut wie alle **vollständig eliminiert** werden, obwohl sie genauso üblich sind wie die restlichen Mieten.[213] Das kann zu einem **Quasi-Mietenstopp** führen und wäre **verfassungsrechtlich bedenklich.** Es muss deshalb im Einzelfall anhand der Mietspiegeldokumentation geprüft werden, ob hier überhaupt noch vergleichbare Mieten in das Mietspiegelfeld eingeflossen sind. Wenn das nicht der Fall ist, dürfte auch die Vermutungswirkung zweifelhaft sein. Ggf. muss eine größere Spanne – als die übliche 2/3-Spanne – benutzt werden oder es müssen im Mietspiegel benannte Zuschläge für betroffene Wohnungsbestände ausgewiesen werden oder zumindest eine **„Öffnungsklausel“** im Mietspiegel existieren.

Vermutet wird aber im Übrigen auch nur, dass die ortsübliche Vergleichsmiete zum Zeitpunkt 50
des Erhebungsstichtages innerhalb der Spanne lag.[214] Die Einordnung innerhalb der Spanne ist **eine normative Bewertung**[215], die der Mietspiegel gerade nicht vornehmen kann, da er ja eine abstrakte generelle Datenbasis darstellt, in die eben jede Wohnung eingeordnet werden muss. Letztendlich wird also nur vermutet, dass die ortsübliche Vergleichsmiete für die konkrete Vertragswoh-

[208] BGH (VIII ZR 322/04) NJW 2005, 2621; BGH (VIII ZR 30/09) NJW 2010, 149 *Börstinghaus* WuM 2010, 218; *Mätschke* WuM 2010, 247.

[209] Nach *Derleder* KJ 2015, 3 „hapert es [für die Begrenzung der Wiedervermietungsmiete] an einem gesicherten Referenzrahmen, weil sie die Bestimmung der ortsüblichen Vergleichsmiete, also eine komplexe Ermittlung, voraussetzt“ und Seite 10: „Die Vergleichsmiete ist ein unsicherer Maßstab“; ders. PiG 99 (2015) 27, 35 „Die ortsübliche Vergleichsmiete ist nur schwer zu bestimmen“; nach *Hinz* ZMR 2014, 593, 595 ist ein „hoher Aufwand“ erforderlich; nach *Emmerich* in Staudinger, § 556d Rdn. 12 wirft die Regelung „eine Reihe nur schwer lösbarer Fragen auf“, nach Rdn 18 ist „die Frage [in Gemeinden ohne qualifizierten Mietspiegel]… unlösbar“.

[210] *Artz* in MünchKomm § 556d Rdn. 8.

[211] *Hinz* ZMR 2014, 593, 596; *Hinz* in Klein-Blenkers/Heinemann/Ring, Miete/WEG/Nachbarschaft § 556d Rn. 20.

[212] BGH (VIII ZR 46/12) NJW 2013, 775.

[213] *Clar* in Börstinghaus/Clar NZM 2014, 889, 896 r. Sp.; *Clar* in Börstinghaus/Clar, Mietspiegel – Erstellung und Anwendung, Rdn. 77 mit einem konkreten Rechenbeispiel; *Börstinghaus* DWW 2014, 202.

[214] BGH (VIII ZR 110/04) NJW 2005, 2074; LG Duisburg WuM 2008, 598; LG Berlin GE 2004, 483; LG Dortmund WuM 2005, 723; AG Aachen WuM 2015, 164; AG Dortmund, WuM 2005, 254; WuM 2004, 718, 719; *Artz* in MünchKomm § 558d BGB Rdn. 7; *Sternel* Mietrecht aktuell (2009) Rdn. IV 224; *Lammel* § 558d BGB Rdn. 33.

[215] *Blank* ZMR 2013, 170.

nung nicht höher als der Oberwert der Spanne und nicht niedriger als der Unterwert der Spanne ist.[216] Es ist Aufgabe des Tatrichters die konkrete Bandbreite der allein maßgeblichen Einzelvergleichsmiete innerhalb der Spanne des qualifizierten Mietspiegels zu ermitteln.[217] Hierbei handelt es sich im Prozess um eine **Schätzung gem. § 287 Abs. 2 ZPO.**[218] Soweit zwischen dem Erhebungsstichtag des Mietspiegels und dem Mietvertragsbeginn eine Mietsteigerung stattgefunden hat, muss zur Ermittlung der zulässigen Wiedervermietungsmiete zu den Werten ein **Stichtagszuschlag** hinzugerechnet werden.[219] Anderenfalls käme es zu einem verfassungswidrigen Mietpreisstopps. Bei der Begrenzung der Wiedervermietungsmiete gem. §§ 556d ff. BGB müssen die Mietvertragsparteien all diese Überlegungen vor oder spätestens bei Abschluss des Mietvertrages tun. Bei der Bestandsmietenerhöhung können die Vertragsparteien sich einigen. Eine Vereinbarung ist unabhängig von der tatsächlichen Höhe der ortsüblichen Vergleichsmiete ohne Einschränkungen wirksam. Das ist hier anders. Die Vereinbarung ist dann gem. § 556g Abs. 1 BGB teilunwirksam. Das rechtfertigt es aber nicht, an dieser Stelle einen anderen Begriff der ortsüblichen Vergleichsmiete anzunehmen. Auch im Rahmen des § 556d Abs. 1 BGB ist die **Einzelvergleichsmiete** maßgeblich und nicht der Mietspiegelfeldoberwert. Fraglich ist aber, ob ohne Sachvortrag hier immer vom **Median** des Mietspiegelfeldes auszugehen ist, wie dies bei Bestandmieterhöhungen regelmäßig erfolgt.[220] Wegen der unterschiedlichen Rechtsfolgen erscheint das nicht richtig. Wenn der Mieter die Miete, die er ja akzeptiert hat, für überhöh hält, dann **muss er darlegen und beweisen,** wie hoch die ortsübliche Vergleichsmiete ist.[221] Deshalb kommt es im Prozess, und zwar unabhängig davon, ob der Mieter gem. § 556g Abs. 2 BGB bereits gezahlte Miete zurückverlangt, oder sich gegenüber einer Zahlungsklage des Vermieters gegen die Höhe der Forderung verteidigt, zunächst allein auf den Sachvortrag des Mieters an. Ohne entsprechenden Sachvortrag kann vom **Mietspiegeloberwert** ausgegangen werden. Das hat nichts mit der Frage zu tun, ob die Einzelvergleichsmiete maßgeblich ist, was der Fall ist, sondern mit der Darlegungslast im Verfahren.

51 Schon schwieriger ist die Ermittlung der ortsüblichen Vergleichsmiete in Gemeinden mit **einfachem Mietspiegel.**[222] Nach Ansicht des BGH[223] stellt ein einfacher Mietspiegel gemäß § 558c BGB, der von den örtlichen Interessenvertretern der Vermieter und der Mieter gemeinsam erstellt und von der Gemeinde anerkannt wurde, im Mieterhöhungsprozess ein **Indiz** dafür dar, dass die dort angegebenen Entgelte die ortsübliche Vergleichsmiete zutreffend wiedergeben. Der BGH differenziert dabei nicht zwischen den verschiedenen Arten einfacher Mietspiegel (dazu § 558b Rdn. 110ff.).[224] Der **Indizienbeweis** ist ein indirekter Beweis. Es wird aus tatbestandsfremden (Hilfs-)Tatsachen der Schluss auf das Vorliegen der Haupttatsache gezogen. Nach der grundlegenden Entscheidung des BGH[225] aus dem Jahr 1970 ist der Indizienbeweis dann geführt, wenn andere Schlüsse aus den Indiztatsachen ernstlich nicht in Betracht kommen. Die Darlegungs- und Beweislast für das Vorliegen der Hilfstatsache richtet sich danach, wer den Hauptbeweis zu erbringen hat. Das ist in Verfahren, in denen sich der Mieter auf die Unwirksamkeit der Mietpreisabrede beruft, immer der Mieter[226], unabhängig davon, ob er vermeintlich überzahlte Miete zurückverlangt oder sich gegenüber dem Zahlungsanspruch des Vermieters unter Berufung auf § 556g Abs. 1 BGB verteidigt. Der Mieter muss also darlegen und beweisen, dass auch der einfache Mietspiegel die ortsübliche Vergleichsmiete richtig wiedergibt. Nach der Rechtsprechung des BGH[227] zu einfachen

---

216 BGH (VIII ZR 110/04) NJW 2005, 2074; abl. Anm. *Thomma* WuM 2005, 496; AG Aachen WuM 2015, 164.

217 Die Gesetzesbegründung (BT-Drs 18/3121 S. 36) weist daraufhin, dass die Bestimmung und Gewichtung der für Spanneneinordnung bedeutsamen Fakten streitanfällig sein kann. Die so entstehenden Unsicherheiten seien aber „kaum zu vermeiden".

218 BGH (VIII ZR 110/04) NJW 2005, 2074; KG WuM 2009, 407; LG Duisburg WuM 2008, 598, 599.

219 BGH (VIII ZR 295/15) WuM 2017, 208.

220 BGH (VIII ZR 346/10) NJW 2012, 1351; dazu *Börstinghaus* WuM 2012, 244; *ders.* Der Sachverständige 2012, 183; *Schach,* GE 2012, 517; *Blank* LMK 5/2012 Anm. 3; *ders.* ZMR 2013, 170; *Muth* ZMR 2012, 530; *Bühler* ZMR 2012, 531, *ders.* NZM 2011, 729; LG Dortmund WuM 2012, 469 m. Anm. *Börstinghaus* WuM 2012, 547; AG Aachen WuM 2015, 164, 165; Bub/Treier/*Schultz* Kap. III. A Rdn. 1384.

221 *Fleindl* WuM 2015, 212; *Emmerich* in Staudinger, § 556d Rdn. 19.

222 *Artz* in MünchKomm § 556d Rdn. 8; nach *Emmerich* in Staudinger, § 556d Rdn. 15 ist dann „guter Rat teuer".

223 BGH (VIII ZR 295/15) WuM 2017, 208; (VIII ZR 321/09) NJW 2010, 2946.

224 *Börstinghaus* in Börstinghaus/Clar NZM 2014, 889, 900.

225 BGH NJW 1970, 946.

226 *Fleindl* WuM 2015, 212.

227 BGH NJW 2010, 2946 (für den umgedrehten Fall der Zustimmungsklage).

Mietspiegeln im Zustimmungsprozess wird aber zu verlangen sein, dass der Vermieter substantiierte Einwände gegen den einfachen Mietspiegel erhebt. Die Anforderungen daran sind nach der Rechtsprechung sogar sehr hoch. So soll etwa substantiiert vortragen werden, den Verfassern des Mietspiegels habe es an der erforderlichen Sachkunde gefehlt oder sie hätten sich von sachfremden Erwägungen leiten lassen. Richtigerweise muss aber der Mieter in diesen Fällen die Geeignetheit des einfachen Mietspiegels zur Ermittlung der ortsüblichen Vergleichsmiete darlegen und beweisen. Allein aus der Tatsache, dass es ein Stück Papier mit der Überschrift „Mietspiegel" gibt, zu schließen, dass diesen Werten eine irgendwie geartete Beweisfunktion beikommt, ist durchaus zweifelhaft. Auch das Argument, dass ja beide Vertragsseiten über ihre Interessenvertreter an der Erstellung beteiligt waren, hilft da wenig. Wenn beide Seiten keine aussagekräftigen Daten haben und „kungeln" oder eine Art Tarifvertrag schließen, macht das die Werte nicht richtiger. Das mag für vorprozessuale Mieterhöhungsverlangen, für die einfache Mietspiegel eigentlich nur gedacht sind, noch in Ordnung sein, für die Festlegung einer maximal zulässigen Wiedervermietungsmiete **sind solche Mietspiegel aber prinzipiell untauglich.** Wenn sie trotzdem benutzt werden, gilt das oben Gesagt zur Spanneneinordnung (Rdn. 50). Inzwischen hat der BGH seine Auffassung zumindest etwas relativiert, wenn er formuliert, dass die Werte eines einfachen Mietspiegels vom Tatrichter bei der Überzeugungsbildung „(mit-)berücksichtigt werden dürfen.[228] Im Falle eines einfachen Mietspiegels stelle sich für die Tatsacheninstanz jeweils die Frage, ob diesem tatsächlich eine mögliche Indizwirkung hinsichtlich der richtigen Wiedergabe der ortsüblichen Vergleichsmiete durch die dort angegebenen Entgelte Bedeutung zukommt. So kann die **Indizwirkung erschüttert** sein, wenn zwischen dem Stichtag der Mietspiegelerstellung und dem Zugang des Erhöhungsverlangens eine erhebliche Mietenentwicklung stattgefunden hat. In diesem Fallkönnen die Gerichte einen **Stichtagszuschlag** zu den Mietspiegelwerten hinzurechnen (dazu § 558b Rn. 122).

Vor praktisch kaum lösbare Aufgaben[229] werden die Mietvertragsparteien in Gemeinden gestellt, 52
in denen es **gar keinen Mietspiegel** gibt oder der Mietspiegel für die konkrete Vertragswohnung nicht anwendbar ist. Selbst die Bundesregierung weist in der Gesetzesbegründung[230] daraufhin, dass der Vermieter Schwierigkeiten hat, die zulässige Miete zu ermitteln, wenn es in der Gemeinde keinen Mietspiegel gibt. Diese Probleme sollten bei der Abwägung, ob eine Gemeinde ohne Mietspiegel in eine entsprechende Landesverordnung aufgenommen wird, ernsthaft berücksichtigt werden.[231] Alle Versuche im Gesetzgebungsverfahren, die Begrenzung der Wiedervermietungsmiete nur in Gemeinden zuzulassen, in denen es einen Mietspiegel gibt, waren erfolglos. Hieraus können durch auch verfassungsrechtliche Bedenken gegen die Aufnahme einer Gemeinde in eine Verordnung abgeleitet werden.[232] Soweit es in der Nachbargemeinde einen Mietspiegel gibt, kann dieser ggf. herangezogen werden.[233]

Die übrigen Begründungsmittel gem. § 558a Abs. 2 BGB sind hier nur sehr eingeschränkt 53
brauchbar. Drei **Vergleichswohnungen** reichen keinesfalls aus, die ortsübliche Vergleichsmiete darzulegen und ggf. zu beweisen. Sie reichen ja noch nicht einmal im Zustimmungsprozess. Sie dienen allenfalls als preiswertes Begründungsmittel, um einen allerersten Anhalt zu bieten, wie hoch die ortsübliche Vergleichsmiete denn ist. Drei Wohnungen zu finden, für die mehr oder auch weniger gezahlt wird, gelingt fast immer. Das vorprozessuale Sachverständigengutachten (dazu § 558a Rdn. 72) ist da schon besser geeignet, aber als Parteigutachten letztendlich im Streitfall im Prozess auch nicht verwertbar.

Letztendlich bleibt für die Parteien bei Abschluss des Mietvertrages **eine große Unsicherheit.** Der Gesetzgeber verlangt von den Marktteilnehmern die Einhaltung bestimmter Grenzen, ohne diese Grenzen selbst rechtssicher vorzugeben. Das allein ist **rechtsstaatlich schon bedenklich.**

---

[228] BGH (VIII ZR 295/15) WuM 2017, 208.

[229] Auch *Hinz* ZMR 2014, 593, 595 weist auf den hohen Aufwand in Gemeinden ohne Mietspiegel hin; Bedenken schon bei *Börstinghaus* DWW 2014, 202.

[230] BT-Drs. 18/3121 S. 29.

[231] Nach *Weigelt,* Die wachsende Stadt als Herausforderung für das Recht (2016), S. 292 erhöht die Begrenzung der Wiedervermietungsmiete deshalb den Druck auf die Gemeinden einen qualifizierten Mietspiegel zu erstellen.

[232] *Blank* WuM 2014, 641, 646; gerade die Existenz eines qualifizierten Mietspiegels für Berlin ist für das AG Neukölln NZM 2017, 31 das tragende Argument, warum in Berlin die Einführung der Beschränkung der Wiedervermietungsmiete verfassungsgemäß ist, bestätigt durch LG Berlin WuM 2017, 266; nach *Weigelt,* Die wachsende Stadt als Herausforderung für das Recht (2016), S. 292 soll die Aufnahme einer Gemeinde ohne qualifizierten Mietspiegel in eine VO kaum möglich sein.

[233] *Hinz* in Klein-Blenkers/Heinemann/Ring, Miete/WEG/Nachbarschaft § 556d Rn. 21.

54 **c) Inklusiv- und Teilinklusivmieten.** Die Begrenzung der Wiedervermietungsmiete gilt auch für Inklusiv- oder Teilinklusivmieten. Letztendlich geht das BGB in § 535 Abs. 2 BGB selbst von einer Mietstruktur aus, nach der der Mieter einen Betrag zu zahlen hat und der Vermieter alle Kosten, die durch die Nutzung der Wohnung verursacht werden, trägt. Deshalb wird die Minderung auch aus der Bruttomiete berechnet.[234] Lediglich die Heizkosten sind im Anwendungsbereich der Heizkostenverordnung zwingend – zusätzlich – verbrauchsabhängig abzurechnen. Es ist also erforderlich die richtige ortsübliche Vergleichsmiete für die **vertraglich vereinbarte Mietstruktur** zu ermitteln.

55 Soweit es in der Gemeinde einen Mietspiegel gibt, weist dieser nur die Nettomiete aus. Zur Herstellung der Vergleichbarkeit muss der Betriebskostenanteil entsprechend den tatsächlich anfallenden Kosten noch zu diesen Werten hinzugerechnet werden (dazu § 558a BGB Rdn. 55).[235] Der **Zuschlag zu den Werten des Netto-Mietspiegels** ist bei einer Bestandsmietenerhöhung der Art zu berechnen, dass die konkreten **auf die Wohnung entfallenden** Betriebskosten ermittelt werden, soweit sie nicht Betriebskostenarten betreffen, für die der Mieter gesonderte Vorauszahlungen oder eine Pauschale zahlt. Nichts Anderes gilt auch für die Berechnung der Wiedervermietungsmiete. Hier besteht nur das Problem, dass insbesondere der Betriebskostenanteil für die verbrauchsabhängigen Kosten wegen des Nutzerwechsels und des damit eventuell verbundenen veränderten Nutzerverhaltens nicht genau feststeht. Der Betriebskostenanteil kann insofern nur **annährungsweise** ermittelt werden. Deshalb darf der Vermieter entweder die konkreten Betriebskosten der Kostenpositionen, für die der Mieter keine gesonderten Vorauszahlungen leistet, die während der Mietzeit eines Vormieters angefallen sind und schon bekannt sind zu der Netto-Vergleichsmiete hinzurechnen oder die Durchschnittswerte des Hauses hinsichtlich dieser Position in Ansatz bringen.[236] Maßgeblich sind die Betriebskosten die zum **Zeitpunkt des Abschlusses des Mietvertrages** festgestellt werden können,[237] nicht die zum Zeitpunkt der letzten Betriebskostenabrechnung.[238] Ebenso wenig ist die Bezugnahme auf ortsübliche Betriebskosten in der Gemeinde oder sogar größerer Einheiten z. B. durch Verwendung von Betriebskostenspiegeln zulässig[239], da anderenfalls der Vermieter, der das Haus besonders günstig bewirtschaftet, eine höhere Miete bekäme. Bei **Neuvermietungen,** für die die Ausnahme des § 556f BGB nicht gilt, muss man dem Vermieter eine Festlegung nach **billigem Ermessen** zubilligen. Er kennt die Betriebskosten, insbesondere die verbrauchsabhängigen noch nicht, und muss sie deshalb schätzen. Die Fälle werden aber äußerst selten sein, da heute bei Neuvermietungen üblicherweise sämtliche Betriebskostenpositionen gem. § 2 BetrKV gesondert auf den Mieter umgelegt werden. Bedeutsam kann dies sein bei der Vermietung von Einliegerwohnungen, bei denen der Vermieter sich die Erstellung einer Betriebskostenabrechnung sparen will.

56 **d) Betriebskostenpauschalen.** Zulässig ist auch die Vereinbarung einer Betriebskostenpauschale.[240] Die Höhe dieser Pauschale wird gesetzlich nicht beschränkt. Nach dem eindeutigen Wortlaut des § 556 Abs. 2 S. 2 BGB gilt die Begrenzung auf die Angemessenheit für Betriebskostenpauschalen gerade nicht (siehe § 556 BGB Rdn. 23ff.).[241] Das bedeutet, dass die Betriebskostenpauschale sich aus einem Teil zusammensetzen kann, der die tatsächlichen Betriebskosten betrifft und einem **Sicherheitszuschlag** (§ 556 BGB Rdn. 25). Letzterer ist ein sich mit der Zeit verringernder Anteil der Grundmiete.[242] Ausgangspunkt für die Berechnung der höchst zulässigen Wiedervermietungsmiete ist nur der Betriebskostenanteil der Pauschale.[243]

---

[234] BGH (XII ZR 225/03) NJW 2005, 1713; (VIII ZR 347/04) NJW 2005, 2273.

[235] BGH (VIII ZR 41/05) WuM 2006, 39; OLG Stuttgart RE v. 13.7.1983, NJW 1983, 2329; OLG Hamm RE v. 3.12.1992, NJW-RR 1993, 398; KG RE vom 5.8.1997 NZM 1998, 68.

[236] *Blank* WuM 2014, 641, 647.

[237] BGH (VIII ZR 141/09) NZM 2010, 436; (VIII ZR 331/06) NJW 2008, 848; (VIII ZR 41/05) NZM 2006, 101; (VIII ZR 215/05) WuM 2006, 569; KG GE 2005, 180; BayObLG RE v. 27.10.1992 WuM 1992, 677; LG Berlin GE 2010, 61; GE 2004, 626 LG Rottweil NZM 1998, 432; AG Hamburg ZMR 2005, 54; AG Charlottenburg GE 2005, 743; AG Schöneberg GE 2007, 153, GE 2005, 1129; AG Tiergarten GE 2005, 1135; *Hannemann* NZM 1998, 612, 613, KG GE 2005, 180 mit zust. Anm. *Both* WuM 2005, 379; **a. A.** LG Berlin GE 2005, 1251; *Beuermann* NZM 1998, 598.

[238] AG Schöneberg GE 2005, 1129.

[239] *Blank* WuM 2014, 641, 647.

[240] Zu den Anforderungen daran neuerdings BGH (VIII ZR 274/15) NZM 2016, 720.

[241] *Flatow* WuM 2015, 191; *Blank* WuM 2014, 641, 647.

[242] *Langenberg* ZMR 1982, 65; *Blank* WuM 2014, 641, 647.

[243] *Blank* WuM 2014, 641, 647.

e) Zuschläge. Wenn durch Zuschläge zusätzliche Leistungen bezahlt werden, dann müssen diese zusätzlichen Leistungen bei der Ermittlung der ortsüblichen Vergleichsmiete mit berücksichtigt werden. Das bedeutet nicht, dass der mietvertraglich vereinbarte „Zuschlag" zur ortsüblichen Nettovergleichsmiete hinzugerechnet werden darf; es muss der ortsübliche Betrag, der für eine solche zusätzliche Leistung bezahlt wird zur ortsüblichen Vergleichsmiete hinzugerechnet werden. 57

aa) Nach § 540 Abs. 1 BGB ist der Mieter grundsätzlich ohne ausdrückliche Erlaubnis des Vermieters nicht berechtigt, den Gebrauch der gemieteten Sache einem Dritten zu überlassen. § 553 Abs. 1 BGB gibt jedoch dem Mieter von Wohnraum gegenüber seinem Vermieter unter bestimmten Voraussetzungen einen Anspruch auf Erteilung einer **Untermieterlaubnis.** Gem. § 553 Abs. 2 BGB kann der Vermieter seine Zustimmung zur Untervermietung ggf. von einer **angemessenen Erhöhung der Miete** abhängig machen. Dieser „Zuschlag" ist Teil der vereinbarten Miete. Wenn in der Gemeinde üblicherweise für Wohnungen mit einer Untermieterlaubnis mehr als für Wohnungen ohne eine solche Erlaubnis gezahlt wird, ist dieser Differenzbetrag zu den Werten der ortsüblichen Vergleichsmiete (ggf. aus dem Mietspiegel) hinzuzurechnen.[244] Erforderlich ist aber, dass bei der Weitervermietung ebenfalls eine Untervermietung gestattet ist. 58

bb) Bei einer auch **gewerblichen Nutzung** der Wohnung ist zunächst zu entscheiden, ob das Mietverhältnis als Wohn- oder Gewerberaummietverhältnis einzuordnen ist (s. o. Rdn. 13). Nur wenn es sich um ein Wohnraummietverhältnis handelt, gelten die §§ 556d ff. BGB. Auf Gewerberaummietverhältnisse sind die Vorschriften weder direkt noch analog anwendbar. Wenn der Vermieter dem Mieter in einem Wohnraummietverhältnis die teilgewerbliche Nutzung der Wohnung gestattet hat[245], dann besteht die vom Vermieter dem Mieter gegenüber zu erbringende Leistung eben nicht nur in der Gebrauchsüberlassung einer Wohnung, sondern auch in der Überlassung von Räumen für eine gewerbliche Tätigkeit. Dafür kann ein anderer Preis vereinbart werden, als für eine reine Raumüberlassung zum Wohnen. Nur für letztere werden in Mietspiegeln Werte angegeben. Deshalb kann die ortsübliche Vergleichsmiete für Wohnungen, in denen dem Mieter auch eine gewerbliche Nutzung gestattet ist, höher sein. Ausgangspunkt für die Berechnung der höchst zulässigen Wiedervermietungsmiete ist in diesem Fall die ortsübliche Vergleichsmiete für Wohnungen zzgl. eines üblichen Zuschlags für die teilgewerbliche Nutzung der vereinbarten Art.[246] Es handelt sich aber nicht um einen Zuschlag im technischen Sinn, sondern nur um die Art der Berechnung. Maßgeblich ist nicht die Höhe des vereinbarten Zuschlags, sondern die ortsübliche Höhe. Den Parteien bleibt aber unbenommen, zwei Mietverträge abzuschließen. Dann gelten für die Wohnräume die §§ 556d ff. BGB, hinsichtlich des gesonderten Gewerberaummietvertrages sind die Parteien dann aber frei und die Miethöhe wird nicht begrenzt. 59

cc) Für **möblierte Wohnungen,** soweit sie nicht unter den Anwendungsbereich des § 549 Abs. 2 Ziff. 2 BGB fallen, ist fraglich, ob ein Zuschlag in Betracht kommt, oder ob es sich um eine ganz andere **„Art"** von Wohnraum iSd § 558 Abs. 2 BGB handelt. Nach bisheriger Rechtsauffassung muss eine ortsübliche Vergleichsmiete ermittelt werden, die sich aus der reinen Raummiete und einem „Möblierungszuschlag" zusammensetzt (dazu § 558a BGB Rdn. 61).[247] Während der Untermiet- und Gewerbe-„Zuschlag" dafür gezahlt werden, dass der Vermieter dem Mieter rechtlich mehr gestattet, als üblicherweise vom vertragsgemäßen Gebrauch der Mietsache abgedeckt wird, hat der Vermieter bei möblierten Wohnungen sachlich dem Mieter mehr zum Gebrauch überlassen. Es muss also zur ortsüblichen Vergleichsmiete für die reine Raumüberlassung nur der Mietzins für die Möbelnutzung hinzugerechnet werden.[248] Ausgangspunkt ist der **Zeitwert** der überlassenen Möbel. Zeitwert ist dabei der Nutzungswert für den Mieter[249], der dem Wiederbeschaffungswert ent- 60

---

[244] *Blank* WuM 2014, 641, 648; *Abramenko* in Lützenkirchen, Mietrecht, 2. Aufl., § 556d Rn. 34; **a. A.** *Hinz* in Klein-Blenkers/Heinemann/Ring, Miete/WEG/Nachbarschaft § 556d Rn. 25; NK-BGB/*Hinz* § 556d Rn. 25; *Flatow* WuM 2015, 191, 193.

[245] Z. B. BGH (VIII ZR 376/12) NJW 2014, 2864 (Wohnung und Hypnosepraxis).

[246] *Blank* WuM 2014, 641, 648; *Abramenko* in Lützenkirchen, Mietrecht, 2. Aufl., § 556d Rn. 34; **a. A.** *Hinz* in Klein-Blenkers/Heinemann/Ring, Miete/WEG/Nachbarschaft § 556d Rn. 26; *Flatow* WuM 2015, 191, 193.

[247] Zu den vermeintlichen Vorteilen der Vermietung einer möblierten Wohnung im Zusammenhang mit der Begrenzung der Wiedervermietungsmiete: *Leutner* GE 2016, 1131; *Beuermann* GE 2016, 133; auf die Prozessrisiken für den Mieter in diesem Zusammenhang weist *Weigelt,* Die wachsende Stadt als Herausforderung für das Recht (2016), S. 300 hin.

[248] Nach *Weigelt,* a. a. O. handelt es sich bei der Möblierung ein Ausstattungsmerkmal, so dass eigentlich die Mietspiegel für solche Wohnungen eine ortsübliche Vergleichsmiete ausweisen müssten, was aber nie geschehe.

[249] LG Berlin GE 2003, 954, GE 1987, 577; AG Köln WuM 1998, 692.

spricht.[250] Dieser Wert muss dann für den Vermieter verzinst werden. Außerdem ist dem Umstand Rechnung zu tragen, dass die Gegenstände durch die Benutzung regelmäßig wertloser werden. Es muss also eine angemessene Abschreibung berücksichtigt werden. Zu den verschiedenen Berechnungsmethoden siehe § 558a BGB Rdn. 65). Maßgeblich sind neben dem **Zeitwert** der Möbel vor allem die **Restnutzungsdauer** und das aktuelle **Zinsniveau.** Durchaus vertretbar ist aber auch die Auffassung, wonach es sich bei möbliertem Wohnraum um einen ganz anderen Wohnungsteilmarkt handelt. Das stimmt für bestimmte möblierte Wohnungen sicher, bei anderen dürfte es sich um eine Umgehung handeln. Dort ist die Zuschlagsberechnung richtig.

61 **dd)** Muss der Mieter mietvertraglich **weitere Leistungen** erbringen, wie Hausmeistertätigkeit oder Gartenpflege, sind diese Leistungen mit ihrem ortsüblichen Wert als Miete mit zu berücksichtigen.[251] Das gilt nicht für solche Leistungen, die üblicherweise alle Mieter einer Gemeinde übernehmen, wie z. B. Treppenhausreinigung und Winterdienst.[252] Der darauf entfallende Geldwert wird ja auch von den anderen Mietern, die die ortsübliche Vergleichsmiete zahlen, zusätzlich erbracht.

62 **ee)** Die Übernahme von **Schönheitsreparaturen** stellt wirtschaftlich einen Wert dar.[253] Trotzdem ist die Frage der wirksamen Abwälzung der Schönheitsreparaturen nicht bei der Ermittlung der ortsüblichen Vergleichsmiete zu berücksichtigen.[254] Es handelt sich um kein Wohnwertmerkmal. Wenn die Frage der Abwälzung der Schönheitsreparaturen nicht bei Bestandsmietenerhöhungen berücksichtigt werden darf[255], dann gilt für die Berechnung der richtigen Ausgangsmiete zur Ermittlung der höchstmöglichen Wiedervermietungsmiete nichts Anderes (zur Nichtberücksichtigung bei der Vormiete siehe § 556e Rdn. 26).

2. Berechnung der maximalen Wiedervermietungsmiete

63 **a)** Nach § 556d Abs. 1 BGB darf der Vermieter bei der Wiedervermietung maximal eine Miete verlangen, die 10% oberhalb der ortsüblichen Vergleichsmiete liegt. Die 10% sind auf die Einzelvergleichsmiete zum Zeitpunkt des Beginns des Mietvertrages hinzuzurechnen[256] Es kommt nicht auf das Datum des Vertragsschlusses an.[257] Ausgangspunkt ist der Oberwert der Bandbreite der für die konkrete Wohnung ermittelten ortsüblichen Vergleichsmiete. Das kann durchaus im Einzelfall der Oberwert der Mietspanne sein (s. o. Rdn. 50).

64 **b)** Bei **(Teil-)Inklusivmieten** sind die 10% auf die ortsübliche Teilinklusiv-Vergleichsmiete hinzuzurechnen.[258] Es hat keine Aufteilung in eine ortsübliche Netto-Vergleichsmiete auf die der 10% Zuschlag zu rechnen ist und einen Betriebskostenanteil, der dann ohne prozentuale Erhöhung den Werten hinzugerechnet wird, zu erfolgen. Auch bei der Wiedervermietung ist die von den Mietvertragsparteien gewählte Mietstruktur allein maßgeblich. Das ist bisher schon bei der Berechnung der Kappungsgrenze so[259] (siehe § 558 BGB Rdn. 171). Bereits der Wortlaut des § 556d Abs. 1 BGB spricht dafür, dies bei der Begrenzung der Wiedervermietungsmiete genauso zu sehen. Der Begriff der „Miete" in § 556d Abs. 1 und § 535 Abs. 2 BGB ist identisch.[260] Nur für Betriebskostenvorauszahlungen und -pauschalen gibt es Sonderregelungen (auch bei der Kappungsgrenze). Das entspricht auch einer systematischen Auslegung. Der Vermieter kann den Betriebskostenanteil

---

[250] OLG Düsseldorf NJW-RR 1992, 426; **a. A.** LG Köln WuM 1980, 180: In der Regel 30% des Neuwertes.
[251] *Blank* WuM 2014, 641, 648; *Flatow* WuM 2015, 191.
[252] *Blank* WuM 2014, 641, 648.
[253] BGH (VIII ARZ 9/86) NJW 1987, 2575, 2576; (VIII ZR 91/88) NJW 1989, 2247; (VIII ZR 302/07) NZM 2009, 541, 543.
[254] BGH (VIII 181/07) NJW 2008, 2840; (VIII ZR 83/07) WuM 2008, 487; (VIII ZR 118/07) NJW 2009, 1410; (VIII ZR 87/11) NJW 2012, 145.
[255] BGH (VIII 181/07) NJW 2008, 2840.
[256] *Emmerich* in Staudinger, § 556d Rdn. 15; *Artz* in MünchKomm § 556d Rdn. 19.
[257] Zu den Bedenken bei der Vermietung vom Reißbrett: *Emmerich* in Staudinger, § 556d Rdn. 15.
[258] *Flatow* WuM 2015, 191; *Blank* WuM 2014, 641, 647.
[259] BGH (VIII ZR 160/03) NZM 2004, 218; LG Berlin GE 2006, 391; LG Hannover WuM 1992, 136, WuM 1987, 125; LG Hamburg WuM 1991, 593; LG Karlsruhe WuM 1985, 328; LG München I WuM 1985, 330; LG Hamburg WuM 1985, 306; AG Pinneberg ZMR 2004, 122; AG Münster WuM 1993, 198; AG Hagen WuM 1990, 555; AG Hannover WuM 1987, 125, 126; AG Hamburg WuM 1985, 329; Bub/Treier/*Schultz* Kap. III. A Rdn. 1116ff.; *Dickersbach* in Erman § 558 BGB Rdn. 35; *Emmerich* in Staudinger, § 558 BGB Rdn. 53; *Sternel* Mietrecht, III, 628; *Lammel* § 558 BGB Rdn. 73.
[260] *Flatow* WuM 2015, 191.

einer Teilinklusivmiete nicht gesondert erhöhen[261], so dass ihm ggf. Vorteile dieser Berechnungsmethode bei der Berechnung der Wiedervermietungsmiete später zum Nachteil gereichen.[262] Zu den Problemen der Änderung der Mietstruktur bei der Ermittlung der maßgeblichen Vormiete siehe § 556e Rdn. 20ff.).

c) Bei Mietverträgen mit einer **Betriebskostenpauschale** errechnet sich die maximal zulässige Wiedervermietungsmiete der Art, dass auf die ortsübliche Vergleichsmiete und eine kostendeckende Pauschale der Zuschlag von 10% hinzugerechnet wird.[263] Dieser Wert darf durch die vereinbarte Miete und die vereinbarte Betriebskostenpauschale nicht überschritten werden. Soweit die Betriebskostenpauschale die tatsächlichen Kosten überschreitet, handelt es sich um eine verdeckte Nettomiete, die nicht zu der ortsüblichen Vergleichsmiete hinzugerechnet werden darf um dann um 10% überschritten zu werden.[264] 65

d) Alle **anderen Zuschläge,** wie Untermietzuschlag, Möblierungszuschlag und Zuschlag für teilgewerbliche Nutzung sind Bestandteile der vereinbarten Miete. Hier ermittelt sich die maximal zulässige Wiedervermietungsmiete nach der ortsüblichen Vergleichsmiete für die vereinbarte Gegenleistung und den erlaubten Nutzungsumfang für die Wohnung zzgl. des 10 prozentigen Zuschlags. Problematisch ist hier in der Praxis die Vergleichswerte exakt festzustellen, da es hierzu kaum Erhebungen gibt 66

C. Rechtsfolgen – Konkurrenzen – Prozessuales

I. Rechtsfolge

Die Mietzinsvereinbarung ist **insoweit unwirksam,** als die maximal zulässige Miete, also die ortsübliche Vergleichsmiete plus 10%, überschritten wird, es sei denn es greift einer der Ausnahmetatbestände ein.[265] Das ergibt sich deutlich aus § 556g Abs. 1 BGB.[266] Nur für die **Rückforderung** ist eine qualifizierte **Rüge** gem. § 556g Abs. 2 BGB erforderlich. Das gilt auch, wenn der Mieter wegen eines vermeintlichen Rückzahlungsanspruchs gegenüber einer Forderung des Vermieters die **Aufrechnung** erklärt. Gegenüber Mietzahlungsansprüchen des Vermieters kann sich der Mieter auf die Unwirksamkeit berufen. Er ist hierfür darlegungs- und beweispflichtig.[267] 67

Die maßgeblichen Werte sind auf den **Zeitpunkt des Mietvertragsbeginns** nicht des Mietvertragsabschlusses festzustellen. Wenn zu diesem Zeitpunkt die vereinbarte Miete über der maximal zulässigen Miete gem. § 556d ff. BGB lag, dann ist der überschießende Teil der Mietpreisabrede unwirksam. Soweit die Rechtsprechung bei einem Verstoß gegen § 5 WiStG eine sogenannte **dynamische Nichtigkeit**[268] angenommen hat, wonach der unwirksame Teil der Mietpreisabrede bei steigenden Mieten immer kleiner wird, **gilt das hier nicht.** Die Rechtsprechung zur dynamischen Nichtigkeit beruht auf der besonderen Rechtsfolge des § 134 BGB, wonach nur verboten ist, was nicht erlaubt ist. Deshalb muss bei Rückforderungsprozessen in Folge eines Verstoßes gegen § 5 WiStG theoretisch für jeden Monat – in der Praxis zumindest jährlich – die maximal zulässige Miete ermittelt werden. Das wollte der Gesetzgeber hier gerade nicht. Deshalb ist gem. § 556g Abs. 1 BGB die **Mietpreisabrede teilunwirksam** ohne spätere Heilungsmöglichkeit bei steigenden Mieten. 68

---

261 BGH (VIII ZR 160/03) NJW 2004, 1380, 1381.

262 *Flatow* WuM 2015, 191.

263 *Flatow* WuM 2015, 191; *Blank* WuM 2014, 641, 647.

264 So schon OLG Stuttgart RE v. 26.02.1982, NJW 1982, 1160, 1161 zu § 5 WiStG.

265 Zu den Rechtsfolgen eines Verstoßes *Fleindl* WuM 2015, 212.

266 **A. A.** *Derleder* WuM 2014, 443, 444, der hier wie auch bei § 5 WiStG die Miete auf die ortsübliche Vergleichsmiete reduziert wissen will (insofern aber schon anders: BGHZ 89, 316).

267 *Fleindl* WuM 2015, 212.

268 KG NJW-RR 1995, 1037; OLG Hamm NJW 1983, 1622; WuM 1995, 384, mit krit. Anm. *Buchmann* WuM 1995, 427; *Börstinghaus,* Miethöhe-Handbuch, Kap. 4 Rdn. 28; der BGH hat sich dieser Auffassung für eine vergleichbare Fallkonstellation in den neuen Bundesländern angeschlossen: BGH (VIII ZR 150/06) WuM 2007, 440.

II. Konkurrenzen

69 Die Vorschrift stellt **keine Spezialregelung** dar, die § 5 WiStG verdrängt. Soweit im ersten Entwurf des Mietrechtsnovellierungsgesetzes noch vorgeschlagen worden war, § 5 WiStG ersatzlos aufzuheben, wurde davon im weiteren Gesetzgebungsverfahren Abstand genommen. Das bedeutet, dass in den Gemeinden, die nicht in eine entsprechende LandesVO gem. Abs. 2 aufgenommen sind, eine Mietpreisabrede, die unter die Tatbestandsvoraussetzungen des § 5 WiStG fällt, gem. § 134 BGB teilnichtig ist. Die Vorschrift gilt aber auch für Gemeinden, die in die Verordnung aufgenommen wurden.[269] Die Tatsache, dass die Mietpreisabrede schon nach § 556g BGB unwirksam ist, ändert nichts daran, dass ggf. auch ein Verstoß gegen § 5 WiStG vorliegen kann. Bedeutung hat dies vor allen in den Fällen, in denen der Mieter **keine Rüge** erhoben hat und nun bereits gezahlte Beträge zurückverlangt. Für solche Ansprüche ist keine qualifizierte Rüge erforderlich.[270] Auch ein **Bußgeld** kann verhängt werden. Außerdem kann auch eine Teilnichtigkeit gem. § 138 Abs. 2 BGB in Betracht kommen. Das ist der Fall, wenn die zu entrichtende Miete Wohnraummiete die ortsübliche Miete um mehr als 50% übersteigt.[271]

70 Ist die Mietzinsvereinbarung teilnichtig, kommt auch ein Anspruch auf teilweise **Rückzahlung der Kaution** in Betracht.[272] Voraussetzung ist, dass die vereinbarte und gezahlte Kaution höher als der dreifache Betrag der zulässigen Miete gem. § 556d, § 556g BGB ist. Bei einer dauerhaften Herabsetzung der Miete reduziert sich auch die Mietsicherheit.[273]

III. Prozessuales

71 Die Beweislast für die Unwirksamkeit der entsprechenden Landesverordnung trägt grundsätzlich der Vermieter als derjenige, der sich im Rechtsstreit auf die Nichtigkeit der Verordnung beruft.[274] Der **Mieter** hat demgegenüber einen Verstoß gegen § 556d darzulegen und zu **beweisen.**[275] In diesem Verfahren kommt einem qualifizierten Mietspiegel die Vermutungswirkung des § 558d BGB zu (wegen der Probleme siehe oben Rdn. 50).[276] Soweit der Vermieter sich aber auf die **Ausnahmevorschriften** der §§ 556e, 556f BGB beruft, ist er darlegungs- und beweispflichtig für die Tatbestandsvoraussetzungen dieser Normen.[277]

72 Soweit das Gericht Bedenken gegen die **Verfassungsmäßigkeit** der Mietpreisbegrenzung hat[278] muss es das Verfahren gem. Art. 100 Abs. 1 GG dem BVerfG zur Entscheidung vorlegen. Das gilt auch, wenn das Zivilgericht **nur die Ermächtigungsgrundlage** in § 556d Abs. 2 BGB für verfassungswidrig hält, weil diese eine unzulässige Inkraftsetzungsermächtigung[279] enthalte oder weil die sonstigen Voraussetzungen des Art. 80 GG nicht erfüllt seien.[280]

73 Die **Rechtmäßigkeit der Landesverordnung** ist aber selbständig durch die Zivilgerichte inzidenter im Zahlungsprozess zu überprüfen (mittelbare Normenkontrolle).[281] Die Zivilgerichte

---

[269] *Hinz* ZMR 2014, 593, 600; *Fleindl* WuM 2015, 212.
[270] *Fleindl* WuM 2015, 212.
[271] LG Hamburg WuM 2016, 434.
[272] *Hinz* ZMR 2014, 593, 601; *Fleindl* WuM 2015, 212.
[273] Für Minderung bei nicht behebbarem Mangel: BGH (VIII ZR 347/04) NJW 2005, 2773 m. Anm. *Schmid* MDR 2005, 971; *ders.* ZMR 2005, 836; *Wiek* WuM 2005, 575; *Bieber* MietRB 2005, 281, 282.
[274] AG Neukölln NZM 2017, 31, bestätigt durch LG Berlin NZM 2017, 332. *Emmerich* in Staudinger, § 556d Rn. 43 (soweit im Text von „Mieter" die Rede ist, dürfte es sich um ein Redaktionsversehen handeln); *Zehelein* NZM 2015, 761 auch mit Vorschlägen zur Anwendung von anderen Verfahrensordnungen als die ZPO.
[275] *Fleindl* WuM 2015, 212.
[276] *Hinz* ZMR 2014, 593, 596.
[277] *Fleindl* WuM 2015, 212.
[278] Z. B. aufgrund des Gutachtens *Blankenagel/Schröder/Spoerr* NZM 2015, 1.
[279] Vom BVerfG aber für den ähnlichen Fall in § 5a WoBindG für wirksam erachtet: BVerfGE 78, 249; siehe auch BVerwGE 59, 195.
[280] *Lehmann-Richter* WuM 2015, 204.
[281] BGH (VIII ZR 217/14) NZM 2016, 82 = NJW 2016, 476 m. Anm. *Börstinghaus* LMK 2016, 376055; *Blank* WuM 2016, 161; LG Berlin NZM 2017, 332. *Emmerich* in Staudinger, § 556d Rdn. 43; *Lehmann-Richter* WuM 2015, 204; *Derleder* NZM 2015, 413, 416; *Hinz* in Klein-Blenkers/Heinemann/Ring, Miete/WEG/Nachbarschaft § 556d Rn. 29; NK-BGB/*Hinz* § 556d Rn. 29; *Frank,* Die Mietpreisbremse – Eine Analyse der Rechtsvorschriften zur Begrenzung der Neu- und Wiedervertragsmiete auf 110% der ortsüblichen Vergleichsmiete, Diss, Marburg, 2016, S. 42; einschränkend *Zehelein* NZM 2015, 761.

haben dabei die **Kompetenz, die Verordnung als nichtig zu verwerfen.**[282] Dieses uneingeschränkte Prüfungsrecht und die damit korrespondierende Prüfungspflicht der Zivilgerichte ergibt sich aus Art. 19 Abs. 4 GG[283] Außerdem ergibt sich das Prüfungsrecht auch aus § 17 Abs. 2 S. 1 GVG. Danach ist das Gericht des zulässigen Rechtsweges dazu verpflichtet, den Rechtsstreit unter allen in Betracht kommenden rechtlichen Gesichtspunkten zu entscheiden.[284] Trotzdem muss eine Partei den Sachverhalt entsprechend darlegen, aus dem sich die Nichtigkeit der Verordnung ergeben soll.[285] Eine **Amtsermittlung** wie im Verwaltungsgerichtsprozess **findet nicht statt.**[286] Die Entscheidung wirkt auch nur inter partes und hat keine über den Prozess hinausgehende Bedeutung. Der Vermieter muss aber nur insoweit **Tatsachen vortragen** als ihm das möglich ist.[287] Er muss sich mit der Begründung der Verordnung gem. § 556d Abs. 2 S. 4 BGB auseinandersetzen.[288] Soweit es sich um statistische Werte handelt, darf er die Richtigkeit aber **mit Nichtwissen bestreiten.**[289] Die Verordnung ist nichtig, wenn entweder Begründungsfehler vorliegen[290] oder wenn kein angespannter Wohnungsmarkt in der Gemeinde vorliegt. Der Landesverordnungsgeber hat aber einen weiten Beurteilungsspielraum. Dazu zählt auch, welche Kriterien er zu Beurteilung des angespannten Wohnungsmarktes heranzieht.[291]

Ein **abstraktes Normenkontrollverfahren** gem. § 47 VwGO gegen die Landesverordnung ist **74** selbst dann nicht möglich, wenn das Landesrecht dies grds. vorsieht. Dies Verfahren setzt voraus, dass die Verwaltungsgerichte mit der Anwendung der Verordnung befasst sein könnten.[292] Da dies nicht denkbar ist, ist die abstrakte Normenkontrolle ebenso unzulässig[293] wie eine Nichtigkeitsfeststellungsklage.[294]

Der Mieter hat **keinen durchsetzbaren Anspruch** auf Aufnahme seiner Gemeinde in eine **75** entsprechende Landesverordnung.[295] Ein Anspruch des Mieters auf Erlass einer Rechtsverordnung wird von der Rechtsprechung nur in absoluten Ausnahmefällen anerkannt.[296] Selbst wenn man einen solchen Anspruch bejahen würde, kann er im Zahlungsprozess **vor den Zivilgerichten nicht** einredeweise geltend gemacht werden.

Der Vermieter kann, wenn der Mieter sich auf die Teil-Unwirksamkeit der Mietpreisabrede be- **76** ruft, neben der Zahlungsklage für fällige Beträge entweder **Klage auf zukünftige Leistung** gem. § 258 ZPO erheben oder **Feststellungsklage.** Hat der Mieter die Miete nur teilweise gezahlt,

---

[282] BGH (VIII ZR 217/14) NZM 2016, 82 = NJW 2016, 476; BVerfG DVBl 2001, 1429 m. w. N.; *Zimmermann* in MünchKommZPO, § 1 GVG Rdn. 31; LG Berlin WuM 2014, 554; *Lehmann-Richter* WuM 2015, 204; *Zehelein* NZM 2015, 761, 762; 2016, 666.

[283] BVerfG NStZ-RR 2014, 259.

[284] BGH NJW 2004, 941; LG Berlin WuM 2014, 554.

[285] *Lehmann-Richter* WuM 2015, 204; **a. A.** *Zehelein* NZM 2015, 761.

[286] Nach *Zehelein* NZM 2015, 761; *ders.* NZM 2016, 666 ergibt sich aus dem richterlichen Prüfungsrecht eine Prüfung von Amts wegen hinsichtlich der Wirksamkeit der Verordnung. Die Parteien hätten insofern kein prozessuales Mitspracherecht bei der Tatsachenfeststellung. Das Verfahren ähnele dem der StPO bzw. FamFG.

[287] So der BGH zum qualifizierten Mietspiegel: BGH (VIII ZR 46/12) NJW 2013, 775; (VIII ZR 347/12) NJW 2014, 292.

[288] *Lehmann-Richter* WuM 2015, 204.

[289] *Lehmann-Richter* WuM 2015, 204.

[290] *Lehmann-Richter* WuM 2015, 204; *Zuck* NJW 2016, 3573, 3577; *Zuck* NZM 2016, 657 zu Begründungsfehlern der BaWü MietpreisbremsenVO.

[291] *Lehmann-Richter* WuM 2015, 204.

[292] BVerwGE 99, 88; VGH Mannheim ESVGH 53, 255 zu einer Kündigungssperrfristverordnung nach § 577a BGB.

[293] *Artz* in MünchKomm § 556d Rdn. 17; *Emmerich* in Staudinger, § 556d Rn 2 („ dürfte kein Raum sein"); *Lehmann-Richter* WuM 2015, 204, 210; **a. A.** *Hinz* in Klein-Blenkers/Heinemann/Ring, Miete/WEG/Nachbarschaft § 556d Rn. 229; NK-BGB/*Hinz* § 556d Rn. 29; *Derleder* NZM 2015, 413, 416, der eine Kontrollkompetenz des OVG insoweit sieht, als über Erfüllung der Begründungspflicht des Verordnungsgebers gestritten wird; sowie *ders.* in PiG 99 (2015) 27, 32 wonach die Auffassung die eine Normenkontrollklage für zulässig hält „Münchhausen gleich, sich samt eigenem Pferd am Schopf aus dem Sumpf zieht" vorzugswürdig sei; offengelassen von BGH (VIII ZR 217/14) NZM 2016, 82 = NJW 2016, 476 (für Kappungsgrenzensenkungsverordnung).

[294] *Lehmann-Richter* WuM 2015, 204.

[295] *Blank* WuM 2014, 641, 645; *Emmerich* in Staudinger, § 556d Rn 46; **a. A.** *Lehmann-Richter* WuM 2015, 204 m. w. N.; nach AG Neukölln NZM 2017, 31 ergäbe sich aber aus verfassungskonformer Auslegung des § 556d Abs. 2 BGB eine Verpflichtung der Landesregierung eine Gemeinde in eine VO aufzunehmen, wenn ein angespannter Wohnungsmarkt vorliege.

[296] BVerwG DÖV 2003, 123; VG Stuttgart, Urteil vom 9.11.2004 Az: 5 K 2058/03 (zitiert nach juris); *Lehmann-Richter* WuM 2015, 204.

kann ggf. auch eine **Sicherungsanordnung** gem. § 283a ZPO in Betracht kommen. Voraussetzung ist aber, dass die Zahlungsklage mit einer Räumungsklage verbunden wird und die Klage hohe Aussicht auf Erfolg hat (siehe § 283a ZPO). Der Ausschlusstatbestand gem. § 283a Abs. 1 S. 2 ZPO gilt hier nicht. Es besteht kein Streit darüber, ob der Vermieter berechtigt ist, die Miete zu erhöhen. Es geht um die Wirksamkeit der Mietzinsabrede von Anfang an.

77 Der **Mieter** kann neben der Rückzahlungsklage nach Rüge auch **negative Feststellungsklage** für die Zukunft erheben.

§ 556e Berücksichtigung der Vormiete oder einer durchgeführten Modernisierung

(1) [1]Ist die Miete, die der vorherige Mieter zuletzt schuldete (Vormiete), höher als die nach § 556d Absatz 1 zulässige Miete, so darf eine Miete bis zur Höhe der Vormiete vereinbart werden. [2]Bei der Ermittlung der Vormiete unberücksichtigt bleiben Mietminderungen sowie solche Mieterhöhungen, die mit dem vorherigen Mieter innerhalb des letzten Jahres vor Beendigung des Mietverhältnisses vereinbart worden sind.

(2) [1]Hat der Vermieter in den letzten drei Jahren vor Beginn des Mietverhältnisses Modernisierungsmaßnahmen im Sinne des § 555b durchgeführt, so darf die nach § 556d Absatz 1 zulässige Miete um den Betrag überschritten werden, der sich bei einer Mieterhöhung nach § 559 Absatz 1 bis 3 und § 559a Absatz 1 bis 4 ergäbe. [2]Bei der Berechnung nach Satz 1 ist von der ortsüblichen Vergleichsmiete (§ 558 Absatz 2) auszugehen, die bei Beginn des Mietverhältnisses ohne Berücksichtigung der Modernisierung anzusetzen wäre.

Systematische Übersicht

Alphabetische Schnellübersicht

A. Übersicht

1 Die Vorschrift enthält **zwei Ausnahmen** zur Berechnung der zulässigen Wiedervermietungsmiete. Sie setzt voraus, dass die Wiedervermietungsmiete in der Gemeinde begrenzt ist, also die Gemeinde in eine entsprechende Landesverordnung aufgenommen wurde. Sie ändert also nur die **Rechtsfolge,** also die Höhe der maximal zulässigen Miete.

2 Aus Gründen des Bestandsschutzes soll der Vermieter zunächst unabhängig von der allgemein zulässigen Miethöhe bei Mietbeginn nach § 556d Abs. 1 BGB jedenfalls die Miete auch im folgenden Mietverhältnis verlangen können, die er mit dem Vormieter wirksam vereinbart hatte.[1] Das ist verfassungsrechtlich auch geboten und sachgerecht.[2] Zwar wird die reine Erwerbschance nicht von Art. 14 GG geschützt aber zumindest von Art. 2 und Art 12 GG. Außerdem bestehen anderenfalls Bedenken gegen die Verhältnismäßigkeit des Eingriffs. Dass hierdurch Vermieter, die vor Inkrafttreten des Gesetzes auf Dauer eine höhere Miete vereinbaren können[3] als andere, spielt allenfalls bei der generellen Beurteilung der Verfassungsmäßigkeit des § 556d Abs. 1 BGB eine Rolle[4], hat aber auf die Regelung des § 556e BGB keine Auswirkungen.

3 Nach Abs. 2 werden bestimmte **„einfache" Modernisierungen** privilegiert. Damit sind alle Modernisierungen gemeint, die nicht das Niveau einer **„umfassenden Modernisierung"** i. S. d. § 556f S. 2 BGB erreichen. Die Regelung berücksichtigt, dass solche Modernisierungen, insbesondere wenn sie zwischen Auszug des Vormieters und Einzug des neuen Mieters erfolgten, üblicherweise bei der Festsetzung der Wiedervermietungsmiete Berücksichtigung fanden, obwohl sie sich in einer höheren ortsüblichen Vergleichsmiete noch nicht wiederfanden. Die Vorschrift will die Modernisierung des Wohnungsbestandes wirtschaftlich weiter fördern.

B. Die Vormiete

I. Der Begriff der Vormiete

1. Allgemeines

4 Abs. 1 **definiert** zunächst den **Begriff der „Vormiete".** Es handelt sich um die Miete, „die der vorherige Mieter zuletzt schuldete". Zugleich ordnet Satz 1 auch die Rechtsfolge an: Ist diese Vormieter nämlich höher als die nach § 556d Abs. 1 BGB maximal zulässige Miete, so darf die zulässige Wiedervermietungsmiete die Höhe der Vormiete erreichen.

5 Der Vormieter muss diese Miete **rechtlich geschuldet** haben. Aus dem Wort „geschuldet" folgt, dass die Mietzinsvereinbarung zulässig gewesen sein muss, sonst hätte es an dieser Stelle „vereinbart" heißen müssen. Der Mieter schuldet nur die Miete soweit die Vereinbarung nicht (teil-) unwirksam ist. Dabei ist zu unterscheiden zwischen Vereinbarungen, die vor und nach Inkrafttreten der Begrenzung der Wiedervermietungsmiete getroffen wurden. Ferner enthält die Vorschrift selbst noch zwei Ausnahmen und zwar für Mietminderungen und Mieterhöhungen des letzten Jahres.

2. Vereinbarungen vor Inkrafttreten der Landesverordnung

6 **a)** Bis zu dem Zeitpunkt, zu dem eine entsprechende Landesverordnung in Kraft tritt, in die die Gemeinde, in der die Wohnung liegt, aufgenommen wurde, sind Mietpreisabreden grundsätzlich **ohne Beschränkung** möglich. Ist die Miete durch ein Gericht im Wege der Vertragsgestaltung

---

[1] So die Gesetzesbegründung BT-Drs. 18/3121 S. 16; *Emmerich* in Staudinger, § 556e Rdn. 1; Zur rechtspolitischen Kritik vgl. *Frank,* Die Mietpreisbremse – Eine Analyse der Rechtsvorschriften zur Begrenzung der Neu- und Wiedervertragsmiete auf 110% der ortsüblichen Vergleichsmiete, Diss, Marburg, 2016, S. 51; *Eisenschmid* ZRP, 2015, 27, 28; *Artz* in MükoBGB § 556e Rdn 11; *ders.* MDR 2015, 549, 551; *ders.* auch schon bei der Anhörung im Ausschuss für Recht und Verbraucherschutz des Deutschen Bundestages am 3.12.2014 – Protokoll 18/34 mit schriftlicher Stellungnahme im Anhang.

[2] Nach AG Neukölln NZM 2017, 31 verhindert die Regelung gerade eine evtl. Verfassungswidrigkeit begründende Substanzgefährdung des Vermietervermögens, bestätigt durch LG Berlin WuM 2017, 266; *Hinz* ZMR 2014, 593, 596.

[3] Soweit *Frank,* a. a. O. S. 52 diese als „skrupellos" bezeichnet, weil sie bereits vorher eine überhöhte Miete erhalten hätten, kann das nicht nachvollzogen werden, da nur zulässige Vereinbarungen über die Miethöhe als Vormiete in Betracht kommen.

[4] So *Blankenagel/Schröder/Spoerr* NZM 2015, 1.

gem. § 308a ZPO festgesetzt worden[5], weil der Mieter sich auf die Sozialklausel gem. § 574 BGB berufen hat, so kommt es nicht auf das Datum der Entscheidung durch das Gericht, sondern das Datum des Vertragsschlusses an, ob die Vorschriften des Unterkapitels 1a gelten.

b) Bei einer zwischenzeitlichen **Selbstnutzung** kommt es auf die geschuldete Miete mit dem letzten Mieter an. Lag diese bereits über der gem. § 556d Abs. 1 BGB zulässigen Miete, darf diese Miete weiter vereinbart werden. Die zwischenzeitliche Selbstnutzung ist unschädlich. Es gibt auch, anders als bei der Ausnahme gem. Abs. 2, für Modernisierungen, keine **zeitliche Schranke,** wann die Vormiete zuletzt gezahlt werden musste. Auch längere **Leerstandszeiten** ändern nichts daran, dass es sich bei der letzten geschuldeten Miete um die maßgebliche Vormiete handelt. 7

c) In Fällen der **Rechtsnachfolge** auf Vermieterseite, z. B. § 1922 BGB, gilt die mit Rechtsvorgänger vereinbarte Miete als Vormiete.[6] 8

d) Ist die Vormiete mit einem **Voreigentümer** vereinbart worden, der das Grundstück dann veräußert hat, so dass gem. § 566 BGB mit dem Erwerber ein neues Mietverhältnis zu gleichen Bedingungen entsteht, so gilt auch die mit dem Voreigentümer vereinbarte Miete fort. Es entsteht zwar ein neuer Mietvertrag, aber zu den gleichen Bedingungen wie der Vorvertrag. Das ist bereits gar kein „Mietvertragsabschluss" i. S. d. § 556d BGB, so dass die Grenze des § 556d Abs. 1 BGB gar nicht gilt (§ 556d Rdn. 24). Auf die Ausnahmevorschrift des § 556e Abs. 1 BGB kommt es gar nicht an. In den Fällen, in denen das Mietverhältnis mit dem Voreigentümer endet und das Grundstück in der Leerstandsphase veräußert wird, kann der Erwerber sich auf eine höhere geschuldete Vormiete berufen, wenn er weitervermietet (siehe auch § 566 BGB Rdn. 98).[7] Die Vormiete ist nicht personen-, sondern wohnungsbezogen zu ermitteln. Da der Kaufpreis regelmäßig als Vielfaches der Jahresmiete berechnet wird, hat der Erwerber auch wirtschaftlich die Vormiete in seine Kalkulation einbezogen. 9

e) Es gilt allenfalls die Grenze der §§ 5 WiStG, 134 BGB[8] (dazu Nach § 535 WiStG § 5). Voraussetzung für eine **Mietpreisüberhöhung** ist zum einen die Überschreitung der ortsüblichen Miete um mehr als 20%[9] und zum anderen die Ausnutzung eines geringen Angebots. Letzteres ist wegen der vom BGH[10] vorgenommenen Subjektivierung der Auslegung des Tatbestandsmerkmals heute fast nie der Fall. Deshalb können auch Mietzinsvereinbarungen über 20% oberhalb der ortsüblichen Vergleichsmiete wirksam sein und als Vormiete weiter auch nach Inkrafttreten einer entsprechenden Verordnung weiter wirksam vereinbart werden. Nur wenn die Vereinbarung mit dem Vormieter unter Ausnutzung eines geringen Angebots zustande gekommen ist, ist diese Vereinbarung teilunwirksam. Als Vormiete kann dann eine Miete, die 20% oberhalb der ortsüblichen Vergleichsmiete liegt, vereinbart werden.[11] 10

f) Hat der Vermieter gegenüber dem Vormieter eine **Modernisierungsmieterhöhung** gem. § 559 BGB erklärt, die aber deshalb nicht zu einer Anhebung der Miete geführt hat, weil der Mieter sich zu Recht auf **wirtschaftliche Härtegründe** gem. § 559 Abs. 3 und 4 BGB berufen hat, so ist die Vormiete gerade nicht erhöht worden. Vormiete ist dann die nicht erhöhte Miete. Der Vermieter kann die Modernisierung dann nur im Rahmen des § 556e Abs. 2 BGB bei der Wiedervermietungsmiete berücksichtigen. Das setzt vor allem voraus, dass die Modernisierung in den letzten drei Jahren stattgefunden hat. 11

g) Hat es sich bei der Vormiete um eine **preisgebundene (Kosten-)Miete** (zu den verschiedenen landesgesetzlichen Regelungen Vor § 557 BGB Rdn. 35ff.) gehandelt und erfolgt die Weitervermietung dann nach Auslaufen der Preisbindung, so ist die letzte zulässige preisgebundene Miete die geschuldete Vormiete. Allein der Wechsel des Mietpreisrechts ändert daran nichts. Mit Auslaufen der Preisbindung wird die ehemalige Kostenmiete zur „Marktmiete".[12] 12

---

[5] Dazu BGH (VIII ZR 270/15) NZM 2017, 286.

[6] *Blank* WuM 2014, 641, 650.

[7] **A. A.** *Artz* in MükoBGB § 556e Rdn. 3; *Blank* WuM 2014, 641, 650 (aber anders bei Modernisierungszuschlag gem. Abs. 2: S. 652).

[8] *Blank* WuM 2015, 641, 648.

[9] Es sei denn, es gilt der Ausnahmetatbestand des § 5 Abs. 2 S. 2 WiStG (kostendeckende Miete), dann bis zu 50%.

[10] BGH (VIII ZR 190/03) NJW 2004, 1740; (VIII ZR 44/04) NJW 2005, 471; (VIII ZR 56/04) NZM 2006, 291; dazu *Langenberg,* FS Blank, S. 291.

[11] Nach *Blank* WuM 2015, 641, 649 überzeugt das Ergebnis nicht, ist aber wegen der zweifelhaften Auslegung des § 5 WiStG durch den BGH „hinzunehmen"

[12] BGH (VIII ZR 258/09) NJW 2011, 145.

13 Bei **Staffelmieten** muss unterschieden werden: **(a)** Wurde eine Staffelmietvereinbarung vor Inkrafttreten der örtlich maßgeblichen Verordnung geschlossen, so gilt die Begrenzung selbst dann nicht, wenn spätere Staffeln erst nach Inkrafttreten der Verordnung wirksam werden, Art. 229 § 35 Abs. 1. Insofern liegt kein Fall der Vormiete für die später fällig werdenden Staffeln vor. **(b)** Endete ein Mietvertrag mit Staffelmiete vor Inkrafttreten der maßgeblichen Verordnung, gilt für die Wiedervermietung keine Begrenzung. **(c)** Endet der vor Inkrafttreten der Landesverordnung abgeschlossene Mietvertrag mit einer Staffelmietvereinbarung, kann (nur) die letzte geschuldete Staffelmiete vor Beendigung des Mietverhältnisses als Vormiete vereinbart werden.[13]

Beispiel: Der Vermieter vereinbart zu einem Zeitpunkt, zu dem die Gemeinde noch nicht in eine Landesverordnung gem. § 556d Abs. 2 BGB aufgenommen war mit dem Vormieter eine Miete, die bereits 15% über der ortsüblichen Vergleichsmiete lag und sich jährlich um 50,– € erhöhen sollte. Der Mieter kündigt nach Aufnahme der Gemeinde in eine entsprechende Verordnung. Zu diesem Zeitpunkt lag die Vormiete bereits 20% über der ortsüblichen Vergleichsmiete. Diese Miete durfte der Vermieter gem. § 556e Abs. 1 BGB vereinbaren. Durfte er aber auch die mit dem Vormieter vereinbarten Steigerungen von 50,– € wieder vereinbaren?

Die weiteren im Vormietvertrag vereinbarten Staffeln, die aber wegen Beendigung des Mietverhältnisses nie wirksam wurden, spielen keine Rolle mehr.[14]

3. Vereinbarungen nach Inkrafttreten der Landesverordnung

14 Ist der Vormietvertrag abgeschlossen worden, nachdem die entsprechende Landesverordnung in Kraft getreten ist, dann schuldete der Mieter dieses Vertrages bereits eine gem. § 556d ff. BGB begrenzte Miete. Hier muss unterschieden werden: **(a)** Handelte es sich um eine Neubauwohnung i. S. d. § 556f Satz 1 BGB, dann galt damals schon keine Beschränkung und jetzt auch nicht. Der Vermieter darf aber sogar eine noch höhere Miete vereinbaren, weil die Begrenzung dieses Unterkapitels nicht gilt. **(b)** Hat der Vermieter eine umfassende Modernisierung vorgenommen, so galt die Begrenzung für die erste Vermietung nicht. Diese Miete darf jetzt als zulässige Vormiete weiter vereinbart werden. **(c)** Durfte der Vermieter bereits bei der Vormiete die Grenze gem. § 556d Abs. 1 überschreiten, weil er in den letzten drei Jahren vor der Vermietung Modernisierungen gem. § 556e Abs. 2 BGB durchgeführt hat, dann darf er diese Miete als Vormiete weiter vereinbaren. Ob die Modernisierung nunmehr mehr als drei Jahre zurückliegt oder nicht, ist unerheblich. **(d)** Bei Staffelmieten, die erstmals nach Inkrafttreten der Verordnung vereinbart wurden, ist zwar jede Staffel an §§ 556d, e BGB zu messen, fällt die ortsübliche Vergleichsmiete aber, so ist die vorherige Staffelmiete als zulässige Vormiete weiter zu zahlen.

II. Veränderungen des Leistungsgegenstandes

1. Allgemeines

15 Die Vorschrift stellt nach dem Wortlaut nur auf die Vormiete ab. Tragender Gedanke der Regelung ist aber, dass der Vermieter für **die gleiche Leistung,** auch weiterhin das gleiche Entgelt bekommen soll. Die Höhe des Entgelts, also der Vormiete, ist leicht feststellbar. Es ist der letzte Zahlbetrag ggf. ohne Betriebskostenvorauszahlungen. Schwieriger ist die Feststellung, ob diese Vormiete für die gleiche Leistung des Vermieters geschuldet wird oder ob es da Veränderungen gegeben hat. Solche Veränderungen können **(a)** eine Erhöhung des tatsächlichen oder rechtlichen Umfangs der geschuldeten Gebrauchsüberlassung, **(b)** eine Verringerung des tatsächlichen oder rechtlichen Umfangs der geschuldeten Gebrauchsüberlassung, **(c)** eine Veränderung der Mietstruktur oder **(d)** eine Veränderung bei sonstigen geldwerten Pflichten und Leistungen sein.

2. Erhöhung des Gebrauchsumfangs

16 **a)** Die Vormiete muss sich auf **den räumlich gleichen Mietgegenstand** beziehen. Hat der Vormieter weniger gemietet als der Nachmieter, muss zunächst eine **Vergleichbarkeit der Leistungen** und Gegenleistungen hergestellt werden. In der Praxis spielt dies vor allem in den Fällen der Mitvermietung einer Garage oder eines Stellplatzes in einem einheitlichen Wohnraummietverhältnis eine Rolle. Empfehlenswert sind in diesen Fällen aber **zwei getrennte Verträge,** einer über

[13] AG München DWW 2016, 340 m. Anm. *Börstinghaus* WuM 2017, 186.
[14] AG München DWW 2016, 340 m. Anm. *Börstinghaus* WuM 2017, 186; *Flatow* WuM 2015, 191.

die Wohnung, für den dann die bisherige Miete als Vormiete vereinbart werden darf, und ein Garagenmietvertrag, für den die Vorschriften dieses Unterkapitels nicht gelten. Schwieriger ist die Betrachtung, wenn die Hinzuvermietung der Garage in einem einheitlichen Wohnraummietvertrag geschieht. Das Gleiche gilt bei der zusätzlichen Vermietung von Nebenräumen oder Gärten.[15] Hier scheidet eine Aufteilung der einheitlichen neuen Miete in einen Teil aus, der der Vormiete bei gleicher Mieterleistung entspricht, und einen Mietanteil für die zusätzliche Leistung (z. B. die Garage). Die Gargenmiete ist weder in der ortsüblichen Höhe[16] noch in einer gem. § 556d Abs. 1 BGB um 10% erhöhte Miete[17] zur Vormiete für die gleiche Vermieterleistung hinzuzurechnen. Die Parteien wollen einen im Vergleich zum Vormieter anderen – wenn auch teilidentischen – Gegenstand zum Inhalt des Mietvertrages machen. Es gibt unter **Äquivalenzgesichtspunkten keine Vormiete für diesen Mietgegenstand.**[18] Es muss in sachlicher wie rechtlicher Hinsicht eine Identität zwischen Vor- und Nachmietverhältnis bestehen. Allenfalls kleine unbedeutende Veränderungen können im Einzelfall unberücksichtigt bleiben.[19] Das gilt auch bei der Weitervermietung mit Möblierung.[20] § 556e Abs. 1 BGB gilt in allen diesen Fällen nicht unmittelbar. Die Miethöhe ergibt sich hier aus zwei Faktoren. Zulässig ist hier eine Miete, in Höhe von 110% der ortsüblichen Vergleichsmiete für den erweiterten Mietgegenstand, mindestens aber der Vormiete für den geringeren Mietgegenstand.[21] Letzteres ergibt sich aus einer **analogen Anwendung des § 556e Abs. 1 BGB.** Der Gesetzgeber hat an diesen Fall nicht gedacht. Es liegt eine Regelungslücke vor. Diese ist auch planwidrig, da der Vermieter die Garage ja auch kostenlos zur Verfügung stellen könnte und dann die Vormiete für die Wohnung ohne Garage bekäme. Dass er sich vertraglich zur Garagenüberlassung verpflichtet, ändert an diesem Mindestbetrag nichts.

b) Ebenso ist es möglich, dass sich das rechtliche „Dürfen" verändert, also dem Nachmieter in der Wohnung ein vertragsgemäßer Gebrauch gestattet wird, der dem Vormieter verboten war, z. B. die **teilgewerbliche Nutzung oder die Untervermietung.** Anders als in dem vorherigen Fall bleibt hier der räumliche Umfang der Gebrauchsüberlassung gleich. Die ortsübliche Vergleichsmiete für die Wohnung ist deshalb gleich. Die zusätzliche Nutzungsgestattung ist kein Wohnwertmerkmal des § 558 Abs. 2 BGB. Es handelt sich um Zuschläge für die zusätzliche Gestattung. Deshalb ist es hier zulässig die bisherige Miete ohne die zusätzliche Nutzungsgestattung als Vormiete zu vereinbaren und einen ortsüblichen Zuschlag für die Untervermietungserlaubnis oder die teilgewerbliche Nutzung hinzuzurechnen.[22] 17

3. Verringerung des Gebrauchsumfangs

a) Umgedreht kann die räumliche Leistung des Nachmietverhältnisses auch geringer sein, als die des Vormietverhältnisses. Dies ist z. B. der Fall, wenn dem Nachmieter keine Garage, kein Stellplatz oder kein Garten vermietet wurde. Hier kann die Vormiete unverändert nicht übernommen werden, da ihr ein ganz **anderes Äquivalenzverhältnis** zu Grunde lag. Unzulässig ist es auch, die ortsübliche Garagenmiete von der Vormiete abzuziehen. *Flatow*[23] weist zu Recht daraufhin, dass dann der über der 110% Grenze liegende Teil der Vormiete einseitig der Wohnraummiete zugeschlagen würde. Die Aufteilung der Vormiete in einen hypothetischen Wohnraummietanteil und einen für die Garage oder sonstigen Zusatzflächen scheidet auch aus. Das ist vielleicht etwas gerechter als der Abzug der ortsüblichen Miete für die Garage, entspricht aber auch nicht den Parteivereinbarungen. § 556e Abs. 1 BGB will dem Vermieter die gleiche Miete für gleiche Leistung erhalten. Die Vorschrift steht auch unter dem Gebot der Praktikabilität. Außerdem ist sie eine eng auszulegende Ausnahmevorschrift. Deshalb kann der Vermieter auch bei der vertraglichen **Verrin-** 18

---

[15] *Flatow* WuM 2015, 191 kommt auf vier verschiedene denkbare Lösungsmöglichkeiten.
[16] So wohl *Blank* WuM 2014, 641, 650.
[17] *Flatow* WuM 2015, 191 nennt das „Rosinentheorie".
[18] *Emmerich* in Staudinger, § 556e BGB Rn. 8 („Die Vermietung einer Wohnung mit oder ohne Garage ist etwas ganz Anderes, *wie jeder Bewohner einer deutschen Großstadt weiß.*"); *Abramenko* MietRB 2015, 276; **a. A.** *Blank* WuM 2014, 641, 650.
[19] *Emmerich* in Staudinger, § 556e BGB Rn. 5; *Artz* in MükoBGB § 556e Rdn. 7; *Abramenko* MietRB 2015, 276, 277.
[20] *Beuermann* GE 2016, 1133 Ziff. 8.
[21] *Flatow* WuM 2015, 191.
[22] *Blank* WuM 2014, 641, 650; *Flatow* WuM 2015, 191.
[23] *Flatow* WuM 2015, 191.

gerung seiner Leistung nur eine gem. § 556d Abs. 1 BGB zulässige Miete vereinbaren.[24] Eine um einen Abschlag verringerte Vormiete kommt nicht in Betracht.[25] Das Gleiche gilt sowohl bei berichtigten Flächenabweichungen oder vereinbarten Unterschreitung des Mindeststandards (siehe unten Rdn. 31)[26] wie auch in den Fällen, in denen eine bisher **möblierte Wohnung** nunmehr unmöbliert vermietet wird. Auch für diese Wohnungen gibt es keine Vormiete.

19 **b)** Etwas anderes gilt wiederum, wenn es nur um die **Verringerung des rechtlichen „Dürfens"** geht. Hatte der Vormieter eine **Untermieterlaubnis** oder war ihm die teilgewerbliche Nutzung der Wohnung jeweils gegen Zahlung eines Zuschlags erlaubt, so ist dieser Zuschlag von der Vormiete abzuziehen um die zulässige Vormiete für den um die zuvor zusätzlich erlaubte Nutzung verringerte Gebrauchsumfang zu ermitteln.[27] Das liegt daran, dass der räumliche Teil der Vormiete identisch ist mit der Nachmiete und die zusätzlichen Erlaubnisse sich in der ortsüblichen Vergleichsmiete für die Wohnung nicht niederschlagen, auch wenn sie dann mit dieser eine einheitliche Miete bilden.

4. Umstellung der Mietstruktur

20 Auch **Änderungen der Mietstruktur** (§ 556d Rdn. 53ff.) zwischen Vormiete und Wiedervermietungsmiete müssen bei der Ermittlung der maßgeblichen Vormiete berücksichtigt werden.

21 **a)** Hat es sich bei der **Vormiete um eine Inklusiv- bzw. Teilinklusivmiete** gehandelt und vereinbart der Mieter nunmehr bei Weitervermietung eine reine Nettomiete mit Betriebskostenvorauszahlungen, so muss die vormalige (Teil-)Inklusivmiete in eine Nettomiete umgerechnet werden. Dazu muss der Betriebskostenanteil entsprechend den tatsächlich anfallenden Kosten aus der Vormiete herausgerechnet und von der Vormiete abgezogen werden (zum umgedrehten Fall der Erhöhung eine Teil-Inklusivmiete § 558a BGB Rdn. 55).[28] Dabei sind die **konkret auf die Wohnung entfallenden** Betriebskosten zu ermittelt, soweit sie nicht Betriebskostenarten betreffen, für die der Mieter gesonderte Vorauszahlungen oder eine Pauschale zahlt. Durchschnittswerte oder Pauschalierungen scheiden aus, da hier die Gefahr besteht, dass der Vermieter, der besonders unwirtschaftlich handelt, bessergestellt wird. Als Weitervermietungsmiete ist dann die so bereinigte Vormiete gem. § 556a Abs. 1 BGB zulässig.

22 **b)** Im wahrscheinlich eher seltenen Fall, dass die **Vormiete eine Nettomiete** war und die Wohnung nunmehr mit einer Teil-Inklusivmiete weitervermietet werden soll, muss genau andersherum gerechnet werden. Zur Vormiete sind die konkret auf die Wohnung entfallenden Betriebskosten, soweit hierfür keine Betriebskostenvorauszahlungen zu leisten sind, hinzuzurechnen, um die maßgebliche Vormiete zu erhalten.

23 **c)** Bei **Betriebskostenpauschalen** ist genauso zu rechnen. Nur ist darauf zu achten, dass der – immer kleiner werdende – Anteil der Pauschale, der die konkret auf die Wohnung entfallenden Betriebskosten übertrifft, zur Grundmiete zu zählen ist (§ 556d BGB Rdn. 56). Es ist also bei einer Vormiete mit Pauschale und einer Netto-Wiedervermietungsmiete nur der **Betriebskostenanteil zum Zeitpunkt der Wiedervermietung** von der Vormiete in Abzug zu bringen.

24 **d)** Im eher seltenen Fall einer Wiedervermietung einer Wohnung, bei der zuvor für die Betriebskosten die Zahlung von abrechenbaren Vorauszahlungen vereinbart worden war und **nunmehr eine Pauschale,** muss der konkrete Betriebskostenanteil zur Vormiete hinzugerechnet werden, um die zulässige Wiedervermietungsmiete gem. § 556e Abs. 1 BGB zu ermitteln.

5. Sonstige geldwerte Leistungen

25 **a)** Bei sonstigen Mieterleistungen muss unterschieden werden (§ 556d BGB Rdn. 61) zwischen den **üblichen und den zusätzlichen Arbeiten.** Das, was alle Mieter üblicherweise machen müs-

---

[24] *Artz* in MükoBGB § 556e Rdn. 10.

[25] **A. A.** *Blank* WuM 2014, 641, 650; *Hinz* in Klein-Blenkers/Heinemann/Ring, Miete/WEG/Nachbarschaft, § 556e BGB Rn. 9; NK-BGB/*Hinz* § 556e Rn. 9.

[26] *Frank,* Die Mietpreisbremse – Eine Analyse der Rechtsvorschriften zur Begrenzung der Neu- und Wiedervertragsmiete auf 110% der ortsüblichen Vergleichsmiete, Diss, Marburg, 2016, S. 46.

[27] *Blank* WuM 2014, 641, 650; *Flatow* WuM 2015, 191 **a. A.** *Emmerich* in Staudinger, § 556e Rdn. 10, weil mit „nicht haltbaren Fiktionen" gearbeitet werden müsste.

[28] BGH (VIII ZR 41/05) WuM 2006, 39; OLG Stuttgart RE v. 13.7.1983, NJW 1983, 2329; OLG Hamm RE v. 3.12.1992, NJW-RR 1993, 398; KG RE vom 5.8.1997 NZM 1998, 68.

sen, wie z. B. Treppenhausreinigung, Winterdienst im Turnus, spielt weder bei der Ermittlung der Vormiete noch bei der Weitervermietungsmiete eine Rolle. Zu berücksichtigen sind aber solche Leistungen des üblicherweise zusätzlich honoriert werden[29], wie z. B. Hausmeistertätigkeiten, Gartenpflege oder generelle Übernahme des Winterdienstes. Werden sie honoriert, spielen sie bei der Berechnung der Vormiete keine Rolle.[30] Hat der Vormieter diese Arbeiten erbracht ohne hierfür gesondert honoriert zu werden, so hat er als Gegenleistung für die Gebrauchsüberlassung neben der Mietzahlung auch diese Arbeitsleistung erbracht. Deren Wert muss ermittelt werden, wenn der Nachmieter diese Arbeiten nicht zusätzlich erbringen muss. Anzusetzen ist entsprechend **§ 1 BetrKV der Betrag, der für eine gleichwertige Leistung eines Dritten** ohne Mehrwertsteuer, insbesondere eines Unternehmers, angesetzt werden könnte. Dieser Betrag ist zur Grundmiete zu addieren, um die maßgebliche Vormiete zu ermitteln. Im umgedrehten Fall, dass erst der Nachmieter diese geldwerten Leistungen übernimmt, muss hier der Wert zur Wiedervermietungsmiete addiert werden. Die Summe darf nicht höher als die um 10% erhöhte ortsübliche Vergleichsmiete bzw. die Vormiete sein.

b) Ob im Vormietvertrag oder im Mietvertrag über die Wiedervermietung die **Abwälzung der Schönheitsreparaturen** erfolgte oder nicht, ist für die Ermittlung der zulässigen Vormiete ebenso unbeachtlich wie für die Wiedervermietungsmiete (dazu § 556d Rdn. 62).[31] Zwar stellt die Übernahme der **Schönheitsreparaturen** wirtschaftlich sowohl für den Vermieter wie auch für den Mieter einen Wert dar[32], trotzdem ist die Frage wer für Durchführung der Schönheitsreparaturen im konkreten Mietverhältnis zuständig ist, bei der Ermittlung der ortsüblichen Vergleichsmiete nicht zu berücksichtigen.[33] Es handelt sich um kein Wohnwertmerkmal. Wenn die Frage der Abwälzung der Schönheitsreparaturen nicht bei Bestandsmietenerhöhungen berücksichtigt werden darf[34], dann gilt für die Ermittlung der Vormiete und der Wiedervermietungsmiete nichts Anderes. Es handelt sich um Kostenelemente, die im Vergleichsmietensystem – auch nach Ende der Preisbindung[35] – keine Rolle spielen.[36] 26

III. Vormiete bei mangelhafter Mietsache

1. Allgemeines

§ 556e Abs. 1 enthält einen **Widerspruch.**[37] Zum einen soll nach Satz 1 nur die „geschuldete Miete" als Vormiete in Ansatz gebracht werden dürfen und zum anderen sollen nach Satz 2 1. Alt. Mietminderungen unberücksichtigt bleiben. Solche Mietminderungen gem. § 536 BGB führen aber gerade automatisch dazu, dass der Mieter eine geringere als die vereinbarte Miete schuldet. Deshalb enthält Satz 2 1. Alt eine Ausnahme von Satz 1. Das ist insofern auch gerechtfertigt, als die Minderung der Miete mit Beseitigung des Mangels entfällt und die ursprüngliche Vertragsmiete wieder in voller Höhe geschuldet wird. Dabei ist es unerheblich, ob es sich um einen behebbaren oder unbehebbaren Mangel handelt. Bei den Minderungsfällen sind folgende Fallgestaltungen zu unterscheiden: 27

2. Gleicher Vertragsgegenstand

a) Lag im Vormietverhältnis ein zur Minderung berechtigender Mangel vor, so war die vereinbarte Miete gem. § 536 Abs. 1 Satz 2 BGB angemessen gemindert. Wird der **Mangel** vor der Wei- 28

---

[29] *Flatow* WuM 2015, 191; *Blank* WuM 2014, 641, 648.

[30] **A. A.** *Emmerich* in Staudinger, § 556e Rdn. 11, der hier gar keinen Fall des § 556e BGB sieht, so dass der Vermieter nur 110% der ortsüblichen Vergleichsmiete gem. § 556d Abs. 1 BGB verlangen darf.

[31] *Flatow* WuM 2015, 191.

[32] BGH (VIII ARZ 9/86) NJW 1987, 2575, 2576; (VIII ZR 91/88) NJW 1989, 2247; (VIII ZR 302/07) NZM 2009, 541, 543.

[33] BGH (VIII 181/07) NJW 2008, 2840; (VIII ZR 83/07) WuM 2008, 487; (VIII ZR 118/07) NJW 2009, 1410; (VIII ZR 87/11) NJW 2012, 145.

[34] BGH (VIII 181/07) NJW 2008, 2840.

[35] BGH (VIII ZR 87/11) NJW 2012, 145.

[36] *Flatow* WuM 2015, 191.

[37] *Börstinghaus* DWW 2014, 202, 206; *Blank* WuM 2014, 641, 649; *Hinz* ZMR 2014, 593, 596 („irritierende Formulierung"); *Artz* MDR 2015, 549.

tervermietung **beseitigt,** so ist die ungeminderte Vormiete gem. § 556e Abs. 1 S. 2 1. Alt. maßgeblich.

29 **b)** Erfolgt die **Weitervermietung ohne dass der Mangel beseitigt wurde,** so ist nach Satz 2 die ungeminderte vereinbarte Miete als Vormiete anzusetzen. Die **Wiedervermietungsmiete** ist aber **selbst** wiederum gem. § 536 Abs. 1 Satz 2 BGB solange angemessen **gemindert,** bis der Mangel beseitigt wird. Das gilt unabhängig davon, ob es sich um einen behebbaren oder nicht behebbaren Mangel handelt[38], also auch bei Flächenabweichungen, wenn im Nachmietvertrag wiederum die falsche Fläche aufgenommen wurde (zum anderen Fall unten Rdn. 31). Auch wenn der Vormieter einen nicht behebbaren Mangel bemerkt hat und nur eine geminderte Miete gezahlt hat, bleibt die Minderung unberücksichtigt.

30 **c) Kannte der Nachmieter den Mangel** bei Vertragsschluss, so mindert sich die Miete gem. § 536b Abs. 1 S. 1 BGB nicht. Bei grob fahrlässiger Unkenntnis mindert sich die Miete nur dann, wenn der Vermieter den Mangel arglistig verschwiegen hat. Ebenso ist eine Minderung ausgeschlossen, wenn der Mieter die Mietsache annimmt, ohne sich die Gewährleistungsrechte bei Übergabe vorzubehalten. Unberührt davon bleiben eventuelle **Erfüllungsansprüche des Mieters auf Mangelbeseitigung**[39] es sei denn, die Willenserklärungen der Parteien sind so zu verstehen, dass der schlechtere Zustand der Mietsache der vereinbarte Zustand ist. Das ist dann kein Problem der Minderung, sondern der Minderleistung (siehe oben Rdn. 18). Außerdem können die Ansprüche auf Mangelbeseitigung gem. § 275 BGB wegen Überschreitung der sog. „Opfergrenze" ausgeschlossen sein.[40] In allen anderen Fällen ist der Mieter nicht rechtlos gestellt (§ 536b Rdn. 48).[41] Durch Ausübung des Zurückbehaltungsrechts[42] und Geltendmachung von Schadensersatzansprüchen kann er letztendlich erreichen, dass er die Wohnung in vertragsgemäßem Zustand nutzen kann. Deshalb ist auch beim Ausschluss der Minderung entsprechend Abs. 1 Satz 2 1. Alt. die Minderung bei der Vormiete nicht zu berücksichtigen. Die alte vereinbarte Vormiete ist die Obergrenze für die Weitervermietung, wenn diese oberhalb der Grenze des § 556d Abs. 1 BGB liegt. Diese Rechtsfolge entspricht dem sich aus Treu und Glauben und § 536b BGB ergebenden Rechtsgedanken, dass derjenige, der Mangel kennt, auch keine Rechte geltend machen kann, wenn sie sich nicht vorbehält.

3. Schlechterer Zustand vereinbart

31 Hat der Vermieter den **Mangel nicht beseitigt,** aber den schlechteren Zustand der Mietsache im zulässigen Rahmen als **vertragsgemäß vereinbart,** also bei einer Flächenabweichung von mehr als 10% im neuen Mietvertrag die richtige oder zumindest nur eine kleiner als 10-prozentige Abweichung vereinbart, oder bei einer Wohnung, die den Mindeststandard[43] nicht erreichte, wirksam[44] einen schlechteren Zustand vereinbart, so ist die Mietsache, obwohl sich tatsächlich nichts verändert hat, nunmehr **rechtlich mangelfrei.** Dies liegt am subjektiven Mangelbegriff. Die Parteien bestimmen die **Soll-Beschaffenheit.** Daran ist die Ist-Beschaffenheit zu messen. Das ist kein Problem der Minderung und der Berechnung der Vormiete bei Mietminderung[45], sondern eine Frage, der Vergleichbarkeit des Vormiet- mit dem Wiedervermietungsverhältnisses (dazu oben Rdn. 18). Der Vermieter stellt dem Mieter jetzt nach dem Inhalt des Mietverhältnisses ein Weniger zur Verfügung. Es fehlt also an der **Äquivalenz** zwischen beiden Mietverhältnissen.[46] In diesen Fällen gibt es für die eingeschränkte Vermieterleistung gar **keine Vormiete.** Die Wohnung wird erst-

---

[38] **A. A.** wohl *Blank* WuM 2014, 641, 649.

[39] BGH (XII ZR 139/05) NZM 2007, 484.

[40] BGH (VIII ZR 135/13) NJW 2014, 1481.

[41] *Blank* in Blank/Börstinghaus, Miete, § 536b Rdn. 18a; *Schmidt* NZM 2013, 705.

[42] Soweit in der Gesetzesbegründung (BT-Drs 18/3121 S. 33) davon die Rede ist, dass auch das Zurückbehaltungsrecht ausgeschlossen sei, es dazu aber keiner gesetzlichen Regelung bedürfe, betrifft dies nur das Zurückbehaltungsrecht des Vormieters.

[43] BGH (VIII ZR 281/03) NJW 2004, 3174; *Börstinghaus* NZM 2005, 736.

[44] BGH (VIII ZR 343/08) NZM 2010, 356.

[45] Insofern ist die Unterscheidung zwischen behebbaren und nicht behebbaren Mängeln an dieser Stelle auch überflüssig, so aber *Artz* in MükoBGB § 556 Rdn. 10 und *Frank,* Die Mietpreisbremse – Eine Analyse der Rechtsvorschriften zur Begrenzung der Neu- und Wiedervertragsmiete auf 110% der ortsüblichen Vergleichsmiete, Diss, Marburg, 2016, S. 46.

[46] *Emmerich* in Staudinger, § 556e BGB Rn. 5 und Rdn. 13.

mals in diesem Zustand mangelfrei vermietet. Es gilt als **Grenze nur § 556d Abs. 1 BGB.**[47] Es kann nicht die geminderte Miete als Vormiete in Ansatz gebracht werden.[48]

IV. Mieterhöhungen im letzten Jahr

1. Allgemeines

Die letzte vom Mieter geschuldete Vormiete ist aber dann nicht in voller Höhe als Obergrenze für eine Wiedervermietungsmiete maßgeblich, soweit sie auf einer Mieterhöhung beruht, die mit dem Vormieter innerhalb des letzten Jahres vor Beendigung des Mietverhältnisses vereinbart worden ist. Nach der Gesetzesbegründung[49] handelt es sich um eine Sondervorschrift, die eine **Umgehung der Mietpreisbegrenzung** unterbinden soll. Der Gesetzgeber befürchtete, dass der Vermieter und der Vormieter, bei absehbarem Ende des Mietverhältnisses eine Mieterhöhung vereinbaren, die vor allem den Nachmieter belasten würde.[50] Es wurde sogar vermutet, dass der Vermieter diese Mieterhöhung vor allem dadurch durchsetzen könnte, dass er dem Vormieter dafür andere Vorteile verspricht, wie etwa den Verzicht auf vom Mieter geschuldete Schönheitsreparaturen.[51] Ein solch kollusives Verhalten von Vermieter und Mieter sollte unterbunden werden. Die Regelung geht aber viel zu weit, da sie nicht auf kollusives Verhalten beschränkt ist[52] Und auch durch eine teleologische Reduktion nicht auf diese Fälle beschränkt werden kann.[53] Mit der Regelung werden **alle Vermieter unter „Betrugsverdacht"** gestellt.[54] Mieterhöhungsvereinbarungen auch im letzten Jahr vor der Beendigung des Mietverhältnisses werden so gut wie ausschließlich ohne Benachteiligungsabsicht hinsichtlich eines Nachmieters getroffen. 32

Nicht erfasst werden die Preisvereinbarungen, die bei Abschluss eines neuen Mietvertrages im letzten Jahr vor Begründung des ersten Mietverhältnisses vor Inkrafttreten der Begrenzung der Wiedervermietungsmiete getroffen wurden. In diesem Fall liegt keine Mieterhöhung vor. Wird der Wohnraum nur kurz vermietet, und anschließend weitervermietet, handelt es sich bei der **Kurzeitmiete** um eine Vormiete i. S. d. § 556e Abs. 1 BGB.[55] Dies gilt allenfalls dann nicht, wenn es sich um ein **Scheingeschäft** gem. § 117 BGB handelt. 33

2. Vereinbarungen über Mieterhöhungen

Der **Ausschlusstatbestand** des Abs. 1 S. 2 2. Alt gilt nur für **Vereinbarungen.** Damit sind alle auf einem Vertrag beruhenden Mietabänderungen gemeint 34

a) Dazu zählt zunächst eine **Mietabänderungsvereinbarung** gem. § 557 Abs. 1 BGB.[56] Nicht hierzu zählt der **Abschluss des Mietvertrages.** Voraussetzung ist das Bestehen eines Mietvertrages und die nachträgliche Erhöhung einer einmal vereinbarten Miete. 35

Auch zu den vertraglichen **Vereinbarungen** gehören **Mieterhöhungen auf die ortsübliche Vergleichsmiete** gem. § 558ff. BGB. Allein die Tatsache, dass der Vermieter hierauf einen Anspruch hat, ändert am Vereinbarungscharakter nichts. Das mit einer Begründung versehene Erhöhungsverlangen des Vermieters gem. § 558a BGB ist ein Antrag i. S. d. § 145 BGB[57], der auf den 36

[47] Im Ergebnis ebenso *Artz* MDR 2015, 549, 551, der wegen seiner grundsätzlichen Kritik an der Regelung über die Vormiete wohl zum gleichen Ergebnis kommen dürfte.

[48] So aber *Hinz* in Klein-Blenkers/Heinemann/Ring, Miete/WEG/Nachbarschaft, § 556e BGB Rn. 9 unter Hinweis auf die BGH-Rechtsprechung zur geminderten Kaution bei nicht behebbaren Mängeln: BGH (VIII ZR 347/04) NJW 2005, 2773; ebenso *Derleder* PiG 99 (2015) 27, 36.

[49] BT-Drs. 18/3121 S. 33.

[50] *Hinz* ZMR 2014, 593, 596 hält das für eine „naheliegende Umgehung".

[51] BT-Drs. 18/3121 S. 33.

[52] *Blank* WuM 2014, 641, 651; *Flatow* WuM 2015, 191.

[53] *Frank,* Die Mietpreisbremse – Eine Analyse der Rechtsvorschriften zur Begrenzung der Neu- und Wiedervertragsmiete auf 110% der ortsüblichen Vergleichsmiete, Diss, Marburg, 2016, S. 49ff.

[54] Nach *Flatow* WuM 2015, 191 „relativiere" sich das Problem, weil ein Vermieter, der mehr als 110% der ortsüblichen Vergleichsmiete nehme, nicht so „schutzwürdig" sei, dass ein „Gerechtigkeitsdefizit" entstehe.

[55] *Hinz* ZMR 2014, 593, 597; *Weigelt,* Die wachsende Stadt als Herausforderung für das Recht (2016), S. 295.

[56] *Blank* WuM 2014, 641, 651.

[57] *Zehelein* NZM 2015, 31; **a. A.** *Heintzmann* in Soergel § 558a BGB Rdn. 2; wohl auch *Schmid* GE 2011, 242, die von einer Willenserklärung eigener Art ausgehen. Nach *Bloching/Ortolf* NZM 2012, 334, 336 soll die BGH Entscheidung (VIII ZR 300/09) NZM 2011, 117 dafür sprechen, dass der BGH auch dieser Auffassung sei.

Abschluss eines Änderungsvertrags gem. § 311 Abs. 1 BGB gerichtet ist.[58] Die Zustimmung des Mieters, ebenfalls eine empfangsbedürftige Willenserklärung, ist ihrem Wesen nach die Annahme gem. § 151 BGB dieses Vertragsangebots. Auch Sinn und Zweck des § 556e Abs. 1 S. 2 2. Alt. BGB sprechen für eine Anwendung. Denn die Mieterhöhung ist, auch wenn sie im Verfahren nach §§ 558a, 558b BGB geltend gemacht wird, der Höhe nach nicht beschränkt, wenn der Mieter zustimmt. Es gilt weder die ortsübliche Vergleichsmiete als Obergrenze noch die Kappungsgrenze. Zwar hat der Vermieter nur einen Anspruch auf Zustimmung bis zur ortsüblichen Vergleichsmiete jedoch macht dies eine darüberhinausgehende Zustimmung des Mieters nicht unwirksam. § 558 Abs. 1 und Abs. 2 BGB stellen kein gesetzliches Verbot i. S. d. § 134 BGB dar. Bei kollusivem Zusammenwirken von Vermieter und Vermieter ist eine Überschreitung der ortsüblichen Vergleichsmiete deshalb ebenso möglich wie bei einem schlichten Irrtum der Mietvertragsparteien über deren genaue Höhe. Insbesondere dann, wenn der Vermieter das Erhöhungsverlangen in Gemeinden ohne Mietspiegel mit drei Vergleichswohnungen begründet und der Mieter es nicht auf einen Prozess ankommen lassen will, kann es zu einer Überschreitung der ortsüblichen Vergleichsmiete um mehr als 10% kommen. Das Gleiche gilt bei falscher Spanneneinordnung in einen Mietspiegel.

37 Die Mieterhöhung kann auf unterschiedliche Art und Weise zustande kommen: **(aa)** Der Mieter stimmt dem Zustimmungsverlangen innerhalb der Überlegungsfrist ausdrücklich zu; **(bb)** er stimmt konkludent durch Zahlung der erhöhten Miete zu; **(cc)** die Parteien schließen im gerichtlichen Verfahren einen Vergleich über die erhöhte Miete, **(dd)** der Mieter wird zur Zustimmung zur Miete verurteilt. Alle diese Fälle stellen Vereinbarungen i. S. d. § 556e Abs. 1 S. 2 2. Alt. BGB dar. Die jeweiligen Erhöhungsbeträge sind aus der Vormiete herauszurechnen, wenn die Vereinbarung im letzten Jahr vor der Beendigung des Vormietverhältnisses geschlossen wurde. Für (aa) und (bb) ist dies schon vom Wortlaut her eindeutig. Aber auch der Fall (cc) ist eine Vereinbarung[59], auch wenn der Vergleich gem. § 779 BGB nur einen Streit beilegen soll, so erfolgt dies gerade durch eine Mietabänderungsvereinbarung. Aber auch Mieterhöhungen, die durch die Verurteilung des Mieters im Zustimmungsprozess zustande kommen, stellen eine solche Vereinbarung dar.[60] Das Urteil des Gerichts ersetzt mit Rechtskraft gem. § 894 ZPO nur die Zustimmung des Mieters. Es bleibt aber ein Änderungsvertrag. Auch Rechtskraftgesichtspunkte spielen keine Rolle. Das Urteil entwickelt Rechtskraftwirkung nur zwischen den Parteien. Mehr ist auch nicht erforderlich und nicht möglich.[61] Das Urteil führt nur dazu, dass die Vormiete aufgrund der gerichtlich ersetzenden Zustimmung des Mieters zum Erhöhungsverlangen des Vermieters vertraglich erhöht wurde. Das Gericht selbst gestaltet den Mietvertrag nicht um. Theoretisch[62] können also selbst gerichtlich durchgesetzte Mieterhöhungen herauszurechnen sein. Eine teleologische Reduktion der Vorschrift scheidet deshalb aus.[63]

38 **b)** Mieterhöhungen gem. § 559 BGB nach **Modernisierungsmaßnahmen** oder wegen **Betriebskostenerhöhungen** gem. § 560 BGB werden aus der Vormiete nicht herausgerechnet, da sie nicht „vereinbart" werden sondern durch Gestaltungserklärung des Vermieters einseitig durchgesetzt werden.[64] Haben die Mietvertragsparteien nach einer Modernisierung **aus Anlass dieser Modernisierung** eine Mieterhöhung vereinbart, z. B. gem. § 555f BGB, die genau der einseitigen Mieterhöhung gem. § 559 BGB entspricht, so behandelt der BGH dies im Rahmen der Jahressperrfrist des § 558 Abs. 1 BGB[65] und der Berechnung der Kappungsgrenze gem. § 558 Abs. 3

---

[58] BayObLG RE v. 30. 6. 1989, NJW-RR 1989, 1172.

[59] *Blank* WuM 2014, 641, 651, der die Rechtsfolge aber zu Recht für rechtspolitisch unerwünscht hält, weil sinnvolle Vereinbarungen über die Miethöhe erschwert würden.

[60] *Emmerich* in Staudinger, § 556e Rdn. 19 („praktische Bedeutung der Kontroverse ist ganz gering"); ebenso wie hier wohl *Flatow* WuM 2015, 191; nach *Artz* in MükoBGB § 556e Rdn. 14 gehe zwar der „Bezug zum Regelungszweck geradezu vollständig verloren" der weite Wortlaut spreche aber für die Anwendung; **a. A.** *Blank* WuM 2014, 641, 651.

[61] Eine Streitverkündung gem. § 72 ZPO ist trotz der Bedeutung der Vormiete für die Weitervermietungsmiete nicht zulässig. Der Nachmieter ist außerdem auch noch gar nicht bekannt.

[62] *Flatow* WuM 2015, 191 weist daraufhin, dass die Fälle einer Verurteilung zu einer über 110% der ortsüblichen Vergleichsmiete liegenden Miete eher selten sein dürften (so auch *Emmerich* in Staudinger, § 556e Rdn. 19). Da das Gericht aber aufgrund der im Zivilprozess herrschenden Parteidisposition an den Sachvortrag der Parteien gebunden ist, ist das vor allem bei kollusivem Parteiverhalten zweifelhaft.

[63] *Flatow* WuM 2015, 191.

[64] *Blank* WuM 2014, 641, 651.

[65] BGH (VIII ZR 285/06) NZM 2007, 727; (VIII ZR 287/06) NJW 2008, 2031; (VIII ZR 286/06) MietPrax-AK § 558 BGB Nr. 18.

BGB[66] unterschiedslos als Abänderungsvereinbarung. Das hätte zur Folge, dass solche Mieterhöhungen, wenn sie in der Jahresfrist erfolgen, herauszurechnen sind.[67] Das ist zumindest dann zweifelhaft (siehe § 558 BGB Rdn. 33, 178), wenn der Vermieter eine Modernisierungsmieterhöhung erklärt hat und die Parteien sich dann auf einen bestimmten Betrag vergleichsweise einigen.[68]

c) Hat im letzten Jahr vor Beendigung des Mietverhältnisses noch eine Erhöhung der **Kostenmiete** stattgefunden, so wird diese aus der Vormiete nicht herausgerechnet, da die Mieterhöhung einseitig aufgrund der Erhöhungserklärung des Vermieters erfolgte. Das gilt im Übrigen auch dann, wenn landesgesetzlich sich das Verfahren nach § 558ff. BGB richtet (dazu Vor § 557 BGB Rdn. 35ff.). Zwar ist hier eine Zustimmung des Mieters erforderlich, so dass formal eine Vereinbarung vorliegt, jedoch wird die Höhe des Zustimmungsverlangens nicht nur durch die ortsübliche Vergleichsmiete begrenzt, sondern auch durch die Fördervereinbarung. Sinn und Zweck der Ausnahmevorschrift, kollusives Verhalten zwischen Vermieter und Vormieter zu Lasten des Nachmieters zu verhindern, erfordern hier keine Anwendung, weil die Höhe der Vormiete aus anderen Gründen schon „gedeckelt" ist. Dass die Kostenmiete teilweise höher als die ortsübliche Vergleichsmiete ist, ist dabei unerheblich. 39

3. Die Jahresfrist

a) Die Frist berechnet sich von der **rechtlichen Beendigung** des Vormietverhältnisses an ein Jahr zurück.[69] Der Zeitraum berechnet sich nach §§ 187 Abs. 1, 188 Abs. 2 BGB. Die Frist ist vom Gesetzgeber gewählt worden, weil sie nur wenige Monate über der maximalen Kündigungsfrist für den Vermieter gem. § 573c BGB liegt.[70] Wenn man Vormieter und Vermieter schon kollusives Verhalten unterstellt, dann ist die Frist willkürlich, weil Vereinbarungen, die einen Tag vorher geschlossen wurden, wirksam bleiben.[71] 40

b) Es kommt **nicht auf die Räumung** der Wohnung durch den Vormieter oder die Möglichkeit der Weitervermietung an. Hat der Vermieter mit dem Vormieter eine Mieterhöhung vereinbart oder ein Zustimmungsverlangen durchgesetzt und kommt der Mieter kurz darauf in Zahlungsverzug, weshalb der Vermieter den Mietvertrag fristlos kündigt, so ist der **Zugang der Kündigungserklärung** für die Fristberechnung maßgeblich, auch wenn der Vermieter erst Räumungsklage erheben und die Räumungsvollstreckung betreiben muss. In diesem Fall kann die Mieterhöhung durchaus schon 2 bis 3 Jahre zurückliegen, bevor der Vermieter dann weitervermieten kann. Trotzdem bleibt diese Mieterhöhung bei der Ermittlung der Vormiete unberücksichtigt. Dieser Zeitraum kann sich in Extremfällen noch weiter verlängern, wenn der Vermieter rückwirkend zur Zustimmung verurteilt wurde (unten Rdn. 42). Ggf. schuldet der gekündigte Vormieter die Differenz als **Kündigungsfolgeschaden.** Voraussetzung hierfür ist, dass die Kündigung auf einem schuldhaften Verhalten des Vormieters beruhte. 41

c) Es kommt nicht darauf an, ab wann die Mieterhöhung wirksam wurde, sondern auf den Zeitpunkt ihrer **Vereinbarung.** Insofern ist der Wortlaut der Vorschrift eindeutig. **(a)** Bei Mietabänderungsvereinbarungen gem. § 557 Abs. 1 BGB ist der Zeitpunkt der letzten Annahmeerklärung maßgeblich. **(b)** Bei Zustimmungen zu einem Mieterhöhungsverlangen gem. § 558a BGB ist der Zeitpunkt der Zustimmung des Mieters gem. § 558b BGB maßgeblich. Bei einer ausdrücklichen Zustimmung kommt es auf den Zugang beim Vermieter an. Dabei ist es unerheblich, ob dies innerhalb oder außerhalb der Überlegungsfrist geschieht. **(c)** Wird der Mieter durch das Gericht zur Zustimmung verurteilt, so ist der Zeitpunkt der Rechtskraft des Zustimmungsurteils maßgeblich, weil dies gem. § 894 ZPO die Willenserklärung des Mieters ersetzt.[72] 42

d) Bei **Staffelmieten** ist die letzte Staffel bei der Berechnung der maßgeblichen Vormiete maßgeblich, auch wenn sie im letzten Jahr vor Beendigung des Mietverhältnisses erstmals fällig 43

---

66 BGH (VIII ZR 185/03) NJW 2004, 2088; *Artz* NZM 2004, 609; *Glause* WuM 2004, 708.

67 Dafür auch *Emmerich* in Staudinger, § 556e Rdn. 17.

68 LG Potsdam GE 2001, 61; LG Berlin WuM 2003, 568; *Artz* in MünchKomm § 558 BGB Rdn. 52; *Sternel* Mietrecht aktuell (2009) für Jahressperrfrist offen gelassen IV, 123 für Kappungsgrenze ebenso wie hier IV, 146; **a. A.** Bub/Treier/*Schultz* Kap. III. A Rdn. 770, 774 und 1087; LG Berlin GE 2014, 190, 191.

69 *Emmerich* in Staudinger, § 556e Rdn. 20; *Artz* in MükoBGB § 556e Rdn. 14.

70 BT-Drs. 18/3121 S. 33.

71 Nach *Hinz* ZMR 2014, 593, 596 sollen diese Fälle aber „zu vernachlässigen" sein.

72 Zur Frage, wann die Rechtskraft von Urteilen eintritt, s. auch § 569 BGB Rdn. 68.

wurde. Maßgeblich ist der Zeitpunkt der Vereinbarung, also wann die Staffelmietvereinbarung getroffen wurde.[73] Das Gleiche gilt für **Indexmieterhöhungen** gem. § 557b BGB.

V. Berechnung der höchst zulässigen Miete

44 Welche Miete als Wiedervermietungsmiete zulässig ist muss durch eine **Vergleichsbetrachtung** ermittelt werden. Dabei ist die **um 10% erhöhte ortsübliche Vergleichsmiete** gem. § 556d Abs. 1 BGB mit der gem. § 556e Abs. 1 S. 2 **bereinigten Vormiete** zu vergleichen. Die Vormiete darf nicht um 10% überschritten werden. Der höhere der beiden Beträge stellt die maximal zulässige Wiedervermietungsmiete dar.

C. Berücksichtigung von Modernisierungsmaßnahmen

45 Eine permanente Modernisierung des Wohnungsbestandes ist gewünscht. Die Bedeutung von Modernisierungsmieterhöhungen geht weit über das konkrete Vertragsverhältnis hinaus (dazu § 559 BGB Rdn. 3ff.). Solche Mieterhöhungen werden deshalb auch bei der Ermittlung der zulässigen Wiedervermietungsmiete in angespannten Wohnungsmärkten privilegiert. Nach § 556e Abs. 2 BGB darf der Vermieter, der in den letzten drei Jahren vor Beginn des Mietverhältnisses Modernisierungsmaßnahmen im Sinne des § 555b durchgeführt hat, die nach § 556d Abs. 1 BGB zulässige Miete um den Betrag überschreiten, der sich bei einer Mieterhöhung nach § 559 Abs. 1 ergäbe.

I. Mögliche Maßnahmen

1. Allgemeines

46 Der Vermieter muss eine oder mehrere **Modernisierungsmaßnahmen** gem. § 555b BGB durchgeführt haben.[74] Damit sind zwar alle Ziffern der Vorschrift gemeint, aber auch hier scheiden Maßnahmen nach den Ziffern 2 und 7 des § 555b BGB aus.[75] Dies ergibt sich daraus, dass § 556d Abs. 2 BGB auf die Möglichkeit der Mieterhöhung nach § 559 Abs. 1 BGB abstellt. Dies ist aber für energetische Modernisierungen, durch die nur **Primärenergie** (Ziff. 2) eingespart wird, und für die **Schaffung neuen Wohnraums** (Ziff. 7) gerade nicht vorgesehen. Wegen der Einzelheiten wird auf die Kommentierung zu § 555b und § 559 BGB Bezug genommen. Es kommt nicht darauf, dass eine ordnungsgemäße **Modernisierungsankündigung** gem. § 555c BGB erfolgte. Deren Fehlen hat bei Mieterhöhungen im Bestand auch nur zur Konsequenz, dass die Wirkung der Modernisierungsmieterhöhung später eintritt, § 559b Abs. 2 BGB. Da der neue Mieter auch nichts mehr dulden muss, macht eine solche Erklärung hier auch keinen Sinn.

2. Erhaltungsmaßnahmen

47 Auch die Kosten für bloße Erhaltungsmaßnahmen gem. § 559 Abs. 2 BGB können nicht zum Gegenstand einer Modernisierungsmieterhöhung gemacht werden.[76] Das ist faktisch problematisch, weil der Nachmieter den ursprünglichen Zustand der Mietsache u. U. nicht kannte und deshalb auch nicht beurteilen kann, welcher Anteil der Kosten auf die Erhaltung entfiel.

3. Mietermodernisierungen

48 Mietermodernisierungen[77] **berechtigen nicht zu einem Zuschlag** zur zulässigen Wiedervermietungsmiete.[78] Das ergibt sich bereits aus dem Wortlaut des § 556e Abs. 2 BGB, der davon spricht, dass „der Vermieter Modernisierungsarbeiten" durchgeführt haben muss. Das gilt selbst

---

[73] *Blank* WuM 2014, 641, 651.

[74] Zum Begriff und den einzelnen Maßnahmen: *Eisenschmid* in Börstinghaus/Eisenschmid, Modernisierungshandbuch, Kap. 3.

[75] *Emmerich* in Staudinger, § 556e Rdn. 25; *Artz* in MüKoBGB § 556e Rdn. 16.

[76] *Emmerich* in Staudinger, § 556e Rdn. 26.

[77] Zur Mietermodernisierung: *Eisenschmid* in Börstinghaus/Eisenschmid, Modernisierungshandbuch, Kap. 14; *Damrau-Schröter,* Zivilrechtliche Aspekte der „Mieter-Modernisierung" – Die Rechtsstellung des Mieters zwischen Verwendungsersatz und Wegnahmerecht, Berlin 1994; *Horst* DWW 2014, 282, 292; *Emmerich* in Staudin-

dann, wenn der Vermieter dem Mieter hinterher bestimmte Kosten erstattet.[79] Dadurch wird der Vermieter nicht Bauherr der Maßnahme. § 556d Abs. 2 verweist im Übrigen auch auf § 559a BGB, wonach Mieterleistungen bei der Ermittlung der Kosten in Abzug zu bringen sind. Vom Mieter durchgeführte oder finanzierte Modernisierungskosten stellen regelmäßig einen abwohnbaren Baukostenzuschuss dar.[80] Solche Mietermodernisierung können allenfalls dann als Zuschlag gem. Abs. 2 in Betracht kommen, wenn der Mieter zwar die Arbeiten ausführt, dies aber Namens und im Auftrag des Vermieters tut. In diesem Fall ist der Mieter nicht im eigenen Interesse als Mieter tätig, sondern für den Vermieter, wie jeder andere Handwerker auch.

4. Bisherige Mieterhöhung

a) Es ist **unerheblich,** ob der Vermieter aufgrund der Modernisierungsmaßnahme bereits eine **Mieterhöhung vorgenommen hat oder nicht.** Nur bei Maßnahmen die älter als drei Jahre sind, wird die Modernisierung nur dann berücksichtigt, wenn der Vermieter tatsächlich eine Mieterhöhung durchgeführt hat. In diesem Fall handelt es sich aber um einen Fall gem. § 556e Abs. 1, nämlich einer höheren Vormiete.[81] Nach Abs. 2 können so alte Maßnahmen nicht mehr berücksichtigt werden. Die Modernisierung muss nicht im unmittelbaren Vormietverhältnis stattgefunden haben. Es ist auch eine Modernisierung im Vor-Vor-Mietverhältnis oder früher maßgeblich. Die Grenze ist die Dreijahresfrist. 48

b) Hat der Vermieter eine Mieterhöhung gem. § 559ff. BGB wegen einer Modernisierungsmaßnahme aus den letzten drei Jahren vorgenommen, dann kann diese berücksichtigt werden. **Bindungswirkung** hat diese Erhöhung aber nicht. Hat der Vermieter damals Erhaltungsmaßnahmen bei den anrechenbaren Kosten nicht herausgerechnet, muss das jetzt immer noch geschehen, auch wenn der Vormieter die Miete gezahlt hat. Das wäre allenfalls im Rahmen der Vormiete zu berücksichtigen. Umgedreht kann der Vermieter auch höhere Modernisierungsmieterhöhung bei der Wiedervermietungsmiete in Ansatz bringen, wenn er damals bestimmte Kosten vergessen hat oder die Mieterhöhung von vornherein wegen der ihm bekannten eingeschränkten Leistungsfähigkeit des Mieters nur eingeschränkt vorgenommen hat. Es tritt **keine Selbstbindung** ein, die dem Vermieter verbietet später den rechtlich zulässigen maximalen Betrag zu verlangen. Das Gleiche gilt, wenn die Mieterhöhung damals gegenüber dem Vormieter ganz oder teilweise ausgeschlossen war, weil dieser sich auf eine **eingeschränkte wirtschaftliche Leistungsfähigkeit** gem. § 559 Abs. 3 und 4 BGB berufen hat.[82] Ebenso ist eine Berücksichtigung der Modernisierung möglich, wenn eine Mieterhöhung gegenüber dem Vormieter wegen des Bestehens einer **Staffelmiete** gem. § 557a Abs. 2 S. 2 BGB oder einer **Indexmiete** gem. § 557b Abs. 2 S. 2 BGB ausgeschlossen war. 49

c) Hat der Vermieter nach Abschluss der Modernisierungsarbeiten nur eine **Mieterhöhung gem. § 558 BGB auf die ortsübliche Vergleichsmiete** für den modernisierten Standard oder eine Kombination von Mieterhöhungen nach §§ 558ff. und §§ 559ff. BGB (dazu Vor § 558 BGB Rdn. 3ff.) durchgeführt, kann die Modernisierung auch als Zuschlag gem. § 556e Abs. 2 BGB Berücksichtigung finden.[83] Ausgangspunkt muss aber dann, wie in allen Fällen auch, die ortsübliche Vergleichsmiete für unmodernisierte Wohnungen sein. 50

d) Und schließlich sind auch Modernisierungen zu berücksichtigen, die bisher gar nicht zum Gegenstand einer Mieterhöhung gemacht worden sind. Ob die Arbeiten durchgeführt wurden, 50a

---

ger, § 559 BGB Rdn. 13a; *Kinne* GE 2007, 30; *Sternel* WuM 1984, 287, 315; *Ackermann* ZMR 1988, 43; *Gundlach* ZMR 1983, 218; *Kahlen* ZMR 1984, 2.

[78] *Emmerich* in Staudinger, § 556e Rdn. 26; ebenso bereits zu § 559 BGB: BayObLG RE v. 24.6.1981, NJW 1981, 2259; *Kinne* GE 2007, 30, 34; *Sternel,* III 771; *Emmerich* in Staudinger, § 559 BGB Rdn. 13a; *Kossmann/Meyer-Abich,* Hdb. d. Wohnraummiete, § 158 Rdn. 9.

[79] AG Gelsenkirchen ZMR 1987, 340; AG Essen WuM 1978, 213; *Sternel* PiG 16, 105, 11; **a. A.** *Dickersbach* in Lützenkirchen, Mietrecht, § 559 BGB Rdn. 57; *Mersson* DWW 2009, 122, 126; wohl jetzt auch *Emmerich* in Staudinger, (2014) § 559 BGB Rdn. 13a unter Berufung auf BGH (VIII ZR 173/10) NJW 2011, 1499 (Aufwendungsersatzansprüche als anrechenbare Kosten).

[80] BGH (VIII ZR 315/09) NZM 2010, 735 = MietPrax-AK, § 558 BGB Nr. 27 m. Anm. *Börstinghaus;* OVG Berlin ZMR 1989, 391.

[81] *Blank* WuM 2014, 641, 652.

[82] *Artz* in MüKoBGB § 556e Rdn. 16.

[83] *Blank* WuM 2014, 641, 652.

während die Wohnung bewohnt war oder in einer **Leerstandsphase** zwischen zwei Vermietungen[84] ist dabei unerheblich.

51 **e)** Hat nach der Modernisierung ein **Eigentümerwechsel** und damit Vermieterwechsel gem. § 566 BGB stattgefunden, so kann auch der Erwerber die Modernisierungskosten zum Gegenstand eines Zuschlags zu der nach § 556d Abs. 1 BGB zulässigen Miete machen[85] (§ 566 BGB Rdn. 98). Zwar verlangt der Wortlaut des Abs. 2 eine Modernisierung durch den Vermieter, dies steht aber der entsprechenden Auslegung nicht entgegen.[86] Die Modernisierung ist ja durch den Vermieter, nämlich den zum Zeitpunkt der Maßnahme, durchgeführt worden. Der Wortlaut steht der Auslegung deshalb nicht zwingend entgegen. Auch bei Modernisierungsmieterhöhungen im Bestand kann in den Fällen der „Rechtsnachfolge" nach § 566 BGB der Erwerber eine Mieterhöhung nach § 559 BGB auf Grund von Modernisierungsarbeiten des Voreigentümers vornehmen, unabhängig davon, ob die **Modernisierungsarbeiten vor**[87] **oder nach**[88] **Eintritt des Erwerbers** in das Mietverhältnis abgeschlossen worden sind. Nichts Anderes gilt hier. Das entspricht auch dem weiten Gesetzeszweck.[89] Hat der Erwerber Modernisierungen durchgeführt, **bevor er als Eigentümer** eingetragen war, kann er keine Modernisierungsmieterhöhung erklären (dazu § 559 BGB Rdn. 33).Trotzdem muss man nach Sinn und Zweck der Regelung hier zu einer Anwendung des § 556e Abs. 2 BGB kommen. Bei einer Neuvermietung durch den Erwerber als Vermieter hätte er wegen des modernisierten Zustands eine höhere Miete vereinbaren können. Es würde den Sinn und Zweck des Gesetzes konterkarieren, wenn man hier verlangen würde, dass der Erwerber mit den Arbeiten so lange warten müsste, bis er im Grundbuch eingetragen ist. Damit würde bei knapper Wohnungsversorgung noch eine Wohnung dem Wohnungsmarkt entzogen. Problematisch sind Modernisierungen bei Wohnungseigentumsanlagen am Gemeinschaftseigentum (siehe dazu § 559 BGB Rn. 30). Da die Interessenlage hier völlig identisch ist, kommt eine analoge Anwendung des § 556e Abs. 2 BGB in Betracht.[90]

II. Zeitpunkt der Maßnahmen

52 Die Möglichkeit zur Berücksichtigung von Modernisierungsmaßnahmen ist **zeitlich beschränkt** auf solche Modernisierungen, die „in den letzten drei Jahren vor Beginn des Mietverhältnisses" durchgeführt wurden.

1. Fristende

53 Der Wortlaut der Vorschrift ist eindeutig. Die Dreijahresfrist ist **vom Beginn des Mietverhältnisses rückwärts** zu ermitteln. Es kommt nicht auf den Abschluss des Vertrages sondern seine Invollzugsetzung an.[91] Das kann in Einzelfällen problematisch sein, wenn zwischen Mietvertragsab-

---

[84] BT-Drs 18/3121 S. 34; *Blank* WuM 2014, 641, 652.

[85] *Blank* WuM 20914, 641, 652 (insofern anders als in den Fällen der Vormiete auf S. 650): *Hinz* in Klein-Blenkers/Heinemann/Ring, Miete/WEG/Nachbarschaft § 556e Rn. 16; **a. A.** *Abramenko* MietRB 2015, 276, 278; *Abramenko* in Lützenkirchen, Mietrecht § 556e BGB Rn. 41.

[86] Nach *Emmerich* in Staudinger, § 556e Rdn. 30 spreche der Wortlaut gegen die Anwendung, gleichwohl „empfehle sich […] zumindest eine analoge Anwendung des § 556e Abs. 2 BGB".

[87] KG RE v. 17.7.2000, NZM 2000, 860; *Blank* in Blank/Börstinghaus, Miete, § 566 BGB Rdn. 77; *Beuermann* GE 1994, 733, 734; Bub/Treier/*Schultz* Kap. III. A Rdn. 1467; *Dickersbach* in Lützenkirchen, Mietrecht, § 559 BGB Rdn. 53; *Flatow* WImmoT 2008, 129, 40; *Mersson* DWW 2009, 122, 127; *Emmerich* in Staudinger, § 559 BGB Rdn. 11; *Kinne* ZMR 2001, 868; Palandt/*Weidenkaff* § 559 BGB Rdn. 3; **a. A.** Bub/Treier/*Schultz* Kap. III. A Rdn. 1467; *Lammel* § 559 BGB Rdn. 15; *Sternel* NZM 2001, 1058, 1065.

[88] KG RE vom 8.5.2000, NZM 2000, 652; *Lammel* § 559 BGB Rdn. 15; *Börstinghaus* PiG 70 (2005), 65, 86; *Blank* in Blank/Börstinghaus, Miete, § 566 BGB Rdn. 77; *Flatow* WImmoT 2008, 129, 40; *Beuermann* GE 1994, 733, 734; *Kinne* ZMR 2001, 868; Palandt/*Weidenkaff* § 559 BGB Rdn. 3; *Dickersbach* in Lützenkirchen, Mietrecht, § 559 BGB Rdn. 53; *Mersson* DWW 2009, 122, 127; *Emmerich* in Staudinger, § 559 BGB Rdn. 11; **a. A.** *Sternel* NZM 2001, 1058, 1065; *ders.* PiG 40 (1993) 45, 48; *Langenberg* PiG 40 (1993) 59, 71.

[89] BT-Drs. 18/3121 S. 34 „Modernisierungen zwischen Beendigung des bisherigen Mietverhältnisses und Abschluss eines neuen Mietverhältnisses [sind] wohnungswirtschaftlich erwünscht"; So auch *Hinz* in Klein-Blenkers/Heinemann/Ring, Miete/WEG/Nachbarschaft, § 556e BGB Rn. 16; nach *Emmerich* in Staudinger, § 556e Rn. 30 „empfiehlt sich nach dem Zweck der Regelung eine analoge Anwendung.

[90] *Abramenko* in Lützenkirchen, Mietrecht § 556e BGB Rn. 42.

[91] *Emmerich* in Staudinger, § 556e Rdn. 27; *Abramenko* in Lützenkirchen, Mietrecht § 556e BGB Rn. 43.

schluss und Mietvertragsbeginn ein längerer Zeitraum liegt.[92] Eine Miete, die bei Abschluss des Vertrages wirksam gewesen wäre, weil in den Dreijahreszeitraum zu berücksichtigende Modernisierungen fielen, kann bei Mietvertragsbeginn (teil-)unwirksam sein, weil jetzt die Modernisierungen außerhalb des Dreijahreszeitraum liegen. Ähnlich wie bei der Berechnung der Kappungsgrenze[93] müssen die Parteien auch hier erst einen Termin in der Zukunft (Mietvertragsbeginn) ermitteln, und dann von dort nach hinten schauen.

2. Fristbeginn

Die Frist beginnt also genau **drei Jahre vor dem Mietvertragsbeginn.** Der Wortlaut des Gesetzes verlangt innerhalb dieser Frist die „Durchführung von Modernisierungsarbeiten". Modernisierungsarbeiten finden nicht zu einem bestimmten Zeitpunkt, sondern innerhalb eines Zeitraums statt.[94] Deshalb stellt sich die Frage, welcher Teil dieses Zeitraums in die Dreijahresfrist fallen muss: **a)** Modernisierungsankündigung; **b)** Baubeginn; **c)** Fertigstellung der Arbeiten; **d)** erste Möglichkeit zur Modernisierungsmieterhöhung; **e)** Eingang der letzten Rechnung oder **f)** tatsächlich erfolgte Modernisierungsmieterhöhung. 54

Die Alternativen a), d) und f) kommen nicht in Betracht. Die Modernisierungsankündigung hat mit der Durchführung der Maßnahme noch nichts zu tun. Wenn es auf die tatsächliche Modernisierungsmieterhöhung ankäme, hätte es der Vermieter in der Hand im Hinblick auf spätere Wiedervermietungen den Fristbeginn beliebig zu verschieben. Die beiden Zeitpunkte sind auch deshalb ungeeignet, weil § 556e Abs. 2 BGB ja auch Fälle erfassen soll, in denen gar keine Mieterhöhung stattgefunden hat, bzw. gar kein Mieter als Adressat einer Modernisierungsankündigung in der Leerstandsphase existierte. Soweit es bei der Kappungsgrenze bei der Berechnung der Kappungsgrenze auf den Wirksamkeitszeitpunkt einer Modernisierungsmieterhöhung ankommt, ist der Fall nicht vergleichbar. Gem. § 558 Abs. 3 BGB darf die Miete innerhalb von drei Jahren um nicht mehr als 20 bzw. 15% steigen. Dazu muss nur die Miethöhe zu zwei Stichtagen verglichen werden. Alle Modernisierungsmieterhöhungen, die zwischen diesen beiden Stichtagen erfolgen, werden auf die Kappungsgrenze nicht angerechnet, egal wann die Modernisierungsmaßnahme stattgefunden hat.

Bereits **vom Wortlaut** her kann es nur um die Arbeiten an sich gehen. Die beginnen zum Zeitpunkt b) und enden zum Zeitpunkt c). Es stellt sich also die Frage, ob **(aa)** der ganze Zeitraum, **(bb)** der überwiegende Zeitraum oder nur **(cc)** das Ende in den Dreijahreszeitraum fallen muss. Der Wortlaut der Vorschrift ist unergiebig, er erlaubt alle drei Varianten. Auch eine historische Auslegung hilft nicht weiter, da die Gesetzesmaterialien[95] sich auch nicht auf einen bestimmten Zeitpunkt festlegen. Es wird nur darauf hingewiesen, dass ohne die in Abs. 2 enthaltene Sonderregelung es für den Vermieter wirtschaftlicher wäre, zunächst die Wohnung im bisherigen Zustand zu vermieten, und dann erst Modernisierungsmaßnahmen mit anschließender Mieterhöhung nach den §§ 559ff. BGB durchzuführen. Da dies nur dann in Betracht kommt, wenn kein Ausschlusstatbestand gem. § 557 Abs. 3 2. HS BGB vorliegt, müsste dann wohl der Baubeginn nach Mietvertragsbeginn liegen, da eine Vermietung während der Bauphase entweder so zu verstehen ist, dass der modernisierte Zustand vertragsgemäß ist oder zumindest deshalb keine Mieterhöhung erfolgt. So dürfte die Begründung aber wohl nicht zu verstehen sein. Es sollte nur ein Argument für die Privilegierung von Modernisierungen während der Leerstandsphase darstellen ohne exakte Termine vorzugeben. Es bleibt die Auslegung nach dem Sinn und Zweck. Danach ist der **Ausnahmetatbestand weit auszulegen**[96], weil das Anliegen des Gesetzes ist, Modernisierungen zu fördern.[97] Deshalb genügt es, wenn der Zeitpunkt (cc), also das **Ende der Bauarbeiten** in den Dreijahreszeitraum fällt.[98] 55

[92] So auch *Artz* in MüKoBGB § 556e Rdn. 18.

[93] OLG Celle RE v. 31.10.1995, NJW-RR 1996, 331; LG Frankfurt ZMR 1997, 474; LG Hannover WuM 1990, 517; LG München II ZMR 1986, 57; LG Hamburg WuM 1984, 111; *Emmerich* in Staudinger, § 558 BGB Rdn. 49; Palandt/*Weidenkaff* § 558 BGB Rdn. 21.

[94] *Frank,* Die Mietpreisbremse – Eine Analyse der Rechtsvorschriften zur Begrenzung der Neu- und Wiedervertragsmiete auf 110% der ortsüblichen Vergleichsmiete, Diss, Marburg, 2016, S. 55.

[95] BT-Drs. 18/3121 S. 34.

[96] NK-BGB/*Hinz* § 556e Rn. 19.

[97] *Flatow* WuM 2015, 191.

[98] *Flatow* WuM 2015, 191; *Emmerich* in Staudinger, § 556e Rdn. 23 und 28; *Frank,* Die Mietpreisbremse – Eine Analyse der Rechtsvorschriften zur Begrenzung der Neu- und Wiedervertragsmiete auf 110% der orts-

III. Berechnung der zulässigen Miete

1. Ermittlung des Zuschlags

56 Der gem. Abs. 2 zulässige Zuschlag ist genauso zu ermitteln, wie der Mieterhöhungsbetrag bei einer Mieterhöhung nach Modernisierungsmaßnahme. Dazu müssen

- Die anrechenbaren Kosten festgestellt werden (dazu § 559 BGB Rdn. 54ff.)
- Der richtige Umlageschlüssel bei Maßnahmen, die sich auf mehrere Wohnungen beziehen, festgelegt werden (dazu § 559 BGB Rdn. 74).
- Drittmittel gem. § 559a BGB angerechnet werden[99].

Wegen der zahlreichen Wertungsfragen bei jedem dieser Punkte, gleicht die Ermittlung der preisrechtlich zulässigen Miete der bekannten Suche einer „Stecknadel im Heuhaufen".[100]

57 **a)** Auch hier sind nur die auf die Modernisierung entfallenden Kosten ansatzfähig. **Erhaltungskosten** dürfen nicht berücksichtigt werden. Auch hier ist es zulässig, sie ggf. zu **schätzen.** Das ist aber nur zulässig, soweit das erforderlich ist, die Kosten also nicht anderweitig ermittelt werden können. Soweit der BGH[101] es zulässt eine Quote der Gesamtkosten pauschal abzuziehen, bezieht sich das nur auf die Formalien einer Modernisierungsmieterhöhung. Wenn der Instandsetzungsanteil nicht genau ermittelt werden kann, ist es aber unzulässig, den Zuschlag gänzlich zu verneinen. Auch hier muss das Gericht ggf. zumindest einen Mindestbetrag in Ansatz bringen.[102]

58 **b)** Soweit die Kosten nur für **einzelne Wohnungen** entstanden sind, sind auch nur die jeweiligen Kosten in Ansatz zu bringen. Soweit Kosten für mehrere Wohnungen angefallen sind, wie z. B. Gerüstkosten, Wärmedämmung, Zentralheizungseinbau oder auch notwendige Architektenhonorare, sind diese vom Vermieter nach dem auch ausdrücklich anwendbaren § 559 Abs. 3 BGB angemessen zu verteilen. Der Vermieter kann dazu im Rahmen der §§ 315, 316 BGB nach **billigem Ermessen** einen Verteilungsschlüssel bestimmen.[103] **Unbillig** sind solche Umlageschlüssel, die bestimmte Mieter unberechtigterweise bevorzugen oder benachteiligen. Die Verteilung der Kosten nach dem **Verhältnis der tatsächlichen Wohnfläche** ist regelmäßig nicht unbillig.[104] Der Vermieter ist nicht verpflichtet einen Umlageschlüssel zu verwenden, der den vermeintlich unterschiedlichen **Gebrauchswert** der Modernisierungsmaßnahme oder das Maß der potenziellen Energieeinsparung für den einzelnen Mieter berücksichtigt (dazu § 559 Rdn. 79).

59 **c)** Nach dem eindeutigen Wortlaut des § 556e Abs. 2 ist hier auch § 559a BGB anwendbar, so dass die **Kürzungsbeträge** wegen der Verwendung von Drittmitteln in Abzug zu bringen sind. Das ist deshalb wichtig, weil solche Kürzungsbeträge in den Fällen der Weitervermietung normalerweise nicht weiter anzurechnen sind.[105] Das gilt auch im Normalfall der Begrenzung der Weitervermietungsmiete gem. § 556d Abs. 1 BGB. Der verweist nämlich nur auf § 558 Abs. 2 BGB und nicht auf § 558 Abs. 5. Wenn aber der Modernisierungszuschlag gem. § 556e Abs. 2 BGB zu ermitteln ist, dann werden die Kürzungsbeträge abgezogen.

2. Härtegründe des Mieters

60 Der Nachmieter kann sich **nicht auf wirtschaftliche Härtegründe** berufen. § 559 Abs. 4 BGB ist nach der eindeutigen Verweisung in Abs. 2 S. 2 BGB hier nicht anwendbar. Das entspricht

---

üblichen Vergleichsmiete, Diss, Marburg, 2016, S. 56; nach *Blank* WuM 2014, 641, 652 müssen die Arbeiten „abgeschlossen" sein.

[99] *Emmerich* in Staudinger, § 556e Rdn. 32.

[100] *Frank,* Die Mietpreisbremse – Eine Analyse der Rechtsvorschriften zur Begrenzung der Neu- und Wiedervertragsmiete auf 110% der ortsüblichen Vergleichsmiete, Diss, Marburg, 2016, S. 60 unter Berufung auf *Börstinghaus* DWW 2014, 202, 206.

[101] BGH (VIII ZR 88/13) NJW 2015, 934.

[102] BGH (VIII ZR 88/13) NJW 2015, 934.

[103] *Artz* in MünchKomm § 559 BGB Rdn. 25; Bub/Treier/*Schultz* Kap. III. A Rdn. 1585; *Emmerich* in Staudinger, § 559 BGB Rdn. 26.

[104] *Emmerich* in Staudinger, § 559 BGB Rdn. 27; Bub/Treier/*Schultz* Kap. III. A Rdn. 1586; *Artz* in MünchKomm § 559 Rdn. 25.

[105] LG Berlin (65. ZK) GE 1997, 238, GE 2001, 210; *Emmerich* in: Staudinger, § 558 BGB Rdn. 42a; *Börstinghaus* PiG 70 (2005) 65, 83; *Schach* GE 2004, 278, 282 (mit Übersichtstabelle über die divergierende Rechtsprechung der verschiedenen Kammern des LG Berlin auf S. 281); **a. A.** AG Lichtenberg MM 2006, 147; *Kunze/Tietzsch* WuM 2003, 423; *dies.* Miethöhe, II, 296 m. w. N. in Fn 1 S. 190.

auch Sinn und Zweck der Regelung. Die Härtefallregelung berücksichtigt das Bestandsinteresse des Mieters an der Wohnung zu bezahlbaren Bedingungen. Hier geht es um einen neuen Mietvertrag und der Mieter kann sich vorher überlegen, ob er die Wohnung zu dem Preis anmieten will.

3. Ermittlung der zulässigen Weitervermietungsmiete

Die zulässige Weitervermietungsmiete ist in den Fällen des Abs. 2 der Art zu ermitteln, dass zunächst die maximal zulässige Miete gem. § 556d Abs. 1 BGB **für unmodernisierte Wohnungen** ermittelt wird, also die ortsübliche Vergleichsmiete plus 10%. Zu dieser Miete wird der Modernisierungszuschlag gem. § 556e Abs. 2 BGB hinzugerechnet. Er ist dann nicht noch einmal um 10% zu erhöhen. **61**

4. Wahlrecht des Vermieters

Bei **Modernisierungsmieterhöhungen** hat der Vermieter ein **Wahlrecht,** ob er die erfolgte Mieterhöhung gem. § 559 BGB im Rahmen der Vormiete berücksichtigt wissen will oder gem. § 556e Abs. 2 BGB als Zuschlag zur ortsübliche Vergleichsmiete zzgl. 10% hinzurechnet. **62**

D. Prozessuales

Bei § 556d BGB handelt es sich sowohl bei den Fällen des Abs. 1 wie auch denen des Abs. 2 um eine Ausnahmevorschrift zu § 556d Abs. 1. Die Darlegungs- und Beweislast hat deshalb der Vermieter für die Tatbestandsmerkmale der jeweiligen Norm.[106] Den Vermieter trifft deshalb auch die Beweislast dafür, dass es sich nicht um **Instandsetzungsarbeiten** gehandelt hat und bei modernisierenden Instandsetzungsarbeiten auch hinsichtlich der Aufteilung der Kosten auf den Modernisierungsanteil und den Instandsetzungsanteil.[107] Er muss ggf. die Schätzungsgrundlagen darlegen und beweisen. Soweit der BGH[108] hier nur eine **sekundäre Behauptungslast** beim Vermieter sieht, weil der Mieter sich nicht auf **einfaches Bestreiten** beschränken dürfe und zunächst selbst substantiiert vortragen müsse, wo welche Schäden sich befunden haben sollen, gilt das hier nicht.[109] Hintergrund dieser Rechtsprechung ist die Tatsache, dass der Mieter bei einer Bestandsmietenerhöhung schon einige Zeit in der Wohnung gelebt hat und es ihm deshalb auch **tatsächlich möglich** ist, **konkrete Schäden** zu **benennen.** Das ist aber bei der Anmietung eines Objekts, das der Mieter vorher gar nicht kannte, gerade anders. Insofern kann man dem Mieter eine solche erhöhte Darlegungs- und Substantiierungslast in Fällen des § 556e Abs. 2 BGB kaum auferlegen. Regelmäßig ist deshalb ein einfaches Bestreiten mit Nichtwissen zulässig.[110] **63**

---

106 *Emmerich* in Staudinger, § 556e Rdn. 35; *Fleindl* WuM 2015, 212.

107 LG Braunschweig WuM 1990, 158; LG Hannover WuM 1990, 227; AG Neumünster WuM 1992, 258; AG Neunkirchen WuM 1991, 560; AG Hamburg WuM 1986, 344; *Emmerich* in Staudinger,, § 559b BGB Rdn. 26; *Sternel* III 709; *ders.* PiG 41, 45, 61.

108 BGH (VIII ZR 88/13) NJW 2015, 934; (VIII ZR 175/02) WuM 2004, 154, 155.

109 *Hinz* ZMR 2014, 593, 597.

110 *Hinz* ZMR 2014, 593, 597, der hier viel Arbeit auf die Justiz zukommen sieht.

§ 556f Ausnahmen

[1]§ 556d ist nicht anzuwenden auf eine Wohnung, die nach dem 1. Oktober 2014 erstmals genutzt und vermietet wird. [2]Die §§ 556d und 556e sind nicht anzuwenden auf die erste Vermietung nach umfassender Modernisierung.

Systematische Übersicht

Alphabetische Schnellübersicht

A. Übersicht

1 Die Vorschrift enthält die beiden **wohnungsbezogenen Ausnahmen,** bei denen auch in Gebieten mit angespanntem Wohnungsmarkt und entsprechender Landesverordnung die Vorschriften des Unterkapitels 1a nicht uneingeschränkt gelten. § 556f BGB nimmt sowohl nach dem 1. Oktober 2014 erstmals genutzte und vermietete Wohnungen als auch die Wiedervermietung umfassend modernisierter Wohnungen von der Mietpreisbegrenzung aus.[1] Die **Rechtsfolgen** sind bei beiden Alternativen jedoch **unterschiedlich.** Die erste Ausnahme erfasst sämtliche Neubauten, deren Errichtung vor dem Stichtag noch nicht abgeschlossen wurde. Darüber hinaus werden auch die neu errichteten Wohnungen erfasst, die bis zum Stichtag noch keiner Erstnutzung zugeführt wurden.[2]

2 Während für den sog. **Neubau** die Begrenzung der Wiedervermietungsmiete gänzlich entfällt, gilt dies bei den **umfassend modernisierten Wohnungen** nur für die erste Vermietung.

3 **Hintergrund der Regelung** sind Vorbehalte gegen die Begrenzung der Wiedervermietungsmiete, die damit begründet wurden, dass damit die Ursachen des Mietanstiegs eher verstärkt würden, weil die Neubautätigkeit eingeschränkt werde. Der Gesetzgeber hat deshalb den Wohnungsneubau aus dem Anwendungsbereich des § 556d BGB herausgenommen, um damit einen Anreiz für Investitionen in den Wohnungsneubau zu bieten.[3] Die Regelung war außerdem auch unbedingt notwendig, weil sich für Neubauwohnungen bisher keine ortsübliche Vergleichsmiete bilden konnte und auch keine Vormiete existiert. Wegen der besonderen Bedeutung der Modernisierung, insbesondere der energetischen Sanierung des Altbaubestandes, hat man die Ausnahme mit der Einschränkung, dass sie nur für die erste Vermietung gilt, auch auf sog. **umfassende Modernisierungen** übertragen.

---

[1] BT-Drs. 18/3121 S. 33.
[2] BT-Drs. 18/3121 S. 22.
[3] BT-Drs. 18/3121 S. 22.

B. Neubauwohnungen

I. Begriff der Neubauwohnung

a) Nach Satz 1 ist § 556d nicht anzuwenden auf eine Wohnung, die nach dem 1. Oktober 2014 erstmals genutzt und vermietet wird. Der **Ausnahmetatbestand** gilt für **einzelne Wohnung** und nicht für ein ganzes Haus.[4] So kann auch bei einem Dachgeschossausbau eine neue Wohnung in einem Altbau vom Anwendungsbereich des § 556d Abs. 1 BGB ausgenommen sein.[5] 4

b) Es muss sich um einen **Neubau** handeln. Für den öffentlich geförderten Wohnungsbau ist in § 16 WoFG definiert, was alles als Wohnungsbau gilt. Bis zum Jahre 2001 befand sich zum einen in § 17 II. WoBauG eine ähnliche Regelung aber vor allen Dingen auch in § 100 II. WoBauG eine Vorschrift, nach der die Begriffsbestimmung u. a. in § 17 II. WoBauG auch in anderen Rechtsvorschriften zugrunde zu legen waren. Dass diese gesetzlich angeordnete Allgemeingültigkeit für die Nachfolgeregelung nicht mehr angeordnet wurde, bedeutet aber nicht, dass bei der Auslegung einer Norm die entsprechenden Begriffsbestimmungen nicht auch herangezogen werden dürfen. Das gilt umso mehr, als dies auch **dem historischen Willen** des Gesetzgebers entspricht, der nämlich in der Gesetzesbegründung ausdrücklich darauf hingewiesen hat, dass zur Abgrenzung im Einzelfall auf § 16 Abs. 1 Nr. 1 bis 3 WoFG zurückgegriffen werden kann.[6] 5

c) Neubau ist deshalb entsprechend § 16 Abs. 1 Nr. 1 WoFG die Schaffung von Wohnraum in einem **neuen selbständigen Gebäude.** Hierzu zählt z. B. auch der **Dachgeschossausbau.** 6

d) Ebenfalls als Neubau gilt entsprechend § 16 Abs. 1 Nr. 2 WoFG die **dauerhafte Nutzbarmachung** eines Gebäudes zu Wohnzwecken durch Beseitigung von Schäden an dem Gebäude unter wesentlichem Bauaufwand. Nach § 16 Abs. 2 WoFG ist Wohnraum nicht auf Dauer nutzbar, wenn ein zu seiner Nutzung erforderlicher Gebäudeteil zerstört ist oder wenn sich der Raum oder der Gebäudeteil in einem Zustand befindet, der aus bauordnungsrechtlichen Gründen eine dauernde, der Zweckbestimmung entsprechende Nutzung nicht gestattet; dabei ist es unerheblich, ob der Raum oder der Gebäudeteil tatsächlich genutzt wird. Als **wesentlicher Aufwand** wird angesehen, wenn dieser **ca. ⅓ des für eine Neubauwohnung** erforderlichen Aufwandes erreicht.[7] 7

e) Schließlich zählt die unter wesentlichem Bauaufwand erfolgte **Schaffung von Wohnraum** durch **Änderung,** Nutzungsänderung oder **Erweiterung** von Gebäuden als Neubau, § 16 Abs. 1 Ziff. 3 WoFG. Das ist z. B. der Fall, wenn aus Räumlichkeiten, die bisher nicht zu Wohnzwecken bestimmt waren, mit wesentlichem Bauaufwand Wohnraum neu entsteht. Hierzu zählt deshalb auch der Umbau von Gewerbeeinheiten in Wohnungen.[8] Die heute übliche Praxis, moderne Wohnungen im **entkernten Altbau** zu schaffen, fällt z. B. hierunter.[9] Eine **Erweiterung** liegt vor, wenn eine Aufstockung oder ein Anbau vorgenommen wird und hierdurch eine neue Wohnung entsteht. Dies ist nicht der Fall, wenn nur bestehende Wohnungen erweitert oder vergrößert werden, der Zuschnitt von Wohnungen geändert oder existente Wohnungen aufgeteilt oder zusammengelegt werden.[10] Als wesentlicher Bauaufwand wird auch hier angesehen, wenn dieser ca. ⅓ des für eine Neubauwohnung erforderlichen Aufwandes erreicht. Bei durchschnittlichen Neubaukosten von heute ca. 2.000,– €/m^2 ohne Grundstück entspricht **dies ca. 700,– €/m^2 Aufwand** der betrieben werden muss. Diese Voraussetzungen wurden beispielhaft als gegeben angesehen[11], wenn bei einer vor der Sanierung längere Zeit leerstehenden und unbewohnbaren Wohnung nicht nur folgende Arbeiten durchgeführt wurden: Sanierung der Elektroinstallation durch Neuverlegung aller Stromleitungen einschließlich der Leerrohre, Lichtschalter und Steckdosen in allen Räumen und der Versorgungsleitungen für Küchengeräte, Neuinstallation der Abwasserkanalleitungen und der Warm- 8

[4] *Artz* in MüKoBGB § 556f Rdn. 2; *Blank* WuM 2014, 641, 652.

[5] *Emmerich* in Staudinger, § 556f Rdn. 4.

[6] BT-Drs. 18/3121 S. 35; kritisch zur Anwendung des § 16 WoFG: *Frank,* Die Mietpreisbremse – Eine Analyse der Rechtsvorschriften zur Begrenzung der Neu- und Wiedervertragsmiete auf 110% der ortsüblichen Vergleichsmiete, Diss, Marburg, 2016, S. 68.

[7] BGH (VIII ZR 316/09) WuM 2010, 679; BVerwGE 38, 286, 289; LG Berlin GE 2005, 307, 309; LG Berlin NZM 1999, 1138; LG Berlin MM 1998, 310, 312.

[8] **A. A.** *Emmerich* in Staudinger, § 556f Rdn. 7, der aber die Kommentierung von *Abramenko* in Lützenkirchen, Mietrecht, 2. Aufl., § 556f Rdn. 4 falsch versteht. Abramenko will die Umnutzung nur dann nicht als Umbau bewerten, wenn kein wesentlicher Bauaufwand vorliegt.

[9] *Blank* WuM 2014, 641, 653; *Emmerich* in Staudinger, § 556f Rdn. 7.

[10] BT-Drs 18/3121 S. 35/36.

[11] LG Mannheim MDR 1996, 1007.

und Kaltwasserleitungen, Neueinbau sämtlicher Wohnungsinnentüren, der Wohnungs- und der Hausabschlusstür, Neuinstallation der Briefkastenanlage im Erdgeschoß sowie Ausbesserung und Reinigung der Sandsteinfassade und Neuverputzen der Innenseiten sämtlicher Außenwände. Den Gegensatz bilden reine Erhaltungsmaßnahmen.[12]

II. Der Stichtag

9 Bei dem Stichtag 1. Oktober 2014 handelt es sich um das Datum des **Kabinettsbeschlusses** über das Mietrechtsnovellierungsgesetz.[13] Er liegt zwar in Bezug auf das Inkrafttreten des Gesetzes in der Vergangenheit, jedoch ist zum damaligen Termin der Inhalt des Gesetzes über den Kreis der Fachleute hinaus bekannt geworden. Der 1.10.2014 selbst zählt nicht mit[14], so dass erst **Wohnungen, die ab 2.10.2014** erstmals genutzt oder vermietet wurden, aus der Begrenzung der Wiedervermietungsmiete herausfallen. Bedeutung hat dies für am 1.10.2014 beginnende Mietverträge. Da die Wohnung für immer aus der Begrenzung herausfällt, spielt dies auch bei zukünftigen Vermietungen eine Rolle. Da die Miete bei einer Wohnung, die ab 1.10.2014 vermietet wurde nach Inkrafttreten der LandesVO auf 110% der ortsüblichen Vergleichsmiete beschränkt ist, kann die höhere Miete, die irrtümlich wegen der vermeintlichen Neubaueigenschaft frei vereinbart wurde, allenfalls als Vormiete gem. § 556e abs. 1 BGB vereinbart werden. Es bleibt aber auch hier das Problem der Ermittlung der ortsüblichen Vergleichsmiete für solche „Quasi-Neubauwohnungen".

III. Nutzungsart

10 Das Gesetz knüpft nicht an die Fertigstellung der Wohnung, sondern an den Nutzungsbeginn an.[15] Maßgeblich ist eine doppelte Nutzungsbeschränkung. Die Wohnung darf bis zum 1.10.2014 weder vermietet noch anderweitig genutzt worden sein. Der Wortlaut könnte so zu verstehen sein, dass beide Voraussetzungen kumulativ vorliegen müssen.[16] Das ist aber nicht richtig. Nach Sinn und Zweck der Regelung ist damit gemeint, dass eine der beiden Nutzungsarten am Stichtag nicht vorliegen durfte.[17] Die Regelung erfasst auch solche Neubauten, die zum Stichtag bereits fertiggestellt waren, aber noch nicht vermietet oder einer anderweitigen Nutzung zugeführt worden sind.

1. Vermietung

11 **a)** Das Gesetz knüpft zunächst an die Vermietung an. Damit ist der **Mietvertragsabschluss**[18] gemeint und nicht die Invollzugsetzung des Mietvertrages[19]. Diese Wortlautauslegung entspricht auch dem Sinn und Zweck der Regelung.[20] Zum einen muss bei späteren Vermietungen nachgewiesen werden, dass der Mietvertrag nach dem 1.10.2014 abgeschlossen wurde. Das geht mit dem Mietvertrag leicht. Wann die Mietsache übergeben wurde oder wann etwa eine Selbstnutzung erstmals begonnen hat, ist schwerer nachzuweisen. Nicht immer wird ein Übergabeprotokoll gefertigt. Zum anderen sollten die Mietvertragsparteien sich nach der Gesetzesbegründung für die Stichtagsregelung nach Bekanntwerden des Gesetzentwurfes auf die Regelung einstellen. Da die Berichterstattung über die genauen Einzelheiten der sog. „Mietpreisbremse" aber erst am Tage des Kabinettsbeschlusses stattfand und dort über die – im Vorfeld ja kontrovers diskutierte und auch noch veränderte – Fassung der Ausnahmevorschrift berichtet wurde, konnten die Parteien erst bei Ver-

---

[12] *Emmerich* in Staudinger, § 556f Rdn. 7; *Abramenko* in Lützenkirchen, Mietrecht, 2. Aufl., § 556f Rdn. 5.
[13] *Emmerich* in Staudinger, § 556f Rdn 2 hält diesen Stichtag für „eigenartig".
[14] *Flatow* WuM 2015, 191.
[15] *Blank* WuM 2014, 641, 653.
[16] *Nach Abramenko* in Lützenkirchen, Mietrecht, 2. Aufl., § 556f Rdn. 5a ist die Formulierung „zumindest missverständlich"; nach *Flatow* WuM 2015, 191, 201 ist die Formulierung „verwirrend".
[17] *Emmerich* in Staudinger, § 556f Rdn. 9; *Abramenko* in Lützenkirchen, Mietrecht, 2. Aufl., § 556f Rdn. 5a.
[18] *Blank* WuM 2014, 641, 653; *Emmerich* in Staudinger, § 556f Rdn. 11.
[19] Dafür *Flatow* WuM 2015, 191, 202; *Frank,* Die Mietpreisbremse – Eine Analyse der Rechtsvorschriften zur Begrenzung der Neu- und Wiedervertragsmiete auf 110% der ortsüblichen Vergleichsmiete, Diss, Marburg, 2016, S. 65f.
[20] **A. A.** *Flatow* WuM 2015, 191.

trägen, die am Tag danach geschlossen wurden, wissen, dass für sie dauerhaft keine Begrenzung der Wiedervermietungsmiete gilt. Bei einer Vermietung ist keine Überlassung erforderlich.[21]

b) Das bedeutet, dass eine bis zum 1.10.2014 bezugsfertige Wohnung, die im September 2014 ab 1.10.2014 vermietet wurde ebenso den Beschränkungen unterliegt[22] wie eine Wohnung, die vom *Reißbrett* im September 2014 vermietet wurde und dann im November 2014 bezogen wird. **12**

c) Ebenfalls nicht unter die Ausnahmeregelung fällt der Fall eine **Vermietung zu gewerblicher Nutzung,** z. B. als Büro nach dem 1.10.2014 und spätere Vermietung als Wohnung. Es kommt nicht auf die erste Vermietung als Wohnung an.[23] War die Neubauwohnung aber wegen einer zunächst erfolgten Vermietung als Wohnung ohne Preisbindung zwischenzeitlich als Kanzlei vermietet, gilt der Ausnahmetatbestand des § 556f BGB bei danach wieder erfolgter Vermietung als Wohnung weiter. **13**

2. Anderweitige Nutzung

Alternativ führt auch die Nutzung der Wohnung bis zum 1.10.2014 dazu, dass die Beschränkung der Wiedervermietungsmiete eingreift. Nutzung i. S. d. Vorschrift ist weiter „Vermietung". Nutzung i. S. d. Vorschrift entspricht der Überlassung i. S. d. § 535 Abs. 1 S. 2 BGB.[24] Das setzt Besitz voraus. So ist eine Nutzungsentschädigung[25] gem. § 546a BGB zu zahlen, wenn der Mieter die Mietsache nicht zurückgibt. Soweit nach der Gesetzesbegründung mit der anderweitigen Nutzung vor allem die **Selbstnutzung**[26] gemeint sein soll, liegt eine solche Überlassung bei Nutzung durch Angehörige oder Dritte, egal ob entgeltlich oder unentgeltlich, vor. Bei entgeltlicher Überlassung wird es sich regelmäßig sogar um eine Vermietung handeln. Bei Selbstnutzung durch den Eigentümer/Vermieter fehlt es an der für eine Überlassung erforderlichen Besitzverschiebung. Trotzdem liegt auch hier eine Nutzung vor, da der Gesetzgeber nicht auf die Besitzverschiebung sondern das Gebrauchmachen im Sinne von Nutzen abstellen wollte. Entscheidend ist für Satz 1 immer der Zeitpunkt des Nutzungsbeginns. Auch eine vorherige **gewerbliche Nutzung** bis 1.10.2014, z. B. als Büro o. ä. ist schädlich und führt zur Anwendung des § 556d Abs. 1 BGB.[27] Etwas anderes gilt aber dann, wenn nach der gewerblichen Nutzung faktisch überhaupt erst Wohnraum geschaffen" wurde (dazu oben Rdn. 7).[28] **14**

IV. Rechtsfolge

Anders als noch im ersten Entwurf des Gesetzes bestimmt § 556f S. 1 BGB nunmehr, dass die Wohnung **auf Dauer nicht in den Anwendungsbereich** des § 556d Abs. 1 BGB fällt. Die Schaffung neuen Wohnraums in angespannten Wohnungsmärkten hat eine höhere Priorität als die bloße Modernisierung von Wohnraum.[29] Damit spielt auch die Ausnahmevorschrift des § 556e BGB in beiden Alternativen keine Rolle. Das gilt für die Erstvermietung und für alle späteren Vermietungen dieser Wohnung, auch wenn die Wohnung ggf. zwischenzeitlich gewerblich genutzt wird. Auch **Staffelmieten** sind für immer aus dem Anwendungsbereich des § 556d Abs. 1 BGB ausgenommen. Es gilt aber § 556g BGB und insbesondere dort der Auskunftsanspruch des Mieters. Der Vermieter muss ihm also die Tatsachen mitteilen, die dazu führen, dass die Wohnung nicht in den Anwendungsbereich des § 556d Abs. 1 BGB fällt. Gerade bei **Weitervermietungen** spielt dies eine Rolle, weil der Nachmieter nicht erkennen kann, ob die Wohnung nach dem maßgeblichen Stichtag erstmals vermietet und genutzt wurde. **15**

---

[21] *Blank* WuM 2014, 641, 653; *Emmerich* in Staudinger, § 556f Rdn. 11; **a. A.** *Abramenko* in Lützenkirchen, Mietrecht, 2. Aufl., § 556f Rdn. 6, der bezweifelt, dass die andere Auffassung wirklich gewollt sei.

[22] *Blank* WuM 2014, 641, 653.

[23] *Blank* WuM 2014, 641, 653, der aber eine andere Auslegung für auch vertretbar hält.

[24] *Blank* WuM 2014, 641, 653.

[25] Zur Höhe der ortsüblichen Markt- bzw. Neuvertragsmiete: BGH (VIII ZR 17/16) NZM 2017, 189.

[26] Das spielt insbesondere bei Eigentumswohnungen eine große Rolle.

[27] BT-Drs. 18/3121 S. 35; *Blank* WuM 2014, 641, 653.

[28] BT-Drs. 18/3121 S. 35.

[29] *Frank,* Die Mietpreisbremse – Eine Analyse der Rechtsvorschriften zur Begrenzung der Neu- und Wiedervertragsmiete auf 110% der ortsüblichen Vergleichsmiete, Diss, Marburg, 2016, S. 72.

C. Umfassend modernisierte Wohnungen

I. Allgemeines

16 Als zweite selbständige Ausnahmeregelung bestimmt § 556f S. 2 BGB, dass § 556d und § 556e BGB nicht auf die erste Vermietung nach umfassender Modernisierung anzuwenden sind. Damit unterscheidet das Gesetz in § 556e Abs. 2 und in § 556f S. 2 BGB zwischen **zwei Arten der Modernisierung.** Maßgeblich sind dabei sowohl der **Aufwand** wie auch das **Ergebnis** der Maßnahme. § 556f S. 2 BGB will den Vermieter bei sehr umfangreichen Maßnahmen entlastet, denn die genaue Berechnung der zulässigen Miete nach Maßgabe des andernfalls nur anwendbaren § 556e Abs. 2 BGB wird hierdurch entbehrlich.[30]

II. Begriff der umfassenden Modernisierung

1. Modernisierung

17 **Der Begriff der umfassenden Modernisierung** ist dem Mietrecht bisher fremd. Was eine Modernisierung ist, ergibt sich aus § 555b BGB.[31] Zu einer umfassenden Modernisierung gehören dabei Maßnahmen nach den Nr. 1 3, 4 und 5 der Vorschrift.[32] Zwar stellt der Wortlaut des § 556f S. 2 BGB nur auf die Modernisierung ab und auch Maßnahmen, durch die nur **Primärenergie** eingespart wird (§ 555b Nr. 2 BGB), stellen nach dem Einleitungssatz des § 555b BGB eine Modernisierungsmaßnahme dar, jedoch will die Vorschrift dem Vermieter zumindest bei der ersten Vermietung das Problem der Berechnung der nach § 556e Abs. 2 BGB zulässigen Miete nehmen. Deshalb kommt es auch hier auf die Möglichkeit der **Mieterhöhung nach § 559 BGB** an. In § 559 Abs. 1 BGB fehlt gerade der Verweis auf § 555b Nr. 2 BGB. Deshalb ist § 556f S. 2 BGB teleologisch einschränkend auszulegen. Aus dem gleichen Grund zählen auch Modernisierungsmaßnahmen nach § 555b Nr. 7 BGB nicht hierzu, weil die **Schaffung neuen Wohnraums** zum einen ebenfalls nicht zu einer Mieterhöhung gem. § 559 Abs. 1 BGB berechtigt und zum anderen für diesen neuen Wohnraum schon nach § 556f S. 1 BGB die Regelungen über die Begrenzung der Wiedervermietungsmiete nicht gelten. Maßnahmen nach § 555b Nr. 6 BGB („erzwungene Maßnahmen")[33] alleine erreichen das erforderliche Maß des § 556f S. 2 BGB nicht. Sie können allenfalls im Rahmen einer an sich schon umfassenden Modernisierung anfallen und ggf. auch nur deshalb notwendig werden.[34] **Instandsetzungen,** die durch Maßnahmen der Modernisierung verursacht werden, fallen aber entsprechend § 16 Abs. 3 S. 2 WoFG unter die Modernisierung. Nur **isolierte Erhaltungsmaßnahmen** zählen nicht mit.

2. Umfassende Modernisierung

18 **a)** Umfassend i. S. d. § 556f S. 2 BGB soll eine Modernisierung nach der Gesetzesbegründung[35] dann sein, wenn sie einen solchen **Umfang aufweist,** dass eine **Gleichstellung mit Neubauten** gerechtfertigt erscheint. Wie schon bei der Beurteilung der Frage, wann ein Neubau i. S. d. Satzes 1 vorliegt, kann auch hier zur Auslegung auf § 16 WoFG zurückgegriffen werden. Soweit § 16 Abs. 3 WoFG definiert, was alles eine Modernisierung ist, bedarf es keines Rückgriffs auf diese Norm, weil hier § 555b BGB die speziellere Norm ist. § 16 Abs. 3 WoFG würde den Modernisierungsbegriff entgegen der seit 2013 für den preisfreien Wohnungsbau geltenden Rechtslage unnötigerweise einschränken. § 16 Abs. 1 Nr. 4 WoFG zählt aber bereits zum Neubau solche Maßnahmen, bei denen durch die Änderung von bestehendem Wohnraum dieser **unter wesentlichem Bauaufwand an geänderte Wohnbedürfnisse angepasst** wird. Damit ist bei einer umfassenden Modernisierung zum einen auf den **Investitionsaufwand** und zum anderen auf das **Ergebnis** der Maßnahme, also die qualitativen Auswirkungen auf die Gesamtwohnung abzustellen.[36]

---

30 BT-Drs. 18/3121 S. 36.

31 Zum Begriff und den einzelnen Maßnahmen: *Eisenschmid* in Börstinghaus/Eisenschmid, Modernisierungshandbuch, Kap. 3.

32 *Blank* WuM 2014, 641, 654.

33 Zum Begriff: *Eisenschmid* in Börstinghaus/Eisenschmid, Modernisierungshandbuch, Kap. 3 Rdn. 160.

34 *Flatow* WuM 2015, 191.

35 BT-Drs. 18/3121 S. 36.

36 BT-Drs 18/3121 S. 36; *Blank* WuM 2014, 641, 654.

b) Ein **wesentlicher Bauaufwand** wurde bisher bei ähnlichen Fragestellungen angenommen, wenn dieser ca. ⅓ des für eine Neubauwohnung erforderlichen Aufwandes erreicht.[37] Bei heute durchschnittlichen Neubaukosten von ca. 2.000 €/m² bedeutet dies, dass **Modernisierungskosten** von ca. 700 €/m² aufgewendet werden müssen.[38] Führt der Vermieter die Arbeiten ganz oder teilweise durch **Eigenleistungen** oder durch eigene Mitarbeiter aus, so kann er hierfür entsprechend der Regelung in § 9 II. BV und nach allgemeinen Rechtsgrundsätzen einen Betrag in Rechnung stellen, der bei Beauftragung eines Handwerkers entstanden wäre,[39] jedoch analog § 1 Abs. 1 Satz 2 BetrKV ohne Mehrwertsteuer.[40] Diese Befugnis steht nicht nur dem privaten Vermieter zur Verfügung, der seine eigene Arbeitskraft einsetzt; vielmehr können auch institutionelle Eigentümer, die diese Leistungen durch ihre Arbeitnehmer oder durch unselbständige Einheiten erbringen, nach den Kosten abrechnen, die bei Beauftragung eines Dritten (Unternehmen) entstanden wären.[41] Bei instandsetzender Modernisierung müssen die auf die Erhaltungsarbeiten entfallenden Kostenanteile nicht herausgerechnet werden, um die Drittel-Regel zu erfüllen.[42] 19

c) Allein die Höhe des Bauaufwandes reicht nicht aus, entscheidend ist das Resultat, also **der geschaffene Zustand.**[43] Durch diesen Aufwand muss ein Zustand erreicht werden, der einer Neubauwohnung in etwa entspricht.[44] Hierzu zählen insbesondere die Sanitäreinrichtungen, die Heizung, die Fenster, die Fußböden, die Elektroinstallationen und der energetische Zustand der Wohnung.[45] 20

3. Zeitpunkt der umfassenden Modernisierung

Der **Zeitpunkt** der Modernisierung ist in mehrfacher Hinsicht **unerheblich. (a)** Er kann vor dem 1.10.2014 liegen;[46] **(b)** er kann nach diesem Termin liegen; **(c)** er kann vor oder nach Inkrafttreten einer entsprechenden Landesverordnung liegen; **(d)** er kann auch während des Bestandes eines Vormietverhältnisses liegen[47]; **(e)** es kann sich auch erst eine Phase der **Selbstnutzung** durch den Vermieter anschließen;[48] **(f)** er kann auch außerhalb des Dreijahreszeitraums des § 556e Abs. 2 BGB liegen.[49] Das Gesetz verlangt ausschließlich, dass es sich um die „erste Vermietung nach umfassender Modernisierung" handelt. Mit Vermietung ist **Wiedervermietung** gemeint. Nur darauf bezieht sich das ganze Unterkapitel 1a. Die umfassende Modernisierung muss auch **nicht durch eine einzige Maßnahme** verwirklicht werden.[50] Möglich ist auch, dass mehrere nacheinander durchgeführte selbständige Modernisierungsmaßnahmen zu einer umfassenden Modernisierung geführt haben. Entscheidend ist der Zustand bei der Wiedervermietung, also ob die Wohnung dann im Wesentlichen einer Neubauwohnung entspricht und ob insgesamt ein wesentlicher Bauaufwand betrieben wurde. Länger zurückliegende Maßnahmen sind wertmäßig nicht zu indexieren. 20a

---

[37] BGH (VIII ZR 316/09) WuM 2010, 679; BVerwGE 38, 286, 289; LG Berlin GE 2005, 307, 309; LG Berlin NZM 1999, 1138; LG Berlin MM 1998, 310, 312.

[38] Zur Frage ob der Betrag durch Addition mehrerer Maßnahmen erreicht werden kann siehe unten Rdn. 20a.

[39] *Flatow* WuM 2015, 191; für § 559 BGB: LG Halle ZMR 2003, 35, 38; *Sternel* III 784; *Langenberg* PiG 40, 59, 76; *Lammel* § 559 BGB Rdn. 34; Bub/Treier/*Schultz* Kap. III. A Rdn. 1576; *Emmerich* in Staudinger, § 559 BGB Rdn. 18; *Dickersbach* in Lützenkirchen, Mietrecht, § 559 BGB Rdn. 87.

[40] LG Halle ZMR 2003, 35; *Sternel* Mietrecht aktuell (2009) Rdn. IV 353; *Lammel* § 559 BGB Rdn. 34.

[41] Für die Betriebskostenabrechnung: BGH (VIII ZR 41/12) NZM 2013, 120 = MietPrax-AK, § 556 BGB Nr. 97 m. Anm. *Eisenschmid; Schmid* WuM 2013, 144.

[42] *Flatow* WuM 2015, 191, 201; *Emmerich* in Staudinger, § 556f Rn. 18; **a. A.** *Hinz* in Klein-Blenkers/Heinemann/Ring, Miete/WEG/Nachbarschaft § 556f Rn. 13; *Abramenko* in Lützenkirchen, Mietrecht, 2. Aufl., § 556f Rn. 17.

[43] LG Berlin NZM 1999, 172.

[44] *Blank* WuM 2014, 641, 654.

[45] BT-Drs 18/3121 S. 36; *Emmerich* in Staudinger, § 556f Rdn. 17 verweist diesbezüglich auf seine Kommentierung zu Baumängeln bei „umfangreicher Modernisierung" bei § 536 BGB Rdn. 12a.

[46] *Beck,* Die Mietpreisbremse, S. 48.

[47] *Börstinghaus* NJW 2015, 1553, 1554; **a. A.** *Schüller* AnwZert_MietR 18/2015 Anm. 1.

[48] Dazu umfassend *Winkler* ZfIR 2016, 121; *Emmerich* in Staudinger, § 556f Rn. 19/20; *Abramenko* in Lützenkirchen, Mietrecht, § 556f Rn. 23.

[49] *Abramenko* in Lützenkirchen, Mietrecht, § 556f Rn. 19.

[50] *Abramenko* in Lützenkirchen, Mietrecht, 2. Aufl., § 556f Rn. 19; *Emmerich* in Staudinger, § 556f Rn. 18; *Hinz* in Klein-Blenkers/Heinemann/Ring, Miete/WEG/Nachbarschaft § 556f Rn. 14; NK-BGB/*Hinz* § 556e Rn. 14; *Winkler* ZfIR 2016, 121.

20b Nach dem Wortlaut des § 556f S. 2 BGB sind die §§ 556d und 556e BGB auf die erste Vermietung nach umfassender Modernisierung nicht anzuwenden. Insofern unterscheidet sich der Wortlaut bereits von der umfassenderen Regelung in Satz 1, wonach die Begrenzung der Wiedervermietungsmiete bei Neubauten nie gilt, wenn die Wohnung nach dem 1. Oktober 2014 erstmals genutzt und vermietet wird. Dort ist die Eigennutzung also ausdrücklich angesprochen. Das bedeutet, dass die umfassende Modernisierung nicht nach dem 1. Oktober 2014 stattgefunden haben muss. Die Wohnung kann auch schon vorher modernisiert worden sein. Wenn sie aber vor Inkrafttreten der Begrenzung der Wiedervermietungsmiete in der konkreten Gemeinde nach der umfassenden Modernisierung schon einmal vermietet worden ist, dann gelten die §§ 556d ff BGB nach Inkrafttreten in der Gemeinde uneingeschränkt. Die vor Inkrafttreten vereinbarte Miete kann aber ohne Rücksicht auf das Datum der Modernisierung als Vormiete gem. § 556e Abs. 1 BGB auch bei einer Wiedervermietung unter Geltung der §§ 556d ff BGB weiter verlangt werden.

21 Fraglich ist, ob eine **Eigennutzung** nach umfassender Modernisierung die Anwendung des § 556f S. 2 BGB ausschließt.[51] Der Wortlaut der Vorschrift erlaubt es, den Ausnahmetatbestand auch hier anzunehmen. Im Referentenentwurf zum Mietrechtsnovellierungsgesetz hieß es noch, dass die §§ 556d und 556e nicht anzuwenden (1) auf die erste Vermietung neu errichteter Wohnungen und (2) auf die Wiedervermietung umfassend modernisierter Wohnungen. Es gab also für zum einen für beide Alternativen keinen Stichtag und beide Alternativen sollten zum umfassenden Ausschluss der Begrenzung der Wiedervermietungsmiete führen. Im Gesetzgebungsverfahren wurde dann zwei Einschränkungen eingeführt, zum einen sollten Neubauten nur vorliegen wenn diese nach dem 1. Oktober 2014 erstmals vermietet und genutzt wurden und zum anderen sollte eine umfassende Modernisierung nur einmal, nämlich bei der ersten Vermietung eine Ausnahme darstellen. Damit sollten spätere Mieterhöhungen ausgeschlossen bzw. auf 10% über der ortsüblichen Vergleichsmiete beschränkt werden. Weitere Beschränkungen wollte der Gesetzgeber aber nicht einführen. Deshalb spricht auch die historische Auslegung dafür, dass eine Selbstnutzung nach umfassender Modernisierung unschädlich ist. Systematisch spricht im Übrigen für eine solche Auslegung, dass § 556e Abs. 2 BGB einfache Modernisierungen ebenfalls unabhängig von einer eventuellen Selbstnutzung einen Zuschlag in Höhe der möglichen Modernisierungsmieterhöhung gestatten. Hier erfolgt lediglich die Beschränkung auf den Zeitraum von 3 Jahren. Deshalb ist jede erstmalige Vermietung nach umfassender Modernisierung vom Anwendungsbereich der §§ 556d, 556e BGB ausgenommen, unabhängig vom Zeitpunkt, wann die umfassende Modernisierung stattgefunden hat.[52]

21a Demgegenüber ist jede Art der Vermietung schädlich und führt für alle Folgevermietungen zur Anwendung der Vorschriften dieses Unterkapitels. Das gilt auch für gewerbliche Vermietung oder gewerbliche Zwischenvermietungen.[53]

III. Rechtsfolge

22 Nach einer solchen umfassenden Modernisierung gelten die § 556d und § 556e Abs. 2 BGB nur für die anschließende Vermietung nicht. Die unterschiedlichen Rechtsfolgen in § 556f Satz 1 und 2 BGB zeigen, dass die Schaffung neuen Wohnraums in angespannten Wohnungsmärkten für den Gesetzgeber eine höhere Priorität hat, als die umfassende z. B. energetische Modernisierung.[54] Ausgeschlossen ist bei umfassender Modernisierung nicht nur die Anwendung des § 556d BGB, sondern auch die des § 556e BGB. Die Erwähnung des § 556e in § 556f S. 2 macht keinen Sinn, da er eine Ausnahme von § 556d darstellt. Wenn § 556d schon nicht gilt, dann kommt es auf die Ausnahme nicht mehr an. In Satz 1 ist es richtig formuliert. Die Formulierung dürfte schlicht aus einer früheren Fassung des Entwurfs übernommen worden sein. Es handelt sich um ein **Redaktionsversehen.**

23 Bei weiteren **Folgevermietungen** gelten dann die Vorschriften des Unterkapitels 1a ohne Einschränkungen. Das bedeutet, dass die zunächst unbeschränkte Miete der ersten Vermietung nach

---

51 *Winkler* ZfIR 2016, 121.

52 *Beck,* Die Mietpreisbremse, S. 48.

53 *Emmerich* in Staudinger, § 556f Rn. 20; *Abramenko* in Lützenkirchen, Mietrecht, § 556f Rn. 21.

54 *Frank,* Die Mietpreisbremse – Eine Analyse der Rechtsvorschriften zur Begrenzung der Neu- und Wiedervertragsmiete auf 110% der ortsüblichen Vergleichsmiete, Diss, Marburg, 2016, S. 72.

umfassender Modernisierung anschließend als **Vormiete** gem. § 556e Abs. 1 BGB weiter zulässigerweise vereinbart werden darf. Nur Erhöhungen sind nicht möglich.

Problematisch ist die Anwendung der Vorschrift auf **Staffelmietvereinbarungen.** Nach § 557a Abs. 4 BGB sind die §§ 556d–556g BGB auf jede einzelne Staffel anzuwenden. Das bedeutet jede einzelne Staffel soll auf die Einhaltung der Grenzen einer Wiedervermietungsmiete überprüft werden. Rechtlich wird damit jede Staffel als „Mietvertragsabschluss" bewertet. Bei dieser engen Wortlautauslegung würde für die Ausgangsmiete bei erster Vermietung nach umfassender Modernisierung gem. § 556f S. 2 BGB die Begrenzung nicht gelten, aber für alle weiteren Staffeln ja. Das hätte zur Folge, dass der Vermieter die erste Staffel als Vormiete weiterverlangen könnte, was keinen Sinn macht, da die Miete dann ja unverändert bliebe und damit gerade keine Staffel möglich wäre. Der Vermieter könnte aber nunmehr bei jeder weiteren Staffel nach § 556e Abs. 2 BGB die Modernisierungskosten nachweisen, um auf diese Weise zumindest die Teile der möglichen Modernisierungsmieterhöhung, die er bei der ersten Staffel nicht durchsetzen konnte, nachzuholen. Das entspricht zumindest teilweise nicht dem **Sinn und Zweck des Gesetzes.** Der Vermieter muss also trotzdem wieder den formalen Aufwand einer Modernisierungsmieterhöhung betreiben und der Mieter muss letztendlich nicht einen Cent weniger zahlen. Bei dieser Lösung könnte es aber ein Problem mit der Dreijahresfrist in § 556e Abs. 2 BGB geben. § 557a Abs. 4 S. 2 BGB bestimmt jetzt, dass bei der Anwendung des § 556d Abs. 1 BGB statt des „Beginns des Mietverhältnisses" der Zeitpunkt maßgeblich, zu dem die nächste Staffel fällig wird. Nach dem Wortlaut gilt diese Verschiebung nur für die jeweilige Ermittlung der ortsüblichen Vergleichsmiete und nicht für die Berechnung der Dreijahresfrist in § 556e Abs. 2 BGB. Damit würden Modernisierungen, die drei Jahre vor Mietvertragsabschluss erfolgten unabhängig von der Fälligkeit der jeweiligen Staffel weiterhin zu Zuschlägen nach § 556e Abs. 2 BGB berechtigen. Auf der anderen Seite wird sowohl in § 556d Abs. 1 BGB wie auch in § 556e Abs. 2 BGB der gleiche Begriff „Beginn des Mietverhältnisses" gebraucht. Die Verschiebung auf einen späteren Zeitpunkt soll aber nur bei § 556d Abs. 1 gelten. Wenn man § 556e BGB so versteht, dass er die Ausnahme zu § 556d BGB darstellt, könnte auch aus dem Wortlaut zu entnehmen sein, den Stichtag auch bei § 556e Abs. 2 BGB entsprechend zu verschieben. Das würde bedeuten, dass nur Modernisierungsmaßnahmen, die „in den letzten drei Jahren vor Fälligkeit der jeweiligen Mietstaffel" durchgeführt wurden zu einer Überschreitung der Vormiete führen können. Bei dieser Auslegung würden Modernisierungsmaßnahmen spätestens ab der vierten Staffel unberücksichtigt bleiben. Dem Vermieter bliebe nur die Möglichkeit sogleich die höchstmögliche Miete zu vereinbaren **(„negative Staffel").** Eine Verteilung der Modernisierungsmieterhöhung auf einen längeren Zeitraum wäre für den Mieter zwar günstig, aber gem. § 557a Abs. 4 BGB unwirksam. Gegen die letzte Auslegung spricht aber der Sinn und Zweck der Regelung, der nach einer umfassenden Modernisierung dem Vermieter die Darlegung der Modernisierungskosten ersparen will.[55] Soweit der Gesetzgeber mit der Regelung des § 557a Abs. 4 BGB Umgehungsvereinbarungen durch Staffelmieten verbieten will, geht es hier nicht darum, da der Gesetzgeber ja selbst bei der ersten Vermietung nach umfassender Modernisierung die Beschränkungen aufgehoben hat.[56] 24

D. Prozessuales

Der Vermieter muss die Tatbestandsvoraussetzungen des § 556f BGB in beiden Alternativen im Streitfall darlegen und beweisen.[57] Hierzu zählt das Datum der erstmaligen Nutzung bzw. Vermietung ebenso wie der aufgewandte Bauaufwand und der geschaffene Zustand. Soweit der BGH[58] für die Frage, ob eine Instandsetzungsarbeit oder eine Modernisierung stattgefunden hat, bei Vermieter nur eine **sekundäre Behauptungslast** sieht, weil der Mieter sich nicht auf **einfaches Bestreiten** beschränken dürfe und zunächst selbst substantiiert vortragen müsse, wo welche Schäden sich befunden haben sollen, gilt das hier nicht.[59] Hintergrund dieser Rechtsprechung ist die Tatsache, dass der Mieter bei einer Bestandsmietenerhöhung schon einige Zeit in der Wohnung gelebt hat und es 25

---

[55] So auch *Flatow* WuM 2015, 191.

[56] *Artz* in MüKoBGB § 556f Rdn. 7 beschränkt die Argumentation auf die mit der ersten Vermietung verbundene Staffelmiete. Das ist richtig, aber löst das Problem nicht.

[57] *Abramenko* in Lützenkirchen, Mietrecht, § 556f Rn. 26; *Fleindl* WuM 2015, 212.

[58] BGH (VIII ZR 88/13) NJW 2015, 934; (VIII ZR 175/02) WuM 2004, 154, 155.

[59] *Hinz* ZMR 2014, 593, 597.

ihm deshalb auch **tatsächlich möglich** ist, **konkrete Schäden** zu **benennen.** Das ist aber bei der Anmietung eines Objekts, das der Mieter vorher gar nicht kannte, gerade anders. Insofern kann man dem Mieter eine solche erhöhte Darlegungs- und Substantiierungslast in Fällen des § 556f Satz 2 BGB kaum auferlegen. Regelmäßig ist deshalb ein einfaches Bestreiten mit Nichtwissen zulässig.[60]

[60] *Abramenko* in Lützenkirchen, Mietrecht, § 556f Rn. 26; *Hinz* ZMR 2014, 593, 597, der hier viel Arbeit auf die Justiz zukommen sieht.

§ 556g Rechtsfolgen; Auskunft über die Miete

(1) [1]Eine zum Nachteil des Mieters von den Vorschriften dieses Unterkapitels abweichende Vereinbarung ist unwirksam. [2]Für Vereinbarungen über die Miethöhe bei Mietbeginn gilt dies nur, soweit die zulässige Miete überschritten wird. [3]Der Vermieter hat dem Mieter zu viel gezahlte Miete nach den Vorschriften über die Herausgabe einer ungerechtfertigten Bereicherung herauszugeben. [4]Die §§ 814 und 817 Satz 2 sind nicht anzuwenden.

(2) [1]Der Mieter kann von dem Vermieter eine nach den §§ 556d und 556e nicht geschuldete Miete nur zurückverlangen, wenn er einen Verstoß gegen die Vorschriften dieses Unterkapitels gerügt hat und die zurückverlangte Miete nach Zugang der Rüge fällig geworden ist. [2]Die Rüge muss die Tatsachen enthalten, auf denen die Beanstandung der vereinbarten Miete beruht.

(3) [1]Der Vermieter ist auf Verlangen des Mieters verpflichtet, Auskunft über diejenigen Tatsachen zu erteilen, die für die Zulässigkeit der vereinbarten Miete nach den Vorschriften dieses Unterkapitels maßgeblich sind, soweit diese Tatsachen nicht allgemein zugänglich sind und der Vermieter hierüber unschwer Auskunft geben kann. [2]Für die Auskunft über Modernisierungsmaßnahmen (§ 556e Absatz 2) gilt § 559b Absatz 1 Satz 2 und 3 entsprechend.

(4) Sämtliche Erklärungen nach den Absätzen 2 und 3 bedürfen der Textform.

Systematische Übersicht

Alphabetische Schnellübersicht

I. Übersicht

Die **Vorschrift enthält die Rechtsfolgen** eines Verstoßes gegen die §§ 556d–556g BGB. Vereinbarungen, die zum Nachteil des Mieters von diesen Vorschriften abweichen, sind unwirksam. Es handelt sich bei diesen Vorschriften deshalb um **halbzwingende Normen.**[1] Für den Hauptfall der Abweichung, nämlich die Überschreitung der maximal zulässigen Miete, ordnet Satz 2 an, dass sich Unwirksamkeit der Mietpreisabrede nur auf den Teil bezieht, der oberhalb der 1

[1] Zu solchen Normen im Mietrecht ausführlich *Derleder* GS für Sonnenschein, S. 97; *Lehmann-Richter* WuM 2010, 3; *Schmid* MDR 2014, 189; *Lützenkirchen/Dickersbach* ZMR 2006, 821.

maximal zulässigen Miete liegt.[2] In Satz 3 räumt das Gesetz dem Mieter einen Rückzahlungsanspruch nach den Vorschriften der ungerechtfertigten Bereicherung ein, der selbst bei Kenntnis des Mieters von der Unwirksamkeit der Mietpreisabrede besteht.

2 Absatz 2 bestimmt, dass dem Mieter erst **nach einer qualifizierten Rüge** das Recht zusteht, überzahlte Beträge **zurückzuverlangen.** Damit soll den berechtigten Interessen des Vermieters und der Tatsache Rechnung getragen werden, dass sich der Mieter zunächst auf die vereinbarte Miethöhe eingelassen hat.[3] Es sollte vermieden werden, dass, wie häufig bei den § 5 WiStG-Verfahren wirtschaftlich gut situierte Mieter zunächst eine hohe Miete akzeptieren, um eine Wohnung zu erhalten, dann jahrelang in der Wohnung wohnen und dann nach Auszug für die Vergangenheit sehr hohe Beträge zurückverlangen.[4] Der Vermieter soll aufgrund der Rüge vorgewarnt sein und entsprechende Rückstellungen bilden können. Die Vorschrift schützt aber nicht nur den redlichen Vermieter, der Schwierigkeiten hat, die richtige ortsübliche Vergleichsmiete zu ermitteln, sondern auch den Vermieter, der bewusst eine zu hohe Miete in dem sicheren Wissen verlangt, sie bis zum Zugang einer Rüge in jedem Fall behalten zu dürfen.[5]

3 Absatz 3 räumt dem Mieter einen **Auskunftsanspruch** ein, der es ihm ermöglichen soll, die Berechtigung der vereinbarten Miete zu prüfen.

4 Schließlich verlangt Abs. 4 für alle Erklärungen der Vertragsparteien zumindest die **Textform.**

II. Teilunwirksamkeit der Mietpreisabrede

1. Allgemeines

5 Alle **Abweichungen** von den Vorschriften dieses Unterkapitels 1 a zu Lasten des Mieters **sind unwirksam.** Dazu zählen neben der Mietpreisabrede auch alle weiteren Vereinbarungen, die von den § 556d bis § 556g BGB abweichen. Das ist z. B. eine **Verschärfung der Rügepflicht,** die Einführung einer Frist für die Rüge, die Einführung einer kurzen Verjährungsfrist für den Rückzahlungsanspruch oder der Verzicht auf den Auskunftsanspruch. Auch **Bestätigungsklauseln,** mit denen der Mieter bestätigt, die Wohnung als Neubau gem. § 556f S. 1 BGB oder auch umfassend modernisiert erhalten zu haben, fallen hierunter. Hat der Mieter dem Vermieter eine **„Provision"**[6] oder **„Schmiergeld"**[7] angeboten, um die Wohnung zu erhalten, so ist diese Vereinbarung ebenfalls nichtig[8], da die Zahlung als Teil der Miete zu bewerten ist. Es handelt sich um einen Teil des Entgelts, das für die Gebrauchsüberlassung gezahlt wurde.[9] Die Zahlungen können kondiziert werden.[10] Provisionen an den Vormieter sind ebenso nach § 4a WoVermittG unwirksam wie ein Kauf- oder Übernahmevertrag von Einrichtungsgegenständen zu einem Preis, der in auffälligem Missverhältnis zum Wert der Einrichtung steht. Nicht unter das Nachteilsgebot fallen spätere Mieterhöhungen über die ortsübliche Vergleichsmiete hinaus.

2. Mietpreisabreden

6 Für den wichtigsten Fall der Abweichung von den Normen dieses Unterkapitels, nämlich der Höhe der Miete, enthält Abs. 1 Satz 2 eine **Sonderregel.** Die Mietpreisabrede ist **nicht insgesamt unwirksam**[11], mit der Folge, dass entweder die angemessene oder die ortsübliche Miete geschuldet

---

[2] BGHZ 89, 319 (für Verstöße gegen § 5 WiStG); anders die Forderung von *Derleder* WuM 2014, 443, 444, der hier wie auch bei § 5 WiStG die Miete auf die ortsübliche Vergleichsmiete reduziert wissen will.

[3] BT-Drs. 18/3121 S. 36.

[4] *Hinz* ZMR 2014, 593, 5989 begrüßt deshalb das Rügeerfordernis; ebenso *Börstinghaus* DWW 2014, 202, 208; *Fleindl* WuM 2015, 212.

[5] *Fleindl* WuM 2015, 212; kritisch deshalb auch die Stellungnahme des Bundesrates, BR-Drs 447/14 S. 4; *Blank* WuM 2014, 641, 655; *Eisenschmid* ZRP 2015, 27, 28.

[6] Die ggf. bereits nach § 2 WoVermittG unwirksam sein kann.

[7] So die Terminologie von *Blank* WuM 2014, 641, 657.

[8] Offengelassen von *Blank* WuM 2014, 641, 657, der zusätzlich erörtert, ob es sich um eine Zahlung eigener Art handelt und ob der Mietvertrag in diesen Fällen nicht insgesamt unwirksam ist.

[9] Bei unbefristeten Mietverträgen ist die Zahlung entsprechend der Rechtsprechung des BGH zur Berechnung der Beschwer in Räumungsverfahren analog § 9 ZPO auf 42 Monate zu verteilen, bei befristeten Verträgen hat die Verteilung auf die Laufzeit des Vertrages zu erfolgen.

[10] *Emmerich* in Staudinger, § 556g Rn 19 (§ 556g analog); *Derleder* PiG 99 (2015) 27, 39 (§ 556g analog); **a. A.** *Abramenko* in Lützenkirchen, Mietrecht, 2. Aufl., § 556g Rn 12.

[11] BVerfG NJW 2015, 3014.

wird[12] oder dem Vermieter nunmehr ein Leistungsbestimmungsrecht zusteht.[13] Die Vorschrift folgt dem Modell des § 134 BGB, also was nicht ausdrücklich verboten ist, ist erlaubt. Dies gilt auch bei einer Mietpreisüberhöhung gem. § 5 WiStG.[14] Soweit im Gesetzgebungsverfahren gefordert wurde, hier die Nichtigkeit ab einer Überschreitung der ortsüblichen Vergleichsmiete um einen Cent anzunehmen[15], hat sich diese Forderung nicht durchgesetzt.[16] Mit dem Zuschlag von 10% soll ja nicht nur eine geringfügige Mietenentwicklung möglich bleiben, es soll vor allen Dingen auch den **Schwierigkeiten bei der Ermittlung der ortsüblichen Vergleichsmiete** begegnet werden. Es kommt auch nicht darauf an, ob die Wohnung bereits übergeben wurde[17] oder nicht[18].

Das bedeutet, dass Mietpreisabreden im Regelfall bis zu 110% der ortsüblichen Vergleichsmiete zum Zeitpunkt des Mietbeginns wirksam sind. Nur Abreden darüber hinaus sind unwirksam. Die maßgeblichen Werte sind für den Termin des Mietvertragsbeginns festzustellen. Wenn zu diesem Zeitpunkt die vereinbarte Miete über der maximal zulässigen Miete gem. § 556d f BGB lag, dann ist der überschießende Teil der Mietpreisabrede unwirksam. Soweit die Rechtsprechung bei einem Verstoß gegen § 5 WiStG eine sogenannte **dynamische Nichtigkeit**[19] angenommen hat, wonach der unwirksame Teil der Mietpreisabrede bei steigenden Mieten immer kleiner wird, gilt das hier nicht. Hier gilt eine **statische Nichtigkeit.** Die Rechtsprechung zur dynamischen Nichtigkeit beruht auf der besonderen Rechtsfolge des § 134 BGB, wonach nur verboten ist, was nicht erlaubt ist. Deshalb muss bei Rückforderungsprozessen in Folge eines Verstoßes gegen § 5 WiStG theoretisch für jeden Monat – in der Praxis zumindest jährlich – die maximal zulässige Miete ermittelt werden. Es geht um die zulässige Miete in einem laufenden Mietverhältnis. Darum ging es dem Gesetzgeber hier gerade nicht. § 556g Abs. 1 BGB ordnet eine Teilnichtigkeit der Mietpreisabrede zum Zeitpunkt des Vertragsschlusses an.[20] Deshalb ist gem. Abs. 1 BGB die **Mietpreisabrede teilunwirksam** ohne spätere Heilungsmöglichkeit bei steigenden Mieten. 7

Beruft sich der Vermieter auf eine **höhere Vormiete** gem. § 556e Abs. 1 BGB, so ist die Miete bis zu Höhe der anzurechnenden Vormiete (ggf. abzgl. der Mieterhöhung des letzten Jahres) zulässig. Wichtig ist hier, dass die Vormiete die gleiche Gegenleistung umfasst (§ 556e BGB Rdn. 15 ff.), anderenfalls ist die Miete auf 110% der ortsüblichen Vergleichsmiete begrenzt, es sei denn, dass wiederum aufgrund entsprechender Anwendung des § 556e BGB zumindest die Vormiete bei Leistungserweiterungen vereinbart werden darf (§ 556e BGB Rdn. 16). Bei **einfachen Modernisierungen** gem. § 556e Abs. 2 BGB in den letzten drei Jahren vor Mietvertragsbeginn, ist die Miete in Höhe von 110% der ortsüblichen Vergleichsmiete zzgl. der – theoretisch – möglichen Modernisierungsmieterhöhung wegen dieser Maßnahme zulässig. 8

3. Mieterhöhungen

Nicht unwirksam sind aber **Mieterhöhungen nach Beginn des Mietverhältnisses,** selbst wenn die Grenze des der §§ 556d, 556e BGB überschritten wird. Lediglich für Staffelmieten gibt es eine Sonderregel in § 557a Abs. 4 BGB. Der Mieter kann mit dem Vermieter bereits kurz nach Mietvertragsbeginn gem. § 557 Abs. 1 BGB eine Mietabänderungsvereinbarung treffen. Solche Vereinbarungen werden vom Schutzbereich der §§ 556d–556g BGB nicht mehr erreicht. Der Vermieter hat keinen Anspruch auf solche Änderungsvereinbarungen, aber wenn der Mieter zustimmt, dann sind sie auch wirksam. Allenfalls, wenn solche Vereinbarungen als Staffelmiete zu werten sind (dazu § 557 BGB Rdn. 22), können sie gem. § 557a Abs. 4 i. V. m. § 556d Abs. 1 BGB unwirksam 9

---

[12] BGH (XII ZR 85/14) ZMR 2015, 379; (XII ZR 88/90) NJW-RR 1992, 517.

[13] BGH (XII ZR 85/14) ZMR 2015, 379.

[14] BGHZ 89, 316.

[15] *Derleder* WuM 2014, 443, 444.

[16] *Derleder* PiG 99 (2015) 27, 35 ist aber der Auffassung, dass eine teleologische Auslegung dahin möglich sei, dass bei einer Überschreitung der 10% Grenze der Mieter nur die ortsübliche Vergleichsmiete schulde ohne Zuschlag von 10%.

[17] So aber *Derleder* WuM 2014, 443, der von einer Gesamtnichtigkeit des Mietvertrages gem. § 139 BGB in diesen Fällen ausgeht.

[18] *Blank* WuM 2014, 641, 654.

[19] KG NJW-RR 1995, 1037; OLG Hamm NJW 1983, 1622; WuM 1995, 384, mit krit. Anm. *Buchmann* WuM 1995, 427; *Börstinghaus,* Miethöhe-Handbuch, Kap. 4 Rn 28; der BGH hat sich dieser Auffassung für eine vergleichbare Fallkonstellation in den neuen Bundesländern angeschlossen: BGH (VIII ZR 150/06) WuM 2007, 440.

[20] *Frank,* Die Mietpreisbremse – Eine Analyse der Rechtsvorschriften zur Begrenzung der Neu- und Wiedervertragsmiete auf 110% der ortsüblichen Vergleichsmiete, Diss, Marburg, 2016, S. 82.

sein. Auch Mieterhöhungen auf die ortsübliche Vergleichsmiete nach Mietvertragsbeginn, fallen nicht unter § 556g Abs. 1 BGB, selbst wenn sie zu einer mehr als 10% über der ortsüblichen Vergleichsmiete liegenden Miete führen, weil die Parteien deren Höhe falsch einschätzen.

4. Keine Rügepflicht

10 Die Unwirksamkeit der Mietpreisabrede setzt **keine Rüge** voraus. Die Unwirksamkeit gilt kraft Gesetzes und ergibt sich unmittelbar aus § 556g Abs. 1 BGB. Bedeutung hat dies immer dann, wenn der Mieter die vereinbarte Miete nicht gezahlt hat und der Vermieter auf Zahlung klagt.[21] In diesem Fall kann der Mieter sich auch für Zeiträume in der Vergangenheit und vor allem auch vor einer Rüge auf die Teilunwirksamkeit der Mietpreisabrede berufen. Der Mieter handelt auch nicht rechtsmissbräuchlich, wenn er sich erst später auf die Unwirksamkeit der Mietpreisabrede beruft.[22]

11 Das gilt auch bei allen **Kündigungen wegen Zahlungsverzugs** gem. §§ 543 Abs. 2 Nr. 3, 573 Abs. 2 Nr. 1 BGB (s. a. unten Rdn. 50). Bei der Rückstandsermittlung knüpft das Gesetz an die zulässige Miete an. Nur Ansprüche, die dem Vermieter zustehen und die er auch durchsetzen kann, dürfen deshalb bei der Rückstandsberechnung in Ansatz gebracht werden.[23] Das ergibt sich aus der Formulierung, dass der Mieter mit Zahlung der Miete „in Verzug" sein muss. In Verzug kann der Mieter aber nur mit Mieten kommen, die er auch schuldet.[24] Soweit die Miete also gem. §§ 556g Abs. 1 i. V. m. § 556d Abs. 1 BGB teilunwirksam ist, kommt der Mieter mit diesem Teil der Miete nicht in Verzug.[25] Deshalb ist für die Berechnung des Mietrückstandes von der gem. § 556g Abs. 1 BGB herabgesetzten Miete auszugehen. Eventuelle Fehlbeträge sind mit der zulässigen Miete ins Verhältnis zu setzen. Bei der außerordentlichen fristlosen Kündigung gem. § 543 Abs. 2 Ziff 3 BGB müssen die dortigen Grenzen erreicht werden, bei der ordentlichen Kündigung gem. § 573 Abs. 1 BGB muss ein Rückstand in Höhe einer Monatsmiete über die Dauer von einem Monat mindestens bestehen.[26] Soweit für behebbare Mängel die Auffassung vertreten wird, dass kündigungsrelevant die vereinbarte und nicht die geminderte Miete ist, gilt dies hier nicht, da die Mietpreisabrede wegen Verstoßes gegen die §§ 556d ff. BGB auf Dauer teilunwirksam ist. Ein Irrtum des Mieters über die Höhe der geschuldeten Miete ist als **Rechtsirrtum** nach der Rechtsprechung des BGH[27] kaum vorstellbar.[28] Insbesondere gilt im Mietrecht kein anderer **Verschuldensmaßstab.**[29]

12 Auch bei einer **Rückzahlungsklage wegen eines Teils der Kaution** ist die Rüge nicht erforderlich.[30] Bei einer dauerhaften Herabsetzung der Miete reduziert sich nämlich auch die Mietsicherheit.[31] Auch in all diesen Verfahren trifft den Mieter die Darlegungs- und Beweislast hinsichtlich eines Verstoßes gegen § 556d Abs. 1 BGB.[32] Der Vermieter muss die Ausnahmetatbestände der §§ 556e und 556f BGB beweisen.[33]

13 Will der Mieter mit einem vermeintlichen Rückzahlungsanspruch **aufrechnen,** muss er zuvor eine Rüge erhoben haben. Nur für die nach Zugang der Rüge fällig werdenden Mieten und gezahlten Mieten steht ihm ein Rückzahlungsanspruch nach Abs. 1 zu. Nur damit kann er aufrechnen.[34]

---

[21] *Hinz* ZMR 2014, 593, 599; *Börstinghaus* DWW 2014, 202, 208.
[22] AG München DWW 2016, 340 m. Anm. *Börstinghaus* WuM 2017, 186.
[23] *Beuermann* GE 2010, 590; *Jablonski* GE 2010, 589; *Thalheim,* Die außerordentliche fristlose Kündigung durch den Vermieter von Wohn- und Gewerberaum, 2008, S. 193.
[24] *Paschke* GE 2011, 173, 174.
[25] *Emmerich* in Staudinger § 543 BGB Rn 57; *Paschke* GE 2011, 173, 174; *Thalheim,* S. 206.
[26] BGH (VIII ZR 207/12) NJW 2013, 159; dazu *Zehelein* WuM 2013, 46; *Börstinghaus* LMK 1/2013 Anm. 2; *Hinz* ZMR 2013, 96; *Blank,* NZM 2013, 104.
[27] BGH (XII ZR 48/10) WuM 2012, 323; (VIII ZR 138/11) NJW 2012, 2882.
[28] So auch *Blank* WuM 2014, 641, 659.
[29] BGH (VIII ZR 175/14) NZM 2015, 196.
[30] *Hinz* ZMR 2014, 593, 601.
[31] Für Minderung bei nicht behebbarem Mangel: BGH (VIII ZR 347/04) NJW 2005, 2773 m. Anm. *Schmid* MDR 2005, 971; *ders.* ZMR 2005, 836; *Wiek* WuM 2005, 575.
[32] *Fleindl* WuM 2015, 212.
[33] *Emmerich* in Staudinger § 556e Rn 36; *Fleindl* WuM 2015, 212.
[34] *Fleindl* WuM 2015, 212; *Börstinghaus* DWW 2014, 202, 208; etwas zweifelnd aber *Hinz* ZMR 2014, 593, 599.

III. Der Rückforderungsanspruch

1. Allgemeines

14 Nach Abs. 1 S. 3 BGB steht dem Mieter ein bereicherungsrechtlicher Rückzahlungsanspruch gegen den Vermieter zu. Mehrere Mieter sind **Gesamthandsgläubiger.**[35] Bei einem Mieterwechsel kommt es darauf an, ob eine Novation stattgefunden hat oder ein Parteiwechsel (§ 556d BGB Rdn. 22). Mehrere Vermieter sind **Gesamtschuldner** nach § 421 BGB. Bei einem **Eigentumsübergang** gem. § 566 BGB gilt das **Fälligkeitsprinzip** (§ 566 BGB Rdn. 86). Rückzahlungsansprüche, die zwischen Rüge und Eigentumsumschreibung fällig wurden, bestehen gegenüber dem Veräußerer, für die danach fällig werdenden Ansprüche hat der Erwerber einzustehen.[36] Das gilt auch dann, wenn der Veräußerer zu einem früheren Zeitpunkt bereits die Zahlungsansprüche gegen den Mieter an den Erwerber abgetreten hat.[37]

15 Bei § 556g Abs. 1 S. 3 handelt es sich um eine **Rechtsfolgenverweisung** und nicht um eine Rechtsgrundverweisung auf das Bereicherungsrecht.[38] Es handelt sich einen vertraglichen Anspruch eigener Art[39] dessen Voraussetzungen sich alle aus den §§ 556g Abs. 1 und 2 sowie 556d Abs. 1 BGB ergeben. Nach der amtlichen Überschrift des § 556g BGB enthält die Vorschrift die „Rechtsfolgen" und benennt die Tatbestandsvoraussetzungen. Dass in § 556g Abs. 1 S. 4 BGB auf die §§ 814, 817 verwiesen wird, ändert daran nichts, da es sich dabei nicht um anspruchsbegründende Tatbestandsvoraussetzungen, sondern Einwendungen gegen den bereicherungsrechtlichen Anspruch handelt.[40] Bedeutung hat dies für die dogmatische Einordnung der **Rügepflicht.** Sie ist als **Tatbestandsvoraussetzung**[41] einzuordnen und muss deshalb vom Mieter dargelegt und bewiesen[42] werden und nicht ihr Fehlen als Ausnahmetatbestand vom Vermieter.[43]

16 Der Vermieter hat gem. § 818 BGB dem Mieter den unzulässigen Teil der gezahlten Mieten zurückzuzahlen. Der Vermieter muss auch die **gezogenen Nutzungen** nach § 818 Abs. 1 BGB, also eventuelle **Zinserträge,** herausgeben. Eine **Entreicherung** gem. § 818 Abs. 3 BGB des Vermieters ist kaum vorstellbar.[44] Sie scheidet selbst dann aus, wenn der Vermieter sich auf erfolgte Schuldentilgung beruft. In diesem Fall hat der Vermieter die Befreiung von einer Schuld erlangt. Bei Erhaltungs- und Modernisierungsarbeiten ist er um die Wertsteigerung des Objekts bereichert. Ab **Rechtshängigkeit der Rückzahlungsklage** sowie bei einem vorsätzlichen Verstoß gegen die Vorschriften der §§ 556d ff. BGB haftet der Vermieter verschärft, §§ 818 Abs. 4, 819 Abs. 1 BGB.[45]

16a Umstritten ist die Frage, wer Gläubiger des Rückforderungsanspruchs ist, wenn ein **Dritter,** regelmäßig das Job-Center oder Sozialamt die Miete direkt an den Vermieter gezahlt hat. Teilweise wird dem Mieter auch in diesem Fall persönlich der Anspruch zugestanden[46], teilweise wird dem

---

[35] So auch für den Rückforderungsanspruch bei Verstößen gegen § 5 WiStG (s. vor § 535 Rn 77); **a. A.** *Fleindl* WuM 2015, 212 (Gesamtgläubiger).

[36] *Fleindl* WuM 2015, 212; *Eisenschmid* jurisPR-MietR 11/2015 Anm. 1.

[37] *Fleindl* WuM 2015, 212.

[38] *Fleindl* WuM 2015, 212; *Frank,* Die Mietpreisbremse – Eine Analyse der Rechtsvorschriften zur Begrenzung der Neu- und Wiedervertragsmiete auf 110% der ortsüblichen Vergleichsmiete, Diss, Marburg, 2016, S. 84f; *Artz* MDR 2015, 549, 552 aber **a. A.** in MünchKomm § 556f Rdn 5; Emmerich in Staudinger, § 556f Rn 8; *Hinz* ZMR 2014, 593, 599: Rügepflicht ist Begrenzung des Rückforderungsanspruchs aus § 812 BGB (Leistungskondiktion).

[39] *Fleindl* WuM 2015, 212.

[40] *Fleindl* WuM 2015, 212 unter Verweis auf Palandt/*Sprau* § 814 Rn 1 und *Schwab* in MüKoBGB/§ 817 Rdn 9.

[41] Die Gesetzesbegründung BT-Drs. 18/3121 ist indifferent. Auf S. 36 heißt es, dass dem Mieter „erst nach einer qualifizierten Rüge das Recht zusteht, überzahlte Beträge zurückzuverlangen", was für eine Tatbestandsvoraussetzung spricht. Auf S. 37 heißt es demgegenüber: „Die Vorschrift [§ 556g Abs. 2 S. 2 BGB] schließt solche Ansprüche gleich welcher Art für Zeiträume vor einer qualifizierten Rüge aus", was eher eine Auslegung als Ausnahmetatbestand nahelegt.

[42] *Frank,* Die Mietpreisbremse – Eine Analyse der Rechtsvorschriften zur Begrenzung der Neu- und Wiedervertragsmiete auf 110% der ortsüblichen Vergleichsmiete, Diss, Marburg, 2016, S. 89, die aber auf Seite 93 aus eher politischen Gründen das Ergebnis anzweifelt und dann wieder von einer Einwendung spricht oder von einer sekundären Darlegungslast ausgehen will.

[43] So sind aber wohl die Ausführungen von *Hinz* ZMR 2014, 593, 599 und *Blank* WuM 2014, 641, 654 zu verstehen. Letzterer behandelt die Rüge unter der Zwischenüberschrift „Beschränkung des Bereicherungsanspruchs".

[44] *Emmerich* in Staudinger, § 556g Rn 19.

[45] *Fleindl* WuM 2015, 212.

[46] *Fleindl* WuM 2015, 212, 214.

Dritten aber auch ein unmittelbarer Rückforderungsanspruch eingeräumt.[47] Eine Dritte Auffassung geht von einem Doppelmangel aus, bei dem der Vermieter vom Mieter den Rückzahlungsanspruch gegen den Vermieter kondizieren kann und anschließend den Anspruch selbst geltend machen kann.[48]

2. Die Rügepflicht

17 **a)** Die Rüge ist somit **Tatbestandsvoraussetzung** für den Rückzahlungsanspruch des Mieters. Nach § 556g Abs. 2 S. 2 BGB muss die Rüge Tatsachen enthalten, auf denen die Beanstandung der vereinbarten Miete beruht. Es muss sich damit um eine **qualifizierte Rüge** handeln.[49] Nach der Gesetzesbegründung[50] soll damit dem Umstand Rechnung getragen werden, dass die Ermittlung der zulässigen Miethöhe mit Unsicherheiten verbunden ist. Solange der Mieter die Miete beanstandungslos zahlt, soll der Vermieter auf die Wirksamkeit der vertraglichen Abreden vertrauen dürfen. Der Anwendungsbereich der Vorschrift ist aber nicht auf redliche Vermieter beschränkt.[51]

18 Die **Rüge muss Tatsachen enthalten.** Rein formalisierte Beanstandungen der Mietpreisabrede ohne Bezug zum konkreten Mietverhältnis genügen nicht. Deshalb reichen standardisierte Formular- oder Musterschreiben ebenso wenig wie die Äußerung allgemeiner Bedenken gegen die Wirksamkeit der Preisabsprache. Entsprechend dem Sinn und Zweck der Rügepflicht muss der Mieter konkret darlegen, worin er den Verstoß gegen § 556d Abs. 1 BGB sieht, wobei keine zu hohen Anforderungen zu stellen sind.[52] Er muss also die Höhe der ortsüblichen Vergleichsmiete bestreiten. Dieser Angriff kann verschiedene Punkte betreffen:

19 **(a)** Zum einen kann es insbesondere in **Gemeinden mit Mietspiegeln** um die richtige Einordnung der Wohnung in den Mietspiegel gehen. Dabei spielen die Wohnwertmerkmale des § 558 Abs. 2 BGB eine große Rolle. Es geht also um die Ausstattung, die Beschaffenheit oder die Lage der Wohnung aber auch um deren Größe. Besonders strittig ist dabei in der Praxis die Lageeinordnung.[53] Allein die Tatsache, dass ein Quartier besonders angesagt ist und dort sehr hohe Mieten gezahlt werden, macht dies Quartier nicht zu einer sehr guten oder guten Lage. Es kommt auf **die objektiven Merkmale** (§ 558 BGB Rdn. 88ff.) an. Die Größe der Wohnung spielt selbst dann eine Rolle, wenn die **Flächenabweichung nicht über 10%** liegt und deshalb eine Minderung der Miete noch nicht in Betracht kommt. Die ortsübliche Vergleichsmiete ist nach der maßgeblichen Größenklasse des Mietspiegels für die richtige Wohnungsgröße multipliziert mit der richtigen Quadratmeterzahl zu ermitteln. **(b)** Der Mieter kann auch die Einordnung in die ansonsten unbestritten richtige Spanne des Mietspiegels bestreiten. Soweit es eine Orientierungshilfe zur Spanneneinordnung vor Ort gibt, muss er sich dabei mit den Tatbestandsvoraussetzungen dieser Orientierungshilfe auseinandersetzen; **(c)** und zuletzt kann der Mieter auch die Höhe der ortsüblichen Vergleichsmiete insgesamt bestreiten. **(aa)** In Gemeinden mit **qualifiziertem Mietspiegel** kommt es darauf an, ob die um 10% verringerte Vertragsmiete zu einer ortsüblichen Vergleichsmiete innerhalb der Spanne dieses Mietspiegels führt oder nicht. Liegt sie innerhalb der Spanne, spricht die **Vermutungswirkung** zunächst einmal dafür, dass die Miete zulässig ist. Der Mieter muss jetzt Zweifel sähen gegen die Richtigkeit. Er muss sich dazu mit der Mietspiegeldokumentation auseinandersetzen und vortragen, warum die anerkannten wissenschaftlichen Grundsätze der Mietspiegelerstellung nicht eingehalten wurden. Liegt die maßgebliche ortsübliche Vergleichsmiete außerhalb der Mietspiegelspanne so spricht die Vermutung für eine unzulässige Miete, wenn die Vertragsmiete mehr als 10% höher als der Spannenoberwert ist. Hier muss der Mieter beweisen, dass der Mietspiegel nach den anerkannten wissenschaftlichen Grundsätzen erstellt worden ist. Dazu muss der Vermieter aber Zweifel sähen.[54] **(bb)** In Gemeinden mit **einfachen Mietspiegel**

---

[47] *Abramenko* in Lützenkirchen, Mietrecht, 2. Aufl., § 556g Rn 43 m. w. N. in Fn. 1.

[48] *Emmerich* in Staudinger, § 556g Rdn 11.

[49] Nach *Hinz* ZMR 2014, 593, 599 handelt es sich um ein „weitgehend neues Rechtsinstitut".

[50] BT-Drs. 18/3121 S. 37.

[51] *Fleindl* WuM 2015, 212; kritisch deshalb auch die Stellungnahme des Bundesrates, BR-Drs 447/14 S. 4; *Blank* WuM 2014, 641, 655; *Eisenschmid* ZRP 2015, 27, 28.

[52] *Hinz* ZMR 2014, 593, 600; nach *Emmerich* in Staudinger, § 556g Rn 15 dürften „keine übertriebenen, d. h. für den Mieter nur schwer erfüllbaren Anforderungen an die Begründung der Rüge gestellt werden" und Rn 16: „Jede Engherzigkeit ist hier fehl am Platz."

[53] *Clar* in Börstinghaus/Clar NZM 2014, 889, 894.

[54] BGH (VIII ZR 46/12) NJW 2013, 775; (VIII ZR 346/12) NJW 2014, 292.

gilt im Prinzip das Gleiche, da diesem Mietspiegel zumindest Indizwirkung[55] hinsichtlich der ausgewiesenen Höhe der ortsüblichen Vergleichsmiete zukommt. Die Anforderungen an den Tatsachenvortrag in der Rüge sind aber erheblich geringer. **(cc)** In **Gemeinden ohne Mietspiegel** muss der Mieter keine drei Vergleichswohnungen oder ein vorprozessuales Sachverständigengutachten vorlegen. Es reicht ein nachvollziehbarer Sachvortrag, warum seiner Meinung nach die an den Wohnwertmerkmalen des § 558 Abs. 2 BGB orientierte Mietenermittlung zu einem niedrigeren Ergebnis kommen würde. Die **Beweislast** im Prozess hat der **Mieter,** so dass er das volle Risiko des Bestreitens trägt.

b) Da es sich bei den §§ 556e und § 556f BGB um **Ausnahmevorschriften** handelt[56], muss der Mieter in der Rüge zu den Tatbestandsvoraussetzungen dieser Normen noch gar nichts sagen.[57] Der Vermieter, der erkennt, dass der Mieter sich zu Recht auf eine Überschreitung der gem. § 556d Abs. 1 BGB zulässigen Miete berufen kann und berufen hat, kann sich jetzt auf seine Rechtsverteidigung einrichten. Hierzu zählen auch die Ausnahmevorschriften der §§ 556e, 556f BGB. Der Vermieter kann alleine beurteilen, ob deren Tatbestandsvoraussetzungen vorliegen und ob die Rechtsverteidigung aussichtsreich erscheint. Der Mieter ist dadurch ausreichend geschützt, dass er zuvor eine Auskunft vom Vermieter über die Tatsachen verlangt, die für die Zulässigkeit der vereinbarten Miete nach den Vorschriften dieses Unterkapitels maßgeblich sind. Fraglich ist, ob der Mieter später in einer Rüge „konkret" auf die Ausnahmevorschriften der §§ 556e und 556f BGB eingehen muss, wenn der Vermieter sich in der Auskunft auf diese Ausnahmetatbestände berufen hat.[58] Der Vermieter kann die maßgeblichen Tatsachen (Vormiete, Modernisierungskosten) auch bereits in den Mietvertrag aufnehmen.[59] 21

c) Die **Geltendmachung des Auskunftsanspruchs** ist weder Voraussetzung für die Wirksamkeit der Rüge[60] noch für den Rückzahlungsanspruch.[61] Der Auskunftsanspruch des Mieters in Abs. 3 stellt einen **Hilfsanspruch**[62] des Mieters dar. Er hat nämlich weit über den Rückforderungsanspruch des Mieters nach § 556g Abs. 1 S. 2 BGB Bedeutung. Die Auskunft ist für den Mieter mindestens genauso wichtig, wenn nicht sogar noch viel wichtiger, für die Frage, ob er die Mietzahlung teilweise risikolos einstellt, weil er der Auffassung ist, dass der darüberhinausgehende Teil der Mietzinsabrede gem. § 556g Abs. 1 S. 1 BGB teilunwirksam ist. Da hier u. U. sogar eine Kündigung durch den Vermieter bei unberechtigter Nichtzahlung der Miete in Betracht kommt, ist die Kenntnis der maßgeblichen Tatsachen für den Mieter hier besonders wichtig. 22

d) Die Rüge muss durch **alle Mieter**[63] gegenüber **allen Vermietern**[64] erfolgen. Soweit der BGH[65] eine Betriebskostenabrechnung, die nur einem Mieter gegenüber innerhalb der Abrechnungsfrist zugegangen war, zumindest diesem Mieter gegenüber als fristgerecht erteilt angesehen hat, beruht dies darauf, dass die Betriebskostenabrechnung keine Willenserklärung, sondern eine Wissenserklärung darstellt (§ 556 BGB Rdn. 326).[66] Das ist bei der Rüge anders. Erst mit Zugang der Rüge beim letzten von mehreren Vermietern ist die Rüge insgesamt wirksam zugegangen. Der Zugang richtet sich nach § 130 BGB. Die Rüge muss gem. Abs. 4 zumindest in **Textform** gem. § 126b BGB erfolgen. Erfolgt die Rüge durch einen Vertreter findet § 174 BGB Anwendung.[67] Der Mieter kann die Rüge jederzeit wiederholen und eventuelle Mängel heilen.[68] 23

---

[55] BGH NJW 2010, 2946.

[56] *Fleindl* WuM 2015, 212.

[57] Nach der Gesetzesbegründung BT-Drs. 18/3121 S. 37 kann der Mieter sich „in der Regel" darauf beschränken, die gem. § 556d Abs. 1 BGB zulässige Miete zu ermitteln.

[58] So aber *Emmerich* in Staudinger, § 556g Rn 17.

[59] BT-Drs. 18/3121 S. 37.

[60] BT-Drs. 18/3221 S. 38; *Fleindl* WuM 2015, 212; *Emmerich* in Staudinger, § 556g Rn 23; offengelassen von *Blank* WuM 2014, 641, 654.

[61] *Hinz* ZMR 2014, 593, 600; *Fleindl* WuM 2015, 212.

[62] BT-Drs. 18/3221 S. 38.

[63] So wohl auch *Abramenko* in Lützenkirchen, Mietrecht, 2. Aufl., § 556g Rn 16, der die Rüge als Willenserklärung ansieht; **a. A.** *Emmerich* in Staudinger, § 556g Rn 14 „nur rechtsgeschäftsähnliche Handlung", weshalb die Rüge durch einen von mehreren Mietern genüge; auch nach *Fleindl* WuM 2015, 212, 217 soll es sich nur um eine „rechtserhebliche Handlung" wie bei der Mängelanzeige gem. § 536c BGB handeln.

[64] *Emmerich* in Staudinger, § 556g Rn 14; *Fleindl* WuM 2015, 212, 217.

[65] BGH (VIII ZR 263/09) NJW 2010, 1965.

[66] BGH (VIII ZR 319/09) NZM 2010, 783; (VIII ZR 263/09) NZM 2010, 577; (VIII ZR 298/80) NJW 1982, 573.

[67] *Emmerich* in Staudinger, § 556g Rn 14; *Abramenko* in Lützenkirchen, Mietrecht, 2. Aufl., § 556g Rn 16.

[68] *Abramenko* in Lützenkirchen, Mietrecht, 2. Aufl., § 556g Rn 22; *Emmerich* in Staudinger, § 556g Rn 17.

24 **e)** Das **Recht zur Rüge verjährt** nicht. Da der Rückzahlungsanspruch nur für Ansprüche besteht, die nach Zugang der Rüge fällig werden, kann der Mieter die Rüge auch noch mehr als drei Jahre nach Mietvertragsabschluss erheben.[69] Er hat die Darlegungs- und Beweislast hinsichtlich der Höhe der zulässigen Miete gem. § 556d Abs. 1 BGB zu Mietvertragsbeginn. Der Vermieter muss die Ausnahmen gem. § 556e – 556f BGB darlegen und beweisen. Umso mehr Zeit verstrichen ist, umso schwieriger ist dies jeweils. Eine **Verwirkung** ist wegen der Wertung des Gesetzes, wonach sogar Kenntnis des Mieters unschädlich ist und der Bedeutung der Preisbindungsvorschriften kaum vorstellbar.

3. Kenntnis des Mieters

25 Abs. 1 S. 4 BGB **modifiziert** den bereicherungsrechtlichen Anspruch aus Gründen des sozialen Mietrechts.[70] Danach sind die Vorschriften der §§ 814, 817 S. 2 BGB nicht anzuwenden. Gerade auf angespannten Wohnungsmärkten würde ein Mietinteressent faktisch aus dem Kreis der Bewerber ausscheiden, wenn er die verlangte Miete vor Vertragsschluss in Frage stellt.[71] Deshalb ist der Rückzahlungsanspruch des Mieters gem. § 556g Abs. 2 BGB auch in den Fällen nicht ausgeschlossen, in denen der Mieter die Teilunwirksamkeit der Mietpreisabrede kannte. Bei den §§ 814, 817 S. 2 BGB handelt es sich um **Einwendungen** gegen den bereicherungsrechtlichen Anspruch.[72] Nach § 814 BGB ist die Rückforderung grundsätzlich ausgeschlossen, wenn der Leistende, hier der Mieter, gewusst hat, dass er zur Leistung nicht verpflichtet war. Nach § 817 S. 2 BGB ist die Rückforderung ebenfalls ausgeschlossen, wenn dem Leistenden gleichfalls ein Verstoß gegen ein gesetzliches Verbot zur Last fällt. Der Mieter kann also folgenlos dem Vermieter eine höhere Miete anbieten, damit der Vermieter mit ihm und nicht mit einem anderen Interessenten einen Mietvertrag abschließt. Der Mieter muss den Vermieter nicht vor Vertragsschluss auf die Begrenzung der Wiedervermietungsmiete hinweisen. Eine **Anfechtung** des Mietvertrages durch den Vermieter scheidet deshalb ebenso aus wie eine **Kündigung** oder Schadensersatzansprüche.[73] Für einen eventuell daneben bestehenden Rückforderungsanspruch in Folge einer Mietpreisüberhöhung gem. § 5 WiStG gilt § 814 BGB, aber nicht § 817 BGB (Nach § 535 BGB § 5 WiStG Rdn. 81, 82).[74] Die Vorschriften gelten ebenfalls dann nicht, wenn der Mieter den vermeintlich teilunwirksamen Teil der Miete nicht gezahlt hat und der Vermieter nunmehr Zahlung verlangt. Der Verweis in § 556g Abs. 1 S. 4 BGB betrifft zwar nur den Rückforderungsanspruch, die Vorschriften gelten für den originären Hauptanspruch auf Mietzahlung systematisch schon nicht. Die §§ 814, 817 BGB betreffen ausschließlich Rückforderungsansprüche, nicht den ursprünglichen Zahlungsanspruch. Es würde dem Sinn und Zweck der Preisbindungsvorschriften widersprechen, hier bei Kenntnis des Mieters von der Teilunwirksamkeit einen Zahlungsanspruch des Vermieters zu bejahen.

4. Umfang des Anspruchs

26 Der Rückzahlungsanspruch besteht nur solche Mieten die **nach Zugang der Rüge fällig geworden** sind.[75] Der Begriff der Fälligkeit ist untechnisch gemeint, da der teilunwirksame Teil der Mietpreisabrede gar nicht fällig werden kann.[76] Gemeint ist der Termin, zu dem die Miete, soweit sie wirksam vereinbart worden wäre, fällig geworden wäre. Das ist gemäß § 556b Abs. 1 BGB der **Beginn**[77] **des dritten Werktages.** Abweichende mietvertragliche Vereinbarungen sind zulässig aber in der Praxis die absolute Ausnahme. Das bedeutet, dass eine Rückzahlung für den laufenden Monat nur dann verlangt werden kann, wenn die Rüge bis zum Ablauf des zweiten Werktags dem

---

[69] Das Berufen auf die Teilunwirksamkeit der Mietpreisabrede ist auch nicht rechtsmissbräuchlich: AG München DWW 2016, 340 m. Anm. *Börstinghaus* WuM 2017, 186.

[70] BT-Drs. 18/3121 S. 37.

[71] AG München DWW 2016, 340 m. Anm. *Börstinghaus* WuM 2017, 186.

[72] *Fleindl* WuM 2015, 212 unter Verweis auf Palandt/*Sprau* § 814 Rn 1 und *Schwab* in MüKoBGB § 817 Rdn 9.

[73] AG München DWW 2016, 340 m. Anm. *Börstinghaus* WuM 2017, 186.

[74] Undifferenziert *Blank* WuM 2014, 641, 654.

[75] Nach *Blank* WuM 2014, 641, 654 ist diese Einschränkung nicht mehr vertretbar. Leistungen, auf die kein Anspruch besteht, sind zurückzuzahlen.

[76] Darauf weist zu Recht *Blank* WuM 2014, 641, 654 hin.

[77] BGH (VIII ZR 6/09) NJW 2010, 2208.

Vermieter zugegangen ist. Der **Samstag** zählt dabei nicht mit[78], da es zwar um den Zugang einer Willenserklärung des Mieters geht[79], die Frist aber ausschließlich von der Mietfälligkeit abhängt.

Der Rückzahlungsanspruch verjährt in der Regelverjährungsfrist des § 195 in drei Jahren. **Verjährungsbeginn** ist gem. § 199 BGB das Ende des Jahres in dem der Rückzahlungsanspruch nach Zugang der Rüge entstanden ist und der Mieter Kenntnis von den den Anspruch begründenden Tatsachen hat. Bei einem Anspruch aus ungerechtfertigter Leistung liegt die für den Verjährungsbeginn erforderliche Kenntnis des Gläubigers vor, wenn er von der Leistung und vom Fehlen des Rechtsgrundes weiß, das heißt von den Tatsachen, aus denen dessen Fehlen folgt. Eine zutreffende rechtliche Würdigung setzt § 199 Abs. 1 Nr. 2 BGB hingegen nicht voraus.[80] Die erforderliche Kenntnis der Tatsachen hat der Mieter bereits dann, wenn ihm die Geltendmachung des Anspruchs erfolgversprechend, wenn auch nicht risikolos, möglich ist. Weder ist es notwendig, dass er alle Einzelumstände kennt, die für die Beurteilung möglicherweise noch Bedeutung haben, noch muss er bereits hinreichend sichere Beweismittel in der Hand haben, um einen Rechtsstreit im Wesentlichen risikolos führen zu können.[81] 27

IV. Der Auskunftsanspruch

1. Allgemeines

Nach Abs. 3 ist der Vermieter auf Verlangen des Mieters[82] verpflichtet, diesem Auskunft über diejenigen Tatsachen zu erteilen, die für die Zulässigkeit der vereinbarten Miete nach den Vorschriften dieses Unterkapitels maßgeblich sind, soweit diese Tatsachen nicht allgemein zugänglich sind und der Vermieter hierüber unschwer Auskunft geben kann. Dieser Auskunftsanspruch soll den Mieter in die Lage versetzen, die Erfolgsaussichten einer Rückforderungsklage und die Risiken einer teilweisen Zahlungseinstellung zu überprüfen. Die **Geltendmachung des Auskunftsanspruchs** ist weder Voraussetzung für die Wirksamkeit der Rüge[83] noch für den Rückzahlungsanspruch.[84] Der Auskunftsanspruch des Mieters in Abs. 3 stellt einen **Hilfsanspruch**[85] des Mieters dar. 28

2. Inhalt des Auskunftsanspruchs

Der Vermieter schuldet dem Mieter eine Auskunft über die Tatsachen, die der Mieter wissen will. Er schuldet keine Begründung für die Höhe der ortsüblichen Vergleichsmiete.[86] Der Auskunftsanspruch wird in mehrfacher Hinsicht beschränkt: 29

a) Der Anspruch bezieht sich **nur auf Tatsachen,** nicht auf Bewertungen oder Rechtsansichten. Hierzu zählt z. B. die Frage, wann ein Mietspiegel qualifiziert ist oder wie die ortsübliche Vergleichsmiete zu ermitteln ist. 30

b) Diese Tatsachen müssen sich auf die **Zulässigkeit der Miete** nach den Vorschriften des Unterkapitels 1a beziehen. Auch wenn der Mieter nur die Voraussetzungen des § 556d Abs. 1 darlegen und beweisen muss[87], so steht ihm trotzdem auch ein Anspruch auf Auskunft hinsichtlich der Ausnahmevorschriften der §§ 556e, 556f BGB zu. Auch diese Vorschriften beschäftigen sich mit der Zulässigkeit der Miete. Dem Mieter steht u. U. wegen dieser Ausnahme weder ein Rückzahlungsanspruch zu noch kann er die Zahlung der Miete teilweise verweigern. Insofern geht der **Auskunftsanspruch weiter als die Rügepflicht.** Demgemäß kann der Mieter zunächst vom Ver- 31

---

[78] BGH (VIII ZR129/09) NJW 2010, 2879; (VIII ZR 291/09) NJW 2010, 2882.

[79] So für den Zugang der Kündigungserklärung: BGH (III ZR 173/05) NZM 2005, 391 und (VIII ZR 206/04) NJW 2005, 2154.

[80] BGH (VIII ZR 91/10) NJW 2011, 2570 unter Hinweis auf BGHZ 175, 161; BGH (XI ZR 309/09) NJW-RR 2010, 1574; BGH (III ZR 220/07) NJW-RR 2008, 1237.

[81] BGH (V ZR 309/12) NJW 2015, 1007.

[82] Sog. „verhaltener Anspruch", der nur bei entsprechendem Verlangen zu erfüllen ist: *Emmerich* in Staudinger, § 556g Rn 36.

[83] BT-Drs. 18/3221 S. 38; *Fleindl* WuM 2015, 212; offengelassen von *Blank* WuM 2014, 641, 654.

[84] *Hinz* ZMR 2014, 593, 600; *Fleindl* WuM 2015, 212.

[85] BT-Drs. 18/3221 S. 38.

[86] *Frank,* Die Mietpreisbremse – Eine Analyse der Rechtsvorschriften zur Begrenzung der Neu- und Wiedervertragsmiete auf 110% der ortsüblichen Vergleichsmiete, Diss, Marburg, 2016, S.98; *Fleindl* WuM 2015, 212, 223; *Blank* WuM 2014, 641, 655.

[87] *Fleindl* WuM 2015, 212.

mieter Auskunft über die Ermittlung der ortsüblichen Vergleichsmiete verlangen. Gibt es in der Gemeinde einen **Mietspiegel,** kann der Vermieter sich darauf berufen. Eine Pflicht dazu besteht aber nicht.[88] Er muss die Tatsachen mitteilen, aus denen der Mieter das Vorliegen der Wohnwertmerkmale des § 558 Abs. 2 BGB ableiten kann. Da fast alle Mietspiegel die Beschaffenheit über die Hilfstatsache des Baualters versuchen zu ermitteln, kann der Mieter vom Vermieter das Baualter erfragen. Soweit die Mietspiegeleinordnung von dem Zeitpunkt bestimmter Modernisierungsarbeiten oder der Qualität einer Heizungsanlage abhängt, bezieht sich der Auskunftsanspruch auch auf diese Daten. In **Gemeinden ohne Mietspiegel** reicht es aus, wenn der Vermieter mitteilt, von welcher ortsüblichen Vergleichsmiete er ausgeht. Er muss das nicht entsprechend § 558a BGB begründen.[89] § 556g Abs. 3 BGB unterscheidet gerade bei den Formalien zwischen den Modernisierungskosten, die wie eine Modernisierungserhöhung gem. § 559b BGB dargelegt werden müssen und den sonstigen Angaben. Für letztere besteht nur die Verpflichtung zur Erteilung der Auskunft in Textform.

32 **c)** Die Tatsache darf **nicht allgemein zugänglich** sein. Kein Auskunftsanspruch besteht darüber hinaus für Tatsachen, die im eigenen **Wahrnehmungsbereich des Mieters** liegen. Dazu zählt auch die Wohnungsgröße.[90] Der Mieter kann zumindest die maßgeblichen Grundmaße ermitteln[91], welche Berechnungsvorschrift maßgeblich ist, ist reine Rechtsanwendung. Ob irgendwelche Angaben ggf. durch Einsicht in Bauakten o. ä. ermittelbar sind, ist unerheblich. Ob Ansprüche nach dem **Gesetz zur Regelung des Zugangs zu Informationen** (IFG) des Bundes oder des jeweiligen Bundeslandes besteht, ist dabei unerheblich. Solche Ansprüche sind nicht **allgemein** zugänglich im Sinne der Vorschrift. Dass sie dem Mieter unter Umständen zugänglich sind aber Dritten nicht, reicht für das Vorliegen des Ausschlusstatbestandes nicht aus. Die Frage, ob die Gemeinde in eine entsprechende Landesverordnung aufgenommen wurde, kann der Mieter genauso unschwer ermitteln wie der Vermieter. Die Kenntnis der Verordnung ist allgemein zugänglich.

33 **d)** Der Vermieter muss die Auskunft **„unschwer"** erteilen können. „Unschwer" ist eine Auskunft immer dann zu erteilen, wenn die mit der Vorbereitung und Erteilung der Auskunft verbundenen Belastungen für den Schuldner entweder **nicht ins Gewicht fallen** oder aber, obwohl sie beträchtlich sind, dem Schuldner in Anbetracht der Darlegungs- und Beweisnot des Gläubigers und der Bedeutung **zumutbar** sind.[92] Der BGH definiert „unschwer" bei Auskunftsansprüchen, die aus § 242 BGB abgeleitet werden, dementsprechend auch im Sinne von **„ohne unbillig belastet zu sein".**[93] Es muss also um Informationen gehen, die dem Vermieter bekannt sind oder die er für die Mietverwaltung und Festsetzung der Miete sowieso vorhalten muss. Wegen der Bedeutung der Angaben für den Mieter darf die Schwelle der Belastung aber nicht zu niedrig angesetzt werden.[94]

3. Beifügung von Belegen

34 Der Vermieter muss dem Mieter Auskunft über diejenigen Tatsachen erteilen, die für die Zulässigkeit der vereinbarten Miete nach den Vorschriften dieses Unterkapitels maßgeblich sind und deren Auskunft der Mieter verlangt. Die Auskunft ist eine **reine Wissenserklärung.** Der Auskunftsanspruch ist erfüllt, wenn der Vermieter die Auskunft erteilt hat. Vorgeschrieben ist dafür gem. § 556g Abs. 4 BGB die **Textform.** Hat der Mieter lediglich Zweifel an der Richtigkeit der Auskunft, ist eine Auskunftsklage unbegründet. Dem Mieter steht kein Anspruch auf **Vorlage von Belegen,** insbesondere einer Kopie des Vormietvertrages, egal ob geschwärzt[95] oder nicht, zu.[96]

---

88 *Blank* WuM 2014, 641, 656.

89 *Blank* WuM 2014, 641, 655.

90 *Artz* in MünchKomm § 556g Rn 10.

91 BGH (VIII ZR 41/14) NJW 2015, 475.

92 BGH (X ZR 117/04) NJW 2007, 1806.

93 BGHZ 95, 274, 279; 126, 109, 113; 149, 165, 175.

94 *Artz* in MünchKomm § 556g Rn 10.

95 BT-Drs. 18/3121 S. 21: „Vermieter ist *befugt* dem Mieter ein bis auf die erforderlichen Angaben geschwärztes Vertragsdokument vorzulegen". Eine Verpflichtung wird dort aber auch nicht angenommen; **a. A.** *Weigelt,* Die wachsende Stadt als Herausforderung für das Recht (2016), S. 301 Vorlage geschwärzter Kopie gehört zur Auskunft.

96 *Artz* in MünchKomm § 556g Rn 11; *Abramenko* in Lützenkirchen, Mietrecht, 2. Aufl., § 556g Rn 72; *Emmerich* in Staudinger, § 556g Rn 28; *Frank,* Die Mietpreisbremse – Eine Analyse der Rechtsvorschriften zur Be-

Auskunft und Belegvorlage sind gesetzlich zwei verschiedene Dinge. Soweit das Gesetz eine Verpflichtung zur Vorlage von Belegen anordnet, ist dies jeweils speziell zusätzlich zur Auskunftsverpflichtung angeordnet worden, z. B. in § 666 oder § 1605 Abs. 1 Satz 2 BGB. Nach § 259 Abs. 1 BGB besteht ein Anspruch auf Belegeinsicht nur bei der Verpflichtung zur Rechenschaftslegung über Ein- und Ausgaben, wenn solche Belege „erteilt zu werden pflegen". Schon bei der Inventaraufstellung gem. § 260 BGB besteht ein solcher Anspruch nicht. Auch beim allgemeinen Auskunftsanspruch, der aus § 242 BGB hergeleitet wird, besteht keine Verpflichtung zur Vorlage von Belegen.[97] Ein Anspruch gem. § 810 BGB auf Belegeinsicht kommt hier nicht in Betracht. Es geht um kein dort aufgezähltes Rechtsverhältnis. Auch die Systematik des § 556g Abs. 3 BGB spricht gegen eine Verpflichtung zur Belegvorlage. Nur für den Nachweis des Modernisierungszuschlags gem. § 556e Abs. 2 BGB ist eine besondere Form, nämlich die der Modernisierungsmieterhöhung vorgeschrieben. Aber auch dort ist eine Belegvorlage nicht vorgesehen (§ 559 BGB Rdn. 21). Da der Vermieter die Voraussetzungen des Ausnahmetatbestandes des § 556e Abs. 1 BGB darlegen und beweisen muss, muss er **spätestens im Prozess,** in dem es um die Zulässigkeit der Überschreitung der gem. § 556d Abs. 1 BGB zulässigen Miete geht, die höhere Vormiete auch beweisen. Dies geht im Prozess nicht mit einer geschwärzten Mietvertragskopie.[98] Hier ist mindestens die Vorlage des Originalmietvertrages notwendig.[99] Im Übrigen ergeben sich aus diesem nicht unbedingt die letzten Zahlungen. Ggf. müssen auch noch Kontoauszüge vorgelegt werden. Auf Antrag ist der Vormieter als Zeuge zu vernehmen.

Hat der Mieter **Zweifel an der Richtigkeit der Auskunft,** ist eine Auskunftsklage unbegründet.[100] Der Vermieter hat die Auskunftspflicht erfüllt. Der Anspruch ist untergegangen. In Betracht kommt in diesem Fall allenfalls ein Anspruch auf Abgabe der **eidesstattlichen Versicherung** entsprechend § 260 BGB.[101] Es ist anerkannt, dass rechtliche Sonderverbindungen wie gesetzliche Schuldverhältnisse z. B. auch nach § 812 BGB als Anspruchsgrundlage in Betracht kommen.[102] Allein der Verweis auf Schadensersatzansprüche gem. § 280 Abs. 1 BGB reicht nicht aus.[103] **35**

4. Besonderheit bei Modernisierungsmaßnahmen

a) Soweit der Mieter Auskunft über Modernisierungsmaßnahmen verlangt, weil der Vermieter die gem. § 556d Abs. 1 BGB zulässige Miete gem. § 556e Abs. 2 BGB überschreiten will, muss die Auskunft den Anforderungen des § 559b Abs. 1 S. 2, 3 BGB entsprechen. Auch diese Auskunft ist nur auf entsprechendes Verlangen zu erteilen und muss nicht bereits bei Abschluss des Mietvertrages vom Vermieter von sich aus erteilt werden, damit er sich später auf die Ausnahme berufen kann.[104] Bereits die Stellung der Norm in § 556g Abs. 3 Satz 2 BGB unmittelbar im Anschluss an Satz 1 spricht dafür, das Verlangen aus Satz 1 auch beim Anspruch nach Satz 2 vorauszusetzen. Auch die Tatsache, dass die Regelung hier im Satz 2 und nicht bei § 556e Abs. 2 BGB steht spricht dafür, dass es sich um eine Konkretisierung des Auskunftsanspruchs nach Satz 1 und nicht um eine Voraussetzung für die Anwendung des § 556e Abs. 2 BGB handelt.[105] In der Auskunft muss die Erhöhung auf Grund der entstandenen Kosten berechnet und entsprechend den Voraussetzungen der §§ 559 und 559a BGB erläutert werden. Zulässig ist es, hinsichtlich der energetischen Qualität von Bauteilen auf allgemein anerkannte Pauschalwerte Bezug zu nehmen (§ 555c Rdn. 57). **36**

b) Die Auskunft muss deshalb eine **nachvollziehbare Berechnung** des Erhöhungsbetrages und eine **hinreichende Erläuterung** des angegebenen Verteilungsschlüssels sowie **nachvollzieh-** **37**

grenzung der Neu- und Wiedervertragsmiete auf 110% der ortsüblichen Vergleichsmiete, Diss, Marburg, 2016, S. 99, die aber auf S. 101 ein Belegeinsichtsrecht für sinnvoll erachtet.

97 BGH (XI ZR 193/91) NJW-RR 1992, 1072.

98 *Weigelt,* a. a. O. weist auf die hohe Gefahr von Fälschungen in diesem Zusammenhang hin.

99 Aber auch hier sieht *Weigelt* a. a. O. die Gefahr, dass Vermieter „gefälschte oder aus Gefälligkeit heraus abgeschlossene Verträge mit Vormietern produzieren".

100 OLG Frankfurt Urt. v. 4.2.2013 – 16 U 112/12 (juris).

101 **A. A.** *Emmerich* in Staudinger, § 556g Rn 29 und *Abramenko* in Lützenkirchen, Mietrecht, § 556f Rn 75 weil der Tatbestand des § 556g Abs. 3 nicht unter § 260 BGB falle.

102 *Artz* in Erman, § 260 Rn 3.

103 So aber *Abramenko* in Lützenkirchen, Mietrecht, 2. Aufl., § 556f Rn 82.

104 *Emmerich* in Staudinger, § 556g Rn 37; **a. A.** *Abramenko* in Lützenkirchen, Mietrecht, § 556f Rn 93.

105 *Emmerich* in Staudinger, § 556g Rn 37.

bare Angaben zu den abgesetzten Kostenanteilen für Instandsetzung enthalten.[106] Ferner müssen in der Erklärung auch die **Kürzungsbeträge** gem. § 559a BGB auf Grund von Fördermitteln oder gleichgestellten Mitteln angegeben werden.[107] Die Auskunft muss so ausgestaltet sein, dass eine **überschlägige Überprüfung** des Zuschlags gem. § 556e Abs. 2 BGB dem Mieter ohne besondere Kenntnisse auf dem Gebiet der Rechnungsprüfung und ohne Einsicht in die Belege möglich ist.[108] Dies erfordert, dass die tatsächlichen Grundlagen der Berechnung, also eine spezifizierte Berechnung mit für den Mieter überprüfbarer Erläuterung der Positionen, angegeben werden.[109] Wegen der Einzelheiten wird auf die Kommentierung bei § 559b BGB Rdn. 16ff. Bezug genommen.

38 **c)** Der Vermieter muss neben der Berechnung auch **erläutern,** worin die Modernisierung zu sehen war. **Sinn und Zweck** dieser Verpflichtung bestehen darin, dem Mieter die Informationen zu geben, die er benötigt, um qualifiziert überprüfen zu können, ob der Anspruch berechtigt ist. Dazu gehört im Rahmen des § 556e Abs. 2 BGB zunächst einmal das Datum der Beendigung der Modernisierungsmaßnahme. Es darf nicht länger als 3 Jahre vor Mietvertragsbeginn liegen. Der Mieter soll durch die Erläuterung die Tatsachen erfahren, die die Tatbestandsmerkmale des § 559 BGB ausfüllen.[110] Hierzu bedarf es der Konkretisierung aller Modernisierungszwecke.[111] Wegen der Einzelheiten siehe § 559b BGB Rdn. 22ff.

39 **d)** Problematisch ist die Frage, welche Auskünfte hinsichtlich des **Instandsetzungsanteils** erforderlich sind. Es reicht auch hier die Angabe einer **Quote von den Gesamtkosten.**[112] Damit kennt der Mieter den Zustand vor Beginn der Arbeiten aber nicht und kann kaum selbst beurteilen, welcher Teil der Arbeiten als Erhaltungsarbeiten und welcher als Modernisierung einzuordnen ist.[113] Im Mieterhöhungsverfahren nach §§ 559, 559b BGB muss der Vermieter die fehlende Instandsetzungsbedürftigkeit der Bauteile beweisen. Soweit der BGH[114] hier nur eine **sekundäre Behauptungslast** beim Vermieter sieht, weil der Mieter sich nicht auf **einfaches Bestreiten** beschränken dürfe und zunächst selbst substantiiert vortragen müsse, wo welche Schäden sich befunden haben sollen, gilt das im Rahmen der Begrenzung der Wiedervermietungsmiete nicht.[115] Hintergrund dieser Rechtsprechung ist die Tatsache, dass der Mieter bei einer Bestandsmietenerhöhung schon einige Zeit in der Wohnung gelebt hat und es ihm deshalb auch tatsächlich möglich ist, konkrete Schäden zu benennen. Das ist aber bei der Anmietung eines Objekts, das der Mieter vorher gar nicht kannte, gerade anders. Insofern kann man dem Mieter eine solche erhöhte Darlegungs- und Substantiierungslast in Fällen des § 556e Abs. 2 BGB kaum auferlegen. Deshalb genügt hier doch **einfaches Bestreiten** mit Nichtwissen durch den Mieter.[116] Spätestens im Prozess muss der Vermieter den notwendigen Umfang der Erhaltungsmaßnahmen darlegen. Bei der **Auskunft** reicht aber die Angabe der Quote.

40 **e)** Die **erweiterte Auskunftspflicht** gem. § 556g Abs. 3 S. 2 gilt aber nicht für **umfassend modernisierte Wohnungen** gem. § 556f BGB. Auch hier kommt es auf die Frage an, ob eine Modernisierung stattgefunden hat und vor allem zusätzlich, welcher Aufwand hierfür erforderlich war. Trotzdem ordnet § 556g Abs. 3 S. 2 BGB die erweiterte Auskunftspflicht ausdrücklich nicht für diese Voraussetzungen an.[117]

5. Frist zur Erteilung der Auskunft

41 Eine **Frist** für die Erteilung der Auskunft ist **gesetzlich nicht vorgesehen.** Dem Vermieter ist eine **angemessene Frist** zuzubilligen. Die Länge der Frist hängt von den Umständen des Einzelfalls ab. Einfache Fragen, wie z. B. nach dem Baualter eines Hauses oder der Vormiete, können

---

[106] LG Dresden WuM 1998, 216; LG Halle WuM 1997, 628; LG Berlin MM 1994, 326; GE 2003, 122, 123; LG Hagen WuM 1978, 242; AG Köln WuM 1986, 123; *Lammel* § 559b BGB Rn 15; *Schach* MietRB 2012, 176, 178.

[107] *Emmerich* in Staudinger § 556e Rn 34; zu § 559b: KG RE v. 17.1.2002, NZM 2002, 211.

[108] LG Görlitz WuM 1999, 44; LG Dresden WuM 1998, 216, 217.

[109] *Sternel* III 803ff.

[110] Begründung zum Entwurf des MHG, BR-Drucks. 161/74 S. 12.

[111] *Artz* in MünchKomm § 559b BGB Rn 7.

[112] Dazu *Börstinghaus* NZM 2009, 681.

[113] *Hinz* ZMR 2014, 593, 597.

[114] BGH (VIII ZR 88/13) NJW 2015, 934; (VIII ZR 175/02) WuM 2004, 154, 155.

[115] *Hinz* ZMR 2014, 593, 597.

[116] *Hinz* ZMR 2014, 593, 597, der hier viel Arbeit auf die Justiz zukommen sieht.

[117] *Abramenko* in Lützenkirchen, Mietrecht, § 556f Rn 90; *Emmerich* in Staudinger, § 556g Rn 35.

schneller beantwortet werden als Fragen nach einer Modernisierungsmaßnahme. Da der Mieter die Auskunft nicht zwingend zu Beginn des Mietverhältnisses verlangen muss, kann es sich dabei um lange in der Vergangenheit liegende Umstände handeln, die der Vermieter selbst erst umfangreich ermitteln muss. Hier können noch Zeiträume von mehreren Wochen angemessen sein. Das gilt insbesondere dann, wenn schon lange weggelegte Unterlagen herausgesucht werden müssen.

6. Verjährung des Auskunftsanspruchs

Der Auskunftsanspruch entsteht mit Abschluss des Mietvertrages. Solche Auskunftsansprüche unterliegen einer **selbständigen Verjährung** nach § 195 BGB.[118] Es gilt deshalb auch für den Anspruch nach § 556g Abs. 3 BGB eine dreijährige Verjährungsfrist ab Jahresende der Entstehung des Auskunftsanspruchs.[119] Soweit § 199 Abs. 1 Nr. 2 BGB den Verjährungsbeginn zusätzlich davon abhängig macht, dass der Gläubiger Kenntnis von den den Anspruch begründenden Tatsachen hat, liegen diese Voraussetzungen regelmäßig vor. Der Mieter muss nur wissen, dass die Wohnung zum Zeitpunkt des Mietvertragsabschlusses in einer Gemeinde mit angespannter Wohnungsversorgung liegt, die in eine entsprechende Landesverordnung aufgenommen wurde. Ob eine Überschreitung der zulässigen Miete vorlag, ist nicht Tatbestandsvoraussetzung für den Auskunftsanspruch. 42

Problematisch ist, dass der Mieter die **Rüge** theoretisch auch noch **nach Eintritt der Verjährung** hinsichtlich des Auskunftsanspruchs erheben kann und dann Rückzahlungsansprüche für danach fällig werdende Mieten entstehen können. Im Prozess muss der Mieter die Tatbestandsvoraussetzungen des § 556d Abs. 1 darlegen und beweisen und der Vermieter die Ausnahmetatbestände der §§ 556e, 556f BGB. Hinsichtlich der ortsüblichen Vergleichsmiete ist der Mieter dann alleine auf seinen Informationsstand angewiesen. Hinsichtlich der Ausnahmevorschriften kann er vorher nicht abschätzen, ob diese vorliegen und ob der Vermieter sich erfolgreich darauf berufen kann. All das rechtfertigt es aber nicht, den Auskunftsanspruch als Daueranspruch anzusehen, der nicht verjährt. Der Mieter hat es über drei Jahre in der Hand den Anspruch geltend zu machen. 43

Bei **Staffelmieten** muss jede einzelne Staffel auf die Zulässigkeit überprüft werden. Der **Auskunftsanspruch** entsteht deshalb auch für jede Staffel neu und beginnt auch jeweils neu zu verjähren. Es können mehrere Auskunftsansprüche zu den Tatsachen zu verschiedenen Zeitpunkten bestehen, die auch ein unterschiedliches Schicksal, wie z. B. Erfüllung oder Verjährungseintritt, erleiden können. Erteilt der Vermieter eine Auskunft z. B. über das Baualter zu einem Stichtag, dann besteht über die gleiche Tatsache zu den anderen Stichtagen kein Auskunftsanspruch mehr. 44

7. Folgen einer fehlenden Auskunft

a) Erteilt der Vermieter in angemessener Zeit keine Auskunft, kann der Vermieter den Anspruch **klageweise** geltend machen. Es handelt sich um eine nicht vertretbare Handlung. Vollstreckt wird ein solches Urteil gem. § 888 ZPO durch **Zwangsgeld** oder Zwangshaft.[120] Das gilt entsprechend auch bei einer unvollständigen Auskunft des Vermieters.[121] Fraglich ist, ob der Auskunftsanspruch als **Stufenklage** zusammen mit dem bereicherungsrechtlichen Rückzahlungsanspruch geltend gemacht werden kann. Dagegen spricht[122], dass der Mieter nur die Voraussetzungen des § 556d Abs. 1 darlegen und beweisen muss. Die Ausnahmetatbestände muss der Vermieter beweisen. Dem Mieter ist also eine Rückforderungsklage ohne vorherige Auskunft regelmäßig möglich, da die Tatsachen für die Ermittlung der ortsüblichen Vergleichsmiete in der Regel bekannt sind. Die Voraussetzungen des § 254 ZPO liegen deshalb nicht vor. Weder die Auskunfts- noch die Rückzahlungsklage ersetzen eine Rüge.[123] 45

b) Dem Mieter steht ferner gem. § 273 BGB ein **Zurückbehaltungsrecht** an der nach Ablauf der angemessenen Auskunftsfrist fällig werdenden Miete in voller Höhe[124] zu, bis der der Vermieter 46

---

[118] *Artz* in MünchKomm § 556g Rn 12; *Börstinghaus* DWW 2104, 202, 208; *Emmerich* in Staudinger, § 556g Rn 24; *Abramenko* in Lützenkirchen, Mietrecht, § 556g Rn 110; für den wettbewerbsrechtlichen Auskunftsanspruch ebenso: OLG Köln Urt. v. 21.11.2014 – 6 U 90/14 (juris).

[119] *Börstinghaus* DWW 2014, 202, 208; offengelassen von *Fleindl* WuM 2015, 212.

[120] *Blank* WuM 2014, 641, 656.

[121] *Blank* WuM 2014, 641, 657.

[122] So *Fleindl* WuM 2015, 212.

[123] Insofern unterscheidet sich eine Rüge vom bloßen Fortsetzungswiderspruch gem. § 545 BGB, dort BGH (VIII ZR 10/14) NJW 2014, 2568.

[124] *Blank* WuM 2014, 641, 656.

die Auskunft erteilt. Durch Zurückbehaltung der vollen Miete kann der Mieter erheblichen Druck auf den Vermieter ausüben, der es aber durch sein Verhalten in der Hand hat, die Fälligkeit der Miete herbeizuführen. Das ist auch nicht unangemessen, da es ja nur um „unschwer" zu erteilende Auskünfte gehen kann.[125] Das **Zurückbehaltungsrecht erlischt,** wenn die Auskunft erteilt ist. Ob sie richtig ist, ist dabei unerheblich, da mit Erteilung der Auskunft der Auskunftsanspruch des Mieters durch Erfüllung erloschen ist. Nur bei unvollständigen Auskünften bleibt das Zurückbehaltungsrecht bestehen, weil eine solche teilweise Auskunft keine Erfüllung darstellt.

47 **c)** Fraglich ist, ob das **Erfordernis der qualifizierten Rüge** für einen Rückforderungsanspruch nach § 556g Abs. 2 S. 1 BGB **entfällt,** wenn der Vermieter innerhalb angemessener Frist keine Auskunft erteilt.[126] Das erscheint zweifelhaft. Der Mieter kann ab Fälligkeit des Auskunftsanspruchs die Miete ganz zurückbehalten. **(a)** Wenn der Vermieter die Auskunft später erteilt, erlischt zwar das Zurückbehaltungsrecht, aber der Zahlungsanspruch des Vermieters besteht nur, soweit die Mietpreisabrede gem. § 556d Abs. 1 BGB wirksam ist. Die Miete wird im Übrigen auch erst nach Erteilung der Auskunft und Wegfall des Zurückbehaltungsrechts fällig, so dass der Mieter nach der Auskunft und vor der Fälligkeit der Miete noch eine qualifizierte Rüge erheben kann. **(b)** Erteilt der Vermieter gar keine Auskunft, besteht das Zurückbehaltungsrecht fort. Der Mieter muss also gar nichts zurückfordern. Im Übrigen kann er eine Rüge unter Berücksichtigung seines Verdachts vorsorglich erheben und sich die Konkretisierung nach Auskunftserteilung vorbehalten. Auch die zunächst mitgeteilten Verdachtsmomente sind Tatsachen. Ob sie letztendlich richtig sind oder nicht ist für die Frage, ob eine Rüge erfolgt ist, unerheblich. Die Richtigkeit der Auskunft ist eine materielle Frage des Rückforderungsanspruchs. Darüber hinaus können aber Schadensersatzansprüche bestehen (Rdn. 48).

48 **d)** In der **unterlassenen** Auskunft ist ebenso wie in einer **verspäteten** Auskunft oder einer **falschen Auskunft** aber eine **Pflichtwidrigkeit** des Vermieters zu sehen, die ihn gem. § 280 BGB schadensersatzpflichtig macht. Ein Rückzahlungsanspruch kommt unter Schadensgesichtspunkten in diesen Fällen in Betracht.[127] Einer Rüge bedarf es in diesen Fällen nicht.[128] Hat der Vermieter eine verlangte Auskunft über die Vormiete und/oder Modernisierungskosten nicht erteilt und der Mieter daraufhin den Rückzahlungsanspruch gem. § 556d Abs. 1 BGB berechnet und eingeklagt, liegt in dem Nachweis der Vormiete oder der Modernisierungskosten im Prozess kein erledigendes Ereignis. Die Klage war von Anfang an unbegründet. Die Klage ist auf eine **Kostenfeststellungsklage** umzustellen, da der Beklagte aus materiellen Gründen dem Mieter nach § 280 Abs. 1 BGB schadensersatzpflichtig ist.

49 **e)** Erteilt der Vermieter eine **falsche Auskunft** und unterlässt der Mieter es daraufhin zunächst eine Rüge zu erheben und Rückforderungsansprüche geltend zu machen, so kommen **Schadensersatzansprüche** des Mieters auf Rückzahlung der Beträge, die bei richtiger Auskunft und dann erhobener Rüge, bestanden hätten, in Betracht.[129] Der Vermieter ist zu einer wahren Auskunft verpflichtet. Das ergibt sich schon aus § 556g BGB aber auch aus einer nebenvertraglichen Rücksichtnahmepflicht gem. § 241 Abs. 2 BGB. Unterlässt der Mieter es, berechtigte Ansprüche auf Grund einer solchen falschen Auskunft geltend zu machen, so liegt ein kausaler Schaden vor. Der Vermieter muss zumindest fahrlässig gehandelt haben. Das ist insbesondere bei Erklärungen „ins Blaue hinein" der Fall.

50 **f)** Hat der Mieter wegen der unterbliebenen aber geschuldeten Auskunft des Vermieters z. B. zur Höhe der Vormiete oder der Modernisierungskosten nur in einer seiner Meinung nach gem. § 556d Abs. 1 BGB zulässigen Höhe an den Vermieter überwiesen, dann kann ggf. ein Rückstand, der gem. § 543 Abs. 2 Ziff 2 lit. b) BGB zur **Kündigung** berechtigt (siehe oben Rdn. 11), auflaufen. Die erste Frage ist, ob der Rückstand fällig war, weil dem Mieter ein **Zurückbehaltungsrecht** wegen der fehlenden Auskunft zusteht. Wenn man das vereint, stellt sich die Frage, ob der Mieter einer Kündigung, die mit dem wegen der fehlenden Auskunft entstanden Rückstand begründet wird, die **Arglisteinrede** entgegenhalten kann. Das ist zu bejahen.[130] In die Würdigung, ob die Fortsetzung des Mietverhältnisses für den Vermieter unzumutbar ist, ist ein vorangegangenes

---

[125] *Blank* WuM 2014, 641, 656.
[126] Dafür *Blank* WuM 2014, 641, 656.
[127] *Fleindl* WuM 2015, 212.
[128] *Fleindl* WuM 2015, 212.
[129] *Fleindl* WuM 2015, 212; *Blank* WuM 2014, 641, 658.
[130] So auch *Fleindl* WuM 2015, 212.

vertragswidriges Verhalten des Vermieters einzubeziehen.[131] Zwar hat diese Zumutbarkeitsabwägung gem. § 543 Abs. 1 BGB bei einer Zahlungsverzugskündigung nicht stattzufinden[132], jedoch kann auch eine solche Kündigung **treuwidrig** sein.[133] Das ist bei einem Zahlungsrückstand, der wegen einer fehlenden Auskunft entstanden ist, der Fall, auch wenn kein entschuldigender Rechtsirrtum des Mieters vorliegt.

V. Weitere Ansprüche

1. Allgemeines

Von der Frage des Schadensersatzes wegen falscher Auskunft (oben Rdn. 49) ist die Frage zu unterscheiden, ob der Vermieter sich wegen der Vereinbarung einer mietpreisrechtlich unzulässigen Miete schadensersatzpflichtig macht. Abs. 1 S. 3 enthält zwar eine eigene Anspruchsgrundlage auf Rückzahlung überzahlter Miete entsprechend bereicherungsrechtlichen Vorschriften, hierdurch werden aber etwaige weitergehende Ansprüche auf Schadensersatz aufgrund allgemeiner Vorschriften nicht ausgeschlossen.[134] 51

2. Schadensersatz

Es entspricht ständiger Rechtsprechung, dass bei einem unwirksamen Vertrag die Partei wegen **Verschuldens bei Vertragsverhandlungen** schadensersatzpflichtig sein kann, die den Grund der Unwirksamkeit zu vertreten hat.[135] Das gilt z. B. auch bei der Verwendung unwirksamer allgemeiner Geschäftsbedingungen.[136] Zu ersetzen sind diejenigen Aufwendungen, die der Vertragspartner im Vertrauen auf die Wirksamkeit des Vertrages getätigt hat.[137] In der Vereinbarung einer Miete unter Verstoß gegen § 556d Abs. 1 BGB ist eine solche Verletzung vorvertraglicher Pflichten des Vermieters zu sehen.[138] Fraglich ist das Verschulden des Vermieters. Er muss mindestens fahrlässig i. S. d. § 276 BGB gehandelt haben. Das wird nach § 280 Abs. 1 S. 2 BGB vermutet. Insbesondere bei der Ermittlung der ortsüblichen Vergleichsmiete in **Gemeinden ohne Mietspiegel** oder der genauen Spanneneinordnung in Gemeinden mit Mietspiegel kann es an der Sorgfaltspflichtverletzung im Einzelfall fehlen. Aber auch hier gilt, dass an einen entschuldbaren Rechtsirrtum hohe Anforderungen zu stellen sind.[139] Ein Beraterverschulden muss der Vermieter sich zurechnen lassen.[140] Zu ersetzen ist grds nur das **negative Interesse.** Hier ordnet § 556g Abs. 1 S. 3 BGB aber gerade an, dass der Mietvertrag ansonsten wirksam bleibt, so dass ausnahmsweise der unzulässige Teil der gezahlten Miete als Schadensersatz zu ersetzen ist.[141] Solche Ansprüche sind aber vor Zugang einer Rüge ausgeschlossen.[142] 52

3. Kündigung

Da es sich bei Vereinbarung einer mietpreisrechtlich unzulässigen Miete um eine Pflichtwidrigkeit des Vermieters handelt (oben Rdn. 52) liegt zugleich auch ein Kündigungsgrund vor.[143] Ob eine fristlose Kündigung gem. § 543 Abs. 1 BGB oder eine ordentliche Kündigung gem. § 573 Abs. 2 Ziff. 1 BGB in Betracht kommt, hängt von den Umständen des Einzelfalls, insbesondere der Höhe des mietpreiswidrigen Teils der Miete, dem Verschulden des Vermieters und seiner Reaktion auf das Rückzahlungsverlangen ab. Bei hohen Beträgen oder Vorsatz kann eine Vertragsfortsetzung 53

---

131 BGH (VIII ZR 289/13) NJW 2014, 2566.
132 BGH (VIII ZR 175/14) NZM 2015, 196.
133 So auch *Fleindl* WuM 2015, 212.
134 BT-Drs. 18/3121 S. 37.
135 BGHZ 6, 330, 333; 18, 248, 252; BGH NJW 1965, 812, 814; OLG Düsseldorf BB 1975, 201.
136 BGH NJW 1984, 2816, 2817; NJW 1994, 2754, 2755; KG NJW 2009, 2688; ausführlich *Schmidt* WuM 2010, 191.
137 BGH (VIII ZR 280/85) NJW 1987, 639 für sittenwidrige Vereinbarung nach § 138 BGB.
138 *Fleindl* WuM 2015, 212.
139 BGH (XII ZR 48/10) WuM 2012, 323; BGH (VIII ZR 138/11) NJW 2012, 2882.
140 BGH (VIII ZR 102/06) NJW 2007, 428; *Blank* NZM 2007, 788.
141 *Fleindl* WuM 2015, 212; *Blank* WuM 2014, 641, 658.
142 *Fleindl* WuM 2015, 212; *Hinz* ZMR 2014, 593, 599, die beide aber unterschiedlicher Auffassung sind, ob das auch in den unter § 826 BGB zu subsumierenden Extremfällen zu gelten hat.
143 *Fleindl* WuM 2015, 212; *Blank* WuM 2014, 641, 658.

unzumutbar sein. In diesem Fall entfällt auch das Abmahnungserfordernis gem. § 543 Abs. 3 BGB.[144] Bestand ein Kündigungsgrund, egal ob außerordentlich oder ordentlich, hat der Vermieter dem Mieter auch den Kündigungsfolgeschaden (Umzug, Mietdifferenz pp) zu erstatten.[145] Da der Mieter den Vermieter vor Vertragsschluss nicht auf die Überschreitung der zulässigen Wiedervermietungsmiete hinweisen muss, kann der Vermieter den Mietvertrag wegen des Berufens auf die Beschränkung nach diesem Unterkapitel auch nicht kündigen.[146]

4. Anfechtung

54 Gemäß § 123 BGB kann der Mieter seine auf Abschluss des Mietvertrages gerichtete Willenserklärung anfechten, wenn er zu ihrer Abgabe durch arglistige Täuschung bestimmt wurde. Dies kann auch **noch nach Übergabe** der Mietsache geschehen.[147] Im Zusammenhang mit der Begrenzung der Wiedervermietungsmiete liegt eine arglistige Täuschung vor, wenn der Vermieter beim Mieter einen Irrtum erregt oder aufrechterhält, indem er ihm falsche Tatsachen vorspiegelt oder wahre Tatsachen unterdrückt.[148] Erforderlich ist also eine bewusste Irrtumserregung mit Täuschungswillen.[149] Theoretisch kann dies auch durch Schweigen erfolgen, dann muss aber eine Offenbarungspflicht bestehen. Das ist bei den Tatsachen, die die Höhe der zulässigen Wiedervermietungsmiete betreffen, nicht der Fall. Ungefragt muss der Vermieter hier keine Angaben machen. Dem Mieter steht ausdrücklich ein Auskunftsanspruch zu. Hat der Vermieter den Mieter bei Mietvertragsabschluss aber **arglistig über Tatsachen getäuscht,** die für die Berechnung der zulässigen Miete nach diesem Unterkapitel von Bedeutung sind, z. B. das Baualter des Hauses, die Vormiete oder die Modernisierungskosten, so kann der Mieter den Mietvertrag gem. § 123 BGB anfechten.[150] Die die Arglist des Vermieters begründenden Umstände muss der Mieter beweisen, nicht muss sie der Vermieter ausräumen.[151] Nach der Anfechtung ist **der ganze Mietvertrag von Anfang an unwirksam** und ist rückabzuwickeln. Der Mieter schuldet die Herausgabe der Wohnung, der Vermieter die Rückzahlung der vereinnahmten Mieten, wobei der Mieter die **ortsübliche Miete** gem. § 818 BGB schuldet. Diese ist nicht um 10% zu erhöhen.[152] Umgedreht kann auch der Vermieter den Mietvertrag nicht anfechten, wenn der Mieter sich auf die Begrenzung der Wiedervermietungsmiete beruft. Der Mieter muss den Vermieter nämlich vor Vertragsschluss nicht auf die Überschreitung der zulässigen Wiedervermietungsmiete hinweisen.[153]

---

144 *Fleindl* WuM 2015, 212.
145 *Fleindl* WuM 2015, 212; *Blank* WuM 2014, 641, 658.
146 AG München DWW 2016, 340 m. Anm. *Börstinghaus* WuM 2017, 186.
147 BGHZ (VIII ZR 67/06) 178, 16; BGH (VIII ZR 123/09) NZM 2010, 786; (VIII ZR 192/08) NJW 2010, 3362; offen gelassen noch in BGHZ 137, 255, 266.
148 *Wendtland* in: Bamberger/Roth, BGB, § 123 BGB Rn 7.
149 *Fischer* WuM 2006, 3, 9.
150 *Fleindl* WuM 2015, 212.
151 BGHZ 117, 260, 263; BGH NJW-RR 2003, 989.
152 *Fleindl* WuM 2015, 212.
153 AG München DWW 2016, 340 m. Anm. *Börstinghaus* WuM 2017, 186.

Unterkapitel 2. Regelungen über die Miethöhe

Vorbemerkung zu §§ 557–557b BGB

Systematische Übersicht

Alphabetische Schnellübersicht

A. Entstehungsgeschichte und Entwicklung der Regelungen

I. Allgemeines

Die im Unterabschnitt *Regelungen über die Miethöhe* im BGB enthaltenen Vorschriften der §§ 557–561 BGB sind das vorläufige Endergebnis[1] einer langen Reihe von gesetzlichen Regelungen zum Mietpreisrecht.[2] Das seit dem Mietrechtsreformgesetz vom 19. Juli 2001[3] im BGB enthal- 1

[1] Zuletzt wieder geändert durch das Gesetz zur Dämpfung des Mietanstiegs auf angespannten Wohnungsmärkten und zur Stärkung des Bestellerprinzips bei der Wohnungsvermittlung (Mietrechtsnovellierungsgesetz – MietNovG v. 21.4.2015) BGBl 2015, 610.

[2] *Herrlein,* 100 Jahre „Mietpreisbremse", NZM 2016, 1; *ders.,* Ein Leben mit der Miete, NJW 2017, 711; *Hügemann,* Die Geschichte des öffentlichen und privaten Mietpreisrechts vom Ersten Weltkrieg bis zum Gesetz zur Regelung der Miethöhe von 1974, Frankfurt 1998; *Hinkelmann,* Die ortsübliche Miete, 1998, S. 15 ff.; *Eisenschmid* in: Betriebskostenkommentar, Rdn. 1000 ff.; *Emmerich* in Staudinger Vorbem. Zu § 535 BGB Rdn. 1 ff.; *Derleder* in: Alternativkommentar zum BGB (1979) vor § 535 BGB Rdn. 36 ff.; *Derleder,* Zur Geschichte und zu den Perspektiven des sozialen Mietrechts, DMT-Bilanz, S. 93; *ders.,* Das Wohnraummietrecht in der Krise des Sozialstaats, FS Blank (2006) S. 673; *ders.,* Die Regulierung des Mietwohnungsmarktes, KJ 2015, 5; *Horst,* Mietrecht im Spannungsfeld zwischen Eigentumsschutz und Sozialverantwortung, DWW 2008, 298 mit Hinweis auf die Langfassung im Internet; *Sonnenschein,* Die Geschichte des Wohnraummietrechts, PiG 49, 7; *Schubert,* Vom preußischen Mietrecht zum Mietrecht des BGB, GS für Prof. Dr. Jürgen Sonnenschein, 2002, S. 11; *Bub,* Die Wohnraummiete als Vergleichsmiete, PiG 10, 177; Zur Geschichte des Wohnraummietrechts insgesamt auch *Artz,* Von Reformen und Reförmchen – Zur Entwicklung des deutschen Wohnraummietrechts seit der „Großen Mietrechtsreform" 2001; *Weiss,* Die Entwicklung des Mieterschutzes, Diss Berlin 1993; *Petersen,* Die Vorgeschichte und die Entstehung des Mieterschutzgesetzes von 1923 nebst der Anordnung für das Verfahren vor dem Mieteinigungsamt und der Beschwerdestelle, Diss Kiel 1998; *Börstinghaus,* Die Entwicklung des Mietpreisrechts in Deutschland, in FS Bub S. 283; *Kühne-Büning/Plumpe/Hesse,* Zwischen Angebot und Nachfrage, zwischen

tene Miethöherecht ist, auch wenn man die Geltung des Gesetzes zur Regelung der Miethöhe[4] hinzurechnet, für ein Zivilgesetz noch relativ jung. Es unterlag in seiner kurzen Geschichte ganz unterschiedlichen Einflüssen und wurde demgemäß mehrmals inhaltlich verändert. Die jeweilige Fassung des Gesetzes, aber auch die jeweiligen Streit- und Diskussionspunkte, sind demgemäß auch ein Spiegelbild der jeweiligen Zeit.[5] Dabei ging es damals wie auch heute im Wesentlichen um die Frage der Ermittlung der ortsüblichen Vergleichsmiete und das Verfahren zur Durchsetzung des Anspruchs.

II. Die Nachkriegsgeschichte

2 Nach dem Krieg[6] herrschte in Deutschland eine heute kaum noch vorstellbare Wohnungsnot. Der bereits vor dem Krieg bestehende Wohnungsfehlbestand[7] war durch die gigantischen kriegsbedingten Zerstörungen noch um ein Vielfaches vergrößert worden.[8] Unter dem Vorzeichen dieses Wohnungsmangels stand deshalb die Mietenpolitik der Nachkriegszeit. Neben der **Wohnraumbewirtschaftung** war die **Mietpreisbindung** das wesentliche Instrument. Auf Grund des Kontrollratsgesetzes Nr. 18 vom 31.3.1946[9] herrschte bei der Gründung der Bundesrepublik ein vollständiger **Mietpreisstopp.**[10] Die ersten Maßnahmen nach dem Krieg bezogen sich deshalb auf die schrittweise Aufhebung dieser Mietpreisbindungen für den Wohnungsneubau.[11] Die Mietbindungen bei Altbauwohnungen hatten demgegenüber noch viele Jahre Bestand. Die Mietpreisbindungen auf Grund des bereits bis 1945 geltenden Rechts[12] wurden noch längere Zeit beibehalten. Mieterhöhungen waren nur in sehr eingeschränktem Maße möglich. Erst 10 Jahre nach Kriegsende erlaubte das 1. Bundesmietengesetz[13] im Jahre 1955 eine prozentual gestaffelte Mieterhöhung zwischen 10 und 20%. Erst die dritte Regierung Adenauers hatte sich die Überführung der Wohnungswirtschaft in die Marktwirtschaft nach Ende der Wohnungsnot auf die Fahnen geschrieben.[14] Zu diesem Zeitpunkt gab es bei der Mietpreisbindung drei Arten von Wohnungen:

- Wohnungen ohne Preisbindung. Hierbei handelte es sich um den nach 1949 errichteten freifinanzierten Wohnungsneubau.
- Wohnungen mit Preisbindung
- öffentlich geförderter oder steuerbegünstigter Wohnraum für den zunächst noch die sog. Richtsatzmiete galt, an deren Stelle dann durch das 2. WohnBauG die Kostenmiete trat.
- der preisgebundene Altbaubestand:

3 Diese Dreiteilung hatte mit der Zeit zu starken Verzerrungen auf dem Wohnungsmarkt geführt, da die Höhe der Miete im Altbaubestand nicht frei vereinbart werden konnte, was die Schere zu

Regulierung und Konjunktur – Die Entwicklung der Wohnungsmärkte in der Bundesrepublik 1949–1989/1990–1998, in Geschichte des Wohnens Band 5 S. 153ff.; *Kornemann,* Gesetze, Gesetze … Die amtliche Wohnungspolitik in der Zeit von 1918–1945 in Gesetzen, Verordnungen und Erlassen, in Geschichte des Wohnens, Bd. 4 S. 599; *Oestmann* in HKK, §§ 535 – 580a BGB Rdn 92ff.

[3] BGBl. I S. 1149.

[4] Vom 18.12.1974 (BGBl. I S. 3603, 3604).

[5] *Sonnenschein* PiG 49, 9; *ders.* ZdWBay 1996, 597.

[6] Zur Geschichte des Miethöherechts vor dem 2. Weltkrieg siehe *Börstinghaus,* Miethöhe-Handbuch, Kap. 1 Rdn. 2–39.

[7] *Riesen/Langrock* Kriegsfolgen und Wohnungsbau, in *Wandersleb* (Hrsg.), Handwörterbuch des Städtebaues, Wohnungs- und Siedlungswesen, Band II, Stuttgart 1959, S. 974.

[8] *Herrlein* NZM 2016, 1, 7.

[9] Einen Rückblick auf das Gesetz aus heutiger Sicht bei *Tiweer* WuM 1997, 162.

[10] Zum Zeitpunkt des Beitritts der DDR am 3.10.1990 war der gesamte dortige Wohnungsbestand immer noch preisgebunden. Diese Preisbindung ging z. T. auf die gleichen reichsrechtlichen Preisvorschriften zurück; s. hierzu *Börstinghaus/Meyer* Die Mietzinserhöhung bei Wohnraummietverträgen in den neuen Bundesländern, Herne, 1995, Rdn. 2.

[11] 1. WohnBauG v. 24.4.1950 (BGBl. I S. 83).

[12] S. hierzu ausführlich: *Sonnenschein* PiG 49, 7.

[13] Gesetz v. 27.7.1955 (BGBl. I S. 458).

[14] Zur Geschichte der Wohnungspolitik seit 1945 s. *Conradi/Zöpel* Wohnen in Deutschland – Not im Luxus, Hamburg 1994, S. 81–129.

den Neubaumieten immer größer werden ließ.[15] Ziel des Gesetzgebers war es, die **Wohnraumbewirtschaftung** zu lockern und den Mietenstopp für Altbauwohnungen aufzuheben. Neben dem noch heute zumindest für einen Teil des Altbaubestandes geltenden 2. Wohnungsbaugesetz,[16] durch das sowohl eine quantitative wie auch eine qualitative Steigerung des Wohnungsneubaus erreicht werden sollte und auch wurde, war das 2. Bundesmietengesetz (2. BMG), das als Teil des *„Gesetzes über den Abbau der Wohnungszwangswirtschaft und über ein soziales Miet- und Wohnrecht (Abbaugesetz)"* vom 23.6.1960[17] verkündet worden war, das wichtigste Instrumentarium. Hierdurch wurden die z.T. noch aus der Zeit vor dem 1. Weltkrieg stammenden zwangswirtschaftlichen Bindungen schrittweise aufgehoben. Gemäß § 1 Abs. 1 des 2. BMG wurde zunächst für Wohnraum, der bis zum 20.6.1948 bezugsfertig geworden war, eine generelle Mieterhöhung von 15% gestattet. Daneben erlaubte § 2 des 2. BMG weitere Mieterhöhungen entsprechend einer Tabelle (= **Tabellenmiete**). Schließlich ordnete § 15 des 2. BMG die schrittweise Freigabe der Mietpreise für preisgebundenen Wohnraum für die Zeit vom 1.7.1963 bis 1. Januar 1966 an. Diese Fristen wurden später zum Teil verlängert.[18] In Folge dessen wurde bis Ende 1968 mit Ausnahme von West-Berlin die Mietpreisbindung aufgehoben. Neben der zeitlichen Staffelung regelte § 17 des 2. BMG auch noch die betragsmäßige Anpassung. Im ersten Jahr nach der Freigabe der Mieten durfte der Vermieter einseitig entsprechend § 23 des 1. BMG statt der preisrechtlich zulässigen Miete nur eine *„angemessen erhöhte Miete"* verlangen. Eine Miete galt dabei als „angemessen erhöht", wenn sie die Kostenmiete nicht überstieg. Allen gesetzlichen Regelungen und zwar sowohl der Vorkriegszeit als auch den bis Mitte der sechziger Jahre geltenden Regelungen war gemein, dass der Vermieter durch einseitige Erklärung, die ggf. an weitere formale Voraussetzungen, wie Schriftform oder Begründungspflicht, geknüpft war, die Miete erhöhen konnte. Zwischen 1967 und 1968 war somit für den größten Teil des Wohnungsbestandes die Mietpreisbindung entfallen. Dies hatte die Folge, dass damit grundsätzlich die auf weitgehender **Vertragsfreiheit** beruhenden Regelungen des BGB in Kraft traten. Diese wurde dem besonderen Wirtschaftsgut *Wohnung* aber nur unzureichend gerecht und deshalb auch als unbefriedigend empfunden.[19]

III. Das Miethöhegesetz

Diese neue Rechtslage erlaubte dem Vermieter zum Zwecke der Mieterhöhung eine **Änderungskündigung** vorzunehmen. Auf Grund des zu diesem Zeitpunkt noch herrschenden Wohnungsmangels führte diese Rechtslage zu Mieterhöhungen im großen Umfang.[20] Die sozialliberale Koalition hat deshalb durch § 1 Abs. 4 des *„Gesetzes über den Kündigungsschutz für Mietverhältnisse über Wohnraum"* vom 25.11.1971[21] die Kündigung zum Zwecke der Mieterhöhung ausdrücklich ausgeschlossen.[22] Zum Ausgleich dafür wurde dem Vermieter ein Anspruch auf Zustimmung zu einer Mieterhöhung eingeräumt. Das Gesetz trat am 28.11.1971 in Kraft. Damit war das **Konstrukt der ortsüblichen Vergleichsmiete**[23] in seiner heutigen Form[24] geschaffen. Im Anwendungsbereich der § 558ff BGB ist im Übrigen ein Rückgriff auf die Grundsätze des Wegfalls der Geschäftsgrundlage gem. § 313 BGB regelmäßig ausgeschlossen.[25] 4

[15] S. hierzu auch „Wohnungspolitik nach dem 2. Weltkrieg", aus der Schriftenreihe Forschung des Bundesministers für Raumordnung, Bauwesen und Städtebau, Band 482, S. 84ff.
[16] BGBl. 1956 I S. 523.
[17] BGBl. I S. 97.
[18] Schlussterminsänderungsgesetz v. 24.8.1965 (BGBl. I S. 969).
[19] *Roth* WuM 1987, 176, 177.
[20] „Wohnungspolitik nach dem 2. Weltkrieg", aus der Schriftenreihe Forschung des Bundesministers für Raumordnung, Bauwesen und Städtebau, Band 482, S. 223 m.w.N.
[21] BGBl. I S. 1839.
[22] Zum 1. WKSchG s. auch *Häusler* DWW 1971, 376; *Lutz* DWW 1971, 383; *Schmidt* WuM 1971, 193; *ders.* WuM 1972, 1; *Schmidt-Futterer* NJW 1972, 86; *Schopp* ZMR 1972, 1; *Sternel* WuM 1972, 185.
[23] *Derleder* in FS Blank (2006) S. 673, 674 hat dies als die einzige „geniale Idee des Wohnraummietrechts" bezeichnet.
[24] Zu den diversen Vorgängerregelungen siehe *Börstinghaus,* Miethöhe-Handbuch, 2. Aufl., Kap. 1 Rdn. 2–40.
[25] BGH (VIII ZR 266/14) NJW 2016, 239 m. Anm. *Börstinghaus* LMK 2016, 375498; *Heix* WuM 2016, 263; ebenso *Hirsch* ZMR 2007, 1, 5; *Schröder* ZMR 2015, 823; **a. A.** AG Hamburg-Harburg ZMR 2015, 865, 866 unter falsch verstandenem Hinweis auf die Kommentierung des *Verf.* bei § 558 Rdn. 59 (falsche Tatsachen im Erhöhungsverlangen).

5 Der Gesetzgeber ging damals davon aus, dass es sich nur um eine Übergangsregelung handelte. Die Regelung sollte nur ca. 2 Jahre gelten und am 31.12.1974 außer Kraft treten.[26] Neben formalen Voraussetzungen wie die Einhaltung von Jahres-, Überlegungs- und Klagefristen, sowie ersten Bestimmungen über das Begründungserfordernis, war somit wichtigste Voraussetzung für den Zustimmungsanspruch des Vermieters, dass die verlangte Miete nicht die so genannte ortsübliche Vergleichsmiete überschritt. Damit stellte das Gesetz auf tatsächlich gezahlte Mieten als Obergrenze ab und nicht auf eine nach Wirtschaftlichkeitsgesichtspunkten zu ermittelnde Kostenmiete. Dies System wurde auch vom BVerfG gebilligt.[27] Die Vergleichsmiete sollte bereits damals nach den fünf noch heute geltenden Wohnwertmerkmalen „Art, Größe, Beschaffenheit, Ausstattung und Lage" erfolgen. Zu Recht wurde auf die damit verbundenen Schwierigkeiten sofort hingewiesen[28] und vorgeschlagen, dass die Interessenverbände der Vermieter und Mieter unter Mitwirkung der Gemeinden zweckmäßigerweise eine Tabelle erarbeiten sollten, aus der sich die ortsüblichen Vergleichsmieten ergeben sollten.[29]

6 Diesen Vorschlag hat der Gesetzgeber in der Folgezeit aufgegriffen. Da das Gesetz nach Ansicht des Gesetzgebers zu einer Beruhigung im Verhältnis zwischen Mietern und Vermietern sowohl hinsichtlich der Mieterhöhungen als auch der Rechtsstreitigkeiten geführt hatte,[30] wurden die Vorschriften über Mieterhöhungen in einem zeitlich nicht befristeten *„Gesetz zur Regelung der Miethöhe"*,[31] das Teil des 2. WKSchG war, weiterhin außerhalb des BGB zusammengefasst. Damit wurde auch für das Mietpreisrecht die Abkehr vom Not- und Übergangsrecht zum **Dauerrecht** vollzogen. Auf Grund der 2-jährigen Erfahrungen mit dem 1. WKSchG hat der Gesetzgeber bei der Formulierung des Gesetzes vor allem die Anforderungen an die Begründung des Mieterhöhungsverlangens den Bedürfnissen der Praxis angepasst. Gerade das Begründungserfordernis und die damit verbundene Verpflichtung, bestimmte Formalien einzuhalten, erregte in den Fachzeitungen die Gemüter, was darin gipfelte, dass man sich darauf versteifte, die Beibringung von Vergleichsmieten sei *„entwürdigend"* und verletze die *„Menschenwürde der Vermieter"*.[32] Obwohl das 1. WKSchG nur verlangte, dass der Vermieter sein Erhöhungsverlangen begründete, entsprach es nämlich schnell h. M.,[33] dass er mehrere Vergleichsobjekte[34] angeben musste, anhand derer der Mieter die Ortsüblichkeit der verlangten Miete überprüfen konnte. Um hier die formalen Anforderungen zu verringern und andererseits insbesondere durch Mietspiegel[35] zu größerer Transparenz auf dem Mietemarkt zu kommen, wurden bei der Neuregelung deshalb in § 2 Abs. 2 MHG drei Möglichkeiten der Begründung eingeführt, nämlich die Benennung von 3 Vergleichswohnungen, die Berufung auf entsprechende Mietspiegelwerte und das vorprozessuale Sachverständigengutachten. Aber auch der Begriff der ortsüblichen Vergleichsmiete erfuhr seine erste und nicht letzte Korrektur. Es wurde ausdrücklich klargestellt, dass nur **Mieten für nicht preisgebundenen Wohnraum** in die ortsübliche Vergleichsmiete einfließen dürfen.

7 Nach Ende der sozial-liberalen Koalition wollte die neue Bundesregierung eine Belebung der Wohnungsbautätigkeit erreichen. Zu diesem Zwecke wurde u. a. auch das MHG durch das „Gesetz zur Erhöhung des Angebots an Mietwohnungen"[36] geändert. Die Änderungen betrafen zum einen den Begriff der ortsüblichen Vergleichsmiete und zum anderen die Voraussetzungen unter denen dem Vermieter gegenüber dem Mieter ein Anspruch auf Zustimmung zustand. Der Begriff der ortsüblichen Vergleichsmiete erfuhr dahin gehend eine Einschränkung, dass bei der Berechnung der ortsüblichen Vergleichsmiete nur **Vereinbarungen der letzten drei Jahre** herangezogen wer-

[26] Nach *Rupp* DWW 1979, 279, 280 wurde diese Befristung zunächst auch von allen am Wohnungswesen interessierten Parteien Ernst genommen, da die Regelung der seinerzeitigen Wirtschaftsauffassung der Marktwirtschaft widersprach.

[27] BVerfG NJW 1974, 1499.

[28] *Barthelmess* ZMR 1972, 165, 169.

[29] Entsprechende Anträge des Landes Schleswig-Holstein scheiterten aber im Rechtsausschuss des Bundesrates.

[30] So die Gesetzesbegründung BT-Drucks. 7/2011 S. 1.

[31] BGBl. I 1974 S. 3603.

[32] So *Klien* NJW 1973, 974, 976.

[33] *Sternel* WuM 1972, 185, 186.

[34] Vereinzelt wurde die Angabe von bis 20 Vergleichsobjekten verlangt, s. die Gesetzesbegründung BR-Drucks. 161/74 S. 10.

[35] Zur Aufstellung von Mietspiegel siehe *Börstinghaus/Clar,* Mietspiegel – Probleme der Erstellung und Anwendung, 2. Aufl., 2013.

[36] BGBl. I 1982 S. 1912.

den durften. Da hierdurch ein großer Teil der Bestandsmieten aus dem Begriff ausgeklammert wurde, sollte dies zu einer generellen Anhebung der ortsüblichen Vergleichsmiete führen. Im Gegenzug dazu beschränkte der Gesetzgeber Mieterhöhungen auf 30% in 3 Jahren **(Kappungsgrenze).** Ferner wurde in § 2 Abs. 5 MHG im Anschluss an das gescheiterte **Mietspiegelgesetz**[37] im Rahmen einer Soll-Vorschrift den Gemeinden eine Verpflichtung zur Aufstellung von Mietspiegeln auferlegt. Die Bundesregierung wurde ferner ermächtigt, durch Rechtsverordnung Vorschriften über den näheren Inhalt und das Verfahren zur Aufstellung und Anpassung von Mietspiegeln zu erlassen. Hiervon hat sie weder unter Geltung des MHG bis August 2001 noch bisher[38] unter Geltung der neuen Ermächtigungsgrundlage in § 558c Abs. 5 BGB Gebrauch gemacht. Es gab und gibt jeweils nur die unter Federführung des Bundesministeriums für Verkehr, Bauen und Wohnen erstellten rechtlich aber völlig unverbindlichen „Hinweise zur Aufstellung von Mietspiegeln".[39]

8 Eine weitere größere Änderung erfuhr der Begriff der ortsüblichen Vergleichsmiete durch das 4. Mietrechtsänderungsgesetz[40] vom 21.7.1993.[41] Hierdurch wurde der Zeitraum der Vereinbarungen, die in die ortsübliche Vergleichsmiete einfließen sollten, auf **vier Jahre** verlängert. Dies sollte wiederum in Zeiten starker Nachfrage in Folge starker Wanderungsbewegungen zu einer – künstlichen[42]– Absenkung der ortsüblichen Vergleichsmiete führen, da auch länger zurückliegende niedrigere Bestandsmieten einbezogen werden.

9 In den **neuen Bundesländern** glich der Rechtszustand zum Zeitpunkt des Beitritts 1990 sehr demjenigen nach Ende des 2. Weltkrieges in den alten Bundesländern.[43] Auch dort war der Wohnungsbestand im Wesentlichen preisgebunden. Wie beim Übergang von der Preisbindung zur – relativen – Preisfreiheit in den 60er Jahren, hat der Gesetzgeber nach dem Beitritt auch für die neuen Länder zunächst betragsmäßig feste Mieterhöhungen[44] und auf Grund des Mietenüberleitungsgesetzes[45] prozentuale Mieterhöhungen zugelassen. Dies hatte seine Ursache vor allem darin, dass die übergangslose Einführung des Vergleichsmietensystems in den neuen Ländern faktisch zu einem Mietenstopp geführt hätte.[46] Nachdem diese Übergangsregelungen seit 1998 ausgelaufen sind, gilt auch in den neuen Bundesländern das Vergleichsmietensystem. Konsequenterweise hat der Gesetzgeber mit dem In-Kraft-Treten des Mietrechtsreformgesetzes am 1.9.2001 alle Sondervorschriften für Mieterhöhungen in den neuen Bundesländern abgeschafft.

IV. Das Mietrechtsreformgesetz 2001

10 Zum 1.9.2001 trat das Mietrechtsreformgesetz in Kraft. Ziel der Mietrechtsreform war die Vereinfachung des Mietrechts i. S. v. Klarheit, Verständlichkeit und Transparenz. Mieter und Vermieter sollen in die Lage versetzt werden, im Wesentlichen ihre Rechte und Pflichten auch ohne fachliche Hilfe soweit wie möglich selbst erkennen zu können.[47] Um dies zu erreichen wurde der Aufbau des BGB völlig geändert. Um die besondere Bedeutung des Wohnraummietrechts hervorzuheben,

---

[37] Dazu *Börstinghaus/Clar,* Mietspiegel, Rdn. 68 sowie S. 322.

[38] Im Jahre 2016 hat das BMJV einen Referentenentwurf einer „Verordnung über den Inhalt und das Verfahren zur Aufstellung und zur Anpassung von Mietspiegeln sowie zur Konkretisierung der Grundsätze für qualifizierte Mietspiegel" in die interne Abstimmung der Ministerien gegeben. In der 18. Legislaturperiode ist die Verabschiedung nicht mehr erfolgt (dazu § 558c–d Rn. 5).

[39] Die aktuelle Fassung ist abgedruckt bei *Börstinghaus,* Miethöhehandbuch, 2., Aufl., S. 764, die älteren Fassungen sind abgedruckt bei *Börstinghaus/Clar* Mietspiegel, S. 335ff.

[40] Hierzu *Blank* WuM 1993, 503 und 573; *Bub* NJW 1993, 2897; *Schilling* Neues Mietrecht 1993.

[41] BGBl. I S. 1257.

[42] *Herrlein* NZM 2016, 1, 8.

[43] *Herrlein* NZM 2016, 1, 7.

[44] 1. GrundMV v. 17.7.1991 (BGBl. I S. 1269) und 2. GrundMV v. 27.7.1992 (BGBl. I S. 1416).

[45] S. dazu auch die Kommentierung in der 7. Auflage zu §§ 11–17 MHG; *Börstinghaus/Meyer* Die Mietzinserhöhung bei Wohnraummietverträgen in den neuen Bundesländern, Herne 1995 mit Einleger Stand 1.1.1996; *Beuermann* Mietenüberleitungsgesetz und Miethöhegesetz; *Eisenschmid* WuM 1995, 363; *Jennißen/Wagner* ZMR 1996, 409; *Kinne* Mietfestsetzung zum 1.8.1995; *Meyer* ZMR 1995, 567; *Meyer/Börstinghaus* WuM 1996, 5; *Pfeifer* DtZ 1995, 309; *Schilling/Heerde* Mietrecht in den neuen Bundesländern von A–Z, Einleger „Mietenüberleitungsgesetz und andere Sonderregelungen in den neuen Bundesländern" Juni 1995; *Söfker* Mietenüberleitungsgesetz, *Sternel* ZMR 1995, 437.

[46] Mit dieser Begründung hat das BVerfG die Regelungen der GrundMV für verfassungsgemäß erachtet: NJW 1995, 511.

[47] *Börstinghaus/Eisenschmid,* Arbeitskommentar Neues Mietrecht, S. 2.

wurde ein eigenes Kapitel „Mietverhältnisse über Wohnraum" (§§ 549–577a BGB) geschaffen. Die Vorschriften des MHG, die übernommen wurden, sind dort in einem eigenen Unterkapitel „Regelungen über die Miethöhe" einsortiert worden. Ferner war der Gesetzgeber der Auffassung, dass lange Vorschriften schwerer zu verstehen sind als kurze. Deshalb wurden besonders lange Vorschriften des alten Rechts, insbesondere der damals völlig außer Kontrolle geratene § 2 MHG, auf mehrere Vorschriften aufgeteilt.

V. Das Mietrechtsänderungsgesetz 2013

11 Im Zuge des immer größere Bedeutung bekommenden Klimaschutzes wurden durch das „Gesetzes über die energetische Modernisierung von vermietetem Wohnraum und über die vereinfachte Durchsetzung von Räumungstiteln (Mietrechtsänderungsgesetz)[48] vom 11.3.2013 auch Vorschriften des Miethöherechts verändert. Es ging dabei vor allem um eine Entflechtung des Duldungsanspruchs und der anschließenden Mieterhöhung nach einer Modernisierungsmaßnahme. Der bisher vom Mieter mögliche Einwand der fehlenden wirtschaftlichen Leistungsfähigkeit bereits gegen den Duldungsanspruch wurde so gefasst, dass er nunmehr allenfalls gegen die spätere Mieterhöhung nach § 559 BGB erhoben werden kann. Ferner wurde eine neue Ausschlussfrist eingefügt, binnen derer sich der Mieter auf diesen und auch die übrigen Härtegründe berufen muss. In § 559 BGB wurde die Begriffsbestimmung zur Definition dessen, was eine Modernisierung ist, des § 555b BGB übernommen. Kodifiziert wurde die Rechtsprechung, wonach Erhaltungskosten von vornherein nicht zu den Modernisierungskosten gehören. Gesetzlich ausdrücklich gestattet wurde deren Ermittlung durch Schätzung. Solche formellen Erleichterungen wurden auch für die Modernisierungsmieterhöhung gem. § 559b BGB eingeführt. Hier kann der Vermieter zur Darlegung des bisherigen Zustands bestimmter Baumaterialien auf anerkannte Pauschalwerte Bezug nehmen. Schließlich hat der Gesetzgeber bei der Definition des Begriffs der ortsüblichen Vergleichsmiete in § 558 Abs. 2 BGB ohne ein neues Wohnwertmerkmal einzuführen klargestellt, dass hierzu auch der energetische Zustand des Hauses zählt.[49] Den Ländern wurde gestattet in Gemeinden, in denen die Versorgung der Bevölkerung mit Mietwohnungen zu angemessenen Bedingungen besonders gefährdet ist, die Kappungsgrenze auf 15% zeitlich befristet herabzusetzen.

VI. Das Mietrechtsnovellierungsgesetz

11a Bis zum Jahr 2015 betrafen die Mietpreisregelungen des MHG und des BGH nur Bestandsmieterhöhungen. Allenfalls über die Ahndungsvorschriften der § 5 WiStG, § 291 StGB i.V.m. § 134 BGB konnte auch eine Neuvertragsmiete der Höhe nach teilweise unwirksam sein. Durch das Mietrechtsnovellierungsgesetz vom 21.4.2015[50] hat der Gesetzgeber erstmals in der Nachkriegsgeschichte auch eine Begrenzung der Wiedervermietungsmiete in den §§ 556d–556g BGB eingeführt.[51] Auswirkungen hat dies auch bei Staffel- und Indexmieten, die jeweils unterschiedlich begrenzt werden. In den Anwendungsbereich der Vorschrift fallende Wohnungen dürfen danach grds. nicht zu einer höheren Miete als 10% über der ortsüblichen Vergleichsmiete vermietet werden. Ausnahmen gelten für Neubauten und modernisierte Wohnungen. Außerdem darf eine zulässig vereinbarte Vormiete, § 556e Abs. 1 BGB, weiter vereinbart werden. Voraussetzung für diese Begrenzung ist ein örtlich vorliegender angespannter Wohnungsmarkt und die Aufnahme der Gemeinde in eine entsprechende Landesverordnung. Dies darf für maximal 5 Jahre erfolgen und muss spätestens bis Ende 2020 erfolgen.

[48] BGBl I 434; BT-Drs 17/10485; dazu *Börstinghaus/Eisenschmid;* Arbeitskommentar Mietrechtsänderungsgesetz, 2013.
[49] Zur Frage, ob dies schon nach altem Recht so war auf der einen Seite *Börstinghaus,* NZM 2011, 641 und auf der anderen Seite *Blank,* WuM 2011, 195.
[50] BGBl I, 610.
[51] Dazu *Börstinghaus* NJW 2015, 1553; *Frank,* Die Mietpreisbremse, Diss, Marburg 2016.

VII. Zusammenfassende Bewertung

Die Geschichte des Miethöherechts[52] in den letzten gut einhundert Jahren ähnelt in weiten Phasen der **Quadratur des Kreises.**[53] Selbst in den Zeiten, in denen der Vertragsfreiheit auch im Mietrecht eine etwas größere Bedeutung zukam, hat der Gesetzgeber nach dem Motto: „So viele Beschränkungen wie möglich und so viel Freiheit wie nötig" gehandelt.[54] Dem Markt wurde dabei eher misstraut, als dass ihm die Lösung der Probleme zugetraut wurde. Mit Ausnahme der Zeiten akuter Wohnungsnot während und nach den Kriegen, in denen Ausnahmeregelungen zur Aufrechterhaltung der öffentlichen Ordnung geboten waren[55], hat der Gesetzgeber zu Unrecht[56] häufig mehr oder weniger deutlich einer Mietpreisbindung das Wort geredet. Die Begrenzung der Wiedervermietungsmiete in den §§ 556d ff BGB ist ein trauriges Beispiel hierfür. Auch die Aufstellung von Mietspiegeln zeigt, dass die Politik dem Markt für Wohnungen keine Chance lässt, In vielen Gemeinden wird über die Mietspiegelaufstellung **„Mietspiegelpolitik"** betrieben.[57] Es sollen Mieten „festgeschrieben" werden, ohne dass der Markt eine Chance hat, sich zu entwickeln. Durch die Einführung des qualifizierten Mietspiegels und die **faktische und rechtliche Bindungswirkung** der dort ausgewiesenen Beträge, wird dieser Missbrauch auch in Zukunft wahrscheinlich weiter um sich greifen. Nicht ohne Grund hat sich der Deutsche Mieterbund für die Einführung dieses Instruments stark ausgesprochen. Erstaunlich ist dabei eigentlich, mit welcher Überraschung dann Politik und Gesetzgebung reagieren, wenn der fehlende Markt auf der anderen Seite zur Konsequenz hat, dass trotz Nachfrage keine neuen Angebote entstehen. Kurzfristige oder lokale Probleme führen dann zu neuen gesetzlichen Regelungen, die teilweise zunächst befristet eingeführt werden[58], aber häufig schnell in ein Dauerrecht münden. So entsteht dann ein „Flickenteppich"[59] von Regelungen, bei dem die große Linie schon lange verloren gegangen ist. Das Mietrechtsreformgesetz hat zumindest im Bereich des Miethöherechts faktisch nichts verändert. Der heute häufig anzutreffende Versuch, jeden Einzelfall im Gesetz zu regeln und auszudifferenzieren, ist eher der falsche Weg.[60] Dabei soll nicht verkannt werden, dass die Justiz besser mit Generalklauseln leben kann als die Vertragsparteien. Für diese ist die Prognostizierbarkeit gerichtlicher Entscheidungen wichtig. Gerade diese Prognostizierbarkeit führt dazu, dass Auseinandersetzungen über die Miethöhe bisher noch zu über 97% außergerichtlich[61] erledigt werden. Aber man sollte sich nicht dem Irrtum hingeben, dass immer mehr Regelungen für jeden Einzelfall tatsächlich zu einer besseren Prognostizierbarkeit der Einzelfallentscheidungen führen. Neue Regelungen haben bisher immer mehr neue Probleme gebracht als alte Probleme gelöst. Letztendlich hängt die Qualität eines Gesetzes vor allem von seiner Akzeptanz ab. Und diese Akzeptanz hatte das Vergleichsmietensystem in den mehr als 50 Jahren seiner Geltung durchaus erreicht. Ob das so uneingeschränkt weiter gilt, bleibt aufgrund der Einführung der Begrenzung von Wiedervermietungsmieten und deren Auswirkungen auf das Vermieterverhalten abzuwarten. Das System der ortsüblichen Vergleichsmiete 12

[52] Eine Synopse der unterschiedlichen Gesetzesfassungen des § 2 MHG bzw. §§ 558ff. BGB befindet sich bei *Börstinghaus,* Miethöhehandbuch, 2. Aufl. Kap. 1 Rdn. 52.

[53] *Bub,* NJW 1993, 2897 sprach damals von „Flickschusterei"; *Herrlein* NJW 2017, 711, 715 vom „Hüh und Hott im Mieterschutz".

[54] Nach *Herrlein* NZM 2016, 1, 9 zeigten die bisherigen Regelungen „aber eine gewisse Ideenlosigkeit des Gesetzgebers".

[55] Dazu *Börstinghaus,* Miethöhehandbuch, 2. Aufl. Kap. 1.

[56] *Herrlein* NZM 2016, 1, 8 weist unter Hinweis auf Historische Daten nach, dass die durchschnittliche Mietbelastung zu Beginn des 20. Jahrhunderts bei ca. 15% lag und inzwischen auf ca. 23 – 60% gestiegen ist.

[57] Dies wird bereits von *Eckhoff* „Zur Kontroverse um die ökonomischen Auswirkungen des 2. WoBauG", Zeitschrift für die gesamte Staatswissenschaft, Bd. 137, S 62, 70 beklagt. Deutlich ausgesprochen wird dies von *Eberhard Hinz,* Mitarbeiter des den Darmstädter Mietspiegel erstellenden IWU-Instituts, der darauf hinweist, dass der Mietspiegel ein politisches Instrument ist, kein marktwirtschaftliches (Protokoll vom 12.12.2001: http://agenda21.darmstadt.de/ag/KILMA/tg_energie_2001.htm); neuerdings wird dies von der Partei DIE LINKE auch öffentlich immer wieder für den jeweiligen Berliner Mietspiegel gefordert: GE 2007, 1580, GE 2008, 223.

[58] So zuletzt durch die Begrenzung der Neuvertragsmiete in angespannten Wohnungsmärkten BGBl I 610, und im Jahre 2013 die Einführung der Möglichkeit für einzelne Gemeinden die Kappungsgrenze auf 15% durch Landesverordnung herabzusetzen, durch das Mietrechtsänderungsgesetz 2013 BGBl. 2013, I 434.

[59] So die Formulierung von *Beuermann* Miete und Mieterhöhung bei preisfreiem Wohnraum, § 1 Rdn. 9.

[60] Nach *Herrlein* NZM 2016, 1, 9 waren die Regelungen der letzten „99 Jahre einigermaßen wirkungslos".

[61] IfS, Auswirkungen mietrechtlicher Regelungen auf die Mietenentwicklung und die Wohnungsversorgung, Dezember 1996.

hat nämlich deshalb in der Vergangenheit im Wesentlichen ohne größere Auseinandersetzungen funktioniert, weil Mieter und Vermieter es akzeptiert haben. Dabei nahmen die Vermieter die Beschränkung der Erhöhung der Miete im Bestand deshalb hin, weil sie bei der Neuvermietung keinerlei Beschränkungen unterfielen und hier noch ein Markt existierte. Hier konnten sie eventuell eine Miete durchsetzen, die dann lange Zeit unverändert blieb. Letzteres war dann letztendlich wiederum im Interesse der Mieter. Die Begrenzung von Wiedervermietungsmieten wird in den Gemeinden, in denen sie gilt, dazu führen, dass es zu mehr Mieterhöhungen im Bestand kommen wird, weil die Vertragsmiete sehr viel früher unterhalb der ortsüblichen Vergleichsmiete liegen wird.

B. Zweck der Vorschriften

13 Die letztendlich seit 1971, wenn auch in immer wieder veränderter Form, geltenden Regelungen über Mieterhöhungen bis zur ortsüblichen Vergleichsmiete müssen vor allem unter **verfassungsrechtlichen Gesichtspunkten** gesehen werden.[62] Bei den Bestimmungen der §§ 557 ff. BGB sowie den ehemaligen Vorschriften des MHG und seinen Vorgängervorschriften handelt es sich um Regelungen i. S. d. Art. 14 Abs. 1 Satz 2 GG, also um Bestimmungen, die den Inhalt und die Schranken des Eigentums regeln. Dabei war es Aufgabe des Gesetzgebers, ein Sozialmodell zu verwirklichen, dessen normative Elemente sich einerseits aus der grundgesetzlichen Anerkennung des Privateigentums durch Art. 14 Abs. 1 Satz 1 GG und andererseits aus der Sozialpflichtigkeit des Eigentums ergeben.[63] Es stehen sich dabei im Mietrecht zwei Positionen diametral gegenüber: Dem Vermieter als Eigentümer der Wohnung steht die grundsätzliche Verfügungsbefugnis[64] über die Wohnung zu, die er vom Ansatz her völlig privatnützig ausüben darf. Die Eigentumsgarantie soll dem Grundrechtsträger einen Freiraum im vermögensrechtlichen Bereich erhalten und dem Einzelnen damit die Entfaltung und eigenverantwortliche Gestaltung seines Lebens ermöglichen.[65] Dem steht der Bedarf des Mieters an Wohnraum entgegen. Die Wohnung ist für jedermann Mittelpunkt seiner privaten Existenz. Der Einzelne ist auf ihren Gebrauch zur Befriedigung elementarer Lebensbedürfnisse sowie zur Freiheitssicherung und Entfaltung seiner Persönlichkeit angewiesen. Der Großteil der Bevölkerung kann zur Deckung seines Wohnbedarfs jedoch nicht auf Eigentum zurückgreifen, sondern ist gezwungen, Wohnraum zu mieten. Ob das Besitzrecht des Mieters tatsächlich Funktionen erfüllt, wie sie typischerweise dem Sacheigentum zukommen, kann dahinstehen,[66] da es für die hier interessierenden Fragen bedeutungslos ist.[67] Zumindest hat der Gesetzgeber dieser Bedeutung der Wohnung mit der Ausgestaltung des sozialen Mietrechts aber auch des sachenrechtlichen Besitzrechts Rechnung getragen. Verfassungsrechtlich ist dies Ausdruck der **Sozialpflichtigkeit des Eigentums.** Sein Gebrauch soll nämlich „zugleich dem Wohle der Allgemeinheit dienen". Vorausgesetzt ist hierbei, dass das Eigentumsobjekt in einem sozialen Bezug und einer sozialen Funktion steht. Dieses Postulat einer am Gemeinwohl orientierten Nutzung umfasst auch das Gebot der Rücksichtnahme auf die Belange des Mieters. Wegen dieses Interessenwiderstreits ist es Aufgabe des Gesetzgebers gewesen und wird es auch in der Zukunft sein, den verfassungsrechtlich garantierten Anspruch auf Freiheit[68] und dem Gebot einer sozialgerechten Eigentumsordnung in gleicher Weise Rechnung zu tragen und die schutzwürdigen Interessen aller Beteiligten in einen gerechten Ausgleich und ein ausgewogenes Verhältnis zu bringen.[69] Abstrakte Eckpunkte dieser Abwägung sind auf der einen Seite der Grundsatz, dass Art. 14 GG keine die soziale Funktion eines Eigentumsobjektes missachtende Nutzung schützt, und auf der anderen Seite

---

[62] Nach *Herrlein* NJW 2017, 711, 716 berühren die Miethöhevorschriften „die verfassungsrechtlich schwierige und letztlich politischer Beliebigkeit ausgelieferte Frage, wieviel vermögensmäßige Einschränkung ein Vermieter aufgrund der Gemeinwohlbindung hinnehmen muss".

[63] BVerfGE 25, 112, 117.

[64] BVerfGE 31, 229, 240 m. w. N.

[65] BVerfGE 83, 201, 208 f.; 89 1 ff.

[66] So BVerfGE 89, 1 mit kritischen Anmerkungen von *Depenheuer* NJW 1993, 2561; *Derleder* WuM 1993, 514; *Emmerich* DWW 1993, 313; *Finger* ZMR 1993, 545; *Roellecke* JZ 1995, 74; *Rogosch* DRiZ 1994, 342; *Rüthers* NJW 1993, 2587; *Schmidt-Preuß* NJW 1995, 27; *Sendler* NJW 1994, 709; *Sternel* MDR 1993, 728; *Thews* NVwZ 1995, 224.

[67] Bedeutung hat dies für die Frage, ob der Mieter einen Grundrechtsverstoß des Art. 14 GG rügen kann.

[68] BVerfGE 24, 367, 389; 31, 229, 239.

[69] BVerfGE 25, 112, 117 f.; 37, 132.

rechtfertigt Art. 14 Abs. 2 GG keine übermäßige, durch die soziale Funktion nicht gebotene Begrenzung privatrechtlicher Befugnisse. Schwierig ist die Abwägung im Einzelfall, die immer einen politischen Kompromiss darstellen wird, der innerhalb der verfassungsrechtlich vorgegebenen Eckpunkte liegen muss. Ein solcher Kompromiss muss nach der Rechtsprechung des BVerfG[70] sowohl die Belange des Mieters als auch die des Vermieters in gleicher Weise berücksichtigen, wobei beide Interessen nicht zu jeder Zeit und in jedem Zusammenhang dasselbe Gewicht haben müssen. Eine einseitige Bevorzugung oder Benachteiligung steht jedoch mit den verfassungsrechtlichen Vorstellungen eines sozialgebundenen Privateigentums nicht in Einklang.

Vor diesem verfassungsrechtlichen Hintergrund[71] musste der Gesetzgeber dem Vermieter als 14 **Kompensation**[72] **für das Verbot der Änderungskündigung** in § 573 Abs. 2 Ziff. 3 BGB[73] ein rechtsstaatliches Verfahren zur Erhöhung der Miete zur Verfügung stellen.[74] Dies Verfahren sollte und musste zusätzlich nicht investitionshemmend wirken, da der Wohnungsbedarf in der Bundesrepublik nur durch die private Bautätigkeit gedeckt werden kann. Gerade private Bauträger reagieren aber äußerst empfindlich auf formelle und materielle Beschränkungen ihrer Rechtsposition. Auch wenn die Auswirkungen mietrechtlicher Regelungen auf die Mietenentwicklung und die Wohnungsversorgung nur schwer nachzuweisen sind,[75] so kann sicher nicht geleugnet werden, dass neben den Renditeerwartungen auch das durch Gesetzgebung und Rechtsprechung geprägte Gesamtklima zwischen Vermieter und Mieter für die Entscheidung, Mietwohnungsbau zu betreiben oder nicht eine wesentliche Rolle spielt. Dabei kommt dem Miet- und insbesondere auch dem Miethöherecht eine große Signalwirkung zu.

Je nach politischem Standort wurden in der Vergangenheit die Regelungen des alten MHG als 15 ungerechtfertigte Einschränkung der Vertragsfreiheit des Vermieters[76] oder als nicht ausreichende Schutzvorschriften zugunsten des Mieters[77] kritisiert. Richtig dürfte auch nach den Mietrechtsreformen aus den Jahren 2001, 2013 und 2015 sein, dass insbesondere dort, wo staatliche Eingriffe oder Subventionen erfolgen, das **Miethöherecht als Teil der sozialen Marktwirtschaft** nicht funktioniert. So wohnen in den Ballungsgebieten häufig die Besserverdienenden weiterhin in Sozialwohnungen oder preiswerten, gut ausgestatteten Altbauwohnungen, während in den teuren Neubauwohnungen überproportional viele Sozialhilfeempfänger wohnen. Solche durchaus vorkommenden Ungleichgewichte sind aber weniger eine Folge des Miethöherechts als vielmehr staatlicher Fehlsubventionierung. Im Übrigen ließ sich bisher nicht nachweisen, ob Vermieter tatsächlich bei einem anderen Mietrecht mehr oder weniger investiert hätten, als sie es bei dem bestehenden Mietrecht getan haben.[78] Gerade Vermieter, die die rechtliche Begrenzung der Miethöhe als größte Behinderung ansehen, sind nachgewiesener Maßen bei Investitionen besonders aktiv.[79] Das Miethöherecht als Tummelplatz widerstreitender ideologischer und wirtschaftlicher Interessen[80] wird auch in der Zukunft mit Kritik von allen Seiten leben müssen. Der Gesetzesanwender muss sich jedoch klar machen, dass die Vorschriften der §§ 557–561 BGB auf einer verfassungsrechtlichen Grundentscheidung beruhen. Danach sollen die beteiligten Interessen ausgewogen berücksichtigt werden. Auch wenn die §§ 557–561 BGB als Teil des sozialen Mietrechts[81] durchaus mieterschützende Funktion haben, stellen sie ebenso einen **verfassungsrechtlich gebotenen Ausgleich für das Verbot der Änderungskündigung** dar. Auch dies ist bei der Auslegung des Gesetzes zu berücksichtigen. Weder schrankenlose Mieterhöhungen im Bestand noch ein faktischer Mietpreisstopp durch den Aufbau formeller Hürden entsprechen dem Gesetzeszweck. Auch wenn das Gesetz in seiner konkreten Anwendung sich an die Parteien eines einzelnen Mietvertrages wen-

[70] BVerfGE 37, 132.
[71] *Herrlein* NJW 2017, 711, 716.
[72] *Weitemeyer* NZM 2000, 313, 315; *Derleder* in AK BGB Vor. MHRG Rdn. 1.
[73] Strittig ist, ob dies Verbot auch für die Kündigung von Einliegerwohnungen gem. § 573a BGB gilt: dafür: LG Mainz MietRB 2014, 5; **a. A.** *Reichert* MietRB 2014, 19 m. w. N.
[74] BGH (VIII ZR 303/06) NJW 2007, 2546 = MietPrax-AK, § 558 BGB Nr. 15 mit Anm. *Börstinghaus.*
[75] Kritisch hierzu: Institut für Stadtforschung und Strukturpolitik (IfS), Auswirkungen mietrechtlicher Regelungen auf die Mietenentwicklung und die Wohnungsversorgung, Berlin, 1996.
[76] *Honsell* AcP 1986, 116 ff.
[77] *Derleder* WuM 1987, 171.
[78] IfS a. a. O. S. 199.
[79] IfS a. a. O. S. 200.
[80] Dazu auch *Börstinghaus* WuM 1998 Beilage zu Heft 12, 3.
[81] *Weitemeyer* NZM 2000, 313 spricht davon, dass das Miethöherecht eine der beiden Pfeiler des sozialen Mietrechts sei, neben dem Kündigungsschutz.

det, so darf nicht übersehen werden, dass dem Gesetz gerade durch seine Anknüpfung an die in anderen Mietverhältnissen gezahlten Entgelte bei der Definition der ortsüblichen Vergleichsmiete auch eine gesamtwohnungswirtschaftliche Bedeutung zukommt. Dadurch, dass die Ansprüche des Einzelnen u. a. davon abhängen, was andere tun bzw. getan haben, wird die Entscheidung des Einzelnen stark relativiert. Letztendlich geht hiervon ein starker Nivellierungseffekt aus. Extreme in beiden Richtungen werden ausgeglichen.

16 Die Zielrichtung der Vorschriften, einen Ausgleich zwischen dem Interesse des Vermieters, eine möglichst hohe Miete erzielen zu können und dem Interesse des Mieters, nur die einmal vereinbarte Miete möglichst lange unverändert zahlen zu müssen, hat der Gesetzgeber vor allem durch das **Konstrukt der ortsüblichen Vergleichsmiete** verwirklicht.[82] Der Gesetzgeber wollte durch das Vergleichsmietensystem Mieterhöhungen in bestehenden Mietverhältnissen auf die ortsüblichen Entgelte für vergleichbare Wohnungen in der Gemeinde begrenzen.[83] Dem Vermieter sollte gerade kein Anspruch auf die Miete eingeräumt werden, die er für den Fall der Neuvermietung erzielen könnte. Wenn der Gesetzgeber dies gewollt hätte, dann hätte er das System der Änderungskündigung nur beibehalten müssen. In einem solchen System bildet sich eine einheitliche „Marktmiete" für Bestands- und Neuvertragsmieten heraus. Weil der Gesetzgeber aber zum einen Mieterhöhungen im Bestand beschränken wollte und zum anderen damit mittelbar z. B. über § 5 WiStG auch Einfluss auf die Neuvertragsmieten nehmen wollte, musste er für allgemeine Mieterhöhungen eine Größe definieren, die unterhalb der Marktmiete liegt aber auch dem verfassungsrechtlichen Anspruch des Vermieters aus Art. 14 GG gerecht wurde. Aus diesem Zielkonflikt entstand das Konstrukt der ortsüblichen Vergleichsmiete, in die zunächst alle Mieten für vergleichbaren Wohnraum innerhalb einer Gemeinde einflossen und seit 1982 nur noch die vermeintlich aktuellen Mietvereinbarungen aus den letzten 3 bzw. seit 1993 4 Jahren.

17 Der Gesetzgeber hat dabei **nicht etwas völlig Neues** geschaffen.[84] Bereits vor dem Krieg gab es Vorschriften, wonach die Einigungsämter in den Fällen, in denen die vereinbarte Miete den Betrag überstieg, der *„für Wohnräume, Läden oder Werkstätten der gemieteten Art und Ausstattung unter Berücksichtigung der Nebenleistungen des Vermieters üblich und angemessen"* war, berechtigt waren, diese Miete auf die *„angemessene Höhe" herabzusetzen*.[85] Der Begriff der durch Vergleich zu ermittelnden ortsüblichen Miete findet sich ebenfalls in § 2 der VOPR Nr. 71/51 über Maßnahmen auf dem Gebiete des Mietpreisrechts vom 29. 11. 1951.[86] Auch dort war die *„ortsübliche Miete für Wohnraum gleicher Art, Lage und Ausstattung"* maßgeblich. Schließlich hatte der Gesetzgeber bereits im 1. BMietG für Geschäftsraummietverhältnisse eine ähnliche Obergrenze geschaffen.

18 Das BGB differenziert zwischen Vereinbarungen, die entweder bereits bei Abschluss des Mietvertrages in Bezug auf zukünftige Mieterhöhungen getroffen werden und solchen, die später, also im laufenden Mietverhältnis in Bezug auf eine Mieterhöhung getroffen werden. Zukünftige Mieterhöhungen können die Vertragsparteien in Form einer Staffelmietvereinbarung gem. § 557a BGB oder einer Indexmietvereinbarung gem. § 557b BGB vereinbaren. Einzelne Mieterhöhungen während des Bestandes sind möglich auf das allgemeine Mietenniveau der ortsüblichen Vergleichsmiete, §§ 558ff. BGB, nach einer Modernisierung, §§ 559ff. BGB und in beschränktem Rahmen auch bei Anstieg der Betriebskosten, § 560 BGB. Ausgehend vom Zweck der Vorschriften, dem Vermieter einen Ausgleich für den Ausschluss des Kündigungsrechts zum Zwecke der Mieterhöhung zu gewähren, enthält das Gesetz ausschließlich **Beschränkungen für Mieterhöhungen während des Bestandes** eines Mietvertrages. Das Gesetz setzt demgemäß konsequenterweise den Bestand eines Wohnraumverhältnisses voraus. **Vereinbarungen aus Anlass des Abschlusses** des Mietvertrages oder über zukünftige Mieterhöhungen werden grundsätzlich von den §§ 557–561 BGB höhenmäßig nicht beschränkt. Das Gesetz ging hier bisher formal von einer Gleichwertigkeit der Vertragspartner aus. Der Mieter sollte die Möglichkeit haben, durch Verhandlungen seine Interessen ebenso durchzusetzen wie der Vermieter. Aus der sich aus der Privatautonomie ergebenden Abschlussfreiheit steht es dem Mieter frei, den Mietvertrag zu den ausgehandelten Bedingungen abzuschließen oder nicht. Dass dieser Ansatz letztendlich nur bei einem ausgeglichenen Wohnungsmarkt funktio-

---

[82] Zu dem Begriff *Börstinghaus,* Der Begriff der ortsüblichen Vergleichsmiete, FS für Hanns Seuss zum 70. Geburtstag, S. 47; *Börstinghaus,* Miethöhe-Handbuch, Kapitel 5 Rdn. 31ff.; *Blank* ZMR 2013, 170.

[83] BVerfGE 14, 248.

[84] Zu den diversen Vorgängerregelungen siehe *Börstinghaus,* Miethöhe-Handbuch, Kap. 1 Rdn. 2–37.

[85] Z. B. „Verordnung zum Schutz der Mieter" v. 22. 6. 1919 (RGBl. I S. 591).

[86] BGBl. I S. 920.

niert, hat den Gesetzgeber veranlasst, nunmehr im neuen Unterkapitel 1a auch eine Beschränkung der Wiedervermietungsmieten in Gebieten mit angespanntem Wohnungsmarkt einzuführen. Die Vorschriften der §§ 557–561 BGB können zur **Begrenzung der Neuvertragsmiete** nicht herangezogen werden[87] Auch wenn § 556d Abs. 1 BGB auf den Begriff der ortsüblichen Vergleichsmiete gem. § 558 Abs. 2 BGB Bezug nimmt. Im Übrigen stellt die Vorschrift des Sozialwuchers in § 5 WiStG zumindest theoretisch i. V. m. § 134 BGB eine Grenze im Interesse des Schutzes des ganzen Wohnungsmarktes dar, ohne dass es hierbei auf die Übervorteilung des Einzelnen ankommt. Auf Grund der Subjektivierung der Tatbestandsmerkmale des § 5 WiStG durch den BGH[88] spielt die Vorschrift in der Praxis so gut wie keine Rolle mehr. Nur in äußerst seltenen und extremen Ausnahmefällen kann der Mietvertrag allein wegen der Höhe der Miete (Nach § 535 BGB Rdn. 91ff.)[89] oder auf Grund der prozentualen Steigerung[90] wegen Verstoßes gegen § 138 BGB nichtig sein. Soweit von der Rechtsprechung für andere Vertragsformen wie Kreditgeschäfte[91] und Bürgschaften[92] strenge Maßstäbe zur Feststellung der Sittenwidrigkeit insbesondere auch in den Fällen der Ausnutzung der wirtschaftlichen Unerfahrenheit von nahen Angehörigen aufgestellt wurden, so sind diese Regeln auf Miethöhevereinbarungen kaum übertragbar. Selbst unerfahrene Mieter handeln im eigenen Interesse.

Entsprechend dem **Zweck der Regelungen,** abschließende Bestimmungen für Mieterhöhun- **19**
gen während des Bestandes eines Wohnraummietvertrages zu treffen, mussten in dem Kapitel auch Regelungen über die vertragliche Gestaltungsmöglichkeit bei Vertragsabschluss enthalten sein. Erfasst werden deshalb alle Vereinbarungen bei Abschluss des Mietvertrages, die Regelungen für spätere Mieterhöhungen enthalten. So sind Vereinbarungen unwirksam, die während des Bestandes des Mietvertrages Mieterhöhungen abw. von den Bestimmungen dies Kapitel gestatten, soweit diese Abweichungen zu Lasten des Mieters erfolgen. Auf der anderen Seite gestattet das Gesetz in bestimmten engen Grenzen Vereinbarungen über zukünftige Mieterhöhungen in Form der Staffelmiete oder der Indexmiete.

C. Anwendungsbereich der Vorschriften

I. Allgemeines

Der Anwendungsbereich der Miethöhevorschriften des BGB wird im Gesetz an verschiedenen **20**
Stellen geregelt:

1. So ergibt sich zunächst aus der Kapitelüberschrift vor § 549 BGB und auch aus § 549 Abs. 1 BGB der sachliche Anwendungsbereich. Die Vorschriften befinden sich im Kapitel über **Wohnraummietverhältnisse** (s. dazu die Kommentierung bei § 549 BGB). Die Vorschriften gelten nicht für Gewerberaummietverträge. Auf sie wird auch in § 578 BGB nicht verwiesen.
2. In § 549 Abs. 2 BGB ist dann bestimmt, dass für bestimmte Wohnraummietverhältnisse die §§ 557–561 BGB gerade nicht gelten sollen. Ausgenommen sind
   a) Mietverträge über Wohnraum, der nur zum vorübergehenden Gebrauch vermietet wurde
   b) Mietverträge über Räume, die Teil der Vermieterwohnung sind und vom Vermieter mit Möbeln auszustatten sind
   c) Mietverhältnisse über Wohnraum der von der öffentlichen Hand oder privaten Trägern der Wohlfahrtspflege angemietet wurde, um ihn Personen mit dringendem Wohnbedarf zur Verfügung zu stellen.
3. Gem. § 549 Abs. 3 sind die Vorschriften über Mieterhöhungen auch nicht anzuwenden bei Wohnungen in Jugend- und Studentenwohnheimen.

---

[87] Deshalb hat der Mieter auch gem. § 558 BGB keinen Anspruch auf Herabsetzung der Miete: AG Erlangen DWW 1999, 185; rechtspolitische Bedenken diesbezüglich hat *Heinz* GuT 2006, 111, 115.

[88] BGH (VIII ZR 190/03) NJW 2004, 1740; (VIII ZR 44/04) NJW 2005, 471; (VIII ZR 56/04) NZM 2006, 291; dazu *Langenberg,* FS Blank, S. 291.

[89] LG Duisburg MDR 1963, 54 Überschreitung von 350%; *Keller* Zivilrechtliche Mietpreiskontrolle, S. 23ff.

[90] LG Duisburg ZMR 1994, 17.

[91] BGH NJW 1990, 1595; NJW 1988, 1661; NJW 1988, 818; NJW 1988, 696; NJW 1987, 83; NJW 1982, 2433; NJW 1981, 1206.

[92] BGH NJW 1999, 135; NJW 1997, 1005; NJW 1997, 940; WM 1997, 511; NJW-RR 1996, 813; NJW 1996, 513; NJW 1994, 1341; NJW 1992, 896; NJW 1991, 2015.

4. Verdrängt werden die Vorschriften ferner dort, wo speziellere Miethöhevorschriften vorrangig sind, also insbesondere dort, wo die Kostenmiete noch gesetzlich geschuldet wird. Das ist seit 1.9.2001 nicht mehr ausdrücklich im Gesetz geregelt (früher § 10 Abs. 3 Nr. 1 MHG), ergibt sich aber daraus, dass diese Preisbindungsvorschriften lex spezialis sind (Dazu unten Rdn. 34ff.). Anwendbar sind die Vorschriften aber auf Wohnraum mit vereinbarter Förderung insbesondere solche nach den Vorschriften des Wohnungsbauförderungsgesetzes[93] sowie in den Bundesländern, in denen die Kostenmiete abgeschafft wurde (Rdn. 35).
5. Außerdem können die Parteien in engen Grenzen durch entsprechende Vereinbarungen, § 557 Abs. 3 BGB, selbst bestimmen, ob die Mieterhöhungsmöglichkeiten nach den §§ 558–560 BGB auf ein konkretes Mietverhältnis Anwendung finden oder nicht (dazu § 557 Rdn. 44ff.).

21 Für die in § 549 Abs. 2 und 3 BGB aufgeführten Wohnungen gelten die Mieterhöhungsvorschriften des BGB deshalb nicht, weil hier das Verbot der **Änderungskündigung** zum Zwecke der Mieterhöhung gem. § 573 Abs. 1 BGB nicht gilt, so dass der Vermieter seine Vorstellungen von einer Mieterhöhung mit diesem Instrument durchsetzen kann. Bei § 549 Abs. 2 und Abs. 3 BGB handelt es sich um **Ausnahmevorschriften,** die eng auszulegen sind.[94] Grundsätzlich unterfallen Wohnraummietverhältnisse den Schutzvorschriften des sozialen Mietrechts, wozu auch die Vorschriften der §§ 557–561 BGB gehören. Seit 1.9.2001 sind die gleichen Wohnungsbestände bei der Mieterhöhung und der Kündigung betroffen Dies ist dadurch geschehen, dass die früher verstreuten und nicht ganz deckungsgleichen Vorschriften (§ 10 Abs. 3 MHG, §§ 564b Abs. 7, 556a Abs. 8 BGB a. F.) einheitlich in § 549 BGB vor die Klammer gezogen wurden. Der Anwendungsbereich ist deshalb gleich zu ermitteln.

II. Wohnraummietverträge

22 Das Miethöherecht des BGB als Teil des Wohnraummietrechts gilt nur für Wohnraummietverhältnisse. Die Miethöhevorschriften sind Teil des sog. *sozialen Mietrechts*[95], da die Wohnung der Mittelpunkt der Lebensinteressen ist und das Besitzrecht des Mieters an einer gemieteten Wohnung sogar Eigentum i. S. d. Art. 14 Abs. 1 Satz 1 GG darstellen soll.[96] Gerade bei Wohnraummietverhältnissen ist der **Widerstreit der Interessen** der Vertragspartner besonders groß. Dem **Bestandsinteresse** des Mieters steht häufig ein **Erlangungsinteresse** des Vermieters gegenüber.

23 Wohnraummiete liegt vor, wenn Räumlichkeiten nach dem Zweck der Vereinbarung entgeltlich zum Zwecke des privaten Aufenthalts und zur Befriedigung des Wohnbedürfnisses des Mieters oder seiner Angehöriger überlassen werden (Vor § 535 Rdn. 94ff.).

24 Wichtigstes **Abgrenzungskriterium zum Gewerberaummietvertrag** ist, dass die Räumlichkeiten nach den Abreden vom Mieter selbst oder/und seinen Angehörigen[97] genutzt werden soll. Nur wenn diese Zweckbestimmung[98] gegeben ist, handelt es sich um einen Wohnraummietvertrag.

25 Die Vorschriften der §§ 557–561 BGB sind auch auf **Mischmietverhältnisse** (dazu Vor § 535 Rdn. 107) anwendbar, bei denen das Schwergewicht auf der Nutzung als Wohnung liegt.[99] Ein Mischmietverhältnis liegt vor, wenn der Mieter die Räumlichkeiten sowohl zu Wohnzwecken wie

---

[93] Vom 13.9.2001 (BGBl. I S. 2376).

[94] BGH (VIII ZR 92/11) WuM 2012, 447 = NJW 2012, 2881 = NZM 2012, 606 = MietPrax-AK, § 549 BGB Nr. 1 mit Anm. *Börstinghaus.*

[95] Nach *Weitemeyer* NZM 2000, 313 handelt es sich bei den Miethöhevorschriften um eine der beiden Pfeiler des sozialen Mietrechts. Der andere ist der Kündigungsschutz.

[96] BVerfG NJW 1993, 2035; so auch BGH (VIII ZR 8/08) WuM 2009, 182 = MietPrax-AK § 573 BGB Nr. 16.

[97] **A. A.** *Gregor* WuM 2008, 435, 438: Wohnraummiete schon und immer dann, wenn die Räumlichkeiten überhaupt zum Bewohnen durch irgendeine Person genutzt werden sollen, z. B. auch bei der Zwischenvermietung; insofern aber anders BGH NJW 1981, 1377; grundlegend *Sonnenschein* FS Seuss (1987) S. 253, 258.

[98] BGH NJW-RR 1986, 9; NJW-RR 1986, 877; OLG Frankfurt Urt. v. 4.4.2008 Az: 2 U 214/07; OLG Düsseldorf NZM 2002, 739, 740; OLG Köln, WuM 1996, 266.

[99] BGH (VIII ZR 376/13) WuM 2014, 539 unter Aufgabe der früheren Abgrenzungskriterien aus BGH (VIII ZR 60/85) NJW-RR 1986, 877; KG ZMR 2010, 956; OLG Köln ZMR 2007, 114; WuM 1987, 377; *Lammel* § 535 BGB Rdn. 107; *Kunze/Tietzsch* Miethöhe, I Rdn. 7; Bub/Treier/*Schultz* Kap. III. A Rdn. 983; zur rechtlichen Behandlung von Mischmietverhältnissen, insb. in der höchst- und obergerichtlichen Rspr., auch *Lehmann-Richter* MietRB 2011, 84; *Bühler* ZMR 2010, 897.

auch zu anderen Zwecken, z. B. einer beruflichen Tätigkeit nutzen darf.[100] Entscheidend ist die vertraglich vereinbarte Zweckbestimmung und nicht die tatsächliche Nutzung.[101] Die Zweckbestimmung kann nachträglich geändert werden. Die bloße Duldung einer anderen Nutzung reicht dafür aber nicht.[102] In Zweifelsfällen gilt Wohnraummiete.[103] Bei solchen Mischnutzungen gilt für das gesamte Mietverhältnis einheitlich entweder das Wohnraummietrecht oder nicht. Zu den Mischmietverhältnissen gehört auch die Vermietung einer Wohnung und einer Garage in einem einheitlichen Vertrag.[104]

III. Wohnraum zu vorübergehendem Gebrauch

Nach § 549 Abs. 2 Nr. 1 BGB sind die Vorschriften über die Mieterhöhung (§§ 557–561 BGB) nicht auf Wohnraum anzuwenden, der nur zu vorübergehendem Gebrauch vermietet ist (s. dazu ausführlich § 549 Rdn. 4).[105] Entscheidend ist, dass nach dem mietrechtlich vereinbarten Vertragszweck nur ein vorübergehender Sonderbedarf gedeckt werden soll.[106] Ob der Wohnraum möbliert ist oder nicht, ist dabei unerheblich. Die bloße Vereinbarung im Mietvertrag, dass die Überlassung zu „vorübergehendem Gebrauch erfolge" reicht nicht, da dies eine zum Nachteil des Mieters gemäß § 557 Abs. Abs. 4 BGB unzulässige Vereinbarung wäre.[107] 26

Einzelfälle: 27

beabsichtigte Vermietung für die Dauer oder folgender Räume:	**vorübergehender Gebrauch Gericht, Fundstelle**
Ausstellung	Ja
Baufertigstellung bis zur Fertigstellung eines Neubaus	Ja
Besuch Unterbringung eines Besuchers für übliche Besuchszeit	Ja
Examen	ja AG Gießen NJW-RR 1990, 653
Ferienaufenthalt	ja LG Braunschweig MDR 1980, 671
Ferienwohnung bei längerfristiger Vermietung	nein OLG Hamburg WuM 1992, 634 = MDR 1993, 43 = NJW-RR 1993, 84 = GE 19 1211 = ZMR 1992, 538; LG Lübeck WuM 1989, 632; ja AG Viechtach NJW-RR 1987, 787; LG Braunschweig MDR 1981, 1022; Bub/Treier/*Schultz* Kap. III. A Rdn. 999
Gastarbeiter	nein bei unbefristetem Arbeitsverhältnis AG Frankfurt ZMR 1973, 149
Geschäftsaufenthalt	i. d. R. ja
Hotelzimmer	Ja
Messe	Ja
Professor für die Zeit einer Gastprofessur	Ja
Saison	Ja
Sanierung Vermietung die Räume wegen Sanierungsplänen lediglich für eine Übergangszeit	nein LG Freiburg WuM 1991, 172

[100] BGH (VIII ZR 376/13) WuM 2014, 539; OLG Saarbrücken MDR 2012, 1335.
[101] *Emmerich* in Staudinger Vorbem. Zu § 535 BGB Rdn. 24.
[102] LG Hamburg ZMR 2016, 953.
[103] BGH (VIII ZR 376/13) WuM 2014, 539.
[104] Nach LG Karlsruhe Urt. v. 13.09.2013 – 9 S 572/11 (zitiert nach juris) kann der Vermieter aber isoliert die Wohnungsmiete erhöhen, wenn der Mietvertrag die Miete für Wohnung und Garage/Stellplatz ausweist.
[105] Bub/Treier/*Schultz* Kap. III. A Rdn. 995.
[106] AG Schöneberg GE 2012, 756.
[107] OLG Frankfurt RE v. 19.11.1990, WuM 1991, 17.

beabsichtigte Vermietung für die Dauer oder folgender Räume:	vorübergehender Gebrauch Gericht, Fundstelle
Sportveranstaltung	Ja
Studenten für je ein Semester	**Ja:** LG Freiburg MDR 1980, 315 = ZMR 1980, 143; Bub/Treier/*Schultz* Kap. III. A Rdn. 1000 **Nein:** OLG Bremen RE v. 7.11.1980 WuM 1981, 8; AG Charlottenburg MM 1990, 349; LG Freiburg MDR 1980, 315 = ZMR 1980, 143 wenn Verlängerungsklausel oder wenn Weitervermietung zum neuen Semester regelmäßig – üblich
Tagung	Ja
Verkauf Vermietung bis zum Verkauf zu einem noch ungewissen Zeitpunkt	Nein LG Köln WuM 1991, 190
Wohngemeinschaft auch wenn sie aus Studenten besteht	Nein LG Köln WuM 1992, 251
Wohnungssuche Für die Zeit der Wohnungssuche in fremdem Ort	Ja

IV. Möblierter Wohnraum

28 Nach § 549 Abs. 2 Nr. 2 BGB sind die Vorschriften über die Mieterhöhung auch auf den Wohnraum nicht anwendbar, der Teil der vom Vermieter selbst bewohnten Wohnung ist und den der Vermieter überwiegend mit Einrichtungsgegenständen auszustatten hat, sofern der Wohnraum dem Mieter nicht zum dauernden Gebrauch mit seiner Familie oder mit Personen überlassen ist, mit denen er einen auf Dauer angelegten Haushalt führt (s. dazu ausführlich § 549 Rdn. 6).[108] Die Möblierung ist „überwiegend" vom Vermieter erfolgt, wenn die üblichen Gegenstände einer Möblierung vom Vermieter stammen.[109] Ausgenommen ist dabei nicht jeder möblierte Wohnraum, sondern nur solcher, der Teil der vom Vermieter selbst bewohnten Wohnung ist. Als weitere Einschränkung ist zu beachten, dass die Wohnung nicht zum dauernden Gebrauch durch eine Familie oder durch mehrere Personen, die einen gemeinsamen Haushalt führen überlassen worden ist. Erforderlich ist, dass der Mieter in den **Lebens- und Wohnbereich des Vermieters** mit einbezogen ist. Nicht ausreichend ist, wenn es sich um die **Ferienwohnung** des Vermieters handelt.

V. Wohnraum zur Deckung dringenden Wohnbedarfs

29 Ausgenommen vom Anwendungsbereich der §§ 557–561 BGB ist ferner Wohnraum, den eine juristische Person des öffentlichen Rechts oder ein anerkannter privater Träger der Wohlfahrtspflege angemietet hat, um ihn Personen mit dringendem Wohnungsbedarf zu überlassen, wenn der jeweilige Vermieter diesen Mieter bei Vertragsschluss auf die Zweckbestimmung des Wohnraums und die Ausnahme von den genannten Vorschriften hingewiesen hat (s. dazu ausführlich § 549 Rdn. 16). Die Vorschrift entspricht im Wesentlichen dem früheren § 564b Abs. 7 BGB a. F. Dort war von 1990–2001 der Wohnraum aber nur bei der Kündigung vom Anwendungsbereich des § 564b BGB a. F. ausgenommen. Für die Mieterhöhung kam allenfalls der Ausschlusstatbestand des § 10 Abs. 3 Nr. 2 MHG in Betracht. Das Mietrechtsreformgesetz hat diese Art von Wohnraum jetzt ganz dem Anwendungsbereich des sog. sozialen Mietrechts entzogen. Was vordergründig nach einer Vereinfachung aussieht, aber dem Sinn und Zweck der Regelung kaum entspricht. Die Ausnahmevorschrift gilt nämlich nicht für jede Vermietung dieser Art. Erforderlich ist zusätzlich, dass die juristische Person des öffentlichen Rechts oder der anerkannte private Träger der Wohlfahrtspflege **die Räumlichkeiten selbst angemietet** hat. Dies hatte bei dem früheren § 564

[108] Bub/Treier/*Schultz* Kap. III. A Rdn. 1002.
[109] Bub/Treier/*Schultz* Kap. III. A Rdn. 1004.

Abs. 7 BGB a. F. durchaus Sinn gemacht, da es hier darum ging, dass der karitativ tätige Träger als Zwischenmieter auftreten konnte und für den Hauptvermieter eine Sicherheit bestand, dass der Träger die Untermietverhältnisse auch wirklich zeitgleich mit dem Hauptmietvertrag beenden konnte. Für den Bereich der Mieterhöhungen ist diese **Unterscheidung völlig sinnlos.**

VI. Jugend- und Studentenwohnungen[110]

Gemäß § 549 Abs. 3 BGB[111] gelten auch bei Wohnungen in einem Jugend- oder Studentenwohnheim die §§ 557–561 BGB nicht. Eine **Studentenwohnung** ist eine Wohnung, die in einem hierfür bestimmten und geeigneten Gebäude an Studenten einer Universität, einer Technischen Hochschule, einer Fachhochschule und einer höheren Fachschulen auf der Grundlage eines institutionalisierten sozialen Förderkonzepts vermietet wurde.[112] Aus der Entstehungsgeschichte des § 549 Abs. 3 BGB ergibt sich, dass der Gesetzgeber die in dieser Norm enthaltene Einschränkung des sozialen Mieterschutzes nur vor dem Hintergrund des als höher gewichteten Ziels für gerechtfertigt gehalten hat, möglichst vielen Studierenden das Wohnen in einem Studentenwohnheim zu ermöglichen und dabei alle Bewerber gleich zu behandeln.[113] Dieses gesetzgeberische Ziel kann nur erreicht werden, wenn der Vermieter in dem Wohnheim ein an studentischen Belangen orientiertes **Belegungskonzept** praktiziert, das eine Rotation nach abstrakt-generellen Kriterien vorsieht. Die Dauer des Mietverhältnisses muss dazu im Regelfall zeitlich begrenzt sein und darf nicht den Zufälligkeiten der studentischen Lebensplanung oder dem eigenen freien Belieben des Vermieters überlassen bleiben. 30

Wohnraum i. S. d. Vorschrift kann sowohl ein einzelnes Zimmer wie auch eine abgeschlossene Wohnung sein. Auch die Unterbringung in Mehrbettzimmern ist möglich. Die Überlassung einer Wohnung an mehrere Personen (Wohngemeinschaft) macht die Wohnung nicht zum „Teil eines Studenten- oder Jugendwohnheims". Bei Mietverträgen mit Wohngemeinschaften handelt es sich deshalb um geschützte Mietverträge unabhängig davon, ob die Wohnung an eine GbR[114] vermietet wurde, der dann die Untervermietung an die jeweiligen Nutzer gestattet wurde, oder ob mit allen Nutzern einzelne Mietverträge über jeweils einzelne Räume der Wohnung abgeschlossen wurden **(Zimmermiete).**[115] 31

Ein Jugendwohnheim ist ein Heim, das der Unterbringung von Personen zwischen dem 14. und dem 18., in Ausnahmefällen auch einmal bis zum 21. Lebensjahr, dient. Möglich ist z. B. ein Lehrlingswohnheim im Zusammenhang mit einer überbetrieblichen Ausbildungsstätte, eine Außenwohngruppe eines Kinder- oder Erziehungsheims, bei dem der Träger mit den Jugendlichen aber tatsächlich Mietverträge abschließen muss oder ein Heim für die externe Unterbringung von Schülern. In der Regel muss es sich um Minderjährige handeln. In Ausnahmefällen können aber auch volljährige Personen – noch – untergebracht sein, wenn sie ihre Ausbildung noch abschließen sollen und bereits zuvor in dem Heim wohnten. Hinsichtlich des Vertragsschlusses ist zu beachten, dass Minderjährige gem. § 1629 Abs. 1 BGB von beiden Eltern gemeinschaftlich vertreten werden. Die Willenserklärung der Eltern bzw. des gesetzlichen Vertreters bedarf der vormundschaftlichen Genehmigung gem. §§ 1643 Abs. 1, 1822 Nr. 5 BGB, wenn das Vertragsverhältnis länger als ein Jahr nach Eintritt der Volljährigkeit fortdauern soll. Fehlt es an einer solchen Genehmigung, dann endet der Mietvertrag ein Jahr nach Eintritt der Volljährigkeit, es sei denn, der inzwischen volljährige Vermieter hat den Vertrag gem. § 1839 Abs. 3 BGB genehmigt. 32

Eine erweiterte Auslegung des Gesetzes auch auf andere Wohneinrichtungen im Zusammenhang mit Ausbildungseinrichtungen ist wegen des Ausnahmecharakters der Vorschrift nicht möglich. So handelt es sich bei Einrichtungen, die den Institutionen des 2. Bildungsweges angeschlossen sind, betrieblichen Weiterbildungseinrichtungen oder sonstigen Einrichtungen der Erwachsenen 33

---

110 Dazu ausführlich: *Martinek* Der Student als Mieter vor und nach der Mietrechtsreform 2001, GS für Prof. Dr. Jürgen Sonnenschein, 2002, S. 359.

111 Zum Missbrauch der Vorschrift s. *Sieweke* WuM 2009, 86.

112 BGH (VIII ZR 92/11) NJW 2012, 2881 = MietPrax-AK, § 549 BGB Nr. 1 mit Anm. *Börstinghaus; ders.,* jurisPR-BGHZivilR 14/2012 Anm. 3; *Blümmel* GE 2012, 928.

113 BGH (VIII ZR 92/11) NJW 2012, 2881 = MietPrax-AK, § 549 BGB Nr. 1 mit Anm. *Börstinghaus.*

114 Dazu *Börstinghaus* MDR 2002, 929.

115 LG Gießen Beschl. v. 22.6.2012 – 1 S 98/12 mit Anm. *Börstinghaus* jurisPR-MietR 19/2012 Anm. 3; AG Köln Urt. v. 8.7.2009 – 203 C 33/09 mit Anm. *Börstinghaus* jurisPR-MietR 6/2010 Anm. 3; AG Frankfurt NJW-RR 1997, 1503.

(fort-)bildung genauso wenig um Studenten- oder Jugendwohnheime wie bei Heimen für Ledige oder andere spezielle Zielgruppen (Frauenhäuser, Heime für psychisch auffällige Personen, Einrichtungen für betreutes Wohnen, Altenheime pp.). Bei einigen dieser Einrichtungen dürfte aber der Ausschlusstatbestand des *„Wohnraums zum vorübergehenden Gebrauch"* gegeben sein.

VII. Preisgebundener Wohnraum

34 Die §§ 557–561 BGB gelten auch nicht für Mietverhältnisse, für die noch die Kostenmiete nach dem WoBindG, der II. BV und der NMV zu zahlen ist. Hier sind die zuvor genannten Vorschriften Spezialvorschriften[116] auch wenn z. B. die Anwendung des § 560 Abs. 4 BGB (einseitige Anpassung der Betriebskostenvorauszahlungen) im öffentlich geförderten Wohnungsbau nicht systemfremder wäre als im freifinanzierten Wohnungsbau. Das ergibt sich neben einer telelogischen und systematischen Auslegung auch sehr deutlich aus einer historischen Auslegung. In der Gesetzesbegründung zum Mietrechtsreformgesetz ist zum Verhältnis des privaten Wohnraummietrechts zum öffentlichen Wohnungsrecht klargestellt worden, dass dies das private Wohnraummietrecht im Bürgerlichen Gesetzbuch zusammenfasse.[117] Das betreffe in erster Linie die Vorschriften über die Erhöhung der Miete bei nicht preisgebundenen Wohnungen aus dem Miethöhegesetz; die hierin enthaltenen Vorschriften seien in das BGB eingearbeitet worden. Dagegen sei das öffentliche Wohnungsrecht (II. Wohnungsbaugesetz, Wohnungsbindungsgesetz, NMV, II. BV) nicht einbezogen worden. Gleiches sollte auch für die privatrechtlichen Ergänzungsvorschriften für den öffentlich geförderten Wohnungsbau gelten, da sie nicht in das System des privaten Mietrechts passten und das Bürgerliche Gesetzbuch auch unnötig mit zahlreichen komplizierten Vorschriften überfrachten würden, die nur für einen verhältnismäßig kleinen Teil des Wohnungsbestandes gelten würden und stark an den differenzierten Anforderungen der verschiedenen Arten der Wohnungsbauförderung ausgerichtet seien.[118]

35 Etwas anderes gilt jedoch für den **geförderten Wohnungsbau in einigen Bundesländern.** Nach Übertragung der ausschließlichen Gesetzgebungszuständigkeit für den Bereich der Wohnraumförderung durch das „Gesetz zur Überleitung der sozialen Wohnraumförderung auf die Länder – Wohnraumförderungs-Überleitungsgesetz" (WoFÜG)[119] im Rahmen der Föderalismusreform[120] auf die Länder haben einige Bundesländer abweichende Regelungen erlassen:[121]

36 In **Baden-Württemberg**[122] gilt seit 1.1.2008 das Landeswohnraumförderungsgesetz (LWoFG BW).[123] Danach gelten in Baden-Württemberg das WoBindG, die NMV 1970, die II. BV seit 1.1.2008 und das WoFG seit 1.1.2008 nicht mehr. Dort gilt jetzt auch für den gesamten geförderten Wohnungsbau das Vergleichsmietensystem. Die zum 31.12.2008 geschuldete Kostenmiete gilt seit 1.1.2009 als vertraglich vereinbarte Miete, § 32 Abs. 2 LWoFG BW. Der Kostenansatz für Schönheitsreparaturen gem. § 28 Abs. 4 S. 1 II. BV ist deshalb Teil der einheitlich zu zahlenden Vertragsmiete und kein Zuschlag.[124] Für die Mieterhöhungen gelten die Vorschriften der §§ 557ff. BGB soweit landesgesetzlich nichts anderes bestimmt ist. Die Wohnung darf für Dauer der Bindung nicht für eine höhere Miete zum Gebrauch überlassen werden, als sie die jeweilige Gemeinde durch Satzung festgelegt hat. Diese Grenze ist auch nach einer Modernisierung einzuhalten und darf nicht überschritten werden unabhängig davon, ob durch die Modernisierung ein Zustand geschaffen wird, der den mittleren Zustand einer entsprechenden Neubauwohnung übersteigt oder nicht.[125] Solche Satzungen sind für die Gemeinden Pflichtsatzungen.[126] Dabei darf die in der Satzung festgelegte Höchstmiete nicht höher sein als sie sich bei einem Abschlag von 10% gegenüber der ortsübli-

---

116 BGH (VIII ZR 327/11) NJW 2012, 2270 = MietPrax-AK, § 569 BGB Nr. 8 mit Anm. *Börstinghaus; ders.*, jurisPR-BGHZivilR 13/2012 Anm. 3; *Börstinghaus/Eisenschmid* Arbeitskommentar 2001, § 549 BGB S. 146.

117 BT-Drucks. 14/4553, S. 35.

118 So BGH (VIII ZR 327/11) NJW 2012, 2270 = MietPrax-AK, § 569 BGB Nr. 8 mit Anm. *Börstinghaus; ders.*, jurisPR-BGHZivilR 13/2012 Anm. 3.

119 Art. 6 des Föderalismusreformbegleitgesetzes v. 5.9.2006 (BGBl. I S. 2098, 2100).

120 Gesetz zur Änderung des Grundgesetzes v. 28.8.2006 (BGBl. I 2034).

121 Nach § 2 Abs. 1 WoFÜG gelten die alten Bundesvorschriften mit der Preisbindung aber für Wohnungen, die mit Wohnungsfürsorgemitteln des Bundes und aus Sondervermögen gefördert wurden, weiter fort.

122 *Feßler* WuM 2009, 90; *dies.* WuM 2010, 267.

123 Gesetzblatt für Baden-Württemberg Nr. 20 v. 14.12.2007.

124 LG Freiburg Urt. v. 4.12.2014 – 3 S 114/14 nach juris.

125 *Feßler* WuM 2009, 90, 96; *dies.* WuM 2010, 267.

126 *Feßler* WuM 2009, 90, 94; *dies.* WuM 2010, 267.

chen Vergleichsmiete ergibt. War die Kostenmiete am 31.12.2008 höher, war sie zum 1.1.2010 auf diesen Wert zu reduzieren. Nach § 32 Abs. 3 Satz 3 i. V. m. § 7 Abs. 3 LWoFG muss die Gemeinde bei der Festlegung der Höchstmiete ferner darauf achten, dass die in der Satzung festgelegte Höchstmiete für den Vermieter nicht zu einer europarechtswidrigen Nachförderung in Form einer Beihilfe führt.[127] Zur Ermittlung der ortsüblichen Vergleichsmiete kann auf einen **Mietspiegel** zurückgegriffen werden. Die Gemeinden können prozentuale Abschlagswerte festlegen. Im Rahmen von Modernisierungsmieterhöhungen darf der Vermieter nur 4% statt 11% der aufgewendeten Kosten bei einer Modernisierung, die den mittleren Standard einer entsprechenden Neubauwohnung übersteigt im Rahmen einer Mieterhöhung gem. § 559 BGB geltend machen. Hier hat die ortsübliche Vergleichsmiete also Einfluss auf die Modernisierungsmieterhöhung. Entscheidend ist aber bei der Einordnung in die Gemeindesatzung der durch die Modernisierung geschaffene Zustand der Wohnung.

In **Bayern** gilt das Gesetz zur Sicherung der Zweckbestimmung von Sozialwohnungen in Bayern (Bayerisches Wohnungsbindungsgesetz – BayWoBindG).[128] Gemäß Art. 7 Abs. 1 BayWoBindG darf der Vermieter die Wohnung nicht gegen ein höheres Entgelt zum Gebrauch überlassen, als zur Deckung der laufenden Aufwendungen erforderlich ist **(Kostenmiete).** Art. 8 und 9 BayWoBindG enthalten dann die Vorschriften zur Ermittlung der Kostenmiete. Für bestimmten Wohnraum gem. Art. 7 Abs. 3 BayWoBindG wird die Miete auf die **ortsübliche Kostenvergleichsmiete** begrenzt. Dem Vermieter steht gem. Art. 11 BayWoBindG ein Anspruch auf einseitige Mieterhöhung bis zur preisrechtlich zulässigen Kostenmiete zu. 37

In **Berlin** gilt seit 10.7.2011 das „Gesetz über den Sozialen Wohnungsbau in Berlin – Wohnraumgesetz Berlin – WoG Bln".[129] Das Gesetz lässt die bundesrechtlichen Regelungen zum preisgebundenen Wohnungsbau „unangetastet"[130] und regelt nur einige Sachverhalte. So werden die Fristen des §§ 10, 11 WoBindG gem. § 1 WoG Bln verlängert, wenn die Mieterhöhung einmalig mindestens 10% oder über vier Jahre mindestens 15% beträgt. Dabei bleiben Mieterhöhungen wegen Modernisierungen und wegen Betriebskostensteigerungen unberücksichtigt.[131] 38

In **Bremen** gilt seit 1.1.2009 das „Bremische Gesetz zur Sicherung der Zweckbestimmung von Sozialwohnungen (Bremisches Wohnungsbindungsgesetz – BremWoBindG).[132] Das Gesetz ersetzt das WoBindG, § 29 BremWoBindG. Zum 1. Januar 2009 wurde die Kostenmiete zur **Förderungsmiete** übergeleitet, § 7 BremWoBindG. Die Höhe der Förderungsmiete entspricht dabei der am 31. Dezember 2008 geltenden Kostenmiete, wobei. Ansätze für Schönheitsreparaturen jedoch nicht Bestandteil der Förderungsmiete wurden. Soweit das vereinbarte Entgelt die Förderungsmiete nach Abs. 1 oder die in Abs. 2 genannte Mietgrenze übersteigt, ist die Vereinbarung unwirksam. Wohnungen, die aus Wohnungsbauförderungsprogrammen von 1966/67 bis 2001 mit Zuschüssen zur Deckung von laufenden Aufwendungen gefördert wurden, dürfen nicht gegen ein Entgelt zum Gebrauch überlassen werden, das die von der obersten Landesbehörde festgelegten Mietgrenzen übersteigt. Daneben dürfen Betriebskosten nach Maßgabe der §§ 556, 556a des BGB erhoben werden. Ebenso sind in entsprechender Anwendung von § 28 Abs. 3 und 4 II. BV Aufschläge für die Durchführung von kleinen Instandhaltungen sowie von Schönheitsreparaturen durch den Vermieter zulässig. Weitere Umlagen, Zuschläge und Vergütungen dürfen nur nach Maßgabe der §§ 20–27 NMV 1970 erhoben werden oder wenn die oberste Landesbehörde dies zugelassen hat. Nach einer **Modernisierung** i. S. d. § 559 BGB darf die Förderungsmiete in Höhe der für die Maßnahme entstehenden laufenden Aufwendungen nur dann erhöht werden, wenn die Bewilligungsstelle dem zugestimmt hat. Im Übrigen unterscheidet das Gesetz zwei Arten von Mieterhöhungen: Ist die Förderungsmiete niedriger als die unterste Mietgrenze gem. § 7 Abs. 2 dann darf der Vermieter nach den Vorschriften des BGB bis zu der Mietgrenze eine Mieterhöhung verlangen. Liegt die vom Mieter gezahlte Miete unterhalb der Förderungsmiete, dann darf der Vermieter einseitig unter Vorlage einer Wirtschaftlichkeitsberechnung die Miete erhöhen. 39

In **Hamburg** gilt das Gesetz zur Sicherung der Zweckbestimmung von Sozialwohnungen in der Freien und Hansestadt Hamburg (Hamburgisches Wohnungsbindungsgesetz – Hmb- 40

---

[127] Dazu *Feßler* WuM 2009, 90, 95; *dies.* WuM 2010, 267.
[128] Gesetz v. 23.7.2007 (GVBl 2330–3–I).
[129] GVBl. Berlin 2011 S. 319.
[130] *Brand* GE 2012, 28.
[131] Dazu *v. Seldeneck* GE 2012, 34.
[132] Gesetz v. 18.11.2008 – Brem. GBl S. 392 – Sa BremR 233-b-9.

WoBindG)[133] Der Vermieter darf die Wohnung nicht gegen ein höheres Entgelt zum Gebrauch überlassen, als zur Deckung der laufenden Aufwendungen erforderlich ist **(Kostenmiete).** Die Kostenmiete ist nach den §§ 9 und 9a zu ermitteln. Der Vermieter kann die Miete einseitig gem. § 11 HmbWoBindG erhöhen

41 In **Hessen** gilt seit 1.1.2013 das Hessische Wohnraumförderungsgesetz (HWoFG). Nach § 15 HWoFG darf Wohnraum nicht gegen eine höhere als die in der Förderzusage festgelegte höchstzulässige Miete vermieten werden. Zusätzlich darf eine Leistung zur Abgeltung von Betriebskosten nach den allgemeinen mietrechtlichen Vorschriften verlangt werden. Sonstige Nebenleistungen oder einmalige Zahlungen dürfen nicht verlangt werden. Die Bestimmungen der Förderzusage zur Mietbindung sind im Mietvertrag anzugeben. Der Vermieter kann die Miete bis zur höchstzulässigen Miete nach Maßgabe der Förderzusage und den allgemeinen mietrechtlichen Vorschriften erhöhen. Das Gesetz ist z. Zt. befristet bis 31.12.2017.

42 In **Niedersachen** gelten die Vorschriften des WoBindG fort. Lediglich an Stelle des WoFG hat das Land ein eigenes Landesgesetz, das „Niedersächsische Wohnraumförderungsgesetz" (NWoFG), erlassen.[134] Gem. § 9 NWoFG darf der Vermieter Wohnraum nicht gegen eine höhere als die in der **Förderzusage** festgelegte höchstzulässige Miete überlassen; zusätzlich darf eine Abgeltung von Betriebskosten nach den allgemeinen mietrechtlichen Vorschriften verlangt werden. Das Verfahren richtet sich aber nach den §§ 558ff. BGB.

42a In **Nordrhein-Westfalen** gilt seit 1.1.2010 das „Gesetz zur Umsetzung der Föderalismusreform im Wohnungswesen, zur Steigerung der Fördermöglichkeiten der NRW.BANK und zur Änderung anderer Gesetze".[135] Art. 1 dieses Gesetzes enthält das „Gesetz zur Förderung und Nutzung von Wohnraum für das Land Nordrhein-Westfalen (WFNG NRW)" Dies Gesetz wiederum enthält nur Bestimmungen zur Mietbindung für den Wohnungsbestand, der entweder nach diesem Gesetz gefördert wurde oder nach dem Wohnraumförderungsgesetz vom 13.9.2001.[136] Gem. § 16 WFNG NRW darf der Verfügungsberechtigte bei diesem Wohnungsbestand eine Mietwohnung nicht gegen eine höhere als die gemäß Förderzusage höchstzulässige Miete zum Gebrauch überlassen. Der Mieter kann sich gegenüber dem Verfügungsberechtigten auf die Bestimmungen in der Förderzusage über die höchstzulässige Miete und die sonstigen Bestimmungen zur Mietbindung berufen. Hierzu hat ihm der Verfügungsberechtigte die erforderlichen Auskünfte zu erteilen. Nach der Überleitungsvorschrift in § 44 im Gesetz zur Umsetzung der Föderalismusreform im Wohnungswesen, zur Steigerung der Fördermöglichkeiten der NRW.BANK und zur Änderung anderer Gesetze gelten für den im ersten Förderweg geförderten Wohnraum die Bestimmungen zur Ermittlung und Erhebung der Kostenmiete unverändert fort.

42b In **Rheinland-Pfalz** gilt seit 1.1.2014 das Landeswohnraumförderungsgesetz (LWoFG).[137] Auf Wohnraum, der nach dem II. WoBauG oder nach dem WoFG gefördert worden ist, sind die bisherigen Bestimmungen weiter anzuwenden, soweit in dem Gesetz nichts Abweichendes bestimmt ist. Nach § 19 LWoFG darf der Vermieter Wohnraum nicht gegen eine höhere als in der Förderzusage festgelegte höchstzulässige Miete überlassen; sie ist die Miete ohne den Betrag für die Betriebskosten. Die in der Förderzusage enthaltenen Bestimmungen über die höchstzulässige Miete und das Bindungsende sind im Mietvertrag anzugeben. Der Vermieter kann die Miete nach Maßgabe der allgemeinen mietrechtlichen Vorschriften erhöhen, jedoch nicht höher als bis zur höchstzulässigen Miete und unter Einhaltung sonstiger Bestimmungen der Förderzusage. Der Vermieter darf neben der Grundmiete und den Betriebskosten eine einmalige oder sonstige Nebenleistung nur nach Maßgabe der Förderzusage fordern, sich versprechen lassen oder annehmen.

42c In **Schleswig Holstein** gilt seit dem 1.7.2009 das **Gesetz über die Wohnraumförderung in Schleswig-Holstein (SHWoFG).**[138] Auch hier gilt die im Dezember 2008 gezahlte Kostenmiete als Basismiete, jedoch anders als in Baden-Württemberg ist hier die preisrechtlich zulässige Miete der Ausgangspunkt. Hierauf sind die Erhöhungsvorschriften der §§ 558ff. BGB anzuwenden, § 16 Abs. 7 SHWoFG. Grundsätzlich darf diese Miete bis zum 1.7.2014 nicht erhöht werden **(Bestandsgarantie).** Danach darf die Miete in 3 Jahren um lediglich 9% erhöht werden **(Kap-**

---

[133] Verkündet als Art. 2 des Gesetzes zur Umsetzung der Föderalismusreform im Wohnungswesen vom 19.2.2008 (HmbGVBl. S. 74, 81).
[134] Nds. GVBl. 2009, 403.
[135] GV NRW 2009, 772.
[136] BGBl. I S. 2376.
[137] GVBl. 2013, 472.
[138] GVOBl 2009, 194.

pungsgrenze). Die Bestandsgarantie und die Kappungsgrenze gelten aber nicht für Mieterhöhungen nach § 559 BGB. Hat der Vermieter eine Modernisierung durchgeführt, kann er die jährliche Miete um 11% der für die Wohnung aufgewendeten Kosten anheben, sofern der Vermieter mit dem Mieter eine entsprechende Erhöhung der Miete vereinbart hat. Kommt eine solche Vereinbarung nicht zustande, darf durch eine Erhöhung der Miete nach § 559 BGB die ortsübliche Vergleichsmiete nach § 558 Abs. 2 BGB nicht überschritten werden. Also wenn keine Einigung zustande kommt deckelt auch hier die ortsübliche Vergleichsmiete die Modernisierungsmieterhöhung.

In **Thüringen** gilt seit 1.4.2013 das Thüringer Wohnraumförderungsgesetz.[139] Auf Wohnraum, der nach dem II. WoBauG oder nach dem WoFG gefördert worden ist, finden gem. § 28 LWoFG die bisher geltenden Vorschriften weiter Anwendung. Etwas anderes gilt jedoch für die Mietpreisbindung. Als Mietbindung wird gem. § 20 Abs. 1 LWoFG die öffentlich-rechtliche Verpflichtung des Vermieters verstanden, eine Mietwohnung einem Wohnberechtigten nicht zu einer höheren als der in der Förderzusage als höchstzulässig angegebenen Miete zum Gebrauch zu überlassen. In der Förderzusage ist diesbezüglich eine höchstzulässige Miete zu bestimmen; diese Miete beinhaltet nicht den Betrag für Betriebskosten. In der Förderzusage können Änderungen der höchstzulässigen Miete während der Dauer der Förderung und auch für Mieterhöhungen nach durchgeführten Modernisierungen vorgesehen oder vorbehalten werden. Bestimmungen über die höchstzulässige Miete dürfen nicht zum Nachteil des Mieters von den allgemeinen mietrechtlichen Vorschriften abweichen. Der Vermieter kann die Miete nach Maßgabe der allgemeinen mietrechtlichen Vorschriften erhöhen, jedoch nicht höher als bis zur höchstzulässigen Miete und unter Einhaltung sonstiger Bestimmungen der Förderzusage zur Mietbindung. **42d**

In den **anderen Bundesländern** darf der Vermieter soweit landesgesetzlich nichts anderes geregelt für geförderten Wohnraum immer noch nur die **Kostenmiete** nach den Vorschriften des WoBindG, der NMV, der II. BV und des II. WoBauG[140] verlangen (s. dazu Anh. nach § 561 BGB). Dies setzt eine **Wirtschaftlichkeitsberechnung** voraus, in die nur die entsprechend den gesetzlichen Vorgaben festgelegten Kostenansätze übernommen werden dürfen. Dieses System unterscheidet sich grundlegend vom Prinzip der ortsüblichen Vergleichsmiete. Maßstab für die vom Mieter zu zahlende Miete sind dort die ggf. pauschaliert in Ansatz gebrachten Kosten der Errichtung und Bewirtschaftung des Gebäudes und der Wohnung, die unabhängig von der Marktlage und der Person des Mieters auch bei einer Neuvermietungen die Höhe der Miete bestimmen, während das BGB dem Vermieter nur bei bestehenden Mietverhältnissen eine Anpassung der Miete an eine fiktive Miete erlaubt, die weder von den Kosten[141] und der Nachfrage bezüglich der konkreten Vertragswohnung beeinflusst wird, sondern durch die Nachfrage und das Marktverhalten anderer Vermieter und Mieter. Diese Unterschiede zwischen den Systemen werden zwar teilweise noch immer durch die Erhebung der Fehlbelegungsabgabe in einigen Bundesländern oder § 5 Abs. 2 WiStG relativiert, durch die entweder die ortsübliche Vergleichsmiete Bedeutung im Bereich der Kostenmiete hat oder durch die die Kostenmiete die Grenze der zulässigen Miete im preisfreien Wohnungsbau beeinflusst. Dem Vermieter einer nach altem Recht preisgebundenen Wohnung steht für die Zeit der Preisbindung kein Anspruch auf die ortsübliche Vergleichsmiete zu. Auch eine Anhebung der Mietobergrenzen und Veröffentlichung dieser Werte im Amtsblatt führt nicht automatisch zu einer höheren Miete.[142] Anders ist es jedoch bei der neuen vereinbarten Förderung nach dem Wohnraumförderungsgesetz vom 13.9.2001.[143] **43**

Ausgenommen von der Anwendung der §§ 557–561 BGB sind folgende Wohnungsbestände:

a) Wohnungen des „ersten Förderweges". Wohnungen für die nach dem 31.12.1956 nach den §§ 24ff. II. WoBauG[144] öffentliche Mittel bewilligt wurden. **44**

b) Wohnungen des „zweiten Förderweges". Wohnungen, die nach §§ 88–88c II. WoBauG durch Aufwendungsdarlehen und Aufwendungszuschüsse gefördert wurden und Wohnungen, die mit Sanierungs- und Entwicklungsfördermitteln nach § 45 Abs. 5 Städtebauförderungsgesetz gefördert wurden. **45**

---

139 GVOBl 2013, 1.

140 Die Vorschriften sind zwar bereits durch das WoFG größtenteils aufgehoben worden, gelten aber für den Altbaubestand weiter, soweit landesgesetzlich nichts anderes bestimmt ist.

141 Bei Erhöhungen nach § 559 BGB spielen jedoch die Kosten der Modernisierung eine Rolle.

142 LG Berlin MM 2008, 298.

143 BGBl. I S. 2376.

144 Die Vorschriften sind durch das WoFG mit Wirkung zum 1.1.2002 aufgehoben worden.

46 Für die beiden zuvor genannten Gruppen gilt, dass die **Preisbindung** grundsätzlich mit Ablauf des Jahres endet, in dem die öffentlichen Mittel vollständig planmäßig zurückgezahlt wurden, § 15 WoBindG. Werden die Mittel freiwillig vorzeitig zurückgezahlt, so endet die Preisbindung grundsätzlich mit Ablauf des 10. Jahres nach dem Kalenderjahr, in dem die Mittel zurückgezahlt wurden, § 16 WoBindG, es sei denn die Bindung wäre planmäßig früher entfallen, dann gilt dieser frühere Termin.[145] Die Frist ist in der Vergangenheit mehrfach geändert worden. Nach § 16 Abs. 3 Satz 1 Nr. 2 WoBindG gilt eine Wohnung, bei der die als Darlehen bewilligten öffentlichen Mittel vorzeitig zurückgezahlt worden sind, längstens bis zur Beendigung des Mietverhältnisses als öffentlich gefördert, wenn sie im Zeitpunkt der Rückzahlung vermietet war; weitere Voraussetzungen sind dafür nicht erforderlich, insbesondere bedarf es nicht der Durchführung des sog. „Aufforderungsverfahrens" gem. § 16 Abs. 3 WoBindG,[146] wonach der derzeitige Mieter seine Wohnberechtigung nachzuweisen hat. Gem. § 16 Abs. 5 WoBindG entfällt die Bindung bei vorzeitiger Rückzahlung auch dann sofort, wenn ein Eigenheim zur Selbstnutzung „bestimmt" ist. Ist die Bestimmung zu eigenem Bewohnen im Zeitpunkt der Rückzahlung der Mittel auf Dauer aufgehoben, gilt die 10-jährige Nachwirkungsfrist.[147] Bei einer Zwangsversteigerung des Grundstücks gelten gem. § 17 WoBindG die Wohnungen, für die öffentliche Mittel als Darlehen bewilligt worden sind, bis zum Ablauf des dritten Kalenderjahres nach dem Kalenderjahr, in dem der Zuschlag erteilt worden ist, als öffentlich gefördert, sofern die wegen der öffentlichen Mittel begründeten Grundpfandrechte mit dem Zuschlag erlöschen. Gemäß § 13 Abs. 2 Satz 2 WoBindG gilt eine Wohnung dann, wenn die Bewilligung der öffentlichen Mittel vor deren erstmaliger Auszahlung widerrufen wird, als von Anfang an nicht öffentlich gefördert, ohne dass zum Schutz des Mieters die Nachwirkungsfristen der §§ 15–17 WoBindG eingreifen.[148]

47 **c) Neubauwohnungen, die mit Wohnungsfürsorgemitteln** gefördert wurden gem. §§ 87a[149], 111 II. WoBauG.[150] Es handelt sich um freifinanzierten oder steuerbegünstigten Wohnraum, für den ein Besetzungsrecht (Belegungsrecht) zugunsten öffentlich Bediensteter vereinbart wurde. Für die Dauer des Besetzungsrechts, das i. d. R. an die planmäßige Tilgung der gewährten Mittel geknüpft ist, gilt die Kostenmiete nach Maßgabe des § 87a Abs. 2 II. WoBauG als preisrechtlich zulässige Obergrenze. Die vorzeitige Tilgung der Mittel beseitigt die Bindung nicht.[151] Die Preisbindung endet aber unabhängig von der Tilgung des Darlehens mit dem Wegfall des Besetzungsrechts nach § 87a Abs. 4 II. WoBauG; dies gilt auch dann, wenn das Besetzungsrecht in Form einer Dienstbarkeit im Grundbuch eingetragen ist, diese Eintragung aber noch nicht gelöscht wurde.[152] Im Fall der Konfusion durch Zusammenfallen von Gläubiger und Schuldner des Darlehensvertrages hinsichtlich der Wohnungsfürsorgemittel entfällt jedoch die Preisbindung mit der Folge, dass der Vermieter jetzt nach den §§ 558 BGB die Miete erhöhen kann.[153] Ist das Mietobjekt mit Wohnungsfürsorgemitteln gefördert, hat der Vermieter nach Ablauf des Besetzungsrechts zwar grundsätzlich Anspruch auf die ortsübliche Vergleichsmiete,[154] jedoch kann der Mieter dem Vermieter einem jetzt auf § 558 BGB gestützten Erhöhungsverlangen die vereinbarte Bindung an die Kostenmiete entgegenhalten, da es sich um eine vertragliche Abrede i. S. d. § 557 Abs. 3 BGB handelt.[155] Die Zweck- und die Mietpreisbindung gem. § 4 der Darlehensverträge nach dem „Muster 3c LBWB", durch die die Wohnungsbauförderungsanstalt des Landes Nordrhein-Westfalen in den 60er Jahren (bis 31.7.1968) Wohnungsbaufürsorgedarlehen zur Förderung von Wohnungsbau für Landesbedienstete gewährte, enden, sobald sowohl die 20-jährige Beset-

[145] So der Fall des OLG Düsseldorf WuM 1994, 614.
[146] OVG Münster NJW-RR 1986, 377.
[147] BVerwG WuM 2003, 697.
[148] BGH (VIII ZR 115/03) NZM 2004, 378.
[149] Obwohl das II. WoBauG zum 1.1.2002 aufgehoben wurde, gilt die Vorschrift nach Maßgabe des § 48 WoFG weiter.
[150] Nach § 2 Abs. 1 WoFÜG gelten die alten Bundesvorschriften mit der Preisbindung aber für Wohnungen die mit Förderungen aus Wohnungsfürsorgemitteln des Bundes und aus Sondervermögen gefördert wurden weiter fort.
[151] BGH ZMR 1969, 315; MDR 1970, 411; ZMR 1970, 46.
[152] AG Hamburg WuM 1984, 153.
[153] LG Köln NZM 2002, 288.
[154] LG Düsseldorf ZMR 1985, 339.
[155] OLG Hamm RE v. 14.5.1986, NJW-RR 1986, 287, verfassungsrechtlich bestätigt von BVerfG WuM 1987, 78.

zungsrechts-Frist gem. § 4 Abs. 1 dieser Verträge abgelaufen als auch das Darlehen (vorzeitig) getilgt ist.[156]

d) Auf folgenden Wohnungsbestände sind die Vorschriften der §§ 557–561 BGB aber anwendbar: 48

aa) Wohnungen im sog. Dritten Förderungsweg[157] sind keine preisgebundenen Wohnungen.[158] Hierbei handelt es sich um Wohnungen, die im Rahmen der „Förderung durch vertragliche Vereinbarung" nach § 88d II WoBauG[159] gefördert wurden. Hierbei werden Zinszuschüsse oder Aufwendungshilfen aus Haushaltsmitteln gewährt, die jedoch keine öffentlichen Haushalte sind. Rechtlich wird die Preisbindung hier durch vertragliche Vereinbarungen zwischen Förderungsgeber und Förderungsnehmer erreicht. Darin wird eine „Einstiegsmiete" vereinbart und i. d. R. das Mieterhöhungsrecht gem. § 558 BGB bis zur ortsüblichen Vergleichsmiete dahin gehend eingeschränkt, dass der Vermieter die Miete nur um den Betrag des degressiven Förderungsabbaus oder bei gesetzlicher Anhebung der Instandhaltungs- oder Verwaltungskostenpauschalen nach der II. BV erhöhen darf. Die Wohnungen sind deshalb mietpreisrechtlich aber trotzdem wie freifinanzierte Wohnungen zu behandeln. Mieterhöhungen sind nur nach den Vorschriften des BGB möglich.[160] Soweit der Fördervertrag Einschränkungen des Mieterhöhungsrechts vorsieht, handelt es sich um einen Vertrag zugunsten Dritter, nämlich des Mieters, so dass sich dieser auf die Einschränkung berufen kann.[161] Wenn die Parteien, die sich aus dem Fördervertrag ergebende Beschränkung des Mieterhöhungsrechts zum Inhalt des Mietvertrages gemacht haben, dann handelt es sich außerdem um eine Vereinbarung i. S. d. § 557 Abs. 3 BGB, die das Mieterhöhungsrecht des Vermieters unmittelbar beschränkt. Der Vermieter kann also Mieterhöhungen nach § 558 BGB durchführen. Dabei muss er alle materiellen und formellen Voraussetzungen der Vorschrift beachten. Er hat also anders als im preisgebundenen Wohnungsbau kein einseitiges Erhöhungsrecht sondern ihm steht nur ein Zustimmungsanspruch zu.[162] Dies gilt auch bei einer Mieterhöhung aus Anlass der Verringerung von Aufwendungshilfen. Dabei muss er sowohl die Kappungsgrenze und die Jahressperrfrist beachten, wie auch die Höhe der ortsüblichen Vergleichsmiete. Er muss also sowohl begründen, dass die verlangte Miete die ortsübliche Vergleichsmiete nicht überschreitet als auch, dass die Voraussetzungen für eine Mieterhöhung nach dem Fördervertrag gegeben sind, § 557 Abs. 3 BGB.[163] 49

Davon zu unterscheiden ist die Frage, ob die Mieten die für diese Wohnungen gezahlt werden in die Ermittlung der ortsüblichen Vergleichsmiete einfließen dürfen und ob die Mieten mittels eines Mietspiegels erhöht werden dürfen, in dessen Stichprobe solche Mieten gar nicht einbezogen wurden.[164] 50

Diese Grundsätze galten auch bisher schon und auch weiterhin bei sonstigen Förderungen, z. B. im Rahmen des Berliner Wohnungsbaukredit-Programms für Führungskräfte. Auch hier liegt keine Preisbindung vor,[165] obwohl im Mietvertrag selbst keine Vereinbarung i. S. d. § 557 Abs. 3 BGB getroffen wurde. Der Vermieter kann in diesem Fall gem. § 558 BGB seinen Erhöhungsanspruch geltend machen und zwar auch dann, wenn in dem Vertrag über die Gewährung der Mittel vereinbart wurde, dass die Vorschriften zur Anwendung kommen sollen, die für öffentlich geförderte Neubauwohnungen gelten. Die vereinbarte Preisbindung wirkt jedoch für den Mieter als Vertrag zugunsten Dritter, mit der Folge, dass sich der Mieter auf die Preisbindung berufen kann.[166] Er hat einen durchsetzbaren Anspruch auf Einhaltung der Preisbindung, was aber nur der Höhe nach im Mieterhöhungsverfahren nach § 558 BGB zu berücksichtigen ist. Im Mieterhöhungsverlangen hat der Vermieter dementsprechend bereits Angaben über die Kostenmiete zu ma- 51

---

[156] OLG Hamm RE v. 16.9.1991 WuM 1991, 528.
[157] In Berlin wird dieser Förderweg als „zweiter Förderweg" bezeichnet: *Maciejewski* MM 1997, 257.
[158] LG Freiburg WuM 2003, 696 mit abl. Anm. *Harsch;* LG Berlin GE 2002, 468; LG Essen WuM 1974, 32; LG Frankfurt WuM 1974, 184; AG Frankfurt/Oder WuM 2012, 320; AG Tempelhof/Kreuzberg MM 2005, 371; AG Hamburg WuM 2001, 558; *Kinne* in Kinne/Schach/Bieber, Miet- und Mietprozessrecht, § 557 BGB Rdn. 1.
[159] Die Vorschrift ist durch das WoFG ab 1.1.2002 aufgehoben worden.
[160] AG Frankfurt/Oder WuM 2012, 320.
[161] LG Berlin GE 2009, 1255.
[162] AG Tempelhof/Kreuzberg MM 2005, 371.
[163] LG Berlin GE 1991, 355; *Maciejewski* MM 1997, 257.
[164] Dagegen LG Frankfurt/Oder WuM 2012, 319.
[165] LG Berlin GE 1991, 355.
[166] LG Berlin GE 2009, 1255.

chen. Er muss seinen Zustimmungsanspruch also doppelt begründen. Ebenso wenig tritt eine die Anwendung der §§ 557–561 BGB ausschließende Preisbindung ein, wenn die Modernisierung im Rahmen des **LAMOD-Programms** gefördert wurde.[167] Hierbei handelt es sich um Fördermittel, die ggf. als Drittmittel gem. § 558 Abs. 5 BGB[168] bei der Mieterhöhung auf die ortsübliche Vergleichsmiete und gem. § 559a BGB[169] bei der Mieterhöhung nach einer Modernisierung zu berücksichtigen sind.

52 **bb) Vereinbarte Förderung nach dem Wohnraumförderungsgesetz**[170]. Das WoFG galt für alle Förderungen ab dem 1.1.2002 und hat das alte Wohnungsbaurecht ersetzt.[171] Nach Übertragung der ausschließlichen Gesetzgebungszuständigkeit für den Bereich des Wohnraumförderung durch das Gesetz zur Überleitung der sozialen Wohnraumförderung auf die Länder – Wohnraumförderungs-Überleitungsgesetz (WoFÜG)[172] im Rahmen der Föderalismusreform[173] auf die Länder zum 1.9.2006 (siehe oben Rdn. 35ff.) haben einige Bundesländer abweichende Regelungen erlassen.[174] Soweit keine abweichende landesgesetzliche Regelung getroffen wurde gilt das WoFG gem. Art. 125a GG in den übrigen Bundesländern weiter. Die Regelungen des II. WoBauG, des WoBindG, der NMV und der II. BV gelten aber für vor dem 1.1.2002 geförderte Bestände weiter. Das WoFG und einige Landesgesetze ordnen jetzt nicht mehr eine bestimmte Fördermethode an. Stattdessen legen die Länder im Rahmen des jeweils anwendbaren Gesetzes die Fördervoraussetzungen fest. Dies kann durch Förderprogramme oder -richtlinien erfolgen. Die Förderung im Einzelfall wird geregelt in der Förderzusage gem. § 13 WoFG. In dieser werden alle maßgeblichen Bestimmungen festgelegt. Die Förderzusage erfolgt öffentlich-rechtlich durch Verwaltungsakt oder durch öffentlich-rechtlichen Vertrag. In der Förderzusage wird eine höchstzulässige Miete bestimmt. Möglich ist dies auch für Mieterhöhungen nach Modernisierung. Diese höchstzulässige Miete ist aber nur eine Obergrenze. Die Mieterhöhung selber erfolgt nach den Vorschriften des BGB. Es müssen also alle Voraussetzungen des § 558 BGB erfüllt sein, damit der Vermieter einen Anspruch auf Zustimmung zur Mieterhöhung hat. Es erfolgt keine einseitige Mieterhöhung mehr wie früher nach dem WoBindG. Der Mieter kann sich gegenüber dem Vermieter auf die Bestimmungen der Förderzusage berufen. Ihm steht deshalb gem. § 28 Abs. 5 WoFG ein Auskunftsanspruch zu. Von der Förderzusage abweichende Vereinbarungen sind gem. § 28 Abs. 6 WoFG unwirksam.

53 **cc) Vereinbarte Kostenmiete.** Nicht um gesetzlich preisgebundenen Wohnraum handelt es sich, wenn eine Wohnung weder mit öffentlichen Mitteln i. S. v. § 1 Abs. 3 WoBindG noch mit Wohnungsfürsorgemitteln i. S. d. § 87a II. WoBauG noch mit Aufwendungszuschüssen oder Aufwendungsdarlehen i. S. v. § 88 II. WoBauG gefördert worden ist, die Parteien aber aus welchen Gründen auch immer die Kostenmiete vereinbart haben. Eine solche Vereinbarung der Kostenmiete ist gem. § 557 Abs. 4 unwirksam.[175] Es handelt sich dann um eine vertragliche Beschränkung des Erhöhungsanspruchs gem. § 557 Abs. 3 BGB.[176] Erforderlich ist in diesen Fällen i. d. R. eine doppelte Begründung für die Mieterhöhung. Der Vermieter muss darlegen, dass die verlangte Miete zum einen die ortsübliche Vergleichsmiete nicht überschreitet und zum anderen, dass die Miete zur Deckung der laufenden Aufwendungen auch erforderlich ist.

54 **dd) LAG Wohnungen** sind wegen der Förderung mit Ausgleichsmitteln gem. § 254 Abs. 3 LAG nicht preisgebunden.[177]

55 **ee) Auch Miethöhebeschränkungen in Satzungen,** z. B. Sanierungssatzungen gem. § 136 BBauG und den anschließenden Bewilligungsbescheiden führen noch nicht zu einer Preisbindung

---

167 KG RE v. 17.1.2002, NZM 2002, 211; dazu auch BerlVerfGH NZM 2001, 228; LG Berlin GE 2000, 604.
168 S. dazu § 558 BGB Rdn. 199.
169 S. dazu § 559a BGB Rdn. 5.
170 Vom 13.9.2001 (BGBl. I S. 2376); *Kinne* in Kinne/Schach/Bieber, Miet- und Mietprozessrecht, § 557 BGB Rdn. 1.
171 Dazu *Söfker* WuM 2002, 291; *Hannig* NZM 2001, 831.
172 Art. 6 des Föderalismusreformbegleitgesetzes v. 5.9.2006 (BGBl. I 2098, 2100).
173 Gesetz zur Änderung des Grundgesetzes v. 28.8.2006 (BGBl. I S. 2034).
174 Z. B. in Niedersachen und Baden-Württemberg.
175 BGH (VIII ZR 122/05) NZM 2007, 283 = MietPrax-AK § 557 BGB Nr. 7 m. Anm. *Börstinghaus;* AG Tempelhof-Kreuzberg WuM 2013, 228 mit Anm. *Börstinghaus* jurisPR-MietR 14/2013 Anm. 3.
176 BGH (VIII ZR 115/03) WuM 2004, 282 = NZM 2004, 378 = MietPrax-AK § 557 BGB Nr. 2 mit *Börstinghaus; ders.* BGHReport 2004, 797.
177 *Weitemeyer* in Emmerich/Sonnenschein, Miete, § 549 BGB Rdn. 4.

i. S. d. Vorschrift.[178] Das Gleiche gilt für Beschränkungen im Rahmen von Modernisierungsförderungen[179] oder sonstigen Subventionen. Auch hier kann grundsätzlich ein Mieterhöhungsverfahren nach den §§ 558–560 BGB durchgeführt werden, je nach vertraglicher Ausgestaltung kommt aber ein Ausschluss oder eine Beschränkung gem. § 557 Abs. 3 BGB in Betracht. Bei einer Sanierungssatzung handelt es sich nicht um ein gesetzliches Verbot i. S. d. § 134 BGB.[180]

ff) Aufwendungszuschüsse für familiengerechte Wohnungen (AZFam) sind kein Teil 56
der Kostenmiete. Entfällt mit Auslaufen der Preisbindung auch die Zahlung des Familienzuschusses, so ist zur Geltendmachung des sich daraus ergebenden Erhöhungsbetrages weder eine Mieterhöhung nach § 10 WoBindG noch nach § 558 BGB erforderlich.[181] Ähnlich wie beim Wegfall des Wohngeldanspruchs ist der Vermieter nicht verpflichtet, die Kostenmiete bei Absinken des Zuschusses zu erhöhen. Es handelt sich bei dem Familienzuschuss nicht um eine Zuschuss zur Deckung der laufenden Aufwendungen, der dem Vermieter gem. § 18 Abs. 2 II. BV gewährt wird. Vielmehr wird er dem einzelnen Mieter gewährt und lediglich dem Vermieter ausbezahlt.

gg) Mit der Bewilligung von Mitteln der **Wohnungsbaukreditanstalt Hamburg** zur Woh- 57
nungsmodernisierung gewinnt die Wohnung nicht die Eigenschaft einer öffentlich geförderten Wohnung i. S. d. Wohnungsbindungsgesetzes.[182]

hh) Soweit landesgesetzlich die **Bindung an die Kostenmiete aufgehoben** wurde (dazu 58
oben Rdn. 35) finden auf ehemalige Sozialwohnungen ebenfalls die §§ 557 ff. BGB Anwendung. Dies gilt zunächst uneingeschränkt für die Formalien, insbesondere §§ 558 a und 558 b BGB. Hinsichtlich der Miethöhe ist die ortsübliche Vergleichsmiete i. d. R. durch weitere Parameter beschränkt.

e) Entfällt die Preisbindung, weil einer der zuvor genannten Ausnahmetatbestände nicht 59
mehr einschlägig ist[183] so ist die bisherige Kostenmiete weiter als „Marktmiete" zu zahlen[184] und ist von diesem Zeitpunkt an nach den Vorschriften der § 558 ff. BGB zu erhöhen. Es sind keine Zuschläge (z. B. wegen Verzicht auf Belegungsbindung oder fehlender Abwälzung der Schönheitsreparaturen) herauszurechnen.[185] Der Vermieter kann die ehemalige **Kostenmiete erhöhen,** wenn sie unter der ortsüblichen Vergleichsmiete liegt. Eine Änderung der Mietstruktur ist aber einseitig durch den Vermieter ausgeschlossen. Will der Vermieter die ehemalige Kostenmiete erhöhen, muss er dem Mieter ein der Vorschrift des § 558 a BGB entsprechendes Mieterhöhungsverlangen zugehen lassen. Ein solches Erhöhungsverlangen darf der Vermieter bereits während der noch bestehenden Preisbindung aussprechen, damit es dann unmittelbar im Anschluss daran wirkt.[186]

Beispiel: Die Preisbindung endet zum 31. 12. d. J. Zulässig ist es in diesem Fall, das Mieterhöhungsverlangen bereits im Oktober d. J. zugehen zu lassen, damit die erhöhte Miete dann ab 1. 1. des folgenden Jahres zu zahlen ist.

Vereinzelt wird die Auffassung vertreten, der Vermieter müsse in dem Erhöhungsverlangen dem Mieter den Umstand der Beendigung der Preisbindung und den Zeitpunkt mitteilen.[187] So sinnvoll, weil Streit vermeidend, diese Forderung ist, im Gesetz findet sie keine Stütze.

---

[178] Bub/Treier/*Schultz* Kap. III. A Rdn. 1931; *Weitemeyer* in Staudinger § 557 BGB Rdn. 65 a.
[179] AG Hamburg-Altona WuM 1998, 351.
[180] LG Berlin GE 2003, 1210, 1211.
[181] LG Berlin GE 2005, 305.
[182] AG Hamburg WuM 1994, 548; AG Hamburg-Altona WuM 1998, 351.
[183] Hierzu *Beuermann* GE 1994, 364.
[184] BGH (VIII ZR 258/09) NZM 2010, 736 = NJW 2011, 145 = MietPrax-AK § 26 NMV Nr. 1 mit Anm. *Börstinghaus;* dazu *Drasdo* NJW-Spezial 2010, 515; *Eupen* MietRB 2010, 257 und 258.
[185] BGH (VIII ZR 87/11) NJW 2012, 145 = WuM 2012, 27 = NZM 2012, 80 = MietPrax-AK § 558 BGB Nr. 31 m. Anm. *Börstinghaus; ders.* LMK 1/2012 Anm. 2 (für den umgedrehten Fall).
[186] OLG Hamm RE v. 9. 10. 1980, NJW 1981, 234 mit Anm. *Köhler;* KG RE v. 29. 1. 1982, NJW 1982, 2077; OLG Hamm WuM 1994, 455; LG Köln NJWE-MietR 1997, 267; LG Hamburg WuM 1997, 562; LG Berlin GE 2003, 592; WuM 1996, 417; *Lützenkirchen* WuM 1995, 574; **a. A.** *Sternel* Mietrecht aktuell (2009) Rdn. IV 77.
[187] LG Berlin GE 2003, 592.

VIII. Beweislast

60 Wenn der Vermieter Ansprüche nach den §§ 557–560 BGB geltend macht, also insbesondere seinen Zustimmungsanspruch nach § 558 BGB oder einen Zahlungsanspruch nach §§ 559, 560 BGB, dann muss er beweisen, dass die Vorschriften anwendbar sind. Ihn trifft also die Beweislast dafür, dass keiner der Ausnahmetatbestände des § 549 Abs. 2, 3 BGB vorliegt. Etwas anderes gilt nur für das Tatbestandsmerkmal *„sofern der Wohnraum nicht zum dauernden Gebrauch für eine Familie oder andere Angehörige seines Haushalts überlassen ist"* im § 549 Abs. 2 Nr. 2 BGB. Dies ist eine Ausnahmevorschrift von der Ausnahme, für die der Mieter die Darlegungs- und Beweislast hat.

§ 557 Mieterhöhungen nach Vereinbarung oder Gesetz

(1) Während des Mietverhältnisses können die Parteien eine Erhöhung der Miete vereinbaren.

(2) Künftige Änderungen der Miethöhe können die Vertragsparteien als Staffelmiete nach § 557a oder als Indexmiete nach § 557b vereinbaren.

(3) Im Übrigen kann der Vermieter Mieterhöhungen nur nach Maßgabe der §§ 558 bis 560 verlangen, soweit nicht eine Erhöhung durch Vereinbarung ausgeschlossen ist oder sich der Ausschluss aus den Umständen ergibt.

(4) Eine zum Nachteil des Mieters abweichende Vereinbarung ist unwirksam.

Systematische Übersicht

Alphabetische Schnellübersicht

A. Inhalt und Zweck der Norm

1 Die Vorschrift enthält die allgemeinen Regelungen über die Mieterhöhungen im preisfreien Wohnungsbau. Die Vorschriften der §§ 557–561 BGB gelten nur für Wohnraummietverträge. Bei nicht geschütztem Wohnraum gem. § 549 Abs. 2 und 3 BGB sind die Vertragsparteien bei einer Mietabänderungsvereinbarung weder an die Voraussetzungen des § 557 Abs. 1 BGB gebunden, noch werden sie beim Abschluss von Staffel- und Indexmietverträgen an die sich aus §§ 557a, 557b BGB ergebenden Grenzen gebunden. Sie müssen auch die sonstigen Folgen des Nachteilsverbots des § 557 Abs. 4 BGB nicht beachten.

2 **Nach Abs. 1** sind Vereinbarungen zwischen den Mietvertragsparteien über die Veränderung der Miete zulässig. Der Gesetzgeber hat die besondere Bedeutung dieser auf einer freiwilligen Vereinbarung beruhenden Vertragsanpassung dadurch besonders betonen wollen, dass er die Regelung ganz an den Anfang des Kapitels über die Regelungen zur Miethöhe gestellt hat. Erforderlich ist hierfür der Abschluss einer „Vereinbarung". Es handelt sich also um einen **Änderungsvertrag.** Nach dem eindeutigen Wortlaut kann die Vereinbarung nur während des Bestandes eines Mietverhältnisses getroffen werden. Damit werden alle Vereinbarungen bei Abschluss des Mietvertrages von der Vorschrift nicht erfasst. Diese sind nur nach Absatz 2 und 3 zulässig. Die Vereinbarung muss sich auf die Erhöhung der Miete beziehen. Nicht mehr erforderlich ist, dass sich die Vereinbarung auf eine **Erhöhung um einen bestimmten Betrag** beziehen muss. Damit sind auch gelegentlich vorkommende Mieterhöhungen, die nicht in Geld erfolgen, zulässig. In der Regel werden die Parteien sich auf die neue Miete einigen. Möglich ist aber auch die Übernahme von Schönheitsreparaturen oder weiterer Betriebskostenpositionen, soweit dies gem. § 556 Abs. 1 BGB zulässig ist (dazu Rdn. 37). Nicht ausreichend ist die Vereinbarung, wonach die Miete bis zur Höhe der ortsüblichen Vergleichsmiete oder bis zu einem bestimmten Prozentsatz über der ortsüblichen Vergleichsmiete erhöht wird. Deshalb kann auch bei Modernisierungsarbeiten keine Vereinbarung darüber getroffen werden, dass der Mieter einen bestimmten Prozentsatz der Kosten zu tragen hat, die der Vermieter dem Mieter nach Abschluss der Arbeiten mitteilt.[1] Auch **Mieterhöhungen um einen bestimmten Prozentsatz** sind möglich[2]. Soweit die Rechtsprechung bei errechenbaren Folgen einer Vereinbarung eher zurückhaltend ist, steht dies prozentualen Mieterhöhungen nicht entgegen. Es handelt sich hier um eine vertragliche Abrede auf die sich beide Vertragsparteien einvernehmlich eingelassen haben. Der Mieter kann also durchaus verlangen, dass ihm die Folgen der prozentualen Erhöhung, wenn er sie nicht selber durchschaut, vorgerechnet werden, bevor er zustimmt. Im Rahmen des § 557 Abs. 1 BGB geht es um eine einmalige Erhöhung, deren Folgen grundsätzlich leicht zu berechnen sind. Wortlaut und Schutzzweck der Vorschrift sprechen deshalb für die Zulässigkeit von prozentualen Erhöhungsvereinbarungen.

3 Ergänzend zu Absatz 1 gestattet **Absatz 2** bereits bei Abschluss des Mietvertrags oder auch später Vereinbarungen über zukünftige Mietsteigerungen. Dies kann in Form einer Staffelmietvereinbarung oder Indexvereinbarung erfolgen. § 557 Abs. 2 BGB hat über diese klarstellende Funktion aber im Übrigen keine eigene Bedeutung.

4 **Absatz 3** enthält zunächst den Anspruch des Vermieters auf Mieterhöhung im Rahmen des Vergleichsmietensystems. Durch die Stellung in Absatz 3 hinter den verschiedenen Möglichkeiten der einvernehmlichen Mietabänderung hat der Gesetzgeber zum Ausdruck bringen wollen, dass solche einvernehmlichen Regelungen zu bevorzugen sind und nur, wenn diese nicht zustande kommen, dem Vermieter ggf. durchsetzbare Ansprüche auf Mietanpassung zustehen. Bei diesen Ansprüchen handelt es sich um die „Gegenleistung" des Gesetzgebers dafür, dass dem Vermieter gem. § 573 Abs. 1 Satz 2 BGB eine Kündigung zum Zwecke der Mieterhöhung ausdrücklich untersagt ist. Der Verweis auf die Mieterhöhungsmöglichkeiten der §§ 558–560 BGB in § 557 Abs. 3 Hs. 1 hat keine eigene Bedeutung. Die Tatbestandsvoraussetzungen für die jeweilige Mieterhöhung richten sich nach §§ 558ff. 559ff. und 560 BGB. Es handelt sich um eine Rechtsgrundverweisung.

5 Eine **eigenständige Bedeutung** hat § 557 Abs. 3 Hs. 2 BGB. Danach ist eine Mieterhöhung nach den §§ 558–560 BGB ausgeschlossen, wenn die Mietvertragsparteien eine Erhöhung durch Vereinbarung ausgeschlossen haben oder sich der Ausschluss aus den Umständen ergibt. Ebenso wie die Parteien gem. § 557 Abs. 1 BGB eine Mieterhöhung vereinbaren können, können sie auch vereinbaren, dass Mieterhöhungen nicht oder während eines bestimmten Zeitraums nicht er-

---

[1] LG Osnabrück WuM 1978, 10.
[2] *Kunze/Tietzsch* Miethöhe, II, 78.

folgen können. Solche Vereinbarungen können ausdrücklich oder konkludent geschlossen werden. Sie können sich auf alle Mieterhöhungsmöglichkeiten beziehen oder nur auf einzelne Erhöhungstatbestände. Ferner können sie eine Mieterhöhung ganz oder teilweise ausschließen, wobei der teilweise **Ausschluss** sich sowohl auf die Höhe wie auch auf den zeitweiligen Ausschluss beziehen kann. Ausdrückliche Vereinbarungen sind in diesem Bereich jedoch selten, i. d. R. haben die Parteien anderweitige Vereinbarungen getroffen, aus denen sich dann auch der Wille ergibt oder ergeben soll, dass bestimmte Mieterhöhungen ausgeschlossen sind.

Nach Absatz 4 sind für den Mieter nachteilige Vereinbarungen über Mieterhöhungen unwirksam. Da es sich bei § 557 BGB um die einleitende Vorschrift des Unterabschnitts „Regelungen über die Miethöhe" handelt, gilt die Vorschrift für alle nachfolgenden Vorschriften dieses Unterabschnitts. Warum dann in den einzelnen Vorschriften (§§ 557a Abs. 4; 557b Abs. 4; 558 Abs. 6; 558a Abs. 5; 558b Abs. 4; 559 Abs. 3; 559b Abs. 3; 560 Abs. 6 BGB) jeweils noch einmal das Verbot nachteiliger Vereinbarungen enthalten ist, ist dogmatisch nicht nachvollziehbar. 6

Die Zulässigkeit von Mietabänderungsvereinbarungen gem. Abs. 1 ist Ausdruck eines Restes von **Vertragsfreiheit** im Miethöherecht. Abs. 1 stellt lediglich klar, dass trotz der zahlreichen Mieterschutzvorschriften im Miethöherecht, ein Rest von Privatautonomie erhalten geblieben ist.[3] Sie beruht auf der Grundüberlegung, dass ein Mieter, der sich wirklich freiwillig mit einer für ihn übersehbaren Mieterhöhung einverstanden erklärt, nicht so schutzbedürftig ist, wie ein Mieter, der sich unter Druck, anderenfalls eine begehrte Wohnung gar nicht erst zu erhalten, verpflichtet, einer zum Zeitpunkt des Abschlusses des Mietvertrages noch weit entfernten und wenig konkreten Mieterhöhungsmöglichkeit zuzustimmen. Für besondere Situationen bleibt dem Mieter aber das Widerrufsrecht gem. § 355 BGB (siehe dazu Vor § 535 Rdn. 75–92). Alternativ haben die Parteien die Möglichkeit den Mietvertrag insgesamt aufzuheben und zu geänderten Bedingungen neu abzuschließen.[4] Diese Möglichkeit stellt auch keine unzulässige Umgehung der Vorschriften des BGB dar. In diesem Fall sind aber die Vorschriften des Unterkapitels 1 a „Vereinbarungen über die Miethöhe bei Mietbeginn in Gebieten mit angespannten Wohnungsmärkten" einzuhalten, die ansonsten bei Vereinbarungen nach § 557 Abs. 1 BGB nicht gelten. 7

Grundsätzlich ist es im Rahmen der Vertragsfreiheit den Mietvertragsparteien gestattet, **Vereinbarungen über die Miethöhe** zu treffen Im Wohnraummietrecht gibt es jedoch anders als in der Gewerberaummiete und bei anderen Mietverhältnissen Grenzen, die einzuhalten sind. Bei der Neuvermietung sind in bestimmten Gemeinden die §§ 556d–556g BGB einzuhalten. Im Übrigen kommt es darauf an, wann eine Mieterhöhung wirken soll, nicht wann die Vereinbarung geschlossen wurde. 8

Wirkungszeitpunkt der Mieterhöhung	**Anzuwendende Vorschriften**	**Voraussetzungen**
„Mieterhöhung während des Mietverhältnisses"	Mietabänderungsvereinbarung gem. § 557 Abs. 1 BGB	– formfrei möglich – nach Abschluss des Mietvertrages – Mieterhöhung in Geld oder anderer Gegenleistung – Jede Art der Neufestlegung auch prozentuale Steigerung – Abstand zur letzten Mieterhöhung unerheblich – keine Kappungsgrenze – keine Beschränkung der Wiedervermietungsmiete gem. §§ 556d ff. BGB – Begrenzung durch § 5 WiStG
„Künftige Änderung der Miethöhe"	Staffelmiete gem. § 557a BGB	– schriftlich – bei Abschluss des Mietvertrages oder auch später – mindestens eine Steigerung, keine Höchstgrenze – Erhöhung in der Zukunft – keine prozentuale Steigerung

[3] Bub/Treier/*Schultz* Kap. III. A Rdn. 751; *Artz* in MünchKomm § 557 Rdn. 27; *Weitemeyer* NZM 2001, 563, 565.
[4] Bub/Treier/*Schultz* Kap. III. A Rdn. 751.

Wirkungszeitpunkt der Mieterhöhung	Anzuwendende Vorschriften	Voraussetzungen
		– Abstand zwischen den einzelnen Staffeln mindestens ein Jahr – Erhöhung tritt automatisch ein – die Begrenzung der Wiedervermietungsmiete gem. §§ 556d ff. BGB gilt für jede einzelne Staffel – Begrenzung durch § 5 WiStG
	Indexmiete gem. § 557b BGB	– schriftlich – bei Abschluss des Mietvertrages oder auch später – mindestens eine Steigerung, keine Höchstgrenze – Steigerung in der Zukunft – Koppelung nur an einen einzigen Index möglich – Abstand zwischen den einzelnen Steigerungen mindestens ein Jahr – formalisiertes Erhöhungsverfahren – die Begrenzung der Wiedervermietungsmiete gem. §§ 556d ff. BGB gilt nur für die Ausgangsmiete – Begrenzung durch § 5 WiStG

B. Die Mietabänderungsvereinbarung gem. Abs. 1

I. Zustandekommen der Vereinbarung

1. Das Angebot

9 Die Mietabänderungsvereinbarung ist ein Vertrag, der Angebot und Annahme voraussetzt. Für das Angebot und die Annahme gelten grundsätzlich die allgemeinen Regeln über Willenserklärungen, §§ 116–144 BGB, und Verträge, §§ 145–157 BGB. Regelmäßig wird das Angebot vom Vermieter stammen, da kaum ein Mieter seinem Vermieter den Abschluss eines Vertrages anbieten wird, der einzig und allein zum Inhalt hat, die Miete für seine Wohnung zu erhöhen. Denkbar ist aber in Zeiten sinkender Mieten ein Angebot des Mieters auf Abschluss einer Mietherabsetzungsvereinbarung als Alternative zur Kündigung.

10 **a) Ausdrückliches Angebot.** Ein wirksames Angebot liegt dann vor, wenn der Vermieter dem Mieter ausdrücklich den Abschluss eines Änderungsvertrages anbietet. Hierfür gelten die Vorschriften des Allgemeinen Teils und des Allgemeinen Schuldrechts. Beschränkungen nach den §§ 558–558b BGB finden keine Anwendung. Der Vermieter ist also weder an die 12 oder 15 Monatsfrist des § 558 Abs. 1 BGB gebunden noch an die Kappungsgrenze.[5] Außerdem kann er dem Mieter eine Änderung auf eine Miete anbieten, die über der ortsüblichen Vergleichsmiete liegt oder die Möglichkeiten einer Modernisierungserhöhung nach § 559 BGB überschreitet, jedoch erfüllt bereits das „Fordern" einer wesentlich über der ortsüblichen Vergleichsmiete liegenden Miete den Tatbestand des § 5 WiStG (s. Nach § 535 BGB Rdn. 5).

11 **b) Form.** Das Angebot ist grundsätzlich formfrei möglich.[6] Lediglich bei Zeitmietverträgen über einen längeren Zeitraum als ein Jahr ist gem. § 550 BGB die Einhaltung der Schriftform erforderlich,[7] anderenfalls läuft der Mietvertrag nach Zustandekommen der Vereinbarung auf unbe-

[5] Bub/Treier/*Schultz* Kap. III. A Rdn. 766.
[6] LG Hannover WuM 1990, 222; *Weitemeyer* in Staudinger § 557 BGB Rdn. 32.
[7] Ob § 550 BGB bei Mietverträgen mit einer Laufzeit von mehr als einem Jahr noch die Schriftform erfordert oder nicht ist strittig: **dafür** *Timme/Hülk* NJW 2007, 3313; *Heile* NZM 2002, 505; *Sternel* ZMR 2001, 937; *Bieber* in MünchKomm § 550 BGB Rdn. 10; s. § 550 BGB Rdn. 14; Palandt/*Weidenkaff* § 550 BGB Rdn. 1; *Blank* in Blank/Börstinghaus, Miete, § 550 BGB Rdn. 30; *Lützenkirchen* Neue Mietrechtspraxis, Rdn. 366; *ders.* MDR 2001, 1385, 1388; *Mankowski* ZMR 2002, 481; *Klein-Benkers* Anwaltskommentar Schuldrecht, § 550

stimmte Zeit.[8] Haben die Parteien eine Schriftformklausel vereinbart, ist zu beachten, dass die Parteien diese i. d. R. mündlich aufheben können.[9] Voraussetzung hierfür ist jedoch, dass sich die Parteien darüber einig und bewusst waren, dass eine Änderung der Schriftformklausel notwendig war.[10] Enthält ein Mietvertrag die Klausel, dass Vertragsänderungen auch bezüglich des Formerfordernisses der Schriftform bedürfen (sog. **qualifizierte Schriftformklausel**[11]), so ist eine individualvertraglich vereinbarte Mieterhöhung wegen des Vorrangs der Individualvereinbarung gem. § 305b BGB trotzdem wirksam.[12] Für das einseitige Mieterhöhungsverlangen gem. § 558a Abs. 1 BGB gilt eine solche Schriftformklausel nicht.[13]

c) Annahmefrist. Der Vermieter ist im Rahmen des § 145ff. BGB an sein Angebot gebunden. Soweit der Vermieter dem Mieter also eine **Überlegungsfrist oder Annahmefrist** eingeräumt hat, besteht die Bindung innerhalb dieser Frist. Bei einem Angebot unter Anwesenden oder mittels Telefon kann das Angebot nur sofort angenommen werden, bei einem schriftlichen Angebot, wozu auch Telefax-Schreiben oder E-Mail zählen, kann die Annahme nur bis zu einem Zeitpunkt erfolgen, in welchem der Vermieter den Eingang der Antwort des Mieters unter regelmäßigen Umständen erwarten darf. Da der Mieter sich nach Eingang des Mieterhöhungsangebots beraten lassen darf, erscheint eine Frist von bis zu 10 Tagen nach Absendung des Schreibens noch angemessen.[14] 12

d) Umdeutung. Ein Mieterhöhungsverlangen nach § 558a BGB stellt i. d. R. zugleich ein Angebot auf Abschluss eines Änderungsvertrages dar.[15] Dies gilt selbst für ein **unwirksames Mieterhöhungsverlangen,** so dass sich die Miete auch bei Zustimmung des Mieters zu einem unwirksamen Mieterhöhungsverlangen erhöht. Für eine ausdrücklich erklärte Zustimmung ist dies unproblematisch. Strittig ist, ob auch in der Zahlung auf ein unwirksames Mieterhöhungsverlangen eine konkludente Zustimmung zu sehen ist. Dies ist zu bejahen.[16] Die Umdeutung dient dem Ziel, den von den Parteien erstrebten wirtschaftlichen Erfolg zu verwirklichen, wenn zwar das von ihnen gewählte rechtliche Mittel unzulässig ist, aber ein anderer, rechtlich gangbarer Weg zur Verfügung steht.[17] Deshalb kommt ein Änderungsvertrag zustande, wenn der Vermieter den Mieter zur Abgabe einer Zustimmungserklärung tatsächlich aufgefordert hat und der Mieter dann tatsächlich zahlt. Maßstab ist allein der objektive Empfängerhorizont. Abgrenzungskriterium ist allein die Tatsache, ob der Mieter erkennen konnte, dass die Wirksamkeit der Mieterhöhung auch von seinem Verhalten abhängt. Wenn er ein Mieterhöhungsverlangen erhält, kann er sich beraten lassen. Es kann gut sein, dass er den formellen Fehler erkennt und trotzdem, um Ärger zu vermeiden, zustimmen will. Er kann sich auch auf den Streit einlassen, wobei die **„Klageinitiativlast“**[18] beim Vermieter liegt. Diese Klage würde der Vermieter wegen der Unwirksamkeit des Erhöhungsverlangens verlieren. Davon abzugrenzen ist der Fall, dass der Vermieter die Miete in einer Weise erhöht, 13

Rdn. 1; *Schmid* GE 2002, 1039; *Treier* GS für Sonnenschein, S. 141, 142; s. auch § 550 BGB Rdn. 7; **dagegen:** *Eckert* NZM 2001, 409; *Ormanschick/Riecke* MDR 2002, 247; zweifelnd auch: *Löwe* NZM 2000, 577, 580.

[8] LG Gießen ZMR 2002, 272; LG Berlin NJWE-MietR 1996, 195; *Weitemeyer* in Staudinger § 557 BGB Rdn. 32.

[9] BGH (XII ZR 312/02) NZM 2006, 59 = MietPrax-AK § 550 BGB Nr. 13; OLG Düsseldorf GE 2010, 907; LG Berlin GE 1988, 777; **a. A.** LG Baden-Baden ZMR 1984, 167.

[10] OLG Düsseldorf GE 2010, 907; LG Düsseldorf WuM 1993, 341; AG Münster WuM 1994, 424; AG Baden-Baden DWW 1988, 52.

[11] Dazu *Lingemann/Gotham* NJW 2009, 268.

[12] BGH (XII ZR 69/16) NZM 2017, 189 = MietPrax-AK, § 550 BGB Nr. 43 m. Anm. *Börstinghaus; Schweitzer* NZM 2017, 191.

[13] BGH (VIII ZR 275/10) WuM 2011, 393; BGH (VIII ZR 300/09) NJW 2011, 295; *Bloching/Ortloff* NZM 2012, 334.

[14] Für die Gewerberaummiete hat der BGH (XII ZR 5/15) NJW 2016, 1441 eine Annahmefrist von 2 – 3 Wochen für die Annahme eines Angebots auf Abschluss eines gewerbliche Mietvertrages angenommen.

[15] BGH NJW 1998, 445, 446; LG Berlin GE 2003, 807, 808; *Weitemeyer* in Staudinger § 557 BGB Rdn. 33; *dies.* NZM 2000, 313, 316; *Emmerich* in Staudinger § 558a BGB Rdn. 13, 61; *Schüller* in Bamberger/Roth § 557 BGB Rdn. 9; *Both* in Herrlein/Kandelhard § 557 BGB Rdn. 28; *Dickersbach* in Erman § 557 BGB Rdn. 4; *Kellendorfer* in Spielbauer/Schneider, § 557 BGB Rdn. 5; Bub/Treier/*Schultz* Kap. III. A Rdn. 763; **a. A.** *Artz* in MünchKomm § 557 BGB Rdn. 40; *ders.* WuM 2005, 215; umfassend hierzu auch *Hau,* Vertragsanpassung und Anpassungsvertrag, S. 324ff.

[16] BGH (VIII ZR 182/04) NZM 2005, 736 = MietPrax-AK § 557 BGB Nr. 4 mit Anm. *Börstinghaus;* AG München ZMR 2014, 460 **a. A.** *Artz* in MünchKomm § 557 BGB Rdn. 40; *ders.* WuM 2005, 215, 218.

[17] BGH (BLw 4/08) ZIP 2009, 264; BGHZ 19, 269, 273; 68, 204, 206.

[18] So der Begriff von *Artz* WuM 2005, 215, 218, der diese Last beim Mieter sieht.

die beim Mieter den Eindruck erweckt, dass der Vermieter einseitig die Miete neu festsetzt und dass hierzu eine Zustimmung des Mieters nicht erforderlich ist (Rdn. 15).[19] Eine Umdeutung in ein Angebot auf Abschluss eines Mietabänderungsvertrages scheidet hier aus. Hier stellt die Zahlung deshalb auch keine Annahme des Angebots dar (unten Rdn. 19). Der Mieter muss auch keinen Vorbehalt erklären.

14 Bei einem **wirksamen Mieterhöhungsverlangen** sind neben den allgemeinen Vorschriften des BGB auch die **Besonderheiten der §§ 558–558b BGB** zu beachten. Daraus folgt insbesondere, dass der Mieter entgegen § 150 Abs. 2 BGB dem Angebot des Vermieters auch nur teilweise zustimmen kann.[20] Ferner ist der Vermieter bei einem Mieterhöhungsverlangen an seinen Antrag weit länger gebunden als bei einem ausdrücklichen Angebot auf Abschluss eines Änderungsvertrages. Für das Mieterhöhungsverlangen gilt § 558b Abs. 2 BGB. Der Mieter kann deshalb das Angebot auf jeden Fall bis zum Ablauf der Zustimmungsfrist annehmen.[21] Fraglich ist, ob der Mieter das Angebot auch noch während der dreimonatigen Klagefrist annehmen kann.[22] Hier herrscht ein **Schwebezustand.** Lässt der Vermieter die Klagefrist verstreichen, dann wird sein Mieterhöhungsverlangen unwirksam.[23] Nun wird argumentiert, dass die weiter gehende Bindung des Vermieters an sein Angebot zur Vertragsänderung dessen Vertragsfreiheit praktisch kaum[24] einschränke, sondern es im Gegenteil in seinem Interesse liege, das Erhöhungsverlangen aufrechtzuerhalten. Diese Argumentation rechtfertigt durchaus die Abweichung von §§ 146, 147 BGB bis zum Ablauf der Überlegungsfrist und auch für den Fall, dass der Mieter zunächst das Erhöhungsverlangen ablehnt, sie rechtfertigt eine Bindung des Vermieters für die Zeit nach **Ablauf der Überlegungsfrist** nicht. Mit Ablauf der Überlegungsfrist hat der Vermieter allein die **Dispositionsfreiheit darüber zurückerhalten,** ob er das Mieterhöhungsverlangen weiterverfolgt oder nicht. Bedeutung hat dies insbesondere für die Jahressperrfrist aber auch für die Höhe der ortsüblichen Vergleichsmiete in den Fällen, in denen z. B. ein neuer Mietspiegel veröffentlicht wurde, nachdem der Vermieter sein Erhöhungsverlangen gestellt hat. Deshalb **erlischt die Annahmefähigkeit** des Angebots mit Ablauf der Überlegungsfrist. Soweit der BGH[25] entschieden hat, dass das ursprüngliche Mieterhöhungsverfahren erst mit Abschluss des Rechtsstreits erledigt ist, hat dies für die Frage der Annahmefähigkeit des Angebots nach **Ablauf der Überlegungsfrist** keine Bedeutung. In der späteren Zustimmung oder Zahlung der erhöhten Miete liegt dann ein Angebot des Mieters auf Abschluss einer Mietabänderungsvereinbarung.[26] Dies kann der Vermieter ausdrücklich oder konkludent durch Annahme der Zahlung annehmen. Für eine Zustimmungsklage würde in diesem Fall das Rechtschutzbedürfnis fehlen.[27] Hat der Mieter dem Erhöhungsverlangen nach **Ablauf der Überlegungsfrist** teilweise zugestimmt, gilt grundsätzlich das Gleiche. Auf die Vorschrift des § 266 BGB kommt es dabei nicht an, da die verspätete Teilzustimmung des Mieters ein neues Angebot darstellt, das der Vermieter annehmen kann oder nicht. Es liegt keine Teilleistung – mehr – vor. Lediglich dann, wenn er sein ursprüngliches Erhöhungsverlangen in voller Höhe weiterverfolgt, wird man prozessual davon auszugehen haben, dass eine Zustimmungsklage nur hinsichtlich des über die Teilzustimmung hinausgehenden Teils zulässig ist, im Übrigen fehlt ihr das **Rechtschutzbedürfnis,** da der Vermieter ohne gerichtliche Hilfe durch einfache Annahme dieses Angebots die Vertragsänderung herbeiführen kann. Dies gilt auch, wenn der Mieter die verlangte erhöhte Miete teilweise zahlt.[28] Ob hier tatsächlich eine Pflicht des Vermieters zur Nachfrage besteht, ob der Mieterhöhung ganz oder teilweise und ggf. warum nicht, zugestimmt werde, erscheint fraglich.[29]

15 **e) Einseitige Mieterhöhungen.** Problematisch sind **einseitige Mieterhöhungen des Vermieters.** Denkbar sind hier Fälle, in denen der Vermieter völlig losgelöst von gesetzlichen Regelungen zur Miethöhe kraft seiner Stellung als Vermieter einseitig die Miete erhöht, z. B. wegen „gestiegener Preise" oder weil er glaubt nach den §§ 558–560 BGB oder sogar auf Grund der

---

[19] BGH (VIII ZR 199/04) NZM 2005, 735 = MietPrax-AK § 557 BGB Nr. 5 mit Anm. *Börstinghaus.*
[20] Das ergibt sich aus der Formulierung in § 558b Abs. 1 BGB *„soweit"*.
[21] LG Hannover WuM 1990, 222; LG Berlin MM 1996, 292.
[22] Dafür: LG Berlin NJWE-MietR 1996, 195, 196; LG Hannover WuM 1990, 222.
[23] LG Berlin GE 1996, 865; *Emmerich* in Staudinger § 558 BGB Rdn. 12.
[24] LG Berlin NJWE-MietR 1996, 195, 196.
[25] BGH (VIII ZR 141/09) WuM 2010, 161 = MietPrax-AK § 558 BGB Nr. 26 mit Anm. *Börstinghaus.*
[26] *Weitemeyer* in Staudinger § 557 BGB Rdn. 33.
[27] *Weitemeyer* in Staudinger § 557 BGB Rdn. 35.
[28] *Weitemeyer* in Staudinger § 557 BGB Rdn. 35.
[29] So aber AG Solingen WuM 1996, 279.

Vorschriften des WoBindG[30] oder auf Grund einer – unwirksamen – Vereinbarung im Mietvertrag[31] oder einer unwirksamen Indexmietvereinbarung[32] dazu berechtigt zu sein. Entscheidend ist hier, wie die Willenserklärung des Vermieters aus der Sicht eines objektiven Empfängers auf Seiten des Mieters verstanden werden durfte. Soweit der Vermieter in der Erklärung den Eindruck erweckt, einseitig zu einer solchen Vertragsänderung berechtigt zu sein, weil allein seine Gestaltungserklärung zu einer Mieterhöhung führt, fehlt es i. d. R. bereits an einem Angebot.[33] Ein Angebot ist nämlich gerade kein einseitiges Rechtsgeschäft, sondern soll nur Teil eines **zweiseitigen Vertrages** sein.[34] Dies muss aber i. d. R. in dem Angebot auch zum Ausdruck kommen. Deshalb fehlt es bei solchen einseitigen Mieterhöhungserklärungen i. d. R. bereits an einem Angebot.[35] Stimmt der Mieter trotzdem ausdrücklich oder konkludent der Mieterhöhung zu, dann könnte diese Zustimmung erst das Angebot auf Abschluss des Änderungsvertrages sein, das der Vermieter dann wiederum annehmen muss. Dies setzt aber voraus, dass der Mieter tatsächlich ein Angebot abgegeben hat, was insbesondere bei konkludentem Verhalten, insbesondere bei bloßer Zahlung, wegen des fehlenden Rechtsbindungswillens nicht der Fall ist.[36]

Hat der Mieter längere Zeit auf ein formell **unwirksames einseitiges Mieterhöhungsverlangen z. B. gem. § 559 BGB** oder, weil der Vermieter zu Unrecht glaubte die Wohnung unterfiele den Preisbindungsvorschriften, auf eine einseitige Erhöhungserklärung nach § 10 WoBindG[37] oder aufgrund einer unwirksamen Indexmietvereinbarung[38] Zahlungen geleistet, dann bedeutet dies noch nicht den Abschluss einer Mietabänderungsvereinbarung, da die Mieterhöhung nach §§ 559ff. BGB eine einseitige Mieterhöhungserklärung ist, die aus der Sicht des objektiven Empfängers nicht zugleich ein Vertragsangebot enthält.[39] Der Mieter kann deshalb die Zahlungen kondizieren.[40] Der Mieter soll nach dem Willen des Vermieters nämlich gerade nicht wählen können, ob er die Vertragsänderung will oder nicht, der Vermieter will erkennbar von seinem einseitigen Erhöhungsrecht Gebrauch machen. In der Zahlung ist deshalb auch kein Schuldanerkenntnis zu sehen.[41] In ganz extremen Einzelfällen kann die Rückforderung der Überzahlungen eine unzulässige Rechtsausübung darstellen. Auch wenn in den Zahlungen keine konkludente Vertragsänderung zu sehen ist kann dem Vermieter nach dem Rechtsgedanken des § 313 BGB wegen Fehlens der Geschäftsgrundlage ein Anspruch auf Vertragsanpassung zustehen.[42] Hat der Mieter aber später einer Mieterhöhung nach § 558 BGB zugestimmt, dann umfasst diese Zustimmung, die auch konkludent durch Zahlung erfolgen kann, zugleich auch alle früheren Mieterhöhungen nach § 559 BGB.[43] Der Rückzahlungsanspruch entfällt, wenn der Vermieter nicht mehr bereichert ist, § 818 Abs. 3 **16**

[30] BGH (VIII ZR 122/05) WuM 2007, 133 = MietPrax-AK § 557 BGB Nr. 7 mit Anm. *Börstinghaus*; OLG Hamm WuM 1997, 667; BayObLG WuM 1985, 217; Bub/Treier/*Schultz* Kap. III. A Rdn. 747.

[31] BGH (VIII ZR 199/04) NZM 2005, 735 = MietPrax-AK § 557 BGB Nr. 5 mit Anm. *Börstinghaus; Artz* ZMR 2006, 165.

[32] AG Wedding MM 4/2014, 30.

[33] So auch *Sternel* Mietrecht aktuell (2009), IV, 4.

[34] OLG Hamm RE v. 28.5.1982, NJW 1982, 2076.

[35] *Artz* in MünchKomm § 557 BGB Rdn. 39; *ders.* NZM 2004, 609, 610 **a. A.** LG Potsdam WuM 2001, 197; LG Berlin WuM 1087, 158; *Hau,* Vertragsanpassung und Anpassungsvertrag, S. 325; differenzierend *Weitemeyer* in Staudinger § 557 BGB Rdn. 31.

[36] BGH (VIII ZR 199/04) NZM 2005, 735 = MietPrax-AK § 557 BGB Nr. 5 mit Anm. *Börstinghaus; Artz* ZMR 2006, 165; LG Berlin GE 2000, 812; LG Essen Beschl. v. 28.2.1997 – 1 S 382/96; **a. A.** LG Duisburg WuM 1989, 192.

[37] Bub/Treier/*Schultz* Kap. III. A Rdn. 747.

[38] AG Wedding MM 4/2014, 30.

[39] BGH (XII ZR 176/04) NZM 2007, 514 = MietPrax-AK § 6 NutzEV Nr. 2 mit Anm. *Börstinghaus;* Berichtigungsbeschl. v. 25.7.2007 abgedruckt bei MietPrax-AK § 6 NutzEV Nr. 2; OLG Karlsruhe RE v. 26.3.1986 ZMR 1986, 239 zur einseitigen Mieterhöhung nach § 10 WoBindG; *Lammel* § 559b BGB Rdn. 24; noch offen gelassen von BGH (VIII ZR 156/03) NZM 2004, 252 = MietPrax-AK § 559b BGB Nr. 2 mit Anm. *Börstinghaus.*

[40] AG Dortmund WuM 2009, 120, 123; AG Charlottenburg GE 2008, 334; **a. A.** LG Leipzig ZMR 1999, 767; ein Rechtsentscheid des OLG Dresden zu dieser Frage ist auf Grund des Vorlagebeschlusses des LG Leipzig ZMR 2001, 548 nicht ergangen, da der Rechtsstreit sich anderweitig erledigt hatte; wohl auch LG Görlitz WuM 2001, 28.

[41] So auch *Milger* NZM 2009, 497 für den vergleichbaren Fall der Zahlung auf eine fehlerhafte Betriebskostenabrechnung.

[42] BGH (VIII ZR 160/09) NJW 2010, 1663 = MietPrax-AK § 313 BGB Nr. 1 mit Anm. *Börstinghaus* (für den Fall über 25 Jahre erfolgter unwirksamer Kostenmieterhöhungen).

[43] LG Berlin ZMR 2001, 544, 545.

BGB.[44] Der Rückzahlungsanspruch gem. § 812 BGB kann jedoch gem. § 814 BGB ausgeschlossen sein, wenn der Mieter Kenntnis von der Nichtschuld hatte.[45] Dabei ist es nicht ausreichend, wenn der Mieter Kenntnis von den Tatsachen hat, aus denen sich das Fehlen einer rechtlichen Verpflichtung zur Zahlung ergibt, er muss vielmehr positive Kenntnis davon haben nichts zu schulden.[46] Bloße Zweifel genügen ebenso wenig[47] wie grob fahrlässige Unkenntnis.[48] Der Rückzahlungsanspruch verjährt in der Regelverjährungsfrist des § 195 BGB.[49] Die Frist beginnt am Ende des Jahres in dem die Überzahlung erfolgte und in dem der Mieter von den anspruchsbegründenden Tatsachen Kenntnis erhalten hat.[50] Im Einzelfall kann die Geltendmachung des Rückzahlungsanspruchs auch verwirkt sein. Eine Verwirkung setzt voraus, dass sich der Vermieter wegen der Untätigkeit des Mieters über einen gewissen Zeitraum hin („Zeitmoment") bei objektiver Betrachtung darauf einrichten durfte und eingerichtet hat, dieser werde von seinem Recht nicht mehr Gebrauch machen („Umstandsmoment"), so dass die verspätete Geltendmachung gegen Treu und Glauben verstößt.[51]

2. Die Annahme

17 **a) Ausdrückliche Annahmeerklärung.** Der Änderungsvertrag kommt durch eine entsprechende Annahmeerklärung des Angebotsempfängers zustande. In der Regel wird dies der Mieter sein. Vor allem in den Fällen, in denen der Mieter aber das Angebot des Vermieters nicht uneingeschränkt oder verspätet annimmt, und seine Annahme deshalb gem. § 150 Abs. 2 BGB als neues Angebot gilt, ist der Vermieter derjenige, der das Angebot annehmen muss. Die Annahme dieses Angebots muss wiederum binnen der Frist des § 147 Abs. 2 BGB erfolgen. Die Vorschrift des § 150 Abs. 2 BGB gilt aber nur bei Änderungsverträgen, denen kein wirksames Mieterhöhungsverlangen nach § 558a BGB zu Grunde liegt; anderenfalls ist die Vorschrift nicht anwendbar. Eine Teilzustimmung ist deshalb bei einem Angebot auf Abschluss eines Mietabänderungsvertrages gem. Abs. 1 unwirksam und stellt selbst ein neues Angebot dar.[52] Auf die Annahmeerklärung sind die allgemeinen Vorschriften über Willenserklärungen anzuwenden. Es genügt also, dass der Mieter eine rechtsgeschäftliche Erklärung abgeben will. Nicht erforderlich ist, dass er weiß, mit der Erklärung auf ihm anderenfalls zustehende Mieterschutzvorschriften zu verzichten.[53] Das wäre ein unerheblicher Rechtsfolgenirrtum, der auch nicht zur Anfechtung berechtigt. Auch die Vorstellung des Mieters, der Vermieter habe einen einklagbaren Anspruch auf Zustimmung zur Mieterhöhung, ist ein unerheblicher Motivirrtum.[54]

18 **b) Konkludente Annahmeerklärung.** Der Mieter kann das Angebot des Vermieters auch durch **schlüssiges Verhalten** annehmen.[55] So kann die als neues Angebot geltende verspätete Annahmeerklärung wiederum konkludent angenommen werden. Auch diese konkludente Annahme muss wiederum binnen der Frist des § 147 Abs. 2 BGB erfolgen. Eine Annahme durch schlüssiges Verhalten setzt voraus, dass der Annehmende Zweifel an einem bereits zuvor erfolgten Abschluss des Vertrages hat. Gehen beide Parteien aber davon aus, dass schon aufgrund der verspäteten Annahme ein Abänderungsvertrag zustande gekommen ist, liegt gar keine Willenserklärung vor.[56] Ob das Verhalten im Übrigen als konkludente Willenserklärung zu verstehen ist, ist durch Auslegung zu ermitteln. Dabei ist Maßstab der objektive Empfängerhorizont. Es ist also zu prüfen, ob ein ob-

[44] LG Essen ZMR 1999, 557 für den Fall einer unwirksamen Kostenmieterhöhung wenn der Vermieter aber eine wirksame Mieterhöhung nach § 2 MHG hätte verlangen können; differenzierend *Derckx/Wolbers* ZMR 1999, 733.

[45] *Lammel* § 559b BGB Rdn. 24.

[46] BGH (VIII ZR 265/07) NJW 2009, 580; BGH NJW 1997, 2381; *Milger* NZM 2009, 497, 500.

[47] BGH WM 1973, 294; LG Berlin GE 2002, 802, 803; Palandt/*Sprau* § 814 BGB Rdn. 4.

[48] BGH WM 1972, 283; LG Berlin GE 2002, 802, 803.

[49] Im preisgebundenen Wohnungsbau ist ggf. der abweichende Verjährungsbeginn gem. § 8 Abs. 2 Satz 3 WoBindG zu beachten.

[50] *Jacoby* ZMR 2010, 335, 338.

[51] BGH (XI ZR 12/03) NJW-RR 2005, 276; BGH (XI ZR 425/04) NJW-RR 2006, 1277; BGH (VII ZR 23/02) NJW 2003, 824; LG Berlin GE 2002, 802, 803; KG WuM 2004, 348, 349; Zur Verwirkung im Mietrecht: *Kandelhard* NZM 2005, 43; *Hinkelmann* PiG 65, 247.

[52] Bub/Treier/*Schultz* Kap. III. A Rdn. 761; *Artz* in MünchKomm § 557 Rdn. 30; *Weitemeyer* in Staudinger § 557 BGB Rdn. 32.

[53] LG Aachen WuM 1988, 280; **a. A.** noch LG Aachen WuM 1973, 190 mit Anm. *Weimar.*

[54] LG Berlin GE 1992, 207.

[55] *Artz* NZM 2005, 367.

[56] BGH (XII ZR 5/15) NJW 2016, 1441; (V ZR 85/09) NZM 2010, 587; (V ZR 266/88) BGHZ 110, 220; (XI ZR 175/93) NJW 1995, 953.

jektiver Empfänger, der den Inhalt des Angebots des Vermieters und alle sonstigen Umstände kennt, aus der Zahlung den Schluss auf einen Rechtsbindungswillen des Mieters ziehen würde. Voraussetzung für die Annahme einer konkludenten Willenserklärung ist, dass demjenigen, der eine solche konkludente Erklärung abgegeben haben soll, überhaupt bewusst ist, eine rechtsgeschäftliche Erklärung abzugeben. So kann allein in der bloßen **Duldung der Einziehung** einer erhöhten Miete noch keine Annahme des Vertragsangebots des Vermieters gesehen werden, selbst wenn die Abbuchung mehrfach erfolgt.[57] Der Rückforderung eventuell eingezogener Beträge steht § 814 BGB selbst dann nicht entgegen, wenn der Mieter im Zustimmungsprozess Klageabweisung beantragt hat aber den Lastschriften nicht widersprochen hat.[58] Solang keinerlei Hinweise dafür existieren, dass der Mieter davon ausgehen musste, dass eine Verpflichtung zur Zahlung nicht bestand, fehlt es bereits an einer Willenserklärung. Eine Willenserklärung erfordert zumindest einen objektiven Tatbestand, aus dem die Äußerung eines auf eine Rechtsfolge gerichteten Willens geschlossen werden kann. Bei konkludenten Willenserklärungen muss der Erklärende die Umstände kennen, die seine Handlung als Ausdruck eines Rechtsfolgewillens erscheinen lassen. Er muss dabei vor allem wissen oder damit rechnen, dass eine von ihm abzugebende Willenserklärung erforderlich sein könnte.[59] Dazu gehört, dass der erklärende Mieter weiß, dass in seinem Verhalten der Ausdruck des Willens zu sehen ist, ein bisher unverbindliches Angebot verbindlich werden zu lassen.[60] Hat der Vermieter aber Veränderungen an der Mietsachen, z. B. eine Wohnflächenvergrößerung, vorgenommen und vom Mieter für diese Mehrleistung eine zusätzliche Mietzahlung verlangt, so darf der Vermieter in der Nutzung dieser Zusatzleistung die Zustimmung zur angebotenen Vertragsänderung verstehen.[61] Eine dem Mieter zurechenbare objektive Bedeutung seines Verhaltens hat aus der Sicht des Vermieters Vorrang vor einem etwa entgegenstehenden Willen des Mieters.[62]

c) Zahlung als Annahme. Auch bei der Beantwortung der Frage, ob eine Zahlung als kon- 19
kludente Willenserklärung zu verstehen ist, kommt es nicht auf die Vorstellungen des Mieters an, entscheidend ist die Beurteilung aus der Sicht des objektiven Empfängers auf Seiten des Vermieters. Von daher kommt dem Angebot des Vermieters auf Abschluss der **Änderungsvereinbarung** für die Auslegung einer Zahlung als Zustimmung große Bedeutung zu. Hat der Vermieter dem Mieter

– entweder ein Mieterhöhungsverlangen nach § 558a BGB mit ausdrücklicher Aufforderung zur Zustimmung zu einer Mieterhöhung
– oder ein ausdrückliches Angebot auf Abschluss einer Mietabänderungsvereinbarung zukommen lassen,

dann darf ein Vermieter aus der Sicht eines objektiven Empfängers bereits **eine Zahlung** als Zustimmung verstehen[63] auch wenn dies rechtpolitisch „misslich" ist.[64] Nach der Rechtsprechung des BGH[65] kommt dem Vertrauenstatbestand auf Seiten des Erklärungsempfängers, hier des Vermieters, eine besondere Bedeutung zu. Ist eine Zahlung entgegen dem tatsächlichen Willen des Mieters aus der Sicht des Empfängers als Annahme des Angebots auf Vertragsänderung zu verstehen, dann kann der Mieter diese Willenserklärung wegen eines Inhaltsirrtums anfechten.[66] Dem

57 LG München WuM 1996, 44; LG Göttingen WuM 1991, 280; AG Ludwiglust WuM 2014, 345; AG Hamburg-Harburg WuM 2000, 359; *Artz* in MünchKomm § 557 BGB Rdn. 31; *Weitemeyer* in Staudinger § 557 BGB Rdn. 33a; **a. A.** *Both* in Herrlein/Kandelhard § 557 BGB Rdn. 26.

58 AG Ludwigslust WuM 2014, 345.

59 BGHZ 109, 177; BGH NJW 2010, 2873; 1973, 1789.

60 BGH NJW 1988, 1199, 1200.

61 BGH (VIII ZR 298/13) WuM 2014, 546.

62 BGH (VIII ZR 298/13) WuM 2014, 546; (IX ZR 66/83) BGHZ 91, 324, 329ff.; (IX ZR 197/88), BGHZ 109, 171, 177.

63 LG Trier WuM 1994, 217; LG Kiel WuM 1993, 198; LG Berlin WuM 1989, 308; LG Braunschweig WuM 1986, 142; AG Frankfurt ZMR 1989, 180, DWW 1987, 263; *Weitemeyer* in Staudinger § 557 BGB Rdn. 33; *Artz* in MünchKomm § 557 BGB Rdn. 31 *(„schon aus rechtsdogmatischen Gründen"); ders.* NZM 2005, 367, 369; *Emmerich* in FS Lüke 1997, S. 65, 69; *Derckx* ZMR 2005, 86, 88; Bub/Treier/*Schultz* Kap. III. A Rdn. 762; *Weitemeyer* in Staudinger § 557 BGB Rdn. 33a; differenzierend *Sternel* Mietrecht aktuell (2009), IV, 6.

64 *Hau,* Vertragsanpassung und Anpassungsvertrag, S. 328.

65 BGH NJW 1995, 953; *Sternel* Mietrecht aktuell (2009), IV, 3 i. V. m. I, 46 weist aber auf einen sich abzeichnenden Wandel der Rechtsprechung zu einer rechtsgeschäftlichen Erfordernissen entsprechenden Auffassung hin, die er begrüßt.

66 BGH JR 1985, 12; zur Anfechtung im Mietrecht und ihren Rechtsfolgen s. BGH (XII ZR 67/06) NZM 2008, 886; *Schmid* WuM 2009, 155; *Fischer* NZM 2005, 567; *Emmerich* in Staudinger Vorbem zu § 535 BGB Rdn. 70ff.; *ders.* NZM 1998, 692; *Blank* Vor § 535 BGB Rdn. 7; **a. A.** Bub/Treier/*Schultz* Kap. III. A Rdn. 764; *Weitemeyer* in Staudinger § 557 BGB Rdn. 33a; *dies.* NZM 2000, 313, 317.

Mieter fehlt in diesem Fall bereits das Erklärungsbewusstsein,[67] da er gar keine Willenserklärung durch schlüssiges Verhalten abgeben wollte. Es handelt sich nicht um einen unbeachtlichen Motivirrtum,[68] da der Mieter mit der Zahlung gar keine Willenserklärung abgeben wollte und nicht nur über den Grund, warum er die Erklärung abgab, irrte.[69] Eine solche Anfechtung muss gem. § 121 BGB unverzüglich erfolgen und sie macht den Mieter gem. § 122 BGB schadensersatzpflichtig. Zu ersetzen ist aber nur das negative Interesse, also der Schaden, der dem Vermieter deshalb entstanden ist, weil er auf die Bestätigung vertraute.

20 Anders sieht es aus, wenn der Vermieter gegenüber dem Mieter die **Miete einseitig erhöht** hat, also keine Zustimmung zu einer Mieterhöhung verlangt hat.[70] Wenn der Mieter nunmehr Zahlung leistet, dann darf ein objektiver Empfänger auf Seiten des Vermieters dies nicht als Willenserklärung verstehen.[71] Die Zahlung von Miete, zu der der Mieter nicht verpflichtet ist, aber rechtsirrig annimmt, die erhöhte Miete zu schulden, ist **keine konkludente Willenserklärung** auf Abschluss eines Änderungsvertrages.[72] Dem Mieter fehlt hier auch für den Vermieter erkennbar jegliches Bewusstsein, dass die Zahlung eine über die bloße Erfüllung einer vermeintlichen Verpflichtung hinausgehende Bedeutung hat. Dabei ist es völlig unerheblich, ob der Mieter nur eine oder zahlreiche Zahlungen geleistet hat. Die Qualität der Erklärung wird nicht durch die Häufigkeit der Wiederholung bestimmt. Die Zahlungen erfolgen sämtlichst rechtsgrundlos und können vom Mieter kondiziert werden.[73] Dies gilt sowohl bei unwirksamen einseitigen Mieterhöhungen gem. § 559 BGB[74] wie auch bei sonstigen einseitigen Mieterhöhungen die der Vermieter völlig losgelöst von gesetzlichen Vorschrift kraft seiner Stellung als Vermieter ausspricht.[75]

21 **d) Widerrufsmöglichkeit.** Die auf Abschluss einer Mietabänderungsvereinbarung gerichtete Willenserklärung kann unter Umständen widerrufen werden. Dies ist dann der Fall, wenn es sich um einen sog. **Verbrauchervertrag i. S. d. § 312 BGB** handelt, der gem. § 312b BGB außerhalb der Geschäftsräume des Vermieters[76] (dazu Vor § 535 BGB Rdn. 75ff.) oder als Fernabsatzvertrag gem. § 312c BGB geschlossen wurde.[77] Die Darlegungs- und Beweislast für die ausschließliche Verwendung von Fernkommunikationsmitteln beim Vertragsschluss trägt nach allgemeinen Grundsätzen der Verbraucher. Soweit die ausschließliche Verwendung von Fernkommunikationsmitteln beim Vertragsschluss feststeht, hat der Unternehmer darzulegen und gegebenenfalls zu beweisen, dass dem Vertragsschluss ein persönlicher Kontakt vorausgegangen ist, oder dass der Vertrag nicht im Rahmen eines für den Fernabsatz organisierten Vertriebs- oder Dienstleistungssystems erfolgt ist.[78] Erfolgt ein wirksamer Widerruf einer Modernisierungsvereinbarung so schuldet der Mieter nicht allein schon wegen der durch die nachfolgende Modernisierungsmaßnahme eingetretenen Steigerung des bisherigen Wohnwerts einen Wertersatz in Gestalt einer nunmehr höheren Miete. Dazu bedarf es vielmehr einer – lediglich für die Zukunft wirkenden – Nachholung des gesetzlichen Verfahrens zur Mieterhöhung bei Modernisierung.[79]

---

[67] BGHZ 109, 177; Palandt/*Ellenberger* Einf. § 116 BGB Rdn. 17; **a. A.** *Weitemeyer* in Staudinger § 557 BGB Rdn. 33a (unbeachtlicher Motivirrtum) ebenso *Hau*, Vertragsanpassung und Anpassungsvertrag, S. 320.

[68] So aber LG Berlin WuM 1987, 158.

[69] Palandt/*Ellenberger* § 119 BGB Rdn. 29.

[70] *Weitemeyer* in Emmerich/Sonnenschein, Miete, § 557 BGB Rdn. 4; *Artz* NZM 2005, 367, 371.

[71] BGH (VIII ZR 199/04) NZM 2005, 735; *Artz* NZM 2005, 367; *Sternel* Mietrecht aktuell (2009), IV, 4.

[72] OLG Hamm WuM 1981, 62; LG Mannheim WuM 2004, 481 mit zust. Anm. *Börstinghaus* WuM 2005, 192; LG Berlin GE 2000, 812; LG Braunschweig WuM 1990, 159; *Artz* WuM 2005, 215; *Weitemeyer* NZM 2000, 313, 317.

[73] OLG Hamburg WuM 1986, 82; LG München II WuM 1996, 624; LG Hamburg WuM 1989, 580; AG Flensburg WuM 1991, 356.

[74] LG Berlin GE 2003, 807, ZMR 2001, 544, 545; LG Bautzen WuM 2002, 497; *Artz* in MünchKomm § 557 BGB Rdn. 39; *ders.* WuM 2005, 215, 218; *Weitemeyer* in Emmerich/Sonnenschein, Miete, § 557 BGB Rdn. 4; *dies.* NZM 2000, 313, 317.

[75] BGH (VIII ZR 199/04) NZM 2005, 735; OLG Hamburg WuM 1986, 82; LG Mannheim WuM 2004, 481 mit zust. Anm. *Börstinghaus* WuM 2005, 192; LG Berlin GE 2000, 812; LG Braunschweig WuM 1990, 159; *Artz* WuM 2005, 215.

[76] BGH Urt. v. 17.5.2017 – VIII ZR 29/16.

[77] Zur seit 13.6.2014 geltenden Neuregelung und den Auswirkungen auf das Mietrecht: *Hinz* WuM 2016, 76; *Koch* VuR 2016, 92; *Kunze/Kroll* MietRB 2016, 329; *Horst* DWW 2015, 2; *Mediger* NZM 2015, 185; *Artz/Brinkmann/Pielsticker* ZAP F. 4 S. 1639; *Hau* NZM 2015, 435; *Lindner* ZMR 2015, 261; *Pisal/Schreiner* ZfIR 2015, 505; *Gsell* WuM 2014, 375.

[78] BGH (I ZR 168/14) WM 2016, 968.

[79] BGH Urt. v. 17.5.2017 – VIII ZR 29/16.

II. Zeitpunkt der Vereinbarung

Nach dem eindeutigen Wortlaut der Vorschrift muss die Mietabänderungsvereinbarung **während des Bestehens des Mietverhältnisses** geschlossen worden sein. Daraus folgt, dass von der Regelung alle Vereinbarungen bei Abschluss des Mietvertrages nicht erfasst werden.[80] Auch das allgemeine Verbraucherrecht differenziert in § 312 Abs. 4 S. 2 BGB zwischen Erklärungen, die auf Begründung eines Wohnraummietverhältnisses gerichtet sind und später getroffenen Vereinbarungen. Diese Unterscheidung gilt auch dann, wenn sich die bei Abschluss des Mietvertrages getroffene Vereinbarung auf einen Zeitpunkt während des Bestandes des Mietvertrages bezieht. Das Gesetz knüpft hinsichtlich des Zeitpunkts nicht an den Zeitpunkt der Wirkung der Vereinbarung, sondern an den Zeitpunkt der Zustimmung des Mieters an. Das entspricht auch dem Sinn und Zweck der Regelung. Bei Abschluss des Mietvertrages herrscht rechtlich zunächst Vertragsfreiheit in Form der Abschlussfreiheit. Beiden Mietvertragsparteien ist es freigestellt zu entscheiden, ob sie mit dem jeweiligen Vertragspartner einen Vertrag mit diesem Inhalt abschließen wollen. Soweit eine Partei sich hierbei eines Formularvertrages bedient, sind die Beschränkungen der §§ 305ff. BGB zu beachten, hinsichtlich späterer Mieterhöhungen ist § 557 Abs. 4 BGB zu beachten, wonach Regelungen über spätere Mieterhöhungen, die von den §§ 557–560 BGB zu Lasten des Mieters abweichen, unwirksam sind. Im Übrigen gilt § 134 BGB, wonach Vereinbarungen, die gegen ein gesetzliches Verbot verstoßen, unwirksam sind. Das bedeutet, dass der Gesetzgeber im Rahmen dieser Grenzen, den Parteien die Freiheit lassen wollte, eine Mietvereinbarung zu treffen. Nur für Mieterhöhungen im Bestand sollen die Vorschriften der §§ 558–560 BGB bindend sein. Bei Vertragsschluss sollen nur zwei Formen von zukünftigen Mieterhöhungen vereinbar sein, nämlich die Staffelmietvereinbarung und die Indexvereinbarung. Weitere Mieterhöhungen bei Abschluss des Mietvertrages für die Zukunft zuzulassen, würde die mieterschützende Funktion der § 557–561 BGB stark aushöhlen, da die Gefahr besteht, dass der Mieter unter dem Druck, den Mietvertrag für die Wohnung auf jeden Fall abschließen zu wollen,[81] auch Regelungen akzeptieren würde, die der Vermieter anderenfalls nicht durchsetzen könnte. Deshalb ist auch der Zeitpunkt des Vertragsschlusses maßgeblich und nicht der der Überlassung der Wohnung.[82] Möglich ist aber auch der Abschluss einer Mietabänderungsvereinbarung zwischen dem Mieter und dem Erwerber der Wohnung/des Hauses vor dessen Grundbucheintragung, wenn diese unter der aufschiebenden Bedingung der Grundbucheintragung erfolgt.[83] 22

III. Inhalt der Vereinbarung

1. Allgemeines

Das Angebot auf Abschluss der Mietabänderungsvereinbarung und damit natürlich auch die Vereinbarung selbst müssen auf Änderung der Miete gerichtet sein. Nach dem Wortlaut des Abs. 1 ist nur eine Einigung über die Erhöhung der Miete möglich. Das würde bedeuten, dass Vereinbarungen über Mietsenkungen nicht möglich sind. Das ist nicht richtig. Vereinbarungen über Mietsenkungen sind nach § 311 Abs. 1 BGB möglich und nicht nach § 557 Abs. 4 BGB unwirksam, weil sie ja für den Mieter nicht nachteilig sind.[84] 23

2. Abgrenzung von Vereinbarungen nach Abs. 1 und Abs. 2

Die Regelung in § 557 BGB unterscheidet zwischen Mieterhöhungen „während des Mietverhältnisses" in Abs. 1 und „künftige(n) Änderungen der Miethöhe" gem. Abs. 2 i. V. m. §§ 557a, 557b BGB. Da auch künftige Mieterhöhungen solche während des Mietverhältnisses sind, kann die Abgrenzung zwischen beiden Arten nur über das **Tatbestandsmerkmal „künftig"** erfolgen. Dies ist deshalb von Bedeutung, weil das Gesetz in den §§ 557a, 557b BGB an die Vereinbarung künftiger Mieterhöhungen weitere zusätzliche formale Voraussetzungen geknüpft hat. 24

---

80 Bub/Treier/*Schultz* Kap. III. A Rdn. 752.
81 BT-Drucks. 7/2011 S. 14; *Weitemeyer* in Staudinger § 557 BGB Rdn. 37.
82 *Kinne* in Kinne/Schach/Bieber, Miet- und Mietprozessrecht, § 557 BGB Rdn. 2.
83 LG Duisburg WuM 2004, 331, 332; AG Köln WuM 2008, 577.
84 Bub/Treier/*Schultz* Kap. III. A Rdn. 751.

25 Der Begriff „künftig" meint vom Wortlaut her eine Vereinbarung, deren Wirkung in der Zukunft liegt. Alle Mieterhöhungen, die sofort fällig werden, sind deshalb Vereinbarungen, die nach Abs. 1 zu beurteilen sind. Möglich ist auch die Vereinbarung einer rückwirkenden Mieterhöhung.

Beispiel: Die Parteien vereinbaren im März eine Anhebung der Miete mit Wirkung ab 1. Januar d. J.

Problematisch kann diese Vereinbarung lediglich bei der Berechnung der Jahres- und Fünfzehn-Monatsfrist des § 558 Abs. 1 BGB und ggf. der Kappungsgrenze sein. Hier wird man auf den Wirksamkeitszeitpunkt abstellen müssen und nicht auf den Zeitpunkt der Vereinbarung.

26 Aber auch nicht jede Vereinbarung einer Mieterhöhung, die nicht zum Zeitpunkt des Vertragsschlusses sofort wirksam wird ist damit bereits eine Staffelmiete gem. § 557 a BGB.

Beispiel: Die Parteien vereinbaren am 5. eines Monats, dass die Miete um 100 € auf 650 € steigt. Die neue Miete ist am 3. des nächsten Monats fällig.

Dabei handelt es sich um eine Vereinbarung gem. § 557 Abs. 1 BGB, da die erhöhte Miete zum nächsten Fälligkeitstermin geschuldet werden soll.

27 Wenn es den Parteien schon freisteht innerhalb der gesetzlichen Grenzen des § 5 WiStG die Höhe der Mietsteigerung selbst zu vereinbaren, dann muss es ihnen auch freistehen, den Zeitpunkt der Fälligkeit der Mieterhöhung zu vereinbaren. Deshalb fallen auch alle Mietabänderungsvereinbarungen unter Absatz 1 bei denen die Mieterhöhung in engem zeitlichem Zusammenhang[85] mit der Vereinbarung wirksam werden soll.

Beispiel: Die Parteien vereinbaren im März, dass die Miete im Juni d. J. um 100 € auf 650 € steigen soll.

Hier haben die Parteien die Frist des § 558 b Abs. 2 BGB als Maßstab genommen. Dies ist möglich[86] und bedeutet noch nicht, dass es sich um Staffelmiete i. S. d. § 557 a BGB handelt. Die Vereinbarung ist deshalb formlos möglich. Auch die Jahresfrist muss nicht eingehalten werden.

28 Schwieriger ist es, wenn die Parteien weiter in der Zukunft liegende Mietsteigerungen vereinbaren. Grundsätzlich ist auch die einmalige Mietsteigerung in der Zukunft eine Staffelmiete.[87] Man wird den Parteien aber gestatten müssen, eine Vereinbarung zu treffen, die die Wirkungsfrist des § 558 b Abs. 2 BGB etwas verlängert.[88] Mietabänderungen, die bis zu 6 Monate nach der Vereinbarung wirksam werden sollen, sind deshalb gem. Abs. 1 wirksam. Die Zulässigkeit weiter in der Zukunft liegender Erhöhungen richtet sich nach Abs. 2 i. V. m. § 557 a BGB. Dies ist auch der Fall, wenn die Parteien zwei hintereinanderliegende Mieterhöhungen vereinbaren. Hier ist die zweite Mieterhöhung immer eine künftige i. S. d. § 557 Abs. 2 BGB[89].

Beispiel: Die Parteien vereinbaren im Februar, dass die Miete zum 1. März um 50 € und zum 1. Juni nochmals um 50 € steigen soll.

Dies ist eine Staffelmietvereinbarung, die insgesamt unwirksam ist. Zwar hätten die Parteien zum 1. März eine Mieterhöhung um 100 € vereinbaren können, wenn dies nicht gegen § 5 WiStG verstößt, so dass die Regelung letztendlich ein Minus zu der möglichen Vereinbarung enthält. Maßgeblich ist aber der Schutzzweck der Norm. Der Mieter soll überschauen können was ihn erwartet und er soll vor vielen kleinen Mieterhöhungen geschützt werden. Hier kann schneller die Übersicht über die letztendlich zu tragende Belastung verloren gehen.

3. Wirksamwerden der Mieterhöhung

29 Grundsätzlich wird die Mieterhöhung zu dem Zeitpunkt wirksam, zu dem die Parteien dies vereinbart haben.

---

[85] **A. A.** wohl Bub/Treier/*Schultz* Kap. III. A Rdn. 754 und 776, der alle einmaligen Mietsteigerungen unter Abs. 1 fasst.

[86] Nach *Beuermann* GE 2008, 308, 310 soll dies nur bis drei Monate in der Zukunft möglich sein, sonst handele es sich um eine Staffelmiete.

[87] BGH (VIII ZR 218/04) NZM 2006, 12, 14 = MietPrax-AK § 557 a BGB Nr. 6 mit Anm. *Börstinghaus;* AG Rheinbach WuM 1987, 362; *Artz* in MünchKomm § 557 a BGB Rdn. 1; *Weitemeyer* in Emmerich/Sonnenschein, Miete, § 557 a BGB Rdn. 5; *Gather* GE 2002, 516, 517; *Kinne* in Kinne/Schach/Bieber, Miet- und Mietprozessrecht, § 557 a BGB Rdn. 11; *Kinne* in Beierlein/Kinne/Koch/Stackmann/Zimmermann, Der Mietprozess, 4. Kap. Rdn. 115; **a. A.** *Mersson* ZMR 2002, 732; Bub/Treier/*Schultz* Kap. III. A Rdn. 754 und 776.

[88] Großzügiger Bub/Treier/*Schultz* Kap. III. A Rdn. 766.

[89] *Kunze/Tietzsch* Miethöhe, II, 77.

Die Parteien müssen sich aber nicht ausdrücklich auf einen Termin einigen, ab wann die erhöhte Miete fällig ist. Ggf. ist eine Einigung auch durch **konkludentes Verhalten** zustande gekommen. Dabei ist zunächst das Angebot aus der Sicht des objektiven Empfängers auszulegen. Handelt es sich um ein förmliches Mieterhöhungsverlangen, dann kann man ergänzend die Frist des § 558b Abs. 1 BGB heranziehen.[90] Hat der Vermieter außerhalb des § 558 BGB den Abschluss eines Mietabänderungsvertrages angeboten, dann gilt im Zweifel § 271 BGB. Wenn also aus den Umständen kein Rückschluss auf einen Fälligkeitstermin gezogen werden kann, dann schuldet der Mieter die erhöhte Miete ab sofort. Unter Berücksichtigung des Dauerschuldcharakters des Mietrechts bedeutet dies ab dem nächsten Fälligkeitstermin der Miete. Eine Erhöhung der Miete für den laufenden Monat müsste genauso ausdrücklich vereinbart werden wie eine rückwirkende Erhöhung. 30

4. Die Erhöhung der Miete

Möglich ist sowohl eine Einigung über den Erhöhungsbetrag, als auch eine Einigung über die neue erhöhte Miete. Ferner bedeutet auch die Übernahme zusätzlicher Betriebskosten oder die nachträgliche Verpflichtung zur Durchführung von Schönheitsreparaturen, z. B. weil die ursprüngliche Schönheitsreparaturklausel unwirksam war, eine Mietabänderungsvereinbarung gem. Absatz 1 (dazu Rdn. 37). 31

Die Vereinbarung muss sich auf eine Mieterhöhung beziehen. Erforderlich ist deshalb eine zumindest zeitweise Erhöhung der Gegenleistung für die Gebrauchsüberlassung. Nicht unter § 557 Abs. 1 BGB fallen Vereinbarungen über **Einmalleistungen.** Deshalb werden von der Regelung keine Vereinbarung über **Betriebskostenabrechnungen** erfasst oder Vereinbarungen über die **Schönheitsreparaturen** am Ende des Mietverhältnisses.[91] Die Erhöhung der **Betriebskostenvorauszahlung** nach § 560 Abs. 4 BGB fällt ebenfalls nicht in den Anwendungsbereich der Vorschrift. 32

a) Der Erhöhungsbetrag. ist zunächst ein Eurobetrag, der zu der bisher vereinbarten Miete hinzugerechnet werden muss. Abzugrenzen ist eine solche betragsmäßige Erhöhung von einer Vereinbarung über die Miethöhe im Zusammenhang mit einem Mangel. 33

Beispiel: Die Parteien vereinbaren gem. § 555f BGB, dass die Miete während umfangreicher Umbauarbeiten in der Nachbarwohnung um 200 € gesenkt wird und dass nach Abschluss der Mauererarbeiten die Absenkung nur noch 150 €, nach Einbau der Heizung nur noch 100 € und nach Beendigung der Elektroarbeiten nur noch 50 € betragen soll. Die letzten 50 € sollen nach vollständiger Beendigung der Arbeiten wieder gezahlt werden.

Hierbei handelt es sich weder um eine Staffelmietvereinbarung, auf die § 557a BGB anzuwenden ist noch um eine Mietabänderungsvereinbarung gemäß § 557 Abs. 1 BGB. Es handelt sich um eine konkrete Vereinbarung über die Mietminderung, die im Rahmen der §§ 555f, 536 Abs. 4 BGB wirksam ist.[92]

Möglich ist auch die Vereinbarung einer Mieterhöhung nicht nur um einen bestimmten absoluten Euro-Betrag, sondern auch um eine bestimmte prozentuale Steigerung[93]. Nach bis 31.8.2001 geltendem Recht waren solche Vereinbarungen wegen der Formulierung in § 10 Abs. 1 Hs. 2 MHG *„um einen bestimmten Betrag"* ausgeschlossen. Auf Vorschlag des Bundesrates[94], dem sich der Rechtsausschuss[95] angeschlossen hat, ist diese Formulierung entfallen Damit sollten vor allem die gelegentlich vorkommenden Mieterhöhungen, die nicht in Geld erfolgen, zulässig sein. Der Wegfall der Einschränkung „um einen bestimmten Betrag" sollte darüber hinaus daran nichts ändern. Zulässig sind jetzt auch prozentuale Mieterhöhungen. Es handelt sich um vertragliche Abreden auf die sich beide Vertragsparteien einvernehmlich eingelassen haben. Der Mieter kann also durchaus verlangen, dass ihm die Folgen der prozentualen Erhöhung, wenn er sie nicht selber durchschaut, vorgerechnet werden, bevor er zustimmt. Auch der Rechtsentscheid des OLG Braun- 34

[90] OLG Koblenz RE v. 11.3.1983, NJW 1983, 1861.

[91] Anders aber die Übernahme von Schönheitsreparaturen während des Mietverhältnisses, auch wenn diese erst am Ende durchgeführt werden sollen oder fällig werden, dazu unten Rdn. 37.

[92] BGH WuM 1990, 246.

[93] Bub/Treier/*Schultz* Kap. III. A Rdn. 756; *Kinne in* Kinne/Schach/Bieber, Miet- und Mietprozessrecht, § 557 BGB Rdn. 4; *Weitemeyer* in Staudinger § 557 Rdn. 38.

[94] NZM 2001, 20.

[95] BT-Drucks. 14/5663.

schweig[96] zu den prozentualen Staffelmietverträgen ist nicht einschlägig, da es dort zum einen um einen anderen Gesetzeswortlaut ging und die Rechtsfolgen mehrfacher prozentualer Steigerungen schon schwieriger abzuschätzen sind, da es sich um eine Zinses-Zins-Rechnung handelt. Im Rahmen des § 557 Abs. 1 BGB geht es um eine einmalige Erhöhung, deren Folgen grundsätzlich leicht zu berechnen sind. Wortlaut und Schutzzweck der Vorschrift sprechen deshalb für die Zulässigkeit von prozentualen Erhöhungsvereinbarungen.[97]

35 Unzulässig ist die Vereinbarung, wonach die Miete bis zur Höhe der ortsüblichen Vergleichsmiete oder bis zu einem bestimmten Prozentsatz über der ortsüblichen Vergleichsmiete erhöht wird. Hier fehlt es an der genauen Bestimmbarkeit der Mieterhöhungsmöglichkeit, da der Begriff der ortsüblichen Vergleichsmiete selbst wegen der zu entscheidenden Wertungsfragen im Streit steht. Hier liegt nicht nur eine Berechenbarkeit, sondern auch noch eine Bewertung vor. Deshalb kann auch bei Modernisierungsarbeiten keine Vereinbarung darüber getroffen werden, dass der Mieter einen bestimmten Prozentsatz der Modernisierungskosten zu tragen hat, die der Vermieter dem Mieter nach Abschluss der Arbeiten mitteilt.[98] Auch kann immer noch Streit über die anrechenbaren Kosten entstehen, so dass keine bloße Berechenbarkeit vorliegt. Zulässig wäre aber die Vereinbarung einer bestimmten absoluten Mieterhöhung nach Abschluss der Modernisierungsarbeiten.

Beispiel: Die Parteien vereinbaren, dass der Vermieter in die Wohnung ein neues Badezimmer einbaut und der Mieter ab dem auf die Fertigstellung folgenden Monats eine um 150 € erhöhte Miete zahlt.

36 **b) Der neue Gesamtbetrag.** Zulässig ist auch, die neue absolut zu zahlende Miete zu vereinbaren. Auch dies ist eine Vereinbarung über die Erhöhung der Miete. Letztendlich ist sowieso der neue Gesamtzahlbetrag der Betrag, der die Mietvertragsparteien interessiert. Außerdem lässt sich daraus auch der Erhöhungsbetrag errechnen. Sinn und Zweck der Vorschrift, die Ausdruck der Vertragsfreiheit ist, sprechen für eine so weite Auslegung, da es den Mietvertragsparteien durchaus freistünde, den Mietvertrag ganz aufzuheben und mit der erhöhten Miete wieder neu zu vereinbaren.

37 **c) Andere Mieterleistungen.** Der Mieter kann im Rahmen der Mietabänderungsvereinbarung auch andere ihn belastende Leistungen übernehmen. Auch dies stellt, wenn diese Leistungen einen Geldwert darstellen, eine Mietabänderungsvereinbarung dar. Dies ist weniger ein Problem der Wirksamkeit dieser Mietabänderungsvereinbarung, als vielmehr eine Frage, welche Folgen eine solche Vereinbarung auf die Jahres- oder Fünfzehn-Monatsfrist oder die Kappungsgrenze hat.[99] In der Vorgängerschrift des § 10 Abs. 1 MHG hieß es noch, dass der Mieter der Erhöhung der Miete um einen bestimmten Betrag zustimmen konnte. Auf Vorschlag des Bundesrates[100] wurden die Worte „um einen bestimmten Betrag" gestrichen, da es gelegentlich auch Mieterhöhungen gäbe, die nicht in Geld bestünden. Der Begriff der Miete i. S. d. § 557 Abs. 1 BGB entspricht dem im § 535 BGB. Miete ist deshalb die Gesamtheit der Gegenleistungen, die der Mieter an den Vermieter für die Gebrauchsüberlassung zu erbringen hat. Nach dem Gesetz ist Miete dabei eine Bruttowarmmiete. Die zusätzliche Übernahme von Betriebskosten ist deshalb immer eine „Mieterhöhung". Die Wirksamkeit einer solchen Vereinbarung bemisst sich nach § 556 Abs. 1 BGB. Schwieriger ist dies bei der **Abwälzung der Schönheitsreparaturen.** Nach Auffassung des BGH[101] ist die Nichtabwälzung der Schönheitsreparaturen bei der Ermittlung der ortsüblichen Vergleichsmiete nicht im Wege eines Zuschlags zu berücksichtigen. Das bedeutet aber nicht, dass die nachträgliche erstmalige Übernahme der Schönheitsreparaturen durch den Mieter nicht eine weitere Gegenleistung darstellt. Auch nach Ansicht des BGH stellt die Übernahme der Schönheitsreparaturen ein Teil des Mietentgelts dar.[102] Deshalb ist die nachträgliche Übernahme eines solchen Mietentgelts in Form der Übernahme der Schönheitsreparaturen zugleich auch eine Vereinbarung

---

[96] OLG Braunschweig RE v. 29.3.1985, NJW-RR 1986, 91.

[97] *Rips/Eisenschmid* Neues Mietrecht, S. 245; *Börstinghaus/Eisenschmid* Arbeitskommentar Neues Mietrecht, S. 241.

[98] LG Osnabrück WuM 1978, 10; Bub/Treier/*Schultz* Kap. III. A Rdn. 770 und 772.

[99] *Börstinghaus* PiG 85 (2009), 87, 100; zur Frage, ob dies die Jahressperrfrist auslöst s. § 558 BGB Rdn. 21.

[100] BR-Drucks. 439/00 = *Börstinghaus/Eisenschmid* Arbeitskommentar Neues Mietrecht, S. 248 = NZM 2001, 20.

[101] BGH (VIII ZR 181/07) NJW 2008, 2840 = MietPrax-AK § 558 BGB Nr. 19 mit Anm. *Börstinghaus;* BGH (VIII ZR 83/07) WuM 2008, 487; BGH (VIII ZR 118/07) NJW 2009, 1410.

[102] BGH (VIII ZR/52/06) NJW 2006, 3778 = MietPrax-AK § 538 BGB Nr. 25 mit Anm. *Eisenschmid;* BGH RE v. 6.7.1988 NJW 1988, 2790 = WuM 1988, 294.

i. S. d. § 557 Abs. 1 BGB. Das Gleiche gilt bei der nachträglichen Vereinbarung einer Kleinreparaturklausel. Entscheidend ist, dass die neue Verpflichtung des Mieters eine Gegenleistung für die Gebrauchsüberlassung darstellt und nicht gesondert vergütet wird. Eine Gegenleistung wird i. d. R. für die Übernahme von Hausmeistertätigkeiten gezahlt, so dass dies keine Mietabänderungsvereinbarung darstellt. Eine andere Frage ist, die ob die Übernahme der Schönheitsreparaturen oder weiterer Betriebskosten auch die Jahressperrfrist auslöst oder auf die Kappungsgrenze angerechnet wird. Dagegen spricht, dass § 558 BGB nur auf die Miete im engeren Sinne abstellt. Das ergibt sich auch aus der Vergleichsgröße, der ortsüblichen Vergleichsmiete.

5. Jahresfrist, Kappungsgrenze

Eine Mietabänderungsvereinbarung ist unabhängig von der Jahressperrfrist und der Kappungsgrenze möglich, d. h. der Vermieter kann dem Mieter den Abschluss einer Mietabänderungsvereinbarung bereits während des Laufs der **Jahressperrfrist** oder der Fünfzehnmonatsfrist anbieten. Auf die Wirksamkeit hat es keinen Einfluss, ob der Mieter das Angebot innerhalb der Frist annimmt oder ob die erhöhte Miete innerhalb oder außerhalb der Fristen des § 558 Abs. 1 BGB fällig wird. Besonderheiten gelten aber bei der Teilzustimmung zu einem Mieterhöhungsverlangen (s. § 558 Rdn. 33). Eine Mieterhöhung auf Grund einer Mietabänderungsvereinbarung darf auch die **Kappungsgrenze** des § 558 Abs. 3 BGB überschreiten. Die Erhöhung der Miete auf Grund einer Mietabänderungsvereinbarung selbst löst aber wiederum die Jahressperrfrist aus. Sie wird auf die Kappungsgrenze späterer Mieterhöhungen nach § 558 BGB i. d. R. angerechnet (s. § 558 Rdn. 33ff., 178f.). Nach Abschluss einer Mietabänderungsvereinbarung steht dem Mieter nicht das Sonderkündigungsrecht des § 561 BGB zu. 38

IV. Grenzen der Vereinbarung

Auch für Mietabänderungsvereinbarungen gilt die Vorschrift des § 134 BGB. Soweit also auf Grund einer solchen Vereinbarung eine Miete geschuldet würde, die mehr als 20% über den ortsüblichen Entgelten liegt, ist eine solche Vereinbarung hinsichtlich des die 20% Grenze übersteigenden Teils unter den weiteren Voraussetzungen des § 5 WiStG (dazu Nach § 535 BGB) unwirksam, es sei denn, es liegen die Voraussetzungen des § 5 Abs. 2 WiStG vor. Vereinbarungen, die 50% über der ortsüblichen Vergleichsmiete liegen, sind unter den weiteren Voraussetzungen des. § 291 StGB teilnichtig. Dabei ist es unerheblich, ob die Vereinbarung ggf. im Rahmen eines gerichtlichen Vergleichs getroffen wurde.[103] 39

Die Beschränkungen der §§ 556d ff. BGB gelten bereits nach dem Wortlaut für Mietabänderungsvereinbarungen gem. § 557 Abs. 1 BGB nicht. Nach § 556d Abs. 1 BGB wird nur die **Wiedervermietungsmiete** bei Abschluss eines neuen Mietvertrages über Wohnraum beschränkt. Für Änderungen eines Mietvertrages gelten die Vorschriften weder nach Stellung im Gesetz noch nach dem Wortlaut. Bedeutung hat eine Mietabänderungsvereinbarung aber u. U. bei der Ermittlung der gem. § 556e BGB auch bei Weitervermietung zulässigen Vormiete. Hat der Vermieter nämlich mit dem Vormieter eine Mieterhöhung vereinbart, die mehr als 10% oberhalb der ortsüblichen Vergleichsmiete liegt, dann kann er diese Miete grds. auch mit einem Nachmieter vereinbaren. Dabei ist es zunächst unerheblich, ob diese Vereinbarung vor oder nach Inkrafttreten des Mietrechtsnovellierungsgesetzes oder der entsprechenden Landesverordnung getroffen wurde. Lediglich Mietabänderungsvereinbarungen, die innerhalb des letzten Jahres vor Beendigung des Mietverhältnisses mit dem Vormieter getroffen wurden, bleiben unberücksichtigt. Damit wollte der Gesetzgeber ein mögliches kollusives Verhalten von Vermieter und Vormieter sanktionieren. Der Vermieter sollte nicht bei absehbarem Ende des Mietverhältnisses auf Ansprüche gegenüber dem Vormieter verzichten, z. B. auf Durchführung von Schönheitsreparaturen, Einhaltung der Kündigungsfrist o. ä., und dafür die Zustimmung zu einer Mieterhöhung verlangen, um diese im Rahmen der zulässigen Vormiete dann bei einer Neuvermietung weiter verlangen zu dürfen. Die Frist berechnet sich vom Zeitpunkt der rechtlichen Beendigung des Mietverhältnisses aus gesehen ein Jahr zurück. Dabei kommt es auf das Datum der Vereinbarung und nicht des Wirksamwerdens der Erhöhung an. Rückwirkende Erhöhungen ändern deshalb nichts an der Unwirksamkeit für die Berechnung der Vormiete. Da ein kollusives Zusammenwirken zwischen Ver- und Vormieter nicht Tatbe- 39a

[103] *Beuermann* GE 1991, 212.

standsvoraussetzung des § 556e Abs. 2 S. 2 BGB ist, werden von der Vorschrift auch alle Vereinbarungen erfasst, die im letzten Jahr vor der rechtlichen Beendigung des Mietverhältnisses getroffen wurden, ohne dass es einer der Parteien, um die Vormiete i. S. d. 556e Abs. 2 S. 2 BGB ging. Beide Parteien gingen ggf. von einem Fortbestand des Mietverhältnisses aus. Auch eine „Gegenleistung" des Vermieters in Form eines irgendwie gearteten Forderungsverzichts muss nicht erfolgt sein. Die Jahresfrist gilt selbst dann, wenn der Vermieter dem Vormieter z. B. wegen Zahlungsverzuges oder aus einem anderen wichtigen Grund außerordentlich fristlos gekündigt hat oder auch wenn der Mieter verstorben ist und der Erbe das Mietverhältnis gekündigt hat. Eine sachliche Begründung für die weite Fassung der Tatbestandsvoraussetzungen des § 556e Abs. 2 S. 2 BGB ist nicht ersichtlich.

V. Prozessuales

40 Auf Grund einer Mietabänderungsvereinbarung wird die Miete unmittelbar erhöht. Der Vermieter kann deshalb direkt **auf Zahlung klagen.** Eine Klage auf Zustimmung zu einer Vertragsänderung ist nicht erforderlich und wäre unzulässig. Wenn der Mieter seine Zahlungsverpflichtung grundsätzlich bestreitet, kann der Vermieter unter den Voraussetzungen der §§ 258, 259 ZPO auch Klage auf zukünftige Leistung erheben. Wenn sich der Vermieter eines höheren Mietanspruchs auf Grund einer behaupteten Mietabänderungsvereinbarung berühmt, dann kann der Mieter negative Feststellungsklage diesbezüglich erheben.

41 Die **Beweislast** für den Abschluss einer Mietabänderungsvereinbarung trifft denjenigen, der sich auf diese Vereinbarung beruft. Macht der Vermieter Zahlungsansprüche aus einer solchen Vereinbarung geltend, dann muss er den Abschluss der Vereinbarung beweisen. Wendet der Mieter in einem späteren Erhöhungsverfahren ein, die Jahressperrfrist sei durch eine Mietabänderungsvereinbarung ausgelöst worden, muss der Mieter beweisen, dass eine solche Vereinbarung zustande gekommen ist. Zwar gehört die Einhaltung der Jahressperrfrist zu den anspruchsbegründenden Tatsachen eines Mieterhöhungsverlangens, jedoch muss derjenige, der sich auf die Änderung einer unstreitig bestehenden Regelung beruft, die Abänderung beweisen. Die Beweisgrundsätze über negative Tatsachen sind hier nicht anwendbar.

C. Vereinbarungen über zukünftige Mieterhöhungen nach Abs. 2

42 Nach Abs. 2 können die Vertragsparteien künftige Änderungen der Miethöhe als **Staffelmiete** nach § 557a BGB oder als **Indexmiete** nach § 557b BGB vereinbaren. Die Regelung in Absatz 2 hat keine eigenständige Bedeutung. Die Voraussetzungen und Rechtsfolgen von Staffelmiet- oder Indexvereinbarungen ergeben sich ausschließlich aus den §§ 557a, 557b BGB. Wenn Abs. 2 eine Bedeutung hat, dann zum einen in der Abgrenzung von zukünftigen Mieterhöhungen zu solchen gem. Abs. 1 (s. dazu oben Rdn. 33). Ferner ist Abs. 2 noch im Zusammenhang mit Abs. 4 zu sehen, wonach Vereinbarungen, die zum Nachteil des Mieters von § 557 BGB abweichen, unwirksam sind. Da die zukünftigen Mieterhöhungen unter Verweis auf die §§ 557a, 557b BGB ausdrücklich in § 557 BGB genannt werden, handelt es sich bei solchen Vereinbarungen folglich auch nicht um nachteilige Abweichungen von § 557 BGB.

D. Ansprüche des Vermieters auf Mieterhöhungen nach Abs. 3

I. Allgemeines

43 Abs. 3 gestattet dem Vermieter in den Fällen, in denen keine Mietabänderungsvereinbarung nach Abs. 1 und keine Vereinbarung über eine zukünftige Mieterhöhung in Form einer Staffelmiet- oder Indexvereinbarung zustande gekommen ist, seinen Anspruch auf Vertragsanpassung **einseitig** durchzusetzen. Durch die Stellung in Abs. 3 hinter den verschiedenen Möglichkeiten der einvernehmlichen Mietabänderung hat der Gesetzgeber zum Ausdruck bringen wollen, dass solche einvernehmlichen Regelungen zu bevorzugen sind und nur dann, wenn diese nicht zustande kommen, dem Vermieter ggf. durchsetzbare Ansprüche auf Mietanpassung zustehen. Bei diesen Ansprüchen handelt es sich um die **„Gegenleistung"** des Gesetzgebers dafür, dass dem Vermieter gem. § 573 Abs. 1 Satz 2 BGB eine Kündigung zum Zwecke der Mieterhöhung ausdrücklich un-

tersagt ist.[104] Der Verweis selbst in § 557 Abs. 3 Hs. 1 hat **keine eigene Bedeutung.** Die Tatbestandsvoraussetzungen für die jeweilige Mieterhöhung richten sich nach §§ 558ff., 559ff. und 560 BGB.

II. Ausschlussvereinbarungen

Während § 557 Abs. 4 BGB Vereinbarungen verbietet, die zum Nachteil des Mieters von den Bestimmungen des Gesetzes abweichen, sind Vereinbarungen, die das grundsätzlich bestehende Recht des Vermieters auf Durchführung von Mieterhöhungen ganz oder teilweise beschränken, zulässig. Dies wird durch § 557 Abs. 3 Hs. 2 BGB noch einmal klargestellt. Solche Vereinbarungen können ausdrücklich oder konkludent geschlossen werden. Der Ausschluss kann sich auch aus den Umständen ergeben. 44

1. Ausdrückliche Vereinbarungen

a) Ausdrückliche Vereinbarungen sind in diesem Bereich selten. Eine Ausschlussvereinbarung kann sich auf alle Mieterhöhungsmöglichkeiten[105] beziehen oder nur auf einzelne Erhöhungstatbestände.[106] Ferner kann sie eine Mieterhöhung ganz oder teilweise ausschließen. Dies ergibt sich aus der Formulierung „soweit",[107] wobei der teilweise Ausschluss sich sowohl auf die Höhe[108] wie auch auf den zeitweisen Ausschluss[109] beziehen kann. 45

Ausdrückliche Vereinbarungen kommen vor allem im Zusammenhang mit **Förderverträgen**[110] oder sonstigen **Subventionen** Dritter in Betracht. Bei der Veräußerung größerer Wohnungsbestände werden häufig in einer **Sozialcharta** Mieterhöhungsbegrenzungsregelungen getroffen.[111] In all diesen Fällen ist im Einzelfall zu prüfen, ob die im Vertrag zwischen dem Vermieter und dem Dritten vereinbarte Beschränkung des Mieterhöhungsrechts zugleich einen echten Vertrag zugunsten Dritter darstellt[112], auf die sich der Mieter im Rahmen des § 557 Abs. 3 Hs. 2 BGB berufen kann.[113] Die Wirksamkeit solcher Vereinbarungen richtet sich nicht nach dem Mietrecht, sondern nach den für diesen Vertrag geltenden Bestimmungen.[114] Deshalb soll die in einem öffentlich-rechtlichen Vertrag oder durch eine Auflage in der Zweckentfremdungsgenehmigung eingegangene Verpflichtung zur Mietpreisbeschränkung für den Ersatzwohnraum unwirksam sein.[115] 45a

Soweit die Verwaltungsvorschriften der Bundesrepublik Deutschland verwaltungsintern für die Vermietung bundeseigener Wohnungen unter anderem an **Bundesbedienstete** als obere Grenze für ein Mieterhöhungsverlangen die untere Grenze der ortsüblichen Vergleichsmiete vorsehen, soll es sich nicht um eine Vereinbarung i. S. d. § 557 Abs. 3 Hs. 2 BGB handeln.[116] Jedoch ist die Bundesrepublik Deutschland als Vermieterin in einem Wohnraummietverhältnis über eine solche Wohnung, die sie im Rahmen der Wohnungsfürsorge an einen Bundesbediensteten vermietet hat, nach dem **Grundsatz der Gleichbehandlung** regelmäßig auch gegenüber dem Mieter an diese Grenze gebunden.[117] Hat der Arbeitgeber aber im Mietvertrag selbst dem Mieter für die Dauer des Bestandes eines Arbeitsverhältnisses eine Vergünstigung eingeräumt so ist dies eine Vereinbarung i. S. d. § 557 Abs. 3 Hs. 2 BGB an die auch ein Grundstückserwerber gebunden ist[118], solange das Arbeits- 45b

---

104 BGH (VIII ZR 303/06) NJW 2007, 2546.
105 Bub/Treier/*Schultz* Kap. III. A Rdn. 1463.
106 LG Berlin GE 2007, 293; *Sternel* Mietrecht, III, 536.
107 BayObLG WuM 1998, 274; BayObLG RE v. 16.12.1998, NZM 1999, 215.
108 *Lammel* § 557 BGB Rdn. 27 nennt als Beispiel den Ausschluss der Mieterhöhung bzgl. der Grundmiete nicht aber bzgl. der Betriebskostenpauschale.
109 BGH NJW 1992, 2281; AG Kamenz WuM 1994, 670.
110 BGH (VIII ZR 180/08) NZM 2009, 734.
111 Dazu AG Stuttgart WuM 2013, 548; aufgehoben und abgeändert durch LG Stuttgart NZM 2014, 161.
112 So z. B. LG Berlin GE 2009, 1255; **a. A.** LG Stuttgart NZM 2014, 161.
113 LG Berlin GE 2000, 1540.
114 *Lammel* § 557 BGB Rdn. 28.
115 LG Frankfurt WuM 1999, 574, ZMR 2000, 223 mit Anm. *Koskowski* ZMR 2000, 616 und WuM 2000, 46; *Schulz* ZMR 2000, 870.
116 BayObLG RE v. 16.12.1998, NZM 1999, 215; **a. A.** LG Erfurt GE 2012, 830; *Grau* WuM 1983, 112, 113; *Sternel* Mietrecht, III, 545.
117 BayObLG RE v. 16.12.1998, NZM 1999, 215.
118 AG Münster WuM 1998, 727.

verhältnis fortbesteht. Dies gilt auch für die mietvertraglich vereinbarte „Vergunstmiete" für Bundesbedienstete[119] und zwar in diesem Fall auch nach Eintritt in den Altersruhestand, da der Mieter im Rahmen der Wohnungsfürsorge des öffentlichen Dienstes weiter zu dem zu betreuenden Personenkreis gehört.[120]

45c Strittig ist, ob solche Vergünstigungen dann absolut oder relativ Fortbestand haben. Dies ist eine Frage der Auslegung der Vereinbarung[121], die revisionsrechtlich nur eingeschränkt nachgeprüft werden kann.[122] Die gleichen Grundsätze gelten bei Vereinbarung einer sog. **Gefälligkeitsmiete**[123] oder **Lockvogelangeboten.**[124] Im Übrigen ist das Problem durch die Kappungsgrenze etwas entschärft, weil auch eine solche Gefälligkeitsmiete in drei Jahren um nicht mehr als 20% bzw. 15% erhöht werden darf.[125] Auf keinen Fall darf der Vermieter nach den Grundsätzen des Fehlens der Geschäftsgrundlage eine „extrem niedrige Ursprungsmiete" über die Grenzen der Kappungsgrenze erhöhen.[126]

46 **b) Kostenmietklauseln** in Mietverträgen ehemaliger gemeinnütziger Wohnungsunter nehmen stellen heute keine Beschränkung des Mieterhöhungsrechts mehr dar.[127] Nach der Aufhebung der Wohnungsgemeinnützigkeit ist zwar nicht die Geschäftsgrundlage für solche Vereinbarungen entfallen, die Vereinbarung ist aber im Wege der ergänzenden Vertragsauslegung dahin auszulegen, dass die Parteien, hätten sie die Gesetzesänderung geahnt, im Mietvertrag die Wirksamkeit der Klausel von der Fortgeltung des WGG abhängig gemacht hätten.

Etwas anderes gilt aber, wenn die Parteien im Mietvertrag vereinbart haben, dass es sich um eine „öffentlich geförderte Wohnung oder sonst preisgebundene Wohnung" handelt und wenn sich dies wegen nachträglicher Aufhebung der Förderbescheide als von Anfang an falsch herausstellt.[128] Hier muss der Vermieter die Mieterhöhung gem. § 558 BGB doppelt begründen und zwar bzgl. der Höhe der ortsüblichen Vergleichsmiete und der Kostenmiete.

46a **c)** Eine Mieterhöhung nur gegenüber den bestimmten **ausländischen Mietern** kann einen Verstoß gegen das AGG darstellen und Entschädigungsansprüche auslösen.[129] Ein solcher Verstoß stellt auch einen Verstoß gegen ein gesetzliches Verbot gem. § 134 BGB dar. Das ist aber kein Ausschlusstatbestand gem. § 557 Abs. 3 HS. 2 BGB.

46b **d)** Ein Ausschluss einer Mieterhöhung kann sich aber aus dem genossenschaftlichen **Gleichheitsgrundsatz** ergeben. Zwar gibt es keinen allgemeinen Gleichbehandlungsgrundsatz im Mietrecht aber bei Wohnungsgenossenschaften kann sich dieser aus dem Zweck der Genossenschaft ergeben.[130] Dabei sind bei Maßnahmen in einem nahen zeitlichen und sachlichen Zusammenhang einheitliche Maßstäbe zugrunde zu legen.[131] Das gilt sowohl für Mietzinsvereinbarungen bei Abschluss des Mietvertrages[132] wie auch für spätere Mieterhöhungen.[133] Die rechtliche Gleichstellung der Mitglieder ist aber nicht absolut. Zulässig ist eine Ungleichbehandlung aus sachlichen Gründen. Deshalb ist eine Mieterhöhung gem. § 558 BGB bei einem Mitglied zulässig, das für die Dauer von Modernisierungsarbeiten zulässigerweise die Miete gemindert hat, während andere Genossen auf die **zulässige Minderung verzichtet** haben.[134] Ebenso ist es zulässig, dass die Genossenschaft nur

---

[119] LG Erfurt GE 2012, 830.
[120] LG Erfurt GE 2012, 830.
[121] Zur Auslegung eines Fördervertrages für Bundesmietenwohnungen s. BGH (VIII ZR 180/08) NZM 2009, 734.
[122] BGH (VIII ZR 164/03) NJW 2004, 2751.
[123] Bub/Treier/*Schultz* Kap. III. A Rdn. 1049; **a. A.** *Weitemeyer* in Staudinger § 557 Rdn. 65 (wenn die Parteien „bewusst" deutlich unter dem Marktpreis geblieben sind).
[124] Bub/Treier/*Schultz* Kap. III. A Rdn. 1050.
[125] Bub/Treier/*Schultz* Kap. III. A Rdn. 1049.
[126] So aber AG Hamburg-Harburg ZMR 2015, 865 mit zurecht ablehnender Anm. *Schröder* ZMR 2015, 823.
[127] BGH (VIII ZR 128/05) NZM 2006, 693 = MietPrax-AK § 557 BGB Nr. 6 mit Anm. *Börstinghaus;* **a. A.** noch OLG Hamm RE v. 14.5.1986, NJW-RR 1986, 287; BayObLG WuM 1998, 274; LG Berlin GE 2001, 555; LG München NZM 1999, 704 m. abl. Anm. *Roth* NZM 1999, 688.
[128] BGH (VIII ZR 115/03) NZM 2004, 378; AG Tempelhof-Kreuzberg WuM 2013, 228 m. Anm. *Börstinghaus* WuM 2013, 528.
[129] AG Tempelhof-Kreuzberg WuM 2015, 73.
[130] *Emmerich* in Staudinger Vorbem. Zu § 535 BGB Rdn. 58.
[131] LG Köln ZMR 2008, 718.
[132] LG Berlin MM 1999, 209; GE 1999, 575; AG Schöneberg MM 1999, 209.
[133] LG Offenburg WuM 1998, 289.
[134] BGH (VIII ZR 159/08) NZM 2010, 121 = MietPrax-AK § 558 BGB Nr. 24 mit Anm. *Börstinghaus; Eisenschmid* jurisPR-MietR 2/2010 Anm. 2; LG Köln ZMR 2008, 718 mit Anm. *Börstinghaus* WuM 2009, 223.

von den Mietern die Zustimmung zu einer Mieterhöhung bis zur ortsüblichen Vergleichsmiete verlangt, die zuvor einer angebotenen Vertragsänderung mit einer wirksamen **Schönheitsreparaturklausel** nicht zugestimmt haben.[135]

e) Modernisierung. Haben die Parteien anlässlich einer **Modernisierungsmaßnahme** eine Mietabänderungsvereinbarung gem. §§ 555f, 557 Abs. 1 geschlossen, beinhaltet diese Vereinbarung in der Regel nicht zugleich den Verzicht, den modernisierten Zustand nicht später zum Gegenstand einer **Mieterhöhung gem. § 558 BGB** zu Grunde zu legen.[136] Haben die Mietvertragsparteien aus Anlass des Einbaus einer Gasetagenheizung vereinbart, dass der Vermieter die Kosten nicht als modernisierungswirksame Leistung ansetzen darf, dann soll die Vereinbarung nicht nur Mieterhöhungen gem. § 559 BGB ausschließen sondern auch dazu führen, dass die Gasetagenheizung bei der ortsüblichen Vergleichsmiete gem. § 558 BGB unberücksichtigt bleibt.[137] Allein in der Tatsache, dass der Vermieter zunächst eine Mieterhöhung gem. § 558 BGB vornimmt, rechtfertigt noch nicht die Annahme, dass der Vermieter damit zugleich einen Verzicht auf die Mieterhöhung gem. § 559 BGB erklären wollte.[138] Es kommt vielmehr darauf an, ob der Vermieter tatsächlich den modernisierten Standard zur Ermittlung der ortsüblichen Vergleichsmiete herangezogen hat.[139] 46c

2. Konkludente Vereinbarung

Die Ausschlussvereinbarung kann sich auch **aus den Umständen ergeben.** Dazu bedarf es einer umfassenden Auslegung des gesamten Vertrages einschließlich der außerhalb des Vertrages liegenden Umstände.[140] 47

a) Werkmietwohnungen. In der Regel soll der Mieter/Arbeitnehmer darauf vertrauen dürfen, dass er während des Bestehens des Mietverhältnisses eine bei Abschluss der Verträge unterhalb der ortsüblichen Miete liegende Miete auch in Zukunft nur zahlen muss.[141] Allein aus der Tatsache, dass der Vermieter dem Mieter eine **Werkmietwohnung** zu einer unterhalb der ortsüblichen Vergleichsmiete liegenden Miete überlassen hat, kann aber nicht ohne weiteres geschlossen werden, dass der Vermieter bei einer Mieterhöhung nach § 558 BGB den ursprünglichen **proportionalen Abstand** zwischen Ausgangsmiete und der ortsüblichen Vergleichsmiete einzuhalten hat. Führt die Auslegung der Vereinbarung zu dem Ergebnis, dass in der Wohnungsüberlassung zu der reduzierten Miete eine Mieterhöhungsbeschränkung i. S. v. § 557 Abs. 3 Hs 2 BGB zu sehen ist, so wird einer solchen Beschränkung für die Zukunft dadurch hinreichend Rechnung getragen, dass die erhöhte neue Miete **nominal** um den Unterschiedsbetrag zwischen ursprünglicher Ausgangs- und Vergleichsmiete unter der nunmehrigen erhöhten ortsüblichen Vergleichsmiete zurückbleibt.[142] Der Abstand muss nicht prozentual gleich bleiben. 48

b) Der Zeitmietvertrag war bis 31.8.2001 ausdrücklich in Form eines Regelbeispiels als ein konkludenter Mieterhöhungsausschlusstatbestand in § 1 Satz 3 MHG genannt, wenn die Parteien einen Mietvertrag auf bestimmte Zeit mit festem Mietzins vereinbart hatten. Dabei knüpfte § 1 Satz 3 MHG an die vor In-Kraft-Treten des MHG bereits geltende Rechtslage an. Früher konnte der Vermieter die Miete im Wege einer Änderungskündigung erhöhen. Die Änderungskündigung ist eine ordentliche Kündigung. Ordentliche Kündigungen sind aber bei befristeten Mietverträgen ausgeschlossen. Deshalb war bereits vor In-Kraft-Treten des MHG bei solchen Zeitmietverträgen ohne ausdrückliche Vereinbarung eine Mieterhöhung nicht möglich. Daran knüpfte § 1 Satz 3 MHG an. Bei befristeten Mietverträgen war deshalb nach ganz h. M.[143] eine Mieterhöhung nach den Vorschriften des MHG ausgeschlossen, ohne dass die Parteien dies noch gesondert vereinbaren mussten. Seit 1.9.2001 ist der Zeitmietvertrag nicht mehr ausdrücklich als Ausschlussgrund erwähnt. Der Gesetzgeber ist der Auffassung gewesen[144], dass damit eine inhaltliche Änderung nicht 49

---

135 AG Tempelhof-Kreuzberg GE 2009, 1051; AG Schöneberg GE 2009, 1195.

136 LG Berlin GE 2014, 190; 2012, 616.

137 LG Berlin GE 2007, 293.

138 So aber LG Berlin GE 2015, 1033.

139 So auch *Beuermann* GE 2015, 100.

140 *Lammel* § 557 BGB Rdn. 30.

141 *Riecke* ZMR 2007, 952; *ders.* WuM 2003, 663, 666.

142 BayObLG RE v. 22.2.2001, NZM 2001, 373.

143 LG Kiel WuM 1992, 622; LG Berlin MDR 1985, 58; LG Baden-Baden WuM 1984, 86; AG Bonn WuM 1992, 254; AG Eutin DWW 1993, 46; AG Nürnberg WuM 1993, 618.

144 BR-Drucks. 439/00 = BT-Drucks. 14/4553; abgedruckt auch bei *Börstinghaus/Eisenschmid* Arbeitskommentar Neues Mietrecht, S. 248.

verbunden sei. Seiner Auffassung nach hatte der Halbsatz lediglich klarstellenden Charakter, indem er den Zeitmietvertrag mit fester Miete als ein Beispiel für einen Ausschluss der Mieterhöhung anführte. Es hätten sich aus der Formulierung häufig Missverständnisse und Schwierigkeiten ergeben, insbesondere sei strittig gewesen, ob allein die Vereinbarung eines Zeitmietvertrages bereits zum Mieterhöhungsausschluss führte oder ob zusätzlich die ausdrückliche Vereinbarung eines festen Mietzinses erforderlich war.[145] Nach der Vorstellung des Gesetzgebers kommt es nunmehr für die Beantwortung der Frage, ob die Parteien eine Ausschlussvereinbarung getroffen haben, entscheidend auf die konkrete Ausgestaltung des Vertrages an, also entsprechend der gesetzlichen Formulierung allein auf die „Umstände" des Einzelfalles.

50 In diesem Fall müsste also jetzt bei einem **Zeitmietvertrag** jeweils im Einzelfall geprüft werden, warum die Parteien die Befristung abgeschlossen haben und ob sie damit auch einen Ausschluss des Mieterhöhungsrechts vereinbaren wollten. Diese Argumentation verkennt die Funktion des ehemaligen § 1 Satz 3 MHG. Einseitige Vertragsänderungen wären auch bei Zeitmietverträgen nur mittels der dort gerade ausgeschlossenen Änderungskündigung durchsetzbar. Der Zustimmungsanspruch des § 558 BGB aber auch die anderen einseitigen Erhöhungsrechte der §§ 559, 560 BGB sind ein Ausgleich für das Verbot der Änderungskündigung in § 573c Abs. 1 Satz 2 BGB. Eines solchen Ausgleichs bedarf es aber bei Zeitmietverträgen nicht, da sich dort das Verbot der Änderungskündigung nicht aus § 573 Abs. 1 Satz 2 BGB ergibt, sondern aus dem Vertrag selbst. Insofern war bereits der Rechtsentscheid des OLG Stuttgart[146] systematisch genauso falsch wie jetzt die Auffassung des Gesetzgebers. Erst auf Grund dieser Gesetzesbegründung kann es jetzt zu Missverständnissen kommen. Bei der früheren Regelung stand eindeutig fest, dass ein Zeitmietvertrag grundsätzlich die Mieterhöhungsmöglichkeit ausschloss, es sei denn die Parteien hätten ausdrücklich einen Erhöhungsvorbehalt vereinbart. Nunmehr muss jeder Zeitmietvertrag darauf untersucht werden, ob damit auch ein Ausschluss der Mieterhöhung gewollt war.

51 Nach dem historischen Willen des Reformgesetzgebers wäre damit wohl in der Mehrzahl der Fälle eine Mieterhöhung bei Zeitmietverträgen möglich.[147] Da seit 1.9.2001 ein Zeitmietvertrag nur noch zur Sicherstellung eines besonderen **Rückerlangungsinteresses** des Vermieters gem. § 575 BGB zulässig ist, kann darin kaum ein Mieterhöhungsausschlusswille des Vermieters erblickt werden.[148] Nach der Neuregelung insbesondere auch des § 575 BGB sprechen die Umstände also i. d. R. gegen einen Ausschluss der Mieterhöhung bei Zeitmietverträgen. Das ist aber gesetzessystematisch aus den oben dargestellten Gründen nicht fraglich. Auch nach Wegfall des Regelbeispiels ist der Zeitmietvertrag an sich schon ein Umstand, aus dem sich der Ausschluss der Mieterhöhungsmöglichkeit ergibt. Es ist weder zusätzlich erforderlich den Willen der Parteien zu erforschen, warum sie den Vertrag befristet haben noch muss im Mietvertrag zusätzlich vereinbart werden, dass es sich um eine Festmiete handelt.[149]

52 Wenn die Parteien bei einem **befristeten Mietverhältnis** das vor dem 1.9.2001 abgeschlossen worden ist eine Verlängerungsklausel vereinbart haben, dann gilt der Ausschluss der Mieterhöhung nur für die Zeit der ersten Befristung, in der Verlängerungszeit kann die Miete erhöht werden.[150] Dabei kommt es nicht darauf an, ob das Mietverhältnis sich nach der ersten Befristung auf unbestimmte Zeit verlängert oder ob es sich um eine bestimmten Zeitspanne verlängert.[151] Hat der Vermieter einseitig auf sein Kündigungsrecht verzichtet, kommt es auf die Umstände an, ob darin auch ein Ausschluss des Mieterhöhungsrechts zu sehen ist.[152]

---

[145] So missverständlich bereits OLG Stuttgart RE v. 31.5.1994, WuM 1994, 320 = NJW-RR 1994, 401 zustimmend dazu *Lammel* § 557 BGB Rdn. 30a; Bub/Treier/*Schultz* Kap. III. A Rdn. 1034/1035; abl. Anm. *Blank* WuM 1994, 421; **a. A.** LG Mannheim ZMR 1996, 35.

[146] OLG Stuttgart RE v. 31.5.1994, WuM 1994, 320 = NJW-RR 1994, 401.

[147] So auch *Dickersbach* in Erman § 557 BGB Rdn. 10; *Riecke* ZMR 2007, 953.

[148] Bub/Treier/*Schultz* Kap. III. A Rdn. 1035.

[149] *Kunze/Tietzsch* Miethöhe, II, 113; **a. A.** *Lammel* § 557 BGB Rdn. 30a; Bub/Treier/*Schultz* Kap. III. A Rdn. 1035.

[150] OLG Karlsruhe RE v. 27.11.1995, NJW-RR 1996, 329 = WuM 1996, 18; OLG Zweibrücken RE v. 17.8.1981, WuM 1981, 273; OLG Hamm RE v. 9.9.1982, NJW 1983, 829; OLG Frankfurt WuM 1983, 73; Bub/Treier/*Schultz* Kap. III. A Rdn. 1037; *Weitemeyer* in Staudinger § 557 Rdn. 57.

[151] *Lammel* § 557 BGB Rdn. 31.

[152] AG Dortmund WuM 1992, 624 bei „Mindestlaufzeit"; grundsätzlich dagegen: *Lammel* § 557 BGB Rdn. 38.

Auch aus der Vereinbarung eines **Mietverhältnisses auf Lebenszeit** kann sich ein vertraglicher Ausschluss des Rechts des Vermieters zur Mieterhöhung ergeben.[153] 53

Es kann sich aber auch bei einem **Zeitmietvertrag** aus den Umständen ergeben, dass Mieterhöhungen während der Befristung möglich sein sollen. Dies ist dann der Fall, wenn die Parteien sich das Erhöhungsrecht ausdrücklich vorbehalten haben oder wenn sich aus sonstigen Umständen ein solcher Erhöhungsvorbehalt ergibt. Ein solcher Erhöhungsvorbehalt kann individualvertraglich uneingeschränkt vereinbart werden, da er gegen kein gesetzliches Verbot verstößt. Möglich ist auch die formularvertragliche Vereinbarung eines Erhöhungsvorbehalts.[154] Die Klausel muss aber eindeutig und klar sein und darf insbesondere nicht gegen das Transparenzgebot des § 307 Abs. 1 Satz 2 BGB verstoßen. Zu beachten ist weiter, dass seit 1.1.2002 auch preisbestimmende und leistungsbeschreibende Klauseln der Transparenzkontrolle unterliegen, so hier besonders auf die Verständlichkeit solcher Klauseln auch im Zusammenhang mit der Befristung zu achten ist. Ferner darf es sich nicht um eine überraschende Klausel gem. § 305c BGB handeln, d. h. die Klausel muss sich in unmittelbarem Zusammenhang mit der Befristung und Miethöhe befinden. 54

Haben die Parteien wirksam eine **Kündigungsausschlussvereinbarung** getroffen (dazu § 557a Rdn. 59ff.; § 575 Rdn. 80ff.) dann ist durch Auslegung zu ermitteln, ob damit auch eine Ausschlussvereinbarung gem. § 557 Abs. 3 Hs. 2 BGB verbunden ist. Ist die Vereinbarung im Interesse des Vermieters getroffen worden, dann ist eine Mieterhöhung i. d. R. möglich.[155] Hat der Mieter die Ausschlussvereinbarung im Mietvertrag vereinbart wissen wollen, dann spricht die Auslegung eher dafür, dass damit, ohne weitere Vereinbarung, der Mietvertrag unverändert, also auch ohne Mieterhöhung, bis zum Ende der Kündigungsausschlussfrist gelten sollte. 55

c) Wohnungsgröße[156]. Strittig war, ob sich der Ausschluss der Mieterhöhung auch aus der Angabe einer kleineren als der tatsächliche Wohnungsgröße im Mietvertrag ergeben kann.[157] Dabei ging es regelmäßig um die Größe als Multiplikator der ortsüblichen Vergleichsmiete pro Quadratmeter obwohl die Größe der Wohnung selbst auch eines von 5 Wohnwertmerkmalen gem. § 558 Abs. 2 BGB ist.[158] Regelmäßig handelt es sich bei der Angabe einer Wohnungsgröße in einem Mietvertrag um eine **Beschaffenheitsvereinbarung** und nicht um eine bloße **Objektbeschreibung.**[159] Das bedeutet jedoch nicht, dass mit einer solchen bei Vertragsschluss getroffenen Beschaffenheitsvereinbarung auch die bei einer späteren Mieterhöhung gemäß § 558 Abs. 2 BGB in die Bildung der ortsüblichen Vergleichsmiete einzustellende Größe der Wohnung durch eine solche von den tatsächlichen Verhältnissen abweichende Größe verbindlich festgelegt 56

---

[153] LG Berlin GE 2000, 1032; LG Lübeck WuM 1972, 58; LG Mannheim WuM 1987, 353; AG Trier, WuM 1993, 196; **a. A.** *Lammel* § 557 BGB Rdn. 38.

[154] LG Kiel, WuM 1992, 623; LG Berlin WuM 1986, 122; AG Rastatt WuM 1997, 177 (Klausel: *„Anpassung an geänderte wirtschaftliche Verhältnisse am Wohnungsmarkt"*); *Lammel* § 557 BGB Rdn. 42; **a. A.** LG Köln, WuM 1991, 353; AG Siegburg, WuM 1987, 354; AG Tettnang, WuM 1993, 406; AG Offenbach, ZMR 1987, 472; AG Nürnberg WuM 1993, 618; AG Friedberg WuM 1994, 416.

[155] *Weitemeyer* in Staudinger § 557 Rdn. 65a; generell gegen Ausschluss: Bub/Treier/Schultz Kap. III. A Rdn. 1039.

[156] Zur Wohnungsgröße und ihrer Ermittlung s. § 558 BGB Rdn. 57 und Anh. zu § 556a BGB; *Börstinghaus,* Flächenabweichungen in der Wohnraummiete, Rdn. 24ff; *ders.* WImmoT 2016, 87.

[157] OLG Düsseldorf GE 2002, 1335; LG Berlin GE 2004, 482, NZM 2002, 947; LG Zweibrücken NZM 1999, 71; LG Braunschweig WuM 1999, 205; LG Aachen WuM 1991, 501; LG Frankfurt WuM 1990, 157; AG Schöneberg GE 2015, 127; AG Aachen WuM 2012, 556; AG Hamburg WuM 2001, 469; AG Neustadt/Rbge WuM 1996, 344; AG Schöneberg GE 1989, 949; AG Köln WuM 1987, 159; *Behr/Hörrmann* DWW 1999, 105; *Börstinghaus,* Flächenermittlung in der Wohnraummiete, Rdn. 737ff.; *ders.* NJW 2007, 2627; *Emmerich* in: Staudinger, § 558 BGB Rdn. 32a und 60; *Weitemeyer* in Staudinger § 557 Rdn. 65; *Artz* in: MünchKommBGB § 557 BGB Rdn. 50 und § 558 BGB Rdn. 23; *Elzer* in Elzer/Riecke, Mietrechtskommentar, § 557 BGB Rdn. 12; Bub/Treier/*Schultz* Kap. III. A Rdn. 1051; *Blank* PiG 49, 143, 153; *Kinne* GE 2003, 100, 104; *Kunze/Tietzsch* Miethöhe, II, 106; *Lammel* § 557 BGB Rdn. 37; *Sternel* Mietrecht aktuell (2009), IV, 167 und 281/282; *Veslage* DWW 1998, 227; *Dickersbach* in Erman § 557 BGB Rdn. 11; **a. A.** LG Berlin GE 2005, 617, GE 2005, 619; LG Hamburg ZMR 2001, 712; *Bub* PiG 88 (2010), 45; *Kraemer* NZM 1999, 156; nur ausnahmsweise soll der Vermieter gebunden sein nach *Lammel* § 557 BGB Rdn. 36.

[158] Zur Doppelbedeutung der Größe bei der Ermittlung der ortsüblichen Vergleichsmiete für die ganze Wohnung siehe *Börstinghaus,* Flächenabweichungen in der Wohnraummiete, Rdn. 648ff.

[159] BGH (VIII ZR 39/09) NZM 2010, 196 = MietPrax-AK § 536 BGB Nr. 31 mit Anm. *Eisenschmid;* BGH (VIII ZR 231/06) NZM 2007, 595 = MietPrax-AK § 536 BGB Nr. 18; BGH (VIII ZR 101/04) MietPrax-AK § 536 BGB Nr. 12 = NZM 2005, 861; *Börstinghaus,* Flächenabweichungen in der Wohnraummiete, Rdn. 162ff. m.w.N.

ist.[160] Vielmehr ist jede im Wohnraummietvertrag enthaltene, von der tatsächlichen Wohnungsgröße abweichende **Wohnflächenangabe** unabhängig von ihrer Größe **ohne rechtliche Bedeutung.** Maßgeblich im Mieterhöhungsverfahren ist allein die tatsächliche Größe der vermieteten Wohnung. Das gilt sowohl für den Fall der Vereinbarung einer größeren wie auch einer kleineren Fläche im Mietvertrag. Für eine Ausschlussvereinbarung ist ohne weitere Zusätze deshalb kein Raum mehr.[161]

56a Die **Vereinbarung einer größeren Wohnfläche** als die tatsächlich vorhandene ist gem. § 557 Abs. 4 BGB unwirksam. Auch in diesem Fall ist von der tatsächlichen Wohnungsgröße auszugehen.[162] Der Mieter muss nur einer Erhöhung der Miete auf die ortsübliche Vergleichsmiete für die richtige Größe zustimmen und kann nicht darauf verwiesen werden, dass die Miete nach der vereinbarten Größe später wieder zu mindern sei.[163] Von der tatsächlichen Größe ist unabhängig davon, ob die vereinbarte Fläche weniger oder mehr als 10% größer als die tatsächliche Fläche ist, auszugehen.[164]

57 **d) Barrierefreies Wohnen.** Hat der Mieter gem. § 554a BGB vom Mieter die Zustimmung zu baulichen Veränderungen bekommen, die eine barrierefreie Nutzung der Wohnung erlauben, so kann dadurch ein Wohnungszustand erreicht werden, der durchaus eine höhere Miete rechtfertigt. Bei den Umbauarbeiten handelt sich i. d. R. um Modernisierungsmaßnahmen gem. § 559 BGB. Eine Mieterhöhung scheidet aber dann aus, wenn der Mieter, wie in § 554a BGB vorgesehen, die Umbauarbeiten selbst durchgeführt hat. Dann ist der Mieter der Bauherr. Der vom Mieter geschaffene Zustand könnte aber auch zu einer höheren ortsüblichen Vergleichsmiete führen, da eine bessere Ausstattung oder Beschaffenheit vorliegt. Hat der Vermieter aber gem. § 554a BGB dem Mieter die Zustimmung zu einer baulichen Veränderung erteilt, die eine barrierefreie Nutzung der Wohnung ermöglicht, so ist hierin i. d. R. konkludent auch die Vereinbarung eines **Mieterhöhungsausschlusses** gem. § 557 Abs. 3 BGB zu sehen.[165]

57a **e) Einräumung eines Widerrufsrechts.** Wenn der Vermieter dem Mieterhöhungsverlangen eine **Widerrufsbelehrung** beifügt weil er nicht sicher ist, ob es sich um ein **Fernabsatzgeschäft** handelt (dazu § 558b Rdnr. 35b), so kann hierdurch zwar ein vertragliches Widerrufsrecht begründet werden[166], jedoch beinhaltet ein solches Erhöhungsverlangen nicht zugleich den Verzicht auf die Geltendmachung des Zustimmungsanspruchs nach Ausübung des Widerrufsrechts.[167]

---

[160] BGH (VIII ZR 266/14) BGHZ 208, 18 = NJW 2016, 239 unter Aufgabe der früher abweichenden Auffassung BGH (VIII ZR 205/08) NJW 2009, 2739.

[161] Soweit in den Vorauflagen zu diesem Punkt eine andere Auffassung vertreten wurde, wird diese im Hinblick auf die Rechtsprechungsänderung des BGH ausdrücklich aufgegeben.

[162] BGH (VIII ZR 266/14) BGHZ 208, 18 = NJW 2016, 239; OLG Hamburg NZM 2000, 654; LG Berlin WuM 2004, 613; AG Charlottenburg GE 2004, 301; AG Hamburg WuM 1981, 104; *Börstinghaus,* Flächenabweichungen in der Wohnraummiete, Rdn. 762ff.; *Sternel* Mietrecht aktuell (2009), IV, 167; *Emmerich* in Staudinger § 558 BGB Rdn. 32a; *Artz* in MünchKomm § 557 BGB Rdn. 50 und § 558 BGB Rdn. 23; *Lammel* § 557 BGB Rdn. 37; Bub/Treier/*Schultz* Kap. III Rdn. 1397; *Kraemer* NZM 1999, 156, 162; *Heix* WuM 2009, 706, 709; *Derleder* WuM 2010, 202; *Beyer* NJW 2010, 1025; *ders.* NZM 2010, 417, 420; *Kinne* GE 2003, 100, 104; *Vehslage* DWW 1998, 227; *Wetekamp* Mietsachen, Kap. 2 Rdn. 57.

[163] LG Berlin GE 2014, 463, 464.

[164] *Börstinghaus,* Flächenabweichungen in der Wohnraummiete, Rdn. 783; *ders.* WuM 2009, 461; *ders.* GE 2009, 1201; Bub/Treier/*Schultz* Kap. III Rdn. 1397; **a. A.** BGH (VIII ZR 205/08) NJW 2009, 2739; LG Berlin GE 2015, 127; *Schüller* in Bamberger/Roth, § 558 BGB Rdn. 30.

[165] *Rips,* Barrierefreiheit gemäß § 554a BGB – Ein neues Rechtsinstitut im Mietrecht und dessen Einordnung in das allgemeine deutsche Recht, Berlin, 2003, S. 144.

[166] Dafür: BGH NJW 1982, 2313; OLG Brandenburg Urt. v. 6.4.2011 – 7 U 137/10 (juris); *Masuch* in MünchKommBGB § 355 Rdn. 58; *Ebnet* NJW 2011, 1029, 1030; **a. A.** LG Neuruppin Urt. v. 17.2.2016 – 5 O 9/15; offengelassen von BGH (XI ZR 401/10) NJW 2012, 1066; Urt. v. 22.5.2012 – II ZR 148/11 (juris).

[167] AG Berlin-Mitte MM 9/2016, 30 m. Anm. *Börstinghaus* jurisPR-MietR 1/2017 Anm. 2.

3. Rechtsfolgen unwirksamer Miethöhevereinbarungen

Demgegenüber kann aus **unwirksamen Vereinbarungen über zukünftige Mietsteigerungen** z. B. eine unwirksame Indexklausel[168] oder eine unwirksame Staffelmietvereinbarung[169] rechtlich keine Einschränkung der Mieterhöhungsmöglichkeiten hergeleitet werden. Ist eine solche Vereinbarung nämlich unwirksam, weil sie die formellen und materiellen Voraussetzungen der §§ 557a, 557b BGB nicht erfüllt, dann steigt die Miete nicht automatisch zu den vereinbarten Zeitpunkten, so dass der Vermieter auf das Verfahren nach § 558 BGB angewiesen ist. Es liegt eben gerade keine Vereinbarung vor, da die von den Parteien getroffene Regelung gegen zwingendes Recht verstößt. Die unwirksame Staffelmietvereinbarung oder Indexklausel ist nicht teilnichtig und zwar insoweit, als sie den Vermieter begünstigt. Eine Teilnichtigkeit gem. § 139 BGB entspricht nicht dem übereinstimmenden Parteiwillen. Der Mieter verdient nur Schutz durch §§ 557a, 557b BGB, dass ihm im Widerspruch zum Gesetz, nicht aber, dass ihm in Übereinstimmung mit den materiell-rechtlichen Vorschriften die Zustimmung zur Mieterhöhung abverlangt wird. Der Mieter wird durch § 558 BGB ausreichend geschützt. Es entsprach gerade nicht den Vorstellungen der Parteien, dass der Vermieter einseitig auf sein Mieterhöhungsrecht teilweise verzichtet wollte, gewollt war ein **gegenseitiges Nachgeben.** Der Vermieter sollte nämlich auf das formalisierte Verfahren nach § 558 BGB gerade nicht angewiesen sein. Die Mieten sollten automatisch steigen, dafür dann aber auch unabhängig von der konkreten Entwicklung in von vornherein festgelegter Höhe. **58**

Nur im Einzelfall kann eine **Auslegung** der wechselseitigen Willenserklärungen zu dem Ergebnis führen, die Staffelmietvereinbarung mit dem Inhalt aufrechtzuerhalten, dass eine weiter gehende Mieterhöhung als bis zur Höhe der nächsten Staffelmietvereinbarung ausgeschlossen ist. Dann muss der unwirksamen Vereinbarung aber eindeutig der übereinstimmende Wille der Parteien zu entnehmen sein, die Miete innerhalb der vereinbarten Fristen nicht über die vereinbarte Höhe anzuheben. Ein Anhaltspunkt für einen solchen Parteiwillen ist die Dauer des Mietverhältnisses.[170] Die Vereinbarung eines Mietverhältnisses auf bestimmte Zeit lässt nach der hier vertretenen Auffassung schon nach § 557 Abs. 3 BGB vermuten, dass die Parteien eine Mieterhöhung ausschließen wollten. Entsprechendes muss auch gelten, wenn die Parteien eines nur kurzen Mietverhältnisses eine Mieterhöhung zwar nicht völlig ausschließen, aber die Erhöhung begrenzen. Auch daraus wird das Interesse erkennbar, die Miete während des kurzen Vertragsverhältnisses konstant und überschaubar zu halten. Auch die Vereinbarung besonders langer Fristen zwischen einzelnen Staffeln kann ein Indiz für einen im Rahmen des § 557 Abs. 3 BGB zu berücksichtigenden Parteiwillen sein, wonach die Miete länger als die Jahressperrfrist unverändert bleiben soll. Dies gilt zumindest dann, wenn die Steigerungen in der unwirksamen Staffelmietvereinbarung nicht besonders hoch waren.[171] **59**

4. Prozessuales

Wenn der Mieter sich auf einen Ausschlusstatbestand hinsichtlich der Mieterhöhung beruft, dann handelt es sich um Ausnahme vom gesetzlich vorgesehenen Mieterhöhungsanspruch des Vermieters. Der **Mieter** ist deshalb für die Tatsache eines ausdrücklich vereinbarten Ausschlusstatbestandes ebenso **darlegungs- und beweispflichtig** wie für die Tatsachen, aus denen eine konkludente Ausschlussvereinbarung abgeleitet wird. **59a**

---

[168] OLG Karlsruhe RE v. 5.6.1981, WuM 1981, 206.

[169] OLG Schleswig RE v. 24.3.1981, WuM 1991, 149; LG Berlin WuM 2001, 612, GE 2000, 604, NZM 1998, 859, GE 1996, 471, GE 1993, 95, GE 1986, 501, GE 1984, 923; *Reih* ZMR 1999, 804; *Mersson* ZMR 2002, 732; *Weitemeyer* in Staudinger § 557 BGB Rdn. 62; *dies.* NZM 2000, 313, 319/320; **a. A.** LG Görlitz WuM 1997, 682; LG Bonn WuM 1992, 199; LG Berlin WuM 1992, 198; *Riecke* ZMR 2007, 952; *Sternel* Mietrecht, III, 534.

[170] LG Berlin WuM 1992, 198; *Weitemeyer* in Staudinger § 557 BGB Rdn. 63.

[171] So auch die Argumentation des AG Pinneberg WuM 1981, 191.

E. Unwirksame Vereinbarungen nach Abs. 4

I. Allgemeines

60 Der Gesetzgeber hat durch die §§ 557–561 BGB als Teil des sozialen Mietrechts in die grundsätzlich auch im Mietrecht geltende **Vertragsfreiheit** der Mietvertragsparteien eingegriffen. Es handelt sich um einen Kompromiss[172] zwischen den naturgemäß sich diametral gegenüberstehenden Interessen der Mietvertragsparteien. Der Eingriff in die **Gestaltungsfreiheit,** nicht die Abschlussfreiheit, bezweckt den Schutz des Mieters. Dieser gesetzliche Zweck kann aber nur dann erreicht werden, wenn es den Mietvertragsparteien untersagt ist, durch individuelle- oder formularvertragliche Vereinbarungen hiervon zu Lasten des Mieters abzuweichen. Bei den §§ 557a–561 BGB handelt es sich deshalb um halbzwingendes Recht,[173] da wegen der subjektiven Ausrichtung des § 557 Abs. 4 BGB nur Abweichungen zu Lasten des Mieters unwirksam sind. § 557 Abs. 4 BGB entspricht insofern zahlreichen Einzelregelungen im BGB, in denen ebenfalls jeweils bestimmte (Teil-)Regelungen zu Lasten des Mieters für unabdingbar erklärt werden, z. B. §§ 536 Abs. 4, 547 Abs. 2, 551 Abs. 4, 553 Abs. 3, 554 Abs. 5, 554a Abs. 3, 556 Abs. 4, 556a Abs. 3 und 556b Abs. 2 Satz 2, 563, 563a, 565, 571, 572, 573, 573a–d, 574, 574a–c, 575, 575a, 576, 576a, 576b, 577 und 578 BGB.[174] Insofern kann auch auf die dortigen Ausführungen jeweils Bezug genommen werden. Die Vorschrift des § 557 BGB unterscheidet sich aber von den anderen Regelungen vor allem dadurch, dass gem. Abs. 1 während des Bestehens des Mietverhältnisses Mietabänderungsvereinbarungen zwischen den Mietvertragsparteien ausdrücklich für zulässig erklärt werden, obwohl sie i. d. R. ja zu einer Mietanhebung führen und somit für den Mieter ebenfalls nachteilig sind. Diese Möglichkeit ist, ebenso wie die Möglichkeit Staffelmieten oder Indexmieten zu vereinbaren, wiederum Ausdruck der eigentlich herrschenden Vertragsfreiheit,[175] die durch die übrigen Vorschriften des BGB zum Teil verdrängt wird.

61 § 557 Abs. 4 BGB verbietet Vereinbarungen, die zum Nachteil des Mieters abweichen. Wovon sie nicht abweichen dürfen ist ausdrücklich nicht bestimmt.[176] Aus dem Zusammenhang der Vorschrift, die sich in Abs. 4 des § 557 BGB befindet, ergibt sich aber, dass damit zunächst Abweichungen von § 557 Abs. 1–3 BGB gemeint sind. Da § 557 BGB die Einleitungsvorschrift für Mieterhöhungen im preisfreien Wohnungsbau ist und in ihr alle gesetzlich zulässigen Mieterhöhungsmöglichkeiten und Vereinbarungen über die Miethöhe angesprochen werden, meint die Vorschrift letztendlich, dass jede Abweichung von den §§ 557–561 BGB zu Lasten des Mieters unwirksam ist. Soweit in den folgenden 10 Paragrafen jeweils nochmals bestimmt ist, dass eine Vereinbarung zum Nachteil des Mieters unwirksam ist, ist dies **völlig überflüssig.** Der Gesetzgeber hat hier sein eigenes System nicht verstanden. Bei der Vorschrift handelt es sich um eine Mieterschutzvorschrift.

II. Begriff der Vereinbarung

62 Durch die Formulierung *Vereinbarung* sollen nur **vertragliche Abreden** verboten werden. Unter den Begriff fallen deshalb alle einseitigen Erklärungen einer Mietvertragspartei nicht. Von § 557 Abs. 4 BGB werden somit nicht die Fälle erfasst, in denen der Vermieter unter Verstoß gegen die Vorschriften des BGB einseitig die Miete erhöht hat oder ein unzulässiges Mieterhöhungsverlangen gestellt hat, z. B.

- Mieterhöhungsverlangen über die ortsübliche Vergleichsmiete
- Mieterhöhungsverlangen unter Missachtung der Jahressperrfrist
- Mieterhöhungsverlangen über die Kappungsgrenze

---

172 So auch *Lammel* § 557 BGB Rdn. 45.

173 Zu solchen Normen im Mietrecht ausführlich *Derleder* GS für Sonnenschein, S. 97; *Lehmann-Richter* WuM 2010, 3; *Schmid* MDR 2014, 189; *Lützenkirchen/Dickersbach* ZMR 2006, 821.

174 *Derleder* GS für Sonnenschein, S. 97, 98, vermutet, dass durch die 40fache Wiederholung die Bedeutung „den Mietrichtern stärker eingehämmert werden" soll.

175 *Weitemeyer* in Staudinger § 557 BGB Rdn. 1.

176 Anders noch in § 10 Abs. 1 MHG. Dort hieß es, dass die Vereinbarung nicht von den §§ 1–9 MHG zum Nachteil des Mieters abweichen durfte.

– Mieterhöhungsverlangen unter Verstoß gegen Formvorschriften und/oder Begründungszwang, z. B. durch die Vereinbarung eines widerruflichen Mietverzichts.[177]
– Mieterhöhung nach Modernisierung von mehr als 11% der aufgewandten Kosten
– Mieterhöhung gem. § 559 BGB für Instandsetzungsmaßnahmen.

Bei diesen Erklärungen liegt keine **Vereinbarung** vor. Sie lösen die begehrte Rechtsfolge nur aus, wenn die Tatbestandsvoraussetzungen der jeweiligen Vorschrift gegeben sind. Einem Mieterhöhungsverlangen, das die Voraussetzungen der §§ 558ff. BGB nicht erfüllt, muss der Mieter nicht zustimmen, eine Mieterhöhungserklärung nach § 559b BGB, die dessen Voraussetzungen nicht erfüllt, erhöht gerade nicht die Miete. Deshalb ist es auch gesetzessystematisch gar nicht erforderlich, § 557 Abs. 4 BGB auf solche einseitigen Erklärungen anzuwenden.

Der **Schutzbereich** des § 557 Abs. 4 BGB beginnt erst dort, wo der Mieter die Zustimmung zu einer Regelung erteilt hat, die der Vermieter bei Beachtung der §§ 557–561 BGB nicht hätte erreichen können. Unerheblich ist, wann eine solche nachteilige Vereinbarung getroffen wurde. Erfasst werden deshalb sowohl Vereinbarungen, die Inhalt des ursprünglichen Mietvertrages sind und zwar unabhängig, ob es sich um einen Formularmietvertrag oder eine Individualvereinbarung handelt, als auch Vereinbarungen, die erst während des Bestandes eines Mietverhältnisses getroffen wurden.[178] Ob sie Wirkungen für die Zukunft haben oder nur einen Einzelfall regeln sollen ist ebenfalls unerheblich. Erfasst werden auch Vereinbarungen, die bereits vor In-Kraft-Treten des Mietrechtsreformgesetzes, des zweiten Wohnraumkündigungsschutzgesetzes am 1.1.1975 oder der vorherigen Regelung in § 4 Abs. 1 Erstes Wohnraumkündigungsschutzgesetz getroffen wurden.[179] Nach Ansicht des BGH[180] soll sich die Vorschrift aber nur auf solche Vereinbarungen beziehen, die die formellen oder materiellen Voraussetzungen für eine Mieterhöhung abändern. Das ist zu eng. Die Vorschrift verbietet auch Vereinbarungen über die tatsächlichen Voraussetzungen einer Mieterhöhung, z. B. die Wohnungsgröße oder eine bestimmte Ausstattungs- oder Lageklasse. Zumindest dürfte es sich dabei auch um materielle Voraussetzungen handeln. 63

Die Vereinbarung muss sich aber auf das **Mieterhöhungsrecht des Vermieters** während des Bestandes eines Mietverhältnisses beziehen.[181] Nur auf diese Fälle sind die §§ 557–561 BGB anwendbar. Die **Höhe der Miete** selbst ist keine Vereinbarung, die gegen § 557 Abs. 4 BGB verstoßen kann. Sie kann allenfalls gegen ein gesetzliches Verbot i. S. d. § 134 BGB, also insbesondere § 5 WiStG oder § 291 StGB verstoßen. Auch sonstige Vereinbarungen, welche die Gegenleistung des Mieters betreffen, fallen nicht unter § 557 Abs. 4 BGB. Deshalb sind Klauseln, die die Übernahme von Schönheitsreparaturen betreffen, nicht gem. § 557 Abs. 4 BGB unwirksam.[182] Auch die Übernahme von **Schönheitsreparaturen** stellt einen Teil der Hauptpflicht des Mieters dar. Die Klausel betrifft aber nie eine Mieterhöhung, da der Umfang der Verpflichtung bei Vertragsschluss vereinbart wurde; allein die Tatsache, dass sich der erforderliche Aufwand zu diesem Zeitpunkt noch nicht feststellen lässt, ändert nichts daran, dass es sich rechtlich um keine Mieterhöhung handelt. Maßstab kann deshalb für solche Klauseln nur § 134 BGB oder § 307 BGB sein.[183] 64

III. Begriff des Nachteils

Die Vereinbarung muss eine für den Mieter **nachteilige Abweichung** beinhalten. Unter den heute häufig herrschenden heterogenen Marktverhältnissen ist nicht immer klar, was für den Mieter nachteilig ist und was nicht.[184] Ob eine Vereinbarung für den Mieter nachteilig ist, muss nach dem Wortlaut und Zweck des § 557 Abs. 4 BGB danach beurteilt werden, ob sie dem Vermieter **objektiv eine günstigere Rechtsstellung** einräumt, als er sie bei Beachtung der materiellen, aber auch 65

[177] BGH (VIII ZR 41/03) NZM 2004, 136 = MietPrax-AK § 557 BGB Nr. 1 mit Anm. *Börstinghaus.*
[178] **A. A.** *Lützenkirchen/Dickersbach* ZMR 2006, 821, 824f.
[179] OLG Karlsruhe RE v. 5.6.1981, WuM 1981, 207; OLG Schleswig RE v. 24.3.1981, NJW 1981, 1964.
[180] BGH (VIII ZR 205/08) NJW 2009, 2739 = MietPrax-AK § 558 BGB Nr. 23 mit Anm. *Börstinghaus; ders.* WuM 2009, 461; *Derleder* WuM 2010, 202; *Beyer* NJW 2010, 1025; BGH (VIII ZR 122/05) NZM 2007, 183 Tz. 15 = MietPrax-AK § 557 BGB Nr. 7 mit Anm. *Börstinghaus.*
[181] *Lützenkirchen/Dickersbach* ZMR 2006, 821.
[182] **A. A.** AG Stuttgart ZMR 1987, 180, 181.
[183] *Sternel* NZM 1998, 833; MietPrax-*Horst* F. 13, 38ff.; *Hensen* NZM 1999, 151.
[184] So *Derleder* GS für Sonnenschein, S. 97, 99, mit den verschiedenen Alternativen.

der formellen Beschränkungen des BGB hätte erreichen können.[185] Nicht entscheidend ist, ob der Mieter die Regelung subjektiv als nachteilig empfindet oder sich ggf. wegen der Vereinbarung Vorteile verspricht. Der objektive Inhalt der Vereinbarung ist dabei durch Auslegung zu ermitteln. Ob eine Vereinbarung für den Mieter nachteilig ist, richtet sich also nicht nach dem Ergebnis der Auswirkungen der Vereinbarung im konkreten Einzelfall. Nicht die Rechtsfolge, sondern der abstrakte Gehalt der abweichenden Vereinbarung ist anhand der gesetzlichen Beschränkung des Vermieters nach den §§ 557–561 BGB zu bewerten. Mithin ist bei der rechtlichen Bewertung von einer generalisierenden Betrachtungsweise auszugehen.[186] Deshalb sind auch Vorschriften, die die Form- und Begründungsvorschriften für den Vermieter noch weiter lockern, unwirksam, obwohl eine Mieterhöhung z. Zt. gar nicht beabsichtigt ist. Ähnlich wie bei der abstrakten Kontrolle von allgemeinen Geschäftsbedingungen[187] ist nämlich ausreichend, dass bei einer denkbaren Anwendung der Vorschrift eine Rechtsfolge eintritt, die den Mieter schlechter stellt als bei Anwendung der gesetzlichen Regelung.[188] Es kommt nicht darauf an, ob sich der Mieter in einem Einzelfall günstiger steht, wenn die Klausel Geltung haben würde.

66 Bei Vereinbarungen, die für den Mieter **teils vorteilhaft und teils nachteilig** sind kommt es zunächst darauf an, festzustellen, ob die jeweiligen Vereinbarungen trennbar sind. Dies ist dann nicht der Fall, wenn die Regelungen in einer Wechselbeziehung stehen, also nach dem Willen der Parteien in ihrer Gesamtheit die Vertragspflichten umschreiben sollen. Liegt eine **untrennbare Regelung** vor, dann ist die Regelung insgesamt gem. § 557 Abs. 4 BGB unwirksam, ohne dass es darauf ankommt, ob wirtschaftlich der Mieter sich u. U. besser steht. § 557 Abs. 4 BGB erlaubt gerade keine wirtschaftliche Betrachtungsweise, sondern nur einen Vergleich der Rechtslage ohne die Regelung und mit der Regelung. Dies ergibt sich bereits aus dem Wortlaut des Abs. 4. Aber auch der Sinn und Zweck der Regelung sprechen für diese Auslegung.[189] Der Gesetzgeber wollte die Bestimmungen der §§ 557–561 BGB unabdingbar festschreiben. Es sollte dem Vermieter nicht möglich sein, sich aus dem BGB nicht ergebende eigene Vorteile durch die Gewährung von Vorteilen an den Mieter zu erkaufen. Deshalb ist die Vereinbarung in einem Mietvertrag über eine freifinanzierte Wohnung unwirksam, wonach es sich um einen „mit öffentlichen Mitteln geförderten Neubau" handeln soll.[190] Dies ist nämlich nicht zwingend für den Mieter nur vorteilhaft. Die Kostenmiete kann höher als die ortsübliche Vergleichsmiete sein[191], Modernisierungen bedürfen gem. § 13 Abs. 1 NMV grundsätzlich der Genehmigung der Bewilligungsstelle und anders als im preisfreien Wohnungsbau sind auch noch Mieterhöhungen wegen Kapitalkostensteigerungen möglich. Außerdem bedarf die Mieterhöhung nicht der Zustimmung des Mieters. Diese Abweichung ist grundlegend. Das Zustimmungserfordernis im Rahmen des Vergleichsmietenverfahrens nach § 558 BGB ist Ausdruck des Prinzips der Vertragsfreiheit, das nach der Vorstellung des Gesetzgebers im Bereich des preisfreien Wohnraums nicht nur für die Einigung über die Höhe der Miete bei Vertragsschluss, sondern auch bei der Erhöhung der Miete während des laufenden Mietverhältnisses gelten soll, wie sich insbesondere aus der die Regelungen über die Miethöhe einleitenden Vorschrift des § 557 Abs. 1 BGB ergibt. Das damit nicht zu vereinbarende Recht des Vermieters zur einseitigen Erhöhung der Kostenmiete nach § 10 WoBindG ist demgegenüber Ausfluss der strengen staatlichen Reglementierung der Miethöhe im Bereich des preisgebundenen Wohnraums.[192]

---

185 OLG Stuttgart NJW-RR 1989, 1357; *Weitemeyer* in Staudinger § 557 BGB Rdn. 71; *Schmid* MDR 2014, 189.

186 OLG Karlsruhe RE v. 5.6.1981, WuM 1981, 207; OLG Schleswig RE v. 24.3.1981, NJW 1981, 1964; *Weitemeyer* in Staudinger § 557 BGB Rdn. 71.

187 BGHZ 22, 80; 105, 31.

188 LG Hamburg WuM 1975, 194.

189 **A. A.** *Lehmann-Richter* WuM 2010, 3, 5.

190 BGH (VIII ZR 122/05) NZM 2007, 183 = MietPrax-AK § 557 BGB Nr. 7 mit Anm. *Börstinghaus;* **a. A.** noch Vorinstanz LG Berlin ZMR 2005, 125.

191 So z. B. im Fall des BGH (VIII ZR 160/09) NJW 2010, 1663 = MietPrax-AK § 313 BGB Nr. 1 mit Anm. *Börstinghaus.*

192 BGH (VIII ZR 122/05) WuM 2007.

IV. Einzelfragen

Da es nach § 557 Abs. 1 BGB den Mietvertragsparteien freisteht, Mieterhöhungen um einen bestimmten Betrag zu vereinbaren, betrifft das Verbot des § 557 Abs. 4 BGB vor allem generelle Regelungen für **zukünftige Mieterhöhungen,** die von den §§ 557–561 BGB abweichen.[193] Deshalb sind folgende Regelungen unwirksam: **67**

1. Generelle Regelungen, die Einfluss auf die zukünftige Miethöhe haben

Vertragliche Abreden bereits im Mietvertrag oder zu einem späteren Zeitpunkt, die dem Vermieter gestatten, mehr oder weniger losgelöst von den Bestimmungen des BGB die Miete zu erhöhen, sind unwirksam.[194] Deshalb ist die **Vereinbarung einer vorläufigen Miete** insofern unzulässig, als damit dem Vermieter gestattet werden soll, gem. den §§ 315, 316 BGB einseitig die Miete festzusetzen.[195] Dies gilt selbst dann, wenn der Vermieter bei Abschluss des Mietvertrages die Höhe seiner Kosten, die er der Mietkalkulation zu Grunde legen muss, nicht kennt. Hier besteht nur die Möglichkeit eines Vorvertrages. Wenn ein Mietvertrag abgeschlossen ist, ist die Miete verbindlich und kann nur nach den Vorschriften der §§ 558–560 BGB oder durch Vereinbarung erhöht werden. Hiervon abweichende Vereinbarungen verstoßen gegen § 557 Abs. 4 BGB. Dies gilt auch für einen „vorläufigen Mietverzicht" bei durch öffentliche Mittel geförderten Baumaßnahmen.[196] Auch „Rahmenvereinbarungen" wonach die Miete für ein Einfamilienhaus mit den Werten eines Mietspiegels für Geschosswohnungen erhöht werden darf, sind unzulässig, da die Mieten für Einfamilienhäuser nach ganz anderen Kriterien ermittelt werden[197] (§ 558a BGB Rdn. 35).[198] Nach § 557 Abs. 4 BGB sollen auch Vertragsanpassungen gem. § 313 BGB[199] bei vermieteten Eigentumswohnungen unzulässig sein, wenn die Eigentümergemeinschaft den Abrechnungsschlüssel gem. § 16 Abs. 3 WEG ändert.[200] **68**

Dies gilt ebenso für die **Vereinbarung von zukünftigen Mieterhöhungen,** es sei denn, sie sind ausnahmsweise in Form einer Staffelmietvereinbarung gem. § 557a BGB oder einer Indexvereinbarung gem. § 557b BGB wirksam. Eine Vereinbarung, die die Voraussetzungen dieser beiden Ausnahmetatbestände nicht erfüllt, ist gem. § 557 Abs. 4 BGB unwirksam. Deshalb sind zunächst alle Formen von **Spannungsklauseln** unwirksam. Hierbei handelt es sich um Klauseln, die die Miete in Abhängigkeit setzen von der Entwicklung vergleichbarer Verträge.[201] Solche Klauseln würden zwar auf die vertragliche Vereinbarung von Änderungsmaßstäben hinauslaufen, die inhaltlich dem Vergleichsmietenprinzip entsprechen können, es würden aber auf jeden Fall die Formvorschriften des BGB umgangen. Auch die Vereinbarung von **Leistungsvorbehalten** ist wegen § 557 Abs. 4 BGB unwirksam. Auf Grund eines Leistungsvorbehalts besteht ein Anspruch auf Neuverhandlungen über die Vertragspflichten oder ein Dritter ist befugt, die Leistungspflichten, also vor allem die Miete, neu zu bestimmen. Auch **Kostenelementklauseln** sind nicht zugelassen. Die Weitergabe steigender Kosten ist im BGB in den §§ 559, 560 BGB abschließend hinsichtlich des Umfangs und des Verfahrens geregelt. Die Vereinbarung darüberhinausgehender Möglichkeiten stellt eine Abweichung zum Nachteil des Mieters dar. Zwar kann der Vermieter seine Mietkalkulation offenlegen und für bestimmte Kosten Festbeträge ausweisen, z. B. für die Schönheitsreparaturen, die Nutzerwechselgebühr oder die Erbpachtzinsen. Unzulässig sind aber alle Vereinbarungen, die es dem Vermieter gestatten, diese Kosten außerhalb des Verfahrens der §§ 558, 559, 560 GB zu erhöhen.[202] Deshalb ist auch die Vereinbarung, dass der Vermieter bei **69**

---

[193] *Lützenkirchen/Dickersbach* ZMR 2006, 821.
[194] BGH (VIII ZR 199/04) NZM 2005, 735; *Artz* ZMR 2006, 165; *Weitemeyer* in Staudinger § 557 BGB Rdn. 73.
[195] LG Karlsruhe WuM 1979, 335; LG Osnabrück WuM 1978, 10.
[196] BGH (VIII ZR 41/03) NZM 2004, 136.
[197] *Börstinghaus* NZM 2009, 115; **a. A.** BGH (VIII ZR 58/08) NZM 2009, 27 = MietPrax-AK § 558a BGB Nr. 14 mit abl. Anm. *Börstinghaus.*
[198] Nach Auffassung von *Sternel* Mietrecht aktuell (2009), IV, 199 soll eine solche Vereinbarung aber wirksam sein.
[199] Für eine Vertragsanpassung nach dieser Norm im Prinzip BGH (VIII ZR 159/05) NZM 2006, 655 = NJW 2006, 2771 = MietPrax-AK § 556a BGB Nr. 4 mit Anm. *Eisenschmid; Wall* WuM 2006, 443; *Kinne* GE 2006, 1006; *Maaß* ZMR 2006, 760; *Sternel* NZM 2006, 811; *Langenberg* BGHReport 2006, 1150.
[200] So *Lehmann-Richter* ZWE 2009, 345, 350.
[201] BGH NJW-RR 1986, 877, NJW 1983, 1909.
[202] AG Mannheim NZM 2009, 28.

Anhebung von öffentlich-rechtlichen Mietobergrenzen berechtigt ist die Miete zu erhöhen, unwirksam.[203]

70 Auch die Vereinbarung einer **Schiedsgutachterklausel**[204] ist unwirksam, wenn der Mieter in dieser Vereinbarung seine Zustimmung zu einer Leistungsbestimmung durch den Gutachter erteilt hat, da der Vermieter damit von der Einhaltung der Formalien des § 558 BGB entbunden wird.[205] Auf die Frage, ob das Gutachten offenbar unbillig ist, und damit gem. § 319 Abs. 1 Satz 1 BGB für die Vertragsschließenden nicht verbindlich ist, weil der Gutachter *„nicht unwesentlich von den materiellen und formellen Voraussetzungen eines Mieterhöhungsanspruchs"* abgewichen ist kommt es deshalb nicht an. Der Mieter muss auch keine Gestaltungsklage auf Bestimmung der erhöhten Miete erheben.[206] Da eine Schiedsgutachterklausel die generelle und abstrakte Gefahr beinhaltet, dass der Mieter zu etwas verpflichtet wird, was er nach § 558 BGB nicht in der Höhe, der Form oder zu dem Zeitpunkt schuldet, ist bereits die Schiedsgutachterklausel unwirksam. Die Bestimmung durch den Schiedsgutachter erzeugt deshalb für den Mieter keinerlei Wirkung. Sie wirkt weder rechtsgestaltend noch verpflichtet sie den Mieter, einer Vertragsänderung zuzustimmen.

71 Bei preisfreiem Wohnraum kann grundsätzlich auf die Vorschriften zur Ermittlung der **Kostenmiete** Bezug genommen werden. Jedoch kann dies nur dazu führen, dass ein grundsätzlich bestehender Anspruch auf Zustimmung bis zur ortsüblichen Vergleichsmiete beschränkt wird auf die Kostenmiete. Eine Vereinbarung, wonach dem Vermieter die Kostenmiete nach den Vorschriften des WoBindG, der NMW und der II. BV an Stelle der ortsüblichen Vergleichsmiete zustehen soll, ist demgegenüber unwirksam.[207] Dabei kommt es auf die Höhe der Kostenmiete nicht an. Allein die Tatsache, dass der Vermieter die Miete einseitig erhöhen kann, führt zur Unwirksamkeit.[208] Dies gilt selbst dann, wenn die Durchführungsbestimmungen für die Darlehensvergabe eine solche Regelung vorsehen.[209] Der Mieter kann in diesem Fall alle gezahlten Mieterhöhungsbeträge kondizieren.[210] Zulässig soll aber die Vereinbarung einer Staffelmiete sein, die erst nach Auslaufen der Preisbindung wirksam werden soll.[211] Mietvertragliche Vereinbarungen, die z. B. in einem Fördervertrag als Vertrag zugunsten Dritter, die Miete von den Einkommensverhältnissen des Mieters abhängig machen sind nur insoweit unwirksam, sie zu Mieterhöhungen führt; eine Mietsenkung ist nicht zum Nachteil des Mieters.[212]

72 **Zulässig** sind dagegen Vereinbarungen, die den Vorschriften des BGB nicht widersprechen. Dies ist z. B. dann der Fall, wenn das BGB auf das Mietverhältnis gar nicht anwendbar ist. Soweit es sich von vornherein nicht um einen Wohnraummietvertrag handelt, ist § 557 Abs. 4 BGB sowieso nicht anwendbar. Handelt es sich aber um einen Wohnraummietvertrag und treffen die Parteien eine Vereinbarung dahingehend, dass eine bestimmte Regelung dann gelten soll, wenn es sich nicht mehr um einen Wohnraummietvertrag handelt, dann liegt ebenfalls keine nachteilige Vereinbarung vor. Deshalb ist es grundsätzlich zulässig in einem Wohnraummietvertrag zu vereinbaren, dass für den Fall einer anderen Nutzung als zu Wohnzwecken ein vom Vermieter zu zahlender **Zuschlag** zu zahlen ist.[213] Die §§ 557–561 BGB gelten gem. § 549 Abs. 1 BGB nur bei Wohnraummietverhältnissen. Durch die Vorschriften wird ein Mieter, der die Räume gerade nicht zum Wohnen nutzt, z. B. eine freiberufliche oder gewerbliche Tätigkeit dort ausübt, nicht geschützt.

---

[203] AG Lichtenberg MM 2007, 335.

[204] LG Leipzig NZM 2015, 83: Schiedsgutachterklausel in Schönheitsreparaturklausel ist unwirksam.

[205] LG Freiburg WuM 1987, 267; LG Hamburg MDR 1981, 848; LG Frankfurt/M. WuM 1974, 156; AG Hamburg Altona WuM 1974, 14; *Weitemeyer* in Staudinger § 557 BGB Rdn. 73; *Kinne* in Kinne/Schach/Bieber, Miet- und Mietprozessrecht, § 557 BGB Rdn. 11.

[206] *Barthelmess* ZMR 1972, 166.

[207] Es handelt sich zumindest um eine teils vorteilhafte und teils nachteilige Vereinbarung (dazu oben Rdn. 66) die unwirksam ist BGH (VIII ZR 122/05) WuM 2007, 133 = MietPrax-AK § 557 BGB Nr. 7 mit Anm. *Börstinghaus;* AG Tempelhof-Kreuzberg WuM 2013, 228 m. Anm. *Börstinghaus* WuM 2013, 528.

[208] AG Norderstedt WuM 1982, 157.

[209] AG Norderstedt WuM 1982, 157; *Kinne* in Kinne/Bieber/Schach, Miet- und Mietprozessrecht, § 557 BGB Rdn. 11.

[210] AG Charlottenburg GE 2008, 334.

[211] BGH (VIII ZR 157/03) NJW 2004, 511 = MietPrax-AK § 557 a BGB Nr. 2 mit Anm. *Börstinghaus; Kunze* BGHReport 2004, 215.

[212] LG Berlin GE 2016, 788.

[213] BayObLG RE v. 25.3.1986, NJW-RR 1986, 892.

2. Konkrete Vereinbarungen zu einzelnen Mieterhöhungsmöglichkeiten

Die konkreten Auswirkungen bestimmter Vereinbarungen auf die einzelnen Mieterhöhungsmöglichkeiten werden jeweils bei den entsprechenden Mieterhöhungsmöglichkeiten behandelt. 73

V. Wirksame Vereinbarungen

Von der Regelung des § 557 Abs. 4 BGB werden zunächst keine Vereinbarungen erfasst, die für den Mieter nicht nachteilig von den Regelungen der §§ 557–561 BGB abweichen. Hierzu zählen alle Vereinbarungen, die den Mieter verglichen mit der Rechtslage des BGB **besserstellen:** 74

- Vereinbarungen, die dem Vermieter nur eine unter der ortsüblichen Vergleichsmiete liegende Miete zubilligen:
  - durch Vereinbarung der Kostenmiete,[214] wenn der Anspruch auf Zustimmung zu einer Mieterhöhung bis zur ortsüblichen Vergleichsmiete **zusätzlich höchstens** auf die Kostenmiete beschränkt wird.
- Vereinbarungen, die bestimmte Ausstattungsmerkmale bei der Ermittlung der ortsüblichen Vergleichsmiete unberücksichtigt lassen (insbesondere im Zusammenhang mit Vereinbarungen über Mietermodernisierungen).
- Vereinbarungen, wonach dem Mieter auf die fest vereinbarte Miete wegen besonderer Umstände ein Mietnachlass gewährt wird, der in festgelegten Stufen wegfallen soll. Dies gilt auch für einen „vorläufigen Mietverzicht" bei durch öffentliche Mittel geförderten Baumaßnahmen.[215]
- Vereinbarungen über eine für den Mieter günstigere Kappungsgrenze.[216]
- Vereinbarungen, die die Jahresfrist verlängern.[217]
- Vereinbarungen, die zusätzliche Voraussetzungen für den Zustimmungsanspruch des Vermieters begründen:
- Vereinbarung, wonach das Mieterhöhungsverlangen nicht mit Vergleichswohnungen oder Sachverständigengutachten begründet werden darf.
- Vereinbarung, wonach mehr als 3 Vergleichswohnungen im Mieterhöhungsverlangen angegeben werden müssen.
- Vereinbarungen, die die Zustimmung Dritter, z. B. öffentlicher Stellen oder von Darlehensgebern[218] vorschreiben.[219]
- Verschiebung des Wirksamkeitszeitpunkts einer Mieterhöhung nach hinten.
- Bei Mieterhöhungen nach § 559 BGB sind alle Vereinbarungen vorteilhaft, die zu einem niedrigeren Prozentsatz, einer Verringerung der anrechenbaren Kosten oder zu einer späteren Wirkung der Mieterhöhung führen.

Wirksam sind auch vertragliche Abreden, die nur von **Auslegungsregeln** des Gesetzes, die nur für den Fall, dass die Parteien keine vertragliche Regelung getroffen haben, gelten, abweichen. Deshalb ist es zulässig, in einem befristeten Mietvertrag eine Vereinbarung darüber zu treffen, dass Mieterhöhungen möglich sind.[220] § 557 Abs. 3 Hs. 2 BGB schließt bei einem befristeten Vertrag Mieterhöhungen nur aus, wenn die Parteien gerade keine solche Vereinbarung getroffen haben.[221] 75

Wirksam sind des Weiteren alle Regelungen, die mit den Vorschriften des BGB übereinstimmen.[222] Sie weichen eben gerade nicht zum Nachteil des Mieters von der gesetzlichen Regelung ab. Sie enthalten auch eine eigenständige neben der gesetzlichen Regelung parallel bestehende Bedeutung. Dies ergibt sich z. B. aus § 307 Abs. 3 BGB wonach nur solche allgemeinen Geschäftsbedingungen der **Inhaltskontrolle** unterliegen, die von gesetzlichen Regelungen abweichen. Daraus ergibt sich, dass es auch Formularklauseln gibt, die mit der gesetzlichen Vorschrift übereinstim- 76

[214] OLG Hamm RE v. 14.5.1986, NJW-RR 1986, 287.
[215] BGH (VIII ZR 41/03) NZM 2004, 136 = MietPrax-AK § 557 BGB Nr. 1 mit Anm. *Börstinghaus.*
[216] *Weitemeyer* in Staudinger § 557 BGB Rdn. 73.
[217] LG Hamburg MDR 1981, 848, WuM 1976, 187.
[218] LG Düsseldorf WuM 1981, 286.
[219] LG Arnsberg ZMR 1985, 340; AG Norderstedt WuM 1982, 157.
[220] *Weitemeyer* in Staudinger § 557 BGB Rdn. 60.
[221] S. oben Rdn. 54.
[222] *Weitemeyer* in Staudinger § 557 BGB Rdn. 71.

men.[223] Für die Beurteilung der Wirksamkeit kommt es auf den Zeitpunkt des Abschlusses der Vereinbarung an, so dass spätere Gesetzesänderungen an der Wirksamkeit der Vereinbarung zunächst nichts ändern. Allenfalls wenn die gesetzliche Neuregelung in den Übergangsregelungen auch Bestimmungen enthält, wonach die Neuregelung auch auf Alt-Vereinbarungen Anwendung finden soll, könnten solche Vereinbarungen unwirksam werden.

VI. Rechtsfolgen unwirksamer Vereinbarungen

77 Eine Vereinbarung, die gegen Abs. 4 verstößt, ist **von Anfang an nichtig.** Die Unwirksamkeit einzelner Vereinbarungen hat aber auf die Wirksamkeit des Mietvertrages insgesamt keinen Einfluss. § 557 Abs. 4 BGB ist ein **Schutzgesetz** zugunsten des Mieters.[224] Der Sinn und Zweck dieses Schutzgesetzes gebietet es, nur die nachteilige Klausel zu eliminieren, den Vertrag aber ansonsten entsprechend den gesetzlichen Bestimmungen als wirksam anzusehen; anderenfalls würde sich der Schutz des Mieters zu seinem Nachteil auswirken. Abs. 4 ist im Übrigen eine den § 139 BGB verdrängende Spezialregelung, so dass es nicht darauf ankommt, ob der Vermieter den Vertrag überhaupt abgeschlossen haben würde, wenn er die Unwirksamkeit des Teils der Vereinbarung gekannt hätte.[225]

78 Soweit in Abs. 4 die Formulierung *„ist unwirksam"* gebraucht wird, ist damit **Nichtigkeit** gemeint. Es handelt sich auch um eine absolute Nichtigkeit[226] und nicht nur eine relative Nichtigkeit[227] für den Vermieter. Der Wortlaut selbst gibt nämlich keinen Hinweis auf eine solch einschränkende Auslegung. Der Gesetzgeber wollte Vereinbarungen, die zum Nachteil des Mieters von den §§ 557–561 BGB abweichen insgesamt verbieten. Bedeutung hat dies, wenn eine Regelung bei **generalisierender Betrachtungsweise** für den Mieter sich als nachteilig herausstellen kann, im konkreten Einzelfall für ihn aber einmal günstiger ist. Auch in diesem Fall kann der Mieter sich nicht auf eine solche Vereinbarung berufen.[228]

79 Hat der Mieter auf Grund einer gem. Abs. 4 unwirksamen Klausel Leistungen an den Vermieter erbracht, erfolgte die Leistung rechtsgrundlos und kann **kondiziert** werden. Lediglich in den Fällen, in denen der Mieter positiv[229] wusste, dass er auf Grund der unwirksamen Vereinbarung nicht zur Zahlung verpflichtet war, scheidet gem. § 814 BGB ein Rückforderungsanspruch aus.[230] Dabei reicht fahrlässige Unkenntnis des Mieters nicht aus. Da der Vermieter durch die Annahme der Zahlung i. d. R. auch gegen ein gesetzliches Verbot, § 557 Abs. 4 BGB, verstoßen hat, besteht auch ein Rückzahlungsanspruch nach § 817 Satz 1 BGB, wenn der Vermieter positive Kenntnis vom Gesetzesverstoß hat. Auch hier reicht wiederum fahrlässige Unkenntnis nicht aus. Der Anspruch gem. § 817 Satz 2 BGB ist jedoch ausgeschlossen, wenn der Mieter selbst Kenntnis vom Gesetzesverstoß hat.

---

223 Deshalb galten gem. Art. 229 § 3 Abs. 10 EGBGB in der bis 31.5.2005 geltenden Fassung auch die formularmäßig vereinbarten Kündigungsfristen in Altverträgen weiter; BGH (VIII ZR 240/02) WuM 2003, 505 = ZMR 2003, 655 mit Anm. *Börstinghaus.*

224 LG Berlin GE 2016, 788.

225 OLG Koblenz RE v. 5.6.1981, WuM 1981, 207.

226 So OLG Koblenz RE v. 5.6.1981, WuM 1981, 207; OLG Schleswig RE v. 24.3.1981, NJW 1981, 1964; LG Berlin GE 1996, 471, 1993, 95, WuM 1992, 198; *Weitemeyer* in Staudinger § 557 BGB Rdn. 80.

227 So LG Bonn WuM 1992, 199; LG Hamburg WuM 1981, 848; LG Münster ZMR 1977, 247.

228 OLG Koblenz RE v. 5.6.1981, WuM 1981, 207.

229 BGH LM Nr. 69 zu § 652 BGB, WPM 1972, 283, 286.

230 OLG Koblenz RE v. 26.3.1986, WuM 1986, 166, 168.

§ 557a Staffelmiete

(1) Die Miete kann für bestimmte Zeiträume in unterschiedlicher Höhe schriftlich vereinbart werden; in der Vereinbarung ist die jeweilige Miete oder die jeweilige Erhöhung in einem Geldbetrag auszuweisen (Staffelmiete).

(2) [1]Die Miete muss jeweils mindestens ein Jahr unverändert bleiben. [2]Während der Laufzeit einer Staffelmiete ist eine Erhöhung nach den §§ 558 bis 559b ausgeschlossen.

(3) [1]Das Kündigungsrecht des Mieters kann für höchstens vier Jahre seit Abschluss der Staffelmietvereinbarung ausgeschlossen werden. [2]Die Kündigung ist frühestens zum Ablauf dieses Zeitraums zulässig.

(4) [1]Die §§ 556d bis 556g sind auf jede Mietstaffel anzuwenden. [2]Maßgeblich für die Berechnung der nach § 556d Absatz 1 zulässigen Höhe der zweiten und aller weiteren Mietstaffeln ist statt des Beginns des Mietverhältnisses der Zeitpunkt, zu dem die erste Miete der jeweiligen Mietstaffel fällig wird. [3]Die in einer vorangegangenen Mietstaffel wirksam begründete Miethöhe bleibt erhalten.

(5) Eine zum Nachteil des Mieters abweichende Vereinbarung ist unwirksam.

Systematische Übersicht

Alphabetische Schnellübersicht

A. Allgemeines

I. Inhalt und Zweck der Regelung

Die Vorschrift enthält die Regelungen über die Staffelmiete. Sie geht zurück auf die 1982 in das 1
MHG eingefügte Vorschrift des § 10 Abs. 2 MHG. Das Gesetz erlaubt in zwei Fällen abw. von dem generellen Verbot für den Mieter nachteilige Vereinbarungen zu treffen, § 557 Abs. 4 BGB, mietvertragliche Vereinbarungen über zukünftige Mietsteigerungen. Dies ist zum einen die Staffelmiete gem. § 557a BGB und zum anderen die Indexmiete gem. § 557b BGB.

2 Staffelmietverträge sind bereits **nach allgemeinem Zivilrecht grundsätzlich zulässig** (§ 311 Abs. 1 BGB). Auch das Wohnraummietrecht verbietet sie seit 1982 nicht mehr. § 557 a BGB bestimmt, dass solche Vereinbarungen wirksam sind, in denen sich Vermieter und Mieter bereits bei Vertragsschluss oder zu einem späteren Zeitpunkt darauf geeinigt haben, dass die Miete in der Zukunft steigen soll. Der Gesetzgeber wollte insbesondere den gewerblichen Investoren mit dieser Gestaltungsmöglichkeit exaktere Renditekalkulationen ermöglichen. Die allgemeine Mieterhöhungsmöglichkeit des § 558 BGB wurde zum einen wegen der einzuhaltenden Formalien und wegen der nur schwer abzuschätzenden Entwicklung der ortsüblichen Vergleichsmiete als nicht ausreichend angesehen. Staffelmietvereinbarungen können grundsätzlich für beide Mietvertragsparteien Vor- aber auch Nachteile bringen:

1. Für den Mieter:

3

Vorteile	Nachteile
Der Mieter kann hinsichtlich seiner Mietbelastung langfristig kalkulieren.	Die Miethöhe kann über der ortsüblichen Vergleichsmiete liegen.
Die Staffelmietvereinbarung kann mit einem Zeitmietmietvertrag gem. § 575 BGB verbunden werden. Das Kündigungsrecht des Mieters darf dann aber nicht für mehr als 4 Jahre eingeschränkt werden.	Die Kappungsgrenze gilt nicht.
Mieterhöhungen nach allen vier Alternativen des § 559 BGB sind ausgeschlossen.	Der Vermieter kann u. U. Modernisierungen unterlassen, da § 559 BGB nicht anwendbar ist.
Die zukünftigen Staffeln können in Gebieten mit angespannten Wohnungsmärkten nicht zu einer über 10% über der ortsüblichen Vergleichsmiete liegenden Miete führen.	

2. Für die Vermieter:

4

Vorteile	Nachteile
Eine Staffelmietvereinbarung bringt Planungssicherheit. Die Mietsteigerungen stehen für einen längeren Zeitraum in der Zukunft fest.	Es besteht für den Vermieter das Risiko, dass die vereinbarten Mietsteigerungen hinter der tatsächlichen Entwicklung zurückbleiben.
Mieterhöhungen sind in kürzeren Abständen als im Verfahren nach § 558 BGB möglich, da keine Überlegungsfrist abzuwarten ist.	Mieterhöhungen wegen Modernisierung gem. § 559 BGB sind für die Laufzeit der Staffelmietvereinbarung ausgeschlossen und zwar selbst dann, wenn der Vermieter auf Grund gesetzlicher Vorschriften zur Durchführung der Modernisierungen verpflichtet ist.
Mieterhöhungen auf Grund einer Staffelmietvereinbarung können zu Mieten über der ortsüblichen Vergleichsmiete führen.	Die zukünftigen Staffeln können in Gebieten mit angespannten Wohnungsmärkten nicht zu einer über 10% über der ortsüblichen Vergleichsmiete liegenden Miete führen.
	Staffelmietvereinbarungen sind für Vermieter in Gebieten mit angespannten Wohnungsmärkten unkalkulierbarer, weil er nicht weiß, wie sich die ortsübliche Vergleichsmiete in Zukunft entwickeln wird.[1]

5 Die Erwartung des Gesetzgebers von 1982 wurde jedoch nach seiner eigenen Überzeugung nicht erreicht. Staffelmietvereinbarungen wurden in der Praxis in den ersten ca. 10 Jahren von 1982–1993, dem Zeitpunkt des In-Kraft-Tretens des 4. Mietrechtsänderungsgesetzes, nur sehr ein-

[1] *Hinz* ZMR 2014, 593, 600.

geschränkt vereinbart.[2] Der Gesetzgeber hat deshalb 1993 zusätzlich die Möglichkeit der **Vereinbarung von Indexmietverträgen** gem. § 557b BGB geschaffen, weil zum einen selbst nach seiner eigenen Einschätzung die gesetzlichen Erhöhungsvorschriften für beide Mietvertragsparteien nur schwer zu handhaben sind und zum anderen die Möglichkeit der Staffelmietvereinbarung in der Praxis nur beschränkt angenommen worden ist.

II. Übergangsregelungen – In-Kraft-Treten

§ 557a BGB gilt für alle Staffelmietvereinbarungen, die seit dem 1. September 2001 vereinbart 6
wurden. Für vor diesem Termin abgeschlossene Vereinbarungen gilt weiter § 10 Abs. 2 MHG.[3] Dabei kann dahinstehen, ob sich dies unmittelbar aus Art. 11 Mietrechtsreformgesetz (In-Kraft-Treten am 1.9.2001) ergibt oder aus einer entsprechenden Anwendung des Art 170 EGBGB, also der Überleitungsvorschrift zum In-Kraft-Treten des BGB im Jahre 1900.[4] Es kommt auf den Zeitpunkt der Vereinbarung nicht auf den Zeitpunkt des Eintritts der ersten Staffel an. Wegen der Übergangsregelung für Abs. 4 siehe § 556d Rn. 7/8. Unerheblich ist, ob es sich um eine formularvertragliche Vereinbarung oder eine individualvertragliche Vereinbarung handelt. In beiden Fällen ist die Vereinbarung nur insoweit unwirksam, soweit die 10 Jahresfrist überschritten wird. Individualvereinbarungen die vor dem 1.9.2001 vereinbart wurden sind gem. § 134 BGB nur unwirksam, soweit sie mehr als 10 Jahre gelten, bis zu diesem Zeitpunkt sind sie wirksam.[5] Das gilt auch für Formularverträge, da es sich bei der Vereinbarung der Staffelmiete um eine **der Inhaltskontrolle entzogene Preisvereinbarung** gemäß § 307 Abs. 3 Satz 1 BGB und nicht um eine bloße Preisnebenabrede handelt.[6] Es handelt sich um einen wesentlichen Bestandteil des Mietvertrages. Leistungs- und preisbeschreibende Klauseln müssen nur dem Transparenzgebot genügen, § 307 Abs. 3 Satz 2 BGB. Das ist dann der Fall, wenn die Klausel die wirtschaftlichen Belastungen und die Nachteile für die andere Vertragspartei klar erkennen lässt. Bei einer den Anforderungen des früheren § 10 Abs. 2 MHG bzw. nun § 557a BGB genügenden Klausel ist das aber der Fall.[7] Wenn man § 307 BGB auf die Staffelmiete als Preisvereinbarung nicht anwendet, dann bleibt wiederum als Maßstab nur § 134 BGB. Wegen der Übergangsregelung für Abs. 4 siehe § 556d Rn. 7/8.

B. Anwendungsbereich

I. Wohnraummietverhältnisse

Die Vorschrift des § 557a BGB gilt für Wohnraummietverhältnisse, soweit sie nicht ausdrücklich 7
gem. § 549 Abs. 2 und 3 BGB vom Anwendungsbereich ausgeschlossen sind (s. dazu Vor §§ 557–561 Rdn. 19ff.). Die Vorschriften sind – auch nicht entsprechend – auf Gewerberaummietverhältnisse anwendbar.[8] Staffelmietvereinbarungen sind auch bei Zeitmietverträgen zulässig und kommen in der Praxis dort besonders häufig vor.

---

[2] So die Gesetzesbegründung BT-Drucks. 12/3254 S. 8; *Hamm* DWW 1993, 321, 325.

[3] BGH (VIII ZR 23/08) WuM 2009, 117; BGH (VIII ZR 316/03) NZM 2004, 736 = MietPrax-AK § 557a BGB Nr. 3 mit Anm. *Börstinghaus;* BGH (VIII ZR 157/03) NJW 2004, 511 = MietPrax-AK § 557a BGB Nr. 2 mit Anm. *Börstinghaus* LG Berlin GE 2002, 468; *Weitemeyer* in Emmerich/Sonnenschein, Miete, § 557a BGB Rdn. 3.

[4] So LG Berlin GE 2002, 468 unter Berufung auf *Beuermann/Blümmel* Das neue Mietrecht 2001, zu § 557a BGB S. 128 und 409.

[5] BGH (VIII ZR 23/08) WuM 2009, 117 = MietPrax-AK § 557a BGB Nr. 13 mit Anm. *Börstinghaus.*

[6] BGH (VIII ZR 197/11) WuM 2012, 278 = MietPrax-AK, § 557a BGB Nr. 16 mit Anm. *Börstinghaus; ders.* jurisPR-BGHZivilR 8/12 Anm. 3; *Schmid* ZMR 2012, 527; BGH (VIII ZR 140/08) WuM 2009, 587 = MietPrax-AK § 557a BGB Nr. 15 mit Anm. *Börstinghaus.*

[7] **A. A.** wohl *Blank* LMK 2009, 275296: ggf. Verstoß gegen das Transparenzgebot.

[8] BGH (XII ZR 175/02) NZM 2005, 63 = MietPrax-AK § 557a BGB Nr. 4 mit Anm. *Börstinghaus;* soweit *Eckert* in Wolf/Eckert/Ball, 9. Aufl., Rdn. 406 noch die Auffassung vertreten hat, dass § 557a BGB auch in der Gewerberaummiete „als grobe Richtlinie gelten könne, was angemessen ist" hat er diese Auffassung in der 10. Aufl. (2009) Rn 459 ohne Angabe von Gründen aufgegeben.

II. Sonstige Mietverhältnisse

8 Bei den Mietverhältnissen, bei denen § 557a BGB gem. § 549 Abs. 2 und Abs. 3 BGB keine Anwendung findet, ist die Vereinbarung einer Staffelmiete deshalb trotzdem grundsätzlich erlaubt. Lediglich die Beschränkungen des § 557a BGB sind nicht einzuhalten. Insbesondere ist es bei diesen Mietverhältnissen zulässig, kürzere als jährliche Zeiträume zwischen den einzelnen Mietsteigerungen zu vereinbaren. Auch ist ein längerer Kündigungsausschluss möglich.[9] Zu den Besonderheiten beim preisgebundenen Wohnungsbau s. u. Rdn. 11ff.

1. Gewerberaummietverträge

9 Bei Gewerberaummietverträgen sind Staffelmietverträge im Rahmen der Vertragsfreiheit gem. § 311 Abs. 1 BGB grundsätzlich zulässig[10] und auch häufiger als bei Wohnraummietverträgen anzutreffen. Hierzu zählen auch isolierte **Garagenmietverträge.** Zu den Staffelmietvereinbarungen zählt auch hier ein zeitlich gestaffelter Mietnachlass.[11] Anders als bei der Wohnraummiete sind hier auch prozentuale Erhöhungen der Grundmiete zulässig.[12] Strittig ist, ob in der Gewerberaummiete anders als in der Wohnraummiete eine Staffelmiete zusätzlich noch indexiert werden kann.[13] Zu beachten ist aber auf jeden Fall § 8 PrKlG wonach die Vereinbarung bis zur rechtskräftigen Feststellung der Unwirksamkeit durch ein Gericht auf jeden Fall wirksam wäre. Zulässig ist auch eine Indexmiete im Anschluss an eine Staffelmietvereinbarung.[14]

2. Mischmietverhältnisse

10 Bei Mischmietverhältnissen kommt zunächst die Anwendung des § 557a BGB entweder auf den ganzen Vertrag oder gar nicht in Betracht. Eine Aufspaltung des Vertrages in einen wohnungsmietrechtlichen Teil, auf den die Beschränkungen des § 557a BGB anzuwenden sind und in einen Teil, der frei von diesen Beschränkungen ist, ist nicht möglich. Das Mietverhältnis muss einheitlich beurteilt werden.[15] Im Zweifel gilt Wohnraummietrecht.[16] Dies hat insbesondere Bedeutung für kombinierte Wohnungs- und Garagenmietverträge, da hier i. d. R. ein einheitlicher Wohnungsmietvertrag vorliegt, oder für Mietverträge, in denen die Mieter auch eine gewerbliche Tätigkeit in der Wohnung gestattet wurde.[17]

3. Preisgebundener Wohnungsbau

11 Auch im **preisgebundenen Wohnungsbau**[18] ist die Vereinbarung einer Staffelmiete gem. § 557a BGB grundsätzlich zulässig (§ 311 Abs. 1 BGB).[19] Weder das BGB (für preisfreie Wohnungen) noch das in den Bundesländern, die keine eigenen landesgesetzlichen Regelungen erlassen haben (Vor § 557 BGB Rdn. 35) WoBindG oder die neuen landesgesetzlichen Regelungen verbieten sie. § 549 Abs. 2 und 3 BGB enthalten keinen Ausschlusstatbestand. Zukünftige Steigerungen der Miete wegen Anhebung der Mietobergrenzen können nur unter den Voraussetzungen der

---

[9] BGH (XII ZR 175/02) NZM 2005, 63.

[10] Dazu *Kunze/Tietzsch* Miethöhe, I, 50ff.

[11] OLG München WuM 1991, 351.

[12] *Bartholomäi* in Lindner-Figura/Oprée/Stellmann, Geschäftsraummiete, Kap. 10 Rdn. 116.

[13] **Dafür** *Schulz* Gewerberaummiete, 3. Aufl., 2007, S. 139f.; unter Aufgabe seiner früher vertretenen anderen Auffassung in NZM 2000, 1135, 1141; *Bartholomäi* in Lindner-Figura/Oprée/Stellmann, Gewerberaummiete, Kap. 10 Rdn. 118; *Aufderhaar/Jaeger* NZM 2009, 564, 570; unter engen Voraussetzungen: OLG Brandenburg NZM 2009, 860 = NJW 2010, 876; **dagegen:** *Neuhaus* Hdb der Geschäftsraummiete, Kap. 11 Rdn. 129 („Monsterklausel"); *Usinger* NZM 2009, 297, 298.

[14] *Usinger* NZM 2009, 297, 299 mit Formulierungsvorschlägen.

[15] Dazu Vor § 535 BGB Rdn. 95 und Vor § 557 Rdn. 25.

[16] BGH (VIII ZR 376/13) NZM 2014, 626 = NJW 2014, 2864 unter Aufgabe der früheren Abgrenzungskriterien aus BGH (VIII ZR 60/85) NJW-RR 1986, 877; KG ZMR 2010, 956; OLG Köln ZMR 2007, 114; WuM 1987, 377; *Lammel* § 535 BGB Rdn. 107; *Kunze/Tietzsch* Miethöhe, I Rdn. 7; Bub/Treier/*Schultz* Kap. III. A Rdn. 983; zur rechtlichen Behandlung von Mischmietverhältnissen, insb. in der höchst- und obergerichtlichen Rspr., auch *Lehmann-Richter* MietRB 2011, 84; *Bühler* ZMR 2010, 897; *Grützmacher* ZMR 2014, 953.

[17] BGH (VIII ZR 376/13) NZM 2014, 626.

[18] Zum Begriff dieses Wohnungsbestandes s. Vor §§ 557–561 BGB Rdn. 34ff.

[19] OLG Hamm RE v. 29.1.1993, WuM 1993, 108; LG Berlin GE 2003, 809, NJW-RR 1991, 1040; mit Bedenken auch *Artz* in MünchKomm § 557a BGB Rdn. 4.

§§ 557a und 557b BGB vereinbart werden. Allein die Veröffentlichung höherer Mietobergrenzen führt zu keiner Mieterhöhung.[20]

Restriktionen ergeben sich aber aus dem Zweck der Gesetze, für Mieterhöhungen bestimmte Modalitäten und insbesondere bestimmte Obergrenzen festzulegen, nämlich die Kostenmiete gemäß § 8 Abs. 1 WoBindG. Nicht erlaubt sind gem. § 8 Abs. 2 und § 10 Abs. 1 Satz 2 ff. WoBindG Vereinbarungen, die – auf welche Weise auch immer, unter anderem z. B. durch eine Mietstaffelung – dem Vermieter die Beachtung dieser Erhöhungsmodalitäten und insbesondere die Einhaltung dieser Obergrenze ersparen. Deshalb muss unterschieden werden zwischen folgenden **drei Fallgestaltungen:** 12

a) Die höchste vereinbarte Staffel bleibt unter der zulässigen Kostenmiete zum Zeitpunkt der Vereinbarungen der Staffelmiete: 13

Eine solche Vereinbarung steht in keinerlei Widerspruch zu den Vorschriften und den Zwecken des Wohnungsbindungsgesetzes, das die Kostenmiete nur als Höchst-, nicht zugleich als Mindestbetrag der Miete festlegte. In diesem Fall wäre es nach dem WoBindG auch zulässig gewesen, statt der Staffel gleich deren Höchstbetrag zu vereinbaren. Deshalb können die Parteien natürlich auch, ob gestaffelt oder nicht, niedrigere Beträge vereinbaren.[21] In diesem Fall besteht auch keine größere Gefahr, dass die preisrechtlich zulässige Kostenmiete im Lauf der Zeit unter den vereinbarten Höchstbetrag sinkt, als dies bei der üblichen und zulässigen Einigung auf die zur Zeit des Vertragsschlusses gültige Kostenmiete der Fall ist. Auch insofern verschlechtert die Mietstaffelung also nicht die Mieterposition, die bei so einer Kostensenkung durch § 8a Abs. 3 Satz 1 in Verbindung mit §§ 8 Abs. 1, 8a Abs. 1 Satz 1 WoBindG und § 5 NMV ausreichend geschützt ist.

b) Die Parteien vereinbaren eine Staffelmiete, deren **höchste Staffel** die zum Zeitpunkt der Vereinbarung zulässige Kostenmiete **übersteigt:** 14

Eine solche Vereinbarung ist unwirksam.[22] Die bloße Möglichkeit, dass im Lauf der Zeit auch die Kostenmiete sich erhöhen wird – und die Tatsache, dass andernfalls der Mieter den Überschreitungsbetrag gem. § 8 Abs. 2 WoBindG nicht schuldet, rechtfertigt es noch nicht, dem Vermieter die Erhöhungsformalien nach § 10 Abs. 1 WoBindG und die Wirkungsbeschränkungen nach § 10 Abs. 2 WoBindG zu ersparen.[23]

Für die Ermittlung und Änderung der Kostenmiete gelten in einem solchen Fall nach § 88b Abs. 3 des II. WoBauG[24] die Bestimmungen des § 72 Abs. 1 und 2 des II. WoBauG, der §§ 8a–11 des WoBindG sowie die Vorschriften der NMV. Danach kann der Vermieter eine höhere Kostenmiete nur durch eine Mieterhöhungserklärung gemäß der Vorschrift des § 10 Abs. 1 WoBindG, der nach § 4 Abs. 8 NMV auch bei Vereinbarung der zulässigen Miete gilt, durchsetzen. Dass die Termine und die Höhe der Mieterhöhung bereits bei Vertragsschluss feststehen, ändert an dem Erfordernis einer den Formvorschriften des § 10 Abs. 1 des WoBindG entsprechenden Erhöhungserklärung nichts.[25] Sinn und Zweck des § 10 Abs. 1 WoBindG bestehen darin, es dem Mieter zu ermöglichen, anhand der der Berechnung der Kostenmiete beizufügenden Unterlagen die Berechtigung des Erhöhungsverlangens nachzuprüfen. Hierfür besteht auch dann ein Bedürfnis, wenn eine Mieterhöhung entsprechend der degressiven Förderung schon im Mietvertrag vorgesehen ist, zumal die zulässige Kostenmiete nicht allein von der Höhe der öffentlichen Zuschüsse abhängt. 15

c) Die Parteien vereinbaren eine **Staffelmiete, die erst nach Ablauf der Preisbindung gelten soll:** 16

Grundsätzlich ist auch hier eine Staffelmiete zulässig.[26] Problematisch ist eine solche Vereinbarung dann, wenn im Mietvertrag zunächst die zulässige Kostenmiete vereinbart wurde und für die Zeit nach Ablauf der Preisbindung eine höhere Miete, die nicht noch weiter steigen soll.[27] Eine

---

20 LG Berlin MM 2008, 298.

21 OLG Hamm RE v. 29.1.1993, WuM 1993, 108; LG Landau WuM 1989, 332.

22 LG Berlin GE 2007, 719 mit Anm. *Emmert* WuM 2007, 498; *Kossmann/Meyer-Abich,* Hdb. d. Wohnraummiete, § 142 Rdn. 30.

23 OLG Hamm RE v. 29.1.1993, WuM 1993, 108; LG Landau WuM 1989, 332.

24 Obwohl das II. WoBauG durch das WoFG zum 1.1.2002 aufgehoben wurde, gilt die Vorschrift gem. § 48 WoFG zum Teil weiter.

25 *Sternel* Mietrecht, III, 427 und III, 886.

26 BGH (VIII ZR 157/03) NZM 2004, 135; Bub/Treier/*Schultz* Kap. III A. Rdn. 745 und 936; *Artz* in MünchKomm § 557a BGB Rdn. 4.

27 OLG Stuttgart NJW-RR 1989, 1357; dafür aber LG Berlin NJW-RR 1991, 1040, GE 1995, 701; AG Tiergarten GE 1996, 267.

solche Vereinbarung ist unwirksam.[28] Es handelt sich um eine Staffelmiete, da schon die Vereinbarung einer einzigen Steigerung nach Vertragsschluss eine Staffelmietvereinbarung darstellt.[29]

17 Die Unwirksamkeit ergibt sich daraus, dass die entweder weiter geltenden Vorschriften des WoBindG[30] oder die landesgesetzlichen Nachfolgevorschriften für die Zeit der Preisbindung **lex spezialis** im Verhältnis zu den §§ 557–561 BGB sind.[31] Zum Zeitpunkt der Mietpreisvereinbarung gehen die Vorschriften des preisgebundenen Wohnungsbaus den § 557ff. BGB vor. Auch der **Zweck der Vorschrift** spricht gegen die Zulässigkeit einer Staffelmietvereinbarung für die Zeit nach Ende der Preisbindung.[32] Der Gesetzgeber wollte dadurch, dass er Staffelmietvereinbarungen zuließ, die **Rahmenbedingungen des freifinanzierten Wohnungsbaus** verbessern, indem er insbesondere für gewerbsmäßige Investoren einen Anreiz schuf, der die Investitionsentscheidung für den Neubau erleichtern sollte.[33] Dieser Zweck bezog sich also nur auf die Förderung des freifinanzierten Wohnungsbaus. Für den öffentlich geförderten Wohnungsbau bedient sich der Staat durch immer neue Förderprogramme eines eigenen Instrumentariums, um Investoren zu motivieren. Auch der **Zweck der Kappungsgrenze** spricht gegen die Zulässigkeit.[34] Die Kappungsgrenze macht ordnungspolitisch nur Sinn bei den ehemaligen Sozialwohnungen. Mieten von Wohnungen, die aus der Preisbindung fallen, können gem. § 558 BGB erhöht werden. Damit die Anpassung hier nicht zu großen Mietsprüngen führt ist die Erhöhung auf 20% in drei Jahren beschränkt. Bei der Zulässigkeit von Staffelmietvereinbarungen wird diese Schutzvorschrift umgangen. Hier können sowohl die erste Mieterhöhung nach Ende der Preisbindung wie auch alle folgenden Erhöhungen jeweils oder zusammen zu einer Erhöhung um mehr als 20% in drei Jahren führen. Und zuletzt spricht gegen die Wirksamkeit einer solchen Vereinbarung auch **die Gesetzessystematik.** Die Vorschrift des § 557a BGB ist als Ausnahmevorschrift zum Verbot, für den Mieter rechtlich nachteilige Vereinbarungen über die Miethöhe zu treffen, § 557 Abs. 4 BGB, geschaffen. Endet die Preisbindung so kann der Vermieter von diesem Augenblick an die Miete nach den Vorschriften der §§ 558–560 BGB erhöhen. Das bedeutet, dass er nur dann einen Anspruch auf Zustimmung zu einer Mieterhöhung gegenüber dem Mieter hat, wenn die verlangte Miete die ortsübliche Vergleichsmiete nicht übersteigt und die Kappungsgrenze eingehalten wurde. Gerade weil die Berechnungs- und Verfahrensmodalitäten für den preisgebundenen und den preisfreien Wohnungsbau so unterschiedlich sind, bedeutet der Wechsel der Berechnungsart auch, dass vollständig auf das neue System umgestellt werden muss. Die Vereinbarung einer Staffelmiete noch unter Geltung der Kostenmiete auch wenn dies erst für die Zeit nach Ablauf der Preisbindung erfolgt, widerspricht dieser Systematik. Die Kostenmiete wird in den seltensten Fällen der ortsüblichen Vergleichsmiete entsprechen, auch wenn sie häufig gerade noch bei älterem Wohnungsbestand niedriger ist, muss dies nicht der Fall sein. Für bestimmte Förderjahrgänge ist die Kostenmiete höher als die ortsübliche Vergleichsmiete. Über diese Situation müssen die Parteien sich erst nach Ende der Preisbindung Klarheit verschaffen, bevor sie eine Regelung treffen. Selbstverständlich können die Parteien nach Ablauf der Preisbindung eine Staffelmietvereinbarung im Rahmen einer Mietabänderungsvereinbarung treffen.

Wenn man mit der BGH Rechtsprechung eine solche Staffelmiete, die erst nach Ablauf der Preisbindung wirksam wird, zulässt, dann sind aber während der Laufzeit der Staffelmietvereinbarung analog § 557a Abs. 2 Satz 2 BGB **Kostenmieterhöhungen ausgeschlossen.** Die Vorschrift schließt zwar ausdrücklich nur die Mieterhöhungen gem. § 558–559b BGB aus, sie ist aber wegen der planwidrigen Regelungslücke auch auf Kostenmieterhöhungen entsprechend anzuwenden.

---

[28] LG Hamburg WuM 1997, 331; AG Hamburg-Harburg ZMR 2015, 861; *Sternel* Mietrecht aktuell (2009), IV, 20; *Beuermann* GE 1994, 484; Bub/Treier/*Schultz* Kap. III A Rdn. 1882; **a. A.** BGH (VIII ZR 157/03) NZM 2004, 135 = MietPrax-AK § 557a BGB Nr. 2 mit Anm. *Börstinghaus,* Vorinstanz: LG Berlin GE 2003, 809, NJW-RR 1991, 1040, GE 1995, 701, MM 1989, 85; AG Tiergarten GE 1996, 267; *Kinne* in Kinne/Schach/Bieber, Miet- und Mietprozessrecht, § 557a BGB Rdn. 8.

[29] BGH (VIII ZR 218/04) NZM 2006, 12, 14MietPrax-AK; AG Rheinbach WuM 1987, 362; *Sternel* Mietrecht, III, 427; s. unten Rdn. 45.

[30] S. dazu Vor § 557 BGB Rdn. 35ff.

[31] So auch BGH (VIII ZR 371/04) NZM 2005, 737= NJW 2005, 3135 zum Verhältnis des Einwendungsausschlusses bei der Betriebskostenabrechnung in § 556 Abs. 3 Satz 5 BGB und § 20 Abs. 3 NMV 1970.

[32] **A. A.** BGH (VIII ZR 157/03) NZM 2004, 135 = MietPrax-AK § 557a BGB Nr. 2 mit Anm. *Börstinghaus.*

[33] Diese Erwartung hat sich aber nach Einschätzung der Bundesregierung nicht erfüllt: BT-Drucks. 12/3254 S. 8.

[34] *Sternel* Mietrecht aktuell (2009), IV, 20.

Der Regelung ist zu entnehmen, dass der Gesetzgeber während der Laufzeit von Staffelmietvereinbarungen andere Mieterhöhungen vollständig ausschließen wollte.

d) Unzulässig sind alle Vereinbarungen, die kein genaues Datum enthalten, sondern den Eintritt der Staffel vom Eintritt der Preisfreiheit abhängig machen. Das ist nicht „bestimmt" i. S. d. Gesetzes.[35] 17a

e) Vereinbarte Förderung: Sind dem Vermieter oder seinem Rechtsvorgänger Fördermittel nach den § 88d Abs. 3 II. WoBauG bewilligt worden, dann handelt es sich nicht um preisgebundenen Wohnraum, so dass eine Staffelmiete zulässig vereinbart werden kann.[36] 18

f) Rechtslage nach dem Wohnraumförderungsgesetz vom 13. 9. 2001[37]**:** Das Gesetz galt für alle Förderungen ab dem 1. 1. 2002 und hat das alte Wohnungsbaurecht ersetzt.[38] Nach Übertragung der ausschließlichen Gesetzgebungszuständigkeit für den Bereich des Wohnraumförderung durch das Gesetz zur Überleitung der sozialen Wohnraumförderung auf die Länder – Wohnraumförderungs-Überleitungsgesetz (WoFÜG)[39] im Rahmen der Föderalismusreform[40] auf die Länder zum 1. 9. 2006 haben einige Bundesländer abweichende Regelungen erlassen.[41] Soweit keine abweichende landesgesetzliche Regelung getroffen wurde, gilt das WoFG gem. Art. 125a GG in den übrigen Bundesländern weiter. Das Gesetz ordnet nicht mehr eine bestimmte Fördermethode an. Stattdessen legen die Länder im Rahmen des Gesetzes die Fördervoraussetzungen fest. Dies kann durch Förderprogramme oder -richtlinien erfolgen. Möglich ist auch eine landesgesetzliche Regelung. Die Förderung im Einzelfall wird geregelt in der Förderzusage gem. § 13 WoFG. In dieser werden alle maßgeblichen Bestimmungen festgelegt. Die Förderzusage erfolgt öffentlich-rechtlich durch Verwaltungsakt oder durch öffentlich-rechtlichen Vertrag. In der Förderzusage wird eine höchstzulässige Miete bestimmt. Möglich ist dies auch für Mieterhöhungen nach Modernisierung. Diese höchstzulässige Miete ist aber nur eine Obergrenze. Die Mieterhöhung selber erfolgt nach den Vorschriften des BGB. Innerhalb der Grenzen dieser höchstzulässigen Miete ist der Abschluss einer Staffelmietvereinbarung zulässig. Lediglich von der Förderzusage abweichende Vereinbarungen sind gem. § 28 Abs. 6 WoFG unwirksam. Möglich ist aber in der Förderzusage bereits Mietstaffeln festzusetzen. Insofern ist das neue System flexibler als das alte. 19

III. Umgekehrte Staffelmiete

Unter einer umgekehrten Staffelmiete versteht man eine Vereinbarung, auf Grund derer der Vermieter verpflichtet ist, auf den vereinbarten Mietpreis einen im Lauf der Mietzeit geringer werdenden Nachlass zu gewähren. 20

Beispiel: Die Mietvertragsparteien haben eine Miete von 800 € vereinbart, der Vermieter gewährt dem Mieter im ersten Jahr einen Nachlass von 200 €, im zweiten Jahr einen Nachlass von 100 € und im dritten Jahr von 50 €.

Auf eine solche Vereinbarung ist § 557a BGB ebenfalls anwendbar.[42] Die Abstände zwischen den faktischen Mieterhöhungen müssen also mindestens ein Jahr betragen. Das Kündigungsrecht des Mieters darf für nicht mehr als 4 Jahre ausgeschlossen werden. Auch die §§ 556d ff. BGB sind auf eine umgekehrte Staffelmiete anwendbar. Es muss also für jede einzelne Staffel ermittelt werden, ob diese gem. § 556g Abs. 1 BGB unwirksam ist.

Bedeutung hat die umgekehrte Staffelmiete z. B. bei der Vereinbarung von Mieterhöhungen im Zusammenhang mit Modernisierungsmaßnahmen. Hier werden wegen einer **degressiven Förderung** des Vermieters teilweise Staffelmieten oder umgekehrte Staffelmieten vereinbart. Auch dies ist nur unter den Voraussetzungen des § 557a BGB zulässig. Die Beschränkungen gelten aber dann nicht, wenn die zeitweise Mietsenkung auf anderen Umständen beruht, z. B. auf einer degressiven 20a

---

35 OLG Stuttgart NJW-RR 1989, 1357; LG Hamburg WuM 1997, 331.

36 LG Berlin GE 2002, 468; wohl auch LG Freiburg WuM 2003, 696 mit abl. Anm. *Harsch;* **a. A.** auch AG Hamburg-St. Georg WuM 2010, 37.

37 BGBl. I S. 2376.

38 Dazu *Söfker* WuM 2002, 291; *Hannig* NZM 2001, 831.

39 Art. 6 des Föderalismusreformbegleitgesetzes vom 5. 9. 2006 (BGBl. I 2098, 2100).

40 Gesetz zur Änderung des Grundgesetzes vom 28. 8. 2006 (BGBl. I S. 2034).

41 S. Vor § 557 BGB Rdn. 35 ff.

42 *Weitemeyer* in Emmerich/Sonnenschein, Miete, § 557a BGB Rd. 5; **a. A.** *Beuermann* GE 2015, 626 unter fälschlicher Berufung auf BGH (VIII ZR 41/03) NZM 2004, 136.

Anrechnung eines Mieterdarlehens. Auch die Gewährung eines Mietnachlasses im Rahmen von Gewährleistungsansprüchen fällt nicht darunter, wenn die Parteien also eine im Rahmen des § 536 Abs. 4 BGB wirksame Vereinbarung über die geminderte Miete getroffen haben.

Beispiel: Im Rahmen eines größeren Bauvorhabens am Mietobjekt vereinbaren die Mietvertragsparteien gem. § 555f BGB, dass für die Zeit der Kernbohrungen im Haus zeitanteilig keine Miete, für die Zeit der Stemmarbeiten eine Miete von 50% und für die Zeit der Fassadensanierung von 66% zu zahlen ist.

Hier muss die Jahresfrist zwischen den einzelnen Veränderungen der Miete nicht abgewartet werden. Sinn und Zweck des § 557a BGB sprechen gegen eine Anwendung des Gesetzes auf diesen Fall. Maßstab kann hier nur § 536 Abs. 4 BGB sein. Verlangt der Vermieter nach einer Modernisierungsmaßnahme nicht die maximal mögliche Mieterhöhung zum nächsten Termin, sondern staffelt er die grundsätzlich mögliche Mieterhöhung, indem er die Erhöhung zu mehren Terminen verlangt, handelt es sich ebenfalls um **keine Staffelmiete** (dazu § 559b BGB Rdn. 43). Unwirksam ist jedoch ein mietvertraglich vereinbarter **widerruflicher Mietverzicht,** der es dem Vermieter gestatten soll durch Ausübung eines Gestaltungsrechts (Widerruf) die Miete zu erhöhen.[43]

C. Wirksamkeitsvoraussetzungen der Staffelmietvereinbarung

I. Abschluss und Schriftform

21 Die Vereinbarung einer Staffelmiete muss nach dem ausdrücklichen Wortlaut des § 557a Abs. 1 Hs. 1 BGB **schriftlich** erfolgen. Der Schutzzweck der Norm besteht vor allem darin, die Mietvertragsparteien vor unüberlegten langfristigen Festlegungen zu schützen (Warnfunktion).[44] Daneben dient die Schriftform auch der Beweissicherung insbesondere auch bei Eigentümerwechseln und dem damit gem. § 566 BGB verbundenen Vertragsübergang.[45] Eine Staffelmietvereinbarung ist auch dann wirksam abgeschlossen worden, wenn nach Beginn des Mietverhältnisses schriftlich die wesentlichen Elemente gem. § 557a BGB festgehalten wurden. Eine feste Verbindung mit dem Mietvertrag ist für die Wirksamkeit der Staffelmietvereinbarung nicht erforderlich (s. Rdn. 23).[46] Die Schriftform ist gewahrt, wenn die unterschiedlichen Mieten oder die Erhöhungsbeträge und das jeweilige Fälligkeitsdatum sich aus der Urkunde ergeben.[47] Mehr ist nicht erforderlich. Haben die Parteien wegen wirtschaftlicher Schwierigkeiten des Mieters **mündlich** vereinbart, dass ein oder zwei Staffelerhöhungen nicht wirksam werden sollen, ändert das an der formellen Wirksamkeit der Staffelmietvereinbarung im Übrigen nichts.[48] Eine Staffelmietvereinbarung kann durch **Formularvertrag** vereinbart werden.[49] Dies bezieht sich aber nur auf die Fristen und sonstigen Regelungen, nicht auf die jeweilige Miete, da es sich bei der Vereinbarung des Preises um eine Individualvereinbarung handelt. Die Schriftform der Staffelmietvereinbarung muss auch dann eingehalten werden, wenn der Mietvertrag selbst gem. § 550 BGB nicht der Schriftform unterliegt.[50] Für die Aufhebung der Staffelmietvereinbarung gilt das Schriftformerfordernis aber nicht.[51]

22 Für die Schriftform gilt § 126 BGB. Möglich ist auch der Abschluss in **elektronischer Form** gem. § 126a BGB (s. Rdn. 25).[52] Es ist jedoch nicht zulässig, eine Staffelmiete in einer nur die **Textform** gem. § 126b BGB genügenden Form abzuschließen.[53] Schriftlich bedeutet daher, dass die Urkunde von beiden Vertragspartnern oder ihren Vertretern eigenhändig durch Namensunterschrift unterzeichnet sein muss. Die Schriftform ist aber auch dann schon gewahrt, wenn das Angebot auf Abschluss einer Staffelmietvereinbarung in einem unterzeichneten Schreiben der einen Partei niedergelegt ist, das die andere Partei mit oder ohne einen das uneingeschränkte Einverständnis

---

[43] BGH (VIII ZR 41/03) NZM 2004, 136 = MietPrax-AK § 557 BGB Nr. 1 mit Anm. *Börstinghaus.*
[44] *Sternel* Mietrecht, III, 434.
[45] Zu den verschiedenen Schutzzwecken der Schriftform gem. § 550 BGB: BGH (XII ZR 120/06) NJW 2010, 1518; BGH (XII ZR 69/06) NJW 2008, 2178.
[46] LG Berlin GE 1998, 857.
[47] BGH (VIII ZR 23/08) WuM 2009, 117.
[48] LG Berlin ZMR 2016, 949; **a. A.** LG Berlin MM 2004, 374.
[49] *Artz* in MünchKomm § 557a BGB Rdn. 5.
[50] *Both* in Herrlein/Kandelhard § 557b BGB Rdn. 20; *Mankowski* ZMR 2002, 481, 484.
[51] LG Osnabrück DWW 2004, 152.
[52] *Einsele* GS für Sonnenschein, S. 117.
[53] *Mankowski* ZMR 2002, 481, 484.

erklärenden Zusatz ihrerseits unterzeichnet hat.[54] Der nochmaligen Unterzeichnung durch die eine Partei unterhalb der Gegenzeichnung der anderen bedarf es entgegen der älteren Rechtsprechung des Reichsgerichts[55] heute nicht mehr. Es müssen **alle Vertragspartner** unterschreiben. Ist im Mietvertrag als Vermieter eine Erbengemeinschaft benannt[56], sind im Zweifel alle Erben Vermieter und müssen den Vertrag unterzeichnen oder sich vertreten lassen.[57] Wegen der Einzelheiten zur Schriftform s. § 550 BGB.

Besteht die Staffelmietvereinbarung aus mehreren Blättern, so muss nicht zwingend eine **feste Verbindung** der verschiedenen Blätter erfolgen. Zwar bedeutet Schriftform grundsätzlich, dass die Urkunde eine Einheit bilden muss, jedoch verlangen weder der Sprachgebrauch noch Sinn und Zweck des Gesetzes, dass die einzelnen Seiten fest mit einander verbunden sind. § 126 BGB verlangt keine körperliche Verbindung der einzelnen Blätter der Urkunde, wenn sich deren Einheit aus fortlaufender Paginierung, fortlaufender Nummerierung der einzelnen Bestimmungen, einheitlicher graphischer Gestaltung, inhaltlichem Zusammenhang des Textes oder vergleichbarer Merkmale zweifelsfrei ergibt.[58] Diese Grundsätze gelten nicht nur für Staffelmietvereinbarungen, die bereits bei Abschluss des Mietvertrages getroffen wurden sondern auch für solche, die im Laufe des Mietverhältnisses vereinbart wurden.[59] Nicht erforderlich ist ebenfalls, dass die Staffelmietvereinbarung mit dem Mietvertrag eine einheitliche Urkunde bildet. Lediglich in den Fällen, in denen der Mietvertrag wegen § 550 BGB der Schriftform bedarf[60] ist es für die Einhaltung der Schriftform des Mietvertrages ggf. erforderlich, dass eine einheitliche Urkunde vorliegt. Formfehler in diesem Zusammenhang haben aber keine Auswirkungen auf die Wirksamkeit der Staffelmietvereinbarung (wenn diese für sich allein die Schriftform erfüllt), sondern nur auf die Befristung des Vertrages. **23**

Die Staffelmietvereinbarung kann grds auch durch einen **Stellvertreter** abgeschlossen werden. Fraglich ist aber häufig, ob sich in den Fällen, in denen die Staffelmietvereinbarung erst später abgeschlossen wird (s. dazu u. Rdn. 30), die Vertretungsmacht bei einem Mietvertrag mit mehreren Mietern aus einer formularmäßigen **Vollmachtsklausel** ergeben kann.[61] Solche Klauseln sind nämlich häufig unwirksam, wenn sie auch Willenserklärungen mit wesentlicher Bedeutung für das Mietverhältnis betreffen.[62] Zu den Willenserklärungen mit wesentlicher Bedeutung gehören aber alle Vereinbarungen über den Bestand des Mietverhältnisses und über die Miethöhe.[63] Hier kommt es entscheidend auf den Wortlaut der Vollmachtsklausel an, also zum einen, ob sie überhaupt zum Abschluss solcher Vereinbarungen ermächtigt und zum anderen, ob sie insgesamt wirksam ist. Wenn ein Vertreter handelt muss dies offenkundig i. S. d. § 164 Abs. 2 BGB sein, wobei sich die Frage, ob sich auch das Vertretungsverhältnis aus der Urkunde selbst ergeben muss nach der Rechtsform des Vertretenen und der Person des Vertreters richtet.[64] Bei der Vertretung einer GbR durch einen von mehreren Gesellschaftern ist zur Wahrung der Schriftform zumindest ein die Stellvertretung verdeutlichender Zusatz in der Urkunde erforderlich.[65] **24**

Möglich ist auch der Abschluss einer Staffelmietvereinbarung **in elektronischer Form** gem. § 126a BGB. Die Ersetzbarkeit der Schriftform durch die elektronische Form erfolgte auf Grund europarechtlicher Vorgaben[66] und soll der umfassenden Nutzung der modernen Informations- und **25**

---

[54] BGH (XII ZR 68/02) NJW 2004, 2962.

[55] RGZ 105, 60, 62.

[56] Die Angabe „Erbengemeinschaft nach" und Angabe des Vor- und Nachnamens genügt als Bezeichnung der Vermieterin um die Schriftform gem. § 550 BGB einzuhalten. Die Bestimmbarkeit der Partei reicht aus: BGH (VIII ZR 298/14) FamRZ 2015, 226 = MietPrax-AK, § 550 BGB Nr. 39 m. Anm. *Börstinghaus.*

[57] LG Hamburg ZMR 2013, 349.

[58] BGH NJW 1998, 58 = NZM 1998, 25 mit Anm. *Sternel* MDR 1998, 33; *Lindner-Figura* NJW 1998, 731; *Lenz/Schlößer* MDR 1998, 1; *Kinne* GE 1998, 218; *Franke* ZMR 1998, 529; *Schneider* ZAP F. 13, S. 713; *Repgen* DWW 1999, 47; BGH NZM 1999, 310 mit Anm. *Schultz* NZM 1999, 298; OLG Dresden WuM 1998, 142, 143; LG München WuM 1994, 335; s. auch § 550 BGB.

[59] Hierzu *Lindner-Figura* MDR 1997, 209.

[60] Ob das heute überhaupt noch so ist, ist strittig; s. dazu § 550 BGB Rdn. 7f. und § 557 BGB Fn. 4.

[61] Dafür *Sternel* Mietrecht, III, 434; *ders.* MDR 1983, 361.

[62] OLG Celle WuM 1990, 103.

[63] Zu solchen Klauseln: AGB-Klauselwerke/*Drettmann* Wohnraummiete (2015) Rdn. 5ff.

[64] BGH (XII ZR 121/05) NJW 2007, 3346, (XII ZR 132/03) NJW 2005, 2225, (XII 134/02) NJW 2004, 1103, (LwZR 4/01) NJW 2002, 1194, NJW 1994, 1649; RGZ 80, 400; OLG Rostock NZM 2001, 46; *Förschler* in MünchKomm § 126 BGB Rdn. 21; *Both* in Herrlein/Kandelhard § 550 BGB, Rdn. 312.

[65] BGH (XII ZR 65/02) NZM 2003, 801; AG Pinneberg ZMR 2008, 468.

[66] ABl. EG 2000 L 13 S. 12 und ABl. EG 2000 L 178 S. 1.

Kommunikationstechnologie dienen. Erforderlich ist eine **qualifizierte elektronische Signatur** gem. § 2 Nr. 3 SigG, und zwar sowohl durch den Mieter wie durch den Vermieter.[67]

26 Die **mündliche Vereinbarung** einer Staffelmiete ist genauso wenig möglich wie die Vereinbarung durch **konkludentes Verhalten,** z. B. vorbehaltlose Zahlung von Erhöhungsbeträgen.[68] Solche Staffelmietvereinbarungen sind gem. § 125 BGB nichtig.[69] Die Parteien können auf die Schriftform nicht verzichten. Die mangelnde Schriftform kann auch nicht durch eine salvatorische Klausel geheilt werden.[70] Die Nichtigkeit bezieht sich entsprechend dem oben dargestellten Schutzzweck der Norm aber nur auf die Staffelmietvereinbarung und nicht auf den gesamten Mietvertrag.[71] Die Vorschrift des § 550 BGB ist auf die Staffelmietvereinbarung nicht anwendbar[72], sie kann aber bei einer gleichzeitig formunwirksam vereinbarten Befristung des Mietvertrages zur Anwendung kommen, so dass ein unbefristetes Mietverhältnis ohne Staffelmietvereinbarung vorliegt. In Einzelfällen kann in einer formunwirksamen Staffelmietvereinbarung aber eine Mietabänderungsvereinbarung zu sehen sein. Allein in der Zahlung auf eine unwirksame Staffelmietvereinbarung liegt aber noch keine Mietabänderungsvereinbarung i. S. d. § 557 Abs. 1 BGB.[73] Dadurch wird die Miete allenfalls einmalig natürlich auch mit Wirkung für die Zukunft angehoben, ohne dass damit weitere zukünftige Anhebungen wirksam vereinbart worden wären.

27 Staffelmietvereinbarungen können sowohl bei **Mietverträgen auf unbestimmte Zeit** wie auch bei befristeten Mietverträgen **(Zeitmietvertrag)** gem. § 575 BGB abgeschlossen werden. Allein der Abschluss einer Staffelmietvereinbarung führt noch nicht zu einer Befristung des Mietverhältnisses.[74] Dies ergibt sich aus § 557a Abs. 3 BGB, wonach das Kündigungsrecht des Mieters für nicht mehr als 4 Jahre ausgeschlossen werden darf. Daraus folgt im Umkehrschluss, dass das Kündigungsrecht, und zwar sowohl des Mieters wie auch des Vermieters, auch gar nicht eingeschränkt werden kann. Die Möglichkeit für den Mieter, das Mietverhältnis nach spätestens 4 Jahren zu kündigen, hat aber Vorrang vor anderweitigen Vereinbarungen.

II. Widerrufsmöglichkeit

28 Die auf Abschluss einer Mietabänderungsvereinbarung gerichtete Willenserklärung kann unter Umständen widerrufen werden. Dies ist dann der Fall, wenn es sich um einen sog. **Verbrauchervertrag i. S. d. § 312 BGB** handelt, der gem. § 312b BGB außerhalb der Geschäftsräume des Vermieters (dazu Vor § 535 BGB Rdn. 75ff.) oder als Fernabsatzvertrag gem. § 312c BGB geschlossen wurde.[75] Die Darlegungs- und Beweislast für die ausschließliche Verwendung von Fernkommunikationsmitteln beim Vertragsschluss trägt nach allgemeinen Grundsätzen der Verbraucher. Soweit die ausschließliche Verwendung von Fernkommunikationsmitteln beim Vertragsschluss feststeht, hat der Unternehmer darzulegen und gegebenenfalls zu beweisen, dass dem Vertragsschluss ein persönlicher Kontakt vorausgegangen ist, oder dass der Vertrag nicht im Rahmen eines für den Fernabsatz organisierten Vertriebs- oder Dienstleistungssystems erfolgt ist.[76]

29 Es bleibt im Übrigen der **Verwirkungseinwand** (Rdn. 58). Eine Verwirkung setzt voraus, dass sich eine Vertragspartei wegen der Untätigkeit der anderen über einen gewissen Zeitraum hin („Zeitmoment") bei objektiver Betrachtung darauf einrichten durfte und eingerichtet hat, diese werde von ihrem Recht keinen Gebrauch machen („Umstandsmoment"[77]), so dass die verspätete Geltendmachung gegen Treu und Glauben verstößt.[78]

---

[67] Zu den Voraussetzungen: *Einsele* GS für Sonnenschein, S. 117, 130.

[68] *Langenberg* PiG 53, 59, 67; **a. A.** LG Berlin GE 2002, 804.

[69] *Schmid* ZMR 2012, 527.

[70] BGH (XII ZR 143/05) NZM 2007, 730; BGH (XII ZR 248/99) NZM 2002, 823; großzügiger BGH (XII ZR 132/03) NJW 2005, 2225; **a. A.** LG Berlin GE 2007, 1052.

[71] *Artz* in MünchKomm § 557a BGB Rdn. 9; *Schmid* ZMR 2012, 527.

[72] *Artz* in MünchKomm § 557a BGB Rdn. 9.

[73] LG Berlin GE 1999, 1428.

[74] *Langenberg* PiG 53, 59, 67.

[75] Zur seit 13.6.2014 geltenden Neuregelung und den Auswirkungen auf das Mietrecht: *Hinz* WuM 2016, 76; *Koch* VuR 2016, 92; *Kunze/Kroll* MietRB 2016, 329; *Horst* DWW 2015, 2; *Mediger* NZM 2015, 185; *Artz/Brinkmann/Pielsticker* ZAP F. 4 S. 1639; *Hau* NZM 2015, 435; *Lindner* ZMR 2015, 261; *Pisal/Schreiner* ZfIR 2015, 505; *Gsell* WuM 2014, 375.

[76] BGH (I ZR 168/14) WM 2016, 968.

[77] BGH (XII ZR 22/07) NJW 2010, 1065; BGH (VII ZR 23/02) NJW 2003, 824.

[78] BGH (XI ZR 426/07) – Urt. v. 25.11.2008 (zitiert nach juris); BGH (XI ZR 12/03) NJW-RR 2005, 276;

III. Zeitpunkt der Vereinbarung

Die Staffelmietvereinbarung kann **zusammen mit dem Mietvertrag** abgeschlossen werden aber auch separat. Wird die Vereinbarung zusammen mit dem Mietvertrag abgeschlossen, kann dies in einer einheitlichen Urkunde geschehen. Es muss keine äußerlich gesonderte Vereinbarung getroffen werden. Möglich ist aber auch der **spätere Abschluss** einer Staffelmietvereinbarung während eines bestehenden Mietverhältnisses. Die Wohnung braucht dabei noch nicht übergeben worden zu sein. Es ist ferner nicht erforderlich, dass die Miete zum Zeitpunkt des Abschlusses der Staffelmietvereinbarung ein Jahr unverändert geblieben ist. Die Jahressperrfrist des § 558 Abs. 1 BGB gilt hier weder ausdrücklich noch analog. Es fehlt an einer Regelungslücke, da es sich hier um eine einvernehmliche Vertragsänderung oder -ergänzung handelt. Demgegenüber will § 558 Abs. 1 BGB den Mieter vor einseitigen Mieterhöhungen gegen seinen Willen schützen. 30

IV. Inhalt der Vereinbarung

1. Angabe der Miete

a) Verträge ab 1.9.1993. Nach dem Wortlaut des Gesetzes muss die jeweilige Miete oder die jeweilige Erhöhung in einem Geldbetrag ausgewiesen sein. Diese Fassung des Gesetzes beruht auf dem Mietrechtsreformgesetz. Bis 31.8.2001 hieß es, dass die Miete betragsmäßig ausgewiesen sein muss. Eine sachliche Änderung ist mit der Verwendung des Begriffs „in einem Geldbetrag" nicht verbunden. Die jeweilige Miete ist in einem Geldbetrag ausgewiesen, wenn im Mietvertrag die insgesamt zu zahlende Miete ab einem bestimmten Zeitpunkt in der Zukunft angegeben ist. 31

Beispiel: „Die Miete beträgt 800 €. Sie erhöht sich jeweils zu folgenden Terminen auf folgende Beträge:
ab 1.1.2018 auf 850 €
ab 1.1.2019 auf 900 €
ab 1.1.2020 auf 960 €
ab 1.1.2021 auf 1.030 €"

Soweit es sich um eine Netto- oder Teilinklusivmiete handelt, reicht es aus, wenn die jeweilige Netto- oder Teilinklusivmiete angegeben wird, ohne dass auch andere Positionen wie Betriebskostenvorschuss oder Garagenmiete angegeben werden müssen.[79] Bei Inklusivmieten muss die jeweilige Inklusivmiete angegeben werden. 32

Die Erhöhung um einen Geldbetrag muss in einem bestimmten **Euro-Betrag** angegeben werden. Die Euro-Beträge müssen für die gesamte Laufzeit der Staffelmietvereinbarung nicht identisch sein. In diesem Fall muss aus der Staffelmietvereinbarung aber eindeutig hervorgehen, ab wann welcher Erhöhungsbetrag hinzuzurechnen ist: 33

Beispiel: „Die Miete beträgt 800 €. Sie erhöht sich jeweils zu folgenden Terminen um folgende Beträge:
am 1.1.2018 um 50 €
am 1.1.2019 um 50 €
am 1.1.2020 um 60 €
am 1.1.2021 um 70 €."

Möglich ist aber auch: 34

Beispiel: „Die Miete beträgt 800 €. Sie erhöht sich in der Zeit vom 1.1.2018 bis zum 1.1.2021 jeweils am 1. Januar jeden Jahres um 50 €".

Nach dem eindeutigen Wortlaut der Vorschrift muss die Miete selbst oder der Erhöhungsbetrag angegeben werden. Miete ist der insgesamt für die Gebrauchsüberlassung zu zahlende Betrag. Nicht ausreichend ist deshalb die Angabe der jeweiligen Quadratmetermieten.[80] 35

Beispiel: Die Miete beträgt monatlich 6 €/m². Die Miete erhöht sich ab 1.11.2018 auf 7 €/m², ab 1.11.2019 auf 8 €/m², ab 1.11.2020 auf 9 €/m² und ab 1.12.2021 auf 10 €/m².

BGH (XI ZR 425/04) NJW-RR 2006, 1277; BGH (VII ZR 23/02) NJW 2003, 824; LG Berlin GE 2002, 802, 803; KG WuM 2004, 348, 349; zur Verwirkung im Mietrecht: *Kandelhard* NZM 2005, 43; *Hinkelmann* PiG 65, 247.

[79] LG Berlin GE 1992, 381.

[80] LG Berlin NZM 2012, 114; LG Görlitz WuM 1997, 682, 684; *Sternel* Mietrecht aktuell (2009), IV, 22.

In diesem Fall ist weder die jeweils zu zahlende Miete für die Wohnung angegeben noch der Erhöhungsbetrag. Allein die Tatsache, dass der Mieter mittels dieser Angabe und der ggf. im Mietvertrag an anderer Stelle angegebenen Wohnungsgröße die Miete berechnen kann, reicht nicht aus. Die Quadratmetermiete ist nur eine Berechnungsgröße zur Ermittlung der Miete, aber nicht die Miete. Die Rechtslage entspricht insofern der, dass im Mietvertrag nur ein prozentualer Steigerungsbetrag angegeben wurde. Auch hier muss der Mieter die neue Miete erst berechnen, was nicht ausreichend ist (siehe unten Rn 37). Insofern spricht auch der **Zweck der Regelung** gegen die Wirksamkeit. Der Mieter soll bei Abschluss der Vereinbarung die Höhe der von ihm eingegangenen Verpflichtungen erkennen und abschätzen können. Die Angabe der jeweils zu zahlenden Mieten hat deshalb eine Schutzfunktion für den Mieter. Die Reduzierung auf eine Quadratmetermiete verschleiert den Zahlungsbetrag und vor allem den absoluten Steigerungsbetrag. Außerdem ist auch nicht die im Mietvertrag angegebene, sondern die tatsächliche Wohnfläche maßgebend[81], so dass u. U. die Miete strittig ist. Dadurch wird dem Mieter das Risiko, das er eingegangen ist, verschwiegen. Da § 557a BGB eine eng auszulegende Ausnahmevorschrift im Verhältnis zu § 557 Abs. 4 BGB ist, ist deshalb eine Staffelmietvereinbarung, die nur auf die Quadratmetermieten Bezug nimmt, unwirksam.[82]

36 Deshalb ist auch die Angabe der Steigerungsbeträge pro Quadratmeter unzulässig.[83]

Beispiel: Die Miete beträgt 600 €. Die Miete erhöht sich ab 1.11.2018 um jeweils 0,10 € je Quadratmeter.

37 Die Steigerungen müssen bei Abschluss der Staffelmietvereinbarung **betragsmäßig feststehen.** Deshalb darf die Erhöhung weder der späteren Vereinbarung der Parteien noch der Bestimmung einer Partei oder eines Dritten überlassen werden. Auch die Bezugnahme auf später noch zu ermittelnde Werte, wie z. B. die jeweilige ortsübliche Vergleichsmiete[84], die Miete für eine bestimmte Vergleichswohnung oder die Anhebung der Mietobergrenzen bei gefördertem Wohnraum[85] ist unzulässig.[86] Auch die Vereinbarung von prozentualen Steigerungsbeträgen ist unzulässig,[87] unabhängig davon, ob sich die Prozentsätze auf die Vertragsmiete beziehen oder auf Zu- oder Abschläge zur ortsüblichen Vergleichsmiete:

Beispiel: „Die Miete beträgt 800 €. Sie erhöht sich in der Zeit vom 1.1.2018 bis zum 1.1.2021 jeweils am 1.1. eines jeden Jahres um 4%."

Beispiel: „Die Miete beträgt 800 €. Sie erhöht sich in der Zeit vom 1.1.2018 bis zum 1.1.2021 jeweils auf die ortsübliche Vergleichsmiete zuzüglich 10%."

In all diesen Fällen ist die Staffelmietvereinbarung insgesamt unwirksam und nicht nur die einzelne Staffel, die eine solche unwirksame Staffelvereinbarung enthält.[88] Etwas anderes soll aber dann gelten, wenn für die ersten zehn Jahre nominell Staffelerhöhungen ausgewiesen werden und für den Fall, dass der Mietvertrag dann noch bestehen sollte, für die Zeit danach eine prozentuale Steigerung vereinbart wird.[89] Da die Staffelmietvereinbarung als Preisvereinbarung nicht der Inhaltskontrolle des § 307 BGB unterliegt und somit auch das Verbot der geltungserhaltenden Reduktion nicht gilt, ist in diesem Fall nur ein Teil der Vereinbarung gem. § 134 BGB unwirksam. Ob dies Auswirkungen auf den Rest hat, richtet sich nach § 139 BGB. In der Regel werden die Parteien den wirksamen Teil der Vereinbarung aber auch ohne den unwirksamen Teil abgeschlossen haben. Wirksam ist auch eine Vereinbarung, die dem Mieter das Recht gibt, die betragsmäßig vereinbarte Staffelmieterhöhung auf die ortsübliche Vergleichsmiete zu reduzieren.[90] Eine solche Vereinbarung

---

[81] BGH (VIII ZR 266/14) NZM 2016, 42 = NJW 2016, 239, *Börstinghaus* LMK 2016, 375498.

[82] Eine andere Frage ist, ob diese Vereinbarung sogar Mieterhöhungen nach §§ 558, 559 BGB ausschließt: LG Görlitz WuM 1997, 682, 684; dazu unten Rdn. 54 und § 557 BGB Rdn. 69.

[83] LG Berlin MM 2009, 75, GE 2002, 468, 469; LG Hamburg WuM 1990, 443; AG Wedding WuM 2009, 460.

[84] LG Berlin MM 2007, 111; LG Halle ZMR 2004, 821.

[85] LG Berlin MM 2008, 298.

[86] Eine Ausnahme stellt die Indexvereinbarung gem. § 557b BGB dar. Wegen der Voraussetzungen s. dort.

[87] BGH (VIII ZR 197/11) NJW 2012, 1502; OLG Braunschweig RE v. 29.3.1985 NJW-RR 1986, 91; OLG Karlsruhe NJW-RR 1990, 155; LG Berlin GE 2002, 804, WuM 1992, 198; LG Bonn WuM 1992, 199.

[88] LG Halle ZMR 2004, 821; **a. A.** LG Berlin GE 2011, 952; u. U. übersehen von BGH (VIII ZR 247/14) NZM 2015, 890.

[89] BGH (VIII ZR 197/11) NJW 2012, 1502 = NZM 2012, 416; *Theesfeld* WuM 2012, 259; *Schmid* ZMR 2012, 527.

[90] BGH (VIII ZR 279/07) NZM 2009, 355.

ist nur für den Mieter günstig und verstößt deshalb nicht gegen Abs. 4. Das gilt auch für eine Vereinbarung, wonach die Miete reduziert werden soll, soweit die nach den gesetzlichen Regelungen hinsichtlich der Begrenzung von Mieterhöhungen zulässigen Mieten überschritten werden sollten.[91]

b) Verträge vor dem 1.1.1993. Die Angabe der betragsmäßigen Erhöhung ist erst möglich für Mietverträge, die nach dem 31.8.1993 abgeschlossen wurden.[92] 38

c) Übersicht. Das bedeutet, dass Staffelmietvereinbarungen, die zu folgenden Zeitpunkten abgeschlossen wurden, mit folgendem Inhalt heute wirksam sind oder nicht: 39

Vereinbarung einer Staffelmiete	Angabe der neuen Staffelmiete	Angabe der Erhöhung in einem Geldbetrag	Angabe einer prozentualen Steigerung
vor 1.1.1981	Nein	nein	Nein
ab 1.1.1981	– grundsätzlich: nein – Wohnraum nach 31.12.1980 bezugsfertig geworden: ja	nein	Nein
ab 1.1.1983	Ja	Nein	Nein
ab 1.9.1993	Ja	ja	Nein
ab 1.9.2001	Ja	ja	Nein

d) Heilungsmöglichkeiten. Möglich ist die **Bestätigung** einer zunächst unwirksamen Staffelmietvereinbarung gem. § 141 BGB.[93] Deshalb können Staffelmietvereinbarungen mit einer Laufzeit von mehr als 10 Jahren, die vor dem 1.9.2001 abgeschlossen wurden seit Inkrafttreten der Mietrechtsreform bestätigt werden. Dies kann ausdrücklich oder auch konkludent erfolgen.[94] Die – jahrelange – Zahlung auf eine formell unwirksame Staffelmietvereinbarung stellt eine konkludente Bestätigung jeweils für den entsprechenden Monat dar.[95] Soweit es um Wirkungen für die Zukunft geht, bedarf auch die Bestätigung gem. § 141 BGB grundsätzlich der Schriftform gem. § 557a Abs. 1 BGB.[96] Zur Bestätigung der Staffelmietvereinbarung reicht es aus, dass die Bestätigungsurkunde auf die ursprüngliche Vereinbarung, die die ursprünglich unwirksame Staffelmietvereinbarung enthielt, hinweist.[97] Eine Bestätigung dürfte i. d. R. eine Neuvereinbarung der Staffelmiete darstellen. Bei einer konkludenten Bestätigung kann es i. d. R. nur um die Frage gehen, ob die Zahlungen in der Vergangenheit mit Rechtsgrund erfolgten. Eine Bestätigung ohne Einhaltung der Schriftform lässt zukünftige Staffeln nicht wirksam werden. Etwas anderes gilt nur dann, wenn die Parteien schriftlich eine damals unwirksame aber heute wirksame Staffelmietvereinbarung getroffen haben. Dann liegt bereits eine schriftliche Vereinbarung vor. An die Annahme einer konkludenten Bestätigung sind aber strenge Anforderungen zu stellen.[98] So ist Voraussetzung für die Annahme einer konkludenten Bestätigung, dass derjenige, der eine solche konkludente Erklärung abgegeben haben soll, überhaupt einen Bestätigungswillen hatte.[99] Allein in der bloßen Duldung der Einziehung einer erhöhten Miete kann noch nicht die Bestätigung einer unwirksamen Staffelmietvereinbarung gesehen werden, selbst wenn die Abbuchung mehrfach erfolgt.[100] Solange keinerlei Hinweise dafür existieren, dass der Mieter davon ausgehen musste, dass eine Verpflichtung zur Zahlung nicht bestand, fehlt es bereits an dem Bestätigungswillen und damit an einer Willenserklärung. Eine Willenserklärung erfordert zumindest einen objektiven Tatbestand, aus dem die Äußerung eines auf eine Rechtsfolge gerichteten Willens geschlossen werden kann. **Bei konklu-** 40

---

91 **A. A.** aber LG Berlin GE 2009, 1494 mit abl. Anm. *Kinne* GE 2009, 1465.
92 LG Bonn WuM 1992, 199; LG Düsseldorf DWW 1990, 308; LG Hamburg WuM 1990, 443.
93 LG Berlin NZM 2012, 114; LG Köln WuM 1987, 362; LG Berlin ZMR 1997, 191 (für Nutzungsverträge).
94 *Blank* WuM 1993, 509.
95 LG Berlin NZM 2012, 114 mit Anm. *Beuermann* GE 2011, 166.
96 BGH NJW 1985, 2579; LG Berlin GE 2003, 325; AG Köln WuM 1989, 581; *Beuermann* GE 2011, 166.
97 BGH NJW 1999, 3704.
98 LG Düsseldorf DWW 1990, 308; Palandt/*Ellenberger* § 141 BGB Rdn. 6ff.
99 BGH (V ZR 51/11) NJW 2012, 1570; BGH (V ZR 241/11) NJW 2012, 3232.
100 AG Wedding WuM 2009, 460.

denten Willenserklärungen muss der Erklärende die Umstände kennen, die seine Handlung als Ausdruck eines Rechtsfolgewillens erscheinen lassen. Er muss dabei vor allem wissen oder damit rechnen, dass eine von ihm abzugebende Willenserklärung erforderlich sein könnte.[101] Dazu gehört, dass dem Erklärenden die Unwirksamkeit der bisherigen Vereinbarung bewusst ist oder er zumindest mit ihr gerechnet hat und dass er weiß, dass in seinem Verhalten der Ausdruck des Willens zu sehen ist, die bisher unverbindliche Abrede verbindlich werden zu lassen.[102] Das Gleiche gilt auch bei einer bloßen Zahlung.[103] Die Zahlung von Miete, zu der der Mieter nicht verpflichtet ist, aber rechtsirrig annimmt, die erhöhte Miete zu schulden, ist keine konkludente Willenserklärung auf Bestätigung oder Neuabschluss der Staffelmietvereinbarung.[104] Dem Mieter fehlt hier jegliches Bewusstsein, dass die Zahlung eine über die bloße Erfüllung einer vermeintlichen Verpflichtung hinausgehende Bedeutung hat. Allein durch Zahlung des erhöhten Betrages wird die Unwirksamkeit der Staffelmietvereinbarung nicht nachträglich geheilt. Da es sich bei der Bestätigung um eine empfangsbedürftige Willenserklärung handelt, muss aus der Sicht des Empfängers die Handlung als Willenserklärung zu verstehen sein. Wenn der Vermieter davon ausgehen muss, dass der Mieter die Staffelmietvereinbarung für wirksam hält, weil z. B. nie Streit über die Wirksamkeit bestand, dann darf er einer Zahlung auch nicht eine weiter gehende Bedeutung beimessen. Ist eine Zahlung ausnahmsweise aus der Sicht des Empfängers als Bestätigung zu verstehen, dann kann der Mieter diese Willenserklärung wegen eines Inhaltsirrtums anfechten, wenn er eine Bestätigung gar nicht abgeben wollte.[105] Dem Mieter fehlt in diesem Fall bereits das Erklärungsbewusstsein,[106] da er gar keine Willenserklärung durch schlüssiges Verhalten abgeben wollte. Es handelt sich nicht um einen **unbeachtlichen Motivirrtum,**[107] da der Mieter mit der Zahlung gar keine Willenserklärung abgeben wollte und nicht nur über den Grund, warum er die Erklärung abgab, irrte.[108] Eine solche Anfechtung muss gem. § 121 BGB unverzüglich erfolgen und sie macht den Mieter gem. § 122 BGB schadensersatzpflichtig. Zu ersetzen ist aber nur das negative Interesse, also der Schaden, der dem Vermieter dadurch entstanden ist, dass er auf die Bestätigung vertraute. Da der Vermieter grundsätzlich bei einer unwirksamen Staffelmietvereinbarung keinen Anspruch auf die Bestätigung hat, kann der Schaden allenfalls darin bestehen, dass der Vermieter es unterlassen hat, eine ggf. mögliche Mieterhöhung nach § 558 BGB vorzunehmen.

41 Die auf Grund einer **unwirksamen Staffelmietvereinbarung** erfolgte Zahlung kann der Mieter vom Vermieter kondizieren.[109] Eine Rückforderung des gezahlten Mehrbetrages kann aber nach den Grundsätzen von Treu und Glauben, § 242 BGB, im Einzelfall ausgeschlossen sein.[110] Widersprüchliches Verhalten kann schon dann vorliegen, wenn der Mieter gebotene Erkundigungen nicht eingeholt hat, die Parteien selbst lange Zeit von der Wirksamkeit der Vereinbarung ausgingen oder sein Berufen auf die Unwirksamkeit sonst rechtsmissbräuchlich ist, z. B. weil es zur Durchsetzung ganz anderer Absichten dient. Ferner kann eine Rückforderung der vermeintlich zu Unrecht gezahlten Staffelmieten gem. § 814 BGB ausgeschlossen sein. Dies setzt voraus, dass der Mieter die Beträge in Kenntnis der Nichtschuld gezahlt hat. Leistet ein Mieter beeindruckt von der vorgeblich kompetenten Hausverwaltung die unwirksame Staffelmiete, so erfolgt die Leistung nicht in Kenntnis der Nichtschuld i. S. v. § 814 BGB.[111] Rückzahlungsansprüche wegen überzahlter Mieten verjähren i. d. Regelverjährungsfrist des § 195 BGB in drei Jahren. Die **Verjährungsfrist** beginnt gem. § 199 BGB am Ende des Jahres in dem der Rückzahlungsanspruch entstanden ist[112], also die Überzahlung erfolgte und in dem der Mieter Kenntnis von den den Anspruch begründenden Um-

---

[101] BGHZ 109, 177; BGH NJW 1973, 1789; AG Wedding WuM 2009, 460.
[102] BGH NJW 1988, 1199, 1200.
[103] LG Braunschweig WuM 1990, 159.
[104] OLG Hamm WuM 1981, 62; AG Wedding WuM 2009, 460; **a. A.** LG Berlin GE 2002, 804.
[105] BGH JR 1985, 12; zur Anfechtung im Mietrecht und ihren Rechtsfolgen s.: BGH (XII ZR 67/06) NZM 2008, 886; *Schmid* WuM 2009, 155; *Fischer* NZM 2005, 567; *Emmerich* in Staudinger Vorbem. zu § 535 BGB Rdn. 70ff.; *ders.* NZM 1998, 692; *Blank* Vor § 535 BGB Rdn. 7.
[106] BGH BGHZ 109, 177; Palandt/*Ellenberger* Einf. § 116 BGB Rdn. 17.
[107] So aber LG Berlin WuM 1987, 158.
[108] Palandt/*Ellenberger* § 119 BGB Rdn. 29.
[109] LG Kiel WuM 2000, 308; LG Berlin GE 2002, 804 (Ausschluss bei vorbehaltloser Zahlung); AG Wedding WuM 2009, 460.
[110] *Schilling* Neues Mietrecht 1993, S. 159; **a. A.** LG Nürnberg-Fürth WuM 1997, 438.
[111] LG Frankfurt NZM 2001, 467.
[112] Bei einer unwirksamen Vereinbarung im öffentlich geförderten Wohnungsbau ist der abweichende Verjährungsbeginn gem. § 8 Abs. 2 Satz 3 WoBindG zu beachten.

ständen erlangt oder ohne grobe Fahrlässigkeit[113] hätte erlangen müssen. Erforderlich ist nur reine Tatsachen-[114] keine Rechtskenntnis. Die Verjährung tritt aber gem. § 199 Abs. 4 BGB spätestens 10 Jahre nach der Überzahlung ein.

Aber auch eine wegen unzulässiger Angabe des Steigerungsbetrages unwirksame Staffelmietvereinbarung soll noch eine rechtliche Bedeutung haben.[115] Im Regelfall ist aber in einer formell unwirksamen Staffelmietvereinbarung nicht gleichzeitig eine Beschränkung der Mieterhöhungsmöglichkeiten gemäß § 557 Abs. 3 Hs. 2 BGB enthalten (s. § 557 Rdn. 58).[116] Nur im Einzelfall kann eine Auslegung der wechselseitigen Willenserklärungen zu dem Ergebnis führen, die Staffelmietvereinbarung mit dem Inhalt aufrechtzuerhalten, dass eine weiter gehende Mieterhöhung als bis zur Höhe der nächsten Staffelmietvereinbarung ausgeschlossen ist. Der unwirksamen Vereinbarung kann der übereinstimmende Wille der Parteien zu entnehmen sein, die Miete innerhalb der vereinbarten Fristen nicht über die vereinbarte Höhe anzuheben. Dafür spricht, dass durch eine solche Regelung die Parteien die Mieterhöhungsmöglichkeiten des Vermieters für die Dauer des Vertragsverhältnisses festlegen wollten. Dies ist zulässig. Eine solche Regelung stellt gerade keine Benachteiligung des Mieters i. S. d. § 557 Abs. 4 BGB dar. Es handelt sich dann um einen nach § 557 Abs. 3 BGB zulässigen Ausschluss des Mieterhöhungsrechts des Vermieters.[117] Ein Anhaltspunkt für einen solchen Parteiwillen ist die Dauer des Mietverhältnisses.[118] Die Vereinbarung eines Mietverhältnisses auf bestimmte Zeit lässt schon nach § 557 Abs. 3 BGB vermuten, dass die Parteien eine Mieterhöhung ausschließen wollten (s. dazu § 557 Rdn. 49ff.). Entsprechendes muss auch gelten, wenn die Parteien eines nur kurzen Mietverhältnisses eine Mieterhöhung zwar nicht völlig ausschließen, aber die Erhöhung begrenzen. Auch daraus wird das Interesse erkennbar, die Miete während des kurzen Vertragsverhältnisses konstant und überschaubar zu halten. Auch die Vereinbarung besonders langer Fristen zwischen einzelnen Staffeln kann ein Indiz für einen im Rahmen des § 557 Abs. 3 BGB zu berücksichtigenden Parteiwillen sein, wonach die Miete länger als die Jahressperrfrist unverändert bleiben soll. Dies gilt zumindest dann, wenn die Steigerungen in der unwirksamen Staffelmietvereinbarung nicht besonders hoch waren.[119] 42

e) Erhöhungszeitpunkte. Der Zeitpunkt der Erhöhung muss nach dem Wortlaut des Gesetzes bestimmt sein. Es muss also für jeden Erhöhungsbetrag oder den erhöhten Gesamtbetrag genau angegeben werden, ab wann er zu zahlen ist. Dabei genügt es aber, wenn die Zeiträume errechnet werden können[120]. Dies ergibt sich aus dem Sinn und Zweck der Regelung, wonach für die Mietvertragsparteien die Mietentwicklung kalkulierbar sein soll. 43

Beispiel: „Die Miete beträgt ab 1.1.2017 600 €. Sie erhöht sich nach jeweils 12 Monaten um 50 €."

Deshalb muss der Zeitpunkt **nach dem Kalender bestimmbar** sein. Dies ist der Fall, wenn jeweils ein Anfangsdatum angegeben wird, aber auch dann, wenn jeweils die Anzahl der Monate angegeben wird, für die die neue Staffelmiete zu zahlen ist. Die Anknüpfung an andere Ereignisse ist unzulässig,[121] wobei unerheblich ist, ob diese sicher eintreten, nur der Zeitpunkt des Eintritts ungewiss ist oder ob bereits ungewiss ist, ob sie überhaupt eintreten.

Beispiel: Die Miete beträgt 600 €. Sie erhöht sich nach der nächsten Bundestagswahl (oder wenn der Sohn das Studium beginnt …) auf 650 €.

Das gilt auch für den Fall, dass im Mietvertrag zunächst die zulässige Kostenmiete vereinbart wurde und für die Zeit nach Ablauf der Preisbindung eine höhere Miete. Zwar ist auch dies rechtlich eine Staffelmiete, da schon die Vereinbarung einer einzigen Steigerung nach Vertragsschluss eine Staffelmietvereinbarung darstellt,[122] jedoch liegt eine nach § 557a BGB zulässige Staffelmiete 44

[113] Dazu BGH (VII ZR 10/11) NJW 2012, 3569.

[114] BGH (VIII ZR 91/10) NJW 2011, 2570 = MietPrax-AK, § 543 BGB Nr. 20 mit Anm. *Börstinghaus;* BGH (XI ZR 309/09) NJW-RR 2010, 1574; BGH (III ZR 132/08) NJW 2009, 984; *Jacoby* ZMR 2010, 335, 338.

[115] LG Berlin WuM 1992, 198.

[116] LG Berlin WuM 2001, 612, GE 2000, 604, NZM 1998, 859, GE 1996, 471, GE 1993, 95, GE 1986, 501, GE 1984, 923; *Reih* ZMR 1999, 804; *Mersson* ZMR 2002, 732; *Weitemeyer* in Staudinger § 557 BGB Rdn. 62.

[117] LG Bonn WuM 1992, 199; LG Berlin WuM 1992, 198; **a. A.** LG Berlin GE 1993, 95.

[118] LG Berlin WuM 1992, 198; *Weitemeyer* in Staudinger § 557 BGB Rdn. 63.

[119] So auch die Argumentation des AG Pinneberg WuM 1981, 191.

[120] *Schmid* BLGBW 1983, 65; **a. A.** *Kinne* in Kinne/Schach/Bieber, Miet- und Mietprozessrecht, § 557a BGB Rdn. 13 „dürfte nicht ausreichen".

[121] *Artz* in MünchKomm § 557a BGB Rdn. 9.

[122] *Sternel* Mietrecht, III, 427.

schon deshalb nicht vor, weil kein fester Zeitpunkt vereinbart ist, von dem ab die „Vertragsmiete" geschuldet sein soll.[123]

45 **f) Erhöhungsstaffeln.** Eine Staffelmietvereinbarung liegt bereits dann vor, wenn eine einzige Steigerung vereinbart wurde.[124] Die Miete muss zwischen den einzelnen Erhöhungsterminen jeweils **ein Jahr unverändert** bleiben. Die Frist berechnet sich nach § 188 Abs. 2 BGB. Ist nur eine der vereinbarten Zeiträume kürzer als ein Jahr, dann ist die gesamte Staffelmietvereinbarung unwirksam;[125] dies gilt selbst dann, wenn die Frist auch nur um einen Tag unterschritten wird.[126] Es gilt dann lediglich die zunächst für die erste Zeit vereinbarte Miete. Im Einzelfall kann die Berufung auf die Unwirksamkeit jedoch gegen die Grundsätze von Treu und Glauben verstoßen oder der Vertrag kann nach den Grundsätzen der ergänzenden Vertragsauslegung anzupassen sein.[127] Dies kommt insbesondere dann in Betracht, wenn die Parteien den Vertragsbeginn einvernehmlich verlegt haben, aber vergessen haben, die Staffelvereinbarung auch anzupassen.[128] Das *LG Berlin*[129] will auf einen solchen Fall, bei dem beim Verschieben des Mietvertragsbeginns vergessen wurde, auch den Beginn der Staffeln zu verschieben, die Grundsätze des faktischen Arbeitsverhältnisses anwenden. Danach soll die Miete, die zu dem Zeitpunkt geschuldet und auch gezahlt wurde, als die Unwirksamkeit bemerkt wurde, die vertraglich geschuldete Miete sein. Dafür spräche auch, dass die Staffelmiete ja niedriger als die ortsübliche Vergleichsmiete sein könne. Eine Rückzahlung für die Vergangenheit scheide aus. Der BGH[130] hat den Parteivertretern mitgeteilt, die Revision gegen das Urteil des LG Berlin durch Beschluss zurückweisen zu wollen. Beim Mieterwechsel kommt es auf den Inhalt der Vereinbarung an.[131] Die Jahresfrist gilt zunächst nur für die erstmalige Vereinbarung der Staffelmiete. Haben die Parteien während einer laufenden Staffelmietvereinbarung auf Wunsch des Mieters eine Mietsenkung vereinbart, ist dies unschädlich.[132]

46 Die einzelnen Zeitabstände müssen nicht gleich sein. Sollte aber auch nur ein Abstand zwischen zwei Erhöhungszeitpunkten kürzer als ein Jahr sein, dann ist die gesamte Vereinbarung nichtig.

Beispiel: Das Mietverhältnis beginnt am 15.10.2017, die erste Erhöhung soll zum 1.10.2016 wirksam werden.

47 Staffelmietvereinbarungen sind nach § 557 Abs. 4 BGB. grundsätzlich unzulässig, es sei denn, sie sind gem. § 557a BGB ausnahmsweise gestattet. Bei § 557a BGB handelt es sich deshalb um eine eng auszulegende **Ausnahmevorschrift,** mit der Folge, dass die gesamte Vereinbarung nichtig ist, wenn eine der Voraussetzung des § 557a BGB nicht gegeben ist. Eine Teilnichtigkeit scheidet aber auch deshalb aus, weil gem. § 139 BGB gar nicht feststünde, welcher Teil der Vereinbarung von den Parteien abgeschlossen worden wäre.[133] Denkbar ist nämlich, dass nur die Staffel, die vor Ablauf der Jahresfrist eintreten sollte, unwirksam ist, die übrigen Staffeln aber weiter wirksam sind oder dass die

---

[123] OLG Stuttgart NJW-RR 1989, 1357; LG Hamburg WuM 1997, 331.

[124] BGH (VIII ZR 218/04) NZM 2006, 12, 14 = MietPrax-AK § 557a BGB Nr. 6 mit Anm. *Börstinghaus;* AG Rheinbach WuM 1987, 362; *Artz* in MünchKomm § 557a BGB Rdn. 1; *Weitemeyer* in Emmerich/Sonnenschein, Miete, § 557a BGB Rdn. 5; *Gather* GE 2002, 516, 517; *Kinne* in Kinne/Schach/Bieber, Miet- und Mietprozessrecht, § 557a BGB Rdn. 11; *Kinne* in Beierlein/Kinne/Koch/Stackmann/Zimmermann, Der Mietprozess, 4. Kap. Rdn. 115; **a. A.** Bub/Treier/*Schultz* Kap. III. A Rdn. 754 und 776.

[125] LG Berlin GE 2006, 453, NZM 2002, 941; LG Hamburg NZM 1999, 957 mit Anm. *Bottenberg* ZMR 1999, 339; LG Nürnberg-Fürth WuM 1997, 438; LG Berlin NZM 2001, 986, GE 1999, 1428, GE 1995, 369, MM 1990, 40; AG Bergheim WuM 1998, 36; AG Essen ZMR 1997, 425; AG Büdingen WuM 1996, 344; AG Bergisch-Gladbach WuM 1991, 700; *Sternel* Mietrecht, III, 432; *Kossmann/Meyer-Abich,* Hdb. d. Wohnraummiete, § 142 Rdn. 13; *Mersson* ZMR 2002, 732; *Emmerich* NZM 2001, 690, 691; *Kinne* in Kinne/Schach/Bieber, Miet- und Mietprozessrecht, § 557a BGB Rdn. 16.

[126] AG Büdingen WuM 1996, 344.

[127] LG Hamburg NZM 1999, 957 mit Anm. *Bottenberg* ZMR 1999, 339; LG Berlin GE 1995, 369, 2006, 453; AG Lichtenberg GE 1997, 321; *Sternel* Mietrecht aktuell (2009), IV, 24; *Weitemeyer* in Emmerich/Sonnenschein, Miete, § 557a BGB Rdn. 7; *Artz* in MünchKomm, § 557a BGB Rdn. 18; **a. A.** LG Berlin NZM 2002, 941; *Kinne* in Kinne/Schach/Bieber, Miet- und Mietprozessrecht, § 557a BGB Rdn. 16 unter Hinweis auf LG Berlin GE 2001, 852.

[128] LG Hamburg NZM 1999, 957; **a. A.** LG Berlin NZM 2002, 941.

[129] LG Berlin GE 2006, 453.

[130] BGH GE 2006, 454 (ohne Angabe eines AZ).

[131] Dazu *Mersson* ZMR 2002, 732, 733.

[132] LG Berlin GE 2004, 183.

[133] LG Nürnberg-Fürth WuM 1997, 438.

Parteien nur die Frist für die zu kurze Staffel auf ein Jahr verlängert hätten und die übrigen Staffeln dann ebenfalls zeitlich verzögert jeweils ein Jahr später in Kraft traten.

g) Laufzeit der Vereinbarung. Bis 31.8.2001 durften Staffelmietvereinbarungen nur mit einer Laufzeit bis zu 10 Jahren abgeschlossen werden. Eine noch unter der Geltung des MHG ohne zeitliche Begrenzung individualvertraglich vereinbarte Staffelmiete ist aber nur insoweit unwirksam, als sie über die damalige zulässige Höchstdauer von zehn Jahren hinausgeht.[134] Maximal möglich war also in diesem Fall eine Geltung bis August 2011. Eine Staffelmietvereinbarung über mehr als 10 Jahre, die bis 31.8.2001 formularvertraglich getroffen wurde, ist aber von Anfang an ganz unwirksam. Zwar fallen Preisvereinbarungen grundsätzlich nicht in den Anwendungsbereich des § 307 BGB, jedoch geht es hier um die Laufzeitreglung. Diese unterfällt voll der Inhaltskontrolle des § 307 BGB. Seit 1.9.2001 ist die Laufzeitbegrenzung entfallen. Zur Übergangsregelung s. o. Rdn. 6. 48

D. Wirkung der Staffelmietvereinbarung

I. Allgemeines

Zum vereinbarten Zeitpunkt erfolgt **automatisch** die vereinbarte Erhöhung der Miete. Es ist weder die Ausübung eines Gestaltungsrechtes durch eine Mietvertragspartei erforderlich noch eine sonstige Willenserklärung oder faktische Handlung. Ist die Fälligkeit der Miete wirksam nach dem Kalender bestimmt, dann kommt der Mieter mit der nicht geleisteten Miete in Verzug, ohne dass es einer weiteren Mahnung bedarf.[135] Wenn die sonstigen Voraussetzungen des § 543 Abs. 2 Nr. 3 BGB vorliegen, ist der Vermieter berechtigt, das Mietverhältnis fristlos zu kündigen. Die Schonfrist des § 569 Abs. 3 Nr. 3 BGB gilt weder unmittelbar noch analog. Die Ausübung des Kündigungsrechts kann aber in Extremfällen treuwidrig sein, wenn z. B. beide Vertragsparteien bei lang auseinanderliegenden Staffeln den Erhöhungszeitpunkt übersehen haben und deshalb erhebliche Rückstände aufgelaufen sind.[136] 49

II. Verhältnis zu sonstigen Mieterhöhungen

Während der Laufzeit der Staffelmietvereinbarung sind nach dem ausdrücklichen Wortlaut der Vorschrift Mieterhöhungen gem. §§ 558–559b BGB ausgeschlossen.[137] Haben die Mietvertragsparteien eine Staffelmietvereinbarung getroffen und zugleich eine Mieterhöhungsmöglichkeit nach dem BGB vereinbart, so ist der Mietvertrag selbst wirksam. Zwar ist anerkannt, dass eine Vereinbarung, die zwei erkennbar gleichrangige, in unlösbarem Widerspruch stehende Bestimmungen enthält (Perplexität) wegen der Unmöglichkeit der eindeutigen Auslegung unwirksam ist,[138] dies gilt aber für widersprüchliche Mietvereinbarungen in diesem Zusammenhang wegen § 557 Abs. 4 BGB nicht. Danach ist eine von den Vorschriften des BGB abweichende Vereinbarung zur Erhöhung der Miete unwirksam.[139] Die Staffelmietvereinbarung ist gem. § 557a BGB hiervon eine Ausnahme. Dazu müssen aber die dortigen Voraussetzungen erfüllt sein. Haben die Parteien aber keine wirksame Staffelmietvereinbarung getroffen, weil diese entweder nur alternativ neben anderen Mieterhöhungen gelten soll oder dem Vermieter ein unzulässiges Wahlrecht eingeräumt wird, dann sind die Voraussetzungen der **Ausnahmevorschrift** nicht erfüllt, so dass es beim **Regelfall** bleiben muss, wonach abweichende Vereinbarungen unwirksam sind. Es liegt dann keine wirksame Staffelmietvereinbarung vor.[140] Es handelt sich nicht um einen Fall der Teilnichtigkeit gem. § 139 BGB mit der Folge, dass die Staffelmietvereinbarung wirksam und der Erhöhungsvorbehalt unwirksam ist. Ist die Staffelmiete formularmäßig vereinbart, dann kann je nach Formulierung die gleichzeitige Vereinbarung einer Staffelmiete und einer möglichen Erhöhung nach § 558 BGB 50

---

134 BGH (VIII ZR 23/08) WuM 2009, 117 = MietPrax-AK § 557a BGB Nr. 13. mit Anm. *Börstinghaus.*
135 *Langenberg* PiG 53, 59, 69.
136 *Langenberg* PiG 53, 59, 69.
137 LG Berlin NZM 2002, 947.
138 BGH ZMR 1997, 350, 351; *Mayer-Maly* in MünchKomm § 133 BGB Rdn. 41.
139 AG Dortmund NZM 2010, 862; **a. A.** für eine etwas andere Formulierung: LG Krefeld NZM 2015, 819.
140 AG Dortmund NZM 2010, 862 insofern bestätigt durch LG Dortmund NZM 2012, 136; LG Berlin GE 1997, 555; AG Wedding DWW 2009, 147; AG Frankfurt WuM 1989, 400.

gegen § 307 BGB verstoßen, mit der Folge, dass die Staffelmietvereinbarung unwirksam ist.[141] Zu der Frage, ob § 557a Abs. 2 Satz 2 BGB ein gesetzliches Verbot i. S. d. § 134 BGB darstellt[142] oder nicht, kommt man deshalb gar nicht, da die Vereinbarung nach § 557 Abs. 4 BGB unwirksam ist. Die unwirksame Staffelmietvereinbarung könnte dann nur noch im Rahmen des § 557 Abs. 3 BGB[143] eine Beschränkung des grundsätzlich möglichen Mieterhöhungsrechts zur Folge haben. Es ist aber durch Auslegung vorab zu ermitteln, ob dem Vermieter tatsächlich eine zusätzliche Mieterhöhungsmöglichkeit nach § 558 BGB eingeräumt werden sollte oder ob nur allgemein auf die gesetzlich – zulässigen – Mieterhöhungsmöglichkeiten verwiesen werden soll.[144] Die Vorschrift des § 557a Abs. 2 Satz 2 BGB hat nur in den Fällen eine Bedeutung, in denen die Mietvertragsparteien keine Regelung über weitere Mieterhöhungen getroffen haben. In diesem Fall ergibt sich aus der wirksamen Vereinbarung einer Staffelmietvereinbarung zugleich der Ausschluss der weiteren Mieterhöhung. Eine nichtige Staffelmietvereinbarung widerlegt bei befristeten Mietverträgen aber eine eventuelle Vermutung gem. § 557 Abs. 3 BGB, wonach Mieterhöhungen während der Befristung vertraglich ausgeschlossen sein könnten. Durch die, wenn auch nichtige, Staffelmietvereinbarung haben die Parteien zum Ausdruck gebracht, dass sie während der Laufzeit des Mietvertrages Mietsteigerungen wollen. Mieterhöhungen nach §§ 558, 559 BGB können auf Grund der unwirksamen Staffelmietvereinbarung nur ganz ausnahmsweise der Höhe nach auf die nichtigen Staffelmietsätze beschränkt sein.[145]

51 **a) Der Ausschluss von Mieterhöhungen nach §§ 559–559b BGB** betrifft die Verweisung in § 559 Abs. 1 BGB auf alle 5 Ziffern des § 555b BGB, also auch Mieterhöhungen nach baulichen Änderungen, auf Grund von Umständen, die der Vermieter nicht zu vertreten hat, § 555b Ziff. 6 BGB. Dies ergibt sich aus dem eindeutigen Wortlaut der Vorschrift, die im Rahmen der Mietrechtsänderung 2013 nicht geändert wurde und weiterhin insgesamt auf die §§ 559ff. BGB Bezug nimmt, ohne zwischen den verschiedenen Alternativen zu differenzieren. Eine einschränkende Auslegung scheidet aus. Es liegt keine Regelungslücke vor, die eine solche Einschränkung rechtfertigen würde. Auch aus der Gesetzessystematik ergibt sich eindeutig, dass der Gesetzgeber jegliche Mieterhöhung gem. § 559 BGB ausschließen wollte. In § 557b Abs. 2 BGB ist nämlich ausdrücklich bestimmt, dass während der Geltung einer Indexvereinbarung eine Mieterhöhung nach § 559 BGB nur dann verlangt werden kann, soweit der Vermieter bauliche Änderungen auf Grund von Umständen durchgeführt hat, die er nicht zu vertreten hat (s. dazu § 557b BGB Rdn. 39). Auch nach der Mietrechtsänderung 2013 sind damit die gem. § 555b Nr. 6 BGB gemeint. Eine solche Beschränkung fehlt in § 557a Abs. 2 Satz 2 BGB. Beide Vorschriften sind durch das Mietrechtsreformgesetz zum 1.9.2001 geschaffen worden, so dass davon auszugehen ist, dass der Gesetzgeber diese Unterscheidung bewusst getroffen hat. Er hat auch durch die Mietrechtsänderung 2013 daran nichts geändert.

52 Der Ausschluss der Mieterhöhungsmöglichkeiten gilt für die **gesamte Laufzeit der Staffelmietvereinbarung.** Da diese mit der Fälligkeit der letzten Erhöhungsstufe endet, endet zu diesem Zeitpunkt auch die Beschränkung.[146] Bedeutung hat dies für das erste Jahr nach der letzten Erhöhung.

Beispiel: Die Miete erhöhte sich zuletzt auf Grund einer Staffelmietvereinbarung zum 1.1.2017 um 50 €. Der Vermieter darf nach § 557a BGB grundsätzlich ab 1.1.2017 die Miete gem. § 559 BGB erhöhen.

Die Jahresfrist des § 557a Abs. 2 Satz 1 BGB muss hier nicht noch einmal eingehalten werden.[147] Dies ergibt sich zum einen daraus, dass die Staffelmietvereinbarung zu diesem Zeitpunkt gar nicht mehr besteht und deshalb auch ein Ausschlusstatbestand fehlt und zum anderen auch aus dem Sinn

---

141 AG Dortmund NZM 2010, 862 insofern bestätigt durch LG Dortmund NZM 2012, 136; LG Berlin GE 1997, 555; *Weitemeyer* in Staudinger § 557a BGB Rdn. 18; **a. A.** wohl *Kinne* in Beierlein/Kinne/Koch/Stackmann/Zimmermann, Der Mietprozess, 4. Kap. Rdn. 90: wohl nur Unwirksamkeit der zusätzlichen Erhöhungsvereinbarung.

142 Offen gelassen von LG Berlin GE 1997, 555.

143 LG Görlitz WuM 1997, 682, 684; dazu § 557 BGB Rdn. 59.

144 AG Wedding MM 2009, 147.

145 LG Berlin GE 2002, 468, 469, GE 1998, 490, GE 1993, 95; wohl auch **a. A.** LG Görlitz WuM 1997, 682, 684; LG Bonn WuM 1992, 199; LG Berlin WuM 1992, 198.

146 *Artz* in MünchKomm § 557a BGB Rdn. 8; *Sternel* Mietrecht, III, 436; *Kinne* in Kinne/Schach/Bieber, Miet- und Mietprozessrecht, § 557a BGB Rdn. 17; *Kinne* in Beierlein/Kinne/Koch/Stackmann/Zimmermann, Der Mietprozess, 4. Kap. Rdn. 117; **a. A.** *Mersson* ZMR 2002, 732, 733; *Lammel* § 557a BGB Rdn. 18.

147 *Artz* in MünchKomm § 558 BGB Rdn. 57 für Mieterhöhung nach § 558 BGB.

und Zweck. Ein Vermieter, der eine Staffelmietvereinbarung mit nur einer Staffel vereinbart, erkauft sich den Vorteil, dass er das formalistische Verfahren nach § 558a BGB nicht durchzuführen braucht u. a. damit, dass er für das eine Jahr auf eine Mieterhöhung gem. § 559 BGB verzichtet. Ein Grund, warum für die Zeit nach Eintritt der Mieterhöhung, wenn keine weitere Erhöhung auf Grund einer Staffel vereinbart ist, die Mieterhöhung nach § 559 BGB ausgeschlossen sein sollte, gibt es nicht. Die Situation nach Eintritt der Erhöhung ist mit der Situation nach einer Mieterhöhung gem. § 558 BGB vergleichbar. Auch nach einer solchen Mieterhöhung kann die Miete anschließend nochmals nach § 559 BGB erhöht werden, wenn der modernisierte Zustand nicht Gegenstand der Mieterhöhung nach § 558 BGB war.

§ 557a Abs. 2 Satz 2 BGB stellt nur auf die Mieterhöhung gem. § 559 BGB ab, nicht auf den **53**
Zeitpunkt der Modernisierungsmaßnahme.[148] Der Wortlaut des Satz 2 ist insofern eindeutig. Dies ergibt sich auch daraus, dass ausdrücklich auch die Anwendung des § 559b BGB, nämlich die Vorschrift über die Mieterhöhungserklärung, ausgeschlossen wurde. Deshalb ist entgegen der zum früheren MHG vertretenen Meinung[149] nach Ablauf der Laufzeit einer Staffelmietvereinbarung eine Mieterhöhung nach § 559 BGB auch auf Grund von Modernisierungsmaßnahmen möglich, die während der Laufzeit der Staffelmietvereinbarung durchgeführt wurden.[150] Der Mieter ist durch das Sonderkündigungsrecht des § 561 BGB ausreichend geschützt. Soweit in den Gesetzesmaterialien zum MHG[151] damals etwas anderes vertreten wurde, hatte diese Auffassung bereits im MHG keinen hinreichenden Ausdruck gefunden. Der Wortlaut war und ist eindeutig. Er knüpft nur an die Erhöhung der Miete an. Auch der Sinn und Zweck der Regelung sprechen nicht gegen diese Auslegung. Die Mieterhöhung gem. § 559 BGB wirkt nur für die Zukunft. Unerwünschte Doppeleffekte[152] können deshalb nicht auftreten, da die Mieterhöhung nach § 559 BGB nicht für die Zeit der Staffelmietvereinbarung wirkt, sondern erst für die Zeit danach. Bei Mieterhöhungen nach § 559 BGB ist der Vermieter auch sonst nicht verpflichtet, diese unmittelbar nach Abschluss der Modernisierungsarbeiten vorzunehmen.[153] Die Staffelmietvereinbarung ist ein vertraglicher Ausschluss des Mieterhöhungsverfahrens nach den §§ 558, 559 BGB. Das kann sich aber nur für die Zeit der Geltung der Staffelmietvereinbarung beziehen und besagt nichts darüber, ob die nach Ablauf der Staffelmietvereinbarung geltend gemachte Erhöhung nicht auf einer Modernisierung beruhen darf, die bereits unter Geltung der Staffelmietvereinbarung erfolgte. Die Staffelmietvereinbarung gibt auch nur für die Zeit ihrer Laufzeit Kalkulationssicherheit.[154]

Beispiel: Eine Staffelmietvereinbarung sieht eine letzte Erhöhung der Miete zum 1.1.2018 um einen bestimmten Betrag vor. Der Vermieter lässt eine Wärmeschutzfassade am Haus anbringen.

a) im Jahr 2017
b) im Jahr 2017, aber die Arbeiten sind erst im Jahr 2016 abgeschlossen
c) im Jahr 2018.

Es ist vom Schutzzweck des § 557a Abs. 2 BGB kein Grund ersichtlich, warum diese Fälle unterschiedlich behandelt werden sollten. Der Unterschied zwischen allen Fällen besteht allenfalls darin, ab wann die gem. § 559b BGB erhöhte Miete zu zahlen ist. Der Mieter ist auf jeden Fall für die Laufzeit der Staffelmietvereinbarung geschützt. Einen nachwirkenden Schutz kennt § 557a Abs. 2 BGB nicht. Hinsichtlich des Wirkungszeitpunkts der Modernisierungsmieterhöhung kommt es ausschließlich auf § 559b BGB an, also ob die Modernisierungsmaßnahme ordnungsgemäß angekündigt wurde oder die Mieterhöhung mehr als 10% höher ausgefallen ist, als angekündigt. In Betracht kommt allenfalls noch eine Verwirkung (dazu § 559b Rdn. 39) des Erhöhungsrechts nach § 559 BGB, woran ggf. bei einer Staffelmietvereinbarung nur geringe Anforderungen zu stellen sind. Insbesondere bei befristeten Mietverträgen mit verhältnismäßig kurzer Laufzeit

---

[148] *Schüller* in Bamberger/Roth, BGB, 3. Aufl., § 557a BGB Rdn. 21; *Artz* in MünchKomm § 557a Rdn. 8; *Kinne* in Kinne/Schach/Bieber, Miet- und Mietprozessrecht, § 557a BGB Rdn. 17.
[149] LG Berlin GE 1992, 381; *Sternel* III Rdn. 436; Bub/Treier/*Schultz* Kap. III. A Rdn. 1653.
[150] *Artz* in MünchKomm § 557a BGB Rdn. 8; *Schüller* in Bamberger/Roth § 557a BGB Rdn. 21; *Kinne* in Kinne/Schach/Bieber, Miet- und Mietprozessrecht, § 557a BGB Rdn. 17; *Kinne* in Beierlein/Kinne/Koch/Stackmann/Zimmermann, Der Mietprozess, 4. Kap. Rdn. 118.
[151] BT-Drucks. 9/2079 S. 18.
[152] So aber *Sternel* Mietrecht, III, 436.
[153] So aber LG Berlin GE 1992, 381.
[154] **A. A.** Bub/Treier/*Schultz* Kap. III. A Rdn. 1654.

und/oder entsprechend kurzer Staffelmietvereinbarung dürfte ein schutzwürdiges Vertrauen des Mieters darauf bestehen, dass Modernisierungserhöhungen unterbleiben. Dann entfällt das Erhöhungsrecht aber gänzlich.

54 **b) Mieterhöhungen nach §§ 558–558e BGB** sind zwar nach § 557 Abs. 2 BGB unmittelbar nach der letzten Erhöhung auf Grund einer Staffelmietvereinbarung zulässig, jedoch gem. § 558 Abs. 1 BGB ausgeschlossen, da die Miete zum Wirkungszeitpunkt einer eventuellen Mieterhöhung noch keine **15 Monate unverändert** geblieben ist. Außerdem ist die **Jahressperrfrist** des § 558 Abs. 1 Satz 2 BGB einzuhalten. Die Jahresfrist beginnt in diesen Fällen mit dem Zeitpunkt der Fälligkeit der letzten Erhöhungsstufe.[155] Soweit vertreten wird, dass die Erhöhungserklärung schon vor Ende der Laufzeit der Staffelmietvereinbarung abgegeben werden kann mit der Folge, dass die Fristen des § 558 Abs. 1 BGB schon vorher zu laufen beginnen, konnte dem schon zum alten Recht nicht gefolgt werde, nach Einführung der 15 Monatsfrist gilt dies erst Recht. Die Laufzeit der Staffelmietvereinbarung endet bereits mit der letzten Erhöhung (Rdn. 45), so dass vor der letzten Erhöhung ein Erhöhungsverlangen gem. § 558 BGB erfolgen müsste, was gegen die Wartefrist des § 558 Abs. 1 BGB verstößt. Aber selbst wenn diese Auffassung damit meint, das Erhöhungsverlangen könne bereits vor Ablauf eines Jahres nach der letzten Erhöhung der Staffelmiete gestellt werden, so ist dies nur insoweit richtig, als die Staffelmietvereinbarung dies nicht verbietet – weil sie gar nicht mehr gilt, jedoch ist auch in diesem Fall die 15-Monatsfrist und die Jahressperrfrist des § 558 Abs. 1 BGB einzuhalten. Ein vor Ablauf eines Jahres nach der letzten Erhöhung auf Grund einer Staffelmietvereinbarung dem Mieter zugegangenes Mieterhöhungsverlangen ist unwirksam.[156]

55 **c) Mieterhöhungen nach § 560 BGB.** Zulässig sind während der Laufzeit der Staffelmietvereinbarung lediglich Erhöhungen von **Betriebskostenpauschalen** gem. § 560 BGB. Dies setzt eine formell und materiell ordnungsgemäße Betriebskostenabrechnung voraus.[157] Soweit gem. Art. 229 § 3 Abs. 4 EGBGB Mieterhöhungen wegen Betriebskostensteigerungen entsprechend § 560 BGB bei vor dem 1.9.2001 abgeschlossenen Brutto- oder Teilinklusivmietverträgen ebenfalls möglich sind, wenn im Mietvertrag eine Erhöhung der Miete wegen Betriebskostensteigerungen ausdrücklich vereinbart worden ist, gilt dies bei einer Staffelmiete über eine Bruttomiete nicht.[158] Da bei einer Teilinklusivmiete eine vertraglich vereinbarte Mieterhöhung auch das allgemeine Ansteigen der Betriebskosten mitberücksichtigt, ist daneben für eine Mieterhöhung nach § 560 Abs. 1 BGB kein Raum.[159] Dies gilt auch, wenn die vorherige Mieterhöhung nicht auf § 558 BGB, sondern auf der Grundlage einer am Beginn des Mietverhältnisses einvernehmlich getroffenen Staffelmietvereinbarung beruht. Die im Rahmen einer Staffel vereinbarte Erhöhung erfasst bei einer Bruttokaltmiete auch die darin enthaltenen Betriebskosten. Eine andere Auslegung der vertraglichen Regelungen entspräche nicht den verobjektivierten Parteiinteressen und ginge einseitig zulasten des Mieters.

56 **d) Mietabänderungsvereinbarungen.** Zulässig ist es aber während einer Staffelmietvereinbarung eine Mieterhöhungsvereinbarung gem. § 557 Abs. 1 BGB zu treffen.[160] Die Staffelmietvereinbarung verbietet nur einseitige Mieterhöhungen oder die Durchsetzung eines vertraglichen Abänderungsanspruchs gem. § 558 BGB. Weder der Wortlaut des § 557a Abs. 2 BGB noch dessen Sinn und Zweck verbieten einvernehmliche Vertragsänderungen. Die Parteien können also eine Mietabänderungsvereinbarung gem. § 557 Abs. 1 BGB aber auch eine neue Staffelmietvereinbarung treffen, die an die Stelle der alten Vereinbarung tritt. Die Vereinbarung gem. § 557 Abs. 1 BGB muss bei Staffelmietvereinbarungen mit Kündigungsausschluss gem. § 550 BGB schriftlich erfolgen, wenn die restliche Mietzeit nach Abschluss der Vereinbarung noch mehr als ein Jahr betragen soll.[161] Dabei kann ggf. auf die Staffelmietvereinbarung Bezug genommen werden, wenn die Erhöhungsvereinbarung nicht alle Tatbestandsmerkmale enthält.[162]

---

155 *Sternel* ZMR 1983, 74.
156 BGH RE v. 16.6.1993, NJW 1993, 2109.
157 BGH (VIII ZR 246/11) WuM 2012, 321 = NJW 2012, 2186 = NZM 2012, 455 = MietPrax-AK, § 560 BGB Nr. 6 mit Anm. *Eisenschmid; Schmid,* ZMR 2012, 684.
158 AG Tiergarten GE 2007, 59.
159 Vgl. KG RE v. 5.8.1997, NJW-RR 1998, 226.
160 **A. A.** LG Berlin MM 1993, 73.
161 LG Berlin GE 1988, 1113.
162 BGH WuM 1988, 50.

e) Nach Ende der Staffelmietvereinbarung. ist die Miete der letzten Stufe unverändert als vertraglich geschuldete Miete weiterzuzahlen bis eine wirksame Mieterhöhung nach §§ 558, 559 BGB erfolgt oder eine neue Staffelmietvereinbarung getroffen wurde. 57

III. Verwirkung

Auch der Anspruch auf Zahlung einer erhöhten Miete, die auf Grund einer Staffelmietvereinbarung geschuldet wurde, kann verwirkt sein. Der Tatbestand der Verwirkung setzt voraus, dass neben das **Zeitmoment das Umstandsmoment** tritt.[163] Es müssen besondere Umstände sowohl im Verhalten des Berechtigten als auch des Verpflichteten vorliegen, die es rechtfertigen, die späte Geltendmachung des Rechts als mit Treu und Glauben unvereinbar und für den Verpflichteten als unzumutbar anzusehen.[164] Macht der Vermieter den Erhöhungsbetrag längere Zeit nicht geltend, kann der Nachzahlungsbetrag verwirkt sein, wenn der Mieter darauf vertrauen durfte, dass der Betrag auch in Zukunft nicht geltend gemacht wird. Dies kann bei längeren Zeiträumen[165] der Fall sein, wenn der Vermieter im Besitz einer **Einzugs- oder Abbuchungsermächtigung** ist, von der er hinsichtlich des Erhöhungsbetrages keinen Gebrauch gemacht hat.[166] Allein die Tatsache, dass der Vermieter ohne weitere Erklärung viele Jahre den Erhöhungsbetrag nicht geltend macht, genügt nicht.[167] Ein Verzicht für die Zukunft ist darin regelmäßig ebenso wenig zu sehen[168] wie eine Verringerung der Betriebskostenvorauszahlungen.[169] An eine Verzichtserklärung sind hohe Anforderungen zu stellen. Er ist regelmäßig nicht zu vermuten.[170] 58

E. Kündigungsrecht des Mieters

Die Vereinbarung einer Staffelmiete schließt das Kündigungsrecht des Mieters nicht aus.[171] Allein die Tatsache, dass die Mietvertragsparteien eine bestimmte Laufzeit für die Staffelmietvereinbarung getroffen haben, bedeutet nicht, dass es sich um ein befristetes Mietverhältnis handelt. Der Wortlaut des § 557a Abs. 2 BGB ist insofern eindeutig. Danach kann **das Kündigungsrecht des Mieters** für höchstens vier Jahre seit Abschluss der Staffelmietvereinbarung ausgeschlossen werden. Das bedeutet, dass das Gesetz grundsätzlich davon ausgeht, dass die Staffelmietvereinbarung selbst noch nicht zu einem Zeitmietvertrag oder einem Kündigungsausschluss führt. Es bleibt deshalb beim gesetzlichen Normalfall eines Mietverhältnisses auf unbestimmte Zeit. Die Vereinbarung einer Staffelmiete kann aber u. U. ein Vertrauen des Mieters darauf rechtfertigen, dass der Mietvertrag wegen Eigenbedarfs erst nach einer gewissen Dauer gekündigt werden kann.[172] Ein eventuell vereinbarter Kündigungsausschluss von mehr als einem Jahr bedarf zur Wirksamkeit der Einhaltung der Schriftform.[173] 59

Zweck des § 557a Abs. 2 BGB ist es, einer möglichen **Zwangslage der Wohnungssuchenden** beim Abschluss eines Mietvertrages durch eine zeitliche Begrenzung des Ausschlusses des Kündigungsrechts Rechnung zu tragen.[174] Das Vorliegen einer Zwangslage ist aber kein Tatbestandsmerkmal des § 557a BGB.[175] Einer Staffelmietvereinbarung liegt eine **Prognoseentscheidung** zu 60

---

163 BGH (XII ZR 22/07) NJW 2010, 1065; BGH (VII ZR 23/02) NJW 2003, 824; KG WuM 2004, 348, 349.

164 BGH (VII ZR 23/02) NJW 2003, 824; BAG NJW 2001, 2907; zur Verwirkung im Mietrecht: *Kandelhard* NZM 2005, 43; *Hinkelmann* PiG 65, 247.

165 Nach LG Osnabrück DWW 2004, 152 ist dies z. B. bei fünfjähriger Nichtzahlung der Erhöhungsstaffel ohne Mahnung des Vermieters der Fall, wenn auch bei Betriebskostenabrechnungen nicht auf die Staffelmiete hingewiesen wurde.

166 LG Hamburg WuM 1997, 331, 332.

167 KG WuM 2004, 348, 349 (für Gewerberaummiete); *Sternel* Mietrecht aktuell (2009), IV, 26; **a. A.** LG Osnabrück DWW 2004, 152 (für Wohnraummiete).

168 OLG Düsseldorf WuM 2003, 387, 388 = ZMR 2003, 569; **a. A.** LG München ZMR 2003, 431.

169 AG Saarbrücken WuM 2012, 617.

170 BGH NJW-RR 1999, 593, 594, WPM 1982, 671, 673.

171 *Artz* in MünchKomm § 557a BGB Rdn. 15; **a. A.** *Heller* WuM 1992, 511.

172 AG Hamburg-Bergedorf NJW-RR 1993, 1292.

173 BGH (VIII ZR 223/06) NJW 2007, 1742 = MietPrax-AK § 550 BGB Nr. 18 mit Anm. *Börstinghaus*.

174 BT-Dr. 9/2079 S. 18.

175 BGH (VIII ZR 218/04) NZM 2006, 12, 15 = MietPrax-AK § 557a BGB Nr. 6 mit Anm. *Börstinghaus*.

Grunde, die zutreffen kann oder nicht. An eine solche ggf. auch falsche Prognoseentscheidung soll der Mieter allenfalls 4 Jahre gebunden sein, danach kann er entscheiden, ob er die Umzugskosten in Kauf nimmt, um für eine andere Wohnung eine eventuell niedrigere Miete zu zahlen. Diese beiden Gesetzeszwecke sind auch dann betroffen, wenn es sich um einen erst nach Abschluss des Mietvertrages vereinbarten – ggf. auch wiederholten – Kündigungsausschluss handelt.[176]

61 **a) Möglich ist aber,** eine Staffelmietvereinbarung zusammen mit einem **Zeitmietvertrag** gem. § 575 BGB abzuschließen. In diesem Fall ist das ordentliche Kündigungsrecht wechselseitig ausgeschlossen. Vermieter und Mieter können das Mietverhältnis allenfalls außerordentlich fristgerecht oder fristlos kündigen. Das Sonderkündigungsrecht des Mieters gem. § 561 BGB gilt bei einer Mieterhöhung auf Grund einer Staffelmietvereinbarung gem. § 557a Abs. 2 BGB nicht.[177] Der Wortlaut ist eindeutig. Auch eine **Analogie scheidet aus.**[178] Die Fälle sind nicht vergleichbar. Die Mieterhöhung beruht im Fall des § 557a BGB auf einer, wenn auch i. d. R. schon bei Vertragsschluss geschlossenen Vereinbarung der Parteien. Der Mieter weiß bei Abschluss des Vertrages, welche Miete er ab wann zu zahlen hat. Er wird nicht vom Verlangen des Vermieters überrascht.

62 Ohne Einschränkungen ist es zulässig, das **Kündigungsrecht des Vermieters** im Mietvertrag auszuschließen. Hinsichtlich der Beschränkung auf Seiten des Vermieters enthält das BGB an keiner Stelle ein Verbot. Umstritten war, ob seit 1.9.2001 auch das **Kündigungsrecht des Mieters** ausgeschlossen werden konnte. Das hat der BGH in zahlreichen Entscheidungen bejaht (dazu § 575 BGB Rdn. 80ff.).[179] Unterschieden werden muss zwischen dem **individualvertraglichen** und dem **formularmäßig** vereinbarten **Kündigungsausschluss.** Ersterer ist grundsätzlich einseitig und auch zeitlich großzügiger möglich,[180] während der formularvertragliche[181] Kündigungsausschluss grundsätzlich[182] nur wirksam ist, wenn er beidseitig[183] gilt, nur das ordentliche Kündigungsrecht betrifft[184] und maximal für vier Jahre[185] vereinbart wurde. Nach Ansicht des BGH soll aber auch ein **einseitiger formularmäßiger Kündigungsausschluss** zu Lasten des Mieters in Zusammenhang mit einer Staffelmietvereinbarung wirksam sein.[186] Gegen diese Auslegung sprechen – *Weitemeyer* spricht von „krankt“[187] – eine historische Auslegung und die teleologische Auslegung. Die Urteile beruhen auf der falschen Annahme, § 557a Abs. 3 Satz 1 BGB gestatte grundsätzlich einen Kündigungsausschluss. Da einseitige formularvertragliche Kündigungsausschlussvereinbarungen auch nach der Rechtsprechung des BGH[188] unwirksam sind, stellt

---

[176] BGH (VIII ZR 218/04) NZM 2006, 12, 15 = MietPrax-AK § 557a BGB Nr. 6 mit Anm. *Börstinghaus.*

[177] *Sternel* Mietrecht, III, 437.

[178] Zur Analogie mietrechtlicher Vorschriften: *Häublein* WuM 2010, 391.

[179] *Derleder* NZM 2012, 147; *ders.* KJ 2008, 394, 399; *Häublein* DMT-Bilanz 2011, S. 461; *Gather* DWW 2011, 204; *Börstinghaus* ZGS 2008, 221; *ders.* NJW 2009, 1391; *Artz* in MünchKomm § 557a Rdn. 16; *Weitemeyer* in: Staudinger § 557a BGB Rdn. 20; *Blank* in: Blank/Börstinghaus, Miete, § 575 BGB Rdn. 87; *Wiek* WuM 2009, 46.

[180] 13 Jahre: BGH (VIII ZR 388/12) NJW 2013, 2820; 10 Jahre: BGH (VIII ZR 98/10) NZM 2011, 28; 5 Jahre: BGH (VIII ZR 81/03) NJW 2004, 1448; *Häublein* ZMR 2004, 252; *Horst* MDR 2004, 437; *ders.* DWW 2004, 140; *Eisenhardt* BGHReport 2004, 575; *Fischer* WuM 2004, 123; *Hinz* WuM 2004, 126; *Kandelhard* WuM 2004, 129; *Timme* NJW 2004, 1639; *Derleder* NZM 2004, 247; *Lützenkirchen* MDR 2004, 926; *Schimmel/Buhlmann* LMK 2004, 158.

[181] Eine solche formularvertragliche Vereinbarung liegt auch vor, wenn der Vermieter handschriftlich in eine Lücke im vorformulierten Vertragstext die Laufzeit einträgt: BGH (VIII ZR 23/16) WuM 2016, 656. Etwas anderes würde allenfalls dann gelten, wenn die Ergänzung von den Parteien individuell ausgehandelt oder gar von dem Vertragspartner des Verwenders nach seiner freien Entscheidung vorgenommen worden wäre.

[182] Zur Ausnahme BGH (VIII ZR 307/08) NZM 2009, 779.

[183] BGH (VIII ZR 30/08) NJW 2009, 912.

[184] BGH (VIII ZR 120/11) NJW 2012, 521; *Derleder* NZM 2012, 147; *Wiek* WuM 2012, 100.

[185] BGH (VIII ZR 27/04) NJW 2005, 1574; *Wiek* WuM 2006, 369.

[186] BGH (VIII ZR 154/04) NJW 2006, 1056 = MietPrax-AK § 557a BGB Nr. 7 mit abl. Anm. *Börstinghaus; ders.* ZGS 2009, 221; abl. *Wiek* WuM 2006, 154, 155; BGH (VIII ZA 14/05) MietPrax-AK § 557a BGB Nr. 9; BGH (VIII ZR 270/07) NJW 2009, 353; so auch AG Schopfheim/LG Waldshut-Tiengen WuM 2007, 449 mit abl. Anm. *Harsch* WuM 2007, 450; **a. A.** AG Dortmund NZM 2010, 862; *Klumpp,* Der Kündigungsausschluss im unbefristeten und befristeten Wohnraummietverhältnis, Diss 2009, S. 104; *Derleder* KJ 2008, 394; *Artz* in MünchKomm § 557a BGB Rdn. 16; *Blank* in: Blank/Börstinghaus, Miete, § 575 BGB Rdn. 91; *Weitemeyer* in Staudinger § 557a BGB Rdn. 20; *Schüller* in Bamberger/Roth § 557a BGB Rdn. 23; *Wiek* WuM 2009, 46; *Häublein* PiG 88 (2010), 59, 67; *Häublein* in: MünchKommBGB § 573c BGB Rdn. 22; *Börstinghaus,* jurisPR-MietR 3/2009 Anm. 5; *ders.,* ZGS 2009, 221; *ders.,* NJW 2009, 1391.

[187] *Weitemeyer* in: Staudinger § 557a BGB Rdn. 20c.

[188] BGH, (VIII ZR 30/08) NJW 2009, 912.

sich die Frage, ob alleine die **Verbindung mit einer Staffelmiete** hier für den Mieter etwas ändert. Der Wortlaut des § 557a Abs. 3 Satz 1 BGB spricht für die Lösung des BGH.[189] Danach kann nämlich das Kündigungsrecht des Mieters für höchstens vier Jahre ausgeschlossen werden. Es stellt sich nur die Frage, ob damit die Rechte des Vermieters erweitert werden sollten oder beschränkt. Vor der Mietrechtsreform waren einfache Zeitmietverträge gem. § 564c Abs. 1 BGB a. F. zulässig. Folge eines solchen einfachen Zeitmietvertrages war, dass das ordentliche Kündigungsrecht des Mieters für lange Zeit ausgeschlossen war. Häufig wurden diese Verträge mit einer Staffelmiete gem. § 10 MHG a. F. verbunden. Solche Staffelmieten durften damals für bis zu 10 Jahre abgeschlossen werden. Das war für den Mieter risikoreich. Er hätte sich 10 Jahre nicht aus solchen Verträgen lösen können. Seit 2001 sind Staffelmieten gerade mit einer so langen Laufzeit in mindestens doppelter Hinsicht gefährlich: Zum einen muss der Mieter bei Abschluss des Vertrages nicht nur auf die zunächst fällige Miete achten, sondern auch auf die Steigerungen. Bei entsprechender Nachfragesituation wird diesem Punkt häufig nicht die notwendige Aufmerksamkeit geschenkt. Hinzu kommt aber zweitens, dass jede Staffelmiete auch eine Prognoseentscheidung darstellt. Niemand kann die Mietentwicklung über zehn Jahre seriös abschätzen. Aus all diesen Gründen hat der Gesetzgeber zunächst in § 10 MHG a. F. einen Interessenausgleich versucht zu erreichen. Einen Staffelmietvertrag in Verbindung mit einem Zeitmietvertrag soll zumindest der Mieter nach vier Jahren kündigen können. Die Vorschrift ist in der Mietrechtsreform dann ohne weitere Diskussion übernommen worden, wobei aus der früheren Verbotsnorm nun eine dem BGB fremde Gestaltungsnorm[190] wurde. Das bedeutet, dass die historische Auslegung eher gegen die Wortlautauslegung des BGH spricht.[191]

Es handelt sich um eine typische **Mieterschutzvorschrift.**[192] Dem Vermieter wurde verboten eine eigentlich mögliche Regelung zu vereinbaren. Mit einem Zeitmietvertrag ohne Staffelmiete konnte das Kündigungsrecht auch für längere Zeit ausgeschlossen werden. Staffelmietverträge ohne Zeitmietvertrag konnten jederzeit mit gesetzlicher Frist gekündigt werden. Nur wenn beides miteinander verbunden wurde, sollte der Kündigungsausschluss beschränkt werden. Somit spricht auch die teleologische Auslegung gegen die Wortlautauslegung des *8. Zivilsenats.* Diese führt nämlich dazu, dass die ursprünglich als Mieterschutzvorschrift gedachte Regelung sich in ihr Gegenteil verkehrt. Ohne Staffelmiete wäre der einseitige formularvertragliche Kündigungsverzicht egal welcher Länge unwirksam. Wegen der Mieterschutzvorschrift des § 557a Abs. 3 Satz 1 BGB ist er jetzt plötzlich wirksam. Im Übrigen dürfte bei zahlreichen Vertragsgestaltungen auch ein Verstoß gegen das Transparenzgebot vorliegen.[193]

Bei der Beurteilung der **Wirksamkeit von Kündigungsausschlussvereinbarungen** muss nach der Rechtsprechung des BGH zwischen folgenden 7 Fallkonstellationen unterschieden werden:[194] 63

---

189 **A. A.** *Wiek* WuM 2009, 46, 47.
190 Auch *Artz* in MüKoBGB § 557a Rdn. 16 spricht davon, dass die Norm eine Verbotsnorm zum Schutz des Mieters und keine Erlaubnisnorm zu Gunsten des Vermieters ist.
191 So auch *Klumpp* a. a. O. S. 107/108.
192 *Wiek* WuM 2009, 46, 47 m. w. N. in Fn. 12.
193 *Harsch* WuM 2007, 450.
194 *Wiek* WuM 2006, 154, 156.

<table>
<tr><td colspan="2" rowspan="4"></td><td colspan="7">Kündigungsausschluss</td></tr>
<tr><td colspan="3">Individualvertraglich</td><td colspan="4">Formularvertraglich</td></tr>
<tr><td rowspan="2">Bis 4 Jahre</td><td colspan="2">Über 4 Jahre</td><td colspan="2">Bis 4 Jahre</td><td colspan="2">Über 4 Jahre</td></tr>
<tr><td>Ohne Staffelmiete</td><td>Mit Staffelmiete</td><td>Ohne Staffelmiete</td><td>Mit Staffelmiete</td><td>Ohne Staffelmiete</td><td>Mit Staffelmiete</td></tr>
<tr><td rowspan="2">Verzicht gilt</td><td>Wechselseitig</td><td colspan="2" rowspan="2">Zulässig[195]</td><td rowspan="2">Ist nur insoweit unwirksam als 4 Jahre überschritten werden[196]</td><td colspan="2">Zulässig in der Regel[197], wenn nur ordentliche Kündigung ausgeschlossen wurde[198]</td><td rowspan="2">Unzulässig[199]</td><td>Ab 9/2001 vereinbart: Insgesamt unwirksam[200]</td></tr>
<tr><td>Einseitig</td><td>Unwirksam[202]</td><td>Nach BGH möglich[203]</td><td>Zu § 10 MHG noch anders[201]</td></tr>
</table>

64 **Formularvertragliche Beschränkungen,** die seit dem 1.9.2001 vereinbart wurden, sind insgesamt unwirksam, wenn sie länger als 4 Jahre gelten sollten.[204] Bei **Individualverträgen** bezieht sich die Unwirksamkeit immer nur auf den 4 Jahre übersteigenden Teil.[205] Ferner kann der Mieter nach Ablauf von vier Jahren auch echte Zeitmietverträge gem. § 575 BGB ordentlich kündigen.

Nach Ablauf der Vierjahresfrist handelt es sich für den Mieter um einen Mietvertrag auf unbestimmte Zeit. Unwirksam sind nach § 557a Abs. 3 Satz 1 BGB deshalb auch alle Vereinbarungen, die das Kündigungsrecht des Mieters in irgendeiner Weise beschränken. Dies gilt z. B. auch für die Vereinbarung, dass das Mietverhältnis nach den vier Jahren nur einmal im Jahr gekündigt werden darf.[206] Bei Vereinbarungen, die ab dem 1.9.2001 geschlossen wurden, führt dies zur Unwirksamkeit bei Kündigungsbeschränkung insgesamt, bei zuvor abgeschlossenen Vereinbarungen nur zur Unwirksamkeit der nach den 4 Jahren geltenden Kündigungserschwerungen.

65 **b) Die 4-Jahresfrist beginnt** mit *Abschluss der* **Kündigungsausschlussvereinbarung**[207], es sei denn die Parteien haben etwas anderes vereinbart, was durch Auslegung zu ermitteln ist.[208] Soweit zum alten Recht teilweise eine andere Auffassung vertreten wurde, ist diese wegen des geänderten Wortlauts der Vorschrift seit der Mietrechtsreform 2001 hinfällig.[209] Sinn und Zweck der

---

[195] BGH (VIII ZR 98/10) NJW 2011, 59; BGH (VIII ZR 81/03) NJW 2004, 1448.
[196] BGH (VIII ZR 257/04) NJW 2006, 2696.
[197] Ausnahmen können aber gelten z. B. bei Vermietung an Studenten: (VIII ZR 307/08) NZM 2009, 779.
[198] BGH (VIII ZR 379/03) NJW 2004, 3117; BGH (VIII ZR 294/03) NZM 2004, 734; BGH (VIII ZR 2/04) WuM 2004, 672.
[199] BGH (VIII ZR 86/10) NJW 2011, 597; BGH (VIII ZR 27/04) NJW 2005, 1574.
[200] BGH (VIII ZR 3/05) NJW 2006, 1059.
[201] BGH (VIII ZR 316/03) NZM 2004, 736.
[202] BGH (VIII ZR 30/08) NJW 2009, 912; *Börstinghaus* NJW 2009, 1391; *ders.* ZGS 2009, 221.
[203] BGH (VIII ZR 154/04) NJW 2006, 1056 = MietPrax-AK § 557a BGB Nr. 7 mit Anm. *Börstinghaus;* abl. *Wiek* WuM 2006, 154, 155; BGH (VIII ZA 14/05) = MietPrax-AK § 557a BGB Nr. 9; BGH (VIII ZR 270/07) NJW 2009, 353.
[204] BGH (VIII ZR 3/05) WuM 2006, 152 = MietPrax-AK § 557a BGB Nr. 8 mit Anm. *Börstinghaus.*
[205] BGH (VIII 257/04) NJW 2006, 2696 = MietPrax-AK § 557a BGB Nr. 11 mit Anm. *Börstinghaus; ders.* GE 2006, 1008; *Wiek* WuM 2006, 448; *Blank* NZM 2006, 689.
[206] BGH (VIII ZR 316/03) NZM 2004, 736 = MietPrax-AK § 557a BGB Nr. 3 mit Anm. *Börstinghaus.*
[207] BGH (VIII ZR 23/16) WuM 2016, 656; (VIII ZR 270/07) NJW 2009, 353; (VIII ZR 344/04) WuM 2005, 519 = MietPrax-AK § 557a BGB Nr. 5 mit Anm. *Börstinghaus;* LG Berlin GE 2005, 1435; *Kinne* in Kinne/Schach/Bieber, Miet- und Mietprozessrecht, § 557a BGB Rdn. 19; *Wiek* WuM 2010, 405.
[208] BGH (VIII ZR 23/16) WuM 2016, 656.
[209] *Artz* in MünchKomm § 557a BGB Rdn. 17 unter Hinweis auf die Gesetzesmaterialien BT-Drucks. 9/2284 zu Art. 2 Nr. 3 des Gesetzesentwurfes S. 4; *Sternel* Mietrecht, III, 437; *Gramlich* NJW 1983, 418; *Sternel*

Regelung besteht in der besseren Kalkulationsmöglichkeit für die Mietvertragsparteien. Unter Berücksichtigung der Zwangslage, in der sich der Wohnungssuchende bei **Abschluss des Mietvertrages** eines Mietvertrages befinden kann, solle er sich nach vier Jahren von der Erklärung lösen können.[210] Die Frist ist auch maßgeblich, wenn ihr Ende auf einen Kalendertag vor dem Ende eines Monats fällt.[211] Es kommt nicht darauf an, ob die Staffelmietvereinbarung bereits bei Abschluss des Mietvertrages getroffen wurde oder erst später. Die auf Abschluss eines Mietvertrages gerichteten Willenserklärungen erfolgen schriftlich, d. h. die Mietvertragsparteien unterzeichnen nacheinander ein Mietvertragsformular. In diesem Fall ist die Staffelmietvereinbarung **abgeschlossen,** wenn die letzte Unterschrift geleistet wurde.

Beispiel: Wird also z. B. ein Entwurf dem Mieter zwecks Unterschriftsleistung am 13. Juni zugeschickt, unterschreibt der Mieter die Staffelmietvereinbarung am 16. Juni und schickt diese an den Vermieter zurück, der wiederum die Vereinbarung am 19. Juni unterzeichnet und eine unterschriebene Ausfertigung davon an den Mieter zurückschickt, wo sie am 23. Juni eintrifft, dann ist die Staffelmietvereinbarung auf jeden Fall noch im Juni abgeschlossen worden. Auf den Mietbeginn, der ggf. am 1. Juli oder noch später liegt, kommt es nicht an.

Bei einer **rückwirkend abgeschlossenen Staffelmietvereinbarung** berechnet sich die Vierjahresfrist vom Zeitpunkt der Vereinbarung an und nicht vom Wirkungszeitpunkt.[212] Hierfür sprechen sowohl der Wortlaut der Vorschrift, der ausdrücklich auf die Vereinbarung und nicht das Inkrafttreten abstellt als auch der Sinn der Vorschrift, die den Mieter schützen will.

Der Mietvertrag muss spätestens nach Ablauf der 4-Jahresfrist beendet werden können. Das heißt die Kündigung muss zu diesem Termin wirken und nicht erst zu diesem Termin abgegeben werden können.[213] Die Vierjahresfrist ist nach der Rechtsprechung des BGH im Übrigen keine starre Regelung. Sie soll nur „i. d. R." gelten. Wenn besondere Umstände vorliegen, soll auch eine kürzere oder auch längere Frist gelten.[214] Sie hierzu § 575 BGB Rdn. 91.

Die 4-Jahresfrist gilt unabhängig davon, wie lang die Laufzeit der Staffelmietvereinbarung ist. **66**
Die Staffelmietvereinbarung muss nicht länger als die Kündigungsbeschränkung sein. Die 4-Jahresfrist gilt auch im umgedrehten Fall und zwar sowohl, wenn die Kündigungsbeschränkung vor der Staffelmietvereinbarung abgeschlossen wurde als auch für den Fall, dass die Laufzeit der Staffelmietvereinbarung kürzer ist als die Kündigungsbeschränkung.

Beispiel: Die Mietvertragsparteien haben zunächst einen auf 7 Jahre befristeten echten Zeitmietvertrag mit Erhöhungsvorbehalt geschlossen. Nach einem Jahr vereinbaren sie im Rahmen eines Vergleichs in einem Mieterhöhungsverfahren eine Staffelmiete über drei Jahre.

In diesem Fall kann der Mieter abw. von der alten Rechtslage den Mietvertrag ab Abschluss des Vergleichs, also vor regulärem Ablauf des Zeitmietvertrages kündigen. Haben die Parteien erst eine Staffelmietvereinbarung getroffen und anschließend eine Kündigungsbeschränkung, beginnt die 4-Jahresfrist ebenfalls mit Abschluss der Staffelmietvereinbarung zu laufen. Nach Eintritt der letzten Stufe der Staffelmietvereinbarung ist die Vereinbarung eines Kündigungsausschlusses unter den zuvor beschriebenen allgemeinen Voraussetzungen ohne Beschränkung des § 557a Abs. 3 S. 1 BGB möglich.[215]

c) Das Mietverhältnis endet nicht automatisch, es ist nur kündbar. Dies gilt unabhängig **67**
davon, welche Art der Vereinbarung die Parteien getroffen haben. § 557a Abs. 3 BGB erfasst sowohl Kündigungsausschlussvereinbarungen wie auch Zeitmietverträge. Haben die Parteien einen unbefristeten Mietvertrag mit Kündigungsausschluss vereinbart, endet das Mietverhältnis nicht automatisch; es ist nur bei Wirksamkeit des Kündigungsausschlusses nach vier Jahren kündbar, bei Unwirksamkeit sofort. Erforderlich zur Beendigung ist in diesem Fall eine Kündigungserklärung. Bei Zeitmietverträgen gem. § 575 BGB muss unterschieden werden: Bei Befristungen von mehr

---

MDR 1983, 362; soweit das LG Görlitz GE 2005, 307 eine andere Auffassung vertreten hat, ist die Entscheidung vom BGH (VII ZR 344/04) WuM 2005, 519 aufgehoben worden.

[210] OLG Hamm WuM 1989, 485, 486 (an anderen Stellen der Entscheidung wird aber eher an den Vertragsbeginn angeknüpft).

[211] BGH (VIII ZR 243/05) NZM 2006, 579 = MietPrax-AK § 557a BGB Nr. 10 mit Anm. *Börstinghaus; ders.* GE 2006, 898; *Manger* GE 2006, 885.

[212] LG Berlin ZMR 2003, 572; **a. A.** AG Charlottenburg GE 2000, 1033.

[213] BGH (VIII ZR 23/16) WuM 2016, 656; (VIII ZR 86/10) NJW 2011, 597; (VIII ZR 163/10 WuM 2010, 294; AG Dortmund NZM 2010, 862; *Artz* in: MünchKomm § 557a BGB Rdn. 17; *Sternel* Mietrecht aktuell 2009 Rdn IV 31.

[214] BGH (VIII ZR 27/04) NZM 2005, 419.

[215] LG Kleve WuM 2012, 679.

als vier Jahren ist der Vertrag für den Mieter nach Ablauf des vierten Vertragsjahres kündbar[216], bei Befristungen unter vier Jahren endet der Mietvertrag automatisch mit Zeitablauf. Das Kündigungsrecht muss nicht zum ersten Termin ausgeübt werden.[217] Beim Staffelmietvertrag kann das Kündigungsrecht des Mieters durch eine **Verlängerungsklausel** nicht über den Ablauf des vierten Jahres hinaus eingeschränkt werden.

Nach § 557a Satz 2 BGB ist die Kündigung zum Ende des Vierjahreszeitraums möglich. Diesen Satz hat der Gesetzgeber in der Mietrechtsreform 2001 ausdrücklich hinzugefügt. Er war in der Vorgängervorschrift des § 10 Abs. 2 Satz 6 MHG a. F. nicht erhalten. Aus der Gesetzesfassung folgt **„eindeutig"**[218], dass die Kündigungserklärung des Mieters nicht erst nach Ablauf der Frist erfolgen darf.

68 Gekündigt werden kann nur der ganze Mietvertrag. Eine **isolierte Kündigung nur der Staffelmietvereinbarung** ist nicht möglich. Die Kündigung muss unter Einhaltung der Kündigungsfrist des § 573c BGB erfolgen. Dabei ist es zulässig, dass die Kündigung unter Einhaltung der Frist des § 573c Abs. 1 BGB bereits vor Ablauf einer wirksam vereinbarten 4-Jahresfrist zu deren Ablauf hin erklärt wird.[219] Das ergibt sich jetzt aus dem Wortlaut des § 557a Abs. 3 Satz 2 BGB. Eine verfrühte Erklärung wirkt auf den ersten möglichen Termin. Die Kündigung muss vom Mieter aber nicht zum ersten möglichen Termin erklärt werden. Das Mietverhältnis ist nach Ablauf einer wirksam vereinbarten 4-Jahresfrist im Hinblick auf die Möglichkeit der Vertragsbeendigung durch den Mieter wie ein Mietverhältnis auf unbestimmte Zeit anzusehen; deshalb kann es vom Mieter jederzeit unter Einhaltung der Kündigungsfrist ohne Angabe von Gründen gekündigt werden.[220] Dies gilt selbst dann, wenn der Mieter nach Ablauf der 4-Jahresfrist ein oder mehrerer Mieterhöhungen auf Grund der Staffelmietvereinbarung akzeptiert hat. Endet die 4-Jahresfrist nicht am Monatsende sondern mitten im Monat, dann kann die Kündigung frühestens zum Ende des Monats erfolgen in dem die 4-Jahresfrist endet.[221]

F. Grenzen der Vereinbarung

I. Grundsatz: Freie Vereinbarung

69 Grundsätzlich gilt, dass die Miethöhe für jede einzelne Staffel von den Parteien frei vereinbart werden kann. Es gelten vom Grundsatz her die gleichen Regelungen, die auch bei der Festsetzung der Miete bei der Neuvermietung gelten. Genau wie dort müssen die Parteien auch bei der Vereinbarung einer Staffelmiete **keine Kappungsgrenze** beachten.[222] Dies gilt sowohl für die erste Stufe wie auch für die Differenz der einzelnen späteren Staffeln. Deshalb darf die erste Stufe der Vereinbarung schon mehr als 20% über der Ausgangsmiete 3 Jahre zuvor liegen. Ferner ist es zulässig, dass auch die späteren Staffeln zu einem stärkeren Mietanstieg als er unter Beachtung der Kappungsgrenze des § 558 Abs. 1 Satz 2 BGB möglich wäre, führt. Das ergibt sich bereits aus dem Wortlaut des § 558 Abs. 1 Satz 2 BGB, der nur den einseitigen Erhöhungsanspruch des Vermieters für Mieterhöhungen im Bestand betrifft, wie auch dem Sinn und Zweck der Regelung. Die Kappungsgrenze hat mieterschützende Funktion. Bei vertraglichen Abreden zwischen den Mietvertragsparteien obliegt es jeder Partei grundsätzlich selbst, ihre Interessen in den Verhandlungen durchzusetzen.

70 Auch die **ortsübliche Vergleichsmiete** ist grundsätzlich nicht Maßstab für die Festlegung der Vertragsmiete und der einzelnen Staffeln.[223] Die Parteien können eine Miete vereinbaren, die unter, aber auch über der ortsüblichen Vergleichsmiete liegt. Ein Mietvertrag ist nur dann bei einer Überschreitung der ortsüblichen Vergleichsmiete um 50% wegen eines auffälligen Missverhältnisses

---

216 Wenn der Zeitmietvertrag individualvertraglich vereinbart wurde; dann ist auch der Kündigungsausschluss individualvertraglich vereinbart und bis zu vier Jahren wirksam: BGH (VIII ZR 257/04) NJW 2006, 2696.

217 LG Berlin GE 2000, 207; *Lammel* § 557a BGB Rdn. 28.

218 So *Artz* in MünchKomm § 557a BGB Rdn. 17.

219 BGH (VIII ZR 344/04) WuM 2005, 519 = MietPrax-AK § 557a BGB Nr. 5 mit Anm. *Börstinghaus;* OLG Hamm RE v. 11.8.1989, NJW-RR 1989, 1288; *Artz* in MünchKomm § 557a BGB Rdn. 16.

220 *Sternel* Mietrecht, III, 437.

221 LG Berlin 2005, 1435.

222 AG Dortmund NZM 2010, 862; *Dickersbach* in Erman § 557a BGB Rdn. 5; *Langenberg* PiG 53, 59, 71.

223 *Weitemeyer* in Emmerich/Sonnenschein, Miete, § 557a BGB Rdn. 6; *Dickersbach* in Erman § 557a BGB Rdn. 5.

zwischen Leistung und Gegenleistung sittenwidrig i. S. d. § 138 BGB, wenn der Vermieter die wirtschaftlich schwächere Lage des Vertragspartners ausgenutzt hat.

II. Verstoß gegen § 556g BGB

Gem. § 557a Abs. 4 BGB gelten die § 556d–§ 556g BGB auch für jede einzelne Staffel einer **70a**
Staffelmietvereinbarung. Das bedeutet, dass sowohl die erste vereinbarte Miete wie auch alle folgenden Mieten grundsätzlich die ortsübliche Vergleichsmiete um nicht mehr als 10% übersteigen dürfen. Voraussetzung ist, dass die Wohnung in einer Gemeinde liegt, für die durch Landes-Rechtsverordnung festgestellt wurde, dass dort ein angespannter Wohnungsmarkt herrscht (wegen der Einzelheiten siehe die Kommentierung bei § 556d BGB). Die Beschränkung ist gem. Art. 229 § 35 Abs. 1 EGBGB nur auf Staffelmietvereinbarungen anwendbar, die nach Inkrafttreten einer entsprechenden Landesverordnung, in die die Gemeinde, in der die vertragsgegenständliche Wohnung liegt, aufgenommen wurde, vereinbart wurde. Dabei kommt es nicht auf den Zeitpunkt an, ab wann die Ausgangsmiete oder die erste Staffelmieterhöhung zu zahlen ist, sondern auf das **Datum des Vertragsschlusses** bzgl. der Staffelmiete. Bei zeitlich auseinanderliegenden Willenserklärungen von Vermieter und Mieter kommt es somit auf das Wirksamwerden (Zugang) der zeitlich zweiten Willenserklärung an. Auf das Datum des Mietvertrages kommt es nicht an, auch wenn dieses häufig mit dem Datum der Staffelmietvereinbarung identisch ist. Bis zur Aufnahme der Gemeinde in eine Landesverordnung geschlossene Staffelmietvereinbarungen genießen auch für zukünftige Staffeln Bestandsschutz.[224] Umgedreht sind die §§ 556d–§ 556g BGB gem. Art. 229 § 35 Abs. 2 EGBGB nicht mehr auf solche Mietstaffeln anwendbar, die erstmals fällig werden, wenn die Gemeinde nicht mehr in den Anwendungsbereich einer Landesverordnung gem. § 556d Abs. 2 BGB fällt. Damit kann die Deckelung faktisch noch 11 Monate über das Ende der Wiedervermietungsbegrenzung in der Gemeinde weitergelten.

Es muss also **sowohl für die Ausgangsmiete** sowie für **jede einzelne Staffelmieterhöhung** **70b**
die Höhe der ortsüblichen Vergleichsmiete für vergleichbare Wohnungen festgestellt werden. Diese darf dann um 10% überschritten werden. Nur die darüberhinausgehenden Beträge sind unwirksam. Es kommt dabei auf die **ortsübliche Vergleichsmiete zum Zeitpunkt des jeweiligen Inkrafttretens der nächsten Staffel** an. Das ist deshalb problematisch, weil Staffelerhöhungen im Abstand eines Jahres zulässig sind und auch tatsächlich in der Regel so vereinbart werden. Veränderungen der ortsüblichen Vergleichsmiete in diesem Abstand festzustellen ist demgegenüber schwierig. Selbst Mietspiegel werden frühestens alle 2 Jahre fortgeschrieben. Das Problem entspricht dem schon früher zu § 5 WiStG bestehenden Problem der dynamischen Nichtigkeit.[225] Deshalb ist es zumindest erforderlich zu dem alten Mietspiegelwert eine Stichtagsdifferenz hinzuzurechnen.[226] Alles andere würde zu einem **verfassungswidrigen Mietenstopp** führen.

Genauso wie bei der Neuvertragsmiete gem. § 556e Abs. 1 BGB, hat der Gesetzgeber auch bei **70c**
Staffelmieten einen Bestandsschutz eingeführt. Dieser wird dadurch hergestellt, dass eine Miethöhe, die bei Mietbeginn zulässig gewesen wäre, auch zu einem späteren Zeitpunkt noch als zulässige Miethöhe in jeder Folgestaffel anzusehen ist.[227] Praktische Bedeutung hat dies, wenn der Vermieter mit Rücksicht auf den Mieter nicht sofort bei Beginn der Staffelmietvereinbarung die maximal zulässige Miethöhe vollständig ausnutzen will.[228] War die mit dem Vormieter vereinbarte Miete höher als die um 10% erhöhte ortsübliche Vergleichsmiete, ist die Ausgangsmiete in Höhe der Vormiete gem. § 556e Abs. 1 BGB zulässig. Das gilt zunächst für Vormieten, die vor Inkrafttreten einer entsprechenden Landesverordnung für die entsprechende Gemeinde vereinbart worden sind. Aus Gründen des Bestandsschutzes darf der Vermieter diese Miete auch bei einer Neuvermietung nach Aufnahme der Gemeinde in eine Landesverordnung gem. § 556d Abs. 2 BGB vereinbaren. Dies ist dann aber auch solange die Obergrenze für alle folgenden Staffeln, bis die jeweils zum Inkrafttreten der neuen Staffel gültige ortsübliche Vergleichsmiete zzgl. 10% diese Vormiete übersteigt.

---

[224] BR-Drs. 447/14 S. 41.

[225] KG NJW-RR 1995, 1037; OLG Hamm NJW 1983, 1622; WuM 1995, 384, mit krit. Anm. *Buchmann* WuM 1995, 427.

[226] OLG Hamm RE v. 30.8.1996, NJW-RR 1997, 142; OLG Stuttgart RE v. 15.12.1993, NJW-RR 1994, 334.

[227] BR-Drs. 447/14 S. 40.

[228] BR-Drs. 447/14 S. 40.

70d Bei einer Vormiete, die nach Inkrafttreten einer örtlich anwendbaren Landesverordnung vereinbart wurde, kommt es darauf an, ob diese gem. § 556g Abs. 1 zulässig war. Das ist bei **nach dem 1. 10. 2014 erstmals genutzt und vermieteten Wohnungen** der Fall, da hier die §§ 556d ff. BGB gem. § 556f BGB gar nicht gelten. Für diesen Wohnungsbestand gelten auch für alle folgenden Staffelmieterhöhungen keine Beschränkungen. Handelt es sich um umfassend modernisierten Wohnraum gelten die §§ 556d ff. BGB nur für die erste vereinbarte Miete nicht. Zur Frage, ob die Befreiung für alle Staffeln gilt siehe § 556f Rdn. 23. Bei einfachen Modernisierungen darf die um 10% erhöhte ortsübliche Vergleichsmiete um den Betrag der Modernisierungsmieterhöhung überschritten werden (wegen der Einzelheiten siehe die Kommentierung bei § 556e). Dies gilt auch für alle späteren Staffeln bis die jeweils zum Stichtag maßgebliche ortsübliche Vergleichsmiete plus 10% mindestens so hoch ist wie die für diesen Zeitpunkt vereinbarte Miete.

70 Die Regelung über die Vormiete gem. § 556e BGB gilt auch in den Fällen, in denen die ortsübliche Vergleichsmiete fallen sollte. In diesem Fall gilt die letzte Staffel fort, ohne dass die Miete gesenkt werden muss. Auch das entspricht der Rechtslage zu § 5 WiStG, wenn die ortsübliche Vergleichsmiete sinkt.[229]

III. Verstoß gegen § 5 WiStG

71 Jedoch kann auch eine Staffelmietvereinbarung gegen gesetzliche Verbote i. S. d. § 134 BGB verstoßen. Gesetzliche Verbote sind dabei insbesondere die **Mietpreisüberhöhung** gem. § 5 WiStG[230] und der Mietwucher gem. § 291 StGB.

72 **a) Ausnutzen eines geringen Angebots.** (Siehe dazu auch Nach § 535 Rdn. 15ff.) Die Mietpreisüberhöhung verlangt zum einen die Überschreitung der ortsüblichen Vergleichsmiete um mehr als 20% und zum anderen muss dies unter Ausnutzung eines geringen Angebots an Wohnraum erfolgt sein.[231] Die beiden Tatbestandsvoraussetzungen müssen jeweils zum gleichen Zeitpunkt festgestellt werden. Nach dem Wortlaut des § 5 WiStG ist ein Kausalzusammenhang zwischen einem geringen Angebot und einer die ortsüblichen Entgelte um mehr als 20% übersteigenden Miete erforderlich. Das ergibt sich aus dem Wort „infolge". Dabei kann es bei den Handlungsformen des „Fordern" und „Sich-Versprechen-Lassen" nur auf den Zeitpunkt des Vertragsabschlusses ankommen. Dass bei einem steigenden Wohnungsangebot zum Zeitpunkt des „Annehmens" der Miete die Kausalität nicht mehr gegeben ist, ändert nichts daran, dass die anderen beiden Handlungsformen weiter erfüllt sind. Dies gilt im Rahmen der zivilrechtlichen Prüfung des § 5 WiStG selbst dann, wenn bei einer Staffelmiete die erste Staffel zur Zeit des geringen Angebots noch nicht die 20% Grenze überschritten hat.[232] Auch der Gesetzeszweck spricht für dies Ergebnis. Die Vorschrift soll Preisbildungen bekämpfen, die nicht vom Leistungswettbewerb bestimmt sind.[233] Es sollen also Mietvereinbarungen unterbunden werden, die infolge von Wettbewerbsstörungen am Wohnungsmarkt überhöht sind. Diesem Schutzzweck würde es aber widersprechen, den Mieter an einer überhöhten Mietvereinbarung festzuhalten, wenn sich die Wettbewerbslage entspannt. Die Wettbewerbsstörung ist weiter ursächlich für die Höhe der Vereinbarung. Die Ursächlichkeit entfällt auch nicht dadurch, dass der Mieter die Möglichkeit hat, den Mietvertrag insgesamt zu kündigen.[234] Die gegenteilige Auffassung widerspricht dem hohen Rang, den der Bestandsschutz des Mietverhältnisses im sozialen Mietrecht genießt.

73 Das geringe Angebot muss jeweils derjenige **beweisen,** der sich auf die für ihn günstige Rechtsfolge beruft.[235] Im Rückforderungsprozess muss deshalb der Mieter darlegen und beweisen, dass

---

[229] KG NZM 2001, 283.

[230] LG Berlin ZMR 1995, 77; *Börstinghaus* NZM 2000, 898; *Bohnert* JZ 1994, 605; *ders.* Ordnungswidrige Mietpreisüberhöhung; *Mock* Mietwucher, Hamburg 1994; *Keller* Zivilrechtliche Mietpreiskontrolle: Der Schutz vor überhöhten Mieten bei freifinanziertem Wohnraum, Bremen 1996; *Langenberg* PiG 53, 59, 71.

[231] Zu dem Merkmal des Ausnutzens: BGH (VII ZR 190/03) NJW 2004, 1740 = MietPrax-AK § 5 WiStG Nr. 1 mit Anm. *Börstinghaus; Langenberg* Zur neuen Rechtsprechung des BGH zu § 5 WiStG, in FS Blank S. 291; Zu den Einflüssen der Marktentwicklung auf das Mietverhältnis: *Börstinghaus* NZM 2000, 898.

[232] OLG Hamburg NZM 1999, 363; OLG Frankfurt NZM 2000, 1219.

[233] BT-Drucks. II/2136, S. 3.

[234] So aber LG Frankfurt WuM 1998, 168.

[235] BGH (VIII ZR 190/03) NJW 2004, 1740 = NZM 2004, 381 = MietPrax-AK § 5 WiStG Nr. 1 mit Anm. *Börstinghaus; Langenberg* Zur neuen Rechtsprechung des BGH zu § 5 WiStG, in FS Blank S. 291; *Siebke* ZMR 2004, 412.

zum Zeitpunkt des Abschlusses der Vereinbarung ein geringes Angebot vorgelegen hat. Die einzelne Staffel ist bei einem Mietvertrag mit Staffelvereinbarung kein neuer Mietvertrag, so dass es zu keiner Änderung der Beweislastverteilung kommt, wenn während des Bestehens eines Staffelmietvertrages die Mangellage i. S. d. § 5 WiStG nicht mehr vermutet wird.[236]

b) Verstößt bereits die erste Staffel gegen die Wesentlichkeitsgrenze des § 5 WiStG, dann ist die Vereinbarung teilnichtig, das heißt der Mieter schuldet lediglich die ortsübliche Vergleichsmiete zzgl. Wesentlichkeitszuschlag von 20%.[237] 74

c) Die späteren Staffeln sind jeweils gesondert auf ihre jeweilige Mietpreiswidrigkeit zu überprüfen.[238] Dies war in der Vergangenheit durchaus strittig. Zum Teil wurde hier vertreten, dass dann die Staffelmietvereinbarung für die Zukunft gem. § 139 BGB unwirksam ist, so dass lediglich die Miete der letzten Staffel weiterzuzahlen ist.[239] Ein Hineinwachsen in die Wirksamkeit könne es mit Rücksicht auf die Interessen der Mieter nicht geben.[240] 75

Die Beantwortung der Frage hängt u. a. damit zusammen, wie man eine Staffelmietvereinbarung dogmatisch einordnet. Es kann sich um eine Gesamtvereinbarung über alle Staffeln der Miete handeln[241] oder aber um eine Einigung der Parteien über jede einzelne Staffel, wobei die zukünftigen Staffeln aber unter einer aufschiebenden Befristung gem. § 163 BGB[242] vereinbart werden. Demgemäß wurde vertreten,[243] dass für die Beurteilung der Wirksamkeit der Staffelmietvereinbarung auf einen Vergleich der konkreten Staffelmietvereinbarung mit der Entwicklung der üblichen Entgelte für die gesamte Laufzeit der Staffelmietvereinbarung abzustellen ist. Dabei müsse die erwartete Steigerung der üblichen Entgelte auf Grund der Erfahrung aus der Vergangenheit geschätzt werden. Der Vorteil einer solchen **Gesamtschau** ist der, dass sie den Besonderheiten der einzelnen Vertragsgestaltung u. U. besser gerecht wird. So können die Parteien gute Gründe haben, warum sie für einen bestimmten Zeitraum eine sehr hohe Miete vereinbart haben. Dies kann nämlich z. B. durch eine sehr niedrige Miete zu einem anderen Zeitpunkt ausgeglichen worden sein. Die Parteien können auf diese Weise bestimmte Einkommensentwicklungen des Mieters vorweggenommen haben oder bestimmte Kosten, die der Miete im Zusammenhang mit der Wohnung aufgewandt hat, wie z. B. Renovierungskosten, Aufbringung der Kaution oder Umzugskosten, berücksichtigt haben. Gegen diese Auffassung spricht aber vor allem die Unpraktikabilität auf Grund des sehr hohen Prognoserisikos, das für die Zukunft besteht.[244] 76

Deshalb wird auch bei der Beurteilung von Mieten, die auf Grund einer wirksamen Staffelmietvereinbarung zustande gekommen sind, zu Recht auf **jede einzelne Staffelmiete** abgestellt.[245] Für die Bestimmung der Grenzen der Wirksamkeit einer Staffelmietvereinbarung ist davon auszugehen, dass nicht nur die Anfangsmiete, sondern auch alle bei Vertragsschluss noch zukünftigen Staffelsätze an § 5 WiStG, § 134 BGB zu messen sind. Für die Auslegung des § 5 WiStG ist sein Zweck entscheidend. Die Vorschrift soll zum Schutz des Mieters lediglich die Vereinbarung unter marktwirtschaftlichem Aspekt überhöhter Mieten unterbinden.[246] Ausreichend für diese Zielsetzung ist als Folge eines Verstoßes die Teilnichtigkeit im Sinne einer geltungserhaltenden Reduktion, die nicht weiterreicht als die tatbestandliche Erfüllung des § 5 WiStG. Die Eingrenzung der allein an der tatbestandlichen Erfüllung des § 5 WiStG orientierten Teilnichtigkeit erfordert im Fall einer Staffelmietvereinbarung mit überhöhten Staffelsätzen den Vergleich jedes Staffelsatzes mit der ortsüblichen Vergleichsmiete zum Zeitpunkt des vorgesehenen Anfangstermins. Dies folgte bis zur Schuldrechtsreform aus §§ 308 Abs. 2, 309 BGB a. F. Diese Vorschriften sind ersatzlos aufgehoben 77

236 LG Berlin NZM 2001, 39.
237 *Lammel* § 557 a BGB Rdn. 13.
238 OLG Hamburg NZM 2000, 232; LG Berlin ZMR 2000, 530.
239 LG Hamburg NZM 1999, 401 (Vorlagebeschl.); LG Freiburg ZMR 1998, 781; *Langenberg* PiG 53, 59, 73.
240 *Derleder* PiG 13, 11, 28; *Keller* Zivilrechtliche Mietpreiskontrolle, S. 103.
241 So *Keller* Zivilrechtliche Mietpreiskontrolle, S. 97.
242 Mietzinsansprüche entstehen generell mit Abschluss des Mietvertrages nach § 163 BGB aufschiebend befristet zum Anfangstermin des jeweiligen Zeitraums: BGH (IX ZR 102/03) NZM 2007, 212 Rdn. 12 = MietPrax-AK § 562 BGB Nr. 2 mit Anm. *Börstinghaus;* BGH (IX ZR 237/03) NZM 2005, 342; BGH NJW 1990, 1785.
243 Wohl auch *Lammel* § 557 a BGB Rdn. 15.
244 Nach LG Frankfurt WuM 1996, 425 sind die Mieten in der Zukunft nicht feststellbar.
245 OLG Hamburg NZM 2000, 232; LG Berlin GE 1999, 449, ZMR 1995, 77; LG Frankfurt WuM 1996, 425; *Kossmann/Meyer-Abich,* Hdb. d. Wohnraummiete, § 142 BGB Rdn. 10; *Sternel* Mietrecht, III, 432; *Mock* Mietwucher S. 38 m. w. N.
246 BGH NJW 1984, 722.

worden, weil sie Sonderregelungen für die Nichtigkeit von Verträgen bei anfänglicher objektiver Unmöglichkeit enthielten, die bekanntlich abgeschafft wurde. Es war zwar zunächst im Gesetzgebungsverfahren geplant, auch die vorübergehende Unmöglichkeit zu regeln, der Rechtsausschuss hat aber diese Fallgestaltung ausdrücklich der Regelung durch die Wissenschaft und Rechtsprechung überlassen. Daraus ergibt sich, dass eine Änderung der Rechtsprechung durch die Streichung der Vorschriften letztendlich nicht bezweckt war. Soweit z. B. ausdrücklich in § 2171 BGB a. F. auf § 308 BGB verwiesen wurde, hat der Gesetzgeber den Inhalt des § 308 BGB a. F. jetzt als § 2171 Abs. 2 und 3 BGB nF übernommen. Da die Vorschriften der §§ 308, 309 BGB a. F. auf dies Problem nicht direkt angewandt wurden, sondern nur ihr Rechtsgedanke, kann jetzt der Rechtsgedanke der § 2171 Abs. 2 und Abs. 3 BGB nF herangezogen werden. Genau wie in § 2171 Abs. 3 BGB n. F. auch, ist i. d. R. die Miete, jedenfalls aber die jeweiligen Staffelsätze durch einen Anfangstermin befristet. Ein im Hinblick auf die ortsübliche Vergleichsmiete bei Vertragsabschluss feststellbarer möglicher Verstoß gegen § 5 WiStG ist insoweit behoben worden, als wegen der Veränderung der Vergleichsmiete bis zum Anfangstermin eine Überhöhung des jeweiligen Staffelsatzes entfällt. Eine solche Auslegung entspricht auch der Rechtsprechung zur Rückforderung vermeintlich überzahlter Mieten wegen einer Mietpreisüberhöhung. Auch hier werden Veränderungen der ortsüblichen Vergleichsmiete mitberücksichtigt.[247]

78 Dass die **Teilnichtigkeit** einer Staffel zur Unwirksamkeit aller nachfolgenden Staffeln führen muss, lässt sich auch nicht mit dem Gebot der Rechtssicherheit begründen. Dies ist für sich allein ohnehin nicht geeignet, rechtliche Lösungen zu begründen. Im vorliegenden Zusammenhang ist etwa auch der Grundsatz der Verhältnismäßigkeit zu beachten. Allerdings kann sich der Mieter i. d. R. einer Unwirksamkeit späterer Staffelsätze angesichts möglicher Steigerungen der ortsüblichen Miete nicht im Voraus sicher sein. Die **beschränkte Vorhersehbarkeit** dieser Entwicklung ebenso wie die Unsicherheiten der Feststellung der aktuellen ortsüblichen Vergleichsmiete sind jedoch bei der Anwendung des § 5 WiStG auf die Staffelmiete unvermeidlich und führen auch während der Geltung nicht überhöhter Staffelsätze zu Unsicherheiten hinsichtlich der Wirksamkeit des nächsten Staffelsatzes. Der Schutz des Mieters wird hinreichend dadurch gewahrt, dass die von ihm zu entrichtenden Staffelsätze auf die Beträge reduziert werden, die der Vermieter zulässigerweise als konkret festgelegte Beträge hätte fordern können und auf die der Mieter sich nach der Lage der Dinge auch eingelassen hätte, wie der Abschluss auf noch höherem Niveau beweist.

79 Richtigerweise muss jede Anwendung des § 5 WiStG auf Staffelmietvereinbarungen von der **Rechtsnatur des Mietvertrages als Dauerschuldverhältnis** ausgehen. Dabei stellt sich die Frage, ob der Anspruch auf die Miete bereits mit Abschluss des Mietvertrages „betagt" besteht oder gemäß §§ 163, 158 Abs. 1 BGB erst mit der Inanspruchnahme der jeweiligen Gegenleistung entsteht, bei Mietverträgen also nicht vor dem Anfangstermin des jeweiligen Zeitraums der Gebrauchsüberlassung. Überwiegend wird angenommen, dass der Mietvertrag nur ein „befristetes" Rechtsgeschäft im letztgenannten Sinne ist.[248] Jedenfalls bei einem normalen Mietvertrag über Grundstücke hat der Vermieter keine gesicherte Rechtsposition, solange der Zeitraum, für den die jeweilige Miete geschuldet wird, wenigstens noch bevorsteht. Der Vertrag kann im Regelfall mit einer bestimmten Frist gekündigt werden, § 573c BGB, was das Entstehen weiterer Mieten verhindern würde.[249] Dementsprechend gehen Rechtsprechung und Rechtslehre auch davon aus, dass Mieten als Entgelt für die periodische Gebrauchsüberlassung i. S. v. § 96 Nr. 1 InsO jeweils neu entstehen.[250] Das bedeutet, dass auch bei einer Staffelmietvereinbarung die jeweils fällige Miete jeden Monat neu entsteht und zwar in der Höhe, die die vertragliche Vereinbarung vorsieht. Soll aber eine Leistung erst nach Eintritt eines bestimmten Termins erfolgen, so beurteilt sich die Wirksamkeit der Vereinbarung nach den Verhältnissen zum vereinbarten oder gesetzlichen Anfangstermin der Leistungspflicht. Für die Beurteilung der Frage der Nichtigkeit (bzw. Teilnichtigkeit) einer Mietvereinbarung ist somit richtigerweise nicht auf den Zeitpunkt der Vereinbarung, sondern auf den vereinbarten Fälligkeitszeitpunkt abzustellen.[251] Also nur, wenn die Staffelmiete zu dem Zeit-

---

[247] KG NJW-RR 1995, 1037; OLG Hamm NJW 1983, 1622; OLG Frankfurt/M. WuM 1985, 139.

[248] BGH (IX ZR 106/08) NJW 2010, 444 = MietPrax-AK § 140 InsO Nr. 1 mit Anm. *Börstinghaus; Jacoby* LMK 3/2010 Anm. 11; BGH (IX ZR 263/03) NJW-RR 2005, 1641; ZMR 1997, 223, WM 1965, 628, 630; OLG Hamburg RE v. 3.3.1999, NZM 1999, 363, 365; Palandt/*Ellenberger* § 163 BGB Rdn. 2.

[249] BGH ZMR 1997, 223.

[250] BGHZ 86, 382, 385; RGZ 40, 120, 125.

[251] So auch KG RE v. 20.4.1995, NJW-RR 1995, 1037 mit krit. Anm. *Buchmann* WuM 1995, 427; i. E. ebenso *Keller* Zivilrechtliche Mietpreiskontrolle, S. 99.

punkt, zu dem sie erstmals zu zahlen war, die ortsübliche Vergleichsmiete um mehr als 120% übersteigt, kann sie teilweise unwirksam sein. Der Mieter schuldet dann nur die auf 120% über der ortsüblichen Vergleichsmiete begrenzte Miete.

d) Für die Vergangenheit hat eine eventuelle Teilunwirksamkeit keine Bedeutung.[252] Zeiträume die bereits verstrichen sind, werden von der Teilnichtigkeit nicht erfasst. Gem. § 139 BGB tritt bei Teilunwirksamkeit einer Vereinbarung hinsichtlich des ganzen Vertrages nur dann eine Nichtigkeit ein, wenn nicht anzunehmen ist, dass die Parteien ihn auch ohne den nichtigen Teil abgeschlossen hätten.[253] Bei einer Staffelmietvereinbarung ist davon auszugehen, dass die Parteien diese im Umfang ihrer preisrechtlichen Zulässigkeit auch abgeschlossen hätten, da dies zum einen im Interesse des Vermieters lag und der Mieter bereits durch Anerkennung sogar einer teilunwirksamen Vereinbarung zu erkennen gegeben hat, dass er sich auf eine solche Vereinbarung einlassen will. 80

e) Auch ein nachträgliches Absinken der ortsüblichen Vergleichsmiete führt nicht zur Unwirksamkeit einer späteren Staffel nach § 134 BGB i. V. m. § 5 WiStG, wenn die vereinbarte Miete zu einem früheren Zeitpunkt der Höhe nach zulässig war.[254] Zwar muss bei der Überprüfung auf einen Verstoß gegen § 5 WiStG auf den Zeitpunkt des jeweiligen Wirksamwerdens der einzelnen Staffel abgestellt werden jedoch müssen zu diesem Zeitpunkt alle Tatbestandsmerkmale des § 5 WiStG vorliegen. Hierzu zählt nicht nur die Überschreitung der Wesentlichkeitsgrenze sondern auch das subjektive Merkmale des *Ausnutzens.* Die für den Tatbestand des § 5 WiStG erforderliche Verknüpfung von ungünstiger Wohnungsmarktlage und überhöhte Miete hat in dem Fall des erst nachträglichen Absinkens der Miete aber niemals vorgelegen. Dass der Mieter jetzt objektiv eine überhöhte Miete zahlen muss ist allenfalls Folge des Zeitmietvertrages. Ohne Befristung könnte der Mieter sich durch eine Änderungskündigung der überhöhten Miete entziehen. So wie aber der Vermieter gem. § 557 Abs. 3 BGB regelmäßig bei einem Zeitmietvertrag keine Mieterhöhung durchsetzen kann, so kann der Mieter in diesem Fall ebenfalls keine Mietsenkung durchsetzen. Dies ergibt sich aus dem Sinn und Zweck eines Zeitmietvertrages. 81

IV. Wegfall der Geschäftsgrundlage

Auch auf Staffelmietverträge sind die **Grundsätze des Wegfalls der Geschäftsgrundlage** nach § 313 BGB anzuwenden.[255] Voraussetzung ist hierfür, dass sich die Umstände, die zur Grundlage des Vertrages geworden sind, nach Vertragsschluss schwerwiegend verändert haben und einer Partei unter Berücksichtigung der vertraglichen oder gesetzlichen Risikoverteilung das Festhalten am Vertrag nicht zugemutet werden kann. Zu unterscheiden ist dabei zwischen dem Anspruch auf Vertragsanpassung und dem Anspruch aus der Vertragsanpassung.[256] Der **Anspruch auf Vertragsanpassung** ist durch Klage auf Abgabe der entsprechenden Willenserklärung durchzusetzen; die Vollstreckung erfolgt gem. § 894 ZPO. Es ist aber auch zulässig, direkt auf Leistung aus dem angepassten Vertrag zu klagen.[257] Möglich ist auch die Stufenklage.[258] Der Mieter kann seinen Anspruch auf Vertragsanpassung im Zahlungsprozess durch Ausübung des Zurückbehaltungsrechts geltend machen.[259] 82

Den größten Einfluss auf das Mietverhältnis hat eine **Geldentwertung,** schlimmstenfalls eine Inflation wie in den zwanziger Jahren. Bei gegenseitigen Verträgen gehört grundsätzlich der Gedanke der Gleichwertigkeit von Leistung und Gegenleistung zur Geschäftsgrundlage des Vertrages.[260] Jedoch ist in der Rechtsprechung schon immer anerkannt, dass das Sinken der Kaufkraft des 83

---

[252] *Keller* Zivilrechtliche Mietpreiskontrolle, S. 102; *Langenberg* PiG 53, 59, 71.

[253] BGH (VIII ZR 197/11) NJW 2012, 1502 = NZM 2012, 416 = MietPrax-AK, § 557a BGB Nr. 16 mit Anm. *Börstinghaus; ders.,* jurisPR-BGHZivilR 8/2012 Anm. 3; *Theesfeld,* WuM 2012, 259; *Schmid,* ZMR 2012, 527.

[254] KG NZM 2001, 283.

[255] Ausführlich dazu *Assmann* „Die Geschäftsgrundlage im Mietrecht", Vortrag auf dem Deutschen Mietgerichtstag 2003, download unter www.mietgerichtstag.de; *Kluth/Freigang* NZM 2006, 41; *Kunze/Tietzsch* Miethöhe, I, 282ff.

[256] *Schmidt-Kessel/Baldus* NJW 2002, 2076.

[257] BGH (V ZR 17/11) NJW 2012, 373; *Schmidt-Kessel/Baldus* NJW 2002, 2076, 2077; *Krebs* in Anwaltskommentar Schuldrecht, § 313 BGB Rdn. 53.

[258] *Schmidt-Kessel/Baldus* NJW 2002, 2076, 2077.

[259] *Schmidt-Kessel/Baldus* NJW 2002, 2076, 2077; *Krebs* in Anwaltskommentar Schuldrecht, § 313 Rdn. 53.

[260] BGH NJW 1958, 906, NJW 1959, 2203, NJW 1962, 251, NJW-RR 1993, 773, 774; *Börstinghaus* NZM 2000, 898.

Geldes grundsätzlich keinen Anspruch auf Vertragsanpassung nach den Grundsätzen des Wegfalls der Geschäftsgrundlage gibt.[261] Auch bei einem Mietvertrag trägt der Vermieter das Risiko der normalen Kaufkraftentwertung.[262] Zumindest ein Geldwertschwund von bis zu 60% ist nach der Rechtsprechung des BGH noch hinnehmbar.[263] Voraussetzung für die Anwendung der Grundsätze über den Wegfall der Geschäftsgrundlage ist nämlich, dass das Risiko nicht von einer Partei zu tragen ist. Die Frage, ob die vom Mieter zu erbringende Geldleistung noch der Sachleistung des Vermieters wertmäßig entspricht, ist aber eine Frage, die in den **Risikobereich des Vermieters** fällt. Nur bei Geldentwertungen, die die vorhersehbaren Entwicklungen überschreiten, hat nach den Grundsätzen des Wegfalls der Geschäftsgrundlage eine Vertragsanpassung zu erfolgen. Dies wurde bei Steigerungen der Lebenshaltungskosten von mehr als 150%, also einer Geldentwertung von mehr als 60% auch bei einem Mietvertrag angenommen.[264]

84 Davon zu unterscheiden ist aber die **Vorstellung der Vertragsparteien** bei Abschluss einer Staffelmietvereinbarung, über die zukünftige Entwicklung der Mieten. Weicht hier die Vorstellung der Vertragsparteien von der tatsächlichen Entwicklung ab, so rechtfertigt dies eine Vertragsanpassung nicht, wenn sich dadurch nur das **von einer Vertragspartei zu tragende Risiko** verwirklicht.[265] Bei Vereinbarung einer Staffelmiete besteht nämlich regelmäßig die nicht fernliegende Möglichkeit, dass die vereinbarte Miete im Laufe der Zeit sich abw. von der Marktmiete entwickelt. Dieses typische Vertragsrisiko einer Staffelmiete trägt grundsätzlich die jeweils benachteiligte Vertragspartei.[266] Der Mieter bleibt daher ohne ausdrückliche vertragliche Regelung auch bei einem **gravierenden Absinken des allgemeinen Mietniveaus** an die vertraglich vereinbarten Staffelerhöhungen gebunden.[267] Diese Risikoverteilung ändert sich nicht dadurch, dass auch der Vermieter erwartet, das allgemeine Mietniveau werde während der Staffelmietvereinbarung steigen. Es ist grundsätzlich Sache der jeweiligen Partei des Mietvertrages abzuschätzen, ob sich die vereinbarte Staffelmiete im Vergleich zur Entwicklung des Marktes als ihr günstig erweisen wird oder nicht. Die Vereinbarung einer langfristigen Staffelmiete schafft beiden Parteien eine zuverlässige Kalkulationsgrundlage. Allein der Umstand, dass auch der Vermieter im Zeitpunkt des Vertragsschlusses von weiter ansteigenden Mietpreisen ausgeht, verlagert das Risiko der Entwertung der Sachleistung während der Dauer der Staffelmietvereinbarung nicht vom Mieter auf den Vermieter.[268]

85 Entwickeln sich die Mieten abw. von den Vorstellungen der Parteien bei Abschluss der Staffelmietvereinbarung, kann nur in extremen Ausnahmefällen eine Vertragsanpassung wegen **Störung des Äquivalenzverhältnisses** erfolgen, zum Beispiel, wenn das Festhalten am Vertrag für eine Partei existenzgefährdend wäre. Dazu muss der Vertrag noch sehr lange laufen. Eine Restlaufzeit von vier Jahren spricht gegen eine Äquivalenzstörung.[269] Dass Wohnraummietverhältnisse bei Vereinbarung einer Staffelmiete nach vier Jahren gekündigt werden können, ist auch nicht Ausdruck eines allgemeinen Rechtsgedankens, der auch auf Gewerberaummietverhältnisse übertragen werden kann sondern eine nicht analogiefähige wohnraummietrechtliche Spezialvorschrift.[270] Weitere Voraussetzung ist in diesem Fall, dass die zur Unzumutbarkeit am Festhalten des Vertrages führenden Umstände auch auf die in Frage stehende Äquivalenzstörung zurückzuführen sein müssen. Allein die Tatsache, dass bei einem **Gewerberaummietvertrag** die Einnahmen nicht entsprechend gestiegen sind, ist kein solcher Umstand. Eine solche Entwicklung ist nicht durch das Absinken der

[261] BGH NJW 1959, 2203, NJW 1981, 1668, BGHZ 86, 168.
[262] BGH NJW 1976, 142, NJW 1986, 2698.
[263] BGH NJW 1986, 2698, 2699 unter Hinweis auf BGH NJW 1985, 126.
[264] OLG Hamburg OLGZ 90, 65.
[265] BGHZ 74, 370, 373, (XII ZR 279/97) NJW 2000, 1714, 1716, (XII ZR 8/00) NZM 2002, 659 = MietPrax-AK § 557a BGB Nr. 1 mit Anm. *Börstinghaus;* BGH (XII ZR 175/02) NZM 2005, 63 = MietPrax-AK § 557a BGB Nr. 4 mit Anm. *Börstinghaus;* **a. A.** AG Tempelhof GE 1998, 300.
[266] BGH (XII ZR 8/00) NZM 2002, 659 = MietPrax-AK § 557a BGB Nr. 1 mit Anm. *Börstinghaus;* BGH (XII ZR 175/02) NZM 2005, 63 = MietPrax-AK § 557a BGB Nr. 4 mit Anm. *Börstinghaus.*
[267] BGH (XII ZR 8/00) NZM 2002, 659 = MietPrax-AK § 557a BGB Nr. 1 mit Anm. *Börstinghaus;* (XII ZR 175/02) NZM 2005, 63 = MietPrax-AK § 557a BGB Nr. 4 mit Anm. *Börstinghaus;* **a. A.** AG Tempelhof GE 1998, 300.
[268] BGH (XII ZR 8/00) NZM 2002, 659 = MietPrax-AK § 557a BGB Nr. 1 mit Anm. *Börstinghaus;* (XII ZR 175/02) NZM 2005, 63 = MietPrax-AK § 557a BGB Nr. 4 mit Anm. *Börstinghaus.*
[269] BGH (XII ZR 8/00) NZM 2002, 659 = MietPrax-AK § 557a BGB Nr. 1 mit Anm. *Börstinghaus;* BGH (XII ZR 175/02) NZM 2005, 63 = MietPrax-AK § 557a BGB Nr. 4 mit Anm. *Börstinghaus.*
[270] BGH (XII ZR 175/02) NZM 2005, 63 = MietPrax-AK § 557a BGB Nr. 4 mit Anm. *Börstinghaus.*

marktüblichen Mietpreise verursacht worden.[271] Die Entwicklung der Einnahmen ist von der Höhe der Miete unabhängig. Aber auch der Überschuss der Einnahmen über die Ausgaben wird durch eine Veränderung des Mietenniveaus nicht beeinflusst. Der Überschuss wäre bei der prognostizierten Mietentwicklung gleichgeblieben. Insbesondere die Möglichkeit bei sinkenden Mieten andere Räume preiswerter anzumieten, rechtfertigt nicht die Annahme einer zur Vertragsanpassung führenden Äquivalenzstörung. Der Umstand, dass jemand durch eine nachträgliche Veränderung der Verhältnisse wirtschaftlich ungünstiger steht, als nach den getroffenen Vereinbarungen zu erwarten war, rechtfertigt es regelmäßig nicht, um ihm aus Billigkeitsgründen ein auch nur teilweises Abgehen vom Vertrag zu erlauben.[272] Eine andere Beurteilung wäre eine Verletzung der gesetzlichen Grundentscheidung, dass Verträge, so wie sie geschlossen sind, gehalten werden müssen.[273]

G. Vereinbarungen

I. Unwirksame Vereinbarungen

Nach § 557a Abs. 5 BGB sind abweichende Vereinbarungen zum Nachteil des Mieters unwirksam. Die Vorschrift ist eigentlich überflüssig, da bereits gem. § 557 Abs. 4 BGB alle nachteiligen Vereinbarungen unwirksam sind. Gem. § 557 Abs. 2 BGB kann der Vermieter zukünftige Mieterhöhungen u. a. in Form einer Staffelmietvereinbarung gem. § 557a BGB vereinbaren. Das bedeutet dann aber auch, dass dies nur unter den in der Vorschrift des § 557a BGB genannten Voraussetzungen möglich ist und jede Abweichung hiervon zu Lasten des Mieters auch gegen § 557 Abs. 4 BGB verstößt. Zur Frage, wann eine Vereinbarung vorliegt und den allgemeinen Voraussetzungen s. deshalb § 557 BGB Rdn. 60ff. **86**

Unwirksam sind alle Vereinbarungen, die von den Voraussetzungen der § 557a Abs. 1–4 BGB zum Nachteil des Mieters abweichen ohne dass die Staffelmietvereinbarung selbst dadurch unwirksam wird. Hierzu zählen **87**

- Ausschluss des Kündigungsrechts des Mieters für mehr als 4 Jahre
- Anpassungsklauseln, die es dem Vermieter gestatten, die einmal vereinbarten Staffelerhöhungen nachträglich zu verändern
- Beschränkung des Kündigungsrechts des Mieters nach vier Jahren.[274]

Nicht von § 557a Abs. 5 BGB werden erfasst alle Vereinbarungen, die bereits dazu geführt haben, dass gar keine wirksame Staffelmietvereinbarung vorliegt, also **88**

- kürzere Staffeln als ein Jahr
- Zulassen von Mieterhöhungen gem. §§ 558, 559 BGB neben Staffelmieterhöhungen[275].

II. Wirksame Vereinbarungen

Wirksam sind alle Vereinbarungen, die zugunsten des Mieters von § 557a BGB abweichen. Hierzu zählt z. B. die Begrenzung der einzelnen Staffeln auf die ortsübliche Vergleichsmiete.[276] **89**

H. Prozessuales/Streitwerte

Aus einer Staffelmietvereinbarung kann **unmittelbar auf Zahlung** geklagt werden. Die vereinbarte Miete hat sich mit Eintritt der Staffel verändert, so dass es keiner Klage auf Zustimmung mehr bedarf. Besteht die Besorgnis der Nichterfüllung der gesamten Mietforderung oder auch nur der Staffelmieterhöhung, kann unter den Voraussetzungen der §§ 258, 259 ZPO Klage auf künftige **90**

---

[271] BGH (XII ZR 8/00) NZM 2002, 659 = MietPrax-AK § 557a BGB Nr. 1 mit Anm. *Börstinghaus;* BGH (XII ZR 175/02) NZM 2005, 63 = MietPrax-AK § 557a BGB Nr. 4 mit Anm. *Börstinghaus.*

[272] BGH (XII ZR 8/00) NZM 2002, 659 = MietPrax-AK § 557a BGB Nr. 1 mit Anm. *Börstinghaus;* BGH (XII ZR 175/02) NZM 2005, 63 = MietPrax-AK § 557a BGB Nr. 4 mit Anm. *Börstinghaus.*

[273] BGH NJW 1976, 142.

[274] BGH (VIII ZR 316/03) NZM 2004, 736 = MietPrax-AK § 557a BGB Nr. 3 mit Anm. *Börstinghaus.*

[275] AG Dortmund NZM 2010, 862 insofern bestätigt durch LG Dortmund NZM 2012, 136; AG Wedding MM 2009, 147.

[276] BGH (VIII ZR 279/07) NZM 2009, 355 = MietPrax-AK § 557a BGB Nr. 14 mit Anm. *Börstinghaus.*

Zahlung der gesamten Miete oder nur der Erhöhungsbeträge erhoben werden. Die Voraussetzungen sind gegeben, wenn der Mieter die Zahlungspflicht ernstlich bestreitet.[277] Bei der Staffelmiete können die Staffeln bereits im Tenor berücksichtigt werden.[278]

91 Erhebt der Vermieter **Räumungsklage,** ist für den Gebührenstreitwert gem. § 41 GKG die Miete für die „streitige Zeit", maximal die Jahresmiete, maßgeblich. Für die Frage, was die „streitige Zeit" ist, ist vor allem das Verteidigungsvorbringen des Mieters maßgeblich. Es kommt darauf an, wie lange nach Auffassung des Mieters das Mietverhältnis noch fortbesteht. Beruft er sich auf ein befristetes Besitzrecht, dann ist diese Zeit maßgeblich, beruft er sich auf ein unbefristetes Besitzrecht, dann sind die nächsten 25 Jahre strittig, § 8 ZPO. Bei einer Staffelmiete ist die höchste Nettomiete innerhalb der strittigen Zeit für die Berechnung maßgeblich.[279]

---

[277] BGHZ 43, 28, 31; BGH MDR 1996, 1232; BGH NJW 1999, 954; BGH (VIII ZB 66/02) NJW 2003, 1395 = MietPrax-AK § 259 ZPO Nr. 1 mit Anm. *Börstinghaus.*

[278] Both DWW 2010, 82, 87.

[279] BGH (XII ZR 256/03) NZM 2005, 944 = MietPrax-AK § 41 GKG Nr. 1 mit Anm. *Börstinghaus; Kinne* GE 2006, 286.

§ 557b Indexmiete

(1) Die Vertragsparteien können schriftlich vereinbaren, dass die Miete durch den vom Statistischen Bundesamt ermittelten Preisindex für die Lebenshaltung aller privaten Haushalte in Deutschland bestimmt wird (Indexmiete).

(2) [1]Während der Geltung einer Indexmiete muss die Miete, von Erhöhungen nach den §§ 559 bis 560 abgesehen, jeweils mindestens ein Jahr unverändert bleiben. [2]Eine Erhöhung nach § 559 kann nur verlangt werden, soweit der Vermieter bauliche Maßnahmen auf Grund von Umständen durchgeführt hat, die er nicht zu vertreten hat. [3]Eine Erhöhung nach § 558 ist ausgeschlossen.

(3) [1]Eine Änderung der Miete nach Absatz 1 muss durch Erklärung in Textform geltend gemacht werden. [2]Dabei sind die eingetretene Änderung des Preisindexes sowie die jeweilige Miete oder die Erhöhung in einem Geldbetrag anzugeben. [3]Die geänderte Miete ist mit Beginn des übernächsten Monats nach dem Zugang der Erklärung zu entrichten.

(4) Die §§ 556d bis 556g sind nur auf die Ausgangsmiete einer Indexmietvereinbarung anzuwenden.

(5) Eine zum Nachteil des Mieters abweichende Vereinbarung ist unwirksam.

Systematische Übersicht

Alphabetische Schnellübersicht

A. Allgemeines

I. Übersicht

Die Vorschrift enthält die Regelungen über die Mietanpassungsvereinbarung, die erst 1993 durch das 4. Mietrechtsänderungsgesetz[1] in das MHG eingefügt worden war und durch das Eu- 1

[1] Gesetz v. 21.7.1993 (BGBl. I S. 1257).

roeinführungsgesetz[2] zum 1.1.1999 den veränderten währungsrechtlichen Rahmenbedingungen angepasst worden ist. Die Bezeichnung für **wertgesicherte Mietverträge** lautete seither „Indexmiete".[3] Die Vorschrift gilt nur für Wohnraummietverträge, soweit ihre Anwendung nicht ausdrücklich in § 549 Abs. 2 und Abs. 3 BGB für bestimmte Mietverhältnisse ausgenommen ist. Bei den dort genannten Mietverhältnissen ist die Indexklausel bereits gem. § 311 Abs. 1 BGB zulässig, das heißt es gelten nicht die einschränkenden Voraussetzungen des § 557b BGB. Es können also auch andere Indizes vereinbart werden oder kürzere Steigerungsintervalle. Die Vorschrift ist die spezialgesetzliche Regelung für Wohnraummietverträge und geht gem. § 1 Abs. 3 PrKlG den Vorschriften des Preisklauselgesetzes vor.

2 Als Index zugelassen ist nach dem Gesetzestext nur der **Preisindex für die Lebenshaltungskosten aller privaten Haushalte** in Deutschland. Seit Januar 2003 lautet die Bezeichnung beim Statistischen Bundesamt **Verbraucherpreisindex für Deutschland (VPI).** Inhaltliche Änderungen waren mit der Umbenennung nicht verbunden. Seit 1.9.2001 gibt es in der Wohnraummiete gem. § 557b BGB keine Mindestlaufzeit für indexierte Mietverträge mehr. Möglich sind Indexmietverträge auf unbestimmte Dauer oder befristete Mietverträge mit beliebig langer Laufzeit auch von weniger als zehn Jahren.

3 Für **Gewerberaummietverträge**[4] richtet sich die Zulässigkeit von Indexklauseln nach dem „Gesetz über das Verbot der Verwendung von Preisklauseln bei der Bestimmung von Geldschulden" (PrKlG).[5] Nach dessen § 3 darf grundsätzlich die Miete in langfristigen Verträgen indexiert werden. Voraussetzung ist, dass der Vertrag für mindestens 10 Jahre abgeschlossen wurde oder der Vermieter für diese Zeit auf sein Kündigungsrecht verzichtet hat. Dabei kommt es nicht auf den Mietvertragsabschluss,[6] sondern auf den tatsächlichen Mietbeginn an.[7] Gleich gestellt werden Verträge, bei denen der Mieter durch Ausübung von Optionsrechten die Laufzeit des Vertrages auf mindestens 10 Jahre verlängern kann.[8] Zulässig sind nur der vom Statistischen Bundesamt oder einem Statistischen Landesamt ermittelte Preisindex für die Gesamtlebenshaltung oder ein vom Statistischen Amt der Europäischen Gemeinschaft ermittelter Verbraucherpreisindex. Unwirksam sind gem. § 2 PrKlG aber solche Klauseln, die eine Partei unangemessen benachteiligen, also z. B. nur Erhöhungen und keine Mietsenkungen zulassen (upwards only)[9] oder die zu einer überproportionalen Erhöhung führen.[10] Nach § 8 PrKlG[11] tritt die Unwirksamkeit der Preisklausel bei einem Verstoß gegen die gesetzlich vorgegebenen Voraussetzungen aber erst zum **Zeitpunkt des rechtskräftig festgestellten Verstoßes** gegen die Vorschriften des Preisklauselgesetzes ein, soweit nicht eine frühere Unwirksamkeit vereinbart ist.[12] Die Rechtswirkungen der Preisklausel bleiben bis zum Zeitpunkt der Unwirksamkeit unberührt.[13] Die Klausel ist schwebend wirksam. Strittig ist zum

---

[2] Gesetz v. 9.6.1998 (BGBl. I S. 1242); zu der Änderung der Vorschrift durch das 1. Euro-Einführungsgesetz *Börstinghaus* in Börstinghaus/Hannig, Die Euro-Umstellung im Miet- und Wohnungseigentumsrecht; *Pakuscher* NZM 1998, 497; *Schmidt-Räntsch* NJW 1998, 3166.

[3] Zu den unterschiedlichen Gesetzesfassungen auch *Grothe* NZM 2002, 54; *Lützenkirchen* NZM 2001, 835.

[4] Zu Wertsicherungsklauseln bei Gewerbemietverträgen: Bub/Treier/*Schultz* Kap. III. A Rdn. 795 ff.; *Aufderhaar/Jaeger* NZM 2009, 564; *Hellner/Rousseau* NZM 2009, 301; *Herrlein* WImmoT 2011, 171; *Neuhaus* MDR 2010, 848; *Neuhaus*, Hdb. der Geschäftsraummiete, S. 480 ff.; *Schimmel/Ingendoh* GE 2009, 427; *Eckert* in Wolf/Eckert/Ball Rdn. 460 ff.; *Bartholomäi* in Lindner-Figura/Oprée/Stellmann, Geschäftsraummiete, Kap. 10 Rdn. 122 ff.

[5] Vom 7.9.2007 (BGBl. I 2007, 2246).

[6] So aber: *Weiß/Bonk* ZfIR 2012, 113, 116.

[7] *Usinger* NZM 2009, 297, 298 *Bartholomäi* a. a. O. Kap. 10 Rdn. 136.

[8] OLG Brandenburg ZMR 2013, 184, teilweise aufgehoben durch BGH (XII ZR 142/12) NJW 2014, 52; *Hellner/Rousseau* NZM 2009, 301, 305; *Neuhaus* MDR 2010, 848, 849.

[9] *Bartholomäi* a. a. O. Kap. 10 Rdn. 138.

[10] *Bartholomäi* a. a. O. Kap. 10 Rdn. 139.

[11] Verfassungsrechtliche Bedenken wegen der fehlenden währungsrechtlichen Gesetzgebungskompetenz für Regelungen zur Geldwertstabilität haben *Hellner/Rousseau* NZM 2009, 301; *Schultz* NZM 2008, 425; Bub/Treier/*Schultz* Kap. III. A Rdn. 805; MüKoBGB-*Grundmann* § 245 BGB Rdn. 71; **a. A.** *Schmidt-Räntsch* NJW 1998, 3166; OLG Brandenburg ZMR 2013, 184; offengelassen von BGH (XII ZR 142/12) NJW 2014, 52 = NZM 2014, 34.

[12] Nach *Neuhaus* ZAP F 4, S. 1507 (1510) kommt das in der Praxis bisher nicht vor.

[13] BGH (XII ZR 142/12) NJW 2014, 52 und danach OLG Brandenburg Urt. v. 6.5.2014 – 3 U 75/11 (zitiert nach juris) **a. A.** noch in ZMR 2013, 184; *Gerber* NZM 2008, 152; *Schulz* NZM 2008, 425; *Neuhaus*, Hdb. der Geschäftsraummiete, S. 491; *Aufderhaar/Jaeger* ZfIR 2008, 121; *Bartholomäi* a. a. O. Kap. 10 Rdn. 146; *Eckert* in Wolf/Eckert/Ball Rdn. 474.

einen, ob diese Rechtsfolge auch für formularvertraglich vereinbarte Indexklauseln gilt[14] und zum anderen, ob es auch für nicht genehmigte Klausel gilt, die vor dem 14.9.2007 vereinbart wurden. § 8 PrKlG spricht nämlich ausdrücklich von „Verstößen gegen dies Gesetz" weshalb der Wortlaut dafür spricht, andere Nichtigkeitsgründe, z. B. Verstöße gegen das Transparenzgebot gem. § 307 BGB, vom Anwendungsbereich der Vorschriften auszunehmen. Sinn und Zweck des § 8 PrKlG sprechen eher für eine enge Auslegung.[15] Nach Ansicht des BGH[16] sind auch Indexklauseln in Altverträgen schwebend wirksam, bis gerichtlich die Unwirksamkeit der Klausel rechtskräftig festgestellt wurde. In diesem Fall sind Indexsteigerungen ab 14.9.2007 maßgeblich. Ist die Indexklausel unwirksam, hat dies auf die Wirksamkeit des Mietvertrages insgesamt keinen Einfluss.[17] Erörtert wird, ob gegen das Preisklauselgesetz verstoßende Klauseln im Wege der ergänzenden Vertragsauslegung durch eine zulässige Klausel ersetzt werden können.[18] Umstritten ist ferner, inwiefern eine Indexklausel mit anderen Miethöhevereinbarungen verbunden werden kann.[19]

Gem. Absatz 2 sind während der **Laufzeit einer Indexmiete** Mieterhöhungen nach § 558 BGB auf die ortsübliche Vergleichsmiete gänzlich und Mieterhöhungen gem. § 559 BGB nach einer Modernisierungsmaßnahme soweit ausgeschlossen als es sich nicht um Maßnahmen handelte, die der Vermieter auf Grund von Umständen durchgeführt hat, die er nicht zu vertreten hat. **4**

Absatz 3 regelt die Modalitäten des Erhöhungsverfahrens. Anders als bei der Staffelmiete tritt die Erhöhung nicht automatisch ein. Derjenige, der sich auf eine Indexänderung beruft, muss diese Änderung und die Rechtsfolgen der anderen Vertragspartei in einem formalisierten Verfahren mitteilen. Im Änderungsschreiben muss nicht nur die eingetretene Indexänderung, sondern auch die geänderte Miete oder der Erhöhungsbetrag angegeben werden. Die Erklärung muss zumindest in Textform erfolgen, § 126b BGB. **5**

Durch das Mietrechtsnovellierungsgesetz wurde in Abs. 4 ab 1.6.2015 die sog. Mietpreisbremse gem. §§ 556d–556g BGB auch für die Ausgangsmiete einer Indexmiete eingeführt. Die Bestimmung gilt nur in Gemeinden mit angespanntem Wohnungsmarkt, die durch Landesverordnung bestimmt worden sind. Anders als bei der Staffelmiete ist aber den jeweiligen Indexerhöhungen eine Überprüfung der Miethöhe nicht vorgeschrieben. **5a**

II. Übergangsregelungen – In-Kraft-Treten

Die Vorschrift gilt für alle Indexmietvereinbarungen, die nach dem 31. August 2001 vereinbart wurden. Für vor diesem Termin abgeschlossene Vereinbarungen gilt weiter § 10a MHG. Auch Vereinbarungen die vor dem 1.9.2001 abgeschlossen wurden, deren erste Mieterhöhung aber erst nach dem 1.9.2001 eintreten sollte, sind unwirksam, wenn der Mietvertrag über eine Laufzeit von weniger als 10 Jahre abgeschlossen wurde. Eine **Heilung** ist durch die gesetzliche Neuregelung nicht eingetreten. Ggf. müssen die Parteien eine neue Vereinbarung schließen. Auch hierfür gilt die Schriftform. Möglich ist auch die Bestätigung der ehemals unwirksamen Mietanpassungsvereinbarung. Auch für die Bestätigung gilt das Schriftformerfordernis. **6**

Die Beschränkung der Ausgangsmiete in Gemeinden mit angespannten Wohnungsmärkten gem. Abs. 4 ist gem. Art. 229 § 35 Abs. 1 BGB nur auf solche Mietverträge anzuwenden, die nach Inkrafttreten einer Landesverordnung gem. § 556d Abs. 2 BGB für die entsprechende Gemeinde abgeschlossen wurden. Das ist insofern missverständlich, als dass Indexvereinbarungen auch nachträglich abgeschlossen werden können. Wurde also der Mietvertrag vor Erlass der Landesverordnung abgeschlossen, aber die Indexvereinbarung erst nach Inkrafttreten der Verordnung gilt Abs. 4 nicht. Insofern unterscheidet sich die Übergangsregelung von der für Staffelmietvereinbarungen. Dort gelten die §§ 556d–556g BGB auch für Staffelmietvereinbarungen, die im Rahmen eines **6a**

---

14 Auf der einen Seite: OLG Brandenburg ZMR 2013, 184, teilweise aufgehoben durch BGH (XII ZR 142/12) NJW 2014, 52; *Sternel* Mietrecht aktuell (2009), IV, 52; *Gerber* NZM 2008, 152; auf der anderen Seite: *Neuhaus,* Hdb. der Geschäftsraummiete, S. 493; Bub/Treier/*Schultz*Kap. III. A Rdn. 894; *Aufderhaar/Jaeger* NZM 2009, 564, 575; *Schulz* NZM 2008, 425; *Eckert* in Wolf/Eckert/Ball Rdn. 482; Palandt/*Grüneberg* Anh. zu § 245 § 8 PrKlG Rdn. 1; *Bartholomäi* a. a. O. Kap. 10 Rdn. 147.

15 *Eckert* in Wolf/Eckert/Ball Rdn. 482 auch unter Berufung auf die Begründung des Gesetzes BT-Drucks. 16/4764, S. 16.

16 BGH (XII ZR 142/12) NJW 2014, 52 = MietPrax-AK, § 8 PrKG Nr. 1 m. Anm. *Börstinghaus.*

17 OLG Brandenburg ZMR 2013, 184, teilweise aufgehoben durch BGH (XII ZR 142/12) NJW 2014, 52.

18 Bub/Treier/*Schultz* Kap. III. A Rdn. 896 mwN.

19 OLG Brandenburg NJW 2010, 876; *Usinger* NZM 2009, 297.

Mietvertrages, der vor Aufnahme der Gemeinde in eine Landesverordnung abgeschlossen wurde, die aber erst Aufnahme der Gemeinde in eines solche Vereinbarung geschlossen wurde.

6b Die fehlende Genehmigung einer Indexklausel in einem **Gewerberaummietvertrag,** die vor dem 1.1.1999 vereinbart wurde, wurde durch die zwischenzeitlich geltende Genehmigungsfiktion in § 4 Abs. 2 PrKlV geheilt.[20] Der Vertrag war insofern bis zum 1.1.1999 schwebend unwirksam und wurde dann ex tunc wirksam.[21] Hieran hat sich durch das neue PrKlG nichts geändert. Das neue Preisklauselgesetz ist gem. § 9 Abs. 2 PrKlG auf alle Index-Vereinbarungen anwendbar, deren Genehmigung nicht vor dem 13.9.2007 beantragt wurde.[22] Wurde die Klausel vor dem 14.9.2007 vereinbart und keine Genehmigung oder Negativattest eingeholt, richtet sich die Wirksamkeit nach dem PrKlG.[23] Alte Klauseln, die der Genehmigungsfiktion des § 4 PrKlV unterlagen, sind weiterhin zulässig. Wurde eine Klausel in der Vergangenheit genehmigt, so bleibt sie gem. § 9 PrKlG wirksam.[24]

III. Inhalt und Zweck der Norm

7 Der Gesetzgeber hat die Möglichkeit der Vereinbarung von Indexklauseln 1993 geschaffen, weil selbst nach seiner eigenen Einschätzung die gesetzlichen Erhöhungsvorschriften für beide Mietvertragsparteien nur schwer zu handhaben sind. Gerade private Vermieter mit kleinem Wohnungsbestand hätten häufig Schwierigkeiten, Mieterhöhungsverlangen entsprechend den gesetzlichen Anforderungen zu begründen. Die Möglichkeit der Staffelmietvereinbarung werde demgegenüber in der Praxis nur beschränkt angenommen.[25] Bei der Indexmiete handelt es sich um einen von zwei in § 557 Abs. 2 BGB zugelassenen Fällen von dem generellen Verbot von für den Mieter nachteilige Vereinbarungen über zukünftige Mieterhöhungen zu treffen, § 557 Abs. 4 BGB.

8 Die Mietanpassungsvereinbarung hat für Vermieter und Mieter **Vorteile:** Der Vermieter[26] erhält hierdurch ein an die Entwicklung der Lebenshaltungskosten gekoppeltes Entgelt; das relativ komplizierte Mieterhöhungsverfahren nach den §§ 558ff. BGB entfällt. Auch aus wirtschaftlicher Sicht kann eine Indexmiete durchaus interessant sein. Zwar ist nicht zu verkennen, dass das ortsübliche Mietpreisniveau in den letzten Jahren stärker gestiegen ist als die Lebenshaltungskosten. Vergleicht man die Mietanpassungsvereinbarung mit dem gesetzlichen Vergleichsmietensystem, so muss allerdings zusätzlich berücksichtigt werden, dass der Vermieter von der Entwicklung des ortsüblichen Mietpreisniveaus auf lange Zeit nicht profitiert, wenn die Anfangsmiete über der ortsüblichen Miete liegt. In diesem Fall sind Mieterhöhungen so lange ausgeschlossen, bis das ortsübliche Preisniveau die Anfangsmiete übersteigt. Bei der Mietanpassungsvereinbarung besteht diese Einschränkung nicht.[27] Selbst in Gemeinden, in denen die Beschränkungen der §§ 556d–556g BGB gelten, kann eine dauerhafte Mietsteigerung einer bereits bei Abschluss des Vertrages bis zu 10% über der ortsüblichen Vergleichsmiete liegenden Miete auf diese Weise wirksam vereinbart werden, die da späteren Indexsteigerungen nicht am Maßstab der §§ 556d–556g BGB gemessen werden. Besonders bedeutsam kann dies in den Fällen sein, in denen bereits die Vormiete die Grenze des § 556d Abs. 1 BGB überstieg oder diese Grenze wegen in den letzten drei Jahren durchgeführter Modernisierungsmaßnahmen überschritten werden darf. Für den Mieter[28] kann die Indexmiete ebenfalls attraktiv sein: er erhält einen langfristigen Mietvertrag mit einer fairen und einleuchtenden Preisregelung; die Entwicklung der Lebenshaltungskosten ist i. d. R. zudem besser zu überschauen als die Entwicklung der Mietpreise. Außerdem sind, wenn wahrscheinlich auch nur theoretisch, Mietsenkungen möglich, wenn der Lebenshaltungskostenindex sich verringert.

---

[20] OLG Stuttgart WuM 2007, 270; LG Koblenz ZMR 2007, 114.
[21] Bub/Treier/*Schultz* Kap. III. A Rdn. 811.
[22] OLG Brandenburg ZMR 2013, 184, teilweise aufgehoben durch BGH (XII ZR 142/12) NJW 2014, 52.
[23] OLG Brandenburg ZMR 2013, 184, teilweise aufgehoben durch BGH (XII ZR 142/12) NJW 2014, 52; OLG Celle NJW-RR 2008, 896, 897; *Neuhaus* MDR 2010, 848; *Hellner/Rousseau* NZM 2009, 301, 303.
[24] OLG Brandenburg ZMR 2013, 184, teilweise aufgehoben durch BGH (XII ZR 142/12) NJW 2014, 52; *Engel/Bösenberg* MietRB 2009, 243, 244.
[25] BT-Drucks. 12/3254 S. 8.
[26] Zu den Vorteilen für den Vermieter: *Both* in Herrlein/Kandelhard § 557b BGB, Rdn. 7.
[27] S. zum wirtschaftlichen Aspekt der Mietanpassungsvereinbarung auch die Vergleichsrechnungen bei *Hamm* DWW 1993, 321.
[28] Zu den Vorteilen für den Mieter: *Both* in Herrlein/Kandelhard § 557b BGB, Rdn. 8.

Auf Grund der Tatsache, dass Indexmietvereinbarungen früher nur in solchen Verträgen zulässig waren, die eine Mindestlaufzeit von 10 Jahren hatten, gab es solche Vereinbarungen im Wohnraummietrecht bis zum 1.9.2001 so gut wie überhaupt nicht. Selbst wenn die Mietvertragsparteien eine Indexierung des Mietvertrages wollten, so schreckte die Notwendigkeit eines Zehnjahresvertrages regelmäßig Vermieter und Mieter ab. Jetzt können zwar im Prinzip alle Mietverträge indexiert werden, trotzdem haben sich Indexvereinbarungen in der Wohnraummiete – anders als in der Gewerberaummiete – nicht durchgesetzt. 9

Für die Überprüfung der Wirksamkeit von Indexmieten muss danach differenziert werden, wann die Klausel vereinbart wurde: 10

Übersicht:

Inhalt und Form der Vereinbarung	Vereinbarung geschlossen zwischen 1.9.1993 und 31.12.1998	Vereinbarung geschlossen zwischen 1.1.1999 und 31.8.2001	Vereinbarung geschlossen ab dem 1.9.2001
Schriftform	ja	ja	Ja
Genehmigung der Landeszentralbank erforderlich	ja	nein	Nein
Mietvertrag über 10 Jahre oder Option oder Lebenszeit	ja	ja	Nein
Lebenshaltungskostenindex aller privaten Haushalte	ja	ja	Ja
andere Indizes	ja	nein	Nein
Im Erhöhungsschreiben Angabe der geänderten Miete oder des Erhöhungsbetrages	nein	nein	Ja
Beschränkung der Indexmiete gem. §§ 556d–556g BGB	Nein	Nein	Ja, aber nur die Ausgangsmiete nicht die Indexmieterhöhungen

derzeit unbesetzt 11

B. Voraussetzungen einer Indexmietvereinbarung

I. Inhalt der Indexklausel

1. Allgemeines

Nach der **Legaldefinition** für eine Indexklausel können die Vertragsparteien schriftlich vereinbaren, dass die Miete durch den vom Statistischen Bundesamt ermittelten Preisindex für die Lebenshaltung aller privaten Haushalte in Deutschland bestimmt wird. Seit Januar 2003 ist er umbenannt in **„Verbraucherpreisindex für Deutschland (VPI)"**. Miete i. S. d. Gesetzes ist die gemäß § 535 Abs. 2 BGB zu zahlende Gegenleistung für die Gebrauchsüberlassung. Worauf sich die Indexierung bezieht richtet sich vor allem nach der **Mietstruktur** des konkreten Mietvertrages. So bezieht sich die Indexierung auf die Grundmiete, wenn z. B. Vorauszahlungen auf die Betriebskosten gem. § 556 Abs. 2 BGB zu zahlen sind über die abgerechnet wird. Bei einem Inklusivmietvertrag bezieht sich die Indexierung mangels abweichender Vereinbarung auf die gesamte Inklusiv (Brutto-)miete. Haben die Parteien eine Pauschale gem. § 556 Abs. 2 BGB vereinbart, kommt es auf den Wortlaut der Indexvereinbarung an. Möglich ist es, die Indexierung auch auf die Pauschale zu beziehen. 12

Die Indexmiete nach § 557b BGB ist nur in Form einer **echten Gleitklausel** möglich. Man versteht hierunter eine Regelung, wonach sich die Höhe der Miete mit der Änderung einer bestimmten, von den Parteien gewählten Bezugsgröße verändern soll; die Veränderung muss der- 13 gestalt erfolgen, dass den Parteien kein Verhandlungsspielraum für die Festsetzung der Miethöhe verbleibt („volle Automatik").[29]

14 Das Gesetz gestattet nur Vereinbarungen, nach denen die Entwicklung der Miete durch die Änderung eines von dem Statistischen Bundesamt ermittelten Verbraucherpreisindex für Deutschland (VPI) bestimmt werden soll. Damit sind alle Bezugnahmen auf regionale Indizes z. B. eines Bundeslandes aber auch die Bezugnahme auf bestimmte Sonderindizes wie z. B. den Mietenindex oder den früher erhobenen Index für 4-Personenhaushalte mit mittlerem oder höherem Einkommen oder den Index für 2-Personenhaushalte mit geringem Einkommen ausgeschlossen. Soweit diese in der Vergangenheit noch zulässigerweise vereinbart werden durften, werden sie nunmehr durch den Preisindex für die Gesamtlebenshaltung bzw. den Verbraucherindex (EG) ersetzt.[30] Die Kopplung an den Preis anderer Waren, z. B. den Goldkurs, oder anderer Währungen, z. B. den Dollarkurs war immer verboten bzw. wurde bereits früher nicht genehmigt. Daran hat sich nichts geändert. Die Voraussetzungen des § 557b BGB erfüllen folgende Klauseln nicht und sind deshalb gem. § 557b Abs. 4 i. V. m. § 557 Abs. 4 BGB anders als in der Gewerberaummiete in der Wohnraummiete nichtig:

15 **a) Spannungsklauseln.** Hierbei handelt es sich um Klauseln, die die Mietenentwicklung in Abhängigkeit setzen von der Entwicklung vergleichbarer Verträge.[31] Solche Klauseln würden im Wesentlichen auf die vertragliche Vereinbarung von Änderungsmaßstäben hinauslaufen, die inhaltlich dem Vergleichsmietenprinzip entsprechen. Dadurch würde § 558 BGB umgangen. So sind Klauseln unwirksam, wonach der Mieter jeweils diejenige Miete zu zahlen hat, die sich aus einer bestimmten Rubrik eines Mietspiegels ergibt. Im Gewerberaummietrecht waren solche Klauseln möglich, da § 3 WährungsG auf sie keine Anwendung fand.[32] Sie sind dort nunmehr gem. § 1 Abs. 2 Nr. 2 PreisklG genehmigungsfrei aber kaum praktikabel.[33] Sie kommen in Form von sog. Marktmietklauseln vor.[34] Im Wohnraummietrecht sind sie gem. § 557b Abs. 4 BGB verboten.[35]

16 **b) Leistungsvorbehalte.** Hier kann nicht eine Partei durch einseitige Erklärung die Miete ändern, sondern es besteht lediglich ein Anspruch auf Neuverhandlungen bzw. ein Dritter ist befugt, die Miete neu zu bestimmen.[36] Die Veränderung der Bezugsgröße führt hier gerade nicht automatisch zu einer Vertragsänderung, sondern gibt einer Vertragspartei einen Anspruch auf Neuverhandlung.[37] Solche Klauseln sind im Vergleich zu echten Gleitklauseln schwerer umsetzbar und kaum praktikabel. Sie sind im Wohnraummietrecht unwirksam. Im Gewerberaummietrecht sind Leistungsvorbehalte, die einen Ermessenspielraum lassen; der es ermöglicht, die neue Höhe der Geldschuld nach Billigkeitsgrundsätzen zu bestimmen gem. § 1 Abs. 2 Nr. 1 PreisklG zulässig; im Wohnraummietrecht sind sie gem. § 557b Abs. 4 BGB verboten.

17 **c) Kostenelementklauseln.** Bei dieser Art der Vereinbarung ist die Mietenentwicklung von der Entwicklung bestimmter Kosten abhängig, § 1 Nr. 3 PrKlG.[38] Im Gewerberaummietrecht sind solche Klauseln gem. § 1 Abs. 3c PrKlG genehmigungsfrei, im Wohnraummietrecht sind sie nach § 557b Abs. 4 BGB verboten.[39] Bei deren Zulassung befürchtete der Gesetzgeber, dass die Rechtsprechung auch im Bereich frei finanzierter Mietwohnungen die Weitergabe steigender **Verwaltungs-** und **Instandsetzungskosten** zulassen könnte. Dies wäre mit dem Prinzip einer am Markt

[29] BGH ZMR 1969, 141.

[30] BGH (V ZR 71/08) NJW 2009, 679; BGH (V ZR 159/11) MDR 2012, 838 (beide für Erhöhung von Erbbauzinsen); LG Koblenz ZMR 2007, 121.

[31] BGH NJW-RR 1986, 877, NJW 1983, 1909, MDR 1976, 310; *Stapel* WuM 1999, 204; *Rademacher* ZMR 1999, 218; *Both* in Herrlein/Kandelhard § 557b BGB Rdn. 14; *Kunze/Tietzsch* Miethöhe, I, 114ff.; *Eckert* in Wolf/Eckert/Ball Rdn. 470ff.; *Bartholomäi* in Lindner-Figura/Oprée/Stellmann, Geschäftsraummiete, Kap. 10 Rdn. 154ff.

[32] BGH MDR 1976, 310.

[33] *Neuhaus,* Hdb. der Geschäftsraummiete, Kap. Rdn. 167.

[34] *Usinger* NZM 2009, 297, 299.

[35] *Stapel* WuM 1999, 204; *Both* in Herrlein/Kandelhard § 557b BGB Rdn. 14.

[36] BGH ZMR 1969, 141; *Leo* in Lützenkirchen, Anwalts-Hdb. MietR, A Rdn. 312ff.; *Kunze/Tietzsch* Miethöhe, I, 129ff.; *Eckert* in Wolf/Eckert/Ball Rdn. 468f.; *Bartholomäi* in Lindner-Figura/Oprée/Stellmann, Geschäftsraummiete, Kap. 10 Rdn. 162ff.

[37] *Stapel* WuM 1999, 204; *Rademacher* ZMR 1999, 218; *Schultz* NZM 1998, 905; *Both* in Herrlein/Kandelhard § 557b BGB, Rdn. 12.

[38] *Stapel* WuM 1999, 204; *Both* in Herrlein/Kandelhard § 557b BGB, Rdn. 15; *Kunze/Tietzsch* Miethöhe, I, 76ff.; *Eckert* in Wolf/Eckert/Ball Rdn. 473; *Bartholomäi* in Lindner-Figura/Oprée/Stellmann, Geschäftsraummiete, Kap. 10 Rdn. 174ff.

[39] *Both* in Herrlein/Kandelhard § 557b BGB Rdn. 15.

erzielbaren Miete nicht vereinbar.[40] Deshalb kann beispielsweise ein **gewerblicher Zwischenvermieter** nicht mit dem Endmieter vereinbaren, dass sich die Miete nach der Höhe der Miete des Hauptmietverhältnisses richtet. Möglich sind aber in diesem Fall sog. **Aufwandsersatzregelungen.** Danach können die Parteien des Hauptmietverhältnisses eine den Voraussetzungen des § 557b BGB entsprechende Indexvereinbarung treffen; zugleich kann im Untermietverhältnis vereinbart werden, dass der Untermieter die im Hauptmietverhältnis geschuldete Miete tragen soll.[41] Eine solche Vereinbarung bedarf aber der Form des § 557b BGB. Im Falle der konkreten Mieterhöhung müssen außerdem die formellen Voraussetzungen des § 557b Abs. 3 BGB eingehalten werden.

d) Umsatz- oder Gewinnbeteiligungsklauseln. Solche Klauseln kommen nur im Gewerberaummietrecht und nicht in der Wohnraummiete vor. Bei diesen Klauseln ist zu differenzieren zwischen einer vereinbarten **Umsatzmiete**[42], bei der die Höhe der Miete an den Gewinn- oder Umsatz des in den Geschäftsräumen betriebenen Gewerbebetriebs gekoppelt wird und den **Umsatz- und Gewinnbeteiligungsklauseln.** Eine solche Klausel ermöglicht dem Vermieter eine Mieterhöhung, wenn bestimmte Umsatz- oder Gewinngrenzen überschritten werden.[43] Beide Klauseln sind nicht genehmigungsbedürftig, weil eine Änderung des Preisniveaus nicht unmittelbar zu einer Änderung der Miete führt. Die Auswirkung der Änderung der Kaufkraft ist nur mittelbar. Weil bestimmte Güter teurer werden, steigt auch der Umsatz. Diese mittelbaren Auswirkungen führen nicht zur Genehmigungsbedürftigkeit.[44] Zulässig ist auch die Kombination einer Umsatzmiete mit einer Indexklausel.[45] Voraussetzung ist die Einhaltung der erforderlichen Mindestlaufzeit des Vertrages gem. § 3 PrKlG und die Anpassung des indexierten Teils der Miete entsprechend den Veränderungen des vereinbarten Index.[46] 18

2. Zulässiger Veränderungsmaßstab

Das Ausmaß der Mietanpassung muss in der Vereinbarung bestimmt sein. Es muss sich um einen **prozentualen Veränderungsmaßstab** handeln. Die **Punktzahl** des Lebenshaltungskostenindex darf nicht mit dem Erhöhungsprozentsatz gleichgesetzt werden.[47] 19

Beispiel: Der Index steigt von 113 auf 116 Punkte. Hier liegt eine Steigerung um 3 Punkte vor. Dies entspricht aber nur einer Steigerung von 2,65486% (zur Berechnung s. u. Rdn. 27).

Der Veränderungsmaßstab darf auch nach der Gesetzesänderung höchstens der prozentualen Indexänderung entsprechen. Zwar ist dies seit 2001 nicht mehr ausdrücklich im Gesetzestext enthalten, miet- und preisrechtliche Gesichtspunkte gebieten jedoch eine teleologische Reduktion dahin, dass **überproportional wirkende Indexklauseln** unwirksam sind.[48] Die Indexmiete dient ausschließlich der **Sicherung des Geldwertes** der vereinbarten Miete und soll keine wertmäßige Erhöhung der Miete ermöglichen. Daraus folgt, dass die Veränderung der Miete genau der prozentualen Veränderung des Lebenshaltungskostenindex entsprechen muss. Entscheidend ist die prozentuale Veränderung des Index. Die Miete verändert sich dann um den gleichen Prozentsatz. Die Klausel muss des Weiteren sowohl bei einem Anstieg wie auch bei einem Sinken des Index einschlägig sein, also zu einem Mietanstieg oder einer Mietsenkung führen. Regelt sie nur den Fall des Mietanstiegs, dann ist sie ebenso unwirksam wie in den Fällen, in denen sie eine nicht zu unterschreitende Mindestmiete vorsieht.[49] 20

[40] BT-Drucks. 12/3254 S. 15.
[41] *Weitemeyer* in Staudinger § 557b BGB Rdn. 20 (andere Ansicht „ist nicht einzusehen"); *Emmerich* NZM 2001, 690, 695.
[42] *Neuhaus,* Hdb. der Geschäftsraummiete, Kap. 9 Rdn. 7ff.
[43] *Neuhaus* ZAP F. 4 S. 677, 687; *Kunze/Tietzsch* Miethöhe, I, 62ff.
[44] *Lützenkirchen* NZM 2001, 835; *Neuhaus* ZAP F. 4 S. 677, 687.
[45] *Neuhaus,* Hdb. der Geschäftsraummiete, Kap. 9 Rdn. 22.
[46] *Usinger* NZM 2009, 297, 301.
[47] *Lammel* § 557b BGB Rdn. 16.
[48] *Grothe* NZM 2002, 54, 57; *Lammel* § 557b BGB Rdn. 16; *Sternel* Mietrecht aktuell (2009), IV, 35; Bub/Treier/*Schultz* Kap. III. A Rdn. 918; **a. A.** *Both* in Herrlein/Kandelhard § 557b BGB Rdn. 31.
[49] Bub/Treier/*Schultz* Kap. III. A Rdn. 924.

II. Schriftform

21 Die Indexvereinbarung muss gem. Abs. 1 schriftlich abgeschlossen werden. Der Schutzzweck der Norm besteht vor allem darin, die Mietvertragsparteien vor unüberlegten langfristigen Festlegungen zu schützen **(Warnfunktion).**[50] Daneben dient die Schriftform auch der **Beweissicherung** insbesondere auch bei Eigentümerwechseln und dem damit gem. § 566 BGB verbundenen Vertragsübergang.[51] Eine feste Verbindung mit dem Mietvertrag ist für die Wirksamkeit der Indexmiete nicht erforderlich.[52] Eine Indexmiete kann auch durch Formularvertrag vereinbart werden. Die Schriftform der Indexmietvereinbarung muss auch dann eingehalten werden, wenn der Mietvertrag selbst gem. § 550 BGB nicht der Schriftform unterliegt.[53]

22 Für die Schriftform gilt § 126 BGB. Möglich ist auch der Abschluss in elektronischer Form gem. § 126a BGB.[54] Es ist jedoch nicht zulässig, eine Indexmietvereinbarung in einer nur die **Textform** gem. § 126b BGB genügenden Form abzuschließen.[55] Schriftlich bedeutet daher, dass die Urkunde von beiden Vertragspartnern oder ihren Vertretern eigenhändig durch Namensunterschrift unterzeichnet sein muss. Wegen der Einzelheiten s. § 550 BGB.

23 Bei **Gewerberaummietverträgen** muss die Schriftform bezüglich des gesamten Mietvertrages eingehalten werden. Nach § 3 PrKlG[56] sind Wertsicherungsklauseln in Verträgen über wiederkehrende Leistungen dann wirksam, wenn der Gläubiger für die Dauer von mindestens zehn Jahren auf das Recht zur ordentlichen Kündigung verzichtet oder der Schuldner das Recht hat, die Vertragsdauer auf mindestens zehn Jahre zu verlängern. Das ist aber gem. § 550 BGB nur dann der Fall, wenn der Mietvertrag hinsichtlich aller wesentlichen Vertragsabsprachen die gesetzliche Schriftform erfüllt. Deshalb haben Formmängel i. S. d. §§ 550, 126 BGB grundsätzlich nicht nur eine Kündbarkeit des Mietvertrages zur Folge, sondern auch die Unwirksamkeit der Wertsicherungsklausel. Zu beachten ist aber weiter, dass gem. § 8 PrKlG die Unwirksamkeit der Preisklausel erst zum **Zeitpunkt des rechtskräftig festgestellten Verstoßes** gegen die Vorschriften des Preisklauselgesetzes eintritt, soweit nicht eine frühere Unwirksamkeit vereinbart ist. Die Rechtswirkungen der Preisklausel bleiben bis zum Zeitpunkt der Feststellung der Unwirksamkeit unberührt.[57] Formmängel i. S. d. §§ 550, 126 BGB haben nicht nur eine Kündbarkeit des Mietvertrages zur Folge, sondern auch die Unwirksamkeit der Wertsicherungsklausel. Im Einzelfall kann jedoch eine solche unwirksame Wertsicherungsklausel auf Grund einer salvatorischen Klausel[58] als ein Leistungsvorbehalt auszulegen sein.[59]

III. Indexvereinbarung

1. Zeitpunkt der Vereinbarung

24 Die Indexmietvereinbarung kann **zusammen mit dem Mietvertrag** abgeschlossen werden aber auch zu einem **späteren Zeitpunkt** separat. Wird die Vereinbarung zusammen mit dem Mietvertrag abgeschlossen, kann dies in einer einheitlichen Urkunde geschehen. Möglich ist aber auch der spätere Abschluss einer Indexvereinbarung in einem bestehenden Mietverhältnis. Die Wohnung braucht dabei noch nicht übergeben worden zu sein. Es ist ferner nicht erforderlich, dass die Miete zum Zeitpunkt des Abschlusses der Indexvereinbarung ein Jahr unverändert geblie-

---

[50] *Sternel* Mietrecht, III, 434.

[51] Zum Schutzzweck der Schriftform gem. § 550 BGB: BGH (XII ZR 120/06) NJW 2010, 1518 = MietPrax-AK § 550 BGB Nr. 30 mit Anm. *Eisenschmid;* BGH (XII ZR 69/06) NZM 2008, 482 = NJW 2008, 2178 = MietPrax-AK § 550 BGB Nr. 25 mit Anm. *Eisenschmid.*

[52] LG Berlin GE 1998, 857.

[53] *Both* in Herrlein/Kandelhard § 557b BGB, Rdn. 20; *Mankowski* ZMR 2002, 481, 484.

[54] Dazu § 557a BGB Rdn. 25; *Einsele* GS für Sonnenschein, S. 117.

[55] *Mankowski* ZMR 2002, 481, 484.

[56] *Aufderhaar/Jaeger* ZfIR 2008, 121; *Kirchhoff* DNotZ 2007, 913.

[57] BGH (XII ZR 142/12) NJW 2014, 52; *Gerber* NZM 2008, 152; *Schulz* NZM 2008, 425; *Aufderhaar/Jaeger* ZfIR 2008, 121.

[58] Zu den Auswirkungen einer salvatorischen Klausel bei Schriftformmängeln: BGH (XII ZR 132/03) NZM 2005, 502; nach OLG Rostock NZM 2008, 646 kann eine mietvertragliche Heilungsklausel den Mieter nach Treu und Glauben nicht hindern, den Mietvertrag gegenüber dem ursprünglichen Vermieter unter Berufung auf einen Schriftformmangel zu kündigen, ohne ihn zuvor um Heilung des Schriftformmangels ersucht zu haben.

[59] OLG Rostock NZM 2005, 506.

ben ist. Die Jahressperrfrist des § 558 Abs. 1 BGB gilt hier weder ausdrücklich noch analog. Es fehlt an einer Regelungslücke, da es sich hier um eine einvernehmliche Vertragsänderung oder -ergänzung handelt. Demgegenüber will § 558 Abs. 1 BGB den Mieter vor einseitigen Mieterhöhungen gegen seinen Willen schützen.

2. Widerrufsmöglichkeit

Die auf Abschluss einer Mietabänderungsvereinbarung gerichtete Willenserklärung kann unter Umständen widerrufen werden. Dies ist dann der Fall, wenn es sich um einen sog. **Verbrauchervertrag i. S. d. § 312 BGB** handelt, der gem. § 312b BGB außerhalb der Geschäftsräume des Vermieters (dazu Vor § 535 BGB Rdn. 75ff.) oder als Fernabsatzvertrag gem. § 312c BGB geschlossen wurde.[60] Die Darlegungs- und Beweislast für die ausschließliche Verwendung von Fernkommunikationsmitteln beim Vertragsschluss trägt nach allgemeinen Grundsätzen der Verbraucher. Soweit die ausschließliche Verwendung von Fernkommunikationsmitteln beim Vertragsschluss feststeht, hat der Unternehmer darzulegen und gegebenenfalls zu beweisen, dass dem Vertragsschluss ein persönlicher Kontakt vorausgegangen ist, oder dass der Vertrag nicht im Rahmen eines für den Fernabsatz organisierten Vertriebs- oder Dienstleistungssystems erfolgt ist.[61] 25

3. Inhalt der Vereinbarung

Nach der Legaldefinition in Abs. 1 darf seit 1.9.2001 lediglich nur noch der seit Januar 2003 als VPI veröffentlichte Index vereinbart werden. Damit wird der Tatsache Rechnung getragen, dass das Statistische Bundesamt seit Januar 2003 die Veröffentlichung der verschiedenen Verbraucherindizes eingestellt hat.[62] In vor dem 1.9.2001 abgeschlossenen Vereinbarungen war auch die Bezugnahme auf andere Verbraucherindizes zulässig. Dies waren zum einen die Indizes für bestimmte Haushaltstypen (4-Personenhaushalt mit mittlerem Einkommen, 4-Personenhaushalt mit höherem Einkommen und 2-Personenhaushalt mit niedrigem Einkommen) sowie jeweils regionale Indizes für die alten und neuen Bundesländer. Zur Umrechnung solcher ehemaligen Indizes s. u. Rdn. 29f. 26

Die **Veränderung der Indexpunktzahl muss umgerechnet** werden in eine prozentuale Veränderung. Für die Umrechnung der Indexpunktzahl in den Prozentsatz der Änderung gilt folgende Formel: 27

[(neuer Indexstand: alter Indexstand) × 100] – 100 = Prozentsatz der Änderung.

Im Einzelfall kann sich ausnahmsweise aus der Klausel im Mietvertrag ergeben, dass die Veränderungen immer nur für volle Jahre maßgeblich sind.[63]

Möglich ist es, dass in der Klausel bestimmte **Untergrenzen (Schwellenwerte)** vereinbart werden, die erst überschritten werden müssen, bis eine Anpassung verlangt werden kann. Diese Grenze kann sich auf eine bestimmte Indexpunktzahl beziehen oder auf eine bestimmte prozentuale Veränderung der Indexwerte. Dies ist, auch wenn dadurch der Anspruch des Mieters auf Herabsetzung der Miete bei fallendem Index betroffen ist, keine nachteilige Vereinbarung zu Lasten des Mieters i. S. d. § 557b Abs. 4 BGB, wenn die gleiche Grenze auch für die Mietsteigerungen gilt. Die Klausel muss aber so formuliert sein, dass die Mietanpassung auf jeden Fall erst ein Jahr nach der letzten Änderung möglich ist und die vereinbarte Grenze nur zusätzlich noch einzuhalten ist. Auf diese Weise können **Bagatellmieterhöhungen** ausgeschlossen werden. Bei Vereinbarung von Schwellenwerten führt die Bezugnahme auf den Punktwert zu einer häufigeren Anpassungsmöglichkeit als die Vereinbarung eines Prozentwertes.[64] 28

Beispiel: Bei einem Index von 140 bedeutet eine Steigerung im 10 Punkte aus 150 nur eine Steigerung um 7,14285% (zur Berechnung s. o. Rdn. 27).

Bei der Vereinbarung einer Indexklausel muss neben dem maßgeblichen Index noch vereinbart werden, auf welches **Basisjahr** der Index berechnet werden soll. Die Entwicklung des Lebenshal- 29

[60] Zur seit 13.6.2014 geltenden Neuregelung und den Auswirkungen auf das Mietrecht: *Hinz* WuM 2016, 76; *Koch* VuR 2016, 92; *Kunze/Kroll* MietRB 2016, 329; *Horst* DWW 2015, 2; *Mediger* NZM 2015, 185; *Artz/Brinkmann/Pielsticker* ZAP F. 4 S. 1639; *Hau* NZM 2015, 435; *Lindner* ZMR 2015, 261; *Pisal/Schreiner* ZfIR 2015, 505; *Gsell* WuM 2014, 375.

[61] BGH (I ZR 168/14) WM 2016, 968.

[62] Zu Hintergründen und Folgen dieser Änderung instruktiv: BGH (XII ZR 41/11) NZM 2013, 148.

[63] LG Berlin MM 2011, 9/2011 S. 29.

[64] *Engel/Bösenberg* MietRB 2009, 243, 246.

tungskostenindex wird nämlich vom Statistischen Bundesamt in einem Punktwert bezogen auf ein bestimmtes Basisjahr angegeben. Dadurch kann bezogen auf das jeweilige Basisjahr sofort abgelesen werden, um wie viel Prozentpunkte der Lebenshaltungskostenindex zu diesem Basiswert sich verändert hat. Diese Indizes für die Lebenshaltung werden monatlich amtlich veröffentlicht. Die Veröffentlichung erfolgt etwa am zehnten Tag des Folgemonats; die entsprechenden Zahlen können auch einem Anrufbeantworter des Statistischen Bundesamts oder der Fachpresse entnommen werden. Sie werden auch im Internet veröffentlicht.[65] Der Verbraucherpreisindex wird in fünfjährigem Abstand einer turnusmäßigen Überarbeitung unterzogen. Dies geschieht in **zwei Schritten:** Zunächst wird der **„Warenkorb"** festgelegt, welcher sämtliche Waren und Dienstleistungen enthält, die für die Konsumwelt in Deutschland relevant sind. Dieser Warenkorb wird laufend aktualisiert.[66] Im nächsten Schritt werden die Güter des Warenkorbs in rund 700 Güterarten eingeteilt. Für die Berechnung der gesamten Teuerungsrate wird die durchschnittliche Preisentwicklung für eine Güterart jeweils mit dem Ausgabenanteil gewichtet, den die privaten Haushalte im Durchschnitt für diese Güterart ausgeben. Das Ergebnis ist ein gewichteter Mittelwert für die Preisentwicklung in Deutschland. Die Gewichtungsinformationen sind im so genannten **Wägungsschema** enthalten. Im Gegensatz zum Warenkorb wird das Wägungsschema für den Verbraucherpreisindex nur alle fünf Jahre aktualisiert.[67] Somit ist der auf dem neuen Basisjahr beruhende Index anders zusammengesetzt als der vorherige und ein unmittelbarer Vergleich der Indizes, die auf unterschiedlichen Basisjahren beruhen, nicht möglich. Bereits publizierte Indexwerte früherer Basisjahre werden ab Januar des neuen Basisjahres unter Verwendung des aktualisierten Wägungsschemas neu berechnet. Die nachfolgend veröffentlichten Lebenshaltungskostenindizes spiegeln daher nicht nur eine reine Preissteigerung, sondern **auch die geänderten Verbrauchsgewohnheiten** wieder.[68] Bis zur Veröffentlichung der Werte des neuen Basisjahres werden die Werte des alten Jahres **behelfsmäßig** ermittelt und veröffentlicht. Diese Werte werden aber **mit Veröffentlichung der Werte des neuen Basisjahres unwirksam.**[69] Am 20.2.2013 erfolgte die Umstellung von der bisherigen Basis 2005 auf das Basisjahr 2010. Damit verbunden war eine Neuberechnung der Ergebnisse ab Januar 2010.

30 Wurde eine Wertsicherung vertraglich vereinbart, die auf ein früheres Basisjahr Bezug nimmt, kommt es darauf an, ob Werte vor dem 1.1.1991 umgerechnet werden müssen oder spätere Werte.[70] Das Bundesamt für Statistik veröffentlicht den aktuellen Verbraucherpreisindex für Deutschland mit Basisjahr 2010 rückwirkend bis Januar 1991. Nur Werte davor müssen ggf umgerechnet werden.[71] Bis 2003 hatte das Statistische Bundesamt noch entsprechende Umbasierungsfaktoren veröffentlicht.[72] Die Probleme tauchen vor allem dann auf, wenn die Parteien vereinbarten haben, dass die Miete sich bei Erreichen eines bestimmten **Punktwertes** verändern soll. Anders als eine nach einem bestimmten Prozentsatz bemessene Steigerungsrate hängt die Frage, ob die Indexentwicklung einen bestimmten Punktwert erreicht, von der Wahl des Basisjahres ab[73]: So beträgt eine Steigerung des Index (Basisjahr 1980 = 100) von 110 auf 120 zwar 10 Punkte; sie macht (bezogen auf das Basisjahr) aber nur eine Steigerung von (120 ×100 : 110 =) 9,09% aus – ein Unterschied, der sich mit zunehmendem Abstand vom Basisjahr verschärft.[74] Die Umstellung eines Index auf ein neues Basisjahr muss dem Rechnung tragen. Dies geschieht dadurch, dass die für das neue Basisjahr und die Folgejahre bereits veröffentlichten, aber noch auf das frühere Basisjahr bezogenen Werte neu errechnet werden und die insoweit bereits veröffentlichten Werte ersetzen. Die Ergebnisse für die vor dem neuen Basisjahr liegenden Zeiträume müssen umbasiert werden.[75]

---

[65] Http://www.destatis.de; dazu auch *Rasch* DNotZ 2003, 730.
[66] BGH (XII ZR 41/11) NZM 2013, 148.
[67] BGH (XII ZR 41/11) NZM 2013, 148 unter Hinweis auf: www.destatis.de, Zahlen & Fakten/Gesamtwirtschaft & Umwelt/Preise/Verbraucherpreisindizes/Warenkorb und Wägungsschema, Stand: 7. November 2012.
[68] BGH (XII ZR 41/11) NZM 2013, 148.
[69] BGH (XII ZR 41/11) NZM 2013, 148.
[70] Zur Umrechnung *Schimmel/Ingendoh* GE 2009, 427; *Ruff* WuM 2006, 543, 547.
[71] Zur Umrechnung *Aufderhaar/Jaeger* NZM 2009, 564, 572.
[72] Eine Tabelle mit den Preisindizes für den Berichtsmonat 1999 umbasiert auf alle Basisjahre ist abgedruckt bei *Schimmel/Ingendoh* GE 2009, 427, 432.
[73] Dazu BGH (XII ZR 41/11) NZM 2013, 148.
[74] *Reul* DNotZ 2003, 92, 101.
[75] BGH (XII ZR 141/07) NZM 2009, 398 = MietPrax-AK § 557b BGB Nr. 2 mit Anm. *Börstinghaus.*

31 Haben die Mietvertragsparteien einen ehemals zulässigen Verbraucherindex als Maßstab vereinbart, der ab 1.1.2003 nicht mehr ermittelt wird, so ist die Klausel nicht unwirksam, es muss eine Umstellung und Umrechnung erfolgen.[76] Dem Vermieter steht gegenüber dem Mieter im Wege **der ergänzenden Vertragsauslegung**[77] ein Anspruch auf Vereinbarung eines zulässigen und auch ermittelten Verbraucherindex zu.[78] Es ist darauf abzustellen, was die Parteien bei Abwägung ihrer Interessen nach Treu und Glauben als redliche Vertragspartner vereinbart hätten. Dabei ist an die in dem Vertrag enthaltenen Regelungen und Wertungen anzuknüpfen.[79] Hätten die Parteien bei der Vereinbarung der Indexklausel gewusst, dass der vereinbarte Index weggefallen wird, hätten sie gleich den Verbraucherpreisindex für Deutschland (Verbraucherpreisindex) vereinbart.[80]

32 Auch in diesem Fall muss eine **Umrechnung des Index** erfolgen.[81] Dabei entspricht es jedenfalls, wenn der der Anpassung zugrundeliegende Zeitraum ab dem 1. Januar 2000 beginnt, dem Interesse der Vertragsparteien, für die automatische Anpassung der Miethöhe auf den allgemeinen Verbraucherpreisindex bereits ab dem Basisjahr 2000 abzustellen.[82] Auch hier gilt (siehe dazu oben Rdn. 29), dass die verschiedenen Indizes nicht miteinander vergleichen werden können. Es ist der älteste Wert des neuen Index zu verwenden, wenn dessen Datum nach dem maßgeblichen Stichtag des konkreten Mietvertrages liegt, ansonsten ist der Wert des neuen Index zum Stichtag zu verwenden.

C. Mieterhöhungserklärung

I. Allgemeines

33 Die Mieterhöhung tritt bei einer Indexvereinbarung, anders als bei einer Staffelmietvereinbarung, nicht automatisch[83] ein. Eine solche **Automatik** hätte zur Folge gehabt, dass der Mieter verpflichtet gewesen wäre, selbst die Entwicklung des Index mit zu verfolgen. Deshalb ist die Mieterhöhung ohne eine entsprechende Mieterhöhungserklärung noch gar nicht eingetreten[84] und nicht nur nicht fällig.[85] Neben den materiellen Voraussetzungen des § 557b Abs. 1 BGB müssen auch noch die **Formalien** des § 557b Abs. 3 BGB eingehalten sein. Danach muss die Änderung der Miete auf Grund einer Mietanpassungsvereinbarung durch Erklärung zumindest in Textform geltend gemacht werden.[86] Zu den Voraussetzungen der Textform s. § 550 BGB Rdn. 77ff. Die Textform genügt selbst dann, wenn im Mietvertrag eine **Schriftformklausel** enthalten ist. Unabhängig davon, dass es sich um eine gewillkürte Schriftform gem. § 127 BGB handeln würde, die weiter als die gesetzliche Schriftform geht und große Teile der der Textform aber nicht der Schriftform genügenden Formen (z.B. Telefax) abdeckt, ist eine solche Schriftformklausel i.d.R. gem. § 307 BGB unwirksam (Vor § 535 BGB Rdn. 41, § 550 Rdn. 75.). Bei **Verträgen mit einer Laufzeit von mehr als einem Jahr** muss die Erklärung ebenfalls nicht abw. von Abs. 3 in Schriftform

---

[76] LG Koblenz ZMR 2007, 121; *Aufderhaar/Jaeger* NZM 2009, 564, 571; *Lützenkirchen* NZM 2001, 835, 836; *Klingmüller/Wichert* ZMR 2003, 797, 798.

[77] BGH (XII ZR 41/11) NZM 2013, 148; (XII ZR 141/07) NZM 2009, 398 = MietPrax-AK § 557b BGB Nr. 2 mit Anm. *Börstinghaus;* BGH (V ZR 71/08) NJW 2009, 679 = NZM 2009, 211; (V ZR 159/11) MDR 2012, 838 (die letzten beiden für Erhöhung von Erbbauzinsen); OLG Schleswig-Holstein ZMR 2011, 635, AG Mönchengladbach NZM 2005, 742; AG Koblenz ZMR 2006, 451; *Sternel* Mietrecht aktuell (2009), IV, 43; *Reul* DNotZ 2003, 92, 97.

[78] BGH NJW 1979, 2250, NJW 1986, 932; *Lützenkirchen* NZM 2001, 835, 836.

[79] BGHZ 81, 135, 141; BGH (VIII ZR 234/04) NJW-RR 2005, 1421, 1422 m.w.N.

[80] BGH (XII ZR 41/11) NZM 2013, 148; Vorinstanz: OLG Schleswig ZMR 2011, 635.

[81] Zu der Berechnung s. BGH (XII ZR 41/11) NZM 2013, 148; BGH (XII ZR 141/07) NZM 2009, 398 = MietPrax-AK § 557b BGB Nr. 2 mit Anm. *Börstinghaus;* LG Koblenz ZMR 2007, 121; AG Koblenz ZMR 2006, 451; *Lützenkirchen* NZM 2001, 835, 836.

[82] Für die Gewerberaummiete: BGH (XII ZR 41/11) NZM 2013, 148.

[83] LG Berlin NZM 2002, 947, 948; im Gewerberaummietrecht ist die Vereinbarung einer automatischen Erhöhung aber möglich: BGH NJW 1980, 589; OLG Düsseldorf NZM 2008, 524; OLG Celle GuT 2002, 41; *Eckert* in Wolf/Eckert/Ball Rdn. 490; *Bartholomäi* in Lindner-Figura/Oprée/Stellmann, Geschäftsraummiete, Kap. 10 Rdn. 123/139; *Usinger* NZM 2009, 297, 298.

[84] So auch *Weitemeyer* in Staudinger § 557b BGB Rdn. 25.

[85] *Lammel* § 557b BGB Rdn. 23 ist der Auffassung, dass auch im Wohnraummietrecht die Erhöhung automatisch eintritt, der Erhöhungsbetrag aber nicht fällig ist.

[86] Dazu auch *Mankowski* ZMR 2002, 481, 484.

abgegeben werden[87] um die Wirkung der Befristung oder den Kündigungsverzicht aufrecht zu halten. Die Miethöhevorschriften sind jedoch keine die Form des § 550 BGB verdrängenden Spezialvorschriften.[88] Das Schriftformgebot gilt für solche **einseitigen Willenserklärungen** nicht.[89] Auch die verschiedenen Schutzzwecke[90] des § 550 BGB verlangen nicht nach einer Einhaltung der Schriftform. Die Warn- und Beweisfunktion sind anders als bei der Mieterhöhung nach § 558ff. BGB nicht betroffen (dazu § 558a BGB Rdn. 10; § 558b BGB Rdn. 21). Für den Erwerberschutz als Hauptschutzzweck des § 550 BGB ist es bei einer einseitigen Gestaltungserklärung wie die des § 557 Abs. 3 BGB völlig egal, ob sich diese Erklärung in einer Kopie von einem die Schriftform genügenden Schreiben oder in einer Kopie einer nur die Textform erfüllenden Mitteilung beim Mietvertrag oder der Mieterakte befindet. Der Erwerber ist allein durch die Tatsache, dass sich im Mietvertrag eine Indexvereinbarung befindet, hinreichend vorgewarnt.[91] Sinn und Zweck des § 550 BGB sprechen deshalb gegen dessen Anwendung auf den vorliegenden Fall. Wie der BGH[92] festgestellt hat, gibt es zahlreiche Fallgestaltungen, in denen § 550 BGB den Zweck, einem Grundstückserwerber Klarheit über die Bedingungen eines langfristigen Mietvertrags zu verschaffen, nicht umfassend gewährleisten kann. Für die Wirksamkeit der Mieterhöhung ist die Einhaltung der Schriftform immer unerheblich. Für sie genügt die Textform.

II. Jahresfrist

34 Gemäß 557b Abs. 2 BGB muss die Miete jeweils mindestens **ein Jahr** unverändert bleiben, bevor eine neue Anpassung auf Grund gestiegener Preise erfolgen darf. Innerhalb dieser Frist dürfen aber Mieterhöhungen nach § 559 BGB, soweit sie zugelassen sind,[93] und nach § 560 BGB wegen gestiegener Betriebskosten, durchgeführt werden. Die **Jahresfrist** beginnt mit dem Mietbeginn oder mit dem Zeitpunkt, zu dem die letzte Mieterhöhung eingetreten ist. Die Frist muss im Zeitpunkt der Fälligkeit der Mietänderung (§ 557b Abs. 3 BGB) abgelaufen sein. Die Änderungserklärung kann dem anderen Teil also bereits **vor Ablauf der Jahresfrist zugehen.**[94] Die Formulierung in § 557b Abs. 2 BGB unterscheidet sich insofern von der Jahressperrfrist in § 558 Abs. 1 Satz 2 BGB. Der Fall ist eher vergleichbar mit der Jahresfrist der Staffelmiete in § 557a Abs. 2 Satz 1 BGB. Auch dort treten die einzelnen vereinbarten Mieterhöhungsstaffeln genau nach einem Jahr in Kraft. Bei der Indexmiete stehen nur die Staffeln betragsmäßig noch nicht fest. Deshalb muss der Vermieter (ggf. auch der Mieter) eine Gestaltungserklärung abgegeben. Die Frist soll dadurch aber nicht verlängert werden. Bereits aus der mietvertraglich vereinbarten Indexklausel soll sich ergeben müssen, dass die Miete mit Ausnahme der ausgenommenen Mieterhöhungen, ein Jahr unverändert geblieben sein muss.[95] Das ist durchaus fraglich. Die Voraussetzungen einer Indexklausel ergeben sich aus § 557b Abs. 1. In Abs. 2 ist die Rechtsfolge festgehalten. Die dort geregelte Jahresfrist setzt die wirksame Vereinbarung einer Indexmiete voraus.

35 Die Jahressperrfrist wird bei späteren Veränderungen ausgelöst durch alle einvernehmliche Mietanpassungen gem. § 557 Abs. 1 BGB, durch frühere Staffelmieterhöhungen oder Mieterhöhungen auf Grund dieser oder einer früheren Indexmietvereinbarung. Auch alle Mieterhöhungen auf die

---

[87] *Börstinghaus* in DMT-Bilanz, S. 377, 382 (am Beispiel der Mieterhöhung gem. § 559 BGB; ebenso aber ohne Begründung: *Elzer* in Elzer/Rieke, Mietrechtskommentar, 2009, § 559b BGB Rdn. 2; für die Optionsausübung ebenso BGH (XII ZR 15/12) NJW 2015, 402 = NZM 2015, 84.

[88] *Börstinghaus* in DMT-Bilanz, S. 377, 383.

[89] RGRK/*Krüger-Nieland* § 126 BGB Rdn. 30; *Wolf/Eckert/Ball* Rdn. 129 (für Optionsrecht); **a. A.** *Wendtland* in Bamberger/Roth § 125 BGB Rdn. 8.

[90] BGH (XII ZR 69/06) NZM 2008, 482; *Stapenhorst* NJW 2008, 2181.

[91] BGH (XII ZR 178/04) NZM 2007, 443, 444 Rdn. 27, (XII ZR 15/1) BGHZ 203, 148 = NJW 2015, 402; (XII ZR 84/14) NZM 2015, 861; *Wolf/Eckert/Ball* Rdn. 129 für vereinbartes Optionsrecht und anschließende Optionsausübung.

[92] BGH (XII ZR 178/04) NZM 2007, 443, 444 Rdn. 27; BGH (XII ZR 18/00) NJW 2003, 2158, NJW 1998, 58.

[93] Nach Ansicht von *Lammel* § 557b BGB Rdn. 21 sollen aber alle Mieterhöhungen gem. § 559 BGB innerhalb der Jahresfrist möglich sein. Dabei wird Abs. 2 Satz 1 isoliert ohne Satz 2 gesehen.

[94] *Lammel* § 557b BGB Rdn. 24; *Hamm* DWW 1993, 321; *Bub* NJW 1993, 2897, 2900; *Schilling* Neues Mietrecht 1993 S. 174; *Weitemeyer* in Staudinger § 557b BGB Rdn. 29; *Artz* in MüKoBGB § 557b BGB Rdn. 9; *Schüller* in Bamberger/Roth § 557b BGB Rdn. 13.

[95] AG Wedding MM 4/2014, 30; *Kunze/Tietzsch*, Miethöhe, Teil II Rdn. 157; *Löfflad* MietRB 2004, 244; offengelassen von Bub/Treier/*Schultz* Kap. III Rdn. 914ff.; *Dickersbach* in Lützenkirchen, Mietrecht, § 557b Rdn. 37ff.

ortsübliche Vergleichsmiete gem. § 558 BGB sind schädlich, ebenso wie Modernisierungsmieterhöhungen gem. § 559 Abs. 1 i. V. m. § 555b Ziff. 1, 3–5 BGB.[96]

Der Ausschluss der Mieterhöhungsmöglichkeiten gilt für die **gesamte Laufzeit der Indexmietvereinbarung.** Die Laufzeit der Indexmietvereinbarung muss nicht mit der Laufzeit des Mietvertrages übereinstimmen. Insbesondere in den Fällen, in denen ein Mietvertrag auf unbestimmte Zeit mit einer Indexmietvereinbarung verbunden wurde macht es Sinn, die Laufzeit der Indexmietvereinbarung zeitlich zu befristen, um nach einiger Zeit die Möglichkeit zu haben, die Vertragsmiete an eine eventuell sich anders entwickelnde ortsübliche Vergleichsmiete anzupassen. **36**

Die Beschränkung der Mieterhöhungsmöglichkeiten endet mit der Laufzeit der Indexmietvereinbarung. Es kommt nicht auf die letzte Mieterhöhung auf Grund der Indexmiete an. Bedeutung hat dies für das erste Jahr nach der letzten Indexmieterhöhung. **37**

Beispiel: Im Mietvertrag ist eine Indexmietvereinbarung enthalten, die bis 31.12.2018 befristet ist. Die Miete erhöhte sich zum letzten Mal auf Grund einer Indexmieterhöhung zum 1.8.2018 um 50 €. Der Vermieter darf ab 1.1.2019 die Miete gem. § 559 BGB erhöhen; wegen Maßnahmen gem. § 555b Nr. 6 BGB auch schon vorher.

Die Jahresfrist des § 557b Abs. 2 Satz 1 BGB muss hier nicht noch einmal eingehalten werden. Dies ergibt sich daraus, dass die Indexmietvereinbarung ab 1.1.2017 gar nicht mehr besteht und deshalb auch ein Ausschlusstatbestand fehlt. Ab Januar 2017 kann deshalb ohne (zeitliche) Einschränkungen eine Mieterhöhung nach § 559 BGB erfolgen. Bei Maßnahmen nach § 555b Nr. 6 BGB ist auch während der Laufzeit der Indexmiete eine Mieterhöhung gem. § 559 BGB zulässig, Für spätere Mieterhöhungen nach § 558 BGB muss aber die Jahressperrfrist nach § 558 Abs. 1 Satz 2 BGB eingehalten werden. Die letzte Mieterhöhung auf Grund der Indexmietvereinbarung hat nämlich die Jahressperrfrist ausgelöst.

§ 557b Abs. 2 Satz 1 BGB stellt nur auf die Mieterhöhungserklärung gem. § 559 BGB ab, nicht auf den Zeitpunkt der Modernisierungsmaßnahme. Der Wortlaut des Satz 1 ist insofern eindeutig. Deshalb ist nach Ablauf der Laufzeit einer Indexmietvereinbarung eine Mieterhöhung nach § 559 BGB auch auf Grund von Modernisierungsmaßnahmen gem. § 555b Nr. 6 BGB möglich, die während der Laufzeit der Indexvereinbarung durchgeführt wurden. Der Mieter ist durch das Sonderkündigungsrecht des § 561 BGB, das nach der Mieterhöhung nach § 559 BGB besteht, ausreichend geschützt. Der Wortlaut der Vorschrift ist eindeutig. Er knüpft nur an die Erhöhung der Miete an. Aber selbst wenn man den Wortlaut als nicht eindeutig verstehen sollte, sprechen Sinn und Zweck der Regelung für eine solche Auslegung. Die Mieterhöhung gem. § 559 BGB wirkt nur für die Zukunft. Unerwünschte Doppeleffekte[97] können deshalb nicht auftreten, da die Mieterhöhung nach § 559 BGB nicht für die Zeit der Indexvereinbarung Wirkung entfaltet, sondern erst für die Zeit danach. Bei Mieterhöhungen nach § 559 BGB ist der Vermieter auch sonst nicht verpflichtet, diese unmittelbar nach Abschluss der Modernisierungsarbeiten vorzunehmen.[98] Die Indexmietvereinbarung ist ein vertraglicher Ausschluss der Mieterhöhungsmöglichkeiten nach den §§ 558, 559 BGB. Das kann sich aber nur für die Zeit der Geltung der Indexmietvereinbarung beziehen und besagt nichts darüber, ob die nach Ablauf der Indexvereinbarung geltend gemachte Erhöhung nicht auf einer Modernisierung beruhen darf, die bereits unter Geltung der Staffelmietvereinbarung erfolgte (zu der ähnlichen Rechtslage bei Staffelmietvereinbarungen s. § 557a BGB Rdn. 52). In Betracht kommt allenfalls eine Verwirkung (dazu § 559b Rdn. 39) des Erhöhungsrechts nach § 559 BGB, woran ggf. bei einer Indexmietvereinbarung nur geringe Anforderungen zu stellen sind. Insbesondere bei befristeten Mietverträgen mit verhältnismäßig kurzer Laufzeit und/oder entsprechend kurzer Indexmietvereinbarung dürfte ein schutzwürdiges Vertrauen des Mieters darauf bestehen, dass Modernisierungserhöhungen unterbleiben. Dann entfällt das Erhöhungsrecht aber gänzlich. **38**

Der Ausschluss der Modernisierungsmieterhöhung gem. §§ 559, 555b Ziff. 1, 3–5 BGB hat aber keinen Einfluss auf die Duldungspflicht des Mieters hinsichtlich der Modernisierungsmaßnahme an sich.[99] **38a**

Zulässig sind aber nach dem Wortlaut der Vorschrift nur Mieterhöhungen wegen baulicher Maßnahmen die der Vermieter auf Grund von Umständen durchgeführt hat, die er nicht zu vertre- **39**

[96] AG Hamburg ZMR 2006, 781.
[97] So aber *Sternel* Mietrecht, III, 436.
[98] So aber LG Berlin GE 1992, 381.
[99] BGH (VIII ZR 147/13) NZM 2014, 304; *Emmerich* in Staudinger § 557b BGB Rdn. 36.

ten hat. Damit war eine Verweisung auf die 4. Variante des bis 30.4.2013 geltenden § 559 Abs. 1 BGB gemeint. Seit der Mietrechtsänderung von 2013 hat der Gesetzgeber aber die Mieterhöhungsmöglichkeit nach § 559 Abs. 1 BGB vollständig an den Duldungsanspruch nach §§ 555b ff. BGB angeglichen. Die Definition dessen, was eine Modernisierungsmaßnahme ist, befindet sich jetzt in § 555b. Dort hat der Gesetzgeber in Ziff. 6 bestimmt, dass eine Modernisierung eine bauliche Maßnahme ist, die vom Vermieter auf Grund von Umständen durchgeführt werden, die er nicht zu vertreten hat, und die keine Erhaltungsmaßnahmen nach § 555a BGB ist. Im Rahmen der Mietrechtsänderung 2013 ist schlicht vergessen worden, in § 557b BGB einen Verweis auf die neue Definition aufzunehmen. Aus der historischen und der teleologischen Auslegung ergibt sich aber, dass der Gesetzgeber hier nur etwas vergessen hat, aber nichts ändern wollte. Die Regelung in § 557b BGB weicht deshalb auch weiterhin von dem entsprechenden Ausschlusstatbestand in § 557a BGB bei der Staffelmiete ab. Der Unterschied war alleine dadurch gerechtfertigt, dass Staffelmietvereinbarungen bei allen Mietverträgen zulässig waren und der Vermieter deshalb diese auch mit Mietverträgen auf unbestimmte Zeit oder kurzen Laufzeiten vereinbaren konnte, während die früheren Mietanpassungsvereinbarungen gem. § 10a MHG voraussetzten, dass der Mietvertrag für mindestens 10 Jahre abgeschlossen wurde. Da der Vermieter hier nicht absehen konnte, ob er auf Grund der Änderung gesetzlicher Vorschriften zu bestimmten Maßnahmen gezwungen werden würde, sollte er dies Risiko nicht zusätzlich tragen müssen. Nachdem nunmehr Indexmietvereinbarungen auch bei Mietverträgen auf unbestimmte Zeit oder bei Mietverträgen mit kurzer Laufzeit möglich sind, gibt es für diesen Ausnahmetatbestand eigentliche keine Rechtfertigung mehr.[100] Es ist ein **alter Zopf,** der ohne Rücksicht auf die sonstigen Änderungen bei der Mietrechtsreform 2001 und der Mietrechtsänderung 2013 kritiklos übernommen wurde.

40 Mit dieser Alternative werden alle die Maßnahmen erfasst, die auf **gesetzlichen Geboten** oder **behördlichen Anordnungen** beruhen und die auch ein sorgfältiger Vermieter weder vorhersehen noch vermeiden konnte (s. dazu auch § 555b Rdn. 151f.). Unerheblich ist, ob durch diese Maßnahmen eine Gebrauchswertverbesserung, eine Verbesserung der allgemeinen Wohnverhältnisse oder eine Einsparung von Primär- oder Endenergie oder Wasser eintritt.[101] In der Regel werden von der Vorschrift Maßnahmen erfasst, die auf nachträglichen gesetzlichen oder behördlichen Anordnungen beruhen. Hierzu können zählen:

- der nachträgliche Anschluss an die Kanalisation,[102]
- der Einbau von Steuerungs- und Regelungstechnik sowie Wärmezählern und Heizkostenverteilern auf Grund der HeizkostenVO,[103]
- Erneuerung der Zentralheizungsanlage wegen verschärfter Abgasvorschriften gem. § 10 EnEV 2014,[104]
- der Einbau von Thermostatventilen,
- der Einbau von Rauchwarnmelder[105]
- der nachträgliche Einbau von Sicherungstüren in Fahrstühlen,
- der Ausbau von Zufahrtswegen und Parkplätzen,[106]
- der Bau von Kinderspielplätzen,
- die Umstellung von Stadtgas auf Erdgas,[107]
- der Einbau von Öltanksicherungen wie z. B. Grenzwertgebern,
- Änderung von Freileitungen in Erdleitungen,[108]

---

[100] *Weitemeyer* in Staudinger § 557b Rdn. 36; **a. A.** Bub/Treier/*Schultz* Kap. III. A Rdn. 1657, der darauf abstellt, dass in der Praxis 10-Jahres-Verträge üblich seien.

[101] **A. A.** AG Regensburg DWW 1978, 101 mit zutreffend abl. Anm. von *Volk*.

[102] LG München II WuM 1985, 66; LG Wiesbaden WuM 1982, 77; AG Regensburg ZMR 1979, 146; **a. A.** LG Hildesheim WuM 1985, 340.

[103] *Sternel* PiG 41, 45, 53.

[104] BGBl. I S. 3951; zur Vorgängervorschrift: *Kinne* ZMR 2004, 397; *Kinne* in Beierlein/Kinne/Koch/Stackmann/Zimmermann, Der Mietprozess, Kap. 4, Rdn. 91.

[105] *Emmerich* in Staudinger § 555b BGB Rdn. 38; *Wall* WuM 2013, 3.

[106] *Scholz* WuM 1995, 87, 88.

[107] LG Berlin GE 1996, 131, GE 1995, 429; AG Rostock WuM 1996, 559; *Scholz* WuM 1995, 87, 88.

[108] BT-Drucks. 7/2011 S. 11.

– Maßnahmen auf Grund der Verschärfung von Immissionsschutzwerten,[109]
– denkmalschutzrechtliche Anordnungen.[110]

Regelmäßig nicht dazu zählt der barrierefreie und/oder altersgerechte Umbau einer Wohnung.[111]

Zulässig sind während der Laufzeit der Indexmietvereinbarung auch Erhöhungen von **Betriebskostenpauschalen** gem. § 560 BGB. Ebenso möglich sind gem. Art. 229 § 3 Abs. 4 EGBGB Mieterhöhungen wegen Betriebskostensteigerungen entsprechend § 560 BGB bei vor dem 1.9.2001 abgeschlossenen Brutto- oder Teilinklusivmietverträgen, wenn im Mietvertrag eine Erhöhung der Miete wegen Betriebskostensteigerungen ausdrücklich vereinbart worden ist. Bei reinen Nettomieten hat dies keine Bedeutung, da hier über die Betriebskosten abzurechnen ist. Für diese Abrechnung gibt es bei Indexmietvereinbarungen weder Beschränkungen noch Besonderheiten. 41

III. Inhalt des Erhöhungsschreibens

Das Erhöhungsschreiben muss so abgefasst werden, dass der Mieter die Erhöhung gedanklich und rechnerisch **nachvollziehen** kann.[112] Der Vermieter muss dem Mieter nicht nur die geänderten Indexwerte mitteilen, sondern auch die neue Miete oder zumindest den Erhöhungsbetrag in einem Geldbetrag. Das Gesetz verlangt vom Absender des Schreibens (bei Erhöhungen: dem Vermieter; bei Mietsenkungen: dem Mieter) **folgende Angaben:** 42

– Die Angabe aus welchem Verbraucherpreisindex mit welchem Basisjahr die Punktzahlen entnommen wurden[113]
– Der Punktwert bezogen auf dies Basisjahr zum Zeitpunkt der letzten Anpassung bzw. dem Mietbeginn
– Der Punktwert bezogen auf dies Basisjahr zum aktuellen letzten veröffentlichten Termin
– Die Differenz zwischen zwei Indexpunktwerten muss umgerechnet werden in einen Prozentwert
– die Angabe der Ausgangsmiete, die erhöht werden soll
– die neue Miete oder des Erhöhungsbetrages in einer Geldsumme unter Angabe der Berechnung.

Der Ablauf der Jahresfrist muss in der Erklärung nicht mitgeteilt werden.

Der Absender muss dem Schreiben keine **Indextabellen** etc. beifügen. Insofern gleicht die Rechtslage einer Mieterhöhung mit einem allgemein zugänglichen Mietspiegel, der auch nicht beigefügt werden muss. Gibt der Absender falsche Werte an, dann ist die Erklärung bis zur Höhe der richtigen Werte wirksam. Zahlt der Empfänger auf Grund einer solchen falschen Erklärung, dann erfolgt insofern die Zahlung rechtsgrundlos und kann kondiziert werden 43

D. Rechtsfolgen einer wirksamen Mieterhöhungserklärung

I. Mieterhöhung

Die Miete erhöht sich auf Grund eines solchen Erhöhungsschreibens nach § 557b Abs. 3 Satz 3 BGB mit **Beginn des übernächsten Monats.** An der Fälligkeit der Miete ändert sich nichts, so dass die Miete bei vor dem 1.9.2001 abgeschlossenen Mietverträgen grundsätzlich weiter am Ende des Monats zu zahlen ist, es sei denn, die Parteien haben wirksam eine Vorauszahlungsklausel vereinbart (s. § 556b BGB Rdn. 17 ff.). 44

Maßgeblich ist der Zugang des Erhöhungsschreibens (zum Zugang s. § 542 Rdn. 68). § 193 BGB gilt nicht. Wird der Brief am letzten Tag des Monats an einem **Samstagvormittag** in den Hausbriefkasten geworfen, dann ist die Erklärung bereits zu diesem Zeitpunkt zugegangen, wenn mit der Leerung des Briefkastens gerechnet werden kann. Wird der Brief erst nachmittags einge- 45

---

109 *Seitz* ZMR 1993, 1.
110 *Goliasch* ZMR 1992, 129.
111 *Horst* WuM 2014, 454, 460.
112 Muster eines Erhöhungsschreibens: *Börstinghaus* MDR 1995, 6, 8.
113 AG Starnberg WuM 2014, 39.

worfen, dann ist er erst am Montag zugegangen, da am Wochenende üblicherweise nicht mit einem Einwurf gerechnet wird und auch keine Verpflichtung besteht, den Briefkasten am Wochenende zu kontrollieren. Das ist keine Auswirkung des § 193 BGB, da diese Vorschrift zum einen voraussetzt, dass eine Frist bereits läuft, was hier ja nicht der Fall ist, da sie erst in Gang gesetzt werden soll, und zum anderen betrifft sie das Ende der Frist und nicht den Anfang.[114]

46 Der Vermieter muss nicht jedes Mal den **vollen Erhöhungsspielraum** ausnutzen. Er kann auch nur Teile der prozentualen Steigerung der Lebenshaltungskosten an den Mieter weitergeben. Dies kann in Einzelfällen geboten sein, wenn anderenfalls eine Mietpreisüberhöhung nach § 5 WiStG eintreten könnte. Die Vorschrift gilt wie § 291 StGB auch hier (s. u. Rdn. 56ff.).[115]

47 Fraglich ist, ob das Recht zur Mieterhöhung **verwirkt** sein kann, wenn der Vermieter längere Zeit davon keinen Gebrauch macht. Dabei muss zwischen Wohn- und Gewerberaum unterschieden werden. Bei der Wohnraummiete setzt die Erhöhung ein entsprechendes Erhöhungsverlangen voraus, wirkt also nur für die Zukunft. Unterlässt der Vermieter hier zu einem möglichen Erhöhungstermin ein Erhöhungsverlangen an den Mieter zu senden, dann verliert er die mögliche Mieterhöhung bis zu dem Zeitpunkt zu dem er dann ein Mieterhöhungsverlangen stellt endgültig. Ein Vertrauen auf Seiten des Mieters kann gar nicht enttäuscht werden.[116] Eine rückwirkende Erhöhung ist gar nicht mehr möglich. Die Indexsteigerung für diesen Zeitraum wird dann zwar dazu führen, dass die nächste prozentuale Mieterhöhung höher ausfällt, aber auch dies ist für den Mieter letztendlich günstiger. Erhöht der Vermieter zweimal um 2% die Miete ist dies wegen des Zinseszinseffektes mehr als einmal um 4%.

48 Anders ist es in der **Gewerberaummiete.** Hier kann eine automatische Mieterhöhung vereinbart werden, die unabhängig vom Verlangen des Vermieters eintritt **(echte Gleitklausel).**[117] Bei Mietverträgen mit einer Laufzeit von mehr als einem Jahr, ist die Schriftform gem. § 550 BGB in diesem Fall eingehalten, wenn die Indexklausel im Mietvertrag enthalten ist; die – deklaratorische – Mitteilung der Mieterhöhung bedarf in diesem Fall nicht der Form des § 550 BGB.[118] Zahlt der Mieter den Erhöhungsbetrag längere Zeit nicht und unterlässt der Vermieter es längere Zeit vom Mieter die erhöhte Miete zu verlangen, so kann dies ausnahmsweise[119] im Mieter das Vertrauen erwecken, mit keiner Mieterhöhung mehr rechnen zu müssen.[120] Zu dem reinen Zeitmoment muss aber noch das Umstandsmoment kommen.[121] Allein aus dem Zeitablauf kann nicht auf das Umstandsmoment geschlossen werden.[122] Die Verwirkung tritt aber nur für die in der Vergangenheit entstandenen Ansprüche ein, künftige Mietanpassungen sind davon nicht betroffen.[123]

49 Im Übrigen muss der Vermieter die Miete bei einer deflationären Entwicklung des Lebenshaltungskostenindex auch senken. Dabei tritt die **Senkung** ebenfalls nicht automatisch ein. Der Mieter muss diese gegenüber dem Vermieter geltend machen, wobei auch hier die gleichen Grundsätze gelten, also eine schriftliche Erklärung vorliegen muss aus denen sich die Indexwerte ergeben. Ferner muss auch hier die Miete mindestens ein Jahr unverändert geblieben sein. Es besteht keine Verpflichtung des Vermieters den Mieter darauf hinzuweisen. Eine solche Verpflichtung ergibt sich weder aus einer Nebenpflicht des Vertrages noch aus dem allgemeinen Rücksichtnahmegebot gem. § 241 Abs. 2 BGB.[124]

---

[114] Zur Anwendung des § 193 BGB auf die Berechnung der Kündigungsfrist s. BGH (III ZR 172/04) NJW 2005, 1354 = MietPrax-AK § 573c Nr. 12 mit Anm. *Börstinghaus.*

[115] *Hamm* DWW 1993, 321; *Bohnert* JZ 1994, 605.

[116] *Lammel* § 557b BGB Rdn. 26.

[117] BGH (XIII ZR 65/13) NZM 2014, 308; OLG Düsseldorf NZM 2008, 524; LG Karlsruhe Urt. v. 22.5.2009 – 6 O 240/08; *Bartholomäi* in Lindner-Figura/Oprée/Stellmann, Geschäftsraummiete, Kap. 10 Rdn. 130.

[118] BGH (XIII ZR 65/13) NZM 2014, 308.

[119] *Bartholomäi* in Lindner-Figura/Oprée/Stellmann, Geschäftsraummiete, Kap. 10 Rdn. 151.

[120] Nach OLG Düsseldorf NZM 2001, 892 = ZMR 2002, 34 soll dies bei vierjährigem Unterlassen der Fall sein; OLG Düsseldorf NJW-RR 1993, 1036, NJW-RR 1994, 399, WuM 1995, 580; ebenso OLG Nürnberg NZM 2014, 794 = ZMR 2014, 630 (4 Jahre und Korrespondenz über Minderungsberechtigung); **a. A.** LG Hamburg BB 1996, 1298.

[121] Zur Verwirkung im Mietrecht: *Kandelhard* NZM 2005, 43; *Hinkelmann* PiG 65, 247; BGH (VII ZR 23/02) NJW 2003, 824.

[122] LG Karlsruhe Urt. v. 22.5.2009 – 6 O 240/08 (zitiert nach juris); so aber wohl OLGR Schleswig 1998, 273: 10 Jahre kein Erhöhungsverlangen; **a. A.** OLG Celle NJW-RR 1988, 723.

[123] OLG Düsseldorf ZMR 1995, 155; *Bartholomäi* in Lindner-Figura/Oprée/Stellmann, Geschäftsraummiete, Kap. 10 Rdn. 151.

[124] Zur Anwendung im Mietrecht s. *Blank* WuM 2004, 243.

II. Kündigungsrecht des Mieters

Dem Mieter steht nach einer Mieterhöhungserklärung nach § 557b Abs. 3 BGB kein **Sonderkündigungsrecht** nach § 561 BGB zu. Der Wortlaut der Vorschrift ist völlig eindeutig. 50

Allein durch den Abschluss einer Indexvereinbarung wird das Kündigungsrecht einer Mietvertragspartei nicht ausgeschlossen. Der Abschluss eines Zeitmietvertrages ist nur unter den Voraussetzungen des § 575 BGB möglich. Möglich ist auch die Vereinbarung eines **Kündigungsausschlusses.** Haben die Parteien wirksam gem. § 575 BGB einen Zeitmietvertrag vereinbart, so kann der Mieter nicht kündigen. Dies gilt auch dann, wenn der Mietvertrag für mehr als vier Jahre abgeschlossen wurde. Eine dem § 557a Abs. 3 BGB entsprechende Vorschrift fehlt bei der Indexmiete. Dies resultiert noch aus der Zeit, als Indexmietvereinbarungen nur bei Mietverträgen von mindestens zehn Jahren zulässig waren. Dies Erfordernis ist aber seit 1. 9. 2001 entfallen. Zu erklären ist der Unterschied allenfalls damit, dass eine Staffelmiete auf Grund der völlig frei vereinbaren Staffeln zu einer Miete führen kann, die sich von den Marktverhältnissen weit entfernen kann während eine Indexmiete letztendlich dazu führen soll, dass die einmal vereinbarten Wertverhältnisse erhalten bleiben. Aber auch hier kann eine Divergenz zu den Marktverhältnissen auftreten. In der Realität kommt es vor, dass bei steigendem Lebenshaltungskostenindex die Marktmiete wegen Wohnungsleerstand usw. fällt. Selbst in diesem Fall steht dem Mieter **kein Kündigungsrecht** zu. 51

III. Nach Beendigung des Mietverhältnisses

Mit der Beendigung des Mietverhältnisses wird die Indexvereinbarung hinfällig. Wird die Wohnung nach Beendigung des Mietverhältnisses nicht zurückgegeben, so ist zu unterscheiden: 52

1. Ist der Vermieter damit einverstanden, dass der Mieter die Sache weiter im Besitz behält (z. B. weil der Mieter gekündigt hat und der Vermieter davon ausgeht, dass die Kündigung unwirksam ist oder weil er erst nach Ablauf der Mietzeit einen Übergabetermin vereinbart und dem Mieter freiwillig Schlüssel belässt[125]), so ist **keine Vorenthaltung** i. S. v. § 546a BGB gegeben. Der Mieter schuldet dann eine Nutzungsentschädigung nach Bereicherungsgrundsätzen, die dem objektiven Mietwert entspricht; das ist i. d. R. derjenige Betrag, der zum Zeitpunkt der Beendigung des Mietverhältnisses als Neuvertragsmiete geschuldet worden wäre.[126] Auf eine Änderung der Bezugsgröße nach Beendigung des Mietverhältnisses können sich die Parteien in diesem Fall nicht berufen.[127] 53

2. Im Falle der Vorenthaltung gilt etwas anderes, weil der Vermieter durch die vertragswidrige Vorenthaltung nicht schlechter gestellt werden darf, als es bei Fortsetzung des Vertrages der Fall wäre.[128] Hier muss der ehemalige Mieter eine Nutzungsentschädigung bezahlen, die sich nach der Indexvereinbarung richtet.[129] 54

3. Wird ein Mietverhältnis gekündigt und einigen sich die Parteien vor Ablauf der Kündigungsfrist – so z. B., wenn der Vermieter wegen einer Vertragsverletzung nach §§ 543, 569 BGB kündigt, dabei aber eine Frist einhält um dem Mieter Gelegenheit zum Auszug zu geben – auf eine Vertragsfortsetzung, so liegt hierin ein Vertrag über die Aufhebung der Kündigungswirkungen. Das Mietverhältnis besteht unverändert fort; die erneute Vereinbarung einer Indexvereinbarung ist nicht erforderlich.[130] Ist das Mietverhältnis aber fristlos gekündigt worden, dann kann die Kündigung nicht zurückgenommen werden. Jede diesbezügliche Vereinbarung ist als Neuabschluss eines Mietvertrages zu verstehen. Daher wird die Indexmietvereinbarung nur dann wieder wirksam, wenn sie erneut schriftlich abgeschlossen wird. Zumindest muss die alte Vereinbarung noch einmal unterschrieben werden.[131] 55

---

[125] Zu einem solchen Fall KG NZM 2001, 849.
[126] BGH (VIII ZR 17/16) NZM 2017, 189.
[127] BGH WPM 1973, 383, 386.
[128] BGH WPM 1973, 383, 386.
[129] *Weitemeyer* in Staudinger § 557b BGB Rdn. 34.
[130] BGH BB 1974, 578.
[131] BGH NJW 1998, 2664.

E. Grenzen der Mieterhöhung

I. Begrenzung aufgrund der §§ 556d ff. BGB

55a Gem. § 557b Abs. 4 BGB gelten die § 556d–§ 556g BGB nur für die **Ausgangsmiete.** Das bedeutet, dass die indexierte Ausgangsmiete grundsätzlich die ortsübliche Vergleichsmiete um nicht mehr als 10% übersteigen darf. Voraussetzung ist, dass die Wohnung in einer Gemeinde liegt, für die durch Landes-Rechtsverordnung festgestellt wurde, dass dort ein angespannter Wohnungsmarkt herrscht (wegen der Einzelheiten siehe die Kommentierung bei § 556d BGB). Die Beschränkung der Ausgangsmiete in Gemeinden mit angespannten Wohnungsmärkten gem. Abs. 4 ist gem. Art. 229 § 35 Abs. 1 BGB nur auf solche Mietverträge anzuwenden, die nach Inkrafttreten einer Landesverordnung gem. § 556d Abs. 2 BGB für die entsprechende Gemeinde abgeschlossen wurden. Das ist insofern missverständlich, als dass Indexvereinbarungen auch nachträglich abgeschlossen werden können. Wurde also der Mietvertrag vor Erlass der Landesverordnung abgeschlossen, aber die Indexvereinbarung erst nach Inkrafttreten der Verordnung gilt Abs. 4 nicht. Insofern unterscheidet sich die Übergangsregelung von der für Staffelmietvereinbarungen. Dort gelten die §§ 556d–556g BGB auch für Staffelmietvereinbarungen, die im Rahmen eines Mietvertrages, der vor Aufnahme der Gemeinde in eine Landesverordnung abgeschlossen wurde, die aber erst Aufnahme der Gemeinde in eines solche Vereinbarung geschlossen wurde.

55b Es muss also für die **Ausgangsmiete die Höhe der ortsüblichen Vergleichsmiete** für vergleichbare Wohnungen festgestellt werden. Diese darf dann um 10% überschritten werden. Nur die darüberhinausgehenden Beträge sind unwirksam. Ausnahme gelten bei höheren Vormieten gem. § 556e Abs. 1 BGB und bei Modernisierungsmaßnahmen in den letzten drei Jahren. In diesen Fällen darf die ortsübliche Vergleichsmiete auch um mehr als 10% überschritten werden (wegen der Einzelheiten siehe die Kommentierung bei § 556e BGB). War die mit dem Vormieter vereinbarte Miete höher als die um 10% erhöhte ortsübliche Vergleichsmiete, ist die Ausgangsmiete in Höhe der Vormiete gem. § 556e Abs. 1 BGB zulässig. Das gilt zunächst für Vormieten, die vor Inkrafttreten einer entsprechenden Landesverordnung für die entsprechende Gemeinde vereinbart worden sind. Aus Gründen des Bestandsschutzes darf der Vermieter diese Miete auch bei einer Neuvermietung nach Aufnahme der Gemeinde in eine Landesverordnung gem. § 556d Abs. 2 BGB vereinbaren. Bei einer Vormiete, die nach Inkrafttreten einer örtlich anwendbaren Landesverordnung vereinbart wurde, kommt es darauf an, ob diese gem. § 556g Abs. 1 zulässig war. Das ist bei nach dem 1.10.2014 erstmals genutzt und vermieteten Wohnungen der Fall, da hier die §§ 556d ff. BGB gem. § 556f BGB gar nicht gelten. Bei einfachen Modernisierungen darf die um 10% erhöhte ortsübliche Vergleichsmiete um den Betrag der Modernisierungsmieterhöhung überschritten werden

II. Begrenzung aufgrund § 5 WiStG

56 Für die Vereinbarung der Einstiegsmiete gelten außerdem immer noch die allgemeinen Regeln. Grundsätzlich sind die Parteien bei der Vereinbarung der Miete frei. Es gelten jedoch die Grenzen des § 5 WiStG und des § 291 StGB.[132] Die Grenzen gelten auch für die späteren Mieten nach einer Indexmieterhöhung. § 557b BGB ist kein die allgemeinen **Wuchervorschriften** der §§ 5 WiStG und 291 StGB verdrängendes Spezialgesetz. Wenn nicht bereits die Einstiegsmiete die Grenze des § 5 WiStG überschritten hatte, dürfte jedoch eine spätere Überschreitung dieser Grenze i. d. R. eher unwahrscheinlich sein, da die Vergleichsmieten i. d. R. stärker steigen werden, als der Lebenshaltungskostenindex. Aber auch in den Fällen, in denen der Lebenshaltungskostenindex trotz fallender Mieten gestiegen ist wird ein Verstoß gegen § 5 WiStG deshalb kaum in Betracht kommen. Eine **Mietpreisüberhöhung** verlangt zum einen die Überschreitung der ortsüblichen Vergleichsmiete um mehr als 20% und zum anderen muss dies unter Ausnutzung eines geringen Angebots an Wohnraum erfolgt sein.[133] Die beiden Tatbestandsvoraussetzungen müssen jeweils zum gleichen Zeitpunkt festgestellt werden. Nach dem Wortlaut des § 5 WiStG ist ein Kausalzusammenhang zwischen einem geringen Angebot und einer die ortsüblichen Entgelte um mehr als 20% übersteigenden Miete erforderlich. Das ergibt sich aus dem Wort „infolge". Steigt die Miete auf Grund der vereinbarten Indexklausel auf über 20% über der ortsüblichen Vergleichsmiete, dann geschieht dies

---

[132] *Hamm* DWW 1993, 321; *Bohnert* JZ 1994, 605.

[133] Zu den Einflüssen der Marktentwicklung auf das Mietverhältnis: *Börstinghaus* NZM 2000, 898.

nicht unter Ausnutzung des geringen Angebots,[134] sondern auf Grund der früher einmal getroffenen Indexklausel. Als diese vereinbart wurde mag das geringe Angebot vorgelegen haben aber die damals vereinbarte Miete lag noch nicht 20% über der ortsüblichen Vergleichsmiete.

F. Unwirksame Vereinbarungen

Nach § 557b Abs. 4 BGB sind **abweichende Vereinbarungen** zum Nachteil des Mieters unwirksam. Die Vorschrift ist eigentlich überflüssig, da bereits gem. § 557 Abs. 4 BGB alle nachteiligen Vereinbarungen unwirksam sind. Gem. § 557 Abs. 2 BGB kann der Vermieter zukünftige Mieterhöhungen u. a. in Form einer Indexvereinbarung gem. § 557b BGB vereinbaren. Das bedeutet dann aber auch, dass dies nur unter den in der Vorschrift des § 557b BGB genannten Voraussetzungen möglich ist und jede Abweichung hiervon zu Lasten des Mieters auch gegen § 557 Abs. 4 BGB verstößt. Zur Frage wann eine Vereinbarung vorliegt und den allgemeinen Voraussetzungen s. deshalb § 557 Rdn. 60. 57

Unwirksam sind alle Vereinbarungen, die von den Voraussetzungen der § 557b Abs. 1–3 BGB zum Nachteil des Mieters abweichen ohne dass die Indexvereinbarung selbst dadurch unwirksam wird. Hierzu zählen 58

– Verzicht auf Textform für Erhöhungsschreiben
– Erleichterungen bei der Begründung der Mieterhöhung
– Früherer Wirkungszeitpunkt für Mieterhöhung
– Automatische Mieterhöhung ohne Erhöhungsschreiben[135]

Nicht von § 557b Abs. 4 BGB werden erfasst alle Vereinbarungen, die bereits dazu geführt haben, dass gar **keine wirksame Indexvereinbarung** vorliegt, also 59

– Vereinbarung kürzerer Erhöhungsabstände als ein Jahr
– Zulassen von Mieterhöhungen gem. §§ 558, 559 BGB neben Indexmieterhöhungen
– Vereinbarung überproportionaler Mietsteigerungen
– Ausschluss des Mietanpassungsrechts für Mieter bei sinkenden Lebenshaltungskostenindex
– die Vereinbarung, dass die Miete nicht unter eine bestimmte Mindestmiete fallen dürfe.[136]

[134] *Lammel* § 557b BGB Rdn. 28.
[135] LG Berlin NZM 2002, 947, 948.
[136] *Lammel* § 557b BGB Rdn. 14.

Vorbemerkung zu § 558 BGB

Systematische Übersicht

Alphabetische Schnellübersicht

A. Allgemeines

1 Der Gesetzgeber geht von der idealtypischen Situation aus, dass die Mietvertragsparteien sich grundsätzlich über Mietanpassungen **einigen** sollen. Dementsprechend hat er an den Anfang des Unterkapitels „Regelungen über die Miethöhe" die vertraglichen Änderungstatbestände der Mietabänderungsvereinbarung gem. § 557 Abs. 1 BGB sowie die vertragliche Vereinbarungen über zukünftige Mieterhöhungen in Form der Staffel- und Indexmiete gem. §§ 557a, 557b BGB gestellt. Nur wenn die Parteien sich nicht einigen, dann kommen die Vorschriften der §§ 558–560 BGB zum Tragen. Dies ergibt sich auch aus dem Wortlaut des § 557 Abs. 3 BGB *„Im Übrigen kann der Vermieter Mieterhöhungen nur nach Maßgabe der §§ 558–560 BGB verlangen"*.

2 Die Vorschriften enthalten dabei ganz unterschiedliche Regelungen und Verfahren. Während § 558 BGB eine Anpassung der Miete auf ein, wenn auch fiktives Mietenniveau ermöglicht und das **verfassungsrechtlich notwendige Korrelat** zum Ausschluss der Änderungskündigung in § 573 Abs. 1 BGB darstellt[1] (s. dazu Vor § 557 Rdn. 13) enthalten die § 559 BGB und § 560 BGB jeweils Regelungen, die verfassungsrechtlich nicht geboten sind, aber aus wohnungswirtschaftlichen Gründen für notwendig erachtet wurden. Sie gestatten dem Vermieter einseitig bestimmte Kosten, z. B. nach einer Modernisierung oder auf Grund von Betriebskostensteigerungen auf den Mieter ganz oder prozentual abzuwälzen. Die Verfahren unterscheiden sich dadurch, dass der Vermieter bei § 558 BGB nur einen Anspruch auf Zustimmung hat, den er ggf. einklagen muss, wäh-

[1] *Weitemeyer* NZM 2000, 313, 315; *Derleder* in AK BGB Vor MHRG Rdn. 1.

rend er nach einer Modernisierung und eine Erhöhung der Betriebskosten nach einer entsprechenden Gestaltungserklärung direkt auf Zahlung klagen kann. *Loyal*[2] vermutet, dass dahinter das Motiv des Gesetzgebers stand, Mieterhöhungen schon durch die Gestaltung des Verfahrens zu erschweren und Mieter zu schützen. In der Begründung des Rechtsausschusses[3] heißt es nämlich, dass durch die Einführung des einseitigen Gestaltungsrechts in § 4 MHG (heute § 560 BGB) eine „einfache und praktikable" Möglichkeit geschaffen werden sollte. Noch bei der Mietrechtsreform 2001[4] wurde das Zustimmungsverfahren bei Betriebskostenerhöhungen „für wenig praktikabel und zum Schutz des Mieters nicht erforderlich" angesehen. *Loyal*[5] folgert daraus, dass das Zustimmungsverfahren vom Gesetzgeber selbst durchweg als „schwierig und unpraktikabel" eingestuft wurde. Im Anwendungsbereich der § 558ff BGB ist im Übrigen ein Rückgriff auf § 313 BGB regelmäßig ausgeschlossen.[6]

B. Verhältnis der verschiedenen Mieterhöhungsmöglichkeiten zueinander

Die im BGB vorgesehenen **Mieterhöhungsmöglichkeiten bestehen kumulativ** nebeneinander und nicht alternativ. Während § 558 BGB dem Vermieter die Möglichkeit eröffnet, die Miete auf ein allgemeines Mietenniveau für vergleichbare Wohnungen anzuheben, schafft § 559 BGB die Möglichkeit, konkret für eine bestimmte Wohnung aufgewandte Kosten für bauliche Veränderungen, i. d. R. Modernisierungen, auf den Mieter abzuwälzen. § 560 BGB regelt die Erhöhung von Betriebskostenpauschalen und -vorauszahlungen, also nur eines bestimmten Anteils der Gesamtmiete. Die Vorschriften schließen sich daher nicht aus sondern ergänzen sich. 3

I. Verhältnis von § 558 BGB zu § 559 BGB

§ 559 BGB ist keine andere Mieterhöhungsmöglichkeiten, insbesondere die des § 558 BGB, ausschließende Spezialvorschrift. Deshalb hat ein Vermieter, der Modernisierungsarbeiten vornimmt, das **Wahlrecht** zwischen vier verschiedenen Möglichkeiten, wie er die Kosten einer Modernisierungsmaßnahme bei der Bestimmung der zukünftigen Miete berücksichtigten kann.[7] Es darf letztendlich jedoch zu keiner doppelten Berücksichtigung der Modernisierungskosten führen. 4

1. Ausschließlich nach § 559 BGB

Zunächst kann der Vermieter **ausschließlich** eine Mieterhöhung im vereinfachten Umlageverfahren **nach § 559 BGB** geltend machen.[8] Eine Zustimmung des Mieters ist nicht erforderlich. Es gilt keine Kappungsgrenze[9] oder Wartefrist. Die nach der Erhöhung geschuldete Miete ist die neue einheitliche Miete, die in der Zukunft nur unter den Voraussetzungen der §§ 558–560 BGB erhöht werden kann. Der Erhöhungsbetrag nach § 559 BGB ist (bisher)[10] kein zusätzlich zu zahlender Zuschlag.[11] 5

[2] *Loyal* AcP 214, 746, 783.

[3] BT-Drs 6/2421, 4.

[4] BT-Drs. 14/5663, 81; abgedruckt auch bei *Börstinghaus/Eisenschmid,* Arbeitskommentar Neues Mietrecht, S. 375.

[5] *Loyal* AcP 214, 746, 783.

[6] BGH (VIII ZR 266/14) NJW 2016, 239 m. Anm. *Börstinghaus* LMK 2016, 375498; *Heix* WuM 2016, 263; ebenso *Hirsch* ZMR 2007, 1, 5; *Schröder* ZMR 2015, 823; **a. A.** AG Hamburg-Harburg ZMR 2015, 865, 866 unter falsch verstandenem Hinweis der Kommentierung des *Verf.* bei § 558 Rdn. 59 (falsche Tatsachen im Erhöhungsverlangen).

[7] LG Berlin, GE 2011, 1162 m. Anm. *Kinne* GE 2011, 1121; AG Hamburg-Altona WuM 2014, 422; AG Köln ZMR 2013, 206 m. Anm. *Börstinghaus* jurisPR-MietR 13/2013 Anm. 3; AG Lichtenberg MM 2002, 483; *Fleindl* NZM 2016, 65, 69; *Paschke* GE 2013, 100; *Mersson* DWW 2009, 122, 129; *Both* NZM 2001, 78, 83; so schon *Derleder* in: AK BGB § 2 MHRG Rdn. 5.

[8] Dazu *Börstinghaus* in Börstinghaus/Eisenschmid, Modernisierungshandbuch, Kap. 9.

[9] OLG Karlsruhe RE v. 19. 8. 1983, NJW 1984, 62.

[10] Im Koalitionsvertrag 2013 zwischen CDU/CSU und SPD war vereinbart, die Mieterhöhung gem. § 559 BGB zeitlich bis zu ihrer „Amortisation" zu befristen, was faktisch wohl die Umgestaltung in einen Zuschlag bedeuten würde.

[11] BGH (VIII ZR 331/06) NZM 2008, 124 = NJW 2008, 848 = MietPrax-AK § 558a BGB Nr. 11 m. Anm. *Börstinghaus;* dazu auch *Börstinghaus* BGHReport 2008, 59; *Schach* GE 2008, 20; LG München WuM 1996, 43;

2. Ausschließlich nach § 558 BGB

6 Der Vermieter kann auch **ausschließlich nach § 558 BGB** vorgehen und die Modernisierung der Wohnung dergestalt mit in das Zustimmungsverfahren einbeziehen, dass er die Anhebung der Miete auf die Vergleichsmiete nach dem Standard der durch die Modernisierung verbesserten Wohnung verlangt. In diesem Fall ist die Zustimmung des Mieters erforderlich. Diese Vorgehensweise schließt eine weitere Erhöhung gemäß § 559 BGB wegen dieser Modernisierungsmaßnahme aus.[12]

3. Kombinationsmöglichkeiten

7 Zusätzlich zu diesen beiden, ausschließlich nur auf einer der beiden gesetzlichen Alternativen beruhenden, Mieterhöhungen kann der Vermieter diese auch noch **kombinieren.**[13] So kann der Vermieter neben der Mieterhöhung im vereinfachten Umlageverfahren nach § 559 BGB vom Mieter auch noch die Zustimmung zu einer Mietanhebung auf die ortsübliche Vergleichsmiete verlangen.[14] Wählt der Vermieter diesen Weg, darf es aber nicht zu einer kumulativen Mieterhöhung kommen, bei der die Modernisierung doppelt, nämlich sowohl bei § 558 BGB als auch bei § 559 BGB berücksichtigt wird.[15] Ob im Erhöhungsverlangen nach § 558a BGB nach Abschluss der Modernisierungsarbeiten deutlich darauf hingewiesen werden muss, dass es vom unmodernisierten Zustand ausgeht, ist strittig.[16] Jedoch rechtfertigt allein die Tatsache, dass der Vermieter zunächst eine Mieterhöhung gem. § 558 BGB vornimmt noch nicht die Annahme, dass der Vermieter damit zugleich einen Verzicht auf die Mieterhöhung gem. § 559 BGB erklären wollte.[17] Es kommt vielmehr darauf an, ob der Vermieter tatsächlich den modernisierten Standard zur Ermittlung der ortsüblichen Vergleichsmiete herangezogen hat.[18] Das Nebeneinander der beiden Mieterhöhungsmöglichkeiten bietet sich bei folgenden zwei Fallkonstellationen an:

8 **a) Die Miete für die noch nicht modernisierte Wohnung** lag bereits unterhalb der ortsüblichen Vergleichsmiete für vergleichbaren nicht modernisierten Wohnraum.[19] Dann kann der Vermieter vom Mieter die Zustimmung zu einer Mieterhöhung bis zur ortsüblichen Vergleichsmiete für nicht modernisierte Wohnungen verlangen und außerdem kann er die für die Wohnung aufgewandten Kosten einer Modernisierung zum Gegenstand einer Mieterhöhung nach § 559 BGB machen. Das kann zu einer **Überschreitung der ortsüblichen Vergleichsmiete** führen. Aus dem Erhöhungsschreiben muss in diesem Fall deutlich hervorgehen, dass der nicht-modernisierte Zustand dem Erhöhungsverlangen zu Grunde gelegt wurde, denn ohne die Erklärung muss der Mieter davon ausgehen, dass der gegenwärtige Zustand die Basis für die Erhöhung darstellt,[20] ggf. ist ein Vorbehalt zu erklären.[21] Sind die Arbeiten zum Zeitpunkt des Zugangs der Mieterhöhung gem. § 558 BGB noch nicht beendet, ist das nicht erforderlich.[22]

9 **b)** Umgedreht schließt die nach erfolgter Modernisierung gemäß § 559 BGB durchgeführte Mieterhöhung eine nachfolgende weitere Erhöhung der Miete gemäß § 558 BGB auf der Basis des modernisierten Standards der Wohnung nicht aus.[23] Voraussetzung ist aber, dass die **ortsüb-**

LG Frankfurt PE 1996, 154; LG Essen WuM 1994, 217; LG Hamburg WuM 1989, 82; WuM 1985, 229; AG Mülheim WuM 1990, 221; *Langenberg* PiG 40, 59, 63; *Sternel* Mietrecht III, 764.

[12] AG Lichtenberg MM 2002, 483; AG Köln WuM 1990, 520; AG Osnabrück WuM 1989, 635.

[13] *Fleindl* NZM 2016, 65, 71.

[14] AG Berlin-Schönefeld GE 1991, 577.

[15] AG Hamburg-Altona WuM 2014, 422, dazu Hinweisbeschl. des LG Hamburg v. 3.4.2014 – 311 S 123/13 (zitiert nach juris); AG Kerpen ZMR 2011, 802; AG Berlin-Mitte MM 2011, 12/2011 S. 30; GE 2003, 461 (i. E. dort aber falsch, da der Mietspiegelwert für modernisierte Wohnung höher war und die Modernisierungsmieterhöhung zu Unrecht als Zuschlag verstanden wird); *Paschke* GE 2013, 100, 101.

[16] Dafür: LG Berlin GE 2015, 1531; dagegen: LG Berlin GE 2017, 592.

[17] AG Berlin-Mitte Urt. v. 10.3.2015 – 8 C 208/14 (unveröffentlicht); so aber LG Berlin GE 2015, 1033; gegen die Entscheidung ist VB eingelegt worden: 1 BvR 1011/17.

[18] So auch *Beuermann* GE 2015, 1000.

[19] OLG Hamm RE vom 30.10.1983 NJW 1983, 289; AG Lichtenberg MM 2002, 483.

[20] AG Kerpen ZMR 2011, 802 mit zust. Anm. *Börstinghaus* jurisPR-MietR 25/2011 Anm. 5, AG Lichtenberg MM 2002, 483; **a. A.** *Paschke* GE 2013, 100. 102.

[21] LG Berlin GE 2015, 1531; AG Hamburg-Altona WuM 2014, 422 dazu Hinweisbeschl. des LG Hamburg v. 3.4.2014 – 311 S 123/13 (zitiert nach juris); AG Lichtenberg MM 2002, S. 483; AG Kerpen ZMR 2011, S. 802 m. Anm. *Börstinghaus* jurisPR-MietR 25/2011 Anm. 5.

[22] LG Berlin GE 2017, 592.

[23] LG Berlin GE 2003, 1210, 1211; LG Berlin MDR 1999, 477 = GE 1999, 252; **a. A.** zu Unrecht AG Berlin-Mitte GE 2003, 461.

liche Vergleichsmiete für vergleichbaren modernisierten Standard nicht überschritten wird. Führt also die Umlagemieterhöhung nach § 559 BGB zu einer Miete, die unterhalb der ortsüblichen Vergleichsmiete für modernisierten Wohnraum liegt, kann der Vermieter auch noch die Zustimmung zu einer Mieterhöhung bis zur ortsüblichen Vergleichsmiete gem. § 558 BGB verlangen. Hierdurch darf die **ortsübliche Vergleichsmiete nicht überschritten werden.** Eine Mieterhöhung nach § 559 BGB scheidet aber immer dann aus, wenn der Vermieter die Modernisierung bereits einmal bei einer Mieterhöhung nach § 558 BGB berücksichtigt hat.[24]

c) Kombiniert der Vermieter die Mieterhöhung nach § 558 BGB und § 559 BGB, dann gilt die **Kappungsgrenze** nur für die Mieterhöhung nach § 558 BGB. Nach Abschluss beider nebeneinander betriebenen Erhöhungsverfahren darf damit die insgesamt erhöhte Miete die Summe aus der Miete drei Jahre vor der Anhebung + 20% + Modernisierungserhöhung gemäß § 559 BGB nicht überschreiten.[25] Die Mieterhöhung gem. § 559 BGB nimmt an der Ermittlung der Kappungsgrenze nicht teil. Dies betrifft aber immer nur Mieterhöhungen gem. § 559 BGB die innerhalb der Dreijahresfrist erfolgen. Eine Modernisierungsmieterhöhung vor Beginn der Dreijahresfrist erhöht die Ausgangsmiete und damit auch den absoluten Betrag der Kappungsgrenze.[26] 10

Beispiel: Die vereinbarte Miete für die unmodernisierte Wohnung beträgt 2 €/m². Die ortsübliche Vergleichsmiete für nicht modernisierte Wohnungen beträgt 3 €/m². Der Vermieter führt Modernisierungsarbeiten durch, die ihn gem. § 559 BGB zu einer Mieterhöhung um 1 €/m² berechtigen. Außerdem kann der Vermieter vom Mieter gem. § 558 BGB die Zustimmung zu einer Mieterhöhung um 0,40 € verlangen (20% von 2 €), wenn innerhalb der Dreijahresfrist keine weiteren anrechenbaren Mieterhöhungen erfolgt sind.

Genau das Gleiche gilt auch dann, wenn der Vermieter den **einheitlichen Weg** über § 558 BGB wählt und vom Mieter die Zustimmung zu einer Mieterhöhung auf die ortsübliche Vergleichsmiete für modernisierten Wohnraum verlangt. Auch in diesem Fall gilt hinsichtlich der Kappungsgrenze die gleiche Obergrenze.[27] Bezieht der Vermieter nämlich den Kostenaufwand für die Modernisierung einer preisfreien Mietwohnung dergestalt in ein Mieterhöhungsverfahren nach § 558 BGB ein, dass er die Anhebung der Miete auf die Vergleichsmiete nach dem Standard der durch die Modernisierung verbesserten Wohnung verlangt, so sind die an sich materiell-rechtlich nach § 559 BGB umlagefähigen Modernisierungskosten bei der Berechnung der Kappungsgrenze des § 558 Abs. 3 BGB auszuklammern.[28] Da die Kappungsgrenze eine **Schutzvorschrift** zugunsten der Mieter ist, kann der Vermieter sie auch nicht durch die Wahl eines anderen Erhöhungsverfahrens umgehen. Unzulässig ist deshalb eine Berechnung der Art, zunächst den Modernisierungszuschlag gemäß § 559 BGB der Ausgangsmiete hinzuzurechnen und auf diesen erhöhten Betrag dann die 20%ige Kappungsgrenze anzuwenden. Auf der anderen Seite würde der Vermieter ohne nachvollziehbaren Grund schlechter gestellt, wenn bei einer einheitlichen Erhöhung nach § 558 BGB lediglich eine Mieterhöhung von 20% auf die Ausgangsmiete zugelassen würde. Da dem Vermieter in diesem Fall nämlich untersagt ist, den Modernisierungszuschlag nach einer Mieterhöhung nach § 558 BGB nachzuholen, könnte er diese Schlechterstellung auch nicht mehr aufholen. Aus der gesetzlichen Ausgestaltung der beiden Erhöhungsverfahren lässt sich diese Benachteiligung nicht begründen. Die nur im Zustimmungsverfahren geltende Kappungsgrenze wird durch § 558 Abs. 3 Satz 1 BGB selbst relativiert. Danach sind nämlich bei der Berechnung der Kappungsgrenze Mieterhöhungen nach den §§ 559, 560 BGB aus den letzten 3 Jahren nicht zu berücksichtigen. Wenn aber bei bereits abgeschlossenen Mieterhöhungsverfahren nach den §§ 559, 560 BGB eine Anrechnung auf die Kappungsgrenze nicht erfolgen soll, dann sind überzeugende Gründe, warum dies bei einem einheitlichen Verfahren anders sein soll, nicht ersichtlich. Der Wortlaut des Gesetzes spricht vielmehr dafür, Modernisierungsmaßnahmen und daraus folgende Mieterhöhungen bei der Berechnung der Kappungsgrenze als Sonderfälle der Mieterhöhung völlig auszuklammern. 11

---

[24] AG Lichtenberg MM 2002, 483; nach AG Kerpen ZMR 2011, 802 muss der Vermieter sogar im Erhöhungsverlangen nach § 558 BGB einen Vorbehalt erklären.

[25] *Paschke* GE 2013, 100 **a. A.** *Fleindl* NZM 2016, 65, 70.

[26] AG Dortmund WuM 1984, 112; *Both* NZM 2002, 78, 84 und *ders.* in Herrlein/Kandelhard Vorbem. vor §§ 559 bis 559b BGB Rdn. 20 hat diese Entscheidung aber falsch verstanden. Es geht nicht um die Frage, wann der modernisierte Standard der Mieterhöhung gem. § 558 BGB zu Grunde gelegt werden darf, sondern ausschließlich um die Berechnung der Kappungsgrenze.

[27] OLG Hamm RE v. 30.12.1992, NJW-RR 1993, 399; **a. A.** *Fleindl* NZM 2016, 65, 70, der bereits die Entscheidung im Ausgangspunkt für falsch hält, aber insbesondere seit der Verlagerung der wirtschaftlichen Härtegründe in das Erhöhungsverfahren gem. § 559 Abs. 4 BGB für nicht mehr vertreterbar.

[28] OLG Hamm RE v. 30.12.1992, NJW-RR 1993, 399; **a. A.** *Fleindl* NZM 2016, 65, 70.

12 **d) Der Vermieter hat das Wahlrecht,** welches Verfahren er wählt.[29] Er muss sich entscheiden, welcher Weg für ihn im konkreten Fall vorteilhafter ist.[30] Im Normalfall ist eine ausschließliche Mieterhöhung nach § 559 BGB im vereinfachten Umlageverfahren[31] für den Vermieter die günstigste Möglichkeit.[32] Er muss nicht zunächst die Zustimmung des Mieters verlangen, sondern kann direkt die Zahlung der erhöhten Miete geltend machen. Er hat keine Kappungsgrenze und keine Jahressperrfrist einzuhalten und zumindest in den Fällen, in denen er regelmäßig die Miete bis zur ortsüblichen Vergleichsmiete angehoben hat, wird die nach einer Erhöhung gem. § 559 BGB zu zahlende Miete höher sein, als die ortsübliche Miete für renovierte Wohnungen. Während bei einer ausschließlichen oder mit einer Erhöhung gem. § 558 BGB kombinierten Erhöhung der Miete gem. § 559 BGB die Miete allenfalls durch § 5 WiStG oder § 291 StGB begrenzt wird, bildet bei der dritten Alternative einer ausschließlich nach § 558 BGB erfolgten Erhöhung bereits die ortsübliche Vergleichsmiete die Obergrenze.

II. Verhältnis von § 558 BGB zu § 560 BGB

13 § 560 BGB gestattet dem Vermieter bei bestimmten Mietstrukturen **Betriebskostensteigerungen** auf den Mieter umzulegen. Dies betrifft zunächst nur Mietverhältnisse, bei denen der Mieter gem. § 556 Abs. 2 BGB zusätzlich zu der reinen Grundmiete Zahlungen für Betriebskosten zu erbringen hat und zwar entweder in Form einer Pauschale oder in Form einer Vorauszahlung. Eine Mieterhöhung nach § 558 BGB kommt in Betracht bei Mietverhältnissen, bei denen zwar eine Pauschale vereinbart wurde, aber kein Erhöhungsvorbehalt sowie bei Mietverhältnissen, bei denen die Betriebskosten ganz oder teilweise in der Grundmiete enthalten sind (Inklusiv- oder Bruttomieten sowie Teilinklusivmieten). Hier schließt § 560 BGB eine Mieterhöhung gem. § 558 BGB nicht aus. Besonderheiten gelten im Berliner Altbaubestand.[33]

14 Nach Art. 229 § 3 Abs. 4 EGBGB erlaubt § 560 BGB Mieterhöhungen wegen Betriebskostensteigerungen bei vor dem 1.9.2001 abgeschlossenen **Brutto- oder Teilinklusivmietverträgen,** wenn im Mietvertrag eine Erhöhung der Miete wegen Betriebskostensteigerungen ausdrücklich vereinbart worden ist. Damit soll faktisch die Regelung des § 4 MHG aus Gründen des Bestandsschutzes weiter gelten. Aber auch hier kann der Vermieter das Verfahren nach § 558 BGB wählen. Der Vermieter kann nämlich die Miete nach § 558 BGB bis zur ortsüblichen Brutto-Vergleichsmiete erhöhen. Hierzu darf er z. B. zu den Werten eines Netto-Mietspiegels einen entsprechenden Zuschlag in Höhe der aktuellen Betriebskosten hinzurechnen.[34] Das hat zur Folge, dass die zum Zeitpunkt dieser Mieterhöhung fälligen Betriebskosten nicht mehr zum Gegenstand einer Mieterhöhung analog § 560 BGB i. V. m. Art. 229 § 3 Abs. 4 EGBGB gemacht werden können. Hat der Vermieter eine Mieterhöhung gem. § 558 BGB durchgeführt, dann kann der Vermieter eine Mieterhöhung analog § 560 erst für Betriebskostenerhöhungen geltend machen, die nach der Mieterhöhung gem. § 558 BGB erfolgten.[35] Unerheblich ist, ob der Vermieter Betriebskostensteigerungen ausdrücklich zum Anlass genommen hat, die Miete zu erhöhen.[36] oder ob er die Betriebskosten bei der Mieterhöhung gem. § 558 BGB mit ausgewiesen hat oder nicht.

[29] *Derleder* in: AK BGB § 3 MHRG Rdn. 3.

[30] *Both* NZM 2001, 78, 83; er kann beide Mieterhöhungen (§§ 558 + 559) in einer Erklärung zusammenfassen AG Köln ZMR 2013, 206.

[31] Bedenken gegen den Begriff hat *Fleindl* NZM 2016, 65, 73, da Modernisierungsmieterhöhungen sehr viel schwieriger prozessual durchzusetzen seien.

[32] *Fleindl* NZM 2016, 65, 74; *Derleder* in: AK BGB § 3 MHRG Rdn. 3; **a. A.** Bub/Treier/*Schultz* Kap. III. A Rdn. 1643 (die Kombination sei günstiger).

[33] BGH (VIII ZR 99/03) NZM 2004, 253; (VIII ZR 101/03) WuM 2004, 151.

[34] BGH (VIII ZR 41/05) NZM 2006, 101 = MietPrax-AK § 558a BGB Nr. 8 m. Anm. *Börstinghaus; Schach* GE 2006, 20; OLG Stuttgart RE v. 13.7.1983, NJW 1983, 2329.

[35] KG RE v. 5.8.1997, NZM 1998, 68; LG Berlin GE 1997, 493; MM 1994, 396; WuM 1995, 717; MM 1997, 279; AG Tempelhof MM 1994, 285; AG Neukölln MM 1992, 103 und MM 1993, 27; *Weitemeyer* in Staudinger § 560 BGB Rdn. 21; *Sternel* III 814; *Kinne* GE 1998, 282, 285.

[36] *Sternel* III 814.

C. Gemeinsame Formalien für alle Mieterhöhungserklärungen nach §§ 558–560 BGB

I. Allgemeines

15 Das Mieterhöhungsverfahren ist ein **formalisiertes Verfahren.**[37] Neben den materiellen Anspruchsvoraussetzungen verlangen alle Mieterhöhungsmöglichkeiten des BGB auch die Einhaltung eines formalen Verfahrens zur Durchsetzung des Anspruchs. Eine formell unwirksame Mieterhöhung löst unabhängig davon, ob materiell-rechtlich der Anspruch besteht oder nicht, regelmäßig keine Rechtsfolgen aus.[38] Eine darauf beruhende Zustimmungsklage ist als unzulässig abzuweisen.[39] In Ausnahmefällen kann aber die Umdeutung in ein Angebot auf Abschluss einer Mietabänderungsvereinbarung in Betracht kommen (§ 557 BGB Rdn. 13f.).[40]

16 Gesetzliche Formvorschriften müssen immer nach ihrem **Sinn und Zweck** ausgelegt werden. Sie dürfen nicht zum Selbstzweck verkümmern. Dies entspricht auch der Entscheidungspraxis des BVerfG,[41] das in zahlreichen Entscheidungen[42] sich mit den formalen Anforderungen an ein Mieterhöhungsverlangen beschäftigt hat, nachdem die Instanzgerichte teilweise so strenge Anforderungen an die Schreiben gestellt hatten, dass jedes Mieterhöhungsverfahren von vornherein zum Scheitern verurteilt war. Das BVerfG hat diese Gesetzesanwendung der Instanzgerichte für verfassungswidrig erklärt und ständig gefordert, durch eine verfassungskonforme Auslegung des Gesetzes die praktische Durchsetzbarkeit der Erhöhungsansprüche zu gewährleisten. Eine Handhabung der Verfahrensregeln, die praktisch zu einem Mietenstopp führe und den gesetzlichen Anspruch auf die üblichen Entgelte in der Gemeinde beseitige, verletzt das Grundrecht des Vermieters aus Art. 14 Abs. 1 Satz 1 GG.[43] Aber auch die Rechtsprechung des BVerfG gestattet es nicht, auf alle formalen Anforderungen zu verzichten. Auf der anderen Seite müssen die sich aus dem Gesetz ergebenden formalen Anforderungen aber in dem Umfang, der für eine sinnvolle und zweckmäßige Gesetzesanwendung erforderlich ist, auch eingehalten und beachtet werden.[44] Der für die Wohnraummiete zuständige VIII. Senat des BGH hat die formellen Anforderungen an Zustimmungsverlangen inzwischen **fast auf null** abgesenkt.[45]

II. Der richtige Absender

1. Allgemeines

17 Absender eines jeden Mieterhöhungsverlangens muss der jeweilige **Vermieter** zum Zeitpunkt der Abgabe[46] (siehe Rdn. 39) des Mieterhöhungsverlangens sein (s. dazu auch Vor. § 535 BGB Rdn. 235–337). Wer Vermieter ist, ergibt sich aus dem Mietvertrag[47] und ist von der Eigentümerstellung grundsätzlich unabhängig.[48] Das Erhöhungsverlangen muss deshalb durch den oder die Vermieter oder zumindest im Namen des Vermieters und nicht im Namen des Grundstückseigen-

---

37 Zu den Formalien des Mieterhöhungsverlangens *Börstinghaus* WImmoT 2010, 137.

38 BGH (VIII ZR 199/04) WuM 2005, 581 = NZM 2005, 735 = NJW-RR 2005, 1464 = MietPrax-AK § 557 BGB Nr. 5 m. Anm. *Börstinghaus; Artz* ZMR 2006, 165.

39 BGH (VIII ZR 413/12) NZM 2014, 236 = NJW 2014, 1173 mit Anm. *Börstinghaus* jurisPR-BGHZivilR 1/2014 Anm. 3; *Abramenko* MietRB 2014, 34; *Fleindl* ZMR 2014, 268.

40 BGH (VIII ZR 182/04) WuM 2005, 518 = NZM 2005, 736 = MietPrax-AK § 557 BGB Nr. 4 m. Anm. *Börstinghaus; Artz* ZMR 2006, 165; *Lammel* WuM 2005, 702.

41 BVerfG NJW 1974, 1499; NJW 1979, 31 mit zust. Anm. *Sydow* ZMR 1978, 363; NJW 1980, 1617; WuM 1982, 146 mit abl. Anm. *v. Schönebeck* WuM 1987, 313; m. Anm. von *Katlein* ZMR 1986, 273 und *Schultz* DWW 1989, 390; NJW 1989, 969; NJW-RR 1993, 148; NJW 1994, 717.

42 Zur Rechtsprechung des BVerfG zum früheren MHG s. *Meincke* WuM 1994, 581; *Sonnenschein* NJW 1993, 161, 164ff.; *Roellecke* NJW 1992, 1649.

43 BVerfG NJW 1980, 1617.

44 Der für die Wohnraummiete zuständige VIII. Senat des BGH scheint Formalien aber eher insgesamt für unbeachtlich zu halten *Börstinghaus* NZM 2009, 681.

45 *Schach* GE 2016, 1242; *Börstinghaus* NZM 2009, 681.

46 LG Köln WuM 1996, 623 *Artz* in MünchKomm § 558a Rdn. 12; Bub/Treier/*Schultz* Kap. III. A Rdn. 1136; offengelassen von BGH (VIII ZR 236/14) NZM 2015, 487 = NJW 2015, 1749, ob es auf den Zeitpunkt des Zugangs ankommt. Nach BGH (XII ZR 23/15) GE 2016, 192 soll es für den Kündigungsgrund darauf ankommen, dass er bei Abgabe der Erklärung vorlag.

47 LG Berlin GE 2008, 734; das kann auch durch Auslegung zu ermitteln sein. Eine Falschbezeichnung ist unerheblich. Es gilt das tatsächlich Gewollte: BGH (IX ZR 279/13) NJW 2015, 1109.

48 KG MDR 1998, 529; WuM 1997, 101, 103.

tümers abgegeben werden.[49] Stammt die Mieterhöhungserklärung nicht vom Vermieter oder bei Personenmehrheiten von allen Vermietern ist sie formell unwirksam und löste keine Ansprüche aus. Eine nachträgliche Genehmigung und damit Heilung des Mangels[50] durch den eventuell Berechtigten ist nicht möglich.[51] Das Gleiche gilt, wenn das Erhöhungsverlangen im Namen „der Eigentümer" erklärt wird, wenn nicht alle Eigentümer Vermieter und nicht alle Vermieter Eigentümer sind.[52]

2. Einschaltung von Hausverwaltungen

18 Bei der **Vermietung durch Hausverwaltung**[53] taucht häufig die Frage auf, ob die Hausverwaltung selbst Vermieterin ist oder nur als Vertreter für den Grundstückseigentümer gehandelt hat. Handelt die Verwaltung ausdrücklich als Vertreter, dann wird der vertretene Eigentümer/Vermieter Vertragspartner und muss die Mieterhöhungserklärungen abgeben und ist grds. wirksam[54], es sei denn es hat ein Vermieterwechsel stattgefunden.[55] Lässt das Erhöhungsverlangen der Verwaltung demgegenüber überhaupt nicht erkennen, dass es für den Vermieter erfolgt, ist es unwirksam.[56] Umstritten ist, ob allein die Bezeichnung des Vermieters im Mietvertrag als „Hausverwaltung" ausreicht, um ein Vertretungsverhältnis i. S. d. § 164 Abs. 2 BGB offenzulegen.[57] Eine andere Frage ist es, ob eine Hausverwaltung ein Erhöhungsverlangen stellen kann, wenn sie nicht selbst Vermieterin ist (Rdn. 43).[58]

3. Personenmehrheiten auf Vermieterseite

19 Besondere Schwierigkeiten bereiten Fallkonstellationen, bei denen mehrere Personen auf Vermieterseite auftreten. Dies kann originär geschehen oder auf Grund von Rechtsnachfolgen.

20 **a) Eheleute.** Bei **Eheleuten** genügt es, wenn diese im Kopf des Vertrages als „Eheleute" oder „Herr und Frau" bezeichnet sind. Der Angabe der Vornamen ist nicht zwingend erforderlich. Zu den Folgen, wenn keine Identität zwischen Mietvertragsrubrum und Unterschriftsleiste besteht, s. u. Rdn. 50ff.

21 Auch bei der Vermietung durch Eheleute kommt es nicht darauf an, wer Grundstückseigentümer ist. In der Regel sind die Eheleute Bruchteilseigentümer und nicht Gesellschafter einer Gesellschaft bürgerlichen Rechts. Möglich ist aber auch dies.[59] Dazu unten Rdn. 23ff. Problematisch ist der Fall, dass Eheleute als Vermieter auftreten, aber nur einer von beiden Grundstückseigentümer ist. Wird das **Grundstück verkauft,** dann geht der Mietvertrag des Ehegatten, der auch Grundstückseigentümer ist, auf den Erwerber über.[60] Umstritten ist jedoch, ob der andere Ehegatte weiterhin Mitvermieter bleibt[61] oder ob hier § 566 BGB wegen der ihm zu Grunde liegenden wirtschaftlichen und sozialen Erwägungen zumindest analog[62] anzuwenden ist mit der Folge, dass auch die Vermieterstellung des Nichteigentümers auf den Erwerber übergeht.[63] Verschenkt der vermietende Grundstückseigentümer während des bestehenden Mietverhältnisses einen Miteigentumsanteil an seine Ehefrau, so wird diese mit dem Eigentumserwerb Mitvermieterin.[64] Wird

---

[49] KG MDR 1998, 529; WuM 1997, 101, 103; LG Berlin ZMR 1997, 358.
[50] Bub/Treier/*Schultz* Kap. III. A Rdn. 1136.
[51] LG Essen ZMR 2008, 894.
[52] AG Hamburg/OLG Hamburg ZMR 2010, 108.
[53] Zur Frage der Wirksamkeit einer Mieterhöhungserklärung durch Verwalter s. Rdn. 43.
[54] AG Köpenick GE 2011, 1376.
[55] AG Berlin-Mitte GE 2011, 1687.
[56] LG Berlin GE 2013, 483 m. Anm. *Kinne* GE 2013, 451; LG Berlin GE 2011, 1618 m. Anm. *Kinne* GE 2011, 1592; LG Potsdam GE 2013, 689.
[57] Bejahend OLG Brandenburg NJWE-MietR 1997, 135; KG WuM 1984, 254; LG Berlin GE 2013, 691; *Emmerich* in Staudinger Vorbem. zu § 535 BGB Rdn. 66; verneinend KG MDR 1998, 529.
[58] Zu einem solchen Fall: BGH (VIII ZR 231/13) NJW 2014, 1803 = NZM 2014, 431 = MietPrax-AK, § 558a BGB Nr. 33 m. Anm. *Börstinghaus.*
[59] LG Köln WuM 2001, 287.
[60] LG Waldshut-Tiengen WuM 1993, 56; LG Berlin NZM 1998, 662.
[61] So LG Berlin NZM 1998, 662.
[62] Ausdrücklich offengelassen von BGH (XII ZR 110/08) NZM 2010, 704.
[63] So LG Waldshut-Tiengen WuM 1993, 56.
[64] LG Marburg WuM 2001, 439.

aber nur einer von ggf. mehreren Mietern gem. § 566 BGB Vermieter, so erlischt der Mietvertrag aufgrund eingetretener Konfusion, und es bestehen keinerlei mietrechtlichen Ansprüche mehr.[65]

Ebenso problematisch ist der Fall, dass nur einer von mehreren Miteigentümern im Mietvertrag als Vermieter genannt wird.[66] Wird hier das Grundstück veräußert, dann geht gem. § 566 BGB der Mietvertrag nur bei **Identität** zwischen Eigentümer, Vermieter und Veräußerer auf den Erwerber über.[67] Nach dem Rechtsentscheid des OLG Karlsruhe[68] soll etwas anderes aber dann gelten, wenn der nicht vermietende Eigentümer der Vermietung durch den anderen Eigentümer zugestimmt hat. Anderenfalls geht der Mietvertrag nicht auf den Erwerber über.[69] Die Rechtsfolge des § 566 BGB ist im Außenverhältnis auch nicht abdingbar.[70] Der BGH[71] hat die Frage, ob § 566 BGB ggf. analog angewandt werden kann bisher immer offen gelassen.[72] 22

b) BGB-Gesellschaften. Ist Vermieter eine juristische Person, ist dies rechtlich unproblematisch. Selbst der Wechsel der Gesellschafter hat keinen Einfluss auf den Mietvertrag.[73] Demgegenüber war in der Vergangenheit problematisch, wer bei einer BGB-Gesellschaft Vermieter ist und wer deshalb die Mieterhöhungen zu erklären hat bzw. an wen sie zu richten war (s. dazu auch Vor. § 535 BGB Rdn. 240ff.). Da die GbR früher nicht als rechtsfähig angesehen wurde, war Zuordnungssubjekt jeder einzelne Gesellschafter. Seit dem Urteil des BGH vom 29.1. 2001[74] ist klargestellt, dass die GbR, die nach außen im Rechtsverkehr aufgetreten ist (z. B. weil sie als solche im Mietvertrag als Mietvertragspartei aufgeführt ist – sog. **Außengesellschaft** –), selbst als eigene Rechtspersönlichkeit die Erklärung abgeben und ggf. auch Adressat einer solchen Erklärung sein kann.[75] Besondere Bedeutung hat die Entscheidung für das gewerbliche Mietrecht.[76] 23

Die GbR ist nur dann Vermieterin wenn es sich um eine **Außengesellschaft** handelt.[77] Also nicht jeder Zusammenschluss von mehreren Personen ist eine rechtsfähige GbR. Erforderlich ist, dass die GbR am Rechtsverkehr teilnimmt und nach außen in Erscheinung tritt. Entscheidend ist deshalb in dem hier interessierenden Zusammenhang die Bezeichnung im Mietvertrag. Wird der Vermieter unter einer Sachfirma wie z. B. „XY Straße GbR" oder als verkürzte Personenfirma z. B. „Müller & Meier GbR" im Mietvertrag bezeichnet, dann spricht bereits viel dafür, dass hier eine rechtsfähige GbR vorliegt.[78] Selbst **Ehegatten-Grundstücksgemeinschaften** können deshalb eine rechtsfähige GbR bilden.[79] Entscheidend ist wegen der für die Gegenseite schwer erkennbaren inneren Strukturen das jeweilige Auftreten nach außen. Dies ergibt sich vor allem daraus, dass die Gesellschaft ja selbst nicht handeln kann und deshalb vertreten werden muss, so dass es auf die Offenkundigkeit gem. § 164 Abs. 2 BGB ankommt. Deshalb ist die Frage, ob die GbR selbst im Grundbuch als solche eingetragen ist, allenfalls ein weiteres Indiz, aber auf keinen Fall 24

---

[65] BGH (VIII ZR 323/14) NZM 2016, 467.

[66] Hierzu *Günter* WuM 2013, 264.

[67] BGH (XII ZR 110/08) NZM 2010, 704; *Streyl* NZM 2010, 343; *Günter* WuM 2013, 264; offengelassen von BGH (VIII ZR 178/12) GuT 2013, 25 = MietPrax-AK § 566 BGB Nr. 13.

[68] OLG Karlsruhe RE v. 10.2.1981, NJW 1981, 1278.

[69] LG Berlin GE 1990, 823.

[70] AG Pinneberg ZMR 2002, 835.

[71] BGH (XII ZR 48/10) WuM 2012, 323; BGH (XII ZR 110/08) NZM 2010, 704; BGH (VIII ZR 84/09) NZM 2010, 471 = MietPrax-AK, § 566 BGB Nr. 10 m. Anm. *Eisenschmid.*

[72] Ausführlich hierzu *Günter* WuM 2013, 264.

[73] *Blank* WImmoT 2008, 177, 182.

[74] BGH (II ZR 331/00) NJW 2001, 1056; bestätigt durch BGH (II ZR 331/00) NZM 2002, 271 = NJW 2002, 1207; dazu u. a. *K. Schmidt* NJW 2001, 993; *Jauernig* NJW 2001, 2231; *Wertenbruch* NJW 2002, 324; *Ulmer/Steffke* NJW 2002, 330; *Drasdo* NZM 2001, 258; *Pfeifer* NZG 2001, 296; *Jacoby* ZMR 2001, 409; *Habersack* BB 2001, 2485; *Müther* MDR 2001, 459; *Reiff* VersR 2001, 510; *Weitemeyer* GS für Sonnenschein, S. 431.

[75] Zum Zugang der Erklärung in einem solchen Fall: BGH (XII ZR 210/09) ZMR 2012, 261 = MietPrax-AK, § 542 BGB Nr. 6 m. Anm. *Eisenschmid.*

[76] Dazu umfassend *Kraemer* NZM 2002, 655.

[77] Zur GbR als Vermieterin auch BGH (VIII ZR 232/15) NJW 2017, 547 m. Anm. *Börstinghaus* LMK 2017, 385346; *Selk* NJW 2017, 521; *Singbartl* NZM 2017, 119; *Meier,* ZMR 2017, 150; ausführlich zur GbR als Vermieterin: *Weitemeyer* ZMR 2004, 153 = GS Sonnenschein, S. 431.

[78] So auch *Jacoby* ZMR 2001, 409.

[79] So ausdrücklich *Kraemer* NZM 2002, 465; *Jacoby* ZMR 2001, 409, 410; *Habersack* BB 2001, 477; *Wertenbruch* NJW 2002, 324, 328; kritisch *Derleder* BB 2001, 2485, 2489.

allein ausschlaggebend.[80] Ein durch die Gesellschafter der in den Mietvertrag eingetretenen GbR erklärtes Mieterhöhungsverlangen ohne Hinweis auf die Außengesellschaft ist unwirksam.[81]

25 Abzugrenzen ist die Außen-GbR von der reinen **Innengesellschaft.** Diese liegt z. B. dann vor, wenn im Mietvertrag die einzelnen Gesellschafter als Mietvertragspartei aufgeführt sind und ein Hinweis auf die gesellschaftsrechtlichen Beziehungen fehlt. Im Mieterhöhungsverlangen muss dann diese Personenmehrheit als Absender genannt werden.[82] Hier liegt im Außenverhältnis regelmäßig ein Gesamtschuld- oder -gläubigerverhältnis vor. Das Innenverhältnis ist dabei für die mietvertraglichen Beziehungen unerheblich. Gründen mehrere Vermieter später eine Außengesellschaft als Verwaltungsgesellschaft, so wird die GbR dadurch noch nicht Vermieterin.[83] Erst wenn die Gesellschafter das Grundstück sachenrechtlich in das Gesellschaftsvermögen übertragen dann wird die Gesellschaft nach § 566 BGB Vermieterin.

26 Ist die Außengesellschaft Vermieterin, gilt für den **Gesellschafterwechsel** außerhalb des Grundbuchs § 566 BGB nicht.[84]. Der Gesellschafterwechsel berührt den Mietvertrag nicht. Der neu eintretende Gesellschafter haftet auch für die vor seinem Eintritt begründeten Verpflichtungen des Mieters mit seinem Privatvermögen.[85] Scheidet der vorletzte Gesellschafter aus, so führt dies regelmäßig zu einem Übergang des Mietvertrages auf den letzten verbliebenen Gesellschafter unter Erlöschen der GbR.[86] Eine Liquidation ist nicht erforderlich.[87] Den ausscheidenden Gesellschafter trifft eine auf 5 Jahre beschränkte Nachhaftung, §§ 736 Abs. 2 BGB, 160 HGB. Die Frist beginnt mit der Kenntnis des Gläubigers – hier Mieters- vom Ausscheiden.[88] Die formwechselnde Umwandlung von einer KG in eine GbR und wiederum in eine GmbH führt nach einem negativen Rechtsentscheid des KG[89] auch bei einem zwischenzeitlichen Gesellschafterwechsel nicht dazu, dass die Identität der Gesellschaft als solche verändert wird. Diese Umwandlungen haben deshalb keinen Einfluss auf bestehende Mietverhältnisse.

27 Ist die **Innengesellschaft** Vermieterin geblieben, dann müssen für einen Vermieterwechsel die Voraussetzungen des § 566 BGB erfüllt sein, also regelmäßig ein Eigentumswechsel stattgefunden haben. Die Mieterhöhungserklärung muss in diesem Fall im Namen von allen Gesellschaftern abgegeben werden. Ein außerhalb des Grundbuchs erfolgter Gesellschafterwechsel führt nur dann zu einem Gesellschafterwechsel, wenn dies unter Mitwirkung des Mieters vereinbart wird.[90] Insofern wird eine Innengesellschaft nicht anders behandelt als jede andere Mehrheit von Vermietern.[91]

28 Da auch eine Außengesellschaft nicht selbst handlungsfähig ist, muss sie durch einen Gesellschafter vertreten werden. Dabei kann sich die **Vertretungsmacht** sowohl unmittelbar aus dem Gesellschaftsvertrag ergeben wie auch aus einer Einzelvollmacht. Grundsätzlich sind die Gesellschafter nach §§ 709, 714 BGB gemeinschaftlich als Gesamtvertreter berufen. Nach § 710 BGB kann aber einem Gesellschafter die Geschäftsführung übertragen werden, der dann gem. § 714 BGB auch zur Außenvertretung berechtigt ist. Möglich ist auch die Vertretung durch mehrere Gesellschafter. Die Mieterhöhungserklärungen gem. §§ 558, 559 BGB müssen namens der Gesellschaft[92] abgegeben werden und zwar entweder von einem oder mehreren vertretungsberechtigten Gesellschaftern oder von allen Gesellschaftern für die Gesellschaft.[93] Zum Teil wird auch eine Erklärung aller Gesellschafter ohne Hinweis auf die Gesellschaft zugelassen.[94] Wird die Mieterhöhung nur von einem

---

[80] Nach *Kraemer* NZM 2002, 465 soll die bloße Eintragung im Grundbuch nicht ausreichen, weil der Mieter das Grundbuch nicht einsehen muss.
[81] AG Tempelhof-Kreuzberg GE 2011, 1623.
[82] LG Berlin GE 2011, 1230.
[83] *Kraemer* NZM 2002, 465.
[84] BGH NZM 1998, 260; *Blank* WImmoT 2008, 177, 182.
[85] BGH (II ZR 385/99) NJW 2003, 1445; *Blank* WImmoT 2008, 177, 182.
[86] BGH (II ZR 37/07) NJW 2008, 2992; (II ZR 31/00) NJW-RR 2002, 538; NJW 1994, 796, BGHZ 32, 307, 317 f.; *Kraemer* NZM 2002, 465; *Börstinghaus* PiG 70, 65, 71; *Blank* WImmoT 2008, 177, 182.
[87] *Kraemer* NZM 2002, 465, 468.
[88] *K. Schmidt* NJW 2001, 993, 994.
[89] KG NZM 2001, 520 = WuM 2001, 230.
[90] *Jacoby* ZMR 2001, 409, 417.
[91] *Blank* WImmoT 2008, 177, 183.
[92] LG Berlin MM 2002, 283; AG Tiergarten GE 2002, 671; AG Königstein NZM 2001, 421 mit zust. Anm. *Armbrüster* GE 2001, 821, 825; *Weitemeyer* GS für Sonnenschein, S. 431, 457 = ZMR 2004, 153, 164.
[93] **A. A.** LG Berlin GE 2002, 1061.
[94] KG GE 2001, 1671; LG Köln WuM 2001, 287; **a. A.** AG Tiergarten GE 2002, 671; AG Königstein NZM 2001, 421; prozessual ist die Klage aller Gesellschafter bei einer GbR auch möglich: KG GE 2002, 665; **a. A.** LG Berlin MM 2002, 283: keine Prozessstandschaft bei Zustimmungsklage.

Gesellschafter abgegeben ohne Hinweis auf die Bevollmächtigung durch die anderen Gesellschafter oder darauf, dass er für die Gesellschaft handelt, so ist die Erklärung unwirksam.[95] Wird auf die Vertretung hingewiesen, dann ist die Erklärung grundsätzlich wirksam, jedoch kann der Mieter die Erklärung gem. § 174 BGB zurückweisen, wenn der Erklärung kein Nachweis der Vertretungsmacht, z. B. Vollmacht oder Gesellschaftsvertrag beigefügt war oder dem Mieter die Vertretungsmacht positiv auf andere Art und Weise bekannt war.[96] Liegt auf Seiten der Vermietermehrheit keine Gesellschaft vor dann soll ein Mieterhöhungsverlangen, das diese trotzdem mit dem Zusatz „GbR" versehen haben insgesamt formell unwirksam sein.[97]

c) Erbengemeinschaften (s. dazu auch Vor. § 535 BGB Rdn. 261 ff.). Verstirbt der Vermieter und hinterlässt er mehrere Erben so gehört das Grundstück und damit letztendlich auch der Mietvertrag zum gemeinschaftlichen Vermögen der Erben gem. § 2032 Abs. 1 BGB. Erbengemeinschaften sind keine rechtsfähige Außengesellschaft,[98] so dass sie auch nicht als Vermieter auftreten können. Vermieter sind in diesem Fall alle Mitglieder der Erbengemeinschaft. Die Erben können nur gemeinschaftlich über das Vermögen verfügen. Bei der Neuvermietung genügt es aber die Erbengemeinschaft schlagwortartig (Erbengemeinschaft „XY") zu bezeichnen.[99] Es ist nicht erforderlich alle Mitglieder aufzuführen. Dabei muss die Erbengemeinschaft ebenso wie bei der Abgabe aller Gestaltungserklärungen im Bestand vertreten werden. Nach § 2038 BGB steht die Verwaltung des Nachlasses den Erben gemeinschaftlich zu. Verfügt werden kann ebenfalls nur gemeinschaftlich, § 2040 BGB. Es müssen also alle Erben gemeinsam handeln oder einen Miterben oder einen Dritten bevollmächtigen. Einfacher ist es nur dann, wenn ein **Testamentsvollstrecker** eingesetzt wurde (s. dazu auch vor § 535 BGB Rdn. 33). Dieser kann gem. § 2055 BGB allein verfügen und entsprechende Willenserklärungen im Rahmen eines Mietvertrages abgeben. Selbst in dem Fall, dass mehrere Erben vorhanden sind und einer nach dem Testament „das Wohnhaus erben soll" ist dieser noch nicht Alleinvermieter, der z. B. auch alleine Mieterhöhungserklärungen abgeben kann.[100] Bis zur Auflösung der Erbengemeinschaft ist diese Vermieterin. 29

d) Wohnungseigentümer (s. dazu auch Vor § 535 BGB Rdn. 272 ff.). Wird vermieteter Wohnraum in Wohnungseigentum umgewandelt oder wird Wohnungseigentum vermietet, können im Schnittpunkt von Mietrecht und Wohnungseigentumsrecht[101] Probleme entstehen, weil beide Bereiche nicht ausreichend aufeinander abgestimmt sind.[102] Auf Grund der Entscheidung des BGH vom 2. 6. 2005[103] hat der Gesetzgeber inzwischen in § 10 Abs. 6 WEG die Teilrechtsfähigkeit der Wohnungseigentümergemeinschaft anerkannt. Träger der Rechte sind jetzt nicht mehr die einzelnen Wohnungseigentümer.[104] Hier sind aber weiterhin die verschiedenen Fallkonstellationen zu unterscheiden: 30

aa) Vermietung erfolgt nach Aufteilung. Wird ein Mietvertrag über eine bereits in Wohnungseigentum umgewandelte oder neu errichtete Eigentumswohnung abgeschlossen, dann ergeben sich die Parteien des Mietvertrages aus dem Mietvertrag. Möglich ist deshalb jetzt auch die Vermietung durch die Eigentümergemeinschaft als eigene Rechtspersönlichkeit. Das gilt zumindest für das Gemeinschaftseigentum.[105] Für den Fall der Veräußerung der Wohnung nach der Vermietung tritt der Erwerber gem. § 566 BGB an die Stelle des Veräußerers. Die Vorschrift des § 566 BGB ist auf die Veräußerung von Wohnungseigentum unmittelbar anwendbar.[106] 31

---

[95] LG Köln WuM 2001, 287.

[96] BGH (LwZR 4/01) NJW 2002, 1194.

[97] LG Berlin GE 2011, 1230 mit krit. Anm. *Kinne* GE 2011, 1202.

[98] BGH (VIII ZB 94/05) NJW 2006, 3715; BGH (VIII ZR 187/00) NJW 2002, 3389; LG Berlin NZM 2002, 780.

[99] BGH (VIII ZR 298/14) FamRZ 2015, 226: das genügt auch zur Einhaltung der Schriftform gem. § 550 BGB.

[100] AG Rheine WuM 1992, 372.

[101] Dazu *Bub* WImmoT 2008, 93; *Nüßlein,* Die Divergenzen zwischen Wohnungseigentums und Mietrecht (2006); *Blank* WuM 2000, 523; *Häublein* NZM 2014, 97 sowie die in WuM 2013 (Heft 2), 67 ff. abgedruckten Vorträge der Tagung „Die vermietete Eigentumswohnung" am 16./17. 11. 2012 in Marienfeld.

[102] Dazu *Weitemeyer* NZM 1998, 169; *Sternel* MDR 1997, 315.

[103] BGH (V ZB 32/05) NJW 2005, 2061; *Abramenko* ZMR 2006, 6; *Wanderer* GE 2005, 900; *Jennißen* BGHReport 2005, 1094; *Bub* NJW 2005, 2590; *Kahlen* ZMR 2005, 766.

[104] So noch BGHZ 142, 290, 294; BGH NZM 1998, 667; NJW 1998, 667; BayObLG NZM 2002, 298.

[105] *Elzer* ZWE 2009, 12.

[106] BGH NJW 1994, 2452; BayObLG NJW 1994, 1024; NJW-RR 1991, 651; KG WuM 1993, 423; OLG Celle WuM 1996, 222; OLG Hamburg WuM 1996, 637.

32 Ist das Gebäude bereits in Wohnungseigentum geteilt, wurde die Wohnung aber noch **von der Bauherrengemeinschaft** vermietet, obwohl zu diesem Zeitpunkt das Wohnungsgrundbuch bereits angelegt war und ein einzelner Bauherr als Eigentümer eingetragen ist, bleibt die Bauherrengemeinschaft Vermieter, da § 566 BGB nur einschlägig ist, wenn das Eigentum nach Vertragsschluss übergeht. Der Erwerber kann sich zwar von der Gemeinschaft den Anspruch auf Miete abtreten lassen, die volle Vermieterstellung kann er jedoch nicht erlangen. Auch hier muss eine Mieterhöhungserklärung durch die Bauherrengemeinschaft als Vermieterin erfolgen. In diesen Fällen der Vorratsteilung gem. § 8 WEG setzt sich das Bruchteilseigentum am Wohnungseigentum fort.

33 **bb) Vermietung erfolgt vor Aufteilung.** Wird Wohnungseigentum begründet, gibt es mindestens zwei, manchmal auch drei Eigentums- bzw. Nutzungsverhältnisse. Es entsteht mindestens **Gemeinschafts-** und auch **Sondereigentum,** manchmal werden auch noch **Sondernutzungsrechte** begründet. Dies muss sorgfältig getrennt werden. Das Mietverhältnis selbst wird durch die Aufteilung nicht berührt.[107] Es bleibt selbst dann ein **einheitliches Mietverhältnis,** wenn Sonder- und Gemeinschaftseigentum nach der Umwandlung betroffen sind. Es stellt sich nur die Frage, wer Vermieter dieses einheitlichen Mietverhältnisses geworden ist, was dann etwa für die Frage, wer Mieterhöhungserklärungen abgeben muss, von Bedeutung ist.

34 **(1)** Soweit der Mieter lediglich nicht dem ausschließlichen Mietgebrauch unterliegende Teile mitbenutzt, die im **Gemeinschaftseigentum** stehen, z. B. das Treppenhaus, wird die Wohnungseigentümergemeinschaft nicht Vermieter.[108] Vermieter ist der jeweilige Eigentümer des Sondereigentums.

35 **(2)** Steht dem Mieter aber an einem dem Gemeinschaftseigentum unterfallenden Grundstücksteil ein **ausschließlicher Mietgebrauch** zu, hat der BGH mit Rechtsentscheid vom 28.4.1999[109] entschieden, dass der Erwerber einer vermieteten Eigentumswohnung alleiniger Vermieter ist, wenn die Wohnung nach Überlassung an den Mieter in Wohnungseigentum umgewandelt worden ist und zusammen mit der Wohnung ein Kellerraum vermietet ist, der nach der Teilungserklärung im Gemeinschaftseigentum aller Wohnungseigentümer steht. Die Frage ist allenfalls, ob die Gemeinschaft einen Herausgabeanspruch gegen den Mieter hat oder ob diesem ggf. gem. § 986 Abs. 2 BGB analog ein Recht zum Besitz zusteht.[110]

36 **(3)** Hat der Mieter Räumlichkeiten gemietet, die nach der Aufteilung **zwei verschiedenen Sonder- oder Teileigentümern** gehören, werden diese beiden Wohnungseigentümer Vermieter. Gehört zum Beispiel zu der Wohnung ein mitvermieteter Nebenraum, der nach der wohnungseigentumsrechtlichen Aufteilung zum Sondereigentum eines anderen Wohnungseigentümers gehört, dann ist der Rechtsentscheid des BGH nicht anwendbar.[111] In diesem Fall werden beide Erwerber bzw. Erwerber und Veräußerer gemeinsam Vermieter.[112] Das gilt auch wenn über eine Wohnung und eine Garage ein einheitliches Mietverhältnis begründet worden ist und Garage und Wohnung an unterschiedliche Erwerber verkauft werden. Hier wird das ursprünglich einheitliche Mietverhältnis nicht aufgespalten, so dass die Erwerber der Garage als Mitvermieter in den einheitlichen Mietvertrag über Wohnung und Garage eintritt.[113]

37 **(4)** Besteht am Gemeinschaftseigentum ein **Sondernutzungsrecht** (z. B. an Gartenflächen oder einem Stellplatz) zugunsten des Sondereigentümers, dem auch die vom Mieter bewohnte Wohnung gehört, dann ist dieser Sondernutzungsberechtigte entsprechend §§ 566, 567 BGB **alleiniger Vermieter.** Er kann die anderen Wohnungseigentümer von der Nutzung ausschließen und seinem Mieter damit die ausschließliche Nutzung der Fläche auch ermöglichen.[114] Umgedreht führt die Begründung eines Sondernutzungsrechtes an vermietetem Gemeinschaftseigen-

---

[107] BGH NJW 1994, 2542.
[108] LG Hamburg WuM 1997, 47; *Bub* WImmoT 2008, 93, 101; *Lammel* § 566 BGB Rdn. 56.
[109] BGH RE v. 28.4.1999, WuM 1999, 390; zustimmend *Skauradszun* ZWE 2008, 458; ablehnend *Greiner* ZMR 1999, 365; *Bub* WImmoT 2008, 93, 103.
[110] *Nüßlein* Die Divergenzen zwischen Wohnungseigentums- und Mietrecht (2006) S. 52; **a. A.** *Skauradszun* ZWE 2008, 458.
[111] LG Hamburg ZMR 1999, 765.
[112] BGH (VIII ZR 399/03) NJW 2005, 3781; OLG Celle WuM 1996, 222; LG Hamburg NZM 2000, 656, LG Berlin GE 2000, 603; AG Mannheim Urt. v. 18.4.2008 – 9 C 48/08 m. Anm. *Flatow* jurisPR-MietR 1/2009 Anm. 3; *Emmerich* in Emmerich/Sonnenschein, Miete, § 566 BGB Rdn. 6 *(„lässt sich nicht vermeiden.")*; *Börstinghaus* NZM 2004, 481, 483; *Häublein* in MünchKomm § 566 BGB Rdn. 26; **a. A.** *Bub* WImmoT 2008, 93, 104.
[113] BGH (VIII ZR 399/03) NJW 2005, 3781; BayObLG RE v. 12.12.1990, WuM 1991, 78.
[114] LG Hamburg WuM 1997, 47; *Bub* WImmoT 2008, 93, 104.

tum nicht zu einem Eintritt des Sondernutzungsberechtigten, da das in der Teilungserklärung begründete Gebrauchsrecht nur gegenüber den übrigen Wohnungseigentümern wirkt und nicht gegenüber dem Mieter.[115] Hat der Mieter aber eine Wohnung und eine Fläche (Garten/Stellplatz) gemietet und wird an dieser Fläche ein Sondernutzungsrecht eines anderen Wohnungseigentümers begründet, so sind der Eigentümer der Wohnung und der Eigentümer, zu dessen Gunsten das Sondernutzungsrecht bestellt wurde gemeinschaftliche Vermieter des einheitlichen Mietverhältnisses.[116]

4. Rechtsfolgen

Besteht die Vermieterseite aus mehreren Personen, z. B. Grundstücksgemeinschaften, Eheleute usw., müssen auch alle das Mieterhöhungsverlangen abgeben, denn das Erhöhungsverlangen ist ebenso wie die mehreren Vermietern zustehende Mietforderung[117] selbst in Folge seiner Zweckgebundenheit auf eine im Rechtssinne **unteilbare Leistung** gerichtet. Ein nicht von allen Vermietern gestelltes Erhöhungsverlangen ist unwirksam.[118] Auch ein Mieterhöhungsverlangen, das nur einer von mehreren Vermietern in eigenem Namen stellt, ohne kenntlich zu machen, dass er zugleich in Vollmacht der anderen Vermieter handelt, ist unwirksam.[119] Es muss sich bei dem Mieterhöhungsverlangen von Personenmehrheiten um eine einheitliche Erklärung handeln. Deshalb ist eine nachträgliche Genehmigung des Mieterhöhungsverlangens eines Vermieters durch die anderen Vermieter[120] ebenso wenig möglich wie die Genehmigung einer Mieterhöhungserklärung eines Nichtberechtigten durch den Berechtigten.[121] Dies gilt auch für Erbengemeinschaften. 38

5. Maßgeblicher Zeitpunkt

Maßgeblich ist die Vermietereigenschaft zum **Zeitpunkt der Abgabe der Willenserklärung.**[122] Soweit der BGH[123] für ein Verfügungsgeschäft auf die Rechtsinhaberschaft zum Zeitpunkt des Zugangs der Erklärung abstellt, kann dies aufgrund der Besonderheiten des Miethöherechts hier nicht gelten. Zum einen handelt es sich um ein Verpflichtungsgeschäft[124], da das Erhöhungsverlangen ein Angebot auf Abschluss eines Änderungsvertrages darstellt, woran auch die Tatsache, dass der Vermieter auf die Annahme ggf. einen Anspruch hat, nichts ändert, und zum anderen gilt hier gerade anders als in allen anderen Rechtsgebieten gem. § 566 BGB der Grundsatz „Kauf bricht nicht Miete". Wenn also zwischen Abgabe und Zugang der Erklärung eine Rechtsänderung eintritt, tritt der Erwerber gem. § 566 BGB an die Stelle des Veräußerers.[125] Auch der Anspruch auf Zustimmung zu einer Mieterhöhung gehört zu den Ansprüchen „aus einem Mietverhältnis". Die formell wirksame Geltendmachung des Erhöhungsverlangens durch den ursprünglichen Vermieter wirkt zugunsten des danach in das Mietverhältnis eintretenden Erwerbers fort. In Erbfällen ergibt sich dies aus § 1922 BGB. Wann zeitlich die „Rechtsnachfolge"[126] eintritt richtet sich nach dem Rechtsgrund: 39

[115] LG Stuttgart WuM 1988, 404.
[116] BGH (VIII ZR 399/03) NJW 2005, 3781.
[117] BGH NJW 1958, 1723; NJW 1969, 839.
[118] *Nies* NZM 1998, 221, 222; LG Wuppertal Urt. v. 10.12.2015 – 9 S 128/15 (juris) (für Kündigungserklärung).
[119] AG Tempelhof MM 1989, Heft Nr. 2 S. 29.
[120] AG Stuttgart WuM 1973, 105.
[121] LG Essen ZMR 2008, 894.
[122] LG Köln WuM 1996, 623; *Weitemeyer* FS Blank, 2006, S. 445 (449); *Flatow* WImmoT 2008, 129, 139; *Artz* in MünchKomm § 558 a Rdn. 12; Bub/Treier/*Schultz* Kap. III. A Rdn. 1136; *Emmert* in Hdb. des Mietrechts, § 12 Rdn. 42; **a. A.** AG Ludwigsburg WuM 2013, 546 (Zeitpunkt des Zugangs der Erklärung); so auch *Streyl* § 566 BGB Rdn. 105; offengelassen von BGH (VIII ZR 236/14) NZM 2015, 487 = NJW 2015, 1749, ob es auf den Zeitpunkt des Zugangs ankommt.
[123] BGH (XI ZR 85/04) NJW 2006, 294; nach BGH (XII ZR 23/15) GE 2016, 192 = MietPrax-AK § 543 BGB Nr. 37 soll es für den Kündigungsgrund darauf ankommen, dass er bei Abgabe der Erklärung vorlag.
[124] Gegen den Verfügungscharakter des Zustimmungsverlangens auch *Zehelein* NZM 2015, 31, 35.
[125] LG Kassel NJWE-MietR 1996, 222; *Börstinghaus* NZM 2004, 481, 486; *Weitemeyer* FS Blank, 2006, S. 445, 449; Bub/Treier/*Schultz* Kap. III. A Rdn. 1136.
[126] § 566 BGB stellt keinen echten Fall der Rechtsnachfolge dar.

Rechtsnachfolge auf Grund von	Rechtsgrundlage	Zeitpunkt
Erbfall	§ 1922 BGB	Zeitpunkt des Erbfalls (Grundbucheintragung nicht erforderlich)
Rechtsgeschäftliche Veräußerung Wenn der Vermieter nicht Eigentümer oder nicht Alleineigentümer des Grundstücks war, tritt keine Rechtsnachfolge ein	§§ 925, 873 BGB	Auflassung und Eintragung im Grundbuch. Die Eintragung einer Auflassungsvormerkung genügt noch nicht.[127]
Restitution	§ 33 Abs. 5 VermG	Rechtskraft des Restitutionsbescheids[128] (Grundbucheintragung nicht erforderlich)[129]
Zwangsversteigerung	§ 90 ZVG	Durch Zuschlag wird der Ersteher Eigentümer des Grundstücks, sofern der Beschluss nicht im Beschwerdewege rechtskräftig aufgehoben wird. (Grundbucheintragung nicht erforderlich).

40 Eine vor **Vollendung des Verfügungsgeschäftes** abgegebene Erklärung des Rechtsnachfolgers ist unwirksam.[130] Allein durch ein Rechtsgeschäft zwischen Grundstücksveräußerer und -erwerber, z. B. eine Regelung im notariellen Kaufvertrag über den wirtschaftlichen Besitzübergang und die Lastentragung, kann eine Rechtsnachfolge nicht begründet werden.[131] Die Eintragung einer Auflassungsvormerkung reicht noch nicht.[132] Eine **Abtretung** des Anspruchs auf Mieterhöhung ist nicht möglich.[133] § 413 BGB ist auf den Anspruch gem. § 558 BGB nicht anwendbar. Der Anspruch auf Zustimmung zu einer Mieterhöhung gem. § 558 BGB ist ein unselbständiges Gestaltungsrecht, dessen Übertragung nur zusammen mit dem Hauptrecht, nämlich dem Anspruch des Vermieters aus dem Mietvertrag auf Mietzahlung übertragbar ist.[134] Dies ergibt sich daraus, dass der Anspruch auf Zustimmung zu einer Mieterhöhung unmittelbar die vertragliche Leistung des Mieters betrifft. Die Zustimmung des Mieters zur Mieterhöhung bezieht sich auf die gesamte neu zu entrichtende Miete, nicht nur auf den Erhöhungsbetrag. Derjenige, der Inhaber der Mietforderung ist, kann auch nur über sie verfügen, wozu auch die Durchsetzung einer Erhöhung gehört. Im Übrigen kann durch die Abtretung des Mietanspruchs[135] ein Dritter nicht in die Lage versetzt werden, den Zustimmungsanspruch gem. § 558 BGB im eigenen Namen geltend zu machen. Die spätere Eintragung des Erwerbers im Grundbuch heilt den Mangel nicht.[136] Unschädlich ist es aber, wenn der noch nicht eingetragene Erwerber neben dem Vermieter unterschrieben hat.[137] Zur Ermächtigung s. u. Rdn. 47.

41 Möglich ist aber eine **rechtsgeschäftliche Übertragung der Vermieterstellung** gem. § 311 Abs. 1 BGB, die mit der gesetzlichen Rechtsnachfolge nichts zu tun hat. Eine solche Vertragsüber-

---

[127] BGHZ 13, 1, 4; NJW 1989, 451.
[128] LG Berlin GE 2004, 50; *Fieberg/Reichenbach* VermG, § 16 Rdn. 2; LG Berlin VIZ 1993, 81.
[129] LG Berlin ZoV 1992, 389.
[130] OLG Celle WuM 1984, 193; LG München I ZMR 2017, 56, 58; LG Karlsruhe WuM 1991, 48; LG München WuM 1989, 282; AG Ludwigsburg WuM 2013, 546; AG Tiergarten MM 2006, 75; AG Regensburg WuM 1990, 226; AG Eschweiler WuM 1980, 186; *Emmerich* in Staudinger § 558 a BGB Rdn. 9; *Emmert* in Hdb. des Mietrechts, § 12 Rdn. 44.
[131] LG Hamburg, WuM 1993, 48; LG Augsburg WuM 1990, 226; AG Ludwigsburg WuM 2013, 546; AG Tiergarten MM 2006, 75; AG Köln WuM 1989, 579; AG Dortmund WuM 1983, 237; *Kinne* GE 1998, 1004; **a. A.** AG Düsseldorf WuM 1987, 264.
[132] LG München I ZMR 2017, 56, 58.
[133] KG WuM 1997, 101; GE 1990, 1257; LG Kiel WuM 1999, 293; LG Köln FamRZ 1994, 39; LG Augsburg WuM 1990, 226; LG Berlin GE 1989, 829; LG München WuM 1989, 282; LG Hamburg WuM 1985, 310 und WuM 1980, 59 und WuM 1979, 260; AG Schöneberg MM 1996, 401; AG Regensburg WuM 1990, 226; *Emmerich* in Staudinger § 558 a BGB Rdn. 9; Bub/Treier/*Schultz* Kap. III. A Rdn. 1136.
[134] *Zeiss* in Soergel § 413 BGB Rdn. 4; offen gelassen von BGHZ 95, 250, 254, BGH NZM 1998, 176.
[135] *Emmerich* in Staudinger § 558 a BGB Rdn. 9.
[136] *Emmert* in Hdb. des Mietrechts, § 12 Rdn. 44.
[137] AG Tiergarten GE 1993, 921.

nahme ist zulässig.[138] Dabei kann die Auswechslung eines Vertragspartners sowohl im Wege eines dreiseitigen Vertrags zwischen der ausscheidenden, der übernehmenden und der verbleibenden Partei vereinbart werden als auch durch Vereinbarung zwischen zwei Beteiligten, wenn der Dritte zustimmt.[139] Eine solche Zustimmung kann auch konkludent, z. B. durch wiederholte Zahlung der Miete an den neuen Vermieter, erfolgen.[140]

Ist für das Grundstück die **Zwangsverwaltung**[141] angeordnet, steht die Verfügungsmacht über den Mietanspruch **ausschließlich dem Zwangsverwalter** zu, so dass nur dieser ein Mieterhöhungsverlangen stellen kann[142] und auch nur klagebefugt ist.[143] Unterlässt er dies pflichtwidrig, dann macht er sich schadensersatzpflichtig.[144] Der Zwangsverwalter ist allen Personen verantwortlich, gegenüber denen ihm das ZVG besondere Pflichten auferlegt.[145] Das sind vor allem die Beteiligten gem. § 9 ZVG, also vor allem die Gläubiger und der Schuldner. Eine unmittelbare Beteiligung am Verfahren ist aber nicht erforderlich. Der spätere Ersteher in der Zwangsversteigerung gehört aber nicht dazu. 42

6. Stellvertretung

Zulässig ist auch im Mieterhöhungsverfahren eine **offene Stellvertretung**[146], z. B. des Erwerbers für den – noch – eingetragenen Eigentümer.[147] Der Vertreter gibt eine eigene Willenserklärung ab.[148] Aus der Erklärung des Vertreters muss sich zumindest aus den Umständen (§ 164 Abs. 1 S. 2 BGB) ergeben, in wessen Namen sie abgegeben wurde, § 164 BGB. Nach Ansicht des BGH[149] muss der konkrete Vermieter nicht explizit benannt gegeben werden. Es genügt, wenn sich z. B. aus der gleichzeitig übersandten Betriebskostenabrechnung ergibt, wer Vermieter ist und in wessen Namen die Erklärung abgegeben wurde. Aber weniger geht nicht. Deshalb ist die Mieterhöhungserklärung eines WEG-Verwalters unter eigenem Briefkopf und unter Angabe seines Absenders ohne Hinweis auf eine Vertreterstellung[150] ebenso unwirksam wie ein Mieterhöhungsverlangen, das die bevollmächtigte Hausverwaltung[151] im eigenen Namen stellt ohne den Namen des neuen Vermieters zumindest irgendwo mitzuteilen.[152] Der vertretene Vermieter muss zumindest dann namentlich genannt werden, wenn für den Mieter auf Grund zahlreicher Eigentümerwechsel nicht eindeutig erkennbar ist, für wenn die Verwaltung gehandelt hat.[153] Gibt ein Mitglied einer **Personenmehrheit** die Erklärung für sich und zugleich als Vertreter für die übrigen Eigentümer ab, muss dies aus dem Mieterhöhungsverlangen deutlich hervorgehen, denn auch ein Mieterhöhungsverlangen, das nur einer von mehreren Vermietern in eigenem Namen stellt, ohne kenntlich zu machen, dass er zugleich in Vollmacht der anderen Vermieter handelt, ist unwirksam.[154] Die Regeln des **„Geschäfts, den es angeht"** sind nicht anwendbar.[155] Deshalb muss aus der Mieterhöhungserklä- 43

---

[138] BGH (VIII ZR 151/95) NJW 1996, 2156, 2157.

[139] BGH (VIII ZR 142/12) WuM 2013, 496; BGH (VIII ZR 84/09) NZM 2010, 471; BGHZ 95, 88, 93f.; 96, 302, 308.

[140] BGH (VIII ZR 142/12) WuM 2013, 496; BGH (VIII ZR 84/09) NZM 2010, 471.

[141] Zu den Rechtsfolgen der Zwangsverwaltung auf Mietverhältnisse s. *Börstinghaus* FS Merle, 2010, S. 65.

[142] BGH (VIII ZR 330/03) NZM 2005, 596; AG Dortmund WuM 1994, 546; *Börstinghaus* FS Merle (2010) S. 68; *Stöber* Zwangsversteigerungsgesetz, § 152 ZVG Rdn. 12.8; *Depré/Mayer* Die Praxis der Zwangsverwaltung, Rdn. 491; *Brüggemann/Haut* Arbeitshilfen Zwangsverwaltung, 2008, S. 588; *Reismann* MM 1998, 159; *Kinne* GE 1999, 359; *ders.* NZM 1986, 990; **a. A.** AG München ZfIR 1998, 53 m. Anm. *Paulus.*

[143] LG Berlin GE 1998, 357.

[144] *Stöber,* Zwangsversteigerungsgesetz, § 152 ZVG Rdn. 12.8.

[145] BGH (IX ZR 21/07) NZM 2009, 243.

[146] LG München NZM 2004, 220; AG Königstein NZM 2001, 421.

[147] AG Hamburg WuM 1996, 139 mit abl. Anm. *Reichert* WuM 1986, 140, dessen Thesen wiederum *Heller* WuM 1987, 137 widerspricht; AG Augsburg WuM 1998, 670; dazu *Baer* AnwZert MietR 16/2014 Anm. 1.

[148] Grds zum Handeln Dritter bei Mieterhöhungen: *Zehelein* NZM 2015, 31.

[149] BGH (VIII ZR 231/13) NJW 2014, 1803 = MietPrax-AK, § 558a BGB Nr. 33 m. Anm. *Börstinghaus;* zustimmend auch *Zehelein* NZM 2015, 31; ebenso Bub/Treier/*Schultz* Kap. III. A Rdn. 1137.

[150] LG München NZM 2004, 220.

[151] Der Verwalter ist ggf. verpflichtet, dem Vermieter gesetzlich zulässige und mögliche Mieterhöhungen vorzuschlagen, anderenfalls macht er sich schadensersatzpflichtig: OLG Saarbrücken NZM 2006, 878; KG MDR 1978, 586.

[152] AG Berlin-Mitte GE 2011, 1687.

[153] AG Berlin-Mitte GE 2008, 1633; AG Charlottenburg GE 2006, 61 = ZMR 2006, 129.

[154] AG Tempelhof MM 1989, Heft Nr. 2 S. 29.

[155] AG Berlin-Mitte GE 2008, 1633; AG Charlottenburg GE 2006, 61 = ZMR 2006, 129.

rung deutlich hervorgehen, in wessen Namen sie abgegeben wird. Eine Erklärung „im Namen des Eigentümers" reicht nicht aus.[156] Ist Vermieter eine juristische Person, z. B. eine GmbH, eine Aktiengesellschaft, eine Genossenschaft oder ein eingetragener Verein, muss das Zustimmungsverlangen von dem vertretungsberechtigten Organ stammen. Insofern sind die gesellschaftsrechtlichen Vorschriften maßgeblich. So muss die Klage auf Zustimmung zur Mieterhöhung, die eine Aktiengesellschaft als Vermieter erhebt, von einem Vorstandsmitglied der Aktiengesellschaft unterzeichnet sein.[157] Die organschaftlichen Vertreter können sich aber wiederum selbst vertreten lassen. Die Vertretungsmacht des Prokuristen ergibt sich dabei aus dem Handelsregister, andere Vertreter benötigen Einzelvertretungsmacht.[158] Eine Untervertretung ist wiederum zulässig. Zulässig ist auch die Bestellung des Hausverwalters als Vertreter. Allein aus der Stellung als Hausverwalter ergibt sich jedoch nicht die Befugnis, ein Mieterhöhungsverlangen im eigenen Namen zu stellen.[159]

44 Die Vertretungsmacht kann sich aus einer **Innen-** oder aus einer **Außenvollmacht** ergeben. Die Außenvollmacht kann bereits formularmäßig im Mietvertrag erfolgen.[160] Zumindest muss der Mieter vom Vermieter irgendwie darüber informiert worden sein, dass der Bevollmächtigte zur Abgabe von Erhöhungserklärungen bevollmächtigt ist.[161] Eine Verwaltervollmacht, die nur zur Entgegennahme von Willenserklärungen ermächtigt, reicht nicht aus.[162] Eine Außenvollmacht liegt z. B. vor, wenn bereits im Mietvertrag der Vermieter durch einen Verwalter vertreten wird und die Vertretungsmacht sich aus dem Vertrag ergibt.[163] Das bedeutet aber nicht, dass jeder Mitarbeiter der Verwaltungsfirma wirksam bevollmächtigt ist.[164] Bei einer Innenvollmacht hat der Vertreter die Vertretungsmacht durch Vorlage einer **Originalvollmacht**[165] dem Mieter gegenüber offen zu legen. Unterbleibt dies, hat das aber gem. § 174 BGB nur dann Folgen, wenn der Mieter das Erhöhungsverlangen wegen fehlender Vollmacht **unverzüglich zurückgewiesen** hat. § 174 BGB ist auch auf Mieterhöhungsverlangen entsprechend anwendbar.[166] § 174 BGB gilt für das Erhöhungsverlangen nach § 558a BGB nicht unmittelbar, weil es sich um kein selbständiges und damit auch kein einseitiges Rechtsgeschäft handelt. **Die Vorschrift ist aber deshalb analog anwendbar,** weil die vom Gesetzgeber für § 174 BGB vorausgesetzte Interessenlage in gleicher Weise gegeben ist.[167] Das Mieterhöhungsverlangen löst, obwohl es nur ein Vertragsangebot ist, abweichend von der normalen Vertragsofferte aufgrund Gesetzes besondere Rechtsfolgen aus. Es besteht sogar ein Anspruch auf Zustimmung, wenn die formellen und materiellen Voraussetzungen alle gegeben sind. Der Mieter hat deshalb ein besonderes Interesse daran, ob die Voraussetzungen gegeben sind und ihn deshalb u. U. eine Zustimmungspflicht trifft. Deshalb muss der Mieter, wenn das Erhöhungsschreiben von einem Bevollmächtigten stammt, wenigstens Gewissheit darüber verlangen können, dass der Vertreter des Vermieters befugt gehandelt hat.[168] Damit besteht bezüglich des Mieterhöhungsverlangens **die gleiche Interessenlage,** namentlich das gleiche Klarstellungsbedürfnis des Erklärungsgegners wie bei einem durch einen Bevollmächtigten vorgenommenen einseitigen Rechtsgeschäft. **Unverzüglich** bedeutet nicht sofort. Nach der Legaldefinition des § 121 Abs. 1 Satz 1 BGB darf kein schuldhaftes Zögern vorliegen. Schuldhaftes Zögern setzt begrifflich bereits neben der objektiven Komponente, einem nicht mehr hinnehmbaren Zeitablauf, also dem Zögern, subjektiv ein schuldhaftes, also vorwerfbares Handeln voraus.[169] Der Verschuldensvorwurf besteht darin, dass der Mieter ab Kenntnis der Umstände, die eine Zurückweisung nach § 174 BGB rechtfertigen, seinen Widerspruch gegen das Mieterhöhungsverlangen zeitlich verzögert anbringt.

---

[156] LG Berlin GE 1999, 777; **a. A.** zumindest für einige Fallkonstellationen Bub/Treier/*Schultz* Kap. III. A Rdn. 1137–1139.
[157] AG Coesfeld WuM 1993, 468.
[158] LG Berlin GE 2007, 986; OLG München NJW-RR 1997, 904 für Handlungsbevollmächtigte.
[159] LG Berlin GE 1990, 497; AG Pankow-Weißensee Urt. v. 24.4.2003 – 7 C 21/03.
[160] LG Berlin GE 2012, 1378.
[161] Bub/Treier/*Schultz* Kap. III. A Rdn. 1149.
[162] LG München NZM 2004, 220.
[163] LG Berlin GE 2012, 1378.
[164] Bub/Treier/*Schultz* Kap. III. A Rdn. 1149.
[165] Bub/Treier/*Schultz* Kap. III. A Rdn. 1144.
[166] OLG Hamm RE v. 28.5.1982 NJW 1982, 2076; LG Berlin GE 2007, 152; offen gelassen von BGH (VIII ZR 72/02) NZM 2003, 229; AG Wedding MM 2009, 263.
[167] OLG Hamm RE v. 28.5.1982 NJW 1982, 2076; offen gelassen von BGH (VIII ZR 72/02) NZM 2003, 229.
[168] So OLG Hamm RE v. 28.5.1982 NJW 1982, 2076.
[169] OLG München NJW-RR 1997, 904.

Bloßes Kennen müssen der Umstände genügt nicht. Dem Mieter steht aber eine Überlegungsfrist zu, die es ihm auch ermöglicht, Rechtsrat von fachkundiger Seite einzuholen.[170] Ein Zeitablauf ab Kenntnis der Umstände von 6 Tagen[171] kann nur im Einzelfall zu lang sein, einer von 17 Tagen[172] ist i. d. R. zu lang. Dies gilt aber nur, soweit der Vermieter den Mieter nicht anderweitig von der Bevollmächtigung in Kenntnis gesetzt hat, § 174 Satz 2 BGB. Dies kann z. B. dann der Fall sein, wenn frühere Mieterhöhungen oder andere Willenserklärungen vom Vertreter für den Vermieter abgegeben worden sind. Dabei darf es sich in der Vergangenheit aber nicht um eine Vollmacht nur für eine einzelne Willenserklärung gehandelt haben. Die Vertretung des Vermieters in anderen als Mieterhöhungsangelegenheiten soll nicht genügen.[173] Im Übrigen muss zwischen den damaligen und den heutigen Vermietern sowie dem oder den damaligen und heutigen Vertretern völlige Personenidentität bestehen.[174] Für Mieterhöhungsverlangen, die während eines Zustimmungsprozesses abgegeben werden gilt § 174 BGB nicht.[175]

Der **Nachweis der Vertretungsmacht** kann nur durch Vorlage der Urkunde im **Original** oder als Ausfertigung geführt werden.[176] Die Vollmachtsurkunde muss das Wort „Mieterhöhung" nicht enthalten, sofern es sich um eine umfassende Vollmacht handelt.[177] Die Erteilung einer Prozessvollmacht beinhaltet nicht ohne weiteres die Bevollmächtigung zur Vornahme von einseitigen empfangsbedürftigen Willenserklärungen.[178] Anders als bei der Zugangsproblematik von bestimmenden Schriftsätzen bei Gericht geht es hier um den Nachweis tatsächlichen Geschehens mittels Schriftstücken, die ihrer Funktion, Beweis zu erbringen, auch gerecht werden können. Schriftstücke, die lediglich die Kopie einer Urkunde[179] über ein solches Geschehen enthalten, genügen dem nicht.[180] Für die Vollmacht gilt die Textform nicht. Auch eine dem Erklärungsempfänger per Telefax übermittelte Vollmachtsurkunde genügt deshalb nicht, so dass auch diese gemäß § 174 BGB zurückgewiesen werden kann.[181] Das Gleiche gilt für eine Untervollmacht. 45

Die **Zurückweisung** des Mieters gem. § 174 BGB kann wiederum von einem Vertreter des Mieters erfolgen, z. B. einem Anwalt. Da auch die Zurückweisung eine einseitige Willenserklärung darstellt, muss im Fall einer Vertretung auch dem Zurückweisungsschreiben eine Vollmacht beigefügt sein; andernfalls kann der Vermieter die Zurückweisung wiederum gem. § 174 BGB zurückweisen[182] mit der Folge, dass der Mieter oder sein Vertreter die Zurückweisung des Mieterhöhungsverlangen zwar wiederholen kann, dass diese erneute Zurückweisung durch den Mieter regelmäßig aber verfristet ist. Die Zurückweisung kann treuwidrig sein.[183] 46

Möglich ist auch eine **Ermächtigung** i. S. d. § 185 Abs. 1 BGB zur Geltendmachung des Mieterhöhungsanspruchs im eigenen Namen.[184] Die Norm gilt vom Wortlaut her nur für Verfügungsgeschäfte, ist aber auf verfügungsähnliche Geschäfte entsprechend anwendbar. Das hatte die Rechtsprechung schon früh für eine Kündigung[185] oder eine Modernisierungsankündigung[186] so gesehen. Gründe dies für die Mieterhöhungserklärung anders zu sehen sind nicht ersichtlich. Der **Bevollmächtigte** gibt eine eigene Willenserklärung **im fremden Namen** ab, der **Ermächtigte** gibt demgegenüber eine eigene Willenserklärung **im eigenen Namen** ab. Voraussetzung ist, dass 47

---

170 LG Hamburg WuM 1998, 725.
171 OLG Hamm NJW 1991, 1185; **a. A.** LG Berlin GE 2007, 152.
172 OLG Hamm NJW-RR 1988, 282.
173 LG Berlin GE 2007, 152.
174 OLG München NJW-RR 1997, 904.
175 BGH (VIII ZR 72/02) NZM 2003, 229 = MietPrax-AK § 558 a BGB Nr. 1 m. Anm. *Börstinghaus.*
176 AG Wedding MM 2009, 263; Bub/Treier/*Schultz* Kap. III. A Rdn. 1144.
177 LG München NJW-RR 1987, 1164.
178 AG Neuss NJW-RR 1994, 1036.
179 BGH NJW 1981, 1210; AG Wedding MM 2009, 263.
180 BGH NJW 1994, 2298; vgl. OLG Hamm NJW 1991, 1185.
181 BGH NJW 1994, 2298 m. Anm. *Karst* NJW 1995, 3278 für den Fall des § 80 ZPO; OLG Hamm NJW 1991, 1185; Bub/Treier/*Schultz* Kap. III. A Rdn. 1144; **a. A.** BFH BB 1994, 1702 für die FGO.
182 *Nies* NZM 1998, 221, 222.
183 AG Spandau GE 2006, 1175.
184 BGH (VIII ZR 203/13) NZM 2014, 385 = NJW 2014, 1802 = MietPrax-AK, § 558 a BGB Nr. 31 m. Anm. *Börstinghaus* und krit. Anm von *Blank* LMK 2014, 357461; LG Berlin GE 2017, 173; 2012, 405; GE 2009, 326; MM 2009, 298; AG Ludwigsburg WuM 2013, 546; Bub/Treier/*Schultz* Kap. III. A Rdn. 1136; ablehnend *Zehelein* NZM 2015, 31: ebenfalls kritisch *Emmerich* in Staudinger § 558 a BGB Rdn. 10.
185 BGH NZM 1998, 146, 147.
186 BGH (VIII ZR 105/07) NJW 2008, 1218 = NZM 2008, 283 = MietPrax-AK § 554 BGB Nr. 2 m. Anm. *Eisenschmid.*

der Prozessstandschafter (i. d. R. der Erwerber) ein rechtliches Interesse an der gerichtlichen Geltendmachung eines fremden Rechts im eigenen Namen hat und eine Beeinträchtigung schutzwürdiger Belange des Prozessgegners nicht zu befürchten ist. Diese Voraussetzungen können bei einem Erwerber vorliegen, bei einem Hausverwalter wohl nicht.[187] Richtigerweise muss aber auch in einem solchen Fall die Ermächtigung **offen gelegt** werden.[188] Ohne diese Offenlegung ist eine Zurückweisung durch den Mieter analog § 174 BGB nicht erforderlich.[189] Nach Ansicht des BGH[190] ist eine solche Offenlegung aber nicht erforderlich. Wenn man eine Ermächtigung für zulässig erachtet, dann fehlt einer Klage auf Zustimmung des Ermächtigenden neben der des Ermächtigten das Rechtsschutzbedürfnis.[191]

III. Der richtige Adressat

1. Mieter

48 Das Mieterhöhungsverlangen ist an **sämtliche Mieter** zu richten.[192] Wer Mieter ist ergibt sich dabei aus dem Mietvertrag (s. dazu auch Vor. § 535 BGB Rdn. 340–400).[193] Grundsätzlich muss bei einem Mietverhältnis, an dem mehrere Mieter beteiligt sind, wegen seiner Einheitlichkeit das Mieterhöhungsverlangen von sämtlichen Personen der einen Vertragsseite gegenüber allen Personen der anderen Vertragsseite erklärt werden.[194] Ein nicht an alle Mieter gerichtetes Erhöhungsverlangen ist unwirksam.[195] Es kann aber rechtsmissbräuchlich sein, wenn sich der Mieter, an den das Erhöhungsverlangen adressiert ist darauf beruft.[196]

49 **a) Eheleute als Mieter.** Hat der Vermieter die Wohnung an Eheleute[197] vermietet und den Mietvertrag mit beiden Ehegatten geschlossen, so muss er das **Mieterhöhungsverlangen an beide Eheleute** adressieren.[198] Dies gilt auch dann, wenn die Eheleute getrennt leben und einer der beiden Ehegatten ohne einverständliche Aufhebung des mit ihm bestehenden Mietverhältnisses aus der Mietwohnung ausgezogen ist. Ein nur an den in der Wohnung verbliebenen Ehegatten gerichtetes Erhöhungsverlangen ist grds. unwirksam.[199] Ein Ehepartner kann sich auch nicht einseitig aus seiner vertraglichen Verpflichtung lösen.[200] Haben nämlich Eheleute gemeinsam einen Mietvertrag auf der Mieterseite abgeschlossen, so bedarf derjenige Ehegatte, der sich allein aus dem Mietverhältnis lösen will, hierzu nicht nur des Einverständnisses des Vermieters, sondern ebenso

---

[187] Dazu auch *Drasdo* NJW-Spezial 2009, 321; zu Vollmachten in der Mietverwaltung auch *Blank* GE 1998, 1189.

[188] LG Berlin GE 2009, 326; GE 2007, 1489; AG Ludwigsburg WuM 2013, 546, 547; AG Tiergarten MM 2006, 75; *Sternel* Mietrecht aktuell (2009) Rdn. IV 81; *Flatow* WImmoT 2008, 129, 139.

[189] AG Tiergarten MM 2006, 75.

[190] BGH (VIII ZR 203/13) WuM 2014, 286 = MietPrax-AK, § 558a BGB Nr. 31 m. Anm. *Börstinghaus* und krit. Anm. von *Blank* LMK 2014, 357461.

[191] LG Berlin GE 2012, 405.

[192] BGH (VIII ZR 124/03) WuM 2004, 280 = NJW 2004, 1797 = NZM 2004, 419; OLG Celle RE v. 20.1.1982 WuM 1982, 102; OLG Koblenz RE v. 13.10.1983 NJW 1984, 18; AG Lichtenberg MM 1998, 441; AG Hamburg WuM 1980, 58; *Nies* NZM 1998, 221, 222; zu Rechtsproblemen bei Personenmehrheiten bei Mietern und Vermietern *Börstinghaus* MDR 2002, 929; *Scholz* WuM 1986, 5; *Götz/Brudermüller,* Die gemeinsame Wohnung, Rdn. 71.

[193] Das kann auch durch Auslegung zu ermitteln sein. Eine Falschbezeichnung ist unerheblich. Es gilt das tatsächlich Gewollte: BGH (IX ZR 279/13) NJW 2015, 1109.

[194] RGZ 90, 328; 97, 79; 138, 183; BGHZ 26, 102; 96, 302; BGH, MDR 1964, 308; NJW 1972, 249; OLG Frankfurt NJW-RR 1991, 459; OLG Düsseldorf NJW-RR 1987, 1369; *Emmerich* in Staudinger Vorbem. zu § 535 BGB Rdn. 78; *Bartels* Der vertragliche Schuldbeitritt im Gefüge gegenseitiger Dauerschuldverhältnisse, S. 125.

[195] OLG Celle RE v. 20.1.1982, WuM 1982, 102; LG Heidelberg WuM 1993, 342.

[196] BGH (VIII ZR 124/03) NJW 2004, 1797; ebenso bei Kündigung: BGH (VIII ZR 14/04) NJW 2005, 1715 = MietPrax-AK § 568 BGB Nr. 1 m. Anm. *Börstinghaus;* LG Berlin GE 2017, 231 (vor 40 Jahren ausgezogene Ehefrau).

[197] Zur Frage, wer Mieter ist, wenn nur ein Ehepartner den Vertrag unterzeichnet hat: OLG Düsseldorf WuM 1989, 362; OLG Schleswig WuM 1992, 674; LG Berlin GE 1998, 298; GE 1995, 1343; LG Hamburg WuM 1994, 423; LG Mannheim ZMR 1993, 415; AG Dortmund MDR 1993, 755; *Sternel* Mietrecht, I 22; *Scholz* WuM 1986, 5.

[198] *Götz/Brudermüller,* Die gemeinsame Wohnung, Rdn. 71.

[199] BayObLG negRE WuM 1983, 107; AG München NZM 2003, 394.

[200] AG Hamburg NZM 2009, 319; zu den Folgen des Auszugs eines Ehegatten aus der gemeinsamen Wohnung: *Kinne* GE 2006, 1450.

des Einverständnisses seines im selben Schuldverhältnis stehenden Ehegatten.[201] Gem. § 1568a BGB[202] kann aber ein Ehegatte vom anderen verlangen, dass ihm die Wohnung nach der Scheidung überlassen wird. Mit Zugang der Erklärung beider Ehegatten oder mit Rechtskraft der Endentscheidung im Wohnungszuweisungsverfahren tritt dann der so bestimmte Ehegatte an Stelle des ursprünglich mietenden Ehegatten in ein von diesem eingegangenes Mietverhältnis ein oder setzt ein von beiden eingegangenes Mietverhältnis allein fort. Der Vermieter kann das Mietverhältnis innerhalb eines Monats, nachdem er von dem endgültigen Eintritt in das Mietverhältnis Kenntnis erlangt hat, außerordentlich mit der gesetzlichen Frist kündigen, wenn in der Person des eintretenden oder allein den Vertrag fortsetzenden Ehegatte ein wichtiger Grund vorliegt.

Im Einzelfall kann aber ein Mieterhöhungsverlangen, das nur an den in der Wohnung lebenden Mieter gerichtet ist, trotzdem wirksam sein. Dies ist dann der Fall, wenn im Einzelfall das Festhalten an dem Erfordernis, dass die Erklärung beiden gegenüber erklärt und zugegangen sein muss, nur eine Formalie darstellt, weil einer der beiden Mitmieter die Wohnung seit Jahren endgültig verlassen und aufgegeben hat, ohne dem Vermieter dies anzuzeigen und seine neue Adresse mitzuteilen.[203] Solange die Parteien mietvertraglich in diesen Fällen eine wechselseitige **Empfangsvollmacht**[204] vereinbart haben, kann der Vermieter auch die für den unbekannt verzogenen Mieter bestimmte Willenserklärung an den in der Wohnung verbliebenen Mieter als Empfangsbevollmächtigten richten.[205] Liegt keine Empfangsvollmacht vor oder hat der Mitmieter diese nach Auszug widerrufen, dann kann nur nach § 242 BGB im Einzelfall die Notwendigkeit entfallen, das Erhöhungsverlangen auch an den ausgezogenen Mitmieter zu adressieren. Hier spielen Umstände des Rechtsmissbrauchs auf Mieterseite wie auch Verwirkungstatbestände eine Rolle. Maßgebliche Umstände sind dabei die Frage, wie lange der Mitmieter schon unbekannt ausgezogen ist, ob er sonst erkennbar jegliches Interesse an der Wohnung aufgegeben hat oder ob noch Besuchskontakte bestehen. Wenn die Ehefrau, die Mitmieterin war, schon vor mehr als zwei Jahren aus der Wohnung ausgezogen ist, deren Anschrift nicht bekannt ist und sie mit dem Vermieter ohne Zustimmung des in der Wohnung verbliebenen Mieters einen Mietaufhebungsvertrag abgeschlossen hat, dann handelt der in der Wohnung verbliebene Mitmieter, der sich in diesem Fällen auf die Unwirksamkeit des Erhöhungsverlangens wegen des Zugangsmangels beruft, rechtsmissbräuchlich.[206]

Unklarheiten können bei der Vermietung von und an Eheleute – ebenso wie sonstigen Perso- **50**
nenmehrheiten – auftreten, wenn die Angaben im **Mietvertragskopf** nicht identisch sind mit den Personen, die den Mietvertrag unterschrieben haben. Soweit hier überhaupt ein Mietvertrag zustande gekommen ist, werden verschiedene Auffassungen hierzu vertreten:

aa) Es spreche eine tatsächliche Vermutung[207] oder der erste Anschein[208] dafür, dass die Unter- **51**
schrift des einen Ehepartners auch im Namen der Ehefrau erfolgen soll.[209] Der BGH hat es in einer Entscheidung zum Landpachtvertrag[210] ausdrücklich offen gelassen, ob diese Auffassungen seine Zustimmung finden. Er hat auf die Unterschiede zum Wohnraummietrecht hingewiesen. Das OLG Schleswig[211] hat den Erlass eines Rechtsentscheids zu dieser Frage abgelehnt, da es sich um kein Problem des Wohnraummietrechts sondern des allg. Vertretungsrechts handele, jedoch ausgeführt, dass es auch von einem Anscheinsbeweis für eine wirksame Vertretung ausgehe, wenn nur ein Ehegatte den Vertrag unterzeichne, obwohl beide im Mietvertragskopf genannt werden und der

---

201 OLG Celle RE v. 20.1.1982, WuM 1982, 102; BayObLG WuM 1983, 107.

202 *Götz/Brudermüller* FS Derleder (75) S. 119; *Götz* NZM 2010, 383; *Brudermüller/Götz* NJW 2010, 5; *Blank* WuM 2009, 555; *Götz/Brudermüller* FamRZ 2009, 1261; *Beuermann* GE 2009, 1358; die Norm ist verfassungsgemäß: BGH (XII ZR 143/11) NJW 2013, 2507.

203 BGH (VIII ZR 124/03) NJW 2004, 1797 = NZM 2004, 419 = MietPrax-AK § 558a BGB Nr. 5 m. Anm. *Börstinghaus;* OLG Frankfurt NJW-RR 1991, 459; LG Berlin MM 1999, 122; AG Neukölln GE 1998, 360; AG Schöneberg MM 1999, 122 (konkludente Mietaufhebungsvereinbarung); zweifelnd *Sternel* Mietrecht aktuell (2009) Rdn. IV 87.

204 Die auch formularvertraglich wirksam erteilt werden kann: LG Hamburg ZMR 2016, 627.

205 S. dazu unten Rdn. 58.

206 BGH (VIII ZR 124/03) NJW 2004, 1797 = MietPrax-AK § 558a BGB Nr. 5 m. Anm. *Börstinghaus.*

207 OLG Düsseldorf ZMR 2000, 210; WuM 1989, 362; OLG Oldenburg MDR 1991, 969; LG Berlin GE 1999, 1285; GE 1995, 1553; GE 1995, 567; LG Heidelberg WuM 1997, 547; AG Dortmund MDR 1993, 755; *Sternel* Mietrecht, I 22.

208 *Scholz* WuM 1986, 5.

209 Kritisch hierzu *Emmerich* in Staudinger Vorbem. zu § 535 BGB Rdn. 82.

210 BGH NJW 1994, 1649, 1650 = MDR 1994, 579.

211 OLG Schleswig WuM 1992, 674.

andere Ehegatte an den Verhandlungen teilgenommen hat. Der Abschluss eines Wohnraummietvertrages zählt ebenso wenig zu den Geschäften des täglichen Bedarfs gem. § 1357 BGB[212] wie eine Mieterhöhung.[213] Möglich ist aber zumindest auch, dass der Mietvertrag nicht unterzeichnende Mieter später dem Mietvertrag – auch konkludent – beigetreten ist.[214] Dies kann z. B. durch Unterzeichnung mehrerer Mieterhöhungserklärungen und die Duldung einer Modernisierung[215] geschehen. Darin kann im Einzelfall auch die Genehmigung der Handlungen des vollmachtlosen Vertreters zu sehen sein.[216] Von einer stillschweigenden Genehmigung ist bei einem langjährig praktizierten Mietverhältnis durch den den Mietvertrag nicht unterzeichnenden Ehegatten auszugehen.[217]

52 **bb)** Teilweise wird auch die Auffassung vertreten, dass im Zweifel nicht anzunehmen ist, dass ein Ehepartner einen Mietvertrag zugleich in Vertretung und mit Vollmacht für seine Ehefrau unterschrieben hat.[218] Der Mietvertrag soll erst nach Unterzeichnung durch den zweiten Ehegatten zustande kommen.[219] Wird ein Mietvertrag, der im Kopf der Vertragsurkunde zwei Mieter ausweist, nur von einem Mieter unterschrieben, soll sich nach Ansicht des LG Saarbrücken[220] der rechtliche Schluss auf ein Vertreterhandeln des die Unterschrift leistenden Mieters verbieten, wenn es nach den Umständen des Sachverhalts ebenso plausibel ist, dass die Einholung der zweiten Unterschrift schlicht vergessen wurde.

53 **cc)** Unterzeichnen beide Ehegatten einen Mietvertrag, in dem nur ein Ehegatte als Mieter bezeichnet ist, wird im Zweifel nur dieser Mieter.[221] Steht dabei ein Ehegatte in einem Mietvertrag mit einer Genossenschaft im Mietvertragskopf als „Mitglied", befindet sich unter seiner Unterschrift aber der Text „Unterschrift des Ehegatten als selbstschuldnerischer Bürge/Mitglied", so ist diese Regelung insgesamt unklar. Es gilt in diesem Fall die für den Unterzeichner günstigste Alternative, also die Bürgschaft.[222]

54 **dd) In den neuen Bundesländern** ist auch heute noch in Einzelfällen § 100 ZGB zu beachten.[223] Nach dieser Vorschrift wurde der **Ehepartner** des Mieters ebenfalls Mietvertragspartei, auch wenn er den Mietvertrag nicht unterschrieben hat oder wenn der Partner erst später eingezogen ist.[224] Die Vorschrift gilt aber nur noch für Mietverhältnisse, die vor dem 3.10.1990 begründet wurden.[225] Das gilt selbst dann, wenn ein Mietverhältnis vor dem 2.10.1990 schlüssig abgeschlossen wurde, aber erst nach dem 3.10.1990 schriftlich fixiert wurde.[226] Die Vorschrift galt sowohl für Genossenschaftswohnungen[227] als auch für Werkwohnungen.[228] wenn das Arbeitsverhältnis beendet worden ist, ohne dass der Wohnungsmietvertrag gekündigt wurde. Soweit der Mieter während des Bestehens des Mietverhältnisses sich scheiden ließ und vor dem 3.10.1990 wieder geheiratet hat, trat der neue Ehegatte kraft Gesetzes in das Mietverhältnis ein.[229] Nur ausnahmsweise kann der Einwand des Mieters bezüglich der bestehenden Ehe als rechtsmissbräuchlich angesehen werden.[230]

55 **b) Gesellschaft bürgerlichen Rechts.** Mehrere Mieter bilden bei der Anmietung einer Wohnung regelmäßig eine reine Innengesellschaft. Dies betrifft aber nur die Rechtsbeziehungen

---

[212] LG Baden-Baden WuM 1997, 430; ähnlich BGH (VIII ZR 326/14) WuM 2016, 353 für nachträgliche Änderung des Mietvertrages bzgl. Mietstruktur.
[213] LG Berlin WuM 2012, 26; *Emmerich* in Staudinger Vorbem. zu § 535 BGB Rdn. 82.
[214] *Bieber* GE 2011, 1198, 1199.
[215] BGH (VIII ZR 255/04) NJW 2005, 2620; LG Berlin GE 2001, 1603.
[216] AG Gießen GE 2011, 1237.
[217] AG und LG Gießen, ZMR 2007, 863.
[218] LG Berlin GE 2004, 1096; LG Osnabrück NZM 2002, 943, 944; LG Berlin GE 1995, 1343; ZMR 1988, 103; LG Mannheim ZMR 1993, 415; LG Ellwangen DGVZ 1993, 10; AG Potsdam WuM 1996, 696.
[219] LG Berlin MM 2007, 371.
[220] LG Saarbrücken Urt. v. 11.12.2015 – 10 S 112/15 (juris).
[221] LG Berlin MM 1997, 283; ZMR 1988, 103; LG Osnabrück WuM 2001, 438; MietPrax-*Kinne* Fach 8 Rdn. 266; **a. A.** AG Köln WuM 1980, 85; Nach LG Schweinfurt WuM 1989, 362 ist derjenige Vermieter, der den Mietvertrag als Vermieter unterschreibt, auch wenn er im Kopf nicht als Vermieter aufgeführt ist.
[222] LG Berlin NZM 2000, 1005.
[223] LG Berlin MM 2005, 335; *Quarch* WuM 1993, 224; *Mittag* WuM 1993, 169.
[224] LG Cottbus NJW-RR 1995, 524.
[225] LG Görlitz WuM 1995, 649; AG Lichtenberg MM 1998, 441.
[226] AG Frankfurt/O. WuM 1996, 265.
[227] AG Potsdam WuM 1995, 696.
[228] AG Löbau WuM 1996, 265.
[229] LG Görlitz WuM 1995, 649.
[230] LG Berlin MM 2005, 335; dazu auch BGH (VIII ZR 124/03) NJW 2004, 1797.

zwischen den einzelnen Mietern,[231] nach außen hin sind die einzelnen Mieter alle Gesamtschuldner. Die Zustimmung zu einem Mieterhöhungsverlangen schulden die Mieter aber in gesamthändischer Bindung (§ 558b BGB Rdn. 34)[232]. Theoretisch mag es möglich sein, dass mehrere Wohnungsmieter eine Wohnung als Außengesellschaft anmieten, dann müssten die oben (Rdn. 23ff.) genannten Kriterien für eine Außengesellschaft vorliegen. In der Praxis wird dies aber die absolute Ausnahme sein. Die Außengesellschaft spielt vor allem im Gewerbemietrecht eine Rolle. Im Wohnraummietrecht ist eine Außengesellschaft am Ehesten denkbar bei der Vermietung an Wohngemeinschaften, wenn der Mietvertrag von der jeweiligen Zusammensetzung der Wohngemeinschaft abgekoppelt werden soll.[233] (Vor § 535 BGB Rdn. 388).

Bei der **passiven Stellvertretung,** also der Abgabe der Mieterhöhungserklärung gegenüber einer GbR ist zunächst erforderlich, dass sich aus der Willenserklärung ergibt, dass sie gegenüber der GbR und nicht gegenüber dem einzelnen Gesellschafter abgegeben werden soll.[234] Die Willenserklärung wird dann aber schon entsprechend § 125 Abs. 2 HGB wirksam, wenn sie nur einem vertretungsberechtigten Gesellschafter zugeht, selbst wenn Gesamtvertretung angeordnet ist.[235] 56

2. Bevollmächtigung

Zulässig ist bei Personenmehrheit die wechselseitige **Bevollmächtigung.** § 1357 Abs. 1 BGB findet demgegenüber bei Ehegatten keine Anwendung. Es handelt sich um kein Geschäft zur Deckung des laufenden Lebensbedarfs.[236] Die Bevollmächtigung kann sich dabei zunächst nur auf die Entgegennahme von Willenserklärungen beziehen. Eine solche Vollmacht betrifft aber nur die Entgegennahme der Erklärung, so dass die Erklärung selbst an alle Mieter zu adressieren ist.[237] Eine Vereinbarung mit dem Inhalt: *„Erklärungen, deren Wirkung die Mieter berührt, müssen von oder gegenüber allen Mietern abgegeben werden; die Mieter bevollmächtigen sich jedoch gegenseitige zur Entgegennahme solcher Erklärungen"* ist selbst dann wirksam, wenn sie formularmäßig getroffen wurde.[238] Eine solche Klausel benachteiligt die Mieter nicht unangemessen i. S. d. § 307 BGB.[239] Das gemeinsame Anmieten und Wohnen ist Ausdruck eines Näheverhältnisses, welches annehmen lässt, dass ein Mieter Erklärungen des Vermieters, die das Mietverhältnis betreffen, an die Mitmieter weitergibt. Solange die Mieter in der Wohnung zusammenleben, gibt es keine größeren praktischen Probleme mit einer solchen Empfangsvollmacht. In diesem Fall werden Erklärungen, die an alle Mieter gerichtet sind schon dann wirksam, wenn sie in den Briefkasten geworfen werden oder einem Mitmieter übergeben werden, da die Mitmieter füreinander **Empfangsboten** sind.[240] Mit Auszug eines Mitmieters aus der Wohnung endet aber diese Empfangsbotenstellung der übrigen Mitmieter für den ausgezogenen Mitmieter.[241] Deshalb wird die **Empfangsvollmacht** erst mit dem Auszug eines Mieters praktisch bedeutsam, da sie nun die zuvor bestehende Empfangsbotenschaft fortsetzt. Der ausziehende Mieter ist auch in den Fällen der mietvertraglich erteilten Empfangsvollmacht ausreichend geschützt. Er kann die Empfangsvollmacht dem Vermieter gegenüber jederzeit widerrufen.[242] Dieses **Widerrufsrecht** aus wichtigem Grund kann auch nicht wirksam abbedungen werden. Ein solcher Widerruf kann auch konkludent erfolgen, z. B. durch den Auszug aus der Wohnung.[243] 57

Umstritten ist die Frage, in wie weit in den Fällen einer **Empfangsvollmacht** auch ein Mieterhöhungsverlangen wirksam ist, das **nur an einen der Mieter gerichtet** ist. Die Rechtsprechung ist hier uneinheitlich. Überwiegend wird zu Recht angenommen, dass ein Mieterhöhungsverlan- 58

[231] BGH NJW-RR 1990, 1090; LG Duisburg, NJW 1998, 1499.
[232] AG Dortmund Urt. v. 9.10.2007 Az: 425 C 6099/07.
[233] Dazu *Schmid* GE 1998, 882; *ders.* GE 2001, 753.
[234] OLG Düsseldorf ZMR 1996, 324 (für Kündigung gegenüber einer GbR als Mieterin).
[235] *Jacoby* ZMR 2002, 409, 411.
[236] LG Berlin WuM 2012, 26; ähnlich BGH (VIII ZR 326/14) WuM 2016, 353 für nachträgliche Änderung des Mietvertrages bzgl. Mietstruktur.
[237] BGH (XII ZR 238/02) WuM 2005, 515 = NJW-RR 2005, 1258 = MietPrax-AK § 6 NutzEV Nr. 1 m. Anm. *Eisenschmid*.
[238] BGH RE v. 10.9.1997, NZM 1998, 22 m. Anm. *Roth* JZ 1998, 250; LG Hamburg ZMR 2016, 627; OLG Nürnberg NJW 1988, 1220; KG GE 2004, 753 (für Gewerberaummietvertrag); *Behrens* Beteiligung mehrerer Mieter am Mietverhältnis, 1989, S. 200ff.
[239] LG Hamburg ZMR 2016, 627.
[240] Palandt/*Ellenberger* § 130 BGB Rdn. 9.
[241] *Roth* JZ 1998, 250, 251; **a. A.** *Derleder* JurBüro 1994, 1.
[242] BGH RE vom 10.9.1997 NZM 1998, 22 m. Anm. *Roth* JZ 1998, 250; BGH WPM 1985, 646.
[243] AG Schöneberg MM 1993, 255; dafür auch *Roth* JZ 1998, 250.

gen, das nur an einen Mieter gerichtet wird, unwirksam ist, selbst wenn im Mietvertrag eine Bevollmächtigungsklausel enthalten ist.[244] Eine solche Klausel ist nur soweit wirksam, wie sie den Empfang solcher Erklärungen fingiert. Aus der Adressierung muss auch für den Empfänger erkennbar sein, dass eine Zustimmung nicht nur von ihm allein sondern von allen Mietern in ihrer gesamthänderischen Verbundenheit verlangt wird. Bei der passiven Stellvertretung (Vertretung beim Empfang einer Willenserklärung) gem. § 164 Abs. 3 BGB, ist es erforderlich, dass die Willenserklärung an den Vertretenen gerichtet ist. Das Erhöhungsverlangen muss deshalb an alle adressiert sein. Soweit nach einer abweichenden Meinung[245] zumindest in den Fällen, in denen mietvertraglich eine wechselseitige Vollmacht vereinbart wurde auch die Adressierung an nur einen Mieter genügen soll, kann dem nicht gefolgt werden. Die Grundannahme dieser Auffassung, wonach eine solche Vollmacht nicht nur eine Empfangsvollmacht beinhalte, sondern die Wirkung einer solchen Erklärung auch auf die anderen Mieter, an die die Erklärung nicht gerichtet ist, erstrecke, verkennt die Reichweite des § 557 Abs. 4 BGB. § 558 a BGB verlangt vom Vermieter, dass er das Erhöhungsverlangen „dem Mieter gegenüber" geltend macht. Bei einer Personenmehrheit sind alle Mieter in ihrer gesamthänderischen Verbundenheit „Mieter" i. S. d. § 558 a Abs. 1 BGB.[246] Diese Regelung ist insoweit keiner abweichenden Individualvereinbarung zugänglich,[247] als diese Vereinbarung zu Lasten des Mieters von Bestimmungen des BGB abweicht, § 557 Abs. 4 i. V. m. § 558 a Abs. 3 BGB. Die Erstreckung der Wirkung eines an einen Mieter gerichteten Erhöhungsverlangens auf die anderen Mieter ist eine solche nachteilige Abweichung. Dabei kommt es nicht darauf an, ob der Mieter, an den das Mieterhöhungsverlangen gerichtet ist, auch mit Wirkung für die anderen Mieter diesem zustimmen kann. Das Mieterhöhungsverfahren ist ein sehr formales Verfahren mit kurzen Fristen. Ein Mieter, der gar nicht weiß, dass von ihm eine Zustimmung verlangt wird, dem steht schon die gesetzlich vorgesehene Überlegungsfrist nicht zur Verfügung. Außerdem würde er von einer auf jeden Fall gegen alle Mieter zu erhebenden Klage überrascht und trüge insofern ein Kostenrisiko. Dies allein würde noch nicht ausreichen, die nachteilige Abweichung zu begründen, weil auch bei einer Adressierung an beide Mieter nicht jeder Mieter ohne weiteres Kenntnis vom Erhöhungsverlangen hat. Die nachteilige Abweichung liegt aber darin, dass bei dem Adressaten des Mieterhöhungsverlangens der Eindruck entstehen kann, er könne alleine die Zustimmung erteilen oder sie verweigern. Deshalb wird er die notwendige Information des oder der Mitmieter ggf. unterlassen oder auch allein die Zustimmung erteilen ohne zu wissen, dass das Prozessrisiko für ihn damit nicht ausgeräumt wird. Seine alleinige Zustimmung genügt nicht, so dass der Vermieter ihn und die anderen Mieter noch auf Zustimmung verklagen kann. Dies alles sind, wenn auch nicht besonders gravierende, so doch Abweichungen zu Lasten der Mieter von der Regelung des § 558 a Abs. 1 BGB, die gem. § 557 Abs. 4 i. V. m. § 558 a Abs. 5 BGB zur Unwirksamkeit der Regelung führen. Eine Klausel, nach der eine nur an einen von mehreren Mietern gerichtete Erklärung auch den anderen Mietern gegenüber wirksam sein soll, ist deshalb gem. § 307 BGB unwirksam.[248] Wenn für den Mieter ein Vertreter bei der Abgabe der Zustimmungserklärung zur Mieterhöhung handelt, kann der Vermieter diese Erklärung unverzüglich gem. § 174 BGB zurückweisen, wenn der Zustimmung keine Originalvollmacht beigefügt war.[249] Insofern kann nichts anderes gelten als für das Zustimmungsverlangen des Vermieters (oben Rn. 44).[250]

3. Rechtsnachfolge

59 Auch auf Mieterseite kann eine **Rechtsnachfolge** eingetreten sein. Neben den Fällen der rechtsgeschäftlichen Rechtsnachfolge, an der der Vermieter mitwirken muss, kommen die Fälle der Rechtsnachfolge nach Tod des Mieters gem. §§ 563–564 BGB in Betracht.[251] Zu beachten ist,

---

[244] OLG Celle RE v. 20.1.1982, WuM 1982, 102; OLG Koblenz RE v. 13.10.1983, NJW 1984, 244; BayObLG negRE v. 21.2.1983, WuM 1983, 107; LG München I ZMR 2017, 56; LG Darmstadt WuM 1996, 708; AG München NZM 2003, 394; AG Neumünster WuM 1991, 698; AG Schöneberg GE 1998, 1217.

[245] OLG Schleswig RE v. 22.3.1983, NJW 1983, 1862; KG RE v. 25.10.1984, NJW-RR 1986, 173.

[246] AG Dortmund Urt. v. 9.10.2007 Az: 425 C 6099/07.

[247] So aber KG RE v. 25.10.1984, NJW-RR 1986, 173.

[248] LG München I ZMR 2017, 56.

[249] AG Dortmund WuM 2016, 103; m. Anm. *Börstinghaus* jurisPR-MietR 3/2016 Anm. 2; *Dickersbach* in: Lützenkirchen, Mietrecht, § 558 b Rn. 10.

[250] OLG Hamm WuM 1982, 204; AG Neuss NJW-RR 1994, 1036; LG München II NJW-RR 1987, 1164; Palandt/*Ellenberger,* § 174 Rn. 2; offengelassen von BGH (VIII ZR 141/02) WuM 2003, 149.

[251] Zu den besonderen Problemen hierbei s. *Hinkelmann* NZM 2002, 378.

dass bei Erwerb der Wohnung auch nur durch einen von mehreren Mietern der Mietvertrag wegen Konfusion erlischt.[252]

Der **Prozessbevollmächtigte** des Mieters im Zustimmungsprozess ist auf Grund der Prozessvollmacht auch für nachgeholte Mieterhöhungserklärungen empfangsbevollmächtigt.[253] 60

IV. Die Form

1. Allgemeines

Das Mieterhöhungsverfahren ist ein **formalisiertes Verfahren.** Dem Vermieter steht gegenüber dem Mieter ein Zustimmungs- oder erhöhter Zahlungsanspruch zu, wenn die materiellen Voraussetzungen der jeweiligen Norm erfüllt sind und wenn der Vermieter seinen Anspruch in einem formalisierten Verfahren geltend gemacht hat. Der Gesetzgeber hat unabhängig von der Mietrechtsreform 2001 und zeitlich sogar einen Monat früher, die Form von Mieterhöhungserklärungen geändert. Während bis zum 31. Juli 2001 die Erklärungen grundsätzlich schriftlich, also in der Form des § 126 BGB, erfolgen mussten und nur bei Erklärungen, die mittels automatischer Datenverarbeitung erstellt worden waren, auf das Erfordernis der eigenhändigen Unterschrift verzichtet werden konnte, wurde ab 1. August 2001 durch das „Gesetz zur Anpassung der Formvorschriften des Privatrechts und anderer Vorschriften an den modernen Rechtsgeschäftsverkehr" vom 13. Juli 2001[254] die Schriftform im Mieterhöhungsverfahren als zwingendes Erfordernis abgeschafft und durch die neue **Textform** gem. § 126b BGB ersetzt. Durch das Gesetz zur Umsetzung der Verbraucherrechterichtlinie und zur Änderung des Gesetzes zur Regelung der Wohnungsvermittlung[255] wurde § 126b BGB umformuliert. 61

Bereits in der Vergangenheit hatte es der Gesetzgeber nicht geschafft, für die diversen Mieterhöhungen in den verschiedenen Rechtsordnungen einheitliche Formvorschriften zu schaffen. Auch heute noch unterscheiden sich die Vorschriften für den preisfreien und den preisgebundenen Wohnungsbau:

Rechtsgrundlage für die Gestaltungserklärung	**preisfreier Wohnungsbau**		**preisgebundener Wohnungsbau**	**Nutzungsentgelt neue Länder**	
	bis 31.7.2001 § 8 MHG	ab 1.8.2001 § 126b BGB	§ 10 Abs. 1 Satz 5 WoBindG	bis 31.7.2001 § 6 NutzEV	ab 1.8.2001 § 126b BGB
	grds. Schriftform, nur wenn mittels automatischer Einrichtung gefertigt keine eigenhändige Unterschrift	Textform Seit 13.6.2014 i. d. F. des Gesetzes zur Umsetzung der Verbraucherrechterichtlinie	grds. Schriftform, nur wenn mittels automatischer Einrichtung gefertigt keine eigenhändige Unterschrift	Schriftform	Textform

Eine Gestaltungserklärung in der falschen Form ist gem. § 125 BGB nichtig und löst keine Rechtsfolgen aus. Zahlungen auf unwirksame einseitige Gestaltungserklärungen sind auch nicht als Vertragsangebot zu verstehen oder in ein solches umzudeuten.[256]

[252] BGH (VIII ZR 323/14) NZM 2016, 467.

[253] BGH (VIII ZR 72/02) NZM 2003, 229 = MietPrax-AK § 558a BGB Nr. 1 m. Anm. *Börstinghaus;* BGH (VIII ZR 141/02) WuM 2003, 149 = MietPrax-AK § 558a BGB Nr. 2 m. Anm. *Börstinghaus.*

[254] BGBl. I S. 1542.

[255] BGBL 2013 I 3642.

[256] BGH (VIII ZR 199/04) NZM 2005, 735 = MietPrax-AK § 557 BGB Nr. 5 m. Anm. *Börstinghaus, Artz* ZMR 2006, 165; BGH (XII ZR 176/04) WuM 2007, 271.

2. Textform

62 **a) Allgemeines.** Was unter Textform i. S. d. Gesetzes zu verstehen ist, ergibt sich aus der Legaldefinition in § 126b BGB. Danach muss eine lesbare Erklärung, in der die Person des Erklärenden genannt ist, auf einem dauerhaften Datenträger abgegeben werden. Ein dauerhafter Datenträger ist jedes Medium, das es dem Empfänger ermöglicht, eine auf dem Datenträger befindliche, an ihn persönlich gerichtete Erklärung so aufzubewahren oder zu speichern, dass sie ihm während eines für ihren Zweck angemessenen Zeitraums zugänglich ist, und geeignet ist, die Erklärung unverändert wiederzugeben. Hierzu zählen u. a. Telefax, E-Mails und Nachrichten über Messenger-Dienste. Wegen der Einzelheiten siehe § 550 BGB Rdn. 77 ff.

63 Die Textform ist im Mietrecht immer an die Stelle der Schriftform getreten, wo es auf eine besondere Warnfunktion oder besondere Sicherheitsstandards nicht ankommt (z. B. Mieterhöhungserklärungen, Modernisierungsankündigung, Änderungen von Betriebskostenvorauszahlungen oder der umlegbaren Betriebskosten etc).

64 Ein Hinweis im Text darauf, dass die Erklärung nicht unterschrieben ist und auch nicht unterschrieben werden muss ist für die Wirksamkeit der Erklärung unerheblich. Bei einer Erklärung, die in Textform abzugeben ist, ist ebenso wie bei einer Erklärung nach § 10 WoBindG[257] nicht erforderlich, den für die juristische Person tätig gewordenen Mitarbeiter namentlich zu benennen; vielmehr genügt die Angabe des Namens der juristischen Person.[258] Der nach altem Recht für eine Erklärung in Textform erforderliche Hinweis auf den Abschluss der Erklärung kann durch den Zusatz „Dieses Schreiben wurde maschinell erstellt und bedarf keiner Unterschrift" erfolgen.[259]

65 z. Zt. unbesetzt

66 **b) Anlagen.** Soweit der Mieterhöhungserklärungen Anlagen beizufügen sind bedurften diese grundsätzlich schon nach altem Recht keiner Unterschrift. Die Liste mit Vergleichswohnungen, ein vorprozessuales Sachverständigengutachten oder ein Mietspiegel auf den Bezug genommen wird, müssen nicht unterschrieben werden. Möglich ist deshalb diese Anlagen einer in Textform erstellten Erklärung beizufügen. Dies kann bei einer mittels Brief übermittelten Erklärung genauso erfolgen wie bei einer gefaxten Erklärung. Wird die Erklärung mittels E-Mail[260] übermittelt, dann muss die Anlage ggf. eingescannt werden und als Datei übermittelt werden.

67 **c) Vollmachten.** Anders sieht es bei Vollmachten aus. Handelt für den Vermieter ein Vertreter, so kann der Mieter die Erklärung gem. § 174 BGB unverzüglich zurückweisen, wenn der Erklärung des Vermieter-Vertreters keine Vollmacht beigefügt war. Diese Vollmacht kann nur im Original vorgelegt werden.[261] Es genügt weder die Vorlage einer beglaubigten Abschrift noch einer Fotokopie.[262] Auch eine als Telefax übermittelte Vollmachtsurkunde reicht ebenso wenig aus[263] wie eine per E-Mail übermittelte Vollmacht.[264] Stammt die Mieterhöhungserklärung von einer juristischen Person so ist die Angabe einer handelnden Person nicht erforderlich.[265] Konsequenterweise muss dann auch keine Vollmacht beigefügt werden. Eine Zurückweisung nach § 174 BGB kann nicht erfolgen.[266] Etwas anderes gilt, wenn die juristische Person nicht selbst Vermieter ist sondern als Vertreter für diesen handelt (z. B. Hausverwaltung).

68 **d) Zugang der Erklärung.** Auch in Textform abgegebene Mieterhöhungserklärungen werden gem. § 130 BGB erst wirksam, wenn sie dem Mieter zugegangen sind (dazu unten Rdn. 71).[267] Entscheidend ist auch hier, dass eine Erklärung in Schriftzeichen in dauerhafter Form so in den Machtbereich des Mieters gelangt ist, dass mit der Kenntnisnahme zu rechnen ist. Kein Zugang liegt deshalb vor, wenn der Vermieter seine Erklärung auf seine Website ins Internet stellt

---

[257] BGH (VIII ZR 321/09) NJW 2010, 2945; **a. A.** LG Hamburg NZM 2005, 255.
[258] BGH (VIII ZR 72/14) WuM 2014, 612.
[259] BGH (VIII ZR 72/14) WuM 2014, 612.
[260] Gegen die Zulässigkeit der E-Mail *Lammel* § 550 BGB Rdn. 77 ff. und ZMR 2002, 333, 335; dafür richtigerweise aber *Einsele* GS für Sonnenschein, S. 117, 123.
[261] Palandt/*Ellenberger* § 174 BGB Rdn. 2.
[262] BGH NJW 1981, 1210; NJW 1994, 2298; LAG Düsseldorf MDR 1995, 612; OLG Frankfurt/M. NJW-RR 1996, 10.
[263] BGH NJW 1994, 2298 m. Anm. *Karst* NJW 1995, 3278 für den Fall des § 80 ZPO; OLG Hamm NJW 1991, 1185; **a. A.** BFH BB 1994, 1702 für die FGO.
[264] Palandt/*Ellenberg* § 174 BGB Rdn. 2.
[265] BGH (VIII ZR 72/14) WuM 2014, 612; (VIII ZR 321/09) NJW 2010, 2945.
[266] BGH (VIII ZR 72/14) WuM 2014, 612; (VIII ZR 321/09) NJW 2010, 2945.
[267] Zu den besonderen Zugangsproblemen bei der Textform s. *Einsele* GS für Sonnenschein, S. 117, 122.

und der Mieter sie dort liest.[268] Eine solche Erklärung ist nicht zugegangen. Da diese Seiten für jedermann zugänglich sind, fehlt es in diesem Fall an einer Abgabe gegenüber dem konkreten Mieter.[269] Wenn der Mieter die Datei auf seinen PC herunterlädt, dann ist der Text nicht vom Vermieter „zur Verfügung gestellt worden" und erfüllt deshalb schon nicht die Textform.[270] Bei einer Mietermehrheit muss die Erklärung allen Mietern zugegangen sein.

In den anderen Fällen ist weniger die Frage des „ob" eines Zugangs problematisch als vielmehr des **„wann"**. Betreibt der Mieter ein privates **Faxgerät** und hat er die Rufnummer nach außen bekannt gegeben, dann geht ein Faxschreiben dann zu, wann mit der Kenntnisnahme zu rechnen ist.[271] Also bei Eingang des Schreibens bis ca. 18.00 Uhr am gleichen Tag, sonst am nächsten Tag. Ausnahmen sind aber möglich, wenn der Mieter bekanntermaßen abends im Büro sitzt. Krankheitsbedingte Abwesenheit hindert den Zugang nicht. Bei einer E-Mail wurde bisher danach differenziert, ob der Mieter die E-Mail-Adresse zu geschäftlichen Zwecken nutzt, z. B. weil er über den Anschluss den Vermieter selbst schon angeschrieben hat, um Mängelanzeigen und dergleichen an diesen zu richten, oder ob er die elektronische Kommunikation ausschließlich zu privaten Zwecken benutzt.[272] Im letzteren Fall müsse der Mieter seinen **E-Mail-Eingang** nicht regelmäßig kontrollieren, weil er mit dem Zugang rechtserheblicher Erklärungen auf diese Art und Weise gar nicht rechnen muss. Dann erfolge der Zugang erst mit tatsächlicher Kenntnisnahme. Anders sei es aber dann, wenn der Mieter seine E-Mail Adresse nach außen kundgetan hat in dem er sie z. B. auf seinem Briefpapier angegeben hat.[273] Hier erfolge der Zugang am Tag des Eingangs der Mail in der Mailbox,[274] zumindest ist der Empfänger für späteren Zugang beweispflichtig.[275] Ob diese Differenzierung angesichts der heutigen Verhältnisse noch richtig ist erscheint sehr fraglich. Die Einrichtung eines e-mail-Accounts wird deshalb heute als Zurverfügungstellung einer Empfangseinrichtung zu verstehen sein, mit der Folge, dass hinsichtlich des Zugangs die gleichen Regeln gelten wie beim Einwurf in einen Briefkasten. Problematisch sind auch hier die Fälle, in denen der Mieter seine E-Mail-Adresse durch Wechsel seines e-mail-Dienstes geändert hat. Soweit er dies nicht dem Vermieter mitgeteilt hat, muss er sich einen Eingang an der nicht mehr benutzten E-Mail-Adresse zurechnen lassen. Hat er die Adresse aufgegeben, erfolgt i. d. R. kein Zugang, da die E-Mail an den Absender zurückgeleitet wird. § 130 BGB ist jedoch dispositives Recht, so dass der Mieter theoretisch auf den Zugang verzichten kann, wenn die Erklärung formgerecht in Textform abgegeben wurde.[276] **69**

3. Schriftform

Grundsätzlich ist für Mieterhöhungserklärungen die Schriftform nicht erforderlich. Bedeutung hat die Schriftform aber dann noch, wenn es sich um einen Mietvertrag mit einer Laufzeit von mehr als einem Jahr handelt, § 550 BGB (§ 558a Rdn. 15ff.). Wird bei einem solchen Vertrag die Schriftform nicht eingehalten, was sich auch auf Änderungen des Vertrages bezieht, dann ist der Vertrag zwar nicht unwirksam aber auch nicht mehr befristet und kann gekündigt werden.[277] Dabei ist es unerheblich, ob es sich um eine wesentliche oder unwesentliche Mieterhöhung handelt.[278] Zur Schriftform s. § 550 BGB. Problematisch ist in diesem Fall vor allem die Frage, ob der Vermieter einen Anspruch auf schriftliche und nicht nur konkludente Zustimmung zu einer Mieterhöhung hat (§ 558b Rdn. 19). **70**

---

268 *Lammel* ZMR 2002, 333, 335; **a. A.** wohl *Mankowski* ZMR 2002, 481 mit zahlreichen Literaturhinweisen in Fn. 9.

269 *Nissel* Beilage zum BAnz v. 23.10.2001, S. 65.

270 *Lammel* ZMR 2002, 333, 335.

271 BGH (XII ZR 214/00) NJW 2004, 1320.

272 Zum Zugang von E-Mails im Rechtsverkehr ausführlich: *Mertes/Danners* ZAP F. 2 S. 553.

273 KG GE 2002, 1559.

274 LG Nürnberg NJW-RR 2002, 1722, 1723.

275 LG Nürnberg a. a. O.; OLG München NJW 1994, 527; zum Beweis von Zugang und Inhalt vorprozessualer Schreiben: *Kaiser* NJW 2009, 2187.

276 *Einsele* GS für Sonnenschein, S. 117, 124.

277 *Artz* in MünchKomm § 558a Rdn. 7; *Both* in Herrlein/Kandelhard § 558a BGB Rdn. 8; **a. A.** Bub/Treier/*Schultz* Kap. III. A Rdn. 1168.

278 BGH (XII ZR 114/14) NJW 2016, 311; *Schweitzer* NZM 2016, 101.

V. Zugang der Erklärung

1. Allgemeines

71 Das Mieterhöhungsverlangen ist eine empfangsbedürftige Willenserklärung. Gem. § 130 BGB wird deshalb das Mieterhöhungsverlangen erst mit Zugang wirksam. Bei einer Mehrheit von Mietern ist die Erklärung erst mit Zugang beim letzten Mieter wirksam zugegangen. Zugang bedeutet, dass die Erklärung so in den Machtbereich des Empfängers gelangt sein muss, dass nach normalem Lauf der Dinge mit der Kenntnisnahme gerechnet werden kann.[279] Wegen der Einzelheiten s. § 542 Rdn. 68. Die Beweislast bezüglich des Zugangs trifft denjenigen, der die Erklärung abgibt.[280] Der BGH[281] lehnt zu Recht einen **Beweis des ersten Anscheins** dafür ab, dass tatsächlich nachgewiesen aufgegebene Briefe auch zugegangen sind. Die Vernehmung des Mieters als Partei über den behaupteten Zugang des Mieterhöhungsverlangens soll einen unzulässigen Ausforschungsbeweis darstellen.[282] Die Übersendung einer Kopie des Erhöhungsverlangens durch das Gericht bedeutet noch nicht, dass dies zugegangen ist.[283] Bei einer Erklärung gegenüber einer Außengesellschaft genügt es, wenn sich aus der Mieterhöhungserklärung entnehmen lässt dass sie an die GbR gerichtet ist und dass sie einem vertretungsberechtigten Gesellschafter zugeht. Das gilt auch dann, wenn den Gesellschaftern die Vertretungsbefugnis gemeinschaftlich zusteht.[284]

72 Das gegenüber einem Abwesenden abzugebende Mieterhöhungsverlangen wird schon dann wirksam, wenn der Empfänger nur die **abstrakte Möglichkeit der Kenntnisnahme** hat. Konkrete Umstände in der Sphäre des Empfängers, z. B. Unkenntnis der Sprache oder Analphabetentum fallen in die Risikosphäre des Empfängers und hindern den Zugang nicht.[285] Das Einwerfen des Mieterhöhungsschreibens in den Briefkasten des Mieters bewirkt den Zugang der Mieterhöhung, sobald nach der Verkehrsanschauung mit der nächsten Leerung des Briefkastens zu rechnen ist.[286] Bis wieviel Uhr ein Mieter seinen Briefkasten kontrollieren muss, ist in der Rechtsprechung umstritten.

- Bei einem Einwurf bis 13:45 Uhr soll der Zugang noch am gleichen Tag erfolgt sein.[287]
- Das OLG Hamm[288] spricht davon, dass eine Erklärung, die am **späten Nachmittag** in den Briefkasten geworfen wird, erst am nächsten Tag zugegangen ist.
- Bei einem Einwurf bis 18:00 Uhr soll grundsätzlich noch am gleichen Tag ein Zugang erfolgt sein, nur Silvester müsse der Mieter um diese Zeit nicht mehr mit dem Zugang rechtserheblicher Erklärungen rechnen.[289]

  Nach einer Entscheidung des BayVerfGH[290] ist die Rechtsprechung, die einen Einwurf um 18:05 Uhr noch als am gleichen Tag als zugegangen betrachtet, nicht willkürlich.
- Das AG Schöneberg[291] hat zu alten „Bundespost-Zeiten" bei einem Einwurf nach 17:00 Uhr einen Zugang erst am nächsten Werktag angenommen.
- Noch strenger war damals das LG Berlin.[292] Danach muss eine Privatperson nach 16:00 Uhr nicht mehr in Briefkasten schauen, da üblicherweise die Post, aber auch private Zustelldienste, bis zu diesem Termin ihre Auslieferungen vorgenommen hätten.

Entscheidend dürfte es auf die **örtlichen Gegebenheiten** ankommen. Dort, wo üblicherweise die Post vormittags ausgetragen wird, muss ein Mieter wegen der abstrakten Möglichkeit, dass ir-

---

279 BGHZ 67, 271, 275; BGH NJW 1999, 1093; KG GE 2002, 1559; AG Schöneberg MM 1991, 131 m. w. N.; Palandt/*Ellenberger* § 130 BGB Rdn. 5; *Hosenfeld* NZM 2002, 93.

280 LG Berlin GE 2010, 63; AG München ZMR 2014, 550; zum Beweis von Zugang und Inhalt vorprozessualer Schreiben: *Kaiser* NJW 2009, 2187.

281 BGH NJW 1957, 1230; so auch AG Schöneberg GE 2009, 271; LG Berlin WuM 1987, 25.

282 AG Schöneberg GE 2009, 271.

283 LG Berlin GE 2010, 63.

284 BGH (XII ZR 210/09) ZMR 2012, 261 = MietPrax-AK, § 542 BGB Nr. 6 m. Anm. *Eisenschmid*.

285 LAG Köln NJW 1988, 1870.

286 AG Lahr WuM 1987, 85.

287 LG Berlin WuM 2006, 220.

288 OLG Hamm NJW-RR 1995, 1187.

289 AG Ribnitz-Damgarten WuM 2007, 18.

290 BayVerfGH NJW 1993, 518, 519; auch LG München II WuM 1993, 331.

291 AG Schöneberg WuM 1991, 131.

292 LG Berlin GE 2002, 193; nach LG Berlin WuM 2006, 220 ist aber ein Einwurf um 13:45 Uhr noch rechtzeitig.

gendwann irgendwer ihm nachmittags irgendetwas in den Briefkasten werfen könnte, nicht täglich nachmittags nochmals in den Briefkasten schauen. Gem. § 130 BGB ist eine Willenserklärung zugegangen, wenn der Empfänger „unter normalen Verhältnissen" von ihr Kenntnis nimmt.[293] Sonntags muss der Mieter nicht den Briefkasten leeren.[294] Wird das Erhöhungsverlangen mittels Einschreiben (ggf. auch mit Rückschein) versandt, ist es weder mit Einwurf des Benachrichtigungsscheins oder nach Ablauf der Lagerfrist zugegangen, wenn es tatsächlich nicht abgeholt wurde.[295]

Mieterhöhungserklärungen des Vermieters sollen dem Mieter auch dann als zugegangen gelten, wenn sie an die **im Vertrag angegebene Anschrift** gerichtet sind, der Mieter aber inzwischen seinen Wohnsitz an einem unbekannten Ort begründet hat.[296] Für den Mieter besteht die Pflicht, im Rahmen des Üblichen dafür Sorge zu tragen, dass ihm Mieterhöhungserklärungen zugehen können. Dazu muss der Mieter Einrichtungen bereithalten, die den Zugang von Erklärungen ermöglichen, z. B. einen Briefkasten.[297] Wird diese Obliegenheit verletzt, so ist der Vermieter im Wege des **Schadensersatzes** gem. §§ 280, 282 BGB so zu stellen, als wäre die Erklärung rechtzeitig zugegangen.[298] Dies ist aber nur ein Schadensersatzanspruch aus einer Vertragsverletzung des Mietvertrages. Das Mieterhöhungsverlangen ist deshalb noch nicht zugegangen. Bedeutung hat dies z. B. bei längeren Krankenhausaufenthalten und ggf. auch längerem Urlaub. Vereinzelt wird in Fällen, in denen keine schuldhafte Zugangsvereitelung vorliegt, der Zugang auch gem. § 242 BGB fingiert.[299] Das an den Prozessbevollmächtigten des Mieters gerichtete Zustimmungsverlangen ist dem Mieter nur zugegangen, wenn sein Prozessbevollmächtigter insoweit Empfangsvollmacht hatte; die erteilte Prozessvollmacht reicht dafür nicht aus.[300] Etwas anderes gilt aber bei einem nachgeholten oder nachgebesserten Erhöhungsverlangen im Prozess.[301] Ebenso soll das Mieterhöhungsverlangen zugegangen sein, sobald der Rechtsanwalt den Auftrag des Mieters annimmt, gegen die Mieterhöhung nicht nur wegen Fehlens einer Empfangsvollmacht, sondern auch wegen Fehlens der Voraussetzungen des § 558 BGB vorzugehen.[302] **Beweispflichtig** für den Zugang ist der Vermieter.[303] Beim Post-Einwurfeinschreiben liefern auch der Einlieferungs- und Auslieferungsbeleg keine ausreichende Basis für einen Anscheinsbeweis für den Zugang der Sendung beim Empfänger.[304] 73

2. Zustellung durch Gerichtsvollzieher

Gemäß § 132 Abs. 1 BGB gilt ein Mieterhöhungsverlangen auch dann als zugegangen, wenn es durch **Vermittlung eines Gerichtsvollziehers** zugestellt wurde. Dabei darf jeder Gerichtsvollzieher tätig werden, es kommt also nicht nur der Gerichtsvollzieher in Betracht, in dessen Bezirk der Empfänger wohnt. Die Zustellung erfolgt nach den Vorschriften der ZPO. Zustellung bedeutet dabei nach der Legaldefinition des § 166 ZPO die Bekanntgabe eines Schriftstückes an den Adressaten, die in einer besonderen gesetzlichen Form bewirkt wird. Die Beurkundung der Zustellung ist keine Wirksamkeitsvoraussetzung sondern dient nur dem Nachweis der erfolgten Zustellung. Die Zustellung auf Betreiben einer Partei ist geregelt im Untertitel: „Zustellungen auf Betreiben einer Partei". Auf die Zustellung auf Betreiben einer Partei sind die Vorschriften der Zustellung von Amts wegen entsprechend anzuwenden, es sei denn aus den §§ 192 ff. ZPO ergibt sich etwas anderes. Die von der Partei zu betreibende Zustellung erfolgt durch den Gerichtsvollzieher. Der Vermieter muss dem Gerichtsvollzieher das zuzustellende Schriftstück mit den erforderlichen Abschriften übergeben. 74

293 BGH (I ZR 306/99) NJW 2002, 2391, 2393.

294 LAG Schleswig-Holstein BB 2015, 2868 m. Anm. *Boemke*, jurisPR-ArbR 12/2016 Anm. 3 (für arbeitsvertragliche Kündigung).

295 KG GE 2011, 133; AG München ZMR 2014, 550.

296 AG Tiergarten GE 1992, 391.

297 AG Wedding GE 2016, 397 m. Anm. *Beuermann* GE 2016, 363.

298 LG Berlin GE 1991, 151.

299 BGH (XII ZR 214/00) NJW 2004, 1320; AG Köpenick Urt. v. 31.7.2007 – 9 C 88/07.

300 LG Berlin GE WuM 1987, 25.

301 BGH (VIII ZR 72/07) NZM 2003, 229; BGH (VIII ZR 141/02) WuM 2003, 149; *Lützenkirchen* BGHReport 2003, 423; *Beuermann* GE 2003, 302; *Schlaegelm* ProzRB 2003, 203.

302 BGH WuM 1980, 195 (für Kündigung).

303 KG GE 2011, 133.

304 LG Potsdam NJW 2000, 3722; AG Kempen NJW 2007, 1215; *Bauer/Diller* NJW 1998, 2795, 2796; **a. A.** LG Berlin GE 2001, 770; AG Paderborn NJW 2000, 3722; Palandt/*Ellenberger* § 130 BGB Rdn. 21.

Der Gerichtsvollzieher beglaubigt die Abschriften. Er kann die Zustellung nach pflichtgemäßem Ermessen nach seiner Wahl[305] selbst gem. § 193 ZPO vornehmen oder die Post damit beauftragen, § 194 ZPO. Eine Zustellung mittels Übergabe-Einschreiben mit Rückschein ist hierbei anders als bei der Zustellung von Amts wegen nicht möglich. Besonders interessant ist die Zustellung durch den Gerichtsvollzieher nicht nur wegen des besonderen Nachweises des Zugangs sondern vor allem auch wegen der großzügigen Möglichkeiten der **Ersatzzustellung.** Möglich ist zum einen eine Ersatzzustellung gem. § 178 ZPO an Familienangehörige und Mitbewohner und zum anderen auch eine Zustellung durch schlichtes Zurücklassen des zuzustellenden Schriftstücks bei Annahmeverweigerung, § 179 ZPO, sowie die Ersatzzustellung durch Einlegen in den Briefkasten gem. § 180 ZPO. Nur wenn die Ersatzzustellung durch Einlegen des Schriftstücks in den Briefkasten nicht möglich ist, ist die Mieterhöhungserklärung **durch Niederlegung** gem. § 181 ZPO zuzustellen. In diesem Fall wird das Mieterhöhungsverlangen bei der Post niedergelegt und zur Abholung bereitgehalten. Der Mieter wird durch eine Benachrichtigungskarte informiert. Die Zustellung gilt mit dem Einwurf in den Briefkasten, § 180 ZPO bzw. dem Einwurf der Benachrichtigungskarte, § 181 ZPO, als bewirkt.[306] Dies gilt aber dann nicht, wenn der Vermieter weiß, dass der Mieter die Wohnung (vorübergehend) durch Verlagerung seines Lebensmittelpunktes verlassen hat.[307]

3. Öffentliche Zustellung

75 Gemäß § 132 Abs. 2 BGB kann ein Mieterhöhungsverlangen ggf. auch durch **öffentliche Zustellung** zugestellt werden. Soweit die Vorschrift danach unterscheidet, dass der Erklärende entweder über die Person, der gegenüber die Erklärung abzugeben ist oder über deren Aufenthalt im Unklaren ist, kommt hier nur die 2. Alternative in Betracht. In diesem Fall ist für die Bewilligung der öffentlichen Zustellung das Amtsgericht zuständig, in dessen Bezirk der Erklärungsempfänger seinen letzten Wohnsitz/Aufenthalt hatte. Das Verfahren richtet sich nach den Vorschriften der ZPO über die öffentliche Zustellung. Da die Zustellung des Erhöhungsverlangens aber nur die Überlegungs- und anschließend die Klagefrist in Gang setzt, müsste anschließend noch das Klageverfahren mittels öffentlicher Zustellung betrieben werden, was bei einem flüchtigen Mieter wenig Sinn macht, aber möglich wäre. Der Aufenthalt muss dort aber allgemein unbekannt sein und nicht nur dem Vermieter.[308]

4. Besonderheiten

76 Ist für den partiell geschäftsunfähigen Mieter ein **Betreuer** bestellt, ist das Mieterhöhungsverlangen an den Betreuer als gesetzlichen Vertreter zu richten. Für die Wirksamkeit des Erhöhungsverlangens reicht es nicht aus, dass der Betreuer von dem Inhalt des Erhöhungsverlangens Kenntnis nimmt, es muss an ihn als Vertreter adressiert sein.[309] Ist die Betreuung aufgehoben worden, das Erhöhungsverlangen aber noch an den Betreuer gerichtet, so ist es dem Mieter nicht zugegangen.[310] Der Mieter muss den Vermieter über die Aufhebung der Betreuung nicht unterrichten. Ein im Mieterhöhungsprozess gegenüber dem vom Vormundschaftsgericht für den Mieter bestellten Prozesspfleger abgegebenes Erhöhungsverlangen ist dem Mieter nicht zugegangen, wenn der Prozesspfleger (lediglich) zur Vornahme von Prozesshandlungen (also zur aktiven Vertretung), nicht aber auch zum Empfang von Willenserklärungen (also zur passiven Vertretung) bevollmächtigt ist.[311]

76a Ist über das Vermögen des Mieters das (Verbraucher-)**Insolvenzverfahren** eröffnet worden, ist der Insolvenzverwalter allein richtiger Adressat des Erhöhungsverlangens. Hat der Insolvenzverwalter/Treuhänder die Wohnung gem. § 109 Abs. 1 InsO freigegeben (Enthaftungserklärung), erhält der Mieter mit Wirksamwerden der Erklärung die volle Verwaltungsbefugnis zurück und ist alleiniger Adressat der Mieterhöhungserklärung.[312]

---

[305] OLG Karlsruhe GE 2016, 1211; AG Limburg DGVZ 2014, 204; AG Lichtenberg DGVZ 2014, 205; AG Bonn DGVZ 2006, 124; AG Hann.Münden DGVZ 2002, 95.
[306] LG Berlin GE 1983, 77.
[307] AG Hamburg WuM 1993, 463.
[308] BGH (XII ZR 94/10) NJW 2012, 3582.
[309] LG Dresden WuM 1994, 377; LG Berlin MDR 1982, 321.
[310] AG Wedding GE 2008, 737.
[311] LG Hamburg WuM 1993, 60; **a. A.** LG Hamburg WuM 1996, 271.
[312] BGH (VIII ZR 107/13) NJW 2014, 1954; (IX ZR 136/13) NJW 2014, 2585; *Hinz* ZMR 2014, 949; *Jacoby* ZMR 2016, 173, 176.

Soweit in einem Formularmietvertrag vom Vermieter **Zugangserleichterungen** vereinbart werden, ist § 308 Nr. 6 BGB zu beachten. Danach ist eine Zugangsfiktion bezüglich einer Erklärung des Vermieters unwirksam. Dies gilt z. B. für den Zugang unter Einschaltung von Empfangsboten und Klauseln, die die Absendung der Erklärung an den letzten bekannten Aufenthaltsort für ausreichend erklären. Soweit im Formularmietvertrag eine strengere Form als Textform vereinbart wurde, ist dies zwar i. d. R. gem. § 309 Nr. 13 BGB für Erklärungen des Mieters ohne Bedeutung, da die Vereinbarung insofern nichtig ist[313], für Willenserklärungen des Vermieters als regelmäßigem Verwender des Formulars bleibt die Vereinbarung aber wirksam. Der Vermieter ist ggf. an seine eigenen Beschränkungen gebunden, wonach z. B. Willenserklärungen per Einschreiben erfolgen müssen. 77

[313] Das gilt für Verträge, die ab 1.10.2016 abgeschlossen wurden. Bis zu diesem Termin war die Schriftform die maximal zulässig zu vereinbarende Form; ob doppelte Schriftformklauseln in Altverträgen wirksam sind oder nicht, ist strittig, zumindest geht eine auch mündlich vereinbarte Vertragsänderung als Individualvereinbarung gem. § 305b BGB immer vor: BGH (XII ZR 69/16) NZM 2017, 189 m. Anm. *Schweitzer.*

§ 558 Mieterhöhung bis zur ortsüblichen Vergleichsmiete

(1) [1]Der Vermieter kann die Zustimmung zu einer Erhöhung der Miete bis zur ortsüblichen Vergleichsmiete verlangen, wenn die Miete in dem Zeitpunkt, zu dem die Erhöhung eintreten soll, seit 15 Monaten unverändert ist. [2]Das Mieterhöhungsverlangen kann frühestens ein Jahr nach der letzten Mieterhöhung geltend gemacht werden. [3]Erhöhungen nach den §§ 559 bis 560 werden nicht berücksichtigt.

(2) [1]Die ortsübliche Vergleichsmiete wird gebildet aus den üblichen Entgelten, die in der Gemeinde oder einer vergleichbaren Gemeinde für Wohnraum vergleichbarer Art, Größe, Ausstattung, Beschaffenheit und Lage einschließlich der energetischen Ausstattung und Beschaffenheit in den letzten vier Jahren vereinbart oder, von Erhöhungen nach § 560 abgesehen, geändert worden sind. [2]Ausgenommen ist Wohnraum, bei dem die Miethöhe durch Gesetz oder im Zusammenhang mit einer Förderzusage festgelegt worden ist.

(3) [1]Bei Erhöhungen nach Absatz 1 darf sich die Miete innerhalb von drei Jahren, von Erhöhungen nach den §§ 559 bis 560 abgesehen, nicht um mehr als 20 vom Hundert erhöhen (Kappungsgrenze). [2]Der Prozentsatz nach Satz 1 beträgt 15 vom Hundert, wenn die ausreichende Versorgung der Bevölkerung mit Mietwohnungen zu angemessenen Bedingungen in einer Gemeinde oder einem Teil einer Gemeinde besonders gefährdet ist und diese Gebiete nach Satz 3 bestimmt sind. [3]Die Landesregierungen werden ermächtigt, diese Gebiete durch Rechtsverordnung für die Dauer von jeweils höchstens fünf Jahren zu bestimmen.

(4) [1]Die Kappungsgrenze gilt nicht,

1. wenn eine Verpflichtung des Mieters zur Ausgleichszahlung nach den Vorschriften über den Abbau der Fehlsubventionierung im Wohnungswesen wegen des Wegfalls der öffentlichen Bindung erloschen ist und

2. soweit die Erhöhung den Betrag der zuletzt zu entrichtenden Ausgleichszahlung nicht übersteigt.

[2]Der Vermieter kann vom Mieter frühestens vier Monate vor dem Wegfall der öffentlichen Bindung verlangen, ihm innerhalb eines Monats über die Verpflichtung zur Ausgleichszahlung und über deren Höhe Auskunft zu erteilen. [3]Satz 1 gilt entsprechend, wenn die Verpflichtung des Mieters zur Leistung einer Ausgleichszahlung nach den §§ 34 bis 37 des Wohnraumförderungsgesetzes und den hierzu ergangenen landesrechtlichen Vorschriften wegen Wegfalls der Mietbindung erloschen ist.

(5) Von dem Jahresbetrag, der sich bei einer Erhöhung auf die ortsübliche Vergleichsmiete ergäbe, sind Drittmittel im Sinne des § 559a abzuziehen, im Falle des § 559a Abs. 1 mit 11 vom Hundert des Zuschusses.

(6) Eine zum Nachteil des Mieters abweichende Vereinbarung ist unwirksam.

Systematische Übersicht

Alphabetische Schnellübersicht

A. Allgemeines

1 Die Vorschrift ist die zentrale Vorschrift des Vergleichsmietensystems. Sie stellt die **Anspruchsgrundlage** dar, während die übrigen Vorschriften der §§ 558a–558e BGB lediglich Hilfsnormen oder Definitionen enthalten. Die Vorschrift enthält nur einen Anspruch des Vermieters auf Zustimmung zu einer Mieterhöhung bei bestehenden Mietverträgen. Sie gibt selbst bei sinkenden Mieten dem Mieter keinen Anspruch auf Mietsenkung.[1] Abs. 2 hat jedoch Bedeutung als Definitionsnorm auch bei der erstmaligen Begründung eines Mietverhältnisses. Das ist vor allem in Gemeinden mit angespanntem Wohnungsmarkt der Fall. Dort darf die Neuvertragsmiete die ortsübliche Vergleichsmiete in der Regel um maximal 10% übersteigen, wenn die Gemeinde in eine Verordnung gem. § 556d Abs. 2 BGB aufgenommen wurde. Ferner spielt die ortsübliche Vergleichsmiete im Fall der Scheidung von Eheleuten gem. § 1568a Abs. 5 BGB[2] eine Rolle, wenn die Vertragsmiete festgelegt werden muss.

1. Der Zustimmungsanspruch nach Abs. 1

2 Abs. 1 Satz 1 enthält die Anspruchsgrundlage nach der dem Vermieter gegenüber dem Mieter ein Anspruch auf Zustimmung zu einer Mieterhöhung zusteht. Voraussetzung hierfür ist:
- die Einhaltung der 15 Monatsfrist
- die Einhaltung der Jahressperrfrist
- das Nichtüberschreiten der ortsüblichen Vergleichsmiete
- die Einhaltung der Kappungsgrenze
- die Geltendmachung in einem formal ordnungsgemäßen Verfahren.

Der **zentrale Begriff** der Vorschrift ist der der **ortsüblichen Vergleichsmiete.** Er wird in Abs. 1 als Tatbestandsmerkmal gebraucht und in Abs. 2 definiert.

2. Der Begriff der ortsüblichen Vergleichsmiete in Abs. 2

3 Die Vorschrift enthält die gesetzliche **Definition** der ortsüblichen Vergleichsmiete. Diese wird aus den Neuvertrags- und Bestandsmieten der letzten 4 Jahre aus vergleichbaren Wohnungen nach den **fünf Wohnwertmerkmalen** ermittelt. Bereits in der Gesetzesbegründung zum Mietrechtsreformgesetz 2001[3] hat der Gesetzgeber den Wunsch geäußert, dass auch der energetische Zustand einer Wohnung, das heißt insbesondere die Art der Energieversorgung und die Qualität der Wärmedämmung, in die Mietenermittlung mit einfließt. Durch die Mietrechtsänderung 2013 wurde in Abs. 2 klargestellt, dass die energetische Beschaffenheit oder Ausstattung bei der Ermittlung der ortsüblichen Vergleichsmiete mit zu berücksichtigen sind. Es wurde aber darauf verzichtet, ein neues Wohnwertmerkmal zu schaffen.

3. Die ordentliche Kappungsgrenze in Abs. 3

4 In Abs. 3 ist die Kappungsgrenze definiert. Die Kappungsgrenze beschränkt die Mietsteigerungen **grundsätzlich auf 20% in drei Jahren.** Durch die Mietrechtsänderung 2013 wurde den Bundesländern aber die Möglichkeit eröffnet in Gemeinden in denen eine ausreichende Versorgung der Bevölkerung mit Mietwohnungen zu angemessenen Bedingungen besonders gefährdet ist die **Kappungsgrenze auf 15% herabzusetzen.** Von dieser Möglichkeit haben einige Bundesländer sehr extensiv Gebrach gemacht.

4. Die Kappungsgrenze im Sonderfall in Abs. 4

5 Abs. 4 enthält die Kappungsgrenze in Sonderfällen. Danach ist die Kappungsgrenze nach **Ende der Preisbindung** dann nicht anzuwenden, wenn eine Verpflichtung des Mieters zur Ausgleichszahlung nach den Vorschriften über den Abbau der Fehlsubventionierung im Wohnungswesen wegen des Wegfalls der öffentlichen Bindung erloschen ist, soweit die Erhöhung den Betrag der zu-

---

[1] AG Erlangen DWW 1999, 185; rechtspolitische Bedenken dagegen von *Weitemeyer* NZM 2000, 313, 316; *Heinz* GuT 2006, 111, 115.

[2] *Götz/Brudermüller* FS Derleder (75) S. 119; *Blank* WuM 2009, 555; *Götz/Brudermüller* FamRZ 2009, 1261; *Götz/Brudermüller* NJW 2010, 5; *Beuermann* GE 2009, 1358; s. a. Vor § 535 BGB Rdn. 370 s.

[3] BT-Drucks. 14/4553 = NZM 2000, 812; abgedruckt auch bei *Börstinghaus/Eisenschmid* Arbeitskommentar Neues Mietrecht, S. 281.

letzt zu entrichtenden **Ausgleichszahlung** nicht übersteigt. Zahlreiche Bundesländer haben inzwischen die Erhebung der **Fehlbelegungsabgabe** abgeschafft. Auf Grund einer Änderung der Vorschrift durch das Wohnraumförderungsgesetz (WoFG) vom 13.9.2001[4] gilt Abs. 4 Satz 1 entsprechend, wenn die Verpflichtung zur Leistung einer Ausgleichszahlung nach den §§ 34–37 WoFG und den hierzu ergangenen landesrechtlichen Vorschriften wegen Wegfalls der Mietbindung erloschen ist. Dies gilt unmittelbar nur für seit dem 1.1.2002 nach neuem Recht neu geförderte Wohnungen. Für die nach altem Recht geförderten Wohnungen gilt grundsätzlich das AFWoG weiter. Die Länder haben aber die Möglichkeit gem. § 15 AFWoG auf die Vorschriften des neuen WoFG umzustellen. Für das Mietrecht ist es egal, ob der Mieter eine Fehlbelegungsabgabe nach dem AFWoG oder eine Ausgleichszahlung nach dem WoFG zahlen muss. Wenn die Zahlungspflicht wegen Auslaufens der Preisbindung entfallen ist, dann steht dem Mieter ein bisher für Wohnkosten aufgewandter Betrag zur Verfügung, der es rechtfertigen soll, die Kappungsgrenze nach oben zu überschreiten.

5. Die Kürzungsbeträge nach Abs. 5

Nach Abs. 5 sind vom Jahresbetrag der ortsüblichen Vergleichsmiete die **Kürzungsbeträge** nach § 559a BGB abzuziehen. Die Vorschrift hat dann Bedeutung, wenn in der Vergangenheit geförderte **Modernisierungen** i. S. d. § 559 BGB durchgeführt wurden. Die konkrete Mieterhöhung auf die ortsübliche Vergleichsmiete muss damit in keinem Zusammenhang stehen. 6

6. Unwirksame Vereinbarungen nach Abs. 5

In Abs. 6 ist überflüssigerweise die schon in § 557 Abs. 4 BGB enthaltene Regelung wiederholt worden, wonach **für den Mieter nachteilige Abweichungen** von den Regelungen der Absätze 1–5 unwirksam sind. Der Gesetzgeber hat den Satz allein im Bereich des Miethöherechts sage und schreibe elfmal ins Gesetz aufgenommen, obwohl allein die Regelung in § 557 Abs. 4 BGB ausreichend gewesen wäre. Er hat seine eigene Gesetzessystematik insofern nicht verstanden. 7

B. Die Mietfestschreibung auf 15 Monate

Die Miete muss 15 Monate unverändert geblieben sein. Diese Frist ist durch die Mietrechtsreform 2001 eingeführt worden.[5] Der Gesetzgeber wollte damit die alte Jahressperrfrist und die Überlegungsfrist addieren und damit deutlicher zum Ausdruck bringen, dass die Mieterhöhung erst nach Ablauf der Jahressperrfrist verlangt werden kann. Die Änderung sollte eigentlich **ausschließlich Klarstellungsfunktion** haben.[6] Dem ist aber nicht so.[7] Die Frist hat durchaus eine eigenständige Bedeutung und muss auch gesondert neben der Jahressperrfrist und der Wirkungsfrist des § 558bAbs. 1 BGB geprüft werden. 8

Die 15-Monatsfrist muss zum **Zeitpunkt des Wirksamwerdens** abgelaufen sein. Es muss also vom Wirkungszeitpunkt rückwärts gerechnet werden. Dies ist in den Fällen unproblematisch, in denen die Miete am Anfang des Monats fällig ist. In diesen Fällen hat die 15-Monatsfrist keine eigenständige Bedeutung. Aber immer dann, wenn die Miete nicht am Anfang des Monats fällig ist, kommt der 15-Monatsfrist eine eigenständige Bedeutung zu. Dies liegt daran, dass die Überlegungsfrist gerade keine starre 3-Monatsfrist ist. Die Überlegungsfrist läuft gem. § 558b Abs. 2 BGB mit Ablauf des zweiten auf den Zugang des Erhöhungsverlangens folgenden Monats ab. Die Frist beträgt also mindestens 2 Monate und einen Tag und maximal 3 Monate. Bedeutung hat die 15-Monatsfrist deshalb in zwei Fallkonstellationen: 9

1. Der Mietvertrag hat nicht am 1. eines Monats begonnen, sondern später, z. B. am 15. d. M., vereinbart ist aber eine Fälligkeit der Miete bis zum 3. Werktag. 10

Beispiel: Mietvertragsbeginn am 15. Januar 2015. Nach altem Recht war die erste Mieterhöhung ab 16.1.2016 möglich und wirkte zum 1. April 2016. Jetzt ist die Mieterhöhungserklärung zwar auch ab 16.1.2016 möglich, sie wirkt aber wegen der 15-Monatsfrist erst zum 1. Mai 2016.

---

[4] BGBl. I S. 2376.
[5] *Both* in Herrlein/Kandelhard § 558 BGB Rdn. 8.
[6] *Both* in Herrlein/Kandelhard § 558 BGB Rdn. 9.
[7] Nach *Artz* in MünchKomm § 558 Rdn. 62 führt diese Anhäufung der Fristen zur „Verwirrung" und „Divergenzen".

11 **2.** Das Gleiche gilt, wenn die Miete zwar am Anfang des Monats grundsätzlich fällig ist, die Parteien aber bei der letzten Mieterhöhung eine **abweichende Fälligkeit** vereinbart haben.[8] Dies kann auf Grund einer Staffelmietvereinbarung oder auch einer Mietabänderungsvereinbarung nach § 557 Abs. 1 BGB geschehen sein. Möglich ist dies insbesondere im Rahmen eines (gerichtlichen) Vergleichs.

Beispiel: Mietvertragsbeginn am 1. Januar 2017. Die Parteien vereinbaren im Januar 2019 im Rahmen eines gerichtlichen Vergleichs, dass die Miete ab 15. 1. 2019 steigt. Nach altem Recht war die erste Mieterhöhung ab 16. 1. 2019 möglich und wirkte zum 1. April 2019. Nach heutigem Recht ist die Mieterhöhungserklärung zwar auch ab 16. 1. 2019 möglich, sie wirkt aber wegen der 15-Monatsfrist erst zum 1. Mai 2019.

12 Unerheblich sind aber die Fälle, in denen die Parteien im Mietvertrag eine **Fälligkeit** nicht zum Anfang des Monats, sondern zum Ende des Monats oder mitten im Monat vereinbart haben.

Beispiel: Mietvertragsbeginn am 1. 1. 2018. Miete nach Mietvertrag am 15. d. M. fällig. Auch hier begann schon nach altem Recht die Frist am 1. 1. 2018 zu laufen, so dass das Mieterhöhungsverlangen ab 2. 1. 2019 dem Mieter zugehen konnte und zum 1. April wirkte. Die Fälligkeit der April Miete am 15. 4. 2019 wurde dadurch nicht berührt. Daran hat sich auch durch die 15-Monatsfrist nichts geändert.

13 Auch wenn die historische Auslegung in diesen Fällen eher dafür sprechen könnte, die Mieterhöhung einen Monat eher in Kraft treten zu lassen, da der Gesetzgeber erkennbar nichts ändern wollte und diese Fallkonstellationen schlicht übersehen hat, ist die Grenze jeder Auslegung der Wortlaut der Norm und der ist nun einmal eindeutig.[9]

14 Nach dem Wortlaut der Vorschrift muss die Miete 15 Monate **unverändert** geblieben sein. Das würde sowohl Mieterhöhungen wie auch Mietsenkungen einschließen. Außerdem würden auch die bei der Jahressperrfrist ausgenommenen Mieterhöhungen nach den §§ 559, 560 BGB die 15-Monatsfrist auslösen. Insofern ist der Wortlaut der Vorschrift aber missverständlich und nicht so zu verstehen. Dies ergibt sich zum einen aus der historischen Auslegung wonach der Gesetzgeber erkennbar mit der Einführung der 15-Monatsfrist nichts ändern wollte und zum anderen auch aus einer systematischen Auslegung. Die alte und neue Jahressperrfrist wird weder durch Mieterhöhungen nach den §§ 559, 560 BGB ausgelöst noch durch Mietsenkungen. Diese Frist und die Überlegungsfrist wollte der Gesetzgeber nur addieren ohne etwas zu ändern. **Systematisch** kann dies Ergebnis dadurch erreicht werden, dass man § 558 Abs. 1 Satz 3 BGB auch auf Satz 1 und nicht nur auf Satz 2 anwendet.[10] Der Wortlaut steht dieser Auslegung nicht entgegen. Da nur eine solche Auslegung auch dem Sinn und Zweck der Regelung entspricht, ist Satz 3 auch auf Satz 1 anzuwenden.

15 Für **Mietpreissenkungen** ergibt sich diese Auslegung aus dem Wortlaut des Satz 3, der nur von Erhöhungen spricht.[11] Auch der Sinn und Zweck der Vorschrift, Mieter vor zu häufigen Mietsteigerungen zu schützen, spricht für diese Auslegung.[12] Die kontinuierliche wirtschaftliche Disposition des Mieters wird bei zwischenzeitlichen Mietsenkungen des Mieters zwar auch berührt, sie ist aber bei vertraglich vereinbarten Mietsenkungen nicht geschützt.

16 Die Festschreibungsfrist von 15 Monaten gilt auch beim **Übergang vom preisgebundenen Wohnungsbau** zum preisfreien Wohnungsbau.[13] Soweit im preisgebundenen Wohnungsbau gemäß § 4 NMV bei Vereinbarung einer entsprechenden Klausel eine rückwirkende Mieterhöhung zum Beispiel wegen planmäßigem Förderabbau möglich ist[14], berechnet sich die Wartefrist in diesem Fall vom in der Vergangenheit liegenden Wirkungszeitpunkt der Mieterhöhung und nicht vom Zugang der Mieterhöhungserklärungen an.[15]

---

[8] So ähnlich das Beispiel von *Both* in Herrlein/Kandelhard § 558 BGB Rdn. 10 für den Fall einer früheren Staffelmietvereinbarung.

[9] *Both* in Herrlein/Kandelhard § 558 BGB Rdn. 10.

[10] Dafür auch *Both* in Herrlein/Kandelhard § 558 BGB Rdn. 13.

[11] Bub/Treier/*Schultz* Kap. III. A Rdn. 1077.

[12] AG Mitte MM 2004, 126 (für Jahressperrfrist); *Börstinghaus* in Blank/Börstinghaus, Miete, § 558 BGB Rdn. 5; **a. A.** *Lammel* § 558 BGB Rdn. 21.

[13] *Both* in Herrlein/Kandelhard § 558 BGB Rdn. 36.

[14] Zur Zulässigkeit solcher Vereinbarungen BGH (VIII ZR 10/03) NZM 2004, 93; zu einer unzulässigen Klausel AG Neukölln MM 2004, 47.

[15] BGH (VIII ZR 177/03) WuM 2004, 348 = MietPrax-AK § 558 BGB Nr. 2 m. Anm. *Börstinghaus;* BGH (VIII ZR 178/03) WuM 2004, 345 = MietPrax-AK § 558 BGB Nr. 3 m. Anm. *Börstinghaus; ders.* LMK 2004, 137; **a. A.** AG Wedding MM 2000, 422; *Lammel* § 558 BGB Rdn. 24.

17 Wegen der genauen Fristberechnung s. die Kommentierung zur Jahressperrfrist (Rdn. 19ff.) und zur Überlegungsfrist (§ 558b Rdn. 3ff.).

C. Die Jahressperrfrist

I. Allgemeines

18 Das Mieterhöhungsverlangen darf gegenüber dem Mieter nach § 558 Abs. 1 Satz 2 BGB frühestens ein Jahr nach der letzten Mieterhöhung geltend gemacht werden. Mit dieser Jahresfrist beabsichtigte der Gesetzgeber eine **gewisse Kontinuität** der Mietpreise sicherzustellen. Der Mieter, der einen neuen Mietvertrag abgeschlossen hat oder der einer Mieterhöhung zugestimmt hat, soll sich auf die Wirksamkeit dieser vertraglichen Abrede verlassen können. Die Regelung ist somit auch Ausdruck des Prinzips *pacta sunt servanda,* den das BGB ansonsten ja mit seinem Anspruch auf Vertragsänderung in § 558 Abs. 1 BGB durchbricht. Die Jahressperrfrist korrespondiert dabei auch mit der Vertragsfreiheit, die es dem Vermieter grundsätzlich gestattet, im Rahmen der Gesetze eine Mietvereinbarung frei auszuhandeln. Neben dieser mieterschützenden Funktion dient die Regelung aber zusätzlich auch öffentlichen Interessen, da damit eine zu schnelle Mietpreisentwicklung verhindert werden soll.

II. Fristberechnung

1. Fristbeginn

19 Die Miete muss seit mindestens einem Jahr unverändert geblieben sein. Für den Beginn der einjährigen Wartefrist des § 558 Abs. 1 Satz 2 BGB ist der Zeitpunkt maßgebend, ab dem die bisherige Miete erstmals rechtlich zu zahlen war.[16] Auf die tatsächliche Zahlung kommt es nicht an.

20 **a)** Bei einer **Neuvermietung** ist das der Mietvertragsbeginn nicht der Zeitpunkt des Abschlusses der Vereinbarung.[17] Dies ergibt sich bereits aus dem Wortlaut. Miete ist gem. § 535 Abs. 2 BGB die Gegenleistung für die Gebrauchsüberlassung. Ohne Gebrauchsüberlassung schuldet der Mieter i. d. R. keine Miete. Außerdem verlangt der Gesetzeswortlaut, dass die Miete *unverändert* geblieben ist. Der Wortlaut knüpft also gerade nicht an den rechtlichen Bestand des Mietvertrages, sondern an die Mietzahlungsverpflichtung an. Aber selbst wenn man den Wortlaut als nicht eindeutig ansieht, dann sprechen Sinn und Zweck der Regelung dafür, die Frist bei einer Neuvermietung erst ab Beginn des Mietverhältnisses laufen zu lassen. Die Jahressperrfrist soll die Mietpreisabrede für einen Mindestzeitraum verbindlich festschreiben, ohne dass eine Partei von der anderen eine Änderung verlangen kann. Dieser Zweck wird aber nur erreicht, wenn die Frist erst mit der tatsächlichen Mietzahlungspflicht beginnt. Würde die Frist mit Vertragsschluss bereits zu laufen beginnen, dann bestünde im Übrigen eine Umgehungsmöglichkeit.

Beispiel: Die Parteien schließen am 1.6. d. J. einen Mietvertrag über eine Wohnung ab 1.9. d. J. Würde die Frist mit Vertragsschluss beginnen, könnte das 1. Mieterhöhungsverlangen dem Mieter bereits im Juni des nächsten Jahres zugehen. Richtigerweise ist dies erst im September des nächsten Jahres möglich.

21 **b)** Haben die Parteien **bei einem bestehenden Mietverhältnis** eine Mieterhöhung im Bestand vertraglich vereinbart, so beginnt die Frist mit der **Fälligkeit** der letzten erhöhten Miete zu laufen. Unerheblich ist, ob die Mieterhöhung bereits bei Abschluss des Vertrages vereinbart worden ist (z. B. eine Staffelmiete gem. § 557a BGB oder eine Indexmiete gem. § 557b BGB) oder erst zu einem späteren Zeitpunkt in Form einer Mietabänderungsvereinbarung nach § 557 Abs. 1 BGB oder auf Grund eines Mieterhöhungsverfahrens nach § 558 BGB. Bei einer Staffelmietvereinbarung wird die Jahressperrfrist durch das In-Kraft-Treten der letzten Staffel ausgelöst.[18] Die Frist des § 557a Abs. 2 S. 1 BGB muss nicht zusätzlich abgewartet werden. Das Mieterhöhungsverlangen darf dem Mieter also erst ein Jahr nach dem Wirksamwerden der letzten Staffel zugehen. Haben die Parteien eine Indexvereinbarung nach § 557b BGB getroffen, ist ein Mieterhöhungsverlangen nach Auslaufen der Vereinbarung ebenfalls bereits ein Jahr nach der letzten Erhöhung möglich. Die Jahresfrist des § 557a Abs. 2 Satz 1 BGB muss nicht zusätzlich abgewartet werden. Haben die Par-

---

16 BayObLG RE v. 30.6.1989, NJW-RR 1989, 1172.
17 Bub/Treier/*Schultz* Kap. III. A Rdn. 1088.
18 *Artz* in MünchKomm, § 558 BGB Rdn. 63.

teien eine Mietabänderungsvereinbarung gem. § 557 Abs. 1 BGB getroffen, dann beginnt die Frist ebenfalls mit dem Datum der ersten Fälligkeit der erhöhten Miete, nicht mit dem Datum des Abschlusses der Vereinbarung.[19] Hierzu zählt auch die vertragliche Änderung der Mietstruktur[20], also die zusätzliche Übernahme von einzelnen Betriebskostenpositionen, oder die nachträgliche Übernahme der Verpflichtung zur Durchführung der **Schönheitsreparaturen.**[21] Auch wenn die Parteien gem. § 557 Abs. 3 BGB die Mieterhöhung ausdrücklich oder auf Grund der Umstände für eine bestimmte Zeit ausgeschlossen haben, beginnt die Jahressperrfrist mit der Fälligkeit der letzten erhöhten Miete und nicht erst mit dem Auslaufen der Ausschlusswirkung gem. § 557 Abs. 3 BGB. Die Mieterhöhung darf z. B. deshalb noch während der Befristung abgegeben werden, wenn die Erhöhung nach Auslaufen der Befristung erst fällig wird.[22]

Beispiel: Die Parteien haben einen Zeitmietvertrag gem. § 575 BGB vom 1. 1. 2017 bis zum 31. 12. 2019 geschlossen. Der Vertrag wird auf unbestimmte Zeit fortgesetzt. Hier kann dem Mieter ab Oktober 2019 eine Mieterhöhung zugehen, die ab 1. 1. 2019 wirken soll.

22 **c)** Beruhte die letzte Mieterhöhung auf einem früheren **Mieterhöhungsverfahren nach § 558 BGB,** so ist die Jahresfrist mit Ablauf des Tages in Lauf gesetzt worden, an welchem die letzte Mieterhöhung gem. § 558 b Abs. 1 BGB wirksam geworden war und der Mieter die erhöhte Miete schuldete.[23]

23 Auf die Fälligkeit der Miete kommt es nicht an.

Beispiel: Nach dem Mietvertrag ist die Miete am 15. d. M. fällig. Die letzte Mieterhöhung hat im Januar 2017 stattgefunden. Hier kann das Mieterhöhungsverlangen bereits Anfang Januar 2018 dem Mieter zugehen. Der Vermieter muss nicht den 15. d. M. abwarten. Entscheidend ist, dass die Miete für Januar erhöht worden war. Die Fälligkeit der Miete wird durch ein Mieterhöhungsverfahren nicht verändert.

Eine Mieterhöhung, die der Vermieter im Verfahren gemäß § 558 BGB beansprucht, wird wirksam zu dem Termin, zu dem der Mieter dem Erhöhungsverlangen des Vermieters zustimmt oder zu dem seine Zustimmung durch Urteil ersetzt wird. Dies gilt wegen der Rechtskraft des Urteils selbst dann, wenn der Termin im Urteil materiell falsch ist.[24] Auf die tatsächliche Zahlung kommt es nicht an.

24 **d)** Die Jahressperrfrist wird auch bei **Mieterhöhungen aus Anlass von Nutzungserweiterungen** ausgelöst.[25] Wird dem Mieter z. B. zusätzlich ein Garten, ein zusätzlicher Raum oder eine Garage vermietet und der Mietvertrag damit sachlich erweitert, so löst dies die Sperrfrist aus. Den Parteien bleibt unbenommen, bei dieser sachlichen Erweiterung auch eine Mieterhöhung bezüglich des im Übrigen weiterbestehenden Vertrages zu vereinbaren.[26] Dies gilt aber nur, wenn die Parteien im Zustand der Vertragsfreiheit diese Änderung vereinbaren, z. B. auch dann, wenn bisherige Mieterleistungen wie die Durchführung von Schönheitsreparaturen, Räum- und Streudienste usw. gegen Erhöhung der Miete auf den Vermieter übertragen werden.[27]

25 **e)** Die Vereinbarung eines **Untermietzuschlags** löst deshalb die Jahressperrfrist nicht immer aus.[28] Nach dem Wortlaut des § 540 Abs. 1 BGB ist der Mieter grundsätzlich ohne ausdrückliche Erlaubnis des Vermieters nicht berechtigt, den Gebrauch der gemieteten Sache einem Dritten zu überlassen.[29] § 553 Abs. 1 BGB gibt jedoch dem Mieter von Wohnraum gegenüber seinem Ver-

---

[19] AG Schöneberg MM 1998, 128.
[20] AG Tiergarten NZM 1998, 191; **a. A.** Bub/Treier/*Schultz* Kap. III. A Rdn. 1097.
[21] *Dickersbach* in Lützenkirchen, Mietrecht, § 558 BGB Rdn. 45.
[22] OLG Hamm RE v. 9. 9. 1982, WuM 1982, 294; OLG Frankfurt WuM 1983, 73; AG Rheinbach ZMR 1998, 638, bestätigt durch LG Bonn ZMR 1998, 639; **a. A.** AG Frankfurt/M. WuM 1981, 108; AG Rastatt WuM 1981, 108.
[23] BayObLG RE v. 30. 6. 1989, NJW-RR 1989, 1172; *Artz* in MünchKomm § 558 BGB Rdn. 57.
[24] LG Berlin MM 1997, 110.
[25] *Both* in Herrlein/Kandelhard § 558 BGB Rdn. 22; Artz in MünchKomm § 558 Rdn. 60; *Dickersbach* in Lützenkirchen, Mietrecht, § 558 BGB Rdn. 46; **a. A.** Bub/Treier/*Schultz* Kap. III. A Rdn. 1090 („zumindest, wenn der Schwerpunkt der Nutzung im Gebrauch der bisherigen Räume liegt").
[26] *Stellwaag* DWW 1990, 71, 72.
[27] *Börstinghaus* PiG 85 (2009), 87, 100; **a. A.** *Stellwaag* DWW 1990, 71, 72.
[28] Bub/Treier/*Schultz* Kap. III. A Rdn. 1091; *Both* in Herrlein/Kandelhard § 558 BGB Rdn. 21; *Stellwaag* DWW 1990, 71 72; **a. A.** AG Tempelhof MM 1997, 40; AG Schöneberg MM 1998, 128; *Sternel* Mietrecht, III, 609; soweit ich in GE 1996, 5 noch eine andere Auffassung vertreten habe, wurde diese aufgegeben.
[29] Dies gilt auch für die Aufnahme eines Lebensgefährten: BGH (VIII ZR 371/02) NJW 2004, 56 = MietPrax-AK § 540 BGB Nr. 1 m. Anm. *Eisenschmid;* Anm. von *Wiek* WuM 2003, 690; *Langenberg* BGHReport 2004, 4; *Beuermann* GE 2003, 1588; *Blank* LMK 2004, 1.

mieter unter bestimmten Voraussetzungen einen **Anspruch auf Erteilung einer Untermieterlaubnis.**[30] Zweck der Regelung des § 553 Abs. 1 BGB ist, das Mietverhältnis gerade auch dann aufrechtzuerhalten, wenn der Mieter den Wohnraum teilweise einem anderen zum Gebrauch überlassen möchte. Unterstrichen wird dies durch § 553 Abs. 3 BGB, der eine zum Nachteil des Mieters abweichende Vereinbarung nicht zulässt. Nach dem Wortlaut des § 553 Abs. 2 BGB soll es aber Fälle geben, in denen der Vermieter bei unverändertem Mietvertrag nicht verpflichtet ist, seine Einwilligung zur Untervermietung zu erteilen, in denen die Verpflichtung aber dann wieder bestehen soll, wenn der Mieter sich mit einer Mieterhöhung einverstanden erklärt. Die Erhöhung ist nur dann berechtigt, wenn dem Vermieter ohne die Erhöhung die Erlaubnis nicht zuzumuten ist. In diesen Fällen kann der Vermieter seine Zustimmung von einer Mietanhebung abhängig machen.[31] Genauso wenig wie der Mieter in diesen Fällen einen Anspruch auf die Untermieterlaubnis hat, genauso wenig hat der Vermieter einen Anspruch auf die Zustimmung zur Mieterhöhung. Es handelt sich in diesem Fall um eine Mietabänderungsvereinbarung i. S. d. § 557 Abs. 1 BGB. Der Vermieter kann über ein Erhöhungsverlangen gem. § 553 Abs. 2 BGB gerade nicht seine allgemeine Erhöhungsabsicht durchsetzen, sondern nur die Erhöhung verlangen, die durch die Untervermietung gerechtfertigt ist.[32] Der Untermietzuschlag ist ein Entgelt für eine Sondernutzung, seine Erhöhung muss nicht gem. § 558 BGB erfolgen, sondern kann einer besonderen Vereinbarung unterliegen.[33] Der Untermietzuschlag nimmt deshalb auch nicht an der Berechnung der Kappungsgrenze teil (s. u. Rdn. 158).[34] Dann ist es aber auch konsequent, in den Fällen, in denen der Mieter einen Anspruch auf die Untermieterlaubnis gegen Zahlung eines Zuschlags hat, davon auszugehen, dass die erstmalige Vereinbarung eines Untermietzuschlages oder seine isolierte Erhöhung nicht die Jahressperrfrist auslöst.[35] Der Vermieter kann im Rahmen einer solchen Erlaubniserteilung zur Untervermietung die Miete nicht erhöhen. Zwar kann der Mieter entscheiden, ob er die Untermieterlaubnis unter der Bedingung der Zahlung eines Untermietzuschlages erhalten will, so dass eine gewisse Freiwilligkeit vorhanden ist, aber auf Seiten des Vermieters ist diese nicht gegeben. Er würde vom Gericht zur Genehmigung der Untervermietung verurteilt, wenn der Mieter einen Untermietzuschlag anbietet. Davon zu unterscheiden ist aber der Fall, dass die Parteien aus Anlass einer Untervermietung eine Mietvertragsänderung mit Mieterhöhung vereinbaren, die erkennbar nicht nur den Untermietzuschlag beinhalten soll.[36] Ein Indiz dafür ist, dass nicht ein gesonderter Zuschlag vereinbart wird, sondern insgesamt eine neue Miete.

2. Fristende

a) Die Frist ist **vom Zugang** des neuen Mieterhöhungsverlangens an **rückwärts** zu berechnen.[37] Auf das Datum der Abgabe[38] des Erhöhungsverlangens oder den Wirksamkeitszeitpunkt der Mieterhöhung[39] kommt es deshalb nicht an. Die Frist berechnet sich nach den §§ 188 Abs. 2 und 3, 187 Abs. 1 und 2, 193 BGB. 26

Beispiel: Der Vermieter hat dem Mieter ein Erhöhungsverlangen am 29.11.2016 zugeschickt, das dem Mieter am 1.12.2016 zugegangen ist. Die erhöhte Miete war somit ab 1. März 2017 zu zahlen. Das nächste Erhöhungsverlangen darf dem Mieter erst nach Ablauf des 28. Februar 2018 zugehen, sonst ist es unwirksam.

b) Dabei ist grundsätzlich auf die Mieter abzustellen, die zum Zeitpunkt des Zugangs des Erhöhungsverlangens Vertragspartner sind. All diesen Personen gegenüber muss die Miete ein Jahr unverändert geblieben sein.[40] Bei jedem Mieterwechsel beginnt deshalb die Frist mit **Eintritt des neuen Mieters** in den Mietvertrag grundsätzlich neu[41], es sei denn der eintretende Mieter 27

---

30 *Börstinghaus* GE 1996, 5 zur Regelung in § 549 BGB a. F.
31 Z. B. AG Hamburg ZMR 2008, 213.
32 *Sternel* Mietrecht, II, 257; *Börstinghaus* GE 1996, 5.
33 BayObLG RE v. 25.3.1986, NJW-RR 1986, 892.
34 **A. A.** AG Hamburg WuM 1992, 257.
35 *Stellwaag* DWW 1990, 71; **a. A.** AG Schöneberg MM 1998, 128; AG Tempelhof-Kreuzberg MM 1997, 40.
36 So wohl auch im Fall des AG Schöneberg MM 1998, 128.
37 OLG Oldenburg RE v. 23.12.1980, WuM 1982, 105; *Emmerich* in Staudinger § 558 BGB Rdn. 6a.
38 So aber AG Münster WuM 1983, 238.
39 AG Friedberg WuM 1992, 694.
40 *Both* in Herrlein/Kandelhard § 558 BGB Rdn. 24.
41 LG Berlin GE 1997, 185; AG Frankfurt WuM 1982, 77; *Lammel* § 558 BGB Rdn. 23; *Emmerich* in Staudinger § 558 BGB Rdn. 8; *Artz* in MünchKomm § 558 Rdn. 60; *Kossmann/Meyer-Abich,* Hdb. d. Wohnraummiete, § 146 Rdn. 6; *Both* in Herrlein/Kandelhard § 558 BGB Rdn. 28; *Schach* in Kinne/Schach/Bieber, Miet- und

tritt an die Stelle des alten Mieters. Die Jahressperrfrist beginnt deshalb vor allem dann neu zu laufen, wenn ein zusätzlicher Mieter mit Zustimmung des Vermieters neu in den Mietvertrag mit aufgenommen wird.[42] Da weder der alte Mieter noch der neu eintretende Mieter einen Anspruch auf diese Vertragsänderung haben, steht es dem Vermieter in diesem Fall frei, eine Mieterhöhung durchzusetzen. Ob die Miete tatsächlich erhöht wurde oder nicht, ist dabei unerheblich.[43] Außerdem ist die Miete gegenüber dem zusätzlich in den Mietvertrag eintretenden Mieter nicht ein Jahr unverändert geblieben.[44] Kein Fall des Mieterwechsels sind die Fälle, in denen gesetzlich Mietvertragsparteien ausgewechselt werden, z. B. bei Erbfällen gem. § 1922 BGB und zwar sowohl auf Vermieter- wie auch auf Mieterseite, des Eintritts eines Mieters gem. §§ 563–564 BGB[45] oder des Erwerbers in das Mietverhältnis gem. § 566 BGB.[46] Das Gleiche gilt, wenn ein Ehegatte gem. § 1568 a BGB anlässlich der Scheidung das Mietverhältnis alleine fortsetzt oder in den Mietvertrag erstmals eintritt.[47] Haben die Parteien rechtsgeschäftlich vereinbart, dass eine Partei aus einem bestehenden Mietverhältnis ausscheidet und eine andere Partei in den weiter bestehenden Vertrag eintritt, dann muss sich die neu eintretende Vertragspartei genauso behandeln lassen, wie die ausgeschiedene.[48] Haben die Parteien tatsächlich auf diese Weise einen Nachmieter aufgenommen, dann ist für ihn die letzte Mieterhöhung gegenüber dem Vormieter für den Lauf der Jahressperrfrist maßgeblich.[49] Dies gilt selbst dann, wenn der Mieter ausnahmsweise einen Anspruch darauf hat, aus dem Mietvertrag entlassen zu werden. Entscheidend ist, welche Vereinbarungen zwischen den Parteien getroffen wurden, nicht, welche Ansprüche bestanden hätten oder ob tatsächlich eine Mieterhöhung durchgeführt wurde.[50] In der Regel werden nämlich auch in diesen Fällen ganz neue Mietverträge abgeschlossen. Die Unterzeichnung eines neuen Vertrages ist hierfür ein Indiz.

28 **c)** Zu unterscheiden sind auch die möglichen Fallkonstellationen beim **Ausscheiden eines von mehreren Mietern** bei Personenmehrheiten auf Mieterseite. Dies ist z. B. dann der Fall, wenn mietende Ehegatten sich trennen.[51] Zwar besteht kein Anspruch des ausziehenden Mieters gegenüber dem Vermieter, aus dem Mietvertrag entlassen zu werden.[52] jedoch können entweder alle beteiligten Parteien eine entsprechende Vereinbarung treffen[53] oder die geschiedenen Eheleute können gem. § 1568 a Abs. 3 BGB[54] dem Vermieter mitteilen, wer von ihnen ab Zugang der Mitteilung Mieter sein soll. Nur bei einer Vereinbarung zwischen dem Vermieter und allen Mietern kann der Vermieter seine Zustimmung zur Vertragsaufhebung bezüglich eines Mieters von der Zustimmung zu einer höheren Miete bezüglich des verbleibenden Mieters abhängig machen. Wenn eine solche Vereinbarung zustande kommt, dann löst diese schon nach dem klaren Wortlaut des § 558 Abs. 1 BGB die Jahressperrfrist aus. Wenn keine Mieterhöhung vereinbart wird, muss unterschieden werden, ob der alte Mietvertrag fortgesetzt wird oder ob die verbleibenden Parteien einen

Mietprozessrecht, § 558 BGB Rdn. 7; *Sternel* Mietrecht aktuell (2009), IV, 127; *Dickersbach* in Erman § 558 BGB Rdn. 9 a; *Dickersbach* in Lützenkirchen, Mietrecht, § 558 BGB Rdn. 60; **a. A.** Bub/Treier/*Schultz* Kap. III. A Rdn. 1092; *Emmert* in Hannemann/Wiek/Emmert, Hdb. d. Mietrechts, § 12 Rdn. 155.

[42] LG Berlin GE 1997, 185; *Lammel* § 558 BGB Rdn. 23; *Emmert* in Hannemann/Wiek/Emmert, Hdb. d. Mietrechts, § 12 Rdn. 155.

[43] *Kossmann/Meyer-Abich*, Hdb. d. Wohnraummiete, § 146 Rdn. 6; **a. A.** *Sternel* Mietrecht, III, 608.

[44] Dies übersieht Bub/Treier/*Schultz* Kap. III A. Rdn. 1092.

[45] BGH (VIII ZR 26/03) NJW 2003, 3265 = MietPrax-AK § 577 a BGB Nr. 1 m. Anm. *Eisenschmid; Schach* GE 2003, 1306; *Schmidt* ZWE 2004, 159.

[46] *Flatow* WImmoT 2008, 129, 139.

[47] *Götz/Brudermüller* FS Derleder (75) S. 119; *Götz* NZM 2010, 383; *Götz/Brudermüller* NJW 2010, 5; *Blank* WuM 2009, 555; *Brudermüller/Götz* FamRZ 2009, 1261.

[48] *Both* in Herrlein/Kandelhard § 558 BGB Rdn. 25; **a. A.** aber AG Frankfurt/M. WuM 1982, 77.

[49] *Emmerich* in Emmerich/Sonnenschein, Miete, § 558 BGB Rdn. 6; *Both* in Herrlein/Kandelhard § 558 BGB Rdn. 26; differenzierend *Sternel* Mietrecht, III, 608.

[50] So aber *Sternel* Mietrecht, III, 608.

[51] Zur Neuregelung *Blank* WuM 2009, 555; *Götz/Brudermüller* FamRZ 2009, 1261.

[52] Nach LG Duisburg NZM 1998, 73 = NJW 1998, 1499 tritt aber nach gesellschaftsrechtlichen Enthaftungsregelungen eine Schuldbefreiung ein, wenn der Vermieter das Mietverhältnis bei Mietrückständen nicht kündigt; **a. A.** OLG Düsseldorf NZM 1999, 558; LG Berlin GE 2001, 1708; AG Dortmund NZM 2001, 94; *Sonnenschein* NZM 1999, 977, 979; *Klinkhammer* NZM 1998, 744; *Volmer* FamRZ 1999, 262; *Sternel* EWiR 1997, 1127.

[53] Dies kann auch konkludent erfolgen: AG Schönberg und LG Berlin MM 1999, 122 mit abl. Anm. *Lebek*.

[54] Dazu *Götz/Brudermüller* FS Derleder (75) S. 119; *Blank* WuM 2009, 555; *Götz/Brudermüller* FamRZ 2009, 1261; *Götz/Brudermüller* NJW 2010, 5; *Beuermann* GE 2009, 1358; s. a. Vor § 535 BGB Rdn. 370 s.

neuen Mietvertrag abschließen. Ändern die Parteien den Mietvertrag nur hinsichtlich der Person des Mieters und zwar in der Form, dass nur ein Mieter ausscheidet und der Mietvertrag mit dem oder den restlichen Mietern ohne Aufnahme einer neuen Mietvertragspartei fortgesetzt wird, dann löst dies die Jahressperrfrist nicht aus. In diesem Fall handelt es sich nicht um eine Neuvermietung, sondern um die Fortsetzung des alten Mietverhältnisses. Dies gilt auch in den Fällen des § 1568a Abs. 3 BGB. Für den verbleibenden Mieter bleibt die Miete unverändert, auch wenn er sie nun nicht mehr nur als Gesamtschuldner schuldet, sondern als alleiniger Schuldner. Verlangt der Vermieter vom verbleibenden Mieter aber die Unterzeichnung eines neuen Mietvertragsformulars, dann ist dies wie eine Neuvermietung zu behandeln. Hierfür spricht bereits die Unterzeichnung als Indiz. Außerdem hat der Vermieter in aller Regel die Unterzeichnung eines neuen Formulars – auch – deshalb verlangt, weil einzelne Klauseln des Vertrages sich im Vergleich zum alten zuvor bestehenden Vertrag geändert haben. Damit liegt in aller Regel auch inhaltlich ein anderer Vertrag vor, was ebenfalls für eine Neuvermietung spricht.

d) Die Jahressperrfrist wird auch durch eine **Teilzustimmung des Mieters zu einer Mieterhöhung** ausgelöst.[55] Voraussetzung ist aber, dass auf Grund der Teilzustimmung die Mietpreisvereinbarung tatsächlich vertraglich geändert wurde; ob tatsächlich eine Zahlung auf Grund der Teilzustimmung erfolgte ist unerheblich.[56] Dies ist zunächst dann der Fall, wenn der Mieter einem formell wirksamen Mieterhöhungsverlangen nur teilweise zugestimmt hat. Durch die teilweise Zustimmung zur begehrten Mieterhöhung ist die teilweise Mieterhöhung unabhängig vom Willen des Vermieters vereinbart.[57] Dies gilt sowohl für den Fall, dass der Mieter einer verlangten Mieterhöhung betragsmäßig nur eingeschränkt zustimmt, als auch für den Fall, dass er der Mieterhöhung zwar betragsmäßig in vollem Umfang zustimmt, aber zeitlich erst zu einem späteren Zeitpunkt.[58] In Höhe einer Teilzustimmung ist dann der Vertrag bereits geändert (s. dazu auch § 558b BGB Rdn. 36ff.) ob der Vermieter wegen des Restbetrages Zustimmungsklage erhebt oder nicht, ist grds. unerheblich. Gibt der Vermieter sich mit der Teilzustimmung nicht zufrieden, so setzt die dadurch bewirkte Mieterhöhung keine neue Jahresfrist in Lauf.[59] Wird die Klage nicht innerhalb der Klagefrist erhoben, so berechnet sich die Jahressperrfrist ab dem Wirkungszeitpunkt der Teilzustimmung.[60] Wird Zustimmungsklage erhoben, so wird der Mieter bei einem zusprechenden Urteil rückwirkend zum gleichen Zeitpunkt zur Zustimmung verurteilt. Allein die Tatsache, dass das Urteil notwendigerweise erst nach dem Wirkungszeitpunkt der Mieterhöhung ergeht, ändert nichts daran, dass der Mieter zu einer rückwirkenden Zustimmung verurteilt wird.[61] Dies gilt auch, wenn der Vermieter im Zustimmungsprozess das Mieterhöhungsverlangen nachbessert oder nachholt, § 558b Abs. 3 Satz 1 BGB. Das Mieterhöhungsverfahren ist erst mit Rechtskraft des Urteils im Zustimmungsverfahren abgeschlossen.[62] Anderenfalls hätte es der Mieter in der Hand, durch eine Teilzustimmung zu wenigen Cent Mieterhöhung, die Jahressperrfrist auszulösen. Die **teilweise Klagerücknahme** in einem Zustimmungsverfahren löst die Jahressperrfrist nicht aus. Hierin ist kein neues Mieterhöhungsverlangen zu sehen.[63] In einer **Berufungsrücknahme** liegt keine Klagerücknahme, so dass ein rechtskräftiges Urteil über das Mieterhöhungsverlangen vorliegt. Selbst bei nur geringfügiger Verurteilung des Mieters zur Zustimmung läuft deshalb die Jahressperrfrist.[64] Ob der Mieter die erhöhte Miete jemals gezahlt hat, ist für die Jahressperrfrist unerheblich, entscheidend ist nur, ab wann der Mieter die erhöhte Miete schuldete.[65] Wird der Mieter im **Urteil** zur Abgabe der Zustimmung zu einem späteren Zeitpunkt verurteilt, als dem, zu dem die Teilzustimmung bereits erfolgte, dann ist das spätere Datum für die Berechnung maßgeblich. Das ist 29

---

55 LG Mannheim ZMR 1994, 516; LG Bonn WuM 1985, 311; AG Charlottenburg GE 2009, 59; AG Köln ZMR 2001, 356; AG Hamburg WuM 1985, 312; *Kunze/Tietzsch* Miethöhe, Rdn. 285; *Emmerich* in Staudinger § 558 BGB Rdn. 7; *Dickersbach* in Erman § 558 BGB Rdn. 9.

56 AG Charlottenburg GE 2009, 59.

57 LG Landshut WuM 1990, 223.

58 LG Duisburg WuM 1976, 81.

59 BayObLG RE v. 30.6.1989, NJW-RR 1989, 1172; LG Hamburg WuM 1987, 86, 87; *Sternel* Mietrecht, III, 721.

60 LG Berlin GE 1996, 1551; LG Mannheim ZMR 1994, 516, 517; LG Bonn WuM 1985, 311; AG Köln WuM 1993, 409; AG Wermelskirchen WuM 1992, 442; AG Hamburg WuM 1985, 312.

61 AG Charlottenburg GE 1990, 663.

62 BGH (VIII ZR 141/09) NZM 2010, 436; BayObLG RE v. 30.6.1989, NJW-RR 1989, 1172.

63 AG Gummersbach WuM 1995, 543.

64 AG Siegburg WuM 1991, 501.

65 BayObLG RE v. 30.6.1989, NJW-RR 1989, 1172.

z. B. bei einem im Prozess nachgeholten Zustimmungsverlangen der Fall.[66] Die Jahressperrfrist nach Teilzustimmung des Mieters zum Mieterhöhungsbegehren bleibt beachtlich, solange die Mietparteien die Vertragsänderung noch nicht einvernehmlich rückgängig machen.[67]

30 **e)** Stimmt der Mieter einem formell unwirksamen Mieterhöhungsverlangen nur **teilweise zu,** so ist dies gemäß § 150 Abs. 2 BGB als Ablehnung verbunden mit einem neuen Angebot zu bewerten. Die Jahresfrist wird allein durch diese Teilzustimmung nicht ausgelöst.[68] Der Vermieter kann deshalb sofort ein neues Mieterhöhungsverlangen stellen, wenn er auf das Angebot des Mieters nicht eingeht. Akzeptiert er das Angebot des Mieters, dann ist auf Grund des Mietabänderungsvertrages (§ 557 BGB Rdn. 13ff.) die erhöhte Miete zu zahlen, so dass hierdurch die Jahressperrfrist ausgelöst wird.[69] Die Zustimmung des Vermieters kann in diesen Fällen auch konkludent erfolgt sein. Wenn der Mieter auf ein unwirksames Mieterhöhungsverlangen regelmäßig einen Teil der erhöhten Miete zahlt und der Vermieter diese Zahlungen vorbehaltlos annimmt, wird dies **aus der Sicht des objektiven Empfängers** als Zustimmung zu dem geänderten Angebot zu verstehen sein.[70] Genauso, wie der Mieter durch Zahlung einem Mieterhöhungsverlangen zustimmen kann, darf auch der Mieter das Verhalten des Vermieters als Zustimmung verstehen. Klagt der Vermieter nach einem unwirksamen Erhöhungsverlangen, dem der Mieter aber teilweise zugestimmt hat, den Restbetrag ein, dann ist in dieser Klage über den Restbetrag zugleich die Annahme der Teilzustimmung zu erblicken. Dies gilt auch, wenn der Mieter die Zustimmung zu einer Mieterhöhung erklärt hat, die der Vermieter auf Grund einer unwirksamen Mietanhebungsklausel begehrt hat.[71] Etwas Anderes gilt aber dann, wenn der Vermieter vom Mieter die Zustimmung zu einer Mieterhöhung gem. § 558 BGB verlangt und dem Mieter zugleich eine Änderung der Mietstruktur anbietet. Wenn es sich tatsächlich um zwei trennbare Angebote handelt, dann kann der Mieter auch nur der Änderung der Mietstruktur zustimmen und die Zustimmung zur Mieterhöhung verweigern. Allein die Änderung der Mietstruktur löst die Jahressperrfrist aus.[72]

III. Unerhebliche Veränderungen der Miete

1. Einseitige Mieterhöhungen

31 Die Wartefrist wird nach dem eindeutigen Gesetzeswortlaut nicht ausgelöst durch Erhöhungen der Miete, die sich aus den §§ 559–560 BGB ergeben haben. Dabei ist es unerheblich, ob eine oder mehrere dieser einseitigen Mieterhöhungen in den vergangenen 12 Monaten vom Vermieter durchgeführt wurden. Das Gesetz spricht aber eindeutig nur von *Erhöhungen nach §§ 559–560*. Damit sind grundsätzlich **einseitige Mieterhöhungen** gemeint. Erforderlich ist eine Mieterhöhung, die den **formalen Voraussetzungen** der §§ 559–560 BGB genügt. Der Vermieter muss also durch einseitige Erklärung unter Darlegung eines Sachverhalts, der die Tatbestände der §§ 559–560 BGB ausfüllt, die Miete erhöht haben. Es ist auf der anderen Seite nicht erforderlich, dass die Mieterhöhung formal fehlerfrei und materiell begründet war.[73] Die Formalien der §§ 559–560 BGB sollen den Mieter schützen. Wenn er auf den Schutz keinen Wert legt, z. B. weil er den Vermieter persönlich kennt oder letztendlich von der materiellen Berechtigung des An-

---

[66] BGH (VIII ZR 141/09) NZM 2010, 436; BayObLG RE v. 30. 6. 1989, NJW-RR 1989, 1172.

[67] AG Köln WuM 1993, 409.

[68] LG Köln WuM 2001, 244; LG Berlin WuM 1997, 51; LG Mannheim ZMR 1994, 516, 517; LG Frankfurt WuM 1990, 224; LG Hamburg WuM 1987, 85; AG Hamburg NZM 1998, 574; AG Köln WuM 1995, 114; *Weitemeyer in* Staudinger § 557 BGB Rdn. 45; **a. A.** LG Mainz WuM 1992, 136; AG Neuss DWW 1992, 344; wohl auch *Both* in Herrlein/Kandelhard § 558 BGB Rdn. 31.

[69] LG Mannheim ZMR 1994, 516, 517; LG Bonn WuM 1995, 113 a. E.; LG Wiesbaden WuM 1993, 196; LG Mainz WuM 1992, 136; AG Hamburg NZM 1998, 574; AG Köln WuM 1995, 114; *Kossmann/Meyer-Abich,* Hdb. d. Wohnraummiete, § 146 Rdn. 9.

[70] LG Osnabrück WuM 1993, 618; AG Hamburg NZM 1998, 574; nach Ansicht des LG Frankfurt/M. WuM 1990, 224 genügt die Annahme von 2 Zahlungen hierfür nicht. Nach Ansicht des LG Berlin WuM 1997, 51 bedeutet die bloße Duldung einer erhöhten Mietzahlung noch keine Annahmeerklärung.

[71] LG Wiesbaden WuM 1993, 196.

[72] AG Tiergarten NZM 1998, 191.

[73] LG Potsdam GE 2001, 61 (63); AG Köln MDR 1994, 216; AG Nidda WuM 1994, 485; AG Brühl MDR 1985, 329; *Lammel* § 558 BGB Rdn. 19; *Heitgreß* WuM 1983, 44 (45); **a. A.** *Sternel* Mietrecht, III, 610 der auf der einen Seite von *wirksamen* Mieterhöhungen spricht, dann aber nach Sinn und Zweck darauf abstellt, dass dem Vermieter die Einhaltung der Formalien bei einer Vereinbarung erspart bleibt.

spruchs ausgeht, dann ist die Miete auf Grund einer Erhöhung gem. §§ 559–560 BGB erhöht worden. Es besteht nach dem Zweck des Gesetzes,[74] nämlich einseitige Mieterhöhungen auszunehmen, kein Grund, diese Mieterhöhung nachträglich zu einer Mieterhöhung gem. § 557 Abs. 1 BGB umzuwidmen.[75] Soweit vertreten wird,[76] dass nur die Anerkennung von ordnungsgemäßen Erhöhungsverlangen der Rechtsklarheit und Rechtssicherheit entspricht, so bestehen dagegen Bedenken. Die Antwort auf die Frage, ob eine Mieterhöhung nach § 559 BGB ordnungsgemäß war oder nicht, dürfte auf Grund der unterschiedlichen Ansichten über die einzuhaltenden formalen Anforderungen durchaus sehr unterschiedlich ausfallen und zur Rechtssicherheit nichts beitragen. Entscheidendes Abgrenzungskriterium kann deshalb nur die Frage sein, ob **nach dem äußeren Erscheinungsbild** eine Mieterhöhung einseitig vom Vermieter durchgesetzt werden sollte oder ob die Mietvertragsparteien von Anfang an tatsächlich eine Änderungsvereinbarung geschlossen haben. Vom erstem Fall kann man ausgehen, wenn der Mieter auf Grund eines unter Darlegung eines Erhöhungstatbestandes der §§ 559–560 BGB erstellten Erhöhungsverlangens die Mieterhöhung zahlt selbst wenn die Parteien anschließend darüber verhandeln und der Vermieter seine ursprünglichen Vorstellungen nicht ganz durchsetzen konnte.[77] Ein Indiz für eine Vereinbarung ist, wenn die Parteien zwar aus Anlass einer Modernisierung aber ohne eine einseitige Mieterhöhung in Verhandlungen über eine Mieterhöhung eintreten.

Erfolgt eine Mieterhöhung wegen teilweisen **Wegfalls der Förderung** nach einer Modernisie- 32
rung löst dies ebenfalls die Jahressperrfrist nicht aus.[78] Es handelt sich letztendlich um eine Mieterhöhung nach einer Modernisierungsmaßnahme gem. § 559 BGB, die lediglich deshalb zeitlich gestuft erfolgt, weil die Förderung die der Vermieter erhalten hat **degressiv** ausgestaltet war.[79] Es handelt sich nicht um eine heute[80] die Jahressperrfrist auslösende Mieterhöhung wegen Kapitalkostensteigerung.

2. Mieterhöhungen auf Grund vertraglicher Abreden

Mieterhöhungen auf Grund vertraglicher Abreden fallen vom Wortlaut bereits nicht unter 33
die Ausnahmeregelung in § 558 Abs. 1 Satz 3 BGB.[81] Eine analoge Anwendung scheidet ebenfalls aus.[82] Es handelt sich bei dieser Einschränkung um eine nicht analogiefähige **Ausnahmevorschrift.** Die Jahressperrfrist wird deshalb auch durch Erhöhungen, die das Gericht im Räumungsverfahren im Wege der Vertragsgestaltung gem. § 308a ZPO festsetzt,[83] ausgelöst, wenn der Mieter sich auf die Sozialklausel gem. § 574 BGB berufen hat. Wegen des Ausnahmecharakters kann die Regelung auch nicht entsprechend auf Mieterhöhungen angewandt werden, die die Parteien z. B. **aus Anlass einer Modernisierung** vereinbart haben, auch wenn die Erhöhung genau der gem. § 559 BGB möglichen Mieterhöhung entspricht.[84] Soweit der BGH in den Leitsätzen seiner vier Entscheidungen[85] unterschiedslos jede einvernehmliche Mieterhöhung aus Anlass einer Modernisierung einer einseitigen Modernisierungserhöhung gleichstellt, ist dies deshalb nicht richtig.[86] Im Übrigen hatte der Vermieter in einem der den Entscheidungen zu Grunde liegenden Fall zunächst

[74] *Sternel* Mietrecht, III, 610 sieht den Zweck nicht so deutlich.
[75] *Emmerich* in Staudinger § 558 BGB Rdn. 11.
[76] *Sternel* Mietrecht, III, 610.
[77] Weiter gehend wohl: BGH (VIII ZR 285/06) NZM 2007, 727 = MietPrax-AK § 558 BGB Nr. 16 m. Anm. *Börstinghaus;* BGH (VIII ZR 185/03) NJW 2004, 2088 = MietPrax-AK § 558 BGB Nr. 4 m. Anm. *Börstinghaus; ders.* LMK 2004, 137; *Artz* NZM 2004, 609; *Glause* WuM 2004, 708.
[78] **A. A.** LG Berlin MM 2002, 51 bei Kürzung von Aufwendungszuschüssen der IBB.
[79] S. dazu § 559a BGB Rdn. 19.
[80] BGH (VIII ZR 177/03) NZM 2004, 735 = MietPrax-AK § 558 BGB Rdn. 2 m. Anm. *Börstinghaus; ders.* LMK 2004, 137.
[81] *Sternel* Mietrecht, III, 610.
[82] **A. A.** *Stellwaag* DWW 1990, 71.
[83] BGH (VIII ZR 270/15) NZM 2017, 286.
[84] LG Potsdam GE 2001, 61; LG Berlin WuM 2003, 568; *Artz* in MünchKomm § 558 BGB Rdn. 58; *Sternel* Mietrecht aktuell (2009) für Jahressperrfrist offen gelassen IV, 123 für Kappungsgrenze ebenso wie hier IV, 146; **a. A.** Bub/Treier/*Schultz* Kap. III. A Rdn. 770, 774 und 1087; LG Berlin GE 2014, 190, 191.
[85] BGH (VIII ZR 285/06) NZM 2007, 727 = MietPrax-AK § 558 BGB Nr. 16 m. Anm. *Börstinghaus;* BGH (VIII ZR 287/06) NJW 2008, 2031; BGH (VIII ZR 286/06) MietPrax-AK § 558 BGB Nr. 18; zur gleichen Frage bei der Berechnung der Kappungsgrenze: BGH (VIII ZR 185/03) NJW 2004, 2088 = MietPrax-AK § 558 BGB Nr. 4 m. Anm. *Börstinghaus; Artz* NZM 2004, 609; *Glause* WuM 2004, 708.
[86] *Artz* NZM 2004, 609; *ders.* in MünchKomm § 558 BGB Rdn. 52.

eine einseitige Mieterhöhung gem. § 559 BGB versucht durchzusetzen und die Vertragsparteien hatten sich in diesem Verfahren auf eine niedrigere Erhöhung geeinigt. Für diesen Fall ist die Entscheidung des BGH richtig. Der Fall, dass die Parteien aber völlig losgelöst von einem Verfahren gem. § 559 BGB sich aus Anlass einer Modernisierung auf eine neue Miete einigen, ist damit nicht vergleichbar. Formal handelt es sich dann um eine Mietabänderungsvereinbarung, die bereits vom Wortlaut des § 558 Abs. 1 BGB her die Jahressperrfrist auslöst. Eine analoge Anwendung[87] des § 558 Abs. 1 Satz 3 BGB kommt wegen einer fehlenden Regelungslücke auch nicht in Betracht. Im Rahmen einer Vereinbarung können die Mietvertragsparteien grundsätzlich im Rahmen der gesetzlichen Vorgaben jede Miete vereinbaren. Wenn sie sich genau auf die Miete einigen, auf die der Vermieter sowieso einen Anspruch nach § 559 BGB hat, dann ändert dies an der Tatsache, dass die Mieterhöhung eben gerade auf einer Einigung und nicht auf dem Gestaltungsrecht des Vermieters beruht, nichts. Dies ist auch ein erheblicher Unterschied, da der Vermieter auf diese Weise die Beachtung der nicht unerheblichen Formalien des §§ 559, 559b BGB umgeht, deren Nichtbeachtung entweder die Unwirksamkeit der Mieterhöhung oder zumindest ihre zeitliche Verzögerung gem. § 559b Abs. 2 Satz 2 BGB zur Folge hat. Es ist deshalb nicht nur „leere Förmelei", wenn zwischen den verschiedenen Wegen der Erhöhung, wenn sie auch auf den gleichen Lebenssachverhalten beruhen, unterschieden wird.

3. Mietsenkungen

34 Unerheblich sind alle Formen der **Mietherabsetzung.** Sie lösen die Sperrfrist nicht aus.[88] Dies ergibt sich auch schon aus dem Wortlaut der Vorschrift. Nach § 558 Abs. 1 Satz 2 BGB kann das Mieterhöhungsverlangen erst ein Jahr nach der letzten Miet*erhöhung* geltend gemacht werden. Eine vertragliche Mietherabsetzung, z. B. im Zusammenhang mit Modernisierungsmaßnahmen und davon ausgehenden Beeinträchtigungen oder zur Abgeltung von Mieterleistungen, löst die Sperrfrist ebenso wenig aus wie eine Mietminderung nach § 536 BGB.[89]

IV. Rechtsfolgen bei Nichtbeachtung der Jahressperrfrist

1. Für früher schon preisfreien Wohnraum

35 Ein vor Ablauf der Jahressperrfrist gestelltes Mieterhöhungsverlangen ist **unwirksam.**[90] Dies ergibt sich bereits aus dem Wortlaut des § 558 Abs. 1 Satz 2 BGB, wonach ein Mieterhöhungsverlangen erst nach Ablauf der Jahreswartefrist wirksam „erhoben werden kann". Damit stellt das Gesetz eindeutig auf das Erhöhungsverlangen und nicht auf den Wirksamkeitszeitpunkt ab. Eine Heilung gem. § 558b Abs. 3 ist nicht möglich[91], aber der Vermieter kann ein neues Verlangen stellen.

2. Für ehemals preisgebundenen Wohnraum

36 Entfällt für eine Wohnung nach Fristablauf oder wegen vorzeitiger Rückzahlung der Fördermittel die Beschränkung auf die Kostenmiete, so kann von da an die Miete nur nach den Vorschriften des BGB erhöht werden. Der Vermieter kann also die **ehemalige Kostenmiete** erhöhen, wenn sie unter den üblichen Entgelten, die in der Gemeinde für vergleichbaren Wohnraum gezahlt werden, liegt. Auch in diesem Fall bedarf es eines Mieterhöhungsverlangens des Vermieters, das dem Mieter noch während der Preisbindung zugehen darf.[92] Auch für dieses Mieterhöhungsverlangen gilt die

---

87 Zur analogen Anwendung mietrechtlicher Vorschriften: *Häublein* WuM 2010, 391.

88 AG Berlin-Mitte MM 2004, 126; *Artz* in MünchKomm § 558 BGB Rdn. 57; *Emmerich* in Emmerich/Sonnenschein, Miete, § 558 BGB Rdn. 6; *Sternel* Mietrecht aktuell (2009), IV, 130; *Kossmann/Meyer-Abich,* Hdb. d. Wohnraummiete, § 146 Rdn. 2, 3; *Both* in Herrlein/Kandelhard § 558 BGB Rdn. 18; *Kinne* ZMR 2001, 775, 777.

89 *Stellwaag* DWW 1990, 71.

90 BGH RE v. 16.6.1993, NJW 1993, 2109; *Sternel* EWiR 1993, 915; *Both* in Herrlein/Kandelhard § 558 BGB Rdn. 37; Bub/Treier/*Schultz* Kap. III. A Rdn. 1094; *Lammel* § 558 BGB Rdn. 26.

91 **A. A.** Palandt/*Weidenkaff* § 558 BGB Rdn. 12, der aber darauf hinweist, dass der Fall in § 558b Abs. 3 Satz 1 BGB nicht ausdrücklich geregelt ist.

92 OLG Hamm RE v. 9.10.1980, NJW 1981, 234; KG RE v. 29.1.1982, NJW 1982, 2077; *Both* in Herrlein/Kandelhard § 558 BGB Rdn. 36; *Lützenkirchen* WuM 1995, 574; **a. A.** LG Kiel WuM 1995, 541; *Scholl* WuM 1995, 426; *ders.* WuM 1996, 17; *Kossmann/Meyer-Abich,* Hdb. d. Wohnraummiete, § 146 Rdn. 7; *Lammel* § 558 BGB Rdn. 27.

Wartefrist[93] und auch die 15-Monatsfrist,[94] d. h. die Miete muss seit einem Jahr vor Zugang des Erhöhungsverlangens unverändert geblieben sein und zum Wirkungszeitpunkt 15 Monate unverändert sein. Allein der **Wechsel des Mietpreissystems** rechtfertigt es nicht, die zwingende Vorschrift des § 558 Abs. 1 Satz 2 BGB für diesen Fall zu ignorieren.[95] Nach Ende der Preisbindung gilt die letzte Kostenmiete einschließlich etwaiger Zuschläge nach § 26 NMV als Vertragsmiete fort.[96] Der Vermieter, der sich auf die für ihn günstigen Erhöhungsmöglichkeiten beruft, muss auch die für den Mieter günstigen Regelungen akzeptieren. Auf der anderen Seite darf dieser Vermieter auch nicht schlechter gestellt werden. Deshalb lösen nicht alle Erhöhungen der Kostenmiete die Jahressperrfrist aus.[97] Für die Frage, welche Erhöhungen der Kostenmiete die Jahressperrfrist auslösen, muss auf den **Rechtsgrund der Erhöhung** abgestellt werden.

Kostenmieterhöhungen, die auf Gründen beruhen wie Mieterhöhungen gem. § 559–560 BGB, 37
bleiben außer Betracht.[98] Beruhte die Erhöhung der Kostenmiete auf einer **Modernisierung** gem. § 13 NMV oder einer Erhöhung von Betriebskosten gem. § 20 NMV dann ist eine solche Kostenmieterhöhung für die Berechnung der Wartefristen unerheblich. Dies ergibt sich aus dem Zweck des Gesetzes. Der Gesetzgeber wollte, dass einseitige Mieterhöhungen, die im vereinfachten Umlageverfahren möglich sind, keinen Einfluss auf die zeitliche Abfolge allgemeiner Mieterhöhungen haben. Dieser gesetzgeberische Grund ist bei Kostenmieterhöhungen, die auf den gleichen Lebenssachverhalten beruhen, ebenfalls gegeben. Dass lediglich die Anspruchsgrundlage eine andere ist, ist dabei für den gesetzgeberischen Grund unerheblich. In den übrigen Fällen der Anhebung der Kostenmiete ist die Anwendung der Wartefrist wegen ihres gesetzgeberischen Zwecks zu bejahen.[99] So lösen Erhöhungen der Kostenmiete wegen geänderter Pauschalen für Verwaltung, Instandhaltung und Schönheitsreparaturen die einjährige Sperrfrist aus.[100] Auch eine Erhöhung der Kostenmiete wegen Abbaus der Aufwendungszuschüsse[101] oder sonstiger **Kapitalkostensteigerungen**[102] löst für eine spätere Mieterhöhung nach Ende der Preisbindung die Sperrfrist aus. In diesen Fällen ist also auch ein Mieterhöhungsverlangen, das vor Ablauf der Jahresfrist gestellt wurde, mit dem aber eine Mieterhöhung erst nach Ablauf der Preisbindung verlangt wird, wegen Verstoßes gegen § 558 Abs. 1 Satz 2 BGB unwirksam.

Soweit im preisgebundenen Wohnungsbau gemäß § 4 NMV bei Vereinbarung einer entspre- 38
chenden Klausel[103] eine **rückwirkende Mieterhöhung** zum Beispiel wegen planmäßigen Förderabbaus möglich ist, stellt sich die Frage, ob die Jahressperrfrist vom Zeitpunkt des Zugangs der Mieterhöhungserklärung oder vom Wirkungszeitpunkt der Mieterhöhung an berechnet wird. Im ersten Fall ist die erste Mieterhöhung unter Geltung des BGB erst später möglich als im zweiten Fall. Die Wartefrist berechnet sich auch in diesem Fall vom in der Vergangenheit liegenden Wirkungszeitpunkt der Mieterhöhung und nicht vom Zugang der Mieterhöhungserklärungen an.[104] Zwar wird die einseitige Mieterhöhung der Kostenmiete erst mit der Erklärung gem. § 10 WoBindG wirksam, jedoch genau wie bei einer späteren Verurteilung zur Zustimmung zu einer

[93] OLG Hamm RE v. 15.3.1995, NJW-RR 1995, 1293; LG Köln ZMR 1994, 569; LG Arnsberg WuM 1991, 207; LG Hagen WuM 1986, 139; AG Hamburg WuM 1993, 743; *Emmerich* in Staudinger § 558 BGB Rdn. 9; *Both* in Herrlein/Kandelhard § 558 BGB Rdn. 36; *Dickersbach* in Erman § 558 BGB Rdn. 12; *Kossmann/Meyer-Abich,* Hdb. d. Wohnraummiete, § 146 Rdn. 7; *Sternel* Mietrecht, III, 611; *Emmerich* in Emmerich/Sonnenschein, Miete, § 558 BGB Rdn. 6; *Sonnenschein* NJW 1986, 2731; *Beuermann* GE 1994, 364.

[94] *Both* in Herrlein/Kandelhard § 558 BGB Rdn. 36.

[95] So aber LG München WuM 1989, 634.

[96] BGH (VIII ZR 258/09) NZM 2010, 736 = NJW 2011, 145 = MietPrax-AK, § 26 NMV Nr. 1 m. Anm. *Börstinghaus;* BGH (VIII ZR 87/11) NJW 2012, 145= MietPrax-AK, § 558 BGB Nr. 31 m. Anm. *Börstinghaus.*

[97] So aber LG Hagen WuM 1986, 139; LG Berlin WuM 1989, 334; LG Arnsberg WuM 1991, 207; AG Hamburg WuM 1993, 743; AG Bergisch Gladbach WuM 1993, 743.

[98] OLG Hamm RE v. 15.3.1995, NJW-RR 1995, 1293.

[99] So auch *Beuermann* GE 1994, 364 (369).

[100] LG Bonn WuM 1995, 113; LG Arnsberg WuM 1991, 207; AG Bergisch-Gladbach WuM 1993, 743; AG Hamburg WuM 1993, 743.

[101] LG Berlin MM 2002, 51.

[102] BGH (VIII ZR 178/03) WuM 2004, 345 = MietPrax-AK § 558 BGB Nr. 3 m. Anm. *Börstinghaus; ders.* LMK 2004, 137.

[103] Zur Zulässigkeit einer solchen Klausel BGH (VIII ZR 10/03) NZM 2004, 93 = MietPrax-AK § 10 WoBindG Nr. 1 m. Anm. *Börstinghaus; Althammer* NJW 2004, 1567.

[104] BGH (VIII ZR 177/03) WuM 2004, 348 = MietPrax-AK § 558 BGB Nr. 2 m. Anm. *Börstinghaus;* BGH (VIII ZR 178/03) WuM 2004, 345 = MietPrax-AK § 558 BGB Nr. 3 m. Anm. *Börstinghaus; ders.* LMK 2004, 137; **a. A.** AG Wedding MM 2000, 422; *Lammel* § 558 BGB Rdn. 24.

Mieterhöhung ab einem in der Vergangenheit liegenden Zeitpunkt kommt es nur auf den Wirksamkeitszeitpunkt an. Die Miete war ja erhöht, aber die Zahlungsverpflichtung entstand erst mit der formal ordnungsgemäßen Geltendmachung.

V. Die Darlegung der Sperrfrist im Mieterhöhungsverlangen

39 **1.** Die Einhaltung der Jahresfrist muss im **Mieterhöhungsverlangen** nicht begründet werden.[105] Bei der Auslegung und Anwendung der verfahrensrechtlichen Vorschriften über die Pflicht des Vermieters, sein Mieterhöhungsverlangen zu begründen, muss immer die Zweckbestimmung des § 558a BGB berücksichtigt werden. Sie besteht darin, dem Mieter die Möglichkeit der Information und Nachprüfung zu geben, damit er sich anhand der ihm mitgeteilten Daten schlüssig werden kann, ob er dem Mieterhöhungsverlangen zustimmen will oder nicht.[106] Wann die Miete zuletzt erhöht wurde, weiß der Mieter aber. Er kennt auch den Rechtsgrund der Erhöhung. Ist er in den Mietvertrag eingetreten, z. B. gem. §§ 563–564 BGB, hat er sich das Wissen des Vormieters zurechnen zu lassen, zumindest trifft ihn eine Informationspflicht.

40 **2.** Im **Zustimmungsprozess** gehört die Darlegung der Jahressperrfrist jedoch zu einem schlüssigen Sachvortrag.[107] In der Klageschrift muss deshalb mindestens vorgetragen werden, dass die Miete ein Jahr unverändert geblieben ist. Die Substantiierungslast steigert sich jedoch, umso substantiierter der Mieter vorträgt.[108] Die Darlegungs- und damit auch die **Beweislast** für die Tatsache, dass die Miete ein Jahr unverändert geblieben ist, hat der Vermieter. Deshalb gehen Zweifel, z. B. bei der Beantwortung der Frage, ob eine unerhebliche Mieterhöhung nach § 559 BGB vorgelegen hat oder ob die Parteien eine Änderungsvereinbarung getroffen haben, zu seinen Lasten (s. dazu o. Rdn. 33). Dies bezieht sich aber nur auf die Tatsachenfeststellung. Die Schwierigkeit der rechtlichen Bewertung, mag sie noch so schwierig sein, rechtfertigt keine Beweislastentscheidung.

D. Die ortsübliche Vergleichsmiete

I. Allgemeines und Begriffe

41 Das Gesetz hat dem Vermieter einen Anspruch auf Zustimmung zu einer Mieterhöhung bis zur **ortsüblichen Vergleichsmiete** eingeräumt.[109] Neben der Jahresfrist und der Kappungsgrenze handelt es sich um die wichtigste Voraussetzung für den Zustimmungsanspruch des Vermieters.

42 Der **Begriff der ortsüblichen Vergleichsmiete** ist durchaus schillernd.[110] Seine Legaldefinition befindet sich in § 558 Abs. 2 BGB. Häufig werden aber auch fälschlicherweise andere Begriffe wie z. B. „Marktmiete", „Wohnwertmiete" oder „Unternehmensmiete" mit dem Begriff gleichgesetzt. **Marktmiete**[111] ist derjenige Preis, der bei einer Neuvermietung auf Grund der herrschenden Angebots- und Nachfragesituation ohne Anwendung der §§ 556d–556g BGB erzielt werden kann.[112] Dieser Begriff unterscheidet sich vom Begriff der ortsüblichen Vergleichsmiete[113], aber auch vom Begriff der ortsüblichen Marktmiete.[114] Der Gesetzgeber wollte nämlich bereits bei Einführung des Vergleichsmietensystems Anfang der siebziger Jahre des letzten Jahrhunderts Mieterhöhungen in bestehenden Mietverhältnissen auf die ortsüblichen Entgelte für vergleichbare Wohnungen in der Gemeinde begrenzen.[115] Dem Vermieter sollte gerade kein Anspruch auf die Miete

---

[105] *Sternel* Mietrecht, III, 615.

[106] BVerfG NJW 1987, 313; BayObLG RE v. 10.3.1988, NJW-RR 1988, 721.

[107] *Sternel* Mietrecht, III, 615 und 734; zu den Anforderungen an einen schlüssigen Sachvortrag grundsätzlich *Seutemann* MDR 1997, 615.

[108] *Seutemann* MDR 1997, 615.

[109] *Derleder* in FS Blank (2006) S. 673, 674 hat dies als die einzige „geniale Idee des Wohnraummietrechts" bezeichnet.

[110] *Stelter* GE 2009, 921 spricht von einem „Kunstprodukt"; *Blank* ZMR 2013, 170.

[111] Zur Entwicklung der Marktmieten s. den F+B Marktmietenindex, Hamburg 2015; Basis sind alle im Internet veröffentlichten Wohnungsangebote in Deutschland, z. Zt. rund 1, 8 Millionen Anzeigen monatlich.

[112] BGH NZM 1998, 196, 197; *Bartholomäi* in Lindner-Figura/Oprée/Stellmann, Geschäftsraummiete, Kap. 10 Rdn. 19; *Dröge* Handbuch der Mietpreisbewertung, S. 107; *Sternel* Mietrecht, III, 573; *Rupp* DWW 1979, 279.

[113] *Bünnemeyer/Hebecker/Werling* ZMR 2016, 96, 97.

[114] BGH NZM 1998, 196, 197.

[115] BVerfGE 14, 248.

eingeräumt werden, die er für den Fall der Neuvermietung erzielen könnte. Dann hätte der Gesetzgeber das System der Änderungskündigung bestehen lassen können und hätte nicht das komplizierte Erhöhungsverfahren nach § 558 ff. BGB einführen müssen.[116] Daran hat sich nach der Mietrechtsreform aus dem Jahre 2001 nichts geändert. Der Vermieter kann aber die **ortsübliche Markt- oder Neuvertragsmiete** gem. § 546 a Abs. 1 2. Alt. BGB verlangen, wenn der Mieter ihm die Mietsache nach Beendigung des Mietverhältnisses **vorenthält.**[117]

Auch der Begriff der **Wohnwertmiete** beschreibt etwas Anderes. Damit ist eine am aktuellen individuellen Wohnwert einer Wohnung orientierte Mietfestsetzung gemeint, wodurch eine gleiche Miete für gleichwertige Wohnungen erreicht werden soll.[118] Ähnlich sind auch die Begriffe der **Unternehmens**- oder auch **Zielmiete** zu verstehen. Beide Begriffe werden immer häufiger in der genossenschaftlich organisierten Wohnungswirtschaft benutzt, um betriebsintern Mietfestlegungen vorzunehmen. Sie haben mit dem Vergleichsmietensystem nichts zu tun. **43**

Der Begriff der ortsüblichen Vergleichsmiete ist von diesen Definitionen aber unbedingt zu unterscheiden. Bei dem Begriff der ortsüblichen Vergleichsmiete handelt es sich um einen **unbestimmten Rechtsbegriff.**[119] Gemeint sind damit gem. § 558 Abs. 2 BGB die üblichen Entgelte, die in der Gemeinde für Wohnraum vergleichbarer Art, Größe, Ausstattung, Beschaffenheit und Lage einschließlich der energetischen Ausstattung und Beschaffenheit in den letzten vier Jahren vereinbart oder geändert worden sind, soweit es sich nicht um Wohnraum handelt, bei dem die Miethöhe durch Gesetz oder im Zusammenhang mit einer Förderzusage festgelegt worden ist. Gebildet wird die ortsübliche Vergleichsmiete aus dem Durchschnitt aller Mieten[120] für vergleichbaren Wohnraum, die zum **Zeitpunkt des Zugangs**[121] des Erhöhungsverlangens gezahlt werden. Dabei ist die ortsübliche Vergleichsmiete nach dem eindeutigen Wortlaut heute eine **marktorientierte**[122] **modifizierte Durchschnittsmiete.**[123] Unter einer Durchschnittsmiete[124] wird dabei derjenige Mietpreis bezeichnet, der für die Gesamtheit der bestehenden Mietverhältnisse unabhängig von ihrem Zustandekommen gezahlt wird.[125] Modifiziert ist diese Durchschnittsmiete deshalb, weil auf Grund der in den Jahren 1982 und 1993 eingeführten Beschränkungen, Bestandsmieten nur noch aus den letzten vier Jahren berücksichtigt werden dürfen. Es handelt sich um eine empirisch-normative Größe.[126] **44**

Die ortsübliche Vergleichsmiete ist in der Regel aber keine punktgenaue Einzelmiete,[127] sondern ein **repräsentativer Querschnitt** der üblichen Entgelte in der Gemeinde.[128] Der BGH **45**

---

[116] *Börstinghaus* in FS Eisenschmid S. 15 (Beilage zu WuM 2016, Heft 7).

[117] BGH (VIII ZR 17/16) NZM 2017, 189; m. Anm. *Röck* NZM 2017, 188; *Artz* NZM 2017, 281; *Fleindl* NZM 2017, 282.

[118] *Wild* MM 1998, 279; *Kofner* WuM 1997, 355.

[119] *Emmerich* in Staudinger § 558 BGB Rdn. 16.

[120] Zur Berechnung BGH (VIII ZR 346/10) NJW 2012, 1351 = WuM 2012, 281 = NZM 2012, 339 = MietPrax-AK, § 558 BGB Nr. 32 m. Anm. *Börstinghaus;* ders. WuM 2012, 244; *ders.* Der Sachverständige 2012, 183; *Blank* LMK 5/2012 Anm. 3; *Blank* ZMR 2013, 170; *Muth* ZMR 2012, 530; *Bühler* ZMR 2012, 531.

[121] BGH (VIII ZR 295/15) NZM 2017, 321 m. Anm. *Fleindl* NZM 2017, 325; BGH (VIII ZR 41/05) NZM 2006, 101; BayObLG RE v. 27.10.1992, WuM 1992, 677; LG Berlin GE 2010, 61.

[122] *Both* in Herrlein/Kandelhard § 558 BGB Rdn. 42; *Bünnemeyer/Hebecker/Werling* ZMR 2016, 96, 97.

[123] BGH (VIII ZR 110/04) NJW 2005, 2074; **a. A.** *Thomma* WuM 2005, 496, 497; Bub/Treier/*Schultz* Kap. III. A Rdn. 1342.

[124] Gegen den Begriff in diesem Zusammenhang: Bub/Treier/*Schultz* Kap. III. A Rdn. 1341: Es handele sich gerade nicht um einen statistischen Durchschnittswert.

[125] *Rupp* DWW 1979, 279.

[126] *Blank* ZMR 2013, 170.

[127] BGH (VIII ZR 30/09) NJW 2010, 149; BGH (VIII ZR 322/04) NJW 2005, 2621 = MietPrax-AK § 558 BGB Nr. 13 m. Anm. *Börstinghaus;* BGH (VIII RE 110/04) NZM 2005, 498 = NJW 2005, 2074 = MietPrax-AK, § 558 BGB Nr. 11 m. Anm. *Börstinghaus* (noch vorsichtig); LG Dortmund NZM 2006, 134; LG Berlin GE 2003, 1023; AG Dortmund NZM 2005, 258; WuM 2003, 627; *Kossmann/Meyer-Abich,* Hdb. d. Wohnraummiete, § 148 Rdn. 4; *Sternel* Mietrecht, III, 560; *Busz* Die Äquivalenz im freifinanzierten Wohnraummietrecht, S. 144; für die ortsübliche Nutzungsentschädigung nach § 5 Abs. 1 Satz 2 NutzEV ebenso BGH (XII ZR 175/07) WuM 2010, 38; BGH (XII ZR 49/10) WuM 2012, 568 = NZM 2012, 833.

[128] BayObLG RE v. 19.3.1981, NJW 1981, 1219; RE v. 27.10.1992, NJW-RR 1993, 202 und RE v. 22.3.2000, NZM 2000, 488, 489; LG München WuM 2002, 547, WuM 2000, 361, NJWE-MietR 1997, 123 mit krit. Anm. *Blank* WuM 1997, 178: die VB gegen das Urteil wurden nicht zur Entscheidung angenommen BVerfG WuM 1997, 202; LG Frankfurt NJW-RR 1991, 14; LG Lübeck WuM 1989, 306; *Thomma* WuM 2005, 496, 497; *Kunze/Tietzsch* Miethöhe, II, 241; *Schach* in Kinne/Schach/Bieber, § 558 BGB Rdn. 10.

spricht von einer **„Bandbreite“.**[129] Insofern ist der Begriff der ortsüblichen Vergleichsmiete etwas irreführend.[130] Maßgeblich ist die Definition in § 558 Abs. 2 BGB. Danach wird die ortsübliche Vergleichsmiete gebildet aus den *üblichen Entgelten*[131], die in der Gemeinde in den letzten vier Jahren vereinbart oder geändert worden sind. Das Gesetz gebraucht also ausdrücklich den Plural.[132] Daraus folgt, dass das Gesetz selbst davon ausgeht, dass es durchaus unterschiedliche Entgelte, die für eine vergleichbare Wohnung gezahlt werden, geben kann. Das wird im Zusammenhang mit der zeitlichen Komponente und den unterschiedlichen Wohnwertmerkmalen besonders deutlich. Mit den (orts-)üblichen Entgelten hebt das Gesetz also nicht auf einen punktuellen Wert innerhalb des Mietenspektrums ab, sondern auf eine **durch die Streubreite der üblichen Mietentgelte bestimmte Rahmengröße**[133], deren exakte wissenschaftliche Feststellung durchaus schwierig ist.[134] Die Mehrzahl der üblichen Entgelte bildet den Rahmen, der nicht überschritten werden darf, d. h. der obere Eckwert (= höchste Wert) dieses Rahmens bildet die Obergrenze, die der Vermieter bei seinem Begehren nicht überschreiten darf.[135] Richtig ist, dass sich dieser Rahmen (Streubreite) um einen Mittelwert herum gruppiert.[136] Der Vermieter kann selbst dann eine Mieterhöhung verlangen, wenn die **Ausgangsmiete bereits innerhalb der Bandbreite** lag, wenn die verlangte Miete am unteren Ende der Bandbreite der ortsüblichen Vergleichsmieten sich befindet.[137] Zweifelhaft ist unter empirischen Gesichtspunkten allenfalls, ob auch Bagatellmieterhöhungen um wenige Cent möglich sind.[138]

46 Dieses Begriffsverständnis wird gestützt durch eine **teleologische Auslegung.** § 558 Abs. 1 BGB soll dem Vermieter als Ausgleich für das **Verbot der Änderungskündigung** eine Anpassung an die allgemeine Mietentwicklung ermöglichen. Dabei soll sich die ortsübliche Vergleichsmiete an den auf dem Markt regelmäßig erzielbaren Mieten orientieren[139] Auch wenn durch die Ermittlung aus den erzielbaren Mieten der letzten 4 Jahre bei tendenziell steigenden Mieten ein Abstand zur aktuellen Marktmiete erreicht wird. Dies gesetzgeberische Ziel, wonach der Vermieter durchaus berechtigt sein soll, an die obere Grenze der natürlichen Streubreite der erzielbaren Mieten bei einem Mieterhöhungsverlangen zu gehen[140], kommt im Übrigen in § 558 a Abs. 4 Satz 1 BGB hinreichend deutlich zum Ausdruck. Danach genügt ein Mieterhöhungsverlangen den gesetzlichen Vorgaben, wenn die vom Vermieter verlangte Miete „innerhalb der **Spanne** liegt“, wenn der Mietspiegel eben solche enthält. Richtig ist zwar, dass die Vorschrift nicht zwingend verlangt, dass ein Mietspiegel Spannen ausweist, da die Vorschrift aber davon ausgeht, dass es solche Spannen gibt, ergibt sich aus der Vorschrift sehr wohl, dass auch der Gesetzgeber davon ausgeht, dass die ortsübliche Vergleichsmiete kein punktgenauer Wert[141] ist, sondern eben eine Spanne.

---

[129] BGH (VIII ZR 322/04) NJW 2005, 2621 = NZM 2005, 660 = MietPrax-AK § 558 BGB Nr. 13 m. Anm. *Börstinghaus;* BGH (VII ZR 30/09) NJW 2010, 149 = MietPrax-AK § 558 BGB Nr. 25 m. Anm. *Börstinghaus; ders.* WuM 2010, 218; *Mätschke* WuM 2010, 247.

[130] *Bünnemeyer/Hebecker/Werling* ZMR 2016, 96, 97 sprechen neuerdings von einem „Korridor von Mieten“ ohne dass sie erläutern worin sich ihr neuer Begriff von der üblichen Terminologie unterscheidet.

[131] Nach Bub/Treier/*Schultz* Kap. III. A Rdn. 1346 zwingt das Merkmal der „Üblichkeit“ nicht dazu die ortsübliche Vergleichsmiete als Durchschnittsmiete zu verstehen.

[132] Darauf weist ausdrücklich *Emmerich* in Staudinger § 558 BGB Rdn. 16 hin.

[133] BGH (VIII ZR 110/04) NJW 2005, 2074 = MietPrax-AK § 558 BGB Nr. 11 m. Anm. *Börstinghaus; Blank* ZMR 2013, 170; *Thomma* WuM 2005, 496.

[134] LG Berlin GE 2016, 1152.

[135] BGH (VIII ZR 30/09) WuM 2009, 746 = MietPrax-AK, § 558 BGB Nr. 25 m. Anm. *Börstinghaus; ders.,* LMK 12/2009 Anm. 2; *ders.* WuM 2010, 218; *ders.* Der Sachverständige 2010, 70; *Mätschke* WuM 2010, 247; BGH (VIII ZR 322/04) NJW 2005, 2621 = MietPrax-AK § 558 BGB Nr. 13 m. Anm. *Börstinghaus;* LG Berlin NZM 1999, 412; LG München NJWE-MietR 1997, 123 mit krit. Anm. *Blank* WuM 1997, 178: die VB gegen das Urteil wurden nicht zur Entscheidung angenommen BVerfG WuM 1997, 202; dieser Oberwert ist z. B. auch bei der Fehlbelegungsabgabe im Beschränkungsverfahren maßgeblich: VG Stuttgart WuM 1996, 482.

[136] LG Dortmund NZM 2006, 134; LG Lübeck WuM 1989, 306; AG Dortmund NZM 2005, 258, WuM 2003, 627.

[137] BGH (VIII ZR 322/04) NJW 2005, 2621 = MietPrax-AK § 558 BGB Nr. 13 mit Anm. *Börstinghaus;* Bub/Treier/*Schultz* Kap. III. A Rdn. 1055.

[138] AG Besigheim WuM 2009, 690; AG Braunschweig WuM 1991, 118; zweifelnd auch AG Dortmund WuM 2003, 627.

[139] BT-Drucks. 8/2610 S. 6.

[140] BGH (VIII ZR 30/09) NJW 2010, 149; BGH (VIII ZR 110/04) NJW 2005, 2074 = MietPrax-AK § 558 BGB Nr. 11 m. Anm. *Börstinghaus;* Bub/Treier/*Schultz* Kap. III. A Rdn. 1338; kritisch *Bühler* NZM 2011, 729.

[141] **A. A.** für das übliche Nutzungsentgelt gem. § 20 SchuldRAnpG: BGH (XII ZR 49/10) NZM 2012, 833 aber unter Hinweis auf die etwas unterschiedliche Formulierung im SchuldRAnpG und § 558 Abs. 2 BGB.

Diese Auslegung entspricht auch **verfassungsrechtlichen Vorgaben.** Das BVerfG hat in mehreren Entscheidungen[142] noch zum Miethöherecht des MHG ausgeführt, dass dem Vermieter auf Grund des MHG eine am örtlichen Markt orientierte Miete zusteht. Das MHG sollte ebenso wie heute die §§ 558–560 BGB nur die Ausnutzung von Mangellagen auf dem Wohnungsmarkt verhindern und Preisspitzen abschneiden. Bereits in der ersten grundlegenden Entscheidung hat das BVerfG auf Grund der damaligen Entscheidungspraxis der Amts- und Landgerichte darauf hingewiesen, dass die Gerichte nur zu überprüfen hätten, ob die vom Vermieter geforderte Mieterhöhung sich „im **Rahmen** der ortsüblichen Vergleichsmieten hält."[143] Diese Auffassung wird auch durch zwei Rechtsentscheide des BayObLG geteilt. Das BayObLG hatte sich in seiner Entscheidung vom 19.3.1981[144] der Auffassung des BVerfG angeschlossen, wonach die ortsübliche Vergleichsmiete ein objektiver Maßstab[145] ist, der einen **repräsentativen Querschnitt der üblichen Entgelte** darstellen soll; danach ist der Anspruch auf Zustimmung zu einer Mieterhöhung dann begründet, wenn die verlangte Miete das üblicherweise gezahlte Entgelt für vergleichbare Wohnungen nicht übersteigt. Auch wenn hier in den Entscheidungsgründen ausdrücklich im Singular von Entgelt die Rede ist, so ergibt sich deutlich aus dem Gebrauch des Wortes Querschnitt, dass eben kein punktgenauer Durchschnittswert gemeint ist. Später hat das BayObLG[146] diese Auffassung noch einmal bestätigt, indem es feststellte, dass die ortsübliche Vergleichsmiete ein repräsentativer Querschnitt der maßgeblichen Mieten ist. Der BGH hat sich dieser Auffassung inzwischen angeschlossen.[147] Die ortsübliche Vergleichsmiete ist im Übrigen auch **keine statische Größe,** weil sich das Mietenniveau durch Neuabschlüsse und Erhöhungsvereinbarungen laufend ändert. **47**

Für die Tatsache, dass die ortsübliche Vergleichsmiete immer eine **Bandbreite** ist, spricht auch, dass für ein und dieselbe Wohnung in der Praxis durchaus unterschiedliche Mieten gezahlt werden. Diese Streuung der Mietpreise erklärt[148] sich sowohl aus der Unschärfe des Preisbildungsmechanismus am Wohnungsmarkt, die zu unterschiedlichen Mieten für nahezu identische Wohnungen führen kann[149] als auch aus der Tatsache, dass entsprechend der gesetzlichen Vorgabe Mietvereinbarungen und -änderungen einfließen, die zu unterschiedlichen Zeitpunkten innerhalb des Vierjahreszeitraums zustande gekommen sind. Dies muss zwangsläufig zu einer Schwankungsbreite führen. Schließlich sprechen auch erhebungstechnische Gründe[150] gegen die Annahme, dass die ortsübliche Vergleichsmiete ein centgenauer Wert[151] ist, sondern vielmehr eine Bandbreite von Werten. Es gibt bei jeder empirischen Datenerhebung **Messfehler.**[152] Auch nach Ansicht des BGH kann die ortsübliche Einzelvergleichsmiete regelmäßig ihrer Höhe nach nicht mit mathematischer Genauigkeit gleichsam punktgenau ermittelt werden.[153] Erzielbar seien nur empirische, aus einer Beobachtung des Marktes und seiner Entwicklungen abzuleitende Annäherungswerte. Außerdem hängt das Ergebnis maßgeblich von der Qualität der Stichprobe ab, da keine Vollerhebung durchgeführt wird. Da die Stichprobe aber von der Grundgesamtheit abweichen kann, können auch sog. Stichproben- **48**

---

142 BVerfGE 37, 132; 53, 352.

143 BVerfGE 37, 132, 146.

144 BayObLG RE v. 19.3.1981, NJW 1981, 1219.

145 So auch BGH (VIII ZR 354/12) NZM 2013, 610 = MietPrax-AK § 558 BGB Nr. 33 m. Anm. *Börstinghaus; ders.* jurisPR-MietR 17/2013 Anm 2; *ders.* LMK 2013, 350130; *ders.* DS 2013, 299; *Schach* GE 2013, 1102; *Krapf* jurisPR-MietR 23/2013 Anm. 2.

146 BayObLG RE v. 27.10.1992, NJW-RR 1993, 202.

147 BGH (VIII ZR 30/09) NJW 2010, 149; BGH (VIII ZR 110/04) NJW 2005, 2074 = MietPrax-AK § 558 BGB Nr. 11 m. Anm. *Börstinghaus.*

148 So die Fortschreibung der Hinweise zur Erstellung von Mietspiegeln 1980 unter Bem. B V. 6; zu dem deshalb erforderlichen Konfidenzintervall: LG München I WuM 2000, 361.

149 Nach *Streich* WuM 1997, 93 streuen die Ergebnisse des Aushandelns zwischen Vermieter und Mieter bzgl. der gleichen Wohnung um ca. 20%; zu den Ursachen der Streuung auch *Bühler* NZM 2011, 729.

150 *Börstinghaus/Clar* Mietspiegel, Rdn. 97; *Milger* PiG 92 (2012), 189, 202.

151 Deshalb ist die Urteilsberichtigung des KG NZM 2009, 544 sehr zweifelhaft. Dort hatte der Senat die ortsübliche Vergleichsmiete bis auf die 3. Stelle hinter dem Komma errechnet und dann kaufmännisch gerundet; zustimmend zur der Entscheidung jedoch *Schach* GE 2009, 1011.

152 Nach Ansicht von *Milger* PiG 92 (2012), 189, 201 hat sich der BGH mit der auf solchen Messfehlern beruhenden Streubreite bisher nicht beschäftigt. Es spreche viel dafür, dass in diesem Fall der Vermieter nicht bis zur oberen Grenze der Streubreite die Zustimmung verlangen dürfe, da sonst das Risiko der Messungenauigkeit einseitig zu Lasten des Mieters gehe.

153 BGH (VIII ZR 295/15) NZM 2017, 321 m. Anm. *Fleindl*; BGH (XII ZR 175/07) WuM 2010, 38; (XII ZR 49/10) NZM 2012, 833.

fehler vorliegen, die einen Einfluss auf das Ergebnis haben.[154] Der Unterschied zeigt sich in folgendem

Beispiel: In einer Gemeinde gibt es 20 nach den Vorgaben des § 558 BGB vergleichbare Wohnungen. Alle Mietverhältnisse wurden in den letzten 4 Jahren neu vereinbart und zwar bei 10 Wohnungen mit 5 €/m² und bei 10 Wohnungen mit 6 €/m².

Da hier keine Miete unüblich ist und auch sonst keine Gewichtung vorzunehmen ist, stellt sich die Frage, ob die ortsübliche Vergleichsmiete der Mittelwert von 5,50 €/m² ist oder eine Bandbreite von 5 €/m² bis 6 €/m² mit der Folge, dass der Vermieter einen Anspruch auf den Oberwert von 6 €/m² hat. Nach der hier vertretenen Auffassung kann der Vermieter gem. § 558 Abs. 1 BGB eine Zustimmung bis 6 €/m² verlangen.[155]

II. Die Wohnwertmerkmale

1. Allgemeines

49 Für die Mietpreisbildung und die Ermittlung der Vergleichsmiete sind nach dem Gesetz nur die dort aufgeführten **fünf Wohnwertmerkmale** maßgeblich. Dabei ist anerkannt, dass in der Praxis diese Merkmale teilweise gar keinen Einfluss auf die Mietpreisbildung haben oder dass andere Faktoren eine viel größere Bedeutung haben.[156] Dies gilt z. B. für den **Lagefaktor,** der nach einigen Untersuchungen teilweise keine signifikante Bedeutung haben soll, nach anderen soll ihm aber eine überragende Bedeutung zukommen oder auch die Qualität der Wohnung, da z. B. für schlechtere Wohnungen im Einzelfall eine höhere Miete gezahlt wird als für bessere Wohnungen. Hingegen kommt einem subjektiven Merkmal wie der Wohndauer häufig eine besonders große Bedeutung zu, obwohl es nach den gesetzlichen Vorgaben gar nicht berücksichtigt werden darf.[157] Grundsätzlich kann man eine Wohnung mit unendlich vielen Merkmalen beschreiben, der Gesetzgeber hat aber angeordnet, dass nur die fünf näher bezeichneten Wohnwertmerkmale herangezogen werden dürfen.[158] Wegen eventueller Zuschläge s. § 558 a BGB Rdn. 50.

50 Das Gesetz verlangt in § 558 Abs. 1 BGB die Feststellung der Miete für denjenigen Wohnraum, der mit der konkreten Vertragswohnung, deren Miete erhöht werden soll, **vergleichbar** ist. Vergleichbar sind die Wohnungen, die nach Lage, Ausstattung, Größe, Beschaffenheit und Art in wesentlichen Punkten übereinstimmen.[159] Es genügt eine **überwiegende Übereinstimmung** bezüglich aller fünf Merkmale,[160] eine annähernde ist ebenso wenig erforderlich[161] wie eine vollständige Identität. Letztendlich geht es darum, unterschiedliche Wohnungsteilmärkte voneinander abzugrenzen. Deshalb ist hinsichtlich der Größe der Wohnung die Vergleichbarkeit nicht nach der reinen Quadratmeterzahl zu ermitteln,[162] sondern danach, ob es sich um einen ganz anderen Wohnungsmarkt handelt, wie es z. B bei Apartmentwohnungen und großen Altbauwohnungen[163] oder bei nur halb so großen Wohnungen der Fall ist. Ob Dachgeschosswohnungen, in der sämtliche Zimmer Schrägen aufweisen, mit einer Wohnung ohne Schrägen vergleichbar[164] sind oder nicht[165] ist in der Rechtsprechung umstritten. Zur Feststellung der ortsüblichen Vergleichsmiete für Mehr-Zimmer-Wohnungen dürfen die Mieten von Ein-Zimmer-Wohnungen ebenso wenig herangezogen werden, wie die von Wohnungen, deren Wohnfläche, die der zu beurteilenden

[154] *Dröge* Hdb. der Mietpreisbewertung, S. 229.

[155] So auch BGH (VIII ZR 30/09) WuM 2009, 746 = MietPrax-AK, § 558 BGB Nr. 25 m. Anm. *Börstinghaus;* BGH (VIII ZR 322/04) NJW 2005, 2621 = MietPrax-AK § 558 BGB Nr. 13 m. Anm. *Börstinghaus; Blank* ZMR 2013, 170, 173; nach *Milger* PiG 92 (2012), 189, 202 kann eine breite Marktstreuung nicht dazu führen, dem Vermieter die Anpassung der Miete „bis zum obersten, durch die Marktstreuung noch repräsentierten Wert" zu gestatten.

[156] So schon *Goch* WuM 1980, 69.

[157] Bub/Treier/*Schultz* Kap. III. A Rdn. 1418; falsch deshalb AG Berlin-Charlottenburg, Urt. v. 12.3.2015 – 203 C 527/14 (juris).

[158] *Milger* PiG 92 (2012), 189, 202.

[159] AG Mainz WuM 1972, 197.

[160] BGH (VIII ZR 216/13) NZM 2014, 747; AG Köln WuM 1988, 60.

[161] OLG Hamburg MDR 1974, 585.

[162] BVerfG NJW 1980, 1617; *Börstinghaus;* Flächenabweichungen in der Wohnraummiete, Rdn. 651.

[163] LG Berlin ZMR 1995, 77; LG Heidelberg WuM 1982, 214; *Gärtner* WuM 1998, 707.

[164] Dafür LG Hannover WuM 1992, 255.

[165] AG Wolfenbüttel WuM 1986, 343.

Wohnung um mehr als 50% übersteigen.[166] Auch die Mieten von Einfamilienhäusern sind mit denen von Wohnungen im Geschossbau nicht vergleichbar.[167] Im Übrigen müssen die Wohnungen aber eben nur „vergleichbar" und nicht identisch sein. Gibt es keine wirklich vergleichbaren Wohnungen führt dies nicht dazu, dass keine ortsübliche Vergleichsmiete ermittelt werden kann und damit dem Vermieter die Mieterhöhungsmöglichkeit nach § 558 BGB dauerhaft verwehrt ist.[168] Es muss dann versucht werden mittels vorhandener Daten und Zu- und Abschlägen die ortsübliche Vergleichsmiete ggf. durch Schätzung zu ermitteln.[169]

Vertragliche Vereinbarungen über Wohnwertmerkmale sind zumindest zu Lasten des Mieters unzulässig.[170] Bereits der Wortlaut des § 558 Abs. 2 BGB spricht dagegen. Der Gesetzgeber hat dem Vermieter in Abs. 1 einen durchsetzbaren Anspruch auf Zustimmung zu einer Miete, die die ortsübliche Vergleichsmiete nicht überschreitet, eingeräumt. Diese wird in Abs. 2 gesetzlich definiert. Abs. 6 verbietet anschließend zusätzlich alle Vereinbarungen zu Lasten des Mieters. Allein daraus ergibt sich schon deutlich, dass **lediglich die objektiven Gegebenheiten** maßgeblich sein sollen.[171] Auch die Systematik des Miethöherechts und die historische Auslegung sprechen gegen die Zulässigkeit von Vereinbarungen über Wohnwertmerkmale.[172] Der Anspruch auf die ortsübliche Vergleichsmiete ist als Ausgleich für das Verbot der Änderungskündigung geschaffen worden. Der Vermieter sollte trotz des Verbots eine am tatsächlichen Marktgeschehen orientierte Gegenleistung bekommen, die aber der Höhe nach nicht die Marktmiete erreichte. Nur bei der Staffelmiete wurde den Vertragsparteien eine gewisse Vertragsfreiheit eingeräumt. Aber auch dort sind z. B. schwer durchschaubare prozentuale Steigerungen der Miete unzulässig (§ 557a BGB Rdn. 37). Die Möglichkeit, von den tatsächlichen Gegebenheiten abweichende Beschaffenheitsvereinbarungen zu treffen, würde für den Mieter unabhängig, ob dies individual- oder formularvertraglich geschieht, völlig intransparent sein, da für beide Mietvertragsparteien nicht erkennbar ist, wie sich die Miete in den verschiedenen Wohnungsteilmärkten entwickeln wird. Der **Einfluss der einzelnen Wohnwertmerkmale** auf die ortsübliche Vergleichsmiete kann sich über die Jahre durchaus verändern.[173] Die ortsübliche Vergleichsmiete ist **ausschließlich nach den objektiven Gegebenheiten** zum Zeitpunkt der jeweiligen Mieterhöhung zu ermitteln.[174] **50a**

2. Art

Unter dem Wohnwertmerkmal „Art" werden solche Eigenschaften erfasst, die den objektiven Wohnwert einer Wohnung tatsächlich beeinflussen.[175] Deshalb ist mit diesem Wohnwertmerkmal vor allem die **Struktur des Hauses**[176] und der Wohnung gemeint. Unterscheidungsmerkmale sind hier u. a. abgeschlossene oder nicht abgeschlossene Wohnungen, Altbau oder Neubau, Einfamilienhaus, Reihenhaus oder Mehrfamilienhaus, Apartment oder Mehrzimmerwohnung.[177] Im **51**

---

166 LG Berlin ZMR 1995, 77; LG Potsdam GE 2003, 393; s. auch § 558a BGB Rdn. 91.

167 LG Berlin GE 2002, 1197; LG Hagen WuM 1997, 331; LG Köln WuM 1976, 129; LG Gera WuM 2002, 497; LG Hamburg WuM 2002, 698; AG Spandau MM 1997, 242; AG Schwelm WuM 1995, 592; *Börstinghaus* NZM 2009, 115; *Oberhofer* WuM 1995, 301; *Emmerich* in Staudinger § 558 BGB Rdn. 28; **a. A.** BGH (VIII ZR 58/08) NZM 2009, 27 = MietPrax-AK § 558a BGB Nr. 14 m. Anm. *Börstinghaus;* LG Hamburg ZMR 2003, 491; AG Hamburg-Blankenese/LG Hamburg ZMR 2003, 492; LG Mönchengladbach NZM 1998, 301; AG Hamburg-Blankenese HbGE 1988, 281, 283; *Kniep* NZM 2000, 166 und *Kniep/Spieth* GE 2000, 110; *Isenmann* WuM 1994, 448.

168 BGH (VIII ZR 220/13) NZM 2014, 349.

169 AG Straubing WuM 1985, 326; AG HH-Blankenese ZMR 2003, 492; 1998, 568; *Emmerich* in Staudinger § 558 BGB Rdn. 25.

170 BGH (VIII ZR 266/14) NZM 2016, 42 = NJW 2016, 239; *Börstinghaus* NZM 2013, 1; *Börstinghaus* in Börstinghaus/Clar NZM 2014, 889; *Emmerich* in Staudinger § 558 BGB Rdn. 29a; **a. A.** *Dickersbach* in Lützenkirchen, Mietrecht, § 558 BGB Rdn. 127ff.; *ders.* in: Erman § 558 BGB Rdn. 26a.

171 So ausdrücklich BGH (VIII ZR 46/12) NJW 2013, 775 = MietPrax-AK, § 558d BGB Nr. 1 m. Anm. *Börstinghaus.*

172 BGH (VIII ZR 266/14) NZM 2016, 42 = NJW 2016, 239 m. Anm. *Börstinghaus* jurisPR-BGHZivilR 2/2016 Anm 1; *ders.* LMK 2016, 375498; *Beyer* jurisPR-MietR 1/2016 Anm. 1.

173 Z. B. dargestellt an den Werten der verschiedenen Mietspiegel für Regensburg bei *Börstinghaus,* Flächenabweichungen in der Wohnraummiete, Rdn. 658.

174 BGH (VIII ZR 266/14) NZM 2016, 42 = NJW 2016, 239.

175 OLG Karlsruhe RE v. 23.12.1981, NJW 1982, 890.

176 So auch Bub/Treier/*Schultz* Kap. III. A Rdn. 1390.

177 Nach § 13 des Entwurfs einer MietspiegelVO (Stand 11.4.2016) sollen Mietspiegel Wohnungen in Mehrfamilienhäusern mit mehr als 2 Wohnungen erfassen (zu dem Entwurf § 558c – d Rn. 5).

Rahmen der „Zimmermiete" vermietete einzelne Räume mit Mitbenutzungsmöglichkeit von Bad und Küche sind als nicht abgeschlossene Wohnungen nicht mit abgeschlossenen Einzimmer-Apartments vergleichbar.[178] Wohnungen in Plattenbauten gehören der gleichen Art von Wohnungen an, selbst wenn es sich um unterschiedlichen Plattenbautypen handelt.[179] Das Wohnwertmerkmal Art überschneidet sich dabei mit dem Merkmal Beschaffenheit (Rdn. 77).[180]

52 **Mietwohnungen in Ein- und Zweifamilienhäusern** stellen einen anderen Wohnungsmarkt dar. Mietwohnungen in solchen Gebäuden sind mit Wohnungen in Mehrfamilienhäusern nicht zu vergleichen.[181] Als Miethäuser kommen sie zahlenmäßig nur sehr eingeschränkt vor. Sie sind wegen ihrer unterschiedlichen Ausstattung nur schwer vergleichbar. Nach empirischen Untersuchungen ist ein messbarer Zusammenhang zwischen Wohnflächengröße und Mietpreis bei diesen Objekten nicht feststellbar. Der vom Mieter angehaltene Maßstab ist hier nur die Gesamtmiete für das Objekt.[182] Außerdem werden die Mieten teilweise durch andere Merkmale beeinflusst. Häufig geschieht die Anmietung auch durch den Arbeitgeber, wenn es sich z. B. um leitende Angestellte handelt. Auch hier kann dann die Miethöhevereinbarung von anderen Kriterien bestimmt sein. Das Mietverhältnis zwischen Eigentümer und Arbeitgeber ist ein Gewerbemietvertrag, da der Mieter nicht selbst im Haus wohnt; erst das Vertragsverhältnis zwischen Arbeitgeber und Angestellten ist ein Wohnraummietverhältnis. Hier stehen aber häufig die arbeitsrechtlichen Beziehungen, z. B. verkappte Lohnzusatzleistungen, im Vordergrund. Das bedeutet zunächst einmal, dass die Mieten für Einfamilienhäuser wegen der fehlenden Vergleichbarkeit nicht zur Ermittlung einer Miete für eine Wohnung im Mehrfamilienhaus herangezogen werden dürfen. Das Gleiche gilt aber auch umgekehrt. Deshalb kann eine Mieterhöhung für ein Einfamilienhaus auch nicht mit einem Mietspiegel mit Werten für Geschosswohnungen begründet werden (dazu § 558 a Rdn. 35).[183] Ebenso wenig kann eine Mieterhöhung für eine Wohnung in einem Zweifamilienhaus mit den Mieten für Einfamilienhäuser begründet werden.[184]

53 Auch **Apartments** stellen einen Sondermarkt dar und sind mit normalen Kleinwohnungen[185] nicht zu vergleichen. Ein Apartment[186] ist eine aus 1 bzw. 1½ Räumen bestehende Kleinwohnung, die vom Vermieter zumindest teilweise eingerichtet ist. Zumindest eine Küche, ggf. auch Einbauschränke müssen vom Vermieter eingebaut worden sein. Apartments gehören nicht mit in die allgemeine Mietpreisübersicht für Wohnungen gleicher Größe, da bei ihnen mit der Miete eben auch weitere Vermieterleistungen, wie Teilmöblierung, abgegolten werden. Hinzu kommt, dass die Fluktuation der Mieter in solchen Wohnungen i. d. R. ebenfalls stärker ist,[187] wodurch ein höherer Verschleiß entsteht, der in die Mietkalkulation mit einfließt.

53a Problematisch ist in jüngster Zeit die Frage, ob es sich bei **möbliertem Wohnraum** um eine andere Art von Wohnraum i. S. d. § 558 Abs. 2 BGB handelt oder ob die Möblierung nur als Zuschlag zur ortsüblichen Vergleichsmiete für ansonsten unmöblierte Wohnungen hinzuzurechnen ist. Das Problem ist durch die Begrenzung der Wiedervermietungsmiete in den §§ 556d ff BGB akut geworden (dazu § 556d Rdn 60).[188] Nach bisheriger Rechtsauffassung wurde die ortsübliche Ver-

---

[178] LG Gießen NZM 2013, 381 m. Anm. *Börstinghaus,* jurisPR-MietR 19/2012 Anm. 3.

[179] AG Hohenstein-Ernstthal WuM 2004, 539.

[180] *Sternel* Mietrecht aktuell (2009), IV, 179.

[181] LG Berlin GE 2002, 1197; LG Hagen WuM 1997, 331; LG Köln WuM 1976, 129; LG Gera WuM 2002, 497; LG Hamburg WuM 2002, 698; AG Spandau MM 1997, 242; AG Schwelm WuM 1995, 592; *Börstinghaus* NZM 2009, 115; *Oberhofer* WuM 1995, 301; **a. A.** BGH (VIII ZR 58/08) NZM 2009, 27 = MietPrax-AK § 558 a BGB Nr. 14 m. Anm. *Börstinghaus;* LG Hamburg ZMR 2010, 287, 2010, 363, 2003, 491; LG Mönchengladbach NZM 1998, 301; AG Hamburg-Blankenese/LG Hamburg ZMR 2003, 492; AG Hamburg Blankenese HbGE 1988, 281, 283; *Kniep* NZM 2000, 166 und *Kniep/Spieth* GE 2000, 110; *Isenmann* WuM 1994, 448.

[182] *Stelter/Finger* GE 2005, 1471 die für Berlin und Umgebung eine entsprechende Preiserhebung durchgeführt haben.

[183] *Börstinghaus* NZM 2009, 115.

[184] AG Pankow/Weißensee WuM 2009, 239 = GE 2009, 582.

[185] Dabei kommt es auf den steuerrechtlichen Wohnungsbegriff und die dort aufgestellte Forderung (dazu BFH NZM 1998, 281) nach einer Mindestgröße nicht an; AG Köln WuM 1998, 726; **a. A.** *Gärtner* WuM 1998, 726.

[186] Zu den gesetzlichen und sonstigen Regelungen über Apartments s. *Börstinghaus/Clar* Mietspiegel, Rdn. 110.

[187] So auch LG Freiburg NJWE-MietR 1996, 51, 52 = WuM 1995, 714.

[188] Zu den vermeintlichen Vorteilen der Vermietung einer möblierten Wohnung im Zusammenhang mit der Begrenzung der Wiedervermietungsmiete: *Leutner* GE 2016, 1131; *Beuermann* GE 2016, 133; auf die Prozess-

gleichsmiete für möblierte Wohnungen aus der ortsüblichen Vergleichsmiete für unmöblierte Wohnungen zzgl. eines Möblierungszuschlags errechnet (dazu § 558a BGB Rdn. 64ff). Das ist für die Möblierung mit wenigen Möbelstücken, z. B. eine Einbauküche oder einen Essplatz, auch heute noch der uneingeschränkt richtig. Bei vollmöblierten Wohnungen, die z. B. an Expats[189] oder ähnliche Mietinteressenten vermietet werden, dürfte es sich inzwischen um einen ganz eigenen Wohnungsmarkt handeln. Diese Mieter suchen nur vollmöblierte Wohnungen, weil sie eigene Möbel gar nicht anschaffen wollen. Sie wollen hochmobil sein. Wenn aber ein ganz eigener Wohnungsteilmarkt vorliegt, dann muss hierfür auch eine eigene ortsübliche Vergleichsmiete ermittelt werden. Die Differenzierung kann nach hier vertretener Auffassung über das Merkmal „Art" erfolgen, vertreten wird aber auch die Differenzierung über das Merkmal „Ausstattung"[190]. Es muss sich wirklich um einen solchen eigenen Wohnungsteilmarkt handeln und nicht um eine „Umgehung" der Vorschriften der §§ 556d ff BGB. Dafür spricht, dass die Wohnung bisher unmöbliert vermietet wurde und nach Inkrafttreten der entsprechenden Landesverordnung nach § 556d Abs. 2 BGB erstmals möbliert vermietet wurde. Auch die Art und der Umfang der Möblierung spielen bei der Beurteilung eine Rolle und die örtlichen Gegebenheiten. In Orten ohne eine solche besondere Nachfrage spricht viel dafür, dass hier kein eigener Wohnungsmarkt vorliegt. Kriterium ist u. a. ob der Mieter die Möblierung gewollt hat, oder ob er sie in Kauf nehmen musste. Wenn kein eigener Wohnungsmarkt vorliegt, dann kommt allenfalls ein Zuschlag in Betracht, der aus dem Zeitwert und einer angemessenen Verzinsung zu berechnen ist (dazu § 558a BGB Rdn. 65).

Da die **Art der Finanzierung** eines Gebäudes keinen Einfluss auf den Wohnwert einer Wohnung hat, ist sie kein zulässiges Unterscheidungskriterium für das Merkmal Art.[191] **54**

Welche Bedeutung das genaue **Alter einer Wohnung** hat, ist umstritten. Während früher vereinzelt vertreten wurde, das Alter einer Wohnung sei unter das Wohnwertmerkmal „Art" zu subsumieren, geht die wohl h. M. in Übereinstimmung mit den Hinweisen zur Aufstellung von Mietspiegeln aus dem Jahre 2002[192] davon aus, dass es sich um eine Frage der „Beschaffenheit" handelt.[193] Letztendlich ist der Streit völlig unerheblich.[194] Richtig ist, dass das Alter einer Wohnung mietpreisbildende Bedeutung hat.[195] **55**

Nach Ansicht des BGH[196] soll es sich bei **renoviert und unrenoviert übergebenen Wohnungen,** wenn es um die AGB-Kontrolle von Schönheitsreparaturklauseln geht, um unterschiedliche Vertragsgegenstände handeln. Das würde bedeuten, dass es sich um eine unterschiedliche **Art** von Wohnraum handelt. Diese Einordnung ist zweifelhaft. Der Markt differenziert bei Vertragsschluss nicht zwischen den beiden Gruppen von Wohnungen. Anders als beim Autokauf, auf dem gezielt ein Neu- oder Gebrauchtwagen gesucht und gekauft wird, sucht der Mieter eine Wohnung. Der Renovierungszustand ist regelmäßig eher unerheblich. Nach Ansicht des BGH ist es zulässig hier unterschiedliche Mieten anzunehmen, wenn sich am Markt hier tatsächlich eine Differenzierung entwickelt.[197] Das ist aber kaum zu erwarten, weil dann die Vermieter mit einer wirksamen Abwälzung der Schönheitsreparaturen eine niedrigere Miete verlangen müssten. Die Frage ob es wirklich verschiedene Teilmärkte gibt, ist von der weiteren Frage, ob die Schönheitsreparaturen wirksam abgewälzt wurden zu unterscheiden. Bei fehlender Abwälzung gibt es keinen Zuschlag.[198] **55a**

---

risiken für den Mieter in diesem Zusammenhang weist *Weigelt*, Die wachsende Stadt als Herausforderung für das Recht (2016), S. 300 hin.

[189] Ein Expat ist eine Person, die vorübergehend oder dauerhaft ihren Wohnsitz in einem anderen Land hat als in dem sie gelebt hat und aufgewachsen ist um dort zu arbeiten. Regelmäßig handelt es sich um sehr (junge) sehr qualifizierte Arbeitskräfte.

[190] *Weigelt*, Die wachsende Stadt als Herausforderung für das Recht (2016), S. 300.

[191] OLG Karlsruhe RE v. 23.12.1981, NJW 1982, 890; LG Frankfurt GWW 1974, 396; *Dröge* Handbuch der Mietpreisbewertung, S. 183; so im Übrigen auch schon die Begründung des Regierungsentwurfes zum 2. Wohnraumkündigungsschutzgesetz BT-Drucks. 7/2011.

[192] Abgedruckt bei *Börstinghaus,* Miethöhe-Handbuch, 2. Aufl., S. 764.

[193] *Schach* GE 1994, 1026.

[194] So auch *Dröge* Handbuch der Mietpreisbewertung, S. 177; *Börstinghaus/Clar* Mietspiegel, Rdn. 112.

[195] Auf das Baualter wird deshalb erst beim Wohnwertmerkmal Beschaffenheit eingegangen.

[196] BGH (VIII ZR 185/14) BGHZ 204, 302 = NJW 2015, 1594 Rn 28.

[197] BGH (VIII ZR 181/07) BGHZ 177, 186 = NJW 2008, 2840 = MietPrax-AK § 558 BGB Nr. 19 m. Anm. *Börstinghaus; Lehmann-Richter* BGHReport 2008, 1001; *Blümmel* GE 2008, 1086; *Niebling* ZMR 2008, 881; *Häublein* ZMR 2009, 1; BGH (VIII ZR 83/07) WuM 2008, 487; BGH (VIII ZR 118/07) NJW 2009, 1410.

[198] BGH (VIII ZR 181/07) BGHZ 177, 186 = NJW 2008, 2840 = MietPrax-AK § 558 BGB Nr. 19 m. Anm. *Börstinghaus; Lehmann-Richter* BGHReport 2008, 1001; *Blümmel* GE 2008, 1086; *Niebling* ZMR 2008, 881; *Häublein* ZMR 2009, 1; BGH (VIII ZR 83/07) WuM 2008, 487; BGH (VIII ZR 118/07) NJW 2009, 1410.

3. Größe

56 Die Wohnungsgröße hat im System der Mieterhöhung auf die ortsübliche Vergleichsmiete eine doppelte Bedeutung.[199] Zum einen ist sie ein Wohnwertmerkmal und hat damit Einfluss auf die **Höhe der Quadratmetermiete;** zum anderen hat sie Einfluss auf die Höhe der Gesamtmiete, die das Produkt der Quadratmetermiete und der Wohnfläche darstellt. Für das Wohnwertmerkmal Größe kommt es auf den Einfluss der Wohnfläche auf die Quadratmetermiete an. Mit dem Wohnungsmerkmal **„Größe"** ist vor allem die **Quadratmeterzahl** einer Wohnung, aber durchaus auch die **Zimmeranzahl** gemeint. Über die Wohnungsgröße werden nämlich ganz unterschiedliche Wohnungsteilmärkte voneinander abgegrenzt.[200] So waren in der Vergangenheit die pro Quadratmeter gezahlten Mieten bei kleineren Wohnungen höher als bei sog. Normalwohnungen. Demgegenüber wurden in der Vergangenheit bei sehr großen Wohnungen durchaus niedrigere Mieten pro Quadratmeter gezahlt als bei sog. Normalwohnungen.[201] Dies hat neben dem Einfluss von Angebot und Nachfrage seine Ursache auch darin, dass die **Gestehungskosten für kleine Wohnungen** zum Teil genauso groß sind wie die von großen Wohnungen. Der Bau eines Badezimmers kostet unabhängig von der Größe der restlichen Wohnung ungefähr gleichviel. Das Gleiche gilt für die Wohnungsabschlusstür, die Haustür, eine eventuell vorhandene Gegensprechanlage, eine Terrassentür und die Kücheninstallation oder die Therme bei einer Etagenheizung. Bei Modernisierungen werden die entstandenen Kosten gem. § 559 BGB auf viel weniger m^2 umgelegt als bei größeren Wohnungen. Von daher ist es gerechtfertigt, der Wohnungsgröße eine große Bedeutung beizumessen. Setzt man z. B. eine 100 m^2 große Wohnung mit 100% an, dann betrug die Miete für eine 20 m^2 große Wohnung nach vorliegenden älteren Untersuchungen[202] ca. 172% bis 184%, für eine 150 m^2 große Wohnung aber nur ca. 91%. In den aktuellen Hinweisen zur Aufstellung von Mietspiegeln aus dem Jahr 2002[203] heißt es dementsprechend zum Wohnwertmerkmal Größe: *„Über die Wohnungsgröße können unterschiedliche Wohnungsteilmärkte voneinander abgegrenzt werden. Die Wohnungsgröße hat erfahrungsgemäß einen hohen Anteil an der Erklärung der Mietpreisunterschiede.* Insbesondere bei Wohnungen unter 40 m^2 steigt die Quadratmetermiete, je kleiner die Wohnung ist, überproportional stark an. Bei den größeren Wohnungen entwickelt sich die Abhängigkeit zwischen Wohnungsgröße und Quadratmetermiete demgegenüber nicht mehr so stark.[204] Der Wohngeld- und Mietenbericht der Bundesregierung für das Jahr 2010[205] bestätigte diese Feststellungen ebenfalls, kam dann aber zu dem Ergebnis, dass im Vergleich zu früher die Unterschiede zwischen den Größenklassen etwas zurückgegangen seien. In Einzelfällen kann das tatsächliche Marktgeschehen hiervon durchaus abweichen. Der Mietspiegel für Frankfurt (2004) z. B. wies nicht unbedingt für größere Wohnungen eine niedrigere Quadratmetermiete aus. Dies liegt u. a. daran, dass es dort nur wenige 4 oder 5 Zimmerwohnungen gibt, für die dann auch mehr Miete gezahlt wird. Ebenfalls kann dies Phänomen bei Wohnungen in besonders guten Lagen **(Adresslagen)** auftreten. Hier handelt es sich häufig zugleich um besonders repräsentative Wohnungen, für die Mieter trotz der Wohnungsgröße insgesamt eine höhere Quadratmetermiete zu zahlen bereit sind. Die Größe der Wohnung ist dort kein „Abschlagsmerkmal". Jedoch hat ein Mietspiegel dann keinen Überzeugungswert, wenn in ihm pauschal ein Zuschlag für Wohnungen für Wohnraum über 110 m^2 von 5% ausgewiesen wird, ohne dies in irgendeiner Form zu differenzieren. Hier spricht die Erfahrung dagegen, dass wirklich für alle größeren Wohnungen ein Zuschlag gezahlt wird. Der Einfluss der Wohnungsgröße auf die Höhe der Miete kann sich örtlich auch über die Jahre verändern.[206] Der

---

[199] Ausführlich hierzu *Börstinghaus,* Flächenabweichungen in der Wohnraummiete, Rdn. 648ff.

[200] Nach Bub/Treier/*Schultz* Kap. III. A Rdn. 1393 sollte deshalb die ortsübliche Vergleichsmiete nur aus Wohnungen ermittelt werden, die nicht mehr als 20% voneinander abweichen. Nach § 17 des Entwurfs einer MietspiegelVO (Stand 11.4.2016) können in Mietspiegeln Größenklassen zusammengefasst werden. (zu dem Entwurf § 558c–d Rn. 5).

[201] Zu diesen Abhängigkeiten und den Veränderungen siehe ausführlich *Börstinghaus,* Flächenabweichungen in der Wohnraummiete, Rdn. 655ff.

[202] S. hierzu die tabellarischen Zusammenstellungen bei *Börstinghaus,* Flächenabweichungen in der Wohnraummiete, Rdn. 656ff.; *Aigner/Oberhofer/Schmidt* WuM 1993, 16; *Oberhofer/Schmidt* WuM 1995, 137; *Streich* DWW 1980, 188 und DWW 1984, 90; *Walterscheid* NZM 1998, 990, 991; *Sprengnetter* Handbuch zur Ermittlung von Grundstückswerten, Teil 14, 1/5/3.

[203] Abgedruckt bei *Börstinghaus,* Miethöhe-Handbuch, 2. Aufl., S. 764.

[204] *Börstinghaus,* Flächenabweichungen in der Wohnraummiete, Rdn. 657.

[205] BT-Drucks. 17/6280, S. 33.

[206] So hat die Datenerhebung für den Mietspiegel Dortmund Stand 1.9.2002 für Wohnungen zwischen ca. 80–100 qm noch einen Abschlag ergeben, für Wohnungen über 100 qm war ein solcher Abschlag aber nicht

Vermieter ist für Wohnungsgröße beweispflichtig.[207] Wenn er jedoch eine bestimmte Wohnfläche vorträgt, stellt das einen substantiierten Sachvortrag dar[208], den wiederum der Mieter substantiiert bestreiten muss. Ein Bestreiten mit Nichtwissen ist nicht möglich.[209] Ein substantiierter Vortrag ist ihm auch zumutbar, da die Fläche in seinem Wahrnehmungsbereich liegt. Er kann die Wohnfläche der gemieteten Wohnung überschlägig vermessen und seinerseits einen bestimmten abweichenden Flächenwert vortragen. Das gilt auch für Wohnungen, die Dachschrägen und eine Loggia haben. Erforderlich sei zumindest eine laienhafte Vermessung.[210]

Wie die **Quadratmeterzahl genau zu ermitteln** ist, ist durchaus im Einzelfall strittig.[211] Nach **57**
Ansicht des BGH[212] hat die Prüfung, nach welchen Vorschriften die Wohnfläche zu ermitteln ist, in einer **dreistufigen Prüfung** zu erfolgen: Maßgeblich sind zunächst ausdrückliche oder konkludente **Vereinbarungen** der Vertragsparteien über das anzuwendende Regelwerk. Wenn hierzu keine Feststellungen getroffen werden können, ist eine eventuelle **Ortssitte** maßgeblich.[213] Erst wenn auch diese nicht ermittelt werden kann, ist auch im preisfreien Wohnungsbau die Fläche nach den zum **Zeitpunkt des Vertragsschlusses** geltenden **Vorschriften für den preisgebundenen Wohnungsbau** zu ermitteln.[214] Bemerkenswert ist dabei der zeitliche Faktor in der dritten Stufe. Im öffentlich geförderten Wohnungsbau gelten nämlich regelmäßig die §§ 42–44 II. BV (in der bis 31. Dezember 2003 gültigen Fassung) weiter. § 5 WoFlV (bzw. der insofern gleichlautende § 42 Abs. 1 II. BV n. F.) bestimmt, dass es in den Fällen, in denen die Wohnfläche bis zum 31. Dezember 2003 nach der II. BV berechnet wurde, bei dieser Berechnung bleibt. Nur wenn nach dem 31. Dezember 2003 bauliche Änderungen an dem Wohnraum vorgenommen worden sind, die eine Neuberechnung der Wohnfläche erforderlich machen, sind die Vorschriften der WoFlV anzuwenden. Dies ist im preisfreien Wohnungsbau nach der Rechtsprechung des BGH[215] anders. Hier wird **auf den Vertragsschluss abgestellt.** Demnach ist die WoFlV auf alle Vermietungsfälle ab dem 1. Januar 2004 anzuwenden, im Übrigen ist die Fläche nach den §§ 42–44 II. BV zu ermitteln.[216] Die Möglichkeit der Vereinbarung der Wohnungsgröße und der Art ihrer Berechnung hat aber nur Konsequenzen für die mietrechtliche Gewährleistung, nämlich die Frage, ob eine Abweichung der Ist-Beschaffenheit von der mietvertraglich vereinbarten Sollbeschaffenheit vorliegt. Für die Mieterhöhung hat dies keine Bedeutung. Selbst wenn die Parteien zulässigerweise z. B. bei einer Maisonettewohnung mit Dachschrägen im ausgebauten Spitzboden im Mietvertrag die reine Grundfläche der Wohnung nach DIN 277 angesetzt haben, ohne dabei einen Abzug von Flächen mit einer lichten Höhe unter zwei Meter vorzunehmen[217], ist die Wohnfläche für Mietverhältnisse aus der Zeit vor dem 1. Januar 2004 aufgrund der bis zum 31. Dezember 2003 anwendbaren §§ 42–44 der II. BV, für Mietverhältnisse jüngeren Datums nach der ab dem 1. Januar 2004 geltenden WoFlV[218] zu ermitteln.[219] Dies ergibt sich daraus, dass anderenfalls ein „Äpfel-Birnen-Pro-

---

nachweisbar; eine grafische Gegenüberstellung der Bedeutung der Wohnungsgröße auf die Miethöhe am Beispiel der Mietspiegel für Regensburg befindet sich bei *Börstinghaus,* Flächenabweichungen in der Wohnraummiete, Rdn. 658.

[207] AG Wedding GE 2006, 331.

[208] BGH Urt. v. 31.5.2017 – VIII ZR 181/16.

[209] BGH Urt. v. 31.5.2017 – VIII ZR 181/16.

[210] BGH Urt. v. 31.5.2017 – VIII ZR 181/16.

[211] Eine Darstellung der verschiedenen Berechnungsvorschriften und -methoden befindet sich bei *Börstinghaus,* Flächenabweichungen in der Wohnraummiete, Rdn. 24 ff.; *Langenberg* NZM 2009, 76.

[212] BGH (VIII ZR 86/08) NZM 2009, 477 = NJW 2009, 2295 = MietPrax-AK § 536 BGB Nr. 23 mit Anm. *Eisenschmid.*

[213] So z. B. für Anrechnung der Terrassenfläche auch nach Inkrafttreten der WoFlV zu 50% in Berlin: LG Berlin, GE 2011, 1086 oder die fehlende Ortssitte für Anrechnung der Balkonfläche in Hamburg: LG Hamburg ZMR 2013, 284.

[214] BGH (VIII ZR 86/08) WuM 2009, 344 = MietPrax-AK § 536 BGB Nr. 23 m. Anm. *Eisenschmid;* BGH (VIII ZR 44/03) NJW 2004, 2230 = MietPrax-AK § 536 BGB Nr. 2 m. Anm. *Eisenschmid; Lammel* LMK 2004, 121; zur Wohnflächenermittlung s. Anh. zu § 556 a BGB.

[215] BGH (VIII ZR 144/09) NZM 2010; auch schon BGH (VIII ZR 164/08) NJW 2010.

[216] So auch LG Hamburg ZMR 2013, 284; AG Schöneberg GE 2010, 919 mit Anm. *Kinne* GE 2010, 874.

[217] Für einen Abzug auch immer LG Hamburg WuM 2016, 434.

[218] Die WoFlVO gilt gem. Art. 125 a GG auch nach Inkrafttreten der Föderalismusreform und der damit verbundenen Änderung der Ermächtigungsgrundlage in § 19 WoFG fort; einige Bundesländer haben eigene landesgesetzliche Regelungen getroffen.

[219] BGH (VIII ZR 86/08) NZM 2009, 477 = MietPrax-AK § 536 BGB Nr. 23 mit Anm. *Eisenschmid;* m. Anm. *Wassermann* jurisPR-BGHZivilR 12/2009 Anm. 3; *Eupen* GE 2009, 744; *Lammel* jurisPR-MietR 14/2009 Anm. 1.

blem" auftaucht, wenn eine Wohnung, deren Grundfläche nach der DIN 277 ermittelt wurde, im Mieterhöhungsverfahren mit Wohnungen verglichen wird, deren Fläche nach der WoFlVO ermittelt wurde.[220] Dies ist z. B. dann der Fall, wenn die Wohnflächen der Mieten, die in den Mietspiegel eingeflossen sind, nach den strengeren Wohnflächenregeln ermittelt wurden. Diese Werte können dann nicht uneingeschränkt auf die Grundflächen übertragen werden. Besonders offensichtlich würde dieses Problem bei der Feststellung einer Mietpreisüberhöhung für zwei völlig identische Wohnungen bei denen einmal die Wohnfläche nach DIN 277 im Mietvertrag vereinbart wurde und einmal keine Vereinbarung getroffen wurde, so dass die WohnflächenVO maßgeblich ist. Man wird hier i. E. keinen Unterschied machen können, obwohl bei der Heranziehung eines Mietspiegels und der Multiplikation mit der höheren Grundfläche ein anderes Ergebnis auf der Hand zu liegen scheint.

58 Auswirkungen hat die Frage der Wahl der Berechnungsmethode allenfalls für **Balkone, Dachgärten, Freisitze**[221], Veranden, Wintergärten und Loggien Bedeutung.[222] Nach § 44 Abs. 2 II. BV werden diese Flächen **zur Hälfte** und nach der WoFlV und der DIN 283 lediglich **zu einem Viertel** angerechnet.[223] Auch die Flächen von Hobbyräumen, die bauordnungsrechtlich nicht zum dauerenden Aufenthalt von Menschen geeignet sind,[224] sind zumindest teilweise bei der Flächenberechnung für eine Mieterhöhung zu berücksichtigen.[225] Soweit die Flächenberechnung nach den §§ 42–44 II. BV zu erfolge hat steht es allein dem Vermieter zu, zu bestimmen, mit welcher Quote die Freiflächen angerechnet werden.[226] Es kommt **nicht auf objektive Kriterien,** wie Ausrichtung, Lage und Qualität des Balkons an. Bei fehlender ausdrücklicher Vereinbarung kann jedoch eine abweichende Ortssitte zu berücksichtigen sein.[227] Soweit in der II. BV noch von einem gedeckten Freisitz die Rede ist, entspricht dies heute einer Terrasse. Dieser Begriff wird jetzt auch in der WoFlV verwendet. Was unter einem gedeckten Freisitz genau zu verstehen war, war in der Vergangenheit immer wieder strittig.[228] Das BVerwG[229] hatte bereits 1977 entschieden, dass ein gedeckter Freisitz wie die anderen drei in der Vorschrift genannten Außenflächen dem Nutzer Offenheit, Sicherheit und Sichtschutz gewähren muss. Mit dieser Begründung kam das BVerwG zu dem Ergebnis, dass ein Freisitz ein von der Gartenfläche abgegrenzter Raum sei, der ausschließlich einem angrenzenden Wohnraum zugeordnet sei, ohne dass er unbedingt überdacht sein müsse. Der Begriff „gedeckt" verlange nur einen Sichtschutz. Daran hat der *BGH*[230] angeknüpft und entschieden, dass sozusagen ungeschriebenes Tatbestandsmerkmal des Begriffes des „gedeckten Freisitzes" sei, dass dieser an eine Wohnung angrenze. Dies folge schon aus der maßgeblichen Verkehrsanschauung und entspreche auch der wohntechnischen Definition des Begriffs des Freisitzes. Eine 20 Meter vom Haus entfernt liegende Sitzecke ist deshalb kein Freisitz/Terrasse i. S. d. der Flächenberechnungsvorschriften. Überdacht muss die Terrasse nicht zwingend sein[231], auf das Erfordernis eines Sichtschutzes hat der BGH[232] inzwischen auch verzichtet, wenn zwar kein Sichtschutz bestehe, es in der Gemeinde aber ortsüblich sei, auch nicht „gedeckte" Terrassen zur Hälfte als Wohnfläche anzurechnen.[233] Nach heute **üblicher Definition ist eine Terrasse** ein ebenerdiger Platz

---

220 *Ähnlich* Emmerich in Staudinger § 558 BGB Rdn. 31.

221 AG Neuss DWW 1994, 186 = WuM 1993, 410: Die Fläche eines von drei Seiten völlig einsehbaren Freisitzes ist bei der Wohnflächenberechnung mit 8% einzubeziehen; m. Anm. *Isenmann* WuM 1993, 410.

222 Siehe hierzu ausführlich *Börstinghaus,* Flächenabweichungen in der Wohnraummiete, Rdn. 313ff.; *Isenmann,* DWW 1994, 178.

223 Dafür LG München WuM 1984, 113.

224 Zur Minderung insofern: BGH (VIII ZR 231/06) NZM 2007, 595 (Hobbykeller als Schlafraum genutzt); BGH (VIII ZR 275/08) NJW 2009, 3421 (Flächenanrechnung auch bei öffentlich-rechtlicher Nutzungsbeschränkung, solange Behörde nicht einschreitet).

225 AG Wedding GE 2017, 481 (wohl mindestens 50%).

226 BGH (VIII ZR 86/08) NZM 2009, 477.

227 BGH (VIII ZR 86/08) NZM 2009, 477.

228 OLG Nürnberg, NJW-RR 2001, 82, 83; LG Saarbrücken, WuM 2010, 446; LG Hamburg, WuM 1996, 278; *Dröge,* Handbuch, S. 21; *Isenmann* WuM 2006, 303f.

229 BVerwGE 52, 178, 182.

230 BGH (VIII ZR 218/08) NJW 2009, 2880.

231 So auch LG Saarbrücken WuM 2010, 445.

232 Erforderlich: BGH (VIII ZR 144/09) NZM 2010, 313; nicht zwingend erforderlich: BGH (VIII ZR 164/08) NZM 2010, 36 = NJW 2010, 292.

233 So hat das LG Berlin, GE 2011, 1086 entschieden, dass es in Berlin, auch nach Inkrafttreten der WoFlV, ortsüblich sei, Terrassenflächen weiter mit 50% anzurechnen.

an der Wohnung, der ausschließlich einem angrenzenden Wohnraum zugeordnet, mit einem festen Bodenbelag versehen und zum Aufstellen von Tischen und Stühlen geeignet ist.[234]

59 Entscheidend ist immer die **tatsächliche Fläche.**[235] Vereinbarungen über die Wohnungsgröße im Mietvertrag sind unerheblich.[236] Soweit der BGH[237] früher eine andere Ansicht vertreten hat, hat er diese inzwischen aufgegeben. Dabei ist es unerheblich, ob die Flächenabweichungen mehr oder weniger als 10% beträgt und ob sie zugunsten oder zuungunsten des Mieters erfolgt ist. Im Mieterhöhungsverfahren kommt es nur auf objektive Kriterien an. Zwar stellt die Angabe einer Wohnfläche regelmäßig eine Beschaffenheitsvereinbarung dar, damit wird aber die für eine spätere Mieterhöhung auf die ortsübliche Vergleichsmiete einzustellende Größe der Wohnung nicht mit einem von den tatsächlichen Verhältnissen abweichenden fiktiven Wert verbindlich festgelegt. Jede in einem Wohnraummietvertrag enthaltene, von der tatsächlichen Wohnungsgröße abweichende Wohnflächenangabe ist für eine Mieterhöhung ohne rechtliche Bedeutung. Das ganze System der Mieterhöhung auf die ortsübliche Vergleichsmiete ist historisch und systematisch so angelegt, dass es nur auf die den Vergleich zwischen objektiven Kriterien ankommt.

60 Nur wenn man im Mieterhöhungsverfahren die tatsächliche Wohnungsgröße berücksichtigt erreicht man auch eine **Kongruenz** mit der Rechtsprechung des *BGH* zur **Mietminderung bei Flächenabweichungen.** Ist die tatsächliche Fläche der Wohnung mehr als 10% kleiner[238] als im Mietvertrag vereinbart, dann spricht eine – unwiderlegliche – tatsächliche Vermutung dafür, dass eine Gebrauchsbeeinträchtigung im Sinne des § 536 Abs. 1 BGB vorliegt. Die Miete mindert sich in diesem Fall im gleichen Verhältnis wie die tatsächliche Fläche kleiner als die vereinbarte Fläche ist.[239] Dieser „Mangel" ist ein nicht behebbarer Mangel, der im Rahmen des Wohnwertmerkmals „Beschaffenheit" zu berücksichtigen ist. Bei Mieterhöhungen ist die ortsübliche Vergleichsmiete aus Wohnungen mit einer vergleichbaren mangelhaften Beschaffenheit, also hier der geringeren Fläche, zu ermitteln.[240] Da für kleinere Wohnungen tendenziell eine höhere Miete pro Quadratmeter gezahlt wird, ist die anzusetzende Quadratmietermiete höher. Das erscheint inkonsequent, da die Miete wegen des Mangels nun höher ist als ohne den Mangel. Das ist aber nur vordergründig richtig, weil es sich insoweit nur um einen ersten Rechenschritt handelt. Der Mieter schuldet eine Miete für die Wohnung als Gesamtmiete und keine Quadratmetermiete. Diese ermittelt sich aus der (evtl. höheren) ortsüblichen Vergleichsmiete pro Quadratmeter für kleinere Wohnungen multipliziert mit der Wohnfläche. Die Anwendung der §§ 557 Abs. 4, 558 Abs. 6 BGB führt zu einem Ergebnis, das keine Widersprüche oder Brüche zum Gewährleistungsrecht entstehen lässt, und zum anderen wird der mangelhafte Zustand der Wohnung ab dem Zeitpunkt der Mieterhöhung beseitigt. Dies gilt bei Flächenabweichungen unabhängig von ihrer prozentualen Höhe. Ob die Abweichung tatsächlich einen Mangel i. S. des § 536 BGB darstellt, ist unerheblich.

61 Etwas Anderes gilt aber dann, wenn der Mieter die Wohnungsvergrößerung auf eigene Kosten vorgenommen hat.[241] Insofern gelten die gleichen Grundsätze wie Mietereinbauten (Rdn. 74).

62 Bei Vereinbarung einer kleineren als der tatsächlich vorhandenen Fläche besteht unabhängig von der Größe der Abweichung auch kein Anspruch des Vermieters auf Mieterhöhung nach den Grundsätzen des Wegfalls der Geschäftsgrundlage.[242] Dies Rechtsinstitut ist bei Fallgestaltungen der vorliegenden Art gar nicht anwendbar. Die §§ 558 ff BGB sind abschließende Sondervorschriften, die einen Rückgriff auf das allgemeine Rechtsinstitut des Wegfalls der Geschäftsgrundlage aus-

---

234 LG Landau (Pfalz) WuM 2014, 740; LG Saarbrücken WuM 2010, 446; LG Hamburg WuM 1996, 278.

235 *Börstinghaus,* Flächenabweichungen in der Wohnraummiete Rn. 677; *Beyer* NJW 2010, 1025, *ders.* NZM 2010, 417; *ders.* WuM 2010, 614; *Börstinghaus* WuM 2009, 461; *ders.* GE 2009, 1201; *ders.* LMK 9/2009 Anm. 1; *Bub* PiG Bd. 88 (2010), 45; *Derleder* WuM 2010, 202; *Heix* WuM 2009, 706; 709.

236 BGH (VIII ZR 266/14) NZM 2016, 42 = NJW 2016, 239 = MietPrax-AK § 558 BGB Nr. 36 m. Anm. *Börstinghaus; ders* jurisPR-BGHZivilR 2/2016 Anm. 1; *ders.* LMK 2016, 375498; *Beyer* jurisPR-MietR 1/2016 Anm. 1; *Beuermann* GE 2016, 30; *Heix* WuM 2016, 263.

237 BGH (VIII ZR 138/06) NZM 2007, 727 = NJW 2007, 3122; (VIII ZR 205/08) NJW 2009, 2739 = NZM 2009, 613.

238 AG Dortmund ZMR 2014, 369: Die Grenze ist starr. Selbst geringfügige Unterschreitungen sind unerheblich.

239 St. Rspr. des BGH seit (VIII ZR 44/03) NJW 2004, 2230; BGH (VIII ZR 295/03) NJW 2004, 1947; BGH (VIII ZR 133/03) NZM 2004, 456; **a. A.** BGH (XII ZR 97/09) NJW 2012, 3173.

240 *Börstinghaus,* Flächenabweichungen in der Wohnraummiete, Rdn. 776.

241 LG Berlin ZMR 2003, 263; *Kinne* GE 2003, 100, 1004.

242 BGH (VIII ZR 266/14) NZM 2016, 42 = NJW 2016, 239 = MietPrax-AK § 558 BGB Nr. 36 m. Anm. *Börstinghaus.*

schließen. Bereits der Wortlaut des § 557 Abs. 3 BGB sieht vor, dass der Vermieter „nur" nach Maßgabe der §§ 558 bis 560 BGB eine Mieterhöhung verlangen kann. Im Übrigen sind auch die allgemeinen Tatbestandsvoraussetzungen des § 313 Abs. 1 BGB nicht erfüllt. Danach kommt die Anpassung eines Vertrages wegen einer nach Vertragsschluss eingetretenen schwerwiegenden Änderung von Umständen, die zur Grundlage des Vertrages geworden sind, nur dann in Betracht, wenn einem Vertragsteil unter Berücksichtigung aller Umstände des Einzelfalls, insbesondere der vertraglichen oder gesetzlichen Risikoverteilung, das Festhalten am unveränderten Vertrag nicht zugemutet werden kann. Hier hat der Gesetzgeber aber in den §§ 558ff BGB eine gesetzliche Regelung geschaffen, die zugleich eine gesetzliche Risikoverteilung darstellt. Diese Regelungen sind abschließend und schließen entgegen der früheren Rechtsprechung des BGH auch bei Flächenabweichungen von mehr als 10% einen Rückgriff auf § 313 BGB aus. Der Umstand, dass die Wohnfläche sich gegenüber der vereinbarten nachträglich als größer herausgestellt hat, ist deshalb für eine nach dem Regelungskonzept des Gesetzgebers vorzunehmenden Mieterhöhung ohne rechtliche Bedeutung.

63 Problematisch ist die Ermittlung der maßgeblichen **Wohnungsgröße** bei der Datenerhebung vor **Erstellung eines Mietspiegels.**[243] Da hierfür die gezahlte qm-Miete für vergleichbaren Wohnraum erfasst werden muss, ist nicht nur die Feststellung der maßgeblichen Miete für die Wohnung erforderlich, sondern auch die die Wohnungsgröße. Nach der Differenzierung des BGH ist bei absolut gleich hoher Wohnungsmiete und absolut gleicher Wohnungsgröße die maßgebliche Quadratmetermiete unterschiedlich hoch, da bei fehlender Flächenangabe die tatsächliche Fläche maßgeblich ist, bei einer zu groß vereinbarten Wohnung diese Fläche und bei zu klein vereinbarter Fläche die kleinere Fläche. Das alleine ist schon kaum verständlich und nicht handhabbar. Wenn man dann jeweils noch die 10% Grenze beachtet, ist die Datenerfassung gänzlich unmöglich. Im Übrigen stellt sich dann die Frage, wie bei der Datenerfassung der vermeintliche Anspruch auf Vertragsanpassung nach § 313 BGB zu berücksichtigen ist. Da bei der Datenerhebung ja tatsächliche Werte zu erfassen sind, kann diese Grenze keine Rolle spielen. Richtigerweise muss bei der Datenerhebung nicht die vereinbarte, sondern die tatsächliche Wohnungsgröße zu Grunde gelegt werden, auch wenn dies erfassungstechnisch schwer zu bewerkstelligen ist. Auf die Qualifizierung eines Mietspiegels kann dies dann Auswirkungen haben, wenn solche Flächenabweichungen in großem Stil in der Gemeinde vorkommen.[244] Das muss substantiiert von einer Partei im Prozess vorgetragen werden. In der Regel ist diese Tatsache für den Vermieter günstiger, da in der Mehrzahl der Fälle die vertraglich vereinbarte Fläche größer als die tatsächliche Fläche ist und die „Umstellung" auf die tatsächliche Fläche zu einer höheren Quadratmetermiete führt.

64 **Änderungen der Wohnfläche** haben i. d. R. keinen unmittelbaren Einfluss auf die Miete.[245] Etwas Anderes gilt nur dann, wenn die Parteien mietvertraglich eine Quadratmetermiete vereinbart haben,[246] anderenfalls ist die vereinbarte Miete für die Wohnung zu zahlen. Vergrößert sich nun die Wohnfläche, z. B. nach einer Modernisierung, dann kann der Vermieter neben der Modernisierungserhöhung nach § 559 BGB die Miete nur unter den Voraussetzungen des § 558 BGB erhöhen,[247] wobei sich die zu erhöhende Vertragsmiete pro m^2 auf Grund der Vergrößerung verringert. Es besteht kein Anspruch auf zusätzliche Zahlung der bisherigen Quadratmetermiete für die neu hinzugekommenen Quadratmeter.[248] Die Parteien haben eine Miete für die Wohnung vereinbart und keine Quadratmetermiete.[249]

Beispiel: Die Wohnfläche vergrößert sich von 70 m^2 auf 80 m^2, die Miete beträgt 700 €. Die ortsübliche Vergleichsmiete beträgt 9 €/m^2. Unter Berücksichtigung der Jahressperrfrist und der Kappungsgrenze könnte der Vermieter hier eine Erhöhung auf 720 €/m^2 verlangen. Hat der Vermieter die Miete nach § 559 BGB bereits um 20 € erhöht, scheidet eine Mieterhöhung nach § 558 BGB aus.

---

243 Zu den Konsequenzen *Börstinghaus* in Börstinghaus/Clar NZM 2014, 889.

244 Zu den Konsequenzen *Börstinghaus* in Börstinghaus/Clar NZM 2014, 889.

245 *Emmerich* in Staudinger § 558 BGB Rdn. 32b; *Dickersbach* in Lützenkirchen, Mietrecht, § 558 BGB Rdn. 98.

246 OLG Dresden MDR 2014, 1069; LG Berlin NZM 2002, 733.

247 LG Kiel WuM 1977, 125.

248 Etwas anderes ergibt sich auch nicht aus BGH (VIII ZR 298/13) WuM 2014, 546. Dort ging der Senat von einer zumindest konkludenten Zustimmung des Mieters zu einer Mietabänderungsvereinbarung gem. § 557 Abs. 1 BGB aus; kritisch dazu *Eisenschmid,* jurisPR-MietR 21/2014 Anm. 2.

249 Nach *Dickersbach* WuM 2010, 160; *Dickersbach* in Lützenkirchen, Mietrecht, § 558 BGB Rdn. 98ff.; *Eisenschmid* in Eisenschmid/Wall, Betriebskostenkommentar, Rdn. 4044 hat eine Vertragsanpassung nach den Grundsätzen des Fehlens der Geschäftsgrundlage stattzufinden.

Das Gleiche gilt auch, wenn sich durch Nachmessen herausstellt, dass die Wohnfläche von Anfang an größer war und zwar selbst dann, wenn im Mietvertrag eine Klausel enthalten ist, wonach die durch Neuvermessung ermittelte Wohnfläche zum Vertragsbestandteil wird.[250]

Die **Kappungsgrenze** ist dabei nach der Miete für die Wohnung zu berechnen und nicht nach der Quadratmetermiete[251] (Rdn. 155). Ist die Wohnung kleiner, als die Parteien im Mietvertrag festgehalten haben, ändert sich die Miete ebenfalls nicht. Verringert sich die Wohnfläche nachträglich auf Grund von Umbauten ist die Miete nach den Grundsätzen des Wegfalls der Geschäftsgrundlage, § 313 BGB, anzupassen. **65**

4. Ausstattung

Unter dem Wohnwertmerkmal der **Ausstattung** wird alles verstanden, was der Vermieter dem Mieter zur ständigen Benutzung zur Verfügung gestellt hat und für das der Mieter keine besondere Vergütung zu zahlen hat.[252] Hierzu zählen zunächst **alle räumlichen Ausstattungsmerkmale** wie z. B. Waschküche, Kellerräume oder Speicherräume, Bodenräume, Trockenräume und Garagen (soweit hierfür keine gesonderte Vergütung gezahlt wird). Unerheblich ist, ob die Ausstattungsgegenstände dem Vermieter gehören oder ob er sie selbst nur gemietet oder geleast hat.[253] Entscheidend ist allein, was der Vermieter dem Mieter zur Verfügung stellt. Wie er sich die vermieteten Gegenstände selbst besorgt hat ist im Verhältnis zum Mieter unerheblich. Etwas Anderes kann allenfalls dann gelten, wenn der Mieter die Beschaffungskosten (z. B. Leasinggebühren) über die Betriebskostenabrechnung tragen muss. Hat der Vermieter Ausstattungsmerkmale erst im Rahmen einer Modernisierungsmaßnahme nachträglich geschaffen, kommt es nicht darauf an, ob der Mieter die Modernisierung überhaupt hätte dulden müssen oder ob der Vermieter auf eine Mieterhöhung gem. § 559 BGB verzichtet hat.[254] Hat der Mieter vermietete und vom Vermieter zur Verfügung gestellte Ausstattungsgegenstände entfernt und durch eigene ersetzt, ist die ursprüngliche Ausstattung weiter maßgeblich.[255] Ferner gehören zur Ausstattung die **zur gemeinsamen Benutzung verfügbaren Räume** wie z. B. Fahrradkeller, Vorplätze, Geschosstreppen und Treppenhäuser, Waschkeller, Trockenräume, Fahrrad- oder Kinderwagenräume. Besonders mietpreisbildend sind die sonstigen in die Wohnung eingebauten Ausstattungsstücke wie Wandschränke und Garderoben, Heizungen, Badezimmereinrichtungen und Bodenbeläge sowie die außerhalb der Wohnung vorhandenen Angebote wie z. B. Gärten, Terrassen, Kinderspielanlagen, soweit sie zu einer Wohnung gehören, aber auch als Gemeinschaftseinrichtungen. Seit der Mietrechtsänderung 2013 ist klargestellt, dass auch der energetische Zustand des Hauses bei der Beurteilung der Ausstattung zu berücksichtigen ist. (siehe dazu Rdn. 81). **66**

Entsprechend den bis 1996 geltenden Hinweisen zur Aufstellung von Mietspiegeln[256] wird in Mietspiegeln häufig immer noch unterschieden zwischen **67**

- Wohnung mit Bad oder Dusche und Sammelheizung
- Wohnung mit Bad/Dusche oder Sammelheizung
- Wohnung ohne Bad, Duschraum und Sammelheizung

obwohl diese Differenzierung in der heutigen Zeit überholt ist.[257]

Bei den **Beheizungsarten** für die Wohnung muss zwischen den verschiedenen Systemen unterschieden werden. Rechtlich gibt es als Anknüpfungspunkt nur die HeizkostenV. Dort gibt es den Begriff der *zentralen Heizungsanlage*. Damit ist jede Heizung gemeint, die von einer zentralen Stelle aus ein Gebäude mit mehreren Nutzern mit Wärme versorgt.[258] Für die Beurteilung der Ausstattung einer Wohnung mit einer bestimmten Heizung ist dies aber kein geeignetes Kriterium. **68**

---

[250] LG Berlin NZM 2002, 733.

[251] BGH (VIII ZR 266/14) NJW 2009, 2739 = NZM 2009, 613; LG Berlin GE 2014, 1455; LG Hamburg ZMR 2014, 363; AG Charlottenburg MM 3/2014, 29; *Emmerich* in Staudinger § 558 BGB Rdn. 32/32a („die **a. A.** ist mit dem Gesetz nur schwer zu vereinbaren"); **a. A.** LG Halle GE 2013, 549 („Festhalten an Kappungsgrenze ergibt keinen Sinn"); *Kinne* GE 2014, 1378 („wäre konsequent").

[252] *Keller* Zivilrechtliche Mietpreiskontrolle, S. 134.

[253] LG Berlin GE 2008, 1259; GE 2007, 55; Bub/Treier/*Schultz* Kap. III. A Rdn. 1399.

[254] LG Berlin MM 2012 Heft 11 S. 29.

[255] AG Charlottenburg GE 2014, 1009.

[256] Abgedruckt bei *Börstinghaus/Clar* Mietspiegel, im Anhang B III.

[257] *Lammel* § 558 BGB Rdn. 37.

[258] *Schmid* in MünchKomm § 1 HeizkostenV Rdn. 3.

Hier geht es um die Erfassung eines bestimmten Wohnwertes. Dazu muss wie folgt unterschieden werden:

Beheizungsart	Untergruppe	Beschreibung/Definition
Einzelöfen	Gasöfen Kohleöfen Elektrostrahler Elektroheizung	Diese beheizen nur einen einzelnen Raum oder sogar nur Teile. Die Außenwandöfen (Gamat[259]) fallen genauso wenig unter diese Kategorie wie die NARAG-Heizungen[260] oder die Forster-Heizung.[261]
Sammelheizungen	Eine Sammelheizung liegt immer dann vor, wenn sämtliche[262] Wohnräume automatisch erwärmt werden. Unabdingbares Erfordernis für eine Sammelheizung ist, dass die Brennstoffversorgung automatisch erfolgt.[263]	
	Etagenheizung	zentrale Wärmeerzeugung für eine Wohnung
	Zentralheizung[264]	zentrale Wärmeerzeugung für mehrere Wohnungen[265]
	Fernwärme[266]	Wärme für mehrere Wohnungen wird von Dritten gewerblich geliefert

69 Umstritten ist die Einordnung der **Nachtspeicherheizung.** Zum Teil werden Nachtspeicheröfen in die Gruppe der Einzelöfen eingeordnet,[267] zum Teil aber auch in die Gruppe der Sammelheizungen Untergruppe Etagenheizungen.[268] In den alten Ländern ist dieser Streit dann von Bedeutung, wenn der Mietspiegel als textliche Beschreibung für die Einordnung einer Wohnung den Begriff der Sammelheizung als besonderes Ausstattungsmerkmal aufweist. Würde man die Nachtspeicherheizung in diesem Fall nicht als Sammelheizung verstehen, müsste die Wohnung in die Ausstattungsklasse Einzelöfen oder sogar als Wohnung ohne Heizung eingruppiert werden. Verglichen damit ist die Nachtspeicherheizung sicher einer typischen Sammelheizung näher als den anderen Kategorien. Dabei darf aber nicht vergessen werden, dass der Komfort nicht völlig gleich ist. Eine Nachtspeicherheizung muss rechtzeitig aufgeladen werden, sie birgt ggf. das Risiko von Asbestimmissionen,[269] und sie nimmt in jedem Raum mehr Platz als ein normaler Heizköper ein. Soweit in gesetzlichen Regelungen oder Mietspiegelerläuterungen der Begriff Zentralheizung verwandt wird, fallen Nachtspeicherheizungen nicht darunter, da sie die Wärme gerade dezentral erzeugen.[270]

70 Problematisch ist die Einordnung der Wohnung in den Fällen, in denen der Vermieter im Rahmen von **Wärme-Contracting** (zum Begriff s. § 556c BGB) die Heizung nicht selbst betreibt.[271] Obwohl dem Vermieter hier keine Kosten entstehen, hat der Mieter i. E. den gleichen Komfort als

[259] AG Berlin-Mitte NZM 2002, 950, MM 1996, 368; **a. A.** AG Hamburg-Barmbeck ZMR 2016, 966 für eine mittels Gasboiler betriebene NARAG-Heizung.

[260] LG Hamburg NZM 2002, 945; AG Hattingen WuM 1990, 221; OVG Hamburg WuM 1995, 666; *Sternel* Mietrecht aktuell (2009), IV, 174.

[261] LG Berlin MM 2007, 147; AG Lichtenberg MM 2003, 343; **a. A.** LG Berlin GE 1990, 609.

[262] Nach LG Berlin GE 1997, 429 kann ein Heizkörper in Küche und Kammer aber fehlen; AG Hohenschönhausen WuM 1996, 776: Fehlender Heizkörper im Bad unschädlich; *Sternel* Mietrecht aktuell (2009), IV, 174.

[263] LG Hamburg ZMR 2001, 896; AG Lichtenberg MM 2003, 343.

[264] Einrohrheizungen mit ungedämmten Leitungen stellen keine moderne Heizungsanlage dar – AG Erfurt WuM 2012, 380 –.

[265] AG Tempelhof-Kreuzberg/LG Berlin GE 2008, 1430.

[266] BGH (VIII ZR 262/09) NZM 2012, 323: Um Fernwärme handelt es sich nur dann, wenn der Energieversorger hohe Investitionen vorzunehmen hat, um seine Vertragspflicht zur Wärmelieferung erfüllen zu können. Die Anmietung einer bereits vorhandenen, im Eigentum des Kunden stehenden Heizungsanlage genügt nicht.

[267] LG Duisburg WuM 1990, 562; AG Essen WuM 2001, 361; *Isenmann* NZM 1998, 143.

[268] LG Berlin GE 1989, 723, GE 1997, 1471; AG Hamburg-St. Georg GE 2006, 1239; *Sternel* Mietrecht aktuell (2009), IV, 174.

[269] LG Dortmund ZMR 1994, 410; LG Hannover WuM 1997, 434; AG München WuM 1996, 762; *Isenmann* NZM 1998, 143.

[270] Noch zu § 12 MHG: AG Liebenwerda WuM 1995, 658; AG Liebenwerda DWW 1996, 193; AG Grimmen WuM 1996, 227; AG Hohenstein MM 1996, 167; *Meyer* ZMR 1995, 565.

[271] Umfassend dazu *Eisenschmid* WuM 1998, 449; *Tiefenbacher* NZM 2000, 161; *Schmid* DWW 2000, 147; *Derleder* WuM 2000, 3.

wenn dies so wäre. Da sich für diese Wohnungen z. Zt. noch kein eigener Teilmarkt gebildet hat[272], müssen die Wohnungen in die vorhandenen Kategorien eingeordnet werden. Von den Marktteilnehmern werden solche Wohnungen aber als Wohnung mit Heizung betrachtet, so dass eine Einordnung in die Kategorie „ohne Heizung"[273] z. Zt. den Gegebenheiten nicht gerecht wird.[274] Vereinzelt werden in Mietspiegeln auch Abschläge für diese Beheizungsart entsprechend den Vorschriften für den preisgebundenen Wohnungsbau oder in anderer Höhe[275] angeordnet. Sieht der Mietspiegel einen Abschlag für die Beheizung mit Fernwärme vor, kann entweder dieser Abschlag auch bei der Beheizung mittels Wärmecontracting in Ansatz gebracht werden oder die Wohnung deswegen unterhalb des Median in die Mietspiegelspanne eingruppiert werden.[276] Es ist gerechtfertigt einen solchen benannten Abschlag in Ansatz zu bringen.[277] Der Vermieter hat dem Mieter nur ein beheizbares Objekt zur Verfügung gestellt. Auch wenn der Komfort im Ergebnis gleich ist, liegt wirtschaftlich ein Unterschied vor. Der Mieter muss Teile der Beheizungskosten nämlich zusätzlich über den Wärmepreis zahlen. Dieser Teil ist als Teil der Grundmiete zu betrachten. Wirtschaftlich wird auch der Vermieter nicht schlechter gestellt, da er den Teil der Heizungskosten, den er ansonsten aus der Grundmiete finanzieren müsste, selbst gar nicht mehr tragen muss.[278]

Unter einem **Bad** wird ein separater Raum verstanden, der mit funktionsfähiger Badewanne **71**
und/oder Dusche ausgestattet ist.[279] Ein Handwaschbecken dürfte regelmäßig erforderlich sein.[280] Hat der Mieter das Waschbecken eingebaut, dann wird das Waschbecken selbst dann nicht berücksichtigt, wenn es wirtschaftlich abgeschrieben ist.[281] Unerheblich sind die Größe des Bades und die Tatsache, dass es nur über die Küche erreichbar ist.[282] Bei der Differenzierung nach dem Ausstattungsmerkmal **WC** geht es vor allem um die Unterscheidung zwischen Innen- und Außen-WC. Der Begriff WC meint aber zwingend eine Toilette mit Wasserspülung. Ein Trockenklosett ist deshalb selbst wenn es innerhalb der Wohnung liegt kein Innen-WC.[283]

Eine so **grobe Differenzierung** erlaubt aber kaum eine Aufteilung des Wohnungsbestandes auf **72**
verschiedene Merkmalsgruppen, da zumindest Wohnraum der letzten Kategorie kaum noch vorhanden ist. Aus der Gebäude- und Wohnungszählung geht hervor, dass im Jahre 1968 gerade 29,8% der Wohnungen mit Bad, WC und Sammelheizung ausgestattet waren, 37,8% hatten keine Sammelheizung, 11,6% besaßen nur ein WC ohne Bad. 20 Jahre später, im Jahre 1987 hatte sich dies Verhältnis grundlegend umgedreht. Ca. ¾ aller Wohnungen waren zu diesem Zeitpunkt bereits mit Sammelheizung, Bad und WC ausgestattet, 21,9% noch ohne Sammelheizung, lediglich noch 3,1% nur mit einem WC, 1% noch ohne Bad und WC.[284] Allenfalls dann, wenn diese Ausstattungsmerkmale vom Mieter eingebaut wurden (s. dazu u. Rdn. 74) und deshalb nicht berücksichtigt werden dürfen, kann es vereinzelt in den alten Ländern noch zur Eingruppierung in diese Kategorie kommen. Deshalb ist für die Beurteilung der Ausstattung auch noch auf weitere Kriterien zu achten. Die Hinweise zur Aufstellung von Mietspiegeln aus dem Jahre 2002[285] geben zum Wohnwertmerkmale Ausstattung folgende Differenzierungskriterien an:

---

272 AG Flensburg WuM 2015, 508; WuM 2015, 507 m. Anm. *Börstinghaus* jurisPR-MietR 24/2015 Anm. 1.

273 Zweifelnd *Eisenschmid* WuM 1998, 449, 452.

274 AG Dortmund WuM 2014, 672, bestätigt durch LG Dortmund WuM 2015, 737 = ZMR 2016, 112 und 113; *Sternel* Mietrecht aktuell (2009), IV, 175.

275 So enthielt z. B. der Mietspiegel Dortmund Stand 1.9.2008 einen Abschlag für „Wohnungen, für die mit einem gewerblichen Wärmelieferanten ein Wärmeliefervertrag abgeschlossen (Nahwärme; Contracting) wurde" von 0,16 €; im Mietspiegel 2013 ist ein Abschlag nur für die Beheizung mittels Fernwärme vorgesehen.

276 AG Dortmund WuM 2014, 672, bestätigt durch LG Dortmund WuM 2015, 737 = ZMR 2016, 112 und 113.

277 AG Flensburg (Abt. 62) WuM 2015, 507 (von 0,17 €); (Abt. 64) WuM 2015, 508 (von 0,22 €) m. Anm. *Börstinghaus* jurisPR-MietR 24/2015 Anm. 1.

278 AG Flensburg WuM 2015, 508 m. Anm. *Börstinghaus* jurisPR-MietR 24/2015 Anm. 1.

279 AG Tempelhof-Kreuzberg MM 1999, 79.

280 LG Halle WuM 2000, 551; AG Berlin-Mitte MM 2004, 339; *Sternel* Mietrecht, III, 593; **a. A.** AG Berlin-Mitte GE 1996, 985; Urt. v. 27.5.2009 – 9 C 17/08.

281 LG Halle WuM 2000, 551; LG Berlin GE 2002, 594 (Bad soll nach 8 Jahren ins Eigentum des Eigentümers übergehen).

282 LG Berlin GE 2007, 597.

283 *Busch* WuM 1997, 271; **a. A.** AG Hohenstein-Ernstthal WuM 1997, 270.

284 Zitiert nach *Keller,* Zivilrechtliche Mietpreiskontrolle, S. 135.

285 Abgedruckt bei *Börstinghaus,* Miethöhe-Handbuch, 2. Aufl., S. 764.

73 – *Beheizung: Unterscheidung nach Fernheizung, Blockheizung bzw. Blockheizkraftwerk, Zentralheizung, Etagenheizung, Nachtstromspeicherheizung, Einzelöfen (Gas, Kohle, Öl), teilweise Beheizung; Bestehen eines Wärmeliefervertrages mit einem gewerblichen Wärmelieferanten (Wärmecontracting).*
– *Bad, Toilette: separates Badezimmer oder Badenische (Länge und Breite des Bades); Gäste-WC; Badewanne und (separate) Duschtasse (mit fester Duschabtrennung), Bidet; fehlendes Waschbecken, zwei Waschbecken; Verfliesung (z. B. deckenhoch); Messeinrichtungen für die Wasserver- und -entsorgung, um den individuellen Verbrauch zu ermitteln.*
– *Küche: hier ist zu prüfen, inwieweit eine Küchenausstattung in den einzelnen Bundesländern zur Standardausstattung einer Wohnung gehört bzw. von der jeweiligen Landesbauordnung vorgeschrieben ist, bzw. Kücheneinrichtungen typischerweise nicht mitvermietet werden: Kochnische, Koch- oder Wohnküche; Warmwasserversorgung, Versorgungs- und Entsorgungsanschlüsse; Fliesenspiegel; Küchengeräte (Elektro-, Gas-, Mikrowellenherd, Kühl-, Gefrierschrank, Dunstabzugshaube, Geschirrspülmaschine).*
– *Grundriss- und Zimmermerkmale: Wohndiele, Speisekammer; Größe des kleinsten und größten Wohnraumes; Wohnraumhöhe; gefangene Räume (Durchgangszimmer; Räume, die nur über einen anderen Raum zu erreichen sind).*[286]
– *Balkon, Terrasse, Garten: Balkon oder Loggia mit Größenangabe evtl. mit Angaben zur Ausrichtung (Nord- oder Südbalkon) oder zur Nutzbarkeit; Terrasse, Dachterrasse mit Größenangabe (evtl. mit Angaben zur Pflasterung).*
– *Altersgerechte Ausstattung: altersgerechte Ausstattung (barrierefrei nach DIN 18025 2. Teil); behindertengerechte Ausstattung (barrierefrei nach DIN 18025 1. Teil); Betreuungsvertrag (betreutes Wohnen), sowohl entgeltlich als auch unentgeltlich.*
– *Andere vom Vermieter fest installierte Einrichtungen in der Wohnung: besonders gestaltete Fenster (z. B. Rundbogen- oder Sprossenfenster); Verglasung der Fenster (unterschiedlicher Wärmedämmstandard – Zwei-Scheiben-Isolierverglasung bzw. Dämmverglasung oder höherwertige Wärmeschutzverglasung; Abfrage von K-Werten bei Vermieterbefragungen möglich – und spezielle Funktionen – Schallschutzverglasung, einbruchhemmende Verglasung); Rollläden an allen Fenstern; Anschluss an Satellitenanlage/Kabelanschluss in der Wohnung; Abstellkammer (begehbar, größer als 1 qm) in der Wohnung; Einbauschränke; Holztäfelung, Stuck; Gegensprechanlage; Besondere Sicherheitsausstattung (z. B. Türspion, Sicherheitsschlösser ohne überstehenden Schließzylinder); Oberböden (ohne Bodenbelag vermietet, Teppichböden, Laminatböden, Holzdielen, Parkett-/Fliesenfußböden, Marmorfußboden oder gleichwertige Natursteine); offener Kamin, Kaminofen, Kachelofen; Elektro-/Gas-/Wasserinstallation über Putz verlegt.*
– *Vom Vermieter gestellte und außerhalb der Wohnung liegende Räume bzw. Einrichtungen: Aufzug (Fahrstuhl), über den die Wohnung zu erreichen ist; Waschmaschine, Wäschetrockner, Trockenraum; Fahrradkeller, -abstellraum, Hobby-, Werkraum; Speicherraum (Dachboden); Kinderspielplatz, Grillplatz; Sauna, Schwimmbad; Garten zur alleinigen Nutzung oder zur Mitbenutzung; Einzel-, Doppelgarage, Stellplatz.*
– *Angaben zu Erneuerungen bzw. Modernisierungen: erstmaliger Einbau einer Heizung; nachträgliche Erneuerung der Heizung; erstmaliger Dusch- oder Badeinbau; Baderneuerung bzw. -modernisierung; Zwei-Scheiben-Isolierverglasung bzw. Dämmverglasung bei allen Fenstern und Außentüren (z. B. Wohnungstür, Türen zu Balkonen); Nachträglicher Einbau einer höherwertigen Verglasung, z. B. höherwertige Wärmeisolierung, Schallschutz, Einbruchschutz; Wärmedämmung (Dämmung der Außenwände, des Daches oder der Kellerdecke); Türenmodernisierung; Fußbodenerneuerung, d. h. eine über die reine Oberflächeninstandhaltung/-instandsetzung hinausgehende Verbesserung, z. B. Fliesen- oder Parkettverlegung; Leitungsmodernisierung (Elektroinstallationen einschließlich Verstärkung der Leistungsquerschnitte); Modernisierung der Wasserver- und -entsorgung, z. B. Verlegung neuer Anschlüsse für Waschmaschine, Wäschetrockner oder Spülmaschine innerhalb von Wohnungen; Verbesserung der Wohnverhältnisse durch Veränderung des Wohnungsgrundrisses.*

74 **Auf Kosten des Mieters vorgenommene Wohnwertverbesserungen** bleiben unberücksichtigt. Dies ist insbesondere der Fall, wenn der Mieter die Wohnungen mit Einrichtungen versehen hat oder Ein- oder Umbauten vorgenommen hat[287], z. B. auch Ein- und Umbauten, die der

---

[286] Für gefangenen Raum als „Abschlagfaktor" auch LG Dortmund WuM 2003, 297.

[287] BGH (VIII ZR 315/09) NZM 2010, 735; (VIII ZR 220/13) NZM 2014, 349; BayObLG RE v. 24.6.1981, NJW 1981, 2259; LG Berlin GE 2011, 1011; 2008, 1627; 2008, 1258; 2001, 594; LG Baden-Baden WuM 1993, 358; LG Hamburg WuM 1990, 441; LG Köln WuM 1985, 334; AG Köpenick GE 2015, 131; AG Hamburg NJWE-MietR 1996, 268; *Emmerich* in Staudinger § 558 BGB Rdn. 34; *Horst* DWW 2016, 162 **a. A.** AG Schönberg GE 2011, 1491 (im Rahmen der Anwendung der Orientierungshilfe zu berücksichtigen).

Mieter gem. § 554 a BGB zur Herstellung der Barrierefreiheit vorgenommen hat.[288] Ein Vermieterwechsel[289] ändert daran ebenso wenig etwas wie der Eintritt oder Vertragsfortsetzung mit Angehörigen nach Tod des Mieters.[290]. Dies gilt auch, wenn der Mieter auf Grund des Vertrages zum Einbau dieser Ausstattung verpflichtet war.[291] Jede andere Beurteilung der Frage würde dazu führen, dass der Mieter für die von ihm vorgenommene Verbesserung der Mietsache einen Nachteil hinnehmen müsste. Die Mietereinbauten sind deshalb selbst dann nicht zu berücksichtigen, wenn dem Mieter gegenüber dem Vermieter Ausgleichsansprüche gem. §§ 539, 552, 951 BGB zustehen[292] oder wenn die Mietereinbauten abgeschrieben sind.[293] Eine entsprechende Anwendung der Regelungen über den Baukostenzuschuss scheidet hier aus. Der Mieter wollte dem Vermieter gegenüber gar keine Leistung erbringen. Er hat „seine Wohnung" seinen Bedürfnissen gemäß ausstatten wollen und hat deshalb gegenüber dem Vermieter auch keine **Gewährleistungsansprüche** bezüglich dieser Ausstattungsmerkmale. Die Parteien können hier aber abweichende Vereinbarungen[294] treffen, z. B. bei umfangreichen Mieterumbauten, die vom Vermieter teilweise bezuschusst wurden.[295] Eine solche Vereinbarung kann sich z. B. daraus ergeben, dass ein neuer Mietvertrag nach der Mietermodernisierung mit einem anderen Vermieter geschlossen wird.[296] Hat der Mieter nur vom Vermieter zur Verfügung gestellte Ausstattungsgegenstände ausgetauscht handelt es sich weiterhin um zu berücksichtigende Ausstattungsmerkmale.[297] Hat der Mieter jedoch **auf eigene Kosten** eine Sammelheizung eingebaut, gilt die Wohnung auch dann für die Mieterhöhung als ofenbeheizt, wenn nach der vertraglichen Vereinbarung die Heizung nach 8 Jahren „in das Eigentum des Hauses" übergehen sollte.[298] Stammen aber die wesentlichen Installationen vom Vermieter (z. B. die Gastherme) und hat der Mieter nur Heizkörper eingebaut, so handelt es sich um eine Wohnung mit Sammelheizung.[299] Mietereinbauten sind auch dann weiterhin nicht zu berücksichtigen, wenn die Mieterinvestition abgegolten ist, z. B. weil diese bei den monatlich zu zahlenden Mieten verrechnet wurden.[300] Die Einrichtung bleibt auch unberücksichtigt, wenn der Mieter sie vom Vormieter gekauft hat.[301] Die gleichen Grundsätze gelten bei der Spanneneinordnung.[302]

Von der Wohnungsausstattung **abweichende Beschreibungen** im Mietvertrag haben grund- **75**
sätzlich keine Bedeutung (oben Rdn. 50 a).[303] Es gilt immer die tatsächliche Ausstattung der Wohnung.[304] Anderenfalls hätten es die Mietvertragsparteien in der Hand, durch unzutreffende Beschreibung der Wohnung im Mietvertrag den gesetzlich vorgesehenen Vergleichsmaßstab zu ändern.[305] Eine solche Vereinbarung ist auch wegen Verstoßes gegen § 557 Abs. 4 BGB unwirksam.

---

288 *Rips* Barrierefreiheit gem. § 554 a BGB – Ein neues Rechtsinstitut im Mietrecht und dessen Einordnung in das allgemeine deutsche Recht, Berlin 2003, S. 143.

289 LG Köln WuM 1985, 326.

290 VerfGH Brandenburg GE 2015, 849 mit Anm. *Bieber* GE 2015, 822.

291 BGH (VIII ZR 315/09) NZM 2010, 735 = MietPrax-AK § 558 BGB Nr. 27 m. Anm. *Börstinghaus.*

292 So aber *Olivet* ZMR 1979, 321.

293 LG Berlin GE 2008, 1627; LG Halle WuM 2000, 551; LG Baden-Baden WuM 1993, 358; AG Charlottenburg GE 2006, 1235; *Kossmann/Meyer-Abich,* Hdb. d. Wohnraummiete, § 148 Rdn. 21; **a. A.** LG München MDR 1980, 230; *Lammel* § 558 BGB Rdn. 41; offengelassen von *Horst* DWW 2016, 162.

294 AG Neuss Urt. v. 16.2.2016 – 88 C 313/14 (juris).

295 AG Tempelhof-Kreuzberg GE 2008, 1199: Bei Zuschuss des Vermieters von 2.000 € zur Kücheneinrichtung gilt die Wohnung als mit Einbauküche ausgestattet i. S. d. Orientierungshilfe zum Berliner Mietspiegel; Bub/Treier/*Schultz* Kap. III. A Rdn. 1402; zweifelnd *Emmerich* in Staudinger § 558 BGB Rdn. 34 wegen § 557 Abs. 6 BGB.

296 LG München WuM 1993, 451, 454.

297 LG Berlin GE 2008, 1258.

298 LG Berlin GE 2002, 594.

299 LG Berlin GE 2008, 1430, GE 2004, 180; AG Tempelhof-Kreuzberg GE 2008, 1430.

300 AG Köln WuM 1987, 159; *Lammel* § 558 BGB Rdn. 40.

301 LG Hamburg WuM 1990, 441; AG Neukölln MM 1999, 171; *Lammel* § 558 BGB Rdn. 41; zur Wirksamkeit solcher Vereinbarungen s. § 4 a Abs. 2 WoVermG; dazu BGH NJW 1997, 1845 m. Anm. *Weye* MDR 1998, 379; AG Dortmund NJW-RR 1997, 1032; LG Traunstein NJW-RR 1996, 1295; AG/LG Wiesbaden WuM 1997, 53.

302 AG Köpenick GE 2015, 131.

303 *Börstinghaus* NZM 2013, 1; *Börstinghaus* in Börstinghaus/Clar NZM 2014, 889; *Emmerich* in Staudinger § 558 BGB Rdn. 29 a; **a. A.** *Dickersbach* in Lützenkirchen, Mietrecht, § 558 BGB Rdn. 127 ff.; *ders.* in: Erman, Bürgerliches Gesetzbuch § 558 BGB Rdn. 26.

304 BGH (VIII ZR 266/14) NJW 2016, 239 (für Wohnfläche).

305 So LG Köln WuM 1985, 334.

Eine andere Frage ist die Beweislastverteilung in diesen Fällen. Befindet sich eine Dusche in der Wohnung und ist im Mietvertrag vereinbart, dass eine Wohnung mit Dusche vermietet wurde, so trägt der Mieter die Beweislast, dass er die Dusche angeschafft und eingebaut hat.[306] Im Übrigen trägt aber der Vermieter die Beweislast für die von ihm zur Verfügung gestellte Ausstattung.

76 **Einzelfälle aus der Rechtsprechung** zu einzelnen Ausstattungsmerkmalen:

Ausstattung Stichwort	**Leitsatz**	**Gericht Fundstelle**
Aufzug	Das Sondermerkmal „Aufzug im Haus ist auch dann gegeben, wenn die Wohnung im Erdgeschoss liegt.	AG Charlottenburg und LG Berlin GE 2016, 1217
Abstellraum	Ein Abstellraum mit Sichtschutz im Sinne des Berliner Mietspiegels ist auch bei einer Nische mit Vorhang gegeben	AG Wedding GE 2012, 1047 Siehe auch Einbauschrank.
Bad	Eine Wohnung, die mit einem „Frankfurter Bad" ausgestattet ist, ist eine Wohnung ohne Bad i. S. d. Wiesbadener Mietspiegels.	AG Wiesbaden WuM 1993, 68
Bad	Die umgebaute Abstellkammer der Küche, die mit einer Dusche und einem Warmwasserspeicher und eigener Tür ausgestattet ist, ist unabhängig davon, ob sie zusätzlich ein Handwaschbecken aufweist und ob man sich darin abtrocknen kann, als Bad einzuordnen.	AG Berlin-Mitte GE 2009, 911
Bad	Ein Bad liegt nicht vor, wenn weder eine Badewanne noch eine Dusche, sondern nur ein Handwaschbecken in der Toilette vorhanden ist.	AG Charlottenburg GE 2009, 915
Balkon	Ein über 4 m² großer Balkon kann, zumindest wenn er gut geschnitten ist und über eine ausreichende Tiefe verfügt, als groß bezeichnet werden und ist ein positives Merkmal.	AG Neukölln GE 1997, 749
Balkon	Bei Anwendung des Berliner Mietspiegels ist ein fehlender Balkon wie ein „nicht nutzbarer Balkon" zu behandeln.	KG GE 2004, 1391 und KG GE 2004, 1392
Balkon	Ein nicht vorhandener Balkon ist kein Negativmerkmal im Sinne eines nicht nutzbaren Balkons.	AG Charlottenburg GE 2006, 1175
Balkon, groß und geräumig	Groß und Geräumig ist ein Balkon nur, wenn der Platz dort für mehrere Personen genügt. Dazu müssen ein Tisch und mehr als zwei Stühle Platz finden.	AG Lichtenberg, MM 2003, 343
Balkon	Ein Balkon, der nur eine Tiefe von 85 cm aufweist, ist „nicht nutzbar" i. S. d. Spanneneinordnung zum Berliner Mietspiegel 2003.	AG Köpenick MM 2005, 263
Be- und Entwässerungsleitungen	Der Begriff „überwiegend" im Zusatzmerkmal „Be- und Entwässerungsleitungen überwiegend nicht unter Putz" in der Orientierungshilfe zum Berliner Mietspiegel stellt nicht auf die Wohnung insgesamt ab, sondern nur auf die Räumlichkeiten, die einen Wasseranschluss haben.	LG Berlin GE 2006, 917
Bodenbelag	Bei fehlender Fußleiste liegt kein hochwertiger Bodenbelag vor.	AG Schöneberg GE 2009, 117

[306] AG Schöneberg GE 2015, 127.

Ausstattung Stichwort	**Leitsatz**	**Gericht Fundstelle**
Bodenbelag	Ob ein hochwertiger Bodenbelag vorliegt ist nicht allein nach dem Preis zu entscheiden sondern auch anhand der Verlegung. Verschweißte Nähte bei einem Linoleumboden sind ein Indiz für Hochwertigkeit.	LG Berlin GE 2016, 864
Bodenfliesen	Auch fast 70 Jahre alte Bodenfliesen in der Küche sind wohnwerterhöhend.	AG Schöneberg GE 2008, 607
Dielenboden	Ein Dielenboden ist kein hochwertiger Bodenbelag	LG Berlin GE 2012, 271
Einbauschrank	Eine Nische, die der Mieter mit Regalbrettern versehen hat	**Ja:** AG Münster WuM 2012, 380 **Nein:** AG Schöneberg GE 2008, 1565; Urteil v. 3.2.2009 – 4 C 285/08; *Föller,* WuM 2012, 380.
Fliesen	Kunststofffliesen sind keine Fliesen i. S. d. Berliner Mietspiegels (s. auch „Riemchen).	AG Schöneberg GE 2005, 311
Gefangener Raum	Es handelt sich um ein objektiv negatives Kriterium, wenn das Schlafzimmer über keinen eigenen separaten Eingang verfügt, sondern nur durch die Küche und das Bad betreten werden kann.	AG Dortmund WuM 2003, 297
Garten	Ein Garten ist sowohl nach Wortsinn als auch nach Sinn und Zweck eine Fläche, die den Mietern einen besonderen Erholungswert bieten kann. Eine reine Zierfläche geringer Größe bzw. Verkehrs-Abstandsgrün stellen keine in diesem Sinne nutzbare Grünfläche dar.	AG Lichtenberg, MM 2003, 343
Garten	Grünflächen um Wohnblöcke herum mit Rasenbewuchs, vereinzelten Bäumen und Gehölzrabatten, Schaukeln, Sandkästen, Wäsche- und Teppichstangen stellen regelmäßig keinen Garten dar, der einen Zuschlag nach dem Mietspiegel rechtfertigt.	LG Landshut WuM 2007, 392
Heizung	Wurden lediglich die Leitungen bis zur Wohnung vom Vermieter angebracht und hat der Mieter die Nachtspeicheröfen selbst angeschafft, dann handelt es sich um eine Wohnung ohne Heizung.	AG Köln WuM 1985, 334
Heizung Kokskohle	Eine Kokskohlen-Etagenheizung ist eine Sammelheizung i. S. d. Berliner Mietspiegels.	LG Berlin GE 1990, 609 = WuM 1990, 310
Heizung Kokskohle	Eine Kokskohlen-Etagenheizung ist keine Sammelheizung i. S. d. Berliner Mietspiegels.	LG Berlin GE 1996, 1243
Heizung	Eine Heizung i. S. d. Mietspiegels ist auch dann gegeben, wenn der Mieter die bei Anmietung vorhandene Koksheizung auf eine andere Brennstoffart umgestellt hat.	AG Köln WuM 1982, 307
Hochparterre	Für Lage im Hochparterre mit 1,60 m über Straßenniveau ist kein Abschlag wie bei Erdgeschosswohnung vorzunehmen.	LG Berlin (ZK 61.) GE 2003, 744

Ausstattung Stichwort	**Leitsatz**	**Gericht Fundstelle**
Kabelanschluss	Für die Ermittlung des Wohnwertes einer Wohnung ist nicht entscheidend, ob der Mieter einen Kabelanschluss in der Wohnung hat, sondern ob das Haus an das Kabelnetz angeschlossen ist.	LG Berlin GE 1996, 1241
Keller	Ist im Mietvertrag den Mietern kein Keller mitvermietet worden, so handelt es sich bei der Ermittlung des Wohnwertes selbst dann um eine Wohnung ohne Keller, wenn sie faktisch die Möglichkeit haben, den Hauskeller mitzubenutzen.	LG Berlin GE 1996, 1241
Laminat	Ein Laminatfußboden durchschnittlicher Qualität in den Wohnräumen ist kein wohnwerterhöhendes Merkmal i. S. d. Berliner Mietspiegels 2005.	AG Berlin-Mitte MM 2007, 39
Laminat	Bei Laminatfußboden durchschnittlicher Qualität handelt es sich um einen hochwertigen Bodenbelag im Sinne eines wohnwerterhöhenden Sondermerkmals des Berliner Mietspiegels, wenn er in Wohnräumen verlegt ist. Für eine Küche stellt der Laminatboden wegen seiner Feuchtigkeits- und Fleckenempfindlichkeit und seiner begrenzten Stoßfestigkeit keinen hochwertigen Bodenbelag dar.	LG Berlin GE 2006, 849
Laminat	Ein Laminatboden ist kein höherwertiger Bodenbelag	LG Berlin GE 2012, 1319
Loggia	Eine Loggia mit einer Fläche von 2,5 m^2 ist nicht wohnwerterhöhend.	AG Schöneberg GE 2008, 607
Nachtspeicherheizung	Bei einer mit Nachtspeicherheizung ausgestatteten Wohnung handelt es sich um eine Wohnung mit Sammelheizung. Dabei müssen nicht alle Räume mit Nachtspeicherheizgeräten ausgestattet sein, es genügt, dass die Räume ohne Heizkörper mit erwärmt werden.	LG Berlin GE 1989, 1275 und LG Berlin GE 1989, 1055 = WuM 1989, 157
Riemchen	So genannte Riemchen im Arbeitsbereich der Küche sind mit Fliesen nicht vergleichbar und stellen kein wohnwerterhöhendes Merkmal dar.	AG Schöneberg GE 2009, 117
Thermophenverglasung	Die thermophenverglasten Fenster sind dann nicht wohnwertsteigernd zu berücksichtigen, wenn die Wohnung im Bereich der Lärmschutzzone II des Flughafens liegt.	AG Hamburg WuM 1985, 334
Waschküche	Eine Waschküche außerhalb der Wohnung ist wohnwerterhöhend.	AG Schöneberg GE 2008, 607
Wasserleitungen	Trinkwasserleitungen aus Blei sind noch so weitgehend üblich, dass ein relevantes Abweichen vom Durchschnitt der Wohnungen nicht feststellbar ist. Es gilt der Mittelwert.	AG Hamburg WuM 1991, 119
Zentralheizung	Eine kohlebeheizte Narag-Heizung oder manuell zu versorgende Ölöfen sind keine Zentralheizung i. S. d. Mietspiegels.	AG Hattingen WuM 1990, 221

5. Beschaffenheit

a) Mit dem Wohnwertmerkmal Beschaffenheit ist der **Zuschnitt der Wohnung** einschließlich der mitvermieteten Hausteile sowie Art und Gestaltung der Umgebung gemeint sowie die Bauweise und auch der Instandhaltungsgrad. Seit der Mietrechtsänderung 2013 ist klargestellt, dass auch der energetische Zustand des Hauses bei der Ermittlung der maßgeblichen Beschaffenheit zu berücksichtigen ist. Auch die Frage der Barrierefreiheit einer Wohnung gem. § 554a BGB kann eine Frage der Beschaffenheit sein. Mietpreisrelevant ist das Merkmal aber nur dann, wenn der Vermieter die Barrierefreiheit hergestellt hat und nicht der Mieter.[307] **77**

Teilweise wird auch die **Lage der Wohnung im Haus** als eine Frage der Beschaffenheit der Wohnung verstanden.[308] Dies wird u. a. damit begründet, dass mit dem Merkmal Beschaffenheit die Wohnung selbst beschrieben werden soll, während über das Merkmal Lage die Beziehungen der Wohnungen zur Umwelt erfasst würden. Dem ist die Rechtsprechung nicht gefolgt (s. dazu u. Rdn. 90). Letztendlich ist klar, dass die Lage im Haus ein mietpreisbildender Faktor ist, der zu berücksichtigen ist.[309] Dies hat der Gesetzgeber früher für den Bereich des öffentlich geförderten Wohnungsbaus in § 3 Abs. 3 NMV bestimmt. Dort hatte der Vermieter auf der Grundlage der **Durchschnittsmiete** die Einzelmieten entsprechend den unterschiedlichen Wohnwerten der Wohnungen, unter Berücksichtigung der Lage und Ausstattung der jeweiligen Wohnung festzusetzen. Daraus ergibt sich, dass auch der Gesetzgeber von einem Einfluss der Lage im Haus auf den Wohnwert ausging. Deshalb ist es nicht richtig, davon auszugehen, dass der Lage im **Dachgeschoss** bei der Wohnflächenberechnung bereits durch teilweise Nichtberücksichtigung von Flächen unter Schrägen ausreichend Rechnung getragen werde.[310] Damit wird allenfalls der eingeschränkten Nutzungsmöglichkeit solcher Flächen Rechnung getragen. Die Lage im Haus kann aber noch weitere Nachteile, wie z. B. erhöhte Heizkosten wegen der Dachisolierung, Treppensteigen, Einbruchgefahr[311] usw. haben, die sonst nicht berücksichtigt würden. Insbesondere in den neuen Ländern sind Wohnungen in 5- oder 6-geschossigen Gebäuden ohne Fahrstuhl in den oberen Etagen nur mit Abschlägen zu vermieten, was ein deutliches Indiz für den Wohnwerteinfluss der Lage im Haus ist. In den alten Ländern ist die Lage im Haus selbst nicht mehr so bedeutsam. Bedeutung kann aber auch hier der Lage im Vorder- oder Hinterhaus zukommen.[312] **78**

b) Auch der **Zustand der Wohnung** ist grundsätzlich ein Beurteilungskriterium bei der Bewertung der Beschaffenheit einer Wohnung. Nicht-behebbare **Mängel** sind bei der Beschaffenheit deshalb zu berücksichtigen.[313] Ob die Minderung z. B. wegen Kenntnis oder grob fahrlässiger Unkenntnis gem. § 536b BGB ausgeschlossen ist[314], ist dabei unerheblich. Hierzu zählen z. B. **Flächenabweichungen.**[315] Nach der hier vertretenen Auffassung ist das Problem beim Wohnwertmerkmal „Größe" angesiedelt. Dort ist zumindest theoretisch immer die tatsächliche Wohnungsgröße in Ansatz zu bringen und nicht die vereinbarte Größe.[316] Demgegenüber haben **behebbare Mängel** bei der Mieterhöhung für die Bemessung der Miete keine Bedeutung.[317] Das **79**

---

[307] *Rips* Barrierefreiheit gem. § 554a BGB – Ein neues Rechtsinstitut im Mietrecht und dessen Einordnung in das allgemeine deutsche Recht, Berlin 2003, S. 143.

[308] *Sternel* Mietrecht, III, 596; *Keller,* Zivilrechtliche Mietpreiskontrolle, S. 139; **a. A.** *Dröge* Handbuch der Mietpreisbewertung, S. 183: Lage im Haus gehört zum Merkmal „Lage"; offen gelassen aber als „mietpreisbildender Faktor" anerkannt: LG Berlin WuM 2004, 613, 614; gegen generelle Berücksichtigung der Lage im Haus AG Waldbröl WuM 1997, 562.

[309] Für Abschlag bei Lage im Hochparterre: LG Berlin MM 1997, 237; AG Neukölln MM 2009, 111; **a. A.** LG Berlin GE 2007, 785.

[310] LG Berlin WuM 2004, 613, 614; So aber AG Waldbröl WuM 1997, 562.

[311] LG Berlin MM 1997, 237; AG Neukölln MM 2009, 111.

[312] LG Berlin GE 2008, 1627; LG Köln WuM 1994, 691.

[313] LG Berlin GE 2013, 947 (Fluglärm im Rahmen der Berliner Orientierungshilfe); LG Aachen Urt. 20.12.2012 – 2 S 203/12 zitiert nach juris vom BGH aus anderen Gründen aufgehoben (VIII ZR 1/13) (Fluglärm); LG Saarbrücken WuM 1989, 578 für Gaststättenlärm; AG Pankow/Weißensee GE 1998, 1217 (Asbest); LG Wiesbaden WuM 1981, 164 (Fluglärm).

[314] AG Frankfurt WuM 2013, 352 (für Minderung wegen Flughafenausbau Frankfurt); LG Frankfurt ZMR 2010, 362 (Hubschrauberlandeplatz auf Klinikgelände).

[315] *Börstinghaus,* Flächenabweichungen in der Wohnraummiete, Rdn. 775f.; so auch für die Berechnung der Mietsicherheit: BGH (VIII ZR 347/04) NJW 2005, 2773.

[316] *Börstinghaus,* Flächenabweichungen in der Wohnraummiete, Rdn. 783.

[317] OLG Frankfurt a. M. NJW 2000, 2115; OLG Stuttgart RE v. 7.7.1981, NJW 1981, 2365, der jedoch zu § 5 WiStG ergangen ist; OLG Düsseldorf WuM 1994, 324, 325; LG Hamburg ZMR 2010, 287; LG Berlin GE 2012, 488, GE 2008, 1627; LG Mannheim NJW-RR 1991, 1108; LG Mönchengladbach NZM 1998, 301; LG

gilt auch bei Mängeln an wohnwerterhöhenden Merkmalen.[318] Sie sind deshalb auch bei der Spanneneinordnung nicht zu berücksichtigen.[319] Der Mieter ist bei Vorlage eines Mangels durch die Mängelgewährleistungsregeln (§§ 536ff. BGB) ausreichend geschützt. Die vertraglich vereinbarte Miete **mindert** sich automatisch, wenn die Gebrauchstauglichkeit eingeschränkt ist. Es besteht daher kein Anlass, diesen speziellen Bestimmungen den Vorrang zu versagen und Mängel auch noch bei der Ermittlung der üblichen Miete mit zu bewerten.[320] Dies würde zu einer doppelten Berücksichtigung des Mangels führen und wäre systemwidrig. Hinzu kommt die Überlegung, dass Mieterhöhungsverlangen nach § 558 BGB nur in bestimmten zeitlichen Abständen zulässig sind und außerdem die Höhe der Miete über die Kappungsgrenze auch Auswirkungen auf zukünftige Mieterhöhungen hat. Ein zum Zeitpunkt des Zugangs des Mieterhöhungsverlangens vorliegender behebbarer Mangel kann aber u. U. schon kurze Zeit später beseitigt sein. Die Gewährleistungsrechte würden dann erlöschen, eine neue Mieterhöhung ist aber wegen der Jahressperrfrist unzulässig.[321] Auch die vom LG Berlin[322] vorgenommene Unterscheidung nach „leicht und nicht leicht behebbaren Mängeln" ist falsch. Beide Kategorien spielen bei der Ermittlung der ortsüblichen Vergleichsmiete keine Rolle. Hat der Mieter den Mangel beseitigt, liegt überhaupt keine Beeinträchtigung der Beschaffenheit vor, so dass es auf die Frage, ob er vor Mangelbeseitigung den Mangel angezeigt und den Vermieter ggf. in Verzug gesetzt hat gar nicht ankommt.[323] Dies spielt allenfalls für den Aufwendungs- oder Schadensersatzanspruch des Mieters eine Rolle, hat aber mit der Miethöhe nichts zu tun.

80 **c)** Insbesondere das **Baualter** wird von der Praxis als Anknüpfungstatsache für die Beurteilung der Beschaffenheit verstanden.[324] Das Baualter beeinflusst durchaus den Mietpreis[325], auch wenn heute durch die fortschreitende Modernisierung des Wohnungsbestandes seine Bedeutung bei Altbauten immer mehr abnimmt.[326] Dabei ist das Baualter selbst **kein Wohnwertmerkmal** i. S. d. § 558 Abs. 2 BGB. Über das Baualter soll und werden aber auf verhältnismäßig einfache Weise, wenn auch sehr grob, die Bauweise und der Baustandard abgefragt.[327] Dabei sind nicht rechtliche Anknüpfungen maßgeblich, sondern tatsächliche. Es kommt also grundsätzlich nicht auf die Bezugsfertigkeit im engeren Sinne, so wie sie etwa in § 13 Abs. 4 WoBindG geregelt war, an.[328] Danach galt eine Wohnung dann als bezugsfertig, wenn sie soweit fertig gestellt ist, dass dem Bewohner zugemutet werden kann, sie zu beziehen. Auch die Genehmigung der Bauaufsichtsbehörde und die evtl. nach der Landesbauordnung bauordnungsrechtliche Aushändigung des Schlussabnahmescheins sind nicht maßgeblich. Denn der wesentliche Ansatzpunkt für die Auslegung des Altersbegriffs ist seine Funktion als **Hilfskriterium**[329] zur Erfassung des Wohnwertmerkmals „Beschaffenheit". Entscheidend ist deshalb der Zeitpunkt der Errichtung, also der Zeitpunkt, der den Baustandard bestimmt hat, nach dem das Gebäude errichtet worden ist.[330] Sehr fraglich ist, ob bei

---

Braunschweig WuM 1989, 578; LG Hamburg WuM 1991, 593; AG Charlottenburg GE 2014, 1009; AG Tempelhof-Kreuzberg GE 2010, 625; AG Lichtenberg GE 2010, 699; AG Hannover ZMR 2010, 371; AG Schöneberg GE 2008, 607 (Ratten); AG Kassel WuM 1992, 137; AG Waldbröl WuM 1997, 562; Bub/Treier/*Schultz* Kap. III. A Rdn. 1410; **a. A.** LG München II NJW-RR 1994, 336.

[318] LG Berlin GE 2010, 414; AG Tempelhof-Kreuzberg GE 2010, 1423, GE 2010, 625; **a. A.** LG Berlin GE 2013, 812 m. abl. Anm. *Kinne* GE 2013, 780.

[319] LG Berlin GE 2007, 784.

[320] Zum Meinungsstand *Sternel* Mietrecht, III, 598 mit Nachw. in Fn. 107.

[321] *Börstinghaus* WuM 1995, 467.

[322] LG Berlin Urt. v. 30.4.2007 – 67 S 367/06 zitiert nach juris, auszugsweise in info-M 2007, 214.

[323] So aber wohl Bub/Treier/*Schultz* Kap. III. A Rdn. 1412.

[324] Nach LG München I WuM 2002, 547, 551 ist das Baualter kein Wohnwertmerkmal, sondern merkmalsübergreifender Einflussfaktor.

[325] S. die Untersuchungsergebnisse bei *Keller,* Zivilrechtliche Mietpreiskontrolle, S. 137 Fn. 155; **a. A.** die Hinweise zur Aufstellung von Mietspiegeln 1997 abgedruckt in der 7. Auflage im Anh. zu § 2 MHG unter Nr. 1.

[326] So auch die vom Bundesministerium für Verkehr, Bau und Stadtentwicklung herausgegebenen „Hinweise zur Integration der energetischen Beschaffenheit und Ausstattung von Wohnraum in Mietspiegeln" unter Ziff 4.4., abgedruckt bei *Börstinghaus/Eisenschmid,* Modernisierungs-Handbuch, S. 389ff.

[327] BerlVerfGH GE 2005, 423, 424; KG NJW-RR 1992, 80, 81; LG Berlin GE 1997, 48.

[328] LG Berlin GE 2007, 1635.

[329] *Derleder* NZM 2012, 487, 488; eine übersichtliche Zusammenstellung der Merkmale der einzelnen Baualtersklassen befindet sich bei *Dröge* Hdb. d. Mietpreisbewertung, S. 180–182.

[330] LG Berlin GE 2009, 1494, GE 2007, 1635, GE 1997, 48: AG Lichtenberg GE 2014, 875; *Kinne* GE 2014, 840.

Wohnungen, deren Teile zu unterschiedlichen Zeitpunkten errichtet wurden ein Mittelwert zwischen den verschiedenen Baualtersklassen zu bilden ist[331] oder das Baualter maßgeblich ist, zu dem die die größere Fläche errichtet wurde.[332] Wegen der richtigen Einteilung von Baualtersklassen im Mietspiegel s. §§ 558 c, d Rdn. 62 a).

d) In Zeiten steigenden Umweltbewusstseins und auf Grund immer knapper werdender Res- **81**
sourcen steigender Energiepreise wird auch der **energetische Zustand** einer Wohnung, das heißt insbesondere die Art der Energieversorgung und die Qualität der Wärmedämmung zunehmende Bedeutung erlangen. Umstritten war, ob auch der **energetische Zustand des Hauses** im Rahmen des Wohnwertmerkmals „Beschaffenheit" berücksichtigt werden darf. In den Begründungen des Referenten[333]- und Kabinettsentwurfs[334] des Mietrechtsreformgesetzes aus dem Jahr 2001 wurde diesbezüglich bereits der Wunsch geäußert, den energetischen Zustand einer Wohnung, das heißt insbesondere die Art der Energieversorgung und die Qualität der Wärmedämmung in die Mietenermittlung mit einfließen zu lassen.[335] *Blank*[336] war der Auffassung, dass aus der **historischen Auslegung** abzuleiten sei, dass der Gesetzgeber den energetischen Zustand ursprünglich nicht als Wohnwertmerkmal berücksichtigt wissen wollte. Der Gesetzgeber habe ursprünglich vor allem auf den baulichen Zustand ggf. auch unter Berücksichtigung des Modernisierungsgrades einer Altbauwohnung für die Mietenermittlung abstellen wollen. Unter „Beschaffenheit" sei damals nur der Zuschnitt der Wohnung einschließlich der mitvermieteten Hausteile sowie Art und Gestaltung der Umgebung, sowie die Bauweise einschließlich der Instandhaltungsgrad verstanden worden. Die 1978 erfolgte Erweiterung der Modernisierungsmieterhöhung in § 3 MHG auf „Maßnahmen zur Einsparung von Heizenergie" mache deutlich, dass auch der Gesetzgeber solche Maßnahmen nicht als Gebrauchswerterhöhung verstanden habe. Diese Analyse war vormals bereits nicht zwingend,[337] wobei zu unterscheiden war, ob der energetische Zustand überhaupt im Rahmen des Wohnwertmerkmals „Beschaffenheit" berücksichtigt werden durfte[338] oder ein Einfluss zurzeit schlicht noch nicht nachzuweisen ist.[339] Der Gesetzgeber hat dieses Auslegungsproblem im Rahmen der **Mietrechtsänderung 2013** durch eine Ergänzung der Definition der ortsüblichen Vergleichsmiete in Abs. 2 gelöst indem er klargestellt hat, dass in die Wohnwertmerkmale Ausstattung und Beschaffenheit auch der energetische Zustand des Hauses einschließt. Damit ist **kein neues sechstes Wohnwertmerkmal** geschaffen worden. Lediglich im Rahmen der beiden angesprochenen Merkmale ist der energetische Zustand ein Kriterium. Das Problem ist die **Ermittlung des Einflusses des energetischen Zustands** auf die Höhe der ortsüblichen Vergleichsmiete. Nach *Klinski*[340] bietet die Gesetzesformulierung „noch keine brauchbare Grundlage für eine *systematische* Berücksichtigung der energetischen Beschaffenheit". Es würde immer noch an klaren und einheitlichen Maßstäben fehlen. Das Bundesministerium für Verkehr, Bau und Stadtentwicklung hat deshalb im Jahre 2013 durch zwei Institute Arbeitshilfen für die kommunale Mietspiegelerstellung erarbeiten lassen, die unter dem Titel **„Hinweise zur Integration der energetischen Beschaffenheit und Ausstattung von Wohnraum in Mietspiegeln"** veröffentlicht wurden.[341] Erforderlich ist zunächst die Ermittlung oder Definition eines bestimmten energetischen Zustands des Hauses als „normal", um dann Zu- oder Abschläge für bestimmte energetische Modernisierungszustände festzulegen. Das Verfahren ist äußerst kompliziert. Ob es im Streitfall bei der kritischen Auseinandersetzung mit qualifizierten Mietspiegeln vor Gericht Bestand hat, bleibt abzuwarten. Vieles ist wünschenswert aber nicht, zumindest mit bezahlbarem Aufwand, auch machbar. Bereits ein zuvor vom Bundesinstitut für Bau-, Stadt- und Raumforschung in Auftrag gegebenes For-

---

[331] AG Frankfurt/M. WuM 2013, 423.
[332] LG Berlin MM 12/2013, 28.
[333] NZM 2000, 415; abgedruckt auch bei *Börstinghaus/Eisenschmid,* Arbeitskommentar Neues Mietrecht, S. 280.
[334] BT-Drs. 14/4553 = NZM 2000, 812; abgedruckt auch bei *Börstinghaus/Eisenschmid,* Arbeitskommentar Neues Mietrecht, S. 281.
[335] Umstritten ist, ob dies damit auch zum Willen des Gesetzgebers geworden ist. Verneinend: *Blank* WuM 2011, 195; bejahend: *Artz* WImmoT 2006, 123, 125; *Sternel* PiG 85 (2009), 19, 39.
[336] *Blank* WuM 2011, 195.
[337] Dazu *Börstinghaus* NZM 2011, 641.
[338] Dafür LG Hamburg NZM 2009, 857 = WuM 2009, 676 m. Anm. *Börstinghaus* WuM 2009, 631.
[339] AG Flensburg WuM 2012, 29 m. Anm. *Börstinghaus,* jurisPR-MietR 9/2012 Anm. 3; *ders.* NZM 2011, 641.
[340] WuM 2012, 354, 361.
[341] Abgedruckt bei *Börstinghaus/Eisenschmid,* Modernisierungs-Handbuch, S. 389 ff.

schungsgutachten, das als Online-Broschüre mit dem Titel „Integration energetischer Differenzierungsmerkmale in Mietspiegel" veröffentlicht[342] wurde war zu dem Ergebnis gekommen, dass anders als bei den übrigen Problemen der Mietspiegelerstellung zurzeit noch keine allgemein gültigen Vorgehensweisen aufgezeigt werden können.

81a Bisher konnte nicht festgestellt werden, dass bei der **Neuvermietung** für einen energetisch besseren Zustand auch eine höhere Miete gezahlt wird. In die ortsübliche Vergleichsmiete fließen aber auch die **erhöhten Bestandsmieten** der letzten vier Jahre ein. Das bedeutet, dass der energetische Zustand dann Einfluss auf die ortsübliche Vergleichsmiete hat, wenn im maßgeblichen Vierjahres-Zeitraum des § 558 Abs. 2 BGB Modernisierungsmieterhöhungen gem. § 559 BGB wegen energetischer Modernisierungsmaßnahmen nach § 555b Ziff. 1 BGB durchgeführt wurden. Solche Mieterhöhungen gem. § 559 Abs. 1 BGB wegen einer im Bestand durchgeführten energetischen Modernisierung haben zwei Konsequenzen: Zum einen führen sie dazu, dass die aktuelle Miete zum Erhebungsstichtag überhaupt zu erfassen ist, wenn die Modernisierungsmieterhöhung in den letzten vier Jahren vor dem Stichtag wirksam wurde (Rdn. 103). Und zum anderen beeinflussen sie die Höhe der am Erhebungsstichtag gezahlten Mieten. Zu beachten ist aber, dass der Mietspiegel widerspiegeln soll, was tatsächlich ist. Es sollen keine Wunschvorstellungen umgesetzt werden und auch keine **„Mietspiegelpolitik"** betrieben werden. Das bedeutet, wenn es am Markt tatsächlich eine Differenzierung nach dem energetischen Zustand gibt, dann hat dies auch Einfluss auf die ortsübliche Vergleichsmiete und kann auch als Differenzierungsmerkmal in einem Mietspiegel ausgewiesen werden. Die Gefahr besteht aber darin, dass die Mietspiegelaufsteller dem Normativen eine zu große Bedeutung beimessen und „Mietspiegelpolitik" machen wollen. Sie wollen also etwas in Gang setzen, was es so noch gar nicht gibt. Vereinzelt wird heute schon in Mietspiegeln die wärmetechnische Beschaffenheit auch als Differenzierungskriterium erfasst,[343] zum Teil geschieht das durch eine negative Abgrenzung.[344] Solche Mietspiegel werden dann als **ökologische Mietspiegel**[345] bezeichnet.[346] In Darmstadt, Bochum, Heidelberg,[347] Erlangen und Biberach[348] gibt es z. B. Mietspiegel, die eine solche Differenzierung enthalten.

81b Seit 1.7.2008 muss für die Wohnungen in Gebäuden die bis 1965 fertig gestellt wurden und seit 1.1.2009 für später errichtete Gebäude ein **Energieausweis**[349] bei jedem Mieter- oder Eigentümerwechsel vorgelegt werden, aus dem sich ergibt, in welche Energieklasse die Wohnung einzugruppieren ist (siehe Vor § 535 BGB Rdn. 29ff.). Theoretisch vorstellbar wäre es, dass sich nunmehr am Markt unabhängig von den Investitionskosten und damit der Mieterhöhung gem. § 559 BGB für die unterschiedlichen Energieklassen unterschiedlich hohe Mieten entwickeln. Dann wäre dies eine mögliche Differenzierung bei der Ermittlung der ortsüblichen Vergleichsmiete.[350] Bisher dürfte ein solcher Einfluss der Energieklasse auf die Miethöhe aber nicht feststellbar sein. Eine unkritische Anknüpfung an die Werte des Energieausweises ist auch aus anderen Gründen **problematisch.** Je nach Gebäude, Gebäudealter und Erstellungszeitpunkt des Energieausweises muss der Vermieter entweder einen sog. „Bedarfsausweis" erstellen oder darf einen wesentlich günstigeren aber wenig aussagekräftigen „Verbrauchsausweis" verwenden. Beim „Verbrauchsausweis" fließt das Nutzungsverhalten des Mieters – also ein unzulässiger subjektiver Wert – mit in die Bewertung ein. Außerdem sind die Werte beider Arten von Energieausweisen nicht ansatzweise vergleichbar. Bei völlig gleichen Gebäuden kommt es zu völlig unterschiedlichen Werten. Selbst bei Bedarfsauswei-

---

[342] Unter: www.bbsr.bund.de/cln_032/nn_796104/BBSR/DE/Veroeffentlichungen/BBSROnline/2010/ON042010.html?__nnn=true.

[343] *Knissel/Alles* WuM 2005, 169; *Alles,* Mietspiegel und energetischer Zustand eines Gebäudes, Vortrag auf der Fachtagung des DMB „Energieeinsparung und Mietrecht", Beilage zur WuM 2000 Heft 1.

[344] Z. B. im Mietspiegel Berlin das Merkmal „unzureichende Wärmedämmung".

[345] *Börstinghaus/Clar,* Mietspiegel, Rdn. 702ff.

[346] *Artz* WImmoT 2006, 123; *Knissel/Alles/Behr/Hinz/Loga/Kirchner/Neumann,* Investitionsumlagen für Energiesparmaßnahmen, BBauBl. 2002, Heft 3 S. 20; *Klinski,* Rechtskonzepte zur Beseitigung des Staus energetischer Sanierungen im Gebäudebestand – Gutachten für Umweltbundesamt, spricht von „energetischer Vergleichsmiete".

[347] Der Mietspiegel 2007 weist einen prozentualen Zuschlag zur Miete aus und nicht einen absoluten Wert für gleiche Modernisierungsmaßnahmen, was durchaus zweifelhaft sein könnte.

[348] Bei dem Mietspiegel 2008 handelt es sich aber um keinen auf empirischen Daten beruhenden Mietspiegel.

[349] Zu den Neuerungen durch die EnEV 2014: *Frenz* ZMR 2014, 852.

[350] So die Mietspiegel für Berlin seit 2009; LG Berlin GE 2015, 126; zu den wohnraummietrechtlichen Aspekten des Energieausweises: *Rips* WuM 2008, 379; *Horst* NZM 2006, 1; *ders.* NZM 2008, 145; *ders.* ZAP Fach 4 S. 1221; *Eisenschmid* WImmoT 2006, 89; *Friers* WuM 2008, 255; *Sternel* NZM 2006, 495.

sen soll es nach durchgeführten Vergleichstests wegen der unterschiedlichen Computerprogramme, die zum Einsatz kommen, und Berechnungsmethoden ganz erhebliche Unterschiede geben. Die Werte solcher Energieausweise sagen deshalb kaum etwas aus, sie sind aber auf jeden Fall zum Vergleich verschiedener Wohnungen völlig ungeeignet. Trotzdem findet in Berlin der energetische Zustand über die Merkmalgruppe 4 der Orientierungshilfe (Energieverbrauchskennwert) explizit Berücksichtigung.[351] Dabei wird trotz aller methodischer Bedenken an die Werte des Energieausweises angeknüpft und sogar eine Umrechnungsformel für die Umrechnung des Endenergiebedarfswertes eines Bedarfsausweises in den Energieverbrauchskennwert eines Verbrauchsausweises (plus 20%) vorgegeben, obwohl es hierfür keinerlei empirischen Nachweise gibt. Wenn also der energetische Zustand des Hauses der Ermittlung der ortsüblichen Vergleichsmiete tatsächlich zu Grunde gelegt werden soll, dann muss an **objektive Standards** angeknüpft werden. Um einen solchen handelt es sich auch nicht beim Heizkostenspiegel des Mieterbundes. Er weist undifferenziert nur Durchschnittswerte aus.[352]

e) Zum Wohnwertmerkmal „Beschaffenheit" gehört auch die Frage, ob eine **Wohnung renoviert oder modernisiert** ist.[353] Diese Frage ist im Einzelfall immer wieder äußerst umstritten.[354] Dabei muss vom Sinn und Zweck einer solchen Qualifizierung ausgegangen werden. Es geht bei der Beurteilung der Frage vor allem darum, nur vergleichbaren Wohnraum miteinander zu vergleichen. Dazu muss zunächst einmal der **heutige** „Normal-Standard" für Gebäude einer bestimmten Altersklasse ermittelt werden. Wenn also die überwiegende Mehrzahl der Gebäude einer bestimmten Altersgruppe z. B. mit Isolierverglasung ausgestattet ist, dann kann der Einbau solcher Fenster keine Modernisierungsmaßnahme sein, die eine Höherstufung rechtfertigt. Das ist dann die (Normal-)Beschaffenheit in diesem Mietspiegelfeld. Man kann allenfalls versuchen zu ermitteln, ob ein Abschlag am Markt für Wohnungen vereinbart wird, die keine Isolierfenster haben. 82

Letztendlich stellt sich die Situation bei einem Gebäude so dar, dass sein **Wohnwert** mit der Dauer der Nutzung abnimmt. Auf der anderen Seite steigt der Wohnwert neuer Wohnungen auf Grund technischer und rechtlicher Neuerungen stetig an. Durch Instandsetzungen und Instandhaltungen wird der Vermieter versuchen, den Wohnwert zumindest gleich zu halten. Von einer Modernisierung kann deshalb erst dann gesprochen werden, wenn dadurch insgesamt das Gepräge einer Neubauwohnung oder der entsprechende Wohnkomfort erreicht wird. Hingegen wird bei einer reinen Instandsetzung nur versucht, den Wohnwert, der nutzungsbedingt mit der Zeit gefallen war, wieder auf seine ursprüngliche Höhe zu bringen. Anders bei Modernisierungen, hier soll der Wohnwert der Altbauwohnung den Wert einer Neubauwohnung erreichen. Diese Betrachtung erscheint vielleicht etwas theoretisch und ist sicher auch stark vereinfacht, macht aber durchaus deutlich, dass man bei der Beurteilung einer Wohnung als modernisiert und damit als nicht vergleichbar mit anderen Wohnungen des gleichen Alters durchaus vorsichtig sein muss. 83

Grundsätzlich bleibt das **Baualter einer Wohnung** auch nach einer Modernisierung maßgeblich.[355] Eine „Verjüngung" der Wohnung, d. h. die Erfassung der Daten der Vergleichswohnung in der Baualtersklasse der Zeit der Modernisierung kommt allenfalls dann in Betracht, wenn auch rechtlich ein **Neubau** vorliegt.[356] Hierzu können die Bestimmungen des WoFG und/oder entsprechenden Landesgesetze herangezogen werden. Dort ist zwar nur der öffentlich geförderte Wohnungsbau geregelt, die Begriffsbestimmungen des Gesetzes sind aber auch sonst zu Grunde zu legen. Gemäß § 16 Abs. 1 WoFG ist Wohnungsbau das **Schaffen von Wohnraum** in einem neuen 84

351 LG Berlin GE 2015, 126.

352 So LG Hamburg WuM 2009, 676.

353 *Emmerich* in Staudinger § 558 BGB Rdn. 30a; nach Bub/Treier/*Schultz* Kap. III. A Rdn. 1409 handelt es sich um ein „Scheinproblem", da es nicht darauf ankomme, in welche Baualtersklasse die Wohnung einzugruppieren sei, sondern zu welcher Miete die Wohnung am Markt angenommen wurde. Das ist deshalb fraglich, weil es um die Ermittlung der Vergleichsmiete und nicht der Marktmiete geht.

354 BGH (VIII ZR 267/12) NZM 2013, 612 = MietPrax-AK, § 558 BGB Nr. 34 m. Anm. *Börstinghaus; ders.* jurisPR-BGHZiviR 16/2013 Anm. 2; *ders.* DS 2013, 299; *Schach,* GE 2013, 1106; AG Köln WuM 2013, 697; *Wullkopf* WuM 1996, 455, 458.

355 LG München I ZMR 2012, 626; LG Berlin NZM 1999, 172; AG Lichtenberg GE 2014, 875; AG Wedding GE 2012, 958; AG Köln Urt. v. 7.4.2017 – 208C 454/15 (juris); *Kinne* GE 2014, 840.

356 LG Potsdam BeckRS 2016, 00678; LG Frankfurt/M. WuM 2012, 318; LG Hamburg ZMR 2011, 469; nach LG Hamburg ZMR 1998, 499 kommt eine „Höherstufung"; nur in Betracht, wenn auch Arbeiten am Baukörper durchgeführt werden; i. E. ebenso LG Berlin MM 1998, 310; *Schach* GE 1994, 1026; **a. A.** LG München I ZMR 2012, 626 bei Kernsanierung eines bewohnten und bewohnbaren Hauses; AG Lichtenberg GE 2014, 875 für Einordnung in Berliner Mietspiegel 2013.

selbstständigen Gebäude, die Beseitigung von Schäden an Gebäuden unter wesentlichem Bauaufwand, durch die die Gebäude auf Dauer wieder zu Wohnzwecken nutzbar gemacht werden, die Änderung, Nutzungsänderung oder Erweiterung von Gebäuden, durch die unter wesentlichem Bauaufwand Wohnraum geschaffen wird, oder Änderung von Wohnraum unter wesentlichem Bauaufwand zur Anpassung an geänderte Wohnbedürfnisse. Eine solche **Änderung der Baualtersklasse** muss aber im **Mieterhöhungsverlangen nachvollziehbar begründet** werden.[357]

85 Wohnraum ist **nicht auf Dauer nutzbar,** wenn ein zu seiner Nutzung erforderlicher Gebäudeteil zerstört ist oder wenn sich der Raum oder der Gebäudeteil in einem Zustand befindet, der aus bauordnungsrechtlichen Gründen eine dauernde, der Zweckbestimmung entsprechende Nutzung nicht gestattet; dabei ist es unerheblich, ob der Raum oder der Gebäudeteil tatsächlich genutzt wird, § 16 Abs. 2 WoFG. Soweit der Wiederaufbau in identischer Bauweise wie das ursprünglich im Krieg zerstörte Haus erfolgte, soll die ursprüngliche Baualtersklasse weiter ebenso maßgeblich sein[358], wie in den Fällen einer Kernsanierung eines noch bewohnten und bewohnbaren Mehrfamilienhauses.[359] Soweit § 16 Abs. 4 II. WoBauG vorsah, dass eine Beschädigung i. S. d. Vorschrift dann nicht vorliegt, wenn die Schäden durch Mängel an Bauteilen oder durch Abnutzung entstanden sind, ist diese Einschränkung durch Aufhebung der Norm ersatzlos entfallen.[360]

86 Um einen **Ausbau** handelt es sich gem. § 16 Abs. 1 Nr. 3 WoFG, wenn aus Räumlichkeiten, die bisher nicht zu Wohnzwecken bestimmt waren, nach wesentlichem Bauaufwand Wohnraum entsteht; eine Erweiterung liegt vor, wenn eine Aufstockung oder ein Anbau vorgenommen wird. Dabei wird als wesentlicher Aufwand angesehen, wenn dieser ca. ⅓ des für eine Neubauwohnung erforderlichen Aufwandes erreicht.[361] Eine Höherstufung in eine jüngere Baualtersklasse wurde z. B. angenommen,[362] wenn bei einer vor der Sanierung längere Zeit leer stehenden und unbewohnbaren Wohnung nicht nur folgende Arbeiten durchgeführt wurden: Sanierung der Elektroinstallation durch Neuverlegung aller Stromleitungen einschließlich der Leerrohre, Lichtschalter und Steckdosen in allen Räumen und der Versorgungsleitungen für Küchengeräte, Neuinstallation der Abwasserkanalleitungen und der Warm- und Kaltwasserleitungen, Neueinbau sämtlicher Wohnungsinnentüren, der Wohnungs- und der Hausabschlusstür, Neuinstallation der Briefkastenanlage im Erdgeschoß sowie Ausbesserung und Reinigung der Sandsteinfassade und Neuverputzung der Innenseiten sämtlicher Außenwände; vielmehr wurde die Wohnung durch diese Sanierung erstmals hergestellt, weil sie in der jetzigen Beschaffenheit vor der Sanierung nicht bestanden hat. Eine Einordnung in die Baualtersklasse der Sanierung wurde angenommen bei einer Erneuerung und Dämmung der Fassade, einem Austausch der Elektroinstallation, der Fenster, der Bodenbeläge und der Heizung.[363] Allein die **Höhe des Bauaufwandes** ist aber kein Wohnwertmerkmal sondern nur das Resultat, also der geschaffene Zustand.[364] Auch eine mit wesentlichem Bauaufwand neu ausgebaute Dachgeschosswohnung in einem Altbau kann anders als die übrigen Wohnungen im Haus in die Baualtersklasse des Dachgeschossausbaus eingeordnet werden.[365] Dies gilt ebenso, wenn durch umfangreiche Maßnahmen nicht mehr zeitgemäßer Wohnraum zu größeren Wohnungen zusammengelegt und an die heutigen Wohnbedürfnisse angepasst wird.[366]

87 Eine weitere **Anknüpfungsmöglichkeit** ergibt sich aus § 559 BGB und dem insofern wortgleichen § 16 Abs. 3 WoFG. Ausgehend von Sinn und Zweck der Differenzierung zwischen modernisiertem und nicht modernisiertem Wohnraum dürfen auch Mieterhöhungen nach § 559 BGB nicht außer Betracht bleiben. Ein Vermieter der in der Vergangenheit Modernisierungsmaßnahmen durchgeführt hat, konnte nach Abschluss der Arbeiten die Miete einseitig gem. §§ 559ff. BGB erhöhen. Die auf Grund der Mieterhöhung gemäß § 559 BGB erreichte Miete war, innerhalb der Grenzen des § 5 WiStG, preisrechtlich zulässig.

---

[357] LG Potsdam BeckRS 2016, 00678; AG Köln Urt. v. 7.4.2017 – 208C 454/15 (juris).
[358] AG Wedding GE 2012, 958; ähnlich AG Köpenick GE 2015, 660.
[359] LG München I ZMR 2012, 626.
[360] Das II. WoBauG ist mit Wirkung ab 1.1.2002 durch das WoFG aufgehoben worden. Einige Regelungen gelten gem. § 48 WoFG weiter, hierzu zählen aber die Begriffsdefinitionen in §§ 16ff. II. WoBauG nicht.
[361] BGH (VIII ZR 316/09) WuM 2010, 679; BVerwG ZMR 1972, 87; LG Potsdam BeckRS 2016, 00678; LG Berlin GE 2005, 307, 309; LG Berlin NZM 1999, 1138; LG Berlin MM 1998, 310, 312.
[362] LG Potsdam BeckRS 2016, 00678; LG Mannheim MDR 1996, 1007.
[363] LG Frankfurt/M. WuM 2012, 318.
[364] LG Berlin NZM 1999, 172.
[365] LG Hamburg ZMR 2011, 469.
[366] LG Frankfurt/M. ZMR 2014, 362.

6. Lage

Nach den Vorstellungen des Gesetzgebers soll die **Lage der Wohnung wertbildend** sein.[367] 88
Gemeint ist mit Lage zunächst einmal die Lage innerhalb der Gemeinde, differenziert wird aber auch nach der Lage im Haus.[368] Das Lagemerkmal gehört heute zu den umstrittensten Merkmalen des § 558 Abs. 2 BGB.[369] Das liegt zum einen an den unterschiedlichen Vorstellungen darüber, was eine einfache, normale oder gute Lage ist[370] und zum anderen an den Problemen der Feststellung der erforderlichen Merkmale und ihrer statistischen Erfassung.[371] Auch bei empirisch aufgestellten Mietspiegeln werden die Wohnlagekarten häufig jahrzehntelang nicht fortgeschrieben oder nur im Arbeitskreis Mietspiegel ausgehandelt. Was eine gute oder schlechte Lage innerhalb einer Gemeinde ist, ist häufig strittig, hängt zum Teil von **subjektiven Bewertungen** ab und kann sich mit Zeit auch ändern.[372] Man muss sich aber vor Augen führen, dass es nicht um die Beurteilung der gesamten Gemeinde gehen muss. Bei der Ermittlung der ortsüblichen Vergleichsmiete geht es ausschließlich um den Mietwohnungsmarkt. Wenn es also in einer Gemeinde begehrte **Einfamilienhauswohngebiete** gibt, in denen aber nur Eigentümer wohnen und keine Mieter, dann ist diese Lage nicht der Maßstab für die sonstigen Lagen. Es kann nur um die Differenzierung zwischen den verschiedenen Mietwohnungsstandorten gehen. Trotzdem werden bei der Erstellung von Wohnlagenkarten, auch mangels anderer Daten, häufig die Bodenrichtwerte der Gutachterausschüsse verwendet, obwohl diese nur aus Verkaufspreisen ermittelt werden.[373]

Bei der Lage innerhalb der Gemeinde wird u. a. differenziert nach der **Makrolage** und der 89
Mikrolage.[374] Makrolage bedeutet die Qualifikation eines ganzen Stadtteils oder zumindest eines Quartiers als gute oder schlechte Lage. Diese Ortslage wird bestimmt[375] durch die Baudichte, den baulichen Zustand des Ortsteils, Frei- und Grünflächen, landschaftlichen Charakter, Beeinträchtigungen durch Lärm, Staub, Geruch, Umweltgifte, die Verkehrsanbindung und die vorhandenen Infrastruktureinrichtungen, aber immer mehr auch das Image eines Quartiers. Gerade letzteres widerspricht nicht selten den objektiven Gegebenheiten. Auch in objektiv schlechten Lagen kann die Miete sehr hoch sein, weil der Stadtteil bei den Trendsettern beliebt ist. Das allein macht das Quartier aber noch nicht zu einer guten Lage. Das **Image** kann allenfalls ein Faktor sein, der bei der Lagebeurteilung einfließt. Häufig enthält sie Argumentation hier aber einen Zirkelschluss: **Die Lage ist nicht deshalb gut, weil die Mieten hoch sind; vielmehr soll die Miete hoch sein, weil die Lage gut ist.** Vertreten wird ferner, dass sowohl die **Ballung einzelner Gesellschaftsschichten** und die Häufigkeit und Schwere von Straftaten in der Gegend eine Rolle spielen sollen wie auch die Gefahr von Naturkatastrophen, z. B. wegen Überschwemmungsgefahr.[376] Auch die Lage einer ehemaligen Alliiertenwohnung in einer entsprechenden Siedlung kann eine eigene Lage darstellen.[377] Schließlich kann auch die Lage in einem Sanierungsgebiet wegen der dort ggf. bestehenden Mietobergrenzen in Sanierungssatzungen eine besondere Lage sein. Bei der **Mikrolage** wird auf die konkreten Lagevor- und -nachteile einer Wohnung geachtet. Hierzu zählt die Entfernung zu Geschäften, Schule, Ärzten oder die Erreichbarkeit des öffentlichen Nahverkehrs.

[367] *Promann,* Die Berücksichtigung des Wohnwertmerkmals Lage in den Mietspiegeln der deutschen Großstädte, S. 45ff.; *Bünnemeyer/Hebecker/Werling* ZMR 2016, 96.

[368] LG Berlin WuM 2004, 613, 614; LG Köln WuM 1994, 691; *Dröge* Handbuch der Mietpreisbewertung, S. 122; Bub/Treier/*Schultz* Kap. III. A Rdn. 1390; *Emmerich* in Staudinger § 558 BGB Rdn. 38; *Kossmann/Meyer-Abich,* Hdb. d. Wohnraummiete, § 148 Rdn. 36. Nach anderer Ansicht handelt es sich um eine Frage der Beschaffenheit: *Sternel* Mietrecht, III, 596; *Keller,* Zivilrechtliche Mietpreiskontrolle, S. 139 oder sogar der Ausstattung (BBU, Leitfaden zum Vergleichsmietensystem, S. 16).

[369] *Clar* in Börstinghaus/Clar NZM 2014, 889; *Bünnemeyer/Hebecker/Werling* ZMR 2016, 96, 98.

[370] Siehe hierzu den Ausgangsstreit in BGH (VIII ZR 87/15) WuM 2016, 290 = MietPrax-AK, § 558 BGB Nr. 37 m. Anm. *Börstinghaus.*

[371] *Bünnemeyer/Hebecker/Werling* ZMR 2016, 96, 98; *Bruns/Paschedag/Kauermann* ZMR 2016, 669, 675.

[372] **A. A.** *Bünnemeyer/Hebecker/Werling* ZMR 2016, 96, 98 nach deren Auffassung es sich um das einzige unveränderbare Wohnwertmerkmal handeln soll. Das entspricht nicht der Realität, wonach ganze Stadtteile ihren Status durch Zuwanderung, Schließung von Betrieben oder Flughafenerweiterungen verändern können.

[373] Z. B. LG München I ZMR 2014, 364, 365.

[374] Zur Verknüpfung dieser Lagemerkmale im Münchener Mietspiegel 2015: *Bruns/Paschedag/Kauermann* ZMR 2016, 669, 678.

[375] Siehe hierzu auch die Hinweise zur Erstellung von Mietspiegeln 2002 4. Teil Anhang Ziff 2b abgedruckt bei *Börstinghaus,* Miethöhe-Handbuch, 2. Aufl., S. 764.

[376] *Dröge* Handbuch der Mietpreisbewertung, S. 182.

[377] AG Wedding GE 2006, 331; allenfalls ein Zu- oder Abschlagsfaktor: BGH (VIII ZR 354/12) NJW 2013, 2963 = MietPrax-AK, § 558 BGB Nr. 33 m. Anm. *Börstinghaus.*

Die Mikrolage berücksichtigt, dass u. U. in sehr nah bei einander liegenden Lagen große Mietpreisunterschiede vorliegen können.[378] Letztendlich beeinflussen beide Komponenten, Mikro- und Makrolage, die Qualität einer Lage. Schwierig ist die Frage zu entscheiden, in welchen zeitlichen Abständen solche Lagekarten zu aktualisieren sind.[379]

90 Die **Lage im Haus** wird z. B. bestimmt durch den Gebäudeteil, also Vorderhaus oder Hinterhaus, die Geschosslage, z. B. Dachgeschoss-, Souterrain oder Erdgeschosswohnung sowie die Ausrichtung nach der Himmelsrichtung.[380]

91 Ein Nachteil der Lage einer Wohnung soll auch darin zu sehen sein, dass sich auf dem Dach eines nahe gelegenen Hochhauses mehrere **Mobilfunkantennen** befinden. Auch wenn nicht abschließend geklärt ist, ob und inwieweit die von einer solchen Anlage ausgehende Strahlung gesundheitsschädlich ist, wirkt sich doch allein die Existenz der Antennen nachteilig auf die Wertschätzung der Wohnung aus.[381] Dies hat mit der Frage, ob die Mietsache wegen der Mobilfunkantenne mangelhaft ist, nichts zu tun.[382] Deshalb darf das Vorhandensein der Antenne wie auch die Nähe zu emittierenden Betrieben als Lagenachteil berücksichtigt werden.

92 Erfahrungsgemäß ist gerade die Beurteilung der Lage der Wohnung zwischen den Mietvertragsparteien häufig im Streit.[383] Dies liegt zum einen daran, dass die einzelnen Kriterien auf Grund unterschiedlicher Anforderungen und Bedürfnisse stark unterschiedlich gewichtet werden. Was für eine Familie mit kleinen Kindern eine gute Wohnlage ist, kann für Senioren schlecht sein und umgedreht. Entscheidend ist immer ein **objektiver Lagemaßstab.**

93 Im Übrigen gilt nicht zwingend der Satz, dass für eine bessere Wohnlage auch immer eine höhere Miete gezahlt wird.[384] Empirische Untersuchungen belegen hier das Gegenteil. Häufig wird für eine schlechtere Wohnlage (oder auch für eine schlechtere Beschaffenheit) eine höhere Miete ausgewiesen. Anerkanntermaßen führt dies nicht zur **Unplausibilität** des Mietspiegels.[385] Dies kann nämlich durchaus den tatsächlichen Gegebenheiten entsprechen. So ist es möglich, dass sich ein partiell niedrigeres Mietpreisniveau in guter Wohnlage daraus ergeben kann, dass Wohnungen in diesen Wohnlagen bevorzugt von solchen Mietern nachgefragt werden, die es sich auf Grund ihrer wirtschaftlichen und sozialen Verhältnisse erlauben können, auch in Zeiten bestehender Wohnraumknappheit über die Höhe der Miete zu verhandeln.[386] Auf der anderen Seite können die Mieten in schlechteren Wohnlagen, u. a. auch deshalb höher sein als in besseren Wohnlagen, weil die **Fluktuation** in diesen Wohnungen höher ist.[387] Die durchschnittliche Mietzeit wird in diesem Wohnungsteilmarkt häufig nicht erreicht. Jeder Mieterwechsel ermöglicht dem Vermieter aber leichter die Miete zu erhöhen, als es bei bestehendem Mietvertrag möglich gewesen wäre. Auf diese Weise fließt in das Wohnwertmerkmal versteckt das rechtliche unerhebliche[388], weil subjektive, Wohnwertmerkmal **„Wohndauer“** mit ein.[389] Es stellt sich dann die Frage, ob der empirisch richtig ermittelte Wert normativ zu korrigieren ist.

94 Gegen eine zu starke **Bewertung des Lagefaktors**[390] spricht deshalb die Tatsache, dass hier sehr häufig subjektive Faktoren einfließen. In Zeiten knappen Wohnraums ist die Lage einer Wohnung von untergeordneter Bedeutung. Die Qualität einer Lage kann sich nicht nur durch objektive Veränderungen der Umgebung (Bau einer Schnellstraße, Stilllegung eines mit Immissionen verbundenen Betriebes), sondern auch durch gesellschaftliche Veränderungen ändern. So gab es vor

---

[378] *Bünnemeyer/Hebecker/Werling* ZMR 2016, 96, 98 weisen beispielhaft in Frankfurt auf das „Bahnhofsviertel“ und die benachbarten Banken- und Europaviertel“ hin.

[379] *Clar* in Börstinghaus/Clar NZM 2014, 889; *ders.* WImmoT 2013, 113.

[380] LG Köln WuM 1994, 691.

[381] AG Hamburg WuM 2001, 515.

[382] Dazu BGH (VIII ZR 74/05) NJW 2006, 2625.

[383] Hierzu allgemein *Isenmann* WuM 1992, 43.

[384] Nach § 18 des Entwurfs einer MietspiegelVO (Stand 11.4.2016) sollen deshalb in Mietspiegeln nur dann unterschiedliche Wohnlagen ausgewiesen werden, „soweit eine sachgerechte Unterteilung in Wohnlagen möglich ist und ein Einfluss auf die Mietpreisbildung festgestellt werden kann“ (zu dem Entwurf § 558c–d Rn. 5).

[385] LG Hamburg WuM 1995, 543.

[386] LG Hamburg WuM 1995, 543; Zweifel an der Auffassung äußert Bub/Treier/*Schultz* Kap. III. A Rdn. 1417.

[387] So auch LG Freiburg NJWE-MietR 1996, 51.

[388] **A. A.** AG Berlin-Charlottenburg, Urt. v. 12.3.2015 – 203 C 527/14 (juris).

[389] Nach Bub/Treier/*Schultz* Kap. III. A Rdn. 1418 dürfen schlechtere Lagen/Ausstattungen wegen der höheren Fluktuation nicht besser „bewertet“ werden.

[390] Nach *Bruns/Paschedag/Kauermann* ZMR 2016, 669, 675 soll sie Lage ein „extrem bedeutendes Kriterium“ sein, der den Preis einer Immobilie besonders beeinflusst.

ca. 30 Jahren eine Tendenz der Stadtflucht. Die Wohnung im Grünen wurde bei steigender Mobilität beliebt. Nach dem Ölpreisschock und den damit verbundenen stark gestiegenen Fahrtkosten drehte sich diese Tendenz – zumindest eine Zeit lang – ins Gegenteil um. Schließlich hängt die Frage, ob ein Haushalt für eine bestimmte Lage bereit ist, eine höhere Miete zu zahlen oder nicht auch stark von der Leistungsfähigkeit des Haushalts ab. Bestimmte Einkommensgruppen sind weder in der Lage noch willens, für die Lage einer Wohnung eine höhere Miete zu zahlen. Neben der Wohndauer fließt deshalb in diesen Faktor auch das Familieneinkommen ein.[391] Deshalb ist die Auffassung, wonach dem Wohnwertmerkmal „Lage" die größte Gewichtung zukommen muss,[392] abzulehnen.

Der Lagefaktor ist nach **objektiven Kriterien** zu bestimmen, auf die subjektiven Bedürfnisse **95** des konkreten Mieters kommt es nicht an. Es muss dazu ermittelt werden, was eine gute Lage in der Gemeinde ausmacht. Dabei darf man aber nicht dem Zirkelschluss erliegen, wonach da eine besonders gute Wohnlage sei, wo die höchsten Mieten gezahlt werden. **Die Lage bestimmt die Miete und nicht umgedreht die Miethöhe die Lage!** Soweit vertreten[393] wird, dass es sich bei der Frage, ob eine Wohnung in einer guten Wohnlage liegt, um eine **Rechtsfrage** handelt, die das Gericht und nicht der Sachverständige zu beantworten hat, ist das in dieser Absolutheit nicht richtig. Soweit es um die Einordnung in Lageklassen eines Mietspiegels geht, ist zu beachten, dass es sich bei einem Mietspiegel um eine Erkenntnisquelle handelt, über die für andere Wohnungen im maßgeblichen Zeitraum vereinbarten oder geänderten Mieten. Diese Mieten sind im Mietspiegel in ein Raster gepresst worden. Dabei ist die Unterscheidung in zwei oder drei Lageklassen sehr grob.[394] Der Begriff der ortsüblichen Vergleichsmiete ist aber letztendlich eine Tatsachenbehauptung[395] und keine bloße Rechtsfrage, auch wenn es sich bei dem Begriff um eine empirisch-normative Größe handelt.[396] Mit der Einordnung in eine bestimmte Lagekategorie wird somit die Tatsachenbehauptung aufgestellt, die Wohnungen, die der Mietspiegelersteller in diesem Feld zusammengefasst hat, seien mit der konkreten Vertragswohnung vergleichbar. Das ist und bleibt aber eine Tatsachenfeststellung, die das Gericht zwar ggf. durch Inaugenscheinnahme selbst treffen kann, es kann aber auch einen Sachverständigen hinzuziehen. Nach Ansicht des BGH[397] handelt es sich bei der Einordnung der Wohnlage um eine vom Tatsachengericht vorzunehmende **Wertungsfrage,** für die es auf die Einschätzung von (sachkundigen) Zeugen nicht ankomme. Auf keinen Fall ist es aber eine Rechtsfrage.[398] Demgemäß wird auch vertreten, dass es sich bei der Einordnung in die vorgegebenen Wohnlagenkategorien eines Wohnlagenkatasters um eine widerlegbare Vermutung handelt.[399] Ob das nach Schaffung des § 558d Abs. 3 BGB noch richtig ist, erscheint fraglich. Deshalb ist auf jeden Fall ein substantiierter Sachvortrag zu Lagevor- und -nachteilen erforderlich.[400]

7. Unerhebliche Wohnwertmerkmale

Die Aufzählung für die Feststellung der Vergleichbarkeit von Wohnraum zu berücksichtigenden **96** Wohnwertmerkmale in § 558 Abs. 2 BGB ist **abschließend.** Obwohl anerkanntermaßen diese Aufzählung nicht vollständig ist, ist es rechtlich unzulässig, weitere Merkmale zu berücksichtigen, z. B. die Wohndauer.[401] Insbesondere alle Merkmale, die mit der **Person des Mieters** zu tun haben, sind unerheblich.[402] Hierzu zählen selbstverständlich alle in Art. 3 GG aufgezählten sowie

---

[391] Nach *Wullkopf* WuM 1996 455, 457 sollen z. B. bei hohen Fahrtkosten sowohl die sehr Armen wie auch die sehr Reichen in der Nähe des Zentrums wohnen, während die Bezieher mittlerer Einkommen weiter außerhalb wohnen.

[392] So ausdrücklich das in RDM-IfS 6/96 S. 4 abgedruckte Gutachten. Danach soll die Lage mit 45% den Gesamtwohnwert bestimmen; nach *Dröge* Handbuch der Mietpreisbewertung, S. 242 kommt der Lage ein Anteil von 25% zu; nach *Isenmann* DWW 1994, 179 bestimmt die Lage zu 40% die Miethöhe; nach *Alles* Die ortsübliche Vergleichsmiete in der Landeshauptstadt München, S. 15, soll die Lage in den meisten empirischen Arbeiten keinen statistisch nachweisbaren Einfluss auf die Miethöhe haben; s. auch Rdn. 98.

[393] LG Frankfurt WuM 1992, 629.

[394] Aber sozilogisch durchaus gerechtfertigt: *Bünnemeyer/Hebecker/Werling* ZMR 2016, 96, 98 und 101.

[395] BVerfG ZMR 1993, 558; zweifelnd Blank ZMR 2013, 170.

[396] *Blank* ZMR 2013, 170.

[397] BGH (VIII ZR 87/15) WuM 2016, 290 = MietPrax-AK, § 558 BGB Nr. 37 m. Anm. *Börstinghaus.*

[398] So auch AG Velbert WuM 1992, 629.

[399] AG Siegburg WuM 1996, 152.

[400] AG Dortmund WuM 2012, 103; AG Neuss WuM 2006, 388.

[401] **A. A.** AG Berlin-Charlottenburg, Urt. v. 12.3.2015 – 203 C 527/14 (juris).

[402] LG Hamburg WuM 2016, 434.

alle weiteren persönlichen Unterscheidungsmerkmale von Menschen wie Geschlecht, Nationalität, Alter, Religion, Hautfarbe usw. Auch ein Zuschlag für „randständige" Personen, die den Wohnraum „deutlich mehr strapazieren" ist unzulässig.[403] In Extremfällen kann ein Mieterhöhungsverlangen in einem Mehrfamilienhaus, das nur an türkische und arabische Mieter gerichtet ist einen Verstoß gegen das AGG darstellen und sogar Entschädigungsansprüche auslösen.[404] Auch der Beruf des Mieters ist ein unzulässiger subjektiver Faktor. Deshalb gibt es weder für Studenten[405] noch für Beamte einen Sondermarkt. Auch die Art und Weise, wie die Menschen zusammenleben, also als verheiratetes Paar, als nichteheliche Lebensgemeinschaft oder als Wohngemeinschaft[406] darf bei der Feststellung der ortsüblichen Vergleichsmiete keine Rolle spielen. Das Gleiche gilt für die Nähe zur Arbeitsstelle und zur Schule der Kinder.[407]

97 Ebenso wenig darf nach der **Person des Vermieters** differenziert werden, obwohl dies für die Miethöhe durchaus eine große Bedeutung haben kann.[408] Ein Privatvermieter, der u. U. mit dem Mieter im gleichen Haus lebt, wird eher die Auseinandersetzung um eine Mieterhöhung mit einem Mieter, der ihm ggf. persönlich gut bekannt ist und den er täglich im Treppenhaus trifft, scheuen und die Miete längere Zeit nicht anpassen. Demgegenüber wird eine professionelle Wohnungsverwaltung unter Umständen bei der Durchsetzung der Mieterhöhungen weniger Zurückhaltung üben. Auf der anderen Seite können auch gewerbliche Vermieter, insbesondere Genossenschaften oder kommunale Wohnungsbauunternehmen aus sozialpolitischen und unternehmerischen Gründen niedrigere Mieten vereinbaren. Umso länger ein Mietverhältnis unter diesen unterschiedlichen Vermietern dauert, umso größer wird der Unterschied zwischen diesen Mieten werden.[409] Trotzdem handelt es sich um den gleichen Wohnungsteilmarkt, so dass diese Unterscheidung nicht zu einer Differenzierung bei der Ermittlung der ortsüblichen Vergleichsmiete führen darf. Eine Unterscheidung danach, ob das Angebots- oder Kontrahierungsverhalten bestimmter Vermieter sich am Markt orientiert oder nicht[410] ist nicht zulässig. Es würde sich um ein unzulässiges subjektives Merkmal handeln. Es gibt auch keine objektive Grenze. Der örtliche Wohnungsmarkt wird von diesen Vermietern genauso beeinflusst wie vom gewerblichen Vermieter, der den Preis bis zum letzten ausreizt. Dem Phänomen kann nur durch den Ausweis von Mietpreisspannen begegnet werden.

8. Gewichtung der Wohnwertmerkmale

98 Die einzelnen Wohnwertmerkmale werden vom Gesetzgeber **gleichberechtigt nebeneinander** aufgezählt. Es wäre aber falsch, daraus zu schließen, dass die Merkmale einen völlig gleichen Einfluss auf die Miethöhe haben. Es dürfte aber auch kaum möglich sein, generell eine in ganz Deutschland gleichermaßen geltende Gewichtung vorzunehmen, obwohl dies in der Literatur durchaus gemacht wird:

Wohnwertmerkmal	Prozentuale Anteile der einzelnen Wohnwertmerkmale am Gesamtwohnwert			
	Sternel[411]	*Dröge*[412]	*Sprengnetter*[413]	Isenmann[414]
Art	10%	5,0%	10,0%	20%
Beschaffenheit	10%	10,0%	10,0%	
Größe	12%	10,0%	30,0%	30%
Lage	28%	25,0%	25,0%	40%
Ausstattung	40%	50,0%	25,0%	10%

[403] LG Hamburg WuM 2016, 434.
[404] AG Tempelhof-Kreuzberg WuM 2015, 73.
[405] LG Aachen MDR 1983, 492; AG Dortmund NJW-RR 1991, 1228.
[406] OLG Hamm WuM 1983, 108.
[407] *Dröge* Handbuch der Mietpreisbewertung, S. 242.
[408] BGH (XII ZR 175/07) WuM 2010, 38.
[409] Nach BGH (VIII ZR 44/16) MietPrax-AK § 573 BGB Nr. 64 soll es sich aufdrängen, dass viele Vermieter in bestehenden Verträgen die Mieterhöhungsmöglichkeiten nicht ausschöpfen.
[410] So aber *Voelskow* GE 1997, 586, 588; *Osmer* ZMR 1995, 53, 57.
[411] *Sternel* Mietrecht aktuell (2009), IV, 165 a.
[412] Handbuch der Mietpreisbewertung, S. 242.
[413] Handbuch zur Ermittlung von Grundstückswerten, Teil 14, Nr. 5.2.5.1.
[414] *Isenmann*, DWW 1994, 179.

Es kommt hierbei sehr stark sowohl auf die örtlichen Gegebenheiten[415] wie auch auf die Besonderheiten der Vertragswohnung an.[416] In der Regel kommt der Ausstattung und der Größe[417] der Wohnung die größte Bedeutung zu Letztendlich handelt es sich aber um eine normative Frage. Auch die Behauptung, die Wohnung liege in einer bevorzugten Wohngegend führt nicht zu einer höheren Gewichtung des Lagemerkmals.[418]

9. Die maßgebliche Miete

Aus § 558 Abs. 2 BGB ergibt sich, dass nicht alle in einer Gemeinde gezahlten Mieten in die ortsübliche Vergleichsmiete einfließen. Das Gesetz unterscheidet in sachlicher, in zeitlicher und räumlicher Hinsicht. Es müssen folgende 3 Voraussetzungen gegeben sein, damit eine aktuell geschuldete Miete bei der Berechnung der ortsüblichen Vergleichsmiete berücksichtigt werden darf: 99

1. Es muss sich um Mieten handeln, die in den letzten 4 Jahren verändert wurden **(Zeitkomponente).**
2. Dabei muss es sich um Wohnraum handeln, bei dem die Miethöhe weder durch Gesetz oder im Zusammenhang mit einer Förderzusage festgelegt worden ist **(sachliche Komponente).**
3. Schließlich müssen die Mieten in der Gemeinde oder einer vergleichbaren Gemeinde vereinbart worden sein **(räumliche Komponente).**

a) Die Zeitkomponente. Nach dem Wortlaut des Gesetzes wird die ortsübliche Vergleichsmiete aus allen Entgelten gebildet, die in den letzten 4 Jahren vereinbart oder, von Erhöhungen nach § 560 BGB abgesehen, geändert worden sind. Seit 1983 sind sog. Altmieten nicht mehr relevant.[419] Daraus folgt, dass folgende Mieten unter dem zeitlichen Gesichtspunkt zu erfassen sind: 100

aa) Neuvertragsmieten. Damit sind die Mieten von Mietverhältnissen gemeint, die erst in den letzten 4 Jahren neu vereinbart worden sind und deren Miete in diesen 4 Jahren, von Erhöhungen nach § 560 BGB abgesehen, nicht erhöht worden sind. Eine Neuvertragsmiete liegt deshalb auch bei einer bis zu 4 Jahre alten aber nie veränderten Miete vor.[420] Entscheidend ist nicht das Datum des Vertragsschlusses, sondern das Datum der ersten Fälligkeit der erhöhten Miete.[421] 101

bb) Bestandsmieten. Demgegenüber wird für die Mieten, die in den letzten 4 Jahren geändert wurden, der Begriff der „Bestandsmieten"[422] gebraucht. Wann das Mietverhältnis begründet wurde, ist dabei unerheblich, so dass hierunter auch Mietverhältnisse fallen, die zwar in den letzten 4 Jahren erst neu vereinbart worden sind, deren Miete aber bis zum Stichtag mindestens einmal, mit Ausnahme der Erhöhung nach § 560 BGB, geändert worden ist. In die ortsübliche Vergleichsmiete fließen diese Mieten aber nur einmal ein, auch wenn im konkreten Mietverhältnis sowohl die Neuvertragsmiete in den Vierjahreszeitraum fällt, wie auch ein oder zwei Mieterhöhungen. Maßgeblich ist nämlich nur die zum Erhebungsstichtag gezahlte Miete. Folgende Mieterhöhungen sind maßgeblich: 102

- auf Grund einer Mieterhöhung nach § 558 BGB,
- nach einer Modernisierung gem. § 559 BGB,
- auf Grund von Staffelmietvereinbarungen gem. § 557 a BGB,
- auf Grund von Indexvereinbarungen gem. § 557 b BGB,
- auf Grund von Mietabänderungsvereinbarungen gem. § 557 Abs. 1 BGB.

Maßgeblich ist, dass innerhalb des Vierjahreszeitraums die Mietänderung fällig wurde. Deshalb muss nicht zwischen Mietabänderungsvereinbarungen gem. § 557 Abs. 1 BGB und Zustimmungs-

---

415 *Sternel* Mietrecht aktuell (2009), IV, 165 a.

416 Nach *Promann* Die Berücksichtigung des Wohnwertmerkmals Lage in den Mietspiegeln der deutschen Großstädte besteht eine Abhängigkeit zwischen der Bedeutung der Lage und der Größe. Bei kleinen Wohnungen ist die Bedeutung geringer.

417 Nach *Behr/Hörmann* DWW 1999, 105, 107 soll auf die Größe ein Anteil von 40–60% entfallen; ähnlich *Walterscheid* NZM 1998, 990; *Emmert* in Hannemann/Wiek/Emmert, Hdb. d. Mietrechts, § 12 Rdn. 185.

418 AG Dortmund WuM 2012, 103.

419 Nach *Gsell* NZM 2017, 305 sind auch diese Mieten marktrelevant.

420 *Dröge* Handbuch der Mietpreisbewertung, S. 105 will deshalb von „zeitbezogener Neumiete" sprechen.

421 **A. A.** Bub/Treier/Schultz Kap. III. A Rdn. 1363 (Datum des Vertragsschlusses maßgeblich).

422 *Dröge* Handbuch der Mietpreisbewertung, S. 106 kritisiert diesen Begriff. Seiner Meinung nach sei richtigerweise von einer geänderten oder angepassten Miete zu sprechen und nicht von Bestands- oder Altmieten, S. 105.

verfahren gem. § 558 BGB unterschieden werden.[423] Das ist auch erhebungstechnisch kaum möglich. Dort kann und wird nur danach gefragt, ob die Miete innerhalb eines näher bezeichneten Zeitraums neu vereinbart oder erhöht wurde.

103 Auch die Mieten von Wohnungen, in denen nur **Mieterhöhungen nach § 559 BGB** in den letzten 4 Jahren vor Zugang des Mieterhöhungsverlangens erfolgten, sind zur Ermittlung der ortsüblichen Vergleichsmiete heranzuziehen. Der Wortlaut des § 558 Abs. 2 BGB ist insofern völlig eindeutig. Soweit früher vereinzelt für solche Mieterhöhungen vertreten[424] wurde, dass diese bei „strenger Auslegung des § 558 Abs. 2 BGB" nicht berücksichtigt werden dürfen, da sie kostenorientierte, nicht nach Angebot und Nachfrage zustande gekommene Preise ermöglichen, ist dieser Einwand in doppelter Hinsicht falsch. Zum einen ist der Wortlaut des § 558 Abs. 2 BGB bereits eindeutig. Dort werden expressis verbis nur Mieterhöhungen wegen Betriebskostensteigerungen nach § 560 BGB ausgenommen. Zum anderen ist zwar richtig, dass der Vermieter bei Mieterhöhungen nach § 559 BGB nicht der Zustimmung des Mieters bedarf, letztendlich bestimmt aber auch hier der Markt, ob der Vermieter die Mieterhöhung durchsetzen kann. Unabhängig von der Tatsache, dass zumindest die Mieterhöhung nach § 559 BGB nach oben wie eine Neuvertragsmiete durch § 5 WiStG begrenzt wird, wird der Vermieter auch solch einseitige Mieterhöhungen nicht durchsetzen können, wenn am Markt für vergleichbare Wohnungen erheblich niedrigere Mieten gezahlt werden. Hier wird der Mieter sich ausrechnen, ob ein Umzug auf Dauer wirtschaftlicher ist. Ihm steht auch bei Zeitmietverträgen oder Mietverträgen mit Kündigungsausschluss ein Sonderkündigungsrecht gem. § 561 BGB zu.

104 Auch **Staffelmieten** sind bei der Ermittlung der ortsüblichen Vergleichsmiete zu berücksichtigen. Auch sie sind übliche Entgelte, die die Mietvertragsparteien vertraglich vereinbart haben. Sie sind mit der jeweils letzten innerhalb des Vierjahreszeitraums liegenden Staffel zu berücksichtigen.[425] Dies entspricht auch dem **Willen des historischen Gesetzgebers.**[426] Dies ist nicht ganz unproblematisch, da die jeweilige Miethöhe zum Teil außerhalb des Vierjahreszeitraums vereinbart wurde auch wenn sie innerhalb des Vierjahreszeitraums wirksam wurde. Da Staffelmieten jetzt nicht auf eine Laufzeit von 10 Jahren mehr begrenzt sind, können so Vereinbarungen die Miethöhe beeinflussen, die teilweise so heute nicht mehr getroffen worden wären. Letztendlich kann der Mieter aber gem. § 557a Abs. 3 BGB spätestens nach vier Jahren kündigen, so dass über diese Möglichkeit sichergestellt ist, dass zumindest nicht zu hohe Mieten in die Vergleichsmietenermittlung einfließen, da zu vermuten ist, dass der Mieter bei zu hohen Mieten das Mietverhältnis gekündigt hätte. Weit hinter der Marktentwicklung zurückgebliebene Staffelmieten sind aber für den Vermieter bei einem zugleich wirksam vereinbarten Zeitmietvertrag nicht kündbar. Da dies mengenmäßig aber keine große Anzahl darstellt, kann dies hingenommen werden.

105 Entsprechend dem eindeutigen Wortlaut des Gesetzes sind jedoch **Mieterhöhungen wegen Betriebskostensteigerungen** gemäß § 560 BGB nicht zu berücksichtigen. Damit sind zunächst Anhebungen der Betriebskostenpauschalen und der Betriebskostenvorauszahlungen gemeint. Über die Überleitungsvorschrift in Art. 229 § 3 Abs. 4 EGBGB fallen hierunter aber auch die Umlage von Betriebskostensteigerungen bei alten (Teil-)Inklusivmieten mit Erhöhungsvorbehalt.

106 Bis Ende 1982 bildeten **alle Mieten,** die in der Gemeinde oder in einer vergleichbaren Gemeinde für nicht preisgebundenen Wohnraum vergleichbarer Art, Größe, Ausstattung, Beschaffenheit und Lage an einem bestimmten Stichtag gezahlt wurden, die ortsübliche Vergleichsmiete. Durch die Beschränkung der maßgeblichen Mieten auf die letzten drei – inzwischen vier Jahre – wollte der Gesetzgeber letztendlich eine stärkere Marktorientierung der Mieten erreichen, da hierdurch insbesondere besonders niedrige Bestandsmieten aus der Berechnung herausfallen. Man darf aber nicht übersehen, dass auch unveränderte Mieten, die vor Beginn des Vierjahreszeitraums vereinbart wurden, marktrelevant sind.[427] Trotzdem dürfen sie nach dem eindeutigen Gesetzeswortlaut nicht berücksichtigt werden.

---

[423] So aber Bub/Treier/*Schultz* Kap. III. A Rdn. 1363.
[424] *Derleder* WuM 1983, 221, 222.
[425] *Keller,* Zivilrechtliche Mietpreiskontrolle, S. 137, 138 m. w. N.; *Artz* in MünchKomm § 558 BGB Rdn. 35; *Emmerich in* Emmerich/Sonnenschein, Miete, § 558 BGB Rdn. 14; Bub/Treier/*Schultz* Kap. III. A Rdn. 1369; *Sternel,* Mietrecht, III, 571 unter Aufgabe der früheren Auffassung in ZMR 1983, 73, 76; **a. A.** *Derleder* WuM 1983, 221, 222.
[426] BT-Drucks. 9/2079.
[427] *Gsell* NZM 2017, 305.

Die **Vierjahresfrist** berechnet sich im konkreten Erhöhungsverfahren vom Zugang des Mieterhöhungsverlangens[428] an vier Jahre rückwärts. Dabei kommt es auf die vor vier Jahren bereits geschuldete Miete an. Alle Mieterhöhungen, deren Wirkungszeitpunkte gem. § 558b Abs. 1 BGB in die Vierjahresfrist fallen, sind also zu berücksichtigen. Dies gilt auch dann, wenn der Mieter zunächst seine Zustimmung nicht erteilt hat und später erst dazu verurteilt wurde. Der Zeitpunkt des Erhöhungsverlangens ist genauso unerheblich wie das Datum der Zustimmung. Anderenfalls müssten die Vertragsparteien zukünftige Mieterhöhungen und Neuabschlüsse zwischen Zugang des Verlangens und Wirksamwerden berücksichtigen, was gar nicht möglich ist.[429] 107

In die Datenerhebung fließt **jede Wohnung nur einmal** ein. Zwar ist es theoretisch möglich, dass innerhalb des 4-Jahreszeitraums die Miete für eine Wohnung sich viermal geändert hat, so z. B. wenn der Mieter vor genau vier Jahren neu eingezogen ist (Neuvertragsmiete) und die Miete dann jeweils alle 15 Monate erhöht wurde, jedoch ist der Wortlaut hier bereits eindeutig. Die ortsübliche Vergleichsmiete soll die zu einem bestimmten Zeitpunkt gezahlten Entgelte widerspiegeln. Das Gesetz grenzt jedoch diese Gesamtmenge aller Mieten dadurch ein, dass weitere Bedingung für die Berücksichtigung eben ist, dass die Miete entweder in den letzten vier Jahren neu vereinbart oder erhöht wurde. Dementsprechend kommt es nur auf die **aktuelle Miete** an, der am Stichtag, zu dem die ortsübliche Vergleichsmiete festgestellt werden soll, geschuldet wird.[430] Falsch ist deshalb auch aus den in den letzten vier Jahren für eine Wohnung gezahlten Mieten eine Durchschnittsmiete zu bilden, unabhängig davon, ob eine Mieterhöhung oder Neuvermietung stattgefunden hat.[431] 108

b) Die räumliche Komponente. Zur Feststellung der ortsüblichen Vergleichsmiete müssen grundsätzlich alle Mieten aus der Gemeinde, die die oben dargestellten sachlichen und zeitlichen Voraussetzungen erfüllen, herangezogen werden.[432] Unter dem Begriff Gemeinde ist die **politische Gemeinde** gemeint.[433] Die Abgrenzung erfolgt dabei aus verwaltungstechnischen Gründen und nicht aus wohnungsmarktspezifischen Überlegungen.[434] Zur Frage, wann eine Gemeinde mit einer anderen vergleichbar ist s. § 558a BGB Rdn. 46ff. Unzulässig ist die Ermittlung einer ortsüblichen Vergleichsmiete nur für einen Teil der Gemeinde[435], aber auch die Ermittlung der ortsüblichen Vergleichsmiete für das Kreisgebiet. Zwar gestattet § 558c ausdrücklich die Aufstellung von Mietspiegeln für Teile einer Gemeinde oder für mehrere Gemeinden, dies bedeutet aber nicht, dass es auch eine ortsübliche Vergleichsmiete nur für Gemeindeteile oder mehrere Gemeinden gibt. Unzulässig ist es deshalb Wohnungen aus bestimmten, z. B. den äußeren, Stadtteilen einer Gemeinde unberücksichtigt zu lassen.[436] 109

10. Der maßgebliche Wohnraum

Für die Ermittlung der ortsüblichen Vergleichsmiete sind **nicht alle Mietverhältnisse** maßgeblich.[437] Insofern besteht eine wechselseitige Abhängigkeit. Für bestimmten Wohnraum hat der Vermieter keinen Anspruch auf Zustimmung zu einer Mieterhöhung. Das bedeutet umgekehrt, dass die für solchen Wohnraum gezahlten Mieten nicht zur Ermittlung der ortsüblichen Vergleichsmiete herangezogen werden dürfen. Daraus folgt, dass für folgende Miet- bzw. Nutzungsverhältnisse auf jeden Fall unberücksichtigt bleiben müssen: 110

---

428 BGH (VIII ZR 41/05) NZM 2006, 101; BayObLG RE v. 27.10.1992, NJW-RR 1993, 302; *Voelskow* ZMR 1992, 328.

429 *Artz* in MünchKomm § 558 Rdn. 19; Bub/Treier/*Schultz* Kap. III. A Rdn. 1362 spricht von „nicht praktikabel und zumutbar".

430 So auch die Hinweise zur Aufstellung von Mietspiegeln 2002 abgedruckt bei *Börstinghaus,* Miethöhe-Handbuch, 2. Aufl., S. 764.

431 So aber der Mietspiegel für die Gemeinde Hamminkeln 2002.

432 BGH (VIII ZR 354/12) NZM 2013, 610; BGH (VIII ZR 267/12) NZM 2013, 612; LG Hamburg WuM 1995, 543.

433 LG Marburg Urt. v. 5.2.2014 – 5 S 117/13; *Lammel* § 558 BGB Rdn. 61; *Börstinghaus* in Börstinghaus/Clar NZM 2014, 889; *ders.* WuM 2014, 591; Bub/Treier/*Schultz* Kap. III. A Rdn. 1370; *Emmerich* in Staudinger § 558 BGB Rdn. 39 (gemeint sei „einheitliches Wohngebiet").

434 *Lammel* § 558 BGB Rdn. 61; *Oberhofer/Schmidt* Kriterien der Mietspiegelherstellung, S. 11.

435 BGH (VIII ZR 354/12) NZM 2013, 610; BGH (VIII ZR 267/12) NZM 2013, 612.

436 LG Marburg Urt. v. 5.2.2014 – 5 S 117/13.

437 Eine tabellarische Übersicht des maßgeblichen Wohnungsbestandes befindet sich bei *Börstinghaus/Clar,* Mietspiegel, Rdn. 257.

– vom Eigentümer selbst genutzte Wohnungen. Hier fehlt bereits ein Mietvertrag,
– Wohnraum der zum vorübergehenden Gebrauch vermietet wurde (s. § 549 BGB Rdn. 4),
– Möblierter Wohnraum in der Wohnung des Vermieters (s. § 549 BGB Rdn. 6ff.),
– Studenten- und Jugendwohnheime (s. § 549 BGB Rdn. 33ff.),
– alle Formen von Gewerberaummietverhältnissen.

111 Nach § 558 Abs. 2 Satz 2 BGB sind die Mieten solcher Wohnungen ausgenommen, bei denen die Miethöhe **durch Gesetz oder im Zusammenhang mit einer Förderzusage** festgelegt worden ist. Damit fließen folgende Mieten nicht in die ortsübliche Vergleichsmiete ein:

112 **a)** Mieten von Wohnraum, der mit **Mitteln aus öffentlichen Haushalten** gefördert wurde. Dies gilt für Sozialwohnungen gem. §§ 1ff. WoBindG[438]. Dazu zählen folgende beide Gruppen:

– **erster Förderweg:** Wohnungen für die nach dem 31.12.1956 nach den §§ 24ff. II. WoBauG[439] öffentliche Mittel bewilligt wurden,
– **zweiter Förderweg:** Wohnungen, die nach § 88 bis § 88c II. WoBauG[440] durch Aufwendungsdarlehn und Aufwendungszuschüsse gefördert wurden, und Wohnungen, die mit Sanierungs- und Entwicklungsfördermitteln nach § 45 Abs. 5 Städtebauförderungsgesetz gefördert wurden.

Außerdem gehören

– mit **Wohnungsfürsorgemitteln** geförderte Neubauwohnungen gem. §§ 87a, 111 II. WoBauG[441]
– mit **Aufwendungshilfen** geförderte Neubauwohnungen i. S. d. §§ 88–88c II. WoBauG

nicht zum maßgeblichen Wohnraum. Für diese Wohnungen gilt keine am Markt nach den Grundsätzen von Angebot und Nachfrage gebildete Miete sondern die sog. Kostenmiete. Dies wird zwar inzwischen durch die Erhebung der Fehlbelegungsabgabe relativiert durch die für bestimmte Einkommensgruppen mittelbar auch die ortsübliche Vergleichsmiete Bedeutung hat, da die Höhe der Ausgleichsabgabe zumindest im Herabsetzungsverfahren die Obergrenze darstellt.[442] Dies ändert aber nichts an der Tatsache, dass es sich bei der Miete für diesen Wohnraum nicht um Miete für preisfreien Wohnraum handelt.

– nach den diversen **Landeswohnraumförderungsgesetzen** geförderte Wohnungen.[443] Deren Vorschriften sind an die Stelle des WoBindG, II. WoBauG, der NMV und der II. BV getreten und Beschränken auf unterschiedliche Weise die Miethöhe. Selbst wenn die ehemalige Kostenmiete nach den entsprechenden Landesgesetzen nach den Vorschriften der §§ 558ff. BGB erhöht werden kann, wird die Mieterhöhung durchweg in irgendeiner Form beschränkt.

113 **b)** Die Mieten für **Wohnungen des früheren sog. dritten Förderweges** dürfen bei der Ermittlung der ortsüblichen Vergleichsmiete ebenfalls nicht herangezogen werden.[444] Hierbei handelt es sich um eine vereinbarte oder einkommensorientierte Förderung nach den §§ 88d und 88e II. WoBauG. Dabei wird der Bauherr gem. § 88e Abs. 2 II. WoBauG[445] verpflichtet, für den geförderten Wohnraum während einer bestimmten Dauer keine höhere als die festgelegte Miete zu verlangen. Anders als die Wohnungen des ersten und des zweiten Förderweges sind die Mieten dieser Wohnungen schon am Markt orientiert, wenn sich auch die Miete nicht, wie bei den nicht preisgebundenen Wohnungen, durch Angebot und Nachfrage bestimmen. Vielmehr werden die Basismieten gem. § 88e II. WoBauG von den Ländern in Anlehnung an die ortsübliche Vergleichsmiete festgelegt. Es handelt sich um geförderten Wohnraum, dessen Miete sich an der ortsüblichen Vergleichsmiete orientieren soll. Nach der Neuregelung des Begriffs der ortsüblichen Vergleichsmiete

---

438 Auf Grund der Föderalismusreform ist die ausschließliche Gesetzgebungskompetenz für das Recht der Wohnraumförderung ab 1.9.2006 auf die Länder übergegangen. Gem. Art. 125a GG gelten die früheren Bundesgesetze weiter bis die Länder eigene Regelungen erlassen haben. Das ist bisher sehr unterschiedlich geschehen; s. dazu Vor § 557 BGB Rdn. 35ff.
439 Die Vorschrift ist seit 1.1.2002 durch das WoFG aufgehoben.
440 Gem. § 48 WoFG gilt die Vorschrift weiter.
441 Gem. § 48 WoFG gilt die Vorschrift weiter.
442 BVerwG WuM 1997, 275.
443 Dazu Vor § 557 BGB Rdn. 35ff.
444 LG Frankfurt/Oder WuM 2012, 319; *Sternel* Mietrecht aktuell (2009), IV, 75 aber Bedenken bei IV 161.
445 Das II. WoBauG ist seit 1.1.2002 aufgehoben. Gem. § 48 WoFG gelten einige Vorschriften weiter.

in § 558 Abs. 2 BGB steht fest, dass neben den Mieten des „klassischen" ersten und zweiten Förderweges auch die Mieten des dritten Förderweges unberücksichtigt bleiben, da die Mieten dort üblicherweise im Rahmen einer Förderzusage unterhalb der Marktmiete festgelegt werden. Zwingend ist dieser Ausgangspunkt aber nicht. Es gibt durchaus Regionen, in denen diese Mieten über denen des freien Marktes liegen. Aber auch in diesem Fall darf eine solche Miete nicht zur Ermittlung der ortsüblichen Vergleichsmiete herangezogen werden. Eine andere Frage ist, ob die Mieten für solche Wohnungen nach den §§ 558 ff. BGB erhöht werden dürfen. Dies ist zu bejahen.[446] Dabei sind aber die Beschränkungen aus dem Fördervertrag oder -bescheid zu beachten.

c) Die Formulierung „durch Gesetz oder im Zusammenhang mit einer Förderzusage festgelegt" ermöglicht es, **alle öffentlichen Fördertatbestände,** die zu Festlegungen der Miethöhe führen, einzubeziehen. Damit fallen auch alle Mieten heraus, die nach einer Modernisierungsmaßnahme durch Vertrag oder Sanierungssatzung gedeckelt werden, der Vermieter also nicht den vollen Erhöhungsspielraum des § 559 BGB ausnutzen darf. **114**

d) Demgegenüber sind die Wohnungen, deren Modernisierung durch die **KfW-Programme** gefördert wurde, bei der Ermittlung der ortsüblichen Vergleichsmiete mit heranzuziehen, da damit keine Begrenzung der Mieten verbunden ist.[447] **115**

e) Bei **Werkwohnungen** muss differenziert werden, zwischen Werkdienstwohnungen und Werkmietwohnungen. Bei einer Werkdienstwohnung sind die Überlassung der Wohnung einerseits und die Verpflichtung des Arbeitnehmers zum Bezug der Wohnung andererseits unmittelbare Bestandteile des Arbeitsvertrages. Gemäß § 576b BGB gelten hier die Vorschriften des Mietrechts jedoch dann, wenn der zur Dienstleistung Verpflichtete den Wohnraum ganz oder überwiegend mit Einrichtungsgegenständen ausgestattet hat oder der zur Dienstleistung Verpflichtete in dem Wohnraum mit seiner Familie einen eigenen Hausstand führt. Da die Überlassung einer Werkdienstwohnung als Bestandteil einer arbeitsvertraglichen Vereinbarung auch bei Vorliegen einer gesonderten Vertragsvereinbarung ein selbständiges Mietverhältnis ausschließt, gelten die §§ 557–561 BGB weder unmittelbar noch entsprechend.[448] Ein Mieterhöhungsverlangen nach § 558 BGB kann selbst in dem Fall, dass der Dienstvertrag eines in einer Werkdienstwohnung lebenden Hausmeisters gekündigt wird, nicht gestellt werden.[449] Das Nutzungsentgelt einer ehemaligen Hausmeisterwohnung richtet sich, wenn der Dienstvertrag gekündigt wurde, nach dem Teil der früheren Tätigkeitsvergütung, der für die Überlassung der früheren Werkdienstwohnung angerechnet wurde.[450] Nur wenn der Anteil nicht festgelegt ist oder sich nicht mehr bestimmen lässt, kann der Vermieter das Nutzungsentgelt nach den §§ 315, 316 BGB bestimmen. Obergrenze ist dabei die ortsübliche Vergleichsmiete für Werkdienstwohnungen (s. auch § 576b BGB Rdn. 19).[451] **116**

f) Bei **Werkmietwohnungen** handelt es sich gem. § 576 BGB um Wohnraum, der mit Rücksicht auf das Bestehen eines Dienstverhältnisses vermietet wurde. Auf diese Mietverträge sind grundsätzlich die §§ 557–561 BGB anzuwenden.[452] Auch bei an Bundesbedienstete vermieteten Bundesmietwohnungen gelten grundsätzlich die Vorschriften des BGB. Die ggf. mitbestimmungsrechtlichen Sonderregelungen betreffen nur interne Fragen des Dienstrechts und haben auf das Mietverhältnis keinen Einfluss.[453] Soweit die Verwaltungsvorschriften der Bundesrepublik Deutschland, die verwaltungsintern für die Vermietung bundeseigener Wohnungen unter anderem an Bundesbedienstete als obere Grenze für ein Mieterhöhungsverlangen die untere Grenze der ortsüblichen Vergleichsmiete vorsehen, soll es sich nicht um eine Vereinbarung i. S. d. § 557 Abs. 3 Hs. 2 BGB handeln.[454] Jedoch ist die Bundesrepublik Deutschland als Vermieterin in einem Wohnraummietverhältnis über eine solche Wohnung, die sie im Rahmen der Wohnungsfürsorge an einen Bundesbediensteten vermietet hat, nach dem **Grundsatz der Gleichbehandlung**[455] regelmäßig **117**

---

[446] AG Hamburg WuM 2001, 558.

[447] So ausdrücklich die Hinweise zur Aufstellung von Mietspiegeln 2002, abgedruckt bei *Börstinghaus,* Miethöhe-Handbuch, 2. Aufl., S. 764.

[448] BAG WuM 1993, 353.

[449] *Sternel* Mietrecht, IV, 269; *Haug* in Emmerich/Sonnenschein, Miete, § 576b BGB Rdn. 5.

[450] LG Hamburg WuM 1991, 550.

[451] LG Hamburg WuM 1991, 550; *Sternel* Mietrecht, IV, 269.

[452] LG Mannheim WuM 1990, 220, AG Düsseldorf WuM 1987, 264.

[453] KG WuM 1987, 183.

[454] BayObLG RE v. 16.12.1998, NZM 1999, 215; **a. A.** *Grau* WuM 1983, 112, 113; *Sternel* Mietrecht, III, 545.

[455] Zur Gleichbehandlung von Genossenschaftsmitgliedern s. auch § 557 BGB Rdn. 45.

auch gegenüber dem Mieter an diese Grenze gebunden.[456] Nach Beendigung des Arbeitsverhältnisses findet auch keine automatische Mieterhöhung für die zu günstiger Miete überlassene Werkmietwohnung statt.[457] Strittig ist, ob der Vermieter in diesem Fall gem. §§ 315, 316 BGB einseitig die Miete bis zur ortsüblichen Vergleichsmiete erhöhen kann.[458] Wenn der Wert der bisherigen Gegenleistung vertraglich nicht feststeht, dann muss der Vermieter eine Mieterhöhung gem. §§ 558, 558a BGB vornehmen. Hierfür gilt auch die Kappungsgrenze.[459] Für eine einseitige Leistungsbestimmung fehlt es an einer Rechtsgrundlage.

118 **Werkmietwohnungen** stellen eine eigene „Art" von Wohnraum i. S. d. § 558 Abs. 2 BGB dar. Subjektive Wohnwertmerkmale, wie die Person des Vermieters, sind keine zulässige Differenzierung im Rahmen des § 558 Abs. 2 BGB.[460] Wenn aber solche Wohnungen schon nicht als eigene *„Art"* von Wohnraum anzuerkennen sind, dann fehlt es aber zumindest sehr häufig an der Üblichkeit der Mietpreisabrede. Bei diesen Mietverhältnissen fließen häufig andere Gesichtspunkte in die Miethöhe hinein, insbesondere eine Fürsorgepflicht des Arbeitgebers aber auch steuerrechtliche Motive und ggf. auch Überlegungen der Mitarbeitermotivation und Versuche, Mitarbeiterkontinuität zu erreichen.[461] Unter Umständen ergibt sich sogar aus dem Arbeitsvertrag die Verpflichtung, auch bei zukünftigen Mieterhöhungen den Abstand zur ortsüblichen Vergleichsmiete beizubehalten. Da aber nach den Vorstellungen des Gesetzgebers die Vergleichbarkeit der Entgelte nur nach objektiven Gesichtspunkten stattfinden soll und bei Werkmietwohnungen subjektive Gesichtspunkte zumindest ebenso stark die Miete beeinflussen, ist dieser Wohnungsbestand wegen seiner marktuntypischen Preisbildung in die Ermittlung der ortsüblichen Vergleichsmiete nicht mit einzubeziehen.

119 **g)** Ohne Einschränkungen sind Neuvertragsmieten zu berücksichtigen, bei denen die Mietvertragsparteien eine **feste Miete** entweder ausdrücklich oder auf Grund der gesetzlichen Vermutung des § 557 Abs. 3 BGB vereinbart haben. Ein solcher Ausschluss kann sich ggf. aus dem Abschluss eines Zeitmietvertrages ergeben (dazu § 557 BGB Rdn. 49ff.). Diese Wohnungen fallen sehr wohl in den Anwendungsbereich der §§ 557–561 BGB. Allenfalls auf Grund der vertraglichen Abrede kann eine Mieterhöhung ausgeschlossen sein. Dies ist aber nicht anders zu beurteilen, als wenn der Vermieter zwar zu einer Mieterhöhung berechtigt wäre, aber keine Mieterhöhung durchführt. Auch wenn der Vermieter mit dem Mieter eine unter den ortsüblichen Mieten liegende Miete vereinbart, dann hat er einzelvertraglich keinen Anspruch auf eine höhere Miete, auch wenn er rechtlich ggf. eine höhere Miete hätte vereinbaren dürfen. Schließlich ergibt sich dies auch daraus, dass nach der Rechtsprechung der Anspruch des Vermieters bei Mietverträgen mit Verlängerungsklausel nur für die Zeit der ersten Befristung ausgeschlossen ist, in der Verlängerungszeit kann die Miete erhöht werden.[462] Wenn Wohnungen mit einer sog. Festmiete nicht in den Anwendungsbereich der §§ 557–561 BGB fallen würden, dann könnte deren Miete auch nicht nach Ablauf der ersten Befristung erhöht werden. Somit gehören auch Zeitmietverträge und Mietverträge bei denen die Parteien das Mieterhöhungsrecht ausdrücklich oder mittelbar ausgeschlossen haben, zum maßgeblichen Wohnungsbestand.[463]

120 Auch alle anderen vertraglichen Preisbindungen, zum Beispiel im Zusammenhang mit Fördermitteln oder mit vertraglichen Belegungsrechten, fallen vom Wortlaut nicht hierunter. Die allgemeine **Kappungsgrenze** in § 558 Abs. 3 BGB ist ebenfalls keine solche Festlegung[464] und zwar unabhängig davon, ob sie regional auf 15% herabgesetzt wurde oder bei 20% liegt. Soweit in der Gemeinde aufgrund einer entsprechenden Landesverordnung die **Neuvertragsmieten** gem.

---

[456] BayObLG RE v. 16.12.1998, NZM 1999, 215.

[457] LG Berlin GE 2009, 1190; LG Mannheim WuM 1990, 220; AG Passau WuM 1989, 578; *Pitz-Paal* GE 2009, 1230.

[458] Dafür LG Mannheim WuM 1990, 220; s. § 576b BGB Rdn. 19; **a. A.** LG Berlin GE 2009, 1190; nach LG Hamburg WuM 1991, 550 richtet sich die Höhe der Miete/Nutzungsentschädigung nach dem Wert der früheren Tätigkeit.

[459] LG Berlin GE 2009, 1190.

[460] Z. B. OLG Karlsruhe RE v. 23.12.1981, NJW 1982, 890 für den Status als gemeinnütziges Wohnungsunternehmen.

[461] *Börstinghaus/Clar* Mietspiegel, Rdn. 248.

[462] OLG Karlsruhe RE v. 27.11.1995, NJW-RR 1996, 329; OLG Zweibrücken RE v. 17.8.1981, WuM 1981, 273; OLG Hamm RE v. 9.9.1982, NJW 1983, 829.

[463] *Sternel* Mietrecht, III, 571.

[464] LG Berlin WuM 1991, 119; *Artz* in MünchKomm § 558 BGB Rdn. 34 (*„dass eine ehemals geltende Bindung über die Kappungsgrenze mittelbar Einfluss auf den Mietpreis nimmt, ist unbeachtlich."*).

§ 556d Abs. 1 iVm § 556g Abs. 1 BGB auf maximal 10% über der ortsüblichen Vergleichsmiete **gedeckelt** sind, ist dies ebenfalls keine Preisbindung, die dazu führt, dass diese Neuvertragsmieten nicht in die Ermittlung der ortsüblichen Vergleichsmiete einfließen dürfen. Es handelt sich weiter um Mieten im preisfreien Wohnungsbau. Die §§ 556d ff. BGB legen die Miete nicht der Höhe nach fest.

h) Auch die Mieten **ehemals gemeinnütziger Wohnungsbaugenossenschaften** sind genauso zu erfassen, wie die anderer Vermieter.[465] Allein die sich aus § 1 GenG ergebende Verpflichtung der Genossenschaft, ihre Mitglieder zu fördern, reicht für die Ausklammerung nicht aus. Daraus ergibt sich nämlich absolut nicht, dass eine Marktmiete von der Genossenschaft nicht verlangt werden darf oder verlangt wird. Auch die Genossenschaften müssen kostendeckend arbeiten. Nach Wegfall der Gemeinnützigkeitsbindung ist auch eine Bindung an die II. BV nicht mehr zwingend vorgeschrieben. Auch bei den Genossenschaften besteht durchaus die Tendenz zu einer Wohnwertmiete, die letztendlich zu einer marktgerechten Miete führt.[466] **121**

i) Auch die **Miete ehemals preisgebundener Wohnungen,** die erstmals den Vorschriften der §§ 557–561 BGB unterfallen, fließen in die ortsübliche Vergleichsmiete ein, wenn die Miete in den letzten 4 Jahren mindestens einmal nach den Vorschriften des BGB erhöht wurde.[467] Nach Ende der Preisbindung gilt die ehemalige Kostenmiete als preisfreie Miete fort.[468] Insofern gelten von diesem Zeitpunkt keine Unterschiede mehr. Maßgeblich sind deshalb nur die aktuellen Mieten, die in den letzten vier Jahren geändert oder neu vereinbart worden sind. Erhöhungen der **Kostenmiete,** auch wenn sie in den letzten vier Jahren erfolgten, haben hier[469] aber außer Betracht zu bleiben, da es sich gerade um eine Miete handelt, die durch *Gesetz festgelegt worden ist.* Selbst Mieterhöhungen während der Preisbindung, die den Mieterhöhungen der §§ 559, 560 BGB bzw. den Vorgängervorschriften entsprachen, ändern daran nach dem eindeutigen Wortlaut des Gesetzes nichts. **122**

Die grundsätzlich andere **Berechnung der preisgebundenen Miete** verliert also nicht von heute auf morgen ihre Bedeutung, sie wirkt eben noch einige Zeit nach. Dies hängt rechtlich auch mit der Kappungsgrenze zusammen, weil die Vermieter eine ggf. sehr niedrige Miete gar nicht in einem Schritt bis auf die ortsübliche Vergleichsmiete erhöhen dürfen,[470] wohnungswirtschaftlich hängt dies aber auch an der Struktur der Vermieter. Insbesondere genossenschaftlich organisierte Wohnungsbauunternehmen, aber auch solche, die sich im Besitz einer Gemeinde befinden, erstreben nicht unbedingt die Erzielung der am Markt maximal erzielbaren Miete, da sie mit dem Unternehmen auch Sozial- und Wohnungspolitik betreiben wollen. Deshalb wird argumentiert, dass Sinn und Zweck des Vergleichsmietensystems, dem Vermieter eine marktorientierte Mieterhöhung zu ermöglichen, gegen die Berücksichtigung solcher Mieten sprechen. Nach dem eindeutigen Wortlaut des Gesetzes ist ein Ausschlusstatbestand aber nicht gegeben. Dass diese Mieten ggf. wegen der Kappungsgrenze nicht in einem Schritt bis zur aktuellen ortsüblichen Vergleichsmiete erhöht werden können, steht ihrer Einbeziehung nicht entgegen.[471] Dies ist keine Preisbindung i. S. d. § 558 Abs. 2 BGB, sondern gerade eine Schranke des preisfreien Wohnungsbaus. **123**

Der Wortlaut der § 558 Abs. 2 BGB ist insofern eindeutig. Die Frage der Einbeziehung von Wohnraum in die Ermittlung der ortsüblichen Vergleichsmiete hat nur nach den **objektiven Wohnwertmerkmalen** zu erfolgen. Die ortsübliche Vergleichsmiete ist eben keine punktgenaue Miete, sondern eine Spanne von verschiedenen Entgelten. Soweit die sonstigen zeitlichen, räumlichen und sachlichen Voraussetzungen gegeben sind, gehören auch die Mieten ehemaliger Sozialwohnungen und sonstiger subventionierter Mietverhältnisse zur ortsüblichen Vergleichsmiete. Die **124**

---

[465] LG Hamburg WuM 1996, 45, 46.

[466] So auch LG Hamburg WuM 1996, 45, 46; kritisch *Osmer* ZMR 1995, 53.

[467] So expressis verbis auch die Hinweise zur Aufstellung von Mietspiegeln 2002.

[468] BGH (VIII ZR 87/11) NJW 2012, 145 = NZM 2012, 80 = MietPrax-AK § 558 BGB Nr. 31 m. Anm. *Börstinghaus;* BGH (VIII ZR 258/09) NZM 2010, 736 = NJW 2011, 145 = MietPrax-AK § 26 NMV Nr. 1 m. Anm. *Börstinghaus.*

[469] So auch *Artz* in MünchKomm § 558 BGB Rdn. 34; *Both* WuM 1998, 703, 705; *ders.* DWW 1999, 137, 141; anders bei der Berechnung der Jahressperrfrist oder der Kappungsgrenze BVerfG WuM 1986, 101; OLG Hamm RE v. 15.3.1995, NJW-RR 1995, 1293.

[470] Nach IfS, Auswirkungen mietrechtlicher Regelungen, S. 210 spielt die Kappungsgrenze „anders als vielfach vermutet keine wesentliche Rolle dafür, dass niedrige Mieten, die" „nach oben wollen", „nicht" „nach oben können". Bedeutung soll die Kappungsgrenze aber doch für den Sonderfall der ehemaligen Sozialwohnungen haben.

[471] *Artz* in MünchKomm § 558 BGB Rdn. 34.

Person des Vermieters und die Art der Finanzierung sind keine zulässigen Differenzierungskriterien. Auch über das Merkmal der Üblichkeit lassen sie sich nicht ausgrenzen. Wenn für einen Teil des ansonsten völlig vergleichbaren Wohnungsbestandes eben eine niedrigere Miete ortsüblicher ist als für einen anderen Teil, dann sind diese niedrigeren Mieten nicht weniger üblich oder gar unüblich.

125 **j)** Eine weitere Beschränkung der Miete kann sich im Zusammenhang mit der **großflächigen Sanierung** von ganzen Straßenzügen oder Stadtteilen ergeben.[472] Gemäß § 136 BauGB sind städtebauliche Sanierungsmaßnahmen solche Maßnahmen, durch die ein Gebiet zur Behebung städtebaulicher Missstände wesentlich verbessert oder umgestaltet wird. Ob solche Missstände vorliegen, richtet sich nach § 136 Abs. 3 BauGB. Solche Sanierungen können durch eine Sanierungssatzung gem. § 142 BauGB geregelt werden.[473] Durch solche **Sanierungssatzungen** können auch Beschränkungen der nach der Sanierung zu zahlenden Mieten erfolgen.[474] In förmlich festgelegten Sanierungsgebieten kann der Schutz der angestammten Wohnbevölkerung in ihrer bestehenden Sozialstruktur durch die besonderen sanierungsrechtlichen Genehmigungstatbestände erreicht werden, soweit dies dem Schutzzweck der Sanierungssatzung entspricht. Da die Kosten von Modernisierungsmaßnahmen gem. § 559 BGB auf die Miete umgelegt werden können, steht öffentlich-rechtlich die Frage im Vordergrund, wie der Umfang der Baumaßnahmen so gesteuert werden kann, dass sie keine Mietsteigerungen über dem gebietsspezifischen Niveau zur Folge haben, die tendenziell zu einem Auswechseln der Bevölkerung und damit der Sozialstruktur führen.[475] Den Gemeinden wird hier von der verwaltungsrechtlichen Rechtsprechung[476] ein weiter Gestaltungsspielraum eingeräumt. Soweit die Gemeinde im Sanierungskonzept festgehalten hat, dass in den betroffenen Sanierungsgebieten eine einseitige Bevölkerungsentwicklung durch Verdrängung einkommensschwacher Gruppen vermieden werden soll, ist es nicht zu beanstanden, wenn die Gemeinde das ihr zur Verfügung stehende sanierungsrechtliche Instrumentarium in den förmlich festgelegten Sanierungsgebieten dazu einsetzt, eine **gebietstypische Höchstmiete** festzulegen.[477] Diese Höchstmieten orientieren sich häufig an den Werten eines örtlichen Mietspiegels, teilweise werden aber auch gebietsspezifische Mietobergrenzen festgelegt. Dies kann sogar innerhalb einer Stadt differieren.[478] Für die Durchsetzung solcher Mietobergrenzen ist aber erforderlich, dass diese **Obergrenzen in der Sanierungsgenehmigung** selbst angegeben werden; dies erfordert u. a. der Grundsatz der Rechtsklarheit.[479]

126 Diese Mieten sind i. S. d. § 558 Abs. 2 Satz 2 BGB **durch Gesetz festgelegt.** Zu den Gesetzen i. S. d. Vorschrift gehören nämlich neben den Bundes- und Landesgesetzen auch Rechtsverordnungen des Bundes und der Länder sowie **Gemeindesatzungen.** Selbst wenn man hier die Beschränkung noch nicht in der Satzung sieht, sondern erst in der unter dem Vorbehalt einer bestimmten Miethöhe erteilten Sanierungsgenehmigung, so spricht doch der Sinn und Zweck des § 558 Abs. 2 Satz 2 BGB gegen eine Berücksichtigung dieser Mieten. Diese Mieten haben sich nicht am Markt gebildet. Sie werden aus Gründen des Gemeinwohls im Rahmen der Stadtsanierung festgelegt. Sie sollen ausschließlich die Mieten in einem bestimmten Bezirk beschränken und deshalb keinen Einfluss auf die Mieten in nicht betroffenen Gebieten haben. Äußerst hilfsweise wird man die **Lage** in einem Sanierungsgebiet als besondere Lagekategorie zu erfassen haben. Entscheidend ist aber, dass die Miete für die konkrete Wohnung von der Satzung erfasst wird. Das setzt in diesem Fall nach § 558 Abs. 2 Satz 2 BGB nicht nur die Lage in dem Sanierungsgebiet voraus sondern auch, dass die konkrete Wohnung saniert wird und diesbezüglich eine Förderzusage erteilt wurde.

127 Maßgeblich ist jeweils **die letzte Mieterhöhung.** Aus der Formulierung *„worden ist"* ergibt sich, dass es auf den Zeitpunkt der letzten Festsetzung der Mieterhöhung ankommt und nicht auf den Zeitpunkt der Datenerhebung. Bedeutung hat dies bei der Frage, ob **ehemalige Kostenmieten** zur Ermittlung der ortsüblichen Vergleichsmiete mit herangezogen werden dürfen. In dem

---

[472] Siehe hierzu auch den Vortrag von *Tietzsch* auf der Herbstveranstaltung des Deutschen Mietgerichtstages 2004 in Potsdam herunterladbar aus der „Mietrechtsdatenbank" unter http://www.mietgerichtstag.de.

[473] Dazu *Wild* MM 1996, 283.

[474] Dazu ausführlich *Partsch* Sanierungsverordnungen und Mietobergrenzen – zulässig?, GE 1997, 146; GE 1998, 348.

[475] *May* Erhaltung der Zusammensetzung der Wohnbevölkerung in Sanierungsgebieten, DÖV 1994, 862, 866; *Henke* Stadterhaltung als kommunale Aufgabe, Schriften zum öffentlichen Recht, Band 496, 1985, S. 140, 141.

[476] Z. B. OVG Berlin GE 1996, 417.

[477] OVG Berlin GE 1996, 417, 418.

[478] S. hierzu z. B. die tabellarische Zusammenstellung von *Wild* in MM 1996, 284 und GE 1998, 348.

[479] VG Berlin GE 1997, 191.

Zeitpunkt, in dem die Sozialbindung entfällt, gilt die ehemalige Kostenmiete als preisfreie Miete. Trotzdem ist die konkrete Miethöhe, wenn der Vermieter sie anschließend nicht mindestens einmal erhöht hat *durch Gesetz festgelegt worden*. Aus der Tatsache, dass der Vermieter sie anschließend nicht erhöht hat, kann nicht gefolgert werden, dass durch das Unterlassen der Vermieter zum Ausdruck gebracht hat, dass die Miete eben gerade der ortsüblichen Miete entspricht. Das Gesetz verlangt ausdrücklich, dass eine Neuvermietung oder Erhöhung im Bestand stattgefunden hat.[480]

11. Die Üblichkeit der Miete

Nach der ausdrücklichen Formulierung in § 558 Abs. 2 BGB bilden nur die **üblichen** Entgelte 128
die ortsübliche Vergleichsmiete. Es handelt sich bei dem Merkmal der „Üblichkeit" um eine weitere selbständige Tatbestandsvoraussetzung.[481] Der Begriff der Üblichkeit ist ein unbestimmter Rechtsbegriff.[482] Bereits die Expertenkommission Wohnungspolitik[483] hat 1994 auf die Schwierigkeiten bei der Anwendung dieses Begriffs hingewiesen. Nachdem der maßgebliche Wohnraum ermittelt und die Vergleichbarkeit der Wohnungen nach den fünf Wohnwertmerkmalen festgestellt wurde, muss noch festgestellt werden, dass die Miete auch üblich ist. „Üblich" sind Mieten, die für vergleichbare Wohnungen (= Wohnungen mit den im Gesetz genannten Merkmalen) in der Gemeinde bei bestehenden Mietverhältnissen **unter gewöhnlichen Umständen** tatsächlich und üblicherweise gezahlt werden.[484] Aus den bereinigten Rohdaten muss die *ortsübliche* Vergleichsmiete ermittelt werden. Außer Betracht zu bleiben haben grundsätzlich solche Mieten, die wegen ungewöhnlicher oder persönlicher Verhältnisse unüblich niedrig oder hoch sind, sowie Mieten, die nicht im gewöhnlichen Geschäftsverkehr zustande gekommen sind. Hierüber besteht kein wesentlicher Streit.[485] Die weitere Interpretation des Begriffes der „Üblichkeit" und seine praktische Anwendung sind höchst umstritten.[486] Es ist nämlich nicht alles, was am Markt für vergleichbare Wohnungen tatsächlich gezahlt wird, ohne weiteres „üblich" im Sinne des § 558 Abs. 2 Satz 1 BGB. Gerade dann, wenn das Spektrum der am Markt für vergleichbaren Wohnraum vorgefundenen Mieten sehr weit auseinandergeht, hat eine Eingrenzung des relevanten „Mittelfelds" der Vergleichsmieten stattzufinden.[487] Bei der Ermittlung der Üblichkeit handelt es sich um eine **normative Tätigkeit.** Nicht alle Daten, die erhoben werden, sind letztendlich auch „üblich".[488] Anderenfalls würde nämlich die höchste ermittelte Miete auch noch die ortsübliche Vergleichsmiete darstellen, so dass der Vermieter eine Mieterhöhung bis zur höchsten gezahlten Miete in der Gemeinde vornehmen könnte, die der BGH **„Spitzenmiete"**[489] nennt.[490] Sowohl eine historische Auslegung wie auch eine telelogische Auslegung sprechen gegen dies Ergebnis. Auch der Wortlaut des Gesetzes spricht für eine andere Lösung. Es soll eine Miete gebildet werden, die sich aus verschiedenen Werten der letzten 4 Jahre zusammensetzt. Gerade die Berücksichtigung der älteren Mietwerte sollte zu einem Abstand zur Marktmiete führen. Die Üblichkeit der Miete ist aber immer nur für vergleichbaren Wohnraum zu ermitteln.[491]

a) Diskriminierungsmieten. Einig ist man sich, dass theoretisch alle Mieten, die maßgeblich 129
durch andere als die 5 Wohnwertfaktoren bestimmt wurden, zu eliminieren sind. Im Sprachgebrauch der siebziger Jahre des letzten Jahrhunderts[492] hatte sich hierfür der Begriff der so genannten

---

[480] So auch die eindeutige Formulierung in den Hinweisen zur Aufstellung von Mietspiegeln 2002, abgedruckt bei *Börstinghaus,* Miethöhe-Handbuch, 2. Aufl., S. 764.

[481] BGH (VIII ZR 346/10) NJW 2012, 1351; *Börstinghaus* WuM 2012, 244; *ders.* Der Sachverständige 2012, 183; *Clar* in Börstinghaus/Clar NZM 2014, 889; *Blank* LMK 5/2012 Anm. 3; *Muth* ZMR 2012, 530; *Bühler* ZMR 2012, 531.

[482] BGH (VIII ZR 346/10) NJW 2012, 1351.

[483] BT-Drucks. 13/159 S. 120.

[484] BayObLG RE v. 19.3.1981, NJW 1981, 1219.

[485] Vgl. BT-Drucks. 7/5160 S. 4 Nr. 6.1 Abs. 1 Satz 2; BayObLG RE v. 19.3.1981, NJW 1981, 1219 m. w. N.

[486] *Clar* in Börstinghaus/Clar NZM 2014, 889.

[487] LG Kiel WuM 2014, 208.

[488] BGH (VIII ZR 346/10) NJW 2012, 1351.

[489] BGH (VIII ZR 346/10) NJW 2012, 1351.

[490] Ähnlich, aber wohl noch weiter einschränkend *Milger* PiG 92 (2012), 189, 202.

[491] **A. A.** wohl *Emmerich* in Staudinger § 558 BGB Rdn. 24 a, der unter dem Begriff der Üblichkeit auch Sondermärkte z. B. für Misch- oder Untermietverhältnisse sowie für möblierten Wohnraum, Heim oder Hotelmieten eliminieren will.

[492] Z. B. noch in der Fortschreibung der Hinweise zur Aufstellung von Mietspiegeln aus dem Jahre 1980 unter A. III. 2. abgedruckt bei *Börstinghaus/Clar,* Mietspiegel, Anhang B II.

„Diskriminierungsmieten" gebildet. Damit sind Mieten gemeint, die zum Teil von besonderen Mietergruppen, wie Ausländern, Wohngemeinschaften, Studenten oder Soldaten verlangt werden. Diese Mieten dürfen nicht berücksichtigt werden. Dies ergibt sich daraus, dass die ortsübliche Vergleichsmiete bestimmt werden soll, bei diesen Mieten aber subjektive Merkmale und Eigenschaften der Mieter eine entscheidende Rolle spielen.

130 **b) Extremwertbereinigung.** Ob auch die restlichen Mieten alle herangezogen werden dürfen hängt von der Qualität der Daten ab. Nicht alle diese Mieten erfüllen das Merkmal der „Üblichkeit". Erörtert wird, ob es darüber hinaus weitere Mieten gibt, die zu eliminieren sind. Diese werden üblicherweise als **„Ausreißermieten"**[493] bezeichnet, teilweise wird auch richtigerweise von Extremwertbereinigungen gesprochen.[494] Der Referentenentwurf einer „Verordnung über den Inhalt und das Verfahren zur Aufstellung und zur Anpassung von Mietspiegeln sowie zur Konkretisierung der Grundsätze für qualifizierte Mietspiegel"[495] definiert in § 12 Abs. 1 S. 2 Ausreißermieten als „besonders geringe oder besonders hohe Miete, die so weit von der Mehrzahl der übrigen Mieten abweichen, dass ihre Aufnahme in die weitere Auswertung voraussichtlich zu einem verzehrten Abbild der Grundgesamtheit führen würde". Normativ ist dies „Bereinigung" schwer einzuordnen, da immer im Einzelfall entschieden werden muss, ob diese „Extremwerte" tatsächlich ein Marktgeschehen widerspiegeln oder ob es hier aus den unterschiedlichsten Gründen einer Mietvertragspartei gelungen ist, eine völlig außerhalb des gängigen Preisspektrums liegende Miete zu vereinbaren. Nur im letzten Fall würde durch die Berücksichtigung dieser Werte eine Verzerrung eintreten. Eine Miete ist nämlich nicht deshalb schon unüblich und deshalb nicht zu berücksichtigen, weil sie besonders niedrig oder hoch ist. Man muss sich bewusst sein, dass jede Extremwertbereinigung großen Einfluss auf die Höhe der ortsüblichen Vergleichsmiete hat, dies gilt insbesondere bei Tabellenfeldern mit geringer Feldbesetzung. Extreme Einzelfälle, die hinsichtlich der vereinbarten Miethöhe nicht repräsentativ sind, würde über eine Durchschnittsbetrachtung eine Marktbedeutung zugemessen, die ihnen in der – mit dem Kriterium der Ortsüblichkeit abzubildenden – flächendeckenden Realität nicht zukommt.[496] Da heute aber sowohl bei der Mietspiegelerstellung als auch bei Sachverständigengutachten[497] die ortsübliche Vergleichsmiete als Spanne, in der Regel eine ⅔ Spanne, verstanden wird (dazu unten Rdn. 135f.), werden Extremwerte auf diese Weise schon eliminiert, auch wenn ein ganz geringer Einfluss auf die Spanne noch übrigbleibt. Das gilt insbesondere dann, wenn als Mittelwert der Median ausgewiesen wird. Gegenüber dem arithmetischen Mittel hat der Median den Vorteil, dass er robust gegenüber etwaigen Extremwerten ist. Ob in einem bestimmten Mietspiegelfeld der maximale Mietwert die übrigen Werte um 2% oder um 150% übersteigt, hat auf den (empirischen) Median keinen Einfluss. Die Frage ist eher, ob erst die Extremwertbereinigung durchgeführt wird und dann der Median ermittelt wird oder umgekehrt. Auf jeden Fall kann die Frage, ob ein solcher Extremfall vorliegt, nicht ohne Berücksichtigung der Besonderheiten des jeweiligen Marktes beantwortet werden.[498]

Ursachen für solche Ausreißer können sein:

- Der Mietvereinbarung können Umstände zu Grunde liegen, die mit den üblichen Marktverhältnissen nichts zu tun haben.[499] So kann zwischen Verwandten eine besonders niedrige Miete vereinbart worden sein, weil damit eine Art Unterhaltszahlung erfolgt oder weil sonst familiäre Gesichtspunkte im Vordergrund stehen. Man bezeichnet dies als sog. **„Gefälligkeitsmieten"**.
- Auch arbeitsrechtliche Beziehungen können eine Rolle spielen, z. B. weil durch die Vereinbarung einer besonders niedrigen Miete ein verdecktes Entgelt an den Mitarbeiter, z. B. den Geschäftsführer einer GmbH, erfolgen soll.

---

[493] Insofern ist die Terminologie von *Schick,* Manipulation am Mietspiegel, GE 2008, 1065 falsch, da es ihm um die Weite der Spanne geht und nicht das, was üblicherweise bisher unter dem Begriff Ausreißermieten verstanden wurde; auch *Paschke,* GE 2012, 1072, 1076 versteht unter dem Begriff etwas anderes (Wohnungen, die auf Grund von Besonderheiten nicht vom Mietspiegel erfasst werden).

[494] So beim früheren Berliner Mietspiegel GE 2008, 1286.

[495] Stand 11.4.2016 dem Verf. vorliegend.

[496] BGH (XII ZR 175/07) WuM 2010, 38.

[497] Ausdrücklich gefordert von: BGH (VIII ZR 346/10) NJW 2012, 1351.

[498] BGH (XII ZR 175/07) WuM 2010, 38.

[499] Für die ortsübliche Nutzungsentschädigung nach § 5 Abs. 1 Satz 2 NutzEV ebenso BGH (XII ZR 175/07) WuM 2010, 38.

Nach oben hin beruhten Ausreißer früher sehr häufig auf **preisrechtlich nicht zulässigen Mieten.** Bei einer Datenerhebung kann i. d. R. nicht zwischen preisrechtlich zulässigen und preisrechtlich unzulässigen Mieten unterschieden werden. Bei der Datenerhebung wurden deshalb auch Mieten erhoben, die gegen § 5 WiStG verstießen. Gerade die Eliminierung solcher mietpreisrechtswidrigen Mieten war in der Praxis schwierig. Auf Grund der restriktiven Rechtsprechung des BGH[500] zu § 5 WiStG sind Mietpreisüberhöhungen nach § 5 WiStG z. Zt. aber kaum denkbar. Dafür kann es in Gemeinden mit angespanntem Wohnungsmarkt in denen die §§ 556d–556g BGB gelten demnächst preiswidrige Neuvermietungsmieten geben. Das muss den Mietvertragsparteien gar nicht bewusst sein, da sie die genaue Höhe der ortsüblichen Vergleichsmiete gar nicht kennen. Trotzdem kann eine mehr als 10% über der ortsüblichen Vergleichsmiete liegende Miete teilweise unwirksam sein, muss es aber wegen der vielen Ausnahmen nicht. Eine Rüge des Mieters gem. § 556g BGB ist hierfür gar nicht erforderlich. Mietpreiswidrige Neuvertragsmieten dürfen nicht als Vergleichsmaßstab herangezogen werden.[501] Nichtige Rechtsgeschäfte können und dürfen nicht Maßstab für andere Rechtsgeschäfte sein.[502] Dies gilt unabhängig davon, ob der Vermieter sein Erhöhungsverlangen mit den Werten eines Mietspiegels begründet hat oder mit drei Vergleichswohnungen.[503] Theoretisch müssen die **nichtigen Mietvereinbarungen** alle eliminiert bzw. auf den zulässigen Wert reduziert werden. In der Praxis einer Massendatenerhebung ist es so gut wie unmöglich, eine solche Überprüfung vorzunehmen. In der Vergangenheit wurde bei der Mietspiegelerstellung mit pauschalierten Abzügen diesem Phänomen bzgl. § 5 WiStG zu begegnen versucht.[504] Das ist auch heute in Gemeinden mit „Mietpreisbremse" denkbar. Die prozentualen Werte um die der Datenbestand bereinigt wird, dürfen jedoch nicht willkürlich sein.[505] Sie müssen auf praktischen Erfahrungen oder einer eigenen Stichprobe beruhen. Zur Eliminierung der Verstöße gegen § 5 WiStG hatten sich deshalb verschiedene Pauschalierungsverfahren herausgebildet. Zum Teil wurden von allen Daten am oberen Rand der Spanne 2% und am unteren Rand 1% der Daten gekappt.[506] Damit soll der Tatsache Rechnung getragen werden, dass es erhebungstechnisch nicht möglich war, unzulässig überhöhte Mieten gem. § 5 WiStG vor der Datenauswertung auszusondern. Am unteren Rand der Spanne erfolgte die geringere Kappung, um Gefälligkeitsmieten auszusondern. Die unterschiedliche Gewichtung der beiden Gruppen rechtfertigte sich nach Ansicht des LG Hamburg[507] daraus, dass die sog. Gefälligkeitsmieten nicht unter „Null" sinken können, während die unzulässig überhöhten Mieten – auch wenn es sich nur um wenige handelt – das allgemeine Mietenniveau erheblich anheben. Ob dies auch unter dem Diktat der Mietpreisbremse realistisch ist, muss vor Ort empirisch untersucht werden. Vereinzelt wird zur Eliminierung von sog. Ausreißermieten auch der Art vorgenommen, dass alle Mieten die 20% ober- und unterhalb des arithmetischen Mittels der erhobenen Daten liegen, eliminiert werden. Der BGH[508] hat dies Verfahren als eine Möglichkeit gebilligt. Zu beachten ist aber, dass zumindest eine Mietpreisüberhöhung gem. § 5 WiStG nicht bereits dann vorliegt, wenn die Miete 20% über der ortsüblichen Vergleichsmiete liegt, sondern dass dies zusätzlich „durch Ausnutzung eines geringen Angebots" geschehen sein muss.[509] Deshalb lag und liegt in den aller seltensten Fälle eine Mietpreisüberhöhung vor. Im Übrigen besteht bei diesem Verfahren durchaus die Gefahr eines Zirkelschlusses. Die Wesentlichkeitsgrenze des § 5 WiStG beginnt nämlich frühestens 20% oberhalb der ortsüblichen Vergleichsmiete. Ist diese eine Bandbreite, liegt die Grenze 20% oberhalb des Oberwertes der Bandbreite. Bereits die Bandbreite und erst Recht ihr Oberwert kann oberhalb des arithmetischen Mittelwertes liegen. Es werden hier also Mieten eliminiert, die preisrechtlich noch zulässig sind. Die Definition von Ausreißermieten als solche die 20% 131

---

500 BGH (VIII ZR 44/04) NJW 2005, 2156; (VIII ZR 190/03) NJW 2004, 1740.

501 LG Heidelberg ZMR 1976, 334; *Emmerich* in Staudinger § 558 BGB Rdn. 24a; ausführlich hierzu *Bohnert,* Ordnungswidrige Mietpreiserhöhung, S. 76.

502 AG Dortmund NJW-RR, 1991, 1228; *Bohnert,* Ordnungswidrige Mietpreisüberhöhung, S. 77.

503 AG Lüdenscheid WuM 1996, 772; **a. A.** LG Berlin NZM 1998, 232, 233.

504 LG Hamburg WuM 1996, 44, 45; *Börstinghaus/Clar,* Mietspiegel, Rdn. 719.

505 Nach *Kauermann/Windmann,* „Mietspiegel heute – zwischen Realität und statistischen Möglichkeiten", stellt die Eliminierung besonders hoher Mieten in Tabellenmietspiegeln „keine statistisch fundierte Methodik" dar. Die Extremwertbereinigung bleibe bei solchen Mietspiegeln „problematisch".

506 Beim Berliner Mietspiegel wurde früher ein Vertrauensintervall von 95% gebildet: je 2,5% der erfassten Daten wurden am oberen und unteren Rand nicht berücksichtigt. Im Mietspiegel 2009 wurde dies auf jeweils 1,25% reduziert: GE 2008, 1286; gegen all diese Berechnungsmethoden: *Voelskow* GE 1997, 586, 589.

507 LG Hamburg WuM 1996, 44, 45.

508 BGH (VIII ZR 346/10) NJW 2012, 1351.

509 Hierzu ausführlich: *Börstinghaus,* Miethöhe-Handbuch, Kap. 4 Rdn. 12ff.

über oder unter dem Mittelwert liegen ist deshalb m. E. zu eng.[510] Der BGH hat diese Vorgehensweise nicht als allein richtig dargestellt, er hat es nur gebilligt, aber zugleich auch den Tatrichtern einen nicht unerheblichen Beurteilungsspielraum eingeräumt.[511] Entscheidend ist die Feststellung, ob es in der Gemeinde überhaupt ein geringes Angebot an Wohnungen gibt und ob es Verfahren gem. § 5 WiStG gegeben hat. Zum Teil werden aber auch andere anerkannte Verfahren zur Ermittlung der Standardabweichung angewandt. Dabei muss dann wertend festgelegt werden, ab welcher „Prüfgröße" von einem Extremwert auszugehen ist. Für Gemeinden mit **Mietpreisbremse** müssen noch statistische Verfahren entwickelt werden, da es zahlreiche Ausnahmen gibt. Die bisher vorliegenden – teilweise von Verbänden in Auftrag gegebenen Untersuchungen –[512] berücksichtigen diese Ausnahmen nicht und sind für den hiesigen Zweck ungeeignet.

132 **c) Die Ermittlung der Üblichkeit.** Nachdem die so genannten Ausreißer am oberen und unteren Rand eliminiert wurden, bleibt eine Verteilung der ermittelten Mieten übrig. Das Gesetz verlangt nun, dass nur die **ortsüblichen** Mieten Vergleichsmaßstab sein sollen. Nicht alles, was tatsächlich vorkommt, ist auch üblich. Selbst nach Eliminierung der sog. Ausreißermieten muss noch eine Beschränkung vorgenommen werden. **Üblich bedeutet** nach dem allgemeinen Sprachgebrauch, dass die „große Mehrheit"[513] der Mieten innerhalb der Spanne liegt. Daraus folgt, dass erheblich mehr als 50% der Fälle erfasst werden. **„Üblich"** ist vom Sprachgebrauch mehr als „mehrheitlich". Was gerade die Hälfte tut, kann kaum als üblich bezeichnet werden. Denn, das, was 40% tun, ist ja fast genauso üblich. Auf der anderen Seite bedeutet üblich auch nicht, dass alle es tun müssen. Daraus folgt, dass üblich das ist, was mehr als 60% tun, wobei es aber auch nicht 90% sein müssen. Entsprechend den Hinweisen zur Aufstellung von Mietspiegeln wird überwiegend je **ein Sechstel** im oberen und unteren Bereich der erhobenen Daten gekappt. Damit soll die gesetzliche Vorgabe, dass der Mietspiegel die „üblichen Entgelte" wiedergeben soll, erfüllt werden. Damit bleiben **ca. ⅔ aller Daten** übrig.[514]

133 Dies Verfahren wird mit der Begründung abgelehnt, dass hierdurch vor allem die Neuvertragsmieten nahezu vollständig aus der **berücksichtigungsfähigen Datenmenge** ausgeschlossen würden.[515] Es soll jeweils geprüft werden, ob die ⅙ Regelung im Einzelfall nicht zu hoch ist, weil dadurch auch Mieten ausgesondert werden, die durchaus noch als ortsüblich angesehen werden.[516] Zumindest bei i. d. R. steigenden Mieten soll die Kappung des oberen ⅙tels deshalb problematisch sein. Es wird aber auch vertreten,[517] dass die ⅔-Spanne erheblich zu weit gegriffen sei.

134 Richtig ist an dieser Kritik, dass die sog. ⅔-Spanne **kein zwingendes Dogma** ist. Z. B. wurde in Berlin bis 2015 auf Grund der Besonderheiten der Bundeshauptstadt angesichts der geschichtlich bedingten großen Spreizungen der Mieten vor allem im Altbaubereich im Mietspiegel mit einer variablen Spanne gearbeitet, die je nach Mietspiegelfeld unterschiedlich groß ist. Früher lag diese zwischen ⅔ bis ⅘, im Mietspiegel 2009 wurde einen Spannenbreite von ⅔ bis ¾ zugrunde gelegt.[518] Die ⅔-Spanne ist aber am untersten Rand dessen, was die Üblichkeit beschreiben kann. Eine noch weitere Einschränkung würde die unterschiedlichen Mietpreisentwicklungen nicht ausreichend widerspiegeln. Bei sich normal entwickelnden Mieten ist die Spanne von ⅔ aber wohl noch ausreichend. Zu beachten ist nämlich, dass die Neuvertragsmieten im Rahmen des **arithmetischen Mittels** durchaus berücksichtigt werden und damit sehr wohl zur Mietenentwicklung beitragen.[519] Im Median werden sie dafür i. d. R. fast gar nicht berücksichtigt, da dort nur entsprechend der Anzahl der Mieten nicht nach ihrer Höhe der Mittelwert ermittelt wird. Eine

---

[510] So auch *Stelter/Finger* Der Sachverständige 2013, 95.

[511] BGH (VIII ZR 346/10) NJW 2012, 1351.

[512] Z. B. *von Bodelschwingh* WImmoT 2016, 43.

[513] BGH (VIII ZR 346/10) NJW 2012, 1351.

[514] Dafür auch BGH (VIII ZR 346/10) NJW 2012, 1351 = WuM 2012, 281 = NZM 2012, 339 = MietPrax-AK, § 558 BGB Nr. 32 m. Anm. *Börstinghaus; ders.* WuM 2012, 244; *ders.* Der Sachverständige 2012, 183; *Blank* LMK 5/2012 Anm. 3; *Muth* ZMR 2012, 530; *Bühler* ZMR 2012, 531.

[515] Bub/Treier/*Schultz* Kap. III. A Rdn. 1379; *Huber* ZMR 1992, 476; *Voelskow* ZMR 1992, 327; *ders.* WuM 1993, 21; *ders.* GE 1997, 586, 589; *Bub* PiG 40, 41, 52; kritisch auch *Stelter/Finger* Der Sachverständige 2013, 95; nach BGH (VIII ZR 44/16) MietPrax-AK § 573 BGB Nr. 64 dränge es sich auf, dass Neuvertragsmieten höher seien.

[516] *Voelskow* WuM 1993, 21.

[517] *Dröge,* Handbuch der Mietpreisbewertung, S. 211.

[518] GE 2008, 1286; inzwischen ist man in Berlin auch zu einer einheitlichen Spanne von 75% übergegangen, die aber politisch äußerst umstritten ist, zumal auch Zuschläge entfallen sind.

[519] LG Hamburg WuM 1996, 45, 46; *Keller,* Zivilrechtliche Mietpreiskontrolle, S. 128.

Bandbreite von Zwei-Dritteln entspricht im Übrigen auch im Bereich anderer Definitionen dem Begriff der Üblichkeit. So hat der BGH[520] bei der Duldungspflicht des Mieters bezüglich Modernisierungsmaßnahmen gem. § 554 BGB a. F. entschieden, dass die Höhe der Miete dann keine Berücksichtigung finden darf, wenn der Standard der Wohnung nach der Modernisierungsarbeit dem Standard von ca. ⅔ der Wohnungen entspreche. Dies ist auch nach der Mietrechtsänderung von 2013 mit dem „üblichen Standard" i. S. d. § 559 Abs. 4 BGB gemeint, gegen dessen Schaffung der Mieter keine Härtegründe gegenüber der Mieterhöhung erheben kann.

Üblich sind dann alle Entgelte innerhalb einer so ermittelten **Spanne.** Die ortsübliche Vergleichsmiete ist eben keine punktgenaue Einzelmiete.[521] Ortsüblich sind mithin alle Entgelte, **135**

- die in den Vierjahreszeitraum fallen,
- in der Gemeinde oder einer vergleichbaren Gemeinde gezahlt werden,
- nach den gesetzlichen fünf Wohnwertmerkmalen eine vergleichbare Wohnung betreffen und
- innerhalb eines die Mehrheit dieser Entgelte umfassenden Rahmens liegen.

Neben der rechtlichen Vorgabe, die ortsübliche Vergleichsmiete als eine Spanne auszuweisen, da sie eben ein Rahmen der üblichen Entgelte ist, erfordern auch die Regeln der empirischen Sozialforschung die Darstellung der ortsüblichen Vergleichsmiete als Spanne.[522] Mit Spanne ist dabei die konkrete ortsübliche Vergleichsmiete für eine Wohnung gemeint. Diese Spanne hat dann natürlich einen Oberwert, der auch Cent genau[523] feststeht. Bis zu diesem **Oberwert** hat der Vermieter einen Anspruch auf Zustimmung zu einer Mieterhöhung.[524] **136**

Soweit in einem **Mietspiegelfeld eine Spanne** ausgewiesen wird, stellt diese i. d. R. etwas Anderes dar. Die Spanne innerhalb eines Mietspiegelfeldes ist im Grunde wiederum der äußere Rahmen von vielen Einzelspannen. Bei einem Tabellenmietspiegel werden innerhalb eines Mietspiegelfeldes durchaus verschiedene Wohnungsbestände zusammengefasst, auch wenn man sich bemüht, möglichst kleine Unterschiede auszuweisen. Theoretisch könnte man z. B. jedes der 5 Wohnwertmerkmale in 10 oder sogar noch mehr Differenzierungen aufteilen. Dies würde zu 5^{10}, also 9.765.625, Mietspiegelfeldern führen. Selbst wenn man das Merkmal „Art" außer Acht lassen würde, blieben noch 4^{10}, also 1.048.576, Mietspiegelfelder übrig. Eine Differenzierung in 10 verschiedene Klassen ist dabei noch nicht einmal übertrieben differenziert. Selbst bei einer Unterteilung jedes der 5 Wohnwertmerkmale in 5 Klassen blieben 5^5 (3125) Wohnungsteilmärkte übrig. Die Anzahl der Tabellenfelder macht schnell deutlich, dass eine solche Differenzierung gar nicht möglich ist. So viele Wohnungen sind bei einer Datenerhebung kaum ermittelbar, wenn man davon ausgeht, dass einem Mietspiegelfeld um die 20–30 Daten zu Grunde liegen sollten, um aussagefähige Daten zu erhalten. Also müssen aus diesem Grund bereits mehrere dieser Wohnungsteilmärkte zu einem Feld zusammengefasst werden, so dass maximal vielleicht 48 Tabellenfelder entstehen, wobei es durchaus Mietspiegel gibt, die erheblich weniger Felder aufweisen. Das bedeutet, dass ein Mietspiegelfeld dann jeweils ungefähr 130 der Bandbreiten ausweist, die der Mietspiegel mit einer 5er Differenzierung bei 5 Wohnwertmerkmalen ausweisen würde. Daraus folgt dann aber zwingend, dass der Vermieter bei einem Tabellenmietspiegel nicht in jedem Fall einen Anspruch auf die **Obergrenze der Spanne** des Mietspiegelfeldes hat. Ohne weitere Begründung wird hier überwiegend nur der Mittelwert der Mietspiegel-Spanne zuerkannt.[525] Bei einem Regressionsmietspiegel kann der Vermieter aber die volle Spanne nach oben ausnutzen.[526] Die Spanne dort gibt die natürliche Streubreite wieder. **137**

520 BGH RE v. 19.2.1992, NJW 1992, 1386.

521 So auch BGH (VIII ZR 30/09) NJW 2010, 149 = MietPrax-AK § 558 BGB Nr. 25; LG München WuM 2002, 547; *Kossmann/Meyer-Abich,* Hdb. d. Wohnraummiete, § 148 Rdn. 4; *Sternel* Mietrecht, III, 560; s. auch oben Rdn. 53; *Busz,* Die Äquivalenz im freifinanzierten Wohnraummietrecht, S. 144.

522 Dazu *Börstinghaus/Clar,* Mietspiegel, Rdn. 663.

523 Ob das aber wirklich ein bis auf die 3. Stelle hinter dem Komma exakt feststehender Wert ist, ist sehr zweifelhaft, **a. A.** KG NZM 2009, 544 = WuM 2009, 409.

524 BGH (VIII ZR 322/04) NJW 2005, 2621; LG Berlin NZM 1999, 412, 413.

525 LG Dortmund WuM 2005, 723, ZMR 2002, 918; LG Berlin GE 2005, 1251; AG Brandenburg WuM 2007, 268; AG Dortmund WuM 2005, 254.

526 LG München I NZM 2003, 974; diesen Unterschied sieht *Thomma* WuM 2005, 496 nicht, weshalb seine Kritik an BGH (VIII ZR 110/04) NJW 2005, 2074 auch fehl geht.

12. Das Mischungsverhältnis

138 Ein bisher in der Vergangenheit vor allem in der mietrechtlichen Literatur[527] diskutierte Frage ist, in welchem Verhältnis Neuvertragsmieten und veränderte Bestandsmieten in die Datenerhebung einzufließen haben.[528] Weder der Gesetz- oder Verordnungsgeber noch die Gerichte hatten bisher eindeutig klargestellt, in welchem **Verhältnis Neuvertragsmieten und veränderte Bestandsmieten** die ortsübliche Vergleichsmiete beeinflussen sollen.[529] Da zumindest bisher vor Inkrafttreten der §§ 556d ff. BGB in der Regel die jüngsten Neuvertragsmieten die höchsten Werte aufwiesen, kommt dieser Frage schon eine erhebliche Bedeutung zu. Es handelt sich um eine **normative Frage**[530], die ggf. vom Gericht und nicht vom Sachverständigen beantwortet werden muss. Vertreten werden dabei grundsätzlich drei Auffassungen:

- Die Mietvereinbarungen aus jedem Erhebungsjahr sind gleichrangig zu berücksichtigen, also je ¼ der Werte aus jedem Jahr[531];
- Die Mietvereinbarungen sind nach Erhebungsjahren in dem Mischungsverhältnis zu berücksichtigen, das der repräsentativen Häufigkeit ihres Vorkommens auf dem Wohnungsmarkt entspricht[532];
- Bestands- und Neubaumieten sind gleichrangig zu berücksichtigen.[533]

139 Streng genommen geht es bei dieser Diskussion um zwei verschiedene Differenzierungsmerkmale[534] und dementsprechend um zwei verschiedene Mischungsverhältnisse. Zum einen geht es um die Berücksichtigung der zeitlichen Komponente (Vier-Jahreszeitraum) und zum anderen um die Berücksichtigung des Verhältnisses zwischen Neu- und Bestandsmieten. Letztendlich geht es also um 8 verschiedene Gruppen.

Beispiel: Geht dem Mieter das Erhöhungsverlangen am 1.1.2018 zu, dann wird die ortsübliche Vergleichsmiete aus den geänderten Bestandsmieten und den Neuvertragsmieten aus der Zeit vom 1.1.2014 bis 31.12.2017 ermittelt.

	2014	2015	2016	2017
Neuvertragsmieten				
geänderte Bestandsmieten				

Die Tabelle ist somit **zweidimensional.** Es geht also sowohl um die Verteilung auf die verschiedenen Jahre wie auch innerhalb der jeweiligen Jahrgangsgruppen um die Verteilung auf die beiden Arten der Mietfestsetzung.

140 Bis zum Jahr 1982 bildeten alle Mieten, die zum Erhebungsstichtag für vergleichbare Wohnungen gezahlt wurden, die ortsübliche Vergleichsmiete. Seit diesem Zeitpunkt hat der Gesetzgeber die Menge durch Einführung einer zeitlichen Grenze von zunächst drei Jahren und jetzt vier Jahren, in denen die Miete neu festgesetzt oder verändert worden sein muss, eingeschränkt. Jede Miete kann aber nur einmal erfasst werden, selbst wenn sie innerhalb der vier Jahre neu vereinbart und dann auch noch mindestens einmal erhöht wurde. Umstritten ist seither, ob aus allen

---

527 *Isenmann* ZMR 1997, 61; *Voelskow* ZMR 1992, 327; *Osmer* ZMR 1995, 53, 56; *Busz,* Die Äquivalenz im freifinanzierten Wohnraummietrecht, S. 140; *Walterscheid* RDM-IfS 1994 Heft 1, S. 11, *Streich* RDM-IfS 1993, Heft 6 S. 3; *Dröge,* Hdb. der Mietpreisbewertung, S. 212ff.; Bub/Treier/*Schultz* Kap. III. A Rdn. 1216 und 1349ff.; *Emmert* in Hannemann/Wiek/Emmert, Hdb. d. Mietrechts, § 12 Rdn. 178.

528 Nach Bub/Treier/*Schultz* Kap. III. A Rdn. 1350 ist die Frage bis heute „ungeklärt".

529 BGH (VIII ZR 346/10) NJW 2012, 1351 hat das Problem erkannt und problematisiert ohne bindende Vorgaben gemacht zu haben; nach BGH NZM 1998, 196, 197 solle es ein ausgewogenes Verhältnis sein; so auch LG Berlin WuM 1991, 119; GE 2002, 1061.

530 Bub/Treier/*Schultz* Kap. III. A Rdn. 1352.

531 *Köhler,* Neues Mietrecht, S. 63 *Schwirley,* Bewertung von Mieten, S. 341 „aus Praktikabilitätsgründen", der aber im Übrigen die Ausführungen des Verf. seitenweise ziemlich wortgetreu, zumindest aber sinngemäß wiederholt.

532 BayObLG RE v. 19.3.1981, NJW 1981, 1219, LG Frankfurt WuM 1991, 595, LG Berlin WuM 1991, 119; i. E. wohl auch *Isenmann* ZMR 1997, 61; *Lammel* § 558 BGB Rdn. 60; *Isenmann/Roth/Walterscheid,* IfS: Leitfaden für die Erstellung von Gutachten zur Ermittlung von Wohnraummieten, S. 22; *Dröge,* Hdb. der Mietpreisbewertung, S. 220f.; *Emmert* in Hannemann/Wiek/Emmert, Hdb. d. Mietrechts, § 12 Rdn. 178.

533 *Voelskow* ZMR 1992, 326, 327; *Osmer* ZMR 1995, 53.

534 Das wird m. E. nicht deutlich genug unterschieden von *Kofner,* Zeitschrift für Wirtschaftspolitik, 1996, 397, 403 Fn. 13, der darin, die „Mieten eines jeden Jahres mit einem Gewicht von Viertel zu berücksichtigen", grundsätzlich einen Vorteil sieht, aber selbst gegen die künstliche Festlegung Bedenken äußert.

Zeiträumen gleich viele Wohnungen auszuwerten sind, also je 25% der Wohnungen aus einem Jahrgang stammen müssen. Der BGH[535] hat einmal formuliert, dass es ein „ausgewogenes Verhältnis" sein soll. In der mietrechtlichen Literatur[536] wird insbesondere das Verhältnis der Neuvertragsmieten zu den Bestandsmieten strittig diskutiert. Dabei werden hierzu verschiedene Mischungsverhältnisse diskutiert:

Mischungsverhältnis in Prozent zwischen		**Vertreter dieser Auffassung mit Fundstelle**
Bestandsmieten	**Neuvertragsmieten**	
50	**50**	Bub/Treier/*Schultz* Kap. III. A Rdn. 1354; *Voelskow* ZMR 1992, 326, 327; GE 1997, 586, 588; *Voelskow* in MünchKomm, 3. Aufl., § 2 MHG Rdn. 7;[537] *Streich* „Auf die Mischung kommt es an", RDM-IfS 1993, Heft 6 Seite 3.
60	**40**	*Isenmann* ZMR 1996, 61.
67	**33**	*Walterscheid* „Die Auswahl der Vergleichsmieten – ein oft übersehenes Problem", RDM-IfS 1994 Heft 1 Seite 11; Typische Fehler in einem Sachverständigengutachten zur Ermittlung der ortsüblichen Vergleichsmiete, S. 18.
Verhältnis nach dem repräsentativen Verhältnis des Vorkommens[538]		*Isenmann/Roth/Walterscheid,* Leitfaden für die Erstellung von Gutachten zur Ermittlung von Wohnungsmieten, Seite 22/23; letztendlich auch *Isenmann* ZMR 1997, 61, der dies nur pauschaliert. *Dröge,* Hdb. der Mietpreisbewertung, S. 220. *Busz,* Die Äquivalenz im freifinanzierten Wohnraummietrecht, Seite 144. *Lammel* § 558 BGB Rdn. 60. LG Frankfurt WuM 1991, 595, LG München WuM 1992, 27, LG Berlin GE 2002, 1061.

Richtig ist die Übernahme nach dem **repräsentativen Verhältnis** des Vorkommens.[539] Die 141
ortsübliche Vergleichsmiete soll das widerspiegeln, was am Markt geschehen ist. Allein die Tatsache, dass der Gesetzgeber die beiden Möglichkeiten, wie Mietpreisvereinbarungen zustande kommen, nämlich entweder durch Neuabschluss oder durch Erhöhung im Bestand, sprachlich gleichberechtigt nebeneinander aufgezählt hat, bedeutet nicht, dass diese beiden Alternativen vom Gesetzgeber auch quantitativ gleichberechtigt nebeneinandergestellt werden. Um den empirischen Teil der Datenerhebung nur so wenig wie notwendig zu korrigieren, erscheint es richtig, das Verhältnis bei beiden Erhebungsmerkmalen möglichst nah an der Realität zu orientieren. Das bedeutet, dass sowohl die Verteilung auf die verschiedenen Jahre als auch auf die verschiedenen Formen der Mietpreisvereinbarung entsprechend dem tatsächlichen Vorkommen zu erfolgen hat. Entscheidend sind

535 BGH NZM 1998, 196, 197; so auch LG Berlin WuM 1991, 119; GE 2002, 1061.

536 Nach LG Berlin GE 2002, 1061 gibt es für das Verhältnis Neuvertrags- zu Bestandsmieten keinen festen Verteilungsschlüssel.

537 Soweit *Isenmann* ZMR 1997, 61 und *Walterscheid,* Typische Fehler in einem Sachverständigengutachten zur Ermittlung der ortsüblichen Vergleichsmiete, S. 18, behaupten, *Voelskow* verlange eine Verteilung von 25% Bestandsmieten und 75% Neuvertragsmieten, kann ich0ß dies den Ausführen *Voelskows* nicht entnehmen. Er spricht von gleichrangiger Berücksichtigung. Die Frage, inwieweit je ⅙ der Mieten am oberen und unteren Rand gekappt werden, hat mit dem hier interessierenden Mischungsverhältnis nichts zu tun.

538 In den Mietspiegel für München 1994 wurden nach dem Gutachten (*Alles/Guder,* Teil A „Erhebung und Berechnung Nettomiete" Punkt 7, Tabelle II, 1 b, S. 24) z. B. die Bestandsmieten mit 55,8% und die Neuvertragsmieten mit 44,2% berücksichtigt.

539 LG Frankfurt WuM 1991, 595; LG München WuM 1992, 27; *Dröge,* Hdb. der Mietpreisbewertung, S. 220; *Lammel* § 558 BGB Rdn. 60.

die tatsächlichen Verhältnisse. Wenn also nur wenige Neuvermietungen stattgefunden haben, dann üben diese auch nur einen dementsprechend geringen Einfluss auf die ortsübliche Vergleichsmiete aus.[540]

Wenn man sich die tatsächlichen Auswirkungen vor Augen führt, stellt man aber fest, dass der Streit über das richtige Verhältnis der Neu- und der Bestandsmieten zwar nicht bedeutungslos ist, aber zumindest bei sich ständig verändernden Mieten der Frage, in welchem Verhältnis die Mieten aus den einzelnen Jahren zu berücksichtigen sind, eine mindestens ebenso große Bedeutung zukommt. Es handelt sich immer noch um einen Streit, der bis 1982 von großer Bedeutung war, durch die **Gesetzesänderung** aber in seinen Auswirkungen erheblich entschärft wurde. Bis zur gesetzlichen Neuregelung im Jahre 1982 flossen alle Bestandsmieten, die in einer Gemeinde gezahlt wurden, in die ortsübliche Vergleichsmiete mit ein. Seither ist dieser Umfang in zweifacher Hinsicht jedoch eingeschränkt. Zum einen werden nur Mieten berücksichtigt die geändert oder neu vereinbart wurden, und zum anderen muss dies in den letzten 4 Jahren geschehen sein. Der Streit wird noch weiter entschärft, wenn man den Begriff der ortsüblichen Vergleichsmiete nicht als Durchschnittswert, sondern als **Rahmengröße** versteht. Deshalb sind die Mieten entsprechend ihrem tatsächlichen repräsentativ ermittelten Bestand an den jeweiligen Jahrgangsgruppen wie auch im Verhältnis der Neuvertrags- und Bestandsmieten zueinander zu berücksichtigen. Wenn die Datenerhebung also ergeben hat, dass in einem der mietspiegelrelevanten Jahre des Vierjahreszeitraumes mehr Neuvermietungen z. B. auf Grund von überproportionalen Baufertigstellungen oder Umzügen stattgefunden haben, dann muss dies ebenso berücksichtigt werden wie die Tatsache, dass in einem Jahr z. B. wegen des Auslaufens von Sozialbindungen erheblich mehr Mieterhöhungen im Bestand stattgefunden haben. Entscheidend sind dabei ausschließlich die regionalen Besonderheiten vor Ort. Diese können erheblich schwanken. So lag die durchschnittliche **Umzugsquote** im Jahr 2015 bundesweit bei 9,3%, sie schwankte aber bereits zwischen den Bundesländern von 11% in Bremen und 7,0% in Berlin. In einzelnen Großstädten ist sie noch höher oder niedriger. Das bedeutet, dass das Verhältnis der Neuvertrags- zu den Bestandsmieten ungefähr diesem Wert entsprechen sollte. Der BGH[541] hatte die von einem Sachverständigen angenommene Fluktuationsrate von durchschnittlich 7,5% kritisiert, weil der Sachverständige diesen Wert nicht an Hand örtlicher Zahlen begründet hatte. Bei einer bundesweiten Umzugsquote von ca. 9,3% bedeutet dies, dass zumindest rechnerisch in den vier Jahren fast 40% Neuvertragsmieten (4 mal 9,3) angefallen sind. Falsch wäre es jetzt aber die Quote für die Bestandsmieten durch einfache Subtraktion zu ermitteln. Damit errechnet man zwar die zum Stichtag gezahlten Bestandsmieten, hat aber nicht berücksichtigt, dass hierin auch die nicht in den vier Jahren veränderten Bestandsmieten enthalten sind. In dynamischen Wohnungsmärkten wird wahrscheinlich in vier Jahren fast jede Miete einmal verändert worden sein, wohingegen in Regionen mit hohem Leerstand die Vermieter im Zweifel dankbar sind, die Wohnung vermietet zu haben und von Mieterhöhungen eher Abstand nehmen, um den Mieter nicht zu verlieren. Das bedeutet, dass in solchen Regionen kaum veränderte Bestandsmieten vorhanden sind. Die Folge ist dann, dass die ortsübliche Vergleichsmiete hier ganz überwiegend aus den Neuvertragsmieten gebildet wird. Das Mischungsverhältnis muss also den örtlichen Gegebenheiten angepasst werden.[542] Im Normalfall eines funktionierenden aber nicht überhitzten Wohnungsmarktes dürfte die Verteilung auf Neuvertrags- und Bestandsmieten aber mit ca. 50:50 nicht zu kritisieren sein.[543] Mangels konkreter Daten aber auch aus Praktikabilitätsgründen ist das so ermittelte Mischungsverhältnis auf alle Wohnungsteilmärkte einheitlich anzuwenden.[544] Eine differenzierte Ermittlung für die verschiedenen Wohnungsbestände ist nicht erforderlich.

142 Letztendlich besteht **bei der Gewichtung ein Ermessen** desjenigen, der die ortsübliche Vergleichsmiete zu ermitteln hat, also beim Mietspiegelaufsteller. Die Ermessensausübung hat sich nach den örtlichen Gegebenheiten zu richten.[545] Es kann nämlich durchaus regionale Unterschiede geben. So ist wesentlicher Maßstab für die Beurteilung, in welchem Verhältnis Bestands- und Neuvertragsmieten die ortsübliche Vergleichsmiete beeinflussen, die Frage, wie hoch die Fluktuation im

[540] Rechenbeispiele zu möglichen Ermittlung des richtigen Mischungsverhältnisses bei *Börstinghaus* WuM 2012, 244 und *Börstinghaus/Clar,* Mietspiegel, Rdn. 307ff.
[541] BGH (VIII ZR 346/10) NJW 2012, 1351.
[542] *Emmerich* in Staudinger § 558 BGB Rdn. 27.
[543] Nach Bub/Treier/*Schultz* Kap. III. A Rdn. 1360 ist diese Verteilung „praktikabel".
[544] *Dröge,* Hdb. der Mietpreisbewertung, S. 221.
[545] LG München WuM 1992, 27; *Emmerich* in Staudinger § 558 BGB Rdn. 27; *Kofner* Zeitschrift für Wirtschaftspolitik, 1996, 397, 403 Fn. 13.

Wohnungsbestand und wie hoch die Neubautätigkeit ist. Gerade die Fluktuation differiert zwischen kleineren und größeren Gemeinden beträchtlich. In kleineren Gemeinden ist i. d. R.[546] die Wohnungsmarktsituation weniger angespannt, was auch die Mobilität der Mieter weniger einschränkt.[547] Weiter hängt die Fluktuation auch vom Baualter und dem Vermieter ab. So wurde festgestellt,[548] dass die Fluktuation tendenziell mit abnehmendem Baualter der Wohnung zunimmt. Das bedeutet, dass die Entscheidung über das **Mischungsverhältnis** auch von der Struktur des örtlichen Wohnungsbestandes beeinflusst werden kann. Einflussfaktoren sind ferner das Alter der Mieter, da auch hier gilt, dass die Mobilität mit zunehmendem Alter abnimmt. Schließlich haben auch die Wohnfläche[549] und die Sozialstruktur und das Einkommen der Mieter Einfluss auf die Verweildauer. Und zuletzt beeinflusst auch die Person des Vermieters die Verweildauer in einer Wohnung. Die geringste Fluktuation haben städtische oder öffentliche Wohnungsunternehmen.[550] Das bedeutet, dass das Mischungsverhältnis selbst innerhalb einer Gemeinde nicht einheitlich zu sein braucht, sondern von Teilmarkt zu Teilmarkt unterschiedlich sein kann.

Die Gerichte können dies nur auf **Ermessensfehlgebrauch** und **Willkür**[551] überprüfen. So- 143
weit diesbezüglich versucht wurde nachzuweisen, dass Neuvertragsmieten und Bestandsmieten zwingend gleichrangig berücksichtigt werden müssen und hierzu sogar auf die BVerfG Rechtsprechung hingewiesen wird,[552] ist dieser Auffassung entgegenzuhalten, dass eine solche gleichwertige Berücksichtigung auch nicht der Abbildfunktion gerecht wird, die der ortsüblichen Vergleichsmiete und einem Mietspiegel zukommt. Wenn der Gesetzgeber bei der Neufassung des § 2 MHG 1993 durch das 4. Mietrechtsänderungsgesetz den berücksichtigungsfähigen Zeitraum von damals drei auf dann vier Jahre festgelegt hat, dann bedeutet dies auch, dass der Gesetzgeber die Mieten, soweit sie sich verändert haben oder neu vereinbart wurden, in der ortsüblichen Vergleichsmiete wiederfinden wollte.

Die Befürchtung, dass es anderenfalls zu einem Mietpreisstopp[553] kommen könnte, war zumindest 144
in der Vergangenheit faktisch unbegründet. Eine Untersuchung[554] in mehreren deutschen Städten hatte ergeben, dass Mietspiegel, die ja i. d. R. eine Gewichtung bereits vorgenommen haben, tendenziell **keine verzerrende Wirkung auf** örtliche Mietwohnungsmärkte ausüben, obwohl in Städten ohne Mietspiegel die Mieten unter Berufung auf 3 Vergleichswohnungen sicher marktnäher erhöht werden könnten. Sowohl das damalige Mietenniveau als auch der Mietpreisanstieg der vergangenen Jahre ließen keine nennenswerten Unterschiede zwischen Städten mit und ohne Mietspiegel erkennen. Etwas Anderes kann jetzt aber in Gemeinden passieren, in denen die §§ 556d–556g BGB gelten. Da hier die Neuvertragsmieten zumindest in der Regel auf 10% über der ortsüblichen Vergleichsmiete gedeckelt werden, die ortsübliche Vergleichsmiete zudem meist auch nicht der aktuelle Wert sein wird, da nur alte Wert zur Verfügung stehen und es bisher vor allem die Neuvertragsmieten waren, die zu einem Anstieg der ortsüblichen Vergleichsmiete geführt haben, wird hier in Zukunft ein faktischer Mietenstopp eintreten. Hier wird man in Zukunft sehr genau beobachten müssen, ob die Eigentumsgarantie des Art. 14 GG noch gewährleistet ist. Auch wenn das BVerfG[555] entschieden hat, dass der Vermieter keinen Anspruch auf die höchstmögliche Miete hat, darf der Gesetzgeber die Mieterhöhungen im Bestand nicht grenzenlos von der Marktmiete abkoppeln. Ob dazu wirklich erst der Eintritt von Verlusten durch die Vermietung erforderlich ist, ist fraglich. Dies hängt bekanntlich stark von dem Herstellungs- oder Erwerbskosten ab. Bereits 1974 hatte der Gesetzgeber[556] bei der Einführung des Vergleichsmietensystems ausdrücklich darauf hingewiesen, dass die Marktorientierung der ortsüblichen Vergleichsmiete erforderlich sei, um die „Aufrechterhaltung der Wirtschaftlichkeit des Hausbesitzes" sicherzustellen. Diese Überlegungen sind deshalb auch bei der Gewichtung von erhöhten Bestands- und Neuvertragsmieten zu berücksichtigen.

---

[546] Ausnahmen mögen für den Einzugsbereich sehr großer Großstädte gelten.
[547] IfS, Auswirkungen mietrechtlicher Regelungen S. 34; **a. A.** *Isenmann* ZMR 1997, 61, 62.
[548] IfS, Auswirkungen mietrechtlicher Regelungen S. 33.
[549] Die höchste Fluktuation ist dabei bei Kleinwohnungen, da diese häufig „Einsteigerwohnungen" sind, wohingegen die Verweildauer bei Wohnungen über 90 m² die längste ist (Quelle: IfS a. a. O.).
[550] IfS, Auswirkungen mietrechtlicher Regelungen S. 34; **a. A.** *Isenmann* ZMR 1997, 61, 62.
[551] *Huber* ZMR 1992, 475.
[552] BVerfG WuM 1992, 48, NJW 1992, 1377.
[553] So *Voelskow* ZMR 1992, 327; **a. A.** LG Hamburg WuM 1996, 45, 47.
[554] *Schießl* WuM 1996, 459.
[555] BVerfG WuM 1987, 7.
[556] BT-Drucks. 7/2011, S. 1, 7f.

E. Die Kappungsgrenze

I. Allgemeines

145 Fast 12 Jahre kannte das Miethöherecht für den preisfreien Wohnungsbau keine Kappungsgrenze. Erst ab 1.1.1983 hat der Gesetzgeber diese **weitere Grenze für die Mieterhöhung** eingeführt.[557] Dies geschah in unmittelbarem Zusammenhang mit der damals zugleich erfolgten Neufassung des Begriffs der ortsüblichen Vergleichsmiete. Bis zu dem Termin wurde die ortsübliche Vergleichsmiete aus allen Mieten in der Gemeinde gebildet. Von diesem Termin an bildeten nur noch die in den letzten 3 Jahren neu vereinbarten oder geänderten Entgelte die ortsübliche Vergleichsmiete. Damit fiel die Mehrzahl der niedrigeren älteren Bestandsmieten aus dem Vergleichsmietenbegriff heraus, was grundsätzlich einen Anstieg der Vergleichsmiete zur Folge haben sollte. Um rechtliche Hindernisse für Mieterhöhungsverlangen abzubauen, eine verstärkte Berücksichtigung marktwirtschaftlicher Gesichtspunkte als Anreiz für Investitionen im Mietwohnungsbau zu schaffen, den Mieter aber auch vor abrupten Mietsteigerungen zu bewahren,[558] hat der Gesetzgeber die weitere materielle Voraussetzung für den Zustimmungsanspruch des Vermieters geschaffen, wonach die Miete innerhalb von 3 Jahren damals um nicht mehr als 30% steigen durfte. Durch das 4. Mietrechtsänderungsgesetz[559] war diese Kappungsgrenze für fünf Jahre befristet gesplittet worden und betrug für einen Teil des Wohnungsbestandes nur noch 20%. Vom 1.9.2001 bis 31.3.2013 betrug die Kappungsgrenze dann einheitlich für alle Wohnungen 20%. Seit 1.5.2013 beträgt die Kappungsgrenze nur noch grundsätzlich 20%. Den Bundesländern wurde seither nämlich gestattet, durch Rechtsverordnung für Gemeinden oder Teilen von Gemeinden in denen die ausreichende Versorgung der Bevölkerung mit Mietwohnungen zu angemessenen Bedingungen besonders gefährdet ist, die Kappungsgrenze für 5 Jahre auf 15% herabzusetzen. Hiervon haben die Landesregierungen sehr unterschiedlich aber teilweise leider auch politisch motiviert extensiv Gebrauch gemacht (siehe Tabelle bei Rdn. 182g). Im Anwendungsbereich der § 558ff BGB ist im Übrigen ein Rückgriff auf die Grundsätze des Fehlens der Geschäftsgrundlage gem. § 313 BGB um zu einer Umgehung der Kappungsgrenze zu kommen regelmäßig ausgeschlossen.[560]

146 § 558 Abs. 3 BGB enthält die **Definition der Kappungsgrenze.** Damit ist das der Höhe nach nur durch die ortsübliche Vergleichsmiete beschränkte Recht des Vermieters, eine höhere Miete verlangen zu können, durch eine Kombination von Prozentsatz (20% oder 15%) und Zeitraum (innerhalb von drei Jahren) weiter begrenzt. Der Umfang der Mieterhöhung wird durch **zwei unabhängig voneinander einzuhaltende Obergrenzen** eingeengt, einmal durch die ortsübliche Vergleichsmiete und zum anderen durch die Kappungsgrenze. Die jeweils niedrigere von beiden Begrenzungen bestimmt den Umfang des Mieterhöhungsrechts im Einzelfall. Würde eine Anhebung der Miete innerhalb von drei Jahren um 20% zu einer Miete führen, die über der Vergleichsmiete liegt, so kann allenfalls diese gefordert werden; würde die Steigerung um 20% oder 15% nicht zum Erreichen der Vergleichsmiete führen, so bildet die Kappungsgrenze die Obergrenze für den Erhöhungsanspruch des Vermieters.

Beispiel: Die Miete betrug am 10.6.2015 3,50 €/m². An diesem Tag ging dem Mieter ein Mieterhöhungsverlangen zu, wonach ab 1.9.2015 4,10 €/m² zu zahlen waren. Der Mieter stimmte dem zu. Am 6.6.2018 geht dem Mieter ein Mieterhöhungsverlangen zu, wonach er ab 1.9.2018 5 €/m² zahlen soll. Die ortsübliche Vergleichsmiete beträgt 5 €/m². Hier wird die Mieterhöhung auf 4,20 €/m² gekappt (3,50 €/m² zzgl. 20% = 0,70 €).

147 Die Kappungsgrenze verlangt vom Vermieter die Durchführung einer **Kontrollrechnung.** Er hat keinen Anspruch auf Mieterhöhungen von 20%. Er kann die Miete nur erhöhen, wenn die ortsübliche Vergleichsmiete tatsächlich höher ist als seine Vertragsmiete und wenn die Miete zum Wirkungszeitpunkt 15 Monate unverändert geblieben ist. Nur wenn diese Voraussetzungen gegeben sind, muss die verlangte neue Miete mit der Miete von vor 3 Jahren verglichen werden. Die Kappungsgrenze wird deshalb im Wesentlichen von dem **Vermietungsverhalten** des Vermieters und nicht von der allgemeinen Mietenentwicklung beeinflusst. Mieten, die regelmäßig erhöht wurden und dem Niveau der ortsüblichen Vergleichsmiete in etwa entsprechen, werden bei Miet-

[557] Gesetz zur Erhöhung des Angebots von Mietwohnungen: BGBl I 1982, 1912.
[558] BT-Drucks. 9/2079 S. 1 und 7.
[559] BGBl I 1993, 1257.
[560] BGH (VIII ZR 266/14) NJW 2016, 239; *Hirsch* ZMR 2007, 1, 5; *Schröder* ZMR 2015, 823; **a. A.** AG Hamburg-Harburg ZMR 2015, 865, 866 unter falsch verstandenem Hinweis auf die Kommentierung des *Verf.* bei § 558 Rdn. 59 (falsche Tatsachen im Erhöhungsverlangen).

erhöhungen in der Praxis regelmäßig nicht gekappt. Deshalb bestraft die Kappungsgrenze nur Vermieter, die in der Vergangenheit eine niedrige Miete verlangt haben (Gefälligkeitsmieten im weiteren Sinn) oder nur verlangen durften (ehemals preisgebundene Wohnungen). Nach Untersuchungen[561] spielte zumindest die alte 30% ige Kappungsgrenze anders als vielfach vermutet, keine wesentliche Rolle dafür, dass niedrige Mieten, die „nach oben wollen" nicht „nach oben können". Bedeutung hat die Vorschrift insbesondere bei **ehemaligen Sozialwohnungen,** für die erstmals Mieterhöhungen im preisfreien Wohnungsbau durchgeführt werden können. **Rechtspolitisch** ist die Vorschrift deshalb mehr als **zweifelhaft,** da sie einen nach den Grundsätzen eines ordentlichen Kaufmanns handelnden Vermieter faktisch dazu zwingt, jede Mieterhöhungsmöglichkeit auszunutzen, damit er in Zukunft keine Nachteile erleidet. Dies gilt jetzt für die herabgesetzte Kappungsgrenze von 15% ganz besonders.

Diese rechtspolitischen Bedenken führen nach der **Rechtsprechung des BVerfG**[562] aber nicht **148** zu einer Verfassungswidrigkeit der Kappungsgrenze. Die Regelung verstößt insbesondere nicht gegen die Eigentumsgarantie. Für die Ausgestaltung zwingender mietrechtlicher Vorschriften bedeutet die Eigentumsgarantie, wie oben dargestellt, im Zusammenhang mit der **Sozialpflichtigkeit des Eigentums,** dass der Gesetzgeber sowohl die Belange des Mieters als auch die des Vermieters in gleicher Weise berücksichtigen muss, ohne dass sie zu jeder Zeit und in jedem Zusammenhang dasselbe Gewicht haben müssen. Die Beschränkungen, denen die Eigentümer durch die Kappungsgrenze unterworfen werden, stellen eine zulässige Inhalts- und Schrankenbestimmung nach Art. 14 Abs. 1 Satz 2 GG dar. Dabei darf die Regelung nicht isoliert gesehen, sondern muss im Zusammenhang mit den sonstigen damals vorgenommenen Gesetzesänderungen betrachtet werden. Unter Berücksichtigung der damals eingeführten Verfahrenserleichterungen und der Änderungen des materiellen Vergleichsmietenbegriffs hat das BVerfG eine einseitige Benachteiligung der Vermieter nicht festgestellt. Die gleichzeitig eingeführte Kappungsgrenze begrenzt nur die verbesserte Rechtsstellung des Vermieters. Unter verfassungsrechtlichen Gesichtspunkten ist die Regelung aber dann bedenklich, wenn die Vermietung von Wohnraum auch bei voller Ausschöpfung des Mieterhöhungsrechts gemäß § 558 BGB i. E. zu Verlusten führen würde. Dann wäre die **Bestandsgarantie des Art. 14 Abs. 1 Satz 1 GG** berührt. Dies würde aber weit größere Mietsteigerungen voraussetzen, als in den letzten Jahrzehnten stattgefunden haben. Nur bei Mietsteigerungen, die über der jeweiligen Kappungsgrenze liegen, würde die Eigentumsgarantie berührt. Das war bei der Kappungsgrenze von 30% eigentlich nie zu erwarten. Aber schon bei der nur einige Jahre geltenden gesplitteten Kappungsgrenze wurde bezüglich der Grenze von 20% diese Gefahr gesehen und es wurden ernst zu nehmende **verfassungsrechtliche Bedenken** geäußert.[563] Diese Bedenken sind zurzeit unbegründet. Die Kappungsgrenze von 15% in drei Jahren liegt über der seit vielen Jahren in Deutschland herrschenden Teuerungsrate. Die Bestandsmieten werden deshalb von der allgemeinen Preisentwicklung nicht abgekoppelt.[564]

II. Anwendungsbereich

Die Kappungsgrenze ist grundsätzlich bei allen Mieterhöhungen gem. § 558 BGB zu beachten. **149** Alle früher geltenden weiteren Sonderregeln haben sich durch Zeitablauf erledigt.

Die Kappungsgrenze gilt deshalb auch beim **Übergang vom preisgebundenen zum preis-** **150** **freien Wohnungsbau.**[565] Nach Ende der Preisbindung kann der Vermieter die Miete nur noch unter den Voraussetzungen des § 558 BGB erhöhen. Das bedeutet, dass eine Mieterhöhung nur dann möglich ist, wenn die ortsübliche Vergleichsmiete zum einen höher als die ehemalige Kostenmiete ist und zum anderen, dass die verlangte Miete die drei Jahre vor Zugang des Mieterhöhungsverlangens geschuldete ehemalige Kostenmiete um nicht mehr als 20% bzw. 15% überschreiten darf.[566] Bereits der Wortlaut der Vorschrift macht keinerlei Ausnahmen hinsichtlich des erfassten

---

561 IfS, Auswirkungen mietrechtlicher Regelungen, S. 210.

562 BVerfG NJW 1986, 1669 m. Anm. *Gather* DWW 1986, 95; *Emmerich* JuS 1986, 647; *Hertle* ZMR 1992, 227; *Voelskow* GE 1995, 386.

563 *Bub* NJW 1993, 2897, 2898.

564 Nach Bub/Treier/*Schultz* Kap. III. A Rdn. 1104 „dürfte" die Regelung „verfassungsgemäß" sein; so auch *Weigelt,* Die wachsende Stadt als Herausforderung für das Recht (2016), S. 306; **a. A.** *Jahn* WuM 2000, 443.

565 Bub/Treier/*Schultz* Kap. III. A Rdn. 1106; *Beuermann* GE 1994, 364.

566 BVerfG NJW 1986, 1669 m. Anm. *Emmerich* JuS 1986, 647; BVerfG WuM 1991, 575; BayObLG RE vom 23.1.1984, NJW 1984, 742; OLG Hamm NJW-RR 1990, 1233 (neg. RE); OLG Stuttgart NJW-RR 1989,

Wohnungsbestandes. Auch eine **systematische Auslegung** spricht für die Anwendung der Kappungsgrenze auch auf die erste Mieterhöhung nach Ende der Preisbindung. § 558 Abs. 4 BGB enthält nämlich für diesen Fall eine Sonderregelung, die in bestimmten Ausnahmefällen eine Anwendung der Kappungsgrenze ganz oder teilweise ausschließt (dazu unten Rdn. 183ff.). Diese Sonderregelung macht nur Sinn, wenn die Kappungsgrenze auf solchen Wohnungsbestand grundsätzlich anwendbar ist. Schließlich spricht auch eine **teleologische Auslegung** nicht gegen die uneingeschränkte Anwendung der Kappungsgrenze auch auf diese Fälle. Allein die Erwartung der Vermieter nach Beendigung der Mietpreisbindung in der Mietpreisgestaltung frei zu sein und die Marktmiete erzielen zu können, rechtfertigt keine Besserstellung.[567] Die Vermieter haben ihr verfassungsrechtlich garantiertes Eigentum nur in der durch die Preisbindungsvorschriften ausgestalteten Form erwerben können, was die Möglichkeit einschließt, auch nach Wegfall der Preisbindung nur in beschränkterem Maße den Markt ausschöpfen zu können, als sie vielleicht erhofften. Ein Vorrang des Vertrauensschutzes dieser Vermieter kommt auch deshalb nicht in Betracht, weil sie ihr Eigentum nicht im gleichen Maße „eigenerworben" haben. Ihnen ist durch die Inanspruchnahme öffentlicher Darlehen ein Vermögen mit erheblich geringeren Eigenleistungen als denjenigen Eigentümern zugewachsen, die von dieser Marktchance keinen Gebrauch gemacht hatten. Auch dies rechtfertigt es, sie auch nach Wegfall der Preisbindung in den Möglichkeiten der Mietgestaltung mit den übrigen Vermietern gleichzustellen.[568] Dabei ist es unerheblich, ob die Preisbindung durch Zeitablauf oder auf Grund vorzeitiger Rückzahlung der Fördermittel erloschen ist.[569]

151 Die Kappungsgrenze gilt somit ohne Einschränkung für alle **Mieterhöhungen im Bestand,** insbesondere auch für Werkdienstwohnungen,[570] selbst wenn die Miete über längere Zeit unverändert niedrig war. Angerechnet wurden deshalb auch Erhöhungen, die das Gericht im Räumungsverfahren im Wege der Vertragsgestaltung gem. § 308a ZPO festgesetzt haben,[571] wenn der Mieter sich auf die Sozialklausel gem. § 574 BGB berufen hat. Sie gilt auch nach Beendigung des Dienstverhältnisses, wenn der Vermieter für den Wegfall der bisher als Gegenleistung erbrachten Tätigkeiten die Miete erhöht ohne dass der Wert der Tätigkeit zuvor vertraglich vereinbart war (Rdn. 117).[572] Der Zeitpunkt der letzten Mieterhöhung ist für die Berechnung der Kappungsgrenze unerheblich. Auch wenn die Miete länger als drei Jahre nicht erhöht wurde, beträgt die Kappungsgrenze 20%.[573] Die Vorschrift des § 558 Abs. 3 BGB ist insofern eindeutig. Eine einschränkende Auslegung würde gegen den klaren Wortlaut der Vorschrift verstoßen.

152 Die Kappungsgrenze gilt jedoch immer dann nicht, wenn die Vorschrift des § 558 BGB schon gar nicht einschlägig ist. Dies ist zunächst der Fall, wenn es sich nicht um einer Mieterhöhung im Bestand handelt, sondern um eine **Neuvermietung.** Hier gilt § 558 BGB bereits vom Wortlaut her nicht, so dass auch systembedingt eine Mieterhöhung der Höhe nach nicht „gekappt" werden kann. Stattdessen gelten hier die Vorschriften des Unterkapitel 1a: „Vereinbarungen über die Miethöhe bei Mietbeginn in Gebieten mit angespannten Wohnungsmärkten". Danach darf die gem. § 556d Abs. 1 BGB die ortsübliche Vergleichsmiete in den einschlägigen Gemeinden in der Regel nur um 10% überschritten werden.

153 Weiter gilt die Kappungsgrenze für Mieterhöhungen dann nicht, wenn die §§ 558–561 BGB gar nicht anwendbar sind, also vor allem bei **Gewerberaummietverträgen** aber auch bei allen Mietverhältnissen die in § 549 Abs. 2 und 3 BGB vom Anwendungsbereich ausdrücklich ausgenommen sind (Hierzu die Kommentierung bei § 549 BGB). Hinzu kommen die Mietverhältnisse, für preisgebundenen Wohnraum. Hier sind die Vorschriften des II. WoBauG, des WoBindG, der NMV und der II. BV vorrangige Spezialgesetze. Bei Wohnraum, der nach dem Wohnungsbaureformgesetz gefördert ist, also auf Grund eines Fördervertrages oder entsprechenden Bescheides gilt jedoch die Kappungsgrenze, weil hier die Miete nach den §§ 558–560 BGB erhöht wird. Die Miethöhe wird nur durch die vereinbarte Höchstmiete gedeckelt.

1357 (neg. RE); LG Hamburg WuM 1996, 277; LG Berlin NJW-RR 1996, 1415; LG Kiel DWW 1992, 86; Bub/Treier/*Schultz* Kap. III. A Rdn. 1107 und 1121; *Voelskow* GE 1995, 386; *Emmerich* in Staudinger § 558 BGB Rdn. 48; *Sternel* Mietrecht, III, 627.

[567] So ausdrücklich BVerfG NJW 1986, 1669, 1671.

[568] BVerfG NJW 1986, 1669, 1671; Bub/Treier/*Schultz* Kap. III. A Rdn. 1108.

[569] LG München I WuM 1985, 27.

[570] AG Düsseldorf WuM 1987, 264.

[571] BGH (VIII ZR 270/15) NZM 2017, 286.

[572] LG Berlin GE 2009, 1090.

[573] AG Münster WuM 1983, 233.

Die Kappungsgrenze gilt ferner nicht für alle **Mieterhöhungen, die nicht ihren Rechtsgrund in § 558 BGB haben,** also für Mieterhöhungen nach Modernisierungen gem. § 559 BGB, auf Grund einer Betriebskostenerhöhung gem. § 560 BGB und zwar sowohl für die Pauschale gem. Abs. 1 als auch für die Vorauszahlung nach Abs. 4 (s. hierzu Rdn. 175 ff.). Auch im Mietvertrag bereits wirksam vereinbarte Mieterhöhungen in Form einer Staffelmietvereinbarung gem. § 557 a BGB oder einer Indexmiete gem. § 557 b BGB werden durch die Kappungsgrenze nicht beschränkt. Dasselbe gilt auch für Mietabänderungsvereinbarungen gem. § 557 Abs. 1 BGB. Die Kappungsgrenze soll nur den Anspruch des Vermieters beschränken, vom Mieter die Zustimmung zu einer Mieterhöhung verlangen zu dürfen. Auf den Abschluss einer Mietabänderungsvereinbarung hat der Vermieter unter keinem rechtlichen Gesichtspunkt einen Anspruch. Die Kappungsgrenze stellt aber kein gesetzliches Verbot dar, so dass der Mieter auch Mieterhöhungen zustimmen kann oder ein Angebot auf Abschluss einer Abänderungsvereinbarung annehmen kann, wenn hierdurch die Kappungsgrenze überschritten wird. Deshalb wird von der Kappungsgrenze auch nicht der Neuabschluss eines Mietvertrages zwischen den gleichen Mietvertragsparteien beschränkt und zwar auch dann nicht, wenn dieser aus Anlass einer Rechtsnachfolge auf Vermieterseite abgeschlossen wurde. 154

Aus Sinn und Zweck der Kappungsgrenze folgt weiter, dass **Mietsteigerungen auf Grund von Mehrleistungen** nicht von der Kappungsgrenze erfasst werden.[574] Mietet der Mieter zusätzliche Räume vom Vermieter an, dann gilt die Kappungsgrenze weder für die Mietsteigerung auf Grund der **Hinzuvermietung von Flächen** noch wird diese Mieterhöhung bei späteren Mieterhöhungen auf die Kappungsgrenze angerechnet. 155

Beispiel: Der Mieter zahlt für eine 50 m² große Wohnung 191,73 €. Er mietete zusätzliche Räume in der Größe von 20 m² an. Nunmehr musste er 268,43 € zahlen. Ein Jahr später verlangt der Vermieter die Zustimmung zu einer Mieterhöhung auf 322,12 €.

Hier wird weder die Mietvereinbarung aus Anlass der Hinzuvermietung von Flächen beschränkt, was ja sonst dazu führen würde, dass immer dann, wenn eine Fläche von mehr als 20% der bisherigen Fläche hinzugemietet wurde, die Kappungsgrenze einschlägig wäre, noch wird die Mieterhöhung aus Anlass der Neuvermietung auf die Kappungsgrenze angerechnet. Deshalb kann hier sowohl die ursprüngliche Miete um 20% wie auch der Erhöhungsbetrag aus Anlass der Vertragserweiterung um 20% erhöht werden. Dies gilt aber nicht, wenn sich herausstellt, dass die vereinbarte Wohnfläche kleiner als die tatsächliche Wohnfläche ist und deshalb eine Mieterhöhung unter Anrechnung der tatsächlichen Wohnfläche zugelassen wird (dazu § 557 BGB Rdn. 56). Die **Kappungsgrenze** ist dabei nach der Miete für die Wohnung zu berechnen und nicht nach der Quadratmetermiete (siehe Rdn. 65).[575]

Nur für eine gleich bleibende Leistung soll die Miete max. um 20% bzw. 15% in drei Jahren steigen können. Im Umkehrschluss folgt daraus, dass der Vermieter, soweit er eine Mehrleistung erbringt, berechtigt ist, dafür ein entsprechendes Entgelt zu verlangen. Das wird insbesondere dadurch deutlich, dass § 558 Abs. 3 BGB Erhöhungen nach §§ 559, 560 BGB bei der Berechnung der Kappungsgrenze ausdrücklich ausnimmt. Bezüglich der **Vertragserweiterung** handelt es sich um eine Mietabänderungsvereinbarung der Parteien, auf die § 558 Abs. 3 BGB nicht anwendbar ist.[576] Dies gilt gleichermaßen auch in den Fällen, in denen sich die vermietete Fläche tatsächlich zwar nicht erhöht, ein Teil der Fläche zunächst aber mietfrei zur Verfügung gestellt wurde.[577] 156

Anders ist die Rechtslage jedoch, wenn die Wohnung nach einer **Modernisierung** größer geworden ist. In diesem Fall gilt die Kappungsgrenze ohne Einschränkungen.[578] Der Mieter hat einen Mietvertrag über eine bestimmte Wohnung, für die er eine Miete zu entrichten hat. Allein die Tatsache, dass die Wohnung nun einige m² größer ist, berechtigt den Vermieter nicht, hierfür auch eine höhere Miete zu verlangen. Soweit die Voraussetzungen des § 559 BGB geben sind, ist er be- 157

---

574 LG Frankfurt ZMR 1997, 474; *Lammel* § 558 BGB Rdn. 72, der dies dadurch erreichen will, dass er die Kappungsgrenze auf die qm-Miete von vor 3 Jahren anwendet.

575 BGH (VIII ZR 266/14) NJW 2009, 2739 = NZM 2009, 613; LG Berlin GE 2014, 1455; LG Hamburg ZMR 2014, 363; AG Charlottenburg MM 3/2014, 29; *Emmerich* in Staudinger § 558 BGB Rdn. 32/32 a („die **a. A.** ist mit dem Gesetz nur schwer zu vereinbaren"); **a. A.** LG Halle GE 2013, 549 („Festhalten an Kappungsgrenze ergibt keinen Sinn"); *Kinne* GE 2014, 1378 („wäre konsequent").

576 LG Hamburg WuM 1989, 307.

577 LG Hamburg WuM 1989, 307.

578 AG Bad Homburg NJW-RR 1994, 143.

rechtigt, die Miete um 11% der Baukosten zu erhöhen. Da die Wohnung jetzt aber größer ist, sinkt u. U. die Quadratmetermiete der Gesamtwohnung. Deshalb kann der Vermieter unter Umständen auch eine Mieterhöhung nach § 558 BGB verlangen, weil hierdurch die Vertragsmiete unter die ortsübliche Vergleichsmiete sinkt. Bei der Berechnung der Kappungsgrenze werden Mieterhöhungen nach § 559 BGB, die innerhalb der Dreijahresfrist stattgefunden haben, nicht angerechnet.

Beispiel: Für die 70 m² große Wohnung zahlt der Mieter 250,53 € Miete. Nach einer Modernisierung ist die Wohnung 77 m² groß. Auf Grund der Modernisierung hat der Vermieter die Miete gem. § 559 BGB um 20 €/mtl. erhöht.

Hier betrug die Miete zunächst 3,58 €/m², nach der Modernisierung beträgt die Miete nur 3,51 €/m², da nun der Gesamtzahlbetrag von 270,53 € durch 77 m² zu dividieren ist. Für die Kappungsgrenze kommt es aber nur auf den Gesamtzahlbetrag an, nicht auf die Quadratmetermiete.[579] Deshalb kann die Miete hier allein unter dem Gesichtspunkt der Kappungsgrenze um 70,11 € (20% von 250,53 € zzgl. 20 € Mieterhöhung nach § 559 BGB) auf 320,64 € erhöht werden, was einer Quadratmetermiete von 4,16 €/m² entspricht.

158 Ebenso wenig wird ein **Untermietzuschlag** oder der **Zuschlag für eine teilgewerbliche Nutzung** auf die Kappungsgrenze angerechnet.[580] Der Vermieter von Wohnraum muss gem. § 553 Abs. 1 BGB die Erlaubnis zur Untervermietung grundsätzlich erteilen. Wie sich aus dem Wortlaut des § 553 Abs. 2 BGB aber ergibt, soll es aber Fälle gegeben haben, in denen der Vermieter bei unverändertem Mietvertrag nicht verpflichtet ist, seine Einwilligung zur Untervermietung zu erteilen. Die Verpflichtung besteht nur dann, wenn der Mieter sich mit einer Mieterhöhung einverstanden erklärt. Die Erhöhung ist nur dann berechtigt, wenn dem Vermieter ohne die Erhöhung die Erlaubnis nicht zuzumuten ist.[581] In diesem Fällen kann der Vermieter seine Zustimmung von einer Mieterhöhung abhängig machen. Genauso wenig wie der Mieter in diesen Fällen einen Anspruch auf die Untermieterlaubnis hat, genauso wenig hat der Vermieter einen Anspruch auf die Zustimmung zur Mieterhöhung. Der Vermieter kann über ein Erhöhungsverlangen gem. § 553 Abs. 2 BGB aber nicht seine allgemeine Erhöhungsabsicht durchsetzen, sondern nur die Erhöhung verlangen, die durch die Untervermietung gerechtfertigt ist.[582] Der Untermietzuschlag ist ein Entgelt für eine Sondernutzung[583], seine Erhöhung muss nicht gem. § 558 BGB erfolgen, sondern kann einer besonderen Vereinbarung unterliegen.[584] Dann ist es aber auch konsequent, in den Fällen, in denen der Mieter einen Anspruch auf die Untermieterlaubnis gegen Zahlung eines Zuschlags hat, davon auszugehen, dass damit eine weitere Leistung des Vermieters honoriert wird. Für weitere Leistungen steht dem Vermieter ein zusätzliches Entgelt zu. Sinn und Zweck der Kappungsgrenze, den allgemeinen Mietanstieg zu bremsen, sprechen aber nicht gegen Mieterhöhungen für Mehrleistungen. Nur bei gleicher Leistung soll der Vermieter auf Grund der allgemeinen Mietpreisentwicklung nicht mehr als 20% die Miete in 3 Jahren anheben können. Davon zu unterscheiden ist aber der Fall, dass die Parteien aus Anlass einer Untervermietung eine Mietvertragsänderung mit Mieterhöhung vereinbaren, die erkennbar nicht nur den Untermietzuschlag beinhalten soll. Ein Indiz ist dafür, dass nicht ein gesonderter Zuschlag vereinbart wird, sondern insgesamt eine neue Miete vereinbart wird. In diesem Fall wird die Mieterhöhung auf die Kappungsgrenze angerechnet. Darlegungs- und beweispflichtig ist für alle Umstände, aus denen sich die Nichtanrechnungsverpflichtung ergibt, der Vermieter.

159 Keine Anwendung findet die Kappungsgrenze schließlich auf die **Erhöhung der Nutzungsentschädigung gem. § 546a BGB.** Der Vermieter kann vom ehemaligen Mieter nach Mietende bis zur Räumung die Zahlung einer Nutzungsentschädigung verlangen die entweder der Höhe nach der bisher gezahlten Miete entspricht oder der ortsüblichen Miete.[585] Mit dem Begriff der ortsüblichen Miete ist dabei nicht die ortsübliche Vergleichsmiete i. S. d. § 558 BGB gemeint sondern die ortsübliche Markt- oder Neuvertragsmiete.[586] Es handelt sich um einen vertragsähnlichen

---

[579] **A. A.** *Lammel* § 558 BGB Rdn. 72.
[580] LG Berlin NZM 1998, 509; AG Hamburg WuM 1992, 257; **a. A.** *Lammel* § 558 BGB Rdn. 71.
[581] Z. B. AG Hamburg ZMR 2008, 213.
[582] *Sternel* Mietrecht, II, 257; *Börstinghaus* GE 1996, 5.
[583] AG Hamburg ZMR 2008, 213.
[584] BayObLG RE v. 25. 3. 1986, NJW-RR 1986, 892.
[585] LG Freiburg WuM 1993, 671; LG Stuttgart NJW-RR 1987, 401; *Sternel* Mietrecht, IV, 672; *Zahn* in Hannemann/Wiek, Hdb. d. Mietrechts, § 30 Rdn. 48; **a. A.** AG Hamburg ZMR 2001, 630.
[586] BGH (VIII ZR 17/16) NZM 2017, 189.

Anspruch für den die für Bestandmietverhältnisse geltenden Schutzvorschriften des § 558 BGB, also auch die Jahressperrfrist und die Kappungsgrenze auch nicht gelten.[587] Es handelt sich um einen einem Schadensersatzanspruch ähnlichen Anspruch des Vermieters, durch den Druck auf den Mieter ausgeübt werden soll.[588]

III. Berechnung der Kappungsgrenze

1. Zeitpunkt

Für die Berechnung der Kappungsgrenze muss ein **Vergleich** zwischen der verlangten neuen Miete und einer in der Vergangenheit gezahlten Miete durchgeführt werden. Entscheidend ist dabei die Miete, die **drei Jahre vor dem Wirksamwerden des Erhöhungsverlangens** geschuldet wurde; auf die drei Jahre vor Zugang des Erhöhungsverlangens geschuldete Miete kommt es nicht an.[589] Insofern unterscheidet sich dieser Zeitpunkt vom maßgeblichen Zeitpunkt für die Feststellung der beiden anderen Voraussetzungen des Mieterhöhungsanspruchs, nämlich die Einhaltung der Jahresfrist[590] und die Feststellung der ortsüblichen Vergleichsmiete,[591] bei denen jeweils auf den Zugang des Erhöhungsverlangens abgestellt wird. Es handelt sich bei der Dreijahresfrist zur Berechnung der Kappungsgrenze um eine Frage der Begründetheit des Erhöhungsverlangens. Die Miete, die verlangt wird, soll nicht mehr als 20% über der Miete von vor drei Jahren liegen. Der Gesetzgeber hat die Kappungsgrenze gerade nicht als Sperrfrist ausgestaltet. Der Mieter kann durch eine einfache Kontrollrechnung feststellen, ob die verlangte neue Miete tatsächlich nur maximal 20% höher ist als die drei Jahre vor dem Wirksamkeitszeitpunkt gezahlte Miete. 160

Beispiel: Die Miete betrug am 10.6.2015 5,81 €/m². An diesem Tag ging dem Mieter ein Mieterhöhungsverlangen zu, wonach ab 1.9.2015 6,38 €/m² zu zahlen waren. Der Mieter stimmte dem zu. Am 6.6.2018 geht dem Mieter ein Mieterhöhungsverlangen zu, wonach er ab 1.9.2018 7,66 €/m² zahlen soll. Die ortsübliche Vergleichsmiete beträgt 8 €/m². Richtigerweise muss man hier von der am 1.9.2015 geschuldeten Miete von 6,38 €/m² ausgehen. Zzgl. 20% ergibt dies eine maximal zulässige Miete von 7,66 €/m² und nicht nur von 6,97 €/m², wenn man die Miete drei Jahre vor Zugang des Erhöhungsverlangens als Grundlage der Berechnung wählt.

Hat das **Mietverhältnis** zum Zeitpunkt des Wirksamwerdens der Mieterhöhung **noch keine drei Jahre bestanden,** dann ist die niedrigste Miete während des Bestandes des Mietvertrages[592] maßgeblich, also i. d. R. die Miete zu Beginn des Mietverhältnisses.[593] Die Kappungsgrenze ist in diesem Fall nicht zeitanteilig herabzusetzen. Die Kappungsgrenze soll nämlich nicht die einzelne Mieterhöhung prozentual begrenzen, sondern eine Steigerung über einen Zeitraum von drei Jahren auf 20%/15% begrenzen. Diesem Ziel wird sie aber auch gerecht, wenn man bei kürzeren Mietverhältnissen eine Steigerung um 20%/15% zulässt. In diesem Fall werden nämlich zukünftige Mieterhöhungen gem. § 558 BGB wegen der bereits erfolgten Ausschöpfung der Kappungsgrenze ausgeschlossen. Auch bei einem schon länger laufenden Mietvertrag ist der Vermieter berechtigt, die Kappungsgrenze durch eine einzige Mieterhöhung um 20% auszuschöpfen.[594] Deshalb ist grundsätzlich auch schon nach einem Jahr eine Mieterhöhung um 20% möglich. Dies setzt aber faktisch voraus, dass die Miete bei Abschluss des Mietvertrages erheblich unter der ortsüblichen Vergleichsmiete lag.[595] 161

---

[587] BGH (IX ZR 279/13) BGHZ 204, 83; (XII ZR 16/00) NZM 2003, 871; (VIII ZR 96/87) BGHZ 104, 285, 290; (VIII ZR 17/16) NZM 2017, 189.

[588] Deshalb ist bereits der Ansatz der Entscheidung des AG Hamburg ZMR 2001, 630 nicht richtig.

[589] OLG Celle RE v. 31.10.1995, NJW-RR 1996, 331; LG Frankfurt ZMR 1997, 474; LG Hannover WuM 1990, 517; LG München II ZMR 1986, 57; LG Hamburg WuM 1984, 111; *Emmerich* in Staudinger § 558 BGB Rdn. 49; Palandt/*Weidenkaff* § 558 BGB Rdn. 21.

[590] BGH RE v. 16.6.1993, NJW 1993, 2109.

[591] BGH (VIII ZR 295/15) WuM 2017, 208; (VIII ZR 141/09) NZM 2010, 436; (VIII ZR 331/06) NJW 2008, 848; (VIII ZR 41/05) NZM 2006, 101; (VIII ZR 215/05) WuM 2006, 569; KG GE 2005, 180; BayObLG RE v. 27.10.1992 WuM 1992, 677; LG Berlin GE 2015, 126; GE 2010, 61; GE 2004, 626; LG Rottweil NZM 1998, 432; AG Hamburg ZMR 2005, 54; AG Charlottenburg GE 2005, 743; AG Schöneberg GE 2007, 153, GE 2005, 1129; AG Tiergarten GE 2005, 1135.

[592] *Kossmann/Meyer-Abich,* Hdb. d. Wohnraummiete, § 147 Rdn. 16; **a. A.** *Lammel* § 558 BGB Rdn. 68.

[593] OLG Hamburg RE v. 19.3.1996, NJW-RR 1996, 908 a. E.; LG Berlin GE 2002, 1433; LG Karlsruhe ZMR 1990, 222; *Sternel* Mietrecht, III, 627; ungenau Bub/Treier/*Schultz* Kap. III. A Rdn. 1115 (immer die Anfangsmiete).

[594] LG Karlsruhe ZMR 1990, 222.

[595] *Börstinghaus* DWW 1997, 292.

162 Deshalb muss die Dreijahresfrist auch erst zum Zeitpunkt des Wirksamwerdens der Mieterhöhung abgelaufen sein. Der Vermieter darf unter der Voraussetzung, dass die Jahressperrfrist abgelaufen ist, dem Mieter bereits vor **Ablauf der Dreijahresfrist** ein Erhöhungsverlangen zukommen lassen, solange die Mietsteigerung zum Zeitpunkt des Wirksamwerdens die maßgebliche Kappungsgrenze nicht übersteigt.[596] Diese Rechtsprechung ist insbesondere durch den Rechtsentscheid des BGH vom 16.6.1993[597] nicht überholt, auch wenn das BayObLG in seiner Entscheidung auf die Vergleichbarkeit von Jahressperrfrist und Dreijahresfrist bei der Kappungsgrenze abgestellt hat. Beide Fristen haben aber, wie dargestellt, unterschiedliche zeitliche Anknüpfungspunkte.[598] Für die Jahressperrfrist kommt es auf den Zugang des Erhöhungsverlangens und für die Berechnung der Kappungsgrenze auf den Zeitpunkt des Wirksamwerdens an.

162a Entscheidend ist die **tatsächlich geschuldete Ausgangsmiete.** Ist in einem vorangegangenen Rechtsstreit auf Rückzahlung vermeintlich überzahlter Miete vom damals erkennenden Gericht eine andere Miete der Berechnung zugrunde gelegt worden, so entfaltet dieses Urteil keine Bindungswirkung für die Bemessung der Kappungsgrenze in einem nachfolgenden Prozess auf Zustimmung zu einem Mieterhöhungsverlangen.[599] Es liegen unterschiedliche Streitgegenstände vor, so dass eine Bindung gem. § 322 Abs. 1 ZPO nicht in Betracht kommt. Bei der Frage der Höhe der maßgeblichen Ausgangsmiete handelt es sich auch nicht um eine Vorfrage, die durch das Urteil im Vorprozess bindend festgestellt wird.[600]

163 Eine gesetzliche **Rechtsnachfolge auf Vermieterseite** löst keine neue Dreijahresfrist aus. Der Vermieter, der entweder als Erbe, als Erwerber gem. § 566 BGB oder als neuer Zwischenvermieter bzw. als Eigentümer gem. § 565 BGB in das Mietverhältnis eintritt, tritt an die Stelle des alten Vermieters. Er muss nicht nur den Mietvertrag in seinem aktuellen Bestand mit allen Abreden gegen sich gelten lassen, sondern auch den Fristbeginn von mietrechtlichen Fristen, soweit dieser in die Zeit des Vorvermieters fiel. Dies gilt nicht nur für die Berechnung der Kappungsgrenze, sondern auch für die Berechnung der Kündigungsfristen gem. § 573c BGB.

164 Bei einem **Wechsel der Vertragspartei auf Mieterseite** muss unterschieden werden: Eine gesetzliche Rechtsnachfolge nach Tod des Mieters nach den §§ 563–564 BGB löst weder die Jahressperrfrist noch eine neue Dreijahresfrist zur Berechnung der Kappungsgrenze aus. Das gilt auch dann wenn ein Ehegatte gem. § 1568a BGB nach der Scheidung alleine das Mietverhältnis fortsetzt oder in das Mietverhältnis erstmals eintritt. Es handelt sich um eine Vertragsübernahme.[601] Die alten Fristen laufen unverändert weiter. Anders kann es bei individualvertraglichen Parteiwechseln auf Mieterseite sein. Vereinbaren der Vermieter und der bisherige Mieter den Eintritt eines Dritten als weiteren Mieter in den Mietvertrag, so löst dies auf der einen Seite die Jahressperrfrist aus (s. oben Rdn. 27) und lässt zugleich auch eine neue Dreijahresfrist beginnen.[602] In dem Mietvertrag mit den konkreten Mietern ist die Miete bisher noch nicht erhöht worden. Der Vermieter kann deshalb selbst dann eine Zustimmung zur Mieterhöhung verlangen, wenn er gegenüber dem ursprünglichen Alleinmieter die Miete im Dreijahreszeitraum schon um 20%/15% erhöht hat. Für die Richtigkeit dieser Auslegung spricht, dass der Vermieter bei Eintritt des neuen Mitmieters mit den Parteien einen neuen Mietvertrag oder eine Mietabänderungsvereinbarung hätte abschließen können, die ebenfalls nicht der Kappungsgrenze unterfallen wäre. Würde man hier von einer ununterbrochenen Dreijahresfrist ausgehen, dann hätte dies die Konsequenz, dass der Vermieter bei Abschluss der Eintrittsvereinbarung die Miete bis auf 20%/15% über der ortsüblichen Vergleichsmiete erhöhen müsste, um später keine Rechtsnachteile zu erleiden. Das kann auch nicht im Interesse des Mieters liegen. Anders sieht es dagegen aus, wenn die Mietvertragsparteien einvernehmlich

---

[596] BayObLG RE v. 10.3.1988, NJW-RR 1988, 721; LG Köln WuM 1996, 276; LG Bonn WM 1985, 311; AG München ZMR 1988, 67, 68; *Artz* in MünchKomm § 558 BGB Rdn. 39; *Heitgreß* WuM 1983, 44, 45; *Sternel* ZMR 1983, 73, 75; *Scholz* NJW 1983, 1822, 1827, **a. A.** AG Friedberg/Hessen WuM 1986, 123; *Lammel* § 558 BGB Rdn. 66.

[597] BGH NJW 1993, 2109.

[598] **A. A.** *Lammel* § 558 BGB Rdn. 66.

[599] LG Berlin GE 2012, 550.

[600] Für einen solchen Fall: BGH (I ZR 269/00) NJW 2003, 3058.

[601] *Blank* WuM 2009, 555, 557.

[602] *Both* in Herrlein/Kandelhard § 558 BGB Rdn. 80; *Artz* in MünchKomm § 558 Rdn. 40; *Emmert* in Hannemann/Wiek/Emmert, Hdb. d. Mietrechts, § 12 Rdn. 220; **a. A.** Bub/Treier/Schultz Kap. III. A Rdn. 1128; differenzierend *Emmerich* in Staudinger § 558 BGB Rdn. 47.

vereinbaren, dass ein Mieter aus dem Mietvertrag ausscheidet. In diesem Fall besteht das Mietverhältnis mit mindestens einem Mieter unverändert fort. Hier beginnt keine neue Dreijahresfrist.

2. Betrag der Kappung

a) Grundsätzlich ist zu der maßgeblichen Miete, die drei Jahre vor Wirksamwerden des Mieterhöhungsverlangens **geschuldet** wurde, die Kappungsgrenze hinzuzurechnen, um die maximal zulässige Miete zu ermitteln. Entscheidend ist dabei ausschließlich der Betrag, der rechtlich geschuldet wurde, nicht der Betrag, der tatsächlich – nur – gezahlt wurde. Hatte der Vermieter z. B. dem Mieter damals ein Mieterhöhungsverlangen zukommen lassen, auf Grund dessen gem. § 558b Abs. 2 BGB spätestens exakt drei Jahre vor Wirksamwerden der neuerlichen Mieterhöhung die damalige Mieterhöhung wirksam wurde, dann ist es egal, ob der Mieter zu diesem Zeitpunkt die erhöhte Miete auch tatsächlich gezahlt hat. Entscheidend ist allein, dass er entweder selbst einer Vertragsänderung zu diesem Termin zugestimmt hat oder seine Zustimmung durch Urteil ersetzt wurde. Also selbst wenn der Mieter auf Grund einer Zustimmungsklage erst Monate später rückwirkend zu einer Zustimmung zur Mieterhöhung zum maßgeblichen Zeitpunkt verurteilt wurde, ist der Berechnung der Kappungsgrenze die erhöhte Miete zu Grunde zu legen.[603] Dies gilt auch, wenn der Mieter sich in einem Vergleich verpflichtet hat, zu einem in der Vergangenheit liegenden Termin der Mieterhöhung zuzustimmen.[604] Hat der Vermieter aber bei fehlender Zustimmung durch den Mieter innerhalb der Klagefrist keine Zustimmungsklage erhoben, so hat sich die Miete nicht erhöht und nur die niedrigere Miete ist der Berechnung der Kappungsgrenze zu Grunde zu legen. 165

War die Miete vor drei Jahren auf Grund eines die Gebrauchstauglichkeit nicht unerheblich einschränkenden **Mangels** gemindert, so ist bei der Berechnung der Kappungsgrenze von der **ungeminderten Miete** auszugehen.[605] Das gilt aber nur für behebbare Mängel. Gegen die Berücksichtigung von Mietminderungen bei der Berechnung der Kappungsgrenze spricht die Gesetzessystematik. Zum einen werden behebbare Mängel bereits bei der Ermittlung der ortsüblichen Vergleichsmiete nicht berücksichtigt, und zum anderen haben die gesetzlichen Gewährleistungsrechte der §§ 536ff. BGB und die Mieterhöhungsvorschriften des BGB nichts miteinander zu tun. Beide Rechtsinstitute bestehen völlig selbständig voneinander. Ihre Voraussetzungen und Rechtsfolgen schließen sich teilweise sogar aus. So würde die Berücksichtigung von Mängeln im Mieterhöhungsverfahren dazu führen, dass wegen der Geltung der Jahressperrfrist nach Beseitigung des Mangels die Minderung der Miete nicht sofort entfallen könnte. Auch Sinn und Zweck der Kappungsgrenze sprechen gegen die Einbeziehung der geminderten Miete in die Berechnung der Kappungsgrenze. Durch die Kappungsgrenze soll ein Anstieg der vereinbarten Mieten nur um einen bestimmten Prozentsatz zugelassen werden. Die Gewährleistungsrechte können aber innerhalb sehr viel kürzerer Zeit zu größeren Steigerungen führen, wenn z. B. nach einer Minderung der Miete auf „0" der Mangel beseitigt wird. In diesem Fall erhöht sich die Miete sogar um 100%, was aber von der Kappungsgrenze nicht verhindert werden soll. Somit ist im Fall einer Minderung von der ungeminderten Miete auszugehen.[606] 166

Maßgeblich ist jedoch nur die wirksam vereinbarte Miete. Verstieß die Mietabrede vor drei Jahren ganz oder teilweise gegen ein gesetzliches Verbot, so ist die **preisrechtlich zulässige Miete maßgeblich,** auch wenn der Mieter tatsächlich mehr gezahlt hat. Dies kann z. B. bei Mietvereinbarungen der Fall sein, die unter Verstoß gegen § 556g Abs. 1 BGB oder wegen eines Verstoßes gegen § 5 WiStG gem. § 134 BGB teilweise unwirksam sind oder die gegen Preisbindungsvorschriften verstoßen.[607] Das Gleiche gilt auch bei einer Minderung wegen eines von Anfang an vorliegenden nicht behebbaren Mangels, insbesondere bei Flächenabweichungen zu Lasten des Mieters von mehr als 10%. Hier ist Ausgangsmiete die geminderte Miete. In den Fällen, in denen die Parteien noch über die letzte Mieterhöhung streiten, muss der Vermieter nur die seiner Meinung nach richtige Ausgangsmiete[608] angeben, auch wenn diese sich später als falsch herausstellen sollte. Bestreitet der Mieter die Wirksamkeit der damaligen Mietvereinbarung so muss der Vermieter nach 167

[603] *Emmerich* in Staudinger § 558 BGB Rdn. 50.
[604] AG Passau WuM 1988, 24.
[605] *Emmerich* in Staudinger § 558 BGB Rdn. 50.
[606] *Emmerich* in Staudinger § 558 BGB Rdn. 50.
[607] LG Wuppertal WuM 1998, 290.
[608] KG RE v. 15.9.1997, NZM 1998, 107; LG Saarbrücken WuM 1997, 626.

allgemeinen Regeln darlegen und beweisen, dass er von einer **richtigen Ausgangsmiete** ausgegangen ist. Allein die Tatsache, dass der Mieter ggf. auch über einen längeren Zeitraum die Miete, von der der Vermieter bei seiner Berechnung der Kappungsgrenze ausgegangen ist, gezahlt hat, führt weder zu einer Umkehrung der Beweislast noch zur Anwendung der Grundsätze des prima facie Beweises. Ebenso wie der Vermieter bei einer Zahlungsklage die Zulässigkeit der Miethöhevereinbarung darlegen und beweisen muss, so muss er dies auch dann, wenn er auf diese Miete aufbauend eine erhöhte Miete verlangt. Dafür spricht auch die Systematik des BGB, wonach der Vermieter vom Mieter nicht nur die Zustimmung zu einer Vertragsänderung in Höhe des Erhöhungsbetrages verlangen kann sondern zu einer Vertragsanpassung hinsichtlich der Miete insgesamt. Dann hat der Vermieter auch die Darlegungs- und Beweislast bezüglich der preisrechtlichen Zulässigkeit aller Teile dieser einheitlichen Miete. Daran ändert die tatsächliche Zahlung durch den Mieter nichts. Nur im Fall der Rückforderung bereits gezahlter Miete muss der Mieter darlegen und beweisen, dass die Zahlung ohne Rechtsgrund erfolgte.

168 Ist die Miete im Laufe der Dreijahresfrist mindestens einmal unter die Miete drei Jahre vor Wirksamwerden der neuerlichen Mieterhöhung gesunken, dann ist nicht die Miete drei Jahre vor Wirksamwerden der Mieterhöhung maßgeblich, sondern die **niedrigste Miete innerhalb des Dreijahreszeitraums.**[609] Es kommt nämlich nicht darauf an, dass die Steigerung der Miete genau zwischen den beiden zeitlichen Eckpunkten nicht mehr als 20% oder 15% beträgt, sondern dass innerhalb des Dreijahreszeitraums keine Steigerung von mehr als 15% oder 20% stattgefunden hat. Das ist aber auch dann der Fall, wenn die Miete an den beiden Eckpunkten hoch und nur in der Zwischenzeit niedriger war. Für diese Auslegung nach Sinn und Zweck der Regelung spricht auch der Wortlaut des § 558 Abs. 3 BGB. Danach heißt es jetzt nur noch, dass sich die *„Miete innerhalb von drei Jahren, …, nicht um mehr als 20% erhöhen"* darf. Der Wortlaut der Vorschrift stellt gerade nicht auf die Miete genau vor drei Jahren ab, sondern auf Steigerungen innerhalb von drei Jahren.

169 Auch dabei bleiben **Mietminderungen** außer Betracht (s. oben Rdn. 166).[610] Dies gilt auch für Mietherabsetzungsvereinbarungen, die aus Anlass einer Gebrauchsbeeinträchtigung geschlossen wurden. Da Vereinbarungen zu Lasten des Mieters gem. § 536 Abs. 4 BGB in diesem Zusammenhang unwirksam sind, kann eine solche Vereinbarung entweder nur genau die gesetzliche Minderung festlegen oder für den Mieter günstiger sein. Wenn die Mietvertragsparteien mit der Vereinbarung vertraglich den Umfang der gesetzlichen Minderung vereinbaren wollen, ist deshalb kein Grund ersichtlich, diese Vereinbarung anders zu behandeln als die gesetzliche Mietminderung, bei der ja auch irgendwer eine Entscheidung treffen muss, wie hoch die Beeinträchtigung der Gebrauchstauglichkeit ist.

170 Anders ist die Rechtslage aber, wenn die Miete von den Parteien ohne gesetzliche Anspruchsgrundlage herabgesetzt wird. Haben die Parteien z. B. auf Grund einer **temporären Leistungsunfähigkeit** des Mieters vereinbart, dass der Mieter für eine bestimmte Zeit nur eine geringere Miete zu zahlen hat, ist diese Miete maßgeblich. Dies gilt aber nicht, wenn der Vermieter dem Mieter einen Teil der Miete **gestundet** hat. Nur wenn die Miete auf Grund einer vertraglichen Abrede herabgesetzt worden ist, ist diese niedrigere Miete maßgeblich. Denkbar ist auch eine Herabsetzung der Miete, weil der Mieter in größerem Umfang Modernisierungsarbeiten im Hause vornimmt, z. B. gleich bei Einzug. Nur wenn die Parteien im Rahmen des § 557 Abs. 1 BGB ausdrücklich etwas anderes vereinbart haben, gilt hier etwas Abweichendes.[611] Solange der Mieter keine **konkrete Gegenleistung als Surrogat** für die Miete erbringt, ist die niedrigere Miete für die Berechnung der Kappungsgrenze maßgeblich. Wegen § 557 Abs. 4 BGB können die Mietvertragsparteien auch hinsichtlich der Höhe der Ausgangsmiete oder der Berechnung der Kappungsgrenze keine abweichende Vereinbarung treffen. Möglich ist allenfalls, dass die Parteien eine höhere Miete vereinbaren, sich aber darüber einig sind, dass der Mieter einen Teil der Miete in Form einer Arbeitsleistung erbringt. Dies ist kein Verstoß gegen § 557 Abs. 4 BGB. Der Gesetzgeber ist auf Grund eines Vorschlages des Bundesrates[612] nämlich bei der Formulierung des

---

[609] *Kossmann/Meyer-Abich,* Hdb. d. Wohnraummiete, § 147 Rdn. 16; *Both* in Herrlein/Kandelhard § 558 BGB Rdn. 81; *Emmerich* in Staudinger § 558 BGB Rdn. 50; **a. A.** *Lammel* § 558 BGB Rdn. 68.

[610] *Both* in Herrlein/Kandelhard § 558 BGB Rdn. 81.

[611] LG Freiburg WuM 1989, 396.

[612] BR-Drucks. 439/00 (Beschluss) = NZM 2001, 20, abgedruckt bei *Börstinghaus/Eisenschmid* Arbeitskommentar Neues Mietrecht, S. 248.

§ 557 Abs. 1 BGB der Auffassung gewesen, dass es Mieterhöhungen gibt, die nicht in Geld bestehen (dazu auch § 557 BGB Rdn. 37).

b) Die Berechnung der Kappungsgrenze ist unabhängig von der **jeweiligen Mietstruktur.** 171
Die Kappungsgrenze von ist von der drei Jahre vor Wirksamwerden der aktuellen Mieterhöhung geschuldeten Miete zu berechnen. **Miete** ist dabei der vom Mieter gezahlte Betrag ohne Betriebskostenvorauszahlungen und Betriebskostenpauschalen gem. § 560 BGB. Auf den gesamten Restbetrag (Grundmiete) ist die Kappungsgrenze anzuwenden unabhängig davon, ob es sich um eine **Inklusiv-, Teilinklusiv- oder Nettomiete** handelte.[613] Das Gesetz knüpft an die Miete von vor drei Jahren an und nicht an eine fiktive Nettokaltmiete.[614] Das Gesetz geht im Übrigen selbst von der Bruttomiete als gesetzlichem Normalfall aus. Es gestattet in § 556 Abs. 1 BGB lediglich in bestimmten engen Grenzen die zusätzliche Abwälzung von Betriebskosten. Deshalb ist die Miete in der Struktur, die die Parteien vereinbart haben die „Miete" i. S. d. Gesetzes. Der Begriff „Miete" in § 558 BGB differenziert gerade nicht zwischen einer Netto- und einer (Teil-)Inklusivmiete.[615] Diese Mietstruktur wird i. d. R. auch zum Zeitpunkt der aktuellen Mieterhöhung noch existieren. Unerheblich ist dabei, ob der Vermieter eine fiktive Grundmiete errechnet hat, um z. B. mittels eines Nettomieten ausweisenden Mietspiegels eine Bruttomiete zu erhöhen. Allein durch diese Berechnungsart zur Herstellung der Vergleichbarkeit zwischen Vertragswohnung und Vergleichswohnung oder Mietspiegel ändert an der Berechnung der Kappungsgrenze nichts.[616]

Nur wenn sich die **Mietstruktur in den letzten 3 Jahren geändert** hat, muss eine einheitli- 172
che Basis hergestellt werden. Haben die Mietvertragsparteien durch vertragliche Abrede die bisherige Inklusivmiete in eine Nettomiete zuzüglich Betriebskostenvorauszahlung umgewandelt, ist zur Berechnung der Kappungsgrenze eine fiktive Nettomiete zum Stichtag vor drei Jahren zu ermitteln,[617] indem die konkreten Betriebskosten zum maßgeblichen Stichtag vor drei Jahren aus der Inklusivmiete herausgerechnet werden. Beruht die Miete von vor drei Jahren auf einer unwirksamen Staffelmietvereinbarung, dann ist sie dennoch der Berechnung der Kappungsgrenze zu Grunde zu legen, wenn der Mieter den erhöhten Betrag mehrfach gezahlt hat und hierdurch eine Mietabänderungsvereinbarung zustande gekommen ist.[618]

Genauso wenig werden irgendwelche **Zuschläge** aus der Miete von vor drei Jahren herausge- 173
rechnet. Dies gilt sowohl für Zuschläge für bestimmte zusätzliche Nutzungsmöglichkeiten wie z. B. Gartennutzung, Stellplatznutzung oder Garage, wenn es sich um einen einheitlichen Wohnraummietvertrag inkl. Garage handelt[619], wie auch für Zuschläge, die für eine über den vertragsgemäßen Gebrauch hinausgehende Nutzung gezahlt werden, wie z. B. den Untermietzuschlag[620] oder den Zuschlag für teilgewerbliche Nutzung. Es handelt sich lediglich um unselbständige Bestandteile einer einheitlichen Miete. Eine andere Frage ist, ob die Vereinbarung von solchen „Zuschlägen" innerhalb der Dreijahresfrist auf die Kappungsgrenze angerechnet wird. Dies ist regelmäßig nicht der Fall, da es sich um die Vergütung für eine Mehrleistung handelt (s. o. Rdn. 158 ff.). Das Gleiche gilt i. E. für Mieterhöhungen nach § 559 BGB, wenn sie vor dem Stichtag vor drei Jahren wirksam geworden sind.[621] Die Mieterhöhung nach § 559 BGB auf Grund einer Modernisierung führt zu einer neuen einheitlichen Miete, so dass es keine Grundmiete und einen selbständigen Modernisierungszuschlag gibt, der in die Berechnung der Kappungsgrenze mit einzubeziehen ist,[622] sondern nur eine einheitliche Miete.

---

613 BGH (VIII ZR 160/03) NZM 2004, 218 = MietPrax-AK § 558 BGB Nr. 1 m. Anm. *Börstinghaus;* LG Berlin GE 2006, 391; LG Hannover WuM 1992, 136, WuM 1987, 125; LG Hamburg WuM 1991, 593; LG Karlsruhe WuM 1985, 328; LG München I WuM 1985, 330; LG Hamburg WuM 1985, 306; AG Pinneberg ZMR 2004, 122; AG Münster WuM 1993, 198; AG Hagen WuM 1990, 555; AG Hannover WuM 1987, 125, 126; AG Hamburg WuM 1985, 329; Bub/Treier/*Schultz* Kap. III. A Rdn. 1116 ff.; *Dickersbach* in Erman § 558 BGB Rdn. 35; *Emmerich* in Staudinger § 558 BGB Rdn. 53; *Sternel* Mietrecht, III, 628; *Lammel* § 558 BGB Rdn. 73; *Schilling* WuM 1994, 447.

614 AG Münster WuM 1993, 198; **a. A.** AG Charlottenburg WuM 1996, 278; AG Schwelm WuM 1989, 634.

615 BGH (VIII ZR 160/03) NZM 2004, 218.

616 *Emmerich* in Staudinger § 558 BGB Rdn. 53 unter Aufgabe der abw. Ans. aus der Vorauflage.

617 LG Kiel WuM 1985, 65; **a. A.** LG Berlin GE 2002, 1433 und die umfassenden Rechenbeispiele bei *Blümmel* GE 2002, 1374.

618 LG Berlin GE 1998, 490.

619 AG Waiblingen WuM 2016, 33.

620 AG Hamburg WuM 1992, 257.

621 LG Berlin NZM 1998, 509.

622 I. E. ebenso jedoch von einem Zuschlag ausgehend AG Dortmund WuM 1984, 112.

174 Eine Besonderheit gilt jedoch für die erste **Mieterhöhung nach einer Modernisierungsmaßnahme.** Hier hat der Vermieter ein Wahlrecht,[623] ob er aus Anlass der Modernisierung eine Mieterhöhung im vereinfachten Umlageverfahren vornimmt oder ob er die Modernisierung zum Anlass nimmt, eine Zustimmung zur ortsüblichen Vergleichsmiete für modernisierten Wohnraum zu verlangen. Unter dem Gesichtspunkt der Kappungsgrenze sind die Wege deshalb unterschiedlich, weil für die Mieterhöhung nach § 559 BGB keine Kappungsgrenze gilt. Da die Kappungsgrenze eine **Schutzvorschrift** zugunsten der Mieter ist, kann der Vermieter sie auch nicht durch die Wahl eines anderen Erhöhungsverfahrens umgehen. Unzulässig ist deshalb eine Berechnung der Art, zunächst den Modernisierungszuschlag gemäß § 559 BGB der Ausgangsmiete hinzuzurechnen und auf diesen erhöhten Betrag dann die jeweils gültige Kappungsgrenze anzuwenden. Auf der anderen Seite würde der Vermieter ohne nachvollziehbaren Grund schlechter gestellt, wenn bei einer einheitlichen Erhöhung nach § 558 BGB lediglich eine Mieterhöhung von 20%/15% auf die Ausgangsmiete zugelassen würde. Da dem Vermieter in diesem Fall nämlich untersagt ist, den Modernisierungszuschlag nach einer Mieterhöhung nach § 558 BGB nachzuholen, könnte er diese Schlechterstellung auch nicht mehr aufholen. Aus der gesetzlichen Ausgestaltung der beiden Erhöhungsverfahren lässt sich eine solche Benachteiligung nicht begründen. Die nur im Zustimmungsverfahren geltende Kappungsgrenze wird durch § 558 Abs. 3 BGB selbst relativiert. Danach sind nämlich bei der Berechnung der Kappungsgrenze Mieterhöhungen nach den §§ 559, 560 BGB aus den letzten 3 Jahren nicht zu berücksichtigen. Wenn aber bei bereits abgeschlossenen Mieterhöhungsverfahren nach den §§ 559, 560 BGB eine Anrechnung auf die Kappungsgrenze nicht erfolgt, dann sind überzeugende Gründe, warum dies bei einem einheitlichen Verfahren anders sein soll, nicht ersichtlich. Der Wortlaut des Gesetzes spricht vielmehr dafür, Modernisierungsmaßnahmen und daraus folgende Mieterhöhungen bei der Berechnung der Kappungsgrenze als Sonderfälle der Mieterhöhung völlig auszuklammern.[624] Im Ergebnis kann der Vermieter deshalb unabhängig vom gewählten Erhöhungsverfahren[625] allein unter dem Gesichtspunkt der Kappungsgrenze eine Miete verlangen, die der Höhe nach der Ausgangsmiete zzgl. 20% (bzw. 15%) hiervon und zzgl. einer möglichen Modernisierungsmieterhöhung gem. § 559 BGB entspricht. Dies setzt aber voraus, dass die ortsübliche Vergleichsmiete für modernisierten Wohnraum tatsächlich auch so hoch ist.

Beispiel: Der Mieter zahlt am 1.6.2014 eine Miete von 228,48 € monatlich. 2017 lässt der Vermieter in der Mietwohnung, die bis dahin mit einem Kohleofen beheizt wurde, eine Gas-Etagenheizung installieren. Dies hätte eine Mieterhöhung gem. § 559 BGB von 91,67 € ermöglicht. Der Vermieter verlangt aber gem. § 558 BGB vom Mieter die Zustimmung zur Anhebung der Grundmiete auf die ortsübliche Vergleichsmiete nach dem verbesserten Standard für Wohnungen mit Sammelheizung und Bad von 365,85 € monatlich.

Zur Berechnung der Kappungsgrenze sind hier zur alten Miete von 228,48 € 20% (= 45,70 €) sowie der Modernisierungszuschlag von 91,67 € hinzuzurechnen, so dass die unter dem Gesichtspunkt der Kappungsgrenze maximal mögliche Miete von 365,85 € nicht überschritten wird, obwohl der reine Erhöhungsbetrag mit ca. 38% die Kappungsgrenze überschreitet.

175 **c)** Nicht angerechnet werden alle **Mieterhöhungen wegen Modernisierung** oder **Erhöhung von Betriebskosten** gemäß §§ 559, 560 BGB. Das Gesetz spricht dabei davon, dass von diesen Mieterhöhungen abzusehen ist. Dabei geht es aber nur um Mieterhöhungen nach den §§ 559, 560 BGB, die während der Dreijahresfrist erfolgten.[626] Deshalb haben diese Mieterhöhungen je nach zeitlichem Ablauf durchaus noch Einfluss auf die Berechnung der Kappungsgrenze. Bei Mieterhöhungen gem. § 559 BGB, die während der Dreijahresfrist erfolgten, ist die Miete drei Jahre vor Wirksamwerden des Mieterhöhungsverlangens um 20% zu erhöhen und dann sind die während

[623] S. dazu auch Vorbem. zu § 558 BGB Rdn. 4ff.; *Emmerich* in Staudinger § 558 BGB Rdn. 41; *Fleindl* NZM 2016, 65; *Paschke* GE 2013, 100.

[624] OLG Hamm RE v. 30.10.1982, NJW 1983, 289, RE v. 30.12.1992, NJW-RR 1993, 399; LG Köln Beschl. v. 26.5.2004 – 1 S 9/04 abgedr. in *Lützenkirchen* KM 19 Nr. 55 **a. A.** *Fleindl* NZM 2016, 65, 70, sowie PiG 99 (2015), 111, 120, der bereits den Rechtsentscheid im Ausgangspunkt für falsch hält, aber insbesondere seit der Verlagerung der wirtschaftlichen Härtegründe in das Erhöhungsverfahren gem. § 559 Abs. 4 BGB für nicht mehr vertreterbar; wohl auch *Artz* in MükoBGB, § 559 Rn. 7 aber ohne Begründung.

[625] Dabei ist es unerheblich, ob die Mieterhöhung nach § 558 BGB unmittelbar nach der Baumaßnahme oder Jahre später erfolgt. So scheint aber *Sternel* Mietrecht aktuell (2009), IV, 148a Fn. 1 zu differenzieren. Entscheidend ist allein, dass wegen der konkreten Baumaßnahme noch keine Mieterhöhung gem. § 559 BGB stattgefunden hat und der modernisierte Zustand auch sonst keiner Mieterhöhung zu Grunde gelegt wurde.

[626] LG Berlin NZM 1998, 509; AG Dortmund WuM 1984, 112; *Emmerich* in Staudinger § 558 BGB Rdn. 52.

des Dreijahreszeitraums erfolgte Mieterhöhung gem. § 559 BGB hinzuzurechnen. Der so errechnete Betrag stellt die maximal mögliche Miete dar:

Beispiel: Die Miete betrug am 10.6.2015 5 €/m². An diesem Tag ging dem Mieter eine Mieterhöhung wegen Modernisierungsmaßnahmen gem. § 559 BGB um 2 € zu. Am 6.3.2018 geht dem Mieter ein Mieterhöhungsverlangen zu, wonach der Mieter ab 1.6.2018 9,10 €/m² zahlen soll. Die ortsübliche Vergleichsmiete beträgt 9,50 €/m².

Maßgebliche Ausgangsmiete ist die am Stichtag 1.6.2015 gezahlte Miete von 5 €. Zuzüglich 20% würde die höchstmögliche Miete nur 6 € betragen. Da die Modernisierungserhöhung hier in den Dreijahreszeitraum fiel, wird sie ebenfalls noch zur Ausgangsmiete hinzugerechnet, so dass die maximale Miete hier 8 €/m² beträgt (5 € + 1 € + 2 €).

176 Anders ist es in den Fällen, in denen die Mieterhöhung nach § 559 BGB bereits **vor Beginn der Dreijahresfrist** wirksam wurde. In diesem Fall ist bereits die Ausgangsmiete höher,[627] so dass die Mieterhöhung nach § 559 BGB auch an der prozentualen Erhöhung durch die Kappungsgrenze teilnimmt.

Beispiel: Die Miete betrug am 10.1.2015 5 €/m². An diesem Tag ging dem Mieter eine Mieterhöhung wegen Modernisierungsmaßnahmen gem. § 559 BGB um 2 € zu. Am 6.3.2018 geht dem Mieter ein Mieterhöhungsverlangen zu, wonach er ab 1.6.2018 8,40 €/m² zahlen soll. Die ortsübliche Vergleichsmiete beträgt 8,50 €/m².

Auch hier ist die maßgebliche Ausgangsmiete die am Stichtag 1.6.2015 gezahlte Miete die aber schon 7 €/m² betrug. Zuzüglich 20% ergibt dies einen Höchstbetrag von 8,40 €/m².

Obwohl hier jeweils die gleichen Beträge vereinbart bzw. gezahlt wurden, hat der abweichende zeitliche Ablauf nicht unerheblichen Einfluss auf die höchstmögliche Miete. Rechtsdogmatisch zu erklären ist dies damit, dass der Modernisierungszuschlag nach § 559 BGB ab Fälligkeit Teil der Miete wird und deshalb bei späteren Mieterhöhungen auf Grund § 558 BGB nicht mehr getrennt von der Miete in Ansatz zu bringen ist;[628] vernünftig oder nachvollziehbar ist diese Differenzierung nicht. So kann es in einem Haus bei gleichen Mieten, gleichen Modernisierungsmaßnahmen nur auf Grund zeitlicher Verschiebungen, die im Extremfall nur einen Tag betragen müssten, unterschiedliche Mieterhöhungsspielräume geben.

177 Ebenso werden auf die Kappungsgrenze **Mieterhöhungen wegen Betriebskostensteigerungen** gem. § 560 BGB, wenn sie innerhalb des Dreijahreszeitraums wirksam wurden, nicht angerechnet. Unter Mieterhöhungen nach § 560 BGB fallen:

– Veränderungen von Betriebskostenpauschalen gem. § 560 Abs. 1 BGB,
– Veränderungen von Betriebskostenvorauszahlungen gem. § 560 Abs. 4 BGB,
– Veränderungen von (Teil-)Inklusivmieten die vor dem 1.9.2001 vereinbart worden sind und bei denen die Parteien einen Erhöhungsvorbehalt im Mietvertrag vereinbart haben, Art. 229 § 3 Abs. 4 EGBGB.

178 **Mieterhöhungen gem. § 557 Abs. 1 BGB** auf Grund von Mietabänderungsvereinbarungen werden immer auf die Kappungsgrenze angerechnet. Dies gilt selbst dann, wenn sie **anlässlich von Modernisierungen,** die eigentlich zu einer Mieterhöhung nach § 559 BGB berechtigt hätten, erfolgten.[629]

Beispiel: Die Miete betrug am 10.6.2015 5 €/m². Der Vermieter führte Modernisierungsarbeiten durch. Vermieter und Mieter vereinbarten daraufhin, dass der Mieter eine um 2 €/m² höhere Miete ab 1.9.2015 zahlen sollte. Am 6.3.2018 geht dem Mieter ein Mieterhöhungsverlangen zu, wonach er ab 1.6.2018 9,10 €/m² zahlen soll. Die ortsübliche Vergleichsmiete beträgt 9,50 €/m².

---

[627] LG Berlin NZM 1998, 509; AG Dortmund WuM 1984, 112; AG Hagen WuM 1990, 555; *Emmerich* in Staudinger § 558 BGB Rdn. 52.

[628] BGH (VIII ZR 331/06) NZM 2008, 124; LG München WuM 1996, 43; s. auch § 559b BGB Rdn. 47.

[629] LG Potsdam NZM 2001, 1075; AG Nidda WuM 1994, 485; AG Köln WuM 1994, 216; AG Bühl WuM 1985, 329; *Artz* NZM 2004, 609; *Schüller* in Bamberger/Roth § 558 BGB Rdn. 29; *Börstinghaus* LMK 2004, 137; *Sternel* Mietrecht aktuell (2009), IV, 146; *Sternel* Mietrecht, III, 692; **a. A.** BGH (VIII ZR 185/03) NZM 2004, 456 = MietPrax-AK § 558 BGB Nr. 4 m. Anm. *Börstinghaus;* OLG Hamm WuM 1993, 106; LG Berlin GE 2003, 1210, 1211, WuM 2003, 568, 569; LG Frankfurt/M. ZMR 1997, 474; Bub/Treier/*Schultz* Kap. III. A Rdn. 770 und 1087; *Lammel* § 558 BGB Rdn. 69; *Emmerich* in Staudinger (2014) § 558 BGB Rdn. 52 aber genau andersherum in Rdn. 47; *Dickersbach* in Lützenkirchen, Mietrecht, § 555f BGB Rdn. 24 und § 558 BGB Rdn. 153.

Auch hier ist die maßgebliche Ausgangsmiete die am Stichtag 1.6.2015 gezahlte Miete von 5 €/m². Zuzüglich 20% ergibt dies einen Höchstbetrag von 6 €/m². Dieser Erhöhungsspielraum ist durch die Mietabänderungsvereinbarung gem. § 557 BGB aber schon vollständig aufgezehrt, so dass eine weitere Mieterhöhung gem. § 558 BGB ausgeschlossen ist. Dabei ist es unerheblich, ob der Vermieter auf Grund der Modernisierungsmaßnahme die Miete gem. § 559 BGB um 2 €/m² oder mehr hätte erhöhen können. Der Vermieter hat die Möglichkeit, den Weg über § 559 BGB zu gehen mit der Folge, dass er die formellen und materiellen Voraussetzungen dieser Norm erfüllen muss, damit sich die Miete erhöht. Er kann auch den für ihn einfacheren Weg über eine Mietabänderungsvereinbarung gehen. Damit erspart er sich die Einhaltung der Formalien des § 559 BGB und die Risiken, die mit einem solchen Verfahren verbunden sind. Er erkauft sich diese Vorteile dadurch, dass die Mietsteigerung bei späteren Mieterhöhungen auf die Kappungsgrenze angerechnet wird. Die verschiedenen Erhöhungsmöglichkeiten sind strikt zu trennen, da es anderenfalls zu systematischen Brüchen kommt.[630] Soweit der BGH[631] die Auffassung vertritt, dass auch eine **einvernehmliche Mieterhöhung nach Modernisierung** außer Ansatz bleiben müsste, weil sie der Höhe nach genau einer Mieterhöhung gem. § 559 BGB entsprach und die Parteien lediglich nicht den Weg über eine einseitige Mieterhöhung gem. § 559 BGB gewählt haben, entspricht dies weder dem Wortlaut der Vorschrift[632] noch der Gesetzessystematik.[633] Der Gesetzgeber hat ausdrücklich nur die einseitigen Mieterhöhungen, die letztendlich auf der Idee beruhen, dass der Vermieter Kosten im weitesten Sinn weitergibt, von der Anrechnungsverpflichtung auf die Kappungsgrenze ausgenommen. Mietabänderungsvereinbarungen sind Verträge. Hier spielen auch andere Überlegungen eine Rolle wie z. B. die Marktsituation aber auch die Frage, wie lange die Miete bisher schon unverändert geblieben ist. Der Vermieter kann u. U. eine Mieterhöhung durchsetzen, die nach § 559 BGB gar nicht möglich gewesen wäre, aber auch der Mieter kann u. U. erreichen, dass die Mieterhöhung zu einem späteren Zeitpunkt erst wirksam wird, oder nicht in der Höhe erfolgt, die der Vermieter sich vorgestellt hatte. Dass diese Vereinbarung aus Anlass einer Modernisierung erfolgte, ändert aber nichts daran, dass hier gerade nicht der einseitige Weg über § 559 BGB gewählt wurde. Im Übrigen darf nicht übersehen werden, dass in dem der Entscheidung des BGH[634] zu Grunde liegenden Fall der Vermieter sehr wohl eine einseitige Mieterhöhung nach § 559 BGB vorgenommen hat und die Parteien sich dann über die Berechtigung der Forderung der Höhe nach geeinigt haben. Entscheidendes Abgrenzungskriterium kann deshalb nur die Frage sein, ob **nach dem äußeren Erscheinungsbild** eine Mieterhöhung einseitig vom Vermieter durchgesetzt werden sollte oder ob die Mietvertragsparteien von Anfang an tatsächlich eine Änderungsvereinbarung schließen wollten. Von erstem Fall kann man ausgehen, wenn der Mieter auf Grund eines unter Darlegung eines Erhöhungstatbestandes der §§ 559–560 BGB erstellten Erhöhungsverlangens die Mieterhöhung zahlt selbst wenn die Parteien anschließend darüber verhandeln und der Vermieter seine ursprünglichen Vorstellungen nicht ganz durchsetzen konnte.[635] Ein Indiz für eine Vereinbarung ist, wenn die Parteien zwar aus Anlass einer Modernisierung aber ohne eine einseitige Mieterhöhung in Verhandlungen über eine Mieterhöhung eintreten.

179 Ebenso werden auf die Kappungsgrenze Mietsteigerungen angerechnet, die sich daraus ergeben haben, dass die Parteien innerhalb des Dreijahreszeitraums einen **neuen Mietvertrag** über die Wohnung abgeschlossen haben. Dies kann z. B. aus Anlass eines Eigentümerwechsels erfolgt sein, aber auch aus sonstigen Gründen. Für diesen neuen Mietvertrag gilt zwar die Kappungsgrenze nicht (s. o. Rdn. 152), die hierdurch verursachte Mietsteigerung wird aber auf die Kappungsgrenze für zukünftige Mieterhöhungen angerechnet. Dies ergibt sich bereits aus dem Wortlaut der Vorschrift, die nur auf Mieterhöhungen nach Abs. 1 Bezug nimmt. Insofern stellt das Gesetz nach dem eindeutigen Wortlaut nicht auf den aktuell bestehenden Vertrag ab, sondern äußerst formal auf die Miete, wie sie sich innerhalb eines Zeitraums von 3 Jahren entwickelt hat. Ob diese Entwicklung

---

[630] *Artz* NZM 2004, 609.

[631] BGH (VIII ZR 185/03) NJW 2004, 2088 = MietPrax-AK § 558 BGB Nr. 4 mit abl. Anm. *Börstinghaus; ders.* LMK 2004, 137; *ders.* NZM 2007, 897, 903 Bub/Treier/*Schultz* Kap. III. A Rdn. 1122; **a. A.** auch *Artz* NZM 2004, 609; *ders.* in MünchKomm § 558 BGB Rdn. 40; *Glause* WuM 2004, 708.

[632] AG Köln WuM 1994, 216; AG Nidda WuM 1994, 485; AG Bühl WuM 1985, 239; *Scholz* WuM 1995, 87, 93.

[633] *Artz* NZM 2004, 609; *ders.* in MünchKomm § 558 BGB Rdn. 33 m.w.N. in Fn. 110.

[634] BGH (VIII ZR 185/03) NJW 2004, 2088 = MietPrax-AK § 558 BGB Nr. 4 m. abl. Anm. *Börstinghaus; ders.* LMK 2004, 137; abl. auch *Artz* NZM 2004, 609; *Glause* WuM 2004, 708.

[635] Weitergehend wohl: BGH (VIII ZR 185/03) NJW 2004, 2088.

durch einen Vertrag festgelegt wurde oder durch mehrere Verträge ist unerheblich. Nur diese Auslegung wird dem Sinn und Zweck des Gesetzes gerecht, eine mehr als 20 prozentige Mietsteigerung innerhalb von 3 Jahren zu vermeiden.[636] Alle anderen Auslegungsversuche würden i. E. dem Gesetzessinn widersprechen und eine Umgehung der Kappungsgrenze bedeuten. Dies gilt auch für **Kettenmietverträge.** Soweit hier überhaupt Mieterhöhungen wegen eines wirksamen Erhöhungsvorbehalts möglich sind, da es sich um Zeitmietverträge handelt und soweit hier überhaupt Mieterhöhungen erfolgen, ist auf die Miete von vor drei Jahren abzustellen, obwohl diese rechtlich auf Grund eines anderen Vertrages geschuldet wird.

d) Keine Besonderheiten gelten nach dem **Auslaufen der Preisbindung.** Auch hier gilt die **180**
Kappungsgrenze (s. o. Rdn. 150). Die Kappungsgrenze berechnet sich in diesem Fall nach der drei Jahre vor Wirksamwerden der aktuellen Mieterhöhung geschuldeten **Kostenmiete**[637] und nicht nach der zuletzt gezahlten Kostenmiete.[638] Dies ist auch verfassungsgemäß.[639] Dabei sind keine Betriebskostenanteile herauszurechnen, da die bisherige Kostenmiete in der Mietstruktur zum Zeitpunkt des Endes der Preisbindung die Miete im preisfreien Wohnungsbau darstellt und dort gerade keine Herausrechnung des Betriebskostenanteils erfolgt (s. o. Rdn. 171).[640] Die während des Dreijahreszeitraums durchgeführte Erhöhung der Kostenmiete wird auf die Kappungsgrenze angerechnet.[641] Dies gilt vor allem für Mieterhöhungen wegen gestiegener Instandsetzungs- und Verwaltungskostenpauschalen.[642] Auch eine Erhöhung der Kostenmiete wegen Abbaus der Aufwendungszuschüsse löst für eine spätere Mieterhöhung nach Ende der Preisbindung die Sperrfrist aus.[643] Das Gleiche gilt für Mieterhöhungen wegen **gestiegener Kapitalkosten.** Solche Mieterhöhungen sind im preisfreien Wohnungsbau seit Abschaffung des § 5 MHG nicht mehr möglich. Der Gesetzgeber ist aber noch einen Schritt weitergegangen und hat auch den Ausschluss der Anrechnung solcher Mieterhöhungen auf die Kappungsgrenze in § 558 Abs. 3 BGB abgeschafft. Deshalb werden jetzt auch Mieterhöhungen wegen gestiegener Kapitalkosten, die während der Preisbindung erfolgten auf spätere Mieterhöhungen auf die ortsübliche Vergleichsmiete angerechnet.[644] Eine Analogie scheidet wegen einer fehlenden Gesetzeslücke ebenso aus wie eine verfassungskonforme erweiternde Auslegung.[645]

Soweit im preisgebundenen Wohnungsbau gemäß § 4 Abs. 8 NMV bei Vereinbarung einer ent- **181**
sprechenden Klausel eine rückwirkende Mieterhöhung zum Beispiel wegen planmäßigem Förderabbau möglich ist, stellt sich die Frage, ob die Kappungsgrenze nach der zum Zeitpunkt des Zugangs der damaligen Kostenmieterhöhung oder vom rückwirkenden Wirkungszeitpunkt der Kostenmieterhöhung gezahlten Miete berechnet wird. Im ersten Fall ist die Mieterhöhung stärker begrenzt als im zweiten. Die Kappungsgrenze berechnet sich auch in diesem Fall vom in der Vergangenheit liegenden **Wirkungszeitpunkt der Mieterhöhung** und nicht vom Zugang der Mieterhöhungserklärungen an.[646] Zwar wird die einseitige Mieterhöhung der Kostenmiete erst mit der Erklärung gem. § 10 WoBindG wirksam, jedoch genau wie bei einer späteren Verurteilung zur Zustimmung zu einer Mieterhöhung ab einem in der Vergangenheit liegenden Zeitpunkt, kommt es nur auf den Wirksamkeitszeitpunkt an. Die Miete war ja erhöht, aber die Zahlungsverpflichtung entstand erst mit der formalen ordnungsgemäßen Geltendmachung.

Nicht angerechnet werden auf die Kappungsgrenze aber Mieterhöhungen während der Preis- **182**
bindung, die den **Mieterhöhungen der §§ 559–560 BGB entsprechen.** Erhöhungen der Kostenmiete wegen gestiegener Betriebskosten und vor allem Mieterhöhungen wegen durchgeführter

---

636 AG Gelsenkirchen WuM 1986, 343.

637 LG Hamburg WuM 1996, 277; LG Köln WuM 1996, 276; LG Berlin NJW-RR 1996, 1415; AG Schöneberg GE 1989, 1059; AG Köln WuM 1985, 330; *Emmerich* in Staudinger § 558 BGB Rdn. 48.

638 So aber LG München WuM 1989, 634; AG Hamburg-Blankenese WuM 1993, 344.

639 BVerfG WuM 1991, 575.

640 **A. A.** AG Schwelm WuM 1989, 634.

641 AG Schöneberg GE 1995, 117.

642 LG Bonn WuM 1995, 113 (für Jahressperrfrist); AG Tempelhof-Kreuzberg GE 1996, 59; **a. A.** LG München I WuM 1989, 634.

643 LG Berlin MM 2002, 51.

644 BGH (VIII ZR 177/03) WuM 2004, 348; (VIII ZR 178/03) WuM 2004, 345 *Börstinghaus* LMK 2004, 137.

645 BGH (VIII ZR 177/03) WuM 2004, 348; (VIII ZR 178/03) WuM 2004, 345.

646 BGH (VIII ZR 177/03) WuM 2004, 348; (VIII ZR 178/03) WuM 2004, 345 *Börstinghaus* LMK 2004, 137; **a. A.** AG Wedding MM 2000, 422; *Lammel* § 558 BGB Rdn. 24; zu einer unzulässigen Klausel s. BGH (VIII 233/08) NZM 2009, 511.

Modernisierungen[647] sind auf die Kappungsgrenze nicht anzuwenden. Das OLG Hamm[648] hat so bereits für die Geltung der Jahressperrfrist entschieden, das muss aber auch für die Anwendung der Kappungsgrenze gelten. Dies gilt umso mehr, als die §§ 559, 560 BGB Kostenmietgesichtspunkte ins Vergleichsmietensystem übertragen haben. Hat der Vermieter innerhalb des Dreijahreszeitraums die Kostenmiete auf Grund vergleichbarer Tatbestände erhöht, wie sie den §§ 559–560 BGB zu Grunde liegen, dann sind diese Mieterhöhungen zu der um 20% erhöhten Kostenmiete von vor drei Jahren hinzuzurechnen. Dies entspricht auch dem Sinn und Zweck der Ausnahmevorschrift, die lediglich abrupte allgemeine Mietsteigerungen verhindern, aber Mietsteigerungen, die ihre Ursache in konkreten Kosten haben, durchaus zulassen will. Die Tatsache, dass das Kostenmietsystem nach grundsätzlich anderen Gesichtspunkten als das eher am Markt orientierte Vergleichsmietensystem funktioniert und dem Vermieter ggf. sogar gestattet, eine über der ortsüblichen Vergleichsmiete liegende Miete zu verlangen, spielt an dieser Stelle keine Rolle, da auch die Mieterhöhungen nach §§ 559–560 BGB zu Mieterhöhungen über der ortsüblichen Vergleichsmiete führen können.

182a **e)** Zwanzig Jahre nach Einführung der Kappungsgrenze hat der Gesetzgeber an diesem Instrument wieder eine Änderung vorgenommen. Sozusagen in allerletzter Minute wurde vom Rechtsausschuss des Deutschen Bundstages im Rahmen der Beratungen des Mietrechtsänderungsgesetzes[649] auch noch eine bis zu diesem Zeitpunkt nicht angesprochene Änderung des § 558 Abs. 3 BGB vorgeschlagen.[650] Am Tag vor der entscheidenden zweiten und dritten Lesung des Gesetzes im Bundestag hat der Rechtsausschuss beschlossen den Landesregierungen zu gestatten, in Gemeinden oder Gemeindeteilen, in denen die ausreichende Versorgung der Bevölkerung mit Mietwohnungen zu angemessenen Bedingungen besonders gefährdet ist, **die Kappungsgrenze auf 15% herabzusetzen.** Hintergrund der Regelung sind die in einigen wenigen Regionen und Großstädten wieder stark steigenden Mieten. Dabei handelt es sich aber vor allem um die Neuvertragsmieten, die von der Vorschrift gerade nicht erfasst werden. Die Vorschrift gilt nur für Mieterhöhungen im Bestand. *Hinz*[651] hatte zuvor bei der Anhörung im Rechtsausschuss vorgeschlagen ähnlich der jetzt eingeführten Begrenzung der Wiedervermietungsmiete in den §§ 556d ff. BGB, die Länder zu ermächtigen, in bestimmten Regionen zu bestimmen, dass das Entgelt für Neu- oder Weitervermietungsmieten die ortsübliche Vergleichsmiete um nicht mehr als 10% übersteigen darf. Diesem Vorschlag ist der Rechtsausschuss damals nicht gefolgt und hat stattdessen die vorgeschlagene Ermächtigungsgrundlage und deren Tatbestandsvoraussetzungen für die Kappungsgrenze bei Bestandsmieterhöhungen aus dem Vorschlag übernommen. Voraussetzung für die Herabsetzung der Kappungsgrenze ist nach dem Wortlaut des § 558 Abs. 3 S. 2 BGB zum einen die nicht ausreichende Versorgung der Bevölkerung mit Wohnungen zu angemessenen Bedingungen und zusätzlich der **Erlass einer Rechtsverordnung** durch die jeweilige Landesregierung. Nach dem Wortlaut müssen also beide Voraussetzungen kumulativ zum Zeitpunkt des Zugangs des Erhöhungsverlangens vorliegen.[652] Es ist zweifelhaft, ob das gewollt war und ob das Gericht die Mangellage gesondert feststellen muss.[653]

182b In die Verordnung sind Gemeinden oder Gemeindeteile aufzunehmen, in denen die Versorgung der Bevölkerung mit Mietwohnungen zu angemessenen Bedingungen in einer Gemeinde oder einem Teil einer Gemeinde besonders gefährdet ist. Die Voraussetzungen entsprechen insofern den Ermächtigungsgrundlagen des § 577a Abs. 2 BGB und Art 6 § 1 S. 1 MRVerbG vom 4. 11. 1971[654] für Zweckentfremdungsverordnungen. Nach § 577a BGB können die Landesregierungen die Kündigungssperrfrist innerhalb derer in Eigentumswohnungen umgewandelte Mietwohnungen vom Erwerber nicht gekündigt werden dürfen von drei auf bis zu zehn Jahre verlängern. Art 6 § 1 MRVerbG gestattet den Landesregierungen, Gemeinden, in denen die Versorgung der Bevölkerung mit ausreichendem Wohnraum zu angemessenen Bedingungen besonders gefährdet ist, zu bestimmen. In diesen Gemeinden, dürfen Wohnungen nicht zweckentfremdet werden. Soweit die Voraussetzungen für den Erlass der Verordnung aber nachträglich entfallen sind, gehen die Verwal-

---

647 LG Wuppertal WuM 1999, 44.
648 OLG Hamm RE v. 15. 3. 1995, NJW-RR 1995, 1293.
649 BGBl. I 2013, 434.
650 BT-Drs. 17/11894.
651 NZM 2012, 777, 795.
652 *Emmerich* in Staudinger § 558 BGB Rdn. 53c, 53d; nach LG Berlin WuM 2014, 554 hat auf Grund historischer Auslegung aber eine Prüfung des zweiten Tatbestandsmerkmal zu unterbleiben.
653 *Derleder* WuM 2013, 717, 721; LG Berlin GE 2014, 1064.
654 BGBl. I 1971, 1745.

tungsgerichte davon aus, dass die Verordnung nicht mehr gültig ist.[655] Dies spräche auch bei der herabgesetzten Kappungsgrenze für eine doppelte Prüfungskompetenz der Zivilgerichte im Zustimmungsprozess.[656] Obwohl die Definition der angespannten Wohnungsmärkte also schon seit Jahrzehnten im Gesetz existiert und an mindestens drei Stellen mehr oder weniger gleich ausgelegt wird, hat der Gesetzgeber jetzt im Unterkapitel 1a über die Begrenzung der Wiedervermietungsmiete in § 556d Abs. 2 BGB zwar den gleichen Begriff gebraucht, aber sehr viel restriktiver definiert. Das war eine Konsequenz auf die **ausufernde parteitaktische Aufnahme von Gemeinden** in die Verordnung gem. § 558 Abs. 3 BGB. Daraus kann gefolgert werden, dass der Bundesgesetzgeber die Umsetzung des § 558 Abs. 3 BGB durch die Länder so nicht beabsichtigt hatte.[657] Trotzdem ist der Kriterienkatalog des § 556d Abs. 2 BGB bei der herabgesetzten Kappungsgrenze nicht zu berücksichtigen.[658] Deshalb besteht auch keine vollständige Identität zwischen den Gemeinden, in denen die Kappungsgrenze herabgesetzt ist und denen mit Beschränkung der Wiedervermietungsmiete.[659]

Voraussetzung für die Aufnahme in die Verordnung ist, dass eine **Gefährdung der Wohnungsversorgung zu angemessenen Bedingungen** (zu den Voraussetzungen s. auch § 577a Rdn. 19a f). Für die Ermächtigungsgrundlage des Art 6 § 1 MRVerbG verlangt das BVerwG[660] einen Nachfrageüberhang für die ganze Gemeinde und nicht nur für einen Gemeindeteil. Die angespannte Wohnraumversorgung muss nur latent vorhanden sein.[661] Ob diese Voraussetzungen gegeben sind, entscheidet die jeweilige Landesregierung, der insofern ein weites Ermessen zuzubilligen ist.[662] Das gilt auch für die Entscheidung, ob die Kappungsgrenze herabgesetzt wird.[663] Der Gesetzgeber kann den Landesregierungen durchaus Gestaltungs-, Ermessens- und Beurteilungsspielräume einräumen, die der Rechtskontrolle durch die Fachgerichte entzogen sind.[664] Insofern kann die Exekutive aufgrund so genannter normativer Ermächtigung Entscheidungsbefugnisse haben.[665] Die Länder haben dabei einen weiten Beurteilungs- und Prognosespielraum.[666] Dazu muss zunächst einmal definiert werden, **woran man sich bei der Bestimmung von angespannten Wohnungsmärkten orientiert** und was **angemessene Bedingungen** i. S. d. Vorschrift sind. § 556d BGB spricht ebenfalls von angespannten Wohnungsmärkten, die dann in § 556d Abs. 2 BGB ähnlich definiert werden, wie in § 558 Abs. 3 Satz 3 BGB. Dort gibt es aber noch einen Kriterienkatalog (dazu § 556d BGB Rdn. 33). Der Begriff der angespannten Wohnungsmärkte ist dort aber enger als hier. Richtigerweise wird man hier wohl verlangen müssen, dass das Angebot an Wohnungen die Nachfrage spürbar übersteigt, damit von einer angemessenen Versorgung ausgehen kann. Im Rahmen des Tatbestandsmerkmals „geringes Angebot" i. S. d. § 5 WiStG wurde ein Wohnungsüberhang von 3% verlangt.[667] Es spricht viel dafür, dass für jede Gemeinde im Einzelfall festgelegt werden muss, wo diese Grenze liegt. Maßgeblich ist dabei sicher, ob in der Gemeinde noch Zuzug erfolgt oder eher eine Abwanderung. Auch größere Modernisierungsvorhaben verlangen eher eine höhere **Leerstandsquote,** um ausreichend Ausweichquartiere zur Verfügung zu haben. Solche Daten müssen aber erhoben und bewertet werden. Problematisch ist, dass solche Daten regelmäßig nicht vorliegen. Die Zahlen des Zensus 2011 sind nur beschränkt verwertbar, da sie von der These ausgehen 1 Wohnung = 1 Haushalt. Die Anzahl der Nachfrager ist deshalb nicht bekannt und kann auch kaum ermittelt werden. Die Anzahl der Haushalte kann nicht größer als 182c

---

655 *Derleder* WuM 2013, 717, 719 unter Hinweis auf BVerwG NJW 1980, 1970.

656 Im Ergebnis ebenso LG Berlin WuM 2014, 554.

657 Auch nach *Derleder* WuM 2013, 383, 387 sind bei der Aufnahme von Gemeinden in Kappungsgrenzensenkungsverordnungen „in vielen Fällen Zweifel berechtigt".

658 Offengelassen von BGH (VIII ZR 217/14) BGHZ 207, 246 = NJW 2016, 476; die Verfassungsbeschwerde wurde nicht zur Entscheidung angenommen: BVerfG NZM 2016, 578 m. Anm. *Zehelein* NZM 2016, 666.

659 *Happ* DWW 2016, 284, 289.

660 BVerwGE 59, 172.

661 BVerwG NJW 1983, 2893.

662 BVerfGE 38, 348; 49, 89; *Emmerich* in Staudinger § 558 BGB Rdn. 53c; Bub/Treier/*Schultz* Kap. III. A Rdn. 1103 (Beurteilungsspielraum).

663 BVerfG NZM 2016, 578; BGH (VIII ZR 217/14) BGHZ 207, 246 = NJW 2016, 476 = MietPrax-AK § 558 BGB Nr. 35 m. Anm. *Börstinghaus; ders.*, jurisPR-BGHZivilR 2/2016 Anm. 3; *ders.*, LMK 2016, 376055; *Blank*, WuM 2016, 161.

664 BVerfGE 15, 275, 282; 61, 82, 111; 84, 34, 53ff.; 88, 40, 56; 103, 142, 157; 113, 273, 310; 129, 1, 21f.

665 BVerfG NZM 2016, 578; BVerfGE 49, 89, 139f.; 61, 82, 114f.; BVerfGK 16, 418, 433.

666 BGH (VIII ZR 217/14) BGHZ 207, 246 = NJW 2016, 476, LG Berlin WuM 2014, 554.

667 *Börstinghaus,* Miethöhehandbuch, Kap. 4 Rdn. 24.

die Zahl der Wohnungen sein. Diese Werte besagen deshalb wohl nichts. Überdurchschnittliche Nachfragesteigerungen können allenfalls ein Kriterium für eine nicht ausreichende Versorgung der Bevölkerung darstellen. Das kann sogar bei gleichbleibender Bevölkerung aber kleiner werdenden Haushaltsgrößen der Fall sein. Deshalb kann Kriterium hier nur der Wohnungsüberschuss, also die Leerstandsquote sein. Wegen der für Umzüge und Sanierungen pp erforderlichen Fluktuationsreserve von 2–3% wird man wohl von einer entsprechenden Mindest-Leerstandsquote ausgehen müssen. Es reicht nämlich keine „einfache" Gefährdung der Bevölkerung, sondern es muss eine **„besondere Gefährdung"** der Versorgung der Bevölkerung vorliegen. Die erforderlichen Daten liegen, wenn überhaupt, allenfalls auf Gemeindeebene und nicht kleinteiliger auf Quartiersebene vor. Deshalb ist eine Beschränkung der Kappungsgrenze auf einzelne Stadtteile oder Quartiere kaum begründbar.

182d Schwieriger ist die Frage, was **angemessene Bedingungen** sind. In reichen Gemeinden in Süddeutschland dürften dies andere Bedingungen seien als in ärmeren Städten Norddeutschlands oder des Ruhrgebiets. Hier hat die Politik sicher einen gewissen Beurteilungsspielraum der nicht vollständig justiziabel ist. Maßstab kann hier nur das in der jeweiligen Region vorliegende Verhältnis des Haushaltsnettoeinkommens zur Mietbelastung sein. Nur auf diese Weise wird man den **unterschiedlichen Lebensverhältnissen** gerecht.

182e Es ist erforderlich, dass die Landesregierung zunächst eine **empirische Untersuchung** zur Versorgung der Bevölkerung mit Wohnungen zu angemessenen Bedingungen erstellt oder erstellen lässt, um eine solche Verordnung aufzustellen.[668] Zweifelhaft ist es, ob diese Voraussetzungen wirklich bei allen Gemeinden, die bisher in die Kappungsgrenzensenkungsverordnungen oder auch in Verordnungen gem. § 577a Abs. 2 BGB aufgenommen wurden, vorliegen. Insbesondere die unkritische Übernahme von Gemeinden aus Verordnungen gem. § 577a BGB, bei denen die Kündigungssperrfrist nur um ein bis zwei Jahre verlängert wurde, erscheint sehr fraglich. Eine Übernahme eins zu eins der Verordnungen zu § 577a Abs. 2 BGB scheidet auf jeden Fall aus. Der **Umwandlungsdruck** ist ein völlig anderer als die **Gefahr von Mieterhöhungen** über 15% in drei Jahren.

182f Die **Zivilgerichte** müssen bei entsprechendem Sachvortrag[669] prüfen, ob die Voraussetzungen der Ermächtigungsgrundlage vorlagen und ob die Gemeinde zu Recht in die Landesverordnung aufgenommen wurde.[670] Die **uneingeschränkte Prüfungspflicht** der Zivilgerichte folgt aus Art. 19 Abs. 4 GG, der für den Rechtssuchenden nicht nur die bloße Anrufung eines Gerichts ermöglicht, sondern effektiven Rechtsschutz dadurch gewährleistet, dass er die Gerichte zu einer wirksamen Kontrolle in tatsächlicher und rechtlicher Hinsicht verpflichtet.[671] Die Zivilgerichte dürfen im Falle der Unwirksamkeit der Verordnung diese sogar **verwerfen.**[672] Nur dann, wenn die Zivilgerichte die Ermächtigungsgrundlage in § 558 Abs. 3 BGB für verfassungswidrig halten würden, müssten sie das Verfahren gem. Art. 100 GG dem BVerfG vorlegen. Davon zu unterscheiden ist die Frage des Prüfungsmaßstabs (dazu oben Rdn. 182c). Ein **Normenkontrollverfahren** nach § 47 Abs. 1 Ziff 2 VwGO vor dem zuständigen Oberverwaltungsgericht ist nicht möglich. Die Oberverwaltungsgerichte sind nur im Rahmen ihrer Gerichtsbarkeit zuständig. Das setzt voraus, dass im Vollzug der RechtsVO Verwaltungsakte ergehen.[673] Das ist hier nicht der Fall, so dass es ausschließlich bei der Inzidenzkontrolle durch die ordentlichen Gerichte bleibt.[674]

182g Anders als bei der Verordnung gem. § 577a Abs. 2 BGB hat die jeweilige Landesregierung bei einer Verordnung gem. § 558 Abs. 3 S. 3 BGB bei der Rechtsfolge **keine Rechtsetzungsbefugnis.** Bei der Verordnung nach § 577a Abs. 2 BGB hat die Landesregierung ein Ermessen, auf wel-

---

[668] *Emmerich* in Staudinger § 558 BGB Rdn. 53c; *Derleder* WuM 2013, 383, 387; **a. A.** Bub/Treier/*Schultz* Kap. III. A Rdn. 1103; BGH (VIII ZR 217/14) BGHZ 207, 246 = NJW 2016, 476; BayVerfGH NZM 2015, 778; LG München II DWW 2016, 258.

[669] **A. A.** *Zehelein* NZM 2015, 761; *ders.* NZM 2016, 666 (von Amts wegen analog StPO oder FamFG): Zu prüfen sei aber nicht, ob die Voraussetzungen des § 558 III 2 BGB vorliegen, sondern allein, ob die jeweilige Landesregierung den ihr zukommenden Beurteilungs- und Gestaltungsspielraum eingehalten hat.

[670] BVerfG NZM 2016, 578; BGH (VIII ZR 217/14) BGHZ 207, 246 = NJW 2016, 476; BayVerfGH NZM 2015, 778; LG München II DWW 2016, 258; LG Berlin WuM 2014, 554; *Emmerich* in Staudinger § 558 BGB Rdn. 53d; *Dickersbach* in Lützenkirchen, Mietrecht, § 558 BGB Rdn. 180.

[671] LG Berlin WuM 2014, 554.

[672] BGH (VIII ZR 217/14) BGHZ 207, 246 = NJW 2016, 476; auch (IX ZB 96/03) NJW 2004, 94 (für Insolvenzverwaltervergütungsverordnung); **a. A.** Bub/Treier/*Schultz* Kap. III. A Rdn. 1104.

[673] *Kopp/Schenke,* VwGO, 16. Aufl., 2009, § 47 Rdn. 17 m. w. N.; *Blankenagel/Schröder/Spoerr* NZM 2015, 1 Fn. 112.

[674] Ausdrücklich offengelassen von BGH (VIII ZR 217/14) BGHZ 207, 246 = NJW 2016, 476.

che Frist sie die Kündigungssperrfrist verlängert. Nur die Obergrenze von 10 Jahren darf nicht überschritten werden. Bei der Verordnung nach § 558 Abs. 3 BGB führt die Aufnahme einer Gemeinde in die Verordnung immer und ohne jede Einschränkung zu einer Absenkung der Kappungsgrenze von 20% auf 15%. Allenfalls die Laufzeit der Verordnung kann von der jeweiligen Landesregierung noch verändert werden. Die Höchstfrist beträgt fünf Jahre.

Zu den generellen **verfassungsrechtlichen Bedenken** siehe oben Rdn. 148. Die Splittung der Kappungsgrenze führt dazu, dass deren Einhaltung in bestimmten Fällen im Mieterhöhungsverlangen jetzt wieder begründet werden muss[675] (§ 558 a BGB Rdn. 28). 182h

Die herabgesetzte Kappungsgrenze gilt erst ab dem Augenblick, zu dem die jeweilige Landesregierung die entsprechende Verordnung erlassen hat. Die Ermächtigung hierzu trat am 1. Mai 2013 in Kraft. Gibt es eine Verordnung für die entsprechende Gemeinde kommt es auf den **Zeitpunkt des Zugangs** des Mieterhöhungsverlangens[676] nicht auf das Datum einer gerichtlichen Entscheidung[677] an oder den Wirkungszeitpunkt der Mieterhöhung an. Für vor Inkrafttreten der Verordnung zugegangene Verlangen gilt die Kappungsgrenze von 20%.[678] Dass einzelne Mieterhöhungen in der Vergangenheit vor Inkrafttreten der Verordnung erfolgten, ändert an der Kappungsgrenze nichts. Es handelt sich um keine Rückwirkung. Die damaligen Mieterhöhungen bleiben ja unverändert. Es geht um die Begrenzung der aktuellen Mieterhöhung. Daher liegt keine Rückwirkung vor. 182i

Liste der Gemeinden, in denen die Kappungsgrenze auf 15 % herabgesetzt ist:[679] 182j

Gemeinde	Regierungsbezirk	Bundesland	gültig bis
Aachen	Köln	NRW	31.05.2019
Ahrensburg	Stormarn	Schleswig-Holstein	30.11.2019
Ainring	Oberbayern	Bayern	31.07.2020
Alfter	Köln	NRW	31.05.2019
Allershausen	Oberbayern	Bayern	31.07.2020
Altbach	Stuttgart	Baden-Württemberg	30.06.2020
Altdorf	Niederbayerm	Bayern	31.07.2020
Ammersbek	Stormarn	Schleswig-Holstein	30.11.2019
Andechs	Oberbayern	Bayern	31.07.2020
Anzing	Oberbayern	Bayern	31.07.2020
Aschaffenburg	Unterfranken	Bayern	31.07.2020
Aschheim	Oberbayern	Bayern	31.07.2020
Asperg	Stuttgart	Baden-Württemberg	30.06.2020
Attenkirchen	Oberbayern	Bayern	31.07.2020
Augsburg	Schwaben	Bayern	31.07.2020
Aying	Oberbayern	Bayern	31.07.2020
Bad Aibling	Oberbayern	Bayern	31.07.2020
Bad Heilbrunn	Oberbayern	Bayern	31.07.2020
Bad Reichenhall	Oberbayern	Bayern	31.07.2020
Bad Tölz	Oberbayern	Bayern	31.07.2020
Bad Homburg v. d. H.	Hochtaunuskreis	Hessen	17.10.2019

675 Angabe nicht erforderlich aber sinnvoll: Bub/Treier/*Schultz* Kap. III. A Rdn. 1186.

676 LG Berlin WuM 2014, 554; LG München I NZM 2014, 159; AG Neukölln GE 2013, 1465 mit Anm. *Börstinghaus* jurisPR-MietR 4/2014 Anm. 4; *Artz/Börstinghaus* NZM 2013, 593; *Feuerlein* WuM 2013, 404; *Schach* GE 2013, 795; Bub/Treier/*Schultz* Kap. III. A Rdn. 1105; *Kossmann/Meyer-Abich,* Hdb. d. Wohnraummiete, § 147 Rdn. 3; **a. A.** *Bender/Schultzky* ZMR 2013, 589; offengelassen von LG Berlin GE 2014, 255.

677 So auch LG Berlin WuM 2014, 554.

678 LG München I NZM 2014, 159.

679 Stand: 1.6.2017. In der Diskussion ist noch der Erlass einer Verordnung für Mecklenburg-Vorpommern und dort die Aufnahme der Städte Rostock und Greifswald.

Gemeinde	Regierungsbezirk	Bundesland	gültig bis
Bad Honnef	Köln	NRW	31.05.2019
Bad Krozingen	Freiburg	Baden-Württemberg	30.06.2020
Bad Säckingen	Freiburg	Baden-Württemberg	30.06.2020
Bad Sassendorf	Arnsberg	NRW	31.05.2019
Bad Soden am Taunus	Main-Taunus-Kreis	Hessen	17.10.2019
Bad Vilbel	Wetteraukreis	Hessen	17.10.2019
Baienfurt	Freiburg	Baden-Württemberg	30.06.2020
Baierbrunn	Oberbayern	Bayern	31.07.2020
Baltrum	Aurich	Niedersachsen	30.11.2021
Bamberg	Oberfranken	Bayern	31.07.2020
Bargteheide	Stormarn	Schleswig-Holstein	30.11.2019
Barsbüttel	Stormarn	Schleswig-Holstein	30.11.2019
Bayerisch Gmain	Oberbayern	Bayern	31.07.2020
Bensheim	Kreis Bergstraße	Hessen	17.10.2019
Berg	Oberbayern	Bayern	31.07.2020
Bergisch Gladbach	Köln	NRW	31.05.2019
Bergkirchen	Oberbayern	Bayern	31.07.2020
Berlin		Berlin	10.05.2018
Bernau bei Berlin	Barnim	Brandenburg	31.08.2019
Bielefeld	Detmold	NRW	31.05.2019
Birkenwerder	Oberhavel	Brandenburg	31.08.2019
Bischofsheim	Kreis Groß-Gerau	Hessen	17.10.2019
Blankenfelde-Mahlow	Teltow-Fläming	Brandenburg	31.08.2019
Bocholt	Münster	NRW	31.05.2019
Bonn	Köln	NRW	31.05.2019
Borkum	Leer	Niedersachsen	30.11.2021
Bottrop	Münster	NRW	31.05.2019
Braunschweig		Niedersachsen	30.11.2021
Bremen (ohne Bremerhaven)		Bremen	31.08.2019
Brühl	Köln	NRW	31.05.2019
Brunnthal	Oberbayern	Bayern	31.07.2020
Buchholz in der Nordheide	Harburg	Niedersachsen	30.11.2021
Buxtehude	Stade	Niedersachsen	30.11.2021
Coesfeld	Münster	NRW	31.05.2019
Dachau	Oberbayern	Bayern	31.07.2020
Dallgow-Döberitz	Havelland	Brandenburg	31.08.2019
Darmstadt		Hessen	17.10.2019
Denzlingen	Freiburg	Baden-Württemberg	30.06.2020
Dießen am Ammersee	Oberbayern	Bayern	31.07.2020
Dietzenbach	Landkreis Offenbach	Hessen	17.10.2019

Gemeinde	Regierungsbezirk	Bundesland	gültig bis
Dinslaken	Düsseldorf	NRW	31.05.2019
Dorfen	Oberbayern	Bayern	31.07.2020
Dormagen	Düsseldorf	NRW	31.05.2019
Dossenheim	Karlsruhe	Baden-Württemberg	30.06.2020
Dreieich	Landkreis Offenbach	Hessen	17.10.2019
Düsseldorf	Düsseldorf	NRW	31.05.2019
Ebersberg	Oberbayern	Bayern	31.07.2020
Eching	Oberbayern	Bayern	31.07.2020
Edingen-Neckarhausen	Karlsruhe	Baden-Württemberg	30.06.2020
Egmating	Oberbayern	Bayern	31.07.2020
Eichenau	Oberbayern	Bayern	31.07.2020
Eichwalde	Dahme-Spreewald	Brandenburg	31.08.2019
Eltville am Rhein	Rheingau-Taunus-Kreis	Hessen	17.10.2019
Emmendingen	Freiburg	Baden-Württemberg	30.06.2020
Emmerich am Rhein	Düsseldorf	NRW	31.05.2019
Emmering	Oberbayern	Bayern	31.07.2020
Eppelheim	Karlsruhe	Baden-Württemberg	30.06.2020
Erding	Oberbayern	Bayern	31.07.2020
Erdweg	Oberbayern	Bayern	31.07.2020
Eresing	Oberbayern	Bayern	31.07.2020
Erkner	Oder-Spree	Brandenburg	31.08.2019
Erkrath	Düsseldorf	NRW	31.05.2019
Erlangen	Mittelfranken	Bayern	31.07.2020
Eschborn	Main-Taunus-Kreis	Hessen	17.10.2019
Euskirchen	Köln	NRW	31.05.2019
Fahrenzhausen	Oberbayern	Bayern	31.07.2020
Falkensee	Havelland	Brandenburg	31.08.2019
Feldafing	Oberbayern	Bayern	31.07.2020
Feldkirchen	Oberbayern	Bayern	31.07.2020
Fellbach	Stuttgart	Baden-Württemberg	30.06.2020
Flörsheim am Main	Main-Taunus-Kreis	Hessen	17.10.2019
Forstinning	Oberbayern	Bayern	31.07.2020
Frankfurt am Main		Hessen	17.10.2019
Frauenneuharting	Oberbayern	Bayern	31.07.2020
Frechen	Köln	NRW	31.05.2019
Freiberg am Neckar	Stuttgart	Baden-Württemberg	30.06.2020
Freiburg im Breisgau	Freiburg	Baden-Württemberg	30.06.2020
Freilassing	Oberbayern	Bayern	31.07.2020
Freising	Oberbayern	Bayern	31.07.2020
Friedberg	Wetteraukreis	Hessen	17.10.2019
Friedrichsdorf	Hochtaunuskreis	Hessen	17.10.2019
Friedrichshafen	Tübingen	Baden-Württemberg	30.06.2020

Gemeinde	Regierungsbezirk	Bundesland	gültig bis
Fürstenfeldbruck	Oberbayern	Bayern	31.07.2020
Fürth	Mittelfranken	Bayern	31.07.2020
Garching b. München	Oberbayern	Bayern	31.07.2020
Gauting	Oberbayern	Bayern	31.07.2020
Geldern	Düsseldorf	NRW	31.05.2019
Gerbrunn	Unterfranken	Bayern	31.07.2020
Germering	Oberbayern	Bayern	31.07.2020
Gernsheim	Kreis Groß-Gerau	Hessen	17.10.2019
Gießen	Landkreis Gießen	Hessen	17.10.2019
Gilching	Oberbayern	Bayern	31.07.2020
Glienicke/Nordbahn	Oberhavel	Brandenburg	31.08.2019
Glinde	Stormarn	Schleswig-Holstein	30.11.2019
Glonn	Oberbayern	Bayern	31.07.2020
Goldbach	Unterfranken	Bayern	31.07.2020
Göttingen		Niedersachsen	30.11.2021
Gräfelfing	Oberbayern	Bayern	31.07.2020
Grafing b. München	Oberbayern	Bayern	31.07.2020
Grasbrunn	Oberbayern	Bayern	31.07.2020
Grenzach-Wyhlen	Freiburg	Baden-Württemberg	30.06.2020
Greven	Münster	NRW	31.05.2019
Grevenbroich	Düsseldorf	NRW	31.05.2019
Griesheim	Landkreis Darmstadt-Dieburg	Hessen	17.10.2019
Gröbenzell	Oberbayern	Bayern	31.07.2020
Gronau (Westfalen)	Münster	NRW	31.05.2019
Großbeeren	Teltow-Fläming	Brandenburg	31.08.2019
Grünwald	Oberbayern	Bayern	31.07.2020
Haan	Düsseldorf	NRW	31.05.2019
Haar	Oberbayern	Bayern	31.07.2020
Haimhausen	Oberbayern	Bayern	31.07.2020
Hallbergmoos	Oberbayern	Bayern	31.07.2020
Haltern am See	Münster	NRW	31.05.2019
Hamburg		Hamburg	31.08.2018
Hanau	Main-Kinzig-Kreis	Hessen	17.10.2019
Hannover		Niedersachsen	30.11.2021
Hattersheim am Main	Main-Taunus-Kreis	Hessen	17.10.2019
Heidelberg	Karlsruhe	Baden-Württemberg	30.06.2020
Heilbronn	Stuttgart	Baden-Württemberg	30.06.2020
Helgoland	Pinneberg	Schleswig-Holstein	30.11.2019
Hennigsdorf	Oberhavel	Brandenburg	31.08.2019
Herrsching a. Ammersee	Oberbayern	Bayern	31.07.2020
Hilden	Düsseldorf	NRW	31.05.2019

Gemeinde	Regierungsbezirk	Bundesland	gültig bis
Hilgertshausen-Tandern	Oberbayern	Bayern	31.07.2020
Hochheim am Main	Main-Taunus-Kreis	Hessen	17.10.2019
Hofheim am Taunus	Main-Taunus-Kreis	Hessen	17.10.2019
Hohen Neuendorf	Oberhavel	Brandenburg	31.08.2019
Hohenbrunn	Oberbayern	Bayern	31.07.2020
Höhenkirchen-Siegertsbrunn	Oberbayern	Bayern	31.07.2020
Hohenlinden	Oberbayern	Bayern	31.07.2020
Holzkirchen	Oberbayern	Bayern	31.07.2020
Hoppegarten	Märkisch-Oderland	Brandenburg	31.08.2019
Hörnum	Nordfriesland	Schleswig-Holstein	30.11.2019
Hürth	Köln	NRW	31.05.2019
Ingolstadt	Oberbayern	Bayern	31.07.2020
Irschenberg	Oberbayern	Bayern	31.07.2020
Ismaning	Oberbayern	Bayern	31.07.2020
Juist	Aurich	Niedersachsen	30.11.2021
Jülich	Köln	NRW	31.05.2019
Kampen	Nordfriesland	Schleswig-Holstein	30.11.2019
Kamp-Lintfort	Düsseldorf	NRW	31.05.2019
Karlsfeld	Oberbayern	Bayern	31.07.2020
Karlsruhe	Karlsruhe	Baden-Württemberg	30.06.2020
Kassel		Hessen	17.10.2019
Kempen	Düsseldorf	NRW	31.05.2019
Kempten (Allgäu)	Schwaben	Bayern	31.07.2020
Kerpen	Köln	NRW	31.05.2019
Kevelaer	Düsseldorf	NRW	31.05.2019
Kirchentellinsfurt	Tübingen	Baden-Württemberg	30.06.2020
Kirchheim b. München	Oberbayern	Bayern	31.07.2020
Kirchseeon	Oberbayern	Bayern	31.07.2020
Kleinmachnow	Potsdam-Mittelmark	Brandenburg	31.08.2019
Kleve	Düsseldorf	NRW	31.05.2019
Kolbermoor	Oberbayern	Bayern	31.07.2020
Köln	Köln	NRW	31.05.2019
Königs Wusterhausen	Dahme-Spreewald	Brandenburg	31.08.2019
Konstanz	Freiburg	Baden-Württemberg	30.06.2020
Krailling	Oberbayern	Bayern	31.07.2020
Kranzberg	Oberbayern	Bayern	31.07.2020
Kreuth	Oberbayern	Bayern	31.07.2020
Kronberg im Taunus	Hochtaunuskreis	Hessen	17.10.2019
Landau		Rheinland-Pfalz	12.02.2020
Landsberg am Lech	Oberbayern	Bayern	31.07.2020
Landshut	Niederbayerm	Bayern	31.07.2020

Gemeinde	Regierungsbezirk	Bundesland	gültig bis
Langenbach	Oberbayern	Bayern	31.07.2020
Langenfeld (Rheinland)	Düsseldorf	NRW	31.05.2019
Langenhagen	Region Hannover	Niedersachsen	30.11.2021
Langeoog	Wittmund	Niedersachsen	30.11.2021
Leer		Niedersachsen	30.11.2021
Leimen	Karlsruhe	Baden-Württemberg	30.06.2020
Lenting	Oberbayern	Bayern	31.07.2020
Leverkusen	Köln	NRW	31.05.2019
List	Nordfriesland	Schleswig-Holstein	30.11.2019
Lörrach	Freiburg	Baden-Württemberg	30.06.2020
Lotte	Münster	NRW	31.05.2019
Lüneburg		Niedersachsen	30.11.2021
Mainz		Rheinland-Pfalz	12.02.2020
Maisach	Oberbayern	Bayern	31.07.2020
Manching	Oberbayern	Bayern	31.07.2020
Marburg	Landkreis Marburg-Biedenkopf	Hessen	17.10.2019
March	Freiburg	Baden-Württemberg	30.06.2020
Markt Indersdorf	Oberbayern	Bayern	31.07.2020
Markt Schwaben	Oberbayern	Bayern	31.07.2020
Marzling	Oberbayern	Bayern	31.07.2020
Meerbusch	Düsseldorf	NRW	31.05.2019
Merzhausen	Freiburg	Baden-Württemberg	30.06.2020
Miesbach	Oberbayern	Bayern	31.07.2020
Moers	Düsseldorf	NRW	31.05.2019
Möglingen	Stuttgart	Baden-Württemberg	30.06.2020
Monheim am Rhein	Düsseldorf	NRW	31.05.2019
Moosach	Oberbayern	Bayern	31.07.2020
Mörfelden-Walldorf	Kreis Groß-Gerau	Hessen	17.10.2019
Mühlenbecker Land	Oberhavel	Brandenburg	31.08.2019
München	Oberbayern	Bayern	31.07.2020
Münster	Münster	NRW	31.05.2019
Murnau a. Staffelsee	Oberbayern	Bayern	31.07.2020
Nebel	Nordfriesland	Schleswig-Holstein	30.11.2019
Neckarsulm	Stuttgart	Baden-Württemberg	30.06.2020
Neubiberg	Oberbayern	Bayern	31.07.2020
Neuburg a. d. Donau	Oberbayern	Bayern	31.07.2020
Neuching	Oberbayern	Bayern	31.07.2020
Neuenhagen bei Berlin	Märkisch-Oderland	Brandenburg	31.08.2019
Neufahrn b. Freising	Oberbayern	Bayern	31.07.2020
Neuried	Oberbayern	Bayern	31.07.2020
Neuss	Düsseldorf	NRW	31.05.2019

Gemeinde	Regierungsbezirk	Bundesland	gültig bis
Neutraubling	Oberpfalz	Bayern	31.07.2020
Neu-Ulm	Schwaben	Bayern	31.07.2020
Niederkassel	Köln	NRW	31.05.2019
Norderney	Aurich	Niedersachsen	30.11.2021
Nürnberg	Mittelfranken	Bayern	31.07.2020
Nuthetal	Potsdam-Mittelmark	Brandenburg	31.08.2019
Oberding	Oberbayern	Bayern	31.07.2020
Oberhaching	Oberbayern	Bayern	31.07.2020
Oberschleißheim	Oberbayern	Bayern	31.07.2020
Offenbach am Main		Hessen	17.10.2019
Offenburg	Freiburg	Baden-Württemberg	30.06.2020
Olching	Oberbayern	Bayern	31.07.2020
Oldenburg		Niedersachsen	30.11.2021
Oranienburg	Oberhavel	Brandenburg	31.08.2019
Osnabrück		Niedersachsen	30.11.2021
Ostbevern	Münster	NRW	31.05.2019
Otterfing	Oberbayern	Bayern	31.07.2020
Ottobrunn	Oberbayern	Bayern	31.07.2020
Overath	Köln	NRW	31.05.2019
Paderborn	Detmold	NRW	31.05.2019
Panketal	Barnim	Brandenburg	31.08.2019
Petershagen/Eggersdorf	Märkisch-Oderland	Brandenburg	31.08.2019
Petershausen	Oberbayern	Bayern	31.07.2020
Pfaffenhofen a. d. Ilm	Oberbayern	Bayern	31.07.2020
Piding	Oberbayern	Bayern	31.07.2020
Planegg	Oberbayern	Bayern	31.07.2020
Pliening	Oberbayern	Bayern	31.07.2020
Pöcking	Oberbayern	Bayern	31.07.2020
Poing	Oberbayern	Bayern	31.07.2020
Potsdam		Brandenburg	31.08.2019
Prien a. Chiemsee	Oberbayern	Bayern	31.07.2020
Puchheim	Oberbayern	Bayern	31.07.2020
Pullach i. Isartal	Oberbayern	Bayern	31.07.2020
Putzbrunn	Oberbayern	Bayern	31.07.2020
Radolfzell am Bodensee	Freiburg	Baden-Württemberg	30.06.2020
Raesfeld	Münster	NRW	31.05.2019
Rangsdorf	Teltow-Fläming	Brandenburg	31.08.2019
Rastatt	Karlsruhe	Baden-Württemberg	30.06.2020
Ratingen	Düsseldorf	NRW	31.05.2019
Ravensburg	Tübingen	Baden-Württemberg	30.06.2020
Regensburg	Oberpfalz	Bayern	31.07.2020
Reichertshofen	Oberbayern	Bayern	31.07.2020

Gemeinde	Regierungsbezirk	Bundesland	gültig bis
Reutlingen	Tübingen	Baden-Württemberg	30.06.2020
Rheda-Wiedenbrück	Detmold	NRW	31.05.2019
Rheine	Münster	NRW	31.05.2019
Rheinfelden (Baden)	Freiburg	Baden-Württemberg	30.06.2020
Rheinstetten	Karlsruhe	Baden-Württemberg	30.06.2020
Rielasingen-Worblingen	Freiburg	Baden-Württemberg	30.06.2020
Rommerskirchen	Düsseldorf	NRW	31.05.2019
Rosenheim	Oberbayern	Bayern	31.07.2020
Rösrath	Köln	NRW	31.05.2019
Rüsselsheim	Kreis Groß-Gerau	Hessen	17.10.2019
Sauerlach	Oberbayern	Bayern	31.07.2020
Schäftlarn	Oberbayern	Bayern	31.07.2020
Schönefeld	Dahme-Spreewald	Brandenburg	31.08.2019
Schöneiche bei Berlin	Oder-Spree	Brandenburg	31.08.2019
Schöngeising	Oberbayern	Bayern	31.07.2020
Schulzendorf	Dahme-Spreewald	Brandenburg	31.08.2019
Schwabhausen	Oberbayern	Bayern	31.07.2020
Schwalbach am Taunus	Main-Taunus-Kreis	Hessen	17.10.2019
Seefeld	Oberbayern	Bayern	31.07.2020
Senden	Münster	NRW	31.05.2019
Siegburg	Köln	NRW	31.05.2019
Singen (Hohentwiel)	Freiburg	Baden-Württemberg	30.06.2020
Soest	Arnsberg	NRW	31.05.2019
Speyer		Rheinland-Pfalz	12.02.2020
Spiekeroog	Wittmund	Niedersachsen	30.11.2021
St. Augustin	Köln	NRW	31.05.2019
Starnberg	Oberbayern	Bayern	31.07.2020
Steinen	Freiburg	Baden-Württemberg	30.06.2020
Straßlach-Dingharting	Oberbayern	Bayern	31.07.2020
Stuttgart	Stuttgart	Baden-Württemberg	30.06.2020
Sulzemoos	Oberbayern	Bayern	31.07.2020
Sylt	Nordfriesland	Schleswig-Holstein	30.11.2019
Taufkirchen	Oberbayern	Bayern	31.07.2020
Teltow	Potsdam-Mittelmark	Brandenburg	31.08.2019
Trier		Rheinland-Pfalz	12.02.2020
Troisdorf	Köln	NRW	31.05.2019
Tübingen	Tübingen	Baden-Württemberg	30.06.2020
Türkenfeld	Oberbayern	Bayern	31.07.2020
Tutzing	Oberbayern	Bayern	31.07.2020
Ulm	Tübingen	Baden-Württemberg	30.06.2020
Umkirch	Freiburg	Baden-Württemberg	30.06.2020
Unterföhring	Oberbayern	Bayern	31.07.2020

Gemeinde	Regierungsbezirk	Bundesland	gültig bis
Unterhaching	Oberbayern	Bayern	31.07.2020
Unterschleißheim	Oberbayern	Bayern	31.07.2020
Vaterstetten	Oberbayern	Bayern	31.07.2020
Vechta		Niedersachsen	30.11.2021
Velten	Oberhavel	Brandenburg	31.08.2019
Waakirchen	Oberbayern	Bayern	31.07.2020
Waldkirch	Freiburg	Baden-Württemberg	30.06.2020
Waltrop	Münster	NRW	31.05.2019
Wangerooge	Friesland	Niedersachsen	30.11.2021
Wedel	Pinneberg	Schleswig-Holstein	30.11.2019
Weichs	Oberbayern	Bayern	31.07.2020
Weil am Rhein	Freiburg	Baden-Württemberg	30.06.2020
Weilheim i. OB	Oberbayern	Bayern	31.07.2020
Weingarten	Tübingen	Baden-Württemberg	30.06.2020
Weiterstadt	Landkreis Darmstadt-Dieburg	Hessen	17.10.2019
Wendlingen am Neckar	Stuttgart	Baden-Württemberg	30.06.2020
Wenningstedt-Braderup	Nordfriesland	Schleswig-Holstein	30.11.2019
Wentorf b. Hamburg	Herzogtum Lauenburg	Schleswig-Holstein	30.11.2019
Werneuchen	Barnim	Brandenburg	31.08.2019
Wesel	Düsseldorf	NRW	31.05.2019
Wesseling	Köln	NRW	31.05.2019
Weßling	Oberbayern	Bayern	31.07.2020
Wiesbaden		Hessen	17.10.2019
Wildau	Dahme-Spreewald	Brandenburg	31.08.2019
Wolfratshausen	Oberbayern	Bayern	31.07.2020
Wolfsburg		Niedersachsen	30.11.2021
Würzburg	Unterfranken	Bayern	31.07.2020
Wyk auf Föhr	Nordfriesland	Schleswig-Holstein	30.11.2019
Zeuthen	Dahme-Spreewald	Brandenburg	31.08.2019
Zirndorf	Mittelfranken	Bayern	31.07.2020
Zorneding	Oberbayern	Bayern	31.07.2020

3. Ausnahme bei Wegfall der Fehlbelegungsabgabe (Abs. 4)

a) Nach Absatz 4 ist die Kappungsgrenze nach Ende der Preisbindung dann nicht anzuwenden, **183**
wenn eine Verpflichtung des Mieters zur Ausgleichszahlung nach den Vorschriften über den **Abbau der Fehlsubventionierung im Wohnungswesen** wegen des Wegfalls der öffentlichen Bindung erloschen ist, soweit die Erhöhung den Betrag der zuletzt zu entrichtenden Ausgleichszahlung nicht übersteigt. Hierdurch sollte erreicht werden, dass die Belastung des Mieters mit Wohnkosten nach Ende der Mietpreisbindung wegen der Kappungsgrenze nicht sinkt, obwohl eine Miete in Höhe der ortsüblichen Vergleichsmiete für den Mieter wirtschaftlich keine größere Belastung bedeutet, als er vorher für Miete und **Fehlbelegungsabgabe** aufzuwenden hatte.[680] Ein Mieter, der die Einkommensgrenze für den öffentlich geförderten Wohnungsbau überschreitet, verliert zwar

[680] *Börstinghaus* WuM 1994, 417.

nicht die Berechtigung, die Wohnung zu nutzen, er muss jedoch eine Ausgleichsabgabe zahlen. Die Höhe der Ausgleichsabgabe ist zum einen abhängig von seinem Einkommen aber auch von der Höhe der Kostenmiete und der Höhe der ortsüblichen Vergleichsmiete. Der Mieter kann nämlich beantragen, dass die Fehlbelegungsabgabe im Beschränkungsverfahren nach den einzelnen Ländergesetzen soweit herabgesetzt wird, dass die Summe von Kostenmiete und Fehlbelegungsabgabe die ortsübliche Vergleichsmiete nicht überschreitet. Wenn nun für eine Wohnung die Preisbindung entfällt, dann entfällt auch die Verpflichtung zur Zahlung der Fehlbelegungsabgabe. Der Vermieter kann die Kostenmiete unter den Voraussetzungen des § 558 BGB bis zur ortsüblichen Vergleichsmiete erhöhen. Beträgt der Abstand zwischen Kostenmiete und ortsüblicher Vergleichsmiete mehr als 20%/15% oder hat der Vermieter im maßgeblichen Dreijahreszeitraum schon Erhöhungen der Kostenmiete vorgenommen, die auf die Kappungsgrenze angerechnet werden, dann würde sich der Mieter nach Wegfall der Preisbindung letztendlich besserstehen, da seine Gesamtzahllast sinken würde. Nur wegen der Kappungsgrenze könnte der Vermieter die ansonsten mögliche Mietanpassung nicht in vollem Umfang vornehmen. Für diesen Fall sah der Gesetzgeber eine besondere Schutzbedürftigkeit des Mieters als nicht gegeben, zumal es sich um Mieter handelt, die die Einkommensgrenzen des geförderten Wohnungsbaus überschritten haben.

184 **b)** Die Vorschrift ist nicht auf **die erste Mieterhöhung** nach Mietpreisbindungsende beschränkt, sondern gilt solange, bis die gezahlte Miete die ehemalige Kostenmiete zzgl. Fehlbelegungsabgabe erreicht hat.[681] Bereits dem Gesetzeswortlaut ist an keiner Stelle zu entnehmen, dass die Regelung ausschließlich für die erste Mieterhöhung nach Wegfall der Sozialbindung gelten sollte. Die Vorschrift ordnet nur an, dass die Kappungsgrenze nicht gilt, wenn die dort aufgeführten Bedingungen vorliegen. Hiergegen sprechen auch Sinn und Zweck des Gesetzes. Eine andere Auslegung würde letztendlich darauf hinauslaufen, dass ein Vermieter mit der ersten Erhöhung immer die maximal mögliche Mieterhöhung ausschöpfen müsste, wenn er nicht seine Ansprüche verlieren will. Dieses entspricht aber weder dem grundsätzlichen Schutzzweck der Kappungsgrenze noch dem besonderen Willen des Gesetzgebers bei Schaffung dieser Ausnahmeregelung. Es ist auch kein sonstiger Grund ersichtlich, warum eine Beschränkung auf die erste Mieterhöhung erfolgen sollte. Unrichtig ist es in diesem Zusammenhang aber davon zu sprechen, dass eine Mieterhöhung, auf die die Vorschrift des § 558 Abs. 4 BGB Anwendung fand, bei der Berechnung künftiger Mieterhöhungen „nicht mitzählt".[682] Natürlich wird die Mieterhöhung bei künftigen Erhöhungen berücksichtigt, nur wenn der Vermieter mit der ersten Mieterhöhung den Rahmen des § 558 Abs. 4 BGB nicht ausgeschöpft hat, dann kann er dies in einem zweiten oder dritten Schritt tun.

185 Die Vorschrift hat also nur **Bedeutung** bei Mieterhöhungen, die zu Mietsteigerungen von mehr als 20% bzw. 15% in drei Jahren führen. Sie lässt die Kappungsgrenze auch nicht völlig entfallen, sondern nur „soweit" die Mieterhöhung die zuletzt entrichtete Ausgleichszahlung nicht übersteigt. Sie führt also zunächst zu einer zeitlichen Beschränkung, als dass nur auf die jetzt verlangte Zustimmung zu einer Mieterhöhung geschaut wird. Wenn diese Mieterhöhung die zuletzt gezahlte Ausgleichsabgabe nicht übersteigt, ist sie unter dem Gesichtspunkt der Kappungsgrenze begründet. Dabei ist unerheblich, ob im Dreijahreszeitraum weitere Mieterhöhungen stattgefunden haben, die auf die Kappungsgrenze angerechnet werden oder nicht. Der Dreijahreszeitraum ist dann wieder von Bedeutung, wenn die verlangte Erhöhung die zuletzt gezahlte Ausgleichsabgabe übersteigt. In diesem Fall ist entscheidend, ob die Miete in drei Jahren um mehr als 20% bzw. 15% steigen würde oder nicht. Übersteigt sie die 20% Grenze nicht, dann ist das Mieterhöhungsverlangen unter dem Gesichtspunkt der Kappungsgrenze begründet, übersteigt sie diese Grenze, dann ist das Erhöhungsverlangen bis zur Höhe der zuletzt gezahlten Ausgleichsabgabe begründet, im Übrigen wird es gekappt.[683] Dies ergibt sich aus der Formulierung „soweit".

186 **c)** Da der Vermieter i. d. R. nicht über die erforderlichen Informationen verfügt, die er für die Beurteilung der Rechtsfrage benötigt, ob eine Kappungsgrenze gilt oder nicht und wenn ja bis zu welcher Höhe er die Miete erhöhen darf, gibt das Gesetz ihm gegen den Mieter einen **Auskunftsanspruch.** Diesen Anspruch darf er frühestens 4 Monate vor Wegfall der öffentlichen Bindung geltend machen. Der Mieter muss innerhalb eines Monats die Auskunft erteilen.

[681] AG Köln WuM 1996, 480; *Both* in Herrlein/Kandelhard § 558 BGB Rdn. 56; i. E. auch LG Berlin MM 1997, 359.

[682] So aber LG Berlin MM 1997, 359.

[683] *Emmerich* in Staudinger (2014) § 558 BGB Rdn. 54.

Die Auskunft ist eine **Wissenserklärung.**[684] Die Auskunft ist grundsätzlich in schriftlich verkörperter Form, die jedoch keine Schriftform i. S. d. § 126 Abs. 1 BGB erfüllen muss, zu erteilen.[685] Der Mieter muss dem Vermieter die Höhe der zuletzt zu entrichtenden Fehlbelegungsabgabe, d. h. diejenige, die zum Zeitpunkt des Wegfalls der Sozialbindung zu zahlen war, mitteilen. Entscheidend ist allein der Zeitpunkt des Wegfalls der Preisbindung. Wäre die Verpflichtung zur Zahlung der Ausgleichsabgabe nach diesem Zeitpunkt entfallen, weil z. B. der Mieter ein erheblich niedrigeres Einkommen hat, dann ändert dies an der Kappungsgrenze nichts mehr. Dies gilt selbst dann, wenn dieser Umstand während der Zustimmungsklage eintritt. Maßgeblich ist die Ausgleichsabgabe, die zum **Zeitpunkt des Wegfalls der Preisbindung** tatsächlich „zu entrichten" war. Damit ist letztendlich der Betrag in der Höhe gemeint, der in rechtmäßiger Weise zu zahlen war. Probleme können auftauchen, soweit der Mieter auf Grund eines **angefochtenen Bescheids** zunächst eine höhere Ausgleichszahlung erbringen muss, da sein Widerspruch bzw. die ggf. erforderliche Anfechtungsklage keine aufschiebende Wirkung hat, und später eine niedrigere Zahlungsverpflichtung im Rechtsbehelfsverfahren festgestellt wird. Da in diesem Fall „zu entrichten" nur die niedrigere Abgabe war und der überschießende Teil lediglich auf Grund eines nicht rechtskräftigen Bescheids gezahlt wurde, ist hier nicht auf die zum Zeitpunkt der Auskunft vorläufig zu entrichtende höhere Abgabe abzustellen, sondern auf die Abgabe in richtiger Höhe. 187

Hier besteht die technische Schwierigkeit, dass zu dem Zeitpunkt des Auskunftsverlangens, diese Höhe gar nicht feststeht. Hier muss der Mieter zunächst die **tatsächlich gezahlte höhere Abgabe** angeben und zwar mit einem entsprechenden Hinweis auf das laufende Rechtsmittelverfahren. Der Vermieter ist im Anschluss daran berechtigt, vom Mieter die Zustimmung zu einer Mieterhöhung zu verlangen, die von der tatsächlich gezahlten Abgabe bei der Berechnung der Kappungsgrenze ausgeht. Wenn die übrigen Voraussetzungen gegeben sind, muss der Mieter seine Zustimmung erteilen. Nun kann er dies entweder unter der auflösenden Bedingung tun, dass die **Fehlbelegungsabgabe** in der der Mietberechnung zu Grunde liegenden Höhe **bestandskräftig** wird oder er erteilt die Zustimmung bedingungslos, macht aber einen entsprechenden Vorbehalt. Wenn sich dann herausstellt, dass die der Mietberechnung zu Grunde liegende Zahlung der Fehlbelegungsabgabe überhöht ist, da sie nachträglich herabgesetzt wurde, dann hat er einen Anspruch aus ungerechtfertigter Bereicherung. Der Vermieter ist dann nämlich rechtsgrundlos um die Zustimmung zur Mieterhöhung bezüglich des Anteils, zu dem der Mieter bei richtigem Ansatz der Fehlbelegungsabgabe nicht verpflichtet war, bereichert. Wenn sich während der Mieterhöhungsklage herausstellt, dass der Mieter eine geringere Fehlbelegungsabgabe auf Grund seines Rechtsbehelfs zu zahlen hat, dann muss der Vermieter den Rechtsstreit insofern für erledigt erklären. Zwar hat dann der Anspruch auf die – höhere – Zustimmung zur Mieterhöhung von Anfang an nicht bestanden, die Situation ist aber der in den §§ 543 Abs. 2 Nr. 3, 569 Abs. 3 BGB vergleichbar, bei denen der ursprüngliche Kündigungsgrund wegen Zahlungsverzuges auch von Anfang an entfällt, wenn der Mieter innerhalb der Schonfrist zahlt. Auch dort geht die überwiegende Meinung von einem erledigenden Ereignis aus, welches die Klage nachträglich unbegründet macht.[686] 188

d) Der Vermieter kann den Mieter erst nach Ablauf der einmonatigen Auskunftsfrist, also drei Monate vor Ablauf der Preisbindung **auf Auskunft verklagen.**[687] Eine frühere Klage kann allenfalls dann in Betracht kommen, wenn der Mieter bereits vorher seine generelle Auskunftspflicht verneint. 189

Der Auskunftsanspruch ist erfüllt und eine Klage unbegründet, wenn der Mieter die Auskunft erteilt hat. Dabei kann der Inhalt einer Auskunft auch darin bestehen, dass der Schuldner einen auskunftspflichtigen Tatbestand verneint,[688] also mitteilt, keine Fehlbelegungsabgabe zu zahlen. Hat der Vermieter lediglich Zweifel an der Richtigkeit der Auskunft, ist eine Auskunftsklage unbegründet. In Betracht kommt in diesem Fall allenfalls ein Anspruch auf Abgabe der eidesstattlichen Versicherung entsprechend § 260 Abs. 2 i. V. m. § 261 BGB.[689] Soweit § 259 Abs. 3 BGB in Fällen geringer Bedeutung diesen Anspruch ausschließt, ist dies wegen der weit in die Zukunft reichenden Folgen einer Mieterhöhung und den Folgen der Kappungsgrenze nicht einschlägig. 190

[684] *Keller* in MünchKomm § 260 BGB Rdn. 51.

[685] BGH (XII ZB 225/05) NJW 2008, 917; *Dickersbach* in Erman § 558 BGB Rdn. 39; **a. A.** *Blank* WuM 1993, 506; *Emmerich* in Staudinger § 558 BGB Rdn. 56 (auch mündlich).

[686] LG Kassel NJW-RR 1987, 788.

[687] Ein Muster für eine solche Klage befindet sich bei *Börstinghaus,* Münchener Prozessformularbuch, B II 32.

[688] BGH BB 1969, 1014; Palandt/*Grüneberg* § 260 BGB Rdn. 14.

[689] *Both* in Herrlein/Kandelhard § 558 BGB Rdn. 87.

191 Dem Vermieter steht kein Anspruch auf **Vorlage von Belegen,** insbesondere einer Kopie des Bescheids über die Fehlbelegungsabgabe zu.[690] **Auskunft und Belegvorlage sind gesetzlich zwei verschiedene Dinge.** Soweit das Gesetz eine Verpflichtung zur Vorlage von Belegen anordnet, ist dies jeweils speziell zusätzlich zur Auskunftsverpflichtung angeordnet worden, z. B. in § 666 oder § 1605 Abs. 1 Satz 2 BGB. Auch beim allgemeinen Auskunftsanspruch, der aus § 242 BGB hergeleitet wird, besteht keine Verpflichtung zur Vorlage von Belegen.[691] Hinzu kommt hier noch, dass sich aus dem Bescheid über die Verpflichtung zur Zahlung einer Fehlbelegungsabgabe auch noch andere Angaben, wie zum Beispiel die Höhe des anrechenbaren Einkommens sowie die Anzahl der berücksichtigten Haushaltsangehörigen ermitteln lässt. Auf diese Informationen hat der Vermieter keinen Anspruch.

192 Die Auskunftsklage kann nicht in Form einer **Stufenklage gem. § 254 ZPO** verbunden mit der Zustimmungsklage nach § 558 BGB erhoben werden.[692] Hierfür spricht zwar ein gewisses Beschleunigungsinteresse, da bei einem Mieter, der schon die Auskunft nicht erteilt hat, die Lebenserfahrung dafür spricht, dass er auch die Zustimmung zur Mieterhöhung nicht erteilt. Diese Argumentation übersieht aber, dass das Mieterhöhungsverfahren ein formales Verfahren ist. Bevor eine Klage auf Zustimmung zur Mieterhöhung überhaupt zulässig ist, muss der Vermieter durch ein Mieterhöhungsverlangen, das gewisse Formalien einhalten muss, die Überlegungsfrist des Mieters in Gang setzen. Eine vor Ablauf der Frist erhobenen Klage ist unzulässig.[693] Dann ist aber auch eine Stufenklage unzulässig.

193 Der Vermieter ist bei fehlender Auskunft nicht berechtigt eine Mieterhöhung ohne Berücksichtigung der Kappungsgrenze oder unter Berücksichtigung der **höchst möglichen Ausgleichszahlung** vorzunehmen. Hierin wäre eine unzulässige Umkehrung der Darlegungs- und Beweislast zu sehen.[694] Im Mieterhöhungsverfahren muss der Vermieter die Tatsachen darlegen und ggf. beweisen, die ihm gegen den Mieter einen Anspruch auf Zustimmung zu einer Mieterhöhung geben. Hierzu zählt u. a. die Einhaltung der Kappungsgrenze. Wenn der Vermieter die Auffassung vertritt, dass die Kappungsgrenze wegen des Ausnahmetatbestandes des § 558 Abs. 4 BGB nicht eingehalten werden muss, dann muss der Vermieter diese Voraussetzungen auch darlegen und beweisen. Auch wenn der Mieter die Information hat, führt das nicht zu einer **Umkehrung der Beweislast.** Behauptungen ins Blaue hinein führen zu einem unzulässigen Ausforschungsbeweis. Auch aus Rechtschutzgesichtspunkten muss der Vermieter nicht geschützt werden. Der Gesetzgeber hat ihm einen Auskunftsanspruch zugesprochen, bei dessen Ausnutzung dem Vermieter keine Rechtsnachteile entstehen. Auch im Unterhaltsrecht kann der Unterhaltsberechtigte nicht von einem irgendwie geschätzten fiktiven Einkommen ausgehen und davon dann seinen Unterhalt berechnen, so dass dann der Unterhaltsverpflichtete im Verfahren sein tatsächliches Einkommen darlegen muss. Auch hier ist anerkannt, dass solche Behauptungen „ins Blaue hinein" nicht den Minimalanforderungen an einen schlüssigen Sachvortrag entsprechen.[695] Auf die Frage, ob in diesen Fällen ein Bestreiten mit Nichtwissen zulässig ist, obwohl es sich um Tatsachen handelt, die im eigenen Wahrnehmungsbereich liegen, § 138 Abs. 4 ZPO, kommt es deshalb gar nicht an, da man relationstechnisch bei fehlender Schlüssigkeit überhaupt nicht zur Erheblichkeitsprüfung kommt. Also selbst wenn der Mieter eine Fehlbelegungsabgabe gezahlt hat, findet die ordentliche Kappungsgrenze des § 558 Abs. 3 BGB Anwendung, wenn der Vermieter den Mieter nicht auf Auskunft in Anspruch genommen hat.[696] Maßgeblich ist die Berechnung im Mieterhöhungsverlangen. Stellt sich im Verfahren heraus, dass der Vermieter unter dem Gesichtspunkt der Kappungsgrenze eine höhere Miete hätte verlangen dürfen, muss er ein neues Erhöhungsverlangen stellen. Eine schlichte Klageerhöhung ist unzulässig.

---

[690] *Both* in Herrlein/Kandelhard § 558 BGB Rdn. 87; *Emmerich* in Staudinger § 558 BGB Rdn. 56.

[691] BGH (XI ZR 193/91) NJW-RR 1992, 1072.

[692] *Dickersbach* in Erman § 558 BGB Rdn. 39; *ders* in: Lützenkirchen, Mietrecht, § 558 BGB Rdn. 162; **a. A.** *Lammel* § 558 BGB Rdn. 80.

[693] KG RE v. 12. 1. 1981, WuM 1981, 54.

[694] *Börstinghaus* WuM 1994, 417, 418; *ders.* NZM 1999, 881, 887; *Sternel* Mietrecht aktuell (2009), IV, 158; *Kinne* ZMR 2001, 775, 779; *Emmerich* in Staudinger (2014) § 558 BGB Rdn. 56; *Schüller* in Bamberger/Roth, BGB § 558 BGB Rdn. 48; Bub/Treier/*Schultz* Kap. III. A Rdn. 1112; **a. A.** LG Köln MDR 1998, 1282; Palandt/*Weidenkaff* § 558 BGB Rdn. 23; *Dickersbach* in Erman § 558 BGB Rdn. 39; *ders.* in: Lützenkirchen, Mietrecht, § 558 BGB Rdn. 160; offen gelassen von *Artz* in MünchKomm § 558 BGB Rdn. 51, der die ablehnende Auffassung aber für „vorzugswürdig" hält.

[695] Ausführlich hierzu OLG Hamm NJW-RR 1989, 516 m. Anm. *Otto* RPfleger 1989, 207.

[696] AG Charlottenburg MM 1995, 25.

Der Vermieter kann deshalb bei fehlender Auskunft zunächst nur 3 Monate vor Ablauf der Mietpreisbindung **Auskunftsklage** erheben und 2 Monate vor Ablauf der Mietpreisbindung dem Mieter ein Mieterhöhungsverlangen zukommen lassen.[697] Da i. d. R. zu diesem Zeitpunkt über die Auskunftsklage noch nicht entschieden ist, zumindest aber die Auskunft ggf. nach Zwangsvollstreckungsmaßnahmen gem. § 888 ZPO nicht vorliegen wird, kann der Vermieter die Mieterhöhung nur unter Beachtung der Kappungsgrenze verlangen. Dabei ist jedoch insbesondere auf die Jahresfrist des § 558 Abs. 1 BGB zu achten. Ein vertraglicher bzw. gesetzlicher Anspruch nach dem BGB auf Zustimmung zu einer Mieterhöhung zu dem Zeitpunkt zu dem eine Mieterhöhung bei rechtzeitiger Auskunft möglich gewesen wäre, besteht gerade nicht. 194

e) Entsteht dem Vermieter durch die verspätete, unvollständige oder falsche Auskunft ein Schaden der Art, dass er die gesetzlich mögliche Mieterhöhung nicht durchsetzen konnte, weil ihm die Informationen fehlten, muss der Mieter dem Vermieter den Schaden ersetzen.[698] Es handelt sich um einen **Schadensersatzanspruch** gem. §§ 241 Abs. 2, 280 BGB, da die übrigen Rechtsinstitute nicht anwendbar sind.[699] Der Vermieter hat gegen den Mieter einen Anspruch dahin, so gestellt zu werden, als wenn der Mieter dem Vermieter rechtzeitig mitgeteilt hätte, in welcher Höhe er eine Fehlbelegungsabgabe zahlen musste. In diesem Fall hätte der Vermieter, wenn die ortsübliche Vergleichsmiete tatsächlich so hoch war, vom Mieter unmittelbar im Anschluss an das Ende der Sozialbindung die ortsübliche Vergleichsmiete ohne eine Beschränkung der Erhöhungsmöglichkeit durch die Kappungsgrenze verlangen können.[700] Nach dem auch hier geltenden Grundsatz der **Naturalrestitution** könnte man zunächst daran denken, dem Vermieter einen Zahlungsanspruch in Höhe der Differenz zwischen der seit Mietpreisbindungsende wegen der Kappungsgrenze gezahlten Miete und der unter Geltung des § 558 Abs. 4 BGB möglichen Miete zuzusprechen.[701] Dies wird i. d. R. jeweils nur für die Vergangenheit möglich sein. Da der Vermieter nach einem Jahr die Miete ggf. erneut erhöhen kann und die Ausnahmevorschrift des § 558 Abs. 4 BGB auch dann gilt, besteht die Möglichkeit, dass der Schaden dann ausgeglichen werden kann, wobei noch unberücksichtigt geblieben ist, dass für weitere Mieterhöhungen jetzt ggf. von einer niedrigeren Miete bei der Berechnung der Kappungsgrenze ausgegangen werden muss.[702] Nach hier vertretener Auffassung erscheint es einer **Naturalrestitution** am nächsten zu kommen, wenn der Vermieter vom Mieter die Zustimmung zu einer rückwirkenden Abänderung des Mietvertrages, nämlich ab dem Zeitpunkt des Mietpreisendes, verlangt. Hierbei handelt es sich gerade nicht um einen Anspruch auf Zustimmung nach § 558 BGB, sondern um einen **Schadensersatzanspruch.** Der Antrag muss auf Abgabe einer bestimmten Willenserklärung gerichtet sein. Dem Antrag stehen auch die Verfahrensvorschriften der §§ 558a ff. BGB nicht entgegen, da Mietabänderungsvereinbarungen nach der Vorschrift des § 557 Abs. 1 BGB rechtlich zulässig sind. Mit Abgabe einer solchen Zustimmung zu einer rückwirkenden Mieterhöhung bzw. mit der rechtskräftigen Verurteilung hierzu ist der Vermieter dann ein für alle Mal so gestellt, als wenn er nach ordentlicher Auskunft durch den Mieter die Miete zum ersten möglichen Zeitpunkt unter Berücksichtigung der Auskunft erhöht hätte. Zwar hat diese Auffassung zur Folge, dass der Vermieter zweimal klagen muss, nämlich zunächst auf Zustimmung und dann auf Zahlung, diese Situation entspricht aber der bei einer „normalen" Mieterhöhungsklage. Der Vorteil ist der, dass für alle Zeiten in der Zukunft der Zustand hergestellt wird, der bei pflichtgemäßem Verhalten des Mieters geherrscht hätte. Es gibt also keine Probleme mit der Berechnung von Kappungsgrenzen oder Jahresfristen. 195

---

[697] Die hierdurch mögliche Mieterhöhung unmittelbar im Anschluss an das Auslaufen der Mietpreisbindung entspricht ständiger Rechtsprechung. OLG Hamm RE v. 9.10.1980, NJW 1981, 234 und KG RE v. 29.1.1982, NJW 1982, 2077; LG Hamburg WuM 1997, 562; LG Berlin GE 2003, 592, WuM 1996, 417; *Lützenkirchen* WuM 1995, 574; **a. A.** *Sternel* Mietrecht aktuell (2009), IV, 77.

[698] *Artz* in MünchKomm § 558 BGB Rdn. 51; *Börstinghaus* WuM 1994, 417, 418; *ders.* NZM 1999, 881, 887; *Kinne* ZMR 2001, 775, 779; *Emmerich* in Staudinger § 558 BGB Rdn. 56; *Schüller* in Bamberger/Roth § 558 BGB Rdn. 35; *Dickersbach* in Erman § 558 BGB Rdn. 39; ohne Begründung dafür: *Schilling,* Neues Mietrecht S. 141 und *Bub* NJW 1993, 2898; für Schadensersatz aus Verzug *Blank* WuM 1993, 506.

[699] *Börstinghaus* WuM 1994, 417, 420.

[700] OLG Hamm RE v. 9.10.1980, NJW 1981, 234 m. Anm. *Köhler;* KG RE v. 29.1.1982, NJW 1982, 2077; OLG Hamm WuM 1994, 455; LG Köln NJWE-MietR 1997, 267; LG Hamburg WuM 1997, 562; LG Berlin GE 2003, 592, WuM 1996, 417; *Lützenkirchen* WuM 1995, 574; **a. A.** *Sternel* Mietrecht aktuell (2009), IV, 77.

[701] So *Lammel* § 558 BGB Rdn. 81.

[702] Dies übersieht m. E. *Lammel* § 558 BGB Rdn. 81.

196 **f)** Die Vorschrift ist durch das **Wohnraumförderungsgesetz (WoFG)** vom 13.9.2001[703] dahin geändert worden, dass Abs. 4 Satz 1 jetzt entsprechend gilt, wenn die Verpflichtung zur Leistung einer **Ausgleichszahlung** nach den §§ 34–37 WoFG und den hierzu ergangenen landesrechtlichen Vorschriften wegen Wegfalls der Mietbindung erloschen ist. Dies gilt unmittelbar nur für seit dem 1.1.2002 nach neuem Recht neu geförderte Wohnungen. Für die nach altem Recht geförderten Wohnungen gilt grundsätzlich das AFWoG weiter. Die Länder haben aber die Möglichkeit gem. § 15 AFWoG auf die Vorschriften des neuen WoFG umzustellen. Für das Mietrecht ist es egal, ob der Mieter eine Fehlbelegungsabgabe nach dem AFWoG oder eine Ausgleichszahlung nach dem WoFG zahlen musste. Wenn die Zahlungspflicht wegen Auslaufens der Preisbindung entfallen ist, dann steht dem Mieter ein bisher für Wohnkosten aufgewandter Betrag zur Verfügung, der es rechtfertigen soll, die Kappungsgrenze nach oben zu überschreiten.

IV. Rechtsfolgen bei Nichtbeachtung der Kappungsgrenze

197 Die Einhaltung der Kappungsgrenze ist eine **materielle Voraussetzung** für den Zustimmungsanspruch. Der Mieter ist nicht verpflichtet, einer Mieterhöhung, die über der maßgeblichen Kappungsgrenze des § 558 Abs. 3 oder Abs. 4 BGB liegt, zuzustimmen. Stimmt er trotzdem zu, hat die Kappungsgrenze keinerlei Auswirkungen auf diese Zustimmungserklärung. Die Kappungsgrenze ist **kein gesetzliches Verbot.** Zustimmungserklärungen, die zu Mieterhöhungen führen, die über der Kappungsgrenze oder der ortsüblichen Vergleichsmiete liegen, sind in voller Höhe wirksam, es sei denn sie verstoßen gegen andere Normen, insbesondere § 5 WiStG.

198 Übersteigt die verlangte Miete die Kappungsgrenze, so wird der darüberhinausgehende Teil „gekappt". Dieser Teil hat keinerlei Wirkung. Weder muss der Mieter insofern zustimmen noch wirkt dieser Teil der Erklärung zu einem späteren Zeitpunkt. Eine Überschreitung der Kappungsgrenze macht das **Mieterhöhungsverlangen** grundsätzlich nicht formal unwirksam.[704] Bei der Kappungsgrenze handelt es sich um eine materielle Voraussetzung für den Zustimmungsanspruch. Der Fall ist deshalb genauso zu behandeln, wie die Angabe einer zu hohen ortsüblichen Vergleichsmiete im Erhöhungsverlangen. In beiden Fällen ist das Erhöhungsverlangen formal wirksam, der Zustimmungsanspruch besteht aber nur bis zur Höhe der maßgeblichen Kappungsgrenze. Eine Klage ist nicht als unzulässig, sondern als zum Teil unbegründet wegen des überschießenden Teils abzuweisen. Eine falsche Berechnung der Kappungsgrenze hat deshalb auch keine Auswirkungen auf die Wirksamkeit des Erhöhungsverlangens.[705] Dies gilt auch dann, wenn der Vermieter eine falsche **Ausgangsmiete** zu Grunde legt, weil das vorangegangene Mieterhöhungsverlangen noch nicht rechtskräftig abgeschlossen ist.[706]

V. Kappungsgrenze und Mieterhöhungsverlangen

199 Die Einhaltung der Kappungsgrenze muss im Mieterhöhungsverlangen nicht begründet werden.[707] Dies kann aber nicht aus dem Wortlaut des § 558a Abs. 1 BGB geschlossen werden. Das dortige **Begründungserfordernis** bezieht sich grundsätzlich auf alle Voraussetzungen des Mieterhöhungsverlangens und nicht nur auf die Höhe der ortsüblichen Vergleichsmiete. Vielmehr entfällt die Begründungspflicht deshalb, weil der Mieter grundsätzlich die für die Berechnung der Kappungsgrenze erforderlichen Angaben kennt. Nach Sinn und Zweck des Begründungserfordernisses ist deshalb eine Begründung der Einhaltung der Kappungsgrenze nicht erforderlich. Sie bezweckt, dem Mieter die Möglichkeit zu geben, die Berechtigung des Mieterhöhungsverlangens zu überprüfen. Die Begründung muss deshalb umso ausführlicher sein, je weniger Informationen der Mieter selbst hat. Dies gilt zumindest dann, wenn die Mietsteigerung nicht mehr als 15% in drei Jahren beträgt. Das ist auf jeden Fall zulässig. Problematisch ist, ob nach Wiedereinführung einer gesplitteten Kappungsgrenze der Vermieter nunmehr begründen muss, warum im konkreten Fall auch eine

[703] BGBl. I S. 2376.

[704] OLG Celle RE v. 31.10.1995, NJW-RR 1996, 331; LG Bonn WuM 1985, 311; *Sternel* Mietrecht, III, 630; **a. A.** LG Augsburg ZMR 1997, 425.

[705] LG Bonn WuM 1985, 311; *Emmerich* in Staudinger § 558 BGB Rdn. 58.

[706] KG RE v. 15.9.1997, NZM 1998, 107; LG Saarbrücken WuM 1997, 626; AG Schöneberg GE 1990, 1095.

[707] BayObLG RE v. 10.3.1988, NJW-RR 1988, 2721; LG Berlin GE 2002, 331; *Sternel* Mietrecht aktuell (2009), IV, 98; Bub/Treier/*Schultz* Kap. III. A Rdn. 1132; **a. A.** AG Augsburg ZMR 1997, 425; AG Schöneberg WuM 1990, 515.

Mieterhöhung von mehr als 15 % bis 20 % in drei Jahren möglich ist. Da der Vermieter sich vor Abfassung des Mieterhöhungsverlangens mit der örtlich geltenden Kappungsgrenze beschäftigen muss, ist es ihm auch möglich mitzuteilen, dass die Gemeinde in der die Wohnung liegt von der Landesregierung nicht in eine entsprechende Verordnung aufgenommen wurde. Auf jeden Fall begründet werden muss die Einhaltung der Kappungsgrenze bei Erhöhungen über 15% in drei Jahren in Gemeinden, in denen nur in **einigen Stadtteilen** die herabgesetzte Kappungsgrenze gilt. Zum Begründungszwang bei Mieterhöhungen von **mehr als 20 %** in drei Jahren gem. § 558 Abs. 4 BGB s. § 558 a Rdn. 28.

F. Die Anrechnung von Drittmitteln gem. Abs. 5

I. Allgemeines

Gemäß § 558 Abs. 5 BGB sind vom Jahresbetrag, der sich nach einer Erhöhung der ortsüblichen Vergleichsmiete ergäbe, Drittmittel i. S. d. § 559 a BGB abzuziehen.[708] Durch diese Regelung soll erreicht werden, dass bei der Erhöhung auf die ortsübliche Vergleichsmiete nach § 558 BGB Leistungen aus öffentlichen Haushalten aber auch solche des Mieters, die zur Modernisierung der Wohnung erbracht wurden, **in jedem Fall dem Mieter zugutekommen.**[709] Dies hat der Gesetzgeber zunächst durch die Regelungen in § 559 a BGB für Mieterhöhungen nach Modernisierungen getan. Der Gesetzgeber wollte mit der Regelung in § 558 Abs. 5 BGB verhindern, dass der Vermieter die Kürzungsverpflichtung des Mieterhöhungsbetrages umgeht. Der Vermieter, der in der Mietwohnung Modernisierungsmaßnahmen i. S. d. § 559 BGB durchgeführt hat, kann nämlich grundsätzlich dabei zwischen mindestens vier Wegen wählen (s. dazu auch Vor § 558 Rdn. 4 ff.): 200

1. Zunächst kann der Vermieter **ausschließlich** eine Mieterhöhung im vereinfachten Umlageverfahren **nach § 559 BGB** geltend machen. Eine Zustimmung des Mieters ist nicht erforderlich. Es gilt keine Kappungsgrenze[710] oder Wartefrist. Die nach der Erhöhung geschuldete Miete ist die neue einheitliche Miete, die in der Zukunft nur unter den Voraussetzungen der §§ 558–560 BGB erhöht werden kann. Falls die Vergleichsmiete gestiegen ist, kann der Vermieter daneben in einem gesonderten Verfahren nach § 558 BGB die Zustimmung des Mieters zur Mieterhöhung auf der Basis für vergleichbaren nicht modernisierten Wohnraum verlangen.[711] 201

2. Der Vermieter kann auch **ausschließlich nach § 558 BGB** vorgehen und die Modernisierung der Wohnung dergestalt mit in das Zustimmungsverfahren einbeziehen, dass er die Anhebung der Miete auf die Vergleichsmiete nach dem Standard der durch die Modernisierung verbesserten Wohnung verlangt. In diesem Fall ist die Zustimmung des Mieters erforderlich. Mit einer weiteren Erhöhung nach § 559 BGB wegen derselben Modernisierungsmaßnahme ist der Vermieter dann allerdings ausgeschlossen.[712] 202

Damit aber die mittelbare oder unmittelbare **staatliche Förderung** dem Mieter unabhängig von dem Weg, den der Vermieter gewählt hat, zugutekommt, ordnet § 558 Abs. 5 BGB die Anrechnung von Kürzungsbeträgen auch bei einer Mieterhöhung nach § 558 BGB an.[713] Dadurch, dass Kürzungsbeträge, die sich aus der Anrechnung von **öffentlichen Förderungsmitteln** ergeben, bei einer Mieterhöhung zu berücksichtigen sind, soll verhindert werden, dass der Vermieter einseitig bevorzugt wird. Der Vermieter soll, wenn er die Möglichkeit hatte, Geldmittel aus öffentlicher Hand zu erhalten, diese Vorteile auch an die Mieter weitergeben. Allerdings soll durch die entsprechenden gesetzlichen Regelungen nicht vollständig ausgeschlossen sein, dass Mieterhöhungen gänzlich unterbleiben.[714] Eine Anrechnung kommt deshalb nur dann in Betracht, wenn diese 203

[708] Hierzu ausführlich *Kunze/Tietzsch* WuM 2003, 423; *dies.* WuM 1997, 308, 309; *Beuermann* GE 1996, 1514; *Maciejewski* MM 1998, 97; *Börstinghaus* MDR 1998, 933.

[709] So die Begründung des Bundesrates zur Anrufung des Vermittlungsausschusses BT-Drucks. 8/1861 S. 5.

[710] OLG Karlsruhe RE v. 19.8.1983, NJW 1984, 62.

[711] OLG Hamm RE v. 30.10.1983, NJW 1983, 298 und OLG Hamm RE v. 30.12.1992, NJW-RR 1993, 399; LG Berlin GE 1998, 1212; AG Berlin-Mitte GE 2003, 461.

[712] AG Köln WuM 1990, 520; AG Osnabrück WuM 1989, 635; AG Dortmund WuM 1985, 339; AG Münster WuM 1981, 44; *Sternel* Mietrecht, III, 765.

[713] *Emmerich* in Staudinger § 558 BGB Rdn. 41 und § 559 a BGB Rdn. 1 a.

[714] LG Berlin MM 1990, 229.

auch bei einer Mieterhöhung nach § 559 BGB hätte erfolgen müssen. Eine weiter gehende Bedeutung hat § 558 Abs. 4 BGB nicht.

204 Es handelt sich bei der Bezugnahme in § 558 Abs. 5 BGB auf die Anrechnungsvorschrift für Drittmittel gem. § 559a BGB um eine **Rechtsgrundverweisung**[715] und nicht um eine bloße Rechtsfolgenverweisung.[716] Es müssen deshalb alle Voraussetzungen für eine Mieterhöhung nach § 559 BGB vorliegen, damit ein Abzug von Kürzungsbeträgen in Betracht kommt.[717] Dies ist sprachlich seit 2001 nicht mehr ganz so deutlich wie vorher, da § 559a BGB jetzt selbständig die Anrechnung von Drittmitteln anordnet. Jedoch ergibt sich aus der systematischen Stellung der Vorschrift hinter § 559 BGB, dass eine Mieterhöhung nach § 559 Abs. 1 BGB möglich sein muss. Auch aus der Nummerierung als § 559a BGB ergibt sich deutlich, dass die Vorschrift zur Modernisierungsmieterhöhung gem. § 559 BGB gehört.

II. Voraussetzungen

205 **1.** Der Abzug von Kürzungsbeträgen kommt zunächst nur dann in Betracht, wenn die öffentliche Hand, der Mieter oder **Dritte Zuschüsse zu Baumaßnahmen i. S. d. § 559 BGB** geleistet haben. Es muss sich also um Modernisierungen oder bauliche Maßnahmen auf Grund von Umständen, die der Vermieter nicht zu vertreten hat, gehandelt haben. **Zuschüsse zu Instandsetzungsarbeiten** sind unerheblich und begründen keine Verpflichtung zum vollständigen oder anteiligen Abzug.[718] Maßgeblich ist dabei der Verwendungszweck der Gelder, nicht die tatsächliche Verwendung.[719] Dies ergibt sich aus1 dem **Zweck des Gesetzes.** Der Vermieter ist bei Instandsetzungsarbeiten nicht berechtigt, die Miete nach § 559 BGB zu erhöhen. Zahlt die öffentliche Hand, der Mieter oder ein Dritter für solche Maßnahmen Geld, dann ergibt sich daraus, dass die Zahlung letztendlich dem Vermieter zufließen sollte und nicht dem Mieter. Der Zuschussgeber hat also durch die Zweckbestimmung zugleich auch denjenigen bestimmt, der den wirtschaftlichen Vorteil erhalten soll. Verwendet der Vermieter diese Gelder dann für Modernisierungen, mag dies im Verhältnis zum Zuwendungsgeber vertragswidrig sein, ändert aber an der fehlenden Anrechnungspflicht nichts. Hinzu kommt, dass bei Maßnahmen, die sowohl Instandsetzungs- wie auch Modernisierungsarbeiten umfassen, sowohl die Trennung zwischen diesen beiden Bereichen wie auch eine Trennung zwischen den verschiedenen Finanzierungsmitteln nur sehr schwer bis gar nicht möglich ist.[720] Möglich ist bei solchen Finanzierungszuschüssen zu Instandsetzungsmaßnahmen allenfalls eine vertragliche Abrede über die zukünftige Miete, ggf. im Rahmen des § 557 Abs. 3 BGB, was aber eindeutige und ausdrückliche Vereinbarungen voraussetzt und mit der Anrechnung von Drittmitteln nichts zu tun hat.[721] Dieser Weg wird von der öffentlichen Hand häufig beschritten. Sie fördert eine bestimmte Baumaßnahme ohne zwischen Modernisierung und Instandsetzung zu unterscheiden. Als Gegenleistung vereinbart sie mit dem Vermieter im Fördervertrag eine Höchstmiete, die nicht überschritten werden darf.[722]

206 **2.** Der Vermieter muss auf Grund der baulichen Maßnahmen **zu einer Mieterhöhung nach §§ 559ff. BGB berechtigt** sein. Nur der Vermieter, der die Vorteile des § 559 BGB nutzen darf, muss auch die Nachteile des § 559a BGB in Kauf nehmen.[723] Daraus folgt zum einen, dass der Vermieter, der das Zustimmungsverlangen nach § 558 BGB stellt, erstens selbst auch **Bauherr** der Bau-

---

[715] BGH NJW 1998, 445, 448; LG Berlin MM 2007, 298, GE 2002, 862; *Emmerich* in: Staudinger (2014) § 558 BGB Rdn. 42; *Schach* in Kinne/Schach/Bieber, § 558 BGB Rdn. 58h; Bub/Treier/*Schultz* Kap. III. A Rdn. 1600; offen gelassen von KG RE v. 15. 9. 1997, NZM 1998, 107.

[716] *Kunze/Tietzsch* WuM 1997, 308, 309.

[717] KG RE v. 15. 9. 1997, NZM 1998, 107; mit krit. Anm. *Lützenkirchen* WuM 1998, 187, 195; **a. A.** *Kunze/Tietzsch* WuM 2003, 423.

[718] LG Berlin MM 2008, 227, GE 2002, 862; *Schach* GE 2002, 842; *Beuermann* GE 1996, 1514, 1518; *Maciejewski* MM 1998, 97.

[719] LG Berlin MM 2008, 227; **a. A.** AG Tempelhof MM 1989 Nr. 4, 31.

[720] So auch *Schach* GE 2002, 842.

[721] Im Ergebnis ebenso, aber in der Begründung **a. A.** LG Berlin MM 2002, 329.

[722] *Schach* GE 2002, 842, 843; so auch der Fall des LG Berlin MM 2002, 329.

[723] KG RE v. 15. 9. 1997, NZM 1998, 107; LG Berlin GE 2003, 458; *Blank* in Blank/Börstinghaus, Miete, 5. Aufl., § 566 Rn. 78.

maßnahme gewesen sein muss und zweitens auch die Drittmittel erhalten haben muss.[724] Ist auf Seiten des Vermieters eine Individual-Rechtsnachfolge eingetreten, kommt deshalb eine Anrechnungspflicht von Kürzungsbeträgen grundsätzlich[725] nicht in Betracht.[726] Die Verpflichtung des Vermieters, Fördermittel in Abzug zu bringen, folgt nicht „aus dem Mietverhältnis selbst", was Voraussetzung für einen Übergang gem. § 566 BGB wäre, sondern aus gesetzlichen Vorschriften, die „von außen" auf das Mietverhältnis einwirken.[727] Auch den Gesetzesmaterialien ist nicht die Absicht zu entnehmen, Mieterhöhungsbeschränkungen kraft Gesetzes auch dem Rechtsnachfolger eines geförderten Vermieters aufzuerlegen, der seinerseits weder öffentliche Mittel erhalten hat noch Verpflichtungen gegenüber der öffentlichen Hand eingegangen ist. Allein die Möglichkeit, dass durch eine Veräußerung des Grundstücks die Anrechnung von Drittmitteln umgangen werden kann, rechtfertigt keine über den Wortlaut und seinen Zweck hinausgehende Auslegung des Gesetzes. Dem Mieter können allenfalls Schadensersatzansprüche gegen den veräußernden Vermieter zustehen.[728] Voraussetzung dafür ist, dass es sich bei dem Fördervertrag um einen Vertrag handelt, in dessen Schutzwirkung der Mieter einbezogen ist und dass der Veräußerer entgegen den der Förderung zu Grunde liegenden Abreden die Verpflichtung zur Einhaltung einer bestimmten Miete oder der Anrechnung von Drittmitteln nicht auf den Erwerber übergeleitet hat. Der Anspruch ist auf Ersatz der Miete gerichtet, die nicht verlangt werden könnte, soweit der Erwerber die Drittmittel berücksichtigen müsste.[729] Der Nießbraucher ist dem Erwerber gleichgestellt, so dass auch er Kürzungsbeträge, die ein von ihm personenverschiedener Vermieter erhalten hat, nicht anrechnen muss.[730] Etwas anderes gilt nur in den Fällen, in denen entweder der veräußernde Vermieter bereits im Mietvertrag mit dem Mieter eine bestimmte Höchstmiete, die Anrechnung von Fördermitteln oder die konkrete Berechnung der Miete vereinbart hat, da in diesen Fällen der Erwerber gem. § 566 BGB auch in diese vertraglichen Abreden eintritt, oder wenn der Erwerber im Vertrag mit dem Veräußerer die Verpflichtung übernommen hat, die Miete in bestimmter Form zu berechnen, da dies i. d. R. ein Vertrag zugunsten Dritter sein dürfte. Auch in den Fällen der **Universalrechtsnachfolge** gem. § 1922 BGB bleibt die Verpflichtung zur Anrechnung von Kürzungsbeträgen bestehen. Etwas Anderes gilt aber dann, wenn die Mietvertragsparteien in einer **Modernisierungsvereinbarung,** die Teil des Mietvertrages geworden ist, die Anrechnung der öffentlichen Mittel bei einer Mieterhöhung vorgesehen haben. Dann ist der Rechtsnachfolger gem. § 566 BGB daran gebunden.[731] Dies gilt auch beim Erwerb in der Zwangsversteigerung gem. §§ 57, 90 ZVG. Welche Auswirkungen eine vorzeitige Mittelrückzahlung in diesem Fall auf die Miethöhe hat, ist durch Auslegung der Vertragsklausel zu ermitteln.[732] Da der Vermieter zu einer Mieterhöhung gem. § 559 BGB berechtigt sein muss, sind alle öffentlichen Mittel, die er während der Preisbindung für Modernisierungsmaßnahmen von der öffentlichen Hand erhalten hat bei einer späteren Mieterhöhung nach § 558 BGB gem. Abs. 5 nicht als Drittmittel in Abzug zu bringen.[733] Hat der Vermieter während der Preisbindung Modernisierungsmaßnahmen durchgeführt, dann durfte er die Kostenmiete gem. § 11 Abs. 6 und 7 II. BV erhöhen.[734] Dabei bleiben Fördermittel die als verlorene Baukostenzuschüsse gezahlt wurden, § 14 Satz 2 II. BV, unberücksichtigt.[735] Wurden die Fördermittel als zinsverbilligtes Darlehen gewährt, sind nur die niedrigeren Fremdkapitalkosten in die Wirtschaftlichkeitsberechnung eingeflossen, § 21 Abs. 2 II. BV. Die Förderung erfolgte also insgesamt in

---

724 BGH (VIII ZR 58/03) NZM 2003, 973 = MietPrax-AK § 559a BGB Nr. 1 m. Anm. *Börstinghaus;* BGH (VIII ZR 373/96) NJW 1998, 445, 447; KG RE v. 15.9.1997, NZM 1998, 107; LG Berlin GE 2003, 458; *Emmerich* in: Staudinger § 558 BGB Rdn. 42; *Schach* GE 2004, 278.

725 Besonderheiten können aber bei Eigentumsübergang während oder nach der Modernisierung aber vor Abgabe der Erhöhungserklärung gelten, da hier der Erwerber nach KG NZM 2000, 653 und NZM 2000, 860 auch in die Bauherreneigenschaft eintritt; *Schach* GE 2004, 278, 279.

726 BGH (VIII ZR 58/03) NZM 2003, 973 = MietPrax-AK § 559a BGB Nr. 1 m. Anm. *Börstinghaus;* BGH NJW 1998, 445, 447; KG RE v. 15.9.1997, NZM 1998, 107; LG Berlin WuM 2001, 612; *Emmerich* in Staudinger § 558 BGB Rdn. 42 und § 559a Rdn. 2; *Börstinghaus* MDR 1998, 933, 934; *ders.* PiG 70 (2005) 65, 84.

727 BGH NJW 1998, 445, 447 unter Berufung auf *Paschke/Oetker* NJW 1986, 3174, 3176.

728 Ablehnend *Schach* GE 2004, 278, 279.

729 KG RE v. 15.9.1997, NZM 1998, 107.

730 LG Berlin MM 2002, 385.

731 BGH (VIII ZR 58/03) NZM 2003, 973 = MietPrax-AK § 559a BGB Nr. 1 m. Anm. *Börstinghaus;* LG Berlin GE 2003, 591.

732 BGH (VIII ZR 58/03) NZM 2003, 973.

733 AG Schöneberg MM 2007, 39.

734 Dazu auch Nach § 561 BGB Rdn. 70ff.

735 Nach § 561 BGB Rdn. 24.

einem anderen Preissystem. Dieses System der Mietenermittlung ist mit Ende der Preisbindung obsolet geworden. Mit Ende der Preisbindung ist die dann gültige Kostenmiete die im freifinanzierten Wohnungsbau zu zahlende Miete. Wie diese sich berechnet und welchen Einfluss auf die Miethöhe die Zahlung von Drittmitteln hatte, ist von diesem Augenblick an unerheblich.

207 Aus der Voraussetzung, dass der Vermieter grundsätzlich zu einer Mieterhöhung nach § 559 BGB berechtigt sein muss, folgt weiter auch, dass im Fall einer **Neuvermietung,** eine Anrechnung von Drittmitteln grds. nicht in Betracht kommt.[736] Das hat zwei Konsequenzen: (1) Drittmittel sind deshalb weder bei der Ermittlung der gem. § 5 WiStG noch bei der gem. § 556d Abs. 1 BGB zulässigen Neuvertragsmiete zu berücksichtigen. Zulässig ist deshalb im Rahmen des § 5 WiStG eine Miete, die 20% über der ortsüblichen Vergleichsmiete ohne Abzug von Drittmitteln liegt. § 5 WiStG verweist nur auf die üblichen Entgelte. Die Vorschrift entspricht in § 5 Abs. 2 WiStG im Wesentlichen dem § 558 Abs. 2 BGB.[737] In § 5 WiStG ist dabei ein Abzug von Drittmitteln nicht enthalten. Die Vorschrift enthält ausdrücklich eine eigene Umschreibung dessen, was ein unangemessen hohes Entgelt ist. Es findet gerade keine Verweisung auf § 558 BGB statt. Das vereinbarte Entgelt ist nicht deshalb unangemessen hoch, weil der Vermieter die Vereinbarungen aus dem Fördervertrag ggf. nicht eingehalten hat.[738] Die Berücksichtigung der Fördermittel kann allenfalls bei der Ermittlung der laufenden Aufwendungen i. S. d. § 5 Abs. 2 Satz 2 WiStG eine Rolle spielen, wenn das vom Vermieter verlangte Entgelt also das zulässige Entgelt um mehr als 20% bis zu 50% überschreitet.

207a In **Gemeinden mit angespanntem Wohnungsmarkt** darf der Vermieter die ortsübliche Vergleichsmiete für vergleichbare Wohnungen um 10% maximal überschreiten, wenn die Gemeinde in eine entsprechende LandesVO aufgenommen wurde. Dabei sind keine Kürzungsbeträge gem. Abs. 5 in Abzug zu bringen. Es geht zwar um die ortsübliche Vergleichsmiete „für das konkrete Mietobjekt“[739] jedoch verweist § 556d Abs. 1 BGB ausdrücklich nur auf § 558 Abs. 2 BGB und nicht auf Abs. 5. Das entspricht auch dem Gesetzeszweck, der ja nicht an die letzte Miete anknüpft, sondern an das allgemeine Mietenniveau, zumindest was die ortsübliche Vergleichsmiete in der Gemeinde angeht. Da sind individuelle Abzüge von der Miete unerheblich. Anders sieht es aus, wenn der Vermieter diese Grenze gem. § 556e Abs. 2 BGB wegen einer Modernisierungsmaßnahme aus den letzten drei Jahren überschreiten will. Hier muss eine – ggf. fiktive – Erhöhung gem. §§ 559, 559a BGB durchgeführt werden. Der Vermieter wird also so behandelt, als wenn er Bauherr einer Modernisierungsmaßnahme gem. § 555b BGB war und nunmehr gem. § 559 BGB eine zulässige Mieterhöhung durchführt. § 556e Abs. 2 verweist dabei ausdrücklich auf § 559a BGB.

208 (2) Drittmittel sind aber auch dann nicht abzuziehen, wenn der Vermieter nach einer Neuvermietung eine **Mieterhöhung gem. § 558 BGB** im Bestand vornimmt, wenn die Drittmittel für eine Modernisierung vor der Neuvermietung gezahlt wurden.[740] Die Anrechnung von Drittmitteln ist an die Möglichkeit einer Mieterhöhung nach § 559 BGB geknüpft. Deshalb ist es falsch davon zu sprechen, dass der Abzug von Drittmitteln nicht an die Person des Vermieters, sondern an die Person des Mieters geknüpft sei.[741] Dies wird bei der Anrechnung von Mieterleistungen besonders deutlich. Ein Grund, warum ein Nachfolgemieter von der Tatsache profitieren soll, dass der Vormieter ein **Mieterdarlehen** oder eine **Mietvorauszahlung** geleistet hat, ist nicht ersichtlich. Eine Differenzierung zwischen den verschiedenen Zuwendungsgebern enthält weder § 559a BGB noch § 558 Abs. 5 BGB und wäre willkürlich. Auch die öffentliche Hand hat durch die Anrechnung der Fördermittel bei den Mieterhöhungen gem. § 558 und § 559 BGB primär das Ziel, Mieterhöhungen auf Grund von Modernisierungsarbeiten einzuschränken, erreicht. Mieterhöhungen im Bestand erfolgen für den Mieter unter dem Druck entweder zu zahlen bzw. zuzustimmen oder das Mietverhältnis ggf.

---

[736] LG Berlin (65. ZK) GE 1997, 238, GE 2001, 210; *Emmerich* in: Staudinger § 558 BGB Rdn. 42a; *Börstinghaus* PiG 70 (2005) 65, 83; *Schach* GE 2004, 278, 282 (mit Übersichtstabelle über die divergierende Rechtsprechung des verschiedenen Kammern des LG Berlin auf S. 281); **a. A.** AG Lichtenberg MM 2006, 147; *Kunze/Tietzsch* WuM 2003, 423; *dies.* Miethöhe, II, 296 m. w. N. in Fn. 1 S. 190.

[737] Mit Ausnahme der Einschränkung nur auf „nicht preisgebundenen Wohnraum“ und der Klarstellung, dass auch der energetische Zustand der Wohnung bei der Beschaffenheit und Ausstattung zu berücksichtigen ist.

[738] LG Duisburg ZMR 1998, 94, 95.

[739] So die Gesetzesbegründung BR-Drs. 447/14 S. 30.

[740] LG Berlin (62. ZK) GE 1997, 239, GE 2001, 210, WuM 2001, 612; *Schach* in Kinne/Schach/Bieber, § 558 BGB Rdn. 58f.; **a. A.** *Beuermann* GE 1996, 1514, 1518 zumindest für den Fall der Zinsverbilligung; *Kunze/Tietzsch,* Miethöhe, II, 296; differenzierend: *Emmerich* in Staudinger § 558 BGB Rdn. 42a.

[741] So aber *Beuermann* GE 1996, 1514, 1518.

durch Kündigung gem. § 561 BGB zu beenden. Deshalb werden insbesondere auch bei Mieterhöhungen nach § 559 BGB auch Mieten akzeptiert, die die ortsübliche Vergleichsmiete übersteigen. Hingegen ist bei Neuvermietungen die ortsübliche Vergleichsmiete Maßstab für die Mietpreisabrede. Je nach Wohnungsmarktlage kann der Vermieter diesen Wert um bis zu 20% überschreiten oder aber auch in Zeiten eines größeren Angebots auch unterbieten. Will der Fördergeber auf diese Miete Einfluss nehmen, dann muss er dies mit dem Vermieter vereinbaren. Kraft Gesetzes **erlischt die Anrechnungspflicht** mit der **Beendigung des Mietverhältnisses,** so dass bei der Vermietung einer bereits modernisierten Wohnung eine Kürzung weder bei der Berechnung der Neuvertragsmiete noch bei späteren Mieterhöhungen in Betracht kommt.[742] Etwas Anderes gilt jedoch dann, wenn im Mietvertrag ausdrücklich auf den Fördervertrag Bezug genommen wird und die öffentliche Förderung von Beginn an Gegenstand des neuen Mietvertrages war.[743]

Aber selbst wenn im Fördervertrag oder den Förderrichtlinien die Miete auch für den Fall der Neuvermietung betragsmäßig festgelegt wurde, ist eine hiergegen verstoßende Mietvereinbarung wirksam. Ein Verstoß gegen ein **gesetzliches Verbot** i. S. d. § 134 BGB liegt nicht vor. Es handelt sich bei den Förderbedingungen nicht um ein gesetzliches Verbot.[744] Der Gesetzgeber hat dies insofern abw. von den Bestimmungen für den preisgebundenen Wohnungsbau in den § 8 Abs. 2 Satz 1 WoBindG und § 88b Abs. 2 Satz 1 II. WoBauG gerade nicht angeordnet. Auch aus § 16 ModEnG ergibt sich eine solche Rechtsfolge nicht. 209

Eine Anrechnung findet dann statt, wenn entweder die Kosten der Baumaßnahme ganz oder teilweise durch **zinsverbilligte oder zinslose Darlehen aus öffentlichen Haushalten** gedeckt werden, wobei Mittel der Finanzierungsinstitute des Bundes oder eines Landes ebenfalls als Mittel aus öffentlichen Haushalten gelten oder wenn hinsichtlich der laufenden Aufwendungen Zuschüsse oder Darlehen zu deren Deckung gewährt werden.[745] Unter Mitteln der öffentlichen Haushalte i. S. d. § 559a Abs. 2 BGB sind alle Finanzmittel zu verstehen, die in öffentlichen Haushalten, also des Bundes, eines Bundeslandes oder einer Gemeinde zur Verfügung gestellt wurden. Auf die Bewilligungsstelle kommt es nicht an.[746] Gleichgestellt werden nach § 559a Abs. 3 Satz 2 BGB noch Mittel von Finanzierungsinstituten des Bundes, zum Beispiel der Kreditanstalt für Wiederaufbau oder der Finanzierungsinstitute der Länder. Auch Teilschuldenerlasse solcher Institute zählen zu den anzurechnenden Zuschüssen.[747] Eine **dingliche Absicherung** dieser Finanzierungsmittel ist nicht erforderlich, obwohl das Gesetz als Vergleichsmaßstab auf dinglich abgesicherte Darlehen abstellt. Eine solch einschränkende Auslegung des Gesetzes würde dem Sinn und Zweck der Anrechnungsregelung widersprechen, wonach die Vorteile der Förderung wirtschaftlich dem Mieter zugutekommen sollen. 210

Den Mitteln aus öffentlichen Haushalten stehen **Mieterdarlehen und Mietvorauszahlungen** sowie **Leistungen von einem Dritten für den Mieter** gleich. Hierbei kann es sich zum Beispiel um Leistungen des Arbeitgebers des Mieters handeln. Nicht hierzu zählen Zinsvergünstigungen und -zuschüsse, die Private im Zusammenhang mit dem Vertrieb ihrer Waren und Anlagen zahlen. So zahlen Energieversorger bei Heizungsmodernisierungen Zinszuschüsse zur Finanzierung der Baumaßnahme, wenn auf eine andere Energieart umgestellt wird. Solange es sich um Zuschüsse bezüglich der Finanzierungskosten handelt, werden diese Zuschüsse bereits vom Wortlaut her von § 558 Abs. 5 und § 559a BGB nicht erfasst. Es handelt sich gerade um keine Zuschüsse, die von einem Dritten für den Mieter geleistet werden. Der Dritte will gerade dem Vermieter einen Vorteil zukommen lassen, damit dieser die Ware des Dritten kauft oder mit diesem ein Dauerschuldverhältnis abschließt. 211

Hat ein Dritter einen Zuschuss zu den Kosten der Baumaßnahme i. S. d. § 559 BGB geleistet, muss er dies **für den Mieter** getan haben. Zahlungen die der Dritte leistet, um dem Vermieter einen Vorteil zukommen zu lassen, führen nicht zu einer Kürzung der Jahresmiete um 11% des Zuschusses. Deshalb sind Zuschüsse von Privaten, zum Beispiel Energieversorgern, die diese bei Ab- 212

742 LG Berlin GE 1997, 238.

743 LG Berlin MM 2002, 329.

744 LG Duisburg ZMR 1998, 94, 95.

745 Eine Übersicht über solche Förderprogramme befindet sich z. B. auf der Homepage der KfW-Bank: www.kfw.de/inlandsfoerderung/Privatpersonen/Bestandsimmobilie/Förderprodukte/Förderprodukte-für-Bestandsimmobilien.html oder des Bundesamtes für Wirtschaft und Ausfuhrkontrolle (BAFA) http://www.co2online.de/foerdermittel/bafa-foerderung/.

746 *Beuermann* GE 1994, 558.

747 AG Neubrandenburg WuM 2017, 148, 149.

schluss eines langfristigen Liefervertrages zahlen, nicht anzurechnen. Auch in diesem Fall handelt es sich nicht um einen Zuschuss gem. § 559a Abs. 1 BGB, den der Dritte für den Mieter leistet. Das Unternehmen zahlt diesen Zuschuss aus Werbegründen, um den Vermieter als Kunden zu gewinnen. Der Zuschuss soll dem Vermieter zugutekommen. Soweit der Vermieter bei einem Modernisierungs- oder **Instandsetzungsgebot** der Gemeinde Kostenerstattungsbeträge nach § 177 Abs. 4 BauGB erhalten hat, handelt es sich ebenfalls nicht um anrechnungspflichtige Zuschüsse.[748] Die Zahlung erfolgt hier zwar aus einem öffentlichen Haushalt i. S. d. § 559a BGB, jedoch soll damit kein Zuschuss zu der Baumaßnahme erfolgen. Es handelt sich vielmehr um einen öffentlichrechtlichen Entschädigungsanspruch, der vermeiden soll, dass auf Seiten des Vermieters ein enteignungsgleicher Eingriff vorliegt. Deshalb soll dieser Betrag dem Vermieter zugewandt werden und nicht dem Mieter. Eine Anrechnung dieses Betrages bei einer Mieterhöhung nach § 558 würde letztendlich dazu führen, dass der Zweck dieser Leistung nicht erreicht würde. Soweit die Zahlungen für bestimmte Baumaßnahmen i. S. d. § 559 Abs. 1 BGB gezahlt werden, können diese Kostenerstattungsbeträge aber dazu führen, dass die aufgewendeten Kosten des Vermieters geringer sind, so dass die Mieterhöhung nach § 559 BGB geringer ausfällt, da der mit 11% auf die Jahresmiete umlegbare Bauaufwand geringer ist. Im Rahmen einer Mieterhöhung nach § 558 BGB haben diese Zahlungen aber keine Auswirkung.

213 **Investitionszulagen** nach § 3 InvZulG 1999[749] für Modernisierungsmaßnahmen waren keine gem. § 559a BGB anzurechnenden Fördermittel[750] und müssen demgemäß auch nicht nach § 558 Abs. 5 BGB bei der Mieterhöhung auf die ortsübliche Vergleichsmiete als Drittmittel abgezogen werden. Die Investitionszulage war ein steuerrechtliches Instrument, das sich im Rahmen der Abgabenordnung bewegte und deshalb auch von den Finanzämtern verwaltet wurde. Auf die Investitionszulage bestand ein Rechtsanspruch. Sie war ein Mittel der Refinanzierung des Vermieters, der gefördert werden sollte und nicht der Mieter.

III. Berechnung

214 Bei der Berechnung der Kürzungsbeträge muss zwischen den verschiedenen Arten der Förderung unterschieden werden:

215 **1.** Bei **zinsverbilligten Darlehen** ist zunächst die **jährliche Zinsersparnis** zu ermitteln. Die prozentuale Zinsverbilligung ergibt sich aus einem Vergleich zwischen dem Zinssatz für erstrangige Hypotheken zum Zeitpunkt der Beendigung der Maßnahme mit dem tatsächlich vom Vermieter zu zahlenden Zinssatz. Maßgeblich sind die marktüblichen Zinsen, die zum Zeitpunkt der Beendigung der Baumaßnahme gezahlt werden. Zu deren Ermittlung kann auf die Vorschrift des § 23a II. BV zurückgegriffen werden. Danach ist der marktübliche Zinssatz für erstrangige Hypotheken entweder zu ermitteln aus dem durchschnittlichen Zinssatz der durch erstrangige Hypotheken gesicherten Darlehen, die zum Zeitpunkt der Beendigung der Baumaßnahme von Kreditinstituten oder privatrechtlichen Unternehmen, zu deren Geschäften üblicherweise die Herhabe derartiger Darlehen gehört, zu geschäftsüblichen Bedingungen für Bauvorhaben an demselben Ort gewährt worden sind oder in Anlehnung an den Zinssatz der zum Zeitpunkt der Beendigung der Baumaßnahme zahlenmäßig am meisten abgesetzten Pfandbriefe unter Berücksichtigung der üblichen Zinsspanne. Von diesem so ermittelten Zinssatz ist der mit dem Fördergeber tatsächlich vereinbarte Zinssatz in Abzug zu bringen. Als Ergebnis erhält man die prozentuale Zinsvergünstigung. Um den absoluten Euro-Betrag der Zinsvergünstigung zu erhalten, muss man die prozentuale Zinsvergünstigung zu dem maßgeblichen Darlehensbetrag in Beziehung setzen. Der maßgebliche Darlehensbetrag ist der aus öffentlichen Haushalten gezahlte Darlehensbetrag. Als Ergebnis der Berechnung erhält man den jährlichen Kürzungsbetrag. Nach dem Gesetzeswortlaut ist dieser Betrag von dem Jahresbetrag, der sich bei einer Erhöhung auf die ortsübliche Vergleichsmiete ergäbe in Abzug zu bringen. Der Betrag ist nicht von der Höchstmiete nach dem Fördervertrag abzuziehen.[751]

---

[748] *Beuermann* GE 1996, 1514.

[749] BGBl. I S. 1997, 2070.

[750] *Both* GE 2000, 102; **a. A.** *Wüstefeld* WuM 2000, 283 dem wiederum *Both* in Herrlein/Kandelhard § 559a BGB Rdn. 7 vorwirft, für seine Auffassung keine Argumente zu haben aber dafür einen unerschütterlichen Glauben an die Finanzverwaltung.

[751] LG Berlin MM 2002, 329, 330.

Beispiel: Der Vermieter hat von der landeseigenen Investitionsbank ein Darlehen von 20.000 € zu einem Zinssatz von 3% erhalten. Der übliche Zinssatz für erstrangig abgesicherte Darlehen beträgt zum maßgeblichen Zeitpunkt 7%. Dann berechnet sich der Kürzungsbetrag wie folgt: 7% minus 3% gleich 4%. 4% von 20.000 € sind 800 € jährlich. Der Vermieter muss also vom Jahresbetrag der ortsüblichen Vergleichsmiete 800 € abziehen und das Ergebnis durch 12 dividieren um dann die ortsübliche Monatsvergleichsmiete zu erhalten auf deren Zustimmung er unter der Voraussetzung, dass die übrigen Tatbestandsvoraussetzungen erfüllt sind, einen Anspruch hat.

Genauso wie im öffentlich geförderten Wohnungsbau gilt für den Rest der Förderdauer dann der sog. **Einfrierungsgrundsatz,** zumindest was die Berücksichtigung des Darlehensbetrages und des Zinssatzes für erstrangig gesicherte Darlehen betrifft. Dies ergibt sich aus dem Wortlaut der Vorschrift, der ausdrücklich auf den Ursprungsbetrag des Darlehens abstellt. Die Drittmittel sind ohne Rücksicht auf die tatsächlichen Vorteile der Förderung in gleicher Höhe in der Zukunft in Abzug zu bringen. Dies gilt sowohl dann, wenn die tatsächliche absolute Zinsersparnis in Euro sinkt, wie auch in den Fällen, in denen die Zinsvergünstigung sogar gestiegen ist. Die tatsächliche Zinsvergünstigung sinkt sowohl in den Fällen, in denen der Vermieter das Darlehen teilweise getilgt hat, so dass der gleichbleibende Prozentsatz auf eine niedrigere Darlehensvaluta anzuwenden ist, als auch in den Fällen, in denen der prozentuale Zinsvorteil real gesunken ist, z. B. deshalb, weil das Zinsniveau für erstrangige Hypotheken gefallen ist. Beide Sachverhalte können auch zusammentreffen. **216**

Beispiel: Im obigen Beispiel ist der maßgebliche Zinssatz für erstrangig gesicherte Darlehen nach der Beendigung der Baumaßnahme von 7% auf 6% gefallen, außerdem hat der Vermieter inzwischen 5.000 € getilgt. Obwohl der Zinsvorteil durch die Förderung nunmehr nur noch 450 € beträgt, müssen weiterhin Drittmittel in Höhe von 800 € in Abzug gebracht werden.

Der **Fördervorteil kann aber auch steigen.** Da der Darlehensbetrag sich grundsätzlich nicht vergrößern kann,[752] kann eine tatsächliche Veränderung nur über einen allgemeinen Zinsanstieg eintreten. **217**

Beispiel: Im obigen Beispiel ist der maßgebliche Zinssatz für erstrangig gesicherte Darlehen nach der Beendigung der Baumaßnahme von 7% auf 8% gestiegen, ohne dass bisher Tilgungen erfolgten. Obwohl der Zinsvorteil durch die Förderung nunmehr bereits 1.000 € beträgt, müssen weiterhin nur Drittmittel in Höhe von 800 € in Abzug gebracht werden.

Etwas Anderes gilt jedoch in den Fällen einer **degressiven Förderung.**[753] Im Fall der zinsverbilligten Darlehen liegt eine degressive Förderung dann vor, wenn der Zinssatz für die Darlehen der öffentlichen Hand oder im Einzelfall auch des Mieters, jährlich steigt. In diesem Fall verringert sich jährlich der Abstand zu dem üblichen Zinssatz für erstrangig abgesicherte Darlehen. Deshalb ist der Förderbetrag, der dem Vermieter zufließt, von vornherein bereits geringer. Der Vermieter muss aber an den Mieter nur das weitergeben, was er vereinbarungsgemäß erhalten soll. Deshalb ist in diesen Fällen steigender Zinsen für die Darlehen auch jährlich ein geringer werdender Kürzungsbetrag in Abzug zu bringen. Dabei ist der im Voraus festgelegte Zinssatz für jedes Jahr aber von dem maßgeblichen Zinssatz am Ende der Baumaßnahme für erstrangig abgesicherte Darlehen in Abzug zu bringen. Dies Datum ist im Gesetz ausdrücklich festgelegt. Unrichtig wäre es deshalb, den Zinssatz für erstrangig abgesicherte Darlehen jeweils neu für den Beginn eines neuen Förderjahres zu ermitteln. Veränderungen auf dieser Seite bleiben auf Grund des Einfrierungsgrundsatzes unberücksichtigt. Problematisch ist in diesen Fällen der Inhalt der Erhöhungserklärung (dazu § 558 Rdn. 236, 240, § 559b Rdn. 30, 33). **218**

Das Gesetz geht davon aus, dass im Normalfall die öffentlichen Darlehen für jede Wohnung gesondert bewilligt und ausgezahlt werden, so dass es keine Verteilungsprobleme gibt. In diesen Fällen muss der Kürzungsbetrag für jede Wohnung gesondert berechnet werden.[754] Für den Fall, dass dies nicht der Fall sein sollte, bestimmt der auch für die Berechnung der Kürzungsbeträge entsprechend anwendbare § 559a Abs. 4 BGB, dass die **Verteilung nach dem Verhältnis der aufgewandten Kosten** zu erfolgen hat. Dies ist deshalb sachgerecht, weil auf diese Weise die Verteilung der Kürzungsbeträge mittelbar nach dem gleichen Maßstab erfolgt wie die Verteilung der für die Moderni- **219**

---

[752] Der Fall, dass der Vermieter mit Zinszahlungen in Verzug gerät, die dann die Verbindlichkeit erhöhen, kann hier vernachlässigt werden, da diese vom Vermieter zu vertretenden Umstände unerheblich sind.

[753] Dazu *Rupp* ZMR 1977, 323; *Mersson* in Fischer-Dieskau, Wohnungsbaurecht, § 559a BGB Anm. 4.4; Nr. 3.

[754] *Emmerich* in Staudinger § 559a BGB Rdn. 6; *Sternel* Mietrecht, III, 794.

sierungsmaßnahme aufgewandten Kosten. Diese Kosten sind nach dem Wortlaut des § 559 Abs. 1 BGB angemessen auf die einzelnen Wohnungen zu verteilen. Auch wenn hier ein m²-Maßstab i. d. R. nicht unbillig ist, so sind Fälle denkbar, in denen eine Verteilung nach einem anderen Maßstab angemessener ist, weil damit der unterschiedlichen Entstehung der Kosten und dem unterschiedlichen Nutzen an der Baumaßnahme eher Rechnung getragen werden kann. Dies ist zum Beispiel bei der Fenstermodernisierung der Fall, bei der eine Verteilung nach der Anzahl oder Größe der eingebauten Fenster sachgerechter ist. Die Verteilung der Drittmittel nach dem Verhältnis der aufgewandten Kosten hat deshalb zur Konsequenz, dass die Mieter, auf die höhere Kosten umgelegt werden, auch stärker von den Vorteilen der Drittmittel profitieren. Umgedreht bedeutet dies aber auch, dass zum Beispiel in den Fällen des **Wohnungsleerstandes** auch Drittmittel auf unvermietete Wohnungen entfallen, weil auf diese Wohnungen die Baukosten nach § 559 Abs. 1 BGB auch angemessen zu verteilen sind.[755] Diese Drittmittel muss der Vermieter aber grundsätzlich bei einer anschließenden Neuvermietung nicht an den neuen Mieter weitergeben.

220 **2.** Neben den Fällen, in denen die Baumaßnahme selbst mit zinsverbilligten Darlehen der öffentlichen Hand oder des Mieters finanziert wurde, sind nach dem ausdrücklichen Gesetzeswortlaut des § 559a Abs. 1 Satz 3 BGB auch **Aufwendungszuschüsse** anzurechnen. Damit werden die Fälle erfasst, in denen nicht die Baumaßnahme selbst subventioniert wird, sondern die durch die Baumaßnahme verursachten Aufwendungen auf Seiten des Vermieters.[756] Es muss sich tatsächlich um einen Zuschuss zu den laufenden Aufwendungen des Vermieters handeln. Was zu den laufenden Aufwendungen zählt, ergibt sich aus den §§ 18ff. der II. BV. Danach zählen zu den laufenden Aufwendungen des Vermieters die Kapitalkosten und die Bewirtschaftungskosten. Die Kapitalkosten setzen sich zwar gem. § 19 Abs. 1 Satz 2 II. BV wiederum zusammen aus den Eigenkapital- und den Fremdkapitalkosten, jedoch gehören die Eigenkapitalkosten, also die Verzinsung des eingesetzten Eigenkapitals nicht zu den Aufwendungen, um die es hier geht. Die angemessene Eigenkapitalverzinsung ist im freifinanzierten Wohnungsbau eine Frage des nach den Regeln von Angebot und Nachfrage sich ergebenden Mietpreises. Eine garantierte Mindestverzinsung des eingesetzten Eigenkapitals ist dem BGB insofern systemfremd.

221 Genauso, wie 11% der direkten Baukostenzuschüsse von der ortsüblichen Jahresvergleichsmiete abgezogen werden, müssen die **Aufwendungszuschüsse** unmittelbar von der ortsüblichen Jahresvergleichsmiete abgezogen werden.

Beispiel: Der Vermieter hat für eine Modernisierung 40.000 € aufgewandt. Er hat einen Aufwendungsersatzzuschuss von 7% der Baukosten erhalten. Dann ist bei einer Mieterhöhung gem. § 558 BGB die Jahresvergleichsmiete um 2.800 € (7% von 40.000 €) zu kürzen.

Auch hier gilt, dass grundsätzlich die Berechnung für jede Wohnung gesondert vorzunehmen ist und nur in den Fällen, in denen nicht festgestellt werden kann, in welcher Höhe die Zuschüsse für welche Wohnung gezahlt worden sind, die Zuschüsse nach dem Verhältnis der aufgewandten Kosten zu verteilen sind.

222 **3.** Eine Mischung aus den zinsverbilligten Darlehen und den Aufwendungszuschüssen stellen die **Aufwendungsdarlehen** dar. In diesem Fall erhält der Vermieter keinen Zuschuss zu seinen laufenden Aufwendungen, sondern zur Finanzierung der laufenden Aufwendungen wird ihm ein zinsverbilligtes Darlehen gewährt. In diesem Fall besteht die Förderung des Vermieters in der Zinsersparnis. Nur diese ist deshalb von der grundsätzlich möglichen Mieterhöhung in Abzug zu bringen.

Beispiel: Der Vermieter hat für eine Modernisierung 40.000 € aufgewandt. Er hat ein Aufwendungsdarlehen von der landeseigenen Investitionsbank von 5.000 € zu einem Zinssatz von 3% erhalten, wobei der übliche Zinssatz für erstrangig abgesicherte Darlehen zum Zeitpunkt der Beendigung der Baumaßnahme 8% betrug. Dann ist die gem. § 559 BGB mögliche jährliche Mieterhöhung von 4.400 € (11% von 40.000 €) um 250 € (Zinsvorteil 5% von 5.000 €) zu kürzen, so dass der Vermieter noch einen Betrag 4.150 € anteilig auf die Mieter umlegen kann.

Die anzurechnenden Drittmittel bei einer Mieterhöhung nach § 558 Abs. 5 BGB betragen für die gesamte Maßnahme 250 € im Jahr: Sie sind, wenn das Aufwendungsdarlehen für mehrere Woh-

[755] *Emmerich* in Staudinger § 559 BGB Rdn. 28; *Thomsen,* Modernisierung, S. 141.
[756] Dazu *Kunze/Tietzsch* WuM 1997, 308, 310.

nungen zusammen und nicht für jede Wohnung getrennt gezahlt wurde, nach dem Verhältnis der aufgewandten Kosten auf alle betroffenen Wohnungen zu verteilen.

4. Von § 559a Abs. 1 BGB abw. ist die Behandlung von **Baukostenzuschüssen** geregelt. 223
Während § 559a Abs. 1 BGB bestimmt, dass Kosten, die ganz oder teilweise vom Mieter oder für diesen von einem Dritten übernommen werden, nicht zu den umlagefähigen Aufwendungen gehören und deshalb erst gar nicht zu einer Mieterhöhung um bis zu 11% herangezogen werden können, bestimmt § 558 Abs. 5 BGB, dass bei einer Mieterhöhung nach § 558 BGB die ermittelte ortsübliche Vergleichsmiete um 11% des Zuschusses zu kürzen ist. Ohne diese Sonderregel in § 558 Abs. 5 BGB wären Baukostenzuschüsse bei einer Erhöhung der ortsüblichen Vergleichsmiete bedeutungslos, da für die Mieterhöhung nach § 558 BGB die aufgewandten Kosten für eine Mieterhöhung bis zur ortsüblichen Vergleichsmiete unerheblich sind. Anders als bei der betragsmäßig feststehenden jährlichen Förderung durch irgendwie geartete Zinsvergünstigungen, die dann vom Erhöhungsbetrag in Abzug zu bringen sind, kann eine solche Verrechnung bei Baukostenzuschüssen unmittelbar nicht erfolgen. Insofern ist die Anrechnung des Baukostenzuschusses mit 11% jährlich sachgerecht, da dies wirtschaftlich auch die Folge der Regelung in § 559a Abs. 1 BGB ist.[757] Der Abzug des Baukostenzuschusses von den aufgewandten Kosten bedeutet wirtschaftlich auch, dass die Mieterhöhung nach § 559 Abs. 1 BGB ebenfalls um 11% des Zuschusses jährlich niedriger ausfällt als ohne Anrechnung des Zuschusses.

Beispiel: Für die Modernisierung einer 80 m² großen Wohnung wurden 30.000 € aufgewandt. Der Vermieter erhielt einen Zuschuss von 10.000 €. Die ortsübliche Vergleichsmiete beträgt für die durch die Modernisierung geschaffene Beschaffenheit 10 €/m². Wählt der Vermieter in diesem Fall den Weg über § 558 BGB und nicht über § 559 BGB, dann ist die ortsübliche Jahresvergleichsmiete von 9.600 € (12 ∞ 80 ∞ 10 €) um 1.100 € (11% von 10.000) zu kürzen. Statt 800 € im Monat kann der Vermieter, wenn die übrigen Voraussetzungen des § 558 BGB vorliegen, nur die Zustimmung zu einer Mieterhöhung auf 708,33 € verlangen, wenn die zuvor gezahlte Miete geringer war.

Auf diese Weise ist es theoretisch möglich, dass eine Mieterhöhung auf die ortsübliche Vergleichsmiete für längere Zeit ausgeschlossen ist, weil die anzurechnenden Drittmittel höher sind als die Differenz zur ortsüblichen Vergleichsmiete.[758] 224

Beispiel: Bei einer vereinbarten Miete von 800 € für eine 80 m² große Wohnung führt der Vermieter eine Modernisierung mit Kosten für 20.000 € durch. Die bisher gezahlte Miete entsprach der ortsüblichen Vergleichsmiete. Die neue ortsübliche Vergleichsmiete für die modernisierte Wohnung liegt bei 900 €. Hat der Vermieter nun einen Zuschuss von 11.000 € erhalten, ist die an sich mögliche Erhöhung um 100 € wegen des Zuschusses um 100,83 € zu kürzen so dass eine Mieterhöhung nach § 558 BGB ausscheidet, obwohl die Mieterhöhung nach § 559 Abs. 1 BGB um 82,50 € monatlich (11% von 9.000 €/12 Monate/80 qm) möglich ist.

Dies liegt daran, dass die anzusetzenden Drittmittel auf die ortsübliche Vergleichsmiete angerechnet werden und nicht, wie bei § 559a Abs. 1 BGB, auf die aufgewandten Kosten. Unter Umständen kann dieser Rechenschritt sogar dazu führen, dass die bisher gezahlte ortsübliche Vergleichsmiete noch nicht einmal erreicht wird. Bedeutung hat dies für die Frage, wie lange eine Anrechnung zu erfolgen hat.

5. Die Drittmittel sind vom Jahresbetrag der ortsüblichen Vergleichsmiete abzuziehen, nicht 225
von der tatsächlich möglichen Mieterhöhung. Das bedeutet, dass die **Kappungsgrenze** erst nach Anrechnung der Drittmittel zur Anwendung kommt.

IV. Dauer der Anrechnung

1. Allgemeines

Der Wortlaut der Vorschrift des § 558 Abs. 5 BGB enthält keinerlei zeitliche Beschränkungen 226
für die Anrechnung von Drittmitteln. Die Vorschrift bestimmt vielmehr uneingeschränkt, dass von der ortsüblichen Jahresvergleichsmiete die Drittmittel nach § 559a BGB abzuziehen sind. Anders als

[757] Falsch deshalb die Berechnung des AG Neubrandenburg WuM 2017, 148, 149, das den Zuschuss auf 12 Jahre verteilt und dann auf die Gesamtquadratmeter des Hauses herunterrechnet.
[758] LG Berlin GE 1998, 1212; AG Tiergarten GE 1989, 885; AG Hamburg WuM 1984, 283.

bei der Mieterhöhung nach § 559 BGB ist die Anrechnung hier auch nicht auf eine Erhöhung beschränkt.[759] Soweit es sich um Kürzungen wegen zinsverbilligter Darlehen (s. o. Rdn. 215), Aufwendungszuschüssen (s. o. Rdn. 220) oder Aufwendungsdarlehen (s. o. Rdn. 222) handelt, ist die Förderung selbst zeitlich befristet und entfällt irgendwann, anders sieht es demgegenüber mit der Anrechnung von Kürzungsbeträgen wegen der Verwendung von **Baukostenzuschüssen** aus.

227 Da die gesetzliche Regelung in § 558 Abs. 5 BGB insofern wenig aussagekräftig ist, muss zur Beurteilung dieser Frage auf eine **teleologische Auslegung** zurückgegriffen werden. Grundsätzlich hat der Gesetzgeber dem Vermieter, der Modernisierungsarbeiten vornimmt, einen Erhöhungsanspruch nach § 559 BGB eingeräumt. Im Rahmen einer solchen Mieterhöhung soll der Vermieter verpflichtet sein, die Subventionen, die er erhalten wird, an den Mieter weiterzugeben. Auf Grund einer Modernisierungsmaßnahme ist aber grundsätzlich nur **eine** Mieterhöhung nach § 559 BGB möglich, so dass die Anrechnung der Drittmittel bei der Mieterhöhung nach § 559 BGB nur einmal in Betracht kommt, sich aber zeitlich auf Dauer auswirkt, da die Miete eben nur um einen gekürzten Betrag hatte erhöht werden können und selbst der Wegfall der Förderung den Vermieter nicht berechtigt, die Miete nochmals nach § 559 BGB zu erhöhen. Ferner ist zu berücksichtigen, dass der Vermieter bei einer Mieterhöhung nach § 559 BGB grundsätzlich[760] nicht an die ortsübliche Vergleichsmiete für den modernisierten Wohnraum gebunden ist, sondern die ortsübliche Vergleichsmiete sogar um bis zu 20%, in Ausnahmefällen[761] sogar noch mehr, überschreiten darf (s. Nach § 535 BGB Rdn. 37ff. und § 559 BGB Rdn. 177ff.). Der Vermieter kann aber nach einer Modernisierungsmaßnahme auch die Miete bis zur ortsüblichen Vergleichsmiete für modernisierten Wohnraum erhöhen. Bei der Auslegung der Anrechnungsregel in § 558 Abs. 5 BGB muss deshalb sichergestellt sein, dass die Anrechnung von Drittmitteln im Rahmen der Anwendung des § 559 BGB und im Rahmen des § 558 BGB nach den gleichen Gesichtspunkten erfolgt.[762]

228 Daraus folgt zunächst, dass die Anrechnung von Drittmitteln dann nicht zu erfolgen hat, wenn gar keine Mieterhöhung wegen der Modernisierung möglich ist, also bei der **Neuvermietung.**[763] Ferner hat eine Anrechnung von Kürzungsbeträgen nicht mehr zu erfolgen, wenn sie auch bei einer Mieterhöhung nach § 559 BGB nicht mehr zu berücksichtigen wäre, z. B. weil die Modernisierungsvereinbarung mit der Zinsvergünstigung ausgelaufen ist, so dass wirtschaftlich gar keine Subventionierung mehr stattfindet.[764] Erhält der Vermieter keine Subvention, muss er auch keine Subvention weitergeben.

229 Schließlich kann sich auch aus der **Modernisierungsvereinbarung** ergeben, ob eine Anrechnung zu erfolgen hat. Hat sich der Vermieter gegenüber dem Darlehensgeber verpflichtet, nur eine Miete zu verlangen, die den Zuschuss berücksichtigt und bleibt auch die neue verlangte Miete unter dieser genehmigten Durchschnittsmiete, dann hat eine Anrechnung zu unterbleiben, weil der Fördergeber, der ja insofern Herr des Verfahrens ist, seine Fördermittel entsprechend seinen Vorstellungen eingesetzt und der Vermieter sich an diese Vorgabe gehalten hat.[765]

230 Umgedreht hat eine Anrechnung immer und solange zu erfolgen, wie der Vermieter in den Genuss einer Zinsvergünstigung kommt.[766] Diese muss er dauerhaft an den Mieter weitergeben.[767] Dabei sind folgende Fallgestaltungen denkbar:

2. Anrechnungsdauer während befristeter Förderdauer

231 **a) Nach einer Modernisierung,** die auch nach Anrechnung der Drittmittel noch zu einer zulässigen Überschreitung der ortsüblichen Vergleichsmiete um 20% geführt hat, **steigt die ortsüb-**

[759] *Schach* in Kinne/Schach/Bieber, § 558 BGB Rdn. 58h unter ausdrücklicher Aufgabe seiner in der Vorauflage vertretenen abweichenden Ansicht.

[760] Zur Ausnahme bei preisgebundenem Wohnungsbau in einigen Bundesländern s. § 559 BGB Rdn. 178.

[761] KG RE vom 22. 1. 1998, NZM 1998, 225.

[762] KG RE v. 15. 9. 1997, NZM 1998, 107.

[763] LG Berlin GE 1997, 238; *Emmerich* in Staudinger § 558 BGB Rdn. 41 f.; *Maciejewski* MM 1998, 97; offen gelassen von BGH (VIII ZR 282/03) NZM 2004, 655 = MietPrax-AK § 558 BGB Nr. 5–8 m. Anm. *Börstinghaus.*

[764] LG Berlin GE 2008, 734, GE 1997, 340; AG Tempelhof-Kreuzberg GE 1997, 435.

[765] LG Berlin GE 1996, 1547, GE 1997, 1997, 239.

[766] BGH (VIII ZR 179/08) NJW 2009, 1737 = MietPrax-AK § 558 BGB Nr. 22 m. Anm. *Börstinghaus; ders.* WuM 2009, 339; *Beuermann* GE 2009, 620.

[767] LG Berlin MM 1990, 229.

liche Vergleichsmiete für die modernisierte Wohnung in der Folgezeit an und ist nun höher als die gem. § 559 BGB erhöhte Miete.

Beispiel: Der ortsübliche Vergleichsmietzins beträgt für die renovierte Wohnung im Jahr 2014 4 €/m². Auf Grund einer Modernisierung und unter Anrechnung eines monatlichen Kürzungsbetrages wegen Zinsvergünstigung von 0,50 €/m² beträgt die Miete im Jahr 2020 4,80 €/m². Im Jahr 2024 beträgt die ortsübliche Vergleichsmiete bereits 5,25 EUR.

Würde man hier den Kürzungsbetrag von 0,50 €/m² von der ortsüblichen Miete abziehen, dann läge die maßgebliche Miete mit 4,75 €/m² unter der seit 4 Jahren geschuldeten Miete von 4,80 €/m². Solange der Vermieter tatsächlich in Genuss der Förderung kommt, sind die Drittmittel tatsächlich abzuziehen, da der Vermieter wirtschaftlich mehr als die 5,25 €/m² erhält, nämlich 4,80 €/m² vom Mieter und 0,50 €/m² Subvention. Daraus folgt, dass die Anrechnung der Drittmittel auch bei späteren Mieterhöhungen zu erfolgen hat, solange die Zinsverbilligung gewährt wird.[768]

b) Nach einer Modernisierung erhöht der Vermieter die Miete auf die ortsübliche Vergleichsmiete abzüglich des Kürzungsbetrages. In der Folgezeit steigt die ortsübliche Vergleichsmiete für die modernisierte Wohnung an. 232

Beispiel: Die ortsübliche Vergleichsmiete beträgt für eine renovierte Wohnung im Jahr 2017 4 €/m². Der Vermieter erhöht die Miete gem. § 558 BGB unter Anrechnung von Drittmitteln monatlich wegen Zinsvergünstigung von 0,50 €/m² auf 3,50 €/m². Im Jahre 2020 beträgt die ortsübliche Vergleichsmiete bereits 5 €.

Auch hier ist der Kürzungsbetrag solange anzurechnen, wie dem Vermieter die Zinsvergünstigung von 0,50 €/m² tatsächlich zufließt. Mit Ende des Förderzeitraums entfällt auch die Anrechnungspflicht. Dabei ist es unerheblich, ob nach der Modernisierung eine oder mehrere Mieterhöhungen nach § 558 BGB durchgeführt wurden.[769] Hätte der Vermieter nämlich eine Mieterhöhung nach § 559 BGB vorgenommen, dann hätte die Anrechnung der Drittmittel ebenfalls fortgewirkt. Soweit die Miete vor der Mieterhöhung nach § 559 BGB noch nicht die ortsübliche Vergleichsmiete für nicht renovierte Wohnungen erreicht hatte, stand es dem Vermieter frei, sowohl ein Zustimmungsverlangen gem. § 558 BGB bis zur ortsüblichen Vergleichsmiete für nicht renovierte Wohnungen zu stellen und außerdem eine Mieterhöhung nach § 559 BGB unter Anrechnung der Drittmittel vorzunehmen. Hat er einheitlich die Miete nach § 558 BGB auf die ortsübliche Vergleichsmiete für modernisierte Wohnungen erhöht, dann hat er die beiden zuvor genannten Schritte auf einmal getan. Das ändert aber nichts daran, dass bei weiteren Mieterhöhungen nur der Weg nach § 558 BGB möglich ist und unabhängig vom ersten Schritt nach der Modernisierung für die Zeit der Förderung eine Anrechnung stattzufinden hat.

3. Anrechnungsdauer bei unbefristeter Förderung

Beiden zuvor geschilderten Fallgestaltungen ist gemein, dass die Förderung selbst befristet ist. 233
Hier ergibt sich die Dauer der Anrechnungspflicht aus der Förderdauer.[770] Anders sieht es aber bei der Dauer der Anrechnung von Kürzungsbeträgen nach § 558 Abs. 5 Hs. 2 BGB aus, also wenn es sich um die Anrechnung von Kürzungsbeträgen auf Grund von **Baukostenzuschüssen** oder **Tilgungszuschüssen**[771] handelt. Solche Zuschüsse führen bei einer Mieterhöhung nach § 559 BGB dazu, dass der Bauaufwand, den der Vermieter mit 11% auf den Mieter umlegen kann, bereits verringert wird. Die Mieterhöhung nach § 559 BGB fällt daher geringer aus. Da eine Mieterhöhung nach § 559 BGB vor allem dann von Interesse ist, wenn sie zu einer Miete führt, der über der ortsüblichen Vergleichsmiete liegt, bedeutet dies, dass Mieterhöhungen nach § 558 BGB solange ausgeschlossen sind, bis die ortsübliche Vergleichsmiete für den modernisierten Wohnraum die gem. § 559 BGB erhöhte Miete übersteigt. Dann ist aber eine Mieterhöhung nach § 558 BGB wieder möglich. Würde man Drittmittel wegen Baukostenzuschüssen ohne jede zeitliche Beschränkung bei allen zukünftigen Mieterhöhungen in Abzug bringen,[772] so würde völlig unberücksichtigt bleiben, dass die Mieterhöhung gem. § 559 BGB völlig in der Mieterhöhung nach § 558 BGB aufgeht

[768] BGH (VIII ZR 179/08) NJW 2009, 1737 = MietPrax-AK § 558 BGB Nr. 22 m. Anm. *Börstinghaus; ders.* WuM 2009, 339; *Beuermann* GE 2009, 620.
[769] BGH (VIII ZR 179/08) NJW 2009, 1737.
[770] BGH (VIII ZR 179/08) NJW 2009, 1737.
[771] AG Neubrandenburg WuM 2017, 148.
[772] So *Kunze/Tietzsch* Miethöhe, II, 314; *dies.* WuM 1997, 308; *dies.* WuM 2003, 423, 426.

und nicht als gesonderter Zuschlag weitergeführt wird.[773] Der Modernisierungszuschlag wird ab Fälligkeit **Teil der geschuldeten einheitlichen Miete.**[774] Dies ergibt sich aus dem Wortlaut des § 559 Abs. 1 BGB, wonach der Vermieter berechtigt ist, eine Erhöhung der jährlichen Miete um 11% der auf die Wohnung aufgewandten Kosten zu verlangen. Deshalb ist schon die Prämisse, der Mieter zahle in den ersten 9 Jahren nach der Mieterhöhung an den Vermieter die gesamten Baukosten und anschließend erhalte der Vermieter eine Rendite von 11% des eingesetzten Kapitals, falsch.[775] Diese wäre nur dann richtig, wenn der Zuschlag von 11% der Baukosten ohne zeitliche Beschränkung zur ortsüblichen Vergleichsmiete hinzuzurechnen wäre. Dann wäre es richtig, diesen Zuschlag um 11% des Baukostenzuschusses zu kürzen. Dies ist aber nicht der Fall. Die Mieterhöhung gem. § 559 BGB wird von Jahr zu Jahr bedeutungsloser. Allenfalls die verbesserte Beschaffenheit der Wohnung führt dazu, dass die ortsübliche Vergleichsmiete ggf. etwas höher ausfällt, als ohne die Modernisierungsarbeiten. Die Auswirkungen sind dabei aber völlig unterschiedlich. Während der Einbau eines Badezimmers nachhaltig die Miete erhöht, führen gleich hohe Investitionen in den Wärmeschutz auch heute noch erfahrungsgemäß zu nur sehr viel geringeren Steigerungen der ortsüblichen Vergleichsmiete.

234 Da somit die Prämisse, die für eine dauernde Anrechnung spricht, tatsächlich nicht richtig ist, muss versucht werden, ein unter **verfassungsrechtlichen Gesichtspunkten** vertretbares Ergebnis zu finden.[776] Eine Anrechnung der Drittmittel in diesen Fällen ohne jede zeitliche Beschränkung würde das Mieterhöhungsrecht des Vermieters selbst in den Fällen beschränken, in denen auf Grund des durch die Baumaßnahme geschaffenen Zustands selbst eine höhere ortsübliche Vergleichsmiete gar nicht oder zumindest geringer als die Drittmittel ausfallen, erzielbar wäre. Dies würde aber in den Eigentumsbereich des Art. 14 GG eingreifen.[777] Der Vermieter hat ja gerade nichts mehr von der Investition. Ihm wird vielmehr in einem eigentlich dem freien Spiel der Marktkräfte unterliegenden Markt ein Teil der erzielbaren Rendite genommen. Deshalb muss auch hier eine zeitliche Befristung der Anrechnung erfolgen, um einen Verfassungsverstoß zu vermeiden. Sind verschiedene Deutungen einer Norm möglich, dann ist derjenigen der Vorzug zu geben, die mit der Verfassung in Einklang steht.[778] Der Vermieter soll durch die Förderung nicht bessergestellt werden, er darf aber auch nicht schlechter gestellt werden.[779] Deshalb ist eine **verfassungskonforme Auslegung** und teleologische Reduktion der Vorschrift erforderlich, die zu der gebotenen Einschränkung führt.[780]

235 Eine allen Fällen gleichermaßen gerecht werdende Frist gibt es im Prinzip nicht.[781] Dies liegt daran, dass die ortsübliche Vergleichsmiete von den verschiedenen Wohnwertmerkmalen sehr unterschiedliche beeinflusst wird und deshalb bei völlig gleichem Bauaufwand für eine Modernisierung die erzielbare Miete später ganz unterschiedlich ist. Es kann also nur darum gehen, eine Frist zu finden, die unter verfassungsrechtlichen Gesichtspunkten im Rahmen einer teleologischen Beschränkung noch hinnehmbar ist. Dabei kann auch auf ähnliche Vorschriften zurückgegriffen werden. Zunächst besagt § 559 BGB selbst, dass der Gesetzgeber unter Ansatz einer marktüblichen Verzinsung von ca. 3,5% des eingesetzten Kapitals von einer **Frist von ca. 12 Jahren** ausgeht, innerhalb derer der Vermieter sein Kapital und eine angemessene Verzinsung zurückerhält. Diese Frist

---

773 BGH (VIII ZR 331/06) NZM 2008, 124 = NJW 2008, 848 = MietPrax-AK § 558a BGB Nr. 11 m. Anm. *Börstinghaus;* dazu auch *Börstinghaus* BGHReport 2008, 59; *Schach* GE 2008, 20; LG München WuM 1996, 43.

774 BGH (VIII ZR 331/06) NZM 2008, 124; LG München WuM 1996, 43; LG Frankfurt PE 1996, 154; LG Essen WuM 1994, 217; LG Hamburg WuM 1989, 82, WuM 1985, 229; AG Lichtenberg GE 2004, 629, MM 2001, 106; AG Mühlheim WuM 1990, 221; *Langenberg* PiG 40, 59, 63; *Sternel* Mietrecht, III, 764; *Emmerich* in Staudinger § 559 Rdn. 38 und § 559b BGB Rdn. 18; *Lammel* § 559b BGB Rdn. 25; *Both* in Herrlein/Kandelhard Vorbem. vor §§ 559 bis 559b BGB Rdn. 8.

775 *Beuermann* GE 1996, 1514, 1520; **a. A.** *Kunze/Tietzsch* WuM 1997, 308, 309.

776 So ausdrücklich BGH (VIII ZR 310/11) NZM 2012, 857; BGH (VIII ZR 282/03 u. a.) NZM 2004, 655 = MietPrax-AK § 558 BGB Nr. 5–8 m. Anm. *Börstinghaus.*

777 *Beuermann* GE 1996, 1514, 1520.

778 BVerfGE 2, 282; 8, 221; 48, 45; 64, 241.

779 BGH (VIII ZR 116/03) NZM 2004, 380; auch BGH (VIII ZR 282/03) NZM 2004, 655 = MietPrax-AK § 558 BGB Nr. 5–8 m. Anm. *Börstinghaus.*

780 BGH (VIII ZR 116/03) NZM 2004, 380; so auch OLG Hamm RE v. 20.10.1997, NJW-RR 1998, 153 für das frühere Sozialklauselgesetz.

781 So auch die Prämisse von *Kunze/Tietzsch* WuM 2003, 423, 426; *Artz* in MünchKomm § 558 BGB Rdn. 50 legt sich deshalb auch auf keine Frist fest, sondern lässt die Anrechnungsverpflichtung enden, wenn „der Zuschuss aufgezehrt" ist, ohne zu sagen, wie das festgestellt werden soll.

entspricht auch der Frist, die der Gesetzgeber in anderen Regelungen festgelegt hat. Zum Teil werden sogar kürzere Fristen für verlorene Zuschüsse angeordnet. In § 2 des Gesetzes über die Rückerstattung von Baukostenzuschüssen[782] ist bestimmt, dass ein Betrag in Höhe einer Jahresmiete durch eine Mietdauer von vier Jahren als getilgt gilt. Hier hat der Gesetzgeber also ausdrücklich eine Verrechnungsfrist bestimmt. Dieser Gedanke kam bereits in § 19 Abs. 2 des früheren 1. BMG sowie in § 57c Abs. 2 Satz 1 ZVG zum Ausdruck. Diese Frist ist letztendlich für den vorliegenden Fall aber wohl zu kurz und zum anderen auch nicht ausreichend im Vorhinein bestimmbar. Es bietet sich aber wegen der in § 559 BGB zum Ausdruck kommenden Frist an, auf den früheren § 57c Abs. 2 Satz 2 ZVG[783] abzustellen, wonach jedenfalls mit Ablauf von 12 Jahren solche Leistungen als getilgt anzusehen sind. Eine verfassungskonforme Auslegung kommt deshalb zu dem Ergebnis, dass **Kürzungsbeträge** auf Grund von Baukostenzuschüssen **maximal 12 Jahre**[784] nach der ersten in Betracht kommenden Mieterhöhung nach Beendigung der Modernisierungsmaßnahme nicht mehr zu berücksichtigen sind. Dies gilt ebenso für **Tilgungszuschüsse.**[785]

V. Inhalt der Mieterhöhungserklärung

Der Vermieter muss im Erhöhungsverlangen zwingend **Angaben zu den Drittmitteln** machen.[786] Es fehlt zwar in § 558a Abs. 1 BGB sowohl eine ausdrückliche Regelung wie in § 559b BGB, wonach alle Voraussetzungen der §§ 559, 559a BGB zu erläutern sind, wozu auch die Kürzungsbeträge nach § 559a BGB gehören, als auch eine Verweisung in § 558 Abs. 5 BGB gerade auf diesen § 559b Abs. 1 BGB, jedoch ergibt sich das **Begründungserfordernis** aus § 558a Abs. 1 BGB selbst. Gem. § 558a Abs. 1 BGB ist das Mieterhöhungsverlangen vom Vermieter zu begründen. Die Verpflichtung zur Begründung des Mieterhöhungsverlangens soll die Möglichkeit einer außergerichtlichen Einigung über das Mieterhöhungsbegehren fördern und überflüssige Zustimmungsklagen vermeiden helfen. Außerdem ist der Begründungszwang vom Gesetzgeber eingeführt worden, um im Rahmen der Verhandlungen über das Mieterhöhungsverlangen die Rechtssicherheit im Verhältnis zwischen Vermieter und Mieter zu erhöhen.[787] Begründen bedeutet deshalb, dass der Vermieter dem Mieter die Informationen[788] gibt, die der Mieter zum einen benötigt, die Berechtigung des Erhöhungsverlangens zu überprüfen und die er zum anderen selbst nicht hat. Beide Voraussetzungen treffen auf die Anrechnung von Drittmitteln nach § 558 Abs. 5 BGB zu. Die Anrechnung von Drittmitteln hat unmittelbar Einfluss auf eine der beiden Rechengrößen, die die 236

[782] Vom 21.7.1996 (BGBl. I S. 1041).

[783] Aufgehoben durch Art. 11 Nr. 5 G v. 22.12.2006 I 3416 mit Wirkung ab 1.2.2007.

[784] So auch ausdrücklich BGH (VIII ZR 310/11) NZM 2012, 857 = MietPrax-AK, § 558a BGB Nr. 28 m. Anm. *Börstinghaus;* zuvor hat der BGH diese Frist bereits in den Raum gestellt, ohne abschließend entscheiden zu müssen: BGH (VIII ZR 116/03) NZM 2004, 380 = MietPrax-AK § 558a BGB Nr. 4 m. Anm. *Börstinghaus; ders.* BGHReport 2004, 798; LG Görlitz WuM 2008, 489; Palandt/*Weidenkaff* § 558 BGB Rdn. 13; *Elzer* in Hdb. des Fachanwalts MuW, 5. Kap. Rdn. 260; für eine Frist von „wenigstens 10 Jahren" beginnend mit Ablauf der Bindungsfrist LG Berlin GE 2003, 591, 592; **a. A.** *Beuermann* GE 1996, 1514, 1520, der eine Frist von zehn Jahren befürwortet; ablehnend: *Kunze/Tietzsch* WuM 2003, 323, 426ff., die auf Grund einer ganz eigenen Berechnungsmethode, jetzt zu dem Ergebnis kommen, dass eine Anrechnung durchaus auch über 25 Jahre erforderlich ist; *dies.*, Miethöhe, II Rdn. 315ff.; *Schach* in Kinne/Schach/Bieber, 5. Aufl., § 558 BGB Rdn. 58h bezeichnete dies als *„nette Rechenbeispiele,* die rechtlich nicht relevant seien und die Diskussion kaum fördern können" (in der 6. Aufl. sind diese Ausführungen nicht mehr enthalten); Anrechnung auch bei Auslaufen der Förderung vor 15 Jahren LG Berlin MM 2003, 469.

[785] AG Neubrandenburg WuM 2017, 148.

[786] BGH (VIII ZR 310/11) NJW 2012, 3090 = NZM 2012, 857 = WuM 2012, 503 = MietPrax-AK, § 558a BGB Nr. 28 m. Anm. *Börstinghaus;* BGH (VIII ZR 310/11) NZM 2012, 857 = MietPrax-AK, § 558a BGB Nr. 28 m. Anm. *Börstinghaus;* BGH (VIII ZR 87/10) NZM 2011, 309 = MietPrax-AK § 558 BGB Nr. 28 m. Anm. *Börstinghaus;* BGH (VIII ZR 179/08) NJW 2009, 1737 = NZM 2009, 393 = MietPrax-AK § 558 BGB Nr. 22 m. Anm. *Börstinghaus; Beuermann,* GE 2009, 620; *Börstinghaus* WuM 2009, 339; BGH (VIII ZR 116/03) NZM 2004, 380 = MietPrax-AK § 558a BGB Nr. 4 m. Anm. *Börstinghaus;* BGH (VIII ZR 234/03) NZM 2004, 581 MietPrax-AK § 558a BGB Nr. 6 m. Anm. *Börstinghaus; ders.* BGHReport 2004, 798; KG RE v. 17.1.2002, NZM 2002, 211; LG Berlin GE 2008, 991, MM 1996, 327, MM 1990, 229; *Kunze/Tietzsch* WuM 1997, 308, 309; *Beuermann* GE 1996, 1514, 1521; *Maciejewski* MM 1998, 97; zweifelnd LG Berlin GE 1997, 240, GE 2002, 195 und 862 sowie GE 2003, 591 (dann keine Angaben, wenn keine Auswirkungen), GE 2002, 862 (keine Angaben, wenn nur Mittel für Instandsetzungsarbeiten).

[787] KG RE v. 22.2.1984, WuM 1984, 101.

[788] Deshalb reicht die bloße Angabe eines Kürzungsbetrages ohne jede Erläuterung nicht aus: AG Köpenick MM 3/2011, 30.

Höhe des Betrages bestimmen, bis zu dem der Mieter zustimmen muss. Der Anspruch wird bekanntlich beschränkt auf der einen Seite durch die Kappungsgrenze und auf der anderen Seite durch die Höhe der ortsüblichen Vergleichsmiete. Auch wenn die ortsübliche Vergleichsmiete selbst durch die Kürzungsbeträge nicht beeinflusst wird, so verringern sie den Betrag, bis zu dem der Mieter seine Zustimmung erteilen muss. Ohne die Angabe der Kürzungsmittel ist der Mieter nicht in der Lage, die Berechtigung des Mieterhöhungsverlangens zu überprüfen.[789] Der Mieter hat die erforderlichen Informationen nicht. Selbst wenn bereits bei einer vorangegangenen Mieterhöhung nach § 559 BGB oder auch nach § 558 BGB eine Anrechnung von Drittmitteln erfolgt ist, ist dem Mieter weder zuzumuten, diese Zahlen aus den Unterlagen herauszusuchen noch zu ermitteln, ob die Zahlen sich in der Zwischenzeit verändert haben.[790] Angaben müssen gemacht werden in allen Fällen, in denen der Vermieter Zuschüsse oder zinsverbilligte Darlehn gemäß § 559 a BGB erhält, also für eine Modernisierungsmaßnahme. Werden Fördermittel undifferenziert zum Zwecke der Instandsetzung und Modernisierung gewährt, muss dem Mieter jedenfalls mitgeteilt werden, wann der Vermieter welche öffentlichen Mittel zu welchem Zweck – Modernisierung oder Instandsetzung – erhalten hat, um den Mieter in die Lage zu versetzen, gegebenenfalls substantiierte Einwendungen gegen das Erhöhungsverlangen vorbringen zu können.[791]

237 Das bedeutet nicht, dass in jedem Mieterhöhungsverlangen Angaben zu den Drittmitteln enthalten sein müssen, selbst wenn gar keine Kürzungsbeträge in Betracht kommen. Ein Mieterhöhungsverlangen, in dem der Vermieter **keine Angabe zu Kürzungsbeträgen** gemacht hat, ist aus der maßgeblichen Sicht eines objektiven Empfängers auf Seiten des Mieters so zu verstehen, dass der Vermieter damit ausdrücklich erklärt, keine Fördermittel erhalten zu haben und deshalb auch keine Kürzungsbeträge in Anrechnung bringen zu müssen.[792] Dies gilt auch, wenn in einer vorangegangenen Mieterhöhung gem. § 559 BGB oder § 558 BGB noch Kürzungsmittel angegeben worden sind, die zum Zeitpunkt der neuen Mieterhöhung aber ausgelaufen sind. Eine Erläuterungspflicht hinsichtlich von Abweichungen von früheren Erklärungen gibt es nicht.[793] Die Begründungspflicht geht nicht weiter als die gesetzliche Anrechnungspflicht.[794] Nur anzurechnende Drittmittel müssen angegeben werden.[795] Keine Angaben müssen ferner bei einer Neuvermietung oder einer Mieterhöhung nach einer Neuvermietung nach Modernisierung gemacht werden, oder wenn die öffentliche Hand nur Mittel zur Instandsetzung bewilligt hat, selbst wenn diese auch für Modernisierung ausgegeben wurden[796], da hier keine Anrechnung erfolgen muss.[797] Werden Fördermittel undifferenziert zum Zwecke der Instandsetzung und Modernisierung gewährt, muss dem Mieter jedenfalls mitgeteilt werden, wann der Vermieter welche öffentlichen Mittel zu welchem Zweck – Modernisierung oder Instandsetzung – erhalten hat, um den Mieter in die Lage zu versetzen, gegebenenfalls substantiierte Einwendungen gegen das Erhöhungsverlangen vorbringen zu können.[798] Denn die gesetzlichen Regelungen in § 558 Abs. 5, § 559 a BGB sollen sicherstellen, dass dem Vermieter solche Maßnahmen nicht zugutekommen, zu deren Durchführung er öffentliche Mittel in Anspruch genommen hat. Andernfalls würde er gegenüber dem Vermieter ungerechtfertigt bessergestellt, der die Modernisierungsmaßnahmen aus eigenem Vermögen finanziert hat.[799] Auch der Erwerber muss keine Angaben machen.[800] Das Gleiche gilt, wenn die öffentliche Förderung ausgelaufen ist[801] oder die Anrechnungspflicht nach 12 Jahren nicht mehr besteht.[802]

238 Umstritten ist die Frage, ob Angaben gemacht werden müssen, wenn mit der Mieterhöhung eine Miete verlangt wird, die die **genehmigte oder vereinbarte Höchstmiete** nicht überschrei-

---

789 BGH (VIII ZR 310/11) NZM 2012, 857 = MietPrax-AK, § 558 a BGB Nr. 28 m. Anm. *Börstinghaus.*

790 LG Berlin GE 2002, 396.

791 BGH (VIII ZR 235/03) WuM 2004, 406.

792 *Beuermann* GE 1996, 1514, 1521.

793 BGH (VIII ZR 261/07) NJW 2008, 2260 (für Betriebskostenabrechnung); LG Berlin (62. ZK) GE 2008, 733, **a. A.** LG Berlin GE 2008, 991 (für Mieterhöhung).

794 BGH (VIII ZR 310/11) NZM 2012, 857 = MietPrax-AK, § 558 a BGB Nr. 28 m. Anm. *Börstinghaus.*

795 BGH (VIII ZR 87/10) NZM 2011, 309 = MietPrax-AK § 558 BGB Nr. 28 m. Anm. *Börstinghaus.*

796 LG Berlin (62.) MM 2008, 227; **a. A.** LG Berlin (63.) GE 2008, 991.

797 BGH (VIII ZR 87/10) NZM 2011, 309; LG Berlin GE 2001, 210, NJWE-MietR 1997, 148.

798 BGH (VIII ZR 235/03) WuM 2004, 406 = MietPrax-AK § 558 a BGB Nr. 7 m. Anm. *Börstinghaus.*

799 BGH (VIII ZR 116/03) NZM 2004, 380 = MietPrax-AK § 558 a BGB Nr. 4 m. Anm. *Börstinghaus.*

800 KG RE v. 15.9.1997, NZM 1998, 107.

801 LG Berlin GE 2008, 733, NJW-RR 1997, 1100; AG Tempelhof GE 1997, 435.

802 BGH (VIII ZR 116/03) NZM 2004, 380.

tet. Dies wird zum Teil verneint.[803] Das ist aber nicht richtig, da die verschiedenen Rechtsbeziehungen auseinandergehalten werden müssen. Im Verhältnis zwischen Vermieter und Mieter gelten die mieterschützenden Vorschriften der §§ 558ff. BGB; im Verhältnis des Vermieters zum Fördergeber die vertraglichen Regelungen. Der Vermieter muss zwischen den Verpflichtungen, die er auf Grund des Fördervertrages zu erfüllen hat und den mietrechtlichen Bestimmungen unterscheiden:

– Mietrechtlich darf der Vermieter nur eine Miete verlangen, die die ortsübliche Vergleichsmiete abzüglich der anzurechnenden Fördermittel nicht übersteigt; § 558ff. BGB. Nur dies ist zunächst die Bestimmung, die im Verhältnis Vermieter zum Mieter zu beachten ist. Auf diese Voraussetzungen bezieht sich die Begründungspflicht.
– Davon abzugrenzen sind die Verpflichtungen, die der Vermieter im Fördervertrag übernommen hat. Ein Verstoß hiergegen löst ggf. Schadensersatzansprüche der Bewilligungsstelle aus. Man kann allenfalls darüber nachdenken, ob der Fördervertrag ggf. auch ein Vertrag zugunsten Dritter ist, so dass der Mieter sich auch darauf berufen kann. Unmittelbar wirkt er nur zwischen Vermieter und Bewilligungsstelle.

Der Hinweis im Erhöhungsverlangen, dass die Höchstgrenzen des Fördervertrages eingehalten, genügt deshalb für eine Begründung nicht aus.[804] Denkbar ist, dass die Höchstmiete nach dem Fördervertrag (z. B. Mittelwert des Mietspiegelfeldes) höher ist als die mietrechtlich zulässige Miete unter Anrechnung der Fördermittel.

Kommen Drittmittel in Betracht, muss der Vermieter im Erhöhungsverlangen die **Berechnungsgrundlagen** zur Errechnung der Kürzungsbeträge angeben; hierzu gehört die Angabe, wann er welche Mittel, zu welchem Zweck – Modernisierung oder Instandsetzung – gegebenenfalls zu welchem Zinssatz erhalten hat.[805] Die bloße Mitteilung des Berechnungsergebnisses genügt nicht.[806] Anschließend muss der Vermieter darlegen, welche Konsequenzen das für das konkrete Erhöhungsverlangen hat, also welche Kürzungsbeträge bei dem konkreten Erhöhungsverlangen anzurechnen sind. Hat der Vermieter den Abzugsbetrag als Jahresbetrag ausgewiesen kann noch im Zustimmungsverfahren eine Umrechnung auf den Monatsbetrag erfolgen.[807] Das Erhöhungsverlangen ist selbst dann formell unwirksam, wenn der Vermieter in der Begründung zwar auf die Inanspruchnahme einer öffentlichen Förderung für die Modernisierung der Wohnung und die dadurch veranlasste Kürzung der Mieterhöhung hinweist, den Kürzungsbetrag jedoch nicht nachvollziehbar erläutert. Dies gilt auch dann, wenn der Hinweis auf einem Versehen beruht, weil eine solche Förderung in Wirklichkeit nicht erfolgt und deshalb eine Kürzung nicht erforderlich ist.[808] Diese Angaben sind auch nicht deshalb entbehrlich, weil sie bereits in dem früheren Mieterhöhungsschreiben gem. § 559b BGB enthalten waren. Denn der Vermieter kann nicht davon ausgehen, dass dem Mieter dieses Schreiben noch vorliegt. 239

Problematisch ist die Abfassung des **Erhöhungsverlangens bei degressiver Förderung.** Die Zinsvergünstigung ist in diesen Fällen nicht gleichbleibend, sondern fallend. Manche Förderprogramme fördern in den ersten Jahren stärker als später. Bei einer Mieterhöhung nach § 559 BGB muss der Vermieter bereits in der ersten Mieterhöhung nach § 559 BGB diese fallenden Kürzungsbeträge angeben, so dass er in dieser Erklärung bereits jeweils angeben muss, wie hoch die Miete nach der Mieterhöhung nach § 559 BGB in den einzelnen Monaten ist.[809] Der Vermieter kann nämlich zu dem Zeitpunkt, zu dem die Kürzungsbeträge sich verringern oder ganz entfallen, keine Mieterhöhung nach § 559 BGB durchführen. § 559 BGB setzt voraus, dass eine Modernisierungsmaßnahme stattgefunden hat. Dies ist zum Zeitpunkt der Mieterhöhung wegen Wegfalls von Subventionen nicht der Fall. Die damalige Modernisierung kann nicht nochmals Anlass für eine Mieterhöhung sein. Da der Vermieter zum Zeitpunkt der Mieterhöhung nach einer Modernisierung weiß, in welcher Weise sich die Subventionen entwickeln, muss er bereits in der Mieterhöhung nach § 559 BGB angeben, wie sich die Drittmittel verringern. Wählt der Vermieter den Weg über § 558 BGB nach einer Modernisierung, dann ist der Sachverhalt aber ein völlig anderer. Der Ver- 240

[803] Keine Angaben verlangen LG Berlin GE 2003, 591, GE 2000, 677, GE 2002, 195, GE 1997, 239; dazu *Schach* GE 2002, 842; **a. A.** LG Berlin GE 2003, 1020.
[804] BGH (VIII ZR 234/03) NZM 2004, 581 = MietPrax-AK § 558a BGB Nr. 6 m. Anm. *Börstinghaus.*
[805] LG Berlin GE 2008, 991.
[806] BGH (VIII ZR 235/03) WuM 2004, 406.
[807] LG Berlin GE 2011, 1232 mit zust. Anm. *Kinne* GE 2011, 1204.
[808] BGH (VIII ZR 234/03) NZM 2004, 581; LG Görlitz WuM 2008, 489; LG Berlin (63.) GE 2008, 991.
[809] So auch Bub/Treier/*Schultz* Kap. III. A Rdn. 1176; *Rupp* ZMR 1977, 323.

mieter kann jeweils nach 15 Monaten eine Mieterhöhung bis zur ortsüblichen Vergleichsmiete abzüglich der Drittmittel verlangen. Somit kann der Vermieter selbst dann, wenn die ortsübliche Vergleichsmiete nicht steigen sollte, vom Mieter eine Zustimmung verlangen, wenn demgegenüber die Drittmittel sich verringert haben. Daraus folgt, dass der Vermieter dem Mieter zwar im Rahmen der Begründung des Mieterhöhungsverlangens angeben muss, wie die Subventionen sich entwickeln werden, er muss aber vom Mieter nicht die Zustimmung zu zeitlich weit in der Zukunft liegenden Zeitpunkten verlangen. Er kann jeweils unter Beachtung der übrigen Voraussetzungen des § 558 BGB ein neues Erhöhungsverlangen stellen und dabei den veränderten Kürzungsbeträgen Rechnung tragen.

241 Bei der Beurteilung der **Rechtsfolgen von Fehlern** muss unterschieden werden:

242 **1.** Sind die **Tatsachen** bereits **falsch,** also hat der Vermieter ganz oder teilweise verschwiegen, anrechnungspflichtige Fördermittel erhalten zu haben, dann ist das Mieterhöhungsverlangen insgesamt formell unwirksam.[810] Dies ergibt sich daraus, dass der Gesetzgeber für das Erhöhungsverlangen nur Minimalanforderungen an die Einhaltung der Formalien aufgestellt hat. Nur wenn der Vermieter auf jede Begründung verzichtet hat oder wenn er in seinem Erhöhungsverlangen von falschen Tatsachen ausgeht, ist das Erhöhungsverlangen unwirksam.[811] Eine darauf gestützte Zustimmungsklage ist als unzulässig abzuweisen.[812] Der Vermieter kann aber während des Prozesses ein neues Mieterhöhungsverlangen gem. § 558b Abs. 3 BGB nachholen.[813] Dazu kann er entweder ein ganz neues Mieterhöhungsverlangen stellen oder lediglich dem Mieter die fehlenden Informationen noch mitteilen. Beides löst eine neue Überlegungsfrist aus (s. dazu § 559b BGB Rdn. 162ff.).

243 Hat der Mieter einem solchen unwirksamen Mieterhöhungsverlangen zugestimmt, stellt sich die Frage, ob durch die Zustimmung eine **Mietabänderungsvereinbarung gem. § 557 Abs. 1 BGB** zustande gekommen ist. Der Inhalt der Erklärung ist i. d. R. eindeutig. Der Vermieter will seinen gesetzlichen Anspruch auf Zustimmung zu einer Vertragsänderung durchsetzen. Die Willenserklärung des Vermieters bedarf deshalb keiner Auslegung (§ 133 BGB). Um eine Auslegung geht es daher nicht, sondern allenfalls um eine Umdeutung (§ 140 BGB), hier dahin, dass die Erhöhungserklärung im Falle ihrer Unwirksamkeit als Vertragsantrag gelten solle (§ 145 BGB). Ob eine solche **Umdeutung** in Betracht kommt, hängt von den Umständen des Einzelfalles ab.[814] Nach § 140 BGB ist eine Umdeutung möglich, wenn anzunehmen ist, dass bei Kenntnis der Unwirksamkeit des ursprünglichen Rechtsgeschäftes die Geltung des anderen Rechtsgeschäfts – hier Vertragsantrag – gewollt sein würde. Da ein Vertragsangebot gem. § 557 Abs. 1 BGB auf Abschluss einer Mietabänderungsvereinbarung ein Minus im Vergleich zum gesetzlichen Zustimmungsanspruch ist und das Interesse des Vermieters erkennbar nur darauf gerichtet ist, eine vertragliche Änderung der Miete zu vereinbaren, dürfte in aller Regel eine Zustimmung zu einem unwirksamen Mieterhöhungsverlangen eine Vertragsänderung bewirken.[815] Dabei ist es unerheblich, ob der Mieter ausdrücklich zustimmt oder ob eine konkludente Zustimmung durch Zahlung vorliegt. Da der Vermieter den Mieter auch bei einem unter falscher oder fehlender Angabe von Drittmitteln abgegebenen Erhöhungsverlangen zur Abgabe einer Zustimmungserklärung aufgefordert[816] hat, darf der Vermieter die Zahlung auch als Zustimmung verstehen.[817] Die Tatsache, dass das Mieterhöhungsverlangen unwirksam war, weil es den formellen oder materiellen Anforderungen des § 558 BGB nicht entsprach, steht einer konkludenten Vereinbarung nach § 557 Abs. 1 BGB nicht entge-

---

[810] BGH (VIII ZR 116/03) NZM 2004, 380; LG Berlin GE 2008, 991, MM 2003, 472, MM 1996, 327, MM 1990, 229; *Maciejewski* MM 1998, 97; *Kunze/Tietzsch* WuM 1997, 308, 309; *Beuermann* GE 1996, 1514, 1521.

[811] BVerfGE 53, 352; BGHZ 84, 392; KG RE vom 22.2.1984 WuM 1984, 101; *Emmerich* in Staudinger § 558a BGB Rdn. 19a; *Schach* GE 2002, 842.

[812] BGH (VIII ZR 234/03) NZM 2004, 581.

[813] *Kunze/Tietzsch* WuM 1997, 308, 309.

[814] KG negRE WuM 1982, 289; *Emmerich* in Staudinger § 558a BGB Rdn. 13, 61.

[815] LG Wiesbaden WuM 1993, 196; *Emmerich* in Staudinger § 558a BGB Rdn. 13, 61.

[816] Anders ist es jedoch dann, wenn der Vermieter einseitig die Miete erhöht, also keine Zustimmung zu einer Mieterhöhung verlangt. In diesem Fall ist die Zahlung keine Zustimmung: BGH (VIII ZR 199/04) NZM 2005, 735; *Artz* ZMR 2006, 165; LG München II WuM 1996, 624; LG Hamburg WuM 1989, 580; AG Flensburg WuM 1991, 356.

[817] So auch BGH NJW 1998, 445.

gen.[818] Dies gilt auch für Erhöhungsverlangen, in denen entgegen § 558 Abs. 5 BGB die Kürzungsbeträge wegen Inanspruchnahme öffentlicher Mittel nicht angegeben wurden, da hier eine gesetzliche Mietpreisbindung gerade nicht vorliegt,[819] sondern nur eine vertragliche Bindung gegenüber der Förderstelle. Die vom Vermieter gegenüber der Förderstelle eingegangene Verpflichtung, den Förderbetrag bei der Mietberechnung zu berücksichtigen, führt nicht zur zivilrechtlichen Unwirksamkeit von Vereinbarungen zwischen Vermieter und Mieter. Der Mieter ist bei Verstößen des Vermieters gegen § 14 ModEnG ausreichend durch den Rückerstattungsanspruch nach § 16 ModEnG geschützt, die Förderstelle kann ihrerseits die Förderung gem. § 18 ModEnG widerrufen.

Dem Mieter kann aber gegenüber dem Vermieter ein **Schadensersatzanspruch gem. §§ 241 Abs. 2, 280 BGB** zustehen. Dies setzt voraus, dass der Vermieter schuldhaft gegen eine ihm obliegende Verpflichtung verstoßen hat. Zu den Pflichten des Vermieters gehört es im Rahmen eines Mieterhöhungsverlangens, wahrheitsgemäße und vollständige Angaben zu machen. Der Mieter muss darauf vertrauen können, dass zumindest die Tatsachen richtig sind, auch wenn dann ggf. Vermieter und Mieter unterschiedliche Rechtsfolgen aus diesen Tatsachen ziehen. Es reicht, wenn der Vermieter insofern leicht fahrlässig gehandelt hat. Leichte Fahrlässigkeit liegt bereits dann vor, wenn der Vermieter erkennen konnte, dass eine Anrechnung unter Umständen in Betracht kommen konnte. Wenn nach einer vertretbaren Auffassung eine Anrechnung der Drittmittel in Betracht kommt, muss der Vermieter dem Mieter die Information zukommen lassen, damit dieser dann entscheiden kann, ob er der vom Vermieter vertretenen Auffassung folgen will, wonach eine Anrechnung ausscheidet oder ob er es auf einen Prozess ankommen lassen will. Nur wenn eine Anrechnung erkennbar ausscheidet (s. o. Rdn. 217 ff.), kann der Vermieter auf die Angaben verzichten, so dass er auch nicht schuldhaft gehandelt hat. Ein **Schaden** ist dem Mieter aber nur dann entstanden, wenn tatsächlich eine Anrechnung hätte erfolgen müssen. Der Anspruch richtet sich darauf, dass der Mieter so gestellt werden muss, wie er bei Kenntnis von der Anrechnung der Drittmittel gestanden hätte. Das bedeutet nicht, dass der Vermieter dem Mieter nur die Beträge zurückerstatten muss, die der Mieter unter Berücksichtigung der Drittmittelanrechnung nicht hätte zahlen müssen. Diese würde nämlich dazu führen, dass man im Rahmen des Schadensersatzanspruchs davon ausgehen würde, dass der Vermieter die notwendigen Angaben im Erhöhungsverlangen gemacht hätte. Dies ist aber falsch.[820] Auszugehen ist von dem Fall, dass der Vermieter die Angaben nicht gemacht hat und der Mieter dies erkennt. In diesem Fall besteht aber gar kein Zustimmungsanspruch des Vermieters, weil das Erhöhungsverlangen unwirksam ist. Der Mieter hätte dann nicht zugestimmt, so dass auch kein Mietabänderungsvertrag zustande gekommen wäre. Also ist der Schadensersatzanspruch darauf gerichtet, dass der Vermieter einer **rückwirkenden Vertragsabänderung** zustimmt. Der Mietabänderungsvertrag ist von Beginn an aufzuheben. Damit hat der Mieter auch die Erhöhungsbeträge rechtsgrundlos gezahlt, sie sind vom Vermieter zurückzuzahlen.[821] Da der Vermieter die günstige Rechtsstellung unredlich erworben hat, handelt er rechtsmissbräuchlich, wenn er aus dem Abänderungsvertrag Rechte herleitet. Es liegt eine **rechtsvernichtende Einwendung** vor.[822] Nicht erforderlich ist, dass der Mieter diese ausdrücklich einredeweise geltend macht; es genügt, dass das Gericht die notwendigen Tatsachen kennt. Soweit der BGH[823] bei längerer rechtsgrundloser Zahlung wegen formeller Mängel des Erhöhungsschreibens bei materieller Berechtigung des Vermieteranspruchs die Grundsätze des Fehlens der Geschäftsgrundlage anwendet, gilt das hier nicht, da der Fehler einseitig in den Risikobereich des Vermieters fällt. 244

2. Hat der Vermieter zwar die Tatsachen, die für die Beurteilung der Frage, ob eine Anrechnung von Kürzungsbeträgen zu erfolgen hat oder nicht, alle richtig mitgeteilt, hat er aber diese **Tatsachen rechtlich falsch angewandt,** ändert dies an der Wirksamkeit des Erhöhungsverlangens nichts. So kann der Vermieter z. B. die Anrechnung der Drittmittel auf Grund einer Zinsverbilligung deshalb falsch vorgenommen haben, weil er von einem falschen Stichtag für die Ermittlung des Zinssatzes für erstrangig abgesicherte Darlehen ausgegangen ist. Ferner kann er die Drittmittel 245

---

818 BGH NJW 1998, 445, 447; *Weitemeyer* in Staudinger § 557 BGB Rdn. 31; *Kossmann/Meyer-Abich,* Hdb. d. Wohnraummiete, § 154 Rdn. 9.

819 BGH NJW 1998, 445, 447.

820 *Beuermann* GE 1996, 1514, 1521.

821 **A. A.** wohl OLG Hamm NZM 1998, 300 (für Mieterhöhung nach WoBindG statt MHG); LG Essen WuM 2000, 254.

822 Palandt/*Grüneberg* § 242 BGB Rdn. 41.

823 BGH (VIII ZR 160/09) NJW 2010, 1663.

bei Zuschüssen zu den Baukosten nicht angerechnet haben, weil er von einer kürzeren als der hier vertretenen 12 Jahresfrist ausgegangen ist. Solche Fehler führen nicht zur Unwirksamkeit des Erhöhungsverlangens. Insofern gilt das Gleiche als wenn der Vermieter eine zu hohe Vergleichsmiete angegeben hat. Auch in diesem Fall ist das Erhöhungsverlangen bis zur materiell richtigen Höhe wirksam. So ist es auch hier. Hat der Mieter einem solchen Erhöhungsverlangen zugestimmt, ist die Zustimmung in voller Höhe wirksam. Schadensersatzansprüche scheiden in diesem Fall i. d. R. aus, es sei denn, der Vermieter hat die Rechtslage zur Täuschung des Mieters bewusst falsch dargestellt. Die Tatsache, dass der Vermieter das in dieser Hinsicht äußerst komplizierte Miethöherecht anders ausgelegt hat, als der Mieter oder später ein Gericht, ist für sich allein nicht schuldhaft.

G. Nachteilige Vereinbarungen

246 Nach § 558 Abs. 6 BGB sind abweichende **Vereinbarungen zum Nachteil des Mieters** unwirksam. Die Vorschrift ist eigentlich überflüssig, da bereits gem. § 557 Abs. 4 BGB alle nachteiligen Vereinbarungen im Bereich der Mieterhöhungen unwirksam sind. Gem. § 557 Abs. 3 BGB kann der Vermieter Mieterhöhungen im Bestand nur unter den Voraussetzungen der §§ 558–560 BGB verlangen. Das bedeutet dann aber auch, dass dies nur unter den in der Vorschrift des § 558 BGB genannten Voraussetzungen möglich ist und jede Abweichung hiervon zu Lasten des Mieters auch gegen § 557 Abs. 4 BGB verstößt. Zur Frage wann eine Vereinbarung vorliegt und den allgemeinen Voraussetzungen s. deshalb § 557 BGB Rdn. 73.

I. Unzulässige Vereinbarungen

247 Unwirksam sind alle Vereinbarungen, die von den Voraussetzungen der § 558 Abs. 1–5 BGB zum Nachteil des Mieters in materieller, formeller oder tatsächlicher Hinsicht abweichen. Abweichungen insbesondere von den Formalien der Mieterhöhung sind nach den §§ 558a Abs. 5 und § 558b Abs. 4 jeweils i. V. m. § 557 Abs. 4 BGB unwirksam.

248 Unwirksam sind alle Vereinbarungen, die die Möglichkeit beinhalten, dass dem Vermieter Erleichterungen von den materiellen Voraussetzungen des § 558 BGB eingeräumt werden.

1. Jahressperrfrist

249 Jede **Verkürzung der Jahressperrfrist** ist unwirksam. Hierzu zählt nicht nur die ausdrückliche Vereinbarung einer kürzeren Sperrfrist,[824] sondern vor allem auch jede Vereinbarung, die den Fristbeginn vorverlegt. Die Jahressperrfrist beginnt mit dem Tag, von dem an die konkreten Vertragspartner die Miete zahlen mussten. Die Vereinbarung, dass die Jahresfrist bereits mit Vertragsschluss beginnt ist deshalb ebenso unwirksam, wie die Vereinbarung bei Vertragseintritt eines Dritten, dass hierdurch die Jahressperrfrist nicht ausgelöst werde.[825] Wirksam sind dagegen alle Vereinbarungen, die die Sperrfrist verlängern.[826] Dies ergibt sich aus § 557 Abs. 3 BGB.

2. Kappungsgrenze

250 Die Vereinbarung eines von § 558 Abs. 3 BGB nach oben **abweichenden Prozentsatzes** ist nicht möglich. Ferner ist es nicht möglich zu vereinbaren, dass bestimmte Mieterhöhungen, z. B. auf Grund einer Mietabänderungsvereinbarung auf die Kappungsgrenze nicht angerechnet werden. Ebenso unzulässig ist jede Verschiebung des Fristbeginns zur Berechnung der Dreijahresfrist, z. B. eine Vereinbarung im Rahmen eines Verkaufs eines Gebäudes, wonach die Dreijahresfrist erst mit Eigentumserwerb des Käufers zu laufen beginnt.

3. Ortsübliche Vergleichsmiete

251 Die Vereinbarung einer anderen Definition der ortsüblichen Vergleichsmiete ist unwirksam. Deshalb kann weder vereinbart werden, dass der Mieter die Marktmiete oder auch die Kostenmiete schuldet. Unwirksam sind ferner Vereinbarungen, die unrichtige tatsächliche Verhältnisse zu Lasten

---

[824] *Weitemeyer* in Staudinger § 557 BGB Rdn. 73; *Emmerich* in Staudinger § 558 BGB Rdn. 6a.
[825] LG Berlin GE 1997, 185.
[826] LG Hamburg WuM 1976, 187.

des Mieters festschreiben sollen und dazu führen, dass dem Vermieter unter Berücksichtigung der richtigen objektiven Gegebenheiten eine höhere Gegenleistung zugutekommt.[827] Dies ist z. B. dann der Fall, wenn die Parteien im Mietvertrag eine **größere Wohnfläche** vereinbaren, als tatsächlich vorhanden ist. In diesem Fall ist die richtige Wohnungsgröße maßgeblich.[828] Aus der Gesetzesgeschichte und dem systematischen Zusammenhang ergibt sich eindeutig, dass die ortsübliche Vergleichsmiete allein anhand objektiver Kriterien[829] zu ermitteln ist. Vereinbarungen über die Miethöhe können die Parteien nur bei Abschluss des Mietvertrages im Rahmen einer Staffel- oder Indexmiete oder später einvernehmlich gem. § 557 Abs. 1 BGB treffen. Die Festschreibung der Einordnung einer Wohnung in ein bestimmtes **Rasterfeld des Mietspiegels** oder der maßgeblichen Merkmale ist unwirksam,[830] da sich die Wohnwertmerkmale durchaus ändern können. So kann sich die Lageklasse generell innerhalb einer Gemeinde verschieben, z. B. durch Errichtung neuer Stadtteile, Wohnumfeldverbesserungen aber auch durch Ausbau von Flughäfen oder Industrieunternehmen. Möglich ist auch, dass konkrete Lagenachteile im Einzelfall nur die Lage der Vertragswohnung verschlechtern, z. B. durch Eröffnung eines Bordells in unmittelbarer Nähe. Deshalb ist die Vereinbarung, dass die Wohnlage als „gut" einzustufen ist[831], ebenso unwirksam wie die Vereinbarung, dass bei einem Einfamilienhaus jeweils der Oberwert des Mietspiegelfeldes gelten soll.[832]. Das Gleiche gilt für die Vereinbarung verbindlicher Ausstattungs- oder Beschaffenheitsklassen. Auch hier besteht die abstrakte Gefahr, dass solche Vereinbarungen zukünftigen Beschreibungen eines solchen Wohnwertmerkmals im Mietspiegel nicht mehr entsprechen, z. B. weil in Zukunft zu einer guten Ausstattung nach den empirischen Feststellungen ein Kabelanschluss oder eine Badezimmerausstattung mit farbigen Sanitäreinrichtungen gehört. Ebenso unwirksam ist die Vereinbarung wonach ein bestimmtes Ausstattungsmerkmal, das der Mieter geschaffen hat, nach Ablauf einer bestimmten Zeit bei der Ermittlung der ortsüblichen Vergleichsmiete mitberücksichtigt werden soll.[833] Auch „Rahmenvereinbarungen" wonach die Miete für ein Einfamilienhaus mit den Werten eines Mietspiegels für Geschosswohnungen erhöht werden darf, sind unzulässig, da die Mieten für Einfamilienhäuser nach ganz anderen Kriterien ermittelt werden (§ 558a BGB Rdn. 35).[834]

Auch die Vereinbarung bestimmter **Zuschläge, für den Fall bestimmter Nutzungserweiterungen** ist unwirksam. Deshalb ist die Vereinbarung eines Untermietzuschlages für den Fall einer späteren Untervermietung bereits im Mietvertrag unzulässig.[835] Der Vermieter darf nämlich gem. § 553 BGB nur unter den dort aufgezählten Voraussetzungen seine Zustimmung von einer angemessenen Erhöhung der Miete abhängig machen. Eine generelle Erhöhung der Miete bedeutet i. S. d. § 553 Abs. 3 BGB eine zum Nachteil des Mieters getroffene und deshalb unzulässige Vereinbarung. 252

Unzulässig sind auch alle Vereinbarungen im Zusammenhang mit der Anrechnung von Drittmitteln, die von den gesetzlichen Anrechnungsvorschriften des §§ 558 Abs. 5 BGB und § 559a BGB zu Lasten des Mieters abweichen. Dies betrifft sowohl die Höhe wie die Dauer der Anrechnung. Unzulässig ist auch eine Vereinbarung, die bei einer zeitlich befristeten öffentlichen Förderung einer Modernisierungsmaßnahme eine unzulässige Höchstmiete festlegt und dann befristete 253

827 BGH (VIII ZR 354/12) NZM 2013, 610 = MietPrax-AK, § 558 BGB Nr. 33 m. Anm. *Börstinghaus; Börstinghaus,* Flächenabweichungen in der Wohnraummiete, Rdn. 672ff.; *ders.* NZM 2013, 1; **a. A.** *Dickersbach* in Erman § 558 BGB Rdn. 26a; *Dickersbach* in Lützenkirchen, Mietrecht, § 558 BGB Rdn. 27.

828 LG Berlin WuM 2004, 613; AG Charlottenburg GE 2004, 301; LG Köln WuM 1986, 121; *Börstinghaus,* Flächenabweichungen in der Wohnraummiete, Rdn. 762f.; **a. A.** BGH (VIII ZR 205/08) NJW 2009, 2739; s. dazu § 557 BGB Rdn. 56.

829 *Schach* in Kinne/Schach/Bieber, § 558 BGB Rdn. 10.

830 LG Essen WuM 1984, 110; *Weitemeyer* in Staudinger § 557 BGB Rdn. 73; *Kinne* in Kinne/Schach/Bieber, Miet- und Mietprozessrecht, § 557 BGB Rdn. 11.

831 LG Braunschweig WuM 1998, 252; *Sternel* Mietrecht aktuell (2009), IV, 165.

832 LG Hamburg WuM 2002, 698.

833 AG Hamburg WuM 2001, 287; *Sternel* Mietrecht aktuell (2009), IV, 165 weist daraufhin, dass aber die Vereinbarung der Mieterleistung als verlorener Baukostenzuschuss möglich ist.

834 Nach Auffassung von *Sternel* Mietrecht aktuell (2009), IV, 199 soll eine solche Vereinbarung aber wirksam sein.

835 LG Mainz WuM 1982, 191; AG Schöneberg MM 1994, 67; AG Langenfeld WuM 1992, 477; *Weitemeyer* in Staudinger § 557 BGB Rdn. 73; **a. A.** LG Köln WuM 1990, 219 mit abl. Anm. *Blank; Börstinghaus* GE 1996, 88.

Mietverzichte beinhaltet.[836] Auch die Vereinbarung, wonach auch im preisfreien Wohnungsbau die Miethöhe von der Höhe des Mietereinkommens abhängig ist, ist unwirksam.[837]

II. Zulässige Vereinbarungen

254 § 558 Abs. 6 BGB verbietet aber keine Vereinbarungen über die Höhe der Miete. Gem. § 557 Abs. 1 BGB können die Mietvertragsparteien sich jederzeit auf eine neue Miete einigen. Dies kann auch nach einem Mieterhöhungsverlangen des Vermieters geschehen und zwar selbst dann, wenn dieses Erhöhungsverlangen unter Verstoß gegen die 15-Monatsfrist, die Jahresfrist oder die Kappungsgrenze abgegeben wurde. § 558 Abs. 6 BGB will nur Vereinbarungen verbieten, die für eine zukünftige Mieterhöhung dem Mieter Rechte nimmt, sie will den Mieter nicht vor eigenen Willenserklärungen schützen, die zu einer sofortigen Mietänderung führen.

[836] BGH (VIII ZR 41/03) NZM 2004, 136 = MietPrax-AK § 557 BGB Nr. 1 m. Anm. *Börstinghaus;* LG Berlin GE 2003, 394.

[837] LG Berlin ZMR 2015, 615.

§ 558a Form und Begründung der Mieterhöhung

(1) Das Mieterhöhungsverlangen nach § 558 ist dem Mieter in Textform zu erklären und zu begründen.

(2) Zur Begründung kann insbesondere Bezug genommen werden auf

1. einen Mietspiegel (§§ 558c, 558d),

2. eine Auskunft aus einer Mietdatenbank (§ 558e),

3. ein mit Gründen versehenes Gutachten eines öffentlich bestellten und vereidigten Sachverständigen,

4. entsprechende Entgelte für einzelne vergleichbare Wohnungen; hierbei genügt die Benennung von drei Wohnungen.

(3) Enthält ein qualifizierter Mietspiegel (§ 558d Abs. 1), bei dem die Vorschrift des § 558d Abs. 2 eingehalten ist, Angaben für die Wohnung, so hat der Vermieter in seinem Mieterhöhungsverlangen diese Angaben auch dann mitzuteilen, wenn er die Mieterhöhung auf ein anderes Begründungsmittel nach Absatz 2 stützt.

(4) [1]Bei der Bezugnahme auf einen Mietspiegel, der Spannen enthält, reicht es aus, wenn die verlangte Miete innerhalb der Spanne liegt. [2]Ist in dem Zeitpunkt, in dem der Vermieter seine Erklärung abgibt, kein Mietspiegel vorhanden, bei dem § 558c Abs. 3 oder § 558d Abs. 2 eingehalten ist, so kann auch ein anderer, insbesondere ein veralteter Mietspiegel oder ein Mietspiegel einer vergleichbaren Gemeinde verwendet werden.

(5) Eine zum Nachteil des Mieters abweichende Vereinbarung ist unwirksam.

Systematische Übersicht

Alphabetische Schnellübersicht

A. Inhalt und Zweck der Norm

1 Die Vorschrift enthält die **Formalien**[1] für das Mieterhöhungsverlangen zur Durchsetzung des Anspruchs des Vermieters gem. § 558 Abs. 1 BGB.

2 Neben den materiellen Voraussetzungen, Einhaltung der Jahressperrfrist und Nichtüberschreiten der Kappungsgrenze und der ortsüblichen Vergleichsmiete, setzt der Zustimmungsanspruch des Vermieters gegenüber dem Mieter in formeller Hinsicht noch voraus, dass der Vermieter seinen Anspruch in einem **ordnungsgemäßen Erhöhungsverlangen** geltend macht. § 558a Abs. 1 BGB verlangt vom Vermieter die Geltendmachung zumindest in Textform und die Begründung des Anspruchs. Ein solches Mieterhöhungsverlangen hat eine **Doppelbedeutung.**[2] Zunächst lässt das ordnungsgemäße Erhöhungsverlangen den Anspruch auf Zustimmung erst entstehen. Neben dieser **materiell-rechtlichen Wirkung** des Erhöhungsverlangens hat es aber auch eine **prozessuale Wirkung.** Ohne ordnungsgemäßes Mieterhöhungsverlangen beginnt die Überlegungsfrist nicht zu laufen, erst der fruchtlose Ablauf der Überlegungsfrist setzt die Klagefrist in Gang und nur eine innerhalb der Klagefrist erhobene Zustimmungsklage ist zulässig. Letztendlich ist das Mieterhöhungsverlangen somit mittelbar eine **besondere Sachentscheidungsvoraussetzung** des Zustimmungsverfahrens.[3] Das bedeutet im Endergebnis, dass eine Klage auf Zustimmung zur Mieterhöhung als unzulässig abzuweisen ist, wenn ihr kein wirksames Mieterhöhungsverlangen vorausgegangen ist.[4] Die formgerechte Geltendmachung des Erhöhungsverlangens verbunden mit den kurzen Überlegungs- und Klagefristen soll die Mietvertragsparteien zu einer außergerichtlichen Einigung über die Mieterhöhung anhalten. Der Mieter soll die Informationen bekommen, die er benötigt, damit er die Berechtigung des geltend gemachten Anspruchs überprüfen kann. Er wird gezwungen, sich in überschaubarer Zeit darüber klar zu werden, ob er die verlangte Zustimmung ganz, teilweise oder gar nicht erteilt und der Vermieter muss sich dann kurzfristig entscheiden, ob er seinen Anspruch weiterverfolgt. Die Verbindung von Informationspflicht und zeitlichem Druck führt regelmäßig zu Entscheidungen und auch Einigungen. Nach Untersuchungen[5] sollen

[1] *Börstinghaus,* jurisPR-MietR 20/2011 Anm. 1; **a. A.** BGH (VIII ZR 337/10) NZM 2011, 743 = MietPrax-AK, § 558a BGB Nr. 26 mit abl. Anm. *Börstinghaus.*

[2] Ausführlich dazu *Wünnemann,* Das Mieterhöhungsverlangen nach § 2 MHG im System des Bürgerlichen Rechts, S. 9ff.

[3] BGH (VIII ZR 212/05) NZM 2006, 652 = MietPrax-AK § 558a BGB Nr. 9 m. Anm. *Börstinghaus;* BGH (VIII ZR 234/03) NZM 2004, 581 = MietPrax-AK § 558a BGB Nr. 6 m. Anm. *Börstinghaus;* BayObLG NZM 2000, 488, 489; OLG Hamburg MDR 1974, 585; LG Berlin WuM 1980, 18; LG Hamburg ZMR 1977, 24, WuM 1980, 64; AG Dortmund NZM 1999, 415; *Hinz* NZM 2002, 633; *Sternel,* PiG 10, 126, 139; *Emmerich,* PiG 13, 51, 55.

[4] BGH (VIII ZR 413/12) WuM 2014, 33 = MietPrax-AK § 558a BGB Nr. 30 mit Anm. *Börstinghaus; ders.* jurisPR-BGHZivilR 1/2014 Anm. 3.

[5] IfS, Auswirkungen mietrechtlicher Regelungen auf die Mietenentwicklung und die Wohnungsversorgung, Dezember 1996, S. III; in den neuen Ländern haben der ersten Mieterhöhung im Zustimmungsverfahren gem. § 12 MHG ca. 91% uneingeschränkt zugestimmt, gut 3% teilweise zugestimmt und nur gut 5% nicht zuge-

ca. 99% aller Mieterhöhungsverfahren außergerichtlich erledigt werden und nur in ca. 1% der Fälle kommt es zu einer gerichtlichen Auseinandersetzung.

B. Das Mieterhöhungsverlangen gem. Abs. 1

I. Allgemeines

Das mit einer Begründung versehene Erhöhungsverlangen des Vermieters gem. § 558a BGB ist eine **einseitige empfangsbedürftige Willenserklärung,** nämlich ein Antrag i. S. d. § 145 BGB[6], der auf den Abschluss eines Änderungsvertrags gem. § 311 Abs. 1 BGB gerichtet ist.[7] Die Zustimmung des Mieters, ebenfalls eine einseitige empfangsbedürftige Willenserklärung, ist ihrem Wesen nach die Annahme gem. § 151 BGB dieses Vertragsangebots. Die Vorschriften über Willenserklärungen, § 116–144 BGB, und Verträge, §§ 145–157 BGB gelten deshalb für das Mieterhöhungsverlangen und die Zustimmung des Mieters, soweit sich aus den Vorschriften der §§ 558ff. BGB nichts anderes ergibt. So kann der Mieter dem Erhöhungsverlangen entgegen § 150 Abs. 2 BGB auch nur teilweise zustimmen und die Annahmefristen der §§ 146–149 BGB werden durch § 558b BGB modifiziert. Da das Mieterhöhungsverlangen gem. § 558a BGB als mittelbare Sachentscheidungsvoraussetzung auch prozessuale Bedeutung hat, ist die Beachtung der Vorschriften der §§ 558ff. BGB insbesondere für die prozessuale Durchsetzung des Anspruchs von Bedeutung, während die Einhaltung dieser Sondervorschriften für die außergerichtliche Einigung über die Miethöhe keine Bedeutung hat. 3

Der Vermieter ist nicht auf das formalisierte Verfahren des § 558a BGB beschränkt. Er kann unabhängig von diesem Verfahren dem Mieter den **Abschluss eines Mietabänderungsvertrages** anbieten. Hierbei handelt es sich dann um einen Vertrag i. S. d. § 311 Abs. 2 BGB, der unter den Voraussetzungen des § 557 Abs. 1 BGB wirksam ist. Im Rahmen der aus diesen Vorschriften und den sonstigen gesetzlichen Verboten, z. B. § 5 WiStG und § 291 StGB, sich ergebenden Beschränkungen besteht für die Mietvertragsparteien **Vertragsfreiheit.** Daraus folgt, dass der Vermieter keinen Anspruch auf Zustimmung zu einem solchen Mietabänderungsvertrag hat. In Betracht kommt ein solches Vorgehen zum einen für Vertragsänderungen, die gesetzlich sowieso nicht durchsetzbar sind. Hierzu zählt insbesondere die **Änderung der Mietstruktur,** also z. B. die Vereinbarung, dass für bestimmte Betriebskosten in Zukunft abrechenbare Vorschüsse gezahlt werden. Ferner kann der Vermieter dem Mieter auch den Abschluss einer Staffelmietvereinbarung oder einer Indexvereinbarung gem. § 557b BGB anbieten. Mietabänderungsvereinbarungen kommen auch als Vorstufe eines formellen Mieterhöhungsverlangen in der Praxis vor, in dem der Vermieter dem Mieter zunächst den Abschluss einer Mietabänderungsvereinbarung ggf. mit den zuvor beschriebenen Modifikationen anbietet und gleichzeitig ankündigt, für den Fall, dass eine einvernehmliche Lösung nicht erreicht wird, würde ein formelles Mieterhöhungsverlangen gestellt werden. Gegen die Wirksamkeit eines solchen „gestuften" Verfahrens bestehen keine Bedenken. Die Ankündigung, von einem gesetzlich vorgesehenen Verfahren Gebrauch zu machen, ist niemals verwerflich. Gerade die Ankündigung, im Falle einer Nichtannahme eines solchen Angebots ein Verfahren gem. § 558ff. BGB einzuleiten, macht dem Mieter auch deutlich, dass es sich in diesem Schreiben noch nicht um ein formelles Mieterhöhungsverlangen gem. § 558a BGB handelt. Wie für den Mieter keine Verpflichtung zur Annahme eines solchen Angebots besteht, muss der Vermieter eine nur eingeschränkte Annahme des Angebots durch den Mieter nicht akzeptieren. Für solche Mietabänderungsvereinbarungen gilt § 150 Abs. 2 BGB anders als bei Mieterhöhungsverlangen nach § 558a BGB uneingeschränkt. Verbindet der Vermieter mit einem Mieterhöhungsverlangen nach § 558a BGB zugleich das Angebot auf Abschluss eines Mietabänderungsvertrages, muss sich aus dem Schreiben aus Gründen der Rechtsklarheit deutlich ergeben, welches Verlangen unter § 558a BGB fällt, also wo ggf. für den Mieter eine Zustimmungspflicht besteht, und welches nur ein der Ver- 4

---

stimmt; IfS, Auswirkungen des Mietenüberleitungsgesetzes auf die Mietenentwicklung in den neuen Ländern, Dezember 1996, S. VII.

6 **A. A.** *Heintzmann* in Soergel § 558a BGB Rdn. 2; wohl auch *Schmid* GE 2011, 242, die von einer Willenserklärung eigener Art ausgehen. Nach *Bloching/Ortolf* NZM 2012, 334, 336 soll die BGH Entscheidung (VIII ZR 300/09) NZM 2011, 117 dafür sprechen, dass der BGH auch dieser Auffassung sei.

7 BayObLG RE v. 30.6.1989, NJW-RR 1989, 1172.

tragsfreiheit unterfallendes weiteres Vertragsangebot ist. Andernfalls ist das Mieterhöhungsverlangen gem. § 558 a BGB unwirksam.[8]

5 Im Einzelfall problematisch ist die Frage, ob ein **unwirksames Mieterhöhungsverlangen gem. § 140 BGB umgedeutet** werden kann (§ 557 BGB Rdn. 13). Sinn und Zweck des § 140 BGB ist es, die Absicht der handelnden Personen, einen bestimmten wirtschaftlichen Erfolg zu erreichen, auch dann zu verwirklichen, wenn das von ihnen gewählte rechtliche Mittel unzulässig ist, ein anderes zulässiges Mittel jedoch, das ihrem hypothetischen Willen entspricht, den angestrebten wirtschaftlichen Erfolg herbeizuführen vermag.[9] Entspricht deshalb ein nichtiges Rechtsgeschäft den Erfordernissen eines anderen Rechtsgeschäfts, so gilt das letztere, wenn anzunehmen ist, dass dessen Geltung bei Kenntnis der Nichtigkeit gewollt gewesen wäre. Die Umdeutung dient vor allem der Durchsetzung des mutmaßlichen Willens der Parteien. Deshalb ist die Umdeutung **von Amts wegen** vorzunehmen. Ist das Mieterhöhungsverlangen gem. § 558 a BGB nichtig, dann kommt eine **Umdeutung in Einzelfällen** in ein Mieterhöhungsverlangen gem. § 558 a BGB mit einem anderen Inhalt oder in ein Angebot zum Abschluss einer Mietabänderungsvereinbarung gem. § 557 Abs. 1 BGB in Betracht. Ob die Umdeutung eines unwirksamen Erhöhungsverlangens in ein wirksames Verlangen möglich ist, hängt von den Gründen, weshalb das Mieterhöhungsverlangen unwirksam ist, ab. Beruht die Unwirksamkeit auf einer Verkennung der materiellen Rechtslage zur Errechnung der ortsüblichen Vergleichsmiete und ist die zu Grunde liegende Kalkulation für den Mieter erkennbar und vor allem nachvollziehbar, dann kann ein teilnichtiges Zustimmungsverlangen zur Mieterhöhung im Einzelfall in ein wirksames Zustimmungsverlangen umgedeutet werden.[10] So ist ein Mieterhöhungsverlangen, das mit einem vorprozessualen Sachverständigengutachten begründet worden ist, welches einen unzulässigen Zuschlag für die Küche enthielt, zumindest in der Höhe ohne diesen Zuschlag wirksam. Abgrenzungskriterium ist allein die Tatsache, ob der Mieter erkennen konnte, dass die Wirksamkeit der Mieterhöhung auch von seinem Verhalten abhängt. Wenn er ein Mieterhöhungsverlangen erhält, kann er sich beraten lassen. Es kann gut sein, dass er den formellen Fehler erkennt und trotzdem, um Ärger zu vermeiden, zustimmen will.[11] Beruht die Nichtigkeit aber gerade darauf, dass der Gesetzgeber Mieterhöhungsverlangen dieser Art oder zu diesem Zeitpunkt gänzlich verbieten wollte, dann ist eine Umdeutung ausgeschlossen.[12] Deshalb kann ein vor Ablauf der Jahressperrfrist unwirksames Mieterhöhungsverlangen nicht in ein zulässiges Mieterhöhungsverlangen mit Wirkung zu einem späteren Zeitpunkt umgedeutet werden.[13]

6 Eine **Umdeutung eines unwirksamen Mieterhöhungsverlangens** nach § 558 a BGB in ein Vertragsangebot auf Abschluss eines Mietabänderungsvertrages ist demgegenüber durchaus möglich.[14] Soweit die Rechtsprechung bei der Umdeutung einseitiger Willenserklärungen im Mietrecht sehr zurückhaltend ist, kann dies für Zustimmungsverlangen nach § 558 a BGB nicht gelten. Eine Umdeutung einer einseitig-rechtsgestaltenden Willenserklärung in ein annahmebedürftiges Vertragsangebot ist dann zulässig, wenn sich der Erklärende bei Abgabe der einseitigen Erklärung bewusst gewesen ist, dass sie als einseitige Erklärung nicht wirksam werden könnte, und es für diesen Fall zur Herbeiführung des rechtlichen und wirtschaftlichen Erfolges der Vertragsabänderung, gewissermaßen hilfsweise, der Zustimmung des Erklärungsempfängers bedürfe.[15] Demgemäß scheidet eine Umdeutung von nichtigen einseitigen Erhöhungserklärungen gem. den §§ 559, 560 BGB in ein Angebot auf Abschluss eines Mietabänderungsvertrages regelmäßig aus (§ 557 BGB Rdn. 19).[16] Dies gilt auch in den Fällen, in denen der Vermieter im Fall einer allgemeinen Miet-

---

[8] OLG Hamburg RE v. 20. 12. 1982, NJW 1983, 580; LG Köln WuM 1994, 27, WuM 1992, 55, WuM 1985, 313; LG Hamburg WuM 1987, 86, WuM 1985, 314; *Sternel* Mietrecht, III, 25 und 617.

[9] BGH (BLw 4/08) ZIP 2009, 264; BGH RE v. 10. 12. 1997, NZM 1998, 146.

[10] LG Bremen WuM 1995, 397.

[11] BGH (VIII ZR 182/04) NZM 2005, 736.

[12] *Artz* in MünchKomm § 557 BGB Rdn. 38ff; *ders.*, WuM 2005, 215, 218; *Börstinghaus* in MietPrax-AK § 557 BGB Nr. 4.

[13] AG Münster WuM 1983, 238.

[14] BGH (VIII ZR 182/04) NZM 2005, 736 = MietPrax-AK § 557 BGB Nr. 4 m. Anm. *Börstinghaus* (9½ jährige Zahlung auf unwirksames Erhöhungsverlangen); *Emmerich* in Staudinger (2014) § 558 a BGB Rdn. 13; LG Mannheim ZMR 1994, 516, 517; offen gelassen von KG negRE v. 22. 5. 1982, WuM 1982, 289.

[15] BGH NJW 1981, 43.

[16] BGH (VIII ZR 199/04) NZM 2005, 735 = MietPrax-AK § 557 BGB Nr. 5 m. Anm. *Börstinghaus; Derckx/Wolbers* ZMR 1999, 733; **a. A.** LG Leipzig ZMR 1999, 767; ein Rechtsentscheid des OLG Dresden zu dieser

erhöhung nach § 558 BGB die Miete einseitig erhöht hat. Verlangt der Vermieter gerade nicht die Zustimmung zu einer Mieterhöhung, sondern setzt einseitig die neue Miete fest und verlangt unmittelbar Zahlung, dann scheidet bereits eine Umdeutung aus den zuvor genannten Gründen aus. Die **einseitige Mieterhöhung** kann nicht in ein Angebot auf Zustimmung zum Abschluss eines Mietabänderungsvertrages umgedeutet werden. Die Zahlung auf eine solche einseitige Mieterhöhung stellt demgemäß auch nicht die Annahme dieses Angebots dar.[17] Eventuelle **Zahlungen** des Mieters erfolgen rechtsgrundlos und können kondiziert werden.[18]

Abzugrenzen sind solche einseitigen rechtsgrundlosen Mieterhöhungen durch den Vermieter von denen wegen eines Fehlers in der Begründung oder eines sonstigen **formalen Fehlers** unwirksamen Mietererhöhungsverlangen. Bei diesen hat der Vermieter den Mieter zumindest konkludent oder in Form einer Bitte zur Zustimmung zu einer Vertragsänderung aufgefordert. In diesem Fall ist für den Mieter erkennbar, dass auch der Vermieter davon ausgeht, nicht einseitig die mietvertraglichen Leistungspflichten ändern zu können und dass eine Willenserklärung oder Handlung von ihm noch erforderlich ist. Letztendlich ist dies häufig eine Frage der Auslegung der Erklärung des Vermieters.[19] Der Mieter, der auf ein solches Verlangen hin ausdrücklich oder konkludent zustimmt, weiß, dass von ihm die Zustimmung zu einer Mieterhöhung verlangt wird, dass er also rechtsgeschäftlich tätig werden muss. Allein die Rechtsfrage, ob er verpflichtet ist, die Zustimmung zu erteilen oder ob die Erteilung der Zustimmung ohne rechtliche Verpflichtung erfolgt, ändert an der grundsätzlich beidseitig gewollten vertraglichen Regelung über die zukünftige Miethöhe nichts. Deshalb ist die **Zahlung auf ein unwirksames Mieterhöhungsverlangen** i. d. R. eine konkludente Annahme eines Angebots auf Abschluss eines Mietabänderungsvertrages.[20] Dabei reicht bereits eine einzige Zahlung aus (s. dazu auch § 558b BGB Rdn. 28). Dies gilt sowohl in den Fällen, in denen das Mieterhöhungsverlangen formelle Mängel aufweist wie auch in den Fällen, in denen das Mieterhöhungsverlangen materiell unberechtigt ist. **Formelle Mängel** können sein, die fehlende Textform des Erhöhungsverlangens, die fehlende oder falsche Begründung[21], z. B. die Verwendung eines veralteten Mietspiegels[22], ein Mieterhöhungsverlangen, das nicht von allen Vermietern abgegeben wurde oder ein solches, das nicht an alle Mieter adressiert ist. Materielle Fehler können vorliegen bei einem Mieterhöhungsverlangen innerhalb der Jahressperrfrist, über die ortsübliche Kappungsgrenze hinaus oder bei Überschreitung der Kappungsgrenze. Wichtig ist, dass in all diesen Fällen der Mieter aufgefordert worden ist, eine Zustimmung zu einer Mieterhöhung um einen bestimmten Betrag zu erteilen. 7

II. Inhalt des Mieterhöhungsverlangens

1. Absender und Adressat der Erklärung

Das Mieterhöhungsverlangen muss von allen Vermietern stammen und an alle Mieter gerichtet sein (s. dazu Vorbem. § 558 BGB Rdn. 17ff, 48ff.). Dabei ist eine Bevollmächtigung auf beiden Seiten zulässig (s. dazu Vorbem. § 558 BGB Rdn. 43). Das Mieterhöhungsverlangen wird erst mit Zugang wirksam (s. dazu § 542 BGB Rdn. 68ff.). 8

2. Form des Mieterhöhungsverlangens

Das Mieterhöhungsverlangen muss vom Vermieter in Textform erstellt werden. Zur Textform s. § 550 BGB Rdn. 77ff. Schriftform ist selbst dann nicht erforderlich, wenn im Mietvertrag formu- 9

Frage ist auf Grund des Vorlagebeschlusses des LG Leipzig ZMR 2001, 548 nicht ergangen, da der Rechtsstreit sich anderweitig erledigt hatte; wohl auch LG Görlitz WuM 2001, 28.

17 BGH (VIII ZR 199/04) NZM 2005, 735; OLG Hamburg WuM 1986, 82; LG Mannheim WuM 2004, 481 m. Anm. *Börstinghaus* WuM 2005, 292; LG München II WuM 1996, 624; LG Hamburg WuM 1989, 580; AG Flensburg WuM 1991, 356.

18 BGH (VIII ZR 199/04) NZM 2005, 735.

19 BGH (VIII ZR 182/04) NZM 2005, 736 = MietPrax-AK § 557 BGB Nr. 4 m. Anm. *Börstinghaus.*

20 *Börstinghaus* WuM 2005, 192, 193; *Sternel* Mietrecht aktuell (2009), IV, 9; **a. A.** AG Donaueschingen WuM 2004, 609.

21 *Sternel* Mietrecht aktuell (2009), IV, 96.

22 *Börstinghaus,* jurisPR-MietR 20/2011 Anm. 1; **a. A.** BGH (VIII ZR 337/10) NZM 2011, 743 = MietPrax-AK, § 558a BGB Nr. 26 mit abl. Anm. *Börstinghaus; Schultz in Bub/*Treier, Kap. III. A Rdn. 1245.

larmäßig die Schriftform für Vertragsänderungen vereinbart ist,[23] da eine solche Schriftformklausel nicht für das einseitige Erhöhungsverlangen gilt[24] und im Übrigen regelmäßig auch gegen § 305b BGB[25] verstößt und deshalb gem. § 307 BGB unwirksam ist.[26] Außerdem gilt für Verträge, die ab dem 1.10.2016 abgeschlossen wurden, § 309 Nr. 13 BGB. Danach darf formularvertraglich in Verträgen keine strengere Form als Textform vorgeschrieben werden. Wenn wirklich einmal wirksam die Schriftform für Vertragsänderungen vereinbart wurde, dann hat jede Partei gem. § 127 Abs. 2 Satz 2 BGB das Recht nachträglich, also nach – formfreier – Zustimmung durch den Mieter die schriftliche Fixierung der Änderungsvereinbarung zu verlangen.[27] Zu Schriftformklauseln s. Vor § 535 BGB Rdn. 41 und § 550 BGB Rdn. 75f.

10 Problematisch ist die Verwendung der Textform bei **Mietverträgen mit einer Laufzeit von mehr als einem Jahr.** Diese müssen gem. § 550 BGB in „schriftlicher Form" geschlossen werden.[28] Das Schriftformerfordernis gilt auch für Vertragsänderungen, insbesondere was die Miethöhe[29] angeht (§ 550 BGB Rdn. 41) und zwar unabhängig von der Höhe der Mietänderung.[30] § 550 BGB und § 558a Abs. 1 BGB regeln verschiedene Fälle. § 558a Abs. 1 i.V.m. § 126b BGB verdrängt § 550 BGB für Mieterhöhungen nicht.[31] Die Vorschriften gelten nebeneinander. Auch das „Verkehrsinteresse" rechtfertigt keine andere Beurteilung.[32] Erklärt der Vermieter das Mieterhöhungsverlangen per Telefax, Messenger-Dienst oder per E-Mail ist dies zwar i. S. d. Mieterhöhungsvorschriften wirksam, da es sich um eine Erklärung in Textform handelt, aber selbst wenn der Mieter, in welcher Form auch immer, zustimmt, ist die Änderung des Vertrages nicht *schriftlich* vereinbart worden mit der Folge, dass zwar die Mieterhöhung wirksam vereinbart wurde aber aus einem eventuell wirksam abgeschlossenen Zeitmietvertrag mit einer Laufzeit von mehr als einem Jahr wurde ein Mietvertrag auf unbestimmte Zeit. Vergleichbare Grundsätze gelten für einen Mietvertrag in dem das Recht zur ordentlichen Kündigung für länger als ein Jahr ausgeschlossen wurde (Kündigungsausschlussvereinbarung)[33] oder eine Mietvertragspartei auf ein wesentliches Kündigungsrecht verzichtet hat.[34]

11 Für die Schriftform gem. § 550 BGB verlangt § 126 Abs. 2 Satz 1 BGB, dass die Unterzeichnung der Parteien auf derselben Urkunde erfolgt **(Grundsatz der Einheitlichkeit der Urkunde)** (zur Schriftform und den Anforderungen an die Unterschrift s. § 550 BGB Rdn. 26 und § 558b BGB Rdn. 56a).[35] Danach muss das von den Parteien unterzeichnete Schriftstück alle Abreden enthalten, die nach ihrem Willen Vertragsinhalt sind. Dabei erfordert die Schriftform des § 126 BGB keine

---

[23] BGH (VIII ZR 275/10) ZMR 2011, 707; BGH (VIII ZR 300/09) NZM 2011, 117 = MietPrax-AK § 558a BGB Nr. 23 m. Anm. *Börstinghaus; ders.* WuM 2011, 338; *Beuermann* GE 2011, 95; LG Berlin GE 2005, 1431; *Bloching/Ortolf* NZM 2012, 334; **a. A.** *Emmerich* in Staudinger § 558a BGB Rdn. 11a.

[24] BGH (VIII ZR 300/09) NZM 2011, 117 = MietPrax-AK § 558a BGB Nr. 23 m. Anm. *Börstinghaus; Beuermann* GE 2011, 95; *Börstinghaus* jurisPR-BGHZivilR 8/2011 Anm. 2; *Bloching/Ortolf* NZM 2012, 334.

[25] BGH (XII ZR 69/16) NZM 2017, 189 m. Anm. *Schweitzer;* KG MDR 2016, 819.

[26] *Bloching/Ortolf* NZM 2012, 334; *dies.* NJW 2009, 3393, 3395.

[27] BGH (VIII ZR 300/09) NZM 2011, 117.

[28] Ob § 550 BGB bei Mietverträgen mit einer Laufzeit von mehr als einem Jahr noch die Schriftform gem. § 126 BGB verlangt ist umstritten: dafür *Timme/Hülk* NJW 2007, 3313; *Heile* NZM 2002, 505; *Sternel* ZMR 2001, 937; *Lammel* § 550 BGB Rdn. 14; Palandt/*Weidenkaff* § 550 BGB Rdn. 1; *Blank* in Blank/Börstinghaus, Miete, 4. Aufl., § 550 BGB Rdn. 30; *Lützenkirchen* Neue Mietrechtspraxis, Rdn. 366; *ders.* MDR 2001, 1385, 1388; *Treier,* GS für Sonnenschein, S. 141, 142; **a. A.** *Eckert* NZM 2001, 409; *Ormanschick/Riecke* MDR 2002, 247; zweifelnd auch *Löwe* NZM 2000, 577, 580; zu den Voraussetzungen und Rechtsfolgen des § 550 BGB s. die dortige Kommentierung.

[29] BGH NJW 1999, 3257; OLG Karlsruhe GE 2001, 694; LG Berlin NJWE-MietR 1996, 195; *Nies* NZM 2009, 687.

[30] *Blank* in Blank/Börstinghaus, Miete, 4. Aufl., § 550 BGB Rdn. 53; *Huneke* NZM 2015, 478, 480; **a. A.** KG NZM 2005, 457; *Timme/Hülk* NJW 2007, 3313, 3316: erst für Mietänderungen von mehr als 10%; auch für eine Grenze aber 10% zu hoch: *Lindner-Figura* in Lindner-Figura/Oprée/Stellmann, Geschäftsraummiete, 3. Aufl., 2012, Kap. 6 Rdn. 64 („mehr als 1%") und 64 („nicht ins Gewicht fallende Erhöhung oder Reduzierung des Miete" ist unerheblich).

[31] *Nies* NZM 2009, 687; **a. A.** Bub/Treier/*Schultz* Kap. III. A Rdn. 1168; offen gelassen von *Sternel,* Mietrecht aktuell (2009), IV, 89.

[32] So aber *Sternel,* Mietrecht aktuell (2009), IV, 89.

[33] BGH (XII ZR 117/06) NZM 2008, 687.

[34] BGH (VIII ZR 223/06) NJW 2007, 1742.

[35] Möglich ist theoretisch auch die elektronische Form gem. § 126a BGB; dazu § 557a BGB Rdn. 29a.

körperliche Verbindung der einzelnen Blätter der Urkunde.[36] Diese Grundsätze gelten nicht nur für den Abschluss des Vertrages sondern auch für spätere Vertragsänderungen.[37] Dabei reicht es aus, wenn die **Nachtragsurkunde** auf den ursprünglichen Vertrag Bezug nimmt und zum Ausdruck bringt, es solle unter Einbeziehung des Nachtrags bei dem verbleiben, was früher bereits formgültig niedergelegt war, vorausgesetzt, dass die neue Urkunde ebenfalls von beiden Parteien unterzeichnet ist.[38]

Daraus folgt für die **Form des Mieterhöhungsverlangens,** dass der Vermieter bei einem der Formvorschrift des § 550 BGB unterfallenden Vertrag nicht die Textform verwenden darf sondern die Erklärung schriftlich i. S. d. § 126 BGB abgeben muss um die Befristung zu erhalten (s. a. § 550 BGB Rdn. 41).[39] Die Mieterhöhung erfolgt auch im Anwendungsbereich der §§ 558ff. BGB durch einen Vertrag. Bei einem Vertrag muss gem. § 125 Abs. 2 BGB die Unterzeichnung der Parteien grundsätzlich **auf derselben Urkunde** erfolgen. Deshalb müssen grundsätzlich beide Vertragsparteien eine Vereinbarung unterzeichnen, in der die Vertragsabänderung festgehalten ist.[40] Werden über einen Vertrag mehrere gleich lautende Urkunden aufgenommen, dann genügt es aber, wenn jede Partei, die für die andere Partei bestimmte Urkunde unterzeichnet. Wichtig ist aber, dass sich in der Urkunde die Willenserklärung beider Parteien wieder finden. Nicht ausreichend ist deshalb die Unterzeichnung einer **isolierten „Zustimmungserklärung"**, in der der Mieter einer Mieterhöhung zustimmt, ohne dass in dieser Erklärung auch die Willenserklärung des Vermieters enthalten ist (dazu § 558b BGB Rdn. 19f.). Es genügt aber, wenn der Mieter unter der Unterschrift des Vermieters am Ende des Erhöhungsverlangens seine Unterschrift mit dem Zusatz „einverstanden" setzt.[41] Ebenso reicht es aus, wenn der Mieter dem Vermieter ein Exemplar des vollständigen Mieterhöhungsverlangens zurückschickt und auf diesem Exemplar befindet sich die Zustimmung des Mieters. Dann reicht es, wenn das vom Vermieter unterschriebene Exemplar beim Mieter verbleibt und die vom Mieter unterschriebene Durchschrift zum Vermieter gelangt. 12

Eine **Mieterhöhungserklärung** kann auch **während eines Zustimmungsprozesses** schriftsätzlich abgegeben werden.[42] Für eine Mieterhöhungserklärung während eines Prozesses gilt § 174 BGB jedoch nicht.[43] Nachdem nunmehr für das Mieterhöhungsverlangen Textform ausreicht, reicht die Zustellung einer **beglaubigten Abschrift** der Klageschrift für die Wirksamkeit eines darin zugleich enthaltenen Mieterhöhungsverlangens aus. Der Schriftsatz muss aber wirklich ein an den Mieter gerichtetes Mieterhöhungsverlangen enthalten,[44] also alle Voraussetzungen erfüllen, die auch ein vorprozessuales Mieterhöhungsverlangen erfüllen muss. Dazu muss es für den Mieter klar und eindeutig erkennbar sein, ob dieses Schriftstück zugleich ein neues materiellrechtliches Mieterhöhungsverlangen enthält oder ob damit nur ein früheres Erhöhungsverlangen weiterverfolgt und durchgesetzt werden soll.[45] Hierzu gehört insbesondere die Aufforderung, eine zustimmende Willenserklärung abzugeben. Dies ist für den Mieter nämlich deshalb von Bedeutung, weil durch ein neues Mieterhöhungsverlangen eine neue Überlegungsfrist in Gang gesetzt wird und der Mieter ggf. dem neuen Verlangen zustimmen kann. Wird nur die Verurteilung durch das Gericht begehrt, liegt kein wirksames Erhöhungsverlangen vor.[46] Das soll auch gelten, wenn das Gericht eine Kopie des mit der Klage eingereichten Mieterhöhungsverlangens herstellt und dem Mieter zu- 13

---

36 BGH NJW 1998, 58 m. Anm. *Sternel* MDR 1998, 33; *Lindner-Figura* NJW 1998, 731; *Lenz/Schlößer* MDR 1998, 1; *Kinne* GE 1998, 218; *Schneider* ZAP F. 13, S. 713; *Franke* ZMR 1998, 529; BGH NZM 1999, 310 m. Anm. *Schultz* NZM 1999, 298; s. auch § 566 BGB.

37 Hierzu *Lindner-Figura* MDR 1997, 209.

38 BGH NJW 1992, 2283, 2284 m. Anm. *Dürkes* BB 1993, 238; KG NJWE-MietR 1997, 175; OLG Düsseldorf NJW-RR 1994, 1234.

39 *Nies* NZM 2009, 687.

40 BGH (XII ZR 179/98) NJW 2001, 221.

41 BGH (XII ZR 68/02) NJW 2004, 2962; *Wichert* ZMR 2005, 593.

42 LG Fulda NJW-RR 1988, 912; LG Mannheim WuM 1985, 320; AG Pinneberg ZMR 2002, 602; *Hinz* NZM 2002, 633.

43 BGH (VIII ZR 72/02) NJW 2003, 963; BGH (VIII ZR 141/02) WuM 2003, 149; zur Prozessvollmacht: *Paulus/Henkel* NJW 2003, 1692; zur Anwendbarkeit von § 174 BGB auf das Zustimmungsverlangen: Vorbem. § 558 BGB Rn. 44; zur Anwendbarkeit auf die Zustimmungserklärung: § 558b BGB Rn. 10.

44 AG München ZMR 2014, 550; AG Pinneberg ZMR 2002, 602.

45 BayObLG RE v. 14.7.1981, NJW 1981, 2197 (für Eigenbedarfskündigung).

46 LG Karlsruhe WuM 1991, 48; AG Pinneberg ZMR 2002, 602.

leitet, da nicht feststehe, dass die Kopie mit dem tatsächlich abgeschickten Schreiben übereinstimme.[47]

3. Zeitpunkt des Erhöhungsverlangens

14 Das Mieterhöhungsverlangen kann gem. § 558 Abs. 1 Satz 2 BGB **frühestens ein Jahr** nach dem Wirksamwerden der letzten Mieterhöhung, oder der Vereinbarung der z. Z. gezahlten Miete geltend gemacht werden. Ein Mieterhöhungsverlangen, das vor Ablauf der Jahressperrfrist dem Mieter zugeht, ist unwirksam. Ist das Mieterhöhungsrecht des Vermieters für eine bestimmte Zeit ausgeschlossen, z. B. weil die Parteien ausdrücklich eine solche Vereinbarung geschlossen haben oder weil eine solche Vereinbarung bei einer zeitlichen Befristung des Vertrages gem. § 557 Abs. 3 BGB sich aus den Umständen ergibt, dann kann der Vermieter das Mieterhöhungsverlangen bereits vor Ablauf des Erhöhungsausschlusses dem Mieter zukommen lassen, wenn der Wirkungszeitpunkt der Erhöhung außerhalb des Ausschlusszeitraums liegt.[48] Das Mieterhöhungsverlangen kann insbesondere auch schon vor Ende der Preisbindung dem Mieter zugehen, wenn der Wirkungszeitpunkt nach dem Ende der Preisbindung liegt.[49] Der Zustimmungsanspruch besteht auch, wenn das Mietverhältnis zum Zeitpunkt der letzten mündlichen Verhandlung bereits beendet ist.[50]

4. Inhalt

15 Im Mieterhöhungsverlangen muss der Vermieter vom Mieter die **Zustimmung zu einer Mieterhöhung** begehren.[51] Der Vermieter muss den Mieter deshalb ausdrücklich zur Abgabe einer Zustimmungserklärung auffordern.[52] Die Aufforderung an den Bevollmächtigten des Mieters, diesen zur Zahlung der höheren Miete zu veranlassen, reicht dazu nicht.[53]

16 **a)** Aus dem Erhöhungsverlangen muss sich zweifelsfrei ergeben, dass und in welcher Höhe der Vermieter von seinem Recht, vom Mieter die Zustimmung zu einer Mieterhöhung zu verlangen Gebrauch machen will. Hierzu muss vor allem die erhöhte **Miete betragsmäßig ausgewiesen** sein.[54] Das folgt auch daraus, dass die vom Mieter geschuldete Zustimmung sich auf den Endbetrag und nicht auf eine **Quadratmetermiete** oder den Erhöhungsbetrag bezieht.[55] Im Mieterhöhungsverlangen reicht es aber, wenn entweder der Erhöhungsbetrag oder die Höhe der neuen Miete angegeben wird, solange der Mieter genau erkennen kann, was er nach der Zustimmung zu zahlen hat.[56] Auch wenn die Angabe des **Erhöhungsbetrages** nicht zwingende Voraussetzung für die Wirksamkeit des Erhöhungsverlangens ist, so wird doch vertreten, dass dann wenn der Vermieter einen Erhöhungsbetrag angegeben hat, dieser auch die Obergrenze der Mieterhöhung darstellt, selbst wenn die Mieterhöhung auf den Endbetrag aus anderen Gründen möglich wäre.[57] Bedeutung hat dies bei einer niedrigeren als der vom Vermieter angegebenen Ausgangsmiete. Die Angabe einer unzutreffenden Ausgangsmiete führt nicht zur formellen Unwirksamkeit des Erhöhungsverlangens.[58] Unschädlich ist es, wenn der Vermieter die Ausgangsmiete aufschlüsselt,

[47] LG Berlin GE 2010, 63; AG Schöneberg GE 2009, 271.

[48] OLG Hamm RE v. 9.9.1982, WuM 1982, 294; OLG Frankfurt WuM 1983, 73; AG Rheinbach ZMR 1998, 638 bestätigt durch LG Bonn ZMR 1998, 639; **a. A.** AG Frankfurt/M. WuM 1981, 108; AG Rastatt WuM 1981, 108.

[49] S. Vor § 557 BGB Rdn. 48; OLG Hamm RE v. 9.10.1980, NJW 1981, 234 m. Anm. *Köhler;* KG RE v. 29.1.1982, NJW 1982, 2077; OLG Hamm WuM 1994, 455; LG Köln NJWE-MietR 1997, 267 = WuM 1996, 276; LG Hamburg WuM 1997, 562; LG Berlin GE 2003, 592 (aber Hinweispflicht des Vermieters im Mieterhöhungsverlangen auf Ende der Preisbindung!); LG Berlin WuM 1996, 417; *Lützenkirchen* WuM 1995, 574; **a. A.** LG Kiel WuM 1995, 541; AG Köln WuM 1995, 396; AG Spandau GE 1994, 1001; AG Schöneberg MM 1993, 325; AG Essen WuM 1992, 489; *Scholl* WuM 1995, 426; *ders.* WuM 1996, 17; *Kossmann/Meyer-Abich,* Hdb. d. Wohnraummiete, § 149 Rdn. 6; *Sternel* Mietrecht aktuell (2009), IV, 77.

[50] LG Hamburg ZMR 2010, 363; **a. A.** AG Hamburg-Altona ZMR 2008, 542.

[51] BayObLG RE v. 22.3.2000, NZM 2000, 488, 489; LG Gießen NJW-RR 1995, 462; LG Karlsruhe WuM 1991, 48.

[52] AG Wesel WuM 1993, 358; AG Mülheim WuM 1990, 156; AG Schöneberg GE 1988, 1001.

[53] LG Gießen NJW-RR 1995, 462.

[54] KG RE v. 15.9.1997, NZM 1998, 107, 108; *Sternel* Mietrecht aktuell (2009), IV, 93; Bub/Treier/*Schultz* Kap. III. A Rdn. 1171.

[55] KG RE v. 5.8.1997, NZM 1998, 68; LG Berlin GE 2003, 669; *Sternel* Mietrecht, III, 723.

[56] LG Berlin Urt. v. 24.3.2003 – 67 S 362/02.

[57] LG Berlin GE 2003, 669 mit krit. Anm. *Schach* GE 2003, 635.

[58] LG Berlin GE 2017, 595; 2011, 1618.

z. B. in einen Anteil für Schönheitsreparaturen[59], einen Modernisierungszuschlag[60], Verwaltungskostenanteil[61] und die Grundmiete. Die Beträge dürfen nur nicht als Zuschlag zur neuen ortsüblichen Vergleichsmiete verlangt werden. Sie sind Teil der Nettomiete.[62] Unzulässig ist auch ein Mieterhöhungsverlangen, in dem die Zustimmung zu einer höheren Quadratmetermiete verlangt wird, ohne dass die zu zahlende Monatsmiete angegeben ist.[63] Die Angabe der Wohnfläche ist nicht erforderlich.[64]

Der Mieter ist nicht verpflichtet, **Nachforschungen** oder **eigene Berechnungen** anzustellen, um erst zu ermitteln, wie hoch die zukünftige Miete sein wird. Angaben über frühere Mieterhöhungsverlangen sind entbehrlich, denn diese sind dem Mieter bekannt.[65] Ist das vorangegangene Mieterhöhungsverfahren noch nicht rechtskräftig abgeschlossen, dann darf der Vermieter im Erhöhungsverlangen die Ausgangsmiete angeben, die er im vorangegangenen Erhöhungsverfahren geltend macht.[66] Dies gilt sowohl für vorangegangene Zustimmungsklagen gem. § 558b BGB wie auch für Zahlungsklagen auf Grund von einseitigen Mieterhöhungen nach den §§ 559, 560 BGB. Dem Mieter ist der Streit über die Miete auf Grund des Prozesses hinlänglich bekannt. Auf der anderen Seite kann vom Vermieter nicht verlangt werden, von seinem im ersten Mieterhöhungsverfahren vertretenen Rechtsstandpunkt abzuweichen und vom Mieter eine niedrigere Miete zu verlangen, als ihm seiner Meinung nach zusteht. Auch unter dem Gesichtspunkt der Kappungsgrenze ist in diesen Fällen keine Angabe einer anderen Ausgangsmiete erforderlich, da das Fehlen der Angaben zur Kappungsgrenze im Mieterhöhungsverlangen grundsätzlich die Wirksamkeit des Erhöhungsverlangens insgesamt nicht berührt. Unzulässig wäre es auch, in diesem Fall eine alternative oder bedingte Mieterhöhung zu verlangen. Mieterhöhungsverlangen sind **bedingungsfeindlich.**[67] Zulässig sind allenfalls **Rechtsbedingungen**[68], z. B. ein zweites Mieterhöhungsverlangen für den Fall, dass das erste Erhöhungsverlangen vom Gericht für formell unwirksam angesehen wird[69] oder die hilfsweise erklärte Mieterhöhung für den Fall, dass eine erhobene Räumungsklage abgewiesen wird.[70] Entscheidend ist aber immer die Frage, ob wirklich eine Bedingung erklärt werden sollte. Gemäß § 133 BGB ist bei der Auslegung einseitiger Willenserklärungen der wirkliche Wille des Erklärenden zu erforschen und nicht an dem Wortlaut der Erklärung zu haften.[71] Eine Bedingung liegt nur vor, wenn der Erklärende die Rechtswirkung seiner Erklärung von einem künftigen, noch ungewissen Ereignis abhängig macht. Genau so muss der Empfänger die Erklärung unter Berücksichtigung von Treu und Glauben verstehen dürfen. Unzulässig ist auch eine „Teilmieterhöhung" bei der bei einem einheitlichen Mietvertrag[72] über Wohnung und Garage[73] oder Wohnung und Mansardenräume nur die Zustimmung zur Erhöhung der Wohnungs- oder Garagenmiete verlangt wird.[74] Dies ergibt sich aus dem Grundsatz der Einheitlichkeit

---

[59] OLG Frankfurt RE v. 21.3.2001, NZM 2001, 418; AG Stuttgart WuM 2016, 626; AG Schöneberg GE 2009, 901.

[60] LG Berlin Urt. v. 24.3.2003 – 67 S 362/02.

[61] LG Mannheim NZM 2000, 490; LG Berlin GE 1999, 1648.

[62] AG Stuttgart WuM 2016, 626.

[63] Bub/Treier/*Schultz* Kap. III. A Rdn. 1173; *Artz* in MünchKomm § 558a Rdn. 8; nach *Wetekamp*, Mietsachen, Kap. 2 Rdn. 76 „dürfte das unwirksam sein"; eine entsprechende Zustimmungsklage ist unwirksam: AG Dortmund WuM 2006, 157.

[64] LG Berlin GE 2007, 986.

[65] KG RE v. 15.9.1997, NZM 1998, 107, 108.

[66] KG RE v. 15.9.1997, NZM 1998, 107, 108; LG Saarbrücken WuM 1997, 616, 627; LG Berlin GE 1998, 1024.

[67] BGH (VIII ZR 88/13) NJW 2015, 934; LG Hamburg ZMR 2005, 367, 368 mit abl. Anm. von *Riecke;* AG Wedding GE 2009, 1127 mit abl. Anm. *Beuermann* GE 2009, 1077; *Sternel* Mietrecht aktuell (2009), IV, 94; Bub/Treier/*Schultz* Kap. III. A Rdn. 1172; *Emmerich* in Staudinger § 558a BGB Rdn. 13.

[68] LG Berlin GE 2011, 1231 mit zust. Anm. *Kinne* GE 2011, 1201; LG Berlin GE 2011, 204, GE 2010, 271, GE 2007, 718, GE 2002, 1266; AG Schöneberg GE 2010, 1279; *Beuermann* GE 2009, 1077; *Riecke* ZMR 2005, 368.

[69] LG Berlin GE 2012, 1098.

[70] LG Hamburg ZMR 2014, 124.

[71] BGH (VIII ZR 88/13) NJW 2015, 934.

[72] Handelte es sich aber um zwei Mietverträge über zwei nebeneinander liegende Wohnungen kann auch die Miete für nur eine Wohnung erhöht werden: AG Charlottenburg GE 2009, 915.

[73] AG Köln WuM 2005, 254; *Sternel* Mietrecht aktuell (2009), IV, 188.

[74] LG München WuM 1998, 379; AG Köln WuM 2005, 254 (selbst wenn eine einheitliche Mieterhöhung für Wohnung mit Garage erfolgt, aber nur der Garagenanteil erhöht wird).

des Mietvertrages.[75] Zur Begründung kann sich der Vermieter aber bzgl. des Wohnanteils auf den Mietspiegel und bzgl. der Garage auf die ortsübliche Garagenmiete stützen.[76] Etwas anderes gilt im preisgebundenen Wohnungsbau. Hier kann der Vermieter gem. § 27 NMV im Verfahren gem. § 10 WoBindG, § 8a NMV die Miete für die Garage bis zur „angemessenen Vergütung" erhöhen.[77]

17 **b)** Der Vermieter kann mit dem Mieterhöhungsverlangen gemäß § 558a BGB nur **die Zustimmung zur Erhöhung der vereinbarten Miete** fordern. Das Mieterhöhungsverlangen muss also so formuliert sein, dass der Mieter nur sein Einverständnis erklären, also schlicht „ja" sagen muss und genau auf dieses „ja" muss der Vermieter einen Anspruch haben. Wenn der Vermieter im Mieterhöhungsverlangen also weitere über eine Mieterhöhung gem. § 558 BGB hinausgehende Vertragsänderungen verlangt, ist das Mieterhöhungsverlangen insgesamt unwirksam[78], es sei denn, es ist für den Mieter klar erkennbar, dass zwei verschiedene Ansprüche geltend gemacht werden, wobei er einer Änderung zustimmen und die andere auch ablehnen kann.[79] Dazu muss deutlich hervorgehoben werden, worin die Änderung überhaupt besteht.[80] Bedeutung hat dies insbesondere für **Änderungen der Mietstruktur.** Ein Mieterhöhungsverlangen ist deshalb formell unwirksam, wenn das Angebot zur Änderung der Miethöhe inhaltlich untrennbar[81] mit dem Angebot zur Änderung der Mietstruktur verbunden ist.[82] Würde die Zustimmung des Mieters nämlich in diesem Fall durch Urteil gemäß § 894 ZPO ersetzt, so würde dies einen über den Rahmen des § 558 BGB hinausgehenden ändernden Eingriff in die Struktur des Mietvertragsverhältnisses bedeuten.[83] Hat der Mieter einer solchen Mieterhöhung zugestimmt, dann hat sich auch die Mietstruktur geändert.[84] Kein Fall der unzulässigen „Mehrforderung" ist aber gegeben, wenn der Vermieter im Erhöhungsverlangen informatorisch Angaben zu den Betriebskosten macht, ohne eine Änderung zu verlangen.[85] Zulässig ist aber die Verknüpfung einer Mieterhöhung nach § 558 BGB mit einer solchen nach den §§ 559, 560 BGB[86], da hier ja keine weitere Zustimmung verlangt wird, sondern ein einseitiges Erhöhungsrecht geltend gemacht wird. Hier zu verlangen, dass zwei getrennte Schreiben verschickt werden müssen, würde eine überflüssige Förmelei darstellen. Das Schreiben muss dann aber sowohl die Voraussetzungen des § 558 BGB wie auch die der §§ 559 oder 560 BGB erfüllen. Das Mieterhöhungsverlangen ist auch dann nicht unwirksam, wenn für den Mieter erkennbar das Mieterhöhungsverlangen und das Angebot auf Änderung der Mietstruktur unabhängig voneinander sind, so dass der Mieter jeweils das eine annehmen und das andere ablehnen kann.[87] Auch der Hinweis auf eine zuvor erfolgte Erhöhung der Betriebskostenvorauszahlung, die der Mieter bisher nicht gezahlt hat, ist unschädlich.[88] Insgesamt soll der Mieter aber über das Mieterhöhungsverlangen **frei von weiteren Zwängen** entscheiden können, weshalb bei jeder Verknüpfung mit anderen Vertragsbestandteilen oder sonstigen Dingen immer sehr streng darauf zu achten ist, ob aus der Sicht des Mieters eine Verknüpfung besteht oder Druck ausgeübt werden soll. Deshalb ist ein Mieterhöhungsverlangen unwirksam, in dem der Vermieter auf die gleichzeitig er-

---

75 **A. A.** LG Karlsruhe Urt. v. 13.09.2013 – 9 S 572/11 (zitiert nach juris): Der Vermieter kann isoliert die Wohnungsmiete erhöhen, wenn der Mietvertrag die Miete für Wohnung und Garage/Stellplatz separat ausweist.

76 LG Rottweil NZM 1998, 432.

77 LG Berlin GE 2004, 625.

78 OLG Hamburg RE v. 20.12.1982, NJW 1983, 580; LG Itzehoe WuM 2009, 741; LG Köln WuM 1992, 255, WuM 1994, 27 m.w.N.; LG Hamburg WuM 1987, 86; LG Berlin MDR 1991, 254; AG Pinneberg ZMR 2002, 602.

79 AG Hannover Urt. v. 15.6.1994, Az: 526 C 6561/93.

80 AG Hamburg WuM 1994, 484.

81 AG Tiergarten NZM 1998, 191, 192.

82 LG Berlin GE 2009, 783, 2002, 737; LG Wiesbaden WuM 1991, 698; LG Köln WuM 1994, 27, WuM 1992, 255, WuM 1985, 313; LG Berlin MM 1994, 245, ZMR 1988, 61; LG Hamburg WuM 1987, 86; AG Hamburg NZM 1998, 574; AG Mainz NZM 2010, 238; AG Pinneberg ZMR 2004, 277.

83 LG München WuM 1995, 113.

84 LG Berlin GE 1998, 433; **a. A.** LG Berlin GE 2010, 694.

85 BGH (VIII ZR 2/13) GuT-W 2013, 107 = MietPrax-AK § 558a BGB Nr. 29 mit Anm. *Börstinghaus.*

86 AG Köln ZMR 2013, 206 m. Anm. *Börstinghaus* jurisPR-MietR 13/2013 Anm. 3; AG Schöneberg GE 1993, 1001.

87 AG Tiergarten NZM 1998, 191, 192.

88 AG Pinneberg ZMR 2004, 277; **a. A.** für schwer erkennbare gleichzeitige Erhöhung der Vorauszahlungen: LG Itzehoe ZMR 2013, 286 (Revision nach Hinweis zurückgenommen: BGH (VIII ZR 2/13) GuT-W 2013, 107 = MietPrax-AK § 558a BGB Nr. 29).

hobene Klage hinweist[89] oder für den Fall, dass die Zustimmung nicht erteilt wird, die Kündigung[90] oder sonstige Nachteile ankündigt. Zur Notwendigkeit ggf. dem Mieter vor einer Mieterhöhung eine Vertragsänderung bzgl. der Abwälzung der Schönheitsreparaturen anbieten zu müssen s. Rdn. 52.

c) Nicht erforderlich ist die Angabe, **ab wann** die erhöhte Miete zu zahlen ist.[91] Dies ergibt sich aus dem Wortlaut des § 558b Abs. 1 BGB. Danach schuldet der Mieter die erhöhte Miete mit Beginn des dritten Kalendermonats, der auf den Zugang des Erhöhungsverlangens folgt, wenn er die Zustimmung erteilt. § 558b Abs. 1 BGB enthält also die Rechtsfolge der Zustimmung. Weder die fehlerhafte **Angabe des Erhöhungszeitpunktes** noch das Fehlen jedes Erhöhungszeitpunkts haben Einfluss auf die Wirksamkeit des Mieterhöhungsverlangens. Die gesetzliche Zeitspanne kann der Vermieter auch nicht zu Lasten des Mieters unterschreiten. Nennt er einen früheren Zeitpunkt so gilt die gesetzliche Frist des § 558b Abs. 1 BGB.[92] Nur eine rückwirkende Mieterhöhung ist nicht möglich.[93] Ein solches Mieterhöhungsverlangen ist unwirksam. Nennt der Vermieter einen späteren Zeitpunkt ist er jedoch daran gebunden.[94] Daraus folgt, dass die Angabe eines bestimmten Fälligkeitszeitpunkts zwar nützlich und zweckmäßig ist, jedoch nicht zu den zwingend erforderlichen Bestandteilen der Erhöhungserklärung gehört, deren Fehlen zur Unwirksamkeit der Erklärung führt. Fehlt eine Zeitangabe, so besteht keine Regelungslücke. Vielmehr gilt dann ohne weiteres die in § 558b Abs. 1 BGB genannte Frist. Fehlt hier eine Angabe, so gilt die gesetzliche Frist.[95] Davon zu unterscheiden ist die Frage, wie zu tenorieren ist, wenn im Klageantrag kein Termin genannt ist, zu dem der Mieter die Mieterhöhung zustimmen soll (s. dazu § 558b BGB Rdn. 72). 18

5. Änderungen des Mieterhöhungsverlangens

a) Das Mieterhöhungsverlangen ist ein Vertragsangebot für das die allgemeinen Regeln über Willenserklärungen und Verträge i. S. d. §§ 116–157 BGB gelten, soweit sich aus den §§ 558ff. BGB nichts Abweichendes ergibt. Nach § 145 BGB ist der Anbietende an sein Angebot gebunden und zwar gem. § 147 Abs. 2 BGB solange, wie er mit dem Eingang einer Antwort unter regelmäßigen Umständen rechnen muss oder gem. § 148 BGB innerhalb der von ihm selbst bestimmten Annahmefrist. Das würde dafür sprechen, dass eine **Rücknahme des Zustimmungsverlangens** nicht möglich ist. 19

Auf der anderen Seite[96] ist zu berücksichtigen, dass es um eine Vertragsänderung zu Lasten des Mieters geht und der Mieter durch die Rücknahme nur profitiert. Das Mieterhöhungsverfahren setzt einen bestehenden Mietvertrag voraus, aufgrund dessen der Mieter eine bestimmte Miete zu zahlen hat. Ursprünglich hätte der Vermieter diesen Vertrag durch Ausspruch einer Änderungskündigung beenden und mit neuen für ihn günstigeren Bedingungen fortsetzen können, wenn der Mieter damit einverstanden gewesen wäre. Das Rechtsinstitut der **Änderungskündigung** hat der Gesetzgeber in der Wohnraummiete verboten und durch das Zustimmungsverfahren gem. § 558ff. BGB ersetzt. Nach einer Änderungskündigung hätte der Vermieter mit dem Mieter aber auch die Fortsetzung des Mietverhältnisses mit unveränderter Miete vereinbaren können. Die **Überlegungsfrist** gem. § 558b Abs. 2 S. 1 BGB ist keine **Annahmefrist** i. S. der §§ 147, 148 BGB. Die Überlegungsfrist des § 558b BGB ist eine **Schutzvorschrift für den Mieter.** Ihm soll ausreichend Zeit eingeräumt werden, um sich zum einen die erforderlichen Informationen zu verschaffen und zum anderen zu entscheiden, ob er unter den veränderten Bedingungen das Mietverhältnis fortsetzen oder gem. § 561 BGB kündigen will. Dazu ist eine Bindung des Vermieters an das Zustimmungsverlangen für die gesamte Dauer der Überlegungsfrist nicht erforderlich. Die Rücknahme des Mieterhöhungsverlangens ist rechtlich und wirtschaftlich für den Mieter nur vorteilhaft.[97] Die Verpflichtung zur Zustimmung entfällt ersatzlos und damit auch die Verpflichtung zur Zahlung einer höheren Miete. Ein eventuelles Prozessrisiko mit dem damit verbundenen

---

[89] LG Dortmund NJW-RR 1988, 12.
[90] Bub/Treier/*Schultz* Kap. III. A Rdn. 1028.
[91] LG Berlin GE 1991, 729.
[92] LG Berlin GE 1990, 545.
[93] LG Berlin MM 1990 Nr. 1, 24.
[94] LG Berlin GE 1990, 545.
[95] OLG Koblenz RE v. 11.3.1983, NJW 1983, 1861.
[96] Dazu *Börstinghaus,* Flächenabweichungen in der Wohnraummiete, Rdn. 719.
[97] *Emmerich* in: Staudinger (2014), § 558a BGB Rdn. 16; **a. A.** *Wünnemann,* Das Mieterhöhungsverlangen nach § 2 MHG im System des Bürgerlichen Rechts, S. 83.

Kostenrisiko trifft ihn ebenfalls nicht mehr. Die einzige negative Folge der Rücknahme ist die Möglichkeit für den Vermieter, nunmehr ein neues höheres Mieterhöhungsverlangen zu stellen. Vor diesem Risiko will aber § 558 BGB den Mieter nicht schützen. Der Mieter wird bereits über die Höhe der ortsüblichen Vergleichsmiete und die Kappungsgrenze geschützt. Der Vermieter kann deshalb das **Zustimmungsverlangen jederzeit formlos** ganz oder teilweise[98] **zurücknehmen.**[99] Insofern werden die Vorschriften des Allgemeinen Teils von den Besonderheiten des Mieterhöhungsrechts überlagert.[100] Die Rücknahme kann bereits während der Überlegungsfrist erfolgen. Der Vermieter muss nicht erst deren Ablauf abwarten. Lediglich nach einer Zustimmung und der damit erfolgten Vertragsänderung ist die Rücknahme ausgeschlossen. Gegen eine Rücknahme des Zustimmungsverlangens während des Laufs der Klagefrist bestehen erst recht keine Bedenken. Es ist die alleinige Entscheidung des Vermieters, ob er eine Zustimmungsklage erhebt oder nicht. Dann muss es ihm erst recht gestattet sein, das Zustimmungsverlangen nach Ablauf der Überlegungsfrist zurückzunehmen. Das ist deshalb von Bedeutung, weil der Mieter das Erhöhungsverlangen auch noch nach Ablauf der Überlegungsfrist annehmen kann. Die Annahmefähigkeit erlischt erst mit Ablauf der Klagefrist, wenn keine Klage erhoben wird, sonst mit rechtskräftigem Abschluss des Zustimmungsprozesses. Die **Rücknahme** kann sogar noch **während des Zustimmungsprozesses** erfolgen.[101] Nimmt der Vermieter nur das Mieterhöhungsverlangen zurück, ist die Klage als unzulässig abzuweisen, da es an einer besonderen Sachentscheidungsvoraussetzung fehlt[102] (dazu § 558b BGB Rdn. 129a). Bis zum Beginn der mündlichen Verhandlung kann der Vermieter auch die Klage ohne Zustimmung des Mieters zurücknehmen (§ 269 Abs. 1 ZPO), danach setzt die wirksame Rücknahme die Zustimmung des beklagten Mieters voraus.

20 Die **Rücknahme** ist **formlos** möglich, die Vorschrift des § 558a Abs. 1 BGB gilt nur für das Mieterhöhungsverlangen. Stammt das Mieterhöhungsverlangen von mehreren Vermietern können diese das Verlangen auch nur gemeinsam zurücknehmen. Die Rücknahme durch einen Vermieter ist unwirksam.[103] Die **Beweislast für die Rücknahme** hat im anschließenden Zustimmungsprozess der Mieter. Ist das Mieterhöhungsverlangen wirksam zurückgenommen worden, so kann der Vermieter unmittelbar ein neues Mieterhöhungsverlangen stellen. Da die Miete nicht verändert wurde, wurde keine Sperrfrist ausgelöst. In dem folgenden Zustimmungsprozess trifft den Vermieter die Darlegungs- und Beweislast, dass die Miete ein Jahr unverändert geblieben ist. Er muss also beweisen, dass vorher keine Vertragsänderung wegen der zuvor erfolgten Rücknahme vereinbart wurde.

21 **b)** Wenn der Vermieter bis zu einer zumindest teilweisen Zustimmung durch den Mieter das Mieterhöhungsverlangen sogar ganz zurücknehmen kann, dann kann er es auch jederzeit teilweise zurücknehmen, also ermäßigen.[104] Auch dies kann innerhalb der Überlegungsfrist geschehen. Die **Ermäßigung** löst keine neue Überlegungsfrist aus, da kein neues Mieterhöhungsverlangen gestellt sondern nur ein vorhandenes Erhöhungsverlangen reduziert wurde. Es handelt sich um kein Aliud sondern um ein Minus. Klagt der Vermieter lediglich einen Teil der im Mieterhöhungsverlangen geltend gemachten Erhöhung ein, so gilt das Mieterhöhungsverlangen hinsichtlich des überschießenden Betrages als zurückgenommen.[105] Umgedreht ist aber die nachträgliche Erhöhung eines wirksamen Mieterhöhungsverlangens nicht möglich.[106] Dies gilt auch während eines Prozesses. Unzulässig ist deshalb die Erweiterung des Klageantrags, wenn z. B. der Sachverständige im gerichtlichen Gutachten eine höhere ortsübliche Vergleichsmiete festgestellt hat, als die, zu der eine Zustimmung verlangt wurde. Insofern fehlt es an einem wirksamen Erhöhungsverlangen. Der Vermieter kann aber vorsorglich ein weiteres Erhöhungsverlangen stellen, das der Höhe nach auch das

[98] LG Berlin GE 1998, 490; Bub/Treier/*Schultz* Kap. III. A Rdn. 1336.

[99] LG Braunschweig WuM 1981, 163, AG Stuttgart ZMR 1972, 380, 381; *Emmerich* in: Staudinger (2014), § 558a BGB Rdn. 16; Bub/Treier/*Schultz* Kap. III. A Rdn. 1333/1425; **a. A.** *Wünnemann,* Das Mieterhöhungsverlangen nach § 2 MHG im System des Bürgerlichen Rechts, S. 87.

[100] *Emmerich* in: Staudinger (2014), § 558a BGB Rdn. 16; Bub/Treier/*Schultz* Kap. III. A Rdn. 1333.

[101] AG Dresden, Urt. v. 27. Juni 2014, Az: 141 C 7895/13 (juris), m. Anm. *Börstinghaus* MietRB 2014, 295.

[102] **A. A.** AG Dresden, Urt. v. 27. Juni 2014, Az: 141 C 7895/13 (juris) m. abl. Anm. *Börstinghaus* MietRB 2014, 295.

[103] LG Berlin WuM 2012, 26.

[104] LG Berlin GE 1998, 490.

[105] AG Wolfsburg FWW 1983, 317.

[106] LG Stuttgart NJW 1974, 1252; *Emmerich* in Staudinger § 558a BGB Rdn. 16.

erste Verlangen überschreitet, um dieses Erhöhungsverlangen weiterzuverfolgen, wenn der Mieter entweder dem ersten Erhöhungsverlangen nicht zugestimmt hat oder wenn die Zustimmungsklage abgewiesen wird.

C. Die Begründungsmöglichkeiten gem. Abs. 2

I. Allgemeines

Gemäß des § 558a Abs. 1 BGB muss das Erhöhungsverlangen vom Vermieter **begründet** werden. Nach den Vorstellungen des Gesetzgebers soll der Begründungszwang die Möglichkeit zu einer außergerichtlichen Einigung bei einem Mieterhöhungsverlangen fördern und die Vermeidung überflüssiger Zustimmungsklagen bewirken. Das für ein Mieterhöhungsverlangen des Vermieters bestehende Begründungserfordernis soll dem Mieter konkrete Hinweise auf die sachliche Berechtigung des Erhöhungsverlangens geben, damit er während der Überlegungsfrist die Berechtigung der Mietzinserhöhung überprüfen und sich darüber schlüssig werden kann, ob er dem Mieterhöhungsverlangen zustimmt oder nicht.[107] Außerdem ist der Begründungszwang vom Gesetzgeber eingeführt worden, um im Rahmen der Verhandlungen über das Mieterhöhungsverlangen die Rechtssicherheit im Verhältnis zwischen Vermieter und Mieter zu erhöhen.[108] Diesem **Gesetzeszweck** muss bei der Auslegung des § 558a Abs. 1 BGB und der Festlegung der Anforderungen an eine Begründung ausreichend Rechnung getragen werden. Das Begründungserfordernis darf nicht **zum Selbstzweck verkommen,** in dem ihm eine inhaltsleere Bedeutung zugemessen wird.[109] Die Begründung muss immer dem Ziel dienen, den Anspruch des Vermieters, soweit er materiell begründet ist, möglichst ohne gerichtliche Auseinandersetzung durchzusetzen.[110] Deshalb muss der Vermieter überprüfbare Tatsachen mitteilen.[111] Nicht ausreichend ist der Hinweis auf Erfahrungssätze. Diese sind eben keine Tatsachen.[112] Zusammenfassen kann man diesen Spagat wie folgt: Auf der einen Seite so wenig Formalien wie möglich und auf der anderen Seite so viele Formalien wie nötig.[113] 22

Dies entspricht auch der **Entscheidungspraxis des BVerfG,**[114] das in zahlreichen Entscheidungen[115] sich mit den formalen Anforderungen an ein Mieterhöhungsverlangen beschäftigt hat, nachdem die Instanzgerichte teilweise so strenge Anforderungen an die Begründung stellten, dass jedes Mieterhöhungsverfahren von vornherein zum Scheitern verurteilt war.[116] Das BVerfG hat diese Gesetzesanwendung der Instanzgerichte für verfassungswidrig erklärt und ständig gefordert, durch eine **verfassungskonforme Auslegung** des Gesetzes die praktische Durchsetzbarkeit der Erhöhungsansprüche zu gewährleisten. Eine Handhabung der Verfahrensregeln, die praktisch zu einem Mietenstopp führe und den gesetzlichen Anspruch auf die üblichen Entgelte in der Gemeinde beseitige, verletzt das **Grundrecht des Vermieters** aus Art. 14 Abs. 1 Satz 1 GG.[117] Von Seiten des BVerfG[118] wurde dabei die Vermutung geäußert, dass viele Mietrichter i. E. ausgesprochen mieterfreundlich sind, was zu einem kleinen Teil darauf beruhe, dass ein Teil der Rechtsprechung vom Gedanken getragen zu sein scheint, dass die Vermieterseite i. d. R. ohnehin mit unlauteren Mitteln arbeite und zum größeren Teil auf arbeitsökonomische Erwägungen zurückzuführen 23

---

107 BGH (VIII ZR 69/15) NJW 2016, 1385; (VIII ZR 72/02) NJW 2003, 963; (VIII ZR 141/02) WuM 2003, 149; (VIII ZR 41/05) NZM 2006, 101; (VIII ZR 215/05) WuM 2006, 569.

108 KG RE v. 22.2.1984, WuM 1984, 101.

109 *Börstinghaus* NZM 2009, 681; so jetzt auch LG Zwickau GE 2012, 830.

110 BGH (VIII ZR 116/03) NJW-RR 2004, 947; (VIII ZR 41/05) NZM 2006, 101; (VIII ZR 215/05) WuM 2006, 569; (VIII ZR 11/07) NZM 2008, 164.

111 AG Leonberg WuM 2016, 669.

112 *Börstinghaus* NZM 2009, 115; **a. A.** BGH (VIII ZR 58/08) NZM 2009, 27.

113 *Börstinghaus* NZM 2009, 681.

114 BVerfG NJW 1974, 1499, NJW 1979, 31 mit zust. Anm. *Sydow* ZMR 1978, 363; BVerfG NJW 1980, 1617, WuM 1982, 146 mit abl. Anm. *v. Schönebeck,* NJW 1987, 313; *Katlein* ZMR 1986, 273 und *Schultz* DWW 1989, 390; BVerfG NJW 1989, 969, NJW-RR 1993, 1485, NJW 1994, 717.

115 Zur Rechtsprechung des BVerfG zum MHG s. *Meincke* WuM 1994, 581; *Sonnenschein* NJW 1993, 161, 164 ff.; *Rollecke* NJW 1992, 1649.

116 *Loyal* AcP 214, 746, 783 meint, dass sich darin die „augenscheinlich ursprünglichen Motive für die komplizierte Regelung" nämlich „Mieterhöhungen schon durch die Gestaltung des Verfahrens zu erschweren" widerspiegele.

117 BVerfG NJW 1980, 1617.

118 So der damalige Berichterstatter des BVerfG für Mietsachen *Henschel* NJW 1989, 937, 939.

sei. Die Formalien ermöglichten es dem Instanzrichter zu Lasten des Vermieters „kurzen Prozess" zu machen, indem formale Anforderungen besonders streng gehandhabt würden um so möglichst rasch zu einer dem Mieter günstigen Entscheidung zu kommen ohne mühselig auf die zum Teil sehr komplizierten Sachfragen eingehen zu müssen. Richtig ist an dieser Kritik, dass **Formalien nicht zum Selbstzweck verkommen** dürfen. Die Auslegung gerade von Formvorschriften muss sich am **Sinn und Zweck** orientieren, weil sich die Einhaltung einer Form nur aus ihrem Zweck her erklären lässt. Darüber hinaus zeigt die Auffassung, dass bis hin zum BVerfG Vorurteile über die mit mietrechtlichen Fragen befassten Instanzrichter[119] weit stärker verbreitet sind als in anderen Rechtsgebieten.[120] Der VIII. Zivilsenat hat in zahlreichen Entscheidungen inzwischen eine **Auflockerungsrechtsprechung**[121] entwickelt, die die formalen Anforderungen an ein Erhöhungsverlangen inzwischen fast bis zur Bedeutungs- auf jeden Fall aber Konturenlosigkeit herabgesetzt hat.[122] Zum Teil ist der Senat dabei aber über das Ziel hinausgeschossen, weil damit der Sinn und Zweck des Erhöhungsverlangens als vorgerichtliches Instrument zur Einigung und damit Streitvermeidung konterkariert wird. Das was nach den Anforderungen des BGH jetzt noch an **Minimalangaben**[123] erforderlich ist, wird der Funktion des Erhöhungsverlangens nur noch eingeschränkt gerecht.

24 Die **Begründung** muss im Mieterhöhungsverlangen selbst erfolgen. Fehlt dem Mieterhöhungsverlangen eine Begründung, dann ist es insgesamt unwirksam.[124] Der Mangel der fehlenden Begründung kann jedoch durch **Nachholung** des fehlenden oder unwirksamen Teils geheilt werden.[125] § 558b Abs. 3 BGB erlaubt zwar ein Nachschieben von fehlenden Teilen grundsätzlich nur während eines Prozesses,[126] jedoch macht es keinen Sinn, den Vermieter erst zu zwingen, nach einem formell fehlerhaften oder unvollständigen Mieterhöhungsverlangen erst eine Zustimmungsklage zu erheben, um dann im Prozess nachbessern zu können. Wenn also das Nachbessern sogar im Prozess möglich ist, dann muss dies erst recht vorprozessual möglich sein. Soweit früher mit der Einheitlichkeit der Urkunde argumentiert wurde, ist auch dies Argument gegen ein Nachschieben entfallen, da das Mieterhöhungsverlangen gerade nicht mehr in Schriftform erfolgen muss. Die Textform beinhaltet auch in dieser Hinsicht eine Lockerung. In diesem Fall läuft die Überlegungsfrist entsprechend § 558b Abs. 3 Satz 2 BGB aber nach Zugang der Begründung neu. Auch der Wirkungszeitpunkt ist entsprechend neu zu berechnen.

25 Um den **Zweck des Begründungserfordernisses,** eine möglichst vorprozessuale Erledigung des Erhöhungsverlangens, zu erreichen, muss der Vermieter dem Mieter **Tatsachen**[127] und keine rechtlichen Wertungen, Schlussfolgerungen oder Wünsche mitteilen. Nur auf der Basis von Tatsachen lässt sich die Berechtigung von Ansprüchen überprüfen. Also muss der Vermieter dem Mieter im Erhöhungsverlangen die Tatsachen liefern, die der Mieter benötigt, um zumindest **ansatzweise die Berechtigung des Zustimmungsverlangens** zu überprüfen. Dieser Ansatz ist sehr weit. Er bedeutet nämlich, dass sich der Begründungszwang zunächst auf **alle vier Tatbestandsvoraussetzungen** des § 558 Abs. 1 BGB bezieht, also auf die Einhaltung der 15-Monatsfrist, die Beachtung der Jahressperrfrist, die Einhaltung der Kappungsgrenze und die Nichtüberschreitung der ortsüblichen Vergleichsmiete unter Einbeziehung der Drittmittel.[128] Soweit in § 558a Abs. 2 BGB fünf Begründungsmittel exemplarisch aufgezählt sind, beziehen diese sich nur auf die Nichtüberschreitung der ortsüblichen Vergleichsmiete. Aus diesem Satz kann nicht geschlossen werden, dass die Einhaltung der anderen drei Tatbestandsmerkmale grundsätzlich nicht begründet werden muss. Insofern

---

119 Besonders extrem: *Henschel* NJW 1989, 937.

120 Dazu *Börstinghaus* WuM 1998 Beilage zu Heft 12, S. 3; zu Vorurteilen gegenüber der Rechtsprechung des BGH in Mietsachen s. *Börstinghaus,* „Gefühltes Mietrecht": Von „Kahlschlag" bis „Interessenrechtsprechung" – Einige objektive Zahlen zur Rechtsprechung des BGH in Wohnraummietsachen, NZM 2008, 225; *Streyl,* Der „böse" BGH? – Gedanken zur Streitkultur oder: Wirkt die öffentliche Urteilschelte, NZM 2008, 236.

121 *Börstinghaus* NZM 2009, 681.

122 Z. B. BGH (VIII ZR 300/09) NZM 2011, 117; nach *Schach* GE 2016, 1242 hat der VIII. Senat die Anforderungen „ bis auf null herabgesetzt".

123 Zuletzt z. B. BGH (VIII ZR 54/15) NJW 2016, 2565; (VIII ZR 69/15) NJW 2016, 1385; (VIII ZR 216/13) NZM 2014, 747.

124 *Both* in Herrlein/Kandelhard § 558a BGB Rdn. 16.

125 *Both* in Herrlein/Kandelhard § 558a BGB Rdn. 16.

126 Dazu *Hinz* NZM 2002, 633.

127 BGH (VIII ZR 72/02) NJW 2003, 963; BGH (VIII 141/02) WuM 2003, 149; BGH (VIII ZR 41/05) NZM 2006, 101; BGH (VIII ZR 215/05) WuM 2006, 569; AG Leonberg WuM 2016, 669.

128 BGH (VIII ZR 116/03) NZM 2004, 380; *ders.* BGHReport 2004, 798; BayObLG NZM 2000, 488, 489.

ist § 558a Abs. 1 BGB eindeutig, der davon spricht, dass das „Mieterhöhungsverlangen nach § 558" begründet werden muss. Hierfür spricht zunächst auch der **Zweck der Vorschrift.** Das schriftliche, mit einer Begründung versehene Erhöhungsverlangen des Vermieters i. S. v. § 558a BGB ist eine einseitige empfangsbedürftige Willenserklärung (Antrag i. S. d. § 145 BGB), die auf den Abschluss eines Änderungsvertrags (§ 311 Abs. 1 BGB) gerichtet ist.[129] Es dient dazu, dem Mieter die Nachprüfung zu ermöglichen, ob die verlangte Mieterhöhung gerechtfertigt ist. Er soll anhand der mitgeteilten Daten überlegen und entscheiden können, ob er dem Erhöhungsverlangen zustimmen will oder nicht.[130] Auf der anderen Seite soll das Begründungserfordernis auch keine überflüssige Formalie sein, so dass sich das Begründungserfordernis nur auf solche Informationen beziehen kann, die der Mieter selbst nicht hat. Die Begründung muss deshalb umso ausführlicher sein, je weniger Information der Mieter selbst hat. Das bedeutet für die einzelnen Tatbestandsvoraussetzungen:

1. Jahressperrfrist und Kappungsgrenze

a) Soweit das Gesetz eine Mieterhöhung nur dann zulässt, wenn die Miete 15 Monate unverändert geblieben ist und seit der letzten Erhöhung ein Jahr vergangen ist, bedarf dies Tatbestandsmerkmal **keiner Begründung im Mieterhöhungsverlangen.** Für die Beurteilung dieses Merkmals ist es wichtig zu wissen, ob sich die Miete in den letzten 12 Monaten vor Zugang des Erhöhungsverlangens erhöht hat und wenn ja, ob dies auf einer Mieterhöhung wegen einer Modernisierung gem. § 559 BGB oder einer Betriebskostensteigerung nach § 560 BGB beruhte. Diese Informationen hat der Mieter alle selbst. Da es sich zudem um Informationen handelt, die er im letzten Jahr bekommen hat, sind ihm diese Daten ggf. sogar ohne Aufwand erinnerlich. Soweit es sich bei der Beurteilung ggf. um rechtliche Bewertungen handelt, also die Frage, ob eine Mieterhöhung letztendlich eine solche gem. § 559 BGB oder gem. § 557 Abs. 1 BGB war, muss der Vermieter sein Ergebnis der Bewertung dem Mieter in dem Schreiben nicht mitteilen.[131] Solche Bewertungen muss jede Partei auf Grund der ihr bekannten Umständen und Tatsachen selbst vornehmen. Das Mieterhöhungsverlangen verlangt keine rechtliche Subsumtion ähnlich einem juristischen Gutachten. 26

b) Auch die Einhaltung der **Kappungsgrenze** muss im Erhöhungsverlangen grundsätzlich nicht ausdrücklich begründet werden. Auch hier hat der Mieter i. d. R. alle Informationen, die er benötigt, um die für die **Einhaltung der Kappungsgrenze** erforderliche Kontrollrechnung durchzuführen.[132] Dies gilt zumindest dann, wenn die Mietsteigerung nicht mehr als 15% in drei Jahren beträgt. Das ist auf jeden Fall zulässig. Problematisch ist, ob nach Wiedereinführung einer gesplitteten Kappungsgrenze der Vermieter nunmehr begründen muss, warum im konkreten Fall auch eine Mieterhöhung von mehr als 15% bis 20% in 3 Jahren möglich ist. Da der Vermieter sich vor Abfassung des Mieterhöhungsverlangens mit der örtlich geltenden Kappungsgrenze beschäftigen muss, ist es ihm auch möglich mitzuteilen, dass die Gemeinde von der Landesregierung nicht in eine entsprechende Verordnung aufgenommen wurde.[133] Auf jeden Fall begründet werden muss die Einhaltung der Kappungsgrenze bei Erhöhungen über 15% in drei Jahren in Gemeinden, in denen nur in einigen Stadtteilen die herabgesetzte Kappungsgrenze gilt. 27

Ebenfalls begründet werden muss die Einhaltung der Kappungsgrenze, wenn der Vermieter Mieterhöhungen von **mehr als 20%** in drei Jahren geltend macht. Dies ist unter den Voraussetzungen des § 558 Abs. 4 BGB möglich, wenn der Mieter während der Zeit der Preisbindung eine **Fehlbelegungsabgabe** oder **Ausgleichzahlung** gezahlt hat. Hier muss der Vermieter dem Mieter darlegen, wie er die Kappungsgrenze berechnet hat. Der Mieter muss dann feststellen, ob die verlangte Miete innerhalb dieser Grenze geblieben ist. Ferner kann er auf Grund der ihm vorliegenden Informationen überprüfen, ob der Vermieter von einem richtigen Zahlbetrag für die Fehlbelegungsabgabe oder Ausgleichszahlung ausgegangen ist. 28

---

129 BayObLG RE v. 9.2.1982, NJW 1982, 1292.

130 BayObLG RE v. 22.3.2000, NZM 2000, 488, 489 und RE v. 10.3.1988, NJW-RR 1988, 721 m. Anm. *Schultz* ZMR 1989, 336.

131 Insofern entspricht die Situation in etwa der in § 199 Abs. 1 Ziff. 2 BGB: Auch für den Verjährungsbeginn ist reine Tatsachenkenntnis und keine Rechtskenntnis erforderlich: BGH, NJW 2011, 2570; BGHZ 175, 161; BGH, NJW-RR 2010, 1574; BGH, NJW 2009, 984; BGH, NJW 2008, 2427; *Jacoby* ZMR 2010, 335, 338.

132 LG Berlin GE 2002, 331, GE 2002, 1433.

133 Angabe nicht erforderlich aber sinnvoll: Bub/Treier/*Schultz* Kap. III. A Rdn. 1186.

28a **c)** Weitere Begründungen müssen im Mieterhöhungsverlangen nicht enthalten. Das gilt insbesondere für die Frage, ob vertragliche Beschränkungen entsprechend § 557 Abs. 3 BGB eingreifen oder eingreifen könnten (dazu § 557 Rdn. 44ff.). Auch Angaben über Mieterhöhungsbeschränkungen, die ggf. in einer Sozialcharta zwischen Verkäufer und Käufer des Gebäudes oder des Vermietungsunternehmens geschlossen wurden, müssen nicht im Mieterhöhungsverlangen angegeben werden, unabhängig, ob es dieser Vereinbarung Drittwirkung beizumessen ist oder nicht.[134]

2. Ortsübliche Vergleichsmiete

29 Einer Begründung bedarf immer die Nichtüberschreitung der ortsüblichen Vergleichsmiete. Der Gesetzgeber hat hierzu **fünf Begründungsmöglichkeiten** exemplarisch aufgezählt, nämlich die Bezugnahme auf

– einen einfachen oder qualifizierten Mietspiegel,
– die Auskunft aus einer Mietdatenbank,
– ein Sachverständigengutachten oder
– mindestens drei Vergleichswohnungen.

Diese **Aufzählung ist nicht abschließend.**[135] Zugelassen sind alle Begründungsmöglichkeiten, wenn sie nur geeignet sind, dem Mieter die für seine Entschließung erforderliche Information zu geben.[136] Das Gesetz erwähnt den Mietspiegel an erster Stelle, weil die Darlegung der ortsüblichen Vergleichsmiete unter Angabe von Vergleichswohnungen alle Beteiligten vor beträchtliche Schwierigkeiten stellt. Nach Vorstellung des Gesetzgebers sollte die Begründung des Erhöhungsverlangens durch Hinweis auf Vergleichsobjekte deshalb die Ausnahme bleiben.[137]

30 Die **Aussagekraft** der fünf gesetzlich vorgesehenen Begründungsmittel ist dabei äußerst **unterschiedlich,** wobei selbst bei Verwendung des gleichen Begründungsmittels noch erhebliche Unterschiede auftauchen können. Nicht jeder Mietspiegel gibt die ortsübliche Vergleichsmiete juristisch richtig wieder, nicht jeder Sachverständige legt seinen Ausführungen den richtigen Begriff der ortsüblichen Vergleichsmiete[138] zu Grunde und nur selten wird für die drei oder mehr ausgewählten Vergleichswohnungen wirklich die Miete gezahlt, die der ortsüblichen Vergleichsmiete entspricht. Ein qualifizierter Mietspiegel wird die ortsübliche Vergleichsmiete mit einer sehr viel höheren Wahrscheinlichkeit juristisch richtig wiedergeben als drei willkürlich ausgewählte Vergleichswohnungen. Trotzdem führt die richtige Bezugnahme auf eines der fünf gesetzlich vorgesehenen Begründungsmittel in aller Regel dazu, dass das Mieterhöhungsverlangen, zumindest was das Begründungserfordernis angeht, formal ordnungsgemäß ist. Der **Zweck des Begründungserfordernisses** besteht nämlich nur darin, dem Mieter die Möglichkeit der Information und Nachprüfung zu geben, damit er sich anhand der ihm mitgeteilten Daten schlüssig werden kann, ob er zustimmen will oder nicht.[139]

31 Bezüglich der **Auswirkungen von Begründungsfehlern** und -mängeln muss danach differenziert werden, ob bereits die Ausgangstatsachen vom Vermieter falsch angegeben wurden oder ob nur das Ergebnis der Begründung, also die Höhe der ortsüblichen Vergleichsmiete, falsch ist. Gibt der Vermieter falsche Ausgangstatsachen an, also z. B. ein falsches Baujahr, eine falsche Ausstattung der Wohnung oder eine nicht nur unerheblich[140] falsche Größe, dann führt dies i. d. R. dazu, dass das Mieterhöhungsverlangen formal unwirksam ist.[141] Etwas anderes gilt dann, wenn der Mieter aber den Fehler leicht erkennen kann.[142] Stellt sich heraus, dass die Ausgangstatsachen richtig sind, dass aber z. B. für die drei Vergleichswohnungen, was die Regel sein dürfte, eine hö-

134 LG Stuttgart NZM 2014, 161; **a. A.** noch AG Stuttgart WuM 2013, 548.
135 BVerfG NJW 1980, 1617; *Kinne* GE 2008, 1034.
136 BT-Drucks. 7/2011 S. 10.
137 *Vogel* JZ 1975, 73, 77.
138 So im Fall der BGH (VIII ZR 346/10) NJW 2012, 1351; *Börstinghaus* WuM 2012, 244; *Blank* LMK 5/2012 Anm. 3; *ders.* ZMR 2013, 170, 173.
139 BVerfG NJW 1974, 1499, NJW 1979, 31, NJW 1980, 1617 m. Anm. *Niederberger* WuM 1980, 193; *Emmerich* JuS 1980, 755.
140 LG Mannheim NZM 2003, 393.
141 Nach AG Hamburg-Wandsbek ZMR 2010, 47 ist die Zustimmungserklärung gem. § 123 BGB anfechtbar.
142 LG Berlin GE 2004, 483 (Angabe einer Netto- statt der Bruttomiete).

here Miete als die ortsübliche Vergleichsmiete gezahlt wird, dann ist das Erhöhungsverlangen formell in Ordnung aber materiell natürlich nur bis zur ortsüblichen Vergleichsmiete begründet.[143] Ebenso sind Fehler zu Gunsten des Mieters unerheblich. So führt die Angabe einer zu kleinen Wohnungsgröße nicht zur Unwirksamkeit des Erhöhungsverlangens.[144] Die Verwendung eines **unzulässigen Begründungsmittels** ist immer ein formeller Mangel.[145]

II. Mietspiegel

1. Allgemeines

Als erstes Begründungsmittel zählt das Gesetz die Mietspiegel auf. Dies kann ein einfacher oder auch ein qualifizierter Mietspiegel sein. Was ein einfacher und ein qualifizierter Mietspiegel ist, hat der Gesetzgeber in den beiden **Definitionsnormen** §§ 558c und 558d BGB geregelt (wegen der Einzelheiten der Mietspiegelerstellung s. deshalb dort).[146] 32

2. Die Bezugnahme auf den Mietspiegel im konkreten Erhöhungsverfahren

a) Allgemeines. Auch in den Gemeinden, in denen es einen gültigen Mietspiegel gibt, ist der Vermieter nicht verpflichtet, sich im Mieterhöhungsverlangen auf diesen zu berufen.[147] Allenfalls dann, wenn es sich um einen **qualifizierten Mietspiegel** handelt, besteht gem. Abs. 3 eine **Hinweispflicht** (dazu unten Rdn. 155ff.). Da es sich bei der Begründung mit Mietspiegelwerten um einen einfachen Weg handelt, machen die Vermieter i. d. R. von der Möglichkeit der Begründung des Erhöhungsverlangens mit einem Mietspiegel Gebrauch.[148] 33

b) Bezugnahme und Beifügung. Der Vermieter muss grundsätzlich[149] den Mietspiegel dem Mieterhöhungsverlangen **nicht beifügen,** wenn der Mietspiegel, mit dem das Erhöhungsverlangen begründet wurde, öffentlich kostenlos zugänglich ist.[150] Er muss den Mieter auch nicht darüber informieren, wo der Mietspiegel erhältlich ist.[151] Es ist grundsätzlich[152] ausreichend, wenn der Mietspiegel im Amtsblatt veröffentlicht wurde[153] oder kostenlos von den Interessenverbänden oder der Gemeinde abgegeben wird. Auch die kostenlose **Abgabe im Kundenzentrum** des Vermieters reicht aus. Die **Veröffentlichung im Internet** dürfte heute aber noch nicht ausreichen[154], da 34

---

143 BVerfG NJW 1974, 1499, NJW 1979, 31, NJW 1980, 1617 m. Anm. *Niederberger* WuM 1980, 193; *Emmerich* JuS 1980, 755; OLG Hamm NJW-RR 1991, 209; LG Berlin GE 1999, 378; AG Dortmund NZM 1999, 415.

144 AG Pinneberg ZMR 2004, 122.

145 LG Stuttgart NZM 2010, 161 m. Anm. *Börstinghaus* jurisPR-MietR 2/2010 Anm. 1, **a. A.** Bub/Treier/*Schultz* Kap. III. A Rdn. 1245; BGH (VIII ZR 33/10) NZM 2011, 743 mit abl. Anm. *Börstinghaus* MietPrax-AK, § 558a BGB Nr. 26; *ders.* jurisPR-MietR 20/2011 Anm. 1.

146 Sowie *Börstinghaus/Clar,* Mietspiegel, Probleme der Erstellung und Anwendung, 2. Aufl., 2013.

147 **A. A.** LG Stuttgart NJW 1974, 1252.

148 *Leutner* WuM 1992, 658.

149 Nach LG Nürnberg-Fürth WuM 2015, 160 muss auch ein Mietspiegel, der kostenlos erhältlich ist beigefügt werden, wenn er Spannen enthält und sich diese aus dem Mieterhöhungsverlangen nicht ergeben.

150 BGH (VIII ZR 276/08) NJW 2010, 225; (VIII ZB 7/08) NZM 2009, 429; (VIII ZR 11/07) NJW 2008, 573; KG WuM 2009, 407; LG Wiesbaden WuM 2007, 512, 2007, 706, 2007, 706, LG Dresden WuM 2007, 707, LG Berlin GE 2008, 198, MM 2001, 151, WuM 1990, 519, GE 1991, 521, LG Nürnberg-Fürth WuM 1988, 279; AG Nürnberg ZMR 2008, 896, AG Dresden WuM 2007, 706, AG Wiesbaden WuM 2007, 325; AG Münster Urt. v. 28.2.2007 – 38 C 1040/06 m. Anm. *Wüstefeld* WuM 2007, 674; *Reschke* WuM 2008, 228; **a. A.** AG Charlottenburg GE 1992, 1103.

151 BGH (VIII ZR 231/09) WuM 2010, 693 = MietPrax-AK, § 558a BGB Nr. 22 m. Anm. *Börstinghaus* (für Mietspiegel, der gegen Schutzgebühr erhältlich ist).

152 Etwas anderes kann gelten, wenn die Veröffentlichung sehr weit in der Vergangenheit erfolgte und der Vermieter den Mieter nicht darauf hingewiesen hat, wo dieses alte Amtsblatt eingesehen werden kann: LG Dresden NZM 2008, 727.

153 BGH (VIII ZR 11/07) NJW 2008, 573 = MietPrax-AK § 558a BGB Nr. 12 m. Anm. *Börstinghaus;* AG Nürnberg ZMR 2008, 896; *Reschke* WuM 2008, 228; *Elzer* in Elzer/Riecke, Mietrechtskommentar (2009) § 558a BGB Rdn. 8.

154 LG Wiesbaden WuM 2007, 705; *Kunze* MietRB 2008, 69; *Wüstefeld* WuM 2007, 674; *Emmerich* in Staudinger § 558a BGB Rdn. 26; **a. A.** LG Itzehoe ZMR 2012, 556; *Reschke* WuM 2008, 228, 230; *Elzer* in Elzer/Riecke, Mietrechtskommentar (2009) § 558a BGB Rdn. 8; nach BGH (VIII ZB 7/08) NZM 2009, 429 reicht die vollständige Veröffentlichung im Internet aus, wenn der Mietspiegel zugleich auch für „geringen Kaufpreis"

zurzeit noch nicht jeder Mieter Zugang hat.[155] Nicht erforderlich ist, dass der Mietspiegel auch im Schreibwaren- und Zeitschriftenhandel erhältlich ist.[156] Der Mietspiegel muss aber **immer dann beigefügt** werden, wenn er nicht allgemein kostenlos zugänglich ist[157], z. B. von den Verbänden nur an Mitglieder ausgegeben wird oder von diesen nur gegen eine, wenn auch geringe, Schutzgebühr abgegeben wird.[158] Zweifelhaft ist, ob eine Beifügung ausnahmsweise dann nicht erforderlich ist, wenn der Vermieter im Erhöhungsverlangen alle Angaben zur Einordnung in den Mietspiegel nachvollziehbar beschreibt, so dass der Mieter auch ohne Einblick in den Mietspiegel eine Überprüfung vornehmen kann.[159] Die Probleme sind dadurch entstanden, weil immer mehr Gemeinden aber vor allem auch Verbände dazu übergehen, die Mietspiegelbroschüre zu verkaufen. Hier genügt es nicht, wenn der Vermieter sich zwar ein Exemplar der Broschüre kauft und sein Erhöhungsverlangen damit begründet, aber ein Exemplar der Mietspiegelbroschüre dem Erhöhungsverlangen nicht beifügt. Es ist dem Mieter nicht zumutbar, erst Geld ausgeben zu müssen, um festzustellen, ob das Erhöhungsverlangen des Vermieters berechtigt ist oder nicht.[160] In diesen Fällen muss der Vermieter dem Mieter ein Exemplar der Broschüre **kostenlos zur Verfügung** stellen.[161] Mietrechtlich ist es dabei unerheblich, ob der Vermieter den Mietspiegel im Original oder in vollständiger Kopie beifügt.[162] Ob der Vermieter den Mietspiegel kopieren darf, ist eine Frage des Urheberrechts[163] und hat keine Auswirkungen auf die Wirksamkeit des Erhöhungsverlangens. Nicht ausreichend ist es aber, wenn er nur die Mietwerttabelle[164] oder sogar nur das nach Ansicht des Vermieters für die Wohnung des Mieters zutreffende Rasterfeld[165] beifügt, da der Mietspiegel auch aus einem Textteil besteht, der für seine Anwendung wichtige Vorgaben enthält. Unerheblich ist dabei, ob der Mietspiegel für 25 € oder für 2 € verkauft wird.[166] Den Vermieter trifft die gesetzliche Begründungspflicht. Soweit der BGH[167] davon ausgeht, dass bei einem **„geringen Kaufpreis"** oder einer **„Schutzgebühr"**[168] von 3 € oder einer vollständigen Veröffentlichung des Mietspiegels im Internet dieser allgemein zugänglich sei, kann dem nicht gefolgt werden.[169] Zwar muss jede Vertragspartei ihre Rechtsberatung selbst bezahlen, hier geht es aber zunächst einmal um die Begründung des Erhöhungsanspruchs des Vermieters. Im Übrigen sagt der BGH nicht, bis zu welchem Betrag er von einer geringen Schutzgebühr ausgeht. Ist die Grenze bei ALG II Empfängern ggf. niedriger anzusetzen als bei überdurchschnittlich verdienenden Arbeitnehmern? Nach Ansicht des

---

(3 €) verkauft wird; nach KG WuM 2009, 407 reicht in Berlin Verweis auf Internetadresse der Senatsverwaltung für eine Online-Berechnung, wenn der Ausdruck der Berechnung beigefügt wird.

[155] Das Internet hat in Deutschland im Jahr 2016 eine Verbreitung von ca. 83,8%, absolut ca. 58 Mio. Die Spreizung erfolgt vor allem über das Alter, das Geschlecht, die Bildung und das Einkommen und den Wohnsitz. 2012 betrug bei Frauen die Quote 70,5% bei Männern 81%, bei Menschen mit Volks-/Hauptschulabschluss 60,6% und bei Menschen mit Studienschluss 90,7%; Bei den 20–29 jährigen sind 96,9% im Internet, bei den 60–69 jährigen nur 60,4%. In Sachsen-Anhalt beträgt die Quote 67,3% und in Hamburg 80,0%. Quelle: (N) Onliner Atlas 2012, www.initiatived21.de/portfolio/nonliner-atlas.

[156] So aber LG Nürnberg WuM 1996, 95.

[157] LG Wiesbaden WuM 2009, 119, WuM 2007, 512, WuM 2007, 705, WuM 2007, 706; AG Essen MietRB 2008, 69; AG Köln NZM 2005, 146; AG Wiesbaden WuM 2007, 325; AG Münster Urt. v. 28.2.2007 – 38 C 1040/06 m. Anm. *Wüstefeld* WuM 2007, 674; *Emmerich* in Staudinger § 558a BGB Rdn. 26; *Hinz* NZM 2004, 681, 686 mit zahlreichen Hinweisen auf unveröffentlichte Urteile in Fn. 68.

[158] AG Wetter NJWE-MietR 1997, 246 bestätigt durch LG Hagen NJWE-MietR 1997, 246; *Muth* ZMR 2014, 990; **a. A.** BGH (VIII ZR 276/08) NJW 2010, 225; BGH (VIII ZB 7/08) NZM 2009, 429; BGH (VIII ZR 231/09) WuM 2010, 693; LG Karlsruhe ZMR 2014, 989; AG Dresden Urt. v. 4.5.2015 – 141 C 6572/12 (juris).

[159] So AG Köln NZM 2005, 146; i. E. wohl auch LG Nürnberg WuM 2015, 160.

[160] *Muth* ZMR 2014, 990.

[161] LG Krefeld WuM 2008, 672 aufgehoben durch BGH (VIII ZR 276/08) NJW 2010, 225.

[162] **A. A.** *Reschke* WuM 2008, 228, 231.

[163] Dazu LG Stuttgart Urt. v. 12.1.2010 – 17 O 387/09 (zitiert nach juris); rechtskräftig, da Berufung zurückgewiesen: OLG Stuttgart GRUR-RR 2010, 369 und Nichtzulassungsbeschwerde zurückgewiesen BGH Beschl. v. 7.7.2011 – I ZR 149/10; *Müglich/Börstinghaus* NZM 1998, 353; *Emmert* in DMT-Bilanz 2011, 668.

[164] *Reschke* WuM 2008, 228, 231.

[165] LG Wiesbaden WuM 2009, 119.

[166] LG Dresden WuM 2007, 707; AG Wiesbaden WuM 2007, 325; **a. A.** BGH (VIII ZR 276/08) NJW 2010, 225; BGH (VIII ZB 7/08) NZM 2009, 429; AG Wetter NJWE-MietR 1997, 246 bestätigt durch LG Hagen NJWE-MietR 1997, 246, wonach nicht „zu fordern ist, dass die Abgabe völlig kostenfrei zu erfolgen hat".

[167] BGH (VIII ZB 7/08) NZM 2009, 429.

[168] BGH (VIII ZR 276/08) NJW 2010, 225; BGH (VIII ZB 7/08) NZM 2009, 429.

[169] 6,– € seien auch noch geringfügig und deshalb zumutbar: LG Karlsruhe ZMR 2014, 989; offengelassen von LG Stuttgart NZM 2010, 161; 3,– € zumutbar: AG Grevenbroich WuM 2010, 93.

BGH[170] soll es auch ausreichen, dass der Vermieter dem Mieter anbietet, den Mietspiegel in seinem Büro **einzusehen.** Soweit dem Mieter dort ein Mietspiegel kostenlos ausgehändigt wird ist das richtig. Die bloße Einsichtnahme reicht aber nicht aus[171] und zwar unabhängig davon, ob es sich um ein Kundencenter mit „neutraler Atmosphäre" oder das Wohnzimmer des Privatvermieters handelt.[172] Der Mieter muss die Möglichkeit haben, die Richtigkeit in Ruhe zu überprüfen. Nur eine solche Auslegung entspricht der **Befriedungsfunktion der Formvorschriften** des § 558a BGB. Bei einer bloßen Einsichtnahme ist eine nur sehr viel eingeschränktere Kenntnisnahme und Auseinandersetzung mit dem Mietspiegel möglich. Es gibt heute Mietspiegel, die mehrere Seiten stark sind und ein sehr differenziertes Regel-Ausnahme-Prinzip enthalten. Der Gesetzgeber hat dem Mieter eine Überlegungsfrist von mindestens 2 Monaten eingeräumt, um seine Entscheidung treffen zu können, ob er zustimmt oder nicht. Insofern ist die Situation auch nicht vergleichbar mit der vom BGH herangezogenen Belegeinsicht bei der Betriebskostenabrechnung. Im Übrigen hat der Senat dort auch nur gesagt, dass „grundsätzlich" ein Anspruch auf Belegkopieübersendung nicht besteht. Solche Ausnahmen scheint er bei der Mietspiegeleinsicht gar nicht zulassen zu wollen, z. B. bei einem behinderten Mieter, einem Mieter, der während der Öffnungszeiten des Kundencenters berufsbedingt gar nicht Einsicht nehmen kann oder bei großen Entfernungen.[173] Auch ein **qualifizierter Mietspiegel** muss im Rahmen der alternativen Begründung gem. § 558a Abs. 3 BGB nicht zwingend beigefügt werden, wenn er öffentlich zugänglich ist. Aus § 558a Abs. 3 BGB ergibt sich nichts anderes.[174] Der Vermieter muss nur die Angaben des qualifizierten Mietspiegels mitteilen. Diese Angaben müssen aber aussagekräftig sein, also die Spanne beinhalten und die Tatsachen, die für die Spanneneinordnung wesentlich sind.

c) Anwendung des Mietspiegels im Einzelfall. Damit ein Mietspiegel einem konkreten 35 Mieterhöhungsverlangen zu Grunde gelegt werden kann, muss er im Einzelfall anwendbar sein.

Dazu muss er zunächst **zeitlich anwendbar** sein. Beim einfachen Mietspiegel ist der Mietspie- 36 gel **ab Vollendung der Erstellung** bzw. der letzten notwendigen Anerkennung in der Welt und kann als Begründungsmittel verwandt werden. Es ist nicht erforderlich, dass der Mietspiegel bereits gedruckt ist.[175] Veröffentlichung und Drucklegung sind gerade keine Wirksamkeitsvoraussetzung. Es genügt, dass der Mietspiegel erstellt ist. Ein Mietspiegel, der noch nicht veröffentlicht oder erhältlich ist, muss aber zwingend vom Vermieter dem Mieter mit dem Erhöhungsverlangen zur Verfügung gestellt werden. Beim qualifizierten Mietspiegel ist die Anerkennung durch das zuständige Organ Voraussetzung für die Wirksamkeit. Erst ab diesem Augenblick darf der Mietspiegel als Begründungsmittel verwandt werden.

Das Gesetz enthält unmittelbar keine Regelungen darüber wie lange ein Mietspiegel ein zulässi- 37 ges Begründungsmittel darstellt (dazu § 558c, d Rdn. 47). Vielmehr ordnet das Gesetz in § 558a Abs. 4 Satz 2 BGB gerade an, dass sogar ein veralteter Mietspiegel als Begründungsmittel benutzt werden kann. Selbst wenn in Mietspiegeln häufig im Textteil Laufzeiten vorgegeben werden, kann der Vermieter auch nach Ablauf der Laufzeit sein Erhöhungsverlangen mit diesem Mietspiegel begründen. Dies gilt gem. § 558a Abs. 4 Satz 2 BGB nur, wenn zum Zeitpunkt des Erhöhungsverlangens kein Mietspiegel vorliegt, bei dem die Voraussetzungen der § 558c Abs. 3 oder § 558d Abs. 2 BGB eingehalten sind. Daraus folgt, dass ein Mietspiegel dann keine Wirkung mehr hat und nicht mehr als Begründungsmittel benutzt werden kann, wenn zum Zeitpunkt des Zugangs des Erhöhungsverlangens **ein neuer Mietspiegel** erstellt worden ist.[176] Dabei ist es unerheblich, ob der neue Mietspiegel erst wenige Tag gilt oder schon länger. Die Verwendung des falschen Mietspiegels

---

170 BGH (VIII ZR 74/08) NZM 2009, 395 = MietPrax-AK § 558a BGB Nr. 15 m. Anm. *Börstinghaus;* LG Nürnberg-Fürth WuM 2015, 160; AG Nürnberg NZM 2009, 197; *Reschke* WuM 2008, 228, 230; **a. A.** LG Wiesbaden WuM 2007, 512; AG Wiesbaden WuM 2007, 325; *Kniep/Gratzel* WuM 2008, 645, 646; *Emmerich* in Staudinger § 558a BGB Rdn. 26.

171 *Sternel* Mietrecht aktuell (2009), IV, 201.

172 Danach will aber *Drasdo* NJW-Spezial 2009, 353 differenzieren.

173 Nach *Drasdo* NJW-Spezial 2009, 353 soll in diesen Fällen aber die Verweisung auf Einsichtsmöglichkeit nicht ausreichen.

174 **A. A.** LG Berlin MM 2007, 74.

175 LG Essen NJW-RR 1996, 1416 entgegen AG Gelsenkirchen WuM 1995, 542.

176 AG Leipzig WuM 2016, 292; *Emmerich* in Staudinger § 558a BGB Rdn. 32; **a. A.** BGH (VIII ZR 33710) NZM 2011, 743 = MietPrax-AK, § 558a BGB Nr. 26 mit abl. Anm. *Börstinghaus; ders.* jurisPR-MietR 20/2011 Anm. 1; *Schultz in Bub*/Treier, Kap. III. A Rdn. 1245.

stellt **einen formellen Mangel** dar.[177] § 558a BGB enthält die Formalien für das Erhöhungsverlangen (siehe oben Rdn. 1). Die materiellen Voraussetzungen für den Erhöhungsanspruch stehen in § 558 BGB. Was ein Mietspiegel ist, wird wiederum in den Hilfsvorschriften § 558c BGB und 558d BGB definiert. Der BGH[178] folgt dieser Systematik anscheinend nicht. Der Verweis auf einen Mietspiegel in § 558a Abs. 2 BGB bezieht sich nach Sinn und Zweck immer auf den aktuellen Mietspiegel und nicht auf einen veralteten Mietspiegel. Auch das ist eigentlich systemimmanent, wird vom Gesetzgeber aber in § 558a Abs. 4 S. 2 BGB noch einmal klargestellt. Hierbei handelt es sich um eine Ausnahmevorschrift, die eben nur ausnahmsweise die Verwendung alter Mietspiegel gestattet. Das bedeutet dann im Umkehrschluss, dass immer dann, wenn die Voraussetzungen des § 558a Abs. 4 S. 2 BGB nicht vorliegen, die Verwendung solch veralteter Mietspiegel nicht zulässig ist. Dass es sich um einen formellen Fehler handelt zeigt letztendlich auch noch ein Blick auf die Heilungsvorschrift in § 558b Abs. 3 S. 1 BGB. Dort hat der Gesetzgeber ausdrücklich geregelt, dass der Vermieter bei einem Erhöhungsverlangen, dass die Voraussetzungen des § 558a Abs. 2 BGB nicht erfüllt, während des Zustimmungsklageverfahrens ein neues Erhöhungsverlangen stellen oder den Fehler heilen kann.

38 Außerdem muss der Mietspiegel **örtlich anwendbar** sein, d. h. die Wohnung muss in der Gemeinde liegen, für die der Mietspiegel erstellt wurde. Soweit der Mietspiegel bestimmte Ortsteile ausdrücklich ausnimmt, kann er dort auch nicht als Mietspiegel einer vergleichbaren Gemeinde angewandt werden.

38a Der Mietspiegel muss **sachlich anwendbar** sein, d. h. er muss Daten für die konkrete Wohnung enthalten.[179] Dazu ist erforderlich, dass bei der Mietspiegelerstellung auch wirklich Daten des entsprechenden Wohnungsteilmarktes erhoben wurden. Da die Daten für einen Mietspiegel nie als Vollerhebung, sondern immer als Stichprobe erhoben werden, muss die konkrete Vertragswohnung die Möglichkeit gehabt haben, in diese Stichprobe zu kommen.[180] Wenn die Stichprobe z. B. nur aus Wohnungen in Mehrfamilienhäusern gezogen wurde, dann kann mit einem solchen Mietspiegel keine Mieterhöhung für ein **Einfamilien-**[181] oder **Zweifamilienhaus**[182] oder **Reihenhaus**[183] oder eine **Doppelhaushälfte**[184] begründet werden[185]. Soweit der BGH[186] ein Zustimmungsverlangen für ein Einfamilienhaus für wirksam erachtet hat, das mit den Werten eines Mietspiegels für Geschosswohnungen begründet wurde, da es einen Erfahrungssatz gebe, nachdem die Mieten für

---

[177] LG Stuttgart NZM 2010, 161 m. Anm. *Börstinghaus,* jurisPR-MietR 2/2010 Anm. 1; AG Leipzig WuM 2016, 292; **a. A.** BGH (VIII ZR 33/10) NZM 2011, 743.

[178] BGH (VIII ZR 33/10) NZM 2011, 743.

[179] LG Frankfurt/Oder WuM 2012, 319 (Whg. d. 3. Förderweges); LG Frankfurt/M. NZM 2012, 342 (Mieterhöhung für einheitlich vermietetes Dreifamilienhaus mit drei Wohnungen aus Geschosswohnungsbau) m. Anm. *Pfeilschifter* jurisPR-MietR 13/2012 Anm. 3.

[180] LG Frankfurt/Oder WuM 2012, 319.

[181] LG Krefeld NZM 2008, 480 m. Anm. *Blank* MietRB 2008, 261 und *Wüstefeld* WuM 2008, 544; LG Berlin GE 2002, 1197; LG Hagen WuM 1997, 331; LG Hamburg WuM 2002, 698; LG Köln WuM 1976, 129; LG Gera WuM 2002, 497; AG Schwelm WuM 1995, 592; *Artz* in MüKoBGB § 558a Rdn. 17 (unter Aufgabe der **a. A.** aus der 6. Aufl.); *Emmerich* in Staudinger (2014) § 558 BGB Rdn. 28; *Emmerich* in Emmerich/Sonnenschein, Miete, 11. Aufl., § 558a BGB Rdn. 13; *Lammel* § 558a BGB Rdn. 27; Palandt/*Weidenkaff,* § 558a BGB Rdn. 8; *Bub* PiG 40, 41, 49; *Börstinghaus* NZM 2009, 115; *ders.* NZM 2016, 581; **a. A.** BGH (VIII ZR 58/08) NZM 2009, 27; LG Berlin GE 2016, 655; AG Hamburg-Blankenese ZMR 2009, 767 (Wohnung in Gebäude mit zusätzlich einer Gewerbeeinheit, außerdem stand im maßgeblichen Mietspiegel „Wohnhäuser mit geringerer Wohnungsanzahl haben i. d. R. höhere Mieten …"); AG Hamburg-Blankenese/LG Hamburg ZMR 2003, 492; AG Hamburg Blankenese HbGE 1988, 281, 283; *Kniep* NZM 2000, 166 und *Kniep/Spieth* GE 2000, 110; zumindest wenn der Oberwert des Mietspiegelfeldes nicht überschritten wird: LG Hamburg ZMR 2003, 491; Bub/Treier/*Schultz* Kap. III. A Rdn. 1197.

[182] LG Berlin GE 2002, 1197.

[183] LG Potsdam GE 2003, 393; **a. A.** BGH (VIII ZR 54/15) NZM 2016, 580 m. abl. Anm. *Börstinghaus* NZM 2016, 581; LG Berlin GE 2015, 453 obwohl der Mietspiegel ausdrücklich den Zusatz enthielt, dass er nicht für „Ein- und Zweifamilienhäuser und Reihenhäuser" gilt.

[184] LG Berlin GE 2012, 1378.

[185] Dabei ist es unerheblich, ob die verlangte Miete innerhalb der Spanne für Geschosswohnungen liegt, so aber *Dickersbach* in Erman § 558a BGB Rdn. 11. Das ist ein Zirkelschluss.

[186] BGH (VIII ZR 58/08) NZM 2009, 27 = MietPrax-AK § 558a BGB Nr. 14 mit abl. Anm. *Börstinghaus; ders.* NZM 2009, 115; ebenso BGH (VIII ZR 54/15) NZM 2016, 580 m. abl. Anm. *Börstinghaus* NZM 2016, 581 und LG Berlin GE 2015, 453 sogar für den Fall, das der Mietspiegel die Anwendbarkeit explizit ausschließt.

Einfamilienhäuser höher seien, ist dem nicht zu folgen.[187] Bei dem sog. Erfahrungssatz handelt es sich um keine Tatsache, die nach der Rechtsprechung des BGH[188] der Vermieter im Mieterhöhungsverlangen vortragen muss. Es handelt sich um ein **„Bauchgefühl"**.[189] Soll der Mietspiegel nach seinem Textteil „sinngemäß für vermietete Einfamilienhäuser" gelten, so ist ein Zuschlag für Einfamilienhäuser unzulässig, auch wenn dies in Nachbargemeinden üblich ist.[190] Ebenso wenig kann mit einem Mietspiegel für Wohnraummietverhältnisse regelmäßig eine Mieterhöhung für ein Mischmietverhältnis[191] begründet werden[192], selbst wenn der Vertrag insgesamt als Wohnraummietvertrag einzuordnen ist.[193] Allenfalls bei ganz untergeordneter gewerblicher Nutzung kann ausnahmsweise etwas anderes gelten. Auch für Räume, die bauordnungsrechtlich als „zum dauernden Aufenthalt für Menschen ungeeignet" eingestuft wurden, scheidet eine Anwendung des Mietspiegels aus;[194] dies gilt zumindest, wenn dieser Teil nicht unerheblich ist.[195] Das Gleiche gilt, wenn bei der Datenerhebung nicht ausreichend Daten für eine bestimmte Kategorie erhoben werden konnten. Deshalb kann eine Mieterhöhung für Großwohnungen nicht mit einem Mietspiegel begründet werden, der nur Daten für Wohnungen bis 120 qm[196] oder 160 qm[197] enthält, wobei es unerheblich, ob diese Daten erst gar nicht erhoben wurden oder ob der Datenerhebung für die Wohnung keine ausreichende Anzahl von Einzeldaten ermittelt werden konnte. Das Gleiche gilt im umgekehrten Fall, in dem die Wohnung kleiner ist, als die kleinste im Mietspiegel ausgewiesene Wohnung.[198] Selbst kleine Überschreitungen der Grenzen führen zur Nichtanwendbarkeit des betreffenden Mietspiegels.[199] Weist der Mietspiegel keine Daten für Wohnungen ohne Heizung aus, ist seine Anwendung auf diesen Wohnungsbestand ebenfalls ausgeschlossen.[200] Wenn die Wohnung in zwei Gebäudeteilen liegt, die zu unterschiedlichen Zeitpunkten errichtet wurden, dann kann die ortsübliche Vergleichsmiete weder als Mittelwert der beiden einschlägigen Mietspiegelfelder[201] noch aus dem Mietspiegelfeld der Baualtersklasse, in die die größere der beiden Teile der Wohnung fällt[202], ermittelt werden. Es handelt sich um nicht vergleichbare Wohnungen eines anderen Wohnungsteilmarkts. Selbstverständlich kann ein Mietspiegel auch nicht als Begründungsmittel dienen für eine Wohnung der jüngsten Baujahre, für die es an ausreichenden Daten fehlt.[203] In diesem Fällen kann auch nicht einfach ein – im Mietspiegel nicht vorgesehener – Zuschlag von 10% zur letzten Baualtersklasse hinzugerechnet werden.[204]

Problematisch kann die Verwendung von jetzt zulässigen Mietspiegeln für mehrere Gemeinden, z. B. Mietspiegel für ein Kreisgebiet sein. Der Vermieter hat nach § 558 Abs. 1 BGB einen Anspruch auf Zustimmung zu einer Mieterhöhung bis zur ortsüblichen Vergleichsmiete. Die ortsübliche Vergleichsmiete selbst wird in § 558 Abs. 2 BGB u. a definiert als das Entgelt, das **in der Gemeinde** oder einer vergleichbaren Gemeinde gezahlt wird. Die ortsübliche Vergleichsmiete ist also **39**

---

187 *Emmerich* in Staudinger § 558 BGB Rdn. 28 mahnt zur Vorsicht gegenüber solchen naheliegenden oder plausiblen Erfahrungssätzen; nach Ansicht von *Sternel,* Mietrecht aktuell (2009), IV, 198 ist die Auffassung des BGH „problematisch"; möglich sei aber eine „Rahmenvereinbarung" der Parteien i. S. d. § 557 BGB über die Anwendung des Mietspiegels für Geschosswohnungen auf Einfamilienhäusern.

188 BGH (VIII ZR 11/07) NZM 2008, 164; BGH (VIII ZR 41/05) NZM 2006, 101; BGH (VIII ZR 215/05) WuM 2006, 569.

189 *Börstinghaus* NZM 2009, 115; ablehnend hinsichtlich dieses Begriffs: *Beyer* jurisPR-MietR 18/2016 Anm. 2.

190 AG Aachen WuM 2015, 164.

191 Zum Begriff siehe BGH (VIII ZR 376/13) NJW 2014, 2864; *Lehmann-Richter* MietRB 2011, 84.

192 LG Berlin GE 1996, 1181.

193 BGH (VIII ZR 376/13) NJW 2014, 2864.

194 LG Frankfurt NZM 2012, 342 m. Anm. *Pfeilschifter* jurisPR-MietR 13/2012 Anm. 3; LG Berlin MM 1997, 75; zur Frage, wie die Flächen für solche Räume zu ermitteln sind BGH (VIII ZR 39/09) NJW 2010, 1064.

195 LG Frankfurt/M. NZM 2012, 342 (34 qm von ca. 313 qm) m. Anm. *Pfeilschifter* jurisPR-MietR 13/2012 Anm. 3.

196 LG Frankfurt ZMR 2011, 953; 4 Urteile des LG Köln WuM 1994, 333 f.; m. Anm. *Walterscheid* WuM 1994, 334; differenzierend insofern aber *Fleindl* ZMR 2014, 268, 269.

197 AG München WuM 2016, 177.

198 AG Hamburg-Altona ZMR 2003, 502; *Gärtner* WuM 1998, 707; **a. A.** AG Köln WuM 1998, 726.

199 AG München WuM 2016, 177.

200 AG Köln WuM 2007, 409.

201 AG Frankfurt/M. WuM 2013, 423.

202 LG Berlin MM 12/2013, 28.

203 AG Frankfurt/M. DWW 1991, 54.

204 **A. A.** AG Bochum DWW 1989, 171.

immer gemeindebezogen zu ermitteln. Wenn ein Mietspiegel nun undifferenziert Mieten für mehrere Gemeinden oder nur für **Gemeindeteile** enthält, so entspricht dies nicht dem ortsüblichen Vergleichsmietenbegriff des § 558 Abs. 2 BGB. Erforderlich ist also bei Mietspiegeln für mehrere Gemeinden, dass diese die ortsübliche Vergleichsmiete für jede Gemeinde getrennt ausweisen.[205] Bei Mietspiegeln für Gemeindeteile muss sichergestellt werden, dass damit zumindest ein Wohnwertmerkmal (z. B. das der Lage) vollständig erfasst wird.

40 Ist der Mietspiegel zwar grundsätzlich sachlich und örtlich anwendbar, dann muss er auch **für die konkrete Wohnung Daten enthalten.** Enthält der Mietspiegel für die konkrete Wohnung ein leeres Rasterfeld, so ist er als Begründungsmittel für ein Mieterhöhungsverfahren nicht anwendbar,[206] insbesondere dürfen die Werte nicht durch **Interpolation, Extrapolation oder** Analogieschluss ermittelt werden.[207] Es ist Aufgabe des Mietspiegelerstellers, den Anwendungsbereich des Mietspiegels festzulegen.[208] Der Mietspiegelersteller ist zunächst der einzige, der weiß, welche Daten er überhaupt ermittelt hat und welche Schlüsse aus diesen Daten gezogen werden können. Wenn er zu dem Ergebnis gekommen ist, dass für eine bestimmte Merkmalskombination eine Aussage auf Grund der vorliegenden Daten nicht gemacht werden kann, dann kann nicht der Anwender hergehen und die Anwendbarkeit durch Rechenoperationen herstellen. Der Mietspiegel soll vereinfacht gesagt dem Mieter erklären, wie sich die Mieten am Markt in den letzten vier Jahren entwickelt haben. Das kann man feststellen aber nicht aus der Entwicklung anderer **Teilmärkte** errechnen. Eine Interpolation ist selbst dann unzulässig, wenn sie im Fördervertrag vorgesehen ist, da diese allenfalls eine zusätzliche Begrenzung der Mieterhöhungsmöglichkeit schaffen will.[209] Etwas anderes gilt auch nicht für ausgehandelte Mietspiegel. Selbst wenn hier keine Daten erhoben worden sein sollten, dann beruht die Anwendbarkeit eines solchen Mietspiegels zumindest auf der Einigung zwischen den beteiligten Verbänden. Wenn diese sich aber nicht in der Lage sahen, zu einem gemeinsamen Ergebnis für einen Teilmarkt zu kommen, dann kann diese fehlende Einigung ebenfalls nicht errechnet werden. Ein entsprechendes Mieterhöhungsverlangen, das auf benachbarte unzutreffende Felder hinweist ist formell unwirksam.[210]

41 Nach § 558a Abs. 4 BGB genügt es bei einem Mietspiegel, der Spannen enthält, wenn die verlangte Miete **innerhalb der Spanne** liegt. Damit soll berücksichtigt werden, dass die Einordnung einer Wohnung in den Mietspiegel eine Wertungsfrage ist, die so oder auch anders beantwortet werden kann. Bei einer anderen Wertung soll das Erhöhungsverlangen aber wirksam bleiben. Die andere Bewertung hat dann allenfalls Auswirkungen auf die Begründetheit des Anspruchs. Die Regelung gilt aber nur für die Mietspannen in einem Mietspiegel nicht für die Spanne bei einzelnen Wohnwertmerkmalen (z. B.: Altersklasse 1960–1970, oder Größe 40–80 qm). Diese Daten müssen, soweit es darauf ankommt ggf. exakt angegeben werden.[211] Deshalb ist ein Erhöhungsverlangen, welches mit einem Mietspiegel begründet wird, der Spannen ausweist, formell unwirksam, wenn weder dem Erhöhungsverlangen der Mietspiegel nicht beigefügt wurde noch die Spanne im Erhöhungsverlangen angegeben ist.[212]

42 Die bloße Beifügung eines Mietspiegels oder schlichte Bezugnahme reicht als Begründung für ein Mieterhöhungsverlangen i. d. R. nicht aus. Das Mieterhöhungsverlangen muss erkennen lassen, **wie der Vermieter die Wohnung in den Mietspiegel eingruppiert** hat.[213] Das Gesetz verlangt vom Vermieter, dass er seinen Anspruch begründet. Eine Begründung ist die Darlegung von Argumenten, die den Schluss auf die Behauptung rechtfertigt. Eine Begründung ist nicht gegeben, wenn sich der zu Überzeugende, also der Mieter, die Argumente erst selbst, wenn auch aus einer

---

[205] Deshalb ist der Mietspiegel für die Metropolregion Hannover auch in 27 Ausgaben für jede einzelne Gemeinde veröffentlicht worden.
[206] LG Berlin GE 2008, 1492.
[207] LG Berlin GE 2005, 675, GE 2004, 545, WuM 1990, 158; LG Köln WuM 1994, 333; LG Hamburg NJW-RR 1993, 82, WuM 1982, 21; AG Bonn WuM 1999, 465; *Sternel* Mietrecht aktuell (2009), IV, 206; *Emmerich* in Emmerich/Sonnenschein, Miete, 11. Aufl., § 558a BGB Rdn. 13; *Emmerich* in Staudinger § 558a Rdn. 24; **a. A.** *Voelskow* ZMR 1992, 327; *Bub* PiG 40, 41, 49.
[208] *Börstinghaus* NZM 2009, 115 zur Anwendung von Mietspiegeln für Mehrfamilienhäuser auf Einfamilienhäuser.
[209] LG Berlin GE 2004, 545.
[210] LG Berlin GE 2008, 1492.
[211] *Lammel* § 558a BGB Rdn. 51.
[212] LG Nürnberg-Fürth WuM 2015, 160.
[213] LG Berlin MM 2007, 74, GE 2005, 675; LG Köln WuM 1994, 691; LG München WuM 1993, 67; AG Köln WuM 2014, 301; AG Trier WuM 2004, 343; AG Greifswald ZMR 2002, 347; *Dietrich* NJW 2012, 567.

begrenzten Menge, heraussuchen muss. Der Vermieter muss deshalb in seinem Erhöhungsverlangen konkret angeben, warum sich aus dem Mietspiegel ergibt, dass er mit seinem Erhöhungsverlangen die ortsübliche Miete nicht übersteigt. Dazu gehört die Angabe, wie die Wohnung in den Mietspiegel einzugruppieren ist.[214] Begründet der Vermieter das Erhöhungsverlangen ausschließlich mit einem Mietspiegel, vertritt aber zugleich die Ansicht, der (qualifizierte) Mietspiegel sei nicht wirksam, so ist strittig ob das Erhöhungsverlangen widersprüchlich und damit unwirksam[215] oder doch formal wirksam[216] ist. Je nach Gliederung des Mietspiegels müssen die entsprechenden **Tatsachen**[217] vorgetragen werden, die eine eindeutige Zuordnung zulassen und dem Mieter ggf. auch eine Überprüfung ermöglichen.[218] Wenn der Vermieter die Wohnung wegen behaupteter Modernisierungsmaßnahmen in eine jüngere Baualtersklasse eingruppiert hat, muss er das begründen, anderenfalls ist das Erhöhungsverlangen formell unwirksam.[219] Ob als Begründung die bloße Angabe des maßgeblichen Mietspiegelfeldes ausreicht, hängt von der konkreten Ausgestaltung des örtlichen Mietspiegels ab.[220] Ein Mieterhöhungsverlangen, in dem sowohl die Bezeichnung des Mietspiegelfeldes als auch die vom Vermieter bei der Einordnung zugrunde gelegten Ausstattungsmerkmale fehlen, ist unwirksam.[221] Soweit bestimmte Mietspiegelfelder mit Spannen umschrieben sind, z. B. Baujahr 1960–1970, genügt es, wenn dargelegt wird, dass die Wohnung innerhalb dieser Spanne errichtet wurde. Verlangt die Einordnung in eine bestimmte Spanne aber, dass aus einer Liste von mehreren Merkmalen, z. B. einer Ausstattungsliste, 3–5 Merkmale gegeben sein müssen, damit die Wohnung in das entsprechende Mietspiegelfeld eingeordnet werden kann, dann müssen die Merkmale, die nach Ansicht des Vermieters bei der Vertragswohnung gegeben sind, exakt bezeichnet werden, damit der Mieter dies überprüfen kann und später der Vermieter diese nicht auswechselt. Deshalb genügt die Angabe „3–5 Sonderausstattungsmerkmale liegen vor", nicht aus.[222] Verwendet der Mietspiegel unbestimmte, auslegungsbedürftige Rechtsbegriffe, so soll der Vermieter verpflichtet sein, unter Benennung aller relevanten Kriterien das Vorliegen einzelner Merkmale begründen.[223] Führt der Mietspiegel einzelne Merkmale auf, wann eine Wohnung als modernisiert gilt und im Mietspiegel entsprechend einzuordnen ist, so muss der Vermieter konkret die Merkmale aufführen, die erfüllt sind, um die Wohnung als modernisiert i. S. d. Mietspiegels gelten zu lassen.[224] Kriterium ist dabei immer, ob der Mieter als Empfänger der Erklärung aus dem Mieterhöhungsverlangen eindeutig ermitteln kann, auf Grund welcher Behauptungen der Vermieter die Wohnung wie in den Mietspiegel einordnet. Es gilt ein ähnlicher Maßstab wie bei der Beurteilung des Tatsachenvortrags im gerichtlichen Verfahren. Behauptungen ins Blaue oder unsubstantiierte Tatsachenbehauptungen, die prozessual zu einem Ausforschungsbeweis führen würden, reichen nicht aus. Ein solches Mieterhöhungsverlangen ist nicht ordnungsgemäß begründet und deshalb unwirksam.

Die **Richtigkeit der Angaben** ist keine Zulässigkeitsvoraussetzung.[225] Hier hat der BGH seine 43
Rechtsprechung geändert. Nach der ersten Entscheidung des BGH[226] zu dieser Frage sollte ein formell wirksames Mieterhöhungsverlangen nur dann gegeben sein, wenn der Vermieter **unter zutreffender Einordnung der Wohnung** des Mieters in die entsprechende Kategorie des Mietspie-

---

[214] LG Stuttgart WuM 2016, 361; LG Berlin GE 2005, 675, GE 2005, 307; AG Leonberg WuM 2016, 669, 670 (Angabe des Baualters erforderlich); *Dietrich* NJW 2012, 567.

[215] AG Köpenick WuM 2016, 296 m. abl. Anm. *Beuermann* GE 2016, 624;; AG Neukölln Urt. v. 12.1.2016 – 18 C 264/15; Urt. v. 22.3.2016 – 5 C 292/15; Urt. v. 24.3.2016 – 16 C 320/15; MM 6/2016 S. 29.

[216] LG Berlin GE 2016, 975 m. Anm. *Beuermann* GE 2016, 945.

[217] BGH (VIII ZR 11/07) WuM 2008, 228; (VIII ZR 74/08) WuM 2009, 293; (VIII ZR 321/09) WuM 2010, 502; AG Leonberg WuM 2016, 669.

[218] LG Stuttgart WuM 2016, 361; LG Berlin GE 2005, 307; AG Trier WuM 2004, 343; AG Greifswald ZMR 2002, 352.

[219] AG Köln WuM 2013, 697.

[220] Für Berlin **ja:** BGH (VIII ZR 11/07) NJW 2008, 573; für Dresden **ja:** AG Dresden Urt. v. 27.6.2014 – 141 C 7895/13 zitiert nach juris; für Stuttgart **nein:** LG Stuttgart WuM 2016, 361, 362; AG Stuttgart Beschlüsse vom 20.12.2011 Az: 32 C 5130/11 u. a. (zitiert nach juris), dazu *Dietrich* NJW 2012, 567 mwN in Fn 31/32.

[221] AG Leonberg WuM 2016, 669; LG Hannover WuM 2013, 362.

[222] **A. A.** wohl AG Dresden Urt. v. 27.6.2014 – 141 C 7895/13 (zitiert nach juris).

[223] LG Stuttgart WuM 2016, 361, 363; LG Hannover WuM 2013, 362.

[224] AG Weimar WuM 2003, 567.

[225] So auch BGH (VIII ZR 295/07) NJW 2009, 283 für die Abgrenzung zwischen formellen und materiellen Fehlern bei der Betriebskostenabrechnung.

[226] BGH (VIII ZR 52/03) NJW 2004, 1379.

gels die dort vorgesehene Mietspanne richtig nennt und die erhöhte Miete angibt. Später hat der Senat von diesen Anforderungen immer mehr Abstand genommen. Erforderlich sollte jetzt für ein wirksames Mieterhöhungsverlangen nur noch sein, dass im Erhöhungsverlangen die genaue Angabe des – **nach Auffassung des Vermieters** – für die Wohnung einschlägigen Mietspiegelfeldes erfolgt.[227] Und zuletzt hat der BGH[228] auch ein Mieterhöhungsverlangen für formell wirksam angesehen, bei dem der Vermieter für den Mieter nicht erkennbar die Wohnung in das falsche Mietspiegelfeld eingeordnet hat. Das ist nur bedingt richtig. Man muss nämlich bei der Beurteilung der Fehler differenzieren:[229] (1) Hat der Vermieter die Tatsachen alle richtig mitgeteilt und dann die falschen Rückschlüsse gezogen, in dem er die Wohnung in das falsche Feld einsortiert hat, dann ist das Erhöhungsverlangen formell wirksam.[230] Hierzu zählt auch der Fall, dass der Vermieter unzulässiger Weise einen Zuschlag wegen unwirksamer Abwälzung der Schönheitsreparaturpflicht auf den Mieter verlangt.[231] (2) Das gilt auch dann, wenn der Vermieter zwar falsche Tatsachen mitgeteilt hat, die der Mieter aber selbst überprüfen kann, z. B. eine falsche Ausstattung. (3) Hat der Vermieter demgegenüber aber falsche Tatsachen mitgeteilt die der Mieter nicht überprüfen kann, z. B. ein falsches Baujahr, dann ist das Mieterhöhungsverlangen formell unwirksam.[232] Das gilt auch für den Fall, dass der Vermieter ausdrücklich keine konkreten Tatsachen benennt, die Wohnung aber in ein bestimmtes Mietspiegelrasterfeld eingruppiert[233] und hierdurch konkludent behauptet, die eine solche Eingruppierung rechtfertigenden Tatsachen lägen bei der Wohnung vor. Ein unter Berufung auf den Mietspiegel[234] begründetes Mieterhöhungsverlangen ist nur insoweit unwirksam als der Vermieter ohne Begründung die **Obergrenze der Spanne** überschreitet; im Übrigen ist es aber wirksam.[235] Soweit bei Vorhandensein von bestimmten Sondermerkmalen diese Obergrenze des Mietspiegelfeldes überschritten werden darf, muss dies aber auf jeden Fall im Mieterhöhungsverlangen begründet werden.[236] Durch die Begründung sollen dem Mieter **konkrete Hinweise** auf die sachliche Berechtigung des Erhöhungsverlangens gegeben werden, damit er während der Überlegungsfrist die Berechtigung der Mieterhöhung überprüfen und sich entscheiden kann, ob er zustimmt oder nicht.[237] Der Vermieter muss deshalb die Spanne angeben. Die Frage, ob die verlangte Mieterhöhung vom Mietspiegel gedeckt wird, ist eine Frage der materiellen Berechtigung des Mieterhöhungsverlangens.[238] Der Vermieter ist an die vorgegebenen Altersklassen eines Mietspiegels gebunden, er darf nicht wegen Modernisierung eine Höherstufung vornehmen.[239]

44 **d) Mietspiegel einer vergleichbaren Gemeinde**[240]**.** § 558a Abs. 4 Satz 2 BGB gestattet die Verwendung von Mietspiegeln aus vergleichbaren Gemeinden, wenn zum Zeitpunkt der Mieterhöhungserklärung in der eigenen Gemeinde kein Mietspiegel existiert der fristgerecht aktualisiert wurde.[241] Diese Formulierung ist sprachlich missglückt.[242] Der Vermieter darf nämlich auch dann

[227] BGH (VIII ZR 11/07) NJW 2008, 573 = MietPrax-AK § 558a BGB Nr. 12 m. Anm. *Börstinghaus; Dietrich* NJW 2012, 567; *Schach* GE 2008, 154; *Kunze* MietRB 2008, 98; *Reschke* WuM 2008, 228.

[228] BGH (VIII ZR 316/07) WuM 2009, 239.

[229] *Börstinghaus* NZM 2009, 681.

[230] LG Berlin GE 2005, 1063, GE 1997, 369, GE 1990, 1257, ZMR 1990, 20, MM 1991, 127; LG Mönchengladbach WuM 1992, 196: wenn Mietspiegel beigefügt und Feld markiert; AG Hamburg NJWE-MietR 1996, 268; AG Charlottenburg GE 1997, 369; **a. A.** LG Berlin ZMR 1998, 347; AG Berlin Schöneberg GE 1991, 193.

[231] AG Schöneberg GE 2009, 523.

[232] BGH (VIII ZR 52/03) NJW 2004, 1379; LG Berlin GE 2007, 1635; **a. A.** nun aber BGH (VIII ZR 316/07) WuM 2009, 239.

[233] BGH (VIII ZR 11/07) NJW 2008, 573; *Reschke* WuM 2008, 228.

[234] Zu Mieterhöhungen über den Oberwert von Mietspiegelfeldern und den verschiedenen Ausnahmefällen s. *Maciejewski* MM 1997, 55.

[235] BGH (VIII ZR 52/03) NJW 2004, 1379; OLG Karlsruhe WuM 1984, 21; LG Berlin GE 1997, 141; AG Tiergarten GE 1997, 1231; *Emmerich* in Emmerich/Sonnenschein, Miete, 11. Aufl., § 558a BGB Rdn. 16; **a. A.** LG Berlin ZMR 1990, 20, MM 1996, 292, GE 1996, 1181; LG Hamburg NJW-RR 1993, 82.

[236] LG Berlin MM 1996, 292, GE 1996, 1181.

[237] BGH (VIII ZR 72/02) NJW 2003, 963; BGH WuM 1982, 324; auch BVerfGE 53, 352, 358.

[238] BGH (VIII ZR 52/03) NJW 2004, 1379 = MietPrax-AK § 558a BGB Nr. 3 m. Anm. *Börstinghaus.*

[239] LG Dortmund WuM 1992, 28.

[240] Dazu BGH (VIII ZR 99/09) NJW 2010, 2946 = NZM 2010, 665 = MietPrax-AK, § 558a BGB Nr. 20 mit Anm. *Börstinghaus; ders.* jurisPR-MietR 17/2010 Anm. 3.

[241] Dazu BGH (VIII ZR 99/09) NJW 2010, 2946; Nach LG Stuttgart NZM 2010, 161 soll ein Mieterhöhungsverlangen formell unwirksam sein, wenn es nach Veröffentlichung eines neuen qualifizierten Mietspiegels mit altem qualifizierten Mietspiegel begründet wird.

[242] So auch *Lammel* § 558a BGB Rdn. 54.

einen Mietspiegel einer vergleichbaren Gemeinde benutzen, wenn in seiner Gemeinde gar kein Mietspiegel existiert oder der Mietspiegel für seine Gemeinde anders als der für die Nachbargemeinde für seine konkrete Wohnung keine Daten enthält.[243] Der Vermieter hat aber **kein Wahlrecht,** ob er den örtlichen Mietspiegel oder den einer vergleichbaren Gemeinde zur Begründung heranzieht.[244] Zulässig ist die Verwertung eines Mietspiegels nur dann, wenn in der eigenen Gemeinde für die konkrete Wohnung kein aktueller Mietspiegel vorhanden ist und wenn die Gemeinden vergleichbar sind.[245] Es darf auch nicht auf den qualifizierten Mietspiegel einer Nachbargemeinde zurückgegriffen werden, wenn in der eigenen Gemeinde ein einfacher Mietspiegel existiert.[246]

Unter diesen Voraussetzungen darf der Vermieter sich auf einen Mietspiegel einer Nachbargemeinde berufen, wenn die Behauptung, dies sei eine vergleichbare Gemeinde, nicht **offensichtlich unbegründet** ist.[247] Dies ergibt sich zum einen aus dem Zweck des Gesetzes, dem Mieter hinreichende Informationen für die Entscheidung darüber zu verschaffen, ob die von ihm geforderte Miete tatsächlich ortsüblich ist, sowie zum anderen aus dem aus Art. 14 GG abzuleitenden Schutz des Eigentümers vor übertriebenen Anforderungen an den Inhalt eines zulässigen Mieterhöhungsverlangens, die ihn an der Durchsetzung der gesetzlich zulässigen Mieterhöhung hindern.[248] Deshalb muss der Vermieter im Mieterhöhungsverlangen weder begründen, warum eine in der näheren Umgebung liegende Gemeinde vergleichbar bzw. eine andere Gemeinde nicht vergleichbar[249] ist. Vielmehr ist der Mieter, wenn er an solchen Einzelheiten interessiert ist, ebenso wie bei der Angabe von Vergleichswohnungen gehalten, eigene Erkundigungen anzustellen. Eine Ausnahme ist nur dann gerechtfertigt, wenn die Vergleichbarkeit offensichtlich fehlt oder wenn die Mietspiegel mehrerer Nachbargemeinden in Betracht kommen könnten.[250] 45

Ungeschriebenes Tatbestandsmerkmal ist, dass die vergleichbaren Gemeinden **Nachbargemeinden** sind.[251] Umstritten ist dabei aber, ob die Gemeinden aneinander grenzen müssen. Begründet wird dies damit, dass nur dann von einem vergleichbaren Wohnungsmarkt ausgegangen werden kann. Die Rechtsprechung hat dies Merkmal weniger einengend verstanden.[252] Richtigerweise kann es auf die Frage, ob die Gemeindegebiete tatsächlich an irgendeiner Stelle aneinander grenzen nicht ankommen. Entscheidend ist die Vergleichbarkeit.[253] Im Rahmen des **Gemeindevergleichs** kommt aber der regionalen Lage durchaus eine große Bedeutung zu. Das Mietniveau unterscheidet sich regional nicht unerheblich. Deshalb ist eine Gemeinde in Norddeutschland kaum mit einer solchen in Süddeutschland zu vergleichen. Es muss sich also um Gemeinden aus der gleichen Region handeln, wobei eine gemeinsame Gemeindegrenze nicht zwingend erforderlich ist. Je weiter die Gemeinden voneinander entfernt liegen, desto eher dürfte eine Vergleichbarkeit zu verneinen sein. Grundsätzlich können aus der Gebäude-, Wohnungs- und Mietenerhebung (GWZ) Daten zur regionalen Mietenstruktur entnommen werden. Die letzten veröffentlichten Daten betreffen den Zensus aus dem Jahre 2011. Ein Hilfsmittel kann ferner die Einstufung der Gemeinden in die 9 Kreistypen entsprechend den Definitionen der Zentralität und Verdichtung der Bundesforschungsanstalt für Landeskunde und Raumordnung (BfLR) sein. Danach erfolgt die Einteilung in folgende Regionen: 46

- mit großen Verdichtungsräumen, Kernstädte,
- mit großen Verdichtungsräumen, hochverdichtete Kreise,
- mit großen Verdichtungsräumen, verdichtete Kreise,

---

243 *Lammel* § 558a BGB Rdn. 55; *Schultz in Bub*/Treier, Kap. III. A Rdn. 1248; *Artz* in MükoBGB § 558a BGB Rdn. 20; Sternel, Mietrecht aktuell, Rn IV Rdn. 228.
244 AG Ludwigsburg WuM 2014, 30.
245 BGH (VIII ZR 99/09) NJW 2010, 2946.
246 AG Ludwigsburg WuM 2014, 30.
247 OLG Stuttgart RE v. 2.2.1982, NJW 1982, 945, 946; AG Aschaffenburg WuM 2013, 673; AG Ahaus WuM 1990, 519; *Schultz in Bub*/Treier, Kap. III. A Rdn. 1247.
248 BVerfGE 37, 132; 49, 244; 53; 352.
249 LG Itzehoe ZMR 2012, 556; **a. A.** AG Leonberg WuM 2016, 628.
250 LG Düsseldorf WuM 2006, 100; Urt v. 14.3.2007 – 23 S 343/05; AG Ahrensburg GE 2012, 133.
251 Palandt/*Weidenkaff* § 558a BGB Rdn. 8; *Sternel,* Mietrecht aktuell, Rn IV 228; *Haase* WuM 1993, 441, 442; *Emmerich* in Staudinger § 558a BGB Rdn. 33; **a. A.** *Schultz in Bub*/Treier, Kap. III. A Rdn. 1246, der aus der Formulierung der vergleichbaren Gemeinde herzuleiten meint, dass nach dem Wortlaut von einer Nachbarschaft nichts auszugehen sei, Aber auch er meint, dass von einer Vergleichbarkeit bei Nachbargemeinden eher auszugehen ist.
252 LG Itzehoe ZMR 2012, 556; AG Darmstadt WuM 1988, 129.
253 BGH (VIII ZR 99/09) NJW 2010, 2946; LG Itzehoe ZMR 2012, 556.

– mit großen Verdichtungsräumen, ländliche Kreise,
– mit Verdichtungsansätzen, Kernstädte,
– mit Verdichtungsansätzen, verdichtete Kreise,
– mit Verdichtungsansätzen, ländliche Kreise,
– verdichtete Kreise in ländlich geprägten Regionen,
– ländliche Kreise in ländlich geprägten Regionen.

47 Für Gemeinden in denen es einen Mietspiegel gibt, der aber für die konkrete Wohnung keine Angaben enthält oder deren Mietspiegel veraltet ist, kann die Vergleichbarkeit der Gemeinden auch mittels eines **Vergleichs der bisherigen Mietspiegel** stattfinden. Dabei ist darauf zu achten, dass möglichst die Werte für eine Referenzwohnung zu einem einheitlichen Zeitpunkt verglichen werden.[254]

48 Die Vergleichbarkeit der Gemeinden richtet sich außerdem nach[255]:
– der wirtschaftlichen, kulturellen und sozialen Infrastruktur
– dem Grad der Industrialisierung
– der verkehrstechnischen Erschließung
– der Anbindung an Versorgungszentren

Insgesamt muss eine umfassende vergleichende Bewertung stattfinden. Dabei ist ein Teilvergleich mit einzelnen Stadt- oder Ortsteilen unzulässig.[256] Die Einteilung zweier Gemeinden in die gleiche Mietenstufe durch das AFWoG genügt ebenso wenig[257] wie Hinweise auf den Mietspiegel einer Nachbargemeinde auf der Internetseite der Gemeinde.[258] Eine Hochschulstadt mit ca. 68000 Einwohnern ist ebenso wenig mit einer Kleinstadt von 8500 Einwohnern vergleichbar[259] wie ein Ort mit 4500 Einwohner mit einer benachbarten Großstadt mit 500000 Einwohnern.[260] Die Vergleichbarkeit kann auch nicht durch einen pauschalen Abzug hergestellt werden. Die verkehrstechnische Anbindung ist sowohl was den öffentlichen Personennahverkehr wie auch den Autobahnanschluss angeht zu berücksichtigen.[261] Gemäß § 558a Abs. 4 BGB ist der Mietspiegel einer anderen Gemeinde nur unter der Voraussetzung ein taugliches Mittel zur Begründung des Mieterhöhungsverlangens, dass es sich um einen Mietspiegel einer vergleichbaren Gemeinde handelt. Rechnerische Anpassungen sind unzulässig.[262]

49 In der **Rechtsprechung** wurden bisher folgende Gemeinden für vergleichbar bzw. nicht vergleichbar gehalten:

Auf folgende Gemeinde	**wurde der Mietspiegel der Gemeinde**	**angewandt oder nicht**	**Gericht Fundstelle**	**Bemerkung**
Ahaus	Bocholt	Nein	AG Ahaus WuM 1988, 66; AG Ahaus WuM 1990, 519	
Ahrensburg	Norderstedt	Nein	AG Ahrensburg GE 2012, 133[263]	Es müsse schon begründet werden, warum nicht der Mietspiegel von Hamburg angewandt wird.

[254] Einen solchen Vergleich für 554 Mietspiegelorte enthält die Broschüre der Fa. F+B „Mieten in Deutschland 2014 – Der F+B Mietspiegelindex".
[255] AG Fürstenfeldbruck NZM 2014, 352; AG Ahaus WuM 1990, 519; *Gutekunst* BayGWW 1975, 23; *Roewer/Hüsken* ZMR 1979, 163.
[256] BGH (VIII ZR 413/12) NJW 2014, 1173 = MietPrax-AK, § 558a BGB Nr. 30 m. Anm. *Börstinghaus;* LG Heidelberg WuM 2012, 205 m. Anm. *Börstinghaus* jurisPR-MietR 5/2012 Anm. 2; LG Darmstadt WuM 1996, 559; *Emmerich* in Staudinger § 558a BGB Rdn. 33.
[257] LG Darmstadt WuM 1996, 559.
[258] AG Fürstenfeldbruck NZM 2014, 352.
[259] AG Aschaffenburg WuM 2013, 673.
[260] BGH (VIII ZR 413/12) NJW 2014, 1173.
[261] AG Fürstenfeldbruck NZM 2014, 352.
[262] BGH (VIII ZR 413/12) NJW 2014, 1173.
[263] Mit kritischer Anm. *Schach* GE 2012, 105.

Auf folgende Gemeinde	wurde der Mietspiegel der Gemeinde	angewandt oder nicht	Gericht Fundstelle	Bemerkung
Backnang	Schorndorf	Ja	BGH Urt. v. 16.6.2010 – VIII ZR 99/09	
Bad Krozingen	Freiburg	Ja	AG Freiburg NZM 2002, 819	
Baltmanns-weiler	Esslingen	Nein	AG Esslingen, Urt. v. 27.11.2014 – 5 C 813/13	
Berlin	Hamburg	Ja	LG Berlin MM 1992, 21	für die Zeit vor Erstellung des Berliner Mietspiegels
Bochum	Essen/Hattingen	Ja	AG Bochum DWW 1989, 171	Bochum hat seit einigen Jahren einen eigenen Mietspiegel
Boostedt	Neumünster	Ja	LG Kiel NJW-RR 1992, 339	wenn der Mietspiegel auch ländliche Randgemeinden erfasst
Burscheid	Leverkusen	Ja		Der Hauptausschuss der Stadt Burscheid hat die Übernahme des Leverkusener Mietspiegels mit einem Abzug von 0,15 €/qm für den „internen Dienstgebrauch" beschlossen.[264]
Dormagen	Leverkusen	Ja	LG Düsseldorf Urt. v. 16.12.1990 – 24 S 419/90	Das Gericht hat dem Mietspiegel für Dormagen den Beweiswert aberkannt und ein SV-Gutachten eingeholt, das der Gutachter dann in Anlehnung an die Werte des Mietspiegels für Leverkusen erstellt hat.
Duisburg	Wesel	Ja	LG Duisburg WuM 1991, 502	
Erlangen	Nürnberg	Ja	LG Nürnberg-Fürth WuM 1988, 279	Die Stadt Erlangen hat seit 1996 einen eigenen Mietspiegel.
Nürnberg	Nein	LG Nürnberg-Fürth Urt. v. 28.8.1992, Az: 7 S 3562/92		
Eppelheim	Heidelberg	Nein	LG Heidelberg WuM 2012, 205	Es reicht nicht aus, dass Eppelheim mit dem Heidelberger Stadtteil Wieblingen vergleichbar ist.

[264] Http://behoerdenlotse.burscheid.de/Dienstleistungdetail.aspx?dlid= 3180.

Auf folgende Gemeinde	wurde der Mietspiegel der Gemeinde	angewandt oder nicht	Gericht Fundstelle	Bemerkung
Essen	Gladbeck	Ja	LG Essen WuM 1991, 120	
Gerlingen	Stuttgart	Ja	LG Stuttgart Urt. v. 26.2.1981 AZ 16 S 226/80	
Hilden	Solingen	Ja	LG Düsseldorf WuM 1986, 323	
Hilden	Langenfeld	Ja	AG Langenfeld WuM 1992, 378	
Inden	Düren	Nein	AG Jülich WuM 1985, 363	
Kaarst	Neuss	Ja	AG Neuss WuM 1993, 684	
Kall	Mechernich	Ja	AG Schleiden und LG Aachen WuM 1997, 379	
Karlsfeld	München	Nein	LG München II WuM 1986, 259	
Karlsruhe	Mannheim	Nein	AG Karlsruhe WuM 2012, 146	Zumindest wenn dies nicht im Erhöhungsverlangen begründet wurde.
Klein-Kummerfeld	Neumünster	Nein	AG Bad Segeberg WuM 1993, 619	
		Ja	AG Bad Segeberg WuM 1994, 485	
Blütenstadt Leichlingen	Leverkusen	Ja		Der Mietspiegel von Leverkusen wird „wegen der Vergleichbarkeit des Wohnungsmarktes" für das Städtegebiet Leichlingen übernommen (siehe Bekanntmachung des Bürgermeisters im Amtsblatt von Leichlingen Nr. 16/2011 v. 12.7.2011).
Leinfelden-Echterdingen	Stuttgart	Ja	LG Stuttgart NJW-RR 1993, 279	Mit einem Abzug von 5%.
Lienen	Lengerich	Nein	AG Tecklenburg WuM 1984, 283	
Leopoldshöhe	Bielefeld	Nein	AG Lemgo WuM 1985, 363	
Lohmar	Siegburg	Nein	AG Siegburg WuM 1985, 362	
Mainaschaff	Aschaffenburg	Nein	AG Aschaffenburg WuM 2013, 673	
Meerbusch-Strümp	Düsseldorf	Nein	AG Neuss Urt. v. 25.7.2005 Az: 70 C 1199/04, rk	da die Stadt Meerbusch keine geschlossene Gemeinde sei und die länd-

Auf folgende Gemeinde	**wurde der Mietspiegel der Gemeinde**	**angewandt oder nicht**	**Gericht Fundstelle**	**Bemerkung**
			nach Beschluss des LG Düsseldorf WuM 2006, 100	lichen Gebiete nicht mit Düsseldorf vergleichbar sind
Michendorf	Potsdam	Ja	AG Potsdam GE 2012, 1047	Für den Ortsteil Wilhelmshorst
		Nein	LG Potsdam WuM 2014, 211 = ZMR 2014, 797	Für den Ortsteil Wildenbruch
Mühlheim am Main	Offenbach am Main	Nein	LG Darmstadt WuM 1996, 559	
Niederkassel	Köln	Ja	AG Siegburg WuM 1992, 628	
Niederzier-Ellen	Düren	Nein	AG Jülich WuM 1985, 363	
Ostfildern	Esslingen	Ja	AG Esslingen WuM 2015, 161	Aber nicht als Begründungsmittel sondern als Schätzungsgrundlage im Prozess
Pinneberg	Norderstedt	Ja	LG Itzehoe ZMR 2012, 556	
Puchheim	Germering	Nein	AG Fürstenfeldbruck NZM 2014, 352	
Ratingen	Düsseldorf	Ja	AG Ratingen WuM 1993, 455	mit Abschlag von 7,5%
Rednitzhembach	Schwabach	Ja	LG Nürnberg-Fürth WuM 2015, 675	Mit Abschlag von 10%
Remseck	Ludwigsburg	Nein	AG Ludwigsburg WuM 2014, 30	Keine Anwendung des qualifizierten Mietspiegels Ludwigsburg 2011, da für Remseck einfacher Mietspiegel fort gilt
Rückersdorf	Nürnberg	Nein	BGH (VIII ZR 413/12) NJW 2014, 1173	Auch nicht mit Abschlag von 30%
Schönefeld	Berlin	Ja	LG Potsdam WuM 2004, 671	
Siegburg	Köln	Ja	AG Siegburg WuM 1992, 628	
		Nein	AG Siegburg WuM 1995, 398	
Taunusstein	Limburg	Nein	LG Limburg WuM 1987, 29	benutzt worden war eine Mietpreisübersicht des Finanzamtes
Telgte	Warendorf	Ja	AG Warendorf WuM 1993, 455	

Auf folgende Gemeinde	wurde der Mietspiegel der Gemeinde	angewandt oder nicht	Gericht Fundstelle	Bemerkung
Münster		Nein	AG Warendorf WuM 1993, 455; WuM 1988, 66	
Tettnang	Ravensburg	Ja	LG Ravensburg ZMR 1990, 19	
Troisdorf	Köln	Ja	AG Siegburg WuM 1992, 628	
Wassenberg	Heinsberg	Nein	AG Heinsberg WuM 2008, 689	
Wedel	Hamburg	Nein	AG Pinneberg, Urt. v. 10.10.2003; 66 C 242/03	
Wegberg	Erkelenz	Ja	LG Mönchengladbach WuM 1993, 197	
Weil der Stadt	Leonberg	Nein	AG Leonberg WuM 2016, 628	
Wuppertal	Düsseldorf	Nein	AG Wuppertal Urt. v. 12.11.1996 – 92 C 360/92	

50 e) **Zuschläge zu den Mietspiegelwerten.** Begründet ein Vermieter sein Mieterhöhungsverlangen mit einem Mietspiegel, dann ist er grundsätzlich an dessen Struktur und Werte gebunden. Es ist nur in sehr eingeschränktem Maße zulässig, zu diesen Werten des Mietspiegels Zuschläge hinzuzurechnen. Sieht der Mietspiegel solche Zu- und/oder Abschläge beispielsweise für besonders große oder kleine Wohnungen, Isolierfenster, Aufzug, Garten und dergleichen vor, dann sind sie selbstverständlich zulässig. Unzulässig sind Zuschläge für bestimmte Ausstattungsmerkmale, Beschaffenheiten oder Wohnlagen, die der Mietspiegel gerade nicht vorsieht.[265] Unzulässig sind auf jeden Fall **Zuschläge für bestimmte Teilmärkte,** also Wohnungen, die von bestimmten Bevölkerungsgruppen angemietet werden, wie z. B. Studenten,[266] Ausländern,[267] Stationierungskräften[268] oder Wohngemeinschaften.[269] Solche subjektiven Merkmale sollen nach dem eindeutigen Wortlaut des § 558 Abs. 2 BGB gerade keinen Einfluss auf die Höhe der ortsüblichen Vergleichsmiete haben. Ob Zuschläge zu einem **qualifizierten Mietspiegel** möglich sind, ist zweifelhaft.[270] Nicht möglich sind sie dann, wenn die Frage, wegen der jetzt ein Zuschlag zum Mietspiegelwert hinzugerechnet werden soll, Gegenstand der Datenerhebung war und sich dort kein signifikanter Unterschied zu Wohnungen ohne dieses Merkmal ergeben hat.[271] Ebenso wenig darf ein Zuschlag verlangt werden, wenn das Merkmal, z. B. die besonders gute Lage, bereits bei der Mietspiegeleinordnung berücksichtigt wurde.[272]

51 Zulässig sind jedoch Zuschläge, die erst eine Vergleichbarkeit der Werte herstellen sollen. Dabei ist zu unterscheiden zwischen **nutzerbezogenen Zuschlägen,** da dem konkreten Mieter eine über das übliche hinausgehende Nutzung gestattet wurde (Untervermietung, teilgewerbliche Nutzung), den **leistungsbezogenen Zuschlägen** für Zusatzleistungen des Vermieters (Möblierung)

[265] LG Berlin GE 2001, 136; LG Düsseldorf Urt. v. 13.7.1993 – 24/S 614/92 (Ablehnung eines Zuschlags wegen Gartennutzung); AG Dortmund NZM 1999, 415; AG Hagen WuM 1989, 579.
[266] AG Dortmund NJW-RR 1991, 1128.
[267] OLG Stuttgart RE v. 26.2.1982, NJW 1982, 1160.
[268] OLG Hamm RE v. 28.12.1982, NJW 1983, 947.
[269] OLG Hamm RE v. 3.3.1983, NJW 1983, 1622.
[270] Zweifelnd AG Dortmund WuM 2003, 627, 628; dafür LG Frankfurt NZM 2003, 974.
[271] AG Dortmund WuM 2012, 103.
[272] *Schultz in Bub*/Treier, Kap. III. A Rdn. 1253.

und **kostenbezogenen Zuschlägen** (Schönheitsreparaturen, Kleinreparaturen).[273] Die ersten beiden sind grundsätzlich zur Herstellung der Vergleichbarkeit zulässig. Die kostenbezogenen Zuschläge können zwar bei der Vereinbarung der Miete gesondert ausgewiesen werden, sind aber bei einer Mieterhöhung i. d. R. nicht zu berücksichtigen, es sei denn der Markt differenziert tatsächlich danach. Im Einzelnen bedeutet das folgendes:

aa) Fehlende Übernahme von Schönheitsreparaturen. Nachdem der BGH in großem **52** Umfang formularvertragliche Schönheitsreparaturklauseln für unwirksam erklärt hatte, tauchte die Frage auf, ob die fehlende Abwälzung der Schönheitsreparaturen zu einem Zuschlag zur ortsüblichen Vergleichsmiete berechtigt. Der BGH[274] hat einen solchen Zuschlag abgelehnt. Sowohl der **Wortlaut** des § 558 BGB wie auch **Sinn und Zweck** der Regelung sähen einen solchen Zuschlag nicht vor. Nach dem Regelungskonzept des Gesetzgebers würden die Marktverhältnisse den Maßstab für die Berechtigung einer Mieterhöhung bilden. Ein Zuschlag zur ortsüblichen Vergleichsmiete wegen der vom Vermieter vorzunehmenden Schönheitsreparaturen orientiere sich dagegen an den **Kosten** für die Vornahme der Schönheitsreparaturen. Auch der **Entgeltcharakter**[275] der Schönheitsreparaturen rechtfertige keine andere Betrachtung. Der Fall sei auch nicht mit dem der Teilinklusivmiete (unten Rdn. 55) vergleichbar, da die Umlage der Betriebskosten in § 556 BGB ausdrücklich vorgesehen sei. Man muss zwei Fragen trenne. **a)** Gibt es zwei verschiedene Teilmärkte[276], also renovierte und unrenovierte Wohnungen? Dann sind hierfür auch unterschiedliche ortsübliche Vergleichsmieten zu ermitteln.[277] **b)** Kann ein Zuschlag zur ortsüblichen Vergleichsmiete hinzugerechnet werden, wenn der Mieter anders als die übrigen Mieter, deren Miete in die Ermittlung der ortsüblichen Vergleichsmiete eingeflossen ist, einen Zuschlag hinzurechnen. Letzteres hat der BGH für den Fall bejaht, wenn sich für Wohnungen mit und ohne Abwälzung der Schönheitsreparaturen am Markt tatsächlich **unterschiedliche Preise** entwickelt haben. Das ist aber kaum zu erwarten, weil dann die Vermieter mit einer wirksamen Abwälzung der Schönheitsreparaturen eine niedrigere Miete verlangen müssten. Verlangt der Vermieter im Mieterhöhungsverlangen einen solchen Zuschlag ist das Erhöhungsverlangen formell in Ordnung und allenfalls materiell (teil-)unwirksam.[278] Es ist aber zulässig, dass der Mieter nur von den Mietern die Zustimmung zu einer Mieterhöhung bis zur ortsüblichen Vergleichsmiete (ohne einen Zuschlag) verlangt, die zuvor einer angebotenen Vertragsänderung mit einer wirksamen Schönheitsreparaturklausel nicht zugestimmt haben.[279]

Anders ist es jedoch im **öffentlich geförderten Wohnungsbau** (dazu Nach § 561 BGB **53** Rdn. 42).[280] Dort ist der Vermieter berechtigt, die Kostenmiete einseitig um den Zuschlag nach § 28 Abs. 4 II. BV zu erhöhen, wenn die im Mietvertrag enthaltene Klausel über die Abwälzung der Schönheitsreparaturen auf den Mieter unwirksam ist.[281] Darin ist auch kein Verstoß gegen das Verbot geltungserhaltender Reduktion zu sehen, denn der Anspruch des Vermieters auf diesen Zuschlag beruht nicht auf einer (unzulässigen) Umgestaltung der unwirksamen Klausel, sondern ergibt sich unmittelbar aus dem dispositiven Gesetzesrecht.[282] Dem steht kein Schadensersatzanspruch des Mieters wegen Verwendung einer unwirksamen Mietvertragsklausel entgegen. Der Mieter hat keinen Anspruch darauf, so gestellt zu werden, wie wenn der Vermieter eine wirksame Schönheitsreparaturklausel verwendet hätte.[283] Nach Ende der Preisbindung ist dieser rechnerische Kostenbestandteil der Kostenmiete aber Teil der vom Mieter geschuldeten Marktmiete. Der Vermieter ist nicht berechtigt nach Ende der Preisbindung einen Zuschlag für Schönheitsreparaturen zu erheben.[284] Die am letzten Tag der Preisbindung gezahlte Miete ist die Marktmiete, die von diesem

---

273 So die Differenzierung von *Sternel* Mietrecht aktuell (2009), IV, 183.
274 BGH (VIII ZR 181/07) BGHZ 177, 186 = NJW 2008, 2840 = MietPrax-AK § 558 BGB Nr. 19 m. Anm. *Börstinghaus; Lehmann-Richter* BGHReport 2008, 1001; *Blümmel* GE 2008, 1086; *Niebling* ZMR 2008, 881; *Häublein* ZMR 2009, 1; BGH (VIII ZR 83/07) WuM 2008, 487; BGH (VIII ZR 118/07) NJW 2009, 1410.
275 BGH (VIII ZR/52/06) NJW 2006, 3778; BGH RE v. 6.7.1988 NJW 1988, 2790.
276 So BGH (VIII ZR 185/14) BGHZ 204, 302 = NJW 2015, 1594 Rn 28.
277 Dazu Artz NZM 2015, 801.
278 AG Schöneberg GE 2009, 523.
279 AG Tempelhof-Kreuzberg GE 2009, 1051; AG Schöneberg GE 2009, 1195.
280 *Bellinger* WuM 2009, 158; *Flatow* WuM 2009, 208; *Feßler/Roth* WuM 2009, 560; *Bober* WuM 2010, 63.
281 BGH (VIII ZR 177/09) NJW 2010, 1590; *Kappus* NZM 2011, 674; BGH (VIII ZR 281/09) WuM 2010, 635; BGH (VIII ZR 181/12) WuM 2013, 174.
282 BGH (VIII ZR 28/10) NZM 2011, 31.
283 BGH (VIII ZR 6/10) NZM 2011, 478.
284 BGH (VIII ZR 87/11) NJW 2012, 145; LG Freiburg Urt. v. 4.12.2014 – 3 S 114/14 nach juris.

Zeitpunkt nur nach den §§ 558ff. BGB erhöht werden kann.[285] Diese Miete ist auch die neue Ausgangs- oder Basismiete.[286] nach den Landeswohnraumförderungsgesetzen der Länder. Soweit in einigen Bundesländern (zu der unterschiedlichen Rechtslage s. Vor § 557 BGB Rdn. 35ff.) noch die ehemaligen Bundesvorschriften anwendbar sind, beträgt der Zuschlag gem. § 28 Abs. 4 II. BV 10,52 €/qm pro Jahr[287] bei Nichtabwälzung der Schönheitsreparaturen. Fraglich ist, ob der Vermieter unter dem Gesichtspunkt des Rücksichtnahmegebots[288] verpflichtet ist, vor der Mieterhöhung dem Mieter eine wirksame Schönheitsreparaturklausel anzubieten.[289]

54 **bb) Fehlende Übernahme der Kosten von Kleinreparaturen.** Der Vermieter darf auch keinen Zuschlag zur ortsüblichen Vergleichsmiete hinzurechnen, wenn er im Mietvertrag die Kostentragung für **Kleinreparaturen nicht wirksam auf den Mieter abgewälzt** hat. Ebenso ist auch kein Abschlag vorzunehmen, wenn die Abwälzung erfolgt ist.[290] Ähnlich wie bei den unwirksamen Schönheitsreparaturklauseln hat der BGH[291] einen solchen Zuschlag abgelehnt, weil das Gesetz ihn nicht vorsehe und einem solchen Zuschlag auch Sinn und Zweck der §§ 558ff. BGB entgegenstünden. Das ist i. E. richtig. Das Problem kann im Übrigen nur dann auftauchen, wenn im Mietspiegel festgehalten ist, dass in der Gemeinde neben der ausgewiesenen Grundmiete vom Mieter auch die Kosten der Kleinreparaturen übernommen werden.[292] Dabei ist schon fraglich, ob diese Feststellung im Mietspiegel Bedeutung hat, da sie regelmäßig nicht auf empirischen Feststellungen beruhen kann. Die Überprüfung von Kleinreparaturklauseln ist äußerst komplex und im Rahmen einer Datenerhebung für einen Mietspiegel gar nicht zu bewerkstelligen. Bei der Beurteilung der wirtschaftlichen Bedeutung der Kleinreparaturklausel muss des Weiteren berücksichtigt werden, dass die Abwälzung auf den Mieter sowohl hinsichtlich der einzelnen Reparatur wie auch hinsichtlich der Jahresleistung begrenzt ist. Die Inanspruchnahme ist nur sehr selten möglich und wird noch seltener praktiziert. Ein **messbarer Wert** ist hier anders als bei der Abwälzung der Schönheitsreparaturen kaum feststellbar. Wenn man eine solche Abwälzung für zulässig erachtet, dann sind zumindest die Werte des öffentlich geförderten Wohnungsbaus nicht heranzuziehen.[293] Ein solcher Zuschlag führt zu einer unzulässigen **Vermischung der unterschiedlichen Mietpreissysteme.**[294] Wenn man einen solchen Zuschlag entgegen der hier vertretenen Auffassung und der Meinung des BGH zulässt, dann muss der Vermieter diesen Zuschlag auf jeden Fall im Mieterhöhungsverlangen nachvollziehbar begründen.[295]

55 **cc) Inklusivmieten.** Ähnlich wie die Frage der Übernahme der Schönheitsreparaturen ist auch die Situation bei unterschiedlichen Mietstrukturen. Der Mieter zahlt für eine Wohnung letztendlich einen bestimmten Betrag. Ob dieser Betrag sich zusammensetzt aus einer Grund- oder Nettomiete und Nebenkostenvorauszahlung oder ob eine (Teil-)Inklusivmiete oder die Zahlung einer Betriebskostenpauschale[296] geschuldet wird, ist für die Feststellung der Gegenleistung des Mieters unerheblich. Entweder bleiben die Betriebskosten bei der Vertragsmiete und der ortsüblichen Vergleichsmiete jeweils unberücksichtigt oder sie müssen auf beiden Seiten mit berücksichtigt werden. Seit der Mietrechtsreform 2001 können Betriebskostensteigerungen bei solchen Brutto- oder Teilinklusivmieten nur über eine Mieterhöhung gem. § 558 BGB weitergegeben werden[297], da § 4 MHG aufgehoben wurde[298] und nach der früher herrschenden Meinung auch gar

---

[285] BGH (VIII ZR 258/09) NJW 2011, 145.

[286] Für Baden-Württemberg s. *Feßler* WuM 2009, 90, 95.

[287] Gem. § 26 Abs. 4 II. BV ist der Wert von 8,50 €/qm indexiert. Er wurde zum 1.1.2005 um 4,51%, 1.1.2008 um 6%, zum 1.1.2011 um 3,7%, zum 1.1.2014 um 5,688% und zum 1.1.2017 um 1,89% erhöht.

[288] Ausführlich hierzu: *Börstinghaus* WuM 2005, 675; *Kappes* NJW 2006, 3031; LG Düsseldorf NJW 2006, 3071; allgemein zum Gebot der Rücksichtnahme im Mietrecht: *Blank* WuM 2004, 243.

[289] So schon für den preisfreien Wohnungsbau: LG Düsseldorf NZM 2006, 657; *Börstinghaus* WuM 2005, 675; offengelassen von BGH (VIII ZR 120/09) NJW 2010, 1744; dagegen LG Frankfurt/M. WuM 2013, 749.

[290] LG Berlin GE 2009, 654.

[291] BGH (VIII ZR 83/07) WuM 2008, 487.

[292] Dafür LG München NZM 2002, 945; dagegen LG Dortmund WuM 2006, 570; AG Dortmund WuM 2004, 718, WuM 2006, 39 m. Anm. *Börstinghaus* WuM 2006, 187; AG Frankfurt/M. WuM 2006, 204; *Sternel* Mietrecht aktuell (2009), IV, 187; *Kinne* GE 2006, 1388, 1394; zweifelnd noch AG Dortmund WuM 2003, 627.

[293] AG Dortmund WuM 2003, 627.

[294] BGH (VIII ZR 83/07) WuM 2008, 487; AG Dortmund WuM 2004, 718.

[295] LG Hamburg ZMR 2003, 491.

[296] LG Berlin GE 2016, 728.

[297] BGH (VIII ZR/160/03) NJW 2004, 1380.

[298] Zu beachten ist aber die Übergangsvorschrift in Art. 229 § 3 Abs. 4 EGBGB. Danach kann bei entsprechender Vereinbarung im Mietvertrag bei Altverträgen eine Erhöhung in Betracht kommen.

nicht anwendbar war.[299] In einem solchen Mieterhöhungsverfahren muss deshalb sichergestellt sein, dass die Vertragsmiete und die Vergleichsmiete **die gleiche Mietstruktur** aufweisen, da anderenfalls die Vergleichsmaßstäbe nicht stimmen. Mietspiegel weisen fast ausschließlich eine Nettomiete, also die Grundmiete, aus. Solange der Vermieter mit diesen Werten eine Nettomiete erhöhen will, tauchen keine Probleme auf. Wenn jedoch in der konkreten Vertragsmiete die Betriebskosten ganz oder teilweise enthalten sind[300], muss eine Umrechnung erfolgen.[301] Soll auf der Grundlage eines Netto-Mietspiegels ein solches Entgelt bis zur ortsüblichen Vergleichsmiete erhöht werden, so kann die ortsübliche Vergleichsmiete i. S. d. § 558 Abs. 2 BGB in der Weise festgestellt werden, dass zu den Werten des Nettomietspiegels ein Zuschlag in Höhe der tatsächlich auf die Wohnung entfallenden Betriebskosten, soweit sie den Rahmen des Üblichen nicht überschreiten, hinzugerechnet wird.[302] Durch diese Berechnung wird erst die Vergleichbarkeit hergestellt, so dass es sich nicht um einen unzulässigen Zuschlag handelt.

Der **Zuschlag zu den Werten des Netto-Mietspiegels** ist der Art zu berechnen, dass die konkreten auf die Wohnung entfallenden Betriebskosten ermittelt werden soweit sie nicht Betriebskostenarten betreffen, für die der Mieter gesonderte Vorauszahlungen oder eine Pauschale zahlt. Dies gilt auch, wenn das Erhöhungsverlangen mit einem Sachverständigengutachten[303] oder mit Vergleichswohnungen[304] begründet wurde. Hinsichtlich der Heizkosten muss man differenzieren: Grundsätzlich ist die Vereinbarung einer **Warmmiete** wegen Verstoßes gegen § 2 HeizkostenV unwirksam.[305] Dabei kommt es nach Ansicht des BGH nicht darauf an, dass eine Mietvertragspartei die verbrauchsabhängige Abrechnung verlangt hat.[306] Das hat zur Folge, dass der Vermieter nur einen Zustimmungsanspruch auf die ortsübliche (Brutto-)Kalt-Vergleichsmiete hat.[307] Hinzu kommen Vorauszahlungen für die Heizkosten. Verlangt der Vermieter vom Mieter die Zustimmung zur Erhöhung einer vereinbarten Bruttowarmmiete bis zur ortsüblichen Vergleichsmiete, hat der Umstand, dass die Warmmietenvereinbarung gemäß § 2 HeizkostenV nicht anzuwenden ist, nicht die Unwirksamkeit des Mieterhöhungsverlangens – und damit auch nicht die Unzulässigkeit der Zustimmungsklage – zur Folge.[308] Im Mieterhöhungsverlangen sind die in der **Bruttowarmmiete** enthaltenen Heizkosten herauszurechnen. Im Rahmen der formellen Wirksamkeit genügt es dabei, diese im Mieterhöhungsverlangen anzugeben. Der Mieter wird hierdurch in die Lage versetzt, dieses nachzuvollziehen.[309] Etwas anderes gilt nur dann, wenn die HeizkostenV ausnahmsweise keine Anwendung findet. 56

Bei der Ermittlung des Zuschlags werden die anteiligen Betriebskosten pro Jahr auf den m²/Monat umgerechnet und dieser Wert dann zu den m²-Mieten des Mietspiegels hinzugerechnet.

---

[299] OLG Hamm NZM 1998, 70; OLG Karlsruhe NJW-RR 1993, 977; OLG Hamm NJW-RR 1993, 398; OLG Hamm NJW 1985, 2034; OLG Stuttgart NJW 1983, 2329; OLG Zweibrücken NJW 1981, 1622; OLG Karlsruhe NJW 1981, 1051, LG Berlin WuM 1995, 717; LG Braunschweig WuM 1985, 373; LG Karlsruhe WuM 1985, 328; LG Kiel WuM 1995, 546 und WuM 1985, 64.

[300] Das ist auch der Fall, wenn die Abwälzung der Betriebskosten wegen Unklarheit der Vereinbarung unwirksam ist: LG Berlin GE 2015, 387.

[301] Nach AG Tiergarten GE 1998, 1217 ist die Umrechnung aber dann nicht erforderlich, wenn die verlangte Bruttomiete unter dem Nettowert des Mietspiegels liegt.

[302] BGH (VIII ZR 41/05) WuM 2006, 39 = MietPrax-AK § 558a BGB Nr. 8 m. Anm. *Börstinghaus;* OLG Stuttgart RE v. 13.7.1983, NJW 1983, 2329; OLG Hamm RE v. 3.12.1992, NJW-RR 1993, 398; KG RE vom 5.8.1997 NZM 1998, 68; LG Rottweil NZM 1998, 432; LG Mannheim WuM 1991, 594; LG Stade WuM 1988, 279; LG Karlsruhe DWW 1988, 146; LG Karlsruhe WuM 1985, 328; AG Hannover Urt. v. 15.6.1994 – 526 C 6561/93; AG Dortmund DWW 1989, 367; AG Kamen DWW 1987, 164; *Schüller* in Bamberger/Roth § 558a BGB Rdn. 15; *Hannemann* NZM 1998, 612; **a. A.** *Beuermann* NZM 1998, 598; *ders.* GE 1999, 352.

[303] AG Schöneberg GE 2008, 1265.

[304] LG Berlin GE 2014, 191.

[305] BGH (VIII ZR 212/05) NZM 2006, 652 = MietPrax-AK § 558a BGB Nr. 9 m. Anm. *Börstinghaus;* LG Berlin GE 2015, 1405; *Thomma* WuM 2006, 658; *Schach* GE 2006, 1071; *Ludley* DWW 2006, 418; *Schmidt* ZMR 2007, 15.

[306] So auch *Beuermann* GE 2015, 1333; anders noch LG Berlin NZM 1999, 556 *Schach* GE 2006, 1072; *Lammel* HeizkostenVO, 2. Aufl., § 2 Rdn. 11f. m. w. N., der aber seine Meinung ausdrücklich in der 4. Aufl., § 2 Rdn. 13 aufgegeben hat.

[307] LG Berlin GE 2016, 867.

[308] BGH (VIII ZR 212/05) NZM 2006, 652; LG Berlin GE 2015, 1405; 2016, 867; *Beuermann* GE 2015, 1333; *Thomma* WuM 2006, 658; *Schach* GE 2006, 1071; *Ludley* DWW 2006, 418; *Schmidt* ZMR 2007, 15.

[309] BGH (VIII ZR 212/05) NZM 2006, 652; LG Berlin GE 2016, 867; 2015, 1405.

Beispiel: Der Mieter zahlt für seine 80 qm große Wohnung in einem insgesamt 500 qm Wohnfläche großen Mehrfamilienhaus 560 € Miete. Zusätzlich hat er nach dem Mietvertrag Nebenkostenvorauszahlungen zu leisten für die Heizung, das Wasser, die Entwässerung, Flurlicht und die Haftpflichtversicherung.

Der **Zuschlag zur Nettomietwerttabelle des Mietspiegels** errechnet sich dann wie folgt:

Betriebskostenanteil in der Miete:
folgende Kosten fallen im Haus im Jahr an:

Grundsteuer	500 €
Gebündelte Gebäudeversicherung	700 €
Straßenreinigung	300 €
Müllabfuhr	250 €
Summe	1.750 €
1.750 € : 500 qm	3,50 €
3,50 € : 12 Monate	0,29 €

Beträgt die ortsübliche Nettovergleichsmiete nach dem Mietspiegel 4 €/qm, dann ist zu diesem Wert von 4 € der Betriebskostenanteil von 0,29 € wieder hinzuzurechnen um die ortsübliche Teilinklusivmiete zu ermitteln.

57 Maßgeblich sind die Betriebskosten die zum **Zeitpunkt der Abgabe des Mieterhöhungsverlangens** festgestellt werden können,[310] nicht die zum Zeitpunkt der letzten Mieterhöhung oder zum Wirkungszeitpunkt der Mieterhöhung oder gar zum Abschluss des Mietvertrages vom Vermieter tatsächlich gezahlt werden.[311] Auch die ortsüblichen[312] oder durchschnittlichen[313] Kosten sind nicht maßgeblich. Der auf die Wohnung entfallende Betriebskostenanteil, den der Vermieter zur schlüssigen Darlegung seines Anspruchs auf Zustimmung zur Erhöhung der Bruttokaltmiete im Mieterhöhungsverlangen anzugeben hat, ergibt sich aus der Betriebskostenaufstellung für den dem Mieterhöhungsverlangen vorangegangenen Abrechnungszeitraum, soweit diese bereits vorliegt.[314] Die Betriebskostenaufstellung muss dem Erhöhungsverlangen aber nicht beigefügt werden.[315] Es genügt, wenn der Vermieter im Mieterhöhungsverlangen lediglich den konkreten Betriebskostenanteil angibt, ohne diesen weiter zu erläutern.[316] Im Rahmen der formellen Begründetheit genügt die bloße Angabe der Betriebskosten. Ob diese richtig sind, ist eine Frage der materiellen Begründetheit.[317] Der Mangel kann aber im Prozess geheilt werden. Im Streitfall muss der Vermieter die Höhe der Betriebskosten genauso wie in jedem Betriebskostenprozess darlegen und beweisen.[318] Auch ansonsten gelten hier die gleichen Voraussetzungen wie im Betriebskostenprozess. Ob im Mietspiegel, in der Orientierungshilfe, der Mietspiegeldokumentation oder einem örtlichen Heiz- oder Betriebskostenspiegel pauschale Betriebskosten ausgewiesen sind, ist unerheb-

[310] BGH (VIII ZR 141/09) NZM 2010, 436; (VIII ZR 331/06) NJW 2008, 848; (VIII ZR 41/05) NZM 2006, 101; (VIII ZR 215/05) WuM 2006, 569; KG GE 2005, 180; BayObLG RE v. 27.10.1992 WuM 1992, 677; LG Berlin GE 2016, 728; 2010, 61; 2004, 626 LG Rottweil NZM 1998, 432; AG Hamburg ZMR 2005, 54; AG Charlottenburg GE 2005, 743; AG Schöneberg GE 2007, 153, GE 2005, 1129; AG Tiergarten GE 2005, 1135; *Hannemann* NZM 1998, 612, 613, KG GE 2005, 180 mit zust. Anm. *Both* WuM 2005, 379; **a. A.** LG Berlin GE 2005, 1251; *Beuermann* NZM 1998, 598.

[311] AG Schöneberg GE 2005, 1129; differenzierend: AG Tiergarten GE 2005, 1135: im Mieterhöhungsverlangen sollen Durchschnittswerte reichen, im Zustimmungsprozess aber konkrete Betriebskosten.

[312] **A. A.** *Langenberg,* Betriebskostenrecht der Wohn- und Gewerberaummiete, C Rdn. 44 der anmerkt, dass die Rspr. des BGH und die hier vertretene Auffassung den „historischen Hintergrund" nicht berücksichtige; unter „systematischen Gesichtspunkten": *Sternel* Mietrecht aktuell (2009), IV, 100ff.: Systemkonformität nur, wenn auch der Betriebskostenanteil durch die Ortsüblichkeit begrenzt wird; *Kossmann/Meyer-Abich,* Hdb. d. Wohnraummiete, § 148 Rdn. 8.

[313] AG Schöneberg GE 2013, 880.

[314] BGH (VIII ZR 4/08) WuM 2008, 689; BGH (VIII ZR 41/05) NZM 2006, 101; Hinweisschreiben des BGH v. 13.2.2008 im Verfahren VIII ZR 172/07 abgedruckt in GE 2008, 580; LG Berlin (67. ZK) GE 2009, 716.

[315] AG Schöneberg GE 2008, 1499.

[316] BGH (VIII ZR 41/05) NZM 2006, 101; BGH (VIII ZR 141/09) WuM 2010, 161; Hinweisschreiben des BGH v. 13.2.2008 im Verfahren VIII ZR 172/07 abgedruckt in GE 2008, 580; *Schach* GE 2008, 160; *Schubert-Breloh* GE 2008, 580.

[317] BGH (VIII ZR 41/05) NZM 2006, 101; BGH (VIII ZR 215/05) NZM 2006, 864; LG Berlin GE 2014, 190, 191.

[318] AG Schöneberg GE 2013, 880, 881.

lich.[319] Der Vermieter hat auch **kein Wahlrecht** zwischen den verschiedenen Zeitpunkten oder Begründungsmöglichkeiten, da er sonst das jeweils für ihn günstigste wählen könnte. Da die Betriebskosten zu einem bestimmten Stichtag, nämlich dem zum Zeitpunkt der Abgabe des Mieterhöhungsverlangens von Bedeutung sind, kommt es auch nicht darauf an, ob die Betriebskosten gestiegen sind. Es findet kein Vergleich zwischen zwei Stichtagen statt. Dass nur die Betriebskosten zum Zeitpunkt der Abgabe des Mieterhöhungsverlangens maßgeblich sein können ergibt sich aus der **Gesetzessystematik.** Alle Zeitpunkte die für den Vermieter in der Zukunft liegen scheiden bereits deshalb aus, weil er die Betriebskosten zu diesen Zeitpunkten gar nicht kennt und deshalb bei seiner Berechnung auch gar nicht einbeziehen kann. Deshalb kann weder der Zeitpunkt des Zugangs des Mieterhöhungsverlangens noch dessen Wirkungszeitpunkt maßgeblich sein. Aber auch Zeitpunkte in der Vergangenheit scheiden aus. Der Vermieter hat einen Anspruch auf Zustimmung zu einer Mieterhöhung bis zur ortsüblichen Brutto- oder Teilinklusivvergleichsmiete zum Zeitpunkt des Zugangs des Mieterhöhungsverlangens. Dieser Wert wird bestimmt durch die Nettovergleichsmiete und die Vorauszahlungen, die die Mieter für die zu diesem Zeitpunkt anfallenden Betriebskosten zu zahlen haben. Das ist der Wert, der zurzeit in der Gemeinde für vergleichbaren Wohnraum inklusive der Betriebskosten gezahlt wird. Dass auf diese Weise selbst dann eine Mieterhöhung gem. § 558 BGB tatsächlich möglich ist, obwohl u. U. die Nettovergleichsmiete gar nicht gestiegen ist[320], nur weil die Betriebskosten gestiegen sind, ist systemimmanent und hat den Mietrechtsreformgesetzgeber veranlasst, § 4 MHG abzuschaffen.

Angaben zur Höhe der in der Brutto- oder Teilinklusivmiete enthaltenen Betriebskosten gehören dabei zu der nach § 558a BGB erforderlichen (formellen) Begründung des Mieterhöhungsverlangens, die dem Mieter die Möglichkeit geben soll, die sachliche Berechtigung des Mieterhöhungsverlangens zu überprüfen und auf diese Weise überflüssige Prozesse zu vermeiden.[321] Fehlen diese Angaben, ist das Erhöhungsverlangen bereits formell unwirksam. Eine Heilung kann aber im Zustimmungsprozess durch Angabe der maßgeblichen Werte erfolgen.[322] Unzutreffende Angaben zu einer Betriebskostenpauschale sollen keinen formellen Fehler darstellen.[323] **57a**

dd) Teilgewerbliche Nutzung. Die Miete für Wohnraum und für Gewerberaum unterscheidet sich. Bei der gewerblichen Miete ist maßgeblicher Bemessungsfaktor für die Miethöhe, die Ertragsmöglichkeit, also die Tatsache, welchen Umsatz und/oder Gewinn der Mieter unter Ausnutzung der überlassenen Flächen erzielen kann. Soweit dem Mieter bei der Vermietung von Wohnräumen auch gestattet wurde, in den Wohnräumen einer gewerblichen oder selbständigen Tätigkeit nachzugehen, so ist dies, wenn es sich nicht im Rahmen des vertragsgemäßen Gebrauchs hält, wie z. B. ein Arbeitszimmer, eine Leistung des Vermieters, die je nach Vereinbarung gesondert zu vergüten sein kann. Sofern der Mietspiegel von der reinen Wohnraumüberlassung ausgeht, ist es deshalb zulässig, für die Gestattung der teilgewerblichen Nutzung einen Zuschlag zu den Mietspiegelwerten hinzuzurechnen.[324] Für die Höhe des Zuschlags kann § 26 Abs. 2 NMV allenfalls einen ersten Anhaltspunkt geben. Danach darf in den Fällen, in denen durch die **teilgewerbliche Nutzung** eine erhöhte Abnutzung möglich ist, ein Zuschlag bis zu **50 %** der auf die teilgewerbliche genutzte Fläche entfallenden Miete **als Zuschlag** hinzugerechnet werden. Die genaue Höhe dürfte sich nach dem Grad der Abnutzung richten.[325] Es kann aber nicht ohne weiteres davon ausgegangen werden, dass der Zuschlag gem. § 26 NMV dem Wert der gewerblichen Nutzungsmöglichkeit auf dem freien Wohnungsmarkt entspricht.[326] Denn die im Rahmen des § 26 NMV getroffene Bemessung soll dem Umstand Rechnung tragen, dass die Räume der Preisbindung unterliegen. Dagegen entwickeln sich die Teilgewerbezuschläge für preisfreien Wohnraum allein nach den Regeln von Angebot und Nachfrage. Für die Nutzung eines Zimmers als „Permanent Make up Studio" **58**

[319] BGH (VIII ZR 41/05) NZM 2006, 101; BGH (VIII ZR 215/05) WuM 2006, 569; KG GE 2005, 180, 182; **a. A.** LG Berlin GE 2005, 1251, GE 1999, 378, 1999, 983; AG Charlottenburg GE 2005, 807; *Schach* in Kinne/Schach/Bieber, Miet- und Mietprozessrecht, § 558 BGB Rdn. 39.

[320] AG Hamburg ZMR 2005, 54; **a. A.** *Küttner* Info-M 2005, 21, der zu Unrecht hierin eine Besserstellung gegenüber der Vereinbarung einer Nettomiete sieht.

[321] BGH (VIII ZR 141/09) NZM 2010, 436 = MietPrax-AK § 558 BGB Nr. 26 m. Anm. *Börstinghaus;* BGH (VIII ZR 331/06) NJW 2008, 848 = MietPrax-AK § 558a BGB Nr. 11 m. Anm. *Börstinghaus;* BGH (VIII ZR 215/05) NZM 2006, 864 = MietPrax-AK § 558a BGB Nr. 10 m. Anm. *Börstinghaus.*

[322] BGH (VIII ZR 141/09) NZM 2010, 436.

[323] LG Berlin GE 2016, 728, 729.

[324] LG Berlin GE 1995, 1209, ZMR 1998, 165; AG Hamburg-Wandsbek ZMR 2009, 377.

[325] AG Hamburg-Wandsbek ZMR 2009, 377; *Kinne* GE 2006, 1388.

[326] LG Berlin GE 1998, 1213, 1214.

wurde ein Zuschlag von 10% zum Mittelwert des Mietspiegels zugesprochen.[327] Ein gesondert vereinbarter Gewerbezuschlag soll bei einer entsprechenden Klausel unabhängig von der Grundmiete erhöht werden können.[328] Das ist dann nicht richtig, wenn es sich um einen einheitlichen Wohnraummietvertrag handelt.[329] Dann sind solche Klauseln gem. § 557a Abs. 4 BGB unwirksam. Es kommt im Übrigen nicht darauf an, ob der Mieter die ihm gestattete teilgewerbliche Nutzung der Räume tatsächlich ausübt oder nicht.[330] Die Miete ist für die Gebrauchsüberlassung zu zahlen und den Umfang der möglichen Nutzung. Ob diese Nutzung tatsächlich ausgeübt wird liegt im Entscheidungs- und Einflussbereich des Mieters und hat auf die Miete keinen Einfluss.[331] Der Gewerbezuschlag entfällt ohne Änderungsvereinbarung mit dem Vermieter nicht einmal bei Aufgabe der gewerblichen Nutzung. Wenn die teilgewerbliche Nutzung aber tatsächlich nicht möglich ist, dann kann die Miete unter den Voraussetzungen des § 536 BGB um den Teilgewerbezuschlag gemindert sein.[332] Hat der Vermieter dem Mieter nachträglich aus Treu und Glauben eine gewerbliche Tätigkeit in der Wohnung zu gestatten[333] hat er keinen Anspruch auf Zahlung eines Zuschlags. Eine Analogie zu § 553 Abs. 2 BGB scheidet aus.[334]

59 Wie alle anderen Zuschläge auch, kann der Vermieter den **Zuschlag** für eine teilgewerbliche Nutzung **nicht isoliert erhöhen.** Miethöherechtlich handelt es sich um eine einheitliche Miete, die der Mieter schuldet.[335] Ein Teilgewerbezuschlag kann nur unter den Voraussetzungen des § 558 BGB erhöht werden.[336] Daraus folgt, dass im Erhöhungsverfahren nach § 558 BGB im Rahmen der Ermittlung der ortsüblichen Vergleichsmittel zu den Werten des Mietspiegels ein Teilgewerbezuschlag hinzugerechnet werden muss, weil anderenfalls eine dem Vermieter aus dem Eigentumsrecht zustehende Erhöhungsmöglichkeit nicht ausgeübt werden könnte.

60 **ee) Untervermietung.** Ähnlich wie der Zuschlag für eine teilgewerbliche Nutzung der Wohnung ist auch der Untermietzuschlag[337] einzuordnen. Nach § 540 Abs. 1 BGB ist der Mieter grundsätzlich ohne ausdrückliche Erlaubnis des Vermieters nicht berechtigt, den Gebrauch der gemieteten Sache einem Dritten zu überlassen. § 553 Abs. 1 BGB gibt jedoch dem Mieter von Wohnraum gegenüber seinem Vermieter unter bestimmten Voraussetzungen einen Anspruch auf Erteilung einer Untermieterlaubnis. Gem. § 553 Abs. 2 BGB kann der Vermieter seine Zustimmung zur Untervermietung ggf. von einer **angemessenen Erhöhung der Miete** abhängig machen. Ein solches Erhöhungsverlangen ist aber nur dann berechtigt, wenn dem Vermieter ohne die Erhöhung die Erteilung der Erlaubnis nicht zuzumuten ist.[338] Nur in diesen Fällen kann der Vermieter seine Zustimmung von einer Mietanhebung abhängig machen. Ebenso wenig wie der Mieter in diesen Fällen einen Anspruch auf die Untermieterlaubnis hat, genauso wenig hat der Vermieter einen Anspruch auf die Zustimmung zur Mieterhöhung. Es handelt sich in diesem Fall um eine Mietabänderungsvereinbarung i. S. d. § 557 Abs. 1 BGB. Die Formvorschrift des § 558a Abs. 1 BGB gilt deshalb nicht. Der Vermieter kann aber über sein Erhöhungsverlangen auch nicht seine allgemeine Erhöhungsabsicht durchsetzen sondern nur die Erhöhung verlangen, die durch die Untervermietung gerechtfertigt ist.[339]

61 Haben die Parteien wirksam die Zahlung eines Untermietzuschlages vereinbart, so ist von da an eine **isolierte Erhöhung des „Untermietzuschlags"** nicht möglich. Der „Untermietzuschlag" wird Bestandteil der einheitlichen Miete. Es bedarf eines einheitlichen Mieterhöhungsverlangens nach § 558a BGB.[340] Etwas anderes soll nur dann gelten,[341] wenn der Vermieter sich im Vertrag ausdrücklich die Erhöhung des Zuschlags vorbehalten hat. In diesem Fall soll eine wirksame Ver-

---

327 AG Hamburg-Wandsbek ZMR 2009, 377.
328 BayObLG WuM 1986, 205; KG GE 2006, 322; *Kinne* GE 2006, 1388, 1390.
329 *Blank* WuM 2014, 641, 648.
330 LG Berlin ZMR 1998, 165, 166, GE 1996, 321, GE 1992, 441; AG Berlin-Mitte NZM 2003, 312; **a. A.** wohl AG Tiergarten GE 1988, 1007.
331 OLG Brandenburg WuM 2007, 14; *Kinne* GE 2006, 1388.
332 LG Berlin/AG Mitte MM 2004, 44.
333 BGH (VIII ZR 165/08) NJW 2009, 3157.
334 *Schmid* MietRB 2009, 366, 367.
335 *Blank* WuM 2014, 641, 648; **a. A.** BayObLG WuM 1986, 205.
336 LG Berlin GE 1995, 1133, GE 1995, 1201.
337 Hierzu *Börstinghaus* GE 1996, 88; *Kunze/Tietzsch,* Miethöhe, II Rdn. 29ff.
338 LG Berlin MM 2004, 46; *Proppe* ZMR 2008, 802.
339 *Sternel* Mietrecht, II, 257.
340 LG Berlin MM 1991, 363 und auch LG Berlin GE 1995, 1209 für den „Gewerbezuschlag".
341 BayObLG RE v. 25.3.1986, NJW-RR 1986, 892.

einbarung vorliegen, was wegen § 557 Abs. 4 i. V. m. § 558 Abs. 6 BGB zweifelhaft ist, da es sich um eine für den Mieter nachteilige Vereinbarung handelt und die Vorschriften auch auf diesen Teil des Mietvertrages wegen der Einheitlichkeit des Mietverhältnisses anwendbar ist. Haben die Parteien aus Anlass einer Untervermietung eine Mieterhöhung vereinbart, dann ist eine uneingeschränkte Mietabänderungsvereinbarung zustande gekommen. Es handelt sich deshalb grundsätzlich nicht um einen „Zuschlag", der nach Beendigung der Untervermietung wieder in Wegfall gerät.[342] Nur wenn die Mietvertragsparteien die Abänderungsvereinbarung unter der auflösenden Bedingung des Bestehens eines Untermietverhältnisses geschlossen haben, dann gilt nach Beendigung des Untermietverhältnisses wieder die ursprüngliche Miete. Eine solche Bedingung kann sich natürlich auch aus den Umständen ergeben oder konkludent erklärt werden. Es kann aber nicht angenommen werden, dass beide Parteien stets eine solche Bedingung gewollt hätten.[343]

Hinsichtlich der **Höhe des Zuschlags** spricht § 553 Abs. 2 BGB von einer „angemessenen" Erhöhung der Miete. Für den preisgebundenen Wohnungsbau beinhaltet § 26 Abs. 3 NMV eine Sondervorschrift. Die Höhe des Untermietzuschlages im freifinanzierten Wohnungsbau hängt mit seiner Funktion zusammen.[344] Die Mieterhöhung aus Anlass der Untervermietung soll die **Belastungen ausgleichen,** die durch die Aufnahme des Dritten dem Vermieter entstehen. Hierzu können gehören höhere Betriebskosten wie z. B. Kalt- und Warmwasserkosten, ggf. auch die Müllgebühren, wenn diese z. B. nach Müllgewicht oder anderen verbrauchsabhängigen Beitragsschlüsseln berechnet werden. Insofern besteht ein Anspruch des Vermieters, soweit nicht bereits mietvertraglich ein entsprechender verbrauchsabhängiger Abrechnungsschlüssel vereinbart worden ist, dass der Mieter einer Anpassung des Abrechnungsschlüssels zustimmt.[345] Erhöht sich aber durch die Aufnahme des Untermieters nicht die Zahl der in der Wohnung lebenden Personen, weil z. B. der Untermieter als Ersatz für einen bisher in der Wohnung lebenden Mieter in die Wohnung einzieht, dann bedeutet dies gerade keine zusätzliche Belastung des Vermieters und rechtfertigt weder eine Anpassung bei den Betriebskosten noch eine allgemeine Mieterhöhung[346] Etwas anders kann dann gelten, wenn tatsächlich einzelne Zimmer untervermietet werden und der Mieter hierfür ein Entgelt erhält. In diesem Fall kann es angemessen sein ca. 20% der erzielten Untermiete als Zuschlag anzusetzen (§ 553 BGB Rdn. 19f).[347] **62**

Bei einer späteren Mieterhöhung kann zu den Werten des Mietspiegels beim Vorliegen einer Untermieterlaubnis, die den Vermieter zu einer angemessenen Erhöhung der Miete berechtigte, ein angemessener Zuschlag hinzugerechnet werden. Hierzu wird teilweise auf Vorschriften für den öffentlich geförderten Wohnungsbau, insbesondere § 26 Abs. 3 NMV verwiesen. Nach dieser Vorschrift darf der Vermieter einen Untermietzuschlag von 2,50 € monatlich erheben, wenn der untervermietete Wohnungsteil von einer Person und von 5 €, wenn der untervermietete Wohnungsteil von zwei und mehr Personen benutzt wird. Diese Sätze sind für den freifinanzierten Wohnungsbau jedoch völlig unrealistisch.[348] Richtigerweise wird man im freifinanzierten Wohnungsbau eine Mieterhöhung bis zur Höhe der ortsüblichen Vergleichsmiete für Wohnungen mit Untermieterlaubnis zulassen müssen.[349] Wird ein Partner einer eheähnlichen Gemeinschaft in die Wohnung aufgenommen, dann dürfte eine Mieterhöhung i. d. R. ausscheiden, da die Miete für Wohnraum, der an Ehegatten vermietet wird oder derjenige für Wohnraum, der an eheähnliche Gemeinschaften vermietet wird gleich hoch ist.[350] Wenn der Mieter aber durch die Untermiete Einnahmen erzielt, dann ist es gerechtfertigt, dass der Vermieter hieran beteiligt wird, also einen Anteil in der Größenordnung von ¼ bis ⅕ der Untermiete erhält. **63**

ff) Möblierungszuschlag. Während der Untermiet- und Gewerbezuschlag dafür gezahlt werden, dass der Vermieter dem Mieter rechtlich mehr gestattet, als üblicherweise vom vertragsgemäßen Gebrauch der Mietsache abgedeckt wird, kann es auch vorkommen, dass der Vermieter dem Mieter auch **sachlich mehr Gebrauchsmöglichkeiten** einräumt. Soweit dies zu einer Erweiterung der räumlichen Gebrauchsüberlassung führt, z. B. die Überlassung eines zusätzlichen Raumes, **64**

342 AG Kiel WuM 1985, 262; *Kinne* GE 2006, 1388, 1391; **a. A.** *Sternel* Mietrecht, II, 260.
343 So aber *Sternel* Mietrecht, II, 260.
344 *Proppe* ZMR 2008, 802.
345 **A. A.** *Kinne* GE 2006, 1388, 1391.
346 LG Berlin MM 2004, 46; AG Köln Urt. v. 16. 9. 1992 – 203 C 288/92; *Proppe* ZMR 2008, 802.
347 LG Berlin GE 2016, 1093.
348 *Börstinghaus* GE 1996, 88.
349 So auch *Artz* in MünchKomm § 558 a BGB Rdn. 21.
350 AG Trier WuM 1992, 239.

eines Kellers oder eines Stellplatzes ist dies offensichtlich. Aber auch innerhalb der Räume, kann der Vermieter dem Mieter mehr als üblich zur Verfügung stellen. Hierzu zählt insbesondere eine Möblierung der Räumlichkeiten. Zur Frage, ob es sich bei möbliertem Wohnraum nicht um einen ganz anderen Wohnungsteilmarkt handelt siehe § 558 BGB Rdn. 53a. Für die Möblierung muss üblicherweiser auch ein Entgelt gezahlt werden, da der Mieter die Anschaffung von Möbeln ganz oder teilweise erspart und auf der anderen Seite die Gegenstände durchaus einen nicht unerheblichen Wert haben können, den sie viel schneller verlieren, als die Räumlichkeiten an sich. Wenn nicht für möblierten Wohnraum ein ganz anderer Wohnungsteilmarkt vorliegt, für den eine eigene ortsübliche Vergleichsmiete existiert, kann der Vermieter für die Überlassung der Möblierung ebenfalls einen Zuschlag verlangen, der ebenso wie die anderen Zuschläge, Mietbestandteil wird.

65 Umstritten ist die **Berechnung eines Möblierungszuschlags.** Da der Möblierungszuschlag den Wert der Gebrauchsmöglichkeit für den Mieter widerspiegeln soll, ist nach ganz überwiegender Meinung vom **Zeitwert** der überlassenen Möbel auszugehen. Zeitwert ist dabei der Nutzungswert für den Mieter[351], der dem Wiederbeschaffungswert entspricht.[352] Diese Größe muss dann für den Vermieter verzinst werden. Außerdem ist dem Umstand Rechnung zu tragen, dass die Gegenstände durch die Benutzung regelmäßig wertloser werden. Es muss also eine angemessene Abschreibung berücksichtigt werden. Umstritten ist dabei, mit welcher **Abschreibung** und welcher **Verzinsung** im Einzelfall zu rechnen ist. In der bisherigen Rechtsprechung wurden dabei folgende Werte eingesetzt:

Vertreter dieser Auffassung	**Berechnungsmethode**	**monatlicher Zuschlag in € bei Zeitwert von**		
		5000	**2500**	**1500**
LG Mannheim WuM 1987, 362; LG Berlin GE 1996, 929	11% des Zeitwertes analog § 559 BGB	45,83	22,92	13,75
LG Stuttgart WuM 1991, 600	jährliche Abschreibung von 10%, Verzinsung 7,5%	72,92	36,46	21,88
KG GE 1980, 863; LG Berlin GE 2003, 954	2% monatlich	100,00	50,00	30,00
Sternel Mietrecht 3. Auflage Rdn. III 39 Fn. 29	jährliche Abschreibung von 15%, Verzinsung höchstens 12%	112,50	56,25	33,75
LG Köln ZMR 1975, 367	jährliche Abschreibung von 30%, Verzinsung 10%	166,67	83,33	50,00
LG Mannheim WuM 1977, 147	Abschreibung und Verzinsung von je 15%	125,00	62,50	37,50
LG Berlin WuM 1993, 185	1% des Verkehrswertes monatlich	50,00	25,00	12,50
AG Köln WuM 1999, 237	Verzinsung und Abschreibung von zusammen 20% (bei antiquarischen Möbeln)	83,33	41,67	25,00

Ferner wurde vertreten[353], einen Zuschlag von 25% auf die Miete vorzunehmen.

66 Die Entscheidung hängt vom Einzelfall ab. Dafür sind maßgebliche Kriterien zunächst die **Lebensdauer des Gegenstandes** und vor allem auch das allgemeine **Zinsniveau** zum Zeitpunkt der Vermietung. Falsch ist es deshalb den Möblierungszuschlag an die Höhe der Miete zu knüpfen,[354] weil dieser mit dem Gebrauchswert der Möbel nichts zu tun hat. Auch die Anwendung des § 559 BGB bzw. vormals § 3 MHG ist nicht sachgerecht, da dieser mit der Möglichkeit die Miete um 11% der Modernisierungskosten zu erhöhen auf langlebigere Investitionen abstellt, als es die Möblierung einer Wohnung üblicherweise darstellt. Soweit zum Teil auch entsprechend betriebswirtschaftlichen Vorstellungen vertreten wird, dass der Möblierungszuschlag entsprechend dem abnehmenden Wert der Möbel entsprechend **degressiv** zu berechnen sei, was zur Folge hat, dass der

[351] LG Berlin GE 2003, 954, GE 1987, 577; AG Köln WuM 1998, 692.
[352] OLG Düsseldorf NJW-RR 1992, 426; **a. A.** LG Köln WuM 1980, 180: In der Regel 30% des Neuwertes.
[353] OLG Frankfurt ZMR 1978, 286.
[354] AG Köln WuM 1998, 692; **a. A.** OLG Frankfurt ZMR 1978, 286.

Möblierungszuschlag sich in regelmäßigen Abständen ändert, entspricht dies zwar den wirtschaftlichen Verhältnissen, ist aber mietrechtlich nicht möglich und vor allem auch nicht praktikabel. Bei der Berechnung des Möblierungszuschlags kann deshalb neben der marktüblichen Verzinsung nur eine an der Restnutzungsdauer orientierte lineare Abschreibung in Betracht kommen.[355] Erforderlich ist aber ein substantiierter Vortrag dazu, welche Möbelstücke seit wann und mit welchem Zeitwert vorhanden sind.[356]

gg) Zu- oder Abschläge wegen des Alters des Mietspiegels. Dem Vermieter steht gegenüber dem Mieter ein Anspruch auf Zustimmung zu einer Mieterhöhung bis zur Höhe der ortsüblichen Vergleichsmiete zum **Zeitpunkt des Zugangs des Mieterhöhungsverlangens** zu.[357] Da die ortsübliche Vergleichsmiete nicht statisch, sondern **dynamisch** ist, können Mietspiegel systemimmanent die ortsübliche Vergleichsmiete zum maßgeblichen Stichtag nicht angeben, da sie auf einer Datenerhebung zu einem anderen in der Vergangenheit liegenden Stichtag beruhen. Dies rechtfertigt sich daraus, dass Mietspiegel vom Gesetzgeber als Begründungsmittel vorgesehen wurden und im Rahmen einer Verfahrensvereinfachung auch eine **gewisse Pauschalierung** hinnehmbar ist. Mietspiegel sollen und dürfen verfassungsrechtlich aber nicht zu einem **Mietenstopp** während ihrer Laufzeit führen. Soweit deshalb Mietspiegel auch zur Ermittlung der ortsüblichen Vergleichsmiete in einem Zustimmungsverfahren herangezogen werden, ist es zulässig, Veränderungen der ortsüblichen Vergleichsmiete, die seit der Datenerhebung eingetreten sind als Zu- oder auch Abschlag zu berücksichtigen.[358] Dazu kann im Einzelfall ggf. auf einen neuen Mietspiegel zurückgegriffen werden, dessen Erhebungsstichtag nahe am Zeitpunkt des Zugangs des Erhöhungsverlangens lag (dazu § 558b BGB Rdn. 67). Maßgeblich ist, dass es in einer Gemeinde für vergleichbaren Wohnraum zu einem bestimmten Stichtag der Höhe nach nur eine ortsübliche Vergleichsmiete gibt. Eine sachliche Rechtfertigung für eine unterschiedliche Bemessung der Miethöhe gibt es für die Fälle, dass das ortsübliche Preisniveau auf Grund eines neueren Mietspiegels, eines älteren Mietspiegels oder einem Sachverständigengutachten festgestellt wird, nicht. Die Wahl des Begründungsmittels durch den Vermieter und des Erkenntnismittels durch das Gericht wird i. d. R. nicht von rechtlichen Erwägungen, sondern von den vorhandenen Möglichkeiten bestimmt. Zwar sind Einschränkungen auf Grund von zeitlichen Verzögerungen, die sich durch materiell-rechtliche Vorschriften ergeben in Kauf zu nehmen, die Verweigerung einer feststellbaren **Stichtagsdifferenz** würde jedoch i. E. dazu führen, dass der Vermieter durch eine formale, nicht an der materiellen Rechtslage orientierten Anwendung von § 558a BGB gehindert würde, die gesetzlich zulässige Miete gerichtlich durchzusetzen. Hierin sind eine verfassungswidrige Änderung des materiellen Rechts mit Hilfe verfahrensrechtlicher Vorschriften sowie eine Verletzung des Anspruchs auf einen effektiven Rechtsschutz zu sehen.[359] Zur Berechnung der Stichtagsdifferenz s. § 558b BGB Rdn. 124. 67

Die grundsätzliche Frage, ob eine Stichtagsdifferenz generell zulässig und im Einzelfall notwendig ist, ist von der Frage zu unterscheiden, ob der Vermieter im **Mieterhöhungsverlangen** eine solche **Stichtagsdifferenz** als Zuschlag zu den Mietspiegelwerten ansetzen darf. Diese Frage ist zu verneinen.[360] Das Mieterhöhungsverlangen darf der Vermieter unter Bezugnahme auf einen Mietspiegel, eine Auskunft aus einer Mietdatenbank, ein Sachverständigengutachten oder drei Vergleichswohnungen begründen. Er hat die Wahl hinsichtlich des Begründungsmittels, muss aber das Begründungsmittel so akzeptieren, wie es ist. Die Begründungsmittel haben ihre jeweilige Überzeugungskraft aus unterschiedlichen Gründen. Beim Mietspiegel stammt die Überzeugungskraft daher, dass nur bestimmte Mietspiegelaufsteller einen Mietspiegel aufstellen können und aus der **Autorität dieser Verbände** eine gewisse Richtigkeitsgewähr hergeleitet wird, die zumindest im vorprozessualen Bereich ausreicht. Der Vermieter darf deshalb zu den Werten eines Mietspiegels 68

[355] *Dröge,* Handbuch der Mietpreisbewertung, 3. Aufl., S. 666ff.

[356] LG Hamburg WuM 2016, 434.

[357] BGH (VIII ZR 295/15) NZM 2017, 321 m. Anm. *Fleindl* NZM 2017, 325; (VIII ZR 41/05) NZM 2006, 101; BayObLG RE v. 27.10.1992, NJW-RR 1993, 202; LG Berlin GE 2010, 61; LG Hamburg WuM 1991, 335, 1990, 310; LG Köln WuM 1982, 20; LG Bochum WuM 1982, 18; *Sternel* Mietrecht aktuell (2009), IV, 226; *Voelskow* ZMR 1992, 326, 328 m. Anm. von *Isenmann* ZMR 1992, 482.

[358] BGH (VIII ZR 295/15) WuM 2017, 208; OLG Hamm RE v. 30.8.1996, NJW-RR 1997, 142; OLG Stuttgart RE v. 15.12.1993, NJW-RR 1994, 334 m. Anm. *Blank* ZMR 1994, 137; LG Koblenz WuM 1998, 692; LG Berlin GE 1996, 1547; LG Hamburg WuM 1996, 45; LG München WuM 1992, 25; **a. A.** LG Frankfurt WuM 1992, 629.

[359] OLG Hamm RE v. 30.8.1996, NJW-RR 1997, 142.

[360] *Börstinghaus* jurisPR-BGHZivilR 8/2017 Anm. 2; **a. A.** *Schultz* in Bub/Treier, Kap. III. A Rdn. 1251; *Fleindl* NZM 2017, 325.

im einseitigen Erhöhungsverlangen keine Stichtagsdifferenz berücksichtigen.[361] Problematisch ist dies aber nur, wenn der Vermieter den Oberwert des maßgeblichen Mietspiegelfeldes überschreitet, anderenfalls ist das Erhöhungsverlangen bereits gem. § 558a Abs. 4 S. 1 BGB formell wirksam. Verlangt der Vermieter mehr als den Mietspiegeloberwert, dann ist das Mieterhöhungsverlangen nicht ganz unwirksam. Bis zur Höhe des Oberwertes des in Betracht kommenden Rasterfeldes des Mietenspiegels ist das Erhöhungsverlangen teilweise formell wirksam.[362]

III. Auskunft aus einer Mietdatenbank

69 Die Auskunft aus einer Mietdatenbank ist seit 1.9.2001 als neues Begründungsmittel hinzugekommen. Wegen der Definition einer Mietdatenbank s. § 558e BGB.

70 Wie die Auskunft genau auszusehen hat, hat der Gesetzgeber nicht geregelt.[363] Nach § 558e BGB muss **aus der Auskunft ein Schluss auf die ortsübliche Vergleichsmiete** gezogen werden können. Daraus folgt, dass die bloße Mitteilung eines Wertes mit der Behauptung, dies sei die ortsübliche Vergleichsmiete für die konkrete Wohnung nicht ausreicht. Daraus kann man keinen Schluss ziehen; das ist bereits das Ergebnis. Deshalb gehören in eine Auskunft mehrere konkrete Mietedaten oder zumindest die Angabe, dass in der Datenbank eine bestimmte Anzahl von vergleichbaren Wohnungen gespeichert sind bei den in den letzten vier Jahren die Miete neu vereinbart wurde oder bei denen die Miete verändert wurde und bei denen Mieten von x bis y €/qm gezahlt würden. Gegebenenfalls ist ein Mittelwert anzugeben.

71 Die **Kosten für eine Auskunft** muss der Vermieter tragen. Er hat keinen Anspruch auf Erstattung gegen den Mieter.[364] Es gibt weder vertragliche Ansprüche noch Schadensersatzansprüche. Die Kosten für die Auskunft gehören auch nicht zu den notwendigen Kosten der Rechtsverfolgung, die der Vermieter gem. § 91 ZPO im Falle einer gerichtlichen Auseinandersetzung gegen den Mieter festsetzen lassen kann.

IV. Sachverständigengutachten

1. Allgemeines

72 Das Gesetz zählt in § 558a Abs. 2 BGB exemplarisch als vierte[365] Begründungsmöglichkeit für ein Mieterhöhungsverlangen die Bezugnahme auf ein mit Gründen versehenes Gutachten[366] eines öffentlich bestellten und vereidigten Sachverständigen auf. Es handelt sich um ein **Parteigutachten,**[367] das der Gutachter auf Grund eines mit dem Vermieter oder dessen Vertreter abgeschlossenen Gutachterauftrages erstellt hat. Daraus ergibt sich bereits der wesentliche Unterschied zum gerichtlichen Sachverständigengutachten, an das ganz andere Maßstäbe angelegt werden müssen.[368] Das vorprozessuale Gutachten soll dem Mieter genauso wie die Bezugnahme auf den Mietspiegel oder sogar die Benennung von mindestens drei Vergleichswohnungen nur die Informationen liefern, die er benötigt, um die Berechtigung des Anspruchs des Vermieters zu überprüfen.[369] Deshalb dürfen in formeller Hinsicht aus verfassungsrechtlichen Gründen nicht zu strenge Anforderungen an die Begründung des Erhöhungsverlangens durch ein Sachverständigengutachten gestellt werden, so

---

[361] OLG Stuttgart RE v. 2.2.1982, NJW 1982, 945; OLG Hamburg RE v. 12.11.1982, NJW 1983, 1803, 1805; LG München WuM 1998, 726; *Sternel,* Mietrecht aktuell, Rdn. IV 212; *Artz* in MükoBGB § 558a BGB Rdn. 22; **a. A.** *Schultz in Bub*/Treier, Kap. III. A Rdn. 1251; *Fleindl* NZM 2017, 325.

[362] BGH (VIII ZR 52/03) NJW 2004, 1379; OLG Hamburg RE v. 12.11.1982, NJW 1983, 1803, 1805; **a. A.** noch LG München WuM 1998, 726, wonach das Mieterhöhungsverlangen insgesamt unwirksam ist.

[363] *Börstinghaus* NZM 2000, 583.

[364] Palandt/*Weidenkaff* § 558b BGB Rdn. 13.

[365] Wenn man die beiden Formen von Mietspiegeln jeweils als eigene Begründungsmittel zählt.

[366] Zum Sachverständigen im Mieterhöhungsverfahren generell: *Börstinghaus* Der Sachverständige 2008, 286; *Kunze/Tietzsch* MietRB 2009, 52; *Reinecke* WuM 1993, 101; *Fischer* WuM 1996, 604; *Lützenkirchen* WuM 1996, 735; *Streich* WuM 1997, 93; *Isenmann* WuM 1997, 154.

[367] BayObLG RE v. 23.7.1987, NJW-RR 1987, 1302; OLG Karlsruhe RE v. 20.7.1982, NJW 1983, 1863; *Schultz in Bub*/Treier, Kap. III. A Rdn. 1269.

[368] BGH (VIII ZR 69/15) NJW 2016, 1385 = NZM 2016, 355 m. Anm. *Börstinghaus* DS 2016, 73; BayObLG RE v. 23.7.1987, NJW-RR 1987, 1302; OLG Karlsruhe RE v. 20.7.1982, NJW 1983, 1863; Zweifel an dieser Auffassung hat *Stelter* DS 2016, 198, 200.

[369] BGH (VIII ZR 69/15) NJW 2016, 1385 = NZM 2016, 355 m. Anm. *Börstinghaus* DS 2016, 73.

dass hierdurch der gesetzliche Anspruch des Vermieters auf die Vergleichsmiete zu Fall gebracht würde.[370]

Ist das Gutachten unrichtig, kann der Mieter vom Sachverständigen keinen **Schadensersatz** verlangen. Vertragliche Beziehungen bestehen nur zwischen Sachverständigem und Vermieter. Der Mieter ist in den **Schutzbereich dieses Vertrages** auch nicht einbezogen. Ansprüche nach § 839a BGB[371] scheiden deshalb aus, weil die Vorschrift nur auf gerichtliche Sachverständige Anwendung findet (siehe dazu § 558b Rdn. 107). Der Sachverständige haftet jedoch seinem Auftraggeber, dem Vermieter, auf Schadensersatz aus Vertrag. 73

2. Anforderungen an die Person des Sachverständigen

a) Hinsichtlich der Person des Sachverständigen schreibt das Gesetz vor, dass dieser **öffentlich bestellt und vereidigt** sein muss. Die Formulierung entspricht § 36 GewO. 74

Die **öffentliche Bestellung** und Vereidigung des Sachverständigen ist nach dem Wortlaut der Vorschrift zwingende Voraussetzung für die Zulassung des Sachverständigengutachtens als Begründungsmittel. Liegen die persönlichen Voraussetzungen für den Sachverständigen nicht vor, ist das Gutachten als Begründungsmittel ungeeignet.[372] Deshalb reicht auch das Gutachten eines Universitätsprofessors nicht aus.[373] Die öffentliche Bestellung und Vereidigung muss zum Zeitpunkt der Gutachtenerstellung vorliegen. Eine **spätere Vereidigung** heilt diesen Mangel nicht.[374] Die öffentliche Bestellung und Vereidigung von Sachverständigen sowie die Zuständigkeit der Industrie- und Handelskammer regeln § 36 GewO, das Gesetz zur vorläufigen Regelung des Rechts der Industrie- und Handelskammern v. 18. 12. 1956[375] sowie jeweils spezielle landesgesetzliche Regelungen über die Industrie- und Handelskammern und das Sachverständigenwesen. 75

Jede erweiternde Auslegung, dahin, dass auch andere Sachverständige zugelassen werden, würde aber auch dem Sinn und Zweck der Regelung widersprechen. Der Gesetzgeber hat das Erfordernis der öffentlichen Bestellung und Vereidigung deshalb ausdrücklich in das Gesetz mit aufgenommen, um dem Mieter eine Nachprüfung der **Eignung des Sachverständigen** zu ersparen.[376] Ähnlich wie bei der Mietspiegelerstellung, wo der Gesetzgeber besondere Anforderungen an den Mietspiegelersteller, entweder die Gemeinde als „Neutralem" oder zumindest beide Interessenverbände, aufgestellt hat, wollte der Gesetzgeber durch die subjektiven Anforderungen objektive Qualität erreichen. Zu diesem Zweck hat der Gesetzgeber das Institut des öffentlich bestellten Sachverständigen geschaffen. Es hat die Aufgabe, der Öffentlichkeit Sachverständige zu präsentieren, die persönlich integer und unabhängig sind und fachlich ein objektives und qualifiziertes Urteil garantieren. Deshalb ist grundsätzlich erforderlich, dass der Sachverständige gem. § 36 Abs. 1 GewO von der zuständigen Stelle bestellt ist. Da es eine verbindliche Ausbildungsordnung für Sachverständige nicht gibt, haben die Industrie und Handelskammern eigene Sachverständigenordnungen erstellt, in denen festgelegt ist, unter welchen Voraussetzungen vom Vorliegen der nach § 36 GewO erforderlichen „besondere Sachkunde" ausgegangen werden kann.[377] Dabei wird wegen eines fehlenden Berufsbildes mit entsprechender Vorbildung nicht an einen bestimmten Beruf angeknüpft sondern an **langjährige gewerbliche oder berufliche Tätigkeiten,** die ihrer Art nach geeignet sind, die erforderlichen Kenntnisse zu vermitteln. Verlangt wird eine zehnjährige praktische Tätigkeit auf dem Gebiet der Grundstücks- und Wohnungswirtschaft. Die Frist verkürzt sich auf 5 Jahre, wenn der Bewerber ein abgeschlossenes Studium z. B. der Architektur, der Betriebswirtschaft oder eine abgeschlossene Ausbildung als Grundstücks- oder Wohnungswirt vorweisen kann. Der Bewerber muss nachweisen, dass er sich mindestens in den letzten drei Jahren vor Antragstellung auf dem Gebiet „Mieten für Grundstücke und Gebäude" intensiv praktisch betätigt und Gutachten erstattet hat. Damit soll die Aktualität des Wissens sichergestellt werden. Darüber hinaus muss der Bewerber wirtschaftliche Kenntnisse, insbesondere über die Wohn- und Gewerberaummieten der vergange- 76

370 BVerfG NJW 1987, 313 m. Anm. *Katlein* ZMR 1986, 273; *Schultz* in Bub/Treier, Kap. III. A Rdn. 1270.

371 Eingefügt in das BGB mit Wirkung ab 1.8.2002 durch das Zweite Gesetz zur Änderung schadensersatzrechtlicher Vorschriften v. 19.7.2002 (BGBl. I. 2674).

372 LG Berlin WuM 1982, 246; AG Fürstenfeldbruck WuM 1998, 379.

373 AG Aachen WuM 1991, 559.

374 LG Berlin ZMR 1982, 377; LG Dortmund ZMR 1974, 338; AG Schöneberg WuM 1980, 207; AG Alfeld WuM 1981 U 2.

375 BGBl. I S. 920.

376 BT-Drucks. 7/2011 S. 10.

377 Abgedruckt bei *Börstinghaus,* Miethöhe-Handbuch, 2. Aufl., S. 803.

nen Jahre, über Lebenshaltungskosten, Bewirtschaftungskosten, Standort-Kriterien und Mietspiegel und ihre Fortschreibung besitzen. Einschlägige Kenntnisse des Miet- und Mietpreisrechts und der hierzu ergangenen Rechtsprechung werden ebenso verlangt wie technische Grundbegriffe und vor allem die Begriffsdefinitionen dessen, was unter ortsüblicher Vergleichsmiete, Marktmiete, branchenüblicher Miete, platzüblicher Miete und Kostenmiete zu verstehen ist. Schließlich muss der Bewerber nachweisen, dass ihm **Vergleichsmaterial** zur Feststellung von Mieten insbesondere eine Mietpreissammlung zur Verfügung steht.

77 Auf das Merkmal der **öffentlichen Bestellung** oder Vereidigung kann ausnahmsweise dann **verzichtet** werden, wenn es in dem entsprechenden Bezirk keine von der Industrie- und Handelskammer bestellten und vereidigten Sachverständigen gibt.[378] Da der Wortlaut der Vorschrift insofern ganz eindeutig ist, kann diese Einschränkung nach dem Sinn und Zweck des Gesetzes aber nur sehr eingeschränkt gelten: Sie setzt deshalb zunächst voraus, dass die IHK **grundsätzlich** keine Bestellungen bzw. Vereidigungen für die maßgeblichen Fachgebiete vornimmt. Fehlt lediglich ein geeigneter Sachverständiger, weil keine Bewerber vorhanden waren, dann kann nicht auf andere Sachverständige zurückgegriffen werden. Es fehlt diesen die vom Gesetz vorgesehene pauschal festzustellende Qualifikation, auch wenn im Einzelfall diese Sachverständigen die Qualifikation tatsächlich aufweisen. Der Mieter soll durch die von der IHK vorgenommene Prüfung der Befähigung geschützt werden. Als zweite Voraussetzung ist erforderlich, dass der Sachverständige von der IHK dem Vermieter benannt wurde und dass diese nur solche Sachverständige benennt, die die persönlichen Voraussetzungen für eine Sachverständigenbestellung erfüllen.[379]

78 **Von welcher IHK** der Sachverständige bestellt oder vereidigt ist, ist unerheblich,[380] insbesondere ist es nicht erforderlich, dass das Sachverständigengutachten, auf das zur Begründung eines Mieterhöhungsverlangens verwiesen wird, von einem Sachverständigen erstellt wurde, der von derjenigen Industriekammer und Handelskammer öffentlich bestellt und vereidigt wurde, in deren **Bezirk** die Wohnung liegt, für die die Miete erhöht werden soll. Von dem Gutachten, auf das zur Begründung eines Mieterhöhungsverlangens verwiesen werden kann, verlangt das Gesetz nur, dass es mit Gründen versehen ist und von einem öffentlich bestellten und vereidigten Sachverständigen erstellt ist. Weitere Anforderungen muss das Gutachten nach dem Wortlaut der gesetzlichen Vorschriften nicht erfüllen. Sie ergeben sich auch nicht aus deren Sinn und Zweck. Die öffentliche Bestellung und Vereidigung soll dem Mieter eine bestimmte persönliche Qualifikation des Gutachters garantieren. Diese persönliche Qualifikation ist unabhängig davon, von welcher IHK die öffentliche Vereidigung oder Bestellung erfolgte. Selbst **Sachverständige aus anderen EU-Staaten** können gem. Art. 6, 59 EG-Vertrag solche Gutachten erstatten, wenn sie in ihrem Heimatstaat öffentlich bestellt und vereidigt wurden. Eine andere Frage ist, ob der Sachverständige Kenntnisse des örtlichen Wohnungsmarktes haben muss.[381]

79 **b)** Der **Zweck des Gesetzes** erfordert nur, dass der Sachverständige, dessen Gutachten dem Erhöhungsverlangen beigefügt wird, in dem Bereich, für den er öffentlich bestellt und vereidigt ist, mit der Mietpreisbewertung befasst ist, diese also in den Zuständigkeitsbereich, für den die Bestellung ausgesprochen ist, fällt. Der Zweck des Gesetzes erfordert es aber nicht, dass die öffentliche Bestellung und Vereidigung ausdrücklich für die **Mietpreisbewertung** erfolgt ist.[382] Auch ein Sachverständiger, der für **Grundstücks- und Gebäudeschätzungen** öffentlich bestellt oder vereidigt ist, verfügt über die notwendige Sachkunde, um beim Mieter keine begründeten Zweifel an seiner Eignung für die Mietpreisbewertung aufkommen zu lassen. Gerade die Feststellung von Mietpreisen gehört im Rahmen seiner Tätigkeit als Gebäudeschätzer zu seinen Obliegenheiten. Die Feststellung des Verkehrswertes eines Gebäudes setzt nämlich die Feststellung seines Ertragswertes voraus. Dieser aber ist von der Höhe der erzielbaren Miete abhängig. Der Sachverständige, der Gebäudeschätzer ist, wird daher zwangsläufig mit der Mietpreisbewertung befasst. Demgegenüber genügt die Bestellung für ein anderes Sachgebiet, wie z. B. den Hochbau oder Gebäudeschäden nicht.

---

378 OLG Hamburg RE v. 30. 12. 1983, NJW 1984, 930 nach neg. Rechtsentscheid des BGH NJW 1984, 237 auf Vorlagebeschluss des OLG Hamburg WuM 1983, 256.

379 OLG Hamburg RE v. 30. 12. 1983, NJW 1984, 930; nach *Emmerich* in Staudinger (2014) § 558 a Rdn. 35 „nur wenn die Bestellung im Einzelfall gem. § 36 Abs. 1 GewO nachgeholt wird".

380 BayObLG RE v. 23. 7. 1987, NJW-RR 1987, 1302.

381 Dazu unten Rdn. 80.

382 BGH RE v. 21. 4. 1982, NJW 1982, 1701.

Der Sachverständige muss nicht zwingend Kenntnisse des **örtlichen Wohnungsmarktes** haben.[383] Insofern sind die Anforderungen nicht so streng wie bei einem gerichtlichen Sachverständigengutachten.[384] Anerkanntermaßen dürfen die formalen Anforderungen an ein Mieterhöhungsverlangen nicht die Durchsetzung eines materiell gerechtfertigten Anspruchs auf Zustimmung zu einer Mieterhöhung unnötig erschweren.[385] Darum würde es sich aber handeln, wenn man bereits für das vorprozessuale Sachverständigengutachten fordern würde, dass der Gutachter den örtlichen Wohnungsmarkt kennt. Dabei soll nicht verkannt werden, dass diese Kenntnis für die richtige Ermittlung der **ortsüblichen Vergleichsmiete** so gut wie zwingend erforderlich ist. Nur wer die für andere Wohnungen gezahlten Mieten kennt, kann letztendlich die Wohnung richtig einordnen. Aber die materielle Richtigkeit des Gutachtens ist nicht Gültigkeitsvoraussetzung. Im Übrigen kann auch das Gutachten eines Sachverständigen, der den örtlichen Wohnungsmarkt kennt, zu einem materiell falschen Ergebnis kommen. Das Gesetz hat deshalb die persönlichen Voraussetzungen abschließend aufgezählt. Dort wird nur auf die öffentliche Bestellung und Vereidigung Bezug genommen. Weitere Erfordernisse sind dort gerade nicht aufgestellt. Bereits faktisch würde der Nachweis der Kenntnis vom örtlichen Wohnungsmarkt erhebliche Schwierigkeiten bereiten. Es würde eine erhebliche Unsicherheit darüber entstehen, ob das Mieterhöhungsverlangen nun wirksam ist oder nicht. Auch ein Vergleich mit den übrigen exemplarisch vorgegebenen Begründungsmitteln führt nicht dazu, von einem in diesem Verfahrensstadium tätigen Sachverständigen örtliche Kenntnisse des Wohnungsmarktes zu verlangen. Auch Mietspiegel können ohne genaue Kenntnis des örtlichen Wohnungsmarktes ohne Datenerhebung zwischen den Interessenverbänden ausgehandelt worden sein. Die Auswahl von drei Vergleichswohnungen verlangt gar keine Kenntnisse vom übrigen Wohnungsmarkt, wenn der Vermieter z. B. drei weitere Wohnungen aus dem gleichen Haus als Vergleichsobjekte benennt. 80

Ebenso wenig ist es zwingend erforderlich, dass der Sachverständige das Gutachten ausschließlich **auf Grund eigener Daten** erstellt hat. Die den Sachverständigen auszeichnende besondere Sachkunde auf einem bestimmten Gebiet erwirbt sich dieser einmal durch eine entsprechende Ausbildung und zum anderen durch Berufserfahrung. Bei der Ermittlung der ortsüblichen Vergleichsmiete i. S. d. § 558 Abs. 2 BGB kommt der Berufserfahrung des Sachverständigen besondere Bedeutung zu. Im Vordergrund steht nämlich die Verarbeitung von Erfahrungswerten. Der Sachverständige muss bezüglich der in Frage stehenden Mieten der betreffenden Gemeinde über einen **Erfahrungsschatz aus einer Vielzahl von Fällen** verfügen. Diesen Erfahrungsschatz wird der Sachverständige zwar in erster Linie im Rahmen seiner beruflichen Tätigkeit ansammeln. Insoweit handelt es sich um unmittelbare Kenntnisse. Sie wird der Sachverständige aber ergänzen, abrunden und korrigieren durch Einbeziehung von Werten, die aus Datensammlungen anderer Personen und Stellen entnommen werden. Insbesondere kann der Sachverständige auf einen Mietspiegel Bezug nehmen. Da der Vermieter das Erhöhungsverlangen allein mit dem Hinweis auf einen Mietspiegel begründen kann, darf ein in gleicher Weise begründetes Sachverständigengutachten schon aus diesem Grund nicht als unzureichend angesehen werden, wenn der Mietspiegel auf einer Datenerhebung beruht. Auch bei Berücksichtigung solcher Art gewonnener und verarbeiteter Kenntnisse des Sachverständigen handelt es sich um eigene, wenn auch nicht um unmittelbar erlangte Kenntnisse des Sachverständigen hinsichtlich des durchschnittlichen Mietniveaus. Es kann daher nicht beanstandet werden, wenn der Sachverständige sein Gutachten auf Vergleichswerte stützt, die er aus Zusammenstellungen anderer Personen und Stellen entnommen hat.[386] Ohne die Überprüfung und gegebenenfalls der der Korrektur der eigenen Erfahrungswerte dienenden Einbeziehung solcher Werte wäre im Gegenteil sein Gutachten wenig überzeugend und in einem gerichtlichen Verfahren nicht verwertbar.[387] 81

c) Der Sachverständige soll zwar auch in **subjektiver Hinsicht** unabhängig sein, dies ist aber keine Zulässigkeitsvoraussetzung. Auch ein Sachverständiger, der in persönlichen Beziehungen zu einer Partei steht, ist grundsätzlich zugelassen. Der Mieter hat keine Möglichkeiten, einen vom Ver- 82

---

[383] BayObLG RE v. 23.7.1987, NJW-RR 1987, 1302; *Schulz* in Bub/Treier, Kap. III. A Rdn. 1277.

[384] BVerfG NJW 1987, 313; BayObLG RE v. 23.7.1987, NJW-RR 1987, 1302; OLG Karlsruhe RE v. 20.7.1982, NJW 1983, 1863.

[385] St. Rspr. des BVerfG z. B. NJW 1987, 313, NJW 1989, 969, NJW 1980, 1617.

[386] **A. A.** AG Hannover WuM 1991, 354.

[387] AG Dortmund WuM 1992, 138.

mieter beauftragten Sachverständigen förmlich nach den Vorschriften der ZPO abzulehnen,[388] da es sich ja gerade nicht um einen gerichtlichen Sachverständigen handelt, sondern um einen Parteigutachter. Hinzu kommt, dass der Sachverständige seine **Unabhängigkeit** am Ende des Gutachtens versichern muss und dass er deshalb die Beziehungen zur Partei offenbaren muss; anderenfalls dürfte ein Verstoß gegen seinen Sachverständigeneid vorliegen. Einem solchen Gutachten kommt ggf. ein **nur sehr geringer Beweiswert** zu. Dies gilt aber auch für andere Gutachten, bei denen zwischen der Partei und dem Sachverständigen keine verwandtschaftlichen Beziehungen bestehen. Allein die Tatsache, dass der Vermieter den Sachverständigen beauftragt und ihn bezahlen muss, schränkt die Unabhängigkeit des auch weiter um Aufträge werbenden Sachverständigen ein.

3. Mindestanforderungen an das Gutachten

83 **a)** § 558a Abs. 2 Nr. 3 BGB verlangt, dass das Gutachten **mit Gründen versehen** ist. Das BMJ hat insofern *Hinweise für die Erstellung eines Sachverständigengutachtens zur Begründung des Mieterhöhungsverlangens nach § 2 Abs. 2 MHG* herausgegeben.[389] Sie sind auch nach den Mietrechtsreformen grundsätzlich noch anwendbar.[390] Sie sind jedoch nur eine Hilfestellung und haben selbst weder eine irgendwie geartete rechtliche Qualität noch stellen sie weitere Voraussetzungen auf. Das Gleiche gilt auch für den „Leitfaden für die Erstellung von Gutachten zur Ermittlung von Wohnraummieten" des Instituts für Sachverständigenwesen.[391]

84 **Begründung** bedeutet sowohl vom Wortlaut wie auch vom Sinn und Zweck der Vorschrift, dass der Sachverständige in zumindest für den Mieter **nachvollziehbarer Weise** mitteilen muss, wie er zu seiner Wertfeststellung gelangt ist.[392] Das heißt nicht, dass er sämtliche Einzelfeststellungen aufführen muss. Nachvollziehbar ist das Gutachten für den Mieter dann, wenn ihm durch die Ausführungen des Sachverständigen der Eindruck vermittelt wird, die **Schlussfolgerungen** des Gutachters auf das vergleichbare Mietgefüge seien **verständlich** und nahe liegend.[393] Das Gutachten hat den Zweck, dem Vermieter zu helfen, seine Begründungspflicht nach § 558a Abs. 1 BGB zu erfüllen. Dazu muss der Vermieter dem Mieter die Informationen liefern, die er benötigt, um festzustellen, ob eine Zustimmungspflicht in Betracht kommt oder nicht. Dieser Verpflichtung ist der Vermieter nachgekommen, wenn er in verständlicher Weise dargelegt hat, warum die nunmehr begehrte Miete seiner Auffassung nach die ortsübliche Miete nicht übersteigt. Strengere Anforderungen dürfen auch an das vorprozessuale Sachverständigengutachten nicht gestellt werden.[394] Darauf, ob die Begründung in der Sache haltbar ist, kommt es nicht an.[395] Ebenso wenig führen kleinere Mängel zur Unwirksamkeit des Erhöhungsverlangens aus formellen Gründen.[396] Der Vermieter hat im vorprozessualen Stadium den erhobenen Anspruch weder zu beweisen noch glaubhaft zu machen, sondern dem Mieter lediglich Hinweise zu geben, die es diesem ermöglichen, sich darüber schlüssig zu werden, ob er der Erhöhung zustimmen will oder nicht.[397] Danach ist erforderlich aber auch ausreichend, dass der Vermieter sich auf ein Gutachten bezieht, in dem der Sachverständige darlegt, dass er in dem maßgeblichen örtlichen Bereich die Mieten vergleichbarer Wohnungen erforscht hat oder auf Grund seiner sachverständigen Tätigkeit bereits kannte, sich zu der diese Wohnungen betreffenden Preisspanne äußert und klarstellt, dass er nur vergleichbare Wohnungen zur Bewertung herangezogen hat.[398] Das sind jedoch die absoluten **Mindestanforderungen,** die an ein solches Gutachten zu stellen sind, damit es für den Mieter noch nachvollziehbar ist.[399] Erfüllt das Gutachten aber auch diese Mindestanforderungen nicht, dann kann von einer

---

[388] *Emmerich* in Staudinger § 558a BGB Rdn. 34; *Lammel* § 558a Rdn. 34; **a. A.** AG Freiburg WuM 1987, 265.

[389] Abgedruckt bei *Börstinghaus,* Miethöhe-Handbuch, 2. Aufl., S. 796.

[390] *Börstinghaus* DS 2016, 73, 74.

[391] Erstellt von *Isenmann, Roth* und *Walterscheid,* Das IfS ist ein von der Architekten-, Handwerks-, Landwirtschafts-, Ingenieur- und Industrie- und Handelskammer getragenes wissenschaftliches Institut. Seine wissenschaftlichen Ausführungen haben keine bindende Wirkung.

[392] BVerfG WuM 1986, 239.

[393] OLG Frankfurt RE v. 5.10.1981, NJW 1981, 2820.

[394] BVerfG NJW 1987, 313.

[395] BGH (VIII ZR 220/13) NZM 2014, 349.

[396] BGH (VIII ZR 69/15) NJW 2016, 1385 = NZM 2016, 355 m. Anm. *Börstinghaus* DS 2016, 73.

[397] BVerfG WuM 1982, 146.

[398] BGH (VIII ZR 69/15) NJW 2016, 1385 = NZM 2016, 355 m. Anm. *Börstinghaus* DS 2016, 73; OLG Karlsruhe RE v. 20.7.1982, NJW 1983, 1863 und RE v. 29.12.1982, WuM 1983, 133.

[399] OLG Karlsruhe RE v. 29.12.1982, WuM 1983, 133.

schlüssigen, und damit nachvollziehbaren Begründung keine Rede sein. Allein die Berufung des Sachverständigen auf seine Berufserfahrung und allgemeine Sachkenntnis stellt keine Begründung des Gutachtens dar.[400]

Demgegenüber ist es für die Wirksamkeit des Mieterhöhungsverlangens nicht erforderlich, dass der Sachverständige sich in seinem Gutachten, in dem er sich auf ihm bekannte Vergleichswohnungen bezieht, einzelne vergleichbare Wohnungen konkret benennt.[401] Insbesondere kann aus der Rechtsprechung des BGH[402] und des BVerfG[403] zur Notwendigkeit der Angabe von **Befundtatsachen** in Miethöhegutachten im Zustimmungsverfahren nicht geschlossen werden, dass die Befundtatsachen, also die Vergleichswohnungen, bereits im vorprozessualen Gutachten exakt identifizierbar angegeben werden müssen. Die Entscheidungen beziehen sich alle auf gerichtliche Sachverständigengutachten. Nur insofern kann es gegen Art. 2 Abs. 1 GG i. V. m. dem Rechtsstaatsprinzip verstoßen, wenn ein Gutachten über die ortsübliche Vergleichsmiete zur Grundlage eines Urteils gemacht wird, obwohl weder das Gericht noch die Prozessparteien die Möglichkeit hatten, die vom Sachverständigen zu Grunde gelegten Befundtatsachen zu überprüfen. Zu einem grundgesetzlich geschützten fairen Verfahren gehört, dass das Gericht die Richtigkeit bestrittener Tatsachen nicht ohne hinreichende Prüfung bejaht. Den Parteien muss dabei die Möglichkeit gegeben werden, an dieser Prüfung mitzuwirken. Dazu müssen auch ihnen die konkreten Befundtatsachen, die das Gericht durch Übernahme des Sachverständigengutachtens verwerten will, zugänglich sein. Zur Nachprüfung eines Sachverständigengutachtens kann die Kenntnis der einzelnen tatsächlichen Umstände, die der Sachverständige selbst erhoben und seinem Gutachten zu Grunde gelegt hat, unentbehrlich sein. In einem solchen Fall ist die Offenlegung dieser Tatsachen aus rechtsstaatlichen Gründen regelmäßig geboten. Ist der Sachverständige dazu nicht bereit, darf sein Gutachten nicht verwertet werden. Diese Grundsätze gelten aber für das **vorprozessuale Sachverständigengutachten** nicht.[404] Weder geht es um die verfassungsrechtliche Ausgestaltung von Verfahrensrechten noch geht es um die Frage, ob die Angaben des Sachverständigen tatsächlich richtig sind. Das vorprozessuale Sachverständigengutachten ist Parteigutachten. Der Mieter weiß, dass der Vermieter den Gutachter zum Zwecke der Mieterhöhung beauftragt hat. Er wird deshalb schon das Gutachten anders betrachten, als ein prozessentscheidendes Gerichtsgutachten. Er hat auf Grund des Gutachtens selbst Gelegenheit andere Erkenntnisquellen wie z. B. den Mietspiegel oder Auskünfte qualifizierter Stellen heranzuziehen. Würde man die gleichen Anforderungen an ein vorprozessuales Gutachten stellen wie an ein späteres gerichtliches Gutachten, würden formale Anforderungen aufgestellt, die die Durchsetzung des materiell-rechtlichen Anspruchs des Vermieters auf Zustimmung zu einer Mieterhöhung in ebenfalls verfassungsrechtlich unzulässiger Weise erschweren würden.[405] 85

Der Sachverständige muss aber erkennbar vom **richtigen Begriff der ortsüblichen Vergleichsmiete** ausgehen.[406] Dazu zählt, dass er nicht nur Neuvertragsmieten der letzten Monate als Vergleichsmieten angibt[407] sondern darlegt, wie sich die Mieten die letzten vier Jahre entwickelt haben. Auch die ausschließliche Auswertung von Angebots- und Neuvermietungsmieten anhand des IVD-Preisspiegels reicht deshalb nicht selbst wenn hiervon Abschläge vorgenommen werden.[408] Abschließend muss zumindest ansatzweise erkennbar sein, dass der Gutachter aus diesen Neu- und Bestandsmieten durch Gewichtung die ortsübliche Vergleichsmiete ermittelt hat. Dies 86

---

[400] OLG Karlsruhe RE v. 29.12.1982, WuM 1983, 133; LG Baden-Baden WuM 1993, 398; LG Aachen WuM 1987, 356; AG Sinzig DWW 1990, 120.

[401] OLG Oldenburg RE v. 19.12.1980, WuM 1981, 150; OLG Frankfurt RE v. 5.10.1981, NJW 1981, 2820; LG Gießen WuM 1994, 704; LG Traunstein WuM 1979, 81; AG Rheinbach ZMR 1998, 638; Bub/Treier/*Schultz* Kap. III. A Rdn. 1276; **a. A.** AG Sinzig DWW 1990, 120; AG Butzbach WuM 1980, 86.

[402] BGH NJW 1992, 1817, 1819; NJW 1994, 2899 unter Hinweis auf BayObLGZ 1956, 114 und NJW 1983, 2251.

[403] BVerfG WuM 1998, 13, NJW 1997, 311, NJW 1995, 40 m. Anm. *Walterscheid* WuM 1995, 63; *Isenmann* DWW 1995, 68; *ders.* ZMR 1993, 446; *Kamphausen* DS 1995, 4.

[404] BGH (VIII ZR 69/15) NJW 2016, 1385 = NZM 2016, 355 m. Anm. *Börstinghaus* DS 2016, 73; Zweifel klingen aber bei *Stelter* DS 2016, 198, 199 an.

[405] BVerfG NJW 1989, 969, NJW 1980, 1617.

[406] BGH (VIII ZR 69/15) NJW 2016, 1385 = NZM 2016, 355 m. Anm. *Börstinghaus* DS 2016, 73; für gerichtliches Sachverständigengutachten aber anscheinend anders: BGH (VIII ZR 346/10) NZM 2012, 339 = MietPrax-AK, § 558 BGB Nr. 32 mit Anm. *Börstinghaus; ders.* WuM 2012, 244; *ders.* DS 2012, 183; *Blank* LMK 5/2012 Anm. 3; *Muth* ZMR 2012, 530; *Bühler* ZMR 2012, 531.

[407] LG Gießen WuM 2014, 210; AG Charlottenburg NZM 1999, 460.

[408] LG Kiel WuM 2014, 208 mit Anm. *Flatow* WuM 2014, 474.

ist dann nicht der Fall, wenn der Gutachter erkennbar nur die Mietwerte des Finanzamtes für selbstgenutzte Wohnungen ausgewertet hat.[409] Das Gutachten muss aber nicht auf einer den Grundsätzen der Repräsentativität genügenden Stichprobe beruhen.[410] Auch die Eliminierung der Ausreißermieten und die Ermittlung der Üblichkeit unterliegen nicht den gleichen strengen Regeln, wie bei einem gerichtlichen Sachverständigengutachten.[411] Ein Gutachten, das zum Zwecke der Grundstücksbeleihung erstellt wurde und sich mit der nachhaltig erzielbaren Miete beschäftigt, ist ebenso unverwertbar,[412] wie ein Verkehrswertgutachten.[413] Häufig äußern sich die Gutachten auch zur Frage, ob die Miete angemessen[414] sei, oder ob irgendwo im Stadtgebiet eine ähnliche Miete gezahlt wird. Solche Gutachten sind unbrauchbar da diese Angaben unerheblich sind.[415] Ist für die Gemeinde für den maßgeblichen Zeitpunkt ein **Mietspiegel** veröffentlicht, dann sollte sich der Sachverständige in seinem Gutachten mit dessen Werten beschäftigen, zumindest wenn er davon abweichen will,[416] wobei eine Abweichung vom Mittelwert allein noch nicht ausreichend ist,[417] da die ortsübliche Vergleichsmiete durch die Spanne beschrieben wird und es Aufgabe des Sachverständigen ist, die Einordnung innerhalb der Spanne vorzunehmen.[418] Dazu hat sich der Sachverständige zunächst mit der Frage zu beschäftigen, wie der Mietspiegel zustande gekommen ist. Insbesondere dann, wenn der Mietspiegel auf Grund einer repräsentativen Datenerhebung zustande gekommen ist, muss der Sachverständige schon erheblichen Begründungsaufwand betreiben um die Richtigkeit dieser Daten zu widerlegen. Dies betrifft aber nur die inhaltliche Überzeugungskraft des Gutachtens und gehört nicht zu den formalen Voraussetzungen, die an ein solches Gutachten zu stellen sind. In gerichtlichen Sachverständigengutachten sind solche Auseinandersetzungen aber erforderlich. Eine kritische Auseinandersetzung mit der Repräsentativität der Stichprobe der der Mietspiegelerhebung zu Grunde liegenden Daten ist aber wegen der erheblichen Probleme, die entsprechenden Informationen überhaupt zu erhalten, nicht erforderlich.[419] Erforderlich ist aber, dass sich der Sachverständige, so er denn vom Mietspiegel abweichen will, kritisch mit einer geringen Erhebungsdichte, einer übergroßen Pauschalierung und einer mangelnden Aktualität des Mietspiegels auseinander setzt.[420] Auch für ein Sachverständigengutachten wird dann zu fordern sein, dass es auf **repräsentativen Daten** beruht.[421] Ansonsten wird dies für das vorprozessuale Gutachten nicht zu fordern sein. Beruht der Mietspiegel nicht auf einer repräsentativen Datenerhebung, dann muss der Sachverständige zumindest nachvollziehbar begründen, wieso sein Wert der ortsüblichen Vergleichsmiete vom Mietspiegelwert abweicht.

87 Das Gutachten muss auch von den **richtigen Tatsachen** ausgehen. Dazu gehört vor allem, dass es die richtige Ausstattung und Beschaffenheit der Wohnung der Wertermittlung zu Grunde legt. Deshalb soll ein Gutachten nicht verwertbar sein, das von einer niedrigeren Ausstattung ausgeht, und hinsichtlich der zusätzlichen Ausstattung einfach einen Zuschlag festsetzt, ohne zu ermitteln, wie hoch die ortsübliche Vergleichsmiete von höherwertig ausgestatteten Wohnungen tatsächlich ist.[422] Ob man in einem solchen Fall nur von einer Teilnichtigkeit des Gutachtens wegen des Zuschlags ausgehen kann, erscheint fraglich,[423] da dem Gutachten insgesamt ein falscher Vergleichs-

[409] LG Koblenz DWW 1991, 22.

[410] Für gerichtliches Sachverständigengutachten aber anders: BGH (VIII ZR 346/10) NZM 2012, 339 = MietPrax-AK, § 558 BGB Nr. 32 mit Anm. *Börstinghaus; ders.* WuM 2012, 244; *ders.* DS 2012, 183; *Blank* LMK 5/2012 Anm. 3; *Muth* ZMR 2012, 530; *Bühler* ZMR 2012, 531.

[411] Dazu: BGH (VIII ZR 346/10) NZM 2012, 339; *Börstinghaus* WuM 2012, 244.

[412] AG Friedberg WuM 1986, 123.

[413] AG Köln WuM 1998, 379; *Emmert* in Hannemann/Wiek/Emmert, Hdb. d. Mietrechts, 5. Aufl. (2013), § 12 Rdn. 75.

[414] So das Gutachten im Verfahren AG Dortmund Urt. v. 6.5.2008 Az: 428 C 12007/07 (zitiert nach juris).

[415] BVerfG WuM 1986, 239; LG Itzehoe WuM 1986, 238; **a. A.** ohne das Thema zu problematisieren: AG Dortmund Urt. v. 6.5.2008 Az: 428 C 12007/07 (zitiert nach juris).

[416] LG Düsseldorf WuM 1996, 421; LG Wiesbaden WuM 1992, 256; LG Bielefeld WuM 1983, 24; AG Dortmund WuM 1992, 138; **a. A.** Bub/Treier/*Schultz* Kap. III. A Rdn. 1278.

[417] So aber LG Wiesbaden WuM 1992, 256.

[418] AG Dortmund NJW-RR 1995, 971, 973.

[419] Dazu *Schlittgen/Uhlig* WuM 1997, 308, die ein solches Gutachten zum Berliner Mietspiegel 1992 im Verfahren AG Tiergarten 8 C 402/93 erstellt haben.

[420] LG Berlin GE 1993, 497.

[421] Kenntnis von einem repräsentativen Querschnitt verlangt LG München ZMR 1986, 169; hierzu auch *Fischer* WuM 1996, 604; *Lützenkirchen* WuM 1996, 735; *Streich* WuM 1997, 93; *Isenmann* WuM 1997, 154.

[422] LG Bremen WuM 1995, 397.

[423] So aber LG Bremen WuM 1995, 397.

mietenbegriff zu Grunde liegt. Ob ein Sachverständigengutachten unverwertbar ist, wenn es Mieterinvestitionen als Ausstattungsmerkmal des Vermieters berücksichtigt[424], ist eine Frage der Erkennbarkeit des Fehlers für den Mieter. Wenn der Mieter erkennen kann, dass der Sachverständige Mietereinbauten als Ausstattungsmerkmale berücksichtigt hat, dann ist ein solches Gutachten formell in Ordnung.[425]

b) Das Gutachten muss sich grundsätzlich auf die **konkrete Vertragswohnung** beziehen.[426] **88**
Dazu muss der Sachverständige i. d. R. die konkrete Wohnung auch besichtigt haben.[427] Eine Ausnahme kommt aber in Betracht, soweit in einer Wohnanlage Wohnungen gleichen Typs also von gleicher oder nahezu gleicher Art, Größe, Ausstattung und Beschaffenheit vorhanden sind.[428] Hier ist den Interessen des Mieters, einen ernsthaften und möglichst verlässlichen Anhalt über die Höhe der Vergleichsmiete zu erhalten i. d. R. genügt, wenn der Sachverständige eine Wohnung gleichen Typs besichtigt hat, zumal Abweichungen infolge behebbarer Mängel für die Ermittlung der ortsüblichen Vergleichsmiete unbeachtlich sind.[429] Würde man hier verlangen, dass der Gutachter alle völlig identischen Wohnungen[430] besichtigen muss, würde dies einen überflüssigen Formalismus darstellen. Ohne dass hierdurch neue Erkenntnisse gewonnen werden könnten, würde der Vermieter auf diese Weise nur auf Kosten getrieben. Bedeutung hat dieses **sog. Typ-Gutachten** heutzutage insbesondere für die völlig gleichförmigen Wohnungen in den neuen Bundesländern in den in industrieller Bauweise hergestellten Plattensiedlungen. Hier genügt es, wenn der Sachverständige in seinem Gutachten angibt, welche Wohnung er besichtigt hat und anschließend die konkret besichtigte Wohnung so genau beschreibt, dass der Mieter der Wohnung, die der Sachverständige nicht besichtigt hat, ohne Schwierigkeiten erkennen kann, ob die besichtigte Wohnung seiner Wohnung wirklich entspricht.[431] Der Vermieter kann das Zustimmungsverlangen zur Mieterhöhung auch durch Bezugnahme auf ein Sachverständigengutachten begründen, das in einem anderweitigen gerichtlichen Verfahren eingeholt worden ist. Erforderlich ist lediglich, dass die beiden Wohnungen ungefähr vergleichbar sind.[432]

Der Vermieter hat gegenüber dem Mieter einen durchsetzbaren **Anspruch auf Duldung der** **89**
Besichtigung der Wohnung durch den Sachverständigen.[433] Die Besichtigung darf nicht zur Unzeit erfolgen. Der Vermieter kann nicht einseitig einen Termin festsetzen, sondern muss diesen mit dem Mieter vereinbaren. Dabei muss der Vermieter z. B. auf die Urlaubsplanung des Mieters Rücksicht nehmen.[434] Verweigert der Mieter die Besichtigung, so macht sich der Mieter nach §§ 280 Abs. 1, 241 Abs. 1 BGB schadensersatzpflichtig. Die Verweigerung der Duldung einer Besichtigung durch den Sachverständigen ist eine Pflichtverletzung des Mietvertrages durch den Mieter. Der Vermieter hat nach §§ 280 Abs. 1, 241 Abs. 1 BGB gegen den Mieter einen Anspruch dahin, so gestellt zu werden, als wenn der Mieter die Besichtigung der Wohnung durch den Sachverständigen zu einem früheren Termin geduldet hätte. In diesem Fall hätte der Vermieter, wenn die ortsübliche Vergleichsmiete tatsächlich höher war, vom Mieter früher eine Mieterhöhung verlangen können. Nach dem auch hier geltenden Grundsatz der **Naturalrestitution** muss der Mieter im Wege des Schadenersatzes die Zustimmung zu einer rückwirkenden Abänderung des Mietvertrages, nämlich ab dem früheren Wirkungszeitpunkt erteilen. Hierbei handelt es sich gerade nicht um einen An-

---

[424] LG Baden-Baden WuM 1993, 398.
[425] BGH (VIII ZR 69/15) NJW 2016, 1385 = NZM 2016, 355 m. Anm. *Börstinghaus* DS 2016, 73.
[426] LG Koblenz DWW 1991, 22.
[427] OLG Oldenburg RE v. 2.1.1981, WuM 1981, 150; LG Koblenz DWW 1991, 22; AG Sinzig DWW 1990, 120; noch für eine Besichtigungspflicht ohne jede Einschränkungen: LG Hamburg WuM 1980, 64; LG Hannover WuM 1981, 31.
[428] BGH (VIII ZR 69/15) NJW 2016, 1385 = NZM 2016, 355 m. Anm. Börstinghaus DS 2016, 73; (VIII ZR 122/09) NZM 2010, 576 = MietPrax-AK, § 558a BGB Nr. 19 m. Anm. *Börstinghaus; ders.* DS 2010, 279.
[429] OLG Celle RE v. 27.4.1982, WuM 1982, 180; OLG Oldenburg RE v. 2.1.1981, WuM 1981, 150; LG Nürnberg-Fürth NJW-RR 1991, 13; AG Sinzig DWW 1990, 120; zum Typgutachten auch *Krapf* MietRB 2006, 302.
[430] Nach AG Berlin-Mitte GE 2008, 337 kann mit einem Typgutachten für sanierte Wohnungen keine Mieterhöhung für nicht sanierte Wohnungen begründet werden.
[431] AG Bremen WuM 2016, 566; AG Sinzig DWW 1990, 120; **a. A.** BGH (VIII ZR 69/15) NJW 2016, 1385 = NZM 2016, 355 m. Anm. Börstinghaus DS 2016, 73 wonach es nicht erforderlich sein soll, dass der Sachverständige die „Musterwohnung" identifizierbar beschreibt.
[432] LG Mannheim WuM 1986, 223.
[433] AG Rosenheim Zweigstelle Bad Aibling WuM 1982, 83; *Franke* DWW 1998, 299; *Huber* DWW 1980, 192; *Emmerich* in Staudinger § 558a BGB Rdn. 41.
[434] LG Göttingen WuM 1982, 279.

spruch auf Zustimmung nach § 558 BGB, sondern um einen Schadensersatzanspruch. Der Klageantrag muss auf Abgabe einer bestimmten Willenserklärung gerichtet sein. Dem Antrag stehen auch die Verfahrensvorschriften der §§ 558ff. BGB nicht entgegen, da Mietabänderungsvereinbarungen nach § 557 Abs. 1 BGB zulässig sind. Mit Abgabe einer solchen Zustimmung zu einer rückwirkenden Mieterhöhung bzw. mit der rechtskräftigen Verurteilung hierzu ist der Vermieter dann ein für alle Mal so gestellt, als wenn er die Mieterhöhung nach Erstellung des Gutachtens verlangt hätte. Auf diese Weise werden zukünftige Schadensersatzansprüche wegen der Geltung der Kappungsgrenze oder der Jahressperrfrist bei späteren Mieterhöhungsverlangen und entsprechende Feststellungsklagen überflüssig.

90 **c) Aktualität des Gutachtens.** Eng mit dem sachlichen Erfordernis, dass der Sachverständige vom richtigen Begriff der ortsüblichen Vergleichsmiete ausgehen muss, hängt die Forderung zusammen, dass das einmal vom Sachverständigen erstellte Gutachten auch noch aktuell sein muss, wenn der Vermieter es zur Begründung eines Mieterhöhungsverlangens benutzt. Dies hängt damit zusammen, dass der Vermieter einen Anspruch auf Zustimmung zu einer Mieterhöhung bis zur ortsüblichen Vergleichsmiete hat, die zum Zeitpunkt des Zugangs des Mieterhöhungsverlangens in der Gemeinde üblich ist.[435] Deshalb spricht bereits eine Vermutung dafür, dass die **Wahrscheinlichkeit immer geringer** wird, dass das Sachverständigengutachten zur „richtigen" ortsüblichen Vergleichsmiete kommt, umso älter es ist. Dabei wirkt sich dies bei steigenden Mieten nur zu Lasten des Vermieters aus, da die ortsübliche Vergleichsmiete tatsächlich höher ist, als im Gutachten dokumentiert. Unabhängig von der Tatsache, dass steigende Mieten schon generell nicht immer vorkommen müssen, gibt es auch Marktsituationen, in denen die Mieten sich in den einzelnen Wohnungsteilmärkten unterschiedlich entwickeln. Deshalb kommt der Frage, wie alt Sachverständigengutachten zum Zeitpunkt des Zugangs des Mieterhöhungsverlangens generell sein dürfen, schon eine gewisse Bedeutung zu.[436] Wo diese Grenze zu ziehen ist, wird in Rechtsprechung und Literatur unterschiedlich beantwortet. Vereinzelt wird vertreten, dass das Gutachten zum Zeitpunkt des Zugangs des Erhöhungsverlangens **nicht älter als ein Jahr** sein dürfe.[437] Dabei wird auf die Jahressperrfrist des § 558 Abs. 1 BGB verwiesen. Außerdem sei eine so kurze Frist auch sachgerecht, da der Mieter sich auf Grund der Begründung schlüssig werden soll, ob er zustimmt oder nicht. In der Rechtsprechung werden aber durchaus auch ältere Gutachten als Begründungsmittel noch akzeptiert.[438] Nach einer Entscheidung des AG Bonn[439] soll ein Zustimmungsverlangen zur Mieterhöhung nicht wirksam mit einem 1¾ Jahre alten Sachverständigengutachten begründet werden können. Nach Ansicht des AG Schöneberg[440] und des LG Hannover[441] ist ein Gutachten, das 23 Monate alt ist, ungeeignet als Begründungsmittel verwendet zu werden, nach Ansicht des AG München[442] ist ein Gutachten, dessen Stichtag 26 Monate zurückliegt, ungeeignet. Das AG Köln[443] hat dies generell für ein drei Jahre altes Gutachten und das LG Berlin[444] zumindest bei fallenden Mieten angenommen. Zumindest ein mehr als 5 Jahre altes Gutachten[445] wurde als ungeeignet angesehen. Das LG Berlin[446] hat ausdrücklich die Frage, ob ein bis zwei Jahre altes Gutachten in jedem Fall ein taugliches Gutachten darstellt, offen gelassen, ein über 2 Jahre altes Gutachten hat es aber nicht anerkannt.

91 Die Lösung lässt sich hier nicht aus dem Wortlaut des Gesetzes herleiten, sondern allenfalls aus dem **systematischen Zusammenhang** und vor allem aus dem Zweck der Regelung. Systematisch gibt es zwei Regelungen für ein anderes Begründungsmittel, nämlich den Mietspiegel. Gem.

---

[435] BGH (VIII ZR 295/15) WuM 2017, 208; (VIII ZR 41/05) NZM 2006, 101; BayObLG RE v. 27.10.1992, NJW-RR 1993, 202; LG Hamburg WuM 1991, 335; LG Berlin GE 2010, 61; LG Hamburg WuM 1990, 310; LG Köln WuM 1982, 20; LG Bochum WuM 1982, 18.

[436] Hierzu *Beuermann* GE 1997, 782.

[437] AG Schöneberg GE 2006, 725; *Elzer* in Elzer/Riecke, Mietrechtskommentar (2009) § 558a BGB Rdn. 15; *Beuermann* GE 1997, 782.

[438] AG Dortmund Urt. v. 6.5.2008 Az: 428 C 12007/07 (zitiert nach juris) (23 Monate); AG Rheinbach ZMR 1998, 638: 3 Jahre altes Gutachten bei grds. steigenden Mieten.

[439] AG Bonn WuM 1993, 66.

[440] AG Schöneberg GE 2006, 725.

[441] LG Hannover WuM 1987, 125.

[442] AG München NZM 2002, 822.

[443] AG Köln WuM 1976, 103.

[444] LG Berlin MM 1998, 35.

[445] LG Berlin NZM 1998, 508.

[446] LG Berlin GE 1998, 357.

§ 558a Abs. 4 BGB führt die Verwendung von veralteten Mietspiegeln nicht zur Unwirksamkeit des Mieterhöhungsverlangens. Außerdem sollen die Mietspiegel gem. § 558c Abs. 3 BGB im Abstand von 2 Jahren der Marktentwicklung angepasst werden, qualifizierte Mietspiegel müssen sogar nach 2 Jahren angepasst werden, § 558d Abs. 2 BGB. Während die Regelung in § 558a Abs. 4 BGB durchaus noch als Sondervorschrift verstanden werden kann,[447] da der Mietspiegel i. d. R. zumindest in der Vergangenheit auf Grund eines breiteren Konsenses in der Gemeinde zustande gekommen ist, kann der Regelung des § 558c Abs. 3 BGB durchaus entnommen werden, dass der Gesetzgeber für das Begründungsverfahren auch Begründungsmittel dulden will, die bis zu 2 Jahren hinter der tatsächlichen Entwicklung hinterherhinken, der Gesetzgeber hat mit dieser Regelung deutlich zu erkennen gegeben, dass ihm das **Problem der statischen Begründungsmittel** bei einer dynamischen ortsüblichen Vergleichsmiete durchaus bewusst war. Die ortsübliche Vergleichsmiete ist mehr oder weniger ständigen Schwankungen unterworfen. Ein Mietspiegel kann diese Schwankungen auf Grund seiner Erstellung zu einem bestimmten Zeitpunkt nicht mitmachen. Er wird jeweils zu bestimmten Stichtagen erstellt, veraltet dann und wird dann wieder auf den neuesten Stand gebracht. Der Gesetzgeber hat bei Mietspiegeln als Altersgrenze die **Zwei-Jahresfrist** vorgesehen. Es spricht kein Grund dagegen, diese Frist nicht auch für Sachverständigengutachten als Grenzlinie heranzuziehen.[448] Ob der Mietspiegel zu einem 2 Jahre zurückliegenden Stichtag erstellt wurde oder das Sachverständigengutachten, ist zumindest theoretisch egal, da beide rein theoretisch den gleichen Betrag ausweisen müssten, was natürlich i. d. R. nicht der Fall ist. Auch der Sinn und Zweck des Begründungserfordernisses sprechen nicht gegen die Frist. Der Mieter erfährt durch das Sachverständigengutachten ja nicht nur die Höhe der vom Sachverständigen ermittelten ortsüblichen Vergleichsmiete, sondern auch das Datum der Erstellung des Gutachtens, so dass er ggf. eigene Erkundigungen über die Mietenentwicklung seit diesem Stichtag einholen kann. Bei steigenden Mieten ist der Mieter sowieso nicht benachteiligt, bei fallenden Mieten ist er durch die Erkundigungsmöglichkeit hinreichend geschützt. Genau diese Erkundigungen muss er bei Verwendung eines 2 Jahre alten Mietspiegels auch einholen. Erforderlich ist aber, dass sich aus dem Gutachten ergibt, zu welchem Termin es die ortsübliche Vergleichsmiete festgestellt hat.

4. Beifügung des Gutachtens

Der Vermieter muss dem Mieterhöhungsverlangen grundsätzlich das schriftliche Sachverständigengutachten **in vollem Wortlaut** beifügen.[449] Zwar verlangt § 558a Abs. 2 Nr. 3 BGB dem Wortlaut nach nur, dass der Vermieter in seinem Mieterhöhungsverlangen auf ein mit Gründen versehenes Gutachten eines öffentlich bestellten und vereidigten Sachverständigen Bezug nimmt, jedoch sprechen **Sinn und Zweck des Begründungserfordernisses** eindeutig dafür, dass das Gutachten beigefügt wird, um dem Mieter in aller Ruhe eine Überprüfung des Gutachtens und der Schlussfolgerungen zu ermöglichen. Demzufolge muss das Zustimmungsbegehren selbst die Angaben enthalten, die eine solche Prüfung ermöglichen. Deshalb genügt es weder, im Mieterhöhungsverlangen auf das Ergebnis des Gutachtens zu verweisen, selbst wenn dem Mieter die Einsichtnahme angeboten wird,[450] noch, dass der Mieter nach Erhalt des Mieterhöhungsverlangens bei einem Beauftragten des Vermieters von dem Inhalt des Gutachtens Kenntnis nimmt, auch wenn dies innerhalb der Frist des § 558b Abs. 2 BGB geschieht.[451] Entscheidend ist, dass der Mieter die Informationen erhält, die das Gesetz verlangt und dass er diese Informationen in Ruhe überprüfen kann. Die Verpflichtung zur Beifügung des Gutachtens ist deshalb kein reiner Selbstzweck, sondern muss immer im Zusammenhang mit dem Zweck des gesetzlichen Begründungszwanges gesehen werden. Deshalb reicht es durchaus, wenn dem Mieter nur eine **Fotokopie des Gutachtens** zur Verfügung gestellt wird.[452] Ferner ist eine Übersendung des Gutachtens dann nicht erforderlich, wenn der Mieter das konkrete Gutachten, auf das sich der Vermieter zur Begründung bezieht, be- 92

[447] So *Beuermann* GE 1997, 782, 783; **a. A.** aber *Schultz* in Bub/Treier, Kap. III. A Rn. 1279, der daraus ableitet, dass auch ältere Gutachten ein formell ordnungsgemäßes Begründungsmittel darstellen.

[448] AG München NZM 2002, 822; **a. A.** *Schultz* in Bub/Treier, Kap. III. A Rdn. 1279; *Beuermann* GE 1997, 782, 783 (ohne Begründung).

[449] OLG Braunschweig RE vom 19.4.1982 WuM 1982, 272; LG Berlin WuM 1987, 265; Bub/Treier/*Schultz* Kap. III. A Rdn. 1281.

[450] LG Bamberg WuM 1976, 167; LG Duisburg ZMR 1973, 216; AG Bad Homburg WuM 1983, 113; AG Köln WuM 1980, 201.

[451] OLG Braunschweig RE v. 19.4.1982, WuM 1982, 272.

[452] LG Berlin WuM 1985, 317.

reits vorliegen hat, z. B. auf Grund eines vorangegangenen Verfahrens.[453] Das Risiko, dass dies noch der Fall ist, trägt aber der Vermieter, so dass dann, wenn der Mieter bestreitet, das Gutachten noch zu haben, der Vermieter die Darlegungs- und **Beweislast** dafür hat, dass der Mieter doch noch im Besitz des Gutachtens ist. Es reicht nicht aus, wenn das Gutachten, das dem Mieterhöhungsverlangen nicht beigefügt war, sich beim Prozessbevollmächtigten des Mieters befindet.[454] Gem. § 558b Abs. 3 BGB kann der Vermieter im Zustimmungsprozess das Gutachten aber noch nachreichen. Damit hat er den Mangel geheilt. Hierdurch wird aber eine neue Überlegungsfrist in Gang gesetzt.

5. Selbständiges Beweisverfahren

93 Unzulässig ist die Durchführung eines selbständigen Beweisverfahrens gem. § 485ff. ZPO zur Ermittlung der ortsüblichen Vergleichsmiete vor Stellung eines Mieterhöhungsverlangens durch den Vermieter.[455] Dies war für das frühere **Beweissicherungsverfahren** bereits anerkannt.[456] Es besteht nämlich nicht die Gefahr eines Verlustes oder erschwerter Benutzung des Beweismittels, da ein solches Gutachten ohne Nachteil für die Beweisführung in einem späteren Mieterhöhungsverfahren nachgeholt werden kann. Die notwendigen Feststellungen können auch rückwirkend getroffen werden. Außerdem ermöglichte das Beweissicherungsverfahren früher nur die Feststellung des gegenwärtigen Zustands einer Sache, um den es aber nicht geht. Seit Neufassung des § 485 ZPO durch das Rechtspflegevereinfachungsgesetz vom 17.12.1990[457] kann ein selbständiges Beweisverfahren u. a. aber auch außerhalb eines Rechtsstreits beantragt werden, wenn eine Partei ein rechtliches Interesse daran hat, dass der Zustand oder Wert einer Sache, festgestellt wird. Ein rechtliches Interesse ist anzunehmen, wenn die Feststellung der Vermeidung eines Rechtsstreits dienen kann.

94 Trotz dieser weiten Gesetzesfassung kann der Vermieter nicht die Feststellung der ortsüblichen Vergleichsmiete vor Stellung eines Mieterhöhungsverlangens mittels selbständigen Beweisverfahrens beantragen, um auf diese Weise erst ein Begründungsmittel zu erhalten. Das Mieterhöhungsverfahren nach §§ 558ff. BGB ist ein formalisiertes Verfahren, das erst durch das Mieterhöhungsverlangen in Gang gesetzt wird. Ohne Mieterhöhungsverlangen besteht überhaupt kein Anspruch des Vermieters. Das Mieterhöhungsverlangen muss aber bereits begründet werden, also muss der Vermieter sich entweder auf einen Mietspiegel oder die Auskunft aus einer Mietdatenbank berufen, drei Vergleichswohnungen benannt oder sogar schon ein vorprozessuales Sachverständigengutachten eingeholt haben. Die Regelungen des § 558a BGB sind deshalb bereits als **Spezialvorschriften** dem § 485 ZPO vorrangig. Vor Stellung eines Mieterhöhungsverlangens durch den Vermieter besteht gar kein rechtliches Interesse des Vermieters. Natürlich hat der Vermieter immer ein wirtschaftliches Interesse daran, die Höhe der ortsüblichen Vergleichsmiete zu kennen, damit er entscheiden kann, ob er ein Mieterhöhungsverlangen stellen soll oder nicht, ein rechtliches Interesse i. S. d. § 485 ZPO ist dies aber noch nicht, obwohl dieser Begriff durchaus weit ausgelegt wird.[458] Die Formulierung, dass ein rechtliches Interesse zu bejahen ist, wenn das Gutachten der Vermeidung eines Rechtsstreits dienen kann, ist viel zu weit, da natürlich theoretisch jedes Gutachten der Vermeidung eines Rechtsstreits dienen kann, weil eine Partei dann u. U. Argumente an der Hand hat, die die andere Partei nicht zu widerlegen vermag oder deren Widerlegung soviel Geld kosten würde, dass eine Partei dies scheut. Das rechtliche Interesse i. S. d. § 485 ZPO setzt deshalb voraus, dass überhaupt ein Anspruch besteht. Der Anspruch auf Zustimmung zu einer Mieterhöhung besteht aber erst nach Zugang des Erhöhungsverlangens und nicht vorher. Dies Mieterhöhungsverlangen setzt dann die Einhaltung bestimmter Formalien voraus, ohne die der Anspruch ebenfalls nicht besteht. So darf das Erhöhungsverlangen erst ein Jahr nach Wirksamwerden der letzten Mieterhöhung dem Mieter zugehen,[459] muss in der richtigen Form abgefasst und ausreichend begründet sein. Deshalb ist ein selbständiges Beweisverfahren vor Zugang eines Mieterhöhungsverlangens unzulässig (zur Frage, ob ein selbständiges Beweisverfahren nach einem Mieterhöhungsverlangen möglich ist, s. § 558b BGB Rdn. 136ff.).

---

[453] LG München II WuM 1983, 147; **a. A.** LG Berlin WuM 1987, 265.
[454] AG Schöneberg NJW-RR 1997, 139.
[455] LG Braunschweig WuM 1996, 291; **a. A.** *Scholl* WuM 1997, 307, 308.
[456] LG Mannheim WuM 1976, 58.
[457] BGBl. I S. 2847.
[458] LG Saarbrücken WuM 1992, 144.
[459] BGH RE v. 16.6.1993, NJW 1993, 2109.

95 Das **selbständige Beweisverfahren** passt auch systematisch nicht zu dem speziell geregelten und sehr formalen Mieterhöhungsverfahren der §§ 558ff. BGB. Im Mieterhöhungsverfahren ist die ortsübliche Vergleichsmiete für exakt den Zeitpunkt des Zugangs des Mieterhöhungsverlangens festzustellen.[460] Solange also gar kein Mieterhöhungsverlangen gestellt wurde, steht gar nicht fest, zu welchem Zeitpunkt die ortsübliche Vergleichsmiete, die ja keine statische Größe, sondern eine **dynamische Größe** ist, festgestellt werden soll. Außerdem muss der Vermieter die Kosten der vorprozessualen Begründung eines Mieterhöhungsverlangens selbst tragen (s. u. Rdn. 96). Beim selbständigen Beweisverfahren gehören die Kosten dieses Verfahrens aber zu den Gerichtskosten des nachfolgenden Verfahrens, so dass hier u. U. der Mieter sogar die Kosten des Sachverständigengutachtens zu tragen hätte, das erst zur Begründung des Mieterhöhungsverlangens erforderlich war. Schließlich könnte der Mieter gem. § 494a ZPO dem Vermieter eine Frist zu Hauptsacheklageerhebung setzen lassen. Auch dies widerspricht dem System des Mieterhöhungsverfahrens, bei dem der Vermieter entscheiden kann, ob er innerhalb der Frist des § 558b Abs. 2 Satz 2 BGB Klage auf Zustimmung zur Mieterhöhung erhebt. Die Frist des § 494a ZPO muss außerdem mit der Frist des § 558b Abs. 2 Satz 2 BGB nicht übereinstimmen, da der Fristbeginn ein völlig anderer ist.

6. Kostentragungspflicht

96 Der Miete ist unter keinem rechtlichen Gesichtspunkt verpflichtet, dem Vermieter die Kosten, die durch die Einholung des vorprozessualen Sachverständigengutachtens entstanden sind, zu erstatten.[461] Es fehlt an einer Anspruchsgrundlage. Weder hat sich der Mieter in Verzug befunden noch liegt eine Pflichtverletzung gem. §§ 280 Abs. 1 i. V. m. § 241 Abs. 1 BGB vor. Das Sachverständigengutachten dient dem Vermieter lediglich als gesetzlich zugelassenes Begründungsmittel zur Geltendmachung seines Anspruchs.

97 Die Kosten können auch nicht in einem späteren Mieterhöhungsprozess als **Vorbereitungskosten** im Rahmen der notwendigen Kosten der Rechtsverfolgung gemäß § 91 ZPO geltend gemacht werden.[462] Vorbereitungskosten sind nur solche Kosten, die der Vorbereitung des konkreten Prozesses dienen.[463] Das Sachverständigengutachten dient aber gerade nicht der Vorbereitung des Prozesses. Der Vermieter benötigt es als Begründungsmittel für das Mieterhöhungsverlangen. Durch die Bezugnahme im Mieterhöhungsverlangen auf das vorprozessuale Gutachten in Verbindung mit anderen Voraussetzungen entsteht erst der Anspruch des Vermieters gegenüber dem Mieter auf Zustimmung. Zwar ist ein wirksames Mieterhöhungsverlangen besondere Sachentscheidungsvoraussetzung für die Zustimmungsklage (s. dazu § 558b BGB Rdn. 80), jedoch führt dies nicht dazu, dass jedes vorprozessuale Gutachten zugleich auch zur Vorbereitung eines Prozesses dient. Soweit geht die Kausalität nicht. Dies zeigt sich u. a. auch darin, dass ca. 98% aller Mieterhöhungsverlangen nicht zu einer Klage führen und nur bei ca. 2% der Mieterhöhungsverlangen eine anschließende gerichtliche Auseinandersetzung folgt.[464] Im Übrigen würde das Risiko für den Mieter, bei einem Unterliegen ggf. die Kosten des Gutachtens tragen zu müssen, ein dem Sinn und Zweck der §§ 558ff. BGB widersprechenden äußeren Zwang darstellen, der unter Umständen dazu führen könnte, dass Vermieter trotz des auch für sie großen Kostenaufwandes zu diesem Begründungsmittel greifen könnten, da sie sich wegen dieses Risikos eine größere Zustimmungsbereitschaft erhoffen.

---

460 BGH (VIII ZR 295/15) WuM 2017, 208; (VIII ZR 41/05) NZM 2006, 101; BayObLG RE v. 27.10.1992, NJW-RR 1993, 202; LG Berlin GE 2010, 61.

461 LG Köln WuM 1997, 269; LG Bonn WuM 1985, 331; LG Dortmund DWW 1984, 21; LG Frankenthal WuM 1984, 114; LG Bremen WuM 1984, 114; LG Düsseldorf WuM 1983, 59; LG Köln WuM 1983, 59; LG Hamburg DWW 1979, 287; Bub/Treier/*Schultz* Kap. III. A Rdn. 1282; *Emmerich* in Staudinger § 558a BGB Rdn. 44; *Sternel* Mietrecht, III, 760 und V, 78; *Meier* ZMR 1984, 151; *Wiek* WuM 1981, 169.

462 LG Mainz NZM 2005, 15; LG Berlin MM 1988, Nr. 2, 30; LG München I MDR 1984, 57; LG Saarbrücken AnwBl 1985, 210; LG Bielefeld RPfleger 1981, 70; LG Berlin MDR 1980, 497; LG Bückeburg WuM 1979, 130; LG Hannover WuM 1979, 130; AG Bonn WuM 1979, 169; *Wiek* WuM 1981, 169; **a. A.** LG München ZMR 1979, 83; LG Dortmund ZMR 1979, 251 (Rspr. aber aufgegeben in DWW 1984, 21).

463 OLG Koblenz JurBüro 1981, 1070.

464 IfS, Auswirkungen mietrechtlicher Regelungen auf die Mietenentwicklung und die Wohnungsversorgung, 1996, S. 42.

V. Die Benennung von Vergleichswohnungen

1. Allgemeines

98 Als letzte gesetzlich ausdrücklich vorgesehene Begründungsmöglichkeit sieht das Gesetz den Hinweis auf die entsprechenden Entgelte für **mindestens drei einzelne vergleichbare Wohnungen** vor.[465] Die Möglichkeit, das Mieterhöhungsverlangen mit Vergleichswohnungen zu begründen, ist erst nachträglich gesetzlich geregelt und im Laufe der Zeit auch mehrfach geändert worden.[466] Diese Änderungen bezogen sich sowohl auf die Mindestanzahl der vom Vermieter anzugebenden Wohnungen als auch auf die Frage, ob der Vermieter berechtigt ist, **Wohnungen aus dem eigenen Bestand** als Vergleichswohnungen zu benennen. Nach derzeitiger Rechtslage muss der Vermieter mindestens drei Vergleichswohnungen benennen, wobei es ihm auch gestattet ist, hierzu Wohnungen aus dem eigenen Bestand zu verwenden.[467]

99 Die Benennung von mindestens drei Vergleichswohnungen ist für den Vermieter in aller Regel vordergründig formal das einfachste und beste Begründungsmittel. Drei Wohnungen zu finden, für die eine höhere Miete gezahlt wird, als für die konkrete Vertragswohnung ist selbst unter der Einschränkung, dass die Wohnungen vergleichbar sein müssen, nicht allzu schwierig, zumal die Wohnungen sogar aus dem eigenen Bestand stammen dürfen. Kosten entstehen hierdurch i. d. R. keine, sieht man von dem in letzter Zeit vorkommenden Fall ab, dass der Vermieter per Zeitungsanzeige Vergleichswohnungen sucht. Auf der anderen Seite handelt es sich bei diesem Begründungsmittel materiell mit Sicherheit um das **schlechteste Begründungsmittel.**[468] Drei Wohnungen zu finden, für die mehr Miete gezahlt wird, ist nicht so schwierig. Dass diese drei Vergleichsmieten aber die ortsübliche Vergleichsmiete wiedergeben ist zwar theoretisch möglich aber **i. d. R. äußerst unwahrscheinlich.** Dies liegt daran, dass die ortsübliche Vergleichsmiete keine am Markt zu findende tatsächlich vorkommende Miete ist, sondern dass es sich um einen Querschnitt von Mieten handelt. Dieser Querschnitt kann schon durch die drei Werte getroffen werden, wird es aber in der Praxis kaum, weil der Vermieter den „richtigen Querschnitt" selbst nicht kennt und diese Werte regelmäßig nicht nach den Repräsentativitätsgesichtspunkten aussucht, sondern nach der Höhe der Miete. Der Erkenntniswert einer auf Vergleichswohnungen gestützten Begründung eines Mieterhöhungsverlangens ist deshalb nur sehr gering.[469] Deshalb zweifeln Mieter Mieterhöhungen, die mit Vergleichswohnungen begründet werden i. d. R. eher an, als wenn eines der anderen Begründungsmittel benutzt wird. Dies macht dann dies Begründungsmittel wiederum für den Vermieter uninteressanter, weil auch für den Vermieter ein überzeugenderes Begründungsmittel letztendlich sinnvoller ist als ein solches, bei dem die Gefahr einer gerichtlichen Auseinandersetzung mit allen Risiken und Kosten höher ist. Insbesondere in den Gemeinden, in denen ein Mietspiegel existiert, ist es auch mittels der Begründung eines Erhöhungsverlangens mit Vergleichswohnungen kaum möglich, Mieterhöhungen über die Werte des Mietspiegels durchzusetzen; dies gilt zumindest in den Fällen, in denen der Mietspiegel auf Grund einer Datenerhebung aufgestellt wurde. In **Gemeinden mit qualifiziertem Mietspiegel** muss der Vermieter zudem gem. § 558a Abs. 3 BGB im Mieterhöhungsverlangen auf dessen i. d. R. niedrigeren Werte hinweisen.

100 Gerade Mieterhöhungsverlangen, die mit Vergleichswohnungen begründet waren, sind häufig Gegenstand **verfassungsrechtlicher Entscheidungen** gewesen, weil die Instanzgerichte die gesetzlich im Grunde nur sehr geringen Anforderungen zu Lasten der Vermieter sehr häufig aus den unterschiedlichsten Gründen erhöht hatten. Durch eine Verschärfung der formalen Voraussetzungen hatten sich die Gerichte die Prüfung der schwierigen materiellen Probleme erspart. Das BVerfG hat immer wieder darauf hingewiesen, dass mit der zugunsten des Mieters geschaffenen Eigentumsbindung ein gesetzlicher Anspruch des Vermieters auf die ortsübliche Vergleichsmiete korrespondiert.[470] Diese im grundrechtlichen Bereich des Art. 14 GG vorgenommene Abwägung zwischen den Belangen des Mieters und denen des Vermieters haben die Gerichte bei der Anwendung und Auslegung der einschlägigen Vorschriften, einschließlich der Verfahrensregeln, zu

---

465 *Both* WuM 2005, 81.

466 *Emmerich* in Staudinger § 558a Rdn. 45 spricht von *„komplizierter Geschichte"*.

467 AG Esslingen WuM 2015, 161, 162.

468 Bub/Treier/*Schultz* Kap. III. A Rdn. 1285.

469 OLG Karlsruhe RE v. 7.5.1984, NJW 1984, 2167; *Emmerich* in Staudinger § 558a BGB Rdn. 45 *(„Erkenntniswert [...] tendiert gegen Null")*.

470 BVerfGE 37, 132, 140f.; 49, 244, 249; 53, 352; WuM 1982, 146.

beachten.[471] Der grundrechtliche Bezug der Regelung verbietet es, durch **restriktive Handhabung des Verfahrensrechts** die Eigentumsbeschränkung zu verstärken und den aus Art. 14 Abs. 1 Satz 1 GG sich ergebenden Anspruch auf die gerichtliche Durchsetzung der gesetzlich zulässigen Miete zu verkürzen.[472] Der Mieter verdient Schutz dagegen, dass ihm im Widerspruch zum Gesetz, nicht aber dagegen, dass ihm in Übereinstimmung mit den materiell-rechtlichen Vorschriften die Zustimmung zur Mieterhöhung abverlangt wird.[473] Eine Handhabung der Verfahrensregeln, die praktisch zu einem Mietpreisstopp und einer Beseitigung des gesetzlichen Anspruchs auf die Vergleichsmiete führt, steht nicht nur im Widerspruch zum Gesetz, sie verletzt auch das Grundrecht des Art. 14 Ab. 1 Satz 1 GG.[474] Die Angaben im Erhöhungsverlangen müssen aber wahr sein, d. h. die angegebenen Mieten müssen für die Wohnung tatsächlich geschuldet werden. Soweit das BVerfG[475] entschieden hat, dass zur Zulässigkeit der Erhöhungsklage der Hinweis auf entsprechende Vergleichswohnungen genügt,[476] der Nachweis indessen, ob diese Angaben richtig sind, beträfe den von der Zulässigkeitsfrage zu trennenden materiell-rechtlichen Erhöhungsanspruch, kann dem so nicht gefolgt werden. Richtig ist daran, dass die Schlussfolgerung, wonach die drei angegebenen Mieten die ortsübliche Vergleichsmiete richtig wiedergeben, ausschließlich eine Frage der Begründetheit der Klage ist. Die Angaben müssen aber wahr sein. Mit falschen Angaben kann wirksam kein Mieterhöhungsverlangen begründet werden. Würde man diese zulassen, könnte man das Begründungserfordernis völlig aufgeben, da dann der Vermieter mit Fantasiemieten das Erhöhungsverlangen begründen könnte. Das Gleiche gilt für preiswidrige Vergleichsmieten (dazu unten Rdn. 113).

2. Einzelheiten der Begründung

Das Gesetz spricht in § 558 a Abs. 2 Nr. 4 BGB lediglich davon, dass der Vermieter zur Begrün- **101** dung drei Vergleichswohnungen benennen muss. Die Auslegung dieser Bestimmung muss sich deshalb vor allem an **Sinn und Zweck der Regelung** orientieren. Die Zweckbestimmung des § 558 a Abs. 2 BGB besteht darin, dem Mieter die Möglichkeit der Information und Nachprüfung zu geben, damit er sich anhand der ihm mitgeteilten Daten schlüssig werden kann, ob er zustimmen will oder nicht.[477] Die mietrechtlichen Verfahrensvorschriften dienen dem Ausgleich zwischen den Belangen des Vermieters und des Mieters; sie dürfen nicht in einer Weise ausgelegt werden, die die Verfolgung der Vermieterinteressen unzumutbar erschwert.[478] Auf der anderen Seite kann auf bestimmte **Mindestanforderungen** an die Begründung nicht verzichtet werden, da anderenfalls die Verfahrensvorschriften völlig sinnentleert würden. Zusammenfassen kann man diesen Spagat wie folgt: Auf der einen Seite so wenig Formalien wie möglich und auf der anderen Seite so viele Formalien wie nötig.[479] Das bedeutet für die Begründung einer Mieterhöhung mit Vergleichswohnungen im Einzelnen:

a) Anzahl. Die heutige Gesetzesfassung verlangt vom Vermieter die Bezugnahme auf **mindes- 102 tens 3 Vergleichswohnungen.** Die Regelung hat in der Vergangenheit diverse Änderungen erfahren. Die Regelung ist eindeutig. Sie enthält keine Einschränkungen mehr, wonach „in der Regel" drei Wohnungen genügen.[480] Deshalb kann weder der Mieter noch können Gerichte vom Vermieter verlangen, mehr als drei Vergleichswohnungen im Mieterhöhungsverlangen anzugeben.

Auf der anderen Seite ist jedoch der Vermieter berechtigt, auf **mehr als drei Vergleichswoh- 103 nungen** zur Begründung des Mieterhöhungsverlangens hinzuweisen. Es handelt sich bei diesem Wert von drei Wohnungen **nicht um die Höchstzahl** an Wohnungen.[481] Dem Gesetzeswortlaut

---

[471] Zur Auflockerungsrechtsprechung des BGH bei der Begründung von Mieterhöhungsverlangen s. *Börstinghaus* NZM 2009, 681.
[472] BVerfG NJW 1980, 1617.
[473] BVerfGE 37, 148 f.; 49, 244, 249.
[474] BVerfG WuM 1982, 146.
[475] BVerfG NJW 1987, 313; 53, 352.
[476] So auch LG Berlin GE 2002, 1061.
[477] BVerfG NJW 1980, 1817.
[478] BVerfG NJW 1989, 969.
[479] *Börstinghaus* NZM 2009, 681.
[480] So noch die Fassung des Gesetzes vom 18. 12. 1974.
[481] BGH (VIII ZR 79/11) NZM 2012, 415 = MietPrax-AK, § 558 a BGB Nr. 27 m. Anm. *Börstinghaus;* BayObLG RE v. 25. 9. 1991, NJW-RR 1992, 455.

kann nämlich nicht entnommen werden, dass die Benennung von Vergleichswohnungen auf drei Objekte oder auf eine andere Zahl beschränkt ist. Auch eine historische Auslegung der Vorschrift führt nicht zu einer Begrenzung der Anzahl der zu benennenden Wohnungen. Eine solche Begrenzung war zwar im Entwurf der Bundesregierung zum 2. WKSchG vorgesehen. Danach sollte zur Begründung eines Erhöhungsverlangens „in der Regel die Benennung von drei, höchstens von sechs Vergleichsobjekten" genügen.[482] Die Bundesregierung bezweckte mit dieser Beschränkung aber nicht im Hinblick auf die Prüfungsmöglichkeiten des Mieters diese einzuschränken, vielmehr sollte dem Vermieter die Darlegung der ortsüblichen Vergleichsmiete gegenüber der Rechtsprechung zu § 3 Abs. 1 des 1. WKSchG erleichtert werden, welche vereinzelt die Benennung von bis zu 20 Vergleichsobjekten gefordert hatte.[483] Die Bundesregierung beabsichtigte, mit der Aufnahme einer „Höchst- und Regelzahl" für die Praxis eine zu große Abweichung bei den Anforderungen zu vermeiden. Demgegenüber hatte der Bundesrat vorgeschlagen, die Benennung von drei Wohnungen anderer Vermieter ausreichen zu lassen. Er wies darauf hin, dass viele Mieterhöhungsverlangen ohne Beweisaufnahme als unzulässig abgewiesen worden seien, weil das Gericht die prozessuale Begründung des Erhöhungsverlangens nicht für genügend erachtet hatte, und dass deshalb im Gesetz eindeutig bestimmt werden sollte, wie viele Vergleichswohnungen benannt werden sollten, um dem Begründungszwang zu genügen.[484] Die im Regierungsentwurf vorgesehene Höchstzahl für die Benennung von Vergleichswohnungen wurde in der Folgezeit aber nicht Gesetz. In § 2 Abs. 2 Satz 3 MHG a. F. wurde vielmehr nur bestimmt, es genüge „in der Regel die Benennung von drei Wohnungen anderer Vermieter". Die geltende Regelung in § 558a Abs. 2 Nr. 4 BGB beruht auf der Fassung der Vorgängervorschrift in § 2 MHG a. F., die diese durch das Gesetz zur Erhöhung des Angebots an Mietwohnungen v. 20.12.1982[485] erhalten hatte. Dabei sind die Anforderungen an die Benennung von Vergleichswohnungen zugunsten des Vermieters noch einmal gelockert worden. Während des Gesetzgebungsverfahrens 1982 ist die Verminderung der zu benennenden Vergleichswohnungen auf zwei erörtert worden, nicht aber die Festlegung einer Höchstzahl.[486] Im Gesetzgebungsverfahren zum Mietrechtsreformgesetz ist die Zahl der Vergleichswohnungen nicht erörtert worden, es ging wiederum nur um die Frage, ob der Vermieter auch eigene Wohnungen benennen darf.

104 Eine **Beschränkung auf eine bestimmte Höchstzahl** ist auch bei einer **teleologischen Auslegung** dem Gesetz nicht zu entnehmen. Mit der Festlegung einer Höchstzahl von Vergleichsobjekten würde eine zusätzliche Voraussetzung für die Wirksamkeit eines Mieterhöhungsverlangens geschaffen, die im Gesetz nicht vorgesehen ist. Dies widerspräche dem Grundsatz, dass der Anspruch des Vermieters auf gerichtliche Durchsetzung der gesetzlich zulässigen Miete nicht durch eine restriktive Auslegung und Handhabung der verfahrensrechtlichen Voraussetzungen für das Mieterhöhungsverlangen verkürzt und dass er nicht zu Lasten des Vermieters von einer unzumutbaren strengen Handhabung der Verfahrensvorschriften abhängig gemacht werden darf.[487] Deshalb ist es zulässig, wenn der Vermieter sich einer **Datei mit Vergleichswohnungen** bedient, wobei es unerheblich ist, ob er diese Datei selbst angelegt hat, oder ob es sich um die Daten eines Interessenverbandes oder sogar eines kommerziellen Dienstleisters oder Maklers handelt. Ob diese Datei dann 18 Datensätze[488] oder sogar 80 Datensätze[489] enthält, ist unerheblich. Der Vermieter hat hierdurch materiellrechtlich keine Vorteile, da er auch mit einer größeren Anzahl von Vergleichswohnungen keine Mieterhöhung über die ortsübliche Vergleichsmiete durchsetzen kann. Auf der anderen Seite kann es auch dem Interesse des Mieters entsprechen, mehr als die gesetzlich vorgeschriebenen Informationen zu erhalten. Eine Grenze ist jedoch dort zu ziehen, wo durch die große Anzahl der Vergleichswohnungen und/oder die gewählte Darstellungsform eher Verwirrung gestiftet als eine Information erteilt wird. So muss der Vermieter in einem Mieterhöhungsverlangen bzw. in der Anlage hierzu bei einer größeren Anzahl von Wohnungen eine Darstellungsform wählen, die es dem Mieter ermöglicht, Unterschiede der verschiedenen Vergleichswohnungen zu erkennen. Solche

---

482 BT-Drucks. 7/2011 S. 5.
483 BT-Drucks. 7/2011 S. 8 und 10.
484 BT-Drucks. 7/2011 S. 15, 16.
485 BGBl. I S. 1912.
486 BT-Drucks. 9/469 S. 3; BT-Drucks. 9/790 S. 4 und 12; *Landfermann,* Gesetz zur Erhöhung des Angebots an Mietwohnungen Bundesanzeiger 1983 Beilage 9 S. 44.
487 BVerfG NJW 1989, 969.
488 BGH RE v. 20.9.1982, WuM 1982, 324.
489 BayObLG RE v. 25.9.1991, NJW-RR 1992, 455.

Unterschiede bestehen ja auch i. d. R., da mit wenigen Ausnahmen jede Wohnung sich etwas von einer anderen Wohnung unterscheidet. Eine Liste mit zahlreichen Vergleichswohnungen ist dann als Begründungsmittel ungeeignet, wenn sie neben vergleichbaren Wohnungen eine nicht nur unerhebliche Anzahl solcher Wohnungen enthält, die nicht als vergleichbar in Betracht kommen.[490] Es ist dem Mieter nämlich nicht zuzumuten, sich aus einer Liste mit Vergleichswohnungen, die drei Wohnungen herauszusuchen, die mit seiner Wohnung vergleichbar sind.

Eine andere Frage ist die, ob es sich bei der Zahl von drei Wohnungen um eine **absolute Mindestzahl** handelt, die niemals unterschritten werden darf, oder ob dies in Ausnahmefällen möglich ist. Der **Wortlaut der Vorschrift** ist eindeutig.[491] Er verlangt drei Wohnungen ohne irgendwelche Ausnahme zuzulassen. Eine grundsätzlich mögliche verfassungskonforme Auslegung dahin, dass diese Zahl in besonderen Einzelfällen unterschritten werden darf, z. B. weil vergleichbare Wohnungen in einer Gemeinde oder auch Nachbargemeinde wegen der Größe dieser Gemeinden oder weil es sich um besonders exklusive Wohnungen handelt, nicht vorhanden sind oder mit vertretbarem Aufwand nicht aufgefunden werden können, ist nicht möglich.[492] Eine verfassungskonforme Auslegung und teleologische Reduktion setzten voraus, dass verschiedene Deutungen einer Norm möglich sind. In diesem Fall soll die Auslegung den Vorzug verdienen, die mit der Verfassung im Einklang steht.[493] Hier fehlt es bereits an der ersten Voraussetzung. Die Formulierung „so genügt die Benennung von drei Wohnungen" ist eindeutig. Erst drei Wohnungen genügen und nicht schon zwei. Auch aus der Rechtsprechung des BVerfG zur **Auslegung und Anwendung der Formvorschriften** im Mieterhöhungsverfahren (s. o. Rdn. 23) kann nicht hergeleitet werden, dass in Einzelfällen weniger als drei Wohnungen ausreichen müssen. Der Gesetzgeber hat beispielhaft drei Begründungsmittel vorgegeben. Es ist verfassungsrechtlich nicht zwingend vorgeschrieben, dass alle drei Begründungsmittel in einer Gemeinde auch vorkommen. So gibt es in der Mehrzahl der deutschen Gemeinden keinen Mietspiegel. Ein subjektiver Anspruch auf Mietspiegelerstellung existiert nicht. Die Verwendung von anderen Mietpreisübersichten, die nicht die formalen Voraussetzungen eines Mietspiegels gem. § 558c BGB erfüllen, ist auch in den Gemeinden, in denen kein Mietspiegel i. S. d. Gesetzes existiert, unzulässig. Genauso wenig kann die Zahl der Vergleichswohnungen reduziert werden. Der Vermieter kann nämlich in den Fällen, in denen er innerhalb der politischen Gemeinde keine Vergleichswohnungen findet, zunächst auch Vergleichswohnungen aus Nachbargemeinden benennen (s. hierzu Rdn. 107). Wenn er auch dort keine drei Vergleichswohnungen findet oder ihm die Mühe und der Aufwand zu groß ist, bleibt ihm zumindest noch die Möglichkeit, ein Sachverständigengutachten einzuholen oder ein ebenso geeignetes sonstiges Begründungsmittel zu verwenden. Dem Vermieter bleiben also noch andere Begründungsmittel übrig. Somit liegt auch die zweite Voraussetzung für eine verfassungskonforme Auslegung und teleologische Reduktion nicht vor. Die vorrangige Auslegung nach dem Wortlaut ist nämlich nicht verfassungswidrig. Eine andere Frage ist die, ob in den Fällen, in denen in einer Gemeinde nur wenige vergleichbare Wohnungen vorhanden sind, die Anforderungen an die Vergleichbarkeit ggf. weiter herabzusetzen sind (dazu unten 111 ff.). Für das Begründungsmittel Vergleichswohnungen sind aber **mindestens** drei Vergleichswohnungen erforderlich.[494] Benennt der Vermieter drei Wohnungen, von denen eine nicht vergleichbar ist, z. B. weil sie umfänglich saniert ist, dann ist das Mieterhöhungsverlangen unwirksam.[495] 105

b) Ortslage. Die vom Vermieter benannten Vergleichswohnungen müssen grundsätzlich dem **örtlichen Wohnungsmarkt** angehören.[496] Unter örtlichem Wohnungsmarkt ist das Gebiet der politischen Gemeinde gemeint. Dies ergibt sich aus dem Sinn und Zweck der Regelung. Das Begründungsmittel „3 Vergleichswohnungen" soll dem Mieter Informationen über die ortsübliche Vergleichsmiete liefern. Die ortsübliche Vergleichsmiete ist aber für das Gebiet der politischen Gemeinde festzustellen. Diese Abgrenzung hat der Gesetzgeber aus verwaltungstechnischen Gründen 106

---

490 BayObLG RE v. 25. 9. 1991, NJW-RR 1992, 455; *Emmerich/Gather,* Mietpreisermittlung S. 17.

491 *Emmerich* in Staudinger § 558a BGB Rdn. 48.

492 AG München WuM 2016, 177 m. Anm. *Schmitt* WuM 2016, 131; *Artz* in MünchKomm § 558a BGB Rdn. 32 (unter Aufgabe der in 3. Aufl. von *Voelskow* vertretenen **a. A.**); *Kossmann/Meyer-Abich,* Hdb. d. Wohnraummiete, § 155 Rdn. 2; *Landfermann* Gesetz zur Erhöhung des Angebots an Mietwohnungen Bundesanzeiger 1983 Beilage 9 S. 44; **a. A.** Palandt/*Weidenkaff* § 558a BGB Rdn. 11 *„aus besonderen Gründen auch weniger* (als 3)".

493 BVerfGE 2, 282; 8, 221; 48, 45; 64, 241.

494 So auch *Emmerich* in Staudinger § 558a BGB Rdn. 48; *Sternel* ZMR 1983, 78; *Blümmel* GE 1983, 146.

495 AG Lünen WuM 2016, 423.

496 LG München II WuM 1982, 131; AG Bayreuth WuM 1993, 454; AG Augsburg WuM 1990, 221.

und nicht aus wohnungsmarktspezifischen Überlegungen heraus getroffen.[497] Nur durch die Verpflichtung zur Benennung ortsnaher Vergleichswohnungen wird deshalb dem vom Gesetz verfolgten Anliegen, den Mieter möglichst leicht in die Lage zu versetzen, die dem Erhöhungsverlangen zu Grunde liegenden Tatsachen zu überprüfen, entsprochen.

107 Gibt es in der Gemeinde aber keine Vergleichswohnungen, so besteht für den Vermieter keine Verpflichtung ein Sachverständigengutachten einzuholen. Dies würde die formellen Anforderungen an ein Mieterhöhungsverlangen überspannen und wäre verfassungswidrig.[498] Der Vermieter darf in diesem Fall ausnahmsweise auf **Vergleichswohnungen aus einer Nachbargemeinde** zurückgreifen, wenn in der eigenen Gemeinde keine Vergleichswohnungen vorhanden sind.[499] Der Vermieter muss dann aber substantiiert vortragen, dass und warum er keine Vergleichswohnungen in der Gemeinde gefunden hat. Dabei ist dem Vermieter ein gewisser Aufwand an Zeit und Mühe zuzumuten, wenn er eine in seinem Interesse liegende gesetzlich zulässige Mieterhöhung durchsetzen will. Ist ihm der eine vom Gesetz vorgesehene Weg indessen zu mühselig oder zu unbequem, dann muss er den für ihn teureren Weg über das Sachverständigengutachten wählen.

108 **c) Vermietereigene Wohnungen.** Es gibt bezüglich der Person des Vermieters der Vergleichswohnungen keinerlei Einschränkungen. Deshalb ist es zulässig, dass auch eine oder auch alle **Vergleichswohnungen aus dem Bestand des Vermieters** der Vertragswohnung stammen,[500] ja sogar im gleichen Haus wie die Vertragswohnung liegen.[501] Der Wortlaut des Gesetzes ist eindeutig. Während der Vereinfachungsentwurf der „Bund-Länder-Arbeitsgruppe" Mietrechtsvereinfachung[502] und auch der Entwurf eines Mietrechtsneuordnungsgesetzes durch die Länder NRW und Niedersachsen[503] nur Vergleichswohnungen „anderer Vermieter" zuließen, hat der Reformgesetzgeber von 2001[504] diese Vorschläge ausdrücklich nicht übernommen. Dabei wurde ausdrücklich auf die Monostruktur in den neuen Bundesländern Bezug genommen. Deshalb sind alle Entscheidungen zu dieser Frage, die die bis 31.12.1982 geltende Rechtslage betrafen, überholt. Auch die Rechtsentscheide des OLG Karlsruhe vom 11.10.1981[505] und des OLG Koblenz vom 8.2.1982[506] sind deshalb überholt. Dies gilt ebenso für alle in der Vergangenheit vorgenommenen einschränkenden Auslegungsversuche.[507] Der Gegenmeinung ist zwar zuzubilligen, dass die Benennung von drei Vergleichswohnungen anderer Vermieter zur Begründung eines Mieterhöhungsverlangens i.d.R. einen etwas größeren Informationswert hinsichtlich der Ortsüblichkeit der Miete haben wird als der Hinweis auf drei Wohnungen des Vermieters aus eigenem Bestand und zudem noch aus demselben Haus. Aber dies ist eine gesetzgeberische Entscheidung, die die Gerichte nicht durch entsprechende einschränkende Auslegungen rückgängig machen können. Im Übrigen muss die dieser Argumentation zu Grunde liegende Annahme im Einzelfall gar nicht richtig sein. Die Wahrscheinlichkeit, dass drei vom Vermieter ausgewählte Vergleichswohnungen die ortsübliche Vergleichsmiete richtig wiedergeben, *„tendiert gegen Null"*.[508] Dass der Vermieter auch dann, wenn er nur Vergleichsmieten fremder Vermieter angeben darf, bemüht sein wird, möglichst hohe Neuvertragsmieten zu finden und zu verwenden, ist systemimmanent. Der Unterschied zu Wohnungen aus dem eigenen Bestand dürfte deshalb nur sehr gering sein. Aber auch das Argument, dass der Informationswert für den Mieter höher sei, wenn ihm deutlich gemacht werde, dass auch andere Vermieter eine höhere Miete vereinbaren würden, überzeugt nicht. In die ortsübliche Vergleichsmiete

---

[497] *Oberhofer/Schmid,* Kriterien der Mietspiegelerstellung, S. 11.

[498] BVerfG NJW 1984, 717.

[499] LG München II WuM 1982, 131; AG Karlsruhe DWW 2009, 190; AG Bayreuth WuM 1993, 454; AG Augsburg WuM 1990, 221; *Sternel* Mietrecht, III, 687.

[500] BVerfG NJW 1993, 2039, NJW 1993, 381; LG Bochum NJW-RR 1991, 1039; LG Berlin GE 1988, 729; AG Frankfurt NJW-RR 1992, 972; AG Charlottenburg GE 1988, 1059; *Emmerich* in Staudinger (2014) § 558a BGB Rdn. 49.

[501] OLG Karlsruhe RE v. 7.5.1984, NJW 1984, 2167; OLG Frankfurt RE v. 20.3.1984, WuM 1984, 123.

[502] Abgedruckt u. a. bei *Börstinghaus/Eisenschmid,* Arbeitskommentar Neues Mietrecht, S. 284.

[503] BR-Drucks. 513/99; abgedruckt auch bei *Börstinghaus/Eisenschmid,* Arbeitskommentar Neues Mietrecht, S. 284.

[504] Abgedruckt u. a. bei *Börstinghaus/Eisenschmid,* Arbeitskommentar Neues Mietrecht, S. 284.

[505] NJW 1982, 242.

[506] WuM 1982, 127.

[507] AG Bad Homburg v. d. H. WuM 1983, 291; AG Langenfeld WuM 1983, 321; AG Meldorf WuM 1984, 27; AG Kaiserslautern WuM 1985, 324; AG Sinzig WuM 1986, 342; AG Rendsburg ZMR 1987, 25; *Derleder* WuM 1983, 223; *Zimmermann* WuM 1984, 64; *Sternel* MDR 1983, 359; *ders.* ZMR 1983, 78; dazu auch BVerfG NJW 1993, 381.

[508] *Sternel* Mietrecht, III, 682.

fließen die Mieten des Vermieters und anderer Vermieter unter den gleichen Bedingungen ein. Unter Umständen können die Mieten des eigenen Vermieters sogar die ortsübliche Vergleichsmiete weit stärker beeinflussen und deshalb auch widerspiegeln als die von anderen Vermietern. Wenn der Vermieter z. B. den größten Teil vergleichbarer Wohnungen auf dem örtlichen Wohnungsmarkt im Bestand hat, dann bildet sich die ortsübliche Vergleichsmiete im Wesentlichen aus seinem Bestand. Dies ist z. B. in den neuen Ländern der Fall, in denen trotz aller Privatisierungsbemühungen immer noch große kommunale Wohnungsunternehmen die absolute Mehrheit der Mietwohnungen im Besitz haben. Die Streichung der Worte „anderer Vermieter" durch den Gesetzgeber zeigt gerade, dass der Gesetzgeber genau das Gegenteil erreichen wollte. Die ortsübliche Vergleichsmiete lässt sich sowieso durch 3 Vergleichswohnungen nicht richtig feststellen. Versuche eine wahrscheinlich nicht messbare höhere Genauigkeit durch Aufstellen alter Hürden zu erreichen, sind an dieser Stelle fehl am Platz. Keine geeignete Vergleichswohnung ist aber die **vom Vermieter selbst genutzte Wohnung.**[509]

d) Vergleichbarkeit der Wohnungen. Faktisch am schwierigsten ist die Feststellung der Vergleichbarkeit der Wohnungen. Völlig gleiche Wohnungen gibt es i. d. R. so gut wie nicht. Das Gesetz verlangt auch nur, dass die Wohnungen „vergleichbar"[510] und nicht „entsprechend"[511] oder „identisch"[512] sein müssen. Dabei ist ein großzügiger Maßstab anzulegen.[513] Denn die Angabe von Vergleichswohnungen im Mieterhöhungsverlangen dient nicht dem Nachweis der ortsüblichen Vergleichsmiete, sondern soll dem Mieter lediglich Hinweise auf die Berechtigung des Mieterhöhungsverlangens geben und ihn in die Lage versetzen, dieses zumindest ansatzweise nachzuvollziehen.[514] Die Vergleichbarkeit muss auch nicht hinsichtlich aller 5 Wohnwertmerkmale gegeben sein;[515] erforderlich ist vielmehr eine **Gesamtschau.** Grundsätzlich ist eine Mieterhöhungserklärung deshalb auch dann wirksam, wenn die genannten Vergleichswohnungen nicht bezüglich aller Wohnwertmerkmale mit der Wohnung des Mieters übereinstimmen.[516] Haben die Vergleichswohnungen aber auf den ersten Blick nichts mit der Wohnung des Mieters zu tun, sind sie als Vergleichswohnungen ungeeignet.[517] Soweit das Gesetz in § 558a Abs. 2 Nr. 4 BGB verkürzt von **vergleichbaren Wohnungen** spricht, richtet sich die Vergleichbarkeit ausschließlich nach den fünf Wohnwertmerkmalen des § 558 Abs. 2 BGB. Andere Vergleichsmerkmale, insbesondere die subjektiven Merkmale wie Wohndauer[518], Person des Vermieters oder Person des Mieters spielen keine Rolle und dürfen auch nicht umgekehrt als Differenzierungsmerkmal benutzt werden. **109**

Bei der vorzunehmenden Gesamtschau ist zu ermitteln, ob die Vergleichswohnungen mit der Vertragswohnung vergleichbar sind. Hierzu ist vor allem darauf zu achten, dass die Vergleichswohnungen dem gleichen **Wohnungsteilmarkt** entstammen.[519] Auch bei der Mietspiegelerstellung, insbesondere bei Mietspiegeln, die in Form der Tabellenmethode dargestellt werden, werden durchaus unterschiedliche Wohnungen in einem Tabellenfeld zusammengefasst. Dies geschieht umso stärker, umso weniger Tabellenfelder der Mietspiegel aufweist. Auch dort werden vereinzelt Baualtersklassen von 10 und mehr Jahren sowie unterschiedliche Ausstattungen und Beschaffenheiten in einem Mietspiegelfeld zusammengefasst. Wenn dies aber bei einem Mietspiegel zulässig ist, dann darf an die Auswahl der Vergleichswohnungen auch kein strengerer Maßstab angelegt werden. Nicht vergleichbar sind insbesondere solche Wohnungen, bei denen ein bestimmtes Wohnwertmerkmal, das die Höhe der Miete offensichtlich ganz maßgeblich beeinflusst, nur bei der Vergleichs- bzw. der Bezugswohnung vorliegt.[520] Das Mieterhöhungsverlangen ist dann nicht ord- **110**

[509] LG Berlin GE 1992, 101; Bub/Treier/*Schultz* Kap. III. A Rdn. 1286.
[510] BGH (VIII ZR 216/13) WuM 2014, 494.
[511] BVerfG NJW 1980, 1617 m. Anm. *Niederberger* WuM 1980, 193; LG Berlin GE 2002, 1061; *Emmerich* JuS 1980, 755.
[512] BVerfG NJW-RR 1993, 1485.
[513] BGH (VIII ZR 216/13) WuM 2014, 494 unter Hinweis auf BVerfG NJW 1980, 1617, NJW-RR 1993, 1485.
[514] BGH (VIII ZR 216/13) WuM 2014, 494.
[515] Bub/Treier/*Schultz* Kap. III. A Rdn. 1299; **a. A.** AG Köln WuM 1988, 60.
[516] BVerfGE 53, 352, 359; BVerfG Beschl. v. 17. 5. 1989 – 1 BvR 451/89 (unveröffentlicht).
[517] LG Essen WuM 2015, 36; LG Zwickau GE 2012, 830; AG Pankow/Weißensee WuM 2009, 239.
[518] **A. A.** AG Berlin-Charlottenburg, Urt. v. 12. 3. 2015 – 203 C 527/14 (juris).
[519] BGH (VIII ZR 216/13) WuM 2014, 494 (für großzügige Altbauwohnungen); LG Berlin GE 2004, 1396; AG Pankow/Weißensee WuM 2009, 239; AG Hannover WuM 2008, 411; *Schmitt* WuM 2016, 131, 133.
[520] BVerfG Beschl. v. 17. 5. 1989 – 1 BvR 451/89 (unveröffentlicht); BVerfG NJW 1989, 969.

nungsgemäß begründet, wenn die Wohnungen schon auf den ersten Blick nichts miteinander gemein haben, sondern verschiedenen Wohnungsteilmärkten angehören.[521]

111 Für die Vergleichswohnungen muss überhaupt eine Miete gezahlt werden. Dies ergibt sich daraus, dass der Vermieter in seinem Mieterhöhungsverlangen auf die **Entgelte** für einzelne vergleichbare Wohnungen hinweist. Entgelte werden aber nur für **vermietete Wohnungen** gezahlt. Eine vom Vermieter selbst innegehaltene Wohnung kann deshalb nicht zur Begründung eines Mieterhöhungsverlangens herangezogen werden.[522] Hier wird gerade kein Entgelt gezahlt. Entsprechende Abreden zwischen dem Eigentümer als Vermieter und dem Eigentümer als Mieter wären ein unwirksames In-Sich-Geschäft. Hier fehlt es an jedem Marktgeschehen. Das Gleiche gilt für Wohnungen, die zum Zeitpunkt des Zugangs des Mieterhöhungsverlangens gar nicht vermietet sind, sondern leer stehen.[523] Auch hier fehlt es an einer entsprechenden Entgeltvereinbarung.[524] Es ist unzulässig, die Miete, die vom letzten Mieter gezahlt wurde, anzusetzen. Dass früher eine bestimmte Miete gezahlt wurde, erlaubt nicht ohne weiteres den Rückschluss, dass diese Miete auch zum maßgeblichen Zeitpunkt noch gezahlt worden wäre. Zwar können die Gründe für den Auszug des Mieters auch ganze andere sein, aber er kann auch gerade wegen der Höhe oder zumindest auch wegen der Höhe der Miete ausgezogen sein.

112 Schließlich muss die Miete für die Vergleichswohnung zum Zeitpunkt des Zugangs des Mieterhöhungsverlangens auch fällig gewesen sein.[525] Es muss also eine **wirksame Mietpreisvereinbarung** vorliegen. Hat der Vermieter der Vergleichswohnung die Miete für die Vergleichswohnung selbst gerade erhöht, dann muss der Mieter der Mieterhöhung bereits zugestimmt haben und der Wirkungszeitpunkt für diese Mieterhöhung muss spätestens der Tag des Zugangs des Mieterhöhungsverlangens für die Vertragswohnung sein. Unerheblich ist, ob das Mieterhöhungsverlangen wirksam war, wenn der Mieter zugestimmt hat.[526] Es reicht nicht aus, dass dem Mieter der Vergleichswohnung ein Mieterhöhungsverlangen mit einem Wirkungszeitpunkt vor dem maßgeblichen Stichtag zugegangen ist, und der Vermieter den Mieter der Vergleichswohnung auf Zustimmung verklagt hat. Selbst wenn dann der Mieter der Vergleichswohnung rückwirkend zur Zustimmung verurteilt wird und die Miete dann zum maßgeblichen Stichtag tatsächlich fällig war, würde die Berücksichtigung solcher Mieten gegen den Sinn und Zweck der Bezugnahme auf drei Vergleichswohnungen sprechen. Durch die Bezugnahme auf Mieten zu deren Zahlung sich andere Mieter verpflichtet haben, soll eine Überzeugungswirkung ausgehen. Es ist dem Mieter nicht zuzumuten und widerspricht dem Sinn und Zweck der Regelung, erst feststellen zu müssen, ob die Mieterhöhung für die Vergleichswohnung berechtigt war. Umgekehrt dürfte aber der Fall zu beurteilen sein in dem der Vermieter die Miete auf die ortsübliche Vergleichsmiete für unmodernisierten Wohnraum erhöhen will und hierzu Bezug nimmt auf die Mieten von Vergleichswohnungen – ggf. aus dem gleichen Haus – die dort vor der Modernisierung bereits für gezahlt wurden. Hier handelt es sich nicht um fiktive oder zukünftige Miete sondern um eine für vergleichbaren Wohnraum längere Zeit tatsächlich gezahlte Miete, die jetzt aber selbst schon wieder erhöht wurde.

113 Aus der Forderung, dass die angegebene Miete für die Vergleichswohnung zum Zeitpunkt des Zugangs des Mieterhöhungsverlangens auch fällig und deshalb die Mietpreisvereinbarung auch wirksam sein muss, folgt zwingend, dass die Mietpreisvereinbarung für die Vergleichswohnung auch nicht gegen ein **gesetzliches Verbot,** insbesondere nicht gegen § 5 WiStG i. V. m. § 134 BGB oder § 556d–g BGB verstoßen darf. Der Mieter einer Vergleichswohnung schuldet bei einem Verstoß gegen die Vorschriften des Unterkapitels 1a nur eine Miete, die maximal 10% über der ortsüblichen Vergleichsmiete liegt, wenn nicht die Vormiete höher war oder ein sonstiger Ausnahmetatbestand vorlag (dazu § 556d ff.). Im seltenen Fall einer Mietpreisüberhöhung schuldet der Mieter nur eine Miete, die i. d. R. 20% über der ortsüblichen Vergleichsmiete liegt. Die jeweils darüber hinaus gehenden Teile der Abrede sind nichtig. Wenn aber solche nichtigen Abreden schon für den unmittelbar betroffenen Mieter der Vergleichswohnung keine Rechtswirkungen entfalten, dann kann dies erst recht nicht für ganz andere Mieter der Fall sein. Nichtige Mietpreisvereinbarun-

521 LG Essen WuM 2015, 36; AG Aschaffenburg WuM 2013, 673, 674.
522 LG Berlin GE 1992, 101; AG Hamburg WuM 1989, 306; Bub/Treier/*Schultz* Kap. III. A Rdn. 1286.
523 AG Fritzlar WuM 2015, 560.
524 LG Kiel WuM 1977, 36.
525 AG Hamburg WuM 1989, 306.
526 AG Hohenstein-Ernstthal WuM 2004, 539, 540.

gen beeinflussen die ortsübliche Vergleichsmiete nicht, da es an einer wirksamen Vereinbarung fehlt. Eine nichtige Vereinbarung kann deshalb auch nicht im Rahmen einer Begründung eines Erhöhungsverlangens mit Vergleichswohnungen benutzt werden. Dabei kommt es auch nicht darauf an, ob der Mieter der Vergleichswohnung die Miethöhe gem. § 556g Abs. 2 BGB gerügt hat. Die Rügepflicht betrifft nur Rückforderungsansprüche des Mieters. Für die Frage der Wirksamkeit der Preisabrede hat sie keine Bedeutung. Anders als die Frage, ob die Mieten der angegebenen Vergleichswohnungen tatsächlich ortsüblich sind, kann die Frage der Zulässigkeit der Mietvereinbarung der Höhe nach eine Frage der formellen Zulässigkeit des Erhöhungsverlangens sein.[527] Hat der Vermieter nur Vergleichswohnungen mit unwirksamen Mietvereinbarungen benannt oder hat er weniger als drei Wohnungen mit wirksamen Vereinbarungen benannt, weil die Mieten der übrigen Vereinbarungen nichtig sind, so ist das Erhöhungsverlangen formell unwirksam. Im Einzelfall mag dies zu schwierigen Abgrenzungsproblemen führen. Dies rechtfertigt es aber nicht, unwirksamen Vereinbarungen zumindest formelle Wirksamkeit beizumessen.

Das gilt auch für **Flächenabweichungen.** Auch hier kommt es nur auf die tatsächlichen Wohnungsgrößen an und nicht auf eventuell vereinbarte Wohnungsgrößen.[528] Ist im Mietvertrag der Vergleichswohnung eine größere Fläche vereinbart als die Wohnung tatsächlich groß ist, bedeutet dies für das Erhöhungsverfahren, dass die die Quadratmetermiete durch Division der Gesamtmiete durch die kleinere tatsächliche Fläche zu ermitteln ist. Ist die Wohnfläche tatsächlich größer als die vereinbarte Fläche so ist ebenfalls die tatsächliche Größe maßgeblich. Wird die Miete der Vergleichswohnung wegen einer Flächenabweichung von mehr als 10% gemindert, so ist diese wegen des nicht behebbaren anfänglichen Mangels geminderte Miete maßgeblich. **113a**

Hinsichtlich der **Bedeutung der einzelnen Wohnwertmerkmale** s. die Ausführungen zu § 558 BGB. Nachfolgend werden nur die Besonderheiten für die Benennung als Vergleichswohnung dargestellt: **114**

aa) Art. Mit dem Wohnwertmerkmal *Art* ist die Struktur des Hauses und der Wohnung gemeint. Unterscheidungsmerkmale sind hier u. a. abgeschlossene oder nicht abgeschlossene Wohnungen, Altbau oder Neubau, Einfamilienhaus, Reihenhaus oder Mehrfamilienhaus, Appartement oder Mehrzimmerwohnung. Apartements und Kleinwohnungen sind mit anderen Wohnungen ebenso wenig vergleichbar[529] wie ein Einzimmerappartement mit einer Zweizimmerwohnung.[530] Nach empirischen Untersuchungen ist ein messbarer Zusammenhang zwischen der Wohnfläche und dem Mietpreis z. B. bei Wohnungen in Ein- und Zweifamilienhäusern nicht feststellbar. Maßgeblich ist hier nur die Gesamtmiete für das Objekt.[531] Eine andere Art von Wohnraum bilden auch Wohnungen im Zweifamilienhaus mit Gartennutzung und Wohnungen in Hochhauskomplex.[532] Eine Wohnung in einem Zweifamilienhaus soll vergleichbar sein mit Einfamilienhäusern und einem Reihenmittelhaus.[533] Vergleichbar sind Wohnungen in Plattenbauten, selbst wenn es sich um unterschiedlichen Plattenbautypen handelt.[534] Einfamilienhäuser sollen demgegenüber mit Doppelhaushälften vergleichbar sein.[535] **Möblierte Wohnungen** sind mit unmöblierten Wohnungen nicht vergleichbar. **115**

Ob auch **Dachgeschosswohnungen** einen eigenen Wohnungsteilmarkt bilden, ist umstritten.[536] Für ältere Dachgeschosswohnungen wird vertreten, dass eine Dachwohnung, in der Zimmer Schrägen haben, nicht mit Wohnungen ohne Schrägen vergleichbar ist.[537] Bei diesen Wohnungen könnten die schlechte Belichtung, die schlechtere Wärmeisolierung und die geringere Bauhöhe zu **116**

---

527 **A. A.** LG Berlin NZM 1998, 232, 233.
528 *Börstinghaus,* Flächenabweichungen in der Wohnraummiete, Rdn. 838.
529 LG Köln WuM 1994, 691.
530 LG Gießen Beschl. v. 22.6.2012 – 1 S 98/12 mit Anm. *Börstinghaus* jurisPR-MietR 19/2012 Anm. 3; LG Heidelberg WuM 1982, 214; AG Köln WuM 1988, 60; AG Charlottenburg MM 1990, 348.
531 *Stelter/Finger* GE 2005, 1471 die für Berlin und Umgebung eine entsprechende Preiserhebung durchgeführt haben.
532 BVerfG Beschl. v. 17.5.1989 – 1 BvR 451/89 (unveröffentlicht); BVerfG NJW 1989, 969; LG Hamburg WuM 1976, 208.
533 AG Pankow/Weißensee (Abt. 3) GE 2009, 911, **a. A.** AG Pankow/Weißensee (Abt. 4) WuM 2009, 239 m. Anm. *Beuermann* GE 2009, 582.
534 AG Hohenstein-Ernstthal WuM 2004, 539.
535 LG Berlin GE 2004, 1396.
536 Zum Teil wird die Unterscheidung auch im Wohnwertmerkmal „Beschaffenheit" vorgenommen.
537 AG Aschaffenburg WuM 2013, 673, 674; AG Wolfenbüttel WuM 1986, 343; Palandt/*Weidenkaff* § 558 BGB Rdn. 16; *Riedmaier* ZMR 1991, 9.

einer erheblichen Wohnwertverminderung geführt haben. Von derartigen Nachteilen kann aber angesichts des heutigen Standes der Bautechnik bei einer erst in den letzten Jahren nachträglich ausgebauten Dachgeschosswohnung mit Schrägen nicht mehr grundsätzlich ausgegangen werden. Dachgeschosswohnungen werden inzwischen so komfortabel ausgebaut, dass die oben bezeichneten Einschränkungen regelmäßig nicht mehr vorhanden sind. Hinzu kommt, dass sich in den letzten Jahren das Wohnverhalten so verändert hat, dass eine moderne Dachgeschosswohnung grundsätzlich nicht mehr als minderwertig gegenüber einer sonstigen Etagenwohnung anzusehen ist.[538]

117 Eine andere Art Wohnraum bilden auch Wohnungen, die selbst gewerblich[539] oder auch teilgewerblich vermietet oder genutzt werden und bei denen der Mietanteil für die Wohnraumnutzung nicht eindeutig erkennbar ist.[540] Dies gilt sowohl für die Vergleichswohnungen als auch für die Vertragswohnung. Die **teilgewerbliche Nutzung** einer Wohnung, die über den vertragsmäßigen Gebrauch der Mietsache im Rahmen des Wohngebrauchs hinausgeht, ist eine besondere Vermietungsform. Selbst wenn es sich noch nicht um einen Gewerberaummietvertrag handelt, liegt die Miete für solche Wohnungen höher als für Wohnungen, die nur zu Wohnzwecken genutzt werden. Dies ist sogar im preisgebundenen Wohnungsbau ausdrücklich geregelt. Gem. § 26 Abs. 2 NMV darf der Vermieter bei einer teilgewerblichen Nutzung der Wohnung einen **Zuschlag zur Einzelmiete** je nach Grad der wirtschaftlichen Mehrbelastung in Höhe von bis zu 50% der Einzelmiete verlangen. Wenn aber schon im preisgebundenen Wohnungsbau solche Zuschläge zulässigerweise vereinbart werden dürfen, dann sind solche Zuschläge im preisfreien Wohnungsbau erst recht zulässig. Damit wird nicht nur die höhere Abnutzung der Mietsache honoriert sondern auch die Erwerbsmöglichkeit auf Seiten des Mieters abgeschöpft. Dies gilt auch für den Fall der gewerblichen Zwischenvermietung.[541] Hier kann weder die zwischen Eigentümer und gewerblichem Zwischenmieter[542] vereinbarte Miete, die eine Gewerberaummiete ist, noch die Miete zwischen gewerblichem Zwischenmieter und Endmieter[543] mit der Miete eines einschichtigen Mietverhältnisses verglichen werden. Aber selbst wenn die Wohnung des Mieters oder die Vergleichswohnung selbst nicht teilgewerblich genutzt wird aber jeweils in einem kombinierten Wohn- und Geschäftshaus liegen, in welchem sich mehrere Wohneinheiten und mehrere Geschäftslokale befinden, liegt i. d. R. keine Vergleichbarkeit vor. Der Wohnwert einer Wohnung in einem so gemischt genutzten Objekt ist wegen der durch die gewerbliche Nutzung entstehenden Belästigungen niedriger als der in einem reinen Wohnhaus. Dies schlägt sich ebenfalls in der Höhe der Miete nieder, so dass auch von daher eine Vergleichbarkeit nicht gegeben ist.[544]

118 Bei der Beurteilung der Vergleichbarkeit von Wohnungen und der hierzu durchzuführenden **Gesamtschau** kommt dem Wohnwertmerkmal der Art der Wohnung eine besondere Bedeutung zu. Dabei darf nicht darauf abgestellt werden, dass bei der Gewichtung der einzelnen Wohnwertmerkmale dem Merkmal der Art nur eine untergeordnete Bedeutung beigemessen wird. Sie wird zwischen 5% und 10% angesiedelt (s. die Zusammenstellung bei § 558 BGB Rdn. 107). Entscheidend ist bei der Beurteilung der Vergleichbarkeit des Wohnraums die Tatsache, inwieweit eine Wohnung ganz anderer Art den Mieter davon überzeugen kann, dass die für diese Wohnung gezahlte Miete auch für seine Wohnung ortsüblich ist. Dies ist bei einer völlig anderen Art von Wohnungen gerade nicht der Fall, selbst wenn die Miete sich unter Umständen gar nicht so sehr von der Miete für die Vertragswohnung unterscheidet. Die Marktteilnehmer gehen bei einer anderen Art von Wohnraum von einem ganz anderen **Wohnungsteilmarkt** aus.

119 **bb) Größe.** Mit dem Wohnungsmerkmal **„Größe"** wird vor allem die **Quadratmeterzahl** einer Wohnung, aber durchaus **auch die Zimmeranzahl** gemeint. Deshalb dürfen auch Mehrzimmerwohnungen nicht als Vergleichswohnungen für Einzimmerwohnungen verwandt werden[545] oder 2-Zimmerwohnungen mit 4-Zimmerwohnungen.[546] Bei der Wohnungsgröße selbst darf

---

538 LG Hannover WuM 1992, 255.

539 LG Kiel WuM 1977, 36.

540 LG Berlin GE 1996, 1181; LG Berlin GE 1995, 499; AG Neuss NJW-RR 1993, 660; AG Kaiserslautern WuM 1985, 124; **a. A.** LG Berlin GE 1998, 1024.

541 Zur Abgrenzung zur nicht gewerblichen Zwischenvermietung: BGH (VIII ZR 311/14) NZM 2016, 256 m. Anm. *Börstinghaus* LMK 2016, 377696; *Derleder* NZM 2016, 670.

542 AG München WuM 1992, 197.

543 AG Neuss NJW-RR 1993, 660.

544 AG Neuss WuM 1991, 691.

545 LG Berlin ZMR 1995, 77.

546 AG Aschaffenburg WuM 2013, 673, 674.

nicht auf die bloßen Unterschiede zwischen den Quadratmeterzahlen der einzelnen Wohnungen abgestellt werden. Da im Mieterhöhungsverfahren mit den Quadratmetermieten gerechnet und die ortsübliche Vergleichsmiete pro Quadratmeter ermittelt wird, werden absolute Mietpreisunterschiede zwischen zwei Wohnungen mit unterschiedlicher Wohnungsgröße durch diese Umrechnung wieder ausgeglichen. Auch die Tatsache, dass die Wohnungsgröße nach § 558 Abs. 2 BGB als Wohnwertmerkmal ausdrücklich genannt ist, ändert daran nichts. Dies besagt nämlich nicht, dass die im Erhöhungsschreiben benannten Wohnungen die gleiche oder im Wesentlichen gleiche Größe wie die streitbefangene Wohnung haben müssten. Auch eine größere oder kleinere Wohnung kann dem Mieter eine ausreichende Information geben, die ihm die Entscheidung ermöglicht, ob er die von ihm geforderte Miete für angemessen ansieht. Das wesentliche Vergleichsmoment ist in diesem Bereich der **Quadratmeterpreis,** nicht aber die Grundfläche der benannten Wohnung. Wenn dem Mieter der Quadratmeterpreis für die Vergleichswohnungen benannt wird, kann er sich regelmäßig ein ausreichendes Bild darüber machen, ob die von ihm geforderte Miete die üblicherweise gezahlten Entgelte übersteigt. Die konkrete Größe der fremden Wohnung ist für die Information des Mieters von untergeordneter Bedeutung. Für seine Meinungsbildung kann es regelmäßig nicht entscheidend sein, ob die vom Vermieter benannte Wohnung der Grundfläche nach der von ihm benutzten entspricht. Daher ist es grundsätzlich nicht gerechtfertigt, ein Erhöhungsschreiben als unwirksam anzusehen, wenn die benannten Wohnungen in der Größe zwar differieren, der Quadratmeterpreis aber genau angegeben ist.[547] Soweit die obergerichtliche Rechtsprechung[548] dies aber uneingeschränkt gelten lassen will und Unterschiede bei der Quadratmetermiete auf Grund unterschiedlicher Wohnflächen allenfalls bei der Begründetheit des Anspruchs aber nie bei der Zulässigkeit des Erhöhungsverlangens prüfen will, **kann dieser Rechtsprechung so uneingeschränkt nicht gefolgt werden.**[549]

Die Größe der Wohnung hat nämlich nicht nur deshalb Einfluss auf die absolute Miethöhe, weil der Mieter für mehr Quadratmeter auch mehr Miete zahlen muss, sondern anerkanntermaßen auch auf die Quadratmetermiete. Nach allen Untersuchungen sind zumindest in den alten Bundesländern **die Mieten pro Quadratmeter umso höher, umso kleiner die Wohnung** ist.[550] Seine Ursache hat dies u. a. darin, dass die Gestehungskosten für kleine Wohnungen höher sind. So kostet der Einbau eines Badezimmers i. d. R. in einer großen oder kleinen Wohnung ungefähr gleich viel. Bei Modernisierungserhöhungen werden diese Kosten auch auf weniger m^2 verteilt. Gerade bei Wohnungen unter 40 m^2 steigt deshalb die Quadratmetermiete je kleiner die Wohnung ist, stark an.[551] Bei den größeren Wohnungen entwickelt sich die Abhängigkeit zwischen Wohnungsgröße und Quadratmetermiete nicht mehr so schnell. Entscheidend ist, dass auch über die Wohnungsgröße **verschiedene Wohnungsteilmärkte** abgegrenzt werden.[552] Deshalb kann das Wohnwertmerkmal nicht vollständig ausgeblendet werden. Die Umrechnung auf Quadratmetermieten hilft nämlich bei verschiedenen Wohnungsteilmärkten nicht. Ebenso wenig wie man für Wohnungen in Mehrfamilienhäusern Mieten aus Einfamilienhäusern oder umgekehrt[553] als Vergleichsmieten benennen kann, kann man in einem Mieterhöhungsverlangen für eine Großwohnung die Mieten von mehreren Kleinwohnungen als Vergleichswohnungen angeben. Dies sind nun einmal verschiedene Wohnungsmärkte. Außerdem würde auf diese Weise nicht ausreichend der Tatsache Rechnung getragen, dass ggf. Mieterhöhungen in der Vergangenheit gem. § 559 BGB wegen der Wohnungsgröße unterschiedlich ausgefallen sind. Dies kann man auch nicht nur in die Begründetheit des Anspruchs verlagern. Wenn die Wohnungen wegen ganz unterschiedlicher Wohnungsmärkte 120

[547] BVerfG NJW 1980, 1617 m. Anm. *Niederberger* WuM 1980, 193; *Emmerich* JuS 1980, 755; BVerfG NJW 1987, 313; BayObLG RE v. 1.4.1982, WuM 1982, 154; OLG Schleswig RE v. 3.10.1986, WuM 1987, 140; LG Berlin GE 1998, 1024.

[548] OLG Schleswig RE v. 3.10.1986, WuM 1987, 140.

[549] So auch AG Donaueschingen WuM 1998, 692.

[550] AG Hannover WuM 2008, 411.

[551] S. die Tabelle bei *Börstinghaus,* Flächenabweichungen in der Wohnraummiete, Rdn. 656.

[552] AG Hannover WuM 2008, 411.

[553] LG Berlin GE 2002, 1197; LG Hagen WuM 1997, 331; LG Köln WuM 1976, 129; LG Gera WuM 2002, 497; LG Hamburg WuM 2002, 698; AG Spandau MM 1997, 242; AG Schwelm WuM 1995, 592; *Börstinghaus* NZM 2009, 115; *Oberhofer* WuM 1995, 301; **a. A.** BGH (VIII ZR 58/08) NZM 2009, 27 = MietPrax-AK § 558a BGB Nr. 14 m. Anm. *Börstinghaus;* LG Hamburg ZMR 2003, 491; AG Hamburg-Blankenese/LG Hamburg ZMR 2003, 492; LG Mönchengladbach NZM 1998, 301; AG Hamburg Blankenese HbGE 1988, 281, 283; *Kniep* NZM 2000, 166 und *Kniep/Spieth* GE 2000, 110; *Isenmann* WuM 1994, 448.

überhaupt nicht vergleichbar sind, dann erfüllen solche Vergleichswohnungen auch nicht den Zweck, dem Mieter die erforderlichen Informationen zu liefern.

121 **Ungeeignet sind aber alle festen Grenzen,** unabhängig davon, ob sie sich auf prozentuale Abweichungen oder absolute Abweichungen beziehen. Im Rahmen der Zulässigkeit eines Erhöhungsverlangens sind auch kleinliche Zahlen- und Größenvergleiche unangebracht.[554] Die untergerichtliche Rechtsprechung hat hier in Abweichung von den bindenden Rechtsentscheiden[555] und dem gem. § 31 BVerfG bindenden Beschluss des BVerfG[556] Größenabweichung bereits bei der Zulässigkeit des Erhöhungsverlangens geprüft. Im Einzelnen:

Fehlende Vergleichbarkeit der Wohnungen bei unterschiedlicher Wohnungsgröße	
prozentuale Abweichung	**absolute Abweichung**
Wohnfläche der Vergleichswohnungen 50% größer als der Vertragswohnung: LG Berlin ZMR 1995, 77	Eine 56 m² große Geschosswohnung ist nach ihrer Art nicht vergleichbar mit einem Wohnhaus von mehr als doppelter Wohnfläche: AG Emmendingen WuM 1994, 546.
Wohnfläche der Vergleichswohnungen 300% größer als der Vertragswohnung: LG Köln WuM 1994, 691	Vergleichswohnungen, deren Größe ca. 20 m² von der ca. 74 m² großen vermieteten Wohnung abweicht, können zur Begründung des Zustimmungsverlangens zur Mieterhöhung nicht herangezogen werden: AG Frankfurt WuM 1993, 197.
Eine Wohnung, die doppelt so groß ist wie die Wohnung des Mieters, kann nicht zur Begründung eines Mieterhöhungsverlangens herangezogen werden: LG Berlin GE 1992, 101.	Wohnungen mit 52 m² und solche mit 86 m² gehören unterschiedlichen Wohnungstypen an, so dass eine Vergleichbarkeit dieser Wohnungen ausscheidet: AG Neuss WuM 1991, 691.
Nicht mehr vergleichbar sind Wohnungen, die 47% bzw. 40% kleiner sind als die Vertragswohnung. AG Kandel WuM 2012, 102.	Vergleichswohnungen sind nicht vergleichbar, wenn sie 32 m² bzw. 92 m² haben, die Wohnung des Mieters aber eine Wohnfläche von 67 m² aufweist: AG Schöneberg MM 1991, 197.
Ist die Wohnung des Mieters nach Raum und Quadratmeterzahl mehr als doppelt so groß wie die vom Vermieter angeführten Vergleichswohnungen, stellt dies eine derart wesentliche Abweichung dar, dass eine Vergleichbarkeit der Wohnungen nicht mehr zu bejahen ist: AG Charlottenburg MM 1989, Nr. 3, 25.	Eine Wohnung von 65,68 m² ist mit einer Wohnung von bis zu 90 m² vergleichbar, aber nicht mit eine Wohnung von 102,94 m²: LG Potsdam GE 2012, 829.
Wohnungen mit einer tatsächlichen Abweichung von 25 m² nach unten von einer Standardwohnung von 70 m² sind nicht vergleichbar: AG Hannover WuM 2008, 411.	Vertragswohnung ist 86 m² groß und die Vergleichswohnung ist 60 bzw. 63 m² groß: AG Aschaffenburg WuM 2013, 673.
	Mieterhöhung für eine 75,42 m² große Wohnung mit drei Vergleichswohnungen, die 54,22 m², 50,86 m² und 53 m² groß sind. AG Hannover WuM 2012, 145
	Vergleichswohnung ist mehr als 30% kleiner als Vertragswohnung: AG Hannover WuM 2012, 145

[554] Nach AG Berlin-Charlottenburg GE 2015, 515 kann Abweichung von 38% ausnahmsweise noch hinnehmbar sein.

[555] BayObLG RE v. 1.4.1982, WuM 1982, 154; OLG Schleswig RE v. 3.10.1986, WuM 1987, 140.

[556] BVerfG NJW 1979, 31.

Fehlende Vergleichbarkeit der Wohnungen bei unterschiedlicher Wohnungsgröße	
prozentuale Abweichung	**absolute Abweichung**
	Vergleichswohnungen 27% bzw. 31% kleiner: AG Aschaffenburg WuM 2013, 673.
Durch die Benennung erheblich kleinerer Vergleichswohnungen wird die Vergleichsmiete für die vermietete Wohnung nicht hinreichend bezeichnet: AG Gummersbach WuM 1991, 49.	

Die Beantwortung der Frage, ob Wohnungen jeder Größe als Vergleichswohnungen vom Vermieter herangezogen werden dürfen, hängt von **Sinn und Zweck des Begründungserfordernisses ab.** Das Begründungserfordernis soll dem Mieter Informationen liefern, auf Grund derer er erste Vergleiche zwischen seiner Wohnung und anderen Wohnungen ziehen kann. Der Mieter soll die Möglichkeit haben, nachzuprüfen, ob das Erhöhungsverlangen des Vermieters gerechtfertigt ist. Das Begründungserfordernis dient darüber hinaus dem Schutz des Mieters. Die Begründung erfolgt durch **Mitteilung von Tatsachen** (oben Rdn. 25). Die Tatsachen müssen sich aber auf den Anspruch beziehen. Dies ist nur dann der Fall, wenn Vertragswohnung und Vergleichswohnung zum gleichen Wohnungsmarkt gehören. Deshalb verlangt die Rechtsprechung auch mit Billigung des BVerfG, dass die Wohnungen z. B. aus der gleichen politischen Gemeinde entstammen. Aber auch über die Wohnungsgröße werden **verschiedene Wohnungsteilmärkte** abgegrenzt.[557] Diese Grenzen sind aber nicht ganz starr, so dass man den Wohnungsmarkt nicht exakt in **3 bis 4 Teilmärkte,** die sich nur nach der Wohnfläche unterscheiden, unterteilen kann. Jeder Teilmarkt umfasst jeweils eine gewisse Spannbreite an Wohnflächen. Diese Spannbreiten ändern sich aber auf Grund des veränderten Wohnverhaltens. So haben die Hinweise zur Aufstellung von Mietspiegeln aus dem Jahre 1980[558] empfohlen 5 Gruppen von Wohnungsgrößen zu bilden, nämlich kleiner als 25 m^2, 25–40 m^2, 40–60 m^2, 60–80 m^2 und schließlich größer als 80 m^2. Die Hinweise zur Aufstellung von Mietspiegeln enthalten in den seit 1997 geltenden Fassungen[559] keine entsprechenden Vorgaben mehr. Eigene Wohnungstypen sind **Groß- und auch Kleinwohnungen.** Nach dem heutigen Wohnverhalten dürften Großwohnungen, die mit anderen Wohnungen nicht vergleichbar sind, heute bei ca. 110–120 m^2 anfangen. Kleinwohnungen dürften bis ca. 40 m^2 vorliegen. Aber gerade hier sind bereits kleine Unterschiede für die Höhe der Quadratmetermiete von großer Bedeutung. Wohnflächenunterschiede von nur 5 m^2 haben hier nach entsprechenden Untersuchungen Mietunterschiede pro m^2 von ca. 20% zur Folge. Dagegen gibt es zwar Mietpreisunterschiede bei den Wohnungen von ca. 40 m^2 bis ca. 110 m^2 pro Quadratmeter, jedoch sind die Unterschiede hier nicht so groß. Wohnflächenunterschiede von 10 m^2 machen hier teilweise nur 2% Unterschied bei der Quadratmetermiete aus. Deshalb ist eine irgendwie geartete schematische Betrachtung hier fehl am Platz. Umso kleiner die Vertrags- oder Vergleichswohnung ist, umso eher und genauer müssen die Wohnungsgrößen von Vertragswohnung und Vergleichswohnung übereinstimmen. Je größer die Wohnungen sind, umso großzügiger kann man bei der Berücksichtigung der Wohnungsgröße sein.[560] Daraus folgt, dass mit den Mieten für Kleinwohnungen bis ca. 40 m^2 kein Mieterhöhungsverlangen für eine Normal- oder Großwohnung begründet werden kann.[561] Es kommt dabei weniger auf die Größenabweichung als vielmehr auf die Tatsache an, dass es sich um Wohnungen aus unterschiedlichen Wohnungsmärkten gehandelt hat. Dies ist dann aber auch eine Frage der Zulässigkeit des Erhöhungsverlangens und nicht erst der Begründetheit. Würde man Vergleichswohnungen aus anderen Wohnungsteilmärkten als Begründungsmittel zulassen, dann könnte man auf das Begründungserfordernis vollständig verzichten, weil die Angabe von Vergleichswohnungen dann nur eine inhaltsleere Formalie wäre. **122**

cc) Ausstattung. Die Ausstattung einer Wohnung ist nachweislich für die Höhe der Miete das wichtigste Wohnwertmerkmal. Sein Einfluss wird auf 50%[562] bis 60%[563] geschätzt. Unter dem Wohnwertmerkmal der **Ausstattung** wird alles verstanden, was der Vermieter dem Mieter zur **123**

557 AG Hannover WuM 2008, 411.
558 Abgedruckt bei *Börstinghaus/Clar,* Mietspiegel, Anhang B II.
559 Die aktuelle Fassung aus dem Jahr 2002 ist abgedruckt bei *Börstinghaus,* Miethöhe-Handbuch, 2. Aufl., S. 764.
560 LG Berlin GE 1998, 1024.
561 AG Hannover WuM 2008, 411.
562 *Dröge* Handbuch der Mietpreisbewertung, 3. Aufl., S. 242.
563 *Kleiber/Simon/Weyers* Verkehrsermittlung von Grundstücken, H Rdn. 41; *Oberhofer* WuM 1993, 10.

ständigen Benutzung zur Verfügung gestellt hat[564] und für das der Mieter keine besondere Vergütung zu zahlen hat. Während kleinere Ausstattungsunterschiede entweder keine Rolle spielen, weil sie durch andere Vor- oder Nachteile der Wohnungen jeweils ausgeglichen werden, oder weil für sie ggf. ein Zu- oder Abschlag in Ansatz gebracht werden kann, bedeuten größere Ausstattungsunterschiede durchaus, dass es sich wiederum um einen anderen Wohnungsteilmarkt handelt.[565] Dies gilt vor allem für die wichtigen Punkte, ob die Wohnung mit Innen- oder Außen-WC, mit Sammelheizung oder mit Dusche oder Bad[566] ausgestattet ist. Wohnungen, die hier bereits Unterschiede aufweisen, sind nicht vergleichbar und können wechselseitig nicht als Vergleichswohnungen herangezogen werden.[567] Deshalb ist eine in den Wohnräumen mit Außenwand-Gasöfen und im Bad mit einem Elektrostrahler beheizte Wohnung nicht vergleichbar mit einer Wohnung, die in allen Räumen mit einer auf Gas umgestellten Koksheizung ausgestattet ist.[568] Dies gilt auch für Wohnungen mit Einzelöfen und zentralbeheizte Wohnungen.[569] Sind sowohl die Vertragswohnung wie auch die Vergleichswohnungen mit einer Zentralheizung ausgestattet, unterscheidet sich aber lediglich der Brennstoff, dann liegen noch keine unterschiedlichen Wohnungsteilmärkte vor.[570] Auch Vergleichswohnungen, die umfassend saniert wurden, mit neuen Badezimmern und Bodenbelägen ausgestattet wurden, können nicht als Vergleichswohnungen für nicht so sanierte Wohnungen herangezogen werden.[571] Aber auch außerhalb dieser groben Einteilung gibt es so massive Ausstattungsunterschiede, dass man von verschiedenen Wohnungsteilmärkten sprechen muss. So kann z. B. ein Mieterhöhungsverlangen für eine Schlichtwohnung nicht mit Luxuswohnungen als Vergleichswohnungen begründet werden.[572] In Zukunft wird auf Grund der Ergänzung des § 558 Abs. 2 BGB durch das MietRÄndG 2013 auch die energetische Ausstattung bei der Vergleichsbetrachtung zu beachten sein.

124 **dd) Beschaffenheit.** Mit dem Wohnwertmerkmal **Beschaffenheit** ist der Zuschnitt der Wohnung einschließlich der mitvermieteten Hausteile sowie Art und Gestaltung der Umgebung gemeint sowie die Bauweise und auch der Instandhaltungsgrad. Wegen der besonderen Schwierigkeit, die verschiedenen Beschaffenheiten in verschiedene Kategorien einzuteilen, greift die Praxis hier i. d. R. auf Baualtersklassen zurück. Die verschiedenen Baualtersklassen dienen als Hilfstatsache, zur Differenzierung des unterschiedlichen Baustandards.[573] Allein die Tatsache, dass das Baualter der Wohnungen 10 Jahre auseinander liegt, bedeutet aber nicht, dass es sich um einen eigenen Wohnungsmarkt handelt.[574] Nur bei krassen Unterschieden zwischen Vertragswohnung und Vergleichswohnungen fehlt es an der Vergleichbarkeit, so dass das Mieterhöhungsverlangen unwirksam ist. So kann ein Mieterhöhungsverlangen für eine Altbauwohnung nicht mit Vergleichswohnungen aus dem Neubaubereich begründet werden.[575] Entscheidend sind aber die objektiven Unterschiede in der Beschaffenheit und nicht das bloße Datum. Heruntergekommene jüngere Bauten können durchaus einen geringeren Wohnwert als gepflegte Altbauten haben. In Zukunft wird auf Grund der Ergänzung des § 558 Abs. 2 BGB durch das MietRÄndG 2013 auch die energetische Beschaffenheit bei der Vergleichsbetrachtung zu beachten sein.

125 **ee) Lage.** Die Lage ist ein ganz besonderes Wohnwertmerkmal, da die Beurteilung stärker als alle anderen Wohnwertmerkmale von **subjektiven Bedürfnissen,** Einschätzungen und Wünschen abhängig ist. Deshalb ist bei der Beurteilung von Lageunterschieden zwischen den Vergleichswohnungen und der Vertragswohnung größte Vorsicht geboten. Zur Unwirksamkeit des Erhöhungsverlangens können solche Unterschiede i. d. R. nicht führen. Dies gilt selbst dann, wenn die Vergleichswohnungen gar nicht der gleichen politischen Gemeinde entstammen, da es eine Frage der Begründetheit ist, ob die Wohnungen in einer vergleichbaren Nachbargemeinde liegen. Da die ortsübliche Vergleichsmiete auch jeweils für eine ganze Gemeinde zu ermitteln ist, ist es

---

[564] BGH (VIII ZR 315/09) NZM 2010, 735.
[565] AG Bottrop WuM 2017, 35, 36.
[566] AG Hamburg Urt. v. 12.2.1991 – 39b C 2378/90 LS in WuM 1991, Heft 6 S. VI.
[567] AG Augsburg ZMR 2008, 212.
[568] LG Hamburg WuM 1993, 744.
[569] LG München NZM 2003, 431.
[570] LG Karlsruhe WuM 1990, 31.
[571] AG Bottrop WuM 2017, 35, 36.
[572] AG Brühl WuM 1974, 106.
[573] Hierzu *Börstinghaus/Clar,* Mietspiegel, 2. Aufl., Rdn. 184.
[574] LG Düsseldorf DWW 1992, 284; **a. A.** AG Neuss WuM 1991, 699.
[575] LG Berlin WuM 1991, 119; AG Neuss WuM 1991, 691; **a. A.** LG Berlin GE 1993, 95.

auch unschädlich, wenn die Wohnungen in verschiedenen Ortsteilen einer Gemeinde liegen.[576] Lediglich ganz krasse objektive Lageunterschiede vermögen im Einzelfall dazu führen, dass die Wohnungen wegen der unterschiedlichen Lage nicht vergleichbar sind. So kann eine Vergleichswohnung dann nicht zur Begründung eines Mieterhöhungsverlangens herangezogen werden, wenn Wohnungen in einer Villengegend mit einer Wohnung im Industrievorort verglichen werden.[577] Ob der Unterschied zwischen einer Wohnung in einem allgemeinen Wohngebiet und einer Wohnung an der Grenze zu einem Gewerbegebiet bereits so erheblich ist, dass die Wohnungen nicht miteinander verglichen werden können, erscheint fraglich.[578]

ff) Miete und Mietstruktur. Die Mietstruktur, also die Frage, inwieweit der Mieter neben der vereinbarten Miete noch Vorauszahlungen oder Pauschalen auf bestimmte Betriebskostenarten zu zahlen hat, ist kein gesetzlich vorgesehenes Vergleichskriterium oder Wohnwertmerkmal. Die Wirksamkeit des Mieterhöhungsverlangens nach § 558 a BGB hängt deshalb nicht davon ab, dass im Falle einer Inklusiv-, Pauschal- oder Gesamtmiete oder einer Teilpauschalmiete der Vermieter den als Grund- oder Nettomiete von allen Nebenkosten bereinigten Mietanteil rechnerisch ermittelt und sein auf § 558 BGB gestütztes Erhöhungsverlangen auf den so errechneten Netto-Mietanteil ausrichtet und begrenzt. Erhält der Mieter Angaben über die Vergleichswohnungen, die ihm eine eigene Nachprüfung ermöglichen, so kann das Fehlen der im Gesetz nicht ausdrücklich vorgeschriebenen Angaben über die Betriebskosten nicht zur Unwirksamkeit des Mieterhöhungsverlangens führen.[579] **126**

Für die Vergleichswohnungen muss aber eine **Miete im preisfreien Wohnungsbau** vereinbart sein. Wohnungen, für die eine Kostenmiete gezahlt wird, können nicht als Vergleichswohnungen herangezogen werden. Dies widerspricht dem Sinn und Zweck des Begründungserfordernisses. Dadurch, dass der Vermieter mehrere Vergleichswohnungen benennt, soll dem Mieter signalisiert werden, dass die für diese Wohnungen gezahlte Miete im System des preisfreien Wohnungsbaus erzielbar ist. Wenn diese Miete aber nach ganz anderen Gesichtspunkten ermittelt wurde, nämlich auf Grund einer Wirtschaftlichkeitsberechnung nach Kostenmietgesichtspunkten, dann entfällt die Vergleichbarkeit.[580] Auch Wohnungen, die im 3. Förderweg errichtet wurden, können als Vergleichswohnungen nicht herangezogen werden.[581] **127**

Unerheblich ist die Tatsache, **wann die Miete für die Wohnungen vereinbart** bzw. letztmals erhöht wurde.[582] Insbesondere ist es nicht erforderlich, dass die Miete für die Vergleichswohnung in den letzten 4 Jahren neu vereinbart oder von Erhöhungen nach § 560 BGB abgesehen erhöht worden ist.[583] Dabei ist es unerheblich, ob ältere Mietwerte nicht „über den aktuellen Daten liegen".[584] Die 4 Jahresfrist des § 558 Abs. 2 BGB soll lediglich den Umfang der zu erfassenden und auszuwertenden Mieten zur Feststellung der ortsüblichen Vergleichsmiete beschränken. Bei der ortsüblichen Vergleichsmiete handelt es sich um eine modifizierte Durchschnittsmiete. Es sollen eben nicht alle zu einem bestimmten Stichtag innerhalb der Gemeinde gezahlten Mieten die ortsübliche Vergleichsmiete bilden, sondern nur solche, die in den letzten vier Jahren verändert oder vereinbart wurden. Für die Miete der Vergleichswohnungen hat diese Vierjahresfrist überhaupt keine Bedeutung. Umso jünger die Mietpreisvereinbarungen für die Vergleichswohnungen sind, umso größer ist zumindest bei steigenden Mieten die Wahrscheinlichkeit, dass deren Miete über der ortsüblichen Vergleichsmiete liegt. Berücksichtigt man weiter, dass theoretisch der Vermieter berechtigt ist, bei der Neuvermietung eine Miete von bis zu 20% über der ortsüblichen Vergleichsmiete zu vereinbaren, dann kann u. U. bei einer Neuvermietung vor 6 oder mehr Jahren exakt die ortsübliche Vergleichsmiete zum Zeitpunkt des Zugangs des Mieterhöhungsverlangens vereinbart worden sein, **128**

---

576 **A. A.** AG Neuss WuM 1991, 691.

577 AG Tempelhof GE 1991, 579.

578 So aber AG Lübeck WuM 1974, 58.

579 BVerfG WuM 1982, 146, 147, NJW-RR 1993, 1485; **a. A.** AG Tempelhof MM 1991, 303; AG Charlottenburg MM 1991, 268.

580 *Emmerich* in Staudinger (2014) § 558 a BGB Rdn. 52.

581 AG Frankfurt/Oder WuM 2012, 320.

582 Grds. anders: AG Berlin-Charlottenburg GE 2015, 515, nur im konkreten Fall darauf verzichtet.

583 AG Pinneberg ZMR 2004, 123; Bub/Treier/*Schultz* Kap. III. A Rdn. 1309; **a. A.** AG Charlottenburg GE 1988, 467; *Sternel* Mietrecht, III, 687; *Derleder* WuM 1983, 223; *Lessing* DRiZ 1983, 465; so früher auch *Emmerich* in Staudinger (13. Bearbeitung, 1997) Art. 3 WKSchG II § 2 MHRG Rdn. 219, der aber damals selbst den Sinn und Zweck einer solchen Beschränkung nicht sehen konnte. Seit der Neubearbeitung 2003 § 558 a BGB Rdn. 52 fehlt der Satz; offen gelassen von AG Pinneberg ZMR 2004, 277.

584 So aber *Sternel* Mietrecht, III, 687.

nämlich dann, wenn die ortsübliche Vergleichsmiete in der Vergangenheit um ca. 3% gestiegen ist. Solcher Berechnungen bedarf es aber nicht. Sie zeigen aber deutlich, dass die Berufung auf eine bestimmte Wohnung als Vergleichswohnung nicht davon abhängig ist, dass die Miete in den letzten vier Jahren vereinbart oder verändert wurde. Die Auffassung, die dies fordert, scheint dem Irrtum erlegen zu sein, dass die Miete zum Zeitpunkt der Vereinbarung oder Veränderung die ortsübliche Vergleichsmiete bestimmt. Entscheidend ist aber die Summe der zu einem bestimmten Zeitpunkt, nämlich dem des Zugangs des Erhöhungsverlangens, in der Gemeinde gezahlten Mieten. Um diesen nur unter größten Schwierigkeiten zu ermittelnden Wert dem Mieter darzulegen, ist kein Grund ersichtlich, warum der Vermieter nur Vergleichswohnungen mit Mietpreisabreden aus den letzten vier Jahren benennen darf.

3. Inhalt der Begründung

129 Die Frage, wie eine Wohnung objektiv beschaffen sein muss, um als Vergleichswohnung in Frage zu kommen, ist von der Frage, welche Informationen der Vermieter dem Mieter über die Vergleichswohnungen zukommen lassen muss, zu trennen. Der Wortlaut des § 558a Abs. 2 Nr. 4 BGB ist diesbezüglich wenig ergiebig. Dort ist nur von einer „Bezugnahme" die Rede sowie einer „Benennung" der Wohnungen. Dies lässt sowohl eine sehr enge Auslegung zu, wonach nur sehr wenige Angaben reichen würden wie auch eine sehr weite Auslegung, wonach der Vermieter dem Mieter im Erhöhungsverlangen sehr viele Informationen zukommen lassen muss. Das Ergebnis lässt sich deshalb nur über **eine teleologische Auslegung** finden.

130 Mit dem Begründungserfordernis wollte der Gesetzgeber erreichen, dass der Mieter zumindest ansatzweise die Information erhält, die er zur Überprüfung des Mieterhöhungsverlangens benötigt. Er soll in die Lage versetzt werden, die Berechtigung des Mieterhöhungsverlangens nachzuprüfen. Durch die Begründungspflicht soll der Mieter auch vor ungerechtfertigten Mieterhöhungen geschützt werden. Aus diesem Zweck der Vorschrift folgt, dass die Information, die der Mieter erhalten muss, konkret sein muss. Die **pauschale Bezugnahme** auf drei Wohnungen reicht mit Sicherheit nicht aus. Dies ergibt sich schon aus dem Wortlaut der Vorschrift, wonach der Vermieter auf *„einzelne"* vergleichbare Wohnungen Bezug nehmen kann. Nur wenn der Mieter **drei konkrete Wohnungen** benannt bekommt, kann er die Angaben überprüfen und insbesondere feststellen, ob die Wohnungen auch vergleichbar sind. Die Bezugnahme auf mehrere konkret bezeichnete Häuser, deren Wohnungen alle als Vergleichswohnung benannt werden, reicht deshalb ebenfalls nicht aus.[585]

131 Auf der anderen Seite lässt sich § 558a Abs. 2 BGB auch nicht entnehmen, dass der Vermieter alle 5 Wohnwertmerkmale des § 558 Abs. 2 BGB, nach denen die Vergleichbarkeit von Wohnraum festgestellt wird, sämtlichst einzeln genau belegen muss.[586] Das Gesetz verlangt gerade nur eine „Bezugnahme" auf die Vergleichswohnungen. Wie weit die Begründung zu gehen hat, ist deshalb nach dem **Sinn und Zweck der Regelung** zu ermitteln. Dabei ist zu berücksichtigen, dass die mietrechtlichen Verfahrensvorschriften dem Ausgleich zwischen den Belangen des Vermieters und des Mieters dienen; sie dürfen nicht in einer Weise ausgelegt werden, die die Verfolgung der Vermieterinteressen unzumutbar erschwert.[587] Auf der anderen Seite muss die Begründung zumindest so viele Informationen enthalten, dass der Mieter zum einen weitere Informationen einholen und zum anderen zumindest ansatzweise erkennen kann, dass die benannten Wohnungen tatsächlich mit seiner Wohnung vergleichbar sind oder an welchen Punkten Unterschiede vorliegen. Nur dann kann von einer „Begründung" gesprochen werden. Daraus folgt im Einzelnen:[588]

132 **a) Örtliche Identifizierbarkeit.** Der Vermieter muss im Erhöhungsverlangen die Vergleichswohnungen so genau bezeichnen, dass der Mieter die Wohnungen ohne weitere Nachforschungen aufsuchen kann.[589] Hierzu gehört zunächst einmal die **exakte**[590] **postalische Anschrift,** also Ort,

---

585 LG Stade WuM 1988, 278.

586 BVerfGE 49, 244, 249; 53, 352; 79, 80; BVerfG WuM 1982, 146, NJW-RR 1993, 1485; BGH RE v. 20.9.1982, WuM 1982, 324 und NJW 1982, 2867.

587 St. Rspr. des BVerfG z. B. BVerfGE 37, 132, 141; 53, 352, 359.

588 Kritisch hierzu *Sternel* Mietrecht, III, 689ff.

589 BGH (VIII ZR 72/02) NJW 2003, 963 = MietPrax-AK § 558a BGB Nr. 1 mit Anm. *Börstinghaus;* BGH (VIII 141/02) WuM 2003, 149; LG München I WuM 2002, 427; AG München WuM 2016, 177; AG Zossen GE 2015, 461; AG Ibbenbüren WuM 2013, 422; Bub/Treier/*Schultz* Kap. III. A Rdn. 1288; *Beuermann* GE 2003, 302; *Lützenkirchen* BGHReport 2003, 423.

590 AG Ibbenbüren WuM 2013, 422: Die Angabe einer ähnlichen statt der richtigen Straßenbezeichnung ge-

Straße und Hausnummer.[591] Eine Postfachanschrift genügt nicht.[592] Ist unter der Anschrift nur eine Wohnung zu finden, z. B. beim Einfamilienhaus oder weil die einzelnen Wohnungen jeweils eigene Eingänge mit eigener Hausnummer (z. B. 1a, 1b usw.) besitzen, so reichen diese Angaben völlig aus. Auch offensichtliche **Schreibfehler** sind unbeachtlich.[593] Anders ist es, wenn unter der postalischen Anschrift mehrere Wohnungen zu finden sind. Dann muss der Vermieter weitere Angaben machen, die eine eindeutige Identifizierbarkeit der Wohnung erlauben.[594] Interne Unterscheidungsmerkmale des Vermieters, z. B. Wohnungsnummern, reichen hier nicht aus,[595] es sei denn, sie sind nach außen hin dokumentiert, z. B. anhand eines Wohnungsplanes im Treppenhaus oder durch Nummern an den Türen oder dem Klingelbrett. Befindet sich nur eine einzige Wohnung in jedem Geschoss, dann genügt neben der postalischen Anschrift die Angabe des Geschosses, in dem sich die Wohnung befindet.[596] Die Angabe des Namens des Wohnungsmieters der Vergleichswohnung ist nicht zwingend erforderlich.[597] Wenn die Vergleichswohnungen in einem Mieterhöhungsverlangen jedoch **nicht unverwechselbar beschrieben** sind, sondern vielmehr mindestens zwei Wohnungen in einem Wohnhaus in Betracht kommen, reichen diese Angaben nicht aus. Ist eine Wohnung nicht auffindbar, dann gilt sie als nicht benannt.[598] Deshalb reicht in diesem Fall noch nicht einmal die Angabe des Vermieters, selbst wenn dessen Anschrift mit angegeben wird,[599] weil hierdurch die Wohnung, auf die es allein ankommt, nicht aufgefunden werden kann. Dem Mieter ist nach dem Gesetzeswortlaut nicht zuzumuten, über den Vermieter der Vergleichswohnung erst deren Lage zu ermitteln. Immer dann, wenn also unter der Lagebezeichnung mehr als eine Wohnung aufzufinden ist, muss der Vermieter auch den Namen des Mieters der Vergleichswohnung mit angeben.[600] Soweit dies in älteren Rechtsentscheiden[601] generell gefordert wurde, sind diese Entscheidungen durch die drei Rechtsentscheide des BGH vom 20.9.1982 überholt.[602] Kann der Mieter jedoch die Angaben zu der im Zustimmungsverlangen zur Mieterhöhung bezeichneten Vergleichswohnung wegen eines Mieterwechsels nicht überprüfen, dann gilt diese Vergleichswohnung als nicht benannt.[603]

b) Angaben zur Miethöhe. Zur Herstellung der Vergleichbarkeit ist die **Kenntnis der Quadratmetermiete** von entscheidender Bedeutung. Die absolute Miethöhe zweier Wohnungen wäre nur dann aussagekräftig, wenn die Wohnungen exakt gleich groß sind. Da dies aber nur ganz ausnahmsweise der Fall ist, z. B. bei Wohnungen in Plattensiedlungen, kann der Vergleich nur über die Quadratmetermiete erfolgen. Der Vermieter muss deshalb i. d. R. die Quadratmetermiete, die für die Vergleichswohnung gezahlt wird, angeben.[604] Dies gilt auch bei Mieterhöhungen für Einfamilienhäuser.[605] Auf die Angabe der Quadratmetermiete kann aber dann verzichtet werden, 133

nügt nicht (Postweg statt Postdamm); **a. A.** AG Zossen GE 2015, 461 offensichtlicher Schreibfehler bei der Hausnummer macht Erklärung nicht formell unwirksam.

591 BVerfGE 49, 244, 250; 352, 359f.; AG Wedding GE 2006, 331; *Koch* PiG 10, 115, 117.

592 Soweit der BGH (XI ZR 564/15) NJW 2016, 3512; (VIII ZR 95/11) WuM 2012, 190, (I ZR 306/99) NJW 2002, 2391 gem. §§ 312c, 355 BGB bzw. § 14 Abs. 4 BGB-InfoV auch eine Postfachanschrift im Rahmen einer Widerrufsbelehrung für ausreichend erachtet hat, sind diese Entscheidungen auf den vorliegenden Fall nicht übertragbar. Dort ging es um die Möglichkeit der postalischen Erreichbarkeit des Adressaten bezügliche einer Willenserklärung, hier geht es um die Beschreibung und Identifizierbarkeit einer Wohnung. Über die Postfachanschrift ist ggf. der Mieter zu identifizieren und zu erreichen aber nicht die Wohnung.

593 AG Zossen GE 2015, 461.

594 BGH (VIII ZR 72/02) NJW 2003, 963; (VIII ZR 141/02) WuM 2003, 149; LG München I WuM 2002, 427; *Beuermann* GE 2003, 302; *Lützenkirchen* BGHReport 2003, 423; AG Pinneberg ZMR 2003, 583.

595 AG Köln WuM 1994, 546; AG Bad Homburg WuM 1989, 305.

596 LG Hannover WuM 1978, 9.

597 BGH RE v. 20.9.1982, NJW 1982, 2867 und im Verfahren VIII ARZ 13/82 (unveröffentlicht); LG Berlin WuM 1985, 306; **a. A.** wohl BVerfG NJW-RR 1993, 1485, NJW 1989, 969; LG Berlin GE 1993, 49, ZMR 1992, 62.

598 LG Kaiserslautern ZMR 1986, 363; AG Karlsruhe WuM 1990, 222.

599 OLG Schleswig RE v. 1.6.1981, NJW 1981, 2261; AG Wedding GE 1983, 129.

600 LG München I WuM 2002, 427; LG Kaiserslautern ZMR 1986, 363; *Emmerich* in Staudinger § 558a BGB Rdn. 46.

601 BayObLG RE v. 20.8.1981, NJW 1981, 2818, RE v. 9.2.1982, NJW 1982, 1292; OLG Schleswig RE v. 1.6.1981, NJW 1981, 2261; OLG Oldenburg RE v. 25.2.1982, NJW 1982, 1291.

602 BGH RE v. 20.9.1982, NJW 1982, 2867 und im Verfahren VIII ARZ 13/82 (unveröffentlicht).

603 AG Hannover WuM 1995, 397.

604 BVerfGE 49, 244, 250; 53, 352, 359f.; BVerfG NJW-RR 1993, 1485; LG Berlin GE 1993, 49; LG Berlin ZMR 1992, 62.

605 LG Darmstadt WuM 1991, 49.

wenn diese für den Mieter leicht errechenbar ist, nämlich wenn der Vermieter die Grundmiete und die Wohnfläche angegeben hat.[606] In diesem Fall zu verlangen, dass der Vermieter auch noch den letzten Rechenschritt, also Division der Grundmiete durch m² vornehmen muss, damit das Erhöhungsverlangen wirksam ist, wäre eine überflüssige Förmelei ohne jeden zusätzlichen Informationswert. Letztendlich wird der Vermieter diesen Rechenschritt aber i. d. R. selbst vornehmen, weil er ja mit der Quadratmetermiete, die er als ortsüblich ermittelt haben will, weiterrechnen muss. Ein Mieterhöhungsverlangen, das mit dem Hinweis auf Vergleichswohnungen begründet wird, ist aber dann unwirksam, wenn lediglich die Anschriften der Vergleichswohnungen angegeben werden, aber weder deren Wohnfläche noch der Mietpreis pro Quadratmeter bzw. der Gesamtmietpreis ausgewiesen ist.[607] Hier fehlen dem Mieter alle erforderlichen Informationen zur Miethöhe.

134 Die Höhe der für die Wohnung gezahlten **Betriebskosten** muss nicht angegeben werden[608], obwohl der Mieter hieran durchaus ein Interesse haben kann, da über die Höhe der Heizkosten z. B. auf die Wärmedämmung geschlossen werden kann. Bei niedrigen Betriebskosten ist der Mieter ggf. bereit, auch eine höhere Miete zu zahlen. Dies ist aber kein gesetzliches Wohnwertmerkmal. Das Mieterhöhungsverlangen wird dann weiter verfälscht, wenn die Mietstrukturen zwischen der Vertragswohnung und den Vergleichswohnungen unterschiedlich sind. Für den Mieter wirkt sich dies vor allem dann negativ aus, wenn er eine Nettomiete zu zahlen hat, für die Vergleichswohnungen aber eine Inklusiv- oder Teilinklusivmiete gezahlt wird. In diesem Fall enthält die Quadratmetermiete der Vergleichswohnung Betriebskostenanteile, die dazu führten, dass diese Miete über der ortsüblichen Netto-Vergleichsmiete liegt. Wenn der Mieter dies nicht weiß, besteht die Gefahr, dass ihm der Unterschied nicht auffällt und er die durch die Vergleichswohnungen belegte ortsübliche Inklusiv-Vergleichsmiete für die ortsübliche Netto-Vergleichsmiete hält. Nach dem Beschluss des BVerfG[609] soll es aber nicht erforderlich sein, dass der Vermieter auf die Unterschiede der Mietstruktur hinweist. Das Gesetz verlange solche Angaben gerade nicht. Dem ist mit dieser Absolutheit nicht zu folgen. Genauso, wie der Vermieter auf offensichtliche Besonderheiten der Vergleichswohnung hinweisen muss[610], muss er auch auf offensichtliche Unterschiede in der Mietstruktur hinweisen. Eine Netto- und eine Bruttomiete sind eben nicht vergleichbar, obwohl ihre Vergleichbarkeit durchaus hergestellt werden kann. Dies gilt aber nicht für jeden Unterschied der Mietstruktur. Kleinere Betriebskostendifferenzen sind unerheblich, z. B. wenn die Schornsteinfegerkosten einmal umgelegt werden und einmal nicht.[611] Dies entspricht insofern auch der Rechtslage bei der Begründung mit einem Mietspiegel. Auch hier muss der Vermieter im Erhöhungsverlangen bereits die entsprechende Umrechnung bei verschiedenen Mietstrukturen vornehmen.

135 **c) Größe der Wohnung.** Hinsichtlich der Größe der Wohnung muss differenziert werden. Da die Größe nur eingeschränkt bei der Beurteilung der Vergleichbarkeit herangezogen werden muss, da der Vergleich über die Quadratmetermiete erfolgt, kann grundsätzlich die Angabe der Größe der Vergleichswohnungen im Mieterhöhungsverlangen nicht als wesentliche Voraussetzung für seine Wirksamkeit angesehen werden.[612] Etwas anderes gilt aber zunächst immer dann, wenn der Vermieter nicht die Quadratmetermiete angegeben hat, so dass die Kenntnis der Größe der Wohnung erforderlich ist, um die Quadratmetermiete zu errechnen. Aber auch ansonsten kann es erforderlich sein, eine Abweichung zwischen der Größe der Vertragswohnung und der Vergleichswohnung zu begründen.[613] Dies ist dann der Fall, wenn die Wohnungen auf Grund der unterschiedlichen Größen **anderen Wohnungsteilmärkten** angehören (s. o. Rdn. 119f.). Es muss aber nur auf die Unterschiede nicht auf Übereinstimmung ausdrücklich hingewiesen werden. Entscheidend ist immer die tatsächliche Größe der Vergleichswohnungen[614] (und der Vertragswohnung) und nicht die vereinbarte Größe.[615]

---

606 OLG Schleswig RE v. 3.10.1986, WuM 1987, 140.
607 AG Velbert DWW 1994, 86.
608 BVerfG WuM 1982, 146.
609 BVerfG NJW-RR 1993, 1485; zustimmend *Emmerich* in Staudinger § 558a BGB Rdn. 46.
610 BVerfG NJW 1989, 969; AG Charlottenburg GE 1989, 947.
611 So der Fall des BVerfG NJW-RR 1993, 1485.
612 BVerfGE 49, 244, 249f.; 53, 352, 359f.
613 **A. A.** ohne Einschränkungen: BayObLG RE v. 1.4.1982, WuM 1982, 154.
614 *Börstinghaus,* Flächenabweichungen in der Wohnraummiete, Rdn. 838.
615 BGH (VIII ZR 266/14) NZM 2016, 42; *Börstinghaus,* Flächenabweichungen in der Wohnraummiete, Rdn. 723ff.

d) Sonstige Angaben zur Wohnung. Umstritten ist die Frage, inwieweit der Vermieter im Mieterhöhungsverlangen weitere Angaben zu den Vergleichswohnungen machen muss. Hinter diesem Streit steht die grundsätzliche Frage, welche Funktion die Begründung hat. Während die herrschende Meinung die Informationsmöglichkeit für den Mieter in den Vordergrund stellt, verlangt *Sternel*[616] zusätzlich, dass der Mieter aus dem Erhöhungsverlangen selbst und im Vertrauen auf die Richtigkeit der ihm gemachten Angaben die Ortsüblichkeit der verlangten Mieterhöhung „überschlägig zu prüfen vermag". Ob der Unterschied zwischen den Auffassungen tatsächlich so groß ist, erscheint aber zweifelhaft. Nach *Sternel*[617] muss der Mieter soviele Informationen erhalten, dass die „Begründung für sich genommen den Schluss nahelegt, dass das Begehren zumindest überwiegend gerechtfertigt ist." Aber auch die herrschende Meinung lässt die Minimalangaben zu Lage und Quadratmetermiete dann nicht ausreichen, wenn die Wohnung des Mieters **eine dem Vermieter bekannte und ins Auge fallende Besonderheit** aufweist, die einen maßgeblichen wertbildenden Faktor darstellt und wenn wegen dieser Besonderheit bei dem Mieter berechtigte Zweifel darüber entstehen, ob die vom Vermieter benannten Vergleichswohnungen tatsächlich vergleichbar sind. In diesen Fällen ist der Vermieter verpflichtet, zusätzlich zu den im Allgemeinen ausreichenden notwendigen Angaben über die Vergleichsobjekte auch eine schriftliche Erläuterung zu geben, in welcher Weise die Besonderheit seiner Wohnung im Vergleich zu den Vergleichsobjekten berücksichtigt worden ist.[618] Zusätzlich können weiter gehende Angaben verlangt werden, wenn die fragliche Wohnung solche evidenten Besonderheiten aufweist, dass der Mieter an der Vergleichbarkeit der benannten Wohnungen berechtigtermaßen zweifeln kann und schriftlichen Aufschluss über das Vorliegen dieser speziellen wertbestimmenden Faktoren erwarten darf. Dementsprechende inhaltliche Anforderungen an das Erhöhungsverlangen sind nicht unverhältnismäßig und halten sich im Rahmen verfassungskonformer Auslegung des § 558 a Abs. 2 BGB.[619] Anderenfalls würde das Begründungserfordernis nämlich sinnentleert. 136

Auf der anderen Seite ist die Begründung des Vermieters, die sich auf die notwendigen Maßnahmen zur Lage und zur Quadratmetermiete beschränkt **aus der Sicht des Empfängers,** also des Mieters, so auszulegen, dass der Vermieter damit erklärt, dass keine der Vergleichswohnungen so evidente Unterschiede zur Vertragswohnung aufweist, dass an der Vergleichbarkeit zu zweifeln ist. Vom Vermieter hier zu verlangen, dass er Angaben zur Ausstattung, Beschaffenheit oder Lage der Vergleichswohnungen macht, würde eine überflüssige Förmelei darstellen. Der Vermieter erklärt ja durch die Angabe der Wohnungen als Vergleichswohnung inzidenter, dass diese Wohnungen mit der Vertragswohnung vergleichbar sind. Deshalb sind auch stichwortartige Angaben zu den Wohnwertmerkmalen der Vergleichswohnungen in diesem Fall überflüssig.[620] Nur wenn die **Wohnung ganz evidente Unterschiede** aufweist, zählt die Vergleichswohnung nicht mit und ist das Mieterhöhungsverlangen unwirksam, wenn damit weniger als drei Vergleichswohnungen benannt sind.[621] Dies ist z. B. der Fall, wenn bei einer Mieterhöhung für eine Wohnung in einem Hochhauskomplex eine Wohnung in einem Zweifamilienhaus mit Gartennutzung als Vergleichswohnung benannt wird, ohne dass diese Unterschiede kenntlich gemacht worden.[622] Ähnliches kann auch gelten, wenn der Mieter Umbauten vorgenommen hat[623] oder die Vergleichswohnungen vom Vermieter mit Heizung und Bad ausgestattet wurden, die konkrete Vertragswohnung jedoch nicht.[624] Die Abgrenzung ist sicher im Einzelfall schwierig. Kriterium kann deshalb nur sein, ob ein Mieter auf Grund der Angaben zu den Vergleichswohnungen soweit informiert wurde, dass er entscheiden kann, dass die für diese Wohnungen gezahlten Mieten ein Maßstab für seine Wohnung sein können. Die drei denkbaren Fälle stellen sich wie folgt dar: 137

---

616 *Sternel* Mietrecht, III, 689 ff.
617 *Sternel* Mietrecht, III, 691 unter Berufung auf OLG Hamburg MDR 1974, 585.
618 BVerfG NJW 1989, 969; LG Zwickau GE 2012, 830; AG Charlottenburg GE 1989, 947.
619 BVerfG NJW 1989, 969.
620 **A. A.** AG Schöneberg WuM 1986, 342.
621 AG Augsburg ZMR 2008, 212.
622 BVerfG Beschluss v. 17.5.1989 – 1 BvR 451/89 (unveröffentlicht); BVerfG NJW 1989, 969.
623 AG Spandau MM 2005, 263.
624 AG Augsburg ZMR 2008, 212.

Tatsächliche Verhältnisse der Wohnungen	Begründung im Mieterhöhungsverlangen
Vertragswohnung und Vergleichswohnung sind in einer Gesamtschau aller Wohnwertmerkmale vergleichbar	**mit Begründung:** Mieterhöhungsverlangen ist wirksam
	ohne Begründung: Mieterhöhungsverlangen ist wirksam
Vertragswohnung oder Vergleichswohnung sind vergleichbar, weisen aber evidente Besonderheiten auf, die Zweifel an der Vergleichbarkeit rechtfertigen	**mit Begründung:** Mieterhöhungsverlangen ist wirksam. Der Mieter kann auf Grund eines solchen Verlangens eine eigene sachliche Entscheidung treffen. Es ist eine Entscheidung in der Sache zu treffen.
	ohne Begründung: Mieterhöhungsverlangen ist unwirksam. Dem Mieter wird eine Vergleichbarkeit vorgespielt, die nicht existiert.
Vertragswohnung und Vergleichswohnung sind überhaupt nicht vergleichbar	**mit Begründung:** Mieterhöhungsverlangen ist unwirksam
	ohne Begründung: Mieterhöhungsverlangen ist unwirksam

138 Da der Zeitpunkt der Mietpreisvereinbarung bzw. Mieterhöhung für die Vergleichswohnung nicht maßgeblich ist (s. o. Rdn. 128), ist der Vermieter auch nicht verpflichtet, anzugeben, wann die vergleichbaren Mieten vereinbart oder geändert worden sind.[625]

4. Besichtigungsmöglichkeit der Vergleichswohnung

139 § 558a Abs. 2 BGB verlangt **nur die Benennung von Vergleichswohnungen.** Dem Mieter sollen solche Informationen gegeben werden, die es ihm erlauben, weitere Informationen einzuholen.[626] Ob diese Informationsmöglichkeit erfolgreich wahrgenommen werden konnte oder nicht, ist nicht Voraussetzung für die Wirksamkeit des Mieterhöhungsverlangens. Deshalb ist ein Mieterhöhungsverlangen, in dem der Vermieter zur Begründung auf Vergleichswohnungen Bezug nimmt, nicht bereits deshalb unwirksam, weil der oder die Mieter der Vergleichswohnungen eine **Besichtigung der Wohnung** nicht gestatten und/oder nicht bereit sind, ausreichende Auskünfte über die Wohnung zu erteilen.[627] Dies ergibt sich bereits aus dem Wortlaut der Vorschrift. Hinzu kommt, dass der Vermieter der Vertragswohnung diese Besichtigung nicht erzwingen kann[628] und zwar deshalb auch dann nicht, wenn er nur Wohnungen aus dem eigenen Bestand benannt hat und deshalb auch Vermieter der Vergleichswohnungen ist.[629] Aus dem Mietvertrag besteht kein Anspruch auf Besichtigung der Wohnung durch Dritte, die die Vergleichbarkeit der Wohnung mit ihrer eigenen Wohnung feststellen wollen. Erst recht hat der Vermieter der Vertragswohnung keinen durchsetzbaren Anspruch auf Besichtigung, wenn er selbst noch nicht einmal Vermieter der Vergleichswohnungen ist. Hier handelt es sich um eine Frage der Solidarität der Mieter untereinander.

140 Umgedreht hat der Vermieter auch keinen Anspruch gegen **andere Vermieter,** dass diese ihm **Vergleichswohnungen benennen.** Auch hier ist der Vermieter auf die Zusammenarbeit mit den anderen Vermietern und deren Solidarität angewiesen. Dies wird auch bei der Erstellung von Sachverständigengutachten und Mietspiegeln deutlich. Auch der Sachverständige hat keinen durchsetzbaren Anspruch gegen Vermieter, ihm die Daten bekannt zu geben, damit er sein Gutachten erstellen kann. Er muss Überzeugungsarbeit leisten. Deshalb stellt sich ja auch die Frage nach den

[625] **A. A.** AG Charlottenburg GE 1988, 467.

[626] Nach *Tiefenbacher* WuM 2015, 37 kann sich eine Besichtigung zur Feststellung von Unterschieden „auszahlen".

[627] OLG Schleswig RE v. 31.10.1983, NJW 1984, 245 mit abl. Anm. *Kummer* WuM 1985, 39, 41; *Emmerich* in Staudinger § 558a BGB Rdn. 46; **a. A.** noch LG Hannover WuM 1980, 79.

[628] Formularvertraglich vereinbarte Besichtigungsrechte sind in der Wohnraummiete unwirksam BGH (VIII ZR 289/13) NZM 2014, 635; in Gewerbemiete aber zulässig: LG Hamburg ZMR 2015, 312.

[629] Zum Besichtigungsrecht des Vermieters: BGH (VIII ZR 289/13) NZM 2014, 635 *Willems* NZM 2015, 353; *Herrlein* ZMR 2007, 247; *Schlüter* NZM 2006, 681; *Leiß* MM 2006, 1008; s. a. § 535 Rdn. 206.

datenschutzrechtlichen Schutzpflichten und -möglichkeiten für die Daten, die die Sachverständigen nicht preisgeben wollen.[630] Ähnlich ist es auch bei der Mietspiegelerstellung. Auch dort sind Vermieter aber auch Mieter grundsätzlich nicht verpflichtet, bei einer Mietspiegeldatenerhebung Auskunft zu erteilen. Nach den einschlägigen Landesstatistikgesetzen[631] müsste eine solche Auskunftspflicht durch Satzung ausdrücklich angeordnet werden, was nach hiesiger Kenntnis nirgendwo geschieht.

5. Die Höhe der einzelnen Vergleichsmieten

Es müssen auf jeden Fall mindestens drei Wohnungen benannt werden, für die die verlangte Quadratmetermiete oder mehr gezahlt werden. Es kommt nicht auf den Durchschnitt der für die Vergleichswohnungen gezahlten Mieten an. Dies ergibt sich bereits aus einer **Auslegung nach dem Wortlaut** des § 558 a Abs. 2 Nr. 4 BGB. Danach muss der Vermieter im Mieterhöhungsverlangen auf „entsprechende Entgelte" für einzelne vergleichbare Wohnungen hinweisen. Das Wort „entsprechend" ist dabei im Zusammenhang mit § 558 a Abs. 1 BGB zu lesen, wonach der Vermieter seinen „Anspruch nach § 558 BGB" begründen muss. Nach § 558 Abs. 1 BGB hat der Vermieter nur Anspruch auf eine Miete, die die ortsübliche Vergleichsmiete in der Gemeinde nicht übersteigt. Daraus folgt, dass der Vermieter durch die Angabe einer Vergleichswohnung und der entsprechenden Miete sagen will, dass die für die Vergleichswohnung vereinbarte Miete „die ortsübliche Vergleichsmiete" i. S. d. § 558 Abs. 1, 2 BGB darstellt. 141

Strittig ist, was zu gelten hat, wenn **zusätzlich auch noch Wohnungen** benannt werden, für die **eine geringere als die verlangte Vergleichsmiete** gezahlt wird. Nach Ansicht des BGH[632] ist es unschädlich, dass auch Wohnungen dabei sind, für die weniger gezahlt. Gemäß § 558 a Abs. 2 Nr. 4 BGB hat der Vermieter, der sein Erhöhungsverlangen unter Bezugnahme auf Vergleichswohnungen begründet, drei vergleichbare Wohnungen mit „entsprechenden Entgelten" zu benennen. Der Umstand, dass der Vermieter weitere Wohnungen benannt hat, bei der die Miete nicht der verlangten Miete entspricht, sondern zwischen der bisherigen und der erhöhten Miete liegt, rechtfertige keine andere Beurteilung. Für den Senat ergibt sich auch aus dem Sinn und Zweck des Begründungserfordernisses nichts anderes. Das für ein Mieterhöhungsverlangen des Vermieters nach § 558 a BGB bestehende Begründungserfordernis solle dem Mieter konkrete Hinweise auf die sachliche Berechtigung des Erhöhungsverlangens geben, damit er während der Überlegungsfrist die Berechtigung der Mieterhöhung überprüfen und sich darüber schlüssig werden kann, ob er dem Erhöhungsverlangen zustimmt oder nicht. Erfolge die Begründung anhand von Vergleichswohnungen, so soll der Mieter durch die Benennung von „einzelne(n)" Wohnungen die Möglichkeit haben, sich über die Vergleichswohnungen zu informieren und die behauptete Vergleichbarkeit nachzuprüfen. 142

Damit hat der BGH den Rechtsentscheid des OLG Karlsruhe vom 15. 12. 1983[633] zumindest faktisch „aufgehoben" und der gegenteiligen Rechtsansicht[634] eine Absage erteilt. Danach musste jedes einzelne Entgelt für die Vergleichswohnungen der verlangten Miete entsprechen. Das Mieterhöhungsverlangen wurde also zwingend nach oben durch das geringste Entgelt der benannten Vergleichswohnungen begrenzt (so auch).

Nicht übersehen werden darf, dass das Erhöhungsverlangen in den Fällen, in denen der Vermieter zwar **mindestens drei Vergleichsmieten** benennt, die so hoch oder höher als die verlangte Miete sind, aber eben auch mindestens eine niedriger, **formell ordnungsgemäß** wäre, wenn der Vermieter schlicht **die niedriger Miete nicht benannt hätte.** Insofern ist das Ergebnis des BGH vertretbar. Übersehen werden darf aber auch nicht, dass der Vermieter selbst durch die Angabe weiterer – niedrigerer – Mieten zu erkennen gegeben hat, dass für vergleichbare Wohnungen auch weniger als verlangt gezahlt wird. Da die Einzelvergleichsmiete aber eine Spanne darstellt, läge die verlangte Miete auch dann noch innerhalb dieser Bandbreite. Aber selbst wenn man diese „Spanne" nicht als Bandbreite der Einzelvergleichsmiete versteht sondern als Spanne wie bei einem Mietspie- 143

[630] BGH NJW 1994, 2899, NJW 1992, 1817 (1819); BVerfG NJW 1995, 40, NJW 1997, 311.

[631] Dazu *Börstinghaus/Clar,* Mietspiegel, 2. Aufl., Rdn. 398ff.

[632] BGH (VIII ZR 79/11) NZM 2012, 415 = MietPrax-AK § 558 a BGB Nr. 27 m. Anm. *Börstinghaus.*

[633] OLG Karlsruhe RE v. 15. 12. 1983, WuM 1984, 21.

[634] So auch BayObLG negRE WuM 1984, 275; LG Berlin GE 2004, 482; AG Pinneberg AIM 2003, 163; AG Siegburg WuM 1991, 117; *Derleder* WuM 1983, 221, 223; *Dickersbach* in Erman § 558 a BGB Rdn. 24.

gelfeld, wäre dies für die formelle Wirksamkeit des Erhöhungsverlangens noch ausreichend, § 558a Abs. 4 Satz 1 BGB analog.

144–145 *derzeit unbelegt*

6. Prozessuales

146 Bei der prozessualen Durchsetzung muss danach unterschieden werden, ob es um die **Feststellung der Wirksamkeit des Erhöhungsverlangens** geht oder um die **Feststellung der ortsüblichen Vergleichsmiete.** Während der erste Punkt eine Frage der Zulässigkeit der Zustimmungsklage ist, ist der zweite Punkt eine Frage der materiell-rechtlichen Begründetheit der Klage. Nur ein wirksames Mieterhöhungsverlangen löst die Überlegungsfrist aus, was wiederum eine besondere Sachentscheidungsvoraussetzung für die Zustimmungsklage ist.[635] Ohne wirksames Mieterhöhungsverlangen ist die Klage als unzulässig abzuweisen.[636]

147 Zur **Zulässigkeit der Zustimmungsklage** gehört das ordnungsgemäße Mieterhöhungsverlangen. Dies setzt bei der Begründung mit Vergleichswohnungen zum einen voraus, dass die Angaben im Mieterhöhungsverlangen ausreichend und wahr (s. o. Rdn. 100) sind. Dies zu beurteilen ist eine Rechtsfrage, die das Gericht ohne Beweisaufnahmen beantworten kann. Außerdem setzt ein wirksames Mieterhöhungsverlangen voraus, dass mindestens drei Vergleichswohnungen unter Berücksichtigung einer Gesamtschau der Wohnwertmerkmale mit der Vertragswohnung vergleichbar sind. Dies wird vom Vermieter durch Angabe dieser Wohnungen gerade behauptet und zwar selbst bei fehlendem ausdrücklichem Sachvortrag zumindest konkludent. **Bestreitet der Mieter im Zustimmungsverfahren die Vergleichbarkeit,** so muss über die Frage der Vergleichbarkeit Beweis erhoben werden.[637] Einfaches Bestreiten genügt hier aber nicht, da den Mieter eine Informationspflicht trifft. Er muss sich erkundigen, ob die Vergleichswohnungen vergleichbar sind. Würde man einfaches Bestreiten ausreichen lassen, hätte der Vermieter im Prozess doch wieder die Verpflichtung, die Vergleichbarkeit der Wohnungen substantiiert darzustellen. Da das Begründungserfordernis aber nur das Mieterhöhungsverlangen betrifft, reicht auch im Prozess für den Vermietersachvortrag die Behauptung aus, er habe in einem Mieterhöhungsverlangen auf mindestens drei näher bezeichnete Wohnungen hingewiesen und diese seien vergleichbar. Nunmehr ist es Sache des Mieters, diesen Sachvortrag zu bestreiten, d. h. der Mieter muss vortragen, hinsichtlich welcher Wohnwertmerkmale es an einer Vergleichbarkeit der Wohnungen fehlt. Wenn das Gericht der Auffassung ist, dass unter Berücksichtigung der vom Mieter dargelegten und vom Vermieter wiederum bestrittenen Wohnwertunterschiede eine Vergleichbarkeit dieser Vergleichswohnungen tatsächlich nicht gegeben ist, bedeutet dies noch nicht zwingend, dass das Bestreiten des Mieters tatsächlich erheblich ist. Erheblich ist der Sachvortrag des Mieters nämlich dann noch nicht, wenn auch nach seinem Sachvortrag noch mindestens drei andere der benannten Vergleichswohnungen vergleichbar sind. Dann ist das Mieterhöhungsverlangen wirksam und das Gericht muss, wenn nicht andere Unwirksamkeitsgründe vorliegen, über die materiellen Rechtsfragen entscheiden. Nur wenn der Mieter bei so vielen Vergleichswohnungen die Vergleichbarkeit qualifiziert bestreitet, dass weniger als drei Vergleichswohnungen übrig bleiben, stellt sich die Frage der Art der Beweiserhebung und der Beweislast. Anzuwenden sind auch auf die Frage der Wirksamkeit des Mieterhöhungsverlangens die Regeln des **Strengbeweises.** Zwar wird in der Rechtsprechung[638] und in der Literatur[639] die Auffassung vertreten, dass namentlich zur Feststellung der Prozessvoraussetzungen auch der Freibeweis zulässig sei, wonach dem Gericht freie Hand gelassen wird, ob es Beweis erhebt und welcher Beweismittel es sich bedient, dies gilt aber zumindest für die **Feststellung der Wirksamkeit eines Mieterhöhungsverlangens** nicht. Letztendlich handelt es sich bei der Frage der Wirksamkeit des Mieterhöhungsverlangens um eine Voraussetzung für den Anspruch des Vermieters auf Zustimmung zur Mieterhöhung. Dass diese Voraussetzung gesetzgeberisch mittelbar als Zulässigkeits-

---

[635] BGH (VIII ZR 234/03) NZM 2004, 581 = MietPrax-AK § 558a BGB Nr. 6 m. Anm. *Börstinghaus;* OLG Hamburg MDR 1974, 585; LG Berlin WuM 1980, 18; LG Hamburg ZMR 1977, 24, WuM 1980, 64; AG Dortmund, NZM 1999, 415; *Hinz* NZM 2002, 633; *Sternel* PiG 10, 126, 139; *Emmerich* PiG 13, 51, 55.

[636] BGH (VIII ZR 413/12) NJW 2014, 1173 = MietPrax-AK, § 558a BGB Nr. 30 m. Anm. *Börstinghaus.*

[637] *Sternel* Mietrecht aktuell (2009), IV, 254; **a. A.** BayObLG RE v. 17.12.1984, WuM 1985, 53; LG Berlin GE 2002, 1061 wonach allein die Benennung von drei Vergleichswohnungen für die Zulässigkeit ausreichen soll. Ob die Wohnungen tatsächlich vergleichbar sind, sei eine Frage der Begründetheit.

[638] BGH NJW 1987, 2875, 2876.

[639] *Schellhammer,* Zivilprozess, Rdn. 510; *Koch/Steinmetz* MDR 1980, 901; krit. *Peters* ZZP 101, 296.

voraussetzung ausgestaltet ist, weil nur ein wirksames Mieterhöhungsverlangen die Überlegungsfrist und diese wiederum die Klagefrist in Gang setzt, kann nicht bedeuten, dass nunmehr für diese Frage andere Beweisregeln gelten. Letztendlich geht es auch bei der Frage der Wirksamkeit des Mieterhöhungsverlangens um materiellrechtliche Fragen, nämlich ob die benannten Wohnungen nach den Wohnwertmerkmalen des § 558 Abs. 2 BGB vergleichbar sind. Für die Beurteilung der Zulässigkeit andere Beweisregeln zu verwenden als für die gleichartige Frage der Vergleichbarkeit von Wohnraum zur Ermittlung der ortsüblichen Vergleichsmiete, ergibt sich weder aus irgendeinem Gesetz noch ist dies aus irgendwelchen Gründen geboten. Das Gericht darf deshalb auch die Frage der Wirksamkeit des Mieterhöhungsverlangens nur im Rahmen der Beweisantritte der jeweils beweisbelasteten Partei aufklären.

Die **Beweislast** trägt, da ein wirksames Mieterhöhungsverlangen Zulässigkeitsvoraussetzung für die Zustimmungsklage ist, **der Vermieter.**[640] Als Beweismittel kommt zunächst für die Frage der Vergleichbarkeit der Wohnungen die richterliche Inaugenscheinnahme in Betracht. Diese ist aber nur mit Zustimmung des Mieters der Vergleichswohnung zulässig,[641] und zwar selbst dann, wenn der klagende Vermieter zugleich der Vermieter der Vergleichswohnung ist. Allein seine Stellung als Vermieter berechtigt ihn nicht, die Wohnung zu besichtigen. Er hat noch nicht einmal einen durchsetzbaren Anspruch auf Duldung der Besichtigung durch das Gericht. Die Einverständniserklärung muss der Vermieter als beweisbelastete Partei vorlegen. Sie ist nicht vom Amts wegen durch das Gericht einzuholen, wie z. B. eine Aussagegenehmigung. Möglich ist aber in dem Fall, dass der Mieter der Vergleichswohnung die Besichtigung nicht gestattet, die Benennung dieses Mieters als Zeugen; ggf. kommt auch die Benennung des Vermieters der Vergleichswohnung als Zeuge in Betracht. Letzteres ist neben der Urkundenvorlage auch ein geeignetes Beweismittel, wenn die Höhe der Miete für die Vergleichswohnungen im Streit steht. Der Vermieter der Vergleichswohnung ist aber dann kein geeignetes Beweismittel, wenn er mit dem klagenden Vermieter identisch ist. Dann ist er in der Parteirolle und kann nicht zugleich Zeuge sein. Das Gericht hat aber nur die Zeugen zu vernehmen, die die beweisbelastete Partei benannt hat. Ein Sachverständigengutachten über die Vergleichbarkeit der Wohnungen scheidet i. d. R. aus.[642] Ein Sachverständiger ist nur dann zu beauftragen, wenn das Gericht nicht auf Grund eigener Sachkunde die erforderlichen Feststellungen treffen kann. Die Feststellung, ob Wohnungen im Wesentlichen vergleichbar sind, ist aber eine Feststellung, die ohne weitere besondere Sachkunde durch das Gericht getroffen werden kann. 148

Soweit es um die **Feststellung der ortsüblichen Vergleichsmiete** im Zustimmungsprozess geht, sind die mindestens drei Wohnungen, die der Vermieter im Mieterhöhungsverlangen angegeben hat, **kein Beweismittel.**[643] Es muss klar unterschieden werden zwischen der Begründung des Mieterhöhungsverlangens und der Feststellung der ortsüblichen Vergleichsmiete. Letztere muss das Gericht unter Ausschöpfung aller zivilprozessual zulässigen Beweismittel ermitteln. Eine Beschränkung auf die vom Vermieter im Erhöhungsverlangen gewählten Begründungsmittel findet nicht statt.[644] Es ist auch dogmatisch falsch, die für die Vergleichswohnungen gezahlten Mieten mit dem Begriff der ortsüblichen Vergleichsmiete gleichzusetzen. Zwar kann rein theoretisch die ortsübliche Vergleichsmiete genau der maßgeblich (siehe Rdn. 142) niedrigsten benannten Vergleichsmiete entsprechen, dies ist aber sehr unwahrscheinlich. Wenn es aber unwahrscheinlich ist, dass diese Werte den materiellen Begriff der ortsüblichen Vergleichswohnungen richtig wiedergeben, dann kann man die Werte der Vergleichswohnungen auch nicht als Beweismittel hierfür heranziehen, noch nicht einmal als Indiz. Drei Wohnungen aus einem weder vom genauen Umfang noch von seiner Zusammensetzung her bekannten Wohnungsmarkt können zur Überzeugungsbildung des Gerichts gar nichts beitragen. Hierzu sind weitere Angaben erforderlich, die einen Rückschluss auf die **Repräsentativität der Daten** zulassen. Ein Indiz liegt aber nur dann vor, wenn es den Rückschluss auf die zu beweisende Haupttatsache zulässt. Da es sich bei der ortsüblichen Vergleichsmiete um einen repräsentativen Querschnitt vergleichbarer Wohnungen in der Gemeinde handelt, bei denen zudem noch eine Mietvereinbarung innerhalb der letzten 4 Jahre getroffen worden ist, können drei Wohnungen zu dem zu ermittelnden Wert keinerlei Überzeugungsbildung leisten. Die drei Wohnungen können Extremwerte sein, ohne dass es eine Möglichkeit gibt, dies festzustellen 149

640 AG Karlsruhe WuM 1990, 222; *Emmerich* in Staudinger (2014) § 558b BGB Rdn. 28.
641 *Emmerich in* Staudinger § 558a BGB Rdn. 46.
642 BayObLG negRE WuM 1985, 53.
643 LG Berlin GE 2004, 482; AG Berlin-Mitte GE 2016, 593.
644 LG Essen WuM 1991, 120; LG Hamburg WuM 1990, 31.

oder gar zu bewerten. Deshalb schon sind die drei Vergleichswohnungen für die Ermittlung der ortsüblichen Vergleichsmiete im Prozess ungeeignet. Sie könnten im Übrigen nur im Rahmen einer richterlichen Inaugenscheinnahme als Beweismittel berücksichtigt werden, was aber bedeuten würde, dass man mittels richterlicher Inaugenscheinnahme den unbestimmten Rechtsbegriff der „ortsüblichen Vergleichsmiete" überhaupt ermitteln kann. Das ist jedoch ebenfalls nicht der Fall, da die Feststellung der ortsüblichen Vergleichsmiete vor allem eine **empirische Tatsachenfeststellung** ist.

VI. Sonstige Begründungsmittel

150 Der Vermieter ist nicht auf die fünf[645] in § 558a Abs. 2 BGB aufgezählten Begründungsmittel beschränkt. Wie sich aus dem Wortlaut des § 558a Abs. 2 BGB ergibt, kann „insbesondere" auf diese fünf Begründungsmittel zurückgegriffen werden. Daraus ergibt sich eindeutig, dass die Aufzählung nicht abschließend ist.[646] Es handelt sich um eine **beispielhafte,** nicht aber um eine abschließende **Aufzählung.** Zugelassen sind alle Begründungsmöglichkeiten, wenn sie nur geeignet sind, dem Mieter die für seine Entschließung erforderliche Information zu geben.[647]

151 Erforderlich ist zunächst, dass **überhaupt ein Begründungsmittel** verwandt wird. Hierfür ist erforderlich, dass die gewählte Begründung dem Mieter konkrete Hinweise auf die sachliche Berechtigung des Erhöhungsverlangens gibt, damit er während der Überlegungsfrist die Berechtigung der Mieterhöhung überprüfen und sich darüber schlüssig werden kann, ob er dem Erhöhungsverlangen zustimmt oder nicht.[648] Wie auch bei allen anderen im Gesetz aufgezählten Begründungsmitteln dürfen dabei in formeller Hinsicht im Hinblick auf das Grundrecht des Vermieters aus Art. 14 GG zwar keine überhöhten Anforderungen gestellt werden[649]; allerdings müssen auch die sonstigen Begründungsmittel in formeller Hinsicht Angaben über die Tatsachen enthalten, aus denen der Vermieter die Berechtigung der geforderten Mieterhöhung herleitet, und zwar in dem Umfang, wie der Mieter solche Angaben benötigt, um der Berechtigung des Erhöhungsverlangens nachgehen und diese zumindest ansatzweise überprüfen zu können.[650] Hinweise auf entsprechende **Anzeigen in der örtlichen Tagespresse** reichen nicht aus, da sie weder überprüfbar sind noch feststeht, dass die dort verlangten Mieten auch tatsächlich später erzielt wurden.[651] Begründungen des Vermieters, die sich lediglich auf seine Aufwendungen oder sonst gestiegenen Kosten beziehen, sind ebenfalls nicht ausreichend.[652] Deshalb sind auch **Wirtschaftlichkeits- oder Rentabilitätsberechnungen**[653] oder **Wertermittlungsgutachten**[654] des Vermieters hinsichtlich des Mietobjekts ungeeignet. Das Gleiche gilt für Begründungen, die mit dem Wohnungsmarkt in der Gemeinde nichts zu tun haben, z. B. der Hinweis auf gestiegene **Lebenshaltungskostenindices,** selbst wenn es sich um den Mietenindex handeln sollte, da diese Angaben entweder nicht ausschließlich Wohnungsmieten betreffen[655] und schließlich überhaupt nicht nach den Wohnwertmerkmalen des § 558 Abs. 2 BGB differenzieren, von der zeitlichen Beschränkung der zu erfassenden Mieten ganz zu schweigen. Das Gleiche gilt für Baukostenindices, da die Baukosten über die Wohnungsmieten im Bestand gar nichts aussagen. Auch die **Wohngeldstatistik**[656] ist ein ungeeig-

---

[645] Wenn man die Bezugnahme auf einfache und qualifizierte Mietspiegel jeweils als eigenes Begründungsmittel zählt.

[646] BGH (VIII ZR 413/12) NJW 2014, 1173; LG Hamburg Urt. v. 20.9.2013 – 311 S 13/13 LS NJW-Spezial 2013, 707; *Fleindl* ZMR 2014, 268; *Ruge* AnwZert_MietR 10/2014 Anm. 2.

[647] BT-Drucks. 7/2011 S. 10; BGH (VIII ZR 413/12) NJW 2014, 1173; BVerfG NJW 1980, 1817.

[648] BGH (VIII ZR 413/12) NJW 2014, 1173.

[649] BVerfGE 49, 244, 249; BGH (VIII ZR 52/03) NJW 2004, 1379; nach *Emmerich* in Staudinger § 558a BGB Rdn. 54a ist die Skepsis gegen sonstige Begründungsmittel nur gerechtfertigt, wenn die Unabhängigkeit der Stelle zweifelhaft oder wenn das Material undurchsichtig bleibt.

[650] BGH (VIII ZR 413/12) NJW 2014, 1173.

[651] LG Köln WuM 1974, 10; *Lenhard* DWW 1974, 228.

[652] LG Gießen WuM 1975, 16; LG Köln WuM 1974, 10; AG Rheine WuM 1974, 84; *Emmerich* in Staudinger (2014) § 558a BGB Rdn. 54.

[653] LG Stuttgart WuM 1974, 83; AG Holzminden WuM 1973, 171.

[654] LG Gera WuM 2002, 497; LG Mönchengladbach WuM 1993, 197; AG Köln WuM 1998, 379; *Emmert* in Hannemann/Wiek/Emmert, Hdb. d. Mietrechts, 5. Aufl. (2013), § 12 Rdn. 75.

[655] AG München WuM 1972, 143; AG Backnang WuM 1973, 48.

[656] **A. A.** LG Hamburg WuM 1978; 146; *Emmert* in Hannemann/Wiek/Emmert, Hdb. d. Mietrechts, § 12 Rdn. 74.

netes Begründungsmittel, da gerade die Wohngeldempfänger nicht repräsentativ für alle Wohnungsmieter sind. Hier ist eine Selektion nach dem zulässigen subjektiven Merkmal des Familieneinkommens vorgenommen worden. Zudem sind für den Mieter die Angaben nicht überprüfbar und die Daten beziehen sich in der Regel auf andere räumliche Gebiete. Eine andere Frage ist, ob die Wohngeldstatistik bei der Ermittlung der ortsüblichen Vergleichsmiete im Wege der Schätzung gem. § 287 ZPO[657] oder bei der Aufstellung des Mietspiegels[658] herangezogen werden darf.

Das sonstige Begründungsmittel muss mindestens so geeignet sein, wie das schlechteste der fünf **152**
vom Gesetzgeber vorgesehenen **Regelbegründungsmittel.**[659] Das ist die Begründung mit drei Vergleichswohnungen. Zumindest werden hier aber drei ganz konkrete Mietverhältnisse angegeben, die der Mieter sowohl hinsichtlich der Vergleichbarkeit wie auch hinsichtlich der Höhe der vereinbarten Miete überprüfen kann. An diesem **Maßstab** sind die sonstigen Beweismittel zu messen. Auch wenn die Anforderungen deshalb nicht allzu hoch sind[660], kann nicht jede Übersicht über Mieten in einer Gemeinde herangezogen werden. Übersichten der Makler wie z. B. der **„VDM-Preisspiegel für Wohn- und Anlageimmobilien"**, der **„RDM-Immobilienspiegel"** oder der **„ivd-Immobilienspiegel"** sind keine geeigneten Begründungsmittel. In diesen Übersichten werden zum einen nur Neuvertragsmieten ausgewiesen, was aber für sich genommen nicht schädlich ist, da auch bei den drei Vergleichsmieten i. d. R. die hohen Neuvertragsmieten herangezogen werden. Die Daten für diese Übersichten werden aber weder repräsentativ erhoben und vor allem nur bei Opportunität veröffentlicht, also wenn die Verbände daran ein Interesse haben.[661] Hinzukommt, dass für den Mieter keinerlei Möglichkeit der Überprüfung besteht. Dies ist zwar bei Mietspiegeln auch der Fall, hier hat aber der Gesetzgeber durch die Person des Mietspiegelaufstellers eine gewisse Richtigkeitsgewähr sicherstellen wollen. Auch die entsprechenden **Übersichten der Finanzämter**[662] bzw. der Staatshochbauämter[663] sind deshalb ungeeignet. Diese Datensammlungen orientieren sich an entsprechenden Tatbestandsvoraussetzungen des öffentlichen Rechts, sind für den Mieter nicht überprüfbar und differenzieren nicht nach den Wohnwertmerkmalen. Auch Auskünfte der Gemeinde sind kein geeignetes Begründungsmittel.[664] Zum einen haben diese Ämter i. d. R. gar keine Daten, um solche Auskünfte zu erteilen und zum anderen kann der Mieter diese Angaben nicht nachprüfen, da jegliche Befundtatsachen, die der Auskunft zu Grunde liegen, fehlen.

Auf der anderen Seite genügen alle diese Begründungsmittel, die dem Mieter anhand von Ein- **153**
zeltatsachen nachvollziehbar einen Anhaltspunkt über die Höhe der ortsüblichen Vergleichsmiete geben. Hierzu zählen z. B. **Urteile,** in denen der Rechenweg zur Ermittlung der ortsübliche Vergleichsmiete für die konkrete Wohnung in der Vergangenheit dargelegt wurde[665] oder in denen aktuell die Höhe der ortsüblichen Vergleichsmiete für vergleichbaren Wohnraum[666] festgestellt wurde oder auch entsprechende Sachverständigengutachten,[667] z. B. wenn sie als sog. **Typgutachten**[668] nicht als Gutachten gemäß § 558a Abs. 2 Nr. 3 BGB anerkannt werden. Darunter fallen vor allem Gutachten für andere vergleichbare Wohnungen, die der Sachverständige nicht besichtigt hat. Ein solches Gutachten ist aber nur dann ein sonstiges Begründungsmittel, wenn die im Gutachten beschriebene Wohnung und die konkrete Wohnung vergleichbar sind. Hier gelten ähnliche Anforderungen wie bei dem Begründungsmittel „Vergleichswohnungen". Mit einem Gutachten für sanierte Wohnungen kann man deshalb keine Mieterhöhung für unsanierte Wohnungen begrün-

---

657 Dafür LG Hamburg ZMR 1977, 88, WuM 1978, 146; AG Hamburg WuM 1978, 73; *Emmerich* in Staudinger § 558a BGB Rdn. 54 ist sogar der Auffassung, dass die Wohngeldstatistik ein zulässiges sonstiges Begründungsmittel darstellt.

658 LG Bochum WuM 1982, 18; LG Hamburg WuM 1978, 146.

659 AG München WuM 1977, 212.

660 So auch *Emmerich* in Staudinger § 558a BGB Rdn. 54a.

661 *Emmerich* in Staudinger § 558a BGB Rdn. 54a.

662 LG Aurich WuM 1990, 222; LG Limburg WuM 1987, 29; **a. A.** AG Büdingen WuM 1989, 81; *Emmert* in Hannemann/Wiek/Emmert, Hdb. d. Mietrechts, § 12 Rdn. 74.

663 AG Friedberg WuM 1986, 322.

664 LG Ludwigsburg WuM 2017, 93, 94; AG München WuM 1977, 212; AG Fürth/Odenw. WuM 1973, 102; AG Backnang WuM 1973, 48.

665 LG Hamburg Urt. v. 20.9.2013 – 311 S 13/13 LS NJW-Spezial 2013, 707.

666 *Emmert* in Hannemann/Wiek/Emmert, Hdb. d. Mietrechts, § 12 Rdn. 74.

667 LG Nürnberg NJW-RR 1991, 13; *Emmerich* in Staudinger § 558a BGB Rdn. 54.

668 Dazu BGH (VIII ZR 122/09) WuM 2010, 504 = NZM 2010, 576 = MietPrax-AK § 558a BGB Nr. 19 m. Anm. *Börstinghaus.*

den.[669] Der Vermieter kann das Zustimmungsverlangen zur Mieterhöhung auch durch Bezugnahme auf ein Sachverständigengutachten begründen, das in einem anderweitigen gerichtlichen Verfahren eingeholt worden ist. Erforderlich ist lediglich, dass die beiden Wohnungen ungefähr vergleichbar sind.[670] Entscheidend ist aber, dass der Gutachter mit Mietpreisbewertung zumindest auch befasst ist. Deshalb reicht ein Gutachten eines Sachverständigen für das Bauhandwerk weder als Sachverständigengutachten i. S. d. § 558a Abs. 2 Nr. 3 BGB noch als sonstiges Begründungsmittel aus.[671] Das Gesetz hat in § 558a Abs. 2 Nr. 3 BGB die Voraussetzungen für ein Gutachten als Begründungsmittel aufgeführt. Es ist nicht möglich, diese Anforderungen dadurch zu umgehen, dass man Gutachten, die diese Voraussetzungen nicht erfüllen, als „sonstige Begründungsmittel" zulässt.[672] Anders sieht es mit einem Gutachten eines **örtlich zuständigen Gutachterausschusses** aus. Ein solches Gutachten stellt ein geeignetes sonstiges Begründungsmittel dar,[673] da die Gutachterausschüsse auf Grund ihrer personellen Ausstattung und organisatorischen Anbindung völlig unabhängig und auf Grund ihrer ständigen Befassung mit Grundstücksbewertungen und der Sammlung von Werten aus Verkaufsfällen auch sachlich geeignet sind. In einigen Gemeinden erstellen die Gutachterausschüsse deshalb auch den Mietspiegel oder sind an der Mietspiegelerstellung zumindest beteiligt. Ungeeignet sind gerichtliche Vergleiche, da sie keinerlei Tatsachenfeststellungen zur Berechnung der Miete enthalten.[674]

154 Wenn die vom Vermieter als sonstiges Begründungsmittel benutzten Unterlagen nicht kostenlos zugänglich sind, was i. d. R. nicht der Fall sein dürfte, muss der Vermieter diese Unterlagen dem Mieterhöhungsverlangen **beifügen,**[675] anderenfalls ist das Erhöhungsverlangen nicht wirksam.

D. Besonderheiten in Gemeinden mit qualifiziertem Mietspiegel (Abs. 3)

155 Besonderheiten gelten für den sog. qualifizierten Mietspiegel, dazu § 558d BGB. Soweit der Vermieter sein Erhöhungsverlangen mit den Werten eines qualifizierten Mietspiegels begründet gelten keinerlei Besonderheiten. Etwas anderes gilt aber dann, wenn der Vermieter in einer Gemeinde, in der es einen qualifizierten Mietspiegel gibt, ein anderes Begründungsmittel verwendet. Für diesen Fall enthält § 558a Abs. 3 BGB ein **zusätzliches Begründungserfordernis.** Nach dem bis 31.8.2001 geltenden Recht standen die Begründungsmittel Mietspiegel, Sachverständigengutachten und der Hinweis auf drei Vergleichswohnungen den Vermietern gleichberechtigt zur Verfügung. Nach Ansicht des Gesetzgebers entsprach das jedoch nicht dem jeweiligen Aussagewert über die ortsübliche Vergleichsmiete. Nur der Mietspiegel sei wegen seiner breiten Datenbasis geeignet, das Mietpreisniveau einer Gemeinde realitätsnah abzubilden. Auf Grund der besonderen Richtigkeitsgewähr kommt nach dem gesetzgeberischen Willen den qualifizierten Mietspiegeln[676] ein Vorrang im Rahmen der möglichen Begründungsmittel zu.

I. Geschichtliche Entwicklung der Vorschrift

156 Um die heutige Fassung des Gesetzes zu verstehen, muss man die **Gesetzgebungsgeschichte** betrachten. Der Wortlaut der Vorschrift hat sich im Laufe des Gesetzgebungsverfahrens immer wieder geändert.

157 Die Vorschrift geht auf einen Vorschlag der Bund-Länder-Arbeitsgruppe „Mietrechtsvereinfachung" zurück, den der Entwurf für ein Mietrechtsneuordnungsgesetz übernommen hatte. In § 560a BGB-VereinfE hieß es noch: *„Enthält ein qualifizierter Mietspiegel Angaben für die Wohnungen, so kann* ***nur*** *auf diesen Mietspiegel Bezug genommen werden."* Durch diese Regelung war dem Vermie-

---

[669] AG Berlin-Mitte GE 2008, 337 m. Anm. *Kinne* GE 2008, 303.

[670] LG Mannheim WuM 1986, 223.

[671] OLG Oldenburg RE v. 22.12.1980, WuM 1981, 55; LG Bückeburg WuM 1980, 12.

[672] LG Mönchengladbach WuM 1993, 197; LG Gera WuM 2002, 497 (für nicht anwendbaren Mietspiegel); AG Aachen WuM 1991, 559 für Gutachten eines habilitierten Architekten; **a. A.** AG Kelheim NZM 1999, 309; *Emmerich* in Staudinger § 558a BGB Rdn. 35; *Sternel* Mietrecht, III, 672.

[673] LG München ZMR 1994, 22.

[674] *Ruge* AnwZert_MietR 10/2014 Anm. 2, der aber entsprechende vertragliche Gestaltungen im Vergleich für zulässig erachtet.

[675] *Emmerich* in Staudinger § 558a BGB Rdn. 54.

[676] Und nach den ersten Vorschlägen auch einer Auskunft aus einer qualifizierten Mietdatenbank, die dann aber nicht weiterverfolgt wurden.

ter zur Begründung seines Mieterhöhungsverlangens der Rückgriff auf drei Vergleichswohnungen oder ein Sachverständigengutachten versagt. Das hätte zwingend eine Mietpreisbegrenzung zur Folge gehabt, da kein Gericht die Richtigkeit des Mietspiegels hätte überprüfen können. Ein Mieterhöhungsverlangen, in dem der Vermieter eine Miete verlangt hätte, die über den Werten des Mietspiegels gelegen hätte, wäre unzulässig gewesen, so dass es auf die materielle Berechtigung gar nicht angekommen wäre. Deshalb wäre diese Regelung **verfassungswidrig** gewesen.[677]

Um die verfassungsrechtliche Problematik zu entschärfen, wurde dann im Referentenentwurf des § 558a BGB-RefE folgende Formulierung vorgeschlagen: *„Enthält ein qualifizierter Mietspiegel (§ 558d Abs. 1), bei dem die Vorschrift des § 558d Abs. 2 eingehalten ist, Angaben für die Wohnung, so ist* ***jedenfalls*** *hierauf Bezug zu nehmen"*. Dies sollte dazu dienen, das Mieterhöhungsverfahren einfacher, transparenter und weniger streitträchtig zu machen. Trotz Vorliegens eines qualifizierten Mietspiegels wurde dem Vermieter nach diesem Vorschlag allerdings nicht die Möglichkeit genommen, sein Mieterhöhungsverlangen auch auf andere Begründungsmittel zu stützen, namentlich wenn er der Auffassung ist, dass der qualifizierte Mietspiegel nicht die ortsübliche Vergleichsmiete wiedergibt und er eine höhere Mieterhöhung geltend machen will. Dies sollte im Gesetzeswortlaut durch die Formulierung *„jedenfalls"* zum Ausdruck kommen. Trotz der anders lautenden Gesetzesbegründung ist der qualifizierte Mietspiegel in dieser Fallkonstellation kein Begründungsmittel. Der Vermieter begründet sein Erhöhungsverlangen gerade auf andere Art und Weise. Die Informationen aus dem qualifizierten Mietspiegel sollen **nur eine Kontrolle** ermöglichen. **158**

In der verabschiedeten Fassung des Gesetzes wurde nur noch eine kleine sprachliche Änderung vorgenommen. Statt des Wortes „jedenfalls" heißt es jetzt: „Enthält ein qualifizierter Mietspiegel (§ 558d Abs. 1), bei dem die Vorschrift des § 558d Abs. 2 eingehalten ist, Angaben für die Wohnung, *„so hat der Vermieter in seinem Mieterhöhungsverlangen diese Angaben auch dann mitzuteilen, wenn er die Mieterhöhung auf ein anderes Begründungsmittel nach Absatz 2 stützt."* **159**

II. Kritik an der Regelung

Die Regelung wird zu Recht **stark kritisiert.**[678] Sie widerspricht insbesondere auch dem Grundansatz der Mietrechtsreform 2001, das Mietrecht zu vereinfachen. Bereits die Überlegungen der Bund-Länder-Arbeitsgruppe gingen von falschen Voraussetzungen aus. Nach einer von der Bundesregierung in Auftrag gegebenen empirischen Untersuchung des Instituts für Stadtforschung und Strukturpolitik GmbH[679] führen nur ca. 2–3% aller Mieterhöhungsverlangen zu einem Prozess. Diese Untersuchung lag der Bund-Ländergruppe Mietrechtsvereinfachung bei der Formulierung ihres Textvorschlages noch nicht vor, da sie erst kurze Zeit später veröffentlicht wurde, so dass der Vorschlag, qualifizierte Mietspiegel einzuführen ohne diesen empirischen Hintergrund erfolgte. Da der Vorschlag dann in der Welt war, wurde er ohne Rücksicht auf die neueren empirischen Forschungen ausschließlich aus politischen Gründen weiterverfolgt. **Politisch gewollt** ist es, den Vermieter von Mieterhöhungsverlangen über die Werte eines qualifizierten Mietspiegels abzuhalten ohne dass es zu einer verfassungsrechtlichen Prüfung kommt.[680] Dazu wird es dem Vermieter zugemutet, dem Mieter im Erhöhungsverlangen bereits Argumente gegen den gerade geltend gemachten Anspruch zu liefern.[681] Dadurch wurde das Ziel auch erreicht.[682] Es werden aber weiterhin ernstzunehmende verfassungsrechtliche Bedenken gegen die Regelung geäußert.[683] **160**

677 So auch *Hinkelmann,* Die ortsübliche Miete, Berlin 1999, S. 156; *Beuermann* GE 2000, 935, 936 hält diese Regelung für konsequenter, ohne auf die verfassungsrechtliche Problematik einzugehen.

678 *Langenberg* NZM 2001, 212; *Upmeier* WuM 2000, 445; *Jahn* NZM 2000, 9; *Both* in Herrlein/Kandelhard § 558a BGB Rdn. 19; *Börstinghaus* NZM 2000, 1087; *ders.* NZM 2002, 273; **a. A.** *Eisenschmid* NZM 2001, 11.

679 IfS, Auswirkungen mietrechtlicher Regelungen auf die Mietenentwicklung und die Wohnungsversorgung, Dezember 1996.

680 Zweifel an der Verfassungsgemäßheit hat *Schüller* in Bamberger/Roth § 558a BGB Rdn. 21.

681 Darauf weist ausführlich *Both* in Herrlein/Kandelhard § 558a BGB Rdn. 19 hin.

682 *Paschke* GE 2012, 1072, 1077.

683 *Schultz in Bub*/Treier, Kap. III. A Rdn. 1242; *Schüller* in Bamberger/Roth, § 558a BGB Rdn. 21; *Artz* in MüKoBGB, § 558a BGB Rdn. 38 (offengelassen).

III. Voraussetzungen für die Hinweispflicht

161 **Voraussetzung für die Anwendung** des § 558a Abs. 3 BGB ist, dass es für die Gemeinde einen qualifizierten Mietspiegel gibt, der Angaben für die Wohnung des Mieters enthält.[684] Es muss also zunächst einen qualifizierten Mietspiegel für die Gemeinde geben. Zu den Voraussetzungen s. § 558d BGB. Dieser Mietspiegel muss aber auch „Angaben für die Wohnung" enthalten. Mietspiegel enthalten nur Werte für vergleichbare Wohnungen. Zu verstehen ist die Vorschriften deshalb so, dass nach der jeweiligen Gliederung des Mietspiegels die konkrete **Vertragswohnung in diesen Mietspiegel eingruppiert werden kann** und für die Art von Wohnung auch eine Vergleichsmiete enthält. Dies ist bei einem Tabellenmietspiegel dann nicht der Fall, wenn das entsprechende Mietspiegelfeld leer ist. Dies kann z. B. dann der Fall sein, wenn der Mietspiegel Werte für Wohnungen dieser Art generell nicht enthält (z. B. Einfamilienhäuser, Zweifamilienhäuser, Penthousewohnungen usw.) oder wenn dieser Art von Wohnungen zwar erfasst werden, aber trotzdem für die konkrete Kombination von Beschaffenheit (= Baualter), Größe, Ausstattung und Lage keine Werte ausgewiesen werden. Dies kann dann möglich sein, wenn die Merkmalskombination so einzigartig ist, dass es keine weiteren vergleichbaren Wohnungen mehr gibt. Problematisch sind die Mietspiegelfelder, die zwar einen Wert enthalten, aber durch eine Fußnote zu erkennen geben, dass diesen Feldern **nur eine geringe Feldbesetzung zu Grunde liegt.** Durch diesen Zusatz gibt der jeweilige Mietspiegelersteller bereits zu erkennen, dass die Aussagekraft dieser Felder eingeschränkt ist. Wegen der weitreichenden Folgen an das Vorliegen eines qualifizierten Mietspiegels muss man solche sog. **„Sternchen-Felder"** nicht als qualifizierte Mietspiegelfelder behandeln.[685] Dies gilt aber nur für diese besonderen Felder. Hierbei handelt es sich dann bezüglich dieses Feldes um einen einfachen Mietspiegel.[686] In der Regel sind solche Felder als Schätzungsgrundlage geeignet[687] und einem Sachverständigengutachten überlegen.[688] Das soll insbesondere dann gelten, wenn nur wenige statistische Werte vorliegen und die Spanne zwischen Ober- und Unterwert besonders groß ist.

162 Der **Wortlaut** der Vorschrift ist insofern **missverständlich,**[689] als er die Hinweispflicht an das Vorliegen eines qualifizierten Mietspiegels knüpft, *bei dem die Vorschrift des § 558d Abs. 2 BGB eingehalten ist.* Das könnte so verstanden werden, dass der Mietspiegel mindestens einmal fortgeschrieben worden sein muss, damit auf seine Werte hingewiesen werden muss. Dies entspricht aber **nicht dem Sinn und Zweck der Vorschrift.** Auch auf die **Werte eines neuen qualifizierten Mietspiegels,** der nach § 558d Abs. 2 BGB noch gar nicht fortgeschrieben werden muss, muss hingewiesen werden.[690] Ein neu aufgestellter qualifizierter Mietspiegel lässt viel eher vermuten, dass seine Werte die ortsübliche Vergleichsmiete richtiger wiedergeben als ein ggf. mit einem Index pauschal fortgeschriebener qualifizierter Mietspiegel. Von besonderer Bedeutung ist hier die Frage, wann die Zweijahresfrist des § 558d Abs. 2 BGB abläuft, also wann der Mietspiegel fortgeschrieben werden muss. Zu dieser Streitfrage s. § 558d BGB.

IV. Umfang des Hinweises

163 Das Gesetz verlangt, dass der Vermieter dem Mieter im Mieterhöhungsverlangen die „Angaben für die Wohnung" aus dem qualifizierten Mietspiegel mitteilt. Der Vermieter hat die Angaben des Mietspiegels zur Wohnung, auf die er sein Erhöhungsverlangen stützt, dem Mieter im Mieterhöhungsverlangen mitzuteilen.[691] Es genügt nicht, wenn die Werte des qualifizierten Mietspiegels im vorprozessualen und dem Mieter mitgeteilten Sachverständigengutachten enthalten sind.[692] Es muss weder der gesamte Mietspiegel mitgeteilt werden noch muss der qualifizierte Mietspiegel in

---

[684] AG Lichtenhagen MM 9/2012, 29.
[685] KG GE 2010, 60; KG NZM 2009, 544 m. Anm. *Börstinghaus* jurisPR-MietR 14/2009 Anm. 4; LG Berlin GE 2015, 127; 2014, 463; *Schach* GE 2009, 1011; *Paschke,* GE 2012, 1072, 1074; **a. A.** *Ulbricht* DS 2012, 197.
[686] LG Hamburg ZMR 2014, 646 bei Feldbesetzung von 18.
[687] KG GE 2010, 60; 2009, 1044; LG Berlin GE 2013, 359 (MSP 2011 Feld 61); AG Mitte GE 2014, 1013 (MSP 2013 Feld D7); **a. A.** LG Berlin GE 2012, 1043 (MSP Berlin 2005 Feld L6).
[688] LG Berlin GE 2015, 127.
[689] So auch *Lammel* § 558a BGB Rdn. 45.
[690] BGH (VIII ZR 46/12) NZM 2013, 138 Txtziff. 17.
[691] BGH (VIII ZR 11/07) NZM 2008, 164 = MietPrax-AK § 558a BGB Nr. 12 m. Anm. *Börstinghaus.*
[692] LG München I ZMR 2014, 364, 366 m. Anm. *Herlitz* jurisPR-MietR 22/2014 Anm. 3.

einem Fall, in dem sich der Vermieter gerade nicht auf diesen qualifizierten Mietspiegel als Begründungsmittel stützt, beigefügt werden.[693] Enthält der Mietspiegel eine Spanne, so genügt die Mitteilung der Spanne.[694] Weitere Angaben zur Spanneneinordnung sind nicht erforderlich. Die bloße Angabe des Rasterfeldes des qualifizierten Mietspiegels in das Wohnung eingeordnet werden muss, reicht ohne Angabe der Spanne nicht aus.[695] Es ist aber nicht erforderlich, dass die Angeben zum qualifizierten Mietspiegel so umfassend sein müssten, als ob der Vermieter die Mieterhöhung mit dem qualifizierten Mietspiegel begründen würde.[696] Eine Belehrung über die Rechtsfolgen ist ebenfalls nicht erforderlich. Eine so weit gehende Entmündigung des Mieters sieht das Gesetz nicht vor. Der Mieter ist gleichberechtigter Vertragspartner und muss sich grundsätzlich über seine Rechte und Pflichten selbst informieren. Der Hinweis auf den qualifizierten Mietspiegel muss aus sich heraus verständlich sein.[697]

Unschädlich ist es, wenn der Vermieter darüber hinaus **weitere Angaben** z. B. Anmerkungen **164**
zum qualifizierten Mietspiegel gemacht hat. Dies gilt zunächst uneingeschränkt für solche Erläuterungen mit denen der Vermieter begründen will, warum er einen vermeintlichen qualifizierten Mietspiegel nicht für einschlägig erachtet. Es gilt aber auch für solche Hinweise, mit denen der Vermieter begründet, warum die von ihm verlangte Miete höher als die Werte eines einschlägigen qualifizierten Mietspiegels sein soll. Dies ergibt sich daraus, dass der Vermieter ja auch auf diese höhere Miete einen Anspruch hat und ggf. im Prozess auch durchsetzen kann. Die zusätzlichen Angaben ermöglichen es dem Mieter rechtzeitig die Erfolgsaussichten einzuschätzen und das Kostenrisiko abzuschätzen.

Fehlt ein eigentlich erforderlicher Hinweis auf die Werte eines qualifizierten Mietspiegels so ist **165**
das **Mieterhöhungsverlangen formell unwirksam.**[698] Stimmt der Mieter einem solchen unwirksamen Erhöhungsverlangen teilweise zu, so ändert dies die Miete nur dann, wenn der Vermieter wiederum dies Angebot annimmt, § 151 BGB. Dies kann auch konkludent erfolgen. Der Vermieter muss anderenfalls ein neues Erhöhungsverlangen stellen. Der Vermieter kann aber den **Hinweis auf den qualifizierten Mietspiegel auch nachschieben** und damit den Mangel heilen, § 558b Abs. 3 BGB.[699] Weist das Gericht im Prozess, wozu es gem. § 139 ZPO verpflichtet ist, darauf hin, dass es den örtlichen Mietspiegel für einen qualifizierten Mietspiegel nach § 558d BGB hält, und fehlte bisher der Hinweis darauf im Mieterhöhungsverlangen nach § 558a Abs. 3 BGB, so kann der Vermieter jetzt diesen Hinweis im Prozess nachholen. Dies setzt eine neue Zustimmungsfrist in Gang. Das Gericht ist aber nicht verpflichtet, auf die gesetzliche Möglichkeit der Heilung gemäß § 558b Abs. 3 BGB hinzuweisen.[700]

V. Beweislast

Fraglich ist wer hier die Darlegungs- und Beweislast hat, wenn es um die Frage geht, ob der Ver- **166**
mieter auf die Werte des örtlichen Mietspiegels im Mieterhöhungsverlangen zusätzlich hinwiesen muss.[701] Da das Mieterhöhungsverlangen besondere Sachentscheidungsvoraussetzung für den Zustimmungsprozess ist,[702] gehört ein ordnungsgemäßes Erhöhungsverlangen zur **Zulässigkeit der Klage.** Für die Zulässigkeit der Klage ist der **Vermieter darlegungs- und beweispflichtig.** Deshalb muss der Vermieter die negative Tatsache „es gibt keinen qualifizierten Mietspiegel, der An-

[693] Zumindest dann nicht, wenn der Mietspiegel allgemein zugänglich ist: BGH (VIII ZR 11/07) NZM 2008, 164 = MietPrax-AK § 558a BGB Nr. 12 m. Anm. *Börstinghaus;* **a. A.** LG Berlin GE 2007, 986.

[694] AG Lichtenberg MM 9/2012, 29.

[695] LG Berlin GE 2007, 986; **a. A.** wohl AG Charlottenburg GE 2014, 1009; Bub/Treier/*Schultz* Kap. III. A Rdn. 1241.

[696] **A. A.** AG Schöneberg GE 2013, 817 (Angabe der Betriebskostenanteile bei Bruttomiete erforderlich).

[697] LG München I WuM 2002, 496.

[698] LG München I ZMR 2014, 364, 366, WuM 2002, 427, WuM 2002, 496; AG Lichtenberg MM 9/2012, 299.

[699] LG München I ZMR 2014, 364, 366, WuM 2002, 427.

[700] *Hinz* NZM 2002, 633, 635.

[701] *Börstinghaus* NZM 2002, 273; *Langenberg* WuM 2001, 523, 525 schneidet die Frage an, ohne eine Antwort zu geben.

[702] BGH (VIII ZR 234/03) NZM 2004, 581 = MietPrax-AK § 558a BGB Nr. 6 m. Anm. *Börstinghaus;* OLG Hamburg MDR 1974, 585; LG Berlin WuM 1980, 18; LG Hamburg ZMR 1977, 24, WuM 1980, 64; AG Dortmund NZM 1999, 415; *Hinz* NZM 2002, 633; *Sternel* PiG 10, 126, 139; *Emmerich* PiG 13, 51, 55.

gaben für die Wohnung des Mieters enthält" darlegen und beweisen.[703] Da es sich um eine Zulässigkeitsfrage handelt, hat das Gericht dies auch von Amts wegen zu prüfen. Es bedarf keines Bestreitens durch die beklagte Partei.[704] Der Vermieter hat dabei drei Möglichkeiten, was er hierzu vortragen kann.

167 **1.** Der Vermieter behauptet, der örtliche Mietspiegel erfüllt gar nicht die Voraussetzungen des § 558d BGB, er sei also insgesamt gar nicht als qualifiziert zu betrachten. Dazu kann er je nach örtlichen Gegebenheiten Tatsachen darlegen, z. B.:

168 **a)** Der Mietspiegel sei nicht ordnungsgemäß als qualifizierter Mietspiegel **von der Gemeinde anerkannt.** Nach den Gemeindeordnungen ist der Rat regelmäßig für alle Angelegenheiten zuständig, es sei denn sie sind auf den Bürgermeister übertragen worden. Hierzu gehören regelmäßig die Geschäfte der laufenden Verwaltung. Ob die Qualifizierung eines alten Mietspiegels dazu gehört ist umstritten. Dagegen spricht schon die Tatsache, dass zwischen den einzelnen Mietspiegelerstellungen Zeiträume von zwei Jahren und mehr liegen. Außerdem hat ein Mietspiegel erhebliche Bedeutung für das Mietpreisniveau in der Gemeinde und gehört deshalb nicht zu den einfachen Verwaltungsgeschäften. Auf Grund der Rechtsfolgen, die die Qualifizierung hat, kommt dem Akt schon Rechtssetzungscharakter zu.[705] Möglich ist aber, dass der qualifizierte Mietspiegel von den Interessenverbänden anerkannt worden ist.[706]

169 **b)** Bei der Mietspiegelerstellung sind die **anerkannten wissenschaftlichen Grundsätze** der Mietspiegelerstellung nicht eingehalten worden. Dies ist sicher der problematischste Angriff. Jedoch spricht für den Vermieter **eine Vermutung,** dass die anerkannten wissenschaftlichen Grundsätze nicht eingehalten wurden, wenn die Gemeinde die Mietspiegelerstellung nicht dokumentiert hat oder zumindest die **Dokumentation nicht öffentlich zugänglich ist.** Die anerkannten wissenschaftlichen Grundsätze der Mietspiegelerstellung verlangen die Offenlegung aller Schritte der Mietspiegelerstellung.[707] Zu den wissenschaftlichen Grundsätzen gehört der **Anspruch auf Zuverlässigkeit.**[708] Zur Zuverlässigkeit wissenschaftlicher Arbeit gehört, dass bei einer Wiederholung dieselben Ergebnisse herauskommen müssen. Dazu muss aber bekannt sein, was überhaupt genau gemessen wurde und wie die Auswertung erfolgte. Umgedreht soll eine umfangreiche Dokumentation für die Anwendung wissenschaftlicher Grundsätze sprechen.[709] Nicht ausreichend ist es aber den Mietspiegel als qualifiziert zu bezeichnen. Das ist eine rechtliche Bewertung die voll gerichtlich überprüfbar ist.[710] Dies kann auch durch die Zivilgerichte erfolgen und muss nicht vorab vor den Verwaltungsgerichten erfolgen. Zu den anerkannten wissenschaftlichen Grundsätzen siehe im Übrigen § 558d BGB. Es reicht nicht aus, wenn der Vermieter sich nur darauf beruft, der Mietspiegel weise nicht wie andere Großstadtmietspiegel eine Lageklage „beste Wohnlage".[711] Es müsste schon eine Auseinandersetzung mit den Feststellungen in der Dokumentation erfolgen, um statistische Fehler aufzuzeigen.

170 **2.** Der Vermieter behauptet, der Mietspiegel sei zwar früher einmal qualifiziert gewesen aber **inzwischen veraltet** und deshalb nur noch als einfacher Mietspiegel anzusehen. Gem. § 558a Abs. 3 BGB muss der Vermieter nur auf solche Mietspiegel hinweisen, bei denen die Voraussetzungen des § 558d Abs. 2 BGB eingehalten werden. Danach ist der Mietspiegel alle zwei Jahre an die Marktentwicklung anzupassen. **Wann die Zweijahresfrist beginnt** ist strittig. Zum Teil wird vertreten, die Frist beginne jeweils mit dem Stichtag, zu dem die Daten erhoben worden sind[712] und

---

[703] *Both* in Herrlein/Kandelhard § 558e BGB Rdn. 8; *Blank* PiG 62, 17, 23; *Börstinghaus* NZM 2000, 1087; *ders.* NZM 2002, 273.

[704] *Both* in Herrlein/Kandelhard § 558e BGB Rdn. 8.

[705] *Rips* WuM 2002, 415, 418; *Lammel* § 558d BGB Rdn. 20; *Both* in Herrlein/Kandelhard § 558d BGB Rdn. 3; **a. A.** Die Hinweise zur Aufstellung von Mietspiegeln, Stand 2002, abgedruckt bei *Börstinghaus,* Miethöhe-Handbuch, 2. Aufl., S. 764.

[706] AG Dortmund NZM 2005, 258; zu den verfassungsrechtlichen Problemen in diesem Zusammenhang *Lammel* § 558d BGB Rdn. 36; *Hinkelmann,* Die ortsübliche Miete, S. 157.

[707] *Haber* NZM 2001, 305, 308.

[708] Dazu *Clar* in Börstinghaus/Clar, Mietspiegel, 2. Aufl., Rdn. 616.

[709] LG München I WuM 2002, 427.

[710] *Langenberg* WuM 2001, 523, 525.

[711] LG Berlin GE 2012, 271.

[712] *Langenberg* WuM 2001, 523, 525; *Börstinghaus* in Blank/Börstinghaus, Neues Mietrecht, § 558d BGB Rdn. 11.

nicht mit dem Datum der Veröffentlichung des Mietspiegels oder dem selbst festgelegten Geltungsbeginn.[713] Für die erste Auffassung spricht, dass die besonderen Rechtsfolgen, die an eine Qualifizierung eines Mietspiegels geknüpft werden ihre Rechtfertigung nur darin haben, dass die Daten eben besonders gut sind, weil sie nach qualifizierten Regeln und vor allem sehr zeitnah[714] erhoben worden sind. Umso älter die Daten sind, umso eher bergen sie die Gefahr, nicht richtig i. S. v. „wahr" zu sein. Da der qualifizierte Mietspiegel aber erst mit der Anerkennung rechtlich existiert läuft die Zweijahresfrist ab der Anerkennung (s. dazu §§ 558c, 558d BGB Rdn. 88).

3. Und zuletzt kann der Vermieter behaupten, der Mietspiegel sei zwar teilweise qualifiziert, 171
aber entweder gerade in dem Mietspiegelfeld, zu dem die Vertragswohnung gehört nicht, z. B. weil in einigen Mietspiegelfeldern die **erforderliche Feldbesetzung** von ca. 30 Treffern nicht erreicht wird.[715] Möglich ist auch, dass die Wohnung solche Besonderheiten aufweist, die im Mietspiegel nicht erfasst werden, weshalb der Mietspiegel generell auf die Wohnung gar nicht anwendbar ist.

Die notwendigen Darlegungen und Beweisantritte des Vermieters richten sich danach, 172
welchen dieser Punkte er aufgreifen will. Als Beweismittel eignet sich für die Behauptung zunächst der Zeugenbeweis, wenn es um Tatsachen der Erstellung geht. Hier können Mitarbeiter der Kommune, die den Mietspiegel erstellt hat oder des beauftragten Instituts als Zeugen vernommen werden. Auch die Frage der Feldbesetzung kann auf diese Weise aufgeklärt werden wenn es keine aussagekräftige Mietspiegeldokumentation gibt. In der Mehrzahl der Fälle werden hier die völlig unproblematischen Fälle, bei denen wohl kein qualifizierter Mietspiegel vorliegt auszuschließen sein. In den Fällen, in denen es um die Einhaltung der anerkannten wissenschaftlichen Grundsätze geht wird ggf. nach einer Zeugenvernehmung über die notwendigen Tatsachen noch ein **Sachverständigengutachten über die Einhaltung der wissenschaftlichen Grundsätze** erforderlich sein. Dabei handelt es sich nicht um ein übliches Wohnwertgutachten sondern um ein Gutachten über die statistischen Regeln; deshalb wird ein solches Gutachten von einem Sachverständigen für Statistik zu erstellen sein.

E. Abweichende Vereinbarungen

Nach § 558a Abs. 5 BGB sind **abweichende Vereinbarungen** zum Nachteil des Mieters un- 173
wirksam. Die Vorschrift ist eigentlich überflüssig, da bereits gem. § 557 Abs. 4 BGB alle nachteiligen Vereinbarungen im Bereich der Mieterhöhungen unwirksam sind. Gem. § 557 Abs. 3 kann der Vermieter Mieterhöhungen im Bestand nur unter den Voraussetzungen der §§ 558–560 BGB verlangen. Das bedeutet dann aber auch, dass dies nur unter den in der Vorschrift des § 558a BGB genannten Voraussetzungen möglich ist und jede Abweichung hiervon zu Lasten des Mieters auch gegen § 557 Abs. 4 BGB verstößt. Zur Frage wann eine Vereinbarung vorliegt und den allgemeinen Voraussetzungen s. deshalb § 557 BGB.

I. Unzulässige Vereinbarungen

Unwirksam sind nach §§ 557 Abs. 4 i. V. m. § 558a Abs. 5 BGB alle Vereinbarungen, die von 174
den Voraussetzungen der § 558a Abs. 1–4 BGB zum Nachteil des Mieters abweichen. Unwirksam sind danach alle Vereinbarungen, die die Möglichkeit beinhalten, dass dem Vermieter Erleichterungen von den formellen Voraussetzungen einer Mieterhöhung eingeräumt werden.

Das Mieterhöhungsverfahren gem. § 558a BGB ist vom Gesetzgeber als ein **sehr formales** 175
Verfahren ausgestaltet worden. Alle Vereinbarungen, die entweder dem Vermieter erlauben, nicht alle Formalien einhalten zu müssen oder vom Mieter die Einhaltung zusätzlicher Formalien verlangen, sind unwirksam. Deshalb kann weder vom Textformerfordernis noch vom Begründungserfordernis wirksam zu Lasten des Mieters abgewichen werden. Unzulässig ist auch die Vereinbarung in einem Mietvertrag über die Einordnung einer Wohnung in den Mietspiegel.[716]

---

713 *Lammel* § 558d BGB Rdn. 24.
714 *Weitemeyer* NZM 2001, 563, 568.
715 *Börstinghaus* NZM 2000, 1087.
716 AG Hamburg WuM 2001, 287.

II. Zulässige Vereinbarungen

176 § 558a Abs. 5 BGB verbietet aber keine Vereinbarungen die die Mieterhöhung für den Vermieter erschweren. So ist die Vereinbarung einer strengerer Formen als der Textform, z. B. der früheren Schriftform zu Lasten des Vermieters möglich. Möglich ist auch eine Vereinbarung, wonach das Erhöhungsverlangen per **Einschreiben** verschickt werden soll oder zuvor die Zustimmung eines Dritten eingeholt werden muss.

§ 558b Zustimmung zur Mieterhöhung

(1) Soweit der Mieter der Mieterhöhung zustimmt, schuldet er die erhöhte Miete mit Beginn des dritten Kalendermonats nach dem Zugang des Erhöhungsverlangens.

(2) [1]Soweit der Mieter der Mieterhöhung nicht bis zum Ablauf des zweiten Kalendermonats nach dem Zugang des Verlangens zustimmt, kann der Vermieter auf Erteilung der Zustimmung klagen. [2]Die Klage muss innerhalb von drei weiteren Monaten erhoben werden.

(3) [1]Ist der Klage ein Erhöhungsverlangen vorausgegangen, das den Anforderungen des § 558a nicht entspricht, so kann es der Vermieter im Rechtsstreit nachholen oder die Mängel des Erhöhungsverlangens beheben. [2]Dem Mieter steht auch in diesem Fall die Zustimmungsfrist nach Absatz 2 Satz 1 zu.

(4) Eine zum Nachteil des Mieters abweichende Vereinbarung ist unwirksam.

Systematische Übersicht

Alphabetische Schnellübersicht

A. Allgemeines

1 § 558b BGB enthält die **Rechtsfolgen eines Mieterhöhungsverlangens** und zwar danach unterschieden, ob der Mieter zustimmt oder nicht. Hat er zugestimmt, dann ändert sich gem. Abs. 1 die Miete, hat er nicht zugestimmt, dann steht dem Vermieter der Klageweg gem. Abs. 2 offen. In Abs. 3 ist die Möglichkeit der nachträglichen Heilung geregelt.

B. Rechtsfolgen des Mieterhöhungsverlangens

I. Allgemeines

2 Ist dem Mieter ein **wirksames Mieterhöhungsverlangen** zugegangen, dann treten die Rechtsfolgen automatisch ein. Voraussetzung ist hierfür erstens ein formell fehlerfreies Mieterhöhungsverlangen und zweitens dessen Zugang. Als Rechtsfolge wird zunächst einmal die **Überlegungsfrist** des § 558b Abs. 2 BGB in Gang gesetzt, zusätzlich entsteht das **Kündigungsrecht** des Mieters gem. § 561 BGB und schließlich wird durch den Zugangstermin auch der **Wirkungszeitpunkt** für die Mieterhöhung bestimmt. Das Gesetz knüpft in Abs. 1 zunächst an die erteilte Zustimmung an, obwohl die erste Rechtsfolge des Zustimmungsverlangens der Beginn der Überlegungsfrist ist.

II. Überlegungsfrist (Abs. 2)

3 Der Zugang des wirksamen Mieterhöhungsverlangens setzt die Überlegungsfrist des § 558b Abs. 2 BGB in Lauf. Die **Überlegungsfrist** wird teilweise auch **Zustimmungsfrist** genannt. Gem. § 558b Abs. 2 Satz 1 BGB kann der Mieter bis zum Ablauf des zweiten Kalendermonats zustimmen, der dem Zugang des Erhöhungsverlangens folgt. Für die Berechnung der Frist gelten mangels abweichender Regelung die Vorschriften der §§ 187 ff. BGB. Die Überlegungsfrist beginnt mit dem Zugang des Mieterhöhungsverlangens. Zu diesem Zeitpunkt beginnt die Frist zu laufen. Sie endet grundsätzlich um 24:00 Uhr des letzten Tages des übernächsten Monats. Die Überlegungsfrist beträgt deshalb immer mindestens 2 Monate und maximal 3 Monate. Im Einzelnen bedeutet dies folgendes:

Zugang des Mieterhöhungsverlangens			**Ablauf der Überlegungs- oder Zustimmungsfrist am**
1. Januar	bis	31. Januar	31. März
1. Februar	bis	28. (29.) Februar	30. April
1. März	bis	31. März	31. Mai
1. April	bis	30. April	30. Juni
1. Mai	bis	31. Mai	31. Juli
1. Juni	bis	30. Juni	31. August
1. Juli	bis	31. Juli	30. September
1. August	bis	31. August	31. Oktober
1. September	bis	30. September	30. November
1. Oktober	bis	31. Oktober	31. Dezember
1. November	bis	30. November	31. Januar
1. Dezember	bis	31. Dezember	28. (29.) Februar

Entscheidend für den Fristbeginn ist der **Zugang.** Zugegangen ist das Mieterhöhungsverlangen dann, wenn es so in den Machtbereich des Mieters gelangt ist, dass nach dem gewöhnlichen Lauf der Dinge mit der Kenntnisnahme zu rechnen ist (dazu im Einzelnen § 542 BGB Rdn. 70 und Vor § 558 BGB Rdn. 68). 4

Die Frist endet grundsätzlich am Ende eines Kalendermonats. Dies soll zum einen eine einfache Fristberechnung ermöglichen und zum anderen auch der Tatsache Rechnung tragen, dass die Miete für Wohnräume ganz überwiegend nach Monaten berechnet wird. Etwas Anderes gilt nur dann, wenn der letzte Tag des Monats, in dem die Zustimmungsfrist abläuft, auf einen **Samstag,** einen Sonntag oder einen am Erklärungsort, also dem Wohn- oder Geschäftssitz des Vermieters, staatlich anerkannten Feiertag fällt, § 193 BGB. In diesem Fall endet die Zustimmungsfrist erst mit Ablauf des nächsten Werktages.[1] 5

Beispiel: Das Mieterhöhungsverlangen geht dem Mieter wirksam am 31. März zu. Hier endet die Zustimmungsfrist grundsätzlich am 31. Mai. Ist dies ein Samstag, Sonntag oder Feiertag, so endet die Frist am nächsten Werktag also am 1. oder 2. Juni.

Auf das **Ende der Zustimmungsfrist ist § 193 BGB** ohne Einschränkungen anzuwenden.[2] Soweit der BGH[3] der Auffassung ist, dass die Vorschrift auf eine Kündigungsfrist keine Anwendung findet, kann diese Rechtsprechung nicht auf die Zustimmungsfrist übertragen werden. Bei der Zustimmungsfrist handelt es sich gerade um eine innerhalb einer bestimmten Frist abzugebende Erklärung. Wer innerhalb einer Frist eine Erklärung abgeben muss, soll davor bewahrt werden, dass das ihm zustehende Recht, die Frist bis zum letzten Tag auszunutzen, wegen der Arbeitsruhe am Wochenende oder an Feiertagen z. B. auch der Post verkürzt wird. Bedeutung hat die Anwendung der Regelung für den Beginn der anschließenden Klagefrist (s. Rdn. 83 ff.)[4], nicht jedoch auf den Wirkungszeitpunkt für die Mieterhöhung (s. dazu u. Rdn. 45 ff.). 6

Eine **Verlängerung der Überlegungsfrist** ist nicht möglich.[5] Dafür würde allenfalls sprechen, dass es für den Mieter einen Vorteil darstellt, wenn er ggf. eine längere Zeit darüber nachdenken kann, ob er dem Erhöhungsverlangen zustimmen will oder nicht.[6] Das Mieterhöhungsverfahren ist jedoch ein **formalisiertes Verfahren.** Mit den Regelungen der § 558 ff. BGB stellt das Gesetz ein in seinen Voraussetzungen und seinem Ablauf normiertes Verfahren zur Durchsetzung des Anspruchs des Vermieters auf Mietzinserhöhung zur Verfügung, das gerade gewährleisten soll, dass innerhalb verhältnismäßig kurzer Zeit zwischen den Vertragsparteien Klarheit über die Miethöhe erzielt werden kann. Dies erstrebt die gesetzliche Regelung zu verwirklichen, indem sie auch die vorprozessuale Phase des Verfahrens einer gesetzlichen Befristung unterwirft und sie nahtlos in ein sich anschließendes Klageverfahren mit einbindet. Diesen am Ziel der Rechtssicherheit orientierten Zweck kann die Regelung ungefährdet nur erreichen, wenn man von der Unveränderbarkeit der in § 558 b BGB festgelegten Fristen, also auch der Überlegungsfrist ausgeht. Soweit der BGH[7] aus der Tatsache, dass der Vermieter die Mieterhöhung auch zu einem späteren, als dem gesetzlich vorgesehenen Wirkungszeitpunkt, verlangen kann, folgert, dass in diesen Fällen das Sonderkündigungsrecht des § 561 BGB über den Wortlaut der Vorschrift hinaus bis einen Tag vor dem Wirksamwerden der Mieterhöhung ausüben kann (zur Kritik an der Entscheidung siehe § 561 Rdn. 38), ändert dies nichts am Ablauf der Überlegungsfrist. Es handelt sich um zwei selbständige Fristen, die zwar aufeinander abgestimmt sind, aber selbständig laufen.[8] Aber selbst wenn man eine Verlängerung der Überlegungsfrist bis zum letzten Tag der **Klagefrist**[9] zulassen würde, so berechnet sich die Klage- 7

---

1 *Börstinghaus* ZMR 2002, 834; *Hinz* NZM 2004, 681, 687; übersehen von AG Pinneberg ZMR 2002, 602.

2 **A. A.** *Emmerich* in Staudinger § 558b BGB Rdn. 11 unter Verweis auf die Ausführungen zum Wirkungszeitpunkt (Rdn. 9) der Mieterhöhung bei dem § 193 BGB auch nicht gelte.

3 BGH (III ZR 172/04) WuM 2005, 247 = MietPrax-AK § 573 c BGB Nr. 12 m. Anm. *Börstinghaus;* so auch *Henrich* in Bamberger/Roth § 193 BGB Rdn. 4.

4 *Beuermann* GE 1995, 848.

5 AG Charlottenburg MM 2000, 47; **a. A.** *Lammel* § 558b BGB Rdn. 66; *Emmerich* in Staudinger § 558b Rdn. 12.

6 So *Weitemeyer* in Staudinger § 557 BGB Rdn. 79 unter Hinweis auf LG Düsseldorf WuM 1981, 286; auch *Emmerich* in Staudinger § 558b Rdn. 12.

7 BGH (VIII ZR 280/12) NJW 2013, 3641 = MietPrax-AK, § 558b Nr. 3 m. Anm. *Börstinghaus; Börstinghaus* jurisPR-BGHZivilR 21/2013 Anm. 2; *Blank,* jurisPR-MietR 25/2013 Anm. 1.

8 So schon früher: LG München WuM 1994, 383; AG Hamburg WuM 1988, 129; *Artz* in MünchKomm § 558b BGB Rdn. 11.

9 LG Kiel WuM 1994, 547.

frist nach dem Lauf der gesetzlichen Überlegungsfrist.[10] Der Vermieter kann die **Klagefrist** auf keinen Fall verlängern.[11] Die Klagefrist ist in § 558b Abs. 2 S. 2 BGB selbständig und zwingend geregelt. Hat der Vermieter dem Mieter im Mieterhöhungsverlangen eine längere als die gesetzliche Zustimmungsfrist eingeräumt, so ist dies i. d. R. die Zusage, innerhalb der angegebenen längeren Frist den Zustimmungsanspruch nicht gerichtlich geltend zu machen. Würde der Vermieter trotzdem vor Ablauf der selbst gesetzten längeren Frist klagen, müsste er bei einem sofortigen Anerkenntnis die Kosten des Verfahrens tragen, da der Mieter keinen Anlass zur Klage gegeben hat. Möglich ist jedoch die **Verschiebung des Wirksamkeitszeitpunkts** der Mieterhöhung.[12] Auch in diesem Fall läuft die Klagefrist aber nach den gesetzlichen Fristen.[13]

C. Die Reaktionsmöglichkeiten des Mieters

I. Allgemeines

8 Die Mieterhöhung nach § 558 BGB setzt eine **Mitwirkung des Mieters** voraus. Anders als bei den Mieterhöhungsmöglichkeiten nach den §§ 559, 560 BGB oder nach dem WoBindG oder einzelnen Landesgesetzen (dazu Vor § 557 BGB Rdn. 35ff.) kann der Vermieter die Miete nicht einseitig erhöhen oder eine irgendwie geartete neue Umlage einführen. In Fortführung der bis zur Einführung des Vergleichsmietensystems geltenden Prinzips der Änderungskündigung, das sogar eine neue Einigung der Parteien über den ganzen Mietvertrag verlangte, hat der Gesetzgeber bei der Mieterhöhung gem. § 558 BGB zumindest den Abschluss eines Änderungsvertrages hinsichtlich der Miethöhe vorgesehen. Die Miete ändert sich also nur, wenn der Mieter mit der Erhöhung einverstanden ist. Der Vermieter hat auf diese Zustimmung einen **durchsetzbaren Anspruch,** wenn die Voraussetzungen der §§ 558, 558a BGB gegeben sind. Will der Mieter die Zustimmung nicht erteilen, bleibt ihm in diesem Fall nur die Möglichkeit das Mietverhältnis zu kündigen, § 561 BGB.

II. Ablehnung des Erhöhungsangebots

9 Obwohl er dies nicht muss, kann der Mieter das Zustimmungsverlangen des Vermieters auch **ausdrücklich ablehnen.** Wie die Zustimmung selbst, so kann auch eine solche Ablehnung ausdrücklich oder auch konkludent erfolgen. Während nach den allgemeinen Regeln des BGB, § 146 BGB, die Ablehnung zur Folge hat, dass der Antrag des Vermieters nunmehr erlischt, ist dies im Mieterhöhungsrecht nicht der Fall. Der Vermieter kann deshalb seinen Anspruch auf Zustimmung gerichtlich weiterverfolgen und der Mieter kann auch nach ausdrücklicher Ablehnung des Antrags diesen annehmen.[14] Die ausdrückliche Ablehnung des Mieters hat aber zur Konsequenz, dass der Vermieter bereits **vor Ablauf der Überlegungsfrist** die Zustimmungsklage erheben darf.[15] Hat der Vermieter nach einem unwirksamen Mieterhöhungsverlangen im laufenden Klageverfahren ein wirksames Erhöhungsverlangen gem. § 558b Abs. 3 BGB nachgeholt oder bestehende formelle Mängel beseitigt und hat der Mieter bereits zuvor ausdrücklich oder konkludent erklärt, dass er auch den neuen Anspruch des Vermieters insgesamt ablehne, dann ist auch die Klage auf Grund des nachgeholten Zustimmungsverlangens vor Ablauf der Überlegungsfrist zulässig.[16] Keine Ablehnung ist das bloße Schweigen auf ein Zustimmungsverlangen. Eine besondere Verpflichtung, binnen der Überlegungsfrist sich ausdrücklich zu erklären, also entweder der Mieterhöhung zuzustimmen oder sie abzulehnen, besteht für den Mieter nicht. Da die Miete nur bei Zustimmung des

---

[10] LG München WuM 1994, 384; LG Kiel WuM 1994, 547; AG Köln WuM 1997, 51; AG Hamburg WuM 1993, 619; AG Aachen WuM 1992, 629; AG Hamburg WuM 1988, 129; *Kossmann/Meyer-Abich,* Hdb. d. Wohnraummiete, § 155 Rdn. 9; *Emmerich* in Staudinger § 558b BGB Rdn. 12; *Weitemeyer* in Staudinger § 557 BGB Rdn. 79; **a. A.** AG Ebersberg ZMR 1996, 39; zweifelnd und auf die Folgeprobleme der BGH-Entscheidung hinweisend auch *Blank* jurisPR-MietR 25/2013 Anm. 1.

[11] AG Charlottenburg MM 2000, 66; *Lammel* § 558b BGB Rdn. 66.

[12] BGH (VIII ZR 280/12) NJW 2013, 3641 = MietPrax-AK, § 558b Nr. 3 m. Anm. *Börstinghaus; ders.* jurisPR-BGHZivilR 21/2013 Anm. 2; *Blank* jurisPR-MietR 25/2013 Anm. 1.

[13] Auf das Problem weist *Blank* jurisPR-MietR 25/2013 Anm. 1 hin.

[14] LG Berlin NJWE-MietR 1996, 195.

[15] KG RE v. 12.1.1981, WuM 1981, 54; AG Pankow-Weißensee GE 1995, 1555.

[16] OLG Celle negRE NJWE MietR 1996, 76.

Mieters gem. § 558b Abs. 1 BGB sich erhöht, tritt bei einem bloßen **Schweigen des Mieters** keine Vertragsänderung ein.

III. Zustimmung

1. Allgemeines

10 Da das Zustimmungsverlangen des Vermieters gem. § 558a Abs. 1 BGB einem Vertragsangebot i. S. d. §§ 145ff. BGB gleichzusetzen ist, entspricht die Zustimmung des Mieters einer Annahmeerklärung i. S. d. §§ 145ff. BGB.[17] Nur soweit zwei übereinstimmende Willenserklärungen vorliegen, kommt ein Änderungsvertrag zustande. Auf die Zustimmungserklärung des Mieters sind deshalb die allgemeinen Vorschriften des BGB anwendbar[18], wie Anfechtung[19], Stellvertretung, Geschäftsfähigkeit, Zugang von Willenserklärungen und die sonstigen Vorschriften über die Wirksamkeit von Rechtsgeschäften, §§ 125, 134 BGB wie auch die besonderen Vorschriften über Verträge, § 145ff. BGB, soweit sich jeweils aus den §§ 558ff. BGB nichts anderes ergibt.[20] Der Mieter kann deshalb seine Willenserklärung wegen Inhalts- oder Erklärungsirrtums anfechten, er kann sich vertreten lassen und er muss zum Zeitpunkt der Erklärung geschäftsfähig sein. Bei einer Zustimmung durch einen Vertreter besteht genauso wie beim Zustimmungsverlangen des Vermieters[21] analog § 174 BGB das Zurückweisungsrecht.[22] Für eine Zustimmung, die während eines Zustimmungsprozesses abgegeben wird, gilt § 174 BGB nicht.[23]

2. Inhalt der Zustimmung

11 § 558 BGB räumt dem Vermieter unter den im Gesetz näher aufgeführten Voraussetzungen gegenüber dem Mieter einen Anspruch auf Zustimmung zu einer Vertragsänderung bezüglich der Miethöhe ein. Die Erklärung des Mieters muss die Erfüllung dieses Anspruchs des Vermieters darstellen. Ob dies der Fall ist, richtet sich nach § 362 Abs. 1 BGB. Der Mieter muss also die richtige Leistung zur richtigen Zeit am richtigen Ort erbringen. Der **Inhalt der Willenserklärung** ist darauf gerichtet, dass der Mieter gegenüber dem Vermieter erklärt, er stimme einer Änderung der Miete auf die neue verlangte Miete zu. Dabei muss sich die abgegebene Willenserklärung auf die künftig zu zahlende neue Miete beziehen.[24] Nicht ausreichend ist eine Zustimmung, die sich nur auf den Erhöhungsbetrag bezieht. Die Zustimmung bezieht sich auf die **Gesamtmiete** für die Wohnung und nicht auf eine Quadratmetermiete.

12 Ist bei einem Mietvertrag, der keine Flächenangaben enthält, die **Wohnung tatsächlich kleiner** als im Mieterhöhungsverlangen angegeben, dann muss der Mieter nur einer Erhöhung der Miete, die unter Zugrundelegung der richtigen Fläche errechnet wurde, zustimmen.[25] Hat der Mieter einer Mieterhöhung unter Zugrundelegung der falschen zu großen Flächen **zugestimmt,** dann ist die Mieterhöhung **wirksam.**[26] Das gilt selbst dann, wenn man der Auffassung ist, dass ein Mieterhöhungsverlangen mit falscher Fläche unwirksam ist.[27] Eine fehlende oder falsche Begründung[28] des

---

[17] *Emmerich* in Staudinger § 558b BGB Rdn. 3; Palandt/*Weidenkaff* § 558 BGB Rdn. 9; *Schüller* in Bamberger/Roth § 558 BGB Rdn. 4; **a. A.** *Heinzmann* in Soergel § 558b BGB Rdn. 1; *Schmid* GE 2011, 242 (jeweils „Erklärung eigener Art").

[18] *Emmerich* in Staudinger § 558b BGB Rdn. 3.

[19] AG Hamburg-Wandsbek ZMR 2010, 47; zur Anfechtung im Mietrecht allgemein und ihren Rechtsfolgen s.: BGH (XII ZR 67/06) NZM 2008, 886 = MietPrax-AK § 123 BGB Nr. 1 m. Anm. *Börstinghaus; Schmid* WuM 2009, 155; *Fischer* NZM 2005, 567; *Emmerich* in Staudinger Vorbem. zu § 535 BGB Rdn. 70ff.; *ders.* NZM 1998, 692; *Blank* Vor § 535 BGB Rdn. 7.

[20] Bub/Treier/*Schultz* Kap. III. A Rdn. 1425.

[21] OLG Hamm RE v. 28.5.1982 NJW 1982, 2076; LG Berlin GE 2007, 152; offen gelassen von BGH (VIII ZR 72/02) NZM 2003, 229; AG Wedding MM 2009, 263.

[22] AG Dortmund WuM 2016, 103; *Dickersbach* in Lützenkirchen, Mietrecht, § 558b Rn. 10.

[23] Für den umgekehrten Fall des Zustimmungsverlangens: BGH (VIII ZR 72/02) NZM 2003, 229; dazu Vorbem. § 558 BGB Rn. 44.

[24] KG RE v. 5.8.1997, NZM 1998, 68; *Sternel* Mietrecht, III, 723.

[25] *Börstinghaus,* Flächenabweichungen in der Wohnraummiete, Rdn. 682.

[26] *Börstinghaus,* Flächenabweichungen in der Wohnraummiete, Rdn. 683.

[27] Nach *Lützenkirchen/Dickersbach*, Vertragsstörungen im Mietrecht, Rdn. 1012 ist ein Mieterhöhungsverlangen mit falscher Fläche formell unwirksam.

[28] *Sternel,* Mietrecht aktuell, Rdn. IV 96.

Mieterhöhungsverlangens stellt nämlich grundsätzlich einen formellen Fehler dar. Zwar besteht in diesem Fall kein durchsetzbarer Anspruch des Vermieters auf Zustimmung zur Mieterhöhung, jedoch kann ein formell unwirksames Mieterhöhungsverlangen umgedeutet werden in ein Angebot auf Abschluss einer **Mietabänderungsvereinbarung** gem. § 557 Abs. 1 BGB. Die Zahlung des Mieters auf ein solches unwirksames Mieterhöhungsverlangen stellt dann wiederum selbst eine konkludente Annahme dieses Angebots auf Abschluss eines Mietabänderungsvertrages dar.[29] Diese Vertragsänderung erfolgt unter Zugrundelegung der größeren als der tatsächlichen Fläche.

12a Der Mieter kann seine Annahmeerklärung hinsichtlich der Mietabänderungsvereinbarung anfechten, wenn er zu ihrer Abgabe durch eine **arglistige Täuschung** durch den Vermieter bestimmt wurde. Im Zusammenhang mit der Angabe einer größeren als der tatsächlichen Flächen liegt dann eine arglistige Täuschung vor, wenn der Vermieter beim Mieter einen Irrtum erregt oder aufrechterhält, indem er ihm falsche Tatsachen vorspiegelt oder wahre Tatsachen unterdrückt.[30] Erforderlich ist eine bewusste Irrtumserregung mit **Täuschungswillen.**[31] Die im Erhöhungsverlangen angegebene Fläche muss falsch sein. Falsch ist die Tatsache immer dann, wenn die tatsächliche Fläche von der angegebenen Fläche abweicht. Auf die **Höhe der Abweichung** kommt es dabei nicht an. Die Erheblichkeitsschwelle des § 536 Abs. 1 Satz 3 BGB gilt hier nicht. Auch bei einer Flächenabweichung von weniger als 10% ist die Anfechtung wegen arglistiger Täuschung theoretisch möglich.[32] Dies ergibt sich bereits aus dem Wortlaut des § 123 BGB. Hier geht es nur um falsche Tatsachen und nicht um die Feststellung einer Gebrauchsbeeinträchtigung wie in § 536 Abs. 1 BGB. Eine Korrektur kann in diesem Fall allenfalls über die Täuschungsabsicht erfolgen. Neben dem objektiven Tatbestand der Flächenabweichung muss darüber hinaus das subjektive Moment der zumindest **bedingt vorsätzlichen Täuschungshandlung** hinzukommen. Dazu muss der Vermieter die richtige Größe kennen. Auch der *BGH*[33] hat einmal formuliert, dass er nur den „gutgläubigen Vermieter" schützen will, indem er ihm einen Anspruch auf Vertragsanpassung bei zu kleiner Fläche im Mietvertrag nach den Grundsätzen des Fehlens der Geschäftsgrundlage einräumt. Es genügt, wenn der Vermieter weiß, dass die von ihm im Zustimmungsverlangen angegebene Fläche falsch ist und zwar zu Ungunsten des Mieters. Dabei ist die ganz genaue Kenntnis der richtigen Fläche nicht erforderlich. Es genügt **bedingter Vorsatz.**[34] Dazu reicht es aus, dass der Vermieter „ernsthaft mit der Unrichtigkeit rechnet."[35] Eine Schädigungsabsicht ist auf Seiten des Vermieters ebenso wenig erforderlich wie Schädigungsvorsatz.[36] Ausreichend ist das Vermieterbewusstsein, dass der Mieter ohne die falsche Angabe zur Wohnfläche die Zustimmung zu einer Mieterhöhung in diesem Umfang nicht abgegeben hätte.[37] Nur kleinere Abweichungen, insbesondere solche, die auf Verwendung unterschiedlicher Anrechnungsvorschriften beruhen, erfüllen zwar den objektiven Tatbestand einer Täuschung, in solchen Fällen wird es aber regelmäßig am bedingten Vorsatz fehlen. Der Vermieter geht von der Richtigkeit seiner Angaben aus und irrt selbst über die Anwendung der zutreffenden Berechnungsvorschriften.

12b Ein Vermieter, der im Mieterhöhungsverlangen zumindest fahrlässig eine falsche Wohnfläche angegeben hat und aufgrund dieser Falschangabe die Zustimmung zu einer unter Berücksichtigung der richtigen Fläche nicht zu erzielenden Erhöhung der Miete für die Wohnung erlangt, macht sich dem Mieter gegenüber gem. §§ 280, 311 Abs. 2 Ziff. 2, 241 Abs. 2 BGB **schadensersatzpflichtig.**[38] Er hat eine sich aus dem Rücksichtnahmegebot ergebende Nebenpflicht verletzt. Er ist verpflichtet, dem Mieter gegenüber nur richtige Angaben zu machen und alles zu unterlassen, was den Mieter aufgrund unwahrer Angaben schädigen könnte. Hier geht es auch nicht um eine Offenbarungspflicht, wenn der Vermieter im Zustimmungsverlangen schuldhaft eine falsche Wohnfläche angibt. Dieser Schadensersatzanspruch ist gerichtet auf Befreiung von der Mieterhöhung und auf

[29] *Börstinghaus* WuM 2005, 192, 193; *Sternel,* Mietrecht aktuell, Rdn. IV 9; **a. A.** AG Donaueschingen WuM 2004, 609.
[30] *Wendtland* in Bamberger/Roth, BGB, § 123 BGB Rdn. 7.
[31] *Fischer* WuM 2006, 3, 9.
[32] *Börstinghaus,* Flächenabweichungen in der Wohnraummiete, Rdn. 686.
[33] BGH, NJW 2007, 2626; *Börstinghaus* NJW 2007, 2627; *Bieber* BGHReport 2007, 795; *Beyer* NJW 2010, 1025.
[34] BGH NJW 2006, 2839; 1998, 2360.
[35] BGHZ 63, 382, 388; BGH NJW 2006, 2839.
[36] BGH NJW 1974, 1505.
[37] BGH NJW 1974, 1505 unter Hinweis auf BGH, Urt. v. 28.4.1971 – VIII ZR 258/69.
[38] *Emmerich* in Staudinger § 558b Rdn. 3; *Weitemeyer* in Staudinger, § 557 BGB Rdn. 65: Anspruch aus c. i. c. gem. § 280 Abs. 1 BGB.

Rückzahlung der im Vertrauen auf die Wirksamkeit der Mieterhöhung geleisteten Zahlungen.[39] Schadensersatzansprüche gem. § 536a Abs. 1 BGB kommen demgegenüber nicht in Betracht, da es hier nicht um einen Mangel der Mietsache geht, sondern um falsche Angaben im Mieterhöhungsverlangen.[40]

Der Mieter kann gem. § 313 Abs. 2 BGB wegen **Fehlens der Geschäftsgrundlage** die Anpassung der Mieterhöhung auf die richtige Wohnungsgröße verlangen. Ein solches Verlangen ist aber erforderlich, da anders als früher[41] die Anpassung des Vertrages nicht mehr automatisch eintritt. Es kann auch nach der Schuldrechtsreform unmittelbar auf die Leistung geklagt werden, die sich aus der Vertragsanpassung ergibt[42], es muss nicht auf Vertragsanpassung geklagt werden. **12c**

Die Gewährleistungsregeln verdrängen das Rechtsinstitut des **Fehlens der Geschäftsgrundlage** nicht.[43] Wenn beide Vertragsparteien von der falschen größeren Fläche ausgegangen sind, dann liegt ein beiderseitiger **Motivirrtum** vor, der unter § 313 BGB fällt. Dabei ist es unerheblich, ob man von einem formell wirksamen oder unwirksamen Erhöhungsverlangen ausgeht. Entweder liegt eine Vertragsänderung nach § 558ff. BGB oder nach § 557 Abs. 1 BGB vor.[44] Die – beidseitige – Vorstellung über die Größe der Wohnung ist Geschäftsgrundlage für die Mieterhöhung gewesen. Das Fehlerrisiko stammt nicht aus dem Risikobereich des Mieters. Eine **Vertragsanpassung** nach den Grundsätzen des Fehlens der Geschäftsgrundlage ist also möglich.[45] Dabei hat der BGH in der Vergangenheit einen Fehlen der Geschäftsgrundlage erst bei **Flächenabweichungen** von **mehr als 10%** angenommen. Dies gilt auch nach der Rechtsprechungsänderung des BGH.[46] Zwar hat der Senat in der Entscheidung eine Vertragsanpassung nach den Grundsätzen des Fehlens der Geschäftsgrundlage für den Fall abgelehnt, dass die Wohnfläche größer als im Mietvertrag angegeben ist, das bedeutet aber nicht, dass damit die Grundsätze für Falschangaben im Erhöhungsverlangen nicht gelten.[47] Bei der Feststellung, ob eine Vertragsanpassung nach § 313 Abs. 2 BGB in Betracht kommt, geht es um die Frage, ob eine bestimmte Tatsache Geschäftsgrundlage geworden ist. Das ist auch nach der neuen Rechtsprechung des *BGH* zur Bedeutung der Wohnfläche auf jeden Fall so. Das Risiko der falschen Fläche hat der Mieter nicht zu tragen. Er ist für die Flächenangabe nicht – allein – verantwortlich.[48] **12d**

Die Anpassung des Vertrages gem. § 313 BGB wirkt grundsätzlich immer nur für die Zukunft.[49] Nach Ansicht des *BGH*[50] ist bei Flächenabweichungen ausnahmsweise eine **Rückwirkung der Vertragsanpassung** geboten, weil die Geschäftsgrundlage zum einen von Anfang an fehlte und schützenswerte Interessen des Vermieters einer rückwirkenden Anpassung nicht entgegenstehen. Es ist seine Aufgabe, die tatsächliche Wohnungsgröße richtig zu ermitteln. Er allein hat deshalb das Risiko einer unzutreffenden Wohnflächenangabe im Mietvertrag, in einem Mieterhöhungsverlangen oder einer Betriebskostenabrechnung zu tragen.[51] Der Mieter braucht sich daher unabhängig davon, ob die Flächenabweichung mehr oder weniger als 10% beträgt, nicht an seiner Zustimmung zu dem Mieterhöhungsverlangen des Vermieters festhalten zu lassen, wenn er diese im Vertrauen auf die Richtigkeit der Angaben des Vermieters über die Größe der Wohnung abgegeben hat. Zum Einfluss der Vertragsanpassung auf das Wohnwertmerkmal „Größe" s. § 558 BGB Rdn 59. **12e**

[39] LG Hamburg WuM 1987, 354.

[40] Zum Konkurrenzverhältnis der Ansprüche aus §§ 280 Abs. 1 S. 1 BGB, 311a Abs. 2 BGB zu den Ansprüchen aus § 536a BGB siehe *Oechsler* NZM 2004, 881.

[41] BGHZ 54, 155; NJW 1972, 152.

[42] BGH MDR 2011, 1468.

[43] *Börstinghaus,* Flächenabweichungen in der Wohnraummiete, Rdn. 695.

[44] *Börstinghaus,* Flächenabweichungen in der Wohnraummiete, Rdn. 697.

[45] So auch BGH (VIII ZR 192/03) NZM 2004, 699 = NJW 2004, 3115 = MietPrax-AK § 558 BGB Nr. 9 m. Anm. *Börstinghaus; Wiek* WuM 2004, 487; *Börstinghaus* BGHReport 2004, 1204; zustimmend auch *Beyer* NZM 2010, 417, 419.

[46] BGH (VIII ZR 266/14) NJW 2016, 239 = MietPrax-AK, § 558 BGB Nr. 36 m. Anm. *Börstinghaus; ders.* jurisPR-BGHZivilR 2/2016 Anm. 1; *ders.* LMK 2016, 375498 *Beyer* jurisPR-MietR 1/2016 Anm. 1; *Beuermann* GE 2016, 30; *Kunze* MietRB 2016, 29; *Heix* WuM 2016, 263.

[47] Im Ergebnis schon der Rechtsprechungsänderung des BGH ebenso: *Beyer* NJW 2010, 1025, 1028; *Weitemeyer* in Staudinger, § 557 BGB Rdn. 65; *Emmerich* in Staudinger, § 558 BGB Rdn. 32.

[48] Davon zu unterscheiden ist die Frage, ob der Mieter die angegebene Fläche mit Nichtwissen bestreiten darf; dagegen BGH (VIII ZR 41/14) NJW 2015, 475.

[49] BGHZ 58, 255, 363; BGH (VIII ZR 192/03) NJW 2004, 3115; *Beyer* NZM 2010, 417, 421.

[50] BGH NJW 1994, 576.

[51] BGH (VIII ZR 192/03) NJW 2004, 3115; *Wiek* WuM 2004, 487.

12f Ist der Mieter **zur Zustimmung zur Mieterhöhung** unter Zugrundelegung der zu großen Fläche **verurteilt** worden, dann ist der Mieter mit dem Einwand der falschen Fläche gem. § 767 Abs. 2 ZPO präkludiert.[52] In Betracht kommen allenfalls Schadensersatzansprüche gem. 826 BGB. Danach macht sich derjenige schadenersatzpflichtig, der in einer gegen die guten Sitten verstoßenden Weise einem anderen vorsätzlich einen Schaden zufügt. Hierzu zählen auch die **Erschleichung und der Missbrauch eines rechtskräftigen Titels.**[53] Die entsprechenden Rechtsgrundsätze wurden bereits vom Reichsgericht[54] entwickelt und vom BGH fortgeführt.[55] Diese inzwischen als gefestigt anzusehende Rechtsprechung beruht auf dem aus dem Gebot von Treu und Glauben hergeleiteten Grundsatz, dass die formelle Rechtskraft dann zurücktreten muss, „wenn es mit dem Gerechtigkeitsgedanken schlechthin unvereinbar wäre, dass der Titelgläubiger seine formale Rechtsteilung unter Missachtung der materiellen Rechtslage zu Lasten des Schuldners ausnutzt“.[56] Voraussetzungen für einen solchen Schadensersatzanspruch sind[57], dass der Titel unrichtig ist, der Vermieter dies positiv weiß[58] und dass weitere besondere Umstände vorliegen, die eine Vollstreckung für missbräuchlich erscheinen lassen.[59] Das Erschleichen eines Titels im Sinne des § 826 BGB setzt eine **bewusst unwahre Tatsachenbehauptung** im Zustimmungsprozess voraus.[60] Fahrlässigkeit auf Seiten des Vermieters reicht dafür nicht aus. Der Vermieter muss vorsätzlich handeln. Dazu gehört, dass er positiv die maßgebliche kleinere Wohnfläche kennt. Das kann z. B. aufgrund eines Prozesses mit einem Vormieter und dem in diesem Verfahren eingeholten Sachverständigengutachten zur Ermittlung der Wohnfläche der Fall sein. Ein Irrtum über die richtige Anrechnung von Freiflächen reicht für Vorsatz nicht aus. Auch einfache Erklärungen „ins Blaue hinein“ ergeben noch keinen Schädigungsvorsatz. Der Mieter hat die Möglichkeit sich im Zustimmungsprozess umfassend zu verteidigen. Er kann die behauptete Wohnfläche bestreiten, so dass der Vermieter seine Behauptung beweisen muss. Der Mieter muss deshalb im Schadensersatzprozess darlegen und beweisen, dass der Vermieter positive Kenntnis davon hatte, dass die behauptete Wohnfläche falsch und zwar zu groß ist. Schließlich müssen noch **besondere Umstände** hinzukommen, die eine **Vollstreckung missbräuchlich** erscheinen lassen. Insbesondere bei Vollstreckungsbescheiden hat die Rechtsprechung hier die Anforderungen herabgesetzt. Dies beruht darauf, dass im Mahnverfahren keine Schlüssigkeitsprüfung stattfindet, so dass die Rechtskraft solcher Titel zwar formell besteht, aber die Verteidigungsmöglichkeiten gegen missbräuchlich erlangte Titel[61] leichter ist als gegen Urteile.[62] Da der Zustimmungsanspruch nicht im Mahnverfahren geltend gemacht werden kann, da es sich nicht um einen Zahlungsanspruch handelt, muss der Vermieter in jedem Fall Klage und zwar auf Abgabe einer Willenserklärung erheben. Hier findet eine **Schlüssigkeitsprüfung** statt. Der Mieter hat alle prozessualen Möglichkeiten, sich zu verteidigen. In der Regel genügt einfaches Bestreiten. Ebenso wie er die Höhe der ortsüblichen Vergleichsmiete bestreiten kann, kann er auch die Wohnfläche bestreiten. Allein der bewusste falsche Sachvortrag zur Fläche genügt deshalb bei einem Zustimmungsurteil noch nicht, um mittels eines Schadensersatzanspruchs vom Vermieter die Rückgängigmachung der Mieterhöhung verlangen zu können. Er muss den Mieter schon auf besonders betrügerische oder arglistige Weise dazu veranlasst haben, sich nicht gegen die Klage, zumindest nicht gegen die Wohnungsgröße, zu verteidigen.[63] Das könnte z. B. der Fall sein, wenn er gefälschte Bescheinigungen von Ämtern oder Sachverständigen vorgelegt hat.

13 Die **Zustimmung ist bedingungsfeindlich.** Eine unter Bedingungen oder einem Vorbehalt erteilte Zustimmung ist rechtlich nichtig.[64] Die Zustimmung ist eine Annahme i. S. d. § 146 BGB, also eine empfangsbedürftige Willenserklärung, die nach objektivem Empfängerhorizont auszule-

---

52 *Börstinghaus,* Flächenabweichungen in der Wohnraummiete, Rdn. 707.
53 Dazu *Spindler* in: Bamberger/Roth, BGB § 826 BGB, Rdn. 104ff.
54 RGZ 61, 359, 365; 78, 389, 393.
55 BGHZ 101, 383; 103, 46; NJW 1999, 1258; 2005, 2994.
56 LG Bamberg Urt. v. 20.5.2010 – Az: 2 O 305/09 (zitiert nach juris).
57 Aufzählung gemäß Urteil des LG Bamberg v. 20.5.2010 – Az: 2 O 305/09 (zitiert nach juris).
58 *Spindler* in: Bamberger/Roth, BGB § 826 BGB, Rdn. 105.
59 *Börstinghaus,* Flächenabweichungen in der Wohnraummiete, Rdn. 708.
60 *Spindler* in: Bamberger/Roth, BGB § 826 BGB, Rdn. 107.
61 Insbesondere aus dem Bereich der sittenwidrigen Ratenkredite und der Partnerschaftsvermittlungsverträge.
62 Siehe dazu die Literaturnachweise bei *Spindler* in: Bamberger/Roth, BGB § 826 BGB, Rdn. 112 Fn. 644.
63 *Oechsler* in: Staudinger, § 826 BGB Rdn. 497–502.
64 LG Berlin GE 2008, 1492; AG Heilbronn ZMR 1998, 171; AG Hohenschönhausen GE 2001, 855, GE 1996, 869; AG Wuppertal Urt. v. 26.8.1996 – 93 C 542/94; *Both* in Herrlein/Kandelhard § 558b BGB Rdn. 6.

gen ist, § 133 BGB.[65] Erklärt ein Mieter die Zustimmung unter einem **Vorbehalt** oder „ohne Anerkennung einer Rechtspflicht", so muss die Zustimmung zusammen mit dieser Erklärung ausgelegt werden. Gibt der Mieter durch den Vorbehalt zu erkennen, dass er die Zustimmung nur gelten lassen will, wenn weitere Umstände oder Ereignisse eintreten, dann fehlt es an einer wirksamen Zustimmung. Allein der Zusatz „ohne Anerkennung einer Rechtspflicht" nimmt der im gleichen Schreiben erklärten Zustimmung nicht die Annahmewirkung. Der Zusatz alleine kann auch bedeuten, dass der Mieter sich zwar rechtlich nicht verpflichtet sieht, die Zustimmung zu erteilen, dass er sie aber trotzdem erteilt.[66] Befinden sich in dem Schreiben aber noch weitere Einschränkungen z. B. zeitlicher Art wie „einstweilige Zustimmung" usw., liegt keine wirksame Zustimmung vor. Hat der Mieter einem einseitigen Zustimmungsverlangen mit der Einschränkung teilweise zugestimmt, dass der Vermieter auf den weiter gehenden Anspruch verzichtet oder diesen nicht weiterverfolgt, liegt ebenfalls keine wirksame Zustimmung zu einer Mieterhöhung gem. § 558b Abs. 1 BGB vor. Jedoch enthält diese Zustimmung mit Einschränkung selbst ein wirksames Angebot auf Abschluss eines Mietabänderungsvertrages gem. § 557 Abs. 1 BGB. Der Vermieter kann dieses Angebot annehmen oder ablehnen. Wenn er es ablehnt, kann und muss er den gesamten Zustimmungsanspruch geltend machen; es liegt keine Teilzustimmung vor. Eine **Klage auf Wegfall des Vorbehalts** ist unzulässig, da § 558b Abs. 2 BGB lex specialis ist. Hat der Mieter bereits Zahlungen geleistet, kann er die Mehrleistung zurückfordern bis er rechtskräftig zur Zustimmung verurteilt wurde. Dies gilt ebenso im Falle eines unwirksamen Mieterhöhungsverlangens bei einer Teilzustimmung unter dem Vorbehalt, dass der Vermieter von einer weiter gehenden Miethöheforderung Abstand nimmt.[67]

Eine andere Frage ist die, ob zum Zeitpunkt der Zustimmung überhaupt noch ein Vorbehalt oder eine Einschränkung gemacht wurde. Bedeutung hat dies insbesondere für die Auslegung **konkludenten Verhaltens als Zustimmung,** insbesondere der mehrmaligen Zahlung. Die vorbehaltlose Zahlung auf ein Zustimmungsverlangen ist eine Zustimmung. Dies gilt aber dann nicht, wenn dem Vermieter der entgegenstehende Wille des Mieters positiv bekannt ist.[68] Eine **ausdrücklich erklärte Verweigerung** der Zustimmung geht grundsätzlich der konkludenten **Zustimmung** durch schlüssiges Verhalten vor. Zu prüfen ist aber in diesen Fällen immer, ob der Mieter seinen Vorbehalt tatsächlich weiter aufrecht hält, denn auch der Mieter kann es sich anders überlegt haben und doch noch zustimmen, so dass in der Zahlung die konkludente Rücknahme des Vorbehalts zu sehen ist.[69] 14

3. Frist

Die Zustimmung des Mieters kann **ab Zugang** des Mieterhöhungsverlangens erteilt werden. Erst wenn ein Angebot des Vermieters vorliegt, kann dieses angenommen werden; zuvor handelt es sich um ein Angebot des Mieters. Der Mieter kann das Angebot des Vermieters solange annehmen, wie das Angebot annahmefähig ist. Dies ist zunächst solange der Fall, wie der Vermieter das Angebot nicht zurückgenommen hat. Die Rücknahme des Angebots ist jederzeit möglich, auch während der Überlegungsfrist (s. § 558a BGB Rdn. 19). Hat der Vermieter das Erhöhungsverlangen nicht zurückgenommen, dann kann der Mieter dies Verlangen zunächst innerhalb der Überlegungsfrist annehmen. Dies ergibt sich bereits aus dem klaren Wortlaut des Gesetzes. 15

Das Angebot des Vermieters bleibt aber auch danach annahmefähig bis der Vermieter es entweder zurückgenommen hat oder bis es wegen **Ablaufs der Klagefrist** unwirksam wurde. Die Regelung des § 558b BGB geht insofern den Bestimmungen der §§ 147ff. BGB vor. Das Gesetz geht selbst davon aus, dass dem Vermieter bis zum fruchtlosen Ablauf der Klagefrist ein Anspruch auf Zustimmung zu einer Mieterhöhung zusteht. Wenn der Vermieter seinen Anspruch sogar in der Form gerichtlich durchsetzen kann, dass er den Mieter zur Annahme des Angebots zwingen kann, dann muss das Angebot des Vermieters auch nach der Gesetzessystematik annahmefähig sein. Der Mieter kann deshalb das Angebot des Vermieters auch noch innerhalb der Klagefrist annehmen[70], 16

---

65 BGH (VIII ZR 88/13) NJW 2015, 934 Txt 35.

66 AG Tempelhof-Kreuzberg GE 2008, 1430; AG Heilbronn ZMR 1998, 171.

67 AG Gladbeck WuM 1993, 745.

68 AG Leipzig WuM 1996, 347; AG Hohenschönhausen GE 2001, 855, GE 1996, 869.

69 AG Potsdam MM 1996, 248.

70 LG Hannover WuM 1990, 222, 223; *Emmerich* in Staudinger § 558b BGB Rdn. 12; Bub/Treier/*Schultz* Kap. III. A Rdn. 1429; **a. A.** LG Berlin MM 1996, 292.

selbst wenn der Mieter vorher eine Zustimmung abgelehnt hat.[71] Die Annahme kann auch noch **nach Ablauf der gesetzlichen Klagefrist** erfolgen, wenn der Vermieter zuvor fristgerecht Klage erhoben hat. Die Annahme kann auch in diesem Fall durch vorbehaltlose Zahlung erfolgen. Insofern erledigt sich der Rechtsstreit. Nimmt der Vermieter die Zustimmungsklage zurück, dann entfällt die Annahmefähigkeit nicht rückwirkend. Der Vermieter kann durch die **Rücknahme der Zustimmungsklage** einer Teilzustimmung des Mieters wegen fehlenden Angebots nicht den Boden entziehen. Erst ab Wirksamwerden der Klagerücknahme entfällt die Annahmefähigkeit. Die Klage kann ohne Zustimmung des Beklagten bis zum Beginn der mündlichen Verhandlung zurückgenommen werden. Die Klagerücknahme wird grundsätzlich erst mit Zustellung des Rücknahmeschriftsatzes wirksam. Nach Beginn der mündlichen Verhandlung ist für die wirksame Klagerücknahme auch noch die Zustimmung des Beklagten erforderlich. Diese wird gem. § 269 Abs. 2 Satz 4 ZPO jedoch vermutet, wenn der Beklagte nicht ausdrücklich der Klagerücknahme widerspricht. Bedeutung hat der Zeitpunkt der Zustimmungserklärung vor allem für die Kostenentscheidung eines Zustimmungsverfahrens (dazu unten Rdn. 133).

4. Form

17 Anders als für das Mieterhöhungsverlangen des Vermieters in § 558a Abs. 1 BGB ist für die Zustimmung des Mieters grundsätzlich von Gesetzes wegen **keine Form vorgeschrieben.**[72] Möglich ist deshalb, dass die Zustimmung des Mieters ausdrücklich oder auch konkludent erfolgt.[73]

18 **a)** Eine **ausdrückliche Zustimmung** liegt vor, wenn der Mieter eine Willenserklärung gegenüber dem Vermieter abgibt, wonach er einer Änderung der Miete auf die neue verlangte Miete zustimme. Da die Zustimmung eine empfangsbedürftige Willenserklärung ist, muss sie vom Mieter gegenüber dem Vermieter abgegeben werden und wird erst mit Zugang wirksam. Die Willenserklärung kann **grundsätzlich formfrei** erfolgen, also sowohl schriftlich, mündlich, telefonisch, per Telefax, auf den Anrufbeantworter gesprochen, per E-Mail[74] oder in jeder sonst denkbaren Form. Allein das Beweisinteresse des Vermieters rechtfertigt es nicht, strengere Formen zu verlangen.[75]

19 Der Vermieter hat gegen die Mieter aber einen Anspruch auf **schriftliche Zustimmung,** wenn es sich aus um einen Vertrag handelt, der wirksam für **länger als ein Jahr** abgeschlossen wurde, § 550 BGB.[76] Dies gilt unabhängig von der absoluten oder prozentualen Höhe der Mieterhöhung.[77]Auf Grund einer Schriftformklausel im Mietvertrag besteht demgegenüber keine Verpflichtung zur Erteilung einer schriftlichen Zustimmung[78], da eine solche Schriftformklausel nicht für die einseitige Zustimmungserklärung gilt[79] und im Übrigen regelmäßig auch gegen § 305b BGB[80] verstößt und deshalb gem. § 307 BGB unwirksam ist.[81] Auch die Vereinbarung im Mietvertrag, wonach die Zustimmung immer schriftlich zu erfolgen habe, ist unwirksam.[82] Jede Mietvertragspartei kann jedoch im Fall einer wirksamen Schriftformklausel gem. § 127 Abs. 2 Satz 2 BGB nachträglich, also nach Abgabe der beiderseitig auf Vertragsänderung gerichteten Willenserklärun-

[71] *Artz* in MünchKomm § 558b Rdn. 6; *Emmerich* in Staudinger § 558b BGB Rdn. 12; Bub/Treier/*Schultz* Kap. III. A Rdn. 1429.

[72] AG Pankow/Weißensee GE 2016, 335; AG Neuruppin WuM 2013, 232; AG Hannover ZMR 2010, 290; AG Schöneberg NZM 2009, 123; *Artz* in MünchKomm § 558b BGB Rdn. 4; Bub/Treier/*Schultz* Kap. III. A Rdn. 1433.

[73] LG Wuppertal NJWE-MietR 1997, 266; *Schmid* ZMR 2007, 514; *Kossmann/Meyer-Abich,* Hdb. d. Wohnraummiete, § 154 Rdn. 5.

[74] AG Pankow/Weißensee GE 2016, 335.

[75] AG Schöneberg NZM 2009, 123; *Schmid* ZMR 2007, 514; falsch deshalb LG Berlin und AG Höhenschönhausen ZMR 2007, 196.

[76] *Kossmann/Meyer-Abich,* Hdb. d. Wohnraummiete, § 154 Rdn. 5; Bub/Treier/*Schultz* Kap. III. A Rdn. 1433; **a. A.** AG Schöneberg NZM 2009, 123.

[77] BGH (XII ZR 114/14) NJW 2016, 311; *Schweitzer* NZM 2016, 101; *Börstinghaus* jurisPR-BGHZivilR 1/2016 Anm. 1; *Bieber* jurisPR-MietR 8/2016 Anm. 2.

[78] Für das Mieterhöhungsverlangen: BGH (VIII ZR 275/10) ZMR 2011, 707; BGH (VIII ZR 300/09) NZM 2011, 117 = MietPrax-AK § 558a BGB Nr. 23 m. Anm. *Börstinghaus; Beuermann* GE 2011, 95; LG Berlin GE 2005, 1431; *Bloching/Ortolf* NZM 2012, 334.

[79] Für das Mieterhöhungsverlangen: BGH (VIII ZR 300/09) NZM 2011, 117; *Börstinghaus* jurisPR-BGHZivilR 8/2011 Anm. 2; *Bloching/Ortolf* NZM 2012, 334.

[80] KG MDR 2016, 819.

[81] *Bloching/Ortolf* NZM 2012, 334; *dies.* NJW 2009, 3393, 3395; kritisch dazu *Neuhaus* ZMR 2014, 15, 17.

[82] AG Neuruppin WuM 2013, 232.

gen die schriftliche Fixierung der Änderungsvereinbarung zu verlangen. Zu Schriftformklauseln s. Vor § 535 BGB Rdn. 41 und § 550 BGB Rdn. 75f. Da es sich um Allgemeine Geschäftsbedingungen handelt, sind diese Klauseln an den §§ 305–310 BGB zu messen. Soweit in einer formularvertraglichen Klausel für nachträgliche Vereinbarungen konstitutiv die Schriftform verlangt wird, verstößt eine solche Klausel gegen § 307 Abs. 1 BGB und ist unwirksam.[83] Nach *Bloching/Ortolf*[84] darf bei der **Klauselkontrolle** jedoch nicht übersehen werden, dass die Schriftform den Mieter schützt, da er von einer Unwirksamkeit der Willenserklärungen profitiert. Vertragliche **Schriftformklauseln** sind auch im Fall des § 558b BGB dispositiv, d. h. beide Mietvertragsparteien können für den konkreten Einzelfall auf die Einhaltung des Schriftformerfordernisses verzichten[85] oder die Schriftformklausel auch formfrei aufheben. Das gilt für die Begründung vertraglicher Pflichten. für ihre Ergänzung[86] und für ihre Einschränkung.[87] Die Gültigkeit derartiger, formfreier – nicht notwendig ausdrücklicher – Absprachen wird dann bejaht, wenn die Parteien übereinstimmend die Maßgeblichkeit des mündlich Vereinbarten gewollt haben, sich also darüber einig waren, dass für ihre vertraglichen Beziehungen neben dem Urkundeninhalt auch jene mündliche Abrede gelten sollte.[88] Die Gültigkeit des mündliche Abgesprochenen wird mit der Erwägung bejaht, dass die Bindung, der sich die Parteien durch Vereinbarung der im Gesetz nicht vorgesehenen Schriftform unterworfen haben, nur so lange und soweit bestehen bleibt, als die Vertragsschließenden keinen anderen Willen zum Ausdruck bringen, die Schriftformklausel also nicht außer Kraft setzen.[89] Die übereinstimmend gewollte mündliche Absprache macht, soweit sie reicht, das gewillkürte Formerfordernis hinfällig. Solche Vereinbarungen sind dann gem. § 305b BGB der Formularklausel vorgehende **Individualvereinbarungen.**[90] Dabei ist es unerheblich, ob die formularmäßige Schriftformklausel das Schriftformerfordernis auch für die Abänderung der Schriftform vorsieht.[91] Solche Klauseln haben den einzigen Zweck, die Aushöhlung der Schriftformvereinbarung durch Bindung der Vertragspartner an mündliche Erklärungen oder gar an schlüssiges Verhalten unmöglich zu machen.[92] Jedoch können die Mietvertragsparteien für die Zukunft nicht auf die Vertragsfreiheit verzichten. Deshalb hat das zuletzt auch mündlich Vereinbarte gegenüber früheren Abreden Vorrang.[93] Allein weil der Vermieter im Mieterhöhungsverlangen die Abgabe einer schriftlichen Zustimmungserklärung verlangt besteht ein solcher Anspruch nicht.[94]

Auch aus der Tatsache, dass der BGH[95] auch in der Wohnraummiete das **Urkundsverfahren** für zulässig erachtet hat, ergibt sich kein Anspruch auf eine schriftliche Zustimmung.[96] Zwar benötigt der Vermieter für eine solche Klage eine Urkunde aus der sich die Höhe der Miete ergibt, dies allein gibt dem Vermieter aber keinen Anspruch auf eine solche Urkunde. In Betracht kommen könnte ein solcher Anspruch allenfalls aus einer **Nebenpflicht** des Mietvertrages. Aus der Existenz des § 550 BGB ergibt sich aber, dass der Gesetzgeber nur bei Mietverträgen mit einer Laufzeit von mehr als einem Jahr die Schriftform vorgesehen hat, bei allen anderen Mietverträgen aber wie bei so gut wie allen anderen Verträgen auch, auch mündliche Vereinbarungen für ausreichend hielt. Diese Wertung des Gesetzgebers ist bei der Beurteilung, ob eine vertragliche Nebenpflicht zur Ausstellung einer Urkunde über die Zustimmung besteht zu berücksichtigen. Sie kann nur dazu füh- 20

---

[83] BGH NJW 1995, 1488, NJW 1986, 3132, NJW 1984, 2468; OLG München NJW-RR 1989, 1499, 1502; OLG Frankfurt NJW-RR 1992, 396; AG Hannover ZMR 2010, 290; AGB-Klauselwerke/*Drettmann,* Wohnraummiete Rdn. 23; AGB-Klauselwerke/*Graf v. Westphalen,* Schriftformklauseln Rdn. 7; Palandt/*Grüneberg* § 307 BGB Rdn. 146 und § 305b BGB Rdn. 5; *Boergen* BB 1971, 202.

[84] *Bloching/Ortolf* NZM 2012, 334, 337.

[85] BGH (XII ZR 312/02) NJW 2006, 138, NJW-RR 1995, 179, 180, NJW 1986, 3131, NJW 1985, 320, 321, NJW 1978, 1585, 1586; *Hromadka* DB 2004, 1261, 1264; ebenso BAG NJW 2009, 316.

[86] BGH WM 1962, 1091, WM 1966, 1335.

[87] BGH WM 1965, 175; BGH (VIII ZR 82/67) Urt. v. 8. Mai 1968.

[88] So schon RGZ 95, 175, 176; BGH WM 1966, 1335; BGH WM 1982, 902, NJW 1962, 1908; BGHZ 66, 378, 381; BAG NJW 1989, 2149; AGB-Klauselwerke/*Graf v. Westphalen,* Schriftformklauseln Rdn. 4.

[89] BGH WM 1966, 1200.

[90] BGH (XII ZR 312/02) NJW 2006, 138.

[91] BGHZ 66, 378, 381; OLG Naumburg Urt. v. 26.7.2012 Az: 9 U 38/12 (zitiert nach juris).

[92] BGHZ 66, 378, 382.

[93] AGB-Klauselwerke/*Graf v. Westphalen,* Schriftformklauseln Rdn. 4.

[94] AG Schöneberg NZM 2009, 123; *Sternel* Mietrecht aktuell (2009), IV, 259; **a. A.** AG Hohenschönhausen/LG Berlin ZMR 2007, 196.

[95] BGH (VIII ZR 200/08) NJW 2009, 3099; (VIII ZR 112/06) NZM 2007, 161; (VIII ZR 216/04) NJW 2005, 2701.

[96] AG Schöneberg Urt. v. 2.9.2009 – 6 C 280/09.

ren, dass ein solcher Anspruch nicht besteht. Davon zu unterscheiden ist die Frage, ob der Vermieter bei einer konkludenten Zustimmung durch Zahlung durch Vorlage von Kontoauszügen urkundlich die Zustimmung des Mieters beweisen kann.[97] Bedenken können sich aber daraus ergeben, dass der Mieter ggf. einen Vorbehalt erklärt hat, der der Zahlung die Wirkung der Zustimmung nimmt. Interne Buchhaltungsunterlagen des Vermieters reichen nie als Urkunde.

21 Bedeutung hat die Schriftform deshalb i. d. R. nur für Mietverträge, die für **längere Zeit als ein Jahr** abgeschlossen wurden oder eine entsprechende Kündigungsausschlussvereinbarung enthalten.[98] § 550 BGB schreibt für einen Mietvertrag von mehr als einem Jahr Dauer die Schriftform vor. Wird diese nicht eingehalten, gilt er als für unbestimmte Zeit geschlossen und kann jederzeit – frühestens zum Schluss des ersten Jahres – gekündigt werden.[99] Für die Schriftform fordert § 126 Abs. 2 Satz 1 BGB, dass die Unterzeichnung der Parteien auf derselben Urkunde erfolgt **(Grundsatz der Einheitlichkeit der Urkunde).** Danach muss das von den Parteien unterzeichnete Schriftstück alle Abreden enthalten, die nach ihrem Willen Vertragsinhalt sind. Dabei erfordert die Schriftform des § 126 BGB keine **körperliche Verbindung** der einzelnen Blätter der Urkunde, wenn sich deren Einheit aus fortlaufender Paginierung, fortlaufender Nummerierung der einzelnen Bestimmungen, einheitlicher graphischer Gestaltung, inhaltlichem Zusammenhang des Textes oder vergleichbarer Merkmale zweifelsfrei ergibt.[100] Diese Grundsätze gelten über den Wortlaut des § 550 BGB hinaus[101] nicht nur für den Abschluss des Vertrages sondern auch für spätere Vertragsänderungen[102] insbesondere für alle Veränderungen der Miete (§ 550 BGB Rdn. 41) und zwar unabhängig von der Höhe der Mietänderung.[103] Die Miethöhevorschriften sind auch keine die Form des § 550 BGB verdrängenden Spezialvorschriften.[104] Die Vorschriften gelten nebeneinander. Verstöße haben unterschiedliche Rechtsfolgen. Es reicht für die gesetzliche Schriftform des gesamten Vertragswerks aus, wenn die **Nachtragsurkunde** auf den ursprünglichen Vertrag Bezug nimmt[105] und zum Ausdruck bringt, es solle unter Einbeziehung des Nachtrags bei dem verbleiben, was früher bereits formgültig niedergelegt war, vorausgesetzt, dass die neue Urkunde ebenfalls von beiden Parteien unterzeichnet ist.[106]

22 Daraus folgt für das **Formerfordernis für die Zustimmungserklärung** des Mieters zu einem Mieterhöhungsverlangen des Vermieters, dass der Mieter immer dann, wenn der Mietvertrag wegen § 550 BGB der Form des § 126 BGB unterfällt, seine **Zustimmung schriftlich** erteilen muss.[107] Die Miete gehört zu den **Essentialen des Vertrages,** die schriftlich niedergelegt werden müssen. Ob jedoch der durch § 550 BGB vor allem geschützte Erwerber[108] tatsächlich für den Fall einer Mieterhöhung, die die ursprünglichen Mietvertragsparteien formlos und ggf. sogar konkludent durch Zahlung vereinbart haben geschützt werden muss, erscheint tatsächlich fraglich.[109] Zumindest wegen der rechtlichen Unsicherheit hat der Vermieter bei Mietverträgen mit einer Laufzeit

---

[97] Dafür *Blank* NZM 2000, 1083.

[98] BGH (VIII ZR 223/06) NJW 2007, 1742.

[99] Dazu BGH (XII ZR 68/02) NJW 2004, 2962 = NZM 2004, 738.

[100] BGH NJW 1998, 58 m. Anm. *Sternel* MDR 1998, 33; BGH NZM 1999, 310 m. Anm. *Schultz* NZM 1999, 298; *Lindner-Figura* NJW 1998, 731; *Lenz/Schlößer* MDR 1998, 1; *Kinne* GE 1998, 218; *Schneider* ZAP F. 13, S. 713; *Franke* ZMR 1998, 529.

[101] *Schach* GE 2004, 1280, 1281.

[102] Hierzu *Lindner-Figura* MDR 1997, 209.

[103] BGH (XII ZR 114/14) NZM 2016, 98 = MietPrax-AK § 550 BGB Nr. 42 m. Anm. *Börstinghaus; Schweizer* NZM 2016, 101; *Blank* in Blank/Börstinghaus, Miete § 550 BGB Rdn. 53; **a. A.** KG NZM 2005, 457; *Timme/Hülk* NJW 2007, 3313, 3316; *Sternel,* Mietrecht aktuell (2009), IV, 15; erst für Mietänderungen von mehr als 10%; auch für eine Grenze aber 10% zu hoch: *Lindner-Figura* in Lindner-Figura/Oprée/Stellmann, Geschäftsraummiete, Kap. 6 Rdn. 70 und 64.

[104] *Nies* NZM 2009, 687; **a. A.** *Bieber* in MünchKomm § 550 BGB Rdn. 7; AG Schöneberg Urt. v. 2.9.2009 – 6 C 280/09.

[105] BGH (XII ZR 89/06) NJW 2008, 2181; BGH (XII ZR 258/97) NZM 2000, 548; *Streyl* WuM 2008, 579.

[106] BGH NJW 1992, 2283, 2284 m. Anm. *Dürkes* BB 1993, 238; KG NJWE-MietR 1997, 175; OLG Düsseldorf NJW-RR 1994, 1234.

[107] LG Wiesbaden WuM 2000, 195; *Nies* NZM 2009, 687; *Elzer* in Elzer/Riecke, Mietrechtskommentar (2009) § 558b BGB Rdn. 3; **a. A.** *Schmid* ZMR 2007, 514; *Bieber* in MünchKomm § 550 BGB Rdn. 7; *Sternel* Mietrecht aktuell (2009), IV, 260.

[108] BGH (VIII ZR 235/11) NZM 2012, 502; auch zu weiteren Schutzzwecken: BGH (XII ZR 69/06) NJW 2008, 2178.

[109] *Schach* GE 2004, 1280, 1281.

von mehr als einem Jahr einen Anspruch auf Erteilung der Zustimmung in Schriftform.[110] Da der BGH[111] inzwischen aber auch die Warn- und Beweisfunktion der Schriftform als Schutzzweck des § 550 BGB anerkannt hat, ist § 550 BGB wegen der Warnfunktion hier einschlägig. Der Mieter stimmt bei einem Vertrag, von dem er sich mindestens ein Jahr nicht lösen kann, einer Erhöhung der Miete zu. Er bindet sich also langfristig. Hier ist die Warnfunktion betroffen. Die Mieterhöhung selbst erfolgt, auch wenn der Vermieter nach § 558 BGB darauf einen Anspruch hat, durch einen Vertrag. Bei einem Vertrag muss gem. § 126 Abs. 2 BGB die Unterzeichnung der Parteien grundsätzlich **auf derselben Urkunde** erfolgen.[112] Deshalb müssen grundsätzlich beide Vertragsparteien eine Vereinbarung unterzeichnen, in der die Vertragsabänderung festgehalten ist.[113] Werden über einen Vertrag mehrere gleichlautende Urkunden aufgenommen, dann genügt es aber, wenn jede Partei, die für die andere Partei bestimmte Urkunde unterzeichnet. Wichtig ist aber, dass sich auf der Urkunde die Willenserklärungen beider Parteien befinden.[114] Die Schriftform eines langfristigen Mietvertrages ist aber nach neuerer Rechtsprechung schon dann gewahrt, wenn die Vertragsbestimmungen in einem unterzeichneten Schreiben der einen Partei niedergelegt sind, das die andere mit oder ohne einen das uneingeschränkte Einverständnis erklärenden Zusatz ihrerseits unterzeichnet hat.[115] Der nochmaligen Unterzeichnung durch die eine Partei unterhalb der Gegenzeichnung der anderen bedarf es entgegen der älteren Rechtsprechung des Reichsgerichts[116] heute nicht mehr. Es reicht deshalb aus, wenn der Mieter dem Vermieter ein Exemplar des Mieterhöhungsverlangens zurückschickt und auf dem vom Vermieter unterschriebenen Erhöhungsverlangen befindet sich die unterschriebene Zustimmung des Mieters. Nicht ausreichend für die Einhaltung der Schriftform ist weiterhin die Unterzeichnung einer **isolierten „Zustimmungserklärung"**, in der der Mieter einer Mieterhöhung zustimmt, ohne dass in dieser Erklärung auch die Willenserklärung des Vermieters enthalten ist.

Erfüllt die Zustimmung des Mieters nicht diese Formvorschriften, also hat er entweder gar nicht schriftlich seine Zustimmung erklärt oder ist dies nicht in einer Urkunde zusammen mit der Willenserklärung des Vermieters geschehen, so hat dies für die Mieterhöhung selbst keine Konsequenzen. Es liegen zwei übereinstimmende Willenserklärungen vor, so dass der Vertrag geändert wurde.[117] Die Vorschrift des § 550 BGB ist keine Formvorschrift i. S. d. § 125 BGB mit der Rechtsfolge, dass die **Nichteinhaltung der Form** zur Nichtigkeit des Rechtsgeschäfts führt. Insofern enthält § 550 BGB eine speziellere Rechtsfolge. Die Nichteinhaltung der Form führt nur dazu, dass der **Vertrag jetzt kündbar** ist. In der Regel[118] verstößt es auch nicht gegen **Treu und Glauben,** wenn eine Partei unter Berufung auf einen von ihr mit veranlassten Formmangel das Mietverhältnis kündigt. Das gilt ohne Einschränkung für einen Erwerber.[119] **23**

b) Die Zustimmung des Mieters kann, abgesehen von den zuvor geschilderten Fällen, in denen die Einhaltung der Schriftform erforderlich ist, auch durch **schlüssiges Verhalten** erfolgen.[120] Eine solche konkludente Willenserklärung setzt voraus, dass der Vermieter aus einem bestimmten Verhalten nur den Schluss ziehen kann, der Mieter wolle damit die verlangte Zustimmungserklärung abgeben. Ob das Verhalten als konkludente Willenserklärung zu verstehen ist, ist **durch Auslegung** zu ermitteln, die nicht schematisch erfolgten darf, sondern von den konkreten Umständen **24**

---

110 LG Wiesbaden WuM 2000, 195; AG Schöneberg GE 1989, 249; *Emmerich* in Emmerich/Sonnenschein, Miete, § 558b BGB Rdn. 3; *Artz* in MünchKomm § 558b BGB Rdnr. 4; *Schach* GE 2004, 1280, 1281; *Ormanschick/Riecke* MDR 2002, 247; **a. A.** AG Schöneberg NZM 2009, 123; *Schmid* ZMR 2007, 514.

111 BGH (XII ZR 69/06) NJW 2008, 2178; *Stapenhorst* NJW 2008, 2181.

112 *Schmid* GE 2002, 1039, 1043.

113 BGH (XII ZR 179/98) NJW 2001, 221.

114 OLG Hamburg ZMR 2000, 589 inhaltlich wohl bestätigt von BGH (XII ZR 187/00) ZMR 2002, 907; *Schmid* GE 2002, 1039, 1043.

115 BGH (XII ZR 68/02) NJW 2004, 2962.

116 RGZ 105, 60, 62.

117 Insofern ist der Ansatz des AG Schöneberg NZM 2009, 123 richtig, wonach die §§ 558ff. BGB im Verhältnis zu § 550 BGB die spezielleren Vorschriften sind. Die Schlussfolgerung, dass der Vermieter deshalb keinen Anspruch auf eine schriftliche Zustimmungserklärung habe, ist aber falsch.

118 BGH (XII ZR 146/12) NJW 2014, 2102; (XII ZR 68/10) NJW 2014, 1087; (XII ZR 38/12) NJW 2013, 1083; (XII ZR 134/02) NJW 2004, 1103; AG Pinneberg ZMR 2008, 468.

119 BGH (XII ZR 146/12) NJW 2014, 2102; (XII ZR 68/10) NJW 2014, 1087; *Sternel* Mietrecht aktuell (2009), IV, 260.

120 LG Wuppertal NJWE-MietR 1997, 266; AG Pankow/Weißensee GE 2016, 335; *Artz* NZM 2005, 367; *Kossmann/Meyer-Abich,* Hdb. d. Wohnraummiete, § 154 Rdn. 5.

des Einzelfalles abhängt.[121] Dabei ist **Maßstab der objektive Empfängerhorizont.** Es ist also jeweils zu prüfen, ob ein objektiver Empfänger, der den Inhalt des Angebots des Vermieters und alle sonstigen Umstände kennt, aus dem Verhalten des Mieters den Schluss auf einen **Rechtsbindungswillen** des Mieters ziehen würde.[122] Voraussetzung für die Annahme einer konkludenten Willenserklärung ist, dass demjenigen, der eine solche konkludente Erklärung abgegeben haben soll, überhaupt bewusst ist, eine rechtsgeschäftliche Erklärung abzugeben. Eine Willenserklärung erfordert zumindest einen objektiven Tatbestand, aus dem die Äußerung eines auf eine Rechtsfolge gerichteten Willens geschlossen werden kann. Bei konkludenten Willenserklärungen muss der Erklärende die Umstände kennen, die seine Handlung als Ausdruck eines Rechtsfolgewillens erscheinen lassen. Er muss dabei vor allem wissen oder damit rechnen, dass eine von ihm abzugebende Willenserklärung erforderlich sein könnte.[123] Dazu gehört, dass der erklärende Mieter weiß, dass in seinem Verhalten der Ausdruck des Willens zu sehen ist, ein bisher unverbindliches Angebot verbindlich werden zu lassen.[124] Unerheblich ist, dass der Vermieter ausdrücklich auf einer schriftlichen Zustimmung bestanden hat, denn darauf hat er i. d. R. (zur Ausnahme s. o. Rdn. 22) keinen Anspruch.[125]

25 Die stärkste Form des konkludenten Verhaltens in diesem Zusammenhang ist die **Zahlung.**[126] Hat der Vermieter den Mieter ausdrücklich aufgefordert, einer Mieterhöhung zuzustimmen und zahlt der Mieter dann, ohne zuvor sein Einverständnis ausdrücklich erklärt zu haben die erhöhte Miete, dann weiß der Mieter zum einen, dass er rechtsgeschäftlich tätig wird, da er ja zur Zustimmung aufgefordert wurde und der **Empfänger der Zahlung** kann dies nur als Zustimmung verstehen. Von daher kommt zunächst dem Angebot des Vermieters auf Abschluss der Änderungsvereinbarung für die Auslegung einer Zahlung als Zustimmung große Bedeutung zu. Hat der Vermieter dem Mieter ein Mieterhöhungsverlangen nach § 558 BGB mit ausdrücklicher Aufforderung zur Zustimmung zu einer Mieterhöhung zukommen lassen, dann darf ein Vermieter aus der Sicht eines objektiven Empfängers bereits **eine einzige Zahlung** als Zustimmung verstehen.[127] Dies gilt auch, wenn der Mieter den Dauerauftrag entsprechend anpasst.[128] Diese Erklärung kann der Mieter jedoch wegen Inhaltsirrtums anfechten, wenn er eine solche Erklärung gar nicht abgeben wollte.[129] Ein **Widerrufsrecht** gem. § 312c BGB (dazu unten Rn. 35b) besteht nicht, da die sich aus der Zahlung ergebende konkludente Zustimmung nicht unter Benutzung von **Fernkommunikationsmitteln** erfolgte.[130]

26 Teilweise wird jedoch vertreten, dass erst **mehrere Zahlungen** eine Zustimmung bedeuten.[131] Dabei stellt sich die Frage, wie viele Zahlungen es sein sollen und was dann die Zahlungen sein sollen, die der Mieter bereits geleistet hat, aber die nach Ansicht der Vertreter dieser Meinung als Zustimmung noch nicht ausreichen. Etwas überspitzt gesagt, müsste man solche Zahlungen, da sie ja bewusste rechtsgrundlose Zahlungen darstellen, als **Spenden des Mieters** an den Vermieter verstehen. Dies zeigt, wie wenig praxisgerecht solche aus einem falsch verstandenen Mieterschutz abgeleiteten Auffassungen sind. Der Mieter will an seinen Vermieter nur das zahlen, wozu er auch verpflichtet ist. Freiwillige Mehrzahlungen ohne Rechtsgrund sind lebensfremd. Auch aus der Dauer der Zustimmungsfrist lässt sich nichts Abweichendes herleiten. Die Zustimmungsfrist ist vor der Fälligkeit der ersten erhöhten Miete bereits abgelaufen. Wenn der Mieter dann nach Ablauf der

---

[121] LG Wuppertal NJWE-MietR 1997, 266; LG Kiel WuM 1993, 198; LG Aachen WuM 1988, 280; LG Berlin WuM 1985, 311.

[122] LG Wuppertal NJWE-MietR 1997, 266; LG Kiel WuM 1993, 198.

[123] BGHZ 109, 177; BGH NJW 1973, 1789.

[124] BGH (XII ZR 5/15) NJW 2016, 1441; (V ZR 85/09) NZM 2010, 587; (V ZR 266/88) BGHZ 110, 220; (XI ZR 175/93) NJW 1995, 953; (II ZR 92/87) NJW 1988, 1199, 1200.

[125] **A. A.** AG Hohenschönhausen/LG Berlin ZMR 2007, 196.

[126] Hierzu *Beuermann* GE 1990, 84.

[127] LG Berlin GE 2009, 1625; LG Trier WuM 1994, 217; LG Kiel WuM 1993, 198; LG Berlin WuM 1989, 308; LG Braunschweig WuM 1986, 142; AG München ZMR 2014, 460; AG Frankfurt ZMR 1989, 180, DWW 1987, 263; *Artz* NZM 2005, 367, 369; *Sternel* Mietrecht aktuell (2009), IV, 9; *Weitemeyer* in Staudinger § 557 BGB Rdn. 33a; *Emmerich* in Staudinger § 558b Rdn. 6; Bub/Treier/*Schultz* Kap. III. A Rdn. 1434; *Both* in Herrlein/Kandelhard § 558b BGB Rdn. 5; *Kossmann/Meyer-Abich*, Hdb. d. Wohnraummiete, § 154 Rdn. 7 („kann genügen").

[128] LG Berlin WuM 1987, 266.

[129] BGH JR 1985, 12.

[130] AG Spandau GE 2015, 1463, 1464.

[131] BGH NJW 1998, 445, 446; LG Leipzig NZM 2002, 20; LG Düsseldorf DWW 1999, 377; AG Mannheim NZM 2012, 561 m. Anm. *Börstinghaus* jurisPR-MietR 8/2012 Anm. 1; *Lammel* § 558b BGB Rdn. 15.

Zustimmungsfrist zum ersten Wirkungszeitpunkt des Mieterhöhungsverlangens die erhöhte Miete zahlt, dann kann der Vermieter dies nur als Zustimmung verstehen. Es kommt bei der Auslegung des Verhaltens des Mieters **ausschließlich auf den objektiven Empfängerhorizont** auf Vermieterseite an.

Soweit der Gesetzgeber in der Vergangenheit in den neuen Ländern befristet für ca. 2½ Jahre in **§ 12 Abs. 6 Nr. 2 MHG** bestimmt hatte, dass die zweimalige Zahlung als Zustimmung gelten sollte, bedeutet dies nicht, dass weniger Zahlungen keine Zustimmung darstellen. Zum einen handelte es sich um eine den ostdeutschen Besonderheiten gerecht werdende **Sondervorschrift.** Die Mieter in den neuen Ländern kannten das Zustimmungsverfahren nicht, da alle bisherigen Mieterhöhungen nach dem Beitritt einseitig durch die Vermieter erfolgten. Deshalb sollte auch bei Zahlung der Miete schnell Rechtssicherheit geschaffen werden, damit nicht später unzählige Rückforderungsprozesse möglich waren und zum anderen sollte aber dem Mieter die Möglichkeit gegeben werden, für den Fall, dass er bei der ersten Zahlung noch meinte, wie in all den Jahren vorher, nur auf eine einseitige Mieterhöhung reagieren zu müssen, doch noch eine gerichtliche Überprüfung vornehmen zu lassen. Insofern war die Vorschrift ein Kompromiss zwischen den verschiedenen Interessen in der Übergangsphase gewesen. Im Übrigen hatte der Gesetzgeber dieser Vorschrift selbst nur eine zeitlich sehr **kurze befristete Bedeutung** beigemessen, nämlich für Mieterhöhungsverlangen vom 11.6.1995 bis 31.12.1997. Hätte der Gesetzgeber eine generelle Geltung dieser Fiktion gewollt, dann hätte er sie nach der Mietrechtsreform übernehmen müssen. Das wäre sinnvoll gewesen.[132] Aber auch diejenigen, die in einer Zahlung noch keine Zustimmung sehen, verlangen vom Vermieter sich vor Klageerhebung durch Nachfrage zu erkundigen, ob die einmalige Zahlung als Zustimmung gelten soll. Anderenfalls habe der Vermieter die Kosten des Verfahrens im Falle der Klagerücknahme zu tragen.[133] 27

Soweit mehrere Zahlungen zur Annahme einer Zustimmung verlangt werden, ist man sich in Rechtsprechung und Literatur über die **Anzahl der Zahlungen** nicht einig. Im Einzelnen: 28

	Zahlung als Zustimmung	
Anzahl der Zahlungen	**erst die Zahlung von ... ist Zustimmung**	**ist keine Zustimmung**
1	LG Berlin GE 2009, 1625, LG Trier WuM 1994, 217, LG Kiel WuM 1993, 198, LG Berlin MDR 1992, 235, WuM 1989, 308, WuM 1985, 311, GE 1984, 179, WuM 1987, 266 (Änderung des Dauerauftrages), LG Braunschweig WuM 1986, 142, AG München, Urt. v. 14.8.2013 – 452 C 11126/13; AG Frankfurt ZMR 1989, 180, AG Bad Dürkheim ZMR 1990, 150, AG Frankfurt DWW 1987, 263, LG Braunschweig WuM 1986, 142; *Artz* in MünchKomm § 558b BGB Rdn. 4 und § 557 Rdn. 31; *Sternel* Mietrecht aktuell (2009) Rdn. IV 9; *Kossmann/Meyer-Abich,* Hdb. d. Wohnraummiete, § 154 Rdn. 7; Bub/Treier/*Schultz* Kap. III. A Rdn. 1435	
2	AG Schöneberg NZM 2009, 123; Urt. v. 18.8.2012 – 6 C 152/12; Urt. v. 2.9.2009 – 6 C 280/09; AG Leipzig NZM 2002, 20, LG Düsseldorf DWW 1999, 377, LG Berlin GE 1992, 207, LG München DWW 1987, 18, AG Solingen WuM 1996, 279, AG Bad Dürkheim	LG Berlin und AG Hohenschönhausen ZMR 2007, 196 (wenn Vermieter ausdrücklich Zustimmung verlangt); AG Flensburg WuM 1991, 356, LG Berlin GE 1984, 85 und ZMR 1990, 180, LG Frankfurt WuM 1990, 224, LG Köln WuM 1982, 129, AG Ho-

[132] *Both* in Herrlein/Kandelhard § 558b BGB Rdn. 5; *Börstinghaus* NZM 2000, 583.
[133] AG Köln Beschl. v. 7.4.2005 – 210 C 48/05 abgedr. bei *Lützenkirchen,* KM 20 Nr. 82.

Zahlung als Zustimmung		
Anzahl der Zahlungen	**erst die Zahlung von ... ist Zustimmung**	**ist keine Zustimmung**
	ZMR 1990, 150, AG Spandau GE 1988, 893, AG Tiergarten GE 1988, 145, AG Wuppertal Urt. v. 18.12.1999 – 98 C 450/98[134]; *Both* in Herrlein/Kandelhard § 558b BGB Rdn. 8	henschönhausen GE 2001, 855 (bei vorherigem Vorbehalt,); AG Charlottenburg MDR 1998, 1159 (bei vorherigem Widerspruch)
3	AG Mannheim NZM 2012, 561[135]; LG Berlin WuM 1987, 266, AG Charlottenburg GE 1988, 1171 (nach vorheriger ausdrücklicher Verweigerung der Zustimmung); *Lammel* § 558b Rdn. 15	
4	LG Dortmund Urt. v. 12.6.1996, Az 21 S. 31/96, LG Hamburg ZMR 1980, 86	
5	LG Berlin NJW-RR 1986, 236, AG Bad Hersfeld WuM 1996, 708	LG München I WuM 1996, 44; AG Schöneberg GE 2009, 117 (Vermieter hatte schriftliche Zustimmung verlangt und Mieter hatte unter Vorbehalt zugestimmt)
6	AG Hohenschönhausen GE 2004, 301	
7	LG Berlin WuM 1987, 158	

29 Das Problem ist durch die **Verlängerung der Klagefrist** auf drei Monate und die gesetzliche **Vorverlegung der Fälligkeit** der Miete in § 556b Abs. 1 BGB seit 2001 etwas entschärft. Jetzt kann der Vermieter drei Fälligkeitstermine abwarten, bevor er sich entscheiden muss, ob er die Zustimmungsklage erheben will. Nach altem Recht war es nach dem in der Praxis aber kaum noch vorkommenden gesetzlichen Normalfall der Fälligkeit am Ende des Monats nur ein Fälligkeitstermin, bei der vertraglich vereinbarten Vorfälligkeit der Miete konnte der Vermieter immerhin zwei Fälligkeitstermine abwarten. 2 Termine sind es heute auch in den Altfällen (MV vor 1.9.2001 abgeschlossen), wenn die Vorfälligkeitsklausel wegen einer unwirksamen Rechtzeitigkeitsklausel unwirksam ist.[136]

30 Jedoch setzt die Bewertung einer Zahlung als konkludentes Verhalten voraus, dass der objektive Empfänger dies wirklich so verstehen durfte. Hat der Mieter seine **Zahlung ausdrücklich mit einem Vorbehalt** verbunden, dann kann der Vermieter erkennen, dass der Mieter nicht zustimmen will.[137] Dabei ist es egal, welche Bedeutung der Vorbehalt im Einzelfall genau hat, da dadurch, dass der Mieter zu erkennen gibt, dass er sich nicht zur Zahlung verpflichtet fühlt bzw. dadurch, dass er sich die Rückforderung vorbehält, ausreichend deutlich zu erkennen gibt, dass sein Wille nicht auf eine Zustimmung gerichtet ist. Es wäre dann unzulässig, der Zahlung eine Bedeutung beizumessen, die der Mieter ihr für den Vermieter erkennbar nicht beimessen will.[138] Der Vorbehalt muss aber zum Zeitpunkt der Zahlung noch wirksam sein. Zahlen z. B. die Mieter, die zunächst erklärt haben, einer Mieterhöhung erst nach Beseitigung der Mängel zustimmen zu wollen, auch ohne Beseitigung der Mängel die erhöhte Miete, dann kann dies eine konkludente Zustimmung zum Mieterhöhungsverlangen darstellen.[139] Entscheidend ist, dass der Vermieter bei Eingang der Zahlung als objektiver Empfänger den Eindruck haben durfte, der Vorbehalt werde nicht weiter aufrechterhalten. Allein an dieser Stelle kann im Einzelfall erst eine mehrfache vorbehaltlose Zahlung als Zustimmung zu werten sein, da hier ein objektiver Empfänger bei der ersten Zahlung noch

[134] Mieter hatte auch die dritte Miete angewiesen, dann aber die Überweisung storniert.
[135] Das gilt selbst dann, wenn die beiden Mieter getrennt leben und für den Vermieter nicht erkennbar ist, wer die Zahlung veranlasst hat; *Börstinghaus,* jurisPR-MietR 8/2012 Anm. 1.
[136] BGH (VIII ZR 222/15) NZM 2017, 120 = MietPrax-AK § 556b BGB Nr. 7 m. Anm. *Börstinghaus; Schüller/Mehle* NZM 2017, 124; *Wedel* ZMR 2017, 235; *Bruns* NJW 2017, 1600.
[137] AG Schöneberg GE 2009, 117.
[138] AG Charlottenburg MDR 1998, 1159; AG Wuppertal Urt. v. 26.8.1996 – 93 C 542/94.
[139] LG Wuppertal NJWE-MietR 1997, 266.

nicht wissen kann, ob damit der früher einmal erklärte Vorbehalt aufgegeben wird oder nicht.[140] Ebenso sollen sich Mieter widersprüchlich verhalten, die zwar die Miete vorbehaltlos zahlen, im Zustimmungsverfahren aber Klageabweisung beantragen und zwar nicht wegen der bereits erteilten konkludenten Zustimmung, sondern weil der Zustimmungsanspruch gar nicht bestanden haben soll.[141] Das ist durchaus zweifelhaft. Wenn die Zahlung als konkludente Zustimmung verstanden werden durfte, dann kann dies durch eine Monate später erfolgtes Verhalten der Zahlung diese Wirkung nicht nachträglich genommen werden.[142]

Auch in der bloßen **Duldung der Einziehung** einer erhöhten Miete kann noch keine Annahme zu einem Vertragsangebot des Vermieters gesehen werden, selbst wenn die Abbuchung mehrfach erfolgt.[143] Dies gilt auch nach Einführung der SEPA-Lastschrift ab 1.2.2014.[144] Auch nach dem neuen Verfahren liegt wie zuvor beim deutschen Einzugsermächtigungsverfahren nur ein **„Schweigen" des Mieters** vor. Auch wenn er die Möglichkeit hat, der Abbuchung zu widersprechen[145], ist die erfolgte Unterlassung des Widerspruchs keine konkludente Zustimmung.[146] Nach Ziff 2.2.1 der Bedingungen für Einzugsermächtigungslastschriften autorisiert der Kunde mit der Einzugsermächtigung nur gegenüber der Bank die Einlösung von Lastschriften des Zahlungsempfängers. Darin ist keine Willenserklärung gegenüber dem Vermieter zu sehen. Auch eine historische Auslegung des § 558b BGB spricht für dies Ergebnis. Der Gesetzgeber hatte befristet bis 31.12.1997 in § 12 Abs. 6 Nr. 2 MHG für die neuen Länder angeordnet, dass auch die **zweimalige Duldung des Einzugs als** Zustimmung gilt. Der Mietrechtsreformgesetzgeber hat diese Regelung 2001 trotz der bekannten Rechtsprechung zu diesem Problem nicht aufgegriffen. Der Rückforderung eventuell eingezogener Beträge steht § 814 BGB selbst dann nicht entgegen, wenn der Mieter im Zustimmungsprozess Klageabweisung beantragt hat aber den Lastschriften nicht widersprochen hat.[147] 31

Ebenfalls keine Zustimmung liegt in den Fällen vor, in denen es deshalb an einem wirksamen Mieterhöhungsverlangen mangelt, weil der Vermieter in diesem Verlangen vom Mieter nicht die Abgabe einer Zustimmungserklärung verlangte, sondern **einseitig die Miete erhöht** hat, z.B. weil er sich dieses Recht im Mietvertrag vorbehalten hat. Wenn der Mieter auf ein solches Schreiben hin Zahlungen leistet, dann darf ein objektiver Empfänger auf Seiten des Vermieters dies nicht als Willenserklärung verstehen. Die Zahlung von Miete, zu der der Mieter nicht verpflichtet ist, auf Grund einseitiger Geltendmachung ist **keine konkludente Willenserklärung** auf Abschluss eines Änderungsvertrages.[148] Dem Mieter fehlt hier auch für den Vermieter erkennbar jegliches Bewusstsein, dass die Zahlung eine über die bloße Erfüllung einer vermeintlichen Verpflichtung hinausgehende Bedeutung hat. Dabei ist es völlig unerheblich, ob der Mieter nur eine oder zahlreiche Zahlungen geleistet hat. Die Qualität der Erklärung wird nicht durch die Häufigkeit der Wiederholung bestimmt. Die Zahlungen erfolgen sämtlichst rechtsgrundlos und können vom Mieter kondiziert werden.[149] 32

Im Regelfall ist der Vermieter für das Vorliegen einer konkludenten Zustimmung **darlegungs- und beweispflichtig,** wenn er vom Mieter die Zahlung der erhöhten Miete verlangt.[150] Klagt der Vermieter aber auf Zustimmung zur Mieterhöhung, dann muss der Mieter die Erfüllung des Anspruchs darlegen und beweisen. Liegt eine Zustimmung des Mieters vor und zwar entweder aus- 33

---

140 AG Charlottenburg GE 1988, 1171: 3 Zahlungen nach vorherigem Vorbehalt.

141 LG Berlin GE 2009, 657.

142 *Börstinghaus* jurisPR-MietR 17/2009 Anm. 3.

143 LG Stuttgart NZM 2011, 854 m. Anm. *Börstinghaus* jurisPR-MietR 2/2012 Anm. 5; LG München WuM 1996, 44; LG Göttingen WuM 1991, 280; AG Hamburg WuM 2000, 359; *Artz* WuM 2005, 215, 217; *Artz* in MünchKomm § 557 BGB Rdn. 31; *Weitemeyer* in Staudinger § 557 BGB Rdn. 33; *Emmerich* in Staudinger § 559b BGB Rdn. 6; *Elzer* in Elzer/Riecke, Mietrechtskommentar § 558b BGB Rdn. 4; **a. A.** *Lammel* § 558b BGB Rdn. 16 (für Einzugsermächtigung), zweifelnd auch *Both* in Herrlein/Kandelhard § 558b BGB Rdn. 5.

144 Dazu *Omior* NJW 2012, 2150.

145 Durch das Zahlungsdienstegesetz (BGBl. I 2009, 2355) wurde in § 675x Abs. 2 BGB eine Frist von 8 Wochen hierfür eingeführt; dazu *Derleder* NJW 2009, 3195; *Omior* NJW 2012, 2150.

146 AG Ludwigslust WuM 2014, 345.

147 AG Ludwigslust WuM 2014, 345.

148 BGH (VIII ZR 199/04) NZM 2005, 735; OLG Hamm WuM 1981; 62, LG Mannheim WuM 2004, 481 mit zust. Anm. *Börstinghaus* WuM 2005, 192; LG Berlin GE 2000, 812; LG Braunschweig WuM 1990, 159; *Artz* WuM 2005, 215.

149 BGH (VIII ZR 199/04) NZM 2005, 735; *Artz* ZMR 2006, 165; OLG Hamburg WuM 1986, 82; LG München II WuM 1996, 624; LG Hamburg WuM 1989, 580; AG Flensburg WuM 1991, 356.

150 BGH GE 1997, 1521, 1523.

drücklich oder auf Grund konkludenten Verhaltens, dann ist die Zustimmungsklage – insofern – unzulässig, da es an einem Rechtsschutzbedürfnis für die Klage fehlt.[151]

5. Besonderheiten bei Personenmehrheiten

34 Befindet sich auf Mieterseite eine Personenmehrheit, dann schulden alle Mieter gemeinsam in ihrer **gesamthänderischen Bindung** die Zustimmung.[152] Da das Zustimmungsverlangen nach § 558a Abs. 1 BGB das Angebot zum Abschluss eines Änderungsvertrages darstellt, kann die nach § 558 Abs. 1 BGB von den Mietern geschuldete Zustimmung nur von allen Mietern übereinstimmend erbracht werden. Der Vermieter kann die **einheitliche Zustimmung** nur von allen Mietern zusammen fordern.[153] Geschuldet wird von den Mietern nach § 558 BGB unter den dort gegebenen Voraussetzungen die Zustimmung zu einer Abänderung des gesamten Mietverhältnisses, was schon daraus folgt, dass das Gesetz schlechthin von „dem Mieter" spricht und mehrere Mieter demnach als Einheit verstanden werden müssen. Der innere Grund hierfür besteht darin, dass, soweit nichts anderes vereinbart wird, die Mieter durch den gemeinsamen Vertragsabschluss dem Vermieter gegenüber zum Ausdruck gebracht haben, die Mietsache gemeinschaftlich benutzen zu wollen und dass für sie keine unterschiedlichen Rechte und Pflichten bestehen sollen, so dass das Mietverhältnis für alle Mieter denselben Inhalt hat. Der Anspruch des Vermieters auf Zustimmung zur Vertragsänderung gem. § 558 BGB kann demzufolge seinem Inhalt nach nur gegenüber allen Mietern gemeinsam ausgeübt und von den Mietern auch nur gemeinschaftlich erfüllt werden. Hat nur ein Mieter die Zustimmung nicht oder nicht in vollem Umfang erteilt, so ist die Zustimmung insgesamt bzw. zumindest in dem Umfang, in dem ein Mieter Einschränkungen vorgenommen hat, nicht erteilt worden.[154]

35 Dabei ist auf Seiten der Mieter aber eine **Vertretung zulässig.** Die Vertretungsmacht muss sich auf die Abgabe der Zustimmungserklärung beziehen. Die in Mietverträgen üblichen **Empfangsbevollmächtigungen** genügen hierzu nicht. Diese beziehen sich nicht auf die Abgabe von Willenserklärungen. Formularmäßige Vollmachtsklauseln in Mietverträgen, die einen Mieter berechtigen auch im Namen des anderen Mieters die Zustimmung zu erteilen, sind unwirksam.[155] Bei Ehegatten ergibt sich die Vertretungsmacht auch nicht aus § 1357 BGB.[156] Die Vorschrift setzt zwingend voraus, dass es sich um ein Geschäft zur angemessenen Deckung des Lebensbedarfs handelt. Hierzu zählen in erster Linie Haushaltsgeschäfte. Die Anmietung einer Wohnung gehört nicht hierzu.[157] Die Konsequenzen der Zustimmung zu einer Mieterhöhung ähneln in ihrem Umfang wegen der langfristigen Verpflichtung denen einer erstmaligen Anmietung einer Wohnung.[158] Möglich ist aber die Einräumung einer Vertretungsmacht durch Individualvereinbarung. Der handelnde Mieter muss aber gem. § 164 Abs. 2 BGB auch im Namen des vertretenen Mieters handeln. Für das **Vorliegen der Vertretungsmacht** spricht bei Ehegatten eine **Vermutung** oder ein **Anscheinsbeweis.**[159] Die Lebenserfahrung spricht dafür, dass ein Ehegatte, der in einem bestehenden Mietverhältnis auf Verlangen des Vermieters eine Zustimmung angibt, dies zugleich auch im Auftrag des anderen mietenden Ehegatten tut. Wenn ein Ehegatte alle Dinge des Mietvertrages in der Vergangenheit geregelt hat, dann kommt eine Vertretungsmacht auch über das Rechtsinstitut der

[151] AG Mannheim NZM 2013, 561; AG Gelsenkirchen WuM 2001, 612; **a. A.** LG Berlin ZMR 2007, 196 (Anspruch auf schriftliche Zustimmung).

[152] Bub/Treier/*Schultz* Kap. III. A Rdn. 1438.

[153] BGH (VIII ZR 124/03) NJW 2004, 1797; KG RE v. 25.10.1984, WuM 1985, 12; *Bartels*, Der vertragliche Schuldbeitritt im Gefüge gegenseitiger Dauerschuldverhältnisse, S. 125; keine Gesamtschuld: AG Dortmund Urt. v. 9.10.2007 Az: 425 C 6099/07; LG Berlin GE 1999, 573.

[154] *Emmerich* in Staudinger § 558b BGB Rdn. 8.

[155] OLG Frankfurt NJW-RR 1992, 396, 400; OLG Celle WuM 1990, 103; 112; LG Hannover WuM 1988, 259, 261; LG Frankfurt WuM 1990, 271, 281, KG GE 2004, 753 (für Gewerberaummiete); *Oppler*, Unwirksame Mietvertragsklauseln, Rdn. 304; AGB-Klauselwerke *Graf von Westphalen*, Vollmachtsklauseln Rdn. 12, 15 und 16ff.; offen gelassen von BGH RE vom 10.9.1997, NZM 1998, 22.

[156] LG Berlin GE 2003, 1210, 1211; Bub/Treier/*Schultz* Kap. III. A Rdn. 1439; *Sternel,* Mietrecht aktuell, Rdn. IV 268; **a. A.** AG Münster MDR 1996, 900.

[157] LG Berlin GE 1995, 1343; LG Köln WuM 90, 142 (Mietaufhebungsvertrag,); LG Flensburg NJW 1973, 1085 (Ferienwohnung,); AG Potsdam GE 1996, 1305; **a. A.** AG Frankfurt NJW-RR 1993, 1144 (für Ferienwohnung und § 96 ÖstBGB).

[158] LG Berlin GE 2003, 1210, 1211.

[159] Für Vertragsabschluss: OLG Düsseldorf WuM 1989, 362; *Sternel* Mietrecht, I, 22; *Scholz* WuM 1986, 5; offen gelassen von BGH NJW 1994, 1649.

Duldungs- oder auch der Anscheinsvollmacht in Betracht. Die mangels Vertretungsmacht für den anderen Mieter erklärte Zustimmung eines Mieters kann nach § 177 Abs. 1 BGB geheilt werden mit der Folge, dass dann von einer Zustimmung beider Mieter auszugehen ist.[160] Wird bei getrennt lebenden Mietern die Miete dreimal vorbehaltlos auf ein Zustimmungsverlangen gezahlt, so soll dies beiden Mietern zugerechnet werden, so dass eine wirksame Zustimmung vorliegt.[161] Der Vermieter kann die Zustimmung eines Vertreters des Mieters aber bei nicht beigefügter Originalvollmacht entsprechend § 174 BGB zurückweisen.[162] Insofern kann nichts anderes gelten als für das Zustimmungsverlangen des Vermieters (Vor § 558 Rn. 44).[163] Bei der Zustimmung handelt es sich um eine von einer normalen Annahmeerklärung wegen der besonderen Folgen abweichende Erklärung, bei der für den Vermieter ein besonderes Bedürfnis besteht, schnell und zuverlässig Klarheit darüber zu haben, ob für die von einem Vertreter für den Mieter abgegebene Zustimmungserklärung zur Mieterhöhung eine Vollmacht des Mieters vorliegt oder nicht. Für den Vermieter läuft die Klagefrist. Nur innerhalb dieser Frist kann er seinen Zustimmungsanspruch gerichtlich geltend machen.

6. Widerrufsmöglichkeit

Bei einem **Verbrauchervertrag** steht dem Verbraucher grds. gem. §§ 312g BGB. ein **Widerrufsrecht** (dazu Vor § 535 BGB Rdn. 75 ff.) zu.[164] Das setzt entweder voraus, dass es sich um einen **außerhalb der Geschäftsräume** des Vermieters geschlossenen Vertrag handelt oder um einen im Wege des **Fernabsatzes** gem. § 312c BGB geschlossenen Vertrag. Voraussetzung ist zunächst, dass der Vermieter tatsächlich Unternehmer gem. § 14 BGB ist (dazu Vor § 535 Rdn. 68 f). Problematisch ist dies nur bei privaten Vermietern.[165] Besucht ein solcher Vermieter oder dessen Mitarbeiter den Mieter und wird bei diesem Besuch oder sonst wo außerhalb der Geschäftsräume des Vermieters[166] eine Mieterhöhung vereinbart, so ist diese Erklärung für den Mieter widerruflich. Dabei kommt es nicht darauf an, ob der Vermieter gem. § 558 BGB einen Anspruch auf die Zustimmung hat oder nicht. Liegen die situativen Voraussetzungen des § 312b BGB vor, besteht das Widerrufsrecht. Die §§ 558 ff. BGB stellen insofern kein vorrangiges lex spezialis dar.[167] **35a**

Verlangt ein Vermieter, der Unternehmer ist[168], in Textform gem. § 558a BGB vom Mieter als Verbraucher die **Zustimmung zu einer Mieterhöhung** und stimmt der Mieter ausdrücklich oder konkludent zu, so handelt es sich **nicht um ein Fernabsatzgeschäft** i. S. d. §§ 312c BGB mit der Folge, dass die Erklärung des Mieters nicht widerruflich ist (Vorbem. zu § 535 BGB Rn. 92).[169] Zwar ist in § 312c Abs. 2 BGB[170] der Brief als Fernkommunikationsmittel ausdrücklich erwähnt, insofern hat sich aber zur früheren Rechtslage nichts geändert. Auch in § 312b Abs. 2 **35b**

---

[160] LG Berlin NJWE-MietR 1996, 195.

[161] AG Mannheim Urt. v. 23.3.2012 – 9 C 77/12.

[162] AG Dortmund NZM 2016, 443 m. zust. Anm. *Bühler, Börstinghaus* jurisPR-MietR 3/2016 Anm. 2 und abl. Anm. *Stellwaag* MK 2016, 52; wie hier auch *Dickersbach* in Lützenkirchen, Mietrecht, § 558b Rn. 10.

[163] OLG Hamm WuM 1982, 204; AG Neuss NJW-RR 1994, 1036; LG München II NJW-RR 1987, 1164; Palandt/*Ellenberger,* § 174 Rn. 2; offengelassen von BGH (VIII ZR 141/02) WuM 2003, 149.

[164] Zur seit 13.6.2014 geltenden Neuregelung und den Auswirkungen auf das Mietrecht: *Hinz* WuM 2016, 76; *Koch* VuR 2016, 92; *Horst* DWW 2015, 2; *Mediger* NZM 2015, 185; *Artz/Brinkmann/Pielsticker* ZAP F. 4 S. 1639; *Hau* NZM 2015, 435; *Lindner* ZMR 2015, 261; *Pisal/Schreiner* ZfIR 2015, 505; *Gsell* WuM 2014, 375.

[165] Ausführlich hierzu *Horst* DWW 2015, 2.

[166] Zur Frage, ob dazu auch der Gerichtssaal zählt siehe Rdn. 142.

[167] *Gsell* WuM 2014, 375, 377; *Mediger* NZM 2015, 185; *Artz/Brinkmann/Pielsticker* ZAP F. 4S. 1639; **a. A.** *Horst* DWW 2015, 2, 6; offengelassen von LG Berlin GE 2016, 1391.

[168] Zur Frage, ob ein Privatvermieter Unternehmer, weil er Hausverwaltung oder Anwalt einschaltet siehe Rdn. 142; dafür *Lehmann-Richter* NZM 2011, 57, 61; *Mediger* NZM 2015, 185 unter Hinweis auf AG Waiblingen WuM 1996, 137; LG Wiesbaden WuM 1996, 698 (jeweils noch zum alten Begriff des „geschäftsmäßigen Handelns"); **a. A.** *Gsell* WuM 2014, 375, 379; *Artz/Brinkmann/Pielsticker* ZAP F. 4S. 1639; *Horst* DWW 2015, 2, 4.

[169] LG Berlin GE 2016, 1391; AG Spandau GE 2015, 1463; *Mediger* NZM 2015, 185; *Artz/Brinkmann/Pielsticker* ZAP F. 4 S. 1639; *Beuermann* GE 2015, 563; *Hinz* WuM 2016, 76, 84 („sachgerecht im Wege der teleologischen Reduktion vom Anwendungsbereich auszunehmen"); **a. A.** *Hau* NZM 2015, 435 für Anwendung grundsätzlich LG Berlin WuM 2017, 280 aber Ablehnung im Einzelfall (Revision anhängig VIII ZR 99/17); zweifelnd auch das BMJV in einem Brief an Haus&Grund Deutschland vom 27.8.2014 Az: 3430/31-11 1211/2014 unter Punkt 4 abgedruckt GE 2015, 563.

[170] I. d. F. des „Gesetz zur Umsetzung der Verbraucherrechterichtlinie und zur Änderung des Gesetzes zur Regelung der Wohnungsvermittlung" v. 20.9.2013 (BGBl I 3642).

BGB a. F. war der Brief bereits erwähnt worden. Zur alten Fassung wurde aber niemals die Auffassung vertreten, dass das Mieterhöhungsverfahren nach den §§ 558a, 558b BGB ein Fernabsatzgeschäft ist. Auch die Tatsache, dass der Gesetzgeber im Gesetz zur Umsetzung der Verbraucherrechterichtlinie und zur Änderung des Gesetzes zur Regelung der Wohnungsvermittlung[171] über den sich aus Art 3 Abs. 3f) ergebenden Regelungsumfang der Verbraucherrechterichtlinie[172] die § 312ff. BGB teilweise (siehe § 312 Abs. 4 BGB) auch für Wohnraummietverträge für anwendbar erklärt, ändert daran nichts. Das bedeutet nur, dass auch Mietverträge und Änderungen von Mietverträgen im Fernabsatz möglich sind. Allein ein Briefwechsel über eine Mieterhöhung stellt aber noch kein Fernabsatzgeschäft dar. Dazu ist es nämlich zusätzlich erforderlich, dass der Vertragsschluss **im Rahmen eines für den Fernabsatz organisierten Vertriebs- oder Dienstleistungssystems** erfolgt. Dabei handelt es sich um eine **selbständige zusätzliche Tatbestandsvoraussetzung** neben der Verwendung des Fernkommunikationsmittels.[173] Damit sind die typischen Vertriebsformen von Waren, Dienstleistungen und Finanzdienstleistungen im Internet gemeint.[174] Dabei sind an die Annahme eines solchen Systems insgesamt keine hohen Anforderungen zu stellen.[175] Die normale – schriftliche – Korrespondenz mit meinem Vertragspartner stellt kein solches Dienstleistungssystem dar. Eine solche einschränkende Auslegung des Begriffs des „Systems" ergibt sich sowohl aus dem Sinn und Zweck der Vorschrift, wie auch aus der Gesetzgebungsgeschichte. Die Dienstleistung, die der Vermieter erbringt, ist die **Gebrauchsüberlassung der Mietsache.** Anders als bei den üblichen Fernabsatzgeschäften kennt der Mieter seinen Vertragspartner, nämlich den Vermieter, und die Ware, nämlich die Wohnung. Auch deshalb fehlt es an der Legitimation für ein Widerrufsrecht.[176] Dass Vertragsänderungen insbesondere Mieterhöhungen nach § 558a Abs. 1 BGB in einer bestimmten Form, nämlich Textform erfolgen müssen, bedeutet nicht, dass damit alle Erklärungen in Textform widerruflich sind. Dagegen spricht auch, dass der Gesetzgeber dem Mieter sogar eine Frist von max. drei Monaten eingeräumt hat, zu überlegen, ob er der Erhöhung zustimmen will.[177] Wortlaut und Gesetzgebungsgeschichte sprechen deshalb dafür, dass der Brief allein einen Vertragsschuss nicht zu einem Fernabsatzgeschäft macht. Die von § 312c geschützte Vertragsfreiheit besteht im Zustimmungsverfahren auch nur eingeschränkt, weil der Vermieter einen durchsetzbaren Anspruch auf die Zustimmung hat, so dass hier die Verbraucherrechterichtlinie von Sinn und Zweck nicht passt.[178] Der Mieter begeht sogar eine vertragliche Pflichtverletzung gem. § 280 BGB wenn er einem berechtigten Zustimmungsverlangen des Vermieters nicht fristgerecht zustimmt[179]. Hinzukommen muss zusätzlich das besondere Vertriebssystem. Daran fehlt es üblicherweise bei einem Mieterhöhungsverlangen in Textform, die immer individuell sich auf eine bestimmte Wohnung beziehen und nur an einen bestimmten Mieter adressiert sind.[180] Auch der Zweck der §§ 558ff BGB als Surrogat für das Verbot der Änderungskündigung spricht gegen die Anwendung der Widerrufsrechte.[181] Außerdem würde es wegen der Klagefrist zu nicht gewollten Rechtsfolgen kommen können, da der Widerruf selbst bei ordnungsgemäßer Belehrung nach Ablauf der Klagefrist erfolgen könnte. Im Übrigen liegt bei einer konkludenten Zustimmung durch Zahlung noch nicht einmal die Verwendung eines Fernkommunikationsmittels vor.[182]

---

[171] BGBl I 3642.
[172] Richtlinie 2011/83 EU vom 25.10.2011.
[173] BGH (I ZR 30/15) NZM 2017, 127, 131; AG Gelsenkirchen WuM 2016, 360; *Mediger* NZM 2015, 185.
[174] LG Berlin WuM 2017, 280 (Revision anhängig VIII ZR 94/17).
[175] BGH (I ZR 30/15) NZM 2017, 127, 131.
[176] *Kroll* GE 2016, 699, 701.
[177] So auch *Hinz* WuM 2016, 76, 83.
[178] *Horst* DWW 2015, 2, 6 weist daraufhin, dass die Vertragsfreiheit hier auch nur eingeschränkt besteht, weil der Vermieter einen durchsetzbaren Anspruch auf die Zustimmung hat, so dass hier die Verbraucherrechterichtlinie von Sinn und Zweck gar nicht passe.
[179] *Kroll* GE 2016, 699, 701; *Hinz* WuM 2016, 76, 84.
[180] LG Berlin WuM 2017, 280 (Revision anhängig VIII ZR 94/17).
[181] So auch *Hinz* WuM 2016, 76, 84.
[182] AG Spandau GE 2015, 1463.

IV. Teilzustimmung

36 Der Mieter kann dem Mieterhöhungsverlangen des Vermieters auch teilweise zustimmen.[183] Im Fall eines formell ordnungsgemäßen Mieterhöhungsverlangens gilt die allgemeine Regel des § 150 Abs. 2 BGB, wonach eine Annahme unter Einschränkungen als Ablehnung verbunden mit einem neuen Angebot gilt, nicht. Dies ergibt sich aus der Formulierung „soweit". Durch eine solche **Teilzustimmung** zu einem Mieterhöhungsverlangen ist die teilweise Mieterhöhung unabhängig vom Willen des Vermieters vereinbart.[184] Für die Teilzustimmung gelten im Übrigen die gleichen Voraussetzungen, wie für eine uneingeschränkte Zustimmung. Auch die Teilzustimmung kann ausdrücklich oder konkludent erfolgen. Die Teilzustimmung löst bis zum Ablauf der Klagefrist die Jahressperrfrist nicht aus.[185]

37 Bedeutung hat die Teilzustimmung nicht nur für den Umfang der Mieterhöhung. Der Mieter, der einem Mieterhöhungsverlangen zumindest teilweise vorbehaltlos zugestimmt hat, hat auch zu erkennen gegeben, dass er das Mieterhöhungsverlangen bis zu dieser Höhe für wirksam hält. Er kann sich nach einer Teilzustimmung deshalb grds. nicht mehr auf die **Unwirksamkeit des Erhöhungsverlangens** berufen.[186] Dies gilt für die Formalien des Mieterhöhungsverlangens, die auch für den Teil eingehalten werden mussten, zu dem der Mieter seine Zustimmung erteilt hat. So kann der Mieter nicht vorbehaltlos dem Mieterhöhungsverlangen teilweise zustimmen und später vermeintliche Fehler bei der Begründung oder Adressierung rügen. Ein solches Verhalten wäre widersprüchlich. Anders ist es aber dann, wenn der Mieter auf den Mangel hinweist und trotzdem teilweise zustimmt. Hier liegt kein widersprüchliches Verhalten vor. In der Regel ist für den Vermieter erkennbar, dass der Mieter erkannt hat, zur Zustimmung nicht verpflichtet zu sein, dass er aber weiteren Streit vermeiden will, wenn eine Einigung auf der Basis der Teilzustimmung zu Stande kommt. Soweit das Mieterhöhungsverlangen auf Grund des Mangels unwirksam ist, handelt es sich bei der „Teilzustimmung" um ein neues Angebot des Mieters, weil in diesem Fall § 150 Abs. 2 BGB durch die Regelungen der §§ 558ff. BGB nicht verdrängt wird.

38 Der Mieter kann der verlangten Mieterhöhung nicht nur betragsmäßig eingeschränkt zustimmen, er kann auch hinsichtlich des Wirksamkeitszeitpunkts Einschränkungen machen. So ist auch eine **Zustimmung zu einem späteren Zeitpunkt** als dem gesetzlichen Wirkungszeitpunkt des § 558b Abs. 1 BGB möglich; auch dies ist eine Teilzustimmung.[187] Zwar ist der Wirkungszeitpunkt eines Mieterhöhungsverlangens als Rechtsfolge eines Mieterhöhungsverlangens gesetzlich geregelt, jedoch unterliegt auch er der **Parteidisposition.** Der Mieter, der der Auffassung ist, er schuldet die Zustimmung erst zu einem späteren Zeitpunkt, z. B. weil er die Frist des § 558b BGB anders berechnet als der Vermieter, muss die Möglichkeit haben, ohne Kostenrisiko hinsichtlich des Teils, dem auch er zustimmen will, das seiner Auffassung nach unberechtigte Verlangen zurückzuweisen. Der Vermieter kann seinen Anspruch auf Zustimmung zu einem früheren Termin selbstverständlich gerichtlich geltend machen.[188] Dies gilt aber nur in den Fällen, in denen ein wirksames Mieterhöhungsverlangen vorliegt. Stellt der Vermieter z. B. ein Mieterhöhungsverlangen unter Verstoß gegen die Jahressperrfrist, bedeutet die Zustimmung des Mieters zu einem Termin nach Ablauf der Jahressperrfrist eine Ablehnung des Angebots des Vermieters verbunden mit einem neuen Angebot des Mieters, § 150 Abs. 2 BGB. In diesem Fall wird der Vertrag erst geändert, wenn der Vermieter, ggf. auch konkludent durch vorbehaltlose Annahme der Miete, das Mieterangebot annimmt. Ein vor Ablauf der Jahressperrfrist gestelltes Mieterhöhungsverlangen kann nämlich nicht in ein zulässiges Mieterhöhungsverlangen mit Wirkung zu einem späteren Zeitpunkt umgedeutet werden.[189] Strittig ist, ob die Nichteinhaltung der Jahressperrfrist geheilt werden kann (s. Rdn. 160). Wenn man eine Heilung zulässt, dann hat die Teilzustimmung keine neue Jahressperrfrist ausgelöst.[190]

---

183 BayObLG RE vom 30.6.1989, NJW-RR 1989, 1172; LG Berlin GE 1998, 490, NJWE-MietR 1996, 195; *Fleindl* AnwZert MietR 12/2014 Anm. 2.

184 LG Landshut WuM 1990, 223.

185 BGH (VIII ZR 141/09) NZM 2010, 436.

186 AG Münster WuM 1985, 364; **a. A.** LG Berlin GE 2008, 931 (für einen Fall der fehlenden Aktivlegitimation des nicht eingetragenen Erwerbers).

187 LG Duisburg WuM 1976, 81; **a. A.** *Gaul* GE 1987, 1134; Bub/Treier/*Schultz* Kap. III. A Rdn. 1450.

188 Insofern ist die Auffassung von Bub/Treier/*Schultz* Kap. III. A Rdn. 1450 nicht nachzuvollziehen, wonach der Vermieter an die Zustimmung „gebunden" sei.

189 AG Münster WuM 1983, 238.

190 BGH (VIII ZR 141/09) WuM 2010, 161.

39 Keine wirksame Teilzustimmung, für die die Vorschrift des § 150 Abs. 2 BGB nicht gilt, liegt vor, wenn der Mieter seine **Zustimmung mit weiteren Einschränkungen** versieht, z. B. davon abhängig macht, dass der Vermieter auf die Geltendmachung eines höheren Zustimmungsanspruchs verzichtet oder dass der Vermieter bestimmte Mängel beseitigt.[191] § 558b Abs. 1 BGB verdrängt § 150 Abs. 2 BGB nur soweit es sich um die Miethöhe handelt. Hinsichtlich der anderen Beschränkungen enthält die Vorschrift keine Regelungen und kann demnach auch § 150 Abs. 2 BGB nicht verdrängen. Hier gelten dann die allgemeinen Regeln, wonach solche eingeschränkten Zustimmungen eine Ablehnung des Angebots verbunden mit einem neuen Angebot des Mieters darstellen.

V. Kündigung

40 Schließlich kann der Mieter den Eintritt der Mieterhöhung endgültig dadurch verhindern, dass er das **Mietverhältnis gem. § 561 BGB kündigt** (s. hierzu die Kommentierung bei § 561 BGB). Verlangt der Vermieter eine Mieterhöhung nach § 558 BGB, so ist der Mieter nach § 561 BGB berechtigt, bis zum Ablauf des zweiten Monats, der auf den Zugang des Erhöhungsverlangens folgt, für den Ablauf des übernächsten Monats zu kündigen. Dem Mieter steht also die volle Überlegungsfrist des § 558b Abs. 2 BGB zur Verfügung, um zu entscheiden, ob er der Mieterhöhung ganz oder teilweise zustimmen will oder ob er das Mietverhältnis kündigen will. Die Frist beträgt also mindestens 2 Monate, sie kann aber auch fast drei Monate betragen. Es handelt sich um eine außerordentliche Kündigung mit gesetzlicher Frist. Außerdem tritt gem. § 561 Abs. 1 Satz 2 BGB die Wirkung der Mieterhöhung nicht ein. Das bedeutet, durch die Kündigung wird das Mieterhöhungsverlangen insgesamt, mit Ausnahme als Auslöser für das Kündigungsrecht, von Anfang an bedeutungslos.

VI. Zurückbehaltungsrecht

41 Dem Mieter steht gegenüber dem Zustimmungsanspruch des Vermieters weder nach § 273 noch nach § 320 BGB ein **Zurückbehaltungsrecht** zu. Dies gilt für alle Gegenansprüche des Mieters gegenüber dem Vermieter[192], insbesondere auch für Ansprüche des Mieters wegen Mängeln an der Mietwohnung.[193] Dies gilt selbst dann, wenn der Vermieter rechtskräftig zur Mangelbeseitigung verurteilt wurde.[194] Die Gewährung eines Zurückbehaltungsrechts soll dazu dienen, auf den Forderungsinhaber einzuwirken, damit dieser Ansprüche des Schuldners erfüllt, da ihm ansonsten Rechtsnachteile erwachsen. Wirkt sich aber, wie im Fall des § 558 BGB, das Zurückbehaltungsrecht überhaupt nicht nachteilig auf den Forderungsinhaber aus, dann besteht kein Bedürfnis für die Gewährung eines Zurückbehaltungsrechts. Das Zustimmungsverfahren soll erst künftige Ansprüche auf eine höhere Miete schaffen, gegen die dann ein Zurückbehaltungsrecht ausgeübt werden kann. Deshalb besteht auf Grund der Natur des Zustimmungsanspruchs kein Zurückbehaltungsrecht. Dies gilt selbst dann, wenn das Zustimmungsverlangen erläuterungsbedürftig ist.[195] Bei nicht ausreichender Erläuterung des Erhöhungsverlangens ist der Zustimmungsanspruch gar nicht fällig.

VII. Sonstiges

42 Im Einzelfall können dem Mieter auch **Schadensersatzansprüche** zustehen. So kann der Vermieter schuldhaft eine **vertragliche Nebenpflicht** verletzen, wenn er dem Mieter ein „klar" ungerechtfertigtes Mieterhöhungsverlangen zukommen lässt und der Mieter hierdurch kausal verursachte Aufwendungen, insbesondere Rechtsberatungskosten[196] hat. Voraussetzung hierfür ist nicht nur die objektive Pflichtwidrigkeit des Tuns, sondern vor allem auch ein Verschuldensvor-

---

[191] LG Mannheim NJW 1975, 316.

[192] LG Berlin GE 2014, 1007; 1999, 378.

[193] OLG Frankfurt/M. NJW 2000, 2115; LG Hamburg WuM 1991, 593; LG Konstanz WuM 1991, 279; LG Berlin MM 1991, 330, WuM 1985, 331; AG Charlottenburg GE 1994, 1319; AG Kassel WuM 1992, 137; AG Kempen ZMR 1992, 453; AG Hamburg-Altona (314) WuM 1991, 279; *Mutter* ZMR 1992, 185; *Kossmann/Meyer-Abich,* Hdb. d. Wohnraummiete, § 155 Rdn. 17; Bub/Treier/*Schultz* Kap. III. A Rdn. 1413; **a. A.** LG Itzehoe WuM 1990, 157; AG Hamburg-Altona (319) WuM 1991, 279; AG Schöneberg GE 1990, 769; *Emmerich* in Staudinger § 558 BGB Rdn. 36; *Sternel,* Mietrecht III Rdn. 724.

[194] LG Berlin GE 2014, 1007.

[195] So aber AG Hohenschönhausen MM 2004, 80.

[196] LG Landau WuM 1987, 27; AG Hannover WuM 1985, 122; **a. A.** AG Itzehoe WuM 1985, 122.

wurf.[197] Der Vermieter muss zumindest fahrlässig gehandelt haben. Allein die Angabe einer zu hohen ortsüblichen Vergleichsmiete ist nicht vorwerfbar, da die Ermittlung schwierig ist.[198] Dies insbesondere dann, wenn der Vermieter sich auf den noch gültigen Mietspiegel beruft, obwohl die Daten für einen neuen Mietspiegel schon erhoben worden waren. Allenfalls wenn der Vermieter **„ins Blaue hinein"** Angaben macht, kann dies vorwerfbar sein. Auch die falsche **Anrechnung von Kürzungsbeträgen** nach öffentlicher Förderung ist wegen der großen Rechtsprobleme nicht vorwerfbar, wenn die Tatsachen selbst dem Mieter alle richtig mitgeteilt werden. Soweit der Mieter Kosten zur Abwehr eines ohne Begründung abgegebenen Zustimmungsverlangens[199] hatte, muss der Vermieter dies ebenso erstatten wie der Käufer einer Wohnung, der vor Eintragung die Zustimmung zu einer Mieterhöhung verlangt.[200] Gibt der Vermieter im Mieterhöhungsschreiben fahrlässig eine falsche Wohnfläche an und einigt er sich mit dem Mieter auf dieser Grundlage über eine Erhöhung des Mietpreises je Quadratmeter, soll dem Mieter ein Schadensersatzanspruch aus §§ 311a Abs. 2 Nr. 2, 241 Abs. 2 BGB auf Befreiung von der Mieterhöhung und auf Ersatz der im Vertrauen auf den Vertrag erbrachten Aufwendungen zustehen.[201] Entscheidend ist für die Beurteilung, ob der Vermieter schuldhaft gehandelt hat, der Grund für die unterschiedliche Wohnungsgrößenermittlung. Geht es nur um Bewertungsfragen, also z. B. die Frage, ob der Balkon mit 10, 20, 25 oder 50% seiner Grundfläche anzurechnen ist, dann dürfte es regelmäßig an einem Verschuldensvorwurf gegenüber dem Vermieter fehlen, wenn er sich in einem vertretbaren Rahmen gehalten hat. Bei arglistig falscher Angabe von Tatsachen kann auch eine Anfechtung der Zustimmungserklärung gem. § 123 BGB und ein Schadensersatzanspruch in Betracht kommen.[202]

D. Rechtsfolgen der Zustimmung oder Teilzustimmung (Abs. 1)

I. Allgemeines

Hat der Mieter die Zustimmung oder auch nur eine Teilzustimmung erteilt, dann ist im Umfang der Zustimmung eine **Abänderungsvereinbarung** gem. § 311 Abs. 1 BGB zustande gekommen.[203] Bei einer Teilzustimmung entfällt insoweit das Rechtsschutzbedürfnis für eine Klage.[204] Auf die Frage, ob das Mieterhöhungsverlangen formell wirksam und materiell begründet war, kommt es dann nicht mehr an, da zwei übereinstimmende Willenserklärungen vorliegen. Haben die Parteien nichts Anderes vereinbart, dann tritt die Wirkung der Zustimmung zum Wirkungszeitpunkt des Erhöhungsverlangens ein. War das Zustimmungsverlangen des Vermieters unwirksam, dann bedeutet die Teilzustimmung des Mieters eine Ablehnung des Angebots verbunden mit einem neuen Angebot. Allein durch die Teilzustimmung kommt keine Vertragsänderung zustande.[205] Erforderlich ist noch die Annahme durch den Vermieter, die aber auch konkludent erfolgen kann, z. B. durch Annahme der Zahlung oder ggf. auch Klageerhebung bzgl. des Restbetrages.[206] 43

Hat der Vermieter in seinem Zustimmungsverlangen – unzulässigerweise – auch eine **Änderung der Mietstruktur** vorgenommen, z. B. dadurch, dass er die Zustimmung zu einer Erhöhung der Netto- oder Grundmiete verlangt hat, dann bedeutet die Zustimmung des Mieters hierzu zugleich auch eine vertragliche Änderung der Mietstruktur. Dies gilt sowohl bei einer ausdrücklichen 44

---

197 Zu falschen Flächenangaben siehe *Börstinghaus,* Flächenabweichungen in der Wohnraummiete, Rdn. 691.

198 AG Berlin-Mitte GE 2008, 273.

199 Soweit der BGH (VIII ZR 9/10) NZM 2011, 119 = NJW 2011, 914 für das Begründungserfordernis gem. § 573 Abs. 3 BGB angenommen hat, dass es sich nur um eine Obliegenheit zum Schutz des Vermieters handelt, ist das dort bereits fraglich (dazu *Blank* § 573 Rdn. 215; *Börstinghaus* jurisPR-BGHZivilR 4/2011 Anm. 3; *Sternel* NZM 2011, 688). Für das Begründungserfordernis des § 558a Abs. 1 BGB gilt dies aber auf keinen Fall. Der Begründungszwang soll ausschließlich den Mieter schützen.

200 AG Waldbröl WuM 1993, 121.

201 LG Hamburg WuM 1987, 354.

202 AG Hamburg-Wandsbek ZMR 2010, 47.

203 *Emmerich* in Staudinger § 558a BGB Rdn. 12; nach *Schmid* GE 2011, 242 liegen zwei einseitige getrennte Willenserklärungen vor, die in ihrem Zusammenwirken einen Vertrag ergeben; soweit *Bloching/Ortolf* NZM 2012, 334, 336 Fn. 29 der Auffassung sind, der BGH NZM 1998, 102 gehe dort nach einer Zustimmung zur Mieterhöhung von einer „Vereinbarung über erhöhte Miete" aus, übersehen sie, dass der BGH eine Mietabänderungsvereinbarung gem. § 10 MHG (heute § 557 Abs. 1 BGB) meinte, die immer ein Vertrag ist.

204 AG Tempelhof-Kreuzberg GE 2008, 1430; AG Gelsenkirchen WuM 2001, 612.

205 LG Berlin WuM 1997, 51; LG Frankfurt WuM 1990, 224; AG Hamburg NZM 1998, 574.

206 **A. A.** AG Hamburg NZM 1998, 574.

Zustimmung[207] als auch in den Fällen, in denen der Mieter einem solchen Mieterhöhungsverlangen konkludent durch Zahlung zugestimmt hat.[208] Die Zustimmung muss dabei nicht ausdrücklich eine Zustimmung zur Änderung der Mietstruktur enthalten. Da der Vermieter dem Mieter ein konkretes Angebot auf Abschluss eines Änderungsvertrages macht, dessen Inhalt ggf. aus der Sicht eines objektiven Empfängers auszulegen ist, beinhaltet jede vorbehaltlose und uneingeschränkte Zustimmung des Mieters hierzu die vollständige Annahme dieses Angebots. War der Mieter sich gar nicht bewusst, dass er durch seine Zustimmung nicht nur seiner gesetzlichen Verpflichtung zur Zustimmung zu einer Mieterhöhung nachgekommen ist, sondern darüber hinaus auch noch einer Vertragsänderung zugestimmt hat, so kann er seine Zustimmung insofern wegen eines **Inhaltsirrtums** anfechten.[209] Der Mieter wollte gerade keine Willenserklärung dieses Inhalts abgeben, da er die weitere Bedeutung der Willenserklärung des Vermieters schon nicht verstanden hatte. Die Anfechtung muss unverzüglich erfolgen, § 121 Abs. 1 BGB, spätestens nach zehn Jahren. Unverzüglich bedeutet, dass die Erklärung ohne schuldhaftes Zögern unmittelbar nach Kenntnis vom Anfechtungsgrund erfolgen muss. Diese Kenntnis dürfte spätestens nach Vorlage einer ersten entsprechenden Betriebskostenabrechnung durch den Vermieter vorliegen.

II. Wirkungszeitpunkt der Mieterhöhung

45 Nach § 558b Abs. 1 BGB schuldet der Mieter nach einer Zustimmung zu einem Mieterhöhungsverlangen die erhöhte Miete **von Beginn des dritten Kalendermonats, der dem Zugang des Mieterhöhungsverlangens folgt,** an. Nach der gesetzlichen Regelung tritt die Wirkung des Mieterhöhungsverlangens also unmittelbar nach Ablauf der Überlegungsfrist ein. Dies gilt aber nur, wenn die Parteien, keine abweichende Vereinbarung getroffen haben.[210] Der Vermieter kann als Minus zu seinem Anspruch auch eine Mieterhöhung zu einem späteren als dem gesetzlich zulässigen Termin verlangen. Aus § 561 Abs. 1 BGB lässt sich in diesem Fall nichts Gegenteiliges ableiten.[211] Der Vermieter hat nur keinen Anspruch gegen den Mieter, dass dieser einer Mieterhöhung zu einem früheren Termin zustimmt. Hat der Mieter eine solche Zustimmung jedoch erteilt, dann ist diese wirksam. Umgedreht tritt die Mieterhöhung auch erst später in Kraft, wenn der Mieter ausdrücklich erst zu einem späteren Termin die Zustimmung erteilt hat und der Vermieter vom Mieter nicht gerichtlich die Zustimmung zu einem früheren Termin verlangt.

46 Der Vermieter muss im Mieterhöhungsverlangen nicht zwingend ein Datum nennen, zu dem die Mieterhöhung wirken soll,[212] da diese Angaben nicht zu den Wirksamkeitsvoraussetzungen eines Mieterhöhungsverlangens gehören. Fehlt ein Datum, dann gilt der gesetzliche Wirkungszeitpunkt.

47 Wird der **Mieter zur Zustimmung verurteilt,** dann richtet sich der Wirkungszeitpunkt für die Mieterhöhung nach dem **Tenor der Entscheidung.** Aus dem Tenor muss sich ergeben, ab wann die erhöhte Miete zu zahlen ist.[213] Der Zahlungstermin wird zunächst vom Antrag des Vermieters bestimmt. Eine Verurteilung zu einem früheren Termin als den des § 558b Abs. 1 BGB ist nicht möglich, da insofern kein durchsetzbarer Anspruch des Vermieters besteht. Hat der Vermieter beantragt, den Mieter zur Abgabe der Zustimmungserklärung zu einem späteren als dem gesetzlichen Termin zu verurteilen, kann das Gericht darüber nicht hinweggehen, § 308 ZPO. Das Gericht ist nicht befugt, der Partei etwas zuzusprechen, was sie nicht beantragt hat. Hat der Vermieter im Klageantrag kein Datum genannt und ist dem ganzen Sachvortrag durch Auslegung auch kein Termin zu entnehmen[214], so wirkt die Zustimmung zum Zeitpunkt der Rechtskraft der Entscheidung.[215]

48 Für die **Berechnung des Wirkungszeitpunktes** kommt es nur auf den Zugangszeitpunkt des Mieterhöhungsverlangens an. Unerheblich ist, wann der Mieter der Mieterhöhung zugestimmt hat.

---

207 LG Berlin ZMR 1998, 165.

208 LG Berlin MM 1996, 243; LG Berlin Urt. v. 13.2.1996 – 65 S 313/95.

209 Zur Anfechtung im Mietrecht und ihren Rechtsfolgen s.: BGH (XII ZR 67/06) NZM 2008, 886; *Schmid* WuM 2009, 155; *Fischer* NZM 2005, 567; *Emmerich* in Staudinger Vorbem. zu § 535 BGB Rdn. 70ff.; *ders.* NZM 1998, 692; *Blank* Vor § 535 BGB Rdn. 7.

210 BGH (VIII ZR 204/10) NZM 2012, 112; *Börstinghaus* jurisPR-BGHZivilR 17/2011 Anm. 2; *Krapf* jurisPR-MietR 19/2011 Anm. 4; BGH (VIII ZR 280/12) NJW 2013, 3641.

211 BGH (VIII ZR 280/12) NJW 2013, 3641.

212 OLG Koblenz RE v. 11.3.1983, NJW 1983, 1861.

213 *Sternel,* Mietrecht, III, 727.

214 So im Fall des BGH (VIII ZR 204/10) NZM 2012, 112.

215 Zur Frage, wann die Rechtskraft von Urteilen eintritt, s. auch § 569 BGB Rdn. 68.

Wenn die Parteien keine abweichende Vereinbarung getroffen haben, dann wirkt die Mieterhöhung bei einer sofortigen Zustimmung zu Beginn der Überlegungsfrist genauso wie bei einer Zustimmung am letzten Tag der Zustimmungsfrist wie auch bei einer gerichtlich durchgesetzten Zustimmung immer zum gleichen Termin.

Beispiel: Das Mieterhöhungsverlangen wird am Samstag den 28.2. Nachmittags in den Briefkasten geworfen. Es ist dem Mieter somit erst am 2.3. zugegangen mit der Folge, dass die Mieterhöhung zum 1. Juni wirksam wird.

Die Vorschrift des § 193 BGB hat für die Berechnung des Wirkungszeitpunkts einer Mieterhöhung keine Bedeutung. § 558b Abs. 1 BGB stellt nicht auf das Ende einer Frist ab, sondern auf den Beginn eines Monats. Auch wenn der Gesetzgeber i. d. R. davon ausgeht, dass die Wirkung einer Mieterhöhung unmittelbar nach Ablauf der Überlegungsfrist eintritt, hat er den Wirkungszeitpunkt nicht ausdrücklich an den Ablauf der Überlegungsfrist gekoppelt. Es kann deshalb in Einzelfällen möglich sein, dass die Überlegungsfrist zum Zeitpunkt des gesetzlichen Wirkungszeitpunkts noch nicht abgelaufen ist. **49**

Beispiel: Das Mieterhöhungsverlangen geht dem Mieter im Dezember zu. Dann läuft die Überlegungsfrist bis Ende Februar. Fällt der 28.2. auf einen Samstag, dann läuft die Überlegungsfrist am 2.3. um 24:00 Uhr ab.

Bei einer Zustimmung am letzten Tag wirkt die Zustimmung also zurück auf den 1.3. Dies ist aber unschädlich, da die Parteien auch rückwirkend Leistungspflichten verändern können. Auch im Fall einer Verurteilung wirkt die vom Gericht ersetzte Zustimmung zurück.

Ein Mieterhöhungsverlangen wirkt jeweils zu folgenden Zeitpunkten: **50**

Zugang des Mieterhöhungsverlangens zwischen		**Wirkungszeitpunkt des Mieterhöhungsverlangens**
1. Januar	31. Januar	1. April
1. Februar	28. (29.) Februar	1. Mai
1. März	31. März	1. Juni
1. April	30. April	Juli
1. Mai	31. Mai	1. August
1. Juni	30. Juni	1. September
1. Juli	31. Juli	1. Oktober
1. August	31. August	1. November
1. September	30. September	1. Dezember
1. Oktober	31. Oktober	1. Januar
1. November	30. November	1. Februar
1. Dezember	31. Dezember	1. März

Die Frage, ab wann die Mieterhöhung wirkt, ist von der Frage, wann die **erhöhte Miete tatsächlich fällig** ist, zu unterscheiden.[216] Der Wortlaut des § 558b Abs. 1 BGB ist hier weiterhin missverständlich, wenn es dort heißt, dass „der Mieter die erhöhte Miete mit Beginn des dritten Kalendermonats" schulde. Dies entspricht ungefähr der sprachlich ungenauen Regelung des § 2 Abs. 4 MHG a. F. Auch nach der Mietrechtsreform ist damit lediglich gemeint, für welchen Zeitraum erstmals die erhöhte Miete gezahlt werden muss, da die Miete bekanntlich nach Zeitabschnitten berechnet ist. Für die Fälligkeit der Miete gelten vorrangig die Parteivereinbarungen und anderenfalls § 556b Abs. 1 BGB.[217] Hier wird durch § 558b Abs. 1 BGB nichts verändert.[218] Der Mieter schuldet deshalb weder eine Zustimmung zur Veränderung der Fälligkeitsregelungen des Mietvertrages noch tritt eine solche Änderung nach einer Zustimmung des Mieters ein. Die Vorschrift des § 558b Abs. 1 BGB ist deshalb so zu lesen, als wenn dort bestimmt wäre, dass die erhöhte Miete **51**

---

216 *Beuermann* GE 1995, 848, 849; *Emmerich* in Staudinger § 558b BGB Rdn. 9b.

217 Für Verträge, die vor dem 1.9.2001 abgeschlossen wurden, gilt § 551 BGB a. F. weiter, s. Art. 229 § 3 Abs. 1 Nr. 7 EGBGB; dazu auch BGH (VIII ZR 66/08) NJW 2009, 1491.

218 *Beuermann* GE 1995, 848, 849; *Sternel* Mietrecht, III, 726.

„erstmals für den dritten Kalendermonat, der dem Zugang des Mieterhöhungsverlangens folgt" zu zahlen ist. Dies ergibt eine Auslegung nach dem Gesetzeszweck.

52 Von Bedeutung ist diese Unterscheidung auch für die Frage des **Verzugseintritts**[219] und eventueller Schadenersatzpflichten. Dabei muss unterschieden werden zwischen dem Anspruch des Vermieters auf Zustimmung zu einer Mieterhöhung und dem Anspruch auf die Miete. Der Anspruch auf Zustimmung zu einer Mieterhöhung wird mit Ablauf der Überlegungsfrist **fällig.**[220] Zuvor ist er **erfüllbar.** Fraglich ist, ob der Mieter mit Ablauf der Überlegungsfrist ohne weiteres in Verzug gerät oder ob der Vermieter den Mieter zunächst noch mahnen muss. Während bis 31.12.2001 eine Mahnung erforderlich war, hat sich dies durch die Schuldrechtsreform geändert. Nach § 286 Abs. 2 Nr. 2 BGB tritt Verzug ohne Mahnung ein, wenn der Leistung ein Ereignis vorauszugehen hat und eine angemessene Zeit für die Leistung in der Weise bestimmt ist, dass sie sich von dem Ereignis nach dem Kalender berechnen lässt. Außerdem kommt der Mieter gem. § 286 Abs. 2 Nr. 3 BGB auch dann ohne Mahnung in Verzug, wenn er die Zustimmung ernsthaft und endgültig verweigert. Dem Vermieter stehen deshalb Schadenersatzansprüche wegen verspäteter Zustimmung mit Ablauf der Überlegungsfrist zu, ohne dass es einer weiteren Mahnung bedarf.[221] § 558b Abs. 2 BGB enthält – trotz des verunglückten Wortlauts[222] – nach ganz überwiegender Meinung eine Fälligkeitsregelung für den Zustimmungsanspruch. Diese Fälligkeit ist nach dem Kalender bestimmt („Ablauf des zweiten Kalendermonats nach Zugang"). § 286 Abs. 2 Nr. 2 BGB ist nicht nur auf vertragliche, sondern auch auf **gesetzliche Bestimmungen der Leistungszeit** anwendbar.[223] Gemäß § 286 Abs. 4 BGB setzt Verzug darüber hinaus auch noch Verschulden auf Seiten des Mieters voraus. Das Verschulden wird jedoch vermutet. Der Mieter kann diese gegen ihn sprechende Vermutung widerlegen. Dabei kommt es auf die Umstände des Einzelfalls an. Ein unverschuldeter Rechtsirrtum ist auch hier nur ausnahmsweise anzunehmen.[224] Auch ein Tatsachenirrtum entschuldigt nur ausnahmsweise.[225] Besondere Bedeutung kommt dabei der Qualität des Mieterhöhungsverlangens zu. Begründet der Vermieter das Erhöhungsverlangen mit einem qualifizierten Mietspiegel und verlangt auch nur den Median[226], muss der Mieter schon sehr gute Gründe darlegen, warum seiner Meinung nach entweder der Mietspiegel nicht qualifiziert ist oder ein unter dem Median liegender Wert die Einzelvergleichsmiete darstellt. Insbesondere der in der Praxis häufige Hinweis auf Mängel der Mietwohnung ist nicht ausreichend, weil diese für die Ermittlung der ortsüblichen Vergleichsmiete unerheblich sind, zumindest wenn sie behebbar sind. Der Mieter kann sich jedoch nicht darauf berufen, dass er als Laie gar nicht wisse, wie hoch die ortsübliche Vergleichsmiete für die Wohnung sei. Hat der Mieter sich fachkundig beraten lassen[227] und daraufhin die Zustimmung zur Mieterhöhung nicht erteilt, kann im Einzelfall[228] das Verschulden entfallen, da die Feststellung der ortsüblichen Vergleichsmiete ein äußerst komplexer Vorgang ist.[229] Auch wenn im Zustimmungsprozess ein Sachverständigengutachten eingeholt werden muss, soll der Mieter nach Vorlage des Gutachtens nicht ohne weiteres in Verzug kommen.[230] Befindet sich der Mieter mit der Zustimmung in Verzug, muss er dem Vermieter gem. §§ 280 Abs. 2, 286 BGB Schadenersatz leisten. Hierzu zählt ggf. die Erstattung von vorgerichtlichen Anwaltskosten[231], soweit diese wirklich nach Verzugseintritt entstanden[232] sind sowie eine **Verzinsung des Miet-**

[219] Hierzu umfassend *Lehmann-Richter* NZM 2006, 849; *Meier* WuM 1990, 531.
[220] Bub/Treier/*Schultz* Kap. III. A Rdn. 1324.
[221] AG Köln WuM 2012, 206; *Börstinghaus* WuM 2012, 207; **a. A.** AG Charlottenburg GE 2007, 919.
[222] *Lehmann-Richter* NZM 2006, 849.
[223] *Lehmann-Richter* NZM 2006, 849, 850 m. w. N. in den Fn. 10–12.
[224] So der BGH für den Verzug bei der Zahlungsverzugskündigung: BGH (VIII ZR 175/14) NZM 2015, 196; (XII ZR 48/10) WuM 2012, 323; auch für Verschulden bei ordentlicher Kündigung gem. § 573 Abs. 2 Ziff 1 BGB: BGH (VIII ZR 102/06) NZM 2007, 35; *Klees* NJW 2007, 431; *Blank* NZM 2007, 788; umfassend hierzu *Lorenz* WuM 2013, 202.
[225] Ebenfalls für Zahlungsverzugskündigung: BGH (VIII ZR 138/11) NJW 2012, 2882.
[226] Dazu AG Dortmund WuM 2012, 103.
[227] Wobei ein Beraterverschulden dem Mieter gem. § 278 BGB dem Mieter zugerechnet wird: BGH (VIII ZR 102/06) NJW 2007, 428.
[228] *Meier* WuM 1990, 531, 534.
[229] AG Charlottenburg GE 1990, 765 mit krit. Anm. *Müller* GE 1990, 847.
[230] So aber LG Berlin GE 1993, 585.
[231] AG Köln WuM 2012, 206 mit zust. Anm. *Börstinghaus* WuM 2012, 207; **a. A.** AG Charlottenburg GE 2007, 919.
[232] Zu den einzelnen Fallgestaltungen und der Frage, wann, welche Gebühren nach dem RVG anfallen: *Börstinghaus* WuM 2012, 207.

erhöhungsbetrages, wenn der Mieter später zur Zustimmung verurteilt wird. § 288 BGB ist aber nicht anwendbar, da es sich bei der geschuldeten Zustimmungserklärung nicht um eine Geldschuld handelt.[233] Ist der Mieter zur Zustimmung verurteilt worden, schuldet er den Erhöhungsbetrag erst mit Rechtskraft des Urteils[234], selbst wenn die Vertragsänderung rückwirkend in Kraft tritt.[235] Es tritt aber nicht rückwirkend Verzug mit dem Zahlungsanspruch ein.[236]

Erteilt der Mieter nach Ablauf der Zustimmungsfrist nicht die Zustimmung zur Mieterhöhung, 53
so erwächst daraus dem Vermieter kein Anspruch auf Ersatz der Kosten des von ihm mit der Abgabe des Zustimmungsverlangens beauftragten Rechtsanwalts.[237] Ab Zustimmung[238] zur Mieterhöhung richtet sich der Verzug mit dem Zahlungsanspruch nach den Fälligkeitsregelungen des Mietvertrages hinsichtlich der Miete. Wegen der Besonderheiten bei der Kündigung gem. § 543 Abs. 2 Nr. 3 BGB s. auch § 569 Abs. 3 Nr. 3 BGB.

E. Der Zustimmungsprozess (Abs. 2)

Wenn der Mieter innerhalb der Überlegungsfrist nicht oder nicht vollständig der Mieterhöhung 54
zugestimmt hat, dann kann der Vermieter gem. § 558b Abs. 2 BGB auf Zustimmung klagen.

I. Sachentscheidungsvoraussetzungen

1. Zuständiges Gericht

Die **sachliche Zuständigkeit** für Wohnraummietsachen ergibt sich aus **§ 23 Nr. 2 a) GVG.** 55
Danach sind die Amtsgerichte ohne Rücksicht auf den Wert des Streitgegenstandes ausschließlich zuständig für Streitigkeiten über Ansprüche aus einem Mietverhältnis über Wohnraum.[239] Die **örtliche Zuständigkeit** ergibt sich aus § 29a ZPO, wonach jeweils das Amtsgericht, in dessen Bezirk sich die gemietete Wohnung befindet, zuständig ist. Auch dies ist eine ausschließliche Zuständigkeit, so dass eine Zuständigkeit eines anderen Gerichts weder durch rügelose Einlassung gem. § 39 ZPO noch durch eine Gerichtsstandsvereinbarung gem. § 40 ZPO begründet werden kann.[240] Der Gesetzgeber ging davon aus, dass das örtlich nächste Amtsgericht die besten Möglichkeiten besitzt, in die örtlichen Verhältnisse Einblick zu nehmen. Außerdem handelt es sich bei dieser Zuständigkeitsregelung auch um einen Teil des sozialen Mietrechts. Der Mieter soll sich vor dem ihm nächsten Amtsgericht verteidigen und sich nicht durch die Verpflichtung, zu einem eventuell weit entfernt liegenden Gericht anreisen zu müssen, verpflichtet fühlen, einen an sich unbegründeten Anspruch anzuerkennen. Eine Verweisung unter Verstoß gegen diese bindenden Zuständigkeitsregelungen ist unbeachtlich.[241]

Soweit einige Bundesländer[242] von der Ermächtigungsgrundlage in § 15a EGZPO[243] Gebrauch 56
gemacht haben und bei Klagen bis zu einem Streitwert von 750 € (bzw. teilweise auch nur bis 600 €) vor Klageerhebung eine **obligatorische Streitschlichtung** vorgeschrieben haben, gilt dies für Zustimmungsklagen unabhängig von der Streitfrage, wie der Streitwert bei einer Zustimmungsklage richtig zu berechnen ist, nicht, da mit der Zustimmungsklage eine Frist unterbrochen

---

233 BGH (VIII ZR 94/04) NJW 2005, 2310.

234 BGH (VIII ZR 94/04) NJW 2005, 2310; zur Frage, wann die Rechtskraft von Urteilen eintritt s. auch § 569 BGB Rdn. 68.

235 AG Dortmund NZM 2002, 949.

236 BGH (VIII ZR 94/04) NJW 2005, 2310; LG Köln, WuM 1980, 76; AG Braunschweig, WuM 1986, 343; AG Dortmund, NZM 2002, 949; *Meier* WuM 1990, 531, 532; *Sternel* Mietrecht, III, 108, 726; *Artz* in MünchKomm, § 558b BGB Rdn. 10; **a. A.** AG Köln WuM 1984, 134; LG Saarbrücken, WuM 1997, 626, 627; *Schüller* in Bamberger/Roth, § 558b BGB Rdn. 21; Palandt/*Weidenkaff*, § 558b BGB Rdn. 17.

237 AG Rotenburg WuM 1996, 153.

238 Nach AG Aachen AIM 2003, 163 kommt der Mieter *jedenfalls* mit Rechtskraft des Zustimmungsurteils mit der geschuldeten Mieterhöhung in Verzug.

239 *Sternel* PiG 10, 127, 129 (zum alten Recht, das aber insofern inhaltlich unverändert ist).

240 OLG Frankfurt MDR 1979, 851; LG München ZMR 1987, 271.

241 LG München ZMR 1987, 271.

242 Länder mit außergerichtlicher Streitschlichtung sind: Baden-Württemberg, Bayern, Brandenburg, Hessen, NRW, Saarland und Sachsen-Anhalt. Einen Überblick über die Landesgesetzgebung geben *Zietsch/Roschmann,* Beilage zu NJW H. 51/2001 und *Schmidt* DAR 2001, 481; einen Überblick über die Rechtsprechung zu § 15a EGZPO gibt *Friedrich* NJW 2002, 3223.

243 I. d. F. v. 17.12.2008, gültig ab 1.9.2009.

werden soll. In diesen Fällen ist die vorgerichtliche Streitschlichtung unabhängig vom Streitwert ausdrücklich nicht vorgeschrieben.

56a Der Inhalt der Klageschrift richtet sich nach § 253 ZPO. Es handelt sich um einen bestimmenden Schriftsatz gem. § 129 ZPO, der eigenhändig unterschrieben werden muss. Eine Unterschrift erfordert nach dem Sprachgebrauch und dem Zweck der Formvorschrift,[244] dass es sich tatsächlich um eine Schrift handeln muss. Eine **Namensunterschrift** setzt ein aus Buchstaben einer üblichen Schrift[245] bestehendes Gebilde voraus, das nicht lesbar[246] zu sein braucht. Erforderlich, aber auch genügend, ist das Vorliegen eines die Identität des Unterschreibenden ausreichend kennzeichnenden Schriftzuges, der individuelle und entsprechend charakteristische Merkmale aufweist, die die Nachahmung erschweren.[247] sich als **Wiedergabe eines Namens** darstellt und die Absicht einer vollen Unterschriftsleistung erkennen lässt.[248] selbst wenn er nur flüchtig niedergelegt ist und von einem **starken Abschleifungsprozess** gekennzeichnet ist.[249] Unter diesen Voraussetzungen ist selbst ein vereinfachter und nicht lesbarer Namenszug als Unterschrift anzuerkennen, wobei insbesondere von Bedeutung ist, ob der Unterzeichner auch sonst in gleicher oder ähnlicher Weise unterschreibt. Deshalb wird von der Rechtsprechung zunehmend ein großzügiger Maßstab angelegt, wenn an der Autorenschaft keine Zweifel bestehen und zwar auch in Anbetracht der Variationsbreite, die selbst Unterschriften ein und derselben Person aufweisen.[250] Zum Teil wird mit Rücksicht auf die modernen Kommunikationsmittel, die häufig eine eigenhändige Unterschrift nicht mehr zulassen und deshalb auch nicht erfordern,[251] eine noch weitere Lockerung bezüglich des Unterschriftserfordernisses gefordert. Nach Ansicht des BGH genügt aber weder eine eingescannte[252] noch eine zuvor blanko erteilte und dann ausgeschnittene und aufgeklebte Unterschrift[253] den Anforderungen an eine wirksame Unterschriftsleistung. Bloße Striche oder geometrische Figuren genügen aber als Unterschrift[254] ebenso wenig wie die bloße Wiedergabe von Anfangsbuchstaben.[255] Es ist in der Regel erforderlich, dass man bei wohlwollendster Betrachtung bei Kenntnis des Namens des Unterzeichners diesen in der Unterschrift wiedererkennen kann.[256] Dabei darf eine dem Schriftzug beigefügte Namenswiedergabe in Maschinenschrift zur Deutung vergleichend herangezogen werden.[257] Handzeichen, die allenfalls einen Buchstaben erkennen lassen, sowie Unterschriften mit einer Buchstabenfolge, die als bewusste und gewollte Unterzeichnung mit einer Namensabkürzung **(Paraphe)**[258] erscheinen, sowie Faksimile-Stempel,[259] erfüllen nicht die Voraussetzung einer formgültigen Unterschrift.[260] Ob ein Schriftzug eine Unterschrift oder lediglich eine Abkürzung darstellt, beurteilt sich dabei nach dem äußeren Erscheinungsbild.[261] Bei Doppelnamen muss grundsätzlich mit beiden Namensteilen unterschrieben werden. Die willkürliche Abkürzung führt zur Unwirksamkeit der Unterschrift.[262] Nur wenn keine Zweifel an der Identität des Unterzeichners bestehen reicht die Unter-

---

[244] BGH NJW 1997, 3380, 3381; 1985, 1227; 1975, 1704; MDR 1964, 747.

[245] BGH NJW 1992, 243; NJW-RR 1992, 1150; NJW 1989, 588; 1987, 1333; 1985, 1227; 1985, 2651; 1975, 1704.

[246] BFH NJW 2000, 607; BGH NJW 1997, 3380, 3381; 1982, 1467; 1959, 734.

[247] BGH NJW 1959, 734; NJW 1985, 1227; OLG Frankfurt NJW 1993, 3079; OLG Düsseldorf NJW-RR 1992, 946 (947).

[248] BFH NJW 2000, 607 (608); BGH NJW-RR 2017, 445; NJW 1994, 55.

[249] BGH NJW-RR 2017, 445; 1997, 760; NJW 1997, 3380, 3381.

[250] BGH NJW 1997, 3380, 3381; NJW 1987, 1333; BVerfG NJW 1998, 1853; Schneider NJW 1998, 1844.

[251] GemS-OGB NJW 2000, 2340.

[252] BGH (XI ZB 40/05) NJW 2006, 3784.

[253] BGH (III ZB 60/14) NJW 2015, 3246 m. Anm. *Einsele* LMK 2015, 373985.

[254] Sogenannte „Schlingenrechtsprechung" z. B.: OLG Oldenburg NStZ 1988, 145; LG Berlin MM 1992, 65; AG Dortmund NZM 2000, 32.

[255] LAG Berlin NJW 2002, 989.

[256] BGH NJW 1988, 713; KG NJW 1988, 2807.

[257] BGH NJW-RR 1997, 760; NJW 1992, 243; OLG Düsseldorf NJW-RR 1992, 946.

[258] GemS-OGB NJW 2000, 2340; BGH NJW 1998, 762; 1997, 3380, 3381; 1994, 55; 1985, 1227; 1982, 1467; 1967, 2310; OLG Hamm NJW 1989, 3289 mit Anm. *Späth* VersR 1990, 675; OLG Köln RPfleger 1991, 198; OLG Düsseldorf NJW-RR 1992, 946 (947); VGH München NVwZ 1987, 729.

[259] BGH NJW 1989, 838; VG Wiesbaden NJW 1994, 537.

[260] OLG Frankfurt NJW 1988, 2807.

[261] BGH NJW 1997, 3380, 3381; 1994, 55; 1987, 957; 1982, 1467.

[262] LAG Köln NZA 1987, **a. A.** BGH NJW 1988, 2822: Abkürzung des zweiten Namens mit den beiden Anfangsbuchstaben reicht aus.

zeichnung mit dem ersten Teil des **Doppelnamens** aus[263] z. B. weil sich die Identität eindeutig aus dem Briefkopf ergibt. Das **Fehlen der Unterschrift** soll aber dann unschädlich sein, wenn sich aus sonstigen Umständen die Urheberschaft des Schriftsatzes und der Wille zur Klageerhebung ergeben.[264] Dies soll insbesondere in den Fällen der Fall sein, in denen zwar das Original der Klageschrift nicht unterzeichnet wurde aber der Beglaubigungsvermerk auf der begl. Abschrift.[265] In allen anderen Fällen ist Gelegenheit zur Nachholung zu geben,[266] wobei diese innerhalb der Klagefrist zu erfolgen hat.

2. Der richtige Kläger

Nur die vom richtigen Kläger erhobene Klage unterbricht die Klagefrist. Entscheidend ist die **Vermietereigenschaft zum Zeitpunkt der Rechtshängigkeit.** Wenn das Gebäude unter Zwangsverwaltung steht muss unterschieden werden. Ist der Eigentümer zugleich Vermieter, dann fehlt dem Eigentümer die Verfügungsbefugnis. Sowohl das Mieterhöhungsverlangen[267] wie auch die Zustimmungsklage müssen vom Zwangsverwalter stammen, § 7 ZwVwV.[268] Die Klage des Eigentümers ist unzulässig.[269] Sind Eigentümer und Vermieter personenverschieden, dann muss der Vermieter die Zustimmungsklage erheben. Hat eine Rechtsnachfolge auf Seiten des Vermieters stattgefunden, dann tritt der Erwerber auch in die Rechte aus dem Mieterhöhungsverlangen ein,[270] so dass der Kläger nicht identisch sein muss mit dem Absender des Mieterhöhungsverlangens. Eine Klage des ausgeschiedenen Vermieters unterbricht die Klagefrist nicht, da er nicht mehr Inhaber des Anspruchs ist.[271] Erfolgt die Rechtsnachfolge auf Vermieterseite während des Zustimmungsprozesses, so bleibt der Veräußerer entsprechend § 265 Abs. 2 ZPO weiter der richtige Kläger.[272] Umstritten ist, ob eine Ermächtigung zur Erhebung der Zustimmungsklage durch den Erwerber möglich ist (s. Vor § 558 BGB Rdn. 47). Der BGH[273] hat für eine Modernisierungsankündigung gem. § 554 BGB eine solche Prozessstandschaft dann für zulässig erklärt, wenn der Prozessstandschafter (hier Erwerber) ein rechtliches Interesse an der gerichtlichen Geltendmachung eines fremden Rechts im eigenen Namen hat und eine Beeinträchtigung schutzwürdiger Belange des Prozessgegners nicht zu befürchten ist. Nach Ansicht des LG Berlin[274] kann dementsprechend der Erwerber ermächtigt werden, die Zustimmungsklage vor Eigentumsumschreibung zu erheben, wenn der Veräußerer noch das Erhöhungsverlangen gestellt hat. Ein Hausverwalter kann jedoch im Wege der Prozessstandschaft keine Zustimmungsklage erheben.[275] Voraussetzung ist weiter, dass die Prozessstandschaft innerhalb der Klagefrist aufgedeckt wird.[276] Dies entspricht der Rechtsprechung zur materiell rechtlichen Ermächtigung, bei der der Ermächtigte auch offen legen muss, den Zustimmungsanspruch zwar im eigenen Namen geltend zu machen, aber aus einem vom Vermieter abgeleiteten Recht zu handeln.[277] Ist der Kläger eine juristische Person, z. B. eine GmbH, eine Aktiengesellschaft, eine Genossenschaft oder ein eingetragener Verein, muss die Zustimmungsklage von dem vertretungsberechtigten Organ stammen. Insofern sind die gesellschaftsrechtlichen Vor- 57

[263] BGH NJW 1996, 997; OLG Frankfurt NJW 1989, 3030.
[264] *Geisler* in Prütting/Gehrlein, ZPO, § 253 ZPO Rdn. 6.
[265] AG Lichtenberg GE 2014, 199 unter Hinweis auf RGZ 27, 405; BGHZ 92, 251, 255; BGH VersR 1993, 456; BGH MDR 2008, 760; ebenso BGH NJW 2012, 1738; *Greger* in Zöller, ZPO, § 130 ZPO Rdn. 19.
[266] *Greger* in Zöller, ZPO, § 253 ZPO Rdn. 22.
[267] BGH (VIII ZR 330/03) NZM 2005, 596; AG Dortmund WuM 1994, 546; *Stöber,* Zwangsversteigerungsgesetz, § 152 ZVG Rdn. 12.8; *Depré/Mayer,* Die Praxis der Zwangsverwaltung, Rdn. 491; *Brüggemann/Haut,* Arbeitshilfen Zwangsverwaltung, 2008, S. 588; *Reismann* MM 1998, 159; *Kinne* GE 1999, 359, *ders.* NZM 986, 990; **a. A.** AG München ZflR 1998, 53 m. Anm. *Paulus.*
[268] BGH (VIII ZR 330/03) NZM 2005, 59; AG Dortmund WuM 1994, 546; *Börstinghaus* FS Merle (2010) S. 69; *Stöber,* Zwangsversteigerungsgesetz, § 152 ZVG Rdn. 12.8.
[269] LG Berlin GE 1998, 357.
[270] LG Kassel NJWE-MietR 1996, 222; *Börstinghaus* PiG 70 (2005), 65, 82; *Blank/* in Blank/Börstinghaus, Miete § 566 BGB Rdn. 76; *Kinne* in Beierlein/Kinne/Koch/Stackmann/Zimmermann, Der Mietprozess, 4. Kap. Rdn. 7.
[271] KG NJWE-MietR 1997, 170.
[272] LG Köln NZM 2002, 288; *Blank* in Blank/Börstinghaus, Miete § 566 BGB Rdn. 76; *Lammel* § 566 BGB Rdn. 66.
[273] BGH (VIII ZR 105/07) NJW 2008, 1218.
[274] GE 2004, 483.
[275] AG Köln WuM 1989, 579; dazu auch *Drasdo* NJW-Spezial 2009, 321.
[276] LG Karlsruhe WuM 1988, 88.
[277] BGH NZM 1998, 146, 147.

schriften maßgeblich. So muss die Klage auf Zustimmung zur Mieterhöhung, die eine AktG als Vermieter erhebt, von einem Vorstandsmitglied der Aktiengesellschaft unterzeichnet sein.[278] Im Übrigen gilt für die Vertretung vor Gericht § 79 ZPO.[279] Danach können die Parteien vor dem Amtsgericht den Rechtsstreit selbst führen oder sich durch einen Rechtsanwalt vertreten lassen. Eine Vertretung durch andere Personen, insbesondere Verwalter, ist grundsätzlich nicht möglich.[280]

58 Eine Klage ohne **Anschrift** des Vermieters unterbricht die Klagefrist, wenn spätestens bis zum Schluss der **mündlichen Verhandlung** die Anschrift angegeben wird.[281] Die Anschrift der klagenden Partei gehört zu den notwendigen Angaben in der Klageschrift.[282] Ausgehend vom Schutzzweck des § 253 ZPO genügt es aber, wenn die Anschrift bis zum Schluss der mündlichen Verhandlung angegeben wird. Die Angabe einer Postfach-Adresse genügt nicht.[283]

59 Bilden die Vermieter eine **Personenmehrheit,** muss die Klage von allen Vermietern erhoben werden.[284] Es handelt sich um einen Fall der notwendigen Streitgenossenschaft gem. § 62 ZPO.[285] Die Vorschrift des § 62 ZPO umfasst zwei verschiedene Arten einer Streitgenossenschaft. Bei der zweiten Alternative des § 62 ZPO ist es aus Gründen des materiellen Rechts geboten, dass auf der Klägerseite mehrere Personen als Prozesspartei auftreten. Das ist der Fall, wenn nach dem sachlichen Recht der mit der Klage verfolgte Anspruch nur von mehreren Personen oder gegen mehrere Personen gemeinsam ausgeübt und deshalb auch im Wege der Klage nur gemeinsam geltend gemacht werden kann. Bei dieser notwendigen Streitgenossenschaft scheitert die Klage eines einzelnen oder gegen einzelne der notwendigen Streitgenossen daran, dass ihnen die Sachlegitimation (Aktiv- oder Passivlegitimation) zur Durchführung des Prozesses fehlt und dass deshalb die Klage ohne eine weitere Sachprüfung abgewiesen werden muss. Ein Fall dieser Art ist bei Aktivprozessen von **Gesamthandsgemeinschaften** gegeben.[286] Diese Grundsätze gelten auch dann, wenn Eheleute Vermieter sind. Auch in diesem Fall muss die Klage auf Zustimmung zur Mieterhöhung von beiden Ehepartnern erhoben werden.[287] Dies gilt auch dann, wenn der Vermieter nach Abschluss des Mietvertrages einen Miteigentumsanteil an seine Ehefrau übertragen hat.[288] Abweichende Vereinbarungen im Übertragungsvertrag sind im Außenverhältnis unwirksam.[289] Der eine Ehepartner kann den anderen nicht zur Klageerhebung im eigenen Namen ermächtigen, da eine **gewillkürte Prozessstandschaft** mangels Abtretbarkeit des Anspruchs auf Zustimmung zu einer Mieterhöhung unzulässig ist.[290]

3. Der richtige Beklagte

60 Die Klage muss nicht nur von allen Vermietern erhoben werden, sie muss auch **gegen alle Mieter gerichtet** sein.[291] Maßgeblich ist zunächst die **Bezeichnung der Partei in der Klage-**

---

[278] AG Coesfeld WuM 1993, 468.
[279] I. d. F. v. 12.12.2007 (BGBl. I S. 2840).
[280] *Elzer* ZMR 2008, 772; *ders.* GE 2008, 964.
[281] AG Dortmund WuM 2005, 254, bestätigt in einem Parallelverfahren durch LG Dortmund NZM 2006, 134.
[282] BGH NJW 1988, 2114; *Meyer-Abich* NJW 2017, 1529.
[283] Soweit vom BGH (V ZB 182/11) NJW-RR 2012, 1012 und dem BFH Beschl. v. 4.7.2008 – IV R 78/05 (zitiert nach juris) und Beschl. v. 15.4.2004 – I B 173/03 (zitiert nach juris), die Ersatzzustellung an eine Postfachadresse zugelassen wurde, ändert dies an der Verpflichtung zur Angabe einer Anschrift nichts. Dort geht es um die Frage, ob ein Postfach eine ähnliche Vorrichtung i. S. v. § 180 ZPO ist, so dass ggf. eine öffentliche Zustellung unzulässig ist. Die Angabe der Anschrift dient demgegenüber neben der Erreichbarkeit auch der Identifikation der Person.
[284] LG Marburg WuM 2001, 439.
[285] LG Marburg NZM 2003, 394; *Kinne* in Beierlein/Kinne/Koch/Stackmann/Zimmermann, Der Mietprozess, 4. Kap. Rdn. 8.
[286] BGHZ 30, 195. 197.
[287] LG Marburg NZM 2003, 394.
[288] LG Marburg NZM 2003, 394.
[289] AG Pinneberg ZMR 2002.
[290] KG NJWE-MietR 1997, 170, GE 1990, 1257; LG Kiel WuM 1999, 293; LG Köln FamRZ 1994, 39; LG Augsburg WuM 1990, 226; LG Berlin GE 1989, 829; AG Regensburg WuM 1990, 226; AG Köln WuM 1989, 579; AG Stuttgart ZMR 1973, 158; *Sternel* Mietrecht, III, 552; *Kinne* in Beierlein/Kinne/Koch/Stackmann/Zimmermann, Der Mietprozess, 4. Kap. Rdn. 3; *Kossmann/Meyer-Abich,* Hdb. d. Wohnraummietrechts, § 155 Rdn. 18; **a. A.** für Modernisierungsankündigung: BGH (VIII ZR 105/07) NJW 2008, 1218; s. auch Rdn. 57.
[291] BGH (VIII ZR 124/03) NJW 2004, 1797; OLG Koblenz RE v. 13.10.1983, NJW 1984, 244; LG Berlin GE 2003, 1210.

schrift. Es kommt jedoch vor allem darauf an, welcher Sinn der in der Klageschrift gewählten Parteibezeichnung bei objektiver Würdigung des Erklärungsinhalts beizulegen ist. Bei unrichtiger äußerer Bezeichnung ist grundsätzlich diejenige Person Partei, die erkennbar durch die Parteibezeichnung gemeint war.[292] Bei der **Auslegung der Parteibezeichnung** sind nicht nur die im Rubrum der Klageschrift enthaltenen Angaben, sondern auch der gesamte Inhalt der Klageschrift einschließlich etwaiger beigefügter Anlagen und späterer Klarstellungen zu berücksichtigen.[293] Bei dieser Auslegung gilt der Grundsatz, dass die Klageerhebung gegen die in Wahrheit gemeinte Partei nicht an deren fehlerhafter Bezeichnung scheitern darf, wenn diese Mängel in Anbetracht der jeweiligen Umstände letztlich keine vernünftigen Zweifel an dem wirklich Gewollten aufkommen lassen, solange nur aus dem Inhalt der Klageschrift und ihren Anlagen sowie den weiter zu berücksichtigenden Umständen deutlich wird, welche Partei tatsächlich gemeint ist. Von einer solchen fehlerhaften Parteibezeichnung, deren Korrektur keiner Klageänderung, sondern nur einer **Rubrumsberichtigung** bedarf, ist jedoch die irrtümliche Benennung einer falschen, am materiellen Rechtsverhältnis nicht beteiligten Person als Partei zu unterscheiden.[294] Entscheidend ist die Mieterstellung zum **Zeitpunkt der Zustellung der Klage.**[295] Hat inzwischen gem. §§ 563–564 BGB eine Rechtsnachfolge auf Mieterseite stattgefunden, dann ist die Klage gegen diese Rechtsnachfolger zu richten.[296] Die Klage ist bei einer Personenmehrheit gegen alle Mieter zu richten.[297] Dies folgt aus der **gesamthänderischen Bindung der Mieter**[298], die eine einheitliche Entscheidung erfordert. Auch insofern liegt eine notwendige Streitgenossenschaft vor.[299] Die nur gegen einen oder einen Teil von mehreren Mietern desselben Mietverhältnisses erhobene Klage des Vermieters ist grundsätzlich unzulässig.[300] Dies gilt auch in den Fällen, in denen die Mietvertragsparteien vereinbart haben, dass die Mieter zur Vornahme und Entgegennahme von Erklärungen als gegenseitig bevollmächtigt gelten.[301] Da das Zustimmungsverlangen nach § 558a Abs. 1 BGB das Angebot zum Abschluss eines Änderungsvertrages darstellt, kann die nach § 558 BGB von den Mietern geschuldete Leistung nur von allen Mietern übereinstimmend erbracht werden. Daraus ergibt sich ebenfalls, dass der Gläubiger die einheitliche (unteilbare) Leistung der Zustimmung nur von allen Schuldnern zusammen fordern kann.[302] Geschuldet wird von den Mietern nach § 558 BGB unter den dort gegebenen Voraussetzungen die Zustimmung zu einer Abänderung des gesamten Mietverhältnisses, was schon daraus folgt, dass das Gesetz schlechthin von „dem Mieter" spricht und mehrere Mieter demnach als Einheit verstanden werden müssen. Da der Anspruch des Vermieters auf Zustimmung zur Vertragsänderung gem. § 558 BGB demzufolge seinem Inhalt nach nur gegenüber allen Mietern gemeinsam ausgeübt und von den Mietern auch nur gemeinschaftlich erfüllt werden kann, sind die Mieter im Streitfall **notwendige Streitgenossen** i. S. d. § 62 Abs. 1 Alt. 2 ZPO.[303] Die Vorschrift des § 62 ZPO umfasst zwei verschiedene Arten einer Streitgenossenschaft. Bei der einen ist es aus Gründen des materiellen Rechts geboten, dass auf der Beklagtenseite mehrere Personen als Prozesspartei auftreten. Das ist der Fall, wenn nach dem sachlichen Recht der mit der Klage verfolgte Anspruch nur von mehreren Personen oder gegen mehrere Personen gemeinsam ausgeübt und deshalb auch im Wege der Klage nur gemeinsam geltend gemacht werden kann. Dieser Fall liegt bei der Zustimmungsklage vor. Aus Gründen des ma-

292 BGH (VIII ZR 265/08) NZM 2009, 513.

293 BGH (VIII ZR 265/08) NZM 2009, 513.

294 BGH (VIII ZR 265/08) NZM 2009, 513.

295 *Theesfeld* MietRB 2009, 26; *Kinne* in Beierlein/Kinne/Koch//Stackmann/Zimmermann, Der Mietprozess, 4. Kap. Rdn. 10.

296 Ggf. muss zu diesem Zweck ein Nachlasspfleger bestellt werden, §§ 1961, 1960 Abs. 1 BGB: *Lammel* § 558b BGB Rdn. 35.

297 BGH (VIII ZR 124/03) NJW 2004, 1797; *Kinne* in Beierlein/Kinne/Koch/Stackmann/Zimmermann, Der Mietprozess, 4. Kap. Rdn. 10; *Kinne* in Kinne/Schach/Bieber, Miet- und Mietprozessrecht, Teil 2 Rdn. 93.

298 AG Dortmund Urt. v. 9.10.2007 – 425 C 6099/07.

299 BGH (VIII ZR 124/03) NJW 2004, 1797; KG NJW-RR 1986, 439, 440; LG Kiel ZMR 1989, 429, 430; *Sternel* Mietrecht, I, 15; *Emmerich* in Staudinger § 558b BGB Rdn. 26; *Weth* in Musielak, § 62 ZPO Rdn. 12; *Bork* in Stein/Jonas/Bork § 62 ZPO Rdn. 20; *Götz/Brudermüller,* Die gemeinsame Wohnung, Rdn. 71.

300 BGH (VIII ZR 124/03) NJW 2004, 1797; BGHZ 36, 187, 191; 92, 351, 353; BGH NJW-RR 1991, 333; AG München NZM 2003, 394.

301 KG RE v. 5.12.1985, NJW-RR 1986, 439; AG München NZM 2003, 394.

302 KG RE v. 25.10.1984, WuM 1985, 12.

303 BGH (VIII ZR 124/03) NJW 2004, 1797; KG NJW-RR 1986, 439, 440; LG Kiel ZMR 1989, 429, 430; *Sternel* Mietrecht, I, 15; *Emmerich* in Staudinger § 558b BGB Rdn. 26; *Weth* in Musielak, § 62 ZPO Rdn. 12; *Bork* in Stein/Jonas/Bork § 62 ZPO Rdn. 20.

teriellen Rechts ist eine einheitliche Prozessführung gegenüber sämtlichen Mietern des Mietverhältnisses geboten.[304] Wird demnach nur gegen einen oder einen Teil der notwendigen Streitgenossen Klage erhoben, so scheitert die Klage daran, dass dem mit der Klage in Anspruch genommenen Streitgenossenschaften die Passivlegitimation fehlt. Dies hat zur Folge, dass für eine Klage gegen nur einen Mieter kein Raum ist und diese Klage durch Prozessurteil als unzulässig abzuweisen ist.[305] Der Vermieter muss grundsätzlich auch den Mieter verklagen, der aus der Wohnung ausgezogen ist,[306] solange er ihn nicht mit Zustimmung des anderen Mieters aus dem Mietvertrag entlassen hat.

61 Dies gilt selbst dann, wenn ein Mieter **vorprozessual** uneingeschränkt der Mieterhöhung **zugestimmt hat.**[307] Auch in diesem Fall muss er mit verklagt werden, da es sich um **eine notwendige Streitgenossenschaft** gem. § 62 Abs. 1 2. Alt ZPO handelt.[308] Soweit das LG Kiel[309] der Entscheidung des BGH vom 8.6.1962[310] entnehmen will, dass eine Rechtsverfolgung gegen den Mitmieter, der die Zustimmung vorprozessual bereits erteilt hat, nicht erforderlich ist, ist dies nicht richtig. Der BGH hat in den Fällen, in denen andere notwendige Streitgenossen erklärt haben, zur Leistung bereit und in der Lage zu sein, ein Teilurteil gegen einen notwendigen Streitgenossen zugelassen. Dies hat mit dem vorliegenden Fall aber nichts zu tun, da es im vorliegenden Fall um die Abgabe einer Willenserklärung geht, die nur einheitlich erfolgen kann und nicht „scheibchenweise" und zum anderen im Fall des BGH auch alle notwendigen Streitgenossen Partei waren und es nur um die Frage der Zulässigkeit eines Teilurteils ging. Die Zustimmungserklärung wird von beiden Mietern in ihrer gesamthänderischen Bindung geschuldet.[311] Die Zustimmung nur eines Mieters ist juristisch gar keine Zustimmung auch keine schwebend unwirksame, die erst durch die Zustimmung des anderen Mieters wirksam wird.[312] Beide Mieter müssen zusammen die Erklärung abgeben und deshalb müssen auch beide verklagt werden.[313] Was sollte denn gelten, wenn ein Mieter vorprozessual der verlangten Mieterhöhung zustimmt und der andere im Klageverfahren zu einer niedrigeren Mieterhöhung verurteilt wird? Hier anzunehmen, dass die Zustimmung zur niedrigeren Mieterhöhung in der Zustimmung zur höheren Miete enthalten wäre wird weder dem Inhalt der Willenserklärung gerecht noch entspricht es der Risikoverteilung zwischen den Mietvertragsparteien. Stimmt der zahlungskräftige Mieter der Mieterhöhung voll zu und lässt der zahlungsunfähige Mieter sich auf Zustimmung verklagen, würde der Vermieter das Kostenrisiko alleine tragen. Richtigerweise müssen beide Mieter verklagt werden. Gegebenenfalls hat dann der Mieter, der vorprozessual zugestimmt hat gegen den anderen Mieter aus den für die beiden im Innenverhältnis geltenden materiellen Vorschriften einen Schadensersatzanspruch.

62 In extremen Ausnahmefällen kann es aber **gegen Treu und Glauben verstoßen,** wenn der allein in der Wohnung noch lebende Mieter sich darauf beruft, dass die Klage auch gegenüber der mitmietenden Ehefrau erhoben werden müsste, die aber schon vor mehr als zwei Jahren aus der Wohnung ausgezogen ist und mit dem Vermieter ohne Zustimmung des in der Wohnung verbliebenen Mieters einen Mietaufhebungsvertrag abgeschlossen hat. Dies kann eine unzulässige Rechtsausübung darstellen[314], wenn keinerlei Interessen des in der Wohnung verbliebenen Mieters darüber hinaus tangiert werden. Dies ist insbesondere dann der Fall, wenn Ausgleichsansprüche zwischen den Ehegatten/Mietern wegen der endgültig erfolgten Trennung nicht mehr in Betracht kommen.

---

304 BGHZ 36, 187, 188.
305 BGHZ 30, 195, 197; 37, 187, 191.
306 LG Heidelberg WuM 1993, 342; *Emmerich* in Staudinger § 558a BGB Rdn. 8; **a. A.** AG Tiergarten GE 1989, 1059, 1061.
307 *Kinne* in Kinne/Schach/Bieber, Miet- und Mietprozessrecht, Teil 2 Rdn. 93.
308 LG Berlin GE 2003, 1210; AG Wiesbaden WuM 1992, 135; *Schultes* in MünchKomm § 62 ZPO Rdn. 34; *Kossmann/Meyer-Abich,* Hdb. d. Wohnraummiete, § 157 Rdn. 14; *Kinne* in Beierlein/Kinne/Koch/Stackmann/Zimmermann, Der Mietprozess, 4. Kap. Rdn. 14; **a. A.** LG Kiel ZMR 1989, 429; *Emmerich* in Staudinger § 558a BGB Rdn. 6 und § 558b Rdn. 26; *Weth* in Musielak, § 62 ZPO Rdn. 12 m.w.N. in Fn. 85.
309 ZMR 1989, 429.
310 NJW 1962, 1722.
311 AG Dortmund Urt. v. 9.10.2007, Az: 425 C 6099/07.
312 AG Wiesbaden WuM 1992, 135; *Kinne* in Beierlein/Kinne/Koch/Stackmann/Zimmermann, Der Mietprozess, 4. Kap. Rdn. 14.
313 Soweit *Schultes* in MünchKomm § 62 ZPO Rdn. 34 meint, dass eine Klage dann nicht erforderlich ist, wenn der notwendige Streitgenosse „soweit dies möglich ist seine Mitwirkung bereits erbracht hat" liegen die Voraussetzungen gerade nicht vor, da die Teilzustimmung gerade nicht möglich ist.
314 BGH (VIII ZR 124/03) NJW 2004, 1797.

4. Der Klageantrag

a) Der Anspruch des Vermieters gem. § 558 Abs. 1 BGB ist auf „Zustimmung zu einer Erhöhung" gerichtet, also auf **Abgabe einer Willenserklärung.** Der Zustimmungsanspruch kann auch als Widerklage in einem vom Mieter betriebenen Verfahren auf Feststellung der Unwirksamkeit des Mieterhöhungsverlangens geltend gemacht werden.[315] Der Klageantrag darf niedriger als der Erhöhungsbetrag aus dem Mieterhöhungsverlangen sein[316] nicht aber höher. Aus der Zustimmung und demgemäß aus dem Tenor des Urteils muss sich also ergeben, welche Miete der Mieter nach Wirksamwerden der Mieterhöhung nach § 558 BGB schuldet. § 558 BGB gibt dem Vermieter unter den näher beschriebenen Voraussetzungen gegenüber dem Mieter einen Anspruch, die Zustimmung zu einer Vertragsänderung bezüglich der Miethöhe zu verlangen. Dabei bezieht sich die geschuldete Zustimmungserklärung des Mieters auf den Betrag der künftig zu zahlenden Miete und nicht allein auf den geforderten Erhöhungsbetrag.[317] Deshalb muss auch der Klageantrag auf Zustimmung zur künftig zu zahlenden neuen Miete gerichtet sein. Es ist deshalb nicht zwingend erforderlich, dass im Klageantrag und demnach auch im Urteilstenor neben der neuen erhöhten Miete auch die Angabe der bisherigen Miete und sogar des Erhöhungsbetrages erfolgt; dies ist aber strittig.[318] Angegeben werden muss bei einem einheitlichen Mietverhältnis z. B. über Wohnung und Garage oder Mansarde die für das einheitliche Mietverhältnis zu zahlende Gesamtmiete.[319] Mindestens sind deshalb folgende Angaben erforderlich: 63

1. Angabe zur Identifizierbarkeit des betroffenen Mietverhältnisses
2. Neue Miethöhe
3. Wirkungszeitpunkt, ab wann diese erhöhte Miete zu zahlen ist.

Beispiel: Es wird beantragt, den Beklagten zu verurteilen, einer Mieterhöhung der monatlichen Miete für die von ihm innegehaltene Wohnung in der … str. (von bisher … €) auf … € zuzüglich Betriebskosten- und Heizkostenvorauszahlung wie bisher mit Wirkung ab … 20 … zuzustimmen.

Ob im Klageantrag oder zumindest in der Klagebegründung die genaue Lage der Wohnung angegeben werden muss ist strittig.[320] Die Auslegungsregeln, die für Willenserklärungen gelten, müssen auch auf eine Zustimmungsklage angewandt werden. Das Urteil wendet sich gerade nicht an einen Dritten, sondern nur an den klagenden Vermieter. Dieser muss erkennen, welche Willenserklärung der Mieter abgegeben hat. Dazu ist natürlich die Willenserklärung des Vermieters, also das Zustimmungsverlangen, das wichtigste Auslegungskriterium. Kann der Mieter nach dem objektiven Empfängerhorizont erkennen, was der Vermieter von ihm will, dann bezieht sich seine Antwort, also die Annahme, auf dieses Angebot. Ist das Zustimmungsverlangen für den Mieter aber unklar, weil er z. B. zwei Wohnungen vom Vermieter angemietet hat, so muss sich aus der Klageschrift deutlich ergeben, auf welche Wohnung sich dies Verfahren bezieht. Für den Normalfall ist die Angabe der Wohnung nicht zwingend erforderlich, wenn auch sinnvoll.

Sind Mieter **mehrere Personen,** schulden sie die Zustimmung **nicht als Gesamtschuldner.** Die Zustimmungserklärung ist nicht teilbar i. S. d. § 420 BGB.[321] Ist im Klageantrag eine gesamtschuldnerische Verurteilung beantragt worden, kann das Gericht gem. § 308 ZPO trotzdem zur gemeinsamen Abgabe der Zustimmungserklärung verurteilen. Insofern wird dem Vermieter nicht mehr zugesprochen als er beantragt. Es handelt sich noch um eine zulässige Auslegung des Klageantrags. Dem Vermieter sind auch keine – anteiligen – Kosten aufzuerlegen.

Im Einzelfall können aber noch **weitere Angaben** notwendig sein:

Ein Urteil auf Grund des gestellten Klageantrags darf zu keiner Änderung der **Mietstruktur** führen. Deshalb ist bei der Verwendung von Rechtsbegriffen wie Netto-, Brutto-, Inklusiv-, Teilinklusiv- oder Grundmiete äußerste Vorsicht geboten. Ist nur eine der 17 Betriebskostenpositionen 64

---

315 LG Köln ZRM 2008, 718 (die Feststellungsklage ist aber unzulässig).

316 AG Schöneberg GE 2009, 981.

317 KG RE v. 5.8.1997, NZM 1998, 68.

318 Dafür wohl *Sternel* Mietrecht, III, 727; für Angabe im Erhöhungsverlangen: LG Berlin GE 2003, 669; dagegen LG Berlin GE 2017, 535.

319 LG München WuM 1998, 379.

320 Dafür: AG Charlottenburg GE 2006, 1619; dagegen: LG Berlin GE 2007, 782; AG Schöneberg, GE 2007, 1621.

321 AG Dortmund Urt. v. 9.10.2007, Az: 425 C 6099/07; Der BGH (VIII ZB 25/10) NJW 2011, 1455 scheint das auch so zu sehen. Er hat in einem Rechtsbeschwerdeverfahren die Formulierung des Amtsgerichts „als Gesamtschuldner" in Anführungszeichen gesetzt, um darauf besonders hinzuweisen.

des § 2 BetrKV in der Miete enthalten, ohne dass hierfür abrechenbare Vorauszahlungen erhoben werden, so ist ein Klageantrag, der eine Zustimmung zur Erhöhung der Grund- oder Nettomiete verlangt, falsch, da damit eine Teil-Miete geändert werden soll, die in der Form gar nicht existiert und auch nicht geschuldet wird. Klagt der Vermieter zunächst fälschlicherweise auf die **Zustimmung zu einer Nettomiete** und korrigiert den Antrag auf die Zustimmung zu einer Erhöhung der vertraglich vereinbarten Bruttomiete, so handelt es sich um eine **Klageänderung,** die nur zulässig ist, wenn sie innerhalb der Klagefrist des § 558b Abs. 2 Satz 2 BGB erfolgt.[322] Bei einer Teilinklusivmiete kann auf die bisherigen Absprachen hierzu im Klageantrag Bezug genommen werden.

Beispiel: Es wird beantragt, den Beklagten zu verurteilen, einer Erhöhung der monatlichen Miete für die von ihm innegehaltene Wohnung auf … € zuzüglich Betriebskosten- und Heizkostenvorauszahlung wie bisher mit Wirkung ab … 20 … zuzustimmen.

Ebenso unzulässig ist bei einer **Inklusivmiete** ein Antrag, der auf eine Netto- oder Grundmiete abstellt.[323] Es darf in diesem Fall nur die neue Inklusivmiete genannt werden.

Beispiel: Es wird beantragt, den Beklagten zu verurteilen, einer Erhöhung der monatlichen Miete für die von ihm innegehaltene Wohnung auf … € mit Wirkung ab … 20 … zuzustimmen.

65 Soweit der Mieter prozessual **teilweise** der Mieterhöhung **zugestimmt** hat, muss sich dies aus dem Antrag und demnach auch aus dem Hauptsachetenor ergeben.[324] Bei einer Teilzustimmung entfällt nämlich insoweit das Rechtsschutzbedürfnis für eine Klage.[325]

Beispiel: Es wird beantragt, den Beklagten zu verurteilen, einer Erhöhung der monatlichen Miete für die von ihm innegehaltene Wohnung über die bereits erteilte Zustimmung hinaus auf … € zuzüglich Betriebskosten- und Heizkostenvorauszahlung wie bisher mit Wirkung ab … 20 … zuzustimmen.
Oder:
Es wird beantragt, den Beklagten zu verurteilen, einer Erhöhung der monatlichen Miete für die von ihm innegehaltene Wohnung von schon anerkannten … € auf … € zuzüglich Betriebskosten- und Heizkostenvorauszahlung wie bisher mit Wirkung ab … 20 … zuzustimmen.

66 Problematisch ist der Fall, in dem der Vermieter nach der Mieterhöhung nach § 558 BGB eine Mieterhöhung nach § 559 BGB vorgenommen hat, die zum gleichen Termin oder sogar schon einen Monat eher einseitig zu einer Erhöhung der Miete geführt hat:

Beispiel: Der Vermieter verlangt mit Anfang Oktober zugegangenem Schreiben eine Zustimmung zu einer Mieterhöhung von 400 auf 420 €. Dabei hat er die Modernisierung nicht berücksichtigt. Im Laufe des Monats Oktober führt er eine Modernisierungsmaßnahme durch, die ihn berechtigt, die Miete um ebenfalls 20 € im Monat zu erhöhen.

Da die Mieterhöhung nach § 559 BGB Bestandteil der Miete wird, würde eine Verurteilung zu einer Mieterhöhung von 420 € dazu führen, dass die Mieterhöhung nach § 559 BGB unberücksichtigt bliebe. Auf der anderen Seite hat der Vermieter einen Anspruch auf Zustimmung zu der ortsüblichen Vergleichsmiete zum Zeitpunkt des Zugangs des Mieterhöhungsverlangens, also im Oktober. Wenn die ortsübliche Vergleichsmiete zu diesem Termin für die unrenovierte Wohnung tatsächlich so hoch war, dann kann der Vermieter diese ortsübliche Vergleichsmiete auch durch die Mieterhöhung nach § 559 BGB mindestens um 20% gem. § 5 WiStG überschreiten. Dies ist im Antrag ausreichend zu kennzeichnen:

Beispiel: Der Beklagte wird verurteilt, einer Erhöhung der monatlichen Miete für die von ihm innegehaltene Wohnung … str. in … auf … € zzgl. der Mieterhöhung auf Grund des Schreibens vom … um … € mit Wirkung ab 1.1. … zuzustimmen.

Die Zustimmung bezieht sich dabei nicht auf die Modernisierungserhöhung, sondern nur auf die Miete vor Wirksamwerden der Erhöhung nach § 559 BGB.

67 **b) Unzulässig sind folgende Klageanträge: aa) Bezifferter Zahlungsantrag**[326]. Der Vermieter darf nicht direkt auf Zahlung klagen. Soweit im Entwurf zu § 2 Abs. 3 MHG[327] das erst noch

---

[322] AG Schönenberg Urt. v. 11.8.2011 – 106 C 187/11 m. Anm. *Emmert* jurisPR-MietR 23/2011 Anm. 3.
[323] OLG Hamburg RE v. 20.12.1982, NJW 1983, 580; LG Hamburg WuM 1985, 314; AG Hamburg NZM 1998, 574.
[324] LG Berlin GE 1998, 490; AG Tempelhof-Kreuzberg GE 2008, 1430.
[325] AG Gelsenkirchen WuM 2001, 612.
[326] LG Braunschweig ZMR 1973, 154.
[327] BT-Drs. 7/2001, 5.

vorgesehen war, ist dies aufgrund der Bedenken des Bundesrates[328] nie Gesetz geworden.[329] Bei einem solchen Antrag muss das Gericht ggf. rechtzeitig auf eine sachdienliche Antragstellung hinwirken. Der Zustimmungsantrag muss aber innerhalb der Klagefrist zugestellt werden. Eine spätere Änderung im Laufe des Verfahrens ist nicht möglich.[330]

bb) Ebenso unzulässig ist die **Klagehäufung von Zustimmungsklage und Zahlungsklage**[331] oder auch die Stufenklage. Bei der Zahlungsklage handelt es sich zum Zeitpunkt der Klageeinreichung um eine Klage auf eine nicht fällige Leistung. Ein Zahlungsanspruch besteht bis zur rechtskräftigen Verurteilung zur Zustimmung hinsichtlich des Erhöhungsbetrages nicht. Etwas Anderes kann allenfalls dann gelten, wenn das Zustimmungsurteil rechtskräftig wird und nur der mit der Zahlungsklage unterlegene Vermieter Berufung eingelegt hat.[332] In diesem Fall ist die Forderung während des Verfahrens fällig geworden.[333] Wenn der Mieter die Forderung unverzüglich anerkennt, hat der Vermieter gem. § 93 ZPO die Kosten des Verfahrens zu tragen. Soweit sogar die Zahlung des Erhöhungsbetrages nicht nur für abgelaufene Zeiträume in der Vergangenheit, sondern auch für die Zukunft verlangt wird, handelt es darüber hinaus um eine **Klage auf zukünftige Leistung** gem. § 259 ZPO. Voraussetzung für eine solche Klage ist die „Befürchtung der Nichterfüllung". Allein die Tatsache, dass der Mieter die Zustimmung zur verlangten Mieterhöhung nicht erteilt hat, rechtfertigt diese Befürchtung noch nicht. Umstritten ist, ob der Eintritt der Fälligkeit bei einer Klage auf zukünftige Leistung eine Klageänderung darstellt. Nach der hier vertretenen Auffassung ist das anders als der BGH annimmt jedoch nie der Fall gewesen, da es sich um eine Klage auf Zahlung einer nicht fälligen Forderung handelte. Fraglich ist dann aber, ob das Berufungsgericht gem. § 513 ZPO die eingetretene Fälligkeit überhaupt prüfen darf und wenn ja, ob es dann nicht gem. § 538 ZPO1 die Sache zurückverweisen muss, weil auf diese Weise dem Mieter eine Instanz genommen wird. Die Voraussetzungen des § 258 ZPO sind ebenfalls nicht gegeben. Als **Stufenklage** kommt die Klagehäufung auch nicht in Betracht, da die Zustimmungsklage keine Klage auf Rechnungslegung i. S. d. § 254 ZPO darstellt Zur Kostenentscheidung in diesen Fällen Rdn. 134. 68

cc) Ein **unbezifferter Zustimmungsantrag** ist ebenfalls unzulässig.[334] Solche unbezifferten Zahlungsanträge sind dort anerkannt, wo die Entscheidung des Rechtsstreits von einer gewissen Angemessenheits- oder Billigkeitsprüfung durch das Gericht abhängt. Dies gilt für Schmerzensgeldansprüche, Ansprüche auf Schadenersatz für nutzlos aufgewandte Urlaubszeit,[335] bei immissionsrechtlichen Ansprüchen[336] oder werkvertraglichen[337] oder mietrechtlichen[338] Minderungsansprüchen. Auch wenn die Feststellung der ortsüblichen Vergleichsmiete im Einzelfall durchaus schwierig ist und zahlreiche Wertungsfragen zu entscheiden sind, geht der Gesetzgeber letztendlich davon aus, dass es sich um eine empirisch feststellbare Größe handelt, die frei von allen Billigkeits- und Angemessenheitserwägungen ist. 69

dd) Unzulässig ist auch ein Klageantrag, der nicht die Zustimmung zu einer Erhöhung der für die Wohnung zu zahlenden Miete, sondern die **Änderung des Quadratmeterpreises** zum Gegenstand hat.[339] Die Quadratmetermiete ist nur eine Rechengröße bei der Ermittlung der insgesamt für die Wohnung zu zahlenden Miete. Die genaue Wohnungsgröße kann ebenso strittig sein wie die Frage, ob die vereinbarte Größe oder die tatsächliche Größe maßgeblich ist. 70

ee) Unzulässig sind alle Formen von **Feststellungsklagen.** Eine Feststellungsklage, wonach festgestellt werden soll, dass der Mieter die Zustimmung schulde, ist wegen des Vorrangs der Leistungsklage unzulässig. Das Gleiche gilt für eine Feststellungsklage, dass der Mieter eine erhöhte 71

---

328 BT-Drs. 7/2011, 16.

329 Dazu *Loyal* AcP 214, 746, 782.

330 **A. A.** wohl LG Braunschweig ZMR 1973, 154.

331 LG Braunschweig ZMR 1973, 154; AG Augsburg WuM 1998, 670; *Heintzmann* in Soergel § 558b BGB Rdn. 11; *Sternel* Mietrecht, III, 730; **a. A.** BGH (VIII ZR 5/04) NZM 2005, 582; LG Duisburg NZM 1998, 764 mit abl. Anm. *Eckert/Rau* ZMR 1999, 334; offengelassen von *Artz* in MünchKomm § 558b BGB Rdn. 13.

332 So der Sachverhalt in BGH (VIII ZR 5/04) NZM 2005, 582.

333 Wenn der Antrag sich nur auf Zahlung bereits fälliger Forderungen richtet, handelt es sich nicht um Klage auf zukünftige Leistung: *Both* DWW 2010, 82.

334 LG Stuttgart NJW 1974, 1252; **a. A.** *Klien* NJW 1973, 977.

335 LG Hannover NJW 1989, 1936.

336 BGH NJW 1993, 1656.

337 LG Bochum Urt. v. 14.1.1987, 2 O 33/86.

338 *Börstinghaus* NZM 1998, 656; *ders.* NZM 2000, 583, 585; *Derleder* PiG 65, 71, 78 = NZM 2002, 676.

339 AG Dortmund WuM 2006, 157.

Miete schulde, z. B. nach einer vermeintlichen Zustimmung durch mehrfache vorbehaltlose Zahlung.[340] Auch hier geht die Zahlungsklage vor. Feststellungs- oder Zwischenfeststellungsklagen dahingehend, die Wirksamkeit eines bestimmten Mieterhöhungsverlangens gerichtlich zu bestätigen, sind nicht möglich, da das Gericht über die Wirksamkeit des Erhöhungsverlangens **inzidenter** entscheiden muss und deshalb eine gesonderte Feststellung der Zulässigkeit der Klage gem. § 280 ZPO überflüssig ist. Auch die zur Begründung einer Mieterhöhung erforderliche Feststellung eines Ausstattungsmerkmals der Wohnung ist eine tatsächliche Vorfrage des zukünftigen Mieterhöhungsverlangens und damit einer gesonderten Feststellungsklage nicht zugänglich.[341]

71a **ff)** Unzulässig ist es auch den Zustimmungsanspruch **hilfsweise** für den Fall der Abweisung der Räumungsklage zu stellen.[342] Es handelt sich gerade nicht um eine unschädliche Rechtsbedingung.

72 **c)** Aus dem Klageantrag muss sich der **Wirkungszeitpunkt** ergeben, zu dem auf Grund der Zustimmungserklärung die Miete sich erhöht. Wird der Mieter nämlich zur Zustimmung verurteilt, dann richtet sich der Wirkungszeitpunkt für die Mieterhöhung nach dem Tenor der Entscheidung. Aus dem Tenor muss sich ergeben, ab wann die erhöhte Miete zu zahlen ist.[343] Und dieser wird vor allem **vom Antrag des Vermieters** bestimmt. Eine Verurteilung zu einem früheren Termin als den des § 558b Abs. 2 BGB ist nicht möglich, da insofern kein durchsetzbarer Anspruch des Vermieters besteht. Hat der Vermieter beantragt, den Mieter zur Abgabe der Zustimmungserklärung zu einem späteren als den gesetzlichen Termin zu verurteilen, kann das Gericht den Mieter nicht zu einer Zustimmung zu dem früheren Termin des § 558b Abs. 1 BGB verurteilen. Dem steht § 308 ZPO entgegen. Das Gericht ist nicht befugt, der Partei etwas zuzusprechen, was sie nicht beantragt hat. Hat der Vermieter **im Klageantrag kein Datum** genannt, zu dem der Mieter die Zustimmungserklärung abgeben soll, so ist zunächst der ganze Sachvortrag auszulegen. Ergibt sich aus der Begründung, insbesondere aus dem vorgelegten Mieterhöhungsverlangen, dass der Vermieter die Zustimmung zu einem bestimmten Termin verlangt hat und ist offensichtlich, dass das Datum im Klageantrag nur vergessen wurde, dann kann das Gericht im Rahmen einer Auslegung des Klageantrags das Datum ergänzen.[344] Ist ein solches Datum aber auch aus dem vorgetragenen Sachvortrag nicht feststellbar, dann darf das Gericht keine Verurteilung zum Termin des § 558b Abs. 1 BGB aussprechen.[345] Dies würde § 308 ZPO widersprechen. Zwar muss der Vermieter im Mieterhöhungsverlangen nicht zwingend ein Datum nennen, zu dem die Mieterhöhung wirken soll,[346] da diese Angaben nicht zu den Wirksamkeitsvoraussetzungen eines Mieterhöhungsverlangens gehören, so dass auch bei einem Erhöhungsverlangen ohne Angabe des Wirkungszeitpunktes ein Zustimmungsanspruch zum gesetzlichen Termin besteht, davon ist aber die prozessuale Frage der Urteilswirkung zu unterscheiden. Selbst wenn der Vermieter also materiell rechtlich einen Anspruch auf Zustimmung zu einem in der Vergangenheit liegenden Termin hat, dann bedeutet die Verurteilung zu diesem Termin eine Mehrforderung, wenn der Vermieter dies nicht ausdrücklich beantragt hat. Der Antrag ist aber auch nicht gem. § 253 ZPO wegen eines nicht vollstreckbaren Inhalts als unzulässig anzusehen. Falsch wäre es auf jeden Fall, die Klage in einem solchen Fall ohne gerichtlichen Hinweis als unzulässig abzuweisen, da das Gericht auf die Stellung sachdienlicher Anträge hinwirken muss. Ein Urteil ohne Wirkungszeitpunkt würde nämlich von der **Rechtskraft der Entscheidung**[347] an die Zustimmung ersetzen, so dass die Zustimmung zu diesem Termin als abgegeben gilt mit der Folge, dass die Mieterhöhung ab Rechtskraft wirken würde.[348]. Zum Teil[349] wurde auch angenommen, die Zustimmung ist zum Termin der Rechtshängigkeit des Zustimmungsanspruchs auszusprechen.

73 **d)** Hat der Vermieter eine Zustimmungsklage erhoben, dann kann der Mieter in diesem Verfahren **Widerklage auf Feststellung von Mängeln oder auf Mängelbeseitigung** erhe-

---

[340] AG Schöneberg GE 1988, 893.

[341] AG Münster WuM 1980, 236.

[342] LG Hamburg ZMR 2005, 367 m. krit. Anm. *Riecke*.

[343] *Sternel* Mietrecht, III, 727.

[344] BGH (VIII ZR 204/10) WuM 2011, 423; *Börstinghaus* jurisPR-BGHZivilR 17/2011 Anm. 2; *Krapf* jurisPR-MietR 19/2011 Anm. 4; LG Berlin ZMR 1998, 165, 166.

[345] **A. A.** wohl BGH (VIII ZR 204/10) NZM 2012, 112 = MietPrax-AK, § 558b BGB Nr. 2 m. Anm. *Börstinghaus; ders.* jurisPR-BGHZivilR 17/2011 Anm. 2; *Krapf* jurisPR-MietR 19/2011 Anm. 4; nicht eindeutig zu dieser Frage: *Hummel* WuM 1986, 78; *Sternel* Mietrecht, III, 727.

[346] OLG Koblenz RE v. 11.3.1983, NJW 1983, 1861.

[347] Zur Frage, wann die Rechtskraft von Urteilen eintritt s. auch § 569 BGB Rdn. 68.

[348] **A. A.** BGH (VIII ZR 204/10) NZM 2012, 112.

[349] AG Charlottenburg GE 1994, 1319.

ben.[350] Möglich ist auch eine Widerklage auf Erstattung der Anwaltskosten zur Abwehr eines formell unwirksamen Mieterhöhungsverlangens.[351] Es liegt der gem. § 33 ZPO erforderliche Zusammenhang mit dem Klageantrag vor. Beide Klagen beruhen auf dem gleichen Mietverhältnis. Soweit mit der Widerklage der Zweck verfolgt wird, eine alsbaldige Anpassung der Miete an die ortsübliche Vergleichsmiete zu verhindern, kann dem mit einem Teilurteil oder besser noch einer Abtrennung des Verfahrens gem. § 145 Abs. 2 ZPO begegnet werden. Insofern unterscheiden sich die Voraussetzungen des § 33 ZPO und des § 145 ZPO. Während der besondere Gerichtsstand des § 33 ZPO bereits dann gegeben ist, wenn ein „Zusammenhang" zwischen den mit Klage und Widerklage verfolgten Ansprüchen besteht, wozu genügt, dass die Parteien ihre jeweiligen Ansprüche aus demselben Mietverhältnis ableiten, gestattet § 145 Abs. 2 ZPO eine Trennung der Widerklage bereits dann, wenn die Ansprüche nicht in einem rechtlichen Verhältnis stehen. Das ist bei der Zustimmungsklage oder Mangelbeseitigungsklage der Fall, da über denen einen Anspruch ohne Auswirkungen auf den anderen entschieden werden kann.

5. Die Klagebegründung

Gem. § 253 ZPO muss die Zustimmungsklage die Angabe des Gegenstandes und des Grundes des erhobenen Anspruchs enthalten. Hierzu gehört die **Angabe aller Tatsachen,** die vorliegen müssen, damit die Voraussetzungen der §§ 558ff. BGB erfüllt sind. Da §§ 558ff. BGB sowohl formelle wie auch materielle Voraussetzungen aufweist, müssen in der Klageschrift alle Tatsachen mitgeteilt werden, die diese Voraussetzungen erfüllen. Der Vermieter trägt für alle anspruchsbegründenden Tatsachen gem. §§ 558ff. BGB die Darlegungs- und damit auch die Beweislast.[352] Wie substantiiert die einzelnen Tatsachen vorgetragen werden müssen hängt maßgeblich vom Bestreiten und den Behauptungen der beklagten Partei ab.[353] Grundsätzlich genügt die pauschale Behauptung des Klägers, eine bestimmte Tatsache sei gegeben. Umso genauer und substantiierter der Beklagte dies bestreitet umso genauer und substantiierter muss der Kläger seinen Sachvortrag darlegen. Zu den einzelnen Tatsachen, die die Klageschrift enthalten muss: 74

a) Dazu gehört zunächst die Behauptung, dass zwischen den Parteien ein **Wohnraummietvertrag** besteht. Dieser Vertrag darf nicht gem. § 549 Abs. 2, 3 BGB vom Anwendungsbereich der § 558ff. BGB ausgeschlossen sein, auch dürfen die Vorschriften des WoBindG nicht einschlägig sein. Aus dem Sachvortrag muss sich dabei ergeben, dass der Kläger der Vermieter und die beklagte Partei der Mieter ist und dass die Räume zum Zwecke des Bewohnens durch die beklagte Partei vermietet wurden. Rechtsnachfolgen auf Vermieter – aber auch auf Mieterseite muss der Kläger erst dann im Einzelnen darlegen, wenn der Mieter die Aktiv- oder Passivlegitimation bestreitet. Die Höhe der augenblicklichen Miete und die Mietstruktur sind anzugeben. Ferner darf die Anwendung des § 558 BGB auch nicht gem. §§ 557a, 557b BGB ausgeschlossen sein. 75

b) Der Kläger muss dann das **vorprozessuale Mieterhöhungsverfahren** schildern. Hierzu gehört das Datum des Zugangs des Mieterhöhungsverlangens und sein Inhalt[354] einschließlich der Angabe der entsprechenden Begründung aus dem Erhöhungsverlangen. Soweit zur Berechnung der Zustimmungs- und Klagefrist weitere Angaben erforderlich sind, müssen diese ebenfalls vorgetragen werden, wie z. B. die Zustimmungsverweigerung für den Fall, dass die Klage vor Ablauf der Überlegungsfrist erhoben wird. 76

c) Wegen der **Einhaltung der 15-Monatsfrist und der Jahressperrfrist** muss angegeben werden, dass die Miete im letzten Jahr vor Zugang der Mieterhöhungserklärung unverändert geblieben ist oder nur unschädliche Mieterhöhungen nach den §§ 559, 560 BGB stattgefunden haben. Wenn der Mieter auf eine bestimmte Mieterhöhung hinweist und behauptet, dass diese, z. B. nach einer Modernisierung nicht nach § 559 BGB, sondern auf Grund einer Mietabänderungsvereinbarung gem. § 557 Abs. 1 BGB erfolgt sei, dann muss der Vermieter als Kläger die Einzelheiten der früheren Mieterhöhung darlegen und ggf. auch beweisen. 77

d) Wegen der Beschränkung von Mieterhöhungen durch die **Kappungsgrenze,** muss der Vermieter ferner die maßgebliche Miete drei Jahre vor Wirksamwerden des Mieterhöhungsverlangens 78

---

350 AG Tiergarten, MM 2007, 263; AG Gelsenkirchen WuM 2008, 671 m. Anm. *Tiefenbacher;* **a. A.** *Heintzmann* in Soergel § 558b BGB Rdn. 11.

351 LG Frankfurt/M. NZM 2012, 342 m. Anm. *Pfeilschifter* jurisPR-MietR 13/2012 Anm. 3.

352 *Kossmann/Meyer-Abich,* Hdb. d. Wohnraummiete, § 155 Rdn. 23.

353 *Seutemann* MDR 1997, 615.

354 *Kossmann/Meyer-Abich,* Hdb. d. Wohnraummiete, § 155 Rdn. 19.

mitteilen. Haben in den drei Jahren Mieterhöhungen stattgefunden, die nicht auf die Kappungsgrenze angerechnet werden, dann sind diese einschließlich des jeweiligen Grundes mitzuteilen. In den Fällen, in denen die Kappungsgrenze von 20% überschritten wird, muss der Vermieter die Höhe der Fehlbelegungsabgabe und die sonstigen Tatsachen des § 558 Abs. 4 BGB vortragen. Die Frage, ob für die Gemeinde oder den Gemeindeteil eine herabgesetzte Kappungsgrenze von 15% gilt, ist eine Rechtsfrage, die das Gericht ermitteln und beantworten muss. Sachvortrag ist hierzu zwingend nicht erforderlich.

79 **e)** Und schließlich muss der Vermieter vortragen, dass die von ihm verlangte Miete die **ortsübliche Vergleichsmiete** nicht übersteigt. Hierzu gehört zunächst die Beschreibung der gemieteten Wohnung nach den 5 Wohnwertmerkmalen des § 558 Abs. 2 BGB.[355] Neben der Größe der Wohnung müssen Angaben zur Ausstattung, zur Beschaffenheit und zur Lage gemacht werden. Der Vermieter, der eine Mieterhöhung verlangt, trägt nach allgemeinen Grundsätzen die Darlegungs- und Beweislast für die in Ansatz zu bringende tatsächliche Wohnfläche. Wenn er jedoch eine bestimmte Wohnfläche vorträgt, stellt das einen substantiierten Sachvortrag dar[356], den wiederum der Mieter substantiiert bestreiten muss. Ein Bestreiten mit Nichtwissen ist nicht möglich.[357] Ein substantiierter Vortrag ist ihm auch zumutbar, da die Fläche in seinem Wahrnehmungsbereich liegt. Er kann die Wohnfläche der gemieteten Wohnung überschlägig vermessen und seinerseits einen bestimmten abweichenden Flächenwert vortragen. Das gilt auch für Wohnungen, die Dachschrägen und eine Loggia haben. Erforderlich sei zumindest eine laienhafte Vermessung.[358] Existiert für die Gemeinde ein Mietspiegel wird verlangt, dass sich der Kläger in der Klage mit der Einordnung in den Mietspiegel auseinandersetzt. Enthält der **Mietspiegel** in den einzelnen Mietspiegelfeldern Spannen, dann wird zum Teil verlangt, dass der Vermieter genaue Angaben dazu machen muss, auf Grund welcher Tatsachen eine Abweichung vom Mittelwert[359] der Spanne in Betracht kommt; zum Teil wird vertreten, dass schon jede Abweichung vom Unterwert der Spanne begründet werden muss.[360] Teilweise wird ohne weitere Angaben auch der Oberwert der Spanne akzeptiert.[361] Für die Zulässigkeit der Klage sind diese Angaben aber nicht erforderlich, es handelt sich bei der Spanneneinordnung um eine Frage der Begründetheit der Klage. Zur Zulässigkeit der Klage gehört aber eine Begründung der Überschreitung des Oberwertes eines Mietspiegelfeldes[362], da das Mieterhöhungsverlangen insoweit unwirksam ist, als es den Oberwert des Mietspiegelfeldes überschreitet.[363] Behauptet der Vermieter, die von ihm verlangte Miete überschreite nicht die ortsübliche Vergleichsmiete, so ist dies eine **konkrete Tatsachenbehauptung,** die auch ausreichend substantiiert ist.[364] Der Vermieter kann deshalb nur dann gezwungen sein, seinen Sachvortrag zu substantiieren, wenn die beklagte Partei zuvor Tatsachen dargelegt hat, die gegen diesen Wert sprechen. Zu den besonderen Anforderungen, wenn in der Gemeinde ein qualifizierter Mietspiegel existiert und der Vermieter sich auf die Vermutungswirkung beruft oder diese gem. § 292 ZPO widerlegen will s. §§ 558c, d BGB Rdn. 51 ff.

6. Besondere Sachentscheidungsvoraussetzungen

80 **a) Ablauf der Überlegungsfrist.** Die Überlegungsfrist ist in zweifacher Hinsicht für die Zulässigkeit der Zustimmungsklage von Bedeutung. Ohne dass die Überlegungsfrist in Gang gesetzt wurde, kann keine Klagefrist laufen und eine vor Ablauf der Überlegungsfrist erhobene Zustimmungsklage ist grundsätzlich unzulässig, da der **Ablauf der Überlegungsfrist Prozessvoraussetzung für die Zustimmungsklage ist.**[365] Da eine Klage grundsätzlich durch Zustellung der Kla-

---

[355] *Sternel* PiG 10, 126, 140.
[356] BGH Urt. v. 31.5.2017 – VIII ZR 181/16.
[357] BGH Urt. v. 31.5.2017 – VIII ZR 181/16.
[358] BGH Urt. v. 31.5.2017 – VIII ZR 181/16.
[359] LG Berlin GE 2005, 1251, MM 1995, 67, GE 1994, 1055, GE 1993, 749, GE 1991, 1149, GE 1991, 1151, GE 1991, 49; LG Wiesbaden WuM 1992, 256; LG Dortmund NZM 2006, 134, ZMR 2002, 918; AG Gelsenkirchen-Buer NZM 1998, 509; AG Tempelhof-Kreuzberg MM 1993, 327; AG Norderstedt WuM 1990, 356; AG Wuppertal Urt. v. 22.5.1996 – 92 C 73/96; AG Leverkusen Urt. v. 25.5.1999 – 28 C 423/98; *Sternel* Mietrecht aktuell (2009), IV, 211; *Kossmann/Meyer-Abich,* Hdb. d. Wohnraummiete, § 148 Rdn. 1.
[360] AG Köln WuM 1996, 421.
[361] LG Berlin GE 1990, 495, GE 1989, 1231, GE 1989, 473; LG Lübeck WuM 1989, 306.
[362] LG Berlin WuM 1989, 397.
[363] BGH (VIII ZR 52/03) NJW 2004, 1379.
[364] BVerfG NJW-RR 1993, 1485.
[365] BGH (VIII ZR 234/03) NZM 2004, 581; OLG Hamburg MDR 1974, 585; LG Berlin WuM 1980, 18; LG Hamburg ZMR 2004, 680, WuM 1980, 64, ZMR 1977, 247; *Emmerich* in Staudinger § 558b BGB

geschrift erhoben wird, muss zum Zeitpunkt der Zustellung der Klage die Überlegungsfrist abgelaufen sein.[366] auf den Zeitpunkt der Anhängigkeit der Klage kommt es nicht an. Die Überlegungsfrist wird nur durch ein wirksames Mieterhöhungsverlangen in Gang gesetzt,[367] so dass das Mieterhöhungsverlangen mittelbar Prozessvoraussetzung[368] ist. Ein unwirksames Erhöhungsverlangen setzt die Überlegungsfrist nicht in Gang, so dass eine Klage als unzulässig abzuweisen ist.[369] Die Überprüfung der Zulässigkeit einer Klage auf Zustimmung zur Mieterhöhung erfordert i. d. R. keine Beweiserhebung über die tatsächlichen Angaben in einem Erhöhungsverlangen,[370] es sei denn, die Angaben sind nicht wahr.

Ausnahmsweise darf der Vermieter bereits vor Ablauf der Überlegungsfrist die Zustimmungsklage erheben, nämlich dann, wenn der **Mieter die Zustimmung endgültig und bestimmt verweigert** hat.[371] Ob eine endgültige Verweigerung vorliegt, ist durch Auslegung zu ermitteln; so kann auch in der Teilzustimmung eine Verweigerung der Zustimmung hinsichtlich des weiter gehenden Teils gesehen werden.[372] In diesem Fall würde das Verlangen, die Überlegungsfrist müsse erst ablaufen, bevor Klage erhoben werden könne, eine überflüssige Förmelei darstellen, die das Verfahren nur unnötig verzögert. Zwar könnte der Mieter es sich noch innerhalb der Überlegungsfrist anders überlegen und doch noch seine Zustimmung erteilen, was zulässig ist, da das Angebot des Vermieters auch nach der Ablehnung durch den Mieter weiter annahmefähig bleibt, jedoch ändert dies nichts daran, dass der Mieter dem Vermieter durch die Ablehnung die Möglichkeit gegeben hat, nunmehr seinen Anspruch gerichtlich zu verfolgen. 81

Die vor Ablauf der Überlegungsfrist des § 558b Abs. 2 Satz 2 BGB erhobene Zustimmungsklage wird aber zulässig, wenn die **Frist zur Zeit des letzten Verhandlungstermins abgelaufen** ist.[373] Bedeutung hat dies vor allem für Mieterhöhungsverlangen, die während eines Zustimmungsrechtsstreits gem. § 558b Abs. 3 BGB nachgeholt werden. Auch hier läuft grundsätzlich eine neue Überlegungsfrist,[374] so dass eine Klage auf Grund eines solchen nachgeschobenen Verlangens grundsätzlich unzulässig wäre. Hat der Mieter aber durch die Stellung seiner Anträge und ggf. auch seinen sonstigen Parteivortrag zu erkennen gegeben, dass er auch den neuen Anspruch des Vermieters insgesamt ablehnt, dann ist die Klage auf Grund des nachgeholten Zustimmungsverlangens vor Ablauf der Überlegungsfrist zulässig.[375] Erkennt der Mieter den Anspruch vor Ablauf der Überlegungsfrist an, so hat der Vermieter die Kosten des Rechtsstreits zu tragen. Ist die Überlegungsfrist auch zum Zeitpunkt der letzten mündlichen Verhandlung nicht abgelaufen, ist die Klage als unzulässig abzuweisen.[376] 82

b) Ablauf der Klagefrist. Die Klagefrist schließt sich unmittelbar an das Ende der Überlegungsfrist an. Dies gilt auch, wenn der Mieter zuvor endgültig die Zustimmung verweigert hat.[377] Die Klagefrist beträgt **drei volle Monate.** Die Klagefrist ist zumindest teilweise das Gegenstück zur Überlegungsfrist. Innerhalb der Überlegungsfrist kann der Mieter sich entscheiden, ob er dem Anspruch des Vermieters zustimmt oder nicht. Hat der Mieter nicht oder nicht vollständig dem Verlangen zugestimmt, kann nun der Vermieter überlegen, ob er seinen ursprünglichen Anspruch ganz oder teilweise weiterverfolgt oder nicht. Der Vermieter muss sich aber innerhalb der Klagefrist nicht nur entscheiden, ob er den Anspruch weiterverfolgt, er muss innerhalb dieser Frist auch die 83

Rdn. 13; *Sternel* Mietrecht, III, 703; *ders.* PiG 10, 126, 139; *Emmerich* PiG 13, 51, 55; *ders.,* Die Zustimmung des Mieters zur Mietzinserhöhung nach § 2 MHRG, in FS für Lüke (1997), S. 65, 72.

366 AG Wedding MM 1989 Heft Nr. 10 S. 31; AG Münster WuM 1980, 81; *Sternel* Mietrecht, III, 730.

367 AG Dortmund NZM 1999, 415.

368 OLG Hamburg MDR 1974, 585; LG Berlin WuM 1980, 18; LG Hamburg ZMR 1977, 24, WuM 1980, 64; AG Dortmund NZM 1999, 415; *Hinz* NZM 2002, 633; *Sternel* PiG 10, 126, 139; *Emmerich* PiG 13, 51, 55.

369 BGH (VIII ZR 413/12) NZM 2014, 236 = MietPrax-AK, § 558a BGB Nr. 30 m. Anm. *Börstinghaus;* (VIII ZR 212/05) NZM 2006, 652; (VIII ZR 234/03) NZM 2004, 581; NZM 2006, 101; AG Dortmund NZM 1999, 415.

370 BayObLG RE v. 17.12.1984, WuM 1985, 53.

371 KG RE v. 12.1.1981, WuM 1981, 54; LG Mannheim NZM 1999, 957; AG Osnabrück WuM 1998, 290; AG Pankow-Weißensee GE 1995, 1555.

372 AG Osnabrück WuM 1990, 290.

373 KG RE v. 12.1.1981, WuM 1981, 54; BayObLG RE vom 9.2.1982 NJW 1982, 1292; OLG Celle NJWE-MietR 1996, 73; BayObLG negRE WuM 1982, 154; LG Karlsruhe ZMR 1980, 150; LG Ravensburg MDR 1979, 231; AG Pankow-Weißensee GE 1995, 1555; **a. A.** AG Wedding MM 1989 Heft Nr. 10 S. 31.

374 LG Hamburg WuM 1985, 321; AG Rüsselsheim WuM 1989, 186.

375 OLG Celle negRE NJWE-MietR 1996, 73.

376 AG Wermelskirchen WuM 1992, 442.

377 AG Tempelhof-Kreuzberg GE 2009, 1051.

notwendige Unterbrechungshandlung herbeiführen, also die Klage tatsächlich erhoben haben. Insofern ist die Klagefrist mit der Überlegungsfrist nicht ganz vergleichbar, obwohl auch dort der Mieter innerhalb der Frist die Zustimmung erteilt haben muss.

84 Die **Klagefrist** wird **durch eine formell ordnungsgemäße Klageerhebung unterbrochen.** Dazu muss eine unterschriebene Klageschrift bei Gericht eingereicht werden. Das ergibt sich aus dem Schriftformerfordernis des § 253 Abs. 5 ZPO. Die Unterschrift kann zwar nachgeholt werden, jedoch tritt die Heilung damit erst vom Zeitpunkt der Nachholung ein.[378] Die Anschrift des Klägers muss grundsätzlich bei Klageerhebung angegeben werden.[379] Wird die Anschrift im Laufe des Verfahrens bei einem anwaltlich vertretenen Kläger unrichtig, ist das unerheblich.[380] Wird die Klage ohne Anschrift des Klägers aber mit Angabe der Anschrift eines Vertreters eingereicht, so muss die Anschrift spätestens bis zum Schluss der mündlichen Verhandlung angegeben werden (s. auch Rdn. 58)[381] Die Klageerhebung setzt weiter gem. § 253 Abs. 1 ZPO die Zustellung der Klageschrift voraus. Die Zustellung eines Mahnbescheids genügt nicht, da kein Zahlungsanspruch besteht, sondern ein Zustimmungsanspruch.[382] Es müssen alle Vermieter gegen alle Mieter klagen. Bei einer notwendigen Streitgenossenschaft auf Mieterseite ist der **Zeitpunkt der letzten Zustellung** maßgeblich. Ist die Klagefrist auch nur hinsichtlich eines von mehreren Mietern abgelaufen, so ist die Klage insgesamt unzulässig, weil eine besondere Sachentscheidungsvoraussetzung nicht gegeben ist.[383] Die Klagefrist ist auch versäumt, wenn das wirksame Mieterhöhungsverlangen noch dem Mieter zugestellt wurde, dieser danach verstorben ist, und die Zustimmungsklage dem nach §§ 563–564 BGB in das Mietverhältnis eingetretenen Angehörigen erst nach Ablauf der Klagefrist, gerechnet ab Zugang des Mieterhöhungsverlangens bei dem verstorbenen Mieter, zugestellt worden ist.[384] Auf die Schlüssigkeit der Zustimmungsklage kommt es grundsätzlich nicht an. Auch eine unschlüssige Zustimmungsklage, die den Anspruch ausreichend konkretisiert, ist wirksam erhoben und wahrt die Klagefrist.[385] Die Klagefrist wird aber nur bei einer Klage durch den richtigen Vermieter unterbrochen. Bedeutung hat dies bei einer Änderung der Parteibezeichnung auf Klägerseite. Hier kommt entweder eine Parteiberichtigung oder eine Klageänderung in Form des Parteiwechsels in Betracht. Eine so genannte Parteiberichtigung, d. h. die Berichtigung der Parteibezeichnung im Klagerubrum, liegt nur dann vor, wenn die alte Partei mit der neuen Partei identisch ist.[386] In diesem Fall hat die ursprüngliche Klage die Klagefrist wirksam unterbrochen. Liegt keine Identität vor, dann handelt es sich um einen als Klageänderung anzusehenden Parteiwechsel. Für die Frage der Wahrung der Klagefrist kann in diesem Fall nicht auf den Zeitpunkt der Klageerhebung durch den früheren Kläger abgestellt werden. Ist bei einer Klage auf Zustimmung zur Mieterhöhung zum Zeitpunkt des Parteiwechsels die Klagefrist des § 558b Abs. 2 Satz 2 BGB bereits abgelaufen, ist die Klage folglich unzulässig. Das Gleiche gilt auch für Änderungen der Parteibezeichnung auf Beklagtenseite. Klagt der Vermieter zunächst fälschlicherweise auf die **Zustimmung zu einer Nettomiete** und korrigiert den Antrag auf die Zustimmung zu einer Erhöhung der vertraglich vereinbarten Bruttomiete, so handelt es sich um eine **Klageänderung,** die nur zulässig ist, wenn sie innerhalb der Klagefrist des § 558b Abs. 2 Satz 2 BGB erfolgt.[387] Die Klagefrist ist ebenfalls nicht gewahrt, wenn mit der rechtzeitig erhobenen Klage der Vermieter sich zunächst auf ein anderes Erhöhungsverlangen stützt und den Irrtum erst nach Fristablauf durch Klageänderung korrigiert.[388]

85 Ausnahmsweise kann die **Klagefrist** aber bereits **durch Klageeinreichung unterbrochen** werden. Auch auf die Klagefrist des § 558b Abs. 2 Satz 2 BGB ist die Vorschrift des § 167 ZPO an-

---

[378] Für Anwaltsunterschrift gem. § 253 Abs. 5 ZPO: BGH (IV ZR 458/02) NJW-RR 2004, 755; (VIII ZB 40/05) NJW-RR 2006, 342; BGHZ 111, 339, 343f.; 90, 249, 253; BGH VersR 1980, 331; *Greger* in Zöller, ZPO, § 253 Rdn. 22; *Lüke* in MünchKomm § 253 ZPO Rdn. 165; *Leipold* in Stein/Jonas/Leipold § 129 ZPO Rdn. 29.

[379] *Meyer-Abich* NJW 2017, 1529.

[380] BGH (VIII ZR 107/02) NJW-RR 2004, 1503.

[381] AG Dortmund WuM 2005, 254 bestätigt durch LG Dortmund WuM 2005, 723.

[382] AG Köln, Urt. v. 14.1.1994 – 218 C 86/93; *Scholz* WuM 1986, 5.

[383] *Sternel* Mietrecht, III, 728; nach LG Hamburg WuM 1976, 186 fehlt der Klage gegen die anderen Mieter das Rechtsschutzbedürfnis.

[384] LG München WuM 1996, 44.

[385] LG Braunschweig MDR 1984, 1026.

[386] KG NJWE-MietR 1997, 170.

[387] AG Schönenberg Urt. v. 11.8.2011 – 106 C 187/11 m. Anm. *Emmert* jurisPR-MietR 23/2011 Anm. 3.

[388] LG Berlin GE 2001, 1469.

wendbar.[389] Danach tritt die Wirkung der Klagezustellung bereits mit Klageeinreichung bei Gericht ein, wenn die Zustellung *demnächst* erfolgt. Ob eine Zustellung „demnächst" i. S. d. § 167 ZPO erfolgt ist, beurteilt sich nach dem Sinn und Zweck dieser Regelung.[390] Danach soll die Partei bei der Zustellung von Amts wegen vor Nachteilen durch Zustellungsverzögerungen innerhalb des gerichtlichen Geschäftsbetriebs bewahrt werden. Denn derartige Verzögerungen liegen außerhalb ihres Einflussbereichs. Dagegen sind der Partei die Verzögerungen zuzurechnen, die sie oder ihr Prozessbevollmächtigter (§ 85 Abs. 2 ZPO) bei gewissenhafter Prozessführung hätte vermeiden können. Eine Zustellung „demnächst" nach der Einreichung des zuzustellenden Antrags bedeutet daher eine Zustellung innerhalb einer nach den Umständen angemessenen, selbst längeren Frist[391], wenn die Partei oder ihr Prozessbevollmächtigter unter Berücksichtigung der Gesamtsituation alles Zumutbare für die alsbaldige Zustellung getan hat. Die Zustellung ist dagegen nicht mehr „demnächst" erfolgt, wenn die Partei, der die Fristwahrung obliegt, oder ihr Prozessbevollmächtigter durch nachlässiges – auch leicht fahrlässiges – Verhalten zu einer nicht bloß geringfügigen Zustellungsverzögerung[392] beigetragen hat. Voraussetzung ist also, dass der Vermieter von sich aus alles unternommen hat, damit die Klage ordnungsgemäß zugestellt werden kann. Es muss also innerhalb der Klagefrist eine zulässige Klage beim **zuständigen Gericht**[393] eingegangen sein. Ob die Klage versehentlich an das falsche Gericht adressiert oder in dessen Briefkasten geworfen wurde oder ob dies absichtlich[394] erfolgte, ist dabei unerheblich.[395] Sobald dem Vermieter zumindest ein Fahrlässigkeitsvorwurf bezüglich der Zeitverzögerung gemacht werden kann, scheidet eine Anwendung des § 167 ZPO aus. Allenfalls wenn interne dem Vermieter nicht bekannte Zuständigkeitsbestimmungen betroffen sind, kommt eine Anwendung des § 167 ZPO in Betracht. Nur wenn das unzuständige Gericht die Klage zustellt, taucht die Frage auf, ob die Erhebung der Klage vor dem unzuständigen Gericht fristwahrend ist. Das wird von der Rechtsprechung für andere Rechtsgebiete i. d. R. bejaht.[396] Die Klage kann auch **per Telefax**[397] oder Computerfax[398] erhoben werden. Ein solches Computerfax wird von der Zivilprozessordnung als schriftliches Dokument in der Form einer Telekopie eingeordnet. Es handelt sich deshalb nicht um ein elektronisches Dokument gem. § 130a ZPO. Letzteres wahrt nur dann die gesetzlich vorgeschriebene Schriftform, wenn es für die Bearbeitung durch das Gericht geeignet (§ 130a Abs. 1 Satz 1 ZPO) und mit einer qualifizierten elektronischen Signatur nach dem Signaturgesetz versehen ist.[399] Dem Vermieter ist es gestattet, die Klage auch erst am letzten Tag der Klagefrist bei Gericht einzureichen.[400] Bei Klageerhebung durch Telefax genügt es, wenn die vollständige Klage vor Mitternacht des letzten Tages der Frist im Telefaxgerät des Gerichts vollständig gespeichert wurde. Der Ausdruck selbst kann auch später erfolgen.[401] Der mit einem

---

389 LG Hamburg ZMR 2009, 452 m. Anm. *Riecke;* LG Hannover WuM 1978, 33; AG Dortmund NJW-RR 1995, 971, WuM 1977, 234; AG Schöneberg GE 1999, 649; AG Schöneberg MM 1992, 210; *Emmerich* in Staudinger § 558b BGB Rdn. 18.

390 BGH Beschl. v. 30.11.2006 – III ZB 22/06.

391 BGH (IV ZR 23/05) NJW 2006, 3206.

392 BGH (VII ZR 230/01) MDR 2002, 1085.

393 LG Essen ZMR 2014 892 (zumindest für Irrläufer, der gar nicht erst vom unzuständigen Gericht zugestellt wurde); AG Schöneberg MM 6/2012, 30; *Kinne* in Kinne/Schach/Bieber Teil II Rdn. 100; nach LG Düsseldorf Urt. v. 15.11.1994 – 24 S 305/94 soll auch die Klage vor dem unzuständigen Gericht ausreichen; offen gelassen von: *Emmerich* in Staudinger § 558b Rdn. 18, LG Hamburg ZMR 2009, 452 m. Anm. *Börstinghaus* jurisPR-MietR 13/2010 Anm. 4.

394 Ist dem Kläger bewusst, dass das angerufene Gericht nicht zuständig ist und bittet er um Weiterleitung an das zuständige Gericht, liegt gar keine wirksame Klageerhebung vor: OVG Münster NJW 2009, 2615.

395 So aber wohl die Unterscheidung von *Riecke* ZMR 2009, 453.

396 Bejahend: BGH (V ZR 43/12) MDR 2014, 47 (für Ausschlussfrist nach Art. 237 § 2 Abs. 2 Satz 1 EGBGB); BGH (V ZR 99/10) NJW 2011, 3237, 3238 (Klagefrist für wohnungseigentumsrechtliche Beschlussanfechtungsklage nach gem. 46 WEG); BGH (V ZB 14/98) BGHZ 139, 305, 307 (für Vorgängervorschrift in § 23 Abs. 4 WEG a. F.); BGH NJW 1986, 2255 (für Klagefrist gem. § 30 PrEntEigG); BGH (III ZR 232/84) BGHZ 97, 155, 161 (Enteignungsrecht); BGH NJW 1983, 1050 (Mahnbescheidsantrag); BGH NJW 1961, 2259; LG Stuttgart Urt. v. 4.2.2008 – 15 O 315/07 (für Frist gem. 13 StrEG); *Foerste* in Musielak, § 281 ZPO Rdn. 13; abgelehnt: OLG Frankfurt Beschl. v. 30.5.2009 – 20 W 84/09 (für § 4 SpruchG).

397 BGH (VI ZB 7/15) NJW-RR 2016, 816; AG Dortmund NJW-RR 1995, 971; dabei müssen die Signale der letzten Seite vor 0 Uhr eingegangen sein: AG Schöneberg GE 1999, 649; **a. A.** AG Sömmerda WuM 2000, 612.

398 GemS-OGB NJW 2000, 2340; BGH (XI ZR 13/13) FamRZ 2015, 253.

399 BGHZ (VII ZB 112/08) 184, 75; BGH (XI ZR 13/13) FamRZ 2015, 253.

400 LG Mannheim ZMR 1977, 285.

401 BGH (IV ZB 20/05) NJW 2006, 2263.

„OK"-Vermerk versehene Sendebericht begründet nicht den Beweis des ersten Anscheins für den tatsächlichen Zugang der Sendung beim Empfänger. Er belegt nur das Zustandekommen der Verbindung, nicht aber die erfolgreiche Übermittlung der Signale an das Empfangsgerät.[402] Eine eingescannte Unterschrift des Prozessbevollmächtigten unter der Klage genügt aber dann nicht den Formerfordernissen des § 130 Nr. 6 ZPO, wenn der Schriftsatz mit Hilfe eines normalen Faxgerätes und nicht unmittelbar aus dem Computer versandt wurde.[403] In den Fällen der Fristausnutzung bis zum letzten Augenblick trägt der Vermieter aber das volle Risiko, dass eine **demnächstige Zustellung** erfolgen kann. Für die Frage, ob eine Zustellung „demnächst" erfolgt ist, wird die Zeitdauer der Verzögerung vom Tage des Ablaufs der Klagefrist und nicht von dem Zeitpunkt der Einreichung der Klageschrift gerechnet.[404] Bei der Berechnung der Zeitdauer der Verzögerung ist dann auf die Zeitspanne abzustellen, um die sich der ohnehin erforderliche Zeitraum für die Zustellung der Klage als Folge der Nachlässigkeit des Klägers verzögert.[405] Der Vermieter muss nicht mit der Klage direkt den **Gerichtskostenvorschuss** einzahlen.[406] Der Vermieter muss nicht mehr tun, als das Gesetz verlangt. Das Gerichtskostengesetz verlangt aber in § 12 Abs. 1 GKG gerade nicht eine Zahlung ohne Aufforderung. Der Vermieter hat lediglich die Möglichkeit, nicht aber die Verpflichtung, schon vor Anforderung durch das Gericht die Kosten zu bezahlen. Der Vermieter ist berechtigt, die gerichtliche Aufforderung zur Einzahlung abzuwarten. Nach Erhalt der schriftlichen[407] gerichtlichen Aufforderung muss er den Vorschuss aber unverzüglich einzahlen.[408] Zahlt der Vermieter den Vorschuss ein, besteht grds. keine Nachfrageobliegenheit.[409] Fordert das Gericht keinen Gerichtskostenvorschuss an und bleibt der Kläger untätig, beginnt der ihm im Rahmen der Prüfung der Voraussetzungen des § 167 ZPO („demnächst") zuzurechnende Zeitraum einer Zustellungsverzögerung frühestens drei Wochen nach Einreichung der Klage bzw. drei Wochen nach Ablauf der durch die Klage zu wahrenden Frist.[410] Bei der Berechnung der Frist kommt es auf die **Absendung des Geldes** und nicht auf die Gutschrift bei Gericht an.[411] Die Frist beginnt aber erst mit Erteilung einer richtigen Gerichtskostenrechnung, so dass durch eine weit überhöhte Gerichtskostenrechnung, bei der der Kostenbeamte statt des Jahresdifferenzbetrags die Jahresmiete als Streitwert zu Grunde gelegt hat, die Frist noch nicht läuft.[412] **Wie lang die Frist genau ist,** hängt von den Umständen des Einzelfalls ab. Es gibt keine absolute Obergrenze, nach deren Überschreitung eine Zustellung nicht mehr als demnächst anzusehen ist.[413] Die Verzögerung muss sich in einem hinnehmbaren Rahmen halten.[414] In der Regel wird eine Verzögerung von nicht mehr als 14 Tagen noch als geringfügig angesehen.[415] Eine absolute zeitliche Grenze, nach der eine Zustellung unabhängig von einer Verantwortlichkeit der Partei nicht mehr als demnächst anzusehen wäre, gibt es aber nicht.[416] Bei der Berechnung der Zeitdauer der Verzögerung ist auf die Zeitspanne abzustellen, um die sich der ohnehin erforderliche Zeitraum für die Zustellung der Klage als Folge der Nachlässigkeit des Klägers verzögert.[417] Zeitverzögerungen, die auf Fehlern des Gerichts beruhen[418], werden nicht auf

---

[402] BGH (VI ZB 7/15) NJW-RR 2016, 816.
[403] BGH (XI ZB 40/05) NJW 2006, 3784.
[404] BGH NJW 1995, 2230, NJW 1993, 2320, NJW 1986, 1347; OLG Hamm NJW-RR 1992, 480, MedR 1983, 189.
[405] BGH (V ZR 2/14) NJW 2015, 2666; (III ZR 66/14) NJW 2015, 3101.
[406] OLG Hamm DAR 2001, 403; LG Düsseldorf ZMR 2015, 778 (Anfechtungsklage); LG Berlin GE 2002, 733.
[407] OLG Hamburg NVersZ 2002, 133.
[408] AG Schöneberg GE 2001, 423.
[409] AG München ZMR 2016, 157 m. Anm. *Dötsch* MietRB 2016, 20.
[410] BGH (V ZR 203/14) NZM 2016, 53 = NJW 2016, 568.
[411] LG Berlin MM 2001, 496.
[412] AG Dortmund NJW-RR 1995, 971.
[413] BGH (IV ZR 23/05) NJW 2006, 3206, (IV ZR 448/02) FamRZ 2004, 21, (VII ZR 116/99) NJW 2000, 2282.
[414] BGH (V ZR 2/14) NZM 2015, 664.
[415] BGH (V ZR 2/14) NZM 2015, 664, (VII ZR 185/07) NJW 2011, 1227, (VIII ZR 360/03) NJW 2004, 3775, (IX ZR 135/04) GE 2005, 1420 (Hinweisbeschluss), (VII ZR 230/01) MDR 2002, 1085; AG Tempelhof-Kreuzberg MM 2008, 335; LG Berlin GE 2013, 1656 (Zahlung GK-Vorschuss 16 Tage nach Zugang der GK-Rechnung noch rechtzeitig).
[416] BGH NJW 1993, 2614; OLG Hamm MDR 2002, 1211.
[417] BGH (V ZR 2/14) NZM 2015, 664, (VII ZR 185/07) NJW 2011, 1227, (VII ZR 116/99) NJW 2000, 2282.
[418] Wird z. B. der Kostenvorschuss verfahrenswidrig (z. B. in Berlin nach §§ 31 Abs. 1, 32 Abs. 2 KostVfg-Ber-

den Zeitraum angerechnet, der im Zusammenhang mit der Frage maßgeblich ist, ob die Zustellung einer Klage trotz einer von dem Kläger zu vertretenden Verzögerung noch demnächst i. S. d. § 167 ZPO erfolgt ist.[419] Entscheidend ist, ob den Vermieter oder seinen Prozessbevollmächtigten im konkreten Fall ein Mitverschulden[420] an der eingetretenen Verzögerung trifft. So muss sich der Prozessbevollmächtigte geraume Zeit[421] nach Klageeinreichung nach dem Sachstand erkundigen, wenn er vom Gericht weder eine Gerichtskostenrechnung erhalten hat noch sonst einen Bearbeitungshinweis.[422] Diese Grundsätze gelten auch bei Verzögerungen durch ein Prozesskostenhilfeverfahren. Deshalb wahrt die Einreichung der Klageschrift auch in diesem Fall rückwirkend die Frist, wenn die Klage nur unverzüglich nach der vom Kläger nicht verzögerten (positiven oder negativen) Entscheidung über den Prozesskostenhilfeantrag zugestellt wird.[423] Gegen einen PKH verweigernden Beschluss muss er binnen der Notfrist von einem Monat gem. §§ 127 Abs. 2 Satz 3, 569 Abs. 1 ZPO sofortige Beschwerde einlegen. Der Vermieter hat eine Verzögerung der Zustellung zu vertreten, wenn er **unzureichende oder unrichtige Angaben über Namen und Anschrift** des Zustellungsempfängers macht.[424] Wird dem Vermieter die Anschrift des ins Ausland verzogenen Mieters mitgeteilt, kann die Zustimmungsklage nicht wirksam an die Anschrift der gemieteten Wohnung erfolgen.[425] Das Gericht muss die klagende Partei rechtzeitig auf den Zustellungstermin der Klageschrift hinweisen, anderenfalls kann eine unrichtige Sachbehandlung vorliegen, die zu einer Niederschlagung der Gerichtskosten nach § 21 Abs. 1 GKG führt.[426]

Die **Klagefrist unterliegt nicht der Disposition der Parteien.** Also selbst wenn der Vermieter ggf. dem Mieter eine längere Überlegungsfrist eingeräumt hat[427], ist die Klagefrist nach dem gesetzlichen Ablauf der Überlegungsfrist zu bestimmen.[428] Das Gesetz knüpft in § 558b BGB sowohl für den Beginn der dem Mieter eingeräumten Überlegungsfrist wie auch für die Berechnung der Frist zur Erhebung einer Klage auf Erteilung einer Zustimmung zur Mieterhöhung ausschließlich an den Zugang des Erhöhungsverlangens an. Soweit der BGH[429] aus der Tatsache, dass der Vermieter die Mieterhöhung auch zu einem späteren, als dem gesetzlich vorgesehenen Wirkungszeitpunkt, verlangen kann, folgert, dass in diesen Fällen das Sonderkündigungsrecht des § 561 BGB über den Wortlaut der Vorschrift hinaus bis einen Tag vor dem Wirksamwerden der Mieterhöhung ausüben kann (zur Kritik an der Entscheidung siehe § 561 Rdn. 38), ändert dies nichts am Ablauf der Klagefrist.[430] Das Mieterhöhungsverfahren ist ein streng formalisiertes Verfahren. Mit der Regelung der §§ 558ff. BGB stellt das Gesetz ein in seinen Voraussetzungen und seinem Ablauf normiertes Verfahren zur Durchsetzung des Anspruchs des Vermieters auf Mieterhöhung zur Verfügung, das gerade gewährleisten soll, dass innerhalb verhältnismäßig kurzer Zeit zwischen den Vertragsparteien Klarheit über die Miethöhe erzielt werden kann. Dieses Ziel kann die Regelung ungefährdet nur erreichen, wenn man von der Unveränderbarkeit der in § 558b Abs. 2 Satz 2 BGB festgelegten Frist ausgeht. Ebenso wenig kann der Mieter dem Vermieter eine längere Klagefrist einräumen. Auch ein Verzicht auf Einhaltung der Klagefrist ist nicht möglich. 86

---

lin a. F.) nicht von der klagenden Partei, sondern vom Anwalt angefordert, ist eine Verzögerung von regelmäßig weiteren 3 Tagen nicht der klagenden Partei zuzurechnen: BGH (V ZR 2/14) NZM 2015, 664. In NJW soll die Kostenanforderung grundsätzlich gem. § 26 Abs. 6 KostVfg dem Bevollmächtigten zugesandt werden.

419 BGH (IV ZR 23/05) NJW 2006, 3206, (VII ZR 116/99) NJW 2000, 2282; OLG Hamm MDR 2002, 1211; LG Berlin GE 2005, 993.

420 BGH NJW-RR 1995, 254; AG Tiergarten GE 1997, 747.

421 Nach LG Düsseldorf ZMR 2015, 778 beträgt die Frist bei einer Anfechtungsklage nach § 46 WEG 3 Wochen.

422 BGH (I ZR 237/03) NJW-RR 2006, 1436; LG Ellwangen WuM 1997, 117; AG Tiergarten GE 1997, 747.

423 BGH NJW 1991, 1745, 1746; Beschl. v. 30.11.2006 – III ZB 22/06.

424 OLG Frankfurt MDR 1984, 943; OLG Oldenburg NVersZ 2000, 150.

425 AG Tempelhof-Kreuzberg GE 2009, 1627.

426 OLG Düsseldorf JurBüro 1994, 302.

427 BGH (VIII ZR 204/10) NZM 2012, 112; (VIII ZR 280/12) NJW 2013, 3641.

428 LG München WuM 1994, 384; LG Kiel WuM 1994, 547; AG Charlottenburg MM 2000, 47; AG Hamburg WuM 1993, 619; AG Köln WuM 1997, 51; AG Aachen WuM 1992, 629; AG Hamburg WuM 1988, 129; *Lammel* § 558b BGB Rdn. 66; *Kossmann* ZAP F. 4 S. 483; *Kossmann/Meyer-Abich,* Hdb. d. Wohnraummiete, § 155 Rdn. 9; *Emmerich* in Staudinger § 558b BGB Rdn. 17; **a. A.** AG Ebersberg ZMR 1996, 39; aus der Entscheidung des BGH (VIII ZR 280/12) NJW 2013, 3641 ist nicht zu entnehmen, ob die Klage innerhalb der gesetzlichen Frist oder einer verlängerten Frist erhoben wurde; auf die Folgeprobleme dieser Entscheidung weist *Blank,* jurisPR-MietR 25/2013 Anm. 1 hin.

429 BGH (VIII ZR 280/12) NJW 2013, 3641.

430 Auf die Folgeprobleme weist *Blank,* jurisPR-MietR 25/2013 Anm. 1 hin.

87 Die Klagefrist des § 558b Abs. 2 Satz 2 BGB stellt eine **Ausschlussfrist** dar, gegen deren Versäumnis **keine Wiedereinsetzung in den vorigen Stand möglich** ist.[431] Eine Nachholung gem. § 558b Abs. 3 BGB ist in diesen Fällen nicht möglich. Diese Vorschrift betrifft nur den Fall eines unwirksamen Mieterhöhungsverlangens, hier geht es um die Versäumung der Klagefrist nach einem wirksamen Mieterhöhungsverlangen. Auch eine eine Analogie rechtfertigende Regelungslücke liegt nicht vor, da seit 1982 durch ein Mieterhöhungsverlangen auch wenn keine Klage erhoben wird, keine Sperrfrist mehr ausgelöst wird. Der Vermieter kann deshalb in diesen Fällen unmittelbar ein neues Mieterhöhungsverlangen stellen, welches dann eine neue Klagefrist auslöst.

88 Die Klagefrist beträgt jetzt **drei volle Monate.** Der Gesetzgeber hat die Frist mit der Mietrechtsreform auf Anregung der Expertenkommission Wohnungspolitik[432] um einen Monat verlängert, weil die alte Zwei-Monatsfrist dem Vermieter nicht ausreichend Zeit ließ, um seine Klage vorzubereiten. Die Frist beginnt nach Ablauf der Überlegungsfrist. Da die Überlegungsfrist i. d. R. am Ende des Monats endet, beginnt die Klagefrist am ersten Tag des nächsten Monats und endet am letzten Tag des dann übernächsten Monats. Im Regelfall endet die Klagefrist bei einem Mieterhöhungsverlangen, das dem Mieter zugegangen ist wie folgt:

Zugang des Mieterhöhungsverlangens zwischen		**Ablauf der Klagefrist regelmäßig**
1. Januar	31. Januar	30. Juni
1. Februar	28. (29.) Februar	31. Juli
1. März	31. März	31. August
1. April	30. April	30. September
1. Mai	31. Mai	31. Oktober
1. Juni	30. Juni	30. November
1. Juli	31. Juli	31. Dezember
1. August	31. August	31. Januar
1. September	30. September	28. (29.) Februar
1. Oktober	31. Oktober	31. März
1. November	30. November	30. April
1. Dezember	31. Dezember	31. Mai

89 Die Überlegungsfrist muss jedoch nicht zwingend am Monatsletzten enden. Auch auf den Lauf der Überlegungsfrist ist die Vorschrift des § 193 BGB anzuwenden (s. o. Rdn. 6). Fällt also der letzte Tag des Monats, in dem die Überlegungsfrist abläuft, auf einen Samstag, einen Sonntag oder einen am Erklärungsort, also dem Wohn- oder Geschäftssitz des Vermieters, staatlich anerkannten Feiertag, endet die Zustimmungsfrist erst mit Ablauf des nächsten Werktages.[433] Das bedeutet zwingend, dass die Klagefrist nicht am Monatsersten beginnt, sondern später. Da die Klagefrist immer drei volle Monate beträgt, endet sie in diesem Fall gem. §§ 187 Abs. 2, 188 Abs. 2 BGB einen Tag vor dem Tag, der durch seine Zahl dem Anfangstag der Frist entspricht.[434]

Beispiel: Das Mieterhöhungsverlangen geht dem Mieter wirksam am 20. März zu. Die Zustimmungsfrist endet grundsätzlich am 31. Mai. Ist dies ein Samstag, so endet diese Frist am 2. Juni und die Klagefrist beginnt am 3. Juni und endet am 2. September.

Ob der erste Tag der Klagefrist auf einen Sonn- oder Feiertag fällt ist unerheblich, da § 193 BGB nur für das Ende der Frist gilt.

90 Die Frist endet nach drei vollen Monaten. Fällt **der letzte Tag der Klagefrist** auf einen Samstag, einen Sonntag oder einen am Erklärungsort, also dem Wohn- oder Geschäftssitz des Vermie-

[431] LG Hamburg ZMR 2009, 452 m. Anm. *Riecke;* LG Berlin GE 1996, 1549; AG Aachen WuM 1992, 629; LG Frankenthal NJW 1985, 273; AG Mölln WuM 1985, 315; AG Lübeck WuM 1985, 315; AG Osnabrück WuM 1975, 150; *Emmerich* in Staudinger § 558b BGB Rdn. 17a; *Sternel* Mietrecht, III, 706; *Börstinghaus* jurisPR-MietR 13/2010 Anm. 4; *Theesfeld* MietRB 2009, 26; *Hummel* WuM 1986, 79.

[432] Tz. 5519.

[433] *Börstinghaus* ZMR 2002, 834.

[434] *Beuermann* GE 1995, 848, 849; *Börstinghaus* ZMR 2002, 834.

ters, staatlich anerkannten Feiertag, so endet die Klagefrist erst mit Ablauf des nächsten Werktages, § 193 BGB.[435] Soweit der BGH[436] der Auffassung ist, dass die Vorschrift auf eine Kündigungsfrist keine Anwendung findet, kann diese Rechtsprechung nicht auf die Klagefrist übertragen werden. Bei der Klagefrist handelt es sich gerade um eine innerhalb einer bestimmten Frist vorzunehmende Handlung. Wer innerhalb einer Frist eine Klage erheben muss, soll davor bewahrt werden, dass das ihm zustehende Recht, die Frist bis zum letzten Tag auszunutzen, wegen der Arbeitsruhe am Wochenende oder an Feiertagen z. B. auch der Post verkürzt wird. § 193 BGB gilt deshalb unmittelbar.

Beispiel: Das Mieterhöhungsverlangen geht dem Mieter wirksam am 31. März zu. Die Zustimmungsfrist endet grundsätzlich am 31. Mai. Die Klagfrist beginnt am 1. Juni und endet am 30. August. Ist dies ein Samstag, so endet die Frist erst am 2. September um 24:00 Uhr.

Eine nicht innerhalb der gesetzlichen Klagefrist des § 558b Abs. 2 Satz 2 BGB erhobene Zu- 91
stimmungsklage ist **unzulässig.**[437] Wenn die Klage nicht rechtzeitig erhoben wurde, fehlt es an einer besonderen Sachentscheidungsvoraussetzung. Soweit der 5. Zivilsenat des BGH[438] für die im wohnungseigentumsrechtlichen Beschlussanfechtungsverfahren geltenden Fristen des § 46 Abs. 1 Satz 2 WEG entschieden hat, dass es sich gerade nicht um eine besondere Sachentscheidungsvoraussetzung handelt, sondern um eine materielle Frist, ist dies auf die Frist des § 558b Abs. 2 BGB nicht zu übertragen. Es handelt sich um eine Besonderheit des WEG-Verfahrens. Wenn schon ein formell fehlerhaftes Erhöhungsverlangen zu Abweisung der Klage als unzulässig führt[439], dann gilt dies für die Versäumung der Klagefrist erst Recht.[440] Es handelt sich um ein Prozessurteil. Eine Heilung gem. § 558b Abs. 3 BGB ist nicht möglich.[441] Nur wenn die Klage zulässig ist, kann das Gericht sich mit dem materiellen Anspruch des Vermieters gegen den Mieter auf Zustimmung befassen. Es ergeht dann ein Sachurteil. Grundsätzlich ist die Unterscheidung zwischen einem **Prozessurteil** und einem **Sachurteil** für die Frage der **Rechtskraft** von Bedeutung. Nur wenn das Gericht in der Sache entschieden hat, kann diese Entscheidung in Rechtskraft erwachsen. Im Mieterhöhungsverfahren ist die Unterscheidung nur eingeschränkt von Bedeutung. Da der Vermieter die Zustimmungsklage gem. § 558b Abs. 2 Satz 2 BGB innerhalb einer Frist von 3 Monaten nach Ablauf der Überlegungsfrist erheben muss, ist bereits auf Grund des Zeitablaufs ausgeschlossen, dass der Vermieter den Anspruch auf Zustimmung ein zweites Mal einklagt. Dies ist wahrscheinlich der Grund, warum in der mietrechtlichen Literatur aber auch in der Rechtsprechung zwischen einer Abweisung einer Klage als unzulässig oder unbegründet nur sehr eingeschränkt differenziert wird.

Bedeutung kann die **Differenzierung zwischen einem Prozessurteil und einem Sachur-** 92
teil aber im Rechtsmittelverfahren haben. Hat das Amtsgericht die auf Zustimmung gerichtete Klage mangels eines ordnungsgemäßen Mieterhöhungsverlangens oder weil die Klagefrist aus anderen Gründen nicht – mehr – lief als unzulässig abgewiesen, dann kann das Landgericht gem. § 538 Abs. 2 Nr. 3 ZPO auf Antrag einer Partei unter Aufhebung des amtsgerichtlichen Urteils die Sache an das Amtsgericht **zurückverweisen,** wenn es der Auffassung ist, die Klage ist zulässig. Dabei hat es sämtliche Rügen zu erledigen, damit die Zulässigkeit umfassend geprüft und festgestellt wird.[442] Zulässig ist aber auch die Klage im Berufungsverfahren als unbegründet abzuweisen, wenn das Landgericht die Klage zwar zulässig erachtet, aber materiell für unbegründet.[443]

---

435 Zum Samstag als Werktag: BGH (VIII ZR 206/04) NJW 2005, 2154 = MietPrax-AK § 573c BGB Nr. 15 m. Anm. *Börstinghaus;* AG Mitte MM 2004, 80; *Eisenhardt* WuM 2005, 487; *Schreiber* WuM 2005, 564 *Bottenberg/Kühnemann* ZMR 1999, 221.

436 BGH (III ZR 172/04) NJW 2005, 1354; so auch *Henrich* in Bamberger/Roth § 193 BGB Rdn. 4.

437 LG Frankenthal NJW 1985, 273; *Emmerich* in Staudinger § 558b BGB Rdn. 17a unter Hinweis auf die Gesetzesbegründung BT-Drs. 14/4553 S. 56.

438 BGH (V ZR 74/08) NJW 2009, 999.

439 BGH (VIII ZR 413/12) NJW 2014, 1173; (VIII ZR 212/05) NZM 2006, 652 = MietPrax-AK § 558a BGB Nr. 9 (VIII ZR 234/03) NZM 2004, 581; OLG Hamburg, MDR 1974, 585; LG Berlin WuM 1980, 18; LG Hamburg ZMR 1977, 24, WuM 1980, 64; AG Dortmund, NZM 1999, 415; *Hinz* NZM 2002, 633; *Sternel* PiG 10, 126, 139; *Emmerich* PiG 13, 51, 55; ausführlich zur Doppelnatur des Erhöhungsverlangens: *Wünnemann,* Das Mieterhöhungsverlangen nach § 2 MHG im System des Bürgerlichen Rechts, S. 9 ff.

440 LG Hamburg ZMR 2010, 188.

441 LG Duisburg WuM 2005, 457.

442 Zu den Auswirkungen der ZPO Reform auf das Mietrecht: *Ball* NZM 2002, 409; *Hinz* WuM 2002, 3 und 352; *Schläger* ZMR 2002, 401.

443 LG Berlin GE 2014, 191, 193; *Ball* in Musielak, § 528 ZPO Rdn. 18.

93 Der Ablauf der Klagefrist hat aber nicht nur eine prozessuale Bedeutung, sondern auch eine **materiell rechtliche Bedeutung.** Mit Ablauf der Klagefrist ohne entsprechende Klageerhebung erlischt die Annahmefähigkeit des Angebots auf Vertragsänderung, das der Vermieter in Form des Mieterhöhungsverlangens abgegeben hat.[444] Das Mieterhöhungsverlangen ist, soweit nicht eine Teilzustimmung vorliegt, nichtig und entfaltet keinerlei Wirkungen, insbesondere löst es keine Sperrfristen mehr aus.[445] Hat der Mieter das Erhöhungsverlangen teilweise angenommen, dann wird das Erhöhungsverlangen hinsichtlich des überschießenden Teiles mit Ablauf der Klagefrist unwirksam. Die Teilzustimmung hat aber die 15-Monatsfrist und die Jahressperrfrist vom Wirkungszeitpunkt an ausgelöst.[446] Nimmt der Mieter das Mieterhöhungsverlangen nach Ablauf der Klagefrist an, stellt dies ein neues Angebot dar, das der Vermieter ausdrücklich oder konkludent, z. B. durch vorbehaltlose Annahme des Geldes, annehmen kann.

93a Es ist nicht erforderlich, dass das Mietverhältnis zum Zeitpunkt der letzten mündlichen Verhandlung über die Zustimmungsklage noch besteht.[447] Aus § 557 Abs. 1 BGB kann nichts Anderes hergeleitet werden. Die dortige Formulierung „während des Mietverhältnisses" bezieht sich auf Mietanpassungsvereinbarungen und hat mit der Zustimmungsklage nichts zu tun. Selbstverständlich kann eine Mieterhöhung nur während eines bestehenden Mietverhältnisses verlangt werden. Geht das Zustimmungsverlangen also dem Mieter nach Ende des Mietverhältnisses zu oder wirkt es erst zu einem Zeitpunkt, zu dem das Mietverhältnis bereits beendet sein wird, dann besteht der Zustimmungsanspruch nicht. Endet das Mietverhältnis aber erst zu einem Termin, der nach dem Wirkungszeitpunkt der Mieterhöhung liegt, dann besteht der Zustimmungsanspruch materiell rechtlich. Stimmt der Mieter nicht zu, hat das Gericht, wenn die Voraussetzungen gegeben sind, die Willenserklärung des Mieters zu ersetzen, § 894 ZPO. Deshalb tritt nach der Kündigung auch keine Erledigung des Zustimmungsprozesses ein. Zu berücksichtigen ist eine baldige Beendigung des Mietverhältnisses bei der Streitwertfestsetzung und der Ermittlung der Beschwer. Zu den Besonderheiten einer Kündigung durch den Mieter gem. § 561 BGB s. die dortige Kommentierung.

II. Die gerichtliche Entscheidungsfindung

1. Allgemeines

94 Für das gerichtliche Zustimmungsverfahren gelten zivilprozessual keine besonderen Regeln. Es gibt weder in der ZPO besondere Verfahrensregeln für die Zustimmungsklage noch ist eines der prozessualen Spezialverfahren, wie z. B. das Urkundsverfahren auf das Zustimmungsverfahren anwendbar. Da das Amtsgericht aber gem. § 23 Nr. 2a GVG für Zustimmungsklagen nach § 558 BGB sachlich ausschließlich zuständig ist, gelten die Vorschriften der §§ 495–510b ZPO, die spezielle Verfahrensvorschriften für das amtsgerichtliche Verfahren enthalten.

95 Es handelt sich bei der Zustimmungsklage um eine allgemeine Leistungsklage auf **Abgabe einer Willenserklärung.** Das Mahnverfahren ist, da es sich nicht um einen Zahlungsanspruch handelt, unzulässig. Das Gericht kann nach Eingang der Klage und Einzahlung des Gerichtskostenvorschusses grundsätzlich einen **frühen ersten Termin** gem. § 275 ZPO oder das schriftliche Vorverfahren gem. § 276 ZPO anordnen. Für Verfahren bis zu einem Streitwert von 600 € kann es gem. § 495a ZPO das **Verfahren nach freiem Ermessen** gestalten. Es muss in diesem Fall nur dann eine mündliche Verhandlung durchführen, wenn eine Partei dies ausdrücklich beantragt hat. Ferner kann das Urteil bei dieser Verfahrensweise gem. § 495a ZPO ohne Tatbestand abgefasst werden und die Entscheidungsgründe können ins Protokoll diktiert werden, § 313a ZPO. Der Streitwert, nach dem sich entscheidet, ob diese Verfahrensweise zulässig ist oder nicht, ist nicht der Gebührenstreitwert, sondern der Zuständigkeits- oder **Rechtsmittelstreitwert.**[448] Dies ergibt sich daraus, dass diese Verfahrensart auf die Verfahren beschränkt ist, bei denen das Amtsgericht abschlie-

---

[444] LG Hannover WuM 1990, 222, 223; *Emmerich* in Staudinger § 558b BGB Rdn. 18.

[445] LG Berlin GE 1996, 865.

[446] LG Berlin NJWE-MietR 1997, 125; LG Mannheim ZMR 1994, 516.

[447] *Riecke* ZMR 2008, 543; *ders.* ZMR 2005, 369; **a. A.** AG Hamburg-Altona ZMR 2008, 542 unter Berufung auf LG Hamburg ZMR 2005, 367.

[448] LG Mainz WuM 2012, 507; LG Berlin GE 2008, 59; LG Hildesheim WuM 1996, 716; AG Reutlingen WuM 2016, 189; AG Dortmund NZM 2002, 949; *Kinne* in Beierlein/Kinne/Koch/Stackmann/Zimmermann, Der Mietprozess, 4. Kap. Rdn. 68; *Zöller,* ZPO, 30. Auflage, § 495a Rdn. 5; *Wittschier* in: Musielak, § 495a ZPO Rdn. 4.

ßend entscheidet. In Verfahren, in denen das Landgericht zweitinstanzlich mit der Sache befasst werden kann, muss eine überprüfbare Entscheidung mit Tatbestand und Entscheidungsgründen vorliegen. Da insbesondere im Mietrecht der Gesetzgeber über § 41 Abs. 5 GKG als Teil des sozialen Mietrechts eine bewusste Herabsetzung des Gebührenstreitwertes vorgenommen hat, um den Mieter nicht wegen des Risikos besonders hoher Kosten zu einer Zustimmung zu veranlassen, kann die Vorschrift des § 41 Abs. 5 GKG an dieser Stelle zur Streitwertberechnung nicht herangezogen werden. Es gelten die allgemeinen Wertvorschriften der §§ 3 und 9 ZPO. Auch für die Streitwertberechnung im Rahmen des **§ 495 a ZPO** ist die Vorschrift des § 9 ZPO entsprechend anwendbar, da es sich letztendlich auch bei der Zustimmungsklage um eine Klage handelt, die zu einer wiederkehrenden Leistungsverpflichtung führt (unten Rdn. 149). Enthält das amtsgerichtliche Urteil keinen Tatbestand und ergibt sich auch nicht aus dem Tenor oder den Entscheidungsgründen der Streitgegenstand und damit der Umfang der möglichen Rechtskraft, ist das Urteil in entsprechender Anwendung von § 538 ZPO aufzuheben und die Sache ans Amtsgericht zurückzuverweisen.[449]

Der mündlichen Verhandlung soll gem. § 278 Abs. 2 ZPO eine **Güteverhandlung** vorausgehen. Dazu soll das persönliche Erscheinen der Parteien angeordnet werden. Ordnet das Gericht das schriftliche Vorverfahren an, bedarf es keiner Güteverhandlung. Die Güteverhandlung kann ferner entfallen, wenn sie erkennbar aussichtslos erscheint, insbesondere wenn eine Partei ausdrücklich erklärt, sich nicht einigen zu wollen. **96**

2. Beweisaufnahme

Das Schwergewicht der richterlichen Tätigkeit bei zulässigen Mieterhöhungsklagen liegt in der **Feststellung der materiellen Voraussetzungen des § 558 BGB.** Dabei ergeben sich für die Einhaltung der Jahressperrfrist und der Kappungsgrenze keine Besonderheiten bei der gerichtlichen Tatsachenfeststellung. Etwas Anderes gilt für die Feststellung der ortsüblichen Vergleichsmiete. Hier ist das Gericht bei der Beurteilung der Begründetheit eines Mieterhöhungsverlangens **nicht an die formellen Begründungsmittel gebunden.**[450] Vier der fünf beispielhaft aufgezählten Begründungsmittel für das Mieterhöhungsverlangen in § 558 a Abs. 2 BGB haben für das gerichtliche Verfahren grundsätzlich keine Bedeutung.[451] Im Zustimmungsprozess gelten die allgemeinen Beweisregeln der ZPO. Das Gericht kann sich deshalb aller in der ZPO vorgesehenen Beweismittel zur Ermittlung der ortsüblichen Vergleichsmiete bedienen, damit es dann am Ende im Rahmen der freien Beweiswürdigung gem. § 286 ZPO entscheiden kann, ob die verlangte Miete die ortsübliche Vergleichsmiete übersteigt oder nicht. Etwas Anderes gilt lediglich für einen qualifizierten Mietspiegel, dem gem. § 558 d Abs. 3 BGB im Zustimmungsprozess eine Vermutungswirkung zukommt.[452] Wegen der Bedeutung dieser Vorschrift s. die Kommentierung bei §§ 558 c, 558 d BGB. **97**

Für die Frage der **Beweiserhebung** muss im Miethöheprozess **differenziert werden.**[453] Zum einen muss die Höhe der ortsüblichen Vergleichsmiete festgestellt werden, es muss also ermittelt werden was **andere Vermieter** vereinbart haben. Dazu müssen die vereinbarten Mieten in einer Gemeinde entsprechend den Wohnwertmerkmalen des § 558 Abs. 2 BGB und der zeitlichen Komponente (Vierjahresfrist) festgestellt werden. Maßgeblicher Stichtag ist hier der Tag des Zugangs des Erhöhungsverlangens. Anschließend müssen die **Wohnwertmerkmale der konkreten Vertragswohnung** festgestellt werden, damit dann ein Vergleich mit den zuvor ermittelten ortsüblichen Mieten stattfinden kann. Hier muss das Gericht den unbestimmten Rechtsbegriff der ortsüblichen Vergleichsmiete anwenden. Dies erfordert eine wertende Betrachtung. Ein Mietspiegel kann hier **98**

---

449 LG Berlin GE 2008, 59.

450 BGH (VIII ZR 354/12) NJW 2013, 2963; (VIII ZR 267/12) NZM 2013, 612; LG Berlin MM 1992, 171; LG Bochum WuM 1991, 700; AG Frankfurt WuM 2002, 54; AG Bochum DWW 1989, 171; *Emmerich* in Staudinger § 558b Rdn. 30; *Kunze/Tietzsch,* Miethöhe, III, 251; falsch deshalb AG Kandel WuM 2012, 102; ungenau BGH (VIII ZR 46/12) NZM 2013, 138, der meint, der Vermieter sei nicht auf die Begründungsmittel *„beschränkt"*.

451 AG Mitte GE 2016, 593; falsch deshalb AG Fritzlar WuM 2015, 560, das die Benennung von 3 Vergleichswohnungen als Beweismittel bezeichnet.

452 Dazu BGH (VIII ZR 46/12) NZM 2013, 138 = MietPrax-AK, § 558 d BGB Nr. 1 m. Anm. *Börstinghaus; Clar* WuM 2013, 233.

453 Zur „Objektiven Entscheidungsfindung des Richters und den anwaltlichen Strategien", siehe *Geipl* ZAP F. 13, 2111.

nicht herangezogen werden. Soweit es für den Mietspiegel Einordnungs- oder Orientierungshilfen gibt, sind diese für die Gerichte zwar nicht bindend[454], die Gerichte können diese Hilfen aber im Rahmen **der Schätzung gem. § 287 ZPO** anwenden.[455] Die Gerichte haben alles zu unternehmen, ein Kosten auslösendes Sachverständigengutachten zu vermeiden.[456]

99 Das Gericht hat nur über **strittige Tatsachen** Beweis zu erheben. Das bedeutet, dass der Kläger eine Tatsache behaupten und der Beklagte diese wirksam bestreiten muss, damit es überhaupt zu einer Beweisaufnahme kommen kann. Jede Behauptung in einem Gerichtsverfahren muss ausreichend substantiiert sein. Behauptet der Vermieter, die von ihm verlangte Miete überschreite nicht die ortsübliche Vergleichsmiete, so ist dies eine **konkrete Tatsachenbehauptung,** die auch ausreichend substantiiert ist.[457] Bestreitet der Mieter die Höhe der ortsüblichen Vergleichsmiete nicht oder gilt der Vortrag des Klägers wegen der Säumnis des Beklagten gem. § 331 Abs. 1 ZPO als zugestanden, dann ist die Höhe der ortsüblichen Vergleichsmiete unstreitig.[458] Fraglich ist, was zu gelten hat, wenn das Gericht die Unrichtigkeit des Klägervortrags erkennt, insbesondere wenn es unter Anwendung des örtlichen qualifizierten Mietspiegels zu einer anderen ortsüblichen Vergleichsmiete kommt. Soweit es sich um offenkundige Tatsachen[459] gem. § 291 ZPO handelt wird vertreten, dass das Gericht diese auch bei einer Säumnisentscheidung berücksichtigen darf.[460] Tritt der Vermieter Beweis für seine Behauptung durch Einholung eines Sachverständigengutachtens an, so handelt es sich auch nicht um einen unzulässigen **Ausforschungsbeweis.**[461] Der Vermieter hat durch die Bezeichnung der Wohnung und die Angabe des Begründungsmittels im Mieterhöhungsverlangen ausreichend Tatsachen vorgetragen, die dem Sachverständigen eine Ermittlung der ortsüblichen Vergleichsmiete ermöglichen. Ein Sachverständiger kann also ohne weiteres beurteilen, welches Entgelt für andere vergleichbare Wohnungen gezahlt wird.[462] Hat der Vermieter sein Erhöhungsverlangen ordnungsgemäß begründet, dann kann es gar nicht mehr darum gehen, dass der Vermieter sich die für die Vergleichbarkeit der Wohnungen erforderlichen Tatsachen erst durch die Beweisaufnahme verschaffen will. Erforderlich ist aber, dass er in der Klagebegründung die objektiven Tatsachen, die die Wohnwertmerkmale ausmachen vorgetragen hat, also die Größe der Wohnung, die Ausstattung, die Beschaffenheit, die Lage und schließlich die Art der Wohnung.

100 Die ZPO sieht als **Beweismittel das Sachverständigengutachten,** die Inaugenscheinnahme, die Parteivernehmung, den Urkundenbeweis und schließlich die Zeugenvernehmung vor. Das Gericht kann ohne Antrag gem. § 144 ZPO die Inaugenscheinnahme und das Sachverständigengutachten von Amts wegen ebenso anordnen wie die Vorlage von Urkunden, die übrigen Beweismittel setzen einen entsprechenden Beweisantritt der beweisbelasteten Partei voraus. Soweit die Parteien über **objektive Merkmale** der Wohnung, wie Ausstattung, Größe und ggf. auch Lage streiten, kann das Gericht die notwendigen Feststellungen u. U. durch **richterliche Inaugenscheinnahme** feststellen.[463] Soweit es um Fragen geht, die dem Zeugenbeweis zugänglich sind, also z. B. wann das Gebäude errichtet wurde, oder welche Einbauten der Mieter vorgenommen hat und ob sie deshalb bei der Ausstattung nicht berücksichtigt werden dürfen, kann es auch angebotene Zeugen vernehmen. Hier gilt aber die Dispositionsmaxime uneingeschränkt, d. h. die Parteien müssen den Zeugenbeweis ausdrücklich angeboten haben. Für die **Ermittlung der ortsüblichen Vergleichsmiete** und der Wohnungsgröße kommt von den prozessualen Beweismitteln vor allem das Sachverständigengutachten in Betracht. Die ortsübliche Vergleichsmiete wird ausschließlich bestimmt durch die Mieten für andere Wohnungen, so dass die Inaugenscheinnahme oder der Zeugenbeweis allenfalls zur Ermittlung von Tatsachen, die die Vertragswohnung betreffen, dienen können. Die Frage, welche Mieten für andere Wohnungen in einer Gemeinde in den letz-

---

[454] *Sternel* DS Heft 4/94 S. 17; **a. A.** AG Wedding GE 2003, 1084 (Beweismittel).

[455] BGH (VIII ZR 110/04) NJW 2005, 2074 = MietPrax-AK § 558 BGB Nr. 11 m. Anm. *Börstinghaus; Thomma* WuM 2005, 496.

[456] KG WuM 2009, 407, NZM 2009, 544.

[457] BVerfG NJW-RR 1993, 1485.

[458] Differenzierend *Blank* ZMR 2013, 170, 174.

[459] Der BGH (VIII ZR 46/12) NZM 2013, 138 spricht von einem qualifizierten Mietspiegel in einem anderen Zusammenhang von offenkundigen Tatsachen.

[460] *Czub* in: Prütting/Gehrlein ZPO § 331 ZPO Rdn. 14 unter Hinweis auf BGH NJW 1979, 2089.

[461] BVerfG NJW-RR 1993, 1485; LG Wuppertal WuM 1985, 325; *Kossmann/Meyer-Abich,* Hdb. d. Wohnraummiete, § 152 Rdn. 20; **a. A.** wohl *Sternel* Mietrecht, III, 209.

[462] BVerfG NJW-RR 1993, 1485.

[463] LG Dortmund WuM 2003, 297.

ten vier Jahren vereinbart wurden, kann dadurch nicht geklärt werden.[464] Der BGH[465] hat darauf hingewiesen, dass die ortsübliche Vergleichsmiete nur auf der „Grundlage von Erkenntnisquellen bestimmt werden darf, die die tatsächlich und üblicherweise gezahlten Mieten für vergleichbare Wohnungen in einer für die tatrichterliche Überzeugungsbildung hinreichenden Weise ermittelt haben."

a) Hierfür kann von den Beweismitteln der ZPO allenfalls ein **Sachverständigengutachten** in Betracht kommen. Für dieses Sachverständigengutachten gelten die Regeln der ZPO und nicht die des § 558a Abs. 2 BGB. Das **vorprozessuale Sachverständigengutachten** zur Begründung eines Mieterhöhungsverlangens ist Parteigutachten[466] wohingegen das Sachverständigengutachten während des Prozesses formelles Beweismittel gem. den §§ 402ff. ZPO ist. Im gerichtlichen Verfahren muss der Vermieter den vollen Beweis erbringen, dass die von ihm verlangte Miete die ortsübliche Vergleichsmiete nicht übersteigt, im vorprozessualen Gutachten sind die Anforderungen nicht so streng.[467] Gem. § 404 ZPO erfolgt die Auswahl des zuzuziehenden Sachverständigen durch das Prozessgericht, dabei soll es i. d. R. jedoch auf **öffentlich bestellte Sachverständige** zurückgreifen. Nur wenn besondere Umstände dies erfordern sollen andere Personen zum Sachverständigen ernannt werden, § 404 Abs. 2 ZPO. Der Sachverständige ist dabei nur **Hilfsperson des Gerichts.** Vor der „Übermacht der Sachverständigen" wird berechtigterweise ebenso gewarnt[468] wie ganz vereinzelt auch vor dem **Richter als Halbgott.**[469] Gemäß § 404a Abs. 1 ZPO hat das Gericht die Tätigkeit des Sachverständigen zu leiten.[470] Es ist gegenüber dem Sachverständigen weisungsbefugt. Das Gericht hat zu bestimmen, welchen Sachverhalt der Sachverständige dem Gutachten zu Grunde zu legen hat. Das Gericht kann gem. § 404a Abs. 2 und 5 ZPO einen Termin, in dem der Sachverständige in seine Aufgabe eingewiesen wird und ihm sein Auftrag erläutert wird, bestimmen. Der Sachverständige muss die **Wohnung besichtigen.**[471] Soweit für sog. Typgutachten auf dies Erfordernis verzichtet wird (s. § 558a Rn. 88), betrifft dies nur das vorprozessuale Gutachten gem. § 558a Abs. 2 Ziff. 3 BGB und nicht ein gerichtliches Gutachten. Das Gericht darf aber gem. § 144 Abs. 1 Satz 3 ZPO weder dem Mieter noch einem Dritten die Duldung der Besichtigung aufgeben, da das Gesetz dies für Wohnungen ausdrücklich verbietet.[472] Dies gilt auch für nicht allgemein zugängliche Nebengebäude und Garagen.[473] Verweigert der Mieter die Besichtigung, so handelt es sich um eine **Beweisvereitelung**[474] auf Seiten des Mieters.[475] Eine Beweisvereitelung liegt dann vor, wenn die beweisbelastete Partei durch pflichtwidriges Verhalten oder Unterlassen der anderen Partei in Beweisnot gerät. Die Rechtsfolgen sind umstritten.[476] Entweder man unterstellt, dass die beweisführungsbelastete Partei den Beweis erbracht hat[477] oder man geht von einer Beweislastumkehr[478] aus, wonach der Mieter also beweisen muss, dass die verlangte Miete die ortsübliche Vergleichsmiete übersteigt. Gem. § 411 Abs. 4 ZPO haben die Parteien dem Gericht innerhalb eines angemessenen Zeitraums nach Eingang des Gutachtens 101

---

464 LG Bonn WuM 1994, 692.

465 BGH (VIII ZR 46/12) NZM 2013, 138.

466 BayObLG RE v. 23.7.1987, NJW-RR 1987, 1302; OLG Karlsruhe RE vom 20.7.1982 NJW 1983, 1863; nach LG Berlin GE 1991, 1147 soll das vorprozessuale Gutachten aber im Wege der freien Beweiswürdigung berücksichtigt werden dürfen.

467 S. oben § 558a BGB Rdn. 386; *Emmerich* in Staudinger § 558b BGB Rdn. 31; *Sternel* Mietrecht, III, 749.

468 *Sendler* NJW 1986, 2907 und *ders.* in FS für Rolf Lamprecht „Lamprecht im Spiegel", S. 240 unter Bezugnahme auf *Lamprecht,* Der Spiegel 19/1989 S. 59; ferner auch *Reinecke* WuM 1993, 101; *Müller-Luckmann* DRiZ 1993, 71; *Meyer* DRiZ 1992, 126; *Franzki* DRiZ 1991, 314.

469 *Geipl* ZAP F. 13, 2111, der unterscheidet zwischen dem „guten Richter", der aus ungefähr jedem Gesetz etwa Gutes oder zumindest etwas Erträgliches macht (nach *Baumbach* DJZ 1933, Sp. 1459), oder dem Richter, der „gottähnlich" entscheidet (aber am Beispiel des Strafrechts nach *Schünemann* wistra 2015, 161).

470 Dazu *Seibel* NJW 2014, 1628.

471 OLG Oldenburg RE v. 2.1.1981, WuM 1981, 150.

472 KG NJW-RR 2006, 241; **a. A.** für formularvertragliches Besichtigungsrecht in der Gewerberaummiete: LG Hamburg ZMR 2015, 312.

473 BGH (V ZR 95/08) NZM 2009, 679.

474 Hierzu ausführlich: *Basler/Meßerschmidt* NJW 2014, 3329; allgemein zur Beweisvereitelung: *Laumen* in Baumgärtel/Laumen/Prütting, Handbuch der Beweislast (Grundlagen), § 11 Rdn. 1ff.

475 LG Berlin GE 2014, 671; *Franke* DWW 1998, 299, 300 spricht von einer unzulässigen Rechtsausübung gem. § 226 BGB, was aber nichts über die prozessualen Folgen besagt.

476 Siehe die Darstellung der unterschiedlichen Auffassungen bei *Laumen* a. a. O. § 11 Rdn. 31ff.

477 LG Berlin GE 2014, 671; *Laumen* a. a. O.§ 11 Rdn. 41.

478 St. Rspr. seit RGZ 20, 5; 60, 147; 87, 434; BGHZ 3, 162; 6, 224; 72, 132; BGH NJW 2006, 434.

ihre **Einwendungen gegen das Gutachten,** die Begutachtung betreffende Anträge und Ergänzungsfragen zu dem schriftlichen Gutachten mitzuteilen.[479] Dies muss innerhalb einer Frist von ca. 4–6 Wochen nach Gutachtenzustellung geschehen.[480] Dem Gericht ist auch gestattet, den Parteien hierzu eine mit dem Sanktionsmittel der Präklusion versehene Frist zu setzen. Die Parteien müssen jedoch nicht alle denkbaren Einwendungen vorbringen oder ankündigen. Nach dem Zweck der Vorschrift genügt es, wenn erkennbar erläuterungsbedürftige Punkte des Gutachtens so bezeichnet werden, dass sich alle Prozessbeteiligten rechtzeitig darauf einstellen können. Zusatzfragen, die sich erst auf Grund der Erläuterung des Sachverständigen in der mündlichen Verhandlung ergeben, sind weiter zulässig. Die Sachverständige muss wegen des Grundsatzes des rechtlichen Gehörs mündlich angehört werden, wenn dies eine Partei beantragt.[481] Dem Antrag ist selbst dann zu entsprechen, wenn das Gericht das Gutachten für überzeugend hält und selbst keinen Erläuterungsbedarf sieht.[482] Etwas anderes gilt allenfalls dann, wenn ausgeschlossen werden kann, dass die Befragung zu einer anderen Beurteilung durch das Gericht führen würde.[483] Das Gericht muss ggf. auch ohne Antrag einer Partei den Sachverständigen anhören oder ein Ergänzungsgutachten in Auftrag geben, wenn der Sachverständige in einem Gutachten Anknüpfungstatsachen zu Grunde legt, deren Berücksichtigung der Tatrichter für falsch hält.[484] Dies gilt auch, wenn eine Partei substantiierte Einwendungen gegen ein Gutachten vorgebracht hat.[485] Der gerichtliche Sachverständige kann von den Parteien wegen Besorgnis der Befangenheit abgelehnt werden, wenn Gründe vorliegen, die ein berechtigtes Misstrauen des Mieters gegen die Unparteilichkeit des Sachverständigen rechtfertigen.[486] Es müssen aber objektive Gründe gegen die Unparteilichkeit des Sachverständigen vorliegen.

102 Für die richterliche Überzeugungsbildung gem. § 286 ZPO ist die **Qualität des Gutachtens** von besonderer Bedeutung. Dazu muss das Gutachten zunächst erkennen lassen, dass es von einem **richtigen Begriff der ortsüblichen Vergleichsmiete** ausgeht.[487] Es darf deshalb nicht nur Neuvertragsmieten der letzten Monate als Vergleichsmieten enthalten;[488] es muss vielmehr darlegen, wie sich die Mieten die letzten vier Jahre entwickelt haben. Ausreißermieten sind zu eliminieren.[489] Der Sachverständige muss auf Grund seiner Sachkunde Feststellungen darüber treffen, wie sich für vergleichbare Wohnungen die Miete bei Neuabschlüssen und Mieterhöhungen in den letzten vier Jahren entwickelt hat.[490] Abschließend muss zumindest ansatzweise erkennbar sein, dass der Gutachter aus diesen Neu- und Bestandsmieten durch Gewichtung die ortsübliche Vergleichsmiete ermittelt hat.[491] Schließlich muss dargelegt werden, wie aus den vorliegenden Daten die Beschränkung auf die Üblichkeit vorgenommen wurde. All diese Voraussetzungen sind dann nicht gegeben, wenn der Gutachter erkennbar nur die Mietwerte des Finanzamtes für selbstgenutzte Wohnungen ausgewertet hat.[492] Unbrauchbar[493] sind auch Gutachten die zum Ergebnis kommen,

---

[479] BGH (IV ZR 290/56) NJW 1957, 870 m. Anm. *Johannsen;* BGH (VI ZR 233/64) VersR 1966, 637, 638, (VIII ZR 157/80) MDR 1981, 1015, 1015.

[480] OLG Köln OLGR 1997, 116 und 198; fraglich die **a. A.** OLG Koblenz NJW-RR 1993, 1215: spätestens in der mündlichen Verhandlung, in der das Gutachten zum Gegenstand der Verhandlung wird. Das widerspricht allen Grundsätzen der Verfahrensbeschleunigung und dem Grundsatz in möglichst einem Termin das Verfahren zu erledigen, so auch *Schrader* NJW 1984, 2806.

[481] BGH (VIII ZR 295/08) NJW-RR 2009, 1361, (VI ZR 353/01) NJW-RR 2003, 208, NJW-RR 1997, 459, NJW 1992, 1459, NJW 1986, 2886; OLG Celle VersR 1993, 629; OLG Hamm NJW-RR 1992, 1469; OLG Düsseldorf NJW-RR 1986, 224; OLG Hamm MDR 1985, 593; LG Frankfurt MDR 1985, 150; *Pantle* MDR 1989, 312; *Schrader* NJW 1984, 2806.

[482] BGH (VIII ZR 295/08) NJW-RR 2009, 1361; (VI ZR 353/01) NJW-RR 2003, 208.

[483] BGH NJW-RR 1989, 953, NJW-RR 1986, 1470, 1471; OLG Karlsruhe VersR 1990, 53; OLG Zweibrücken MedR 1984, 27.

[484] BGH NJW 1997, 1446; OLG Köln NJW 1994, 394.

[485] OLG Celle VersR 1993, 629.

[486] AG Duisburg-Hamborn WuM 2010, 639.

[487] Dazu BGH (VIII ZR 346/10) NJW 2012, 1351 *Börstinghaus* WuM 2012, 244; *ders.* DS 2012, 183; *Blank* LMK 5/2012 Anm. 3; *Muth* ZMR 2012, 530; *Bühler* ZMR 2012, 531.

[488] AG Charlottenburg NZM 1999, 460.

[489] Dazu BGH (VIII ZR 346/10) NJW 2012, 1351.

[490] AG Heinsberg WuM 2008, 689: Gutachten nicht brauchbar, wenn der Sachverständige nur 2 Vergleichsmieten heranzieht.

[491] Dazu BGH (VIII ZR 346/10) NJW 2012, 1351.

[492] LG Koblenz DWW 1991, 22.

[493] BVerfG WuM 1986, 239.

die geforderte Miete sei angemessen oder darlegen, dass irgendwo im Stadtgebiet eine ähnliche Miete gezahlt werde.

Problematisch ist die **Repräsentativität der Daten eines Gutachtens.** Während die Anforde- **103**
rungen an Mietspiegel von der Rechtsprechung immer höhergeschraubt werden,[494] ist die Rechtsprechung bei den Anforderungen an die Repräsentativität der Daten eines Sachverständigengutachtens bisher äußerst großzügig gewesen,[495] obwohl hierzu kein Grund besteht. Nicht die **Quantität der Daten** ist überzeugend, sondern ihre **Qualität.** Viele Mietedaten in einem Gutachten zu verwerten ist weniger aufwendig als wenige richtige, weil repräsentative Daten. Der BGH[496] hat für das **gerichtliche Sachverständigengutachten** inzwischen gefordert, dass es **auf repräsentativen Daten beruhen** müsse, ohne den genauen Maßstab vorzugeben. Das Problem in der Praxis beruht darauf, dass i. d. R. jedoch für das Gericht nur wenige Sachverständige zur Auswahl stehen und das Gericht kaum Alternativen hat. Deshalb werden häufig Gutachten eingeholt, um der prozessualen Verpflichtung zur Beweiserhebung nachzukommen, obwohl diese Gutachten als Erkenntnismittel in vielen Fällen kaum brauchbar sind.[497] Dies liegt an den eingeschränkten Erkenntnismitteln der Sachverständigen. Ein Sachverständiger, der die ortsübliche Vergleichsmiete exakt ermitteln soll, müsste im Prinzip eine Vollerhebung der Daten vornehmen oder zumindest eine nach den Grundsätzen der Repräsentativität ermittelte **Stichprobe** auswerten. Die Datensätze eines Sachverständigen erfüllen so gut wie nie die Kriterien von Zufallsauswahlverfahren.[498] In diesem Fall muss der Sachverständige aber in seinem Gutachten darlegen, dass er mit den Analyseinstrumenten der deskriptiven Statistik die vorhandenen Daten ausgewertet hat.[499] Deshalb müssen im Gutachten Angaben zu Art und Größe[500] Stichprobe und der Auswertungsmethode enthalten sein.[501] Manche Gerichte begnügen sich mit einem Weniger. Es ist aber nicht Aufgabe des Sachverständigen dieses Weniger festzulegen, sondern Aufgabe des Gerichtes, das die Beweisaufnahme leitet. Es ist zulässig, dass der Sachverständige die betreffenden Vergleichswohnungen und deren Mieten nur durch eine Vermieterbefragung ermittelt[502], wenn kein Anlass zu der Annahme besteht, dass die Vermieter nur besonders teuren Wohnraum angegeben und den billigen Wohnraum verschwiegen haben. Unzulässig ist es aber, wenn der Sachverständige nur die Wohnungen eines Vermieters aus einer Siedlung seinem Gutachten zugrunde legt.[503] Es fehlt dann an Daten für die ganze Gemeinde. Dass die Wohnungen alle von einer Hausverwaltung verwaltet werden ist für sich genommen alleine nicht schädlich.[504] Gibt es für das Gemeindegebiet einen Mietspiegel, so muss sich der Sachverständige mit den Werten dieses Mietspiegels in seinem Gutachten beschäftigen.[505] Dabei kann sich ein Sachverständigengutachten kritisch mit einer geringen Erhebungsdichte, einer übergroßen Pauschalierung und einer mangelnden Aktualität des Mietspiegels auseinandersetzen.[506]

---

[494] Dazu *Börstinghaus/Clar,* Mietspiegel, Rdn. 536ff.; *Fischer* WuM 1996, 604; *Lützenkirchen* WuM 1996, 753; *Streich* WuM 1997, 93; *Isenmann* WuM 1997, 154; *Schlittgen/Uhlig* WuM 1997, 314.

[495] Kenntnis von einem repräsentativen Querschnitt verlangt LG München ZMR 1986, 169; hierzu auch *Fischer* WuM 1996, 604; *Lützenkirchen* WuM 1996, 735; *Streich* WuM 1997, 93; *Isenmann* WuM 1997, 154.

[496] BGH (VIII ZR 346/10) NJW 2012, 1351 = MietPrax-AK, § 558 BGB Nr. 32 m. Anm. *Börstinghaus; ders.,* jurisPR-BGHZivilR 7/2012 Anm. 2; *ders.* WuM 2012, 244; *ders.* Der Sachverständige 2012, 183; *Schach,* GE 2012, 517; *Kunze,* MietRB 2012, 129; *Blank,* LMK 5/2012 Anm. 3; *Muth,* ZMR 2012, 530; *Bühler,* ZMR 2012, 531.

[497] Nach *Blank* WuM 1997, 178, 180 erreicht ein Sachverständigengutachten über die ortsübliche Vergleichsmiete nur in den seltensten Fällen die Genauigkeit einer Sonnenuhr, meistens sogar nur einer Sonnenuhr bei wolkenverhangenem Himmel.

[498] *Stelter/Finger* DS 2012, S. 95.

[499] Z. B. Analyse mittels Punkt- und Intervallschätzung unter Angabe des Stichprobenfehlers sowie mit Testverfahren: *Stelter/Finger* DS 2012, S. 95.

[500] *Stelter/Finger* DS 2012, 95 halten ca. 30 Werte für ausreichend, meinen aber auch, dass mit 10 bis 20 Werten schon ordentliche Ergebnisse erzielt werden können.

[501] **A. A.** LG Berlin GE 1992, 985, wonach das Gericht nicht gehalten sein soll, auf den Antrag einer Partei das Datenmaterial des Sachverständigen sich vorlegen zu lassen.

[502] BGH (VIII ZR 30/09) NJW 2010, 149 = MietPrax-AK § 558 BGB Nr. 25 m. Anm. *Börstinghaus; ders.* DS 2010, 70; *Mätschke* WuM 2010, 247.

[503] BGH (VIII ZR 267/12) NZM 2013, 612; *Börstinghaus* DS 2013, 299.

[504] *Schach* GE 2014, 1312; **a. A.** LG Berlin GE 2014, 1338.

[505] LG Potsdam WuM 2004, 671; LG Düsseldorf WuM 1996, 421, DWW 1992, 284; LG Berlin GE 1993, 749; LG Köln WuM 1992, 256; LG Wiesbaden WuM 1992, 256; LG Bielefeld WuM 1983, 24; AG Dortmund WuM 1992, 138.

[506] LG Berlin GE 1993, 49.

104 Inwieweit der Sachverständige in seinem Gutachten die **konkreten Befundtatsachen**[507] angeben muss, hängt von den Umständen des Einzelfalles ab und kann nicht generell für alle Gutachten beantwortet werden. Es kann gegen Art. 2 Abs. 1 GG i. V. m. dem **Rechtsstaatsprinzip** verstoßen, wenn ein Gutachten über die ortsübliche Vergleichsmiete zur Grundlage eines Urteils gemacht wird, obwohl weder das Gericht noch die Prozessparteien die Möglichkeit hatten, die vom Sachverständigen zu Grunde gelegten Befundtatsachen zu überprüfen. Zu einem grundgesetzlich geschützten fairen Verfahren gehört, dass das Gericht die Richtigkeit bestrittener Tatsachen nicht ohne hinreichende Prüfung bejaht. Den Parteien muss dabei die Möglichkeit gegeben werden, an dieser Prüfung mitzuwirken. Dazu müssen auch ihnen die konkreten Befundtatsachen, die das Gericht durch Übernahme des Sachverständigengutachtens verwerten will, zugänglich sein. Zur Nachprüfung eines Sachverständigengutachtens kann die Kenntnis der einzelnen tatsächlichen Umstände, die der Sachverständige selbst erhoben und seinem Gutachten zu Grunde gelegt hat, unentbehrlich sein. In einem solchen Fall ist die **Offenlegung dieser Tatsachen** aus rechtsstaatlichen Gründen regelmäßig geboten. Ist der Sachverständige dazu nicht bereit, weil er sich den Informanten gegenüber zur Verschwiegenheit verpflichtet hat, darf sein Gutachten nicht verwertet werden.[508] Allein die Tatsache, dass Dritte eine Bekanntgabe von Tatsachen aus ihrer **Privatsphäre** nicht wünschen und der Sachverständige sich daran gebunden fühlt, ist kein ausreichender Grund dafür, das Urteil auf ein solches Gutachten zu stützen. Das Gericht kann den Sachverständigen nicht zwingen, diese Angaben zu machen. Der Sachverständige hat gem. § 383 Abs. 1 Nr. 6 ZPO, der gem. § 402 ZPO auch auf Sachverständige anwendbar ist, ein Zeugnisverweigerungsrecht aus persönlichen Gründen.[509]

105 Ob und inwieweit das Gericht und die Verfahrensbeteiligten die Kenntnisse von Tatsachen, die ein Sachverständiger seinem Gutachten zu Grunde gelegt hat, für eine kritische Würdigung des Gutachtens tatsächlich benötigen ist aber von Fall zu Fall unterschiedlich. Entscheidend ist auf der einen Seite der **Anspruch auf rechtliches Gehör** und auf der anderen Seite die tatrichterliche Überzeugungsbildung. Der Umfang der Offenbarungspflicht hängt deshalb von der **Qualität des Gutachtens** aber auch vom **Sachvortrag der Parteien** ab.[510] Ist der Gutachter nachvollziehbar zu einem Ergebnis gekommen, dass das Gericht überzeugt und gegen das die Parteien keine substantiierten Einwendungen erhoben so ist eine weiter gehende Offenlegung der Befundtatsachen nicht erforderlich.[511] Anders sieht es aus, wenn derjenige, der das Gutachten angreift, eine signifikante Zahl von Wohnungen benennt, in denen eine höhere oder niedrigere als vom Sachverständigen festgestellte Miete in den letzten vier Jahren neu vereinbart oder erhöht wurde. Wenn der Beweiswert des Gutachtens erschüttert ist und auch durch Befragung keine Klarheit gewonnen werden kann, ist es erforderlich, vom Sachverständigen die Offenlegung der Vergleichswohnungen zu verlangen.[512]

106 Die Frage, wie genau der Sachverständige die von ihm dem Gutachten zu Grunde gelegten Vergleichsmieten angeben muss, ist umstritten. Zum Teil[513] wird verlangt, dass der Sachverständige die von ihm herangezogenen Vergleichswohnungen nachvollziehbar benennt. Dazu müsse der Sachverständige die Wohnungen nach den gesetzlichen Wohnwertmerkmalen genau beschreiben, wobei auf eine Offenlegung von Mietpreis und **Adresse von Vergleichswohnungen** i. d. R. nicht verzichtet werden könne. Demgegenüber geben sich einige Gerichte[514] auch mit einer anonymisierten Offenlegung der vom Sachverständigen herangezogenen Vergleichsobjekte zufrieden. Es genüge die Angabe des Stadtteils und die weitere Ortsangabe „nähe … Straße". Eine Benennung der einzelnen Wohnungsmieter ist auch dann überflüssig, wenn die Vergleichsangaben alle Woh-

[507] BVerfG Beschl. v. 7.10.2000 – 1 BvR 2646/95 (unveröffentlicht), WuM 1998, 13, NJW 1997, 311, NJW 1995, 40 m. Anm. *Walterscheid* WuM 1995, 63; *Jansen* GE 2005, 1046; *Dröge,* Hdb. der Mietpreisbewertung, S. 131 ff.; *Isenmann* DWW 1995, 68; *ders.* ZMR 1993, 446; *Kamphausen* DS 1995, 4; BGH NJW 1992, 1817, 1819, (V ZR 286/92) NJW 1994, 2899 unter Hinweis auf BayObLGZ 1956, 114 und NJW 1983, 2251.

[508] BVerfG NJW 1995, 40; BGH NJW 1994,.2899.

[509] *Kossmann/Meyer-Abich,* Hdb. d. Wohnraummiete, § 155 Rdn. 30.

[510] BVerfG Beschl. v. 7.10.2000 – 1 BvR 2646/95 (unveröffentlicht); NJW 1997, 311.

[511] BVerfG NJW 1997, 311; LG Hannover WuM 2001, 469; AG Neuss WuM 2004, 200; LG Mönchengladbach WuM 1995, 489; *Dröge,* Hdb. der Mietpreisbewertung S. 148 m. w. N.

[512] BVerfG WuM 1998, 13, BVerfG NJW 1997, 311; LG München WuM 2002, 547; LG Mönchengladbach NJWE-MietR 1996, 52; AG Dietz WuM 1996, 44.

[513] LG Saarbrücken WuM 1996, 279.

[514] LG Berlin GE 2012, 1378; LG München WuM 1996, 280; AG Dortmund NJW-RR 1995, 971; dafür auch *Sternel* Mietrecht aktuell (2009), IV, 241.

nungen des Hauses betreffen.[515] Bei der Beurteilung der Frage muss eine Abwägung stattfinden. Grundsätzlich sind vom Sachverständigen die Vergleichswohnungen mit Adresse und Mietpreis anzugeben. Da der Sachverständige aber private Daten Dritter verwertet, kann er durchaus berechtigt sein, diese Daten zu schützen. Soweit er sich bemüht hat, das Einverständnis der Vermieter der anderen Wohnungen zu erhalten und ihm dies verweigert wurde und es sich auch nicht um Daten aus anderen Prozessen handelt, die das Gericht durch Beiziehung der Akten überprüfen kann, kann die Offenlegung der Adressen aus anerkennenswerten Gründen unterbleiben. Besteht keine andere Möglichkeit der Beweiserhebung und kann auf die Verwertung des Gutachtens aus überwiegenden Interessen der beweispflichtigen Partei dennoch nicht verzichtet werden, setzt dies jedoch voraus, dass der Sachverständige im Gutachten die Wohnungen möglichst entsprechend den Wohnwertmerkmalen des § 558 Abs. 2 BGB beschreibt. Hierzu gehört zunächst das Baujahr des Gebäudes, die Geschosszahl, die Bauweise des Gebäudes, die Lage der Wohnung im Gebäude, die Zahl der Räume und die Wohnungsgröße. Die einzelnen Räume sind nach der Ausstattung zu schildern, ferner sind die Art der Beheizung und der Wasserversorgung anzugeben. Die Lage der Wohnung innerhalb der Gemeinde hat so genau wie möglich, aber so, dass eine Identifizierung der Wohnung ausgeschlossen ist, zu erfolgen.[516] Insgesamt müssen die Daten so sein, dass Gericht und Parteien überprüfen können, ob die Verwendung dieser Wohnung als Vergleichsmaßstab richtig ist.

Erstattet der gerichtliche Sachverständige **vorsätzlich oder grob fahrlässig** das Gutachten **unrichtig,** so ist er gem. § 839a BGB[517] der Partei, der hierdurch ein Schaden entsteht zum Schadensersatz verpflichtet. Die Vorschrift enthält eine abschließende Regelung der Haftung des gerichtlichen Sachverständigen und verdrängt dessen deliktsrechtliche Haftung nach §§ 823ff. BGB.[518] Unrichtig ist ein Sachverständigengutachten, wenn es nicht der objektiven Sachlage entspricht; dies ist insbesondere der Fall, wenn es von einem unzutreffenden Sachverhalt ausgeht oder aus dem festgestellten Sachverhalt falsche Schlüsse zieht.[519] Die Ermittlung der ortsüblichen Vergleichsmiete kann wegen des auch normativen Charakters nur annäherungsweise und nicht exakt im Sinne einer mathematischen Genauigkeit ermittelt werden kann. Dementsprechend sind mehr oder weniger unterschiedliche Ergebnisse unvermeidbar[520], so dass kleinere Unterschiede zwischen der vom Regressgericht festgestellten und der vom Sachverständigen ermittelten ortsüblichen Vergleichsmiete nicht ohne weiteres zu dessen Lasten gehen.[521] Nach Ansicht des BGH[522] darf dabei die Erheblichkeit oder Unerheblichkeit einer Schätzungsabweichung nicht schematisch nach einem bestimmten Prozentsatz beurteilt werden, sondern ist nach den besonderen Umständen des einzelnen Falls zu entscheiden. Grobe Fahrlässigkeit erfordert einen in objektiver Hinsicht schweren und in subjektiver Hinsicht nicht entschuldbaren Verstoß gegen die Anforderungen der im Verkehr erforderlichen Sorgfalt. Diese Sorgfalt muss in ungewöhnlich hohem Maße verletzt und es muss dasjenige unbeachtet geblieben sein, was im gegebenen Fall jedem hätte einleuchten müssen. Es muss eine auch subjektiv schlechthin unentschuldbare Pflichtverletzung vorliegen, die das in § 276 Abs. 2 BGB bestimmte Maß erheblich überschreitet.[523] Das ist z. B. der Fall, wenn der Sachverständige den Begriff der ortsüblichen Vergleichsmiete völlig falsch anwendet. 107

b) Gibt es in der Gemeinde einen **Mietspiegel,** so ist zu unterscheiden: Handelt es sich um einen einfachen oder einen qualifizierten Mietspiegel? Gemeinsam ist beiden Arten von Mietspiegeln, dass sie keine förmlichen Beweismittel nach der ZPO sind.[524] Gibt es in der Gemeinde jedoch einen qualifizierten Mietspiegel, so spricht gem. § 558d Abs. 3 BGB eine **widerlegbare Vermu-** 108

---

515 AG Dortmund NJW-RR 1995, 971.

516 BVerfG WuM 1998, 13, 14.

517 Eingefügt in das BGB mit Wirkung ab 1.8.2002 durch das Zweite Gesetz zur Änderung schadensersatzrechtlicher Vorschriften v. 19.7.2002 (BGBl. I. 2674).

518 BGH (III ZR 143/05) BGHZ 166, 313, 315 unter Hinweis auf BT-Drucks. 14/7752, S. 28.

519 OLG Rostock OLGR 2006, 803; OLG Saarbrücken OLGR 2009, 196, 197; Palandt/*Sprau,* § 839a Rdn. 3; *Wagner* in MünchKommBGB/Wagner, § 839a Rdn. 17; *Reinert* in Bamberger/Roth, § 839a Rdn. 5; *Wöstmann* in Staudinger (2013), § 839a Rdn. 9.

520 BGH (III ZR 345/12) NJW-RR 2014, 90; BGH (V ZR 213/03) BGHZ 160, 8, 14; OLG Rostock DS 2008, 386, 387.

521 BGH (III ZR 345/12) NJW-RR 2014, 90.

522 BGH (III ZR 345/12) NJW-RR 2014, 90.

523 BGH (III ZR 345/12) NJW-RR 2014, 90.

524 *Rips* WuM 2002, 415, 419; LG Halle JMBl LSA 2001, 286; **a. A.** *Emmert* in Hannemann/Wiek/Emmert, Hdb. d. Mietrechts, § 12 Rdn. 80; so auch die Hinweise zur Aufstellung von Mietspiegeln, abgedr. bei *Börstinghaus,* Miethöhe-Handbuch, 2. Aufl., S. 764 Rdn. 16 (nicht amtl.).

tung dafür, dass die in ihm angegebenen Werte die ortsübliche Vergleichsmiete wiedergeben.[525] Die Einholung eines Sachverständigengutachtens wird in Gemeinden mit qualifiziertem Mietspiegel regelmäßig ausscheiden.[526] Aber allein die Existenz eines qualifizierten Mietspiegels entbindet das Gericht nicht, sich mit dessen Zustandekommen intensiv zu beschäftigen, wenn eine Partei entsprechende Einwände erhebt.[527] Derjenige, der sich die Vermutungswirkung beruft, muss die Vermutungsgrundlagen, also die Einhaltung der anerkannten wissenschaftlichen Grundsätze, darlegen und beweisen.[528] Das ist etwas anderes als die Beweiserhebung über die Höhe der ortsüblichen Vergleichsmiete. Wegen der Voraussetzungen und der Rechtsfolgen s. die Kommentierung bei §§ 558c, 558d BGB Rdn. 91 ff.

109 Problematisch ist seit Einführung des qualifizierten Mietspiegels die Verwendung **einfacher Mietspiegel** gem. § 558c BGB im Prozess. Hierzu zählen auch die Teile eines qualifizierten Mietspiegels, die wegen nicht ausreichender Feldbesetzung (sog. „Sternchenfelder") als nicht qualifiziert gelten (dazu § 558a Rdn. 161). Der Gesetzgeber hat in § 558d Abs. 3 BGB nur den qualifizierten Mietspiegeln im Prozess eine Beweiswirkung in Form der Vermutung beigemessen. Das bedeutet im Umkehrschluss, dass Mietspiegel, die die Voraussetzungen des § 558d BGB nicht erfüllen zumindest keine Vermutungswirkung haben. Damit wäre die Einführung des qualifizierten Mietspiegels in der Masse der Verfahren kontraproduktiv, da allenfalls ca. 10% der Mietspiegel in der Bundesrepublik als qualifiziert anzusehen sind.[529]

110 Einfache Mietspiegel sind **kein förmliches Beweismittel** nach den Vorschriften der ZPO.[530] In der Vergangenheit wurden Mietspiegel auch ohne das Rechtsinstitut der qualifizierten Mietspiegel von den Gerichten zur Ermittlung der ortsüblichen Vergleichsmiete herangezogen (s. dazu u. die Tabelle bei Rdn. 119). Es wurden verschiedene dogmatische Ansätze vertreten, wie die Werte eines solchen einfachen Mietspiegels im Zustimmungsprozess verwandt werden können und zwar

- als ein antizipiertes Sachverständigengutachten,[531]
- als ein normkonkretisierender Verwaltungsakt,[532]
- als eine Übersicht, die die in ihr ausgewiesenen Zahlen allgemeinkundig macht,[533] so dass sie im Wege des Freibeweises[534] in den Prozess eingeführt werden können,
- als ein Parteigutachten,[535]
- als eine amtliche Auskunft,[536]

---

[525] Dazu BGH (VIII ZR 46/12) NZM 2013, 138; *Börstinghaus* in Börstinghaus/Clar NZM 2014, 889.

[526] LG Berlin GE 2012, 271; LG Hamburg WuM 2005, 726.

[527] BGH (VIII ZR 46/12) NZM 2013, 138; *Börstinghaus* in Börstinghaus/Clar NZM 2014, 889.

[528] So auch BGH (VIII ZR 46/12) NZM 2013, 138.

[529] Dazu *Börstinghaus/Börstinghaus* NZM 2003, 377. Insgesamt gibt es in ca. 554 Gemeinden Mietspiegel (Stand 2014 – nach F+B Mietspiegelindex), bzw. sollen 701 Kommunen sich auf 350 Mietspiegel beziehen (so das BBSR). Qualifiziert sollen 86 sein (Angabe nach BBSR). Jedoch gibt es die qualifizierten Mietspiegel insbesondere in den Ballungsräumen, so dass davon auszugehen ist, dass diese 10–15% aller Mietspiegel einen Großteil aller Mietverhältnisse in „Mietspiegelgemeinden" abdecken.

[530] KG RE v. 6.6.1991, NJW-RR 1992, 80; mit Anmerkungen von *Schopp* DWW 1991, 336; LG Halle JMBl ST 2001, 286; *Rips* WuM 2002, 415, 419; *Both* in Herrlein/Kandelhard § 558c BGB Rdn. 10; *Schilling* FWW 1994, 77; *Voelskow* ZMR 1992, 327; dazu auch *Artz* in MünchKomm § 558c BGB Rdn. 5 und *Voelskow* in „Der Berliner Mietspiegel 1994" S. 24; Zweifel an dieser Auffassung äußert *Langenberg* WuM 2001, 523, 525.

[531] Ausdrücklich für einfache Mietspiegel nach der Mietrechtsreform: *Lammel* § 558d BGB Rdn. 37; zum alten Recht: OLG Frankfurt NJW-RR 1994, 1233; KG GE 1994, 991, 995; LG Frankfurt NJW-RR 1991, 1417; AG Dresden NZM 2000, 460; AG Lüdenscheid WuM 1996, 772; AG Frankfurt WuM 1993, 621 und WuM 1992, 626; AG Schönberg MM 1992, 210; **a. A.** für OWi-Verfahren: *Bohnert,* Ordnungswidrige Mietpreisüberhöhung, S. 73, da die §§ 72f. StPO einen konkreten Sachverständigen, der sein Gutachten in der Hauptverhandlung vorträgt, verlangen.

[532] *Huber* ZMR 1992, 469 im Anschluss an *Niederberger* WuM 1980, 172; **a. A.** *Hinkelmann,* Die ortsübliche Miete, S. 128.

[533] KG NJW-RR 1992, 80; LG Berlin GE 1996, 1486; MM 1994, 66; LG Düsseldorf WuM 1990, 393; *Winter* WuM 1977, 85.

[534] LG Duisburg WuM 2005, 460; LG Arnsberg WuM 1992, 443; LG Hamburg WuM 1978, 134; HambGE 1981, 591; LG Bochum ZMR 1993, 284; *Both* in Herrlein/Kandelhard § 558c BGB Rdn. 11; *Sternel* Mietrecht, IV, 222; *ders.* PiG 10, 127, 140; *Hinkelmann,* Die ortsübliche Miete, S. 131; es soll sich aber nicht um offenkundige Tatsachen i. S. d. § 291 ZPO handeln: *Artz* in MünchKomm § 558c BGB Rdn. 5.

[535] AG Dresden NZM 2000, 460; *Artz* in MünchKomm § 558c BGB Rdn. 5; *Voelskow* ZMR 1992, 327; *Emmerich* in Staudinger (2014) § 558c BGB Rdn. 6; *Emmerich* GE 1988, 434; **a. A.** für OWi-Verfahren: *Bohnert,* Ordnungswidrige Mietpreisüberhöhung, S. 73.

[536] LG München WuM 1992, 25.

– im Rahmen des § 287 ZPO,[537]
– oder schlicht als ein in der ZPO[538] nicht vorgesehenes Beweismittel eigener Art.[539]

Die Frage, ob ein Mietspiegel im Prozess zur Ermittlung der ortsüblichen Vergleichsmiete herangezogen wird oder nicht hängt von der systematischen Bewertung des **Begriffs der ortsüblichen Vergleichsmiete** ab. Da es sich bei der ortsüblichen Vergleichsmiete um eine „modifizierte Durchschnittsmiete"[540] handelt, bedarf es zur Feststellung dieses Wertes einer **empirischen Datenerhebung,** die umso genauer ist, umso größer aber vor allem auch repräsentativer die zu Grunde liegende Datenerhebung ist. Wenn einem Mietspiegel eine solchen Ansprüchen genügende Datenerhebung zu Grunde liegt, dann ist der Mietspiegel einem üblichen Sachverständigengutachten deutlich überlegen.[541] Zur Ermittlung der ortsüblichen Vergleichsmiete mittels Sachverständigengutachten wäre grundsätzlich eine Datenerhebung auf Grund einer repräsentativen Stichprobe notwendig. Diesen Anforderungen genügen die Sachverständigengutachten allenfalls in extremen Ausnahmefällen. Deshalb ist der Mietspiegel den übrigen Beweismitteln überlegen. Soweit dies in der Praxis verneint wird, beruht das auf einem anderen Verständnis vom Begriff der ortsüblichen Vergleichsmiete als einer „marktorientierten Miete".[542] Ihr liegt die Überzeugung zu Grunde, dass ein allgemein aufgestellter Mietspiegel dem Einzelfall, insbesondere der Marktentwicklung seit seiner Erstellung, nicht ausreichend gerecht wird. Dazwischen gibt es eine Reihe vermittelnder Ansichten.[543] Ein Rechtsentscheid zu dieser Frage konnte nicht ergehen, da es sich bei der Ermittlung der ortsüblichen Vergleichsmiete um eine Frage der Tatsachenfeststellung handelt.[544] Auch wenn der Mietspiegel generell zur Ermittlung der ortsüblichen Vergleichsmiete im Prozess in Betracht kommt, kann seine Verwendung im Einzelfall aber ausgeschlossen sein, z. B. bei besonderen **Adresslagen.**[545] **111**

Da der **einfache Mietspiegel**[546] weder ein zivilprozessuales Beweismittel[547] darstellt noch ihm eine Vermutungswirkung beigemessen werden darf, können seine Werte im Rahmen der freien Beweiswürdigung im Rahmen des § 287 Abs. 2 ZPO herangezogen werden.[548] Danach hat das Gericht in Verfahren, bei denen die Ermittlung der Tatsachen, die zur Feststellung der Höhe von strittigen Forderungen, notwendig sind aber mit Schwierigkeiten verbunden sind, ein großes Ermessen, wie es diese Feststellungen trifft. Das Gericht entscheidet dabei unter Würdigung aller Umstände nach freier Überzeugung. In diesem Rahmen ist die Verwendung einfacher Mietspiegel weiterhin zulässig. So kann auch ein sog. „Sternchenfeld" eines qualifizierten Mietspiegels (dazu § 558 a BGB Rdn. 161) einem Sachverständigengutachten überlegen sein.[549] Das hat nichts mit einer Vermutungswirkung zu tun. Einem einfachen Mietspiegel kann deshalb nur eine **Indizwirkung** zukom- **112**

---

537 *Börstinghaus* NZM 2002, 273.

538 Nach *Bohnert,* Ordnungswidrige Mietpreisüberhöhung, S. 73, ist der Mietspiegel im OWi-Verfahren ein Beweismittel „gemischter Natur", zusammengesetzt aus Elementen des Urkunds- und des Augenscheinbeweises.

539 LG Lübeck WuM 2001, 82; LG Landau ZMR 1985, 129; LG Essen WuM 1991, 120; LG Hamburg WuM 1991, 49; LG Landshut WuM 1990, 223; LG Bonn WuM 1982, 18; LG Berlin WuM 1996, 102; LG Wiesbaden WuM 1996, 420; AG Norderstedt WuM 1990, 356; AG Charlottenburg WuM 1992, 138; *Beuermann* in „Der Berliner Mietspiegel 1994" Rdn. 36 unter Berufung auf BVerfG WuM 1992, 48; *Hinkelmann,* Die ortsübliche Miete, S. 132.

540 S. § 558 BGB Rdn. 44.

541 LG Lübeck WuM 2001, 82; AG Charlottenburg GE 2015, 457, 459.

542 OLG Stuttgart RE v. 7.7.1981, NJW 1981, 2365 (für § 5 WiStG); RE v. 15.12.1993, NJW-RR 1994, 334; LG Berlin GE 1990, 1209, GE 1991, 1151, GE 1992, 213; AG Schöneberg GE 1993, 209; AG Charlottenburg GE 1992, 43.

543 LG Bochum NJW-RR 1991, 1039; LG Berlin GE 1993, 49; GE 1993, 585.

544 KG NZM 1998, 188 (Ermittlung der Nettomiete aus Bruttomietspiegel), GE 1994, 991 (OWi-Verfahren nach § 5 WiStG); RE v. 6.6.1991, NJW 1992, 80; OLG Hamm WuM 1984, 238.

545 AG Hamburg-Blankenese ZMR 1998, 568.

546 Hierzu zählt auch der von der Gemeinde als qualifiziert bezeichnete Mietspiegel, der aber dies aber nach Ansicht des Gerichts nicht ist: LG Bochum DWW 2007, 298.

547 Bub/Treier/*Schultz* Kap. III. A Rdn. 1376 *Börstinghaus* in Börstinghaus/Clar NZM 2014, 889.

548 BGH (VIII ZR 99/09) NZM 2010, 665; KG NZM 2009, 544; LG Nürnberg-Fürth WuM 2015, 675; LG Bochum DWW 2007, 298 m. Anm. *Börstinghaus;* LG Duisburg WuM 2005, 460; AG Dortmund WuM 2003, 35 mit zust. Anm. *Beuermann* GE 2003, 233; LG Berlin GE 2003, 1020; *Artz:* in MünchKomm § 558c BGB Rdn. 5; kritisch: *Abramenko* MietRB 2016, 94.

549 LG Berlin GE 2015, 127.

men.[550] Dabei kommt es aber stark auf die Umstände des Einzelfalls an. Für alle Mietspiegel kann dies wegen der sehr unterschiedlichen Qualität einfacher Mietspiegel nicht pauschal behauptet werden.[551] Der BGH differenzierte an dieser Stelle früher nicht. Seiner Meinung nach liege es eher fern anzunehmen, die Interessenvertreter der Vermieter und der Mieter würden einen Mietspiegel erstellen oder billigen, der den Interessen ihrer jeweiligen Mitglieder widerspricht, weil er die ortsübliche Vergleichsmiete, die tatsächlichen Verhältnisse ignorierend, unzutreffend abbildet. Inzwischen hat der BGH dies zumindest etwas relativiert, wenn er formuliert, dass die Werte eines einfachen Mietspiegels vom Tatrichter bei der Überzeugungsbildung „(mit-)berücksichtigt werden dürfen.[552] Im Falle eines einfachen Mietspiegels stelle sich für die Tatsacheninstanz jeweils die Frage, ob diesem tatsächlich eine mögliche Indizwirkung hinsichtlich der richtigen Wiedergabe der ortsüblichen Vergleichsmiete durch die dort angegebenen Entgelte Bedeutung zukommt. So kann die Indizwirkung erschüttert sein, wenn zwischen dem Stichtag der Mietspiegelerstellung und dem Zugang des Erhöhungsverlangens eine erhebliche Mietenentwicklung stattgefunden hat. In diesem Fallkönnen die Gerichte einen Stichtagszuschlag zu den Mietspiegelwerten hinzurechnen (dazu Rn. 122).

112a In der Regel streiten die Parteien über die konkrete Einordnung einer Wohnung in einen solchen Mietspiegel und ggf. auch über die Frage, ob bestimmte Ausstattungsmerkmale vorliegen; die Werte des Mietspiegels an sich sind häufig zwischen den Parteien gar nicht im Streit. Ob die von einem einfachen Mietspiegel ausgehende Indizwirkung im Einzelfall zum Nachweis der Ortsüblichkeit der verlangten Miete ausreicht, hängt davon ab, welche Einwendungen der Mieter gegen den Erkenntniswert des Mietspiegels erhebt. Von der Systematik her ist der Indizienbeweis ein indirekter Beweis. Es wird aus tatbestandsfremden (Hilfs-)Tatsachen der Schluss auf das Vorliegen der Haupttatsache gezogen. Nach der grundlegenden Entscheidung des BGH[553] ist der **Indizienbeweis** geführt, wenn andere Schlüsse aus den Indiztatsachen ernstlich nicht in Betracht kommen. Die **Darlegungs- und Beweislast** für das Vorliegen der Hilfstatsache richtet sich danach, wer den Hauptbeweis zu erbringen hat. Das ist in Verfahren der vorliegenden Art immer der Vermieter. Trotzdem verlangt der VIII. Senat, dass der Mieter substantiierte Einwände gegen den Mietspiegel erhebt.[554] Die Anforderungen daran sind nach der Rechtsprechung sogar sehr hoch. So soll der Mieter etwa substantiiert vortragen, den Verfassern des Mietspiegels habe es an der erforderlichen Sachkunde gefehlt oder sie hätten sich von sachfremden Erwägungen leiten lassen oder der Mietspiegel beruhe auf unrichtigem oder nicht repräsentativem Datenmaterial. Da das alles Tatsachen sind, die der Mieter nicht kennt, reicht hier durchaus ein **Bestreiten mit Nichtwissen.**[555] Der Vermieter muss dann solche Tatsachen zu dem Mietspiegel vortragen, die es rechtfertigen aus seinen Werten auf die Haupottasche, nämlich die ortsübliche Vergleichsmiete, zu schließen.

113 Gegen die Verwendung von Mietspiegeln im Prozess bestehen auch **keine verfassungsrechtlichen Bedenken.**[556] Dies ergibt sich daraus, dass der Gesetzgeber bereits mit der Novelle 1982 nicht nur eine verstärkt marktorientierte Anpassung, sondern ganz wesentlich auch das Ziel verfolgt hat, die Verwendung von Mietspiegeln zu verstärken. Er sah diese nicht nur als die beste Möglichkeit zur vorprozessualen Begründung des Erhöhungsverlangens an; er hat vielmehr zusätzlich herausgestellt, sie seien das beste Mittel zum „Nachweis" der ortsüblichen Vergleichsmiete.[557] Der Mietrechtsreformgesetzgeber hat dies noch verstärken wollen indem er qualifizierte Mietspiegel geschaffen hat. Eine Abwertung einfacher Mietspiegel sollte damit nicht verbunden sein. Es entspricht daher dem Willen des Gesetzgebers, wenn die herrschende Rechtspraxis die Ortsüblichkeit des geforderten Mietzinses nach Möglichkeit unter Verwendung ordnungsgemäß aufgestellter Mietspiegel ermittelt. Auch wenn Mietspiegel nicht ausdrücklich in der ZPO als Beweismittel vorgesehen sind, verstößt die Berücksichtigung ihrer Werte nicht gegen das Grundrecht des Vermieters aus Art. 14 Abs. 1 Satz 1 GG. Die Verwendung von Mietspiegeln im gerichtlichen Erkenntnisverfahren liegt nämlich auch im Interesse des Vermieters. Sie garantiert nicht nur eine rasche Entscheidung,

---

[550] BGH (VIII ZR 295/15) WuM 2017, 208; (VIII ZR 46/12) NZM 2013, 138; BGH (VIII ZR 99/09) NZM 2010, 665; LG Nürnberg-Fürth WuM 2015, 675; *Börstinghaus* in Börstinghaus/Clar NZM 2014, 889; Bub/Treier/*Schultz* Kap. III. A Rdn. 1376 (ggf. auch nur „grobe Orientierungsmöglichkeit").

[551] Ähnlich kritisch Bub/Treier/*Schultz* Kap. III. A Rdn. 1380.

[552] BGH (VIII ZR 295/15) NZM 2017, 321 m. Anm. *Fleindl* NZM 2017, 325.

[553] BGH NJW 1970, 946.

[554] BGH (VIII ZR 99/09) NZM 2010, 665.

[555] *Börstinghaus* in Börstinghaus/Clar NZM 2014, 889.

[556] BVerfG NJW 1992, 1377 m. Anm. *Schopp* ZMR 1993, 284; BVerfG WuM 1991, 523.

[557] Vgl. BT-Drucks. 9/2079 S. 8.

sie erleichtert dem Vermieter vielmehr zugleich in ganz erheblichem Maße die ihm obliegende prozessuale Darlegungslast. Ihr Vorzug besteht aber vor allem darin, dass ordnungsgemäß aufgestellte Mietspiegel i. d. R. auf einer erheblich breiteren Tatsachenbasis beruhen, als sie ein gerichtlich bestellter Sachverständiger mit einem Kosten- und Zeitaufwand ermitteln könnte, der zum Streitwert des gerichtlichen Verfahrens in einem angemessenen Verhältnis stünde. Ihre Verwendung vermeidet daher die Entstehung von **Rechtsverfolgungskosten,** die im Falle eines Teilunterliegens den erstrittenen Erhöhungsbetrag leicht erheblich schmälern oder sogar vollständig aufzehren können. Solche Kosten sollen die Instanzgerichte im Interesse der Parteien vermeiden.[558] Die Hinzuziehung eines Sachverständigen ist deshalb nur dann erforderlich, wenn für die Entscheidung Erfahrungssätze oder Spezialkenntnisse benötigt werden. Dies ist bei der Einordnung einer Wohnung in den Mietspiegel i. d. R. nicht der Fall.[559]

Die Entscheidung, ob im konkreten Einzelfall ein Mietspiegel vom Gericht zur Ermittlung der ortsüblichen Vergleichsmiete herangezogen wird, hängt vor allem von der **Qualität des Mietspiegels** ab.[560] Nur ordnungsgemäß erstellte Mietspiegel können zur Ermittlung der ortsüblichen Vergleichsmiete herangezogen werden.[561] Dabei bezieht sich ordnungsgemäß nicht nur auf die Formalien des Aufstellungsverfahrens, sondern vor allem auf die Frage, ob die Werte „richtig" sind. Der Tatrichter muss im Rahmen der ihm obliegenden freien Beweiswürdigung feststellen und bewerten, ob das Zahlenmaterial hinsichtlich der Datengewinnung und -auswertung vollständig ermittelt und dargestellt wurde.[562] Obwohl für das Mieterhöhungsverlangen die verschiedenen Mietspiegelarten gleich behandelt werden, sind nur empirisch auf Grund einer Datenerhebung erstellte Mietspiegel jedem Sachverständigengutachten überlegen, wo hingegen ausgehandelte Mietspiegel keine Erkenntnisquelle sein können.[563] 114

Zweifel an der gerichtlichen Verwertbarkeit von Mietspiegel können sich auch aus der benutzten Auswertungsmethode[564] ergeben. Mietspiegel, die mittels der **Regressionsanalyse**[565] erstellt worden sind, sind von den Gerichten entweder wegen genereller Zweifel an der Geeignetheit dieser Methode[566] oder auf Grund methodischer Fehler im Einzelfall nicht zur Ermittlung der ortsüblichen Vergleichsmiete herangezogen worden.[567] Die Regressionsmethode ist zwar ein anerkanntes statistisches Verfahren, sie basiert aber auf einem komplexen mathematischen Modell. Dies Modell setzt einige bedeutsame Annahmen voraus. Entsprechen diese Annahmen nicht der Realität, dann spiegelt ein Regressionsmietspiegel die Realität nur verfälscht wieder und ist zumindest als **Beweismittel im Prozess** unbrauchbar. Die Festlegung der Annahmen bedeutet auch schon eine Wertentscheidung. Deshalb bergen Regressionsmietspiegel ein sehr viel höheres Risiko in sich, von den Gerichten nicht anerkannt zu werden als Tabellenmietspiegel,[568] die die ermittelten Daten nur zusammenfassend darstellen. Mit einem Regressionsmietspiegel kann die ortsübliche Vergleichsmiete für Wohnraum errechnet werden, den es u. U. in der Gemeinde gar nicht gibt. Auch wenn das Ausmaß der Auseinandersetzung in der mietrechtlichen Literatur[569] und Rechtspre- 115

---

558 So BVerfG NJW 1992, 1377; BGH (VIII ZR 94/04) NJW 2005, 2310; *Kossmann/Meyer-Abich,* Hdb. d. Wohnraummiete, § 155 Rdn. 35.

559 LG Dortmund WuM 2003, 297.

560 BGH (VIII ZR 46/12) NZM 2013, 138 = MietPrax-AK, § 558d BGB Nr. 1 m. Anm. *Börstinghaus; Clar* WuM 2013, 233; LG Lübeck WuM 2001, 82, WuM 1995, 189; LG Bochum NJW-RR 1991, 1039; *Sternel* Mietrecht aktuell (2009), IV, 216.

561 BerlVerfGH NZM 1998, 183.

562 BVerwG NJW 1996, 2046, 2047; BerlVerfGH NZM 1998, 183.

563 AG Frankfurt NJW-RR 1989, 12; *Börstinghaus* WuM 1997, 421.

564 Ein tabellarischer Vergleich zwischen den beiden Auswertungsverfahren „Regression" und „Tabelle" befindet sich bei *Börstinghaus/Clar,* Mietspiegel, Rdn. 650.

565 Dazu *Börstinghaus/Clar,* Mietspiegel, Rdn. 647.

566 LG München WuM 2002, 547.

567 Z. B. mit ausführlicher Begründung LG München WuM 2002, 547; WuM 1996, 709 mit abl. Anm. *Blank* WuM 1977, 178; die gegen das Urteil eingelegte Verfassungsbeschwerde wurde nicht zur Entscheidung angenommen: BVerfG WuM 1997, 202; nach *Krämer* WuM 1992, 172, 174, soll jeder per Regressionsanalyse erstellte Mietspiegel bis zum Beweis des Gegenteils als statistisch unzulässig anzusehen sein; zweifelhaft AG Charlottenburg WuM 2015, 361.

568 *Börstinghaus/Clar,* Mietspiegel, Rdn. 384 und 650.

569 *Voelskow* WuM 1993, 21; *ders.* ZMR 1992, 326; *Aigner/Oberhofer/Schmidt* WuM 1993, 10 und auch WuM 1993, 16; *Oberhofer/Schmidt* WuM 1995, 137 und WuM 1993, 585; *Oberhofer/Schmidt,* Kriterien der Mietspiegelerstellung, Teilgutachten im Rahmen des Forschungsvorhabens „Auswirkungen mietrechtlicher Regelungen auf die Mietenentwicklung und die Wohnungsversorgung", 1996; *Krämer* WuM 1992, 175; *Gaede/Kredler*

chung[570] etwas Anderes vermuten lässt, so sind Regressionsmietspiegel in der Bundesrepublik zurzeit eher die Exoten. Nur eine sehr kleine Zahl von Mietspiegeln wurde nach diesem Verfahren erstellt, wobei bei weiteren Mietspiegeln auch Mischformen zwischen Tabellenmethode und Regressionsmethode verwandt werden. Die geringe Zahl wird aber dadurch relativiert, dass gerade die Mietspiegel von Millionenstädten wie München und Frankfurt nach der Regressionsmethode erstellt wurden und dort vor Gericht unterschiedlich Bestand hatten. Die Arbeitshilfe zur Erstellung von Mietspiegeln in Sachsen empfiehlt auf Grund der unkomplizierten Handhabung und der großen Zuverlässigkeit ausdrücklich die Aufstellung von Mietspiegeln nach der Tabellenmethode.

116 Keine Frage der Geeignetheit eines Mietspiegels zur Ermittlung der ortsüblichen Vergleichsmiete im Prozess ist die Frage, ob an der Mietspiegelerstellung „alle Interessengruppen in ausreichender Weise beteiligt" waren.[571] Dies ist u. U. von Bedeutung für die Frage, ob das Mieterhöhungsverlangen mit einem solchen Mietspiegel begründet werden darf,[572] hat aber keine Bedeutung für die Frage, ob in einem Mietspiegel die sog. ortsübliche Vergleichsmiete richtig wiedergegeben wird. Wie in der Politik auch, bedeutet **der kleinste gemeinsame Nenner** zwischen den an der Mietspiegelerstellung beteiligten Verbänden nicht unbedingt, dass dieser Wert richtig ist. Es ist nur der Wert, der konsensfähig war. Die Tatsache, dass ein bestimmter Wert die Zustimmung aller an der Mietspiegelerstellung beteiligten Verbände gefunden hat, rechtfertigt auch keinen Anscheinsbeweis für die Richtigkeit dieses Wertes. Das BVerwG[573] hat gerade mit der Begründung, dass es Aufgabe der Zivilgerichte ist, die Richtigkeit der Daten des Mietspiegels zu überprüfen, eine **verwaltungsgerichtliche Klage** gegen einen kommunalen Mietspiegel nach altem Recht für unzulässig erklärt. Dann dürfen sich die Zivilgerichte aber dieser Aufgabe auch nicht entziehen[574] (dazu auch § 558c–d Rdn. 9). Die Aufgabe des Mietspiegels als Begründungsmittel und die Ermittlung der ortsüblichen Vergleichsmiete im Prozess sind unterschiedlich und stellen jeweils ganz andere Anforderung an einen Mietspiegel. Als **Begründungsmittel** muss der Mietspiegel vor allem befrieden. Aber wenn es denn zum Prozess kommt, dann haben beide Vertragsparteien ein Recht darauf, dass sich das Gericht mit dem Tatbestandsmerkmal der ortsüblichen Vergleichsmiete gem. § 558 Abs. 2 BGB beschäftigt und versucht, diesen Wert, so schwierig das im Einzelfall ist, möglichst exakt festzustellen. Dazu gehört es auch, die Qualität eines Mietspiegels zu überprüfen. Hat sich das Gericht von der Qualität der Daten und der ermessenfehlerfreien Datenauswertung überzeugt, dann kann es sein Urteil bei der Feststellung der ortsüblichen Vergleichsmiete als Obergrenze des dem Vermieter zustehenden Zustimmungsanspruch, auf diesen Mietspiegel stützen.

117 Um zu überprüfen, wie die Werte des Mietspiegels zustande gekommen sind, ist auch bei einfachen Mietspiegeln eine **Dokumentation**[575] der Mietspiegelerstellung wichtig und sollte den interessierten Kreisen zur Verfügung gestellt werden.[576] Bei qualifizierten Mietspiegeln ist sie zwingend erforderlich. Fehlt eine solche Dokumentation oder wird sie nicht „freiwillig"[577] herausgegeben, dann ist dies ein starkes Indiz dafür, dass der Mietspiegel im gerichtlichen Verfahren nicht benutzt werden kann.[578] Das Gericht darf sein Urteil nur auf Werte stützen, die feststehen oder auf Grund ihrer nachvollziehbaren Ermittlungsmethode mit hoher Wahrscheinlichkeit feststehen. Wenn das Gericht sich davon nicht überzeugen kann, dann ist der Mietspiegel auch nicht verwert-

WuM 1992, 578; *Alles* WuM 1988, 241; *Isenmann* ZMR 1993, 446; *Blinkert/Höfflin* WuM 1994, 589; *Schießl* WuM 1995, 18; *Clar* WuM 1992, 662; *Klein/Martin* WuM 1994, 513.

[570] OLG Karlsruhe NJW 1997, 3388; LG München WuM 2002, 547, WuM 1996, 709 mit abl. Anm. von *Blank* WuM 1997, 178; LG Frankfurt NJW-RR 1993, 277; LG München NJW-RR 1993, 1427; LG Kiel HmbGE 1994, 235; LG Freiburg NJWE-MietR 1996, 51.

[571] So aber LG Darmstadt WuM 1997, 442 m. Anm. *Börstinghaus* WuM 1997, 421; AG Bergheim WuM 1998, 36.

[572] OLG Hamm RE v. 11.10.1990, NJW-RR 1991, 209.

[573] BVerwG NJW 1996, 2046 m. Anm. von *Storr* ZMR 1996, 453; die gegen das Urteil eingelegte Verfassungsbeschwerde wurde nicht zur Entscheidung angenommen: 1 BvR 701/96; *Huber* JZ 1996, 893; *Brodersen* JuS 1997, 279; *Schönlau* DVP 1996, 172; *Vahle* DVP 1997, 37.

[574] BGH (VIII ZR 46/12) NJW 2013, 775; (VIII ZR 346/12) NJW 2014, 292; LG Bochum DWW 2007, 298; afür jetzt auch LG Berlin GE 2012, 271 unter Aufgabe seiner gegenteiligen Auffassung in GE 2004, 1296.

[575] *Börstinghaus/Clar,* Mietspiegel, Rdn. 388 und 697; *Börstinghaus* WuM 1997, 421.

[576] Beispiel für Verwertung von Informationen aus der Dokumentation: AG Dortmund WuM 2012, 103.

[577] Ob ein Anspruch auf Herausgabe oder Einsicht besteht ist fraglich, obwohl auch schon versucht wurde, diesen Anspruch vor den Verwaltungsgerichten durchzusetzen.

[578] *Börstinghaus* WuM 1997, 421; **a. A.** LG Hamburg WuM 1998, 490.

bar. Eine Dokumentation ist auch deshalb erforderlich, weil das Gericht insbesondere die Datenqualität überprüfen können muss. Nicht die Menge der Daten ist entscheidend, sondern vor allem deren Qualität.

Damit kommen hier insbesondere veraltete qualifizierte Mietspiegel in Betracht, denen also wegen Ablaufs der Zwei-Jahresfrist keine gesetzliche Vermutungswirkung mehr zukommt[579] oder vermeintlich qualifizierte Mietspiegel, denen die Qualifikation abgesprochen wird.[580] Verwendet werden können aber auch einfache Mietspiegel, die auf einer Datenerhebung beruhen ohne dass die ganz strengen Regeln der Repräsentativität eingehalten wurden oder bei denen ggf. Mängel in der Datenauswertung eine Qualifizierung verhindert haben. Maßstab ist die Alternative, die sich dem Gericht stellt. Wenn es nämlich den Mietspiegel nicht heranzieht, dann muss es ein Sachverständigengutachten über die ortsübliche Vergleichsmiete einholen. **118**

Bei der **Verwendung von Mietspiegeln** wird **in der Praxis** teilweise noch unterschieden, ob es sich um ein Zustimmungsverfahren nach § 558 BGB, einen Rückzahlungsanspruch wegen vermeintlich überzahlter Miete gem. § 5 WiStG oder um ein Bußgeldverfahren[581] auf Grund eines Verfahrens nach § 5 WiStG handelt. Im Einzelnen[582]: **119**

Mietspiegel		**Mietspiegel verwertbar im Verfahren nach**					
		§ 558 BGB		**§ 5 WiStG Rückforderung**		**§ 5 WiStG Bußgeldverfahren**	
Ort	**Jahr**	**ja**	**nein**	**ja**	**nein**	**ja**	**nein**
Aachen	1990	LG Aachen WuM 1991, 120					
Aachen	2015	LG Aachen GE 2017, 177					
Berlin	1987	BVerfG WuM 1991, 523, LG Berlin Urt. v. 6.11.1990 – 63 S 305/90					
Berlin	1988	LG Berlin WuM 1989, 397	AG Wedding GE 1989, 947				KG WuM 1992, 140
Berlin	1990	LG Berlin WuM 1990, 119, LG Berlin MM 1992, 352, GE 1992, 296; LG Berlin MM 1992, 282, GE 1991, 1149, AG	LG Berlin GE 1990, 1209, AG Schöneberg GE 1993, 209, AG Tiergarten MM 1992, 176, AG Charlottenburg GE	LG Berlin GE 1996, 1486			KG WuM 1992, 140, KG 1994, 991

[579] *Langenberg* WuM 2001, 523, 525; *Lammel* § 558d BGB Rdn. 37.

[580] LG Berlin GE 2014, 1338; WuM 2015, 504; AG Mitte GE 2016, 593; AG Lichtenberg WuM 2016, 293; AG Charlottenburg WuM 2015, 500 und Urt. v. 17.3.2015 – 233 C 520/14 (juris) m. Anm. *Herlitz* jurisPR-MietR 13/2015 Anm. 3.

[581] KG GE 1994, 991; *Bohnert,* Ordnungswidrige Mietpreisüberhöhung, S. 73; *Schopp* ZMR 1993, 284.

[582] Die Rechtsprechung der einzelnen Mietrechtskammern des LG Berlin und der Berliner Amtsgerichte zu den einzelnen Mietspiegeln hat im Übrigen aufgelistet: *Kinne,* „Die bisherige Rechtsprechung zum Berliner Mietspiegel" in der Berliner Mietspiegel 1994, Hrsg. *Blümmel* S. 32–58.

Mietspiegel		Mietspiegel verwertbar im Verfahren nach					
		§ 558 BGB		§ 5 WiStG Rückforderung		§ 5 WiStG Bußgeldverfahren	
Ort	Jahr	ja	nein	ja	nein	ja	nein
		Neukölln MM 1991, 66	1992, 43; nur bedingt verwertbar: LG Berlin GE 1991, 1151				
Berlin	1992	LG Berlin (66) GE 1993, 749, WuM 1996, 102		BerlVerfGH NZM 1998, 183, LG Berlin MM 1994, 66, MM 1995, 67, GE 1996, 1486, WuM 1996, 102, GE 1995, 813, AG Schöne-berg MM 1993, 291			
Berlin	1992	LG Berlin GE 1993, 749, WuM 1996, 102		BerlVerfGH NZM 1998, 183, LG Berlin MM 1994, 66, MM 1995, 67, GE 1996, 1486, WuM 1996, 102, GE 1995, 813, AG Schöne-berg MM 1993, 291			
Berlin	1994	LG Berlin MM 1996, 78, GE 1995, 565, GE 1994, 1055, GE 1996, 1110		BerlVerfGH NZM 1998, 183, LG Berlin MM 1996, 78, MM 1995, 67, GE 1996, 1486, MM 1998, 81, GE 1998, 42, WuM 1996, 101	LG Berlin NJWE-MietR 1996, 98		
		LG Berlin GE 1997, 187, WuM					

Mietspiegel		Mietspiegel verwertbar im Verfahren nach					
		§ 558 BGB		§ 5 WiStG Rückforderung		§ 5 WiStG Bußgeldverfahren	
Ort	**Jahr**	**ja**	**nein**	**ja**	**nein**	**ja**	**nein**
		1997, 51 (zumindest für Altbauwohnungen)					
Berlin	1996	LG Berlin GE 1996, 1110, GE 1997, 747		BerlVerfGH GE 2005, 423; LG Berlin MM 1997, 407, MM 1998, 81, WuM 1998, 421, GE 1998, 1341, NZM 1998, 1000	LG Berlin GE 2000, 1107 (bei durch Qualität und Lage besonderen Objekten)		
Berlin	1998	LG Berlin GE 2000, 283, AG Tiergarten GE 1998, 1217, AG Charlottenburg GE 1999, 841		BerlVerfGH GE 2005, 423			
Berlin	2000	LG Berlin GE 2002, 261, MM 2001, 151	AG Tiergarten GE 2001, 1200 (bei überhöhtem Möblierungszuschlag für Sondermerkmale)		LG Berlin GE 2002, 261 (bei sanierten Wohnungen)		
Berlin	2005	LG Berlin (62. ZK) GE 2008, 733					
Berlin	2007	KG NZM 2009, 544[583]					
Berlin	2009		LG Berlin Urt. v. 17.7.2015 – 63 S 220/13[584]				

583 Das gilt für die Mietspiegelfelder, die nicht Teil des qualifizierten Mietspiegels sind, weil sie auf lediglich 15 bis 29 Mietedaten basieren.

584 Dem Mietspiegel Berlin 2009 hat die Kammer die Qualifikation abgesprochen und ihn auch nicht als einfachen Mietspiegel verwendet.

Mietspiegel		Mietspiegel verwertbar im Verfahren nach					
		§ 558 BGB		§ 5 WiStG Rückforderung		§ 5 WiStG Bußgeldverfahren	
Ort	Jahr	ja	nein	ja	nein	ja	nein
Berlin	2011		AG Charlottenburg GE 2014, 325[585] AG Charlottenburg GE 2014, 1458				
Berlin	2013	AG Charlottenburg WuM 2015, 361	LG Berlin Urt. v. 20.4. 2015 – 18 S 411/13[586] LG Berlin WuM 2015, 504[587] AG Charlottenburg WuM 2015, 500[588] AG Charlottenburg Urt. v. 17.3.2015 – 233 C 520/14[589]				
Berlin	2015	AG Charlottenburg GE 2016, 331[590]					
Bielefeld	1979	LG Bielefeld WuM 1983, 24					
Bielefeld	1981	LG Bielefeld WuM 1983, 24					
Bochum	1989	LG Bochum WuM 1991, 700					
Bochum	1996[591]			LG Bochum NZM 1999, 1001			

[585] Mietspiegel 2011 ist qualifizierter Mietspiegel.
[586] Der Mietspiegel 2013 soll qualifiziert i. S. d. § 558d BGB sein.
[587] Das Gericht hat offengelassen, ob der Mietspiegel 2013 als qualifiziert zu bewerten ist, zumindest könne er als einfacher Mietspiegel im Prozess verwendet werden.
[588] Mit Anm. *Börstinghaus* jurisPR-MietR 14/2015 Anm. 1.
[589] Mit Anm. *Herlitz*, jurisPR-MietR 13/2015 Anm. 3.
[590] Das Gericht hat offengelassen, ob der Mietspiegel 2015 als qualifiziert zu bewerten ist, zumindest könne er als einfacher Mietspiegel im Prozess verwendet werden.
[591] Aus dem veröffentlichten Teil des Urteils ist das genaue Datum des Mietspiegels nicht ersichtlich.

Mietspiegel		Mietspiegel verwertbar im Verfahren nach					
		§ 558 BGB		§ 5 WiStG Rückforderung		§ 5 WiStG Bußgeldverfahren	
Ort	Jahr	ja	nein	ja	nein	ja	nein
Bonn	1992	LG Bonn WuM 1994, 692					
Bremerhaven	1991	LG Bremen WuM 1992, 626, AG Bremerhaven WuM 1992, 28					
Datteln	1990	AG Recklinghausen WuM 1992, 443					
Dormagen	1989		LG Düsseldorf Urt. v. 16.12.1990 – 24 S 419/90				
Dortmund	1990	LG Dortmund WuM 1991, 559, AG Dortmund WuM 1992, 624		AG Dortmund NJW-RR 1991, 1228, LG Dortmund WuM 1997, 332			
Dortmund	1992					OLG Hamm NJWE-MietR 1996, 97	
Dortmund	1994	AG Dortmund NJW-RR 1995, 971					
Dortmund	1995	AG Dortmund, Urt. v. 19.9.1995, 125 C 10 165/95		AG Dortmund WuM 1997, 440, LG Dortmund Urt. vom 17.2.98 – 1 S 293/97			
Dortmund	1996	AG Dortmund Urt. v. 30.9.1997, 125 C 8196/97					

Mietspiegel		Mietspiegel verwertbar im Verfahren nach					
		§ 558 BGB		§ 5 WiStG Rückforderung		§ 5 WiStG Bußgeldverfahren	
Ort	**Jahr**	**ja**	**nein**	**ja**	**nein**	**ja**	**nein**
Dortmund	1998	AG Dortmund NZM 2001, 584					
Dortmund	2000	LG Dortmund ZMR 2002, 918, AG Dortmund WuM 2003, 35					
Dortmund	2002	AG Dortmund WuM 2003, 35, WuM 2004, 718					
Dortmund	2004	LG Dortmund NZM 2006, 134; AG Dortmund NZM 2005, 258					
Dreieich	1995			LG Darmstadt WuM 1997, 442, AG Langen WuM 1997, 442			
Dresden	1999	AG Dresden NZM 2000, 460					
Düsseldorf		LG Düsseldorf WuM 1990, 393					
Elsdorf	1994			AG Bergheim WuM 1998, 36			
Frankfurt/M.	1987	LG Frankfurt WuM 1989, 148 NJW-RR 1991, 1417	AG Frankfurt NJW-RR 1989, 12				
Frankfurt/M.	1990	LG Frankfurt WuM 1991, 595, WuM 1992, 694, AG		LG Frankfurt NJW-RR 1995, 462		AG Frankfurt WuM 1993, 621,	OLG Frankfurt WuM 1994, 436

Mietspiegel		**Mietspiegel verwertbar im Verfahren nach**					
		§ 558 BGB		**§ 5 WiStG Rückforderung**		**§ 5 WiStG Bußgeldverfahren**	
Ort	**Jahr**	**ja**	**nein**	**ja**	**nein**	**ja**	**nein**
		Frankfurt WuM 1992, 626				WuM 1992, 626	
Frankfurt/M.	1992			LG Frankfurt WuM 1998, 168, 169		AG Frankfurt WuM 1993, 621	
Frankfurt/M.	2000	AG Frankfurt WuM 2002, 54					
Freiburg	1994	LG Freiburg NJWE-MietR 1996, 51.					OLG Karlsruhe NJW 1997, 3388 (wegen Mietwucher § 291 StGB)
Freiburg	1996						OLG Karlsruhe WuM 1997, 500 (wegen Mietwucher § 291 StGB)
Gelsenkirchen	1997	AG Gelsenkirchen-Buer NZM 1998, 509					
Germering	1994	LG München II WuM 1995, 45					
Germering	1997		LG München II WuM 1998, 726				
Germering	2000	LG München II WuM 2003, 97					
Gladbeck	1989	LG Essen WuM 1991, 120					
Hagen	1985	AG Hagen WuM 1989, 579					

Mietspiegel		Mietspiegel verwertbar im Verfahren nach					
		§ 558 BGB		§ 5 WiStG Rückforderung		§ 5 WiStG Bußgeldverfahren	
Ort	Jahr	ja	nein	ja	nein	ja	nein
Hanau	1989 – 1993				LG Hanau WuM 1996, 773		
Hamburg	1986	BVerfG NJW 1992, 1377, LG Hamburg Urt. v. 23.1.1990 – 16 S 160/89					
Hamburg	1989	LG Hamburg WuM 1990, 31, WuM 1990, 441, WuM 1991, 49, WuM 1991, 699					
Hamburg	1993	LG Hamburg WuM 1996, 45, WuM 1996, 543					
Hamburg	1995			LG Hamburg WuM 1998, 490, ZMR 1998, 499			
Hamburg	1997	AG Hamburg ZMR 1999, 33					
Hamburg	1999	LG Hamburg ZMR 2001, 896					
Heidelberg	1999 [592]			LG Heidelberg WuM 2001, 346			
Hochsauerlandkreis	1991	LG Arnsberg WuM 1992, 443 = WuM 1992, 625					
Hochsauerland-/ Märkischer Kreis/	1995	AG Lüdenscheid WuM 1996, 772					

[592] Aus dem veröffentlichten Teil des Urteils ist das genaue Datum des Mietspiegels nicht ersichtlich.

Mietspiegel		Mietspiegel verwertbar im Verfahren nach					
		§ 558 BGB		§ 5 WiStG Rückforderung		§ 5 WiStG Bußgeldverfahren	
Ort	Jahr	ja	nein	ja	nein	ja	nein
Stadt Schwerte							
Kiel			LG Kiel Hambg GE 1994, 233				
Kiel	1996	LG Kiel WuM 1999, 292	LG Kiel Az: 1 S 215/97 (für ein bestimmtes Mietspiegelfeld)				
Köln	1988	LG Köln WuM 1992, 256					
Köln	2000 [593]		AG Köln WuM 2001, 515				
Landshut	1982	LG Landshut WuM 1990, 223					
Lübeck	1993	LG Lübeck WuM 1995, 189; einschränkender aber LG Lübeck Urt. v. 26.3.1996 – 6 S 109/95.					
Lübeck	1997	LG Lübeck WuM 2001, 82, Urt. v. 23.11.1999 Az: 14 S 96/99					
Lübeck	1999	LG Lübeck WuM 2001, 82					
Lüchow-Dannenberg	1995/96	AG Dannenberg Urt. v. 5.8.1997 – 1 C 134/97					
München	1999		LG München WuM 2002, 547				

[593] Aus dem veröffentlichten Teil des Urteils ist das genaue Datum des Mietspiegels nicht ersichtlich.

Mietspiegel		Mietspiegel verwertbar im Verfahren nach					
		§ 558 BGB		§ 5 WiStG Rückforderung		§ 5 WiStG Bußgeldverfahren	
Ort	Jahr	ja	nein	ja	nein	ja	nein
München	1994		LG München WuM 1996, 709, WuM 1996, 773				
München	1991	LG München WuM 1992, 25	LG München NJW-RR 1993, 1427, WuM 1993, 451				
München	1990	LG München WuM 1992, 25	LG München NJW-RR 1993, 1427, WuM 1993, 451				
München	1989	LG München WuM 1992, 25, AG München WuM 1991, 277					
Neuss	1990	LG Düsseldorf WuM 1996, 421					
Norderstedt	1989	AG Norderstedt WuM 1990, 356					
Osnabrück	1990	AG Osnabrück WuM 1992, 138					
Reutlingen	2013	BGH (VIII ZR 295/15) NZM 2017, 321[594]					
Schorndorf	2002	BGH (VIII ZR 99/09) NJW 2010, 2946					
Stuttgart	1981			LG Stuttgart WuM 1990, 357			
Troisdorf	1995	AG Siegburg WuM 1996, 152					

594 Ggf. mit Stichtagszuschlage wegen der erheblichen Mietsteigerung von ca. 12% in 19 Monaten bis zum Stichtag des Mietspiegels Reutlingen 2015; Anmerkung dazu von *Fleindl* NZM 2017, 325.

Mietspiegel		**Mietspiegel verwertbar im Verfahren nach**					
		§ 558 BGB		**§ 5 WiStG Rückforderung**		**§ 5 WiStG Bußgeldverfahren**	
Ort	**Jahr**	**ja**	**nein**	**ja**	**nein**	**ja**	**nein**
Voerde	2004	LG Duisburg WuM 2005, 460					
Wesel	1990	LG Duisburg WuM 1991, 501					
Wiesbaden	1991	LG Wiesbaden WuM 1996, 420					

Wenn denn ein Mietspiegel benutzt wird, taucht immer wieder die Frage auf, ob in einem Pro- 120
zess ohne weitere Angaben einer Partei der **jeweilige Mittelwert**[595] oder der untere[596] oder obere[597] Wert einer Mietspiegelspanne maßgeblich ist. Für das Mieterhöhungsverlangen hat der Gesetzgeber in § 558a Abs. 4 Satz 1 BGB ausdrücklich eine Regelung getroffen. Danach genügt es, wenn die verlangte Miete innerhalb der entsprechenden Mietspiegelspanne liegt. Hier geht es aber um die Tatsachenermittlung im Zustimmungsprozess, nämlich. die Ermittlung der richtigen Einzelvergleichsmiete innerhalb der Mietspiegelspanne. Es geht nicht um die Ermittlung eines Mittelwerts innerhalb der konkreten Bandbreite.[598] Steht nämlich die **Bandbreite,** z. B. an Hand eines Sachverständigengutachtens fest, kann der Vermieter immer den Oberwert verlangen.[599] Das liegt aber daran, dass die ortsübliche Einzelvergleichsmiete **kein Punktwert, sondern immer eine Bandbreite** ist und der Vermieter eine Miete verlangen darf, die die ortsübliche Vergleichsmiete nicht übersteigt. Davon ist aber die **Mietspiegelspanne** zu unterscheiden, da innerhalb einer Mietspiegelspanne unzählige Bandbreiten zusammengefasst werden.[600] Die Feststellung der Einzelvergleichsmiete kann sich schon deshalb nicht am höchsten Wert der Mietspiegelspanne orientieren, da sonst die Angabe von Mietspannen in einem Mietspiegel jegliche Funktion verlieren würde.[601] Die Einzelvergleichsmiete ist ggf. gem. § 287 Abs. 2 ZPO innerhalb der Mietspiegelspanne zu schätzen. Im gerichtlichen Verfahren muss der Oberwert der Bandbreite als maximal mögliche Miete festgestellt werden. Hat der Sachverständige die konkrete Bandbreite ermittelt, dann liegt der Oberwert fest. Und darin ist der Unterschied zwischen einem auf die konkrete Wohnung bezogenen Sachverständigengutachten und der dort ermittelten **Bandbreite** und der in einem Mietspiegel ausgewiesenen **Spanne** zu sehen.[602] In einem Mietspiegelfeld werden nämlich durchaus unterschiedliche Wohnungsbestände zusammengefasst. Das Gesetz geht von fünf Wohnwertmerkmalen aus. Wenn man diese nur je fünfmal differenziert (was ja durchaus auch schon eine Beschränkung sein könnte) kommt man auf 5^5 Felder (= 3125) in einem Mietspiegel. Mietspiegel

595 LG Dortmund WuM 2012, 469 m. Anm. *Börstinghaus;* WuM 2012, 547; WuM 2010, 633, NZM 2006, 134, ZMR 2002, 918; LG Halle JMBl ST 2001, 286; LG Berlin NZM 1998, 1000, MM 1995, 67, GE 1994, 1055, GE 1993, 749, GE 1991, 1149, GE 1991, 1151, GE 1991, 49; LG Wiesbaden WuM 1992, 256; AG Brandenburg WuM 2007, 268; AG Dortmund WuM 2012, 103, WuM 2004, 718, 719, NZM 2005, 258, 259, WuM 2005, 254; AG Gelsenkirchen-Buer NZM 1998, 509; AG Tempelhof-Kreuzberg GE 1997, 1345, MM 1993, 327; AG Wuppertal Urt. v. 22.5.1996 – 93 C 73/96; AG Leverkusen Urt. v. 25.5.1999 – 28 C 423/98.

596 AG Köln (218) WuM 1996, 421.

597 LG Berlin GE 1990, 495, GE 1989, 1231, GE 1989, 473; LG Lübeck WuM 1989, 306; für Rückforderungsprozess § 5 WiStG: LG Berlin NZM 1999, 412, GE 1998, 1341; LG Dortmund WuM 1998, 489; AG Charlottenburg GE 2004, 52 (für qualifizierten Mietspiegel); AG Dortmund WuM 1997, 440; AG Tiergarten MM 1989, Nr. 7/8 S. 23.

598 *Börstinghaus* WuM 2012, 244; *Bühler* NZM 2011, 729.

599 BGH (VIII ZR 30/09) NJW 2010, 149 = NZM 2010, 122 = MietPrax-AK, § 558 BGB Nr. 25 m. Anm. *Börstinghaus; ders.* WuM 2010, 218; *ders.,* Der Sachverständige 2010, 70; *Mätschke* WuM 2010, 247; BGH (VIII ZR 322/04) NJW 2005, 2621 = NZM 2005, 660 = MietPrax-AK, § 558 BGB Nr. 13 m. Anm. *Börstinghaus.*

600 Gegen die Differenzierung zwischen Bandbreite und Spanne: *Blank* ZMR 2013, 170, 171.

601 BGH (VIII ZR 227/10) NJW 2011, 2284; BGH (VIII ZR 110/04) NJW 2005, 2074 = MietPrax-AK, § 558 BGB Nr. 11 m. Anm. *Börstinghaus; Thomma* WuM 2005, 496.

602 *Börstinghaus* WuM 2012, 244 mit Erwiderung *Bühler* ZMR 2012, 531.

weisen üblicherweise 24–48, aber fast nie mehr als 100 Felder aus. Das zeigt, dass in einem Mietspiegelfeld verschiedene der 3125 Bandbreiten zusammengefasst werden. Die Feststellung der Einzelvergleichsmiete kann sich nicht am höchsten Wert der Mietspiegelspanne orientieren, da sonst die Angabe von Mietspannen in einem Mietspiegel jegliche Funktion verlieren würde.[603] Es ist deshalb zulässig im Rahmen der Ermittlung der konkreten Einzelvergleichsmiete gem. § 287 ZPO vom **Median des Mietspiegelfeldes** auszugehen.[604] Im gerichtlichen Verfahren kann dann anhand des Sachvortrags bei der Schätzung bewertet werden, ob das Baualter der Wohnung an den Anfang oder das Ende der Baualtersklasse fällt, ob bei Lage- oder Ausstattungskriterien gerade das erforderliche Minimum erreicht wird oder die nächste Stufe gerade verpasst wird. Jede Partei muss bei Einordnung in Mietspiegel die für sie günstigen Tatsachen darlegen und beweisen.[605]

121 Das Gericht muss die ortsübliche Vergleichsmiete zum **Tag des Zugangs des Mieterhöhungsverlangens** feststellen.[606] Der Mietspiegel ist im Gegensatz zur dynamischen ortsüblichen Vergleichsmiete aber statisch, d. h. er spiegelt die ortsübliche Vergleichsmiete zu einem in der Vergangenheit liegenden Erhebungsstichtag wieder. Bei einer erheblichen Mietentwicklung ist deshalb ein Mietspiegel schnell veraltet und gibt nicht mehr den richtigen Wert wieder. Lag ungefähr zum Zeitpunkt des Zugangs des Mieterhöhungsverlangens[607] der **Erhebungsstichtag des nächsten Mietspiegels,** so kann das Gericht in einem anschließenden Erhöhungsverlangen zur Ermittlung der maßgeblichen ortsüblichen Vergleichsmiete auch auf diesen Mietspiegel zurückgreifen (s. auch §§ 558c, 558d BGB Rdn. 46).[608] Es geht im Zustimmungsverfahren darum, die ortsübliche Vergleichsmiete möglichst Tag genau festzustellen und nicht darum festzustellen, ob der Vermieter nach der Begründung des Mieterhöhungsverlangens einen Anspruch auf Zustimmung hatte. Auch ein Sachverständiger müsste die ortsübliche Vergleichsmiete zum Zeitpunkt des Zugangs feststellen. Die Verwendung der Daten des alten Mietspiegels, der zu einem weit in der Vergangenheit liegenden Zeitpunkt errichtet wurde, führt faktisch zu einem Mietpreisstopp und ist rechtlich nicht begründbar. Auf der anderen Seite ist der Vermieter nicht verpflichtet, im Zustimmungsprozess im Klageverfahren sein Mieterhöhungsverlangen an den neuen Mietspiegel anzupassen.[609] Bei steigenden Mieten verlangt der Vermieter in diesem Fall zu wenig, bei fallenden Mieten zu viel. Auf die Wirksamkeit des Erhöhungsverlangens, das mit einem damals gültigen Mietspiegel begründet wurde, hat dies aber keine Auswirkungen. Liegt zwar ein neuer Mietspiegel vor, beruht dieser aber auf einer **Indexfortschreibung** und nicht auf einer neuen Datenerhebung, dann ist dieser Mietspiegel zur Ermittlung der ortsüblichen Vergleichsmiete nicht heranzuziehen.[610] Dies Verfahren ist im Rahmen der **Mietspiegelfortschreibung** zwar zulässig, besagt aber über die Richtigkeit der Daten überhaupt nichts. Die Fortschreibung erfolgt mittels des Lebenshaltungskostenindex. Ob dieser für die Entwicklung der Mieten generell oder in der konkreten Stadt aussagekräftig ist, kann

[603] BGH (VIII ZR 110/04) NJW 2005, 2074, BGH (VIII ZR 227/10) NJW 2011, 2284.

[604] BGH (VIII ZR 346/10) NJW 2012, 1351; dazu *Börstinghaus* WuM 2012, 244; *ders.* DS 2012, 183; *Schach* GE 2012, 517; *Blank* LMK 5/2012 Anm. 3; *ders.* ZMR 2013, 170; *Muth* ZMR 2012, 530; *Bühler* ZMR 2012, 531, *ders.* NZM 2011, 729; LG Dortmund WuM 2012, 469 m. Anm. *Börstinghaus* WuM 2012, 547; AG Aachen WuM 2015, 164, 165; Bub/Treier/*Schultz* Kap. III. A Rdn. 1384.

[605] LG Berlin ZMR 2010, 37; AG München Urt. v. 5.12.2011 – 424 C 19813/11 (zitiert nach juris).

[606] BGH (VIII ZR 295/15) WuM 2017, 208; (VIII ZR 141/09) NZM 2010, 436; (VIII ZR 331/06) NJW 2008, 848; (VIII ZR 41/05) NZM 2006, 101; (VIII ZR 215/05) WuM 2006, 569; KG GE 2005, 180; BayObLG RE v. 27.10.1992 WuM 1992, 677; LG Berlin GE 2015, 126; GE 2010, 61; GE 2004, 626 LG Rottweil NZM 1998, 432; AG Hamburg ZMR 2005, 54; AG Charlottenburg GE 2005, 743; AG Schöneberg GE 2007, 153, GE 2005, 1129; AG Tiergarten GE 2005, 1135.

[607] Unerheblich ist, dass der Erhebungsstichtag des neuen Mietspiegels ca. 150 Tage näher am maßgeblichen Stichtag liegt als der Erhebungsstichtag des zum Zugangszeitpunkts gültigen Mietspiegels: LG Berlin GE 2014, 254.

[608] LG Aachen GE 2017, 177; LG Berlin GE 2015, 126; GE 2010, 61, GE 2008, 1057, GE 2008, 334, GE 2006, 391, GE 2005, 1433, GE 2004, 483, GE 2003, 1022, MM 2001, 151, ZMR 1998, 165, GE 1996, 1547, GE 1994, 1055; LG Dresden, Urt. v. 09.12.2014, 4 S 53/14 (unveröffentlicht); LG Hamburg WuM 1991, 355; LG Bochum WuM 1982, 18; LG Wuppertal WuM 1982, 19; AG Charlottenburg GE 2016, 331; GE 2004, 52; AG Esslingen WuM 2015, 161, 163; AG Gelsenkirchen ZMR 2009, 129; AG Gelsenkirchen-Buer NZM 1998, 509; AG Dortmund NJW-RR 1995, 971, WuM 2003, 35; AG Frankfurt DWW 1993, 44; *Schach* in Miet- und Mietprozessrecht, § 558a BGB Rdn. 6; **dagegen:** KG WuM 2009, 748, GE 2007, 1629; LG Berlin GE 2004, 352 (sogar bei qualifiziertem Mietspiegel),); LG Hamburg WuM 1990, 310; LG Köln WuM 1992, 20; AG Dresden Urt. v. 4.5.2015 – 141 C 6572/12 (juris); AG Pankow/Weißensee MM 2007, 371; AG Aachen WuM 1995, 656; AG Berlin-Schöneberg GE 1990, 663; *Elzer* in Elzer/Riecke, Mietrechtskommentar § 558a BGB Rdn. 8.

[609] LG Berlin GE 2008, 1057, GE 2004, 626; **a. A.** AG Lichtenberg GE 2003, 1497.

[610] AG Dortmund WuM 2004, 718, 719, NZM 2005, 258, 259, WuM 2005, 254, 256.

bezweifelt werden. Neben der Nivellierung mit den Preisen anderer Wirtschaftsgüter und denen anderer Regionen kommt auch noch hinzu, dass selbst in den einzelnen Wohnungsteilmärkten in einer Gemeinde unterschiedliche Mietpreisentwicklungen stattfinden. Deshalb ist ein so fortgeschriebener neuer Mietspiegel auch keine bessere Erkenntnisquelle.

Gibt es keine neue Datenerhebung für einen neuen Mietspiegel zum Zeitpunkt des Zugangs des Mieterhöhungsverlangens, muss das Gericht im Rahmen der tatrichterlichen Überzeugungsbildung entscheiden, ob es zu den Werten des Mietspiegels eine sog. **Stichtagsdifferenz** hinzurechnet oder davon abzieht.[611] Im Mieterhöhungsrechtsstreit kann das Gericht nämlich Veränderungen der ortsüblichen Vergleichsmiete, die seit der Datenerhebung und dem Zugang des Mieterhöhungsverlangens eingetreten sind, als Zu- oder auch Abschlag zu dem für die Wohnung zutreffenden Mietspiegelwert berücksichtigen.[612] Der Gesetzgeber wollte mit der Möglichkeit, Mietspiegel als Begründungsmittel einzusetzen, das Verfahren erleichtern und objektivieren. Das hatte eine gewisse Pauschalierung zur Folge. Soweit das Gesetz für einfache und qualifizierte Mietspiegel bestimmte Aktualisierungszyklen vorschreibt, bedeutet dies nicht, dass die Miete für diese Zeiträume „festgeschrieben" werden sollte.[613] Mietspiegel sollten dies nach den Gesetzesmaterialien[614] auch nicht und dürfen dies verfassungsrechtlich auch nicht, da dies anderenfalls zu einem **Mietenstopp** während ihrer Laufzeit führen würde. Maßgeblich ist, dass es in einer Gemeinde für vergleichbaren Wohnraum zu einem bestimmten Stichtag der Höhe nach nur „eine" ortsübliche Vergleichsmiete gibt. Eine sachliche Rechtfertigung für eine unterschiedliche Bemessung der Miethöhe gibt es für die Fälle, dass das ortsübliche Preisniveau auf Grund eines neueren Mietspiegels, eines älteren Mietspiegels oder einem Sachverständigengutachten festgestellt wird, nicht. Die Wahl des Begründungsmittels durch den Vermieter und des Erkenntnismittels durch das Gericht wird i. d. R. nicht von rechtlichen Erwägungen, sondern von den vorhandenen Möglichkeiten bestimmt. Zwar sind Einschränkungen auf Grund von zeitlichen Verzögerungen, die sich durch materiell-rechtliche Vorschriften ergeben, in Kauf zu nehmen, die Verweigerung einer feststellbaren Stichtagsdifferenz würde jedoch i. E. dazu führen, dass der Vermieter durch eine formale, nicht an der materiellen Rechtslage orientierten Anwendung von § 558 BGB gehindert würde, die gesetzlich zulässige Miete gerichtlich durchzusetzen. Hierin liegen eine verfassungswidrige Änderung des materiellen Rechts mit Hilfe verfahrensrechtlicher Vorschriften sowie eine Verletzung des Anspruchs auf einen effektiven Rechtsschutz, der sich aus der Eigentumsgarantie ergibt, vor.[615] Für die Berücksichtigung einer solche **Stichtagsdifferenz** ist es unerheblich, ob es sich um einen einfachen oder einen qualifizierten Mietspiegel[616] handelt. Auswirkungen hat dies allenfalls wegen der Vermutungswirkung des § 558d BGB auf die Darlegungs- und Beweislast für die Mietsteigerung nach dem Erhebungsstichtag.[617] Das Gericht muss im Rahmen seiner freien Überzeugungsbildung gem. § 286 ZPO die Höhe der ortsüblichen Vergleichsmiete zum Zeitpunkt des Zugangs des Erhöhungsverlangens ermitteln. Es ist dabei nicht auf das im Erhöhungsverlangen des Vermieters genannte Begründungsmittel im Sinne des § 558a Abs. 2 BGB beschränkt. Existiert ein ordnungsgemäßer Mietspiegel, der Angaben für die in Rede stehende Wohnung enthält, darf dieser vom Tatrichter als Indiz (mit)berücksichtigt werden.[618] Um den Schluss von der Hilfstatsache (Mietspiegelwert) auf die Haupttatsache ziehen zu können, muss das Gericht sich im Rahmen der richterlichen Überzeugungsbildung gerade auch mit der Frage beschäftigen, ob eine mögliche Indizwirkung wegen zwischenzeitlich erfolgter Mietsteigerungen entfällt. Die Tatsache, dass der Gesetzgeber in § 558c Abs. 3 BGB vorgesehen hat, dass Mietspiegel alle 2 Jahre fortgeschrieben werden sollen, lässt nämlich nicht den **122**

---

611 BGH (VIII ZR 295/15) NZM 2017, 321 = MietPrax-AK § 558b Nr. 4 m. Anm. *Börstinghaus; ders.* juris PR-BGHZivil 8/2017 Anm. 2; *Fleindl* NZM 2017, 325.

612 OLG Hamm RE v. 30.8.1996, NJW-RR 1997, 142; OLG Stuttgart RE v. 15.12.1993, NJW-RR 1994, 334 m. Anm. *Blank* ZMR 1994, 137; LG Lübeck WuM 2001, 82; LG Berlin GE 1996, 1547; LG Hamburg ZMR 2000, 538, WuM 1996, 45; LG München WuM 1992, 25; *Kossmann/Meyer-Abich,* Hdb. d. Wohnraummiete, § 155 Rdn. 32; AG Mönchengladbach-Rheydt WuM 2016, 299; **a. A.** LG Frankfurt WuM 1992, 629, NJW-RR 1995, 462; LG Frankenthal WuM 1991, 597; AG Münster WuM 1993, 66; AG Köln WuM 1995, 115; AG Schöneberg GE 1994, 819; ablehnend LG Berlin GE 2002, 192.

613 BGH (VIII ZR 295/15) NZM 2017, 321, m. Anm. *Fleindl* NZM 2017, 325.

614 BT-Drucks. 7/5160 S. 5f.

615 OLG Hamm RE v. 30.8.1996, NJW-RR 1997, 142.

616 Gegen „Zeitzuschlag" bei qualifiziertem Mietspiegel: *Sternel* Mietrecht aktuell (2009), IV, 227; Bub/Treier/*Schultz* Kap. III. A Rdn. 1368.

617 Bub/Treier/*Schultz* Kap. III. A Rdn. 1368/1250.

618 BGH (VIII ZR 295/15) NZM 2017, 321, m. Anm. *Fleindl* NZM 2017, 325.

Schluss zu, dass zumindest innerhalb dieser Zweijahresfrist eine Veränderung der ortsüblichen Miete nicht berücksichtigt werden darf.[619] Die Zweijahresfrist in § 558c Abs. 3 BGB betrifft ausschließlich die Verpflichtung der Mietspiegelaufsteller, das Begründungsmittel regelmäßig zu aktualisieren. Eine inhaltliche Veränderung des Begriffs der ortsüblichen Vergleichsmiete erfolgt durch diese Vorschrift aber nicht. Dies ergibt sich nicht nur aus dem Wortlaut, sondern auch aus dem systematischen Zusammenhang. Die Voraussetzungen des Erhöhungsanspruchs ergeben sich aus §§ 558, 558a BGB. Die Vorschrift des § 558c Abs. 3 BGB enthält verfahrensrechtliche Vorschriften, die die Mietspiegelerstellung betreffen. Eine Stichtagsdifferenz kommt aber praktisch nur dann in Betracht, wenn überhaupt Veränderungen der ortsüblichen Vergleichsmiete, die ja kein punktgenauer Wert ist und immer eine gewisse Spanne umfasst, messbar ist. Dies ist 4 Monate nach Erstellung eines Mietspiegels i. d. R. nicht der Fall.[620] Letztendlich hängt die Länge des Zeitraums vor allem davon ab, wie sich die Mieten entwickeln. Die Erhöhung muss nachhaltig und nicht nur vorübergehend und nicht nur ganz unwesentlich sein.[621] Bei stagnierenden Mieten können die Zeiträume länger sein als bei steigenden oder fallenden Mieten. Bei einem Zeitraum von einem Jahr und mehr ist aber i. d. R. eine Veränderung messbar, so dass ab diesem Zeitraum das Gericht im Rahmen der Tatsachenfeststellung gem. § 286 ZPO sich auch mit der Frage zu beschäftigen hat, ob eine Stichtagsdifferenz zu berücksichtigen ist. Es kommt auf die Veränderungen am Markt an. Strittig ist, ob eine Stichtagsdifferenz auch bei einem qualifizierten Mietspiegel zulässig ist.

123 Die Stichtagsdifferenz ist aber nicht nur zugunsten des Vermieters als Zuschlag zu den Mietspiegelwerten zu berücksichtigen, sondern **auch als Abschlag** von den Mietspiegelwerten. Dies ist bei zumindest teilweise fallenden Mieten zu beachten. Die Stichtagsdifferenz soll Veränderungen der ortsüblichen Vergleichsmiete zwischen zwei Stichtagen ausgleichen. Solche Veränderungen können nicht nur in eine Richtung gehen. Hat der Vermieter also ein Mieterhöhungsverlangen mit einem älteren Mietspiegel begründet, dann ist es theoretisch möglich, dass das Gericht vom Wert des konkreten Mietspiegelfeldes einen Abschlag abzieht, weil die Mieten gefallen sind. In der Praxis ist dies aber nur schwer umsetzbar, da Mieten häufig nicht auf breiter Front gleichmäßig fallen, sondern nur in einzelnen Segmenten und für einzelne Wohnungsteilmärkte. Deshalb ist die Feststellung eines prozentualen Abschlags ohne aufwendige Beweiserhebung kaum vorstellbar.

124 Schwierig ist die **Feststellung der Stichtagsdifferenz.** Nach dem Rechtsentscheid des OLG Stuttgart[622] sollte die Ermittlung mittels Indexzahlen unzulässig sein.[623] Dem kann nicht gefolgt werden. Wenn schon die ortsübliche Vergleichsmiete im Rahmen der §§ 286, 287 ZPO durch das Gericht mittels eines Mietspiegels festgestellt werden kann und dabei im Rahmen einer Schätzung auch die Spanneneinordnung möglich ist[624], dann spricht nichts dagegen, einen solchen Mietspiegel im Einzelfall durch die Verwendung eines möglich zeit- und ortsnahen **Index fortzuschreiben.** Hiergegen spricht umso weniger, als diese Methode seit 1997 sogar für die Fortschreibung von Mietspiegeln in den Hinweisen zur Aufstellung von Mietspiegeln[625] vorgesehen ist. Selbst qualifizierte Mietspiegel dürfen gem. § 558d Abs. 2 BGB mittels eines Index fortgeschrieben werden (dazu §§ 558c, 558d BGB Rdn. 84f.). Wenn aber schon der ganze Mietspiegel mittels Index fortgeschrieben werden kann, dann muss dies für einen einzelnen Wert innerhalb der längeren Fortschreibungsfrist von 2 Jahren erst Recht gelten.[626] Entscheidend ist nicht so sehr die grundsätzliche Frage, ob Index oder nicht, sondern vielmehr die Frage nach der konkreten Geeignetheit eines Index. Das Gericht kann nämlich die ortsübliche Vergleichsmiete durch Addition einer Stichtagsdifferenz mit dem Mietspiegelwert dann nicht feststellen, wenn zur Berechnung dieses Zeitdifferenzzuschlags hinreichendes statistisches Material, das gegebenenfalls von einem Sachverständigen selbst ermittelt worden wäre, nicht zur Verfügung steht.[627] Der **Bundesmietenindex** des statischen Bundesamtes ist für sich genommen **untauglich.** Er weist eine Bruttokaltmiete aus, so dass die dort ermittelten Veränderungen auch die Veränderungen der Betriebskosten erfassen. Denknotwendig wären also

---

619 BGH (VIII ZR 295/15) NZM 2017, 321, m. Anm. *Fleindl* NZM 2017, 325.
620 AG Dortmund Urt. v. 11.7.1991 – 129 C 14 595/90.
621 LG Hamburg ZMR 2000, 538.
622 OLG Stuttgart RE v. 15.12.1993, NJW-RR 1994, 334.
623 Kritisch hierzu *Blank* ZMR 1994, 137.
624 BGH (VIII ZR 110/04) NJW 2005, 2074.
625 Die Hinweise 2002 sind abgedruckt bei *Börstinghaus,* Miethöhe-Handbuch, 2. Aufl., S. 764, die Hinweise aus dem Jahr 1997 sind abgedruckt bei *Börstinghaus/Clar,* Mietspiegel, im Anhang.
626 So auch *Sternel* Mietrecht aktuell (2009), IV, 226.
627 AG Aachen WuM 1995, 656.

die Steigerungen der kalten Betriebskosten herauszunehmen. Ein Zuschlag auf Grund statistischer Erhebungen auf Landesebene zu dem vom gerichtlichen Sachverständigen ermittelten Mietspiegelwert für die vermietete Wohnung ist zum Beweis der ortsüblichen Vergleichsmiete im Zustimmungsprozess zur Mieterhöhung untauglich.[628] Zulässig ist es aber auch die Werte zwischen zwei Mietspiegeln linear zu interpolieren.[629] Denn auch dem neuen Mietspiegel kommt eine Indizwirkung für die Höhe der ortsüblichen Vergleichsmiete für die Zeit seines Geltungszeitraums zu. Weist der neue Mietspiegel für die maßgebliche Einzelvergleichsmiete eine signifikante Veränderung aus, lässt dies einen Rückschluss auf die Mietsteigerungsrate seit der vorangegangenen Erhebung zu.[630] Mangels anderer Erkenntnis ist es zulässig, von einer linearen Mietentwicklung auszugehen. Bedenken gegen die Methode bestehen aber, wenn zwischen den beiden Stichtagen, zwischen den interpoliert wird, ein längerer Zeitraum liegt und die Mietenentwicklung sehr unterschiedlich verlief.

3. Urteilstenor

a) Das Gericht kann, wenn es die Klage für zulässig erachtet, dies aber strittig ist, die Zulässigkeit der Klage durch eine Vorabentscheidung im Zwischenurteil gem. § 280 Abs. 2 Satz 1 ZPO feststellen.[631] Dies macht Sinn, wenn es um schwierige Rechtsfragen in Zusammenhang mit der Wirksamkeit des Erhöhungsverlangens geht. Die Beweisaufnahme über die Höhe der ortsüblichen Vergleichsmiete findet dann erst nach Rechtskraft des Zwischenurteils statt. Der **Hauptsachetenor** richtet sich zunächst nach den gestellten Anträgen. Hat der Vermieter richtigerweise den Mieter auf Zustimmung zu einer Mieterhöhung verklagt, dann hat das erkennende Gericht ein entsprechendes Urteil zu erlassen, wenn die Klage ganz oder teilweise begründet ist. Das Urteil erkennt auf Abgabe einer Willenserklärung. Aus dem Tenor des Urteils muss sich ergeben, wer zur Abgabe welcher Zustimmung für welches Mietverhältnis mit welchem Inhalt verurteilt wird. Neben dem Schuldner muss also die neue Miete angegeben sein und der Zeitpunkt, ab wann die Vertragsänderung wirksam wird. Anzugeben ist der neue **Gesamtmiete,** nicht der Erhöhungsbetrag.[632] Es ist deshalb nicht zwingend erforderlich, dass im Urteilstenor neben der neuen erhöhten Miete auch die Angabe der bisherigen Miete und sogar des Erhöhungsbetrages erfolgt. 125

Beispiel: Der Beklagte wird verurteilt, einer Erhöhung der monatlichen Miete für die von ihm innegehaltene Wohnung (von bisher … €) auf … € zuzüglich Betriebskosten- und Heizkostenvorauszahlung wie bisher mit Wirkung ab … 20 … zuzustimmen.

Aus dem Hauptsachetenor darf sich keine Zustimmung zu einer **Änderung der Mietstruktur** ergeben. Deshalb muss sich aus dem Urteil entweder die richtige Mietstruktur ergeben oder der Tenor ist so zu formulieren, dass sich aus ihm deutlich ergibt, dass die bisherige Mietstruktur unverändert fortgelten soll. 126

Beispiel: Der Beklagte wird verurteilt, einer Erhöhung der monatlichen Miete für die von ihm innegehaltene Wohnung auf … € zuzüglich Betriebskosten- und Heizkostenvorauszahlung wie bisher mit Wirkung ab … 20 … zuzustimmen.

Soweit der Mieter **vorprozessual** teilweise **der Mieterhöhung zugestimmt** hat, muss sich dies aus dem Hauptsachetenor nur dann ergeben, wenn der Vermieter auch Klage bezüglich dieses Teils erhoben hat. Insofern fehlte es nämlich am Rechtschutzbedürfnis bezüglich der Klage.[633] Die Klage ist bezüglich dieses Teils als unzulässig abzuweisen. Hat der Vermieter richtigerweise nur wegen des weiter gehenden Betrages Zustimmungsklage erhoben, dann muss die vorgerichtliche Teilzustimmung aus dem Hauptsachetenor nicht ersichtlich sein, da sich aus dem Tenor ja nur die neue Gesamtmiete ergeben muss. Die Teilzustimmung ergibt sich aus dem Tatbestand. 127

Hat der Mieter den Anspruch des Vermieters ausdrücklich während des Verfahrens anerkannt, dann hat das Gericht ohne weitere Sachprüfung durch **Anerkenntnisurteil** den Beklagten zur Zu- 128

---

628 LG Köln WuM 1995, 114.

629 BGH (VIII ZR 295/15) WuM 2017, 208; AG Mönchengladbach-Rheydt WuM 2016, 299; LG Lübeck WuM 2001, 82; LG Berlin WuM 1996, 102; **a. A.** LG Hamburg ZMR 2000, 538; offengelassen von *Sternel* Mietrecht aktuell (2009), IV, 226.

630 BGH (VIII ZR 295/15) WuM 2017, 208.

631 LG Itzehoe ZMR 2013, 286; AG Pinneberg ZMR 2004, 277.

632 KG RE v. 5.8.1997, NZM 1998, 68.

633 AG Mannheim NZM 2012, 561 m. Anm. *Börstinghaus* juris PR-MietR 8/2012 Anm. 1; AG Gelsenkirchen WuM 2001, 612; **a. A.** LG Berlin ZMR 2007, 196.

stimmung zu verurteilen. Für das Anerkenntnisurteil ist seit 1.1.2002 **kein Antrag** des Klägers mehr erforderlich. Es ergeht von Amts wegen. Wird der Anspruch gegen mehrere Mieter geltend gemacht, muss unterschieden werden. Liegt tatsächlich eine Personenmehrheit auf Mieterseite vor, dann können auch nur alle Mieter gemeinsam den Anspruch anerkennen. Das Anerkenntnis nur eines Mieters ist prozessual unbeachtlich. Anderenfalls bestünde die Gefahr, dass das Gericht gegen den Mieter, der anerkannt hat, ein Anerkenntnisurteil erlässt und gegen den anderen Mieter ein klageabweisendes Urteil. Dies ist wegen § 62 Abs. 1 ZPO unzulässig. Das Gericht kann nur **einheitlich entscheiden.** Anders ist es, wenn der Kläger fälschlicherweise zwei Personen verklagt hat und sich dann herausgestellt hat, dass nur eine Partei tatsächlich Mieter ist. Hier kann der richtige Mieter anerkennen, während die Klage gegen den Nicht-Mieter durch strittiges Urteil abgewiesen wird.

129 Ist der Beklagte im Termin säumig, dann kann gegen ihn bei schlüssiger Klage auf Antrag des Klägers ein **Versäumnisurteil** ergehen. Dies gilt auch, wenn das Gericht ein schriftliches Vorverfahren angeordnet hat und der Beklagte nicht innerhalb der Notfrist des § 276 Abs. 1 ZPO seine Verteidigungsbereitschaft angezeigt hat, § 331 Abs. 2 ZPO. Besteht die Mieterseite aus einer Personenmehrheit, so liegt eine **notwendige Streitgenossenschaft** auf Beklagtenseite gem. § 62 ZPO vor. Das Gericht kann in diesem Fall nur einheitlich entscheiden. Solange gegen einen notwendigen Streitgenossen kein Versäumnisurteil ergehen kann, darf auch gegen den oder die Streitgenossen, die schuldhaft säumig sind, kein Versäumnisurteil ergehen. Die **säumigen Streitgenossen** werden gem. § 62 Abs. 1 ZPO als von den übrigen Streitgenossen als vertreten angesehen.[634] Das bedeutet, dass immer dann, wenn ein Streitgenosse zur Sache verhandelt oder nicht schuldhaft säumig ist, z. B. weil er nicht ordnungsgemäß geladen worden ist oder sich ausreichend entschuldigt hat, kein Versäumnisurteil ergehen darf. Der säumige Streitgenosse ist auch zu den eventuell notwendig werdenden weiteren Terminen wieder zu laden, § 62 Abs. 2 ZPO. Im schriftlichen Vorverfahren darf kein Versäumnisurteil ergehen, wenn mindestens ein notwendiger Streitgenosse seine Verteidigungsbereitschaft angezeigt hat. Hat ein notwendiger Streitgenosse die Klageforderung anerkannt während die anderen Streitgenossen keinen Antrag gestellt haben, kann ein **Anerkenntnisurteil** gegen alle notwendigen Streitgenossen ergehen.[635] Der säumige Streitgenosse kann sich von dem mit Gesamtwirkung nach § 62 Abs. 1 ZPO vorgenommenen Prozessverhalten des nicht Säumigen wieder lösen, sofern es noch nicht zu einer unanfechtbaren Endentscheidung gekommen ist.[636] Der säumige Streitgenosse kann deshalb im Berufungsverfahren ein von dem anwesenden Streitgenossen mit Wirkung für ihn erklärtes Anerkenntnis widerrufen.[637]

129a Ein **Teilurteil** über eine Mieterhöhung ist bei zwei aufeinander aufbauenden Mieterhöhungen wegen der Gefahr der divergierenden Entscheidungen unzulässig.[638]

129b **b)** Der Vermieter kann sein Erhöhungsverlangen zurücknehmen.[639] Damit entfällt eine besondere Sachentscheidungsvoraussetzung für den Zustimmungsprozess und die Klage ist als unzulässig abzuweisen[640] (dazu § 558a BGB Rdn. 19). Nimmt der Vermieter im laufenden Zustimmungsprozess das Erhöhungsverlangen zurück, so stellt dies kein erledigendes Ereignis dar.[641] Zwar kommt es nicht zwingend darauf an, dass das erledigende Ereignis aus der Sphäre des Beklagten kommt, aber zu berücksichtigen ist auch, dass die Klage allein durch das freie und unbeeinflusste Verhalten des Klägers unzulässig wurde.[642] Die Situation ist vergleichbar mit der des grundlosen Verzichts auf eine Forderung im Zahlungsprozess. Dort könnte der Beklagte auf seinen Anspruch verzichten, so dass gem. § 306 ZPO Verzichtsurteil ergehen könnte. Mit diesem Fall ist die Rücknahme des Erhöhungsverlangens durchaus vergleichbar, auch wenn in der Rücknahme des Erhöhungsverlangens prozessual kein Verzicht i. S. d. § 306 ZPO zu sehen ist. Durch die Rücknahme des Erhöhungsver-

---

634 *Theesfeld* MietRB 2009, 26, 27.

635 BGH (V ZR 76/14) NJW 2016, 716; OLG Karlsruhe ZEV 2011, 324, 325; MüKoZPO/*Schultes,* § 62 Rn. 43 u. 49; *Gehrlein* in Prütting/Gehrlein, ZPO, § 62 Rn. 20; Musielak/*Weth,* ZPO, § 62 Rn. 14 u. 18; **a. A.** Stein/Jonas/*Bork,* ZPO, § 62 Rn. 30 u. 38.

636 Musielak/*Weth,* ZPO, § 62 Rn. 14: *Gehrlein* in Prütting/Gehrlein, ZPO, § 62 Rn. 20; MüKoZPO/*Schultes,* § 62 Rn. 43; Wieczorek/*Schütze,* ZPO, § 62 Rn. 64; *Lindacher* Jus 1986, 379.

637 BGH (V ZR 76/14) NJW 2016, 716.

638 LG Stuttgart NZM 2011, 854.

639 Siehe § 558a BGB Rdn. 19ff.

640 BGH (VIII ZR 413/12) NJW 2014, 1173.

641 **A. A.** AG Dresden Urt. v. 27.6.2014 – 141 C 7895/13 (zitiert nach juris) m. abl. Anm. *Börstinghaus* MietRB 2014, 295.

642 *Hausherr* in: Prütting/Gehrlein, ZPO, § 91 ZPO Rdn. 8.

langens wird nur eine eigentlich erforderliche Klagerücknahme oder Verzichtserklärung umgangen. Schließt sich der Mieter der Erledigungserklärung an, sind dem Vermieter gem. § 91a ZPO die Kosten aufzuerlegen. Widerspricht der Mieter der Erledigungserklärung, ist die Klage abzuweisen, unabhängig davon ob die Klage ohne Rücknahme des Erhöhungsverlangens ganz oder teilweise begründet gewesen wäre.[643] Unabhängig von der Tatsache, dass in diesem Fall gar kein erledigendes Ereignis vorliegt, dürfte die Rücknahme des Erhöhungsverlangens auf den Abgabezeitpunkt zurückwirken, so dass die Klage von Anfang an unzulässig war.[644] Eine zurückgenommene Gestaltungs- oder Willenserklärung hat es nie gegeben. Sie kann auch nicht bis zu einem bestimmten Zeitpunkt Wirkungen entfalten.

Zu unterscheiden sind die verschiedenen prozessualen Lagen, wenn der Mieter die Zustimmung 130
erteilt hat. Die Zustimmung stellt, selbst wenn sie im Termin erklärt wird, ein **erledigendes Ereignis**[645] und kein Anerkenntnis dar.[646] Welche Entscheidung noch zu treffen ist, hängt vom Antrag der Parteien und ggf. auch vom Zeitpunkt der Zustimmung ab. Haben die Parteien den Rechtsstreit auf Grund der Zustimmung durch den Mieter übereinstimmend für erledigt erklärt, dann muss das Gericht gem. § 91a ZPO durch Beschluss über die Kosten entscheiden. Dabei kommt es weder darauf an, ob tatsächlich ein erledigendes Ereignis vorliegt noch wann dies eingetreten ist. Also selbst wenn die falsche Partei die Zustimmung erteilt hat oder die Zustimmung mit einer Bedingung versehen hat, hat sich der Rechtsstreit bei **übereinstimmender Erledigungserklärung** erledigt. Für die Kostenentscheidung ist der voraussichtliche Ausgang des Rechtsstreits maßgebliches Kriterium. War die Klage auf Grund eines formell unwirksamen Erhöhungsverlangens unzulässig, hat der Vermieter die Kosten trotz der Zustimmung zu tragen. Dies gilt auch, wenn die Zustimmung vor Anhängigkeit erteilt wurde, da in diesem Fall die Klage von Anfang an unbegründet war. Dass dem Vermieter wegen des Verzuges des Mieters ggf. ein Schadensersatzanspruch zusteht, kann im Rahmen der prozessualen Kostenentscheidung nicht berücksichtigt werden. Lediglich bei der Klagerücknahme könnte das Gericht gem. § 269 Abs. 3 ZPO dem Mieter die Kosten auferlegen, wenn er diese letztendlich aus einem Grund, also z. B. aus Verzug, zu tragen hätte. Dieser Schadensersatzanspruch darf auch bei er Kostenentscheidung nach Klagerücknahme wegen erteilter Zustimmung nach Anhängigkeit und vor Rechtshängigkeit berücksichtigt werden, § 269 Abs. 3 Satz 3 ZPO. Zahlt der Mieter die erhöhte Miete einmal und klagt der Vermieter vor der zweiten Fälligkeit der Miete auf Zustimmung, so soll er die Kosten der Klagerücknahme zu tragen haben, da er sich vorher hätte erkundigen müssen, ob die Zahlung als Zustimmung zu verstehen gewesen sei.[647] Hat der Vermieter erst im Laufe des Verfahrens seinen Anspruch schlüssig vorgetragen, kann in Einzelfällen auf den Rechtsgedanken des § 93 ZPO zurückgegriffen werden,[648] wonach der Kläger bei einem sofortigen Anerkenntnis die Kosten zu tragen hat. Entscheidend ist dabei aber immer die Frage, ob ein formell wirksames Mieterhöhungsverlangen vorlag, da dieses den Zustimmungsanspruch auslöst und nicht die Klage. Eine Entscheidung entsprechend § 93 ZPO kommt deshalb dann in Betracht, wenn der Vermieter im Laufe des Verfahrens erstmals nachweist, überhaupt Vermieter zu sein, z. B. nach einem Eigentumsübergang. Besteht lediglich Streit über die Höhe der ortsüblichen Vergleichsmiete, dann trägt ab Ablauf der Überlegungsfrist der Mieter das Kostenrisiko, dass der Vermieter im Prozess die Höhe der ortsüblichen Entgelte darlegt und beweist. Eine Kostenentscheidung gem. § 93 ZPO zu Lasten des Vermieters kann auch bei einem nachgeholten Erhöhungsverlangen gem. § 558b Abs. 3 BGB in Betracht kommen, wenn der Vermieter dies im Prozess geltend macht.

Kostenrechtlich nicht ganz einfach ist der Fall, dass der Mieter seine Zustimmungserklärung 131
nach Ablauf der Zustimmungsfrist und nach Einreichung der Klage erteilt.[649] Hier ist zu unterscheiden:

643 **A. A.** AG Dresden Urt. v. 27.6.2014 – 141 C 7895/13 (zitiert nach juris): Bereits die Formulierung des Tenors: Feststellung der Erledigung „soweit der Kläger die Zustimmung der Miete auf … € verlangt" zeigt, dass dies falsch ist. Die Klage muss schlicht abgewiesen werden; dazu *Börstinghaus* MietRB 2014, 295.

644 So auch für die Testamentsanfechtung BGH (IV ZR 285/02) NJW 2003, 3268, 3270.

645 *Emmerich* in Staudinger § 558b BGB Rdn. 12; *Lammel* § 558b Rdn. 32.

646 AG Hildesheim ZMR 1976, 153; *Kossmann/Meyer-Abich,* Hdb. d. Wohnraummiete, § 155 Rdn. 45.

647 AG Köln Beschl. v. 7.4.2005 – 210 C 48/05 – abgedr. bei *Lützenkirchen,* KM 20 Nr. 82.

648 AG Hannover ZMR 2010, 290; *Emmerich* in Staudinger § 558b BGB Rdn. 33.

649 *Gehrlein* MDR 2004, 541, 542; *Löhnig* JA 2004, 122.

– Ist die Zustimmung nach Klagezustellung erfolgt, dann hat sich der Rechtsstreit erledigt und der Kläger muss ihn für erledigt erklären. Eine Klagerücknahme mit dem Antrag, dem Beklagten die Kosten gem. § 269 Abs. 3 Satz 2 ZPO aufzuerlegen ist nicht möglich.[650]
– Ist die Klage zum Zeitpunkt der Erteilung der Zustimmung noch nicht zugestellt worden kann der Vermieter die Klage zurücknehmen und das Gericht hat gem. § 269 Abs. 3 Satz 3 ZPO über die Kosten nach billigem Ermessen zu entscheiden. Es kann dem Mieter die Kosten aus materiellen Gründen, z. B. Verzug (siehe Rdn. 52), auferlegen.[651]

Hat der Mieter der Erledigungserklärung widersprochen, muss das Gericht durch Feststellungsurteil entscheiden, ob sich der Rechtsstreit erledigt hat, was dann der Fall ist, wenn die Zustimmungsklage zulässig und begründet war und wenn tatsächlich ein erledigendes Ereignis nach Rechtshängigkeit eingetreten ist. Wenn die Voraussetzungen vorliegen, ist zu tenorieren: *„Es wird festgestellt, dass sich der Rechtsstreit erledigt hat."* War die Klage unzulässig oder unbegründet oder lag gar keine wirksame Zustimmung vor, ist die Klage abzuweisen. Ob für die früher mögliche **Kostenfeststellungsklage**[652] bei einer Erledigung vor Rechtshängigkeit wegen § 269 Abs. 3 Satz 3 ZPO noch ein Rechtschutzbedürfnis besteht ist zweifelhaft.[653]

Zusammenstellung der gerichtlichen Entscheidungsformen im Fall der Zustimmung des Mieters.

Zeitpunkt der Zustimmung	**Erledigungserklärung**		**Klagerücknahme**
	einseitig nur vom Vermieter	**beidseitig**	
Vor Anhängigkeit	Klageabweisung durch Urteil	Beschluss gem. § 91a ZPO	Kosten Vermieter, es sei denn Kostentragung aus anderem Grund, § 269 Abs. 3 Satz 2 ZPO
nach Anhängigkeit	Klageabweisung durch Urteil	Beschluss gem. § 91a ZPO	Bei Klagerücknahme Kostenentscheidung unter Berücksichtigung des bisherigen Sach- und Streitstandes nach billigem Ermessen, § 269 Abs. 3 Satz 3 ZPO
nach Rechtshängigkeit	a) Feststellungsurteil, dass sich die Hauptsache erledigt hat b) Klageabweisung	Beschluss gem. § 91a ZPO	Kosten Vermieter, es sei denn Kostentragung aus anderem Grund, § 269 Abs. 3 Satz 2 ZPO

132 Gegen Beschlüsse nach § 91a ZPO und § 269 Abs. 3 ZPO ist das Rechtsmittel der **sofortigen Beschwerde** zulässig. Erforderlich ist aber, dass der Streitwert der Hauptsache 600 € übersteigt. Anders als bei der Berufungssumme kommt es also nicht auf die Beschwer, also auf ein eventuelles Unterliegen an, sondern auf den gesamten Streitwert der Hauptsache. Maßgeblich ist der Rechtsmittel- und nicht der Gebührenstreitwert. Der Rechtsmittelstreitwert bemisst sich entsprechend § 9 ZPO auf den 42-fachen rechtshängigen Erhöhungsbetrag (s. hierzu u. Rdn. 153). Eventuelle Teilzustimmungen, die im Antrag berücksichtigt wurden, bleiben unberücksichtigt, wirken also Streitwert vermindernd. Nach einer einseitigen Erledigungserklärung reduziert sich der Streitwert auf die bis dahin entstandenen Kosten. Diese bestimmen auch die Beschwer des Beklagten, der der Erledigung widerspricht und eine Klageabweisung erreichen will.[654]

133 **c)** Die **Kostenentscheidung** richtet sich nach den §§ 91ff. ZPO. Für die Kostenentscheidung gem. § 92 Abs. 1 ZPO ist das teilweise Obsiegen einer Partei aus dem Gebührenstreitwert, nicht aus dem Rechtsmittelstreitwert zu errechnen.[655] Der Mieter trägt die Kosten auch bei einem **soforti-**

[650] BGH (II ZB 38/02) NJW 2004, 223.
[651] LG Berlin GE 2003, 881; BGH (VIII ZB 72/03) NJW 2004, 1530: für Räumungsklage.
[652] BGH NJW 1994, 2895; KG NJW 1991, 499.
[653] Dafür LG Berlin GE 2004, 51; AG Spandau ZMR 2003, 584.
[654] BGH (V ZB 72/07) WuM 2008, 35, (XII ZR 146/06) GuT 2008, 144, (XII ZR 295/02) NZM 2005, 917; dazu umfassen: *Deppert,* FS Wenzel (PiG Bd. 71) S. 23.
[655] LG München WuM 1994, 337; LG Marburg Urt. v. 5.2.2014 – 5 S 117/13 (zitiert nach juris).

gen Anerkenntnis, wenn er mit der Zustimmung zur Mieterhöhung in Verzug war.[656] Hat der Mieter teilweise der Mieterhöhung zugestimmt und klagt der Vermieter die Mieterhöhung insgesamt ein, also inklusive des Teils dem der Mieter vorprozessual bereits teilweise zugestimmt hat, so hat der Vermieter diesbezüglich die Kosten zu tragen.[657] Es bedarf deshalb in diesem Fall nicht zusätzlich noch eines Anerkenntnisses des Mieters.[658] Obsiegt der Vermieter wegen eines nachgeholten Zustimmungsverlangen zu einem späteren als dem ursprünglich verlangten Wirkungszeitpunkt, hat er (zeit)anteilig die Kosten zu tragen.[659] Dies gilt aber nicht für die Sachverständigenkosten, die erforderlich waren, weil der Mieter gegenüber beiden Erhöhungsverlangen die Höhe der ortsüblichen Vergleichsmiete bestritten hatte. Über diese ist ggf. gem. § 96 ZPO gesondert zu entscheiden.[660]

133a Mehrere Mieter schulden die Kosten gem. § 100 Abs. 1 ZPO nicht als Gesamtschuldner, sondern **nach Kopfteilen.**[661] § 100 Abs. 4 ZPO ist nicht einschlägig. Die Mieter schulden die Zustimmung nicht als Gesamtschuldner (Rdn. 63). Daran ändert auch die Tatsache nichts, dass die Mieter notwendige Streitgenossen (Rdn. 60) sind.[662] Dies gilt umgekehrt auch für das Unterliegen mehrerer Vermieter (Rd. 59). Auch hier sind mehrere Kläger nur nach Kopfteilen erstattungspflichtig.[663] Lautet die Kostenentscheidung „Die Kläger (oder Beklagten) tragen die Kosten des Rechtsstreits" so haftet jeder Streitgenosse nur nach dem auf ihn entfallenden Kopfteil.[664] Dies muss sich dann aus dem anschließend ergehenden Kostenfestsetzungsbeschluss deutlich ergeben.[665] Allein das Nichtankreuzen des Feldes „als Gesamtschuldner" reicht nicht aus. Gegebenenfalls ist der Beschluss gem. § 319 ZPO zu berichtigen.[666] Im Übrigen ist für das Innenverhältnis zwischen mehreren Klägern oder Beklagten das auf die jeweiligen Rechtsbeziehungen geltende materielle Recht entscheidend. Etwaige Ansprüche sind im gesonderten Verfahren geltend zu machen.[667] Auch obsiegende Streitgenossen, egal ob auf Vermieter- oder Mieterseite, sind kostenrechtlich nicht Gesamt-, sondern Anteilsgläubiger.[668] Für die Gerichtskosten ordnet § 32 Abs. 1 GKG aber auch bei Streitgenossen, die materiell rechtlich keine Gesamtschuldner sind, eine gesamtschuldnerische Haftung an. Wird die Zustimmungsklage mit einer Zahlungsklage verbunden (Rdn. 68) dann besteht für die die Zustimmungsklage keine Gesamtschuld aber für den Zahlungsanspruch sehr wohl. Insofern ist gem. § 100 Abs. 4 ZPO die gesamtschuldnerische Haftung anzuordnen. Ggf. ist mit Hilfe der sog. Baumbachschen Formel die Kostenentscheidung zu formulieren.

Werden zwei Streitgenossen verklagt, steht es grundsätzlich jedem von ihnen frei, sich von einem eigenen Anwalt vertreten zu lassen mit der Folge, dass im Falle des Obsiegens die jedem Streitgenossen entstandenen Anwaltskosten erstattungsfähig sind.[669] Ausnahmen sind dann zu machen, wenn feststeht, dass ein eigener Prozessbevollmächtigter für eine interessengerechte Prozessführung nicht erforderlich sein wird. In einem solchen Fall ist es rechtsmissbräuchlich, ohne besonderen sachlichen Grund einen eigenen Anwalt einzuschalten, so dass die doppelt geltend gemachten Kosten nicht als notwendig i. S. v. § 91 Abs. 1 ZPO anzusehen und damit auch nicht erstattungsfähig sind.[670] Im Zustimmungsprozess dürfte i. d. R. die Rechtsverteidigung der Streitgenossen gleichartig sein, so dass die Einschaltung zweier Anwälte nicht notwendig i. S. d. § 91 ZPO erscheint. Ausnahmen können dann gelten, wenn ein Streitgenosse meint aus dem Vertrag ausgeschieden zu sein.

---

[656] LG Berlin GE 1995, 1133; AG Wedding GE 2017, 539 (kein sofortiges Anerkenntnis wenn vorgerichtlich Zustimmung wegen Härtegründen verweigert wurde).

[657] Ablehnend insofern *Wünnemann.* Das Mieterhöhungsverlangen nach § 2 MHG im System des Bürgerlichen Rechts, S. 187ff., der aber eine Teilzustimmung bei § 2 MHG nicht zuließ.

[658] So aber *Wünnemann.* a. a. O. S. 188.

[659] LG Marburg Urt. v. 5.2.2014 – 5 S 117/13 (zitiert nach juris).

[660] LG Marburg Urt. v. 5.2.2014 – 5 S 117/13 (zitiert nach juris).

[661] KG WuM 2009, 407.

[662] *Herget* in Zöller, ZPO, § 100 Rdn. 1; *Lackmann* in Musielak, § 100 ZPO Rdn. 1; *Zimmermann,* Zivilprozessordnung, § 100 ZPO Rdn. 1.

[663] *Zimmermann,* Zivilprozessordnung, § 100 ZPO Rdn. 1; **a. A.** wohl *Deckenbrock/Dötsch* JurBüro 2004, 181 die für eine analoge Anwendung des § 100 Abs. 4 ZPO plädieren.

[664] *Giebel* in MünchKomm § 100 ZPO Rdn. 7.

[665] OLG Köln OLGR Köln 2007, 232.

[666] OLG Köln OLGR Köln 2007, 232.

[667] *Lackkmann* in Musielak, § 100 ZPO Rdn. 1.

[668] *Lackkmann* in Musielak, § 100 ZPO Rdn. 6.

[669] BGH (VIII ZA 21/08) WuM 2009, 186 unter Hinweis auf BVerfG NJW 1990, 2124.

[670] BGH (VIII ZA 21/08) WuM 2009, 186.

134 **d)** Das Urteil ist in der Hauptsache **nicht für vorläufig vollstreckbar** zu erklären. Es handelt sich um ein Leistungsurteil auf Abgabe einer Willenserklärung. Diese Urteile werden gem. § 894 Abs. 1 ZPO dadurch vollstreckt, dass die Willenserklärung mit Rechtskraft des Urteils[671] als abgegeben gilt. Eine vorläufige Vollstreckung ist deshalb nicht möglich. Das Urteil ist aber hinsichtlich der Kostenentscheidung für vorläufig vollstreckbar zu erklären. Die vorläufige Vollstreckbarkeit richtet sich im Regelfall nach § 708 Nr. 11 ZPO, wonach Urteile, die nur hinsichtlich der Kosten vorläufig vollstreckbar sind, ohne Sicherheitsleistung für vorläufig vollstreckbar zu erklären sind, wenn die vollstreckungsfähigen Kosten nicht mehr als 1250,– € betragen. Nur in den Fällen eines Versäumnis- oder Anerkenntnisurteils regelt sich die vorläufige Vollstreckbarkeit nach § 708 Nr. 1 oder Nr. 2 ZPO. Richtet sich die vorläufige Vollstreckbarkeit nach § 708 Nr. 11 ZPO so hat das Gericht grundsätzlich gem. § 711 ZPO eine **Abwendungsbefugnis** für den vorläufig zur Zahlung der Kosten Verurteilten auszusprechen. Die zur Abwendung der Vollstreckung zu leistende Sicherheit wird in einem bestimmten Verhältnis zur Höhe des auf Grund des Urteils vollstreckbaren Betrages im Urteil angegeben.

135 Dies soll jedoch gem. § 713 ZPO entfallen, wenn gegen das Urteil **unzweifelhaft kein Rechtsmittel** möglich ist.[672] Dies hängt zum einen davon ab wie hoch die Beschwer der Parteien ist, also zu welcher Zustimmung der Mieter verurteilt wurde oder in welcher Höhe die Klage des Mieters ganz oder teilweise abgewiesen wurde, und zum anderen auch davon, nach welcher Vorschrift man den Rechtsmittelstreitwert einer Mieterhöhungsklage berechnet (dazu unten Rdn. 152). Verurteilungen zur Zustimmung zu einer Mieterhöhung von monatlich weniger als 14,29 € sind berufungsfähig. Das Gleiche gilt für eine Klageabweisung in dieser Höhe. Für alle Beträge darüber steht aber nicht unzweifelhaft fest, dass kein Rechtsmittel möglich ist, da nach der Rechtsprechung des BVerfG[673] und des BGH[674] der Rechtsmittelstreitwert entsprechend § 9 ZPO nach dem 3½ fachen Jahresdifferenzbetrag zu errechnen ist. Ob im Einzelfall ein Landgericht sich daran nicht hält ist unbeachtlich, da § 713 ZPO ausdrücklich verlangt, dass das Rechtsmittel unzweifelhaft nicht möglich ist.

Hat das Amtsgericht fälschlicherweise § 713 ZPO angewandt, obwohl die Berufungsbeschwer erreicht wurde, ist ein Antrag auf Urteilsergänzung gem. § 321 ZPO möglich.[675] Der Antrag ist binnen zwei Wochen nach Zustellung des Urteils schriftsätzlich zu stellen. Hat das Amtsgericht bei einer Beschwer unter 600,– € über die Berufungszulassung nicht entschieden, weil es selbst von einer Beschwer von über 600,– € ausging, muss das Berufungsgericht die Entscheidung nachholen.[676]

4. Selbständiges Beweisverfahren

136 Unzulässig ist die Durchführung eines selbständigen Beweisverfahrens gem. § 485 ff. ZPO zur Ermittlung der ortsüblichen Vergleichsmiete.[677] Dies gilt sowohl für die Zeit vor Stellung des Mieterhöhungsverlangens (s. dazu § 558 a BGB Rdn. 93 ff.) wie auch für die Zeit danach.[678] Dies war für das frühere Beweissicherungsverfahren bereits anerkannt.[679] Es besteht nämlich weder die Gefahr eines Verlustes noch der erschwerten Benutzung des Beweismittels, da ein Gutachten zur Höhe der ortsüblichen Miete ohne Nachteil für die Beweisführung in einem späteren Mieterhöhungsverfahren nachgeholt werden kann. Die notwendigen Feststellungen können auch rückwirkend getroffen werden. Außerdem ermöglichte das Beweissicherungsverfahren früher nur die Feststellung des gegenwärtigen Zustands einer Sache, um den es aber nicht geht. Seit Neufassung des § 485 ZPO durch das Rechtspflegevereinfachungsgesetz vom 17. 12. 1990[680] kann ein selbständiges Be-

---

[671] Zur Frage, wann die Rechtskraft von Urteilen eintritt s. auch § 569 BGB Rdn. 68.
[672] Zur Frage, wann die Rechtskraft von Urteilen eintritt s. auch § 569 BGB Rdn. 68.
[673] BVerfG NJW 1996, 1531.
[674] BGH (VIII ZB 30/13) WuM 2014, 427; (VIII ZB 10/03) NZM 2004, 617.
[675] BGH (VIII ZR 98/08) WuM 2008/613 = MietPrax-AK § 719 ZPO Nr. 15; BGH NJW 1984, 1240.
[676] BGH (VIII ZR 42/13) GE 2014, 798; (VIII ZB 101/07) WuM 2008, 614.
[677] LG Braunschweig WuM 1996, 291; LG Mannheim ZMR 1976, 152; *Sternel* Mietrecht, III, 756; *ders.* PiG 10, 127, 140; **a. A.** *Scholl* WuM 1997, 307, 308; *ders.* WuM 1998, 77; Palandt/*Weidenkaff*, § 558b BGB Rdn. 12.
[678] Umstritten ist, ob das selbständige Beweisverfahren zur Vorbereitung einer Rückforderungsklage wegen Mietpreisüberhöhung zulässig ist: dagegen LG Berlin NJW-RR 1997, 585; LG Freiburg WuM 1997, 337; LG Köln NJWE-MietR 1996, 268 mit krit. Anm. *Scholl* WuM 1997, 307; LG Köln Beschl. v. 22.9.1997 – 1 T 370/97; **a. A.** LG Köln WuM 1995, 490; zumindest wenn Umbau bevorsteht: LG Mainz WuM 1997, 631.
[679] LG Mannheim WuM 1976, 58.
[680] BGBl. I, S. 2847.

weisverfahren u. a. aber auch außerhalb eines Rechtsstreits beantragt werden, wenn eine Partei ein rechtliches Interesse daran hat, dass der Zustand oder Wert einer Sache, festgestellt wird. Ein rechtliches Interesse ist anzunehmen, wenn die Feststellung der Vermeidung eines Rechtsstreits dienen kann.

Trotz dieser im Gegensatz zur früheren Rechtslage weiteren Gesetzesfassung kann der Vermieter nicht die Feststellung der ortsüblichen Vergleichsmiete mittels selbständigen Beweisverfahrens beantragen.[681] Bei der Feststellung der ortsüblichen Vergleichsmiete geht es nicht um die **Feststellung des Wertes der Wohnung.**[682] Unerheblich ist dabei, ob man unter Wert der Sache i. S. d. § 485 ZPO nur den **Verkehrswert**[683] oder auch den **Ertragswert**[684] versteht, die ortsübliche Vergleichsmiete hat mit beiden Werten nichts zu tun, obwohl sie natürlich den Ertragswert beeinflusst. Der Ertragswert i. S. d. Bewertungsrechts wird bestimmt durch die **nachhaltig erzielbare Miete.** Dieser Begriff ist ein ganz anderer als der der ortsüblichen Vergleichsmiete. Die ortsübliche Vergleichsmiete ist ein Rechtsbegriff, der, vereinfacht ausgedrückt, bestimmt wird durch alle zu einem bestimmten Stichtag in einer Gemeinde gezahlten Mieten, soweit diese Mieten innerhalb der letzten vier Jahre neu vereinbart oder verändert wurden. Für die Ermittlung der ortsüblichen Vergleichsmiete kommt es insoweit auf den Zustand der Wohnung an, um festzustellen welche Wohnungen als Vergleichsmaßstab herangezogen werden müssen, der Wert der ortsüblichen Vergleichsmiete selbst wird aber durch die für die anderen Wohnungen gezahlten Mieten bestimmt.[685] 137

Das selbständige Beweisverfahren ist auch aus **systematischen Gründen** unzulässig. § 558b Abs. 2 BGB ist hier die **Spezialvorschrift.** Nach Zugang des Mieterhöhungsverlangens steht dem Mieter die Überlegungsfrist zu. Die Einleitung eines selbständigen Beweisverfahrens würde den Mieter in seiner Entscheidungsfreiheit während dieser Überlegungsfrist unzulässig beeinflussen. Das selbständige Beweisverfahren löst Kosten aus, die ggf. in einem späteren Verfahren vom Mieter zu tragen wären. Auf den Mieter wird also ein zusätzlicher Druck ausgeübt. Außerdem steht die Beweisaufnahme im selbständigen Beweisverfahren der Beweisaufnahme im späteren Prozess gem. § 493 ZPO gleich. Der Vermieter könnte also über die Durchführung eines selbständigen Beweisverfahrens bestimmen, auf welche Art und Weise das Gericht die ortsübliche Vergleichsmiete zu ermitteln hat. Es handelt sich aber um eine Frage der Tatsachenfeststellung, die dem erkennenden Gericht obliegt. Hierzu kann sich das Gericht des gültigen und hinreichend aussagekräftigen **Mietspiegels** bedienen. Da das erkennende Gericht durch ein selbständiges Beweisverfahren an der Anwendung eines Mietspiegels zur Ermittlung der ortsüblichen Vergleichsmiete nicht gehindert werden kann, kann durch dies Verfahren auch ein Rechtsstreit häufig nicht vermieden werden, da die Parteien ja in diesen Fällen vor allem darüber streiten, wie die ortsübliche Vergleichsmiete zu ermitteln ist. Dieser Streit wird durch die vorweggenommene versuchte Festlegung des Gerichts auf das Sachverständigengutachten aber nicht geschlichtet, weil eine solche Festlegung für das Gericht nicht bestehen kann. 138

Schließlich kann der Vermieter durch Einleitung des selbständigen Beweisverfahrens auch nicht die **Klagefrist** des § 558b Abs. 2 Satz 2 BGB einhalten. Der Wortlaut der Vorschrift verlangt ausdrücklich die Erhebung der Zustimmungsklage. Genauso wenig wie die unmittelbar erhobene Zahlungsklage die Frist wahrt, kann die Einleitung des selbständigen Beweisverfahrens diese Frist wahren. Aus § 204 Abs. 1 Nr. 7 BGB kann nichts Anderes hergeleitet werden, da diese Vorschrift nur die Verjährungshemmung betrifft. Hier geht es nicht um die Hemmung der Verjährung, sondern um eine rechtzeitige Klageerhebung. 139

Hat das Amtsgericht dennoch ein schriftliches Sachverständigengutachten im selbständigen Beweisverfahren eingeholt, dann ist strittig, ob das Gericht auf Antrag einer Partei eine mündliche Anhörung des Sachverständigen im selbständigen Beweisverfahren durchführen muss.[686] Zum Teil wird vertreten, dass ein Anspruch auf Anhörung des Sachverständigen nicht besteht.[687] Zulässig sei nur das schriftliche Sachverständigengutachten. Eine Erläuterung des Gutachtens wäre allenfalls in 140

---

[681] Zur Frage, ob das selbständige Beweisverfahren als Begründungsmittel möglich ist, s. § 558a BGB Rdn. 93ff.
[682] LG Berlin NJW-RR 1997, 585.
[683] So das LG Berlin NJW-RR 1997, 585.
[684] So *Scholl* WuM 1997, 307.
[685] So auch LG Braunschweig WuM 1996, 291; LG Freiburg WuM 1997, 327 für den Begriff der „üblichen Entgelte" in § 5 WiStG.
[686] OLG Düsseldorf MDR 1994, 939.
[687] LG Köln WuM 1998, 110.

einer gem. § 492 Abs. 3 ZPO anberaumten mündlichen Erörterung möglich. Nach § 492 Abs. 3 ZPO kann das Gericht allenfalls die Parteien zur mündlichen Erörterung laden, wenn eine Einigung zu erwarten ist. Nach anderer Auffassung[688] ist eine solche Beschränkung nicht gerechtfertigt. Bereits in der Gesetzesbegründung zum Rechtspflegevereinfachungsgesetz[689] sei darauf hingewiesen worden, dass die Vorschriften über die **Ladung des Sachverständigen** zur Erläuterung seines Gutachtens gem. § 411 Abs. 3 ZPO auch im selbständigen Beweisverfahren Geltung habe. Der Anspruch besteht auf jeden Fall nur ganz ausnahmsweise, da dem Gericht ein beweisrechtliches Ermessen zusteht und es in diesem Rahmen auch die schriftliche Beantwortung der Fragen anordnen kann.[690] Nur wenn der jeweilige Antragsteller darlegt, welche Fragen überhaupt noch erklärungsbedürftig sind und diese Fragen schriftlich nicht zu klären sind, kann ggf. eine Verpflichtung zur Ladung ausnahmsweise bestehen.

5. Vergleich

141 Da auch im Zustimmungsprozess gem. § 558b BGB die volle **Dispositionsmaxime** gilt, steht es den Parteien frei, zu jedem Zeitpunkt den Rechtsstreit durch einen gerichtlichen oder außergerichtlichen Vergleich zu beenden. Ein Vergleich ist ein Vertrag, durch den der Streit oder die Ungewissheit der Parteien über ein Rechtsverhältnis im Wege gegenseitigen Nachgebens beseitigt wird, § 779 BGB. Kein Vergleich liegt vor, wenn nur eine Partei nachgibt. Deshalb liegt kein Vergleich bei einem Anerkenntnis vor. Ansonsten sind die Parteien bei der inhaltlichen Gestaltung des Vergleichs grundsätzlich frei. Es ist weder die **Jahressperrfrist** noch die **Kappungsgrenze** oder die Begrenzung auf die ortsübliche Vergleichsmiete zu beachten. Aber auch ein gerichtlicher Vergleich darf nicht gegen ein gesetzliches Verbot verstoßen, so dass Mietpreisvereinbarungen, die gegen § 5 WiStG oder § 291 StGB verstoßen, trotz der gerichtlichen Protokollierung unwirksam sind.[691] Ein Verstoß gegen § 556g Abs. 1 BGB ist an dieser Stelle nicht denkbar, da es nicht um den Abschluss eines neuen Mietvertrags geht, sondern um die Erhöhung der Miete in einem bestehenden Vertrag. Ein Nachgeben des Vermieters liegt nicht nur vor, wenn er sich mit einer Zustimmung zu einer geringeren als der verlangten Mieterhöhung einverstanden erklärt, sondern auch wenn er sich mit einem späteren Termin zufrieden gibt oder wenn die erhöhte Miete für längere Zeit fest vereinbart wird. Dabei ist es auch möglich, eine **Staffelmietvereinbarung** im Rahmen des § 557a BGB abzuschließen. Schließlich kann im Vergleich auch eine Änderung der **Mietstruktur** vereinbart werden. Wegen der Rückstände aus der Mieterhöhung kann ggf. auch eine Bezifferung und damit Titulierung des Zahlungsanspruchs erfolgen.

142 Der Vergleich kann im jetzt **obligatorischen Gütetermin** wie auch im **Haupttermin** geschlossen werden. Wenn der **Vermieter Unternehmer**[692] und der Mieter Verbraucher ist, stellt sich die Frage, ob ein solcher Vergleich gem. §§ 312b, 312g Abs. 1, 355 BGB widerrufen werden kann, da der **Gerichtssaal** ein außerhalb des Geschäftslokals liegender Ort ist.[693] Nach Auskunft des BMJV hat ein Widerrufsrecht für gerichtliche Vergleiche bei den Verhandlungen zur Verbraucherrechterichtlinie keine wesentliche Rolle gespielt. Es soll zwar ganz allgemein Einigkeit darüber bestanden haben, dass gerichtliche Vergleiche nicht erfasst sein sollen. In den Erwägungsgründen der Richtlinie oder sonst in den Materialien findet sich dazu jedoch keine Aussage. Demgegenüber ergibt sich aus dem Gesetz durchaus etwas Anderes. Dass nämlich das Widerrufsrecht grundsätzlich auch bei gerichtlichen Vergleichen gilt, ergibt sich aus einem Vergleich mit § 491 Abs. 3 BGB, der das Widerrufsrecht bei Verbraucherdarlehnsverträgen genau für diesen Fall ausschließt. Da dies wohl eine nicht analogiefähige Spezialvorschrift ist, die zudem weitere Voraussetzungen für den Ausschluss des Widerrufsrechts enthält, kann im **Umkehrschluss** daraus gefolgert werden, dass bei sonstigen gerichtlichen Vergleichen prinzipiell das allgemeine Widerrufsrecht gilt.[694] Nach Art. 3 III i) der Richtlinie über Rechte der Verbraucher (Verbraucherrechterichtlinie (2011/83/

[688] *Scholl* WuM 1998, 77 unter Hinweis auf: OLG Düsseldorf BauR 1993, 637 und MDR 1994, 939; OLG München BauR 1994, 663; OLG Saarbrücken NJW-RR 1994, 788; OLG Köln VersR 1997, 511 und OLGR 1997, 69.

[689] BT-Drucks. 11/3621 S. 42.

[690] *Scholl* WuM 1998, 77.

[691] *Beuermann* GE 1991, 212.

[692] Dazu *Horst* DWW 2015, 2.

[693] Dafür *Mediger* NZM 2015, 185; dagegen AG Hanau WuM 2015, 543; *Hinz* WuM 2016, 76, 85; *Hau* NZM 2015, 435.

[694] Gegen Widerrufsrecht bei Anwaltsvergleichen *Horst* DWW 2015, 2, 9.

EU)) wäre es zulässig gewesen, gerichtliche Vergleiche insgesamt aus dem Anwendungsbereich des Widerrufsrechts auszuklammern. Der deutsche Gesetzgeber hat dies aber nur für die erwähnten Verbraucherdarlehensverträge sowie für einige notariell beurkundete Verträge, § 312 Abs. 2 Nr. 1 und § 312g Abs. 2 Nr. 13 BGB getan. So gilt das Widerrufsrecht bei notariell beurkundeten Verträgen dann nicht, wenn sie trotzdem beurkundet werden und der Notar darüber belehrt, dass kein Widerrufsrecht besteht. *Hau*[695] ist der Auffassung, dass gem. § 127a BGB dies dann auch für gerichtliche Vergleiche zu gelten habe, wenn der Richter über das Nichtbestehen des Widerrufsrechts belehrt habe. Das ist zweifelhaft, weil § 127a BGB der Rechtsprechung des BGH[696] entspricht, wonach Erklärungen, die der notariellen Beurkundung bedürfen, auch in einen gerichtlichen Vergleich aufgenommen werden dürfen. Ob damit auch Verträge, die gar nicht der notariellen Beurkundung bedürfen, gleichgestellt werden sollen, ist zu bezweifeln. Ein Richter ist zwar ein öffentlicher Amtsträger, der gesetzlich zur Unabhängigkeit und Unparteilichkeit verpflichtet ist, jedoch lässt sich aus der ZPO kaum ableiten, dass der Richter „durch umfassende rechtliche Aufklärung sicherzustellen hat, dass der Verbraucher den Vertrag nur aufgrund gründlicher rechtlicher Prüfung und in Kenntnis seiner rechtlichen Tragweite abschließt". Deshalb bestehen keine Belehrungspflicht des Richters, wie sie den Notar trifft. Es spricht deshalb durchaus viel dafür, eine prinzipielle Verpflichtung zur Erteilung einer Widerrufsbelehrung für den Unternehmer (nicht den Richter) anzunehmen. Voraussetzung hierfür ist aber gem. §§ 312ff. BGB ein Vertrag über eine entgeltliche Leistung eines Unternehmers. Normalerweise geht es bei einem Vergleich nicht um die Erbringung einer Leistung gegen Entgelt, sondern um die Beseitigung eines Streits oder einer Ungewissheit durch gegenseitiges Nachgeben, § 779 Abs. 1 BGB. Bei einem Vergleich über eine Mieterhöhungserklärung gibt der Mieter aber eine Willenserklärung ab, was wohl eine Leistung darstellen dürfte. Etwas anderes kann bei **anwaltlich vertretenen Parteien** gelten, so dass eventuell ein **Privatvermieter** wegen der Einschaltung eines Anwalts zum Unternehmer wird[697] und umgedreht ein Verbraucher zum Unternehmer wird.[698] Auch die Unterscheidung zwischen der materiell-rechtlichen und der prozessualen Bedeutung eines Vergleichs hilft nicht weiter, da es zum einen bei der Mieterhöhung um die materiell-rechtliche Seite geht und zum anderen die materiell-rechtliche Unwirksamkeit (nach einem Widerruf) die Unwirksamkeit der prozess-rechtlichen Seite immer zur Folge hat.[699]

Möglich ist auch ein Vergleichsschluss auf Grund eines gerichtlichen Vergleichsvorschlags den beide Parteien gegenüber dem Gericht schriftlich angenommen oder unterbreitet haben, § 278 Abs. 6 ZPO. Das Gericht stellt in diesem Fall das Zustandekommen und den Inhalt des Vergleichs durch Beschluss fest. **142a**

Die **Schonfrist des § 569 Abs. 3 Nr. 3 BGB** gilt für einen Zahlungsrückstand auf Grund eines gerichtlichen Vergleichs nicht. Bei einem Vergleich handelt es sich unabhängig davon, ob er außerhalb oder während eines Prozesses geschlossen wird, um eine Mietabänderungsvereinbarung, auf die § 569 Abs. 3 Nr. 3 BGB nicht anwendbar ist. Eine Mietabänderungsvereinbarung hat ihre gesetzliche Rechtfertigung in § 557 Abs. 1 BGB. Diese Norm ist in § 569 Abs. 3 Nr. 3 BGB nicht erwähnt. Aber selbst dann, wenn der Mieter innerhalb eines Zustimmungsprozesses in einem Vergleich seine vollständige oder teilweise Zustimmung zu einem zuvor gestellten Zustimmungsverlangen erklärt hat, ist **§ 569 Abs. 3 Nr. 3 BGB weder unmittelbar noch analog anwendbar.**[700] Es handelt sich um eine freiwillige Zustimmung des Mieters, bei der nicht die gleiche Schutzbedürftigkeit besteht, wie einer Zustimmungsersetzung durch Urteil.[701] Der Mieter kann sowohl hinsichtlich der Fälligkeit des Rückstandes wie auch hinsichtlich der Vereinbarung einer Schonfrist entsprechend der Regelung des § 569 Abs. 3 Nr. 3 BGB im Vergleich eine Regelung treffen. **143**

695 *Hau* NZM 2015, 435.

696 BGHZ 14, 386.

697 *Mediger* NZM 2015, 185 unter Hinweis auf AG Waiblingen WuM 1996, 137; LG Wiesbaden WuM 1996, 698 (jeweils noch zum alten Begriff des „geschäftsmäßigen Handelns"); **a. A.** *Gsell* WuM 2014, 375, 379; *Artz/Brinkmann/Pielsticker* ZAP F. 4 S. 1639.

698 Dafür *Mediger* NZM 2015, 185; **a. A.** LG Rostock NZM 2007, 370.

699 *Stöber* in Zöller, ZPO § 794 ZPO Rdn. 15.

700 OLG Hamm RE v. 27.12.1991, NJW-RR 1992, 340; *Bub,* GS für Sonnenschein, S. 419, 424.

701 OLG Hamm RE v. 27.12.1991, NJW-RR 1992, 340; Palandt/*Weidenkaff,* § 569 BGB Rdn. 21; *Sternel* Mietrecht, III, 867; *Häublein* in MünchKomm § 569 BGB Rdn. 35; *Emmerich* in Staudinger § 569 BGB Rdn. 53; *Bub,* GS für Sonnenschein, S. 419.

144 Die **Vollstreckung** aus einem solchen Vergleich hängt von seinem Wortlaut ab. Verpflichtet sich der Mieter in dem Vergleich einer Mieterhöhung zuzustimmen, dann ist § 894 ZPO, der nur für Urteile gilt, nicht anwendbar.[702] Da die Verpflichtung zur Abgabe der Zustimmung noch nicht die Willenserklärung selbst darstellt, richtet sich die Vollstreckung nach Vorschriften über die Zwangsvollstreckung auf **Vornahme einer unvertretbaren Handlung** gem. § 888 Abs. 1 ZPO.[703] Hat der Mieter im Vergleich bereits einer Mieterhöhung auf einen bestimmten Betrag zugestimmt oder haben die Parteien im Vergleich sich auf eine Änderung des Vertrages dahin gehend geeinigt, dass die Miete ab einem bestimmten Zeitpunkt einen bestimmten Betrag betragen soll, dann bedarf es keiner Zwangsvollstreckung aus dem Vergleich, da der Vergleich zugleich die Erfüllung der Verpflichtung enthält. In diesem Fall kann und muss ggf. unmittelbar Zahlungsklage erhoben werden, wenn der Mieter seiner neuen Zahlungsverpflichtung nicht nachkommt.

6. Streitwerte

145 Das Prozessrecht unterscheidet **verschiedene Streitwerte.**[704] Neben dem Zuständigkeitsstreitwert nach den §§ 3–9 ZPO gibt es den Gebührenstreitwert und den Rechtsmittelstreitwert.

146 **a) Gebührenstreitwert.** Nur für den Gebührenstreitwert einer Mieterhöhungsklage nach § 558 BGB enthält das Gesetz, nämlich § 41 Abs. 5 GKG, eine ausdrückliche Regelung. Danach ist maßgebend **höchstens der Jahresbetrag** der zusätzlich geforderten Miete. Dies gilt auch, wenn der Kläger eine Teilzustimmung des Mieters nicht beachtet hat.[705] Der Gebührenstreitwert ist dann kleiner als der Jahresdifferenzbetrag, wenn das Mietverhältnis, z. B. bei einer Befristung oder bereits ausgesprochener Kündigung, kein ganzes Jahr mehr fortbesteht. Der Gesetzgeber hat diese Regelung geschaffen, um den Gebührenwert in Mietstreitigkeiten aus sozialen Gründen niedrig zu halten. Auf die sonst im Mietrecht sich immer wieder stellende Frage, ob dabei von der Grundmiete, der Inklusivmiete oder einer Zwischenform auszugehen ist, kommt es an dieser Stelle nicht an, da bei der Streitwertberechnung gem. § 41 Abs. 5 GKG bei Mieterhöhungen der Differenzbetrag zwischen alter und neuer Miete unabhängig von der Mietstruktur maßgeblich ist. Auch wenn der Vermieter gem. Abs. 3 im laufenden Verfahren ein Mieterhöhungsverlangen nachgeholt hat, soll es beim Jahreswert der begehrten Mieterhöhung bleiben.[706] Das ist m. E. nicht richtig, wenn zunächst das erste formell unwirksame Erhöhungsverlangen Streitgegenstand war.[707] Etwas Anderes gilt allenfalls dann, wenn gleich aus dem neuen in der Klageschrift nachgeholten Erhöhungsverlangen geklagt wird. Für die Kostenentscheidung ist das teilweise Obsiegen einer Partei aus dem Gebührenstreitwert, nicht aus dem Zuständigkeitsstreitwert zu errechnen.[708] Obsiegt der Vermieter wegen eines nachgeholten Zustimmungsverlangen zu einem späteren als dem ursprünglich verlangten Wirkungszeitpunkt, hat er (zeit)anteilig die Kosten zu tragen.[709]

147 **b) Rechtsmittelstreitwert.** Die Frage, ob gegen ein Urteil die Streitwertberufung möglich ist, bestimmt sich danach, ob der Wert des Beschwerdegegenstandes 600 € übersteigt, § 511 Abs. 1 Nr. 1 ZPO. Für die Berechnung kommt es auf der Vermieterseite auf die sog. **formelle Beschwer,** also die Abweichung der angegriffenen Entscheidung vom letzten Antrag an; auf Beklagtenseite ist die **materielle Beschwer** maßgeblich, also die Frage, inwieweit der Mieter durch die Entscheidung tatsächlich benachteiligt wird. Maßgeblicher **Zeitpunkt** für die Feststellung des Rechtsmittelstreitwertes ist der Zeitpunkt der Rechtsmitteleinlegung.[710]

148 Umstritten war jahrelang[711] die Frage der Ermittlung des Rechtsmittelstreitwertes bei **Zustimmungsklagen** gem. § 558b BGB.

---

[702] *Walker* in: Schuschke/Walker, Vollstreckung und Vorläufiger Rechtsschutz, § 888 Rdn. 4; *Sturhahn* in: Schuschke/Walker, Vollstreckung und Vorläufiger Rechtsschutz, § 894 Rdn. 1.

[703] BGH NJW 1986, 2704; BGH (I B 57/10) NJW 2011, 3161; *Kossmann/Meyer-Abich,* Hdb. d. Wohnraummiete, § 155 Rdn. 44.

[704] Zu den unterschiedlichen Streitwerten und ihren Berechnungen im Wohnraummietrecht s. *Gies* NZM 2003, 886.

[705] LG Wuppertal WuM 1993, 478.

[706] LG Berlin WuM 2012, 511 („keine formale, sondern wertende Betrachtungsweise").

[707] Dafür auch *Emmerich* in Staudinger § 558b Rdn. 24.

[708] LG München WuM 1994, 337.

[709] LG Marburg Urt. v. 5.2.2014 – 5 S 117/13 (zitiert nach juris).

[710] *Gummer* in Zöller, ZPO, § 511 Rdn. 5 m.w.N.

[711] Zu den einzelnen Auffassungen und ihren Vertretern siehe 11. Auflage § 558b BGB Rdn. 149ff. und die dortige tabellarische Zusammenstellung.

unbesetzt 149–151

Nach richtiger und heute absolut herrschender Auffassung berechnet sich die Beschwer im Zustimmungsverfahren **analog § 9 ZPO.**[712] Eine unmittelbare Anwendung der Vorschrift scheidet aus, weil es sich bei der Zustimmungsklage um keine **Klage auf wiederkehrende Leistungen** handelt, sondern um eine Klage auf Abgabe einer Willenserklärung. Die Vorschrift ist entsprechend anzuwenden. Es liegt erkennbar eine Regelungslücke vor. Es gibt keine Bestimmung, die die Berechnung der Beschwer für die Zustimmungsklage regelt. Die Sachverhalte sind auch durchaus vergleichbar. Während § 9 ZPO den Fall meint, dass ein Kläger seinen Schuldner unmittelbar auf Leistung von wiederkehrenden Leistungen in Anspruch nimmt, hat der Gesetzgeber das Mieterhöhungsverfahren so gestaltet, dass nicht unmittelbar auf Zahlung geklagt werden kann, sondern zunächst auf Zustimmung zu einer Vertragsänderung. Wirtschaftlich besteht hier aber kein Unterschied. Ist der Mieter zur Zustimmung verurteilt, schuldet er eine wiederkehrende Leistung und zwar auf unbestimmte Zeit. Soweit hiergegen vorgebracht wurde, dass gar nicht feststehe, ob das Mietverhältnis noch 42 Monate bestehe[713] ist dies ein generelles Problem des § 9 ZPO, das nicht auf Zustimmungsklagen begrenzt ist. Steht fest, dass das Mietverhältnis früher als 42 Monate nach Wirksamwerden der Mieterhöhungserklärung enden wird (Zeitmietvertrag[714], bereits erfolgte Kündigung), so ist die Beschwer entsprechend herabzusetzen.[715] Damit ist die Berufung ab einer Beschwer von 14,29 € möglich. Stimmt der Mieter vor Ablauf der Berufungsfrist dem Mieterhöhungsverlangen teilweise zu, bemisst sich die Beschwer nach dem Mehrfachen der insoweit zu berechnenden Mietdifferenz. Durch Anpassung des Berufungsantrags hinsichtlich der Teilzustimmung auf Feststellung der teilweisen Erledigung des Rechtsstreits kann die gem. § 511 ZPO erforderliche Beschwer erhalten bleiben.[716] Das gilt aber nicht, wenn der Mieter zur Zustimmung auch hinsichtlich des Teils verurteilt wurde, dem er vermeintlich zugestimmt hat.[717] 152

z. Zt. unbesetzt 153

Feststellungsklagen sind im Verfahren nach § 2 MHG zwar unzulässig, das ändert aber nichts daran, dass auch für unzulässige Klagen ein Streitwert und ggf. auch eine Beschwer festzusetzen ist. Die Beschwer des Vermieters bei einer **Feststellungsklage,** dass der Mieter einen bestimmten Mieterhöhungsbetrag schulde, ist grundsätzlich auch nach dem dreieinhalbfachen Jahresbetrag der Erhöhung zu bemessen. Von diesem Wert ist für die positive Feststellungsklage ein Abzug von 20% vorzunehmen, weil diese nur vorbereitenden Charakter hat.[718] Unabhängig davon, um welche Art von Mieterhöhung es sich handelt, bemisst sich die Beschwer des Mieters bei einer **negativen Feststellungsklage** gegen eine Mieterhöhung das Dreieinhalbfache des vermeintlich nicht geschuldeten Betrages, auch wenn der Gebührenstreitwert dem Jahreserhöhungsbetrag entspricht.[719] 154

7. Rechtsmittel

Gegen das amtsgerichtliche Urteil ist das **Rechtsmittel der Berufung** möglich wenn 155

a) entweder die Beschwer mehr als 600 € beträgt (dazu oben 117 ff.) oder
b) wenn das Gericht die Berufung ausdrücklich zugelassen hat.

Die Zulassung der Berufung erfolgt durch das Amtsgericht, wenn die Rechtssache grundsätzliche Bedeutung hat oder die Fortbildung des Rechts oder die Sicherung einer einheitlichen Rechtsprechung dies erfordert.[720] Hat das Amtsgericht über die Berufungszulassung nicht entschieden, weil es davon ausging, dass die Berufungsbeschwer von 600 € erreicht war, dann muss das Be-

[712] BVerfG NJW 1996, 1531; BGH (VIII ZB 4/16) WuM 2016, 510, (VIII ZB 10/03) NZM 2004, 617, (VIII ZB 30/13) WuM 2014, 427, (XII ZR 314/99) NJW 2000, 3142 (obiter dictum); LG Hildesheim WuM 1996, 351, WuM 1996, 716; LG Kassel WuM 1996, 417; LG Düsseldorf DWW 1996, 279; LG Berlin ZMR 1997, 358, MM 1996, 449; LG Kiel MDR 1994, 834; LG Dortmund ZMR 2002, 918; AG Dortmund NZM 2002, 949; *Heinrich* in Musielak, § 9 ZPO Rdn. 3; *Gärtner* WuM 1997, 160.
[713] LG Bremen WuM 1997, 334.
[714] BGH NZM 1999, 561.
[715] LG Wiesbaden WuM 1993, 470.
[716] LG Saarbrücken WuM 1989, 441.
[717] BGH (VIII ZB 30/13) WuM 2014, 427.
[718] BGH (XII ZR 162/00) NZM 2004, 423.
[719] BGH (VIII ZR 89/13) 6 E 2015, 249.
[720] Zu den Rechtsmitteln im Mietprozess *Ball* NZM 2002, 409; *Hinz* WuM 2002, 3, 352; *Schläger* ZMR 2002, 401.

rufungsgericht selbst über die Zulassung entscheiden, wenn es die Beschwer auf unter 600 € festsetzt.[721] Hat das Amtsgericht keine Berufung zugelassen und legt die unterlegene Partei hiergegen Verfassungsbeschwerde ein, so muss sie gleichzeitig auch Berufung einlegen und nach § 148 ZPO die Aussetzung des Verfahrens beantragen. Legt sie erst nach erfolgreicher Verfassungsbeschwerde Berufung ein, soll diese verfristet sein.[722] Hat das Amtsgericht die Klage als unzulässig abgewiesen, weil es Bedenken gegen die formelle Ordnungsmäßigkeit des Mieterhöhungsverlangens gehabt hat, dann kann das Landgericht statt selbst im Berufungsverfahren zu entscheiden gem. § 538 Abs. 2 Nr. 3 ZPO auf Antrag einer Partei unter Aufhebung des amtsgerichtlichen Urteils die Sache an das Amtsgericht **zurückverweisen,** wenn es der Auffassung ist, dass die Klage zulässig ist. Dabei hat es sämtliche Rügen zu erledigen, damit die Zulässigkeit umfassend geprüft und festgestellt wird.[723] Zuständig für die Berufung ist **immer das Landgericht.**

156 Hat der Mieter **Prozesskostenhilfe** für die Berufung beantragt und wird dieser Antrag nach dem Ablauf der Rechtsmittelfrist zurückgewiesen, bleibt der Partei nach der Bekanntgabe der Entscheidung noch eine Zeit von höchstens drei bis vier Tagen für die Überlegung, ob sie das Rechtsmittel auf eigene Kosten durchführen will.[724] Danach beginnt die zweiwöchige Frist des § 234 Abs. 1 ZPO für das **Wiedereinsetzungsgesuch** und die damit zu verbindende Einlegung des Rechtsmittels. Das gilt auch dann, wenn das Gericht nicht die Mittellosigkeit der Partei, sondern die Erfolgsaussicht der beabsichtigten Rechtsverfolgung verneint hat.[725]

157 Gegen die Urteile der Berufungsgerichte ist das Rechtsmittel der **Revision** in Zustimmungsverfahren nach § 558b BGB zulässig, wenn das Berufungsgericht die Berufung zugelassen hat oder das Revisionsgericht auf eine Nichtzulassungsbeschwerde hin die Revision zugelassen hat. Zuständig für die Entscheidung über die Revision ist der **BGH.** Gegen die Nichtzulassung der Revision ist die **Beschwerde** gem. § 544 ZPO möglich. Bis 30.6.2018 erfordert dies immer noch eine Beschwer von 20.000 €, § 26 Nr. 8 EGZPO.[726] Für Zustimmungsklagen gem. § 558 BGB dürfte diese Grenze unerreichbar sein.

158 Möglich ist gem. § 566 ZPO auch die **Sprungrevision** gegen amtsgerichtliche Urteile. Voraussetzung ist, dass die Beschwer 600 € übersteigt, der Gegner in die Übergehung der Berufungsinstanz einwilligt und das Revisionsgericht die Sprungrevision zulässt. Die Sprungrevision ist nur zuzulassen, wenn die Sache grundsätzliche Bedeutung hat oder die Fortbildung des Rechts oder die einheitliche Rechtsprechung eine Entscheidung des BGH erfordert, § 566 Abs. 4 ZPO. Erst wenn der Antrag auf Zulassung der Zulassungsrevision abgelehnt wird, wird das Urteil rechtskräftig. Erst in diesem Augenblick gilt die Willenserklärung des Mieters gem. § 894 ZPO als abgegeben.

F. Die Nachbesserung von Mieterhöhungsverlangen (Abs. 3)

I. Allgemeines

159 Hat der Vermieter eine Mieterhöhungserklärung abgegeben, die nicht den Anforderungen des § 558a BGB entsprach, so ist er nach § 558b Abs. 3 BGB berechtigt, in einem anschließenden Zustimmungsprozess diese Mängel zu heilen. **Voraussetzung** ist nach dem Wortlaut der Vorschrift aber, dass überhaupt ein Mieterhöhungsverlangen der Zustimmungsklage vorausgegangen ist.[727] Soweit zum alten Recht teilweise eine andere Auffassung vertreten wurde ist diese durch die Umformulierung der Vorschrift jetzt gänzlich unbeachtlich.

160 Die Vorschrift gestattet nur die **Heilung von Mängeln** nach § 558a BGB.[728] Es können also **nur formelle Mängel** geheilt werden.[729] Hierzu zählen Mängel der Textform und der Begrün-

---

[721] BGH (VIII ZB 42/13) GE 2014, 798; (VIII ZB 36/04) WuM 2008, 614.

[722] LG Berlin GE 2009, 1318.

[723] Zu den Auswirkungen der ZPO Reform auf das Mietrecht: *Ball* NZM 2002, 409; *Hinz* WuM 2002, 3 und 352; *Schläger* ZMR 2002, 401.

[724] Deshalb darf ein unter Bedingung der PKH-Bewilligung eingelegte Berufung erst nach Entscheidung über PKH-Antrag zurückgewiesen werden: BGH (VIII ZB 38/12) MietPrax-AK, § 233 ZPO Nr. 10.

[725] BGH (VIII ZA 21/08) WuM 2009, 186; (VIII ZB 76/08) WuM 2009, 262; VersR 1985, 271.

[726] Art 4 des „Gesetzes zur Änderung der Insolvenzordnung und zur Änderung des Gesetzes, betreffend die Einführung der Zivilprozessordnung" v. 22.12.2016 BGBl. I S. 3147.

[727] *Hinz* NZM 2002, 633, 634.

[728] *Both* in Herrlein/Kandelhard § 558b BGB Rdn. 14; *Hinz* NZM 2002, 633, 634; *Börstinghaus* in Blank/Börstinghaus 4. Aufl. § 558b BGB Rdn. 35.

[729] LG Berlin GE 2013, 1656.

dung gem. § 558a Abs. 2 und 3 BGB. Auch der Hinweis auf einen qualifizierten Mietspiegel gehört hierzu. Nicht geheilt werden kann z. B. die fehlende Aktivlegitimation, also wenn der falsche Vermieter[730] das Erhöhungsverfahren gestellt hat oder wenn es an den falschen Mieter oder nicht alle Mieter adressiert wurde.[731] Offengelegt werden kann die Ermächtigung zur Abgabe einer Erhöhungserklärung.[732] Auch die Nichteinhaltung der **Jahressperrfrist** kann nicht gem. § 558b Abs. 3 geheilt werden[733], obwohl der Vermieter natürlich ein neues Erhöhungsverlangen stellen kann. Mit Heilung hat das aber nichts zu tun. Nicht möglich ist auch die Heilung in den Fällen, in denen der Vermieter die Klagefrist versäumt hat und zwar unabhängig davon, ob das erste Mieterhöhungsverlangen formell fehlerfrei war oder nicht.[734] In diesem Fall ist auch eine analoge Anwendung nicht möglich, da die Fallgestaltungen nicht vergleichbar sind.[735] Das gilt auch bei einem **falschen Klageantrag,** z. B. auf Erhöhung der Quadratmetermiete[736] oder bei einer nach Ablauf der Klagefrist vorgenommenen Klageänderung[737], z. B. wegen Änderung des Klageantrags von Netto- auf Bruttomiete.

II. Die Ergänzung zulässiger Mieterhöhungsverlangen

Von der Nachbesserungsmöglichkeit nach § 558b Abs. 3 BGB zu unterscheiden ist die **Ergänzung eines wirksamen Mieterhöhungsverlangens.** Dies ist ohne Einschränkung zulässig.[738] Es ist schon aus verfassungsrechtlichen Gesichtspunkten geboten, eine solche Nachbesserung wirksamer Erhöhungsverlangen zuzulassen. Auch mit dem Schutzbedürfnis des Mieters lässt sich die Auffassung, wonach jede spätere Ergänzung oder Berichtigung ungenügender Angaben unbeachtlich sein soll, nicht begründen. Berichtigungen des Sachvortrags können z. B. erforderlich sein, weil **offensichtlich Tipp- oder Rechenfehler** richtiggestellt werden müssen oder offensichtliche Fehler der Beschreibung der Wohnung oder der Einordnung in den Mietspiegel richtiggestellt werden. Diese Fehler haben noch keinen Einfluss auf die Wirksamkeit des Erhöhungsverlangens, so dass eine Berichtigung möglich ist, ohne dass eine Klageänderung gem. § 264 ZPO vorliegt. Durch solche Berichtigungen und Ergänzungen wird gerade kein neues Mieterhöhungsverlangen gestellt, was ja auch nicht notwendig ist, da das erste Mieterhöhungsverlangen formell wirksam war. Deshalb lösen solche **Berichtigungen und Ergänzungen** keine neue Überlegungs- und damit auch keine neue Klagefrist aus. 161

III. Die Heilung formell unwirksamer Mieterhöhungsverlangen

1. Voraussetzungen

Anders ist es, wenn das erste **Mieterhöhungsverlangen formell unwirksam** war. Hier müsste die Klage als unzulässig abgewiesen werden. Um dies zu vermeiden gestattet § 558b Abs. 3 BGB die Heilung der Mängel.[739] 162

Das Gesetz erlaubt zunächst die **Nachholung** des Mieterhöhungsverlangens. Damit ist ein gänzlich neues Mieterhöhungsverlangen gemeint. Insofern ist das Gesetz eigentlich überflüssig, weil der Vermieter sowieso berechtigt ist, jederzeit ein neues Mieterhöhungsverlangen zu stellen.[740] Die Bedeutung der Vorschrift liegt also allenfalls darin, die Nachholung auch während des Zustimmungsprozesses zuzulassen. Wenn das erste Erhöhungsverlangen formell unwirksam war und der Mieter deshalb nicht zugestimmt hat, dann kann es auch keine Jahressperrfrist ausgelöst haben. 163

---

[730] OLG Hamburg ZMR 2010, 108; *Weitemeyer* ZMR 2004, 153; nach *Artz* in MünchKomm § 558b BGB Rdn. 19 soll aber der Fall, dass nicht alle Vermieter das Erhöhungsverlangen gestellt haben nach § 558b Abs. 3 BGB heilbar sein; **a. A.** *Paschke* DMT-Bilanz 2011, 679, 681; offengelassen von LG Berlin GE 2013, 1656.

[731] **A. A.** *Schach* MietRB 2009, 86.

[732] LG Berlin GE 2013, 1656; nach BGH (VIII ZR 203/13) BJW 2014, 1802 bedarf es für die formelle Zulässigkeit des Erhöhungsverlangens aber gar keiner Offenlegung der Ermächtigung.

[733] **A. A.** Palandt/*Weidenkaff*, § 558 BGB Rdn. 12, der aber darauf hinweist, dass der Fall im Gesetz nicht geregelt ist.

[734] LG Duisburg WuM 2005, 457, 458; **a. A.** ohne jede Begründung AG Pinneberg ZMR 2002, 602.

[735] LG Duisburg WuM 2005, 457, 458.

[736] AG Dortmund WuM 2006, 157.

[737] AG Schönenberg Urt. v. 11.8.2011 – 106 C 187/11 m. Anm. *Emmert* jurisPR-MietR 23/2011 Anm. 3.

[738] BVerfG NJW 1974, 1499.

[739] Dazu *Schach* MietRB 2009, 86; *Paschke* NZM 2008, 705; *dies.* DMT-Bilanz S. 679; *Hinz* NZM 2002, 633.

[740] *Kinne* in Beierlein/Kinne/Koch/Stackmann/Zimmermann, Der Mietprozess, 4. Kap., Rdn. 71.

164 Bei Abfassung des Erhöhungsverlangens muss so getan werden, als wenn das erste formell unwirksame Erhöhungsverlangen nie existiert hätte. Insbesondere Bezugnahmen auf das vorherige Mieterhöhungsverlangen sind unzulässig, wenn das neue Mieterhöhungsverlangen nicht selbst alle erforderlichen Angaben enthält.[741] Für dies Erhöhungsverlangen gelten die gleichen formellen und materiellen Voraussetzungen wie für jedes Mieterhöhungsverlangen gem. § 558a BGB. Der Vermieter kann das Erhöhungsverlangen während eines Rechtsstreits zunächst dadurch nachholen, dass er außerhalb des Verfahrens ein wirksames Zustimmungsverlangen stellt und dieses schriftsätzlich zum Verfahrensgegenstand macht.[742] Möglich ist aber auch, das Mieterhöhungsverlangen **während eines Prozesses** in einem Schriftsatz zu stellen.[743] Erforderlich ist hierfür nach Einführung der Textform nur noch, dass dem Mieter eine Abschrift zugeht.[744] Der Schriftsatz muss wirklich ein Mieterhöhungsverlangen enthalten, also alle Voraussetzungen erfüllen, die auch ein vorprozessuales Mieterhöhungsverlangen erfüllen muss. Der Schriftsatz muss für den Mieter klar und eindeutig erkennen lassen, ob dieses Schriftstück zugleich ein neues materiell rechtliches Mieterhöhungsverlangen enthält[745] oder ob damit nur ein früheres Erhöhungsverlangen weiterverfolgt und durchgesetzt werden soll.[746] Entscheidend ist dabei, wie der Mieter als Erklärungsempfänger die Erklärung verstehen durfte, nicht wie das Gericht sie verstanden hat. Hierzu gehört insbesondere die Aufforderung, eine zustimmende Willenserklärung abzugeben.[747] Wird nur die Verurteilung durch das Gericht begehrt, liegt kein wirksames Erhöhungsverlangen vor.[748] Stammt das Mieterhöhungsverlangen in einem Schriftsatz von einem Vertreter insbesondere von einem Rechtsanwalt, so kann der Mieter bzw. sein Prozessvertreter das Fehlen einer nicht beigefügten Vollmacht gem. § 174 BGB nicht rügen, da die Vorschrift auf eine von einem Anwalt im Rahmen seiner Prozessvollmacht abgegebenen Erklärung keine Anwendung findet.[749] Der Mieteranwalt ist auf Grund der erteilten Prozessvollmacht auch zur Entgegennahme des nachgeholten Mieterhöhungsverlangens während des Prozesses bevollmächtigt.[750]

165 Das Mieterhöhungsverlangen kann **bis zum rechtskräftigen Abschluss des Mieterhöhungsverfahrens** nachgeholt werden.[751] Rechtskräftig abgeschlossen ist das Mieterhöhungsverfahren mit **Rechtskraft der Entscheidung.**[752] Das bedeutet, dass die Nachholung zunächst während des gesamten erstinstanzlichen Verfahrens vor dem Amtsgericht bis zum Schluss der mündlichen Verhandlung möglich ist. Ferner kann die Nachholung aber auch nach Schluss der mündlichen Verhandlung erfolgen[753] sogar erst in der Berufungsinstanz.[754] Führt der Kläger, der aus einem unwirksamen Mieterhöhungsverlangen klagt, in einem nicht nachgelassenen Schriftsatz nach der letzten mündlichen Verhandlung beim Amtsgericht vor Urteilsverkündung ein neues wirksames Mieterhöhungsverlangen in den Prozess ein, so ist dies rechtserheblich erstmals in der Berufung vorgetragen. Eine Verpflichtung zur Wiedereröffnung der mündlichen Verhandlung besteht in diesem Fall für das Amtsgericht nicht. Etwas anderes gilt aber dann, wenn das Amts- oder später auch das Landgericht nicht rechtzeitig vor der mündlichen Verhandlung auf Bedenken gegen die formelle Unwirksamkeit des Erhöhungsverlangens hingewiesen hat.[755] In diesem Fall muss die mündliche Verhandlung zwingend gem. § 156 Abs. 2 Ziff. 1 ZPO wiedereröffnet werden.[756] Greift der Mieter mit der Berufung das erstinstanzliche Urteil gar nicht an, sondern verfolgt nur seinen Anspruch aus dem nachgeholten Erhöhungsverlangen weiter, dann ist die Berufung trotzdem zuläs-

---

741 LG Berlin WuM 1983, 291.
742 AG Gießen WuM 1985, 321.
743 LG Fulda NJW-RR 1988, 912; LG Mannheim WuM 1985, 320.
744 Soweit das LG München ZMR 1980, 148 noch eine unterschriebene Abschrift verlangt, ist das wegen der seit 1.8.2001 geltenden Textform überholt.
745 AG Köln WuM 1985, 321.
746 BayObLG RE v. 14.7.1981, NJW 1981, 2197.
747 AG Braunschweig WuM 1985, 364.
748 LG Karlsruhe WuM 1991, 48; AG Pinneberg ZMR 2002, 602.
749 BGH (VIII ZR 72/02) NZM 2003, 229.
750 BGH (VIII ZR 72/02) NZM 2003, 229.
751 *Kinne* in Beierlein/Kinne/Koch/Stackmann/Zimmermann, Der Mietprozess, 4. Kap., Rdn. 73.
752 Zur Frage, wann die Rechtskraft von Urteilen eintritt, s. auch § 569 BGB Rdn. 68.
753 *Kinne* in Beierlein/Kinne/Koch/Stackmann/Zimmermann, Der Mietprozess, 4. Kap., Rdn. 73.
754 *Kinne* in Beierlein/Kinne/Koch/Stackmann/Zimmermann, Der Mietprozess, 4. Kap., Rdn. 79; *Schach* MietRB 2009, 86, 88.
755 BGH (V ZR 43/12) MDR 2014, 47.
756 Insofern wohl nicht richtig AG Köln WuM 2014, 301, das eine Hinweispflicht des Gerichts auf die Unwirksamkeit des Erhöhungsverlangens verneint hat.

sig.[757] War das einer Klage vorausgegangene Mieterhöhungsverlangen nur teilweise wirksam und ist der Mieter auf Grund dessen im ersten Rechtszug verurteilt worden, der Erhöhung der Miete auf einen geringeren, als den vom Vermieter verlangten Betrag zuzustimmen, so steht der Nachholung eines Mieterhöhungsverlangens im Berufungsverfahren die Jahresfrist nicht entgegen.[758] Wenn das Gesetz eine Nachholung im Prozess ausdrücklich vorsieht, dann ist es dem Vermieter erst recht gestattet vor dem Zustimmungsprozess ein neues Mieterhöhungsverlangen zu stellen.[759]

Möglich ist neben der vollständigen Nachholung des Mieterhöhungsverlangens auch die **Nachbesserung** bezüglich einzelner Mängel. Dies gilt aber nur für Nachbesserungen während des Zustimmungsprozesses.[760] Vorprozessual ist eine Nachbesserung nicht möglich. Hier muss der Vermieter ein neues vollständiges Mieterhöhungsverlangen nachholen. Während des Prozesses ist die Nachbesserung theoretisch nicht auf einen Versuch beschränkt, so dass mehrere Mängel auch nacheinander nachgebessert werden können. Die Möglichkeit bietet sich insbesondere dann an, wenn Anlagen zur Mieterhöhungserklärung fehlten (z. B. das Sachverständigengutachten oder die Auskunft aus der Mietdatenbank nicht beigefügt war). Bedeutung hat dies auch dann, wenn das Gericht der Auffassung sein sollte, der Mietspiegel müsse dem Erhöhungsverlangen beigefügt werden. Auch dann kann dies nachgeholt werden. Des Weiteren kommt die Nachholung eines Hinweises auf die Werte eines qualifizierten Mietspiegels gem. § 558a Abs. 3 BGB in Betracht, wenn dies im Erhöhungsverlangen unterblieben war. Auch wenn rechtsirrtümlich die weiter anzurechnenden Kürzungsbeträge gem. § 558 Abs. 5 BGB nicht angegeben wurden kann dies im Laufe des Zustimmungsprozesses z. B. durch Vorlage der früheren Mieterhöhung gem. § 559b Abs. 1 BGB geheilt werden.[761] 166

2. Rechtsfolge

Ein nachgeholtes oder nachgebessertes[762] Mieterhöhungsverlangen stellen juristisch gleichermaßen **ein neues Mieterhöhungsverlangen** i. S. d. § 558a BGB dar.[763] Es werden die gleichen Fristen wie bei einem originären Mieterhöhungsverlangen ausgelöst also sowohl die Jahressperrfrist für zukünftige Mieterhöhungen wie auch die Überlegungsfrist.[764] Letzteres ist in § 558b Abs. 3 BGB ausdrücklich so bestimmt. Die Überlegungsfrist steht dem Mieter auch dann zu, wenn er auf das unwirksame vorprozessuale Zustimmungsverlangen bereits teilweise einer Mieterhöhung zugestimmt hat.[765] Innerhalb dieser Frist kann die Zustimmungsklage grundsätzlich nicht, auch nicht hilfsweise, auf das nachgeholte Zustimmungsverlangen gestützt werden. Eine solche Klage ist unzulässig, da eine **besondere Sachentscheidungsvoraussetzung** nicht gegeben ist. Insofern müsste ein entsprechender Klageantrag als zurzeit unzulässig abgewiesen werden. Etwas Anderes gilt nur dann, wenn der Mieter bereits hinsichtlich des ersten unwirksamen Mieterhöhungsverlangens eindeutig zu erkennen gegeben hat, dass er auch einem formell wirksamen Mieterhöhungsverlangen auf keinen Fall zustimmen werde. Auf diesen Fall sind die Grundsätze des Rechtsentscheids des KG vom 12. 1. 1981[766] entsprechend anzuwenden.[767] Da der Wirkungszeitpunkt eines Erhöhungsverlangens vom Zeitpunkt der Zustimmung aber auch vom Zeitpunkt der Klageerhebung unabhängig ist, würde das Abwarten der Überlegungsfrist eine überflüssige und sinnlose Förmelei darstellen. Dem nachgeholten Erhöhungsverlangen steht aber nicht die durch eventuelle vorprozessuale Teilzustimmung zum formell unwirksamen Erhöhungsverlangen ausgelöste Jahressperrfrist entgegen.[768] Es handelt sich um ein einheitliches Erhöhungsverfahren. Sonst könnte der Mieter durch eine Zustimmung um wenige Cent jede Nachbesserung verhindern. 167

[757] BGH (VIII ZB 123/06) NJW-RR 2007, 934 (für neue Kündigung); LG Berlin GE 1995, 812; **a. A.** LG Mannheim ZMR 1989, 381; LG Hamburg WuM 1985, 323; *Hinz* NZM 2002, 633, 640.
[758] BayObLG RE v. 30. 6. 1989, NJW-RR 1989, 1172.
[759] LG Düsseldorf WuM 1992, 197.
[760] *Sternel* Mietrecht aktuell (2009), IV, 118.
[761] BGH (VIII ZR 179/08) NZM 2009, 393.
[762] BGH (VIII ZR 179/08) NZM 2009, 393.
[763] Nach BGH (VIII ZR 141/09) NZM 2010, 436 handelt es sich aber um kein „weiteres" Verlangen.
[764] LG Hannover WuM 2013, 362; LG Berlin GE 2008, 203; AG Wedding GE 2008, 203.
[765] AG Rüsselsheim WuM 1989, 186.
[766] KG RE v. 12. 1. 1981, WuM 1981, 54.
[767] OLG Celle NJWE-MietR 1996, 73; *Artz* in MünchKomm § 558b BGB Rdn. 18f.; Palandt/*Weidenkaff*, § 558b BGB Rdn. 9.
[768] BGH (VIII ZR 141/09) NZM 2010, 436.

168 Sinn und Zweck der gesetzlichen Regelung bestehen u. a. darin, zu einer **Verfahrensvereinfachung und -beschleunigung** zu kommen.[769] Ein Vermieter soll einen ihm materiell rechtlich zustehenden Anspruch möglichst in einem einzigen Verfahren geltend machen können. Formale Fehler im Mieterhöhungsverfahren sollen zumindest für die Zukunft heilbar sein. Da der Gesetzgeber aber ausdrücklich bestimmt hat, dass für dieses **nachgeholte Mieterhöhungsverlangen** keine anderen abgekürzten Fristen gelten, sondern die allgemeinen Voraussetzungen und Rechtsfolgen gelten, kann es zu einem Bruch zwischen dem gesetzgeberischen Zweck des § 558b Abs. 3 BGB und dem Beschleunigungsgebot der ZPO kommen. Da § 558b Abs. 3 BGB die **speziellere Regelung** ist, kommt der materiellen Rechtslage eine größere Bedeutung zu als den prozessualen Verfahrensregeln. Aus § 558b Abs. 3 BGB lässt sich die Intention des Gesetzgebers entnehmen, dass die Gerichte in einem einzigen Verfahren den Streit der Parteien entscheiden sollen.

169 Daraus folgt, dass die Gerichte über das nachgeholte Erhöhungsverlangen mitentscheiden sollen. Das Gericht kann aber nur über Klageanträge entscheiden, die zum einen tatsächlich gestellt und zum anderen zulässig sind. Der Vermieter muss also zunächst seinen Klageantrag umgestellt haben. Diese Klageänderung ist sachdienlich i. S. d. § 263 ZPO.[770] Es handelt sich um eine objektive Klageänderung. Keine Klageänderung läge nur dann vor, wenn bei gleicher Tatsachengrundlage ein anderer rechtlicher Gesichtspunkt geltend gemacht wird.[771] Das nachgeholte Erhöhungsverlangen stellt aber einen **eigenen Streitgegenstand** dar und ist deshalb ein aliud[772] und kein Minus.[773] Nur bei gleichbleibendem Klagegrund läge keine Klageänderung vor. Der Anspruch über den zu entscheiden ist aber der, ob der Mieter verpflichtet ist auf Grund eines bestimmten konkreten Mieterhöhungsverlangens eine bestimmte Willenserklärung nämlich die Zustimmung abzugeben. Wenn aus einem anderen Mieterhöhungsverlangen geklagt wird, wird auch ein anderer Anspruch geprüft. Das nachgeholte Mieterhöhungsverlangen hat zudem einen **anderen Wirkungszeitpunkt.**[774] Der spätere Zeitpunkt ist auch kein Minus im Verhältnis zum früheren Wirkungszeitpunkt auf Grund des ersten unwirksamen Mieterhöhungsverlangens.[775] Die geänderte Klage muss auch zulässig sein, was insbesondere dann nicht der Fall ist, wenn die Überlegungsfrist noch nicht abgelaufen ist und der Mieter auch nicht endgültig die Abgabe der Zustimmungserklärung verweigert hat. Die Klageänderung ist regelmäßig sachdienlich. Ist die geänderte Klage zum Entscheidungszeitpunkt zulässig, dann muss das Gericht darüber materiell entscheiden. Ein Teilurteil über das erste mangelhafte Mieterhöhungsverlangen ist aber unzulässig, da die Gefahr widerstreitender Entscheidungen besteht zwischen dem Berufungsurteil über das Teilurteil und dem Schlussurteil des Amtsgerichts.[776] Der Gebührenstreitwert ist bei einem nachgeholten Erhöhungsverlangen angemessen entsprechend dem späteren Wirkungszeitpunkt zu erhöhen.[777] Obsiegt der Vermieter wegen eines nachgeholten Zustimmungsverlangen zu einem späteren als dem ursprünglich verlangten Wirkungszeitpunkt, hat er (zeit)anteilig die Kosten zu tragen.[778] Dies gilt aber nicht für die Sachverständigenkosten, die erforderlich waren, weil der Mieter gegenüber beiden Erhöhungsverlangen die Höhe der ortsüblichen Vergleichsmiete bestritten hatte. Über diese ist ggf. gem. § 96 ZPO gesondert zu entscheiden.[779]

170 Umstritten ist die Frage, was das Gericht zu tun hat, wenn die geänderte Klage zum **Zeitpunkt der letzten mündlichen Verhandlung** noch nicht zulässig ist, weil die Überlegungsfrist noch nicht abgelaufen ist.[780] Eindeutige rechtliche Regeln lassen sich hier nicht aufstellen. Prozessrecht

---

[769] *Kinne* in Beierlein/Kinne/Koch/Stackmann/Zimmermann, Der Mietprozess, 4. Kap., Rdn. 76.

[770] *Schach* MietRB 2009, 86, 87; *Paschke* GE 2007, 971, 976; i. E. auch Palandt/*Weidenkaff* § 558b BGB Rdn. 21; *Emmerich* in Staudinger § 558b BGB Rdn. 23.

[771] *Greger* in Zöller, ZPO, § 263 Rdn. 7.

[772] *Roth* ZMR 2007, 866; *Emmerich* in Miete, § 558b BGB Rdn. 17; *Emmerich* in Staudinger § 558b Rdn. 24; *Artz* in MünchKomm § 558b BGB Rdn. 18 (sachdienliche Klageänderung gem. § 263 ZPO); **a. A.** *Weitemeyer* NZM 2001, 563, 569.

[773] So aber LG München I, ZMR 2007, 866 mit abl. Anm. *Roth;* zweifelnd auch LG Berlin GE 2008, 995 (dort hatte der Vermieter aber nur noch das zweite Erhöhungsverlangen weiterverfolgt).

[774] LG Stuttgart WuM 2016, 361.

[775] AG Köln WuM 2014, 301.

[776] LG Berlin GE 2008, 995; zur Unzulässigkeit eines Teilurteils bei zwei aufeinander aufbauen Mieterhöhungen: LG Stuttgart NZM 2011, 854; zur Zulässigkeit von Teilurteilen generell: BGH (VIII ZR 269/06) NZM 2008, 280; BGH (VIII ZR 378/04) MietPrax-AK § 301 ZPO Nr. 1.

[777] **A. A.** LG Berlin WuM 2012, 511 („keine formale sondern wertende Betrachtungsweise").

[778] LG Marburg Urt. v. 5.2.2014 – 5 S 117/13 (zitiert nach juris).

[779] LG Marburg Urt. v. 5.2.2014 – 5 S 117/13 (zitiert nach juris).

[780] Ausführlich *Hinz* NZM 2002, 533.

und materielles Recht sind hier nicht aufeinander abgestimmt. Der entsprechenden Bitte des Bundesrates[781] ist die Bundesregierung[782] unter Hinweis auf § 227 ZPO nicht gefolgt. Insbesondere kann das gerichtliche Mieterhöhungsverfahren nicht gem. § 148 ZPO ausgesetzt werden, wenn im Laufe des Mieterhöhungsprozesses ein Mieterhöhungsverlangen nachgeholt wird. Letzteres ist weder für die Frage, ob das geltend gemachte Mieterhöhungsbegehren derzeit begründet ist, vorgreiflich noch begründet es ein Rechtsverhältnis, das anderweitig rechtshängig oder von einer Verwaltungsbehörde festzustellen ist.[783] Das Gericht kann allenfalls im Rahmen des aus Art 20 Abs. 3 GG und Art 6 MRK herzuleitenden Grundsatzes eines **„fair trial"** verpflichtet sein, bei Vorliegen des nachgeholten Erhöhungsverlangens nicht kurzfristig so zu terminieren, dass die Klageänderung gerade noch nicht zulässig ist.[784] Der Grundsatz des fairen Verfahrens verlangt aber nicht zwingend vorausschauend, soweit in die Zukunft zu terminieren ist, dass die Überlegungsfrist für eventuell erst noch zu erklärende neue Erhöhungsverlangen abgelaufen sein wird.[785] So muss auch ein Termin, der bereits anberaumt wurde und vor dem Ablauf der Überlegungsfrist liegt, nicht verlegt werden, nur weil ein neues Erhöhungsverlangen vorliegt.[786] Der Vermieter hat gegen den Mieter einen Prozess begonnen, dessen Risiken er zu tragen hat. Auch der Mieter hat einen Anspruch auf Entscheidung des Verfahrens. Unbenommen bleibt es den Parteien, das Ruhen des Verfahrens zu beantragen oder zunächst nicht über den Klageantrag zu verhandeln, was ebenfalls das Ruhen des Verfahrens zur Folge hat.

Das Gericht ist nicht verpflichtet, den Vermieter auf die Möglichkeit der Heilung gem. § 558b 171
Abs. 3 BGB hinzuweisen.[787] Die **Hinweispflicht** des § 139 ZPO geht nicht so weit auf alternative Gestaltungsmöglichkeiten hinzuweisen.[788] Zwar ist im Rechtsstreit grundsätzlich über alles aufzuklären, was im Sinn einer umfassenden Entscheidung des Streitstoffes und Verwirklichung der materiellen Gerechtigkeit der Klärung bedarf, doch legt § 139 ZPO dem Gericht keine allgemeine Beratungs- oder gar Fürsorgepflicht auf.[789] Zurückhaltung ist insbesondere dort geboten, wo das materielle Recht Gestaltungsrechte bietet. Weist das Gericht trotzdem auf die Möglichkeit hin kann es ggf. gem. § 42 Abs. 2 ZPO abgelehnt werden.[790] Das Gericht muss aber rechtzeitig und aktenkundig auf seine Bedenken gegen die Zulässigkeit der Klage also auf Mängel des Mieterhöhungsverlangens hinweisen.[791] Tut es dies nicht liegt ein Verstoß gegen den Anspruch auf rechtliches Gehör vor. Es ist dann Sache des Vermieters daraus die Konsequenzen zu ziehen.

G. Nachteilige Vereinbarungen

Nach § 558b Abs. 4 BGB sind **abweichende Vereinbarungen zum Nachteil des Mieters** 172
unwirksam. Die Vorschrift ist eigentlich überflüssig, da bereits gem. § 557 Abs. 4 BGB alle nachteiligen Vereinbarungen im Bereich der Mieterhöhungen unwirksam sind. Gem. § 557 Abs. 3 kann der Vermieter Mieterhöhungen im Bestand nur unter den Voraussetzungen der §§ 558–560 BGB verlangen. Das bedeutet dann aber auch, dass dies nur unter den in der Vorschrift des § 558b BGB genannten Voraussetzungen möglich ist und jede Abweichung hiervon zu Lasten des Mieters auch gegen § 557 Abs. 4 BGB verstößt. Zur Frage wann eine Vereinbarung vorliegt und den allgemeinen Voraussetzungen s. deshalb § 557.

---

[781] BR-Drucks. 439/00 abgedruckt bei *Börstinghaus/Eisenschmid,* Arbeitskommentar Neues Mieterecht, S. 310.

[782] BT-Drucks. 14/4553, abgedruckt bei *Börstinghaus/Eisenschmid,* Arbeitskommentar Neues Mieterecht, S. 310.

[783] LG Berlin MM 1989, Heft 9, S. 21; AG Stuttgart WuM 1985, 364.

[784] LG Berlin GE 2008, 995.

[785] *Hinz* NZM 2002, 533; *Sternel* Mietrecht aktuell (2009), IV, 120; nach *Paschke* GE 2007, 971, 976 *„sollte das Gericht allerdings aus Gründen der Prozessökonomie … vertagen."*

[786] LG München NJW-RR 2004, 523; LG Berlin GE 2008, 203; AG Wedding GE 2008, 203; AG Pinneberg ZMR 2003, 583, 584; *Sternel* Mietrecht aktuell (2009), IV, 120; *Lammel,* § 558b Rn 58; *Bieber* GE 2015, 889; wohl auch *Weidenkaff* in Palandt, § 558b Rn 21; **a. A.** LG Berlin GE 2015, 916 (Richterablehnung wg. Versagung der Vertagung); PWW/*Elzer,* BGB, § 558b Rn. 23.

[787] *Hinz* NZM 2002, 533; **a. A.** LG Berlin GE 2008, 995; *Artz* in MünchKomm § 558b BGB Rdn. 19; *Elzer* IMR 2015, 478.

[788] BGH NJW 1999, 2890 (für Aufrechnungserklärung); BGH (V ZB 22/03) NJW 2004, 164 (für Einrede der Verjährung).

[789] BGH NJW 1999, 2890.

[790] BGH (V ZB 22/03) NJW 2004, 164 (bei Hinweis auf Verjährung der Forderung).

[791] *Paschke* NZM 2008, 705.

173 Vereinbarungen, die zum Nachteil des Mieters von dem Zustimmungserfordernis abweichen, sind gem. Abs. 4 BGB unwirksam. Hierzu gehört z. B. eine Klausel, nach der **die Zustimmung des Mieters als erteilt gilt,** wenn nicht bis zu einem bestimmten Zeitpunkt eine schriftliche gegenteilige Erklärung eingeht.[792] Dies hat jedoch keinen Einfluss darauf, dass mit dem Zugang des Erhöhungsverlangens die Überlegungsfrist des Mieters in Lauf gesetzt wird. Des Weiteren sind Klauseln unwirksam, wonach die Zustimmung nach einmaliger Zahlung als erteilt gilt. Zwar kann durchaus auch die einmalige Zahlung schon eine Zustimmung bedeuten, jedoch handelt es sich um die Auslegung konkludenten Verhaltens im Einzelfall. Eine generelle Regelung kann für den Mieter im Einzelfall nachteilig sein, da danach z. B. auch irrtümliche Zahlungen oder Zahlungen trotz Vorbehalts eine Zustimmung bedeuten können. Auch die Vereinbarung eines anderen für den Mieter **ungünstigeren Wirkungszeitpunkts** ist unzulässig, ebenso wie die Vereinbarung, wonach die Zustimmung immer schriftlich zu erfolgen habe.[793]

174 Auch alle **Erleichterungen bezüglich des Klageverfahrens** sind unwirksam, insbesondere die Verlängerung der Klagefrist.

[792] AG Wolfsburg FWW 1983, 317.
[793] AG Neuruppin WuM 2013, 232.

§ 558c Mietspiegel

(1) Ein Mietspiegel ist eine Übersicht über die ortsübliche Vergleichsmiete, soweit die Übersicht von der Gemeinde oder von Interessenvertretern der Vermieter und der Mieter gemeinsam erstellt oder anerkannt worden ist.

(2) Mietspiegel können für das Gebiet einer Gemeinde oder mehrerer Gemeinden oder für Teile von Gemeinden erstellt werden.

(3) Mietspiegel sollen im Abstand von zwei Jahren der Marktentwicklung angepasst werden.

(4) [1]Gemeinden sollen Mietspiegel erstellen, wenn hierfür ein Bedürfnis besteht und dies mit einem vertretbaren Aufwand möglich ist. [2]Die Mietspiegel und ihre Änderungen sollen veröffentlicht werden.

(5) Die Bundesregierung wird ermächtigt, durch Rechtsverordnung mit Zustimmung des Bundesrates Vorschriften über den näheren Inhalt und das Verfahren zur Aufstellung und Anpassung von Mietspiegeln zu erlassen.

§ 558d Qualifizierter Mietspiegel

(1) Ein qualifizierter Mietspiegel ist ein Mietspiegel, der nach anerkannten wissenschaftlichen Grundsätzen erstellt und von der Gemeinde oder von Interessenvertretern der Vermieter und der Mieter anerkannt worden ist.

(2) [1]Der qualifizierte Mietspiegel ist im Abstand von zwei Jahren der Marktentwicklung anzupassen. [2]Dabei kann eine Stichprobe oder die Entwicklung des vom Statistischen Bundesamt ermittelten Preisindexes für die Lebenshaltung aller privaten Haushalte in Deutschland zugrunde gelegt werden. [3]Nach vier Jahren ist der qualifizierte Mietspiegel neu zu erstellen.

(3) Ist die Vorschrift des Absatzes 2 eingehalten, so wird vermutet, dass die im qualifizierten Mietspiegel bezeichneten Entgelte die ortsübliche Vergleichsmiete wiedergeben.

Systematische Übersicht

Alphabetische Schnellübersicht

A. Allgemeines

1 Bei den §§ 558c, 558d BGB handelt es sich um **Definitions- und Ergänzungsvorschriften** zu den Mieterhöhungsvorschriften der §§ 558–558b BGB. Während in den ersten drei Vorschriften über die Mieterhöhung auf die ortsübliche Vergleichsmiete ab § 558 BGB die Anspruchsgrundlage und die Form- und Verfahrensvorschriften enthalten sind, beinhalten die weiteren drei Vorschriften Definitionen und Verfahrensregeln über die drei Instrumente des Vergleichsmietensystems, nämlich den einfachen und den qualifizierten Mietspiegel sowie die Mietdatenbank.

2 Das Gesetz gestattet dem Vermieter in § 558a Abs. 2 Nr. 1 BGB zur Begründung seines Mieterhöhungsverlangens die **Bezugnahme auf einen Mietspiegel.** Durch die Einführung von Mietspiegeln hat der Gesetzgeber 1974 auf Kritik am 1. Wohnraumkündigungsschutzgesetz reagiert, das diese Art der Begründung noch nicht vorsah. Es wurde damals die Auffassung vertreten, dass der Gesetzgeber mit der Schaffung des Begriffs der ortsüblichen Vergleichsmiete die Gerichte vor eine *„nahezu unlösbare Aufgabe"* gestellt hatte.[1] Es wurde vermutet, dass sich die *„Vorschrift zu einer Quelle immer währender Streitigkeiten entwickeln"*[2] würde. Ferner wurden ernstliche Bedenken gegen die Ermittelbarkeit der ortsüblichen Entgelte geäußert.[3] Schnell wurde festgestellt, dass der Begriff der ortsüblichen Vergleichsmiete *„objektiver, empirischer Natur ist"*[4] und sich deshalb durch örtlich repräsentative, soziologisch-statistische Umfragen ermitteln lasse.[5] Mit dem 2. Wohnraumkündigungsschutzgesetz hat der Gesetzgeber darauf reagiert und Mietspiegel als Begründungsmittel vorgesehen.

3 Durch das **Mietrechtsreformgesetz**[6] von 2001 wurden diese Vorschriften verändert, wobei insbesondere an bestimmte Mietspiegel besondere Rechtsfolgen geknüpft wurden. In § 558a Abs. 2 Nr. 1 BGB werden beiden Paragraphen (§ 558c und § 558d BGB) hinter dem Begründungsmittel Mietspiegel zitiert. Daraus ergibt sich bereits, dass der einfache und der qualifizierte Mietspiegel keine gänzlich verschiedenen Begründungsmittel sind, sondern letztendlich **zwei Ausprägungen von Mietspiegeln.** Das gab es faktisch schon früher in den Formen der ausgehandelten Mietspiegel und den Mietspiegeln, die auf einer nach den Grundsätzen der Repräsentativität beruhenden empirischen Datenerhebung erstellt wurden.[7]

3a Die Erstellung von Mietspiegeln ist auch ein **Wirtschaftsfaktor.** Ein ganzer Wirtschaftszweig an Forschungsinstituten und Beratungsfirmen hat sich auf die Erstellung von Mietspiegeln für Gemeinden spezialisiert und konkurriert in regelmäßigen Abständen in den jeweiligen Ausschreibungsverfahren der Gemeinden. Deshalb erfolgt die Auftragsvergabe regelmäßig an den günstigsten Anbieter, was im Einzelfall zur Folge haben kann, dass die Standards immer weiter sinken. Hier ist es Aufgabe der Justiz, die Einhaltung von Mindeststandards einzufordern.

3b Es gibt heute in allen deutschen Großstädten mit mehr als 500.000 Einwohnern Mietspiegel mit Ausnahme von Bremen.[8] In Gemeinden mit Einwohnerzahlen zwischen 100.000 und 500.000 haben 89% einen Mietspiegel. Aber selbst in diesen Großstädten sind nicht alle Mietspiegel qualifi-

---

[1] *Löwe* NJW 1972, 2017, 2020.

[2] *Löwe* NJW 1972, 2017, 2020.

[3] *Roquette* ZMR 1972, 138; *Klein* NJW 1973, 974, 975.

[4] *Höfel* WuM 1973, 152, 153; **a. A.** *Huber* ZMR 1992, 469, 474 für den der Begriff nicht primär empirisch, sondern normativ ist; aktuell zu der Diskussion: *Börstinghaus/Clar* NZM 2014, 889; *Blank* ZMR 2013, 170.

[5] LG Mannheim ZMR 1973, 157, 158; *Sydow,* Einige grundsätzliche Bemerkungen zu den „ausgehandelten Mietspiegeln", wi 1996, 263.

[6] Vom 19.6.2001 (BGBl. I S. 1142).

[7] Dazu umfassend *Börstinghaus/Clar,* Mietspiegel – Probleme der Erstellung und Anwendung, 2. Aufl. 2013.

[8] Aus der Begründung der Bremer MietpreisbremsenVO erfährt man, dass es sehr wohl einen von der Fa. empirica im Rahmen der jährlichen Sozialberichterstattung der Arbeitnehmerkammer Bremen erstellten „Pseudo-Mietspiegel" gibt, um Anhaltspunkte für die Mietentwicklung in der Stadtgemeinde Bremen zu erhalten.

ziert i. S. d. § 558d BGB. Die Zahlen darüber, wieviel Mietspiegel es in Deutschland gibt, sind sehr unterschiedlich. Nach dem F&B Mietspiegelindex soll es ca. 554 Mietspiegel in Gemeinden mit mehr als 10.000 Einwohnern geben[9], davon 378 in Gemeinden mit mehr als 20.000 Einwohnern. Nach Angabe des Bundesinstituts für Bau-, Stadt- und Raumforschung (BBSR) beziehen sich 701 Kommunen auf Angaben aus ca. 350 Mietspiegeln, von denen wiederum 86 als qualifiziert geführt werden.[10]

B. Die rechtliche Qualifikation und Bedeutung von Mietspiegeln

I. Rechtsgrundlagen der Mietspiegelerstellung

Rechtliche Regelungen befinden sich ausschließlich in § 558c und § 558d BGB. Dort ist nur als Soll-Bestimmung geregelt, dass Gemeinden bei entsprechendem Bedürfnis einen Mietspiegel aufstellen sollen. Eine **Pflicht zur Mietspiegelerstellung** gab es und gibt es nicht. Weitergehende Verfahrensregelungen gibt es weder für einfache noch für qualifizierte Mietspiegel. 4

Eine **Mietspiegelverordnung** gibt es bisher nicht. Weder auf Grund der früheren Ermächtigungsgrundlage in § 2 Abs. 5 MHG a. F. noch auf Grund der heutigen Ermächtigungsgrundlage in § 558c Abs. 5 BGB ist bisher eine Rechtsverordnung über den Inhalt und das Verfahren der Mietspiegelerstellung erlassen worden. In dieser Verordnung sollte nach der Gesetzesbegründung geregelt werden 5

– das Verhältnis, in dem Mietzinsen aus den einzelnen Erhebungsjahren stehen sollen;
– die Zahl der zu erhebenden Vergleichsmieten für einzelne Wohnungskategorien;
– die nähere Konkretisierung einzelner Wohnwertmerkmale.

Im Jahre 2016 hat das Bundesministerium der Justiz und für Verbraucherschutz den Referentenentwurf einer „Verordnung über den Inhalt und das Verfahren zur Aufstellung und zur Anpassung von Mietspiegeln sowie zur Konkretisierung der Grundsätze für qualifizierte Mietspiegel"[11] zusammen mit dem Entwurf eines „Gesetzes zur weiteren Novellierung mitrechtlicher Vorschriften (2. MietNovG) in die interne Abstimmung der Ministerien gegeben. In der 18. Legislaturperiode ist die Verabschiedung nicht mehr erfolgt. Der Verordnungsentwurf enthielt in 3 Paragrafen Regelungen über einfache Mietspiegel und in weiteren10 Paragrafen Regelungen über qualifizierte Mietspiegel. Hierzu zählten Vorschriften zur Datengrundlage, zur Brutto- und Nettostichprobe, zur Primärdatenerhebung, sowie zur Datenauswertung einschließlich der Ausreißerbereinigung. Jeweils eigene Unterabschnitte enthalten Vorschriften zu den einzelnen Wohnwertmerkmalen und zur Dokumentation und Veröffentlichung des Mietspiegels und seiner Erstellung.

Im Jahre 1981 gab es einmal den Versuch, ein **Mietspiegelgesetz** zu verabschieden.[12] Danach sollten Gemeinden mit mehr als 100.000 Einwohnern verpflichtet werden, Mietspiegel zu erstellen. Bei kleineren Gemeinden sollte dies auf Antrag der Interessenverbände geschehen. Dem vom Bundestag verabschiedeten Gesetz stimmte der Bundesrat jedoch nicht zu. Das Vermittlungsverfahren konnte wegen der Auflösung des Bundestages nicht zu Ende geführt werden. Es ist deshalb nie Gesetz geworden.

Der Deutsche Bundestag hatte die Bundesregierung bei der Verabschiedung des Zweiten Wohnraumkündigungsschutzgesetzes im Oktober 1974 ersucht, „baldmöglichst mit den Ländern und den kommunalen Spitzenverbänden Verhandlungen mit dem Ziel aufzunehmen festzustellen, ob und inwieweit eine vermehrte Aufstellung von Mietspiegeln durch die Gemeinden ermöglicht werden kann und sodann über das Ergebnis der Beratung zu berichten".[13] Daraufhin wurde beim Bundesminister für Raumordnung, Bauwesen und Städtebau **ein Arbeitskreis „Mietspiegel"** gebildet. Der Arbeitskreis hat auf der Grundlage bereits vorliegender Mietspiegel sowie der bis zu diesem Zeitpunkt gesammelten Erfahrungen rechtlich unverbindliche **Hinweise für die Aufstellung von Mietspiegeln** erarbeitet. Diese wurden erstmals im Jahre 1976[14] veröffentlicht. Im Jahre 1980 6

---

[9] F&B Mietspiegelindex 2016, S. 3.
[10] Http://www.bbsr.bund.de/BBSR/DE/WohnenImmobilien/Immobilienmarktbeobachtung/Projekte Fachbeitraege/Mietspiegel/Mietspiegel.html (abgefragt 10/2016).
[11] Stand 11.4.2016 dem Verf. vorliegend.
[12] BT-Drucks. 9/745; abgedruckt bei *Börstinghaus/Clar,* Mietspiegel, Anhang A III.
[13] BR-Drucks. 7/2629.
[14] Abgedruckt bei *Börstinghaus/Clar,* Mietspiegel, Anhang B I.

wurden diese Hinweise vom Bundesministerium für Raumordnung, Bauwesen und Städtebau in Zusammenarbeit mit dem „Arbeitskreis Mietspiegel" vervollständigt und fortgeschrieben.[15] Im Jahr 1997 wurden vom Bundesministerium für Raumordnung, Bauwesen und Städtebau unter wissenschaftlicher Beratung völlig neue **Hinweise zur Aufstellung von Mietspiegeln**[16] herausgegeben.[17] Diese Hinweise gingen auch erstmals auf die Besonderheiten in den neuen Ländern ein, die durch das Auslaufen des Mietenüberleitungsgesetzes entstanden waren. Auch der Freistaat Sachsen hatte damals eine eigene „Arbeitshilfe zur Erstellung von Mietspiegeln in Sachsen" herausgegeben. Nach In-Kraft-Treten des Mietrechtsreformgesetzes im Herbst 2001 hat das Bundesamt für Bauwesen in Bonn im Auftrag des Bundesministeriums für Verkehr, Bau- und Wohnungswesen die Erstellung einer neuen Broschüre ausgeschrieben. Die letzten **Hinweise zur Erstellung von Mietspiegeln** wurden im Sommer 2002 veröffentlicht.[18] Es handelt sich bei diesen Hinweisen aber weder um gesetzliche Regelungen noch um eine Verwaltungsvorschrift. Die Hinweise sollen nur eine Orientierungshilfe[19] bieten, ohne in irgendeiner Form rechtlich verbindlich zu sein. In der Folgezeit ist versucht worden, diese Hinweise insbesondere was die Erstellung von sog. ökologischen Mietspiegeln angeht fortzuschreiben.[20] Dies war eine Zeit lang vor allem an den praktischen Problemen der Datenerhebung gescheitert. Auf Grund der Ergänzung durch das Mietrechtsänderungsgesetz 2013 hat das BMBAU im Jahre 2013 eine Arbeitshilfe für die kommunale Mietspiegelerstellung unter dem Titel „Hinweise zur Integration der energetischen Beschaffenheit und Ausstattung von Wohnraum in Mietspiegeln"[21] veröffentlicht.

II. Rechtliche Qualifikation eines Mietspiegels

7 Die Aufstellung von Mietspiegeln ist eine Aufgabe der **öffentlichen Daseinsvorsorge.**[22] § 558c Abs. 3–5, § 558d Abs. 2 BGB gehören dem öffentlichen Recht an, da alleiniges Zuordnungsobjekt der Regelung ein Träger der öffentlichen Gewalt ist. Die Rechtsnatur von Mietspiegeln ist immer noch nicht abschließend geklärt.[23] Ein Mietspiegel ist nämlich weder ein **Verwaltungsakt**[24] noch eine **Allgemeinverfügung.** Ein Mietspiegel ist auch keine **normkonkretisierende Verwaltungsvorschrift**[25] oder sonst eine Rechtsnorm.[26] Das gilt sowohl für den einfachen wie auch für den qualifizierten Mietspiegel.

1. Der einfache Mietspiegel

8 Der einfache Mietspiegel stellt lediglich eine **statistisch aufbereitete Sammlung** von Vergleichsmieten dar, wobei durchaus auch normative Entscheidungen getroffen sein können. Der Mietspiegel enthält dabei auch Elemente eines Sachverständigengutachtens in Gestalt der Bewertung von Tatsachen. Er weist ebenso Ähnlichkeiten mit einer amtlichen Auskunft in Form einer Zusammenfassung von Einzeltatsachen (Erfassung eines statistischen Durchschnittswertes) auf. In seiner generellen Anwendbarkeit auf viele Einzelfälle nach abstrakten Tatbestandsmerkmalen gleicht er auch einer Verwaltungsvorschrift, obwohl §§ 558c, 558d BGB die Aufstellung eines örtlichen Mietspiegels nicht zwingend der Gemeinde vorbehalten. Anders als bei normkonkretisierenden Verwaltungsvorschriften (z. B.: TA-Luft, TA-Lärm) dient der einfache Mietspiegel nicht einer wertenden, eben

[15] Abgedruckt bei *Börstinghaus/Clar,* Mietspiegel, Anhang B II.
[16] Abgedruckt bei *Börstinghaus/Clar,* Mietspiegel, Anhang B III.
[17] Dies übersieht *Zeimes,* Die Reform des Mietrechts, Diss. 2001, S. 157.
[18] Abgedruckt bei *Börstinghaus,* Miethöhehandbuch, 2. Aufl., S. 764.
[19] So die Formulierung im Vorwort des Ministers.
[20] Dazu *Börstinghaus* WuM 2009, 631.
[21] Abgedruckt in der Vorauflage im Anhang zu §§ 558c, 558d ab Rdn. 115.
[22] LG Berlin GE 2004, 1296; BayVGH ZMR 1994, 81, 83.
[23] BerlVerfGH (VerfGH 51/11) NZM 2013, 674; BGH (VIII ZR 227/10) NZM 2011, 511; *Emmerich* in Staudinger, § 558c Rdnr. 6, § 558d Rdnr. 9; *Artz* in MüKoBGB, § 558c Rdn. 3.
[24] BVerwG NJW 1996, 2046 m. Anm. *Storr* ZMR 1996, 453 und *Schönlau* DVP 1996, 172; die gegen das Urteil eingelegte Verfassungsbeschwerde wurde nicht angenommen: 1 BvR 701/96; *Huber* JZ 1996, 893; *Vahle* DVP 1997, 37; *Brodersen* JuS 1997, 279; VG Gelsenkirchen NZM 1999, 381.
[25] BVerwG NJW 1996, 2046; m. Anm. *Storr* ZMR 1996, 453 und *Schönlau* DVP 1996, 172; die gegen das Urteil eingelegte Verfassungsbeschwerde wurde nicht angenommen: 1 BvR 701/96; *Huber* JZ 1996, 893; *Vahle* DVP 1997, 37; *Brodersen* JuS 1997, 279; BayVGH ZMR 1994, 81, 84; **a. A.** *Huber* ZMR 1992, 469.
[26] BerlVerfGH (VerfGH 51/11) NZM 2013, 674, 675; *Bünnemeyer/Hebecker/Werling* ZMR 2016, 96, 97.

normkonkretisierenden Ausfüllung unbestimmter Rechtsbegriffe.[27] Behördliche Äußerungen ohne Bindungswirkung – namentlich Gutachten, antizipierte Gutachten oder schlichte Auskünfte – treffen weder eine Regelung noch begründen sie ein feststellungsfähiges Rechtsverhältnis. Auch amtliche Auskünfte, deren Inhalt in einer gutachtlichen Äußerung besteht, binden die Gerichte rechtlich nicht, sondern werden ohne förmliches Beweisverfahren im Wege des Freibeweises verwertet. Die große **praktische Bedeutung** eines kommunalen Mietspiegels und ein ihm von den Zivilgerichten beigemessener **hoher Beweiswert** ändern daran nichts. Es ist allein Aufgabe der Zivilgerichte, die **materielle Richtigkeit eines Mietspiegels** zu überprüfen. Ob die ortsüblichen Vergleichsmieten richtig ermittelt wurden, ist keine dem öffentlichen Recht zuzuordnende Frage. Das BGB enthält keine öffentlich-rechtlichen Mietpreisvorschriften. Es regelt in Ergänzung des privaten Mietrechts die zivilrechtliche Befugnis des Vermieters zur Mieterhöhung. Die in Richtung auf die Ermittlung der ortsüblichen Vergleichsmiete an einen kommunalen Mietspiegel zu stellenden Anforderungen ergeben sich allein aus dessen zivilrechtlicher Zweckbestimmung und Funktion. Die ortsübliche Vergleichsmiete ist ausschließlich für das Rechtsverhältnis zwischen Vermieter und Mieter von Bedeutung. Die Aufstellung und Veröffentlichung eines örtlichen Mietspiegels durch eine Gemeinde ist zwar eine der öffentlichen Verwaltung zugewiesene Aufgabe. Bei ihrer Wahrnehmung handelt es sich jedoch lediglich um eine schlicht verwaltende Tätigkeit ohne bindende Außenwirkung. Die positiven oder negativen Einflüsse eines einfachen Mietspiegels auf die Durchsetzbarkeit privater Mieterhöhungsansprüche verleihen ihm selbst noch keinen regelnden Charakter. Von Rechts wegen stellt er vielmehr nur ein formelles Begründungsmittel für Mieterhöhungsverlangen der Vermieter dar. Dies ist seine einzige ihm vom Gesetz beigelegte Funktion. Die Leistungsklage einzelner Vermieter gegen einen kommunalen Mietspiegel i. S. d. § 558 c BGB ist ebenso unzulässig,[28] wie die Klage auf Beteiligung an der Mietspiegelerstellung.[29]

2. Der qualifizierte Mietspiegel

Umstritten war die Frage, ob qualifizierte Mietspiegel anders zu beurteilen sind und deshalb einer **verwaltungsgerichtlichen Kontrolle** unterliegen.[30] Klagen gegen einfache Mietspiegel wurden nämlich in der Vergangenheit mit der Begründung abgewiesen, dass es Aufgabe der Zivilgerichte sei, die Richtigkeit der Mietspiegel zu überprüfen.[31] Das BVerwG hatte sich dabei darauf gestützt, dass der Mietspiegel kein Beweismittel i. S. d. ZPO ist und dass das Gesetz ihnen bisher auch keine **Vermutungswirkung** i. S. d. § 292 ZPO dahin gehend beigemessen hat, dass ein Mietspiegel die ortsübliche Vergleichsmiete tatsächlich wiedergibt. Diese Prämisse der Rechtsprechung des BVerwG seit 2001 entfallen, da § 558 d Abs. 3 BGB seither eine Vermutungswirkung zumindest für den Zustimmungsprozess schafft. Gegen eine verwaltungsgerichtliche Kontrolle von qualifizierten Mietspiegeln ist eingewandt worden,[32] dass auch ein qualifizierter Mietspiegel kein konkretes Rechtsverhältnis begründet, da er nur abstrakt-generelle Angaben enthalte. Die Rechtskraft einer Entscheidung erstrecke sich auch nicht auf die am Verfahren nicht beteiligten Mieter. Die Anerkennung durch die Gemeinde sei auch keine hoheitliche Maßnahme, da sie gleichberechtigt neben der Anerkennung durch die Interessenverbände steht und sich zudem nicht darauf beziehe, dass die anerkannten wissenschaftlichen Grundsätze eingehalten wurden. Da die Verwaltungsgerichte inzwischen durchweg eine Klage gegen einen qualifizierten Mietspiegel als unzulässig 9

[27] *Börstinghaus/Clar,* Mietspiegel, Rdn. 75.

[28] BVerwG NJW 1996, 2046 m. Anm. *Storr* ZMR 1996, 453 und *Schönlau* DVP 1996, 172; die gegen das Urteil eingelegte Verfassungsbeschwerde wurde nicht angenommen: 1 BvR 701/96; *Huber* JZ 1996, 893; *Vahle* DVP 1997, 37; *Brodersen* JuS 1997, 279; BayVGH ZMR 1994, 81.

[29] VG Gelsenkirchen NZM 1999, 381.

[30] **Dafür:** LG Berlin GE 2004, 1296 (Meinung ausdrücklich aufgegeben LG Berlin GE 2012, 271); *Kniep/Gratzel* WuM 2008, 645, 646; *Busz,* Die Äquivalenz im freifinanzierten Wohnraummietrecht, S. 137; *Börstinghaus* NZM 2000, 1087 (1090); *Haber* NZM 2001, 305 (315); *Hinz* NZM 2001, 264; *Löwe* NZM 2000, 577 (583); Palandt/*Weidenkaff* § 558 d BGB Rdn. 7; *Lammel* § 558 d BGB Rdn. 35; *Wetekamp* NZM 2003, 184, 185; **a. A.** OVG Münster NZM 2006, 906, Vorinstanz: VG Minden ZMR 2004, 226; LG Berlin GE 2012, 271; *Brüning* WuM 2003, 303; *Sternel* Mietrecht aktuell (2009) Rdn. IV 194; *Artz* in MünchKomm § 558 d BGB Rdn. 3; *Kunze/Tietzsch* Miethöhe, II Rdn. 262 Fn. 3; *Emmert* in Hannemann/Wiek/Emmert, Hdb. d. Mietrechts, § 12 Rdn. 113; offen gelassen von *Blank* PiG 61, 17, 30.

[31] BVerwG NJW 1996, 2046, die gegen das Urteil eingelegte Verfassungsbeschwerde wurde nicht angenommen: 1 BvR 701/96.

[32] OVG Münster NZM 2006, 906 m. Anm. *Börstinghaus* WuM 2007, 9; Vorinstanz: VG Minden NZM 2004, 178 und zuvor Zwischenbescheid des VG Minden v. 15.5.2002 MM 2003, 91.

abweisen, haben die Zivilgerichte begonnen die sachliche Überprüfung qualifizierter Mietspiegel vorzunehmen.[33] Dies kann aber nicht in einer isolierten Klage erfolgen, sondern geschieht inzidenter in einem Zustimmungsprozess.[34] Nach Ansicht des BGH[35] unterliegt außerdem die Auslegung eines Mietspiegels der uneingeschränkten revisionsrechtlichen Nachprüfung. Die Auffassung[36], dass eine Überprüfung der qualifizierten Mietspiegel weder vor den Zivil- noch vor den Verwaltungsgerichten möglich sei, da es sich um eine schlichtverwaltende Tätigkeit handele, ist deshalb falsch. Diese Auffassung würde dem grundgesetzlich geschützten Rechtsgewährleistungsanspruch widersprechen.

III. Bedeutung von Mietspiegeln

10 Mietspiegel nutzen sowohl Vermietern wie auch Mietern.[37] Sie haben heute aber auch eine weit über die reine Begründungsfunktion im Mieterhöhungsverfahren hinausgehende Bedeutung. Sie verbessern die **Transparenz auf den Wohnungsmärkten.** Sie haben den Vorteil der Objektivität[38] in einem Markt, der stark von Vorurteilen auf Grund fehlender Transparenz gekennzeichnet ist. Sie dienen Mietern als Orientierung, um die ortsübliche Miete einschätzen zu können. Sie haben Einfluss auf die Neuvertragsmieten und zwar nicht nur in Gemeinden mit angespannten Wohnungsmärkten, in denen gem. §§ 556d–556g BGB die Neuvertragsmiete begrenzt ist. Außerdem helfen sie unangemessene Mieterhöhungen abzuwehren. Mietspiegel versachlichen die Diskussion über die Miethöhe und sind in Massenverfahren, wie sie Mieterhöhung häufig sind, heute kaum wegzudenken. In Großstädten werden ca. ⅔ aller Mieterhöhungsverlangen mit Mietspiegelwerten begründet.[39] Sie ersparen Vermietern vor allem auch Kosten,[40] die ansonsten u. U. bei der Beschaffung der Daten über die ortsübliche Vergleichsmiete anfallen würden.

11 Auch das BVerfG hat insofern die **Bedeutung von Mietspiegeln** in den letzten Jahren mehrfach ausdrücklich betont.[41] Nach Ansicht des BVerfG liegt die Verwendung von Mietspiegeln im gerichtlichen Erkenntnisverfahren auch im Interesse der Vermieter. Sie garantiert nicht nur eine rasche Entscheidung, sie erleichtert dem Vermieter vielmehr zugleich in ganz erheblichem Maße die ihm obliegende prozessuale Darlegungslast. Ihr Vorzug besteht aber vor allem darin, dass ordnungsgemäß aufgestellte Mietspiegel i. d. R. auf einer erheblich breiteren Tatsachenbasis beruhen, als sie ein gerichtlich bestellter Sachverständiger mit einem Kosten- und Zeitaufwand ermitteln könnte, der zum Streitwert des gerichtlichen Verfahrens in einem angemessenen Verhältnis steht. Ihre Verwendung vermeidet daher die Entstehung von Rechtsverfolgungskosten, die im Falle eines Teilunterliegens den erstrittenen Erhöhungsbetrag leicht erheblich schmälern oder sogar vollständig aufzehren kann.[42]

12 Über diese originäre Aufgabe im Mieterhöhungsverfahren im weitesten Sinn hinaus, haben Mietspiegel aber inzwischen auch **weitere Funktionen.**[43] Im Rahmen von familienrechtlichen **Unterhaltsverfahren** ist es häufig erforderlich, den Wohnwert einer Wohnung zu ermitteln. Dabei ist i. d. R. von der objektiven Marktmiete auszugehen.[44] Dies spielt sowohl bei der **Berech-**

---

[33] LG Bochum DWW 2007, 298 m. Anm. *Börstinghaus;* AG Mainz Urt. v. 8.5.2013 – 86 C 323/11 (zitiert nach juris) m. Anm. *Börstinghaus* jurisPR-MietR 18/2013 Anm. 4; AG Mainz Urt. v. 19.4.2013 – 79 C 354/11 (zitiert nach juris).

[34] BGH (VIII ZR 46/12) NJW 2013, 775 = MietPrax-AK, § 558d BGB Nr. 1 m. Anm. *Börstinghaus;* (VIII ZR 346/12) NJW 2014, 292 = MietPrax-AK, § 558d BGB Nr. 2 m. Anm. *Börstinghaus;* AG Mainz Urt. v. 19.4.2013 – 79 C 354/11 (zitiert nach juris); *Beuermann* GE 2013, 150; *Blümmel* GE 2013, 151; *Börstinghaus* LMK 2/2013 Anm. 3; *ders.* jurisPR-BGHZivilR 4/2013 Anm. 4; *ders.* jurisPR-BGHZivilR 2/2014, Anm. 2; *Clar* WuM 2013, 233 = GE 2013, 457; *Theesfeld,* jurisPR-MietR 2/2014 Anm. 2.

[35] BGH (VIII ZR 227/10) NJW 2011, 2284 = MietPrax-AK, § 558a BGB Nr. 25 m. Anm. *Börstinghaus.* Auf Grund dieser Entscheidung hat das LG Berlin in GE 2012, 271 seine Rechtsprechung zur verwaltungsgerichtlichen Kontrolle von qualifizierten Mietspiegeln aufgegeben.

[36] *Elzer* in Elzer/Riecke, Mietrechtskommentar (2009), § 558d BGB Rdn. 6.

[37] *Leutner* WuM 1992, 658.

[38] *Oberhofer/Schmidt* WuM 1993, 10f.

[39] *Leutner* WuM 1992, 658.

[40] *Oberhofer/Schmidt* WuM 1993, 10f.

[41] Z. B. BVerfG NJW 1992, 1377.

[42] BVerfG NJW 1992, 1377; auch BGH (VIII ZR 110/04) NJW 2005, 2074.

[43] Dazu ausführlich *Börstinghaus/Clar,* Mietspiegel, Rdn. 77ff.

[44] BGH (XII ZR 21/05) NZM 2007, 616; *Gerhardt* FamRZ 1993, 1139.

nung von Sachleistungen[45] eine Rolle, also wenn ein Ehepartner dem anderen Unterkunft gewährt, wie auch bei der Berechnung der Nutzungsentschädigung, die derjenige Ehegatte zu zahlen hat, der in der in gemeinschaftlichem Eigentum stehenden ehelichen Wohnung verblieben ist.[46] Auch hierfür werden die Daten aus Mietspiegeln angewandt. Bei der im Rahmen der Vollstreckung aus dem Unterhaltstitel vorzunehmenden Ermittlung des **pfändbaren Teils des Arbeitseinkommens** ist bei den Kosten der Unterkunft ebenfalls auf das sich aus dem Mietspiegel sich ergebende Mietpreisniveau abzustellen.[47] Soweit ein Ehegatte nach der Scheidung gem. § 1568a Abs. 4 BGB Anspruch auf Abschluss eines Mietvertrages hat ist ebenfalls die ortsübliche Vergleichsmiete durch Verwendung des Mietspiegels zu ermitteln. Zur Ausfüllung der Tatbestandsmerkmale der § 5 WiStG und § 291 StGB bedienen sich die Gerichte eines Mietspiegels,[48] auch wenn dies wegen des im **Bußgeldverfahren** geltenden Amtsermittlungsgrundsatzes[49] nicht unwidersprochen geblieben ist.[50] Diesen Zweifeln folgen zum Teil auch die Zivilgerichte bei Verfahren auf Rückzahlung wegen vermeintlich überzahlter Miete gem. § 812 BGB i.V.m. § 134 BGB, § 5 WiStG.[51] Auch für Rückforderungsansprüche gem. § 556g BGB werden Mietspiegel in Zukunft eine zentrale Bedeutung haben. Die übliche Miete i. S. d. § 79 Abs. 2 Satz 2 BewG wird von den Finanzgerichten ebenso anhand von Mietspiegeln ermittelt[52] wie ein eventueller geldwerter Vorteil einer Wohnungsüberlassung[53] oder Einkünfte nach § 21 Abs. 1 Satz 2 EStG aus Vermietung und Verpachtung.[54] Auch im öffentlichen Recht wird zur Ermittlung von Tatbestandsmerkmalen des besonderen Verwaltungsrechts immer häufiger auf die Daten von Mietspiegeln zurückgegriffen. Dies gilt z. B. für Wohngeldentscheidungen, Urteilen zur **Fehlbelegungsabgabe**[55], Entscheidungen zu Ausgleichszahlungen wegen **Zweckentfremdung**[56] und zum Sozialhilferecht[57]. Sogar im Disziplinarrecht haben Mietspiegel eine Bedeutung, da das Gericht einem Verurteilten in einem auf Entfernung aus dem Dienst oder auf Aberkennung des Ruhegehalts lautenden Urteil einen Unterhaltsbetrag bewilligen kann. Dabei ist die ortsübliche Miete, die für eine dem angemessenen Wohnbedarf entsprechende Wohnung zu zahlen wäre, Maßstab.[58]

Eine besondere Bedeutung haben Mietspiegel bei der Ermittlung der Angemessenheit der **Kosten der Unterkunft im Rahmen von ALG II**-Leistungen. Solche Leistungen werden gem. § 22 **12a**
Abs. 1 S. 1 SGB II in Höhe der tatsächlichen Aufwendungen erbracht, soweit diese angemessen sind.[59] Bei dem Begriff der **„Angemessenheit"** handelt es sich um einen unbestimmten Rechtsbegriff.[60] Zur Festlegung der abstrakt angemessenen Leistungen für die Unterkunft sind zunächst die angemessene Wohnungsgröße und der maßgebliche örtliche Vergleichsraum zu ermitteln. Anschließend ist die **Mietobergrenze** einer angemessenen Miete zu ermitteln. Nach § 22c SGB II sollen zur Bestimmung der angemessenen Aufwendungen für Unterkunft und Heizung die Kreise und kreisfreien Städte Satzungen erlassen und dabei insbesondere Mietspiegel, qualifizierte Miet-

---

[45] BGH NJW 1989, 2809.
[46] OLG Bamberg FamRZ 1907, 703.
[47] BGH (VII ZB 103/08) WuM 2009, 540 = MietPrax-AK § 850f ZPO Nr. 1.
[48] LG Frankfurt ZMR 1995, 75 (für ein zivilrechtliches Verfahren auf Rückzahlung von vermeintlich überzahlter Miete).
[49] OLG Frankfurt WuM 1994, 436; KG WuM 1992, 140.
[50] Z. B. *Isenmann* ZMR 1993, 446.
[51] LG Berlin NJWE-MietR 1996, 98.
[52] BFH Beschl. v. 11.12.2003 – II B 151/02.
[53] BFH NZM 2006, 148.
[54] BFH DB 2016, 2157 = DWW 2016, 313; FG Hamburg Gerichtsbescheid v. 25.1.2012 – 1 K 119/11 (zitiert nach juris).
[55] BVerwG NJW 1999, 735, WuM 1997, 275; OVG Münster WuM 2001, 499; WuM 1996, 49; ZMR 1996, 288; VG Berlin GE 1996, 1255.
[56] VG Berlin GE 1996, 993.
[57] OVG Lüneburg WuM 1996, 355.
[58] BVerwG NVwZ 1988, 158.
[59] *Rips/Gautzsch,* Hart IV – Unterkunftskosten und Heizkosten, 2009; *Gautzsch,* Mietspiegel und modernisierungsbedingte Mieterhöhungen – Relevanz für die Bestimmung der Kosten der Unterkunft gemäß SGB II und SGB XII?, Sozialrecht aktuell 2011, 137; *Gautzsch,* Kosten der Unterkunft gem. SGB II und SGB XII, NZM 2011, 497; *Knickrehm,* JM 2014, 337; *Manger* GE 2006, 1432; *Goch* WuM 2006, 599; *Rips* WuM 2005, 632.
[60] BSGE 97, 231; BSG Urt. v. 20.12.2011 – B 4 AS 19/11 R (zitiert nach juris); BSG Urt. v. 17.12.2009 – B 4 AS 27/09 R – SozR 4-4200 § 22 Nr. 27; BSG Urt. v. 19.10.2010 – B 14 AS 50/10 R – SozR 4-4200 § 22 Nr. 42.

spiegel[61] und Mietdatenbanken berücksichtigen. Auszugehen ist dabei nach ständiger Rechtsprechung des BSG von einem **einfachen, im unteren Marktsegment liegenden Standard;** die Wohnung muss hinsichtlich ihrer Ausstattung, Lage und Bausubstanz einfachen und grundlegenden Bedürfnissen entsprechen.[62] Die Festlegung der Mietobergrenze sollte nach der Rechtsprechung des BSG bevor der Gesetzgeber den neuen § 22c SGB II geschaffen hatte auf der Grundlage eines **schlüssigen Konzepts** die Festlegung der Mietobergrenze erfolgen. Dies Konzept erfordert nach der Rechtsprechung des BSG, dass eine repräsentative Datenerhebung stattfinden muss. Dabei ist es zulässig auf die Daten, die zur Erstellung eines qualifizierten Mietspiegels erhoben wurden, zurückzugreifen.[63] Bei der Datenauswertung müssen anerkannte mathematisch-statistische Grundsätze eingehalten werden und Angaben über die gezogenen Schlüsse erfolgen.[64] Nach der Rechtsprechung des BSG[65] kann im Übrigen davon ausgegangen werden, dass es in ausreichendem Maße Wohnungen zu einem abstrakt angemessenen Quadratmeterpreis im örtlichen Vergleichsraum gibt, wenn ein qualifizierter Mietspiegel, der in einem wissenschaftlich gesicherten Verfahren aufgestellt wurde, entsprechende Durchschnittswerte ausweist oder wenn dem Mietspiegel Aussagen zur Häufigkeit von Wohnungen mit dem angemessenen Quadratmeterpreis entnommen werden können.

C. Gemeinsame Voraussetzungen für einfache und qualifizierte Mietspiegel

I. Allgemeines

13 Auch für den qualifizierten Mietspiegel gelten zunächst die Voraussetzungen des § 558c BGB. Jeder Mietspiegel muss also eine Übersicht über die ortsübliche Vergleichsmiete i. S. d. § 558 Abs. 2 BGB sein. **Beide Arten von Mietspiegeln** können für das Gebiet einer Gemeinde oder für mehrere Gemeinden gemeinsam oder für Teile von Gemeinden erstellt werden, § 558c Abs. 2 BGB. Aufgestellt werden können die Mietspiegel von der Gemeinde, von den Interessenvertretern der Vermieter und Mieter gemeinsam oder von einem Interessenverband oder einem Dritten, wenn er von der Gemeinde oder dem bzw. den Interessenverbänden anerkannt wird.

14 Tabelle zu den **Tatbestandsvoraussetzungen** einfacher und qualifizierter Mietspiegel:

	Mietspiegelersteller	**Mietspiegelanerkennung**
Voraussetzungen für jeden Mietspiegel	Gemeinde	**fakultativ** durch einen oder mehrere Interessenverbände
	Je ein Interessenverband der Mieter und Vermieter	**fakultativ** durch Gemeinde
	Ein Interessenverband	**zwingend** durch Gemeinde oder den anderen Interessenverband
	Dritter	**zwingend** durch Gemeinde oder jeweils einen Interessenverband der Mieter und Vermieter
	Geltungsbereich	Gemeinde Teile einer Gemeinde mehrere Gemeinden
	Übersicht über die ortsübliche Vergleichsmiete	
	Veröffentlichung des Mietspiegels	Mietspiegel und ihre Änderungen sollen veröffentlicht werden. Eine bestimmte Art der Veröffentlichung ist nicht vorgeschrieben.

[61] Für Stuttgart z. B.: LSG Baden-Württemberg Urt. v. 27.7.2016 – L 3 AS 2354/15 m. Anm. *Theesfeld* jurisPR-MietR 3/2017 Anm. 6.

[62] BSGE 97, 231 = SozR 4-4200 § 22 Nr. 3, jeweils Rdn 20.

[63] BSG NZM 2014, 361, 363.

[64] Vgl zum schlüssigen Konzept im Einzelnen BSGE 104, 192; BSG SozR 4-4200 § 22 Nr. 27.

[65] BSG (B 14 AS 106/10 R) SGb 2012, 361 m. Anm. *Winter* SGb 2012, 366; zur aktuellen Rspr. zu den Kosten der Unterkunft siehe *Wiemer* NZS 2012, 9.

Zusätzliche Voraussetzungen für qualifizierten Mietspiegel	**Erstellung nach den anerkannten wissenschaftlichen Grundsätzen**	– Repräsentative Datenerhebung – Wissenschaftlich anerkannte Auswertungsmethode – Dokumentation
	Anerkennung des qualifizierten Mietspiegels	durch die Gemeinde oder durch je einen Interessenverband der Mieter und Vermieter
	Anpassung des Mietspiegels	**zwingend:** – spätestens nach 2 Jahren Fortschreibung, – nach vier Jahren Neuerstellung

II. Die Mietspiegelaufsteller

Nach der **Legaldefinition** eines Mietspiegels in § 558 c Abs. 1 BGB ist ein Mietspiegel[66]: 15

- eine Übersicht über die ortsüblichen Vergleichsmieten
- die erstellt wurde
- von der Gemeinde oder
- von den Interessenvertretern der Vermieter und Mieter gemeinsam oder
- von einem Interessenverband der Vermieter oder Mieter allein und vom jeweils anderen Verband oder der Gemeinde anerkannt wurde
- von einem Dritten und von beiden Verbänden oder der Gemeinde anerkannt wurde

Alle Mietpreisübersichten oder Mietwerttabellen, die nicht diese Voraussetzungen erfüllen, sind 16
keine Mietspiegel i. S. d. Gesetzes. Deshalb sind auch die **folgenden Übersichten keine Mietspiegel** und können weder zur Begründung eines Erhöhungsverlangens noch im Prozess oder zu anderen Zwecken der Feststellung der ortsüblichen Vergleichsmiete herangezogen werden:

- der „VDM-Preisspiegel für Wohn- und Anlageimmobilien",
- der „RDM-Immobilienpreisspiegel",
- der „ivd-Preisspiegel",
- Mietpreisübersichten der Finanzämter,[67]
- Mietübersicht des Staatsbauamtes,[68]
- Mietenindex der Statistikämter,
- ein von einem Vermieter-Verband erstellter Mietspiegel.[69]

All diese Übersichten erfüllen einen Zweck, aber eben nicht den, die ortsübliche Vergleichs- 17
miete auszuweisen. In den Preisübersichten der Maklerverbände werden **Neuvertragsmieten** ausgewiesen, die zudem nicht repräsentativ erhoben werden und nach Opportunität veröffentlicht werden. Der **Mietenindex** beinhaltet weder eine zeitliche Beschränkung der erfassten Mieten noch stimmt seine Mietstruktur. Er weist Bruttokaltmieten aus. Die Übersichten der Finanz- und Staatsbauämter erfüllen ebenfalls andere Aufgaben und orientieren sich an Tatbestandsvoraussetzungen des öffentlichen Rechts. Allen Übersichten aber ist gemeinsam, dass die jeweiligen Ersteller vom Gesetzgeber nicht als Mietspiegelersteller, zumindest solange ihre Übersichten nicht von beiden Interessenverbänden anerkannt wurden, vorgesehen sind.

Das Gesetz bietet verschiedene Möglichkeiten an, von wem ein Mietspiegel erstellt werden 18
kann. Diese Möglichkeiten stehen gleichberechtigt nebeneinander. Es fehlt an einer **Kollisionsnorm.** Das Gesetz erklärt alternativ die Gemeinde oder die Interessenvertreter der Vermieter und

[66] Zum Mietspiegel und seiner Erstellung s. auch: *Börstinghaus/Clar,* Mietspiegel – Probleme der Erstellung und Anwendung, 2. Aufl. 2013; *Hamm,* Die rechtspolitische Leistungsfähigkeit der Regelungen der Miethöhe für nicht preisgebunden Wohnraum, Diss. 1981; *Kny,* Die alternativen Eigenschaften und Auswirkungen des Mietspiegels, Diss. 1982; *Promann,* Die Berücksichtigung des Wohnwertmerkmals Lage in den Mietspiegeln der deutschen Großstädte, Diss. 2012.

[67] LG Aurich WuM 1990, 222; **a. A.** AG Büdingen WuM 1989, 81.

[68] AG Friedberg WuM 1986, 322.

[69] LG Verden NdsRpfl 1993, 363.

der Mieter gemeinsam für zuständig und lässt bei einseitiger Aufstellung durch eine Interessengruppe auch die Anerkennung durch die andere genügen. Was in den Fällen zu geschehen hat, in denen die Gemeinde und die Interessenvertreter jeweils gemeinsam zwei widerstreitende Mietspiegel erstellen, ist nicht geregelt.[70] Nach dem Wortlaut des Gesetzes sind beide Mietspiegel wirksam. Einen Vorrang eines gemeindlichen Mietspiegels vor anderen Mietspiegeln gibt es nicht. Das Gleiche gilt auch für das Verhältnis von qualifizierten Mietspiegeln zu einfachen Mietspiegeln. Theoretisch denkbar ist der Fall, dass die Gemeinde einen qualifizierten Mietspiegel erstellt und anerkennt und jeweils ein Interessenverband der Vermieter und Mieter einen eigenen einfachen Mietspiegel erstellen. In diesem Fall kann der Vermieter zwar sein Erhöhungsverlangen auf den einfachen Verbändemietspiegel stützen, er muss aber im Erhöhungsverlangen auf den qualifizierten Mietspiegel gem. § 558a Abs. 3 BGB hinweisen.

1. Die Gemeinde als Mietspiegelersteller

19 Mit Gemeinde ist die **politische Gemeinde** gemeint.[71] Die Abgrenzung erfolgt dabei aus verwaltungstechnischen Gründen und nicht aus wohnungsmarktspezifischen Überlegungen.[72] Der Gesetzeswortlaut ist diesbezüglich eindeutig. Es genügt, wenn der Auftrag zur Erstellung des Mietspiegels von der Gemeinde stammt. Die Erstellung selbst kann dann auch von einem wissenschaftlichen Institut vorgenommen werden. Möglich ist auch die Mitwirkung von Interessenverbänden. Ein Widerspruch dieser Verbände ist aber unerheblich.[73]

20 Mietspiegel können jetzt auch für **mehrere Gemeinden,** z. B. auch für einen Landkreis, oder für **Teile einer Gemeinde** aufgestellt werden dürfen. Die Möglichkeit, Mietspiegel für Gemeindeteile zu erstellen, ist und bleibt sicher die Ausnahme. Sinn macht dies nur bei sehr unterschiedlichen Gemeindestrukturen, also z. B. Gemeindeteilen, die an eine Großstadt grenzen und großen ländlich geprägten Gemeindeteilen. Selbst in den Gemeinden, in denen nach der Mietrechtsänderung 2013 eine gesplittete Kappungsgrenze in einigen Gemeindeteilen gelten sollte (Z. B. Berlin oder Hamburg), wird der Mietspiegel wohl für die ganze Stadt erstellt. Besonderheiten sind allenfalls über die Lageklasse zu erfassen. Eine größere Bedeutung dürften Mietspiegel für mehrere Gemeinden bekommen. Zu beachten ist hierbei jedoch, dass der Begriff der ortsüblichen Vergleichsmiete immer gemeindebezogen ist und deshalb auch ein Kreismietspiegel die ortsübliche Vergleichsmiete für jede Gemeinde ausweisen muss. So sind bei der vor allem wegen der ALG II-Leistungen erfolgten Erstellung des Mietspiegels für die Region Hannover am Ende für jede der ca. 21 Gemeinden eigene Mietspiegel veröffentlicht worden.

21 Die **Erstellung** eines Mietspiegels ist ein faktischer Vorgang. Der Mietspiegel stellt eine statistisch aufbereitete Sammlung von Vergleichsmieten dar. Deshalb ist es grundsätzlich nicht erforderlich, dass ein von der Gemeinde erstellter einfacher Mietspiegel vom Kommunalparlament verabschiedet wird.[74] Ein **Ratsbeschluss** ist nicht Wirksamkeitsvoraussetzung für die Erstellung eines Mietspiegels.[75] Davon zu unterscheiden ist die Anerkennung eines Mietspiegels als qualifiziertem Mietspiegel i. S. d. § 558d Abs. 1 BGB. Dies ist ein Rechtssetzungsakt, für den ein Ratsbeschluss erforderlich ist.[76]

22 Erstellt ist der Mietspiegel dann, wenn das mit der Erstellung des Mietspiegels beauftragte Gremium die Daten ermittelt hat und Einigkeit darüber erzielt hat, welche Mieten üblich sind und welche Gruppen als vergleichbare Wohnungen ausgewiesen werden sollen. Ferner muss Einigkeit über den Textteil des Mietspiegels bestehen. Dass die Erstellung ein rein **tatsächlicher Vorgang** ist, ergibt sich auch aus dem Vergleich mit der anderen Möglichkeit, wie ein Mietspiegel entstehen kann, nämlich der Anerkennung. Anders als die Erstellung ist die Anerkennung ein **rechtlicher Vorgang,** der in der Abgabe einer Willenserklärung besteht. Der Unterschied rechtfertigt sich da-

---

[70] Zu einem solchen Fall: *Börstinghaus* NZM 1999, 113.

[71] LG Marburg Urt. v. 5.2.2014 – 5 S 117/13; AG Bayreuth WuM 1993, 454; AG Augsburg WuM 1990, 221.

[72] *Oberhofer/Schmidt,* Kriterien der Mietspiegelerstellung, S. 11.

[73] AG Recklinghausen WuM 1992, 443 für Mietspiegel der Stadt Datteln 1990.

[74] LG Essen NJW-RR 1996, 1416; AG Gelsenkirchen-Buer NZM 1998, 509.

[75] *Börstinghaus/Clar,* Mietspiegel, Rdn. 336; *Artz* in MünchKomm § 558d BGB Rdn. 3 und § 558c BGB Rdn. 3.

[76] AG Dortmund WuM 2003, 35; *Both,* in Herrlein/Kandelhard, § 558d BGB Rdn. 8; *Rips* WuM 2002, 415, 418; *Lammel* § 558d BGB Rdn. 20; *Artz* in MünchKomm § 558d BGB Rdn. 3; **a. A.** Die Hinwiese zur Aufstellung von Mietspiegeln, Stand 2002, abgedruckt bei *Börstinghaus,* Miethöhehandbuch, 2. Aufl., S. 764.

durch, dass die Anerkennung zwingend die Erstellung eines Mietspiegels voraussetzt. Nur ein von anderen bereits erstellter Mietspiegel kann anerkannt werden. Da die Erstellung eines Mietspiegels bereits mit Wertungen verbunden ist, z. B. welche Art der Datenerhebung durchgeführt wird, welche statistische Methode der Datenauswertung angewandt wird, wie die übliche Miete ermittelt wird, welche Ausreißermieten eliminiert werden, wie die Daten präsentiert werden, hat der Ersteller eines Mietspiegels bereits während dieser tatsächlichen Tätigkeit eine Einflussmöglichkeit auf die Werte. Deshalb bedarf es hier keiner späteren Willenserklärung mehr, da dieser Wille sich während des Erstellungsverfahrens dauernd manifestiert.

Wird der Mietspiegel von der Gemeinde erstellt, dann reicht es aus, wenn der Mietspiegel, be- **23** stehend aus der Mietpreisübersicht und den textlichen Erläuterungen, von dem beauftragten Amt vorgelegt wird, ohne dass es sich ersichtlich um einen Entwurf handelt. Ist ein Arbeitskreis Mietspiegel von der Gemeinde eingesetzt worden, dann ist der Mietspiegel erstellt, wenn in einer Sitzung dieses Arbeitskreises der Mietspiegel verabschiedet wurde, also mit Mehrheit der vorgelegte Entwurf akzeptiert wurde. Ein von beiden Interessenverbänden aufgestellter Mietspiegel ist erstellt i. S. d. Gesetzes, wenn über die Mietpreisübersicht und den Textteil Einigkeit erzielt wurde.[77] Dies gilt selbst dann, wenn der Mietspiegel unter Mitwirkung der Gemeinde erstellt wurde,[78] da es sich letztendlich auch in diesem Fall um einen Mietspiegel der Interessenverbände handelt. Zu beachten ist dabei allenfalls, dass es sich bei den Interessenverbänden i. d. R. um juristische Personen (eingetragene Vereine oder deren Untergliederungen handelt) und diese auch bei der Mietspiegelerstellung durch vertretungsberechtigte Organe handeln müssen.[79]

Die Aufstellung von Mietspiegel kann **datenschutzrechtliche Gesichtspunkte** berühren. Das **24** ist immer dann der Fall, wenn der Mietspiegelstellung eine Datenerhebung zu Grunde liegt. Immer dann, wenn kommunale Stellen zum Zwecke der Statistik Datenerhebungen durchführen oder veranlassen, müssen die Vorschriften der Datenschutzgesetze und vor allem der Landesstatistikgesetze eingehalten werden. Die **Landesstatistikgesetze** verlangen i. d. R., dass Kommunalstatistiken nur auf Grund einer gesetzlichen Grundlage, also i. d. R. einer Satzung, erstellt werden dürfen. Diese Satzung muss dann die Erhebungsmerkmale, die Hilfsmerkmale,[80] die Art und Weise der Erhebung, den Berichtszeitpunkt (= Mietspiegelstichtag) und den Kreis der zu Befragenden (Mieter und/oder Vermieter enthalten). Ferner ist in einer solchen Satzung zu bestimmen, ob die Erhebung mit oder ohne Auskunftspflicht erfolgen soll. Die Landesstatistikgesetze der Länder beinhalten im Einzelnen unterschiedliche Regelungen.[81] Vielfach müssen eigene **Statistikstellen** eingerichtet werden, die räumlich und organisatorisch von den anderen Verwaltungsstellen zu trennen sind.

2. Mietspiegel von Interessenverbänden

Das Gesetz unterscheidet dabei **zwei Alternativen.** Entweder wird der Mietspiegel von den **25** Interessenvertretern der Vermieter und Mieter gemeinsam aufgestellt oder er wird von den Interessenvertretern der Vermieter oder Mieter allein aufgestellt und vom jeweils anderen Verband oder der Gemeinde anerkannt. Dabei kann sich die Anerkennung auch nur auf einzelne Teile des Mietspiegels beziehen. Nicht möglich ist die Mietspiegelaufstellung durch nur einen Verband, z. B. den örtlichen Vermieterverein[82] Auch Übersichten von anderen (interessierten) Verbänden genügen nicht. Es müssen beide Interessenverbände damit einverstanden sein, also die Mietpreisübersicht zumindest teilweise anerkennen.[83] Kartellrechtliche Bedenken[84] gegen die Mitwirkung der Interessenverbände bei der Aufstellung von Mietspiegeln bestehen nicht.

Anerkannt ist ein von einem **Interessenverband oder von einem Dritten** erstellter Mietspie- **26** gel dann, wenn der andere Interessenverband oder bei Mietspiegeln, die von Dritten erstellt wurden, auch von beiden Interessenverbänden oder der Gemeinde, seine Zustimmung erteilt hat. Dies

[77] LG Essen NJW-RR 1996, 1416; AG Gelsenkirchen-Buer NZM 1998, 509.
[78] LG Essen NJW-RR 1996, 1416.
[79] AG Dortmund WuM 2003, 35.
[80] Hilfsmerkmale sind Angaben, die der technischen Durchführung der Statistik dienen.
[81] Dazu *Börstinghaus/Clar,* Mietspiegel, Rdn. 398ff. und Rdn. 699.
[82] LG Verden NdsRpfl 1993, 363; AG Aachen WuM 1991, 277.
[83] AG Aachen WuM 1991, 277.
[84] So *Emmerich* „Die Anforderungen zur Erstellung und zur Anerkennung von Mietspiegeln im Widerstreit der Meinungen" in *Emmerich* u. a., Mietpreisermittlung, S. 46.

ist eine Willenserklärung, die von einem **vertretungsberechtigten Organ** abgegeben werden muss. Eine Form ist dafür nicht vorgeschrieben.

27 Es ist nicht die Zustimmung aller Interessenverbände auf jeder Seite erforderlich. Dies gilt auch dann, wenn auf einer Seite mehrere Verbände, ggf. unterschiedlicher Größe vorhanden sind. Es genügt die **Zustimmung je eines Interessenverbandes.**[85] Aus dem Wortlaut des § 558c Abs. 1 BGB ergibt sich weder, dass alle Interessenverbände oder eine irgendwie geartete Mehrheit einem Mietspiegel zustimmen muss. Auch nach Sinn und Zweck des § 558c Abs. 1 BGB ist nicht mindestens die Zustimmung der jeweils größten Gruppe der Interessenvertreter erforderlich. Da der Mietspiegel zum einen den Vermieter hindern soll, voreilige und willkürliche Erhöhungen geltend zu machen und zum anderen den Mieter in die Lage versetzen soll, die Mieterhöhung zu überprüfen, genügt es, wenn der Mietspiegel auf Grund eines Zusammenwirkens von Interessenverbänden zustande gekommen ist. Dies rechtfertigt allein die Annahme, dass er eine unverfälschte Übersicht über die in der Gemeinde üblicherweise gezahlten Entgelte enthält. Lediglich in den Fällen, in denen begründeter Anlass zur Annahme besteht, dass ein Verband von der Gegenseite beeinflusst ist, können Zweifel an der Objektivität gerechtfertigt sein. Schließlich würde eine andere Auslegung einem Verband die Möglichkeit geben, entgegen der Absicht des Gesetzgebers, in möglichst vielen Gemeinden einen Mietspiegel zu haben, die Erstellung zu verhindern.

28 Der Begriff **„Interessenverband"** setzt dabei vom Wortlaut bereits voraus, dass es sich um den **Zusammenschluss von mindestens zwei Mitgliedern** handeln muss. Ein örtlicher Großvermieter, z. B. in den neuen Ländern, die städtische Wohnungsbaugenossenschaft, ist kein Interessenverband. Ein solcher Großvermieter kann zwar am Arbeitskreis Mietspiegel teilnehmen, er kann aber keinen Mietspiegel erstellen oder anerkennen. Der Interessenverband muss auf der anderen Seite auch nicht alle Vermieter oder Mieter vertreten. So ist durchaus denkbar und möglich, dass der Verband der freien Wohnungsunternehmen mit dem Mieterbund einen Mietspiegel erstellt. Entscheidend ist, dass durch die Struktur des Verbandes nicht nur **Singularinteressen eines Vermieters** vertreten werden, sondern die Interessen einer bestimmten Art von Vermietern. Es muss sich um den für die Gemeinde örtlich zuständigen Verband handeln. Ist der Verband nicht auf Ortsebene organisiert, dann kann auch der überörtliche Verband für die Gemeinde einen Mietspiegel erstellen.

3. Mietspiegelerstellung durch Dritte

29 Schließlich ist es grundsätzlich auch möglich, dass **Dritte Mietspiegel erstellen** (lassen).[86] Voraussetzung für eine Anerkennung als Begründungsmittel ist in diesem Fall aber, dass dieser durch Dritte erstellte Mietspiegel von den Interessenverbänden der Mieter und Vermieter oder der Gemeinde **anerkannt** wird. So ist es in Zeiten leerer Kassen durchaus denkbar, dass ein großes Wohnungsunternehmen einen Mietspiegel erstellen lässt. Die Wohnungswirtschaft gehört zu den größten Nutznießern von Mietspiegeln. Sie kann für einen großen Bestand sehr einfach die Mieten erhöhen. Die Kosten für die Erstellung eines Mietspiegels sind pro Wohnung bei einem großen Wohnungsunternehmen im Vergleich mit einem Sachverständigengutachten äußerst gering. Die Begründung des Erhöhungsverlangens mittels dreier Vergleichswohnungen ist i. d. R. prozessträchtiger und ebenfalls mit einem Kostenrisiko verbunden.

III. Die Veröffentlichung des Mietspiegels

30 Die **Veröffentlichung eines Mietspiegels** ist nicht Wirksamkeitsvoraussetzung für einen Mietspiegel.[87] Sie gehört nicht mehr zur Erstellung oder Anerkennung. Sie hat allenfalls Bedeutung für die Frage, ob der Vermieter dem Mieter mit dem Erhöhungsverlangen ein Exemplar des Mietspiegels mit übersenden muss, damit das individuelle Mieterhöhungsverlangen formell wirksam ist (siehe dazu § 558a Rdn. 34). Dies ist bei Mietspiegeln, die allgemein zugänglich sind, zu verneinen.[88] Gemäß § 558c Abs. 4 Satz 2 BGB soll der Mietspiegel und seine Änderungen veröffentlicht

---

85 OLG Hamm RE v. 11.10.1990, NJW-RR 1991, 209; LG Berlin WuM 2016, 670; AG Bitterfeld WuM 2013, 45.

86 **A. A.** *Lammel* § 558c BGB Rdn. 13.

87 *Emmerich* in Emmerich/Sonnenschein, Miete, § 558c BGB Rdn. 9.

88 BGH (VIII ZR 11/07) NJW 2008, 573; LG Wiesbaden WuM 2007, 512; 2007, 706; LG Dresden WuM 2007, 707; LG Berlin GE 2008, 198; MM 2001, 151; WuM 1990, 519; GE 1991, 521; LG Nürnberg-Fürth

werden. Damit ist keine förmliche Bekanntmachung gemeint.[89] Möglich ist die Veröffentlichung sowohl durch eine Veröffentlichung im Amtsblatt einer Gemeinde aber natürlich auch die entsprechenden Abdrucke in der Tagespresse oder auch in Fachzeitschriften oder Internet. Dabei darf aber nicht vergessen werden, dass der Mietspiegel nicht nur aus der Mietwerttabelle besteht, sondern auch aus den textlichen Erläuterungen, die ebenfalls veröffentlicht werden soll. Diese Sollvorschrift beinhaltet **keine Wirksamkeitsvoraussetzung.** Damit wird nur eine Voraussetzung für die **Befriedungsfunktion** umschrieben. Ein Mietspiegel braucht, um seiner Befriedungsfunktion gerecht zu werden, Akzeptanz. Akzeptiert werden aber keine unbekannten Geheimdaten. Der Mietspiegel lebt davon, dass die Mehrheit der Marktteilnehmer sich auf ihn beruft bzw. auf Grund seiner Werte die Zustimmung erteilt. Deshalb ist die Bestimmung in § 558c Abs. 4 Satz 2 BGB keine Voraussetzung für die Wirksamkeit, sondern eine gesetzgeberische Vorgabe um den Erfolg eines Mietspiegels zu sichern. Eine Dokumentation der Mietspiegelerstellung ist bei einfachen Mietspiegel nicht vorgeschrieben. In § 4 des Referentenentwurfs einer „Verordnung über den Inhalt und das Verfahren zur Aufstellung und zur Anpassung von Mietspiegeln sowie zur Konkretisierung der Grundsätze für qualifizierte Mietspiegel"[90] wird eine solche Dokumentation im Rahmen einer Sollvorschrift angeordnet. Danach soll die Dokumentation nachvollziehbare Erläuterungen zu den Datengrundlagen, der Datenauswertung und den Schätzwerten und deren Ableitung enthalten.

Der Mietspiegel kann **Urheberschutz** genießen.[91] Voraussetzung hierfür ist zunächst, dass der Mietspiegel ein urheberrechtlich geschütztes Werk ist. Dafür ist erforderlich, dass der Mietspiegel eine individuelle geistige Schöpfung darstellt.[92] Dafür kommt es sowohl auf die von der Gedankenformung und -führung geprägten sprachlichen Gestaltung wie auch die Art der Sammlung, Auswahl, Einteilung und Anordnung des dargebotenen Stoffs an. An die Individualität von Tabellen und Zeichnungen als Darstellungen sind dabei keine hohen Anforderungen zu stellen. Es reicht aus, dass eine individuelle Geistestätigkeit in dem dargestellten Gedanken zum Ausdruck kommt. Allein die Tatsache, dass wesentliche Teile eines Mietspiegels wegen der gesetzlichen Funktion vorgegeben sind und die „Hinweise zur Erstellung von Mietspiegeln" weitere Vorgaben machen, steht der Einordnung als eigene geistige Schöpfung nicht entgegen. Hierbei kommt es aber durchaus auf die Umstände des Einzelfalls an. Nicht alle Mietspiegel werden diese **„Werkqualität"** erreichen. 31

Es handele sich zwar um ein **„amtliches Werk"** i. S. d. § 5 UrhG, dies ist jedoch nicht „gemeinfrei" i. S. d. Vorschrift.[93] Bei einem Mietspiegel einer Gemeinde handelt sich zwar um amtliches Werk, dieses ist jedoch nicht gemeinfrei. Für die Beurteilung als amtliches Werk kommt es auf die rechtliche Einordnung eines qualifizierten Mietspiegels und die Frage, ob es einen öffentlich-rechtlichen Rechtsschutz gegen Mietspiegel gibt, nicht an. Gemeinfrei sind gem. § 5 Abs. 1 UrhG nur Gesetze, Verordnungen, amtliche Erlasse oder andere amtliche Bekanntmachungen. Unter letztere fallen alle Rechtsnormen und regelnde Äußerungen einer Stelle, die mit der Erfüllung öffentlicher, hoheitlicher Aufgaben betraut ist. Ein Mietspiegel ist weder ein Gesetz noch eine Verordnung. Er ist auch kein amtlicher Erlass und keine amtliche Bekanntmachung. Letzter ist nur dann gemeinfrei, wenn sie ebenso wie die sonst in der Vorschrift aufgezahlten Werke eine normative oder einzelfallbezogene rechtliche Regelung enthält. Rein informatorische Äußerungen eines Amtes fallen nicht darunter. Eine Gemeinfreiheit scheidet aus, weil es sich bei einem Mietspiegel nicht um eine Rechtsnorm oder regelnde Äußerung der Gemeinde handelt. Gemeinfreiheit gem. § 5 Abs. 2 UrhG kommt mangels eines spezifischen Verbreitungs- oder Veröffentlichungsinteresses nicht in Betracht. Allein die Tatsache, dass ein qualifizierter Mietspiegel gem. § 558a Abs. 2 BGB zwingend dem Mieterhöhungsverlangen beizufügen ist, wenn er nicht kostenlos erhältlich ist, führt

---

WuM 1988, 279; AG Nürnberg ZMR 2008, 896; AG Dresden WuM 2007, 706; AG Wiesbaden WuM 2007, 325; AG Münster Urt. v. 28.2.2007 – 38 C 1040/06 m. Anm. *Wüstefeld* WuM 2007, 674; AG Wetter NJWE-MietR 1997, 246 bestätigt durch LG Hagen NJWE-MietR 1997, 246; **a. A.** AG Charlottenburg GE 1992, 1103 für eine generelle Pflicht zur Beifügung eines qualifizierten Mietspiegels: LG Berlin MM 2007, 74.

[89] *Müglich/Börstinghaus* NZM 1998, 353.

[90] Stand 11.4.2016 dem Verf. vorliegend. Zu dem Entwurf siehe dazu oben Rn. 5.

[91] LG Stuttgart Urt. v. 12.1.2010 – 17 O 387/09 (zitiert nach juris); rechtskräftig, da Berufung zurückgewiesen: OLG Stuttgart GRUR-RR 2010, 369 und Nichtzulassungsbeschwerde zurückgewiesen BGH Beschl. v. 7.7.2011 – I ZR 149/10; *Müglich/Börstinghaus* NZM 1998, 353; *Börstinghaus* in Börstinghaus/Clar, Mietspiegel, Rdn. 440; *Emmert* in DMT-Bilanz, S. 668; **a. A.** *Emmerich* in Staudinger § 558a BGB Rdn. 26 („Streit darf nicht auf dem Rücken der Mieter ausgetragen werden").

[92] *Börstinghaus/Müglich* NZM 1998, 353.

[93] Zu der gleichen Problematik bei Bodenrichtwert-Sammlungen BGH (I ZR 185/03) GRUR 2007, 137; gegen Urheberschutz für Mietspiegel deshalb *Kniep/Gratzel* WuM 2008, 645, 646.

nicht zu einem Regelungscharakter des Mietspiegels. Die Rechtsfolge resultiert nicht aus dem Mietspiegel, sondern aus dem Gesetz. Das Gleiche gilt für die Vermutungswirkung gem. § 558 d Abs. 3 BGB. Diese dient nur der Verfahrensvereinfachung und hat keine regelnde Funktion.

D. Der einfache Mietspiegel

I. Die Datenerhebung

32 Auch ein einfacher Mietspiegel i. S. d. § 558 c BGB ist eine Übersicht über die ortsübliche Vergleichsmiete in der Gemeinde. Deshalb muss er entsprechende Werte enthalten. Dabei ist die **Datenqualität von einfachen Mietspiegeln äußerst unterschiedlich.**

1. Primärdatenerhebung

33 Die beste Qualität hat ein Mietspiegel, der auf Daten beruht, die **ausschließlich zum Zweck der Mietspiegelerstellung erhoben** wurden. In der Regel wird dies aber nur bei qualifizierten Mietspiegeln der Fall sein. Aber denkbar ist sie auch bei einfachen Mietspiegeln, z. B. weil die Anerkennung nicht vom zuständigen Organ erfolgte oder die Fristen für die Fortschreibung oder Neuaufstellung verstrichen sind. Auch Verstöße gegen andere anerkannte wissenschaftliche Grundsätze der Mietspiegelerstellung können dazu führen, dass ein solcher Mietspiegel nicht als qualifiziert gilt.

34 Möglich sind auch Primärdatenerhebungen, die nicht die **hohen Anforderungen der Repräsentativität** erfüllen.[94] Hierzu zählt z. B. die Befragung der Mitglieder eines oder mehrerer Interessenverbände. Die Mitgliedsstruktur dieser Verbände unterscheidet sich von der Struktur aller Mieterhaushalte bzw. aller Vermieter. Während z. B. bei Haus und Grund i. d. R. eher Klein- und Privatvermieter Mitglieder sind, wird der Wohnungsmarkt stark von Wohnungsbauunternehmen und gewerblichen Vermietern bestimmt. Mitglieder bei Mietvereinen sind überproportional Mieter, die in irgendeiner Form eine Konfliktsituation im Mietverhältnis zu bewältigen hatten.

2. Sekundärdaten

35 Teilweise werden bei der Mietspiegelerstellung auch Sekundärdaten, also solche **Daten, die zu anderen Zwecken** als den der Mietspiegelerstellung **erhoben wurden,** verwertet. Dies Verfahren ist grundsätzlich zweifelhaft, da hier keine Repräsentativität[95] der Stichprobe mehr vorliegt. Herangezogen werden hier z. B.

36 **a) Wohngeldstatistiken.** Diese Daten sind äußerst zweifelhaft, da in den Wohngeldstatistiken wegen der gesetzlichen Beschränkungen im Wohngeldgesetz bestimmte Wohnungen nicht oder nur eingeschränkt vorkommen. Wohngeldempfänger spiegeln nicht das gesamte Spektrum der Mieter wieder.

37 **b) Gebäude und Wohnungszählung.** In den alten Ländern gibt es die GWZ 1987, in den neuen Ländern die GWZ 1995. Im Jahre 2011 hat eine Gebäude- und Wohnungszählung stattgefunden. Die Daten werden zurzeit veröffentlicht. Auch hier ist zu beachten, dass die Daten nur sehr eingeschränkt für den Zweck tauglich sind, da sie häufig nicht aktuell sind und zum anderen auch nicht repräsentativ. Es werden nur sehr eingeschränkt Differenzierungen nach den Wohnwertfaktoren des § 558 Abs. 2 BGB vorgenommen.

38 **c) Daten von Finanzämtern.** Auch diese Daten sind i. d. R. zu niedrig und entsprechen nicht den Anforderungen der ortsüblichen Vergleichsmiete.

39 **d) Daten des Gutachterausschusses.** Gem. § 193 BauGB erstattet der Gutachterausschuss Gutachten über den Verkehrswert von bebauten und unbebauten Grundstücken sowie Rechten an Grundstücken. Dazu führen die Gutachterausschüsse eine Kaufpreissammlung, wertet sie aus und ermittelt Bodenrichtwerte und sonstige zur Wertermittlung erforderliche Daten. Seit Mitte 2010 erfolgt die Berechnung nach der „Verordnung über die Grundsätze für die Ermittlung der Verkehrswerte von Grundstücken – Immobilienwertermittlungsverordnung (ImmoWertV)“[96] Bis

[94] Dazu *Schlittgen/Uhlig* WuM 1997, 314; Bedenken gegen die übliche Forderung nach Repräsentativität der Daten äußern *Ulbricht* in DS 2012, 197 und *Stelter/Finger* DS 2013, 95; demgegenüber strenger *Cischinsky/Malottki/Rodenfels* WuM 2014, 239.

[95] Dazu *Schlittgen/Uhlig* WuM 1997, 314.

[96] BGBl. I 2010, 639; dazu *Zimmermann* NZM 2012, 599; *Vogel* GE 2012, 1479; *Stemmler* ZfBR 2010, 637.

zu deren Inkrafttreten wurden bei der Ermittlung des Ertragswerts nach der WertV 88 die nachhaltig zu erzielenden Mieten ermittelt und bei der Berechnung in Ansatz gebracht. Seither kommt es gem. § 17 Abs. 1 ImmoWertV auf die marktüblichen erzielbaren Erträge an. Der Verordnungsgeber wollte mit der Formulierung, dass die marktüblichen anstelle der nachhaltigen Erträge nunmehr maßgeblich sein sollen, deutlicher ausdrücken, dass Ausgangspunkt im Ertragswertverfahren die nach den Marktverhältnissen am Wertermittlungsstichtag für die jeweilige Grundstücksart durchschnittlich erzielbaren Erträge sind. Es kommt jetzt also weniger auf die Nachhaltigkeit und dafür mehr auf die Marktüblichkeit an. Das spricht eher für die Marktmiete statt für die ortsübliche Vergleichsmiete.

e) Daten aus Mietdatenbanken. In der Regel handelt es sich um verbandsinterne Daten eines Interessenverbandes. Hier fehlt es häufig an der Repräsentativität. So sind allenfalls 10% aller Mieter Mitglied in einem Mieterverein. Diese Mitgliedschaft hat dann auch häufig etwas damit zu tun, dass die Miete zu hoch ist oder weil es sonst Probleme im Mietverhältnis gibt. **40**

3. Ausgehandelte Mietspiegel

Unter dem Begriff der ausgehandelten Mietspiegel lässt sich ein **breites Spektrum von Mietspiegeln** subsumieren.[97] Zum Teil werden hierfür auch die Begriffe „manipulierte Mietspiegel" oder „verhandelte Mietspiegel"[98] gebraucht. Die Hinweise zur Erstellung von Mietspiegeln 1997 haben den Begriff der *„einvernehmlich festgestellten Mietspiegel"* geschaffen. Die Datengrundlage dieser einvernehmlich festgestellten Mietspiegel ist äußerst unterschiedlich. Teilweise werden die Mietspiegel **auf Grund vorhandener Daten** erstellt. Teilweise beruhen diese Mietspiegel auf einer empirischen Datenerhebung und einer wissenschaftlichen Auswertung derselben, auf Grund derer die Verfahrensbeteiligten dann eine Einigung in Streitfragen erzielt haben. In Extremfällen wurden solche Mietspiegel **auch ohne Datenmaterial** auf Grund der Kenntnisse der Verbandsvertreter ähnlich einem Tarifvertrag ausgehandelt. In juristischen Kategorien gedacht handelt es sich um einen „Mietspiegelvertrag[99]", aber nicht um eine Übersicht über tatsächlich gezahlte Entgelte. Häufig beruht die Datengrundlage dieser Mietspiegel vor allem auf der Erfahrung der ihn aushandelnden Funktionäre. Schließlich sind in manchen Kommunen die Mietspiegel auch zum Gegenstand politischer Verhandlungen geworden. Es soll mit dem Mietspiegel „Mietspiegelpolitik" gemacht werden.[100] **41**

Auch mit einem **ausgehandelten Mietspiegel** kann ein Mieterhöhungsverlangen wirksam begründet werden. Der BGH[101] hat einem solchen ausgehandelten Mietspiegel in einem Prozess sogar eine Indizwirkung[102] beigemessen, da eine starke Vermutung dafür spreche, dass keiner der beteiligten Verbände sich habe über den Tisch ziehen lassen, so dass von ausgeglichen Werten auszugehen sei (kritisch hierzu § 558b Rdn. 112a). Das erscheint auch im Hinblick auf die inzwischen strengeren Vorgaben des BGH[103], wie die ortsübliche Vergleichsmiete zu ermitteln ist, fraglich. Für die Frage, ob ein ausgehandelter Mietspiegel ein wirksames Begründungsmittel ist, gibt der Wortlaut des § 558a Abs. 2 Nr. 1 BGB nichts her. Die Formulierung „Übersicht" spricht dabei jedoch eher dafür, dass tatsächlich vorhandene Gegebenheiten widergespiegelt werden sollen. Ein Vertrag oder ein Aushandeln würde dem widersprechen. Auf der anderen Seite sagt dies alles nur etwas über das Zustandekommen eines Mietspiegels aus, aber nichts über seine materielle Richtigkeit, also das Ergebnis des Erstellungsprozesses. Möglich ist, dass ein ausgehandelter Mietspiegel ge- **42**

---

[97] *Sydow,* Einige grundsätzliche Bemerkungen zu den „ausgehandelten Mietspiegeln", wi 1996, 263; AG Frankfurt DWW 1991, 54.

[98] So die Terminologie von GEWOS z. B. in BBU, Leitfaden zum Vergleichsmietensystem, S. 20; Arbeitshilfe zur Erstellung von Mietspiegeln in Sachsen, Nr. 3. 1.

[99] *Kofner,* Zeitschrift für Wohnungspolitik 1996, 397, 401 Fn. 7 spricht von einer „Art Tarifabkommen".

[100] Dies wird bereits von *Eckhoff* „Zur Kontroverse um die ökonomischen Auswirkungen des 2. WoBauG", Zeitschrift für die gesamte Staatswissenschaft, Bd. 137, S. 62, 70 beklagt. Deutlich ausgesprochen wird dies von Eberhard Hinz, Mitarbeiter des den Darmstädter Mietspiegel erstellenden IWU-Instituts, der darauf hinweist, dass der Mietspiegel ein politisches Instrument ist, kein marktwirtschaftliches (Protokoll v. 12.12.2001: http://agenda21.darmstadt.de/ag/KLIMA/tg_energie_2001.htm); neuerdings wird dies von der Partei DIE LINKE auch öffentlich für den Berliner Mietspiegel gefordert: GE 2007, 1580, GE 2008, 223.

[101] BGH (VIII ZR 99/09) NJW 2010, 2946.

[102] So auch LG Berlin 2014, 463 und AG Mitte GE 2014, 1013; AG Schöneberg GE 2015, 127; für sog. Sternchenfeld im qualifizierten Mietspiegel (dazu § 558a Rdn. 161).

[103] BGH (VIII ZR 346/10) NJW 2012, 1351; *Börstinghaus* WuM 2012, 244; *Blank* LMK 5/2012 Anm. 3; *Muth* ZMR 2012, 530; *Bühler* ZMR 2012, 531.

nau die richtigen Werte ausweist, es ist nur eben nicht sehr wahrscheinlich. Der Wortlaut sagt deshalb für sich nichts über die Zulässigkeit ausgehandelter Mietspiegel als Begründungsmittel.

43 Zu entscheiden ist diese Frage deshalb nach **Sinn und Zweck** des § 558a Abs. 2 Nr. 1 BGB. Gegen die Zulassung als Begründungsmittel spricht dabei, dass die Feststellung der ortsüblichen Vergleichsmiete eine **empirische Tatsachenfeststellung**[104] ist, die grundsätzlich nicht durch Absprachen ersetzt werden kann.[105] Das Ergebnis solcher Absprachen kann durchaus aus verschiedensten Gründen verzerrt sein. So hängt das Ergebnis der Verhandlungen wesentlich von der **Verhandlungsstärke der einzelnen Verbände** aber auch der beteiligten Personen ab. Zum Teil wurde vertreten, dass ein solcher ausgehandelter Mietspiegel auch nicht zur Begründung eines Mieterhöhungsverlangens herangezogen werden kann. Richtig ist, dass eine solche Übersicht den Markt gerade nicht richtig widerspiegelt, sondern nur Wunschvorstellungen oder Vorurteile wiedergibt. Anerkanntermaßen kann ein solcher Mietspiegel **im Prozess** als Erkenntnismittel nicht benutzt werden.[106] Hierzu wird nämlich verlangt, dass ein solcher Mietspiegel in verlässlicher Weise Auskunft über die ortsübliche Vergleichsmiete gibt. § 558a Abs. 2 Nr. 1 BGB will sicherstellen, dass der Mieter mit dem Erhöhungsverlangen zugleich die Informationen bekommt, die er benötigt, um zu entscheiden, ob er seine Zustimmung erteilen muss oder nicht. Von daher müssen die Informationen so genau wie möglich sein und die gesetzlichen Anspruchsvoraussetzungen ausfüllen. Vorliegend geht es um das Tatbestandsmerkmal „der ortsüblichen Vergleichsmiete" i. S. d. § 558 Abs. 2 BGB. Der Vermieter soll also dies Tatbestandsmerkmal darlegen, wobei das Gesetz ihm fünf Alternativen beispielhaft vorgibt. Bereits zwischen diesen Alternativen bestehen erhebliche qualitative Unterschiede. Bei einem qualifizierten Mietspiegel besteht die beste Richtigkeitsgewähr wohingegen es bei drei willkürlich ausgesuchten Vergleichswohnungen am unwahrscheinlichsten ist, dass diese genau die ortsübliche Vergleichsmiete widerspiegeln. Im Unterschied zum ausgehandelten Mietspiegel sind diese drei Vergleichswohnungen aber zumindest Realität. Diese Mieten werden tatsächlich am Markt gezahlt.

44 **Sinn und Zweck eines Mietspiegels** sprechen dafür, ausgehandelte Mietspiegel als Begründungsmittel zuzulassen. Da die Aufgabe und das Ziel eines Mietspiegels auch darin besteht, zur **Befriedung** beizutragen, kann auch ein Mietspiegel, der nicht die strengen Anforderungen eines repräsentativ-empirischen Mietspiegels erfüllt, diesem Ziel gerecht werden. Ähnlich dem System einer Mietdatenbank, die ja auch kaum den methodischen Erfordernissen einer empirischen Feststellung der ortsüblichen Vergleichsmiete gerecht wird, haben die Daten eines solchen Mietspiegels eine hohe Akzeptanz bei den beteiligten Kreisen. Ein Mieter, der von seinem Vermieter ein Mieterhöhungsverlangen bekommt, das mit einem zwischen dem örtlichen Vermieter- und Mieterverein ausgehandelten Mietspiegel begründet wurde und der sich anschließend vom Mieterverein beraten lässt, wird mit einer größeren Wahrscheinlichkeit dem Verlangen zustimmen, als ein Mieter, der ein Mieterhöhungsverlangen erhalten hat, welches mit drei willkürlich ausgesuchten Vergleichswohnungen begründet wurde. Letztendlich ist jeder akzeptierte Mietspiegel für die Befriedung innerhalb des örtlichen Wohnungsmarktes besser als kein Mietspiegel. Es darf im Übrigen nicht vergessen werden, dass gerade diese Art von Mietspiegeln auf einer Absprache zwischen mindestens 2 Verbänden beruht. Der Gesetzgeber hat als **Richtigkeitsgewähr** für einen Mietspiegel gerade auf die **Vertrauenswürdigkeit dieser Verbände** abgestellt. Wenn die hierzu vom Gesetzgeber berufenen Verbände auf Grund ihrer Qualifikation zu dem Ergebnis kommen, dass die ausgewiesenen Werte die ortsübliche Vergleichsmiete richtig widerspiegeln, dann spricht dies für einen Mietspiegel, der als Begründungsmittel i. S. d. § 558a Abs. 2 Nr. 1 BGB benutzt werden kann. Deshalb kann auch ein ausgehandelter Mietspiegel, soweit er von einem gesetzlich vorgesehenen Mietspiegelaufsteller erstellt wurde, als Begründungsmittel benutzt werden.[107]

---

[104] **A. A.** *Huber* ZMR 1992, 469, 474, der nicht die empirische Tatsachenfeststellung im Vordergrund sieht, sondern das Normative.

[105] *Sydow,* Einige grundsätzliche Bemerkungen zu den „ausgehandelten Mietspiegeln", wi 1996, 263.

[106] AG Frankfurt DWW 1991, 54; *Börstinghaus* WuM 1997, 421.

[107] So auch *Sydow* wi 1996, 263; *Börstinghaus/Clar,* Mietspiegel, Rdn. 358.

II. Zeitlicher Geltungsbereich des Mietspiegels

1. Zeitpunkt der erstmaligen Verwendung

Mietspiegel geben die ortsübliche Vergleichsmiete zu einem bestimmten **Stichtag** wieder. Vor diesem Stichtag können sie deshalb zur Begründung eines Mieterhöhungsverlangens nicht benutzt werden. Aber auch, wenn der Stichtag des Mietspiegels vor dem Zugang des Mieterhöhungsverlangens liegt, stellt sich die Frage, ab wann ein Mietspiegel i. S. d. Gesetzes überhaupt existiert, also ab wann er als Begründungsmittel i. S. d. § 558a Abs. 2 BGB benutzt werden kann. Das Gesetz verweist auf Mietspiegel i. S. d. § 558c, § 558d BGB. Beim einfachen Mietspiegel ist der Mietspiegel **ab Vollendung der Erstellung** bzw. der letzten notwendigen Anerkennung in der Welt und kann als Begründungsmittel verwandt werden. Es ist nicht erforderlich, dass der Mietspiegel bereits gedruckt ist.[108] Veröffentlichung und Drucklegung sind gerade keine Wirksamkeitsvoraussetzung. Es genügt, dass der Mietspiegel erstellt ist. Ein Mietspiegel, der noch nicht veröffentlicht oder erhältlich ist, muss aber zwingend vom Vermieter dem Mieter mit dem Erhöhungsverlangen zur Verfügung gestellt werden. 45

Eine andere Frage ist, ob die **Gerichte,** die ja erst nach Ablauf der Überlegungsfrist die Höhe der ortsüblichen Vergleichsmiete feststellen müssen, ggf. die Daten eines erst später veröffentlichten Mietspiegels mit einem nach dem maßgeblichen Zeitpunkt liegenden Stichtag berücksichtigen dürfen. Dies ist zu bejahen,[109] da das Gericht die Höhe der ortsüblichen Vergleichsmiete zum Zeitpunkt des Zugangs des Erhöhungsverlangens feststellen muss.[110] Der Mietspiegel, mit dem der Vermieter sein Erhöhungsverlangen begründet hat, ist aber zu einem zeitlich früher liegenden Stichtag erstellt worden. Deshalb ist der **spätere Mietspiegel die bessere Erkenntnisquelle** zur Ermittlung der ortsüblichen Vergleichsmiete. Soweit teilweise etwas anderes vertreten wird,[111] beruht dies auf der Grundvorstellung, dass das Gericht die materielle Richtigkeit des Erhöhungsverlangens feststellen muss. Dies ist aber bereits vom Ansatz her nicht richtig, da der Mietspiegel, auf den sich der Vermieter im Erhöhungsverfahren beruft, nur ein Begründungsmittel ist. Das Gericht muss unter Ausschöpfung aller seiner Erkenntnisquellen aber die materielle Berechtigung des Anspruchs feststellen. Unerheblich ist aber, dass der Erhebungsstichtag des neuen Mietspiegels ca. 150 Tage näher am maßgeblichen Stichtag liegt als der Erhebungsstichtag des zum Zugangszeitpunkt gültigen Mietspiegels.[112] Hier ist nicht ersichtlich, dass der neue Mietspiegel die relativ bessere Erkenntnisquelle[113] darstellt. 46

Im Übrigen ist dies keine Frage, der Mietspiegelerstellung, sondern eine methodische Frage, wie im gerichtlichen Verfahren ggf. die Höhe der ortsüblichen Miete festgestellt werden kann (s. dazu § 558b Rdn. 121).

---

[108] LG Essen NJW-RR 1996, 1416 entgegen AG Gelsenkirchen WuM 1995, 542.

[109] LG Berlin GE 2016, 1152; GE 2015, 126; GE 2010, 61, GE 2008, 1057; GE 2008, 334; GE 2006, 391; GE 2005, 1433; GE 2004, 483; GE 2003, 1022; MM 2001, 151; ZMR 1998, 165; GE 1996, 1547; GE 1994, 1055; LG Aachen GE 2017, 177; LG Dresden, Urt. v. 09.12.2014, 4 S 53/14 (unveröffentlicht); LG Hamburg WuM 1991, 355; LG Bochum WuM 1982, 18; LG Wuppertal WuM 1982, 19; AG Charlottenburg GE 2016, 331; GE 2004, 52; AG Esslingen WuM 2015, 161, 163; AG Dresden Urt. v. 4.5.2015 – 141 C 6572/12 (juris); AG Gelsenkirchen ZMR 2009, 129; AG Gelsenkirchen-Buer ZMR 1998, 236; AG Dortmund NJW-RR 1995, 971 und WuM 2003, 35; AG Frankfurt DWW 1993, 44; *Schach* in Miet- und Mietprozessrecht, § 558a BGB Rdn. 6; *Artz* in MünchKommBGB § 558c Rn. 10; Rdn. **dagegen:** KG WuM 2009, 748; GE 2007, 1629; LG Berlin GE 2004, 352 (sogar bei qualifiziertem Mietspiegel); LG Hamburg WuM 1990, 310; LG Köln WuM 1992, 20; AG Pankow/Weißensee MM 2007, 371; AG Aachen WuM 1995, 656; AG Berlin-Schöneberg GE 1990, 663; *Elzer* in Elzer/Riecke, Mietrechtskommentar § 558a BGB Rdn. 8.

[110] BGH (VIII ZR 295/15) NZM 2017, 321 = MietPrax-AK § 558b Nr. 4 m. Anm. *Börstinghaus; Fleindl* NZM 2017, 325; BGH (VIII ZR 141/09) NZM 2010, 436; (VIII ZR 331/06) NJW 2008, 848; (VIII ZR 41/05) NZM 2006, 101; (VIII ZR 215/05) WuM 2006, 569; KG GE 2005, 180; BayObLG RE v. 27.10.1992 WuM 1992, 677; LG Berlin GE 2015, 126; GE 2010, 61; GE 2004, 626 LG Rottweil NZM 1998, 432; AG Hamburg ZMR 2005, 54; AG Charlottenburg GE 2005, 743; AG Schöneberg GE 2007, 153, GE 2005, 1129; AG Tiergarten GE 2005, 1135.

[111] KG GE 2007, 1629; LG Berlin GE 1997, 1029; LG Hamburg WuM 1990, 310; LG Köln WuM 1992, 20; AG Aachen WuM 1995, 656; AG Berlin-Schöneberg GE 1990, 663; AG Recklinghausen WuM 1982, 19.

[112] LG Berlin GE 2014, 254.

[113] Soweit das LG Aachen GE 2017, 177 meint, dass die hiesige Kommentierung wegen des Wortes „relativ" inkonsistent sei, beruht dies m. E. auf einem Missverständnis. Nach Auffassung sind alle Mietspiegel nur das relativ bessere Erkenntnismittel wegen evtl. Mängel bei der Erstellung.

2. Zeitpunkt der letztmaligen Verwendung

47 Das Gesetz enthält unmittelbar keine Regelungen über das **Ende der Mietspiegelgültigkeit.** Vorgesehen ist lediglich die Fortschreibung von Mietspiegeln alle zwei Jahre, was aber nicht umgekehrt bedeutet, dass ein Mietspiegel nach Ablauf von 2 Jahren automatisch ungültig wird.[114] Vielmehr ordnet das Gesetz in § 558a Abs. 4 Satz 2 BGB gerade an, dass sogar ein veralteter Mietspiegel als Begründungsmittel benutzt werden kann. Selbst wenn in Mietspiegeln häufig im Textteil Laufzeiten vorgegeben werden, kann der Vermieter auch nach Ablauf der Laufzeit sein Erhöhungsverlangen mit diesem Mietspiegel begründen. Wie sich aus § 558a Abs. 4 Satz 2 BGB ergibt, soll dies aber nur gelten, wenn zum Zeitpunkt des Erhöhungsverlangens kein Mietspiegel vorliegt, bei dem die Voraussetzungen der § 558c Abs. 3 oder § 558d Abs. 2 BGB eingehalten sind. Daraus folgt, dass ein Mietspiegel dann keine Wirkung mehr hat und nicht mehr als Begründungsmittel benutzt werden kann, wenn zum Zeitpunkt des Zugangs des Erhöhungsverlangens **ein neuer Mietspiegel** erstellt worden ist.[115] Dabei ist es unerheblich, ob der neue Mietspiegel erst wenige Tag gilt oder schon länger. Die Verwendung des falschen Mietspiegels stellt **einen formellen Mangel** dar.[116] § 558a BGB enthält die Formalien für das Erhöhungsverlangen. Die materiellen Voraussetzungen für den Erhöhungsanspruch stehen in § 558 BGB. Was ein Mietspiegel ist, wird wiederum in den Hilfsvorschriften § 558c BGB und 558d BGB definiert. Diese Systematik hat der BGH missachtet. Der Verweis auf einen Mietspiegel in § 558a Abs. 2 BGB bezieht sich nach Sinn und Zweck immer auf den aktuellen Mietspiegel und nicht auf einen veralteten Mietspiegel. Auch das ist eigentlich systemimmanent, wird vom Gesetzgeber aber in § 558a Abs. 4 S. 2 BGB noch einmal klargestellt. Hierbei handelt es sich um eine Ausnahmevorschrift, die eben nur ausnahmsweise die Verwendung alter Mietspiegel gestattet. Das bedeutet dann im Umkehrschluss, dass immer dann, wenn die Voraussetzungen des § 558a Abs. 4 S. 2 BGB nicht vorliegen, die Verwendung solch veralteter Mietspiegel nicht zulässig ist. Dass es sich um einen formellen Fehler handelt zeigt letztendlich auch noch ein Blick auf die Heilungsvorschrift in § 558b Abs. 3 S. 1 BGB. Dort hat der Gesetzgeber ausdrücklich geregelt, dass der Vermieter bei einem Erhöhungsverlangen, dass die Voraussetzungen des § 558a Abs. 2 BGB nicht erfüllt, während des Zustimmungsklageverfahrens ein neues Erhöhungsverlangen stellen kann oder den Fehler heilen kann. Der historische Gesetzgeber[117] ging also davon aus, dass Fehler im Mieterhöhungsverfahren formeller Natur sind.

Ein von der Gemeinde erstellter Mietspiegel darf, wenn seine Laufzeit abgelaufen ist, auch dann nicht mehr als Begründungsmittel benutzt werden, wenn die beiden Interessenverbände einen neuen Mietspiegel gemeinsam erstellt haben oder ein Verband den vom anderen Verband erstellten Mietspiegel anerkannt hat. Umgekehrt ersetzt auch ein gemeindlicher Mietspiegel einen veralteten Mietspiegel der Interessenverbände. Dies gilt natürlich nur, wenn der zuerst aufgestellte Mietspiegel eine Laufzeit auswies oder wenn der Mietspiegel älter als 2 Jahre ist. Ob zum **in der Zukunft liegenden Wirkungszeitpunkt** ein neuer Mietspiegel vorliegt, ist für die Frage, ob das Mieterhöhungsverlangen formell in Ordnung ist, unerheblich.[118] Dies ergibt sich daraus, dass die ortsübliche Vergleichsmiete zum Zeitpunkt des Zugangs des Erhöhungsverlangens zu ermitteln ist[119] und weder Vermieter noch Mieter wissen können, ob zwischen Zugang des Erhöhungsverlangens und dem Wirkungszeitpunkt ein neuer Mietspiegel veröffentlicht wird. Ggf. können die Daten des neuen Mietspiegels aber im gerichtlichen Verfahren herangezogen werden, um die materielle Berechtigung des Erhöhungsverlangens zu überprüfen.[120]

---

[114] So jetzt unter Hinweis auf die hiesige Kommentierung auch AG Ludwigsburg WuM 2014, 30, 32.

[115] AG Ludwigsburg WuM 2014, 30, 32; **a. A.** BGH (VIII ZR 337/10) NZM 2011, 743 = MietPrax-AK, § 558a BGB Nr. 26 mit abl. Anm. *Börstinghaus; ders.*, jurisPR-MietR 20/2011 Anm. 1.

[116] LG Stuttgart NZM 2010, 161 m. Anm. *Börstinghaus,* jurisPR-MietR 2/2010 Anm. 1, **a. A.** BGH (VIII ZR 37/10) NZM 2011, 743.

[117] BT-Drucks. 14/4553 abgedruckt bei *Börstinghaus/Eisenschmid,* Arbeitskommentar Neues Mietrecht, Seite 309.

[118] LG Berlin ZMR 1998, 165; **a. A.** LG Stuttgart NZM 2010, 161 für qualifizierten Mietspiegel.

[119] BGH (VIII ZR 295/15) WuM 2017, 208; (VIII ZR 141/09) NZM 2010, 436; (VIII ZR 331/06) NJW 2008, 848; (VIII ZR 41/05) NZM 2006, 101; (VIII ZR 215/05) WuM 2006, 569; KG GE 2005, 180; BayObLG RE v. 27.10.1992 WuM 1992, 677; LG Berlin GE 2015, 126; GE 2010, 61; GE 2004, 626 LG Rottweil NZM 1998, 432; AG Hamburg ZMR 2005, 54; AG Charlottenburg GE 2005, 743; AG Schöneberg GE 2007, 153, GE 2005, 1129; AG Tiergarten GE 2005, 1135.

[120] LG Berlin ZMR 1998, 165; LG Berlin GE 1996, 1547; LG Berlin GE 1994, 1055; LG Hamburg WuM 1991, 355; LG Bochum WuM 1982, 18; LG Wuppertal WuM 1982, 19; AG Gelsenkirchen-Buer NZM 1998, 509; AG Dortmund NJW-RR 1995, 971; AG Frankfurt DWW 1993, 44.

48 Ein Mietspiegel kann auch nicht von einem **Interessenverband gekündigt** oder sonst einseitig beendet werden.[121] Nach dem Gesetz ist nur die Mitwirkung bei der Erstellung erforderlich, eine Fortgeltung der Zustimmung oder eine sonstige Identifizierung mit den dokumentierten Daten ist nicht vorgeschrieben Dies rechtfertigt sich daraus, dass der Gesetzgeber durch die personellen Voraussetzungen an die Mietspiegelersteller mittelbar Einfluss auf die Qualität und Akzeptanz des Mietspiegels nehmen wollte. Dafür genügt aber die gemeinsame Erstellung oder die Anerkennung zu Beginn der Mietspiegellaufzeit. Der einmal in die Welt gesetzte Mietspiegel kann deshalb als gesetzliches Begründungsmittel gem. § 558 a Abs. 2 BGB verwandt werden.

III. Fortschreibung einfacher Mietspiegel

49 Mietspiegel geben die Marktverhältnisse zu einem bestimmten Zeitpunkt wieder. Sie veralten umso schneller, je schneller das allgemeine Mietenniveau sich verändert. Das ist regional äußerst verschieden. Nach der Sollvorschrift des § 558 c Abs. 3 BGB sollen einfache Mietspiegel im Abstand von 2 Jahren **der Marktentwicklung angepasst** werden. Damit soll gewährleistet werden, dass der Mietspiegel tatsächlich ein *Spiegel* der tatsächlichen Gegebenheiten ist. Das Gesetz unterscheidet selbst zwischen der (Erst-)Erstellung oder auch Neuaufstellung und der Fortschreibung von Mietspiegeln. Wenn der Gesetzgeber davon ausgegangen wäre, dass ein Mietspiegel nach 2 Jahren immer veraltet ist und deshalb immer ein neuer Mietspiegel aufgestellt werden muss, dann hätte es sich angeboten, eine feste Laufzeit für Mietspiegel vorzuschreiben. Das hat der Gesetzgeber aber nicht getan. Vielmehr hat er als **Sollvorschrift** angeordnet, dass der Mietspiegel nach 2 Jahren der Marktentwicklung angepasst werden soll. Das bedeutet, dass eine solche Anpassung ein Minus zur Aufstellung eines Mietspiegels ist.

50 Die Notwendigkeit der Fortschreibung hängt von den **tatsächlichen Marktgegebenheiten** ab. Nicht weil der Mietspiegel zwei Jahre alt ist muss er fortgeschrieben werden, sondern weil die tatsächlichen Verhältnisse sich geändert haben. Hier hat der Gesetzgeber **eine Vermutung** aufgestellt, dass die Marktverhältnisse sich in zwei Jahren verändert haben. Je nach Marktgeschehen kann aber der Zeitraum zu lang aber auch zu kurz sein. Die Marktentwicklung kann grundsätzlich in beide Richtungen stattfinden. Neben der Situation allgemein steigender oder auch fallender Mieten gibt es auch Situationen, in denen sich die Mieten in einzelnen Teilmärkten unterschiedlich entwickeln, z. B. im Bereich der teuren Neubauwohnungen fallen aber bei großen preiswerteren Altbauwohnungen noch steigen. Solch differenziertes Marktgeschehen kann aber i. d. R. nur durch eine Datenerhebung festgestellt werden.

51 Beim **einfachen Mietspiegel** schreibt das Gesetz weder die **Form der Fortschreibung** vor, noch begrenzt es die Anzahl der möglichen Mietspiegelfortschreibungen. Letztendlich wird die Entscheidung, wie und wie oft die Fortschreibung erfolgt, davon abhängen, wie sich das Mietenniveau verändert hat. Bei größeren Veränderungen dürfte eine Neuaufstellung sinnvoll sein, ansonsten kommt die Fortschreibung in Betracht.

52 Unzulässig ist die **Fortschreibung des Mietspiegels durch den Vermieter** im konkreten Mieterhöhungsverlangen. Der Vermieter darf also wegen des Alters eines Mietspiegels keinen Zuschlag zu den Werten des Mietspiegels hinzurechnen.[122] Dies würde dem Sinn und Zweck einer Begründung des Mieterhöhungsverlangens widersprechen, wonach möglichst objektive Informationen dem Mieter zur Verfügung gestellt werden sollen und nicht die Einschätzung des Vermieters. Auch ein Sachverständigengutachten, das auf einem Mietspiegel aufbaut, ist kein fortgeschriebener Mietspiegel.[123]

---

[121] **A. A.** *Haase* WuM 1993, 441, 443.

[122] OLG Stuttgart RE v. 2.2.1982, NJW 1982, 945; OLG Hamburg NJW 1983, 1803, 1805; LG München WuM 1998, 726.

[123] OLG Frankfurt/M. WuM 1985, 216.

E. Der qualifizierte Mietspiegel

I. Allgemeines

53 Das Instrument eines qualifizierten Mietspiegels[124] ist, zumindest was seine **rechtliche Kodifikation betrifft,** durch die Mietrechtsreform 2001 neu eingeführt worden. Auch unter dem alten Recht wurden bestimmten Mietspiegeln weitreichendere Wirkungen beigemessen als nur als Begründungsmittel im vorgerichtlichen Verfahren zu dienen. Die Expertenkommission Wohnungspolitik[125] war noch einen anderen Weg gegangen. Danach sollte durch ein „Gesetz über die Ermittlung von Vergleichsmieten" genauer vorgegeben werden, wie die ortsübliche Vergleichsmiete ermittelt werden soll und in welchen Zeiträumen Mietspiegel fortgeschrieben werden müssen. In der anschließenden politischen Diskussion und im Gesetzgebungsverfahren wurde dieser Ansatz aber nicht weiterverfolgt, vielmehr wurde versucht, über die Formalien des Mieterhöhungsverfahrens Einfluss auf die Höhe der Vergleichsmiete zu nehmen.

54 Die **Tatbestandsvoraussetzungen** und Rechtsfolgen des qualifizierten Mietspiegels haben sich im Laufe des Gesetzgebungsverfahrens nicht unerheblich geändert.[126]

II. Die anerkannten wissenschaftlichen Grundsätze

1. Allgemeines

55 Auch der qualifizierte Mietspiegel ist zunächst eine **Übersicht über die ortsübliche Vergleichsmiete,** soweit sie von der Gemeinde oder von Interessenvertretern der Vermieter und der Mieter gemeinsam erstellt oder anerkannt ist. Dies ergibt sich aus der Bestimmung des § 558c BGB, der uneingeschränkt auch für den qualifizierten Mietspiegel gilt. § 558d Abs. 1 BGB bestimmt darüber hinaus zusätzlich, dass ein qualifizierter Mietspiegel nur dann vorliegt, wenn er nach anerkannten statistischen Methoden erstellt wird, die gewährleisten, dass er ein realistisches Abbild des Wohnungsmarktes liefert. Die Bezeichnung als qualifizierter Mietspiegel reicht nicht aus.[127] Realistischerweise wird man aber wohl feststellen müssen dass die ortsübliche Vergleichsmiete für eine konkrete Wohnung selbst mit maximalem Aufwand niemals wissenschaftlich so exakt ermittelt werden kann, dass das Ergebnis so eindeutig ist, dass bei einer zweiten unabhängigen Feststellung centgenau der gleiche Betrag herauskommt. Da gilt im Übrigen aber auch für Sachverständigengutachten, die auch nur ein Näherungswert ermitteln, bei dem Fehler nicht auszuschließen sind.[128]

2. Der Begriff der anerkannten wissenschaftlichen Grundsätze

56 Das Gesetz geht wie selbstverständlich davon aus, dass es tatsächlich **anerkannte wissenschaftliche Grundsätze der Mietspiegelerstellung** gibt. Das ist mindestens zweifelhaft.[129] Die Expertenkommission Wohnungspolitik[130] hat durch ein Sachverständigengutachten[131] feststellen lassen, dass die Methoden Mietspiegel zu erstellen und aufzubauen in der Bundesrepublik uneinheitlich sind. Es bestünden erhebliche Gestaltungsspielräume selbst „innerhalb anerkannter Kriterien".

57 Der **Begriff der anerkannten wissenschaftlichen Grundsätze** bedarf der **Auslegung.** Der Gesetzgeber selbst definiert ihn nicht.[132] In keiner Wissenschaft wird gelehrt, wie Mietspiegel zu

---

[124] Zu den Auswirkungen auf die Praxis s. die empirische Untersuchung von *Cromm/Koch,* Mietspiegel in Deutschland, München, 2006.
[125] Wohnungspolitik auf dem Prüfstand, 1995, Textziffer 5516.
[126] Sie dazu die 8. Aufl. §§ 558c, 558d BGB Rdn. 62ff.
[127] BGH (VIII ZR 46/12) NZM 2013, 138 = MietPrax-AK § 558d BGB Nr. 1.
[128] LG Berlin GE 2016, 1152; *Bruns/Paschedag/Kauermann* ZMR 2016, 669, 679 sprechen davon, dass die Ermittlung der ortsüblichen Vergleichsmiete nach wissenschaftlichen Grundsätzen „schwierig" ist.
[129] *Börstinghaus/Börstinghaus* NZM 2003, 377, 381; *Sternel* ZMR 2001, 937, 941; *Emmerich* JuS 2000, 1051, 1053 und *Bruns/Paschedag/Kauermann* ZMR 2016, 669, 672 bezweifeln, dass es solche Grundsätze gibt; zweifelnd auch *Artz* in: MünchKommBGB § 558d Rdn. 2; kein Verständnis für diese Auffassung haben unter Hinweis auf § 15 ImmoWertV *Stelter/Finger* DS 2013, 95.
[130] Wohnungspolitik auf dem Prüfstand, 1995, Textziffer 5512.
[131] F+B Forschung und Beratung, Praxis der Vergleichsmietenermittlung, Bonn 1994.
[132] *Bruns/Paschedag/Kauermann* ZMR 2016, 669, 672 halten die Formulierung im Gesetz für „mutig".

erstellen sind.[133] Für den Bereich der anerkannten Regeln der Technik hat der BGH[134] entschieden, dass nicht die Einhaltung von DIN-Normen maßgeblich ist. Vergleichbare Normen gibt es im Bereich der Mietspiegelerstellung auch nicht. Entscheidend ist, dass sich **eine Regel auf Grund der wissenschaftlichen Erkenntnis als richtig und unanfechtbar erweist** und von der überwiegenden Zahl der Anwender als richtig anerkannt wird.[135] Die Hinweise zur Erstellung von Mietspiegeln 2002[136] enthalten keine Regeln, deren Nichteinhaltung zur Disqualifizierung des Mietspiegels führen. Die Hinweise enthalten den Minimalkonsens der beteiligten Institute und folgen teilweise politischen Vorgaben. Rechtlich sind sie völlig unerheblich.

Dabei taucht zunächst die Frage auf, welche **die richtige Wissenschaft ist,** auf deren Erkennt- **58** nismöglichkeiten abzustellen ist. Die Bund-Länder-Arbeitsgemeinschaft „Mietrechtsvereinfachung"[137] stellt in ihrer Begründung ausschließlich auf die „statistische Wissenschaft" ab. Auch der Referentenentwurf[138] spricht ausschließlich von den anerkannten *statistischen* Methoden So deutlich ist dann aber die Begründung des Kabinettsentwurfs nicht mehr. Sie spricht nur noch von der „wissenschaftlichen Erstellung" und „anerkannten wissenschaftlichen Methoden". In der weiteren Begründung wird auf die Methode der Erstellung eingegangen *(Primärdatenerhebung)* und darauf hingewiesen, dass es mehrere von „der Wissenschaft" anerkannte Methoden gäbe (Tabellen- oder Regressionsmethode). Das legt die Vermutung nahe, dass auch hier nur an die Statistik als Wissenschaft gedacht wurde.[139] Die „Hinweise zur Erstellung von Mietspiegeln Stand 2002"[140] legen das Gesetz gleich so aus, dass sie von den „anerkannten wissenschaftlichen Grundsätzen der Statistik" sprechen. *Haas*[141] spricht zum einen zwar von der „jeweiligen" juristischen Methode, was den Schluss zulassen könnte, dass er von mehreren betroffenen Wissenschaften ausgeht, anschließend spricht er aber nur von statistischen Arbeiten, so dass sich seine Formulierung wohl ausschließlich auf verschiedene statistische Methoden bezieht.

Das ist aber zu eng. Die Ermittlung der ortsüblichen Vergleichsmiete ist **keine ausschließlich** **59** **empirische Tätigkeit.** Der Mietspiegel soll als Ergebnis die ortsübliche Vergleichsmiete widerspiegeln. Der Begriff der ortsüblichen Vergleichsmiete ist ein unbestimmter Rechtsbegriff der das Ergebnis zahlreicher normativer Entscheidungen ist (Dazu § 558 Rdn. 42ff.).[142] Diese Entscheidungen müssen nicht nur bei der Einordnung der konkreten Wohnung in einem Mietspiegel getroffen werden, sondern bereits bei der jeder Mietspiegelerstellung vorangehenden Datenerhebung. Welche Mieten sollen in der Gemeinde überhaupt ermittelt werden, wie werden sie gewichtet, welche Mieten werden ausgeschlossen? All dies sind keine Fragen der Statistik, sondern juristische Fragestellungen. Ein nach den anerkannten wissenschaftlichen Grundsätzen der Statistik richtig erstellter Mietspiegel kann ohne weiteres **nach juristischen Kategorien falsch** sein.[143] Deshalb müssen zumindest auch die anerkannten wissenschaftlichen Grundsätze der Rechtswissenschaft beachtet werden.[144] Teilweise wird auch gefordert, dass weitere relevante Wissenschaften wie Geographie, die (Stadt-)Soziologie und die Immobilienökonomie zu beachten seien.[145]

---

133 *Bruns/Paschedag/Kauermann* ZMR 2016, 669, 672.

134 BGH GE 1998, 1085, 1086.

135 So auch *Lammel* § 558d BGB Rdn. 13 unter Bezugnahmen auf RGSt 44, 76; **a. A.** wohl *Bruns/Paschedag/Kauermann* ZMR 2016, 669, 671: ausreichend jede Methode, die einen weiten Verbreitungsgrad hat, wobei Fortschritten der Wissenschaft nicht der Weg versperrt werden dürften.

136 Abgedruckt bei *Börstinghaus,* Miethöhehandbuch, 2. Aufl., S. 764.

137 Bund-Länder-Arbeitsgruppe Mietrechtsvereinfachung, Bericht zur Neugliederung und Vereinfachung des Mietrechts, 1996, S. 135.

138 NZM 2000, 415; abgedruckt auch bei *Börstinghaus/Eisenschmid,* Arbeitskommentar Neues Mietrecht, S. 336.

139 *Blank* PiG 62, 17, 26.

140 Abgedruckt bei *Börstinghaus,* Miethöhehandbuch, 2. Aufl., S. 764.

141 Das neue Mietrecht – Mietrechtsreformgesetz, Köln 2001, § 558d BGB Rdn. 3 (der Verfasser war Mitglied der Bund-Länder-Arbeitsgemeinschaft „Mietrechtsvereinfachung").

142 *Hinkelmann,* Die ortsübliche Miete, S. 120; *Börstinghaus/Clar* NZM 2014, 889; *Blank* ZMR 2013, 170; *Weitemeyer* NZM 2000, 313, 315; *Haber* NZM 2001, 305, 308; *Emmerich* PiG 40, 23; *Voelskow* WuM 1993, 21.

143 *Blank* PiG 62, 17, 27 deshalb ist auch ein qualifizierter Mietspiegel rechtlich voll überprüfbar; **a. A.** *Clar* WuM 2013, 233.

144 *Elzer* in Elzer/Riecke, Mietrechtskommentar § 558d BGB Rdn. 3.

145 *Bünnemeyer/Hebecker/Werling* ZMR 2016, 96, 97 Fn. 19; zustimmend auch *Bruns/Paschedag/Kauermann* ZMR 2016, 669, die selsbt die Rechtswissenschaft, die Immobilienwirtschaft und die Immobilienfinanzierung repräsentieren.

60 Eine überwiegende Anerkennung der Anwender von Mietspiegeln liegt nur für einen kleinen Bereich der Probleme im Zusammenhang mit der Mietspiegelerstellung vor. Weite Bereiche sind umstritten[146] und werden regional sehr unterschiedlich gehandhabt. Die **überwiegende Anerkennung muss aber bundesweit vorliegen** und nicht nur regional. Anderenfalls könnte ein völlig aus der Reihe fallender Mietspiegel als nach den anerkannten wissenschaftlichen Grundsätzen erstellt angesehen werden, nur weil in der Gemeinde ggf. auf Grund der Meinungsführerschaft weniger vermeintlicher Fachleute eine Auffassung als richtig gilt, die ansonsten überwiegend abgelehnt wird.

3. Die Mindestvoraussetzungen

61 Es gibt deshalb nur **Mindeststandards,** die eingehalten werden müssen, damit man von der Einhaltung der anerkannten wissenschaftlichen Grundsätze sprechen kann.[147] Erforderlich ist mindestens:

– der Mietspiegel muss vom richtigen Begriff der ortsüblichen Vergleichsmiete ausgehen,
– die Daten müssen auf einer **repräsentativen Datenerhebung**[148] beruhen,
– es muss eine anerkannte **wissenschaftliche Auswertungsmethode** gewählt worden sein,
– die Einhaltung der drei zuvor genannten Voraussetzungen muss in einer öffentlich zugänglichen **Dokumentation** niedergelegt sein.

Nach § 6 Abs. 2 des Referentenentwurfs einer „Verordnung über den Inhalt und das Verfahren zur Aufstellung und zur Anpassung von Mietspiegeln sowie zur Konkretisierung der Grundsätze für qualifizierte Mietspiegel"[149] soll ein Mietspiegel, der die sich aus dem Verordnungsentwurf ergebenden Voraussetzungen für einen qualifizierten Mietspiegel nicht erfüllt, als einfacher Mietspiegel anzusehen sein.

62 **a) Der richtige Begriff der ortsüblichen Vergleichsmiete.** Der Mietspiegel muss sich dabei an der Legaldefinition in § 558 Abs. 2 BGB orientieren (dazu § 558 Rdn. 42ff.).[150] Weder subjektive Wohnwertmerkmale dürfen einfließen noch darf ein von den örtlichen Verhältnissen abweichendes Mischungsverhältnis zwischen Neuvertrags- und Bestandsmieten gewählt werden. Netto- und Bruttomieten müssen getrennt ermittelt werden oder es muss eine Umrechnung erfolgen. Sonderausstattungen der Wohnungen, die auf die Miethöhe Einfluss haben (Garten, Möblierung usw.), müssen ermittelt und ihr Einfluss isoliert werden.

62a In Mietspiegeln werden üblicherweise zwischen 2 bis 12 Altersklassen ausgewiesen. Die jüngsten durch die letzte Baualtersgruppe einbezogenen Wohnungen sollten am Stichtag der Erhebung der Mieten für den Mietspiegel seit mindestens einem vollen Jahr bezugsfertig sein, damit sich eine „übliche Miete" bereits gebildet haben kann. Im Übrigen sollten nach oben offen Gruppen vermieden werden („nach 2014"). Eine Datenerhebung kann nur in einer **geschlossenen Gruppe** erfolgen. Anderenfalls würde im Beispielsfall auch eine Wohnung aus dem Jahr 2013 in diese Gruppe fallen, obwohl unter Umständen die letzte erhobene Vergleichsmiete eine Wohnung mit dem Baujahr 2012 betraf. Gerade die Festlegung der letzten Baualtersgruppe macht Probleme. Es wird in den letzten Jahren vor der Datenerhebung nur sehr wenige neu errichtete Mietwohnungen geben. Um überhaupt eine aussagekräftige Anzahl von Wohnungen zu haben, wird die letzte Baualtersgruppe verhältnismäßig weit angelegt werden (z. B. 1990–2010). Die Wohnungen in einer solchen Gruppe sind sowohl was die Beschaffenheit (z. B. auch den energetischen Zustand) angeht sehr unterschiedlich aber vor allem auch hinsichtlich der Höhe der Miete. Das bedeutet, dass die Mieten der älteren Wohnungen über den Median des Mietspiegelfeldes nach oben gezogen werden als auch, dass die Mieten der letzten Jahrgänge lange Zeit nicht erhöht werden können, weil die ortsübliche Vergleichsmiete durch die älteren Bestände in diesem Feld über Jahre nach unten gezogen werden. Soweit ein neuer Mietspiegel erstellt wird, kann man auf dies Phänomen mit einer **Teilung der Baualtersklasse** reagieren. Dieser Wechsel der Mietspiegelmethodik stellt keinen Fehler dar, sondern ist methodisch sogar geboten.

---

[146] Nach Ansicht von *Blank* PiG 62, 17, 28 müssen die Fragen vom Gesetzgeber beantwortet werden.
[147] *Sternel* ZMR 2001, 937, 941.
[148] Bedenken gegen die übliche Forderung nach Repräsentativität der Daten äußern *Ulbricht* DS 2012, 197 und *Stelter/Finger* DS 2013, 95.
[149] Stand 11.4.2016 dem Verf. vorliegend. Zum Entwurf siehe oben Rn. 5.
[150] *Rips* WuM 2002, 415, 417.

In älteren Mietspiegeln wurden häufig Wohnungen, die bis 1948 fertig gestellt wurden in einer Gruppe zusammengefasst. Anschließend ging es in mehr oder weniger einheitlichen Zehnjahres-Schritten weiter. Diese starre Gruppenbildung ist wenig sinnvoll.[151] Es geht bei der Frage des Baualters darum ein „***Indiz*** **" für den Baustandard** des Gebäudes abzufragen. Erforderlich ist deshalb eine Einteilung, die dieser Vorgabe gerecht wird. So ist es sicher sinnvoll für länger zurückliegende Zeiträume durchaus größere Zeitspannen zu bilden, es sei denn es haben sich bautechnisch oder auch baurechtlich wesentliche Veränderungen ergeben.[152] So wurde nach dem Krieg in Deutschland Wohnraum benötigt und deshalb in einem sehr einfachen Baustandard errichtet. Der Dachraum war nicht isoliert, eine Wärmeisolierung erfolgte nur sehr unzureichend und auch die Häufigkeit von bauwerksbedingten Mängeln ist sehr hoch. Es schloss sich dann Ende der 60er Jahre eine Phase der sehr stark industriell geprägten Bauweise an. Stahlbeton-Skelettbauten aus vorproduzierten Teilen mit Vorhangfassade prägten diese Bauweise. Insgesamt wurde aber sehr viel gründlicher gebaut als in den ersten beiden Nachkriegsjahrzehnten. Insbesondere die Flachdächer mit 0° Dachneigung prägten die Schadensbilder vieler Bauprozesse. Erst spät setzte sich die Einsicht durch, dass solche Dächer einfach nicht dicht zu bekommen sind. In den folgenden Jahren wurden sie deshalb aufwendig modernisiert. Erst seit Anfang der 80er Jahre hat sich wieder ein konventionellerer Wohnungsbaustil durchgesetzt. Begleitet und teilweise auch angestoßen wurden diese bautechnischen Veränderungen in rechtlicher Hinsicht durch verschärfte Wärmeschutzverordnungen oder Schallschutzvorschriften. Auch das Inkrafttreten der jeweiligen neuesten Fassung der EnEV ist ein sinnvoller Zeitpunkt zur Bildung einer neuen Baualtersklasse. Hinzu kommen soziologische Phänomene. So war Ende der 60er bis Mitte der 70er Jahre die Großsiedlung mit ihren anonymen Massenwohnungen aktuell, während man seit Anfang der 80er Jahre wieder zu kleineren Siedlungsformen gefunden hat. In bautechnischer Sicht kommt insbesondere für die neuen Länder eine Einteilung nach den verschiedenen Bauprogrammen in Betracht. Eine Datenerhebung sollte deshalb hinsichtlich des Baualters durchaus offen sein und nicht bestimmte Altersgruppen angeben, sondern möglichst den Errichtungszeitpunkt erfragen, um dann anhand der ermittelten Mieten zu ermitteln, wo ggf. ein anderer Wohnungsmarkt beginnt; zumindest sollte die Baualterseinteilung nach sachlichen Gesichtspunkten und nicht schematisch erfolgen. **62b**

Die Einhaltung der anerkannten wissenschaftlichen Grundsätze bezieht sich auf den gesamten Mietspiegel also auch auf eine zum Mietspiegel gehörenden **Lagekarte** oder ein **Straßenverzeichnis.** Auch diese müssen nach wissenschaftlichen Grundsätzen erstellt werden.[153] So dürfte ein Straßenverzeichnis, das sich ausschließlich an den Bodenrichtwerten orientiert ebenso untauglich sein wie ein solches, das vor mehreren Jahrzehnten aufgestellt und seither wissenschaftlich nicht fortgeschrieben worden ist. Ob allein die Möglichkeit genügt bei der zuständigen Senatsverwaltung eine Neueinordnung seines Hauses zu beantragen, erscheint ebenfalls fraglich. In diesem Fall setzt die Überprüfung ja ein Tätigwerden des Vermieters oder Mieters voraus. Es führt auch nur zur Überprüfung des entsprechenden Gebäudes und nicht der Nachbarschaft. Die Erstellung einer Lagekarte bzw. des Straßenverzeichnisses muss deshalb in der Mietspiegeldokumentation ebenfalls beschrieben werden. Davon zu unterscheiden ist eine bloße Orientierungshilfe, die nicht zum qualifizierten Mietspiegel gehört.[154] Sie soll nur helfen, die Einzelvergleichsmiete innerhalb einer Spanne zu finden. **62c**

b) Datenerhebung. Die Qualität eines Mietspiegels hängt zunächst ganz wesentlich von den Daten ab, auf denen er beruht, dann aber auch von der Qualität der Datenauswertung. **63**

aa) Primärdaten. Für einen qualifizierten Mietspiegel ist immer eine Primärdatenerhebung erforderlich.[155] Das sind Daten, die ausschließlich zum Zweck der Mietspiegelerstellung erhoben wurden. Es entspricht nicht den anerkannten wissenschaftlichen Grundsätzen Sekundärdaten zu benutzen. Bei ihrer Verwendung handelt es sich um einen einfachen Mietspiegel. **64**

bb) Repräsentativität. Die Daten der Primärdatenerhebung müssen repräsentativ sein.[156] Das ist deshalb von Bedeutung, weil wegen der Kosten keine Vollerhebung erfolgt, sondern zunächst **65**

---

[151] So auch die Kritik von *Keller* Seite 137/138.

[152] Siehe auch die Beschreibung des Gebäudebestandes bei *Derleder* PiG 92 (2012), 13 unter Berufung auf eine Untersuchung der DBV (Fn 1).

[153] Siehe auch *Clar* in Börstinghaus/Clar NZM 2014, 889; *Bünnemeyer/Hebecker/Werling* ZMR 2016, 96.

[154] BGH (VIII ZR 110/04) NJW 2005, 2074.

[155] *Kniep/Gratzel* WuM 2008, 645, 646; *Rips* WuM 2002, 415, 417; so auch § 7 des Entwurfs einer MietspiegelVO (dazu oben Rn. 5).

[156] BGH (VIII ZR 346/10) NJW 2012, 1351 = MietPrax-AK, § 558 BGB Nr. 32 m. Anm. *Börstinghaus* (für die Daten eines gerichtlichen Sachverständigengutachtens zur Ermittlung der ortsüblichen Vergleichsmiete); LG

eine Stichprobe gezogen wird. Diese Stichprobe muss ein getreues Abbild des Wohnungsmarktes abgeben. Diese erfordert eine Zufallsstichprobe[157], bei der jede Wohnung die gleichen Chancen hat, in der Stichprobe vertreten zu sein.[158] Dabei muss sichergestellt werden, dass alle Wohnungen mit ihren Mietpreis bestimmenden Merkmalen in dieser Stichprobe annähernd im gleichen Verhältnis wie in der Grundgesamtheit enthalten sind.[159] Bevor eine **Zufallsstichprobe** gezogen wird, sollte die Datei, aus der das geschieht, möglichst um alle Haushaltsadressen oder Wohnungen bereinigt werden, die nicht zur Ermittlung der ortsüblichen Vergleichsmiete herangezogen werden dürfen oder die nicht in den Mietspiegel aufgenommen werden sollen. Hierdurch wird erreicht, dass Grundlage der Stichprobe eine Gesamtheit ist, die einen möglichst hohen Anteil mietspiegelrelevanter Daten aufweist.

66 Bei der **Erhebungsmethode** wird sowohl nach dem Adressaten der Erhebung – Mieter- oder Vermieterbefragung[160] – als auch nach der Befragungsart – Telefoninterview, schriftliche oder persönliche Befragung – unterschieden. Allein unter dem Gesichtspunkt der Beachtung der anerkannten wissenschaftlichen Grundsätze sind alle diese Erhebungsformen zulässig. Jede hat Vor- und Nachteile gegenüber einer anderen, wobei häufig das Kostenargument ausschlaggebend sein wird. Bei Mieterbefragungen ist die Rücklaufquote systembedingt niedriger, da die Mieter nicht unbedingt an einem neuen Mietspiegel, der in der Regel zu Mieterhöhungen führt, mitwirken wollen.

67 Allein die **Qualität und der Umfang der Stichprobe** sind für die Repräsentativität der Datenerhebung aber nicht allein ausschlaggebend. Zunächst ist die Höhe der Antwortrate entscheidend. Wieviel Fragebögen wurden zurückgeschickt oder (Telefon-)Interviews konnten tatsächlich durchgeführt werden. Selbst die tatsächlich erhobenen Daten einer Bruttostichprobe können nicht zu 100% verwertet werden. Manche Adressen sind falsch oder die Wohnung steht leer. Genauso unerheblich sind Wohnungen, in denen der Eigentümer wohnt oder für die eine Kostenmiete gezahlt wird. Immer größer wird auch der Anteil derjenigen, die an der Befragung nicht teilnehmen.[161] Für die Repräsentativität sind die Größe der Ergebnisstichprobe und ihr Verhältnis zur **Bruttostichprobe** entscheidend.[162] Um den Ansprüchen der Repräsentativität zu genügen, dürfen die Abweichungen zwischen Bruttostichprobe und **Ergebnisstichprobe** eigentlich nicht zu groß sein. Und genau hier fängt die **juristische Aufgabe** an festzustellen, welche Abweichung nach den anerkannten wissenschaftlichen Grundsätzen noch hingenommen werden kann.[163] In der Vergangenheit wurde eine Ergebnisstichprobe von 60%–70% gefordert.[164] Heute ist man froh, wenn man nur einen Bruchteil davon erreicht. Die Zahlen sind teilweise sehr niedrig, so dass durchaus Zweifel an der Repräsentativität im Einzelfall angebracht sind.[165] Die Hinweise zur Aufstellung von Mietspiegeln 2002[166] halten sich mit der Angabe eines Wertes zurück. Mieter wollten an einem Instrument, das den Vermieter bisher nur zur Erhöhung der Mieten diente, verständlicherweise nicht mitwirken. Ob das durch die Begrenzung der Wiedervermietungsmiete in § 556d Abs. 1 BGB jetzt anders wird, bleibt abzuwarten. Diejenigen, die bei einer Mieterbefragung gefragt werden haben ja schon eine Wohnung und ob Sie an den nächsten Wohnungswechsel denken, wenn sie an der Befragung mitwirken, erscheint zweifelhaft. Für Vermieter ist eine Beantwortung,

---

Bochum DWW 2007, 298 m. Anm. *Börstinghaus; Rips* WuM 2002, 415, 419; Bedenken gegen den Begriff der Repräsentativität aus bewertungspraktischer Sicht äußern *Stelter/Finger* DS 2013, 95. Auch § 8 Abs. 1 des Entwurfs einer MietspiegelVO (dazu oben Rn. 5) verlangt eine „repräsentative Stichprobe".

[157] *Stelter/Finger* DS 2013, 95.

[158] Dies gilt uneingeschränkt nur für die ungeschichtete Stichprobe. Bei der geschichteten Stichprobe erfolgt eine Bewertung.

[159] Zu den stichprobenmethodischen Anforderungen an qualifizierte Mietspiegel: *Cischinsky/von Malottki/Rodenfels/Vaché* WuM 2014, 239; *Schlittgen/Uhlig* WuM 1997, 314.

[160] BGH (VIII ZR 30/09) NZM 2010, 122.

[161] Eine Tabelle über den Rechenweg von der Bruttostichprobe zur Ergebnisstichprobe befindet sich in den Hinweisen zur Aufstellung von Mietspiegeln 2002, abgedruckt bei *Börstinghaus,* Miethöhehandbuch, 2. Aufl., S. 764.

[162] Zum Rechenweg: *Clar* in Börstinghaus/Clar, Mietspiegel, Rdn. 593; äußerst kritisch dazu *Cischinsky/von Malottki/Rodenfels/Vaché* WuM 2014, 239, 247.

[163] Dies halten *Cischinsky/von Malottki/Rodenfels/Vaché* WuM 2014, 239, 247 für „unsinnig".

[164] *Clar* in Börstinghaus/Clar, Mietspiegel, Rdn. 596; kritisch *Cischinsky/von Malottki/Rodenfels/Vaché* WuM 2014, 239, 247.

[165] Zur Frage des Verhältnisses der Daten verschiedener Vermietergruppen: AG Berlin-Charlottenburg GE 2015, 457, 459 sowie Urt. v. 17.03.2015 – 233 C 520/14 (juris).

[166] Abgedruckt bei *Börstinghaus,* Miethöhehandbuch, 2. Aufl., S. 764.

vor allem wenn sie sehr ins Detail geht, sehr aufwändig. Gerade Kleinvermieter sind hier schwerer zu einer Mitwirkung zu motivieren, weshalb immer wieder das Ungleichgewicht zwischen den verschiedenen Vermietergruppen moniert wird.[167]

Für die Frage, ob im Mietspiegel für eine bestimmte vergleichbare Wohnung Werte ausgewiesen werden können, kommt es entscheidend darauf an, wie viele Mietspiegeldaten für vergleichbare Wohnungen erhoben werden konnten. Je weniger Mietwerte ausgewertet werden können, desto geringer ist die Wahrscheinlichkeit, dass die ermittelten Mieten das tatsächliche Mietniveau hinreichend genau abbilden. Nach den anerkannten wissenschaftlichen Grundsätzen[168] beträgt die **Mindestfeldbesetzung** 30 Wohnungen[169] je Mietspiegelfeld.[170] Bei einem Regressionsmietspiegel (dazu unten Rdn. 72) genügt im Vergleich zu einem Tabellenmietspiegel eine kleinere Stichprobe.[171] **68**

Möglich ist, dass ein Mietspiegel **in Teilen** nach den anerkannten wissenschaftlichen Grundsätzen erstellt ist und insofern **als qualifiziert gilt,** und in anderen Teilen nicht.[172] Das kann insbesondere der Fall sein, wenn die Feldbesetzung in einzelnen Tabellenfeldern nicht den anerkannten wissenschaftlichen Grundsätzen genügt.[173] Dabei macht es durchaus Sinn auch Werte bei Feldern, denen nur ca. 20–30 Datensätze zu Grunde liegen anzugeben, da dies immer noch besser ist, als das Feld leer zu lassen, jedoch handelt es sich bei diesen Feldern dann nicht um einen qualifizierten Mietspiegel.[174] Im Mietspiegel muss dies ausreichend deutlich gekennzeichnet sein. Die Daten solche Felder können ggf. als Schätzungsgrundlage gem. § 287 ZPO verwandt werden[175] **69**

c) Die Datenauswertung. Über die statistische Methode[176] zur Erstellung eines Mietspiegels wurde in der Vergangenheit äußerst kontrovers diskutiert.[177] Vor allem in den Gemeinden, in denen die Mietspiegel nach der **Regressionsmethode** aufgestellt worden waren, mussten sich auch die Gerichte mit diesem Statistikerstreit befassen.[178] Es geht dabei um die Frage, ob Miet- **70**

---

[167] AG Berlin-Charlottenburg GE 2015, 457, 459.

[168] Auch § 10 des Entwurfs einer MietspiegelVO (dazu oben Rn. 5) geht bei Tabellenmietspiegeln von den hier verlangten Feldbesetzungen aus.

[169] KG NZM 2009, 544 m. Anm. *Börstinghaus* jurisPR-MietR 14/2009 Anm. 4; *Schach* GE 2009, 1011: Mietspiegel für Berlin ist in den Feldern mit 15 bis 29 Mietwerten nicht qualifiziert; Nach *Stelter/Finger* DS 2012, 95 kann auch ein Sachverständigengutachten mit 30 Werten, in Einzelfällen aber auch mit 10–20 Werten wissenschaftlich ordentlich erstellt werden.

[170] Daraus lässt sich dann im Umkehrschluss auch die Mindestgröße der Stichprobe errechnen: Bei einem Mietspiegel mit 40 Tabellenfeldern und einer minimalen Feldbesetzung von 30 Wohnungen je Mietspiegelfeld ist eine Ergebnisstichprobe von mindestens 1200 Wohnungen erforderlich. Bei einer Ausschöpfungsquote von 50% und einer Sicherheitsreserve muss die Bruttostichprobe bei ca. 3000 bis 5000 Wohnungen liegen (Zahlen aus den Hinweisen zur Aufstellung von Mietspiegeln 2002 (abgedruckt bei *Börstinghaus,* Miethöhehandbuch, 2. Aufl., S. 764)). Bei einer geschichteten Stichprobe kann ein geringerer Stichprobenumfang genügen.

[171] Die Hinweise zur Aufstellung von Mietspiegel 2002 (abgedruckt bei *Börstinghaus,* Miethöhehandbuch, 2. Aufl., S. 761) empfehlen bei kleineren Gemeinden eine Ergebnisstichprobe von mindestens 500 Wohnungen, bei größeren Gemeinden von bis zu einem Prozent des relevanten Wohnungsbestandes; § 10 Abs. 2 des Entwurfs einer MietspiegelVO (dazu oben Rn. 5) geht von einer Mindestzahl von 500 Wohnungen zzgl. der Anzahl der Wohnungen die 0,3% der Einwohnerzahl der Gemeinde entspricht; wahrscheinlich nur sprachlich falsch: Bub/Treier/*Schultz* Kap. III. A Rdn. 1378, der von „weniger Stichproben" spricht. Es wird immer nur *eine* Stichprobe benötigt.

[172] KG GE 2010, 60; 2009, 1044; LG Hamburg ZMR 2014, 646; LG Berlin GE 2013, 359; AG Mitte GE 2014, 1013; Bub/Treier/*Schultz* Kap. III. A Rdn. 1383; *Paschke* GE 2012, 1072, 1074; **a. A.** *Ulbricht* DS 2012, 197.

[173] **A. A.** *Ulbricht* DS 2012, 197, 198.

[174] **A. A.** *Ulbricht* DS 2012, 197, 198.

[175] KG GE 2010, 60; 2009, 1044; LG Hamburg ZMR 2014, 646 (als einfacher Mietspiegel); LG Berlin GE 2013, 359; AG Mitte GE 2014, 1013; *Paschke* GE 2012, 1072, 1074.

[176] Nach *Bünnemeyer/Hebecker/Werling* ZMR 2016, 96 begegnet es „rechtlichen Bedenken, wenn in unterschiedlichen Kommunen verschiedene Verfahren zur Mietspiegelerstellung angewandt werden […]". Das ist nicht nachvollziehbar, da Mietspiegel nicht die Mieten zwischen verschiedenen Gemeinden vergleichbar machen sollen, sondern nur für eine Gemeinde gelten. Deshalb erlaubt § 11 des Entwurfs einer MietspiegelVO (dazu oben Rn. 5) auch beide Methoden zur Datenauswertung.

[177] Bub/Treier/*Schultz* Kap. III. A Rdn. 1378; *Schmidt/Emmert* WuM 2000, 285, 286; *Voelskow* WuM 1993, 21; *ders.* ZMR 1992, 326; *Aigner/Oberhofer/Schmidt* WuM 1993, 10 und auch WuM 1993, 16; *Oberhofer/Schmidt* WuM 1993, 585; *Krämer* WuM 1992, 175; *Gaede/Kredler* WuM 1992, 578; *Alles* WuM 1988, 241; *Isenmann* ZMR 1993, 446; *Blinkert/Höfflin* WuM 1994, 589; *Schießl* WuM 1995, 18; *Clar* WuM 1992, 662; *Klein/Martin* WuM 1994, 513.

[178] LG München WuM 2002, 547; NJWE-MietR 1997, 123 mit krit. Anm. *Blank* WuM 1997, 178: die VB gegen das Urteil wurden nicht zur Entscheidung angenommen BVerfG WuM 1997, 202; LG Frankfurt NJW-

spiegel neben der seit Jahrzehnten angewandten **Tabellenmethode** auch nach der Regressionsmethode erstellt werden können. Soweit Vorbehalte gegen den Beweiswert von Mietspiegeln bestehen, die nach der Regressionsmethode erstellt worden sind, richten sich diese aber nicht grundsätzlich gegen die Methode als solche, sondern gegen die Umsetzung im konkreten Fall.[179] Sowohl die Tabellen- wie auch die Regressionsmethode sind anerkannte **Methoden der Statistik.**[180] Beide Methoden zur Erstellung von Mietspiegeln basieren auf Modellen, die einen Schluss von Stichprobendaten auf die Gesamtheit aller Daten ermöglichen soll.[181]

71 Die **Tabellenmethode** stellt die Daten als Mietspannen nach den einzelnen Wohnwertmerkmalen in Rasterfeldern zusammen. Zwischen den einzelnen Rasterfeldern bestehen keine Beziehungen, so dass Mietsprünge für einen nach der Tabellenmethode erstellen Mietspiegel typisch sind. Da nicht für alle Mietspiegelfelder ausreichendes Datenmaterial vorhanden ist, gibt es zahlreiche Leerfelder.[182]

72 Demgegenüber erfolgt bei der **Regressionsmethode**[183] eine Verknüpfung zwischen den Daten aller Rasterfelder, so dass es zu keinen Leerfeldern und auch zu keinen Mietsprüngen kommt. Regressionsmietspiegel ermöglichen es deshalb, im Grunde für jede Art von Wohnung die Miete zu ermitteln. Und hier setzt im Wesentlichen auch die Kritik an, da der Mietspiegel ggf. dann nicht widerspiegelt, was am Markt ist, sondern wie es sein würde, wenn es wäre.[184] Andere[185] bezweifeln, dass ein Regressionsmietspiegel noch hinreichend Raum für eine Einzelfallbewertung lässt. Die Tabellenmethode erfordert statistisch viel weniger mathematische Berechnungen, erlaubt aber auch nur eine sehr grobe Einteilung, während die Regressionsmethode vor allem **erhebliche Vorüberlegungen** erfordert. Hierzu müssen erhebliche Modellannahmen aufgestellt werden, die der Wirklichkeit nicht immer entsprechen müssen. Deshalb hängt die Qualität eines Mietspiegels, der nach der Regressionsmethode erstellt wurde, maßgeblich von der Richtigkeit dieser Modellannahmen ab.[186] Nach den Hinweisen zur Aufstellung von Mietspiegel 2002[187] gibt es nicht „das" Verfahren zur Erstellung von Regressionsmietspiegeln, sondern zahlreiche Varianten. Deshalb ist die Entscheidung, ob ein solcher Mietspiegel den anerkannten wissenschaftlichen Grundsätzen entspricht, auch immer nur für den Einzelfall möglich. Eine Verallgemeinerung verbietet sich hier in jede Richtung.[188] Streitträchtiger und problematischer waren in der Vergangenheit aber Regressionsmietspiegel. Wegen der besonderen Rechtsfolgen, die das Gesetz an qualifizierte Mietspiegel knüpft, wird dies in der Zukunft eher zu- als abnehmen. Hinzu kommen in letzter Zeit immer mehr **Hybridmietspiegel.** Dabei handelt es sich um eine Mischform, bei der z. B. bei einem Tabellenmietspiegel die Zu- und Abschläge nach der Regressionsmethode ermittelt werden.

73 **d) Die Dokumentation**[189]. Der Vereinf-E der Bund-Länder-Arbeitsgruppe „Mietrechtsvereinfachung" hatte die Dokumentation der Mietspiegelerstellung und der Fortschreibung in § 560c Abs. 4 BGB zwingend angeordnet. Danach sollte „das Verfahren der Mietspiegelerstellung in wesentlichen Punkten aufgezeichnet werden". Alle folgenden Entwürfe haben im Gesetzestext eine

---

RR 1993, 277; LG München NJW-RR 1993, 1427; LG Kiel HmbGE 1994, 235; LG Freiburg NJWE-MietR 1996, 51; OLG Karlsruhe NJW 1997, 3388.

179 LG Bochum DWW 2007, 298 m. Anm. *Börstinghaus.*

180 So auch die Begründung für das Mietrechtsreformgesetz BR-Drucks. 439/00; *Rips* WuM 2002, 415, 417; *Bub* PiG 40, 41, 54.

181 Ein umfassender Methodenvergleich befindet sich bei *Börstinghaus/Clar,* Mietspiegel, Rdn. 650.

182 *Börstinghaus/Clar,* Mietspiegel, Rdn. 641.

183 *Börstinghaus/Clar,* Mietspiegel, Rdn. 647.

184 Dahin zielt auch die Kritik von *Dröge,* Handbuch der Mietpreisbewertung, S. 267.

185 *Sternel,* DS 1994 Heft 4 S. 20.

186 *Kauermann/Windmann,* Mietspiegel heute – zwischen Realität und statistischen Möglichkeiten S. 5: Die Autoren vermuten, dass die weit stärkere Verbreitung von Tabellenmietspiegeln in der Praxis an der vermeintlich fehlenden statistischen Expertise in Unternehmen und kommunen liege. Richtig dürfte sein, dass Regressionsmietspiegel schlicht fehleranfälliger sind und deshalb das Risiko Rechtsnachteile zu erleiden, die Entscheider veranlasst den „sichereren Weg" zu gehen.

187 Abgedruckt bei *Börstinghaus,* Miethöhehandbuch, 2. Aufl., S. 764.

188 Nach *Lammel* § 558d BGB Rdn. 14, soll ein Regressionsmietspiegel wegen des immer noch herrschenden Streits über diese Methode nicht nach anerkannten wissenschaftlichen Grundsätzen aufgestellt worden sein; grundlegende Bedenken gegen die Methode hat auch das LG München WuM 2002, 547; zweifelnd auch weiterhin *Blank* PiG 62, 17, 26/27; nach *Schmidt/Emmert,* WuM 2000, 285 soll die Methode durch die Begründung des Mietrechtsreformgesetzes jetzt anerkannt sein.

189 LG Bochum DWW 2007, 298.

Dokumentation nicht mehr zwingend gefordert, jedoch in den jeweiligen Begründungen darauf hingewiesen, dass eine Dokumentation zu den anerkannten wissenschaftlichen Grundsätze gehört.

Das ist richtig.[190] Die anerkannten wissenschaftlichen Grundsätze der Mietspiegelerstellung verlangen die Offenlegung aller Schritte der Mietspiegelerstellung.[191] Zu den wissenschaftlichen Grundsätzen gehört der **Anspruch auf Zuverlässigkeit.**[192] Zur Zuverlässigkeit wissenschaftlicher Arbeit gehört, dass bei einer Wiederholung dieselben Ergebnisse herauskommen müssen. Dazu muss aber bekannt sein, was überhaupt genau gemessen wurde und wie die Auswertung erfolgte.[193] Auch das BSG[194] verlangt für die Verwertbarkeit qualifizierter Mietspiegel im Rahmen der Ermittlung der Kosten der Unterkunft Werte, die sich nicht aus dem Mietspiegel, sondern nur aus der Dokumentation ergeben. **74**

Die Dokumentation ist vom **Textteil des Mietspiegels** zu unterscheiden. Die textlichen Erläuterungen gehören zum Mietspiegel selbst.[195] Die Dokumentation hingegen soll dem interessierten Anwender wie auch dem Gericht die Möglichkeit geben, alle Schritte der Mietspiegelerstellung nachzuvollziehen, um überprüfen zu können, ob die anerkannten wissenschaftlichen Grundsätze eingehalten wurden und ob der Mietspiegel im konkreten Fall anwendbar ist.[196] In der Dokumentation sollten die Datengrundlage, ggf. die Datenerhebung und das Verfahren der Datenauswertung dargestellt werden. Mängel der Dokumentation können gegen die Qualifikation des Mietspiegels sprechen.[197] Die Dokumentation muss **Angaben zu folgenden Punkten** enthalten: **75**

– **Träger des Verfahrens** und Verfahrensbeteiligte;
– **Datengrundlage und Datenermittlung**[198]: Verfahren der Stichprobenziehung, Stichprobengröße, Befragungsart, Erhebungsinstrument (Fragebogen), Ausschöpfungsquote der Stichprobe
– Darstellung der verschiedenen **Kontrollverfahren** und Plausibilitätsprüfungen
– **Auswertungsmethode:** Darstellung der Verfahren – Tabellen- oder Regressionsspiegel – Darlegung der Verfahrensschritte, Darstellung der Mietwerte, Ausweisung von Spannen, Feldbesetzung (bei Tabellenmietspiegeln)[199];
– ggf. Dokumentation der **Mietspiegelfortschreibung:** Bei Indexfortschreibung Angabe des benutzten Index und der Stichtage; bei Anpassung mittels Stichprobe Datengrundlage und Datenermittlung wie oben.

III. Die Anerkennung des Mietspiegels

1. Allgemeines

Die Erstellung eines Mietspiegels ist ein **faktischer Vorgang.** Ein Mietspiegel ist weder ein Verwaltungsakt[200] noch eine Allgemeinverfügung. Ein Mietspiegel ist auch keine normkonkretisierende Verwaltungsvorschrift.[201] Der Mietspiegel stellt lediglich eine statistisch aufbereitete Sammlung von Vergleichsmieten dar. Damit die besonderen Rechtsfolgen, die das Gesetz an qualifizierte Mietspiegel knüpft eintreten, verlangt das Gesetz zusätzlich noch die **Anerkennung des qualifizierten Mietspiegels.** Diese Anerkennung kann alternativ durch die Gemeinde oder durch je **76**

---

190 So auch *Bruns/Paschedag/Kauermann* ZMR 2016, 669, 674.
191 *Haber* NZM 2001, 305, 308.
192 Dazu *Clar* in Börstinghaus/Clar, Mietspiegel, Rdn. 534.
193 *Rips* WuM 2002, 415, 419.
194 BSG (B 14 AS 106/10 R) SGb 2012, 361 m. Anm. *Winter* SGb 2012, 366.
195 *Cromm/Koch,* Mietspiegel in Deutschland, S. 158 sehen es aus Gründen der Vertrauens- und Glaubwürdigkeit wegen der besonderen Rechte und Pflichten, die sich aus einem qualifizierten Mietspiegel ergeben, für erforderlich an, dass dem Mietspiegel eine Kurzfassung der Dokumentation sowie der Hinweis auf vollständige Dokumentation beigefügt wird.
196 *Rips* WuM 2002, 415, 419.
197 LG Bochum DWW 2007, 298.
198 LG Bochum DWW 2007, 298.
199 Nach *Stelter/Finger* DS 2013, 95, 96 soll sich aus der Dokumentation die Werteverteilung in den besetzten Feldern ergeben.
200 BVerwG NJW 1996, 2046 m. Anm. *Storr* ZMR 1996, 453 und *Schönlau* DVP 1996, 172, die gegen das Urteil eingelegte Verfassungsbeschwerde wurde nicht angenommen: 1 BvR 701/96.
201 BVerwG NJW 1996, 2046 m. Anm. *Storr* ZMR 1996, 453 und *Schönlau* DVP 1996, 172, die gegen das Urteil eingelegte Verfassungsbeschwerde wurde nicht angenommen: 1 BvR 701/96; BayVGH ZMR 1994, 81, 84; **a. A.** *Huber* ZMR 1992, 469.

einen Interessenverband der Mieter und Vermieter erfolgen. Möglich ist auch die kumulative Anerkennung.

77 Die Tatbestandsvoraussetzung der Anerkennung neben der Einhaltung der anerkannten wissenschaftlichen Grundsätze ist noch eine Folge der ursprünglich in den ersten Gesetzentwürfen[202] noch vorgesehenen Qualifizierungsmöglichkeit von Mietspiegeln, die nicht nach wissenschaftlich anerkannten Grundsätzen erstellt worden sind. Der Vereinfachungsentwurf der Bund-Länder-Arbeitsgruppe „Mietrechtsvereinfachung" sah alternativ die Qualifizierung durch wissenschaftliche Erstellung oder Anerkennung durch die Gemeinde und die Interessenverbände vor. Auch der Entwurf eines Mietrechtsneuordnungsgesetzes[203] verlangte bei Mietspiegeln, die nach wissenschaftlichen Grundsätzen erstellt worden sind, keine zusätzliche Anerkennung. Erst der Referentenentwurf für ein Mietrechtsreformgesetz verlangt das kumulative Vorliegen beider Voraussetzungen, also auch der Anerkennung von wissenschaftlichen Mietspiegeln. Dafür war die Möglichkeit der Qualifizierung ausschließlich durch die Anerkennung entfallen. Begründet wurde diese Zusammenfassung damit, dass hierdurch eine größere Akzeptanz sichergestellt werden soll. Umso größer die Akzeptanz sei, umso größer sei auch die befriedende Wirkung. Das Argument mochte noch insoweit zu überzeugen, als sowohl die Zustimmung durch die Gemeinde wie auch der Interessenverbände verlangt wurde. Da man den Interessenverbänden aber so viel Macht nicht einräumen wollte, ist es bekanntlich zur alternativen Anerkennungsmöglichkeit entweder durch die Gemeinde oder die Interessenverbände gekommen. Jetzt spielt das **Akzeptanzargument** nur noch eine untergeordnete Rolle, da ein wissenschaftlicher Mietspiegel der von der Gemeinde erstellt wurde nicht mehr oder weniger akzeptiert wird, wenn die Gemeinde ihn auch noch zusätzlich anerkennt.[204] Das Erfordernis der Anerkennung dürfte unter Umständen eher kontraproduktiv sein. Um die Anerkennung zu erreichen, muss ein solcher Mietspiegel „politisch in die Landschaft passen". Bereits in der Vergangenheit wurde mit Mietspiegeln Politik gemacht, in dem versucht wurde, das Mietpreisniveau in der Gemeinde mittels eines Mietspiegels zu beeinflussen. Der politischen Einflussnahme ist damit wieder Tür und Tor geöffnet.[205] Ein von beiden Interessenverbänden anerkannter Mietspiegel wird bereits deshalb besonders akzeptiert unabhängig davon, ob er nach wissenschaftlichen Grundsätzen erstellt wurde oder nicht.

78 **Die Anerkennung bezieht sich darauf,** dass der Anerkennende den vorliegenden Mietspiegel „als qualifizierten Mietspiegel mit den gesetzlichen Rechtsfolgen für die Gemeinde" anerkennt. Das Anerkenntnis bezieht sich nicht auf die Tatsache, dass der Mietspiegel nach den anerkannten wissenschaftlichen Grundsätzen erstellt worden ist. Das Anerkenntnis macht die Feststellung, ob der Mietspiegel nach anerkannten wissenschaftlichen Grundsätzen erstellt worden ist, nicht entbehrlich.[206] Trotz Anerkenntnis des Mietspiegels durch die Gemeinde oder die Interessenverbände als qualifizierter Mietspiegel muss ggf. in gerichtlichem Verfahren die Einhaltung der anerkannten wissenschaftlichen Grundsätze noch festgestellt werden.

79 Das Anerkenntnis der Gemeinde aber vor allem auch das Anerkenntnis der Interessenverbände kann sich auch auf **einzelne Mietspiegelfelder** oder Wohnungsteilmärkte beziehen. Dann handelt es sich nur diesbezüglich um einen qualifizierten Mietspiegel und im Übrigen um einen einfachen Mietspiegel.

2. Anerkenntnis durch die Gemeinde

80 Die Qualifizierung eines wissenschaftlich erstellten Mietspiegels kann durch ein entsprechendes **Anerkenntnis durch die Gemeinde** erfolgen. Die Anerkennung ist eine Willenserklärung, die vom zuständigen **Organ der Gemeinde** abgegeben werden muss. Nach den Gemeindeordnungen ist der **Rat** regelmäßig für alle Angelegenheiten zuständig, es sei denn sie sind auf den Bürgermeister übertragen worden. Hierzu gehören regelmäßig die Geschäfte der laufenden Verwaltung.

---

[202] Die verschiedenen Gesetzesvorschläge sind auch abgedruckt bei *Börstinghaus/Eisenschmid,* Arbeitskommentar Neues Mietrecht S. 324f.

[203] BR-Drucks. 513/99.

[204] Kritisch zu den kumulativen Voraussetzungen auch *Lammel* § 558c BGB Rdn. 18.

[205] *Emmerich* DWW 2000, 143, 145 spricht von der „Schreckensvision kommunaler Mietpreiskommissare". Ein erstes Negativbeispiel gibt Eberhard Hinz, Mitarbeiter des den Darmstädter Mietspiegel erstellenden IWU-Instituts, der darauf hinweist, dass der Mietspiegel ein politisches Instrument ist, kein marktwirtschaftliches (Protokoll vom 12.12.2001: http://agenda21.darmstadt.de/ag/KLIMA/tg_energie_2001.htm); das wird von der Partei DIE LINKE auch öffentlich für den Berliner Mietspiegel gefordert: GE 2008, 223; 2007, 1580.

[206] VG Minden ZMR 2004, 226.

Ob die Qualifizierung eines Mietspiegels dazu gehört ist umstritten.[207] Dagegen spricht schon die Tatsache, dass zwischen den einzelnen Mietspiegelerstellungen Zeiträume von zwei Jahren und mehr liegen. Außerdem hat ein Mietspiegel erhebliche Bedeutung für das Mietpreisniveau in der Gemeinde und gehört deshalb nicht zu den einfachen Verwaltungsgeschäften. Auf Grund der Rechtsfolgen, die die Qualifizierung hat, kommt dem Akt schon Rechtssetzungscharakter zu.[208] Es ist ein Ratsbeschluss erforderlich.[209]

3. Anerkenntnis durch die Interessenverbände

Der wissenschaftlich erstellte Mietspiegel kann auch dadurch qualifiziert werden, dass ihn jeweils ein **Interessenverband der Mieter und der Vermieter** anerkennt.[210] Dabei kommt es nicht darauf an, wer den Mietspiegel i. S. d. § 558c BGB erstellt hat. Möglich und anzustreben ist auch die Anerkennung durch die Gemeinde und die Interessenverbände gemeinsam. Der Anerkennung durch die Interessenverbände kommt dann eine besondere Bedeutung zu, wenn das Anerkenntnis der Gemeinde vom u. U. unzuständigen Organ der Gemeinde, z. B. dem Bürgermeister erfolgte. Das Anerkenntnis als qualifizierter Mietspiegel ist vom Anerkenntnis eines nur von einem Interessenverband oder einem Dritten erstellten Mietspiegel i. S. d. § 558c BGB zu unterscheiden. 81

Das Anerkenntnis als qualifizierter Mietspiegel ist eine **Willenserklärung,** die von einem **vertretungsberechtigten Organ** des Interessenverbandes abgegeben werden muss. Eine Form ist dafür nicht vorgeschrieben. Das Anerkenntnis i. S. d. § 558d Abs. 1 BGB kann ggf. mit dem Anerkenntnis gem. § 558c Abs. 1 BGB verbunden werden. Es ist nicht das Anerkenntnis aller örtlich auftretenden Interessenverbände auf jeder Seite erforderlich.[211] Es genügt die Anerkennung durch je einen Interessenverband auf jeder Seite. Es ist kein Grund ersichtlich, warum hier etwas anderes gelten soll als bei der Anerkennung eines einfachen Mietspiegels[212] Auch die Rechtsfolgen eines qualifizierten Mietspiegels ändern daran nichts.[213] Zum Begriff des Interessenverbandes s. o. (oben Rdn. 25ff.). 82

F. Die Fortschreibung qualifizierter Mietspiegel (Abs. 2)

I. Die Zweijahresfrist

Anders als bei einfachen Mietspiegeln (s. o. Rdn. 49ff.) bestimmt § 558d Abs. 2 Satz 1 BGB, dass qualifizierte Mietspiegel im Abstand von zwei Jahren **fortgeschrieben werden müssen,** um weiter als qualifizierte Mietspiegel zu gelten. Der Anpassung kann entweder die Entwicklung des vom Statistischen Bundesamt ermittelten **Preisindexes** für die Lebenshaltung aller privaten Haushalte in Deutschland[214] (heute „Verbraucherpreisindex") oder eine **Stichprobe** zu Grunde gelegt werden. Die Fortschreibung kann auch zu dem Ergebnis führen, dass keine Veränderung eingetreten ist. Sie muss aber trotzdem erfolgen. 83

Das Gesetz lässt beide Möglichkeiten der Fortschreibung gleichberechtigt nebeneinander zu. Bei der **Fortschreibung mittels Index** darf nur der eine Index verwandt werden. Das Statistische Bundesamt veröffentlicht nur den Verbraucherpreisindex. Unzulässig ist jede Verwendung eines regionalen Indexes ebenso wie die Verwendung des Mietenindexes.[215] Diese Art der Fortschreibung hat weniger etwas damit zu tun, dass der Mietspiegel den tatsächlich gezahlten Mieten angepasst wird, sondern bewirkt letztendlich nur, wie eine Indexmiete, eine Geldwertsicherung. 84

---

207 Nach den Hinweisen zur Aufstellung von Mietspiegeln 2002 soll es sich i. d. R. um ein Geschäft der laufenden Verwaltung handeln; **a. A.** *Walterscheid* in Lützenkirchen, AHB-Mietrecht, E Rdn. 70.

208 AG Dortmund WuM 2003, 35; *Rips,* WuM 2002, 415, 418; *Lammel* § 558d BGB Rdn. 20; *Dickersbach* in Erman § 558d BGB Rdn. 4; *Mersson* ZMR 2002, 806.

209 *Artz* in MünchKomm § 558d BGB Rdn. 3; *Kunze/Tietzsch,* Miethöhe, II Rdn. 260.

210 Zu den verfassungsrechtlichen Problemen in diesem Zusammenhang *Lammel* § 558d BGB Rdn. 36; *Hinkelmann,* Die ortsübliche Miete, S. 157.

211 AG Bitterfeld WuM 2013, 45.

212 S. hierzu OLG Hamm RE v. 11.10.1990, NJW-RR 1991, 209.

213 **A. A.** *Mersson* ZMR 2002, 806, 807; *Dickersbach* in Erman § 558d BGB Rdn. 4.

214 Dazu *Schmidt* WuM 2009, 23.

215 *Blank* PiG 62, 17, 21; Im Vereinf-E der Bund-Länder-Arbeitsgruppe Mietrechtsvereinfachung war noch die Fortschreibung mit der Entwicklung von Wohnraummieten vorgesehen.

85 Die **Fortschreibung mittels Index** ist eine Konzession an die eingeschränkten finanziellen Möglichkeiten der Gemeinden.[216] Sie ist durchaus problematisch, da bei diesem Verfahren zum einen ein Index benutzt wird, auf dessen Entwicklung die Höhe der Wohnungsmieten nur zu ca. 21% Einfluss hat[217] und der zum anderen dann auch noch über alle Mietspiegelfelder hinweg ohne Differenzierung angewandt wird. Weil sich Mieten heute zum Teil sehr unterschiedlich entwickeln ist es **eher unwahrscheinlich,** dass nach einer Indexfortschreibung die ausgewiesenen Werte in allen Feldern noch richtig i. S. v. wahr sind. Nachgewiesener Maßen haben sich die Mieten in den letzten Jahren anders entwickelt als der Verbraucherpreisindex.[218] Da der Gesetzgeber dieses Verfahren aber einmal zugelassen hat, ist ein so fortgeschriebener Mietspiegel trotz der Bedenken weiterhin ein qualifizierter Mietspiegel. Eine andere Frage ist die, ob ein so fortgeschriebener Mietspiegel noch die gleich starke Vermutungswirkung aufweist oder ob er leichter zu widerlegen ist, als ein neuer qualifizierter Mietspiegel oder ein mittels Stichprobe fortgeschriebener Mietspiegel.[219]

86 Da der **Verbraucherpreisindex zeitverzögert veröffentlicht** wird, stellt sich die Frage, welcher Index für welchen Monat zu verwenden ist. Da der Stichtag der Datenerhebung bei der erstmaligen Erstellung des Mietspiegels zeitlich vor dessen Anerkennung und Veröffentlichung lag ist dies der Zeitpunkt, auf den die Fortschreibung zu erfolgen hat. Es ist der Index für diesen Monat mit dem Index zwei Jahre später zu vergleichen, um auf diese Art und Weise die Steigerung zu ermitteln.

Beispiel: Der Erhebungsstichtag für den qualifizierten Mietspiegel lag im März 2016. Der qualifizierte Mietspiegel wurde Oktober 2016 von der Gemeinde anerkannt und veröffentlicht. Die Fortschreibung hat dann bis spätestens Ende Oktober 2018 zu erfolgen. Dabei kann die Preissteigerung zwischen März 2016 und März 2018 ermittelt werden und zur Fortschreibung benutzt werden.

Die Verwendung eines früheren Stichtages ist unzulässig, da damit Preissteigerungen, die schon bei der Ermittlung der ortsüblichen Vergleichsmiete durch Datenerhebung eingetreten waren, nochmals herangezogen würden und somit doppelt berücksichtigt würden. Die Verwendung eines späteren Stichtages ist bei tendenziell fallenden Mieten schädlich, da dann nicht die volle Senkung des Mietpreisniveaus nicht erfasst wird, bei steigenden Mieten ist der Steigerungsfaktor ggf. ungenau. Die Auswirkungen dieses Fehlers ist umso größer, umso stärker die prozentuale Steigerung des Lebenshaltungskostenindexes von Monat zu Monat schwankt. Bei gleich bleibenden monatlichen Veränderungen hat die Verwendung eines falschen Vergleichsmonats keine Auswirkungen. Bei zwischenzeitlichen Umbasierungen durch das Statistische Bundesamt sind immer die neueste Indexreihe und deren Werte auch für die Vergangenheit zu verwenden.[220]

87 Die **Fortschreibung mittels Stichprobe** erfordert eine sehr viel kleinere Stichprobe als bei einer Neuaufstellung.[221] Das Verfahren sollte immer dann gewählt werden, wenn Anhaltspunkte für eine stärkere Abweichung der örtlichen Mietentwicklung von der bundesweiten Preisentwicklung bestehen oder wenn der örtliche Wohnungsmarkt sich sehr unterschiedlich entwickelt hat. Die **Fortschreibung erfolgt** bei diesem Verfahren auch nicht real, sondern ebenfalls **prozentual.** Es wird anhand der Stichprobe ermittelt, wie sich die Mieten in den einzelnen Teilmärkten entwickelt haben. Die so ermittelten prozentualen Veränderungen werden dann auf den Mietspiegel umgerechnet. Dies Verfahren ermöglicht die Ermittlung von unterschiedlichen Indices für die einzelnen Mietspiegelfelder. Eine andere Frage ist, ob auf diese Weise ein einheitlicher örtlicher Mietenindex ermittelt werden kann, der dann undifferenziert auf alle Mietspiegelfelder angewandt wird. Das entspricht nur dann den anerkannten wissenschaftlichen Grundsätzen, wenn keine signifikanten Unterschiede bei den einzelnen Wohnungsteilmärkten festgestellt wurden. Wenn aber bei der empirischen Untersuchung sich solche unterschiedlichen Entwicklungen in den letzten zwei Jahren nachweisen lassen, dann wäre eine Ignorierung dieses Ergebnisses wissenschaftlich angreifbar.

88 Die Fortschreibung hat **spätestens nach zwei Jahren** zu erfolgen. Umstritten ist, wann diese **Frist beginnt.** Zum Teil wird vertreten, die Frist beginne jeweils mit dem **Stichtag,** zu dem die

[216] *Blank* PiG 62, 17, 21.
[217] *Schmidt* WuM 2009, 23 Fn. 5.
[218] *Schmidt* WuM 2009, 23, 25.
[219] Dafür *Blank* PiG 62, 17, 29; Bedenken gegen Verwendung als Beweismittel eines später fortgeschriebenen Mietspiegels: AG Dortmund WuM 2005, 254.
[220] So BGH (XII ZR 41/11) NZM 2013, 148.
[221] AG Bitterfeld WuM 2013, 45.

Daten erhoben worden sind[222] und nicht mit dem Datum der **Veröffentlichung** des Mietspiegels[223] oder dem selbst festgelegten Geltungsbeginn.[224] Vermittelnd wird auch auf das **Datum der Anerkennung** durch die Gemeinde oder die Interessenverbände abgestellt.[225] Für die erste Auffassung spricht, dass die besonderen Rechtsfolgen, die an eine Qualifizierung eines Mietspiegels geknüpft werden, ihre Rechtfertigung nur darin haben, dass die Daten eben besonders gut sind, weil sie nach qualifizierten Regeln und vor allem sehr zeitnah[226] erhoben worden sind. Nach der Gesetzesbegründung bieten qualifizierte Mietspiegel „eine erhöhte Gewähr der Richtigkeit und **Aktualität der Angaben** zur ortsüblichen Vergleichsmiete". Die Aktualität ist also ein besonderes Rechtfertigungsargument für die besonderen Rechtsfolgen beim Vorliegen eines qualifizierten Mietspiegels. Umso älter die Daten sind, umso eher bergen sie die Gefahr, nicht **richtig i. S. v. „wahr"** zu sein. Es kann nicht in der Hand der Mietspiegelersteller liegen, diese Frist beliebig zu verlängern. Auf der anderen Seite ist nicht von der Hand zu weisen, dass der qualifizierte Mietspiegel erst mit Eintritt der zweiten Bedingung, also der Anerkennung, überhaupt erst anfängt zu existieren. Die Veröffentlichung und der selbst bestimmte Geltungsbeginn eines Mietspiegels sind aber keine Wirksamkeitsvoraussetzung. Deshalb **beginnt die Zweijahresfrist mit der Anerkennung** des Mietspiegels entweder durch die Gemeinde oder den zweiten Interessenverband. Soweit sich die Gemeinde oder die Interessenverbände hierzu aber übermäßig Zeit[227] lassen, dürften die anerkannten wissenschaftlichen Grundsätze der Mietspiegelerstellung nicht mehr eingehalten sein, so dass es bereits von Anfang an kein qualifizierter Mietspiegel ist.[228]

Auch ein fortgeschriebener Mietspiegel muss wieder entweder von der Gemeinde oder von den Interessenverbänden als qualifizierter Mietspiegel anerkannt werden. Insofern gelten die gleichen Grundsätze wie oben (s. o. Rdn. 76ff.). 89

II. Die Vierjahresfrist

Nach spätestens vier Jahren muss der Mietspiegel **neu aufgestellt** werden. Dies gilt aber nur dann, wenn er nach zwei Jahren angepasst worden ist. Bei der Neuaufstellung handelt es sich ohne Einschränkungen um **einen neuen Mietspiegel.** Dabei laufen **zwei Fristen.** Zum einen die Vierjahresfrist des § 558d Abs. 2 Satz 3 BGB und zum anderen auch die Zweijahresfrist des § 558d Abs. 2 Satz 1. Die Vierjahresfrist beginnt ebenfalls **mit der Anerkennung** des damals neu erstellten qualifizierten Mietspiegels.[229] Die Zweijahresfrist beginnt mit der Anerkennung des fortgeschriebenen Mietspiegels. Ist eine der beiden Fristen abgelaufen, dann handelt es sich nicht mehr um einen qualifizierten Mietspiegel, sondern nur noch um einen einfachen Mietspiegel i. S. d. § 558c BGB. Es ist also nicht möglich, einen qualifizierten Mietspiegel nach einem Jahr fortzuschreiben und dann erst nach weiteren drei Jahren einen neuen qualifizierten Mietspiegel aufzustellen. Hier erlischt die Qualifizierung zwei Jahre nach der Anerkennung der Fortschreibung. Selbstverständlich ist eine frühere Neuerstellung möglich. Dieser früher neu erstellte qualifizierte Mietspiegel erlangt mit der Anerkennung seine Wirkung und ersetzt einen alten qualifizierten Mietspiegel. 90

G. Die Vermutungswirkung (Abs. 3)

Nach § 558d Abs. 3 BGB wird bei einem Mietspiegel, der nicht älter als zwei Jahre ist, bzw. rechtzeitig angepasst wurde, **vermutet, dass die in ihm angegebenen Entgelte die ortsübliche Vergleichsmiete wiedergeben.** Damit ist der qualifizierte Mietspiegel zwar immer noch kein Be- 91

---

[222] Palandt/*Weidenkaff* § 558d BGB Rdn. 3; *Langenberg* WuM 2001, 523, 525; *Börstinghaus* in Blank/Börstinghaus, Neues Mietrecht, § 558d BGB Rdn. 11.

[223] *Rips* WuM 2002, 415, 418.

[224] *Lammel* § 558d BGB Rdn. 24; *Bruns/Paschedag/Kauermann* ZMR 2016, 669, 673; Hinweise zur Aufstellung von Mietspiegeln 2002 abgedruckt bei *Börstinghaus,* Miethöhehandbuch, 2. Aufl., S. 764).

[225] So der vermittelnde Vorschlag von *Rips* WuM 2002, 415, 418.

[226] *Weitemeyer* NZM 2001, 563, 568.

[227] *Rips* WuM 2002, 415 (418) sieht dies regelmäßig bei einer Frist von mehr als 6 Monaten zwischen Datenerhebung und Anerkennung.

[228] *Rips* WuM 2002, 415, 418 will in diesen Fällen nur die Zweijahresfrist früher beginnen lassen.

[229] **A. A.** *Bruns/Paschedag/Kauermann* ZMR 2016, 669, 673.

weismittel im Prozess[230], aber eine Beweislastnorm.[231] Die Regelung ist auf den ersten Blick einfach und praktikabel aber, wie sich inzwischen deutlich zeigt, eher konfliktträchtig[232] und wenig hilfreich, insbesondere wenn man die Rechtslage mit der Praxis der Gerichte vor Inkrafttreten des Mietrechtsreformgesetzes vergleicht.[233]

92 Die Vorschrift gilt zunächst **nur im Zustimmungsverfahren** nach §§ 558ff. BGB. Dies ergibt sich bereits aus der Stellung der Vorschrift. Sie hätte nur dann allgemeine Gültigkeit, wenn sie in die ZPO aufgenommen worden wäre. Die Vermutungswirkung gilt ferner für die Ermittlung der maximalen **Wiedervermietungsmiete** gem. § 556d Abs. 1 BGB. Auch dort ist die ortsübliche Vergleichsmiete zu ermitteln. Mietspiegel spielten früher in der gerichtlichen Praxis auch eine Rolle bei den zivilrechtlichen Rückforderungsprozessen wegen vermeintlich überzahlter Miete gem. § 5 WiStG. Hier gilt die Vermutungswirkung nicht,[234] so dass hier die Gerichte Mietspiegel im Rahmen freier Beweiswürdigung einsetzen haben. Dagegen spricht auch nicht die Tatsache, dass in § 5 WiStG immer noch *von den üblichen Entgelten* die Rede ist, während in § 558 Abs. 2 BGB inzwischen der umgangssprachliche Begriff der ortsüblichen Vergleichsmiete definiert wird[235], der durch das Mietrechtsänderungsgesetz 2013 was den energetischen Zustand angeht auch noch modifiziert wurde. Warum der Mietspiegel hier unterschiedlich bewertet wird, ist auch für die Prozessparteien nicht nachvollziehbar. Das Gleiche gilt für die Anwendung des Mietspiegels z. B. im Begrenzungsverfahren bei der Zahlung von Fehlbelegungsabgabe. Für die Ermittlung der Angemessenheit der Kosten der Unterkunft ist in § 22c SGB II jetzt ausdrücklich die Anwendung von Mietspiegeln vorgesehen.

93 Gesetzliche Vermutungen werden unterschieden in gesetzliche **Tatsachenvermutungen**[236] und **gesetzliche Rechtsvermutungen.**[237] Daneben gibt es in der Gerichtspraxis noch die besonders wichtigen tatsächlichen Vermutungen, auf die sich der Anscheinsbeweis stützt. Da der Gesetzgeber hier eine gesetzliche Vermutung in § 558d Abs. 3 BGB angeordnet hat, kommen nur die ersten beiden Möglichkeiten in Betracht.

94 Ob es sich bei der Vermutung in § 558d Abs. 3 BGB um eine **Tatsachenvermutung** oder um eine **Rechtsvermutung** handelt, ergibt sich aus der Vorschrift selbst nicht.[238] Die Beantwortung dieser Frage hängt mit der systematischen Einordnung des Begriffs der ortsüblichen Vergleichsmiete zusammen. Nach bisher herrschender Auffassung, an der sich durch die Mietrechtsreform nichts geändert haben dürfte, ist die ortsübliche Vergleichsmiete **ein normativer Begriff.** Es handelt sich bei der ortsüblichen Vergleichsmiete um eine sog. „modifizierte Durchschnittsmiete", deren Feststellung in zwei Stufen erfolgt. Zum einen bedarf es einer empirischen Datenerhebung und zum anderen einer normativen Bewertung.[239] Damit fällt der Begriff der ortsüblichen Vergleichsmiete aus dem starren Schema Tatsachen- oder Rechtsvermutung heraus. Das macht auch das Dilemma dieser Regelung deutlich.[240] Dies gilt weniger für die Tatbestandsseite als für die Rechtsfolgenseite.

---

230 *Rips* WuM 2002, 415, 419; *Wetekamp* NZM 2003, 184, 185.

231 *Blank* PiG 62, 17, 25; *Börstinghaus* in Börstinghaus/Clar NZM 2014, 889.

232 BGH (VIII ZR 46/12) NJW 2013, 775; (VIII ZR 346/12) NJW 2014, 292; AG Mainz Urt. v. 19.4.2013 – 79 C 354/11 (zitiert nach juris); *Beuermann* GE 2013, 150; *Blümmel* GE 2013, 151; *Börstinghaus* LMK 2/2013 Anm. 3; *ders.* jurisPR-BGHZivilR 4/2013 Anm. 4; *ders.* jurisPR-BGHZivilR 2/2014, Anm. 2; *Clar* WuM 2013, 233; *Theesfeld,* jurisPR-MietR 2/2014 Anm. 2; *Zeimes,* Reform des Mietrechts, S. 186; *Blank* PiG 62, 17, 25.

233 *Weitemeyer* NZM 2000, 313, 315 hält die Vermutungswirkung für bedenklich und sieht einen Verstoß gegen Art. 14 Abs. 1 S. 1 GG; außerdem fehle den Mietspiegelerstellern die demokratische Legitimation.

234 Das kritisiert auch *Beuermann* GE 2000, 935, 936, der auf die unterschiedliche Rechtsprechung der verschiedenen Kammern des LG Berlin hierzu hinweist; nach *Rips* WuM 2002, 415, 419 ist das wegen des Amtsermittlungsgrundsatzes „selbstverständlich".

235 Nach *Blank* PiG 62, 17, 24 ist der begriffliche Unterschied unerheblich, wenn es nur um die sog. Grundmiete geht.

236 Z. B. in §§ 938, 1117 Abs. 3, 1253 Abs. 2, 1591 Abs. 2, 2009, 2255 Satz 2 BGB, §§ 437 Abs. 1, 440 Abs. 2 ZPO.

237 Z. B. in §§ 891, 921, 1006, 1138, 1155, 1227, 1248, 1362, 1964 Abs. 2, 2365, 2368 Abs. 3 BGB.

238 *Börstinghaus* in Börstinghaus/Clar NZM 2014, 889.

239 Ausführlich dazu *Hinkelmann,* Die ortsübliche Miete, Kiel 1998; *Blank* ZMR 2013, 170; *Weitemeyer* NZM 2001, 563, 568; *Börstinghaus* NZM 2000, 1087, 1089.

240 Darauf weist auch *Blank* PiG 62, 17, 28 hin; *Derleder* NZM 2001, 170, 173 hatte deshalb im Gesetzgebungsverfahren vorgeschlagen, die Vermutungswirkung an das Anerkenntnis durch die Gemeinde zu knüpfen.

Eine gesetzliche Vermutung ist dann anzuwenden, wenn die Vermutungsgrundlagen also der **Vermutungstatbestand** dargelegt und ggf. auch bewiesen wurde. Dies ist im Rahmen des § 558d Abs. 3 BGB: 95

- es muss einen Mietspiegel im Sinn des § 558c BGB geben, also eine Übersicht über den richtigen Begriff der ortsüblichen Vergleichsmiete, die von der Gemeinde oder den Interessenverbänden erstellt worden ist,
- dies muss nach den anerkannten wissenschaftlichen Grundsätzen geschehen sein,
- der Mietspiegel muss von der Gemeinde oder den Interessenverbänden anerkannt worden sein,
- er muss nach 2 Jahren (zu dem Streit bezüglich der Berechnung der Frist s. o. Rdn. 88) der Marktentwicklung angepasst worden sein,[241]
- die konkrete Wohnung kann in den Mietspiegel eingeordnet werden.[242]

Diese **Vermutungsgrundlagen** müssen zum Zeitpunkt des Zugangs des Mieterhöhungsverlangens vorliegen. Die ortsübliche Vergleichsmiete ist zu diesem Termin[243], nicht dem Wirkungszeitpunkt oder dem der Klageerhebung oder gar der Beweisaufnahme zu ermitteln. Einem später anerkannten und/oder veröffentlichten qualifizierten Mietspiegel, dessen Erhebungsstichtag zum Zeitpunkt des Zugangs des Erhöhungsverlangens lag, kommt deshalb keine Vermutungswirkung für dies Erhöhungsverlangen zu.[244] Dies gilt ganz besonders dann, wenn es sich bei dem späteren Mietspiegel um einen mittels Index fortgeschriebenen Mietspiegel handelt.[245]

Diese **Vermutungsgrundlagen** muss im Zustimmungsprozess derjenige **darlegen** und ggf. auch **beweisen,** der sich auf die Vermutungswirkung berufen will. Verlangt der Vermieter also eine höhere Miete als im qualifizierten Mietspiegel ausgewiesen ist, muss der Mieter die Vermutungsgrundlage beweisen,[246] im eher seltenen Fall, dass der Mieter weniger zahlen will als sich aus dem qualifizierten Mietspiegel ergibt, muss der Vermieter die Vermutungsgrundlagen darlegen und beweisen. 96

Insbesondere die **Einhaltung der anerkannten wissenschaftlichen Grundsätze** bedarf im Streitfall ggf. einer Beweiserhebung. Derjenige, zu dessen Gunsten die Vermutung streitet, muss also darlegen, dass der Mietspiegel nach wissenschaftlichen Grundsätzen erstellt worden ist.[247] Allein die Bezeichnung als qualifizierter Mietspiegel durch den Mietspiegelersteller reicht nicht aus.[248] Denn diese Umstände beweisen noch nicht, dass die Voraussetzungen des § 558d Abs. 1 BGB auch tatsächlich erfüllt sind, insbesondere der Mietspiegel nach anerkannten wissenschaftlichen Grundsätzen erstellt worden ist.[249] Erforderlich ist aber zunächst ein **erhebliches Bestreiten** desjenigen, gegen den die Vermutungswirkung streitet. Er muss im Rahmen des Möglichen substantiierte Angriffe gegen den Mietspiegel vorbringen.[250] Diese können sich aber auch auf einzelne Punkte beschränken, z. B. nur die Einteilung der Lageklassen oder die Art und Weise der Extremwertbereinigung[251]. Sofern es eine **Mietspiegeldokumentation** gibt, muss er sich damit auseinanderset- 97

---

[241] *Lammel,* § 558d BGB Rdn. 31 weist zu Recht daraufhin, dass die Formulierung insofern missverständlich ist, als dass die Vermutungswirkung danach die erstmalige Anpassung voraussetzt, so dass die ersten zwei Jahre die Vermutungswirkung nicht gelten würde. Er kommt richtigerweise unter Hinweis auf das Gesetzgebungsverfahren zu einem anderen Ergebnis; so auch BGH (VIII ZR 46/12) NZM 2013, 138.

[242] Falsch deshalb AG Berlin-Mitte MM 2008, 75.

[243] BGH (VIII ZR 295/15) WuM 2017, 208; (VIII ZR 141/09) NZM 2010, 436; (VIII ZR 331/06) NJW 2008, 848; (VIII ZR 41/05) NZM 2006, 101; (VIII ZR 215/05) WuM 2006, 569; KG GE 2005, 180; BayObLG RE v. 27.10.1992 WuM 1992, 677; LG Berlin GE 2015, 126; GE 2010, 61; GE 2004, 626 LG Rottweil NZM 1998, 432; AG Hamburg ZMR 2005, 54; AG Charlottenburg GE 2005, 743; AG Schöneberg GE 2007, 153, GE 2005, 1129; AG Tiergarten GE 2005, 1135.

[244] Im Ergebnis ebenso LG Berlin GE 2004, 352. Soweit die Kammer dabei auf die Überleitungsvorschriften abgestellt hat, ist die dort gewählte Begründung aber falsch; so auch *Beuermann* GE 2004, 338.

[245] AG Dortmund WuM 2004, 718, 719; NZM 2005, 258, 259; WuM 2005, 254.

[246] BGH (VIII ZR 346/13) NJW 2014, 292 = MietPrax-AK, § 558d BGB Nr. 2 m. Anm. *Börstinghaus;* (VIII ZR 46/12) NZM 2013, 138 = MietPrax-AK, § 558d BGB Nr. 1 m. Anm. *Börstinghaus.*

[247] BGH (VIII ZR 46/12) NZM 2013, 138 mit abl. Anm. *Clar* WuM 2013, 233.

[248] BGH (VIII ZR 46/12) NZM 2013, 138.

[249] BGH (VIII ZR 46/12) NZM 2013, 138; *Kinne* in: Beierlein/Kinne/Koch/Stackmann/Zimmermann, Der Mietprozess, 2006, Kap. 4 Rdn. 41; *Emmerich* in: Staudinger § 558d Rdn. 15; *Langenberg* WuM 2001, 523, 525.

[250] LG München I ZMR 2014, 364; LG Berlin GE 2014, 255; NZM 2013, 380; GE 2013, 1004; *Emmerich* in: Staudinger § 558d Rdn. 15a; zweifelnd, ob das geht *Blank* PiG 62, 17, 26.

[251] LG Berlin NZM 2013, 380.

zen.[252] Ein Bestreiten mit Nichtwissen ist hinsichtlich solcher Informationen, die sich aus der Dokumentation ergeben, unzulässig.[253] Er muss sich vielmehr mit dem Inhalt der Dokumentation substantiiert auseinandersetzen, soweit dies ohne Fachkenntnisse – etwa auf dem Gebiet der Statistik – möglich ist.[254] Weder der Hinweis, dass ein Mietspiegel, dessen Erhebungsstichtag ca. 10 Monate nach dem Zugang des Mieterhöhungsverlangens liegt, ein höheres Mietpreisniveau ausweist ist ausreichend, noch der Hinweis darauf, dass eine Sanierungssatzung für das Gebiet, in dem Wohnung liegt, aufgehoben wurde. Auch der Hinweis darauf, dass die Wohnlagenkarte anhand der Bodenrichtwerte des Gutachterausschusses ermittelt wurde, reicht für sich genommen nicht aus.[255] Erst wenn ein wirklich erhebliches Bestreiten vorliegt obliegt es demjenigen, der sich auf die Vermutungswirkung beruft, die Einhaltung der anerkannten wissenschaftlichen Grundsätze zu beweisen.

98 Die **anerkannten wissenschaftlichen Grundsätze** sind eine Tatsache ähnlich der **Verkehrssitte** oder einem **Brauch** über die ja auch insbesondere in Wettbewerbsprozessen umfangreich durch Einholung von Sachverständigengutachten Beweis erhoben wird. Die Darlegungs- und damit auch Beweislast hat dabei derjenige, der sich auf die Vermutungswirkung beruft,[256] also der Vermieter, der vom Mieter den Mietspiegelwert verlangt bzw. der Mieter, wenn der Vermieter mehr verlangt. Hilfreich ist hier die Mietspiegeldokumentation, aus der sich die einzelnen Schritte der Mietspiegelerstellung ergeben.[257] Das Gericht kann amtliche Auskünfte gemäß § 273 Abs. 2 Nr. 2 oder § 358a Nr. 2 ZPO über das Vorliegen der in § 558d Abs. 1 BGB genannten Voraussetzungen einholen.[258] In Einzelfällen kommt auch eine Anhörung von sachverständigen Zeugen (§ 414 ZPO), z. B. etwa von Experten, die an der Erstellung des Mietspiegels maßgeblich beteiligt waren, in Betracht.[259] Dabei darf aber nicht übersehen werden, dass diese Personen eher in einer Rechtfertigungssituation sind, die „ihren Mietspiegel" verteidigen werden und kaum in der Position eines neutralen Sachverständigen.[260] Ob im Bestreitensfall ein Sachverständigengutachten erforderlich ist, hängt vorrangig von der Art der gegen den Mietspiegel vorgebrachten Einwendungen, der Aussagekraft der vorhandenen und zugänglichen Dokumentation der Datenerhebung und Datenauswertung, dem Inhalt der Erläuterungen zu der im Mietspiegel angewandten Methodik und der eigenen Sachkunde des Gerichts ab. In der Regel wird sich die Einhaltung/Nichteinhaltung anerkannter wissenschaftlicher Grundsätze, sofern sie sich nicht bereits gem. § 291 ZPO als offenkundig darstellt oder vom Gericht in eigener Sachkunde beurteilt werden kann, häufig nur durch ein Sachverständigengutachten klären lassen.[261] Wichtig ist dabei, dass allein das Gericht ggf. mit Hilfe des Sachverständigen bestimmt, welche Regeln einzuhalten sind.[262] Diese Regeln sind der rechtliche Rahmen, der einer Tatsachenfeststellung durch Sachverständige nicht zugänglich ist. Unter Umständen besteht die Möglichkeit auf bereits eingeholte Gutachten aus anderen Verfahren entweder nach § 411a ZPO als Sachverständigenbeweis oder nach §§ 415ff. ZPO als Urkundenbeweis zurückzugreifen.

99 Hinsichtlich der **Vermutungsgrundlagen** ist ein **Vollbeweis** zu erbringen.

100 Erst wenn die Vermutungsgrundlagen festgestellt worden sind, dann tritt die Rechtsfolge also die **Vermutungsfolge** ein. Es wird also vermutet, dass die im qualifizierten Mietspiegel bezeichneten Entgelte die ortsübliche Vergleichsmiete wiedergeben. Bezeichnenderweise spricht das Gesetz selbst von den Entgelten im Plural. Das könnte sich rein sprachlich auf alle Mietspiegelfelder beziehen. Historisch spricht aber viel dafür, dass der Gesetzgeber die Formulierung in § 2 Abs. 1 MHG a. F. übernehmen wollte, wonach der Anspruch des Vermieters begrenzt war auf die Entgelte, die in

---

[252] LG München I ZMR 2014, 364; AG Schöneberg GE 2014, 125, 127.

[253] BGH (VIII ZR 46/12) NZM 2013, 138.

[254] Fraglich ist, ob der Hinweis auf die Lageeinteilung in anderen Großstadtmietspiegeln ausreichend ist: dafür aber wohl BGH (VIII ZR 46/12) mit abl. Anm. *Clar* WuM 2013, 233.

[255] LG München I ZMR 2014, 364, 365.

[256] BGH (VIII ZR 46/12) NZM 2013, 138; *Blank* PiG 62, 17, 26 und 28.

[257] *Haber* NZM 2001, 305, 308.

[258] BGH (VIII ZR 46/12) NZM 2013, 138.

[259] BGH (VIII ZR 46/12) NZM 2013, 138.

[260] Die Situation ist eher mit dem Fall der Vernehmung des auf dem Beifahrersitz sitzenden Ehepartners bei der Beweisaufnahme in einem Verkehrsunfallprozess vergleichbar.

[261] *Emmerich* in: Staudinger § 558d BGB Rdn. 20, 18; *Börstinghaus* NJW 2015, 3200; *ders.* NZM 2000, 1087, 1092; *Mersson* ZMR 2002, 806, 809; nach *Clar* WuM 2013, 233 ist zweifelhaft, welcher Sachverständige geeignet ist.

[262] *Börstinghaus* NJW 2015, 3200; zum Streit in Berlin siehe auch die Übersicht GE 2015, 1556 und *Schach* MietRB 2016, 18.

der Gemeinde nach den 5 Wohnwertmerkmalen vereinbart oder geändert worden sind. Auch dort war vom Plural die Rede, was Sinn machte und weiterhin macht, da die ortsübliche Vergleichsmiete kein punktgenauer Wert, sondern eine Spanne ist.[263]

Wenn der Mietspiegel **Spannen** ausweist, dann wird vermutet, dass die ortsübliche Vergleichs- **101** miete innerhalb dieser Spanne liegt.[264] Bei den heute üblichen weiten Spannen hilft das nicht wirklich weiter. Wird zusätzlich ein Mittelwert angegeben, dann hat dies für die Vermutungswirkung keine Bedeutung.[265] Die Einordnung innerhalb der Spanne ist **eine normative Bewertung**[266], die der Mietspiegel gerade nicht vornehmen kann, da er ja eine abstrakte generelle Datenbasis darstellt, in die eben jede Wohnung eingeordnet werden muss wie bisher auch schon. Letztendlich wird also nur vermutet, dass die ortsübliche Vergleichsmiete für die konkrete Vertragswohnung nicht höher als der Oberwert der Spanne und nicht niedriger als der Unterwert der Spanne ist.[267] Es ist Aufgabe des Tatrichters die konkrete Bandbreite der Einzelvergleichsmiete innerhalb der Spanne des qualifizierten Mietspiegels zu ermitteln. Hierbei handelt es sich um eine **Schätzung gem. § 287 Abs. 2 ZPO.**[268] Die Einholung eines Sachverständigengutachtens hat dabei möglichst zu unterbleiben, da dies i. d. R. wegen der Kosten in keinem Verhältnis zu dem geringen Differenzbetrag steht, um den es geht.[269] Das Gericht muss aber im Urteil darlegen, wie es die Schätzung vorgenommen hat. Gibt es in der Gemeinde neben dem qualifizierten Mietspiegel eine **Orientierungshilfe zur Spanneneinordnung,** kann das Gericht zur Spanneneinordnung darauf zurückgreifen, selbst wenn diese Orientierungshilfe als Ergebnis eines Interessen orientierten Verhandlungsergebnisses ohne empirische Daten herausgegeben wurde[270] Eine Vermutungswirkung kommt solchen Orientierungshilfen nicht zu.[271] In Gemeinden ohne Orientierungshilfe muss das Gericht auf andere Art und Weise seine Schätzung gem. § 287 Abs. 2 ZPO zur Spanneneinordnung begründen.[272]

Enthält der Mietspiegel **bezifferte Zu- und Abschläge** für bestimmte Wohnwertmerkmale, **102** so gilt hier die Vermutungswirkung ebenfalls, wenn die Vermutungsgrundlage also die Tatsache, die nach dem Mietspiegel den konkreten Zu- oder Abschlag rechtfertigt, dargelegt und ggf. bewiesen ist. Um keinen unzulässigen Zuschlag handelt es sich, wenn erst die Vergleichbarkeit der Werte der Vertragswohnung mit den Mietspiegeldaten hergestellt werden muss.

Erst wenn die **Vermutungsgrundlagen dargelegt** und dann entweder unstreitig oder bewie- **103** sen sind, muss die Partei gegen die die Vermutungswirkung streitet sie ggf. widerlegen und zwar gem. § 292 ZPO.[273] Das bedeutet, die entsprechende Partei muss zunächst substantiiert vortragen, warum der qualifizierte Mietspiegel die ortsübliche Vergleichsmiete nicht richtig angeben soll und dann muss er diesen Vortrag ggf. beweisen. Es erscheint fraglich ob der bloße Hinweis darauf, dass es in Mietspiegeln anderer Städte 4 Lagekategorien und dabei insbesondere auch eine „beste Wohnlagen" gibt, genügt.[274] Es gibt auch Großstädte[275] in denen es nur zwei Wohnlageklassen gibt und in denen mit vier Klassen ist teilweise eine völlig unbesetzt.[276] Auch für diesen sog. **Beweis des Gegenteils** ist ein voller Beweis erforderlich.[277] Er ist dann geführt, wenn die Unwahr-

[263] So auch *Kossmann/Meyer-Abich,* Hdb. d. Wohnraummiete, § 118 Rdn. 4, *Sternel,* III 560.

[264] BGH (VIII ZR 110/04) NJW 2005, 2074; LG Duisburg WuM 2008, 598; LG Berlin GE 2004, 483; LG Dortmund WuM 2005, 723; AG Aachen WuM 2015, 164; AG Dortmund, WuM 2005, 254; WuM 2004, 718, 719; *Artz* in MünchKomm § 558d BGB Rdn. 7; *Sternel* Mietrecht aktuell (2009) Rdn. IV 224; AG Charlottenburg GE 2004, 52 (für jeden Wert der Spanne spricht die Vermutung); *Lammel* § 558d BGB Rdn. 33.

[265] AG Brandenburg WuM 2007, 268; *Sternel* Mietrecht aktuell (2009) Rdn. IV 225; *Lammel* § 558d BGB Rdn. 33.

[266] *Blank* ZMR 2013, 170.

[267] BGH (VIII ZR 110/04) NJW 2005, 2074; abl. Anm. *Thomma* WuM 2005, 496; AG Aachen WuM 2015, 164.

[268] BGH (VIII ZR 110/04) NJW 2005, 2074; KG WuM 2009, 407; LG Duisburg WuM 2008, 598, 599.

[269] BGH (VIII ZR 110/04) NJW 2005, 2074; LG Berlin GE 2012, 271.

[270] BGH (VIII ZR 110/04) NJW 2005, 2074; KG WuM 2009, 407; LG Berlin GE 2004, 483, 484.

[271] Nach AG Charlottenburg GE 2004, 52 kommt es auf die Orientierungshilfe nicht an, da alle Werte der Spanne eines qualifizierten Mietspiegels gleichwertig die ortsübliche Vergleichsmiete wiedergeben.

[272] LG Dortmund NZM 2006, 134; AG Brandenburg WuM 2007, 268; AG Dortmund NZM 2005, 258.

[273] *Börstinghaus* in Börstinghaus/Clar NZM 2014, 889; *Paschke* GE 2012, 1072, 1075; *Lehmann-Richter* IMR 2012, 225.

[274] Ablehnend: LG Berlin GE 2012, 271, anders im Ergebnis wobei nicht feststeht, ob dieser Hinweis alleine ohne die weiteren Argumente auch ausgereicht hätte:. BGH (VIII ZR 46/12) NZM 2013, 138.

[275] Z. B. Hamburg nach *Clar* WuM 2013, 233.

[276] Z. B. in München nach *Clar* WuM 2013, 233.

[277] AG Berlin-Mitte MM 2008, 75; *Paschke* GE 2012, 1072, 1075.

heit der vermuteten Tatsache voll bewiesen ist. Dies bezieht sich **nicht auf die Vermutungsgrundlagen.** Diese hat derjenige zu beweisen, der sich auf die Vermutungswirkung beruft. Ferner ist der Beweis des Gegenteils auch dann nicht erforderlich, wenn es nur um die Spanneneinordnung geht, da sich die Vermutungswirkung darauf nicht bezieht.

104 Der **Beweis des Gegenteils** bezieht sich auf die letztendlich zu beweisende Tatsache, also die **Höhe der ortsüblichen Vergleichsmiete.** Die Frage ist, was derjenige, der die gesetzliche Vermutung widerlegen will, hierzu darlegen und ggf. beweisen muss. Nach LG Berlin[278] sollte dazu der Sachvortrag, dass sämtliche Wohnungen im Haus zu Mieten vermietet sind, die die Mietspiegelwerte übersteigen, ebenso wenig ausreichen wie der Hinweis auf die unterschiedlichen Lageklassen in Mietspiegeln anderer Großstädte.[279] Nach LG Nürnberg[280] reicht auch der Hinweis auf zwei Sachverständigengutachten nicht, wonach die ortsübliche Vergleichsmiete höher sein soll. Der VIII. Senat[281] hat die Entscheidung des LG Berlin aufgehoben. Der VI. Senat[282] hat im Streit über die die Erstattungsfähigkeit von Unfallersatztarifen entschieden, dass die Anwendung der Listen (Schwacke oder Fraunhofer) nur dann zweifelhaft ist, wenn die Partei, die die Listenwerte nicht akzeptiert, deutlich günstigere bzw. ungünstigere Angebote anderer Anbieter für den konkreten Zeitraum am Ort der Anmietung aufzeigt. Das ist weniger als das BVerfG verlangt, wonach die Behauptung, eine bestimmte Miete überschreite nicht die ortsübliche Vergleichsmiete, eine ausreichend substantiierte Tatsachenbehauptung ist.[283] Es fragt sich also, ob derjenige, der den Gegenbeweis führen will, bestimmte Mietverhältnisse für vergleichbare Wohnungen angeben muss, für die eine höhere oder niedrigere Miete als im qualifizierten Mietspiegel ausgewiesen, gezahlt wird, benennen muss. Dagegen spricht, dass eine solche Forderung insofern sinnlos wäre, da sich immer Wohnungen finden, für die mehr oder weniger als für eine andere Wohnung gezahlt wird. Der Begriff der ortsüblichen Vergleichsmiete ist nun einmal ein Wert, der so am Markt nicht vorkommt, sondern durch umfangreiche Tatsachenfeststellung ermittelt werden muss. Dies kann vorprozessual niemand, so dass letztendlich nur eine entsprechende Behauptung aufgestellt werden kann. Auf der anderen Seite besteht die Gefahr, dass Behauptungen ins Blaue aufgestellt werden, die schlicht zu einem **Ausforschungsbeweis** führen, durch den die Tatsachen erst ermittelt werden, über die Beweis erhoben wird. Die Abgrenzung ist hier schwierig und im Einzelfall vorzunehmen. Umso mehr konkrete Mietverhältnisse, die unter die zeitlichen und sachlichen Voraussetzungen des § 558 Abs. 2 BGB fallen benannt werden, umso eher wird man davon ausgehen müssen, dass keine Behauptung ins Blaue hin abgegeben wurde. Letztendlich ist dies eine Frage der Beweiswürdigung im Rahmen des § 287 ZPO, wobei der Vermutungswirkung des qualifizierten Mietspiegels von Gesetzes wegen eine besondere Bedeutung zukommt.

105 Das Gleiche gilt, wenn die beweisbelastete Partei konkrete **Mängel des Mietspiegels** benennt, aus denen geschlossen werden kann, dass die ausgewiesenen Werte zumindest für die Vertragswohnung nicht zutreffend sind. Hier ist die Abgrenzung aber zum substantiierten Bestreiten, dass überhaupt ein qualifizierter Mietspiegel vorliegt, oft schwierig. Wenn die Behauptungen nämlich die anerkannten wissenschaftlichen Grundsätze betreffen, dann hat derjenige, der sich auf die Vermutungswirkung beruft den Nachweis zu erbringen, dass die maßgeblichen Grundsätze eingehalten wurden. Eine andere Frage ist die, ob der qualifizierte Mietspiegel auf das konkrete Mietverhältnis überhaupt anwendbar ist. Dies muss derjenige darlegen und beweisen, der sich auf den qualifizierten Mietspiegel beruft. Die andere Partei muss die Überzeugung des Gerichts nur erschüttern.[284] Es handelt sich nicht um den Beweis des Gegenteils.

106 **Zuständig für die Entscheidung ist das Zivilgericht.**[285] Es geht um einen zivilprozessualen Beweis und die zivilprozessuale Vermutungswirkung.[286] Wenn das Gericht die Darlegung der be-

---

[278] LG Berlin GE 2012, 1039.
[279] LG Berlin GE 2012, 271.
[280] LG Nürnberg WuM 2014, 146.
[281] BGH (VIII ZR 46/12) NZM 2013, 138.
[282] BGH (VI ZR 316/11) MDR 2013, 334.
[283] BVerfG NJW-RR 1993, 1485.
[284] Deshalb ist der Leitsatz von AG Berlin-Mitte MM 2008, 75 zumindest missverständlich, wenn nicht falsch.
[285] BGH (VIII ZR 46/12) NZM 2013, 138 = MietPrax-AK, § 558d BGB Nr. 1 m. Anm. *Börstinghaus;* OVG Münster NZM 2006, 906 m. Anm. *Börstinghaus* WuM 2007, 9; Vorinstanz: VG Minden ZMR 2004, 226; LG Berlin GE 2012, 711; LG Bochum DWW 2007, 298; **a. A.** wohl LG Berlin GE 2004, 1296 (Meinung inzwischen aufgegeben); *Kniep/Gratzel* WuM 2008, 645, 646; *Mersson* ZMR 2002, 809.
[286] BGH (VIII ZR 46/12) NZM 2013, 138.

weisbelasteten Partei für ausreichend ansieht, dann wird es über die ortsübliche Vergleichsmiete für die konkrete Wohnung Beweis erheben müssen und zwar durch Einholung eines Sachverständigengutachtens.[287] Dabei wird der Sachverständige sich mit dem Mietspiegel auseinander zu setzen haben. Allein die Tatsache, dass der Sachverständige eine andere als die im Mietspiegel ausgewiesene Miete als ortsüblich ermittelt, reicht zum vollen Beweis der Unwahrheit nicht aus.[288] Er muss schon die konkreten Mängel des Mietspiegels nachvollziehbar darlegen.[289] Das setzt eine **Auseinandersetzung mit den Methoden** der konkreten Mietspiegelerstellung voraus und dürfte von den üblichen Bewertungssachverständigen kaum zu erbringen sein. Die Möglichkeit der Widerlegung besteht deshalb nur theoretisch.[290] Hauptstreitpunkt wird deshalb die Stufe der Vermutungsgrundlagen sein. Wenn die aber feststehen, dann ist gegen die Vermutungswirkung nur in den aller seltensten Fällen etwas zu machen.

H. Prozessuales

Die Darlegungs- und Beweislast stellt sich in den verschiedenen prozessualen Stadien wie folgt dar: 107

Inhalt des Mieterhöhungsverlangens	**Vortrag im Prozess**		**wer hat Darlegungs- und Beweislast für was**
	des Mieters	**des Vermieters**	
Hinweis auf qualifizierten Mietspiegel erfolgt	will weniger zahlen als im qualifizierten Mietspiegel ausgewiesen	will Wert aus der Spanne des qualifizierten Mietspiegels	**Vermieter:** Vermutungsgrundlage **Mieter:** Gegenbeweis
	will nur Wert aus der Spanne des qualifizierten Mietspiegel	will Wert über der Spanne des qualifizierten Mietspiegels	**Mieter:** Vermutungsgrundlage **Vermieter:** Gegenbeweis[291]
Hinweis auf qualifizierten Mietspiegel nicht erfolgt	behauptet, es gibt in der Gemeinde einen qualifizierten Mietspiegel	bestreitet das	**Vermieter:** Vermieter muss darlegen und beweisen, dass der Mietspiegel **nicht** qualifiziert ist.

Daraus ergibt sich eine vierstufige Prüfungsreihenfolge bei der Darlegungs- und Beweislast im Zustimmungsverfahren:[292] 108

1. Stufe: Beruft sich der Mieter gegenüber einem Mieterhöhungsverlangen des Vermieters, in dem dieser die Zustimmung zu einer über den Werten des qualifizierten Mietspiegels liegenden Miete verlangt, auf die Werte dieses qualifizierten Mietspiegels, so genügt zunächst dessen **Hinweis** darauf, dass es in der Gemeinde einen Mietspiegel gibt, der nach den anerkannten wissenschaftlichen Methoden erstellt worden ist und von der Gemeinde oder den Interessenverbänden anerkannt worden ist.[293] Sinnvoll ist an dieser Stelle bereits der Hinweis des Mieters, dass sich die Qualifikation aus einer allgemein zugänglichen Mietspiegeldokumentation ergibt. 109

2. Stufe: Dieser Hinweis hat zur Folge, dass nunmehr der Vermieter **„Zweifel an der Mietspiegelqualifikation säen"** muss. Dazu muss er substantiiert Tatsachen[294] vortragen, die gegen eine Einhaltung der anerkannten wissenschaftlichen Grundsätze sprechen. Die Zweifel können sich 110

[287] LG Berlin GE 2004, 180.
[288] LG Hamburg WuM 2005, 726.
[289] *Lammel* § 558d BGB Rdn. 33; **a. A.** LG Berlin GE 2004, 180 wonach ein Sachverständigengutachten einem Mietspiegel vorzuziehen ist, „da es speziell auf das Mietobjekt abgestimmt ist"; *Schach* GE 2004, 1270, 1271.
[290] So auch *Lammel* § 558d BGB Rdn. 34; *Haber* NZM 2001, 305, 314; *Blank* PiG 62, 17, 28; s. dazu die fehlgeschlagenen Versuche: LG Hamburg WuM 2005, 726; LG Dortmund WuM 2005, 723.
[291] AG Berlin-Mitte MM 2008, 75.
[292] *Börstinghaus* NJW 2013, 1767; *Börstinghaus/Clar* NZM 2014, 889.
[293] AG Bitterfeld-Wolfen, WuM 2013, 45.
[294] BGH (VIII ZR 46/12) NZM 2013, 138.

auch auf einzelne Punkte beschränken, z. B. nur die Einteilung der Lageklassen oder die Art und Weise der Extremwertbereinigung.[295] Sofern es eine Mietspiegeldokumentation gibt, muss er sich damit auseinandersetzen.[296] Ein Bestreiten mit Nichtwissen ist hinsichtlich solcher Informationen, die sich aus der Dokumentation ergeben, unzulässig.[297] Ein Bestreiten mit Nichtwissen oder bloße Behauptungen „ins Blaue hinein" reichen nicht aus.

111 **3. Stufe:** Hat der Vermieter substantiierte Tatsachen vorgetragen, die gegen die Einhaltung der anerkannten wissenschaftlichen Grundsätze der Mietspiegelerstellung sprechen, dann obliegt es dem Mieter die **Vermutungsgrundlage** zu beweisen, Er muss also darlegen und dann beweisen, dass die anerkannten wissenschaftlichen Grundsätze eingehalten wurden. Wie oben (Rdn. 58) dargestellt, kommt es hier auf **verschiedene Wissenschaften** an. Es geht um Frage der Empirik aber auch um juristische Kategorien. Die juristischen Fragestellungen muss das Gericht beantworten. Es geht um Rechtsfragen, die einem Sachverständigenbeweis nicht zugänglich sind. Soweit es um Fragen der Statistik geht, muss das Gericht zunächst juristisch entscheiden, welche Anforderungen denn genau einzuhalten sind, um ggf. mittels eines Sachverständigengutachtens, das sich mit den statistischen Grundlagen befasst, diese Frage zu klären.[298] Es geht in der Regel um Fragen der Stichprobengröße, der Repräsentativität der Daten, der Eliminierung von Extremwerten sowie methodische Fehler der Datenauswertung[299] (Stichwort Regression versus Tabelle). Da es aber in der Regel immer bessere Methoden gibt, die eben nur mehr Geld kosten, muss das Gericht die **Mindestvoraussetzungen** definieren (ggf. mit Hilfe eines Sachverständigen). Es geht nicht darum festzustellen, ob man etwas hätte besser machen können, sondern um die Ermittlung methodischer Fehler.[300] Realistischerweise wird man aber wohl feststellen müssen dass die ortsübliche Vergleichsmiete für eine konkrete Wohnung selbst mit maximalem Aufwand niemals wissenschaftlich so exakt ermittelt werden kann, dass das Ergebnis so eindeutig ist, dass bei einer zweiten unabhängigen Feststellung Cent genau der gleiche Betrag herauskommt. Da gilt im Übrigen aber auch für Sachverständigengutachten, die auch nur ein Näherungswert ermitteln, bei dem Fehler nicht auszuschließen sind.[301] Es ist allein Aufgabe des Gerichts festzulegen, mit welchem Maß an Wahrscheinlichkeit es sich zufrieden gibt.

112 **4. Stufe:** Die Darlegungs- und Beweislast in der letzten Stufe richtet sich nach dem Ergebnis der 3. Stufe:

a) Kommt das Gericht auf Grund der Beweisaufnahme in der 3. Stufe zu dem Ergebnis, dass ein qualifizierter Mietspiegel vorliegt, oder bestreitet der Vermieter dies gar nicht, dann kann der Vermieter versuchen gem. § 292 ZPO den **Beweis des Gegenteils** zu erbringen. Auch für diesen sog. Beweis des Gegenteils ist ein **voller Beweis** erforderlich.[302] Er ist dann geführt, wenn die Unwahrheit der vermuteten Tatsache voll bewiesen ist. Dies bezieht sich aber nicht auf die Vermutungsgrundlagen, sondern auf die **Vermutungsfolgen.** Der Beweis des Gegenteils ist aber dann nicht erforderlich, wenn es nur um die Spanneneinordnung geht, da sich die Vermutungsfolge darauf nicht bezieht. Der Vermieter muss vortragen, warum die ortsübliche Vergleichsmiete für sein Objekt höher ist, also nicht von der Vermutungswirkung des § 558d Abs. 3 BGB erfasst wird. Das setzt einen sehr umfangreichen Tatsachenvortrag und nicht nur Rechtsausführungen und eigene Vermutungen voraus. Der Vermieter sollte sich auch in diesem Fall mit der Mietspiegeldokumentation auseinandersetzen, um dazulegen, warum seine Wohnung aus dem vom Mietspiegel erfassten Wohnungsmarkt heraus fällt. Bei ausreichender Darlegung wird das Gericht ein Sachverständigengutachten einholen müssen. Das Gericht hat in der Beweiswürdigung zu entscheiden, ob auf Grund der Feststellungen des Sachverständigen tatsächlich die Vermutungswirkung in diesem konkreten Einzelfall widerlegt ist.

b) Kommt das Gericht auf Grund der Beweisaufnahme in der 3. Stufe zu dem Ergebnis, dass der **Mietspiegel nicht qualifiziert** ist, dann muss der Vermieter bei erheblichem Bestreiten des

---

295 LG Berlin NZM 2013, 380.

296 AG Schöneberg GE 2014, 125, 127.

297 BGH (VIII ZR 46/12) NZM 2013, 138.

298 *Börstinghaus* NJW 2015, 3200.

299 Soweit das AG Mainz Urt. v. 194.2013 – 79 C 354/1 (juris) die Frage, ob die Wohnlagen richtig abgeschichtet worden seien, durch einen Statistiker hat klären lassen, halten *Bruns/Paschedag/Kauermann* ZMR 2016, 669, 671 Fn 27 dies für falsch.

300 *Börstinghaus* NJW 2015, 3200.

301 LG Berlin GE 2016, 1152.

302 AG Berlin-Mitte MM 2008, 75; *Paschke* GE 2012, 1072, 1075.

Mieters die Höhe der ortsüblichen Vergleichsmiete beweisen. Insofern entspricht die prozessuale Situation der in einer Gemeinde ohne qualifizierten Mietspiegel. Ob dann der qualifizierte Mietspiegel als einfacher Mietspiegel im Prozess im Rahmen des § 287 ZPO zur Ermittlung der ortsüblichen Vergleichsmiete herangezogen werden kann, richtet sich dessen Qualität (dazu § 558b Rdn. 112).[303]

[303] Dafür z. B. LG Berlin NZM 2015, 616; AG Charlottenburg WuM 2015, 500; GE 2015, 515; Urt. v. 17.3.2015 – 233 C 520/14 (juris) m. Anm. *Herlitz,* jurisPR-MietR 13/2015 Anm. 3; Übersicht über die unterschiedliche Rechtsprechung der verschiedenen Amtsgerichte und Berufungskammern in Berlin: GE 2015, 1556; zum Berliner „Mietspiegel-Quiz“: *Börstinghaus* NJW 2015, 3200; *Schach* MietRB 2016, 18.

§ 558e Mietdatenbank

Eine Mietdatenbank ist eine zur Ermittlung der ortsüblichen Vergleichsmiete fortlaufend geführte Sammlung von Mieten, die von der Gemeinde oder von Interessenvertretern der Vermieter und der Mieter gemeinsam geführt oder anerkannt wird und aus der Auskünfte gegeben werden, die für einzelne Wohnungen einen Schluss auf die ortsübliche Vergleichsmiete zulassen.

Systematische Übersicht

A. Allgemeines

I. Geschichte

1 Die Mietdatenbank ist durch die Mietrechtsreform neu als Begründungsmittel eingeführt worden. Damit hat der Gesetzgeber der **Entwicklung der Informationstechnik** Rechnung tragen wollen, die es ermöglicht, große Mengen an Daten zu speichern, zu verarbeiten und aufzubereiten. Auf Grund des Widerstandes des Mieterbundes und den Anforderungen der Sozialgerichte an die Ermittlung der Angemessenheit der Kosten der Unterkunft gibt es zurzeit wohl in der Bundesrepublik keine Mietdatenbank mehr.

2 Bei der Mietdatenbank handelt es sich ausschließlich um ein **vorprozessuales Begründungsmittel.** Soweit der Textvorschlag des Bund-Länder-Arbeitskreises „Mietrechtsvereinfachung" in § 560d Vereinf-E[1] auch bei der Mietdatenbank, wie beim Mietspiegel, zwischen einfachen und qualifizierten Mietdatenbanken differenzierte, und dementsprechend der Auskunft zum Teil auch Vermutungswirkung im Prozess beigemessen werden sollte, ist davon im weiteren Gesetzgebungsverfahren Abstand genommen worden. Es heißt jetzt in der Gesetzesbegründung nur noch, dass der Gesetzgeber sich für die Zukunft vorbehält, das Instrument Mietdatenbank mit weiterreichenden Rechtsfolgen auszustatten, wenn die notwendigen praktischen Erfahrungen vorliegen.

3 Vorbild für dieses zusätzliche Begründungsmittel war die früher einzige in der Bundesrepublik geführte **Mietdatenbank in Hannover.** Dort existiert der „Verein zur Ermittlung und Auskunftserteilung über die ortsüblichen Vergleichsmieten – MEA e. V". Der MEA e.V. war zunächst 1977 als Interessenverband der Vermieter und Mieter in der Form einer GmbH gegründet worden. Im Jahre 1984 erfolgte die Umwandlung in einen gemeinnützigen Verein. Mitglieder des Vereins und damit **Träger der Datenbank** waren zunächst ausschließlich der Haus- & Grundeigentümerverein Hannover sowie der Mieterverein Hannover und Umgebung e.V. In der Folgezeit traten die Stadt Hannover, sowie die örtlichen Untergliederungen des Rings Deutscher Makler und des Bundesverbandes Wohnungsverwalter dem Verein bei. Erfasst waren in der Datenbank 12.000 Wohnungen in der Stadt Hannover. Für das Stadtgebiet Langenhagen waren 1000 Wohnungen und das

[1] Abgedruckt bei *Börstinghaus/Eisenschmid,* Arbeitskommentar Neues Mietrecht, S. 340.

Stadtgebiet Laatzen 700 Wohnungen erfasst.[2] Die Datensammlung erfolgte u. a. dadurch, dass jeder, der eine Auskunft aus der Datenbank erhalten wollte, selbst seine eigenen **Mietedaten der Datenbank zur Verfügung** stellen musste. Auskunft aus der Datenbank erhielt jeder. Die Auskunft war kostenpflichtig.[3] Die Auskunft bestand in der Angabe von drei Vergleichswohnungen. Dabei handelte es sich um die drei Wohnungen, die um das arithmetische Mittel der Mietdaten in einem der 96 Datenfelder herum lagen. Zwei der Wohnungen lagen dabei mit ihrer Miete dicht über dem Mittelwert, eine weitere knapp darunter. Zwischen den Verbänden gab es die Abrede, die Werte der Datenbank nicht zu bestreiten. Individuelle Zu- und Abschläge wurden von den Verbänden auf Grund der Ergebnisse von Sachverständigengutachten ausgehandelt. Letztendlich war das Verfahren in Hannover eine professionalisierte und institutionalisierte Vergleichsmietenbegründung. Auf Grund der Entscheidungen der Sozialgerichte zu den Kosten der Unterkunft bei SGB II Empfängern hat sich die Region Hannover, ein Kommunalverband besonderer Art, entschlossen einen Mietspiegel erstellen zu lassen. Da die Region Hannover aus 21 Gemeinden besteht, handelt es sich rechtlich um 21 eigenständige Mietspiegel. Faktisch hat sich das Thema Mietdatenbank damit – vorerst – erledigt. Der Gesetzgeber hatte den Begriff der Mietdatenbank in Hannover in der Mietrechtsreform aufgegriffen aber letztendlich inhaltlich anders ausgestaltet als das Vorbild. § 558e BGB umfasste wohl auch die Hannoveraner Mietdatenbank, geht aber auch darüber hinaus.

II. Inhalt und Zweck der Norm

Durch § 558a Abs. 1 BGB ist die Auskunft aus der Mietdatenbank ausdrücklich als weiteres Begründungsmittel eingeführt worden. § 558e BGB enthält die gesetzliche Definition der Mietdatenbank. Es handelt sich um eine Art **Experimentierklausel,**[4] da es an jeglichen Ausführungsregelungen[5] fehlt. Die **Interessen der beteiligten Verbände** und der Gemeinde sind sehr unterschiedlich: 4

1. Gemeinde

Das Interesse der Gemeinden könnte dahin gehen, die **Kosten für die Mietspiegelerstellung zu senken** oder ganz zu vermeiden. Soweit bisher ein gemeindlicher Mietspiegel existierte beruhte dieser regelmäßig auf einer mehr oder weniger guten und deshalb kostenaufwendigen Datenerhebung. Durch die Einführung einer Mietdatenbank könnten diese Kosten vermieden oder zumindest zum Teil auf die tatsächlichen Nutznießer, nämlich die Vermieter, verlagert werden. Dies gilt aber im Wesentlichen nur dann, wenn die Mietdatenbank durch die Interessenvertreter betrieben würde, da eine gemeindliche Mietdatenbank auch Personal erfordert, das den Datenbestand pflegt und die Auskünfte erteilt. Dem stünden aber, anders als bei einem Mietspiegel, Einnahmemöglichkeiten durch Erhebung einer Auskunftsgebühr gegenüber. Wenn es in der Gemeinde bisher keinen Mietspiegel gegeben hat, würde die Einführung einer gemeindlichen Mietdatenbank der Gemeinde neue Einnahmen verschaffen, der aber die Betriebskosten gegenüberstehen. Außerdem würde die Mietdatenbank ggf. helfen, die Diskussion über die Qualität der Vergleichswohnungen zu versachlichen und für Mieter und Vermieter eine zusätzliche Dienstleistung darstellen. Problematisch ist das Problem des Datenschutzes. 5

2. Vermieterverbände

Vermietern würde die Einführung einer Mietdatenbank **ein weiteres Begründungsmittel** zur Durchsetzung von Mieterhöhungen zur Verfügung stellen. Es würde die Informationsbeschaffung für die Benennung von Vergleichswohnungen erleichtert. Verglichen mit einem Mietspiegel sind **Mietdatenbanken dynamisch.** Sie geben stichtagsgenau Auskunft über die aus ihren Daten ermittelte ortsübliche Vergleichsmiete, während der Mietspiegel bereits zum Zeitpunkt des Erschei- 6

[2] Angaben nach *Stöver* NZM 2002, 279.

[3] Die Auskunft kostete ab 47 € (Stand 31.3.2009). Gab es keine vergleichbaren Wohnungen in der Datenbank kostet die Auskunft 16 €; weitere Informationen zur Gebührenordnung unter www.vergleichsmieten-mea.de.

[4] So auch *Blank* PiG 62, 17, 33; *Börstinghaus* in Börstinghaus/Eisenschmid, Arbeitskommentar Neues Mietrecht, S. 341.

[5] In den Hinweisen zur Aufstellung von Mietspiegeln 2002 (abgedruckt bei *Börstinghaus,* Miethöhehandbuch, 2. Aufl., S. 764) befinden sich in einem *Exkurs* einige wenige Hinweise auch für Mietdatenbanken. Diese sind rechtlich aber völlig unverbindlich.

nens auf ca. 6 Monaten alten Daten beruht, die während der ca. zweijährigen Laufzeit des Mietspiegels permanent weiter veralten.

3. Mieterverbände

7 Mieterverbände stehen der Einführung von Mietdatenbanken **eher skeptisch** gegenüber. Sie sehen darin vor allem ein Instrument zur Durchsetzung von Mieterhöhungen. Wegen der regelmäßig wohl **fehlenden Repräsentativität** der Daten[6] wird der Auskunft nur eine eingeschränkte Aussagekraft beigemessen. Im Vergleich zu den systembedingt statischen Mietspiegeln wird die Gefahr stärkerer Mietsteigerungen gesehen. Da regelmäßig bei der Mietspiegelerstellung auch eine normative Korrektur der ermittelten Werte durch den Arbeitskreis Mietspiegel unter Beteiligung der Mietervertreter stattfindet, wird auch eine Einflussnahme auf das gemeindliche Mietniveau geringer werden.

4. Gerichte

8 Gerichte haben mit der Mietdatenbank nichts zu tun. Die Auskunft ist **kein förmliches gerichtliches Beweismittel.**[7] Sie hat auch keine Vermutungswirkung und kann auch nicht im Rahmen einer freien Beweiswürdigung nach § 286 ZPO herangezogen werden.[8] Es handelt sich im besten Fall um eine qualifizierte Form der Begründung mit Vergleichswohnungen. Für Gerichte ist ein besonders guter, d. h. für die Gerichte vor allem ein von allen Marktbeteiligten akzeptierter Mietspiegel hilfreich, da er zum einen hilft, Prozesse zu vermeiden und zum anderen im Streitfall zur Ermittlung der ortsüblichen Vergleichsmiete ohne aufwendiges Sachverständigengutachten herangezogen werden kann.

5. Datenschutz

9 Datenschützer sehen in jeder Datensammlung eine **Gefahr für den Bürger.** Sie stehen einer Mietdatenbank deshalb kraft Amtes skeptisch gegenüber, ohne im Einzelfall den Konsens der beteiligten Verbände und die Vorteile einer Mietdatenbank gegenüber einer Gemeinde, die weder Mietspiegel noch Mietdatenbank hat, dagegen abzuwägen. Am Widerstand der örtlichen Datenschützer ist bisher die Einführung von Mietdatenbanken in anderen Städten gescheitert.

III. Anwendungsbereich der Norm

10 Die Vorschrift gilt **nur für Wohnraummietverhältnisse.** Dies ergibt sich bereits aus der Stellung im Kapitel „Mietverhältnisse über Wohnraum". Sie gilt nicht bei den gem. § 549 Abs. 2 und 3 BGB ausgenommenen Mietverhältnissen, also Mietverhältnissen über Wohnraum zu einem vorübergehenden Gebrauch, Mietverhältnisse über Wohnraum, der Teil der vom Vermieter genutzten Wohnung ist und von diesem überwiegend mit Einrichtungsgegenständen ausgestattet wurde, Wohnraum den juristische Personen des öffentlichen Rechts oder gleichgestellte Organisationen zur Versorgung hilfsbedürftiger Personen angemietet haben und schließlich von Wohnraum in Jugend- und Studentenwohnheimen.

11 Die Vorschrift gilt nicht bei Gewerberaummietverhältnissen, weil dort das System der ortsüblichen Vergleichsmiete nicht gilt und dementsprechend ein Verweis in § 578 BGB fehlt.

B. Die Mietdatenbank

I. Begriff der Mietdatenbank

12 In § 558e BGB befindet sich die **Legaldefinition** für eine Mietdatenbank. Unter einer Mietdatenbank wird eine **fortlaufend geführte Sammlung** von Mietedaten verstanden, deren Zweck darin besteht, die ortsübliche Vergleichsmiete zu ermitteln und aus der Auskünfte erteilt werden, die einen Schluss auf die ortsübliche Vergleichsmiete für einzelne Wohnungen zulassen Die Miet-

[6] Dazu *Szameitat* WuM 2002, 63.
[7] Palandt/*Weidenkaff* § 558e BGB Rdn. 5; *Dickersbach* in Erman § 558e BGB Rdn. 3.
[8] Palandt/*Weidenkaff* § 558e BGB Rdn. 5; *Dickersbach* in Erman § 558e BGB Rdn. 3.

datenbank muss von der Gemeinde oder von den Interessenvertretern der Mieter und Vermieter gemeinsam geführt oder anerkannt werden.

Daraus ergeben sich folgende **Tatbestandsmerkmale:** 13

- Sammlung von Mieten
- mit dem Zweck die ortsübliche Vergleichsmiete zu ermitteln
- es müssen Auskünfte erteilt werden
- die den Schluss auf die ortsübliche Vergleichsmiete für eine konkrete Wohnung zulassen
- geführt oder anerkannt von
  - der Gemeinde
  - je einem Interessenvertreter der Vermieter und der Mieter.

Wenn es nur an einem der Tatbestandsmerkmale fehlt, dann handelt es sich nicht um eine Mietdatenbank i. S. d. § 558 e BGB, so dass der Vermieter mit darauf gestützten Angaben kein Mieterhöhungsverlangen gem. § 558 a BGB begründen kann.

Davon zu unterscheiden ist aber die Frage, ob auf Grund einer nicht den Anforderungen des § 558 e BGB entsprechenden Datensammlung der Vermieter z. B. in die Lage versetzt wird, ein **anderes zulässiges Begründungsmittel** verwenden zu können. Das ist z. B. dann der Fall, wenn er aus einer Datensammlung z. B. eines Vermieterverbandes drei Vergleichswohnungen benannt bekommt, mit denen er dann sein Mieterhöhungsverlangen begründet. Die Frage der Zulässigkeit des Begründungsmittels „Vergleichswohnungen" ist unabhängig von der Frage zu beantworten, woher der Vermieter die Daten für die drei Vergleichswohnungen hat. Mängel der Datensammlung haben deshalb in diesen Fall keinen Einfluss auf die Wirksamkeit der Mieterhöhungserklärung. Deshalb handelte es sich bei der Begründung einer Mieterhöhung in Hannover bisher auch nicht um eine solche mit einer Mietdatenbank, sondern um eine solche mit Vergleichswohnungen. 14

II. Die einzelnen Tatbestandsmerkmale

1. Die Sammlung von Mietedaten

Es muss sich um Sammlung von Mieten handeln. Wie diese Daten gesammelt werden, also mit Hilfe einer elektronischen Datenverarbeitung oder herkömmlich mittels „Zettelkasten" ist für den Begriff der Mietdatenbank unerheblich. In der heutigen Zeit wird es sich aber regelmäßig um **computerunterstützte Datensammlungen** handeln, die eine komfortable Auswertung nach allen möglichen Kriterien erlauben. 15

Die Sammlung muss sich auf die **örtlich maßgeblichen Mietedaten** beziehen. Die ortsübliche Vergleichsmiete ist immer gemeindebezogen zu ermitteln. Auch wenn in der Datenbank z. B. die Mietdaten für verschiedene Gemeinden enthalten sind, muss über das Suchkriterium der Gemeinde eine Selektion auf den maßgeblichen Datenbestand möglich sein. Nur aus diesem Datenbestand darf dann auch die ortsübliche Vergleichsmiete ermittelt werden. 16

Zulässig ist es aber, die Mietdatenbank nur für einen bestimmten **Wohnungsteilmarkt** zu betreiben. So könnte z. B. eine Mietdatenbank in Ergänzung zu einem Mietspiegel betrieben werden um mittels der Auskunft aus der Mietdatenbank Auskünfte über die Mieten in Einfamilienhäusern erteilen zu können. Auch für sonstige aus dem Mietspiegel herausgefallene Wohnungsbestände könnte eine Mietdatenbank betrieben werden z. B. für Appartements oder teilgewerblich genutzte Objekte. Notwendig ist die Beschränkung jedoch nicht. Wegen der Kosten der Mietspiegelerstellung und der Notwendigkeit der Anerkennung durch die Gemeinde bzw. die Interessenverbände dürfte eine Mietdatenbank in Konkurrenz zu einem örtlichen Mietspiegel aber in der Realität nicht vorkommen. 17

Ideal wäre natürlich, wenn die gespeicherten Daten auch **repräsentativ** für den regionalen Mietmarkt wären. Dies setzt aber einen erheblichen Aufwand voraus, der dann über die Auskunftsgebühr wieder refinanziert werden muss. Genauso wie auch ausgehandelte Mietspiegel ohne repräsentative Daten als Begründungsmittel für ein Mieterhöhungsverlangen eingesetzt werden können, können auch Auskünfte aus Mietdatenbanken verwandt werden, die auf nicht repräsentativen Daten beruhen. Die Alternative wäre in vielen Fällen die Begründung mit drei willkürlich ausgewählten Vergleichswohnungen. 18

2. Die Zweckbestimmung

19 Die Sammlung muss den **Zweck** haben, die ortsübliche **Vergleichsmiete zu ermitteln.** Aus dem Wortlaut ergibt sich nicht, ob es der einzige Zweck sein darf. Zumindest muss es aber das Primärziel der Datenbank sein. Ob daneben dann noch andere Ziele mit der Datenbank zum Zwecke der Einnahmeerzielung verfolgt werden ist für die Qualifikation der Datenbank unerheblich. Werden die Daten der Datenbank aber zu anderen Zwecken, z.B. zu Werbezwecken weitergegeben, dürfte es datenschutzrechtliche Probleme geben, da diese Weitergabe von der Einverständniserklärung nicht abgedeckt wird. Die Verwendung von anderen Datensammlungen, z.B. Wohngeldstatistiken, Dateien von Maklerverbänden, der Finanzämter oder der Gutachterausschüsse ist aber nicht möglich, da diese gerade nicht zum Zweck der Ermittlung der ortsüblichen Vergleichsmiete betrieben werden.

3. Die Auskunftserteilung

20 Die Datensammlung soll nach § 558e BGB nicht Selbstzweck sein, sondern aus ihr sollen Auskünfte erteilt werden. Eine Auskunft ist eine **Wissenserklärung.**[9] Die Auskunft ist grundsätzlich **schriftlich** zu erteilen.[10] Diese allgemeinen Grundsätze gelten auch für die Auskunft aus einer Mietdatenbank. Die Auskunft soll gem. § 558a BGB dem Mieterhöhungsverlangen beigefügt werden, so dass daraus schon das Erfordernis der Schriftlichkeit folgt. Damit ist aber nicht die Schriftform des § 126 BGB gemeint. Eine eigenhändige Unterschrift ist nicht erforderlich zumal das Mieterhöhungsverlangen selbst ja auch nur der Textform bedarf. Es genügt die Verkörperung in einer Urkunde.

21 Aus der Auskunft muss sich ergeben, **wie hoch die ortsübliche Vergleichsmiete** nach den in der Mietdatenbank gespeicherten Werten für die konkrete Wohnung ist. Bei der bisher einzigen Mietdatenbank in Hannover wurde im strengen Sinn keine Auskunft über die ortsübliche Vergleichsmiete erteilt, sondern es wurden als Ergebnis der Anfrage drei Vergleichswohnungen mitgeteilt, aus denen dann wiederum ein Schluss auf die ortsübliche Vergleichsmiete gezogen werden konnte. Es wird deshalb vertreten, dass die Auskunft aus der Hannoveraner Datenbank keine i.S.d. § 558a Abs. 2 Nr. 2 BGB sei.[11] Die Unterscheidung, ob es sich um ein Mieterhöhungsverlangen begründet mit einer Auskunft aus einer Mietdatenbank oder mit drei Vergleichswohnungen handelt, ist aber keine Frage, welchen Inhalt die Auskunft hat, sondern wie der Vermieter seine Begründung abfasst. Beruft er sich, wie es in der Vergangenheit eben nur möglich war, auf den Inhalt der Auskunft der Art, dass er die dort benannten Vergleichswohnungen zur Begründung angibt, dann handelt es sich um eine Mieterhöhung begründet mit Vergleichswohnungen. Woher er die Daten hat, also aus einer Mietdatenbank ist unerheblich. Die Wirksamkeit des Mieterhöhungsverlangens richtet sich nach den Grundsätzen, die für die Begründung mit Vergleichswohnungen aufgestellt worden sind (s. dazu § 558a Rdn. 98ff.). Teilt der Vermieter aber nur das Ergebnis der Auskunft mit, und beruft er sich gerade auf dies Ergebnis, dann handelt es sich um das Begründungsmittel „Mietdatenbank". Der Vermieter will dann gerade auch die Autorität dieser Institution und die Anerkennung durch die Gemeinde oder die Interessenverbände für sich in Anspruch nehmen.

22 Wie die Auskunft auszusehen hat, ergibt sich aus dem Gesetz nicht.[12] Dies ist nach dem Sinn und Zweck der Vorschrift zu ermitteln. Inhaltlich muss die Auskunft einen Zahlenwert enthalten, der eine **Quadratmetermiete in Euro** ausdrückt. Dazu muss ferner angegeben werden, für welchen Wohnungsteilmarkt die Auskunft erteilt wurde. Es müssen also die **Wohnwertmerkmale angegeben** werden, aus deren Kombination der Datenbank der angegebene Wert entnommen wurde. Dazu zählt der Art des Wohnraums, also z.B. Mehrfamilienhaus, Einfamilienhaus oder Appartement, die Lage innerhalb des Stadtgebietes, die Größe der Wohnung oder zumindest eine Spanne von Wohnungsgrößen und letztendlich auch Angaben zur Beschaffenheit und zur Ausstattung. Die Beschaffenheit kann auch bei der Mietdatenbank über das Baualter erfasst werden.

23 Fraglich ist, ob die Auskunft **konkrete Angaben über einzelne Wohnungen** enthalten muss. Zum Teil wird vertreten, dass die Angabe konkreter Vergleichswohnungen nicht mehr erforderlich

---

[9] *Keller* in MünchKomm § 260 BGB Rdn. 51.
[10] Palandt/*Heinrichs* § 260 BGB Rdn. 20; *Keller* in MünchKomm § 260 BGB Rdn. 51 m.w.N.
[11] *Blank* PiG 62, 17, 32.
[12] *Börstinghaus* NZM 2000, 583.

ist.[13] Der Wortlaut der Vorschrift verlangt zwar nicht die Angabe von Vergleichswohnungen aber auch mehr als die bloße Angabe der Quadratmetermiete. Die Auskunft soll nämlich den Schluss auf die ortsübliche Vergleichsmiete zulassen. Es heißt nicht im Gesetz, dass die ortsübliche Vergleichsmiete anzugeben ist. Die Angabe der ortsüblichen Vergleichsmiete ist die Angabe eines bestimmten Wertes. Eine Auskunft, die den Schluss auf die ortsübliche Vergleichsmiete zulässt, ist jedoch etwas anderes. Hier bedarf es der **Mitteilung von Fakten** und Informationen, deren Auswertung dann als Ergebnis eines Gedankenganges die ortsübliche Vergleichsmiete ergeben. Dies kann durch die **Angabe mehrere Vergleichsmieten** erfolgen aber auch durch die Angabe, dass in der Datenbank unter Berücksichtigung der für die konkrete Wohnung zutreffenden Wohnwertmerkmale insgesamt eine bestimmte Anzahl von Mietdaten gespeichert sind und dabei Mieten von x € bis y € pro Quadratmeter gezahlt werden. Angegeben werden kann dann ggf. auch noch ein **Mittelwert.** Allein die Angabe eines Quadratmeterwertes auf dem Briefkopf einer Mietdatenbank-Gesellschaft reicht aber nicht aus.

Dafür spricht auch die **Funktion der Auskunft,** die als vorprozessuales Begründungsmittel vor allem der Befriedung dienen soll. Dazu muss sie dem Mieter aber mindestens die Informationen geben, die bisher schon das schlechteste Begründungsmittel vermittelte. Das war die Begründung mit Vergleichswohnungen. Der Mietspiegel enthält zwar auch keine Angaben über die einzelnen Wohnungsmieten, aus denen der konkrete Mietspiegelwert ermittelt wurde, aber insofern ist der Wortlaut des § 558c Abs. 1 BGB auch abw. Der Mietspiegel ist *eine Übersicht über die ortsübliche Vergleichsmiete.* Der Mietspiegel soll also die ortsübliche Vergleichsmiete unmittelbar angeben, während die Auskunft aus der Datenbank nur einen Schluss darauf zulassen soll. 24

4. Der Schluss auf die ortsübliche Vergleichsmiete

Dieser Schluss auf die ortsübliche Vergleichsmiete setzt ferner voraus, dass die Auskunft Angaben über die **Mietstruktur** enthält. Es muss angegeben werden, ob die angegebenen Mieten Nettokaltmieten, Bruttokalt- oder Teilinklusivmieten sind. Ferner muss aus der Auskunft auch ersichtlich sein, dass vom **richtigen Begriff der ortsüblichen Vergleichsmiete** ausgegangen wurde, also dass insbesondere nicht nur Neuvertragsmieten gespeichert wurden, sondern auch in den letzten vier Jahren veränderte Bestandsmieten. Es sollte in der Auskunft auch angegeben werden, nach welchen Kriterien die Wohnungen sortiert wurden, damit der Mieter aus der Auskunft ggf. erkennen kann, in welcher Hinsicht seine Wohnung sich von den der Auskunft zu Grunde liegenden Wohnungen unterscheidet. Des Weiteren wäre es sinnvoll, in der Auskunft Angaben über eventuelle Zu- und Abschlagsfaktoren zu machen, da auch diese Angaben erheblich zur Streitvermeidung beitragen. Aus der Auskunft soll sich auch ergeben, wer Träger der Mietdatenbank ist und durch wenn die Datenbank anerkannt wird. 25

5. Träger der Mietdatenbank

Das Gesetz bietet verschiedene Möglichkeiten an, von wem eine Mietdatenbank betrieben werden kann. Diese Möglichkeiten stehen gleichberechtigt nebeneinander. Es fehlt an einer Kollisionsnorm.[14] Das Gesetz erklärt alternativ die **Gemeinde oder die Interessenvertreter der Vermieter und der Mieter** gemeinsam für zuständig und lässt bei einer nur von einem Verband betriebenen Datenbank auch die Anerkennung durch den anderen Verband genügen. Möglich ist schließlich der Fall, dass die Mietdatenbank von einem Dritten geführt wird und von beiden Verbänden anerkannt wird. Dies ist z. B. bei der Mietdatenbank in Hannover der Fall, die von einem unabhängigen Verein MEA e. V. geführt und von Haus und Grund und dem Mieterverein anerkannt wird. Was in den Fällen zu geschehen hat, in denen die Gemeinde und die Interessenvertreter jeweils gemeinsam zwei konkurrierende Mietdatenbanken betreiben, ist nicht geregelt. Nach dem Wortlaut des Gesetzes sind beide Mietdatenbanken zulässige Begründungsmittel. Einen Vorrang einer gemeindlichen Mietdatenbank gibt es genauso wenig wie den Vorrang des Mietspiegels gegenüber einer Mietdatenbank.[15] 26

---

[13] *Blank* PiG 62, 17, 32.

[14] Die Gefahr eines Konkurrenzkampfes mehrerer Mietdatenbankanbieter sieht *Behrens* WuM 1997, 77, 80. Die Gefahr dürfte wegen der schwierigen Kostensituation bei Mietdatenbanken jedoch kaum bestehen, so *Stöver* WuM 2002, 65, 70.

[15] Mit Ausnahme der Hinweispflicht gem. § 558a Abs. 3 BGB bei einem qualifizierten Mietspiegel.

27 **a) Die Gemeinde.** Mit Gemeinde ist die **politische Gemeinde** gemeint.[16] Die Abgrenzung erfolgt dabei aus verwaltungstechnischen Gründen und nicht aus wohnungsmarktspezifischen Überlegungen.[17] Der Gesetzeswortlaut ist diesbezüglich eindeutig. Anders als beim Mietspiegel fehlt es zwar an einer ausdrücklichen Regelung, dass eine Mietdatenbank auch für ein Teilgebiet einer Gemeinde also z. B. für einen Ortsteil erstellt werden kann, dies ist aber trotzdem zulässig. Wenn die Gemeinde der Auffassung ist, dass wegen der vorliegenden Daten nur für einen Teil des Gemeindegebietes Auskünfte erteilt werden können ist das zulässig. Es darf nur nicht außer Acht gelassen werden, dass der Begriff der ortsüblichen Vergleichsmiete auf die Gemeinde bezogen zu ermitteln ist, wobei aber die Lageklasse eine zulässige Differenzierung darstellt. Unter dieser Einschränkung ist es zulässig, eine Mietdatenbank für mehrere Gemeinden zu betreiben. Dabei geht es aber nur um die Trägerschaft der Datenbank. Das Ergebnis der Auskunft muss dann aber jeweils aus den Daten für eine bestimmte Gemeinde ermittelt werden.

28 **b) Die Interessenvertreter.** Das Gesetz unterscheidet dabei zwei Alternativen. Entweder wird die Mietdatenbank von den Interessenvertretern der Vermieter und Mieter gemeinsam geführt oder sie wird von einem der Interessenverbände der Vermieter oder Mieter allein aufgestellt und vom jeweils anderen Verband anerkannt. Nicht möglich ist das Führen der Mietdatenbank nur durch einen Verband, z. B. den örtlichen Vermieterverein ohne Anerkennung durch den zuständigen Mieterverein.

29 Es ist nicht die **Anerkennung aller Interessenverbände** auf jeder Seite erforderlich. Dies gilt auch dann, wenn auf einer Seite mehrere Verbände, ggf. unterschiedlicher Größe vorhanden sind. Es genügt die Zustimmung je eines Interessenverbandes jeder Seite.[18] Der Wortlaut des § 558e BGB verlangt nur die Anerkennung „von Interessenvertretern" nicht von „den" oder „allen" Interessenvertretern. Auch nach Sinn und Zweck des § 558e BGB ist nicht mindestens die Zustimmung der jeweils größten Gruppe der Interessenvertreter erforderlich. Da die Mietdatenbank zum einen den Vermieter hindern soll, voreilige und willkürliche Erhöhungen geltend zu machen und zum anderen den Mieter in die Lage versetzen soll, die Mieterhöhung zu überprüfen, genügt es, wenn die Auskunft aus der Mietdatenbank auf Grund eines Zusammenwirkens von Interessenverbänden zustande gekommen ist. Dies rechtfertigt allein die Annahme, dass die Auskunft nicht völlig unergiebig ist, zumal der Vermieter anderenfalls drei Vergleichswohnungen benennen kann die er ganz allein auswählen kann. Lediglich in den Fällen, in denen begründeter Anlass zur Annahme besteht, dass ein Verband von der Gegenseite beeinflusst ist, können Zweifel an der Objektivität gerechtfertigt sein.

30 Der Begriff **„Interessenverband"** setzt dabei vom Wortlaut bereits voraus, dass es sich um den **Zusammenschluss von mindestens zwei Mitgliedern** handeln muss. Ein örtlicher Großvermieter, z. B. in den neuen Ländern, die städtische Wohnungsbaugenossenschaft, ist kein Interessenverband. Der Interessenverband muss auf der anderen Seite auch nicht alle Vermieter oder Mieter vertreten. So ist durchaus denkbar und möglich, dass der Verband der freien Wohnungsunternehmen oder ein Verband der Wohnungsgenossenschaft mit dem Mieterbund eine Mietdatenbank führt. Entscheidend ist, dass durch die Struktur des Verbandes nicht nur Singularinteressen eines Vermieters vertreten werden, sondern die Interessen einer bestimmten Art von Vermietern. Es muss sich um den für die Gemeinde örtlich zuständigen Verband handeln. Ist der Verband nicht auf Ortsebene organisiert, dann kann auch der überörtliche Verband für die Gemeinde eine Mietdatenbank führen oder anerkennen.

31 **c) Mietdatenbanken von Dritten.** Schließlich ist es grundsätzlich auch möglich, dass Dritte Mietdatenbanken führen. Voraussetzung für eine Anerkennung als Begründungsmittel ist in diesem Fall aber, dass diese durch Dritte erstellte Mietdatenbank von den Interessenverbänden der Mieter und Vermieter oder der Gemeinde anerkannt wird. Denkbar ist das Führen einer Mietdatenbank durch ein kommerzielles Unternehmen oder ein Institut der Universität. Möglich ist aber auch, dass die Gemeinde oder die Interessenverbände selbst Träger der juristischen Person (z. B. GmbH oder Verein) sind, die die Mietdatenbank betreibt. Das Gesetz schreibt der Gemeinde oder den Interessenverbänden nicht vor, in welcher Organisationsform sie die Datenbank betreiben.[19]

---

[16] AG Bayreuth WuM 1993, 454; AG Augsburg WuM 1990, 221.
[17] *Oberhofer/Schmidt,* Kriterien der Mietspiegelerstellung, S. 11.
[18] OLG Hamm RE v. 11.10.1990, NJW-RR 1991, 209 (für Mietspiegel).
[19] *Haas,* Das neue Mietrecht, § 558e BGB Rdn. 4.

III. Datenschutz

Die Führung einer Mietdatenbank berührt datenschutzrechtliche Gesichtspunkte,[20] da **personenbezogene Daten** erhoben, verarbeitet oder genutzt werden. Dies ist regelmäßig der Fall, da unter personenbezogenen Daten Einzelangaben zu verstehen sind, die über die Verhältnisse einer natürlichen Person (des Betroffenen) Auskunft geben können. Angaben über Wohnungen sind bereits dann personenbezogene Daten, wenn aus ihnen Rückschlüsse auf die jeweiligen Wohnungsmieter gezogen werden können (z. B. bei Angabe der Wohnungsadresse). 32

Bei der Erhebung und der anschließenden Speicherung und Nutzung der Mietedaten ist auf Grund der datenschutzrechtlichen Vorgaben vor allem zu beachten, dass die danach erforderlichen **Einwilligungen der Betroffenen** vorliegen. Dies gilt bei einer Angabe der Werte durch den Mieter oder Vermieter zunächst für diesen selbst aber auch für den jeweiligen Vertragspartner. Zur Anwendung können dabei Regelungen des Bundesdatenschutzgesetzes und der jeweiligen Landesdatenschutzgesetze kommen. Das Bundesdatenschutzgesetz gilt bei der Erhebung, Verarbeitung und Nutzung von personenbezogenen Daten durch öffentliche Stellen des Bundes und durch nicht öffentliche Stellen, z. B. Forschungs- und Beratungsinstitute oder Wissenschaftler sowie bei Mietdatenbanken, die von den Interessenverbänden geführt werden. Die Landesdatenschutzgesetze gelten für Mietdatenbanken der Gemeinden und Landkreise. 33

Darüber hinaus kommt die Anwendung von **Landesstatistikgesetzen** in Betracht, wenn eine kommunale Stelle eine Datenerhebung selbst durchführt oder veranlasst. Nach einigen Landesstatistikgesetzen dürfen Kommunalstatistiken nur auf Grund einer gesetzlichen Grundlage, i. d. R. einer Satzung, erstellt werden. Das ist immer der Fall, da der Mietdatenbank eine Datenerhebung zu Grunde liegt. Immer dann, wenn kommunale Stellen zum Zwecke der Statistik Datenerhebungen durchführen oder veranlassen, müssen die Vorschriften der Datenschutzgesetze und vor allem der Landesstatistikgesetze eingehalten werden. Die Landesstatistikgesetze verlangen meist, dass Kommunalstatistiken nur auf Grund einer gesetzlichen Grundlage, also i. d. R. einer Satzung erstellt werden dürfen. Diese Satzung muss dann enthalten die Erhebungsmerkmale, die Hilfsmerkmale,[21] die Art und Weise der Erhebung und den Kreis der zu Befragenden (Mieter und/oder Vermieter). 34

C. Die Rechtsfolgen

Die Auskunft aus einer Mietdatenbank kann gem. § 558a Abs. 2 BGB als **Begründungsmittel** für ein Mieterhöhungsverlangen benutzt werden. Sie hat von Gesetzes wegen darüber hinaus keine weitere Bedeutung. Sie ist also weder in einem späteren Zustimmungsverfahren vom Gericht als Beweismittel zu verwenden noch besteht eine Vermutung für die Richtigkeit der Daten. Die Auskunft aus der Mietdatenbank ist auch nicht geeignet, in einem Rückforderungsprozess wegen vermeintlich überzahlter Miete Beweis über die Höhe der ortsüblichen Vergleichsmiete zu erbringen. Auch in all den anderen Verfahren, in denen Mietspiegel herangezogen werden[22], spielt die Auskunft aus der Mietdatenbank keine Rolle. 35

D. Vereinbarungen zum Nachteil des Mieters

Die Vorschrift des § 558e BGB enthält **keine ausdrückliche Bestimmung** darüber, dass Vereinbarungen zum Nachteil des Mieters unwirksam sind. Diese Rechtsfolge ergibt sich bereits aus den §§ 557 Abs. 4, 558 Abs. 6, 558a Abs. 5 BGB. Danach sind alle Vereinbarungen die dem Vermieter gestatten Mieterhöhungen zum Nachteil des Mieters abw. von den gesetzlichen Vorschriften durchzuführen, unwirksam. Deshalb verstoßen alle Vereinbarungen, die Auskünfte aus Datensammlungen, die nicht die Voraussetzungen der Mietdatenbank gem. § 558e BGB erfüllen zu einem zulässigen Begründungsmittel machen oder der Auskunft im Zustimmungsverfahren Beweis- oder Vermutungswirkung zu kommen lassen bereits gegen die zuvor genannten Vorschriften, so dass sie bereits deshalb unwirksam sind. 36

---

[20] *Szameitat* WuM 2002, 63, 64.
[21] Hilfsmerkmale sind Angaben, die der technischen Durchführung der Statistik dienen.
[22] S. dazu §§ 558c, 558d Rdn. 10ff.

E. Kritik und Ausblick

37 Mietdatenbanken sind dann umso sinnvoller umso besser ihre Daten sind und umso höher die **Akzeptanz** vor Ort ist. Die Einrichtung einer Mietdatenbank, egal ob von der Kommune oder von den Interessenverbänden macht deshalb nur dann Sinn, wenn die Einbindung möglichst vieler Marktteilnehmer sicher gestellt ist. Gegen den Willen eines Verbandes ist eine Mietdatenbank, die ja Kosten und Aufwand verursacht, kaum möglich. Wenn die Vermieter die Datenbank nicht nutzen, fehlt es an Einnahmen und auch an neuen aktuellen Mietedaten. Wenn die Mieter Mieterhöhungen nicht akzeptieren, die mit einer solchen Auskunft begründet werden, werden Vermieter auf Dauer sich auch überlegen, ob sie dieses für sie dann doppelt kostenträchtige Verfahren (Auskunftsgebühr und anschließend Prozesskosten) weiter in größerem Umfang benutzen.

38 Die Akzeptanz hängt ganz wesentlich von der **Qualität der Daten** ab. Die Kritik an Mietdatenbanken[23] wird deshalb auch überwiegend an der fehlenden Repräsentativität der Daten festgemacht. Dabei darf man aber nicht Äpfel und Birnen vergleichen. Natürlich sind die Daten eines qualifizierten Mietspiegels besser als die einer Mietdatenbank. Aber es gibt eben nicht nur Gemeinden mit qualifizierten Mietspiegeln, sondern auch Gemeinden mit ausgehandelten Mietspiegeln oder ganz ohne Mietspiegel. Und hier muss die Mietdatenbank, wenn sie unter Einschluss aller Marktteilnehmer betrieben wird keinesfalls schlechter sein. Besser als drei vom Vermieter willkürlich ausgesuchte Vergleichswohnungen ist sie allemal.

39 Die Mietdatenbank hat gegenüber einem Mietspiegel durchaus den **Vorteil,** viel zeitnäher die ortsübliche Vergleichsmiete angeben zu können, da beim Mietspiegel die Erhebungsintervalle ca. 2 Jahre betragen, während die Datenbank permanent fortgeschrieben wird. Auch kurzfristige Schwankungen, z. B. auch Mietsenkungen auf Grund zeitweisen Überangebots an Wohnungen, schlagen sich in einer Mietdatenbank schneller nieder, während Mietspiegel oft diese Schwankungen weg nivellieren.

40 Ein weiter Vorteil der Mietdatenbank ist, dass er auf Grund der heute sehr preiswerten Speicherkapazitäten eine sehr **viel genauere Marktdifferenzierung** enthalten kann als jeder Mietspiegel. So kann man in einer Mietdatenbank bestimmte Renovierungen und Modernisierungen oder Sonderausstattungen (Carport, Kamin, Fußbodenheizung etc.) erfassen, um ohne pauschalierende Zu- und Abschläge die vergleichbaren Mieten zu ermitteln.

41 Wichtig ist die **Transparenz der Daten.** Eine Mietdatenbank setzt deshalb eine Art Beirat voraus, in dem alle Marktteilnehmer, private Vermieter, Wohnungsgenossenschaften, gewerbliche Vermieter, Mieterorganisationen usw. vertreten sind, um jederzeit einen Überblick über die gemeldeten und erfassten Daten zu haben.

[23] Z. B. *Szameitat* WuM 2002, 63.

§ 559 Mieterhöhung nach Modernisierungsmaßnahmen

(1) Hat der Vermieter Modernisierungsmaßnahmen im Sinne des § 555 b Nummer 1, 3, 4, 5 oder 6 durchgeführt, so kann er die jährliche Miete um 11 Prozent der für die Wohnung aufgewendeten Kosten erhöhen.

(2) Kosten, die für Erhaltungsmaßnahmen erforderlich gewesen wären, gehören nicht zu den aufgewendeten Kosten nach Absatz 1; sie sind, soweit erforderlich, durch Schätzung zu ermitteln.

(3) Werden Modernisierungsmaßnahmen für mehrere Wohnungen durchgeführt, so sind die Kosten angemessen auf die einzelnen Wohnungen aufzuteilen.

(4) [1]Die Mieterhöhung ist ausgeschlossen, soweit sie auch unter Berücksichtigung der voraussichtlichen künftigen Betriebskosten für den Mieter eine Härte bedeuten würde, die auch unter Würdigung der berechtigten Interessen des Vermieters nicht zu rechtfertigen ist. [2]Eine Abwägung nach Satz 1 findet nicht statt, wenn

1. die Mietsache lediglich in einen Zustand versetzt wurde, der allgemein üblich ist, oder

2. die Modernisierungsmaßnahme auf Grund von Umständen durchgeführt wurde, die der Vermieter nicht zu vertreten hatte.

(5) [1]Umstände, die eine Härte nach Absatz 4 Satz 1 begründen, sind nur zu berücksichtigen, wenn sie nach § 555 d Absatz 3 bis 5 rechtzeitig mitgeteilt worden sind. [2]Die Bestimmungen über die Ausschlussfrist nach Satz 1 sind nicht anzuwenden, wenn die tatsächliche Mieterhöhung die angekündigte um mehr als 10 Prozent übersteigt.

(6) Eine zum Nachteil des Mieters abweichende Vereinbarung ist unwirksam.

Systematische Übersicht

Alphabetische Schnellübersicht

A. Allgemeines

I. Inhalt und Zweck der Norm

1. Allgemeines

1 Neben der einvernehmlichen Mietanpassung gem. § 557 Abs. 1 BGB und der allgemeinen Mieterhöhung gem. § 558 BGB auf die ortsübliche Vergleichsmiete stellt die Mieterhöhung nach § 559 BGB die **dritte wichtige Säule** des Mietpreisrechts im freifinanzierten Wohnungsbau dar.

2 Die Vorschrift ist eine eng auszulegende **Ausnahmevorschrift.**[1] Das Vergleichsmietensystem des preisfreien Wohnungsbaus beruht auf der Vertragsfreiheit. Die Mietvertragsparteien sollen sich über die Höhe der Miete einigen. Dies gilt uneingeschränkt für die Neuvertragsmiete, entspricht aber auch den Vorstellungen des Gesetzgebers für Mieterhöhungen im Bestand. Auch wenn der Vermieter gem. § 558 BGB unter bestimmten Umständen einen Anspruch auf die Zustimmung des Mieters zur Vertragsänderung hat, so stellt der Gesetzgeber die Einigung in den Vordergrund. Dies ergibt sich daraus, dass die einvernehmliche Mieterhöhung nunmehr in § 557 Abs. 1 BGB an den Anfang der Vorschriften über die Mieterhöhung gestellt wurde. Demgegenüber enthält § 559 BGB ein einseitiges Gestaltungsrecht. Insofern ähnelt die Vorschrift den entsprechenden aber inzwischen auslaufenden und nicht mehr in allen Bundesländern geltenden Regelungen (s. Vor § 557 BGB Rdn. 35 ff.) für den preisgebundenen Wohnraum in §§ 6, 13 NMV und § 11 II. BV, die ebenfalls einseitige Erhöhungen der Kostenmiete zulassen, bzw. § 12 AMVO, der früher in vergleichbaren Fällen eine Mieterhöhung gestattete. Die Ähnlichkeit bezieht sich aber nicht nur auf die Frage des Zustandekommens der neuen Miete, sondern auch auf die Höhe. Nach § 559 BGB soll dem Vermieter nicht die Miete zustehen, die für modernisierten Wohnraum gezahlt wird, sondern eine **an den Kosten orientierte Miete.**[2] Auch dies ist eine Durchbrechung allgemeiner Regeln, weshalb die Vorschrift stark kritisiert[3] und immer häufiger die Abschaffung der Vorschrift gefordert wird.[4] In der 18. Legislaturperiode gab es Überlegungen der Bundesregierung die Modernisierungsmieterhöhungen zeitlich zu befristen bis sie sich „amortisiert" hat. Das hätte den Cha-

---

[1] *Sternel* III Rdn. 761; *Emmerich* in Staudinger § 559 BGB Rdn. 3 spricht von „Systembruch"; *Krüger,* Der Modernisierungsbegriff im Miet- und WEG-Recht, S. 59.

[2] *Emmerich* in Staudinger § 559 BGB Rdn. 3.

[3] *Emmerich* in Staudinger § 559 BGB Rdn. 3; *Gsell* NZM 2017, 305 („Vorschrift hoch problematisch"); *Rips* WuM 2014, 695.

[4] *Artz* in MünchKomm § 559 BGB Rdn. 5 („bedenkenswert" auf die Vorschrift zu verzichten); *Blank* WuM 2011, 195, 199; *Weitemeyer* in Staudinger, § 557 Rn 15 („Vorschrift ist ein Fremdkörper" und Vorschrift könnte entfallen); ebenso *Weitemeyer* NZM 2001, 562, 569.

rakter eines Zuschlags verstärkt. Stattdessen wurde durch das Mietrechtsnovellierungsgesetz vom 21.5.2015[5] im Rahmen der Einführung einer Begrenzung der Wiedervermietungsmiete in den §§ 556d–556g BGB die Modernisierungsmieterhöhung doppelt privilegiert. Zum einen fallen Wohnungen, die „umfassend modernisiert" wurden gem. § 556f BGB zumindest bei der ersten Vermietung nach einer solchen Modernisierung aus dem Anwendungsbereich der Begrenzung der Wiedervermietungsmiete und zum anderen dürfen Mieterhöhungen für Modernisierungen der letzten drei Jahre zu einer Überschreitung der ortsüblichen Vergleichsmiete um mehr als 10% führen, § 556e Abs. 2 BGB, auch wenn sie bis zur Neuvermietung gar nicht verlangt worden waren. Bereits seit der Mietrechtsänderung 2013 ist klargestellt, dass bestimmte Modernisierungen im Rahmen der Ermittlung der ortsüblichen Vergleichsmiete stärker berücksichtigt werden soll. Seit 1. Mai 2013 hat der Gesetzgeber dies in § 558 Abs. 2 BGB dadurch zum Ausdruck gebracht, indem er klargestellt hat, dass der energetische Zustand jetzt auch bei den Wohnwertmerkmalen „Ausstattung" und „Beschaffenheit" zu berücksichtigen ist.[6]

2. Zweck der Vorschrift

Dabei gehen die Bedeutung und der Zweck des § 559 BGB **weit über das Vertragsverhältnis** 3 zwischen dem konkreten Vermieter und dem konkreten Mieter hinaus. § 559 BGB hat insofern eine mehrfache Bedeutung. Zu unterscheiden ist zwischen dem privatrechtlichen Zweck, der Anpassung der Miete im konkreten Mietverhältnis, und den öffentlich-rechtlichen Zweckbestimmungen, die der Gesetzgeber über den Anreiz einer Mieterhöhung mittelbar erreichen will. Eine bestimmte Rangfolge ist mit der Reihenfolge der aufgeführten Gesetzeszwecke nicht verbunden.[7]

a) Im privatrechtlichen Bereich erlaubt § 559 BGB zunächst dem Vermieter – im Zusammenhang mit § 555b ff. BGB – abw. vom allgemeinen Grundsatz, dass keine Partei während der Vertragslaufzeit einseitig den Vertragsgegenstand und den Leistungsumfang ändern darf,[8] dies bei einem Wohnraummietverhältnis zu tun. Die §§ 555a ff. BGB gestatten dem Vermieter zunächst seine **eigene Leistungspflicht zu verändern,** in dem er den Mieter verpflichtet, bestimmte Leistungsänderungen zu dulden. Seit der Mietrechtsänderung 2013 sind der Duldungsanspruch und der Mieterhöhungsanspruch vollständig entkoppelt. Der Mieter muss ggf. Maßnahmen dulden, die nicht zu einer Mieterhöhung berechtigen. Er kann wirtschaftliche Härtegründe nicht mehr gegenüber dem Duldungsanspruch geltend machen. Es haben jetzt also ggf. **zwei voneinander unabhängige Interessenabwägungen** stattzufinden. Nachdem der Vermieter seinen eigenen vertraglichen Leistungsumfang verändert und zwar regelmäßig erweitert hat, kann er gem. § 559 BGB durch einseitige Erklärung dann auch die Leistungspflicht des Mieters erweitern, also die Miete erhöhen. Die §§ 555b ff. BGB und § 559 BGB stellen für den Vermieter einen Ersatz für die im Wohnraummietrecht gem. § 573 Abs. 1 BGB unzulässige Änderungskündigung[9] oder die nur in ganz besonderen Ausnahmefällen zulässige Kündigung wegen wirtschaftlicher Verwertung dar. 4

b) Öffentlich-rechtlich hat § 559 BGB darüber hinaus aber auch eine wohnungs- wie auch 5 eine wirtschaftspolitische Bedeutung.[10] Die **wirtschaftspolitische Bedeutung** der Vorschrift liegt darin, dass Modernisierungsmaßnahmen eine ganz wesentliche Stütze der Bauwirtschaft darstellen. Einschränkungen bei den mietrechtlichen Umlagemöglichkeiten von Modernisierungskosten haben unmittelbare Auswirkungen auf den Arbeitsmarkt.[11]

c) Wohnungspolitisch ist die Bedeutung von § 559 BGB darin zu sehen, dass die Vorschrift 6 eine **permanente Modernisierung** des teilweise überalterten Wohnungsbestandes zur Folge hat. Dies geschah durchaus auch im öffentlichen Interesse.[12] Wie die Verhältnisse in der DDR plastisch

---

[5] BGBl I 610; dazu *Börstinghaus* NJW 2015, 1553.

[6] Das Bundesministerium für Verkehr, Bau und Stadtentwicklung hat deshalb im Jahre 2013 durch zwei Institute Arbeitshilfen für die kommunale Mietspiegelerstellung erarbeiten lassen, die unter dem Titel „Hinweise zur Integration der energetischen Beschaffenheit und Ausstattung von Wohnraum in Mietspiegeln" veröffentlicht wurden; abgedruckt in der Vorauflage im Anhang zu § 558c – d BGB.

[7] Nach *Krüger,* Der Modernisierungsbegriff im Miet- und WEG-Recht, S. 57 kann diese auch nicht getroffen werden.

[8] *Langenberg* PiG 40, 59, 61; *Emmerich* PiG 33, 55.

[9] Bub/Treier/*Schultz* Kap. III. A Rdn. 1457.

[10] *Sonnenschein* NJW 1998, 2172, 2177; eine wirtschaftliche Betrachtung des § 559 BGB befindet sich bei *Mersson* DWW 2009, 122, 131.

[11] *Krüger,* Der Modernisierungsbegriff im Miet- und WEG-Recht, S. 55.

[12] Unter Hinweis auf den problematischen Folgen: *Emmerich* in Staudinger § 559 BGB Rdn. 3.

dokumentierten, erfolgen Investitionen in den Mietwohnungsbau nur dann, wenn sie sich wirtschaftlich lohnen. Ohne die Regelung in § 559 BGB wäre dies nicht gewährleistet. Die Qualität des westdeutschen Wohnungsbestandes beruht deshalb ganz wesentlich auf § 559 BGB.[13] Bei der Auslegung der Vorschrift darf auch dies nicht vergessen werden. Durch § 559 BGB sollte für den einzelnen Vermieter im gesamtgesellschaftlichen Interesse ein Anreiz für die Verbesserung sowie die Modernisierung älterer Wohnungen geschaffen werden.[14] Dies zeigt sich auch deutlich daran, dass Mieterhöhungen gem. § 559 BGB auch im Rahmen von Mieterhöhungen nach § 558 BGB privilegiert werden. Mieterhöhungen gem. § 559 BGB lösen weder die Jahressperrfrist aus noch werden sie auf die Kappungsgrenze angerechnet. Auf der anderen Seite beeinflussen Mieterhöhungen gem. § 559 BGB die Höhe der ortsüblichen Vergleichsmiete, da zum einen, die so erhöhten Mieten in die Ermittlung der ortsüblichen Vergleichsmiete mit einfließen und zum anderen Mieterhöhungen gem. § 559 BGB in den letzten vier Jahren u. a. erst dazu führen, dass die konkrete Miete bei der Ermittlung der ortsüblichen Vergleichsmiete berücksichtigt werden darf. Insbesondere die **energetische Modernisierung** erfolgt auch im Interesse des Vermieters. „Mehr Miete dank **Green-Building**" lautet in der Wohnungswirtschaft durchaus das Motto.[15] Durch den sparsamen Umgang mit Energien und Wasser können Betriebskosten eingespart werden, so dass finanzielle Spielräume für Mieterhöhungen entstehen.[16] Dem steht auf der anderen Seite das sog. **Nutzer-Investor-Dilemma**[17] gegenüber, weil unter Umständen, der Vermieter langfristig keinen höheren Ertrag erzielt, der Mieter aber langfristig Vorteile hat. Diese Problematik ist insbesondere bei der Ermittlung der ortsüblichen Vergleichsmiete für energetisch modernisierte Gebäude zu berücksichtigen (s. hierzu § 558 BGB Rdn. 81). Auf der anderen Seite darf nicht übersehen werden, dass insbesondere bei knappem Wohnungsangebot durch umfassende Modernisierungen ganz erhebliche Mieterhöhungen verursacht werden können, die zur Vertreibung der angestammten Mieterschaft führen kann.[18]

7 **d)** Schließlich hat § 559 BGB auch eine **umweltpolitische Bedeutung.**[19] Durch die **Schaffung finanzieller Anreize** für den Vermieter soll dieser angehalten werden, einen umweltschonenderen Umgang mit Energien zu veranlassen. Während dies zunächst nur für Heizenergie galt, hat der Gesetzgeber zunächst 1993 auch die Einsparung von Wasser in den Katalog mit aufgenommen und seit dem 1.9.2001 auch Maßnahmen zur Stromeinsparung privilegiert. Ein Anlass für die Mietrechtsänderung 2013 war es auch, durch Veränderung der mietrechtlichen Vorschriften verstärkt energetische Modernisierungen am Wohnungsmarkt zu forcieren um die Klimaziele, zu deren Einhaltung sich die Bundesrepublik Deutschland verpflichtet hat, einhalten zu können. All dies erfolgte ausschließlich im öffentlichen Interesse und hat mit Mietrecht an sich wenig zu tun. Das Mietrecht ist hier, ähnlich dem Steuerrecht, Vehikel, um ordnungs- und umweltpolitische Zielvorgaben zu verwirklichen. Flankierend unterstützt werden diese Maßnahmen durch Zuschüsse und zinsverbilligte Maßnahmen, da anderenfalls umfassende energetische Modernisierungsmaßnahmen weder von den Vermietern noch den Mietern oder auch beiden gemeinsam finanziert werden könne.

8 **e)** Auf der anderen Seite darf aber nicht übersehen werden, dass § 559 BGB auch Teil des sozialen Mietrechts ist. Die Vorschrift hat auch **mieterschützende Funktion.**[20] Während sie auf der einen Seite die Befugnisse des Vermieters dahingehend erweitert, dass dieser eine einseitige Änderung des Leistungsumfangs vornehmen kann, schränkt sie auf der anderen Seite die Befugnisse des Vermieters auch ein. Der Vermieter kann nämlich nur unter den Voraussetzungen der §§ 555a ff. und 559 BGB die Leistungspflichten aus dem Mietvertrag einseitig ändern. Nur wenn und soweit die Voraussetzungen des § 559 BGB gegeben sind, kann er vom Mieter eine höhere Miete verlangen. Gerade auch aus den umfangreichen Regelungen über die Anrechnung von Kürzungsbeträgen in § 559a BGB ergibt sich die mieterschützende Funktion der Vorschrift deutlich. Sie ist aber

---

[13] Nach *Krüger,* Der Modernisierungsbegriff im Miet- und WEG-Recht, S. 54 ist dies reine Spekulation.

[14] OLG Hamburg RE v. 14.5.1981, NJW 1981, 2820.

[15] *Schlemminger,* Frankfurter Allgemeine Zeitung v. 24.7.2009 – Immobilienseite.

[16] Zur Wohnraummiete und Green Lease siehe *Sternel* in FS Derleder zum 75. Geb., S. 455; *ders.* PiG 99 (2015), 95; *Flatow* PiG (2015) 99, 53.

[17] Dazu ausführlich *Hallof,* Das Vermieter-Mieter-Dilemma bei der energetischen Gebäudesanierung: eine rechtliche und ökonomische Analyse, Diss. Berlin 2013.

[18] *Rips* WuM 2014, 695.

[19] BGH (VIII ZR 149/03) NJW 2004, 1738; BGH (VIII ZR 153/03) NZM 2004, 379; *Börstinghaus* LMK 2004, 97; *Krüger,* Der Modernisierungsbegriff im Miet- und WEG-Recht, S. 57.

[20] *Krüger,* Der Modernisierungsbegriff im Miet- und WEG-Recht, S. 56.

nicht auf diesen Bereich beschränkt, sondern ist bei der Auslegung aller Tatbestandsvoraussetzungen der Norm mit zu beachten. § 559 BGB birgt für den Mieter nämlich ein erhebliches Risiko, da die Höhe der zukünftigen Miete für ihn nur schwer kalkulierbar ist.[21]

II. Entstehungsgeschichte

Die Vorgängervorschrift des § 559 BGB, der § 3 MHG, ist durch das 2. Wohnraumkündigungs- 9
schutzgesetz[22] vom 18.12.1974 geschaffen worden. Unter Geltung des 1. Wohnraumkündigungsschutzgesetzes war es dem Vermieter noch nicht möglich, die Kosten einer Modernisierungsmaßnahme auf den Mieter umzulegen. Die damals neu geschaffene Vorschrift orientierte sich dabei an **früheren preisrechtlichen Vorschriften** wie § 12 AMVO und § 11 AMVO-Berlin sowie den aktuellen Vorschriften des Kostenmietrechts in § 8 WoBindG, § 13 NMVO und § 11 II BV. Im Regierungsentwurf[23] des 2. Wohnraumkündigungsschutzgesetzes war damals noch eine Kappungsgrenze vorgesehen, nach der die Miete bei Modernisierungsmaßnahmen höchstens um 10% über die ortsübliche Vergleichsmiete erhöht werden durfte. Im weiteren Gesetzgebungsverfahren[24] ist diese Kappungsgrenze wieder fallen gelassen worden, da diese Kappungsgrenze den Anreiz für die Vermieter in den damals stark modernisierungsbedürftigen Wohnungsbestand zu investieren, zu stark eingeschränkt hätte.

In der Folgezeit wurde § 3 MHG **viermal geändert** oder ergänzt. Durch Art. II § 2 des Geset- 10
zes zur Änderung des Bundesbaugesetzes vom 18.8.1976[25] wurde mit Wirkung ab 1.1.1977 Absatz 1 Satz 6 dahingehend ergänzt, dass auch Kosten, die durch Zuschüsse aus öffentlichen Haushalten gedeckt sind, nicht zu den anrechenbaren Kosten gehören. Ferner wurde der § 3 Abs. 5 MHG a. F. ersatzlos gestrichen, der auf eine Vorschrift des Städtebauförderungsgesetzes Bezug nahm. Die nächste Änderung erfuhr das Gesetz durch Artikel III des Gesetzes zur Änderung des Wohnungsmodernisierungsgesetzes vom 27.7.1978[26] mit Wirkung ab 1.7.1978. Die bis zu diesem Zeitpunkt mögliche jährliche Umlage von 14% der Kosten wurde auf 11% gesenkt. Ferner wurde die Einsparung von Heizenergie in den Maßnahmenkatalog aufgenommen und definiert, dass es sich bei den ersten 3 Maßnahmen um Modernisierungen handelt. Bezüglich der Anrechnung von Kürzungsmitteln wurde klargestellt, dass auch die Mittel von Finanzierungsinstituten des Bundes oder eines Landes als Mittel aus öffentlichen Haushalten gelten. Zuletzt wurde § 3 MHG durch das 4. Mietrechtsänderungsgesetz[27] vom 21.7.1993[28] mit Wirkung ab 1.9.1993 geändert. Seither gehören auch Maßnahmen zur Wassereinsparung zu den geförderten Maßnahmen. Außerdem wurde die besondere Hinweispflicht des Vermieters gem. § 3 Abs. 2 MHG a. F. als Beitrag zur Rechtsvereinfachung gestrichen und dafür in Absatz 4 die Fälligkeitsregelung für Mieterhöhungen neu gefasst. Zum 1.8.2001 wurde das Schriftformerfordernis durch die Textform ersetzt.

Durch das **Mietrechtsreformgesetz** von 2001 wurde der Inhalt der Vorschrift sprachlich etwas 11
verändert und vor allem auf drei Paragraphen aufgeteilt. Die Vorschrift wurde ins BGB aufgenommen. Neu eingeführt worden ist damals die Umlagefähigkeit von allen Formen von Energieeinsparungen also insbesondere auch von Strom. Der Wirkungszeitpunkt der Mieterhöhung wurde um einen Monat nach hinten verlegt.

Das **Mietrechtsänderungsgesetz 2013** hat zu einer Entkoppelung der Duldungspflicht[29] von 12
der Mieterhöhung bei Modernisierungsmaßnahmen geführt. Dazu wurde im BGB das Kapitel 1a „Erhaltungs- und Modernisierungsmaßnahmen" in den §§ 555a–555f BGB neu eingeführt. Dort ist in § 555b BGB nunmehr abschließend sowohl für den Duldungsanspruch wie auch für die Mieterhöhung definiert, was Modernisierungsmaßnahmen sind. Deshalb enthält § 559 Abs. 1 BGB nicht mehr wie früher eine Definition dessen, was eine Modernisierungsmaßnahme ist. Stattdessen wird auf 5 der 7 in § 555b BGB aufgeführten Modernisierungsmaßnahmen Bezug genommen. Der

---

[21] *Sternel* III Rdn. 762.
[22] BGBl. I S. 3603.
[23] BT-Drucks. 7/2011 S. 11.
[24] BT-Drucks. 7/2638 S. 4.
[25] BGBl. I S. 2221, 2252.
[26] BGBl. I S. 878, 882.
[27] Hierzu *Blank* WuM 1993, 503 und 573; *Bub* NJW 1993, 2897; *Kreissel* ZMR 1994, 49; *Geldmacher* ZMR 1993, 548; *Emmerich* PiG 43, 177; *Schilling,* Neues Mietrecht, 1993; *Schilling/Meyer* ZMR 1994, 499.
[28] BGBl. I S. 1257.
[29] *Derleder* PiG 95 (2013), S. 1.

Mieter kann sich jetzt auch nicht mehr gegenüber dem Duldungsanspruch auf wirtschaftliche Härtegründe berufen. Dieser Einwand ist jetzt nur noch gegenüber der anschließenden Mieterhöhung möglich. Er muss aber grds. bereits vor Beginn der Maßnahme erhoben werden. Ferner wurde die amtliche Überschrift dem neuen Sprachgebrauch angepasst. Durch das Mietrechtsnovellierungsgesetz wurde die Vorschrift des § 559 BGB zwar nicht geändert, aber die Bedeutung von Modernisierungsmaßnahmen durch die doppelte Privilegierung (siehe oben Rdn. 2) bei der Wiedervermietung in Gemeinden mit angespannten Wohnungsmärkten in den §§ 556d–556g BGB stark betont.

13 Um die Modernisierung von Wohnraum zu fördern, hat der Gesetzgeber neben den mietrechtlichen Vorschriften immer wieder diverse **Förderprogramme** geschaffen.[30] Teilweise werden und wurden unmittelbar Zuschüsse gezahlt, teilweise bestanden besondere Abschreibungsmöglichkeiten steuerlicher Art, um entsprechend den jeweiligen Vorstellungen des Gesetzgebers verschiedene Modernisierungsmaßnahmen zu forcieren.[31] Zeitweise gab es hierfür eine eigene gesetzliche Regelung nämlich das am 27.6.1978 verkündete Gesetz zur Förderung der Modernisierung von Wohnungen und von Maßnahmen zur Einsparung von Heizenergie[32] **(ModEnG)**[33]. Das Gesetz regelte, welche einzelnen Modernisierungsmaßnahmen öffentlich gefördert wurden, wie die Mittel aufzubringen waren und wie diese zu bewilligen waren. Nach § 14 ModEnG musste sich jeder Empfänger von Fördermitteln dazu verpflichten, höchstens eine sich nach diesen Vorschriften zu berechnende Miete anlässlich der Modernisierung zu verlangen. Die Regelungen beinhalteten bei Mieterhöhungen im Bestand keine Einschränkung des § 3 MHG, bestimmten aber, dass auch bei einer Neuvermietung nur diese Miete verlangt werden durfte. Nachdem der Bund seine Förderhilfen seit 1983 eingestellt hat, ist das Gesetz in wesentlichen Teilen durch das Rechtsbereinigungsgesetz vom 16.12.1986[34] aufgehoben worden. Dessen ungeachtet sind die **gesetzlichen Definitionen dieses Gesetzes** für die Praxis noch immer von Bedeutung.[35] Flankiert wurden die Bemühungen des Gesetzgebers eine Energieeinsparung zu erreichen durch das Gesetz zur Einsparung von Energie in Gebäuden vom 22.7.1976[36] sowie durch die HeizkostenVO[37] und die HeizungsanlagenVO vom 22.3.1994.[38] Inzwischen werden in immer kürzer werdenden Abständen Neufassungen der Energieeinsparverordnung verkündet. Zurzeit ist die EnEV 2014 gültig.[39] Diese Bestimmungen sollen neben weiteren baurechtlichen Vorschriften dafür sorgen, dass in den Haushalten energiesparend mit Energie umgegangen wird. Mietrechtliche Regelungen enthalten diese Vorschriften – mit Ausnahme der HeizkostenVO – unmittelbar nicht, obwohl durch sie der einzuhaltende Standard festgelegt wird und Vermieter auch gezwungen werden zu modernisieren.

B. Verhältnis zu anderen Vorschriften

I. Verhältnis zu § 555b BGB

14 §§ 555b und 559 BGB betreffen **zwei Seiten der gleichen Medaille**[40], in den Gesetzesmaterialien zum Mietrechtsreformgesetz war bereits zur Vorgängervorschrift in § 554 BGB a. F. von „Gleichlauf" die Rede.[41] Daran hat sich durch die Mietrechtsänderung 2013 auch nichts geändert. Vielmehr ist durch die Verweisung in § 559 BGB auf die Definitionsnorm des § 555b BGB jetzt

---

[30] Eine Übersicht über solche Förderprogramme befindet sich z. B. auf der Homepage der KfW-Bank: www.kfw.de/inlandsfoerderung/Privatpersonen/Bestandsimmobilie/Förderprodukte/Förderprodukte-für-Bestandsimmobilien.html oder des Bundesamtes für Wirtschaft und Ausfuhrkontrolle (BAFA) http://www.co2online.de/foerdermittel/bafa-foerderung/.

[31] Dazu *Schneider* DWW 2003, 278.

[32] BGBl. I S. 878; geändert durch Gesetz v. 20.12.1982 (BGBl. I S. 1912) und Gesetz v. 16.12.1986 (BGBl. I S. 2441).

[33] Dazu *Freund/Barthelmess* ZMR 1977; *dies.* NJW 1976, 2191; *Hemming* ZMR 1989, 4.

[34] BGBl. I S. 2441.

[35] **A. A.** *Krüger,* Der Modernisierungsbegriff im Miet- und WEG-Recht, S. 41.

[36] In der Fassung der Bekanntmachung v. 1.9.2005 BGBl. I S. 2684.

[37] Vom 20.1.1989 (BGBl. S. 115) zuletzt geändert durch VO v. 2.12.2008 (BGBl. I S. 2375).

[38] BGBl. I S. 613.

[39] Vom 18.11.2013 (BGBl. I S. 3951).

[40] Nach BGH (VIII ZR 275/07) NJW 2008, 3630 handelte es sich bei § 554 BGB a. F. und § 559 BGB um „korrespondierende Regelungen"; nach *Heintzmann* in Soergel, § 559 BGB Rdn. 1 steht die Vorschrift „in einem direkten Zusammenhang mit § 554 BGB".

[41] BT-Drucks. 14/4553.

eine noch stärkere Parallelität erreicht. Während die § 555b–§ 555f BGB die Erweiterung der Leistungspflicht des Vermieters betreffen, regelt § 559 BGB die anschließende **Anpassung der Gegenleistung** des Mieters für die erweiterte Vermieterleistung. Grundsätzlich haben die Mietvertragsparteien ihre wechselseitigen Leistungspflichten nämlich im Mietvertrag bindend festgelegt. Da der Mietvertrag aber als langfristiges Dauerschuldverhältnis ausgelegt ist, hat der Gesetzgeber für Mietverträge im Gesetz Anpassungsmöglichkeiten vorgesehen, um dadurch die weit stärkere Konsequenz, nämlich die Beendigung des Mietverhältnisses zum Zwecke der Vertragsanpassung, ausschließen zu können. Seit der Mietrechtsänderung von 2013[42] hat der Gesetzgeber zunächst die Duldungspflicht stärker von der Mieterhöhung abgekoppelt. Einwendungen gegen die Duldungspflicht können jetzt nicht mehr mit Gründen erhoben werden, die sich auf die Mieterhöhung beziehen, § 555d Abs. 2 S. 2 BGB. Der Modernisierungsbegriff beider Normen deckt sich jetzt aber stärker als früher, da § 559 Abs. 1 BGB auf die einzelnen Modernisierungstatbestände des § 555b Abs. 1 BGB verweist.

Die Mieterhöhung gem. § 559 Abs. 1 BGB ist **unabhängig davon möglich,** ob der Vermieter dem Mieter eine Modernisierungsankündigung gem. § 555c BGB hat zukommen lassen oder ob ein Duldungsanspruch bestand.[43] Aus § 559b Abs. 2 BGB ergibt sich deutlich, dass Fehler der Ankündigung nur Auswirkungen haben auf den Wirkungszeitpunkt der Mieterhöhung. Entscheidend ist allein, dass der Vermieter eine Baumaßnahme durchgeführt hat, die eine Modernisierung i. S. d. § 555b BGB darstellt. Die Frage, ob eine ordnungsgemäße Ankündigung vorausgegangen ist, stellt sich dann erst bei der Frage, ob der Mieter ggf. sich noch auf Härtegründe berufen kann und wann die Mieterhöhung in Kraft tritt. Den Vermieter trifft deshalb auch keine Aufklärungspflicht bei Mietvertragsabschluss über beabsichtigte Modernisierungsmaßnahmen, da der Mieter über die §§ 555b ff, 559 Abs. 4, 5 BGB hinreichend geschützt ist.[44] 15

II. Verhältnis zu § 558 BGB

§ 559 BGB ist keine **andere Mieterhöhungsmöglichkeiten ausschließende Spezialvorschrift.**[45] Deshalb hat ein Vermieter, der Modernisierungsarbeiten vornimmt, das Wahlrecht zwischen verschiedenen Möglichkeiten, wie er die Modernisierungsmaßnahmen bei der Bestimmung der zukünftigen Miete berücksichtigten kann (s. dazu Vorbem. §§ 558ff. Rdn. 4ff. BGB). Auswirkungen hat die Wahl des Verfahrens auch auf die Berechnung der Kappungsgrenze bei einer Mieterhöhung nach § 558 BGB (s. dazu § 558 Rdn. 174). 16

III. Verhältnis zu § 557 BGB

Möglich sind auch im Zusammenhang mit einer Modernisierungsmaßnahme **Vereinbarungen über die Miethöhe.** Es handelt sich dann um eine Mietabänderungsvereinbarung i. S. d. § 557 Abs. 1 BGB. Solche Vereinbarungen können vor, während oder nach Durchführung der Modernisierungsmaßnahme geschlossen werden.[46] Unzulässig ist es lediglich, abstrakt ohne konkreten Bezug zu einer Modernisierungsmaßnahme bei Abschluss des Mietvertrages bereits Vereinbarungen über die Mieterhöhung aus Anlass einer Modernisierungsmaßnahme zu treffen. Das ergibt sich sowohl aus § 557 Abs. 4 BGB wie auch aus § 559 Abs. 5 BGB. Aus § 555f BGB[47] ergibt sich ebenfalls deutlich, dass die Vertragsparteien nach Abschluss des Mietvertrags aus Anlass von konkreten Erhaltungs- und Modernisierungsmaßnahmen Vereinbarungen treffen, insbesondere auch über die künftige Höhe der Miete. Eine zeitliche Schranke enthält die Vorschrift nicht, so dass eine solche Vereinbarung bereits vor Arbeitsbeginn aber auch noch nach Beendigung der Arbeiten geschlossen werden kann. § 559 Abs. 5 BGB verbietet solche Vereinbarungen über die Höhe der Miete gerade 17

---

[42] BGBl. 2013, I, 434.

[43] Bub/Treier/*Schultz* Kap. III. A Rdn. 1474; *Dickersbach* in Lützenkirchen, Mietrecht, 2. Aufl., § 559 BGB Rdn. 35.

[44] Allenfalls für Ausnahmefälle bejaht *Wietz* WuM 2016, 323, 332 eine solche Aufklärungspflicht.

[45] *Dickersbach* in Lützenkirchen, Mietrecht, 2. Aufl., § 559 BGB Rn. 42; *Fleindl* PiG 99, (2015), 111, 118.

[46] *Artz* WImmoT 2014, 139, 148; *Abramenko* MietRB 2014, 307; *ders.* MietRB 2013, 278; *Sternel* PiG 99 (2015) 95, 108; *Dickersbach* Vortrag auf dem Mietgerichtstag 2014 „Modernisierungsvereinbarung – Vertragsfreiheit und halbzwingende Normen" download unter www.mietgerichtstag.de.

[47] Zur Zulässigkeit von Modernisierungsvereinbarungen nach § 555f BGB im Wohnraummietrecht siehe *Artz* WImmoT 2014, 139.

nicht. Gem. § 557 Abs. 1 BGB können die Mietvertragsparteien sich jederzeit auf eine neue Miete einigen. Hat der Mieter bei einer **Modernisierungsankündigung** eine Erklärung unterschrieben, woraus sich der voraussichtliche Erhöhungsbetrag ergibt, aber angekündigt wird, dass eine genaue Abrechnung noch erfolgen wird, so handelt es sich nicht um die Zustimmung zu einer Mieterhöhung. Der Vermieter muss in diesem Fall noch eine Mieterhöhungserklärung gemäß § 559 b BGB abgeben.[48] Die **Vereinbarung über eine Mieterhöhung** nach einer Modernisierungsmaßnahme darf keinen Zweifel über die verbindliche neue Miete zulassen. Es reicht deshalb weder, dass der Mieter sich verpflichtet, nach Abschluss der Sanierungsarbeiten maximal 4,50 €/m² zu zahlen noch, dass er die Modernisierungsankündigung gegenzeichnet.[49] In diesem Fall hat der Mieter damit nicht einer bestimmten Mieterhöhung zugestimmt, sondern nur einen **Maximalbetrag** angegeben, der bei der Mieterhöhung nicht überschritten werden darf.[50]

C. Anwendungsbereich der Vorschrift

I. Allgemeines

18 Die Vorschrift gilt **nur für Wohnraummietverhältnisse.** Dies ergibt sich bereits aus der Stellung im Kapitel „Mietverhältnisse über Wohnraum". Sie gilt nicht bei den gem. § 549 Abs. 2 und 3 BGB ausgenommenen Mietverhältnissen. Hier steht dem Vermieter das Recht der Änderungskündigung zu. Sie gilt grundsätzlich **nicht bei öffentlich geförderten Wohnungen,** für die eine Kostenmiete nach dem WoBindG zu zahlen ist. Hier gehen die Regelungen der NMV und der II. BV spezialgesetzlich vor. Etwas anderes gilt wiederum dann, wenn landesgesetzlich etwas anderes angeordnet wurde. (Vor § 557 BGB Rdn. 35 ff.)

19 Die Vorschrift gilt nicht bei **Gewerberaummietverhältnissen,** weil dort das System der ortsüblichen Vergleichsmiete nicht gilt und dementsprechend ein Verweis in § 578 BGB fehlt. Das bedeutet nicht, dass in der Gewerberaummiete Mieterhöhungen nach Modernisierungsmaßnahmen ausgeschlossen sind; erforderlich ist hier aber entweder eine Vereinbarung im Mietvertrag über die Erhöhungsmöglichkeit oder eine spätere Einigung der Parteien über eine Mieterhöhung.[51]

20 Die Vorschrift gibt dem Vermieter das Recht, die Miete zu erhöhen. Sie enthält ebenso wenig wie die § 555 ff. BGB einen **Anspruch des Mieters auf Modernisierung.**[52] Dies gilt sowohl für eine Genehmigung zur Durchführung einer Mietermodernisierung[53] wie auch für einen Anspruch auf Durchführung der Modernisierung durch den Vermieter. Auch aus dem Wirtschaftlichkeitsgrundsatz lässt sich kein Anspruch des Mieters auf Modernisierung herleiten.[54] Bei bloßer Unwirtschaftlichkeit besteht auch kein Anspruch auf Instandsetzung. Lediglich im Rahmen der Betriebskostenabrechnung kann dem Mieter ein Schadensersatzanspruch gegen den Vermieter wegen Verstoßes gegen den Wirtschaftlichkeitsgrundsatz dahingehend zustehen, mit den Kosten unwirtschaftlicher Anlagen nicht belastet zu werden.[55] Ebenso wenig gibt es einen allgemeinen Anspruch des Mieters, dass die Räume dem neuesten Stand der Technik entsprechen.[56] Auch aus den Modernisierungsempfehlungen in einem Energieausweis kann der Mieter keinen Anspruch auf Modernisierung oder auch Instandsetzung herleiten.[57] Es obliegt grundsätzlich allein der Entscheidung des Vermieters, ob er eine Wohnung modernisiert oder nicht. Nur in ganz seltenen Ausnahmefällen

---

[48] AG Görlitz WuM 2016, 301; AG Hamburg WuM 1999, 341.

[49] AG Görlitz WuM 2016, 301.

[50] LG Görlitz WuM 1999, 340.

[51] *Horst* DWW 2014, 282, 293 *Schach* GE 2006, 1446 jeweils mit konkreten Klauselvorschlägen.

[52] Zum Anspruch des Mieters auf bauliche Umgestaltung des Mietobjekts: *Streyl* PiG 105 (2017).

[53] BGH (VIII ZR 10/11) WuM 2011, 671.

[54] BGH (XII ZR 80/12) NZM 2014, 163; BGH (VIII ZR 261/06) NJW 2008, 142 = MietPrax-AK, § 556 BGB Nr. 26 m. Anm. *Eisenschmid; Blank* PiG 85 (2009), 43, 64; *ders.* WImmoT 2009, 219; *Artz* Das Gebot der Wirtschaftlichkeit, Vortrag auf dem Deutschen Mietgerichtstag 2009, herunterladbar unter www.mietgerichtstag.de; *Börstinghaus/Lange* WuM 2010, 538.

[55] BGH (VIII ZR 340/10) NJW 2011, 3028 = NZM 2011, 705 = MietPrax-AK, § 556 BGB Nr. 77 m. Anm. *Eisenschmid; Hinz* NZM 2012, 137; *Peters* NZM 2012, 145; zur praktischen Durchsetzung des Wirtschaftlichkeitsgebots: *Milger* NZM 2012, 657; *Streyl* NZM 2013, 97.

[56] *Sternel* Mietrecht aktuell (2009) Rdn. IV 320 m. w. N.; zum technischen Fortschritt und Modernisierungsbegriff: *Schultz* PiG 105 (2017).

[57] *Friers* WuM 2008, 255, 257; anders nach *Artz* WuM 2008, 259, 260 wenn nur der vertragsgemäße Zustand wiederhergestellt werden soll.

kann sich ein Anspruch auf Genehmigung einer Mietermodernisierung aus § 242 BGB ergeben.[58] Dieser entfällt aber, wenn der Vermieter sachliche Gründe hat, die Genehmigung nicht zu erteilen.

Der Vermieter muss **Mangelbeseitigungsarbeiten** gem. § 535 Abs. 2 S. 2 BGB durchführen, 21
die der Mieter dann gem. § 555a BGB dulden muss. Soweit der BGH[59] Gewährleistungsrechte des Mieters angenommen hat, weil die Wohnung nicht dem **Mindeststandard** entsprach, betrifft dies nur Fälle, bei denen bereits ein bei Anmietung vorliegender Mindeststandard nicht erreicht wurde.[60] Davon zu unterscheiden ist der Fall, dass die Wohnung von Anfang eine bestimmte Ausstattung aufwies, sich über die Jahrzehnte der Mindeststandard weiterentwickelt hat, z. B. ökologische Standards.[61] In diesem Fall ist die Wohnung nicht mangelhaft i. S. d. § 536 BGB so dass dem Mieter keine gewährleistungsrechtlichen Erfüllungsansprüche zustehen.[62] Hier kann allenfalls in extremen Ausnahmefällen ein Anspruch des Mieters auf Modernisierung nach den **Grundsätzen des Fehlens der Geschäftsgrundlage** bestehen.[63] Das ist dann aber eine Modernisierungs- und keine Erhaltungsmaßnahme. Der Zustand der Wohnung als allgemeinüblich und den Mindestansprüchen an ein zeitgemäßes Wohnen gerecht werdend ist die Geschäftsgrundlage des Mietvertrages. Die Fortentwicklung bestimmter technischer Standards fällt auch nicht einseitig in den Risikobereich einer Partei. Erforderlich ist gem. § 313 BGB aber eine schwerwiegende Veränderung der Umstände. Dabei darf aber nicht übersehen werden, dass es verschiedene Wohnungsteilmärkte gibt, die auch ganz unterschiedliche Bedürfnisse der Mieter sowohl was deren Ansprüche aber auch was deren finanziellen Möglichkeiten betrifft, bedienen. Ferner hat der Gesetzgeber grundsätzlich nur den Fall geregelt, dass der Vermieter seine Leistungspflicht erhöhen will. § 555b BGB ist der allgemeine Rechtsgedanke zu entnehmen, dass der Vermieter derjenige ist, der entscheiden darf, ob modernisiert wird oder nicht. Nur im Rahmen der **Interessenabwägung** gem. § 555d Abs. 2 BGB ist auf die Interessen des Mieters und gleichgestellter Personen abzustellen. Auch der Vermieter kann also nicht so ohne weiteres seine Leistungspflichten gegen den Willen des Mieters erhöhen. Es muss eine umfassende Abwägung der beteiligten Interessen stattfinden.

II. Ausschlusstatbestände

1. Gesetzliche Ausschlusstatbestände

Das Mieterhöhungsrecht des Vermieters gem. § 559 BGB kann selbst bei genereller Anwend- 22
barkeit der Vorschrift auf das konkrete Vertragsverhältnis ausgeschlossen sein. Ein solcher gesetzlicher Ausschluss liegt bei einer **Staffelmietvereinbarung** gem. § 557a BGB vor. Bei einer **Indexvereinbarung** gem. § 557b BGB ist das Erhöhungsrecht für alle Mieterhöhungen wegen Modernisierungsmaßnahmen gem. § 555b Ziff 1 und 3 bis 5 BGB ausgeschlossen, wohingegen Mieterhöhungen wegen baulicher Änderungen gem. § 555b Ziff. 6 BGB weiter zulässig sind. Veränderungen des Vertragsumfangs und der Leistungspflichten fallen bei diesen vertraglichen Mietpreisvereinbarungen in den Risikobereich des Vermieters.[64] Er kann auch keine Vereinbarung mit dem Mieter treffen, wonach trotz einer Staffelvereinbarung oder einer Indexvereinbarung trotzdem noch Mieterhöhungen gem. §§ 558, 559 BGB möglich sein sollen.[65] Eine solche Vereinbarung verstößt, unabhängig davon, ob sie formularmäßig erfolgt oder nicht, gegen § 557 Abs. 4 BGB i. V. m. §§ 557a Abs. 4, 557b Abs. 4 BGB. Sie stellt nämlich eine Abweichung zum Nachteil des Mieters von den gesetzlichen Regelungen dar.

Weiter ist eine Mieterhöhung in den Fällen ausgeschlossen, in denen die Modernisierung zu 23
einem Zeitpunkt durchgeführt wurde, zu dem die Wohnung noch der **Preisbindung** unterlag und keine Genehmigung zur Durchführung der baulichen Änderungen hierfür gemäß § 6 Abs. 1 S. 2 NMV vorlag.[66]

---

58 BGH (VIII ZR 10/11) WuM 2011, 671; *Emmerich* in Staudinger § 535 BGB Rdn. 41.
59 BGH (VIII ZR 281/03) NJW 2004, 3174; (VIII ZR 343/08) NZM 2010, 356.
60 *Sternel* Mietrecht aktuell (2009) Rdn. IV 317; offengeblieben im Tatbestand von BGH (VIII ZR 88/13) NZM 2015, 198.
61 *Sternel* NZM 2006, 495; *Friers* WuM 2008, 255, 257.
62 **A. A.** wohl *Artz* WuM 2008, 259, 262.
63 *Börstinghaus* NZM 2005, 561.
64 *Kofner* DWW 1998, 66.
65 AG Dortmund NZM 2010, 862 insofern bestätigt durch LG Dortmund NZM 2012, 136.
66 AG Stuttgart WuM 1987, 429.

2. Vertragliche Ausschlusstatbestände

24 Den Mietvertragsparteien steht es frei, die Mieterhöhungsmöglichkeit gem. § 559 BGB ganz oder teilweise einzuschränken. Eine solche **Vereinbarung ist gem. § 557 Abs. 3 BGB** zulässig. Eine solche Vereinbarung kann ausdrücklich oder konkludent geschlossen werden. Auf beide Art und Weisen kann entweder das Mieterhöhungsrecht nach den Vorschriften des BGB insgesamt ausgeschlossen werden oder nur das Mieterhöhungsrecht gem. § 559 BGB oder nur das Erhöhungsrecht nach § 558 BGB.[67]

25 **Ein konkludent vereinbarter Ausschluss** des Mieterhöhungsrechts nach § 559 BGB ist z. B. dann anzunehmen, wenn der Vermieter sich im Mietvertrag verpflichtet hat, bestimmte Modernisierungsarbeiten durchzuführen.[68] Wenn die Parteien in einem solchen Fall im Mietvertrag neben dieser Modernisierungsverpflichtung eine bestimmte Miete vereinbart haben, dann ergibt die Auslegung dieser Vereinbarung grundsätzlich, dass sich die vereinbarte Miete auf die modernisierte Wohnung bezieht. Etwas anderes gilt nur dann, wenn die Parteien ausdrücklich etwas anderes vereinbart haben.

D. Allgemeine Voraussetzungen der Mieterhöhung

I. Vermieter als Bauherr

1. Allgemeines

26 Das Gesetz verlangt ausdrücklich, dass „der Vermieter Modernisierungsmaßnahmen im Sinne des § 555b Nummer 1, 3, 4, 5 oder 6 durchgeführt" hat. Daraus folgt, dass der **Vermieter selbst Bauherr der Maßnahme** gewesen sein muss.[69] Daran hat sich auch durch Mietrechtsänderung 2013 und den hierdurch veränderten Wortlaut der Vorschrift nichts geändert. Der Notwendigkeit der Bauherreneigenschaft kann nicht entgegengehalten werden, dem Wortlaut der Vorschrift könne insoweit keine entscheidende Bedeutung beigemessen werden, denn i. E. komme es allein darauf an, dass technisch ein dem Vermieter kostenmäßig zurechenbarer Erfolg eintrete, der auch dem Mieter zu Gute komme.[70] Eine solche Argumentation übersieht, dass die Vorschriften des BGB wegen ihrer Funktion als Mieterschutzbestimmungen eng auszulegen sind. Ferner hat der Gesetzgeber insofern § 559 BGB bewusst anders formuliert als § 12 AMVO, der im Rahmen der Wohnungszwangswirtschaft die Umlagefähigkeit von Kosten, die dem Vermieter entstanden waren, auf die Mieter regelte. Dort kam es auf vom „Vermieter getragene Kosten und Aufwendungen" an. Diese weite Fassung hat der Gesetzgeber weder bei der Mietrechtsreform 2001 noch bei der Mietrechtsänderung 2013 aufgegriffen. Schließlich sprechen auch noch eine **teleologische** sowie eine **historische Auslegung** für dieses Ergebnis. Der Gesetzgeber wollte mittels § 559 BGB die Vermieter in Person zu den für dringend erforderlich gehaltenen Modernisierungsinvestitionen in den zum Teil erheblich überalterten Baubestand motivieren;[71] gewünscht und gefordert war mithin in erster Linie die wirtschaftliche Aktivität und die Risikobereitschaft des Vermieters, weniger dagegen dessen finanzielles Leistungsvermögen schlechthin.

27 **Bauherr** gem. § 559 BGB ist derjenige, der selbst oder durch einen Dritten eine Baumaßnahme **im eigenen Namen und auf eigene Rechnung** wirtschaftlich und technisch vorbereitet und durchführt.[72] Dabei ist ein gestuftes Verhältnis durchaus zulässig. So ist es unschädlich, wenn der Vermieter einen Architekten oder Generalunternehmer beauftragt, der dann die Aufträge für die einzelnen Gewerke im eigenen Namen erteilt. Da der Vermieter in diesem Fall weiterhin derjenige ist, der das **„Ob", „Wann" und „Wie" der Maßnahme** bestimmt und die Kosten zu tragen hat,

---

[67] Dafür regelmäßig *Lammel,* § 559 BGB Rdn. 6.

[68] *Sternel* III Rdn. 766.

[69] OLG Hamm RE v. 30.5.1983, NJW 1983, 2331; BayObLG RE v. 24.6.1981, NJW 1981, 2259; LG Berlin GE 1990, 371; LG Hildesheim WuM 1985, 340; AG Oschersleben WuM 1995, 592; AG Hamburg WuM 1987, 30; WuM 1987, 356; *Emmerich* in Staudinger § 559 BGB Rdn. 10; *Sternel,* III Rdn. 768; *Langenberg* PiG 40, 59, 71; *Sonnenschein* NJW 1998, 2172, 2178; *ders.* PiG 13, 65, 71; *Kinne* in Blömeke/Blümmel, Modernisierung, Teil B Rdn. 44; *Lammel* § 559 BGB Rdn. 13.

[70] *Mersson* DWW 2009, 122.

[71] BT-Drucks. 7/2011; 7/2638.

[72] *Flatow* NZM 2008, 785, 786 unter Hinweis auf BGH NJW 1978, 1054; *Dickersbach* in Lützenkirchen, Mietrecht, 2. Aufl., § 559 BGB Rn. 48.

ist er Bauherr. Unschädlich ist es weiter, wenn neben dem Vermieter noch weitere Personen Bauherren sind.[73] Bauherr i. S. d. § 559 BGB ist auch der Alleinvermieter, auch wenn die Bauaufträge zusätzlich namens und auf Rechnung seines Ehepartners erteilt wurden, z. B. weil dieser auch Miteigentümer des Grundstücks ist. Dies ist allenfalls bei der Aufteilung der Kosten zu berücksichtigen. Anders sieht es aber aus, wenn die Arbeiten auf Rechnung einer GmbH ausgeführt werden, ggf. um die gezahlte Mehrwertsteuer als Vorsteuer geltend machen zu können, wenn aber Vermieter der Gesellschafter der GmbH ist.[74] Dies gilt selbst dann, wenn es sich um den einzigen Gesellschafter der GmbH handelt. Auch wenn die Arbeiten von einer Verwaltungs-GmbH auf eigene Rechnung in Auftrag gegeben wurden, scheidet eine Mieterhöhung gem. § 559 BGB aus, selbst wenn der Vermieter der GmbH die Kosten erstattet.[75] Überträgt der Vermieter einem Dritten den Betrieb der Heizungsanlage[76] und modernisierte dieser Betreiber die Heizung, so ist der Vermieter nicht Bauherr und der Betreiber nicht Vermieter, so dass eine Mieterhöhung nach § 559 BGB ausscheidet.[77] In all diesen Fällen ist der Vermieter nicht zumindest Mit-Bauherr.

Führt der Vermieter während des Bestandes eines Mietverhältnisses das **Wärmecontracting** ein, so gilt § 556c BGB nur für die Frage, der Betriebskosten. Eine Modernisierungsmieterhöhung gem. § 559 BGB ist bei der Einführung der eigenständigen gewerblichen Lieferung der Wärme durch einen Wärmelieferanten alleine noch nicht gegeben. Wird die Heizungsanlage zunächst vom Vermieter iSd. § 555b Ziff 1 BGB modernisiert kann der Vermieter eine Modernisierungsmieterhöhung vornehmen, wenn er anschließend die Heizung an den Wärmecontractor verpachtet (Betriebsführungscontracting).[78] Allenfalls im Rahmen der Betriebskostenabrechnung muss er sich die Pachtzahlungen auf den Wärmepreis anrechnen lassen.[79] Verkauft er die modernisierte Heizungsanlage an den Wärmecontractor dürfte eine Mieterhöhung nach § 559 BGB bereits deshalb ausscheiden, weil der Vermieter den Kaufpreis auf die anrechenbaren Kosten der Heizungsmodernisierung sich anrechnen lassen muss.[80] Modernisiert der Wärmecontractor die Heizung scheidet eine Mieterhöhung nach § 559 BGB aus, da der Vermieter nicht Bauherr ist und der Wärmecontractor nicht Vermieter.[81] **27a**

2. Besondere Mietverhältnisse

a) § 559 BGB ist grundsätzlich auch bei einem **Untermietverhältnis** anwendbar[82], es sei denn, es handelt sich um ein Mietverhältnis i. S. d. § 549 Abs. 2 Nr. 2 BGB, wenn es sich also um Wohnraum handelt, der Teil vom Vermieter bewohnten Wohnung ist und der vom Vermieter überwiegend mit Einrichtungsgegenständen ausgestattet wurde. Die Anwendung des § 559 BGB im Untermietverhältnis setzt aber voraus, dass der Hauptmieter Bauherr der Modernisierungsmaßnahme ist. Hat der Hauptvermieter bauliche Maßnahmen i. S. d. § 559 BGB durchgeführt und gegenüber dem Hauptmieter eine Mieterhöhung vorgenommen, berechtigt dies den Hauptmieter nicht, die Untermiete gem. § 559 BGB zu erhöhen.[83] **28**

b) Die gleichen Grundsätze sind auch auf **gewerbliche Zwischenmietverhältnisse** anzuwenden. Wurden namens und im Auftrag des Eigentümer-Vermieters bauliche Maßnahmen durchgeführt, so ist er nicht berechtigt, die Miete gegenüber dem gewerblichen Zwischenvermieter gem. § 559 BGB zu erhöhen, da die Vorschrift auf dies Mietverhältnis gar nicht anwendbar ist. Es handelt sich um einen Gewerberaummietvertrag. Aber auch der gewerbliche Zwischenvermieter kann die Miete gegenüber dem Endmieter nicht gem. § 559 BGB erhöhen.[84] Auf dieses Miet- **29**

---

73 Zur Bauherreneigenschaft bei Wohnungseigentümergemeinschaften s. Rdn. 34.
74 LG Berlin GE 1990, 371; *Kinne* in Blömeke/Blümmel, Modernisierung Teil B Rdn. 44.
75 AG Hamburg WuM 1987, 30.
76 Dazu *Wüstefeld* WuM 1996, 736.
77 BGH (VIII ZR 362/04) NJW 2006, 2185 *Eisenschmid* WuM 1998, 449, 450; *Pfeifer* DWW 2006, 237; *Beyer* GE 2006, 826; *Schach* GE 2006, 832; *Quint* GE 2006, 833.
78 *Milger* NZM 2008, 1, 7.
79 *Milger* NZM 2008, 1, 7.
80 *Milger* NZM 2008, 1, 7; Bub/Treier/*Schultz* Kap. III. A Rdn. 1551.
81 *Emmerich* in Staudinger § 559 BGB Rdn. 11 a.
82 *Dickersbach* in Lützenkirchen, Mietrecht, 2. Aufl., § 559 BGB Rn. 50; zur Anwendung der Duldungsansprüche im Untermietverhältnis: *Eisenschmid* in Börstinghaus/Eisenschmid, Modernisierungshandbuch, Kap. 5 Rdn. 10/11; *Jablonski* GE 2015, 234.
83 *Emmerich* in Staudinger § 559 BGB Rdn. 12.
84 *Blank* in Blank/Börstinghaus, Miete, § 566 BGB Rdn. 77; *Börstinghaus* PiG 70 (2005), 65, 86.

verhältnis ist § 559 BGB zwar anwendbar, jedoch ist der gewerbliche Zwischenvermieter nicht Bauherr der Maßnahme gewesen. Eine Mieterhöhung kommt allenfalls dann in Betracht, wenn der gewerbliche Zwischenmieter selbst bauliche Maßnahmen i. S. d. § 559 BGB durchgeführt hat, was aber nur sehr selten vorkommen dürfte. Nicht ausreichend ist es, wenn der gewerbliche Zwischenvermieter als Stellvertreter des Eigentümers die Bauaufträge erteilt. Ob Mieterhöhungen nach Beendigung der gewerblichen Zwischenvermietung möglich sind für Maßnahmen, die der gewerbliche Zwischenvermieter noch durchgeführt hat, wegen derer er aber noch keine Erhöhungserklärung abgegeben hat, war strittig (s. u. Rdn. 34ff.). Zumindest kann er keine Mieterhöhung nach § 559 BGB wegen Modernisierungsarbeiten vornehmen, die er vor Beendigung des gewerblichen Zwischenmietverhältnisses durchgeführt hat, wenn er später gem. § 565 BGB in das Mietverhältnis eintritt. Die Vermietereigenschaft und die Bauherreneigenschaft müssen gleichzeitig vorliegen und nicht nacheinander.

30 **c)** Problematisch ist die Bauherreneigenschaft bei Mieterhöhungen gem. § 559 BGB bei **vermieteten Eigentumswohnungen**[85], wenn die Arbeiten vom Wohnungseigentumsverwalter auf eigene Rechnung in Auftrag gegeben wurden.[86] Im Fall einer Veräußerung der Wohnung ist der Erwerber kein Rechtsnachfolger des Verwalters, sondern allenfalls des Veräußerers. Hat demgegenüber die Wohnungseigentümergemeinschaft selbst die Modernisierungsarbeiten in Auftrag gegeben und war die Gemeinschaft selbst Bauherr, dann ist auf Grund der nunmehr sich aus § 10 Abs. 6 WEG ergebenden Teilrechtsfähigkeit der Wohnungseigentümergemeinschaft durchaus zweifelhaft, ob der einzelne Wohnungseigentümer wirklich Bauherr ist.[87] Soweit zum einen die Wohnungseigentümergemeinschaft nach der Rechtsprechung des BGH[88] im Interesse des Verbraucherschutzes der in ihr zusammengeschlossenen, nicht gewerblich handelnden natürlichen Personen dann einem **Verbraucher** gemäß § 13 BGB gleichzustellen ist, wenn ihr wenigstens ein Verbraucher angehört und zum anderen auch eine Gesellschaft bürgerlichen Rechts **Eigenbedarf** zugunsten eines ihrer Gesellschafter geltend machen kann[89], ändert das an der Frage, wer bei baulichen Veränderungen am Gemeinschaftseigentum Bauherr ist, nichts.[90] Ähnlich wie bei den öffentlichen Erschließungsmaßnahmen (unten Rdn. 34) ist der einzelne Wohnungseigentümer nur Kostenträger. Die Maßnahme kann sogar gegen seinen Willen unter bestimmten Voraussetzungen durchgeführt werden. Die Kostenverteilung auf ihn kann auch nach anderen Maßstäben als denen des § 559 BGB, erfolgen. Dies gilt aber nicht bei Baumaßnahmen am **Sondereigentum.** Hier ist der Sondereigentümer Bauherr und Vermieter. Bedeutung hat dies nur für Arbeiten am Gemeinschaftseigentum z. B. bei einer Heizungssanierung oder Wärmedämmarbeiten an der Fassade.

3. Mietermodernisierung

31 **Modernisierungsmaßnahmen durch den Mieter**[91] berechtigen den Vermieter nicht zu einer Mieterhöhung nach § 559 BGB,[92] selbst wenn der Vermieter dem Mieter hinterher bestimmte Kosten erstattet.[93] Dadurch wird der Vermieter nicht Bauherr der Maßnahme. Im Übrigen

---

[85] *Jacoby* PiG 105 (2017).

[86] Gegen Mieterhöhungsmöglichkeit: AG Hamburg WuM 1987, 30.

[87] Zweifel an dieser Auslegung äußert *Abramenko* in Lützenkirchen, Mietrecht, § 556e Rn. 42 bei der Beschränkung der Wiedervermietungsmiete.

[88] BGH (VIII ZR 243/13 u. a.) NJW 2015, 3228.

[89] BGH (VIII ZR 232/15) NJW 2017, 547 = MietPrax-AK, § 573 BGB Nr. 62 m. Anm. *Börstinghaus; ders.* LMK 2017, 385346; *Derleder* WuM 2017, 104; *Selk* NJW 2017, 521; *Singbartl* NZM 2017, 119; *Meier* ZMR 2017, 150; *Dubovitskaya/Weiemeyer* NZM 2017, 201.

[90] **A. A.** *Jacoby* PiG 105 (2017).

[91] Zur Mietermodernisierung: *Eisenschmid* in Börstinghaus/Eisenschmid, Modernisierungshandbuch, Kap. 14; *Damrau-Schröter,* Zivilrechtliche Aspekte der „Mieter-Modernisierung" – Die Rechtsstellung des Mieters zwischen Verwendungsersatz und Wegnahmerecht, Berlin 1994; *Horst* DWW 2014, 282, 292; *Emmerich* in Staudinger § 559 BGB Rdn. 13a; *Kinne* GE 2007, 30; *Sternel* WuM 1984, 287, 315; *Ackermann* ZMR 1988, 43; *Gundlach* ZMR 1983, 218; *Kahlen* ZMR 1984, 2.

[92] BayObLG RE v. 24.6.1981, NJW 1981, 2259; *Kinne* GE 2007, 30, 34; *Sternel,* III 771; *Emmerich* in Staudinger § 559 BGB Rdn. 13a; *Kossmann/Meyer-Abich,* Hdb. d. Wohnraummiete, § 158 Rdn. 9; *Dickersbach* in Lützenkirchen, Mietrecht, 2. Aufl., § 559 BGB Rn. 57.

[93] AG Gelsenkirchen ZMR 1987, 340; AG Essen WuM 1978, 213; *Sternel* PiG 16, 105, 11; **a. A.** *Dickersbach* in Lützenkirchen, Mietrecht, 2. Aufl., § 559 BGB Rdn. 57; *Mersson* DWW 2009, 122, 126; wohl jetzt auch *Emmerich* in Staudinger § 559 BGB Rdn. 13a unter Berufung auf BGH (VIII ZR 173/10) NJW 2011, 1499 (Aufwendungsersatzansprüche als anrechenbare Kosten).

ergibt sich aus § 559a BGB, dass Mieterleistungen bei der Ermittlung der Kosten in Abzug zu bringen sind. Vom Mieter durchgeführte oder finanzierte Modernisierungskosten stellen regelmäßig einen abwohnbaren Baukostenzuschuss dar.[94] Der geschaffene Zustand darf auch bei der Mieterhöhung auf die ortsübliche Vergleichsmiete nicht berücksichtigt werden.[95] Eine Mieterhöhung kommt aber dann in Betracht, wenn der Mieter zwar die Arbeiten ausführt, dies aber Namens und im Auftrag des Vermieters tut. In diesem Fall ist der Mieter nicht im eigenen Interesse als Mieter tätig, sondern für den Vermieter, wie jeder andere Handwerker auch. Außerdem kommen im Rahmen von Modernisierungsarbeiten durch den Mieter häufig Vereinbarungen über die Anrechnung der Verwendungen, das Wegnahmerecht und auch die Berücksichtigung bei der Mieterhöhung in Betracht. Solche Vereinbarungen sind im Rahmen des § 557 Abs. 4 i. V. m. § 559 Abs. 3 BGB wirksam und regelmäßig auch sinnvoll.[96]

4. Fälle der Rechtsnachfolge

Auch in den Fällen der Rechtsnachfolge kann der Erwerber eine Mieterhöhung nach § 559 BGB auf Grund von Modernisierungsarbeiten vornehmen. Im Fall der **Universalsukzession gem. § 1922 BGB,** geht der Anspruch auf Mieterhöhung nach § 559 BGB auf einen oder mehrere Erben als Rechtsnachfolger über. Hat der Erblasser in seiner Zeit als Vermieter Modernisierungsarbeiten vorgenommen, dann kann der Erbe bzw. können die Mitglieder der Erbengemeinschaft noch eine Mieterhöhungserklärung nach § 559 BGB abgeben. **Der Erwerber eines Grundstücks,** der nach § 566 BGB in das Mietverhältnis eingetreten ist, kann die Miete ebenfalls nach durchgeführter Modernisierung gem. § 559 BGB erhöhen, unabhängig davon, ob die **Modernisierungsarbeiten vor**[97] **oder nach**[98] **Eintritt des Erwerbers** in das Mietverhältnis abgeschlossen worden sind. Die anderslautende ältere Rechtsprechung ist damit überholt. Im Einzelfall kann eine Pflicht des Veräußerers zur Durchführung einer Modernisierungsmieterhöhung bestehen, deren Verletzung gem. §§ 280, 241 Abs. 2 BGB schadensersatzpflichtig macht.[99] 32

Hat der **Erwerber** selbst **vor seiner Grundbucheintragung** bereits Modernisierungsmaßnahmen durchgeführt, dann kann er nach seiner Eintragung im Grundbuch und damit seinem Eintritt in das Mietverhältnis gem. § 566 BGB wegen dieser Maßnahmen keine Mieterhöhung nach § 559 BGB vornehmen.[100] Er war zwar Bauherr der Maßnahme aber zu diesem Zeitpunkt nicht Vermieter. Als er Vermieter wurde war er nicht mehr Bauherr. Beide Voraussetzungen müssen aber gleichzeitig vorliegen und nicht zeitlich gestaffelt nacheinander. § 566 BGB ändert daran nichts. 33

5. Öffentliche Erschließungsmaßnahmen

Wird der Grundstückseigentümer als Vermieter nach Erstellung eines ihm gehörenden Wohnhauses und nach Abschluss des Mietvertrages auf Grund öffentlich-rechtlicher Vorschriften zur Entrichtung von **Beiträgen zum gemeindlichen Erschließungsaufwand** für den nachträglich erfolgten Straßenausbau herangezogen, dann kann er diese Kosten nicht als Kosten „anderer baulicher Änderungen auf Grund von Umständen, die er nicht zu vertreten hat" i. S. v. § 559 34

---

[94] BGH (VIII ZR 315/09) NZM 2010, 735; OVG Berlin ZMR 1989, 391.

[95] BGH (VIII ZR 315/09) NZM 2010, 735.

[96] S. dazu Mustervereinbarung zur Mietermodernisierung des BMJ abgedruckt bei Börstinghaus/Eisenschmid, Modernisierungshandbuch Anhang A VII; s. a. das eigene Muster von *Horst* DWW 2014, 282, 292.

[97] KG RE v. 17.7.2000, NZM 2000, 860; *Blank* in Blank/Börstinghaus, Miete, § 566 BGB Rdn. 77; *Beuermann* GE 1994, 733, 734; Bub/Treier/*Schultz* Kap. III. A Rdn. 1467; *Dickersbach* in Lützenkirchen, Mietrecht, § 559 BGB Rdn. 53; *Flatow* WImmoT 2008, 129, 40; *Mersson* DWW 2009, 122, 127; *Emmerich* in Staudinger § 559 BGB Rdn. 11; *Kinne* ZMR 2001, 868; Palandt/*Weidenkaff* § 559 BGB Rdn. 3; **a. A.** Bub/Treier/*Schultz* Kap. III. A Rdn. 1467; *Lammel* § 559 BGB Rdn. 15; *Sternel* NZM 2001, 1058, 1065.

[98] KG RE vom 8.5.2000, NZM 2000, 652; *Lammel* § 559 BGB Rdn. 15; *Börstinghaus* PiG 70 (2005), 65, 86; *Blank* in Blank/Börstinghaus, Miete, § 566 BGB Rdn. 77; *Flatow* WImmoT 2008, 129, 40; *Beuermann* GE 1994, 733, 734; *Kinne* ZMR 2001, 868; Palandt/*Weidenkaff* § 559 BGB Rdn. 3; *Dickersbach* in Lützenkirchen, Mietrecht, § 559 BGB Rdn. 53; *Mersson* DWW 2009, 122, 127; *Emmerich* in Staudinger § 559 BGB Rdn. 11; **a. A.** *Sternel* NZM 2001, 1058, 1065; *ders.* PiG 40 (1993) 45, 48; *Langenberg* PiG 40 (1993) 59, 71.

[99] KG GE 2002, 1263.

[100] *Kinne* in Blömeke/Blümmel, Modernisierung Teil B Rdn. 44; *Emmerich* in Staudinger § 559 BGB Rdn. 11; *Börstinghaus* PiG 70 (2005), 65, 86;; *Mersson* DWW 2009, 122, 126; **a. A.** *Dickersbach* in Lützenkirchen, Mietrecht, 2. Aufl., § 559 BGB Rn. 54 (unter Aufgabe seiner anderen Auffassung in Erman/*Dickersbach* § 559 Rn. 8); offen gelassen von *Blank* in Blank/Börstinghaus Miete, § 566 BGB Rdn. 77.

Abs. 1 BGB auf die Mieter umlegen.[101] In diesem Fall ist der Vermieter nicht Bauherr der Maßnahme. Dass er letztendlich der Kostenträger ist, ändert daran nichts. Es liegt auch kein Verstoß gegen den Gleichheitsgrundsatz vor, da die Sachverhalte bei einem sich selbst zu einer Modernisierung entscheidenden Vermieter und einem zur Zahlung auf Grund einer öffentlichen Erschließungsmaßnahme herangezogenen Eigentümer durchaus unterschiedlich sind und deshalb auch unterschiedlich behandelt werden dürfen.[102] Dies entspricht dem Wortlaut der Vorschrift aber auch ihrem Sinn und Zweck, wonach der Vermieter angehalten werden sollte, in den Wohnungsbestand zu investieren. Gerade dieser Zweck würde bei einer Umlage von öffentlich-rechtlichen Erschließungsmaßnahmen, wie z. B. **Straßenbaubeiträgen, Anliegerkosten, Erschließungskosten** usw. nicht erreicht. Der Vermieter muss erst gar nicht motiviert werden, diese Arbeiten durchzuführen, da sie von den Gebietskörperschaften auf Grund organschaftlicher Beschlüsse durchgeführt werden. Der Vermieter muss, einerlei ob von sich aus völlig freiwillig oder gezwungenermaßen auf Grund gesetzlicher Verpflichtung, die Baumaßnahme, deren Kostenumlage § 559 BGB gestattet, als Bauherr durchgeführt haben. Auf die Vorhersehbarkeit solcher Arbeiten und auch Kosten für den Vermieter kommt es nicht an.[103] Dies ist kein Tatbestandsmerkmal des § 559 BGB.

35 Maßgebendes Abgrenzungskriterium ist vielmehr die Tatsache, ob die Baumaßnahme auf einer **Entscheidung des Vermieters** beruht, sie überhaupt oder zumindest zu diesem Zeitpunkt durchzuführen. Entschließt sich der Vermieter, bestimmte Anschlussarbeiten durchführen zu lassen, dann handelt es sich um eine bauliche Maßnahme, die der Vermieter als Bauherr durchführt.[104] Dies bezieht sich dann nicht nur auf die von ihm selbst in Auftrag gegebenen Arbeiten auf seinem Grundstück, sondern auch auf die Anschlussarbeiten, die das Versorgungsunternehmen oder die öffentlich-rechtliche Körperschaft eigenverantwortlich durchführt und dem Vermieter nur in Rechnung stellt. So wird bei einer Umstellung von Heizöl auf Gas der Hausanschluss bis zum Übergabepunkt vom Versorgungsunternehmen hergestellt und erst ab diesem Punkt kann der Vermieter durch eigene Handwerker die Arbeiten ausführen lassen. Das ändert aber nichts daran, dass der Vermieter die Entscheidung getroffen hat, auf eine Gasversorgung umzustellen. Wenn hierdurch eine nachhaltige Einsparung von Heizenergie erreicht wird, dann gehören auch die an das Versorgungsunternehmen gezahlten Anschlussgebühren zu den umlegbaren Kosten.[105] Dies gilt auch, wenn der Vermieter öffentlich-rechtlich zum Anschluss verpflichtet war.[106] Ist der Eigentümer zur Durchführung baulicher Veränderungen verpflichtet worden, sind die Kosten hierfür auch dann umlagefähig, wenn er bei mehreren Ausführungsmöglichkeiten eine kostenaufwendigere, wirtschaftlich dennoch sinnvolle Maßnahme wählt.[107]

E. Bauliche Veränderungen

36 Das Mieterhöhungsrecht gem. § 559 BGB steht dem Vermieter dann zu, wenn er **Modernisierungsmaßnahmen** nach den fünf ausdrücklich aufgezählten Alternativen des § 555b BGB durchgeführt hat. Nach der Definitionsnorm des § 555b BGB setzen alle dort aufgezählten, auch die, die nicht zu einer Mieterhöhung gem. § 559 BGB berechtigen, voraus, dass eine **bauliche Veränderung** stattgefunden hat Es liegt hinsichtlich der fünf verschiedenen Alternativen kein Ausschließlichkeitsverhältnis vor. Es ist durchaus möglich, dass sich die verschiedenen Alternativen überschneiden. Eine exakte Abgrenzung ist deshalb nicht erforderlich, da die Rechtsfolgen inzwischen alle gleich sind.[108] Es genügt also die Feststellung, dass die Maßnahme wahlweise in die eine oder

---

[101] OLG Hamm RE v. 30.5.1983, NJW 1983, 2331 m. Anm. *Wüstefeld* WuM 1985, 66; LG Hamburg WuM 1991, 121; LG Hildesheim WuM 1985, 340; LG Lübeck WuM 1981, 44; AG Oschersleben WuM 1995, 592; AG Hamburg WuM 1987, 356; *Sternel* III 769; *ders.* PiG 41, 45, 48; *Emmerich* in Staudinger § 559 BGB Rdn. 13; *Eisenschmid* WuM 1981, 45; *Lammel* § 559 BGB Rdn. 14; *Dickersbach* in Lützenkirchen, Mietrecht, 2. Aufl., § 559 BGB Rn. 49; **a. A.** LG München II WuM 1985, 66; AG Ratzeburg SchlHA 1978, 145; *Mersson* DWW 2009, 122, 125; *Gutekunst* PiG 16, 149, 152; zweifelnd *Kinne* in Blömeke/Blümmel, Modernisierung, B. 9.

[102] Nach *Mersson* DWW 2009, 122, 125 liegt ein Verstoß gegen den Gleichheitsgrundsatz vor.

[103] **A. A.** LG Hildesheim WuM 1985, 340.

[104] *Emmerich* in Staudinger § 559 BGB Rdn. 13.

[105] AG Ratzeburg SchlHA 1978, 145; **a. A.** LG Lübeck WuM 1981, 44.

[106] LG Wiesbaden WuM 1982, 77.

[107] LG Wiesbaden WuM 1982, 77.

[108] Z. B. BGH (VIII ZR 110/11) NJW 2012, 2954; BGH (VIII ZR 56/12) WuM 2012, 678 (jeweils zur Abgrenzung „Gebrauchswerterhöhung“ und „Energieeinsparung“).

andere Kategorie fällt. Wichtig ist die Abgrenzung bei der energetischen Modernisierung gem. § 555b Ziff 1 und 2 BGB, da der Mieter zwar beide Maßnahmen dulden muss, aber nur Maßnahmen gem. Ziff. 1 zur Mieterhöhung berechtigen. Nach unten hin ist die bauliche Veränderung zu den reinen Instandsetzungs- oder Instandhaltungsmaßnahmen gem. § 555a BGB (dazu unten Rdn. 47) abzugrenzen und nach oben hin zu den Luxusmodernisierungen (dazu unten Rdn. 45).

I. Begriff der baulichen Veränderung

Eine Mieterhöhung nach § 559 BGB setzt gem. § 555b BGB zunächst voraus, dass der Vermieter als Bauherr eine **bauliche Veränderung** durchgeführt hat. Bis 2013 hieß es noch „bauliche Maßnahme". Der Begriff der Veränderung ist demgegenüber weiter. Entsprechend dem Sinn und Zweck des § 559 BGB, eine umfassende Modernisierung des Wohnungsbestandes zu erreichen, ist der Begriff sehr weit auszulegen.[109] Erfasst werden neben Eingriffen in die bauliche Substanz etwa auch Veränderungen der Anlagetechnik des Gebäudes.[110] Dies gilt auch für die Frage, wann die Modernisierungsmaßnahme beendet ist.[111] Bedeutung hat dies für die Frage, welche Kosten zur Wiederherstellung des ursprünglichen Zustands noch zu den ansatzfähigen Kosten zählen.[112] Auf Grund der Modernisierungsmaßnahme muss ein neuer oder veränderter baulicher Zustand entstanden sein.[113] Eine Veränderung der Bausubstanz ist nicht zwingend erforderlich.[114] Auch die Installation von Geräten, wie z. B. einem Boiler genügt.[115] Die bloße **Änderung der Zweckbestimmung eines Raumes,** z. B. die „Umwidmung" eines nicht mehr benötigten Waschkellers zum Party- oder Hobbykeller, stellt aber ebenso wenig eine bauliche Maßnahme dar[116] wie die **Aufteilung eines Gebäudes in Wohnungseigentum** und die hierfür erforderlichen Maßnahmen zur Erlangung der Abgeschlossenheit.[117] Soweit im Rahmen von „Smart-Wohnen" jetzt technische Einrichtungen melden, dass der Kühlschrank leer ist oder der Zusammenstellung des Fernsehprogramms dienen, sind keine baulichen Veränderungen.[118] Eine bauliche Veränderung liegt nur vor, wenn diese intelligenten Systeme der technischen Funktion des Gebäudes selber dient und etwa nicht dem verständlichen Wunsch des Mieters nach einem bequemeren Leben.[119] Der Anlagentechnik des Gebäudes selber dient hingegen ein intelligentes Gebäudemanagement, soweit sich die Steuerungsmöglichkeiten auf Bereiche beschränken, die mit der Beleuchtung oder der Heizung in Verbindung stehen.[120] Soweit in der Gesetzesbegründung[121] des Mietrechtsreformgesetzes 2001 der Austausch von Glühbirnen durch Energiesparbirnen als Fall der damals noch erforderlichen „baulichen Maßnahme" angeführt wurde, die der Energieeinsparung dient, ist dies wohl, was die Tatbestandsvoraussetzung der baulichen Veränderung betrifft, zu weit.[122] Das Austauschen von Glühbirnen wird man auch bei weitester Auslegung des Begriffs nicht als bauliche Veränderung einordnen können. 37

Die Maßnahmen können sowohl **in der Wohnung** des Mieters, **am Haus** oder **auf dem Grundstück** durchgeführt worden sein.[123] Dies ergibt sich aus dem Begriff der Maßnahme, der 38

---

[109] BGH (VIII ZR 290/14) GE 2015, 908 mit Anm. *Börstinghaus* jurisPR-BGHZivilR 13/2015 Anm. 2; *Mersson* DWW 2009, 122, 123; kritisch aus grundsätzlichen Überlegungen *Emmerich* in Staudinger § 559 BGB Rdn. 3.

[110] BT-Drs. 17/10485, zu § 555b.

[111] BGH (VIII ZR 173/10) NZM 2011, 358 = MietPrax-AK § 559 BGB Nr. 5 m. Anm. *Börstinghaus; Blank* NZM 2011, 508, 510.

[112] BGH (VIII ZR 173/10) NZM 2011, 358 = MietPrax-AK § 559 BGB Nr. 5 m. Anm. *Börstinghaus; Blank* NZM 2011, 508, 510.

[113] *Krüger* Der Modernisierungsbegriff im Miet- und WEG-Recht, S. 20.

[114] BGH (VIII ZR 290/14) GE 2015, 908; *Sternel* Mietrecht aktuell (2009) Rdn. IV 307; *Emmerich* in Staudinger § 555b BGB Rdn. 4; *Langenberg* PiG 40, 59, 72; **a. A.** AG Kiel WuM 1977, 171; *Lammel* § 559 BGB Rdn. 17.

[115] *Sternel* Mietrecht aktuell (2009) Rdn. IV 307.

[116] *Sternel* III 770.

[117] LG Stuttgart WuM 1992, 13.

[118] *Cimiano/Herlitz* NZM 2016, 409.

[119] *Cimiano/Herlitz* NZM 2016, 409.

[120] *Cimiano/Herlitz* NZM 2016, 409.

[121] BR-Drucks. 439/00 = BT-Drucks. 14/4553 abgedruckt auch bei *Börstinghaus/Eisenschmid,* Arbeitskommentar Neues Mietrecht, S. 194.

[122] *Schach* in Kinne/Schach/Bieber, Miet- und Mietprozessrecht, § 559 BGB Rdn. 3.

[123] *Emmerich* in Staudinger § 555b BGB Rdn. 5.

sehr weit ist, und dem fehlenden Bezug im Gesetz, wonach nur Maßnahmen in der Wohnung das Tatbestandsmerkmal erfüllen. Aus dem Sinn und Zweck der Vorschrift ergibt sich aber die Beschränkung auf Maßnahmen, die zumindest in einem wirtschaftlichen Zusammenhang mit dem Mietgebrauch stehen.[124] Auch die Anlage von Kinderspielplätzen, Kfz-Stellplätzen oder eines Gartens oder das Aufstellen von Müllboxen[125] können deshalb eine bauliche Maßnahme i. S. d. § 559 BGB darstellen, wenn dies im Zusammenhang mit der vermieteten Wohnung erfolgt. Es ist noch nicht einmal erforderlich, dass die Arbeiten auf dem Grundstück des Vermieters durchgeführt werden, wenn der Vermieter dem Mieter gegenüber für die Erfüllung der Leistungserweiterung einstehen will.[126]

39 Aus der Einschränkung, dass es sich um **bauliche Veränderungen** gehandelt haben muss, ergibt sich, dass die **Möblierung einer Wohnung** keine zur Mieterhöhung berechtigende Maßnahme ist.[127] Bereits vom allgemeinen Sprachgebrauch her wird die Ausstattung einer Wohnung mit Einrichtungsgegenständen nicht als Baumaßnahme verstanden. Einrichtungen und Ausstattungen sind deshalb regelmäßig keine baulichen Maßnahmen. Solange diese frei beweglich bleiben, fehlt es regelmäßig an der Baumaßnahme. Deshalb stellt das Aufstellen von einzelnen Küchengeräten,[128] z. B. einer fabrikmäßigen Küchenzeile[129] oder auch von Gasgeräten,[130] sowie von transportablen Duschkabinen oder das Verlegen eines Teppichbodens[131] regelmäßig keine bauliche Maßnahme dar.

40 Es ist nicht erforderlich für eine bauliche Veränderung, dass die eingebrachten Materialien zu wesentlichen Bestandteilen des Mietobjekts werden. Auch die **Einbringung von Scheinbestandteilen** gem. § 95 BGB, die nur zu einem vorübergehenden Zweck eingebracht werden, kann im Einzelfall genügen.[132] So kann der Einbau einer individuell angepassten und fest eingebauten Einbauküche eine bauliche Veränderung darstellen.[133] Hier haben regelmäßig Schreinerarbeiten stattzufinden, um die Küchenmöbel anzupassen. Die Möbel sind in der genauen Zusammensetzung vollständig i. d. R. in einem anderen Raum nicht verwertbar; trotzdem bleibt die Küche Scheinbestandteil. Auch die **Verlegung eines Teppichbodens** kann im Einzelfall eine bauliche Veränderung darstellen. Daran fehlt es aber, wenn der Boden nur lose verlegt wird.[134] Wenn der Boden verklebt wurde, dann wird er zumindest Scheinbestandteil des Grundstücks. Wenn der Vermieter z. B. in der Wohnung umfangreiche Schallisolierungen vornimmt, die keine Instandsetzung darstellen, dann kann auch die Verlegung des Teppichbodens im Einzelfall zu den baulichen Maßnahmen gehören. Stattet der Vermieter eine Altbauwohnung mit Holzdielen aus, dann handelt es sich ebenfalls um eine bauliche Veränderung.[135] Es liegt zudem auch eine Wohnwertverbesserung gem. § 555b Nr. 5 BGB verglichen mit dem früheren Zustand oder einem Estrichboden vor.[136]

41 Unerheblich ist es, ob die bauliche Veränderung vom Vermieter auf Grund eigenen freien Entschlusses oder auf **Grund eines behördlichen Gebotes oder Verbotes** erfolgte.[137] Entscheidend ist allein, dass der Vermieter als Bauherr die Modernisierungsmaßnahmen durchgeführt hat. Ob er dazu verpflichtet war oder nicht, ist kein Tatbestandsmerkmal. Wenn nicht eine Modernisierungsmaßnahme nach den § 555b Ziff. 1, 2–5 BGB vorliegt kann in diesem Fall jedoch auch noch eine Maßnahme nach § 555b Ziff. 6 BGB in Betracht kommen. Dazu darf es sich jedoch nicht um Er-

---

[124] *Sternel* III 770; *Emmerich* in Staudinger § 555b BGB Rdn. 4; *Langenberg* PiG 40, 59, 72.
[125] OVG Berlin GE 1984, 333; *Langenberg* PiG 40, 59, 72.
[126] AG Lübeck WuM 1981, 44 mit zust. Anm. *Eisenschmid*.
[127] *Sternel* Mietrecht aktuell (2009) Rdn. IV 307.
[128] *Sternel* III 770; **a. A.** aber *ders.* in PiG 41, 45, 49 und Mietrecht aktuell, IV 307.
[129] LG Hamburg WuM 1981 U 22; *Blümmel/Blömeke,* Modernisierung „Einbaumöbel".
[130] LG Berlin GE 1998, 616; wobei in vielen Entscheidungen allein oder zusätzlich auf eine nicht umlagefähige Instandsetzungsmaßnahme abgestellt wird: AG Hoyerswerda WuM 1997, 228; AG Rostock WuM 1996, 559; AG Tiergarten MM 1996, 128; AG Spandau MM 1996, 128; AG Wedding GE 1995, 1139; AG Görlitz WuM 1993, 264; AG Kiel WuM 1977, 171; *Sternel* III 770 *Emmerich* in Staudinger § 555b BGB Rdn. 5; **a. A.** LG Berlin GE 1996, 131, GE 1995, 429.
[131] Nach *Sternel* III 770 ist die Verlegung von Teppichboden nie eine bauliche Maßnahme.
[132] LG Berlin GE 1995, 429; GE 1996, 131; *Emmerich* in Staudinger § 555b BGB Rdn. 8; **a. A.** *Lammel* § 559 BGB Rdn. 17.
[133] *Sternel* III 770; *Blümmel/Blömeke,* Modernisierung „Anbauteile" und „Einbaumöbel".
[134] LG Berlin GE 1977, 844; VG Berlin GE 1982, 279; VG Berlin GE 1977, 844, 847.
[135] LG Berlin GE 1982, 83.
[136] OVG Berlin GE 1984, 333, 337; *Blümmel/Blömeke* Modernisierung Teil B „Fußbodenbelag"; **a. A.** *Glaser* ZMR 1976, 34; *Hermes* ZMR 1976, 229; *Warnecke* ZMR 1976, 228.
[137] OLG Hamm RE v. 30.5.1983, NJW 1983, 2351; *Emmerich* in Staudinger § 555b BGB Rdn. 6.

haltungsmaßnahmen nach § 555 a BGB handeln. Das ist immer dann der Fall, wenn dem Vermieter aufgegeben wird, einen Mangel zu beseitigen. Haben sich aber nach Beginn des Mietverhältnisses Rechtsvorschriften geändert, die den Vermieter zwingen, bestimmte bauliche Maßnahmen durchzuführen, dann kommt eine Mieterhöhung nach §§ 559, 555 b Ziff. 6 BGB in Betracht.[138] War das Gebäude oder die Wohnung aber schon bei Beginn des Mietverhältnisses baurechtswidrig, dann handelt es sich um eine Erhaltungsmaßnahme (dazu § 557 a Rdn. 40).

Die baulichen Veränderungen müssen **nach Beginn des Mietverhältnisses** begonnen worden sein. Bauliche Veränderungen, die vor Beginn des Mietverhältnisses abgeschlossen waren, rechtfertigen keine Mieterhöhung nach § 559 BGB,[139] weil der so geschaffene Zustand der Wohnung bereits bei der Berechnung der Neuvertragsmiete berücksichtigt werden kann.[140] Dasselbe gilt regelmäßig auch bei Modernisierungsarbeiten, die zum Zeitpunkt der Vermietung noch nicht abgeschlossen waren. Auch hier kann der Vermieter den ihm bekannten Zustand nach Abschluss der Modernisierungsarbeiten bereits zum Gegenstand seiner Mietkalkulation machen, ggf. in Form einer Staffelmiete. Schließlich geht es in diesem Fall auch nicht um die einseitige Änderung des Leistungsumfangs und die Anpassung der Gegenleistung. Der Vermieter schuldet bei einer **Vermietung während der Modernisierung** bereits die Fertigstellung aus dem Mietvertrag. Auch der **Sinn und Zweck** des § 559 BGB sprechen hier gegen eine Anwendung der Vorschrift. Dem Vermieter muss kein Anreiz geboten werden, in den Wohnungsbestand zu investieren. Er hat die Entscheidung hierfür ja bereits getroffen. Schließlich sprechen auch erhebliche praktische Probleme für diese Auffassung. Würde man nämlich hier eine Mieterhöhung für die nach Mietvertragsabschluss weiter durchgeführten Modernisierungsmaßnahmen zulassen, so käme es zu großen Abgrenzungsschwierigkeiten, zwischen den bis zu diesem Zeitpunkt bereits abgeschlossenen Arbeiten und den erst anschließend durchgeführten Arbeiten. Allein die Tatsache, dass die Mieterhöhung nach § 559 BGB erst nach Abschluss der Arbeiten möglich und noch später fällig wird, ändert an der Aufteilungspflicht nichts. Zumindest liegt in diesem Fall ein stillschweigender Ausschluss des Erhöhungsrechts gem. § 557 Abs. 3 BGB vor.[141] 42

Beim **Übergang vom preisgebundenen zum preisfreien Wohnraum** kommt es auf die Rechtslage zum Zeitpunkt der Beendigung der Maßnahme an. Dabei ist auf die unterschiedliche Rechtslage in den einzelnen Bundesländern nach der Föderalismusreform zu achten (dazu Vor § 557 BGB Rdn. 35). Hat der Vermieter die Arbeiten begonnen, als die Wohnung noch der Preisbindung unterfiel, dann kann er nach den entsprechenden Vorschriften der NMV und der II. BV diese nur dann zum Anlass einer Erhöhung der Kostenmiete nehmen, wenn diese Vorschriften bei Abschluss den Arbeiten in diesem Bundesland noch galten. Dann sind diese Vorschriften aber vorrangig. Der Vermieter kann die während der Preisbindung beendeten Modernisierungsarbeiten nach Auslaufen der Preisbindung nicht zum Gegenstand einer Mieterhöhung nach § 559 BGB machen.[142] Umgedreht ist eine Mieterhöhung nach § 559 BGB möglich, wenn die Preisbindung zum Zeitpunkt des Abschlusses der baulichen Maßnahmen ausgelaufen war oder wenn die Vorschrift des § 559 BGB in dem entsprechenden Bundesland auch für diesen Wohnungsbestand anwendbar ist. Dann gibt es nämlich keine anderen vorrangigen Vorschriften. Für die Mieterhöhung nach § 559 BGB kommt es nicht darauf an, ob bei Beginn der Maßnahme und noch unter Geltung der Preisbindungsvorschriften eine Genehmigung gemäß § 6 NMV vorlag.[143] 43

Eine Modernisierungsmaßnahme setzt eine **Veränderung des Zustandes** voraus.[144] Strittig ist, ob es dabei ausschließlich auf einen Vergleich mit dem **vom Vermieter geschuldeten Zustand** ankommt oder ob ein Vergleich mit dem Zustand unmittelbar vor Beginn der baulichen Maßnahme stattzufinden hat. Bedeutung hat dies in den Fällen, in denen der Mieter selbst bereits durch eigene Maßnahmen, z. B. den Einbau eines Badezimmers, den Modernisierungszustand geschaffen hatte, den der Vermieter durch die bauliche Maßnahme nun erreichen will. Nach Ansicht des BGH[145] ist grundsätzlich auf den tatsächlichen Zustand vor Beginn der Baumaßnahme abzustellen. 44

---

138 *Pfeifer* DWW 1994, 13.
139 AG Bad Segeberg WuM 1992, 197; *Lammel* § 559 BGB Rdn. 49.
140 LG Berlin GE 1994, 1053; AG Bad Segeberg WuM 1992, 197.
141 *Sternel* III Rdn. 766.
142 AG Stuttgart/Bad Cannstatt WuM 1987, 429.
143 **A. A.** AG Stuttgart Bad Cannstatt WuM 1987, 429.
144 *Lammel* § 559 BGB Rdn. 17.
145 BGH (VIII ZR 110/11) NJW 2012, 2954; (VIII ZR 56/12) WuM 2012, 678; (VIII ZR 25/12) NZM 2013, 141; **a. A.** LG Berlin GE 1998, 616; LG Hamburg ZMR 1984, 60; *Sternel* II 309; *ders.* PiG 41, 45, 51.

Dafür spricht, dass das Gesetz in § 559 BGB an den Zustand der Wohnung und nicht an die vertragliche Leistungspflicht des Vermieters anknüpft.[146] Soweit die **Mietermodernisierung** mit Zustimmung des Vermieters erfolgte, ist der vom Mieter geschaffene modernisierte Zustand der Wohnung auch nicht vertragswidrig.[147] Anderenfalls ist der vertraglich geschuldete Zustand für die Vergleichsbetrachtung maßgeblich.[148] Diese Unterscheidung ist vor allem für die Feststellung von Gebrauchswert- und Wohnwertverbesserungen bedeutsam. Trotzdem kann die Modernisierungsmaßnahme aber auch noch eine Energieeinsparung zur Folge haben, was zum einen dann die Duldungspflicht auslöst und zum anderen eine Mieterhöhung rechtfertigt. Zumindest bei der Modernisierungsduldung sieht der BGH[149] dies aber dann anders, wenn der Vermieter, z. B. beim **Einbau von Rauchwarnmeldern,** eine nur ihn und nicht den Mieter treffenden Verpflichtung nachkommen will. Hier soll es unerheblich sein, dass der Mieter vor Beginn der Modernisierung den Zustand schon geschaffen hatte.

45 **Erstattet der Vermieter dem Mieter die Kosten** der Modernisierungsmaßnahme, so berechtigt dies den Vermieter nicht zu einer Mieterhöhung nach § 559 BGB, da der Vermieter nicht Bauherr der Maßnahme war (oben Rdn. 25f.).[150] Die gleiche Rechtsfolge gilt, wenn der Mieter sich verpflichtet, seine Maßnahme nach Beendigung des Mietverhältnisses mit oder ohne Entschädigung in der Wohnung zu belassen.[151]

45 Grundsätzlich kann der Vermieter den Umfang der Modernisierungsmaßnahme bestimmen. Dies bezieht sich sowohl auf die Frage, welche Maßnahmen überhaupt durchgeführt werden als auch auf die Art und Weise, wie die Maßnahme ausgeführt wird. Die Grenze stellen aber die so genannten **Luxusmodernisierungen** dar. Eine solche Luxusmodernisierung berechtigt nicht zur Mieterhöhung nach § 559 BGB.[152] Hinsichtlich solcher Maßnahmen besteht schon kein Duldungsanspruch des Vermieters gem. § 555d BGB.[153] Luxusmodernisierungen entsprechen auch nicht dem **Sinn und Zweck** des § 559 BGB, der den Vermieter anhalten soll, in den renovierungsbedürftigen Wohnungsbestand zu investieren und einen den heutigen Wohngewohnheiten entsprechenden Zustand zu schaffen. Bei der Frage, ob eine Luxusmodernisierung vorliegt oder nicht, geht es nur um die Frage, ob eine Maßnahme überhaupt eine solche i. S. d. § 559 BGB ist. Maßstab ist hierfür das **Verhalten eines durchschnittlichen Hauseigentümers,** der in sein eigenes Gebäude, in dem er ggf. mit seiner Familie selbst wohnt, investieren würde. Unerheblich ist, was wohnungswirtschaftlich als objektiv notwendige und wirtschaftlich vernünftige Grundausstattung anzusehen ist.[154] Der Vermieter kann den bisherigen Standard der Wohnung aber anheben[155], es sei denn, es handelt sich nur um Erhaltungsmaßnahmen, z. B. auch um den geschuldeten Mindeststandard zu erreichen.[156] Nur besonders aufwendige Maßnahmen, die zu unzumutbaren Mieten führen können eine Luxusmodernisierung darstellen.[157] Um eine solche Luxusmaßnahme handelt es sich zum Beispiel beim Ein- oder Anbau eines Bei einer Luxusmodernisierung können gar keine Kosten auf den Mieter umgelegt werden, weil bereits die Voraussetzungen einer baulichen Maßnahme i. S. d. § 559 BGB nicht gegeben sind.

46 Demgegenüber wird eine Maßnahme, die grundsätzlich auch von einem durchschnittlichen Hauseigentümer durchgeführt würde, nicht deshalb zur Luxusmodernisierung, weil der Vermieter

---

[146] AG Hamburg WuM 1993, 41, 42; *Derleder* PiG 16, 11, 19.

[147] *Sternel* PiG 41, 45, 51.

[148] BGH (VIII ZR 110/11) NJW 2012, 2954; *Krüger,* Der Modernisierungsbegriff im Miet- und WEG-Recht, S. 24.

[149] BGH (VIII ZR 216/14) NJW 2015, 2488; (VIII ZR 290/14) NJW 2015, 2476; dazu *Oppermann/Steege* WuM 2016, 3.

[150] BayObLG RE v. 24.6.1981, NJW 1981, 2259; AG Gelsenkirchen ZMR 1987, 340; AG Essen WuM 1978, 213; *Emmerich* in Staudinger § 559 BGB Rdn. 13a; *Sternel* III 771; *ders.* PiG 16, 105, 118.

[151] *Sternel,* III 771.

[152] *Eisenschmid* in Börstinghaus/Eisenschmid, Modernisierungs-Handbuch, Kap. 3 Rdn. 86; *Artz* in MünchKomm § 559 Rdn. 11; Bub/Treier/*Schultz* Kap. III. A Rdn. 1552; *Dickersbach* in Lützenkirchen, Mietrecht, § 555b BGB Rdn. 68; *Scholz* WuM 1995, 87, 88; zu dem Problem schon OLG Hamm RE v. 27.4.1981, NJW 1981, 1622.

[153] OLG Frankfurt NJW-RR 1992, 145; *Blümmel* in Blömeke/Blümmel, Modernisierung A 46.

[154] BGH RE v. 19.2.1992, NJW 1992, 1386 m. Anm. *Haase* JR 1992, 337, *Sonnenschein* JZ 1993, 626.

[155] LG Berlin MM 10/2013, 30 unter Hinweis auf BGH (VIII ZR 253/03) NJW 2005, 2995.

[156] BGH (VIII ZR 88/13) NZM 2015, 198.

[157] LG Berlin MM 10/2013, 30 unter Hinweis auf BGH (VIII ZR 253/03) NJW 2005, 2995.

eine **luxuriöse Ausführung** gewählt hat.[158] Die **Art und Weise der Ausführung** kann vom Vermieter bestimmt werden, ohne dass damit die Qualifikation als bauliche Maßnahme i. S. d. § 559 BGB entfällt.[159] So ist beispielsweise der Einbau von Mahagonifensterrahmen statt solchen aus Kiefernholz keine Luxusmodernisierung.[160] Das bedeutet aber nicht, dass auch alle Kosten dieser Maßnahme anrechenbar sind. Unnötiger oder **unwirtschaftlicher Aufwand** können nicht in Ansatz gebracht werden (s. u. Rdn. 59ff.).[161]

II. Abgrenzung zur Instandsetzung und Instandhaltung

Das Gesetz unterscheidet bei den Erhaltungsmaßnahmen gem. § 555a BGB zwischen Instand- 47
haltungs- und Instandsetzungsmaßnahmen (wegen der Einzelheiten § 555a BGB Rdn. 1). Den Vermieter trifft gem. § 535 Abs. 1 Satz 2 BGB die **Instandhaltungspflicht** während des Bestandes des Mietverhältnisses. Demgemäß muss der Mieter gem. § 555a Abs. 1 BGB auch Einwirkungen auf die Mietsache dulden, die zur Erhaltung der Mieträume oder des Gebäudes erforderlich sind. Solche Maßnahmen stellen gerade keine Erweiterung der Leistungspflicht des Vermieters dar, für die er eine höhere Gegenleistung zu fordern berechtigt ist.[162] Solche Maßnahmen schuldet der Vermieter bereits aus dem bestehenden Mietvertrag. Sie zu unterlassen, berechtigt den Mieter, Gewährleistungsrechte gem. §§ 536ff. BGB geltend zu machen.

Zur Auslegung der Begriffe der Instandhaltung und Instandsetzung kann auf die in § 3 Abs. 4 48
des mit Wirkung ab 1.1.1987 aufgehobenen ModEnG Bezug genommen werden. Danach ist **Instandsetzung** die Behebung von baulichen Mängeln, insbesondere von Mängeln, die infolge Abnutzung, Alterung, Witterungseinflüssen oder Einwirkungen Dritter entstanden sind, durch Maßnahmen, die in den Wohnungen den zum bestimmungsgemäßen Gebrauch geeigneten Zustand wiederherstellen. Die Definition in § 3 Abs. 4 ModEnG ist aber insofern zu eng, als sie nur auf Maßnahmen *in* den Wohnungen abstellt. Instandsetzungs- und Instandhaltungsmaßnahmen können auch **außerhalb der Wohnung** stattfinden und berechtigen auch dann nicht zu einer Mieterhöhung gem. § 559 BGB. Dementsprechend weiter ist die teilweise noch für den preisgebundenen Wohnungsbau geltende Vorschrift des § 28 Abs. 1 Satz 1 II. BV. Danach zählen alle Kosten, die während der Nutzungsdauer zur Erhaltung des bestimmungsgemäßen Gebrauchs aufgewendet werden müssen, zu den Instandsetzungskosten. **Instandhaltung** bedeutet dabei die Aufrechterhaltung eines ordnungs- und vertragsgemäßen Zustandes des Mietobjekts während **Instandsetzung** die Überführung eines ordnungs- oder vertragswidrigen Zustandes in einen ordnungs- und vertragsgemäßen Zustand darstellt.[163] Deshalb liegt eine nicht umlegbare Instandhaltungsmaßnahme vor, wenn ältere aber noch funktionsfähige Einrichtungen durch eine gleichwertige Neuanschaffung ersetzt werden.[164] Dass das neue Teil wirtschaftlich wertvoller ist, ist im Rahmen des § 559 BGB kein Maßstab. Entscheidend ist, dass der Gebrauchsvorteil des neuen Teils dem des ausgetauschten Teils zu Beginn des Mietverhältnisses entspricht.[165]

Die Abgrenzung, wann eine Instandsetzungsmaßnahme und wann eine Modernisierungsmaß- 49
nahme vorliegt, ist im Einzelfall schwierig, zumal es häufig Maßnahmen gibt, die beide Kriterien erfüllen. Man spricht dann von **modernisierender Instandsetzung** oder **Instandmodernisierung.**[166] Nur die reinen Instandsetzungs- oder Instandhaltungsmaßnahmen stellen keine Maßnahmen i. S. d. § 559 BGB dar und berechtigen überhaupt nicht zu einer Mieterhöhung. Bei den modernisierenden Instandsetzungsarbeiten handelt es sich – auch – um eine Maßnahme nach § 559 BGB. Hier tauchen die Probleme erst bei der Ermittlung der anrechenbaren Kosten auf. Gem.

---

158 *Eisenschmid* in Börstinghaus/Eisenschmid, Modernisierungs-Handbuch, Kap. 3 Rdn. 86; *Dickersbach* in Lützenkirchen, Mietrecht, § 555b BGB Rdn. 68; Bub/Treier/*Schultz* Kap. III. A Rdn. 1553.

159 *Emmerich* in Staudinger § 555b BGB Rdn. 5; *Scholz* WuM 1995, 87, 88.

160 LG Hamburg WuM 1986, 344.

161 BGH (VIII ZR 84/08) NZM 2009, 150; LG Hamburg ZMR 2002, 918, 919; *Emmerich* in Staudinger § 559 BGB Rdn. 24; *ders.* PiG 33, 55, 69; *Sternel* III 786; *ders.* PiG 41, 55, 60; *Langenberg* PiG 40, 59, 76.

162 BGH (VIII ZR 88/13) NZM 2015, 198.

163 AG Dortmund WuM 1979, 146; *Scholz* WuM 1995, 12.

164 LG Hamburg WuM 1984, 217; *Sternel* III 774.

165 Zur Besonderheit des Heizungsaustausches unter Geltung der EnEV s. *Blank* WImmoT 2006, 109, 115; *ders.* WuM 2008, 311.

166 *Kummer* WuM 1981, 145; *Lenz* DWW 1978, 182.

§ 559 Abs. 2 BGB gehören die Kosten, die für Erhaltungsmaßnahmen erforderlich gewesen wären, nicht zu den aufgewendeten Kosten nach Absatz 1 (dazu unten Rdn. 67).

50 Der **Gebrauchswert eines Gebäudes** nimmt mit jedem Jahr des Bestehens und vor allem des Gebrauchs ab. Diesen **Wertverlust** muss der Vermieter durch Instandhaltung möglichst geringhalten und, wenn er denn eingetreten ist, durch Instandsetzung beseitigen. Umstritten ist, welcher Zustand dabei der maßgebliche Maßstab ist. Während teilweise auf den Gebäudezustand bei Errichtung des Gebäudes abgestellt wird,[167] stellen andere auf den aktuellen Zustand ab.[168] Richtigerweise kommt es immer auf die vertraglichen Abreden zwischen den Parteien an.[169] Der Mieter hat die Wohnung besichtigt. Die Auslegung der beiderseitigen zum Vertragsschluss führenden Willenserklärungen führt regelmäßig mangels eindeutiger abweichender Vereinbarungen zu dem Ergebnis, dass die Parteien den zu diesem Zeitpunkt gültigen Standard und Zustand vereinbaren wollen. Wenn der Zustand einer Wohnung – ohne dass ein Defekt vorliegt – dem damals üblichen oder geltenden Standard entspricht, ist die Wohnung i. S. d. Gewährleistungsrechts nicht mangelhaft.[170] Dies ergibt sich daraus, dass **das Baurecht keine Nachbesserungspflicht** kennt.[171] Für die Abgrenzung der Modernisierungsmaßnahmen von den Instandsetzungsarbeiten bedeutet dies zunächst, dass alle Maßnahmen, die nur den Zustand erhalten oder wiederherstellen, der bei Abschluss des Mietvertrages bestand oder bestanden haben müsste, keine Modernisierungsarbeiten darstellen können.[172] Deshalb ist die erstmalige Erreichung eines Mindeststandards i. S. d. BGH-Rechtsprechung[173] keine Modernisierung, sondern Instandsetzung.[174] Entscheidend ist aber, dass der Mindeststandard bereits bei Abschluss des Mietvertrags galt.[175] Bei einer späteren Veränderung des Standards wird die Mietsache nicht nachträglich mangelhaft.[176] Bedeutung hat dies heute für den Bereich der energetischen Modernisierung. Da hier die Anforderungen durch zahlreiche öffentlich-rechtliche Vorschriften, wie z. B. die EnEV (2014) immer strenger werden, wird vertreten, dass die Mietsache, die diesen Anforderungen nicht – mehr – entspricht mangelhaft wird, so dass es sich bei den Maßnahmen um Instandsetzungsmaßnahmen handelt.[177] Dies ist aber nicht richtig, da eine unwirtschaftliche Heizung nicht mangelhaft i. S. d. § 536 BGB ist.[178] Die Wohnung wird ja warm. Die Kosten sind nur um Rahmen des Wirtschaftlichkeitsgebots gem. § 556 Abs. 2 BGB zu berücksichtigen.

51 Genauso wie der Gebrauchswert eines einmal errichteten Gebäudes jährlich sinkt, steigt der Gebrauchswert neu errichteter Gebäude auf Grund der technischen Entwicklung jährlich an. Das **Baualter ist als Indiz für die Beschaffenheit** von Wohnraum immer noch ein wichtiges Differenzierungsmerkmal in einem Mietspiegel.[179] Deshalb stellt sich die Frage, ob eine reine Instandsetzung auch dann vorliegt, wenn der Vermieter bei einer Maßnahme den Zustand nicht an den ursprünglichen Zustand zu Beginn des Mietverhältnisses wieder anpasst, sondern den Zustand von neu errichteten Gebäuden zu Grunde legt. Richtigerweise ändert sich an der Qualifikation der Arbeiten als Instandsetzungsarbeiten auch dann nichts, wenn der Vermieter bei der Instandsetzung an sich mangelhafter Bauteile neuere Verfahren oder Materialien verwendet und dadurch den Gebäu-

---

[167] LG Berlin WuM 1991, 251, GE 1989, 411; LG Kassel WuM 1988, 355; AG Schöneberg GE 1991, 189; GE 1990, 663; *Pfeifer* GE 1994, 245, 247.

[168] LG Berlin GE 1996, 677; LG Waldshut-Tiengen NJW-RR 1991, 592; AG Bremerhaven WuM 1992, 601.

[169] BGH (VIII ZR 131/08) NJW 2009, 2441; OLG Celle WuM 1985, 9 m. Anm. *Isenmann* ZMR 1985, 80 und *Schläger* ZMR 1985, 13; *Emmerich* in Staudinger § 536 BGB Rdn. 5 und 12a.

[170] BGH (VIII ZR 85/09) NJW 2010, 3088; (VIII ZR 131/08) NJW 2009, 2441; (VIII ZR 300/08) NJW 2010, 1133.

[171] AG Osnabrück ZMR 1989, 339.

[172] BGH (VIII ZR 88/13) NZM 2015, NZM 198.

[173] BGH (VIII ZR 343/08) NZM 2010, 356; BGH (VIII ZR 281/03) NJW 2004, 3174; *Schläger* ZMR 2004, 810; *Börstinghaus* NZM 2005, 561; zu den Standards im Mietrecht: *Lützenkirchen* MietRB 2006, 115.

[174] BGH (VIII ZR 88/13) NZM 2015, 198.

[175] *Börstinghaus* NZM 2005, 561.

[176] In der Entscheidung BGH (VIII ZR 88/13) NZM 2015, 198 bleibt offen, ob der BGH davon ausgegangen ist, dass der vom Vermieter mit der Baumaßnahme erreichte Zustand der Elektroanlage nur dem bereits bei Abschluss des Mietvertrages im Jahre 1988 schon geschuldeten Mindeststandard entsprach.

[177] Ausführliche Darstellung des Meinungsstandes bei *Flatow* NZM 2008, 785.

[178] BGH (XII ZR 80/12) NZM 2014, 163; (VIII ZR 261/06) NJW 2008, 142; KG ZMR 2012, 858; 2008, 892; OLG Düsseldorf GE 2011, 132; LG Berlin GE 2010, 771; *Blank* WImmoT 2009, 219; *Börstinghaus/Lange* WuM 2010, 538.

[179] *Börstinghaus/Clar,* Mietspiegel, Rdn. 184; nach LG München WuM 2002, 547 ist das Baualter kein Wohnmerkmal, sondern ein merkmalsübergreifender Einflussfaktor.

dewert erhöht. Die vom Vermieter beauftragten Handwerker sind bei Ausführung des Auftrags werkvertraglich gehalten, den **jeweiligen Stand der Technik** anzuwenden. Dies führt auch im Verhältnis zum Mieter nicht dazu, dass eine teilweise Modernisierung vorliegt.[180] Der Vermieter ist in Einzelfällen mietvertraglich sogar verpflichtet, solche altbaubedingten Beeinträchtigungen durch Anpassung an neuere Standards zu beseitigen.[181] Deshalb handelt es sich selbst dann um nicht umlagefähige Instandsetzungsarbeiten, wenn defekte alte Zwei-Lochbatterien durch Einhandmischer[182] ersetzt werden oder eine defekte 30 Jahre alte Heizungsanlage durch eine heutigen Vorschriften entsprechende Anlage ersetzt wird.[183] Eine modernisierende Instandsetzung liegt aber in den folgenden zwei Fällen vor: Wenn der Vermieter den alten Zustand auch heute noch herstellen könnte und trotzdem den besseren heutigen Zustand wählt, dann handelt es sich um eine modernisierende Instandsetzung, z. B. wenn er im Rahmen von Instandsetzungsarbeiten im Badezimmer einen Ölsockel durch Fliesen ersetzt.[184] Das Gleiche gilt, wenn gar keine Instandsetzungsmaßnahme fällig[185] war und er ausschließlich zur Anhebung des Wohnwertes den Zustand auf den heute üblichen Zustand anhebt. Es ist zwar nicht zu verkennen, dass es damit in der Hand des Vermieters liegt, durch rechtzeitige Investitionen dazu beizutragen, dass eine Maßnahme noch als bauliche Maßnahme i. S. d. § 559 BGB gilt, aber dies entspricht durchaus dem Zweck des § 559 BGB, der den Vermieter ja gerade motivieren soll, in den Wohnungsbestand zu investieren, um aus gesamtwirtschaftlichen Gründen einen intakten Wohnungsbestand möglichst langfristig zu erhalten.

Anders ist die Rechtslage, wenn aus **rechtlichen Gründen** der bei Mietvertragsabschluss **geschuldete Zustand nicht weiter aufrechterhalten werden darf,** sondern ggf. sogar eine Nachrüstungspflicht besteht. Das ist z. B. bei der Heizungsmodernisierung der Fall, weil die jeweils aktuelle EnEV strengere Anforderungen an die Heizungsanlage enthält. Hier stellt sich die Frage, ob z. B. der rechtlich gebotene Austausch solch alter Kessel gem. § 10 Abs. 1 EnEV (2009) eine Instandsetzung[186] oder eine zur Mieterhöhung berechtigende Modernisierungsmaßnahme darstellt.[187] Im früheren preisgebundenen Wohnungsbau, § 11 Abs. 4 Nr. 2 II. BV, wurde zwischen „baulichen Änderungen" auf der einen und „Erneuerungen, Instandhaltungs- und Ersetzungsmaßnahmen" auf der anderen Seite unterschieden. Eine Mieterhöhung war bei der letzten Gruppe nicht möglich. Unter **„Erneuerung"** wurde die vollständige Ersetzung eines Bauteils, einer Anlage oder einer Einrichtung durch gleichwertige Teile verstanden.[188] Wird nun ein alter Standardkessel durch einen heutigen Vorgaben entsprechenden Standardkessel ausgetauscht so handelt es sich um eine solche Erneuerungsmaßnahme, die im bisherigen preisgebundenen Wohnungsbau (zu den Änderungen durch die Föderalismusreform Vor § 557 BGB Rdn. 35 ff.) zu keiner Mieterhöhung der Kostenmiete berechtigte. Der Aufwand wird dort durch die höhere Abschreibung kompensiert. Es wird deshalb vertreten, dass dies auch auf den preisfreien Wohnungsbau zu übertragen ist[189], so dass allenfalls dann, wenn ein besserer als ein den heutigen Vorgaben des EnEV entsprechender Standardkessel eingebaut wird, eine Mieterhöhung möglich ist, aber dann nur die Preisdifferenz zwischen dem heutigem Standardkessel und dem höherwertigen Kessel an Modernisierungskosten angesetzt werden darf.[190] Damit würden aber wieder Kostenmietargumente in den preisfreien Wohnungsbau übernommen, was der BGH[191] bereits bei der Ermittlung eines Zuschlags zur ortsüblichen Vergleichsmiete bei unwirksamer Schönheitsreparaturklausel abgelehnt hat. Auch die Höhe der – in der Vergangenheit sowieso mehrfach geänderten – Abschreibung von Wohnge- **51a**

---

180 LG Oldenburg WuM 1980, 86; AG Görlitz WuM 1993, 264; AG Kiel WuM 1989, 18; AG Darmstadt WuM 1982, 299; AG Bremerhaven WuM 1980, 14; AG Mannheim WuM 1979, 98; *Sternel* Mietrecht aktuell (2009) Rdn. IV 323.

181 AG Bremerhaven WuM 1992, 601; *Pfeifer* GE 1994, 245, 247.

182 **A. A.** AG Köpenick GE 2008, 411.

183 *Blank* WImmoT 2006, 109, 115; *ders.* WuM 2008, 311.

184 AG Gelsenkirchen NZM 1999, 801.

185 BGH (VIII ZR 88/13) NZM 2015, 198.

186 Dafür *Eisenschmid* WuM 2009, 624, 627.

187 Ausführlich hierzu *Flatow* NZM 2009, 785, 791; *Blank* WImmoT 2006, 109; *ders.* WuM 2008, 311, 313.

188 *Herzog* ZdWBay 2005, 385; *Blank* WuM 2008, 311, 314.

189 *Artz* WuM 2008, 259, 263; *Blank* WImmoT 2006, 109, 115; *ders.* WuM 2008, 311, 213; *Franke* DWW 2009, 15, 17.

190 *Blank* WImmoT 2006, 109, 115; *ders.* WuM 2008, 311, 213.

191 BGH (VIII ZR 181/07) BGHZ 177, 186 = NJW 2008, 2840 = MietPrax-AK § 558 BGB Nr. 19 mit Anm. *Börstinghaus; Lehmann-Richter* BGHReport 2008, 1001; *Blümmel* GE 2008, 1086; *Niebling* ZMR 2008, 881; *Häublein* ZMR 2009, 1; BGH WuM 2008, 487; BGH NJW 2009, 1410.

bäude spielt bei der Ermittlung der Miete keine Rolle. Bei der Neuvermietung bestimmt nur der Markt die Miethöhe. Im preisfreien Wohnungsbau kommt es deshalb ausschließlich darauf an, ob eine Verbesserung im Vergleich zum ursprünglichen Zustand vorliegt. Deshalb ist der Austausch eines veralteten Standardkessels gegen einen modernen Standardkessel auch eine Maßnahme zur Energieeinsparung zumindest aber eine Maßnahme auf Grund von Umständen, die der Vermieter nicht zu vertreten hat.[192] Das Problem ist im Bereich der ansatzfähigen Kosten zu lösen. Es sind nur die **tatsächlichen Mehrkosten** ansatzfähig. In der Sache dürften die verschiedenen Auffassungen überwiegend zum gleichen Ergebnis führen, da alte Heizungsanlagen, die ausgetauscht werden müssen, i. d. R. auch die zu erwartende Lebensdauer erreicht haben so dass die abzuziehenden Instandhaltungskosten zu einer Reduzierung der Modernisierungskosten auf Null führen.[193] Keine Modernisierung, sondern eine Instandsetzung liegt dann vor, wenn die Parteien bezüglich des energetischen Zustands eine Beschaffenheitsvereinbarung getroffen haben, die durch die Baumaßnahme erst erfüllt wird. Allein in der Vorlage des Energieausweises ist zurzeit noch keine solche Vereinbarung zu sehen.[194] Bei Maßnahmen nach § 10 Abs. 2–4 EnEV (2009) (Isolierung von obersten Geschossdecken; Isolierung von Leitungen) ist eine Mieterhöhung aber auf jeden Fall möglich, da hier nichts erneuert, sondern neu hinzugefügt wird.[195]

III. Die einzelnen Mieterhöhungstatbestände

52 § 559 BGB erlaubt eine Mieterhöhung nach Modernisierungsmaßnahmen gem. § 555b Ziff. 1, 3 bis 6 BGB. Zu den Einzelheiten siehe die Kommentierung bei § 555b BGB. Das bedeutet, dass Modernisierungsmaßnahmen, durch die nur nicht erneuerbare Primärenergie nachhaltig eingespart oder das Klima nachhaltig geschützt wird, zwar zu dulden sind, aber nicht zu einer Mieterhöhung berechtigen[196], es sei denn durch die Maßnahme wird auch Endenergie eingespart. Problematisch von allen denkbaren Maßnahmen ist er Einbau von **Sonnenkollektoren,** mit denen Warmwasser hergestellt wird. Hier erfolgt zunächst nur ein Austausch eines Energieträgers (Strom oder Gas gegen Sonne), was für eine Einordnung unter § 555b Ziff 2 BGB sprechen würde und damit eine Mieterhöhung ausschließen würde. Jedoch sinkt die „zu bezahlende Endenergie"[197], da die Sonne kostenlos und unbeschränkt zur Verfügung steht und deshalb weniger Energie dazugekauft werden muss.[198] Deshalb berechtigt auch der Einbau von Sonnenkollektoren zu einer Mieterhöhung gem. § 559 Abs. 1 BGB.

52a Ausgenommen ist ferner der Modernisierungstatbestand der **„Schaffung neuen Wohnraums"** in § 555b Ziff 7 BGB. Das entspricht der früheren Rechtslage. Schaffung neuen Wohnraums bedeutet sprachlich nicht unbedingt, dass eine neue Wohnung, z. B. durch Dachgeschossausbau geschaffen wird, auch die Anpassung vorhandenen Wohnraums an veränderte Wohnbedürfnisse[199] kann im Einzelfall darunter subsumiert werden. Dabei wird es überwiegend zu Wohnflächenvergrößerungen kommen. Die (bloße) Vergrößerung oder auch eine Verkleinerung der Wohnfläche einer Wohnung ist regelmäßig aber keine Modernisierungsmaßnahme im Sinne des § 555b BGB.[200] In der Regel handelt es sich um eine Veränderung des Vertragsgegenstandes, die ein aliud zu einer Modernisierung darstellt. Man muss aber in jedem Einzelfall untersuchen, ob die bauliche Maßnahme, die eine Veränderung der Wohnfläche zur Folge hat, eine Modernisierungsmaßname darstellt.[201] Entschei-

---

[192] *Sternel* PiG 85 (2009), 19, 28; *Flatow* NZM 2009, 785, 792; *Mersson* DWW 2009, 122, 125; **a. A.** *Eisenschmid* WuM 2009, 624, 627.

[193] *Flatow* NZM 2009, 785, 794.

[194] So auch *Flatow* NZM 2008, 785, 789 unter Hinweis auf die Argumentation des BGH (NJW 2004, 2156) bei der Vereinbarung einer bestimmten Wohnfläche.

[195] *Artz* WuM 2008, 259, 261; *Blank* WImmoT 2006, 109, 116; *Franke* DWW 2009, 15, 17; differenzierend *Eisenschmid* WuM 2009, 624, 628.

[196] Kritisch hierzu *Derleder* KJ 2015, 5, 15 Fn. 65.

[197] So die Gesetzesbegründung BT-Drucks. 17/10485 S. 19.

[198] So im Ergebnis auch *Eisenschmid,* in Börstinghaus/Eisenschmid, Arbeitskommentar Mietrechtsänderungsgesetz, 2013, § 555d Rdn. 17; uneingeschränkt: *Blank,* WImmoT 2013, 47, 57 und 59; *Derleder* NZM 2013, 441 (443); *Eisenschmid* WuM 2009, 624.

[199] Siehe oben § 555b BGB Rdn. 159.

[200] LG Frankfurt, WuM 1986, 138; LG Kiel, WuM 1977, 120; *Emmerich* in: Staudinger, § 555b BGB Rdn. 26; *Sternel* Mietrecht aktuell, Rdn. IV 310, *ders.* PiG 41, 45, 49; *Degen* WuM 1983, 277; **a. A.** AG Pankow/Weißensee, NZM 2008, 769.

[201] So auch *Dickersbach* WuM 2010, 117.

dend ist dabei nicht die Wertung des derzeitigen Mieters, sondern die Verkehrsanschauung.[202] Wenn der Vermieter damit rechnen kann, dass die Wohnung nach Durchführung der Maßnahme von künftigen Mietinteressenten eher angemietet würde als eine vergleichbare Wohnung, bei der diese Maßnahme nicht durchgeführt worden ist, dann kann eine Wohnwertverbesserung vorliegen.[203] Das ist zum Beispiel beim Anbau von Balkonen oder der Schaffung einer Terrasse der Fall. Auch der Einbau von Dachgauben oder die Beseitigung von Dachschrägen[204] im Dachgeschoss kann zu einer Wohnflächenvergrößerung führen, weil so teilweise Raumhöhen von mehr als zwei Metern geschaffen werden, die dann vollständig anzurechnen sind. Auch Änderungen des Wohnungsgrundrisses können im Einzelfall zur Vergrößerung der Wohnfläche führen. Das bedeutet, dass § 555b Ziff. 7 BGB keine abschließende den Rückgriff auf andere Modernisierungstatbestände verbietende Spezialvorschrift ist.[205] Wenn die Vergrößerung einer Wohnung im Einzelfall tatsächlich eine Gebrauchswertverbesserung darstellt, dann hat der Mieter sie gem. § 555b Ziff. 4 BGB zu dulden und der Vermieter kann die Maßnahme zum Gegenstand einer Mieterhöhung gem. § 559 BGB machen.[206]

F. Der Umfang der Mieterhöhung

Der Vermieter kann nach dem Gesetzeswortlaut eine **Erhöhung der jährlichen Miete** um 11% der für die Wohnung aufgewandten Kosten verlangen. Zu ermitteln sind deshalb zum einen die „jährliche Miete" und zum anderen die auf die Wohnung entfallenden Kosten. Eine Besonderheit gilt in **Baden-Württemberg** für den geförderten Wohnungsbau. Nach Übertragung der ausschließlichen Gesetzgebungszuständigkeit für den Bereich des Wohnraumförderung durch die Föderalismusreform[207] auf die Länder gilt dort seit 1.1.2008 das Landeswohnraumförderungsgesetz (LWoFG BW)[208] (s. dazu Vor § 557 BGB Rdn. 35). Danach gelten seit dem 1.1.2009 auch für den gesamten geförderten Wohnungsbau die Vorschriften der §§ 557ff. BGB soweit landesgesetzlich nichts anderes bestimmt ist. Gem. § 32 Abs. 3 Satz 2 LWoFG BW darf der Vermieter bei einer Modernisierung die den mittleren Standard einer entsprechenden Neubauwohnung übersteigt die Miete um nur 4% der aufgewendeten Kosten erhöhen. Ob damit wirklich nur „Luxusmodernisierung" betroffen sind[209] erscheint jedoch fraglich. „Luxus" fängt nicht bei Überschreitung eines mittleren Standards an.[210] Die Begrenzung beginnt also schon viel früher. Aufwendungen für Luxusmodernisierungen sind sowieso nicht ansatzfähig (Rdn. 45). Wegen der weiteren Beschränkung für diesen Wohnungsbestand s. u. Rdn. 88ff. 53

I. Die berücksichtigungsfähigen Kosten

1. Allgemeines

Nach § 559 Abs. 1 BGB sind 11% der **für die Wohnung aufgewendeten Kosten** auf die Miete umlegbar. Hierzu zählen die reinen Baukosten einschließlich der Baunebenkosten. Grundsätzlich sind alle Kosten ansatzfähig. Soweit § 5 II. BV Definitionen zu den einzelnen Baukostenarten enthielt, kann auf diese Definitionen nur eingeschränkt zurückgegriffen werden.[211] Bei den Vorschriften der II. BV ging es vor allem darum, Grundsätze für die Berechnung der Wirtschaftlichkeit bei der Vermietung öffentlich geförderten Wohnraums aufzustellen.[212] § 559 BGB enthält demgegenüber eine eigenständige Regelung für den preisfreien Wohnungsbau. Hier geht es nicht um eine Kostendeckung, sondern um die Ermöglichung einer **angemessenen Rendite,** die eine Modernisierung für den Vermieter finanziell interessant macht. Es muss deshalb bei jeder Kosten- 54

---

202 BGH NZM 2005, 697 = NJW 2005, 2995.
203 So die Formulierung des BGH, NZM 2005, 697 = NJW 2005, 2995.
204 *Emmerich* in: Staudinger, § 555b BGB Rdn. 26.
205 *Börstinghaus,* Flächenabweichungen in der Wohnraummiete, 2012, Rdn. 784.
206 *Sternel* PiG 95 (2013), 15 (16).
207 Gesetz zur Änderung des Grundgesetzes v. 28.8.2006 (BGBl. I 2006, 2034).
208 Gesetzblatt für Baden-Württemberg Nr. 20 v. 14.12.2007.
209 So *Feßler* WuM 2009, 90, 96.
210 BGH (VIII ZR 253/03) NJW 2005, 2995; LG Berlin MM 10/2013, 30.
211 *Sternel,* III 784; einschränkend: *Emmerich* in Staudinger § 559 BGB Rdn. 16.
212 OLG Hamburg RE v. 14.5.1981, NJW 1981, 2820.

position, die in der II. BV als zu den Baukosten zählend definiert wird, überprüft werden, ob diese auch im System des preisfreien Wohnungsbaus nach Sinn und Zweck des § 559 BGB berücksichtigungsfähig ist. Pauschale oder kalkulatorische Ansätze wie sie die II. BV z. B. für das Mietausfallwagnis, Abschreibungen oder Verwaltungsleistungen des Bauherren kennt, scheiden deshalb im Rahmen der Kostenermittlung aus.[213]

55 Angesetzt werden können alle Kosten, die zur **vollständigen Durchführung** der Modernisierungsmaßnahme erforderlich sind. Die Modernisierungsmaßnahme ist nicht bereits dann beendet, wenn die Bauarbeiten im engeren Sinn beendet sind, also die Maueröffnung verschlossen ist[214], erforderlich ist die Wiederherstellung eines vertragsgemäßen Zustands.[215] Das wird in der Regel der ursprüngliche Zustand sein, kann aber bei Modernisierungsmaßnahmen auch davon unterscheiden, z. B. beim Badeinbau oder Grundrissänderungen. Deshalb gehören zur Modernisierungsmaßnahme auch die Reinigungsarbeiten und die Durchführung von Schönheitsreparaturen (unten Rdn. 66).[216] Das ergib sich aus dem Sinn und Zweck des § 559 BGB. Der Vermieter soll die von ihm aufgewandten Kosten in Ansatz bringen können und dadurch motiviert werden in den Wohnungsbestand zu investieren. Nur ein weiter Modernisierungsbegriff wird diesem gesetzgeberischen Ziel gerecht.

56 Umlagefähig sind nur die tatsächlichen Kosten. **Rabatte, Skonti** usw. sind deshalb von den anrechenbaren Kosten in Abzug zu bringen.[217] Sind dem Vermieter ganz oder teilweise keine Kosten entstanden, weil die Arbeiten vom Mieter oder Dritten für den Mieter (siehe auch Rdn. 58) kostenlos durchgeführt wurden, dann kann er auch keine fiktiven Kosten hierfür in Ansatz bringen. Gewährt der Vermieter dem Mieter für die Durchführung der Arbeiten einen **Mietnachlass** oder eine sonstige Vergünstigung, so ist der objektive Wert dieser Vergünstigung in Ansatz zu bringen und nicht der objektive Wert der Leistung. Anderenfalls würde der Vermieter an der Art der Ausführung verdienen, was nicht dem Sinn und Zweck des § 559 BGB entspricht. Das Gleiche gilt, wenn Dritte die Arbeiten besonders kostengünstig erledigen. Auch dann sind nur die tatsächlich aufgewandten Kosten in Ansatz zu bringen.

57 Wurde ein **ausländischer Mieter** im Hinblick darauf, dass er für den Vermieter Arbeitsleistungen erbringt, von der Mietzahlung befreit, so ist diese „Mietbefreiung" unwirksam, sofern der Mieter im Inland keine **Arbeitserlaubnis** hat. Die Vereinbarung über die Verrechnung ist infolge des beiderseitigen Verstoßes von Mieter und Vermieter gegen das Verbot der Beschäftigung von ausländischen Arbeitnehmern ohne Arbeitserlaubnis nichtig.[218] Demgemäß sind dem Vermieter auch keine Kosten entstanden, die er gem. § 559 BGB auf die Miete umlegen könnte. Das Gleiche gilt, wenn der Vermieter die Arbeiten durch Dritte unter **Verstoß gegen das Gesetz zur Bekämpfung der Schwarzarbeit** ausführen lässt.[219] § 1 Abs. 2 Nr. 2 SchwarzArbG enthält das Verbot zum Abschluss eines Werkvertrages, wenn dieser Regelungen enthält, die dazu dienen, dass eine Vertragspartei als Steuerpflichtige ihre sich aufgrund der nach dem Vertrag geschuldeten Werkleistungen ergebenden steuerlichen Pflichten nicht erfüllt.[220] Nach der Neufassung des Gesetzes „leistet" nach § 1 Abs. 2 SchwarzArbG nunmehr auch derjenige Schwarzarbeit, der Dienst- oder Werkleistungen „ausführen lässt" und dabei bestimmte in den Nummern 1 bis 3 normierte qualifizierte Merkmale erfüllt. Das kann der Vermieter sein. Aber selbst wenn dieser keine „Schwarzarbeit geleistet hat", ist der Werkvertrag nichtig, wenn der Unternehmer gegen das Gesetz verstoßen hat. Das Verbot der Schwarzarbeit führt jedenfalls dann gem. § 134 BGB zur Nichtigkeit des ganzen Vertrages, wenn der Unternehmer vorsätzlich hiergegen verstößt und der Besteller den Verstoß des Unternehmers kennt und bewusst zum eigenen Vorteil ausnutzt.[221]

58 Führt der Vermieter die Arbeiten ganz oder teilweise durch **Eigenleistungen** oder durch eigene Mitarbeiter aus, so kann er hierfür entsprechend der Regelung in § 9 II. BV und nach allgemeinen Rechtsgrundsätzen einen Betrag in Rechnung stellen, der bei Beauftragung eines Handwerkers ent-

---

[213] *Sternel* III 784.
[214] Dafür aber wohl *Kraemer* NZM 2003, 417, 418.
[215] *Lammel,* § 559 BGB Rdn. 37.
[216] *Blank* NZM 2011, 508, 510.
[217] Bub/Treier/*Schultz* Kap. III. A Rdn. 1572; *Emmerich* in Staudinger § 558 BGB Rdn. 22; *Artz* in MünchKomm § 559 Rdn. 15; *Dickersbach* in Lützenkirchen, Mietrecht, 2. Aufl., § 559 Rn. 67.
[218] LG Berlin GE 1991, 1253.
[219] Bub/Treier/*Schultz* Kap. III. A Rdn. 1578; *Emmerich* in Staudinger § 558 BGB Rdn. 20.
[220] BGH (VII ZR 6/13) NJW 2013, 3167.
[221] BGH (VII ZR 6/13) NJW 2013, 3167; (VII ZR 197/16) MDR 2017, 564 m.w.N.

standen wäre,[222] jedoch analog § 1 Abs. 1 Satz 2 BetrKV ohne Mehrwertsteuer.[223] Aufwendungen für sonstige Steuern und Sozialversicherungsbeiträge sowie der Unternehmensgewinn sind nicht zusätzlich abzuziehen.[224] Diese Befugnis steht nicht nur dem privaten Vermieter zur Verfügung, der seine eigene Arbeitskraft einsetzt; vielmehr können auch institutionelle Eigentümer, die diese Leistungen durch ihre Arbeitnehmer oder durch unselbständige Einheiten erbringen, nach den Kosten abrechnen, die bei Beauftragung eines Dritten (Unternehmen) entstanden wären.[225] Es gibt auch keinen Anlass, dies bei der unentgeltlichen Durchführung der Arbeiten durch Familienangehörige anders zu sehen.[226] Die Leistung soll dem Vermieter und nicht dem Mieter zugutekommen und ist deshalb wie eine Eigenleistung des Vermieters zu bewerten. Es handelt sich dabei nicht um Dritte, z. B. Gasversorger o. ä., die dem Vermiete eine Gegenleistung zukommen lassen wollen. Voraussetzung ist aber immer eine **fachgerechte Ausführung** der Arbeiten.[227] Ob der Vermieter formal die fachliche Qualifikation hat, die Arbeiten auszuführen, also z. B. selbst gelernter Maurer ist, ist unerheblich, wenn das Ergebnis stimmt.[228] Für die **Verwaltungs- und Überwachungstätigkeit,** die üblicherweise mit baulichen Maßnahmen verbunden ist, kann der Vermieter aber keine Kosten ansetzen. So kann er z. B. kein Architektenhonorar ansetzen, wenn er die entsprechende Qualifikation selbst gar nicht hat.[229] Das Gleiche gilt für sonstige mit der Verwaltung des Grundbesitzes in Zusammenhang stehenden Aufgaben, wie z. B. Einholung von Kostenvoranschlägen, Projektierung, Besprechungen, Einholung von Genehmigungen, Bauleitung und Rechnungsprüfung.

Mit dem **Begriff der aufgewendeten Kosten** sind aber nur die notwendigen Kosten gemeint.[230] Die Notwendigkeit ist dabei **Tatbestandsmerkmal** der aufgewendeten Kosten. Der Vermieter muss darlegen und beweisen, dass die Kosten notwendig waren. Anders als beim Wirtschaftlichkeitsgrundsatz im Betriebskostenrecht[231] handelt es sich hier nicht um eine Nebenpflicht des Vermieters, so dass der Mieter eine schuldhafte Pflichtverletzung gem. §§ 280, 241 Abs. 2 BGB darlegen und beweisen müsste.[232] Die Notwendigkeit der Kosten ist eine Tatbestandsvoraussetzung. Der Vermieter entscheidet die Frage, ob, wie und wie viel er modernisieren will. Wenn er diese Entscheidung getroffen hat, die nur sehr eingeschränkt (Luxusmodernisierung) gerichtlich überprüfbar ist, dann muss er in diesem Rahmen sich wirtschaftlich verhalten und darf nur notwendige Kosten ansetzen. Dies ergibt sich auch aus der oben (Rdn. 8) angesprochenen mieterschützenden Funktion des § 559 BGB. Deshalb darf jeder unnötige, unzweckmäßige oder überhöhte Aufwand nicht in Ansatz gebracht werden.[233] Der Vermieter muss sich deshalb wie ein **ordentlicher Kaufmann** verhalten und bei der Auswahl von Baumaterialien und der Handwerker wirtschaftlich vorgehen.[234] Daraus folgt aber nicht, dass der Vermieter vor jeder Modernisierungsmaßnahme uneingeschränkt verpflichtet ist, die Arbeiten auszuschreiben[235] oder immer die preiswerteste Alternative wählen muss.[236] So kann eine längere Lebensdauer einer Maßnahme ebenso zu berücksichtigen **59**

---

222 LG Halle ZMR 2003, 35, 36; *Sternel* III 784; *Kossmann* ZAP F. 4 S. 859, 867; *Langenberg* PiG 40, 59, 76; *Lammel* § 559 BGB Rdn. 34; Bub/Treier/*Schultz* Kap. III. A Rdn. 1576; *Emmerich* in Staudinger § 559 BGB Rdn. 18; *Dickersbach* in Lützenkirchen, Mietrecht, § 559 BGB Rdn. 67.

223 LG Halle ZMR 2003, 35; *Sternel* Mietrecht aktuell (2009) Rdn. IV 353; *Lammel* § 559 BGB Rdn. 34.

224 So aber *Kinne* in Blömeke/Blümmel, Modernisierung Teil B „Eigenleistung".

225 Für die Betriebskostenabrechnung: BGH (VIII ZR 41/12) NZM 2013, 120 = MietPrax-AK, § 556 BGB Nr. 97 m. Anm. *Eisenschmid* unter Hinweis auf BR-Drucks. 568/03, S. 28; *Schmid* WuM 2013, 144.

226 **A. A.** *Kossmann/Meyer-Abich,* Hdb. d. Wohnraummiete, § 158 Rdn. 2; *Artz* in MünchKomm § 559 Rdn. 15; *Emmerich* in Staudinger § 559 BGB Rdn. 19.

227 *Emmerich* in Staudinger § 559 BGB Rdn. 18; *Dickersbach* in Lützenkirchen, Mietrecht, § 559 BGB Rdn. 87.

228 **A. A.** wohl *Sternel* Mietrecht aktuell (2009) Rdn. IV 353: nur, wenn Vermieter Fachbetrieb unterhält oder gelernter Handwerker für das Gewerk ist.

229 VG Berlin GE 1980, 753.

230 BGH (VIII ZR 41/08) NJW 2009, 839 = MietPrax-AK, § 559 BGB Nr. 3 m. Anm. *Börstinghaus;* LG Halle ZMR 2003, 35; LG Berlin MM 2007, 147.

231 BGH (XII ZR 170/13) NJW 2015, 220; (VIII ZR 340/10) NJW 2011, 3028; *Milger* NZM 2012, 657; *Streyl* NZM 2013, 97; *Börstinghaus/Lange* WuM 2010, 538.

232 Für einen Schadensersatzanspruch auf Freistellung wohl *Emmerich* in Staudinger § 559 BGB Rdn. 24.

233 BGH (VIII ZR 41/08) NZM 2009, 150; LG Hamburg ZMR 2002, 918, 919; WuM 1986, 344; AG Hamburg WuM 1986, 344; *Langenberg* PiG 40, 59, 76; *Sternel* III 786; *ders.* PiG 41, 45, 76; *Emmerich* PiG 33, 55, 69.

234 *Emmerich* in Staudinger § 559 BGB Rdn. 24.

235 LG Hamburg WuM 1986, 344; *Emmerich* in Staudinger § 559 BGB Rdn. 25; **a. A.** wohl *Blank* info *M* 2009, 61.

236 *Mersson* DWW 2009, 122, 125.

sein wie deren Wartungsfreundlichkeit. Arbeitet er jahrelang mit einem ihm bekannten Handwerker zusammen, dessen Leistungen nicht zu beanstanden waren und der bisher angemessene und ortsübliche Preise verlangt hat, dann ist es dem Vermieter nicht vorzuwerfen, auf diesen Handwerker zurückgegriffen zu haben. Insgesamt ist bei der Beurteilung der Frage, was nötig ist und was nicht, dem Vermieter ein Ermessen einzuräumen, das nicht nachträglich durch kleinliche Kürzungen eingeschränkt werden darf.[237] Es ist das Eigentum des Vermieters, das dieser grundsätzlich nach seinen Vorstellungen berechtigt ist auszubauen. Nur wirtschaftlich ganz unsinniger Aufwand[238] oder reine Luxusmodernisierungen (dazu oben Rdn. 45) können auf die Kosten nicht angerechnet werden. Entscheidend ist dabei keine ex-post Betrachtung, sondern eine **ex ante-Betrachtung** bei der auch das Risiko das die verschiedenen Arbeitswege in sich tragen (Beschädigungen, Beeinträchtigung des Mieters aber auch Nachbarn) mit einzubeziehen ist.[239] Keine Modernisierungskosten sind auch **Kick back-Zahlungen,** die der Handwerker an den Vermieter/Bauherren zurückfließen lässt.[240]

2. Einzelne Kostenarten

60 **a) Architektenhonorar.** Die Beauftragung eines Architekten selbst stellt keine Modernisierungsmaßnahme dar. In Betracht kommt allenfalls, das Honorar des Architekten als eine Kostenposition bei der durchgeführten Modernisierungsmaßnahme mit in Ansatz zu bringen. Für den preisgebundenen Wohnungsbau ist dies in § 5 Abs. 4 Nr. 1 II. BV geregelt, wonach die Kosten der Architektenleistung mit zu den ansatzfähigen Baunebenkosten zählen. Da aber nur die notwendigen Kosten bei einer Modernisierungsmaßnahme in Ansatz gebracht werden dürfen, kommt ihr Ansatz nur dann in Betracht, wenn Art und Umfang der Arbeiten die **Beauftragung eines Architekten notwendig** machen.[241] Ist die Maßnahme auch ohne Einschaltung eines Architekten möglich, scheidet ein Ansatz aus.[242] Dies gilt auch, wenn die Architektenleistungen bei Modernisierungsmaßnahmen lediglich in Koordinierungsaufgaben und Kontrollaufgaben bestehen. Dann gehören sie zum nicht berücksichtigungsfähigen Verwaltungsaufwand. Dies ist z. B. bei einer bloßen Fenstermodernisierung[243] oder dem Einbau einer Gasetagenheizung[244] der Fall. Werden gleichzeitig Modernisierungs- und Instandsetzungsarbeiten durchgeführt, so muss der auf die Modernisierung entfallende Teil nachvollziehbar berechnet und erläutert werden.[245] Die Architektenkosten sind dabei regelmäßig nach dem Verhältnis der Modernisierungskosten zu den Gesamtkosten zu verteilen, wenn nicht besondere Umstände vorliegen, aus denen sich ergibt, dass das Honorar des Architekten für eine der beiden Tätigkeiten besonders hoch war (s. aber hierzu auch Rdn. 70).

61 **b) Aufwendungsersatz.** Der Mieter kann vom Vermieter Ersatz seiner **Aufwendungen,** die ihm im Zusammenhang mit der Modernisierung entstanden sind, verlangen, § 555d Abs. 6 BGB i. V. m. § 555a Abs. 3 BGB (dazu auch § 555a BGB Rdn. 41).[246] Dabei kommen in erster Linie Aufwendungen zur Sicherung der Wohnungseinrichtung in Betracht, wie z. B. die Abnahme der Gardinen, das Aufrollen der Teppiche, das Wegräumen und Abdecken von Möbeln, das Abdecken des Bodens, Reinigungsarbeiten[247] u. a. Ersatzfähig sind alle Kosten, die kausal durch die Modernisierung verursacht wurden und den Umständen nach angemessen sind.[248] Im Einzelfall können auch die Kosten für die Unterbringung des Mieters in einer Pflegeinrichtung für die Zeit der Moderni-

---

237 **A. A.** BGH (VIII ZR 41/08) NZM 2009, 150 = MietPrax-AK § 559 BGB Nr. 3 m. Anm. *Börstinghaus.*

238 Das soll nach Ansicht des AG Pankow-Weißensee WuM 2015, 357 z. B. der Fall sein, wenn sich eine Fassadendämmung erst nach 20 Jahren amortisiert; dazu *Halama* DWW 2015, 206.

239 **A. A.** aber wohl BGH (VIII ZR 41/08) NZM 2009, 150: Sachverständige haben im Nachhinein zu bestimmen, was angemessen ist; zustimmend *Beyer* GE 2009, 944, 953, der sich aber auch gegen „kleinliches Bohren" ausspricht.

240 BGH (5 StR 129/07) NZM 2009, 152.

241 LG Halle ZMR 2003, 35, 38; LG Hamburg WuM 1985, 366; AG Köln WuM 1990, 2265; AG Hamburg Abt. 46 WuM 1985, 365; AG Münster WuM 1985, 366; *Emmerich* in Staudinger § 559 BGB Rdn. 17; *Langenberg* PiG 40, 59, 75.

242 LG Berlin GE 2007, 985; *Dickersbach* in Lützenkirchen, Mietrecht, 2. Aufl., § 559 Rn. 70.

243 AG Hamburg Abt. 40 WuM 1985, 366.

244 LG Berlin GE 2007, 985.

245 *Blümmel/Blömeke,* Modernisierung, Teil B „Architektenhonorar".

246 Dazu auch *Blank* NZM 2011, 508.

247 AG Hamburg WuM 2007, 445; *Sternel* Mietrecht aktuell (2009) Rdn. IV 353.

248 *Blümmel* in Blömeke/Blümmel, Modernisierung Teil A Rdn. 80.

sierung zu den zu erstattenden Kosten gehören, soweit diese Kosten nicht von der Pflegeversicherung übernommen werden.[249]

Ob es sich bei diesen Kosten um **Modernisierungskosten** handelt, hängt auch davon ab, wann man die bauliche Maßnahme als beendet ansieht.[250] Richtigerweise wird man davon auszugehen haben, dass dies erst mit **Wiederherstellung des vertragsgemäßen Zustands** der Fall ist. Alle Kosten, die dem Vermieter entstehen, um diesen Zustand wiederherzustellen gehören grundsätzlich zu den ansatzfähigen Kosten. Zumindest in einigen Fällen des Aufwendungsersatzes handelt es sich um solche Kosten.[251] Soweit argumentiert wird, dass §§ 555 a Abs. 3, 555 d Abs. 6 BGB die Kostentragung endgültig regelten und es deshalb unzulässig sei, den Mieter über den Umweg des § 559 BGB letztendlich die Kosten doch tragen zu lassen, kann dem so uneingeschränkt nicht gefolgt werden. Die §§ 555 a Abs. 3, 555 d Abs. 6 BGB bestimmen zunächst nur, dass der Vermieter dem Mieter die Kosten zu ersetzen hat. Der Mieter muss diese Kosten also zunächst nicht selbst tragen, der Vermieter muss sie ihm bevorschussen. Außerdem ist der Anwendungsbereich des § 555 d Abs. 6 BGB mit dem des § 559 BGB nicht identisch. Nicht alle gem. § 555 b BGB duldungspflichtigen Arbeiten berechtigen auch zu einer Mieterhöhung. Es ist auch kein Grund ersichtlich, warum der Vermieter die Kosten ansetzen kann, wenn er die Arbeiten durch Dritte entgeltlich durchführen lässt, dies aber nicht tun kann, wenn er dem Mieter für die Tätigkeit ein Entgelt zahlt. Anders als z. B. der Mietausfall auf Grund von Mietminderungen während der Bauphase ist der Aufwendungsersatz auch **unmittelbarer Bauaufwand.** Er hat direkt mit den baulichen Veränderungen zu tun, da die Aufwendungen im Zusammenhang mit Vorbereitungsarbeiten für die bauliche Maßnahme entstanden sind. Der **Aufwendungsersatz** zählt deshalb hinsichtlich einzelner Positionen zu den „für die Wohnung aufgewendeten Kosten" i. S. d. § 559 BGB. Dies bezieht sich aber nur auf Kosten, die zur Vorbereitung der baulichen Maßnahme erforderlich sind oder noch zur baulichen Maßnahme gehören, wie z. B. die Reinigung der Wohnung[252], der Anstrich[253] oder das Neudekorieren der alten Gardinen. Kosten, die nur aus Anlass der Bauarbeiten anfallen, z. B. der Kauf neuer Gardinen, weil das Fenster nach der Modernisierung eine andere Größe hat, o. Ä. stellen keine für die Wohnung aufgewendeten Kosten mehr dar.[254] Das Gleiche gilt für Schadensersatzansprüche des Mieters, weil während der Arbeiten Schäden an seinem Eigentum verursacht wurden.[255] Hat der Vermieter aber Instandsetzungsarbeiten und Modernisierungsarbeiten durchgeführt, dann sind nur die Aufwendungen ansatzfähig, die ausschließlich durch die Modernisierungsarbeiten verursacht wurden. Der Mieter hat gem. § 555 a Abs. 3 BGB auch einen Aufwendungsersatzanspruch bei Instandsetzungsarbeiten. Insofern handelt es sich um „Sowieso-Kosten" (s. dazu u. Rdn. 70), wenn der Vermieter mit den Instandsetzungsarbeiten zugleich Modernisierungsarbeiten durchführt. 62

c) Baunebenkosten. Neben den Architekten- und Ingenieurhonoraren fallen bei einer baulichen Maßnahme noch weitere Baunebenkosten an, die ebenfalls zu den anrechenbaren Kosten i. S. d. § 559 BGB zählen. Hierzu zählen z. B. die **Baugenehmigungsgebühren,**[256] Projektplanung und Kosten der Auftragsvergabe,[257] nicht jedoch für die Veröffentlichung einer nicht vorgeschriebenen Ausschreibung[258] oder die Kosten für die Ausstellung eines Energieausweises.[259] Die **Kosten des Energieausweises** sind Vorleistungen. Zwar enthält der Energieausweis Empfehlungen, welche Energiesparmaßnahmen empfohlen werden, ob diese dann tatsächlich durchgeführt 63

249 AG Hamburg St. Georg WuM 2007, 262.

250 *Blank* NZM 2011, 508, 510.

251 BGH (VIII ZR 173/10) NZM 2011, 358 = MietPrax-AK Nr. 5 mit Anm. *Börstinghaus; Sternel* PiG 99 (2015) 95, 108; *Dickersbach* in Lützenkirchen, Mietrecht, 2. Aufl., § 559 Rn. 79; *Disput* NJW 2011, 3003; *Schläger* ZMR 2011, 623; *Schriever* ZMR 1988, 85; *Blümmel/Blömeke,* Modernisierung Teil B „Aufwendungsersatz"; *Gutekunst* PiG 16, 149, 158; **a. A.** AG Schöneberg MM 1990, 130 und MM 1989 Heft 12 S. 35; *Emmerich* in Staudinger § 559 BGB Rdn. 20 a; *Sternel* Mietrecht aktuell (2009) Rdn. IV 364; *Lammel* § 559 BGB Rdn. 35; *Artz* in MünchKomm § 559 Rdn. 15; differenzierend *Blank* NZM 2011, 508.

252 AG Hamburg WuM 2007, 445; *Sternel* PiG 99 (2015) 95, 108.

253 BGH (VIII ZR 173/10) NZM 2011, 358.

254 *Sternel* PiG 99 (2015) 95, 108; *Langenberg* PiG 40, 59, 76.

255 *Langenberg* PiG 40, 59, 76.

256 *Emmerich* in Staudinger § 559 BGB Rdn. 18; *Dickersbach* in Lützenkirchen, Mietrecht, 2. Aufl., § 559 Rn. 69.

257 LG Halle ZMR 2003, 35, 38.

258 LG Halle ZMR 2003, 35, 38.

259 *Sternel* Mietrecht aktuell (2009) Rdn. IV 334; *ders.* NZM 2006, 495; *Flatow* NZM 2009, 785, 795; *Friers* WuM 2008, 255; *Horst* NZM 2008, 145; *Stangl* ZMR 2008, 14; *Rips* WuM 2008, 379; **a. A.** *Horst* NZM 2006, 1, 5.

werden ist völlig offen. Anders könnte die Frage zu beurteilen sein, wenn der Vermieter bereits einen gültigen Verbrauchsausweis besitzt und nun für eine Modernisierungsmaßnahme KfW-Mittel beantragen will. Hierfür ist die Vorlage eines Bedarfsausweises zwingend erforderlich, so dass es sich um Baunebenkosten handeln könnte. Gem. § 8 Abs. 7 II. BV dürfen jedoch **Kosten der Beschaffung der Finanzierungsmittel** im ehemaligen preisgebundenen Wohnungsbau nicht angesetzt werden. Das gilt hier entsprechend. Auch die **Kosten der Gerüstaufstellung** gehören zu den anrechenbaren Kosten.[260] Reinigungskosten[261] nach Beendigung der baulichen Maßnahme stellen dann anrechenbare Kosten dar, wenn sie nach Beendigung der baulichen Maßnahme erforderlich waren, um die Folgen der Baumaßnahmen zu beseitigen. Man kann weder sagen, dass es sich insofern um Instandsetzungskosten handelt,[262] weil vor Beginn der Arbeiten der Schmutz ja gar nicht vorhanden war, noch dass die Reinigungsarbeiten keine Wohnwertverbesserung darstellen.[263] Nicht die Reinigungsarbeiten sind die Wertverbesserung, sondern die Baumaßnahme. Eine Kostenposition der Baumaßnahme stellen eben auch die Reinigungskosten dar, genauso wie z. B. die Anfahrtskosten des Handwerkers zur Baustelle.

64 **d) Finanzierungskosten.** Finanzierungskosten gehören nicht zu den anrechenbaren Kosten einer Modernisierungsmaßnahme nach § 559 BGB.[264] Die Kosten der Finanzierung der Maßnahme hat der Vermieter aus der 11 prozentigen Mieterhöhung gem. § 559 BGB zu bezahlen. Soweit im Kostenmietrecht etwas anderes gilt, beruht dies gerade auf dem völlig anderen Prinzip der Mietermittlung. Dort geht es darum, die Kosten an den Mieter weiterzugeben, im freifinanzierten Wohnungsbau geht es um eine ausreichende Rendite. Wie der Vermieter die Maßnahme finanziert, ob aus Eigenmitteln oder mit Fremdmitteln ist seine Angelegenheit und beeinflusst die Höhe der Miete nicht. Zu den nicht umlagefähigen Kosten gehören deshalb auch die einmaligen mit der Finanzierung in Zusammenhang stehenden Kapitalbeschaffungskosten wie Damnum, Grundbuchgebühren, Notargebühren, Beleihungsprüfungsgebühren oder Zwischenfinanzierungskosten. Auch soweit diese gem. § 5 Abs. 4 Nr. 4 II. BV im öffentlich geförderten Wohnungsbau zu den Baunebenkosten gehören, ist diese Einordnung für den freifinanzierten Wohnungsbau unerheblich. § 559 BGB beruht auf dem Prinzip, dass dem Vermieter eine pauschale Rendite und Tilgung von 11% der tatsächlichen Kosten zustehen soll. Ob er diese Kosten aus Eigenkapital aufgebracht hat oder finanziert hat, ist unerheblich. Deshalb verbleibt es auch bei der um 11% der anrechenbaren Kosten erhöhten Miete, wenn die Finanzierung ausgelaufen ist oder sich die Baumaßnahme selbst amortisiert[265] hat.

65 **e) Mietausfall.** Soweit durch die bauliche Maßnahme ein Mangel der Mietsache entsteht, der die Tauglichkeit zum gewöhnlichen Gebrauch der Mietsache aufhebt oder mindert, ist die Miete gem. § 536 Abs. 1 BGB automatisch gemindert, wenn nicht der Ausnahmetatbestand des § 536 Abs. 1 a BGB eingreift. Dabei kann die Beeinträchtigung sowohl in der Wohnung eintreten, in der die Modernisierungsarbeiten stattfinden wie auch in Nachbarwohnungen[266] oder -häusern.[267] Soweit der Mieter gem. § 555 d BGB die Modernisierungsarbeiten ausdrücklich oder auf gerichtliche Verurteilung hin geduldet hat, schließt dies eine **Minderung** wegen der Beeinträchtigungen durch die baulichen Maßnahmen z. B. durch Lärm, Schmutz, Gebrauchsbeeinträchtigungen nicht aus.[268] Dies ergibt sich daraus, dass der Wohnwert für die Wohnung für die Zeit der Modernisierung tat-

---

[260] AG Hamburg 1985, 366; *Emmerich* in Staudinger § 559 BGB Rdn. 17; **a. A.** AG Hamburg WuM 1985, 341; WuM 1985, 365; nur die Kosten der verlängerten Standzeit bei modernisierender Instandsetzung ansatzfähig: LG Berlin GE 2017, 592.

[261] *Emmerich* in Staudinger § 559 BGB Rdn. 17; *Blümmel/Blömeke,* Modernisierung „Reinigungskosten"; *Langenberg* PiG 40, 59, 75; *Lammel* § 559 BGB Rdn. 35.

[262] So VG Berlin Urt. v. 5.12.1974 – VG X A 122.74 zitiert nach *Blümmel/Blömeke,* Modernisierung „Reinigungskosten".

[263] OVG Berlin GE 1984, 333; VG Berlin GE 1977, 844, 847.

[264] OLG Hamburg RE v. 14.5.1981, NJW 1981, 2820; *Emmerich* in Staudinger § 559 BGB Rdn. 20; *Sternel* III 785; *Lammel* § 559 BGB Rdn. 35; *Langenberg* PiG 40, 59, 75; *Dickersbach* in Lützenkirchen, Mietrecht, 2. Aufl., § 559 Rn. 76; **a. A.** *Blümmel/Blömeke,* Modernisierung Teil B „Baunebenkosten".

[265] *Emmerich* in Staudinger § 559 a BGB Rdn. 7.

[266] LG Berlin MM 1994, 396; AG Hamburg WuM 1987, 272.

[267] BayObLG RE v. 4.2.1987, NJW 1987, 1950 m. Anm. *Schmidt* NJW 1991, 153; LG Berlin GE 1988, 1115; LG Göttingen NJW 1986, 1112; AG Tiergarten GE 1991, 579; AG Bad Homburg WuM 1987, 84; AG Köln WuM 1983, 53.

[268] LG Mannheim WuM 1986, 139; *Sternel* II 573; *Börstinghaus,* Mietzinsminderung bei Wohnraummietverträgen, Rdn. 52.

sächlich eingeschränkt war und die Duldung keinen Ausschlusstatbestand i. S. d. § 536b BGB darstellt. Nur bei Beeinträchtigungen der Tauglichkeit, die durch eine energetische Modernisierung i. S. d. § 555b Ziff. 1 BGB verursacht wurde ist für 3 Monate die Minderung ausgeschlossen oder wenn die Beeinträchtigung insgesamt unerheblich war, § 536 Abs. 1 S. 3 BGB. Der dem Vermieter durch eine berechtigte Minderung entstehende Mietausfall gehört aber nicht zu den anrechenbaren Kosten der Modernisierungsmaßnahme und kann nicht gem. § 559 BGB mit 11% auf die Mieter umgelegt werden.[269] Es handelt sich gerade nicht um Kosten, die für die Wohnung aufgewendet wurden. Der Mietausfall hängt auch nicht mit der Wertverbesserung zusammen, sondern wird ausschließlich durch die Gebrauchsbeeinträchtigung beeinflusst. Die Gebrauchsbeeinträchtigung hängt wiederum davon ab, wie die Arbeiten durchgeführt werden, rücksichtsvoll oder weniger, schnell oder langsam. Auch dies zeigt, dass der Mietausfall mit der Modernisierung nichts zu tun hat.

f) Schönheitsreparaturen. Modernisierungsmaßnahmen haben häufig zur Folge, dass anschließend Schönheitsreparaturen durchgeführt werden müssen.[270] Strittig ist, ob die hierfür aufgewandten Kosten bei einer Mieterhöhung gem. § 559 BGB berücksichtigt werden dürfen[271], oder ob es sich um Erhaltungsaufwand oder um Aufwendungen des Mieters handelt. Werden aufgrund einer Modernisierungsmaßnahme Maßnahmen notwendig, die üblicherweise zu den Schönheitsreparaturen zählen, also vor allem Anstrich oder Tapezieren, dann muss der Vermieter diese grundsätzlich ausführen; etwas anderes gilt nur dann, wenn die Schönheitsreparaturen zum Zeitpunkt der Modernisierungsarbeiten fällig waren und wirksam auf den Mieter abgewälzt worden sind.[272] In diesem Fall muss der Mieter die Arbeiten durchführen. Muss der Vermieter die Arbeiten durchführen und die Kosten tragen, dann gehört dieser Aufwand zu den ansatzfähigen Kosten gem. § 559 BGB.[273] 66

3. Nichtberücksichtigung von Instandsetzungskosten

Modernisierungsmaßnahmen liegen **kraft Definition** nur dann vor, wenn es sich nicht um Erhaltungsarbeiten handelt. Das ergibt sich jetzt deutlich aus § 555a BGB und § 555b BGB. Dort wird gerade zwischen **Erhaltungsmaßnahmen** (§ 555a Abs. 1 BGB) und **Modernisierungsmaßnahmen** (§ 555b BGB) differenziert. Erhaltungsmaßnahmen werden unterschieden in Instandhaltungs- und Instandsetzungsmaßnahmen. Bei Erhaltungsmaßnahmen handelt es sich nicht um eine Modernisierung. Die hierfür aufgewandten Kosten stellen deshalb keine anrechenbaren Kosten der Modernisierung dar.[274] § 559 Abs. 1 BGB erlaubt dem Vermieter eine Mieterhöhung deshalb auch nur dann, wenn er bestimmte Modernisierungsmaßnahmen nach § 555b BGB durchgeführt hat. 67

Zusätzlich und nur **klarstellend** bestimmt § 559 Abs. 2 1. HS BGB, dass die Kosten, die für Erhaltungsmaßnahmen erforderlich gewesen wären, **nicht zu den aufgewendeten Kosten** nach Absatz 1 gehören. Nicht ansetzbar sind damit diejenigen Kosten, die einen vor Beginn der Maßnahme bereits instandsetzungs- oder instandhaltungsbedürftigen Zustand beseitigen sollen.[275] Ob dieser Zustand erst während der Arbeiten erkannt wird oder schon vorher bekannt war, ist unerheblich, z. B. während der Dachdämmung erkannter Mangel am Dachstuhl. Umgedreht sind die Kosten für die Beseitigung von Schäden, die durch die Modernisierungsmaßnahme erst entstanden sind, ansatzfähige Modernisierungskosten[276], z. B. Einputzarbeiten bei Fensteraustausch usw. Diese Maßnahmen gehören entsprechend der früher geltenden Regelung in § 3 Abs. 2 ModEnG zu den Modernisierungskosten.[277] 68

Modernisierungs- und Erhaltungsmaßnahmen lassen sich nicht immer eindeutig voneinander trennen. Regelmäßig beinhaltet eine Modernisierung zumindest auch eine Instandhaltungsmaß- 69

---

[269] OVG Berlin GE 1982, 273; GE 1983, 753; VG Berlin GE 1980, 751; *Börstinghaus,* Mietzinsminderung bei Wohnraummietverträgen, Rdn. 52; *Sternel* III 785; *Kinne* in Blömeke/Blümmel, Modernisierung Teil C 30; *Lammel* § 559 BGB Rdn. 35; *Gramlich,* Mietrecht, § 559 BGB Anm. 9; *Emmerich* in Staudinger § 559 BGB Rdn. 20; *Dickersbach* in Lützenkirchen, Mietrecht, 2. Aufl., § 559 Rn. 73.

[270] *Blank* NZM 2011, 508.

[271] *Lammel,* § 559 BGB Rdn. 37.

[272] *Blank* NZM 2011, 508, 510.

[273] *Blank* NZM 2011, 508, 510.

[274] AG Münster WuM 2012, 610.

[275] AG Münster WuM 2012, 610.

[276] *Sternel* Mietrecht aktuell (2009) Rdn. IV 363 unter Hinweis auf § 3 Abs. 2 ModEnG.

[277] *Sternel,* III 785; *ders.* PiG 41, 45, 61.

nahme, teilweise auch eine Instandsetzungsmaßnahme.[278] Man spricht dann von einer modernisierenden Instandsetzung oder **Instandmodernisierung.** Dabei handelt es sich um eine Maßnahme nach § 559 BGB. Die Tatsache, dass zugleich mit der Modernisierung auch Instandsetzungsmaßnahmen durchgeführt wurden ist aber bei der Ermittlung der anrechenbaren Kosten zu berücksichtigen.

70 Nach Abs. 2 sind die Kosten der zum Zeitpunkt der Durchführung der Modernisierungsmaßnahme **fälligen Instandsetzungsmaßnahmen** bei der Ermittlung der anrechenbaren Kosten nicht zu berücksichtigen.[279] Der Vermieter kann die ihm anzulastenden Kosten für eine schon fällige Wiederherstellung des ursprünglich nach dem Vertrag vorausgesetzten gebrauchsfähigen Zustandes der Mietsache nicht dadurch sparen, dass er, statt instand zu setzen, nun modernisiert, aber mit der Möglichkeit, den Kostenaufwand dann über eine nach § 559 BGB erhöhte Miete in diesem gesetzlichen Rahmen auf den oder die Mieter abzuwälzen. **Beispiele** für eine solch modernisierende Instandsetzung sind der Austausch einfach verglaster Fenster durch Isolierfenster mit neuem dichterem Rahmen sowie der Austausch einer defekten Heizungsanlage durch eine moderne Niedertemperaturanlage. Auch die Wärmedämmung einer Fassade, die Schäden aufweist, stellt eine solche Maßnahme dar. **Modernisierung** ist in diesem Fall nur der Teil der Aufwendungen, der über die Instandsetzung hinausgeht. Also der gesamte Sockel der Kosten, der auch für die Instandsetzung angefallen wäre, ist nicht anzusetzen.[280] Bedeutung hat dies bei den so genannten **Sowieso-Kosten,** z. B. den Gerüstkosten. Muss das Gerüst auch für die Instandsetzung der Fenster oder Außenfassade aufgestellt werden, dann gehören die Gerüstkosten weder ganz noch anteilig zu den Modernisierungskosten, sondern ausschließlich zu den Instandsetzungskosten.[281] Falsch ist es deshalb, bei modernisierenden Instandsetzungen die Gemeinkosten anteilig auf die Modernisierung und die Instandsetzung zu verteilen, etwa in dem auf die Gesamtkosten eine Quote[282] angewandt wird, die den Modernisierungs- und Instandsetzungsanteil jeweils angeben soll. Erforderlich ist vielmehr ein **konkreter Vergleich der Kosten,** die für die Instandsetzung auch unter Verwendung moderner und zeitgemäßer Materialien[283] hätte aufgewandt werden müssen und den tatsächlich aufgewendeten Kosten für die modernisierende Instandsetzung. Dabei sind die fiktiven Instandsetzungskosten nach gegenwärtigen Preisen anzusetzen.[284] Nur die Differenz zwischen den beiden Berechnungen stellt den **Modernisierungsanteil** dar und kann gem. § 559 BGB auf die Miete umgelegt werden.[285] Zu den fiktiven Instandsetzungskosten bei der modernisierenden Fenstersanierung gehören auch die fälligen Kosten des Anstrichs und der Nacharbeitung der Verkittung.[286] Die ersparten Aufwendungen sind bezogen auf die jeweilige Wohnung zu ermitteln.[287] Soweit der BGH[288] es für zulässig erachtet hat, dass zur Darlegung des Instandsetzungsanteils eine **Quote** angegeben wird, bezieht sich dies nur auf die Frage, der formellen **Wirksamkeit der Modernisierungsmieterhöhung.** Dort reicht noch die Angabe einer Quote. Spätestens im Prozess muss der Vermieter aber die genaue Höhe der fälligen Instandsetzungskosten darlegen und auch beweisen. Dabei dürfen die Substantiierungsanforderungen hinsichtlich der Instandsetzungskosten

---

[278] AG Görlitz WuM 1996, 153.

[279] BGH (VIII ZR 88/13) NZM 2015, 198; OLG Celle RE v. 28.10.1980, OLGZ 1981, 318 und RE v. 16.3.1981, NJW 1981, 1625 m. Anm. *Kummer* WuM 1981, 145 und *Emmerich* JuS 1981, 767; OLG Hamburg RE v. 6.10.1982, WuM 1983, 13; LG Berlin GE 2011, 951; ZMR 1998, 167; GE 1995, 429; LG Görlitz WuM 1997, 228; LG Hannover WuM 1990, 227; LG Aachen WuM 1980, 203; LG Hamburg MDR 1981, 1021; MDR 1978, 935; LG Dortmund ZMR 1979, 281; ZMR 1980, 249; *Dickersbach* in Lützenkirchen, Mietrecht, 2. Aufl., § 559 Rn. 89; *Emmerich* in Staudinger § 559 BGB Rdn. 23 (eher resignierend); *Sternel,* III 787; *Lammel* § 559 BGB Rdn. 40; *Langenberg* PiG 40, 59, 76; *Gellwitzki* ZMR 1978, 225; *Marienfeld* ZMR 1978, 38; *Warnecke* ZMR 1976, 228.

[280] LG Berlin GE 2013, 419.

[281] LG Berlin GE 2013, 419; GE 1998, 550; LG Bückeburg WuM 1992, 378; *Emmerich* in Staudinger § 559 BGB Rdn. 22; **a. A.** Bub/Treier/*Schultz* Kap. III. A Rdn. 1560: Kosten sind quotenmäßig aufzuteilen; nur die Kosten der verlängerten Standzeit sind ansatzfähig: LG Berlin GE 2017, 592.

[282] *Emmerich* in Staudinger § 559 BGB Rdn. 22; LG Lüdenscheid WuM 1997, 438; **a. A.** LG Halle ZMR 2003, 35, 36; LG Dresden WuM 1998, 216, 217; LG Stralsund WuM 1996, 229.

[283] AG Gera WuM 1995, 399.

[284] LG Bückeburg WuM 1992, 378; *Sternel* Mietrecht aktuell Rdn. IV 361; *Dickersbach* in Lützenkirchen, Mietrecht, 2. Aufl., § 559 Rn. 91.

[285] LG Landau/Pfalz ZMR 2009, 211, 212.

[286] AG Rheine WuM 1996, 714.

[287] AG Köln WuM 1990, 226.

[288] BGH (VIII ZR 88/13) NZM 2015, 198.

nicht überspannt werden.[289] Es muss angegeben werden, welche Teile der Vermieter für instandsetzungsbedürftig angesehen hat und welche Kosten für die seiner Meinung mögliche Erhaltungsmaßnahme angefallen wären.[290] Steht fest, dass eine Modernisierungsmieterhöhung dem Grunde nach berechtigt ist, sind aber genaue Feststellungen zu den ersparten Instandsetzungskosten nicht möglich, muss das Gericht nach pflichtgemäßem Ermessen einen Mindesterhöhungsbetrag gem. § 287 ZPO schätzen.[291] Dabei reicht eine erhebliche auf gesicherter Grundlage beruhende Wahrscheinlichkeit aus. Nur wenn jegliche konkreten Anhaltspunkte fehlen und deshalb jede Schätzung willkürlich wäre, darf es sie unterlassen.

Diese zur alten Fassung des § 559 BGB ergangene Rechtsprechung hat auch im Gesetz ihren 71
Niederschlag gefunden. Nach Abs. 2 2. HS sind die auf die Erhaltungsmaßnahme entfallenden Kosten, soweit erforderlich, **durch Schätzung zu ermitteln.** Der Einschub „soweit erforderlich" schränkt den Anwendungsbereich der Norm dabei nicht auf den Fall ein, dass dem Grunde nach überhaupt Erhaltungskosten angefallen sein könnten, sondern gestattet die Schätzung nur in den Fällen, in denen die Erhaltungskosten nicht eindeutig und leicht ermittelt werden können, z. B. bei Pauschal- oder Generalunternehmerverträgen. Nur in diesen Fällen ist eine Schätzung gestattet. Das kann sich auch auf einzelne Kostenpositionen beziehen, z. B. die Einbaukosten für ein instandsetzungsbedürftiges Teil oder die Ersatzbeschaffungskosten für alte auszutauschende aber heute nicht mehr lieferbare Teile. Die Schätzung dient vorliegend der ungefähren Ermittlung der Kosten für die erforderliche Erhaltungsmaßnahme auf Grund konkreter Vorgaben oder Erfahrungen. Die Schätzung ist von der Leistungsbestimmung nach billigem Ermessen gem. § 315 Abs. 1 BGB zu unterscheiden. Dort findet im Streitfall nur eine Billigkeitskontrolle durch die Gerichte statt. Die Schätzung selbst ist zunächst eine Erleichterung bei der Darlegung des Sachverhalts und dann im Prozess eine Beweiserleichterung. Der Zivilprozess kennt eine solche Beweiserleichterung bereits in § 287 ZPO. Dort wie hier müssen aber ausreichende Ausgangs- und Anknüpfungstatsachen vorliegen und vom Vermieter vorgetragen werden.[292] Das bedeutet, dass soweit wie möglich die Kosten der fälligen Erhaltungsmaßnahme konkret zu ermitteln sind, ggf. durch Einholung eines Alternativangebots. Nur dort, wo solche Tatsachen nicht oder mit einem nicht zumutbaren Aufwand ermittelt werden könnten, können die Kosten auf Grund der Erfahrung fachkundiger Kreise, in der Regel Architekten und Fachingenieure, festgelegt werden. Das Ergebnis dieser Schätzung ist vom Gericht **voll überprüfbar.** Es findet nicht nur eine Billigkeitskontrolle statt.

Abzuziehen sind nur Kosten für fällige Erhaltungsaufwendungen. **Fiktive zukünftig erst fällig** 72
werdende Instandsetzungskosten muss der Vermieter sich nicht anrechnen lassen.[293] Das entsprach schon bisher der ganz herrschenden Auffassung im freifinanzierten[294] und öffentlich geförderten Wohnungsbau.[295] Dafür sprach früher bereits der Wortlaut des § 559a BGB, in dem ausdrücklich festgelegt ist, was sich der Vermieter auf die Modernisierungskosten anrechnen lassen muss, nämlich nur zinslose oder zinsverbilligte Darlehen aus öffentlichen Haushalten, Mietvorauszahlungen und Mieterdarlehen, und zwar in einer ziemlich detaillierten Regelung. Über weitere Einschränkungen des ansetzbaren Kostenaufwandes für die Modernisierung schwieg das Gesetz schon bisher. Die Beschränkung auf fällige Instandsetzungskosten sollte Investitionen fördern. Eine nur anteilige Ansatzfähigkeit hätte auch wegen Probleme bei der Umsetzung nur Schwierigkeiten gemacht und hätte investitionshemmend gewirkt. Der Gesetzgeber des Mietrechtsänderungsgesetzes 2013 hat in Kenntnis dieser Rechtsprechung und Argumente diese Rechtsauffassung kodifiziert. Die Beschränkung auf die Kosten für zum Zeitpunkt der Modernisierungsmaßnahme fällige Erhaltungskosten ergibt sich jetzt deutlich aus dem Wortlaut des Abs. 2 1. HS. Dort ist davon die Rede,

---

[289] BGH (VIII ZR 88/13) NZM 2015, 198.

[290] BGH (VIII ZR 88/13) NZM 2015, 198.

[291] BGH (VIII ZR 88/13) NZM 2015, 198.

[292] LG Berlin MM 11/2014, 29; m. Anm. *Börstinghaus* jurisPR-MietR 2/2015 Anm. 3; Bub/Treier/*Schultz* Kap. III. A Rdn. 1561.

[293] *Fleindl* PiG 99 (2015), 111, 115 = NZM 2016, 65.

[294] OLG Hamm RE v. 27.4.1981, NJW 1981, 1622; OLG Celle RE v. 16.3.1981, NJW 1981, 1625 m. Anm. *Kummer* WuM 1981, 145 und *Emmerich* JuS 1981, 767; OLG Hamburg RE v. 6.10.1982, WuM 1983, 13; *Lammel* § 559 BGB Rdn. 41; *Langenberg* PiG 40, 59, 76; *Sternel* Mietrecht aktuell (2009) Rdn. IV 359; **a. A.** LG Oldenburg WuM 1980, 86; LG Hamburg MDR 1981, 1021; MDR 1978, 935; AG Hamburg WuM 1980, 86; *Dickersbach* in Lützenkirchen, Mietrecht, 2. Aufl., § 559 Rn. 89; *Emmerich* PiG 35, 55, 69; *Marienfeld* ZMR 1978, 38; resignierend weil er die **a. A.** eigentlich für richtig hält, aber wegen der abw. h. M. nicht weitervertreten will: *Emmerich* in Staudinger § 559 BGB Rn. 23.

[295] BVerwG GE 1983, 129.

dass nur die Kosten für Erhaltungsmaßnahmen, die *erforderlich gewesen wären* abzuziehen sind. Damit wird vom Wortlaut her eindeutig auf in der Vergangenheit, nämlich zum Zeitpunkt der Modernisierungsmaßnahme, fällig gewesen Erhaltungsmaßnahmen abgestellt. Zukünftige Erhaltungsmaßnahmen werden gerade nicht angesprochen. Angesichts der sonst ins Einzelne gehenden Regelung des § 559 Abs. 1 BGB ist zweifelhaft, ob hier noch Raum ist für eine ergänzende und einschränkende Auslegung dahin, dass auch zukünftig fällig werdende Instandsetzungen in Abzug zu bringen sind. Auch Sinn und Zweck des Gesetzes erfordern es nicht, den Vermieter mit den **fiktiven Kosten** für die Instandhaltung der Mietsache auf der Basis des alten nicht modernisierten Zustandes zu belasten. Richtig ist zwar, dass der Vermieter durch die Wahl des richtigen Zeitpunkts für die Modernisierung zumindest teilweise darüber entscheiden kann, ob er zukünftig Instandsetzungskosten zu tragen hat oder nicht,[296] dies ist aber systemimmanent. So gut wie jede Modernisierung führt dazu, dass an anderer Stelle irgendwelche Kosten eingespart werden, sei es im Extremfall, dass bei Einbau eines Fahrstuhls das Treppenhaus nicht mehr so häufig benutzt wird und deshalb seltener gestrichen werden muss. Schließlich muss der Vermieter nach der Modernisierung die Kosten auch für die Erhaltung der Mietsache im modernisierten Zustand tragen. Und zuletzt hat der Gesetzgeber mit der Möglichkeit der 11-prozentigen Umlage eine möglichst einfache und pauschale Umlageregelung geschaffen, um dem verfassungsrechtlichen Gebot zu entsprechen, wonach mietpreisliche Vorschriften nach Inhalt und Voraussetzungen so zu gestalten sind, dass Vermieter und Mieter in der Lage sind, in zumutbarer Weise die gesetzlich zulässige Miete zu ermitteln.[297] Die Notwendigkeit, so gut wie bei jeder Mieterhöhung nach § 559 BGB fiktive und im Einzelnen unbekannte Kosten in Abzug zu bringen, würde dem eklatant widersprechen. Eine solche Vorgehensweise ist weder praktikabel, noch ist das Ergebnis prognostizierbar. Ohne Einschaltung kostspieliger Sachverständiger ließe sich die fiktive Berechnung für die Zukunft durchweg nicht erstellen. Sinnvollerweise müsste der Sachverständige bereits vor Beginn der Modernisierung zugezogen werden, wenn er überhaupt Brauchbares über die Kosten sagen soll, die in Zukunft zur Erhaltung der nicht modernisierten Wohnungssubstanz voraussichtlich entstehen werden. Ohnehin wäre eine derartige hypothetische Rechnung mit einer Fülle von Unsicherheiten und Unwägbarkeiten belastet. Was dem Vermieter nach Abzug solcher fiktiven Kosten an Modernisierungsaufwand, der über eine Mieterhöhung auf die Mieter abgewälzt werden könnte, noch übrigbliebe, wäre schwerlich vorausberechenbar und könnte sich aus der Sicht des Vermieters leicht als Zufallsergebnis, wenn nicht sogar als Folge mehr oder weniger willkürlicher Schätzungen darstellen.[298] Damit würden Investitionen im Wohnungsbau eher verhindert als gefördert.

73 Aus denselben Gründen ist die Auffassung abzulehnen, wonach von den Modernisierungskosten ein **angemessener Restwert, z. B. der Schrottpreis** dafür abgesetzt werden muss, dass die durch die Modernisierung ersetzten alten Bestandteile der Mietsache bereits mehr oder weniger abgeschrieben seien.[299] Auch hier scheidet eine Anrechnung fiktiver Einnahmen aus den zuvor genannten Gründen aus. Etwas anders gilt nur dann, wenn der Vermieter tatsächlich aus dem **Verkauf gebrauchter Teile** Einnahmen erzielt oder es schuldhaft unterlässt, tatsächlich mögliche Einnahmen zu erzielen. Eine Anrechnung kommt auch dann in Betracht, wenn der Vermieter die ausgebauten Teile anderweitig weiterverwendet. All diese Fälle dürften aber in der Immobilienwirtschaft kaum vorkommen.

II. Der Umlageschlüssel

1. Allgemeines

74 Das Gesetz geht als Normalfall davon aus, dass die Mieterhöhung grundsätzlich nach den Kosten berechnet wird, die für die konkrete Wohnung aufgewendet wurden.[300] Insofern unterscheidet sich die Regelung von den Bestimmungen des preisgebundenen Wohnungsbaus.[301] Dort muss zunächst eine Durchschnittsmiete für alle Wohnungen aus dem gesamten Modernisierungsaufwand berech-

[296] So LG Hamburg MDR 1981, 1021; AG Hamburg WuM 1980, 86; *Sternel* III 788ff.; *ders.* PiG 41, 45, 61; *Emmerich* in Staudinger § 559 BGB Rdn. 22.
[297] BVerfG NJW 1974, 1499.
[298] So wörtlich OLG Hamm RE v. 27.4.1981, NJW 1981, 1622.
[299] *Lammel* § 559 BGB Rdn. 41; *Storz* NJW 1971, 413, 414.
[300] *Emmerich* in Staudinger § 559 BGB Rdn. 26; *Sternel* PiG 41, 45, 62; *Marienfeld* ZMR 1978, 38.
[301] *Sternel* PiG 41, 45, 62; *ders.* Mietrecht aktuell Rdn. IV 366.

net werden und aus dieser Durchschnittsmiete ist dann unter Berücksichtigung des individuellen Wohnwertes der einzelnen Wohnungen die Einzelmiete abzuleiten. Im preisfreien Wohnungsbau hat normalerweise nicht eine Aufteilung eines Modernisierungszuschlags auf alle Wohnungen zu erfolgen, sondern die Kosten sind bereits auf Wohnungsebene zu erfassen.

Soweit die Kosten nur für **einzelne Wohnungen** entstanden sind, sind auch nur die jeweiligen Kosten in Ansatz zu bringen. Soweit Kosten für mehrere Wohnungen angefallen sind, wie z. B. Gerüstkosten, Wärmedämmung, Zentralheizungseinbau oder auch notwendige Architektenhonorare, sind diese vom Vermieter gem. § 559 Abs. 3 BGB angemessen zu verteilen. Der Vermieter kann dazu im Rahmen der §§ 315, 316 BGB nach **billigem Ermessen** einen Verteilungsschlüssel bestimmen.[302] Gem. § 315 Abs. 3 Satz 3 BGB kann die Verteilung nur auf Billigkeit überprüft werden. Ist die Verteilung im Einzelfall unbillig so ist das Erhöhungsverlangen trotzdem formell wirksam, es ist nur materiell fehlerhaft. Das Gericht hat gem. § 315 Abs. 3 Satz 2 BGB die Bestimmung einer der Billigkeit entsprechenden Verteilung im Zahlungsverfahren dann vorzunehmen.[303] 75

2. Die einzelnen Umlageschlüssel

Unbillig sind zunächst solche Umlageschlüssel, die bestimmte Mieter unberechtigterweise bevorzugen oder benachteiligen. Das ist z. B. dann der Fall, wenn zahlungsunfähige Mieter nicht oder weniger belastet werden[304] aber auch, wenn zahlungsunwillige oder schwierige Mieter „zur Strafe" stärker belastet werden.[305] Unbillig ist auch ein Verteilungsschlüssel, der zurzeit unvermietete Wohnungen aus der Verteilung ausnimmt[306] oder die vom Vermieter[307] oder Hausmeister genutzte Wohnung gar nicht oder mit einem günstigeren Verteilungsschlüssel in Ansatz bringt. Das Gleiche gilt, wenn Mieterhöhungen gem. § 559 BGB für bestimmte Wohnungen kraft Gesetzes, z. B. wegen bestehender Staffelmiet- oder Mietanpassungsvereinbarung oder weil es sich um gewerbliche Mietverhältnisse handelt oder auf Grund des Mietvertrages gem. § 557 Abs. 3 BGB, ausgeschlossen sind. Auch in diesem Fall muss der Vermieter die auf diese Wohnungen entfallenden Kosten selbst tragen.[308] Unzulässig ist es auch, den Modernisierungsaufwand für mehrere Gebäude, die keine Wirtschaftseinheit bilden, zusammenzufassen und einheitlich zu verteilen.[309] 76

In allen übrigen Fällen muss die Verteilung der Kosten durch den Vermieter angemessen sein. Dabei ist von dem Grundsatz auszugehen, dass immer dann, wenn keine separate Erfassung der Kosten für die einzelnen Wohnungen erfolgt ist oder ein anderer praktikabler und nachvollziehbarer Umlagemaßstab offensichtlich ist, eine Verteilung der Kosten nach dem **Verhältnis der tatsächlichen Wohnfläche** der einzelnen Wohnung zur Gesamtfläche, die modernisiert wurde, angemessen ist.[310] Dies gilt zunächst für den Fall, dass im Mietvertrag keine Flächenvereinbarung getroffen wurde.[311] Ist im Mietvertrag eine größere als die tatsächliche Wohnfläche vereinbart, dann ist sowohl die Gesamtwohnfläche des Hauses nach der Summe der tatsächlichen Flächen zu ermitteln[312] wie auch die konkrete Vertragswohnung mit der tatsächlichen Fläche zu berücksichtigen.[313] Nur das entspricht der Formulierung „angemessen" in Abs. 3 und hält einer Billigkeitskontrolle gem. §§ 315, 316 BGB stand. Ist im Mietvertrag eine kleinere Fläche als tatsächlich vorhanden vereinbart, hat dies auf die Gesamtfläche des Hauses, auf die die Kosten aufzuteilen sind, keinen Einfluss.[314] Die Verwendung einer größeren vereinbarten als der tatsächlichen Fläche würde 77

---

[302] *Artz* in MünchKomm § 559 BGB Rdn. 20; Bub/Treier/*Schultz* Kap. III. A Rdn. 1585; *Emmerich* in Staudinger § 559 BGB Rdn. 26; *Dickersbach* in Lützenkirchen, Mietrecht, 2. Aufl., § 559 Rn. 96.

[303] So jetzt wörtlich die ganze Rdn. auch LG Berlin GE 2013, 1654.

[304] *Emmerich* in Staudinger § 559 BGB Rdn. 28.

[305] LG Offenburg WuM 1998, 289 für Mieterhöhung nach § 2 MHG bei Genossenschaftswohnung; anders aber zu Recht BGH (VIII ZR 159/08) NZM 2010, 121; LG Köln ZMR 2008, 718 m. Anm. *Börstinghaus* WuM 2009, 223; zur Gleichbehandlung s. auch § 557 BGB Rdn. 45.

[306] *Emmerich* in Staudinger § 559 BGB Rdn. 28; *Kinne* ZMR 2001, 868, 871.

[307] *Langenberg* PiG 40, 59, 78.

[308] *Emmerich* in Staudinger § 559 BGB Rdn. 28; *Sternel* III 792.

[309] *Sternel* Mietrecht aktuell (2009) Rdn. IV 367.

[310] *Emmerich* in Staudinger § 559 BGB Rdn. 27; Bub/Treier/*Schultz* Kap. III. A Rdn. 1586; *Artz* in MünchKomm § 559 Rdn. 20; **a. A.** maßgeblich die vereinbarte Wohnfläche: *Dickersbach* in Lützenkirchen, Mietrecht, 2. Aufl., § 559 Rn. 98.

[311] *Börstinghaus,* Flächenabweichungen in der Wohnraummiete, Rdn. 856.

[312] *Börstinghaus,* Flächenabweichungen in der Wohnraummiete, Rdn. 866.

[313] *Börstinghaus,* Flächenabweichungen in der Wohnraummiete, Rdn. 863.

[314] *Börstinghaus,* Flächenabweichungen in der Wohnraummiete, Rdn. 874.

den konkreten Mieter im Verhältnis zu den anderen Mietern benachteiligen, die Verwendung einer kleineren vereinbarten als der tatsächlichen Fläche würde alle anderen Mieter benachteiligen und ist deshalb unbillig. Etwas anderes gilt aber hinsichtlich der Fläche der einzelnen Wohnung. Hier liegt in der Regel eine Ausschlussvereinbarung gem. § 557 Abs. 3 BGB vor, so dass der Vermieter nicht 100% der Kosten zum Gegenstand einer Mieterhöhung machen kann (§ 557 BGB Rdn. 56).[315] Die Rechtsprechung des BGH zu solchen Flächenabweichungen bei einer Mieterhöhung gem. § 558 BGB[316] oder bei der Abrechnung der Betriebskosten[317] ist grundsätzlich fehlerhaft[318] und hier nicht anwendbar.

78 Ein anderer Maßstab ist zum Beispiel dann sachgerechter, wenn es um den Einbau von **Fenstern** geht. Hier können die Kosten ohne weiteres nach der Anzahl der Fenster und ggf. nach der Größe erfolgen.[319] Dies gilt zumindest dann, wenn die Wohnungen unterschiedlich groß sind und eine unterschiedlich große Anzahl oder unterschiedlich große Fenster aufweisen. Dies gilt auch, wenn einige Wohnungen mit Terrassen- oder Balkontüren ausgestattet werden mussten. In Betracht kommen kann auch eine **Verteilung nach der Anzahl der Wohnungen.** Das ist dann der Fall, wenn die Modernisierungsmaßnahme für jede Wohnung im gleichen Umfang durchgeführt wurde,[320] z. B. beim Einbau einer Gegensprechanlage, einer neuen einbruchssichereren Haustüranlage oder den Anschluss an ein Breitbandkabelnetz.[321] Demgegenüber ist eine Verteilung der Kosten nach der Kopfzahl regelmäßig nicht sachgerecht.[322] Es kann deshalb vom Vermieter auch nicht verlangt werden, die Kosten einer Badrenovierung nach der Anzahl der das Bad benutzenden Personen zu verteilen. Sollen etwa die Kosten der Anlegung eines Kinderspielplatzes nur auf die Familien mit Kindern umgelegt werden können oder auch auf die Familien, deren Familienplanung noch nicht offensichtlich (?) abgeschlossen ist?

79 Im Übrigen ist der Vermieter aber nicht verpflichtet, bei der Verteilung den unterschiedlichen **Gebrauchswert** der Modernisierungsmaßnahme oder das Maß der potenziellen Energieeinsparung zu berücksichtigen. Auch hier kommt es zu Ungleichbehandlungen. So ist es grundsätzlich nicht erforderlich, den Erdgeschossmieter bei der Umlage der Kosten für den Einbau oder die Modernisierung eines **Fahrstuhls** auszuklammern[323] oder zumindest die Bewohner der oberen Geschosse stärker zu belasten.[324] Die Verteilung der Kosten nach Gesamtquadratmetern des Hauses ist nicht unbillig.[325] Dies gilt auch für die Verteilung der Kosten für einen Balkonanbau nach dem Verhältnis der Balkonfläche.[326] Grundsätzlich spricht gegen eine solche Verteilung nach dem unterschiedlichen Gebrauchswert nichts[327], nur ist es regelmäßig kaum möglich einen angemessenen und akzeptablen Verteilungsschlüssel anzuwenden, der die Verteilung plausibler und billiger macht.[328] Auch Erdgeschossbewohner können ein Interesse an der Fahrstuhlnutzung haben. Das beginnt beim Transport der Bierkästen in den Keller und endet beim Besuch von Mitmietern im Obergeschoss. Nur wenn der Erdgeschossmieter objektiv keinen Nutzen hat, z. B. weil der Fahrstuhl im Zwischengeschoss hält oder weil es sich um einen Fahrstuhl in einem anderen Gebäudeteil handelt,[329] scheidet eine

---

315 *Börstinghaus,* Flächenabweichungen in der Wohnraummiete, Rdn. 870.

316 BGH (VIII ZR 205/08) WuM 2009, 460; *Börstinghaus* WuM 2009, 461.

317 BGH (VIII ZR 261/06) NJW 2008, 142.

318 S. dazu § 557 BGB Rdn. 56 a ff.

319 LG Potsdam WuM 2000, 553; LG Stralsund WuM 1996, 229; LG Frankfurt WuM 1983, 114; *Sternel* III 791; *Mersson* DWW 2009, 206, 209; Bub/Treier/*Schultz* Kap. III. A Rdn. 1589.

320 *Kinne* in Blömeke/Blümmel, Modernisierung, Teil C Rdn. 101.

321 BGH (VIII ZR 202/06) NJW 2007, 3060; *Derckx* NJW 2007, 3061; *Beyer* NZM 2008, 12.

322 *Kinne* ZMR 2001, 868, 871.

323 LG Duisburg WuM 1991, 597; LG Berlin WuM 1990, 559; *Sternel* PiG 41, 45, 62 der diese Auffassung aber wohl in *Sternel* Mietrecht aktuell (2009) Rdn. IV 369 aufgegeben zu haben scheint; *Dickersbach* in Lützenkirchen, Mietrecht, 2. Aufl., § 559 Rn. 98; nach dem Urteil des BGH (VIII ZR 103/06) NJW 2006, 3557 ist der Erdgeschossmieter auch an den Betriebskosten des Fahrstuhls zu beteiligen; **a. A.** LG Braunschweig WuM 1990, 558; *Langenberg* PiG 40, 59, 77; Bub/Treier/*Schultz* Kap. III. A Rdn. 1591.

324 So aber LG Hamburg ZMR 2002, 918 m. Anm. *Battenberg;* LG Hamburg Urt. v. 24. 6. 1994 – 311 S 82/93; LG Berlin GE 1994, 703; *Kinne* ZMR 2001, 868, 871.

325 *Blömeke/Blümmel/Kinne/Lorenz,* Modernisierung, Teil B Seite 217.

326 AG Wedding GE 2014, 943.

327 *Mersson* DWW 2009, 122, 129.

328 *Sternel* PiG 41, 45, 63.

329 *Emmerich* in Staudinger § 558 BGB Rdn. 27; Zum ähnlichen Problem bei der Betriebskostenabrechnung: BGH (VIII ZR 128/08) NJW 2009, 2058; LG Berlin GE 2005, 1489.

Umlage auf den betreffenden Mieter aus. Zum Teil[330] wird vorgeschlagen 60% der Kosten linear auf jedes Stockwerk und 40% gebrauchsabhängig zu verteilen. Das LG Hamburg hat folgende Umlageschlüssel für die Kosten eines Fahrstuhleinbaus auch für angemessen anerkannt, der aber i. E. auch nicht „friedensfördernder" ist als eine Umlage nach der Wohnfläche[331]:

	333 S 81/01[332]	*Kinne*[333]
Erdgeschoss	0%	0%
1. OG	12%	16%
2. OG	17,5%	18%
3. OG	21%	20%
4. OG	23,5%	22%
5. OG	26%	24%

Bei einer Wärmedämmung muss nicht zwischen Innen- und Außenwohnungen differenzieren werden.[334] Eine **Wärmedämmung** kommt mittelbar auch den Mietern von Innenwohnungen zugute. Dies gilt auch für die Dämmung der Kellerdecke und des Daches, da hierdurch die **verbrauchsunabhängigen Heizkosten** sinken.[335] Nach den Erfahrungen der Wärmemessfirmen erfolgt mehr als ⅔ des Wärmeverlustes bei gedämmten Gebäuden im Haus. Das bedeutet, dass durch die Abstrahlung und den sog. **„Wärmeklau"** eine Beheizung von Nachbarwohnungen stattfindet. Deshalb hat der Gesetzgeber bei der Neufassung der Heizkostenverordnung zum 1. 1. 2009 auch die Vorschläge der Mieterseite nicht aufgegriffen bei energetisch sanierten Gebäuden die Kosten ausschließlich nach dem gemessenen Verbrauch zu verteilen. Die Mieter, der etwas entfernter von den Dämmmaßnahmen liegenden Wohnungen, profitieren bei der Heizkostenabrechnung also nicht nur über den Flächenanteil[336], sondern u. U. auch über den nach Verbrauch abzurechnenden Anteil der Kosten.[337] Bei jeder Maßnahme profitiert einmal der eine und einmal der andere Mieter etwas mehr. Die Kosten sind insgesamt umlagefähig, so dass es auch nicht um die Verteilung zwischen Mieter und Vermieter geht, sondern nur um die Verteilung auf die verschiedenen Mieter. Das Gericht darf nur prüfen, ob die durch die Billigkeit gezogenen Grenzen überschritten sind, allein die Tatsache, dass das Gericht einen anderen Abrechnungsschlüssel für richtiger hält, genügt nicht.[338] Selbst wenn eine Wohnung im Haus noch nicht an die Zentralheizung angeschlossen ist, ist es nicht unbillig, die Kosten der Dachdämmung auf alle Wohnungen des Hauses gleichmäßig zu verteilen.[339] 80

Alle Vorschläge, die für eine stärkere Belastung der einen und eine Entlastung der anderen Gruppe plädieren, haben durchaus etwas für sich, es gibt aber gegen jedes Argument auch Gegenargumente. Nicht nur, dass der Vermieter zum Teil die persönlichen Verhältnisse und Gewohnheiten der Mieter erkunden musste, um individuelle Gebrauchsvorteile feststellen zu können, er müsste diese Umstände auch bewerten, was im Zweifel die betroffenen Mieter jeweils zu ihren Gunsten anders sehen werden. **Die Prognostizierbarkeit der gerichtlichen Entscheidungen** 81

[330] *Kinne* in Blömeke/Blümmel/Kinne/Lorenz, Die Modernisierung und Instandsetzung von Wohnraum, Teil C Rdn. 104 (Seite 254).

[331] Nach *Emmerich* in Staudinger § 559 BGB Rdn. 27 ist der Vermieter berechtigt aber nicht verpflichtet die Kostenverteilung zu staffeln.

[332] LG Hamburg ZMR 2002, 918 m. Anm. *Bottenberg* ZMR 2002, 920.

[333] *Kinne* in Blömeke/Blümmel/Kinne/Lorenz, Die Modernisierung und Instandsetzung von Wohnraum, Teil C Rdn. 104 (Seite 254).

[334] LG Münster WuM 2010, 93; AG Celle WuM 1992, 379; AG Münster WuM 2009, 248; *Emmerich* in Staudinger § 559 BGB Rdn. 27; *Sternel* PiG 41, 45, 63; *ders.* Mietrecht aktuell (2009) Rdn. IV 369; *Dickersbach* in Lützenkirchen, Mietrecht, 2. Aufl., § 559 Rn. 98; nach Bub/Treier/*Schultz* Kap. III. A Rdn. 1587 ist sowohl eine Verteilung auf alle Mieter wie auch eine Verteilung nur auf die Mieter einer Außenwohnung nicht unbillig.

[335] LG Berlin GE 2013, 1654; LG Halle ZMR 2003, 35, 37; **a. A.** wohl KG GE 2006, 714; AG Celle WuM 1992, 379; AG Münster WuM 1997, 498; *Blank* WuM 2008, 311; *Messon* DWW 2009, 209.

[336] Darauf weist auch das LG Berlin GE 2013, 1654 hin.

[337] Anders kann der Fall zu beurteilen sein, wenn eine Wohnung nicht über eine Zentralheizung beheizt wird: LG Berlin MM 2014 Heft 6 S. 30.

[338] LG Berlin GE 2013, 1654 unter Hinweis auf BGHZ (I ZR 299/02) 163, 119.

[339] LG Berlin GE 2013, 1654; **a. A.** LG Berlin GE 2014, 874 (für fernliegende Außenwanddämmung bei Einzelofenheizung).

in diesem Zusammenhang wäre kaum gegeben. Auch die Gerichte werden die einzelnen Vorteile unterschiedlich bewerten. Ausgehend vom Sinn und Zweck der Regelung, ein einfaches und pauschales Umlageverfahren zu schaffen, und den Vermieter nicht durch übermäßige formale Anforderungen zu belasten, ist deshalb i. d. R. eine Umlage nach der tatsächlichen Wohnfläche auf alle Mieter des Hauses nicht unbillig.[340] Es geht auch nicht darum, den allein richtigen Umlageschlüssel zu finden, sondern den **vom Vermieter gewählten Schlüssel** daraufhin zu überprüfen, ob er gem. § 315 BGB der **Billigkeit** entspricht. Nur wenn wirklich gar keine Veränderung durch die Baumaßnahme auf Seiten des betreffenden Mieters feststellbar ist, scheidet seine Einbeziehung in die Verteilung aus.

III. Ermittlung der neuen Miete

82 Der **Erhöhungsbetrag** ist zu der jährlichen Miete hinzuzurechnen. Der Begriff der **jährlichen Miete** war früher strittig. Richtigerweise wird auf den 12-fachen Betrag der **aktuell gezahlten Monatsmiete** abgestellt.[341] Ganz vereinzelt wird aber auch heute noch die in den letzten 12 Monaten tatsächlich geschuldete Miete herangezogen.[342] Der Streit ist nur dann erheblich, wenn die vom Mieter zu zahlende Miete sich in den letzten 12 Monaten verändert hat.

Beispiel: Betrug die Miete z. B. 8 Monate 400 € und die letzten 4 Monate 500 €, und hat der Vermieter anrechenbare Modernisierungskosten von 10.000 € aufgewandt dann beläuft sich der Erhöhungsbetrag auf jährlich 1.100 €. Geht man von der aktuellen Miete als Erhöhungsgrundlage aus, ist der Erhöhungsbetrag von 1.100 € der Jahresmiete von 6.000 € hinzuzurechnen, was einer neuen Monatsmiete von 591,66 € entspricht. Knüpft man demgegenüber an die Miete der letzten 12 Monate an, beträgt die neue Miete nur 525 €.

83 Für die Auffassung, wonach es auf **den 12fachen Monatsbetrag der zum Zeitpunkt des Abschlusses der Baumaßnahme geschuldeten Miete** ankommt, spricht zunächst der Wortlaut. Dort ist von der jährlichen Miete die Rede. Das Gesetz spricht gerade nicht von der „Miete des letzten Jahres“ oder in ähnlichen Formulierungen. Die zeitliche Umschreibung war auch nur deshalb erforderlich, weil Erhöhungsbetrag und Miete in denselben zeitlichen Dimensionen zu berechnen waren. Da der Erhöhungssatz ein Prozentwert ist, der üblicherweise ein Jahreswert ist, musste der Gesetzgeber auch die zu erhöhende Miete auf den Jahreswert umrechnen. Aber selbst wenn man davon ausgehen sollte, dass der Wortlaut zumindest nicht eindeutig ist, sprechen Sinn und Zweck der Regelung für diese Auslegung. Der Gesetzgeber wollte dem Vermieter als Anreiz für Modernisierungsmaßnahmen eine Verzinsung von 11 % zukommen lassen. Dies wird bei der Berechnungsart der anderen Auffassung aber nicht erreicht. Es ist auch kein Grund ersichtlich, warum ein Vermieter für die gleiche Modernisierungsmaßnahme unterschiedlich hohe Mieterhöhungen verlangen kann, nur weil die Miete in der Vergangenheit sich verändert hat. Hinsichtlich der Mieterhöhung sind die Ergebnisse völlig willkürlich, da der Umfang einer ansonsten leicht berechenbaren Mieterhöhung davon abhängt, ob sich die Miete in den vergangenen Monaten verändert hat und wann dies ggf. war. Die Mieterhöhung nach § 559 BGB knüpft an die Modernisierungskosten an. Diese sind ausschließlicher Einflussfaktor für die Mieterhöhung. Die Mieterhöhung nach § 559 BGB wirkt in die Zukunft und hat mit der Miete der Vergangenheit nichts zu tun. Die Miete der vergangenen 12 Monate soll nicht zu einer Limitierung der Mieterhöhung nach § 559 BGB führen.[343]

83 Es muss deshalb wie folgt gerechnet werden:

Aktuelle monatliche Grundmiete × 12 = Jahresgrundmiete
Ansatzfähige auf die Wohnung +
entfallenden Baukosten × 11 % = Jahreserhöhungsbetrag
neue Jahresmiete
: 12 = neue Monatsmiete

[340] LG Münster WuM 2010, 93; so auch das Argument des BGH (VIII ZR 103/07) NJW 2006, 3557; *Sternel* Mietrecht aktuell (2009) Rdn. IV 369.

[341] *Sternel* III 783; *ders.* PiG 41, 45, 62; *Artz* in MünchKomm § 559 BGB Rdn. 14; *Emmerich* in Staudinger § 559 BGB Rdn. 15; Bub/Treier/*Schultz* Kap. III. A Rdn. 1569; *Scholz* WuM 1995, 87, 89; *Lammel* § 559 BGB Rdn. 36; *Mersson* DWW 2009, 122, 128; *Langenberg* PiG 40, 59, 75; *Gutekunst* PiG 16, 149, 158; *Gelhaar* ZMR 1978, 164.

[342] *Kossmann/Meyer-Abich,* Hdb. d. Wohnraummiete, § 158 Rdn. 10; *Derleder* WuM 1976, 224; *Marienfeld* ZMR 1978, 38; *Sonnenschein* PiG 13, 65, 75.

[343] *Sternel* III 783; *Langenberg* PiG 41, 59, 75.

Die Modernisierungsmieterhöhung nach § 559 BGB wird ab Fälligkeit **Teil der Miete.**[344] Es handelt sich bei der Modernisierungsmieterhöhung demnach nicht um einen **Mietzuschlag,** der neben der Miete zu bezahlen wäre.[345] Der Zuschlag kann auch nicht als Teil der Betriebskosten vereinbart werden.[346] Da die Mieterhöhung gem. § 559 BGB nicht durch die ortsübliche Vergleichsmiete begrenzt wird[347], sind Mieterhöhungen gem. § 558 BGB solange nicht möglich, wie die ortsübliche Vergleichsmiete für modernisierten Wohnraum nicht höher als die erhöhte Vertragsmiete ist. Probleme[348] kann der Vermieter auch bei einem **Mieterwechsel** haben, da hier regelmäßig die sog. Marktmiete die Weitervermietungsmiete darstellt. Diese muss nicht so hoch sein wie die gem. § 559 BGB erhöhte Miete. 84

IV. Anrechnung von Drittmitteln

Hat der Vermieter für die Modernisierungsmaßnahme **Fördermittel** oder **Zuschüsse** von Mietern oder Dritten bekommen, so müssen diese Leistungen unter den Voraussetzungen des § 559a BGB in Anrechnung gebracht werden. Wegen der verschiedenen Fallkonstellationen s. die dortige Kommentierung. 85

V. Steuerliche Auswirkungen

Der Mieter kann die Mieterhöhung gem. § 559 BGB nicht im Rahmen des § 35a EStG steuerlich geltend machen. Zwar ermäßigt sich gem. § 35a Abs. 3 EStG[349] die tarifliche Einkommensteuer um 20% der Aufwendungen des Steuerpflichtigen, höchstens 1.200 € u. a. für die Inanspruchnahme von Modernisierungsmaßnahmen, so dass der Mieter, wenn er die Arbeiten selbst in Auftrag gegeben und unbar bezahlt hätte, in den Genuss des Steuervorteils gekommen wäre. Nach dem Anwendungsschreiben des BMF vom 10.1.2014[350] gilt die Vorschrift für alle handwerklichen Tätigkeiten für Renovierungs-, Erhaltungs- und Modernisierungsmaßnahmen, die in einem inländischen Haushalt des Steuerpflichtigen erbracht werden, unabhängig davon, ob es sich um regelmäßig vorzunehmende Renovierungsarbeiten oder kleine Ausbesserungsarbeiten handelt, die gewöhnlich durch Mitglieder des privaten Haushalts erledigt werden, oder um Erhaltungs- und **Modernisierungsmaßnahmen, die im Regelfall nur von Fachkräften** durchgeführt werden. Für den Bereich der Betriebskostenabrechnung ist deshalb anerkannt, dass der Mieter die anteiligen Arbeitskosten in der Abrechnung in seiner Steuererklärung geltend machen kann.[351] Der Fall ist hier aber nicht vergleichbar. Steuerlich entscheidend ist, wer den Aufwand trägt. Dass ergibt sich bereits aus der amtlichen Überschrift des § 35a EStG und ist auch ansonsten steuerlich allein entscheidend. Der Mieter hat aber den Aufwand weder unmittelbar noch mittelbar. Deshalb liegt auch keine Ungleichbehandlung im Verhältnis zum selbstnutzenden Eigentümer vor.[352] Es handelt sich um unterschiedliche Sachverhalte. Der Mieter trägt keine Modernisierungskosten, wenn der Vermieter gem. § 559 BGB die Miete erhöht. Die Modernisierungskosten sind nur Berechnungsgrundlage für die Mieterhöhung.[353] Das reicht für eine „Inanspruchnahme von Handwerkerleis- 86

---

344 BGH (VIII ZR 331/06) NJW 2008, 848; LG München WuM 1996, 43; LG Frankfurt PE 1996, 154; LG Essen WuM 1994, 217; LG Hamburg WuM 1989, 82; WuM 1985, 229; AG Lichtenberg GE 2004, 629; MM 2001, 106; AG Mühlheim WuM 1990, 221; *Mersson* DWW 2009, 122, 129; *Langenberg* PiG 40, 59, 63; *Sternel* III 764; *ders.* Mietrecht aktuell (2009) Rdn. IV 405; *Lammel* § 559b BGB Rdn. 25; *Both* in Herrlein/Kandelhard Vorbem. vor §§ 559 bis 559b BGB Rdn. 8.

345 AG Lichtenberg GE 2004, 629; Falsch deshalb AG Berlin-Mitte GE 2003, 461.

346 LG Aachen WuM 2015, 118.

347 Zu den landesgesetzlichen Ausnahmen im preisgebundenen Wohnungsbau s. unten Rdn. 88ff.

348 Zur wirtschaftlichen Betrachtung des § 559 BGB s. *Mersson* DWW 2009, 122, 131.

349 In der Fassung des Gesetzes zur Umsetzung steuerrechtlicher Regelungen des Maßnahmenpakets „Beschäftigungssicherung durch Wachstumsstärkung" v. 21.12.2008 (BGBl. I 2896).

350 IV C 4 – S 2296-b/07/0003 (2010/0014334) herunterladbar unter www.bundesfinanzministerium.de; abgedruckt auch bei *Börstinghaus/Eisenschmid,* Modernisierungs-Handbuch, Seite 401.

351 Dazu *Herrlein* ZAP F. 4 S. 1077; *ders.* WuM 2007, 54; *Sauren* NZM 2007, 231; *Ludley* ZMR 2007, 331; *Kinne* GE 2007, 764.

352 **A. A.** der Berliner Mieterverein auf seiner Internetseite www.berliner-mieterverein.de unter „sitemap/mietrecht/hilfe zur selbsthilfe: „Mietrechtliche Probleme des § 35a EStG – Aushändigung einer Steuerbescheinigung über die Betriebskosten unter (F).

353 *Beck,* Haushaltsnahe Dienstleistungen im Miet- und Wohnungseigentumsrecht, 1. Aufl., 2007, S. 23.

tungen" i. S. d. Vorschrift nicht aus. Da der Mieter die Mieterhöhung nach § 559 BGB auch nicht im Rahmen des § 35a EStG steuerlich geltend machen kann, muss der Vermieter ihm auch keine entsprechende Bescheinigung über anteilige Arbeitskosten ausstellen und vorlegen.

VI. Begrenzung des Erhöhungsanspruchs

87 § 559 BGB selbst enthält **keine Begrenzung für die Mieterhöhung.** Die im Gesetzgebungsverfahren zur Vorgängervorschrift § 3 MHG zunächst vorgesehene Kappungsgrenze von 10% ist nicht Gesetz geworden (oben Rdn. 13). Die Kappungsgrenze des § 558 Abs. 3 BGB gilt ebenfalls nicht für Mieterhöhungen nach § 559 BGB. Auch die ortsübliche Vergleichsmiete stellt keine Obergrenze für Mieterhöhungen nach § 559 BGB dar.[354]

88 Etwas anderes gilt jedoch für den **geförderten Wohnungsbau in einigen Bundesländern.** Nach Übertragung der ausschließlichen Gesetzgebungszuständigkeit für den Bereich des Wohnraumförderung durch die Föderalismusreform[355] auf die Länder haben einige Bundesländer abweichende Regelungen erlassen:

89 In **Baden-Württemberg**[356] gilt seit 1. 1. 2008 das Landeswohnraumförderungsgesetz (LWoFG BW).[357] Danach gelten in Baden-Württemberg das WoBindG, die NMV 1970, die II. BV seit 1. 1. 2008 und das WoFG seit 1. 1. 2008 nicht (s. dazu Vor § 557 BGB Rdn. 35). Dort gilt jetzt auch für den gesamten geförderten Wohnungsbau das Vergleichsmietensystem. Die zum 31. 12. 2008 geschuldete Kostenmiete gilt seit 1. 1. 2009 als vertraglich vereinbarte Miete, § 32 Abs. 2 LWoFG BW. Für die Mieterhöhung gelten die Vorschriften der §§ 557 ff. BGB soweit landesgesetzlich nichts anderes bestimmt ist. Das ist zunächst die Beschränkung auf 4% statt 11% der aufgewendeten Kosten bei einer Modernisierung, die den mittleren Standard einer entsprechenden Neubauwohnung übersteigt (dazu oben Rdn. 151). Außerdem darf die Wohnung nicht zu einem höheren Entgelt überlassen werden, als sie die Gemeinde durch Satzung festgelegt hat. Dabei dürfen die Gemeinden in der Satzung keine höhere Miete festsetzen als die ortsübliche Vergleichsmiete minus eines Abschlags von 10%. Diese Grenze ist auch nach einer Modernisierung einzuhalten und darf nicht überschritten werden unabhängig davon, ob durch die Modernisierung ein Zustand geschaffen wird, der den mittleren Zustand einer entsprechenden Neubauwohnung übersteigt oder nicht.[358] Hier hat die ortsübliche Vergleichsmiete also Einfluss auf die Modernisierungsmieterhöhung. Entscheidend ist aber bei der Einordnung in die Gemeindesatzung der durch die Modernisierung geschaffene Zustand der Wohnung.

90 In **Schleswig-Holstein** gilt seit 1. 7. 2009 das **Gesetz über die Wohnraumförderung in Schleswig-Holstein (SHWoFG).**[359] Auch hier gilt die im Dezember 2008 gezahlte Kostenmiete als Basismiete, jedoch anders als in Baden-Württemberg gilt hier die preisrechtlich zulässige Miete aus Ausgangspunkt. Hierauf sind die Erhöhungsvorschriften der §§ 558 ff. BGB anzuwenden, § 16 Abs. 7 SHWoFG. Grundsätzlich darf diese Miete bis zum 1. 1. 2014 nicht erhöht werden **(Bestandsgarantie).** Danach darf die Miete in 3 Jahren um lediglich 9% erhöht werden **(Kappungsgrenze).** Die Bestandsgarantie und die Kappungsgrenze gelten aber nicht für Mieterhöhungen nach § 559 BGB. Hat der Vermieter eine Modernisierung durchgeführt, kann er die jährliche Miete um 11% der für die Wohnung aufgewendeten Kosten anheben, sofern der Vermieter mit dem Mieter eine entsprechende Erhöhung der Miete vereinbart hat. Kommt eine solche Vereinbarung nicht zustande, darf durch eine Erhöhung der Miete nach § 559 BGB die ortsübliche Vergleichsmiete nach § 558 Abs. 2 BGB nicht überschritten werden. Also wenn keine Einigung zustande kommt deckelt auch hier die ortsübliche Vergleichsmiete die Modernisierungsmieterhöhung.

91 In **Niedersachsen, Hamburg, Nordrhein-Westfalen** und **Bayern** gilt die Kostenmiete in unterschiedlichen Ausprägungen fort (s. Vor § 557 BGB Rdn. 35 ff.).

---

[354] *Emmerich* in Staudinger § 559 BGB Rdn. 9; *Mersson* DWW 2009, 122, 129; *Kossmann* ZAP F. 4 S. 859, 869; *Scholz* WuM 1995, 87, 90; *Schriever* ZMR 1988, 85; zu den landesgesetzlichen Ausnahmen im preisgebundenen Wohnungsbau s. unten Rdn. 181.

[355] Gesetz zur Änderung des Grundgesetzes v. 28. 8. 2006 (BGBl. I S. 2034).

[356] *Feßler* WuM 2009, 90; *dies.* WuM 2010, 267.

[357] Gesetzblatt für Baden-Württemberg Nr. 20 v. 14. 12. 2007.

[358] *Feßler* WuM 2009, 90, 96; *dies.* WuM 2010, 267.

[359] GS Schl.-H II, Gl.Nr. 233-5 vom 14. 5. 2009; s. auch Gesetzentwurf der Landesregierung Landtagsdrucksache 16/2134, Bericht und Beschlussempfehlung des Innen- und Rechtsausschusses 16/2486.

Die Mieterhöhung kann jedoch durch **§ 5 WiStG** beschränkt sein. Die Vorschrift ist auch auf Mieterhöhungen nach § 559 BGB anwendbar.[360] Der Vermieter, der im laufenden Mietverhältnis modernisiert hat und eine Mieterhöhung vornehmen will, darf nicht bessergestellt sein, als ein Vermieter, der vor Beginn des Mietverhältnisses modernisiert hat und mit dem Mieter eine Neuvertragsmiete unter Berücksichtigung der erfolgten Modernisierung vereinbart. Da die Modernisierungserhöhung nach § 559 BGB Teil der Miete wird und nicht als gesonderter Zuschlag neben der bisherigen Miete zu zahlen ist[361], handelt es sich auch um eine einheitliche Miete.[362] Da der Modernisierungsanteil bei steigenden Mieten immer geringer wird, kann auch nach einiger Zeit nicht mehr unterschieden werden, auf welchen Teil der Miete § 5 WiStG anwendbar ist und auf welchen nicht. Deshalb kann § 5 WiStG nur einheitlich auf die gesamte Miete angewandt werden. 92

Für die Anwendbarkeit des § 5 WiStG spricht bereits der **Wortlaut der Vorschriften.** Weder § 559 BGB noch § 5 WiStG enthalten irgendwelche Einschränkungen hinsichtlich der Anwendbarkeit der jeweiligen Vorschrift. § 5 WiStG enthält keine diesbezügliche Einschränkung. Vielmehr sind nach der Neufassung des § 5 Abs. 1 WiStG durch Art. 3 Nr. 5 des Gesetzes v. 20. 12. 1982[363] bei der Frage der Angemessenheit der Miete grundsätzlich auch die Entgelte zu berücksichtigen, die zur Deckung der laufenden Aufwendungen des Vermieters erforderlich sind. Danach sind als nicht unangemessen hoch i. S. d. § 5 Abs. 1 WiStG auch solche Entgelte anzusehen, die zwar die ortsübliche Vergleichsmiete um mehr als 20% überschreiten, aber zur Deckung der laufenden Aufwendungen des Vermieters erforderlich sind. Das bedeutet aber umgekehrt, dass auch nach § 559 BGB erhöhte Mieten unangemessen hoch i. S. d. § 5 WiStG sein können, die zur Deckung der laufenden Aufwendungen die ortsübliche Vergleichsmiete nicht um mehr als 20% überschreiten müssen. Nach dem Rechtsentscheid des KG[364] sind laufende Aufwendungen des Vermieters i. S. v. § 5 WiStG auch solche, die auf Modernisierung beruhen.[365] Die Ausnahmevorschrift in § 5 WiStG will solche Mieten noch zulassen, bei denen der Vermieter keinen Gewinn macht. Deshalb sollen auch Mieten zulässig sein, die mehr als 20% über der ortsüblichen Vergleichsmiete liegen aber die zur Deckung der laufenden Aufwendungen erforderlich sind. 93

Es müssen aber die Voraussetzungen des § 5 WiStG alle erfüllt sein. Neben der **nicht unwesentlichen Überschreitung der üblichen Entgelte** muss der Vermieter das erhöhte Entgelt unter **Ausnutzung eines geringen Angebots an Wohnungen** verlangt haben.[366] Zwar verlangt der Vermieter die Erhöhung gem. § 559 BGB auf Grund einer Modernisierung, er nutzt das geringe Angebot aber auch bei einer solchen Mieterhöhung dann aus, wenn der Mieter wegen dieses geringen Angebots von seinem Sonderkündigungsrecht gem. § 561 BGB keinen Gebrauch macht, weil er anderweitig keine vergleichbare Wohnung findet. Die Überschreitung der ortsüblichen Vergleichsmiete und die Ausnutzung des geringen Angebots müssen aber gleichzeitig vorliegen. Dies ergibt sich aus dem Tatbestandsmerkmal „Ausnutzen“.[367] 94

---

360 OLG Karlsruhe RE v. 20.9.1984, WuM 1985, 17 und RE v. 19.8.1983, NJW 1984, 62; LG Berlin GE 1991, 49, 51; LG Mannheim WuM 1980, 183; LG Duisburg WuM 1979, 221; AG Tiergarten GE 1989, 155; AG Mannheim WuM 1979, 107; *Sternel* III 37 und 57; *Scholz* WuM 1995, 87, 90/91; *Langenberg* PiG 40, 59, 77; *Lammel* § 559 BGB Rdn. 38; *de Nocker* WuM 1982, 216; *Gramlich* NJW 1983, 418; **a. A.** *Otto* DWW 1981, 70; *Gather* DWW 1985, 121; LG Berlin GE 1998, 42, GE 1992, 211 und MM 1992, 138 (für den Sonderfall des ehemals preisgebundenen Altbaubestands in Berlin soll die Wuchergrenze 50% auf die preisrechtlich zulässige Miete für unrenovierte Wohnung gelten).

361 Auch nicht als Teil der Betriebskosten: LG Aachen WuM 2015, 118.

362 BGH (VIII ZR 331/06) NJW 2008, 848; LG München WuM 1996, 43; LG Frankfurt PE 1996, 154; LG Essen WuM 1994, 217; LG Hamburg WuM 1989, 82; WuM 1985, 229; AG Lichtenberg GE 2004, 629; MM 2001, 106; AG Mühlheim WuM 1990, 221; *Mersson* DWW 2009, 122, 129; *Langenberg* PiG 40, 59, 63; *Sternel* III, 764 *Lammel* § 559b BGB Rdn. 25; *Both* in Herrlein/Kandelhard Vorbem. vor §§ 559 bis 559b BGB Rdn. 8.

363 BGBl. I S. 1912.

364 KG RE v. 22.1.1998, NZM 1998, 225; *Börstinghaus* DWW 1998, 129; *ders.* PiG 55, 209, 229; LG Stuttgart DWW 1997, 271, 272; **a. A.** LG Berlin MM 1995, 352; AG Köln WuM 1996; 25, KG (Strafsenat) WuM 1992, 140; *Horst,* Wohnungsmodernisierung, 1993, S. 34.

365 Soweit in dem Rechtsentscheid noch der Stichtag 31.8.1993 genannt wird, ist dieser durch die Änderung des § 5 WiStG durch das Mietrechtsreformgesetz obsolet geworden.

366 Zum Begriff des geringen Angebots: BGH (VIII ZR 190/03) NJW 2004, 1740; (VIII ZR 56/04) NZM 2006, 291; *van de Loo* WuM 1996, 131; *Beiler* ZMR 1998, 480; *Kinne* ZMR 1998, 473; *Boecken* WuM 1997, 145; *Velten* WuM 1997, 535.

367 Zu Begriff des „Ausnutzens“ BGH (VIII ZR 190/03) NJW 2004, 1740 = MietPrax-AK § 5 WiStG Nr. 1 m. Anm. *Börstinghaus.*

95 Zu berücksichtigten ist aber, dass ein Verstoß gegen § 5 WiStG nur eine so genannte **dynamische Nichtigkeit** zur Folge hat.[368] Also nur, wenn die nach § 559 BGB erhöhte Miete zu dem Zeitpunkt, zu dem sie erstmals zu zahlen war, die ortsübliche Vergleichsmiete um mehr als 20% übersteigt, kann sie teilweise unwirksam sein. Der Mieter schuldet dann nur die auf 120% der ortsüblichen Vergleichsmiete für modernisierte Wohnungen begrenzte Miete. Es müssen also zunächst exakt zum Wirkungszeitpunkt der Mieterhöhung nach § 559 BGB die üblichen Entgelte für neu modernisierte Wohnungen entsprechend der Beschaffenheit und Ausstattung wie die Vertragswohnung ermittelt werden. Da die Mieterhöhung gem. § 559 BGB dann aber nicht für alle Zukunft hinsichtlich des überschießenden Betrages nichtig ist, müssen auch für die kommenden Monate jeweils die üblichen Entgelte festgestellt werden. Dem Vermieter stehen diese Steigerungen zuzüglich 20% ebenfalls zu. Wenn nämlich nach der Rechtsprechung zur dynamischen Nichtigkeit im **Rückforderungsverfahren** solche Veränderungen der ortsüblichen Vergleichsmiete dazu führen, dass die entsprechenden Zahlungen mit Rechtsgrund i. S. d. § 812 BGB erfolgt sind, dann muss dem Vermieter auch vorher bereits ein eigener Anspruch gegen den Mieter zustehen. Dies entspricht auch dem Sinn und Zweck des § 5 WiStG. Die Vorschrift hat nämlich nur eine preisregulierende Funktion; sie soll als Mieterschutzvorschrift lediglich die Vereinbarung überhöhter Mieten unterbinden.[369] Dieser Funktion wird eine Auslegung dahingehend gerecht, die davon ausgeht, dass nur jeweils der Teil der Mieterhöhung nach § 559 BGB unwirksam ist, der verboten ist. Dieser Anteil wird bei steigenden Mieten mit der Zeit immer geringer.

96 Jedoch darf auch eine Mieterhöhung nach § 559 BGB nicht gegen § 291 StGB verstoßen. Anders als bei § 5 WiStG handelt es sich bei der Vorschrift des § 291 StGB um die Verfolgung von **Individualwucher.** Während die Vorschrift des § 5 WiStG gerade nicht die Ausnutzung einer persönlichen Zwangslage voraussetzt und selbst dann erfüllt sein kann, wenn der Mieter die überhöhte Miete durchaus zahlen kann und zu zahlen bereit ist, verlangt § 291 StGB die Ausnutzung persönlicher Eigenschaften oder Zwangslagen des Mieters zum Zweck einer übermäßigen Gewinnerzielung auf Seiten des Vermieters. Gem. § 291 Nr. 1 StGB macht sich strafbar, wer sich als Vermieter eine Miete versprechen lässt, die in einem auffälligen Missverhältnis zur eigenen Leistung steht. Ein solch auffälliges Missverhältnis wird angenommen, wenn die Vertragsmiete die ortsübliche Vergleichsmiete um mehr als 50% überschreitet. Die Vorschrift ist eine **Verbotsnorm** i. S. d. § 134 BGB. Die Vorschrift ist neben § 138 BGB anzuwenden. Der Tatbestand des Mietwuchers verlangt, dass der Vermieter die Zwangslage, die Unerfahrenheit, den Mangel an Urteilsvermögen oder die erhebliche Willensschwäche des Mieters ausnutzt (im Einzelnen dazu Anh. zu § 535 BGB).

97 Bei einem Verstoß gegen § 291 StGB ist nur der mehr als 150% über den üblichen Entgelten liegende Teil der Mieterhöhung nichtig. Nur wenn die sonstigen Voraussetzungen des § 5 WiStG alle tatsächlich vorliegen, ist bereits die 120% über den üblichen Entgelten liegende Mieterhöhung nichtig. Bei einem Verstoß gegen § 291 StGB richtet sich die Nichtigkeitsfolge nach § 134 BGB, so dass auch hier der Satz zu gelten hat, dass die Teilnichtigkeit nicht weiter reichen kann als das Verbotsgesetz.[370] Mieterhöhungen bis 50% über die ortsübliche Vergleichsmiete sind aber zulässig.

97a Gegen die Vorschriften zur **Begrenzung der Wiedervermietungsmiete** in den §§ 556d–556g BGB kann eine Mieterhöhung gem. § 559 BGB bereits deshalb nicht verstoßen, weil die §§ 556d–556g BGB nur die Neuvertragsmiete betreffen und die Mieterhöhung gem. § 559 BGB eine Mieterhöhung im Bestand darstellt. Modernisierungen können aber entweder dazu führen, dass die Begrenzung der Neuvertragsmiete gem. § 556f BGB bei einer umfassenden Modernisierung für die erste Vermietung im Anschluss gar nicht gilt (siehe Kommentierung von § 556f Rdn. 16 BGB) oder dass die ortsübliche Vergleichsmiete gem. § 556e Abs. 2 BGB um mehr als 10% überschritten werden darf. Dabei kommt es noch nicht einmal darauf an, dass der Vermieter

---

368 KG RE v. 20.4.1995, NJW-RR 1995, 1037, mit krit. Anm. *Buchmann* WuM 1995, 427; OLG Hamm RE v. 3.3.1983, NJW 1983, 1622; OLG Frankfurt RE v. 4.4.1985, WuM 1985, 139; i. E. ebenso *Keller,* Zivilrechtliche Mietpreiskontrolle, S. 99.

369 BGH RE v. 11.1.1984, NJW 1984, 722.

370 LG Hamburg NJW-RR 1999, 1170; LG Berlin GE 1996, 979; LG Stuttgart NJW-RR 1993, 279; *Emmerich* in Staudinger Vorb. § 535 BGB Rdn. 118; *Emmerich* in Emmerich/Sonnenschein, Miete, Vor §§ 535, 536 BGB Rdn. 55; **a. A.** *Sternel* III 53; *Sonnenschein,* Mietrecht: Wohnraummiete – eine Analyse des geltenden Rechts, Anh. zum Gutachten der Expertenkommission „Wohnungspolitik auf dem Prüfstand", S. 15; Palandt/*Ellenberger,* § 138 BGB Rdn. 76 die alle von einer Nichtigkeit ausgehen ab der ortsüblichen Vergleichsmiete.

im Anschluss an die Modernisierungsmaßnahme tatsächliche eine Modernisierungsmieterhöhung durchgeführt hat (dazu § 556e Rdn. 52ff.).

G. Ausschluss der Mieterhöhung (Abs. 4)

I. Allgemeines

Durch die Mietrechtsänderung 2013 wurde der Duldungsanspruch gem. § 555d Abs. 1 BGB vom Mieterhöhungsanspruch entkoppelt.[371] Seither können wirtschaftliche Härtegründe gegenüber dem Duldungsanspruch nicht mehr erhoben werden. Dies ist ausdrücklich in § 555d Abs. 2 S. 2 BGB geregelt. Danach bleibt die zu erwartende Mieterhöhung einschließlich der künftigen Betriebskosten bei der Abwägung gem. § 555d Abs. 2 S. 1 BGB außer Betracht. Die Mieterhöhung ist jetzt nur bei der Härtefallabwägung des § 559 Abs. 4 BGB zu berücksichtigen. Anders als nach altem Recht wird jetzt erst nach Durchführung der Maßnahme überprüft, ob die Mieterhöhung in wirtschaftlicher Hinsicht auch unter Einbeziehung der voraussichtlichen künftigen Betriebskosten eine Härte für den Mieter bedeuten würde. In diesem Fall ist der Vermieter zwar zur Modernisierung berechtigt, eine Mieterhöhung ist jedoch ganz oder teilweise auf Dauer ausgeschlossen. Sie kann auch nicht bei späteren Veränderungen der Leistungsfähigkeit des Mieters nachgeholt oder wiederholt werden. **98**

II. Die Abwägungskriterien

Die Mieterhöhung ist gem. Abs. 4 ausgeschlossen, soweit sie auch unter Berücksichtigung der voraussichtlichen künftigen Betriebskosten für den Mieter eine **Härte** bedeuten würde, die auch unter Würdigung der berechtigten Interessen des Vermieters nicht zu rechtfertigen ist. Damit unterscheidet sich der **Abwägungsmaßstab** in einigen Punkten von dem des § 555d Abs. 2 S. 1 BGB. Es kommt zunächst nur auf die Interessen der konkreten Mietvertragsparteien an.[372] Das ist auch konsequent, da es hier nur um die wirtschaftliche Leistungsfähigkeit des Mieters geht, so dass die Interessen von Familien- oder Haushaltsangehörigen ebenso wenig interessieren wie die Interessen eines **Untermieters**[373] oder der übrigen Hausbewohner. Ebenso wenig kommt es für die Frage, ob der Mieter die erhöhte Miete zu zahlen hat auf die Belange des Klimaschutzes und der Energieeinsparung an. Solche Überlegungen spielen nur beim „Ob" der Maßnahme, also dem Duldungsanspruch, eine Rolle und haben keinen Einfluss auf die Frage, wer sie zu finanzieren hat. **99**

Das bedeutet insbesondere bei energetischen Modernisierungen gem. § 555b Ziff 1 BGB, dass die Höhe der Kosten und die daraus folgende Mieterhöhung auch unter dem Gesichtspunkt der Wirtschaftlichkeit beim **Duldungsanspruch** keine Rolle spielen. Der Duldungsanspruch besteht immer dann, wenn die Energieeinsparung **nachhaltig** ist, also dauerhaft Energie eingespart wird. Nachhaltig ist die Einsparung schon dann, wenn überhaupt eine **messbare Einsparung** an Energie erzielt wird und diese **dauerhaft** ist. Für den Begriff der Nachhaltigkeit ist nicht die Feststellung einer bestimmten Mindestenergieeinsparung erforderlich.[374] Bereits aus den Gesetzesmaterialien zur Änderung des § 3 MHG, wodurch die Durchführung von Maßnahmen zur Heizenergieersparnis als weiterer Erhöhungsgrund in § 3 Abs. 1 MHG eingefügt worden ist, ergibt sich, dass eine Einsparung von Heizenergie bereits dann als nachhaltig anzusehen ist, wenn sie nicht nur vorübergehend eintritt.[375] Daran hat sich durch die Mietrechtsreform 2001 und die Mietrechtsänderung 2013 nichts geändert. Die **Nachhaltigkeit** bezieht sich aber nur auf die **Energieeinsparung,** nicht auf die Kostenersparnis. Nachhaltig ist die Einsparung, wenn sie von Dauer ist und zu einer messbaren **100**

---

[371] *Derleder* PiG 95 (2013), 1, 11.

[372] Insofern nicht ganz richtig *Horst* WuM 2014, 454, 466, der auch auf Härtegründe für Familien oder Haushaltsangehörige abstellt.

[373] Dessen sonstigen Härtegründe können aber u. U. gegenüber dem Duldungsanspruch eine Rolle spielen: *Eisenschmid* in Börstinghaus/Eisenschmid, Modernisierungshandbuch, Kap. 5 Rdn. 11; **a. A.** *Jablonski* GE 2015, 234.

[374] BGH RE v. 10.4.2002 (VIII ARZ 3/01) NZM 2002, 519 = WuM 2002, 366 m. Anm. *Schläger* ZMR 2002, 580; LG Berlin GE 2003, 391 = ZMR 2003, 932; AG Rheine WuM 2008, 491 m. Anm. *Börstinghaus* WuM 2009, 282.

[375] Bericht des Rechtsausschusses, auf dessen Vorschlag die Fassung von § 3 Abs. 1 MHG zurückgeht, in BT-Drucks. 8/1782, S. 6.

Einsparung von Energie führt. Soweit in der Vergangenheit vereinzelt die Auffassung vertreten wurde, dass die Einsparung einen bestimmten Umfang erreichen musste, um als nachhaltig anerkannt zu werden, ist diese Auffassung bereits seit dem Jahr 2002 durch den Rechtsentscheid des BGH[376] überholt.

101 Erst im Rahmen der Härtefallabwägung gem. Abs. 4 ist auch das objektive Verhältnis zwischen der Mieterhöhung und den durch die Maßnahme erzielten Vorteilen zu berücksichtigen.[377] Ob eine Modernisierung vorliegt ist durch einen Vergleich mit dem vor Beginn der Veränderungen vorhandenen Zustand und nicht dem vertraglich geschuldeten Zustand zu ermitteln.[378] Ob dem Mieter die Maßnahme **wirtschaftlich zugemutet** werden kann, richtet sich nach objektiven Wertmaßstäben und benachteiligt damit tendenziell den einkommensschwachen Mieter.[379] Der in Abs. 4 BGB verwendete Begriff der Härte meint ebenfalls die **Unzumutbarkeit.** Wird die Zumutbarkeit verneint, ist zu prüfen, ob der Zustand nach Modernisierung **üblich** ist. Der Erhöhungsbetrag ist einerseits zu dem individuellen Einkommen des Mieters, andererseits zu dem Wert der Verbesserungsmaßnahmen ins Verhältnis zu setzen. Dabei ist auf die Mieterhöhung und eine eventuelle Veränderung auf Seiten der Betriebskosten abzustellen. Bei einer energetischen Modernisierung sinken die Betriebskosten in der Regel, da § 555b Ziff. 1 BGB die nachhaltige Einsparung von Endenergie verlangt. Der in der Praxis seltene Fall der ausschließlichen Einsparung von Primärenergie löst zwar gem. § 555b Ziff2 BGB einen Duldungsanspruch aber kein Recht zur Mieterhöhung aus. Insofern ist keine Härtefallabwägung erforderlich. Andere Modernisierungsmaßnahmen, wie z. B. der Einbau eines Fahrstuhls, können zu erheblichen Betriebskostensteigerungen führen, die bei der Härtefallabwägung mit zu berücksichtigen sind.[380]

1. Die zu erwartende Mieterhöhung

102 Mit **Mieterhöhung** ist eine solche **gem. § 559 Abs. 1 BGB** gemeint. Dies ergibt sich daraus, dass Abs. 4 als Ausschlusstatbestand für eine Mieterhöhung nach Abs. 1 formuliert ist. Auszugehen ist von der Bruttomiete, die der Vermieter im Erhöhungsschreiben gem. § 555b Abs. 1 BGB angegeben hat. Das ist die ursprüngliche Miete zzgl. der Mieterhöhung gem. § 559 Abs. 1 BGB wegen der konkreten Modernisierungsmaßnahme sowie zuzüglich der zukünftigen Betriebskostenvorauszahlungen. Letztere können sich nach einer energetischen Modernisierung ggf. verringern, aber auf Grund anderer Maßnahmen (Fahrstuhleinbau) auch erhöhen.

103 Entscheidend ist die **neue zu zahlende Miete** inklusive der Erhöhung der Betriebskostenvorauszahlungen, nicht die prozentuale Anhebung der Miete vor der Modernisierung.[381] Diese prozentuale Steigerung hängt vor allem von der Höhe der bisherigen Miete ab und kann deshalb allenfalls ein Indiz sein. Auch das Verhältnis der aufgewandten Kosten zu den eventuell eingesparten Kosten ist nicht entscheidend. Soweit der BGH[382] noch zum Härteeinwand der fehlenden wirtschaftlichen Leistungsfähigkeit gegenüber dem Duldungsanspruch gem. § 554 BGB a. F. eine umfassende Interessenabwägung verlangt hat, gilt das jetzt nur noch eingeschränkt. Der Gesetzgeber hat den Duldungsanspruch vom Mieterhöhungsanspruch abgekoppelt. Einwendungen gegen den Duldungsanspruch führen dazu, dass bereits die Modernisierungsmaßnahme nicht durchgeführt werden darf. Es handelt sich aber um das Eigentum des Vermieters, so dass er den Standard der Maßnahme bestimmen kann. Hohe energetische Standards sind dabei vom Gesetzgeber grundsätzlich erwünscht und sollen auch zu einer Mieterhöhung berechtigen. Nach den Gesetzesmaterialien[383] ist eine Grenze jedoch dort zu ziehen, wo etwa eine für das konkrete Gebäude bzw. für die Mietsache völlig ungeeignete Technik angewandt wird oder wo von einem bereits bestehenden hohen energetischen Standard ausgehend unter Aufwendung hoher Kosten nur geringfügig gesteigerte Einspareffekte erzielt werden können. Auch wenn der Vermieter z. B. bereits gut isolierende Fenster mit hohen Kosten gegen Fenster mit „optimaler Verglasung" austauschen möchte, besteht

---

376 BGH RE v. 10.4.2002 (VIII ARZ 3/01) NZM 2002, 519 = WuM 2002, 366 m. Anm. *Schläger* ZMR 2002, 580; AG Rheine WuM 2008, 491 m. Anm. *Börstinghaus* WuM 2009, 282.

377 KG, RE v. 22.6.1981, NJW 1981, 2307; *Dickersbach* in Lützenkirchen, Mietrecht, 2. Aufl., § 559 Rn. 106a.

378 BGH (VIII ZR 110/11) NJW 2012, 2954.

379 *Blank* PiG 60 (2000), 79, 92.

380 LG Berlin WuM 2016, 424, 425.

381 LG Berlin MM 10/2013, 30.

382 BGH NJW 1991, 1750.

383 BT-Drs 17/10485 S. 24.

zwar der Duldungsanspruch, aber in der Regel kein Recht zur Mieterhöhung, sofern sich der Mieter auf den Härtefalleinwand beruft.

2. Höhe des Mietereinkommens

Die Bestimmung der maßgeblichen Höhe ist schwierig und nur im Einzelfall unter Berücksich- 104
tigung und umfassender Abwägung aller Umstände zu treffen. Von der individuellen **Belastbarkeitsgrenze** des Mieters unabhängige, objektive Schranken einer Mieterhöhung sieht das Gesetz nicht vor.[384] Generelle prozentuale Mietzuschläge oder andere schematischen Betrachtungen sind für die Bestimmung einer Härte ungeeignet[385]; vielmehr ist auf die konkreten Gegebenheiten des Einzelfalls abzustellen.[386] Da ist zunächst das konkrete Gesamteinkommen des Mieters maßgeblich.[387] Dabei ist nicht allein das Nettoeinkommen[388] des Mieters zu Grunde zu legen, weil dabei z. B. Sachzuwendungen des Arbeitgebers nicht ausreichend berücksichtigt werden. Auch wenn der **Ehegatte/Lebensgefährte** nicht selbst Mieter ist, ist sein Einkommen mit zu berücksichtigen.[389] Unberücksichtigt bleibt künftig höheres Einkommen, wenn es nur mit einer spekulativen Erwartung begründet wird.[390] Nach Abzug der Miete muss dem Mieter ein Einkommen verbleiben, das es ihm ermöglicht, im Wesentlichen an seinem bisherigen Lebenszuschnitt festzuhalten.[391] Dabei kann von einem Mieter mit besserem Einkommen ein höherer Anteil zugemutet werden, als einem Mieter mit nur geringem Einkommen. Die Zumutbarkeitsgrenze ist aber nicht erst dort zu ziehen, wo der Mieter mit seinem verbleibenden Einkommen nur noch sein **Existenzminimum** gem. § 32a Abs. 1 Nr. 1 EStG bestreiten kann.[392] Bei einer dreiköpfigen Familie wurde die Mieterhöhung um rund 60 € bei einer Bruttowarmmiete von 502,34 € und einem Arbeitsloseneinkommen von 1.385,09 € als unzumutbar angesehen.[393] Bei einem Einpersonenhaushalt ist bei einem monatlichen Einkommen von 846,65 € und einer Ausgangsmiete von 204,58 € eine Mieterhöhung inkl. Betriebskostensteigerung um 179,66 € nicht zumutbar.

Nach Abzug der Miete muss dem Mieter ein Einkommen verbleiben, das es ihm ermöglicht, im 105
Wesentlichen **an seinem bisherigen Lebenszuschnitt festzuhalten.**[394] Es ist eine **Gesamtschau** der Einkommens- und Vermögensverhältnisse des Mieters vorzunehmen und so eine Belastungsquote zu ermitteln. Weiteres Kriterium bei der Beantwortung der Frage, ab wann eine Härte vorliegt, können die vom Statistischen Bundesamt[395] auf Grund der Mikrozensus-Erhebung veröffentlichten durchschnittlichen Mietbelastungsquoten sein.[396] Die Mietbelastung, das heißt der Anteil der Bruttokaltmiete am verfügbaren Haushaltsnettoeinkommen, betrug im Jahr 2010 durchschnittlich 22,5%. Einige Haushalte wiesen jedoch zum Teil deutlich höhere Belastungen auf, wie zum Beispiel Rentnerhaushalte oder Haushalte von Alleinerziehenden. Jeder dritte Rentnerhaushalt gab 35% oder mehr des Haushaltsnettoeinkommens für die Bruttokaltmiete aus; durchschnittlich lag die Mietbelastung für Rentnerhaushalte bei 26,3%. Bei Alleinerziehenden stieg die Belastung mit der Zahl der Kinder; für einen Alleinerziehendenhaushalt mit einem Kind unter 18 Jahren lag sie im Schnitt bei 28,5%, mit zwei Kindern bei 30,2% und mit drei oder mehr Kindern bei 31,1% des Haushaltsnettoeinkommens.[397] Diese Werte sind ein Anhaltspunkt dafür, wo die Belas-

---

384 LG Berlin GE 1992, 37; GE 1992, 39.

385 KG, RE v. 22.6.1981, NJW 1981, 2307; AG Berlin-Mitte GE 2013, 1589, 1590.

386 BGH (VIII ZR 174/13) WuM 2014, 145; LG Berlin WuM 2016, 424, 425.

387 LG Berlin WuM 2016, 424, 425.

388 LG Berlin GE 2005, 1491; *Kinne* in Kinne/Schach/Bieber, § 555d Rdn. 15.

389 Bub/Treier/Schultz Kap. III. A Rdn. 1631; *Dickersbach* in Lützenkirchen, Mietrecht, 2. Aufl., § 559 BGB Rdn. 111/112; **a. A.** *Artz* in MüKoBGB § 559 Rn 26.

390 *Kinne*/Schach/Bieber, § 555d Rdn. 15; **a. A.** *Artz* in MüKoBGB § 559 Rn 26.

391 LG Berlin GE 1992, 831; *Blömeke/Blümmel,* Modernisierung A 45; offengelassen von LG Berlin WuM 2016, 424, 425.

392 Offengelassen von LG Berlin WuM 2016, 424, 425.

393 LG Berlin NZM 1999, 705; siehe auch AG Freiburg WuM 2012, 386 Mietereinkommen von ca. 900 € und neuer Mietbelastung von 600 € bei 20 € Heizkostenersparnis; AG Hamburg WuM 2010, 32 bei 40% Mietbelastung und einem verbleibenden Nettoeinkommen von 788 Euro.

394 Offengelassen LG Berlin WuM 2016, 424, 425.

395 www.destatis.de.

396 LG Berlin Urt. v. 9.7.2013 – 63 S 438/12 zitiert nach juris mit Anm *Harsch* MietRB 2013, 318.

397 Umfassendes Zahlenmaterial auch bei *Tilman Repgen,* Die soziale Aufgabe des Privatrechts. Eine Grundfrage in Wissenschaft und Kodifikation am Ende des 19. Jh. (Jus privatum, 60), 2001, 232, 246.

tungsgrenze liegt.[398] In der Regel dürfte eine Belastung von über 30% des zu berücksichtigenden Einkommens problematisch werden.[399] Mietbelastungen von mehr als der Hälfte der Rente bzw. des Einkommens[400] sind regelmäßig nicht zumutbar.[401] Diese Grenzen sind im Einzelfall zu korrigieren, insbesondere, wenn der Mieter die Verschlechterung der finanziellen Verhältnisse zu vertreten hat[402] oder wenn er sich – gemessen an seinen sozialen Verhältnissen – eine viel zu große Wohnung leistet.[403]

106 Der Mieter kann zur Verbesserung seiner Einkommenssituation grundsätzlich nicht verpflichtet werden, einen Teil der Wohnung **unterzuvermieten.**[404] Ausnahmen wird man zulassen müssen, wenn die Wohnung deutlich unterbelegt ist oder wenn die Wohnung ein separates Zimmer mit eigenem Ausgang umfasst.

107 Wird die Mieterhöhung jedoch zu einem guten Teil durch Wohngeld oder vergleichbare Beihilfeleistungen aufgefangen, entfällt der Härtegrund gem. Abs. 4.[405] Das Wohngeld ist nämlich als Teil des Gesamtnettoeinkommens des Mieters zu behandeln, weil er auf diese öffentliche Hilfe einen Anspruch hat. Es steht nicht in seinem Belieben, ob er diese Hilfe in Anspruch nimmt.[406] Macht der Mieter von dem ihm zustehenden Anspruch auf **Wohngeld** keinen Gebrauch, muss er sich so behandeln lassen, als würde ihm Wohngeld gewährt.[407] Das Vorliegen einer **Mietbürgschaft** spielt keine Rolle, da es nur auf die Einkommensverhältnisse des Mieters ankommt.[408]

108 Verpflichtungen des Mieters aus einem **Konsumentenkredit** werden grundsätzlich nicht berücksichtigt[409]; insbesondere, wenn die eingegangenen Verbindlichkeiten in Kenntnis der Modernisierungsvorhaben getroffen wurden. Sie können aber dann maßgebend sein, wenn der Mieter die Ratenzahlungsverpflichtungen im Vertrauen auf den unmodernisierten Wohnungszustand und die dadurch günstige Miete getroffen hat.

108a Aus dem Wortlaut der §§ 559 Abs. 4, 555d Abs. 3, 4 BGB ergibt sich nicht eindeutig, auf **welchen Zeitpunkt zur Feststellung der Härte** abzustellen ist.[410] In Betracht kommen (1) Zugang der Modernisierungsankündigung gem. § 555c BGB[411], (2) Mitteilung des Härtegrundes durch den Mieter, (3) Ablauf der gesetzlichen Frist zur Mitteilung des Härtegrundes, (4) Ablauf der absoluten Ausschlussfrist[412] (Beginn der Bauarbeiten), (5) Zugang der Mieterhöhungserklärung gem. § 559b Abs. 1 BGB, (6) Wirkungszeitpunkt der Mieterhöhung gem. § 559b Abs. 2 BGB[413] oder

---

398 *Oestmann* in HKK, § 535 – 580a BGB Rdn, 105 weist daraufhin, dass die Mietbelastung zwar bereits bei Inkrafttreten des BGB durchschnittlich 25 – 30% betragen habe, aber damals die Ausgaben für Nahrung bei 50% gelegen habe. Dieser Wert liege jetzt bei ca. 26%, Daraus schließt er, dass die Mieten schon damals „sehr hoch" waren, was er auch daraus folgert, dass wohlhabende Mieter (Einkommen > 4000,- Mark) nur 8% des Einkommens für Wohnen ausgaben.

399 LG Berlin Urt. v. 9.7.2013 – 63 S 438/12 zitiert nach juris (51%); LG Berlin GE 2010, 912 (33%); GE 2002, 930 (zwischen 20% und 30%); NJWE-MietR 1997, 145; GE 1985, 1257 = ZMR 1985, 338; NJW-RR 1992, 144; LG Frankfurt/M. WuM 1986, 312 LG Hamburg WuM 1989, 174 (36%); AG Berlin-Tiergarten GE 1993, 921 (40%); nach *Artz* in MüKoBGB § 559 Rdn. 25 ist die Grenze von einem Drittel „nicht ganz unplausibel".

400 LG Freiburg WuM 2012, 387 bei einem Einkommen von 850 € und einer Miete nach Modernisierung von 615 €.

401 LG Wiesbaden WuM 1986, 244.

402 LG Berlin GE 1985, 479.

403 AG Schöneberg GE 1990, 767; LG Berlin WuM 2016, 424, 426: 74,65 m² Wohnung für eine Person nicht zu groß.

404 AG Berlin-Mitte GE 2013, 1589; LG Hamburg WuM 1986, 245; *Artz* in MüKoBGB § 559 BGB Rdn. 26.

405 KG, RE v. 22.6.1981, WuM 1981, 198 = NJW 1981, 2307; LG Berlin GE 2005, 1491.

406 *Artz* in MünchKomm § 559 Rdn. 26.

407 KG, RE v. 28.5.1981, WuM 1982, 293 = ZMR 1982, 318; LG Köln WuM 1992, 431.

408 AG Berlin-Mitte GE 2013, 1589, 1591.

409 LG Berlin WuM 1990, 206.

410 Dazu ausführlich *Börstinghaus* NZM 2014, 689; *Lehmann-Richter* WuM 2013, 511; offengelassen von *Schach* in Kinne/Schach/Bieber, Miet- und Mietprozessrecht, 2013, § 559 BGB Rdn. 4/5; nach *Artz* in MüKoBGB § 559 Rdn. 32 handelt es sich um „ein schwer auflösbares Anwendungsproblem".

411 *Emmerich* in Staudinger § 559 Rdn. 34; mit Modifikationen: *Dickersbach* in Lützenkirchen, Mietrecht, 1. Aufl.,§ 559 BGB Rdn. 115 (der seine Auffassung aber in der 2. Aufl. ausdrücklich aufgegeben hat); zum alten Recht so: LG Berlin GE 2010, 1121; AG Berlin-Mitte GE 2013, 1589; **a. A.** *Artz* in MüKoBGB § 559 Rdn. 33.

412 Den Begriff gebraucht *Osthus,* Die energetische Gebäudemodernisierung im Mietwohnungsbestand, Diss. 2013, Seite 184.

413 *Abramenko,* Das neue Mietrecht in der anwaltlichen Praxis, 2013, Seite 123.

(7) der Schluss der mündlichen Verhandlung über Zahlungsklage. Diese Frage ist von der Frage, bis wann der Mieter Härtegründe mitteilen muss strikt zu trennen. Es gibt bekanntlich Fälle, in denen auch für den Mieter gar keine Frist läuft (siehe Rdn. 120). Unterschiedliche Stichtage für den Mieter je nach Vermieterverhalten anzunehmen entspricht nicht dem Zweck des Gesetzes. Entscheidend ist, dass der Gesetzgeber weder für Mieter noch für Vermieter einen Stichtag festgelegt hat. Der Vermieter kann seine Interessen, die er vorher noch nicht einmal dem Mieter mitteilen muss, noch bis zur letzten mündlichen Verhandlung der Zahlungsklage vortragen. Maßgeblich ist der Zeitpunkt des Zugangs der Mieterhöhungserklärung.[414] Zu diesem Zeitpunkt kann die Mieterhöhung ausgeschlossen sein, wenn die Abwägung der zu diesem Zeitpunkt vorliegenden gegenseitigen Interessen zugunsten des Mieters ausfällt. Der Wirkungszeitpunkt gem. § 559b I BGB ist nur die Rechtsfolge einer wirksamen Mieterhöhungserklärung. Die Voraussetzungen der Mieterhöhung müssen zum Zeitpunkt ihres Zugangs gegeben sein.

Der Mieter muss zunächst seine **Härtegründe** dem Vermieter zu den Stichtagen der § 559 Abs. 4, 555c Abs. 3, 4 BGB nur so substantiiert mitteilen, dass sie **individualisierbar** und nicht austauschbar sind. Dafür spricht der der Sinn und Zweck der Regelung. Es geht darum, dem Vermieter eine gewisse **Planungssicherheit** zu geben. Er soll auf Risiken hingewiesen werden, also von den dann wirklich substantiiert vorgetragenen Härtegründen nach Zugang der Modernisierungsmieterhöhung nicht mehr überrascht werden. Die Mitteilung der zu diesem Zeitpunkt durchaus noch allgemein gehaltenen Angaben soll es den Parteien ermöglichen, in einem Gespräch zu klären, ob überhaupt eine Härte vorliegt und wie diese ggf. abgemildert werden kann. Entscheidend ist deshalb nur, dass der Härteeinwand individualisierbar ist, also einen konkreten Lebenssachverhalt umfasst. Dazu reicht der Hinweis auf ALG II Bezug oder auf eine drohende Arbeitslosigkeit oder sonstige finanzielle Engpässe. Ähnlich wie beim Einwendungsausschluss gem. § 556 III S. 5 BGB reicht der Hinweis auf allgemeine Bedenken, die Mieterhöhung nicht zahlen zu können, nicht aus. So wie im Betriebskostenrecht nur der Hinweis auf konkrete Beanstandungen Sinn macht, macht auch hier nur der Hinweis auf konkrete wirtschaftliche Härtegründe Sinn. Der Mieter muss innerhalb der Ausschlussfrist auf alle möglichen Härtegründe hinweisen. Ein **Austausch von Gründen** ist nur unter der Voraussetzung des § 555d Abs. 4 BGB möglich, also wenn der Mieter ohne Verschulden die neuen Gründe nicht innerhalb der Frist des § 555d Abs. 3 BGB mitteilen konnte. Erforderlich ist in diesem Fall, dass der Mieter die neuen Härtegründe und die Gründe für die Fristversäumung unverzüglich in Textform mitteilt. Möglich ist die Nachholung regelmäßig aber nur bis zum Beginn der Modernisierungsmaßnahme. 108b

Ob diese Gründe tatsächlich vorliegen, ist dann für den **Zeitpunkt des Zugangs der Modernisierungsmieterhöhung** festzustellen. Dabei kann es zwischen der Anzeige und dem maßgeblichen Stichtag durchaus zu Veränderungen kommen: 108c

Hat der Mieter sich auf keine Härtegründe berufen und lief mindestens eine der beiden Ausschlussfristen, so kann er sich nach dem eindeutigen Wortlaut des § 559 Abs. 5 BGB auch gegenüber einer Mieterhöhung nicht unter Berufung auf wirtschaftliche Härtegründe verteidigen. Dabei ist es völlig **egal, wann der Härtegrund entstanden** oder dem Mieter bekannt geworden ist. Wird er also nach Beginn der Bauarbeiten arbeitslos, so bleibt das unberücksichtigt. Insofern entspricht die Situation aber auch der bis 30.4.2013 geltenden Rechtslage und stellt keine Verschlechterung dar. Hatte der Vermieter früher die Bauarbeiten geduldet, dann stand einer späteren Mieterhöhung nichts mehr im Weg. Keinen Einfluss hat ein wirtschaftlicher Härtegrund, der erst nach Zugang der Modernisierungsmieterhöhung entsteht. 108d

Lag umgedreht **zum Zeitpunkt ders Zugangs der Mieterhöhungserklärung** ein wirtschaftlicher Härtegrund vor auf den der Mieter auch fristgerecht hingewiesen hatte, dann ist die Mieterhöhung ein für alle Male ausgeschlossen. Der Vermieter darf nach einer Modernisierung nur eine Mieterhöhung vornehmen. Er kann nicht nach Wegfall des wirtschaftlichen Härtegrundes eine neue Mieterhöhung vornehmen. 108e

Da es sich bei dem Härteeinwand um einen **Ausschlusstatbestand** handelt, den derjenige darlegen und beweisen muss, der sich auf ihn beruft, muss der Mieter seine Einkommens- und Vermögensverhältnisse zunächst darlegen. Der Vermieter kann diese Angaben nicht einfach pauschal be- 108f

[414] So auch *Lehmann-Richter,* WuM 2013, 511; Bub/Treier/*Schultz* Kap. III. A Rdn. 1629; *Graz* AnwZert MietR 22/2015 Anm. 1; *Börstinghaus* NZM 2014, 689; *Artz* in MüKoBGB § 559 Rdn. 32; *Dickersbach* in Lützenkirchen, Mietrecht, 2. Aufl., § 559 BGB Rn. 115; etwas ungenau: LG Berlin WuM 2016, 424, 425 „maßgeblich das zum Erklärungs- und Erhöhungszeitpunkt erzielte monatliche Gesamteinkommen".

streiten. Behauptet er, dass der Mieter weitere Einkünfte habe, muss zwar der Mieter die negative Tatsache der fehelenden weiteren Einkünfte beweisen, jedoch trifft den Vermieter eine sekundäre Darlegungslast. Er muss substantiiert vortragen, welche zusätzlichen Einkommen der Mieter haben soll oder welches Vermögen ihm zur Verfügung steht.[415] Dann erst muss der Mieter diese Behauptung wiederlegen.[416] Entscheidend sind die Verhältnisse zum Zeitpunkt des Zugangs des Erhöhungsverlangens.[417]

109 Der Vermieter hat es stets in der Hand, durch einen vertraglichen Verzicht auf einen Teil der gewünschten Mietanpassung oder auf die vollständige Mieterhöhung die finanzielle Härte beim Mieter abzuwenden.[418]

3. Vermieterinteressen

110 Nach dem Wortlaut des Abs. 4 S. 1 sind die Mieterinteressen gegenüber den Interessen des Vermieters abzuwägen. Nur wenn die Mieterinteressen eine Härte bedeuten würde, die auch unter Würdigung der berechtigten Interessen des Vermieters nicht rechtfertigen ist, entfällt die Mieterhöhung. Als Vermieterinteresse ist an dieser Stelle auch nur das Interesse an einer Mieterhöhung gerechtfertigt. Alle Interessen, die sich auf die Durchführung der Maßnahme beziehen sind bereits erledigt, weil die Maßnahme zu diesem Zeitpunkt schon durchgeführt wurde. Es bleibt also nur das Interesse an der Refinanzierung der Modernisierungsmaßnahme. Auch dies ist auf Grund einer Einzelfallbetrachtung zu bewerten, so dass ggf. zwischen einem Privatvermieter und einer Wohnungsgesellschaft zu differenzieren ist.

4. Teilweiser Ausschluss

111 Abs. 4 spricht davon, dass die Mieterhöhung „soweit" ausgeschlossen ist, soweit eine Härte vorliegt. Aus dieser Formulierung ergibt sich, dass hier kein „Entweder-oder" gilt, sondern ggf. auch ein teilweiser Ausschluss in Betracht kommt.[419] Die Mieterhöhungserklärung ist nicht insgesamt unwirksam, wenn der Mieter sich teilweise auf einen Härtegrund berufen kann. Anders als früher, wo der wirtschaftliche Härtegrund den Duldungsanspruch zu Fall bringen konnte, geht es jetzt nur darum einen Interessenausgleich im Rahmen der Miethöhe herbeizuführen. Das ist auch dadurch möglich, dass die Mieterhöhung nur teilweise ausgeschlossen ist.[420] Im Zahlungsprozess müsste das Gericht die Klage teilweise abweisen. Problematisch ist dann die Rechtskrafterstreckung auf zukünftige Monate (Rdn. 134).

5. Geltendmachung des Härteeinwands

112 Die Mieterhöhung ist kraft Gesetzes ausgeschlossen, soweit die Abwägung der maßgeblichen Interessen zu einem Härtegrund auf Seiten des Mieters führt. Es handelt sich um keine Einrede. Soweit sich aus dem Sachverhalt ergibt, dass dem Mieter Härtegründe zustehen sind diese im Prozess zu berücksichtigen. Jedoch muss der Mieter die Umstände dem Vermieter gem. § 555d Abs. 3 BGB fristgerecht mitgeteilt haben, damit sie zu berücksichtigen sind (unten Rdn. 120).

6. Ausschluss des Härteeinwandes

113 Nach Abs. 4 S. 2 kann der Mieter sich in drei Fällen nicht auf eine Härte wegen der Miethöhe berufen:

114 **a) Allgemein üblicher Zustand.** Nach Ziff. 1 findet eine Abwägung dann nicht statt, wenn die Mietsache lediglich in einen Zustand versetzt wurde, der allgemein üblich ist. Es handelt sich

---

[415] LG Berlin WuM 2016, 424, 425.

[416] LG Berlin WuM 2016, 424, 425 sowie Urt. v. 9.7.2013 – 63 S 438/12 (juris); LG Freiburg WuM 2013, 386; *Harsch* MietRB 2013, 318; so auch BGH (XII ZR 120/11) NJW 2013, 1447 für Unterhaltsverfahren.

[417] *Lehmann-Richter* WuM 2013, 511; etwas ungenau LG Berlin WuM 2016, 424, 425 wonach die Umstände zum „Erklärungs- und Erhöhungszeitpunkt" maßgeblich sein sollen; **a. A.** LG Berlin GE 2010, 1121; AG Berlin-Mitte GE 2013, 1589, 1590 (aber zum alten Recht als wirtschaftliche Härtegründe noch gegen Duldungsanspruch geltend gemacht werden konnten).

[418] LG Köln WuM 1993, 608; LG Berlin GE 1989, 1229.

[419] *Artz* in MüKoBGB § 559 Rdn. 27; *Fleindl* PiG 99 (2015), 111, 118.

[420] Nach *Fleindl* PiG 99 (2015), 111, 118 führt dies zwar zur „Unwägbarkeit gerichtlicher Entscheidungen", erlaube aber auch eine größere Einzelfallgerechtigkeit.

um eine **eng auszulegende Ausnahmevorschrift**[421], deren Voraussetzungen der Vermieter beweisen muss.[422] Sinn dieser Regelung ist, dass der Mieter Modernisierungen, die sich als allgemeiner Standard durchgesetzt haben, nicht behindern soll.[423] Bei Maßnahmen, die zum Teil allgemein üblich und zum Teil noch nicht, kann der Mieter sich dann nicht auf eine unzumutbare wirtschaftliche Härte berufen, wenn die höhere Mitbelastung für ihn bereits allein auf Grund der Herstellung des allgemein üblichen Zustands eine wirtschaftliche Härte darstellen würde.[424]

„Allgemein üblicher Zustand" bedeutet nicht, dass ein bestimmter Baustandard maßgebend ist. **115** Entscheidend ist vielmehr die weit überwiegende Mehrheit aller im Geltungsbereich des Gesetzes gelegenen Mietwohnungen unter Einbeziehung der Altbauwohnungen.[425] So ist beispielsweise in Berlin der Anbau eines Balkons allgemein üblich[426], in Hamburg demgegenüber der Anbau eines zweiten Balkons nicht.[427] Nach der Rechtsprechung des BGH[428] ist von einem „allgemein üblichen Zustand" auszugehen, wenn der angestrebte Zustand bei der **überwiegenden Zahl von Mieträumen** – mindestens zwei Drittel – in Gebäuden gleichen **Alters**[429] innerhalb der **Region**[430] angetroffen wird.[431] Da Baualter oder richtigerweise die Beschaffenheit gem. § 558 Abs. 2 BGB ist ein maßgebliches Kriterium. Die Ausnahmevorschrift will die Modernisierung des Altbaubestandes forcieren. Neu- und Altbauten sind auch sonst nicht vergleichbar, so dass das Merkmal allgemein üblich anderenfalls zum Vergleich ganz unterschiedlicher Wohnungsbestände führen würde. In der Literatur[432] wird vertreten, dass der allgemein übliche Zustand auch dann angenommen werden soll, wenn ein Zustand hergestellt wird, den der Gesetzgeber anstrebt. Dabei wird an die Umsetzung der Anforderungen nach der EnEV oder nach dem EEWärmeG gedacht. Diese Auffassung ist abzulehnen, weil sie sich zu weit vom Wortlaut des Gesetzes entfernt.[433]

Der Begriff der „Region" ist **großräumig** zu sehen. Ein Abstellen auf örtliche oder sogar in- **116** nerörtliche Verhältnisse würde den Anforderungen ebenso wenig gerecht werden wie das Abstellen auf ein Bundesland.[434] Insbesondere in Flächenländern sind die Unterschiede zwischen Ballungszentrum (z. B. Ruhrgebiet) und ländlichen Gegenden (z. B. im Münsterland) in der Regel viel zu groß. In **Berlin** ist nicht mehr zwischen den ehemaligen Teilen Ost und West zu unterscheiden.[435] In Berlin ist ein Balkon in den Baualtersklassen 1956–1964 allgemein üblich.[436] Bei Altbauwohnungen ist die Ausstattung mit einer Sammelheizung allgemein üblich, so dass dort der nachträgliche Einbau einer Zentralheizung vom Mieter grundsätzlich zu dulden ist.[437] Ebenso ist der Einbau einer Gasetagenheizung anstelle von Gas-Einzelöfen als Herbeiführung eines allgemein üblichen Standards angesehen worden.[438] Bäder werden in Berlin allgemein als üblich angesehen,[439] nicht dagegen der Einbau von Isolierglasfenstern[440], der Anbau eines Fahrstuhls[441] oder der Austausch

[421] *Schmid* ZMR 2012, 593.
[422] AG Berlin-Mitte GE 2013, 1589, 1590.
[423] Zur Kritik vgl. *Thomsen,* S. 57.
[424] LG Berlin 10/2013, 30.
[425] *Lammel,* Wohnraummietrecht, § 554 Rdn. 65.
[426] LG Berlin GE 2014, 1007 (für Gebäude der Baualtersklasse 1919 bis 1949).
[427] AG Hamburg WuM 2010, 32 = GE 2010, 415.
[428] BGH RE v. 19. 2. 1992 WuM 1992, 181 = NJW 1992, 1386; AG Wiesbaden WuM 2002, 309 zum Balkon.
[429] *Dickersbach* in Lützenkirchen, Mietrecht, § 559 BGB Rdn. 122; *Sonnenschein/Weitemeyer* JZ 1993, 626, 627; *Kossmann/Meyer-Abich,* Hdb. d. Wohnraummiete, § 157 Rdn. 37; **a. A.** *Schmid* ZMR 2012, 593, 594; offengelassen von *Emmerich* in Staudinger § 559 BGB Rdn. 39.
[430] Bub/Treier/*Schultz* Kap. III. A Rdn. 1626; *Dickersbach* in Lützenkirchen, Mietrecht, § 559 BGB Rdn. 122; *Kossmann/Meyer-Abich,* Hdb. d. Wohnraummiete, § 157 Rdn. 37 **a. A.** abzustellen ist auf das Bundesgebiet: *Schmid* ZMR 2012, 593, 594.
[431] Bub/Treier/*Schultz* Kap. III. A Rdn. 1626; *Emmerich* in Staudinger § 559 BGB Rdn. 39; *Hinz* NZM 2013, 209, 225; *Sternel* NZM 2011, 1058.
[432] *Schläger* ZMR 2009, 339, 341; **a. A.** *Emmerich* in Staudinger § 559 BGB Rdn. 39.
[433] *Schmid* ZMR 2012, 593 mit weiteren Argumenten; *Graz* AnwZert MietR 22/2015 Anm. 1 unter Wiederholung des hiesigen Textes.
[434] So aber wohl BGH RE v. 19. 2. 1992 NJW 1992, 1386.
[435] AG Pankow/Weißensee MM 2004, 222.
[436] LG Berlin GE 2012, 486; 2010, 908.
[437] LG Berlin GE 2012, 270; GE 2005, 919; GE 1995, 1013; AG Schöneberg GE 1991, 253 für Gasetagenheizung; **a. A.** LG Berlin GE 1999, 46 = NZM 1999, 705.
[438] AG Langenfeld WuM 1999, 284.
[439] LG Berlin GE 2005, 919; GE 1992, 1319; AG Schöneberg MM 1993, 76 jeweils für Berlin-West.
[440] LG Berlin GE 1999, 46; AG Tiergarten MM 1991, 104.
[441] LG Berlin GE 2011, 483.

von Kastendoppelfenster mit isolierverglasten Kunststoffrahmenfenstern.[442] Das Gleiche gilt für den Einbau eines Gasbrennwertkessels[443] oder die Ausstattung mit verstärkten Elektrosteigeleitungen.[444] Auch im Übrigen ist nicht mehr zwischen neuen und alten Bundesländern zu differenzieren. Abzustellen ist jeweils auf den Ist-Zustand der Wohnung.[445] Dies gilt zumindest dann, wenn der Mieter die baulichen Änderungen in zulässigerweise durchgeführt hat.

117 Die Beweislast, dass nur ein allgemein üblicher Zustand hergestellt werden soll, trägt der Vermieter, da diese Tatsache ihn begünstigt.[446]

118 **b) Nicht zu vertretende Umstände.** Nach Ziff. 2 scheidet eine Abwägung unter Härtegesichtspunkten aus, wenn die Modernisierungsmaßnahme auf Grund von Umständen durchgeführt wurde, die der Vermieter nicht zu vertreten hatte. Das wäre nicht zwingend gewesen. Zwar darf der Mieter eine Maßnahme, zu deren Durchführung der Vermieter verpflichtet ist, nicht verhindern können, auch nicht auf Grund wirtschaftlicher Argumente, jedoch bedeutet dies nicht zwingend, dass der Mieter die Maßnahme auch finanzieren muss. Die Vorschrift knüpft an § 555b Nr. 6 BGB an. Soweit dort Erhaltungsmaßnahmen ausgenommen sind, konnte auf diese Einschränkung hier verzichtet werden, weil solche Maßnahmen erst gar nicht zu einer Mieterhöhung berechtigen (Rdn. 47). Gemeint sind hier Modernisierungsmaßnahmen, zu denen der Vermieter rechtlich verpflichtet ist. Eine solche rechtliche Verpflichtung kann sich sowohl aus gesetzlichen Vorgaben aber auch aus bestandskräftigen Bescheiden (z. B. des Schornsteinfegers) ergeben. Gesetzliche Verpflichtungen bestehen etwa bei Modernisierungsmaßnahmen, die der Erfüllung so genannter Nachrüstpflichten nach der Energieeinsparverordnung (EnEV) dienen (insbesondere §§ 9, 10 EnEV).[447]

119 Ist der Vermieter zu einer Maßnahme verpflichtet, die zugleich auch eine Gebrauchswerterhöhung, Wohnwertverbesserung oder energetische Modernisierung darstellt, so schließt der Ausschlusstatbestand des Abs. 4 Ziff 2 BGB den Härteeinwand soweit aus, wie die Kosten durch die verpflichtende Maßnahme verursacht wurden. Weitergehende Maßnahmen und die daraus resultierende Mieterhöhung können vom Ausschlusstatbestand umfasst sein.

120 **c) Form und Frist für Erhebung der Einwendungen.** Umstände, die eine Härte nach Abs. 4 S. 1 begründen, sind nach Abs. 5 nur zu berücksichtigen, wenn der Mieter sie gem. § 555d Abs. 3 bis 5 BGB dem Vermieter rechtzeitig mitgeteilt hat. Etwas anderes gilt nur dann, wenn die tatsächliche Mieterhöhung die angekündigte **um mehr als 10% übersteigt.** Denn in diesen Fällen konnte der Mieter vorab nicht beurteilen, inwieweit die Mieterhöhung eine unzumutbare wirtschaftliche Härte für ihn darstellt.

121 Obwohl der Gesetzgeber den Duldungs- vom Mieterhöhungsanspruch entkoppelt hat, muss der Mieter dem Vermieter in Textform seine Härtegründe bereits bis zum Ablauf des zweiten auf Zugang der Modernisierungsankündigung folgenden Monats mitgeteilt haben, § 555d Abs. 3 BGB. Die **wirtschaftlichen Härtegründe** vermögen zwar nunmehr den Duldungsanspruch nicht mehr zu Fall zu bringen, trotzdem muss der Mieter sie bereits gegenüber dem Duldungsanspruch erheben, um sie später gegenüber der Mieterhöhung geltend machen zu können. Der Vermieter erhält hierdurch rechtzeitig Informationen über Umstände, die für seine Finanzierungsentscheidung maßgeblich sind.

122 Hat der Vermieter den Mieter nicht über die Form und Frist des Härteeinwandes entsprechend § 555c Abs. 2 BGB informiert, dann kann der Mieter sich auf wirtschaftliche Härtegründe auch noch nach Ablauf der Frist berufen. Das ergibt sich aus § 555d Abs. 5 BGB, auf den in Abs. 5 Satz 1 verwiesen wird. Danach bedarf die Mitteilung des Mieters nach § 555d Abs. 3 Satz 1 BGB nicht der dort bestimmten Form und Frist, wenn der Vermieter in der Modernisierungsankündigung nicht auf die Form und die Frist des Härteeinwands gem. § 555c Abs. 2 BGB hingewiesen

---

442 LG Berlin GE 1999, 46; NZM 1999, 705.
443 LG Berlin NZM 1999, 705.
444 AG Pankow/Weißensee MM 2004, 222.
445 BGH (VIII ZR 25/12) WuM 2012, 677; (VIII ZR 56/12) WuM 2012, 678; LG Wiesbaden WuM 1986, 244; AG Berlin-Mitte GE 2000, 129.
446 AG Berlin-Mitte GE 2000, 129; *Emmerich* in Staudinger § 559 BGB Rdn. 39; *Dickersbach* in Lützenkirchen, Mietrecht, § 559 BGB Rdn. 124; *Schmid* ZMR 2012, 593, 594.
447 Ob der Vermieter solche Maßnahmen generell nicht zu vertreten hat, hat das BVerwG GE 2013, 1468 offengelassen; zumindest in den Fällen, in denen bei einer durch das Alter des Gebäudes bedingten, unausweichlichen Instandsetzungsmaßnahme die von der Energieeinsparungsverordnung zusätzlich geforderte Wärmeschutzmaßnahme durchgeführt werde, liege es nahe davon auszugehen, dass der Vermieter dies nicht zu vertreten habe.

hat. Das gilt zunächst nur für Einwände gegen die Duldungspflicht. § 559 Abs. 5 verweist aber auch für den Ausschluss von wirtschaftlichen Härtegründen auf die Vorschrift.

Bei den weiteren Rechtsfolgen ist zu unterscheiden zwischen den Fällen, in denen zwar eine ordnungsgemäße Modernisierungsankündigung gem. § 555c BGB erfolgte aber der Hinweis nach § 555c Abs. 2 BGB unterblieben ist und dem Fall, dass gar keine Modernisierungsankündigung erfolgte: 123

aa) Liegt eine **ordnungsgemäße Modernisierungsankündigung** vor, die **keinen Hinweis** gem. § 555c Abs. 2 BGB auf die Formen und Fristen des Härteeinwandes enthält, gibt es für die Erhebung des Härteeinwands gegen die Duldungspflicht keine Frist. Jedoch muss der Mieter spätestens bis zum Beginn der Bauarbeiten seine wirtschaftlichen Härtegründe dem Vermieter mitteilen. Das ergibt sich aus der Verweisung in § 555d Abs. 5 Satz 2 auf § 555d Abs. 4. Etwas anderes gilt wiederum dann, wenn die tatsächliche Mieterhöhung mehr als 10% höher als die angekündigte war, § 559 Abs. 5 Satz 2. 124

bb) Hat der Vermieter den Mieter gem. § 555c Abs. 2 BGB belehrt, dann kann der Mieter Einwände nur dann erheben, wenn er **ohne Verschulden an der Einhaltung der Frist** gehindert war und er dem Vermieter die Umstände sowie die Gründe der Verzögerung unverzüglich in Textform mitteilt. Für wirtschaftliche Härtegründe enthält § 555d Abs. 4 S. 2 BGB aber wiederum eine Höchstfrist. In diesem Fall müssen die Umstände, die eine Härte im Hinblick auf die Mieterhöhung begründen, bis spätestens zum Beginn der Modernisierungsmaßnahme mitgeteilt werden. Fraglich ist, ob in diesem Fall auch erforderlich ist, dass der Mieter den Vermieter unverzüglich nicht nur über die Härtegründe, sondern auch über die Gründe der Verzögerung informiert hat, wie § 555d Abs. 4 S. 1 BGB vorschreibt. Das dürfte zu verlangen sein, da Satz 2 nur eine weitere Einschränkung von Satz 1 formuliert. Auch in diesem Fall tritt die Mieterhöhung mit Beginn des dritten Monats nach Zugang in Kraft. 125

cc) Hat der Vermieter dem Mieter gar **keine oder eine fehlerhafte Modernisierungsankündigung** zukommen lassen, dann werden alle Fristen nicht in Gang gesetzt. Das ergibt sich aus § 555d Abs. 3 S. 2 BGB. Danach beginnt der Lauf der Frist nur, wenn die Modernisierungsankündigung den Vorschriften des § 555c entspricht. 126

dd) Etwas anderes gilt aber gem. Abs. 5 S. 2 wiederum dann, wenn die Mieterhöhung mehr als 10% höher als die in der Modernisierungsankündigung angegebene zukünftige Miete ausfällt. Dabei sind auch Betriebskostensteigerungen zu berücksichtigen.[448] In diesem Fall kann der Mieter die Härtegründe auch noch gegenüber der Mieterhöhung geltend machen, auch wenn er vorher gar keine Härtegründe angeführt hat und die Modernisierungsmaßnahmen bereits durchgeführt worden sind. Der Mieter konnte ja gar nicht wissen, dass er mit einer Mieterhöhung konfrontiert wird, die er wirtschaftlich nicht tragen kann. Zusätzlich verschiebt sich der Wirkungszeitpunkt für die Mieterhöhung (s. § 559b Abs. 2 BGB). Der Härteeinwand kann in diesen Fällen nicht nur gegenüber dem Teil der Mieterhöhung geltend gemacht werden, der oberhalb der angekündigten Mieterhöhung liegt[449], sondern gegen die Mieterhöhung insgesamt.[450] Es handelt sich insofern um eine „Strafvorschrift". Der Vermieter hat durch die unrichtige Angabe den Mieter zur Duldung veranlasst. Die Konsequenz ist, dass der Mieter so zu stellen ist, als wenn die Angabe von Anfang an richtig gewesen wäre. Auch in diesem Fall hätte der Mieter gegen die Mieterhöhung in voller Höhe Einwendungen erheben können. 127

Das bedeutet im Einzelnen 128

Zeitliche Möglichkeiten zur Geltendmachung von Härtegründen		
Vermieterverhalten	**Mietereinwände**	
	Gegen Duldungsanspruch	**Wirtschaftlicher Härteeinwand gegen Mieterhöhung**
Ordnungsgemäße Modernisierungsankündigung mit Hinweis gem. § 555c Abs. 2 BGB und tatsächliche Mieterhöhung übersteigt angekündigte Mieterhöhung um nicht mehr als 10%.	**§ 555d Abs. 3 Satz 1 BGB:** Bis zum Ablauf des Monats, der auf den Zugang der Modernisierungsankündigung folgt.	**§ 559 Abs. 5 S. 1, § 555d Abs. 3 Satz 1 BGB:** Bis zum Ablauf des Monats, der auf den Zugang der Modernisierungsankündigung folgt.

448 Bub/Treier/*Schultz* Kap. III. A Rdn. 1481.
449 So aber *Dickersbach* in Lützenkirchen, Mietrecht, § 559 BGB Rdn. 126.
450 Bub/Treier/*Schultz* Kap. III. A Rdn. 1628; *Emmerich* in Staudinger § 558 BGB Rdn. 42.

Zeitliche Möglichkeiten zur Geltendmachung von Härtegründen		
Vermieterverhalten	**Mietereinwände**	
	Gegen Duldungsanspruch	**Wirtschaftlicher Härteeinwand gegen Mieterhöhung**
Ordnungsgemäße Modernisierungsankündigung mit Hinweis gem. § 555 c Abs. 2 BGB aber die tatsächliche Mieterhöhung übersteigt angekündigte Mieterhöhung um mehr als 10%	**§ 555 d Abs. 3 Satz 1 BGB:** Bis zum Ablauf des Monats, der auf den Zugang der Modernisierungsankündigung folgt.	**§ 559 Abs. 5 S. 2 BGB:** Es gibt keine Ausschlussfrist
Ordnungsgemäße Modernisierungsankündigung ohne Hinweis gem. § 555 c Abs. 2 BGB und tatsächliche Mieterhöhung übersteigt angekündigte Mieterhöhung um nicht mehr als 10%.	**§ 555 d Abs. 5 S. 1 BGB:** Es gibt rechtlich keine Ausschlussfrist.	**§ 559 Abs. 5 S. 2 i. V. m. § 555 d Abs. 4 S. 2 BGB:** Härtegründe müssen bis zum Beginn der Arbeiten mitgeteilt werden.
Ordnungsgemäße Modernisierungsankündigung ohne Hinweis gem. § 555 c Abs. 2 BGB und tatsächliche Mieterhöhung übersteigt angekündigte Mieterhöhung um mehr als 10%.	**§ 555 d Abs. 5 S. 1 BGB:** Es gibt rechtlich keine Ausschlussfrist.	**§ 559 Abs. 5 S. 2 BGB:** Es gibt keine Ausschlussfrist
Ordnungsgemäße Modernisierungsankündigung mit Hinweis gem. § 555 c Abs. 2 BGB und tatsächliche Mieterhöhung übersteigt angekündigte Mieterhöhung um nicht mehr als 10%. Mieter versäumt Frist schuldlos.	**§ 555 d Abs. 4 S. 1 BGB:** Rechtlich dann keine Frist, wenn der Mieter dem Mieter die Härtegründe sowie die Gründe der Verzögerung unverzüglich in Textform mitteilt.	**§ 559 Abs. 5 S. 2 i. V. m. § 555 d Abs. 4 S. 2 BGB:** Härtegründe müssen bis zum Beginn der Arbeiten mitgeteilt werden. Fraglich ob auch die Gründe der Verzögerung mitgeteilt werden müssen.
Ordnungsgemäße Modernisierungsankündigung mit Hinweis gem. § 555 c Abs. 2 BGB und tatsächliche Mieterhöhung übersteigt angekündigte Mieterhöhung um mehr als 10%. Mieter versäumt Frist schuldlos.	**§ 555 d Abs. 4 S. 1 BGB:** Rechtlich dann keine Frist, wenn der Mieter dem Mieter die Härtegründe sowie die Gründe der Verzögerung unverzüglich in Textform mitteilt.	**§ 559 Abs. 5 S. 2 BGB:** Es gibt keine Ausschlussfrist
Keine (ordnungsgemäße) Modernisierungserklärung und keine Bagatellmaßnahme gem. § 555 c Abs. 4 BGB.	**§ 555 d Abs. 3 S. 2 BGB:** Keine Ausschlussfrist. Der Lauf der (Ausschluss-)Frist beginnt nur, wenn die Modernisierungsankündigung den Vorschriften des § 555 c entspricht.	**§ 559 Abs. 5 S. 1 i. V. m. § 555 d Abs. 3 S. 2 BGB** Keine Ausschlussfrist. Der Lauf der (Ausschluss-)Frist beginnt nur, wenn die Modernisierungsankündigung den Vorschriften des § 555 c entspricht. **aber auch** **§ 559 Abs. 5 S. 2 BGB:** Da keine Mitteilung einer Mieterhöhung erfolgte, ist jede Mieterhöhung mehr als 10% höher als die (nicht) angekündigte.
Keine (ordnungsgemäße) Modernisierungserklärung aber Bagatellmaßnahme gem. § 555 c Abs. 4 BGB.	**§ 555 d Abs. 3 S. 1 BGB:** Keine Ausschlussfrist. Da keine Modernisierungsankündigung erfolgt ist, ist	**§ 559 Abs. 5 S. 1 i. V. m. § 555 d Abs. 3 S. 1:** Keine Ausschlussfrist. Der Lauf der (Ausschluss-)Frist beginnt

Zeitliche Möglichkeiten zur Geltendmachung von Härtegründen		
Vermieterverhalten	**Mietereinwände**	
	Gegen Duldungs-anspruch	**Wirtschaftlicher Härteeinwand gegen Mieterhöhung**
	auch keine Frist in Gang gesetzt worden.	nur, wenn eine Modernisierungsankündigung erfolgte.

H. Abweichende Vereinbarungen (Abs. 6)

Nach § 559 Abs. 6 BGB sind abweichende Vereinbarungen zum Nachteil des Mieters unwirk- 129
sam. Die Vorschrift ist eigentlich überflüssig, da bereits gem. § 557 Abs. 4 BGB alle nachteiligen Vereinbarungen im Bereich der Mieterhöhungen unwirksam sind. Gem. § 557 Abs. 3 kann der Vermieter Mieterhöhungen im Bestand nur unter den Voraussetzungen der §§ 558–560 BGB verlangen. Das bedeutet dann aber auch, dass dies nur unter den in der Vorschrift des § 559 BGB genannten Voraussetzungen möglich ist und jede Abweichung hiervon zu Lasten des Mieters auch gegen § 557 Abs. 4 BGB verstößt. Zur Frage wann eine Vereinbarung vorliegt und den allgemeinen Voraussetzungen s. deshalb § 557 Rdn. 62ff.

I. Unzulässige Vereinbarungen

Unwirksam sind alle Vereinbarungen, die von den Voraussetzungen der § 559 Abs. 1 bis 5 BGB 130
zum Nachteil des Mieters abweichen.

Unzulässig sind alle Vereinbarungen, die den Vermieter berechtigen aus anderen als in § 559 131
BGB genannten Gründen eine Mieterhöhung nach § 559 BGB vorzunehmen, insbesondere auch eine **Mieterhöhung wegen Instandsetzungsarbeiten** zu verlangen. Selbstverständlich kann auch nicht vereinbart werden, dass der Mieter mehr als 11% der aufgewandten Kosten zu tragen hat.[451] Bei der Vermietung von Eigentumswohnungen ist eine Vereinbarung, die Zuführungen zur Instandhaltungsrücklage für umlagefähig erklärt, unwirksam. Auch die Vereinbarung im Mietvertrag, dass die Miete um einen bestimmten, von vornherein feststehenden Betrag steigt, wenn der Vermieter eine bestimmte Baumaßnahme durchführt, z. B. die Wohnung an das Breitbandkabelnetz anschließt oder eine Gemeinschaftsantenne installiert[452] ist unwirksam. Nicht möglich ist eine Vereinbarung, wonach vor Abschluss des Mietvertrages abgeschlossene Modernisierungsmaßnahmen zu einer späteren Mieterhöhung wegen dieser Modernisierung berechtigen sollen.[453] Dies wäre zum einen eine Vereinbarung einer *vorläufigen Miete,* was gerade nicht möglich ist[454] und zum anderen würde durch eine solche Vereinbarung von dem Tatbestandsmerkmal des § 559 BGB, wonach die bauliche Maßnahme während des Bestandes des Mietverhältnisses erfolgt sein muss, zum Nachteil des Mieters abgewichen. Ebenso wenig kann abstrakt im Mietvertrag vereinbart werden, dass die Mieterhöhung bereits vor Beginn der Baumaßnahme fällig wird.[455] Etwas anderes gilt aber nach Abschluss des Mietvertrages für Vereinbarungen aus Anlass einer konkreten Modernisierungsmaßnahme. Dies ergibt sich aus § 555f Abs. 1 BGB. Danach können die Parteien auch Vereinbarungen über die künftige Höhe der Miete treffen. Darunter fällt aber nicht die Vereinbarung zwischen Vermieter und Mieter einer Wohnung, dass der Mieter die gesamten Kosten der Maßnahme in einem Betrag dem Vermieter erstatten werde.[456] Unwirksam ist schließlich auch eine Vereinbarung, wonach die Kürzungsbeträge des § 559a BGB auf Grund einer Zinsverbilligung durch öffentliche Darlehen oder eines Mieterdarlehens nicht angerechnet werden sollen. Auch jede Einschränkung des Härteeinwandes ist unwirksam. Das betrifft sowohl die Formalien, wie Form und Frist, als auch den materiellen Inhalt, also die Schwelle, ab wann ein Härtegrund erst vorliegen soll.

---

451 LG Köln WuM 1989, 24; *Sternel* III Rdn. 767.
452 LG Köln WuM 1989, 24.
453 AG Bad Segeberg WuM 1992, 197.
454 LG Karlsruhe WuM 1989, 335.
455 AG Freiburg WuM 1985, 364.
456 AG Köln WuM 1991, 159; AG Freiburg WuM 1985, 364.

II. Zulässige Vereinbarungen

132 § 559 Abs. 6 BGB verbietet aber keine Vereinbarungen über die Höhe der Miete und zwar auch nicht nach Modernisierungsarbeiten. Gem. § 555f BGB sind solche Vereinbarungen auch über die Miethöhe nach Abschluss eines Mietvertrages aus Anlass einer konkreten Modernisierungsmaßnahme ausdrücklich gestattet. Gem. § 557 Abs. 1 BGB können die Mietvertragsparteien sich jederzeit auf eine neue Miete einigen. Hat der Mieter bei einer **Modernisierungsankündigung** eine Erklärung unterschrieben, woraus sich der voraussichtliche Erhöhungsbetrag ergibt, aber angekündigt wird, dass eine genaue Abrechnung noch erfolgen wird, so handelt es sich nicht um die Zustimmung zu einer Mieterhöhung. Der Vermieter muss in diesem Fall noch eine Mieterhöhungserklärung gemäß § 559b BGB abgeben.[457] Die **Vereinbarung über eine Mieterhöhung** nach einer Modernisierungsmaßnahme darf keinen Zweifel über die verbindliche neue Miete zulassen. Es reicht deshalb nicht aus, dass der Mieter sich verpflichtet, nach Abschluss der Sanierungsarbeiten maximal 4,50 €/m² zu zahlen. In diesem Fall hat der Mieter damit nicht einer bestimmten Mieterhöhung zugestimmt, sondern nur einen **Maximalbetrag** angegeben, der bei der Mieterhöhung nicht überschritten werden darf.[458]

133 Eine solche Einigung ist aber nicht bereits dann anzunehmen, wenn der Mieter auf eine einseitige unwirksame Mieterhöhungserklärung des Vermieters **die verlangte neue erhöhte Miete zahlt.**[459] Hier ist bereits fraglich, ob ein Angebot des Vermieters auf Abschluss einer Mietabänderungsvereinbarung vorliegt, wenn der Vermieter erkennbar von seinem einseitigen Gestaltungsrecht gem. § 559 BGB Gebrauch machen will. Zumindest liegt regelmäßig keine Annahmeerklärung durch den Mieter vor. Ob der Mieter mit der Zahlung nämlich zugleich konkludent eine Willenserklärung auf Zustimmung abgegeben hat, ist durch Auslegung zu ermitteln. Voraussetzung für die Annahme einer konkludenten Willenserklärung ist, dass demjenigen, der eine solche konkludente Erklärung abgegeben haben soll, überhaupt bewusst ist, eine rechtsgeschäftliche Erklärung abzugeben.[460] Solange keinerlei Hinweise dafür existieren, dass der Mieter davon ausgehen musste, dass eine Verpflichtung zur Zahlung nicht bestand, und er automatisch in der Annahme zahlt, hierzu ohne eigenen Spielraum kraft Gesetzes gezwungen zu sein, fehlt es bereits an einem entsprechenden Verpflichtungswillen.[461] Eine **Willenserklärung** erfordert zumindest einen **objektiven Tatbestand,** aus dem die Äußerung eines auf eine Rechtsfolge gerichteten Willens geschlossen werden kann. Bei konkludenten Willenserklärungen muss der Erklärende die Umstände kennen, die seine Handlung als Ausdruck eines Rechtsfolgewillens erscheinen lassen. Er muss dabei vor allem wissen oder damit rechnen, dass eine von ihm abzugebende Willenserklärung erforderlich sein könnte.[462] Dazu gehört, dass der erklärende Mieter weiß, dass in seinem Verhalten der Ausdruck des Willens zu sehen ist, ein bisher unverbindliches Angebot verbindlich werden zu lassen.[463] Die Zahlung von Miete, zu dem der Mieter nicht verpflichtet ist, aber rechtsirrig annimmt, die erhöhte Miete zu schulden, ist keine konkludente Willenserklärung auf Abschluss eines Änderungsvertrages.[464] Dem Mieter fehlt hier auch für den Vermieter erkennbar jegliches Bewusstsein, dass die Zahlung eine über die bloße Erfüllung einer vermeintlichen Verpflichtung hinausgehende Bedeutung hat. Dabei ist es völlig unerheblich, ob der Mieter nur eine oder zahlreiche Zahlungen geleistet hat. Die Qualität der Erklärung wird nicht durch die Häufigkeit der Wiederholung bestimmt. Die Zahlungen erfolgten rechtsgrundlos und können vom Mieter kondiziert werden.[465]

---

457 AG Hamburg WuM 1999, 341.

458 LG Görlitz WuM 1999, 340.

459 LG Berlin GE 1996, 470; GE 1992, 207; ZMR 1990, 180; AG Tiergarten GE 1995, 1279; AG Braunschweig WuM 1984, 62; AG Osnabrück ZMR 1989, 340; **a. A.** LG Berlin GE 2002, 804 (Bestätigung); LG Leipzig ZMR 1999, 767; ein Rechtsentscheid des OLG Dresden zu dieser Frage ist auf Grund des Vorlagebeschlusses des LG Leipzig ZMR 2001, 548 nicht ergangen, da der Rechtsstreit sich anderweitig erledigt hatte; wohl auch LG Görlitz WuM 2001, 28; AG Tiergarten GE 1995, 1279; *Emmerich* in Staudinger § 559b BGB Rdn. 17 m. w. N.; ausdrücklich offen gelassen von BGH (VIII ZR 156/03) NZM 2004, 252.

460 BGH (XII ZR 5/15) NJW 2016, 1441; (V ZR 85/09) NZM 2010, 587; (V ZR 266/88) BGHZ 110, 220; (XI ZR 175/93) NJW 1995, 953; (II ZR 92/87) NJW 1988, 1199, 1200.

461 LG Berlin GE 1996, 470; *Sternel* III 718.

462 BGHZ 109, 177; BGH NJW 1973, 1789.

463 BGH NJW 1988, 1199, 1200.

464 OLG Hamm WuM 1981, 62; LG Braunschweig WuM 1990, 159.

465 OLG Hamburg WuM 1986, 82; LG München II WuM 1996, 624; LG Hamburg WuM 1989, 580; AG Flensburg WuM 1991, 356.

I. Prozessuales

Der Vermieter kann und muss direkt auf Zahlung klagen. Eine **Sicherungsanordnung** gem. § 283a ZPO scheidet wegen der Erhöhungsbeträge nach dem ausdrücklichen Wortlaut des § 283a Abs. 1 S. 3 ZPO aus.[466] Dabei ist die Klage an keine besonderen Fristen gebunden. Da die Mieterhöhungserklärung, wenn die materiellen und formellen Voraussetzungen der §§ 559, 559b BGB vorlagen, die Miete einseitig erhöht hat, kann der Vermieter auch abwarten, bis der Mietrückstand größer geworden ist, um ggf. die Berufungsbeschwer zu erreichen. Eine solche Klage über einen bestimmten Rückstand erwächst aber nur hinsichtlich dieses Rückstands in **Rechtskraft.** Beruft sich der Mieter in einem solchen Zahlungsverfahren auf Härtegründe, dann erwächst dieses Urteil **hinsichtlich zukünftiger Monate** nicht in Rechtskraft. Hat das Gericht das Vorliegen eines Härteeinwands verneint oder ging es von der Nichtbeachtung von Ausschlussfristen aus, ist der Mieter nicht gehindert, den Härteeinwand erneut und jetzt ggf. substantiierter gegenüber einer weiteren Zahlungsklage für die Folgemonate zu erheben. Dieser Verfahrensweise kann nur so begegnet werden, dass der Vermieter **zugleich auch Klage auf zukünftige Leistung** erhebt. Dazu müssen aber die Voraussetzungen des § 259 ZPO gegeben sein. Wenn das nicht der Fall ist, kommt auch eine **Feststellungsklage** des Vermieters gegenüber dem Mieter dahingehend in Betracht, *„festzustellen, dass der Mieter auf Grund der Mieterhöhungserklärung vom … verpflichtet ist, eine um … € erhöhte Miete zu zahlen."* Siehe dazu § 559b Rdn. 62. 134

Fraglich ist, ob der Vermieter dann, wenn der Mieter sich nach Zugang der Modernisierungsankündigung auf wirtschaftliche Härtegründe berufen hat, **Feststellungsklage** mit dem Antrag erheben kann, die Zahlungsverpflichtung des Mieters nach durchgeführter Modernisierung festzustellen. In der Begründung des Kabinettsentwurfs für das MietRÄndG[467] wird das behauptet. In der Literatur wird das ebenfalls teilweise vertreten.[468] Dem ist nicht zu folgen.[469] Unabhängig von der Tatsache, dass die genaue Höhe der Mieterhöhung nicht feststeht, da die exakten Kosten noch unbekannt sind, ist auch noch offen, welcher Stichtag maßgeblich ist und welche Einkommens- und Vermögensverhältnisse zu diesem Zeitpunkt auf Seiten des Mieters vorliegen. Es kommt auf den Zeitpunkt des Zugangs der Mieterhöhung an (oben Rdn. 108a). Dieser Termin kann Monate nach der Geltendmachung der Härtegründe liegen. Der Mieter kann mit letzter Sicherheit auch gar nichts über seine finanzielle Situation zu einem ihm nicht bekannten Zeitpunkt in der Zukunft sagen. Im Übrigen würde die Möglichkeit der Feststellungsklage dem gesetzgeberischen Ziel der Entkopplung der Duldungspflicht von der anschließenden Mieterhöhung zuwiderlaufen. Wenn der Vermieter erst Feststellungsklage erhebt, um sich sicher zu sein, dass der Mieter später die Mieterhöhung zahlen muss, dann sind außerdem die in der Modernisierungsankündigung gem. § 555c BGB anzugebenden Termine über den Beginn und die Dauer der Maßnahme lange abgelaufen und die Modernisierungsankündigung verbraucht. 135

Umgekehrt kann ggf. der Vermieter in den Fällen, in denen das Gericht die **Klage wegen des Härteeinwandes** abgewiesen hat, für die folgenden Monate erneut Klage erheben und auf die Ausführungen im ersten Urteil eingehen, also seine berechtigten Interessen besser darlegen oder sich mit zusätzlichen Einkommensmöglichkeiten des Mieters auseinandersetzen. Um diesem Risiko zu entgehen kann der Mieter **negative Feststellungswiderklage** im ersten Zahlungsprozess erheben. Der Antrag muss aber so formuliert sein, dass er sich nur auf Zeiträume bezieht, die der Vermieter mit der bezifferten Zahlungsklage nicht rechtshängig gemacht hat. Unzulässig ist aber eine negative Feststellungsklage unter Berufung auf den Härteeinwand bereits gegen die Modernisierungsankündigung.[470] 136

---

[466] *Börstinghaus* in Prütting/Gehrlein, ZPO, § 283a ZPO Rdn. 11.

[467] BT-Drucks. 17/10485 S. 21 abgedruckt auch bei *Börstinghaus/Eisenschmid,* Arbeitskommentar Mietrechtsänderung, § 555d BGB Rdn. 34.

[468] *Blank* WImmoT 2013, 47, 65.

[469] *Artz* in MüKoBGB § 559 Rdn 33; so auch für den umgekehrten Fall der neg. Feststellungsklage des Mieters: AG Schöneberg Urt. v. 30. 10. 2014 – 109 C 340/14 (LS in MM 11/2015 S. 30).

[470] AG Schöneberg Urt. v. 30. 10. 2014 – 109 C 340/14 (LS in MM 11/2015 S. 30).

§ 559a Anrechnung von Drittmitteln

(1) Kosten, die vom Mieter oder für diesen von einem Dritten übernommen oder die mit Zuschüssen aus öffentlichen Haushalten gedeckt werden, gehören nicht zu den aufgewendeten Kosten im Sinne des § 559.

(2) [1]Werden die Kosten für die Modernisierungsmaßnahmen ganz oder teilweise durch zinsverbilligte oder zinslose Darlehen aus öffentlichen Haushalten gedeckt, so verringert sich der Erhöhungsbetrag nach § 559 um den Jahresbetrag der Zinsermäßigung. [2]Dieser wird errechnet aus dem Unterschied zwischen dem ermäßigten Zinssatz und dem marktüblichen Zinssatz für den Ursprungsbetrag des Darlehens. [3]Maßgebend ist der marktübliche Zinssatz für erstrangige Hypotheken zum Zeitpunkt der Beendigung der Modernisierungsmaßnahmen. [4]Werden Zuschüsse oder Darlehen zur Deckung von laufenden Aufwendungen gewährt, so verringert sich der Erhöhungsbetrag um den Jahresbetrag des Zuschusses oder Darlehens.

(3) [1]Ein Mieterdarlehen, eine Mietvorauszahlung oder eine von einem Dritten für den Mieter erbrachte Leistung für die Modernisierungsmaßnahme stehen einem Darlehen aus öffentlichen Haushalten gleich. [2]Mittel der Finanzierungsinstitute des Bundes oder eines Landes gelten als Mittel aus öffentlichen Haushalten.

(4) Kann nicht festgestellt werden, in welcher Höhe Zuschüsse oder Darlehen für die einzelnen Wohnungen gewährt worden sind, so sind sie nach dem Verhältnis der für die einzelnen Wohnungen aufgewendeten Kosten aufzuteilen.

(5) Eine zum Nachteil des Mieters abweichende Vereinbarung ist unwirksam.

Systematische Übersicht

Alphabetische Schnellübersicht

A. Allgemeines

1 Modernisierungsmaßnahmen werden auch im preisfreien Wohnungsbau häufig durch öffentliche Zuschüsse und zinsverbilligte Darlehen gefördert. Gerade in den neuen Ländern mit dem immensen Modernisierungsbedarf spielten solche Förderungen in der Vergangenheit eine sehr große Rolle. Der Fördergeber will mit einer solchen Förderung regelmäßig zwei Dinge erreichen:

– der Vermieter soll aus wohnungswirtschaftlichen, umwelt- oder gesellschaftspolitischen Gründen veranlasst werden, trotz ggf. fehlenden oder nicht ausreichenden Eigenkapitals Modernisierungsmaßnahmen durchzuführen.
– der Mieter soll dadurch entlastet werden, dass die Mieterhöhung nach der Modernisierungsmaßnahme nicht ganz so hoch ausfällt, wie es ohne die Fördermittel gewesen wäre.

Der Gesetzgeber hat deshalb eine entsprechende **Anrechnungspflicht** in § 559a BGB aufgenommen. Die Vorschrift ist durch das Mietrechtsänderungsgesetz vom 11.3.2013[1] sprachlich an die neue Terminologie angepasst worden ohne dass damit eine inhaltliche Änderung verbunden war. Da der Vermieter aber nach einer Modernisierung auch die Möglichkeit hat, die Miete gem. § 558 BGB bis zur ortsüblichen Vergleichsmiete für modernisierten Wohnraum zu erhöhen (s. Vorbem. Vor § 558 BGB Rdn. 6),[2] hat der Gesetzgeber zusätzlich in § 558 Abs. 5 BGB die Anrechnung von Kürzungsbeträgen auch bei der Mieterhöhung gem. § 558 BGB (dazu § 558 Rdn. 200 ff.)[3] angeordnet, damit der Vermieter nicht durch die Wahl des Erhöhungsverfahrens darüber entscheiden kann, ob die öffentliche Förderung dem Mieter zugutekommt oder nicht. 2

Voraussetzung für jede Anrechnungsverpflichtung ist, dass der Vermieter eine Modernisierungsmaßnahme durchgeführt hat, die er nicht zu vertreten hat und dass er für diese Baumaßnahme vom Mieter oder einem Dritten Fördermittel bekommen hat. Diese sollen wirtschaftlich dem Mieter zu Gute kommen. Da es verschiedene Formen von Fördermittel gibt, nämlich 3

a) Zuschüsse
b) zinsverbilligte Darlehen
c) Aufwendungsbeihilfen

und die Berechnungsarten jeweils unterschiedlich sind, enthält die Vorschrift in den verschiedenen Absätzen die unterschiedlichen Berechnungsweisen.

B. Voraussetzungen für den Abzug von Kürzungsbeträgen

I. Zuschüsse gem. Abs. 1

Nach § 559a Abs. 1 BGB gehören Kosten, die vom Mieter oder für diesen von einem Dritten übernommen oder die mit Zuschüssen aus öffentlichen Haushalten gedeckt werden, nicht zu den aufgewendeten Kosten i. S. d. § 559 BGB. In diesem Fall reduzieren sich bereits die auf die Wohnung aufgewandten Kosten i. S. d. § 559 Abs. 1 BGB. 4

1. Zuschuss zu Modernisierungsmaßnahmen

Der **Abzug von Kürzungsbeträgen** kommt nur dann in Betracht, wenn die öffentliche Hand, der Mieter oder Dritte Zuschüsse zu Baumaßnahmen i. S. d. § 559 BGB geleistet haben. Es muss sich also um Modernisierungen oder bauliche Veränderungen auf Grund von Umständen, die der Vermieter nicht zu vertreten hat, gehandelt haben. Der Begriff des Zuschusses ist im Zivilrecht nicht definiert. Es kann zurückgegriffen werden auf den öffentlich-rechtlichen Zuschussbegriff.[4] In Betracht kommen vor allem Mittel aus Wohnungsbauförderungs- und Stadtsanierungsprogrammen.[5] Auch ein **Teilschuldenerlass** bei einem KfW Darlehn gehört zu den anzurechnenden Zuschüssen.[6] Auch Zuschüsse nach dem Landesmodernisierungsprogramm (LAMOD-Programm) in Berlin sind abzuziehen.[7] Umstritten ist, ob der Schulderlass im Rahmen des Bonussystems dieses Programms als Zuschuss zu behandeln ist.[8] 5

Investitionszulagen, die für Investitionen, die bis spätestens 1.1.2005 getätigt wurden, nach § 3 InvZulG 1999[9] für Modernisierungsmaßnahmen gewährt wurden, waren keine gem. § 559a 6

---

[1] BGBl 2013 I 434.
[2] OLG Hamm RE v. 30.10.1982, NJW 1983, 298 und OLG Hamm RE v. 30.12.1992, NJW-RR 1993, 399; *Emmerich* in Staudinger § 559b BGB Rdn. 7; *Sternel* III 556.
[3] *Börstinghaus* MDR 1998; 933; *Maciejewski* MM 1998, 97; *Kunze/Tietzsch* WuM 1997, 308, 309; *Beuermann* GE 1996, 1514.
[4] *Both* in Herrlein/Kandelhard § 559a BGB Rdn. 3; *Both* GE 2000, 102.
[5] Eine Übersicht über solche Förderprogramme befindet sich z. B. auf der Homepage der KfW-Bank: www.kfw.de/inlandsfoerderung/Privatpersonen/Bestandsimmobilie/Förderprodukte/Förderprodukte-für-Bestandsimmobilien.html oder des Bundesamtes für Wirtschaft und Ausfuhrkontrolle (BAFA) http://www.co2online.de/foerdermittel/bafa-foerderung/.
[6] AG Neubrandenburg WuM 2017, 148 zur Anrechnung gem. § 558 Abs. 5 BGB.
[7] Zur Anrechnung dieser Zuschüsse im Rahmen des § 558 Abs. 5 BGB: KG RE v. 17.1.2002, NZM 2002, 211; BerlVerfGH NZM 2001, 228; LG Berlin GE 2000, 604.
[8] Die entsprechende Vorlagefrage des LG Berlin hat das KG ausdrücklich nicht beantwortet: KG RE v. 17.1.2002, NZM 2002, 211.
[9] BGBl. I S. 1997, 2070.

BGB anzurechnenden Fördermittel.[10] Die Investitionszulage ist ein steuerrechtliches Instrument, das sich im Rahmen der Abgabenordnung bewegt und deshalb auch von den Finanzämtern verwaltet wird. Auf die Investitionszulage besteht ein Rechtsanspruch. Sie ist ein Mittel der Refinanzierung des Vermieters, der gefördert werden soll und nicht der Mieter.

7 Soweit der Vermieter bei einem Modernisierungs- oder Instandsetzungsgebot der Gemeinde Kostenerstattungsbeträge nach § 177 Abs. 4 BauGB erhalten hat, handelt es sich ebenfalls nicht um anrechnungspflichtige Zuschüsse.[11] Die Zahlung erfolgt hier zwar aus einem öffentlichen Haushalt i. S. d. § 559a BGB, jedoch soll damit kein Zuschuss zu der Baumaßnahme erfolgen. Es handelt sich vielmehr um einen öffentlich rechtlichen Entschädigungsanspruch, der vermeiden soll, dass auf Seiten des Vermieters ein enteignungsgleicher Eingriff vorliegt. Deshalb soll der Betrag dem Vermieter zugewandt werden und nicht dem Mieter. Eine Anrechnung dieses Betrages bei einer Mieterhöhung nach § 559 BGB würde letztendlich dazu führen, dass der Zweck dieser Leistung nicht erreicht würde. Soweit Zahlungen durch die Gemeinde für bestimmte Baumaßnahmen i. S. d. § 559 Abs. 1 BGB gezahlt werden, führen diese Kostenerstattungsbeträge aber dazu, dass die aufgewendeten Kosten des Vermieters geringer sind, so dass die Mieterhöhung nach § 559 BGB geringer ausfällt, da der mit 11% auf die Jahresmiete umlegbare Bauaufwand geringer ist.

8 **Zuschüsse zu Instandsetzungsarbeiten** sind unerheblich und begründen keine Verpflichtung zum vollständigen oder anteiligen Abzug.[12] Maßgeblich ist dabei der **Verwendungszweck** der Gelder, nicht die tatsächliche Verwendung.[13] Dies ergibt sich aus dem Zweck des Gesetzes. Der Vermieter ist bei Instandsetzungsarbeiten nicht berechtigt, die Miete nach § 559 BGB zu erhöhen. Zahlt die öffentliche Hand, der Mieter oder ein Dritter für solche Maßnahmen Geld, dann ergibt sich daraus, dass diese Zahlung letztendlich dem Vermieter zufließen sollte und nicht dem Mieter. Der Zuschussgeber hat also durch die Zweckbestimmung zugleich auch denjenigen bestimmt, der den wirtschaftlichen Vorteil haben soll. Verwendet der Vermieter diese Gelder dann für Modernisierungen, mag dies im Verhältnis zum Zuwendungsgeber vertragswidrig sein, ändert aber an der fehlenden Anrechnungspflicht nichts. Hinzu kommt, dass bei Maßnahmen, die sowohl Instandsetzungs- wie auch Modernisierungsarbeiten umfassen sowohl die Trennung zwischen diesen beiden Bereichen wie auch eine Trennung zwischen den verschiedenen Finanzierungsmitteln nur sehr schwer bis gar nicht möglich ist. Möglich ist bei solchen Finanzierungszuschüssen zu Instandsetzungsmaßnahmen allenfalls eine vertragliche Abrede über die zukünftige Miete, ggf. im Rahmen des § 557 Abs. 3 BGB, was aber eindeutige und ausdrückliche Vereinbarungen voraussetzt und mit der Anrechnung von Kürzungsbeträgen nichts zu tun hat. Dieser Weg wird von der öffentlichen Hand häufig beschritten. Sie fördert eine bestimmte Baumaßnahme ohne zwischen Modernisierung und Instandsetzung zu unterscheiden. Als Gegenleistung vereinbart sie mit dem Vermieter im Fördervertrag eine Höchstmiete, die nicht überschritten werden darf.[14]

2. Der Vermieter muss Bauherr der Modernisierungsmaßnahme sein

9 Der Vermieter muss auf Grund der Modernisierungsmaßnahme zu einer Mieterhöhung nach § 559 BGB berechtigt sein. Nur der Vermieter, der die Vorteile des § 559 Abs. 1 BGB nutzen darf, muss auch die Nachteile des § 559a BGB in Kauf nehmen.[15] Daraus folgt, dass der Vermieter, der eine einseitige Mieterhöhung nach § 559 BGB vornimmt, sowohl Bauherr der Baumaßnahme gewesen wie auch Empfänger der Fördermittel sein muss.[16] In den Fällen der Individual-Rechtsnachfolge auf Vermieterseite scheidet deshalb eine Anrechnung von Kürzungsbeträgen immer dann aus, wenn die Baumaßnahmen gem. § 559 BGB noch vom ehemaligen Vermieter oder einem Dritten durchgeführt wurden, ohne dass dieser eine Mieterhöhung gem. § 559 BGB vor-

---

[10] *Emmerich* in Staudinger (2014) § 559a BGB Rdn. 2b; *Both* GE 2000, 102; Bub/Treier/*Schultz* Kap. III. A Rdn. 1607; **a. A.** *Wüstefeld* WuM 2000, 283 dem wiederum *Both* in Herrlein/Kandelhard § 559a BGB Rdn. 3 vorwirft, für seine Auffassung keine Argumente zu haben, aber dafür einen unerschütterlichen Glauben an die Finanzverwaltung.

[11] *Emmerich* in Staudinger § 559a BGB Rdn. 2b; *Beuermann* GE 1996, 1514.

[12] *Schach* GE 2002, 842; *Beuermann* GE 1996, 1514, 1518; *Maciejewski* MM 1998, 97.

[13] **A. A.** AG Tempelhof MM 1989, Nr. 4, 31.

[14] *Schach* GE 2002, 842, 843.

[15] KG RE v. 15.9.1997, NZM 1998, 107; LG Berlin GE 2003, 458; GE 2000, 604; WuM 2001, 612.

[16] KG RE v. 15.9.1997, NZM 1998, 107 m. krit. Anm. *Lützenkirchen* WuM 1998, 187, 195; LG Berlin GE 2003, 458.

genommen hat.[17] Dies gilt auch in der Zwangsversteigerung.[18] Zwar kann der Erwerber eines Grundstücks, der nach § 566 BGB in das Mietverhältnis eingetreten ist, die Miete nach durchgeführter Modernisierung nach § 559 BGB erhöhen, unabhängig davon, ob die Modernisierungsarbeiten vor[19] oder nach[20] Eintritt des Erwerbers in das Mietverhältnis abgeschlossen worden sind, jedoch muss eine Anrechnung der Fördermittel nur dann erfolgen, wenn der Erwerber auch in den Genuss der Mittel gekommen ist.[21] Ggf. hat der Veräußerer gegen den Fördervertrag verstoßen und muss die Fördermittel zurückzahlen, wenn er die Verpflichtung zur Anrechnung im Erwerbsvertrag nicht auf den Erwerber übertragen hat. Eine Verpflichtung zur Anrechnung von Fördermitteln kann sich für den Erwerber aber dann ergeben, wenn im Mietvertrag eine vertragliche Beschränkung der Mieterhöhungsmöglichkeiten vereinbart wurde, in die der Erwerber gem. § 566 BGB eingetreten ist.[22]

3. Modernisierung bei bestehendem Mietverhältnis

Eine Anrechnung von Kürzungsbeträgen hat nur bei einer **Mieterhöhung im Bestand** zu erfolgen. Eine Anrechnung bei einer Neuvermietung war bisher im Gesetz nicht vorgesehen und wäre prinzipiell auch systemfremd.[23] Neuvertragsmieten werden im preisfreien Wohnungsbau nach Vorstellung des Gesetzgebers frei ausgehandelt. Kraft Gesetzes erlischt die Anrechnungspflicht mit der Beendigung des Mietverhältnisses, so dass bei der Vermietung einer bereits modernisierten Wohnung eine Kürzung weder bei der Berechnung der Neuvertragsmiete noch bei späteren Mieterhöhungen in Betracht kommt.[24] Etwas anderes gilt aber in den Gemeinden, in denen die Neuvertragsmiete gem. § 556d ff. BGB begrenzt ist. Gem. § 556e Abs. 2 BGB darf der Vermieter bei der Neuvermietung mit dem Mieter eine Miete vereinbaren, die mehr als 10% über der ortsüblichen Vergleichsmiete liegt, wenn er in den letzten 3 Jahren vor Beginn des Mietverhältnisses Modernisierungsmaßnahmen gem. § 555b BGB durchgeführt hat. In diesem Fall errechnet sich die zulässige Miete aus der um 10% erhöhten ortsüblichen Vergleichsmiete für nicht modernisierten Wohnraum zuzüglich einer – fiktiven – Mieterhöhung gem. § 559 BGB. Dabei sind dann auch Kürzungsbeträge gem. § 559a BGB zu berücksichtigen. Insofern ist der Wortlaut des § 556e Abs. 2 BGB eindeutig. ER verweist auch auf § 559a BGB. 10

II. Gewährung von zinsverbilligten oder zinslosen Darlehen gem. Abs. 2

Nach § 559a Abs. 2 BGB verringert sich der Erhöhungsbetrag nach § 559 BGB, auch wenn der Vermieter zwar keinen Zuschuss zu den Kosten der Modernisierung bekommt, jedoch die Kosten mit einem **zinslosen oder zinsverbilligten Darlehen** aus öffentlichen Haushalten deckt, wobei Mittel der Finanzierungsinstitute des Bundes oder eines Landes ebenfalls als Mittel aus öffentlichen Haushalten gelten. Werden Zuschüsse oder Darlehen zur Deckung der **laufenden Aufwendungen** gewährt, verringert sich der Erhöhungsbetrag um den Jahresbetrag des Zuschusses oder des Darlehens. 11

Unter Mitteln der öffentlichen Haushalte i. S. d. § 559a Abs. 1 Satz 1 BGB sind alle Finanzmittel zu verstehen, die in öffentlichen Haushalten, also des Bundes, eines Bundeslandes oder einer Gemeinde zur Verfügung gestellt wurden. Auf die Bewilligungsstelle kommt es nicht an.[25] Ein Finanzierungsinstitut des Bundes ist zum Beispiel die Kreditanstalt für Wiederaufbau. Eine dingliche Ab- 12

---

[17] *Emmerich* in Staudinger § 559a BGB Rdn. 2; **a. A.** Bub/Treier/*Schultz* Kap. III. A Rdn. 1601, der die entsprechenden Entscheidungen nur auf die Anrechnungspflicht gem. § 558 Abs. 5 BGB beschränken will.

[18] BGH (VIII ZR 58/03) NZM 2003, 973; **a. A.** Bub/Treier/*Schultz* Kap. III. A Rdn. 1602, der meint, dass die Entscheidung nur für § 558 Abs. 5 BGB gilt.

[19] KG RE v. 17.7.2000, NZM 2000, 860.

[20] KG RE v. 8.5.2000, NZM 2000, 652.

[21] Nach Bub/Treier/*Schultz* Kap. III. A Rdn. 1601 rechnet der Erwerber gar nicht mit dieser Erhöhungsmöglichkeit. Wenn die Rspr. ihm das Recht einräume, müsse sie auch die Anrechnungspflicht für den Erwerber annehmen.

[22] BGH (VIII ZR 58/03) NZM 2003, 973.

[23] LG Berlin 1997, 238; LG Berlin GE 2001, 210; *Schach* GE 2004, 278, 282 (mit Übersichtstabelle über die divergierende Rechtsprechung des verschiedenen Kammern des LG Berlin auf S. 281); **a. A.** *Kunze/Tietzsch* WuM 2003, 423.

[24] LG Berlin GE 1997, 238; Bub/Treier/*Schultz* Kap. III. A Rdn. 1603/1605.

[25] *Beuermann* GE 1994, 558.

sicherung dieser Finanzierungsmittel ist nicht erforderlich, obwohl das Gesetz als Vergleichsmaßstab auf dinglich abgesicherte Darlehen abstellt. Eine solch einschränkende Auslegung des Gesetzes würde dem Sinn und Zweck der Anrechnungsregelung widersprechen, wonach die Vorteile der Förderung wirtschaftlich dem Mieter zugutekommen sollen.

III. Mieterdarlehen gem. Abs. 3

13 Den Mitteln aus öffentlichen Haushalten stehen **Mieterdarlehen** und **Mietvorauszahlungen** sowie Leistungen von einem Dritten für den Mieter gleich. Hierbei kann es sich zum Beispiel um Leistungen des Arbeitgebers des Mieters handeln. Nicht hierzu zählen Zinsvergünstigungen und -zuschüsse die Private im Zusammenhang mit dem Vertrieb ihrer Waren und Anlagen zahlen.[26] So zahlen Energieversorger bei Heizungsmodernisierungen teilweise Zinszuschüsse zur Finanzierung der Baumaßnahme, wenn auf eine andere Energieart umgestellt wird. Solange es sich um Zuschüsse bezüglich der Finanzierungskosten handelt, werden diese Zuschüsse bereits vom Wortlaut her von § 559a Abs. 3 BGB nicht erfasst. Es handelt sich gerade um keine Zuschüsse, die von einem Dritten für den Mieter geleistet werden. Der Dritte will gerade dem Vermieter einen Vorteil zukommen lassen, damit dieser die Ware des Dritten kauft oder mit diesem ein Dauerschuldverhältnis abschließt. Handelt es sich bei dem Vermieter um eine Genossenschaft und hält der Mieter einen **Genossenschaftsanteil,** dann ist weder dieser Anteil noch die verrechnete Verzinsung vom Mieterhöhungsbetrag in Abzug zu bringen.[27]

14 Hat ein Dritter einen **Zuschuss** zu den Kosten der Baumaßnahme nach § 559 BGB geleistet, muss er dies **für den Mieter** getan haben. Zahlungen, die der Dritte leistet, um dem Vermieter einen Vorteil zukommen zu lassen, führen nicht zu einer Anrechnungsverpflichtung. Deshalb sind Zuschüsse von Privaten, zum Beispiel Energieversorgern, die diese bei Abschluss eines langfristigen Liefervertrages zahlen, nicht anzurechnen. Auch in diesem Fall handelt es sich nicht um einen Zuschuss gem. § 559a Abs. 3 BGB, den der Dritte für den Mieter leistet. Das Unternehmen zahlt diesen Zuschuss aus Werbegründen, um den Vermieter als Kunden zu gewinnen. Der Zuschuss soll dem Vermieter zugutekommen. Dass dieser Zuschuss dazu führt, dass der Vermieter weniger Kosten aufgewandt hat, ändert daran nichts. Das Gesetz verlangt ausdrücklich, dass der Dritte Zahlungen **für den Mieter** erbracht hat. Allenfalls dann, wenn der Zuschuss in Form einer Gutschrift erfolgt, die von ansonsten vom Vermieter zu zahlende Baukosten an den Zuschussgeber abzuziehen ist, kann es sich um ein Umgehungsgeschäft handeln, so dass nur die um die Gutschrift gekürzten Baukosten angesetzt werden dürfen.

C. Berechnung der Anrechnung

15 Bei der Berechnung der Kürzungsbeträge muss zwischen den verschiedenen Arten der Förderung unterschieden werden:

I. Zinsverbilligte Darlehen

1. Bei gleich bleibender Förderung

16 Bei **zinsverbilligten Darlehen** ist zunächst die jährliche Zinsersparnis zu ermitteln. Dazu ist die prozentuale Zinsverbilligung auf den maßgeblichen Darlehensbetrag anzuwenden. Die prozentuale Zinsverbilligung ergibt sich aus einem Vergleich zwischen dem Zinssatz für erstrangige Hypotheken zum Zeitpunkt der Beendigung der Maßnahme[28] mit dem tatsächlich vom Vermieter zu zahlenden Zinssatz. Maßgeblich sind die marktüblichen Zinsen, die zum Zeitpunkt der Beendigung der Baumaßnahme gezahlt werden. Zu deren Ermittlung kann zurzeit immer noch auf die

---

[26] Bub/Treier/*Schultz* Kap. III. A Rdn. 1620; *Emmerich* in Staudinger § 559a BGB Rdn. 5; *Dickersbach* in Lützenkirchen, Mietrecht, § 559a BGB Rdn. 24.

[27] AG Magdeburg WuM 1996, 229; **a. A.** AG Leipzig WuM 1993, 268 jeweils für preisgebundenen Wohnraum gem. § 11 Abs. 2 MHG a. F.

[28] Bub/Treier/*Schultz* Kap. III. A Rdn. 1611; *Emmerich* in Staudinger, § 559a Rdn 3; **a. A.** *Artz* in MünchKomm § 559a Rdn. 5 (Zeitpunkt der Mieterhöhung), der sich aber fälschlich auf die Kommentierung von *Emmerich* beruft.

Vorschrift des § 23a II. BV zurückgegriffen werden. Danach ist der marktübliche Zinssatz für erstrangige Hypotheken entweder zu ermitteln aus dem durchschnittlichen Zinssatz der durch erstrangige Hypotheken gesicherten Darlehen, die zum Zeitpunkt der Beendigung der Baumaßnahme von Kreditinstituten oder privatrechtlichen Unternehmen, zu deren Geschäften üblicherweise die Hergabe derartiger Darlehen gehört, zu geschäftsüblichen Bedingungen für Bauvorhaben an demselben Ort gewährt worden sind oder in Anlehnung an den Zinssatz der zum Zeitpunkt der Beendigung der Baumaßnahme zahlenmäßig am meisten abgesetzten **Pfandbriefe** unter Berücksichtigung der üblichen Zinsspanne. Von diesem so ermittelten Zinssatz ist der mit dem Fördergeber tatsächlich vereinbarte Zinssatz in Abzug zu bringen. Als Ergebnis erhält man die **prozentuale Zinsvergünstigung.** Um den absoluten Euro-Betrag der Zinsvergünstigung zu erhalten, muss man die prozentuale Zinsvergünstigung auf den maßgeblichen Darlehensbetrag anwenden. Der maßgebliche Darlehensbetrag ergibt sich aus dem aus öffentlichen Haushalten oder dem vom Mieter gezahlten Darlehensbetrag. Als Ergebnis der Berechnung erhält man den jährlichen Kürzungsbetrag.

Beispiel: Der Vermieter hat von der landeseigenen Investitionsbank ein Darlehen von 30.000 € zu einem Zinssatz von 3% erhalten. Der übliche Zinssatz für erstrangig abgesicherte Darlehen beträgt zum maßgeblichen Zeitpunkt 7%. Dann berechnet sich der Kürzungsbetrag wie folgt: 7% minus 3% gleich 4%. 4% von 30.000 € sind 1.200 € jährlich. Der Vermieter muss also vom Jahresbetrag der nach § 559 BGB möglichen Mieterhöhung 1.200 € abziehen. Bei einem anrechenbaren Bauaufwand von 60.000 € kann er also die Jahresmiete des Gesamtobjekts nicht um 6.600 € (11% von 60.000 €), sondern nur um 5.400 € (6.600 minus 1.200 €) erhöhen.

Genauso wie im öffentlich geförderten Wohnungsbau gilt für den Rest der Förderdauer dann der sog. **Einfrierungsgrundsatz,** zumindest was die Berücksichtigung des Darlehensbetrages und des Zinssatzes für erstrangig gesicherte Darlehen betrifft. Der wie oben errechnete Kürzungsbetrag ist ohne Rücksicht auf die tatsächlichen Vorteile der Förderung in gleicher Höhe in der Zukunft in Abzug zu bringen.[29] Dies gilt sowohl dann, wenn die tatsächliche absolute Zinsersparnis in Euro sinkt, wie auch in den Fällen, in denen die Zinsvergünstigung sogar gestiegen ist. Die tatsächliche Zinsvergünstigung sinkt sowohl in den Fällen, in denen der Vermieter das Darlehen teilweise getilgt hat, so dass der gleich bleibende Prozentsatz auf eine niedrigere Darlehensvaluta anzuwenden ist, als auch in den Fällen, in denen der prozentuale Zinsvorteil real gesunken ist, z. B. deshalb, weil das Zinsniveau für erstrangige Hypotheken **gefallen** ist. Beide Sachverhalte können auch zusammentreffen. 17

Beispiel: Im obigen Beispiel ist der maßgebliche Zinssatz für erstrangig gesicherte Darlehen nach der Beendigung der Baumaßnahme von 7% auf 6% gefallen, außerdem hat der Vermieter inzwischen 5.000 € getilgt. Obwohl der Zinsvorteil durch die Förderung nunmehr nur noch 750 € (6% minus 3% = 3%; 3% von nur noch 25.000 €) beträgt, berechtigt dies nicht zu einer neuen Mieterhöhung nach § 559 BGB. Es fehlt an einer Modernisierungsmaßnahme.

Der Vorteil der Förderung kann aber auch **steigen.** Da der Darlehensbetrag nachträglich nicht größer werden kann,[30] kann eine tatsächliche Veränderung nur über einen allgemeinen Zinsanstieg eintreten. 18

Beispiel: Im obigen Beispiel ist der maßgebliche Zinssatz für erstrangig gesicherte Darlehen nach der Beendigung der Baumaßnahme von 7% auf 8% gestiegen, ohne dass bisher Tilgungen erfolgten. Obwohl der Zinsvorteil durch die Förderung nunmehr bereits 1.500 € (5% von 30.000 €) beträgt, muss weiterhin nur ein jährlicher Kürzungsbetrag von 1.200 € in Abzug gebracht werden. Die Miete muss nicht gesenkt werden.

2. Bei degressiver Förderung

Etwas anders gilt jedoch in den **Fällen einer degressiven Förderung.**[31] Im Fall der zinsverbilligten Darlehen liegt eine degressive Förderung dann vor, wenn der Zinssatz für die Darlehen der öffentlichen Hand oder im Einzelfall auch des Mieters, jährlich steigt. In diesem Fall verringert sich jährlich der Abstand zu dem üblichen Zinssatz für erstrangig abgesicherte Darlehen. Deshalb ist der Förderbetrag, der dem Vermieter zufließt, von vornherein bereits geringer. Der Vermieter 19

[29] *Emmerich* in Staudinger § 559a BGB Rdn. 3; Bub/Treier/*Schultz* Kap. III. A Rdn. 1610; *Dickersbach* in Lützenkirchen, Mietrecht, § 559a BGB Rdn. 19; *Kinne* ZMR 2003, 396, 400; *Kunze/Tietzsch* WuM 2003, 423, 425; *Thomsen,* Modernisierung, S. 142.

[30] Der Fall, dass der Vermieter mit Zinszahlungen in Verzug gerät, die dann die Verbindlichkeit erhöhen, kann hier vernachlässigt werden, da diese vom Vermieter zu vertretenden Umstände unerheblich sind.

[31] Dazu *Rupp* ZMR 1977, 323.

muss aber an den Mieter nur das weitergeben, was er vereinbarungsgemäß erhalten soll. Deshalb ist in diesen Fällen steigender Zinsen für die Darlehen auch jährlich ein geringer werdender Kürzungsbetrag in Abzug zu bringen.[32] Dabei ist der im Voraus festgelegte Zinssatz für jedes Jahr von dem maßgeblichen Zinssatz am Ende der Baumaßnahme für erstrangig abgesicherte Darlehen in Abzug zu bringen. Dies Datum ist im Gesetz ausdrücklich festgelegt. Unrichtig wäre es deshalb, den Zinssatz für erstrangig abgesicherte Darlehen jeweils neu für den Beginn eines neuen Förderjahres zu ermitteln. Veränderungen auf dieser Seite bleiben auf Grund des **Einfrierungsgrundsatzes** unberücksichtigt. Problematisch ist in diesen Fällen der Inhalt der Erhöhungserklärung (dazu § 559b Rdn. 30). Die Verringerung der Fördermittel im Laufe des Mietverhältnisses gibt dem Vermieter aber nicht das Recht zu einer Neufestsetzung des Modernisierungszuschlages ist nach § 559 BGB.[33]

II. Aufwendungszuschüsse

20 Neben den Fällen, in denen die Baumaßnahme selbst mit zinsverbilligten Darlehen der öffentlichen Hand oder des Mieters finanziert wurde, sind nach dem ausdrücklichen Gesetzeswortlaut des § 559a Abs. 2 Satz 4 BGB auch **Aufwendungszuschüsse** anzurechnen. Damit werden die Fälle erfasst, in denen nicht die Baumaßnahme selbst subventioniert wird, sondern die durch die Baumaßnahme verursachten Aufwendungen auf Seiten des Vermieters.[34] Es muss sich tatsächlich um einen Zuschuss zu den laufenden Aufwendungen des Vermieters handeln. Was zu den laufenden Aufwendungen zählt, ergibt sich aus den §§ 18ff. der II. BV. Danach zählen zu den laufenden Aufwendungen des Vermieters die Kapitalkosten und die Bewirtschaftungskosten. Die Kapitalkosten setzen sich zwar gem. § 19 Abs. 1 Satz 2 II. BV wiederum zusammen aus den Eigenkapital- und den Fremdkapitalkosten, jedoch gehören die Eigenkapitalkosten, also die Verzinsung des eingesetzten Eigenkapitals nicht zu den laufenden Aufwendungen i. S. d. § 559 BGB. Die angemessene Eigenkapitalverzinsung ist im freifinanzierten Wohnungsbau eine Frage des nach den Regeln von Angebot und Nachfrage sich ergebenden Mietpreises. Eine garantierte Mindestverzinsung des eingesetzten Eigenkapitals ist dem BGB insofern systemfremd.

21 Genauso, wie **direkte Baukostenzuschüsse** von den umlagefähigen Kosten abgezogen werden, müssen die Aufwendungszuschüsse unmittelbar vor dem Jahresumlagebetrag abgezogen werden.

Beispiel: Der Vermieter hat für eine Modernisierung 40.000 € aufgewandt. Er hat einen Aufwendungsersatzzuschuss von 7% der Baukosten erhalten. Dann ist die gem. § 559 BGB mögliche jährliche Mieterhöhung von 4.400 € (11% von 40.000 €) um 2.800 € (7% von 40.000 DM) zu kürzen, so dass der Vermieter noch einen Betrag 1.600 € gem. § 559 BGB anteilig auf die Mieter umlegen kann.

Auch hier gilt, dass grundsätzlich die Berechnung für jede Wohnung gesondert vorzunehmen ist und nur in den Fällen, in denen nicht festgestellt werden kann, in welcher Höhe die Zuschüsse für welche Wohnung gezahlt worden sind, die Zuschüsse nach dem Verhältnis der aufgewandten Kosten zu verteilen sind.

III. Aufwendungsdarlehen

22 Eine Mischung aus den zinsverbilligten Darlehen und den Aufwendungszuschüssen stellen die Aufwendungsdarlehen dar. In diesem Fall erhält der Vermieter keinen Zuschuss zu seinen laufenden Aufwendungen, sondern zur Finanzierung der laufenden Aufwendungen wird ihm ein zinsverbilligtes Darlehen gewährt. Die Förderung des Vermieters besteht in der Zinsersparnis. Nur diese ist deshalb von der grundsätzlich möglichen Mieterhöhung in Abzug zu bringen.

Beispiel: Der Vermieter hat für eine Modernisierung 40.000 € aufgewandt. Er hat ein Aufwendungsdarlehen von der landeseigenen Investitionsbank von 5.000 € zu einem Zinssatz von 3% erhalten, wobei der übliche Zinssatz für erstrangig abgesicherte Darlehen zum Zeitpunkt der Beendigung der Baumaßnahme 8% betrug. Dann ist die gem. § 559 BGB mögliche jährliche Mieterhöhung von 4.400 € (11% von 40.000 €) um 250 € (Zinsvorteil 5% von 5.000 €) zu kürzen, so dass der Vermieter noch einen Betrag von 4.150 € gem. § 559 BGB anteilig auf die Mieter umlegen kann.

---

[32] Bub/Treier/*Schultz* Kap. III. A Rdn. 1611/1612; *Emmerich* in Staudinger § 559a BGB Rdn. 3a; *Dickersbach* in Lützenkirchen, Mietrecht, § 559a BGB Rdn. 19; *Kunze/Tietzsch* WuM 2003, 423, 425.

[33] LG Berlin MM 1999, 439.

[34] Dazu *Kunze/Tietzsch* WuM 1997, 308, 310.

IV. Baukostenzuschüsse

Seltener sind die Fälle von **verlorenen Baukostenzuschüssen** geworden. Regelmäßig werden heute Zinszuschüsse oder Zinsvorteile gewährt. Für die verlorenen Baukostenzuschüsse bestimmt § 559a Abs. 1 BGB, dass Kosten, die ganz oder teilweise vom Mieter oder für diesen von einem Dritten übernommen werden, nicht zu den umlagefähigen Aufwendungen gehören und deshalb erst gar nicht zu einer Mieterhöhung um 11% herangezogen werden können. Der Abzug des Baukostenvorschusses von den aufgewandten Kosten bedeutet wirtschaftlich auch, dass die Mieterhöhung nach § 559 BGB um 11% des Zuschusses jährlich niedriger ausfällt als ohne Anrechnung des Vorschusses. 23

Beispiel: Für die Modernisierung einer 80 m² großen Wohnung wurden 30.000 € aufgewandt. Der Vermieter erhielt einen Zuschuss von 10.000 €. In diesem Fall kann der Vermieter nur eine Mieterhöhung von 2,29 €/m² vornehmen (20.000 € 11%/12 Monate/80 m²).

D. Verteilung der Drittmittel auf verschiedene Wohnungen (Abs. 4)

Das Gesetz geht davon aus, dass im Normalfall die öffentlichen Darlehen für jede Wohnung gesondert bewilligt und ausgezahlt werden, so dass es keine **Verteilungsprobleme** gibt. In diesen Fällen muss der Kürzungsbetrag für jede Wohnung gesondert berechnet werden.[35] Für den Fall, dass dies nicht der Fall sein sollte, bestimmt § 559a Abs. 4 BGB, dass die Verteilung nach dem Verhältnis der aufgewandten Kosten zu erfolgen hat. Dies ist deshalb sachgerecht, weil auf diese Weise die Verteilung der Kürzungsbeträge nach dem gleichen Maßstab erfolgt, wie die Verteilung der für die Modernisierungsmaßnahme aufgewandten Kosten.[36] Diese Kosten sind nach dem Wortlaut des § 559 Abs. 1 BGB angemessen auf die einzelnen Wohnungen zu verteilen. Auch wenn hier ein m²-Maßstab i. d. R. nicht unbillig ist, so sind Fälle denkbar, in denen eine Verteilung nach einem anderen Maßstab angemessener ist, weil damit der unterschiedlichen Entstehung der Kosten und dem unterschiedlichen Nutzen an der Baumaßnahme eher Rechnung getragen werden kann. Dies ist zum Beispiel bei der Fenstermodernisierung der Fall, bei der eine Verteilung nach der Anzahl oder Größe der eingebauten Fenster sachgerechter ist. Die Verteilung der Kürzungsbeträge nach dem Verhältnis der aufgewandten Kosten hat deshalb zur Konsequenz, dass die Mieter, auf die höhere Kosten umgelegt werden, auch stärker von den Kürzungsbeträgen profitieren. Umgedreht bedeutet dies aber auch, dass zum Beispiel in den Fällen des Wohnungsleerstandes auch Kürzungsbeträge auf **unvermietete Wohnungen** entfallen, weil auf diese Wohnungen die Baukosten nach § 559 Abs. 1 BGB auch angemessen zu verteilen sind.[37] Diese Kürzungsbeträge muss der Vermieter aber grundsätzlich bei einer anschließenden Neuvermietung nicht an den neuen Mieter weitergeben. 24

E. Dauer der Anrechnung

Die Anrechnung von Kürzungsbeträgen hat im Rahmen des § 559a BGB **nur einmal** zu erfolgen, nämlich bei der nach Abschluss der Modernisierungsmaßnahme möglichen Mieterhöhung nach § 559 BGB. Dabei kommt es nicht auf die Auszahlung der Fördermittel an. Selbst wenn die Fördermittel erst lange nach Abschluss der Modernisierungsmaßnahme an den Vermieter ausgezahlt werden, muss der Vermieter die bewilligten Fördermittel bei der Berechnung der Mieterhöhung **von Anfang an** in Abzug bringen.[38] Dies ergibt sich auch daraus, dass der Vermieter die Finanzierungskosten selbst zu tragen hat. 25

Nach Ablauf der Förderung, z. B. bei zinsverbilligten Darlehen, Aufwendungszuschüssen oder Aufwendungsdarlehen, ist **keine neue Mieterhöhung** nach § 559 BGB möglich. Der Vermieter ist in diesem Fall darauf angewiesen, eine Mieterhöhung nach § 558 BGB auf die ortsübliche Vergleichsmiete vorzunehmen, was aber voraussetzt, dass die ortsübliche Vergleichsmiete inzwischen über die Vertragsmiete gestiegen ist. Auch die ortsübliche Vergleichsmiete ist in diesem 26

[35] *Emmerich* in Staudinger § 559a BGB Rdn. 6; *Sternel* Mietrecht, III 794.
[36] Bub/Treier/Schultz Kap. III. A Rdn. 1621; *Emmerich* in Staudinger § 559a BGB Rdn. 6.
[37] *Emmerich* in Staudinger § 559 BGB Rdn. 28.
[38] AG Lichtenberg MM 2000, 87.

Fall nicht mehr um Kürzungsbeträge gem. § 558 Abs. 5 BGB zu vermindern. Für die Mieterhöhung nach § 559 gilt auch für Baukostenzuschüsse nichts anderes.[39]

F. Abweichende Vereinbarungen

27 Nach Abs. 5 sind abweichende Vereinbarungen zu Lasten des Mieters unwirksam. Die Vorschrift ist eigentlich überflüssig, da bereits gem. § 557 Abs. 4 BGB alle nachteiligen Vereinbarungen unwirksam sind. Gem. § 557 Abs. 3 BGB kann der Vermieter in den Fällen, in denen er keine Mietabänderungsvereinbarung nach § 557 Abs. 1 BGB oder eine Staffel- oder Indexmiete nach § 557a, 557b BGB vereinbart hat, die Miete **nur nach Maßgabe der §§ 558–560 BGB** erhöhen. Das bedeutet für Mieterhöhungen nach Modernisierungsmaßnahmen, dass diese nur unter den in den Vorschriften der §§ 559–559b BGB genannten Voraussetzungen möglich sind und jede Abweichung hiervon zu Lasten des Mieters auch gegen § 557 Abs. 4 BGB verstößt. Zur Frage wann eine Vereinbarung vorliegt und den allgemeinen Voraussetzungen s. deshalb § 557 Rdn. 62ff.

28 Unwirksam sind alle Vereinbarungen, die von den Voraussetzungen und Rechtsfolgen des § 559a zum Nachteil des Mieters abweichen. Hierzu zählen z. B.

- Ausschluss der Anrechnung von Baukostenzuschüssen
- Befristung der Anrechnung von Fördermitteln
- Vereinbarung anderer für den Mieter ungünstiger Anrechnungssätze
- Vereinbarung einer Mieterhöhungsmöglichkeit bei degressiver Förderung im Fall des Wegfalls der Förderung.[40]

---

[39] Die Anrechnung im Rahmen des § 558 Abs. 5 BGB hat bei Zuschüssen 12 Jahre zu erfolgen: BGH (VIII ZR 310/11) NJW 2012, 3090 = MietPrax-AK, § 558a BGB Nr. 28 m. Anm. *Börstinghaus.*

[40] BGH (VIII ZR 41/03) NZM 2004, 136.

§ 559b Geltendmachung der Erhöhung, Wirkung der Erhöhungserklärung

(1) [1]Die Mieterhöhung nach § 559 ist dem Mieter in Textform zu erklären. [2]Die Erklärung ist nur wirksam, wenn in ihr die Erhöhung auf Grund der entstandenen Kosten berechnet und entsprechend den Voraussetzungen der §§ 559 und 559a erläutert wird. [3]§ 555c Absatz 3 gilt entsprechend.

(2) [1]Der Mieter schuldet die erhöhte Miete mit Beginn des dritten Monats nach dem Zugang der Erklärung. [2]Die Frist verlängert sich um sechs Monate, wenn

1. der Vermieter dem Mieter die Modernisierungsmaßnahme nicht nach den Vorschriften des § 555c Absatz 1 und 3 bis 5 angekündigt hat oder

2. die tatsächliche Mieterhöhung die angekündigte um mehr als 10 Prozent übersteigt.

(3) Eine zum Nachteil des Mieters abweichende Vereinbarung ist unwirksam.

Systematische Übersicht

A. Allgemeines

Die Vorschrift enthält in Abs. 1 die **Formalien einer Mieterhöhung** gem. § 559 BGB und in Abs. 2 **die Rechtsfolgen.** Da es sich bei der Mieterhöhung nach Modernisierung um ein einseitiges Gestaltungsrecht des Vermieters handelt, muss er verhältnismäßig strenge formale Voraussetzungen einhalten.[1] Er muss die Mieterhöhung erläutern und berechnen und so für den Mieter nachvollziehbar machen. Der **Wirkungszeitpunkt** der Mieterhöhung hängt zum einen vom Zugangszeitpunkt der Mieterhöhungserklärung und zum anderen von der ordnungsgemäßen Ankündigung gem. § 555c BGB ab. 1

Die Vorschrift ist durch das Mietrechtsänderungsgesetz 2013 geändert worden. Neu eingeführt wurde für den Vermieter die Möglichkeit hinsichtlich der energetischen Qualität von Bauteilen auf allgemein anerkannte Pauschalwerte Bezug zu nehmen.[2] Damit sollen die formalen Anforderungen an das Erläuterungserfordernis abgesenkt werden. Schließlich wurde bei der Bestimmung des Wirkungszeitpunkts für die Mieterhöhung klargestellt, dass der Vermieter auch ohne Modernisierungsankündigung gem. § 555c BGB berechtigt ist, eine Modernisierungsmieterhöhung vorzunehmen. In diesem Fall verschiebt sich der Wirkungszeitpunkt um 6 Monate. Das entspricht der BGH Rechtsprechung.[3] 2

unbesetzt 3

B. Die Mieterhöhungserklärung

Der Vermieter muss seinen Anspruch auf Mieterhöhung wegen einer Modernisierungsmaßnahme gem. § 559 Abs. 1 BGB nach § 559b Abs. 1 BGB durch eine **Erklärung, die zumindest in** 4

---

[1] LG Landau/Pfalz ZMR 2009, 211.

[2] Dazu *Harsch* MietRB 2013, 222.

[3] BGH (VIII ZR 164/10) NJW 2011, 1220.

Textform erfolgen muss, gegenüber dem Mieter geltend machen.[4] Die Erklärung ist nur wirksam, wenn in ihr die Erhöhung auf Grund der entstandenen Kosten berechnet und entsprechend den Voraussetzungen nach § 559b Abs. 1 BGB erläutert wird.[5] Durch die Angaben soll der Mieter geschützt werden. Er soll ausreichend Gelegenheit haben, die geforderte Mieterhöhung auf ihre Berechtigung hin zu überprüfen. Die Mieterhöhungserklärung ist eine einseitige empfangsbedürftige Willenserklärung, für die die allgemeinen Regeln über Willenserklärungen gelten.

I. Form der Erklärung

1. Absender

5 eines Mieterhöhungsverlangens muss der jeweilige **Vermieter** zum Zeitpunkt der Abgabe[6] der Mieterhöhungserklärung sein (s. hierzu ausführlich Vorbem. zu § 558 Rdn. 17ff.). Es kommt nicht darauf an, wann die Baumaßnahme durchgeführt wurde. Der Erwerber eines Grundstücks, der nach § 566 BGB in das Mietverhältnis eingetreten ist, kann die Miete aber nach durchgeführter Modernisierung nach § 559 BGB erhöhen, unabhängig davon, ob die Modernisierungsarbeiten vor[7] oder nach[8] Eintritt des Erwerbers in das Mietverhältnis abgeschlossen worden sind.

2. Adressat

6 der Mieterhöhungserklärung gem. § 559b BGB müssen sämtliche Mieter sein (s. hierzu ausführlich Vorbem. zu § 558 Rdn. 48ff.).[9] Eine nicht an alle Mieter gerichtete Erhöhungserklärung ist unwirksam.[10] Allenfalls kann es treuwidrig sein, wenn der Mieter sich auf diesen Mangel beruft.[11]

3. Form

7 Die Gestaltungserklärung nach § 559b BGB muss der Vermieter gem. Abs. 1 in **Textform** abgeben. Die Voraussetzungen der Textform ergeben sich aus § 126b BGB (zur Textform s. ausführlich § 550 BGB Rdn. 77ff.). Die Textform genügt selbst dann, wenn im Mietvertrag eine **Schriftformklausel** enthalten ist. Unabhängig davon, dass es sich um eine gewillkürte Schriftform gem. § 127 BGB handeln würde, die weiter als die gesetzliche Schriftform geht und große Teile der der Textform aber nicht der Schriftform genügenden Formen (z. B. Telefax) abdeckt, ist eine solche Schriftformklausel i. d. R. gem. § 307 BGB unwirksam (Vor § 535 BGB Rdn. 41, § 550 BGB Rdn. 75).

8 Bei **Verträgen mit einer Laufzeit von mehr als einem Jahr** muss die Erklärung nicht abweichend von Abs. 1 in Schriftform abgegeben werden[12] um die Befristung oder den in der Praxis weit häufiger vorkommenden Kündigungsverzicht aufrecht zu halten. Für die Wirksamkeit der Mieterhöhung ist die Einhaltung der Schriftform immer unerheblich. Für sie genügt die Textform. Zwar sind die Miethöhevorschriften keine die Form des § 550 BGB verdrängenden Spezialvorschriften[13], das Schriftformgebot des § 550 BGB gilt jedoch für solch **einseitigen Gestaltungserklärungen**

[4] Hierzu *Mersson* DWW 2009, 206.

[5] Zum Zweck der Erläuterung s. BGH RE v. 10.4.2002 (VIII ARZ 3/01) NJW 2002, 2036 m. Anm. *Schläger* ZMR 2002, 580.

[6] LG Köln WuM 1996, 623; *Weitemeyer* FS Blank, 2006, S. 445 (449); ungenau deshalb AG Ludwigsburg WuM 2013, 546.

[7] KG RE v. 17.7.2000, NZM 2000, 860.

[8] KG RE v. 8.5.2000, NZM 2000, 652.

[9] OLG Celle RE v. 20.1.1982, WuM 1982, 102; OLG Koblenz RE v. 13.10.1983, NJW 1984, 18; AG Lichtenberg MM 1998, 441; AG Schöneberg GE 1998, 1217; AG Hamburg WuM 1980, 58; *Sternel* PiG 41, 45, 63; *Nies* NZM 1998, 221, 222; zu Rechtsproblemen bei Personenmehrheiten bei Mietern und Vermietern auch *Scholz* WuM 1986, 5.

[10] OLG Celle RE v. 20.1.1982, WuM 1982, 102; LG Heidelberg WuM 1993, 342.

[11] BGH (VIII ZR 124/03) NJW 2004, 1797.

[12] Ausführlich *Börstinghaus,* DMT-Bilanz 2011, S. 377, 382; ebenso aber ohne Begründung: *Elzer* in Elzer/Rieke, Mietrechtskommentar, 2009, § 559b BGB Rdn. 2.

[13] **A. A.** *Bieber* in MünchKommBGB § 550 BGB Rdn. 7.

nicht.[14] Die **verschiedenen Schutzzwecke**[15] des § 550 BGB verlangen nicht die Einhaltung der Schriftform. Die Warn- und Beweisfunktion ist anders als bei der Mieterhöhung nach § 558ff. BGB (dazu § 558a BGB Rdn. 10; § 558b BGB Rdn. 21) nicht betroffen. Für den Erwerberschutz als Hauptschutzzweck des § 550 BGB ist es bei einer einseitigen Gestaltungserklärung wie die des § 559b Abs. 1 BGB völlig egal, ob sich diese Erklärung in einer Kopie von einem die Schriftform genügenden Schreiben oder in einer Kopie einer nur die Textform erfüllenden Mitteilung beim Mietvertrag oder der Mieterakte befindet. Wie der BGH[16] festgestellt hat, gibt es zahlreiche Fallgestaltungen, in denen § 550 BGB den Zweck, einem Grundstückserwerber Klarheit über die Bedingungen eines langfristigen Mietvertrags zu verschaffen, nicht umfassend gewährleisten kann. Sinn und Zweck des § 550 BGB sprechen deshalb gegen die Anwendung des § 550 BGB auf den vorliegenden Fall.

II. Inhalt der Erklärung

1. Allgemeines

Nach § 559b Abs. 1 BGB ist für die **Wirksamkeit der Erhöhungserklärung** eine Berechnung 9
sowie eine Erläuterung der Erhöhung erforderlich. Die Vorschrift entspricht insofern hinsichtlich dieser Formalien § 10 Abs. 1 Satz 2 WoBindG, der für Kostenmieterhöhungen die gleichen Voraussetzungen aufstellt. Dort wie hier geht es jeweils um die Ausübung eines einseitigen Gestaltungsrechts, das zu einer Mieterhöhung führt. Da die Zustimmung des Mieters zu einer Mieterhöhung gem. § 559 BGB nicht erforderlich ist, tritt die Rechtsfolge einer Mieterhöhung nach § 559 BGB unabhängig vom Willen des Mieters immer dann ein, wenn die materiellen und formalen Voraussetzungen des § 559 BGB gegeben sind. Damit der Mieter dies überprüfen kann, muss der Vermieter ihm die erforderlichen Informationen geben. Insofern ist der **Begründungs- und Erläuterungszwang kein Selbstzweck,** sondern eine sinnvolle Ergänzung des Gestaltungsrechts.[17] Gerade bei Großprojekten kann es aber auch nicht Aufgabe der Mieterhöhungserklärung sein, gegenüber jedem einzelnen Mieter das Bauvorhaben bis ins Detail abzurechnen.[18] Auf eine Begründung und Erläuterung kann der Vermieter deshalb selbst dann nicht verzichten, wenn er nur eine einzige Modernisierungsmaßnahme durchgeführt hat.[19]

Eine Mieterhöhungserklärung, die **nicht den formalen Voraussetzungen** des § 559b Abs. 1 10
BGB genügt, ist **nichtig.**[20] Der Mieter kann Zahlungen, die er auf Grund einer solchen Erklärung erbracht hat, grundsätzlich zurückverlangen.[21] Der Rückzahlungsanspruch gem. § 812 BGB kann jedoch im Einzelfall gem. § 814 BGB ausgeschlossen sein, wenn der Mieter Kenntnis von der Nichtschuld hatte.[22] Dabei ist es nicht ausreichend, wenn der Mieter Kenntnis von den Tatsachen hat, aus denen sich das Fehlen einer rechtlichen Verpflichtung zur Zahlung ergibt, er muss vielmehr positive Kenntnis davon haben nichts zu schulden.[23] Bloße Zweifel genügen ebenso wenig[24] wie grob fahrlässige Unkenntnis.[25] Der Rückzahlungsanspruch verjährt in der **Regelverjährungsfrist** des § 195 BGB. Die Frist beginnt am Ende des Jahres in dem die Überzahlung erfolgte und in dem

---

[14] RGRK/*Krüger-Nieland* § 126 BGB Rdn. 30; für die Optionsausübung ebenso: BGH (XII ZR 15/12) NJW 2015, 402 = NZM 2015, 84; *Wolf/Eckert/Ball,* Rdn. 129; **a. A.** *Wendtland* in Bamberger/Roth, BGB, § 125 BGB Rdn. 8. Etwas anderes gilt natürlich dann, wenn für die einseitige Willenserklärung die Schriftform vorgeschrieben ist, dann ist die Gestaltungserklärung bereits unwirksam.

[15] BGH (XII ZR 69/06) NJW 2008, 2178.

[16] BGH (XII ZR 178/04) NZM 2007, 443, 444; (XII ZR 18/00) NJW 2003, 2158; NJW 1998, 58.

[17] LG Landau/Pfalz ZMR 2009, 211.

[18] LG Kiel WuM 2000, 613.

[19] LG Köln WuM 1989, 308.

[20] BGH (VIII ZR 47/05) NZM 2006, 221; LG Hamburg WuM 1991, 121; LG Stralsund WuM 1997, 271; AG Lüdenscheid WuM 1997, 438; *Emmerich* in Staudinger § 559b BGB Rdn. 16; *Sonnenschein* PiG 13, 65, 68.

[21] LG Dresden WuM 1998, 216, 217; LG Berlin GE 2002, 802 zur unwirksamen Mieterhöhung nach § 10 WoBindG und zur Beweislast in diesem Fall; *Wiek* WuM 1999, 559; *Heinze* NJW 1991, 1849; *Artz* in MünchKomm § 557 BGB Rdn. 39; *Lammel* § 559b BGB Rdn. 24; ausdrücklich offen gelassen von BGH (VIII ZR 156/03) NZM 2004, 252.

[22] *Lammel* § 559b BGB Rdn. 24.

[23] BGH (VIII ZR 265/07) NJW 2009, 580; BGH NJW 1997, 2381.

[24] BGH WM 1973, 294; LG Berlin GE 2002, 802, 803; Palandt/*Sprau* § 814 BGB Rdn. 4.

[25] BGH WM 1972, 283; LG Berlin GE 2002, 802, 803.

der Mieter von den anspruchsbegründenden Tatsachen Kenntnis erhalten hat.[26] Der Rückforderungsanspruch kann jedoch **verwirkt** sein.[27] Eine Verwirkung des Rückzahlungsanspruchs des Mieters gegen den Vermieter setzt voraus, dass sich der Vermieter bei objektiver Betrachtung darauf verlassen konnte, dass der Mieter den Anspruch nicht mehr geltend macht. Dazu ist neben einem gewissen Zeitablauf (Zeitmoment) auch das Vorliegen von weiteren Umständen erforderlich (Umstandsmoment)[28], aufgrund derer sich der Vermieter darauf einrichten durfte und auch eingerichtet hat, dass der Mieter sein Recht nicht mehr geltend machen werde. In diesem Fall verstößt die verspätete Geltendmachung gem. § 242 BGB gegen Treu und Glauben. Die Verwirkung ist ein Unterfall der unzulässigen Rechtsausübung aufgrund widersprüchlichen Verhaltens.[29]

11 Vereinzelt wird auch angenommen, dass die **mehrmalige Zahlung** auf eine formunwirksame einseitige Mieterhöhung nach § 559b BGB als konkludenter Abschluss eines Mietabänderungsvertrages zu verstehen ist.[30] Dem ist nicht zu folgen. Eine **Umdeutung** der Mieterhöhungserklärung in ein Angebot auf Abschluss einer Mietabänderungsvereinbarung gem. § 557 Abs. 1 BGB scheitert bereits daran, dass der Vermieter mit einer einseitigen Gestaltungserklärung gar kein Vertragsangebot unterbreiten will und der Meter mit der Zahlung auch gar keine Willenserklärung abgeben will (dazu § 557 BGB Rdn. 15).[31]

12 Ist die Erklärung gem. § 559b Abs. 1 BGB unwirksam, kann der Vermieter eine neue wirksame Erklärung abgeben.[32] Eine bloße **Nachbesserung,** wie sie bei der allgemeinen Mieterhöhung auf die ortsübliche Vergleichsmiete in § 558b Abs. 3 BGB vorgesehen ist, ist bei der Mieterhöhung nach einer baulichen Maßnahme nicht möglich.[33] Eine solche Regelung war auch nicht erforderlich, weil es anders als bei der Mieterhöhung nach § 558 BGB keine Klagefrist gibt und somit eine Nachholung problemlos auch ohne ausdrückliche Regelung möglich ist. Dadurch verschiebt sich jedoch der Wirkungszeitpunkt der Mieterhöhung. **Eine Heilung** von Formmängeln für die Vergangenheit **ist nicht möglich.**[34] Der Mieter verhält sich regelmäßig auch nicht treuwidrig, wenn er sich auf die Formnichtigkeit des Mieterhöhungsverlangens beruft.[35]

13 Der Vermieter muss in der Mieterhöhungserklärung nicht zwingend ein Datum nennen, zu dem die Mieterhöhung wirken soll,[36] da diese Angaben nicht zu den Wirksamkeitsvoraussetzungen einer Erklärung gem. § 559b Abs. 1 BGB gehören. Fehlt ein Datum, dann gilt **der gesetzliche Wirkungszeitpunkt des § 559 Abs. 2 BGB.**

2. Berechnung

14 Eine Mieterhöhungserklärung nach § 559b Abs. 1 BGB muss eine **nachvollziehbare Berechnung** des Erhöhungsbetrages und eine **hinreichende Erläuterung** des angegebenen Verteilungsschlüssels sowie **nachvollziehbare** Angaben zu den abgesetzten Kostenanteilen für Instandsetzung

---

[26] Im preisgebundenen Wohnungsbau ist ggf. der abweichende Verjährungsbeginn gem. § 8 Abs. 2 Satz 3 WoBindG zu beachten.

[27] LG Berlin GE 2002, 464; zur Verwirkung im Mietrecht umfassend *Hinkelmann* PiG 65, 247; *Kandelhard* NZM 2005, 43.

[28] BGH NJW 2010, 1065; BGH (VII ZR 23/02) NJW 2003, 824.

[29] St. Rspr. zuletzt: BGH (VIII ZR 27/10) NJW 2011, 445; (XI ZR 426/07) NJW-RR 2005, 276; (XI ZR 425/04) NJW-RR 2006, 1277; (VII ZR 23/02) NJW 2003, 824; KG WuM 2004, 348, 349; LG Berlin GE 2002, 802, 803; Zur Verwirkung im Mietrecht: *Kandelhard* NZM 2005, 43; *Hinkelmann* PiG 65, 247.

[30] LG Leipzig ZMR 1999, 767; ein Rechtsentscheid des OLG Dresden zu dieser Frage ist auf Grund des Vorlagebeschlusses des LG Leipzig ZMR 2001, 548 nicht ergangen, da der Rechtsstreit sich anderweitig erledigt hatte; wohl auch LG Görlitz WuM 2001, 28; **a. A.** LG Bautzen WuM 2002, 497; *Derckx/Wolbers* ZMR 1999, 733.

[31] BGH NJW (VIII ZR 160/09) 2010, 1663 = MietPrax-AK § 313 BGB Nr. 1 m. Anm. *Börstinghaus* (zur einseitigen Mieterhöhung im öffentlich geförderten Wohnungsbau); BGH (XII ZR 176/04) NZM 2007, 514 = MietPrax-AK § 6 NutzEV Nr. 2 m. Anm. *Börstinghaus;* Berichtigungsbeschl. v. 25.7.2007, abgedruckt bei MietPrax-AK § 6 NutzEV Nr. 2.

[32] *Fleindl* PiG 99 (2015), 111, 116; Palandt/*Weidenkaff,* § 559b BGB Rdn. 2.

[33] BGH (VIII ZR 47/05) NZM 2006, 221 = MietPrax-AK § 559b BGB Nr. 3 m. Anm. *Börstinghaus;* LG Berlin ZMR 2001, 188; AG Wedding GE 2014, 943; AG Dortmund, WuM 2009, 120, 123; Palandt/*Weidenkaff* § 559b BGB Rdn. 2; Bub/Treier/*Schultz* Kap. III. A Rdn. 1526; *Fleindl* PiG 99 (2015), 111, 116; PWW/*Elzer* § 559b BGB Rdn. 6.

[34] BGH (VIII 47/05) NZM 2006, 221; Palandt/*Weidenkaff,* § 559b BGB Rdn. 2.

[35] AG Greifswald WuM 1994, 671; **a. A.** BGH (VIII ZR 124/03) NJW 2004, 1797 = MietPrax-AK § 558a BGB Nr. 5 (Erklärung nur an einen von zwei Mietern).

[36] OLG Koblenz RE v. 11.3.1983, NJW 1983, 1861 für § 2 MHG.

enthalten.[37] Ferner müssen in der Erklärung auch die Kürzungsbeträge gem. § 559a BGB auf Grund von Fördermitteln oder gleichgestellten Mitteln (dazu § 559a BGB) angegeben werden.[38] Dies ergibt sich aus dem Wortlaut des § 559b Abs. 1 BGB, der ausdrücklich davon spricht, dass auch die Voraussetzungen des § 559a BGB zu erläutern sind.

Die Erklärung nach § 559b Abs. 1 BGB muss so ausgestaltet sein, dass eine **überschlägige Überprüfung** des verlangten Mehrbetrages dem Mieter ohne besondere Kenntnisse auf dem Gebiet der Rechnungsprüfung und ohne Einsicht in die Belege möglich ist.[39] Dies erfordert, dass die tatsächlichen Grundlagen der Berechnung, also eine spezifizierte Berechnung mit für den Mieter überprüfbarer Erläuterung der Positionen, angegeben werden.[40] 15

Ausgangspunkt jeder Berechnung sind die jeweiligen **Gesamtkosten** der Maßnahme.[41] Diese müssen immer angegeben werden. Nicht ausreichend ist bei einer mehrere Wohnungen betreffenden Maßnahme die bloße Angabe der auf die Wohnung des Mieters entfallenden Kosten.[42] Der weitere Umfang der Angaben hängt vor allem vom Umfang der Modernisierungsarbeiten ab. Hat der Vermieter nur eine Modernisierungsmaßnahme durchgeführt, müssen die Kosten insofern nicht weiter aufgeteilt werden. Hat er aber mehrere Modernisierungsarbeiten gleichzeitig durchführen lassen, so muss er die Gesamtkosten zunächst auf die **verschiedenen Modernisierungsmaßnahmen** aufteilen.[43] Mussten für eine oder mehrere Modernisierungsarbeiten verschiedene Gewerke ausgeführt werden, so muss innerhalb der einzelnen Modernisierungsmaßnahmen nochmals nach Gewerken, z. B. Maurerarbeiten, Malerarbeiten, Installationsarbeiten, Gerüst usw. untergliedert werden.[44] Nicht ausreichend ist i. d. R. die bloße Angabe eines Gesamtbetrages.[45] Etwas anderes gilt zunächst dann, wenn der Vermieter einen Pauschalpreis mit einem **Generalunternehmer** bezüglicher einer Modernisierungsmaßnahme vereinbart hat.[46] Nichts anderes gilt aber auch, wenn der Vermieter mehrere gewerkeweise aufeinander gesattelte **Pauschalpreisvereinbarungen** zur Vollsanierung eines Hauses vereinbart hat.[47] Auch dann kann zumindest für jedes Gewerk ein (Pauschal-)Preis ermittelt werden. Anders ist der Fall einer einheitlichen Pauschalpreisvereinbarung für mehrere Gewerke zu behandeln.[48] Besonders bei großflächiger Sanierung mehrere Gebäude können diese Anforderungen für den Vermieter schwer zu erfüllen sein.[49] Hier muss darauf geachtet werden, dass die Formalien nicht zu einem Modernisierungsstopp führen. Sie sind hier ggf. sehr zielorientiert zu reduzieren.[50] 16

Soweit vereinzelt verlangt wurde, dass der Vermieter in einem Mieterhöhungsverlangen nach § 559b Abs. 1 BGB jeden einzelnen Rechnungsbetrag nach **Rechnungsdatum** und bauausführendem Unternehmen anzugeben hat,[51] kann dem nicht gefolgt werden.[52] Ähnlich wie eine Be- 17

---

[37] LG Dresden WuM 1998, 216; LG Halle WuM 1997, 628; LG Berlin MM 1994, 326; GE 2003, 122, 123; LG Hagen WuM 1978, 242; AG Köln WuM 1986, 123; *Lammel* § 559b BGB Rdn. 15; *Schach* MietRB 2012, 176, 178.

[38] KG RE v. 17.1.2002, NZM 2002, 211; *Dickersbach* in Lützenkirchen, Mietrecht, 2. Aufl., § 559b Rn. 40.

[39] LG Görlitz WuM 1999, 44; LG Dresden WuM 1998, 216, 217.

[40] *Sternel* III 803ff.

[41] LG Köln WuM 1987, 273; LG Frankfurt WuM 1983, 115; LG Hamburg WuM 1976, 236; AG Greifswald WuM 1994, 379.

[42] LG Berlin GE 2003, 883; LG Köln WuM 1987, 273; AG Köln WuM 1986, 123; AG Wernigerode WuM 2002, 54; *Beuermann* GE 1993, 826.

[43] LG Berlin GE 2003, 883; *Emmerich in* Staudinger § 559b BGB Rdn. 11; *Sternel* III 804; **a. A.** AG Wedding GE 2014, 943.

[44] LG Berlin ZMR 2001, 277; LG Potsdam WuM 2000, 553; AG Lichtenberg MM 1997, 239; AG Schöneberg GE 1995, 621; *Sternel* III 804.

[45] LG Berlin GE 1984, 1127; LG Frankfurt WuM 1983, 115.

[46] LG Kiel WuM 2000, 613; LG Berlin GE 1994, 765; AG Neukölln MM 1994, 67; *Emmerich* in Staudinger § 559b BGB Rdn. 12 (Pauschalpreis); *Mersson* DWW 2009, 206, 209; **a. A.** bei Vorlage eine Modernisierungsvereinbarung in der sich der Vermieter zu einer Modernisierungserklärung *„im Rahmen der gesetzlichen Bestimmungen"* verpflichtet hat: LG Berlin GE 2003, 883.

[47] LG Berlin GE 2009, 844.

[48] LG Berlin GE 2003, 883 mit zust. Anm. *Schach* GE 2003, 853; offen gelassen von *Mersson* DWW 2009, 206, 209.

[49] *Emmerich* in Staudinger § 559b BGB Rdn. 13.

[50] LG Kiel WuM 2000, 613; *Both* NZM 2001, 78, 85; *Emmerich* in Staudinger § 559b BGB Rdn. 13; *Mersson* DWW 20009, 206, 208.

[51] LG Berlin MM 1993, 217; LG Berlin MM 1992, 68; LG Köln WuM 1989, 308 und WuM 1987, 273; AG Lichtenberg MM 1997, 239; AG Greifswald WuM 1994, 379; AG Neukölln MM 1994, 67; AG Spandau MM 1992, 23; *Kinne* in Blömeke/Blümmel, Modernisierung C 12; offen gelassen von LG Kassel NJW-RR 1992, 1361.

[52] Wie hier auch *Dickersbach* in Lützenkirchen, Mietrecht, 2. Aufl., § 559b Rn. 37.

triebskostenabrechnung soll die Mieterhöhung nach § 559 BGB für den Mieter verständlich sein und ihn in die Lage versetzen, die Abrechnung gedanklich und rechnerisch nachzuvollziehen. Bei der Betriebskostenabrechnung genügt aber anerkanntermaßen auch eine geordnete Zusammenstellung der Gesamtkosten sowie die Angabe und Erläuterung des Verteilungsschlüssels und die Berechnung des Anteils des Mieters.[53] Dort wie hier ist die Angabe der Einzelkosten nicht erforderlich. Erforderlich ist lediglich eine Zusammenfassung der entstandenen Einzelkosten, die derselben Kostenart zugehören. Die Aufgliederung muss soweit erfolgen, dass Grund und Höhe der entstandenen Kosten nachvollziehbar sind. Das sind sie aber für die Berechnung der Mieterhöhung nach § 559b Abs. 1 BGB, wenn die Kosten nach den einzelnen Modernisierungsmaßnahmen und den dazugehörigen **Gewerken aufgeschlüsselt** sind. Ob nun unter der Position „Maurerarbeiten" eine Summe auftaucht oder 6 verschiedene Rechnungen angegeben werden, macht die Erhöhungserklärung für den Mieter nicht nachvollziehbarer. Wenn er Zweifel an der Richtigkeit hat, muss er sowieso die der Erhöhung zu Grunde liegenden Buchungen und Belege einsehen.[54] Da sich die Zweifel des Mieters kaum auf eine ihm nur nach dem Datum und ggf. dem ausführenden Handwerker nach bekannte Rechnung beziehen wird, wird er schon die Kosten für ein Gewerk oder sogar für eine Modernisierungsmaßnahme überprüfen wollen und müssen. Dies ist ihm aber bei einer Aufschlüsselung der Kosten nach den einzelnen Modernisierungsmaßnahmen und den einzelnen Gewerken möglich. Auch die Gegenauffassung erklärt sich mit einer einzigen Rechnung einverstanden, wenn der Vermieter einen **Pauschalpreis** vereinbart hat. In diesem Fall kann der Mieter noch weniger kontrollieren. Das Festhalten an der Notwendigkeit, alle Einzelrechnungen genau zu bezeichnen, würde im Übrigen nur dazu führen, dass die Vermieter mit einem Generalunternehmer arbeiten, der ihnen eine Rechnung schreibt, während dieser selbst Subunternehmer einschaltet. Da § 559 BGB auch eine wirtschaftspolitische Funktion hat (s. dazu § 559 BGB Rdn. 5), würde eine solche Auslegung des Gesetzes zumindest diesem Zweck des Gesetzes widersprechen. Das Verlangen nach der Angabe von Einzelpositionen ist deshalb eine überflüssige formale Hürde, die inhaltlich dem Mieter kaum nennenswerte Informationen gibt.

18 Da **Erhaltungskosten** nicht zu den Modernisierungskosten gehören, muss der Vermieter in der Erhöhungserklärung nachvollziehbar darlegen, welche Kosten er in welcher Höhe von den angegebenen Gesamtkosten[55] vorab als Instandsetzungskosten in Abzug gebracht hat.[56] Nach der Rechtsprechung des BGH[57] kommt den Formalien generell keine große Bedeutung zu, weshalb auch bei Modernisierungsmieterhöhungen an die formellen Voraussetzungen keine überhöhten Anforderungen gestellt werden dürften.[58] Aus der Mieterhöhungserklärung muss sich ergeben, in welchem Umfang durch die durchgeführten Maßnahmen fällige Instandsetzungsarbeiten erspart wurden.[59] Eine umfassende Vergleichsrechnung zu den hypothetischen Kosten einer bloßen Erhaltungsmaßnahme[60] ist nach der Rechtsprechung des BGH in der Erhöhungserklärung noch nicht erforderlich.[61] Erforderlich[62] aber auch ausreichend ist es, den ersparten Instandsetzungsaufwand zumindest durch **Angabe einer Quote** von den aufgewandten Gesamtkosten nachvollziehbar darzulegen.[63] Daran ändert die Erlaubnis zur Schätzung solcher Kosten in § 559 Abs. 2 2. HS BGB

---

[53] BGH NJW 1982, 773; Brdbg OLG GE 1998, 1271; KG NZM 1998, 620; LG Berlin ZMR 1998, 778; *Schmid* ZMR 1998, 630.

[54] *Emmerich* in Staudinger § 559b BGB Rdn. 8a; *Dickersbach* in Lützenkirchen, Mietrecht, 2. Aufl., § 559b Rn. 28.

[55] *Schach* MietRB 2012, 176, 179 unter Bezugnahme auf BGH (VIII ZR 1/06) NZM 2007, 770 (für eine Betriebskostenabrechnung).

[56] BGH (VIII ZR 88/13) NJW 2015, 934 = MietPrax-AK, § 559 BGB Nr. 6 m. Anm. *Börstinghaus;* LG Berlin GE 2003, 122, 123; LG Hamburg WuM 2000, 195; AG Charlottenburg GE 2007, 989; *Schach* in Kinne/Schach/Bieber, Miet- und Mietprozessrecht, § 559b BGB Rdn. 4.

[57] Dazu *Börstinghaus* NZM 2009, 681.

[58] BGH (VIII ZR 88/13) NJW 2015, 934.

[59] BGH (VIII ZR 88/13) NJW 2015, 934; *Artz* in MükoBGB § 559b Rdn. 6.

[60] So noch LG Lüdenscheid WuM 1997, 438; LG Berlin MM 2001, 401; LG Potsdam WuM 2000, 553; LG Hamburg WuM 2000, 195; AG Charlottenburg GE 2007, 989; AG Wernigerode WuM 2002, 54; *Lammel* § 559b BGB Rdn. 15.

[61] BGH (VIII ZR 88/13) NJW 2015, 934.

[62] Die bloße Angabe, die ersparten Instandsetzungsaufwendungen seien vorab abgezogen worden, reicht nicht: *Kinne* GE 2015, 296, 297.

[63] BGH (VIII ZR 88/13) NJW 2015, 934; KG WuM 2006, 450; LG Kassel WuM 1992, 444; LG Stralsund

auch nichts. Danach ist es dem Vermieter soweit erforderlich gestattet, die auf die Erhaltungsmaßnahme entfallenden Kosten durch **Schätzung** zu ermitteln. Der Einschub „soweit erforderlich" beschränkt den Anwendungsbereich der Norm auf die Fälle, in denen die Erhaltungskosten nicht eindeutig und leicht ermittelt werden können. Nur in diesen Fällen ist eine Schätzung gestattet. Das kann sich auch auf einzelne Kostenpositionen beziehen. Die Schätzung ist von der Leistungsbestimmung nach billigem Ermessen gem. § 315 Abs. 1 BGB zu unterscheiden. Dort findet nur eine Billigkeitskontrolle durch die Gerichte statt. Die Schätzung selbst ist zunächst eine Erleichterung bei der Darlegung des Sachverhalts Für die Schätzung müssen ausreichende Ausgangs- und Anknüpfungstatsachen spätestens im Zahlungsprozess vorgetragen werden. Das bedeutet, dass soweit wie möglich die Kosten der fälligen Erhaltungsmaßnahme konkret zu ermitteln sind. Nur dort, wo solche Tatsachen nicht oder mit einem nicht zumutbaren Aufwand ermittelt werden könnten, können die Kosten auf Grund der Erfahrung fachkundiger Kreise, in der Regel Architekten und Fachingenieure, festgelegt werden. Das Ergebnis dieser Schätzung ist vom Gericht voll überprüfbar und zwar nicht nur im Rahmen einer Billigkeitskontrolle gem. § 316 BGB. Das bedeutet, dass im Regelfall im Prozess eine **Vergleichsrechnung** aufgemacht werden muss, welche Kosten tatsächlich entstanden wären, wenn statt der Instandmodernisierung eine bloße Instandsetzung stattgefunden hätte.[64] Hierzu kann ggf. auf ein Angebot oder eine Ausschreibung zurückgegriffen werden. In diesem Fall können ggf. vom Gericht die Instandsetzungskosten gem. § 287 ZPO geschätzt werden.[65] Hat der Vermieter den Abzug von Instandsetzungskosten nur „vorsorglich und ohne Rechtsanspruch und Verpflichtung jederzeit widerruflich" vorgenommen, so führt dies nicht zur formellen Unwirksamkeit der Erhöhungserklärung.[66]

Aus den so angegebenen und aufgeschlüsselten Gesamtkosten ist dann in nachvollziehbarer und übersichtlicher Weise der auf die einzelne Wohnung entfallende Erhöhungsbetrag zu berechnen. **19** Dazu muss für jede einzelne bauliche Maßnahme der Verteilungsschlüssel angegeben werden und der sich für jede einzelne bauliche Mieterhöhung ergebende Erhöhungsbetrag. Die Benutzung eines **Taschenrechners** durch den Mieter ist dabei durchaus zumutbar. Größere wohnungswirtschaftliche oder mietrechtliche Sachkunde muss beim Mieter demgegenüber nicht vorliegen und darf demgemäß vom Vermieter auch nicht vorausgesetzt werden. An einer nachvollziehbaren Abrechnung fehlt es, wenn der Vermieter dem Mieter Rechnungskopien zur Verfügung stellt, aus denen sich der Mieter die Angaben heraussuchen muss.[67] Auch das Angebot zur Rechnungseinsicht allein ohne eigene Begründung reicht nicht aus.[68]

Kleinere Mängel oder **Rechenfehler** machen die Mieterhöhungserklärung nicht unwirksam.[69] **20** Es kommt auf den objektiven Empfängerhorizont an. Kann der Mieter aus dieser Sicht den Fehler erkennen und selbst ggf. mittels eines Taschenrechners leicht berichtigen, ist die Erhöhungserklärung nicht formell unwirksam, sondern nur teilweise unbegründet.

Die Beifügung der **Belege** ist für die Wirksamkeit der Mieterhöhungserklärung nicht erforderlich.[70] **21** Der Mieter hat aber ein **Einsichtsrecht** in die Belege[71] entsprechend § 259 BGB. Der Vermieter ist verpflichtet, dem Mieter im Original sämtliche Rechnungen und sonstigen Belege in geordneter Zusammenstellung nach Modernisierungsmaßnahmen und Gewerken sortiert zu prä-

WuM 1996, 229; LG Dresden WuM 1998, 216; LG Landau(Pfalz) ZMR 2009, 211; LG Berlin ZMR 2012, 352.

64 LG Berlin GE 2013, 419; MM 2001, 401.

65 So wohl auch *Sternel* Mietrecht aktuell (2009) Rdn. IV 361; großzügiger LG Hannover WuM 1990, 227; AG Hamburg WuM 1986, 344.

66 BGH (VIII ZR 88/13) NJW 2015, 934; *Kinne* GE 2015, 296, 297.

67 OLG München NJW 1995, 465, 466; LG Berlin GE 1991, 629; LG Frankfurt WuM 1983, 115.

68 LG Münster ZMR 1972, 214; LG Essen ZMR 1957, 308; AG Lüneburg WuM 1975, 194.

69 LG Berlin GE 2000, 126.

70 LG Berlin GE 2007, 985; MM 1994, 326; *Kinne* in Blömeke/Blümmel, Modernisierung C 12; *Sternel* Mietrecht aktuell (2009) Rdn. IV 378; *Dickersbach* in Lützenkirchen, Mietrecht, 2. Aufl., § 559b Rn. 27; **a. A.** LG Berlin MM 1993, 217; LG Berlin MM 1992, 68; LG Köln WuM 1989, 308 und WuM 1987, 273; AG Lichtenberg MM 1997, 239; AG Greifswald WuM 1994, 379; AG Neukölln MM 1994, 67; AG Spandau MM 1992, 23.

71 LG Berlin GE 2007, 985; *Emmerich* in Staudinger § 559b BGB Rdn. 8a; Bub/Treier/*Schultz* Kap. III. A Rdn. 1509/1520; *Dickersbach* in Lützenkirchen, Mietrecht, 2. Aufl., § 559b Rn. 28; *Beuermann* GE 1993, 826; *Kinne* in Blömeke/Blümmel, Modernisierung C 12; *Mersson* DWW 2009, 206, 210: ob eingescannte Belege als Ersatz ausreichen, untersucht *Schmid* ZMR 2003, 15.

sentieren. Das Einsichtsrecht bezieht sich auch auf die Verträge, Ausschreibungen usw., soweit die Heranziehung zur sachgerechten Überprüfung der Belege notwendig ist, z. B. weil in den Rechnungen auf diese zur Bestimmung des Leistungsumfangs verwiesen wird. Das Einsichtsrecht ist am Sitz des Vermieters auszuüben.[72] Dies ergibt sich aus § 269 BGB, wonach Erfüllungsort grundsätzlich der Wohnsitz des Schuldners ist. Nur wenn der Sitz des Vermieters nicht am Ort des Mietobjekts ist kann der Mieter verlangen, dass ihm die Unterlagen am Ort des Mietobjekts vorgelegt werden. Der Mieter hat aber keinen Anspruch auf Überlassung der Originalbelege. **Grundsätzlich** besteht auch kein Anspruch auf Übersendung von Kopien statt der Belegeinsicht.[73] Wenn der Mieter aber bei der Belegeinsicht, die er auch durch einen Vertreter durchführen lassen kann, Zweifel an einer oder mehreren Positionen hat, hat er einen Anspruch auf Aushändigung einer Kopie gegen Kostenerstattung, um eine weitere Überprüfung vornehmen zu lassen.[74] Kommt der Vermieter seiner Verpflichtung nicht nach, steht dem Mieter ein **Schadensersatzanspruch gem. § 280 Abs. 1 i. V. m. § 241 Abs. 1 BGB**[75] zu. Dieser Anspruch ist auf **Freistellung von der Zahlungsverpflichtung** bis zur Belegeinsicht gerichtet. Ein Zurückbehaltungsrecht scheidet demgegenüber aus, da es dazu führen würde, dass der Mieter zur Zahlung der erhöhten Mieten Zug um Zug gegen Belegeinsicht oder Übergabe der Belegkopien verurteilt würde.[76] Der Mieter hätte dann zwar vor Zahlung die verlangten Informationen, er müsste aber selbst dann zahlen, wenn sich nach Einsicht in die Unterlagen ggf. ein niedriger Zahlbetrag ergeben würde. Deshalb kommt nur ein Schadensersatzanspruch auf zeitweise Freistellung in Betracht. Da der Mieter die Mieterhöhung nach § 559 BGB auch nicht im Rahmen des § 35a EStG steuerlich geltend machen kann (dazu § 559 BGB Rdn. 86), muss der Vermieter ihm auch keine entsprechende Bescheinigung über anteilige Arbeitskosten ausstellen und vorlegen.

3. Erläuterung

22 Nach § 559b Abs. 1 BGB setzt die **Wirksamkeit einer Mieterhöhungserklärung** des Vermieters wegen Modernisierungsmaßnahmen nach § 559 Abs. 1 BGB neben einer Berechnung der Mieterhöhung aus den entstandenen Kosten voraus, dass darin die Erhöhung entsprechend den gesetzlichen Voraussetzungen des § 559 Abs. 1 BGB erläutert wird. Aus der Bezugnahme auf die materiellen Voraussetzungen der Mieterhöhung nach § 559 Abs. 1 BGB folgt, dass der Vermieter in der Erklärung darlegen muss, inwiefern die von ihm durchgeführten baulichen Maßnahmen solche sind, die Endenergie einsparen, den Gebrauchswert der Mietsache nachhaltig erhöhen, die allgemeinen Wohnverhältnisse auf Dauer verbessern, nachhaltig die Einsparung von Wasser bewirken oder auf Umständen beruhen, die der Vermieter nicht zu vertreten hat.[77] § 559b Abs. 1 BGB unterscheidet sich insofern vom Wortlaut des § 558a Abs. 1 BGB. Verlangt der Vermieter die Erhöhung der Miete auf die ortsübliche Vergleichsmiete, muss er dies nämlich *begründen.* Ob mit diesem Unterschied im Wortlaut auch ein inhaltlicher Unterschied gemeint ist, erscheint fraglich. Der Gesetzgeber ging früher wohl davon aus, dass *erläutern* geringere formale Anforderungen an den Inhalt stellt als *begründen.* Im Mietenüberleitungsgesetz wurde zeitlich befristet und regional begrenzt auf die neuen Länder deshalb in § 12 Abs. 6 Nr. 1 MHG bestimmt, dass der Vermieter das Mieterhöhungsverlangen auf die ortsübliche Vergleichsmiete nur *erläutern* musste. Damit sollte gerade eine Erleichterung im Vergleich zum damaligen § 2 Abs. 2 MHG[78] eintreten.[79] Wenn man auf die entsprechende Regelung in § 10 WoBindG abstellt, wird man aber sagen müssen, dass der Unterschied zwischen beiden Begriffen nur sehr gering ist. Beide Begriffe verlangen die Angabe eines Grundes,

---

[72] *Kinne* in Blömeke/Blümmel, Modernisierung C 13; so jetzt auch der BGH (VIII ZR 78/05) NJW 2006, 1419 für das Parallelproblem bei der Betriebskostenabrechnung.

[73] LG Berlin GE 2007, 985; AG Köpenick GE 2008, 411; anders wohl *Sternel* Mietrecht aktuell (2009) Rdn. IV 378 der von einer „Vorlagepflicht“ ausgeht.

[74] *Dickersbach* in Lützenkirchen, Mietrecht, 2. Aufl., § 559b Rn. 29.

[75] Dabei handelt es sich um die Kodifizierung der Ansprüche aus positiver Vertragsverletzung.

[76] **A. A.** *Sternel* Mietrecht aktuell (2009) Rdn. IV 378.

[77] BGH RE vom 10. April 2002 (VIII ARZ 3/01) NJW 2002, 2036; (VIII ZR 175/02) DWW 2003, 229; LG Berlin ZMR 2012, 352.

[78] Entspricht jetzt § 558a Abs. 1 BGB.

[79] *Börstinghaus/Meyer,* Die Mietzinserhöhung bei Wohnraummietverhältnissen in den neuen Bundesländern, Rdn. 267; **a. A.** *Beuermann,* Mietenüberleitungsgesetz und Miethöhegesetz, § 12 Rdn. 129, der meint, dass „erläutern“ mehr verlangt als „begründen“.

warum der Vermieter der Auffassung ist, dass die von ihm durchgeführten Maßnahmen die Tatbestandsvoraussetzungen des § 559 BGB erfüllen.

Die **Auslegung des Begriffs „Erläuterung"** muss sich deshalb am Sinn und Zweck des Erfordernisses einer „Erläuterung" orientieren. **Sinn und Zweck** dieser Verpflichtung bestehen darin, dem Mieter die Informationen zu geben, die er benötigt, um qualifiziert überprüfen zu können, ob der Anspruch berechtigt ist. Die Vorschriften über die Berechnungs- und Erläuterungspflichten des Vermieters sind das notwendige Gegengewicht zu der dem Vermieter in Abweichung von allgemeinen Grundsätzen des Vertragsrechts eingeräumten Möglichkeit, die Pflicht des Mieters zur Mietzahlung durch einseitige Erklärung zu gestalten.[80] Die Erläuterungspflicht stellt somit einen Ausgleich zwischen der nach Art. 14 Abs. 1 Satz 1 GG geschützten Privatnützigkeit und der in Art. 14 Abs. 2 GG statuierten Sozialpflichtigkeit des Eigentums dar. Dies kann nicht als unangemessen angesehen werden.[81] Der Mieter soll durch die Erläuterung die Tatsachen erfahren, die die Tatbestandsmerkmale des § 559 BGB ausfüllen.[82] Hierzu bedarf es der Konkretisierung des erfüllten Modernisierungszwecks.[83] Der Vermieter darf sich nicht darauf beschränken, den Gesetzeswortlaut des § 559 Abs. 1 BGB teilweise zu wiederholen, sondern muss konkrete Tatsachen aufführen, wie etwa die Nennung der alten und neuen Wärmedurchgangskoeffizienten, anhand derer der Mieter die behauptete Einsparung von Heizenergie nachvollziehen kann.[84] Unter den Voraussetzungen des § 555c Abs. 3 BGB darf er dabei insbesondere hinsichtlich der energetischen Qualität von Bauteilen auf allgemein anerkannte Pauschalwerte Bezug nehmen (unten Rdn. 29). Andererseits legt schon der vom Gesetz gebrauchte Begriff „erläutern" nahe, dass die Mieterhöhungserklärung nicht eine in tatsächlicher und rechtlicher Hinsicht erschöpfende Begründung dafür zu enthalten braucht, warum die einzelnen Baumaßnahmen solche i. S. d. § 559 Abs. 1 BGB darstellen.[85] Es genügt, wenn der Mieter den Grund der Mieterhöhung anhand der Erläuterung als plausibel nachvollziehen kann.[86] Der Gesetzgeber ist deshalb davon ausgegangen, dass dem Mieter eine Überprüfung der Berechtigung der Mieterhöhung auch auf Grund der Erläuterung nicht selten nur unter Hinzuziehung von sachkundigen Personen möglich sein wird.[87] 23

Der **Umfang der Erläuterungen** ist deshalb sowohl davon abhängig, wie umfangreich die durchgeführten Arbeiten waren als auch davon, welche Informationen dem Mieter bereits vorliegen.[88] Umso umfangreicher die Arbeiten waren, umso ausführlicher müssen die Erläuterungen sein, da gerade bei komplexen Maßnahmen die Gebrauchswerterhöhung jeder einzelnen Maßnahme genau überprüft werden muss. Die nachhaltige[89] Erhöhung des Gebrauchswertes muss im Erhöhungsverlangen begründet werden.[90] Dies gilt auch bei baulichen Maßnahmen, die in und an mehreren Gebäuden durchgeführt werden.[91] Die Erläuterungspflicht kann dann entfallen, wenn der Modernisierungscharakter der Maßnahme auf der Hand liegt.[92] 24

Da der Vermieter die Mieterhöhung gem. § 559b Abs. 1 BGB bereits berechnet haben muss, bezieht sich die **Erläuterung** zunächst auf die **bauliche Veränderung.** Es ist also anzugeben, was für bauliche Veränderungen durchgeführt wurden und weshalb dies entweder eine Gebrauchswerterhöhung oder eine Verbesserung der Wohnverhältnisse darstellt oder inwiefern hierdurch eine Einsparung von Energie oder Wasser eintritt. Soweit der Vermieter andere bauliche Änderungen 25

---

[80] LG Landau (Pfalz) ZMR 2009, 211.

[81] BVerfG WuM 1998, 463 zu den gleich lautenden Erfordernissen in § 10 WoBindG.

[82] Begründung zum Entwurf des MHG, BR-Drucks. 161/74 S. 12.

[83] *Artz* in MünchKomm § 559b BGB Rdn. 7; AG Dortmund WuM 2009, 120, 123.

[84] BGH (VIII ZR 47/05) NZM 2006, 221; LG Berlin ZMR 2012, 352, GE 2010, 1747; AG Wedding GE 2014, 943; *Schach* GE 2006, 283.

[85] BGH RE vom 10.4.2002 (VIII ARZ 3/01) NJW 2002, 2036 = NZM 2002, 519 = WuM 2002, 366 m. Anm. *Schläger* ZMR 2002, 580; BGH (VIII ZR 175/02) DWW 2003, 229.

[86] Palandt/*Weidenkaff*, § 559b BGB Rdn. 2; *Emmerich* in Staudinger § 559b BGB Rdn. 14; Bub/Treier/Schultz Kap. III. A Rdn. 1494; *Dickersbach* in Lützenkirchen, Mietrecht, 2. Aufl., § 559b Rn. 19; ähnlich BGH (VIII ZR 242/10) NJW 2012, 63.

[87] BGH RE v. 10.4.2002 (VIII ARZ 3/01) BGHZ 150, 277, 281; (VIII ZR 175/02) WuM 2004, 154; (VIII ZR 156/03) NZM 2004, 252.

[88] LG Neubrandenburg WuM 2002, 27 (das OLG Rostock NZM 2002, 210 hat den Erlass des Rechtsentscheids wegen der neuen Möglichkeit der Revisionszulassung abgelehnt) daraufhin erneut LG Neubrandenburg WuM 2002, 373; LG Hamburg ZMR 2002, 918 m. Anm. *Bottenberg*.

[89] Zum Begriff der Nachhaltigkeit BGH RE vom 10.4.2002 (VIII ARZ 3/01) NJW 2002, 2036.

[90] LG Berlin ZMR 2001, 277.

[91] LG Kassel WuM 1992, 444; *Mersson* DWW 2009, 206.

[92] LG Berlin GE 2003, 122, 123.

durchgeführt hat, muss er angeben, auf Grund welcher Umstände dies erfolgte und warum er diese nicht zu vertreten hat. Je umfangreicher die baulichen Maßnahmen waren, desto umfangreicher müssen auch die Erläuterungen sein.[93] Sind dem Mieter die baulichen Maßnahmen im Einzelnen bekannt, können ausführliche Angaben hierzu entfallen. Dies ist insbesondere dann der Fall, wenn der Mieterhöhung eine ausführliche Modernisierungsankündigung nach § 555 c BGB vorausgegangen ist. Hierauf kann Bezug genommen werden.[94] In diesem Fall genügen eine stichwortartige Beschreibung der Arbeiten und die Erklärung, dass die Arbeiten wie angekündigt durchgeführt wurden. Sinnvoll ist es, die Modernisierungsankündigung in diesem Fall nochmals beizufügen. Das bloße Hineinkopieren der Ausführungen aus dem Ankündigungsschreiben bedeutet für den Mieter keinerlei Mehrwert. Sinn und Zweck der Erläuterungspflicht ist es, den Informationsvorsprung auf Vermieterseite abzubauen und dem Mieter die fehlenden Informationen zu geben, die er benötigt, um die Berechtigung der Forderung des Vermieters überprüfen zu können. Ist keine Ankündigung gem. § 555 c BGB vorausgegangen[95] oder ist **abweichend von der Ankündigung gebaut** worden, dann muss der Vermieter den Umfang und ggf. die Folgen der Arbeiten für den Energieverbrauch ausführlicher erläutern. Aber auch dabei muss danach differenziert werden, ob der Mieter den Umfang der Arbeiten kannte oder nicht. Bei vom Mieter geduldeten Arbeiten in seiner Wohnung würde eine Wiedergabe aller durchgeführten Arbeiten eine bloße Förmelei darstellen, es sei denn, der Mieter musste wegen des Umfangs der Arbeiten anderweitig untergebracht werden. Hat der Vermieter dem Mieter in einem ersten später für wirkungslos erklärten oder nicht weiterverfolgten Mieterhöhungsverlangen die Maßnahme erläutert und alle Rechnungen mitübersandt, dann müssen die Rechnungen nicht noch einmal übersandt werden.[96] **Die höchste Anforderung** an eine Erläuterung ist dann zu stellen, wenn es sich um Maßnahmen außerhalb der Wohnung handelt. Hier kann der Mieter den Umfang der Arbeiten und auch die Frage, inwieweit hierdurch eine Modernisierung i. S. d. § 559 BGB eintritt, am aller wenigsten beurteilen. Der **Umfang der Erläuterungspflicht** ist also umgekehrt proportional zu den dem Mieter vorliegenden Informationen.[97]

26 Es darf aber nicht übersehen werden, dass so gut wie jede Mieterhöhung nach § 559 BGB durch ein Anheben der Erfordernisse an eine ausreichende Erläuterung für unwirksam erklärt werden kann. Eine allzu restriktive Handhabung der Verfahrensrechte verstößt aber gegen Art. 14 GG.[98] Die mietrechtlichen Verfahrensvorschriften dienen dem Ausgleich zwischen Belangen des Vermieters und des Mieters; sie dürfen nicht in einer Weise ausgelegt werden, die die Verfolgung der Vermieterinteressen unzumutbar erschwert.[99] Deshalb dürfen auch bei einer Mieterhöhungserklärung nach § 559b BGB von Verfassung wegen nicht so hohe formale Anforderungen an die Begründung des Erhöhungsverlangens gestellt werden, dass hierdurch der gesetzliche Anspruch auf die Mieterhöhung zu Fall gebracht würde.[100] Letztendlich ist es ein Balanceakt zwischen den verschiedenen Interessen. Es gibt immer ein Mehr an Informationen und Erläuterungen, die man vom Vermieter verlangen kann, auf der anderen Seite gibt es Mieter, denen weniger Informationen ausreichen, abgesehen davon, dass es gesamt- und wohnungswirtschaftlich sowie auch ökologisch schädlich ist, die wünschenswerte Modernisierung des Wohnungsbestandes durch Formalien zu behindern. Deshalb muss man in jedem Einzelfall sehr sorgfältig prüfen, ob eine weiter gehende Erläuterung tat-

---

[93] LG Dresden WuM 1998, 216, 217.

[94] BGH (VIII ZR 88/13) NJW 2015, 934; BGH (VIII ZR 28/10) NZM 2011, 31; (VIII ZR 156/03) NZM 2004, 252; LG Berlin GE 2010, 1747; LG Neubrandenburg WuM 2002, 27 (das OLG Rostock NZM 2002, 210 hat den Erlass des Rechtsentscheids wegen der neuen Möglichkeit der Revisionszulassung abgelehnt), daraufhin erneut LG Neubrandenburg WuM 2002, 373; LG Hamburg ZMR 2002, 918 m. Anm. *Bottenberg; Sternel* Mietrecht aktuell (2009) Rdn. IV 373; *Dickersbach* in Lützenkirchen, Mietrecht, 2. Aufl., § 559b Rn. 26; **a. A.** LG Berlin GE 2002, 398: zur Erläuterung darf nicht auf die Modernisierungsankündigung gem. § 554 BGB a. F. verwiesen werden. Zulässig sei allenfalls ein Verweis, wenn die Erklärung nochmals beigefügt wird; ebenso *Emmerich* in Emmerich/Sonnenschein, Miete, § 559b BGB Rdn. 4 (Erklärung gem. § 555 c BGB muss mit beigefügt werden); *Artz* in Münch Komm § 559b BGB Rdn. 2.

[95] Zur Frage, wann dann überhaupt eine Mieterhöhung möglich ist, s. § 559 BGB Rdn. 14ff.

[96] LG Hamburg ZMR 2002, 918 mit zust. Anm. *Bottenberg;* LG Neubrandenburg WuM 2002, 373.

[97] LG Neubrandenburg WuM 2002, 27, (das OLG Rostock NZM 2002, 210 hat den Erlass des Rechtsentscheids wegen der neuen Möglichkeit der Revisionszulassung abgelehnt), daraufhin erneut LG Neubrandenburg WuM 2002, 373; LG Hamburg ZMR 2002, 918 m. Anm. *Bottenberg.*

[98] BVerfGE, 53, 352; BVerfG NJW-RR 1993, 1485, BVerfG WuM 1982, 146.

[99] BVerfG NJW 1989, 969.

[100] BVerfG NJW 1987, 313.

sächlich allen Zwecken des Gesetzes gerecht wird. Gerade bei Großprojekten kann es aber auch nicht Aufgabe der Mieterhöhungserklärung sein, gegenüber jedem einzelnen Mieter das Bauvorhaben bis ins Detail abzurechnen.[101]

Bei Baumaßnahmen, deren Modernisierungswert sich erst auf Grund ihrer technischen Wirkungen erschließt, ist es nicht ausreichend, wenn der Vermieter lediglich behauptet, die Maßnahme diene einem der in § 555b BGB genannten Modernisierungszwecke. Bei Baumaßnahmen, für deren Beurteilung es umfangreicher technischer Darlegungen bedürfte, ist es aber ausreichend, wenn der Vermieter die durchgeführte bauliche Maßnahme so genau beschreibt, dass der Mieter allein anhand dieser Beschreibung, wenn auch unter Umständen unter Zuhilfenahme einer bautechnisch oder juristisch sachkundigen Person, beurteilen kann, ob die Baumaßnahme eine solche des § 559 Abs. 1 BGB ist.[102] Für bauliche Maßnahmen zur Einsparung von Heizenergie ergibt sich daraus, dass der Vermieter in der Mieterhöhungserklärung neben einer schlagwortartigen Bezeichnung der Maßnahme und einer Zuordnung zu den Positionen der Berechnung diejenigen Tatsachen darlegen muss, anhand derer überschlägig beurteilt werden kann, ob die bauliche Änderung eine nachhaltige Einsparung von Heizenergie bewirkt.[103] Dazu bedarf es jedoch nicht der Vorlage einer **Wärmebedarfsberechnung**[104] und zwar weder nach der früheren WärmeschutzVO noch nach der EnEV oder der DIN 4701 (1983) oder im untechnischen Sinne.[105] Weder der Begriff der Nachhaltigkeit noch das Gebot der Wirtschaftlichkeit erfordern die Beifügung von Anlagen[106] insbesondere einer Wärmebedarfsberechnung. Ohnehin wäre eine solche nur dann aussagekräftig, wenn sie auf Grund zweier Berechnungen den Jahresheizwärmebedarf des Gebäudes vor und nach der Durchführung der Baumaßnahme angibt. Erforderlich ist nur die Einhaltung bestimmter Wärmedurchgangskoeffizienten.[107] Eine Wärmebedarfsberechnung nach der WärmeschutzVO bzw. der EnEV spiegelt infolge der theoretischen Natur oft nicht die tatsächlichen Verhältnisse des Objekts wieder.[108] Einer Wärmebedarfsberechnung kann der Mieter im Übrigen nicht seinen voraussichtlichen Heizenergiebedarf entnehmen. Aus ihr ist nämlich lediglich der abstrakte Jahresheizwärmebedarf für das gesamte Gebäude zu ersehen. 27

Während der Mieter bei Maßnahmen in seiner Wohnung regelmäßig noch gut selbst einschätzen kann, ob eine Gebrauchswerterhöhung dadurch objektiv eintritt, ist dies insbesondere bei Maßnahmen der **Energie- und Wassereinsparung** nur eingeschränkt möglich. Der Vermieter muss aber nicht ein bestimmtes Maß der voraussichtlich einzusparenden Heizenergie in der Erhöhungserklärung angeben, sondern nur die Tatsachen darlegen, aus denen sich als Folge der durchgeführten Baumaßnahmen eine dauerhafte Energieeinsparung[109] oder Wassereinsparung[110] ergibt. Ausreichend, aber in der Regel auch mindestens erforderlich, ist für eine plausible Darlegung eines Energieeinsparungseffektes der durchgeführten Maßnahmen die Angabe der alten und neuen Wärmedurchgangskoeffizienten (U-Wert)[111] der renovierten Außenbauteile.[112] Je höher der Wärmedurchgangskoeffizient, desto schlechter ist die Wärmedämmeigenschaft des Stoffs. Bei einer nennenswerten Veränderung dieser Messgrößen ergibt sich bei sonst gleichen Bedingungen ohne 28

---

[101] LG Kiel WuM 2000, 613.

[102] BGH RE v. 10.4.2002 (VIII ARZ 3/01) NJW 2002, 2036; (VIII ZR 175/02) WuM 2004, 154; (VIII ZR 156/03) NZM 2004, 252; *Mersson* DWW 2009, 206, 207; großzügiger anscheinend *Beyer* GE 2009, 944 Fn. 90.

[103] AG Karlsruhe DWW 2009, 148; AG Hamburg Urt. v. 27.5.2010 – 44 C 117/09.

[104] BGH RE v. 10.4.2002 (VIII ARZ 3/01) NJW 2002, 2036; (VIII ZR 175/02) WuM 204, 154; (VIII ZR 156/03) NZM 2004, 252; OLG Naumburg NZM 2002, 18 (Vorlagebeschluss); LG Berlin GE 1999, 383; LG Halle ZMR 2003, 35, 36; **a. A.** LG Berlin GE 2000, 892 (Vorlagebeschluss); KG RE v. 17.8.2000, NZM 2000, 1049 (die Verfassungsbeschwerde hiergegen wurde verworfen: VerfGH Berlin NZM 2001, 1124; dem hat sich das LG Neubrandenburg angeschlossen: WuM 2002, 373); LG Berlin MM 2001, 401; ZMR 2001, 277; ZMR 2001, 188; ZMR 1999, 401 (aufgehoben durch VerfGH Berlin NZM 2000, 231); AG Berlin-Mitte MM 2001, 154.

[105] So die „Leseanleitung" des VerfGH Berlin NZM 2001, 1124 zum Rechtsentscheid des KG v. 7.8.2000, NZM 2000, 1049.

[106] *Kunze* MDR 2002, 142.

[107] *Dittert* WuM 2001, 6, 7; *Schläger* ZMR 2000, 823.

[108] OLG Naumburg NZM 2002, 18; *Schläger* ZMR 2000, 823.

[109] BGH RE v. 10.4.2002 (VIII ARZ 3/01) NJW 2002, 2036; (VIII ZR 175/02) WuM 204, 154; (VIII ZR 156/03) NZM 2004, 252.

[110] LG Berlin GE 2003, 122, 123.

[111] Auch Wärmedämmwert genannt, früher k-Wert.

[112] BGH (VIII ZR 47/05) WuM 2006, 157; LG Hamburg WuM 2009, 124; LG Berlin MM 2008, 370; AG Karlsruhe DWW 2009, 148.

weiteres eine Einsparung an Heizenergie; denn die U-Werte der Außenhülle des Gebäudes gehen als Faktoren in die Berechnung des Wärmebedarfs ein.[113] Nicht ausreichend ist es, wenn der Vermieter in der Erhöhungserklärung die (Primär-)Energieverbräuche vor und nach Durchführung der Maßnahme gegenüberstellt.[114] Diese Veränderungen können auch auf ganz anderen Umständen beruhen, wie milderes Wetter, verändertes Nutzungsverhalten oder eine andere Wohnungsbelegung.

29 Auf Grund der Verweisung in § 559b Abs. 1 S. 2 BGB auf § 555c Abs. 3 BGB kann der Vermieter in der Modernisierungsmieterhöhungserklärung zur Darlegung insbesondere der energetischen Qualität von Bauteilen auf allgemein anerkannte **Pauschalwerte** Bezug nehmen.[115] Das ist im Prinzip als formelle Erleichterung zu begrüßen.[116] Nicht immer hat der Vermieter die Werte der alten auszutauschenden Bauteile noch zur Hand.[117] Das wird aber die Ausnahme sein.[118] Fraglich ist, wer solche Pauschalwerte ermittelt und wer sie anerkennt.[119] In Betracht kommen sowohl privatrechtliche Stellen wie der DIN oder der VDI[120] als auch Behörden wie ein Ministerium oder selbständige Oberbehörden, wie das Bundesumweltamt oder das Bundesamt für Bauwesen und Raumordnung. In § 9 Abs. 2 Ziff. 2 EnEV gibt es schon seit einiger Zeit eine ähnliche Regelung. Dort ist dem Gebäudeeigentümer gestattet zur Durchführung der erforderlichen Berechnungen in den Fällen, in denen energetische Kennwerte für bestehende Bauteile nicht vorliegen, „gesicherte Erfahrungswerte für Bauteile und Anlagenkomponenten vergleichbarer Altersklassen" zu verwenden. Dabei können anerkannte Regeln der Technik verwendet werden. Die Einhaltung solcher Regeln wird vermutet, soweit vom Bundesministerium für Verkehr, Bau und Stadtentwicklung im Einvernehmen mit dem Bundesministerium für Wirtschaft und Technologie im Bundesanzeiger bekannt gegebene Werte benutzt werden. Die Bekanntmachung solcher Werte erfolgte durch die „Bekanntmachung der Regeln zur Datenaufnahme und Datenverwendung im Wohngebäudebestand" vom 30. Juli 2009.[121] In Tabelle 2 der Verordnung sind Pauschalwerte für den Wärmedurchgangskoeffizienten nicht nachträglich gedämmter Bauteile im Urzustand nach Baualtersklassen aufgeführt. In der Gesetzesbegründung[122] für das Mietrechtsänderungsgesetz wird beispielhaft auf diese Bekanntmachung Bezug genommen als mögliche anerkannte Pauschalwerte.[123] Den Einspareffekt kann der Vermieter dann durch Vergleich dieses Wertes mit dem Wärmedurchgangskoeffizienten des zu montierenden neuen Bauteils darlegen, der vom Hersteller mitgeteilt wird. Möglich ist dies vereinfachte Verfahren aber nur bei Standardmaßnahmen. Bei ganz individuellen und den Rahmen des Üblichen verlassenden Maßnahmen kann keine Bezugnahme auf Pauschalwerte erfolgen. Hier muss ggf. mittels Gutachten der alte Zustand ermittelt werden. Das ergibt sich daraus, dass jeder Durchschnittswert maßgeblich von den Extremen beeinflusst wird. Wenn aber schon feststeht, dass ein Wert ein Extremwert ist, dann scheidet eine Pauschalierung aus.

30 Der Vermieter muss in der Erhöhungserklärung nicht auf die Frage eingehen, ob die **Modernisierung wirtschaftlich** ist.[124] Eine solche Begrenzung oder Kappung gibt es bei der Mieterhöhung gem. § 559 BGB nicht.[125] Macht der Vermieter jedoch Angaben zur Energieeinsparung und

---

[113] BGH RE v. 10.4.2002 (VIII ARZ 3/01) NJW 2002, 2036; (VIII ZR 175/02) WuM 204, 154; (VIII ZR 156/03) NZM 2004, 252.

[114] AG Dortmund WuM 2009, 120, 123.

[115] Dazu *Harsch* MietRB 2013, 222.

[116] *Börstinghaus* NZM 2012, 697.

[117] So z. B. im Fall BGH (VIII ZR 47/05) NJW 2006, 1126 = MietPrax-AK, § 559b BGB Nr. 2 m. Anm. *Börstinghaus; Hinz* ZMR 2012, 153, 156.

[118] *Eisenschmid* in: Börstinghaus/Eisenschmid, Arbeitskommentar Mietrechtsänderung 2013, § 555c BGB Rdn. 11.

[119] *Börstinghaus* NZM 2012, 697, 701.

[120] *Eisenschmid* in: Börstinghaus/Eisenschmid, Arbeitskommentar Mietrechtsänderung 2013, § 555c BGB Rdn. 12.

[121] http://www.bbsr-energieeinsparung.de/cln_033/nn_1025542/EnEVPortal/DE/EnEV/Bekanntmachungen/Download/WGDatenaufnahme.html?__nnn=true.

[122] BT-Drs 17/10485 S. 20; abgedruckt auch bei *Börstinghaus/Eisenschmid,* Arbeitskommentar Mietrechtsänderung 2013, § 555c BGB Rdn. 30.

[123] Nach *Harsch* MietRB 2013, 222 soll auch auf die „Bekanntmachung der Regeln zur Datenaufnahme und Datenverwendung im *Nicht*wohngebäudebestand" vom 30.7.2009 Bezug genommen werden dürfen.

[124] BGH RE v. 10.4.2002 (VIII ARZ 3/01) NJW 2002, 2036; **a. A.** AG Köln WuM 2000, 331 m. Anm. *Schläger* ZMR 2002, 580; BGH (VIII ZR 175/02) WuM 204, 154; (VIII ZR 156/03) NZM 2004, 252.

[125] BGH (VIII ZR 149/03) NJW 2004, 1738 m. Anm. *Börstinghaus* LMK 2004, 97; BGH (VIII ZR 153/03) NZM 2004, 379; BGH (VIII ZR 151/03) WuM 2004, 288.

sind diese objektiv falsch, dann kann dem Mieter nach §§ 280 Abs. 1, 241 Abs. 1 BGB ein Schadensersatzanspruch auf Freistellung von Betriebs- oder Heizkostennachzahlungsbeträgen zustehen.[126]

Bei **Wohnwertverbesserung im Außenbereich** muss in der Erhöhungserklärung die Maßnahme so beschrieben sein, dass die Wohnwertverbesserung daraus erkennbar ist. 31

Besondere Bedeutung kommt der Erläuterung dann zu, wenn mit den Arbeiten auch **Instandsetzungsarbeiten** durchgeführt wurden[127] (zur Berechnung in diesen Fällen siehe oben Rdn. 18) Fraglich ist, ob er dem Mieter auch in den Fällen, in denen er der Auffassung ist, dass keine Erhaltungsmaßnahme gem. § 555a BGB vorliegt, dies dem Mieter gegenüber bereits im Erhöhungsverlangen begründen muss. Das wird zum Teil verlangt[128], zum Teil wird aber auch darauf verzichtet.[129] Zur Begründung der zweiten Auffassung wird auf die Rechtsprechung des BGH[130] zu den Rechtsfolgen fehlender Angaben zu den Vorauszahlungen in einer Betriebskostenabrechnung verwiesen. Dort wie hier läge kein formeller sondern nur ein materieller Mangel vor.[131] Gegen die Verpflichtung zur Angabe spricht vor allem, dass der Vermieter ja davon ausgeht, dass keine Erhaltungsmaßnahme vorliegt. Es reicht deshalb, wenn er die Modernisierungsmaßnahme so genau beschreibt, dass der Mieter ohne besondere Fachkenntnisse nachprüfen kann, ob nicht auch bloße Instandhaltungsmaßnahmen in Ansatz gebracht worden sind. Alles andere ist dann eine Frage der materiellen Berechtigung des Anspruchs dem Grunde und der Höhe nach. Wurden jedoch auch nach Ansicht des Vermieters zugleich Erhaltungsmaßnahmen durchgeführt, dann muss erläutert werden, welche Arbeiten der Vermieter als Erhaltung ansieht und welche als Modernisierung.[132] Die Erlaubnis in § 559 Abs. 2 BGB die Kosten zu schätzen bezieht sich nur auf die Kosten und die Berechnung der anrechenbaren Kosten nicht auf die Erläuterung. Insofern werden die Anforderungen durch die Neuregelung nicht verändert. Es müssen die einzelnen Rechnungspositionen zu den jeweiligen Maßnahmen angegeben werden. Dies gilt zumindest soweit diese wertmäßig als erheblich einzustufen sind.[133] Soweit eine Differenzierung der Rechnungspositionen bezüglich Modernisierung und Instandsetzung möglich ist, hat eine entsprechende Aufteilung zu erfolgen. Hier ist ggf. eine Schätzung zulässig. Eine Mieterhöhungserklärung, die diesen Mindestanforderungen bezüglich der Angabe von Instandsetzungskosten nicht genügt, ist unwirksam.[134] Davon zu unterscheiden ist die Frage der Darlegungslast im anschließenden Zahlungsprozess. Hier muss der Mieter zunächst substantiiert vortragen, wo welche konkreten Schäden sich befunden haben sollen. Erst dann ist es Aufgabe des Vermieters dies zu widerlegen (sog. sekundäre Behauptungslast).[135] 32

Schließlich muss der Vermieter erläutern, wie er die anrechenbaren Gesamtkosten auf die Wohnung des Mieters verteilt hat.[136] Dazu muss er hinsichtlich jeder einzelnen Modernisierungsmaßnahme den **Verteilungsschlüssel** angeben und begründen. Besondere Bedeutung hat dies, wenn der Gebrauchsvorteil für die Mieter im Haus unterschiedlich ist. 33

Die Erläuterung muss im Erhöhungsverlangen erfolgen. Es kann allenfalls auf dem Mieter bereits zuvor mitgeteilte Informationen und Unterlagen Bezug genommen werden (Rdn. 25). Ein **Nachschieben der Berechnung** oder der Erläuterung macht das ursprünglich unwirksame Erhöhungsverlangen nicht wirksam.[137] Auch die mündliche Erläuterung eines Mieterhöhungsbegehrens auf der Versammlung der Wohnungsbaugenossenschaftler macht die Erläuterung im Erhöhungsschreiben nicht überflüssig.[138] 34

---

[126] AG Neukölln MM 1998, 354.
[127] LG Landau (Pfalz) ZMR 2009, 211; LG Dresden WuM 1998, 216, 217; *Schach* MietRB 2012, 176.
[128] LG Görlitz WuM 2001, 613; LG Berlin ZMR 1998, 167; LG Stralsund WuM 1997, 271; WuM 1996, 229.
[129] *Schach* MietRB 2012, 176, 178.
[130] BGH (VIII ZR 197/11) NJW 2012, 1502; *Schmid* ZMR 212, 527.
[131] LG Berlin DWW 2014, 182.
[132] BGH (VIII ZR 88/13) NJW 2015, 934 = MietPrax-AK, § 559 BGB Nr. 6 m. Anm. *Börstinghaus.*
[133] LG Dresden WuM 1998, 216, 217.
[134] LG Görlitz WuM 2001, 613; LG Berlin ZMR 1998, 167.
[135] BGH (VIII ZR 175/02) WuM 2004, 154, 155.
[136] LG Stralsund WuM 1997, 271, WuM 1996, 229; *Mersson* DWW 2006, 209.
[137] Bub/Treier/*Schultz* Kap. III. A Rdn. 1526.
[138] LG Neustrelitz WuM 1992, 589.

35 Der Vermieter muss im Erhöhungsverlangen Angaben zu den **Kürzungsbeträgen** machen.[139] Dies ergibt sich seit 1.9.2001 unmittelbar aus dem Gesetz, wonach auch die Voraussetzungen des § 559a BGB zu erläutern sind.

36 Das bedeutet nicht, dass in jeder Mieterhöhungserklärung Angaben zu den Kürzungsbeträgen enthalten sein müssen. Ein Erhöhungsverlangen, in dem der Vermieter keine Angabe zu Kürzungsbeträgen gemacht hat, ist aus der maßgeblichen Sicht eines objektiven Empfängers auf Seiten des Mieters so zu verstehen, dass der Vermieter damit ausdrücklich erklärt, keine Fördermittel erhalten zu haben und deshalb auch keine Kürzungsbeträge in Anrechnung bringen zu müssen.[140] Kommen Kürzungsbeträge in Betracht, muss der Vermieter dem Mieter zunächst einmal die **objektiven Tatsachen** mitteilen, also wer wann welche Mittel zu welchem Zinssatz mit welcher Zweckbestimmung gezahlt hat. Anschließend muss der Vermieter darlegen, welche Konsequenzen das für die konkrete Erhöhungserklärung hat, also welche Kürzungsbeträge konkret anzurechnen sind.[141] Umstritten ist die Frage, ob Angaben gemacht werden müssen, wenn die Anrechnung von Drittmitteln keinen Einfluss auf die Mieterhöhung hat.[142]

37 Problematisch ist die Abfassung der Erhöhungserklärung bei **degressiver Förderung.**[143] Die Zinsvergünstigung ist in diesen Fällen nicht gleichbleibend, sondern fallend. Manche Förderungsprogramme fördern in den ersten Jahren stärker als später. Bei einer Mieterhöhung nach § 559 BGB muss der Vermieter bereits **in der ersten Mieterhöhung** nach § 559 BGB diese fallenden Kürzungsbeträge angeben, so dass er in dieser Erklärung bereits jeweils angegeben muss, wie hoch die Miete nach der Mieterhöhung nach § 559 BGB in den einzelnen Monaten ist.[144] Der Vermieter kann nämlich zu dem Zeitpunkt, an dem die Kürzungsbeträge sich verringern oder ganz entfallen, keine Mieterhöhung nach § 559 BGB durchführen.[145] § 559 BGB setzt voraus, dass eine Modernisierungsmaßnahme stattgefunden hat. Dies ist zum Zeitpunkt des Wegfalls von Subventionen nicht der Fall. Die damalige Modernisierung kann nicht nochmals Anlass für eine Mieterhöhung sein.

4. Erhöhungsbetrag

38 Schließlich muss in der Erhöhungserklärung **der insgesamt zu zahlende Erhöhungsbetrag** in Euro angegeben werden. Der Betrag muss auch exakt angegeben werden, die bloße Bestimmbarkeit des Betrages genügt nicht.[146] Deshalb reicht auch nicht die Angabe eines neuen Quadratmeterpreises.[147] Der Mieter schuldet regelmäßig **keinen Quadratmeterpreis,** sondern eine Gesamtmiete für die Wohnung. Hinzu kommt, dass die Wohnungsgröße zwischen den Parteien auch nicht immer unstreitig ist, so dass die Miethöhe bei Angabe einer Quadratmetermiete durchaus strittig sein kann. Der Vermieter kann den **Erhöhungsbetrag auch zeitlich gestaffelt** geltend machen.[148] Wenn er schon berechtigt ist, den gesamten Erhöhungsbetrag in einem Betrag geltend zu machen, dann ist es ihm als Minus erst recht gestattet, den Erhöhungsbetrag in jährlichen Teilbeträgen geltend zu machen. Dies kann zunächst in Form der einseitigen Gestaltungserklärung gem. § 559b BGB erfolgen. Dem Vermieter steht es dabei frei, einseitig die Miete zu erhöhen und dies entweder unmittelbar gestaffelt zu tun oder nachträglich auf Teile der Forderung zu verzichten. In jedem Fall liegt eine einzige Mieterhöhung nach § 559 BGB vor. Dass Teilbeträge hiervon erst später fällig werden, ändert nichts daran, dass es sich jeweils um eine Mieterhöhung nach § 559 BGB handelt, die weder die Jahressperrfrist auslöst noch auf die Kappungsgrenze angerechnet wird.

---

[139] LG Berlin MM 1996, 327; LG Berlin MM 1990, 229; *Kunze/Tietzsch* WuM 1997, 308, 309; *Beuermann* GE 1996, 1514, 1521; *Maciejewski* MM 1998, 97; zweifelnd LG Berlin GE 1997, 240.

[140] AG Hamburg WuM 1980, 114; *Beuermann* GE 1996, 1514, 1521.

[141] LG Berlin NJW-RR 1997, 1100; AG Tempelhof GE 1997, 435.

[142] Keine Angaben verlangt der BGH in 4 Urteile v. 23.6.2004 (VIII ZR 282/03; VIII ZR 283/03; VIII ZR 284/03; VIII ZR 285/03) MietPrax-AK § 558 BGB Nr. 5–8 = NZM 2004, 655; LG Berlin GE 2003, 591; GE 2000, 677; GE 2002, 195; GE 1997, 239; dazu *Schach* GE 2002, 842; **a. A.** LG Berlin GE 2003, 1020.

[143] Dazu *Rupp* ZMR 1977, 323.

[144] Bub/Treier/*Schultz* Kap. III. A Rdn. 1517; *Rupp* ZMR 1977, 323.

[145] LG Berlin MM 1999, 439; s. auch § 559a BGB Rdn. 19.

[146] LG Berlin MM 1984, 225; *Emmerich* in Staudinger § 559b BGB Rdn. 11; *Kinne* in Blömeke/Blümmel, Modernisierung C 19; *Beuermann* GE 1993, 828.

[147] **A. A.** Bub/Treier/*Schultz* Kap. III. A Rdn. 1518 der aber die Ausführung des *Verf.* in Blank/Börstinghaus, Miete, § 559b Rdn. 17 genau falsch herum versteht.

[148] *Kinne* in Blömeke/Blümmel/Kinne/Lorenz, Die Modernisierung und Instandsetzung von Wohnraum, C 15.

Eine Rolle spielt dies vor allem bei Inanspruchnahme öffentlicher Mittel **mit degressiver Förderung** (dazu oben Rdn. 37), aber auch bei umfangreichen Modernisierungsmaßnahmen, die eine nicht unerhebliche Mieterhöhung nach § 559 BGB zur Folge hätten. Gerade bei der letzten Alternative schließen die Parteien häufig eine Vereinbarung gem. § 557a Abs. 1 BGB über die zu den einzelnen Zeitpunkten jeweils fällig werdenden Mieterhöhungen. Hierbei handelt es sich um eine Staffelmietvereinbarung gem. § 557a Abs. 1 BGB für die die dortigen Voraussetzungen gelten und die weitere Mieterhöhungen nach §§ 558, 559 ausschließt. Dass der Vermieter wirtschaftlich auf einen Teil der ihm zustehenden Mieterhöhung verzichtet, ändert nichts daran, dass der Vermieter den für ihn einfacheren Weg einer Vereinbarung gewählt hat. Er hat damit nicht nur die erheblichen Probleme der Durchsetzung einer Mieterhöhung nach § 559 BGB bei umfangreichen Modernisierungsmaßnahmen und insbesondere auch das Risiko, der ausreichenden Anrechnung von Instandsetzungskosten, umgegangen, er hat durch eine solche Vereinbarung ggf. auch sichergestellt, dass der Mieter nicht von seinem Sonderkündigungsrecht gem. § 561 BGB Gebrauch macht und er die modernisierte Wohnung nicht mehr zu der verlangten Miete vermieten kann. Der Abschluss der Staffelmietvereinbarung aus Anlass einer Modernisierung ist deshalb im beiderseitigen Interesse und rechtfertigt es nicht, hier die zwingenden Regelungen des § 557a BGB außer Kraft zu setzen, zumal der Vermieter die Wahl zwischen den verschiedenen Handlungsalternativen hat, die für ihn mit unterschiedlichen Vorteilen aber auch Nachteilen und Risiken behaftet sind.[149] Zur Frage, ob solche Mieterhöhungen auf die Kappungsgrenze angerechnet werden s. § 558 BGB Rdn. 178. 39

C. Zeitpunkt der Mieterhöhungserklärung

Die Erklärung kann **nicht vor Abschluss der Arbeiten** abgegeben werden.[150] Dies ergibt sich aus dem Wortlaut des § 559 Abs. 1 BGB. „Hat der Vermieter bauliche Maßnahmen durchgeführt", bedeutet sprachlich, dass diese Arbeiten ausgeführt sind und nicht erst noch bevorstehen oder noch andauern. Eine vor Abschluss der Arbeiten abgegebene Erklärung ist unwirksam.[151] Dies gilt selbst dann, wenn absehbar ist, dass die Arbeiten bis zum Monatsende abgeschlossen sein werden. Die Erklärung kann deshalb auch nicht für einen nach Fertigstellung der Modernisierungsmaßnahme liegenden Zeitpunkt abgegeben werden[152] oder wirkt kraft Gesetzes erst zu einem solchen späteren Termin. Die Arbeiten müssen **vollständig abgeschlossen** sein. Das sind sie nicht, wenn die Maßnahme z. B. durch unzureichende Bauausführung im Umfang von 5–8% noch nicht gänzlich abgeschlossen ist.[153] Der Vermieter hat durch eine zu früh abgegebene Erklärung aber sein Mieterhöhungsrecht nicht verloren. Er kann die Mieterhöhung später wiederholen.[154] Diese neue Mieterhöhung wirkt aber nur für die Zukunft. 40

Die Arbeiten sind abgeschlossen, **wenn die bauliche Veränderung fertig gestellt** ist.[155] Insofern kann auf die Definition in § 13 Abs. 4 WoBindG Bezug genommen werden.[156] Gem. § 13 Abs. 4 WoBindG gilt eine Wohnung als bezugsfertig, wenn sie soweit fertig gestellt ist, dass den zukünftigen Bewohnern zugemutet werden kann, sie zu beziehen; die Genehmigung der Bauaufsichtsbehörde zum Beziehen oder eine Bauabnahme und die Übergabe des Schlussabnahmescheins sind nicht entscheidend. Unerheblich ist auch, ob der Mieter die Modernisierung schon nutzt.[157] Die Arbeiten sind deshalb i. S. d. § 559 BGB auch dann fertig gestellt, wenn noch Außen- oder Ge- 41

---

[149] *Kofner* DWW 1998, 66.

[150] BGH (VIII ZR 88/13) NJW 2015, 934; OLG Hamburg WuM 1983, 13; LG Berlin GE 2015, 513, ZMR 1990, 422; AG Hamburg Urt. v. 19.11.2009 – 44 C 68/09 m. Anm. *Börstinghaus* jurisPR-MietR 12/2010 Anm. 5; AG Nördlingen GE 2017, 233 m. Anm. *Börstinghaus* jurisPR-MietR 5/2017 Anm. 4; *Kossmann/Meyer-Abich*, Hdb. d. Wohnraummiete, § 159 Rdn. 7; *Emmerich in* Staudinger § 559b BGB Rdn. 4; *Emmerich* in Emmerich/Sonnenschein, Miete, § 559b BGB Rdn. 1; *Lammel* § 559b BGB Rdn. 8; *Artz* in MünchKomm § 559b BGB Rdn. 9; *Schach* in Kinne/Schach/Bieber, Miet- und Mietprozessrecht, § 559b BGB Rdn. 3; Bub/Treier/*Schultz* Kap. III. A Rdn. 1485; *Mersson* DWW 2009, 206, 211.

[151] BayObLG WuM 1971, 151; OLG Hamburg RE v. 6.10.1982, WuM 1983, 13; 14; LG Berlin WuM 1990, 311; AG Görlitz WuM 1992, 589; *Emmerich* in Staudinger § 559b BGB Rdn. 4; *Sternel* PiG 41, 45, 63.

[152] *Lammel* § 559b BGB Rdn. 8; BayObLG ZMR 1972, 26.

[153] AG Nördlingen AG Nördlingen GE 2017, 233 m. Anm. *Börstinghaus* jurisPR-MietR 5/2017 Anm. 4.

[154] *Fleindl* PiG 99 (2015). 111, 116.

[155] AG Nördlingen AG Nördlingen GE 2017, 233 m. Anm. *Börstinghaus* jurisPR-MietR 5/2017 Anm. 4; *Kinne* ZMR 2001, 868, 869.

[156] *Sternel* PiG 41, 45, 63.

[157] *Kinne* ZMR 2001, 868, 869.

meinschaftsflächen fertig gestellt werden müssen. Auch die Durchführung von Mängelbeseitigungsmaßnahmen steht einer **Fertigstellung** nicht entgegen.[158] Soweit aber die Benutzung rechtlich noch nicht zulässig ist, liegt auch noch keine Fertigstellung vor.

42 Die Fertigstellung allein genügt faktisch aber nicht. Der Vermieter muss auch die **Höhe der Kosten** kennen, die er für die bauliche Maßnahme hat aufwenden müssen. Dazu ist es regelmäßig erforderlich, dass er alle Rechnungen für die geleisteten Arbeiten in den Händen hat[159] oder sonst die Höhe der Kosten kennt.[160] Die **Bezahlung der Rechnung** ist nicht erforderlich.[161] Das Gesetz spricht davon, dass der Vermieter 11% der *aufgewendeten Kosten* auf die Miete umlegen kann. **Kosten** im Sinne der gesetzlichen Regelung entstehen dem Vermieter bereits dann, wenn die Rechnung vorliegt oder Verbindlichkeiten fällig werden. Der Wortlaut gestattet deshalb auch eine Auslegung dahin, dass keine Ausgabe auf Vermieterseite vorliegen muss, sondern nur eine Verbindlichkeit. Sinn und Zweck der Regelung sprechen auch für diese Auslegung. Der Vermieter kann auf Grund einer Modernisierungsmaßnahme nur eine einzige Mieterhöhungserklärung abgeben (Rdn. 43). Genauso, wie der Baufortschritt einer Modernisierungsmaßnahme sukzessive erfolgt, erfolgt auch die Bezahlung der Rechnungen sukzessive. Zum Teil wird der Vermieter **Sicherheitseinbehalte** vereinbart haben, die erst nach Ablauf der Gewährleistungsfristen fällig werden. Teilweise wird der Werklohn wegen einer fehlenden Abnahme noch nicht fällig sein. Die daraus resultierenden unterschiedlichen Zahlungszeitpunkte würden dazu führen, dass der Vermieter eine Erklärung nach § 559b BGB erst Monate oder sogar Jahre nach Abschluss der Modernisierungsarbeiten abgeben könnte. Eine sukzessive Mieterhöhung nach Zahlung von Abschlagzahlungen und/oder Baufortschritt[162] ist nicht möglich. Kommen Fördermittel in Betracht, muss er diese von Anfang an berücksichtigen. Werden diese erst später ausgezahlt, kann der Vermieter für die Zwischenzeit keine Mieterhöhung ohne Anrechnung von Kürzungsmitteln vornehmen[163], auch wenn er ankündigt, den Betrag später um die Kürzungsbeträge wieder zu senken, egal ob ex nunc oder ex tunc. Eine **vorläufige Mieterhöhung** unter dem Vorbehalt der Nachforderung auf Grund geschätzter Kosten oder auf Grund von Kostenvoranschlägen und Abschlagszahlungen ist unzulässig,[164] da diese auch auf Grund zu hoher Massenansätze zu Überzahlungen führen können. All dies spricht entsprechend dem Sinn und Zweck der Regelung, dem Vermieter einen Anreiz zu Investitionen zu bieten, dafür die Mieterhöhungserklärung bereits zuzulassen, bevor die Zahlung erfolgt ist. Der Mieter ist im Übrigen hinreichend dadurch geschützt, dass er bei mangelhafter Fertigstellung nur eine geminderte Miete zahlen muss und die sonstigen **Gewährleistungsrechte** nach §§ 536ff., 543 Abs. 2 Nr. 1 BGB geltend machen kann.

---

[158] Bub/Treier/*Schultz* Kap. III. A Rdn. 1485.

[159] AG Köpenick MM 2001, 354; *Dickersbach* in Lützenkirchen, Mietrecht, 2. Aufl., § 559b Rn. 44.

[160] LG Berlin ZMR 2012, 352.

[161] BGH (VIII ZR 294/11) NZM 2012, 832 = MietPrax-AK, § 559b BGB Nr. 4 m. Anm. *Börstinghaus;* LG Berlin ZMR 2012, 352; GE 2011, 951; AG Schöneberg GE 2011, 1489; *Sternel* Mietrecht aktuell Rdn. IV 375; *ders.* NZM 2001, 1058, 1065; *Emmerich* in Staudinger § 559b BGB Rdn. 5; *Artz* in MünchKomm, § 559b BGB Rdn. 9; Bub/Treier/*Schultz* Kap. III. A Rdn. 1488; *Schüller* in Bamberger/Roth, § 559b BGB Rdn. 18; *Kinne* GE 2011, 724, 2011, 926; **a. A.** AG Schöneberg MM 2011, Nr. 7/8, 30 m. Anm. *Theesfeld* jurisPR-MietR 8/2011 Anm. 5; *Schach* in: Kinne/Schach/Bieber, Miet- und Mietprozessrecht, § 559b BGB Rdn. 3, der ebenso auf den Mittelabfluss abstellt wie vormals *Kinne* ZMR 2001, 868, 869 (heute aber wohl anders s. o.); so wohl auch *Mersson* DWW 2009, 206, 211.

[162] Bub/Treier/*Schultz* Kap. III. A Rdn. 1485; *Artz* in MünchKomm § 559b Rdn. 9; *Emmerich* in Staudinger § 559b BGB Rdn. 4; *Rieke* in Klein-Blenkers/Heinemann/Ring, Miete/WEG/Nachbarschaft § 559b Rn. 9 (Begründung überzeugt nicht aber Gesetzeswortlaut spricht gegen die Gegenmeinung); **a. A.** *Kinne* ZMR 2001, 869.

[163] AG Lichtenberg MM 2000, 87.

[164] AG Köpenick MM 1997, 410 (zumindest, wenn noch eine Verminderung der Kosten durch Anrechnung von Fördergelder zu erwarten ist), MM 2001, 354; AG Albstadt NJW-RR 1991, 1482; *Lammel* § 559b BGB Rdn. 9; *Sternel* PiG 41, 45, 63; *Emmerich* in Staudinger § 559b BGB Rdn. 4a; *Dickersbach* in Lützenkirchen, Mietrecht, 2. Aufl., § 559b Rn. 44 und 46; **a. A.** LG Potsdam WuM 2001, 559; LG Berlin GE 1989, 41; AG Lichtenberg MM 1997, 239; *Beuermann* GE 1989, 1080; *ders.* GE 1993, 826; *Schach* in Kinne/Schach/Bieber, Miet- und Mietprozessrecht, § 559b BGB Rdn. 3; *Kinne* ZMR 2001, 868, 869; offen gelassen von *Kinne* in Blömeke/Blümmel/Kinne/Lorenz, Die Modernisierung und Instandsetzung von Wohnraum, C 6.

Auf Grund einer Modernisierungsmaßnahme ist immer nur **eine Mieterhöhung nach § 559b BGB möglich,**[165] so dass die von der Gegenansicht[166] geforderte Mieterhöhung nach Vorlage der Schlussrechnung unter Anrechnung der Teilmieterhöhungserklärung gar nicht möglich ist. Anders sieht es nur dann aus, wenn tatsächlich **trennbare Maßnahmen** durchgeführt wurden. Dann kann der Vermieter zunächst wegen eines selbständigen Teils der Maßnahmen eine Mieterhöhung gem. § 559 BGB vornehmen[167] und sich die Erklärung vorbehalten, auch wegen der übrigen Arbeiten eine Mieterhöhung nach § 559 BGB nachzuholen. Dies spielt dann eine Rolle, wenn der Vermieter erst für einen abtrennbaren Teil der Arbeiten Rechnungen vorliegen hat.[168] Da der Mieter von den bereits abgeschlossenen Modernisierungsmaßnahmen bereits profitiert, ist es nicht unangemessen, ihn an den Kosten zu beteiligen.[169] **43**

z. Zt. unbesetzt **44**

Der Vermieter ist nicht verpflichtet, nach einer Modernisierung unverzüglich eine Mieterhöhungserklärung abzugeben. Er ist nicht gehindert, den Anspruch erst später geltend zu machen.[170] Es gilt allenfalls der **Einwand der Verwirkung.**[171] Es verhält sich hier im Grundsatz nicht anders als bei sonstigen Gestaltungsrechten, von denen der Berechtigte alsbald Gebrauch machen muss, wenn er sie nicht verlieren will. Das gilt nicht nur für die Erhebung bereits entstandener und in ihren Rechtswirkungen abgeschlossener Ansprüche, sondern auch insoweit, als es sich um in die Zukunft gerichtete Ansprüche handelt. Wird nämlich der Erhöhungsanspruch erst nach langer Zeit geltend gemacht, so kann hierdurch die **Rechtsverteidigung des Mieters** beeinträchtigt werden, etwa indem er auf Umstände, die ihm ein schlüssiges Bestreiten ermöglicht hätten oder auf Beweismittel nicht mehr zurückzugreifen vermag.[172] Dabei muss aber beachtet werden, dass die Verwirkung nicht nur einen gewissen Zeitablauf erfordert, sondern auch noch das Vorliegen weiterer Umstände, aus denen der Mieter den Schluss ziehen durfte, der Vermieter werde seinen Anspruch auf eine einseitige Mieterhöhung nach § 559 BGB nicht mehr geltend machen.[173] Allein die fehlende gerichtliche Geltendmachung stellt noch keinen Verwirkungstatbestand dar. Verwirkung setzt zunächst den Ablauf einer bestimmten Zeit voraus. Feste Grenzen gibt es hierfür nicht. Ausreichen sollen hierfür Zeitabläufe von einem Jahr,[174] vier Jahren[175], aber auch erst von zehn Jahren.[176] Entscheidend sind die Umstände des Einzelfalls. Hat der Vermieter dem Mieter keine Modernisierungsankündigung gem. § 555c BGB zukommen lassen, dann muss der Mieter zu einem früheren Zeitpunkt bereits nicht mehr damit rechnen, noch mit einer Mieterhöhung konfrontiert zu werden. Das Gleiche gilt, wenn der Vermieter in der Zwischenzeit diverse Mieterhöhungen durchgeführt hat, ohne darauf hinzuweisen, dass er auch noch beabsichtigt, wegen der länger zurückliegenden Modernisierungsmaßnahme die Miete zu erhöhen.[177] Letzteres stellt zugleich auch einen für die Verwirkung zusätzlichen erforderlichen Umstand dar, aus dem der Mieter den Schluss zu ziehen berechtigt ist, mit keiner Mieterhöhung mehr rechnen zu müssen. Im Übrigen ist eine Mieterhöhung nach § 559 BGB ausgeschlossen, wenn der Vermieter zwischenzeitlich eine Mieterhöhung nach § 558 BGB auf die ortsübliche Vergleichsmiete für modernisierten Wohnraum vorge- **45**

---

165 BGH (VIII ZR 88/13) NJW 2015, 934; AG Lichtenberg MM 2000, 87; LG Berlin GE 2015, 1531 („jedenfalls einmal"); *Emmerich* in Staudinge § 559b BGB Rdn. 4a; *Lammel* § 559b BGB Rdn. 9.

166 So *Schach* in Kinne/Schach/Bieber, Miet- und Mietprozessrecht, § 559b BGB Rdn. 3; *Kinne* ZMR 2001, 868, 869.

167 BGH (VIII ZR 88/13) NJW 2015, 934; LG Berlin GE 2015, 513.

168 LG Potsdam WuM 2001, 559; *Lammel* § 559b BGB Rdn. 10; **a. A.** LG Gera NZM 2000, 1051 zu § 13 MHG.

169 BGH (VIII ZR 88/13) NJW 2015, 934.

170 *Schach* in Kinne/Schach/Bieber, Miet- und Mietprozessrecht, § 559b BGB Rdn. 3.

171 LG Berlin MM 2000, 280; LG Stuttgart ZMR 1997, 29 (nur LS); LG Berlin MM 1993, 218; GE 1990, 611; LG Hamburg WuM 1989, 308; AG Hamburg WuM 1985, 366; *Emmerich* in Staudinger § 559b BGB Rdn. 6; *Lammel* § 559b BGB Rdn. 12; *Horst* MDR 1998, 72, 76; allgemein zur Verwirkung im Mietrecht: *Hinkelmann* PiG 65, 247; *Kandelhard* NZM 2005, 43.

172 LG Hamburg WuM 1989, 308.

173 Z. B. AG Neukölln GE 1996, 681; für den umgekehrten Fall ausführlich LG Berlin GE 2002, 802, 803.

174 AG Hamburg WuM 1985, 366.

175 LG Hamburg WuM 1989, 308.

176 LG Stuttgart ZMR 1997, 29 nur LS.

177 LG Berlin MM 2000, 280; *Schach* in Kinne/Schach/Bieber, Miet- und Mietprozessrecht, § 559b BGB Rdn. 3.

nommen hat.[178] Dies gilt auch dann, wenn die Mietvertragsparteien sich auf einen niedrigeren Betrag als die ortsübliche Vergleichsmiete für modernisierten Wohnraum geeinigt haben.[179]

D. Die Rechtsfolgen einer Erklärung nach § 559b BGB

I. Allgemeines

46 Ist dem Mieter eine wirksame Mieterhöhungserklärung gem. § 559b BGB zugegangen, dann treten die **Rechtsfolgen automatisch** ein. Voraussetzung ist hierfür erstens eine formell fehlerfreie Mieterhöhungserklärung und zweitens deren Zugang. Als Rechtsfolge dieser **einseitigen Gestaltungserklärung** ändert sich die Miete für die Zukunft. Die Modernisierungsmieterhöhung stellt eine einseitige Änderung des Mietvertrages in Bezug auf die bisherige Mietvereinbarung dar.[180] Der Anspruch des Vermieters aus § 559 BGB ist ein Zahlungsanspruch und kein Zustimmungsanspruch.[181] Der Vermieter kann demgemäß auch unmittelbar auf Zahlung klagen. Außerdem entsteht das Sonderkündigungsrecht des Mieters gem. § 561 BGB und schließlich wird durch den Zugangstermin auch der Wirkungszeitpunkt für die Mieterhöhung bestimmt.

47 Die Modernisierungsmieterhöhung nach § 559 BGB wird ab Fälligkeit **Teil der Miete** und ist deshalb bei späteren Mieterhöhungen gem. § 558 BGB nicht mehr getrennt von der Miete in Ansatz zu bringen.[182] Der Wortlaut des § 559 BGB lautet insoweit: „so kann er eine Erhöhung der jährlichen Miete um 11% der für die Wohnung aufgewendeten Kosten verlangen". Die Formulierung in § 559 BGB ist eindeutig. Als Miete i. S. d. § 558 Abs. 1 BGB ist mithin bei anschließenden Mieterhöhungen auf die ortsübliche Vergleichsmiete der „Modernisierungszuschlag" nicht mehr gesondert auszuwerfen, sondern in den Gesamtbetrag der Miete, der erhöht werden soll, einzurechnen. Da die Mieterhöhung gem. § 559 BGB nicht durch die ortsübliche Vergleichsmiete begrenzt wird, sind Mieterhöhungen gem. § 558 BGB solange nicht möglich, wie die ortsübliche Vergleichsmiete für modernisierten Wohnraum nicht höher als die erhöhte Vertragsmiete ist. Probleme[183] kann der Vermieter auch bei einem Mieterwechsel bekommen, da hier regelmäßig die sog. Marktmiete die Weitervermietungsmiete darstellt. Diese muss nicht so hoch sein wie die gem. § 559 BGB erhöhte Miete.

48 Die Notwendigkeit, den Modernisierungszuschlag in die bisherige Miete einzurechnen, ergibt sich aus der Überlegung, dass der Modernisierungszuschlag nach § 559 BGB nicht entfällt, auch wenn die aufgewendeten Modernisierungskosten sich amortisiert haben. Die Mieterhöhung nach § 559 BGB führt nämlich zu einer dauernden Mieterhöhung ohne zeitliche Beschränkung.[184] Da die **ortsübliche Vergleichsmiete** aber, zumindest in der Vergangenheit, regelmäßig steigt, verliert die Modernisierungsmieterhöhung mit der Zeit immer mehr an Bedeutung, da der Vermieter einen immer größeren Anteil der Miete auch als ortsübliche Vergleichsmiete verlangen könnte. In dem Augenblick, in dem die ortsübliche Vergleichsmiete für die modernisierte Wohnung so hoch ist, wie die um § 559 BGB erhöhte Miete, hat die frühere Mieterhöhung nach § 559 BGB letztendlich keine Bedeutung mehr.

II. Wirkungszeitpunkt der Mieterhöhung

49 Die Erklärung des Vermieters hat gem. § 559b Abs. 2 BGB die Wirkung, dass **mit Beginn des dritten Monats** nach dem Zugang der Erklärung die erhöhte Miete an die Stelle der bisher zu ent-

---

[178] OLG Hamm RE v. 30.10.1982, WuM 1983, 17; LG Wuppertal WuM 1983, 238; AG Osnabrück ZMR 1989, 340; AG Münster WuM 1981, 44; *Schach* in Kinne/Schach/Bieber, Miet- und Mietprozessrecht, § 559b BGB Rdn. 3.

[179] AG Köln WuM 1990, 520.

[180] *Sternel* III 807.

[181] AG Köln WuM 1980, 201.

[182] BGH (VIII ZR 331/06) NJW 2008, 848; LG München WuM 1996, 43; LG Frankfurt PE 1996, 154; LG Essen WuM 1994, 217; LG Hamburg WuM 1989, 82; WuM 1985, 229; AG Lichtenberg GE 2004, 629; MM 2001, 106; AG Mühlheim WuM 1990, 221; *Schach,* GE 2008, 20; *Mersson* DWW 2009, 122, 129; *Langenberg* PiG 40, 59, 63; *Sternel* III, 764; *ders.* Mietrecht aktuell (2009) Rdn. IV 405; *Emmerich* in Staudinger § 559 BGB Rdn. 14 und § 559b BGB Rdn. 18; *Lammel* § 559b BGB Rdn. 25; *Both* in Herrlein/Kandelhard Vorbem. vor §§ 559 bis 559b BGB Rdn. 8; falsch deshalb AG Berlin-Mitte GE 2003, 461.

[183] Zur wirtschaftlichen Betrachtung des § 559 BGB s. *Mersson* DWW 2009, 122, 131.

[184] *Emmerich* in Staudinger § 559b BGB Rdn. 18f.; *Lammel* § 559b BGB Rdn. 25.

richtenden Miete tritt.[185] Der Vermieter kann aber die Mieterhöhung auch zu jedem späteren Zeitpunkt verlangen.[186] Er kann sogar eine gestaffelte Mieterhöhung vornehmen, also die eigentlich mögliche Mieterhöhung um einen bestimmten Betrag aufteilen und zu verschiedenen in der Zukunft liegenden Zeitpunkten wirksam werden lassen.[187] Es handelt sich in diesem Fall um **keine Staffelmiete,** auf die die Vorschrift des § 557a BGB anzuwenden ist. Der Abstand zwischen den verschiedenen Erhöhungszeitpunkten muss deshalb nicht mindestens ein Jahr betragen. Auch schließt eine solche gestaffelte Erhöhung keine anderen Mieterhöhungen gem. § 557a Abs. 2 Satz 2 BGB aus. Rechtlich handelt es sich um einen teilweisen Verzicht des Vermieters.[188]

Die Frist berechnet sich vom **Zugang** der Erklärung beim Mieter. Zugang bedeutet, dass die **50** Erklärung so in den Machtbereich des Empfängers gelangt sein muss, dass nach normalem Lauf der Dinge mit der Kenntnisnahme gerechnet werden kann (s. hierzu Vor §§ 558 Rdn. 68ff.).[189] Muss die Erklärung gem. § 559b Abs. 1 BGB mehreren Personen zugehen, weil sich auf Mieterseite eine **Personenmehrheit** befindet, kommt es zur Berechnung des Wirkungszeitpunktes der Mieterhöhung auf den **Zeitpunkt des letzten Zugangs** an. Die Mieterhöhungserklärung des Vermieters ist eine einseitige Willenserklärung, die in diesem Fall lediglich zwei oder mehr Personen zugehen muss. Sie wird insgesamt erst wirksam, wenn sie der letzten Person zugegangen ist und ist unwirksam, wenn sie einem Erklärungsempfänger nicht zugegangen ist. Im Übrigen ergibt sich diese Rechtsfolge auch aus der Einheitlichkeit des Mietverhältnisses.

Die Vorschrift des § 193 BGB hat für die Berechnung des Wirkungszeitpunkts einer Miet- **51** erhöhung keine Bedeutung. § 559b Abs. 2 BGB stellt nicht auf das Ende einer Frist ab, sondern regelt als Rechtsfolge, dass die neue Miete an die Stelle der alten Miete tritt.[190] Auch für den Zugang der Erhöhungserklärung spielt § 193 BGB keine Rolle. Selbst wenn die Erhöhungserklärung dem Mieter am Samstag oder Sonntag zugeht und dies jeweils der letzte Tag eines Monats ist, tritt die Wirkung mit Beginn des dritten Monats ein. Bei der Frage des Zugangs der Erhöhungserklärung geht es nicht um einen Fristablauf. Besonders sorgfältig geprüft werden muss aber in diesen Fällen, ob dem Mieter die Erklärung tatsächlich am Wochenende zugegangen ist. Dies ist regelmäßig nur bei persönlicher Übergabe der Fall, da ansonsten regelmäßig erst am Montag mit der Kenntnisnahme gerechnet werden muss.

Die neue erhöhte Miete tritt an die Stelle der bisher zu entrichtenden Miete.[191] **Die Fälligkeit** **52** der Miete wird dadurch nicht verändert. Haben die Parteien keine Vereinbarung getroffen, ist die erhöhte Miete bei Verträgen, die vor dem 1.9.2001 abgeschlossen wurden, gem. § 551 Abs. 1 BGB a. F. am Ende des Monats zu zahlen. Haben die Parteien bei diesen sog. Altverträgen wirksam[192] eine Vorauszahlungsklausel vereinbart, dann gilt diese auch für die erhöhte Miete. Bei Mietverträgen, die ab dem 1.9.2001 abgeschlossen wurden, ist die Miete gem. § 556b Abs. 1 BGB zu Beginn des Monats fällig. Auch dies gilt für die erhöhte Miete. Allein eine Mieterhöhung, egal ob nach § 558 oder § 559 BGB, nach dem 1.9.2001 führt nicht dazu, dass bei Altverträgen jetzt die neue Fälligkeitsregelung des § 556b Abs. 1 BGB gilt

Der **Wirkungszeitpunkt** verschiebt sich gem. § 559b Abs. 2 Satz 2 BGB **um sechs Monate,** **53** wenn der Vermieter dem Mieter die Modernisierungsmaßnahme nicht nach den Vorschriften des § 555c Absatz 1 und 3 bis 5 angekündigt hat oder wenn die tatsächliche Mieterhöhung die angekündigte um mehr als zehn Prozent überschreitet.[193] Dies gilt aber bereits nach dem Wortlaut der Vorschrift und nach der Systematik nur im freifinanzierten Wohnungsbau und nicht im öffentlich geförderten Wohnungsbau alten Rechts, wenn die Kostenmiete geschuldet wird.[194] Die Situation ist vergleichbar mit der Kündigungssperre in § 569 Abs. 3 Nr. 3 BGB, die nach der Rechtsprechung

---

185 BGH (VIII ZR 331/06) NJW 2008, 848; LG München WuM 1996, 43; LG Frankfurt PE 1996, 154; LG Essen WuM 1994, 217; LG Hamburg WuM 1989, 82; WuM 1985, 229; AG Lichtenberg GE 2004, 629; MM 2001, 106; AG Mühlheim WuM 1990, 221.

186 BGH (VIII ZR 280/12) NJW 2013, 3641 (für Mieterhöhung gem. § 558 BGB).

187 Bub/Treier/*Schultz* Kap. III. A Rdn. 1490; *Emmerich* in Staudinger § 559b BGB Rdn. 4a.

188 *Mersson* DWW 2009, 206, 211.

189 AG Friedberg WuM 1992, 596; Palandt/*Ellenberger* § 130 BGB Rdn. 5; PWW/*Ahrens* § 130 BGB Rdn. 8.

190 BGH (VIII ZR 331/06) NJW 2008, 848 Staudinger.

191 BGH (VIII ZR 331/06) NJW 2008, 848.

192 Unwirksam ist z. B. eine Vorauszahlungsklausel, die eine Rechtzeitigkeitsklausel enthält, die das Risiko eines Bankfehlers dem Mieter auferlegt: BGH (VIII ZR 222/15) NZM 2017, 120.

193 Nach *Sonnenschein* NJW 1998, 2172, 2178 hat diese strafrechtliche Sanktion in einer Privatrechtsordnung nichts zu suchen.

194 *Bellinger* WuM 2014, 449.

des BGH[195] ebenfalls nicht auf Mieterhöhungen gem. § 10 WoBindG angewendet werden kann. Die Verlängerung um 6 Monate ist vom normalen Wirkungszeitpunkt gem. § 559b Abs. 2 Satz 1 BGB aus zu berechnen und nicht vom Zugang der Erhöhungserklärung.[196] Die Verlängerung erfolgt nach dem eindeutigen Gesetzeswortlaut nicht *auf* 6 Monate, sondern *um* sechs Monate, sie wirkt also ab dem 9. Monat, der dem Zugang des Erhöhungsverlangens folgt.[197] Die Verschiebung betrifft aber nur die Fälligkeit der Miete. Wurden durch die Modernisierungsmaßnahme neue **Betriebskosten** eingeführt oder erhöhten sich bestehende Betriebskostenpositionen, so muss der Mieter diese Betriebskosten ab Entstehung tragen, selbst die Modernisierungsankündigung – insofern – formell mangelhaft war.[198]

54 Die Verlängerung tritt zunächst ein, wenn der Vermieter dem Mieter die Modernisierungsmaßnahme nicht nach den Vorschriften des § 555c Absatz 1 und 3 bis 5 angekündigt hat. Damit wird sowohl der Fall erfasst, dass **gar keine Modernisierungsankündigung** erfolgt ist oder dass die erklärte **Ankündigung mangelhaft** war.[199] Insofern hat der Gesetzgeber einen zum alten Recht bestehenden Streit entschieden[200] und die Rechtsprechung des BGH kodifiziert.[201] Eine Modernisierung ganz ohne Ankündigung oder Duldung wird vor allem bei Modernisierungsmaßnahmen außerhalb der Wohnung des Mieters (Aufzugeinbau, Anlage eines Spielplatzes o. ä.) vorkommen. Bei Innenmodernisierungen wird auch bei fehlender Ankündigung gem. § 555c BGB eine Duldung der Maßnahme durch den Mieter vorliegen, was auch schon nach altem Recht für eine Modernisierungsmieterhöhung dem Grunde nach genügte.

55 Die Modernisierungsankündigung muss die Voraussetzungen des § 555c Abs. 1 und Abs. 3 bis 5 erfüllen. Hat der Vermieter lediglich in der Modernisierungsankündigung den gem. § 555c Abs. 2 BGB als Soll-Vorschrift vorgesehenen Hinweis auf die Form und die Frist des Härteeinwands nach § 555d Absatz 3 Satz 1 unterlassen, so hat dies nur zur Folge, dass der Mieter seine Härtegründe auch noch später vortragen kann, der Wirkungszeitpunkt der Mieterhöhung wird hierdurch aber nicht verschoben.[202] Zu einer Verschiebung führen eine Unterschreitung der 3 Monatsfrist und die Nichteinhaltung der Textform gem. § 555c Abs. 1 S. 1 BGB sowie inhaltliche Mängel der Ankündigung gem. § 555c Abs. 1 S. 2 Ziff. 1–3 BGB. Hierzu zählen auch fehlende Angaben zu neuen oder erhöhten **Betriebskosten** (zu den Rechtsfolgen oben Rn. 53). Bei **Bagatellmaßnahmen** ist gem. § 555c Abs. 4 BGB eine Modernisierungsankündigung nicht erforderlich. Ihr Fehlen führt deshalb auch nicht zu einer Verschiebung des Wirkungszeitpunkts einer Erhöhungserklärung gem. § 559b Abs. 1 BGB.[203] Zwar stellt § 559b Abs. 2 BGB nicht auf die Erforderlichkeit der Ankündigung ab, jedoch ergibt eine Auslegung nach Sinn und Zweck, dass der Vermieter hier nicht bestraft werden muss. § 559 Abs. 2 Satz 2 BGB will eine Sanktion aussprechen für ein Fehlverhalten des Vermieters. Wenn dieser aber gem. § 555c Abs. 4 BGB die Maßnahmen gar nicht ankündigen muss, dann besteht auch keine Notwendigkeit, dem Vermieter die Mieterhöhung erst zu einem späteren Zeitpunkt zuzubilligen. Auch der weitere Schutzzweck der Norm, wonach der Mieter sich auf die Mieterhöhung soll einstellen können, erfordert bei Bagatellmieterhöhungen keine Verlängerung der Frist gem. § 559b Abs. 2 BGB. Eine Bagatellmaßnahme liegt vor, wenn die Maßnahme mit keinen oder nur unerheblichen Einwirkungen auf die Mietsache verbunden ist und zu keiner oder nur zu einer unwesentlichen Mieterhöhung führt. Die Voraussetzungen müssen kumulativ vorliegen.[204] Eine **unwesentliche Mieterhöhung** ist dann gegeben, wenn die Miete durch die Modernisierungsmaßnahme um **bis zu 5 %** der Miete erhöht wird.[205]

---

[195] BGH (VIII ZR 327/11) NZM 2012, 529.

[196] So aber *Cuypers,* Rechtshandbuch der Sanierung und Modernisierung von Gebäuden, S. 25.

[197] *Dickersbach* in Lützenkirchen, Mietrecht, § 559b Rn. 57.

[198] *Dickersbach* WuM 2013, 575, 576: „Der Schutz des § 559b Abs. 2 S. 2 BGB erscheint zum Schutz des Mieters ausreichend."

[199] BT-Drs 17/10485 S. 25.

[200] Siehe 10. Aufl. § 559 BGB Rdn. 18.

[201] BGH (VIII ZR 164/10) NJW 2011, 1220; (VIII ZR 76/15) NZM 2016, 46.

[202] *Dickersbach* in Lützenkirchen, Mietrecht, § 559b Rn. 59.

[203] AG Rheine WuM 2008, 491 m. Anm. *Börstinghaus* WuM 2009, 282.

[204] AG Rheine WuM 2008, 491 m. Anm. *Börstinghaus* WuM 2009, 282.

[205] LG Berlin NJW-RR 1992, 144; WuM 1991, 482; ZMR 1986, 444; Palandt/*Weidenkaff* § 555c BGB Rdn. 10; AG Rheine WuM 2008, 491 (2,77%) m. Anm. *Börstinghaus* WuM 2009, 282; LG Detmold WuM 1990, 121 (7,5% sind zuviel); **a. A.** *Eisenschmid* bei § 555c BGB Rdn. 61, der einen absoluten Betrag von 10 € als Grenze ansieht (ausdrücklich abgelehnt von AG Rheine WuM 2008, 491).

Ansonsten wird von der Neuregelung der bisher schon geregelte Fall erfasst, dass der Vermieter 56
dem Mieter die zu erwartende Mieterhöhung in der Erklärung gem. § 555c Abs. 1 BGB nicht mitgeteilt hat. Mitgeteilt werden muss in der Modernisierungsankündigung aber nur die mögliche und beabsichtigte **Erhöhung der Miete gem. § 559 BGB.**[206] Eine eventuell auch mögliche **Erhöhung gem. § 558 BGB,** weil für die Wohnung nach der Modernisierungsmaßnahme eine höhere ortsübliche Vergleichsmiete zu zahlen ist, muss nicht mitgeteilt werden. Dies ergibt sich aus dem Wortlaut des § 555c Abs. 1 Satz 2 Ziff 3 BGB.

Die Verlängerung tritt auch dann ein, wenn zwar eine Mitteilung über die beabsichtigte 57
Mieterhöhung erfolgte, aber die tatsächliche Mieterhöhung gegenüber dieser Mitteilung um mehr als 10% nach oben abweicht. Die Verschiebung des Wirkungszeitpunkts betrifft die gesamte Mieterhöhung und nicht nur den die 10%-Grenze übersteigenden Teil der Mieterhöhung.[207] Die Grenze wird berechnet aus der mitgeteilten neuen Miete inkl. der Betriebskostenveränderungen in der Modernisierungsankündigung und nicht aus der ursprünglich gezahlten Miete. Hat der Vermieter mehrere für sich gesehen trennbare Modernisierungsmaßnahmen angekündigt und dafür jeweils auch einen eigenen Mieterhöhungsbetrag angegeben, berechnet sich die 10% Grenze für jede Maßnahme getrennt.[208] Ursprünglich wollte der Gesetzgeber hier den Vermieter „bestrafen", der um das Risiko eines Widerspruchs gegen die Duldung der Modernisierung zu minimieren, eine zu niedrige zukünftige Miete angegeben hatte. Nach altem Recht konnte der Mieter sich auch gegen die Duldung mit dem Einwand der mangelnden Leistungsfähigkeit wehren. Dies ist heute nicht mehr der Fall. Der Einwand kann nur noch gegen die Mieterhöhung erhoben werden. Insofern hat sich der Zweck der Vorschrift etwas geändert. Es geht nicht mehr darum, die Duldung von Modernisierungsmaßnahmen durch falsche Angaben zu verhindern, sondern darum, die Parteien zu möglichst ehrlichen Erklärungen nach § 555c BGB zu erziehen. Falsche Angaben bleiben eben nicht folgenlos. Bei Abweichungen von mehr 10% kann der Mieter noch Härtegründe gegen die Mieterhöhung vorbringen (siehe § 559 Rdn. 127).[209] Bei einer Abweichung der tatsächlichen Mieterhöhung von bis zu 10% kann der Vermieter sich dann schadensersatzpflichtig machen, wenn er die Modernisierungskosten bewusst zu niedrig angesetzt hat. In diesem Fall kann er gem. § 280 Abs. 1 BGB verpflichtet sein, den Mieter so zu stellen, als wenn seine Angaben richtig gewesen wären.[210] Hat er in einer ansonsten formell ordnungsgemäßen Modernisierungsankündigung eine zu hohe Miete angekündigt und ist die tatsächlich später verlangte Mieterhöhung niedriger, dann verschiebt sich der Erhöhungszeitpunkt nicht.[211]

Die **verschiedenen Alternativen** stellen sich somit wie folgt dar: 58

Verhalten des Vermieters	**Verhalten des Mieters**	**Wirkungszeitpunkt der Mieterhöhung**
Materiell und formell ordnungsgemäße Ankündigung gem. § 555c BGB	Mieter duldet die Modernisierung oder wird gerichtlich zur Duldung verurteilt	Mieterhöhung zum Beginn des dritten Monats nach Zugang der Erklärung
Bagatellmieterhöhung ohne Ankündigung	Mieter duldet die Modernisierung oder wird gerichtlich zur Duldung verurteilt	Mieterhöhung zum Beginn des dritten Monats nach Zugang der Erklärung
Mieter hat keine Kenntnis von Modernisierung und duldet sie	Mieterhöhung zum Beginn des dritten Monats nach Zugang der Erklärung	
Mieter widerspricht der Modernisierung	Mieterhöhung zum Beginn des dritten Monats nach Zugang der Erklärung	

206 Zum alten Recht schon so: BGH (VIII ZR 275/07) NJW 2008, 3630.

207 BGH (VIII ZR 76/15) NZM 2016, 46; *Dickersbach* in Lützenkirchen, Mietrecht, § 559b Rn. 58.

208 AG Schöneberg GE 1998, 359; *Emmerich* in Staudinger § 559b BGB Rdn. 22; *Dickersbach* in Lützenkirchen, Mietrecht, § 559b BGB Rdn. 63; Bub/Treier/*Schultz* Kap. III. A Rdn. 1480.

209 *Börstinghaus* NZM 2013, 449.

210 *Eisenschmid* in Börstinghaus/Eisenschmid, Modernisierungs-Handbuch, Kap. 4 Rdn. 101; Bub/Treier/*Schultz* Kap. III. A Rdn. 1479; *Dickersbach* WuM 2013, 575, 576.

211 *Dickersbach* in Lützenkirchen, Mietrecht, 2. Aufl., § 559b Rn. 69.

Verhalten des Vermieters	Verhalten des Mieters	Wirkungszeitpunkt der Mieterhöhung
Vermieter unterlässt die Ankündigung gem. § 555c BGB völlig	Mieter hat Kenntnis von Modernisierungsabsicht und duldet die Modernisierung	Mieterhöhung nach § 559b Abs. 2 BGB 6 Monate später
	Mieter hat keine Kenntnis von Modernisierung und duldet sie	Mieterhöhung nach § 559b Abs. 2 BGB 6 Monate später
	Mieter widerspricht der Modernisierung, Vermieter führt sie aus	Mieterhöhung nach § 559b Abs. 2 BGB 6 Monate später
Ankündigung der Modernisierung nicht frist- oder formgerecht aber enthält Ankündigung der Mieterhöhung	Mieter hat Kenntnis von Modernisierungsabsicht und duldet die Modernisierung	Mieterhöhung nach § 559b Abs. 2 BGB 6 Monate später
	Mieter widerspricht der Modernisierung	Mieterhöhung nach § 559b Abs. 2 BGB 6 Monate später
Ankündigung gem. 555c BGB erfolgt aber es fehlt Ankündigung der Mieterhöhung	Mieter hat Kenntnis von Modernisierungsabsicht und duldet die Modernisierung	Mieterhöhung nach § 559b Abs. 2 BGB 6 Monate später
	Mieter widerspricht der Modernisierung	Mieterhöhung nach § 559b Abs. 2 BGB 6 Monate später
Ankündigung gem. § 555c BGB mit Ankündigung der Mieterhöhung, die tatsächlich aber mehr als 10% höher ausfällt	Mieter duldet die Modernisierung	Mieterhöhung nach § 559b Abs. 2 BGB 6 Monate später
Ankündigung gem. § 555c BGB mit Ankündigung der Mieterhöhung, die auch nicht mehr als 10% höher ausfällt aber ohne Hinweis gem. § 555c Abs. 2 BGB	Mieter duldet die Modernisierung	Mieterhöhung zum Beginn des dritten Monats nach Zugang der Erklärung
Ankündigung gem. § 555c BGB mit Ankündigung der Mieterhöhung, die tatsächlich aber mehr als 10% höher ausfällt aber ohne Hinweis gem. § 555c Abs. 2 BGB	Mieter duldet die Modernisierung	Mieterhöhung nach § 559b Abs. 2 BGB 6 Monate später

59 Je nach Zugangszeitpunkt der Erhöhungserklärung wirkt die Erhöhung dann zu folgenden Terminen:

Frist, innerhalb derer die Erklärung gem. § 559b Abs. 1 BGB dem Mieter zugegangen sein muss		Wirkungszeitpunkt dritter Monat	Wirkungszeitpunkt bei Verlängerung um 6 Monate
1. Januar	31. Januar	1. April	1. Oktober
1. Februar	28. Februar	1. Mai	1. November
1. März	31. März	1. Juni	1. Dezember
1. April	30. April	1. Juli	1. Januar
1. Mai	31. Mai	1. August	1. Februar
1. Juni	30. Juni	1. September	1. März
1. Juli	31. Juli	1. Oktober	1. April

Frist, innerhalb derer die Erklärung gem. § 559b Abs. 1 BGB dem Mieter zugegangen sein muss		Wirkungszeitpunkt dritter Monat	Wirkungszeitpunkt bei Verlängerung um 6 Monate
1. August	31. August	1. November	1. Mai
1. September	30. September	1. Dezember	1. Juni
1. Oktober	31. Oktober	1. Januar	1. Juli
1. November	30. November	1. Februar	1. August
1. Dezember	31. Dezember	1. März	1. September

E. Das gerichtliche Verfahren

I. Vom Vermieter betriebenes Verfahren

1. Anträge

Soweit eine Einigung zwischen den Mietvertragsparteien nicht zustande kommt, muss der Vermieter seinen Anspruch ggf. **gerichtlich** geltend machen. Dabei ist gerade im Zusammenhang mit Modernisierungsmaßnahmen immer zu unterscheiden, in welchem Stadium sich das Verfahren gerade befindet. 60

Verweigert der Mieter bereits die Durchführung der Maßnahme, muss zunächst nach § 555d Abs. 1 BGB **auf Duldung** geklagt werden.[212] 61

Ist die Maßnahme beendet und hat der Vermieter eine Mieterhöhungserklärung gem. § 559b BGB dem Mieter zukommen lassen, so kann der Vermieter **unmittelbar auf Zahlung klagen.**[213] Dabei ist die Klage an keine besonderen Fristen gebunden. Da die Mieterhöhungserklärung, wenn die materiellen und formellen Voraussetzungen der §§ 559, 559b BGB vorlagen, die Miete einseitig erhöht hat, kann der Vermieter auch abwarten, bis der Mietrückstand größer geworden ist, um ggf. die Berufungsbeschwer zu erreichen. Grenzen stellen hier nur die Verjährungsregeln und ggf. der Verwirkungseinwand (s. o. Rdn. 10) dar. Eine bloße Feststellungsklage des Vermieters ist demgegenüber wegen des Vorrangs der Leistungsklage unzulässig.[214] Etwas anderes kann aber dann in Betracht kommen, wenn der Vermieter für die Vergangenheit Rückstände aufgrund einer Modernisierungsmieterhöhung einklagt und der Mieter sich auf Härtegründe beruft. Da hier die Verurteilung zur Zahlung des Rückstands keine Rechtskraftwirkung für zukünftige Zeiträume entwickelt, kann der Vermieter für die Zukunft nur eine bindende Entscheidung über eine Feststellungsklage dahingehend erlangen, festgestellt zu bekommen, dass die Miete *„für die Wohnung xy durch die Erklärung vom um x € auf y € erhöht wurde."* 62

Möglich ist in diesem Fall auch die Klage auf Zahlung der rückständigen Miete mit einer **Klage auf zukünftige Leistung** zu verbinden.[215] Klagen auf zukünftige Leistung sind nach der ZPO nur eingeschränkt möglich. Gemäß § 257 ZPO ist eine solche Klage bei einer Geldforderung nur dann zulässig, wenn sie nicht von einer Gegenforderung abhängig ist. Da § 258 ZPO die Vorschrift des § 257 ZPO nur ergänzt, setzt auch § 258 ZPO voraus, dass der Anspruch von keiner Gegenleistung abhängig ist. Da der Mietzahlungsanspruch von der Gebrauchsüberlassung der Räume abhängig ist, scheiden **Klagen auf zukünftige Leistungen** nach den §§ 257, 258 ZPO aus.[216] In Betracht kommt jedoch eine Klage auf zukünftige Leistung gem. 259 ZPO.[217] Beim Anspruch des Vermieters auf Zahlung von Miete handelt es sich um einen Anspruch auf eine wiederkehrende Leistung. Soweit § 259 ZPO verlangt, dass nach den Umständen die Besorgnis gerechtfertigt ist, dass der Mieter sich der rechtzeitigen Leistung entziehen werde, ist diese Voraussetzung gegeben, wenn der Mieter auch für die Zukunft die Verpflichtung zur Zahlung der erhöhten Miete ernstlich bestrei- 63

[212] Dazu ausführlich *Börstinghaus/Eisenschmid,* Modernisierungshandbuch, Kap. 7.

[213] *Kinne* in Beierlein/Kinne/Koch/Stackmann/Zimmermann, Der Mietprozess, 4. Kap. Rdn. 91.

[214] *Horst* GE 1999, 28; *Kinne* in Beierlein/Kinne/Koch/Stackmann/Zimmermann, Der Mietprozess, 4. Kap. Rdn. 92.

[215] BGH (VIII ZR 41/08) NJW 2009, 839 = MietPrax-AK § 559 BGB Nr. 2 m. Anm. *Börstinghaus;* Zur Klage auf zukünftige Leistung im Wohnraummietrecht ausführlich: *Both* DWW 2009, 82; *Henssler* NJW 1989, 132; BGH (VIII ZB 66/02) NJW 2003, 1395.

[216] BGH MDR 1996, 1232.

[217] *Kinne* in Kinne/Schach/Bieber, Miet- und Mietprozessrecht, Teil II Rdn. 130 ff.

tet[218] oder in der Vergangenheit unter Berufung auf eine unwirksame Mieterhöhung nach § 559 BGB nur teilweise erfüllt hat. Es genügt, dass der Mieter den Anspruch des Vermieters – auch gutgläubig – bestreitet.[219] Auch der Gesichtspunkt der Prozessökonomie spricht für die Zulässigkeit einer solchen Klage, da die Ansprüche auf rückständigen Mietzins wie auf zukünftigen Mietzins aus dem gleichen Sachverhalt hergeleitet werden und in einem besonders engen Zusammenhang stehen. Wird keine Klage auf zukünftige Leistung erhoben, dann erwächst nur die Zahlungsverpflichtung für die Monate, die eingeklagt wurden, in Rechtskraft. Das Urteil hat für zukünftige weitere Zahlungsklagen keine Bindungswirkung. Möglich ist in Einzelfällen auch eine Feststellungsklage; eine Klage auf zukünftige Leistung ist nicht vorrangig.[220]

64 In einigen Bundesländern muss bei einer Zahlungsklage zuvor eine **obligatorische vorgerichtliche Streitschlichtung** durchgeführt werden. Anders als bei der Klage nach § 558b BGB muss mit der Klage keine Frist unterbrochen werden, so dass anders als bei der Zustimmungsklage die außergerichtliche Streitschlichtung grundsätzlich bis zu einem bestimmten Streitwert notwendig ist. Möglich ist aber, den Anspruch in den Bundesländern, in denen die außergerichtliche Streitschlichtung nicht nur für bestimmte Rechtsgebiete, sondern auch zwingend bis zu einem bestimmten Streitwert vorgeschrieben ist, im Mahnverfahren geltend zu machen. Das Streitschlichtungsverfahren kann nicht nachgeholt werden.[221] Die Streitwertgrenze beträgt in Baden-Württemberg, Bayern, Brandenburg, Hessen und Schleswig-Holstein 750 € und im Saarland und in Sachsen-Anhalt 600 €. Maßgeblich ist der Zuständigkeits- und nicht der Gebührenstreitwert.[222] Dem Erlass eines Anerkenntnisurteils steht die fehlende Durchführung eines obligatorischen Schlichtungsverfahrens vor der Klageerhebung nicht entgegen.[223]

65 Eine **Sicherungsanordnung** gem. § 283a ZPO scheidet im Räumungs- und Zahlungsprozess aus. Das gilt zumindest für den Teil eines Zahlungsrückstandes, der sich aus der Mieterhöhung ergibt, § 283a Abs. 1 Satz 2 ZPO.

66 Der Vermieter muss aber den Rückstand aufgrund einer Mieterhöhung nach § 559 BGB nicht zwingend zuvor einklagen, um dann wegen dieses Rückstandes fristlos kündigen zu können. Aus § 569 Abs. 3 Ziff 3 BGB ergibt sich dies gerade nicht.[224] Die Frist, innerhalb derer der Mieter einen ausgeurteilten Rückstand ausgleichen kann gilt nur dann, wenn ein Urteil ergangen ist. § 569 Abs. 3 Ziff 3 postuliert nicht das Erfordernis, vor einer Räumungsklage zunächst immer erst Zahlungsklage erheben zu müssen.

2. Beweislast

67 **Der Vermieter** trägt nach allgemeinen Regeln die Beweislast für sämtliche Tatbestandsvoraussetzungen des § 559 BGB.[225] Er muss darlegen und beweisen, dass eine Modernisierungsmaßnahme i. S. d. § 555b Ziff. 1, 3 bis 6 BGB durchgeführt worden ist. Deshalb muss der Vermieter auch eine nachhaltige Energieeinsparung[226] durch den Einbau von Isolierfenstern[227], eine Wärmedämmmaßnahme[228] oder eine moderne Heizungsanlage[229] darlegen und beweisen. Dabei reicht die pauschale Behauptung, dass Energie eingespart werde, nicht aus. Vielmehr muss diese Einsparung rechnerisch

---

[218] BGH MDR 1996, 1232, BGHZ 5, 342, RGZ 132, 338, 240; *Greger* in Zöller, ZPO, § 259 Rdn. 1, 3 m. w. N.; LG Hamburg WuM 1979, 170 ausdrücklich für Mieterhöhung gem. § 3 MHG.
[219] LG Hamburg WuM 1988, 168; WuM 1979, 170 *Both* DWW 2010, 82.
[220] AG Köpenick GE 2008, 411.
[221] BGH (VI ZR 336/03) MietPrax-AK § 15a EGZPO Nr. 1 = NJW 2005, 437.
[222] *Schneider* MietRB 2006, 55.
[223] BGH (V ZR 287/13) NZM 2014, 797.
[224] Für einseitige Erhöhungen der Betriebskostenvorauszahlungen: BGH (VIII ZR 1/11) NJW 2012, 3089; (VIII ZR 360/11) WuM 2012, 681.
[225] LG Bückeburg WuM 1992, 378; LG Lübeck WuM 1990, 499; LG Braunschweig WuM 1990, 158; LG Berlin MM 1990, 287; LG Hamburg WuM 1988, 168; AG Rostock WuM 1998, 166; AG Wernigerode WuM 1995, 442; AG Tempelhof MM 1994, 285; AG Görlitz WuM 1994, 378; AG Hamburg WuM 1985, 365; AG Dillingen WuM 1982, 300; *Sternel* Mietrecht aktuell (2009) Rdn. IV 339; *Emmerich* in Staudinger § 559b BGB Rdn. 26; *Kossmann* ZAP F. 4 S. 563, 578; *Scholz* WuM 1995, 87, 88; *Horst* GE 1999, 28; *Lammel* § 559b BGB Rdn. 20.
[226] *Sternel* Mietrecht aktuell Rdn. IV 339.
[227] LG Hamburg WuM 1988, 168.
[228] LG Bückeburg WuM 1992, 378.
[229] LG Lübeck WuM 1990, 499; AG Rostock WuM 1998, 166.

dargelegt werden.[230] Schließlich hat der Vermieter auch die Höhe der anrechenbaren Kosten zu beweisen.

Den Vermieter trifft deshalb auch die Beweislast dafür, dass es sich nicht um **Instandsetzungsarbeiten** gehandelt hat und bei modernisierenden Instandsetzungsarbeiten auch hinsichtlich der Aufteilung der Kosten auf den Modernisierungsanteil und den Instandsetzungsanteil.[231] Er muss ggf. die Schätzungsgrundlagen darlegen und beweisen. Soweit der Mieter im Prozess behauptet, die geltend gemachten Modernisierungskosten seien ganz oder teilweise Instandsetzungskosten, handelt es sich um ein **qualifiziertes Bestreiten** durch den Mieter. Dazu muss der Mieter zunächst substantiiert vortragen, wo welche Schäden sich befunden haben sollen, erst dann ist es Aufgabe des Vermieters dies zu widerlegen (sog. sekundäre Behauptungslast).[232] Da Instandsetzungsmaßnahmen begrifflich Modernisierungen ausschließen, muss der Vermieter beweisen, dass er tatsächlich eine Modernisierung durchgeführt hat. Bestreitet der Mieter die Höhe der Modernisierungskosten mit der Begründung, es seien fällige Instandsetzungskosten abzuziehen, muss ebenfalls der Vermieter beweisen, dass die geltend gemachten Kosten nur die Modernisierungsmaßnahmen betreffen. Es handelt sich nicht um den Einwand, der Vermieter habe Aufwendungen erspart, wofür ggf. der Mieter darlegungs- und beweispflichtig wäre.[233] **68**

Der Vermieter ist ferner für die Tatsache, ob und in welcher Höhe öffentliche Fördermittel oder Zahlungen von Dritten anzurechnen sind und somit **Kürzungsbeträge** den Erhöhungsbetrag verringern, darlegungs- und beweispflichtig. Es handelt sich bei § 559a BGB nicht um eine Einwendung oder Einrede des Mieters, die dieser darlegen und beweisen muss.[234] Behauptet der Vermieter, ausdrücklich oder konkludent, keine anrechnungspflichtigen Zahlungen erhalten zu haben, dann behauptet er eine **„negative Tatsache“.** Bei negativen Tatsachen muss der Anspruchsteller bei anspruchsbegründeten Rechtsnormen das Nichtvorhandensein tatsächlicher Umstände darlegen und beweisen. Dabei dreht sich die Beweislast nicht um. Vielmehr sind die Umstände zu widerlegen, die nach dem substantiierten Vortrag der anderen Partei für das Vorhandensein der Tatsache sprechen. Der Vermieter muss deshalb darlegen und beweisen, dass keine Fördermittel oder nur in der von ihm behaupteten Höhe geflossen sind. Dazu reicht zunächst die pauschale Behauptung, dass dies so ist. Wenn der Mieter jedoch einzelne Zahlungen behauptet, muss der Vermieter darlegen und beweisen, dass diese nicht geflossen sind oder dass sie nicht anzurechnen sind. Je konkreter die Behauptungen des Mieters sind, desto substantiierter muss der Vermieter diesen Sachvortrag widerlegen.[235] Für diese Auffassung spricht auch, dass es sich bei den Tatsachen, um die es geht, um solche handelt, die fast ausschließlich aus der Sphäre des Vermieters stammen. Mit Ausnahme der Fälle, in denen es um die Anrechnung von Mieterleistungen geht, handelt es sich um Vertragsverhältnisse, die der Mieter nicht kennt und zu denen er regelmäßig keinen substantiierten Sachvortrag abgeben kann. **69**

II. Vom Mieter betriebenes Verfahren

Hat der Vermieter vom Mieter die Zahlung einer erhöhten Miete nach einer Modernisierung verlangt, diesen Anspruch aber dann nicht gerichtlich geltend gemacht ohne zu erkennen zu geben, ob er den Anspruch nicht mehr weiterverfolgt, dann kann der Mieter gegen den Vermieter **Feststellungsklage** erheben. Möglich sind hierbei sowohl eine positive wie auch eine negative Feststellungsklage. Bei der negativen Feststellungsklage beantragt er festzustellen, *„dass dem Vermieter aus der Mieterhöhungserklärung vom ... kein Anspruch auf Zahlung einer um ... € erhöhten Miete zusteht“*, bei der positiven Feststellungsklage beantragt er festzustellen, *„dass dem Vermieter nur eine monatlich bis zum* **70**

[230] LG Bückeburg WuM 1992, 378.

[231] LG Braunschweig WuM 1990, 158; LG Hannover WuM 1990, 227; AG Neumünster WuM 1992, 258; AG Neunkirchen WuM 1991, 560; AG Hamburg WuM 1986, 344; *Emmerich* in Staudinger, § 559b BGB Rdn. 26; *Sternel* III 709; *ders.* PiG 41, 45, 61; **a. A.** AG Rostock GE 1996, 1251; AG Gießen WuM 1991, 280; AG Köln WuM 1990, 226; *Lammel* § 559b BGB Rdn. 20 (der zwischen der Fälligkeit der Instandsetzungsmaßnahmen – Beweislast Mieter – und Höhe der Instandsetzungskosten – Beweislast Vermieter – differenziert); *Scholz* WuM 1995, 87, 88.

[232] BGH (VIII ZR 175/02) WuM 2004, 154, 155.

[233] So aber AG Rostock GE 1996, 1251; AG Gießen WuM 1991, 280; AG Köln WuM 1990, 227.

[234] So aber weithin *Emmerich* in Staudinger § 559b BGB Rdn. 27; *Kossmann/Meyer-Abich*, Hdb. d. Wohnraummiete, § 160 Rdn. 3.

[235] *Seutemann* MDR 1997, 615.

... zahlbare Miete von ... € zusteht". Hält der Mieter das Mieterhöhungsverlangen nur für teilweise unbegründet, kann er dies auch entsprechend eingeschränkt mit der Feststellungsklage geltend machen.[236] Die Feststellungsklage kann vom Mieter im Zahlungsverfahren auch **widerklagend** erhoben werden. Insofern geht die Rechtskraftwirkung der Feststellungsklage über den Zahlungsanspruch für die Vergangenheit hinaus.

71 In Betracht kommen auch Klagen auf **Rückzahlung** wegen vermeintlich zu Unrecht gezahlter Modernisierungsmieterhöhungen in der Vergangenheit. Hat der Mieter längere Zeit auf ein formell unwirksames Mieterhöhungsverlangen Zahlungen geleistet stellt sich immer die Frage, ob durch die **vorbehaltlose mehrmalige Zahlung** ein Abänderungsvertrag gem. § 557 BGB zustande gekommen ist. Dies wird vereinzelt bejaht,[237] ist aber grundsätzlich zu verneinen, da die Mieterhöhung nach §§ 559ff. BGB eine einseitige Mieterhöhungserklärung ist, die aus der Sicht des objektiven Empfängers nicht zugleich ein Vertragsangebot enthält (§ 557 BGB Rdn. 15).[238] Der Mieter soll gerade nicht wählen können, ob er die Vertragsänderung will oder nicht, der Vermieter will erkennbar von seinem einseitigen Erhöhungsrecht Gebrauch machen. Die Zahlung stellt auch kein deklaratorisches Schuldanerkenntnis dar. Dies würde voraussetzen, dass die Parteien mit der Zahlung das Schuldverhältnis ganz oder teilweise dem Streit entziehen wollten und sich einigen wollten.[239] Hat der Mieter aber später einer Mieterhöhung nach § 558 BGB zugestimmt, dann umfasst diese Zustimmung, die auch konkludent durch Zahlung erfolgen kann, zugleich auch alle früheren Mieterhöhungen nach § 559 BGB.[240] Der Rückzahlungsanspruch entfällt, wenn der Vermieter nicht mehr bereichert ist, § 818 Abs. 3 BGB.[241] Der Rückzahlungsanspruch gem. § 812 BGB kann jedoch gem. § 814 BGB ausgeschlossen sein, wenn der Mieter Kenntnis von der Nichtschuld hatte.[242] Dabei ist es nicht ausreichend, wenn der Mieter Kenntnis von den Tatsachen hat, aus denen sich das Fehlen einer rechtlichen Verpflichtung zur Zahlung ergibt, er muss vielmehr positive Kenntnis davon haben nichts zu schulden[243], bloße Zweifel genügen ebenso wenig[244] wie grob fahrlässige Unkenntnis.[245] Der Rückzahlungsanspruch verjährt i. d. Regelverjährungsfrist des § 195 BGB. Die Frist beginnt am Ende des Jahres in dem die Überzahlung erfolgte und in dem der Mieter von den anspruchsbegründenden Tatsachen Kenntnis erhalten hat. Im Einzelfall kann die Geltendmachung des Rückzahlungsanspruchs auch verwirkt sein.[246] Dies setzt aber neben dem reinen Zeitmoment noch weitere Umstände voraus.[247] Ist eine Mieterhöhung nach Modernisierung weder durch Vereinbarung noch auf Grund Erhöhungserklärung zustande gekommen, sondern nimmt der Vermieter das Angebot des Mieters zur Mieterhöhung um den tatsächlich monatlich gezahlten Mehrbetrag nicht an und verfolgt die Durchsetzung der unwirksamen Erhöhungserklärung, so kann der Mieter die gezahlten Mehrbeträge zurückfordern.[248] Im Rückforderungsprozess hat der Mieter die Beweislast für das Nichtbestehen des Rechtsgrundes, er muss also die Gründe darlegen und beweisen, warum das Mieterhöhungsverlangen gem. § 559b BGB unwirksam war.[249]

---

236 *Vogel* JZ 1975, 73, 79.

237 LG Leipzig ZMR 1999, 767; ein Rechtsentscheid des OLG Dresden zu dieser Frage ist auf Grund des Vorlagebeschlusses des LG Leipzig ZMR 2001, 548 nicht ergangen, da der Rechtsstreit sich anderweitig erledigt hatte; wohl auch LG Görlitz WuM 2001, 28.

238 LG Berlin GE 2003, 807; LG Bautzen WuM 2002, 497; so auch OLG Karlsruhe RE v. 26.3.1986, ZMR 1986, 239 zur einseitigen Mieterhöhung nach § 10 WoBindG; *Lammel* § 559b BGB Rdn. 24.

239 BGH (VIII ZR 265/07) NJW 2009, 580; (VII ZR 165/05) NJW-RR 2007, 530; NJW 1994, 960; 1995, 3311; so auch *Milger* NZM 2009, 497 für den vergleichbaren Fall der Zahlung auf eine fehlerhafte Betriebskostenabrechnung.

240 LG Berlin GE 2003, 669, LG Berlin ZMR 2001, 655, 545.

241 LG Essen ZMR 1999, 557 für den Fall einer unwirksamen Kostenmieterhöhung, wenn der Vermieter aber eine wirksame Mieterhöhung nach § 2 MHG hätte machen können; differenzierend *Derckx/Wolbers* ZMR 1999, 733.

242 *Lammel* § 559b BGB Rdn. 24.

243 BGH (VIII ZR 265/07) NJW 2009, 580; NJW 1997, 2381; *Milger* NZM 2009, 497, 500.

244 BGH WM 1973, 294; LG Berlin GE 2002, 802, 803; Palandt/*Sprau* § 814 BGB Rdn. 4.

245 BGH WM 1972, 283; LG Berlin GE 2002, 802, 803.

246 **A. A.** *Derckx/Wolbers* ZMR 1999, 733.

247 LG Berlin GE 2002, 802, 803; Zur Verwirkung im Mietrecht umfassend *Hinkelmann* PiG 65, 247; *Kandelhard* NZM 2005, 43.

248 LG Görlitz WuM 2001, 28; AG Hamburg WuM 2000, 212.

249 So auch *Milger* NZM 2009, 497, 501 für den vergleichbaren Fall der Zahlung auf eine fehlerhafte Betriebskostenabrechnung.

III. Streitwert

Hinsichtlich des Streitwertes muss zwischen den verschiedenen Verfahrensarten differenziert werden. Für den **Gebührenstreitwert** einer Klage auf Zahlung rückständiger Miete nach einer Mieterhöhung gem. § 559 BGB ist der Zahlungsantrag maßgeblich.[250] Hat der Vermieter eine Feststellungsklage erhoben oder Klage auf zukünftige Leistung ist für den Gebührenstreitwert der **Jahresbetrag** maßgeblich[251] Auch bei einer Feststellungsklage ist kein Abschlag vorzunehmen.[252] Dies ergibt sich sowohl aus dem Sinn und Zweck des § 41 GKG wie auch aus dem Zusammenhang der GKG-Vorschriften, die auch bei anderen wiederkehrenden Leistungen regelmäßig vom Jahresbetrag ausgehen. Für die Feststellungsklage des Mieters, dass eine Mieterhöhung nach Modernisierungsmaßnahmen unwirksam ist, ist ebenfalls entsprechend § 41 Abs. 5 GKG der Jahreserhöhungsbetrag maßgeblich ohne Abschlag.[253] Die Vorschrift gilt nicht für Klage „auf" eine Mieterhöhung, sondern auch für Klagen „aus" einer Mieterhöhung[254] Dem steht nicht entgegen, dass der Gebührenstreitwert einer negativen Feststellungsklage des Mieters gegenüber dem Anspruch auf Zahlung zukünftiger Miete nach § 9 ZPO berechnet wird.[255] In einer Klage auf Feststellung der Unwirksamkeit einer Mieterhöhung, liegt ebenso wenig das Spiegelbild einer Leistungsklage des Vermieters auf Zahlung künftiger Miete, wie in dem nach § 41 Abs. 1 GKG privilegierten Fall, dass der Mieter seinen Antrag auf die Feststellung der Unwirksamkeit des Mietvertrages beschränkt.[256] In beiden Fällen wird eine Feststellung begehrt, die lediglich Vorfrage des Leistungsanspruchs ist.[257] Erhebt der Vermieter gegenüber der negativen Feststellungsklage des Mieter widerklagend Zahlungsklage für bestimmte Monate ist regelmäßig der höhere Wert der negativen Feststellungsklage maßgeblich, da insofern der gleiche Streitgegenstand betroffen ist.[258] 72

Anders ist es jedoch in diesem Fall mit dem **Rechtsmittelstreitwert.** Dieser beträgt regelmäßig das 3, 5-fache des Erhöhungsbetrages. Es handelt sich um eine Klage auf wiederkehrende Leistung, so dass § 9 ZPO und nicht § 3 ZPO[259] maßgeblich ist. Wenn § 9 ZPO richtigerweise schon bei den Zustimmungsklagen nach § 558b BGB maßgeblich sein soll,[260] dann muss dies erst Recht bei Zahlungsklagen, die auf § 559 BGB beruhen, gelten. Das Argument, dass der Beschwerdewert nicht höher als der Gebührenstreitwert sein dürfe,[261] überzeugt nicht, da beide Streitwerte eine ganz andere Funktion haben. Die Kostenvorschriften im Mietrecht sind Teil des sozialen Mietrechts, zu dem eben auch gehört, dass der Zugang zu den Gerichten bezahlbar und das Kostenrisiko für die Mieter überschaubar bleibt. 73

F. Abweichende Vereinbarungen (Abs. 3)

Nach § 559b Abs. 3 BGB sind **abweichende Vereinbarungen zum Nachteil des Mieters** unwirksam. Die Vorschrift ist eigentlich überflüssig, da bereits gem. § 557 Abs. 4 alle nachteiligen Vereinbarungen im Bereich der Mieterhöhungen unwirksam sind. Gem. § 557 Abs. 3 kann der Vermieter Mieterhöhungen im Bestand nur unter den Voraussetzungen der §§ 558–560 BGB verlangen. Das bedeutet dann aber auch, dass dies nur unter den in der Vorschrift des § 559b BGB genannten Voraussetzungen möglich ist und jede Abweichung hiervon zu Lasten des Mieters auch 74

[250] LG Hagen WuM 1985, 130.

[251] KG NJW-RR 2013, 262; LG Berlin WuM 2015, 565 m. Anm. *Dötsch* MietRB 2015, 360; *Kossmann/Meyer-Abich,* Hdb. d. Wohnraummiete, § 190 Rdn. 16; *Kossmann* ZAP F. 4, S. 563, 579; *Sternel* V 86.

[252] BGH (XII ZB 75/08) NJW-RR 2009, 156; KG GE 2012, 1095; LG Berlin WuM 2014, 154; LG Berlin WuM 2015, 565 m. Anm. *Dötsch* MietRB 2015, 360; **a. A.** LG Hamburg WuM 1978, 243 (Abschlag von 20%).

[253] BGH (VIII ZR 89/13 [Beschluss]) GE 2015, 249; KG NJW-RR 2013, 262; KG Beschl. v. 25.09.2014 – 8 W 67/14 **a. A.** KG GE 2010, 546.

[254] KG NJW-RR 2013, 262; **a. A.** *Schneider* NJW-Spezial 2012, 347.

[255] BGH (XII ZR 256/03) NJW-RR 2006, 16, 17; (XII ZR 248/04) NJW-RR 2005, 938 (jeweils zur Rechtslage vor Inkrafttreten des Kostenrechtsmodernisierungsgesetzes am 1.7.2004).

[256] BGH (XII ZR 248/04) NJW-RR 2005, 938.

[257] KG Beschl. v. 25.09.2014 – 8 W 67/14.

[258] BGH (VIII ZR 89/13 [Beschluss]) GE 2015, 249.

[259] So aber LG Hamburg MDR 1982, 148; WuM 1989, 435; LG Hannover MDR 1981, 232; LG Karlsruhe WuM 1979, 155.

[260] LG Hildesheim WuM 1996, 351; LG Kassel WuM 1996, 417; LG Düsseldorf DWW 1996, 279; LG Berlin ZMR 1997, 358; MM 1996, 449; LG Kiel MDR 1994, 834; LG Hildesheim WuM 1996, 351; WuM 1996, 716; *Gärtner* WuM 1997, 160; **a. A.** LG Köln WuM 1997, 279; LG Bremen WuM 1997, 334.

[261] So LG Hamburg WuM 1989, 435.

gegen § 557 Abs. 4 BGB verstößt. Zur Frage, wann eine Vereinbarung vorliegt und den allgemeinen Voraussetzungen s. deshalb § 557 Rdn. 60ff.

75 Unwirksam sind alle Vereinbarungen, die von den Voraussetzungen der § 559b Abs. 1 oder den Rechtsfolgen des § 559b Abs. 2 BGB zum Nachteil des Mieters abweichen. Hierzu zählen

– Verzicht auf die Verpflichtung, vor Durchführung der Maßnahme auf die voraussichtliche Höhe der entstehenden Kosten und die sich daraus ergebende Mieterhöhung hinzuweisen;
– Verzicht auf die Textform oder Zugangserleichterung;
– Verzicht auf die Begründungs- und Erläuterungspflicht bezüglich der Mieterhöhung;
– Vereinbarung, dass die Mieterhöhung bereits bei Beginn der Baumaßnahme zu zahlen ist.

76 **Zulässig sind** hingegen zunächst Vereinbarungen, die für den Mieter nur günstig sind, also z. B. die Verlängerung des Wirkungszeitpunkts der Mieterhöhung, die Vereinbarung eines geringeren Prozentsatzes, die zeitliche Befristung einer Mieterhöhung nach § 559 BGB oder Vereinbarungen über die Berücksichtigung von Modernisierungen bei der Ermittlung der ortsüblichen Vergleichsmiete bei späteren Mieterhöhungen, z. B. dass zeitlich befristet eine bestimmte Ausstattung unberücksichtigt bleiben soll.

77 Des Weiteren sind gerade im Zusammenhang mit Modernisierungsmaßnahmen **Vereinbarungen über die Miethöhe** gem. § 557 Abs. 1 BGB möglich. Das ergibt sich auch deutlich aus § 555f BGB. Die Vereinbarung muss nach Abschluss des Mietvertrages aus Anlass einer konkreten Modernisierungsmaßnahme geschlossen werden. Eine förmliche Mieterhöhung des Vermieters gem. § 559b BGB muss dabei gar nicht erfolgen. Bei einer Mietabänderung sind die Mietvertragsparteien auch nicht an die Fristen des § 559b Abs. 2 BGB gebunden, so dass grundsätzlich auch ein früherer Termin vereinbart werden kann.[262] Möglich ist es auch, dass der Mieter vor Beginn der Modernisierung einer Mieterhöhung, um einen bestimmten Betrag zustimmt.[263] Dann ist die Modernisierung zwar Anlass für die Mietabänderungsvereinbarung, sie ist aber unabhängig von der Modernisierung wirksam. Führt der Vermieter die Modernisierung dann doch nicht durch, kann der Mieter seine Zustimmungserklärung zur Mietabänderungsvereinbarung ggf. gem. § 123 BGB **anfechten,** wenn der Vermieter die Modernisierungsabsicht nur vorgetäuscht hat. Möglich ist auch eine Vertragsanpassung nach den **Grundsätzen des Wegfalls der Geschäftsgrundlage.** Die Parteien können die Vereinbarung aber auch unter der aufschiebenden Bedingung der Beendigung der Modernisierung schließen. Unwirksam sind hingegen alle Vereinbarungen, nach denen der Mieter sich vor Beginn der Modernisierung verpflichtet, eine noch näher vom Vermieter nach der Höhe der Kosten zu ermittelnde erhöhte Miete zu zahlen, oder sich vorher schon mit einer Mieterhöhung gem. § 559 BGB einverstanden erklärt. Dies wäre ein unzulässiges einseitiges Leistungsbestimmungsrecht des Vermieters.[264]

---

[262] **A. A.** LG Osnabrück WuM 1978, 10 (dort aber vorherige Zustimmung zu einer nur mit „ca." angegebenen Mieterhöhung).
[263] AG Tiergarten GE 1999, 1651.
[264] LG Osnabrück WuM 1978, 10.

§ 560 Veränderungen von Betriebskosten

(1) [1]Bei einer Betriebskostenpauschale ist der Vermieter berechtigt, Erhöhungen der Betriebskosten durch Erklärung in Textform anteilig auf den Mieter umzulegen, soweit dies im Mietvertrag vereinbart ist. [2]Die Erklärung ist nur wirksam, wenn in ihr der Grund für die Umlage bezeichnet und erläutert wird.

(2) [1]Der Mieter schuldet den auf ihn entfallenden Teil der Umlage mit Beginn des auf die Erklärung folgenden übernächsten Monats. [2]Soweit die Erklärung darauf beruht, dass sich die Betriebskosten rückwirkend erhöht haben, wirkt sie auf den Zeitpunkt der Erhöhung der Betriebskosten, höchstens jedoch auf den Beginn des der Erklärung vorausgehenden Kalenderjahres zurück, sofern der Vermieter die Erklärung innerhalb von drei Monaten nach Kenntnis von der Erhöhung abgibt.

(3) [1]Ermäßigen sich die Betriebskosten, so ist eine Betriebskostenpauschale vom Zeitpunkt der Ermäßigung an entsprechend herabzusetzen. [2]Die Ermäßigung ist dem Mieter unverzüglich mitzuteilen.

(4) Sind Betriebskostenvorauszahlungen vereinbart worden, so kann jede Vertragspartei nach einer Abrechnung durch Erklärung in Textform eine Anpassung auf eine angemessene Höhe vornehmen.

(5) Bei Veränderungen von Betriebskosten ist der Grundsatz der Wirtschaftlichkeit zu beachten.

(6) Eine zum Nachteil des Mieters abweichende Vereinbarung ist unwirksam.

Art. 229 § 3 EGBGB

(4) Auf ein am 1. September 2001 bestehendes Mietverhältnis, bei dem die Betriebskosten ganz oder teilweise in der Miete enthalten sind, ist wegen Erhöhungen der Betriebskosten § 560 Abs. 1, 2, 5 und 6 des Bürgerlichen Gesetzbuchs entsprechend anzuwenden, soweit im Mietvertrag vereinbart ist, dass der Mieter Erhöhungen der Betriebskosten zu tragen hat; bei Ermäßigungen der Betriebskosten gilt § 560 Abs. 3 des Bürgerlichen Gesetzbuchs entsprechend.

Systematische Übersicht

Alphabetische Schnellübersicht

A. Anwendungsbereich und Bedeutung der Vorschrift

I. Anwendungsbereich

1 § 560 BGB gilt **nur für** Mietverhältnisse über **Wohnraum.** Die Vorschrift ist in den §§ 578ff. BGB zu Mietverhältnissen über Grundstücke und Räume nicht in Bezug genommen.

2 **§ 560 Abs. 1–3 BGB** ist nur auf Mietverträge anzuwenden, die nach dem 31.8.2001 abgeschlossen wurden. Soweit in Altverträgen Mieten vereinbart waren, welche die Betriebskosten ganz oder zum Teil einschlossen, ist die Übergangsregelung in Art. 229 § 3 Abs. 4 EGBGB maßgeblich, die wiederum auf § 560 Abs. 1–3, 5, 6 BGB verweist.

II. Bedeutung

3 § 560 BGB übernimmt in Abs. 1–3 das **einseitige Recht des Vermieters** aus § 4 Abs. 2–4 MHG, **Erhöhungen der Betriebskosten** auf die Mieter umzulegen, allerdings **beschränkt auf Betriebskostenpauschalen.** Der bisherige Streit in Rechtsprechung und Literatur, ob § 4 Abs. 2 MHG auf Pauschalen anwendbar war, ist damit erledigt. Während diese Vorschrift nach einer an ihrer Entstehungsgeschichte orientierten Auffassung für Pauschalen ohnehin und auch ohne ausdrücklichen Erhöhungsvorbehalt im Mietvertrag galt, kommt die Umlage der gestiegenen Kosten nunmehr nur in Betracht, wenn dies im Mietvertrag vereinbart ist. Die Unzuträglichkeiten für den Vermieter bei der Umsetzung des Erhöhungsrechts aus § 4 Abs. 3 MHG, nunmehr in § 560 Abs. 2 BGB geregelt, blieben unverändert.

4 Für Verträge aus der Zeit seit dem 1.9.2001 besteht das einseitige Recht des Vermieters nicht mehr, den **Betriebskostenanteil** einer Brutto-, Bruttokalt- oder Teilinklusivmiete separat zu erhöhen. Hier hat er nur die Möglichkeit einer Anpassung im Rahmen der allgemeinen Mieterhöhung gem. § 558 BGB. Macht er hiervon Gebrauch, besteht im Hinblick auf die Kappungsgrenze von 20% (§ 558 Abs. 3 BGB) je nach der Höhe des zwischenzeitlichen Anstiegs der Betriebskosten nur wenig Spielraum zur Erhöhung der Nettomiete, auch wenn die Kappungsgrenze auf die gesamte Brutto-, Bruttokalt- oder Teilinklusivmiete[1] zu berechnen ist.

5 Erstmals ist in § 560 Abs. 4 BGB geregelt, dass **beiden Parteien** des Vertrags das Recht zusteht, **Vorauszahlungen** einer angemessenen Höhe **anzupassen.** Diese einseitige Möglichkeit hatte bisher nur der Vermieter, der Mieter war bei zu hohen Vorauszahlungen darauf beschränkt, gegenüber dem Vermieter den Anspruch auf deren Herabsetzung geltend zu machen.

6 Der **Grundsatz der Wirtschaftlichkeit** ist in § 560 Abs. 5 BGB wiederholt. Er ist damit nicht nur im Rahmen von Betriebskostenabrechnungen, wie nach § 556 Abs. 3 Satz 1 2. Hs. BGB, zu beachten, sondern auch bei der sonstigen Belastung des Mieters mit gestiegenen Betriebskosten.

7 Durch § 560 Abs. 6 BGB sind generell jegliche **Abweichungen** von § 560 Abs. 1–5 BGB zum Nachteil des Mieters unwirksam.

[1] BGH (VIII ZR 160/03) GE 2004, 349 = NZM 2004, 218 = WuM 2004, 153 für Teilinklusivmiete.

B. Erhöhung und Ermäßigung von Betriebskostenpauschalen (Abs. 1–3)

I. Formelle und inhaltliche Voraussetzungen der Erhöhung (Abs. 1)

1. Formelle Voraussetzungen

a) Grundsätze. Da bei einer Pauschale schon begrifflich die Umlage der Betriebskosten im Wege einer Abrechnung ausgeschlossen ist, stellte sich bei Wohnraum bis zum 1.9.2001 das Problem, ob der Vermieter Kostensteigerungen überhaupt und, wenn ja, auf welche Weise er sie umlegen durfte. Die Beantwortung der vorgenannten Fragen war höchst umstritten, es wurden hierzu alle nur denkbaren Ansichten vertreten. Der Streit beruhte auf dem allgemeinen Sprachgebrauch, wonach unter einer Pauschale ein Betrag verstanden wird, dessen Zusammensetzung nicht spezifiziert ist und durch dessen Zahlung alle jeweils in Frage kommenden Aufwendungen abgegolten sind.[2] Es sei daher Aufgabe des Vermieters, die Pauschale ausreichend zu berechnen (Kalkulationsrisiko); der Mieter dürfe davon ausgehen, dass der Vermieter in seinem eigenen Interesse die Pauschale eher großzügig bemessen hat, so dass mit der Zahlung die Betriebskostenumlage abgeschlossen ist. 8

Der vorgenannte **Streit** ist **seit dem 1.9.2001 erledigt.** Dasselbe gilt für den Streit, ob die Erhöhung einer Pauschale ein entsprechendes vertraglich vorgesehenes Erhöhungsrecht voraussetzt. 9

Die Umlage von Betriebskosten durch eine Pauschale ist nunmehr in § 556 Abs. 2 BGB, ihre Erhöhung in § 560 Abs. 1, 2 BGB ausdrücklich vorgesehen. Das **Erhöhungsrecht** besteht nach der klaren gesetzlichen Vorgabe seit dem 1.9.2001 **nur,** wenn der Mietvertrag einen entsprechenden Vorbehalt, z. B. in Form einer **Mehrbelastungsabrede** enthält, auch wenn es sich um einen Altvertrag handelt;[3] hatten die Parteien eine Teilinklusivmiete mit einem Erhöhungsrecht hinsichtlich des Betriebskostenanteils vereinbart, kann das Erhöhungsrecht weitergelten, auch wenn sie den Betriebskostenanteil nachträglich in eine Pauschale änderten.[4] 10

Eine **Ausnahme** zur Notwendigkeit der Mehrbelastungsabrede dürfte allerdings in Betracht kommen, wenn die **Pauschale verbrauchsabhängige Kosten einschließt** und diese erheblich höher ausfallen als kalkuliert. So ist vertreten worden, dass bei schuldhaft hohem, nicht mehr gerechtfertigtem Mehrverbrauch eine Vertragsverletzung des Mieters vorliegt, die den Vermieter berechtigt, von ihm die tatsächlichen Kosten erstattet zu verlangen.[5] Außerhalb dieser Konstellation wäre zu bedenken, dem Vermieter bei sehr hohen Abweichungen vom Kostenansatz einen Anpassungsanspruch nach den Grundsätzen über den Wegfall der Geschäftsgrundlage zuzuerkennen. 11

Soweit es sich um Betriebskostenmehrbelastungen handelt, die aus einer **Modernisierung** stammen, ist für das **alte Recht** ohne weiteres davon auszugehen, dass der Vermieter **auch ohne** entsprechende **Vereinbarung** im Mietvertrag berechtigt ist, die Mehrkosten umzulegen.[6] Der Grund liegt darin, dass der Vertragsgegenstand selbst geändert wurde. Hier geht es nicht um die Umlage höherer Kosten bei Betriebskostenarten, die bisher schon anfielen, oder um die Umlage neuer bei im Übrigen unveränderten Verhältnissen von Grundstück oder Wohnung. Wird partiell etwas Neues geschaffen, das Folgekosten auslöst, begründet diese Änderung des Mietobjekts das Recht des Vermieters, die neuen Kosten umzulegen. 12

Für das seit 1.7.2013 geltende **neue Recht** gilt im Ergebnis **nichts anderes.** Zwar hat der Vermieter dem Mieter in der **Modernisierungsankündigung** nach § 555c Abs. 1 Satz 2 Nr. 3 BGB die **voraussichtlichen künftigen Betriebskosten** mitzuteilen. Da es sich nur um eine Kostenprognose handeln kann, insbesondere wenn verbrauchsabhängige Kosten entstehen, ist eine Schätzung zulässig; hierzu kann der Vermieter z. B. auf die Werte eines aktuellen Betriebskostenspiegels zurückgreifen[7] oder die Erfahrungswerte vergleichbarer Bauten (vgl. § 24 Abs. 2 Satz 3 II. BV).[8] Bei einem **Verstoß** entfällt aber nur die Duldungspflicht des Mieters, es sei denn, es geht nur um eine

---

2 Ausführlich *Langenberg* ZMR 1982, 65.

3 Z. B. AG Gelsenkirchen ZMR 2015, 131.

4 AG Köln ZMR 2017, 67, das allerdings nicht berücksichtigt hat, dass die hier vereinbarte Klausel zur Erhöhung des Betriebskostenanteils für eine Mehrbelastungsabrede gem. § 560 BGB nicht ausreicht (s. dazu Rdn. 13ff.).

5 LG Oldenburg ZMR 2002, 200 (Strom); vgl. AG München ZMR 2016, 788 (Wasser).

6 BGH (VIII ZR 101/03) GE 2004, 229 = WuM 2004, 151; (VIII ZR 99/03) MM 2004, 163 m. Anm. *Maciejewski*.

7 *Dickersbach* WuM 2013, 575 (576).

8 *Pfeifer* MietRB 2013, 94 (98).

unerhebliche Einwirkung auf die Mietsache, die nur eine unerhebliche Mieterhöhung zur Folge hat (§ 555c Abs. 4 BGB). Führt der Vermieter die Modernisierung ohne Duldungspflicht des Mieters durch, hat der **Mieter gleichwohl** die modernisierungsbedingten **Betriebskosten zu tragen.**[9] Das neue Recht ist nach § 578 Abs. 2 Satz 1 BGB auf **Gewerberaum** entsprechend anzuwenden. Eine Ausnahme betrifft § 555c Abs. 5 BGB. Während Vereinbarungen, die zum Nachteil des Wohnraummieters von § 555c Abs. 1–4 BGB abweichen, unwirksam sind, können sich die Parteien eines Gewerberaummietvertrags auf andere Modalitäten verständigen.

13 **b) Mehrbelastungsabrede.** Die Abwälzung gestiegener Betriebskosten auf den Mieter ist dem Inhalt nach immer eine **Erhöhung der Gesamtmiete.** Soweit die Parteien eine Nettomiete oder eine Teilinklusivmiete mit separater Umlage bestimmter Betriebskostenarten, jeweils mit Vorauszahlungen auf eine Abrechnung, vereinbarten, folgt das Erhöhungsrecht aus § 556 Abs. 3 BGB. Geht es um die Erhöhung einer Pauschale (oder um die Erhöhung des Betriebskostenanteils einer Brutto-, Bruttokalt- oder Teilinklusivmiete in Altverträgen gem. Art. 229 § 3 Abs. 4 EGBGB) ist nicht § 556 BGB, sondern § 560 BGB einschlägig.

14 § 557 Abs. 3 BGB bestimmt, dass der Vermieter Mieterhöhungen nur nach Maßgabe der §§ 558–560 BGB verlangen kann, sofern es sich nicht um eine während des Bestehens des Mietverhältnisses getroffene Einzelabrede oder um Wohnraum der in § 549 Abs. 2, 3 BGB genannten Art handelt. Vereinbarungen, die zum Nachteil des Mieters von den §§ 557a bis 560 BGB abweichen, sind nach § 557 Abs. 4 BGB unwirksam. Es ist daher immer die **Verträglichkeit** einer Abrede, zumal einer Formularklausel, **mit den Vorschriften des § 560 Abs. 1 und 2 BGB** zu prüfen. Die Überprüfung bezieht sich vor allem darauf, ob die Regelung die rechtlichen Möglichkeiten des Vermieters zur Durchsetzung von Mehrbelastungen in unzulässiger Weise ausdehnt. Ein **Verstoß** gegen diese Bestimmungen macht sie **unwirksam.**

15 Zwei Klauselgestaltungen sind besonders häufig anzutreffen. Die eine geht mit unterschiedlichem Wortlaut dahin, dass der Vermieter

„einen unmittelbaren Zahlungsanspruch auf gesetzlich oder behördlich zugelassene Mieterhöhungen"

hat. Diese Klausel ist für **preisgebundenen Wohnraum** von Bedeutung, und zwar als Vereinbarung i. S. d. § 4 Abs. 8 NMV. Stellte der Vermieter bis zum Ablauf der Übergangsfrist bis zum 31.12.1986 (vgl. § 556 Rdn. 28) die Mietstruktur nicht um, kann er nach dieser Gleitklausel auch rückwirkend eine Anpassung der Kostenmiete wegen gestiegener Betriebskosten geltend machen,[10] sofern die Preisbindung noch besteht. Gliederte er die Betriebskosten aus, läuft die Klausel leer, da er die Mehrbelastungen ohnehin im Rahmen der Betriebskostenabrechnung ansetzen kann; die rückwirkende Erhöhung der Vorauszahlungen ist durch § 20 Abs. 4 Satz 2 NMV gesperrt. Bei **nicht preisgebundenem Wohnraum** ist die Klausel im Grunde gegenstandslos, da die Parteien die Geltung von Vorschriften zum preisgebundenen Wohnraum, jedenfalls soweit sie einseitige Mieterhöhungsrechte des Vermieters betreffen, für preisfreien nicht wirksam vereinbaren können. Wurde sie bei preisfreiem Wohnraum ausdrücklich in den Mietvertrag aufgenommen, scheitert sie an § 557 Abs. 4 BGB (wie zuvor an § 10 Abs. 1 MHG[11]) und wegen der undifferenzierten Rückwirkungsmöglichkeiten zusätzlich an § 560 Abs. 2 BGB (wie zuvor an § 4 Abs. 3 MHG).

16 Die zweite, häufig verwandte Klausel lautet wörtlich oder sinngemäß:

„Soweit zulässig, ist der Vermieter bei Erhöhung bzw. Neueinführung von Betriebskosten berechtigt, den entsprechenden Mehrbetrag vom Zeitpunkt der Entstehung an umzulegen."

Diese Klausel ist aus zwei Gründen **unwirksam.** Zum einen gestattet sie die Umlage von Betriebskosten, die nicht in § 2 BetrKV bzw. zuvor der Anl. 3 zu § 27 II. BV genannt sind, was gegen § 556 Abs. 1 BGB verstößt, zum anderen ermöglicht sie entgegen § 560 Abs. 2 BGB die unbeschränkte rückwirkende Geltendmachung von Betriebskostensteigerungen.[12]

17 Die Klausel,

„Erhöhen sich nach Abschluss dieses Mietvertrags die Betriebskosten gem. § 27 der II. Berechnungsverordnung, so ist der Vermieter berechtigt, durch schriftliche Erklärung, die Grund und Be-

---

[9] Ebenso *Dickersbach* WuM 2013, 575 (576); *Langenberg/Zehelein* Betriebskosten C Rdn. 69; vgl. BGH (VIII ZR 202/06) DWW 2007, 368 = GE 2007, 1310 = NZM 2007, 769 = WuM 2007, 571 = ZMR 2007, 851.

[10] BGH (VIII ZR 103/80) WuM 1981, 276.

[11] *Sternel* III Rdn. 521.

[12] BGH (VIII ZR 101/03) GE 2004, 229 = WuM 2004, 151; (VIII ZR 99/03) MM 2004, 163 m. abl. Anm. *Maciejewski* MM 2004, 165; (VIII ZR 10/92) DWW 1993, 74 = WuM 1993, 109; AG Mitte/LG Berlin GE 2014, 592; AG München ZMR 2014, 893.

rechnung erhält, die jährlich entstehende Mehrbelastung auf die beteiligten Mieter im Verhältnis der Wohnflächen in qm umzulegen. Die Zahlung der Umlage hat monatlich mit der Miete im Voraus zu erfolgen"

soll demgegenüber nicht zu beanstanden sein.[13] Die Klausel bezieht sich durch die Verweisung nur auf umlagefähige Kosten und entspricht im Verfahren § 560 Abs. 1, 2 BGB. Es fehlen allerdings die Beschränkungen des § 560 Abs. 2 BGB zur rückwirkenden Geltendmachung von Kostensteigerungen.[14]

2. Inhaltliche Voraussetzungen

Das Umlagerecht erfasst **alle Steigerungen der Betriebskosten.** Diese können sowohl auf einer Anhebung der Grundgebühren oder Hebesätze beruhen wie auch auf gestiegenem Verbrauch. Es kann sich um die Neueinführung öffentlich-rechtlicher Gebühren ebenso handeln wie um vom Vermieter neu eingeführte Kostenarten, sofern sie als umlagefähig vereinbart wurden,[15] diese allerdings nur unter der Voraussetzung, dass sie einer ordnungsgemäßen, sparsamen Bewirtschaftung entsprechen (dazu Rdn. 75 ff.). Gleichgültig ist, ob die Betriebskostensteigerung schon bei Abschluss des Mietvertrags vorhersehbar war, wie etwa bei einem Wegfall der Grundsteuervergünstigung.[16] Ebenso kommen neue Kostenarten auf Grund einer Modernisierung in Betracht (s. Rdn. 11). 18

Die Berechtigung zur Umlage besteht, sobald eine **Erhöhung** der **gesamten** Betriebskostenbelastung eingetreten ist. Haben sich einzelne Betriebskostenarten erhöht, andere hingegen ermäßigt, so dass die Summe unverändert geblieben ist, scheidet die Umlage der jeweils erhöhten Beträge aus.[17] Dies kann z. B. der Fall sein, wenn sich die nicht verbrauchsabhängigen oder die Grundgebühren der verbrauchsabhängigen Betriebskosten erhöhten, die Verbrauchskosten jedoch deutlich reduzierten, weil die Zahl der Bewohner, etwa durch Wegzug erwachsen gewordener Kinder, abnahm. 19

Die Erhöhung ergibt sich aus der **Differenz** zwischen den zuletzt in der Pauschale enthaltenen Betriebskosten und der derzeitigen Kostenhöhe. Ist seit Abschluss des Mietvertrags keine Erhöhung erfolgt, ist die zu diesem Zeitpunkt bestehende Betriebskostenbelastung als Ausgangswert für die Berechnung der Erhöhung maßgeblich. Eine rückwirkende Umlage der Betriebskostensteigerung ist nur nach Maßgabe des § 560 Abs. 2 Satz 2 BGB zulässig (s. Rdn. 33 ff.). 20

Das Erhöhungsrecht bezieht sich nur auf dem Vermieter bereits **entstandene Mehrbelastungen.** Es erstreckt sich daher nicht auf von der Gemeinde oder einem Versorgungsträger nur angekündigte Kostensteigerungen, so dass z. B. geschätzte Erfahrungswerte, über die später genau abgerechnet werden soll, noch nicht zu einer Erhöhungserklärung berechtigten.[18] 21

Ist dem Vermieter, z. B. nach einem **Eigentumswechsel,** die Höhe der in die Pauschale eingeflossenen Betriebskosten nicht bekannt, kann er die von ihm für die Zeit des Eigentumserwerbs errechneten Betriebskosten zur Grundlage einer späteren Umlage von Erhöhungen machen. Dieses Vorgehen wird gelegentlich unter dem Gesichtspunkt angegriffen, dass hierdurch zwischenzeitliche Veränderungen der Betriebskosten unberücksichtigt bleiben. Dies ist indes unschädlich, da es den Mieter nicht belastet. Die Veränderungen aus der Zeit des Mietverhältnisses mit dem Vorvermieter spiegeln sich in dem vom Erwerber ermittelten Ausgangswert: Hatte die Betriebskostenbelastung in der Zwischenzeit abgenommen, ist der Ausgangswert für die Erhöhung entsprechend niedriger, hatten sich die Betriebskosten inzwischen erhöht, spart der Mieter die Mehrkosten für die Zeit bis zur Geltung der erhöhten Umlage. 22

Der **Erwerber** kann die **erhöhte Umlage nur für die Zukunft** geltend machen. Die Folge aus § 566 BGB wird zwar allgemein dahin beschrieben, dass der Erwerber in den Mietvertrag des Veräußerers „eintritt", rechtlich handelt es sich indes um einen neuen Mietvertrag zu identischen 23

---

[13] OLG Karlsruhe RE 22.4.1993 WuM 1993, 257; vgl. BGH NZM 2006, 896 = WuM 2006, 612 = ZMR 2007, 25.

[14] AG München ZMR 2014, 893.

[15] BGH (VIII ZR 80/06) NZM 2006, 896 = WuM 2006, 612 = ZMR 2007, 25; Palandt/*Weidenkaff* § 560 Rdn. 8; *Sternel* III Rdn. 815; *Weitemeyer* in Staudinger § 560 Rdn. 19.

[16] OLG Karlsruhe RE 4.11.1980 WuM 1981, 56 mit im Übrigen allerdings unzutreffender Ansicht, die Umlage der Erhöhung setze voraus, dass der Mieter nach dem Mietvertrag an der Grundsteuer beteiligt sei.

[17] BGH (VIII ZR 106/11) NZM 2012, 20; *Blank* in Blank/Börstinghaus § 560 Rdn. 5; *Sternel* III Rdn. 813; *Weitemeyer* in Staudinger § 560 Rdn. 18.

[18] Ebenso *Sternel* III Rdn. 815.

Konditionen;[19] der Erwerber kann daher nur solche Forderungen erheben, die *„während der Dauer seines Eigentums"* entstehen, solche aus Betriebskostensteigerungen – und damit der Sache nach Mietzinsansprüche – verbleiben bis zum Eigentumswechsel dem Veräußerer.

3. Inhalt der Erhöhungserklärung

24 Die Umlage der Erhöhung erfolgt durch **Erklärung** in Textform gem. § 126b BGB. Sie wirkt gestaltend, so dass die Zustimmung des Mieters nicht erforderlich ist. Sie muss von allen Vermietern[20] gegenüber allen Mietern[21] abgegeben werden. Dies gilt im Regelfall[22] auch dann, wenn einer von mehreren Mietern ausgezogen ist.[23] Vollmachtsklauseln, mit denen sich mehrere Mieter gegenseitig zur Abgabe und Annahme von Erklärungen mit Wirkung für und gegen jeden Mitmieter bevollmächtigen, sind unwirksam, nicht jedoch Klauseln, mit denen sich Mieter gegenseitig lediglich eine Empfangsvollmacht für Erklärungen des Vermieters erteilen; diese sind grundsätzlich zulässig.[24] Zu beachten ist, dass die Empfangsvollmacht es für den Vermieter nicht entbehrlich macht, Erklärungen an alle Mitmieter zu richten, d. h. Schreiben an alle zu adressieren und alle in ihm anzusprechen.[25] Zieht ein Mieter aus und teilt er dem Vermieter seine neue Anschrift mit, ist dies allerdings als Widerruf der formularmäßigen Vollmacht zu verstehen;[26] in diesem Fall sind die Erklärungen des Vermieters den Mietern unter ihrer jeweiligen Anschrift zu übermitteln. Gibt ein Dritter die Erklärung ab, muss die Stellvertretung für eine bestimmte Person offengelegt werden.[27]

25 Die Erklärung ist nach § 560 Abs. 1 Satz 2 BGB nur wirksam, wenn in ihr der Grund für die Umlage **„bezeichnet und erläutert"** wird. Das Schreiben muss so aufgemacht sein, dass der Zweck dieser Bestimmung, dem Mieter die Nachprüfung ohne vorherige Belegeinsicht zu ermöglichen, erreicht wird. Anders als nach § 559b Abs. 1 Satz 2 BGB ist eine Berechnung entbehrlich,[28] in der Praxis jedoch jedem Vermieter anzuraten. Wegen des Meinungsstreits, was unter Bezeichnung und Erläuterung zu verstehen ist, hätte es nahegelegen, mit dem MRRG für Klarheit durch eine Harmonisierung der Vorschriften zu sorgen.[29] Da der Vermieter in beiden Fällen eine Mieterhöhung durch einseitige Erklärung anbringen kann, ist ein gleichmäßiger Schutz des Mieters angezeigt. Warum bei gleichem Sachverhalt unterschiedliche Anforderungen gelten, ist nicht nachvollziehbar.

26 Während nach allgemeiner Ansicht die bloße Mitteilung des Erhöhungsbetrages nicht genügt,[30] ist **streitig,** welche **Einzelangaben** für eine befriedigende Bezeichnung und Erläuterung notwendig sind. Aus der vorgeschriebenen **Bezeichnung** wird gefolgert, dass z. B. ein Bescheid der Gemeinde mit erhöhten Gebühren, etwa der Grund- und/oder der Verbrauchskosten, eine höhere Prämienbelastung des Versicherers oder Rechnung eines Dritten (Hausmeister, Wartungsfirma etc.) zumindest stichwortartig[31] anzuführen ist.[32] Für die **Erläuterung** ist der Grund der Erhöhung anzugeben,[33] soweit er sich nicht bereits aus der Bezeichnung ergibt. Ferner sind im Wege einer **Differenzberechnung** die **alte und neue Gesamtbelastung** und der **Verteilungsschlüssel** anzugeben.[34] Fraglich ist, wie genau die alte und die neue Belastung aufzuschlüsseln sind. Hierzu wird vertreten, dass alte und neue Betriebskostenbelastung vollständig einander gegenübergestellt, der

[19] Z. B. BGH (VIII ZR 22/88) WuM 1989, 141.
[20] Allg. Ansicht, vgl. LG Hannover WuM 1992, 441.
[21] BVerfG WuM 1989, 279; OLG Celle neg. RE 20.1.1982 WuM 1982, 102.
[22] Anders z. B. im Fall BGH (VIII ZR 124/03) GE 2004, 615 = MM 2004, 263 = NZM 2004, 419 = WuM 2004, 280 = ZMR 2004, 492.
[23] BayObLG RE 21.2.1983 DWW 1983, 71 = WuM 1983, 107; vgl. aber BGH (VIII ZR 124/03) GE 2004, 615 = MM 2004, 263 = NZM 2004, 419 = WuM 2004, 280 = ZMR 2004, 492.
[24] BGH (VIII ARZ 1/97) RE 10.9.1997 NZM 1998, 22 = WuM 1997, 599.
[25] Z. B. LG Frankfurt/M. MDR 2009, 137.
[26] BGH (VIII ARZ 1/97) RE 10.9.1997 NZM 1998, 22 = WuM 1997, 599.
[27] Auch bei Fertigung des Schreibens mittels EDV: Vgl. LG Hamburg WuM ZMR 2005, 255; LG Berlin GE 2003, 1156 = MM 2003, 472.
[28] Hierzu kritisch *Sternel* III Rdn. 818 (zu § 3 Abs. 3 Satz 2 MHG).
[29] *Langenberg* NZM 2001, 215.
[30] Z. B. *Both* in Herrlein/Kandelhard § 560 Rdn. 11.
[31] *Kinne* ZMR 2001, 868 (875); *Schmid/Zehelein* in MünchKomm § 560 Rdn. 15; *Schultz* in Bub/Treier III. A Rdn. 1732.
[32] *Weitemeyer* in Staudinger § 560 Rdn. 24.
[33] LG Berlin GE 1999, 575 = ZMR 1999, 401.
[34] *Both* in Herrlein/Kandelhard § 560 Rdn. 11; *Weitemeyer* in Staudinger § 560 Rdn. 24.

Verteilerschlüssel, die hierauf beruhende Berechnung und ein bestimmter Erhöhungsbetrag mitgeteilt werden müssen,[35] so dass die Erklärung praktisch einer ordnungsgemäßen Abrechnung zu entsprechen hat. Für diese Auffassung spricht, dass die Erhöhung gestaltende Wirkung hat, so dass der Mieter klare und nachvollziehbare Angaben erwarten kann. Wenn auch die Grenze zwischen Erläuterung und Berechnung fließend ist, ist doch festzustellen, dass diese Ansicht auf eine weit gehende Berechnung hinausläuft, welche das Gesetz gerade nicht verlangt.

Der **Meinungsstreit** ist **nicht** etwa **nur akademischer Natur.** Zwar überlässt es der Vermieter in aller Regel nicht der Rechenfertigkeit des Mieters auszurechnen, welchen zusätzlichen Betrag er in Zukunft entrichten soll, zumal er zur Kontrolle der zukünftigen Mieteingänge selbst den konkreten Betrag ermitteln muss. Auch spart der Vermieter durch eine knappe Erläuterung oft nur wenig Verwaltungsaufwand, da sie Nachfragen der Mieter provoziert, die im Einzelnen zu beantworten sind. Der Unterschied liegt vielmehr in den Rechtsfolgen. Eine nicht ausreichend begründete Erhöhung ist unwirksam (s. Rdn. 29), so dass es für das Wirksamwerden der Erklärung, d. h. den Zeitpunkt, ab dem der Mieter die erhöhte Umlage zu zahlen hat, von großer Bedeutung ist, ob schon knappe Angaben, die ggf. auf Nachfrage des Mieters zu ergänzen sind, die Zahlungspflicht auslösen, oder ob bei höheren Anforderungen die gesamte Erklärung mit entsprechend späterem Zahlungsbeginn neu aufgemacht werden muss. Da der Vermieter zur Vorbereitung des Erhöhungsschreibens ohnehin eine Berechnung durchführen muss, wobei er die bisherige Betriebskostenbelastung und die neue im Einzelnen zu vergleichen und den Anteil des Mieters anhand eines Umlageschlüssels zu ermitteln hat, bietet es sich an, dem Mieter nicht nur knapp das Ergebnis der Saldierung mitzuteilen, sondern ihm die ohnehin vorhandene Berechnung zukommen zu lassen,[36] etwa in Form einer tabellarischen Übersicht.[37] 27

Die Erhöhung ist gem. § 560 Abs. 1 Satz 1 BGB **anteilig** auf den Mieter umzulegen. Da bei Brutto- und Bruttokaltmieten häufig kein Umlagemaßstab im Mietvertrag festgelegt wurde, ist ein nachvollziehbarer Verteilerschlüssel im Erhöhungsschreiben anzugeben.[38] Ansonsten hat es bei einem vereinbarten Schlüssel sein Bewenden. 28

Genügt das Erhöhungsschreiben **nicht den gesetzlichen Anforderungen an Form und Inhalt,** ist es **unwirksam.** Nichtigkeit liegt etwa vor, wenn die Gegenüberstellung von alter und neuer Betriebskostenbelastung oder die Mitteilung des Umlageschlüssels fehlt oder nur ein Erhöhungsbetrag angeführt wird;[39] die Prüfung der Frage, ob die Erklärung wirksam ist, ist eine Rechtsfrage, die das Gericht von Amts wegen, nicht nur auf Einrede des Mieters vorzunehmen hat.[40] Eine unwirksame Erklärung kann nicht durch Erläuterungen nachgebessert werden, vielmehr ist nach allgemeiner Ansicht die Neuvornahme notwendig, die jederzeit möglich ist, allerdings mit entsprechend späterem Beginn der Zahlungspflicht des Mieters. Schreib- oder Rechenfehler, welche die Verständlichkeit der Erklärung im Übrigen nicht berühren, führen noch nicht zur Unwirksamkeit.[41] Der Vermieter kann hier durch Ergänzungen abhelfen. Der Mieter hat das Recht, die zu Grunde liegenden Belege einzusehen (s. § 556 Rdn. 179). 29

II. Fälligkeit der Erhöhung (Abs. 2)

1. Grundsätze (Abs. 2 Satz 1)

Eine ordnungsgemäße Erhöhungserklärung bewirkt nach § 560 Abs. 2 Satz 1 BGB, dass der Mieter die Umlage **mit Beginn des auf die Erklärung folgenden übernächsten Monats** schuldet. Abgabe ist dabei nicht als Zeitpunkt der Absendung durch den Vermieter, sondern des Zugangs beim Mieter zu verstehen. Fraglich ist, ob der vorgenannte Monatsbeginn nur den **Wirkungszeitpunkt** der Erhöhungserklärung regelt **oder** auch die **Fälligkeit** der Zahlung bestimmt. Das Problem wird in den Fällen relevant, dass die Parteien, was gelegentlich bei Abschluss eines 30

---

35 *Schultz* in Bub/Treier III. A Rdn. 1734; *Sternel* III Rdn. 819; *Wall* Rdn. 2708; so wohl auch LG Kiel WuM 1995, 546.

36 Vgl. AG Hamburg WuM 1981, 21; *Langenberg* ZMR 1982, 68 (69); *Sternel* III Rdn. 819.

37 Z. B. *Blank* in Blank/Börstinghaus § 560 Rdn. 10; *Langenberg/Zehelein* Betriebskosten Anhang I 2.

38 **A. A.** *Blank* in Blank/Börstinghaus § 560 Rdn. 7: Bei fehlender Vereinbarung gilt analog § 556a Abs. 1 Satz 1 BGB der Flächenschlüssel.

39 Vgl. BayObLG RE 9.2.1982 WuM 1982, 105.

40 BayObLG RE 9.2.1982 WuM 1982, 105.

41 *Kinne* in Kinne/Schach/Bieber § 560 Rdn. 50; *Schultz* in Bub/Treier III. A Rdn. 1738; *Sternel* III Rdn. 820.

Mietvertrags zur Monatsmitte vorkommt, Zahlung zum 15. eines Monats vereinbart haben; bei der Annahme einer selbständigen Zahlungspflicht zum Monatsbeginn hätte der Mieter in Zukunft zwei Zahlungstermine zu beachten. Wird in den Vordergrund gestellt, dass auch die Pauschale allein ein Teil des einheitlichen Mietzinses ist, tritt die Fälligkeit abweichend von der hier zuvor vertretenen Ansicht zu dem Zeitpunkt ein, zu dem die gesamte Miete nach den vertraglichen Abreden zu entrichten ist, bei Fehlen einer Vereinbarung mithin nach Maßgabe des § 556b Abs. 1 BGB.[42]

31 An § 4 Abs. 8 NMV orientierte **Klauseln,** die auch dem Vermieter von preisfreiem Wohnraum einen sofortigen Zahlungsanspruch auf gesetzliche Mieterhöhungen oder Erhöhungen der Bewirtschaftungskosten geben sollen, sind nach § 560 Abs. 6 BGB unwirksam.[43] Sie weichen zum Nachteil des Mieters von der eingeschränkten Zulässigkeit rückwirkend geltend gemachter Betriebskostenerhöhungen in § 560 Abs. 2 BGB ab.

32 Mit der Fälligkeit der erhöhten Pauschale kommt der Mieter bei nicht rechtzeitiger Leistung ohne zusätzliche Mahnung in **Verzug** (§ 286 Abs. 2 BGB). Ist der Mieter mit seinen Zahlungen bereits zu diesem Zeitpunkt in Rückstand, kann der Vermieter, um einen nach § 543 Abs. 2 Satz 1 Nr. 3 BGB zur Kündigung wegen Zahlungsverzugs berechtigenden Rückstand zu erhalten, den nicht gezahlten Erhöhungsbetrag den ausstehenden Leistungen addieren, ohne an die Voraussetzungen des § 569 Abs. 3 Nr. 3 BGB – Ablauf der Zweimonatsfrist nach Rechtskraft des Zahlungsurteils – gebunden zu sein.[44]

2. Rückwirkende Erhöhung (Abs. 2 Satz 2)

33 Für den Regelfall genügt es, dass der Vermieter die Möglichkeit hat, den Mehrbetrag aus der Betriebskostenerhöhung umzulegen, sobald er von ihr Kenntnis erlangt, also für die Zukunft. Gelegentlich sieht sich allerdings der Vermieter selbst einer **rückwirkenden Mehrbelastung** gegenüber, etwa wenn er einen Grundsteuerbescheid mit einer Nachforderung erhält oder wenn die Jahresabrechnung des Versorgungsträgers eine zwischenzeitliche Erhöhung der Grundkosten ausweist. Für diesen Fall gestattet § 560 Abs. 2 Satz 2 BGB die eingeschränkte Abwälzung der in der Vergangenheit aufgelaufenen Mehrbeträge. Die Einschränkung bezieht sich zum einen auf die Länge des zurückliegenden Zeitraums. Dieser reicht höchstens bis zum Beginn des der Erklärung vorausgehenden Kalenderjahres. Sie resultiert zum anderen daraus, dass die Information des Mieters vom Erhöhungstatbestand innerhalb von drei Monaten ab Kenntnis des Vermieters erfolgen muss; versäumt er diese Frist, sind wiederum nur die zukünftigen Erhöhungsbeträge umlegbar.

34 Kenntnis von der Mehrbelastung erhält der Vermieter mit Zugang des entsprechenden Bescheids. Es ist **positive Kenntnis** notwendig, so dass es nicht genügt, wenn der Vermieter nur mit einer Nachbelastung rechnet, etwa wenn die Gemeinde eine Erhöhung bislang nur angekündigt hat[45] oder der Wegfall einer Grundsteuervergünstigung zu erwarten ist. Wendet sich der Vermieter mit Rechtsmitteln gegen den Bescheid, erlangt er positive Kenntnis erst mit Zugang des endgültigen, rechtskräftigen Bescheids.[46] Ist der erste Bescheid offensichtlich fehlerhaft, ist der Vermieter aus mietvertraglicher Nebenpflicht gehalten, Rechtsmittel einzulegen.

35 **Streitig** ist, ob der Vermieter zur nachträglichen Geltendmachung auch dann noch berechtigt ist, wenn ihn die Mehrbelastung erst **nach Ende des Mietvertrags** erreicht. Während dies überwiegend bejaht wird, wenn es um die nachträgliche Erhöhung des Saldos einer Betriebskostenabrechnung geht,[47] wird das Recht zur Erhöhung einer Pauschale weitgehend **abgelehnt.**[48] Dieser Auffassung ist zuzustimmen. Der Grund ergibt sich aus einer genaueren Betrachtung der Unterschiede zwischen der Nachbelastung zu einer Betriebskostenabrechnung und der Anforderung einer erhöhten Pauschale. Bei der Nachbelastung geht es um offenen Mietzins aus der Zeit des

---

[42] *Both* in Herrlein/Kandelhard § 560 Rdn. 15; *Kinne* in Kinne/Schach/Bieber § 560 Rdn. 56; *Lammel* § 560 Rdn. 23; *Wall* Rdn. 2718.

[43] Wie zuvor nach § 10 Abs. 1 MHG: BGH (VIII ZR 10/92) WuM 1993, 109; OLG Celle WuM 1990, 103.

[44] BGH (VIII ZR 1/11) NZM 2012, 676 = WuM 2012, 497.

[45] *Schmid/Zehelein* in MünchKomm § 560 Rdn. 5; *Weitemeyer* in Staudinger § 560 Rdn. 19.

[46] *Schmid/Zehelein* in MünchKomm § 560 Rdn. 20; *Schultz* in Bub/Treier III. A Rdn. 1745; **a. A.** *Sternel* III Rdn. 822 für den Fall eines erfolglosen Rechtsmittels.

[47] LG Rostock WuM 2009, 232; LG Berlin GE 2005, 737; *Both* WuM 2009, 727 (728); *Wall* Rdn. 3146; **a. A.** LG Frankfurt/M. NZM 2002, 336.

[48] *Blank* in Blank/Börstinghaus § 560 Rdn. 13; *Kinne* in Kinne/Schach/Bieber § 560 Rdn. 59; *Schultz* in Bub/Treier III. A Rdn. 1747; *Sternel* III Rdn. 824; *Weitemeyer* in Staudinger § 560 Rdn. 28, 32; **a. A.** *Schmid/Zehelein* in MünchKomm § 560 Rdn. 22.

Mietverhältnisses. Mit der letzten Betriebskostenabrechnung des Mietverhältnisses konnte der Vermieter noch nicht abschließend feststellen, ob die vom Mieter geschuldete Bruttomiete im Abrechnungszeitraum vollständig entrichtet worden war, weil ihm im Zeitpunkt ihrer Erstellung die definitive Höhe der Gesamtkosten unbekannt war. Diese Unvollständigkeit der Abrechnung korrigiert er mit der Nachbelastung aus Gründen, die er in den hier behandelten Fällen nicht zu vertreten hat, und errechnet allein das tatsächliche Bruttomietsoll des Mieters. Demgegenüber hat der Mieter mit der Pauschale erst einmal alle anfallenden Betriebskosten bezahlt, also sein Bruttomietsoll. Reicht die Pauschale zur Abdeckung der Betriebskosten nicht mehr aus, räumt § 560 Abs. 1, 2 BGB dem Vermieter zu ihrer Erhöhung ein Gestaltungsrecht ein,[49] das er mit einer Erklärung nach § 560 Abs. 1 BGB gesondert geltend machen muss. Dieses Recht endet indes mit dem Auslaufen des Mietvertrags; er verfügt nicht mehr über eine Grundlage, aus welcher er die Erhöhung anfordern kann.

Maßgeblich für die Einhaltung der Frist wie auch für den Umfang der Rückwirkung ist der **Zugang** der Mitteilung oder des Erhöhungsschreibens **beim Mieter.** Mehrbelastungen für die Zeit vor dem Beginn des der Erklärung vorangehenden Kalenderjahres sind vom Vermieter zu tragen; der Vermieter kann sich z. B. gegen die rückwirkende Grundsteuerbelastung nicht mit dem Argument wenden, die späte Zusendung des Bescheides habe ihm die nachträgliche Geltendmachung der Erhöhung gegenüber dem Mieter zum Teil unmöglich gemacht.[50] Wurden z. B. die Grundsteuern von der Gemeinde per 1. 6. 2007 erhöht und erhält der Vermieter den Gebührenbescheid erst im August 2009, ist die rückwirkende Umlage nur für die Zeit ab 1. 1. 2008 möglich und dies auch nur, wenn, wie erwähnt, der Vermieter die dreimonatige Mitteilungsfrist beachtete. 36

III. Ermäßigung von Betriebskosten (Abs. 3)

Nach § 560 Abs. 3 BGB ist eine Betriebskostenpauschale vom Zeitpunkt der Ermäßigung von Betriebskosten an entsprechend herabzusetzen und die Ermäßigung dem Mieter unverzüglich mitzuteilen. Da die Vorschrift die Regelung des § 4 Abs. 4 MHG, von der Beschränkung auf Betriebskostenpauschalen sowie einer geringfügigen sprachlichen Änderung abgesehen, inhaltlich und insbesondere ohne zusätzliche Vorgaben übernommen hat, sind die bisher bei § 4 Abs. 4 MHG aufgetretenen **Streitfragen** unverändert erhalten geblieben. 37

Ein **Meinungsstreit,** der zu § 4 Abs. 4 MHG bestand und nun für § 560 Abs. 3 BGB fort gilt, bezieht sich auf die Frage, ob die Vorschrift nur für die Herabsetzung derjenigen Beträge anzuwenden ist, um die der Vermieter zuvor einmal von seinem Erhöhungsrecht aus § 560 Abs. 1 BGB Gebrauch machte,[51] oder ob sie generell für alle Fälle gültig ist, in denen der Mieter die Betriebskosten nicht im Abrechnungsweg zahlt.[52] Für die **generelle Anwendung** sprechen mehrere Gründe. 38

Schon aus dem **Wortlaut** der Bestimmung folgt eine Beschränkung auf Erhöhungsbeträge gem. § 560 Abs. 1 BGB nicht. Die Herabsetzungspflicht des Vermieters ist darüber hinaus als **Korrektiv** zu seinem Erhöhungsrecht aus § 560 Abs. 1 BGB zu verstehen. Wenn die vom Vermieter in die Betriebskostenpauschale eingerechneten Betriebskostenanteile nicht mehr ausreichen, kann er den Steigerungsbetrag umlegen; sinkt die Betriebskostenlast, soll er diesen Vorteil an den Mieter weitergeben. § 560 Abs. 3 BGB schafft mithin einen Ausgleich. 39

Wie bei § 560 Abs. 1 BGB für die Umlage von Betriebskostensteigerungen allgemein anerkannt, gilt auch für die Herabsetzung nach § 560 Abs. 3 BGB, dass es zu einer **Veränderung der gesamten Betriebskostenlast** gekommen sein muss. Die Ermäßigung der Kosten einzelner Betriebskostenarten ist daher irrelevant, wenn sie durch die Erhöhung anderer ausgeglichen wird. Aus diesem Grund kommt die Vorschrift in der Praxis nur selten zur Anwendung. 40

---

[49] *Sternel* Mietrecht aktuell Rdn. IV 426 a.

[50] BVerwG NJW 1982, 2682; *Hermsdörfer* ZMR 1986, 390 hält die durch § 4 Abs. 3 MHG (jetzt § 560 Abs. 2 BGB) – und ebenso für den preisgebundenen Wohnraum durch § 10 Abs. 2 Satz 3 WoBindG – angeordnete Beschränkung der nachträglichen Geltendmachung von Betriebskostensteigerungen für verfassungswidrig; dem Vermieter wurde allerdings auch schon ein Erlass der nicht umlegbaren Grundsteuer aus Billigkeit gewährt; vgl. *Gather* DWW 2000, 299 (302 m. w. N.).

[51] *Sternel* III Rdn. 825.

[52] *Blank* in Blank/Börstinghaus § 560 Rdn. 15; *Both* in Herrlein/Kandelhard § 560 Rdn. 18; *Dickersbach* in Lützenkirchen § 560 Rdn. 42; *Schultz* in Bub/Treier III. A Rdn. 1751; *Seldeneck* Rdn. 4252; *Wall* Rdn. 2731; vgl. auch BayObLG RE 5. 10. 1995 WuM 1995, 694.

41 Nach § 560 Abs. 3 Satz 1 BGB ist *„eine Betriebskostenpauschale vom Zeitpunkt der Ermäßigung an entsprechend herabzusetzen"*. Die Ermäßigung gibt nur den Anlass für die Senkung des Betriebskostenanteils, es bedarf zusätzlich der **Umsetzung** durch eine entsprechende Erklärung des Vermieters. Die Ermäßigung ist dem Mieter gem. § 560 Abs. 3 Satz 2 BGB *„unverzüglich"* i. S. d. § 121 Abs. 1 BGB mitzuteilen; da die bloße Information über eine Kostenverringerung ohne Angabe des auf den Mieter konkret entfallenden Minderbetrages für ihn nur von wenig Wert wäre, ist Ermäßigung als Herabsetzung zu lesen. Eine besondere Form ist für die Herabsetzungserklärung nicht vorgeschrieben, so dass eine mündliche Mitteilung ausreicht,[53] wovon indes zur Vermeidung späterer Konflikte dringend abzuraten ist. Auch ein bestimmter Inhalt ist nicht festgelegt, es genügt daher die Angabe des Differenzbetrages ohne weitere Begründung.[54]

Um die Richtigkeit der Herabsetzungserklärung nach Zeitpunkt und Umfang überprüfen zu können, steht dem Mieter nach allgemeiner Ansicht ein **Auskunftsanspruch** zu;[55] auf diesen ist er insbesondere bei Fehlen einer Begründung angewiesen, da ihm anhand der Mitteilung selbst nicht einmal eine allgemeine Plausibilitätskontrolle möglich ist. Zur Vermeidung weiterer Korrespondenz und ggf. einer Auskunftsklage empfiehlt es sich für den Vermieter, dem Mieter Grund und Berechnung der Ermäßigung schon in der Herabsetzungserklärung offen zu legen.

42 Der Vermieter ist verpflichtet, die **Ermäßigung ab** dem Zeitpunkt ihres **Entstehens** an den Mieter weiterzugeben.[56] Dies soll zwar *„unverzüglich"* erfolgen, wird dem Vermieter aber in der Praxis erst möglich sein, wenn er die angefallenen Betriebskosten nach Ablauf eines internen, meist jährlichen Turnus zusammengestellt hat;[57] erst zu diesem Zeitpunkt weiß er verlässlich, ob sich die Kosten überhaupt insgesamt reduziert haben.

Da die Herabsetzungserklärung mithin im Regelfall dem Zeitpunkt der Ermäßigung der Kosten nachfolgt, begründet sie einen **Anspruch** des Mieters auf **Erstattung des überzahlten Betrages** aus Bereicherungsrecht, §§ 812, 818 BGB. Ist die Herabsetzungserklärung unrichtig, weil sie den Zeitpunkt der Ermäßigung nicht ausreichend berücksichtigt oder zu gering ausfällt, kann der Mieter eine Korrektur verlangen (s. Rdn. 43).

43 Die **Herabsetzungserklärung** wirkt **rechtsgestaltend** auf den vom Vermieter angegebenen Zeitpunkt.[58] Der Mieter ist daher nicht schon aus § 560 Abs. 3 BGB berechtigt, den sich bei richtiger Berechnung des Wirkungszeitpunktes oder der Höhe der Ermäßigung zu seinen Gunsten ergebenden Differenzbetrag sogleich endgültig etwa von der laufenden Miete abzusetzen. Ihm ist insoweit allerdings ein Zurückbehaltungsrecht zuzuerkennen.[59] Ferner kann er Klage auf Vornahme einer berichtigten Herabsetzungserklärung gegen den Vermieter erheben.[60] Die nicht ordnungsgemäße Erfüllung der Herabsetzungspflicht ist im Übrigen zugleich eine Vertragsverletzung des Vermieters,[61] die einen Anspruch des Mieters auf Ersatz eines Schadens, z. B. durch Zinsverluste[62] oder Anwaltskosten[63] auslöst.

C. Anpassung von Betriebskostenvorauszahlungen (Abs. 4)

I. Preisfreier Wohnraum

1. Erhöhung der Vorauszahlungen

44 **a) Nach einer Abrechnung.** Der Streit, unter welchen Voraussetzungen die Erhöhung der Vorauszahlungen in Betracht kommt, ist seit dem 1. 9. 2001 erledigt. Nach § 560 Abs. 4 BGB kann **jede Partei** des Mietvertrags nach einer Abrechnung durch eine einseitige Erklärung die **Anpas-**

---

[53] *Blank* in Blank/Börstinghaus § 560 Rdn. 16; **a. A.** *Kinne* in Kinne/Schach/Bieber § 560 Rdn. 63.
[54] *Schmid/Zehelein* in MünchKomm § 560 Rdn. 24; *Weitemeyer* in Staudinger § 560 Rdn. 40; **a. A.** *Kinne* in Kinne/Schach/Bieber § 560 Rdn. 64.
[55] Z. B. *Both* in Herrlein/Kandelhard § 560 Rdn. 19.
[56] AG Schöneberg MM 2004, 222.
[57] *Schmid/Zehelein* in MünchKomm § 560 Rdn. 24.
[58] *Sternel* III Rdn. 826; *Weitemeyer in* Staudinger § 560 Rdn. 42.
[59] *Both* in Herrlein/Kandelhard § 560 Rdn. 18; *Schmid/Zehelein* in MünchKomm § 560 Rdn. 27; vgl. BayObLG RE 5. 10. 1995 WuM 1995, 694.
[60] *Seldeneck* Rdn. 4422.
[61] *Schultz* in Bub/Treier III. A Rdn. 1759; *Seldeneck* Rdn. 4424; *Sternel* III Rdn. 826.
[62] *Wall* Rdn. 2729.
[63] *Dickersbach* in Lützenkirchen § 560 Rdn. 45.

sung der Vorauszahlungen **auf eine angemessene Höhe** vornehmen. Das Gesetz hat damit die bisherige herrschende Ansicht übernommen, dass eine Vorauszahlungsabrede letztlich nur Sinn macht, wenn sie auch den jeweiligen Kosten entsprechend angepasst werden kann. Im Übrigen können die Parteien auch im Mietvertrag über **Gewerberaum** formularvertraglich das Recht des Vermieters vereinbaren, die Höhe der Vorauszahlungen im Anschluss an eine Abrechnung einseitig anzupassen.[64] Soweit es um die Anpassung unzureichender Vorauszahlungen geht, erfordert deren Angleichung an die tatsächlichen Kosten keine Veränderung bei den Betriebskosten selbst, wie es bei der Erhöhung einer Pauschale nach § 560 Abs. 1 BGB erforderlich ist;[65] vom Fall arglistig zu niedrig angesetzter Vorauszahlungen abgesehen kann der Vermieter daher auch anfangs zu gering bezifferte Vorauszahlungen erhöhen.[66]

Das **Anpassungsrecht** setzt voraus, dass dem Mieter eine **formell und inhaltlich korrekte Abrechnung** zuging;[67] die fristlose Kündigung wegen Nichtzahlung des Erhöhungsbetrags ist daher nur dann gerechtfertigt, wenn die Anpassung auf einer inhaltlich richtigen Abrechnung beruht.[68] **Inhaltliche Fehler** vernichten nicht die gesamte Anpassung, sondern wirken sich allein auf ihre Höhe aus, soweit diese wegen der Fehler gem. § 560 Abs. 4 BGB nicht mehr angemessen ist.[69] **Maßgeblich** hängt die Höhe des Erhöhungsbetrags mithin davon ab, **ob und mit welchen Einwänden** sich der Mieter gegen die Ansätze der Betriebskostenabrechnung wendet. Nimmt er die Anpassung kommentarlos hin oder bringt er nur unspezifizierte Beanstandungen[70] an, bleibt es bei dem vom Vermieter verlangten Erhöhungsbetrag. Rügt der Mieter mit konkreter Begründung einzelne Kostenarten oder deren Höhe, sind diese für die Ermittlung des Anpassungsbetrags vorerst, d. h. bis zur abschließenden Klärung, aus der Abrechnung herauszunehmen und der Vorauszahlungsbetrag ist entsprechend zu korrigieren;[71] ergibt sich sodann noch ein Erhöhungsbetrag, ist er vom Mieter zu entrichten. Hinsichtlich der streitigen Kostenansätze steht dem Mieter das Zurückbehaltungsrecht aus § 273 BGB zu. 45

Ob die Abrechnung den Mieter **innerhalb der Abrechnungsfrist** gem. § 556 Abs. 3 Satz 2 BGB erreichte, ist irrelevant.[72] Dies überzeugt, weil es sich um zwei nicht zueinander gehörende Aspekte handelt. Die Ausschlussfrist entscheidet über das Nachforderungsrecht des Vermieters, die Höhe der rechnerischen Nachforderung über die künftige Unterdeckung bei unterbleibender Anpassung.

Die Erklärung muss jedenfalls in **Textform** gem. § 126b BGB abgegeben werden. Eine **Begründung** ist für die Erhöhung **nicht** vorgesehen. Durch die regelmäßige Verknüpfung mit einer Betriebskostenabrechnung sind Form und Begründung im Grundsatz ohnehin bereits vorgegeben. Ob sich der Vermieter darauf beschränken darf, dem Mieter nur die erhöhte neue Gesamtmiete mitzuteilen, wird vom Einzelfall abhängen. Ist unschwer zu erkennen, dass die Erhöhung auf dem Ergebnis der Betriebskostenabrechnung beruht, ist der Mieter bei der Kontrolle der Anhebung nicht überfordert. Anders liegt es, wenn der Mieter nicht ohne weiteres nachvollziehen kann, wie der Vermieter die Erhöhung ermittelt hat, so dass hier für eine wirksame Erhöhungserklärung die Rechenschritte offen zu legen sind. Üblicherweise wird auch bisher schon die Anhebung der Vorauszahlungen entweder im Anschreiben zur Abrechnung oder im Anschluss an die Berechnung der Nachforderung aufgeschlüsselt. 46

Was den **Zeitpunkt der Anpassung** betrifft, bedeutet die Verknüpfung des Anpassungsrechts mit einer Abrechnung **nicht,** dass das Recht **sogleich** ausgeübt werden muss, auch wenn dies in der Praxis die Regel ist. Die Abrechnung setzt einen Anfangstermin, jedoch keinen Endtermin.[73] Sie eröffnet dem Vermieter damit die Möglichkeit der Anpassung, bis die Abrechnung über die Fol- 47

---

64 BGH (XII ZR 65/13) DWW 2014, 223 = GE 2014, 455 = ZMR 2014, 530.

65 *Derckx* NZM 2004, 321 (325); *Wall* Rdn. 2732; **a. A.** Palandt/*Weidenkaff* § 560 Rdn. 16; *Schmid/Zehelein* in MünchKomm § 560 Rdn. 31.

66 Ausführlich *Bub* NZM 2011, 644 (647).

67 BGH (VIII ZR 246/11) GE 2012, 826 = NZM 2012, 455 = WuM 2012, 321 = ZMR 2012, 683.

68 BGH (VIII ZR 360/11) GE 2012, 1554.

69 BGH (VIII ZR 322/08) GE 2010, 477 = WuM 2010, 156; vgl. BayObLG RE 5.10.1995 GE 1995, 1413 = NJW-RR 1996, 207 = WuM 1995, 694; **a. A.** *Blank* NZM 2008, 745 (756), dazu kritisch *Milger* PiG 83 (2008) S. 235 (247).

70 So im Fall BGH (VIII ZR 145/07) GE 2008, 114 = NZM 2008, 121 = WuM 2008, 31 = ZMR 2008, 196; dazu kritisch *Lammel* jurisPR-MietR 5/2008 Nr. 3; *Rave* ZMR 2008, 199.

71 *Bub* NZM 2011, 644 (645); *Sternel* Mietrecht aktuell Rdn. V 265.

72 BGH (VIII ZR 258/09) NZM 2010, 736 = WuM 2010, 490.

73 *Börstinghaus* PiG 62 (2002) S. 201 (206); *Bub* NZM 2011, 644 (646).

geperiode an ihre Stelle getreten ist. Selbst wenn bereits die folgende Periode abgelaufen, aber noch nicht abgerechnet ist, kann daher noch eine Anpassung erfolgen.[74] Da die Anpassung von Betriebskostenvorauszahlungen nur für die Zukunft möglich ist,[75] tritt keine Kollision mit der Abrechnungsreife durch Ablauf des Abrechnungsturnus ein.[76]

48 Bei der **Berechnung der Erhöhung** ist die Grenze der *„angemessenen Höhe"* i. S. d. § 556 Abs. 2 Satz 2 BGB zu beachten. Hierzu ist die **Nachforderung** des Vermieters aus der Abrechnung **durch zwölf Monate,** dem maximalen Abrechnungszeitraum (§ 556 Abs. 3 Satz 1 BGB), zu teilen. Die auf diese Weise errechnete Erhöhung bleibt auch dann grundsätzlich maßgeblich, wenn die bis zum Ende des laufenden Abrechnungszeitraums verbleibenden, monatlichen Vorauszahlungen zu keiner Kostendeckung führen, was der Regelfall sein dürfte, weil die Abrechnung dem Mieter üblicherweise erst irgendwann in der folgenden Abrechnungsperiode zugeht.[77] Nach anderer Auffassung sollen z. B. bei einer Nachforderung von 600 €, die den Mieter Anfang April erreicht, hingegen Vorauszahlungen nicht nur von 50 €, sondern von 75 € monatlich möglich sein.[78] Hiergegen ist insbesondere einzuwenden, dass dieses Verfahren auf eine unzulässige, teilweise auf die Vormonate rückwirkende Belastung hinauslaufen würde.[79]

Streitig ist, ob im Hinblick auf die ständig steigenden Betriebskosten sodann ein **Sicherheitszuschlag** hinzugesetzt werden darf,[80] der gemeinhin auf 10% zu veranschlagen ist.[81] Nach Ansicht des **BGH** ist der Ansatz eines *„abstrakten"* Sicherheitszuschlags auf die zuletzt abgerechneten Betriebskosten nicht zulässig; es dürfen nur konkrete – bereits eingetretene – Umstände berücksichtigt werden, welche die im laufenden Jahr entstehenden Kosten voraussichtlich beeinflussen.[82] Dies ist z. B. der Fall, wenn in der Zeit zwischen dem Ende der Abrechnungsperiode und der Erstellung der Abrechnung bereits eine Tariferhöhung mit entsprechend höheren, vom Vermieter zu begleichenden Abschlagszahlungen eingetreten ist. Andererseits dürfen bloße erwartete, etwa in den Medien angekündigte Preisanstiege nicht in die Berechnung einfließen.[83] Derart prognostizierte Kostenanstiege sind nicht verlässlich genug, um eine Zahlungspflicht des Mieters zu rechtfertigen. Die Auffassung des **BGH widerspricht dem Interesse der Parteien** an einer möglichst einfachen Handhabung. Der bislang weithin für zulässig gehaltene Zuschlag verschafft beiden Parteien einen Puffer,[84] ohnehin dem Vermieter, aber auch dem Mieter, für den der Nachforderungsbetrag aus der Abrechnung aufgrund der ständigen Kostensteigerungen geringer ausfällt. Der Mieter wird durch die moderate Höhe von 10% nicht unangemessen belastet. Zudem liefert gerade die abstrakte Berechnung den Parteien eine klare Grundlage. Demgegenüber verursacht die konkrete Berechnung deutliches Streitpotential, weil sie den Vermieter dazu zwingt, dem Mieter im Einzelnen zu beschreiben, warum und wie er den Zuschlag berechnete;[85] weil es meist nur um den Anstieg einer Betriebskostenart geht, ist dessen Einwand zu erwarten, es sei z. B. nicht abzusehen, ob die verbrauchsabhängigen Kosten nicht geringer würden, so dass kein Anlass für die Anhebung der Kosten bestehe.

49 **b) In der laufenden Abrechnungsperiode.** Geblieben ist die **Streitfrage,** ob der Vermieter in der laufenden Abrechnungsperiode eine **weitere Anpassung im Hinblick auf** zwischenzeitlich eingetretene **Kostensteigerungen** vornehmen darf, **wenn** er mit der Abrechnung bereits eine Anpassung erklärt hatte. Das Problem dabei ist nicht die Geltendmachung der Anpassung erst längere Zeit nach Erteilung der Abrechnung (s. Rd. 47). Die Problematik beruht vielmehr unter

---

74 BGH (VIII ZR 271/10) GE 2011, 881 = NZM 2011, 544 = WuM 2011, 424.
75 BGH (VIII ZR 271/10) GE 2011, 881 = NZM 2011, 544 = WuM 2011, 424.
76 **A. A.** *Blank* in Blank/Börstinghaus § 560 Rdn. 31.
77 Z. B. BGH (VIII ZR 271/10) GE 2011, 881 = NZM 2011, 544 = WuM 2011, 424 = ZMR 2011, 789.
78 *Blümmel* GE 2000, 1234 (1235).
79 Z. B. *Dickersbach* in Lützenkirchen § 560 Rdn. 69; *Kinne* in Kinne/Schach/Bieber § 560 Rdn. 73; *Schultz* in Bub/Treier III. A Rdn. 1769.
80 So z. B. BayObLG RE 5.10.1995 GE 1995, 1413 = NJW-RR 1996, 207 = WuM 1995, 694 = ZMR 1996, 20 m. w. N.
81 Z. B. *Börstinghaus* PiG 62 (2002) S. 201 (207); *Kinne* in Kinne/Schach/Bieber § 560 Rdn. 73.
82 BGH (VIII ZR 294/10) GE 2011, 1547 = NZM 2011, 880 = WuM 2011, 686 = ZMR 2012, 90.
83 *Blank* in Blank/Börstinghaus § 560 Rdn. 39; *Both* NZM 2009, 896 (898); *Derckx* NZM 2004, 321 (326); *Schmid/Zehelein* in MünchKomm § 560 Rdn. 37 auch für sicher feststehende Erhöhungen.
84 *Bub* NZM 2011, 644 (648).
85 Vgl. *Schröter* InfoM 2011, 461.

anderem darauf, dass schon eine Anpassung erfolgt ist. Hierzu wird vertreten, dass die Anpassung nur einmal möglich ist.[86]

Auszugehen ist zunächst davon, dass § 560 Abs. 4 BGB die Anpassung der Vorauszahlungen auch ohne eine entsprechende Vereinbarung der Parteien im Mietvertrag gestattet, allerdings nur in Anknüpfung an eine Abrechnung. Damit ist zugleich klargestellt, dass die **weitere Erhöhung der Vorschüsse in der laufenden Abrechnungsperiode nur** in Betracht kommen kann, **wenn** die Parteien dies gesondert **vereinbart** haben. Nach § 560 Abs. 6 BGB sind abweichende Vereinbarungen, und damit auch von Abs. 4, zulässig, wenn sie den **Mieter nicht benachteiligen.** Eine generelle Benachteiligung des Mieters ist jedoch nicht festzustellen. Die Vereinbarung begünstigt nicht nur den Vermieter, sondern hat für den Mieter den Vorteil, dass er durch eine zwischenzeitliche Anhebung der Vorauszahlungen nicht mit einer unerwartet hohen Nachforderung konfrontiert wird. Es wird ihm leichter fallen, sich auf höhere Vorauszahlungen einzustellen als auf den deutlich negativen Saldo aus einer Abrechnung.

Zusätzlich darf es auch zu **keiner Benachteiligung** des Mieters **durch** die **konkrete Ausgestaltung** der Vereinbarung kommen. Dies bedeutet **zum einen,** dass sie sich nur auf die Zukunft beziehen darf (zur Berechnung s. Rdn. 48). Da Vorauszahlungen allein auf die folgende Abrechnung geleistet werden, ist die Vereinbarung unwirksam, wenn sie dem Vermieter gestattet, nachträglich die Vorauszahlungen für eine bereits abgelaufene Abrechnungsperiode zu erhöhen, auch wenn über sie noch nicht abgerechnet wurde. **Zum anderen** ist die Erhöhung auf eine angemessene Höhe zu beschränken. Unter diesen Voraussetzungen ist eine, auch formularmäßige getroffene, Vereinbarung nicht zu beanstanden.[87]

c) Fälligkeit. Die **laufenden Vorauszahlungen** sind Teil der Miete und daher im Allgemeinen mit der Netto- oder Teilinklusivmiete fällig. Soll etwas Anderes gelten, bedarf es daher einer speziellen Regelung; die Parteien können sich z. B. auf zweimonatlich oder quartalsweise zu zahlende Abschläge einigen. Der Anspruch des Vermieters besteht bis zum endgültigen Wegfall der Vorauszahlungspflicht (s. § 556 Rdn. 266ff.) **50**

Streitig ist, **ab wann** die **erhöhten Vorauszahlungen** erstmals fällig sind. Auf den ersten Blick erscheint es naheliegend, dass der erhöhte Betrag ab der nächsten fälligen Miete zu entrichten ist.[88] Bedenken hiergegen ergeben sich insbesondere für den Fall, dass die Abrechnung mit der Anforderung höherer Vorauszahlungen den Mieter erst kurz vor Monatsende erreicht, so dass er hierauf bei seiner Zahlung nicht mehr reagieren kann, sondern für einen Monat rückwirkend zahlen müsste; die rückwirkende Erhöhung von Vorauszahlungen ist unzulässig. **51**

Auf der Grundlage der herrschenden Ansicht, auch des BGH,[89] dass die Anpassung von Vorauszahlungen nicht nur eine formell, sondern auch **inhaltlich ordnungsgemäße Abrechnung** voraussetzt, muss dem Mieter eine **Frist** zustehen, innerhalb derer er die **Abrechnung überprüfen** kann, bevor er die Erhöhungsbeträge zu zahlen hat (zur Prüffrist s. auch § 556 Rdn. 430). Es wäre nicht überzeugend, ihn zur Leistung der erhöhten Beträge für verpflichtet zu halten, ohne dass er zuvor hinreichend Zeit und Gelegenheit hatte, die Grundlage für die Erhöhungserklärung des Vermieters zu überprüfen. Ist z. B. die Grundlage mangelhaft, etwa die Abrechnung nicht nachvollziehbar, schuldet der Mieter auch keine erhöhten Vorauszahlungen.[90] Es kommt hinzu, dass die regelmäßigen Vorschüsse auf die Abrechnung zur Miete i. S. d. § 543 Abs. 2 Satz 1 Nr. 3 BGB zählen, ihr Ausbleiben mithin vom Vermieter im Rahmen einer fristlosen Kündigung wegen Zahlungsverzugs herangezogen werden kann. Diese gravierende Folge wäre nicht vertretbar, wenn der Mieter schon alsbald nach Erhalt einer Abrechnung und der Erhöhungserklärung mit der Zahlung der höheren Beträge in Verzug kommen könnte, bevor er die Begründetheit der Forderung hat überprüfen können. **52**

---

86 *Blank* in Blank/Börstinghaus § 560 Rdn. 30, 36; *Both* in Herrlein/Kandelhard § 560 Rdn. 23; *Derckx* NZM 2004, 321 (326); *Weitemeyer* in Staudinger § 560 Rdn. 55.

87 *Schmid/Zehelein* in MünchKomm § 560 Rdn. 30.

88 So z. B. *Blank* in *Blank/Börstinghaus,* § 560 Rdn. 34; *Bub* NZM 2011, 644 (645); *Derckx* NZM 2004, 321 (325); *Haas,* § 560 Rdn. 10; Palandt/*Weidenkaff* § 560 Rdn. 17; *Schmid/Zehelein* in MünchKomm § 560 Rdn. 35; *Wall* Rdn. 2742; *Weitemeyer* in Staudinger § 560 Rdn. 53; vgl. BGH (VIII ZR 271/10) GE 2011, 881 = NZM 2011, 544 = WuM 2011, 424 = ZMR 2011, 789.

89 BGH (VIII ZR 246/11) GE 2012, 826 = NZM 2012, 455 = WuM 2012, 321 = ZMR 2012, 683.

90 So z. B. schon OLG Dresden NZM 2002, 437 = ZMR 2002, 416; AG Hamburg-Bergedorf NZM 2002, 435.

53 **Maßgeblich** für die Fristberechnung erscheint, dass es nicht um die gründliche Prüfung der abschließenden Betriebskostenabrechnung geht, sondern im Grundsatz um eine eher kursorische Überprüfung auf grobe Fehler. Es bietet sich daher an, auf die frühere Regelung in § 4 Abs. 3 Satz 1 MHG zurückzugreifen. Danach schuldete der Mieter die erhöhten Vorauszahlungen zum Beginn des Folgemonats, wenn ihm die Erklärung bis zum **15. eines Monats** zugeht, sonst mit Beginn des übernächsten Monats.[91] Die hier früher vertretene Ansicht, der erhöhte Betrag sei, anknüpfend an § 560 Abs. 2 BGB, erstmals mit Beginn des auf die Erklärung des Vermieters folgenden übernächsten Monats fällig,[92] wird aufgegeben. Der Grund liegt darin, dass diese späte Fälligkeit die Zeitspanne verkürzt, innerhalb derer der Mieter die erhöhten Vorauszahlungen bis zur nächsten Abrechnung zahlt, was die Gefahr einer fortbestehenden Unterdeckung in sich birgt. Zudem braucht der Mieter im Zweifel mehr Zeit für die eingehende Prüfung der Erhöhung einer Pauschale als für die Anforderung höherer Vorauszahlungen.

2. Ermäßigung der Vorauszahlungen

54 **a) Kürzungsrecht des Mieters. Erheblich zu hohe Vorauszahlungen** verstoßen gegen §§ 556 Abs. 2 Satz 2 BGB, 20 Abs. 3 Satz 1 NMV. Die Vereinbarung ist daher nach §§ 556 Abs. 4 BGB, 8 Abs. 2 WoBindG nichtig (§ 134 BGB), allerdings nach § 139 BGB nur, soweit sie die Höhe angemessener Vorauszahlungen überschreitet.[93] Es war früher sehr streitig, wie der Mieter von Wohnraum auf die Überhöhung der Vorauszahlungen reagieren kann. Dieser gesamte Streit ist für Wohnraum durch § 560 Abs. 4 BGB erledigt. Für Gewerberaum kann sich eine Pflicht des Vermieters zur Reduzierung der Vorauszahlungen aus einer entsprechenden Vertragsbestimmung ergeben.[94]

55 **Beide Seiten** haben nunmehr das Recht, **einseitig** eine Anpassung der Vorauszahlungen auf eine angemessene Höhe vorzunehmen. Dass der Mieter zu einer Herabsetzung der Vorauszahlungen auf eine angemessene Höhe sachlich nicht in der Lage sei,[95] war ohnehin nicht nachvollziehbar. Im Allgemeinen wird die Überhöhung erst an dem Guthaben des Mieters aus einer Betriebskostenabrechnung deutlich; mit ihr liegen die Grundlagen für die Betriebskostenlast offen, so dass die Kürzung auf einen angemessenen Betrag nur wenige Rechenschritte erfordert. Die Erklärung hat in Textform zu erfolgen; ist sie nicht gewahrt, ist die Erklärung unwirksam.[96]

56 **b) Varianten.** Ergibt die **Abrechnung ein deutliches Guthaben** des Mieters, sind die Vorauszahlungen für die Folgezeit herabzusetzen, weil sie die angemessene Höhe überschreiten. Es erscheint allerdings nicht geboten, die Ermäßigung in dem Umfang vorzunehmen, dass die noch fällig werdenden Vorauszahlungen unter Einschluss der bis zur Vorlage der Abrechnung gezahlten zu hohen Abschläge ein in etwa ausgeglichenes Ergebnis erwarten lassen. Dieses Verfahren hätte zur Folge, dass die ab Beginn der neuen Abrechnungsperiode geschuldeten Vorauszahlungen erheblich zu niedrig ausfallen, so dass der Vermieter, um eine Kostendeckung zu erreichen, zu diesem Zeitpunkt wiederum höhere Vorauszahlungen anfordern müsste. Dem Vermieter ist dieser zusätzliche Verwaltungsaufwand nicht zumutbar, da die Korrektur mit der folgenden Abrechnung ohnehin zu erfolgen hat. Werden die ermäßigten Vorauszahlungen an dem Saldo der Abrechnung ausgerichtet, hat der Mieter zwar zuvor zu viel bezahlt, ein Nachteil, der jedoch im Hinblick auf die in aller Regel moderate Zuvielzahlung akzeptabel erscheint.

57 Die Reduzierung der Vorauszahlungen während des laufenden Abrechnungszeitraums kommt in Betracht, wenn der **Wegfall von Leistungen,** auf die sich die Vorauszahlungen beziehen, jedenfalls für die laufende Periode endgültig ist und er sich kostenmäßig sehr erheblich auswirkt; ohne diese Kostenrelevanz bleibt es wegen der üblichen Schwankungen der anderen Kosten bei der Korrektur in der Abrechnung. Dieser Sachverhalt ist z. B. gegeben, wenn die Mieter kostenlos bestimmte Arbeiten übernehmen und dadurch die Beschäftigung eines Hausmeisters oder Unternehmens überflüssig machen oder wenn der Vermieter mit dem Mieter vereinbart, dass bestimmte

---

[91] Ebenso *Kinne* in Kinne/Schach/Bieber § 560 Rdn. 73.

[92] So AG Köln ZMR 2004, 920; *Gather* DWW 2011, 362 (365); *Lammel* § 560 Rdn. 37; *Pfeifer* S. 95; im Ergebnis ebenso, allerdings aus dem Gebot der Rücksichtnahme auf den Vertragspartner: *Seldeneck* Rdn. 3943.

[93] BayObLG RE 5.10.1995 NJW-RR 1996, 207 = WuM 1995, 694.

[94] OLG Düsseldorf NZM 2016, 821 = ZMR 2017, 161.

[95] So BayObLG RE 5.10.1995 NJW-RR 1996, 207 = WuM 1995, 694.

[96] AG Lichtenberg MM 2003, 245.

Leistungen durch unmittelbaren Vertrag mit dem Ver/Entsorger erbracht und direkt mit ihm abgerechnet werden.

Schließlich stellt sich die Frage, wie bei der **Nicht- oder Schlechterfüllung von Leistungen** zu verfahren ist, auf die der Mieter Vorauszahlungen entrichtet. Sie begegnet in der Praxis vor allem im Zusammenhang mit Reinigungs-, Pflege- und Hauswartsarbeiten. Oft hat der Vermieter die Möglichkeit, noch während der Abrechnungsperiode auf Missstände zu reagieren. Er kann durch sofortige Abmahnung eines Unternehmens oder des mit den Arbeiten betrauten Mieters die Zeit der Nicht- oder Schlechterfüllung kurz halten, ggf. auch einem anderen Dritten die Arbeiten übertragen. Der zeitweilige Wegfall von Kosten hält sich dann in engen Grenzen, es können sogar für die restliche Periode höhere Kosten entstehen. Der Minderwert von Leistungen während des Abrechnungszeitraums lässt sich daher in aller Regel nicht abschließend quantifizieren, so dass die Kostenkontrolle der Abrechnung vorzubehalten ist (vgl. Rdn. 84f.).[97] Im Regelfall steht folglich weder dem Mieter ein Zurückbehaltungsrecht zur Durchsetzung seines Erfüllungsanspruchs zu noch sind die Vorauszahlungen zu reduzieren.[98] 58

3. Kollision von Vermieter- und Mietererklärungen zur Höhe der Vorauszahlungen

Es sollte sich von selbst verstehen, dass weder der Vermieter eine Erhöhungserklärung bzw. der Mieter eine Ermäßigungserklärung abgeben darf, wenn dies **sachlich nicht gerechtfertigt** ist. Problematisch sind jedoch die Fälle, in denen dem Vertragspartner eine Änderungserklärung zugeht, mit deren Inhalt er nicht einverstanden ist, etwa weil dem Mieter der vom Vermieter großzügig aufgerundete Betrag zu hoch oder dem Vermieter die vom Mieter vorgenommen Ermäßigung zu weitgehend erscheint. 59

Unklar ist, welche Rechtsfolgen eintreten, wenn sich die Parteien einander **widersprechende Erklärungen** i. S. d. § 560 Abs. 4 BGB zukommen lassen, wobei vorausgesetzt ist, dass **beide Erklärungen** durchaus einen **sachlichen Hintergrund** haben. So könnte z. B. eine Ermäßigungserklärung des Mieters, die sich an der letzten Abrechnung orientiert, einerseits wirksam sein, sogleich aber vom Vermieter durch eine Erhöhungserklärung, etwa im Hinblick auf anstehende Betriebskostenerhöhungen, wiederum wirksam korrigiert werden. Diese Korrespondenz ließe sich fast beliebig fortsetzen mit dem Ergebnis völliger Konfusion. Im Interesse des Rechtsfriedens ist jedoch ein Resultat notwendig, das Klarheit schafft und in der Praxis leicht zu handhaben ist. Hierzu wird vertreten, dass es bei sich widersprechenden Erklärungen schlicht bei den unveränderten Vorauszahlungen bleibt, bis ggf. das Gericht entschieden hat.[99] Damit würde indes das Anpassungsrecht praktisch leer laufen. Im Hinblick darauf, dass § 560 Abs. 4 BGB die Anpassung auf eine angemessene Höhe der Vorauszahlungen beschränkt, ist diejenige Erklärung maßgeblich, welche der **Angemessenheit am nächsten kommt.**[100] Zur Abklärung, welche Anpassung am ehesten angemessen erscheint, ist zunächst festzustellen, **ob** der **Vermieter eine Begründung** für die auf den ersten Blick überhöhten Abschläge lieferte, etwa zwischenzeitlich eingetretene Mehrbelastungen. Fehlt diese, wie meist, sind **Grund und Inhalt der Anpassungserklärung** des Mieters zu **überprüfen.** Bringt der Mieter nur allgemeine Beanstandungen an, kann die Angemessenheit des Erhöhungsbetrags unterstellt werden. Stützt er die Anpassung auf inhaltliche Fehler der Abrechnung, kann er, sofern sich die Fehler nicht schon aus der Abrechnung selbst ergeben, etwa bei Rechenfehlern oder Zahlendrehern, bei denen ein Hinweis auf die Fehler genügt, die Angemessenheit der von ihm angepassten Vorauszahlungen durch eine Gegen-Abrechnung darlegen.[101] Wandte sich der Mieter in dieser Weise gegen die vom Vermieter verlangten erhöhten Vorauszahlungen, ist jedenfalls einstweilen davon auszugehen, dass seine Anpassung ihrer Angemessenheit am nächsten kommt. Nachfolgende Anpassungserklärungen seitens des Vermieters entfalten daher keine Wirkung mehr. **Jedenfalls** steht dem Mieter hinsichtlich der streitigen Kostenansätze das **Zurückbe-** 60

---

[97] Vgl. AG Frankfurt/M. WuM 1996, 778.

[98] *Sternel* III Rdn. 330; **a. A.** *Seldeneck* Rdn. 3945.

[99] *Blank* in Blank/Börstinghaus § 560 Rdn. 21; Wall Rdn. 2751.

[100] BGH (VIII ZR 322/08) NZM 2010, 315 = WuM 2010, 156; *Schmid/Zehelein* in MünchKomm § 560 Rdn. 33; *Wall* Rdn. 2751; *Weitemeyer* in Staudinger § 560 Rdn. 48; vgl. insoweit auch BGH (VIII ZR 322/08) NZM 2010, 315 = WuM 2010, 156.

[101] BGH (VIII ZR 184/12) NZM 2013, 357 = WuM 2013, 235 m. Anm. *Kunze* WuM 2013, 410 = ZMR 2013, 422.

haltungsrecht aus § 273 BGB zu. Der **BGH** hat entschieden,[102] dass der Mieter einen eigenständigen materiellen Gegenanspruch auf eine inhaltlich richtige Abrechnung hat, den er ggf. auch gezielt gerichtlich geltend machen kann. Das hieraus stammende Verweigerungsrecht beschränkt sich zwangsläufig nicht nur auf den Saldo, sondern auch auf die aus ihm abgeleitete Anpassung.

II. Preisgebundener Wohnraum

1. Erhöhungsrecht

61 Bei **öffentlich geförderten Wohnraum** konnte der Vermieter bisher schon die Vorauszahlungen nach §§ 20 Abs. 4 NMV, 4 Abs. 7, Abs. 8 i. V. m. § 10 WoBindG erhöhen, **auch wenn** es **vertraglich nicht vorgesehen** war. § 20 Abs. 4 NMV gilt für *„Erhöhungen der Vorauszahlungen und ... die Erhebung des durch die Vorauszahlungen nicht gedeckten Umlegungsbetrages sowie für die Nachforderung von Betriebskosten"*. Der Wortzusammenhang von Erhöhung der Vorauszahlungen und Erhebung einer Nachforderung macht deutlich, dass die Erhöhung die Erteilung einer Abrechnung voraussetzt.[103] Für alle **Förderungen seit dem 1. 1. 2002** gilt hingegen das WoFG. Es bestimmt in § 28 Abs. 4 Nr. 1 WoFG, dass der Vermieter *„eine Leistung zur Abgeltung von Betriebskosten nur nach Maßgabe der §§ 556, 556a und 560 des Bürgerlichen Gesetzbuchs fordern, sich versprechen lassen oder annehmen"* darf. Die **folgenden Ausführungen** betreffen daher allein den **preisgebundenen Wohnraum alter Art.**

2. Erhöhungsverfahren

62 Zum Verfahren enthält § 20 Abs. 4 NMV zwei **besondere Regelungen.** Nach Satz 1 gilt § 4 Abs. 7 und 8 NMV entsprechend, nach Satz 2 kann der Vermieter keine Erhöhung von Vorauszahlungen für einen zurückliegenden Zeitraum verlangen. § 4 Abs. 7 Satz 1 NMV verweist für die Durchführung der Erhöhung und ihren Wirkungszeitpunkt auf § 10 WoBindG, der das Verfahren für einseitige Mieterhöhungen generell festlegt. Nach § 10 Abs. 1 Satz 2 WoBindG ist die Mieterhöhungserklärung nur wirksam, wenn in ihr die Erhöhung berechnet und erläutert wird. Ergänzend hierzu bestimmt § 4 Abs. 7 Satz 2 NMV, dass bei der Erläuterung die Gründe, aus denen sich die einzelnen laufenden Aufwendungen erhöht haben, und die auf die einzelnen laufenden Aufwendungen entfallenden Beträge anzugeben sind.

63 **a) Erläuterung und Berechnung.** Der Vermieter hat die Erhöhung entsprechend § 4 Abs. 7 Satz 2 NMV zu **erläutern und** zu **berechnen.** Die Vorschrift ist im vorliegenden Zusammenhang aufgrund ihrer lediglich entsprechenden Anwendung nur von Bedeutung, wie eine Erläuterung für die Nachvollziehbarkeit der Erhöhung seitens des Mieters erforderlich ist. Soweit sich die **Erhöhung** der Vorauszahlungen an dem **Ergebnis der Betriebskostenabrechnung** orientiert, bedarf es einer speziellen Erläuterung der Gründe für die Erhöhung daher nicht.[104]

64 Anders verhält es sich, wenn der Vermieter **Kostensteigerungen,** die ihm erst später zwischen dem Ende der abgerechneten Periode und der Übersendung der Abrechnung an den Mieter bekannt geworden sind, bei der Höhe der künftigen Vorauszahlungen berücksichtigen will. Allgemein gehaltene Prognosen über die zukünftige Kostenentwicklung reichen als Erläuterung nicht aus;[105] eine Berechnung stellen sie ohnehin nicht dar. Hier hat der Vermieter den **Grund für Mehrbelastungen** anzugeben, etwa einen Bescheid über neu eingeführte Gebühren der öffentlichen Hand, Nachbelastung der Grundsteuer oder Sonderbelastungen durch die Leistungsträger, z. B. einer Gebührenerhöhung oder Änderung der Tarifstruktur bei den Kosten der Müllbeseitigung.

65 **b) Verbot rückwirkender Erhöhungen.** Nach § 20 Abs. 4 Satz 2 NMV ist es dem Vermieter **nicht** gestattet, **Betriebskostenvorauszahlungen rückwirkend zu erhöhen.** Diese Vorschrift geht der Regelung in § 4 Abs. 8 NMV vor, nach welcher der Vermieter unter bestimmten Umständen auch Nachforderungen für einen länger zurückliegenden Zeitraum geltend machen kann,

[102] BGH (VIII ZR 115/04) DWW 2005, 18 = GE 2005, 50 = NZM 2005, 13 = WuM 2005, 61 = ZMR 2005, 121, dazu *Milger* NJW 2009, 625 (630).

[103] *Sonnenschein* NJW 1992, 265 (269); *Sternel* III Rdn. 327.

[104] Vgl. BGH (VIII ZR 199/10) NZM 2011, 545 für die Mieterhöhung infolge des Wegfalls einer öffentlichen Förderung.

[105] AG Köln WuM 1988, 436.

wenn die jeweils zulässige Miete im Mietvertrag als vertragliche Miete vereinbart wurde. § 20 Abs. 4 Satz 2 NMV verbietet damit sowohl die von der Vorauszahlungsabrede ohnehin nicht gedeckte Erhöhung für bereits abgelaufene Abrechnungszeiträume, als auch die Erhöhung für die verstrichenen Monate der laufenden Abrechnungsperiode; der Vermieter ist daher nicht berechtigt, den Erhöhungsbetrag auf zwölf Monate umzurechnen und den sich für die vergangenen Monate ergebenden Fehlbetrag als Einmalbetrag einzufordern.[106]

Fraglich ist, ob er die Vorauszahlungen für den verbleibenden Abrechnungszeitraum in der Weise erhöhen darf, dass der aus dem Kostenanstieg **prognostizierte Jahresfehlbetrag** ausgeglichen wird. Dies wird mit dem Hinweis, die erhöhten Vorauszahlungen seien kostenorientiert und damit angemessen i. S. d. § 20 Abs. 3 NMV, bejaht, und zwar selbst für den Fall, dass von dem laufenden Abrechnungszeitraum nur noch ein Monat übrig ist.[107] Diese Meinung erscheint nicht ausgewogen. Eine derartige Umlage bedeutet für den Mieter eine unerwartete Mehrbelastung, auf die er z. B. bei engem finanziellem Spielraum nur unter Schwierigkeiten reagieren kann. Hiergegen lässt sich nicht einwenden, es werde allein eine noch höhere Nachbelastung aus der Abrechnung vermieden, so dass sich das gleiche Problem nur in zeitlich verlagerter Form stelle.[108] Die Argumentation verkennt, dass eine geringer berechnete Erhöhung dem Mieter eine Vorlaufzeit von einigen Monaten bis zur Abrechnung verschafft, in der er sich auf die Nachforderung einstellen kann. 66

Ein **für beide Seiten zumutbares Ergebnis** stellt sich ein, wenn der Jahresfehlbetrag auf zwölf Monate umgerechnet und der Mieter für die verbleibenden Monate der Abrechnungsperiode nur mit den so in geringerem Umfang erhöhten Vorauszahlungen belastet wird. Auf diese Weise erhält der Vermieter eine gewisse Deckung der erhöhten Kosten, die von der restlichen Laufzeit des Abrechnungszeitraums abhängt, ohne dass der Mieter ggf. in finanzielle Bedrängnis gerät. Außerdem entfällt für den Vermieter die Verpflichtung, die Vorauszahlungen sogleich mit Beginn der neuen Abrechnungsperiode zu senken; ohne die Herabsetzung würde er bei Beibehaltung der hohen Vorauszahlungen auf das Jahr gerechnet unangemessen hohe Zahlungen erhalten. 67

c) Anforderung und Wirkungszeitpunkt der Erhöhung. Die Erhöhungserklärung ist **schriftlich** abzugeben (§ 20 Abs. 4 Satz 1 NMV i. V. m. §§ 4 Abs. 7, 10 Abs. 1 Satz 1 WoBindG), so dass die Formvorschrift des § 126 BGB zu beachten ist. Bei einer mit Hilfe automatischer Einrichtungen erstellten Erklärung ist nach § 10 Abs. 1 Satz 5 WoBindG die eigenhändige Unterschrift entbehrlich. Eine derart gefertigte Erklärung liegt auch vor, wenn ein Computerprogramm die manuell eingegebenen Daten verarbeitet hat.[109] Soweit auch nach der hier vertretenen Ansicht eine Erläuterung beizufügen ist, gilt dies nach § 4 Abs. 7 Satz 3 NMV ebenfalls für Erklärungen, die auf die vorgenannte Weise gefertigt wurden. 68

Die Regelung in § 10 Abs. 1 Satz 1 WoBindG, dass für die Erklärung, die Umlage werde erhöht, die Angabe eines bestimmbaren Betrages ausreiche, ist im vorliegenden Zusammenhang nicht relevant. Anderenfalls wäre das Erfordernis der Berechnung sinnlos. Die Bestimmung betrifft vielmehr den Fall, dass der Vermieter, der die Umlage von Betriebskosten nicht bereits im Vertrag festgelegt hat, dies im Wege der einseitigen Erklärung nach § 10 WoBindG nachholen kann; die definitive Höhe der Umlage ist in diesem Zeitpunkt noch nicht bekannt, sondern erst nach der Abrechnung, so dass zunächst die Angabe eines bestimmbaren Betrages genügt. 69

Die Erhöhungserklärung **wirkt,** wenn sie bis zum 15. eines Monats abgegeben wurde, zum 1. des folgenden Monats, sonst zum 1. des übernächsten Monats (§ 10 Abs. 2 WoBindG). Wurde gem. § 4 Abs. 8 NMV die zulässige Miete als vertragliche vereinbart, wirkt die Erhöhung immer schon zum 1. des Folgemonats. 70

D. Grundsatz der Wirtschaftlichkeit (Abs. 5)

I. Geltungsbereich

Der Wirtschaftlichkeitsgrundsatz ist **nur für die Mietstrukturen von Bedeutung,** bei denen der Mieter unmittelbar mit Betriebskosten belastet ist. Haben die Parteien eine Brutto- oder Bruttokaltmiete vereinbart, trägt der Mieter zwar mittelbar die auf seine Wohnung entfallenden oder 71

---

[106] Ebenso *Sonnenschein* NJW 1992, 270.
[107] *Sonnenschein* NJW 1992, 270 ff.
[108] *Sonnenschein* NJW 1992, 272.
[109] BGH (VIII ZR 341/03) GE 2004, 1388 = WuM 2004, 666 = ZMR 2004, 901.

von ihm verursachten Betriebskosten mit, er ist jedoch von sinnlosen oder unwirtschaftlichen Kosten nicht berührt, weil sie allein den Nettomietanteil zulasten des Vermieters verringern. Ebenso verhält es sich beim Betriebskostenanteil einer Teilinklusivmiete. Bei diesen Strukturen wird der Wirtschaftlichkeitsgrundsatz erst relevant, wenn der Vermieter die Betriebskostenanteile wegen gestiegener Betriebskosten anheben will. Dies betrifft allerdings nach Art. 229 § 3 Abs. 4 EGBGB nur Altverträge, wenn der Anteil gem. § 560 Abs. 1, 2 BGB entsprechend dem konkreten Kostenanstieg erhöht werden soll; für Neuverträge steht dem Vermieter ohnehin allein der Weg der Einbeziehung der gestiegenen Kosten in eine allgemeine Mieterhöhung zur Verfügung.

72 **Hauptanwendungsfälle** des Wirtschaftlichkeitsgrundsatzes sind mithin zum einen die Nettomieten bzw. die Betriebskostenanteile von Teilinklusivmieten, bei denen Vorauszahlungen auf eine Abrechnung geleistet werden; dementsprechend ist das Wirtschaftlichkeitsgebot in § 556 Abs. 3 Satz 1 2. Hs. BGB aufgeführt. Zum anderen geht es um die Erhöhung von Pauschalen, für die das Gebot in § 560 Abs. 5 BGB wiederholt ist.

73 Nach dem Wortlaut dieser Vorschriften bezieht sich der Grundsatz allein auf Veränderungen in der Höhe der Betriebskosten; sie betreffen damit unmittelbar nur einen Aspekt der Wirtschaftlichkeit. Zu dem Fall, dass bereits die Entstehung einzelner Kosten unwirtschaftlich ist, fehlt eine ausdrückliche Bestimmung. Aus beiden Vorschriften ist jedoch die **allgemeine Regel** abzuleiten, dass der Vermieter den Mieter immer nur mit solchen Kosten belasten darf, die wirtschaftlich angemessen sind. Für **preisgebundenen Wohnraum** folgte die Einschränkung der Umlagefähigkeit bislang schon unmittelbar aus §§ 20 Abs. 1 Satz 2 NMV, 24 Abs. 2 II. BV. Bei **gewerblichen Mietverhältnissen** ist die Umlagefähigkeit von Betriebskosten nach Treu und Glauben gem. § 242 BGB in demselben Maße beschränkt.[110]

74 Auch für **preisfreien Wohnraum** war die Geltung des vorgenannten Grundsatzes vor der Mietrechtsreform unumstritten.[111] Zur Begründung wurden unterschiedliche Gesichtspunkte angeführt, die jedoch zum Teil, wie z. B. die Annahme eines Treuhand- oder Auftragsverhältnisses nicht überzeugten. Dieser Meinungsstreit ist durch die Regelung des BGB nicht mehr relevant.

II. Inhalt

1. Grundsätze

75 Die **Definition** des Wirtschaftlichkeitsgrundsatzes ist in § 556 Rdn. 278 behandelt. Wie dort bereits ausgeführt, findet sich die Definition in § 20 Abs. 1 Satz 2 NMV, § 24 Abs. 2 II. BV. Da sie die Leitschnur für die folgenden Ausführungen darstellt, sei wiederholt, dass nach ihr nur solche Kosten umgelegt werden dürfen, die *„bei gewissenhafter Abwägung aller Umstände und bei ordentlicher Geschäftsführung gerechtfertigt sind"*. Maßgeblich ist damit der Standpunkt eines *„vernünftigen Wohnungsvermieters"*, der ein *„vertretbares Kosten-Nutzen-Verhältnis im Auge behält"*.[112] Zur Kontrolle, ob dieses Kosten-Nutzen-Verhältnis im Einzelfall gewahrt ist, sollte die Überlegung einbezogen werden, ob ein verständiger Vermieter die Kosten auch veranlasst hätte, wenn er sie selbst tragen müsste.[113] Eine **starre Grenze** von z. B. 10%,[114] **ab der** überhaupt ein **Verstoß** gegen die Wirtschaftlichkeit in Betracht kommt, ist abzulehnen.[115] Der Vermieter ist durch sein Auswahlermessen hinreichend geschützt.

Zur verbleibenden Privatautonomie des Vermieters, seinem Ermessensspielraum und dem Umstand, dass der Grundsatz dem Mieter keinen Anspruch auf Modernisierung verschafft s. § 556 Rdn. 278.

76 Der Vermieter darf dem Mieter daher nur **betriebswirtschaftlich sinnvolle Betriebskostenarten bzw. Kostenteile** auferlegen. §§ 556 Abs. 3 Satz 1, 560 Abs. 5 BGB wiederholen letztlich nur das Gebot der Rücksichtnahme auf die berechtigten Belange des Vertragspartners, das allein die Umlage solcher Kosten rechtfertigt, die für eine ordnungsgemäße und sparsame Bewirtschaf-

---

110 Z. B. BGH (XII ZR 170/13) NJW 2015, 855 = NZM 2015, 132; (XII ZR 129/09) NZM 2010, 864; KG GE 2008, 122; *Beyer* NZM 2007, 1 (2).

111 Z. B. *Sternel* III Rdn. 345.

112 BGH (VIII ZR 243/06) DWW 2008, 143 = GE 2008, 116 = NZM 2008, 78 = WuM 2008, 29 = ZMR 2008, 195; OLG Karlsruhe RE 20.9.1984 WuM 1985, 17 = ZMR 1984, 412.

113 LG Berlin GE 1987, 517; *Schmid/Zehelein* in MünchKomm § 556 Rdn. 117.

114 *Herlitz/Viehrig* S. 173; *Milger* NZM 2008, 1 (11).

115 Ebenso *Kinne* GE 2003, 711 (712).

tung erforderlich sind. Wann dies der Fall ist, lässt sich bei den Kostenarten gem. Nr. 1–16 des § 2 BetrKV nicht generell feststellen, sondern richtet sich nach den Verhältnissen im Einzelfall. Bei den meisten Arten ist der Anfall von Kosten ohnehin (öffentliche Lasten, Wasserversorgung, Entwässerung, Straßenreinigung, Müllabfuhr, Hausreinigung, Ungezieferbekämpfung, Versicherungen) vorgegeben, bei weiteren durch das Vorhandensein einer bestimmten Ausstattung (Aufzug, Garten, Beleuchtung, Schornstein, Antennen, Wascheinrichtung). Aus dem Katalog des § 2 BetrKV sind im vorliegenden Zusammenhang primär nur die Hausmeisterkosten von Bedeutung. Hier mag es zwar bequem sein, auch für ein kleines Anwesen einen teuren Hausmeister einzustellen, wirtschaftlich betrachtet ist es nicht plausibel.[116] In zweiter (und eher theoretischer) Linie kommt die Neuschaffung von Ausstattungen in Betracht, die überflüssig sind, wie etwa die Einrichtung maschineller Wascheinrichtungen, für die kein Bedarf gegeben ist. Eine verstärkte Prüfung ist jedoch bei den Kosten nach Nr. 17, den Sonstigen Betriebskosten, angezeigt.

Der **wesentliche Anwendungsbereich** des Wirtschaftlichkeitsgrundsatzes liegt in der Be- **77**
schränkung der **Kostenhöhe.** Auch bei dem Grunde nach wirtschaftlich sinnvollen Betriebskostenarten bzw. Kostenteilen ist der Vermieter gehalten, sie der Höhe nach soweit wie möglich und zumutbar zu begrenzen. Ein hoher Aufwand, den der Vermieter z. B. auf Grund persönlicher Vorstellungen für unverzichtbar hält, kann bei objektiver Betrachtung übertrieben sein.

Der Betriebskostenanstieg lässt sich durch verschiedene weitere Maßnahmen verhindern oder **78**
jedenfalls reduzieren, die zum Teil unter dem Begriff Betriebskostenoptimierung[117], überwiegend unter der Bezeichnung **Betriebskostenmanagement**[118] zusammengefasst werden. Bemerkenswert ist, dass der Vermieter, der Betriebskostenmanagement und -benchmarking[119] betreibt, **zwei jeweils eigennützige Interessen** der Vertragsparteien **gleichermaßen bedient:** sein Interesse, die bei Neuvermietung oder Mieterhöhung erzielbare Nettomiete zu erhöhen sowie generell seine Marktchancen zu steigern, und das Interesse des Mieters, mit möglichst geringen „Neben"kosten belastet zu werden. Wer ernsthaft und nachhaltig im eigenen Interesse an der Kostensenkung arbeitet, erfüllt spiegelbildlich zugleich den Anspruch des Mieters aus dem Wirtschaftlichkeitsgebot.

- Zum einen geht es darum, schon in der Planungsphase für **Neubauten** Betriebskostengesichtspunkte zu berücksichtigen, etwa bei einem mehrseitigen Wohnblock, in dessen Mitte ein Spielplatz eingerichtet werden soll, sicher zu stellen, dass der Innenhof für Fahrzeuge erreichbar ist, um nicht bei Gartenabfällen oder Sandaustausch zeit- und damit kostenaufwendig per Hand mit kleinen Geräten arbeiten zu müssen.
- Zum anderen beziehen sich die Überlegungen auf **vorhandenen Baubestand,** bei dem technische Veränderungen der vorgenannten Art nicht mehr durchführbar sind. In diesen Zusammenhang gehört der Zukauf von Know-how durch **Inanspruchnahme spezialisierter Dienstleister.** Infolge des Grundsatzes der Wirtschaftlichkeit ist der Vermieter jedenfalls bei größeren Wohnanlagen im Geschosswohnungsbau verpflichtet, sich Angebote zur Realisierungsmöglichkeit und prognostizierten Kostenersparnis einzuholen, zumal sich im Einzelfall beachtliche Kosteneinsparungen erzielen lassen.

Die **Kosten der Betriebskostenoptimierung** hat der Vermieter zu tragen. Die Unterhaltung **79**
einer effizienten und kostenorientierten Verwaltung ist Sache des Vermieters, Verwaltungskosten sind keine Betriebskosten (§ 1 Abs. 2 Nr. 1 BetrKV). Die entsprechenden Kosten muss der Vermieter aus der Nettomiete bestreiten. Auf der Verwaltungsebene nachhaltige Einsparungen zu erzielen, dient seinen **eigenen Geschäftsinteressen.** Hohe Betriebskosten sind in Bereichen mit einem Überangebot an Wohnraum für Nachfrager ein Grund, von der Anmietung abzusehen; ihre Reduzierung verbessert die Wettbewerbschancen bei der Neuvermietung und führt zugleich zur Kundenbindung bei bestehenden Mietverhältnissen. Zudem engen sie den Spielraum für Erhöhungen der Nettomiete ein.[120] Bei der Betriebskostenoptimierung geht es daher vorrangig nicht um eine Dienstleistung gegenüber dem Mieter, sondern die Kostensenkungen sind nur ein Reflex zu seinen Gunsten aus dem übergeordneten wirtschaftlichen Interesse des Unternehmens.

---

[116] AG Erfurt WuM 2003, 358 bei einem Wohnhaus mit nur vier Wohneinheiten.
[117] *Herlitz/Viehrig* S. 139 ff.
[118] Z. B. *Richter* PiG 58 (1999) S. 125 ff.
[119] Dazu *Wall* Rdn. 1054 ff.
[120] *Schmidt* MDR 1999, 1293.

Dasselbe gilt für die Kosten des sog. **Betriebskosten-Benchmarking.** Die Anfertigung und Fortschreibung von Statistiken über die Betriebskostenbelastung der zum Bestand des Unternehmens gehörenden Gebäude, aufgeteilt nach den verschiedenen Kostenarten und -flächen, ist originäre Verwaltungstätigkeit.

Betriebskosten sind nur solche Kosten, die laufend entstehen. Die gelegentliche Hinzuziehung eines **externen Instituts zur Optimierung bei Einzelmaßnahmen,** z. B. der Ausschreibung von Leistungen (Fremdvergabe von Leistungen), verursacht nur einmaligen Aufwand; selbst wenn er sich gelegentlich wiederholen sollte, fehlt es an dem Kriterium des laufenden Entstehens. Dasselbe gilt für den Aufwand einer Neustrukturierung von Arbeitsabläufen oder für die Inanspruchnahme Dritter zur Vorbereitung oder Begleitung größerer Umstrukturierungen.

Kostenkontrollen gehören zum Pflichtenkreis der jeweiligen Sachbearbeiter; ggf. muss der Vermieter ihnen eine Schulung angedeihen lassen. Auf höherer Firmenebene kommt die Überprüfung aller Verträge in Betracht, ggf. deren Kündigung und die Neuausschreibung der Leistungen, jedenfalls die Nachverhandlung unter Hinweis auf andere günstigere Anbieter.

Die **Ermittlung** von **Kostensenkungspotentialen** bei **einzelnen Betriebskostenarten** fällt ebenfalls in die normale Zuständigkeit der Verwaltung. Soweit an Ort und Stelle Kontrollen angezeigt sind, um Möglichkeiten der Kostensenkung festzustellen, ist es Sache des Hauswarts, diese zu ermitteln. Ggf. ist er entsprechend zu schulen, damit er bei seinen Gängen durch das Mietobjekt gezielt Beobachtungen anstellen kann. Anreize für alle Mitarbeiter können z. B. durch die Einführung eines betrieblichen Vorschlagwesens geschaffen werden, weil es (auch) um die Positionierung des Unternehmens am Markt geht. Bei den Versicherungen lassen sich gelegentlich Einsparungen durch die Einschaltung eines **Versicherungsmaklers** ohne Zusatzkosten erzielen.

2. Varianten zur Höhe der Kosten

80 **a) Fremdvergabe von Leistungen.** Der Vermieter muss sich vor der Vergabe von Aufträgen an Fremdfirmen einen Marktüberblick verschaffen.[121] Ob er hierzu **Vergleichsangebote** einzuholen hat, richtet sich zum einen nach der betroffenen Anzahl an Mietobjekten des Vermieters, zum anderen nach dem Kostengewicht der Betriebskostenart. Während dem Kleinstvermieter ein derartiger Aufwand im Regelfall nicht zumutbar sein dürfte,[122] hat sich der Vermieter z. B. eines größeren Mehrfamilienhauses nicht nur ein Angebot,[123] sondern jedenfalls drei Angebote[124] seriöser Anbieter geben zu lassen und ein Wohnungsunternehmen zumindest bei den kostenintensiven Betriebskostenarten eine Ausschreibung vorzunehmen.[125] Sowohl bei der Einholung von Vergleichsangeboten als auch insbesondere bei Ausschreibungen ist auf die nachfolgend beschriebenen Kriterien zu achten.

- So wird in der Literatur empfohlen, der Vermieter solle nicht eine genaue Leistungsbeschreibung vorgeben, sondern nur die Leistungsaufgabe, die zu erledigen ist.[126] Dadurch sollen die Anbieter Gelegenheit erhalten, auf Grund ihrer Sachkenntnis kostengünstige Alternativen aufzuzeigen. Zudem kann es bei zu knapp vereinbartem Leistungskatalog notwendig werden, einzelne Arbeiten separat und dann teuer zu vergeben. Aus der Wohnungswirtschaft kommt demgegenüber die Forderung, eine möglichst genaue und gründliche **Leistungsbeschreibung** zur Basis zu machen.[127] Hintergrund dürfte sein, dass es sich bei bloßer Vorgabe der Leistungsaufgabe sehr schwierig und aufwändig gestalten kann, die einzelnen Angebote sachlich zu vergleichen. Da die Anforderungen an den Vermieter nicht überspannt werden dürfen, wird eine klar definierte Leistungsbeschreibung ausreichen, die je nach Einzelfall mit der Aufforderung verbunden werden kann, Alternativen anzugeben. Sie ist sachgerecht, wenn sie sich auf den unbedingt erforderlichen Rahmen beschränkt.
- Die Angebote sollten **alternative Berechnungen für unterschiedliche Vertragslaufzeiten** enthalten. Eine längerfristige Vergabe kann zu Kostensenkungen führen, weil der Anbieter in der Lage ist, seinen Material- und Personaleinsatz anders zu kalkulieren als nur bei relativ kurzer

---

[121] AG Dortmund WuM 2015, 627.
[122] *Börstinghaus/Lange* WuM 2010, 538 (539).
[123] AG Dortmund ZMR 2016, 457.
[124] Z. B. AG Zossen WuM 2012, 555.
[125] Vgl. *Milger* NZM 2008, 1 (10).
[126] *V. Seldeneck* NZM 2002, 547 = ZMR 2002, 395.
[127] *Blöcker* DW 2004, Beilage Betriebskosten aktuell, S. 4.

Vertragslaufzeit.[128] Andererseits ist zu bedenken, dass die Bindung durch sehr lange Vertragslaufzeiten den Wechsel zu wirtschaftlich günstigeren Anbietern verhindert;[129] automatische Vertragsverlängerungen sind daher zu vermeiden.[130] Um bei langen Laufzeiten Qualitätsdefiziten vorzubeugen, wird die Vereinbarung einer Vertragsstrafe vorgeschlagen.[131] Es erscheint jedoch, um die Schwierigkeiten zu vermeiden, sie im Ernstfall auch durchzusetzen, möglich, dass sich der Vermieter ein außerordentliches Kündigungsrecht vorbehält, das z. B. an die Einhaltung eines bestimmten Vorverfahrens geknüpft ist.

– Um bei längerfristigen Verträgen zu vermeiden, dass der **Einsatz technischer Neuerungen** mit Kostensenkungseffekt unterbleibt, ist es sinnvoll, diese von vornherein zuzulassen[132] und mit einer Verpflichtung zu verbinden, dass das Entgelt dann neu zu verhandeln ist.
– Der Vermieter sollte vor der Einholung von Angeboten die betriebskostenrelevanten Mengengerüste überprüfen und auf deren Grundlage entscheiden, **welches Los** er ausschreibt. Bei einem zu großen Los melden sich u. U. kaum Wettbewerber, bei einem zu kleinen nicht die größeren Anbieter.[133]
– Bei größerem Gebäudebestand lassen sich Preisnachlässe erzielen, wenn **Sammelanbieter oder Generalunternehmer**[134] tätig werden oder **gebündelte Großaufträge,** etwa bei der Stromlieferung, ggf. über die wohnungswirtschaftlichen Verbände,[135] vergeben werden.[136] Auch hier sind Vergleichsangebote notwendig, die zudem hinreichend aufgeschlüsselt sein sollten. Anderenfalls begibt sich der Vermieter in beträchtliche Darlegungsschwierigkeiten, wenn er sich im Streitfall gegen den Vorwurf unangemessener Preise wehren muss, z. B. bei Vergabe der Versicherungen für alle Mietobjekte zu einer Pauschalprämie[137].
– Sind in dem **Wohngebiet** bereits Firmen, z. B. für den Winterdienst oder die Gartenpflege tätig, kann es sinnvoll sein, auch diese gezielt zur Abgabe von Angeboten aufzufordern. Die Erweiterung ihres Arbeitsbezirks ermöglicht ihnen den rationelleren Einsatz von Personal und Material.
– Die Angebote sollten **keine automatischen Preiserhöhungen** vorsehen, etwa die Anbindung an Indizes. Ändern sich die Kalkulationsgrundlagen, ist es günstiger, dies nur als Anlass für Preisverhandlungen zu nehmen.[138]
– Der Vermieter darf auch berücksichtigen, ob ein Unternehmen bekanntermaßen besonders **zuverlässig** arbeitet und z. B. in Eilfällen zügig zur Verfügung steht. Unter diesem Gesichtspunkt muss sich der Vermieter nicht stets auf den billigsten Anbieter einlassen.
– Es sollten **keine Vollwartungsverträge** ausgeschrieben werden. Es mag zwar für den Vermieter praktisch sein, mit Hilfe eines nur geringen Vorwegabzugs einen Teil der Instandsetzungskosten umzulegen. Spätestens im Prozess muss er allerdings deutliche Abschläge befürchten, wenn er die richtige Höhe des Abzugs nicht darlegen kann.

b) Organisatorische Veränderungen. Gelegentlich lassen sich durch **Umstrukturierungen** im externen Bereich Kostensenkungen erreichen, etwa durch einen neuen Zuschnitt der Hauswartsbezirke, die Übernahme zusätzlicher Arbeiten durch den Hauswart u. Ä. m. Im internen Bereich ist eine Veränderung des Betriebsablaufs geboten, wenn sich z. B. bei Stichproben oder aufgrund von Beschwerden zeigte, dass es zur Bezahlung verjährter Rechnungen und insbesondere solcher gekommen war, bei denen die berechneten Leistungen nicht oder unvollständig durchgeführt worden waren, so dass die Kosten nicht oder nur teilweise umgelegt werden dürfen (dazu s. Rdn. 84 f.). 81

Bei der Auswahl der **Bewirtschaftungsform** – eigene Leute oder Fremdfirma – ist der Vermieter im Grundsatz weitgehend frei. Hier stellen sich Fragen zur Wirtschaftlichkeit häufig erst beim Übergang von einer Form zur anderen, zumal wenn dadurch ein Kostensprung ausgelöst 82

[128] *V. Seldeneck* NZM 2002, 547 = ZMR 2002, 395.
[129] *Wall* Rdn. 1136.
[130] *Herlitz/Viehrig* S. 142.
[131] *V. Seldeneck* NZM 2002, 547 = ZMR 2002, 395.
[132] *V. Seldeneck* NZM 2002, 547 = ZMR 2002, 395.
[133] *V. Seldeneck* NZM 2002, 547 = ZMR 2002, 395, 396.
[134] Dazu *v. Seldeneck* NZM 2002, 547, 548 = ZMR 2002, 396.
[135] *Bub* NZM 2001, 461.
[136] *Herlitz/Viehrig* S. 143.
[137] *Mühlemeier* WuM 2007, 111 (113).
[138] *Herlitz/Viehrig* S. 143.

wird wie meist beim Übergang von der Erledigung durch eigene Mitarbeiter, z. B. den Hauswart, zur Einschaltung von Fremdunternehmen.

Mit besonderem Misstrauen begegnen die Mieter solchen Rechnungen, die von **Tochterfirmen** des Vermieters oder **Regiebetrieben,** die ihm ganz oder teilweise gehören, stammen,[139] zumal wenn der jeweilige Vertrag vom Vermieter als Auftraggeber und zugleich als Geschäftsführer der Auftragnehmerin unterzeichnet wurde.[140] Zwar wird vertreten, dass die Geltendmachung der (höheren) Kosten nach Übertragung der Arbeiten an ein gewinnorientiertes Tochterunternehmen möglich sei, wenn Vermieter und Mieter sich darauf verständigt, also einen entsprechenden Abänderungsvertrag geschlossen haben.[141] Dabei wird jedoch übersehen, dass Vereinbarungen, die zum Nachteil des Mieters vom Wirtschaftlichkeitsgrundsatz abweichen, unwirksam sind (§§ 556 Abs. 4, 560 Abs. 6 BGB); der Vermieter kann sich mithin auch nicht auf diesem Weg vom Wirtschaftlichkeitsgebot befreien. Da bei der Vergabe von Aufträgen an verbundene Unternehmen die am Markt herrschenden Preisbildungsmechanismen nicht funktionieren,[142] hat auch der Vermieter, der Leistungen an eine ihm gehörende, selbständige Firma vergeben will, zunächst **Angebote von Drittfirmen** einzuholen und seine Preisvorstellung anhand der von ihnen aufgegebenen Preise zu überprüfen.[143]

83 Der Vermieter kann zur Einsparung periodischer Betriebskosten **externe Dienstleister** in Anspruch nehmen und sodann nicht nur die durch den Zusatzaufwand reduzierten Kosten umlegen, sondern zusätzlich diejenigen des Dienstleisters. Grundlage ist die Überlegung, dass er, würde er insoweit eigenes Personal einstellen und beschäftigen, dessen Kosten nach § 1 Abs. 1 Satz 2 BetrKV als Eigenleistung in angemessener Höhe ansetzen könnte, d. h. mit dem Betrag, den ein Unternehmer für eine gleichwertige Leistung verlangen würde, allerdings nur ohne Mehrwertsteuer. Dabei geht es nicht um die Verlagerung einer Betriebskostenart auf außenstehende Dritte wie etwa beim Outsourcing der Beheizung durch sog. Wärme-Contracting mit den daraus resultierenden Problemen insbesondere bei bestehenden Mietverträgen. Vielmehr handelt es sich darum, dass der Vermieter den Sachverstand eines Dritten bei der Erfüllung seiner Verpflichtung einbindet, für eine geordnete und zugleich kostengünstige Bewirtschaftung des Mietobjekts zu sorgen. Obgleich dadurch neue Kosten entstehen, ist der Zukauf von Know-how gerechtfertigt.

Beim Schwerpunkt externer Dienstleistung, dem **Müllmanagement,** erfolgte die Umlage bislang auf der vorbeschriebenen rechtlichen Grundlage, mithin ohne den Ansatz von **Mehrwertsteuer.**[144] Durch die Neufassung in § 2 Nr. 8 BetrKV dürfte insoweit eine Änderung eingetreten sein. Nunmehr zählen auch die Kosten des Betriebs von Müllkompressoren, Müllschluckern u. Ä. zu den umlagefähigen Kosten; bislang ließen sie sich nur als Sonstige Betriebskosten nach Nr. 17 der Anl. 3 zu § 27 II. BV umlegen, weil es sich um die Vorbereitung, nicht jedoch um die eigentliche Müllabfuhr handelt. Der Begriff der Müllabfuhr wurde damit substantiell erweitert, so dass die Kosten des Müllmanagements nicht mehr über eine Eigenleistung des Vermieters, sondern unmittelbar über § 2 Nr. 8 BetrKV umlegbar sind mit der Folge, dass auch die Mehrwertsteuer zum umlagefähigen Aufwand gehört.

Was die **Kosten des Müllmanagements** betrifft, ist es allerdings notwendig, das Spektrum der Arbeit der Mülldienstleister genauer zu betrachten (dazu im Einzelnen Rdn. 97).

84 **c) Kostenkontrolle.** Zu einer ordnungsgemäßen Bewirtschaftung gehört **zum einen** die Kontrolle, ob die dem Mieter berechneten Leistungen dem Umfang nach **notwendig und** der Höhe nach **angemessen** sind. Dies bezieht sich ohne weiteres auf Fremdfirmen. So muss der Vermieter z. B. die Wirksamkeit einer Preiserhöhung des Energieversorgers prüfen und ihr andernfalls widersprechen,[145] wofür ihm ein Zeitraum von 3 Jahren nach Zugang der Jahresabrechnung zusteht.[146] Es gilt aber auch für die Arbeitszeit und -leistung der eigenen Angestellten des Vermieters, etwa des Hauswarts oder von Kräften zur Gartenpflege; in der Praxis sind Fälle nicht selten, in denen eine genauere Kontrolle von Stundenzetteln oder die zeitweilige Einführung von Stundenzet-

[139] Dazu ausführlich *Wall* Rdn. 1153.
[140] Vgl. AG Köln WuM 2007, 264.
[141] AG Nürnberg WuM 2003, 449.
[142] AG Kiel Urt. v. 17.6.2003 – 114 C 31/03.
[143] Vgl. AG Dortmund ZMR 2016, 457; AG Rostock WuM 2012, 274.
[144] LG Mainz Urt. v. 8.10.2003 – 3 S 138/03.
[145] LG Itzehoe WuM 2015, 436; AG Pinneberg NZM 2014, 390 = WuM 2013, 731; umfassend *Hinz* ZMR 2014, 501.
[146] BGH (VIII ZR 59/14) NJW 2015, 2566; kritisch hierzu *Kühne* NJW 2015, 2546.

teln erstaunliche Leerzeiten zu Tage förderten. **Zum anderen** gehört in den Bereich der Kostenkotrolle zu überprüfen, **ob** die von eigenen Angestellten erbrachten oder von Dritten in Rechnung gestellten **Leistungen ordnungsgemäß** erbracht wurden. Hier können Mieterbeschwerden über die Arbeitsweise des eigenen oder fremden Personals Hinweise darauf liefern, dass eine Überprüfung von Kosten und geleisteter Arbeit notwendig ist.[147]

Es wird allerdings vertreten, dem Vermieter sei es nicht zuzumuten, vor der Begleichung von 85
Rechnungen bei den Mietern Rückfrage zu halten, ob die berechneten Leistungen in vollem Umfang erbracht wurden, oder Beanstandungen der Mieter wegen Bagatellbeträgen nachzugehen.[148] Diese Argumentation wird der Problematik nicht gerecht. Sie übersieht, dass ein verständiger Vermieter **Schlechtleistungen** nicht oder nicht in voller Höhe bezahlen würde, wenn er sie selbst tragen müsste (s. Rdn. 75). Bei eigener Kostentragung würde der Vermieter grundsätzlich selbst, durch seine Verwaltung, den Hauswart oder Dritte prüfen, ob die jeweiligen Arbeiten vertragsgemäß ausgeführt wurden, insbesondere wenn es um einen neu engagierten Dienstleister geht; wäre ihm dies z. B. wegen größerer räumlicher Distanz nicht möglich, würde er bei einem Vertreter vor Ort oder auch bei Mietern nachfragen. Arbeitete der Dienstleister über einen gewissen Zeitraum zuverlässig, würde er sich auf Stichproben beschränken, ebenso wenn es um eine geringe Kostenposition geht. Ob der Mieter tatsächlich Bagatellbeträge moniert, richtet sich zudem nicht nach dem einzelnen Mieteranteil, sondern den Gesamtkosten; je nach Mieterzahl können sich auch marginale Einzelbeträge zu beträchtlichen Kosten summieren und Kontrollbedarf auslösen. Die Bezahlung nicht oder unvollständig erbrachter Leistungen ist ein **Verstoß** gegen das **Wirtschaftlichkeitsgebot.** Bei Verschulden des Vermieters steht dem Mieter daher ein Schadensersatzanspruch auf Freihaltung von den überflüssigen Kosten zu (s. Rdn. 114). Entgegen einer zum Teil vertretenen Meinung[149] ist Schlechtleistung **nicht** über **Mietminderung** zu berücksichtigen, weil es sich um zwei rechtlich völlig verschiedene Aspekte handelt. Wird etwa die Treppenhausreinigung schlecht erledigt, ist das Entgelt dafür zumindest zu kürzen; ob Mietminderung gem. § 536 BGB eingreift, hängt davon ab, ob der Zustand so nachteilig ist, dass der vertragsgemäße Gebrauch nicht nur unerheblich beeinträchtigt ist. Ist dies der Fall, tritt Mietminderung *zusätzlich* zur Entgeltreduzierung ein.

Die Annehmlichkeit, dass der **„Haushandwerker"** sich in den Mietobjekten auskennt und zu- 86
verlässig ist, so dass wenig Verwaltungsaufwand für Einweisung und Überwachung anfällt, gestattet nicht, ihn auch dann beizubehalten, wenn er deutlich teurer abrechnet als andere Firmen; der Vermieter hat von Zeit zu Zeit abzugleichen, ob die Leistungen am Markt günstiger zu haben sind.[150] Hier ist sodann entweder zu versuchen, durch Verweis auf die niedrigeren Preise anderer Unternehmen eine Kostenreduzierung zu erreichen, oder mit vereinzelten Aufträgen die Arbeitsweise anderer Firmen zu testen und diese ggf. in Zukunft vermehrt einzusetzen.

Bei der **Beschaffung von Materialien** sind Sonderpreise auszunutzen. Soweit nach Art der 87
Güter und Lagerkapazität möglich sind Preisvorteile durch Einkauf größerer Mengen wahrzunehmen,[151] z. B. bei Reinigungsmitteln, Material für den Winterdienst und die Gartenpflege.[152]

Unnötige Kosten können auch darauf beruhen, dass der Vermieter seiner **Instandhaltungs- und Instandsetzungspflicht** aus § 535 Abs. 1 Satz 2 BGB nicht genügt. Anstehende bauliche Maßnahmen oder technische Veränderungen hat er, soweit sie sich auf die laufenden Kosten auswirken, alsbald ausführen zu lassen.

d) Einzelne Betriebskostenarten. aa) Grundsteuer. Die Forderung, bei Leerständen seien 88
Anträge auf teilweisen Grundsteuererlass nach §§ 33, 34 GrStG zur Reduzierung der Grundsteuerbelastung zu stellen,[153] gehört **nicht** in den Kontext des **Wirtschaftlichkeitsgrundsatzes.** Die verbrauchsunabhängigen Kosten, die auf leer stehende Flächen entfallen, hat in vollem Umfang der Vermieter zu tragen (s. § 556 a Rdn. 34 ff.). Dabei handelt es sich vielmehr um eine Maßnahme, mit welcher er seine eigenen Kosten senkt.

bb) Wasserversorgung. Bei **Tarifänderungen** des Wasserversorgers ist der Vermieter zum 89
einen verpflichtet, Anhaltspunkten zu Fehlern bei der Installierung der neuen Tarife durch die

[147] *Streyl* NZM 2006, 125 (127).
[148] AG Hannover WuM 2007, 408.
[149] So AG Zossen WuM 2012, 555; AG Dresden NZM 2006, 741 = WuM 2007, 8 m. Anm. *Wall.*
[150] Vgl. AG Kiel Urt. v. 17.6.2003 – 114 C 31/03.
[151] OLG Koblenz DWW 1986, 244 = WuM 1986, 282 für Heizöl.
[152] *Wall* Rdn. 1127.
[153] *V. Seldeneck* NZM 2002, 550 = ZMR 2002, 399.

Kommune oder den Zweckverband nachzugehen; eine gerichtliche Auseinandersetzung mit dem Versorger ist ihm im Hinblick auf das Kostenrisiko jedoch nur zuzumuten, wenn der Prozess eine hinreichende Erfolgsaussicht hat,[154] nach einschränkender Ansicht nur bei offenkundiger Rechtswidrigkeit.[155] Zum anderen hat er die korrekte Umsetzung der Tarife im Einzelfall zu kontrollieren.[156]

Einen **überdurchschnittlich hohen Gesamtwasserverbrauch** hat der Vermieter umgehend beim Versorgungsunternehmen zu reklamieren; hier obliegt dem Versorger die Beweislast dafür, dass ein technisch einwandfreier Zähler installiert war und er ordnungsgemäß abgelesen wurde.[157] Gewähren die örtlichen Wasserwerke einen sog. **Sprengwasserabzug,** muss ihn der Vermieter geltend machen; unterlässt er dies, ist die Differenz nicht umlagefähig.[158] Ggf. ist er wegen der Höhe der Frischwasserkosten und der damit verbunden Kosten für das Abwasser verpflichtet, einen Zwischenzähler setzen zu lassen, um den Umfang des Sprengwassers zu ermitteln.

90 Spätestens nach entsprechenden Presseberichten muss der Vermieter der Frage nachgehen, ob die **Dimensionierung des Hauptwasserzählers** zutrifft[159] und ggf. auf Einbau eines angemessenen Wasserzählers dringen.[160] Die DIN 1988-3 gingen von einem Anstieg des personenbezogenen Wasserverbrauchs aus, der jedoch durch höhere Wasserpreise und damit einhergehendes verändertes Nutzerverhalten sowie wassersparende Haushaltsgeräte nicht eingetreten, sondern im Gegenteil rückläufig ist.

Treten im veralteten Leitungsnetz immer wieder **Rohrbrüche** auf, darf der Vermieter den daraus resultierenden Wassermehrverbrauch nicht auf die Mieter abwälzen. Für die Kostenfolgen aus unterlassener Instandsetzung hat er selbst aufzukommen.

91 Bei den **Kosten der Berechnung und Aufteilung** auf einzelne Nutzer erscheint die Einschaltung eines Unternehmens nur sachgerecht, wenn die Anzahl der Wasserzähler und daher der mit Ablesung und Abrechnung verbundene Aufwand die zusätzlichen Kosten rechtfertigen. Handelt es sich nur um wenige Verbrauchsstellen, ist auch ein Laie in der Lage, die Abrechnung zu erstellen,[161] so dass die Kosten eines Abrechnungsdienstes ebenso wenig umlagefähig sind, wie schon bisher die Ablesung von Haupt- und (vor allem bei gemischter Nutzung) Zwischenzählern nebst der anschließenden Abrechnung. Nach diesem Maßstab ist auch die Frage zu beurteilen, inwieweit der Vermieter, der auf die Einschaltung eines externen Unternehmens verzichtet, seinen eigenen Zeitaufwand in Ansatz bringen darf.

92 Der Vermieter muss Einsparpotentiale durch sog. Betriebskostenmanagement (s. Rdn. 78) nutzen. Im Bereich der Wasserkosten gehört dazu, den Einsatz von **Wassermengenreglern** (dazu § 556 BGB Rdn. 123) zu prüfen, zumal die Kosten ihrer Wartung umlagefähig sind (zur Abgrenzung von Wasserdruckbegrenzern s. § 556 BGB Rdn. 219). Sie werden im Bad eingebaut und reduzieren die Wasserdurchlaufmenge bei der Waschtisch- und der Duscharmatur in erheblichem Umfang. Die Einsparung beträgt 40–50% an diesen beiden Wasserentnahmestellen, was zu einer Gesamteinsparung an Wasser von im Schnitt mehr als 12% führt. Durch die übliche Koppelung der Abwassergebühren an den Frischwasserbezug sowie den geringeren Verbrauch an Energie für die Warmwasserbereitung erhöht sich das Einsparpotential deutlich. Das Wartungsentgelt wird aus einem relativ geringen Anteil der Einsparung bestritten.

93 **cc) Entwässerung.** Zur Überprüfung von **Tarifänderungen** des Entsorgers gelten die Ausführungen in Rdn. 89 gleichermaßen. Bei **erstmaliger Umstellung** auf **eine Trennung** des Abwassers zwischen Schmutz- und Niederschlagswasser ist zu kontrollieren, ob die jeweiligen Flächen richtig angesetzt wurden; während vollversiegelte Flächen mit 100% angesetzt werden, entfallen z. B. auf teilversiegelte Flächen oder Flächen mit Versickerung nur 50%.[162]

Bei den Kosten der Entwässerung zeigt sich zum Teil ein Einsparpotential im Bereich der sog. **Regenwasserabgabe.** Hier kann es sich empfehlen, zunächst den Versiegelungsgrad festzustellen,

---

[154] *Beyer* NZM 2007, 1 (4).
[155] *Wall* Rdn. 1176.
[156] AG Demmin WuM 2008, 337.
[157] Ausführlich KG GE 2013, 746.
[158] AG Brandenburg NZM 2011, 361; AG Schöneberg GE 1998, 1343.
[159] Nachweise bei *Ruff* DWW 2014, 42 (43); Tabelle in GE 2010, 744.
[160] BGH (VIII ZR 97/09) GE 2010, 762 = NZM 2010, 558 = WuM 2010, 373; AG Leipzig Urt. v. 3.6.2008 – 170 C 6606/07.
[161] Vgl. für den Bereich der verbrauchsabhängigen Heizkostenabrechnung *Lammel* HeizkostenV § 7 Rdn. 63.
[162] Z. B. Gebührensplitting der Hamburger Wasserwerke.

um sodann z. B. mit Steinbelag versehene oder bituminös gebundene Flächen, die etwa für Stellplätze nicht benötigt werden, durch Rasen oder Rasenpflaster[163] zu ersetzen. Der Vermieter wird jedenfalls gehalten sein zu überprüfen, ob derartige Maßnahmen mit wirtschaftlich vertretbarem Aufwand durchzuführen sind.

Stellt der Vermieter die Entwässerung auf eine neue **Abwassergrube** um, kann er die dadurch ausgelösten, dreifach höheren Kosten nicht umlegen, wenn ihm die Wiederherstellung des bei Vertragsabschluss bestehenden Anschlusses zumutbar war.[164] Ebenso gehen die Kosten einer übermäßigen Leerungshäufigkeit aufgrund unzureichender Dimensionierung der Grube zulasten des Vermieters.[165]

dd) Aufzug. Wartungskosten gehören zum umlagefähigen Aufwand. Zur Ermittlung ange- 94
messener Kosten sind mehrere Angebote einzuholen, weil die **Kostenspanne** für eine durchschnittliche Aufzugsanlage bei vier Wartungen jährlich von etwa 800,00 € bis 2.500 € reicht; hat die Aufzugsanlage nämlich keine codierte oder geblockte Steuerung, ist also aus herstellerneutralen Komponenten gefertigt, kann jedes Fachunternehmen die Regelwartung ausführen.[166] Handelt es sich um eine hydraulische Aufzugsanlage, kann der Turnus für den teuren Ölwechsel durch den Anschluss eines Ölfilters erheblich verlängert werden.[167] Der **Wartungsturnus** darf zudem nicht unwirtschaftlich kurz sein, wie es z. B. bei monatlicher Wartung eines Aufzugs mit sieben Haltepunkten und fünf Mietparteien der Fall ist.[168] Ein derartiger Turnus ist nur bei hochfrequentierten Anlagen, wie z. B. bei Behörden, in Supermärkten, Büro- und Warenhäusern gerechtfertigt. Bei Wohnhäusern mit z. B. nur acht Wohneinheiten reicht zumindest ein Turnus von drei Monaten, bei modernen Anlagen auch ohne weiteres ein längerer.

ee) Straßeneinigung. Bei der kommunalen Straßenreinigung werden die Gebühren gemäß 95
der Einordnung der Straße in die jeweilige Reinigungsklasse nach dem örtlichen Straßenreinigungsverzeichnis erhoben. Erfolgt die **Reinigung nicht nach** den Vorgaben der **Reinigungsklasse,** also entweder überhaupt nicht oder wird der Reinigungszweck verfehlt, steht die Gebühr in einem offensichtlichen Missverhältnis zur Leistung des zur Straßenreinigung Verpflichteten; nur geringfügige Nicht- oder Schlechterfüllung der Reinigung mindert den Entgeltanspruch i. d. R. noch nicht.[169] In Fällen des offensichtlichen Missverhältnisses ist der Vermieter aus dem Wirtschaftlichkeitsgebot verpflichtet, gegen die Gebührenbelastung, ggf. gerichtlich, vorzugehen.

ff) Müllbeseitigung. Wegen der beachtlichen Höhe der Müllbeseitigungskosten ist das Wirt- 96
schaftlichkeitsgebot von besonderer Bedeutung. Es bezieht sich sowohl auf die **Anzahl** und **Größe der Müllbehälter**[170] wie auch auf die **Häufigkeit der Leerung.**[171] Der Vermieter ist gehalten, das Volumen bzw. die Anzahl der Müllbehälter am Bedarf auszurichten, ggf. bis zur Grenze der von der Kommune je Haushalt festgesetzten Mindestmüllmenge. Übersteigt die Kapazität der Gefäße die anstehende Müllmenge in nicht nur geringfügigem Umfang, gehen die unnötigen Kosten zu Lasten des Vermieters;[172] es ist auf den durchschnittlichen Bedarf abzustellen, nicht etwa auf den z. B. zu Weihnachten anfallenden Müllberg. Auch die **Art der Müllbehälter** ist unter dem Gesichtspunkt des Wirtschaftlichkeitsgrundsatzes zu beachten. Ist es nach den örtlichen Gegebenheiten möglich, Wertstoff- und Papiertonnen zusätzlich aufzustellen, ist der Vermieter verpflichtet, von dieser Möglichkeit der Reduzierung der kostenpflichtigen Restmüllmenge Gebrauch zu machen.[173] Gestattet die Ortssatzung die Freistellung vom Anschluss- und Benutzungszwang bei eigenhändiger Abfallbeseitigung durch die Mieter, hat der Vermieter an der Gebührenbefreiung z. B. für die Bio-Tonne zugunsten der Mieter mitzuwirken.[174]

---

163 *Kirchhoff* GE 2000, 1675 f.

164 LG Berlin GE 2006, 449.

165 *Wall* Rdn. 3382.

166 *Witt* GE 2008, 594.

167 *Neumair,* Der ImmobilienVerwalter 3/2015, 44 (46).

168 AG Köln WuM 1987, 274.

169 KG DWW 2009, 117 (LS).

170 AG Dortmund WuM 2002, 54: Vorhaltung eines Gefäßes von 1,1 m³ statt von ausreichend 450 l; AG Köln WuM 2007, 409: vorgehaltene Müllkapazität 6,6 m³ statt nur erforderlicher 3,05 m³.

171 AG Münster WuM 2001, 46.

172 AG Dortmund WuM 2002, 54; AG Dannenberg WuM 2000, 381.

173 LG Berlin GE 2016, 723; LG Köln ZMR 2013, 636; AG Köln WuM 2013, 253; AG Dortmund WuM 2002, 54; AG Frankfurt/M. WuM 2001, 631.

174 LG Neubrandenburg WuM 2001, 130; AG Frankfurt/M. WuM 2001, 631: Aufstellung verschiedener Tonnen zur Mülltrennung.

Geht es um die Kosten der **Sperrmüllabfuhr,** weil Mieter ständig in nicht unerheblichem Umfang ihren Sperrmüll auf dem Grundstück „entsorgen", ist vom Vermieter im Kosteninteresse jedenfalls der Versuch zu verlangen, z. B. durch Rundschreiben die vertragswidrige und bei der Lagerung in Kellerfluren auch feuerschutzrechtlich unzulässige Übung abzustellen,[175] auch wenn dies in der Praxis immer wieder wenig Wirkung zeigt.

97 Es wird zunehmend sog. **Müllmanagement** angeboten (zum Ansatz der Mehrwertsteuer s. Rdn. 83), das zu einer deutlichen Kosteneinsparung führen kann.[176] Das Müllmanagement erledigt üblicherweise ein Dienstleistungsunternehmen. Es übernimmt die funktionale Standplatzplanung und -gestaltung sowie die Bewirtschaftung der Standplätze, z. B. Reinigung, die Überprüfung der Behälterbestände und insbesondere der Müllgefäße im Hinblick auf durch kommunale Satzungen vorgeschriebene Wertstofftrennung. Die Kontrolle der Müllgefäße mit ggf. notwendiger Nachsortierung des Mülls zur Wertstofftrennung verstößt nicht gegen ein kommunales Müllbeseitigungsmonopol; Haushaltsabfälle werden dem öffentlich-rechtlichen Entsorgungsträger nicht schon mit dem Einwurf in den Müllbehälter, sondern erst mit dessen Abholung zur Entleerung in das Sammelfahrzeug überlassen.[177] Wird der Dienstleister aus einer Beteiligung an den eingesparten Entsorgungskosten finanziert, erhält er also nur ein erfolgsorientiertes Entgelt, entstehen Zusatzkosten über die bisherige Gebührenbelastung hinaus nicht, vielmehr verbleibt i. E. immer noch eine nicht unerhebliche Entlastung der Mieter (zur Problematik, welche Kosten in der Betriebskostenabrechnung angesetzt werden dürfen, s. § 556 BGB Rdn. 418).

In diesem Zusammenhang sind allerdings einige **Besonderheiten** zu berücksichtigen.

- **Standplatzplanung und -gestaltung** sind jedenfalls architektenähnliche Tätigkeiten, die sachlich zu den Baukosten zu zählen sind. Baukosten sind keine Betriebskosten. Dasselbe gilt für die Kosten der Anschaffung bzw. den Ersatz von Schlössern oder ähnlichen Verschlusseinrichtungen für herkömmliche Abfallgefäße oder Müllboxen.
- Die **notwendigen Vorkosten** aus der Erfassung der örtlichen Verhältnisse, Bewirtschaftungsplanung etc. rechtfertigen einen anfänglich höheren Anteil des Dienstleisters an der Ersparnis. Für Folgeperioden sind diese Einmalkosten nicht mehr anzusetzen, sondern das Entgelt ist zu reduzieren. Zwar mag es für den Dienstleister günstig sein, diese Kosten in einem für die ganze Vertragszeit etwas erhöhten Entgelt aufgehen zu lassen, weil er auf diese Weise Rückschlüsse auf seine Kalkulation verhindert, es mag auch manchem Vermieter günstig erscheinen, stets nur mit einem festen gleich bleibenden Anteil rechnen zu müssen. Bei einem Mieterwechsel stellt sich indes das Problem, dass der neu eingezogene Mieter mit Kostenanteilen belastet wird, die vor seiner Wohnzeit entstanden sind, für die er also nicht herangezogen werden kann.
- Der **Anteil,** den der Dienstleister aus den ersparten Kosten erhält, muss **mit den örtlichen Verhältnissen korrespondieren.** Es versteht sich von selbst, dass das Abfallverhalten der Mieter nicht nur innerhalb eines Objekts, sondern von Objekt zu Objekt sehr verschieden ausfallen kann. Der Vermieter hat daher darauf zu achten, dass nicht zu seinen Lasten eine Mischkalkulation des Anbieters zugrunde gelegt wird.
- Die Dienstleister werben damit, dass sie durch Rundschreiben etc. auf die Mieter einwirken, um ein Bewusstsein für den Umgang mit Müll und die damit verbundenen Kosten zu wecken. Diese Maßnahmen sind sinnvoller Teil des Konzepts und dürfen daher in das Entgelt einfließen. Zu beachten ist allerdings, dass sich hieraus resultierende **Einsparungen beim Aufwand des Dienstleisters in seinem Entgelt widerspiegeln.** So wäre es grob unwirtschaftlich, eine in der Anfangsphase z. B. notwendige tägliche Kontrolle von Standplatz und Müllgefäßen auch dann noch beizubehalten, wenn eine zwei Mal wöchentliche Kontrolle ersichtlich ausreicht. Der Vertrag des Vermieters mit dem Dienstleister muss daher flexibel gestaltet sein, so dass sein Entgelt sowohl geringer gewordenem Aufwand als auch unerwartet gestiegenem angepasst werden kann.

Als besonders effektiv sind **Müllmengenerfassungsanlagen** (Abfallschleusen) anzusehen, durch die es möglich ist, die Kosten den jeweiligen Müllverursachern unmittelbar zuzurechnen. Die Kosten derartiger Anlagen sind nunmehr in **§ 2 Nr. 8 BetrKV** genannt, sie waren aber auch

---

[175] Vgl. LG Berlin GE 2001, 1469.
[176] Zum Müllmanagement als Unterfall des Betriebskostenmanagements ausführlich *Zehelein* NZM 2014, 649 (562).
[177] BVerwG DWW 2008, 108 = WuM 2008, 241.

zuvor schon umlagefähig, und zwar nach § 556a Abs. 2 BGB. Wird die Maßnahme im laufenden Mietverhältnis getroffen, geht es um neu entstandene und umlagefähige Kosten. Nach § 2 Nr. 8 BetrKV sind auch die Kosten ihrer Verwendung einschließlich der Kosten der Berechnung und Aufteilung umlagefähig. Die Kosten gemieteter Müllschleusen sind nur hinsichtlich der Erfassungsvorrichtung ansetzbar (s. § 556 Rdn. 147), die Kosten des Kaufs derartiger Geräte nicht.

gg) Gebäudereinigung. Generell ist festzustellen, dass die Umlage nicht auf die „üblichen" Kosten beschränkt ist,[178] da dem Vermieter ein gewisses **Ermessen** hinsichtlich **Reinigungsfrequenz und -intensität** zusteht. Es kommt hinzu, dass das, was „üblich" ist, von der Art des Gebäudes mitbestimmt wird und von Wohnquartier zu Wohnquartier verschieden sein kann; handelt es sich z. B. um ein besonders gehobenes und gepflegtes Wohngebiet, wäre es nicht sachgerecht, nur einen Standardaufwand anzuerkennen. Dasselbe gilt für Gewerbeimmobilien. Das Ermessen berechtigt den Vermieter jedoch nicht, subjektive hygienische oder optische Vorstellungen zum Maßstab zu machen.[179] Die Mieter haben nur für objektiv angemessene Kosten einzustehen. Den Mehraufwand aus seinen übertriebenen Reinlichkeitsvorstellungen hat der Vermieter daher selbst zu tragen. Nach diesen Kriterien ist auch zu bewerten, ob der Aufwand für einen Fußmatten-Mietservice mit regelmäßiger Reinigung ansatzfähig ist. Auch für gehobenen Wohnraum dürfte er i. d. R. unwirtschaftlich sein; anders kann es sich bei Gewerbeobjekten verhalten. 98

Beauftragt der Vermieter eine ungelernte Reinigungskraft, darf er nur den **üblichen Stundenlohn** für ungelernte Kräfte ansetzen.[180] Ersetzt er zwei Reinigungskräfte durch ein wesentlich teureres Reinigungsunternehmen, muss er dartun, warum er diese Umstellung vorgenommen hat, insbesondere wo konkret die Defizite ihrer Leistung lagen; ließen sie es nur an gründlicher Arbeit fehlen, waren primär zunächst eine Abmahnung und ggf. der Austausch durch zwei andere Kräfte angezeigt.[181] Auch bei der Einschaltung eines Reinigungsunternehmens sind nur die angemessenen Kosten ansatzfähig. 99

hh) Gartenpflege. Wie bei der Hausreinigung hat der Vermieter einen gewissen **Ermessensspielraum** hinsichtlich der Ausgestaltung des Gartens. Da die jeweilige Gestaltung entsprechende Folgekosten bei Pflegehäufigkeit und -intensität produziert, muss sie sich am örtlich Üblichen orientieren. Besonderheiten der Wohnlage sind daher ebenfalls zu berücksichtigen (s. auch Rdn. 98). 100

Bei der **Erneuerung abgängiger Bepflanzung** bietet es sich an, Sträucher nachzupflanzen, deren maximale Wuchshöhe eine leichte Pflege zulässt, und Rasen in größeren Flächen anzulegen.[182] 101

Zu den Kosten der Gartenpflege gehört auch der Aufwand zur Beseitigung von Schäden aus Naturereignissen, insbesondere von **Windbruch.** Je nach den Verhältnissen des jeweiligen Baumbestands kann es für den Vermieter geboten sein, wegen der zunehmenden Häufigkeit und Intensität der Stürme den Schutz vor den Kosten aus der Entfernung entwurzelter Bäume in eine Sachversicherung aufzunehmen.

ii) Schornsteinreinigung. Mit dem SchfHwG[183] wurde das **Schornsteinfegerwesen** ab 1. 1. 2013 in Teilbereichen **liberalisiert,** das Kehrmonopol des Bezirksschornsteinfegers in mehreren Schritten eingeschränkt, zugleich u. a. das Verbot von Nebentätigkeiten und die Residenzpflicht aufgehoben.[184] Dem Vermieter wird es zunächst möglich sein, einen preisgünstigeren Schornsteinfeger in einem anderen Bezirk auszusuchen; das beim Bundesamt für Wirtschaft und Ausfuhrkontrolle geführte Schornsteinfegerregister wird im Internet veröffentlicht, so dass darüber eine Auswahlentscheidung ermöglicht ist. Seit dem 1. 1. 2013 können auch Mitarbeiter des Sanitär-, Heizungs- und Klimahandwerks nach entsprechender Qualifizierung in weiten Teilen die Tätigkeit eines Schornsteinfegers ausüben; weiterhin ausgenommen sind die Kontrollen zur Betriebs- und Brandsicherheit. Gleichzeitig wird es den Schornsteinfegerbetrieben durch den Wegfall des Verbots von Nebentätigkeiten erlaubt, ihrerseits gewerbliche Wartungsarbeiten durchzuführen. 102

---

178 *Sternel* III Rdn. 349.

179 Vgl. LG Hamburg GE 2001, 992 = NZM 2001, 806: Hausreinigung drei Mal wöchentlich.

180 AG Köln NZM 1998, 305; AG Schöneberg MM 2008, 299: nicht 55,38 €/h für die Tochter des Vermieters.

181 AG Hamburg MJ 1999, 10.

182 *Herlitz/Viehrig* S. 154f.

183 Schornsteinfeger-Handwerksgesetz vom 26. 11. 2008 BGBl. I S. 2242 (Art. 1 Gesetz zur Neuregelung des Schornsteinfegerwesens vom 26. 11. 2008, BGBl. I S. 2242).

184 Zu allem ausführlich: Allgemeiner Teil der Begründung des Gesetzes BT-Drucks. 16/9237 S. 20ff.

Die Beachtung des Wirtschaftlichkeitsgebots ist daher nunmehr auch im Bereich der Schornsteinreinigung möglich und durch Einholung entsprechender Angebote realisierbar.

103 **jj) Beleuchtung.** Die Beleuchtungsanlage ist den **objektiven Notwendigkeiten entsprechend** zu betreiben. Zusatzkosten einer besonders aufwendigen Anlage sind nicht umlagefähig;[185] so wird die Unterhaltung einer Anlage zur Sicherheitsbeleuchtung nur in Betracht kommen, wenn sie öffentlich-rechtlich vorgeschrieben ist. Dass sie auch bei kleineren Gebäuden im Einzelfall nützlich und angenehm ist, reicht nicht aus, zumal durch die Stromverbundnetze längere Stromausfälle eher selten sind. Die Beibehaltung einer Dauerbeleuchtung mit zahlreichen Brennstellen ist unwirtschaftlich, wenn eine Zeitschaltung technisch einfach installiert werden kann. Schließlich sind die Möglichkeiten zu prüfen, die sich durch die Liberalisierung des Strommarkts ergeben haben, wenn der örtliche Anbieter deutlich teurer ist.

Bei **gewerblich genutzten Objekten** ist gelegentlich ein verschwenderischer Einsatz von Beleuchtung der Fassade, Innenhöfe, Passagen etc. zu beobachten. Sofern hierfür keine sicherheitstechnischen Aspekte maßgeblich sind, gebietet der Wirtschaftlichkeitsgrundsatz jedenfalls eine Verringerung oder teilweise Abschaltung der Beleuchtung zu Zeiten, in denen Publikumsinteresse nicht mehr zu erwarten ist.[186]

104 **kk) Versicherungen.** Der Grundsatz der **Wirtschaftlichkeit** ist **in mehrfacher Hinsicht** zu beachten.[187] Zunächst ist der Vermieter verpflichtet, vor Abschluss einer neuen Versicherung **Vergleichsangebote** einzuholen[188] und, soweit im Hinblick auf die unübersichtliche Materie möglich, Leistungsvergleiche anzustellen. Hierbei kann die Unterstützung durch einen **Versicherungsmakler** hilfreich sein, wenn er nicht schon von vornherein eingeschaltet wird, was ohne Zusatzkosten möglich ist. Sodann hindert der Grundsatz die Umlage von Prämien für Versicherungen, deren Sinn sich nicht erschließt. So ist die Versicherung der Aufzugssprech- und Signalanlage weder zum Schutz des Gebäudes noch der Nutzer erforderlich;[189] zudem handelt es sich sachlich um eine Reparaturversicherung.

105 Der Grundsatz hat ferner zur Folge, dass der Vermieter Versicherungen **möglichst günstig** abzuschließen hat. Dies bedeutet nicht, dass stets der billigste Versicherer zu wählen wäre, wenn bekannt ist, dass sein Regulierungsverhalten nicht zufriedenstellend ist. Auf der anderen Seite wäre es nicht gerechtfertigt, mit einem teuren Versicherer zu kontrahieren, nur weil er „beitragsfrei" zusätzliche Leistungen anbietet, die zwar für den Vermieter angenehm, jedoch nicht erforderlich sind. Insbesondere hat der Vermieter, der die üblichen Gefahren durch getrennte Versicherungen deckt, zu prüfen, ob nicht eine verbundene Gebäudeversicherung günstiger ist. Ferner können die Kosten von Versicherungen, die zwar für den Vermieter **praktisch, jedoch nicht notwendig** sind, nicht umgelegt werden.[190] Dies gilt zumal bei All Risk-Versicherungen mit Extended Coverage, welche Schutz bei inneren Unruhen, böswilligen Beschädigungen, Streik, Aussperrung, Diebstahl, Rohrverstopfungen bieten.[191]

106 Schließlich ist der Vermieter nicht berechtigt, den Mieter mit Prämienerhöhungen zu belasten, die darauf beruhen, dass sich durch **bauliche Mängel** die versicherte Gefahr häufiger verwirklicht. Treten z. B. wiederholte Wasserrohrbrüche auf, weil das Mietobjekt mangelhaft instand gehalten wird und Schadstellen immer nur kostengünstig geflickt werden, sind die Mehrkosten infolge der dem Schadenverlauf angepassten Erhöhung der Prämie einer Leitungswasserversicherung nicht umlagefähig.[192] Kommt es durch Brandstiftung zu einem Brand im Haus außerhalb der einzelnen Mietobjekte, muss der Vermieter schon nach dem ersten Fall sorgfältig prüfen, welche Sicherheitsmaßnahmen ergriffen werden können, um eine Wiederholung und höhere Prämien zu verhindern.

107 Ob die Kosten einer **Vandalismusschäden**-Versicherung sachgerecht sind, ist eine Frage des Einzelfalls. Hiernach richtet sich auch der angemessene Umfang. Dasselbe gilt für eine **Terror-**

---

[185] Vgl. LG Berlin GE 1992, 989.
[186] *Wall* Rdn. 1115; AG Aachen WuM 2011, 515; **a. A.** *Neuhaus* NZM 2011, 65 (69).
[187] Vgl. OLG Düsseldorf BB 1991, 98.
[188] Z. B. KG GuT 2011, 145 = WuM 2011, 367 und GE 2008, 122.
[189] LG Berlin WuM 1986, 187; **a. A.** LG Berlin GE 1987, 517 unter Aufgabe der bisherigen Rechtsprechung im Hinblick auf die geringen Kosten der Versicherung.
[190] Vgl. AG Mönchengladbach-Rheydt WuM 2007, 128 m. Anm. *Springer* sowie Anm. *Schach* WuM 2007, 369: Kostenanstieg um 84% durch erweiterten Versicherungsschutz, u. a. Deckung von Telefonkosten bis 300,00 € und von Wasserlust bis 500,00 €, Ersatz von Rückreisekosten aus dem Urlaub.
[191] *Mühlemeier* WuM 2007, 111 (112); anders *Neuhaus* NZM 2011, 65 (69).
[192] AG Köln WuM 2000, 37; AG Hamburg Urt. v. 28.6.1996 – 43b C 366/95.

schaden-Versicherung, die allenfalls in unmittelbarer Nähe zu gefährdeten Objekten in Betracht kommt (s. § 556 Rdn. 172);[193] eine darin enthaltene Betriebsunterbrechungsversicherung ist keine Sachversicherung, ihre Kosten sind nicht umlagefähig.[194] Bei der Versicherung gegen **Graffiti-Schäden** kann es z. B. auch ausreichen, die Versicherung auf eine bestimmte Höhe der Wände zu beschränken.

ll) Hauswart. Unter wirtschaftlichen Gesichtspunkten dürfen die Kosten eines Hausmeisters nur umgelegt werden, wenn dessen **Beschäftigung sachlich gerechtfertigt** ist.[195] War bei Abschluss des Mietvertrags die Betreuung durch einen Hausmeister weder vorhanden noch vorgesehen, sind die Kosten eines später eingestellten Hauswarts nur umlegbar, wenn sachliche Veränderungen dies erforderlich machten.[196] Hat der Vermieter die Gartenpflege, die Treppenhausreinigung und die Schneebeseitigung anderweitig vergeben, bleibt je nach der Größe des Gebäudes bzw. der Zahl der Mieteinheiten kaum noch ein Aufgabengebiet, das zur Beschäftigung eines Hausmeisters berechtigt;[197] gelegentliche Kontrollgänge sind dem Vermieter oder seiner Hausverwaltung zumutbar.[198] So begegnen in der gerichtlichen Praxis immer wieder Fälle, in denen der Vermieter eines Mehrfamilienhauses mit nur wenigen Mietparteien abw. von jahrelanger Handhabung einen nahen, meist studierenden Verwandten als Hausmeister einsetzt. Andererseits können die angemessenen Kosten der Hauswartstätigkeit eines Familienangehörigen auch dann angesetzt werden, wenn die Gestaltung ihres Vertrags steuerlich bedenklich ist.[199] 108

Ist die Beschäftigung eines Hauswarts sachlich berechtigt, unterliegt die **Höhe der Vergütung** dem Wirtschaftlichkeitsgebot. Sie muss angemessen sein, d. h dem Üblichen entsprechen.[200] Dies ist z. B. fraglich, wenn die Hauswartstätigkeit an einen Dienstleister vergeben wurde und dadurch doppelt so hohe Kosten anfallen, obwohl der bisherige Hausmeister freigesetzt wurde.[201] Bei der Höhe der Vergütung sind die Umstände des Einzelfalls, etwa die Lage des Objekts oder dessen Mieterstruktur,[202] und damit zusammenhängend der Aufgabenkatalog des Hauswarts[203] zu berücksichtigen. Dies hat eine gewisse Bandbreite des jeweils angemessenen Entgelts zur Folge, die aber vom Vermieter einzuhalten ist.[204] Beauftragt der Vermieter z. B. eine ungelernte Reinigungskraft, darf er nur den üblichen Stundenlohn für ungelernte Personen und auch nur im üblichen Leistungsumfang einsetzen.[205] In gemischt genutzten Objekten ist zu beachten, dass die Mieter der Wohnungen nicht an den Kosten einer intensiven Tätigkeit des Hauswarts für die Gewerberäume zu beteiligen sind, auch wenn ihnen dies mittelbar zugutekommt. 109

Es kann im Einzelfall gerechtfertigt sein, die verschiedenen Zuständigkeiten des Hausmeisters aufzuteilen, indem z. B. im Sicherheitsbereich trotz erheblicher Kosten ein ständiger **Pförtnerdienst** eingerichtet wird (dazu im Einzelnen § 556 BGB Rdn. 229). 110

Bei **Erkrankung** des Hauswarts darf die Lohnfortzahlung nur so lange erfolgen, wie es durch Gesetz oder Tarifvertrag vorgeschrieben ist.[206] 111

mm) Antennen, Breitbandanschluss. Zwar darf der Vermieter für die regelmäßige Prüfung der Betriebsbereitschaft und die Einstellung der Antenne grundsätzlich einen **Wartungsvertrag** abschließen und die daraus resultierenden Kosten umlegen. Handelt es sich jedoch um eine **Klein-** 112

---

193 BGH (XII ZR 129/09) GE 2010, 1679 = GuT 2010, 358 = NZM 2010, 864; *Kinne* GE 2004, 1500; **a. A.** *Neuhaus* NZM 2011, 65 (68ff.).

194 *Geldmacher* MK 2010, 201 (202).

195 Z. B. **ja:** LG Köln WuM 1992, 258 = ZMR 1992, 115 für eine tägliche vierstündige Arbeitszeit bei einer Gesamtwohnfläche von 3098 m²; LG Wiesbaden NZM 2002, 944 für zwei Hausmeister bei einem Komplex von zehn Gebäuden mit 124 Wohnungen und 130 PKW-Abstellplätzen; **nein:** AG Erfurt WuM 2003, 358 bei einem Wohnhaus mit nur vier Wohneinheiten; zu den Kosten eines Hausmeisterunternehmens auch *Westphal* WuM 1998, 329.

196 AG Hamburg-Harburg Urt. v. 24.6.1999 – 644 C 21/99; AG Hamburg MJ 1996, 10; vgl. AG Wuppertal ZMR 1994, 372.

197 AG Hamburg WuM 1988, 308; *Streyl* NZM 2006, 125 (126).

198 AG Hannover WuM 1984, 168.

199 AG Hamburg-Blankenese/LG Hamburg ZMR 2006, 287.

200 Vgl. AG Köln WuM 2006, 568; AG Leipzig WuM 2003, 452; AG Suhl WuM 2003, 452.

201 AG Annaberg WuM 2007, 131.

202 Vgl. AG Köln WuM 2000, 680.

203 OLG Düsseldorf ZMR 2014, 31: Reduzierung des Aufgabenkatalogs um überflüssige Arbeiten mit Kostenreduzierung um 2/3.

204 LG München II NZM 2002, 286; AG Wetzlar WuM 2004, 339.

205 AG Köln WuM 1996, 778.

206 *V. Seldeneck* NZM 2002, 550 = ZMR 2002, 399.

anlage, wird es wirtschaftlich sinnvoller sein, die ständigen Wartungskosten einzusparen und nur dann einen Fachtechniker hinzuzuziehen, wenn wirklich einmal eine Störung auftritt.

113 **nn) Sonstige Betriebskosten.** Die regelmäßige Pflege und Überprüfung einer Anlage muss **erforderlich** sein, um ihre Betriebsbereitschaft und -sicherheit aufrecht zu erhalten; je nach der Art und Bedeutung der Anlage kann es völlig ausreichen, bei Schadenfällen einen Reparaturdienst einzuschalten. Die Frage der Wirtschaftlichkeit stellt sich insbesondere bei nachträglich neu eingeführten Betriebskosten. S. im Übrigen bei den einzelnen sonstigen Betriebskosten § 556 BGB Rdn. 210ff.

3. Verletzung des Wirtschaftlichkeitsgrundsatzes

114 Die Belastung des Mieters mit überflüssigen Kosten stellt nach herrschender Ansicht[207] eine **Vertragsverletzung** gem. §§ 280 Abs. 1, 241 Abs. 2 BGB dar, die den Vermieter zum Schadensersatz verpflichtet. Nach anderer Meinung hat schon das Wirtschaftlichkeitsgebot als solches zur Folge, dass von vornherein nur solche Kosten umlagefähig sind, die aus einer wirtschaftlichen Geschäftsführung stammen;[208] das Gebot wird mithin schon durch die Vereinbarung unangemessen hoher Preise verletzt.[209] Die Argumentation der Mindermeinung, die sich im Wesentlichen auf die Bestimmung des § 20 Abs. 1 Satz 2 NMV stützt,[210] vermag indes nicht zu überzeugen. Da der Vermieter unstreitig auch aus § 20 Abs. 1 Satz 2 NMV nicht gehindert ist, unwirtschaftliche Leistungen in Anspruch zu nehmen, kann sein Fehlverhalten nur darin liegen, sie in voller Höhe dem Mieter anzulasten. Soweit es um **Kosten** aus unwirtschaftlichen Verträgen geht, welche **bei Abschluss des Mietvertrags bereits** bestanden, hat sie der Mieter daher in voller Höhe zu tragen, weil in dem Zeitpunkt, als der unwirtschaftliche Vertrag abgeschlossen wurde, noch kein Mietvertrag bestand, so dass dem Vermieter auch keine Vertragsverletzung gegenüber dem (späteren) Mieter vorzuwerfen ist.[211] Sobald der Vermieter während des weiteren Verlaufs des Mietverhältnisses jedoch die Möglichkeit hat, sich von diesen Verträgen zu lösen und günstiger zu kontrahieren, ist er hierzu in jedem Fall verpflichtet.

Der Schadensersatzanspruch geht auf **Freihaltung von den unnötigen Kosten.** Die Betriebskostenabrechnung ist daher um die unwirtschaftlichen Kosten zu bereinigen, was sowohl überflüssige Betriebskostenarten als auch diejenigen Kosten aus den ansatzfähigen Kostenarten betrifft, die bei sorgfältigem, wirtschaftlichem Vorgehen nicht angefallen wären.[212] Dasselbe gilt, wenn die Mehrkosten nicht auf einem Verhalten des Vermieters beruhen, sondern auf den Zustand des Gebäudes, seiner Anlagen und Einrichtungen zurückzuführen sind.

Nach § 280 Abs. 1 Satz 2 BGB setzt der Schadensersatzanspruch des Mieters allerdings **Verschulden des Vermieters** voraus. Hat der Mieter mit spezifizierten Einwänden dargetan, dass der Vermieter **objektiv** gegen den Wirtschaftlichkeitsgrundsatz **verstieß** hat, kann **grundsätzlich** auf eine **Pflichtverletzung** des Vermieters geschlossen werden, so dass er zur Abwehr des Anspruchs gehalten ist, sich zu entlasten. Das Entlastungserfordernis bezieht sich auch auf das Verschulden von Erfüllungsgehilfen. Der Vermieter muss es sich daher z. B. zurechnen lassen, wenn der Hauswart etwa ständig überzählige Müllgefäße nicht zur Kenntnis nimmt und die gebotene Information der Hausverwaltung unterlässt.

Dass der Vermieter **Hinweisen der Mieter** auf überflüssige Kosten **nachgehen** muss, versteht sich im Grundsatz von selbst. Zuweilen reagiert er gleichwohl überhaupt nicht oder erst nach langer Zeit auf derartige Informationen. Ob dies ohne weiteres als Verschulden gewertet werden kann, hängt von den Umständen des Einzelfalls ab. Monieren etwa nur einige Mieter einer großen Wohnanlage eine Überkapazität der Müllgefäße,[213] wird dem Vermieter ein auch längerer Zeit-

---

[207] Z. B. BGH (VIII ZR 243/06) GE 2008, 116 = NZM 2008, 78 = WuM 2008, 29 = ZMR 2008, 195; *Lützenkirchen* in Lützenkirchen § 556 Rdn. 441; *Weitemeyer* in Staudinger § 556 Rdn. 93.

[208] *Blank* in Blank/Börstinghaus § 556 Rdn. 151; *Börstinghaus/Lange* WuM 2010, 538 (544); *Schmid* ZMR 2007, 177.

[209] *V. Seldeneck* NZM 2002, 545 (552).

[210] Ausführlich *Schmid* ZMR 2007, 177 (178).

[211] BGH (VIII ZR 243/06) GE 2008, 116 = NZM 2008, 78 = WuM 2008, 29 = ZMR 2008, 195; **a. A.** *Artz* PiG 92 (2012) S. 174 (176); *Beyer* WuM 2013, 77 (81).

[212] Z. B. BGH (VIII ZR 243/06) GE 2008, 116 = NZM 2008, 78 = WuM 2008, 29 = ZMR 2008, 195; OLG Düsseldorf ZMR 2011, 861; AG Hamburg-Blankenese ZMR 2011, 885.

[213] AG Wennigsen WuM 2003, 90: 8 Mieter von 158.

raum zugebilligt werden müssen, um zu überprüfen, ob die Hinweise sachlich berechtigt sind, und je nach dem Ergebnis auch von einer Veränderung absehen können.

Problematisch sind die Fälle, in denen, wie nicht selten, die Mieter mit der **Rüge** fehlender Wirtschaftlichkeit einzelner Positionen **erst nach Vorlage der Betriebskostenabrechnung** hervortreten. Auch hier entscheiden die Besonderheiten des Einzelfalls. Handelt es sich um ein Objekt, zu dessen Betreuung ein Hauswart angestellt ist, kommt ein berechtigter Hinweis der Mieter aus den oben angeführten Gründen nicht zu spät, wenn der Hauswart deutlich erkennbare Mängel nicht dem Vermieter oder Hausverwalter meldete. Ist bei einem kleineren Mietobjekt nur eine ortsansässige Verwaltung eingeschaltet, dürften ihr gelegentliche Kontrollen zuzumuten sein. Unterlassungen der genannten Personen muss sich der Vermieter zurechnen lassen. Wird demgegenüber bei einem kleineren Mietobjekt aus Kostengründen auf den Hauswart verzichtet und wohnt der Vermieter nicht am selben Ort, werden sich die Mieter die unterlassene Information des Vermieters bei ihrem Schadensersatzanspruch als Mitverschulden gem. § 254 BGB anrechnen lassen müssen, und zwar als so überwiegendes, dass ihnen kein Schadensersatzanspruch zusteht.

Wie die Kostenfolgen aus dem **Betrieb unwirtschaftlicher Anlagen und Einrichtungen** 115 zu behandeln sind, ist **streitig.** Die Problematik ist nach der Rechtsprechung des **BGH** irrelevant, wenn die Unwirtschaftlichkeit schon **bei Abschluss des Mietvertrags** bestand.[214] Danach muss der Mieter die negativen Auswirkungen hinnehmen, es sei denn, die laufenden Kosten aus dem Betrieb der Anlage(n) wurden bei den Vertragsverhandlungen erörtert und der Vermieter machte schuldhaft falsche Angaben. Zur Unwirtschaftlichkeit **im Laufe des Mietverhältnisses** wird vertreten, dass dem Mieter ein Schadensersatzanspruch aus § 536a Abs. 1 BGB zusteht, weil ein derartiger Betrieb als Fehler der Mietsache zu beurteilen sei.[215] Der Mieter sei deshalb von dem aus der Unwirtschaftlichkeit stammenden Kostenanteil freizuhalten.[216] Die Korrekturlösung setzt jedoch voraus, dass der Fehlerbegriff des § 536 Abs. 1 BGB nicht nur die technische Gebrauchsmöglichkeit betrifft, sondern auch die wirtschaftlichen Folgen aus dem Gebrauch. Diese **Ausweitung des Fehlerbegriffs** ist im Grundsatz **abzulehnen.**[217] Maßgeblich ist vielmehr, dass der tatsächliche Zustand des Mietobjekts nicht von der aus dem Vertragszweck definierten Sollbeschaffenheit abweicht,[218] wenn die Anlagen und Einrichtungen dem bei der Errichtung des Gebäudes maßgeblichen technischen Standard entsprechen und fehlerfrei arbeiten;[219] der Mieter erhält damit die Gebrauchsmöglichkeiten, die ihm der Vermieter aus § 535 Abs. 1 Satz 2 BGB schuldet. Dass hier kein Fehler i. S. d. § 536 Abs. 1 BGB vorhanden ist, macht auch die Gegenprobe deutlich. Wäre ein Fehler gegeben, hätte der Mieter aus § 535 Abs. 1 Satz 2 BGB einen selbstständigen Anspruch auf Beseitigung der Unwirtschaftlichkeit, sei es durch Reduzierung der Anlage, sei es durch Modernisierung. Ein derartiger Anspruch steht ihm indes bei einer ordnungsgemäß gewarteten und einwandfrei laufenden Anlage nicht zu.[220] Eine **Ausnahme** gilt dann, wenn den Vermieter aus Vorschriften in Gesetzen oder Verordnungen die Verpflichtung zu einer modernisierenden Instandsetzung trifft *und* diese Pflicht nach Ablauf festgelegter Übergangsfristen erfüllt sein muss, wie es für die Nachrustpflichten bei bestimmten Heizkesseln und der Wärmedämmung von Geschossdecken nach § 9 EnEV 2004 und § 10 EnEV 2007 oder bei einem Verstoß gegen das Verbot des Betriebs nach § 10 Abs. 1 Satz 2 EnEV 2014 der Fall ist. Mit Ablauf der Frist unterschreitet die Anlage die gesetzlichen energetischen Mindeststandards und wird damit mangelhaft i. S. d. Gewährleistungsvorschriften der §§ 536ff. BGB (s. § 535 BGB Rdn. 130ff.),[221] so dass der Mieter auch entsprechende Maßnahmen verlangen kann.[222] **Ansonsten** ist kein Mangel der Miet-

---

214 BGH (VIII ZR 243/06) DWW 2008, 143 = GE 2008, 116 = NZM 2008, 78 = WuM 2008, 29 = ZMR 2008, 195; **a. A.** *Artz* PiG 92 (2012) S. 173 (176); *Beyer* CuR 2012, 48 (56); kritisch ferner *Wall* Rdn. 1105ff.

215 OLG Hamm ZMR 1987, 300, 302 für eine überdimensionierte Lüftungsanlage; OLG Düsseldorf MDR 1983, 229 unter – undogmatischer – Zuhilfenahme der Grundsätze von Treu und Glauben bei einer überdimensionierten Heizungsanlage; LG Berlin WuM 1996, 156 für eine wegen hohen Bedienungsaufwands extrem unwirtschaftliche Anlage zur Warmwasserbereitung.

216 Vgl. OLG Hamm ZMR 1987, 300, 302.

217 KG GE 2012, 1227 = ZMR 2012, 858 und ZMR 2008, 892; OLG Düsseldorf GE 2011, 132; *Beyer* GE 2008, 1472 (1476); *Flatow* NZM 2008, 785 (792).

218 Vgl. OLG Celle neg. RE 19.7.1984 WuM 1985, 9 = ZMR 1985, 10.

219 BGH (XII ZR 80/12) GE 2014, 245 = NZM 2014, 163 = ZMR 2014, 436.

220 KG ZMR 2008, 892; *Börstinghaus/Lange* WuM 2010, 538 (540); *Sternel* PiG 73 (2006) S. 1 (6f.).

221 *Artz* WuM 2008, 259, 263; offen gelassen von BGH (VIII ZR 261/06) GE 2007, 1686 = NJW 2008, 142 = NZM 2008, 35 = WuM 2007, 700 = ZMR 2008, 38.

222 **A. A.** *Blank* WuM 2008, 311 (315).

sache zu konstatieren, so dass dem Mieter auch **kein Anspruch** auf Instandsetzung durch **Modernisierung** zusteht; aus dem Wirtschaftlichkeitsgrundsatz ist ebenfalls kein entsprechender Anspruch abzuleiten.[223]

Die Pflicht zur **Optimierung** moderner Anlagen nach § 11 Abs. 3 EnEV2014[224] löst die Gewährleistungsfolge demgegenüber nicht aus, sie zielt auf die fortlaufende Erhöhung energetischer Standards.[225] Kommt der Vermieter dieser Verpflichtung nicht nach und betreibt die Anlage suboptimal, liegt aber ein Verstoß gegen das Wirtschaftlichkeitsgebot vor.[226]

Da außerhalb des Bereichs der Energieeinsparung Vorschriften fehlen, die den Vermieter zu wirtschaftlichem Vorgehen anhalten sollen, bliebe dem Mieter zur Abwehr der übermäßigen Kosten im laufenden Mietverhältnis nur der Rückgriff auf die **Unterschreitung eines Mindeststandards.** Der BGH hat zu Wohnraum entschieden, dass er eine Mindestausstattung,[227] hier hinsichtlich der Elektroanlage, aufzuweisen hat, die nach Alter, Ausstattung, Art, Miethöhe und Ortssitte vergleichbaren Objekten entsprechen muss. Ob diese Rechtsprechung z. B. auf einen Aufzug oder bei Gewerberaum auf eine Lüftungsanlage mit übermäßigem Stromverbrauch übertragen werden kann, ist zweifelhaft. Zu denken wäre allenfalls an Anlagen, die zwar ordnungsgemäß funktionieren, aber beim Betrieb aufgrund von Planungs- oder Konstruktionsfehlern übermäßige Kosten verursachen. Letztlich dürfte ein Schadensersatzanspruch des Mieters nur in Betracht kommen, wenn die laufenden Kosten aus dem Betrieb der Anlagen bei den Vertragsverhandlungen erörtert wurden und der Vermieter schuldhaft unzutreffende Angaben machte.

116 Neben dem Schadensersatzanspruch kommt **zusätzlich Minderung** gem. § 536 BGB in Betracht. Sie greift jedoch nur ein, wenn der Gebrauch der Mietsache selbst beeinträchtigt wurde. Führt z. B. nachlässige Reinigung dazu, dass das Gebäude, in dem das Mietobjekt liegt, einen sehr ungepflegten Eindruck macht, kann Mietminderung gegeben sein.[228] Die Korrektur überflüssiger Kosten erfolgt mithin nicht über Minderung, sondern allein über den Schadensersatzanspruch.

E. Abweichende Vereinbarungen (Abs. 6)

117 Der **gesamte Inhalt** der Vorschrift darf **nicht zum Nachteil** des Mieters abgeändert werden.

118 Nach Abs. 1 dürfen **Erhöhungen** der Betriebskosten nur auf den Mieter umgelegt werden, soweit dies im Mietvertrag **vereinbart** ist. Den Parteien bleibt es damit unbenommen, den Mietvertrag ggf. um eine entsprechende Bestimmung zu ergänzen. Allerdings wird diese Änderung im Hinblick auf § 560 Abs. 6 BGB seit dem 1.9.2001 nur für die Zukunft zulässig sein. Vereinbarungen, die zu Gunsten des Vermieters das **Verfahren** zur Geltendmachung der Erhöhung nach Abs. 1 Satz 2 **erleichtern** sollen, sind dem Mieter im Zweifel nachteilig. Dies gilt insbesondere für die Anforderung, dass der Grund für die Umlage zu bezeichnen und erläutern ist.

119 Abreden, die den Zeitpunkt, zu dem die **Erhöhung** wirksam wird, entgegen Abs. 2 **vorverlegen,** sind ebenso unwirksam wie solche, die den Vermieter von der dreimonatigen Ankündigungsfrist für rückwirkende Erhöhungen und deren maximalem Zeitraum ganz oder teilweise freistellen sollen.

120 **Ermäßigungen** der Betriebskosten, die in einer Pauschale enthalten sind, hat der Vermieter nach Abs. 3 **unverzüglich** an den Mieter **weiterzugeben.** Vereinbarungen, dass die Pauschale in bisheriger Höhe erhalten bleiben soll, um künftigen Anstieg der Kosten auszugleichen und sodann eine neue Erhöhungsmitteilung entbehrlich zu machen, benachteiligen den Mieter. Da die Ermäßigung unverzüglich mitzuteilen ist, darf der Vermieter durch den Mietvertrag nicht berechtigt werden, die Reduzierung etwa entsprechend dem Turnus einer Betriebskostenabrechnung bis zum Eingang aller Unterlagen zurückzustellen.

---

[223] BGH (XII ZR 80/12) GE 2014, 245 = NZM 2014, 163 = ZMR 2014, 436 für Gewerberaum; (VIII ZR 193/14) GE 2015, 781 = NJW-RR 2015, 778 = WuM 2015, 423 und (VIII ZR 261/06) GE 2007, 1686 = NZM 2008, 35 = WuM 2007, 700 = ZMR 2008, 38 m. Anm. *Schmid* für Wohnraum.

[224] Dazu ausführlich *Beyer* GE 2008, 1472 und *Blank* WuM 2008, 311 (315f.).

[225] Vgl. *Friers* WuM 2008, 255 (257).

[226] *Blank* WuM 2008, 311 (315); *Milger* NZM 2008, 1 (8); *Sternel* PiG 73 (2006) S. 1 (7).

[227] BGH (VIII ZR 281/03) GE 2004, 1090 = NZM 2004, 736 = WuM 2004, 527 = ZMR 2004, 807 m. Anm. *Schläger;* vgl. auch zum Trittschall BGH (VIII ZR 355/03) GE 2004, 1586 = NZM 2005, 60 = WuM 2004, 715 = ZMR 2005, 108.

[228] Vgl. KG neg. RE 19.12.1983 WuM 1984, 42; AG Kiel WuM 1991, 343.

Vereinbarungen, die dem Mieter das **Recht nehmen** oder es durch Einführung bestimmter Bedingungen **einschränken,** die Betriebskostenvorauszahlungen nach Abs. 4 auf eine **angemessene Höhe zu reduzieren,** sind unwirksam. Ebenso verhält es sich, wenn sich der Vermieter vorbehält, Vorauszahlungen immer auf eine Höhe anzuheben, welche den Saldo der letzten Abrechnung geteilt durch zwölf Monate zuzüglich eines moderaten Sicherheitszuschlags übersteigt. **121**

Vom **Grundsatz der Wirtschaftlichkeit** nach Abs. 5 darf **nicht** durch eine Bestimmung des Vertrags abgewichen werden, dass sich etwa der Mieter verpflichtet, die anteiligen Kosten unsinniger oder nur dem Vermieter angenehmer Betriebskostenarten zu übernehmen oder von Kostensteigerungen, die z. B. nur auf übertriebenen Vorstellungen des Vermieters beruhen. **122**

F. Prozess

Die **Erhöhung einer Pauschale** scheidet aus, wenn der Mietvertrag keinen Erhöhungsvorbehalt enthält (§ 560 Abs. 1 BGB). Dasselbe gilt, wenn der Vermieter aus einem Altmietvertrag die Erhöhung einer Brutto- oder Bruttokaltmiete oder des Betriebskostenanteils einer Teilinklusivmiete geltend macht (Art. 229 § 3 Abs. 4 EGBGB). Ist das Erhöhungsrecht gegeben, ist im zweiten Schritt zu prüfen, ob es formell und materiell richtig in Anspruch genommen wurde. Hierzu gehört insbesondere die Erstellung einer **Differenzberechnung.** Darlegungs- und Beweislast für alle Voraussetzungen liegen beim Vermieter. **123**

Ermäßigen sich bei einem Mietvertrag über preisfreien Wohnraum, in dem eine Brutto- oder Bruttokaltmiete vereinbart wurde, die **Betriebskosten oder der Betriebskostenanteil** einer Teilinklusivmiete, kann der Mieter bei einem Altvertrag nach Art. 229 § 3 Abs. 4 EGBGB i. V. m. § 560 Abs. 3 BGB eine entsprechende Herabsetzung verlangen. Um Aufschluss über eine Verringerung der Kosten zu erhalten, hat der Mieter die Möglichkeit, auf **Auskunft** zu klagen oder eine Stufenklage gem. § 254 ZPO zu erheben. Dieselben Rechte hat er, wenn der Vermieter von § 556a Abs. 2 BGB oder von dem Recht zur Vereinbarung einer **Pauschale** (§ 560 Abs. 3 BGB) Gebrauch machte. Zur **Schlüssigkeit** der Klage gehört die **Angabe konkreter Gründe,** auf die der Mieter sein Begehren stützt, d. h. die Beschreibung der Tatsachen, aus denen sich die Reduzierung der Kosten ergibt, und entweder die Angabe, dass eine erkennbare Ermäßigung bisher nicht erfolgt ist, oder Anhaltspunkte dafür, dass sie zu gering ausgefallen ist;[229] die Bezugnahme auf einen Betriebskostenspiegel reicht nicht aus. Hat der Vermieter substantiiert erwidert, trägt der Mieter die Darlegungs- und Beweislast für eine gleichwohl reklamierte Ermäßigung. Der **Streitwert** dürfte nach § 3 ZPO in Anlehnung an § 41 Abs. 5 GKG auf den Jahresbetrag der geschätzten Differenz festzusetzen sein. **124**

Verlangt der Vermieter aufgrund einer Abrechnung die **Anpassung der Vorauszahlungen** (§ 560 Abs. 4 BGB), hat er deren Angemessenheit nach Grund und Höhe darzulegen und zu beweisen. Ein singulärer Streit über die Erhöhung der Vorauszahlungen dürfte in der Praxis allerdings die Ausnahme sein. Üblicherweise verweigert der Mieter die Zahlung des Erhöhungsbetrags, weil er schon die Nachforderung aus der Abrechnung nicht akzeptiert. Das Ergebnis der Klage des Vermieters auf Ausgleich des Abrechnungssaldos liefert zugleich die angemessenen Vorauszahlungen. Kam es im Vorfeld der Klage zu kollidierenden Erklärungen der Parteien zur neuen Höhe der Vorauszahlungen und verwendet der Vermieter die von ihm angesetzten Vorauszahlungen im Rahmen einer fristlosen Kündigung wegen Zahlungsverzugs, ist das Verfahren zur Bestimmung der Angemessenheit der Erhöhung zu beachten (s. Rdn. 44, 60). **125**

Macht der Mieter den **Wirtschaftlichkeitseinwand** geltend, behauptet er mithin, in die Abrechnung seien unwirtschaftliche Kosten eingeflossen, reklamiert er einen Schadensersatzanspruch, für den die Einwendungsfrist aus § 556 Abs. 3 S. 5, 6 BGB nicht gilt.[230] Er trägt damit die Darlegungs- und Beweislast für die Kostenüberhöhung.[231] **126**

---

229 BGH (VIII ZR 106/11) GE 2011, 1677 = NZM 2012, 20 = WuM 2011, 688 = ZMR 2012, 181.

230 AG Dortmund WuM 2016, 338 m. Bespr. *Flatow* = ZMR 2016, 457/706; *Derckx* NZM 2014, 372; Palandt/*Weidenkaff* § 556 Rdn. 13; *Zehelein* NZM 2014, 369; **a. A.** LG Karlsruhe Urt. vom 30.3.2012 – 9 S 506/11; AG Pinneberg Urt. vom 17.10.2013 – 83 C 207/12; *Flatow* WuM 2012, 235 (237); *Streyl* NZM 2013, 97 (100).

231 BGH (VIII ZR 340/10) GE 2011, 1225 = NZM 2011, 705 = WuM 2011, 513.

Der **Mieter** hat nach herrschender Ansicht[232] im Regelfall **substantiiert zu seinem Einwand** vorzutragen, d. h. so konkret, wie es ihm möglich ist;[233] pauschales Bestreiten der Wirtschaftlichkeit reicht nicht aus. **Ob** der Verweis auf die in **Betriebskostenspiegeln** ausgewiesenen Kosten genügt, ist **streitig.** Jedenfalls genügt der Mieter seiner Darlegungslast durch die Bezugnahme auf **überörtliche** Betriebskostenspiegel **nicht.**[234] Dies gilt auch dann, wenn ein landesweiter Betriebskostenspiegel selbst einen *„kritischen Grenzwert"* von 150% angibt.[235] Demgegenüber können **regionale** Betriebskostenspiegel herangezogen werden,[236] zumal wenn der Ansatz in der Abrechnung dessen Wert um fast das Doppelte oder mehr übersteigt;[237] dasselbe gilt für Durchschnittswerte in örtlichen Mietspiegeln.[238] Im Einzelfall kann der konkrete Anhaltspunkt schon aus dem Hinweis auf evident ungewöhnlich hohe Kosten einer Betriebskostenart folgen, wenn die übliche Kostenspanne dem Gericht aus den regionalen Verhältnissen bekannt ist.[239] Auf der anderen Seite kann sich auch der Vermieter die Werte eines Betriebskostenspiegels zur Abwehr des Wirtschaftlichkeitseinwands zunutze machen.[240]

Erforderlich sind **konkrete Anhaltspunkte,** die der Mieter z. B. aus früheren Abrechnungen,[241] Abrechnungen über vergleichbare Objekte,[242] Preislisten anderer Firmen, Kostentabellen der Ver- und Entsorgungsunternehmen oder Versicherer ableitet.[243] Dass der Einwand des Mieters gegen den Ansatz etlicher Einzelversicherungen, eine verbundene Versicherung sei günstiger, ein nur pauschales Bestreiten darstellt,[244] erscheint fraglich, weil jedenfalls der erste Anschein für den Mieter streitet. Zu beachten ist, dass jedenfalls **grobe Anhaltspunkte** für seine Behauptung der Unwirtschaftlichkeit **genügen,**[245] so dass es z. B. ausreicht, wenn der Mieter eine Betriebskostenabrechnung über ein in der Nachbarschaft liegendes Haus vorlegt und behauptet, es handele sich um einen baugleichen Aufzug mit den gleichen Haltepunkten, der auch keinen höheren Wartungsturnus oder irgendwelche zusätzlichen Leistungen erfordere.[246]

Um zu derartigen konkreten Einwänden zu kommen, die sich nicht schon aus der Abrechnung selbst erschließen, muss der Mieter zunächst in der Regel **Einsicht in die Belege** nehmen. Sollte der Mieter danach weiterhin nicht in der Lage sein, die maßgebenden Tatsachen vorzutragen, während der Vermieter über die entsprechende Kenntnis verfügt und ihm nähere Angaben zumutbar sind, greifen, wie der **BGH zunächst** entschieden hat, zugunsten des Mieters die Grundsätze über die sekundäre Darlegungslast des Vermieters ein.[247] Dies bedeutet, dass es nun Sache des Vermieters ist, im Einzelnen die Gesichtspunkte vorzutragen, welche den Kostenansatz als wirtschaftlich vertretbar erscheinen lassen. Der Mieter erhält dadurch Gelegenheit, sich spezifiziert mit den Gründen auseinanderzusetzen. Erwidert der Vermieter hierauf stichhaltig, ist eine Beweisaufnahme, ggf. durch Einholung eines Sachverständigengutachtens durchzuführen. **Nur knapp elf Monate später** nach dem ersten zitierten Urteil hat der **BGH** indes entschieden, dass den Vermieter **regel-**

---

232 Dazu kritisch *v. Seldeneck* NZM 2002, 545 (551).

233 Vgl. BGH (VIII ZR 78/06) NZM 2007, 563 = WuM 2007, 393.

234 BGH (VIII ZR 340/10) GE 2011, 1225 = NZM 2011, 705 = WuM 2011, 513; LG Heidelberg WuM 2010, 746; ausführlich *Ludley* NZM 2011, 417 (421 ff.).

235 **A. A.** AG Aachen WuM 2008, 701 m. abl. Anm. *Flatow;* AG Köln WuM 2013, 360 und WuM 2008, 556 m. krit. Anm. *Wall* WuM 2008, 702.

236 *Blank* in Blank/Börstinghaus § 556 Rdn. 155; einschränkend: *Lützenkirchen* in Lützenkirchen § 556 Rdn. 466: Orientierung für Ausreißerwerte; *Milger* NZM 2012, 657 je nach Betriebskostenart (662 ff.), z. B. für Versicherungen (664); **a. A.** *Schmid/Zehelein* in MünchKomm § 556 Rdn. 125.

237 AG Naumburg WuM 2016, 249: Ansatz Hauswart € 0,79/m²/Monat, Spiegel € 0,20/m²/Monat; AG Hannover WuM 2011, 30: Ansatz Hauswart € 0,30/m²/Monat, Spiegel € 0,17/m²/Monat; AG Leipzig WuM 2003, 452: Ansatz Hauswart € 0,48/m²/Monat, Spiegel € 0,14/m²/Monat.

238 AG Frankfurt/M. WuM 2002, 376: etwa 8fache Überschreitung der Kosten für den Hauswart.

239 LG Heidelberg WuM 2010, 746 (gerichtsbekannt); AG Zossen WuM 2012, 555 (Zeuge zu den regional üblichen Preisen).

240 Vgl. LG Duisburg WuM 2006, 199.

241 **A. A.** *Ludley* NZM 2011, 417 (420).

242 Wobei jedoch eventuelle regional bedingte tatsächliche und preisliche Unterschiede zu beachten sind, vgl. OLG Rostock DWW 2013, 223 = WuM 2013, 375.

243 AG Leipzig WuM 2006, 568; ebenso *Streyl* NZM 2008, 23 (24).

244 So LG Berlin GE 2002, 860.

245 *Milger* NZM 2012, 657 (662).

246 **A. A.** OLG Köln ZMR 2016, 537.

247 BGH (VIII ZR 45/10) GE 2010, 1261 = NZM 2010, 784 = WuM 2010, 627 = ZMR 2011, 26; (VIII ZR 251/05) NZM 2007, 83 = WuM 2006, 684 = ZMR 2007, 101.

mäßig doch keine sekundäre Darlegungslast für die tatsächlichen Grundlagen seines Betriebskostenansatzes trifft.[248] Eine Begründung für die Abweichung von seiner früheren Rechtsprechung liefert er nicht. Vielmehr urteilt er knapp, dass, wenn die Einsicht in die Belege für den Mieter ohne greifbares Ergebnis bleibe, es ihm unbenommen sei, die Wirtschaftlichkeit auf andere Weise zu prüfen.[249]

Diese Entscheidung **überzeugt nicht.**[250] Die Ausgangsannahme des BGH, dass es *„bei der Frage, ob der Vermieter bei finanziellen Dispositionen, die Auswirkungen auf die Betriebskosten haben, auf ein angemessenes Kosten-Nutzen-Verhältnis Rücksicht genommen hat, ... regelmäßig nicht um interne, für den Mieter nicht ersichtliche Kostenkalkulationen des Vermieters, sondern um objektive Gegebenheiten"* geht,[251] hält einer genaueren Überprüfung nicht stand. Vielmehr sind die Beweggründe, die für den Vermieter den Ausschlag zugunsten einer bestimmten Kostenvariante gaben, das Ergebnis eines internen Entscheidungsprozesses. Für den Mieter ist schon nicht erkennbar, welche objektiven Eckpunkte der Vermieter überhaupt zugrunde legte, ob er z. B. über weiteren Grundbesitz verfügt, bei dem sich durch die Vergabe eines größeren Mengengerüsts Kosteneinsparungen erzielen lassen. Erst recht kann er nicht wissen, von welchen subjektiven Vorgaben sich der Vermieter leiten ließ, ob er etwa der Kostenreduzierung oder der Verwaltungsvereinfachung den Vorrang einräumte. Die unterschiedlichen kostenrelevanten Gewichtungen treten zum Beispiel bei Hauswartskosten aufgrund der zahlreichen Parameter in besonderem Maße hervor: Vergabe der Leistungen für größere oder kleinere Einheiten, Kombination der Hausmeisterdienste mit Winterdienst/Straßenreinigung/Gartenpflege, Abschluss von Arbeitsverträgen mit Hauswarten oder Werkverträge mit Unternehmen, längere oder kürzere Vertragslaufzeit, Einheitspreise/Stundenpreise/Festpreise.[252] Der Verlauf des Entscheidungsprozesses bleibt für den Mieter im Dunklen, er kennt allein das Ergebnis.

Auch die vom BGH zur Begründung seiner Ansicht herausgestellte **Belegeinsicht** verschafft dem Mieter eben **häufig nicht** die erforderlichen Kenntnisse. Er kann nur ersehen, dass dem Vermieter die ausgewiesenen Beträge in Rechnung gestellt wurden und er sie ggf. bezahlte. Abhilfe würde die deutliche Ausweitung des Einsichtsrechts des Mieters bringen, indem ihm z. B. auch die abgelehnten Vergleichsangebote und internen Kalkulationsberechnungen auf Nachfrage vorgelegt werden müssten.[253] Ob sich die von *Milger* geforderte Großzügigkeit beim Einsichtsrecht des Mieters[254] auch hierauf beziehen soll, ist unklar. Zudem fehlen die Belege, aus denen sich der Grund für einen Kostenanstieg ergibt, nicht selten bei den Belegen der streitigen Abrechnung, weil der Kostenanstieg aus früheren Vorgängen stammt. Die Belege können bei denjenigen zu früheren Abrechnungen abgeheftet sein oder aber, je nach der Organisation des Vermieters oder Verwalters, auch in einem separaten Ordner, in dem die Korrespondenz mit dem jeweiligen Rechnungsaussteller zusammengefasst ist, etwa die Mitteilung des Müllentsorgers, dass wegen wiederholter Überfüllung der Müllgefäße und daneben gestellter Ablagerungen eine größere Anzahl von Müllgefäßen bereit gestellt werde oder eine häufigere Leerung stattfinde. Letztlich ist damit ein *„strukturelles Informationsdefizit"* zulasten des Mieters zu konstatieren.[255] Die vorbeschriebenen Gesichtspunkte machen deutlich, dass die zuvor vom BGH vertretene Auffassung eher zu einem ausgewogenen und sachgerechten Ergebnis führte.[256]

Ist die sekundäre Darlegungslast des Vermieters infolge der neuen Rechtsprechung des BGH weitgehend nicht anzuwenden,[257] ist dem Mieter **jedenfalls** im Vorwege ein **Auskunftsanspruch** aus §§ 241 Abs. 2, 242 BGB zuzuerkennen,[258] soweit er aus den Abrechnungsbelegen keine Erkenntnisse zur Einhaltung des Wirtschaftlichkeitsgebots erzielen konnte und naheliegende, einfa-

---

248 BGH (VIII ZR 340/10) GE 2011, 1225 = NZM 2011, 705 = WuM 2011, 513.

249 Kritisch zu dieser Entscheidung zuletzt *Artz,* PiG 92 (2012) S. 173; *Flatow,* WuM 2012, 235; *Hinz,* NZM 2012, 137; *Peters,* NZM 2012, 145; *Streyl,* NZM 2013, 97; zustimmend *Milger* NZM 2012, 657.

250 Hierzu ausführlich auch *Zehelein* NZM 2014, 11 (15f.) m.w.N.

251 BGH (VIII ZR 340/10) NZM 2011, 705 = WuM 2011, 513.

252 *Flatow* WuM 2012, 235 (240).

253 Dagegen *Streyl* NZM 2013, 97 (103).

254 *Milger* PiG 92 (2012) S. 189 (194).

255 *Flatow* WuM 2012, 235 (239f.); ähnlich *Peters* NZM 2012, 145 (146); **a. A.** *Milger* NZM 2012, 657 (659f.).

256 Ebenso z. B. AG Köln WuM 2014, 369.

257 Nach *Milger* NZM 2012, 657 (662ff.) kommt sie im Grunde nur noch – nach umfangreichen vorgeschalteten, aber ergebnislosen Recherchen des Mieters – bei den Versicherungen in Betracht.

258 BGH (VIII ZR 45/10) GE 2010, 1261 = NZM 2010, 784 = WuM 2010, 627 = ZMR 2011, 26; (VIII ZR 251/05) NZM 2007, 83 = WuM 2006, 684 = ZMR 2007, 101; *Artz* PiG 92 (2012) S. 174 (177); *Flatow*

che Recherchen[259] keine Aufklärung brachten.[260] Eine Auskunftspflicht des Vermieters dient der Vermeidung von Prozessen.[261] Ohne sie wird der Mieter in einen Prozess getrieben mit einem sehr hohen Prozess- und insbesondere Kostenrisiko (Sachverständigengutachten).[262]

Dem Gericht kommen im Rahmen des Wirtschaftlichkeitsgebots umfangreiche **Hinweispflichten (§ 139 ZPO)** zu. Das bezieht sich einerseits darauf, dass der Mieter überhaupt das Wirtschaftlichkeitsgebot rügt und somit einen Schadenersatzanspruch geltend macht, da dieser Aspekt gerade bei Einwänden gegen die Leistungserfüllung häufig übersehen wird. Zudem wird es den Mieter darauf hinweisen müssen, dass und warum er keinen ausreichenden Vortrag zur Pflichtverletzung des Vermieters und zum überhöhten Kostenanfall erbracht hat. Insbesondere auf die Notwendigkeit der Belegeinsicht und der Stützung des Vortrages hierauf ist hinzuweisen.

Wird ein **Sachverständigengutachten** eingeholt, für das der Mieter vorschusspflichtig ist, ist stets zu prüfen, ob es nach Anzahl und Größe des streitigen Objekts zu den Objekten passt, welche der Sachverständige seiner Bewertung zugrunde legte. Bezieht sich der Streit z. B. auf ein Mehrfamilienhaus mit sechs Wohnungen, ist die Ermittlung der Kosten nach denjenigen anderer Vermieter mit einem Bestand von 7000 oder 25.000 Wohnungen methodisch mangelhaft.[263]

127 Zur Beweislast im Übrigen s. ausführlich § 556 Rdn. 526.

G. Übergangsvorschrift

128 Der Vermieter, der in der Zeit vor dem 1.9.2001 Mietverträge mit der Mietstruktur einer **Brutto-, Bruttokalt- oder Teilinklusivmiete** abschloss, hat durch Art. 229 § 3 Abs. 4 EGBGB die Möglichkeit behalten, Steigerungen der im **Betriebskostenanteil** enthaltenen Kostenarten auf die Mieter umzulegen, soweit dieses Erhöhungsrecht durch eine Mehrbelastungsklausel im Vertrag vorgesehen ist. Infolge der Verweisung auf die Bestimmungen zur Erhöhung bzw. Ermäßigung einer Pauschale in § 560 Abs. 1–3 BGB kann zu den weiteren Einzelheiten auf die vorstehenden Ausführungen Bezug genommen werden; die Pflicht, den Betriebskostenanteil gem. § 560 Abs. 3 BGB zu reduzieren, besteht auch dann, wenn eine wirksame Mehrbelastungsklausel fehlt.[264] Dasselbe gilt für den Wirtschaftlichkeitsgrundsatz in § 560 Abs. 5 BGB. Durch die Verweisung auf § 560 Abs. 6 BGB sind auch in diesem Bereich alle Vereinbarungen unwirksam, die zum Nachteil des Mieters von diesen Vorschriften abweichen.

WuM 2012, 235 (238ff.); *Hinz* NZM 2012, 137 (142); *Streyl* NZM 2013, 97 (103); **a. A.** *Milger* NZM 2012, 657 (666).

[259] **A. A.** *Milger* NZM 2012, 657 (663): Der Mieter hat auch eine *„mühsame"* Darlegung des Verstoßes gegen das Wirtschaftlichkeitsgebot auf sich zu nehmen.

[260] Generelle Unzumutbarkeit von Erläuterungen durch den Vermieter nimmt *Milger* NZM 2012, 657 (661) an, zumal im Hinblick auf die sich *„meist in verhältnismäßig engen Grenzen"* bewegende, also geringe Mehrbelastung des Mieters.

[261] *Derckx* InfoM 2012, 522; *Hinz* InfoM 2012, 522; *Streyl* NZM 2013, 97 (103).

[262] *Flatow* InfoM 2012, 522; *Hinz* InfoM 2012, 522.

[263] LG Halle NZM 2007, 40.

[264] AG Charlottenburg MM 9/2016, 30.

§ 561 Sonderkündigungsrecht des Mieters nach Mieterhöhung

(1) [1]Macht der Vermieter eine Mieterhöhung nach § 558 oder § 559 geltend, so kann der Mieter bis zum Ablauf des zweiten Monats nach dem Zugang der Erklärung des Vermieters das Mietverhältnis außerordentlich zum Ablauf des übernächsten Monats kündigen. [2]Kündigt der Mieter, so tritt die Mieterhöhung nicht ein.

(2) Eine zum Nachteil des Mieters abweichende Vereinbarung ist unwirksam.

Systematische Übersicht

A. Allgemeines

I. Einführung

1 Die Vorschrift enthält die Regelung über das Sonderkündigungsrecht nach einer Mieterhöhung. Die Vorschrift gilt nur für Wohnraummietverträge, soweit sie nicht in § 549 Abs. 2 BGB ausgenommen sind. Das Kündigungsrecht besteht nach Mieterhöhungen auf die ortsübliche Vergleichsmiete gem. § 558 BGB und nach einer Modernisierungsmaßnahme gem. § 559 BGB.

2 Bei Mieterhöhungen wegen Steigerungen der **Betriebskostenvorauszahlungen** gem. § 560 Abs. 4 BGB oder der Anhebung der **Betriebskostenpauschale** gem. § 560 Abs. 1 BGB kann der Mieter nicht kündigen.[1] Dies beruht auf dem Gedanken, dass der Mieter sich diesen Mieterhöhungen, die i. d. R. auf einem Anstieg von bestimmten Kosten beruhen oder zumindest ein ganzes Mietobjekt, wenn nicht sogar eine ganze Regionen, betreffen, durch Kündigung wirtschaftlich sowieso nicht entziehen könne. Die Vorschrift gilt ebenfalls nicht nach dem Eintritt einer weiteren Staffel bei einer **Staffelmietvereinbarung,** § 557 a BGB oder nach einer **Indexerhöhung** gem. § 557 b BGB.

3 Die Bedeutung der Vorschrift ist auf Grund der seit 2001 eingeführten kurzen Kündigungsfristen zugunsten des Mieters in § 573 c BGB und erst recht seit der Änderung des Art. 229 § 3 Abs. 10 EGBGB begrenzt. Der Mieter kann das Mietverhältnis sowieso ohne Angabe von Gründen mit dreimonatiger Frist kündigen. Kündigt er gem. § 561 BGB tritt die Mieterhöhung auch während der Kündigungsfrist nicht in Kraft. Die Vorschrift hat ihre Bedeutung heute nur noch bei Zeitmietverträgen, die der Mieter ordentlich gar nicht kündigen kann. Ferner kommt eine Anwendung dann in Betracht, wenn die Parteien wirksam das Kündigungsrecht des Mieters befristet ausgeschlossen haben.[2]

---

[1] *Dickersbach* in Lützenkirchen, Mietrecht, 2. Aufl., § 561 BGB Rn. 11.

[2] BGH (VIII ZR 81/03) WuM 2004, 157, ausführlich dazu § 575 BGB Rdn. 80 ff. und § 557 a BGB Rdn. 62 ff.

II. Inhalt und Zweck der Norm

1. Allgemeines

4 **a)** Die Vorschrift ist im Zusammenhang mit dem Anspruch des Vermieters auf Zustimmung zu einer Mieterhöhung bzw. dem einseitigen Mieterhöhungsrecht des § 559 BGB zu sehen. Grundsätzlich sind Verträge, so wie sie abgeschlossen wurden, einzuhalten und abzuwickeln. Für **Dauerschuldverhältnisse** hat der Gesetzgeber aber je nach Vertragstyp unterschiedliche Vertragsanpassungsmöglichkeiten geschaffen. Für das Wohnraummietrecht sind dies der Anspruch auf Zustimmung zu einer Mieterhöhung gem. § 558 BGB oder das einseitige Mieterhöhungsrecht des § 559 BGB. Während der Gesetzgeber also dem Vermieter einen Anspruch auf Anpassung der Gegenleistung einräumt, hat er, wie bei anderen Dauerschuldverhältnissen z. T. auch (z. B. beim Versicherungsvertrag), dem Schuldner der Gegenleistung, hier also dem Mieter, das Recht eingeräumt, sich dieser Vertragsänderung durch Kündigung zu entziehen. Der Mieter hat damit das **Wahlrecht,** das Dauerschuldverhältnis unter den veränderten Bedingungen fortzusetzen oder diese Veränderungen nicht zu akzeptieren und das Dauerschuldverhältnis zu beenden.

5 Vorbild für die Vorgängervorschrift im MHG und jetzt auch § 561 BGB war § 11 Abs. 1 WoBindG, wonach bei preisgebundenem Wohnraum der Mieter nach Erhalt einer Mieterhöhungserklärung gem. § 10 Abs. 1 WoBindG im Anwendungsbereich des WoBindG (dazu Vor § 557 BGB Rdn. 35) berechtigt ist, das Mietverhältnis zu kündigen. Da das BGB dem Vermieter entweder in § 558 BGB einen Anspruch auf Zustimmung zu einer Vertragsänderung einräumt oder ihn in § 559 BGB berechtigt, einseitig den Vertragsinhalt zu ändern, ist die Ausgangslage auch im preisfreien Wohnungsbau mit der im preisgebundenen Wohnungsbau identisch. Bereits § 20 I. Bundesmietengesetz enthielt eine entsprechende Vorschrift.

6 **b)** Zum Teil[3] wurde vertreten, dass die Vorschrift als ein Spezialfall des Grundsatzes von **Treu und Glauben** (clausula rebus sic stantibus, § 242 BGB) anzusehen sei. Das Gesetz unterstelle, dass dem Mieter bei Ausübung dieses Sonderkündigungsrechts ein weiteres Festhalten am Vertrag angesichts der veränderten Vertragsbedingungen nicht zugemutet werden kann. Ob tatsächlich ein Rückgriff auf Treu und Glauben erforderlich ist, erscheint fraglich[4], da zum einen als **Geschäftsgrundlage** nur grundlegende Verhältnisse bei Vertragsschluss angesehen werden und zum anderen eher das Erhöhungsrecht des Vermieters ein Anwendungsfall der Grundsätze des Wegfalls der Geschäftsgrundlage des Vertrages darstellt, weil es ermöglicht, eine den veränderten ökonomischen Verhältnissen entsprechende Miete durchzusetzen. Im Zuge dieser Vertragsanpassung kann der Vermieter entweder die angepasste Miete vom bisherigen Mieter verlangen oder, wenn dieser dazu nicht bereit oder in der Lage ist, von einem Nachfolgemieter. Das Wahlrecht hat der Gesetzgeber durch Einräumung des Kündigungsrechts und durch Ausschluss der Vermieterkündigung in § 573 Abs. 1 BGB dem Mieter zugestanden.

7 **c)** Die Vorschrift ist deshalb als **Schutzvorschrift** zugunsten des Mieters zu verstehen. Sie gibt dem Mieter neben der Zustimmung, der Teilzustimmung und der Verweigerung der Zustimmung eine weitere Reaktionsmöglichkeit auf ein Mieterhöhungsverlangen gem. § 558 BGB oder eine einseitige Mieterhöhung nach § 559 BGB. Sie stellt dabei, wenn auch mit umgekehrtem Vorzeichen, den bis zum In-Kraft-Treten des I. WKSchG geltenden Rechtszustand wieder her und zwar unabhängig davon, ob es sich um eine Mieterhöhung gem. § 558 oder um eine solche nach § 559 BGB handelt. Soweit damals nämlich keine Preisvorschriften mehr galten, konnte der Vermieter die Miete in einem bestehenden Mietverhältnis durch die Erklärung einer **Änderungskündigung** erhöhen. Er sprach also eine Kündigung aus, die grundsätzlich das Mietverhältnis beendete. Gleichzeitig bot er dem Mieter den Abschluss eines neuen Mietvertrages an. Der Mieter war frei, ob er das Angebot annahm oder nicht. Nahm er das Angebot nicht an, dann musste der Mieter die Wohnung nach Ablauf der Kündigungsfrist räumen, aber niemals die erhöhte Miete zahlen. Das BGB hat dem Vermieter in § 573 Abs. 1 BGB eine Kündigung zum Zwecke der Mieterhöhung ausdrücklich untersagt. Dafür hat es ihm entweder einen Anspruch auf Zustimmung in § 558 BGB oder ein einseitiges Mieterhöhungsrecht in § 559 BGB eingeräumt. Also ist anders als früher nicht die Beendigung des Mietverhältnisses der normale Lauf der Dinge, sondern die Mieterhöhung. Erst durch Ausübung des Gestaltungsrechts „Kündigung" kann jetzt der Mieter den früher geltenden Zustand

---

[3] *Lammel,* § 561 BGB Rn. 2; *Blank* in der 6. Aufl. Rdn. C 448.
[4] So auch *Riecke* in Klein-Blenkers/Heinemann/Ring, Miete/WEG/Nachbarschaft § 561 Rn. 5.

wieder herstellen, d. h. das Mietverhältnis wird ohne die Verpflichtung, die erhöhte Miete zu zahlen, beendet. Die Vorschrift ist deshalb Ausdruck des **allgemeinen Rechtsgedankens,** dass keiner Vertragspartei von der anderen Vertragspartei eine Vertragsänderung aufgezwungen werden darf, selbst wenn ihr ein gesetzlicher Anspruch darauf zusteht.[5]

d) Die Vorschrift war früher auch erforderlich, da das grundsätzlich dem Mieter zustehende **ordentliche Kündigungsrecht** allein nicht zur Abwehr einer Mieterhöhung ausreichte. Zum einen gilt die Vorschrift auch bei befristeten Mietverhältnissen, die der Mieter ordentlich gar nicht kündigen kann, und zum anderen hatte der Mieter bis Ende August 2001 bei einer ordentlichen Kündigung grundsätzlich die Kündigungsfristen des § 565 Abs. 2 BGB a. F. einzuhalten. Da diese Fristen i. d. R. länger waren als die Überlegungsfrist, könnte der Mieter sich einer Mieterhöhung nicht vollständig entziehen. Die ordentliche Kündigung des Mietverhältnisses entbindet den Mieter nämlich nicht von der Verpflichtung, der Mieterhöhung zuzustimmen bzw. die erhöhte Miete zu zahlen. Heute spielt die Kündigungsmöglichkeit, außer bei den mengenmäßig durch § 575 BGB stark eingeschränkten Zeitmietmietverträgen, jetzt vor allem noch bei Mietverträgen eine Rolle, die vor dem 1. 9. 2001 abgeschlossen worden sind und in denen die Parteien vertraglich die Fortgeltung der alten gestaffelten Kündigungsfristen vereinbart haben.[6] Ferner kommt eine Anwendung dann in Betracht, wenn die Parteien wirksam das Kündigungsrecht des Mieters befristet ausgeschlossen haben (§ 557a BGB Rdn. 62f.; § 575 BGB Rdn. 80ff.).[7] 8

e) Die Vorschrift hat in der Praxis nur eine **geringe Bedeutung.**[8] Entweder es gibt einen Wohnungsleerstand in der Gemeinde, dann wird der Vermieter i. d. R. keine Mieterhöhung vornehmen, um dem Mieter keinen Anlass zu geben zu kündigen und woanders eine ggf. preiswertere Wohnung anzumieten oder es herrscht Wohnungsmangel, dann wird der Mieter, mangels Alternativwohnung, nicht kündigen. Das **Sonderkündigungsrecht** hat allenfalls mittelbar Einfluss auf das Vermieterverhalten, da der Vermieter befürchten muss, dass er einen langjährigen, ihm bekannten Mieter verliert und noch nicht einmal sicher ist, dass er bei einer Neuvermietung seine Mietvorstellung realisieren kann.[9] Rechtlich bedeutsam ist das Sonderkündigungsrecht im Prinzip nur bei Zeitmietverträgen und Mietverträgen mit Kündigungsausschlussvereinbarung. Hier eröffnet der Vermieter dem Mieter durch sein Mieterhöhungsverlangen ein ansonsten überhaupt nicht bestehendes Kündigungsrecht.[10] Alle anderen Verträge kann der Mieter gem. § 573c Abs. 1 BGB zum Ablauf der übernächsten Monats kündigen.[11] 9

2. Anwendungsbereich

Die Vorschrift findet auf alle Wohnraummietverhältnisse Anwendung. Dies ergibt sich aus der Stellung der Vorschrift. Ausgenommen sind jedoch die in § 549 Abs. 2 und 3 BGB genannten Mietverhältnisse. Bei diesen Mietverhältnissen kann der Vermieter die Mieterhöhung durch Änderungskündigung durchsetzen. Die Vorschrift gilt für **Mischmietverhältnisse** nicht, bei denen das Schwergewicht auf dem gewerbemietrechtlichen Teil liegt. Unerheblich ist es für die Anwendung des § 561 BGB, ob es sich um ein **unbefristetes oder ein befristetes Mietverhältnis** handelt. Beide Arten von Mietverhältnissen können gem. § 561 BGB gekündigt werden. 10

[5] *Artz* in MünchKomm § 561 BGB Rdn. 1.

[6] BGH (VIII ZR 240/02) WuM 2003, 505.

[7] *Börstinghaus* ZGS 2009, 221; *ders.* NJW 2009, 1391; *Klumpp,* Der Kündigungsausschluss im unbefristeten und befristeten Wohnraum Mietverhältnis, Diss., Tübingen, 2009.

[8] *Artz* in MünchKomm § 561 BGB Rdn. 9; *Riecke* in Klein-Blenkers/Heinemann/Ring, Miete/WEG/Nachbarschaft § 561 Rn. 26.

[9] *Artz* in MünchKomm § 561 BGB Rdn. 9.

[10] *Artz* in MünchKomm § 561 BGB Rdn. 9.

[11] *Haug* in Emmerich/Sonnenschein, Miete, § 573d BGB Rdn. 3.

B. Voraussetzungen des Sonderkündigungsrechts

I. Sachliche Voraussetzungen

1. Mieterhöhungen gem. §§ 558a, 559 BGB

11 **a)** Das Gesetz verlangt **vom Wortlaut her** nur, dass der Vermieter entweder eine Mieterhöhung nach § 558 BGB oder nach § 559 BGB geltend macht.[12] Die Vorschrift gilt nicht bei einseitigen Mieterhöhungen nach dem teilweise noch weiter geltenden WoBindG[13] (dazu Vor § 557 BGB Rdn. 35) oder der an seine Stelle getretenen Landesgesetze.[14] Soweit noch das Wohnraumförderungsgesetz des Bundes (WoFG)[15] ausnahmsweise Anwendung findet, ist § 561 BGB wegen der in § 28 Abs. 3 WoFG enthaltenen Verweisung anzuwenden.[16] Vom Wortlaut her lösen damit alle Willenserklärungen des Vermieters, die entweder darauf gerichtet sind, dass der Mieter einer Mieterhöhung zustimmen soll oder dass er ab einem bestimmten Zeitpunkt eine erhöhte Miete gem. § 559 BGB zahlen soll, das Kündigungsrecht aus. Kein Geltendmachen i. S. d. Gesetzes ist lediglich ein Angebot auf einverständliche Änderung des Vertrages gem. § 557 Abs. 1 BGB. Für die im Einzelfall unter Umständen schwierige Abgrenzung kommt es auf den objektiven **Empfängerhorizont** auf Seiten des Mieters an. Konnte der Mieter die Willenserklärung nur als Angebot verstehen, das er ohne rechtliche Konsequenzen ablehnen konnte, scheidet das Sonderkündigungsrecht aus. Dies gilt auch dann, wenn der Vermieter in seinem ersten Angebot auf Vertragsänderung abschließend darauf hinweist, dass er für den Fall der Ablehnung des Angebots ein Zustimmungsverlangen oder eine einseitige Mieterhöhung aussprechen wird. Ob der Mieter mit einer einvernehmlichen Mieterhöhung einverstanden ist oder nicht ist dabei unerheblich, weil bereits die Erklärung des Vermieters kein „Geltendmachen" i. S. d. § 561 BGB darstellt, welches das Kündigungsrecht auslöst. Diese Auslegung vom Wortlaut her entspricht auch dem Sinn und Zweck der Regelung, die dem Mieter nur als **Reflex** auf eine ihm gegen seinen Willen aufgezwungene Mieterhöhung zusteht. Beruht die Verpflichtung zur Zahlung der erhöhten Miete aber auf einer freiwilligen Zustimmung des Mieters, so ist dieser nicht schutzbedürftig.

12 **b)** Umstritten ist die Frage, ob das **Mieterhöhungsverlangen wirksam** sein muss, damit es das Sonderkündigungsrecht auslöst. Zum Teil[17] wird dies gefordert, da nur ein wirksames Mieterhöhungsverlangen Rechtswirkungen entfalte. Nur wenn dem Mieter tatsächlich eine Mieterhöhung drohe, sei er schutzbedürftig. Für diese Auslegung soll auch § 561 Abs. 1 Satz 2 BGB sprechen, wonach die Mieterhöhung nach einer Kündigung nicht eintritt.[18] Die Mieterhöhung tritt aber grundsätzlich nur nach einem wirksamen Mieterhöhungsverlangen ein. Hat der Mieter im Vertrauen auf eine an sich unwirksame Mieterhöhung gekündigt, so liege eine Obliegenheitsverletzung des Vermieters vor, die diesen nach §§ 280, 282 BGB verpflichte, den Mieter so zu stellen, als wenn die Mieterhöhung wirksam gewesen sei, ihm soll also untersagt sein, sich auf Unwirksamkeit der Mieterhöhung zu berufen.[19]

13 **Gesetzesgeschichte,**[20] Wortlaut und der Sinn der Vorschrift sprechen aber gegen diese Auslegung.[21] Nach Satz 1 knüpft das Sonderkündigungsrecht zunächst einmal nur an die Geltend-

---

[12] Falsch deshalb AG Hamburg-Altona ZMR 2008, 542 wonach § 561 BGB nur für Mieterhöhungen nach § 559 BGB gelte; abl. Anm. auch von *Riecke* ZMR 2008, 543.

[13] *Riecke* in Klein-Blenkers/Heinemann/Ring, Miete/WEG/Nachbarschaft § 561 Rn. 7; *Dickersbach* in Lützenkirchen, Mietrecht, 2. Aufl., § 561 BGB Rn. 2.

[14] Z. B. Art 11 BayWoBindG.

[15] BGBl I 2001, 2376.

[16] *Dickersbach* in Lützenkirchen, Mietrecht, 2. Aufl., § 561 BGB Rn. 2.

[17] AG Bergisch-Gladbach WuM 1983, 182; *Sternel* III 859.

[18] *Sternel,* III 859.

[19] LG Heidelberg NJW 1975, 1974; LG Wuppertal MDR 1962, 990 (noch zu § 20 I. BMG); AG Andernach WuM 1994, 547, 548; *Sternel* III 859.

[20] So ausdrücklich die Begründung zum Mietrechtsreformgesetz: BT-Drucks. 14/4553 S. 59 (BT-Drucks. 14/4553 (abgedruckt bei *Börstinghaus/Eisenschmid,* Arbeitskommentar Mietrecht, S. 383).

[21] LG Berlin GE 1998, 43; LG Braunschweig WuM 1986, 323; AG Ibbenbüren WuM 1982, 216; AG Münsingen NJW-RR 1998, 228; AG Brakel WuM 1983, 349 (zu § 11 WoBindG); *Artz* in MünchKomm § 561 BGB Rdn. 4; *Sternel* Mietrecht aktuell, IV 285; *Weitemeyer in* Staudinger § 561 BGB Rdn. 9; *dies.* in Emmerich/Sonnenschein, Miete, § 561 BGB Rdn. 6, 12; Bub/Treier/*Schultz* Kap. III. A Rdn. 1660; *Lammel* § 561 Rdn. 6; *Both* in Herrlein/Kandelhard § 561 BGB Rdn. 7; *Hau* NZM 2014, 809, 817 („vorzugswürdige Meinung"); *Riecke* in Klein-Blenkers/Heinemann/Ring, Miete/WEG/Nachbarschaft § 561 Rn. 8; *Dickersbach* in Lützenkirchen, Mietrecht, 2. Aufl., § 561 BGB Rn. 12.

machung des Vermieters an. Dies ist eine einfach zu bewertende Tatsache. Eine rechtliche Bewertung hat nach dem Wortlaut nicht stattzufinden. Ein solches Geltendmachen durch den Vermieter kann in drei Kategorien fallen: Das Mieterhöhungsverlangen kann bereits formell unwirksam sein, es kann aber auch formell grundsätzlich in Ordnung sein, aber materiell Fehler aufweisen, schließlich kann es auch insgesamt fehlerfrei sein. Dies zu beurteilen ist im Einzelfall schwierig und die Antwort fällt selbst bei Fachleuten bekanntermaßen häufig unterschiedlich aus. Es ist dem Mieter nicht zuzumuten, diese Frage erst gerichtlich prüfen zu lassen.[22] Auch die Regelung in § 561 Abs. 1 Satz 2 BGB rechtfertigt vom Wortlaut her nicht zwingend eine andere Auslegung. Nach dieser Bestimmung tritt die Mieterhöhung nach einer Kündigung nicht ein. Diese Regelung betrifft selbstverständlich nur wirksame Mieterhöhungsverlangen, weil formell und/oder materiell unwirksame Verlangen gar keine Wirkungen entfalten. Das bedeutet aber nicht, dass deshalb, weil Satz 2 eine Regelung nur für eine von drei Alternativen enthält, diese Einschränkung auch bei Satz 1 zu gelten hat. Für die anderen beiden Alternativen war eine Regelung systematisch nicht erforderlich. Vielmehr spricht die Fristenregelung in Abs. 1 Satz 1 dafür, nur auf die bloße Tatsache des Geltendmachens abzustellen. Die Fristen knüpfen an den Zugang der Erklärung an. Selbst wenn der Mieter Zweifel an der Wirksamkeit hat und es auf einen Rechtsstreit ankommen lässt, dann muss er sich innerhalb der gesetzlichen Fristen, die ab Zugang des Erhöhungsverlangens zu berechnen sind, entscheiden, ob er kündigen will. Eine Auslegung dahin, dass die Fristen in diesen Fällen erst ab rechtskräftiger Verurteilung laufen, geht über den Wortlaut des § 561 Abs. 1 BGB hinaus, was sich nicht nur aus dem eindeutigen Wortlaut, sondern auch aus einem Vergleich mit § 569 Abs. 3 Nr. 3 BGB ergibt. Die dortige Regelung knüpft gerade an die rechtskräftige Verurteilung an.

Da der Wortlaut der Vorschrift also nicht zwingend auf ein wirksames Mieterhöhungsverlangen abstellt, kommt dem **Sinn und Zweck**[23] der Regelung für die Auslegung eine entscheidende Bedeutung zu. Die Frage, ob ein Wohnraummietverhältnis wirksam gekündigt wurde oder nicht, ist für beide Mietvertragsparteien von großer Bedeutung. Eine Unklarheit, die dadurch entstehen würde, dass man das Kündigungsrecht von der aufschiebenden Bedingung abhängig macht, dass eine andere Rechtshandlung wirksam ist, würde zu unzumutbaren Zuständen führen.[24] Nicht nur der Mieter muss sich im Klaren darüber sein, ob er sich eine neue Wohnung suchen muss, auch der Vermieter hat ein Interesse an Rechtsklarheit. Neben anderen Fragen interessiert den Vermieter in diesem Zusammenhang doch, ob er die Wohnung kurzfristig zu der von ihm verlangten Miete neu vermieten kann. Wenn sich erst nach einem längeren Rechtsstreit herausstellt, dass die Kündigung unwirksam ist und deshalb die Kündigung nicht möglich war, dann steht sich der Vermieter wirtschaftlich ebenfalls schlechter, als wenn er nach der unwirksamen Mieterhöhung zwar die Kündigung des Mieters erhält, aber die Wohnung dann seinen Vorstellungen und den Marktgegebenheiten entsprechend neu vermieten kann. Wenn er dies auf Grund der Marktsituation ggf. nicht kann, so fällt dies Risiko ebenfalls in seine Risikosphäre, da er durch seine Mieterhöhung den Anlass gegeben hat. Und schließlich dürfte sich der Vermieter dem Vorwurf des widersprüchlichen Verhaltens aussetzen, wenn er sich hinsichtlich der Kündigung auf die Unwirksamkeit seines eigenen Mieterhöhungsverlangens beruft. Der Sinn der Vorschrift ist es, schnell Rechtsklarheit über das Vertragsverhältnis herzustellen. Dies betrifft sowohl die Miethöhe, aber auch die Frage des Bestandes des Mietverhältnisses. 14

Schließlich spricht auch noch ein **systematisches Argument** für diese Auslegung. Auch die Klagefrist berechnet sich vom Zugang des Mieterhöhungsverlangens an, unabhängig davon, ob dies wirksam ist oder nicht oder ob der Vermieter dem Mieter ggf. eine längere Frist eingeräumt hat. Da die Fristen in § 558b Abs. 2 BGB und in § 561 Abs. 1 Satz 1 BGB erkennbar gleich ausgestaltet sind,[25] spricht auch dies dafür, das Sonderkündigungsrecht nur von der Tatsache des Zugangs des Mieterhöhungsverlangens selbst abhängig zu machen und nicht noch dessen Wirksamkeit als zusätzliche Voraussetzung zu verlangen. 15

---

[22] LG Berlin GE 1998, 43, 44.

[23] So auch AG Münsingen NJW-RR 1998, 228.

[24] Palandt/*Weidenkaff,* § 561 BGB Rdn. 4; *Nies* NZM 1998, 398; *Artz* in MünchKomm § 561 BGB Rdn. 4.

[25] So ausdrücklich LG München I WuM 1994, 383 für den umgekehrten Fall der systematischen Auslegung des § 558b Abs. 2 BGB unter Verweis auf die Fristen des § 561 BGB (jeweils noch zum alten Recht).

16 Das bedeutet, dass auch ein **mündliches Erhöhungsverlangen** das Sonderkündigungsrecht auslöst.[26] Es darf sich aber nicht nur um die Ankündigung einer Mieterhöhung[27] oder um ein Verhandlungsangebot darüber handeln. Ebenso löst eine Mieterhöhung der die gem. § 558a BGB bzw. § 559b BGB erforderliche **Begründung fehlt,** das Sonderkündigungsrecht aus. Voraussetzung ist aber, dass dem Mieter ein Mieterhöhungsverlangen bzw. eine einseitige Mieterhöhung zugegangen ist.[28] Auch nach einem Mieterhöhungsverlangen, das dem Mieter **vor Ablauf der Jahressperrfrist** zugegangen ist und deshalb unwirksam ist[29], kann der Mieter gem. § 561 Abs. 1 kündigen.[30]

17 Eine Grenze wird hier allenfalls durch das sich aus § 242 BGB ergebende Gebot von **Treu und Glauben** gezogen; denn dies bildet eine allen Rechten immanente Inhaltsbegrenzung.[31] In den Fällen, in denen der Mieter zweifelsfrei erkennen kann, dass das Mieterhöhungsverlangen unwirksam ist, kann es im Einzelfall eine unzulässige Rechtsausübung darstellen, wenn der Mieter trotzdem das Mietverhältnis gem. § 561 BGB kündigt.[32] Dabei handelt es sich um die missbräuchliche Ausnutzung einer formalen Rechtsstellung. Ferner fehlt dem Mieter in diesem Fall auch ein schutzwürdiges Eigeninteresse, da er aus einer so evident unwirksamen Erklärung des Vermieters i. d. R. mit keinerlei Rechtsnachteilen zu rechnen braucht. Der Mieter kann sich risikolos auf einen Rechtsstreit über die Mieterhöhung einlassen.[33] Dies gilt aber nur für Extremfälle, z. B. Mieterhöhungen, die ohne jeden Bezug zum BGB abgegeben werden.[34]

18 Genauso unerheblich wie die Frage, ob das Mieterhöhungsverlangen wirksam ist oder nicht, ist die Frage, ob dem Mieter die verlangte Mieterhöhung zuzumuten ist. Der Gesetzeswortlaut ist auch insofern eindeutig. Es kommt nur auf die Geltendmachung an. Allein die Tatsache, dass der Vermieter eine Änderung der im Synallagma stehenden Leistungspflicht der Gegenseite verlangt, gibt dem Mieter das Recht, dieser Änderung durch Beendigung des gesamten Vertragsverhältnisses zu entgehen. Der Vermieter kann sich deshalb nicht darauf berufen, dass die Mieterhöhung nur sehr gering ist oder dass die restliche Mietzeit nur noch sehr kurz ist.

2. Mieterhöhung nach § 560 BGB

19 Das Gesetz beschränkt das Kündigungsrecht auf die Mieterhöhung im Zustimmungsverfahren gem. § 558 BGB sowie die einseitige Erhöhungsmöglichkeit wegen Modernisierung gem. § 559 BGB. Damit lösen weder Erhöhungen der Betriebskostenpauschale wegen **Betriebskostensteigerungen gem. § 560 Abs. 1 BGB** noch Erhöhungen der Betriebskostenvorauszahlungen gem. § 560 Abs. 4 BGB das Sonderkündigungsrecht aus. Das gilt auch für den Fall der Erhöhung von Brutto- oder Teilinklusivmieten bei Altverträgen gem. der Übergangsregelung in Art. 229 § 3 Abs. 4 EGBGB. Der Gesetzgeber war bei diesen auf Kostensteigerungen beruhenden Mieterhöhungen der Auffassung, dass der Mieter sich diesen Mieterhöhungen, die i. d. R. auf einem Anstieg von bestimmten Kosten für ein ganzes Mietobjekt beruhen, sich sowieso nicht durch Kündigung entziehen könne,[35] da die Kosten regelmäßig im gesamten Gemeindegebiet gestiegen seien. Ob dies heute noch gerechtfertigt ist, erscheint zweifelhaft. So treten sowohl hinsichtlich der Kostenstruktur verschiedener Häuser innerhalb einer Gemeinde auf Grund unterschiedlichen Verbrauchsverhaltens, aber auch zwischen den öffentlichen Gebühren und Versorgungskosten benachbarter Gemeinden heutzutage teilweise ganz erhebliche Unterschiede auf. Da der Mieter diese Kosten, soweit der Vermieter nicht gegen das Gebot der Wirtschaftlichkeit verstoßen hat, grundsätzlich ohne Rücksicht auf ihre Höhe zu zahlen hat, fehlt auch dem Vermieter jegliche Motivation, diese Kosten gering zu halten oder ggf. gegen Bescheide Widerspruch einzulegen. Könnte der Mieter

[26] **A. A.** *Sternel* III 859.
[27] *Dickersbach* in Lützenkirchen, Mietrecht, 2. Aufl., § 561 BGB Rn. 13.
[28] *Weitemeyer in* Staudinger § 561 BGB Rdn. 10.
[29] BGH RE v. 11. 6. 1993, NJW 1993, 2109.
[30] *Weitemeyer* in Staudinger § 561 BGB Rdn. 16; *dies.* in Emmerich/Sonnenschein, Miete, 11. Aufl., § 561 BGB Rdn. 12.
[31] Palandt/*Ellenberger* § 138 BGB Rdn. 38.
[32] LG Berlin GE 1998, 43, 44; AG Münsingen NJW-RR 1998, 228; **a. A.** *Dickersbach* in Lützenkirchen, Mietrecht, 2. Aufl., § 561 BGB Rn. 12.
[33] AG Münsingen NJW-RR 1998, 228.
[34] Im Fall des AG Münsingen a. a. O. hatte der Vermieter den Mietern einen nicht unterschriebenen Zettel in den Briefkasten geworfen mit dem Text: „Mieterhöhung ab Monat Sept. 94 um 100 DM auf 500 DM mtl. Bitte Dauerauftrag ändern.".
[35] BT-Drucks. 7/2011 zu Art. 3 § 7 2. WKSchG.

hier sein Sonderkündigungsrecht ausüben, wäre er in der Lage auch auf solche Unterschiede zu reagieren.

Hinzu kommt ein systematischer Bruch. Bei (Teil-)Inklusivmieten kann der Vermieter die Betriebskostensteigerungen durch eine Erhöhung der ortsüblichen Vergleichsmiete an die Mieter weitergeben. Da es sich dann um eine Mieterhöhung gem. § 558 BGB handelt, kann der Mieter in diesem Fall kündigen, obwohl wirtschaftlich die Situation mit der nach einer Mieterhöhung gem. § 560 BGB identisch ist. Da der Gesetzgeber hier aber eine ausdrückliche Regelung getroffen hat, scheidet auch eine analoge Anwendung des Sonderkündigungsrechts auf Mieterhöhungen gem. § 560 BGB aus. 20

3. Mieterhöhungen gem. §§ 557–557b BGB

a) Die Vorschrift ist ferner auf alle **einverständlichen Mieterhöhungen** nicht anwendbar. Hierzu zählt auch der Fall, dass der Mieter einem Mieterhöhungsverlangen des Vermieters gem. § 558 BGB zugestimmt hat.[36] Hat der Mieter der Mieterhöhung nur teilweise zugestimmt, dann kann er trotzdem kündigen.[37] Sinn macht dies aber nur, wenn dies zeitlich gestaffelt erfolgt, also wenn der Mieter zunächst teilweise zustimmt und der Vermieter dann vor Ablauf der Kündigungsfrist des § 561 BGB zu erkennen gibt, auch auf Zustimmung bezüglich des Restbetrages zu bestehen. Dann kann der Mieter noch kündigen. Durch die Kündigung wird aber gemäß § 561 Abs. 1 Satz 2 BGB nur der Teil des Mieterhöhungsverlangens unwirksam, zu dem der Mieter seine Zustimmung noch nicht erteilt hat. Hinsichtlich des ersten Teils liegt eine einverständliche Vertragsänderung vor, da § 150 Abs. 2 BGB hier nicht gilt. Dies ergibt sich auch deutlich aus der Formulierung in § 558b Abs. 1 BGB *„soweit der Mieter der Mieterhöhung zustimmt* ...". Wartet der Mieter in diesen Fällen ab, ob der Vermieter innerhalb der Klagefrist klagt, ist die Kündigungsfrist für den Mieter abgelaufen, da die Klagefrist des § 558b Abs. 2 Satz 2 BGB sich an die Überlegungsfrist nach § 561 Abs. 1 BGB erst anschließt. 21

b) Eine einvernehmliche, eine Kündigung ausschließende Mieterhöhung, liegt auch bei allen **Vereinbarungen i. S. d. § 557 Abs. 1 BGB** vor.[38] Hier spricht bereits der Wortlaut der Vorschrift gegen eine Anwendung, da das Kündigungsrecht an die einseitige Geltendmachung des Vermieters anknüpft und nicht an Willenserklärungen, die auf eine vertragliche Regelung gerichtet sind. Schließlich sprechen auch Sinn und Zweck der Regelung gegen eine Anwendung des Sonderkündigungsrechts auf Mieterhöhungen, die auf Grund einer vertraglichen Einigung der Parteien erfolgen. Der Mieter soll vor Mieterhöhungen gegen seinen Willen geschützt werden. Er würde sich jedoch widersprüchlich verhalten, wenn er zunächst einer Mieterhöhung zustimmt, um dann anschließend diese Zustimmung durch Kündigung wieder unwirksam zu machen. Deshalb besteht das Sonderkündigungsrecht bei Mieterhöhungen auf Grund einer **Staffelmietvereinbarung** gem. § 557a BGB genauso wenig, wie nach einer Mieterhöhung auf Grund einer **Indexklausel** gem. § 557b BGB. Auch hier beruht die Mieterhöhung auf einer, wenn auch i. d. R. schon bei Vertragsschluss geschlossenen, Vereinbarung der Parteien. Neben dem Wortlaut spricht auch hier der Sinn der Vorschrift gegen eine Anwendung. Der Mieter weiß bei Abschluss des Vertrages, welche Miete er ab wann zu zahlen hat. Er wird nicht vom Verlangen des Vermieters überrascht. Jedoch kann der Mieter dann das Mietverhältnis außerordentlich kündigen, wenn der Vermieter unter Berufung auf die Unwirksamkeit der Staffelmietvereinbarung eine Mieterhöhung geltend macht.[39] 22

4. Zurückgenommene Mieterhöhungen

Schließlich kann der Vermieter die Kündigung des Mieters auch nicht dadurch unwirksam machen, in dem er sein Erhöhungsverlangen zurücknimmt (dazu § 558a Rdn 19f). Ein Mieterhöhungsverlangen gem. § 558a BGB kann zwar vom Vermieter grundsätzlich zurückgenommen werden, damit entfällt aber nicht das einmal entstandene Kündigungsrecht des Mieters. Hierfür sprechen Sinn und Zweck der Regelung. Ein Mieter der die erhöhte Miete nicht zahlen kann oder will wird sich vor der Kündigung eine neue Wohnung suchen und dementsprechend einen 23

---

[36] *Sternel* III 860; *Weitemeyer* in Staudinger (2014) § 561 BGB Rdn. 11.
[37] *Sternel* III 860.
[38] AG Solingen WuM 1982, 142.
[39] LG Berlin GE 1998, 43.

neuen Mietvertrag abschließen. Wenn der Vermieter ihm das Kündigungsrecht durch Rücknahme des Mieterhöhungsverlangens nehmen könnte, dann bestünde die Gefahr, dass der Mieter zumindest zeitweise durch zwei Mietverträge gebunden wäre. Bei einer Mieterhöhung gem. § 559 BGB ergibt sich dies bereits aus dem Gesetzeswortlaut, der nur auf den Zugang der Mieterhöhungserklärung abstellt. Außerdem würde der Vermieter sich widersprüchlich verhalten.

II. Zeitliche Voraussetzungen

24 **a)** Unabhängig davon, ob der Vermieter seinen Anspruch auf Zustimmung zu einer Mieterhöhung gem. § 558 BGB geltend macht oder ob er einseitig die Miete gem. § 559 BGB erhöht, in beiden Fällen kann der Mieter erst kündigen, wenn ihm das entsprechende Verlangen des Vermieters **zugegangen** ist.[40] Dies ergibt sich daraus, dass das Mieterhöhungsverlangen eine empfangsbedürftige Willenserklärung ist, für deren Wirksamkeit gem. § 130 Abs. 1 Satz 1 BGB der **Zugang** erforderlich ist. Dies ist auch deshalb von Bedeutung, weil für die Berechnung der Kündigungsfristen ein eindeutiger Zeitpunkt feststehen muss. Eine vor Zugang der Mieterhöhung erklärte Kündigung ist unwirksam.

25 **b)** Das Sonderkündigungsrecht steht dem Mieter selbst dann zu, wenn das zu Grunde liegende Mietverhältnis bereits **vorher von ihm oder vom Vermieter gekündigt worden** ist. Dies setzt voraus, dass die Kündigungsfrist noch nicht abgelaufen ist und die Mieterhöhung vor dem Kündigungstermin wirksam werden soll. Erforderlich ist aber in diesem Fall, dass der Mieter – ggf. erneut – kündigt. Allein die Tatsache, dass er das Mietverhältnis bereits einmal gekündigt hat, genügt i. d. R. nicht. Die Kündigung nach § 561 BGB hat in diesen Fällen nur dann Bedeutung, wenn die Erhöhung vor Ablauf der Kündigungsfrist eintritt. Da die Kündigung gem. § 561 BGB dann das Mietverhältnis aber zeitlich früher beendet, ist auch eine neue darauf gerichtete Gestaltungserklärung erforderlich. Bei Mieterhöhungserklärungen nach Modernisierung soll bei einem gekündigten Mietverhältnis analog § 561 BGB keine Mieterhöhung eintreten, wenn die Wahrnehmung des Sonderkündigungsrechts zu keiner früheren als der bereits bewirkten Beendigung des Vertrages führen könnte. Der Mieter muss sich allerdings auf das Sonderkündigungsrecht berufen.[41]

26 Der Mieter kann ebenfalls noch kündigen, wenn das Mietverhältnis nach Vermieterkündigung und **Kündigungswiderspruch** des Mieters gem. § 574ff. BGB noch nicht beendet ist. In diesem Fall kann der Mieter durch die Ausübung des Sonderkündigungsrechts erreichen, dass das Mietverhältnis zu einem früheren Zeitpunkt endet, als es auf Grund der Vermieterkündigung der Fall gewesen wäre und dass die Verpflichtung zur Zahlung der höheren Miete nicht eintritt. Außerdem kann der Mieter auf diese Weise seine frühere Absicht, das Mietverhältnis fortzusetzen, wegen der Mieterhöhung aufgeben.

27 **c)** Hat der Mieter das Mietverhältnis gemäß § 561 BGB gekündigt, dann wird diese Kündigung durch eine **spätere Zustimmung** zur verlangten Mieterhöhung oder Zahlung der verlangten erhöhten Miete nicht unwirksam. In einem solchen Verhalten kann je nach Zeitpunkt allenfalls ein Angebot auf Fortsetzung des Mietverhältnisses oder ein Angebot auf Abschluss eines neuen Mietvertrages zu sehen sein (s. dazu § 542 BGB Rdn. 86ff.). Haben die Mietvertragsparteien sich nach Ausspruch der Kündigung einvernehmlich auf eine neue Miete geeinigt,[42] dann dürfte eine solche Vereinbarung i. d. R. dahin auszulegen sein, dass damit ein neuer Mietvertrag abgeschlossen werden soll. Eine **Anfechtung** der Kündigungserklärung wegen Irrtums dürfte i. d. R. ausscheiden, da es sich in diesen Fällen, von den Situationen des Erklärungsirrtums abgesehen, um einen unbeachtlichen Motivirrtum handelt.[43]

---

[40] *Weitemeyer* in Staudinger § 561 BGB Rdn. 10.
[41] AG Frankfurt WuM 1989, 580.
[42] Zu den Anforderungen an das Schriftformerfordernis in diesen Fällen BGH NZM 1998, 628.
[43] Zur Anfechtung im Mietrecht und ihren Rechtsfolgen s. BGH (VIII ZR 275/07) NZM 2008, 886; *Schmid* WuM 2009, 155; *Fischer* NZM 2005, 567; *Emmerich* in Staudinger Vorbem zu § 535 BGB Rdn. 70ff.; *ders.* NZM 1998, 692; *Blank* Vor § 535 BGB Rdn. 7.

C. Die Kündigung

Die Kündigung des Mietvertrages erfolgt durch eine **einseitige empfangsbedürftige Willenserklärung.** Um ihre Wirksamkeit entfalten zu können, muss sie vom richtigen Absender dem richtigen Adressanten in der richtigen Form mit dem richtigen Inhalt zugehen. 28

I. Formalien

1. Absender

Die Kündigung muss durch den oder die Mieter erfolgen. Insofern gelten die gleichen Grundsätze wie bei der Abgabe der Mieterhöhungserklärung. Es kann deshalb auf die dortigen Ausführungen Bezug genommen werden (vor §§ 558–559 BGB Rdn. 17ff.). Ist Mieter eine **Personenmehrheit,** kann die Kündigung nur durch alle Mieter gemeinsam erfolgen[44] und zwar in einer einheitlichen Willenserklärung. Die Kündigungserklärung nur eines von mehreren Mietern oder mehrere Kündigungen jeweils von einem Mieter sind unwirksam. Unter Umständen steht dem einzelnen Mieter gegenüber dem Mitmieter aber ein Anspruch auf Mitwirkung an der Kündigung, und zwar auch an einer Kündigung gem. § 561 BGB, zu.[45] Erfolgt die Kündigung durch einen Vertreter des Mieters, kann die Erklärung gem. § 174 BGB vom Vermieter zurückgewiesen werden, wenn der Erklärung keine Originalvollmacht beigefügt war. 29

2. Adressat

Die Kündigung ist an **alle Vermieter** zu richten. Die nur gegenüber einem von mehreren Vermietern erklärte Kündigung ist grundsätzlich unwirksam.[46] Insofern gelten die gleichen Grundsätze wie bei der Abgabe der Mieterhöhungserklärung. Es kann deshalb auf die dortigen Ausführungen Bezug genommen werden (vor §§ 558–559 BGB Rdn. 48ff.). Ist Vermieter eine BGB-Gesellschaft, braucht die Kündigung des Mieters nicht allen Gesellschaftern zuzugehen. Vielmehr wird bei **Passivvertretung** eine gegenüber der BGB-Gesellschaft abzugebende Willenserklärung nach dem auch hier anwendbaren Rechtsgedanken aus § 125 Abs. 2 Satz 3 HGB bei Abgabe gegenüber einem der zur Mitwirkung bei der Vertretung befugten Gesellschafter wirksam.[47] 30

3. Form der Erklärung

Auch für die Kündigung des Mieters gilt die Formvorschrift des § 568 Abs. 1 BGB. Die Kündigung muss danach schriftlich erfolgen (s. dazu § 557a BGB Rdn. 21), also vom Mieter eigenhändig unterschrieben sein. Textform genügt nicht. Die Kündigung ist deshalb weder per Telefax noch per E Mail möglich. 31

4. Inhalt der Erklärung

In der Kündigungserklärung muss eindeutig zum Ausdruck kommen, dass der Mieter das Mietverhältnis beenden will. Das Wort „Kündigung" muss er hierfür nicht unbedingt gebrauchen. Im Interesse der Rechtssicherheit und Rechtsklarheit ist an dem Grundsatz festzuhalten, dass sich aus der Kündigungserklärung der übereinstimmende **Kündigungswille** aller Kündigenden ergibt und dieser Kündigungswille allen Kündigungsempfängern zuverlässig zur Kenntnis gebracht wird.[48] Als einseitige Willenserklärung ist eine Kündigung **bedingungsfeindlich.** 32

Die Kündigung muss **nicht begründet** werden.[49] Es gibt noch nicht einmal mehr eine Soll-Vorschrift wie früher im § 564a Abs. 1 Satz 2 BGB a. F. Der Gesetzgeber hat mit dem Mietrechtsreformgesetz auch diese Soll-Begründungspflicht für Kündigungen gem. § 561 BGB ersatzlos gestri- 33

---

[44] BGH (VIII ZR 240/99) NJW 2000, 3133; 1972, 249, RGZ 138, 183, 186, RGZ 90, 328, 330/331; KG RE v. 25.10.1984, NJW-RR 1986, 173.

[45] KG MM 1995, 183.

[46] BGH (VIII ZR 240/99) NJW 2000, 3133.

[47] OLG Hamburg WuM 1978, 120.

[48] AG Friedberg WuM 1980, 63.

[49] AG Tempelhof-Kreuzberg WuM 2006, 452; *Both* in Herrlein/Kandelhard § 561 BGB Rdn. 6; *Artz* in MünchKomm § 561 BGB Rdn. 5; *Haug* in Emmerich/Sonnenschein, Miete, 11. Aufl., § 573d BGB Rdn. 3; *Weitemeyer* in Emmerich/Sonnenschein Miete, § 561 BGB Rdn. 9; *Riecke* in Klein-Blenkers/Heinemann/

chen. § 569 Abs. 4 BGB ist nicht anwendbar. Die Vorschrift ist vom Wortlaut der Überschrift nur auf die außerordentliche fristlose Kündigung anzuwenden. Die Vorschrift stellt systematisch auch nur eine Ergänzung des § 543 BGB dar und ist schon deshalb auf § 561 BGB nicht anzuwenden. Die Begründungspflicht ergibt sich auch nicht aus § 573d i.V.m. § 573 Abs. 3 BGB.[50] Nach § 573d BGB sind die §§ 573–573a BGB auch auf die außerordentliche Kündigung mit gesetzlicher Frist anzuwenden. Gem. § 573 Abs. 3 BGB sind die Gründe für ein berechtigtes Interesse im Kündigungsschreiben anzugeben. Die Kündigung gem. § 561 BGB ist aber keine außerordentliche Kündigung mit gesetzlicher Frist gem. § 573d Abs. 1 BGB.[51] Die Überschrift von § 561 BGB lautet gerade „Sonderkündigungsrecht des Mieters nach Mieterhöhung". Diese Terminologie weicht von der übrigen Einteilung der Kündigungsrechte gerade ab. In der Gesetzesbegründung zu § 573d BGB[52] sind die Vorschriften aufgezählt, auf die § 573d BGB anzuwenden ist.[53] § 561 BGB gehört ausdrücklich nicht dazu. Aber selbst wenn man die Auffassung vertreten sollte, dass die Aufzählung nur beispielhaft und nicht abschließend sei[54], weisen alle aufgezählten Vorschriften als Gemeinsamkeit die Formulierung auf „kann das Mietverhältnis außerordentlich mit gesetzlicher Frist gekündigt werden." In § 561 BGB fehlt nicht nur diese Formulierung, die angeordnete Kündigungsfrist ist gerade nicht die gesetzliche Frist.

34 So genügt es, wenn die Voraussetzungen des § 561 BGB bei Ausspruch der Kündigung tatsächlich vorlagen, ohne dass sie im Kündigungsschreiben ausdrücklich erwähnt werden müssen. Sinnvoll und Streit schlichtend ist es aber, zumindest kurz auf den Anlass der Kündigung, nämlich die Mieterhöhung, hinzuweisen.[55]

II. Die Überlegungs- und Kündigungsfristen

1. Allgemeines

35 Bei der Berechnung der Kündigungsfrist sind **2 Fristen zu unterscheiden.** Zum einen steht dem Mieter eine **Überlegungsfrist** zu, innerhalb derer er entscheiden muss, ob er überhaupt kündigen will und zum anderen gibt es die eigentliche **Kündigungsfrist,** aus der sich ergibt, zu welchem Termin das Mietverhältnis beendet wird, wenn der Mieter tatsächlich gekündigt hat.

2. Überlegungsfrist

36 **a) Dauer der Frist.** Der Mieter kann die Kündigungserklärung bis zum Ende des zweiten Monats nach Zugang der Erhöhungserklärung abgeben. Bei der Mieterhöhung nach § 558 BGB steht dem Mieter also die volle Überlegungsfrist des § 558b Abs. 2 BGB zur Verfügung, um zu entscheiden, ob er der Mieterhöhung ganz oder teilweise zustimmen will oder ob er das Mietverhältnis kündigen will. Bei der Mieterhöhung nach einer Modernisierungsmaßnahme muss die Kündigungserklärung dem Vermieter spätestens einen Tag vor dem Wirksamwerden der Mieterhöhung gem. § 559b Abs. 2 BGB zugehen.

37 Die Frist für den Mieter innerhalb derer er überlegen kann, ob er kündigt oder nicht beträgt also immer mindestens 2 Monate, sie kann aber auch fast drei Monate betragen. Dies hängt davon ab, wann das Mieterhöhungsverlangen dem Mieter zugeht, da die restlichen Tage des Monats, in dem das Mieterhöhungsverlangen dem Mieter zugegangen ist, zur Zweimonatsfrist hinzuzurechnen ist (s. Tabelle Rdn. 42).

38 **b) Fristbeginn.** Die Frist beginnt mit dem **Zugang des Mieterhöhungsverlangens.** Sie endet grundsätzlich mit Ablauf des folgenden zweiten Monats. Etwas anderes soll nach Ansicht des BGH[56] dann gelten, wenn der Vermieter die Mieterhöhung erst zu einem späteren als dem gesetz-

Ring, Miete/WEG/Nachbarschaft § 561 Rn. 11; *Dickersbach* in Lützenkirchen, Mietrecht, 2. Aufl., § 561 BGB Rn. 9.

[50] *Haug* in Emmerich/Sonnenschein, Miete, § 573d BGB Rdn. 4.

[51] Nach *Both* in Herrlein/Kandelhard § 561 BGB Rdn. 1, handelt es sich um eine außerordentliche, fristgemäße Kündigung mit einer eigenen Kündigungsfrist.

[52] BT-Drucks. 14/4553 abgedruckt bei *Börstinghaus/Eisenschmid,* Arbeitskommentar Mietrecht, S. 534.

[53] §§ 540 Abs. 1 Satz 2, 544, 563 Abs. 4, 563a Abs. 2, 564 BGB.

[54] Es fehlen z. B. die Kündigungsrechte gem. §§ 109, 111 InsO.

[55] So auch *Both* in Herrlein/Kandelhard § 561 BGB Rdn. 10.

[56] BGH (VIII ZR 280/12) NJW 2013, 3641 = MietPrax-AK, § 558b Nr. 3 m. Anm. *Börstinghaus; Börstinghaus* jurisPR-BGHZivilR 21/2013 Anm. 2; *Blank* WuM 2014, 17.

lich vorgesehenen Termin verlangt. § 558b Abs. 1 BGB und § 561 Abs. 1 BGB seien aufeinander abgestimmte Regelungen, deren Verständnis sich nur aus einer Zusammenschau erschließe. Der Mieter habe zwei Möglichkeiten auf das Erhöhungsverlangen zu reagieren, nämlich zuzustimmen bzw. sich auf Zustimmung verklagen zu lassen oder das Mietverhältnis zu kündigen. Aus der Tatsache, dass die Fristen aufeinander abgestimmt seien, folgert der Senat, dass in den Fällen, in denen der Vermieter die Mieterhöhung zu einem späteren Termin verlangt, auch die Frist zur Ausübung des Kündigungsrecht in § 561 Abs. 1 BGB entsprechend länger ist. Sie laufe in diesem Fall einen Tag vor dem Tag, zu dem sie nach den Vorstellungen des Vermieters wirksam werden soll, ab. Diese Argumentation ist nur auf den ersten Blick überzeugend. Ihr steht zunächst der klare Wortlaut des § 561 BGB entgegen.[57] Dort heißt es, dass der Mieter bis zum Ablauf des zweiten Monats nach Zugang des Erhöhungsverlangens kündigen kann. Auch wenn diese Frist mit der Überlegungsfrist des § 558b Abs. 2 BGB übereinstimmt, so hat der Gesetzgeber hier doch eine eigene Frist kodifiziert. Er hat nicht auf die Frist des § 558b Abs. 2 BGB verwiesen. Die Argumentation überzeugt aber auch deshalb nicht, weil hier zwei Fälle miteinander verglichen werden, die nicht miteinander vergleichbar sind. In beiden miteinander verglichenen Fällen konnte der Mieter im dritten und vierten Monat nach Zugang des Erhöhungsverlangens zur nicht erhöhten Miete in der Wohnung wohnen.

Die Argumentation des BGH gilt aber nicht bei einer Modernisierungsmieterhöhung[58], wenn diese gem. § 559 Abs. 2 BGB erst sechs Monate später wirksam wird. Zwar legt der BGH[59] § 561 Abs. 1 BGB so aus, dass die Fristen der Kündigungsvorschrift im Gleichklang zu den Zustimmungs- und Wirkungsfristen der Mieterhöhung laufen. Verschiebe der Vermieter den Wirkungszeitpunkt gem. § 558b BGB, so soll sich auch die Frist zur Ausübung des Kündigungsrechts in § 561 Abs. 1 BGB entsprechend verlängern. Bei dem Verhältnis von § 558b BGB zu § 561 BGB geht es also um den Zeitpunkt, bis zu dem der Mieter sich entscheiden muss, ob er der Mieterhöhung zustimmt oder ob er kündigt. Der Wirkungszeitpunkt der Mieterhöhung ist davon prinzipiell losgelöst. Deshalb führt die Verschiebung des Wirkungszeitpunkts gem. § 559b Abs. 2 Satz 2 BGB nicht zu einer Verlängerung der Frist zur Ausübung des Kündigungsrechts. Hier geht es nicht um eine Entscheidung, die der Mieter treffen muss. Die Mieterhöhung tritt automatisch ein. Die Kündigungsfrist läuft deshalb unabhängig vom Wirkungszeitpunkt. Der Gesetzgeber hat dem Mieter gerade nicht gestattet, zum Wirkungszeitpunkt einer Mieterhöhung zu kündigen, sondern eine eigene Kündigungsfrist in § 561 BGB geschaffen. Dies hat er auch in Kenntnis der verschiedenen Wirkungszeitpunkte einer Mieterhöhung in § 559b Abs. 2 BGB getan. 38a

Für die Wirksamkeit der Kündigung, und damit deren Rechtzeitigkeit, kommt es nicht auf die Absendung, sondern gemäß § 130 BGB auf den Zugang beim Empfänger an. Zugang (s. auch Vor § 558 BGB Rdn. 68ff.) bedeutet, dass die Erklärung so in den Machtbereich des Empfängers gelangt sein muss, dass nach normalem Lauf der Dinge mit der Kenntnisnahme gerechnet werden kann.[60] Die Kündigung muss bis zum Ablauf des Monats dem Vermieter zugegangen sein. Für die Berechnung der Fristen gelten die §§ 187ff. BGB. Mit Ablauf des Monats ist deshalb gem. § 192 BGB der letzte Tag des Monats gemeint. Die Frist endet gemäß § 188 BGB mit dem Ablaufe des letzten Tages des Monats, wobei nicht der Einwurf der Kündigung bis 24.00 Uhr in den Briefkasten ausreichend ist, sondern der Zugang. Das Einwerfen des Kündigungsschreibens in den **Briefkasten** bewirkt den Zugang der Kündigungserklärung, sobald nach der Verkehrsanschauung mit der nächsten Leerung des Briefkastens zu rechnen ist.[61] Bis wie viel Uhr ein Mieter seinen Briefkasten kontrollieren muss, ist in der Rechtsprechung umstritten. 39

§ 193 BGB ist anwendbar.[62] Die Überlegungsfrist in § 561 BGB stimmt mit der Überlegungsfrist in § 558b Abs. 2 BGB überein. Auf die Überlegungsfrist des § 558b Abs. 2 BGB ist § 193 BGB aber anwendbar.[63] Läuft die Überlegungsfrist an einem Sonntag, Samstag oder Feiertag ab, dann endet die Frist erst am nächsten Werktag. Da aber das Kündigungsrecht eine gleichberechtigte Reaktion des Mieters auf ein Mieterhöhungsverlangen ist, gibt es keinen Grund, den Mieter auf 40

---

57 *Blank* WuM 2014, 17; *Börstinghaus* LMK 2014, 354192.

58 *Blank* WuM 2014, 17 weist zu Recht daraufhin, dass die Argumentation auch nicht auf die Kündigung gem. § 555e BGB nach einer „verfrüht" abgegebenen Modernisierungsankündigung übertragen werden kann.

59 BGH (VIII ZR 280/12) NJW 2013, 3641 = MietPrax-AK, § 558b Nr. 3 m. Anm. *Börstinghaus; Börstinghaus* jurisPR-BGHZivilR 21/2013 Anm. 2; *Blank* WuM 2014, 17; *Börstinghaus* LMK 2014, 354192.

60 Palandt/*Ellenberger* § 130 BGB Rdn. 5; AG Friedberg WuM 1992, 596.

61 AG Lahr WuM 1987, 85.

62 *Weitemeyer* in Staudinger § 561 BGB Rdn. 17.

63 *Emmerich* in Staudinger § 558b BGB Rdn. 17; *Sternel* III 702.

der einen Seite zu verpflichten, dafür Sorge zu tragen, dass eine Kündigung bis Samstag dem Vermieter zugeht, wohingegen die Zustimmung zur Mieterhöhung erst am Montag beim Vermieter zu sein braucht. Soweit der BGH[64] § 193 BGB auf die Kündigungsfrist nicht anwenden will, greift die dortige Argumentation hier nicht. Anders als bei der Berechnung der Kündigungsfrist geht es hier nicht darum, dem Vermieter die Kündigungsfrist voll zu erhalten.[65] Hier läuft wirklich eine Frist ab, zu deren Ablauf der Mieter letztmalig kündigen kann.[66] Insofern unterscheidet sich der Fall, von einer ordentlichen Kündigung, die jeder Zeit erfolgen kann und deren Wirkung sich nur nach dem Zugangszeitpunkt berechnet. Hinzu kommt, dass der Vermieter durch sein Erhöhungsverlangen die Fristen des § 558b Abs. 2 BGB und § 561 BGB selbst erst in Gang gesetzt hat und mit der Kündigung als Reaktion rechnen muss.

41 **c) Wirkungszeitpunkt.** Die Kündigung wirkt auf den Ablauf des übernächsten Monats, also gem. §§ 192, 188 BGB zum Ablauf des letzten Tages des Monats. Die Fristen berechnen sich nach dem gesetzlich zulässigen spätesten Kündigungstermin und nicht nach der tatsächlich abgegebenen Kündigungserklärung.[67] Das ergibt sich bereits aus dem Wortlaut der Vorschrift. Die Zeitbestimmung „bis zum Ablauf des übernächsten Monats" bezieht sich auf den in der Vorschrift unmittelbar zuvor genannten Zeitpunkt des Ablaufs des zweiten Monats, der auf den Zugang des Erhöhungsverlangens folgt. In der Vorschrift ist der Zeitpunkt der Kündigungserklärung des Mieters gar nicht genannt, so dass auf ihn auch nicht Bezug genommen werden kann. Hat der Vermieter einen späteren Erhöhungszeitpunkt angegeben, dann verlängert sich die Frist zur Abgabe der Kündigungserklärung entsprechend.[68] Die Wirkung der Kündigung tritt dann wiederum zum Ende des übernächsten folgenden Monats ein.

42 Daraus ergibt sich folgende **Tabelle zur Berechnung der Kündigungsfristen** und des Kündigungszeitpunkts nach Mieterhöhungen gem. §§ 558, 559 BGB:

Tabelle zur Berechnung der Kündigungsfristen und des Kündigungszeitpunkts nach Mieterhöhungen gem. § 558, 559 BGB		
Zugang des Mieterhöhungsverlangens im Laufe des Monats	Zugang der Kündigung beim Vermieter bis spätestens Ende des Monats	Wirkung der Kündigung zum Ende des Monats
Januar	März	Mai
Februar	April	Juni
März	Mai	Juli
April	Juni	August
Mai	Juli	September
Juni	August	Oktober
Juli	September	November
August	Oktober	Dezember
September	November	Januar
Oktober	Dezember	Februar
November	Januar	März
Dezember	Februar	April

43 **d) Wiedereinsetzung in den vorigen Stand.** Hat der Mieter die Kündigungsfrist versäumt, kommt eine **Wiedereinsetzung in den vorigen Stand** nicht in Betracht.[69] Die Kündigungsfrist

[64] BGH (III ZR 172/04) NJW 2005, 1354; *Artz* LMK 2005, 85.
[65] BGHZ 59, 265 und BAG NJW 1970, 1470.
[66] Der BGH (VIII ZR 129/09 und VIII ZR 291/09) NZM 2010, 661 und 664 differenziert auch bei der Einordnung des Samstags zwischen Zugang und Mietfälligkeit.
[67] So auch die Gesetzesbegründung BT-Drucks. 14/4553 (abgedruckt auch bei *Börstinghaus/Eisenschmid,* Arbeitskommentar Neues Mietrecht, S. 383; LG Bonn NJWE-MietR 1997, 221; LG Saarbrücken WuM 1993, 339; *Weitemeyer* in Staudinger § 561 BGB Rdn. 20; *Artz* in MünchKomm § 561 BGB Rdn. 8; *Sternel* III 861; **a. A.** LG Wiesbaden WuM 1988, 265.
[68] BGH (VIII ZR 280/12) NJW 2013, 3641.
[69] *Artz* in MünchKomm § 561 BGB Rdn. 7.

beginnt mit dem Zugang des Mieterhöhungsverlangens bzw. der Mieterhöhungserklärung. Auf ein Verschulden des Mieters an der Versäumung der Frist kommt es nicht an. Ist die Mieterhöhung so in den Machtbereich des Mieters gelangt, dass nach dem gewöhnlichen Lauf der Dinge mit der Kenntnisnahme zu rechnen ist, hat der Mieter die Erklärung gegen sich gelten zu lassen und die Frist läuft. Er muss ggf. organisatorische Vorkehrungen treffen, dass an ihn gerichtete Erklärungen ihn auch erreichen. Der Mieter muss sich insbesondere nach Zugang der Mieterhöhungserklärung entscheiden, ob er kündigen will oder nicht. Er kann nicht zunächst die Berechtigung der Mieterhöhung in Zweifel ziehen und ggf. gerichtlich klären lassen und nach für ihn negativem Ausgang des Prozesses das Kündigungsrecht ausüben.

D. Wirkung der Kündigung

I. Beendigung des Mietverhältnisses

Das Mietverhältnis wird durch die Kündigung zunächst zu dem gesetzlichen Termin beendet. Es **44** handelt sich um eine außerordentliche Kündigung mit einer besonderen Frist.[70] Der Mieter kann diese **Frist weder einseitig verlängern noch verkürzen.** Der Gesetzgeber hat dem Mieter dies Kündigungsrecht eingeräumt, weil sich die Vertragsverhältnisse durch die Mieterhöhung erheblich verändert haben und es der Entscheidung des Mieters überlassen bleiben sollte, ob er das Mietverhältnis zu den veränderten Bedingungen fortsetzen will oder nicht. Da diese außerordentliche Kündigung also nicht auf einem Fehlverhalten einer Mietvertragspartei beruhte, war dem Mieter auch die gesetzliche Kündigungsfrist einzuräumen. Umgekehrt hat aber auch der Vermieter einen Anspruch auf die Miete bis zum Ende der Kündigungsfrist. Der Mieter kann zumindest gem. § 561 BGB nicht zu einem früheren Zeitpunkt kündigen. Eine bei der ordentlichen Kündigung durchaus mögliche Verlängerung der Kündigungsfrist dadurch, dass der Mieter die Kündigung erst zu einem späteren als dem gesetzlich zulässigen frühest möglichen Zeitpunkt ausspricht, ist bei der Kündigung gem. § 561 BGB gerade ausgeschlossen. Es handelt sich um ein Sonderkündigungsrecht, das dem Mieter eben gerade unabhängig von der gesetzlich grds.[71] daneben bestehenden Möglichkeit der ordentlichen Kündigung erlaubt, das Mietverhältnis zu beenden. Der Mieter kann von dieser Möglichkeit Gebrauch machen oder nicht, verändern kann er die Rechtsfolgen einseitig nicht. Möglich ist jedoch der Abschluss eines Mietaufhebungsvertrages, so dass in Einzelfällen die Kündigungserklärung auch das Angebot zum Abschluss eines Mietaufhebungsvertrages enthalten kann.

II. Nichteintritt der Mieterhöhung

Außerdem tritt gem. § 561 Abs. 2 BGB die **Wirkung der Mieterhöhung** nicht ein. Das be- **45** deutet, durch die Kündigung wird das Mieterhöhungsverlangen insgesamt, mit Ausnahme seiner Wirkung als Auslöser für das Kündigungsrecht, von Anfang an – ex tunc – bedeutungslos. Der auszugswillige und -bereite Mieter muss die erhöhte Miete nicht zahlen. Dies gilt selbst dann, wenn der Mieter sich bei seiner Kündigung nicht ausdrücklich auf den Kündigungsgrund des § 561 berufen hat.[72] Erforderlich ist aber, dass die Kündigung erkennbar aus Anlass der Mieterhöhung und mit den Fristen des § 561 BGB erfolgte.

Hat der Mieter demgegenüber das Mietverhältnis nach Zugang des Mieterhöhungsverlangens **46** gem. § 558a BGB oder der Mieterhöhungserklärung nach § 559b BGB ausdrücklich **aus anderen Gründen gekündigt,** dann tritt die Wirkung des § 561 Abs. 1 Satz 2 BGB nicht ein. Der Mieter muss also bei zum Ende der Kündigungsfrist die erhöhte Miete zahlen. Zu unterscheiden ist die Rechtslage in den Fällen, in denen der Mieter das Mietverhältnis bereits vor Zugang der Mieterhöhungserklärungen bzw. -verlangen gekündigt hat:

a) Eine **früher ausgesprochene Kündigung** bleibt zunächst wirksam, auch wenn der Mieter **47** später von seinem Sonderkündigungsrecht Gebrauch macht.[73] Würde jedoch eine Kündigung nach § 561 das Mietverhältnis zu keinem früheren Termin beenden als die bereits ausgesprochene Kün-

---

[70] *Both* in Herrlein/Kandelhard § 561 BGB Rdn. 1.

[71] Es sei denn, es handelt sich um einen Zeitmietvertrag BGH (VIII ZR 112/08) WuM 2009, 48) oder die Kündigung ist sonst vertraglich ausgeschlossen.

[72] *Weitemeyer* in Staudinger § 561 BGB Rdn. 21.

[73] LG Wiesbaden WuM 1988, 265.

digung, dann geht eine Kündigung nach § 561 ins Leere. Dies hätte zur Folge, dass ein Mieter, der bereits vor Zugang der Mieterhöhung auszugswillig war, die verlangte Mieterhöhung zahlen müsste, wo hingegen ein Mieter, der aus Anlass der Mieterhöhung ausziehen will, durch Ausspruch der Kündigung noch die Möglichkeit hat, die Mieterhöhung unwirksam werden zu lassen. Diese unterschiedliche Behandlung ist jedoch nicht gerechtfertigt. Nach Sinn und Zweck des § 561 BGB soll dem Mieter unter gewissen Voraussetzungen das Recht eingeräumt werden, den Eintritt einer Mieterhöhung zu verhindern. Dieses Recht muss unabhängig davon gelten, ob das Mietverhältnis bereits gekündigt oder nicht gekündigt ist. Vor diesem Hintergrund ist die analoge Anwendung des § 561 BGB geboten, da nur auf diese Art und Weise die Regelungslücke geschlossen werden kann, die während der Dauer der Kündigungsfrist besteht. Dem Normzweck wird dadurch ebenfalls Genüge getan, da dieser dahingeht, dass der Mieter auf jeden Fall die Mieterhöhung dadurch verhindern kann, dass das Mietverhältnis beendet wird.[74] Demzufolge kann der Mieter auch bei einem bereits gekündigten Mietverhältnis die Rechtsfolgen des § 561 BGB dadurch herbeiführen, dass er sich auf das Sonderkündigungsrecht des § 561 BGB beruft. Eine derartige Geltendmachung muss dabei jedoch zwingend erfolgen. § 561 gibt dem Mieter ein Gestaltungsrecht. Auch bei einem gekündigten Mietverhältnis muss der Mieter also zu erkennen geben, dass er sich darauf berufen will, weil durchaus Fälle denkbar sind, in denen der Mieter aus den unterschiedlichsten Gründen die erhöhte Miete zahlen will.

48 **b)** Würde die Kündigung nach § 561 BGB das Mietverhältnis zu einem früheren Termin beenden als die bereits ausgesprochene Kündigung, z. B. weil es sich um einen **Altvertrag** handelt, in dem die Parteien vertraglich ausnahmsweise noch die Fortgeltung der alten gestaffelten Kündigungsfristen wirksam vereinbart haben,[75] dann muss der Mieter das Mietverhältnis nochmals ausdrücklich kündigen, um die Wirkung des § 561 Abs. 1 Satz 2 BGB herbeizuführen. Dies führt dann aber auch dazu, dass das Mietverhältnis zu einem früheren Termin beendet wird,[76] als es der Mieter auf Grund der ersten Kündigung beabsichtigt hatte oder es ihm möglich war.

III. Fortsetzung des Mietverhältnisses

49 Räumt der Mieter nach einer Kündigung gem. § 561 BGB die Wohnung nicht, muss der Vermieter nach allgemeinen Regeln der Fortsetzung des Mietverhältnisses wirksam widersprechen, § 545 BGB. Tut er dies nicht, wird das Mieterverhältnis **zu unveränderten Bedingungen fortgesetzt.** Da auf Grund der Kündigung des Mieters die Wirkung der Mieterhöhung gem. § 561 Abs. 1 Satz 2 BGB entfallen ist, wird das Mietverhältnis zu unveränderten Bedingungen, also mit einer nicht erhöhten Miete fortgesetzt.[77] Der Vermieter kann in diesen Fällen auch keine Zustimmungsklage mehr erheben. Zwar läuft die Klagefrist jetzt einen Monat länger als der Wirkungszeitpunkt der Mieterhöhung, die Kündigung hat aber die Wirkung der Mieterhöhung gem. § 561 Abs. 1 Satz 2 BGB beseitigt.

50 Soweit hiergegen eingewandt wird, dass der **Mieter sich widersprüchlich verhalte** und deshalb die Mieterhöhung wirksam sein muss, geht dieser Einwand fehl. Natürlich kann es Fälle von widersprüchlichem Verhalten geben, aber allein die Tatsache der Gebrauchsfortsetzung reicht hierzu nicht aus, da diese durchaus auch auf Gründen beruhen kann, die der Mieter gar nicht beeinflussen kann, z. B. wenn die von ihm zu beziehende Wohnung nicht rechtzeitig freigemacht wird. Auf der anderen Seite hat es der Vermieter durchaus selbst in der Hand, seine Ansprüche weiterzuverfolgen. Er kann gem. § 545 BGB der Fortsetzung rechtzeitig widersprechen oder die Wirkung des § 545 BGB sogar schon im Mietvertrag ausschließen. Anschließend kann er gem. § 546a BGB **Nutzungsentschädigung** verlangen und dabei gem. § 546a Abs. 1 2. Alt. BGB statt der vereinbarten Miete auch die ortsübliche Marktmiete verlangen.[78] Insofern ist der Vermieter nicht auf die ortsübliche Vergleichsmiete beschränkt. Für die Geltendmachung der höheren Neuvertragsmiete anstatt der bisherigen Vertragsmiete ist keine Willenserklärung des Vermieters erforderlich.[79]

---

[74] AG Frankfurt WuM 1989, 580.
[75] *Börstinghaus* NJW 2005, 1900.
[76] *Weitemeyer* in Staudinger § 561 BGB Rdn. 22.
[77] *Weitemeyer* in Staudinger § 561 BGB Rdn. 24; *Artz* in MünchKomm § 561 BGB Rdn. 11; **a. A.** *Sternel* III 864 *(„Mieter setzt sich zu früherem Verhalten in Widerspruch")*.
[78] BGH (VIII ZR 17/16) NZM 2017, 189.
[79] BGH (XII ZR 215/97) BGHZ 142, 186, 189.

Der Vermieter kann deshalb den Anspruch auch rückwirkend zumindest im Rahmen der dreijährigen Verjährungsfrist geltend machen.

E. Ausschluss des Kündigungsrechts des Mieters

Das Kündigungsrecht des Mieters ist ausgeschlossen, wenn der Mieter der Mieterhöhung nach § 558b Abs. 1 BGB zugestimmt hat.[80] Dies ergibt sich aus dem Sinn und Zweck der Regelung. § 561 BGB gibt dem Mieter ein eigenständiges Reaktionsmittel gegenüber einem Mieterhöhungsverlangen des Vermieters gem. § 558a BGB. Hat der Mieter dem Mieterhöhungsverlangen zugestimmt, dann ist der Mietvertrag abgeändert worden. Der Mieter hat also sein Wahlrecht ausgeübt. Dies führt bereits nach allgemeinen Regeln zum Erlöschen der übrigen wahlweise eingeräumten Möglichkeiten. Hinzu kommt, dass auch der Schutzzweck der Norm nicht mehr eingreift. § 561 BGB will dem Mieter ermöglichen, eine Vertragsänderung gegen seinen Willen abzuwenden. Wenn er aber mit der Vertragsänderung einverstanden ist, dann bedarf er dieses Schutzes nicht mehr, da aus dem einseitigen Verlangen ja ein zweiseitiger Vertrag geworden ist. Und schließlich würde ein Mieter, der zunächst einer Mieterhöhung zustimmt und dann gem. § 561 BGB kündigt, sich widersprüchlich verhalten, weil auf der einen Seite auf Grund der Zustimmung eine Mieterhöhung eingetreten wäre und zum anderen gem. § 561 Abs. 1 Satz 2 BGB die Mieterhöhung nicht eintreten würde. In diesem Fall ist die Kündigung zumindest gem. § 242 BGB unwirksam. 51

F. Abweichende Vereinbarungen zum Nachteil des Mieters

Vertragliche Vereinbarungen, die das Kündigungsrecht des Mieters einschränken sind gem. § 561 Abs. 2 BGB unwirksam. Deshalb **sind folgende Regelungen unzulässig:** 52

- Vereinbarungen, die das Kündigungsrecht des Mieters nach einer Mieterhöhung ausschließen,
- Vereinbarungen, die das Kündigungsrecht erschweren insbesondere,
- eine Verschärfung der Schriftform des § 568 BGB,
- die Vereinbarung, wonach die Kündigung begründet werden muss,
- die Vereinbarung, wonach ein Kündigungstermin angegeben werden muss. Gesetzlich ist dies nämlich nicht vorgeschrieben. Es gilt in diesen Fällen die gesetzliche Frist.
- Vereinbarungen, die die Frist, innerhalb derer der Mieter kündigen muss, verkürzen
- Vereinbarungen, die die anschließende Kündigungsfrist verlängern
- Vereinbarungen, wonach trotz der Kündigung die erhöhte Miete zu zahlen ist.

Zulässig sind demgegenüber alle Vereinbarungen, die das Kündigungsrecht des Mieters erleichtern oder lediglich die Rechtslage des § 561 BGB wiederholen. Hierzu gehören insbesondere die Vereinbarung von längeren Fristen oder Formerleichterungen. 53

G. Prozessuales

Hat der Vermieter trotz der Kündigung des Mieters eine **Zustimmungsklage gem. § 558b BGB erhoben** ist diese Klage unbegründet, nicht unzulässig. Unzulässig wäre sie nur dann, wenn gem. § 561 Abs. 1 Satz 2 BGB das Mieterhöhungsverlangen unwirksam würde, denn ohne Mieterhöhungsverlangen wird die Überlegungsfrist nicht in Gang gesetzt und der Ablauf der Überlegungsfrist ist ebenso wie die Einhaltung der Klagefrist, die auch erst durch die Überlegungsfrist in Gang gesetzt wird, eine besondere Sachentscheidungsvoraussetzung für die Zustimmungsklage.[81] Nach dem ausdrücklichen Wortlaut des § 561 Abs. 1 Satz 1 BGB hat die Kündigung aber nur die Folge, dass die Mieterhöhung nicht eintritt. Dies ist für Mieterhöhungen gem. § 558 BGB eigentlich falsch formuliert, da die Erhöhung nach § 558b BGB sowieso erst wirksam wird, wenn der Mieter der Mieterhöhung zugestimmt hat oder zur Zustimmung verurteilt wurde. Die gesetzliche Formulierung passt nur für die einseitige Mieterhöhung nach § 559 BGB. Nach Sinn und Zweck der Vorschrift kann dies für Mieterhöhungen nach § 558 BGB aber nur bedeuten, dass die Rechtsfolge des Mieterhöhungsverlangens entfällt, also die Verpflichtung des Mieters, der verlangten 54

---

[80] AG Solingen WuM 1982, 142; *Weitemeyer* in Staudinger § 561 BGB Rdn. 10.
[81] BGH (VIII ZR 413/12) WuM 2014, 33; (VIII ZR 234/03) NZM 2004, 581.

Mieterhöhung zuzustimmen. Da das Mieterhöhungsverlangen davon selbst nicht berührt wird, und nur der Anspruch des Vermieters gegenüber dem Mieter entfallen ist, ist die Klage unbegründet. Eine **Erledigung des Rechtsstreits** kann hierbei nicht eintreten, da die Frist, innerhalb der der Mieter entscheiden muss, ob er kündigt oder nicht, mit Ablauf der Überlegungsfrist endet. Eine zuvor erhobene Klage wäre bereits unzulässig gewesen.[82] Es kann deshalb nicht im Wege der Klageänderung festgestellt werden, dass sich der Rechtsstreit erledigt hat. Haben die Parteien den Rechtsstreit dennoch übereinstimmend für erledigt erklärt, dann darf das Gericht im Rahmen der nach § 91 a ZPO zu treffenden Kostenentscheidung bekanntlich nicht prüfen, ob überhaupt ein erledigendes Ereignis eingetreten ist oder nicht. Da die Kostenentscheidung aber nach dem wahrscheinlichen Ausgang des Rechtsstreits entsprechend dem bisherigen Sach- und Streitstand zu erfolgen hat, werden die Kosten, da die Klage von vornherein unbegründet war, dem Vermieter aufzuerlegen sein.[83] Der Vermieter hätte bei dieser Fallkonstellation nie siegen können.

[82] BayObLG RE v. 9.2.1982, NJW 1982, 1292; BayObLG RE v. 17.12.1984, WuM 1985, 53; KG RE v. 12.1.1981, WuM 1981, 54; *Emmerich* in Staudinger § 558b BGB Rdn. 16.
[83] AG Köln WuM 1977, 60.

Anhang zu § 561 BGB: Mieterhöhung im öffentlich geförderten Wohnraum

Systematische Übersicht

Alphabetische Schnellübersicht

I. Einleitung

Nach dem 2. Weltkrieg wurde versucht, über den sozialen- und steuerbegünstigten Wohnungsbau die Neubauaktivitäten anzukurbeln. Mit dem I. Wohnungsbaugesetz vom 24.4.1950[1] wurden die rechtlichen Rahmenbedingungen für den **öffentlich geförderten** und den **steuerbegünstigten** Wohnraum geschaffen. Für den steuerbegünstigten Wohnraum galt zunächst ausschließlich die Kostenmiete und für den öffentlich-geförderten Wohnraum die so genannte Richtsatzmiete. Die Mieten berechneten sich nach der Verordnung für die Miethöhe für neu geschaffenen Wohnraum (Mietenverordnung) vom 20.11.1950[2]. Das I. Wohnungsbaugesetz wurde durch das II. Wohnungsbaugesetz vom 27.6.1956[3] ersetzt. Im Rahmen der dort aufgeführten Förderung richtete sich die Miete des so geschaffenen Wohnraumes nach den Vorschriften zur Ermittlung der **Kostenmiete.** Diese wurde ermittelt mit Hilfe der Verordnung über den Mietpreis für den seit dem 1.1.1957 bezugsfertig gewordenen Wohnraum (Neubaumietenverordnung) vom 17.10.1957[4] sowie durch die Verordnung über wohnungswirtschaftliche Berechnungen nach dem II. Wohnungsbaugesetz (II. BV) vom 17.10.1957[5]. Im Jahre 1989 wurde die sog. Vereinbarte Förderung (§ 88 d II. WoBauG) als Alternative zum klassischen öffentlich geförderten Wohnungsbau eingeführt und später durch die sog. Einkommensorientierte Förderung (§ 88 e II. WoBauG) ergänzt. Die daraus resultierenden Bindungen für den Investor waren auf einen Zeitraum von 15 Jahren angelegt (§ 88 d Abs. 2 1

[1] BGBl. I S. 83.
[2] BGBl. I S. 759.
[3] BGBl. I S. 523.
[4] BGBl. I S. 1736.
[5] BGBl. I S. 1719; Einzelheiten s. bei *Eisenschmid in* Eisenschmid/Wall, Rdn. 1028 ff.

Ziff. 2 II. WoBauG). Als wichtigste Folge dieser Förderung ist hervorzuheben, dass die so errichteten Wohnungen als freifinanziert und nicht als preisgebundener Wohnraum gelten (§ 88 d Abs. 3 II. WoBauG).

2 Das II. Wohnungsbaugesetz wurde mit Wirkung zum 1. 1. 2002[6] aufgehoben und durch das Wohnraumförderungsgesetz (WoFG) ersetzt. Für den Altbestand gilt allerdings § 48 WoFG, wonach für bestimmte Wohnungsbauten die dort genannten – aufgehobenen – Bestimmungen weiter anzuwenden sind.

3 Mit dem Gesetz zur Änderung des Grundgesetzes (GG)[7] wurde u. a. Art. 74 Abs. 1 Nr. 18 geändert und das Wohnungswesen in die Zuständigkeit der Länder übertragen. Dementsprechend wurde das WoFG durch Art. 9 Föderalismusreform-Begleitgesetzes[8] (FödRefBeglG) geändert und ist in dieser Fassung seit dem 1. 1. 2007 in Kraft (Art. 22 FödRefBeglG). Gem. Art. 125 a GG gilt das WoFG als Bundesrecht fort, solange es nicht durch Landesrecht ersetzt wird.

4 Bislang haben die meisten Bundesländer, nämlich Baden-Württemberg[9], Bayern[10], Berlin[11], Bremen[12], Hamburg[13], Hessen[14], Niedersachen[15], Nordrhein-Westfalen[16], Rheinland-Pfalz[17], Schleswig-Holstein[18] und Thüringen[19] von ihrer Gesetzgebungskompetenz Gebrauch gemacht und eigene landesrechtliche Grundlagen für die Wohnraumförderung geschaffen.

II. Die Mieterhöhung nach dem Wohnraumförderungsgesetz

1. Zweck des WoFG

5 Die soziale **Wohnraumförderung** erfolgt seit dem 1. 1. 2002 im Rahmen des Wohnraumförderungsgesetzes (WoFG).[20] Gem. § 1 Abs. 1 WoFG regelt das Gesetz die Förderung des Wohnungsbaus und anderer Maßnahmen zur Unterstützung von Haushalten bei der Versorgung mit Mietwohnraum, einschließlich genossenschaftlich genutztem Wohnraum, und bei der Bildung von selbst genutztem Wohneigentum.

6 Die Anwendung des Wohnraumförderungsgesetzes setzt eine Förderung durch Programme innerhalb dieses Zwecks voraus. Plant der Bauherr beispielsweise eine Modernisierung und nimmt hierfür **Fördermittel** in Anspruch, die die Modernisierung zur ausschließlichen Verbesserung der energetischen Qualität der Wohnung zum Ziel hat, ohne den Zweck der sozialen Wohnraumförderung zentral zu verfolgen, findet das Wohnraumförderungsgesetz keine Anwendung[21]

---

[6] Art. 2 des Gesetzes zur Reform des Wohnungsbaurechtes v. 13. 9. 2001 – BGBl. I S. 2376.

[7] Gesetz v. 28. 8. 2006, BGBl. I S. 2034.

[8] Gesetz v. 5. 9. 2006, BGBl. I S. 2098.

[9] Landesgesetz zur Förderung von Wohnraum und Stabilisierung von Quartiersstrukturen (Landeswohnraumförderungsgesetz – LWoFG), verkündet als Art. 1 des Gesetzes zur Umsetzung der Föderalismusreform im Wohnungswesen v. 11. 12. 2007, GBl. S. 581; in Kraft getreten am 1. 1. 2008.

[10] Gesetz über die Wohnraumförderung in Bayern (Bayerisches Wohnraumförderungsgesetz – BayWoFG) v. 10. 4. 2007, BayGVBl. S. 260; in Kraft getreten am 1. 5. 2007.

[11] Gesetz über den Sozialen Wohnungsbau in Berlin (WoGBlu) – GVBl 2011, 319.

[12] Bremisches Gesetz zur Sicherung der Zweckbestimmung von Sozialwohnungen (BremWoBindG) – GBl. 2008, 391.

[13] Gesetz über die Wohnraumförderung der Freien und Hansestadt Hamburg (Hamburgisches Wohnraumförderungsgesetz – HmbWoFG), verkündet als Art. 1 des Gesetzes zur Umsetzung der Föderalismusreform im Wohnungswesen v. 19. 2. 2008, HmbGVBl. S. 74; in Kraft getreten am 1. 4. 2008.

[14] Hessisches Wohnraumfördergesetz (HWoFG) v. 13. 12. 2012, Hess. GVBl. 2012, 600, gültig ab 1. 1. 2013 bis 31. 12. 2019.

[15] Niedersächsisches Wohnraumfördergesetz (NWoFG) – Nds. GVBl. 2009, 403.

[16] Gesetz u Förderung und Nutzung von Wohnraum für das Land Nordrhein-Westfalen (WFNG NRW) – GV NRW 2009, 772.

[17] Landeswohnraumfördergesetz Rheinland-Pfalz (LWoFG) v. 22. 11. 2013, Rhl.-Pf. GVBl. 2013, 472, in Kraft getreten am 1. 1. 2014.

[18] Gesetz über die Wohnraumförderung in Schleswig-Holstein (Schleswig-Holsteinisches Wohnraumförderungsgesetz – SHWoFG) 25. 4. 2009, GVBl. S. 194; in Kraft getreten am 1. 7. 2009.

[19] Thüringer Wohnraumfördergesetz (ThürWoFG) v. 31. 1. 2013, Thüringer GVBl. 2013, 1, in Kraft getreten am 1. 4. 2013.

[20] Art. 1 des Gesetzes zur Reform des Wohnungsbaurechts v. 13. 9. 2001 – BGBl. I S. 2376 – sowie Art. 9 des Föderalismus-Begleitgesetzes v. 5. 9. 2006 – BGBl. I S. 2098.

[21] *Söfker* Wohnraumförderungsrecht, S. 7.

Mit der Auflistung der unterschiedlichen Zwecke wird verdeutlicht, dass das Wohnraumförderungsgesetz nicht nur der Wohnraumversorgung durch Wohnungsneubau dient, sondern Gegenstand der Förderung auch andere Maßnahmen sein können. § 2 WoFG präzisiert dies mit den dort aufgelisteten Fördergegenständen[22]. Eine Förderung außerhalb dieser Fördergegenstände fällt nicht unter das Wohnraumförderungsgesetz. Damit ist auch in solchen Fällen die unmittelbare Anwendung des WoFG ausgeschlossen. Keine Rolle für die Anwendung des Wohnraumförderungs-Gesetzes spielt es, ob die Förderung Mietwohnraum, genossenschaftlich genutzten Wohnraum oder selbst genutztes Wohneigentum betrifft. **7**

2. Fördermittel

Gem. § 2 Abs. 2 Nr. 1 WoFG erfolgt die Förderung im Wesentlichen durch Gewährung von **Fördermitteln,** die aus öffentlichen Haushalten oder Zweckvermögen als Darlehen zu Vorzugsbedingungen, auch zur nachstelligen Finanzierung, oder als Zuschüsse bereitgestellt werden. Art und Höhe der Darlehen bzw. der Zuschüsse lässt das Gesetz offen. Die Förderung kann auch durch Übernahme von **Bürgschaften, Garantien** und **sonstigen Gewährleistungen** erfolgen. Letztlich ist es möglich, die Förderung durch Bereitstellung verbilligten **Baulands** durchzuführen. Die Verbilligung liegt im Regelfall in der Überlassung des Baulands an den Förderungsempfänger unterhalb des Verkehrswertes[23]. Das Land Mecklenburg-Vorpommern hat für die Wohnraumförderung ein Sondervermögen errichtet.[24] **8**

3. Miete im Wohnraumförderungsrecht

Findet das Wohnraumförderungsgesetz auf die Wohnung Anwendung, gilt hinsichtlich der Miete § 28 WoFG. Danach bestimmt sich die höchstzulässige Miete aus der **Förderzusage.** Letztere ist generell maßgeblich für Veränderungen der höchstzulässigen Miete während der Dauer der Förderung sowie für Mieterhöhungen nach durchgeführter Modernisierung. Die Förderzusage geht somit im Rahmen ihres Regelungsbereiches den § 557 ff. BGB vor, zumal ihr Inhalt bezüglich der höchstzulässigen Miete nicht vertraglich zum Nachteil des Mieters verändert werden darf. **9**

Der Vermieter darf somit die Wohnung nicht gegen eine höhere als die **höchstzulässige** Miete zum Gebrauch überlassen (§ 28 Abs. 2 Satz 1 WoFG). Der Mietvertrag muss die in der **Förderzusage** enthaltenen Bestimmungen über die höchstzulässige Miete sowie die Angabe des Bindungsendes angeben. **10**

Die Miete ist grundsätzlich als freifinanziert zu behandeln. Daher sind Mieterhöhungen nach den mietrechtlichen Vorschriften über die freifinanzierte Wohnraummiete vorzunehmen. Die höchstzulässige Miete bildet aber eine generelle **Kappungsgrenze,** die für den Bindungszeitraum nicht überschritten werden darf. Die höchstzulässige Miete bestimmt sich ohne Betriebskosten. Letztere darf der Vermieter vertraglich vereinbaren unter Beachtung der §§ 556, 556a, 560 BGB. Einmalige Nebenleistungen darf er nur insoweit fordern, als dies nach Landesrecht oder Förderzusage zulässig ist. **11**

III. Die Mieterhöhung für Sozialmietwohnungen

Für den Zeitraum bis 31.12.2001, in Ausnahmefällen bis 31.12.2002, wurden öffentlich geförderte Wohnungen nach dem I. WoBauG bzw. II. WoBauG im Rahmen des „sozialen Mietwohnungsbaus" errichtet. Für diese Wohnungen gilt bezüglich der Miete nicht § 28 WoFG, sondern es gelten die Übergangsregelungen der §§ 48–50 WoFG. **12**

1. Der preisgebundene Wohnraum

Vom „Sozialen Mietwohnungsbau" spricht man, wenn der Bauherr zur Finanzierung seines Bauobjektes verbilligte **„öffentliche Mittel"** (§ 3 I. WoBauG; § 6 II. WoBauG) in Anspruch nimmt. Dafür wird er gesetzlich verpflichtet, den Wohnraum nur an bestimmte Personen zu überlassen und **13**

[22] S. dazu *Eisenschmid in* Eisenschmid/Wall Betriebskosten-Kommentar, Rdn. 4107 ff.

[23] *Söfker* Wohnraumförderungsrecht, S. 12.

[24] Gesetz über die Errichtung eines Sondervermögens „Wohnraumförderung Mecklenburg-Vorpommern" v. 17.12.2007, verkündet als Art. 7 des Haushaltsbegleitgesetzes 2008/2009 v. 17.12.2007, GVOBl.MV S. 472, 475.

höchstens eine kostendeckende Miete, die so genannte **Kostenmiete,** zu erheben. Die Länder Bayern und Hamburg führen mit ihren Wohnraumförderungsgesetzen die Kostenmiete fort, während beispielsweise in Baden-Württemberg und Schleswig-Holstein das Kostenmietprinzip abgeschafft wurde (Nachweise s. Rdn. 4).

14 Wohnraum ist in diesem Sinne somit preisgebunden, wenn für ihn nicht mehr als die Kostenmiete verlangt werden kann. Der Verfügungsberechtigte, also der Vermieter, kann den Mietzins nur in der Höhe fordern, wie er zur Deckung der jährlich entstehenden Belastung erforderlich ist (§ 8 Abs. 1 WoBindG, § 72 Abs. 1 II. WoBauG). Die Berechnung der Belastungen erfolgt anhand einer so genannten **Wirtschaftlichkeitsberechnung.**

15 Zu den Mietwohnungen, für die lediglich die Kostenmiete aufgrund einer Wirtschaftlichkeitsberechnung verlangt wird, gehören: Sozialmietwohnungen, die mit öffentlichen Mitteln i. S. d. § 6 Abs. 2 II. WoBauG bzw. i. S. d. § 3 I. WoBauG gefördert wurden, mit Wohnungsfürsorgemitteln i. S. d. § 87 a Abs. 1 II. WoBauG geförderte Wohnungen sowie Wohnraum, der mit **Aufwendungsdarlehen** oder **-zuschüssen** gefördert ist (§ 88 b II. WoBauG). Sonderstellungen nehmen die ehemaligen Bergarbeiterwohnungen sowie öffentlich geförderter oder steuerbegünstigter Wohnraum im Saarland ein.[25]

16 Nicht der Preisbindung unterliegen Wohnungen nach § 88 d, 88 e II. WoBauG, sowie diejenigen gem. § 87 b II. WoBauG. Sie wurden im Rahmen der **vereinbarten** und **einkommensorientierten** Förderung gebaut und gelten als freifinanziert. Beschränkungen können sich aber aus der Förderabsprache ergeben.

2. Die Wirtschaftlichkeitsberechnung

17 Der Vermieter darf die Miete nicht wie im freifinanzierten Wohnungsbau frei bestimmen. Die Miete darf vielmehr nicht höher sein als das, was der Vermieter zur Deckung seiner Kosten benötigt. Dabei wird dem Vermieter durch das WoBindG, die NMV und die II. BV genau vorgeschrieben, welche Kosten im Einzelnen berücksichtigt werden dürfen.

Grundlage für die Ermittlung der Miete ist die **Wirtschaftlichkeitsberechnung.** Aus ihr ergibt sich, welche Kosten dem Vermieter pro Quadratmeter Wohnfläche durchschnittlich entstehen und welche Miete er folglich nehmen darf. Die erste Wirtschaftlichkeitsberechnung muss von der Bewilligungsstelle geprüft und mit der daraus resultierenden Durchschnittsmiete (zur Einzelmiete siehe Rdn. 47 ff.) genehmigt werden. Ihre Überprüfung obliegt den Zivilgerichten.[26]

18 Die Wirtschaftlichkeitsberechnung besteht aus mehreren Teilen. Sie muss gem. § 3 II. BV enthalten:

– die Grundstücks- und Gebäudebeschreibung,
– die Berechnung der Gesamtkosten,
– den Finanzierungsplan,
– die laufenden Aufwendungen und die Erträge.

19 **a) Grundstücks- und Gebäudebeschreibung.** Die Grundstücks- und Gebäudebeschreibung dient der genauen Festlegung des Bauobjektes. Sie hat eine mehrfache Bedeutung. Mit ihr wird die Förderfähigkeit des Gebäudes bestimmt sowie die Art der Wirtschaftlichkeitsberechnung festgelegt. Darüber hinaus enthält sie Angaben über das Gebäude, über **Wirtschaftseinheiten,** über das **Grundstückseigentum** bzw. das **Erbbaurecht,** was für die Berechnung der Gesamtkosten, Finanzierungsmittel und laufenden Aufwendungen von Bedeutung ist.[27] Insbesondere bei so genannten Wirtschaftseinheiten ist wichtig, welche Grundstücke und Gebäude zusammengefasst werden. Die Wirtschaftlichkeitsberechnung erfasst alle Kosten, die für die in der Beschreibung genannten Grundstücke und Gebäude angefallen sind.

20 **b) Die Berechnung der Gesamtkosten.** Die Gesamtkosten (§§ 5–8 II. BV) setzen sich zusammen aus den Kosten des **Baugrundstücks** und der **Baukosten** (§ 5 Abs. 1 II. BV). Die Anlage 1 zu § 5 Abs. 5 II. BV gibt eine detaillierte Übersicht darüber, was zu den Kosten des Baugrundstücks bzw. zu den Baukosten gehört.

21 **c) Der Finanzierungsplan.** Der Finanzierungsplan (§§ 12–16 II. BV) zeigt an, wie der Vermieter die Gesamtkosten aufbringt. Im Finanzierungsplan sind die Mittel auszuweisen, die zur De-

---

[25] S. dazu *Goch,* MietPrax, Fach 11, Rdn. 12, 18 ff.
[26] BVerwG WuM 1986, 179; OLG Hamburg WuM 1991, 152; **a. A.** OLG Hamm WuM 1993, 591.
[27] *Heix* in WoBauR § 3 II. BV Rdn. 1.

ckung der in der Wirtschaftlichkeitsberechnung angesetzten **Gesamtkosten** dienen. Die Summe der Finanzierungsmittel muss genauso hoch sein wie die Summe der Gesamtkosten. Der Bauherr kann auch Eigenleistungen sowie entsprechende Positionen (z. B. Wert des eigenen Grundstückes, eigene Arbeitsleistung) ansetzen.

d) Die laufenden Aufwendungen. Die laufenden Aufwendungen (§ 18 II. BV) sind das Kernstück der Wirtschaftlichkeitsberechnung. Sie setzen sich zusammen aus den **Kapitalkosten** und den **Bewirtschaftungskosten.** Die Kostenübersicht ist eine Jahresaufstellung, aus der sich die Kostenmiete entwickelt. 22

aa) Kapitalkosten. Kapitalkosten sind die Zinsen für die Dauerfinanzierung. Die Zinsen für **Tilgungshypotheken** werden in gleich bleibender Höhe gerechnet, obwohl sie sich mit zunehmender Tilgung verringern. Der Bauherr erhält somit Beträge, die der Entschuldung und damit der Vermögensmehrung dienen.[28] 23

Die Kapitalkosten sind zu unterscheiden zwischen Eigenkapital- und Fremdkapitalkosten (§ 19 Abs. 1 II. BV). Unberücksichtigt bleiben verlorene **Baukostenzuschüsse,** Kosten, die in der Schlussabrechnung nicht von der Bewilligungsbehörde anerkannt wurden, und grundsätzlich auch **Tilgungen.** Letztere dürfen nur ausnahmsweise (§ 19 Abs. 4 i. V. m. § 22 II. BV) bei erhöhter Tilgung als **sog. Zinsersatz** angesetzt werden. 24

(1) Die Eigenkapitalkosten. Die Eigenkapitalkosten sind die Zinsen für die Eigenleistungen (§ 20 II. BV). Die **Eigenleistungen** müssen von Anfang an im **Finanzierungsplan** als solche ausgewiesen sein (§ 12 Abs. 1 II. BV). Ausnahmsweise sind Ansätze auch in späteren Wirtschaftlichkeitsberechnungen möglich.[29] Für sie darf eine Verzinsung von 4% angesetzt werden für den Teil, der 15% der Gesamtkosten des Bauvorhabens nicht übersteigt. Für den 15% hinausgehenden Teil der Eigenleistungen darf eine Verzinsung in Höhe des marktüblichen Zinssatzes für erste Hypotheken angesetzt werden, sofern die öffentlichen Mittel vor dem 1. Januar 1974 bewilligt worden sind. In den übrigen Fällen ist ein Ansatz in Höhe von 6,5% zulässig. 25

Für steuerbegünstigte und freifinanzierte Wohnungen, die mit **Wohnungsführsorgemitteln** gefördert worden sind, dürfen abweichende Zinsen für die Eigenleistungen angesetzt werden. Ihr Ansatz ist möglich mit dem Zinssatz, der mit dem Darlehens- oder Zuschussgeber vereinbart wurde. Selbst wenn niedrigere Zinsen vereinbart wurden, bleiben die Zinssätze für erste Hypotheken als zulässiger Mindestzinssatz maßgebend (§ 87 a Abs. 2 Nr. 2 II. WoBauG). 26

Zu beachten ist, dass der Bauherr auf den Ansatz der Verzinsung von Eigenleistungen **verzichten** konnte. Ob und wie lange er daran gebunden ist richtet sich grundsätzlich nach der Art der Förderung (u. a. steuerbegünstigter Wohnungsbau – grundsätzlich keine Bindung – und öffentlich-geförderter Wohnraum – grundsätzliche Bindung von 6 Jahren). 27

(2) Die Fremdkapitalkosten. Die Fremdkapitalkosten sind die Kapitalkosten, die sich aus der Inanspruchnahme der **Fremdmittel** ergeben (§ 21 II. BV). Hierzu zählen Zinsen für Fremdmittel (Darlehen), laufende Aufwendungen, die aus Bürgschaften für Fremdmittel entstehen sowie wiederkehrende Leistungen aus Fremdmitteln, z. B. Rentenschulden. Auch die **Erbbauzinsen** gelten als Fremdkapitalkosten. Laufende Verwaltungskostenbeiträge[30] sind gem. § 21 Abs. 1 Satz 3 II. BV wie Zinsen zu behandeln. 28

Zinsen für Fremdkapitalkosten sind mit dem Betrag anzusetzen, der sich aus den im **Finanzierungsplan** ausgewiesenen Fremdmitteln mit dem maßgebenden Zinssatz errechnet. In Sonderfällen können Fremdmittel auch in einer späteren Wirtschaftlichkeitsberechnung angesetzt werden.[31] Der maßgebende Zinssatz ist der Zinssatz, der vereinbart ist. Wenn die Zinsen tatsächlich nach einem niedrigeren Zinssatz gezahlt werden, so ist dieser maßgebend, höchstens jedoch der marktübliche Zinssatz für Ersthypotheken im Zeitpunkt der Antragstellung oder Bewilligung der öffentlichen Mittel. 29

Der niedrigere Zinssatz bleibt auch maßgebend, wenn die **Fremdmittel** planmäßig getilgt wurden oder nach der Ersetzung des Fremdmittels durch andere Mittel, deren Kapitalkosten höher sind, wenn der Bauherr die Ersetzung zu vertreten hat.[32] Bei der **Kostenmiete** besteht hier eine Besonderheit. Es gilt der so genannte **Einfrierungsgrundsatz (§ 4 a Abs. 1 II. BV).** Das bedeu- 30

---

[28] *Feulner* in WoBauR § 18 II. BV Rdn. 1.
[29] *Feulner* in WoBauR § 20 II. BV Rdn. 1.
[30] Zum Begriff s. *Feulner* in WoBauR § 21 II. BV Rdn. 4.
[31] S. dazu *Feulner* in WoBauR § 21 II. BV Rdn. 1.
[32] BGH WM 1971, 172; AG Freiburg WM 1981, 141.

tet, dass bei einem Tilgungsdarlehen der mit fortschreitender Rückzahlung der Darlehens sinkende Zinsanteil von Jahr zu Jahr niedriger wird und der Tilgungsanteil dementsprechend höher, da die Gesamtbelastung gleich bleibt (**Tilgungsgewinn** – s. Rdn. 23). Dies führt aber nicht zu einer geringeren Miete, sondern es bleibt bei der ursprünglich errechneten Miete. Der Vermieter darf somit weiterhin den Anfangs errechneten Betrag verlangen.[33] Die Gesamtkosten ändern sich auch nicht dadurch, dass das öffentlich geförderte Grundstück zu einem geringeren Preis, als ursprünglich angesetzt, veräußert wird. Die Ausnahmetatbestände gem. § 4a Abs. 1 Satz 1 II. BV sind auch nicht tangiert, wenn aufgrund einer späteren Vereinbarung der Eigentümer keine Finanzierungskosten mehr zu tragen hat.[34]

31 **bb) Die Bewirtschaftungskosten.** Die Bewirtschaftungskosten sind die Kosten, die zur Bewirtschaftung des Gebäudes oder der Wirtschaftseinheit laufend erforderlich sind (§ 24 II. BV). Hierzu zählen die Abschreibung, Verwaltungskosten, Betriebskosten, Instandhaltungskosten sowie das Mietausfallwagnis.

32 Im Rahmen der Bewirtschaftungskosten sind nur die Kosten ansetzbar, die zur Bewirtschaftung des Gebäudes oder der Wirtschaftseinheit „laufend erforderlich sind". Die Kosten müssen somit **erforderlich** sein und **laufend entstehen,** dürfen also nicht nur **vorübergehend** oder in dieser Höhe vorübergehend anfallen.[35]

33 **(1) Die Abschreibung.** Die Abschreibung ist der auf jedes Jahr der Nutzung fallende Anteil der gebrauchsbedingten **Wertminderung** des Gebäudes, der Anlagen und Einrichtungen.[36] Die Höhe der Abschreibung richtet sich nach der mutmaßlichen **Nutzungsdauer,** die sich aus § 25 II. BV ergibt. Bei Gebäuden ist der regelmäßige Abschreibungssatz 1 Prozent (§ 25 Abs. 2 II. BV). Bei Anlagen und Einrichtungen des Gebäudes kann eine besondere Abschreibung zusätzlich zur Gebäudeabschreibung erfolgen (s. im Einzelnen § 25 Abs. 3 II. BV).

34 Der Wert des Baugrundstücks, die Erwerbskosten und die Erschließungskosten dürfen bei der Abschreibung nicht berücksichtigt werden, weil sie nicht zu den Baukosten gehören. Für die Erbbaurechte gibt es Sonderregelungen (§ 5 Abs. 2 Satz 3 II. BV), weil sie nur für bestimmte Zeit bestellt werden und die aufgewendeten Kosten daher mit dem Erlöschen des Erbaurechts dem Bauherrn verloren gehen.[37]

35 **(2) Die Verwaltungskosten.** Verwaltungskosten sind die Kosten der zur Verwaltung des Gebäudes oder der Wirtschaftseinheit erforderlichen Arbeitskräfte und Einrichtungen, die Kosten der Aufsicht sowie der Wert der vom Vermieter persönlich geleisteten Verwaltungsarbeit (§ 26 Abs. 1 Satz 1 II. BV). Die Verwaltungskosten dürfen ab dem 1.1.2011 bis zum 31.12.2014 höchstens mit 264,31 € (Basiswert (bis 31.12.2004): 230 €) jährlich je Wohnung, bei Eigenheimen, Kaufeigenheimen und Kleinsiedlungen je Wohngebäude angesetzt werden. Für Garagen oder ähnliche Einstellplätze dürfen Verwaltungskosten ab 1.1.2011 höchstens mit 34,47 € (Basiswert: 30 €) jährlich je Garage und Einstellplatz angesetzt werden.

36 Verwaltungskosten für **Garagen,** die zu dem Gebäude oder der Wirtschaftseinheit gehören, können in der Wirtschaftlichkeitsberechnung auch dann angesetzt werden, wenn die Garage von einem Mieter des Gebäudes, für das die Wirtschaftlichkeitsberechnung erstellt wird, nicht genutzt oder gemietet wird. Auch bei vermieteten **Eigentumswohnungen** dürfen höchstens 264,31 € (Basiswert: 230 €) angesetzt werden. Lediglich für die **Lastenberechnung** des „selbstnutzenden" Eigentümers gilt in solchen Fällen ein Höchstbetrag von 316,02 € (Basiswert: 275 € – vgl. § 41 Abs. 2 II. BV). Der Ansatz der Verwaltungskosten (Basiswert) ändert sich gem. § 26 Abs. 4 II. BV in 3-jährigen Abständen entsprechend der Veränderung des Verbraucherpreisindexes für Deutschland. Die erste Änderung erfolgte zum 1. Januar 2005 mit 4, 51 Prozent[38], die zweite Änderung zum 1.1.2008 mit 6%[39] (s. auch Rdn. 42) und die dritte Änderung zum 1.1.2011 mit 3,7%.

37 **(3) Die Betriebskosten.** Die Betriebskosten gehörten ursprünglich zur Wirtschaftlichkeitsberechnung. Durch eine zum 1.5.1984 wirksame Änderung[40] der NMV und der II. BV ist das System zum 1.1.1986 geändert worden. Die Kosten nach § 1 BetrKV (§ 27 II. BV) gehören nunmehr für

---

33 OLG Hamm WM 1985, 178; OLG Frankfurt WM 1983, 83.
34 LG Berlin GE 2013, 56.
35 *Wienicke* in WoBauR § 24 II. BV Rdn. 2.
36 *Wienicke* in WoBauR § 25 II. BV Rdn. 3.
37 *Wienicke* in WoBauR § 25 II. BV Rdn. 2.
38 BT-Drucks. 16/329 v. 23.12.2005, S. 3.
39 S. Schreiben des Bundesministeriums für Verkehr, Bau und Stadtentwicklung v. 23.11.2007 an die Länder.
40 Verordnung zur Änderung wohnungsrechtlicher Vorschriften v. 5.4.1984 (BGBl. I S. 546).

öffentlich geförderte Wohnungen nicht mehr in die Wirtschaftlichkeitsberechnung. Andererseits lässt § 20 NMV die Umlage von Betriebskosten und § 25a NMV den Ansatz des Umlageausfallwagnisses neben der Einzelmiete zu (vgl. Rdn. 44). Für die Ermittlung der Betriebskosten ist die Anlage 3 zu § 27 II. BV maßgebend; ab 1.1.2004 die Betriebskostenverordnung (vgl. § 27 Abs. 1 II. BV). Sonderregelungen enthalten die §§ 21–25 NMV für die Umlegung der Kosten der Wasserversorgung und Entwässerung (§ 21 NMV), die Umlegung der Kosten der Versorgung mit Wärme und Warmwasser (§ 22 NMV), die Umlegung der Kosten für Müllbeseitigung (§ 22a NMV), die Umlegung der Kosten des Betriebs der zentralen Brennstoffversorgungsanlage (§ 23 NMV), die Umlegung der Kosten des Betriebs von Aufzügen (§ 24 NMV), die Umlegung der Kosten des Betriebs der mit einem Breitbandkabelnetz verbundenen privaten Verteilanlage und der Gemeinschafts-Antennenanlage (§ 24a NMV) sowie die Umlegung der Betriebs- und Instandhaltungskosten der Einrichtung für Wäschepflege (§ 25 NMV).

Betriebskosten dürfen auf die Mieter nur umgelegt werden, wenn sie ihm bei Überlassung der Mietwohnung bekanntgemacht wurden (vgl. § 20 Abs. 1 Satz 3 NMV). Dem Mieter müssen somit die einzelnen Betriebskostenarten einschließlich des Vorauszahlungsbetrages mitgeteilt werden.[41] Dabei dürfen nur solche Kosten umgelegt werden, die bei gewissenhafter Abwägung aller Umstände und bei **ordentlicher Geschäftsführung** gerechtfertigt sind. Art und Höhe der Kosten sind im Vertrag anzugeben, wobei angemessene **Vorauszahlungen** vereinbart werden können (§ 20 Abs. 3 Satz 1 NMV). Soweit §§ 21–25 NMV nichts anderes vorsehen, sind die Kosten nach dem Verhältnis der **Wohnfläche** umzulegen. Dabei sind Betriebskosten, die nicht für Wohnraum entstanden sind, vorweg abzuziehen. 38

Der Vermieter hat die Betriebskosten, wie im freifinanzierten Wohnungsbau (vgl. § 556 BGB), **jährlich abzurechnen.** Gem. § 20 Abs. 3 Satz 4 NMV ist die Abrechnung dem Mieter spätestens bis zum Ablauf des zwölften Monats nach dem Ende des **Abrechnungszeitraumes** zuzuleiten. Versäumt der Vermieter die Frist, ist er mit Nachforderungen ausgeschlossen, es sei denn, dass er die Verzögerung nicht zu vertreten hatte. 39

(4) Die Instandhaltungskosten. Kosten, die durch im Laufe der Zeit notwendig werdende Instandhaltungs- und Instandsetzungsmaßnahmen entstehen, darf der Vermieter in die Kostenmiete einkalkulieren. Dafür sind je nach **Baualter** und **Ausstattung** der Wohnung verschiedene Pauschalen vorgesehen. Der Vermieter darf diese ansetzen, auch wenn über Jahre hinweg keine Reparaturen anfallen. 40

Als Instandhaltungskosten dürfen je Quadratmeter Wohnfläche im Jahr angesetzt werden: 41

- für Wohnungen, deren Bezugsfertigkeit am Ende des Kalenderjahres weniger als 22 Jahre zurückliegt, höchstens 8,16 € ab 1.1.2011 bis 31.12.2014 (Basiswert 7,10 €),
- für Wohnungen, deren Bezugsfertigkeit am Ende des Kalenderjahres mindestens 22 Jahre zurückliegt, höchstens 10,34 € ab 1.1.2011 bis 31.12.2014 (Basiswert 9,00 €),
- für Wohnungen, deren Bezugsfertigkeit am Ende des Kalenderjahres mindestens 32 Jahre zurückliegt, höchstens 13,22 € ab 1.1.2011 bis 31.12.2014 (Basiswert 11,50 €),
- für Garagen und Einstellplätze 78,15 € ab 1.1.2011 bis 31.12.2014 (Basiswert 68,00 €).

§ 28 Abs. 2–4 II. BV sieht Sonderregelungen vor, welche die Pauschalen erhöhen bzw. senken. Die Pauschalen verringern sich z. B. bei eigenständig gewerblicher Leistung von Wärme i. S. d. § 1 Abs. 2 Nr. 2 HeizkostenV um 0,23 €/qm/Jahr (Basiswert 0,20 €) oder bei Übernahme von kleineren **Instandhaltungen** um 1,21 €/qm/Jahr (Basiswert 1,05 €). Die Pauschalen erhöhen sich, wenn der Vermieter beispielsweise **Schönheitsreparaturen** trägt (höchstens 9,76 €/qm/Jahr (Basiswert 8,50 €) oder wenn ein maschinell betriebener Aufzug vorhanden ist 1,15 €/qm/Jahr (Basiswert 1,00 €). Die Beträge haben sich seit 1. Januar 2005 um 4,51% erhöht[42], ab 1.1.2008 um 6% sowie dem 1.1.2011 um 3,7%. Sie erhöhen sich am 1. Januar eines jeden darauf folgenden dritten Jahres um den Prozentsatz, um den sich der vom Statistischen Bundesamt festgestellte **Verbraucherpreisindex** für Deutschland für den der Veränderung vorausgehenden Monat Oktober gegenüber dem Verbraucherpreisindex für Deutschland für den der letzten Veränderung vorausgehenden Monat Oktober erhöht oder verringert hat (§ 28 Abs. 5a in Verbindung mit § 26 Abs. 4 II. BV). Diese Preisindexklausel gilt auch für Verwaltungskosten (s. Rdn. 35). 42

[41] LG Itzehoe WuM 2009, 404.
[42] BT-Drucks. 16/329 v. 23.12.2005, S. 3.

43 Es war lange Zeit umstritten, ob die Pauschale für Schönheitsreparaturen angesetzt werden darf, wenn der Vermieter die Schönheitsreparaturen **unwirksam** auf den Mieter übertragen hat[43]. Inzwischen hat der BGH die Zulässigkeit des Kostenansatzes klargestellt.[44] Eine Klausel, die die Überschreitung des Kostenansatzes bestimmt, ist aber teilunwirksam. Unwirksam ist eine Klausel auch, die den Vermieter nur in Höhe des wirksamen Kostenansatzes zu Schönheitsreparaturen verpflichtet.[45] Höchstrichterlich noch nicht entschieden ist der Fall, bei dem der Vermieter eine unwirksame Kleinreparaturklausel vereinbart hat.[46]

44 **(5) Das Mietausfallwagnis.** Das Mietausfallwagnis (§ 29 II. BV) soll die Kosten einer möglichen Ertragsminderung decken, die durch uneinbringliche Rückstände von Mieten, Pachten, Vergütungen, Umlagen und Zuschlägen oder durch Leerstehen von Raum, der zur Vermietung bestimmt ist, entsteht. Der Bauherr hat somit die Möglichkeit, aus dem Mietausfallwagnis **Rückstellungen** zur Deckung der vorgenannten Ausfälle zu bilden. Es werden auch uneinbringliche Kosten einer Rechtsverfolgung auf Zahlung oder Räumung vom Mietausfallwagnis erfasst. Das Mietausfallwagnis darf höchstens mit 2% der laufenden Aufwendungen angesetzt werden (die in den Abrechnungen regelmäßig angesetzten 2,04% der übrigen laufenden Aufwendungen ergeben sich aus dem Umstand, dass das Mietausfallwagnis selbst zu den laufenden Aufwendungen zählt). Das Wagnis einer Einnahmenminderung, das durch uneinbringliche Rückstände von Betriebskosten oder nicht umlegbaren Betriebskosten entsteht, wird gem. § 25a NMV durch das Umlageausfallwagnis (bis zu 2% der im Abrechnungszeitraum auf den Wohnraum entfallenden Betriebskosten) abgedeckt.[47]

45 Nach überwiegender Ansicht sind vor der Berechnung des Mietausfallwagnisses bei einer neuen Wirtschaftlichkeitsberechnung die Aufwendungsdarlehen, oder -zuschüsse von den bisher errechneten Aufwendungen (Kapitalkosten, Abschreibung, Verwaltungs- und Instandhaltungskosten) abzuziehen. Die Zinsen und Tilgungen für Aufwendungsdarlehen werden im Gegenzug hinzugerechnet.

46 **(6) Die Zuschüsse.** Von den gesamten Aufwendungen sind die jährlichen Zuschüsse abzuziehen. Das sind z. B. Beihilfen von der Stadt sowie vom Land, die dazu gedacht sind, die laufenden Aufwendungen zu verringern (§ 18 Abs. 2 II. BV).

3. Die Berechnung der Endmiete (Kostenmiete)

47 Die Endmiete wird berechnet aus der **Durchschnittsmiete,** indem man die jährlichen „laufenden Aufwendungen" addiert und durch die Quadratmeter der gesamten Wohnfläche teilt. Hierdurch erhält man die Kosten der laufenden Aufwendungen durchschnittlich für den Quadratmeter Wohnfläche pro Jahr. Teilt man diesen Kostenbetrag durch 12 Monate, erhält man den monatlichen Mietzins pro Quadratmeter Wohnfläche.

48 **a) Die Einzelmiete.** Auf der Grundlage der Durchschnittsmiete hat der Vermieter die Einzelmieten der Wohnung nach deren Wohnfläche zu berechnen (§ 8a Abs. 5 WoBindG i. V. m. § 3 Abs. 3 NMV), wobei er jedoch den unterschiedlichen Wohnwert der Wohnungen, insbesondere Lage, Ausstattung und Zuschnitt angemessen zu berücksichtigen hat. Es genügt also nicht die einfache Multiplikation der Durchschnittsmiete mit der Quadratmeterzahl der Wohnfläche der Wohnung. Vielmehr ist den verschiedenen Merkmalen der einzelnen Wohnungen durch entsprechende Abweichungen nach oben oder nach unten Rechnung zu tragen. Der Vermieter muss auch die **Ableitung der Einzelmiete** von der Durchschnittsmiete berechnen und erläutern.[48] Allerdings hat der Mieter keinen Anspruch auf eine bestimmte Art der Ableitung der Einzelmiete aus der Durchschnittsmiete.[49] So kann z. B. die verschiedene **Stockwerkslage** in der Weise berücksichtigt

---

[43] Verneinend *Wüstefeld* WuM 2008, 697; AG Stuttgart-Bad Cannstatt WuM 2009, 674; AG Tempelhof-Kreuzberg, Urt. v. 25.5.2009 – 20 C 556/08; bejahend LG Nürnberg-Fürth ZMR 2010, 196; AG Ravensburg WuM 2010, 247; AG Wetzlar WuM 2009, 172; AG Schöneberg GE 2008, 1495; *Bellinger* WuM 2009, 158; s. auch *Flatow* WuM 2009, 674 sowie in jurisPR-MietR 4/2009 Anm. 3; *Feßler* WuM 2009, 90; *Feßler/Roth* WuM 2009, 560.

[44] BGH (VIII ZR 177/09) WuM 2010, 296 = NZM 2010, 396 = NJW 2010, 1590 = MietPrax-AK § 28 II. BV Nr. 1.

[45] LG Lübeck NZM 2017, 221.

[46] LG Berlin GE 2013, 1279 – Vermieter darf volle Instandsetzungspauschale geltend machen.

[47] AG Lehrte ZMR 2012, 708.

[48] LG Berlin GE 2012, 1496; LG Hildesheim WM 1985, 184.

[49] LG Bremen WM 1980, 279; vgl. auch AG Friedberg WM 1981, 134.

werden, dass für die Wohnung im 1. Stock ein höherer Betrag zugrunde gelegt wird als für die Erdgeschosswohnung oder für die Dachgeschosswohnungen. Die Zu- und Abschläge müssen angemessen sein und dürfen keine zu großen Spannbreiten ausweisen.[50] Die Summe der Einzelmieten darf aber nicht die Summe aller Durchschnittsmieten übersteigen (§ 3 Abs. 3 NMV). Zur Erhöhung der Einzelmiete siehe Rdn. 56.

Die **Angemessenheit** der **Mietpreisbildung** unterliegt billigem Ermessen gem. § 315 BGB[51], 49
da die Einzelmiete keiner Genehmigung bedarf und vom Vermieter eigenverantwortlich gebildet wird. Das gilt nicht, wenn die Wohnungen unterschiedlich gefördert worden sind.[52]

Für die Ermittlung der Einzelmieten sind jedoch noch weitere Umstände zu berücksichtigen. So können außer den Betriebskosten auch Zuschläge oder Vergütungen zu berücksichtigen sein.

b) Die Zuschläge. Neben der Einzelmiete kann der Vermieter folgende Zuschläge erheben 50
(§ 26 NMV).

- Zuschlag für die Benutzung von Wohnraum zu anderen als **Wohnzwecken.**
  Der Zuschlag darf je nach dem Grad der wirtschaftlichen Mehrbelastung des Vermieters bis zu 50 Prozent der anteiligen Einzelmiete der Räume betragen, die zu anderen als Wohnzwecken benutz werden (§ 26 Abs. 2 NMV).
- Zuschlag für die **Untervermietung** von Wohnraum.
  Der Untermietzuschlag beträgt 2,50 € monatlich, wenn der untervermietete Wohnungsteil von einer Person benutzt wird und 5 € monatlich, wenn in zwei oder mehr Personen nutzen (§ 26 Abs. 3 NMV).
- Zuschlag wegen **Ausgleichszahlungen** nach § 7 WoBindG (§ 26 Abs. 4 NMV).
- Zuschlag zur Deckung erhöhter laufender **Aufwendungen,** die nur für einen Teil der Wohnungen des Gebäudes oder der Wirtschaftseinheit entstehen (§ 26 Abs. 5 NMV).
  So sind nach einer Modernisierung, die nur einen Teil der Wohnungen betrifft, die baulichen Änderungen nach Art oder Umfang für die einzelnen Wohnungen als Zuschlag bei der Berechnung der Einzelmiete angemessen zu berücksichtigen (§ 6 Abs. 1 Satz 5 NMV).
- Zuschlag für **Nebenleistungen** des Vermieters, die nicht allgemein üblich sind oder nur einzelnen Mietern nutzen[53] (§ 26 Abs. 6 NMV).
- Zuschlag durch **Ausbau von Zubehörräumen** (§ 26 Abs. 7 NMV).

Der Anspruch des Vermieters auf Zahlung eines Zuschlags entfällt, wenn der Wohnraum nicht 51
mehr zu anderen als Wohnzwecken genutzt wird oder wenn die Untervermietung endet. Ggf. ist der **Untermietzuschlag** zu verringern. Der Zuschlag für Modernisierung entfällt insoweit, als alle Wohnungen des Gebäudes – gleichartig – modernisiert werden. Er muss dann mit einer Wirtschaftlichkeitsberechnung die neue höhere Gesamtmiete darlegen und die Einzelmiete erhöhen (s. Rdn. 50 ff.). Beruht der Zuschlag auf Umständen, die in der Person des Mieters liegen (z. B. Nebenleistungen), entfällt der Zuschlag bei Auszug des Mieters.[54]

c) Die Erträge (Vergütungen). Erträge sind die Einnahmen aus Miet- und Pachtverträgen 52
sowie Vergütungen, die bei ordentlicher Bewirtschaftung des Gebäudes bzw. der Wirtschaftseinheit erzielt werden können (§ 31 Abs. 1 II. BV). Dazu gehören auch fiktive Mieteinnahmen für leerstehende Wohnungen.[55] Erträge und laufende Aufwendungen müssen deckungsgleich sein (§ 31 Abs. 3 II. BV). Nachhaltig erzielte Erträge vermindern daher die Kostenmiete. Zu den abzugsfähigen Beträgen gehören „ortsübliche" **Vergütungen,** z. B. **Garagen-** und **Stellplatzmieten.** Einnahmen aus dem Betrieb einer auf dem Haus installierten **Mobilfunkantenne** sind keine Erträge.[56] Ebenfalls nicht als Erträge gelten die Umlagen (Rdn. 37) und Zuschläge (Rdn. 50).

---

50 AG Münster WuM 1985, 399.
51 LG Hamburg WuM 1987, 422.
52 S. im Einzelnen *Goch,* MietPrax, Fach 11 Rdn. 125.
53 Gilt nicht für eine SAT-Schüssel – AG Gelsenkirchen WuM 2004, 234.
54 *Heix* in Fischer-Dieskau/Pergande/Schwender § 26 NMV Rdn. 8.
55 AG Schöneberg GE 2016, 1099.
56 BGH (VIII ZR 310/04) WuM 2006, 26 = GE 2006, 111 = NZM 2006, 133; **a. A.** *Wüstefeld* WuM 2005, 689; *Goch,* MietPrax, Fach 11 Rdn. 115.

4. Die Mieterhöhung

53 Da der Vermieter an die Kostenmiete gebunden ist, kann er die Miete nicht nach Belieben erhöhen, auch nicht unter Berufung auf gestiegene Lebenshaltungskosten. Somit ist auch eine mit dem Mieter vereinbarte Mieterhöhung grundsätzlich unzulässig.[57] Eine Ausnahme soll gelten, wenn die Mieterhöhung die gesetzlich zulässige Miete nicht übersteigt. Dann sei es reine Förmelei, den Vermieter an die Voraussetzungen der §§ 10, 8 Abs. 2 WoBindG zu binden. Die Kostenmiete sei eine Höchstmiete und verbiete nicht, geringere Mieten zu vereinbaren. Wurde somit eine Staffelmiete vereinbart, ist dies zulässig, wenn die letzte Staffel die bei Vertragsschluss zulässige Kostenmiete nicht übersteigt.[58] Die Vereinbarung einer Staffelmiete, deren erste Staffel erst nach Auslaufen der Preisbindung wirksam wird, ist ebenfalls zulässig.[59]

54 Eine Mieterhöhung ist nur in den gesetzlich zugelassenen Fällen möglich, so bei höheren Kapitalkosten, gestiegenen Bewirtschaftungskosten, wie z. B. die Anhebung der Pauschalsätze für Verwaltungs- und Instandhaltungskosten sowie bei Ausweisung höherer Gesamtkosten nach Modernisierung. Diese Fälle ermöglichen die einseitige Mieterhöhung durch den Vermieter. Voraussetzung ist aber eine wirksame Mieterhöhungserklärung, die an bestimmte Voraussetzungen geknüpft ist.

55 **a) Formale Anforderungen.** Die Mieterhöhung muss sich an § 10 WoBindG messen lassen. Eine formularmäßige Freistellung von diesen Anforderungen führt zu einer unangemessenen Benachteiligung des Mieters und ist unwirksam.[60] Der Vermieter kann die Erhöhung nur **schriftlich** fordern. Die Erklärung muss vom Vermieter oder seinem Bevollmächtigten persönlich unterschrieben werden, sonst ist sie unwirksam. Lediglich bei automatisch angefertigten Mieterhöhungserklärungen muss die Unterschrift nicht eigenhändig runter den Text gesetzt werden, wohl aber, wenn der Vermieter eine Vervielfältigungsmaschine benutzt.[61] Bei automatisch gefertigten Erklärungen reicht es aus, wenn sich die Identität des Erklärenden aus dem Briefkopf ergibt.[62] Der Vermieter muss dem Mieter einen bestimmten Betrag nennen, um den sich die Miete erhöhen soll. Er muss zudem die Erhöhung berechnen und erläutern.[63] Die Berechnung muss so gestaltet sein, dass ein durchschnittlich, nicht juristisch oder wohnungswirtschaftlich vorgebildeter Mieter damit zu Recht kommt.[64] Fehlt es an einer hinreichenden Erläuterung, hat der Mieter hinsichtlich des Erhöhungsbetrages ein vorübergehendes Leistungsverweigerungsrecht gem. § 273 BGB.[65]

56 Eine Mieterhöhung **ohne Erläuterung** bleibt unwirksam, auch wenn diese später nachgereicht wird.[66] Zur Erläuterung gehört notwendigerweise auch die Angabe des Grundes der Mieterhöhung, weil nur so der Mieter erkennen kann, ob die Erhöhung vom Vermieter zu vertreten ist. Denn dann wäre eine Mieterhöhung unzulässig.[67] Bei einer energetischen Modernisierung sind Erläuterungen erforderlich, die die energiesparenden Maßnahmen und ihre Wirkung konkretisieren.[68] Es reicht für eine ordnungsgemäße Mieterhöhungserklärung aber aus, wenn der Vermieter nur die Kosten aufschlüsselt, die sich erhöht haben und im Übrigen nur die unveränderten Endbeträge angibt.[69] Zu den Angaben gehören aber nicht nur die laufenden Aufwendungen, sondern auch die nachhaltig erzielbaren Erträge (s. Rdn. 52).[70] Wirkt sich die Mieterhöhung auf die Bildung der Einzelmieten (vgl. Rdn. 47 f.) nicht aus, z. B. weil sich die Verwaltungs- und Instandsetzungspauschalen erhöht haben, ist der Vermieter nicht verpflichtet, die Bildung der Einzelmiete zu erläutern.[71] Die Einzelmieten erhöhen sich in diesem Fall entsprechend ihrem bisherigen Verhältnis zur

---

[57] LG Berlin GE 2007, 719 zur Vereinbarung einer Staffelmiete.
[58] OLG Hamm WuM 1993, 108 = ZMR 1993, 162 = GE 1993, 201; LG Landau WuM 1989, 332.
[59] BGH, Urt. v. 3.12.2003 – VIII ZR 157/03 = WuM 2004, 28 = NZM 2004, 135 = NJW 2004, 511 = ZMR 2004, 175 = GE 2004, 175.
[60] BGH (VIII ZR 233/08) = GE 2009, 712 = NZM 2009, 511 = ZMR 2009, 678. WuM 2009, 354.
[61] OLG Schleswig WuM 1983, 338 = ZMR 1984, 254; **a. A.** *Schultz* ZMR 1984, 218.
[62] BGH (VIII ZR 32/13) WuM 2014, 102 = NJW 2014, 457 = GE 2014, 185 = ZMR 2014, 351.
[63] BGH WuM 1984, 70; LG Stuttgart WuM 1984, 157; LG München-Gladbach WuM 1981, 137.
[64] LG Itzehoe WuM 1986, 184; AG Aachen WuM 1985, 185; AG Köln WuM 1987, 189.
[65] LG Dortmund WuM 2015, 287.
[66] LG Berlin WuM 1984, 391.
[67] LG Kiel WuM 1984, 158.
[68] LG Köln WuM 2011, 566.
[69] BGH (VIII ZR 199/10) WuM 2011, 371 = MietPrax-AK § 10 WoBindG Nr 6 = NZM 2011, 545 = ZMR 2011, 706 = GE 2011, 815; OLG Hamm WuM 1984, 148.
[70] AG Schöneberg GE 2016, 1099.
[71] BGH (VIII ZR 32/13) WuM 2014, 102 = NJW 2014, 457 = GE 2014, 185 = ZMR 2014, 351; LG Berlin ZMR 2013, 343.

Durchschnittsmiete. Laufende Aufwendungen, auf die der Vermieter zunächst verzichtet hat, indem er sie nicht in die genehmigte Wirtschaftlichkeitsberechnung aufgenommen hat, dürfen erst nach 6 Jahren seit Bezugsfertigkeit Gegenstand einer Mieterhöhung sein.[72] Will der Mieter mehr Informationen, muss er von seinem Auskunfts- und Einsichtsrecht gem. § 8 Abs. 4 WoBindG, § 29 Abs. 1 NMV Gebrauch machen. Der Hinweis, der Mieter könne in die **Belege Einsicht** nehmen, kann die notwendige Berechnung und Erläuterung zu den Mindestangaben nicht ersetzen.[73] Auch eine Wirtschaftlichkeitsberechnung macht die Berechnung und Erläuterung nicht überflüssig.[74] Eine Erläuterung zur Bildung der Einzelmiete ist nach einer Modernisierung erforderlich, soweit diese sich auf den Wohnwert einzelner Wohnungen auswirkt.[75]

Der Erhöhungserklärung muss der Vermieter beifügen entweder eine Wirtschaftlichkeitsberech- 57
nung oder einen Auszug daraus, der die Höhe der laufenden Aufwendungen erkennen lässt oder eine Zusatzberechnung zur letzten Wirtschaftlichkeitsberechnung oder eine Abschrift des Bescheides, mit dem die Bewilligungsstelle die Miete genehmigt hat. Die Wirtschaftlichkeitsberechnung muss aktuell sein.[76]

Es steht dem Vermieter frei, welche Unterlagen er dem Schreiben beifügt. Die Unterlagen müs- 58
sen nicht so umfangreich sein, dass der Mieter die Entwicklung der Kostenmiete bis auf die erste genehmigte Durchschnittsmiete zurückverfolgen kann.[77] Eine so weit reichende Information muss der Vermieter nur dann angeben, wenn sie vom Mieter angefordert wird. Grundsätzlich sind alle Mieterhöhungserklärungen ohne Genehmigung der Bewilligungsstelle zulässig.

Bedurfte die Mieterhöhung dagegen der Genehmigung der **Bewilligungsbehörde,** ist der Er- 59
klärung eine Abschrift des **Genehmigungsbescheides** beizufügen.[78] Erforderlich ist die Genehmigung in folgenden Fällen:

- Nach § 72 II. WoBauG zur Bewilligung der öffentlichen Mittel,
- nach § 8a Abs. 4 WoBindG, § 4 Abs. 2 NMV bei Erhöhung der laufenden Aufwendungen bis zur Genehmigung der Schlussabrechnung
- nach § 5a Abs. 1 Satz 2 i. V. m. Abs. 3 Satz 1 NMV bei Genehmigung der Durchschnittsmiete im Fall der nachträglichen Begründung von Wohneigentum[79],
- nach § 7 Abs. 3 Satz 3 NMV bei Genehmigung der Durchschnittsmiete nach dem Ausbau von Zubehörräumen,
- nach § 8 Abs. 1 Satz 2 NMV bei Genehmigung der Durchschnittsmiete nach Vergrößerung der Wohnung durch Ausbau oder Erweiterung,
- nach § 15 Abs. 3 NMV beim Übergang von der Vergleichsmiete zur Kostenmiete,
- nach § 11 Abs. 7 II. BV bei Berücksichtigung einer Modernisierung.[80]

Erfüllt eine Mietwohnung nicht die gesetzlichen Voraussetzungen für preisgebundenen Wohn- 60
raum, so ist die vertragliche Vereinbarung der Wohnungspreisbindung mit der Berechtigung des Vermieters zur einseitigen Erhöhung der Kostenmiete wegen § 557 Abs. 4, § 558 Abs. 6 BGB unwirksam. Eine solche Vereinbarung bietet für den Mieter nicht nur Vorteile, sondern auch Nachteile. Daher können Zahlungen auf solche Mieterhöhungen gem. § 812 BGB zurückverlangt werden.[81] Eine Vereinbarung der Kostenmiete ist nur dann wirksam, wenn die Einhaltung der Kostenmiete lediglich eine weitere Voraussetzung für die Zulässigkeit der Mieterhöhung gemäß § 558 BGB sein soll.[82]

b) Wirkungszeitpunkt der Mieterhöhung. Der Mieter schuldet bei einer wirksamen Miet- 61
erhöhungserklärung die erhöhte Miete vom 1. des auf die Erklärung folgenden Monats an, wenn die Mieterhöhungserklärung bis zum 15. eines Monats zugegangen ist. Erhält der Mieter die Erklä-

---

[72] KG WuM 1983, 81.
[73] AG Köln WuM 1980, 272; AG Hannover WuM 1980, 271.
[74] AG AG Potsdam GE 2009, 118; AG Zossen GE 2009, 119; Hamburg WuM 1985, 186.
[75] Hartmann, jurisPR-MietR 4/2014 Anm. 3.
[76] AG Schöneberg GE 2016, 1099 – 3 Jahre ist nicht mehr aktuell.
[77] BGH WuM 1984, 70 = NJW 1984, 1032 = ZMR 1984, 209 = MDR 1984, 663.
[78] *Goch* MietPrax, Fach 11 Rdn. 241.
[79] *Goch* MietPrax, Fach 11 Rdn. 243 mit Hinweis auf BVerwG WuM 1998, 671 = NZM 1998, 931 = ZMR 1998, 727.
[80] Siehe VG Berlin GE 2012, 137.
[81] AG Charlottenburg GE 2008, 334.
[82] BGH (VIII ZR 122/05) WuM 2007, 133 = NZM 2007, 283 = ZMR 2007, 355 = MDR 2007, 707 = GE 2007, 510.

rung erst nach dem 15. eines Monats, wird die Erklärung erst vom 1. des übernächsten Monats an wirksam.

62 Enthält der Mietvertrag eine so genannte **Gleitklausel,** beispielsweise: „Der Mieter schuldet jeweils die gesetzlich zulässige Miete", nach der der Vermieter eine erhöhte Kostenmiete von dem Tag an verlangen darf, an dem die Mieterhöhung zulässig ist, dann muss der Mieter die erhöhte Miete auch rückwirkend vom Tage ihrer Zulässigkeit an zahlen, höchstens jedoch noch für das jeweils vorangegangene Kalenderjahr. Diese Klausel kann auch **formularmäßig** vereinbart werden.[83]

62a Allerdings fehlt es an einer wirksamen Gleitklausel, wenn vereinbart wird, dass „alle allgemein oder im konkreten Fall eintretenden Mieterhöhungen ……… vom Zeitpunkt des Eintritts ab vereinbart" sind.[84] Ebenfalls unwirksam ist die formularmäßige Vereinbarung, wonach der Vermieter befugt ist, die Kostenmiete rückwirkend zu verlangen.[85] Ist dagegen die jeweils gesetzlich zulässige Miete sowie die Erhöhung und Neueinführung von Nebenkosten vereinbart, ist nur der letzte Teil der Gleitklausel unwirksam.[86]

62b Von der Gleitklausel zu unterscheiden ist die **vorläufige Miete.** Ist laut Mietvertrag nur eine vorläufig genehmigte Miete zu zahlen, ist der Unterschiedsbetrag nach der endgültigen Genehmigung bis zum Beginn des vorangegangenen Kalenderjahres nachzuzahlen, § 4 Abs. 8 NMV. Dagegen ist der Differenzbetrag für die gesamte bisherige Mietdauer nachzuzahlen, wenn nur eine vorläufige – nicht genehmigte – Durchschnittsmiete vereinbart ist.[87]

62c Höhere Zinsen für öffentliche Baudarlehen dürfen trotz einer wirksamen Gleitklausel nicht für eine zurückliegende Zeit gefordert werden. Andererseits braucht der Vermieter in diesem Fall keine Wirtschaftlichkeitsberechnung vorlegen. Das gilt auch für den Wegfall von Aufwendungszuschüssen.[88]

63 **c) Mieterhöhungsgründe. aa) Gestiegene Kapitalkosten.** Erhöht sich der Zinssatz für die erste Hypothek, kann der Vermieter, soweit der die **Zinssteigerungen** nicht zu vertreten hat[89], die Kostenerhöhung an den Mieter weitergeben. Wegen des **Einfrierungsgrundsatzes** muss der Vermieter den in der Zwischenzeit getilgten Betrag nicht berücksichtigen (s. Rdn. 30). Er kann die Gesamtmieterhöhung an den Mieter weitergeben.[90] Entstehen für einen Erwerber durch den Zuschlag in der Zwangsversteigerung geringere Finanzierungskosten, ist dies wegen des Einfrierungsgrundsatzes in der Wirtschaftlichkeitsberechnung nicht zu berücksichtigen.[91]

64 **bb) Vorzeitige Rückzahlung öffentlicher Mittel.** Zahlt der Vermieter die öffentlichen Mittel vorzeitig mit eigenen Mitteln oder durch andere bei der Bank aufgenommene **Fremdmittel** gem. § 23 Abs. 5 II. BV zurück, gilt die Wohnung im Regelfall noch für 10 Jahre als öffentlich gefördert (§ 16 WoBindG – Nachwirkungsfrist). Diese Regelung gilt ausschließlich für öffentliche **Baudarlehen** (§ 42 II. WoBauG), einschließlich des **Familienzusatzdarlehens** (§ 45 II. WoBauG). Nicht darunter fallen Baudarlehen aus **Wohnungsfürsorgemitteln** (§ 87a II. WoBauG) sowie aus sonstigen nicht öffentlichen Mitteln, die neben Aufwendungszuschüssen und -darlehen gewährt worden sind.

65 Sind Wohnungen mit Wohnungsfürsorgemitteln gefördert und hat der Bauherr die Wohnungsfürsorgemittel vorzeitig zurückgezahlt oder abgelöst und durch andere Finanzierungsmittel mit höheren Kapitalkosten, als zuletzt tatsächlich zu entrichten waren, ersetzt, so tritt aufgrund dieser Ersetzung eine Erhöhung der Kostenmiete nicht vor Ablauf des **Wohnungsbesetzungsrechtes** ein (§ 16 Abs. 4 NMV).

66 Der Vermieter bleibt für den Nutzungszeitraum an die Kostenmiete gebunden (Nachwirkungsfrist). Für die eingesetzten Eigen- oder Fremdmittel darf er dann keine höhere Verzinsung als die Zinsen für das nach dem 1.1.1990 zurückgezahlte bzw. abgelöste Baudarlehen ansetzen.[92] Da die

---

[83] BGH (VIII ZR 10/03) WuM 2004, 25 = NJW 2004, 1598 = GE 2004, 102.

[84] BGH (VIII ZR 149/03) WuM 2004, 285 = MietPrax-AK § 10 WoBindG Nr 2 = NJW 2004, 1738 = GE 2004, 620 = ZMR 2004, 424.

[85] BGH (VIII ZR 233/08) WuM 2009, 354 = MietPrax-AK § 10 WoBindG Nr 5 = NZM 2009, 511 = GE 2009, 712.

[86] BGH (VIII ZR 151/03) WuM 2004, 288 = MietPrax-AK § 10 WoBindG Nr 4.

[87] BGH (VIII ZR 14/79) WuM 1981, 140 = ZMR 1980, 240.

[88] Vgl. LG Berlin WuM 1988, 218 = ZMR 1988, 340 = GE 1988, 585.

[89] Zum Vertretenmüssen s. *Goch* MietPrax, Fach 11, Rdn. 273 ff.

[90] OLG Frankfurt WM 1983, 83.

[91] LG Berlin GE 2013, 1279.

[92] Zu den vielfältigen Änderungen der Vorschrift vgl. *Goch* MietPrax, Fach 11, Rdn. 266 ff.

öffentlichen Baudarlehen i. d. R. jedoch eine niedrigere Verzinsung haben, führt die Ablösung der öffentlichen Mittel daher oft zu einer Mieterhöhung.

cc) Verwaltungs- und Instandsetzungskosten. Verwaltungs- und Instandhaltungskosten werden dem Vermieter durch Gesetz vorgegeben. Alle 3 Jahre werden diese **Pauschalbeträge** nach einem **Kostenpreisindex** angepasst (Rdn. 35 ff.). Dies führt zu Anhebungen der Miete, denn der Vermieter kann die höheren Beträge nunmehr seiner Kostenmiete zugrunde legen. Eine Erhöhung kann auch damit begründet werden, dass eine vereinbarte Klausel über Schönheitsreparaturen unwirksam ist. Dann kann der für Schönheitsreparaturen vorgesehene pauschale Kostenansatz gem. § 28 Abs. 4 II. BV – ggf. auch rückwirkend gem. § 4 Abs. 8 Satz 2 NMV analog – geltend gemacht werden.[93] Für die Erhöhungserklärung ist ausreichend, dass der Vermieter einen Auszug aus der Wirtschaftlichkeitsberechnung beifügt.[94] Der erneuten Bildung einer Einzelmiete bedarf es nicht (siehe dazu Rdn. 48). 67

dd) Mieterhöhung bei degressivem Abbau öffentlicher Mittel. Um die laufenden Aufwendungen so zu verringern, dass die vom Mieter zu zahlende Kostenmiete tragbar wird, werden dem Vermieter **Aufwendungsbeihilfen, Aufwendungsdarlehen** oder **Aufwendungszuschüsse** gewährt. Die einzelnen Bundesländer haben in der Vergangenheit jährlich Wohnungsbauförderungsbestimmungen erlassen, in denen die Gewährung der Zuschüsse geregelt war. Die Aufwendungsdarlehen werden für einen gewissen Zeitraum (z. B. 12 Jahre) mit der Maßgabe gewährt, dass diese sich jeweils nach einer Laufzeit von z. B. 4 Jahren um ein Drittel ihres ursprünglichen Betrages verringern. Nach Ablauf von 4 und 8 Jahren wird auch eine Einkommensprüfung der Wohnungsinhaber vorgenommen mit dem Ziel, einen weiteren Abbau der Aufwendungsbeihilfen herbeizuführen, wenn sich bei dieser Prüfung ergibt, dass der Wohnungsinhaber die Einkommensgrenze des § 25 II. WoBauG überschritten hat. 68

Die Aufwendungsbeihilfen sind als Verbilligungsmittel in der Wirtschaftlichkeitsberechnung so zu behandeln, dass erst einmal die Kapital- und Bewirtschaftungskosten addiert werden. Von dieser Summe sind dann die **Aufwendungsbeihilfen** abzuziehen. Das hat zur Folge, dass sich eine geringere Belastung durch die entstandenen laufenden Aufwendungen ergibt. Dadurch verringert sich zunächst die vom Mieter gezahlte Durchschnitts- bzw. Kostenmiete. Demgegenüber erhöhen sich bei Wegfall der Aufwendungsbeihilfen wieder die laufenden Aufwendungen. Das hat zur Folge, dass der Vermieter nunmehr eine Mieterhöhung verlangen kann, wenn er die formalen Voraussetzungen beachtet (s. Rdn. 52 ff.). In Einzelfällen gewähren die Landesregierungen einen Härteausgleich. 69

ee) Mieterhöhung nach Modernisierung. Der Vermieter darf wie im freifinanzierten Wohnungsbau bauliche Änderungen, die er nicht zu vertreten hat, durchführen und kann danach die Kostenmiete erhöhen. Auch der Ausbau und der Anbau einer Wohnung i. S. d. § 17 Abs. 2 II. WoBauG führen zu einer neuen Mietberechnung. Werden die bisherigen Gesamtkosten durch eine Modernisierung verändert, berechtigt dies ebenfalls zur Mieterhöhung (§ 11 Abs. 6 II. BV). Die Mietberechnung darf aber zu Lasten des Mieters nur berücksichtigt werden, wenn die zuständige Bewilligungsbehörde der Modernisierung zugestimmt hat.[95] Die Zustimmung ist nicht erforderlich für Wohnungen, bei denen die öffentlichen Mittel nach dem 31. 12. 1956 bewilligt wurden, wenn bauliche Änderungen vorgenommen wurden, die der Vermieter nicht zu vertreten hat. Das kann bei baulichen Änderungen aufgrund von Anforderungen nach der EnEV gegeben sein, wenn der Vermieter beispielsweise einen Modernisierungsstau verursacht hat, der die Anwendung des § 9 EnEV bedingt.[96] Von der Mieterhöhung bei gleichartiger Modernisierung aller Wohnungen zu unterscheiden ist die Modernisierung einzelner Wohnungen, die zu **Zuschlägen** berechtigt (s. Rdn. 50). 70

Der behördliche Stempelaufdruck „keine Bedenken" auf der Berechnung der Mieterhöhung stellt noch keine Zustimmung dar.[97] Hat der Vermieter die Zustimmung nicht rechtzeitig beantragt, hat er einen Anspruch auf eine rückwirkende Erteilung nur dann, wenn die Mieter mit der Maßnahme einverstanden waren, eine Mieterhöhung vereinbart hatten und kein öffentliches Inter- 71

---

[93] BGH (VIII ZR 181/12) WuM 2013, 174 = GE 2013, 207.
[94] LG Berlin GE 2012, 1496.
[95] BVerwG GE 2013, 1468; LG Wiesbaden WuM 1984, 166.
[96] Modernisierungsstau nicht erforderlich: OVG Berlin-Brandenburg GE 2013, 757; *von Seldeneck/Grützmacher* GE 2013, 718.
[97] LG Düsseldorf WuM 1985, 393.

esse gegen die Erteilung der Zustimmung spricht.[98] Durch die Änderung der **Gesamtkosten** entstehen zusätzlich weitere Kapital- und Bewirtschaftungskosten. Diese bewirken letztlich die Mieterhöhung und müssen in einer neuen Wirtschaftlichkeitsberechnung oder in einer Zusatzberechnung nach § 39a II. BV nachgewiesen werden.

72 Will der Vermieter nicht das gesamte Haus sondern nur einzelne Wohnungen modernisieren, braucht er nicht eine gesamte Wirtschaftlichkeitsberechnung für das Haus aufzustellen, sondern kann einen **Zuschlag** für die einzelne Wohnung errechnen. Die Zuschlagsberechnung muss jedoch den Anforderungen an eine **Wirtschaftlichkeitsberechnung** genügen und für den Mieter nachvollziehbar sein (s. Rdn. 50).

73 Für die Duldungspflicht gelten §§ 555b–f BGB (Einzelheiten s. dort). Dies gilt selbst dann, wenn die zuständige Stelle der Maßnahme gem. § 11 Abs. 7 II. BV zugestimmt hat.

IV. Die Mietsenkung

74 So wie sich bei Erhöhung der laufenden Aufwendungen die Miete erhöhen kann, ist der Vermieter umgekehrt verpflichtet, bei jeder späteren Verringerung der laufenden Aufwendungen auch eine entsprechende Mietsenkung vorzunehmen. Dies ist z. B. der Fall, wenn sich der Zinssatz für eine Sparkassen- oder Bankhypothek senkt, sich die zulässigen Ansätze für Verwaltungs- und Instandhaltungskosten oder für Schönheitsreparaturen verringern oder nachträglich Subventionen (z. B. Härteausgleich) gewährt werden. Ein anderer Fall betrifft die Einführung des Contractings (§ 556c BGB). Bei der Umstellung von Eigenregie zur gewerblichen Wärmelieferung nach § 1 Abs. 1 Nr. 2 HeizKV sind die laufenden Aufwendungen in dem Maße zu verringern, wie sie den Kosten des Contractings zugrundegelegt werden.

75 Verringern sich die laufenden Aufwendungen, ist der Vermieter verpflichtet, unverzüglich eine neue **Wirtschaftlichkeitsberechnung** aufzustellen (§ 5 NMV). Der Vermieter muss die Mietsenkung von dem Zeitpunkt an vornehmen, von dem an sich die laufenden Aufwendungen verringert haben. Die Mietsenkung ist dem Mieter unverzüglich mitzuteilen. Nimmt der Vermieter die Mietsenkung nicht vor, kann der Mieter die zu viel gezahlte Kostenmiete gemäß § 8 Abs. 2 WoBindG zurückfordern.

[98] BVerfG WuM 1980, 280.

Kapitel 3. Pfandrecht des Vermieters

§ 562 Umfang des Vermieterpfandrechts

(1) [1]Der Vermieter hat für seine Forderungen aus dem Mietverhältnis ein Pfandrecht an den eingebrachten Sachen des Mieters. [2]Es erstreckt sich nicht auf die Sachen, die der Pfändung nicht unterliegen.

(2) Für künftige Entschädigungsforderungen und für die Miete für eine spätere Zeit als das laufende und das folgende Mietjahr kann das Pfandrecht nicht geltend gemacht werden.

Systematische Übersicht

A. Regelungszweck

Mit dem Vermieterpfandrecht knüpft das BGB an rechtsgeschichtlich alte Sicherungsmittel an,[1] die dem Vermieter in verschiedener Ausgestaltung ein Vorzugsrecht hinsichtlich seiner Forderungen an solchen Sachen gewährten, die der Mieter in das Mietobjekt eingebracht hat. Das Pfandrecht ist in seiner gesetzlichen Ausgestaltung seit Erlass des BGB unverändert geblieben. Auch die Mietrechtsreform hat an ihm keine inhaltlichen, sondern nur sprachliche Veränderungen vorgenommen; die ursprünglich in einem Absatz enthaltenen drei Sätze der Vorgängerregelung wurden dergestalt auf zwei Absätze aufgeteilt, dass nunmehr im Absatz 1 der gegenständliche Umfang und im Absatz 2 die zeitliche Beschränkung hinsichtlich der gesicherten Forderungen des Vermieters enthalten sind. Allerdings ist die systematische Stellung der Pfandrechtsvorschriften in dem Abschnitt über Wohnraummietverhältnisse verfehlt; denn gerade in diesem Bereich hat das Vermieterpfandrecht seine Bedeutung nahezu vollständig verloren und ist durch die Mietsicherheit ersetzt worden (s. Rdn. 3, 4). Für sonstige Mietverhältnisse (Grundstücke, Gewerberäume) gelten die hier niedergelegten Regelungen nur kraft der Verweisung in § 578. 1

Die Aufnahme des Vermieterpfandrechts in das BGB war sozialpolitisch stark umstritten[2]. Gerechtfertigt wurde sie schließlich mit drei Argumenten: die Forderungen des Vermieters, für die es hafte, sind umfangmäßig beschränkt worden[3]; die dem Pfandrecht unterfallenden Gegenstände sind durch den Verweis auf die Unpfändbarkeitsregeln der ZPO eingegrenzt worden[4]; und schließlich: mit dem Vermieterpfandrecht werde der „höchst bedauerlichen Vertragsbestimmung, Vorauszahlungen zu fordern", entgegengewirkt[5]; das Vermieterpfandrecht sei das Korrelat zu dem Kredit, den der Vermieter notwendigerweise gewähren müsse[6]. Nach der ursprünglichen Konzeption des BGB stellte daher das Vermieterpfandrecht das Gegenstück zur Vorleistungspflicht des Vermieters dar, die in der Bereitstellung des Mietobjekts zu sehen ist, ohne dafür – jedenfalls nach dem damaligen Grundgedanken des Gesetzes – wegen der nachschüssigen Zahlungspflicht in § 551 a. F. sofort eine Gegenleistung zu erhalten. Dieser Zusammenhang ist jetzt durch die gesetzlich angeordnete vorschüssige Zahlungspflicht in § 556b Abs. 1 aufgelöst worden, so dass der Sinn dieses Rechtsinstituts nur noch in der Sicherung des Vermieters für den Fall des Zahlungsverzugs gesehen wird.[7] Ferner können während des Gebrauchs des Mietobjekts Schadensersatzansprüche entstehen, die nicht durch die Zahlung des Mietzinses mit abgedeckt sind. Die Einschränkungen bezüglich des Umfangs des Pfandrechts und der gesicherten Forderungen beruhten dann aber nur zum geringen Teil 2

---

[1] *Herrlein/Schneider* in: Herrlein/Kandelhard § 562 Rdn. 1.
[2] *Artz* in: MünchKomm § 562 Rdn. 1; 20. DJT 1889, IV, 431.
[3] Mugdan II, 1320.
[4] Mugdan II, 1321.
[5] Mugdan II, 1280.
[6] 20. DJT 1889, IV, 432.
[7] BT-Drs. 14/453, S. 60.

auf derartigen Einsichten; im Vordergrund standen kreditpolitische Erwägungen zum Schutz anderer Gläubiger.[8]

3 **Wirtschaftlich** im Sinne einer Befriedigung der Forderungen des Vermieters und nicht bloß als Druck[9] – oder gar Schikanemittel kommt dem Pfandrecht im Wohnraummietrecht heute keine große Bedeutung zu. Mieter notleidender Mietverhältnisse besitzen entweder gar keine pfändungswürdigen Gegenstände, oder derartige Sachen sind auf Abzahlung gekauft und stehen mithin – noch – nicht in ihrem Eigentum. Vorrangige Bedeutung hat das Vermieterpfandrecht daher vor allem im Gewerberaummietrecht, was sich auch rechtstatsächlich daran erweist, dass die veröffentlichten Gerichtsentscheidungen überwiegend aus diesem Bereich stammen.

4 Vorrangige Sicherungsmittel im Wohnraummietrecht stellen die Kaution nach § 551 sowie ein in die Miete einkalkuliertes Mietausfallwagnis dar. Darüber hinaus erscheint angesichts des für § 551 geltenden Kumulationsverbots[10] zweifelhaft, ob beide Sicherungsmittel unbeeinflusst und bezüglich des Pfandrechts unbegrenzt nebeneinander bestehen können.[11]

5 Nach der ausdrücklichen Wertung des Gesetzgebers handelt es sich bei dem Vermieterpfandrecht um ein **gesetzliches Pfandrecht** und nicht um eine stillschweigende Verpfändung. Ferner handelt es sich um ein **besitzloses Pfandrecht;** der Vermieter erlangt an den Sachen auch keinen mittelbaren Besitz, § 868 greift für die nicht vermieteten Sachen nicht ein. Daher sind auf das Pfandrecht die Vorschriften über das rechtsgeschäftliche Pfandrecht, §§ 1204ff., nur insoweit anwendbar, als sie ihrem Tatbestand nach keinen Besitz am Pfandobjekt voraussetzen, § 1257. Die jeder dinglichen Rechtsänderung zu Grunde liegende Publizität wird hier dadurch erreicht, dass die dem Pfandrecht unterliegenden Sachen **eingebracht** werden müssen; d. h. dem Zugriff des Vermieters deshalb offen stehen, weil diese Sachen mit seinem Mietobjekt in Verbindung gebracht worden sind.

6 Die **Einbringung** der Sachen muss auf Grund eines wirksamen Miet- oder Pachtvertrages erfolgen. Ferner greift das Vermieterpfandrecht nur bei einer Grundstücks- oder Raummiete ein, nicht bei Fahrnismiete, worunter z. B. Miete von Wohnschiffen, Eisenbahnwagen, Zelten oder Wohnwagen fällt. Raummiete liegt allerdings auch dann vor, wenn das Gebäude nur ein sog. Scheinbestandteil iSd § 95 Abs. 1 ist und somit dem Recht der beweglichen Sachen unterfällt. Nicht ganz konsequent wird dann aber die Anwendung des § 562 wiederum bei der Vermietung von Räumen in den genannten anderen beweglichen Gegenständen verneint.[12]

7 Zur Zeit der Einbringung der Sachen in das Mietobjekt müssen noch keine Forderungen des Vermieters bestehen. Es reicht aus, dass solche jedenfalls während der Mietzeit entstehen und die eingebrachten Gegenständen noch vorhanden sind.

8 Außer dem gesetzlichen Pfandrecht besteht die Möglichkeit der **Verpfändung** einzelner Gegenstände, wozu aber die Übergabe des Besitzes an den Vermieter = Gläubiger erforderlich ist, § 1205 Abs. 1; die Verpfändung durch Besitzkonstitut ist unzulässig. Ferner kann als weitere Realsicherheit eine Sicherungsübereignung vorgenommen werden. Beide Sicherungsmittel dürfen aber nicht zu einer Übersicherung des Vermieters im Verbund mit einer Kaution führen. Letztlich kann der Vermieter im Wege der Zwangsvollstreckung ein **Pfändungspfandrecht** an den eingebrachten Sachen nach § 808 ZPO erlangen. In diesem Fall stehen gesetzliches Vermieterpfandrecht und prozessuales Pfändungspfandrecht nebeneinander; ihre Verwirklichung richtet sich nach den für das jeweilige Pfandrecht geltenden Vorschriften.

9 Die Tatbestandsmerkmale des § 562 sind zugunsten des Mieters **abdingbar.**[13] Das Entstehen des gesetzlichen Pfandrechts kann entweder völlig ausgeschlossen oder von weiteren Voraussetzungen abhängig gemacht werden. Zu Lasten des Mieters kann von der Bestimmung des Absatzes 1 Satz 2

---

[8] So die Kommissionsprotokolle bei *Haidlen,* BGB, § 559 (S. 626).

[9] Darauf stellt Geldmacher, in: WoBauR § 559 a. F. Anm. 4 gerade bei Wohnraummietverhältnissen ab, was kaum dem Gesetzeszweck entspricht; von *Franke* in der Neukommentierung zu § 562 nicht übernommen.

[10] S. oben § 551 Rdn. 54; *Emmerich* in: Staudinger § 551 Rdn. 9b.

[11] *Lammel,* Wohnraummietrecht, § 551 Rdn. 21/22.

[12] *Soergel/Heintzmann,* § 562 Rdn. 2 unter Berufung auf *OLG Kiel* OLGE 12, 69. Die in Bezug genommene Stelle bei den Motiven, II, 204, schließt aber die Anwendung der Vorschrift auf solche Räume nicht aus, sondern besagt lediglich, dass trotz des von den Verfassern durchaus erkannten Lebenssachverhalts (Wohnraum auf Schiffen) kein Bedürfnis für eine besondere Erwähnung der Wohnraummiete beim Vermieterpfandrecht bestehe.

[13] Zu pauschal *Herrlein/Schneider* in: Herrlein/Kandelhard, § 562 Rdn. 4; die in Bezug genommene Entscheidung RGZ 141, 99/103 befasst sich mit der Frage nur am Rande und mehr die vorliegenden Tatsachen feststellend als rechtlich bewertend.

dagegen nicht abgewichen werden. Das gilt auch für die Vereinbarung eines Zurückbehaltungsrechts für über Absatz 2 hinausgehende Forderungen oder auf nach Absatz 1 Satz 2 nicht pfändbare Gegenstände[14]; damit würden die genannten Schutzvorschriften umgangen.[15]

B. Pfandobjekte

Das Vermieterpfandrecht erstreckt sich nur auf **eingebrachte Sachen des Mieters.** Der Sachbegriff bestimmt sich auch hier nach § 90; darunter sind nur körperliche Gegenstände zu verstehen. Außerdem müssen diese beweglich sein, so dass die Gegenstände, die durch Verbindung wesentliche Bestandteile des Grundstücks werden, §§ 946, 93, nicht in den Anwendungsbereich der Norm fallen mit der Rückausnahme der sog. Scheinbestandteile nach § 95 Abs. 1.[16] Bei Sachgesamtheiten (z. B. Briefmarkensammlung) müssen wegen des sachenrechtlichen Spezialitätsgrundsatzes für jedes einzelne Stück die pfandrechtsbegründenden Voraussetzungen vorliegen. 10

Ferner werden vom Vermieterpfandrecht nur solche Sachen erfasst, die auch im Rechtsverkehr als Vermögenswert angesehen werden. Deshalb scheiden Sachen als Pfandobjekt aus, denen nur ein Affektionsinteresse zukommt, wie etwa persönliche Andenken.[17] 11

Forderungen des Mieters unterfallen nicht dem Pfandrecht, auch nicht, wenn sie das Surrogat für zerstörte oder sonst aus dem Pfandbereich fallende Objekte darstellen.[18] Allerdings wäre hier durchaus an eine analoge Anwendung des § 1127 Abs. 1 zu denken. 12

Wertpapiere sind nur dann dem Pfandrecht unterworfen, wenn sie Sachen gleichgestellt sind. Das ist der Fall bei solchen Papieren, bei denen das Recht aus dem Papier (= Forderung) dem Recht am Papier (= Eigentum) folgt, also bei Inhaberpapieren und indossablen Papieren, §§ 1292, 1293; dem gleichgestellt werden Banknoten.[19] Nicht hierzu gehören die Legitimationspapiere, bei denen das Recht am Papier dem Recht aus dem Papier folgt, mithin das Forderungsrecht im Vordergrund steht (z. B. Sparbücher, § 808, auf den Namen lautende Hypothekenbriefe, Versicherungspolicen). 13

Kraft Gesetzes kann nach Absatz 1 Satz 2 an **unpfändbaren Sachen** kein Vermieterpfandrecht entstehen. Dazu gehören jedenfalls die in § 811 ZPO aufgeführten Sachen,[20] wie z. B. Sachen des persönlichen Gebrauchs (Nr. 1), die für eine kurze Zeit erforderlichen Nahrungs- und Feuerungsmittel (Nr. 2), Arbeitsmittel, die auch zur Fortführung eines Gewerbes benötigt werden (Nr. 4 bis 7, 9)[21], Bücher des Hausgebrauchs (Nr. 10, 11).[22] Dem sind die Hausratsgegenstände nach § 812 ZPO nach Wortlaut und Systematik des Gesetzes nicht gleichgestellt, da keine absolute, sondern lediglich eine wertabhängige relative Unpfändbarkeit besteht.[23] Das bedeutet aber nicht, dass diese Gegenstände stets dem Vermieterpfandrecht unterliegen; im Regelfall werden sie mangels entsprechender Werthaltigkeit aus dem Pfandverbund herausfallen;[24] andererseits sprechen die von der hM angeführten sozialpolitischen Gründe nicht für den zahlungsunwilligen, aber mit wertvollem Inventar begüterten Mieter. 14

Das Vermieterpfandrecht erlebte eine Renaissance in der **Räumungsvollstreckung.** Diese wurde dadurch (vor allem im Kosteninteresse) gegenständlich beschränkt, dass der Vermieter = Gläubiger an **sämtlichen** eingebrachten Sachen des Mieters = Schuldners ein Vermieterpfandrecht geltend machte (sog. Berliner Modell). Die Zwangsräumung beschränkte sich dann ausschließlich auf den Besitzwechsel an dem zu räumenden Objekt[25]; die kostenträchtige Entfernung der beweg- 15

[14] LG Berlin GE 2011, 1310.
[15] *Emmerich* in: Staudinger, § 562 Rdn. 24.
[16] RG WarnRspr. 1920 Nr. 184 für ein Gewächshaus.
[17] *Franke,* in: WoBauR, § 562. Anm. 5; auch nicht Geschäftspapiere, die der Vorbereitung der Rechtsdurchsetzung dienen könnten, LG Frankfurt/M. PE 1999, 9.
[18] *Emmerich* in: Staudinger, § 562 Rdn. 8; OLG Dresden Annalen des kgl. sächs. OLG zu Dresden 25, 211.
[19] RG SeuffBl. 68, 244.
[20] LG Berlin NJW-RR 1992, 172.
[21] KG ZMR 2016, 774.
[22] S. im Einzelnen die Aufzählungen der pfändbaren bzw. unpfändbaren Gegenstände bei *Geldmacher,* in: WoBauR § 559 a. F. Anm. 14.1 und 14.2.
[23] *Mittelstein* S. 547; *Gruber* in: MünchKomm § 812 ZPO Rdn. 5; *Becker,* in: Musielak, § 812 ZPO Rdn. 2; **a. A.** die wohl überwiegende mietrechtliche Meinung *Emmerich* in: Staudinger § 562 Rdn. 22, *Geldmacher,* in: WoBauR, § 559 a. F. Anm. 14; *Soergel/Heintzmann,* § 562 Rdn. 20.
[24] AG Köln WuM 1989, 296.
[25] AG Leer ZMR 2005, 629; dazu zuletzt OLG Schleswig, Beschl. v. 28.10.2014 – 5 W 42/14, zit. nach juris.

lichen Sachen von dem Grundstück und ihre Einlagerung entfielen[26]. Gerechtfertigt wurde dies mit einem Vorrang des materiellen (Vermieterpfand-)Rechts vor dem formellen Vollstreckungsrecht[27]. Eine Überprüfung des Bestehens materieller Rechte überschritte die Befugnisse des Gerichtsvollziehers; schutzwürdige Belange des Schuldners würden nicht beeinträchtigt, da dieser vom verwahrungspflichtigen Gläubiger die Herausgabe der unpfändbaren Gegenstände verlangen könnte[28]. Allerdings war der Vermieter bei diesem Vollstreckungsmodell verwahrungspflichtig und für Verluste haftbar[29], so dass sich der kostenmäßige Vorteil durchaus in einen schadensersatzrechtlichen Nachteil umwandeln konnte.

16 Zwar wurde damit der durch § 562 S. 2 bezweckte Schutz ausgehebelt (s. 11. A. Rn. 16, 17), jedoch wurde durch das Mietrechtsänderungsgesetz 2013 mit § 885 a ZPO die sog. Berliner Räumung legalisiert (s. dazu § 885 a ZPO).

17 *derzeit nicht besetzt*

18 Die Regelung über die Unpfändbarkeit ist zwingend; eine formularvertraglich vereinbarte Verpfändung dieser Gegenstände verstößt gegen § 307 Abs. 1, 2 Nr. 1.[30] Unzulässig ist auch die analoge Anwendung des § 811 a ZPO durch eine Art privater Austauschpfändung; denn für diese ist notwendigerweise ein justizförmiges Verfahren einzuhalten.[31]

19 Eingeschränkt werden die Bestimmungen über die Unpfändbarkeit und damit auch über die Reichweite des Vermieterpfandrechts nur dadurch, dass es für die Feststellung der entsprechenden Merkmale auf den **Zeitpunkt der Geltendmachung** des Pfandrechts ankommt und nicht auf den der Einbringung in das Mietobjekt. Deshalb können zunächst unpfändbare Sachen später dem Pfandrecht unterliegen, wenn etwa die berufliche oder gewerbliche Tätigkeit, die für die Pfändungsfreiheit nach § 811 Nr. 4 bis 7, 9 ZPO Voraussetzung ist, im Laufe des Mietverhältnisses eingestellt worden ist.[32]

20 Die pfändbaren Sachen müssen im **Eigentum des Mieters** stehen[33]. Das Vermieterpfandrecht erstreckt sich auch dann nicht auf Sachen, die im Eigentum Dritter stehen, wenn der Vermieter bei Einbringung der Sachen oder Geltendmachung des Pfandrechts diesbezüglich **gutgläubig** gewesen ist. Denn der gutgläubige Erwerb gesetzlicher Pfandrechte ist nicht möglich. Die Verweisungsnorm des § 1257 setzt für die Anwendung der Vorschriften über das vertraglich begründete Pfandrecht auf die gesetzlichen Pfandrechte deren Entstehung voraus, bezieht aber den Entstehungstatbestand selbst nicht in die Verweisung ein. Diese Regelung wurde von den Gesetzesverfassern auch für das Vermieterpfandrecht ausdrücklich bestätigt.[34]

21 Für das Eigentum des Mieters an den eingebrachten Sachen ist der Vermieter **beweispflichtig.** Zu seinen Gunsten kann er sich hierfür nicht auf die Eigentumsvermutung des § 1006 Abs. 1 berufen und vom Besitz des Mieters an den Gegenständen auf dessen Eigentum schließen. Denn diese Vermutung gilt nur zugunsten des Besitzers, nicht aber zu seinen Lasten. Der Vermieter kann allerdings diese Eigentumsvermutung einem Dritten entgegenhalten, der seinerseits Eigentum an der (umstrittenen) Sache des Mieters behauptet.[35]

22 Ein Vermieterpfandrecht entsteht auch dann nicht, wenn der Mieter eine formularmäßig im Mietvertrag enthaltene Eigentumserklärung über die eingebrachten Sachen abgibt, die nicht der wahren Rechtslage entspricht. Hierdurch kann sich der Mieter allenfalls wegen Eingehungsbetrugs

---

[26] *Körner,* GE 2005, 536; *Beuermann,* GE 2005, 904; jeweils mit Nachweisen aus der Rechtsprechung; ferner AG Berlin-Wedding GE 2005, 1135; AG Ratingen GE 2005, 1255; AG Berlin-Lichtenberg (Abt. 33) ZMR 2005, 879 (anders aber Abt. 34, GE 2005, 491); AG Wiesbaden DWW 2005, 164; AG Berlin-Köpenick GE 2005, 871; 921; LG Berlin GE 2006, 191; LG Osnabrück NZM 2006, 80. BGH (IXa ZB 10/03) ZMR 2004, 734 problematisiert die Frage nicht, sondern tut sie mit einem Satz ab; die Frage stand auch nicht im Mittelpunkt des Beschlusses. Jetzt legalisiert durch § 885 a ZPO, § 885 a Rdn. 3.

[27] BGH (I ZB 45/05) WuM 2006, 50/51; *Geldmacher,* in: WoBauR § 561 a. F. Anm. 7.

[28] So BGH (I ZB 45/05) WuM 2006, 50/51; bestätigt durch BGH (I ZB 135/05) NJW 2006, 3273 m. Anm. *Flatow,* Bespr. *Riecke* NZM 2006, 919; BGH (I ZB 80/05) NZM 2009, 660.

[29] Z.B LG Lübeck NZM 2010, 439.

[30] *Emmerich* in: Staudinger § 562 Rdn. 24.

[31] *Sternel* III Rdn. 261; *Soergel/Heintzmann,* § 562 Rdn. 20; **a. A.** *Geldmacher,* in: WoBauR, § 559 a. F. Anm. 14.3.

[32] OLG Düsseldorf MDR 1989, 546; s. aber o. Fn. 10.

[33] OLG Koblenz MietRB 2007, 141.

[34] Protokolle II, 201 bis 205.

[35] AG Berlin-Mitte GE 2010, 273; BGH (V ZR 268/15) BeckRS 2017, 108487 = WuM 2017, 330.

strafbar und schadensersatzpflichtig machen, § 823 Abs. 2 BGB i.V. mit § 263 StGB.[36] Diese Klausel ändert auch nichts an der Beweislastverteilung (s. oben Rdn. 21).

Obwohl der Mieter bei einer Lieferung unter **Eigentumsvorbehalt** noch kein Volleigentum, sondern nur aufschiebend bedingtes Eigentum an der Sache erworben hat, kann wirksam ein Vermieterpfandrecht entstehen. Dieses erfasst aber nur das dem Mieter zustehende Anwartschaftsrecht. Erst nach Zahlung des Kaufpreises, die auch durch den Vermieter – selbst bei Widerspruch des Mieters, § 267 Abs. 2, – erfolgen kann, tritt die Bedingung für den Eigentumserwerb ein und der Mieter erwirbt Volleigentum, allerdings belastet mit dem Vermieterpfandrecht.[37] Dieses Pfandrecht erhält denselben Rang wie das am Anwartschaftsrecht, worin der wesentliche wirtschaftliche Zweck dieser Konstruktion zu sehen ist. Trotz des Vermieterpfandrechts am Anwartschaftsrecht kann der Vermieter das Erlöschen des Anwartschaftsrechts und damit den Wegfall seines Pfandrechts nicht verhindern, sei es durch einverständliche Aufhebung des Kaufvertrages,[38] sei es durch Rücktritt des Vorbehaltsverkäufers bei Zahlungsverzug des Käufers. 23

Ist der Mieter **auflösend bedingter Eigentümer,** etwa als Vorerbe, ist er bis zum Eintritt der Bedingung Volleigentümer, und die eingebrachte Sache unterliegt dem Vermieterpfandrecht. Dieses geht allerdings bei Eintritt der Bedingung nach dem Rechtsgedanken des § 161 Abs. 2 wieder unter, da das gesetzliche Pfandrecht seinen Wirkungen nach einer Zwangsvollstreckungsmaßnahme gleichzustellen ist.[39] 24

Bei einem **Raumsicherungsübereignungsvertrag** ist die Rangfolge der verschiedenen Sicherungsmittel zunächst nach dem Prioritätsprinzip zu entscheiden. Werden bereits sicherungsübereignete Sachen eingebracht, geht das Vermieterpfandrecht dem Sicherungseigentum nach, d. h. es kann mangels Eigentums des Mieters nicht entstehen;[40] erfolgt die Sicherungsübereignung erst nach der Einbringung, ist sie mit dem vorrangigen Vermieterpfandrecht belastet.[41] Beim Raumsicherungsübereignungsvertrag, der durch einen wechselnden Bestand des Warenlagers gekennzeichnet ist, würde die strenge Durchführung des Prioritätsprinzips dazu führen, dass vom Vermieterpfandrecht infolge des Austausches der Gegenstände immer weniger Sachen erfasst würden; denn die aus dem Warenlager entfernten Sachen werden nach § 562a pfandfrei, die neuen sind vorab mit dem Sicherungseigentum belastet. Diese Konkurrenzsituation ist analog der Rechtslage beim Zusammentreffen von verlängertem Eigentumsvorbehalt mit einer Globalzession zugunsten des Sach-Kreditgebers (hier = Pfändgläubiger) gegenüber dem Geld-Kreditgeber zu entscheiden.[42] 25

Steht die eingebrachte Sache im Miteigentum mehrerer Personen, von denen nur eine Mieter ist, erfasst das Vermieterpfandrecht nur deren Miteigentumsanteil, § 1258 Abs. 1.[43] 26

Im Falle der **Vermietung an Ehegatten** ist nach der rechtlichen Ausgestaltung des Mietvertrages sowie der güterrechtlichen Beziehungen zu unterscheiden. Sind beide Ehegatten Mieter geworden, erfasst das Vermieterpfandrecht die im Eigentum jedes Ehegatten stehenden eingebrachten Sachen. Ist nur ein Ehegatte Mietvertragspartei, ist aber zwischen den Ehegatten vertraglich eine Gütergemeinschaft vereinbart, haftet das Gesamtgut nach § 1438 auch für Forderungen aus dem Mietvertrag, den nur der verwaltende Ehegatte abgeschlossen hat. In den anderen Fällen der Mieterstellung nur eines Ehegatten unterliegen auch nur dessen Sachen dem Vermieterpfandrecht; allerdings kann sich der Vermieter auf die Vermutung des § 1362 Abs. 2 berufen, wonach die sich im Besitz eines oder beider Ehegatten befindlichen beweglichen Sachen als im Eigentum des jeweiligen Schuldners stehend angesehen werden. Diese Vermutung ist wegen der weitgehenden Gleich- 27

[36] *Geldmacher,* in: WoBauR, § 559 a. F. Anm. 12.
[37] *KG* GE 2000, 675.
[38] BGH (VIII ZR 244/83) NJW 1985, 376.
[39] Str., *Emmerich in:* Staudinger, § 562 Rdn. 15a; *Artz* in: MünchKomm, § 562 Rdn. 16.
[40] RG KonkTreuh. 1929, 104.
[41] OLG Düsseldorf ZMR 1999, 474; LG Berlin GE 2001, 927; BGH (XII ZR 163/12) NJW 2014, 3775.
[42] Ähnlich in der Argumentation OLG Düsseldorf NZM 1998, 237; im Ergebnis ebenso BGH NJW (XII ZR 7/91) 1992, 1156; BGH (IX ZR 222/02) NJW-RR 2004, 772/774: OLG Karlsruhe (Urt. v. 27.5.2010 – 8 U 86/09) Rz. 19, zit. nach juris; *Artz* in: MünchKomm, § 562 Rdn. 18; Dickersbach, in: Lützenkirchen, § 562 Rdn. 51; **a. A.** von einer Gleichrangigkeit der Sicherungsmittel ausgehend, *von der Osten* in: Bub/Treier, III. A Rdn. 2206. Hierbei werden aber die Schwierigkeiten der Aufteilung der Sicherungen auf die verschiedenen Forderungen verkannt, was letztlich auch im Allgemeinen Kreditsicherungsrecht zur Ablehnung einer Gleichrangigkeit von verlängertem Eigentumsvorbehalt und Globalzession geführt hat.
[43] RGZ 146, 334/335; **a. A.** *Mittelstein,* S. 544.

stellung der – **nichtehelichen – Lebensgemeinschaften** im Mietrecht auch auf diese anwendbar;[44] für die eingetragenen Lebenspartnerschaften gilt dies nach § 8 Abs. 1 LPartG.

28 Bei **Vermietung an sonstige Personenmehrheiten** ist zwischen der BGB-Gesellschaft und den handelsrechtlichen Personengesellschaften zu unterscheiden. Das Vermieterpfandrecht erfasst sowohl die im Einzeleigentum der Gesellschafter als auch die im Gesamthandseigentum stehenden Sachen einer Binnen-BGB-Gesellschaft (z. B. Wohngemeinschaft), wenn alle Mitglieder Mieter geworden sind;[45] nach der Verselbständigung der Außen-BGB-Gesellschaft durch die höchstrichterliche Rechtsprechung[46] reicht es aus, wenn diese Mietvertragspartei geworden ist und ihr gehörende Sachen eingebracht worden sind. Dagegen wird bei den Personenhandelsgesellschaften (OHG, KG) das eingebrachte persönliche Eigentum der einzelnen Gesellschafter wegen der nunmehr eingetretenen weitgehenden Verselbständigung dieser Gesellschaften vom Pfandrecht nicht mehr erfasst.[47]

29 Das Vermieterpfandrecht des Hauptvermieters erfasst nicht die eingebrachten **Sachen sonstiger Mitbewohner,** wie der Angehörigen des Mieters, und auch nicht die des Untermieters.[48] Der Hauptvermieter hat ferner keinen Anspruch auf Abtretung der Mietzinsforderungen des Untervermieters gegen den Untermieter, um auf diese Weise das dem Untervermieter zustehende Vermieterpfandrecht gemäß §§ 401, 1250 auf sich überzuleiten.[49]

30 Die im Eigentum des Mieters stehenden Sachen müssen in das Mietobjekt **eingebracht** worden sein. Dieses Tatbestandsmerkmal dient der bei dinglichen Rechtsänderungen erforderlichen Publizität. Der dafür im Regelfall erforderliche Besitzübergang wird hier dadurch ersetzt, dass die Sachen in einen Bereich gelangen, der dem Vermieter die Möglichkeit bietet, darauf zuzugreifen.

31 Das **Einbringen** erfordert die zielgerichtete, willensgetragene Ortsveränderung der Sachen in Ausübung der mietvertraglichen Gebrauchsrechte in den durch das Mietverhältnis vermittelten Machtbereich des Vermieters;[50] die Verbringung muss ferner für längere Zeit vorgenommen werden, nicht nur zu einem vorübergehenden Zweck.[51]

32 Zwar muss die Entstehung des gesetzlichen Vermieterpfandrechts nicht vom **Willen des Einbringenden** umfasst werden. Das entscheidet aber nicht die Frage, ob für die Einbringung selbst zumindest beschränkte Geschäftsfähigkeit erforderlich ist. Da das Einbringen die willensgetragene Ortsveränderung beinhaltet, kann sie von einem Geschäftsunfähigen, der zu einer derartigen Willensbildung nicht fähig ist, nicht vorgenommen werden.[52] Zwar muss die Einbringung nicht vom Mieter selbst vorgenommen werden; es ist aber erforderlich, dass sie mit seinem Willen erfolgt. Eine Einbringung ohne oder gegen seinen Willen (etwa durch Lieferanten) lassen daher das Vermieterpfandrecht nicht entstehen.

33 Das Tatbestandsmerkmal des Einbringens ist auch erfüllt, wenn im Mietobjekt bereits vorhandene Sachen mit Willen des Mieters dort belassen werden, z. B. vom Vermieter oder Vormieter erworbene Gegenstände. Es reicht ferner aus, wenn der Mieter die Sachen in den Mieträumen erst herstellt.

34 Dem Einbringen in die Mieträume steht das **Verbringen in Nebenräume** gleich, in denen Sachen des Mieters bestimmungsgemäß untergebracht zu werden pflegen und die – ausdrücklich oder stillschweigend – vom Mietvertrag mit erfasst werden (Garagen, Fahrradkeller, Keller allgemein).

---

[44] *Franke,* in: WoBauR, § 562 Anm. 7; **a. A.** *Soergel/Heintzmann,* § 562 Rdn. 18; BGH NJW 2007, 992 m. Bespr. Heese/Bruns LMK 2007, 226293.

[45] Zu den verschiedenen Gestaltungsmöglichkeiten des Mietvertrages s. oben vor § 535 Rdn. 291.

[46] *BGH* (II ZR 331/00) NJW 2001, 1056.

[47] *Geldmacher,* in: WoBauR, § 559 a. F. Anm. 11; *Emmerich* in: Staudinger, § 562 Rdn. 18; *Soergel/Heintzmann,* § 562 Rdn. 15.

[48] OLG Düsseldorf DWW 1987, 330.

[49] OLG Celle WuM 1990, 103.

[50] RGZ 132, 116/121.

[51] *Soergel/Heintzmann,* § 562 Rdn. 24; unklar *Emmerich* in: Staudinger, § 562 Rdn. 12 einerseits und Rdn. 13 andererseits; **a. A.** *Herrlein* in: Herrlein/Kandelhard, § 562 Rdn. 12; *Dickersbach,* in: Lützenkirchen, Mietrecht § 562 Rn. 18; beim Einbringen geht es aber nicht um einen vermeintlichen Schutz des Mieters, sondern um einen sachenrechtlichen Publizitätsakt, die nach den sachenrechtlichen Normen stets einen gewissen Dauerzustand voraussetzen.

[52] *Mittelstein* S. 535; *Emmerich* in: Staudinger, § 562 Rdn. 10; **a. A.** *Erman/Lützenkirchen,* § 562 Rdn. 7; *Sternel* III Rdn. 263; *Dickersbach,* in: Lützenkirchen, Mietrecht § 562 Rn. 17; der Wille muss sich aber nicht auf die Entstehung des Pfandrechts beziehen, sondern auf das „Einbringen".

Sind allerdings über mehrere Räume getrennte Mietverträge abgeschlossen worden,[53] sind die Pfandrechte des Vermieters ebenfalls getrennt nach den jeweiligen Räumen zu behandeln.[54]

Zeitlich muss das Einbringen vor dem Abschluss (mit nachfolgendem Belassen in den Räumen) oder während des Bestandes des Mietvertrages erfolgen. Eingebrachte Gegenstände nach dem rechtlichen Ende des Mietvertrages werden nicht mehr vom Vermieterpfandrecht erfasst, auch wenn über dessen Beendigung gestritten wird oder dem Mieter eine Räumungsfrist gewährt worden ist; denn zu diesem Zeitpunkt erfolgte die Einbringung nicht mehr in Ausübung des Mietrechts.[55] 35

Vom Einbringen zu unterscheiden ist das **Einstellen.** Dieser Tatbestand ist nicht nach dem Sprachgebrauch (z. B. Einstellen eines Kraftfahrzeugs ist rechtlich Einbringen), sondern nach dem rechtlichen Gehalt der Tätigkeit zu bestimmen. Von einem Einstellen kann dann ausgegangen werden, wenn die Sachen nur vorübergehend in den Mietbereich verbracht zu werden pflegen, dort aber weder bestimmungsgemäß noch endgültig verbleiben, sondern an einen anderen Ort geschafft werden sollen (z. B. Geschenke für Dritte, Zwischenlagerung für abwesenden Empfänger). Der Inhalt der Tageskasse fällt dagegen unter das Merkmal „Einbringen", auch wenn er jeden Abend bei der Bank eingezahlt zu werden pflegt; denn er befindet sich bestimmungsgemäß in den Geschäftsräumen.[56] 36

C. Pfandforderungen

Durch das Vermieterpfandrecht werden nur solche Forderungen des Vermieters gesichert, die ihren Rechtsgrund in den gesetzlich aus der Gebrauchsüberlassung fließenden Rechten haben.[57] Maßgebend ist also allein die Gewährung von entsprechenden Ansprüchen durch das Gesetz; der Kreis der gesicherten Forderungen kann dagegen nicht durch entsprechende Vereinbarungen im Mietvertrag erweitert werden. Die vertraglichen Vereinbarungen spielen nur insoweit eine Rolle, als sie die gesetzlich vorgesehenen Rechte für das konkrete Mietverhältnis festlegen und zwischen den Parteien verteilen. 37

Zu den **gesicherten Forderungen** gehören mithin, wobei streng zwischen dem Umfang der Sicherung und der (beschränkten) Geltendmachung des Pfandrechts zu unterscheiden ist: Mietzins, Nebenkosten (sowohl die Vorauszahlungen als auch der spätere Abrechnungssaldo), Nutzungsentschädigung nach § 546 a,[58] – die hierfür erforderliche Vorenthaltung des Mietobjekts kann aber nicht darauf gestützt werden, dass der Vermieter sein Vermieterpfandrecht geltend gemacht und damit die räumende Wegschaffung verhindert hat[59] – Anspruch auf Ersatz des Mietausfalls, Schadensersatzansprüche wegen Beschädigung der Mietsache durch den Mieter und/oder dessen Untermieter, Schadensersatzansprüche wegen über den vertragsgemäßen Gebrauch hinausgehender Abnutzung, Ansprüche wegen unterlassener Mängelanzeige, auf einen Untermietzinszuschlag. Ferner ergibt sich aus § 1210 Abs. 1 eine ausdrückliche Haftung für Zinsen und Vertragsstrafen; aus § 1210 Abs. 2 eine für die Kosten der Kündigung (z. B. Kosten des hierfür eingeschalteten Rechtsanwalts), der Rechtsverfolgung (z. B. Räumungsprozess einschließlich der Zwangsvollstreckungsklage nach § 771 ZPO zur Sicherung des Pfandrechts[60]) und des Pfandverkaufs.[64a61] Der Anspruch auf Leistung eines Baukostenzuschusses wird durch das Pfandrecht gesichert, wenn durch diese Leistung die Gebrauchsgewährung erst ermöglicht werden soll.[62] 38

Das Vermieterpfandrecht sichert zwar auch die Ansprüche auf **Renovierung des Mietobjekts.** Jedoch ist eine Verwertung des Pfandes erst möglich, wenn diese dem Mieter auferlegte Leistungs- 39

---

[53] Zur Problematik von einheitlichen oder getrennten Mietverträgen s. oben § 535 Rdn. 31–34.

[54] OLG Hamburg OLGE 38, 92.

[55] *Gramlich,* § 562 Anm. 2; MieWo-*Wetekamp,* § 559 a. F. Rdn. 4.

[56] *Franke,* in: WoBauR, § 562 Anm. 6.6; **a. A.** OLG Braunschweig OLGZ 1980, 239.

[57] BGH (VIII ZR 179/71) NJW 1973, 238.

[58] BGH (VIII ZR 183/70) NJW 1972, 721.

[59] AG Villingen-Schwenningen WuM 2016, 100; KG ZMR 2016.939 Rz. 11.

[60] KG OLGE 34, 81; das entspricht auch den Kommissionserörterungen, wonach unter Rechtsverfolgung auch die Kosten der dinglichen Rechtsverfolgung zu verstehen sind; *Jakobs/Schubert,* Die Beratung des BGB, §§ 1210 – 1211 S. 859/861. Allerdings kann dies nur bei einem obsiegenden Urteil und mangelnder Kostenerstattung durch den Unterliegenden relevant werden.

[61] Anders für die Versteigerungskosten AG Berlin-Lichtenberg GE 2009, 1629 (zweifelhaft).

[62] OLG Königsberg SeuffArch. 61 Nr. 103.

pflicht in eine Zahlungsverpflichtung übergegangen ist, § 1228 Abs. 2, also entweder nach Erfüllung der Voraussetzungen der §§ 281, 280 oder bei Vorliegen einer quotalen Abgeltungsklausel im Mietvertrag (sofern derartige Regelungen überhaupt noch wirksam getroffen werden können).

40 Bei **gemischten Verträgen** sichert das Vermieterpfandrecht den Gesamtleistungsanspruch, wenn der mietvertragliche Charakter des Rechtsverhältnisses überwiegt und die Nebenleistungen untrennbar in dem „Mietzins" aufgehen (z. B. Vermietung mit Frühstück und Zimmerreinigung). Kommt der Nebenleistung dagegen auch rechtlich ein selbständiger Charakter zu (z. B. Pachtvertrag mit Bierlieferungsvertrag,[63] Darlehensvertrag), wird sie nicht durch das Vermieterpfandrecht gesichert.

41 **Nicht** gesichert wird der **Anspruch auf Leistung einer Kaution** (aA hM[64]). Zwar handelt es sich hierbei um eine vom Gesetz vorgesehene Forderung des Vermieters. Da aber für § 551 das Kumulationsverbot gilt, kann der Vermieter keine doppelte Sicherung verlangen, einmal durch das Pfandrecht, zum anderen durch die Kaution. Umfangmäßig reicht das Pfandrecht zur Sicherung auch der künftigen Ansprüche aus, wenn es den Betrag der ausbedungenen Kaution erreicht. Nicht gesichert werden aus dem gleichen Grund die Ansprüche gegen einen Bürgen und aus einem zusätzlich bestellten Vertragspfandrecht.

42 Aus kreditpolitischen Gesichtspunkten im Hinblick auf andere Gläubiger des Mieters ist die Ausübung des Vermieterpfandrechts zeitlich beschränkt. § 562 Absatz 2 begrenzt daher die Befugnis des Vermieters, sein Pfandrecht **geltend zu machen,** auf bestimmte Forderungen. Diese Schranke hindert aber nicht das Entstehen des Pfandrechts auch für solche Forderungen, für die es – später – nicht geltend gemacht werden kann;[65] denn das mit Einbringung entstandene Pfandrecht wahrt dadurch seinen Vorrang vor späteren (Pfändungs-)Pfandgläubigern.

43 Der für den **Umfang der Forderungen,** die durch das Pfandrecht letztlich gesichert sind, maßgebende Zeitpunkt, ist der der **Geltendmachung** des Vermieterpfandrechts. Hierunter ist jedes Verhalten des Vermieters zu verstehen, mit dem er hinsichtlich der bestimmten Pfandobjekte sein Pfandrecht durchsetzen will.[66] Hierzu ist nicht unbedingt die Beschreitung des Rechtsweges, wie Klage auf Herausgabe oder auf vorzugsweise Befriedigung, erforderlich; ausreichend ist auch das Bemühen, die Entfernung der Sachen aus dem Mietobjekt zu verhindern oder die Inbesitznahme der Gegenstände. Geltendmachung bedeutet aber nicht Verwertung, so dass das Pfandrecht zwar für die künftige noch nicht fällige Mietforderung als Sicherungsmittel geltend gemacht, aber der Pfandgegenstand erst nach Fälligkeit verwertet werden darf.[67] Andererseits entbindet die Geltendmachung den Mieter nicht davon, nach Beendigung des Mietverhältnisses die Mietsache herauszugeben.[68]

44 Uneingeschränkt haften die Pfandobjekte für alle durch das Vermieterpfandrecht gesicherten Forderungen, die vor diesem Zeitpunkt fällig geworden sind. Eine Einschränkung gilt nach § 50 Abs. 2 InsO allerdings in der **Insolvenz des Mieters**[69]. In diesem Fall kann der Vermieter abgesonderte Befriedigung, gestützt auf sein Vermieterpfandrecht, nur für Mietzinsforderungen aus dem letzten Jahr vor der Verfahrenseröffnung geltend machen[70]. Damit soll verhindert werden, dass die Insolvenzmasse zu Lasten der übrigen nicht bevorrechtigten Gläubiger übermäßig geschmälert wird. Unter Berücksichtigung dieses Gesichtspunktes gilt die Einschränkung nicht im Verhältnis zu anderen Absonderungsberechtigten.[71]

---

[63] RG JW 1905, 19.

[64] *Von der Osten* in: Bub/Treier, III. A Rdn. 2214; *Emmerich* in: Staudinger § 562 Rdn. 27; *Dickersbach,* in: Lützenkirchen Mietrecht § 562 Rn. 40.

[65] *Mittelstein* S. 551; *Geldmacher,* in: WoBauR § 559 a. F. Anm. 6; argumentativ ähnlich BGH (IX ZR 102/03) NJW 2007, 1588; **a. A.** *Emmerich* in: Staudinger, § 562 Rdn. 29; *Franke* in WoBauR § 562 Anm. 13.1.

[66] BGH (VIII ZR 183/70) NJW 1972, 721.

[67] Das verwechselt wohl *Eusani,* WE 2009, 76.

[68] KG ZMR 2013, 428 m. Anm. Jahreis, jurisPR-MietR 16/2013 Anm. 3; LG Köln (Urteil vom 24. April 2015 – 12 O 59/14 –, juris).

[69] Dazu auch BGH (IX ZR 102/03) NJW 2007, 1588 m. Anm. *Lammel,* jurisPR-MietR 4/2007 Anm. 5; *Keinert,* AnwZert-MietR 6/2014, Anm. 1.

[70] Wobei str. ist, ob dem Insolvenzverwalter seinerseits nach § 366 BGB ein Bestimmungsrecht dahingehend zukommt, auf welche Forderungen die abgesonderte Befriedigung zu verrechnen ist, so OLG Dresden NZM 2012, 84; dagegen spricht, dass es sich um ein „Recht" des Vermieters handelt, dessen Inhalt er auch im Rahmen der BGB-gesetzlichen Vorgaben bestimmen können muss. Ein derartiges Bestimmungsrecht des Insolvenzverwalters verneint jetzt auch BGH (IX ZR 69/14) NJW 2015, 162 (unter Bestätigung von OLG Karlsruhe ZMR 2014, 881).

[71] BGH (VIII ZR 186/58) NJW 1959, 2251.

Für **Mietzinsforderungen** kann das Pfandrecht nur hinsichtlich solcher Ansprüche geltend gemacht werden, die das laufende und das folgende Mietjahr betreffen, also maximal für zwei Jahre. Unter Mietzins ist hier nur die Gegenleistung für die Gebrauchsgewährung zu verstehen einschließlich der – vereinbarten – Nebenkostenzahlungen. Nicht mehr hierunter fallen mietzinsvertretende Ersatzforderungen, wie etwa die Nutzungsentschädigung nach § 546a oder der Anspruch auf Ersatz des Mietausfalls bei fristloser Kündigung. **45**

Das **Mietjahr** berechnet sich nicht nach dem Kalenderjahr, sondern nach der vertraglichen Vereinbarung über den Beginn des Mietverhältnisses. Die pfandrechtswahrende Jahresregelung gilt auch für Mietverträge auf unbestimmte Zeit oder mit einer Verlängerungsklausel, auch wenn die theoretische Möglichkeit einer früheren Beendigung des Mietverhältnisses besteht. **46**

Künftige Entschädigungsforderungen werden durch das Vermieterpfandrecht überhaupt nicht gesichert. Zu solchen Forderungen gehören alle Ersatzansprüche wegen der Verletzung von Haupt- oder Nebenpflichten des Mietvertrages, auch mit diesen konkurrierende Ansprüche nach den §§ 812, 823, 826. Um eine **künftige** Forderung, berechnet vom Zeitpunkt der Geltendmachung des Vermieterpfandrechts, handelt es sich, wenn entweder Grund und Höhe des Anspruchs erst danach feststehen (z. B. Beschädigung bei Auszug, Mietausfallschaden) oder zwar der Grund der Forderung bereits gelegt ist, deren Höhe aber noch nicht beziffert ist[72] (z. B. Schadensersatz wegen unterlassener Renovierung nach §§ 281, 289, anders aber der Zahlungsanspruch aus der Quotenklausel bei Schönheitsreparaturen, wenn die Geltendmachung des Pfandrechts mit dem Ende des Mietvertrages erfolgt[73]). Der Vermieter ist aber nicht gehindert, die zunächst künftigen Forderungen durch eine spätere erneute Geltendmachung seines Pfandrechts in dessen Sicherungsumfang einzubeziehen,[74] wenn diese durch Zeitablauf zu gegenwärtigen Forderungen geworden sind. **47**

D. Pfanddurchsetzung

Die Verwertung und Sicherung des Vermieterpfandrechts richtet sich gemäß § 1257 nach den für das Vertragspfandrecht geltenden Vorschriften, sofern diese nicht den Besitz des Pfandobjekts voraussetzen. Anwendbar sind daher insbesondere folgende Vorschriften: § 1222, §§ 1227 bis 1250, 1252, 1255, 1256. Die verwickelten Verfahrensvorschriften, die für die Verwertung des Pfandrechts einzuhalten sind, rechtfertigen sich letztlich daraus, dass es sich hierbei um eine Art Privatvollstreckung handelt, bei der die Verfahrensregelungen dem Schuldner einen gewissen Schutz bieten sollen, so dass z. B. eine Verwertung durch Vernichtung unzulässig ist[75], was bei der sog. Berliner Räumung durchaus zu haftungsrelevanten Schwierigkeiten für den Vermieter hätte führen können. **48**

Zwar hat der Vermieter gegen den Mieter nach § 1231 einen **Anspruch auf Herausgabe des Pfandobjekts.** Zur Verwirklichung dieses Rechts muss er jedoch gerichtliche Hilfe in Anspruch nehmen. Er darf weder das Mietobjekt zum Zwecke der Ausübung des Pfandrechts betreten – eine ihm dieses Recht einräumende Klausel im Formularmietvertrag ist unwirksam[76] –, noch ist er befugt, sich im Wege der Selbsthilfe in den Besitz des Pfandobjekts zu setzen[77] mit der Ausnahme nach § 562b Abs. 1 S. 2. Die Verwertung des Pfandes erfolgt durch Verkauf, § 1233, im Wege der öffentlichen Versteigerung, §§ 1234 bis 1242[78]. Der Vermieter kann vor Eintritt der Pfandreife nach § 1228 Abs. 2 nicht mit dem Mieter vereinbaren, dass ihm das Eigentum an dem Pfandobjekt zufallen soll, falls der Mieter die gesicherten Forderungen des Vermieters nicht erfüllt, § 1229. **49**

Die **Rangfolge** unter verschiedenen Sicherungsmitteln richtet sich nach dem Grundsatz der Priorität: die früher bestellte oder entstandene Sicherheit geht der späteren vor. Unter diesem Gesichtspunkt entsteht das Vermieterpfandrecht bereits mit Einbringung der Sachen in die Miet- **50**

---

[72] OLG Hamm NJW-RR 1994, 655.
[73] *Soergel/Heintzmann,* § 562 Rdn. 9.
[74] *Emmerich* in: Staudinger, § 562 Rdn. 31.
[75] OLG Stuttgart MietRB 2013, 4; s. aber § 885a Abs. 4 S. 4 ZPO, § 885a Rdn. 28–30.
[76] OLG München WuM 1989, 128/132.
[77] Ob das im Fall OLG Stuttgart MietRB 2009, 130, beachtet worden ist, lässt sich dem mitgeteilten Sachverhalt nicht entnehmen.
[78] Eine zeitliche Begrenzung für die Verwertung verneint OLG Stuttgart MietRB 2009, 130.

räume[79]; unmaßgeblich ist die Geltendmachung des Pfandrechts. Das Vermieterpfandrecht genießt ferner den Vorrang vor dem Wegnahmerecht des Mieters nach § 539 Abs. 2.[80]

51 Zwar kann bei einer Veräußerung der mit dem Vermieterpfandrecht belasteten Sache das Eigentum nach § 936 lastenfrei erworben werden. Jedoch handelt der Erwerber grundsätzlich grob fahrlässig, wenn er sich bei Kenntnis des Bestehens eines Mietvertrages über die Räume, in denen sich der zu übereignende Gegenstand befindet, nicht nach dem Bestehen eines Vermieterpfandrechts beim Vermieter (nicht beim Mieter!) erkundigt.[81] Zusätzlich verlangt der mögliche lastenfreie Eigentumserwerb durch Besitzkonstitut die Übergabe der Sache an den Erwerber[82]. Dieser Übergabe kann der Vermieter nach § 562a widersprechen. Unterlässt er diesen Widerspruch, erlischt das Vermieterpfandrecht, so dass es auf den guten Glauben des Erwerbers an die Lastenfreiheit nicht mehr ankommt.

52 **Nutzungen,** die der Vermieter aus dem zurückbehaltenen Pfandobjekt zieht, entweder durch Eigengebrauch oder Weitervermietung, sind – ohne dass ein Nutzungspfand vereinbart worden ist –, nach den Regeln über die Geschäftsführung ohne Auftrag (§§ 681 S. 2, 667) herauszugeben.[83] Eine Anrechnung nach § 1214 Abs. 2 auf seine Forderungen scheidet aus, weil dies der ausdrücklichen Wertung des § 1213 widerspräche, wonach eine Erstreckung des Pfandrechts auf Nutzungen nur bei einer ausdrücklichen Vereinbarung zulässig ist.[84] Darin kommt der formale Charakter des Sachenrechts zum Ausdruck. Generell ist nicht davon auszugehen, dass ein zahlungsunwilliger oder -unfähiger Mieter dem Vermieter einen Vermögensvorteil zukommen lassen will.[85]

53 Macht der Vermieter sein Pfandrecht unberechtigterweise geltend, haftet er auf **Schadensersatz** wegen positiver Vertragsverletzung.[86] Außerdem hat er die gezogenen Nutzungen nach § 816 Abs. 1 Satz 1 i. V. mit Abs. 2 herauszugeben.

54 Ausfluss des Prioritätsprinzips ist allerdings nur, dass das früher entstandene Vermieterpfandrecht vorrangige Befriedigung gegenüber späteren Maßnahmen der Zwangsvollstreckung gewährt, es hindert aber nicht das Entstehen eines Pfändungspfandrechts; beide Pfandrechte bestehen dann nebeneinander.[87] In der Insolvenz des Mieters richtet sich die abgesonderte Befriedigung nach § 50 InsO; in der Einzelzwangsvollstreckung kann der Vermieter Klage auf vorzugsweise Befriedigung nach § 805 ZPO erheben. Der Vermieter braucht in diesem Falle nur zu beweisen, dass die gesicherte Forderung entstanden ist, nicht aber zusätzlich, dass sie nicht inzwischen erloschen ist.[88] Um dem Vermieter die Ausübung seiner vorrangigen Befriedigungsrechte zu ermöglichen, ist der Mieter in analoger Anwendung des § 536c Abs. 1 Satz 2 verpflichtet, Vollstreckungsmaßnahmen Dritter dem Vermieter mitzuteilen; bei Unterlassung der Mitteilung kann er sich schadensersatzpflichtig machen.[89]

55 Bei einem **Eigentumswechsel** am Mietobjekt kann es zu einer Konkurrenz der Vermieterpfandrechte des Veräußerers und des Erwerbers kommen. Der Erwerber erlangt für seine Forderungen aus dem Mietverhältnis ein Vermieterpfandrecht an den bereits vorhandenen und an den neu eingebrachten Sachen des Mieters. Der Veräußerer behält allerdings sein Vermieterpfandrecht an den bereits vorhandenen eingebrachten Gegenständen, soweit er noch offene Forderungen gegen den Mieter hat. In diesem Fall stehen beide Pfandrechte an den ursprünglich vorhandenen Gegenständen gleichrangig nebeneinander, weil wegen § 566 ein Eintritt in die bestehenden Vermieterrechte erfolgt.[90] Wenn aber der Veräußerer = Vermieter mit der Eigentumsübertragung am Miet-

---

[79] BGH (IX ZR 102/03) NJW 2007, 1588.
[80] BGH (VIII ZR 136/86) NJW 1987, 2861.
[81] RG WarnJahrb. 1907 A VI 521 Nr. 3; KG GE 2000, 675; BGH (IX ZR 132/10) NZM 2011, 275 (Rz 5); *Emmerich* in: Staudinger, § 562 Rdn. 21; kritisch dazu *Fehrenbach* NZM 2012, 1.
[82] BGH (II ZR 189/03) NZM 2005, 665.
[83] BGH (XII ZR 140/12) NJW 2014, 3570.
[84] So jetzt BGH (XII ZR 140/12) NJW 2014, 3570 Rz. 17; aA OLG Frankfurt NJW-RR 1996, 585 und die Vorauflage.
[85] LG Münster MietRB 2004, 232; **a. A.** OLG Düsseldorf MDR 1989, 546.
[86] OLG Frankfurt WuM 1979, 191.
[87] OLG Frankfurt MDR 1975, 228.
[88] BGH (IX ZR 42/85) NJW 1986, 2426.
[89] *Emmerich* in: Staudinger, § 562 Rdn. 36; der Vermieter kann aber nicht gegen die Herausgabevollstreckung Dritter gegen den Mieter mit der Erinnerung nach § 766 ZPO vorgehen, BGH (I ZB 91/08) NZM 2009, 877.
[90] BGH (XII ZR 140/12) NJW 2014, 3775 Rz. 18–24; *Artz* in: MünchKomm, § 562 Rdn. 24; *Mittelstein,* S. 557; **a. A.** *von der Osten* in: Bub/Treier, III. A Rdn. 2224.

objekt auch seine Forderungen gegen den Mieter an den Erwerber abtritt, geht das Vermieterpfandrecht nach den §§ 401, 1250 auf diesen über.

Ein **Mieterwechsel** führt grundsätzlich zu einer Trennung der dem Vermieterpfandrecht unterliegenden Objekte. Die Sachen des weichenden Mieters, auch wenn sie im Mietobjekt verbleiben (z. B. als Einbauten), haften nur für gegen ihn gerichtete Forderungen.[91] Die vom nachfolgenden Mieter eingebrachten Sachen haften grundsätzlich nur für dessen Mietschulden, es sei denn, der in den Mietvertrag eintretende neue Mieter hat die Schulden des alten Mieters nach den §§ 414, 415 Abs. 1 übernommen oder im Wege des Schuldbeitritts mitübernommen.[92] **56**

Das Vermieterpfandrecht wird gegen Eingriffe Dritter durch § 1227 i. V. mit §§ 985, 1004 geschützt. Weiterhin gilt es als sonstiges Recht iSd § 823 Abs. 1, so dass seine Beeinträchtigung schadensersatzpflichtig machen kann[93]; geschützt wird es ferner durch § 823 Abs. 2 i. V. mit § 289 StGB (Pfandkehr).[94] Schließlich setzt sich das Pfandrecht am Erlös einer unberechtigterweise wegen eines nachfolgenden Rechts vorgenommenen Versteigerung fort, so dass der Vermieter einen Bereicherungsanspruch auf Auskehrung des – seinen gesicherten Forderungen entsprechenden anteiligen – Erlöses hat.[95] **57**

[91] OLG Hamburg OLGE 7, 462.
[92] BGH (XII ZR 260/93) NJW 1995, 1350.
[93] OLG Stuttgart NZM 2012, 26.
[94] OLG Koblenz OLGSt StGB § 289 Nr. 1; BayObLG NJW 1981, 1745.
[95] OLG Stettin OLGE 3, 357; OLG Kolmar ElsLothZ 28, 332; OLG Hamburg HansGZ 103, B. 5.

§ 562a Erlöschen des Vermieterpfandrechts

[1] Das Pfandrecht des Vermieters erlischt mit der Entfernung der Sachen von dem Grundstück, außer wenn diese ohne Wissen oder unter Widerspruch des Vermieters erfolgt. [2] Der Vermieter kann nicht widersprechen, wenn sie den gewöhnlichen Lebensverhältnissen entspricht oder wenn die zurückbleibenden Sachen zur Sicherung des Vermieters offenbar ausreichen.

Systematische Übersicht

A. Regelungszweck

1 Die Norm stellt die Parallele zu § 1253 dar. Bei dem Faust-Pfandrecht, auf das die gesetzliche Regelung als Normalfall zugeschnitten ist, erlischt das Pfandrecht mit der Rückgabe des Pfandes, weil damit ein Tatbestandselement der Pfandrechtsbestellung weggefallen ist. Dem gleicht hier die Entfernung vom Grundstück. Die Einbringung der Sachen des Mieters auf das Grundstück als dem Bereich, der dem Zugriff des Vermieters offen steht, entspricht der Besitzverschaffung als Begründungsmerkmal für das Entstehen eines Pfandrechts. Die Entfernung steht dann der Besitzaufgabe gleich.

2 Da es sich bei den Regelungen über den Fortbestand oder das Erlöschen des Pfandrechts sowohl um solche zum Schutze des Rechtsverkehrs als auch um Fragen der dinglichen Rechtszuordnung bzw. Rechtsbeständigkeit handelt, sind sie **zwingend.**

3 So wie bei § 1253 Abs. 1 nur die **willentliche Besitzaufgabe** zum Erlöschen des Pfandrechts führt, erlischt das Vermieterpfandrecht auch nur, wenn das Einverständnis mit der Entfernung vermutet werden kann (= bei Kenntnis des Vermieters, ohne dessen Widerspruch) oder auf Grund besonderer gesetzlicher Anordnung wegen übergeordneter Gesichtspunkte des Verkehrsinteresses.

4 Unabhängig von der Regelung des § 562a können allgemeine rechtsgeschäftliche oder besondere pfandrechtliche Gründe zum Erlöschen des Vermieterpfandrechts führen. Der Vermieter kann auf das entstandene Pfandrecht allgemein oder für bestimmte Gegenstände verzichten[1]; die Mietvertragsparteien können die zunächst eingetretenen Wirkungen des § 562 Absatz 1 Satz 1 einverständlich wieder aufheben. Ist der Vermieter in Annahmeverzug hinsichtlich der ihm angebotenen offenstehenden Zahlungen des Mieters, verstößt ein Widerspruch gegen die Entfernung der eingebrachten Sachen gegen § 242 (venire contra factum proprium).

5 Ferner finden die besonderen **pfandrechtlichen Erlöschensgründe** über § 1257 auf das Vermieterpfandrecht Anwendung. Danach kann das Pfandrecht erlöschen, wenn das Pfandobjekt im Rahmen der Pfandverwertung rechtmäßig veräußert wird, § 1242 Abs. 2 Satz 1. Wird die dem Pfandrecht zu Grunde liegende Forderung abgetreten und hierbei der Übergang des Pfandrechts ausgeschlossen, führt dies nach § 1250 Abs. 2 zu dessen Erlöschen. Erlischt die durch das Pfandrecht gesicherte Forderung, erlischt ebenfalls das Pfandrecht, § 1252. Der Vermieter als Pfandgläubiger kann nach § 1255 Abs. 1 sein Recht durch einseitige Erklärung aufgeben. Schließlich erlischt das Pfandrecht, wenn es sich mit dem Eigentum an dem Pfandobjekt in einer Hand vereinigt, § 1256 Abs. 1. Letzteres ist gegeben bei Erwerb des Eigentums am Pfandobjekt durch den Vermieter, bei Erwerb des Eigentums am Mietobjekt durch den Mieter, oder schließlich beim Erwerb der gesicherten Forderung durch einen Sicherungseigentümer des Pfandobjekts.[2]

6 Außerhalb des Anwendungsbereichs der Vorschrift liegt die Entfernung durch hoheitliche Zwangsmaßnahmen, insbesondere die Pfändung durch Inbesitznahme durch den Gerichtsvollzieher. Hierfür trifft § 805 Abs. 1 1. Halbsatz ZPO eine Sonderregelung dahingehend, dass der Pfandgläubiger diesen Maßnahmen (ebenso wie denen nach § 166 Abs. 1 InsO)[3] nicht widersprechen

---

[1] Ein solcher Verzicht wäre im Angebot des Vermieters zu sehen, die Sachen abzuholen, BGH (VIII ZR 4/13) ZMR 2014, 709; anders wohl OLG München WuM 2002, 492.

[2] BGH (VIII ZR 73/57)Z 27, 227.

[3] BGH (IX ZR 189/94) NJW 1995, 2783.

kann. Da aber die Klage auf vorzugsweise Befriedigung nach § 805 Abs. 1 2. Halbsatz ZPO den Bestand des Vermieterpfandrechts voraussetzt, ist davon auszugehen, dass diese hoheitliche Entfernung unabhängig vom Wissen des Vermieters oder seinem Widerspruch[4] den materiellrechtlichen Bestand des Vermieterpfandrechts nicht berührt.[5]

B. Erlöschen des Pfandrechts

Die Entfernung des Pfandobjekts vom Grundstück stellt die Rückgängigmachung des Einbringens als pfandrechtsbegründendes Tatbestandsmerkmal dar. Entsprechend der dortigen rechtlichen Qualifizierung[6] handelt es sich um eine willensgerichtete Ortsveränderung, die zumindest beschränkte Geschäftsfähigkeit voraussetzt.[7] **7**

Ebenso wie bei dem Einbringen[8] reicht für die Entfernung die von vornherein lediglich **vorübergehend geplante Wegschaffung** für das Erlöschen des Vermieterpfandrechts nicht aus.[9] Das ergibt sich zum einen aus dem systematischen Zusammenhang mit § 1253 Abs. 1 (s. oben Rdn. 1); eine nur vorübergehende Besitzübergabe führt dort nicht zum Erlöschen des Pfandrechts, da dieser nur kurz andauernde Zustand nach § 856 Abs. 2 nicht zur Beendigung des Besitzes führt. Zum anderen wird für die insoweit gleichlautenden Tatbestandsmerkmale im Hypothekenrecht, bei dem die gleiche Problematik hinsichtlich des Umfangs der Haftung besteht, zu den §§ 1121, 1122 einhellig die Auffassung vertreten, dass unter dem Begriff der „Entfernung" nur die für dauernd geplante Wegschaffung zu verstehen ist.[10] Wegen der rechtlichen und tatsächlichen Vergleichbarkeit dieser Vorschriften sind die dortigen Ergebnisse auf § 562a übertragbar. **8**

Aus diesen Gründen (Rdn. 8) lässt insbesondere die tägliche Ausfahrt mit dem eingebrachten Kraftfahrzeug nicht morgens das Pfandrecht erlöschen, das abends beim Einstellen auf dem Grundstück wieder neu begründet wird.[11] Die Entscheidung dieser Frage ist wirtschaftlich von besonderer Bedeutung für die Wirksamkeit zwischenzeitlicher Bestellungen von anderen Sicherungen am Kraftfahrzeug durch den Mieter. **9**

Die zum Erlöschen des Vermieterpfandrechts führende Entfernung ist erst beendet, wenn die eingebrachten Gegenstände vollständig aus dem Zugriffsbereich des Vermieters verbracht worden sind. Dafür reicht das Ausräumen der gemieteten Räume allein nicht aus, sondern die Sachen müssen auch vom Grundstück weggebracht worden sein.[12] Denn auch die Zuwege, Treppenhäuser, Nebenräume des eigentlichen Mietobjekts unterliegen dem Mietgebrauch des Mieters und damit spiegelbildlich auch dem Zugriffsrecht des Vermieters hinsichtlich der dort befindlichen Sachen des Mieters. Für diese Auffassung spricht nicht nur der Wortlaut der Norm, sondern auch der räumlich weite Begriff des „Einbringens"; maßgebend ist Zugriffsmöglichkeit und Zugriffsrecht des Vermieters, nicht das Mietobjekt.[13] **10**

---

[4] OLG Frankfurt MDR 1975, 228.

[5] Sehr str., wie hier: *von der Osten in: Bub/Treier,* III. A Rdn. 2236; *Gruber* in: MünchKomm § 805 ZPO Rdn. 9; *Becker,* in: Musielak § 805 Rdn. 4 unter Verweis auf BGH NJW 1986, 2426 **a. A.** *Palandt/Weidenkaff,* § 562a Rdn. 4; *Emmerich* in: Staudinger, § 562a Rdn. 6. Die Bezugnahme auf RGZ 71, 418 trägt diese Meinung allerdings nicht, da dort davon ausgegangen wird, dass die zurückgebliebenen Sachen zur Sicherung des Vermieters ausreichen.

[6] S. § 562 Rdn. 31/32.

[7] **A. A.** die wohl hM, die aber diesen Zusammenhang mit dem „Einbringen" nicht beachtet, *Emmerich* in: Staudinger, § 562a Rdn. 3, aber in sich widersprüchlich, wenn „willentliches" Wegschaffen gefordert wird; *Soergel/Heintzmann,* § 562a Rdn. 2.

[8] S. § 562 Rdn. 31/36.

[9] Sehr str., wie hier *Jauernig/Teichmann,* § 562a Rdn. 2; *von der Osten* in: Bub/Treier, III. A Rdn. 2232; *Wolf/Eckert/Ball,* Rdn. 767; *Soergel/Heintzmann* § 562a Rdn. 3; **a. A.** die wohl hM *Artz* in: MünchKomm, § 562a Rdn. 5; *Emmerich* in: Staudinger, § 562a Rdn. 5; *Sternel* III Rdn. 265; *Geldmacher,* in: WoBauR, § 560 a. F. Anm. 2.2.

[10] *Eickmann* in: MünchKomm, § 1121 BGB Rdn. 20; § 1122 Rdn. 8.

[11] OLG Frankfurt ZMR 2006, 609; LG Neuruppin NZM 2000, 962; **a. A.** OLG Karlsruhe NJW 1971, 624; OLG Hamm MDR 1981, 407; *Herrlein* in: Herrlein/Kandelhard, § 562a Rdn. 4.

[12] *Artz* in: MünchKomm, § 562a Rdn. 4; *Geldmacher,* in: WoBauR § 560 Anm. 2.1; *von der Osten* in: Bub/Treier, III. A Rdn. 2228; **a. A.** *Roquette* § 560 a. F. Rdn. 5/6; *Emmerich* in: Staudinger, § 562a Rdn. 4; OLG Stuttgart GuT 2008, 127; OLG Bremen ZMR 2014, 30.

[13] s. o. § 562 Rdn. 30, 31; enger insoweit *Blank* in; Blank/Börstinghaus § 562 Rdn. 9 und dem folgend auch enger § 562a Rdn. 3.

11 Die Entfernung muss nicht vom Mieter selbst vorgenommen werden; sie kann auch von einem Dritten (Käufer, Sicherungsgläubiger) durchgeführt werden, sofern sie mit Willen des Mieters erfolgt.

12 Unabhängig von der Kenntnis des Vermieters[14] (dazu unten Rdn. 23) oder seines Widerspruchs (dazu unten Rdn. 24 bis 26) führt die Entfernung in den in Satz 2 aufgeführten Fällen stets zum Erlöschen des Vermieterpfandrechts. Damit sollten im Interesse des Rechtsverkehrs Unzuträglichkeiten vermieden werden, die sich aus einem Fortbestand des Pfandrechts an den vom Grundstück entfernten Sachen daraus ergeben würden, dass diese Belastung der Gegenstände nicht offenkundig ist.[15] Auch der Mieter sollte keine Einschränkungen seiner normalen Geschäfts- und Lebensgewohnheiten hinnehmen.

13 Für das Vorliegen der besonderen Erlöschenstatbestände kommt es auf den Zeitpunkt der Entfernung der eingebrachten Sachen vom Grundstück an, so dass nachträgliche Veränderungen, insbesondere hinsichtlich der ausreichenden Sicherung, keinen Einfluss mehr auf das Bestehen des Vermieterpfandrechts haben.[16]

14 Das Merkmal der **Entfernung im regelmäßigen Geschäftsbetrieb** des Mieters ist zwar durch die Mietrechtsreform gestrichen worden. Jedoch ergibt die Gesetzesbegründung, dass damit keine sachliche Änderung der früheren Rechtslage beabsichtigt war, sondern das Tatbestandsmerkmal „im regelmäßigen Geschäftsverkehr" als von dem Merkmal „gewöhnliche Lebensverhältnisse" mit umfasst angesehen wurde.[17] Dem Merkmal lag zusätzlich (s. Rdn. 12) die Überlegung zu Grunde, dass die jeweils Beteiligten mit einem Austausch der Pfandobjekte einverstanden sein würden;[18] wirtschaftlich gesehen wird durch den Warenumsatz das Sicherungsinteresse des Vermieters nicht geschmälert.[19]

15 Für die Feststellung der Entfernung im regelmäßigen Geschäftsbetrieb kommt es auf den konkreten Betrieb des jeweiligen Mieters an. Ferner muss die Entfernung zur Aufrechterhaltung des Geschäftsbetriebes erfolgen.[20] Deshalb wird der Erlöschenstatbestand nicht erfüllt, wenn die Waren, Maschinen, Halb- oder Fertigprodukte im Rahmen eines Räumungsverkaufs oder eines Insolvenz- oder Vergleichsverfahrens weggeschafft werden, weil in diesen Fällen der Geschäftsbetrieb nicht mehr aufrecht erhalten wird.[21] Das Gleiche gilt für die Entfernung im Rahmen eines Umzugs, da hier das Geschäft nicht mehr in den Mieträumen fortgesetzt werden soll.

16 Die Entfernung der eingebrachten Sachen führt ferner dann zum Erlöschen des Vermieterpfandrechts, wenn diese Maßnahme nach einem allgemeinen abstrakten Maßstab im **Rahmen der gewöhnlichen Lebensverhältnisse** eines Mieters vorgenommen wird. Hierher gehören z. B. die Mitnahme von Gegenständen auf Reisen; der Austausch Neu für Alt; das Wegbringen zur Reparatur[22] oder Aufbewahrung. Nicht erfasst wird von diesem Merkmal die Wegschaffung praktisch aller wertvollen Gegenstände durch den Mieter.[23]

17 Schließlich erlischt das Pfandrecht an den entfernten Sachen, wenn der Vermieter für seine Forderungen durch die zurückbleibenden Sachen **ausreichend gesichert** ist. Hierin kommt der besondere Sicherungscharakter des Vermieterpfandrechts zu Ausdruck,[24] der sich nach den bestehenden oder zu erwartenden künftigen Forderungen richtet und kein allgemeines Druckmittel darstellt, mit dem die Erfüllungsbereitschaft des Mieters erzwungen werden soll.

18 Die ausreichende Sicherung ist dann anzunehmen, wenn sie offenkundig ist, wenn also ohne weitere Prüfung und nähere Untersuchung die restlichen Pfandobjekte die Forderungen des Ver-

---

[14] BGH (II ZR 262/91) NJW 1993, 1791.
[15] Motive II, 408.
[16] KG OLGE 20, 189/190.
[17] BT-Drs. 14/4553, S. 60; darin wird wiederum die systematisch verfehlte Einordnung des Vermieterpfandrechts im Rahmen des Wohnraummietrechts deutlich.
[18] Motive bei *Haidlen,* BGB § 560 (S. 628) unter Hinweis auf ROHG 6, 385/393, was aber auf der preußischen Theorie einer stillschweigenden Verpfändung beruhen dürfte.
[19] OLG Braunschweig MDR 1980, 403.
[20] Z. B. beim Verkauf von auf Pachtland geernteter Früchte, BGH (IX ZR 127/11) NJW 2014, 1239 Rdn. 12.
[21] *Soergel/Heintzmann,* § 562a Rdn. 10; OLG Köln ZIP 1984, 89/90.
[22] Hier ist allerdings fraglich, ob es sich überhaupt um eine pfandrechtsrelevante „Entfernung" handelt, s. oben Rdn. 8.
[23] *Artz* in: MünchKomm, § 562a Rdn. 10.
[24] Kommissionsprotokolle bei *Haidlen,* BGB § 560 (S. 628).

mieters decken.[25] Für den Erlöschenstatbestand kommt es nur auf diese Werthaltigkeit der verbliebenen eingebrachten Sachen an. Der Vermieter kann demgegenüber sich nicht darauf berufen, dass er ein besonderes Interesse an der Befriedigung gerade durch die weggeschafften Sachen hat.[26]

Nicht nur der Mieter ist berechtigt, den Vermieter auf die verbleibende ausreichende Sicherung zu verweisen, sondern dieses Recht steht auch Gläubigern des Mieters zu, die entweder im Rahmen einer Sicherungsübereignung oder eines Pfandrechts dem Einwand des Vermieters auf sein vorrangiges Vermieterpfandrecht ausgesetzt sind.[27] Der Vermieter seinerseits kann dem dadurch entgehen, dass er auf sein Pfandrecht an den zurückgelassenen Sachen vor der Entfernung der anderen Sache verzichtet. Dann kann er weiter z. B. vorzugsweise Befriedigung nach § 805 ZPO verlangen, weil möglicherweise das umstrittene Pfandobjekt leichter zu verwerten ist und seine Forderungen voll abdeckt. 19

Die **Beweislast** für das Vorliegen der Tatbestände des Erlöschens des Vermieterpfandrechts tragen der Mieter oder dessen Gläubiger, die auf das – vormalige – Pfandobjekt zugreifen wollen. 20

C. Fortbestand des Pfandrechts

Nur im Fall der einfachen Entfernung der eingebrachten Sachen des Mieters vom Grundstück (s. oben Rdn. 7) kann durch zwei besondere Umstände das Vermieterpfandrecht aufrechterhalten werden, nämlich im Falle des Widerspruchs des Vermieters oder seiner Unkenntnis des Fortbringens. Liegen dagegen die Sondertatbestände des Satzes 2 vor (s. oben Rdn. 14 bis 19), kann das Pfandrecht weder durch Widerspruch noch bei Unkenntnis erhalten werden. 21

Beide Merkmale dienen der Sicherung des Vermieterpfandrechts vor den Gläubiger = Vermieter benachteiligenden Handlungen des Mieters, insbesondere durch sog. heimliches Ausrücken.[28] 22

Das Merkmal **„ohne Wissen"** ist nur dann erfüllt, wenn der Vermieter keine positive Kenntnis von der Entfernung der eingebrachten Sachen hat; grob fahrlässige Unkenntnis steht dem nicht gleich. Da es nur auf einen subjektiven Tatbestand beim Vermieter ankommt, braucht das Wegschaffen nicht heimlich zu erfolgen. Dem Vermieter schadet auch die positive Kenntnis eines ihn in Mietangelegenheiten Vertretenden, analog § 166 Abs. 1. Kenntnis erfordert zumindest beschränkte Geschäftsfähigkeit. 23

Erfolgt die Entfernung der eingebrachten Sachen des Mieters mit Wissen des Vermieters, muss er dieser **widersprechen,** um sein Vermieterpfandrecht zu erhalten. Der Widerspruch erfordert die Kundgabe des der Wegschaffung entgegenstehenden Willens des Vermieters; er kann ausdrücklich oder auch konkludent durch schlüssiges Verhalten erklärt werden. Die Einhaltung einer bestimmten Form ist nicht erforderlich, sofern nur dem Wegschaffenden deutlich wird, dass der Vermieter mit seinen Handlungen nicht einverstanden ist. 24

Der Widerspruch muss im zeitlichen Zusammenhang mit der Entfernung erklärt werden, unmittelbar vor und während der Wegschaffung der Gegenstände. Wirkungslos ist ein Widerspruch, der generell im Voraus (z. B. im Formularmietvertrag) oder erst nach Abschluss der Entfernung erklärt wird. 25

Da der Widerspruch der Rechtswahrung dient, ist er demjenigen zu erklären, gegenüber dem das Vermieterpfandrecht aufrecht erhalten werden soll. Dies ist als unmittelbar Betroffener jedenfalls der Mieter, gleichgültig, ob er selbst die Sachen entfernt oder ein Dritter. Handelt es sich bei dem Dritten um einen potentiellen selbständigen Rechtsinhaber bezüglich der Sache (z. B. Käufer, Sicherungsgläubiger) und nicht nur um einen Besitzdiener des Mieters, ist der Widerspruch auch gegenüber diesem zu erklären.[29] 26

Für beide Tatbestände, entweder seine Unkenntnis von der Entfernung eingebrachter Sachen oder seinen Widerspruch gegen die Wegschaffung, trägt der Vermieter die **Beweislast.**[30] 27

---

[25] RG WarnRspr. 1913 Nr. 359; RG HRR 1928 NR. 827.
[26] KG OLGE 27, 175.
[27] BGH (VIII ZR 73/57) Z 27, 227.
[28] So die Motive bei *Haidlen,* BGB § 560 (S. 627/628).
[29] Str., wie hier *Emmerich* in: Staudinger, § 562a Rdn. 14; **a. A.** die wohl hM, *von der Osten* in: Bub/Treier, III. A Rdn. 2242; *Geldmacher,* in: WoBauR, § 560 a. F. Anm. 3.2.
[30] AG Köln WuM 1985, 123.

§ 562b Selbsthilferecht, Herausgabeanspruch

(1) [1]Der Vermieter darf die Entfernung der Sachen, die seinem Pfandrecht unterliegen, auch ohne Anrufen des Gerichts verhindern, soweit er berechtigt ist, der Entfernung zu widersprechen. [2]Wenn der Mieter auszieht, darf der Vermieter diese Sachen in seinen Besitz nehmen.

(2) [1]Sind die Sachen ohne Wissen oder unter Widerspruch des Vermieters entfernt worden, so kann er die Herausgabe zum Zwecke der Zurückschaffung auf das Grundstück und, wenn der Mieter ausgezogen ist, die Überlassung des Besitzes verlangen. [2]Das Pfandrecht erlischt mit dem Ablauf eines Monats, nachdem der Vermieter von der Entfernung der Sachen Kenntnis erlangt hat, wenn er diesen Anspruch nicht vorher gerichtlich geltend gemacht hat.

Systematische Übersicht

A. Regelungszweck

1 Die Regelung, die durch die Mietrechtsreform 2001 lediglich sprachlich verändert worden ist, ist als Parallele zu den Rechten des Pfandgläubigers bei dem regulären vertraglich vereinbarten Pfandrecht zu sehen, zu dessen Bestellung die Einräumung des Besitzes erforderlich ist. Wird der Pfandgläubiger in seinen Rechten beeinträchtigt, hat er nicht nur nach § 1227 die einem Eigentümer zustehenden Ansprüche, sondern ihm stehen als unmittelbarem Besitzer auch die Besitzschutzansprüche zu. Dazu gehört auch das Selbsthilferecht bei verbotener Eigenmacht nach § 859. Beim Vermieterpfandrecht entspricht die Einbringung in das Grundstück der Besitzverschaffung beim Vertragspfandrecht. Eine Beeinträchtigung dieses besitzlosen Pfandrechts droht aber dann, wenn das Pfandobjekt vom Grundstück entfernt werden soll. Deshalb stehen in diesem Fall dem Vermieter den Besitzschutzansprüchen vergleichbare Rechte zu.[1]

2 Unter diesem Gesichtspunkt (s. Rdn. 1) stellt sich insbesondere das Selbsthilferecht des Absatz 1 nicht als Zurückbehaltungsrecht dar, sondern als Ausfluss der sich aus dem Pfandrecht selbst ergebenden Rechte.[2]

3 Das Selbsthilferecht des Absatz 1 geht über die Selbsthilfe nach den §§ 229, 230 hinaus. Es ist weder davon abhängig, dass obrigkeitliche Hilfe nicht rechtzeitig zu erlangen ist, noch – ausdrücklich – davon, dass die Gefahr der Erschwerung oder Vereitelung des Anspruchs besteht; letzteres ist einer Entfernung der dem Vermieterpfandrecht unterliegenden eingebrachten Sachen vom Grundstück aber immanent.

4 Der rechtswahrende Charakter der Selbsthilfe kommt beim sog. Verfolgungsrecht nach Absatz 2 noch deutlicher zum Ausdruck. Denn die Zurückschaffung des Pfandobjekts auf das Grundstück soll die durch die Einbringung vermittelte Publizität wieder herstellen.

5 Bei der Regelung handelt es sich wegen der Rechtsdurchsetzung ohne gerichtliche Hilfe um eine **Ausnahmevorschrift;** sie ist daher hinsichtlich Grund und Umfang der gewährten Rechte **zwingend.**[3] Die in der Norm gewährten Rechte dürfen daher weder inhaltlich erweitert noch darf die Ausschlussfrist des Abs. 2 Satz 2 verlängert werden.[4]

6 Die Vorschrift sichert nur die Rechte des Vermieters hinsichtlich seines Pfandrechts nach materiellem Recht. Auf die Entfernung des Pfandobjekts im Rahmen einer Zwangsvollstreckung nach § 808 ZPO oder eines Insolvenzverfahrens nach §§ 166 bis 170 InsO ist sie insgesamt unanwendbar.[5]

---

[1] Die gegen diese Regelung gerichtete Kritik, *Emmerich* in: Staudinger, § 562b Rdn. 1, beachtet diese Zusammenhänge nicht und erscheint deshalb ungerechtfertigt.
[2] Motive II, 409.
[3] OLG München WuM 1989, 128/132.
[4] *Mittelstein*, S. 580/586.
[5] Palandt/*Weidenkaff*, § 562b Rdn. 4 (f); BGH NZM 2009, 877.

7 Zur Sicherung seiner Rechte am Pfandobjekt ist der Vermieter nicht allein auf den § 562b angewiesen. Als Pfandgläubiger kann er nach § 1227 i.V. mit §§ 985, 1004 Unterlassung der Entfernung oder Rückschaffung des entfernten Gegenstandes verlangen. Er genießt ferner einen deliktischen Schutz nach § 823 Abs. 1, da das Pfandrecht ein sonstiges absolut geschütztes Recht darstellt, nach § 823 Abs. 2 i.V. mit § 289 StGB, der Pfandkehr. Vertragliche Schadensersatzansprüche können sich unter dem Gesichtspunkt der positiven Vertragsverletzung ergeben, wenn Pfandobjekte unberechtigt vom Grundstück entfernt werden. Alle Schadensersatzansprüche gehen auf Wiederherstellung des ursprünglichen Zustandes, § 249 Abs. 1, d.h. vor allem Rückschaffung des Pfandobjekts auf das Grundstück. Schließlich kann der Vermieter bereits nach § 562a Unterlassung der Entfernung verlangen. Unter den in §§ 229, 230 genannten Voraussetzungen steht ihm auch das allgemeine Selbsthilferecht zur Seite.[6]

8 Vermögensmäßig geschützt ist der Vermieter bei einer unberechtigten Veräußerung des Pfandobjekts nach § 816 Abs. 1; hiernach kann er Herausgabe des Verwertungserlöses begehren, soweit das Pfandobjekt seine Forderungen gesichert hat.

9 Die anstelle des Selbsthilferechts nach § 562b möglichen Ansprüche (s. oben Rdn. 7/8) müssen allerdings gerichtlich durchgesetzt werden. Um angesichts der normalen Verfahrensdauer insoweit einer endgültigen Veränderung der Sachlage vorzubeugen, kann der Vermieter den Erlass einer **einstweiligen Verfügung auf Unterlassung der Wegschaffung** der Pfandobjekte nach § 935 ZPO beantragen.[7] Der Verfügungsgrund liegt in der Gefährdung des Bestandes des Pfandrechts, die in den unmittelbaren Vorbereitungen zur Entfernung des Pfandobjekts vom Grundstück zu sehen ist.[8] Der Verfügungsanspruch, d.h. die Rechte aus dem Vermieterpfandrecht, muss zumindest glaubhaft gemacht werden. Hierfür gelten hinsichtlich der beim Vermieter liegenden Tatbestandsmerkmale (gesicherte Forderung, Entstehen des Pfandrechts) die allgemeinen Anforderungen für eine Glaubhaftmachung. Hinsichtlich der Gefährdung (Entfernung von eingebrachten Sachen des Mieters) können dagegen die Anforderungen nicht hoch angesetzt werden, weil der Vermieter im Regelfall nicht wissen kann, welche Pfandobjekte der Mieter gerade entfernen will.[9]

10 Zweifelhaft ist dagegen die Sicherung der Ansprüche des Vermieters durch einen **Arrest nach § 916 ZPO.**[10] Die durch den Arrest zu sichernde Zwangsvollstreckung müsste die Vollstreckung auf Herausgabe des Pfandobjekts nach § 562b Abs. 2 Satz 1 sein.

11 **Allgemeine Voraussetzung** sowohl für das Selbsthilferecht nach Abs. 1 als auch den Herausgabeanspruch nach Abs. 2 ist das wirksame **Bestehen eines Pfandrechts:** es muss sich um Sachen[11] des Mieters[12] handeln, die in das Mietobjekt eingebracht worden[13] und nicht unpfändbar sind.[14] Diese Sachen müssen Forderungen aus dem Mietverhältnis sichern;[15] es darf sich ferner nicht um Forderungen handeln, für die die Geltendmachung des Pfandrechts ausgeschlossen ist.[16]

12 Weiter darf kein Erlöschenstatbestand vorliegen. Bei der Wegschaffung muss es sich um eine Entfernung im Sinne des § 562a handeln,[17] sie muss (im Fall des Abs. 2) ohne Wissen[18] oder unter Widerspruch[19] des Vermieters erfolgt sein. Grundsätzlich muss sowohl für den Fall des Abs. 1 als auch den des Abs. 2 ein Widerspruch überhaupt zulässig gewesen sein, es dürfen also nicht die Tatbestände des § 562a Satz 2 vorliegen,[20] also weder eine Entfernung im regelmäßigen Geschäftsbetrieb des Mieters noch den gewöhnlichen Lebensverhältnissen entsprechend erfolgen; oder die zurückbleibenden Sachen zur Sicherung offensichtlich ausreichen.

13 Schließlich darf kein werthaltiges Angebot zur Sicherheitsleistung nach § 562c vorliegen.

[6] Dazu allgemein *Duchstein* JuS 2015, 105.
[7] OLG Hamm NZM 2001, 623.
[8] OLG Celle NJW-RR 1987, 447.
[9] OLG Köln ZIP 1984, 89; OLG Hamm NZM 2001, 623.
[10] *Mittelstein,* S. 574 n. 2; LG Augsburg NJW 1975, 2350.
[11] S. oben § 562 Rdn. 10 bis 13.
[12] S. oben § 562 Rdn. 20 bis 29.
[13] S. oben § 562 Rdn. 30 bis 34.
[14] S. oben § 562 Rdn. 18 bis 19; KG ZMR 2016, 774.
[15] S. oben § 562 Rdn. 37 bis 41.
[16] S. oben § 562 Rdn. 43 bis 47.
[17] S. oben § 562a Rdn. 7 bis 10.
[18] S. oben § 562a Rdn. 23.
[19] S. oben § 562a Rdn. 24 bis 26.
[20] S. oben § 562a Rdn. 12 bis 19.

14 Die Rechte bzw. Ansprüche aus § 562b richten sich gegen jeden, der das Vermieterpfandrecht durch unrechtmäßige Entfernung beeinträchtigt; das wird vor allem der Mieter, kann aber auch jeder Dritte sein, der die eingebrachte Sache entfernt oder später in Besitz[21] hat.

B. Selbsthilferecht, Abs. 1

15 Ziel der Selbsthilfe ist es, die Wegschaffung des Pfandobjekts vom Grundstück zu verhindern. Hierzu dürfen alle Mittel eingesetzt werden, die diesem Zweck dienen. Welche dazu gehören, kann nur nach den besonderen Umständen des Einzelfalles entschieden werden. Letztlich kann sogar als ultima ratio zum Einsatz körperlicher Gewalt gegriffen werden.[22] Bei allen Maßnahmen ist aber der **Grundsatz der Verhältnismäßigkeit** zu beachten entsprechend § 230 Abs. 1. Es dürfen daher in abgestufter Intensität jeweils nur die Mittel eingesetzt werden, die zur Erreichung des Zieles ausreichend, aber auch unbedingt erforderlich sind[23].

16 Das Recht zur Selbsthilfe darf nur bei **beginnender Entfernung** der eingebrachten Sachen ausgeübt werden; die drohende Vernichtung eines Pfandobjekts rechtfertigt die Selbsthilfe nicht. Da das Selbsthilferecht nicht präventiv ausgeübt werden darf,[24] muss mit der Entfernung eingebrachter Sachen bereits begonnen worden sein.[25] Die Entfernung darf noch nicht beendet worden sein, d. h. die Gegenstände müssen sich noch im durch den Mietgebrauch konkretisierten Einflussbereich des Vermieters befinden; ihm steht nach § 562b Abs. 1 kein Recht der Nacheile zu.[26]

17 Für die Durchführung des Selbsthilferechts unterscheidet das Gesetz danach, ob der Mieter unter Aufrechterhaltung des Mietgebrauchs nur einzelne Gegenstände entfernt (s. unten Rdn. 18) oder ob er bei der Entfernung der Sachen den Besitz an den Mieträumen vollständig aufgibt (dazu Rdn. 19).

18 Erhält der Mieter den Mietbesitz (berechtigt oder unberechtigt) aufrecht, steht dem Vermieter nur ein sog. **Sperrecht** zu, er darf also nur die Wegschaffung aus dem Mietbereich verhindern, d. h. die Besitzlage beim Mieter bewahren[27]. Sind die Pfandsachen schon aus den Mieträumen herausgebracht worden, befinden sie sich aber noch auf dem Grundstück, geht die Selbsthilfe des Vermieters dahin, den ursprünglichen Besitz des Mieters wiederherzustellen; er darf aber nicht selbst an den Gegenständen den Besitz ergreifen. Sperrecht heißt aber nicht Besitzkehr hinsichtlich des Mietobjekts; auch nach einem evtl. Schlossaustausch ist der Vermieter verpflichtet, dem Mieter den **vertragsgemäßen** Mietgebrauch zu gewähren.[28]

19 Wenn der Mieter den Mietbesitz endgültig aufgibt, kann sein pfandrechtsbewahrender Besitz an den eingebrachten Sachen nicht wiederhergestellt werden. In diesem Falle ist der Vermieter berechtigt, die Pfandobjekte selbst in Besitz zu nehmen. Er hat dann dieselbe Stellung wie ein Pfandgläubiger beim Faustpfandrecht.

20 Nach der Inbesitznahme der Pfandobjekte ist der Vermieter zu deren Verwahrung verpflichtet, §§ 1215, 688; er hat Anspruch auf Ersatz von Verwendungen, die er auf die Pfandsache macht, § 1216. Droht der Pfandsache der Verderb, stehen ihm die Veräußerungsrechte nach den §§ 1219 bis 1221 zu. Schließlich ist er verpflichtet, die Pfandsache gegen Zahlung der durch sie gesicherten Forderung herauszugeben, § 1223 Abs. 2.

21 Der das Selbsthilferecht ausübende Vermieter kann sich nach § 823 wegen Besitzstörung[29] oder Eigentumsverletzung **schadensersatzpflichtig** machen, wenn er die Voraussetzungen seines Rechts schuldhaft verkannt hat. Allerdings wird er sich oftmals in einem entschuldbaren Irrtum z. B. über die Eigentumsverhältnisse am – vermeintlichen – Pfandobjekt befinden, wenn er hierüber vom Mieter nicht substantiiert aufgeklärt worden ist; ein allgemeines Bestreiten des Schuldners =

---

[21] OLG Frankfurt NZM 2007, 103.
[22] *Erman/Lützenkirchen,* § 562b Rdn. 2.
[23] OLG Karlsruhe NZM 2005, 542.
[24] OLG Celle ZMR 1994, 163.
[25] OLG Düsseldorf ZMR 1983, 376; LG Freiburg WuM 1997, 113.
[26] *Emmerich* in: Staudinger, § 562b Rdn. 8.
[27] KG ZMR 2016, 774.
[28] OLG Karlsruhe NZM 2005, 542; LG Berlin GE 2005, 238; LG Berlin GE 2013, 418, bestätigt durch KG, Beschl. v. 23.4.2013 – 8 U 283/12 – BeckRS 2013, 12671; zu weitgehend OLG Koblenz NJW-RR 2005, 1174 mit Anm. *Lammel* JurisPR-Mietrecht 17/2005 Nr. 4.
[29] KG ZMR 2016, 774.

Mieters oder eines die Sachen entfernenden Dritten reicht nicht aus, um den Vermieter „bösgläubig" zu machen.

C. Herausgabeanspruch, Abs. 2

Sind die dem Pfandrecht unterliegenden Sachen vollständig aus dem Zugriffsbereich des Vermieters entfernt worden, endet die Möglichkeit der Selbsthilfe; eine Verfolgung des Entfernenden zum Zwecke der Wegnahme des Pfandobjekts ist nicht zulässig (entgegen § 859 Abs. 2 bei der Besitzstörung). Dem Vermieter steht nur das sog. Verfolgungsrecht, der Anspruch auf Rückschaffung der Gegenstände auf das Grundstück, zu. Darin verwirklicht sich der sich auch aus § 1227 ergebende Schutz des Pfandgläubigers; denn nach § 562a Satz 1 ist das Pfandrecht trotz Entfernung vom Grundstück nicht erloschen, weil diese ohne Wissen oder unter Widerspruch des Vermieters erfolgt ist. Zu den **allgemeinen Voraussetzungen** s. oben Rdn. 11 bis 13. 22

Das Verlangen auf Rückschaffung stellt einen dinglichen Anspruch dar und richtet sich gegen **jeden Besitzer** des Pfandobjekts[30]. Dies gilt auch, wenn der Mieter die Sache in neue Mieträume eingebracht hat und der nunmehrige Vermieter sich gegen den Rückschaffungsanspruch des ehemaligen Vermieters auf sein Vermieterpfandrecht beruft. Die Rangfolge beider Pfandrechte richtet sich nach § 1209, dem Prioritätsprinzip, nicht nach § 1208, d. h. der neue Vermieter kann nicht gutgläubig den Vorrang seines Pfandrechts vor dem verfolgten Pfandrecht erwerben, weil die Gutglaubensvorschriften des Vertragspfandrechts nicht auf die gesetzlichen Pfandrechte anwendbar sind.[31] 23

Dem Vermieter steht zur Durchsetzung seines Verlangens auf Rückschaffung ein **Anspruch auf Auskunft** gegen den Entfernenden gemäß § 260 Abs. 1 über den Verbleib der Pfandsachen zu.[32] Dieser kann im Wege der Stufenklage nach § 254 ZPO mit der Herausgabeklage verbunden werden, allerdings nur, wenn der Entfernende und der nunmehrige Besitzer weiterhin identisch sind. 24

Für das Ziel der Herausgabe der vom Grundstück entfernten Sachen unterscheidet das Gesetz wiederum danach, ob der Mieter noch im Mietobjekt verblieben (dazu Rdn. 26) oder aus diesem ausgezogen (dazu Rdn. 27) ist. 25

Ist der Mieter weiterhin Besitzer des Mietobjekts, kann der Vermieter nur die **Wiederherstellung** des vor der Entfernung bestehenden Zustandes verlangen, also **Rückschaffung auf das Grundstück** in den Besitz des Mieters. Hat der Mieter weiterhin Besitz an dem entfernten Gegenstand, ist er direkt zur Zurückschaffung zu verurteilen. Ist ein vom Mieter verschiedener Dritter nunmehr Besitzer, müsste dieser nach dem Wortlaut des Gesetzes zur Herausgabe des Pfandobjekts an den Vermieter zum Zwecke der Rückschaffung auf das Grundstück verurteilt werden. Die Zwangsvollstreckung wird nach § 883 ZPO durch Wegnahme der Sache und deren Übergabe an den Vermieter durch den Gerichtsvollzieher durchgeführt.[33] Die Rückschaffung ist dann Sache des Vermieters, wozu er auch verpflichtet ist.[34] 26

Hat der Mieter dagegen den Besitz am Mietobjekt aufgegeben, kann der Vermieter **Überlassung des Besitzes** am Pfandobjekt an sich verlangen. Seine Stellung entspricht dann wiederum der eines Faustpfandgläubigers (s. oben Rdn. 20). 27

Die Gesetzesverfasser haben aber nicht verkannt, dass es sich bei dem Vermieterpfandrecht schon deshalb nicht um ein vollwertiges (gesetzliches) Pfandrecht handelt, weil der Vermieter auch ohne Erlangung des unmittelbaren Besitzes Pfandrechtsgläubiger wird. Unter Berufung auf das Volksbewusstsein, die Sicherheit des Rechtsverkehrs und die etwas abnorme Natur des Vermieterpfandrechts wurde daher der Rückschaffungsanspruch des Vermieters einer **zeitlichen Schranke** unterworfen.[35] 28

Im Anschluss an das französische Recht (art. 2102 n° 1 Code civil) und in Anlehnung an die Begrenzung der Besitzschutzansprüche in § 864 Abs. 1 muss der Vermieter innerhalb eines Monats nach Kenntnis von der Entfernung der Pfandobjekte seinen Rückschaffungsanspruch gerichtlich 29

---

30 OLG Frankfurt NZM 2007, 103.

31 *Mittelstein,* S. 589 n. 47.

32 LG Mannheim WuM 1978, 92; OLG Rostock MietRB 2004, 231: auch im Wege der einstweiligen Verfügung, was der Rechtslage zu § 861 entspricht, Palandt/*Bassenge* § 861 Rdn. 18.

33 *Roquette,* § 561 a. F. Rdn. 22/23; *Mittelstein,* S. 584.

34 *Emmerich* in: Staudinger, § 562b Rdn. 15.

35 Protokolle bei *Haidlen,* BGB § 561 (S. 629).

geltend machen, § 562b Abs. 2 Satz 2. Diese Frist gilt allerdings nicht bei einer Wegschaffung im Rahmen der Zwangsvollstreckung, weil § 562b hierauf insgesamt nicht anwendbar ist.[36]

30 Bei der Frist handelt es sich nicht um die der Verjährung der sich aus dem Pfandrecht ergebenden Ansprüche, so dass ihr Lauf weder gehemmt oder unterbrochen werden kann.[37] Vielmehr stellt sie eine **Ausschlussfrist** dar, nach deren Ablauf das Pfandrecht **erloschen** ist. Denn nach Fristablauf kann sich der Rechtsverkehr darauf verlassen, dass an dem vormaligen Pfandobjekt keine dinglichen Lasten mehr geltend gemacht werden können, die sich nicht aus einer besitzmäßigen Zuordnung zum Pfandgläubiger erkennen lassen.

31 Die Monatsfrist beginnt mit der positiven Kenntnis des Vermieters von der Entfernung der Pfandobjekte vom Grundstück; grob fahrlässige Unkenntnis steht dieser nicht gleich. Allerdings ist es für den Fristbeginn ab Kenntnis unerheblich, dass der Vermieter nicht weiß, wo sich die Sachen befinden und gegen wen er die Herausgabeklage erheben müsste.[38] In diesem Fall muss er zunächst vom Entfernenden Auskunft über den Verbleib der Sachen verlangen (s. Rdn. 24). Der Lauf der Frist berechnet sich nach den §§ 187 Abs. 1, 188 Abs. 2.

32 Innerhalb der Frist muss der Anspruch auf Rückschaffung **gerichtlich** geltend gemacht werden, nicht ausreichend ist die Geltendmachung des Anspruchs auf Verwertung des Pfandobjekts. Der Vermieter muss unter Zuhilfenahme des Gerichts deutlich machen, dass er seinen dinglichen Anspruch auf Rückschaffung zur Aufrechterhaltung des Pfandrechts durchsetzen will. Unter gerichtlicher Geltendmachung ist daher vor allem die **Klage auf Herausgabe des Pfandobjekts** zu verstehen. Daneben fallen darunter der Antrag auf Erlass einer einstweiligen Verfügung auf Herausgabe[39] (wohl aber an den Gerichtsvollzieher als Sequester[40]); ferner der Widerspruch gegen eine einstweilige Verfügung, die der Mieter auf Duldung der Wegschaffung durch den Vermieter erlangt hat.[41]

33 **Keine** gerichtliche Geltendmachung im Sinne des Abs. 2 Satz 2 stellen die Pfändung des Gegenstandes für den Vermieter auf Grund eines Zahlungstitels dar;[42] ferner der Antrag auf Klageabweisung gegenüber der Klage des Mieters auf Duldung der Entfernung oder auf Herausgabe der Gegenstände, da in dieser Situation mangels Entfernung noch kein Anspruch auf Rückschaffung besteht, der geltend gemacht werden könnte. Schließlich reicht der Antrag auf Hinterlegung des Erlöses nach § 805 Abs. 4 ZPO nicht aus.[43]

34 Die gerichtliche Geltendmachung **muss** gegenüber dem jeweiligen Besitzer des Pfandobjekts erfolgen; es reicht nicht aus, dass der Vermieter seinen Rückschaffungsanspruch gegen den Mieter richtet.[44]

35 Versäumt der Vermieter die Monatsfrist oder unterlässt er die gerichtliche Geltendmachung ganz, **erlöschen** nicht nur das **Pfandrecht,** sondern auch seine **Schadensersatzansprüche** wegen unberechtigter Entfernung des Pfandobjekts vom Grundstück,[45] wodurch letztlich sein Vermieterpfandrecht vernichtet worden ist. Mit Fristablauf tritt die regelmäßige Rechtsfolge ein, dass die Entfernung der dem Vermieterpfandrecht unterliegenden Gegenstände vom Grundstück zum Erlöschen des Pfandrechts führt. Jetzt ist der Sachverhalt so anzusehen, als ob die Entfernung mit Wissen und ohne Widerspruch des Vermieters erfolgt ist; außerdem ist an eine Anwendung des Rechtsgedankens des § 839 Abs. 3 zu denken.

36 Unberührt von dem Rechtsverlust hinsichtlich der dinglichen Sicherheit bleiben die obligatorischen Ansprüche des Vermieters gegen den Mieter, die durch das Pfandrecht gesichert worden sind.

---

[36] OLG Hamburg OLGE 9, 298; KG OLGE 11, 311; OLG Celle OLGE 19, 3.
[37] KG OLGE 27, 156/157.
[38] OLG Hamburg OLGE 22, 251/252.
[39] KG OLGE 20, 189; 27, 156.
[40] OLG Brandenburg GE 2007, 1316.
[41] KG OLGE 27, 156/157.
[42] OLG Naumburg JW 1930, 2998; OLG Düsseldorf OLGE 17, 5; **a. A.** KG OLGE 11, 311.
[43] **A. A.** z. B. *Emmerich* in: Staudinger, § 562b Rdn. 20; die hierfür herangezogene Entscheidung des OLG Stettin OLGE 3, 357 stützt diese Meinung nicht, da das OLG von der grundsätzlichen Anwendbarkeit des § 561 auf § 805 ZPO ausgegangen ist; s. auch *Niendorff,* S. 417.
[44] OLG Hamburg SeuffArch. 67 192.
[45] *Sternel* III Rdn. 272; *Oertmann,* § 561 Anm. 4a; *Emmerich* in: Staudinger, § 562b Rdn. 21; **a. A.** *Palandt/Weidenkaff,* § 562b Rdn. 14; WoBauR-*Geldmacher,* § 561 a. F. Anm. 13.

§ 562c Abwendung des Pfandrechts durch Sicherheitsleistung

Der Mieter kann die Geltendmachung des Pfandrechts des Vermieters durch Sicherheitsleistung abwenden. [2]Er kann jede einzelne Sache dadurch von dem Pfandrecht befreien, dass er in Höhe ihres Wertes Sicherheit leistet.

Systematische Übersicht

A. Regelungszweck

1 Die Vorschrift ist durch die Mietrechtsreform 2001 allenfalls stilistisch verändert worden. Sie gleicht die Interessen des Vermieters an dem Bestand seines Vermieterpfandrechts durch Aufrechterhaltung seines „Quasi-Besitzes" und die des Mieters an seiner Mobilität aus. Sie kommt insbesondere beim Auszug eines Gewerberaum-Mieters zum Tragen. Denn in diesem Fall möchte der weichende Mieter z. B. seine Maschinen oder die sonstigen für die Weiterführung seines Gewerbebetriebes erforderlichen Gegenstände mitnehmen; der Vermieter würde aber durch deren Entfernung sein Vermieterpfandrecht verlieren. Die Norm ist wegen dieses Ausgleichscharakters unabdingbar.[1] Andererseits stellt sie auch das einzige Mittel für den Mieter dar, die Geltendmachung des Pfandrechts abzuwenden. Insbesondere widerspricht es der Norm, etwa im Wege der einstweiligen Verfügung dem Vermieter bei Streit über den Umfang der mit dem Vermieterpfandrecht gesicherten Forderungen untersagen zu lassen, das Vermieterpfandrecht in bestimmter Höhe geltend zu machen.[2]

2 Die Rechte nach § 562c stehen über seinen Wortlaut hinaus nicht nur dem jeweiligen Mieter zu, sondern unter entsprechender Anwendung des § 268 auch jedem Dritten, der Gefahr läuft, durch die Geltendmachung des Pfandrechts seinerseits Rechte am Pfandobjekt zu verlieren. Derartige Dritte können der Eigentümer bzw. Sicherungseigentümer der Sache sein, die ihr Recht nur mit dem Pfandrecht belastet erworben haben, oder nachrangige Pfändungspfandgläubiger.

3 Dagegen ist nicht jeder beliebige Dritte ohne Absprache mit dem Mieter nach § 267 zur Sicherheitsleistung befugt. Denn den Schuldner-Mieter trifft hier keine Pflicht zur Sicherheitsleistung, sondern er hat nur ein diesbezügliches Recht.

4 Um die Ausübung der in § 562c enthaltenen Rechte zu ermöglichen, ist der Gläubiger-Vermieter verpflichtet, auf Verlangen über Grund und Höhe seiner Forderungen Auskunft zu erteilen.[3]

5 Die Art und Weise einer Sicherheitsleistung richtet sich nach den §§ 232 bis 240; in Betracht kommt vor allem die Hinterlegung von Geld oder Wertpapieren. Ist dies dem Berechtigten nicht möglich, kann subsidiär die Sicherheit auch durch die Stellung eines tauglichen Bürgen erfolgen, § 232 Abs. 2. Unter einem solchen wird nach § 239 Abs. 1 eine Person verstanden, deren Vermögen zur Verwirklichung der Sicherheit ausreicht; außerdem muss der Bürge auf die Einrede der Vorausklage verzichten, § 239 Abs. 2.

6 Wird dem Vermieter durch einen Berechtigten eine taugliche Sicherheit zur Abwendung oder Befreiung des Pfandrechts vergeblich angeboten, steht der weiteren Geltendmachung des Vermieterpfandrechts der Einwand des Rechtsmissbrauchs entsprechend § 162 Abs. 1 entgegen.

---

[1] *Emmerich* in: Staudinger, § 562c Rdn. 2; *Riecke,* in: Fachanwaltskommentar Mietrecht § 562c Rdn. 5; **a. A.,** aber widersprüchlich *Soergel/Heintzmann,* § 562c Rdn. 5.

[2] Anders AG Ludwigslust WuM 2012, 559.

[3] BGH (VI ZR 255/69) WM 1971, 1086/1088.

B. Abwendungsbefugnis

7 Nach Satz 1 kann die Geltendmachung des Vermieterpfandrechts durch Sicherheitsleistung abgewendet werden. Damit soll verhindert werden, dass der Vermieter insbesondere einer Entfernung der eingebrachten Gegenstände wirksam widerspricht oder sie verhindert.[4]

8 Die Höhe der zu leistenden Sicherheit richtet sich zunächst nach der Höhe der Forderungen des Vermieters. Ist allerdings der Wert der vorhandenen Pfandobjekte geringer, braucht nur in Höhe dieses Wertes Sicherheit geleistet zu werden.[5] Denn die Möglichkeit der Sicherheitsleistung soll den Vermieter nur so stellen wie er bei Verwertung der Pfandobjekte stehen würde, ihm aber keine zusätzliche Sicherheit bieten.[6]

9 Werden (gegenwärtige oder künftige) Forderungen des Vermieters durch die Pfandobjekte bzw. durch die an ihre Stelle getretene Sicherheit nicht abgedeckt, entsteht ein neues Pfandrecht an den nach der Sicherheitsleistung neu eingebrachten Sachen.

10 Die Sicherheitsleistung nach Satz 1 hat lediglich die Wirkung, dass der Vermieter das Vermieterpfandrecht nicht mehr geltend machen kann (s. oben Rdn. 7). Sie lässt aber den Bestand des Pfandrechts unberührt, solange sich das Pfandobjekt noch auf dem Grundstück befindet.[7]

11 Sinkt der Wert der geleisteten Sicherheit unter den Wert der sich noch auf dem Grundstück befindlichen Pfandobjekte, etwa durch Kursveränderungen der hinterlegten Wertpapiere, Vermögensverfall des Bürgen oder Ansteigen der Forderungen des Vermieters, entfällt die Sperrwirkung für die Geltendmachung des Pfandrechts.

C. Befreiungsrecht

12 Nach Satz 2 kann bereits durch die Sicherheitsleistung das Pfandrecht zum Erlöschen gebracht werden. Erforderlich ist hierfür, dass für jedes einzelne Pfandobjekt Sicherheit geleistet wird, wobei sich diese auch auf sämtliche Pfandobjekte erstrecken kann.

13 Die Höhe der Sicherheit richtet sich hier nach dem ausdrücklichen Wortlaut des Gesetzes nach dem Wert jedes vom Pfandrecht des Vermieters zu befreienden Pfandobjekts.

14 Als Rechtsfolge der Einzel-Sicherheit ordnet das Gesetz die Befreiung der entsprechenden Gegenstände vom Pfandrecht an, dieses erlischt also.

15 Wird die Sicherheit ohne Verschulden des Mieters unzureichend, lebt das Pfandrecht nicht wieder auf. Vielmehr hat der Vermieter nach § 240 einen Anspruch auf Ergänzung der Sicherheit oder auf Leistung einer anderen Sicherheit.

---

4 Zum Begriff der Geltendmachung s. oben § 562 Rdn. 43.

5 Palandt/*Weidenkaff,* § 562c Rdn. 2.

6 *Oertmann,* § 562 Anm. 1a; weitergehend WoBauR-*Franke* § 562c Anm. 3; *Mittelstein,* S. 563; MieWo-*Wetekamp,* § 562 a. F. Rdn. 1. Diese Meinung stützt sich darauf, dass die Geltendmachung des Pfandrechts auch für künftig eingebrachte Sachen durch die Sicherheitsleistung abgewendet würde, was aber nicht zutrifft. Denn der Vermieter kann sein Pfandrecht tatsächlich nur an den gegenwärtig vorhandenen Sachen des Mieters geltend machen.

7 Str. *Jauernig/Teichmann,* § 562c Rdn. 1; WoBauR-*Franke,* § 562c Anm. 4; **a. A.** *Emmerich* in: Staudinger, § 562c Rdn. 5.

§ 562d Pfändung durch Dritte

Wird eine Sache, die dem Pfandrecht des Vermieters unterliegt, für einen anderen Gläubiger gepfändet, so kann diesem gegenüber das Pfandrecht nicht wegen der Miete für eine frühere Zeit als das letzte Jahr vor der Pfändung geltend gemacht werden.

Systematische Übersicht

A. Pfandrechts-Konkurrenzen

1 Für das Verhältnis verschiedener Sicherungsrechte untereinander, seien es gesetzliche oder vertragliche, gilt grundsätzlich das Prioritätsprinzip, § 1209. Das früher entstandene Sicherungsrecht geht allen späteren Sicherungsrechten vor.

2 Dieser Vorrang gilt grundsätzlich auch gegenüber einem späteren Pfändungspfandrecht, § 804 Abs. 3 ZPO analog. Hat der Vermieter in Ausübung seines Pfandrechts das Pfandobjekt bereits zum Zwecke seiner Verwertung in Besitz genommen oder das Selbsthilferecht nach § 562b ausgeübt, braucht er die Sache dem Gerichtsvollzieher nur dann herauszugeben, § 809 ZPO, wenn er dazu bereit ist. Auch ist er nicht verpflichtet, die Sache einem nachrangigen Pfandgläubiger zum Zwecke der Verwertung zu überlassen, § 1232 Satz 1.

B. Vermieterpfandrecht vs. Pfändungspfandrecht

3 Gegenüber der Pfändung und Wegnahme durch den Gerichtsvollzieher im Rahmen der Einzelzwangsvollstreckung stehen dem – das Pfandobjekt (noch) nicht besitzenden – Vermieter weder Widerspruchs- noch Selbsthilferechte zu.[1] An deren Stelle tritt die Klage auf vorzugsweise Befriedigung nach § 805 ZPO.

4 Die Klage ist – streitwertabhängig – vor dem Vollstreckungsgericht oder dem Landgericht zu erheben, § 805 Abs. 2 ZPO. Beklagter ist grundsätzlich der Pfändungspfandgläubiger; bestreitet aber der Mieter das Bestehen des Vermieterpfandrechts, können beide verklagt werden und treten dann als einfache Streitgenossen auf, § 805 Abs. 3 ZPO.

5 Der **Klageantrag** geht auf vorzugsweise Befriedigung aus der Verwertung des bestimmt zu bezeichnenden Pfandobjekts in Höhe der konkret anzugebenden Forderung einschließlich Zinsen.

6 **Vorläufiger Rechtsschutz** kann nach § 805 Abs. 4 ZPO i. V. mit § 769 ZPO bereits vor Erhebung der Klage mit dem Antrag auf Hinterlegung des vom Vermieter beanspruchten Anteils am Erlös erreicht werden; auch während des laufenden Verfahrens kann diese vorläufige Maßnahme beantragt werden, um den endgültigen Verlust des Vorrechts durch Auskehrung des Erlöses an den Pfändungspfandgläubiger zu verhindern.

7 Diese zwangsvollstreckungsrechtlichen Rechtsbehelfe sind nur statthaft während der Dauer der Zwangsvollstreckung.[2] Sie können daher frühestens nach Beginn der Zwangsvollstreckung (= Pfändung) geltend gemacht werden und sind spätestens vor deren Beendigung (= Auskehrung des Verwertungserlöses an den Pfändungspfandgläubiger) zu erheben. Die Frist des § 562b Abs. 2 Satz 2 ist dagegen nicht einzuhalten.

8 Hat der Vermieter diese Klagemöglichkeit versäumt, steht ihm gegen den Pfändungspfandgläubiger, an den der gesamte Verwertungserlös ausgekehrt worden ist, ein Bereicherungsanspruch in Höhe der vorrangigen Vermieterforderungen zu. Bei zumindest fahrlässiger Verletzung des vorrangigen Vermieterpfandrechts durch die Zwangsvollstreckung hat der Vermieter gegen den Dritten auch einen Schadensersatzanspruch nach § 823.

9 Gegenüber dem nachrangigen Pfändungspfandrecht ist der Vermieter jedoch umfangmäßig in der Geltendmachung seiner Forderungen beschränkt. Er kann seine Klage auf vorzugsweise Befriedigung zunächst auf alle Forderungen stützen, für die er nach § 562 Absatz 2 sein Vermieterpfand-

---

[1] S. oben § 562a Rdn. 6; § 562b Rdn. 6.
[2] WoBauR-*Franke,* § 562d. F. Anm. 2.1.

recht geltend machen kann.[3] Beschränkt ist er dagegen nur bei der Geltendmachung von Mietzinsansprüchen. Entgegen § 562 Absatz 2 kann er sein Vorzugsrecht nicht mit allen rückständigen Mietforderungen begründen, sondern nur mit denjenigen aus dem letzten Jahr vor der Pfändung. Das Jahr ist taggenau seit dem Zeitpunkt der Pfändung des Pfandobjekts im Wege der Zwangsvollstreckung zurückzurechnen; es findet aber keine Umrechnung des z. B. monatlich zu zahlenden Mietzinses auf Tage statt.

10 Die Beschränkung (Rdn. 9) gilt **nur** für den Mietzins; wegen anderer rückständiger Forderungen kann dagegen unbeschränkt die vorzugsweise Befriedigung geltend gemacht werden. Ferner gilt die Beschränkung nur im Verhältnis zum Pfändungspfandgläubiger. Weder der Mieter noch andere Sicherungsnehmer des Mieters können sich auf diese Rangordnung berufen.[4]

11 Schließlich führt die Beschränkung nicht zum Erlöschen des Vermieterpfandrechts. Der Vermieter hat einen Anspruch auf Auskehrung eines Resterlöses aus der Verwertung auch für den rückständigen Mietzins, dessen Geltendmachung zunächst durch § 562d ausgeschlossen war.[5]

12 Zur Rechtsverfolgung in der Insolvenz des Mieters s. § 562 Rdn. 44.

---

[3] S. oben § 562 Rdn. 43 bis 47.
[4] *Riecke,* in: Fachanwaltskommentar Mietrecht § 562d Rdn. 10.
[5] *Mittelstein* S. 601 n. 29.

Kapitel 4. Wechsel der Vertragsparteien

§ 563 Eintrittsrecht bei Tod des Mieters

(1) [1]Der Ehegatte oder Lebenspartner, der mit dem Mieter einen gemeinsamen Haushalt führt, tritt mit dem Tod des Mieters in das Mietverhältnis ein.

(2) [1]Leben in dem gemeinsamen Haushalt Kinder des Mieters, treten diese mit dem Tod des Mieters in das Mietverhältnis ein, wenn nicht der Ehegatte oder Lebenspartner eintritt. [2]Andere Familienangehörige, die mit dem Mieter einen gemeinsamen Haushalt führen, treten mit dem Tod des Mieters in das Mietverhältnis ein, wenn nicht der Ehegatte oder der Lebenspartner eintritt. [3]Dasselbe gilt für Personen, die mit dem Mieter einen auf Dauer angelegten gemeinsamen Haushalt führen.

(3) [1]Erklären eingetretene Personen im Sinne des Absatzes 1 oder 2 innerhalb eines Monats, nachdem sie vom Tod des Mieters Kenntnis erlangt haben, dem Vermieter, dass sie das Mietverhältnis nicht fortsetzen wollen, gilt der Eintritt als nicht erfolgt. [2]Für geschäftsunfähige oder in der Geschäftsfähigkeit beschränkte Personen gilt § 210 entsprechend. [3]Sind mehrere Personen in das Mietverhältnis eingetreten, so kann jeder die Erklärung für sich abgeben.

(4) Der Vermieter kann das Mietverhältnis innerhalb eines Monats, nachdem er von dem endgültigen Eintritt in das Mietverhältnis Kenntnis erlangt hat, außerordentlich mit der gesetzlichen Frist kündigen, wenn in der Person des Eingetretenen ein wichtiger Grund vorliegt.

(5) Eine abweichende Vereinbarung zum Nachteil des Mieters oder solcher Personen, die nach Absatz 1 oder 2 eintrittsberechtigt sind, ist unwirksam.

Systematische Übersicht

Alphabetische Schnellübersicht

I. Allgemeines zu §§ 563 bis 564 BGB

1. Regelungszweck der Vorschriften

1 Ohne die Regelungen der §§ 563ff. BGB würden die Rechte und Pflichten aus einem Mietvertrag mit dem **Tod des Mieters** auf dessen Erben übergehen. Das folgt schon aus §§ 1922, 1967[1]. Diese erbrechtliche Folge wird in § 564 BGB nur klargestellt. Bei einem Gewerberaummietverhältnis[2] wird ein Übergang des Vertrages auf den Erben regelmäßig erwünscht sein, um den Betrieb des Erblassers sinnvoll fortführen zu können. Eine Mietwohnung dient hingegen oftmals nicht nur dem Erblasser als Lebensmittelpunkt, sondern auch weiteren Personen, die mit dem verstorbenen Mieter dort leben bzw. gelebt haben. Wenn diese Personen keine eigenen vertraglichen Ansprüche gegenüber dem Vermieter haben, ist ihr Nutzungsrecht an der Wohnung vom Willen des Erblassers abhängig. Hier schaffen die §§ 563 bis 564 BGB einen Ausgleich, indem sie Personen, die mit dem Erblasser in einem gemeinsamen Haushalt gelebt haben, eine erbrechtsunabhängige **Sonderrechtsnachfolge** einräumen. Auch wenn sich das Eintrittsrecht historisch als Schutz der Familie des verstorbenen Mieters entwickelt hat, von dem früher vornehmlich der Ehegatte profitiert hat, handelt es sich jedenfalls seit der zum 1.9.2001 in Kraft getretenen Mietrechtsreform nicht mehr um ein derartig beschränktes Schutzinstrument. Die Mietrechtsreform hat den Anwendungsbereich der Vorschriften nämlich erheblich erweitert, weil nicht das (familienrechtliche) Verhältnis entscheidend für das Schutzbedürfnis ist, sondern eher die gemeinsame Haushaltsführung, in der zum Ausdruck kommt, dass die Wohnung der (schützenswerte) **Mittelpunkt der Lebensführung** ist[3]. Nach dem **Tod des Vermieters** treten dessen Erben bzw. – wenn keine Erben vorhanden sind – der Fiskus im Wege der Gesamtrechtsnachfolge in die Vermieterstellung ein[4]; eine Sonderrechtsnachfolge wie in §§ 563ff. BGB gibt es nicht.

2 Die Sonderrechtsnachfolge nach dem Tod des Mieters gem. §§ 563ff. BGB beschränkt die Rechte des Erben, weil sie den Mietvertrag von der Erbschaft ausnimmt. Das ist Ausdruck eines wichtigen Zieles des sozialen Mietrechts, nämlich dem **Bestandsschutz von Wohnraummietverhältnissen**[5]. Aber auch die **Interessen des Vermieters** werden berührt. Allerdings nicht deshalb, weil er durch die Sonderrechtsnachfolge längere Zeit als vielleicht vorgesehen nicht über die Wohnung disponieren kann[6], da die verbleibende Lebenszeit des Mieters ungewiss ist. Die Interessen des Vermieters als Partner eines Dauerschuldverhältnisses werden vielmehr dadurch berührt, dass ihm ein anderer Mieter „aufgezwungen" wird als derjenige, den er bei Vertragsschluss akzeptiert hat. Der Ausgleich erfolgt über Sonderkündigungsrechte des Vermieters in § 563 Abs. 4 und § 564 BGB.

2. Entstehungsgeschichte und Übergangsregelung

3 Die Vorschriften der §§ 563 bis 564 BGB sind – bis auf redaktionelle Änderungen – inhaltsgleich mit den Regelungen der §§ 569 bis 569c Abs. 1 BGB in der Fassung vor der zum 1.9.2001 in Kraft getretenen Mietrechtsreform. Allerdings galten die §§ 569 bis 569c Abs. 1 BGB a. F. nur einen Monat lang. Sie sind nämlich erst durch das Gesetz zur Beendigung der Diskriminierung gleichgeschlechtlicher Gemeinschaften – Lebenspartnerschaften vom 16.2.2001 (LPartG) mit Wirkung zum 1.8.2001 in das BGB eingefügt worden. Vorher (seit dem Jahr 1964[7]) waren nur Ehegatten und Familienangehörige privilegiert, mit der Neuregelung treten auch Lebenspartner (§ 563 Abs. 1 Satz 2 BGB) und Partner nichtehelicher Lebensgemeinschaften (§ 563 Abs. 2 Satz 3 BGB) in den Vertrag ein; außerdem wurde eine Rangfolge der Eintrittsberechtigten eingeführt. Durch Art. 18 Nr. 1 des Gesetzes zur Bereinigung des Rechts der Lebenspartner[8], das am 26.11.2015 in Kraft getreten ist, wurde der Lebenspartner eines Mieters in § 563 BGB dem Ehegatten vollständig

---

[1] *Alexander* NZM 1998, 253.
[2] Einzelheiten des Rechtsübergangs bei der Kommentierung zu § 580 BGB; zu Mischmietverhältnissen s. Rdn. 9 und 48.
[3] *Sonnenschein* NZM 2002, 10.
[4] S. zur Problematik des unbekannten Erben und des Fiskus als gesetzlichen Erben *Wotte/Ungerer* NZM 2012, 412.
[5] *Rolfs* in Staudinger § 563 Rdn. 3.
[6] So aber *Emmerich* NZM 2001, 783, der von Erbmiete spricht.
[7] *Alexander* NZM 1998, 253.
[8] BT-Drucks. 18/5901.

gleichgestellt. § 564 Satz 2 BGB ist im Kern seit Inkrafttreten des BGB unverändert; seit 1964 gibt es die jetzt in Satz 1 (früher § 569 Abs. 2 BGB a. F.) enthaltene Subsidiaritätsklausel.

In Art. 229 § 3 Abs. 1 Nr. 5 EGBGB ist geregelt, dass die Vorschriften der §§ 569 bis 569b BGB a. F. anzuwenden sind auf solche Fälle, in denen das Mietverhältnis vor Inkrafttreten des Mietrechtsreformgesetzes am 1.9.2001 begründet wurde und in denen der Mieter vor diesem Zeitpunkt gestorben ist; im Falle der Kündigung eines Wohnraumvermieters gegenüber dem Erben muss auch die Kündigungserklärung zugegangen sein[9]. Abgesehen davon, dass es inzwischen allein wegen des Zeitablaufs kaum noch derartige Fälle geben dürfte, ist die **Übergangsvorschrift** deswegen praktisch bedeutungslos, weil §§ 569 bis 569b BGB a. F., wie ausgeführt, in dieser Form nur einen Monat gegolten haben. Es ist aus diesem Grunde naheliegender, dass der Gesetzgeber mit Art. 229 § 3 Abs. 1 Nr. 5 EGBGB eine im LPartG unterlassene Übergangsregelung nachholen wollte[10], was durch den fehlenden Verweis auf § 569c BGB a. F. belegt wird, der vor dem 1.8.2001 nicht existierte, wohl aber nach diesem Datum. 4

3. Überblick und Systematik

Die Regelungen der §§ 563, 563a BGB gehen der erbrechtlichen Gesamtrechtsnachfolge vor. Das ergibt sich aus § 564 BGB, indem dort die Fortsetzung des Mietverhältnisses mit dem Erben für den Fall geregelt ist, dass ein Eintritt nach § 563 BGB oder eine Fortsetzung nach § 563a BGB nicht erfolgt. Letztere Vorschrift knüpft zwar an § 563 BGB an, weil sie nur auf den in § 563 BGB genannten privilegierten Personenkreis Anwendung findet; **§ 563a BGB** stellt aber insofern eine **vorrangige Regelung** dar, als er für den Fall, dass mehrere privilegierte Personen Partei des Mietvertrages sind, der Vertrag mit diesen fortgesetzt wird und ein Eintritt gem. § 563 BGB nicht in Betracht kommt. 5

Der Eintritt gem. § 563 BGB vollzieht sich – anders als der Begriff des Eintritts vermuten lässt – ohne Zutun des Eintretenden kraft Gesetzes; dieser kann den Eintritt aber gem. § 563 Abs. 3 BGB **ablehnen.** Dem Vermieter steht ein **außerordentliches Kündigungsrecht** zu (§ 563 Abs. 4 BGB). Auch in den Fällen der §§ 563a bzw. 564 BGB gibt es außerordentliche Kündigungsrechte. In § 563b BGB ist die Haftung bei Eintritt oder Fortsetzung geregelt. 6

Bei **mehreren eintrittsberechtigten Personen** legt § 563 Abs. 2 BGB eine Rangfolge fest. Vorrang haben der Ehegatte und der Lebenspartner, danach treten gleichberechtigt und ggf. nebeneinander die Kinder ein, danach andere Familienangehörige und sonstige Personen, die mit dem Mieter einen auf Dauer angelegten gemeinsamen Haushalt führen. 7

Die gemeinsame Haushalts*führung* mit dem verstorbenen Mieter ist auch für Ehegatten, Lebenspartner und Familienangehörige immer notwendig, um zu den nach § 563 BGB privilegierten Personen zu gehören; nur bei den Kindern des verstorbenen Mieters reicht es aus, dass sie in dem gemeinsamen Haushalt *leben*. 8

4. Anwendungsbereich

Aus der systematischen Stellung ergibt sich, dass die Vorschriften der §§ 563 bis 564 BGB nur auf Mietverhältnisse über Wohnraum[11] anwendbar sind. Sie gelten **nur bei dem Tod des Mieters;** stirbt der Vermieter, treten dessen Erben im Wege der Gesamtrechtsnachfolge in die Vermieterstellung ein. In § 4 WBVG **(Wohn- und Betreuungsvertragsgesetz)** gibt es eine § 563 BGB vergleichbare Regelung. § 563 Abs. 4 BGB ist gem. § 1568a Abs. 3 Satz 2 BGB entsprechend anwendbar bei der Wohnungsüberlassung bzw. **Wohnungszuweisung anlässlich eines Scheidungsverfahrens**[12]. Bei der Trennung von nichtehelichen Lebensgemeinschaften sind §§ 563ff. BGB nicht, auch nicht analog, anwendbar[13]. Zu den Besonderheiten, die nach dem Tod des Mieters bei anderen Vertragsarten (Gewerberaummiete, Miete beweglicher Sachen, von Grundstücken oder Grundstücksteilen, Schiffen, Leasing) gelten, s. bei der Kommentierung zu 9

---

[9] Was sich wohl dadurch erklärt, dass die h. M. vor der Mietrechtsreform bei Wohnraummietverhältnissen ein besonderes Kündigungsinteresse des Vermieters gefordert hat (BGH NJW 1997, 1695).

[10] Im Ergebnis ebenso *Bösche* WuM 2001, 368.

[11] S. zur Abgrenzung der Wohnraummiete von anderen Vertragsarten vor § 535 Rdn. 93ff.

[12] S. dazu näher vor § 535 Rdn. 354ff.

[13] LG Konstanz WuM 2000, 675; *Schrader* NZM 2010, 259. Das ergibt sich im Übrigen auch aus der begrenzten Verweisung auf § 564 Abs. 4 BGB in § 1568a Abs. 3 Satz 2 BGB für die Trennung von Verheirateten; bei der Trennung von Unverheirateten kann es keine weitergehende Anwendung geben.

§ 580 BGB; für die Pacht gibt es in §§ 584, 584a BGB und für die Landpacht in § 594d BGB eigene Vorschriften. Bei Mischmietverhältnissen kommt es auf den Schwerpunkt der Nutzung an, ob ein **Wohnraummietvertrag** vorliegt oder nicht (s. zur Abgrenzung vor § 535 Rdn. 109); wenn danach Gewerberaummiete anzunehmen ist, gelten die §§ 563ff. BGB nicht. Für die Anwendbarkeit der §§ 563ff. BGB ist die Vertragsausgestaltung des Wohnraummietvertrages im Einzelnen (möbliert oder unmöbliert, auf Dauer oder nur vorübergehend, Mietverhältnisse gem. § 549 Abs. 2 und 3 BGB etc.) gleichgültig[14]; den Vorschriften können insoweit keine Einschränkungen entnommen werden und auch in § 549 BGB sind für die dort genannten besonderen Vermietungsarten (etwa Einliegerwohnungen oder Studentenheime) keine Ausnahmen vorgesehen. Werkmietwohnungen i. S. v. § 576 BGB und Werkdienstwohnungen i. S. v. § 576b BGB werden ebenfalls erfasst[15]. Bei Werkdienstwohnungen muss der Dienstverpflichtete allerdings die Wohnung selbst ausgestattet oder dort mit seiner Familie bzw. mit Personen, mit denen er einen gemeinsamen Haushalt führt, gelebt haben, weil gem. § 576b Abs. 1 BGB nur dann die Vorschriften über die Wohnraummiete gelten; eine Aufspaltung des einheitlichen Dienst- und Mietvertrages muss nach dem Tod des Mieters/Dienstverpflichteten nicht befürchtet werden, steht also der Anwendung der §§ 563ff. BGB nicht entgegen, da nach dem Tod des Mieters/Dienstverpflichteten nur noch der „Wohnanteil" des Vertrages verbleibt[16]. Gleichfalls werden erfasst **Genossenschaftswohnungen**[17]. Soweit hiergegen Zweifel bzw. Ablehnung geäußert wird[18], weil die Ableitung des Nutzungsrechts aus der genossenschaftlichen Beteiligung, die ihren Mitgliedern nicht aber Dritten Wohnmöglichkeiten verschaffen soll, nicht mit der Vermietung vergleichbar sei, geht dies fehl. Die Eintrittsberechtigten sind nämlich nicht irgendwelche Dritte, sondern dem Mieter (Genossen) durch Familienbande oder die gemeinsame Haushaltsführung nahestehende Personen; aus Sicht des Genossen ist die Interessenlage bei dem Nutzungsverhältnis mit der Genossenschaft identisch mit derjenigen bei der Miete. Den Besonderheiten der Genossenschaft kann durch die besondere Kündigungsmöglichkeit gem. § 563 Abs. 4 BGB hinreichend Rechnung getragen werden (s. Rdn. 69). Für Mietverträge, die in den neuen Bundesländern vor dem 3.10.1990 geschlossen wurden, gelten ebenfalls keine Besonderheiten. Die schriftliche Erklärung, die § 125 ZGB-DDR für den Eintritt eines Familienangehörigen vorsah, ist nicht mehr erforderlich, weil gem. Art. 232 § 2 EGBGB ab dem 3.10.1990 die Regeln des BGB Geltung haben.

10 **Sozialwohnungen** dürfen gem. § 27 Abs. 6 WoFG bzw. § 4 Abs. 2 WoBindG nur solchen Personen überlassen werden, die eine entsprechende Berechtigung haben (Wohnberechtigungsschein). Letztere Vorschrift wird durch § 4 Abs. 7 WoBindG eingeschränkt; bei Eintritt in den Mietvertrag gem. § 563 BGB, also bei Erfüllung aller Voraussetzungen dieser Vorschrift, ist ein Wohnberechtigungsschein nicht erforderlich[19]. Das bedeutet im Umkehrschluss, dass der Erbe, der den Vertrag gem. § 564 BGB fortsetzt, eine Berechtigung benötigt[20]. Der Übergang der Wohnberechtigung gem. § 4 Abs. 7 WoBindG darf nur ein einziges Mal erfolgen, um Erbhöfe im sozialen Wohnungsbau zu verhindern[21]. Das WoBindG hat allerdings einen langsam auslaufenden Anwendungsbereich. Es gilt nämlich gem. §§ 1 WoBindG, 50 WoFG nur für solchen Wohnraum, für den die Fördermittel bis Ende 2001 bewilligt wurden[22]. Für Förderungen danach gilt vorbehaltlich der nachfolgend dargestellten landesrechtlichen Einschränkungen das WoFG, das § 4 WoBindG er-

---

[14] *Blank/Börstinghaus* § 563 Rdn. 1.

[15] *Rolfs* in Staudinger § 563 Rdn. 4. S. zur Abgrenzung der Werkwohnung von der Werkdienstwohnung vor § 576 Rdn. 3 und § 576b Rdn. 3.

[16] Eine Aufspaltung des einheitlichen Dienst- und Mietvertrages muss nach dem Tod des Mieters/Dienstverpflichteten nicht befürchtet werden, steht also der Anwendung der §§ 563ff. BGB nicht entgegen; nach dem Tod des Mieters/Dienstverpflichteten verbleibt nämlich nur noch der „Wohnanteil" des Vertrages (s. zur dogmatischen Einordnung dieses Rechtsverhältnisses bei § 576b Rdn. 22).

[17] BGH (VIII ZR 254/09) WuM 2010, 431; AG Hamburg-Barmbek BeckRS 2010, 15637.

[18] *Drasdo* NZM 2012, 591.

[19] Auch nicht für Mietverträge, die vor dem 3.10.1990 unter DDR-Recht geschlossen wurden; vgl. *Kinne* in Kinne/Schach/Bieber § 563 Rdn. 29/30. S. allgemein zu § 4 Abs. 7 WoBindG *Porer* NZM 2005, 488.

[20] In den Fällen des § 563a BGB wird das Problem nicht relevant, da hier ein Mitmieter den Vertrag fortsetzt und als solcher schon bei Einzug eine Wohnberechtigung benötigte.

[21] VGH München NVwZ-RR 1996, 159; *Bellinger* in Fischer-Dieskau/Pergande/Schwender, Wohnungsbaurecht, § 4 WoBindG Anm. 8.3.

[22] S. den Wortlaut des § 50 WoFG sowie *Söfker* WuM 2002, 296 und *Bellinger* in Fischer-Dieskau/Pergande/Schwender, Wohnungsbaurecht, § 50 WoFG Anm. 2.

setzt[23], aber eine § 4 Abs. 7 WoBindG entsprechende spezielle Regelung für den Tod des Mieters nicht enthält. Der Eintretende bzw. der Erbe müssen deshalb einen Wohnberechtigungsschein gem. § 27 Abs. 3 WoFG für sich beantragen oder der Vermieter muss sich um eine Freistellung von der Belegungsbindung gem. § 30 WoFG bemühen. Das WoFG und das WoBindG gelten aber nicht mehr in allen Bundesländern. Durch die Föderalismusreform ist nämlich zum 1.9.2006 die ausschließliche Gesetzgebungsbefugnis für das Recht der Wohnraumförderung und der Wohnungsbindung auf die Länder übergegangen[24]. Die bundesrechtlichen Bestimmungen gelten gem. Art. 125a GG fort, bis sie durch Landesgesetze ersetzt oder aufgehoben werden. Einige Bundesländer haben eigene Wohnraumförderungs- oder Wohnungsbindungsgesetze oder beides erlassen, die teilweise mit den bundesrechtlichen Regeln übereinstimmen, teilweise aber auch davon abweichen oder keine besonderen Bestimmungen enthalten. In Baden-Württemberg gibt es das Landeswohnraumförderungsgesetz (LWoFG BW)[25], in Schleswig-Holstein das Schleswig-Holsteinische Wohnraumförderungsgesetzes (SHWoFG), in Bremen ein Bremisches Wohnungsbindungsgesetz (BremWoBindG), in Berlin das Wohnraumgesetz Berlin (WoG Bln) in Bayern ein Bayerisches Wohnungsbindungsgesetz (BayWoBindG) sowie ein Gesetz über die Wohnraumförderung in Bayern (BayWoFG) und in Hamburg ein Gesetz zur Sicherung der Zweckbestimmung von Sozialwohnungen in der Freien und Hansestadt Hamburg (HmbWoBindG) sowie ein Gesetz über die Wohnraumförderung in der Freien und Hansestadt Hamburg (HmbWoFG), in Hessen das Hessische Wohnraumfördergesetz (HWoFG), in Niedersachsen das Niedersächsische Wohnraumfördergesetz (NWoFG), in Rheinland-Pfalz das Landeswohnraumförderungsgesetz (RPLWoFG) und in Nordrhein-Westfalen das Gesetz zur Förderung und Nutzung von Wohnraum für das Land Nordrhein-Westfalen (WFNG NRW). Das WoFG und das WoBindG galten ohnehin nicht in den neuen Bundesländern und nicht in Berlin und im Saarland; dort gibt es aber teilweise Belegungsbindungsgesetze, die den Bundesregelungen ähnlich sind oder auf sie verweisen.

Der **zeitliche Anwendungsbereich** kann schon vor Einzug des Mieters eröffnet sein, nämlich **11** wenn der Mieter nach Vertragsschluss aber noch vor Gebrauchsüberlassung stirbt; auch in diesem Fall besteht i. d. R. ein Schutzbedürfnis der Eintrittsberechtigten, da die bisherige Wohnung meist nur noch für eine Übergangszeit genutzt werden kann. Ansonsten endet die Anwendung der §§ 563ff. BGB mit dem Mietvertrag. Hier sind folgende Fallgestaltungen zu unterscheiden: Bei Zeitmietverträgen tritt der Berechtigte bis zum Ablauf der Vertragslaufzeit ein[26]. Gleiches gilt für einen mit Frist gekündigten Vertrag bis zum Ablauf der Kündigungsfrist oder für einen einvernehmlich aufgehobenen Vertrag bis zum Vertragsende[27], so dass der Eintretende den Räumungsanspruch zu erfüllen hat. Ein Eintritt gem. § 563 BGB ist nicht mehr möglich, wenn der Vertrag vor dem Tod des Mieters bereits beendet war (etwa durch Ablauf der Kündigungsfrist bzw. mit Zugang der fristlosen Kündigung) oder wenn der Vertrag von Anfang an nichtig war (Anfechtung[28], Geschäftsunfähigkeit). Allerdings kann der Eintrittsberechtigte die Schutzrechte der §§ 574ff. BGB und des § 569 Abs. 3 Nr. 2 BGB geltend machen[29] und so unter Umständen eine Fortsetzung des Mietverhältnisses erreichen. Evtl. Abwicklungspflichten und Abwicklungsansprüche aus einem vor dem Tod des Mieters beendeten Vertrag (Räumung, Renovierung, Kaution, Betriebskosten etc.) treffen den Erben, gegen den Besitzer können Ansprüche aus § 985 BGB, Delikt, ungerechtfertigter Bereicherung oder einem Eigentümer-Besitzer-Verhältnis bestehen[30].

Auch ein **auf Lebenszeit des Mieters geschlossener Vertrag** gem. § 544 Satz 2 BGB läuft **12** nach herrschender Meinung[31] auf bestimmte Zeit und soll damit ein Zeitmietvertrag sein. Allerdings endet der Vertrag nicht – wie typischerweise in den Fällen des § 575 BGB – nach einer festen, kalendermäßig bestimmten Laufzeit, sondern mit dem Tod des Mieters; es gibt also eigentlich keine Restlaufzeit, in die privilegierte Personen eintreten könnten. Die damit verbundene Problematik

---

[23] *Otte* in Fischer-Dieskau/Pergande/Schwender, Wohnungsbaurecht, § 27 WoFG Anm. 1.1.
[24] *Feßler* WuM 2010, 267; *Feßler* WuM 2009, 90.
[25] S. dazu *Feßler* WuM 2010, 267; *Feßler* WuM 2009, 90.
[26] *Häublein* in MünchKomm § 563 Rdn. 4.
[27] *Rolfs* in Staudinger § 563 Rdn. 32.
[28] Ist die Anfechtung noch nicht erklärt, ist ein Eintritt möglich, die Anfechtung kann aber evtl. gegenüber dem Eintretenden/Fortsetzenden erklärt werden; vgl. *Blank/Börstinghaus* § 563 Rdn. 15. Der BGH bejaht die Anfechtbarkeit von Mietverträgen mit ex-tunc Wirkung, vgl. BGH NZM 2008, 886.
[29] *Rolfs* in Staudinger § 563 Rdn. 32.
[30] *Blank/Börstinghaus* § 563 Rdn. 14 und 18.
[31] BayObLG NJW-RR 1993, 1164; *Hinz* NZM 2003, 662; § 544 Rdn. 4; *Blank* ZMR 2002, 801.

wird in der Literatur vielfach diskutiert, die Praxisrelevanz dürfte hingegen gering sein. Auch wenn bei allen Arten von Mietverhältnissen Fälle denkbar sind, in denen der Mieter oder der Vermieter ein Interesse daran haben, den Bestand des Vertrages an der eigenen Lebensdauer festzumachen, so handelt es sich bei § 544 Satz 2 BGB doch um eine typische Vorschrift zum Schutz des Wohnraummieters, der an seinem Lebensabend das Risiko ausschließen möchte, die Wohnung zu verlieren[32]. Die Regelung wäre deshalb besser im Zusammenhang des § 575 BGB aufgehoben (ggf. mit einem Verweis auf andere Mietverhältnisse als solche über Wohnraum etwa in § 580 BGB). Der Schutzcharakter des § 544 Satz 2 BGB zugunsten des Mieters verträgt sich allerdings vordergründig nicht mit den Beschränkungen für Zeitmietverhältnisse in § 575 BGB: Da das Lebensende des Mieters zwar gewiss ist, der genaue Zeitpunkt aber ungewiss, können Befristungsgründe gem. § 575 Abs. 1 BGB kaum sinnvoll vereinbart werden[33]. Diese Vorschrift dient vornehmlich den Vermieterinteressen[34], indem sie ausnahmsweise eine zeitliche Befristung eines grundsätzlich auf unbestimmte Dauer laufenden Wohnraummietvertrages zulässt und so dem Vermieter ermöglicht, die Wohnung bis zum Zeitpunkt des Eigeninteresses dem allgemeinen Wohnungsmarkt zur Verfügung zu stellen. Auf diesen Schutz kann der Vermieter verzichten; § 575 Abs. 4 BGB verbietet nur Abweichungen zu Lasten des Mieters[35]. Weder der Schutzzweck des § 575 BGB noch dessen sinnvoller Anwendungsbereich stehen also entgegen, Verträge auf Lebenszeit des Mieters von den speziellen Zulässigkeitsvoraussetzungen des § 575 BGB für Zeitmietverträge auszunehmen[36]. Dies zumal, als der auf Lebenszeit geschlossene Mietvertrag zwar nach gängiger Definition ein befristeter Vertrag (ein auf bestimmte Zeit geschlossener Vertrag) ist, dass die Mietzeit aber angesichts der Ungewissheit des Todeszeitpunkts nicht annähernd kalendermäßig bestimmt oder bestimmbar ist und er deshalb wertungsmäßig dem auf unbestimmte Zeit geschlossenen Vertrag näher steht[37] und als dessen Spezialfall zu begreifen ist. §§ 549 Abs. 1 oder 575 Abs. 1 Satz 2 BGB stehen dem nicht entgegen[38], da § 575 BGB aus den genannten Gründen auch ohne ausdrückliche Regelung eben nicht für den Lebenszeitvertrag gelten soll. Von dem üblichen Fall des auf unbestimmte Zeit geschlossenen Vertrags unterscheidet sich die Lebenszeitmiete dadurch, dass das Mietverhältnis nicht durch Kündigung, sondern den Tod des Mieters beendet wird. Wenn es sich hierbei nicht um eine Befristung handelt, dann ist der Auflösungsgrund eine Bedingung. Dem steht die übliche Definition der Bedingung bzw. Befristung nicht entgegen, weil sie durch übereinstimmendes Parteiverständnis abbedungen werden kann[39]; dann muss auch eine Abbedingung durch ein bestimmtes Normverständnis möglich sein. Durch das Verständnis der Lebenszeitabrede als Bedingung wird der Wohnraummieter in besonderer Weise geschützt. Denn gem. § 572 Abs. 2 BGB kann sich der Vermieter auf eine zum Nachteil des Wohnraummieters auflösende Bedingung nicht berufen. Das bedeutet, der Wohnraummieter kann ordentlich kündigen (was bei betagten Mietern wichtig werden kann, wenn sie die Wohnung wegen Pflegebedürftigkeit aufgeben müssen), der Vermieter hingegen nicht. Wenn sich der Vermieter nicht zum Nachteil des Mieters auf die Lebenszeitabrede berufen kann, dann hat das Konsequenzen für ein Eintrittsrecht gem. § 563 BGB. Auch der Eintretende kann sich auf § 572 Abs. 2 BGB berufen, allerdings nicht auf eine Dauer des Vertrages bis zu seinem Lebensende. Denn ein Lebenszeitvertrag hat eine stark personalisierte Komponente. Es soll nicht der jeweilige Mieter auf Lebenszeit in der Wohnung verbleiben können, sondern derjenige, mit dem der Vermieter den Vertrag geschlossen hat. Dies dürfte einmal dem Willen der Vertragsparteien entsprechen und zum zweiten der Intention des Gesetzgebers, Erbmieten zu verhindern[40]. Die Spezialität der Lebenszeitmiete erfordert es hingegen nicht, diesem Personenkreis den Eintritt in den Mietvertrag zu verweigern, deren Eintrittsrecht wird vielmehr vom Zweck des § 563 BGB ebenso gefordert wie bei allen übrigen Wohnraummietverträgen[41] – allerdings erfolgt der Eintritt nicht auf

---

[32] S. bei § 575 Rdn. 80.

[33] *Hinz* NZM 2003, 662.

[34] S. bei § 544 Rdn. 1.

[35] S. bei § 544 Rdn. 4.

[36] Ebenso *Blank* ZMR 2002, 801; s. auch bei § 575 Rdn. 80. Anders wohl *Hinz* NZM 2003, 663.

[37] Ähnlich *Foerste* JZ 1997, 732.

[38] **A. A.** *Hinz* NZM 2003, 662; *Häublein* in MünchKomm § 563 Rdn. 5. Letzterer kommt zu einem ähnlichen Ergebnis durch eine Auslegung des Mietvertrages, nach der der Vermieter für die Lebenszeit des Mieters auf die ordentliche Kündigung verzichtet.

[39] S. § 542 Rdn. 165.

[40] S. bei § 544 Rdn. 1.

[41] Ähnlich *Blank* ZMR 2002, 801.

Lebenszeit, sondern auf unbestimmte Zeit[42], da die Lebenszeitvereinbarung, wie ausgeführt, personenbezogen war. Wegen dieser Personenbezogenheit dürfte auch die Vererblichkeit des Mietvertrages gem. § 564 BGB ausgeschlossen sein; wenn also kein Berechtigter gem. § 563 BGB vorhanden ist, hat der Erbe das Mietverhältnis nur noch abzuwickeln[43].

5. Juristische Personen und Personenvereinigungen als Mieter

Auch juristische Personen (AG, GmbH etc.) und Personenvereinigungen (GbR[44], oHG, KG) können Mieter von Wohnraum sein. Endet deren Existenz durch **Auflösung,** so sind die §§ 563ff. BGB nicht anwendbar[45]. Eine unmittelbare Anwendung scheidet schon deshalb aus, weil das mit einer Gesellschaft bestehende Mietverhältnis nicht ein solches über Wohnraum im Sinne der §§ 549ff. BGB sein kann; eine Gesellschaft kann nicht wohnen[46]. Eine entsprechende Anwendung scheidet aus, weil der Tod einer Person weder vom Wortsinn noch der Sache nach mit der Auflösung einer Gesellschaft gleichzusetzen ist. Überdies fehlt das personale Element zwischen Mieter und möglichem Eintrittsberechtigtem (§ 563 BGB) sowie zwischen Vermieter und Mieter (§ 564 BGB). Während nämlich bei Mietverträgen zwischen natürlichen Personen i. d. R. ein mehr oder weniger starker persönlicher Bezug vorhanden ist und die Parteien den Vertrag erst nach Ansehen des Vertragspartners schließen, ist bei einer Gesellschaft von vornherein mit einem Wechsel der Gesellschafter bzw. der Geschäftsführer zu rechnen, so dass das persönliche Vertrauen in die Person eines einzelnen Gesellschafters und dessen Verbleib in der Gesellschaft weniger stark sein dürfte[47]. Auch ein Rechtsübergang nach dem **Umwandlungsgesetz** führt nicht zu einer (analogen) Anwendung des § 564 BGB, da es hier ebenfalls an der notwendigen personalen Beziehung fehlt; soweit die Haftung des Vermieters sich durch die Umwandlung verschlechtert, wird er durch die Vorschriften des Umwandlungsgesetzes (etwa §§ 224, 204, 22 UmwG) geschützt[48]. 13

Teilweise wird jedoch eine Anwendung der §§ 563ff. BGB befürwortet, wenn der **Gesellschafter** einer Personengesellschaft die Wohnung bewohnt und **stirbt;** der häufigste Anwendungsfall dürfte hierbei der Tod eines GbR-Gesellschafters sein. Es werden folgende Ansätze vertreten: *Blank* meint, auf Grund der persönlich unbeschränkten Haftung der Gesellschafter sei der von § 564 BGB (Folge: Fortsetzung des Vertrages mit Kündigungsrecht) vorausgesetzte personale Bezug vorhanden und die Vorschrift deshalb anzuwenden[49]. *Lammel* meint dagegen, die Personengesellschaften seien weitgehend korporationsrechtlich verselbständigt, weswegen das personenrechtliche Element des § 564 BGB keine Rolle spiele[50]. *Rolfs* meint, der Schutzgedanke des § 563 BGB (Folge: Eintrittsrecht) gebiete eine Anwendung der Vorschrift zu Gunsten der aus dem Verhältnis zum verstorbenen Gesellschafter privilegierten Personen – außer bei Publikumsgesellschaften, die Kapitalgesellschaften angenähert seien[51]. M. E. ist folgendes richtig: Zweck der §§ 563ff. ist der Erhalt der Wohnung für diejenigen Personen, die in einer privilegierten Beziehung zu dem verstorbenen Mieter gestanden haben, diese Beziehung ist meist familienrechtlich oder familienrechtsähnlich geprägt. Charakteristisch ist weiterhin das Fehlen von vertraglichen Absprachen. Während es üblicherweise bei natürlichen Personen als Vertragsparteien nur ein zweistufiges Verhältnis der Beteiligten gibt (Vermieter zu Mieter und dieser wiederum zu dem von § 563 BGB erfassten Personenkreis), kommt bei Personengesellschaften eine weitere Stufe hinzu: Der Vermieter schließt den 14

---

42 Im Ergebnis ebenso die h. M., vgl. *Rolfs* in Staudinger § 563 Rdn. 33. **A. A.** *Hinz* NZM 2003, 663; *Häublein* in MünchKomm § 563 Rdn. 4. *Heintzmann* in Soergel § 563 Rdn. 3 möchte die Entscheidung, ob der Vertrag befristet oder unbefristet fortgesetzt wird, davon abhängig machen, ob der Grund für die Befristung noch besteht; im Zweifel soll er unbefristet sein.

43 AG Worms, Urteil v. 18.2.2005 – 2 C 253/04 (veröffentlicht bei Juris); *Hinz* NZM 2003, 663; *Blank/Börstinghaus* § 564 Rdn. 17/18.

44 Zu der Frage, ob es sich bei einer Wohngemeinschaft um eine rechtsfähige Außen-GbR handelt, s. *Jacobs* NZM 2008, 111; *Streyl* NZM 2011, 380; *Grunewald* JZ 2015, 1027. S. allgemein zur GbR als Partei von Mietverträgen *Streyl* NZM 2011, 380; *Kraemer* NZM 2002, 465; *Häublein* PIG 70 (2004) S. 56/57; *Weitemeyer* ZMR 2004, 157; *Wiek* WuM 2009, 491/492.

45 Allg. M.: OLG Braunschweig NZM 1999, 1055; OLG Naumburg NZM 2002, 167; OLG Düsseldorf MDR 1989, 641; *Rolfs* in Staudinger § 563 Rdn. 6.

46 BGH NJW 2008, 3361; *Wiek* WuM 2009, 491 und WuM 2011, 146. S. auch vor § 535 Rdn. 94.

47 OLG Naumburg NZM 2002, 167.

48 *Kraemer* NZM 2002, 472.

49 *Blank/Börstinghaus* § 564 Rdn. 7.

50 *Lammel,* Wohnraummietrecht, § 564 Rdn. 10.

51 *Rolfs* in Staudinger § 563 12; ähnlich *Häublein* in MünchKomm § 563 Rdn. 7.

Mietvertrag mit der Gesellschaft, diese wiederum überlässt aus einer Vielzahl denkbarer (Rechts-) Gründe die Wohnung einem Gesellschafter und dieser wiederum nimmt privilegierte Personen auf. Für die direkte Anwendung des § 563 BGB kommt es nur darauf an, ob der Mieter privilegierte Personen hinterlassen hat; wenn eine Gesellschaft Mieterin ist, kommt das kaum in Betracht. Für die direkte Anwendung des § 564 BGB kommt es nur darauf an, ob der Mieter (die Gesellschaft) einen Erben hat; das ist nicht der Fall, da nicht die Gesellschaft „stirbt", sondern nur der Gesellschafter und dessen Erben – falls die Gesellschaft nicht aufgelöst wird – seinen Gesellschaftsanteil übernehmen. Für eine analoge Anwendung der §§ 563 ff. BGB besteht kein Anlass, da die Interessenlage nicht vergleichbar ist. Zwar mögen die zum Haushalt des verstorbenen Gesellschafters gehörenden Personen oder dessen Erben ein Interesse am Fortbestand des Mietverhältnisses haben. Entscheidend ist aber, dass der Gesellschafter sein Nutzungsrecht (es geht nur um den Gesellschafter, dem die Wohnung zur Nutzung überlassen war, da §§ 563 ff. BGB eine solche Nutzung voraussetzen) nicht vom Vermieter ableitetet, sondern von der Gesellschaft. Würde man ein Eintrittsrecht bejahen, so würde neben die GbR als Mieterin ein weiterer Mieter treten, anstatt, wie ansonsten in §§ 563 ff. BGB den verstorbenen Mieter nur auszutauschen. Die nach dem Tod des Gesellschafters in der Wohnung verbliebenen Personen müssen ihr weiteres Nutzungsrecht mit der Gesellschaft klären, nicht aber mit dem Vermieter[52]. Die Sachlage ist insofern eher mit einer Untermiete vergleichbar. Auch die Rechtsprechung des BGH[53] zur Eigenbedarfskündigung wegen des Eigenbedarfs eines Gesellschafters einer GbR führt zu keinem anderen Ergebnis. §§ 563 ff. BGB haben nämlich eine andere Schutzrichtung: Sie erhalten den Lebensmittelpunkt einer schon in der Wohnung lebenden privilegierten Person *auf Mieterseite,* wohingegen die Eigenbedarfskündigung der Durchsetzung der Eigentümerinteressen *auf Vermieterseite* für eine erst beabsichtigte Nutzung dient. Letzteres erreicht der BGH bei der Eigenbedarfskündigung dadurch, dass er eine Vermieter-GbR bezüglich des Eigenbedarfs wie eine Miteigentümergemeinschaft bzw. eine Erbengemeinschaft behandelt, also den Gesellschaftscharakter insoweit negiert.

6. Mehrere Mieter

15 Sind mehrere Personen gemeinsam Mieter, so schließt das die Anwendung von § 563 ff. BGB nicht aus; die Vorschriften sind nicht nur auf einen Einzelmieter zugeschnitten und anwendbar[54]. Aus dem Wortlaut von § 563 Abs. 1 BGB („Tod des Mieters") ergibt sich nichts anderes. Wie in vielen anderen Normen auch schließt die Verwendung des Singular im Gesetz nicht die Anwendung bei einer Mehrzahl von Mietern aus. Auch § 563 a BGB steht diesem Verständnis nicht entgegen; dort wird nur eine spezielle Form der Mietermehrheit geregelt, nämlich der Fall, dass alle Mitmieter privilegiert sind (s. sogleich). Es sind bei Mietermehrheiten verschiedene **Fallgestaltungen** zu unterscheiden:

16 Sind **alle** (einer oder mehrere) anderen Mieter **privilegiert** i. S. v. § 563 BGB, so wird das Mietverhältnis mit ihnen fortgesetzt (§ 563 a BGB). Diese Mitmieter verdrängen auch solche Personen, die nach § 563 BGB ansonsten eintrittsberechtigt wären. Haben etwa zwei Lebenspartner eine Wohnung gemietet und dort einen gemeinsamen Haushalt geführt, dann wird nach dem Tod eines Lebenspartners der Vertrag selbst dann nur mit dem anderen fortgesetzt, wenn in dem Haushalt Kinder des Verstorbenen gelebt haben; ihnen steht kein Eintrittsrecht gem. § 563 BGB zu, weil die Regelung des § 563 a BGB vorrangig vor einem Eintritt gem. § 563 BGB ist[55]. *Häublein*[56] möchte den Vorrang des § 563 a BGB allerdings teleologisch reduzieren, weil er kein sachgerechtes Differenzierungskriterium dafür erkennen kann, warum nach § 563 BGB privilegierte Personen von einem Eintritt ausgeschlossen sein sollen; ein Eintritt gem. § 563 BGB soll neben einer Fortsetzung gem. § 563 a BGB möglich sein. Diese Ansicht ist abzulehnen, weil das vermisste Differenzierungskriterium darin besteht, dass der überlebende Mitmieter bereits vor dem Tod Partei des Mietvertrages war und ein erhebliches Interesse daran haben kann, eine Lebensgemeinschaft (etwa mit

---

[52] Ähnlich wohl *Häublein* in MünchKomm § 563 Rdn. 7.

[53] BGH (VIII ZR 232/15) NJW 2017, 547 = WuM 2017, 94.

[54] Rechtsentscheid OLG Karlsruhe NJW 1990, 581 = WuM 1989, 610 = ZMR 1990, 6; *Rolfs* in Staudinger § 563 Rdn. 10.

[55] *Rolfs* in Staudinger § 563 Rdn. 8/9 (dort auch zu von *Sonnenschein* in WuM 2000, 405 geäußerten, aber letztlich nicht durchgreifenden verfassungsrechtlichen Bedenken gegen diesen Vorrang des § 563 a BGB); *Löhnig* FamRZ 2001, 894.

[56] *Häublein* in MünchKomm § 563 a Rdn. 11.

den Kindern des Mitmieters) zu beenden, die er nur wegen der persönlichen Beziehung zu dem Verstorbenen für dessen Lebenszeit akzeptiert hat.

Streitig ist die Behandlung von Fällen, in denen nach Versterben eines Mitmieters mindestens zwei Mitmieter verbleiben, von denen im Gegensatz zur eben erörterten Fallgestaltung aber **nur einer** nach § 563 BGB **privilegiert** ist. Dieser Mitmieter verdrängt wegen § 563a BGB auch nicht das Eintrittsrecht weiterer nach § 563 BGB privilegierter Personen. Abgesehen davon, dass der Wortlaut des § 563a BGB dafür spricht, dass alle Mitmieter nach § 563 BGB privilegiert sein müssen[57], passt diese Ansicht auch nicht zu der von § 563a BGB erfassten Interessenlage: Wenn mehrere Personen Mieter sind, ohne dass alle zum Personenkreis des § 563 BGB gehören, also ohne einen gemeinsamen Haushalt zu führen, dann wiegt der Vorrang der vertraglichen Beziehung weniger schwer als die Erhaltung des Wohnraums für die nach § 563 BGB privilegierten Personen[58]. Da § 563a BGB auf diese Fallkonstellation nicht anwendbar ist, besteht auch kein Kündigungsrecht gem. § 563a Abs. 2 BGB[59]. 17

Gehört der überlebende von zwei Mitmietern **nicht** zu dem nach § 563 BGB **privilegierten** Personenkreis, so ist ein Eintritt von privilegierten Personen gem. § 563 BGB in den Anteil des Verstorbenen an dem Mietverhältnis möglich[60]. Das wäre etwa der Fall, wenn Eheleute gemeinsam eine Wohnung mieten, sich später aber trennen; die Kinder, die in dem Haushalt leben, haben nach dem Tod des in der Wohnung verbliebenen Elternteils ein Eintrittsrecht. 18

Gehört der überlebende Mitmieter oder einer von mehreren Mitmietern nicht zum privilegierten Personenkreis und gibt es **keine Eintrittsberechtigten** (z. B. bei einer Wohngemeinschaft mit getrennter Wirtschaftsführung), dann gelten die allgemeinen Regeln des Erb- und Schuldrechts. Das heißt, neben den überlebenden Mietern tritt der Erbe des verstorbenen Mieters gem. §§ 1922, 1967 BGB in den Mietvertrag ein[61]. Sie haften als Gesamtschuldner und sind in Bezug auf die Mieterrechte Gesamtgläubiger. Zwischen ihnen kann *im Innenverhältnis* eine Gemeinschaft gem. § 741 ff. BGB, eine GbR, eine Erbengemeinschaft oder eine familienrechtliche Beziehung gem. §§ 1353, 1361b BGB bestehen. Eine GbR läge vor, wenn die Mieter einen gemeinsamen Zwecks verfolgen würden[62] etwa indem sie die frühere GbR mit dem verstorbenen Mieter fortführen. Aus dem Gemeinschafts- bzw. Gesellschaftsverhältnis können sie zur Mitwirkung an der nur in Bezug auf das gesamte Mietverhältnis möglichen Kündigung oder einer Vertragsänderung mit dem Vermieter verpflichtet sein[63]. Das ist nach den entsprechenden Vorschriften über die Gemeinschaft bzw. Gesellschaft zu beurteilen. Ob für Mieter und Vermieter in diesen Fällen auch ein Kündigungsrecht gem. § 564 Satz 2 BGB besteht, ist streitig; s. hierzu bei § 564 Rdn. 16. Was gilt, wenn *im Außenverhältnis* zum Vermieter eine rechtsfähige Personenvereinigung Mieter ist, s. Rdn. 14. 19

II. Voraussetzungen des Eintritts (Abs. 1 und 2)

1. Tod des Mieters

Der Mieter muss während des Bestehens des Mietvertrages (s. dazu Rdn. 11) verstorben sein. Die Todesursache ist unerheblich, auch Selbsttötung schließt die Anwendung nicht aus[64]. Die Todeserklärung gem. § 9 Abs. 1 VerschG steht dem Tod gleich, nicht jedoch die Verschollenheit an sich; gem. § 10 VerschG wird nämlich vermutet, dass eine Person lebt, solange sie nicht für tot erklärt ist. Zum Tod von juristischen Personen und Personenvereinigungen s. Rdn. 13. 20

2. Eintrittsberechtigte

Nach § 563 Abs. 1 und 2 BGB sind eintrittsberechtigt der Ehegatte, der Lebenspartner im Sinne des LPartG, die Kinder, die Familienangehörigen und sonstige Personen. Das Eintrittsrecht ist aber daran geknüpft, dass sie mit dem verstorbenen Mieter einen gemeinsamen Haushalt geführt bzw. 21

57 *Blank/Börstinghaus* § 563a Rdn. 4 und § 564 Rdn. 8.
58 Im Ergebnis ebenso *Rolfs* in Staudinger § 563 Rdn. 11; *Häublein* in MünchKomm § 563 Rdn. 9.
59 *Heintzmann* in Soergel § 563a Rdn. 5.
60 OLG Karlsruhe NJW 1990, 581; *Rolfs* in Staudinger § 563 Rdn. 10; *Häublein* in MünchKomm § 563 Rdn. 8.
61 *Blank/Börstinghaus* § 563a Rdn. 3.
62 *Jacobs* NZM 2008, 111. S. auch *Kraemer* NZM 2002, 465.
63 *Rolfs* in Staudinger § 542 Rdn. 14.
64 BGH NJW-RR 1991, 76.

mit ihm in einem gemeinsamen Haushalt gelebt haben. Für die Beurteilung, ob ein gemeinsamer Haushalt oder die Zugehörigkeit zu dem privilegierten Personenkreis bestanden hat, ist der **Zeitpunkt des Todes des Mieters maßgeblich**[65]; die Verhältnisse bei Vertragsschluss sind belanglos.

22 **a) Rangfolge der Eintrittsberechtigten.** Aus dem Wortlaut des § 563 BGB lässt sich auch ein Stufenverhältnis der Eintrittsberechtigten für den Fall entnehmen, dass es mehrere Eintrittsberechtigte gibt. Es gilt folgendes[66]:

23 **aa)** Vorrangig vor allen anderen treten der **Ehegatte bzw. der Lebenspartner** in das Mietverhältnis ein (Abs. 1 in Verbindung mit Abs. 2 Satz 1).

24 **bb)** Gleichrangig mit dem Ehegatten ist der **Lebenspartner** im Sinne des LPartG (Abs. 1 Satz 2). Ein Konflikt kann aus dieser Gleichrangigkeit nicht entstehen, da eine Lebenspartnerschaft nur möglich ist zwischen unverheirateten Personen und eine Lebenspartnerschaft mit einer anderen Person ein Ehehindernis darstellt (§ 1 Abs. 3 Nr. 1 LPartG bzw. § 1306 BGB). Seit dem In-Kraft-Treten von Art. 18 Nr. 1 des Gesetzes zur Bereinigung des Rechts der Lebenspartner[67], am 26.11.2015 verdrängt auch der Lebenspartner wie der Ehegatte die Kinder des Mieters (Abs. 2 Satz 1; s. sogleich).

25 **cc)** Die **Kinder** des Mieters sind nachrangig gegenüber dessen Ehegatten bzw. dessen Lebenspartner, aber untereinander gleichrangig (Abs. 2 Satz 1). In solchen Fällen kann es zum Eintritt mehrerer Personen, d. h. mehrerer Kinder, kommen. Entgegen dem möglicherweise missverständlichen Wortlaut von Abs. 2 Satz 1 ist es nicht notwendig, dass neben den Kindern und dem verstorbenen Mieter weitere Personen in dem Haushalt wohnten[68].

26 **dd)** Die **Familienangehörigen** sind nachrangig gegenüber dem Ehegatten und dem Lebenspartner, aber gleichrangig mit den Kindern (Abs. 2 Satz 2). Auch hier kann es zum Eintritt mehrerer Personen kommen, also Familienangehörige(r) mit Kind(ern).

27 **ee)** Für die sonstigen Personen, die mit dem Mieter einen auf Dauer angelegten Haushalt geführt haben, gilt das Gleiche wie für die Familienangehörigen (Abs. 2 Satz 3).

28 **b) Privilegierter Personenkreis. aa) Ehegatten.** Wer Ehegatte ist, bestimmt sich nach den Vorschriften des Eherechtes (§§ 1297 ff. BGB); für im Ausland geschlossene Ehen gelten die Vorschriften des Internationalen Privatrechts (Art. 13 und 17 EGBGB sowie zahlreiche Staatsverträge oder internationale Abkommen). Eine Lebenspartnerschaft ist ein Ehehindernis (§ 1306 BGB). Nach § 1312 Abs. 1 Satz 1 BGB beginnt die Ehe mit der Eheschließung[69] und endet entweder mit deren Aufhebung durch rechtskräftiges Urteil (§ 1313 BGB) oder mit der Auflösung durch rechtskräftiges Scheidungsurteil (§ 1564 Satz 2 BGB). Auch nach Anhängigkeit eines Scheidungsverfahrens kann ein Ehegatte also grundsätzlich zum Kreis der eintrittsberechtigten Personen gehören[70], sogar noch nach Verkündung des Scheidungsurteils, wenn dieses nicht sofort rechtskräftig wird[71]; es wird allerdings in diesen Fällen meist an der weiteren Voraussetzung, der Führung eines gemeinsamen Haushalts, fehlen.

29 **bb) Lebenspartner.** Wer Lebenspartner ist, richtet sich nach den Bestimmungen des LPartG. Nach § 1 Abs. 1 Satz 1 LPartG können Lebenspartnerschaften nur von zwei gleichgeschlechtlichen Personen gegründet werden; die Verbindung ist auf Lebenszeit angelegt. Die Lebenspartner müssen unverheiratet sein und dürfen nicht eine weitere Lebenspartnerschaft führen (§ 1 Abs. 3 Nr. 1 LPartG). Nach § 11 LPartG gilt ein Lebenspartner als Familienangehöriger des anderen; mit den Angehörigen des Lebenspartners entsteht eine Schwägerschaft. Das hat auch Bedeutung für die Bestimmung des Kreises der eintrittsberechtigten Familienangehörigen gem. § 563 Abs. 2 Satz 2 BGB. Die Lebenspartnerschaft endet durch rechtskräftiges Urteil (§ 15 Abs. 1 LPartG). Für die Zeit nach Anhängigkeit des Aufhebungsverfahrens bis zur Rechtskraft gilt das oben zur Ehe Ausgeführte ent-

---

[65] LG Berlin, Urt. v. 7.10.2016 (Az.: 63594(13).

[66] *Sternel* ZMR 2004, 716/717; *Hinz* ZMR 2002, 642; *Rolfs* in Staudinger § 563 Rdn. 34 ff.; *Blank/Börstinghaus* § 563 Rdn. 43 ff.

[67] BT-Drucks. 18/5901.

[68] *Rolfs* in Staudinger § 563 Rdn. 20.

[69] Eine kirchliche Trauung ohne Beteiligung des Standesamtes reicht bei Heirat in Deutschland nicht aus, es würde vielmehr eine nichteheliche Lebensgemeinschaft gem. § 563 Abs. 2 Satz 3 BGB vorliegen. Bei Eheschließung im Ausland kann eine kirchliche Trauung nach den Vorschriften des Internationalen Privatrechts ausreichen.

[70] Allg. M., s. nur *Häublein* in MünchKomm § 563 Rdn. 10.

[71] *Blank/Börstinghaus* § 563 Rdn. 3.

sprechend. Im Ausland geschlossene Lebenspartnerschaften stehen den in Deutschland geschlossenen gleich (Art. 17b Abs. 4 EGBGB).

cc) Kinder. Kinder sind **unmittelbare Abkömmlinge des Mieters,** gleichgültig ob sie ehelich oder unehelich, minderjährig oder erwachsen sind[72]. Auch **adoptierte Kinder** (angenommen gem. §§ 1741 ff. BGB) gehören zum Kreis der nach § 563 BGB privilegierten Personen. Das folgt aus der Gleichstellung mit leiblichen Kindern in § 1754 BGB. Für die Adoption von Erwachsenen ist allerdings § 1770 BGB zu beachten. Danach entstehen Verwandtschafts- oder Schwägerschaftsbeziehungen nur zwischen dem Annehmenden und dem Angenommenen, nicht aber zu deren Ehegatten, Lebenspartnern oder Verwandten/Verschwägerten. Das kann Folgen für das Eintrittsrecht als Familienangehöriger haben. **30**

Die h. M.[73] ist der Ansicht, **Pflegekinder** (Familienpflege gem. § 1630 Abs. 3 BGB oder Adoptionspflege gem. § 1744 BGB) gehörten nicht zu den Kindern i. S. v. § 563 Abs. 2 BGB, sie seien aber Familienangehörige im Sinne dieser Vorschrift[74]. Auch wenn der h. M. die Begründung fehlt, ist ihr zuzustimmen. Der Schutzzweck des § 563 BGB erfordert eine Anwendung nicht, weil mit dem Tod des Mieters, der Pflegevater bzw. Pflegemutter war, ohnehin über den weiteren Aufenthalt des Kindes in der Pflegefamilie neu zu entscheiden ist. Endet die Pflege, braucht das Kind die Wohnung nicht mehr; wird die Pflege von anderen Personen des Haushalts fortgeführt, hat das Kind einen abgeleiteten Aufenthaltsanspruch in der Wohnung. **31**

Für **Stiefkinder** gilt allerdings anderes[75]. Stiefkinder können ein ebenso großes Interesse am Erhalt der Familienwohnung wie leibliche oder angenommene Kinder haben, so dass der Schutzzweck des § 563 BGB dessen Anwendung gebietet. Die Aufnahme des Stiefkindes in die Familie zeigt überdies i. d. R., dass der Stiefelternteil (Mieter) das Kind wie ein eigenes behandelt. Stiefkinder als Familienangehörige nach § 563 Abs. 2 Satz 2 BGB anzusehen und unter den Schutz dieser Regelung zu stellen, ist nicht ausreichend. Die Anforderungen, die an einen gemeinsamen Haushalt mit dem verstorbenen Mieter zu stellen sind, sind nämlich bei Kindern niedriger als bei den sonstigen Eintrittsberechtigten einschließlich der Familienangehörigen (s. dazu Rdn. 38). **32**

dd) Familienangehörige. Zu den Familienangehörigen gehören – abgesehen von den Kindern – alle mit dem Mieter verwandten oder verschwägerten Personen einschließlich derjenigen, die aufgrund gesetzlicher Fiktion gem. § 11 LPartG als verwandt oder verschwägert gelten (zu adoptierten Erwachsenen s. soeben oben bei den Kindern). Auch Pflegekinder sind Familienangehörige[76], weil Pflegekinder in der Pflegefamilie dieselbe Fürsorge und Erziehung erhalten sollen wie in ihrer eigenen Familie[77] und deshalb vollständig in den Familienverband integriert sind. Das Verlöbnis ist als Vorstufe zur Ehe ebenfalls eine familienrechtliche Beziehung, der Verlobte also Familienangehöriger[78]. Ein geschiedener Ehegatte, der mit dem verstorbenen Mieter nach der Scheidung wieder in der Wohnung lebt, ist hingegen kein Familienangehöriger, sondern allenfalls eine sonstige Person i. S. v. § 563 Abs. 2 Satz 3 BGB. **33**

ee) Sonstige Personen. Die Definition der eintrittsberechtigten Personen i. S. v. § 563 Abs. 2 Satz 3 BGB[79] hängt eng mit dem Begriff der gemeinsamen Haushaltsführung zusammen (s. dazu sogleich unten), weil dieser Personenkreis nach dem Wortlaut des Gesetzes einzig dadurch eingegrenzt wird, dass er mit dem Mieter einen auf Dauer angelegten Haushalt geführt haben muss; eine darüber hinausgehende, wie auch immer geartete Nähebeziehung ist dem Gesetzestext nicht zu entnehmen. Im Sinne einer Nähebeziehung einschränkend definiert aber die h. M. den Personenkreis gem. § 563 Abs. 2 Satz 3 BGB, wenn sie unter Berufung auf die Rechtsprechung des **34**

---

[72] *Lammel,* Wohnraummietrecht, § 563 Rdn. 28, der darauf hinweist, dass für minderjährige Kinder ggf. ein Vormund zu bestellen ist, wenn kein sorgeberechtigter Elternteil vorhanden ist.

[73] BGH NJW 1993, 999 = WuM 1993, 254 = ZMR 1993, 261 unter Rdn. 11 bei Juris zur Vorgängervorschrift § 569a BGB a. F.; *Häublein* in MünchKomm § 563 Rdn. 12 m. w. N. **A. A.** *Blank/Börstinghaus* § 563 Rdn. 44.

[74] BGH NJW 1993, 999 = WuM 1993, 254 = ZMR 1993, 261 unter Rdn. 11 bei Juris zur Vorgängervorschrift § 569a BGB a. F.

[75] *Blank/Börstinghaus* § 563 Rdn. 44.

[76] BGH NJW 1993, 999 = WuM 1993, 254 = ZMR 1993, 261 unter Rdn. 11 bei Juris zur Vorgängervorschrift § 569a BGB a. F.; *Häublein* in MünchKomm § 563 Rdn. 12 m. w. N.; **A. A.** *Blank/Börstinghaus* § 563 Rdn. 44.

[77] *Palandt/Diederichsen* vor § 1626 Rdn. 11.

[78] *Hinz* ZMR 2002, 641.

[79] Dieselbe Problematik besteht im Rahmen des § 549 Abs. 2 Nr. 2 BGB; dort verwendet das Gesetz auch den Begriff der Personen, die mit dem Mieter einen auf Dauer angelegten Haushalt führen.

BGH[80] vor der Mietrechtsreform, die der Gesetzgeber habe fortführen wollen, eine **Lebensgemeinschaft** für notwendig hält, die keine weiteren Bindungen gleicher Art zulasse und sich durch eine enge innere Bindung auszeichne, die ein gegenseitige Einstehen der Partner füreinander begründe und so über eine bloße Haushalts- und Wirtschaftsgemeinschaft hinausgehe[81]. Mit der damaligen Rechtsprechung hatte der BGH eine eheähnliche Gemeinschaft verschiedengeschlechtlicher Partner definiert.

35 In der Gesetzesbegründung[82] selbst heißt es zu dieser privilegierten Personengruppe: „Das bedeutet, dass ein ‚auf Dauer angelegter gemeinsamer Haushalt' gegeben ist, wenn zwischen den Partnern eine Lebensgemeinschaft besteht, die auf Dauer angelegt ist, keine weiteren Bindungen gleicher Art zulässt und sich durch innere Bindungen auszeichnet, die ein gegenseitiges Füreinandereinstehen begründen, die über eine reine Wohn- und Wirtschaftsgemeinschaft hinausgehen. Sowohl die hetero- als auch die homosexuelle Partnerschaft wie auch das dauerhafte Zusammenleben alter Menschen als Alternative zum Alters- oder Pflegeheim, die ihr gegenseitiges Füreinandereinstehen z. B. durch gegenseitige Vollmachten dokumentieren, können daher grundsätzlich diese Kriterien erfüllen." Der erste Satz entspricht der Definition des BGH für eheähnliche Gemeinschaften. Der Folgesatz bringt dann eine Erweiterung, indem auch homosexuelle Paare einbezogen werden und indem das Zusammenleben älterer Menschen erwähnt wird, das mit einer eheähnlichen Gemeinschaft allerdings wenig zu tun hat. Einige Stimmen[83] halten die Begründung deshalb für inkonsequent. M. E. zu Unrecht, weil man die Begründung so verstehen kann, dass die Ausschließlichkeit der Beziehung nur ein beschreibendes Merkmal für eine nichteheliche Lebensgemeinschaft sein soll, nicht aber ein generelles Merkmal des Personenkreises gem. § 563 Abs. 2 Satz 3 BGB[84]. Die Gesetzesbegründung nennt **zwei zentrale Voraussetzungen,** um zu diesem Personenkreis zu gehören: Eine **Wohn- und Wirtschaftsgemeinschaft** ist danach notwendiges, aber nicht hinreichendes Kriterium; hinzukommen muss eine **innere Bindung,** die ein gegenseitiges Füreinandereinstehen begründet[85]. Letzteres wird bei nichtehelichen Lebensgemeinschaften (gleichgültig ob homosexuell oder heterosexuell) regelmäßig gegeben sein, bei sonstigen Formen des Zusammenlebens wäre es hingegen sorgfältig anhand der Gesamtumstände zu prüfen. In diesem Sinne müsste eine an der Gesetzesgeschichte und der Gesetzesbegründung orientierte Auslegung den Personenkreis des § 563 Abs. 2 Satz 3 BGB definieren; die oben erwähnte h. M. entspricht dem.

36 Eine solche Auslegung findet allerdings **keine hinreichende Stütze im Gesetz,** der Gesetzgeber hat seinen in der Gesetzesbegründung geäußerten Willen nur unzureichend zum Ausdruck gebracht[86]. Nach der hier vertretenen Ansicht gilt vielmehr Folgendes: Da der Gesetzgeber als **Voraussetzung,** um zum Personenkreis gem. § 563 Abs. 2 Satz 3 BGB zu gehören, **nur die auf Dauer angelegte gemeinsame Haushaltsführung** in das Gesetz geschrieben hat, war er offenbar der Meinung, die Notwendigkeit des Füreinandereinstehens ergebe sich hieraus hinreichend. Dem ist aber nicht so. Die gemeinsame Haushaltsführung ist vielmehr für den Eintritt sämtlicher privilegierter Personen (Ehegatten, Lebenspartner, Kinder, Familienangehörige) notwendig, ohne dass sich – außer bei den Kindern (s. dazu Rdn. 38) – Unterschiede in den Anforderungen an die gemeinsame Haushaltsführung bzw. deren genaue Ausgestaltung erkennen ließen. Die in § 563

[80] BGH ZMR 1993, 261 = NJW 1993, 999 = WuM 1993, 254.

[81] LG München NZM 2005, 336; *Blank/Börstinghaus* § 563 Rdn. 49; *Gather* DWW 2001, 202; *Hinz* ZMR 2002, 642, *Sternel* ZMR 2004, 716. Überwiegend wird auf das Kriterium der Ausschließlichkeit der Beziehung verzichtet, weil in der Gesetzesbegründung auch das dauerhafte Zusammenwohnen alter Menschen als Anwendungsbeispiel genannt wird.

[82] BT-Drucksache 14, 4553 (abgedruckt in NZM 2000, 415 (444)). Die Stellungnahmen des Bundesrates (abgedruckt in NZM 2001, 20) und die Beschlussempfehlung des Rechtsausschusses (abgedruckt in NZM 2001, 798) enthalten hierzu nichts.

[83] *Rolfs* in Staudinger § 563 Rdn. 27; *Sternel* ZMR 2004, 716; LG Berlin WuM 2016, 107 = ZMR 2016, 289.

[84] So aber LG München NZM 2005, 335 mit dem Argument, dass so einem Rechtsmissbrauch vorgebeugt werden könne; der Rechtssicherheit dient eine danach erforderliche Erforschung der Beziehung allerdings nicht.

[85] *Grundmann,* die die für die Mietrechtsreform zuständige Referentin im Bundesjustizministerium war, spricht in NJW 2001, 2501 von einer besonders engen Gemeinschaft, an die entsprechend der bisherigen Rechtsprechung hohe Anforderungen zu stellen sei, bei der es aber auf geschlechtliche Beziehungen gleich welcher Art nicht ankomme. *Sonnenschein* NZM 2002, 11 versteht die Gesetzesbegründung dahingehend, dass der Begriff Lebensgemeinschaft nur noch verwendet werde, um den auf Dauer angelegten Haushalt zu kennzeichnen.

[86] So auch LG Berlin WuM 2016, 107 = ZMR 2016, 289; *Sprau* NZM 2001, 222.

Abs. 2 Satz 3 BGB erwähnte Dauerhaftigkeit der gemeinsamen Haushaltsführung mag zwar ein Indiz für eine Nähebeziehung und für ein Füreinandereinstehen sein, erforderlich ist das jedoch nicht. Das ist im Übrigen ähnlich bei den anderen Personengruppen des § 563 Abs. 2 BGB. Auch hier erfolgt die Anknüpfung zunächst an rein formale Kriterien wie Ehe oder Kindschaft, eine Nähe und ein Einstehen werden unterstellt, aber nicht formal gefordert. Die Absicherung der unterstellten Nähe erfolgt nur über die Notwendigkeit der dauerhaft gemeinsamen Haushaltsführung[87]. Deshalb erschöpft sich die Abgrenzung des Personenkreises gem. § 563 Abs. 2 Satz 3 BGB darin, dass sie mit dem Mieter einen auf Dauer angelegten Haushalt geführt haben müssen; eine irgendwie geartete Nähebeziehung ist nicht notwendig[88], wenn sie auch oft gegeben sein mag und ein wichtiges Indiz für die gemeinsame Haushaltsführung darstellt (s. dazu Rdn. 39). Diese Auslegung entspricht dem **Zweck des Eintrittsrechtes:** Auch wenn sich nämlich das Eintrittsrecht historisch als Schutz der Familie des verstorbenen Mieters entwickelt hat, von dem vornehmlich der Ehegatte erfasst wurde, handelt es sich jedenfalls seit der Mietrechtsreform nicht mehr um ein derartig beschränktes Schutzinstrument. Die Mietrechtsreform hat den Anwendungsbereich der Vorschriften erheblich erweitert, weil nicht das (familienrechtliche) Verhältnis entscheidend für das Schutzbedürfnis ist; das Schutzbedürfnis ergibt sich vielmehr eher aus dem Umstand der gemeinsamen Haushaltsführung, in der zum Ausdruck kommt, dass die Wohnung der (schützenswerte) Mittelpunkt der Lebensführung ist[89]. Diesem Ergebnis kann auch nicht entgegengehalten werden, die Regelung der Eintrittsberechtigung in ein Mietverhältnis hätte sich dann auf § 563 Abs. 2 Satz 3 BGB beschränken können; dann würde nämlich eine Rangfolge des Eintritts fehlen.

Die Haushaltsführung ist auf Dauer angelegt, wenn die **Absicht einer langfristigen Gemeinsamkeit** besteht. Diese Absicht muss sich noch nicht verwirklicht haben; eine Mindestlaufzeit ist nicht erforderlich[90]. Die tatsächliche Dauer der gemeinsamen Haushaltsführung ist regelmäßig ein wichtiges Indiz für die Absicht der Dauerhaftigkeit[91], aber nicht das einzige. Die Vielgestaltigkeit des Lebens und der Organisation des Zusammenlebens kann unterschiedlichsten Umständen Indizwirkung zukommen lassen. Ein auf Dauer angelegter gemeinsamer Haushalt kann ausnahmsweise auch dann noch begründet werden, wenn der Tod des Mieters auf Grund unheilbarer Krankheit bevorsteht, denn der genaue Todeszeitpunkt bleibt auch in diesen Fällen i. d. R. ungewiss[92]; um Rechtsmissbrauch zu verhindern ist allerdings eine sorgfältige Prüfung notwendig. Soweit sich ansonsten in der Literatur Beispiele finden[93], ist zu prüfen, ob diese Beispiele die von der h. M. geforderte Nähebeziehung belegen sollen oder die Dauerhaftigkeit der gemeinsamen Haushaltsführung. Bei Wohngemeinschaften wird danach zu differenzieren sein, ob sie – wie etwa bei Studenten – typischerweise einem bestimmten, vorübergehenden Lebensabschnitt zugeordnet werden können oder ob sie – wie etwa bei alten Menschen – typischerweise auf Lebenszeit angelegt sind[94]. 37

c. Gemeinsamer Haushalt. Ein Eintritt in das Mietverhältnis gem. § 563 BGB erfordert nicht nur die Zugehörigkeit zu dem zuvor genannten Personenkreis. Als zentrale weitere Voraussetzung muss hinzukommen, dass ein gemeinsamer Haushalt mit dem verstorbenen Mieter bestand. Der Mieter kann auch in mehreren Wohnungen einen gemeinsamen Haushalt mit dem Eintrittsberechtigten geführt haben, wie etwa dann, wenn Ehegatten zeitweise im Ausland oder einer anderen Stadt leben. Dass dann eine weitere Wohnung zur Verfügung steht, ist für ein Eintrittsrecht belanglos[95]. § 563 BGB will nämlich nicht Obdachlosigkeit verhindern, sondern den Verlust der Wohnung als Lebensmittelpunkt (s. Rdn. 1); ein solcher Verlust kommt bei mehreren Wohnsitzen, die i. d. R. bewusst bzw. aus Notwendigkeit gewählt werden, ebenso in Betracht. Die Anforderungen an eine gemeinsame Haushaltsführung dürfen nicht überspannt werden[96]. Der Gesetzeswortlaut 38

---

[87] Ähnlich *Sonnenschein* NZM 2002, 11.

[88] Im Ergebnis wohl ebenso LG Berlin WuM 2016, 107 = ZMR 2016, 289; *Häublein* in MünchKomm § 563 Rdn. 15; *Lammel,* Wohnraummietrecht, § 563 Rdn. 35; *Kinne* GE 2011, 1661.

[89] *Sonnenschein* NZM 2002, 10.

[90] Allg. M., vgl. nur *Rolfs* in Staudinger § 563 Rdn. 29; *Börstinghaus* WImmoT 2008, 81. *Lammel,* Wohnraummietrecht, § 563 Rdn. 14 meint, es müsse wenigstens der Einzug erfolgt sein; das erscheint aber nur richtig für den Fall, dass die Wohnung überhaupt schon übergeben wurde, zwischen Vertragsschluss und Gebrauchsgewährung reicht die Absicht der gemeinsamen Haushaltsführung.

[91] *Lammel,* Wohnraummietrecht, § 563 Rdn. 14.

[92] LG Berlin GE 2006, 1616.

[93] Etwa bei *Hinz* ZMR 2002, 642.

[94] *Rolfs* in Staudinger § 563 Rdn. 30.

[95] LG Berlin, Urt. v. 7.10.2016 (Az.: 63594(13). **A. A.** AG Hamburg-St- Georg ZMR 2015, 937.

[96] BGH (VIII ZR 25/14) NZM 2015, 207 = WuM 2015, 85 Rdn. 30.

gibt wegen einer besonderen Formulierung für die Kinder des Mieters erste Hinweise, wie der gemeinsame Haushalt beschaffen gewesen sein muss. Während nämlich das Gesetz bei Ehegatten, Lebenspartnern, Familienangehörigen und Personen gem. § 563 Abs. 2 Satz 3 BGB davon spricht, dass sie mit dem Mieter einen gemeinsamen Haushalt *geführt* haben müssen, reicht es bei den Kindern des Mieters aus, dass sie mit ihm im gemeinsamen Haushalt *gelebt* haben, was geringere Anforderungen bedeutet[97]. Die unterschiedliche Wortwahl ist kein Redaktionsversehen des Gesetzgebers, sie stellt vielmehr eine sinnvolle, ja sogar notwendige Differenzierung dar. Der Begriff der *gemeinsamen* Haushalts*führung* deutet darauf hin, dass der Mieter und die weitere Person über den Aufenthalt in der Wohnung hinaus im Haushalt zusammen wirken, zusammen entscheiden und zusammen die Kosten tragen in Bezug auf die typischen und evtl. auch außergewöhnlichen Pflichten, die in einem Haushalt anfallen (Reinigung, tägliches Einkaufen, Nahrungszubereitung, Anschaffung von größeren Haushaltsgegenständen, Versorgung und Pflege in Krankheitsfällen etc.). Je nach Alter eines Kindes ist eine solche **Mitwirkung, Mitentscheidung und Kostenbeteiligung** entweder nicht möglich oder nicht üblich; selbst erwachsene Kinder, die noch im elterlichen Haushalt leben (etwa Auszubildende oder Studenten), werden dort eher versorgt als dass sie sich an den Haushaltspflichten in nennenswertem Umfang beteiligen bzw. – etwa an den Kosten – beteiligen können. Um auch den Kindern die gemeinsame Wohnung im Falle des Todes des Mieters zu erhalten, war eine Beschränkung im Gesetz gegenüber den anderen Personenkreisen auf das Erfordernis des bloßen Zusammenlebens[98] im gemeinsamen Haushalt notwendig.

39 Im Übrigen lässt sich durch die genannten Kriterien Mitwirkung, Mitentscheidung und Kostenbeteiligung die gemeinsame Haushaltsführung hinreichend genau von anderen Formen des Zusammenwohnens, etwa von Studentenwohngemeinschaften[99], abgrenzen, insbesondere wenn man entsprechend der Schutzrichtung des § 563 BGB das ***miteinander*** Wohnen im Gegensatz zum *nebeneinander* Wohnen betont im Sinne eines *gemeinsamen* Lebensmittelpunktes[100]. Auch in studentischen Wohngemeinschaften gibt es nämlich Bereiche, die gemeinsam geregelt, erledigt oder bezahlt werden müssen (etwa die Reinigung von Küche und Bad sowie der Einkauf der dafür notwendigen Mittel), genauso wie in einer Familienwohnung jedes Familienmitglied seinen eigenen Bereich hat, von dem die anderen Bewohner ausgeschlossen sind (etwa das Kinderzimmer). Ein wichtiges, aber nicht notwendiges Indiz, um feststellen zu können, ob das Miteinander oder das Nebeneinander im Vordergrund steht, kann die **Nähebeziehung** der Bewohner sein[101], wobei aber die Art der Nähebeziehung grundsätzlich keine Rolle spielt. Es macht in für den Schutzzweck des § 563 BGB und für den Begriff der gemeinsamen Haushaltsführung keinen Unterschied, ob etwa zwei Freunde auf Dauer zusammenleben wollen, weil sie die Hoffnung auf eine Beziehung mit einer Frau aufgegeben haben, oder ob es sich um zwei Brüder handelt oder um zwei Männer unterschiedlichen Alters, die in einem Vater-Sohn-ähnlichen Verhältnis leben[102]. Bloße Zweckgemeinschaften können deshalb auch einen gemeinsamen Haushalt führen und einstmalige Nähebeziehungen können zu Zweckgemeinschaften werden, wenn Ehegatten zwar noch zusammen wohnen und wirtschaften, sich aber innerlich auseinandergelebt haben. Ein Untermietverhältnis des verstorbenen Mieters mit dem Eintrittsberechtigten schließt einen gemeinsamen Haushalt nicht zwingend aus[103], genauso wenig wie das Vorhandensein einer weiteren Wohnung für den Eintrittsberechtigten. Neben den üblichen Haushaltspflichten wie Reinigung, tägliches Einkaufen, Nahrungszubereitung, Anschaffung von größeren Haushaltsgegenständen, Versorgung und Pflege in Krankheitsfällen etc. können (nicht müssen) **Indizien** für eine gemeinsame Haushaltsführung im Sinne eines Miteinander sein die gemeinsame Versorgung von Kindern oder anderen Personen,

---

[97] BGH (VIII ZR 25/14) NZM 2015, 207 = WuM 2015, 85 Rdn. 30; LG Berlin WuM 2017, 149.

[98] So auch *Lammel,* Wohnraummietrecht, § 563 Rdn. 29.

[99] So auch LG Berlin, Urt. v. 7.10.2016 (Az.: 63594(13). Mit der gesellschaftsrechtlichen Konstruktion einer studentischen Wohngemeinschaft, insbesondere mit der Frage, ob es sich dabei um eine rechtsfähige Außen-GbR handelt, befasst sich ausführlich *Jacobs* NZM 2008, 111. Das wird für den Regelfall verneint; ebenso *Streyl* NZM 2011, 380; *Wiek* WuM 2009, 491/492; *Grunewald* JZ 2015, 1027.

[100] Wie hier LG Heidelberg WuM 2014, 37. Den Begriff des „gemeinsamen Lebensmittelpunktes" verwenden auch *Rolfs* in Staudinger § 563 Rdn. 14; *Häublein* in MünchKomm § 563 Rdn. 16; *Hinz* ZMR 2002, 640; *Sternel* ZMR 2004, 715. **A. A.** *Blank/Börstinghaus* § 563 Rdn. 6, der jedenfalls für Ehegatten im Hinblick auf die Gesetzesgeschichte ein bloßes Angewiesensein auf die Wohnung genügen lassen will.

[101] So auch *Sternel* ZMR 2004, 715. *Lammel,* Wohnraummietrecht, § 563 Rdn. 13 hält eine „geistige, persönliche und tatsächliche Verbindung zum Zwecke des Zusammenlebens" sogar für notwendig.

[102] LG Berlin WuM 2016, 107 = ZMR 2016, 289.

[103] LG Berlin WuM 2017, 149.

die Verfügungsbefugnis über Einkommen bzw. Vermögen, eine gemeinsame Freizeit- und Urlaubsgestaltung, das Zusammenleben alter Menschen als Alternative zum Alters- oder Pflegeheim[104] etc.

Bei **nichtehelichen Lebensgemeinschaften** – gleichgültig ob hetero- oder homosexuell – wird eine gemeinsame Haushaltsführung genauso wie bei Ehegatten i. d. R. gegeben sein. Eine schematische Anwendung verbietet sich aber nicht nur in diesen Fällen, sondern generell; jeder Einzelfall ist gesondert zu werten. Dies mag an dem Beispiel der klassischen Hausfrauenehe deutlich werden, die ohne Zweifel eine gemeinsame Haushaltsführung darstellt, bei der sich der Ehemann aber klassischerweise auf die finanzielle Seite des Haushalts beschränkt und den Rest der Ehefrau überlässt, so dass in vieler Hinsicht kaum von einem miteinander gesprochen werden kann. Diese von den Eheleuten gewählte Arbeitsteilung muss man in anderer Weise auch bei anderen Lebensformen akzeptieren. 40

Anders als bei den sonstigen Personen gem. § 563 Abs. 2 Satz 3 BGB geht das Gesetz schon nach seinem Wortlaut bei Ehegatten, Lebenspartnern und Familienangehörigen davon aus, dass deren Beziehung zum Mieter **auf Dauer angelegt** war[105]. Die gemeinsame Haushaltsführung (bzw. bei Kindern das Leben im gemeinsamen Haushalt) muss aber zum Zeitpunkt des Todes des Mieters noch bestehen[106]. Das ist auch der Fall bei vorübergehender Trennung (beruflicher Auslandsaufenthalt, Wochenendbeziehung, Krankenhausaufenthalt, Freiheitsstrafe[107] etc.), selbst wenn diese länger dauert, solange nur der Wille zur Rückkehr besteht[108]. Bloßer Besuch begründet auch dann keine gemeinsame Haushaltsführung, wenn er länger dauert oder sich öfter bzw. regelmäßig wiederholt. So kann das Eintrittsrecht der Kinder verloren gehen, wenn sie ausgezogen sind, um zu studieren, aber die Eltern noch regelmäßig am Wochenende besuchen; kehren sie allerdings für die Semesterferien in die elterliche Wohnung zurück, kann man meist nicht davon ausgehen, sie hätten den gemeinsamen Haushalt aufgegeben. Bei Kindern getrennt lebender Eltern kommt es regelmäßig darauf an, welcher Elternteil personensorgeberechtigt ist, nur mit diesem Elternteil besteht ein gemeinsamer Haushalt; im Einzelfall kann das aber anders sein. 41

Ein **endgültiger Auszug** aus der Wohnung stellt grundsätzlich das Ende der gemeinsamen Haushaltsführung dar. Schwierig ist allerdings, wie manche **Grenzfälle** zu behandeln sind: Oftmals kann auf Grund äußerer Umstände nicht mehr sicher oder absehbar mit einer Rückkehr des Mieters in den gemeinsamen Haushalt gerechnet werden, zum Beispiel bei Todkranken, auf Lebensdauer im Heim **Pflegebedürftigen** oder zu lebenslanger Freiheitsstrafe Verurteilten. Eine Rückkehr in den gemeinsamen Haushalt ist aber immerhin möglich, etwa wenn der Todkranke in der Wohnung sterben und deshalb jedenfalls kurz dorthin zurückkehren soll oder wenn der Gefangene vorzeitig entlassen wird. Wegen dieser Möglichkeit sollte privilegierten Personen (beispielsweise der Ehefrau des todkranken Mieters), die in der Wohnung bleiben, der Schutz des § 563 BGB zu Gute kommen. Das wäre aber nicht möglich, wenn man eine gemeinsame Haushaltsführung verneinen würde. M. E. ist darauf abzustellen, ob der Auszug des Mieters freiwillig erfolgte oder durch die Umstände erzwungen wurde (Krankheit etc.). Genauso wie bei den sonstigen Personen gem. § 563 Abs. 2 Satz 3 BGB die Absicht der Dauerhaftigkeit der gemeinsamen Haushaltsführung ausreicht, um vom ersten Tag an in den Schutz des § 563 BGB zu gelangen (s. Rdn. 37), muss der Wunsch ausreichen, den gemeinsamen Haushalt weitergeführt zu haben, wenn die Umstände nicht den Auszug erzwungen hätten[109]. Es kommt hinzu, dass auch in solchen Fällen regelmäßig Reste eines gemeinsamen Haushaltes verbleiben, weil zum Beispiel noch Gegenstände des Mieters in der Wohnung aufbewahrt werden oder dieser sich durch sein Einkommen oder seine Rente an den Kosten des Wohnens und Lebens beteiligt. Fehlt es dementgegen ausnahmsweise dennoch an einem gemeinsamen Haushalt, kommt auch eine **analoge Anwendung** des § 563 BGB nicht in Betracht, um eine Kündigung gem. § 564 Satz 2 BGB auszuschließen[110]. Wenn man in solchen Fäl- 42

---

[104] AG Görlitz WuM 2012, 505.

[105] So auch LG Heidelberg WuM 2014, 37.

[106] *Lammel,* Wohnraummietrecht, § 563 Rdn. 15.

[107] Bei der teilweise vergleichbaren Frage, ob ein eigener (bei § 563 BGB: ein gemeinsamer) Hausstand gem. § 149 Abs. 1 ZVG vorliegt, geht die Rechtsprechung (BGH [IX ZR 224/12] WuM 2013, 627) davon aus, dass die Verbüßung einer Freiheitsstrafe den Lebensmittelpunkt i. d. R. noch nicht verschiebt.

[108] AG Düsseldorf ZMR 2014, 294; AG Hamburg-Barmbek BeckRS 2010, 15637 (für die Freiheitsstrafe); *Rolfs* in Staudinger § 563 Rdn. 15; *Hinz* ZMR 2002, 641.

[109] So auch AG Hamburg ZMR 2016, 458; LG Kiel WuM 1992, 692; *Damrau* NZFam 2014, 512.

[110] **A. A.** *Hinkelmann* NZM 2002, 378; ihr folgend *Blank/Börstinghaus* § 563 Rdn. 74/75.

len dennoch eine Analogie und damit ein Eintrittsrecht bejahen würde, käme es praktisch nur auf eine Wohnungsnutzung und ein (regelmäßig vorhandenes) Interesse an der Weiternutzung an; das zentrale Kriterium des § 563 BGB, die gemeinsame Haushaltsführung, wäre aufgegeben. Und dies unnötigerweise, weil die in der Wohnung verbliebene Person ihre rechtliche Situation kennt oder jedenfalls kennen kann und in der Zeit vom Auszug des Mieters bis zu dessen Tod meist ausreichend Zeit hat, entweder mit dem Vermieter eine Vertragsänderung zu vereinbaren oder eine andere Wohnung zu suchen. Schließlich ist zu berücksichtigen, dass der Gesetzgeber der Mietrechtsreform durch *Sonnenschein*[111] schon vor Erlass des Gesetzes auf Lücken bei der Schutzbedürftigkeit hingewiesen wurde, aber den Entwurf nicht geändert hat. Eine Analogie ist aus ähnlichen Erwägungen ausgeschlossen, wenn nie ein gemeinsamer Haushalt zwischen Mieter und Wohnungsnutzer bestand[112] (etwa dann, wenn die Eltern eine Studentenwohnung für ihr Kind mieten); dies zumal, als sich vielfach im Wege der ergänzenden Vertragsauslegung ein Ausschluss des Kündigungsrechtes gem. § 564 Satz 2 BGB ergeben wird (s. auch § 564 Rdn. 23).

43 Häufiger dürften die Grenzfälle bei einer **Trennung von Eheleuten oder Lebenspartnern oder nichtehelichen Lebensgemeinschaften** sein. Wenn einer der Beteiligten endgültig auszieht, endet regelmäßig auch der gemeinsame Haushalt[113]. Geschieht der Auszug vorübergehend oder auf Probe, dann bleibt er aber zunächst bestehen[114]. Eine dauerhafte Trennung liegt wohl spätestens dann vor, wenn einer der Partner einen Scheidungsantrag einreicht, bei gerichtlichen Anordnungen gem. §§ 1361 a, 1361 b BGB oder wenn die Partner sich freiwillig entsprechend diesen Vorschriften verhalten. Vollzieht sich die Trennung innerhalb der Wohnung in der Weise, dass ein gemeinsamer Haushalt nicht mehr besteht, dass die Beteiligten also nebeneinander in der Wohnung leben und nicht miteinander, dann entfällt auch das Eintrittsrecht gem. § 563 BGB[115]. Gewisse Gemeinsamkeiten (etwa gemeinsame Benutzung der Küche oder der Sanitärräume oder gelegentliche Handreichungen) sind bei einem solchen nebeneinander nicht ausgeschlossen, eine wertende Betrachtung ist vielmehr notwendig. Wenn die Beteiligten die mit der Trennung verbundenen mietrechtlichen Folgen anders gestalten wollen, als im Vertrag oder im Gesetz (s. §§ 1361 b, 1568 a BGB[116]) vorgesehen, müssen sie ggf. gegenüber dem Vermieter auf eine Anpassung des Vertrages dringen.

III. Rechtsfolgen des Eintritts

44 Der Eintrittsberechtigte wird nicht Erbe des Mieters in Bezug auf die Mietwohnung. Der Eintritt in den Mietvertrag gem. § 563 BGG ist also keine Sondererbfolge[117], sondern eine gesetzliche (Sonder-)Rechtsnachfolge, die dem Erbrecht vorgeht und sich auch dann kraft Gesetzes unabhängig vom Erbrecht vollzieht, wenn der Eintrittsberechtigte selbst Erbe ist[118]. Auch wenn diese rechtliche Einordnung zu gewissen Friktionen führen kann, weil Verträge mit Dritten (etwa einem Untermieter oder Versorgungsunternehmen) oder weitere Verträge mit dem Vermieter im Wege der Gesamtrechtsnachfolge auf den Erben übergehen, so geht es doch nicht – wie im Erbrecht – um die Verteilung des Nachlasses, sondern um das Wohnbedürfnis der überlebenden Wohnungsnutzer, also eine genuin vertragsrechtliche Problematik, die § 566 BGB näher steht als der erbrechtlichen Vermögenszuordnung. Der gesetzliche Mieterwechsel begründet keinen neuen Mietvertrag zwischen Vermieter und Eintretendem, der bisherige Vertrag wird vielmehr unverändert fortgesetzt[119]. Da die Identität des Schuldverhältnisses also erhalten bleibt und nur die Person des Mieters ausgewechselt wird, handelt es sich bei dem Eintritt um den Fall einer **gesetzlichen Vertragsüber-**

---

111 WuM 2000, 399.

112 **A. A.** *Hinkelmann* NZM 2002, 378; ihr folgend *Blank/Börstinghaus* § 563 Rdn. 74/75.

113 *Hinz* ZMR 2002, 641.

114 *Rolfs* in Staudinger § 563 Rdn. 15.

115 *Häublein* in MünchKomm § 563 Rdn. 16; *Rolfs* in Staudinger § 563 Rdn. 16. **A. A.** *Blank/Börstinghaus* § 563 Rdn. 8.

116 Dazu eingehend vor § 535 Rdn. 354 ff.

117 So aber *Wenzel* ZMR 1993, 489.

118 H. M., vgl. *Rolfs* in Staudinger § 563 Rdn. 31; *Häublein* in MünchKomm § 563 Rdn. 18; *Weller* JZ 2012, 884.

119 Allg. M., vgl. *Rolfs* in Staudinger § 563 Rdn. 31; *Häublein* in MünchKomm § 563 Rdn. 18; *Sternel* ZMR 2004, 716.

nahme[120], der Eingetretene wird Rechtsnachfolger des verstorbenen Mieters (zu den Folgerungen daraus s. sogleich). Der Begriff des Eintrittsrechtes in der amtlichen Überschrift ist missverständlich, da der Berechtigte unabhängig von seinem Willen und dem des Vermieters mit dem Zeitpunkt des Todes des Mieters[121] in das Mietverhältnis eintritt; auch Kenntnis vom Tod des Mieters ist nicht erforderlich, genauso wenig wie irgendwelche Mitteilungen davon oder von dem Eintritt an den Vermieter[122].

1. Gleichlauf mit § 566 BGB

Hinsichtlich der konkreten Folgen, die mit dem Eintritt verbunden sind, kann und sollte auf die im Rahmen des § 566 BGB entwickelten Regeln zurückgegriffen werden. Die § 566 BGB zu Grunde liegende Konstellation (gesetzlicher Vermieterwechsel mit Eigentumsübergang) ist nämlich mit einem Eintritt gem. § 563 BGB (gesetzlicher Mieterwechsel mit Tod des ursprünglichen Mieters) vergleichbar[123], beide sind ein Fall der gesetzlichen Vertragsübernahme[124]. Für § 566 BGB ist das zwar – auch vom BGH – bestritten[125]. Da der BGH aber auf seiner anderen dogmatischen Grundlage zu fast identischen Ergebnissen wie bei einer gesetzlichen Vertragsübernahme gelangt, spielt dieser Streit für die Vergleichbarkeit der Normstrukturen von § 566 BGB und § 563 BGB keine Rolle. 45

Auf eine Vertragsübernahme sind grundsätzlich die **§§ 398ff. und 414ff. BGB analog** anwendbar[126]. Das gilt jedoch nicht, wenn der gesetzliche Zweck der Vertragsübernahme einer entsprechenden Anwendung entgegensteht. Hier ist insbesondere – wiederum ähnlich wie bei § 566 BGB (s. dort bei Rdn. 14) – zu berücksichtigen, dass durch den Eintritt eine zeitliche Zäsur stattfindet und dass die Rechtsnachfolge nach dem klaren Wortlaut des § 563 Abs. 1 BGB nur *in das Mietverhältnis* und nicht in sonstige Abreden der Parteien erfolgt, die aus Anlass des Mietvertrages getroffen wurden oder in wirtschaftlichem Zusammenhang mit diesem stehen. Diese zeitliche Zäsur und die Beschränkung auf das Mietverhältnis schließen – wie in § 566 BGB[127] – die Anwendung des § 404 BGB aus. Die Parallelen von § 566 BGB und § 563 BGB (Auswechslung einer Mietpartei kraft Gesetzes; Beschränkung des Vertragsübergangs auf das Mietverhältnis; zeitliche Zäsur hinsichtlich der übergehenden Rechte und Pflichte; Zweck beider Vorschriften ist der Schutz vor Verlust der Wohnung) lassen es geboten erscheinen, einen **Gleichlauf** der Folgen eines Eintritts (§ 563 BGB) bzw. einer Veräußerung (§ 566 BGB) herzustellen. Bei offenen Fragen bzw. bei Zweifeln kann und sollte deshalb auf die zu § 566 BGB entwickelten Grundsätze zurückgegriffen werden. 46

2. Beschränkung des Eintritts auf das Mietverhältnis

Der Rechtsübergang findet nur in Bezug auf den Wohnraummietvertrag zwischen dem Vermieter und dem verstorbenen Mieter und den sich daraus ergebenden Rechten und Pflichten statt, da die §§ 563ff. BGB, wie oben ausgeführt, nur auf Wohnraummietverhältnisse anwendbar sind Von § 563 BGB werden also nicht erfasst die **Verträge mit Dritten,** die der Mieter selbst mit den Versorgungsunternehmen über die Lieferung von Wasser, Strom, Energie etc. geschlossen hat[128]. Haben Mieter und Vermieter neben dem Mietvertrag noch andere **Sondervereinbarungen** geschlossen (etwa über Hausmeister-, Reinigungs- oder sonstige Dienste), so findet § 563 BGB regelmäßig keine Anwendung und zwar auch dann nicht, wenn die Sondervereinbarung in derselben Vertragsurkunde getroffen wurde[129]; solche Sondervereinbarungen beurteilen sich nach den erb- 47

---

120 *Weitemeyer* FS Blank (2006) S. 454. Vertragsübernahme ist eine Form der Rechtsnachfolge. Grundsätzlich zum Begriff der Rechtsnachfolge s. *Nörr* in *Nörr/Scheyhing/Pöggeler,* Sukzessionen, 2. Aufl., S. 1ff. Danach ist Rechtsnachfolge oder Sukzession die Auswechslung eines Rechtssubjektes unter Wahrung der Identität und Kontinuität des oder der Rechtsverhältnisse.

121 *Rolfs* in Staudinger § 563 Rdn. 36.

122 *Sternel* ZMR 2004, 716.

123 So auch BGH NZM 2001, 159 für eine gesetzliche Vertragsübernahme auf Vermieterseite.

124 S. für § 566 BGB dort bei Rdn. 12.

125 S. bei § 566 Rdn. 10.

126 *Palandt/Grüneberg* § 398 Rdn. 39 a.

127 S. § 566 Rdn. 14.

128 *Rolfs* in Staudinger § 563 Rdn. 31.

129 *Blank/Börstinghaus* § 563 Rdn. 22; *Börstingshaus* WImmoT 2008, 86. **A. A.** *Heintzmann* in Soergel § 563 Rdn. 11, der von Nebenpflichten spricht und hierunter etwa Fahrdienste, Buchführung, Gartenpflege versteht;

rechtlichen Regeln[130]. Entscheidend ist, ob die Sondervereinbarung als **mietrechtlich zu qualifizieren** ist oder nicht oder ob sie so unlösbar mit dem Mietvertrag zusammenhängt, dass eine Trennung von dem Mietvertrag nicht möglich erscheint; s. näher zur mietrechtlichen Qualifizierung und zum untrennbaren Zusammenhang bei § 566 Rdn. 88ff. Wohnt der Mieter beispielsweise auf Grund von ihm zu erbringender Hausmeister- oder sonstiger Dienste ganz oder teilweise mietzinsfrei, dann ist die Erbringung der Dienste die Gegenleistung für die Gebrauchsüberlassung und damit eine mietrechtliche Vereinbarung (Mietvertrag mit atypischer Gegenleistung); in diesem Fall wäre die Dienstverpflichtung ein (mietrechtlich zu qualifizierender) Bestandteil des Mietvertrages und würde auf den Eintrittsberechtigten übergehen[131]. Will der Eintrittsberechtigte dieser Folge entgehen, muss er von seinem Ablehnungsrecht gem. § 563 Abs. 3 BGB Gebrauch machen. Es ist kein tragfähiger Grund ersichtlich, warum eine mietrechtliche Sondervereinbarung den Eintrittsberechtigten nicht binden sollte; dies widerspräche vielmehr dem Grundgedanken der gesetzlichen Vertragsübernahme. Würde man etwa um den Wert der Sondervereinbarung den Mietzins erhöhen, so würde das eine ggf. grundlegende Vertragsumgestaltung bedeuten, die dann wiederum den Vermieter zur Kündigung berechtigen müsste.

48 Hinsichtlich einer mit angemieteten **Garage** oder sonstigen mitvermieteten Grundstücksteilen ist danach zu unterscheiden, ob hierüber ein selbständiger Vertrag geschlossen wurde oder ob es sich um einen einheitlichen Vertrag über Wohnung und Garage handelt. Nur in letzterem Fall liegt ein einheitlicher Wohnraummietvertrag vor und der Berechtigte tritt in die Garagennutzung ein; in ersterem Fall wird der Erbe im Wege der Gesamtrechtsnachfolge Mieter in Bezug auf die Garage (mit den beiderseitigen Rechten aus § 580 BGB). Bei einer **Mischnutzung** von Wohnung und Gewerbe kommt es darauf an, wo im konkreten Einzelfall der Schwerpunkt des Vertrages liegt[132]. Wenn der Schwerpunkt die Wohnnutzung ist, kann ein Eintritt gem. § 563 BGB erfolgen, ansonsten gelten die erbrechtlichen Regeln und § 580 BGB, da auf einen schwerpunkmäßig gewerblichen Mietvertrag mit untergeordneter Wohnnutzung die Vorschriften über Wohnraummietverhältnisse insgesamt nicht anwendbar sind[133].

3. Zeitliche Zäsur, Fälligkeitsprinzip

49 Aus dem Wesen der Rechtsnachfolge würde an sich folgen, dass der Vertrag mit allen zum Zeitpunkt des Todes des Mieters bestehenden Rechten und (Haupt- und Neben-)Pflichten übergeht[134]. Dieser Grundsatz gilt bei einem Eintritt aber nicht einschränkungslos, aus § 563b Abs. 1 und 2 BGB ergeben sich vielmehr zwei wichtige Ausnahmen: Die Anordnung der gesamtschuldnerischen Haftung mit dem Erben für die bis zum Tod des Mieters entstandenen Verbindlichkeiten in § 563b Abs. 1 Satz 1 BGB macht nur Sinn, wenn der Eingetretene nach der Vorstellung des Gesetzgebers hierfür eigentlich nicht haften würde, wenn er also nicht Gesamtrechtsnachfolger in Bezug auf den Mietvertrag geworden ist. Diese Sicht wird bestätigt durch § 563b Abs. 1 Satz 2 BGB, wonach der Erbe im Innenverhältnis mit dem Eingetretenen haftet. Die **Altverbindlichkeiten** treffen also grundsätzlich den Erben; gegenüber dem Vermieter ist der Eingetretene aber ein zusätzliches Haftungssubjekt. Die zweite Einschränkung der Gesamtrechtsnachfolge des Eingetretenen in Bezug auf das Mietverhältnis folgt aus § 563b Abs. 2 BGB. Danach stehen Vorauszahlungen des verstorbenen Mieters auf die Miete im Innenverhältnis zwischen Eingetretenem und Erben Letzterem zu. Im Verhältnis des Eingetretenen zum Vermieter spielen diese Einschränkungen keine Rolle, da der Eingetretene dem Vermieter gegenüber wegen § 563b Abs. 1 BGB immer haftet. Für die Haftung des Erben gegenüber dem Vermieter ist die erstgenannte Einschränkung von Bedeutung, da der Vermieter den Erben nur wegen Altverbindlichkeiten in Anspruch nehmen kann.

---

falls der Eintretende zu solchen Diensten nicht in der Lage sei, sollen die Grundsätze über den Wegfall der Geschäftsgrundlage zu Anwendung kommen. Diese Ansicht dürfte mit einer am Schutzzweck der Vorschrift orientierten Auslegung (Erhalt der Mietwohnung) nicht zu vereinbaren sein und würde die Sonderrechtsnachfolge zu weit zu einer allgemeinen gesetzlichen Vertragsübernahme ausdehnen.

130 *Börstingshaus* WImmoT 2008, 86.

131 **A. A.** *Blank/Börstinghaus* § 563 Rdn. 22.

132 S. näher vor § 535 Rdn. 109.

133 S. vor § 535 Rdn. 109.

134 BGH NJW 2003, 3265 = WuM 2003, 569 = ZMR 2003, 819.

Für die Abgrenzung, ob eine Verbindlichkeit eine Altverbindlichkeit ist, für die der Erbe haftet, ist grundsätzlich danach zu unterscheiden, ob sie im Zeitpunkt des Todes schon *entstanden* war; das ergibt sich aus dem erwähnten Zusammenspiel mit § 563b BGB. Der Begriff der Verbindlichkeit ist dabei mit dem der Schuld gleichzusetzen[135]. Ein aus einer Schuld resultierender Anspruch entsteht, wenn er im Wege der Klage geltend gemacht werden kann; das ist in aller Regel gleichzusetzen mit der Fälligkeit gem. § 271 BGB[136] **(Fälligkeitsprinzip).** **50**

Waren **Ansprüche des verstorbenen Mieters** *bis zu dessen Tod* fällig, gehören sie grundsätzlich zum Nachlassvermögen. Das betrifft beispielsweise Bereicherungsansprüche auf Rückerstattung überzahlter Miete, weil das Mietobjekt mangelhaft war, oder Aufwendungsersatzansprüche für Aufwendungen des verstorbenen Mieters gem. §§ 536a, 539 BGB, weil diese Ansprüche mit der Aufwendung fällig werden[137]; gleiches gilt für Schadensersatzansprüche gem. § 536a BGB. **Ansprüche des Vermieters** gegen den Mieter, die *bis zu dessen Tod* fällig wurden, sind Nachlassverbindlichkeiten (für die der Eingetretene aber wie erwähnt gem. § 563b Abs. 1 Satz 1 BGB gesamtschuldnerisch mithaftet). Das betrifft etwa rückständige Miete oder Schadensersatzansprüche[138] auf Grund von Beschädigungen durch den Mieter oder Ansprüche auf Durchführung von Schönheitsreparaturen bzw. sich daraus ergebende Schadensersatzansprüche. Das gilt aber nicht zwingend in den Fällen des § 281 Abs. 2 BGB, da der Schadensersatzanspruch erst mit dem Verlangen gem. § 281 Abs. 4 BGB entsteht[139]. Werden die Ansprüche erst *nach dem Tod* des Mieters, also nach dem Eintritt in den Vertrag fällig, so hat der Eintretende sie alleine zu übernehmen. **51**

4. Ausnahmen vom Fälligkeitsprinzip, insbesondere Betriebskosten

Schwierigkeiten bereitet die Behandlung von Tatbeständen, bei denen sich der Anspruch zeitlich gestreckt vor und nach dem Tod des Mieters verwirklicht. Das gilt insbesondere für Betriebskostenguthaben bzw. -nachzahlungen. Hier kann – wie auch in anderen Zweifelsfällen – auf die im Rahmen des § 566 BGB entwickelten Regeln zurückgegriffen werden. Hinsichtlich der Betriebskosten werden bei § 566 BGB von dem Fälligkeitsprinzip Ausnahmen gemacht[140]. Die Anwendung der dort entwickelten Grundsätze ist auch im Rahmen der §§ 563ff. BGB gerechtfertigt, da die Sonderrechtsnachfolge in den Mietvertrag mit einem üblichen Mieterwechsel, der den Vermieter zu einer getrennten Abrechnung verpflichten würde[141], nicht zu vergleichen ist[142]. Es ändert sich bei der Sonderrechtsnachfolge zwar die Person des Mieters, nicht aber das Mietverhältnis als solches; überdies haben die Parteien auf den Wechsel, der durch den Tod des Mieters bedingt ist, keinen Einfluss[143]. **52**

Die entsprechende Anwendung der zu § 566 BGB entwickelten Grundsätze[144] führt dazu, dass Betriebskostennachzahlungen aus einer Abrechnung im Außenverhältnis zum Vermieter (zum Innenverhältnis von Erbe und Eingetretenem s. § 563b Rdn. 13) als Gesamtschuldner den Erben und gem. § 563b Abs. 1 Satz 1 BGB den Eintretenden treffen, soweit es **Abrechnungszeiträume** betrifft, die vor dem Tod des Mieters abgelaufen waren. Guthaben aus solchen Zeiträumen stehen dem Erben und dem Eintretenden gemeinschaftlich zu, im Innenverhältnis sind sie gem. § 563b Abs. 1 Satz 2 BGB zu verteilen. Es spielt keine Rolle, wann die Abrechnung erfolgt, insbesondere, ob sie erst nach dem Tod des Mieters erstellt wird. Für Nachforderungen aus dem Abrechnungszeitraum, in dem der Mieter gestorben ist, haftet der Eingetretene im Außenverhältnis zum Vermieter allein; ein Guthaben steht ihm ebenfalls allein zu (zur Verteilung im Innenverhältnis s. § 563b Rdn. 13). Offene Betriebskostenvorauszahlungen aus der Zeit vor dem Tod des Mieters müssen auch der Erbe und – wegen der Mithaftung nach § 563b Abs. 1 BGB – der Eingetretene als Gesamtschuldner begleichen, fällige Vorauszahlungen aus der Zeit nach dem Tod hat der Einge- **53**

[135] Vgl. für Nachlassverbindlichkeiten *Palandt/Edenhofer* § 1967 Rdn. 2.
[136] *Palandt/Ellenberger* § 199 Rdn. 3; s. dort auch zu den Ausnahmen.
[137] Einzelheiten und Abweichungen bei § 566 Rdn. 136.
[138] Einzelheiten zu Schadensersatzansprüchen s. bei § 566 Rdn. 132.
[139] S. näher bei § 566 Rdn. 132.
[140] Zu Einzelheiten der Begründung s. bei § 566 Rdn. 110.
[141] S. bei § 556 Rdn. 362.
[142] **A. A.** *Blank/Börstinghaus* § 563 Rdn. 31, der eine zeitanteilige Aufteilung zwischen dem Erben und dem Eintretenden für nötig hält.
[143] Falls sie den Tod nicht vorsätzlich herbeigeführt haben; diese Ausnahme dürfte aber zu vernachlässigen sein.
[144] S. bei § 566 Rdn. 110.

tretene zu erfüllen[145]; beide aber nur bis zum Eintritt der Abrechnungsreife, danach können Vorschüsse nicht mehr verlangt werden[146].

5. Sonstige Rechtsfolgen

54 Der Eintritt in das Mietverhältnis erfolgt „wie es steht und liegt"[147], der Eingetretene hat keinen Anspruch auf Anpassung der Vertragsbedingungen[148]. Zu den Rechten und Pflichten, die mit dem Mietvertrag auf den Eingetretenen übergehen[149], gehören **beispielsweise** der Mietbesitz, Ansprüche auf Unterlassung von Besitzstörungen, auf Herstellung des vertragsgemäßen Gebrauchs, auf Mängelbeseitigung, aus § 547 BGB (s. § 563b Rdn. 16), Erlaubnisse und Gestattungen (Untermiete, Tierhaltung etc.), Minderungsrechte, das Wegnahmerecht aus § 539 Abs. 2 BGB etc.; das Vorkaufsrecht nach der Bildung von Wohneigentum geht gem. § 577 Abs. 4 BGB auf die Eingetretenen über. Für die Berechnung von Fristen (Kündigung, Mieterhöhung, Modernisierung, Renovierung etc.) werden zu Lasten des Eintretenden die Zeiträume berücksichtigt, die schon vor dem Tod des Mieters abgelaufen waren[150]. Die Kündigungsfristen gem. § 573c Abs. 1 Satz 2 BGB werden nach der längsten Besitzzeit berechnet[151], die Kündigungssperrfrist des § 577a BGB unter Einrechnung der unter dem verstorbenen Mieter verwirklichten Zeit[152]. Gründe für eine außerordentliche Kündigung wirken fort, müssen sich nach dem Eintritt aber auf die Person des Eintretenden beziehen[153].

55 Zum Anspruch auf Rückerstattung einer Mietsicherheit (insbesondere **Kautionsrückzahlungsanspruch**) s. § 563b Rdn. 32.

IV. Ablehnungsrecht der Eintrittsberechtigten (Abs. 3)

56 Der sich automatisch im Wege der Sonderrechtsnachfolge vollziehende Eintritt kann für den Eintretenden unerwünscht sein, nämlich dann, wenn er an der Wohnung nicht festhalten kann oder will. Um den Eintrittsberechtigten nicht gegen seinen Willen zu schützen und ihm nach dem Tod des Mieters seine Dispositionsmöglichkeiten zu erhalten, sieht das Gesetz in § 563 Abs. 3 BGB ein Ablehnungsrecht für den Eintrittsberechtigten vor.

1. Ablehnungserklärung

57 Das Ablehnungsrecht wird durch **einseitige empfangsbedürftige Willenserklärung** (§§ 130ff. BGB) gegenüber dem Vermieter ausgeübt, bei mehreren Vermietern gegenüber allen; insofern gilt das gleiche wie bei einer Kündigung (s. § 542 Rdn. 27 und 43). Ansonsten sind die Regeln über die Kündigung (z. B. Schriftformerfordernis gem. § 568 BGB) nicht anzuwenden, da der Rechtscharakter der Erklärungen nicht vergleichbar ist. Während nämlich die Kündigung den Vertrag für die Zukunft beendet (ex nunc), wirkt die Ablehnung des Eintritts kraft gesetzlicher Fiktion (vgl. den Wortlaut in § 563 Abs. 3 Satz 1 BGB) auf den Zeitpunkt des Todes zurück (ex tunc)[154]. Die Ablehnungserklärung kann deshalb **formfrei** abgegeben werden. Sie ist wie alle Gestaltungserklärungen bedingungsfeindlich[155]. Der Eintrittsberechtigte kann die Ablehnung auch schon (vorsorglich) vor dem Eintritt erklären. Bei einer Mehrheit von Eintrittsberechtigten kann jeder das Ablehnungsrecht für sich ausüben (§ 563 Abs. 3 Satz 3 BGB). Ist der Ablehnende zugleich Erbe, kann die Ablehnung möglicherweise gleichzeitig als Kündigung gem. § 564 Satz 2 BGB auszulegen sein, wenn die Formalien einer Kündigungserklärung eingehalten sind[156].

---

145 *Börstinghaus* NZM 2004, 481 zu § 566 BGB.
146 S. § 556 Rdn. 266.
147 *Sternel* ZMR 2004, 716.
148 *Blank/Börstinghaus* § 563 Rdn. 52.
149 Vgl. *Blank/Börstinghaus* § 563 Rdn. 25ff.
150 *Häublein* in MünchKomm § 563 Rdn. 19.
151 S. § 573c Rdn. 12.
152 BGH NJW 2003, 3265 = WuM 2003, 569 = ZMR 2003, 819.
153 *Heintzmann* in Soergel § 563 Rdn. 14. S. auch bei § 566 Rdn. 119.
154 *Rolfs* in Staudinger § 563 Rdn. 43.
155 *Palandt/Ellenberger* vor § 158 Rdn. 13.
156 *Damrau* NZFam 2014, 513.

2. Ablehnungsfrist

Die Frist, innerhalb derer die Ablehnung des Eintritts erklärt werden muss, beträgt gem. § 563 Abs. 3 Satz 1 BGB **einen Monat.** Sie beginnt mit der **Kenntnis vom Tod** des Mieters. Das bedeutet einmal, dass der Tod selbst gewiss sein muss (Todeserklärungen nach dem Verschollenheitsgesetz müssen bestandkräftig sein), und zum anderen, dass der Eintrittsberechtigte für seine Person Gewissheit vom Tod haben muss. Vermutungen oder Gerüchte reichen nicht; auch Erkundigungspflichten bestehen nicht[157], da man ansonsten die Möglichkeit der Kenntnisnahme ausreichen lassen würde, wohingegen das Gesetz auf positive Kenntnis abstellt. Der Eintrittsberechtigte darf sich allerdings Erkenntnissen, die sich ihm förmlich aufdrängen, nicht verschließen; auf die ähnlich gelagerte Problematik bei §§ 819, 814, 990 BGB kann verwiesen werden[158]. Gem. § 166 Abs. 1 BGB kommt es bei **Geschäftsunfähigen** und beschränkt Geschäftsfähigen auf die Kenntnis des gesetzlichen Vertreters an[159]. Betreuer sind im Rahmen ihres Aufgabenkreises regelmäßig auch Vertreter des Betreuten[160], so dass deren Kenntnis zuzurechnen ist, wenn das Wohnen zu dem übertragenen Aufgabenkreis gehört (s. auch Rdn. 60). Bei der Berechnung der Frist sind die Vorschriften der §§ 187 ff. BGB zu beachten (vgl. § 186 BGB). Das bedeutet, dass gem. § 193 BGB die Ablehnungsfrist am nächsten Wochentag abläuft, wenn das eigentliche Fristende auf einen Feiertag, einen Samstag oder Sonntag fällt. Die Frist kann auch durch **Vereinbarung** mit dem Vermieter nicht verlängert werden; hierdurch würde unzulässig in die Rechte der nachrangig Eintrittsberechtigten bzw. des Erben eingegriffen werden. Da es sich nicht um eine prozessuale Frist handelt, ist eine Wiedereinsetzung in den vorigen Stand nicht möglich. Die Frist läuft auch, wenn eine Ungewissheit über den Fortbestand des Mietvertrages (etwa wegen fristloser Kündigung) erst nach deren Ablauf beseitigt wird. 58

Sind **mehrere Eintrittsberechtigte** vorhanden, kann jeder von ihnen das Ablehnungsrecht für sich ausüben (§ 563 Abs. 3 Satz 3 BGB), eine gemeinsame Ablehnung ist nicht notwendig. Das kann zu unterschiedlichem Fristenlauf führen, wenn die Kenntnis vom Tod des Mieters zu unterschiedlichen Zeitpunkten eintritt. Aber auch bei gleichzeitiger Kenntniserlangung kann es in bestimmten Konstellationen dazu kommen, dass die Ablehnungsfrist schon abgelaufen ist, wenn das Eintrittsrecht relevant wird. Wenn nämlich der vorrangig eintrittsberechtigte Ehegatte oder Lebenspartner bis zum letzten Tag der Frist mit der Ablehnung wartet und der nachrangig Eintrittsberechtigte zur selben Zeit oder schon früher Kenntnis vom Tod erlangt hat, dann läuft dessen Ablehnungsfrist gleichzeitig mit der des Ehegatten bzw. Lebenspartners ab oder sie ist schon davor abgelaufen. Das Ablehnungsrecht des nachrangig Eintretenden besteht dann eigentlich nicht mehr. Ein solches streng am Wortlaut des Gesetzes orientiertes Ergebnis könnte ein nachrangig Eintrittsberechtigter nur vermeiden, wenn er seine Ablehnung bereits vorsorglich innerhalb der Monatsfrist erklären würde[161]. Das wäre zwar kein untragbarer Zustand, aber es dürfte nicht dem Willen des Gesetzgebers entsprechen. Das Gesetz spricht nämlich in § 563 Abs. 3 Satz 1 BGB von der „eingetretenen Person", der ein Ablehnungsrecht zusteht. Der Eintritt wirkt auf den Zeitpunkt des Todes zurück, weswegen ein Eintrittsberechtigter ab dem Tod des Mieters eine eingetretene Person ist. Das ist aber nur eine *Fiktion,* um die Rechte und Pflichten aus dem Mietvertrag einem Rechtsnachfolger lückenlos zuordnen zu können. *Tatsächlich* erfolgt der Eintritt erst, wenn der vorrangig berechtigte Ehegatte bzw. Lebenspartner die Ablehnung erklärt hat und diese Erklärung durch Zugang gegenüber dem Vermieter wirksam wurde. Für die davor liegende Zeit der Rückwirkungsfiktion war er keine „echte" eingetretene Person, die sich Gedanken um ein Ablehnungsrecht machen konnte. Mit anderen Worten: Das Gesetz ist widersprüchlich, weil es einmal für die Person des Ablehnenden bestimmte Eigenschaften fordert, nämlich dass er eingetreten ist; zum anderen aber knüpft es den Lauf der Ablehnungsfrist an ein Ereignis, bei dem diese Eigenschaft möglicherweise noch nicht vorhanden ist. Um diesen Widerspruch aufzulösen ist das Gesetz deshalb dahingehend auszulegen, dass die **Ablehnungsfrist erst zu laufen beginnt,** wenn der Eintrittsberechtigte 59

157 *Rolfs* in Staudinger § 563 Rdn. 39. **A. A.** *Blank/Börstinghaus* § 564 Rdn. 46 unter Verweis auf OLG Hamm WuM 1981, 263 = ZMR 1981, 211. Das Urteil des OLG Hamm bezieht sich jedoch auf die Vorgängernorm (§ 569 BGB a. F.), die nicht auf die positive Kenntnis abstellte, sondern auf den frühest zulässigen Kündigungstermin; daraus leitete das Gericht eine Erkundigungspflicht ab.

158 S. etwa *Palandt/Sprau* § 819 Rdn. 2.

159 *Häublein* in MünchKomm § 563 Rdn. 24.

160 *Palandt/Ellenberger* Einführung vor § 104 Rdn. 2a; s. auch vor § 535 Rdn. 283 und 395.

161 So *Burkhardt* BB 1964, 776.

Kenntnis vom Tod des Mieters hat und vorrangig eintrittsberechtigte Personen die Ablehnung erklärt haben und diese Erklärung durch Zugang gegenüber dem Vermieter wirksam wurde[162]. Das entspricht im übrigen auch der gesetzlichen Regelung in § 1944 Abs. 2 BGB für den ähnlichen Fall der Frist für die Ausschlagung einer Erbschaft.

60 Eine besondere Regelung enthält § 563 Abs. 3 Satz 2 BGB für den Fristenlauf bei **Geschäftsunfähigen** und beschränkt Geschäftsfähigen. Dort wird § 210 BGB für entsprechend anwendbar erklärt. Bedeutung hat der Verweis aber nur, wenn kein gesetzlicher Vertreter existiert; ist das der Fall, kommt es gem. § 166 Abs. 1 BGB auf dessen Kenntnis an[163]. § 210 BGB ist im Rahmen des § 563 Abs. 3 Satz 2 BGB praktisch so zu lesen, dass „Verjährungsfrist" durch „Ablehnungsfrist" ersetzt wird. Da die Ablehnungsfrist kürzer als 6 Monate ist, kommt es wegen § 210 Abs. 1 Satz 2 BGB für die Dauer der Hemmung auf die Dauer der Ablehnungsfrist an. Das bedeutet in Verbindung mit § 210 Abs. 1 Satz 1 BGB, dass die Ablehnungsfrist nicht vor Ablauf eines Monats nach Eintritt der Geschäftsfähigkeit oder Bestellung eines gesetzlichen Vertreters (als Ende des Mangels der Vertretung) vollendet werden kann[164]. Bei dem Vertreter muss dann auch die Kenntnis vom Tod des Mieters vorhanden sein, erst dann beginnt der Fristenlauf[165]. Auf erwachsene Personen, für die ein Betreuer[166] bestellt wurde, sind §§ 563 Abs. 3 Satz 2, 210 BGB nicht anwendbar. Denn einmal führt eine Betreuung nicht automatisch zur Geschäftsunfähigkeit[167]; diese ist vielmehr unabhängig von der Betreuung gem. §§ 104ff. BGB zu beurteilen. Zum anderen läge auch kein Mangel der Vertretung i. S. v. § 210 Abs. 1 Satz 1 BGB vor, da ein Betreuer im Rahmen seines Aufgabengebietes regelmäßig auch Vertreter des Betreuten ist[168].

61 Eine **Anfechtung** der Ablehnung des Eintritts ist genauso ausgeschlossen wie die Anfechtung des Eintritts selbst[169]. Bei letzterem fehlt es schon an einer Willenserklärung, die angefochten werden könnte. Für beide Fälle gilt, dass ein Recht zur Anfechtung nicht nur in die Vertragsbeziehung zum Vermieter eingreifen würde, sondern auch Folgen für den nachrangig Eintrittsberechtigten bzw. den Erben hätte. Je nach Konstellation würden sie eintreten oder ihr Eintritt würde wirkungslos, obwohl sie hiermit nicht mehr rechnen mussten und in ihren Wohnbedürfnissen möglichweise schon anders disponiert haben. Das ist mit der Schutzfunktion des § 563 BGB nicht zu vereinbaren. Das Anfechtungsrecht gem. § 119 BGB muss deshalb – wie in einer Vielzahl anderer anerkannter Fälle[170] – teleologisch eingeschränkt werden. Die Vorschriften über die Erbschaftsanfechtung, die eine Anfechtung nach §§ 119ff. BGB nicht ausschließen, sondern nur ergänzen (z. B. um ein Anfechtungsrecht wegen Versäumung der Ausschlagungsfrist in § 1956 BGB[171]) stehen diesem Ergebnis nicht entgegen. Zwar handelt es sich bei dem Erbschaftsanfall und dessen Ausschlagung um nicht unähnliche Fallkonstellationen der Rechtsnachfolge kraft Gesetzes; letztlich ist die Interessenlage aber deswegen nicht vergleichbar, weil ein Wohnungsnutzer ein sehr viel größeres Interesse an der schnellen und sicheren Klärung seiner Wohnsituation hat als ein Erbe, der „nur" eine weitere Vermögensmasse erhält oder nicht. Abgesehen davon dürfte der häufigste Anlass zur Anfechtung die Unkenntnis von der gesetzlichen Sonderrechtsnachfolge sein. Rechtsunkenntnis ist aber generell kein Anfechtungsgrund[172]. Auch ein Kündigungsrecht gem. § 564 BGB besteht selbst dann nicht, wenn der Eintretende zugleich Erbe ist. Die Vorschrift setzt nämlich voraus, dass ein Eintritt gem. § 563 BGB gerade nicht erfolgt ist[173]. Ein Recht auf Wider-

---

[162] Im Ergebnis ebenso *Rolfs* in Staudinger § 563 Rdn. 41 (mit weiteren Nachweisen auf die h. M. in Rdn. 40).

[163] *Häublein* in MünchKomm § 563 Rdn. 24.

[164] *Häublein* in MünchKomm § 563 Rdn. 24.

[165] *Häublein* in MünchKomm § 563 Rdn. 24; *Rolfs* in Staudinger § 563 Rdn. 45, der den Verweis auf § 210 BGB im übrigen wegen § 166 BGB für überflüssig hält.

[166] S. näher vor § 535 Rdn. 395 und 283.

[167] *Palandt/Ellenberger* § 104 Rdn. 3 und Einführung vor § 104 Rdn. 2a.

[168] *Palandt/Ellenberger* Einführung vor § 104 Rdn. 2a.

[169] *Rolfs* in Staudinger § 563 Rdn. 42.

[170] *Armbrüster* in MünchKomm (6. Aufl.) § 119 Rdn. 14.

[171] Eine analoge Anwendung dieser Vorschrift befürwortet *Lammel,* Wohnraummietrecht, § 563 Rdn. 45 und wohl auch *Sternel* ZMR 2004, 717; dagegen *Hinz* ZMR 2002, 643, der die Rechtsunsicherheit für den Vermieter betont und zu Recht darauf hinweist, dass der Eintretende, der die Ablehnungsfrist versäumt, i. d. R. innerhalb der kurzen Frist des § 573c Abs. 1 BGB kündigen kann.

[172] *Rolfs* in Staudinger § 563 Rdn. 42.

[173] *Rolfs* in Staudinger § 563 Rdn. 42.

einsetzung in den vorigen Stand scheitert daran, dass es sich nicht um eine prozessuale Frist handelt[174].

3. Herausgabepflichten und sonstige Folgen der Ablehnung

Wird die Ablehnung fristgerecht erklärt und gilt deshalb der Eintritt kraft gesetzlicher Fiktion (vgl. den Wortlaut in § 563 Abs. 3 Satz 1 BGB) rückwirkend auf den Todeszeitpunkt als nicht erfolgt[175], so setzt entweder ein gleichrangig Eintrittsberechtigter den Vertrag alleine fort oder ein nachrangig Eintrittsberechtigter tritt in den Vertrag ein oder – falls Eintrittsberechtigte nicht existieren – der Erbe wird gem. § 564 BGB Rechtsnachfolger des Mieters[176]. Der Erbe hat kein Ablehnungsrecht, er kann aber gem. § 564 Satz 2 BGB kündigen. **62**

Als weitere Folge der Ablehnung ist der Eintrittsberechtigte zur **Herausgabe** (nicht Räumung, die schuldet nur der Vertragspartner eines wirksamen Mietvertrages, s. näher bei § 546 Rdn. 6) der Wohnung verpflichtet, auch wenn er noch keine Ersatzwohnung hat[177]. Eine entsprechende Anwendung der §§ 574ff. BGB ist mangels vergleichbarer Sachlage und mangels Schutzbedürftigkeit des Ablehnenden ausgeschlossen. Es kommt allerdings – bei prozessualer Durchsetzung des Herausgabeanspruchs – die Gewährung einer Räumungsfrist gem. § 721 ZPO in Betracht sowie ein zeitlicher Aufschub gem. § 242 BGB (dazu sogleich). **63**

Hinsichtlich der **herausgabeberechtigten Person** und der Anspruchsgrundlage ist zu differenzieren: Ist ein weiterer (gleich- oder nachrangiger) **Eintrittsberechtigter** vorhanden, der von seinem Ablehnungsrecht keinen Gebrauch gemacht hat, der also Sonderrechtsnachfolger des Mieters geworden ist, so hat die Herausgabe an diesen zu erfolgen. Die Rechtsgrundlage eines solchen Anspruchs ist nicht ohne weiteres offensichtlich, da es regelmäßig an vertraglichen Beziehungen fehlt. Ggf. kann der Eintretende einen Anspruch aus unerlaubter Handlung gem. § 823 BGB geltend machen, weil der Ablehnende sich durch den Verbleib in der Wohnung ein Besitzrecht anmaßt, das ihm nicht zusteht; der Schadensersatzanspruch ist auf Wiederherstellung eines rechtmäßigen Zustandes durch Besitzaufgabe gerichtet[178]. Auch Besitzschutzansprüche gem. §§ 861ff. BGB kommen in Betracht, soweit § 866 BGB nicht entgegensteht. Schließlich sind Ansprüche auf und aus Auflösung einer Gemeinschaft gem. §§ 741ff. BGB, die sich nach dem Tod des Mieters zwischen den verbliebenen Nutzern gebildet hat[179], denkbar. Aus diesem Gemeinschaftsverhältnis lassen sich zwanglos **Rücksichtspflichten** bei dem Verlangen auf Auflösung herleiten (etwa das Verbot der Kündigung zur Unzeit oder ein zeitlicher Aufschub[180]), die gem. § 242 BGB auch im Rahmen von deliktischen oder besitzschutzrechtlichen Ansprüchen zu berücksichtigen sind. Ist ein weiterer Eintrittsberechtigter nicht vorhanden, so wird der **Erbe** gem. § 564 BGB Mieter und kann die Herausgabe an sich verlangen; hier kommt neben den genannten Ansprüchen aus Besitz, Delikt und Gemeinschaft auch die Anwendung von § 2018 BGB in Betracht. Der **Vermieter** (Eigentümer) kann hingegen von dem Eintrittsberechtigten, der den Eintritt abgelehnt hat, nicht gem. § 985 BGB verlangen, die Wohnung an den (anderen) Eintretenden oder den Erben herauszugeben; solange die Gemeinschaft gem. § 741ff. BGB nicht aufgelöst ist, hat der Ablehnende nämlich ein Besitzrecht gem. § 986 Abs. 1 BGB. Für ein solches Recht des Vermieters besteht auch kein Bedürfnis, da er selbst dann nicht gegenüber dem endgültig Eintretenden gegen seine Gebrauchsüberlassungspflichten verstößt, wenn ein Ablehnender den Auszug verweigert. Denn der Eintretende übernimmt das Mietverhältnis so, wie es beim Tod des Mieters bestanden hat, also auch mit allen **64**

---

174 Allg. M., vgl. *Rolfs* in Staudinger § 563 Rdn. 42.

175 *Rolfs* in Staudinger § 563 Rdn. 43.

176 *Häublein* in MünchKomm § 563 Rdn. 25.

177 Der Gerichtsstand für eine solche Klage bestimmt sich unabhängig von der Anspruchsgrundlage für ein solches Herausgabeverlangen nach §§ 29a ZPO, 23 Nr. 2a GVG; die Sachlage ist insoweit ähnlich einem von Anfang an nichtigen Mietvertrag (vgl. hierzu *Vollkommer* in Zöller § 29a Rdn. 13).

178 Vgl. allgemein zu deliktischen Ansprüchen bei Besitzverletzung *Palandt/Sprau* § 823 Rdn. 13 und vor § 823 Rdn. 16 und 28. *Blank/Börstinghaus* § 563 Rdn. 57 möchte § 2018 BGB (Herausgabeanspruch gegen den Erbschaftsbesitzer) analog anwenden; eine solche Analogie ist aber angesichts der deliktischen Ansprüche nicht notwendig und wird im übrigen in vergleichbarer Konstellation für den vorläufigen Erben, der die Erbschaft ausgeschlagen hat, abgelehnt (vgl. *Palandt/Edenhofer* § 2018 Rdn. 8).

179 Die Bildung einer GbR ist ebenfalls möglich, es dürfte aber meist an dem notwendigen Erfordernis der Verfolgung eines gemeinsamen Zwecks fehlen; vgl. allgemein dazu *Streyl* NZM 2011, 380; *Jacobs* NZM 2008, 111, *Grunewald* JZ 2015, 1027 und *Wiek* WuM 2009, 491/492. Sollte ausnahmsweise eine GbR vorliegen, sind die Folgen aber ähnlich wie bei einer Gemeinschaft. S. auch vor § 535 Rdn. 380.

180 *Palandt/Sprau* § 749 Rdn. 4.

zum Haushalt gehörenden Personen. Wenn eine von ihnen das ursprünglich vom Mieter abgeleitete Nutzungsrecht verliert, so betrifft das allein das Innenverhältnis der Bewohner (ähnlich wie bei eigentlich vorübergehenden Besuchern, die sich dann weigern, die Wohnung zu verlassen).

65 Ist das **Mietverhältnis insgesamt beendet,** weil alle Eintrittsberechtigten abgelehnt und der Erbe oder der Vermieter den Vertrag gekündigt haben (etwa nach § 564 BGB), dann ist der Erbe dem Vermieter gem. § 546 BGB zur **Räumung** verpflichtet. Der Erbe ist nämlich nach der Ablehnung der Eintrittsberechtigten Mieter geworden und hat deshalb wie ein Mieter auch die Abwicklungspflichten nach Beendigung des Vertrages zu erfüllen. Der Vermieter kann daneben gegen den Eintrittsberechtigten, der nach seiner Ablehnung Besitzer geblieben ist, aus § 985 BGB vorgehen; dem Erben stehen die erwähnten Ansprüche aus Delikt, Besitz, Gemeinschaft oder § 2018 BGB zu.

66 Die Fiktion, dass bei Ablehnung der Eintritt rückwirkend auf den Todeszeitpunkt als nicht erfolgt gilt, hat auch Folgen für die **Haftung für Ansprüche, die nach dem Tod des Mieters entstanden sind.** Der Ablehnende haftet dem Vermieter für diese Forderungen letztendlich nicht[181]. Er kann dem Eintretenden bzw. dem Erben aus Bereicherungsrecht aber im Innenverhältnis verpflichtet sein[182]. Hat der Ablehnende vor der Ablehnung Leistungen an den Vermieter erbracht, so entfällt mit der Ablehnung der Rechtsgrund hierfür und der Ablehnende kann sie gem. § 812 BGB zurückverlangen[183] und zwar wegen des Vorrangs der Leistungsbeziehung nur vom Vermieter, nicht vom nachrangig Eintretenden[184]. Der Rechtsgrund entfällt wegen der Fiktion des § 563 Abs. 3 Satz 1 BGB rückwirkend. Das hat zur Folge, dass der Eingetretene bis zur Ablehnungserklärung Mieter ist und vom Vermieter in Anspruch genommen werden kann; im Einzelfall kann eine solche Inanspruchnahme des Vermieters während des Laufs der Ablehnungsfrist aber treuwidrig sein (dolo-agit-Einrede, weil der Vermieter nach der Ablehnung sofort das wieder herausgeben müsste, was er erlangt hat)[185]. Der Anspruch des Vermieters gegen den Eingetretenen erlischt mit Zugang der Ablehnungserklärung[186]. Der Haftungsfortfall nach Ausspruch der Ablehnung gilt aber nur für vertragliche Ansprüche; außervertragliche Ansprüche stehen dem Vermieter auch nach einer Ablehnung zu.

V. Kündigungsrecht des Vermieters (Abs. 4)

67 Genauso wie das Gesetz dem Eintrittsberechtigten nach dem Tod des Mieters die Fortführung des Mietvertrages nicht aufzwingen will und ihm deshalb in § 563 Abs. 3 BGB das Ablehnungsrecht gewährt, möchte es verhindern, dass der Vermieter über den Eintritt nach § 563 BGB einen unzumutbaren Mieter akzeptieren muss. § 563 Abs. 4 BGB sieht deshalb zugunsten des Vermieters ein außerordentliches Kündigungsrecht mit gesetzlicher Frist (§ 573 d BGB) vor. Diese Intention des Gesetzgebers führt dazu, dass auch gem. § 575 Abs. 1 BGB befristete Mietverträge gekündigt werden können sowie solche, für die ein befristeter Kündigungsausschluss vereinbart wurde[187]. In letzteren Fällen ist zu prüfen, ob der Kündigungsausschluss auch außerordentliche Kündigungsrechte wie dasjenige nach § 573 d BGB erfassen sollte, was allerdings nur eingeschränkt möglich ist (s. bei § 575 Rdn. 81). Weiterhin hat die Intention des Gesetzgebers Auswirkungen auf die Anforderungen an den Kündigungsgrund. § 563 Abs. 4 BGB ist gem. § 1568 a Abs. 3 Satz 2 BGB entsprechend anwendbar bei der Wohnungsüberlassung bzw. Wohnungszuweisung anlässlich eines Scheidungsverfahrens[188].

---

[181] **A. A.** *Rolfs* in Staudinger § 563 Rdn. 43, der offenbar *Sternel* ZMR 2004, 717 missverstanden hat und sich deshalb zu Unrecht auf ihn beruft. Der von *Rolfs* angenommene Bereicherungsanspruch scheitert schon daran, dass der Vermieter immer einen vertraglichen Anspruch hat – entweder gegenüber einen anderen Eintretenden oder gegenüber dem Erben.

[182] Im Ergebnis ebenso *Lammel,* Wohnraummietrecht, § 563 Rdn. 43, der den Anspruch aber auf eine unnötige analoge Anwendung der §§ 2020, 2021 BGB stützen will. Die Leistungskondiktion führt genauso zum Ziel, da sich die Nutzungsüberlassung auf Grund der Rückwirkungsfiktion des Eintritts bzw. der Ablehnung als Leistung des Eingetretenen bzw. des Erben darstellt.

[183] *Sternel* ZMR 2004, 717 der sich aber auch für die Konstruktion eines vorläufigen Mietverhältnisses ausspricht. Das passt jedoch nicht zu der gesetzlichen Fiktion der Rückwirkung der Ablehnung.

[184] *Häublein* in MünchKomm § 563 Rdn. 21.

[185] *Rolfs* in Staudinger § 563b Rdn. 8; *Häublein* in MünchKomm § 563b Rdn. 4.

[186] *Häublein* in MünchKomm § 563b Rdn. 4.

[187] *Blank/Börstinghaus* § 563 Rdn. 62.

[188] Eingehend dazu vor § 535 Rdn. 354ff.

1. Wichtiger Grund

Gem. § 563 Abs. 4 BGB kann der Vermieter außerordentlich mit gesetzlicher Frist kündigen, wenn in der Person des Eingetretenen ein wichtiger Grund vorliegt. Um der Vorschrift einen eigenständigen Anwendungsbereich zu verschaffen, kann der wichtige Grund auf der einen Seite nicht identisch sein mit dem berechtigten Interesse gem. § 573 BGB, auf der anderen Seite aber auch nicht mit den Anforderungen an die außerordentlichen Kündigungsgründe der §§ 543, 569 BGB. Der wichtige Grund im Sinne des § 563 Abs. 4 BGB muss sich vielmehr an dem gesetzgeberischen Zweck der Vorschrift orientieren, nämlich zu verhindern, dass dem Vermieter ein unzumutbarer Mieter aufgezwungen wird. Hierüber besteht weitgehend Einigkeit, genauso wie darüber, dass die Interessenlage derjenigen bei der **Erlaubnis einer Untermiete** (§§ 540 Abs. 1 Satz 2, 553 Abs. 1 Satz 2 BGB) in etwa **vergleichbar** ist[189]. Es kommt also auf die Prognose der zukünftigen Entwicklung des Mietverhältnisses an[190]. Neben dem wichtigen Grund gem. § 563 Abs. 4 BGB ist das Vorhandensein eines berechtigten Kündigungsinteresses gem. § 573 BGB nicht erforderlich. Zwar gilt für die Kündigung gem. § 563 Abs. 4 BGB wie für alle außerordentlichen Kündigungen mit gesetzlicher Frist die Vorschrift des § 573d BGB, die in Abs. 1 die entsprechende Anwendung des § 573 BGB vorsieht. Dieser Verweis ist aber so zu verstehen, dass das berechtigte Interesse des § 573 BGB mit dem Vorhandensein eines wichtigen Grundes gem. § 563 Abs. 4 BGB erfüllt ist[191], weil § 563 Abs. 4 BGB ansonsten leerlaufen würde und seinen Schutzzweck zugunsten des Vermieters nicht erfüllen könnte[192]. Im einzelnen gilt zum wichtigen Grund folgendes: 68

Ein wichtiger Grund liegt vor, wenn dem Vermieter die Fortsetzung des Vertrages gerade mit dem Eingetretenen nicht zugemutet werden kann und die Umstände hierfür **in der Person des Eingetretenen** liegen[193]. Ein Verschulden des Eingetretenen ist nicht erforderlich. Die Unzumutbarkeit muss auf konkreten Anhaltspunkten und objektiven Umständen beruhen, die die Erwartung rechtfertigen, das Mietverhältnis werde sich für den Vermieter als nicht tragbar erweisen[194]; bloße subjektive Befürchtungen des Vermieters reichen nicht aus. Danach genügt beispielsweise das mehrmonatige Verschweigen des Todes des Mieters[195], eine persönliche Feindschaft zwischen dem Vermieter oder anderen Mietern und dem Eingetretenem[196] oder erhebliche tatsächliche oder rechtliche Auseinandersetzungen zwischen ihnen. Gleiches gilt bei konkreten Anhaltspunkten, die – etwa wegen Vorfällen in der Vergangenheit – eine erhebliche Störung des Hausfriedens in der Zukunft befürchten lassen oder bei einem anstößigen Lebenswandel des Eingetretenen[197] oder bei einer unerlaubten, weil nach außen in Erscheinung tretenden gewerblichen Nutzung der Mietwohnung[198]. Die bloße Verurteilung zu Strafhaft oder eine Drogenabhängigkeit reichen aber nicht aus, wenn der Eingetretene sich ansonsten beanstandungsfrei in die Mietergemeinschaft eingefügt hat[199]; bei besonderen Delikten (etwa schweren Gewalt- oder Sexualdelikten) dürfte eine andere Wertung möglich oder gar angebracht sein. Auch die Zugehörigkeit zu einer bestimmten (Rand-) Gruppe berechtigt aber für sich genommen nicht zu einer Kündigung[200], notwendig ist vielmehr die Gefahr konkreter Störungen. Derartige Gründe rühren meist aus Erfahrungen der Vergangenheit und berechtigen oft auch zu einer außerordentlichen Kündigung gem. § 543 BGB. Da der Eingetretene schon vor dem Eintritt in der Wohnung gewohnt haben muss (ansonsten wäre er mangels gemeinsamer Haushaltsführung nicht eintrittsberechtigt gewesen), hätte der Vermieter 69

[189] BGH (VIII ZR 254/09) NZM 2015, 207 = WuM 2010, 431; *Häublein* in MünchKomm § 563 Rdn. 26 und 27 m. w. N.; kritisch, aber im Ergebnis ähnlich *Sternel* ZMR 2004, 718.

[190] *Blank* LMK 2013, 347492.

[191] *Häublein* in MünchKomm § 563 Rdn. 26 und 27 m. w. N. Im Ergebnis ebenso, aber ohne Erwähnung der Problematik BGH (VIII ZR 213/12) NJW 2013, 1806 = WuM 2013, 349 = ZMR 2013, 623. **A. A.** unter Bezugnahme auf die Verweisung in § 573d Abs. 1 BGB auf § 573 BGB *Wiek* WuM 2013, 493.

[192] Ähnlich *Hinz* ZMR 2002, 643.

[193] BGH (VIII ZR 213/12) NJW 2013, 1806 = WuM 2013, 349 = ZMR 2013, 623 Rdn. 13; BGH (VIII ZR 254/09) WuM 2010, 431 Rdn. 6.

[194] *Sternel* ZMR 2004, 718; ähnlich *Blank* LMK 2013, 347492.

[195] AG München WuM 2017, 282.

[196] Allg. M., vgl. nur *Blank/Börstinghaus* § 563 Rdn. 64.

[197] *Hinz* ZMR 2002, 643.

[198] BGH (VIII ZR 213/12) NJW 2013, 1806 = WuM 2013, 349 = ZMR 2013, 623. Kritisch hierzu *Blank* LMK 2013, 347492, weil nach dem Sachverhalt nicht für die Zukunft mit einer Fortsetzung der gewerblichen Nutzung zu rechnen gewesen sei.

[199] BGH (VIII ZR 254/09) WuM 2010, 431; AG Hamburg-Barmbek BeckRS 2010, 15637.

[200] *Sternel* ZMR 2004, 718.

möglicherweise schon in der Vergangenheit die Möglichkeit gehabt, das Mietverhältnis durch Kündigung zu beenden. Hat er das trotz dieser Möglichkeit nicht getan, *kann* das zu der Wertung Anlass geben, einen wichtigen Grund i. S. v. § 563 Abs. 4 BGB zu verneinen, weil der Vermieter durch ein Unterlassen der außerordentlichen Kündigung gem. § 543 BGB gezeigt hat, ihm sei die Fortsetzung des Vertrages nicht unzumutbar (Rechtsgedanke des § 314 Abs. 3 BGB). Solche Wertungen sind möglich und m. E. regelmäßig angebracht[201], sie dürfen aber nicht schematisch erfolgen. Denn es geht bei der Kündigung nach § 563 BGB darum, den Eingetretenen als künftigen Vertragspartner zu bewerten, wohingegen das Fehlverhalten der Vergangenheit aus seiner Stellung als Wohnungsnutzer beurteilt wurde. Der Vermieter kann etwa in der Vergangenheit aus Rücksicht auf die Person des (verstorbenen) Mieters auf eine Kündigung verzichtet haben, nach Wegfall dieser Loyalitätspflicht aber zur Fortsetzung des Vertrages nicht bereit sein. Die fehlende oder gefährdet erscheinende **Zahlungsfähigkeit des Eingetretenen** kann ebenfalls ein wichtiger Grund sein[202], da § 563 Abs. 4 BGB verhindern will, dass sich der Vermieter in der Zukunft Vertragsstörungen aussetzen muss. Das ist anders als bei der Zustimmung zur Untermiete gem. § 540 Abs. 1 BGB, da in den Fällen des § 563 BGB kein Hauptmieter vorhanden ist, der für die Miete haftet. Bei mehreren Eingetretenen bzw. beim Vorhandensein weiterer Mieter (s. dazu Rdn. 15) ist darauf abzustellen, ob die Zahlung der Miete insgesamt gesichert erscheint oder nicht[203]. Die fehlende oder gefährdete Zahlungsfähigkeit des Eingetretenen schadet dann nicht, wenn die Zahlung der Miete anderweitig gewährleistet ist (Wohngeld, Sozialhilfe, weitere Mitmieter). Ein wichtiger Grund liegt ebenfalls vor, wenn der Eingetretene nicht über eine erforderliche **Wohnberechtigung** verfügt[204]; zur Frage, wann ein Eingetretener einen Wohnberechtigungsschein benötigt s. Rdn. 10. **Wichtige Gründe außerhalb der Person des Eingetretenen** gewähren kein Kündigungsrecht. Das gilt etwa für die Fälle, dass die Wohnung (auch eine Genossenschaftswohnung[205]) nach dem Tod des Mieters unterbelegt ist[206] oder dass der Eingetretene die Wohnung nicht benötigt, weil er noch über eine weitere Wohnung verfügt[207]. In beiden Konstellationen ist nämlich nicht die Person des Eingetretenen unzumutbar, es hat sich vielmehr die Wohnsituation verändert. Weigert sich allerdings der Eingetretene bei einer **Genossenschaftswohnung,** der Wohnungsgenossenschaft beizutreten, so stellt dies einen wichtigen Grund dar[208]. Die Unzumutbarkeit der Vertragsfortsetzung liegt schon allein darin, dass Wohnungsgenossenschaften bei Einnahmen aus Fremdnutzung (Nutzung durch Personen, die nicht Genossenschaftsmitglieder sind) zu mehr als 10% ihre Steuerbefreiung von der Körperschafts- und Gewerbesteuerpflicht verlieren können[209]. Deshalb muss es auch ausreichen, wenn der Beitritt zur Genossenschaft aus anderen Gründen als dem entgegenstehenden Willen des Eingetretenen scheitert – etwa an besonderen Satzungsbestimmungen der Genossenschaft[210]. Das bloße Fehlen einer Genossenschaftsmitgliedschaft reicht hingegen nicht aus[211], solange ein Beitritt nicht ausgeschlossen ist. Die Sachlage ist vergleichbar derjenigen, in der der Eingetretene nicht über eine erforderliche Wohnberechtigung verfügt.

---

[201] So auch *Lammel,* Wohnraummietrecht, § 563 Rdn. 54. **A. A.** *Sternel* ZMR 2004, 718.

[202] AG München WuM 2017, 282; *Blank/Börstinghaus* § 563 Rdn. 64 m. w. N.

[203] *Kandelhard* in Herrlein/Kandelhard § 563 Rdn. 16. S. auch AG Berlin-Charlottenburg, Urteil v. 15.8.2014 (Az.: 238 C 63/14); das Urteil erscheint allerdings als etwas weitgehend, wenn es für die Prüfung der Zahlungsfähigkeit auf eine zukünftige Modernisierungsmieterhöhung abstellt.

[204] *Sternel* ZMR 2004, 718; LG Koblenz WuM 1987, 201.

[205] OLG Karlsruhe WuM 1984, 43 = NJW 1984, 2584; LG Köln WuM 1994, 23; allerdings kommt in diesen Fällen eine Kündigung gem. § 573 BGB in Betracht (s. § 573 Rdn. 212).

[206] AG Hamburg-Barmbek BeckRS 2010, 15637; *Blank/Börstinghaus* § 563 Rdn. 64. Möglicherweise besteht in diesen Fällen aber ein Kündigungsrecht nach § 573 BGB. Für eine Kündigung gem. § 563 BGB: OLG Stuttgart WuM 1991, 379; LG Köln WuM 1994, 23; *Kinne* GE 2008, 1610.

[207] *Rolfs* in Staudinger § 563 Rdn. 50. **A. A.** LG Nürnberg-Fürth WuM 1985, 228 für den Spezialfall, dass der Eingetretene bei derselben Wohnungsgenossenschaft über eine weitere Wohnung verfügte; hier kann man in der Tat im Hinblick auf die genossenschaftliche Treuepflicht einen wichtigen Grund bejahen.

[208] LG Köln WuM 1994, 23; *Kinne* GE 2008, 1610 und wohl auch BGH (VIII ZR 254/09) WuM 2010, 431 Rdn. 7.

[209] S. zu der steuerrechtlichen Lage *Drasdo* NZM 2012, 593; *Roth* in DMT-Bilanz 2011 S. 790.

[210] So wohl auch *Roth* in DMT-Bilanz 2011 S. 792.

[211] AG Hamburg-Barmbek BeckRS 2010, 15637; offen lassend BGH (VIII ZR 254/09) WuM 2010, 431 Rdn. 7.

2. Mehrere Eintretende bzw. Mieter

Treten mehrere Personen in den Vertrag ein oder gibt es neben dem Eingetretenen weitere Mieter, so stellt sich die Frage, ob und wem gegenüber dem Vermieter das Kündigungsrecht zusteht. Kann er nur dem Eingetretenen kündigen, in dessen Person ein wichtiger Grund vorliegt, oder kann/muss das Mietverhältnis insgesamt, also allen gegenüber gekündigt werden. M. E. ist letzteres richtig[212], auch wenn es für beide Positionen gewichtige Argumente gibt. Grundsätzlich kann ein Mietvertrag nur einheitlich allen Mietern gekündigt werden, Teilkündigungen sind unwirksam[213]. Dem Gesetzgeber wäre es allerdings nicht verwehrt, Teilkündigungen zuzulassen. Eine solche Zulassung könnte man darin sehen, dass jeder Eintretende das Ablehnungsrecht nach § 563 Abs. 3 Satz BGB für sich ausüben kann. Wenn man das Kündigungsrecht als Pendant zum Ablehnungsrecht versteht, spricht viel für die Teilbarkeit der Kündigung in diesen Fällen[214], dies zumal, als es gegenüber den anderen Eingetretenen unbillig sein kann, ihnen den Schutz des § 563 BGB zu versagen, weil ein anderer Eintrittsberechtigter für den Vermieter unzumutbar ist. Bei näherer Betrachtung überzeugt das aber nicht. Das Gesetz hat nämlich die Rechte von Eingetretenen und Vermieter gerade nicht gleichartig ausgestaltet, sondern dem Vermieter ein Kündigungsrecht gewährt anstatt eines Ablehnungsrechtes. Man muss davon ausgehen, dass dem Gesetzgeber die grundsätzliche Unzulässigkeit von Teilkündigungen bekannt war. Auch im übrigen spricht der Wortlaut des § 563 Abs. 4 BGB für eine Unteilbarkeit der Kündigung. Dort ist nämlich von der Kündigung *des Mietverhältnisses* die Rede, was bedeutet, dass es insgesamt beendet wird. Das Schutzbedürfnis der Eingetretenen steht letztlich nicht entgegen. Der verstorbene Mieter hat nämlich mit den Eintrittsberechtigten eine Haushaltsgemeinschaft geführt (als Familie oder in anderen Formen des Zusammenlebens) und diese Gemeinschaft soll i. d. R. auch nach dem Tod des Mieters fortgesetzt werden. Wenn einem Eintrittsberechtigten gekündigt wird, wird sich die Gemeinschaft daher ohnehin eine neue gemeinsame Wohnung suchen wollen; es ist nicht davon auszugehen, dass die Gemeinschaft nur deshalb auseinanderbrechen soll, weil der Vermieter einen von ihnen als unzumutbar ablehnt – schließlich haben sie in einer solchen Konstellation zuvor übereinstimmend von ihrem Ablehnungsrecht keinen Gebrauch gemacht. Die Suche nach einer neuen Wohnung wird unter Umständen erheblich erschwert, wenn unterschiedliche Kündigungsfristen existieren oder die Verbliebenen vorläufig den Vertrag gar nicht beenden können (Zeitmietvertrag, befristeter Ausschluss des Kündigungsrechtes). Die Unteilbarkeit der Kündigung muss jedoch ggf. bei den Anforderungen an die Bejahung des wichtigen Kündigungsgrundes gem. § 563 Abs. 4 BGB berücksichtigt werden. Die Fortsetzung des Mietverhältnisses muss insgesamt unzumutbar werden. Die Zahlungsunfähigkeit eines einzelnen Eingetretenen wiegt beispielsweise wesentlich weniger schwer, wenn die übrigen Eingetretenen ausreichend zahlungskräftig sind und die Mietzahlungen deshalb gesichert sind[215]. 70

Ähnliche Erwägungen gelten für den Fall, dass einer von mehreren Mietern gestorben ist und die verbliebenen Mieter mit einem Eintretenden den Vertrag fortsetzen (s. zu diesen Konstellationen auch bei Rdn. 15). Besteht in der Person des Eintretenden ein wichtiger Grund im Sinne des § 563 Abs. 4 BGB, so beendet die Kündigung des Vermieters auch den Vertrag mit den übrigen Mietern[216]. Die Gegenmeinung[217] argumentiert zu Unrecht damit, dass die mit der Sonderrechtsnachfolge verbundene Kündigungsmöglichkeit des Vermieters nicht zu Lasten eines Mitmieters gehen dürfe; dabei wird verkannt, dass es eine solche Folgewirkung auch bei der außerordentlichen Kündigung von Mietverträgen gem. § 543 BGB gibt, außerdem ist das Schutzbedürfnis des Mitmieters in diesen Konstellationen, wie ausgeführt, regelmäßig nicht hoch. 71

---

212 H. M., vgl. *Blank/Börstinghaus* § 563 Rdn. 63 m. w. N.; *Häublein* in MünchKomm § 563 Rdn. 28. **A. A.** *Lammel,* Wohnraummietrecht, § 563 Rdn. 53, der zwischen Familienangehörigen und familienfremden Mitmietern differenziert; bei ersteren soll ein nur bei einer Person bestehender wichtiger Grund ausreichen, weil die anderen die Möglichkeit hatten, auf dessen Verhalten einzuwirken; bei letzteren soll in einer Analogie zu §§ 425, 432, 737 BGB dem Vermieter die Möglichkeit gegeben werden, einen unzumutbaren Mitmieter auszuschließen. Für eine Einzelfallbetrachtung *Eckert* GS Sonnenschein S. 326.

213 S. grundlegend *Streyl* NZM 2011, 385 sowie bei § 542 Rdn. 87.

214 So *Sternel* ZMR 2004, 718.

215 *Blank/Börstinghaus* § 563 Rdn. 65.

216 *Häublein* in MünchKomm § 563 Rdn. 28.

217 *Rolfs* in Staudinger § 563 Rdn. 52.

3. Form und Frist

72 Für die Kündigung gem. § 563 Abs. 4 BGB gelten dieselben allgemeinen Voraussetzungen wie für andere Kündigungen von Wohnraummietverhältnissen einschließlich des Schriftformerfordernisses gem. § 568 BGB; auf die Kommentierungen zu §§ 542, 568 BGB kann verwiesen werden. Bei mehreren Mietern muss gegenüber allen gekündigt werden. Im Übrigen sind die Regeln des § 573d BGB anzuwenden, da es sich um eine außerordentliche Kündigung mit gesetzlicher Frist handelt. Die gesetzliche Kündigungsfrist ist diejenige des § 573d Abs. 2 BGB. Trotz des Verweises in § 573d Abs. 1 BGB auf § 573 BGB muss der Vermieter kein berechtigtes Interesse an der Beendigung des Mietvertrages i. S. v. § 573 Abs. 1 und 2 BGB haben; es reicht vielmehr das Vorhandensein des wichtigen Grundes gem. § 563 Abs. 4 BGB (Einzelheiten bei Rdn. 68). Dieser Kündigungsgrund ist in dem Kündigungsschreiben anzugeben (§ 573d Abs. 1 in Verbindung mit § 573 Abs. 3 BGB). Obwohl in dem Verweis in § 573d Abs. 1 BGB nicht ausdrücklich erwähnt, gilt auch für die Beendigung des Mietvertrages durch außerordentliche Kündigung mit gesetzlicher Frist die **Sozialklausel** der §§ 574 bis 574d BGB (Widerspruch zur Kündigung und ggf. Fortsetzung des Mietverhältnisses)[218]. Hierbei kann sich der Eingetretene unter Umständen auf Härten in der Person solcher Familienangehöriger berufen, die ebenfalls eintrittsberechtigt waren, den Eintritt aber abgelehnt haben, wenn die Ablehnung nicht deshalb erfolgte, weil eine Fortsetzung des Wohnens nicht erfolgen sollte, sondern weil eine Haftung für die Verbindlichkeiten vermieden werden sollte.

73 Die Kündigung gem. § 563 Abs. 4 BGB kann nur innerhalb einer bestimmten **Frist** ausgeübt werden, nämlich innerhalb eines Monats, nachdem der Vermieter von dem endgültigen Eintritt in das Mietverhältnis Kenntnis erlangt hat. Sichere Kenntnis erlangt der Vermieter erst, wenn er die Person des Eintrittsberechtigten sowie die Tatsachen kennt, die Voraussetzung des Eintrittsrechts sind (ggf. durch Sterbeurkunde nachgewiesener Tod des Mieters[219], Beziehung zum verstorbenen Mieter, gemeinsame Haushaltsführung), und wenn außerdem die Ablehnungsfrist abgelaufen ist; bei mehreren (gleichrangig) Eingetretenen müssen wegen der einheitlichen Kündigung des gesamten Mietverhältnisses (s. Rdn. 70) alle Ablehnungsfristen abgelaufen sein, nicht allerdings die Ablehnungsfristen von bloß nachrangig Eintritts*berechtigten*. Erkundigungspflichten des Vermieters bestehen aus den gleichen Gründen nicht, aus denen auch der Eintrittsberechtigte nicht um Kenntnis vom Tod des Mieters bemühen muss (s. Rdn. 58). Die Frist kann schon vor Übergabe der Wohnung zu laufen beginnen, wenn der Mieter zwischen Vertragsschluss und (geplanter) Übergabe stirbt. Der Vermieter kann trotz des Wortlauts von § 563 Abs. 4 BGB die Kündigung schon vor Ablauf der Ablehnungsfrist erklären[220]; das Zuwarten wäre Förmelei und entgegenstehende Belange des Eingetretenen sind nicht schutzwürdig, wenn die Kündigungsfrist ab dem Ablauf der Ablehnungsfrist gerechnet wird.

VI. Abweichende Vereinbarungen (Abs. 5)

74 Gem. § 563 Abs. 5 BGB sind (auch individualvertragliche) Abweichungen von § 563 BGB zum Nachteil des Mieters[221] und der nach § 563 Abs. 1 und 2 BGB privilegierten Personen unwirksam. Das erfasst beispielsweise Vereinbarungen, die den Kreis der privilegierten Personen einschränken, die ihren Eintritt von weiteren Voraussetzungen abhängig machen oder die Rangfolge des Eintritts ändern, und auch Vereinbarungen, die das Ablehnungsrecht erschweren oder die das Kündigungsrecht des Vermieters ausweiten[222]. Eine Abweichung von mittelbar über den Verweis auf § 573d BGB geltenden Vorschriften (etwa § 568 BGB) ist ebenfalls unzulässig[223], genauso eine Regelung, nach der ein Mietvertrag mit dem Tod des Mieters enden soll[224]. Der verstorbene Mieter darf über seine Mieterstellung nicht testamentarisch verfügen[225]. Abweichungen zu Gunsten des Mieters bzw. der privilegierten Personen sowie zu Lasten des Vermieters sind hingegen zulässig.

---

218 Allgemeine Meinung, s. § 573d Rdn. 8.
219 AG München WuM 2017, 282.
220 *Lammel,* Wohnraummietrecht, § 563 Rdn. 55. **A. A.** *Sternel* ZMR 2004, 717.
221 S. allgemein zu halbzwingenden Normen *Lehmann-Richter* WuM 2010, 3.
222 *Häublein* in MünchKomm § 563 Rdn. 31.
223 *Rolfs* in Staudinger § 563 Rdn. 57.
224 *Häublein* in MünchKomm § 563 Rdn. 31.
225 *Lammel,* Wohnraummietrecht, § 563a Rdn. 20.

VII. Beweislast

75 Entsprechend den allgemeinen Regeln muss derjenige, der Rechtsfolgen aus einem Eintritt herleiten will, die Voraussetzungen des Eintritts darlegen und beweisen[226]. Die Personen gem. § 563 Abs. 1 und 2 BGB müssen also beweisen, dass sie zum privilegierten Personenkreis gehören und einen gemeinsamen Haushalt geführt haben[227]. Pauschale Behauptungen reichen hierzu nicht, es müssen vielmehr hinreichend Indizien vorgetragen werden, um subsumieren zu können; unerträgliche Nachforschungen in der Intimsphäre sind aber nicht veranlasst[228]. Der Ablehnende muss die Abgabe der Ablehnungserklärung und deren rechtzeitigen Zugang beweisen, wenn er sich auf die Ablehnung beruft; macht der Vermieter die Folgen der Ablehnung geltend, so trägt er die Beweislast. Die Voraussetzungen des Kündigungsrechts gem. § 563 Abs. 4 BG563b: S. 2293-B muss der Vermieter beweisen[229].

---

226 BGH ZMR 1993, 261 = NJW 1993, 999.
227 AG Düsseldorf ZMR 2014, 294.
228 BGH ZMR 1993, 261 = NJW 1993, 999; AG Düsseldorf ZMR 2014, 294.
229 LG Köln WuM 1994, 23.

§ 563a Fortsetzung mit überlebenden Mietern

(1) Sind mehrere Personen im Sinne des § 563 gemeinsam Mieter, so wird das Mietverhältnis beim Tod eines Mieters mit den überlebenden Mietern fortgesetzt.

(2) Die überlebenden Mieter können das Mietverhältnis innerhalb eines Monats, nachdem sie vom Tod des Mieters Kenntnis erlangt haben, außerordentlich mit der gesetzlichen Frist kündigen.

(3) Eine abweichende Vereinbarung zum Nachteil der Mieter ist unwirksam.

Systematische Übersicht

I. Allgemeines

1 § 563a BGB baut auf § 563 BGB auf[1]. Zu Regelungszweck und Systematik, zu Entstehungsgeschichte und Übergangsrecht sowie zum sachlichen, zeitlichen und personellen Anwendungsbereich der Vorschrift kann deshalb auf die Kommentierung zu § 563 verwiesen werden.

2 § 563a BGB regelt den Fall, dass (einschließlich des gestorbenen Mieters) *mehrere* Mieter vorhanden sind, die zum privilegierten Personenkreis gem. § 563 Abs. 1 und 2 BGB[2] gehören und einen gemeinsamen Haushalt führen[3]. In diesem Fall erfolgt nach dem Tod des Mieters **kein Eintritt gem. § 563 BGB,** der Vertrag wird vielmehr nur mit den überlebenden Mietern fortgesetzt; den überlebenden Mietern steht nach § 563a Abs. 2 BGB ein Sonderkündigungsrecht zu. Die Regelung des § 563a BGB verdrängt das Eintrittsrecht aus § 563 BGB[4] und das Erbrecht (§ 564 BGB) im Wege der Sonderrechtsnachfolge[5], um zu verhindern, dass zu den im gemeinsamen Haushalt lebenden Mitmietern noch weitere Familienangehörige als neue Mieter hinzukommen[6]. Da der überlebende Mitmieter den Anfall des Mietanteils nicht wie in § 563 Abs. 3 BGB ablehnen, sondern durch die Kündigung gem. § 563a Abs. 2 BGB den Mietvertrag nur für die Zukunft beenden kann, kommt auch im Falle dieser Kündigung ein **nachträglicher Eintritt des Erben** nicht in Betracht[7].

3 Darüber hinaus kann es **ungewöhnliche Konstellationen** geben, in denen der Mitmieter des Verstorbenen im Zeitpunkt des Todes nicht zum privilegierten Personenkreis des § 563 BGB gehört oder in denen einer der Mitmieter des Verstorbenen privilegiert ist, ein weiterer hingegen nicht; zur Behandlung dieser Fälle s. bei § 563 Rdn. 15. Gehört der Mitmieter nicht zum privilegierten Personenkreis und gibt es auch keine Eintrittsberechtigten (z. B. bei einer Wohngemeinschaft mit getrennter Wirtschaftsführung), dann gelten die allgemeinen Regeln des Erb- und Schuldrechts; zu den Einzelheiten s. § 563 Rdn. 19.

II. Fortsetzungsberechtigte

4 Die Mitmieter des verstorbenen Mieters, die den Vertrag fortsetzten, müssen die Voraussetzungen des § 563 Abs. 1 und 2 BGB erfüllen; das ergibt sich aus dem Wortlaut des § 563a Abs. 1 BGB („Personen im Sinne des § 563"). Das heißt, die Mitmieter müssen im Zeitpunkt des Todes sämtlich[8] zum privilegierten Personenkreis gehören (Ehegatte, Lebenspartner, Kind, Familienangehöriger oder sonstige Person) und mit dem verstorbenen Mieter einen gemeinsamen Haushalt geführt bzw. als Kind in diesem gelebt haben. Zu den Einzelheiten s. bei § 563 Rdn. 21 ff.

---

[1] S. zur Systematik der §§ 563 ff. BGB auch bei § 563 Rdn. 5.
[2] S. dazu § 563 Rdn. 28.
[3] S. dazu § 563 Rdn. 38.
[4] S. näher und mit Nachweisen zu dieser vereinzelt bestrittenen Meinung bei § 563 Rdn. 16.
[5] *Rolfs* in Staudinger § 563a Rdn. 1; s. auch bei § 563 Rdn. 44.
[6] *Heintzmann* in Soergel § 563a Rdn. 1.
[7] *Lammel,* Wohnraummietrecht, § 563a Rdn. 10 und 18.
[8] S. auch bei § 563 Rdn. 17.

III. Gemeinschaftliches Mietverhältnis

Weitere Voraussetzung des § 563a Abs. 1 BGB ist, dass der verstorbene Mieter und der oder die Mitmieter gemeinsam Mieter der Wohnung waren. Das ist der Fall, wenn zum Zeitpunkt des Todes ein gemeinschaftliches Mietverhältnis bestand. Ein gemeinschaftliches Mietverhältnis kann bereits bei Vertragsschluss begründet werden, wenn mehrere Personen Vertragspartner geworden und dadurch als Mitmieter desselben Wohnraums berechtigt und verpflichtet sind. Dritte im Sinne des § 328 BGB sind nicht Mitmieter, genauso wenig wie Bürgen oder sonstige Personen, die nur für die Verpflichtungen aus dem Mietverhältnis haften, aber keine eigenen Rechte haben. Ob ein gemeinschaftliches Mietverhältnis vorliegt oder nicht, ist durch – im Einzelfall nicht einfache – Auslegung zu ermitteln. Bei einem **schriftlichen Vertrag** dürften i. d. R. (zwingend ist das nicht!) diejenigen Personen Vertragspartner werden, die im Kopf der Vertragsurkunde als Mieter bezeichnet sind. Haben nicht alle dort Genannten den Vertrag unterschrieben, kommt es auf die Bevollmächtigung des Unterzeichnenden an. Ein Unterzeichnender, der nicht im Vertragskopf genannt ist, kann Mitmieter sein, aber auch nur Vertreter oder Mithaftender ohne eigene Rechte. Zu den weiteren Einzelheiten, insbesondere zur Behandlung von Eheleuten, s. vor § 535 Rdn. 339 und 374. 5

Auch **nach Beginn des Mietvertrages** kann ein gemeinschaftliches Mietverhältnis entstehen, nämlich dann, wenn im Wege einer Vertragsänderung[9] ein weiterer Mieter in den Vertrag eintritt. Ein solcher Eintritt ist stillschweigend möglich. Hierzu reicht aber die bloße Aufnahme einer weiteren Person in die Wohnung selbst dann nicht aus, wenn der Vermieter dem nicht widerspricht; es müssen vielmehr konkrete Anhaltspunkte dafür vorliegen, dass der Aufgenommene Vertragspartner sein sollte. Das kann der Fall sein, wenn der Vermieter den Aufgenommenen wie einen Vertragspartner behandelt (etwa Mieterhöhungen oder Betriebskostenabrechnungen auch an sie richtet) und dieser das akzeptiert; ähnlich ist es, wenn der Aufgenommene sich wie ein Vertragspartner verhält und der Vermieter das akzeptiert[10]. Erfolgt ein Vertragseintritt während eines bestehenden Mietverhältnisses, bedarf dies der Schriftform gem. § 550 BGB, wenn der Vertrag noch länger als ein Jahr dauern soll[11]. Ist die Schriftform nicht gewahrt, berührt der Formverstoß ausnahmsweise nicht den Vertrag insgesamt, sondern nur den eintretenden Mieter[12]. Hinsichtlich der Laufzeit wird der Vertrag also ggf. aufgespalten[13]. 6

Bestand das Mietverhältnis in den **neuen Bundesländern** schon vor dem 3.10.1990, so ist § 100 Abs. 3 ZGB-DDR zu beachten. Danach waren beide Ehegatten Mieter einer Wohnung, auch wenn nur einer von ihnen den Vertrag geschlossen hatte oder wenn die Eheschließung und der Einzug des Ehegatten in die Wohnung nach Beginn des Vertrages erfolgte. Die Wirkungen dieser Regelung gelten noch heute fort[14]. 7

IV. Rechtsfolge

Der oder die überlebenden Mitmieter führen das Mietverhältnis mit dem Vermieter fort. Das besagt dreierlei[15]: Die Rechtsstellung des Mitmieters wird durch den Tod des Mieters nicht beeinträchtigt; der Mitmieter tritt im Wege der **Sonderrechtsnachfolge** in den Vertrag ein; das **Erbrecht wird verdrängt** und zwar auch dann, wenn der Mitmieter gleichzeitig Erbe ist[16]. 8

Der Rechtsübergang findet allerdings **nur in Bezug auf den Wohnraummietvertrag** zwischen dem Vermieter und dem verstorbenen Mieter und den sich daraus ergebenden Rechten und Pflichten statt, da die §§ 563ff. BGB nur auf Wohnraummietverhältnisse anwendbar sind (s. bei § 563 Rdn. 9). Von § 563a BGB werden also nicht erfasst die Verträge, die der verstorbene Mieter allein oder mit den anderen Mietmietern mit Dritten wie etwa Versorgungsunternehmen über die Lieferung von Wasser, Strom, Energie etc. geschlossen hat. Haben der verstorbene Mieter und der 9

---

9 Es ist ein dreiseitiger Vertrag zwischen dem Vermieter, dem alten Mieter und dem neuen Mieter notwendig.
10 *Blank/Börstinghaus* § 563 Rdn. 5.
11 BGHZ 65, 49.
12 BGHZ 65, 49; s. auch § 550 Rdn. 63.
13 *Rolfs* in Staudinger § 563a Rdn. 7.
14 H. M., vgl. LG Görlitz WuM 1995, 649 m.w.N. auch zur abweichenden Meinung; *Rolfs* in Staudinger § 563a Rdn. 6.
15 *Rolfs* in Staudinger § 563a Rdn. 9.
16 *Rolfs* in Staudinger § 563a Rdn. 10.

Vermieter neben dem Mietvertrag noch andere **Sondervereinbarungen** geschlossen (etwa über Hausmeister-, Reinigungs- oder sonstige Dienste), so gilt das § 563 Rdn. 47 Ausgeführte. Bei einer angemieteten **Garage** oder sonstigen mitvermieteten Grundstücksteilen ist danach zu unterscheiden, ob hierüber ein selbständiger Vertrag geschlossen wurde oder ob es sich um einen einheitlichen Vertrag über Wohnung und Garage handelt. Nur in letzterem Fall tritt der Mitmieter in die Garagennutzung ein; in ersterem Fall wird der Erbe im Wege der Gesamtrechtsnachfolge (Mit-) Mieter in Bezug auf die Garage (mit den beiderseitigen Rechten aus § 580 BGB). Bei einer **Mischnutzung** von Wohnung und Gewerbe kommt es darauf an, wo im konkreten Einzelfall der Schwerpunkt des Vertrages liegt[17]. Wenn der Schwerpunkt die Wohnnutzung ist, kann eine Fortsetzung gem. § 563a BGB erfolgen, ansonsten gelten die erbrechtlichen Regeln und § 580 BGB, da auf einen schwerpunkmäßig gewerblichen Mietvertrag mit untergeordneter Wohnnutzung die Vorschriften über Wohnraummietverhältnisse insgesamt nicht anwendbar sind[18].

10 Das Mietverhältnis selbst bleibt unverändert, auch hinsichtlich unterschiedlicher Vertragslaufzeiten als Folge eines Schriftformverstoßes (s. Rdn. 6). Anders als der nach § 563 BGB eingetretene Mieter (s. dazu bei § 563 Rdn. 49) haftet der fortsetzende Mitmieter auch für sämtliche **Altverbindlichkeiten** aus der Zeit vor dem Tod des Mieters. Das folgt aus **Gesamtschuldnerschaft** mehrerer Mieter. Kündigungsfristen gem. § 573c Abs. 1 Satz 2 BGB werden nach der längsten Besitzzeit eines der Mitmieter (ggf. auch eines bereits anderweitig Ausgeschiedenen) berechnet[19], die Kündigungssperrfrist des § 577a BGB unter Einrechnung der unter dem verstorbenen Mieter verwirklichten Zeit[20].

V. Sonderkündigungsrecht der überlebenden Mieter

11 Der Tod eines Mieters, mit dem die anderen Mieter einen gemeinsamen Haushalt geführt haben, kann mit großen Veränderungen verbunden sein, die auch die Mietsituation betreffen. So kann die Wohnung zu groß oder zu teuer werden. Um diese Friktionen aufzufangen gewährt das Gesetz dem oder den überlebenden Mitmietern in § 563a Abs. 2 BGB ein Sonderkündigungsrecht, genauer gesagt ein **außerordentliches Kündigungsrecht mit gesetzlicher Frist.** Es gilt deshalb § 573d BGB mit der dort in Abs. 2 angeordneten Kündigungsfrist. Ein Kündigungsgrund ist nicht erforderlich. Die Kündigung ist schriftlich zu erklären (§ 568 Abs. 1 BGB), muss aber, da ein Kündigungsgrund nicht erforderlich ist, nicht begründet werden[21]. Wegen § 573c BGB ist das Sonderkündigungsrecht eigentlich nur für Zeitmietverträge gem. § 575 BGB und Vereinbarungen über einen befristeten Kündigungsausschluss relevant[22].

12 Das Kündigungsrecht besteht gem. § 563a Abs. 2 BGB nur **innerhalb eines Monats** nach Kenntnis vom Tod des Mieters. Hier gelten die gleichen Erwägungen wie zum Beginn der Ablehnungsfrist des § 563 Abs. 3 BGB[23]. Das bedeutet einmal, dass der Tod selbst gewiss sein muss (Todeserklärungen nach dem Verschollenheitsgesetz müssen bestandkräftig sein), und zum anderen, dass der Eintrittsberechtigte für seine Person Gewissheit vom Tod haben muss. Vermutungen oder Gerüchte reichen nicht; auch Erkundigungspflichten bestehen nicht[24], da man ansonsten die Möglichkeit der Kenntnisnahme ausreichen lassen würde, wohingegen das Gesetz auf positive Kenntnis abstellt. Der Eintrittsberechtigte darf sich allerdings Erkenntnissen, die sich ihm förmlich aufdrängen, nicht verschließen; auf die ähnlich gelagerte Problematik bei § 819, 814, 990 BGB kann verwiesen werden. Gem. § 166 BGB kommt es bei Geschäftsunfähigen und beschränkt Geschäftsfähigen auf die Kenntnis des gesetzlichen Vertreters an; Betreuer sind im Rahmen ihres Aufgabenkreises regelmäßig auch Vertreter des Betreuten, so dass deren Kenntnis zuzurechnen ist, wenn das Wohnen zu deren Aufgabenkreis gehört. Bei der Berechnung der Frist sind die Vorschriften der §§ 187ff. BGB zu beachten (vgl. § 186 BGB). Das bedeutet, dass gem. § 193 BGB die Ablehnungsfrist am nächsten Wochentag abläuft, wenn das eigentliche Fristende auf einen Feiertag,

---

17 Einzelheiten zur Abgrenzung vor § 535 Rdn. 109.
18 Vgl. vor § 535 Rdn. 109.
19 S. § 573c Rdn. 12.
20 BGH NJW 2003, 3265 = WuM 2003, 569.
21 AG Wetzlar ZMR 2010, 375.
22 *Blank/Börstinghaus* § 563a Rdn. 9.
23 Die Auffassung von *Rolfs* in Staudinger § 563a Rdn. 12, die Sachlage sei derjenigen von § 563 Abs. 4 BGB vergleichbar, ist nicht nachvollziehbar, da es dort auf den Eintrittszeitpunkt für den Fristbeginn ankommt.
24 *Rolfs* in Staudinger § 563 Rdn. 39.

einen Samstag oder Sonntag fällt. Die Frist kann auch durch Vereinbarung mit dem Vermieter nicht verlängert werden; hierdurch würde unzulässig in die Rechte des Erben eingegriffen werden. Da es sich nicht um eine prozessuale Frist handelt, ist eine Wiedereinsetzung in den vorigen Stand nicht möglich.

Mehrere Mitmieter müssen die Kündigung gemeinsam erklären. Das ergibt sich schon aus allgemeinen schuldrechtlichen Erwägungen[25], aber auch aus der Interessenlage der Beteiligten[26]. Könnte ein Mieter den Vertrag für alle beenden, so könnte er über deren Wohnsituation disponieren, ohne dass sich aus dem Gesetz Anhaltspunkte für eine so weitreichende Befugnis ergäben; könnte ein Mieter nur für seine Person den Vertrag beenden, so verbliebe unter Umständen das Haftungsrisiko bei einem (oder mehreren) verbleibenden Mietern, die es nicht allein tragen können. Ein einzelner Mitmieter kann deshalb die Kündigung weder für sich allein noch mit Wirkung für die anderen erklären. Möglicherweise besteht aber ein Anspruch auf Zustimmung zur Kündigung[27]. Die zwangsweise Durchsetzung eines solchen Anspruchs innerhalb der Kündigungsfrist dürfte zwar nicht zu realisieren sein; es können aber Schadensersatzansprüche auf Freihaltung von den weiteren Verpflichtungen aus dem Vertrag entstehen. Die Kündigungsfrist des § 563a Abs. 2 BGB beginnt mit der Kenntnis des letzten Mitmieters vom Tod des Mieters, damit jeder Mitmieter die gleiche Überlegungsfrist hat[28]. 13

Dem Vermieter steht ein Sonderkündigungsrecht nicht zu[29], da seine Interessen nicht nennenswert berührt werden; er hat den fortsetzenden Mieter schon bei Vertragsschluss akzeptiert. 14

VI. Abweichende Vereinbarungen

Gem. § 563a Abs. 3 BGB sind (auch individualvertragliche) Abweichungen zum Nachteil des Mieters unzulässig[30]. Dies gilt selbst dann, wenn der Mitmieter bei Vertragsschluss ein besonderes Interesse an der Beendigung des Vertrages nach dem Tod des Mieters hat, da sich diese Vorstellung im Lauf der Zeit ändern kann und – wenn das nicht der Fall ist – ein Festhalten an dem Vertrag bis zum Ablauf der Kündigungsfrist des § 573d Abs. 2 BGB (in Verbindung mit § 563a Abs. 2 BGB) nicht unzumutbar erscheint[31]. Der verstorbene Mieter darf über seine Mieterstellung nicht testamentarisch verfügen[32]. Die Kündigungsfrist des § 563a Abs. 2 BGB kann auch durch Vereinbarung mit dem Vermieter nicht verlängert werden; hierdurch würde unzulässig in die Rechte des Erben eingegriffen werden. 15

---

[25] Eingehend hierzu *Streyl* NZM 2011, 382. S. weiterhin *Rolfs* in Staudinger § 563a Rdn. 13 m. w. N. auch auf eine abweichende Meinung.

[26] **A. A.,** aber ohne nähere Begründung *Eckert* GS Sonnenschein S. 324.

[27] S. vor § 535 Rdn. 346 und 380 und OLG Düsseldorf ZMR 2007, 960 für den Fall der Beendigung einer nichtehelichen Lebensgemeinschaft.

[28] *Rolfs* in Staudinger § 563a Rdn. 13.

[29] Allg. M., vgl. nur *Häublein* in MünchKomm § 563a Rdn. 17.

[30] S. allgemein zu halbzwingenden Normen *Lehmann-Richter* WuM 2010, 3.

[31] **A. A.** *Rolfs* in Staudinger § 563a Rdn. 15.

[32] *Lammel,* Wohnraummietrecht, § 563a Rdn. 20.

§ 563b Haftung bei Eintritt oder Fortsetzung

(1) [1]Die Personen, die nach § 563 in das Mietverhältnis eingetreten sind oder mit denen es nach § 563a fortgesetzt wird, haften neben dem Erben für die bis zum Tod des Mieters entstandenen Verbindlichkeiten als Gesamtschuldner. [2]Im Verhältnis zu diesen Personen haftet der Erbe allein, soweit nichts anderes bestimmt ist.

(2) Hat der Mieter die Miete für einen nach seinem Tod liegenden Zeitraum im Voraus entrichtet, sind die Personen, die nach § 563 in das Mietverhältnis eingetreten sind oder mit denen es nach § 563a fortgesetzt wird, verpflichtet, dem Erben dasjenige herauszugeben, was sie infolge der Vorausentrichtung der Miete ersparen oder erlangen.

(3) Der Vermieter kann, falls der verstorbene Mieter keine Sicherheit geleistet hat, von den Personen, die nach § 563 in das Mietverhältnis eingetreten sind oder mit denen es nach § 563a fortgesetzt wird, nach Maßgabe des § 551 eine Sicherheitsleistung verlangen.

Systematische Übersicht

Alphabetische Schnellübersicht

I. Allgemeines

1 Auch wenn durch einen Eintritt gem. § 563 BGB bzw. durch eine Fortsetzung gem. § 563a BGB[1] kein neues Mietverhältnis entsteht, folgt daraus nicht ohne Weiteres, dass die (Sonder-) Rechtsnachfolger des verstorbenen Mieters dem Vermieter auch für die Verbindlichkeiten haften, die vor dem Tod des Mieters entstanden sind. Der BGH[2] hatte im Jahre 1962 eine Haftung der Rechtsnachfolger abgelehnt und ist nur von einer Haftung des Erben gem. §§ 1922, 1967 BGB sowie ggf. weiterer Mitmieter gem. §§ 427, 421 BGB für die Altverbindlichkeiten ausgegangen. Diese Rechtsprechung hat der Gesetzgeber 1964[3] korrigiert und regelt nunmehr in § 563b Abs. 1 Satz 1 BGB, dass diejenigen Personen, die nach § 563 BGB in das Mietverhältnis eingetreten sind oder mit denen es nach § 563a BGB fortgesetzt wird (im folgenden: Rechtsnachfolger gem. §§ 563, 563a BGB), **gegenüber dem Vermieter** gesamtschuldnerisch neben dem Erben für die bis zum Tod des Mieters entstandenen Verbindlichkeiten haften. Die Haftung weiterer Mitmieter (auch solcher, die nicht unter § 563a BGB fallen) gem. §§ 427, 421 BGB bleibt unberührt.

2 Im **Innenverhältnis** zwischen Erben und Rechtsnachfolger haftet der Erbe vorbehaltlich anderer Bestimmungen allein (§ 563b Abs. 1 Satz 2 BGB). Wie sich noch zeigen wird (s. Rdn. 9 ff.), gibt es hierzu allerdings erhebliche Einschränkungen. Abgesehen davon wird die Alleinhaftung des Erben im Innenverhältnis dadurch ausgeglichen, dass ihm die Rechtsnachfolger nach § 563b Abs. 2 BGB evtl. vom Mieter geleistete Vorauszahlungen auf die Miete herausgeben müssen. Damit macht

---

[1] S. zur Systematik der §§ 563 ff. BGB auch bei § 563 Rdn. 5.
[2] BGH NJW 1962, 487.
[3] Zur Entstehungsgeschichte s. bei § 563 Rdn. 3; Vorgängernorm bis zum 1.8.2001 war § 569a Abs. 2 Satz 5, Abs. 3 und 4 BGB a. F.

das Gesetz deutlich, dass der Erbe (intern) in die Vermögensposition des Mieters vor dessen Tod eintritt, die Rechtsnachfolger erst danach.

§ 563b Abs. 3 BGB gibt dem Vermieter das Recht, von dem Rechtsnachfolger gem. §§ 563, 563a BGB eine **Kaution** zu verlangen, sofern der verstorbene Mieter noch keine Sicherheit geleistet hatte. 3

II. Haftung für Altverbindlichkeiten (Abs. 1 Satz 1)

§§ 563, 563a BGB gehen stillschweigend davon aus, dass dem Eingetretenen bzw. dem Fortset- 4
zenden mit dem Eintritt die Rechte aus dem Mietvertrag zustehen, dass ihn aber auch die Pflichten, einschließlich der nach dem Tod des Mieters entstehenden Verbindlichkeiten treffen. Das folgt aus dem Wesen des Rechtsübergangs[4]. Für die Zeit vor Rechtsübergang, also vor dem Tod des Mieters, ordnet § 563b Abs. 1 Satz 1 BGB an, dass die Rechtsnachfolger gem. §§ 563, 563a BGB auch für die bis dahin entstandenen **Altverbindlichkeiten** gegenüber dem Vermieter einzustehen haben und zwar gesamtschuldnerisch mit dem Erben, der hierfür ohnehin haftet. Für den Fall der Fortsetzung des Mietverhältnisses gem. § 563a BGB wäre die Anordnung der gesamtschuldnerischen Haftung an sich überflüssig gewesen, da diese Rechtsnachfolger Mitmieter des verstorbenen Mieters gewesen sind und deshalb wie jeder andere Mitmieter i. d. R. auch nach §§ 427, 421 BGB haften.

Zu den Altverbindlichkeiten gehören nur die Ansprüche des Vermieters gegen den verstorbenen 5
Mieter **aus dem Wohnraummietverhältnis,** nicht aus sonstigen Vereinbarungen zwischen ihnen. Ansprüche Dritter (etwa von Versorgungsunternehmen), die nicht auf dem Mietvertrag beruhen, zählen nicht dazu. Zu den Einzelheiten s. § 563 Rdn. 47. Dritte kommen aber als Anspruchsinhaber in Betracht, wenn der Vermieter Forderungen an sie abgetreten hat oder wenn sie nach den Grundsätzen des Vertrages mit Schutzwirkung zugunsten Dritter unmittelbar aus dem Vertrag Ansprüche herleiten können.

Die Verbindlichkeiten müssen **vor dem Tod des Mieters entstanden** sein. Zur näheren Er- 6
läuterung kann auf die Kommentierung zu § 563 BGB verwiesen werden (s. bei § 563 Rdn. 49ff.; zur Mietsicherheit s. bei Rdn. 32).

Der Vermieter kann nach seiner Wahl jeden der **Gesamtschuldner** ganz oder teilweise bzw. 7
allein oder gemeinschaftlich in Anspruch nehmen (§ 421 BGB). Das gilt auch für den Eingetretenen während des Laufs der Ablehnungsfrist[5]. Die Rückwirkungsfiktion des § 563 Abs. 3 Satz 1 BGB hat nämlich zur Folge, dass der Eingetretene bis zur Ablehnungserklärung Mieter ist und vom Vermieter schon während des Fristenlaufs in Anspruch genommen werden kann; im Einzelfall kann eine solche Inanspruchnahme aber treuwidrig sein (dolo-agit-Einrede, weil der Vermieter nach der Ablehnung sofort das wieder herausgeben müsste, was er erlangt hat)[6]. Der Anspruch des Vermieters gegen den nach § 563 BGB Eingetretenen erlischt mit Zugang der Ablehnungserklärung gem. § 563 Abs. 3 BGB[7]; bereits erbrachte Leistungen können nach §§ 812ff. BGB zurückgefordert werden. Ähnliches gilt aber nicht für den gem. § 563a BGB fortsetzenden Mitmieter[8]. Das folgt einmal aus § 427 BGB, zum anderen aber auch daraus, dass die Kündigung keine Rückwirkungsfiktion hat, sondern nur die Zukunft gestaltet.

Der Erbe kann seine **Haftung** auf den Nachlass **beschränken** (§ 1975 BGB), die Einrede der 8
Dürftigkeit erheben (§ 1990 BGB) oder das Erbe ausschlagen (§ 1942 BGB), um der Haftung aus § 563b Abs. 1 BGB ganz oder teilweise zu entgehen. Diese Möglichkeit haben die Rechtsnachfolger gem. §§ 563, 563a BGB nicht, der Eingetretene kann allerdings von seinem Ablehnungsrecht gem. § 563 Abs. 3 BGB Gebrauch machen. Ist der Erbe – wie oft – zugleich auch Rechtsnachfolger gem. §§ 563, 563a BGB nützen ihm die erbrechtlichen Beschränkungsmöglichkeiten nicht, da sie auf §§ 563ff. BGB keinen Einfluss haben[9]. Zur Haftung des Erben, der nicht Rechtsnachfolger gem. §§ 563, 563a BGB geworden ist, s. § 564 Rdn. 3.

---

[4] *Rolfs* in Staudinger § 563b Rdn. 4.
[5] So auch *Häublein* in MünchKomm § 563b Rdn. 4.
[6] *Rolfs* in Staudinger § 563b Rdn. 8; *Häublein* in MünchKomm § 563b Rdn. 4.
[7] *Häublein* in MünchKomm § 563b Rdn. 4.
[8] *Häublein* in MünchKomm § 563b Rdn. 4.
[9] *Schmid* GE 2013, 26; *Blank/Börstinghaus* § 563b Rdn. 8; s. auch *Rolfs* in Staudinger § 563b Rdn. 12.

III. Innenverhältnis und Gesamtschuldnerausgleich (Abs. 1 Satz 2)

9 Während § 563b Abs. 1 Satz 1 BGB die gesamtschuldnerische Haftung der Rechtsnachfolger gem. §§ 563, 563a BGB im Verhältnis zum Vermieter (Außenverhältnis) regelt, verhält sich § 563b Abs. 1 Satz 2 BGB über das **Innenverhältnis der Rechtsnachfolger untereinander.** Die Vorschrift bestimmt, dass der Erbe im Verhältnis zu den Rechtsnachfolgern gem. §§ 563, 563a BGB allein haftet, soweit nichts anderes bestimmt ist. Grundsätzlich gilt auch für dieses Innenverhältnis die allgemeine Regelung des **Gesamtschuldnerausgleichs** (§ 426 BGB)[10]. § 563b Abs. 1 Satz 2 BGB modifiziert allerdings § 426 Abs. 1 Satz 1 BGB, der eine Haftung zu gleichen Anteilen vorsieht, dahingehend, dass der Erbe intern alles zu tragen hat[11]. Dies stellt – genau wie in § 426 Abs. 1 Satz 1 BGB[12] – nur eine Zweifelsregelung dar, die eingreift, wenn ein anderer Verteilungsmaßstab fehlt. Das ergibt sich aus der Einschränkung in § 563b Abs. 1 Satz 2 BGB „soweit nichts anderes bestimmt ist". Diese Einschränkung ist wortidentisch mit derjenigen in § 426 Abs. 1 Satz 1 BGB und wird dort ebenso verstanden[13]. Für ein davon abweichendes Verständnis bei § 563b Abs. 1 Satz 2 BGB ist nichts ersichtlich, im Gegenteil, der Gesetzgeber hat sich bewusst an § 426 Abs. 1 Satz 1 BGB angelehnt[14]. Praktisch wirkt sich das dahin aus, dass derjenige, der eine Verteilung abweichend von dieser Zweifelsregelung behauptet, hierfür die Darlegungs- und Beweislast trägt[15]. Der Erbe muss also darlegen und beweisen, dass und in welchem Umfang einer der Rechtsnachfolger gem. §§ 563, 563a BGB statt seiner im Innenverhältnis haften soll.

10 Für die Feststellung des **Umfangs der Haftung im Innenverhältnis** von Erben und Rechtsnachfolgern gem. §§ 563, 563a BGB muss, sofern mehrere Mitmieter vorhanden sind, zunächst geklärt werden, was bzw. welchen **Anteil der verstorbene Mieter** im Verhältnis zu den anderen Mitmietern zu tragen hatte. Nur dieser Anteil unterfällt der Regelung des § 563b Abs. 1 Satz 2 BGB[16] und ist ggf. auszugleichen, da die Vorschrift keine Änderungen des Innenverhältnisses bewirken will, das ursprünglich zwischen dem verstorbenen Mieter und den weiteren Mietern bestand, sondern nur das verteilen will, was dem verstorbenen Mieter oblegen hätte[17]. Bei der Bestimmung dieses Anteils kommen die Grundsätze des § 426 BGB zur Anwendung. Vorranging sind die (ausdrücklichen oder stillschweigenden) Absprachen zwischen den Mitmietern; bei der Prüfung einer stillschweigenden Verteilung der Lasten können die gleichen Kriterien maßgeblich sein, wie nachfolgend für den Innenausgleich zwischen Erben und Rechtsnachfolgern gem. §§ 563, 563a BGB geschildert. Fehlen Absprachen, verteilen sich die Lasten nach Kopfteilen.

11 Ist der Anteil des verstorbenen Mitmieters entsprechend dem Vorgenannten bestimmt oder ist der verstorbene Mieter alleiniger Vertragspartner gewesen, dann verteilen sich die Lasten im **Innenverhältnis** zwischen Erben und Rechtsnachfolgern gem. §§ 563, 563a BGB wir folgt: **Absprachen** des Mieters mit seinen Mitbewohnern[18] über die Lastentragung können eine völlige Freistellung des verstorbenen Mieters im Innenverhältnis zu den anderen Mitbewohnern vorsehen mit der Folge, dass eine Haftung des Erben im Innenverhältnis ausscheidet. Die Absprachen können aber auch vorsehen, dass der verstorbene Mieter die finanziellen Lasten allein trägt mit der Folge, dass der Erbe sie auch allein zu übernehmen hat. Vereinbarungen über die Lastenverteilung im Innenverhältnis müssen nicht ausdrücklich getroffen werden, sie können sich auch **konkludent** aus der Art der Haushaltsführung ergeben. Es herrscht nämlich oft die Vorstellung, dass jedes Haushaltsmitglied den gleichen Anteil der Lasten trägt – sei es durch finanzielle, sei es durch sonstige Leistungen (Beispiel Hausfrauenehe). Dieser Anteil an der Haushaltsführung kann sowohl bei der Bestimmung des internen Anteils des verstorbenen Mieters als auch bei dem Ausgleich gem.

[10] *Häublein* in MünchKomm § 563b Rdn. 6.
[11] Vor der Befriedigung des Vermieters richtet sich der Anspruch gem. § 563b Abs. 1 Satz 2 BGB auf Freistellung; nach Befriedigung des Vermieters richtet er sich auf Zahlung. In letzterem Fall kann er auch auf § 426 Abs. 2 BGB gestützt werden.
[12] *Palandt/Grüneberg* § 426 Rdn. 7.
[13] *Palandt/Grüneberg* § 426 Rdn. 7.
[14] BT-Drucksache 14/4553, abgedruckt in NZM 2000, 445.
[15] *Palandt/Grüneberg* § 426 Rdn. 7.
[16] *Rolfs* in Staudinger § 563b Rdn. 9.
[17] *Lammel*, Wohnraummietrecht, § 563b Rdn. 12.
[18] Eine Vereinbarung mit dem Erben würde auf einen unzulässigen Vertrag zu Lasten Dritter hinauslaufen (*Sternel* ZMR 2004, 720). Eine Belastung der Mitmieter oder Eintrittsberechtigten durch Testament dürfte ebenfalls unzulässig sein.

§ 563b Abs. 1 Satz 2 BGB zu berücksichtigen sein[19]. Der Eingetretene haftet danach i. d. R. im Innenverhältnis zum Erben nur dann, wenn er sich auch zu Lebzeiten des verstorbenen Mieters an den Mietzahlungen beteiligt hat bzw. hätte beteiligen sollen (etwa durch Erstattung an den verstorbenen Mieter). Der Erbe übernimmt dann den Anteil des verstorbenen Mieters sowie ggf. die Anteile nicht eingetretener Haushaltsmitglieder. Das gilt auch dann, wenn einer von mehreren Eingetretenen zugleich Erbe ist; es ist kein Grund ersichtlich, in diesem Fall dem eingetretenen Erben im Innenverhältnis die alleinige Haftung aufzuerlegen[20].

Eine **anderweitige Bestimmung** dürfte regelmäßig nicht schon darin liegen, dass ein Anwendungsfall des § 563a BGB gegeben ist. Zwar nutzen die Mitmieter dann die Wohnung nach dem Tod des Mieters gemeinsam und haben die Lasten allein zu tragen. Vor dem Tod des Mieters hatte aber auch dieser einen Anteil an der Nutzung, da § 563a BGB eine gemeinsame Haushaltsführung voraussetzt. Wenn er diesen Anteil bei Weiterleben zu tragen gehabt hätte, hat der Erbe nach dem Grundgedanken des § 563b BGB den vor dem Tod angefallenen Anteil zu übernehmen. 12

Die Höhe der **Betriebskosten** steht meist erst nach deren Abrechnung endgültig fest. Unabhängig davon, wann die Abrechnung erteilt wird, unterliegen vor dem Tod des Mieters abgelaufene Abrechnungszeiträume im Außenverhältnis zum Vermieter der gesamtschuldnerischen Haftung gem. § 563b Abs. 1 Satz 1 BGB und damit dem Innenausgleich gem. § 563b Abs. 1 Satz 2 BGB entsprechend den vorstehenden Grundsätzen. Die Kosten der Abrechnungsperiode, die bei Versterben des Mieters lief, sind anteilig den Zeiträumen vor und nach dem Tod des Mieters zuzuweisen[21]. Der Anteil der Betriebskosten, der auf die Zeit vor dem Tod entfällt, ist nach den vorstehenden Grundsätzen im Innenverhältnis zu verteilen. Der Anteil, der auf die Zeit nach dem Tod entfällt, gehört nicht in den Innenausgleich gem. § 563b Abs. 1 Satz 2 BGB; ihn haben die Rechtsnachfolger gem. §§ 563, 563a BGB als „neue Mieter" ohnehin zu tragen. 13

Ein vom Vermieter in Anspruch genommener **Rechtsnachfolger** gem. §§ 563, 563a BGB kann auch dann im Innenverhältnis gegen einen Erben Rückgriff nehmen, wenn er **selbst ebenfalls Erbe** ist[22]. Eine solche Konstellation liegt etwa dann vor, wenn eine Tochter noch bei dem mietenden Vater wohnt und nach dessen Tod mit der schon ausgezogenen weiteren Tochter Erbin wird und vor dem Tod entstandene Mietforderungen begleicht. Hier ist – sofern nicht nach den vorstehenden Grundsätzen ohnehin eine alleinige Haftung des Rechtsnachfolgers gem. §§ 563, 563a BGB im Innenverhältnis anzunehmen ist – § 2058 BGB als anderweitige Bestimmung i. S. v. § 563b Abs. 1 Satz 2 BGB zu berücksichtigen, der Ausgleich hat also unter Berücksichtigung der Erbquote zu erfolgen. Wird nur einer von mehreren Erben auf Innenausgleich herangezogen, dann kann er von seinen Miterben nach den erbrechtlichen Regeln Ausgleich verlangen. Ist von mehreren Rechtsnachfolgern gem. §§ 563, 563a BGB nur einer zugleich Miterbe, so kann er gem. § 563b Abs. 1 Satz 2 BGB von den anderen sofort auf vollen Ausgleich in Anspruch genommen werden, ohne dass diese anderen sich eine eigene Haftungsquote anzurechnen lassen müssen[23]. Sind alle Rechtsnachfolger gem. §§ 563, 563a BGB zugleich Miterben, so ist der Anteil, den der verstorbene Mieter zu tragen gehabt hätte, ebenfalls unter Berücksichtigung der Erbquote unter den Miterben aufzuteilen[24]; der Anteil, den jeder Rechtsnachfolger im Verhältnis zum verstorbenen Mieter zu tragen gehabt hätte (s. Rdn. 10), verbleibt ohnehin bei ihm. 14

Sind ausdrückliche oder stillschweigende Absprachen zu Lebzeiten des verstorbenen Mieters nicht getroffen worden oder sind andere anderweitige Bestimmungen nicht ersichtlich, wäre im Falle des Weiterlebens des Mieters die **Zweifelsregelung** des § 426 Abs. 1 Satz 1 BGB anwendbar gewesen, wonach die Verbindlichkeiten gleichmäßig zu verteilen sind. Diese Bestimmung gilt hingegen nicht; den Anteil, den der verstorbene Mieter zu tragen gehabt hätte, übernimmt nach dem Tod entsprechend der Zweifelsregelung des § 563b Abs. 1 Satz 2 BGB vielmehr der Erbe. 15

---

[19] *Lammel,* Wohnraummietrecht, § 563a Rdn. 12 und § 563b Rdn. 12. **A. A.** wohl *Häublein* in MünchKomm § 563b Rdn. 6, wenn er auf die Mitnutzung der Wohnung als Verteilungsmaßstab abstellt.

[20] **A. A.** ohne Begründung *Rolfs* in Staudinger § 563b Rdn. 11. Wenn sich die von *Rolfs* vertretene Alleinhaftung des Erben nur auf den Anteil bezieht, den der verstorbene Mieter zu tragen gehabt hätte, wäre das allerdings richtig.

[21] Im Ergebnis ebenso *Häublein* in MünchKomm § 563b in Fn. 16 zu Rdn. 9 und *Blank/Börstinghaus* § 563 Rdn. 31, der dies schon im Außenverhältnis zum Vermieter so handhaben will; s. dazu bei § 563 Rdn. 53.

[22] *Rolfs* in Staudinger § 563b Rdn. 10.

[23] *Rolfs* in Staudinger § 563b Rdn. 11.

[24] *Rolfs* in Staudinger § 563b Rdn. 12 (dort auch zu erbrechtlichen Haftungsbeschränkungen); *Häublein* in MünchKomm § 563b Rdn. 7.

IV. Ausgleich von Mietvorauszahlungen (Abs. 2)

16 Durch eine Fortsetzung gem. § 563a BGB oder einen Eintritt gem. § 563 BGB ändert sich die Identität des Mietverhältnisses nicht; es wird lediglich mit einem anderen Mieter weitergeführt. Das hat zur Folge, dass Mietzahlungen des verstorbenen Mieters, die dieser für die Zeit nach seinem Tod vorausentrichtet hat, auch den Rechtsnachfolgern gem. §§ 563, 563a BGB zu Gute kommen; die Mietschuld ist insofern erfüllt. Hierdurch ersparen sie eigene Mietzahlungen oder können unter Umständen vom Vermieter Ausgleich verlangen. Das in dieser Weise Ersparte bzw. das Erlangte müssen sie gem. § 563b Abs. 2 BGB an den Erben herausgeben. Die Ausgleichspflicht beruht auf dem auch § 563b Abs. 1 Satz 2 BGB zugrundeliegenden Gedanken, dass der Erbe die Vermögenspositionen des Mieters vor dessen Tod übernimmt und der Rechtsnachfolger gem. §§ 563, 563a BGB diejenigen nach dem Tod.

17 Der Ausgleichsanspruch gem. § 563b Abs. 2 BGB setzt voraus, dass der verstorbene Mieter für einen nach seinem Tod liegenden Zeitraum Mietzahlungen im Voraus erbracht hat. Das Gesetz verwendet damit die Formulierung des § 547 Abs. 1 Satz 1 BGB, die Zäsur tritt allerdings nicht – wie dort – durch Beendigung des Vertrages, sondern durch den Tod des Mieters ein. Wegen der vergleichbaren Begrifflichkeit ist unter einer **Mietvorauszahlung** gem. § 563b Abs. 2 BGB dasselbe zu verstehen wie unter einer Mietvorauszahlung gem. § 547 BGB[25]. Danach werden von der Ausgleichspflicht sämtliche im Voraus entrichteten Zahlungen als Gegenleistung für die Gebrauchsüberlassung verstanden, die nach dem Inhalt des Mietvertrages Bezug zum Mietzins haben und innerlich mit ihm verbunden sind, also alle Leistungen des Mieters, durch die der Mietzins ganz oder teilweise als im Voraus als erbracht gilt[26]. Auf die Fälligkeit der im Voraus erbrachten Leistung kommt es nicht an, entscheidend ist nur, dass sie für einen Zeitabschnitt in der Zukunft bestimmt war[27]. Nur so wird man dem Zweck der §§ 547, 563b BGB gerecht, einen Ausgleich zu schaffen; für diesen Ausgleich nach Beendigung des Vertrages bzw. nach Rechtsnachfolge in den Vertrag ist es belanglos, ob zur Zeit der Erbringung der Leistung ein fälliger Anspruch bestand; entscheidend ist allein, ob diese vor der Zäsur bewirkte Leistung Erfüllungswirkung für Ansprüche nach der Zäsur hat.

18 Zu den Vorauszahlungen können gehören **zum Beispiel** Einmalzahlungen, Einmalmiete, anrechenbare Baukostenzuschüsse, Mieterdarlehen, deren Tilgungsraten mit der Miete verrechnet werden, Aufwendungen, die wie eine Mietvorauszahlung behandelt werden sollen; zu den Einzelheiten s. § 547 Rdn. 6.

19 Auch **Betriebskostenvorauszahlungen** können dazugehören, es ist aber wie folgt zu differenzieren: Der Begriff der Betriebskostenvorauszahlung darf nicht dazu verleiten, sie generell dem Anwendungsbereich des § 563b Abs. 2 BGB zuzuordnen. Es handelt sich nämlich nicht um Vorauszahlungen auf die Zukunft, sondern um abzurechnende Abschläge, die monatlich fällig werden für eine Leistung, die der Vermieter zum Zeitpunkt der Abschlagszahlung erbringt. Insofern fehlt es an dem Zukunftselement, das einer Vorauszahlung gem. § 563b Abs. 2 BGB immanent ist. Die Regelung ist deshalb auf Betriebskostenvorauszahlungen nur anwendbar, wenn diese für zukünftige, nach dem Tod des Mieters liegende Zeiträume erfolgen. Das gilt uneingeschränkt für Vorauszahlungen auf solche Abrechnungsperioden, die nach dem Tod des Mieters beginnen. Für die Abrechnungsperiode, in die der Tod des Mieters fällt, kommt es letztlich auf den Abrechnungssaldo und dessen Verteilung im Innenverhältnis an. Im Zweifel ist eine zeitanteilige Aufteilung für die Zeit vor und nach dem Tod des Mieters vorzunehmen und dabei sind Zahlungen des verstorbenen Mieters, die er auf einen Zeitraum nach seinem Tod geleistet hat, dem Erben „gutzuschreiben" bzw. als herausgabepflichtig zu Lasten des Eingetretenen zu berücksichtigen. S. ergänzend zur Behandlung von Betriebskostenvorauszahlungen und Betriebskostenabrechnungen im Innenverhältnis bei Rdn. 13 sowie im Verhältnis zum Vermieter bei § 563 Rdn. 53.

20 Zum Ausgleich einer vom verstorbenen Mieter erbrachten **Mietsicherheit** s. Rdn. 32.

21 **Schuldner des Ausgleichsanspruchs** ist der Rechtsnachfolger gem. §§ 563, 563a BGB. Mehrere Rechtsnachfolger haften als Gesamtschuldner. Ein Eingetretener ist auch schon während des Laufs der Ablehnungsfrist dem Erben zum Ausgleich verpflichtet; nach der auf den Todeszeitpunkt zurückwirkenden Ablehnung fällt aber der Rechtsgrund für etwaige Zahlungen fort und es

---

[25] Allg. M., vgl. nur *Rolfs* in Staudinger § 563b Rdn. 14; *Häublein* in; MünchKomm § 563b Rdn. 9.
[26] BGH NJW 2000, 2987.
[27] *Rolfs* in Staudinger § 547 Rdn. 5.

entstehen Bereicherungsansprüche gegenüber dem Erben (vgl. zu der ähnlichen Sachlage hinsichtlich der Ansprüche des Vermieters bei § 563 Rdn. 66). Dann schuldet der nachrangig Eingetretene den Ausgleich[28]. **Gläubiger des Ausgleichsanspruchs** ist der Erbe bzw. eine Mehrheit von Erben. Ist ein Rechtsnachfolger zugleich Miterbe, so schließt das die Ausgleichspflicht nicht aus, er kann seinen Miterben gegenüber jedoch den Betrag in Abzug bringen, der seiner Erbquote entspricht[29].

Herauszugeben ist das, was die Rechtsnachfolger gem. §§ 563, 563a BGB erspart bzw. erlangt haben (beides ist nicht zwangsläufig identisch; s. sogleich unten). Das kann insgesamt aber nicht das überschreiten, was der verstorbene Mieter geleistet hat. Bei der vorrangig durchzuführenden[30] Bestimmung des **im Voraus Geleisteten** kommt es nicht zwingend auf den Zahlbetrag an, sondern – bei mehreren Mietern – auf das, was dem verstorbenen Mieter als eigene Zahlung zuzurechnen ist. Entscheidend ist, zu welchem Anteil die Vorauszahlung dem verstorbenen Mieter im Innenverhältnis zu Gute kommen sollte[31]. Das ist regelmäßig sein Anteil an der Mietverpflichtung, im Zweifel gilt der Verteilungsmaßstab des § 426 Abs. 1 Satz 1 BGB. Diese Beschränkung der Herausgabe des Erlangten gründet darauf, dass sich der Rechtsnachfolger gem. §§ 563, 563a BGB nur das als erspart anrechnen lassen muss, was der verstorbene Mieter vorausentrichtet hat. Das kann weniger sein, als dem Zahlbetrag entspricht, etwa wenn ein Mitmieter dem verstorbenen Mieter seinen Anteil in Geld oder durch sonstige Leistungen im gemeinsamen Haushalt erstattet. Es kann aber auch dann eine Ersparnis vorliegen, wenn der verstorbene Mieter keine Zahlungen erbracht hat, sondern seinen Anteil an der Vorauszahlung im Innenverhältnis in sonstiger Weise entsprechend den Absprachen der Mitmieter geleistet hat. Im übrigen kann auf die Wertungen zu § 563b Abs. 1 Satz 2 BGB verwiesen werden; s. Rdn. 10ff. 22

Die **Ersparnis** des Rechtsnachfolgers gem. §§ 563, 563a BGB besteht darin, dass er zum Fälligkeitszeitpunkt nicht die volle Miete entrichten muss, sondern einen Betrag, der um den Vorauszahlungsbetrag gemindert ist. Ist die Miete wie üblich periodisch zu zahlen, dann tritt die Ersparnis periodisch ein, da auch dem Mieter die Vorauszahlung nur in dieser Weise zu Gute gekommen wäre. In solchen Fällen ist die Ersparnis also nicht gleich zu Beginn der Rechtsnachfolge mit der vom verstorbenen Mieter geleisteten Mietvorauszahlung gleichzusetzen, die Ersparnis entsteht vielmehr **zum jeweiligen Fälligkeitszeitpunkt** der Miete und ist erst dann herauszugeben[32]. 23

Statt oder neben der Ersparnis haben die Rechtsnachfolger gem. §§ 563, 563a BGB auch das **Erlangte** herauszugeben. Wenn nämlich zum Ende des Mietvertrages mit den Rechtsnachfolgern nicht alle Vorauszahlungen abgewohnt sind, stehen ihnen auf Grund ihrer Sonderrechtsnachfolge gegen den Vermieter auch die Ansprüche nach § 547 BGB zu. Diesen Anspruch müssen sie – auf Verlangen bereits vor Beendigung des Vertrages[33] – an den Erben abtreten oder ihm nach Erfüllung des Anspruchs durch den Vermieter das Erlangte in natura oder als Wertersatz[34] herausgeben. Auf Entreicherung gem. § 818 Abs. 3 BGB können sich die Rechtsnachfolger gem. §§ 563, 563a BGB gegenüber dem Erben selbst dann nicht berufen, wenn ihnen dieser Einwand im Rahmen den § 547 Abs. 1 Satz 2 BGB gestattet sein sollte; der Ausgleichsanspruch gem. § 563b Abs. 2 BGB ist nämlich kein Bereicherungsanspruch[35]. Zu den Einzelheiten der Erstattungspflicht nach § 547 BGB s. bei der Kommentierung zu dieser Vorschrift. 24

---

[28] *Rolfs* in Staudinger § 563b Rdn. 16.

[29] *Häublein* in MünchKomm § 563b Rdn. 10.

[30] *Rolfs* in Staudinger § 563b Rdn. 15.

[31] *Rolfs* in Staudinger § 563b Rdn. 15.

[32] Allg. M., vgl. nur *Häublein* in MünchKomm § 563b Rdn. 11. *Rolfs* in Staudinger § 563b Rdn. 17 weist zutreffend darauf hin, dass das nicht gilt, wenn mit der Vorauszahlung die Miete *für einen bestimmten Zeitraum* getilgt werden soll, wenn die Erfüllungswirkung also nicht erst sukzessive eintreten soll (etwa eine im Voraus zu leistende Pauschalmiete für den Zeitraum einer Anfangsrenovierung). Dann nämlich haben die Parteien jedenfalls stillschweigend eine für diesen Zeitraum von der restlichen Mietzeit abweichende Fälligkeitsregelung (die sofortige Fälligkeit) getroffen. Das ist kein Fall der Einmalmiete (s. dazu bei § 547 Rdn. 8), da nicht der gesamte Mietzins vorausentrichtet wird.

[33] Diese h. M. beruht auf der Abtretbarkeit künftiger Forderungen, vgl. *Häublein* in MünchKomm § 563b Rdn. 11. **A. A.** *Rolfs* in Staudinger § 563b Rdn. 18.

[34] *Häublein* in MünchKomm § 563b Rdn. 11.

[35] *Rolfs* in Staudinger § 563b Rdn. 18.

V. Anspruch des Vermieters auf Mietsicherheit (Abs. 3)

25 § 563b Abs. 3 BGB verpflichtet den Rechtsnachfolger gem. §§ 563, 563a BGB auf Verlangen des Vermieters zur Leistung einer Mietsicherheit, falls der verstorbene Mieter keine Sicherheit geleistet hatte. Die Regelung beruht auf der **Erwägung des Gesetzgebers**[36], dass der Vermieter zu Beginn des Mietverhältnisses möglicherweise wegen der (guten) wirtschaftlichen Verhältnisse des verstorbenen Mieters oder aus sonstigen Gründen in dessen Person auf eine Sicherheit verzichtet hatte, dass diese Verhältnisse sich aber durch die Rechtsnachfolge geändert haben können. Die Umsetzung dieses Gedankens ist etwas inkonsequent geblieben, weil sich die Pflicht zur Sicherheitsleistung auf die Personen beschränkt, die gem. §§ 563, 563a BGB eintreten bzw. fortsetzen; der gem. § 564 BGB fortsetzende Erbe wird hingegen schon dem Wortlaut nach nicht erfasst[37].

26 Die Pflicht zur Sicherheitsleistung gem. § 563b Abs. 3 BGB beschränkt sich auf die Fälle, in denen der Vermieter mit dem verstorbenen Mieter **keine Vereinbarung über die Leistung einer Sicherheit** getroffen hatte[38]. Der Wortlaut der Vorschrift („geleistet hat") würde zwar auch die Fälle erfassen, dass der verstorbene Mieter sich zur Sicherheitsleistung verpflichtet, diese aber nicht oder nicht vollständig erbracht hat[39]. Der erwähnte Normzweck spricht gegen eine solche Auslegung. Deshalb ist die Pflicht zur Erfüllung einer Sicherheitsabrede zwischen dem Vermieter und dem verstorbenen Mieter allein nach § 563b Abs. 1 BGB zu beurteilen; es handelt sich um eine sog. Altverbindlichkeit. Eine Anwendung von § 563b Abs. 3 BGB kommt in diesen Fällen allenfalls in Betracht, wenn der Anspruch gegen den verstorbenen Mieter verjährt oder verwirkt[40] oder sonstwie untergegangen ist. Dieses Ergebnis ist umständlich, weil letztlich – wie noch zu zeigen ist – der Rechtsnachfolger, also der Eintretende bzw. der Fortsetzende, die Sicherheit aufzubringen hat und deshalb Ausgleichspflichten entstehen. Der in § 563b Abs. 1 Satz 1 BGB vorgesehene Schutz des Vermieters durch Anordnung einer gesamtschuldnerischen Haftung von Rechtsnachfolger und Erbe für Altverbindlichkeiten würde aber in dem wichtigen Bereich der Sicherheitsleistung aufgehoben, wenn man nur § 563b Abs. 3 BGB anwenden würde. Hat der verstorbene Mieter mit dem Vermieter eine Sicherheit von weniger als drei Monatsmieten vereinbart, besteht **kein Anspruch auf Erhöhung der Sicherheit**[41]. Ein solcher Anspruch würde, weil er über des Wortlaut von § 563b Abs. 3 BGB hinausginge, eine analoge Anwendung des § 563b Abs. 3 BGB erfordern, was aber wegen des Ausnahmecharakters der Vorschrift nicht zulässig ist[42] und wofür angesichts des Umstandes, dass der Vermieter selbst die geringere Sicherungshöhe vereinbart hat, keine Notwendigkeit besteht.

27 Ist eine vereinbarte Sicherheit vom verstorbenen Mieter nicht gezahlt worden, so handelt es sich um eine Altverbindlichkeit i. S. v. § 563b Abs. 1 BGB[43]. Das gilt auch dann, wenn während der Lebenszeit des verstorbenen Mieters ein **Wiederauffüllungsanspruch** entstanden ist. Ein Anspruch auf Wiederauffüllung einer nach dem Tod des Mieters verwerteten Sicherheit unterliegt unabhängig davon, ob diese vom Vermieter für Altverbindlichkeiten oder für neue, nach dem Tod des Mieters entstandene Verbindlichkeiten in Anspruch genommen wurde, weder § 563b Abs. 1 BGB noch § 563b Abs. 3 BGB. Das folgt daraus, dass der Rechtsnachfolger gem. §§ 563, 563a BGB umfassend in die Rechte und Pflichten aus dem Mietverhältnis eingetreten ist, also auch in die Pflicht zur Sicherheitsleistung[44]; § 563b Abs. 3 BGB ist nicht notwendig. Es handelt sich auch nicht um eine Altverbindlichkeit gem. § 563b Abs. 1 BGB, weil der Wiederauffüllungsanspruch erst nach dem Tod des Mieters fällig wurde. Ähnlich wäre es, wenn eine **Mietbürgschaft** nach dem Tod

---

[36] BT-Drucksache 14/4553, abgedruckt in NZM 2000, 445.

[37] *Hinz* ZMR 2002, 645 mit überzeugender Ablehnung einer analogen Anwendung.

[38] *Häublein* in MünchKomm § 563b Rdn. 13; *Rolfs* in Staudinger § 563b Rdn. 20; *Hinz* ZMR 2002, 645.

[39] *Schmid* GE 2010, 1252.

[40] *Häublein* in MünchKomm § 563b Rdn. 13. **A. A.** *Schmid* ZMR 2014, 257 mit der Begründung, dass es nur darauf ankomme, ob mit dem verstorbenen Mieter eine Sicherheit vereinbart worden sei, nicht aber darauf, ob sie geleistet worden sei; nach dem Normzweck steht es aber gleich, ob der Vermieter (evtl. wegen besonderer Verhältnisse des verstorbenen Mieters) darauf verzichtet hat, eine Sicherheit zu vereinbaren, oder ob er den Anspruch auf eine vereinbarte Sicherheit verjähren lässt, da das Sicherungsbedürfnis nach dem Tod des Mieters in beiden Fällen neu zu bestimmen ist.

[41] **A. A.** *Heintzmann* in Soergel § 563b Rdn. 6.

[42] *Geldmacher* DWW 2002, 190.

[43] **A. A.** *Heintzmann* in Soergel § 563b Rdn. 5, der daneben Abs. 3 anwenden möchte; das widerspricht aber dem erwähnten Normzweck.

[44] S. bei § 563 Rdn. 45/46 i. V. m. § 566 Rdn. 103.

des Mieters untergehen würde, weil sie nur die Ansprüche gegen den verstorbenen Mieter sichert, ohne besondere Abrede aber nicht die Ansprüche gegen den Rechtsnachfolger. Diese Auffassung vertritt das LG Münster[45], weil der Zweck der Bürgschaft personenbezogen auf den verstorbenen Mieter sei. Die Annahme des LG Münster ist abzulehnen. Gerade im Hinblick auf den Eintritt in den Mietvertrag gem. § 563 BGB und den dadurch beabsichtigten Schutz des Mitbewohners des verstorbenen Mieters ist der Bürgschaftsvertrag i. d. R., also falls es nicht ausdrückliche gegenteilige Anhaltspunkte gibt, dahingehend auszulegen, dass die Bürgschaft auch – was möglich ist[46] – den Rechtsnachfolger des ursprünglichen Hauptschuldners (= der verstorbene Mieter) erfasst[47]. Dem Bürgen kann allerdings aus in der Person des Eingetretenen liegenden Gründen ein Kündigungsrecht zustehen[48]. Folgt man hingegen dem LG Münster, so steht dem Vermieter jedenfalls gegen den Eingetretenen ein Anspruch auf Wiederauffüllung der Bürgschaft zu.

Nach dem Wortlaut des § 563b Abs. 3 BGB kann der Vermieter von dem Rechtsnachfolger gem. §§ 563, 563a BGB nur Sicherheit nach Maßgabe des § 551 BGB verlangen. Auch wenn §§ 551 BGB vornehmlich auf die Barkaution zugeschnitten ist, gilt die Vorschrift für **alle Arten der Sicherheitsleistung**[49], so dass als Sicherheit im Rahmen des § 563b Abs. 3 BGB ebenfalls alle Arten der Sicherheit in Betracht kommen[50], solange diese nicht gegen § 551 BGB verstoßen. Die Auswahl der Sicherheit und deren nähere Ausgestaltung stehen dem Vermieter zu[51]. Es handelt sich um ein **Leistungsbestimmungsrecht** gem. § 315 BGB. Der Vermieter kann nach Ausübung des Bestimmungsrechtes direkt auf Leistung klagen und muss nicht erst den Abschluss eines entsprechenden Vertrages bzw. einer Vertragsänderung begehren[52]. Dies alles folgt schon allein aus dem Wortlaut des § 563b Abs. 3 BGB[53]: Dort heißt es nämlich nicht, dem Vermieter stehe ein Anspruch auf Abschluss eines Vertrages zu[54], er kann danach vielmehr „Sicherheits*leistung*", also die Bewirkung der Sicherheit, verlangen[55]. Das Leistungsbestimmungsrecht hat der Vermieter, weil er nach dem Gesetz derjenige ist, der die Leistung verlangen kann; eingeschränkt ist er dabei nur durch die Grenzen des § 551 BGB („nach Maßgabe des …"). Da diese Vorschrift keine bestimmte Art der Sicherheit vorschreibt, kann der Vermieter wählen. Der Mieter ist aber bei dieser Wahl nicht nur durch § 551 BGB sondern auch durch § 315 Abs. 3 BGB[56] geschützt. Danach kann ein Anspruch des Vermieters auf Stellung einer (mit laufenden Kosten verbundenen) Bürgschaft ausgeschlossen sein, wenn der Mieter bereit ist, eine Barkaution zu stellen[57]. 28

Der Vermieter ist – vorbehaltlich einer Verwirkung oder Verjährung[58] – nicht gehalten, den Anspruch auf Sicherheitsleistung innerhalb bestimmter **Frist** geltend zu machen, da das Gesetz eine solche Frist nicht vorsieht[59]. Entgegen § 551 Abs. 2 Satz 2 BGB ist die Sicherheit nicht sofort mit dem Eintritt bzw. der Fortsetzung des Mietverhältnisses zu leisten, da die Pflicht hierzu – wie schon der Wortlaut des § 563b Abs. 3 BGB nahelegt – von einem **Verlangen des Vermieters** abhängt. 29

---

45 LG Münster WuM 2008, 481.

46 BGH NJW 1996, 717.

47 *Schmid* GE 2010, 1252. **A. A.,** also dem LG Münster WuM 2008, 481 folgend, § 551 Rdn. 26. Für eine Einzelfallbetrachtung, die im entschiedenen Fall zur Verneinung der Ausdehnung auf den Erben führte, OLG München, Urteil v. 29. 11. 2012 (Az.: 29. 11. 2012; BeckRS 2012, 25139).

48 *Mohr* ZMR 2010, 415.

49 S. § 551 Rdn. 11.

50 H. M., vgl. *Häublein* in MünchKomm § 563b Rdn. 16 m. w. N. **A. A.,** nämlich für eine Beschränkung auf die Barkaution *Blank/Börstinghaus* § 563b Rdn. 19.

51 *Hinz* ZMR 2001, 646; *Sternel* ZMR 2004, 720.

52 *Häublein* in MünchKomm § 563b Rdn. 16.

53 So auch *Sternel* ZMR 2004, 720.

54 So aber *Rolfs* in Staudinger § 563b Rdn. 20. Wegen § 550 BGB kann eine schriftliche Niederlegung der Regelung über die Sicherheit aber sinnvoll sein.

55 Dem steht auch nicht entgegen, dass sich ein Anspruch auf eine Kaution ansonsten immer aus einer Kautionsabrede ergibt. § 563b Abs. 3 BGB stellt hiervon gerade eine Ausnahme dar, so dass der Umweg über eine notfalls einzuklagende Kautionsabrede unnötig erscheint.

56 *Häublein* in MünchKomm § 563b Rdn. 16 weist zu Rechts darauf hin, dass nach der Meinung, die in § 563b Abs. 3 BGB nur einen Anspruch auf Abschluss eines Vertrages sieht, eine Anwendung des § 315 Abs. 3 BGB ausgeschlossen ist, da die Vorschrift nur für *einseitige* Leistungsbestimmungsrechte gilt.

57 *Hinz* ZMR 2002, 646.

58 Der Anspruch auf Stellung der Sicherheit verjährt gem. § 195, 199 BGB in drei Jahren ab Schluss des Jahres, in dem der Vermieter Kenntnis von dem endgültigen Eintritt des Mieters erlangt (*Schmid* ZMR 2014, 257; s. auch § 548 Rdn. 64).

59 *Rolfs* in Staudinger § 563b Rdn. 20.

Die Sicherheit wird also erst fällig, wenn der Vermieter einen entsprechenden Anspruch stellt[60]; Verzug tritt erst nach Mahnung ein. Falls der Vermieter nicht die Leistung einer Barkaution begehrt, wird man dem Mieter eine angemessene Zeit zur Umsetzung zugestehen müssen, etwa um einen Bürgschaftsvertrag zu beschaffen oder ein Sparbuch zu verpfänden[61]. Der Vermieter kann die Sicherheit direkt nach dem Tod des Mieters verlangen[62], da das Sicherungsbedürfnis wegen des Fortfalls des ursprünglichen Schuldners zu diesem Zeitpunkt beginnt. Wie bei allen anderen Ansprüchen auch (s. § 563 Rdn. 44 und 66) kann der Vermieter deshalb die Sicherheit grundsätzlich schon während des Laufs der Ablehnungsfrist gem. § 563 Abs. 3 BGB vom Rechtsnachfolger des verstorbenen Mieters beanspruchen; ein solch frühzeitiges Verlangen dürfte aber häufig gegen Treu und Glauben (dolo-petit-Einrede) verstoßen. Bei der Barkaution und der Verpfändung bzw. Abtretung eines Sparbuchguthabens gilt das **Teilzahlungsrecht** des § 551 Abs. 2 Satz 1 BGB, bei der Mietbürgschaft hingegen nicht[63].

30 **Mehrere Rechtsnachfolger** gem. §§ 563, 563a BGB haften als Gesamtschuldner. Nach dem Tod des Mieters kann der Fall eintreten, dass neben den Rechtsnachfolgern gem. §§ 563, 563a BGB ein **weiterer Mitmieter** vorhanden ist, der nicht zu den Rechtsnachfolgern gehört (s. zu dieser Konstellation bei § 563 Rdn. 17). Nach dem Wortlaut des § 563b Abs. 3 BGB ist ein solcher Mitmieter dem Vermieter nicht zur Sicherheit verpflichtet[64]. Die Rechtsnachfolger müssen einen Ausgleich im Innenverhältnis (Gemeinschaft oder GbR) suchen.

31 Leisten die Rechtsnachfolger gem. §§ 563, 563a BGB die verlangte Sicherheit trotz Abmahnung gem. § 543 Abs. 3 BGB nicht, so kann der Vermieter ggf. gem. § 569 Abs. 2a BGB kündigen; die Vorschrift ist auf die Kautionsleistung gem. § 563b Abs. 3 BGB anwendbar, da es sich hierbei, wie oben ausgeführt, um die Pflicht zur erstmaligen Stellung einer Sicherheit handelt und nicht um eine Wiederauffüllungspflicht[65].

VI. Mietsicherheit des verstorbenen Mieters nach Mietende

32 Probleme bereitet die Behandlung der vom verstorbenen Mieter geleisteten Sicherheit nach Ende des Mietvertrages. Der Kautionsrückzahlungsanspruch bei der Barkaution bzw. der Freigabeanspruch bei einem verpfändeten/abgetretenem Sparbuch oder der Mietbürgschaft entsteht erst nach Ablauf einer angemessenen Abrechnungsfrist (s. bei § 551 Rdn. 97), so dass es sich bei Anwendung des Fälligkeitsprinzips (s. dazu bei § 563 Rdn. 49) um eine Forderung handeln würde, die dem Rechtsnachfolger gem. §§ 563, 563a BGB zusteht[66]. Für einen solchen Ansatz spricht, dass die Sicherheit eng an den Mietbesitz geknüpft ist und deshalb mit diesem übergehen könnte[67]. Abgesehen davon, dass diese enge Verknüpfung allenfalls für die Pflicht zur Stellung der Mietsicherheit in Betracht kommt, für die Rechte und Pflichten aus der Sicherheit jedoch nicht[68], würde dieser Ansatz zu erheblichen Wertungswidersprüchen zwischen den verschiedenen Arten der Sicherheitsleistung und zu dem Haftungssystem des § 563b Abs. 1 und Abs. 2 BGB führen. Deshalb gebührt eine vom verstorbenen Mieter geleistete Sicherheit letztlich – wenn auch nicht immer direkt – dem Erben. Im Einzelnen gilt Folgendes:

33 Hat der verstorbene Mieter, anstatt eine Barkaution zu leisten, ein Sparbuch verpfändet, so wird der Erbe mit dem Tod des Mieters Inhaber der Forderung aus dem Sparbuch gegen die Bank (belastet natürlich mit dem Pfandrecht zugunsten des Vermieters)[69]. Zu einer Sonderrechtsnachfolge gem. §§ 563, 563a BGB kommt es nicht, weil es sich nicht um einen Anspruch aus Wohnraummiete zwischen Mieter und Vermieter, sondern einem Dritten handelt und deswegen der Anwen-

---

60 *Häublein* in MünchKomm § 563b Rdn. 17, der den Anspruch mit einer Leistung auf Abruf vergleicht; *Geldmacher* DWW 2001, 182; *Sternel* ZMR 2004, 720.

61 *Hinz* ZNR 2002, 646 spricht sich in Anlehnung an § 563 Abs. 3 BGB für eine Monatsfrist aus.

62 *Häublein* in MünchKomm § 563b Rdn. 18.

63 S. § 551 Rdn. 60.

64 So auch *Sternel* ZMR 2004, 720.

65 *Schmid* MDR 2014, 940.

66 Diese Ansicht vertreten im Ergebnis *Sprau* NZM 2001, 222; AG Hannover WuM 2011, 563; AG Düsseldorf WuM 2011, 624 = ZMR 2012, 629.

67 *Blank/Börstinghaus* § 563 Rdn. 33 und sich anschließend AG Hannover WuM 2011, 563.

68 *Häublein* in MünchKomm § 566a Rdn. 1. S. auch § 566a Rdn. 9; im Rahmen der §§ 566, 566a BGB qualifiziert BGH NJW 1999, 1857 die Sicherheitsabrede als eigenständige, nicht mietrechtliche Vertragsart.

69 Ebenso *Schmid* GE 2010, 1252.

dungsbereich der Vorschriften nicht eröffnet ist (s. bei § 563 Rdn. 47). Benötigt der Vermieter die Sicherheit nicht und gibt er sie frei, kann der Erbe über das Sparbuch verfügen[70]. Der Freigabeanspruch steht dem Erben und dem Rechtsnachfolger zu[71]. Das ist ein wirtschaftlich ganz anderes Ergebnis, als bei der Barkaution, wenn man dort – wie soeben geschildert – einen Rechtsübergang auf den Rechtsnachfolger gem. §§ 563, 563a BGB bejahen würde[72]. In letzterem Fall hätte der Rechtsnachfolger einen Vermögenswert in Höhe der Kaution mehr in seinem Vermögen als bei einem verpfändeten Sparbuch und das allein wegen der teilweise von Zufälligkeiten abhängigen Art der Sicherheitsleistung. Nimmt der Vermieter die Sicherheit in Anspruch für solche Forderungen, die nach dem Tod des Mieters entstanden sind (zu Altverbindlichkeiten s. Rdn. 4ff.), dann müsste der Eingetretene diese Forderungen im Ergebnis nicht bezahlen, wenn ihm die vom verstorbenen Mieter geleistete Barkaution zu Gute käme. Das widerspricht aber dem Zweck der §§ 563b Abs. 1 und 2 BGB. Nach § 563b Abs. 1 BGB soll der Rechtsnachfolger gem. § 563, 563a BGB nämlich für alle Verbindlichkeiten nach dem Tod des Vermieters allein haften; nach § 563b Abs. 2 BGB soll er Vorauszahlungen des verstorbenen Mieters auf die Zeit nach dem Tod erstatten bzw. herausgeben. Zwar handelt es sich bei der Mietsicherheit nicht um eine Vorauszahlung (zur Definition s. Rdn. 17), da sie nicht für bestimmte Mietzinspflichten im Voraus geleistet wurde; im Falle der Verwertung der Sicherheit kommt dies aber einer Vorauszahlung nahe[73].

Aus alledem folgt jedoch nicht, vom Fälligkeitsprinzip abzugehen und in Abweichung davon **34**
den Kautionsrückzahlungsanspruch bzw. den Freigabeanspruch gegen den Vermieter dem Erben zuzubilligen. Das hätte für den Vermieter nämlich die missliche Folge, dass er sich bei Beendigung des Mietverhältnisse nicht nur dem Rechtsnachfolger als Mieter gegenüber sähe, sondern auch dem Erben, den zu ermitteln oft Schwierigkeiten bereitet. Würde er fälschlicherweise an den Rechtsnachfolger zahlen, so würde er nicht frei. Es spricht deshalb viel dafür, die Regelung des § 563b Abs. 2 BGB analog anzuwenden[74]. Kautionsrückzahlungsanspruch bzw. Freigabeanspruch stehen also im (Außen-)Verhältnis zum Vermieter dem Rechtsnachfolger gem. §§ 563, 563a BGB zu[75]. Ist die Barkaution verwertet worden, so stellt dies eine herauszugebende Ersparnis i. S. v. § 563b Abs. 2 BGB dar. Ist sie nicht verwertet worden, so hat er den Kautionsrückzahlungsanspruch i. S. v. § 563b Abs. 2 BGB erlangt; es gilt dann das bei Rdn. 16ff. Ausgeführte. Ist eine Mietbürgschaft oder ein verpfändetes Sparbuch verwertet worden, so stellt das ebenfalls eine herauszugebende Ersparnis i. S. v. § 563b Abs. 2 BGB dar. Sind diese Arten der Sicherheit nicht verwertet worden, so stehen sie nach der Freigabe nach erbrechtlichen Grundsätzen ohnehin dem Erben zu (s. Rdn. 33).

VII. Abweichende Vereinbarungen

§ 563b BGB ist in den Grenzen der §§ 138, 242, 307ff. BGB abdingbar. Abweichende Verein- **35**
barungen zwischen dem Erben und dem Rechtsnachfolger gem. §§ 563, 563a BGB können allerdings nicht den Vermieter belasten, sondern müssen auf das Innenverhältnis beschränkt bleiben. In dieses Innenverhältnis kann der verstorbene Mieter schon zu seinen Lebzeiten durch entsprechende Vereinbarungen eingreifen[76]. Soweit Haftungsvereinbarungen faktisch das Eintrittsrecht gem. § 563 BGB verhindern, dürfte darin eine Umgehung des § 563 Abs. 5 BGB zu sehen und deswegen nach dieser Vorschrift unwirksam sein[77]. Vereinbarungen zur Mietsicherheit müssen sich an die Vorgaben des § 551 BGB halten (s. § 551 Abs. 4 BGB)[78]. Fraglich ist, ob in der Abbedingung der gesamtschuldnerischen Haftung mehrerer Mitmieter in dem Mietvertrag zugleich eine Abbedingung des

---

70 Im Ergebnis ebenso *Schmid* GE 2010, 1252.

71 Das folgt daraus, dass der Freigabeanspruch die Kehrseite des Kautionsleistungsanspruchs des Vermieters ist, der – anders als die Rechtsbeziehung des verstorbenen Mieters zur Bank – eine mietvertragliche Vereinbarung ist, die auf den Rechtsnachfolger übergeht (s. bei § 563 Rdn. 45/46 i. V. m. § 566 Rdn. 103) und ihn verpflichtet (etwa zur Wiederauffüllung; s. Rdn. 27) und berechtigt (etwa zum Freigabeverlangen); im Ergebnis ebenso *Schmid* GE 2010, 1252; AG Frankenthal, Urteil v. 30.10.2014 (Az.: 3a C 270/14), BeckRS 2014, 22345 für den Fall des ohne Eintritt gem. §§ 563, 563a BGB beendeten Mietvertrages.

72 So aber im Ergebnis *Sprau* NZM 2001, 222; AG Hannover WuM 2011, 563; AG Düsseldorf WuM 2011, 624 = ZMR 2012, 629.

73 Ähnlich *Häublein* in MünchKomm § 563b Rdn. 15.

74 So auch *Sternel* ZMR 2004, 720 Fn. 55; *Häublein* in MünchKomm § 563b Rdn. 15.

75 Im Ergebnis ebenso *Schmid* GE 2010, 1252.

76 *Blank/Börstinghaus* § 563b Rdn. 5; *Lehmann-Richter* WImmoT 2008, 166.

77 *Häublein* in MünchKomm § 563b Rdn. 19.

78 *Blank/Börstinghaus* § 563b Rdn. 18.

§ 563b Abs. 1 Satz 1 BGB liegen soll, dass der Erbe dem Vermieter also allein für die Altverbindlichkeiten haften soll und nicht auch der nach § 563a BGB fortsetzende Mitmieter[79]. Allgemein lässt sich das nicht beantworten, es kommt vielmehr auf die Umstände des Einzelfalls und insbesondere die Vorstellungen und Interessen der Beteiligten zum Zeitpunkt einer solchen Vereinbarung an. Wollten sie eine Mithaftung der Mitmieter unter allen Umständen ausschließen, dann ist § 563b Abs. 1 BGB abbedungen und der Vermieter auf die Inanspruchnahme des Erben beschränkt. Auch in Zweifelsfällen dürfte das so sein, weil es der Interessenlage der Mitmieter besser entspricht, die bei Abschluss der Vereinbarung davon ausgingen, nur auf ihren Anteil zu haften, wohingegen dem Vermieter nach dem Tod des Mieters dessen Erbe als Haftender verbleibt.

[79] So *Rolfs* in Staudinger § 563b Rdn. 21. **A. A.** *Häublein* in MünchKomm § 563b Rdn. 20.

§ 564 Fortsetzung des Mietverhältnisses mit dem Erben, außerordentliche Kündigung

[1]Treten beim Tod des Mieters keine Personen im Sinne des § 563 in das Mietverhältnis ein oder wird es nicht mit ihnen nach § 563 a fortgesetzt, so wird es mit dem Erben fortgesetzt. [2]In diesem Fall ist sowohl der Erbe als auch der Vermieter berechtigt, das Mietverhältnis innerhalb eines Monats außerordentlich mit der gesetzlichen Frist zu kündigen, nachdem sie vom Tod des Mieters und davon Kenntnis erlangt haben, dass ein Eintritt in das Mietverhältnis oder dessen Fortsetzung nicht erfolgt sind.

Systematische Übersicht

Alphabetische Schnellübersicht

I. Allgemeines

Gem. § 564 Satz 1 BGB wird das (Wohnraum-)Mietverhältnis nach dem **Tod des Mieters** mit 1
dessen Erben fortgesetzt, sofern nicht ein Eintritt in den Vertrag gem. § 563 BGB erfolgt oder er nicht gem. § 563 a BGB fortgesetzt wird[1]. Die Fortsetzung mit dem Erben folgt schon aus den erbrechtlichen Regeln (§§ 1922, 1967 BGB), so dass § 564 Satz 1 BGB (nur) die Bedeutung hat, den Vorrang der §§ 563, 563 a BGB klarzustellen. Insbesondere ergibt sich aus § 564 Satz 1 BGB nicht eine haftungsmäßige Sonderstellung des Erben. Denn in der für sonstige Mietverhältnisse geltenden, vergleichbaren Vorschrift des § 580 BGB fehlt es an einer entsprechenden Bestimmung, das Gesetz setzt dort vielmehr den Übergang des Mietverhältnisses auf den Erben nach den erbrechtlichen Regeln der §§ 1922, 1967 BGB voraus und regelt dementsprechend nur die außerordentliche Kündigungsmöglichkeit[2]. § 564 Satz 2 BGB gewährt sowohl dem Vermieter als auch dem Erben ein außerordentliches Kündigungsrecht, ohne ein besonderes Kündigungsinteresse zu erfordern. Die Vorschrift knüpft an § 564 Satz 1 BGB an („in diesem Fall"), sie gilt aber nicht nur dann, wenn ein Eintritt zwar möglich war, aber wegen erklärter Ablehnung nicht erfolgt ist, sie gilt vielmehr auch, wenn der Erbe einem Alleinmieter nachfolgt. Das Kündigungsrecht hat den **Zweck,** dass Vermieter und Erbe einem starken personalen Bezug des Mietverhältnisses und den Veränderungen Rechnung tragen können, die der Tod des Mieters möglicherweise mit sich bringt[3], und ist ein gesetzlich geregelter Fall des Wegfalls der Geschäftsgrundlage. Die Person des Mieters ist für den Vermieter nämlich oft von wesentlicher Bedeutung; auf der anderen Seite hat ein Erbe oft kein Interesse an der Fortführung des Vertrages, weil er schon über Wohnraum verfügt (ansonsten würden §§ 563, 563 a BGB eingreifen). Der **Tod des Vermieters** begründet hingegen kein außerordentliches Kündigungsrecht für die Mieter[4]. Nach dem Tod des Vermieters treten dessen Erben bzw. – wenn keine Erben vorhanden sind – der Fiskus im Wege der Gesamtrechtsnach-

---

[1] S. zur Systematik der §§ 563 ff. BGB auch bei § 563 Rdn. 5.
[2] BGH (VIII ZR 68/12) NJW 2013, 933 = WuM 2013, 236 = ZMR 2013, 422 Rdn. 16.
[3] *Häublein* in MünchKomm § 564 Rdn. 2 unter Bezugnahme auf die Gesetzesmotive. S. auch RGZ 90, 329.
[4] *Rolfs* in Staudinger § 564 Rdn. 4; *Wotte/Ungerer* NZM 2012, 414.

folge in die Vermieterstellung ein[5]; eine Sonderrechtsnachfolge wie in §§ 563ff. BGB gibt es nicht. Zur Entstehungsgeschichte der Norm s. bei § 563 Rdn. 3.

II. Anwendungsbereich

2 Der (personelle, sachliche und zeitliche) Anwendungsbereich des § 564 BGB entspricht dem der §§ 563 bis 563b BGB. Auf die Kommentierung bei § 563 Rdn. 9 wird verwiesen. Ergänzend gilt: Sind Personen gem. §§ 563, 563a BGB nicht vorhanden, greift § 564 BGB. Ist ein Eintrittsberechtigter gem. § 563 BGB vorhanden und hat er von seinem Ablehnungsrecht Gebrauch gemacht, so wirkt das ex tunc auf den Zeitpunkt des Todes des Mieters zurück[6]; der Eintritt gilt als nicht erfolgt und der Vertrag wird gem. § 564 BGB mit dem Erben fortgesetzt, wenn nicht weitere, nachrangig Eintrittsberechtigte vorhanden sind. § 564 BGB findet hingegen keine Anwendung, wenn der Vermieter (gem. § 563 Abs. 4 BGB) oder der fortsetzende Mieter (gem. § 563a Abs. 2 BGB) kündigen. Dann nämlich war der Eintritt bzw. die Fortsetzung schon erfolgt, die Kündigung beseitigt den Vertrag nur für die Zukunft[7]. Endet das Mietverhältnis mit dem Tod des Mieters tritt der Erbe in das Abwicklungsschuldverhältnis ein[8].

III. Rechtsfolgen der Fortsetzung

3 Der Erbe wird – vorbehaltlich des Eintritts bzw. der Fortsetzung gem. §§ 563, 563a BGB (s. Rdn. 2) – mit dem Tod des Mieters Vertragspartei, der Besitz an der Mietsache geht gem. § 857 BGB auf ihn über. Ergreift der Vermieter nach dem Tod des Mieters Besitz (etwa durch Auswechslung des Schlosses), begeht er eine verbotene Eigenmacht gem. § 858 BGB und dem Erben stehen die Besitzschutzansprüche des § 861 BGB zu[9]. Mehrere Erben bilden eine Erbengemeinschaft. Soll nur einer der Erben Mieter sein, so muss hierüber ein dreiseitiger Vertrag zwischen dem Vermieter, den Mitgliedern der Erbengemeinschaft und dem fortsetzungswilligen Miterben geschlossen werden, da es sich um eine Vertragsübernahme handelt[10]. Geschieht das nicht, bleiben die Mitglieder der Erbengemeinschaft Mieter, die ggf. einem ihrer Mitglieder die Wohnung überlassen, i. d. R. mit der Folge des Ausgleichs im Innenverhältnis. Je nach den Umständen des Einzelfalls kann in der Wohnungsüberlassung an einen Erben zugleich eine stillschweigende Vertragsübernahme zu sehen sein, wenn es genügend Anhaltspunkte dafür gibt, dass der Vermieter hiermit einverstanden ist. Ebenso kann im Einzelfall eine stillschweigende Vertragsbeendigung ohne ausdrückliche Kündigung gem. § 564 Satz 2 BGB in Betracht kommen, dies etwa dann, wenn der Vermieter bei der Räumung der Wohnung hilft und ein Vertragsfortsetzungswille auch anderweitig nicht erkennbar ist[11]. Für **nach dem Erbfall fällig gewordene Verbindlichkeiten**[12] einschließlich der Pflichten aus der Abwicklung des Vertrages haftet der Erbe aus seiner Stellung als Mieter, wenn er das Mietverhältnis für seine Zwecke fortsetzt[13]. Ob und in welchem Umfang es sich dabei um eine sog. Nachlasserbenschuld oder um eine reine Eigenverbindlichkeit des Erben handelt[14], spielt eine untergeordnete Rolle, da der Erbe selbst im Fall der Nachlasserbenschuld mit seinem ganzen Vermögen (einschließlich des Nachlasses bis zu dessen evtl. Absonderung durch Nachlassverwaltung oder Nachlassinsolvenz) haftet. Von einer Nutzung für eigene Zwecke ist spätestens dann auszugehen, wenn der Erbe von dem Kündigungsrecht des § 564 Satz 2 BGB nicht Gebrauch macht. Denn nach Ablauf der einmonatigen Kündigungsfrist des § 564 Satz 2 BGB ist der Fortbestand des Mietverhältnisses nicht mehr auf den Mieter als Erblasser zurückzuführen, sondern auf eine Entschei-

[5] S. zur Problematik des unbekannten Erben und des Fiskus als gesetzlichen Erben *Wotte/Ungerer* NZM 2012, 412; *Horst* DWW 2013, 367.

[6] Zur Rückabwicklung von Leistungen, die ein Eingetretener bis zur Ausübung des Ablehnungsrechts erbracht hat, s. bei § 563 Rdn. 66.

[7] *Sternel* ZMR 2004, 720.

[8] *Blank/Börstinghaus* § 564 Rdn. 17.

[9] LG Köln NJWE-MietR 1996, 269.

[10] *Häublein* in MünchKomm § 564 Rdn. 6.

[11] LG Gießen WuM 2012, 604.

[12] S. allgemein zur Haftung des Erben für Mietschulden *Herzog* NZM 2013, 175.

[13] *Küpper* in MünchKommBGB (6. Aufl.) § 1967 BGB Rdn. 20.

[14] Zur Definition und den Folgen der Qualifizierung einer Schuld als Nachlasserbenschuld s. *Küpper* in MünchKomm (6. Aufl.) § 1967 BGB Rdn. 15.

dung des Erben, nämlich die Entscheidung, von dem Kündigungsrecht keinen Gebrauch zu machen[15]. Der Unterlassung der Kündigung kommt aus der Sicht eines objektiven Erklärungsempfängers ausnahmsweise ein positiver Erklärungswert dahingehend zu, das Mietverhältnis bestehen lassen zu wollen[16], weil die außerordentliche Kündigung nach dem Gesetz das Mittel der Wahl ist, sich des Mietverhältnisses zu entledigen. Diese Sicht ist auch allein interessengerecht, da ansonsten der Vermieter bei einer Haftungsbeschränkung gem. § 780 ZPO unter Umständen kein Entgelt für die unveränderte Gebrauchsgewährung erhalten würde[17]. Das Unterlassen der Kündigung stellt damit gleichzeitig das für die Begründung einer Eigenverbindlichkeit bzw. einer Nachlasserbenschuld notwendige[18] rechtsgeschäftliche Handeln dar. Neben der Unterlassung der Kündigung sind noch vielfältige andere Formen rechtsgeschäftlichen Handelns denkbar, die eine Eigenverbindlichkeit des Erben bzw. eine Nachlasserbenschild begründen können; insbesondere kommen in Betracht eine Eigennutzung der Wohnung, die Überlassung an Dritte[19] oder die ausdrückliche Erklärung eines Vertragsfortsetzungswillens. Wird das Mietverhältnis allerdings durch Kündigung gem. § 564 Satz 2 BGB beendet, dann handelt es sich bei den nach dem Erbfall fällig gewordenen Verbindlichkeiten (einschließlich Schadensersatz wegen unvollständiger Räumung, Beschädigung oder unterlassener Schönheitsreparaturen) um reine **Nachlassverbindlichkeiten**[20] mit der Folge, dass der Erbe die Haftung in allen Fällen des § 780 ZPO auf den Nachlass beschränken kann, insbesondere indem er die Dürftigkeitseinrede gem. § 1990 BGB erhebt[21]. Allerdings kann der Vermieter die vom Mieter geleistete Sicherheit auch für Nachlassverbindlichkeiten in Anspruch nehmen oder ggf. bei Erhebung der Dürftigkeitseinrede außerordentlich fristlos gem. § 543 BGB kündigen[22]. Ebenso wie vorstehend ist zu differenzieren (ohne Kündigung Mieterverbindlichkeiten; mit Kündigung Nachlassverbindlichkeiten) bei solchen Leistungen, die ein gem. § 563 BGB Eingetretener vor Ausübung seines Ablehnungsrechtes gem. § 563 Abs. 3 BGB erbracht hat; in Bezug auf diese Leistungen steht dem Ablehnenden nämlich ein Bereicherungsanspruch gegenüber dem Vermieter zu[23], so dass dieser nach dem Bereicherungsausgleich wieder vom Erben zu befriedigen ist, da der Vertrag im Fall der Ablehnung mit ihm rückwirkend auf den Zeitpunkt des Todes fortgesetzt wird (s. Rdn. 2). Für **Altverbindlichkeiten,** die vor dem Tod des Mieters entstanden sind (Nachlassverbindlichkeiten)[24], haftet der Erbe in jedem Fall nur aus seiner Stellung als Erbe (ggf. beschränkt durch erbrechtliche Haftungsbeschränkungen). Zu den Nachlassverbindlichkeiten gehören alle Ansprüche aus dem Mietvertrag wie Mietzahlungen, Betriebskosten, Schadensersatz etc., aber auch Ansprüche Dritter, die nicht auf dem Mietvertrag beruhen, etwa Schulden des Erblassers bei Versorgungsunternehmen. Schlägt der Erbe die Erbschaft gem. §§ 1942ff. BGB aus, so gilt sein Eintritt als nicht erfolgt und sie fällt bei dem in der Erbfolge Nachberufenen an (§ 1953 BGB); das gilt solange, bis nur noch der Fiskus als Erbe übrig bleibt (§ 1936 BGB). Verfügungen (auch Kündigungen[25]) des vorläufigen Erben bis zur Ausschlagung bleiben wirksam (§ 1959 BGB). Zur **Mithaftung** der Rechtsnachfolger gem. §§ 563, 563a BGB, wenn diese in das Mietverhältnis eintreten bzw. es fortsetzen, sowie zu der internen Haftungsverteilung s. bei § 563a Rdn. 4ff. Zum Schicksal einer **Mietbürgschaft,** die der verstorbene Mieter geleistet hat, s. bei § 563b Rdn. 27.

IV. Kündigungsrecht für Mieter und Vermieter (Satz 2)

4 Sowohl der Erbe als auch der Vermieter können das Mietverhältnis kündigen. Der Erbe kann dies auch dann noch tun, wenn er über seine Erbenstellung hinaus gem. § 563 BGB eintrittsberechtigt war und von seinem Ablehnungsrecht Gebrauch gemacht hat[26]. Wenn der Eintritt hingegen

[15] *Schmid* ZMR 2013, 424f.
[16] *Schmid* ZMR 2013, 425; *Horst* DWW 2013, 366. **A. A.** *Marotzke* in Staudinger (Neubearbeitung 2010) § 1967 Rdn. 24 m. w. N. auch auf die hier vertretene Gegenmeinung; LG Wuppertal MDR 1997, 34.
[17] So auch *Schmid* ZMR 2013, 424.
[18] S. BGH (VIII ZR 68/12) NJW 2013, 933 = WuM 2013, 236 = ZMR 2013, 422 Rdn. 16.
[19] *Schubert* JR 2014, 293.
[20] Zum Begriff der Nachlassverbindlichkeiten s. BGH (VIII ZR 68/12) NJW 2013, 933 = WuM 2013, 236 = ZMR 2013, 422 Rdn. 16.
[21] BGH (VIII ZR 68/12) NJW 2013, 933 = WuM 2013, 236 = ZMR 2013, 422.
[22] *Schmid* ZMR 2013, 424.
[23] S. bei § 563 Rdn. 66 und *Rolfs* in Staudinger § 564 Rdn. 7.
[24] S. zur Abgrenzung bei § 563 Rdn. 49.
[25] S. dazu näher bei Rdn. 9.
[26] *Rolfs* in Staudinger § 564 Rdn. 13.

endgültig vollzogen ist, besteht ein Kündigungsrecht in diesen Fällen der **Doppelstellung als Erbe und Eintrittsberechtigter** nicht mehr, da § 564 BGB eben voraussetzt, dass ein Eintritt nicht erfolgt ist.

5 Die Kündigung beendet das Mietverhältnis erst zum Ablauf der Kündigungsfrist. Die bis dahin entstandenen, also fällig gewordenen Verbindlichkeiten einschließlich der Pflichten aus der Abwicklung des Vertrages sind Nachlassverbindlichkeiten (s. Rdn. 3); zu Räumungs- und Herausgabeansprüchen gegen in der Wohnung verbliebene Mitbewohner des verstorbenen Mieters s. bei § 563 Rdn. 63.

1. Kündigungsgrund und Kündigungsfrist

6 Es handelt sich bei dem Kündigungsrecht gem. § 564 Satz 2 BGB nach dem Wortlaut der Vorschrift um ein außerordentliches Kündigungsrecht mit gesetzlicher Frist i. S. v. § 573d BGB. Es gelten also die Mieterschutzvorschriften der §§ 574ff. BGB[27]. In dem Kündigungsschreiben sollte auf das Widerspruchsrecht gem. § 574 BGB hingewiesen werden (s. § 574b Abs. 2 Satz 2 BGB). Das Kündigungsrecht ist für den Vermieter nicht an ein besonderes **Kündigungsinteresse** gebunden, insbesondere müssen die Voraussetzungen des § 573 BGB nicht erfüllt sein. Das folgt aus § 573d Abs. 1 BGB, der die Kündigung, die der Vermieter gegenüber dem Erben gem. § 564 BGB ausspricht, von der entsprechenden Anwendung der §§ 573, 573a BGB ausnimmt. Dennoch sollte etwaige Härtegründe auf Vermieterseite wegen § 574 Abs. 3 BGB schon im Kündigungsschreiben angegeben werden. Für den Vermieter erleichtert § 564 Satz 2 BGB nicht nur die Kündigung überhaupt, die Vorschrift führt ggf. auch zu kürzeren **Kündigungsfristen,** da hierfür nicht § 573c Abs. 1 Satz 2 BGB bzw. bei Einliegerwohnraum § 573a BGB anwendbar ist, sondern § 573d Abs. 2 BGB, der keine Verlängerung der Kündigungsfrist nach bestimmter Dauer des Mietverhältnisses (§ 573c Abs. 1 Satz 2 BGB) bzw. für bestimmte Mietverhältnisse (§ 573a BGB) vorsieht. Für den Erben besteht der Vorteil des Kündigungsrechtes gem. § 564 Satz 2 BGB darin, dass hiervon auch Zeitmietverträge gem. § 575 BGB und ein befristeter Kündigungsrechtsausschluss erfasst werden[28].

2. Kündigungserklärung

7 Auf die Kündigung finden wie auf alle Kündigungen grundsätzlich die Vorschriften der §§ 542, 568 BGB Anwendung. Die Kündigung ist daher **schriftlich** mit der Belehrung gem. § 568 Abs. 2 BGB zu erklären. Auch wenn die Kündigung – wie oben ausgeführt – keinen besonderen Kündigungsgrund erfordert, kann es wegen §§ 568 Abs. 2, 574ff. BGB angezeigt sein, das **Freimachungsinteresse** in dem Kündigungsschreiben darzulegen; ein Verstoß gegen § 568 Abs. 2 BGB nimmt der Kündigung zwar nicht ihre Wirksamkeit, bei der Abwägung im Rahmen des § 574 BGB werden aber grundsätzlich nur die im Kündigungsschreiben angegebenen Vermieterinteressen berücksichtigt[29]. Ist der Kündigende zugleich eintrittsberechtigt gem. § 563 BGB, kann die Kündigung gleichzeitig als Ablehnung gem. § 563 Abs. 3 BGB auszulegen sein[30]. Kündigt der Vermieter gem. § 563 BGB, bestreitet aber gleichzeitig den Eintritt des Erben gem. § 563 BGB in das Mietverhältnis, dann ist die Kündigung als eine solche nach § 564 Satz 2 BGB auszulegen[31]. Wenn mehrere Vermieter vorhanden sind, muss die Kündigung des Erben wegen der Einheitlichkeit des Mietverhältnisses[32] an alle gerichtet sein und – vorbehaltlich einer Vertretung – an alle zugehen; mehrere Vermieter müssen gemeinsam kündigen[33].

8 Hat der Mieter **mehrere Erben (Erbengemeinschaft),** so muss die Kündigung im Ansatz ebenfalls von allen Erben[34] ausgesprochen bzw. allen gegenüber erklärt werden und zugehen[35]. Es

---

[27] *Rolfs* in Staudinger § 564 Rdn. 16 m. w. N.
[28] *Blank/Börstinghaus* § 564 Rdn. 32.
[29] *Sternel* ZMR 2004, 722.
[30] *Damrau* NZFam 2014, 513.
[31] BGH (VIII ZR 25/14) WuM 2015, 85 Rdn. 20.
[32] S. dazu *Streyl* NZM 2011, 382.
[33] So auch *Kinne* GE 2011, 1660.
[34] Dies aber nicht notwendig zeitgleich oder in einem Rechtsakt. Es genügt die Bevollmächtigung eines Miterben bzw. die Einwilligung im Voraus. Eine rückwirkende Genehmigung ist aber nicht möglich, vgl. *Rolfs* in Staudinger § 564 Rdn. 12.
[35] BGH (VIII ZR 25/14) WuM 2015, 85 Rdn. 21.

handelt sich nämlich bei einer Kündigung nicht um eine Verwaltungsmaßnahme i. S. v. § 2038 BGB, sondern um eine Verfügung i. S. v. § 2040 BGB[36]. Eine solche Verfügung (Kündigung) muss – entgegen der bisher h. M.[37] – aber dann nicht gemeinschaftlich (wohl aber im Namen aller Erben) erfolgen, wenn es sich bei ihr gleichzeitig um eine mehrheitlich beschlossene Maßnahme der ordentlichen Verwaltung i. S. v. § 2038 BGB handelt[38]. War Letzteres nicht der Fall, ist die Kündigung unwirksam[39]. Um eine ordnungsgemäße Verwaltungsmaßnahme handelt es sich bei allen Maßregeln zur Verwahrung, Sicherung, Erhaltung und Vermehrung sowie zur Gewinnung der Nutzung und Bestreitung der laufenden Verbindlichkeiten; entscheidend ist aus objektiver Sicht der Standpunkt eines vernünftig und wirtschaftlich denkenden Beurteilers[40]. Hierdurch wird das Interesse der Erben, eine Entwertung des Nachlasses zu vermeiden, geschützt; darüber hin darüber hinaus gehende Interessen bleiben aber außer Betracht[41]. Bei einem offensichtlichen Missverhältnis zwischen angemessener und bezahlter Miete ist die Kündigung eines Mietvertrages eine Maßnahme ordnungsgemäßer Verwaltung[42].

Der Erbe muss sich zur Ausübung der Kündigung nicht durch einen **Erbschein** legitimieren[43]. **9**
Derartiges ergibt sich nicht aus dem Gesetz, deshalb kommt es, wie bei jeder anderen Kündigung auch, nur auf die tatsächliche Berechtigung an. Fehlt diese, weil der Kündigende nicht Erbe ist, ist die Kündigung unwirksam. Anders kann das nur sein, wenn für den vermeintlichen Erben ein Erbschein ausgestellt war. Wegen des öffentlichen Glaubens des Erbscheins gilt dieser als richtig, es sein denn der Vermieter kennt die Unrichtigkeit, und sowohl eine Kündigung des Erbscheinserben als auch eine Kündigung des Vermieters bleiben wirksam (§§ 2366, 2367 BGB)[44].

Auch eine vom oder gegenüber dem vorläufigen Erben ausgesprochene Kündigung behält **10**
wegen § 1959 BGB ihre Wirkung nach **Ausschlagung der Erbschaft**[45]; für die Kündigung des Vermieters gilt das wegen § 1959 Abs. 3 BGB uneingeschränkt, die Kündigung des (vorläufigen) Erben ist nach § 1959 Abs. 2 BGB aber nur zulässig, wenn sie ohne Nachteil für den Nachlass nicht verschoben werden kann – was aber regelmäßig zu bejahen sein dürfte, da der Beginn der Kündigungsfrist des § 564 Satz 2 BGB nicht von der Annahme der Erbschaft abhängt[46] und die Ausschlagungsfrist gem. § 1944 BGB länger dauert als die Kündigungsfrist.

Die Kündigung stellt eine Verfügung über das Mietverhältnis dar[47]. Wenn der Erbe in seiner **11**
Verfügungsbefugnis über den Nachlass beschränkt ist, kann er das Kündigungsrecht des § 564 BGB nicht selbst ausüben. Solche Verfügungsbeschränkungen gibt es etwa bei der **Testamentsvollstreckung** (§ 2211 BGB), bei der **Nachlassverwaltung** (§ 1984 BGB) und der **Nachlassinsolvenzverwaltung** (§ 81 InsO). In diesen Fällen können nur der Testamentsvollstrecker, der Nachlassverwalter bzw. der Nachlassinsolvenzverwalter die Kündigung wirksam aussprechen[48]. Eine Kündigung des Erben ist aber bis zur Anordnung der Nachlassverwaltung bzw. Nachlassinsolvenzverwaltung möglich, da die Verfügungsbeschränkungen erst nach Anordnung bzw. Eröffnung wirken (vgl. den Wortlaut von § 1984 Abs. 1 Satz 1 BGB bzw. § 81 Abs. 1 Satz 1 InsO); im Falle der Testamentsvollstreckung besteht das Verfügungsverbot ab dem Erbfall[49]. Die Beschränkung der Verfügungsbefugnis umfasst auch den Empfang einer Kündigungserklärung des Vermieters, denn auch dann liegt eine Verfügung über das Mietverhältnis vor[50]: Im Erbrecht ist das anerkannt für den schon oben erwähnten Fall, dass einer Erbengemeinschaft gekündigt werden soll[51]. Weil es

[36] BGH NJW 2010, 765 = JZ 2011, 478 mit kritischer Anm. *Müßig;* BGH NJW 2007, 150. S. auch *Häublein* in MünchKomm § 564 Rdn. 10 m. w. N.

[37] Vgl. zum Meinungsstand BGH NJW 2010, 765 und BGH NJW 2007, 151.

[38] BGH NJW 2010, 765.

[39] BGH NJW 2010, 765 Rdn. 30.

[40] BGH NJW 2010, 765.

[41] BGH NJW 2010, 765.

[42] BGH NJW 2010, 765.

[43] Allg. M, vgl. *Blank/Börstinghaus* § 564 Rdn. 35 m. w. N.

[44] *Häublein* in MünchKomm § 564 Rdn. 10.

[45] *Blank/Börstinghaus* § 564 Rdn. 37.

[46] Die Erbschaft ist nämlich in seiner Person angefallen, die Ausschlagung beseitigt dies durch Fiktion rückwirkend; im Ergebnis ebenso *Rolfs* in Staudinger § 564 Rdn. 19.

[47] BGH NJW 2007, 151.

[48] *Rolfs* in Staudinger § 564 Rdn. 11.

[49] *Palandt/Edenhofer* § 2211 Rdn. 2.

[50] *Lammel,* Wohnraummietrecht, § 564 Rdn. 21. **A. A.** *Blank/Börstinghaus* § 564 Rdn. 39; *Rolfs* in Staudinger § 564 Rdn. 20.

[51] *Palandt/Edenhofer* § 2040 Rdn. 5.

sich um eine Verfügung handelt, liegt ein Anwendungsfall von § 2040 BGB vor, der ein gemeinschaftliches Handeln von allen und gegen alle Erben fordert. Eine Verfügung liegt immer dann vor, wenn durch Rechts- oder Gestaltungsgeschäfte auf ein bestehendes Recht unmittelbar eingewirkt wird[52]. Eine Kündigung gestaltet einen Vertrag in der Weise um, dass sie ihn für die Zukunft aufhebt. Für diese Wirkung ist es gleichgültig, ob der Verfügungsberechtigte die Kündigung ausspricht oder empfängt. Eine Kündigung ist deshalb nur wirksam, wenn sie dem Verfügungsberechtigten gegenüber ausgesprochen wird.

12 Ist der **Erbe** dem Vermieter **unbekannt,** kommt eine öffentliche Zustellung der Kündigung gem. § 132 Abs. 2 BGB in Verbindung mit den Vorschriften der §§ 185 ff. ZPO in Betracht[53]. Vorher muss der Vermieter jedoch alles ihm Zumutbare und Mögliche zur Ermittlung des Erben getan haben[54]; ansonsten ist der Erbe nicht als unbekannt anzusehen. Zu den zumutbaren Anstrengungen gehört zumindest die Anfrage beim Nachlassgericht, ob dort ein Erbe bekannt ist oder in näherer Zeit Aufklärung erwartet wird, nicht aber die Beantragung einer Nachlasspflegschaft gem. § 1960 BGB, um dann gegenüber dem Nachlasspfleger kündigen zu können. Zwar muss das Nachlassgericht – ggf. auf Antrag des Vermieters gem. § 1961 BGB – auch bei wertlosem Nachlass einen Nachlasspfleger bestellen[55], der dann zur Entgegennahme der Kündigung und zur Abwicklung des Mietverhältnisses (einschließlich Räumung) berufen wäre. Da das Gesetz aber neben der Nachlasspflegschaft (oder der Abwesenheitspflegschaft gem. § 1911 BGB) ausdrücklich in § 132 Abs. 2 BGB die öffentliche Zustellung als Mittel vorsieht, einer (aufenthalts-)unbekannten Person eine Willenserklärung zugehen zu lassen, darf der Vermieter nicht auf einen Vorrang der Nachlasspflegschaft verwiesen werden. Will der Vermieter allerdings nach erfolgreicher öffentlicher Zustellung der Kündigung räumen, so muss er erst einen Räumungstitel erstreiten oder eine berechtigte Person finden, die zur freiwilligen Räumung bereit ist; hierzu kann ein Nachlasspfleger notwendig sein, da der Vermieter ansonsten verbotene Eigenmacht[56] begehen würde.

3. Ausschlussfrist

13 Die außerordentliche Kündigung gem. § 564 Satz 2 BGB muss innerhalb eines Monats erklärt werden, ansonsten erlischt das Kündigungsrecht. Der Zugang der Kündigung setzt die Kündigungsfrist des § 573d Abs. 2 BGB in Gang. Die Ausschlussfrist beginnt, wenn die Kündigungsberechtigten (also Erbe oder Vermieter) von dem Tod des Mieters sowie davon Kenntnis erlangt haben, dass ein Eintritt gem. § 563 BGB bzw. eine Fortsetzung gem. § 563a BGB nicht erfolgt sind. Bei einem Eintritt gem. § 563 BGB ist der Ablauf der Ablehnungsfrist abzuwarten, da eine Ablehnung den Eintritt rückwirkend unwirksam werden, den Vertrag aber bestehen lässt (s. bei § 563 Rdn. 57); bei einer Fortsetzung gem. § 563a BGB kommt es hingegen nicht auf den Ablauf der Kündigungsfrist an, da eine Kündigung den Mietvertrag insgesamt beenden würde, so dass er nicht nochmals gem. § 564 Satz 2 BGB gekündigt werden kann. Die Kenntnis kann im Einzelfall schon vor Vollzug des Mietverhältnisses, also vor Gebrauchsüberlassung bestehen[57]; die Kündigungsfrist (laufend ab Zugang der Kündigungserklärung) ist auch in diesem Fall einzuhalten[58], um dem Kündigungsgegner die Suche nach einem neuen Vertragspartner zu ermöglichen[59].

14 Nach dem Wortlaut des § 564 Satz 2 BGB scheint es auf die **Kenntnis der Erbenstellung** nicht anzukommen. Diese Kenntnis ist aber für den Fristenlauf ebenfalls notwendig[60], damit der Erbe bzw. der Vermieter überhaupt die Möglichkeit hat, eine Entscheidung über die Ausübung seines Kündigungsrechts zu treffen[61]. Aus dem gleichen Grund beginnt die Frist für den **Testaments-**

---

[52] *Palandt/Ellenberger* § 185 Rdn. 2.

[53] *Stellwaag* ZMR 1989, 407; *Sternel* ZMR 2004, 723; *Schopp* PiG 79 (2007) S. 171. **A. A.** *Rolfs* in Staudinger § 564 Rdn. 19; der Hinweis auf die mit einer öffentlichen Zustellung verbundene Einschränkung des Rechtsschutzes des Erben trägt jedoch nicht, sie ist der öffentlichen Zustellung vielmehr immanent (so auch *Sternel* ZMR 2004, 723 Fn. 76).

[54] Allgemein zu den Anforderungen an die Ermittlungspflicht s. BGH (XII ZR 94/10) WuM 2012, 630.

[55] OLG Zweibrücken ZEV 2015, 633; *Wotte/Ungerer* NZM 2012, 413.

[56] S. dazu bei § 546 Rdn. 115.

[57] *Blank/Börstinghaus* § 564 Rdn. 50.

[58] Hierdurch können Erfüllungspflichten entstehen.

[59] BGH NJW 1979, 1288.

[60] LG München NZM 2004, 337, allerdings ohne Begründung; im Rahmen der gleichartigen Problematik bei § 580 BGB entspricht dies der fast allgemeinen Meinung; Nachweise s. dort.

[61] OLG Hamm WuM 1981, 263 = ZMR 1981, 211.

vollstrecker frühestens mit der Annahme des Amtes gem. § 2202 BGB bzw. beim **Nachlassverwalter** mit dessen Einsetzung gem. § 1981 BGB zu laufen[62]. Die Kenntnis von der Erbenstellung wird nicht ohne weiteres durch eine Mitteilung von Familienangehörigen bzw. ähnlichen Personen oder durch Kenntnisnahme von einem Testament begründet; der Erbe darf sich vielmehr in solchen Fällen seines Erbrechtes durch unverzüglich einzuholende Auskunft beim Nachlassgericht (etwa über das Vorhandensein weiterer Testamente) oder bei einem Rechtsanwalt (etwa über die Auslegung des Testaments) vergewissern[63]. Ansonsten gelten die Erläuterungen zur Kenntnis sowie zur Kenntnisverschaffung im Rahmen des § 563 Abs. 3 und 4 BGB sowie des § 563a Abs. 2 BGB sinngemäß auch hier (s. § 563 Rdn. 58). Bei Geschäftsunfähigen oder beschränkt Geschäftsfähigen gilt mangels ausdrücklicher Bestimmung allerdings nicht § 210 BGB entsprechend, sondern § 166 BGB[64]; gleiches ist bei der Nachlassverwaltung und der Nachlassinsolvenzverwaltung der Fall[65].

Spricht der Vermieter gegenüber einem Erben, der gleichzeitig Eintrittsberechtigter im Sinne des § 563 BGB ist, die **Kündigung vor Ablauf der Ablehnungsfrist** gem. § 563 Abs. 3 BGB aus, so ist durch Auslegung zu ermitteln, ob es sich um eine Kündigung gem. § 563 Abs. 4 BGB oder um eine solche gem. § 564 Satz 2 BGB handelt. Ersteres ist im Zweifel näherliegend, da die Kündigung gem. § 564 Satz 2 BGB erst nach der Ablehnung Wirkung erlangen kann und – wenn die Ablehnung nicht erfolgt – ins Leere gehen würde. Für die Kündigung gem. § 563 Abs. 4 BGB ist allerdings ein wichtiger Grund in der Person des Eintretenden notwendig, so dass mangels Vorhandensein eines Grundes oder mangels Begründung der Kündigung eine vorsorglich für den Fall der Ablehnung ausgesprochene Kündigung gem. § 564 Satz 2 BGB vorliegen kann. Bei Angabe von Kündigungsgründen und Ablehnung des Eintritts dürfte im Zweifel davon auszugehen sein, dass mit der Kündigung gem. § 563 Abs. 4 BGB gleichzeitig auch eine Kündigung nach § 564 Satz 2 BGB ausgesprochen werden sollte. Die Kündigungsfrist berechnet sich in jedem Fall nach dem Zugang der Kündigungserklärung, da das Kündigungsrecht im Falle der Ablehnung des Eintritts zwar erst mit der Ablehnung entsteht, da die Ablehnung aber ex tunc auf den Zeitpunkt des Todes zurückwirkt, wird auch die Erbenstellung rückwirkend fingiert[66]. **15**

V. Kündigungsrecht bei mehreren Mietern

Das Kündigungsrecht gem. § 564 Satz 2 BGB kann unter Umständen zu Härten führen, wenn neben einem Erben weitere Mieter vorhanden sind. Handelt es sich bei dem Mieter um eine (teil-) rechtsfähige **Personengemeinschaft** (GbR, oHG, KG), ist das nicht der Fall. Dann ist nämlich diese Gesellschaft Mieter und nicht jeder einzelne Gesellschafter. Der Erbe eines verstorbenen Gesellschafters tritt in dessen Anteil an der Gesellschaft ein, nicht aber in das Mietverhältnis. Folglich liegt auch kein Anwendungsfall des § 564 Satz 2 BGB vor[67] (Einzelheiten, auch zu der Frage der analogen Anwendung von § 564 BGB, bei § 563 Rdn. 13). Stirbt hingegen ein Mitglied einer **bloßen Mietermehrheit,** ohne dass ein Anwendungsfall der §§ 563, 563a BGB vorliegt, hätte eine Kündigung des Erben oder des Vermieters auch Auswirkungen auf das Recht der übrigen Mieter. Relevant wird diese Problematik vor allem bei Wohngemeinschaften[68] und außerhalb des Wohnraummietrechts im Rahmen des dem § 564 Satz 2 BGB ähnlichen § 580 BGB, also vornehmlich bei Gewerberaummietverhältnissen: Stirbt einer von mehreren Mietern und könnte der Vermieter deswegen kündigen, so verlören – wenn man ein einheitliches und einheitlich zu kündigendes Mietverhältnis annimmt – auch die überlebenden Mieter ihre Wohnung bzw. die Räume zur Ausübung des Gewerbebetriebes. Das kann eine erhebliche Belastung darstellen. Ähnlich ist es, wenn **16**

---

[62] *Rolfs* in Staudinger § 564 Rdn. 20.

[63] LG München NZM 2004, 337.

[64] S. dazu bei § 563 Rdn. 58.

[65] **A. A.** offenbar *Blank/Börstinghaus* § 564 Rdn. 48.

[66] *Rolfs* in Staudinger § 564 Rdn. 15.

[67] So im Ergebnis auch OLG Brandenburg ZMR 2008, 780 für die § 564 BGB vergleichbare Vorschrift des § 580 BGB.

[68] Wohngemeinschaften, deren Mitglieder regelmäßig wechseln wie etwa bei studentischen Wohngemeinschaften, können zwar eine Außen-GbR bilden, auf Grund der beiderseitigen Interessenlage im Fall des Mitgliederwechsels (Zustimmungsrecht; (Nach-)Haftung) ist aber regelmäßig davon auszugehen, dass nicht die GbR als solche Mieter wird sondern eine Mehrheit von Mietern; Einzelheiten bei *Jacobs* NZM 2008, 111; im Ergebnis ebenso *Wiek* WuM 2009, 491/492. S. darüber hinaus allgemein zur GbR als Partei von Mietverträgen *Streyl* NZM 2011, 377; *Kraemer* NZM 2002, 465; *Häublein* PIG 70 (2004) S. 56/57; *Weitemeyer* ZMR 2004, 157.

der Erbe des verstorbenen Mieters kündigen könnte. Dann würde er die Ursache für den Verlust der Wohnung bzw. der Gewerberäume der Mitmieter setzen.

17 Wegen der Auswirkungen einer Kündigung auf die anderen Mieter ist umstritten, ob in den Fällen einer einfachen Mietermehrheit das Kündigungsrecht gem. § 564 Satz 2 BGB sowohl für den Vermieter als auch für den Erben ausgeschlossen ist[69]. Teilweise[70] wird das bejaht, weil ein Mietverhältnis nur von allen und gegenüber allen gekündigt werden könne. Teilweise[71] wird eine Kündigung gem. § 564 Satz 2 BGB für möglich gehalten, weil es auch bei anderen Arten der außerordentlichen Kündigung ausreiche, dass ein Kündigungsgrund in der Person nur eines Mieters vorhanden ist und alle anderen Mitmieter von der Kündigung betroffen sind. Weiterhin wird im Hinblick auf das Bestandsinteresse der Mitmieter vertreten[72], das Kündigungsrecht des Vermieters vom Vorhandensein eines wichtigen Grundes in der Person des Erben (ähnlich wie in § 563 Abs. 4 BGB) abhängig zu machen und das Kündigungsrecht des Erben von einer Erklärung sämtlicher Mieter.

18 M. E. gibt es auch in den Fällen der Mietermehrheit **keine Beschränkungen des Kündigungsrechtes** gem. § 564 Satz 2 BGB, sie sind weder aus dogmatischen Gründen noch aus Gründen des Bestandsschutzes für die Mitmieter zu rechtfertigen. Auszugehen ist zunächst vom Grundsatz der **Unteilbarkeit des Mietverhältnisses,** der besagt, dass die Gebrauchsüberlassung eine unteilbare Leistung ist und zwischen Vermieter und Mieter ist und ein einheitliches Rechtsverhältnis begründet, weswegen das Mietverhältnis nur in seiner Gesamtheit aufgelöst werden kann[73]. Diesen Grundsatz erkennt § 564 Satz 2 BGB auch an, indem dort auf die Kündigung des gesamten Vertrages („das Mietverhältnis") abgestellt wird. Eine Differenzierung im Sinne einer Beschränkung der Kündigungswirkung wäre dem Gesetzgeber auf Grund seiner Gestaltungsmacht durchaus möglich gewesen[74], er hat sie aber weder für die Kündigung des Vermieters noch für die Kündigung des Erben vorgesehen. Der Grundsatz der Einheitlichkeit des Mietverhältnisses schließt jedoch nicht aus, einem einzelnen von mehreren Vertragspartnern die Rechtsmacht zu verleihen, den Vertrag auch mit Wirkung für die anderen zu beenden. Dem Wortlaut des § 564 Satz 2 BGB ist eine Beschränkung dahingehend, dass das Kündigungsrecht nur bestehen soll, wenn der Erbe Alleinmieter ist, nicht andeutungsweise zu entnehmen. Auch für die Notwendigkeit einer Ermächtigung des Erben durch die anderen Mieter gibt der Wortlaut der Vorschrift nichts her. Im Innenverhältnis der Mieter mag dem Erben zwar die Kündigung untersagt sein, im Außenverhältnis zum Vermieter sind aber keinerlei Beschränkungen erkennbar[75]. Auch wenn der Erbe allein kündigt, ist nur der Vermieter sein **Kündigungsgegner,** die Kündigung muss nicht auch den anderen Mietmietern zugehen. Das folgt aus der nach dem Gesetz dem Erben allein zustehenden Kündigungsmacht[76].

19 Dieser am Wortlaut orientierten Auslegung des § 564 Satz 2 BGB steht die **Entstehungsgeschichte des Gesetzes** nicht entgegen. Zwar wollte der historische Gesetzgeber des BGB die Klärung der Frage, wie die Fälle gemeinschaftlicher Miete zu behandeln sind, der Rechtsprechung und Wissenschaft überlassen[77]. Abgesehen davon aber, dass eine solche Klärung auch im Sinne einer wortlautorientierten Auslegung erfolgen kann, sind inzwischen über 100 Jahre vergangen und es hat inzwischen in den Jahren 1964 und 2001 tiefgreifende Änderungen in den Regeln der

---

[69] S. grundsätzlich zur Kündigung eines Mietverhältnisses mit mehreren Mietern *Streyl* NZM 2011, 385 und *Eckert,* Gedächtnisschrift Sonnenschein, S. 313 ff.

[70] *Rolfs* in Staudinger § 564 Rdn. 6, der diese Auffassung als verbreitet bezeichnet, der sich aber zu Unrecht auf OLG Naumburg NZM 2002, 166 beruft; in dieser Entscheidung werden die verschiedenen Ansätze lediglich dargestellt und festgestellt, dass nach keiner dieser Auffassungen eine Kündigung erfolgt sei. Außerdem *Hinz* ZMR 2002, 645 unter Berufung auf LG Köln ZMR 2001, 457; *Sternel* ZMR 2004, 721.

[71] *Blank/Börstinghaus* § 564 Rdn. 11.

[72] *Häublein* in MünchKomm § 564 Rdn. 19; ähnlich *Lammel,* Wohnraummietrecht, § 564 Rdn. 13/14.

[73] Allg. M., vgl. BGH (XII ZR 34/12) NJW 2013, 3232 = ZMR 2013, 614; BGH NJW 1958, 421. Grundlegend zur Unteilbarkeit des Mietverhältnisses *Streyl* NZM 2011, 382.

[74] S. etwa für Teile der Mietsache § 573b BGB. Bei Schriftformverstößen anlässlich des Eintritts eines neuen Mieters kommt eine unterschiedliche Vertragslaufzeit in Betracht (s. BGH NJW 1975, 1653 und bei § 550 Rdn. 63). Auch bei dem Ablehnungsrecht gem. § 563 Abs. 3 BGB, das dem Kündigungsrecht zumindest verwandt ist, hat der Gesetzgeber die Ablehnung nur eines von mehreren Eintretenden vorgesehen.

[75] **A. A.** aber wohl RGZ 90, 330. Die Entscheidung vermischt aber m. E. unzulässig das Innenverhältnis der Mieter und die Rechtsmacht im Außenverhältnis.

[76] Das dürfte auch die Sicht des BGH sein, der in BGH (XII ZR 34/12) NJW 2013, 3232 = ZMR 2013, 614 die Frage für die vergleichbare Konstellation bei § 109 InsO nicht einmal angesprochen hat.

[77] RGZ 90, 329.

§§ 563ff. BGB bzw. den Vorgängernormen gegeben (s. dazu bei § 563 Rdn. 3), so dass die ursprüngliche gesetzgeberische Vorstellung keine Rolle mehr spielt.

Es ist allerdings – wie oben schon ausgeführt – nicht zu verkennen, dass die uneingeschränkte Kündigungsmöglichkeit für Vermieter und Erben im Falle einer Mietermehrheit zu Härten bei den Mitmietern führen kann, weil in deren **Bestandsinteresse** miteingegriffen wird. Auch hieraus kann aber eine Korrektur des § 564 Satz 2 BGB nicht hergeleitet werden. Wie dargestellt (s. Rdn. 1) soll § 564 Satz 2 BGB helfen, dass Vermieter und Erbe einem starken personalen Bezug des Mietverhältnisses und den Veränderungen Rechnung tragen können, die der Tod des Mieters möglicherweise mit sich bringt. Das Bedürfnis nach einer Lösungsmöglichkeit des Vertrages wird vom Gesetz abstrakt unterstellt, ein besonderes Kündigungsinteresse, das die vor der Mietrechtsreform h. M. noch gefordert hat, ist nach Meinung des Gesetzgebers auch für den Vermieter nicht mehr notwendig[78]. Dieser ausdrückliche Verzicht des Gesetzgebers auf das Vorhandensein konkreter Kündigungsgründe erlaubt es nicht, einen Kündigungsgrund analog § 563 Abs. 4 BGB zu konstruieren[79]. Er erlaubt es auch nicht, das Kündigungsrecht ganz auszuschließen, weil der Gesetzgeber, dem die Diskussion um die Behandlung von Mietermehrheiten bekannt sein musste, die Lösungsmöglichkeit nach § 564 Satz 2 BGB offensichtlich höher bewertet als die damit verbundenen Belastungen für die Mitmieter. Bei der (abstrakten) Bewertung dieser Belastungen ist im Übrigen nur das Bestandsinteresse entscheidend, nicht aber, dass es sich bei dem Mietobjekt um Wohnraum handelt. Das ergibt sich aus der inhaltsgleichen Regelung des § 580 BGB, die im Falle von Mietermehrheiten nicht anders gehandhabt werden kann als § 564 Satz 2 BGB. 20

Die hier vertretene Auffassung vermeidet auch **Wertungswidersprüche** zu § 109 InsO. Das dort vorgesehene Kündigungsrecht des Insolvenzverwalters entspricht in etwa demjenigen des Erben in § 564 Satz 2 BGB. In Rahmen von § 109 InsO beendet der Insolvenzverwalter das Mietverhältnis im Falle einer Mietermehrheit für und gegen alle[80]. 21

Schließlich lässt sich Härten, die mit der hier vertretenen Auffassung verbunden sein können, durch **Regelungen in dem Mietvertrag** vorbeugen, die das Kündigungsrecht gem. § 564 Satz 2 BGB beschränken oder ausschließen. Solche Härten können auch und gerade für die Mitmieter des Erben bestehen, für die § 564 Satz 2 BGB kein Kündigungsrecht vorsieht[81]. Die Mitmieter können und müssen sich vor solchen Härten durch Vereinbarungen in dem Mietvertrag schützen dürfen. Abweichungen oder Erweiterungen von § 564 Satz 2 BGB sind deshalb sowohl individualvertraglich als auch formularvertraglich zulässig (s. Rdn. 24ff.). Oftmals wird sich eine Beschränkung des Kündigungsrechts oder dessen Erweiterung auf die Mitmieter schon aus einer am Zweck des Vertrages bzw. einer an den Interessen der Parteien bei Vertragsschluss orientierten ergänzenden Vertragsauslegung ergeben[82]; eine stillschweigende Vereinbarung anzunehmen ist im Hinblick auf das Schriftformerfordernis problematisch. Im Einzelfall kommt unter besonderen Umständen für die Mitmieter auch eine Kündigung nach § 313 Abs. 3 BGB in Betracht, da § 564 Satz 2 BGB eine besondere Ausprägung des Wegfalls der Geschäftsgrundlage ist (s. Rdn. 1). Schutz vor einer Kündigung bietet den Mitmietern im Falle des Fehlens von Vereinbarungen evtl. die Sozialklausel der §§ 574ff. BGB. 22

VI. Abweichende Vereinbarungen

Die Subsidiaritätsklausel in § 564 Satz 1 BGB ist zwingendes Recht, soweit ansonsten Abweichungen von §§ 563, 563a BGB zum Nachteil des Mieters oder der eintrittsberechtigten Personen 23

---

[78] Vgl. die Begründung des Regierungsentwurfs, BT-Drucksache 14/4553, abgedruckt in NZM 2000, 445.

[79] So aber *Häublein* in MünchKomm § 564 Rdn. 19.

[80] BGH (XII ZR 34/12) NJW 2013, 3232 = ZMR 2013, 614. Ein gewisser Wertungswiderspruch zu BGH (XII ZR 113/12) WuM 2013, 752, wo ein Sonderkündigungsrecht gem. § 57a ZVG für Teilflächen eines einheitlich vermieteten Objekts bejaht wurde, ist zwar nicht zu verkennen, eine auf das Mietobjekt bezogene Teilkündigung ist allerdings letztlich und im Unterschied zu einer auf die Vertragsparteien bezogenen Teilkündigung wohl gerechtfertigt, um – so der BGH – die Beleihungsfähigkeit des Grundstücks zu gewährleisten (s. auch *Hinz* InfoM 2013, 541).

[81] *Häublein* in MünchKomm § 564 Rdn. 15, dort auch zu den überzeugenden Gründen, aus denen eine analoge Anwendung des § 564 Satz 2 BGB auf diese Fälle abzulehnen ist. S. auch LG Köln ZMR 2001, 357 und 457 zur Vorgängervorschrift.

[82] *Häublein* in MünchKomm § 564 Rdn. 16. *Lammel,* Wohnraummietrecht, § 564 Rdn. 11 hält aus Gründen der Rechtssicherheit eine ausdrückliche Vereinbarung für notwendig.

eintreten würden (etwa Vorrangigkeit des Erben); solche nachteiligen Abweichungen verbieten §§ 563 Abs. 5, 563a Abs. 3 BGB[83]. Schon im Hinblick auf die Kündigungsmöglichkeit des § 564 Satz 2 BGB erscheint es hingegen – auch durch AGB – zulässig, den (nachrangigen) Eintritt des Erben in den Mietvertrag ganz auszuschließen und den Mietvertrag mit dem Tod des Mieters enden zu lassen.

24 § 564 Satz 2 BGB ist jedenfalls durch **Individualvereinbarung** abdingbar[84], auch durch Vertrag des verstorbenen Mieters mit dem Vermieter zu Lasten des Erben, da dieser durch die Erbschaft ohnehin nur in die durch den Erblasser geschaffene Rechtslage eintritt und das Schutzziel der §§ 563ff. BGB nicht betroffen ist: Wenn der Erbe zu den Eintrittsberechtigten gem. § 563 BGB gehörte, kommt § 564 BGB nur nach Ablehnung des Eintritts zum tragen; wenn er „nur" Erbe ist, verfügt er i. d. R. bereits über Wohnraum. Das heißt, der Erblasser und der Vermieter können das Kündigungsrecht gem. § 564 BGB ganz ausschließen oder es hinsichtlich der Voraussetzungen und Fristen ändern (erleichtern oder verschärfen)[85]. Das gilt in den Grenzen der §§ 138, 242 BGB auch für sehr langfristige Verträge oder einen langfristigen Kündigungsrechtsausschluss, da sich der Erbe vor einer übermäßigen Belastung durch Ausschlagung der Erbschaft schützen kann; er kann der Bindung auch durch Stellung eines geeigneten Nachmieters entgehen[86].

25 Ob die Abdingbarkeit auch für **Formularklauseln** gilt, soll nach h. M. davon abhängen, ob man das Kündigungsrecht nach § 564 Satz 2 BGB zu dem gesetzlichen Leitbild der Miete zählt; in diesem Fall läge in einer Erschwerung des Kündigungsrechtes ein Verstoß gegen § 307 Abs. 2 Nr. 1 BGB. Ob § 564 Satz 2 BGB zum gesetzlichen Leitbild gehört, ist umstritten[87]. M. E. kommt es auf diese Frage nicht an. § 307 BGB verbietet nur Benachteiligungen des Vertragspartners des Verwenders, also des verstorbenen Mieters. Dieser wird aber durch eine Abweichung von § 564 Satz 2 BGB nicht belastet. Belastet wird erst der Erbe durch eine Erschwerung des Kündigungsrechtes. Dritte werden zwar unter Umständen auch durch § 307 BGB geschützt; dies aber nur aufgrund eines Rechtsverhältnisses zum Vertragspartner[88]. Ein solches Rechtsverhältnis existiert aber zwischen dem Erben und dem Vertragspartner nicht, der Erbe wird vielmehr mit dem Tod des Mieters selbst Vertragspartner[89].

26 Wenn man diesem Ansatz nicht folgt, müsste die Frage, ob § 564 Satz 2 BGB zum **gesetzlichen Leitbild** der Miete gehört, verneint werden. Gerade die Fälle der Mietermehrheit zeigen nämlich (s. Rdn. 16), dass es bei den Mitmietern des Erben ein erhebliches und anerkennenswertes Bedürfnis dafür geben kann, die Anwendung des § 564 Satz 2 BGB auf sich zu erstrecken oder die Kündigungsmöglichkeit des Erben und des Vermieters zu beschränken bzw. auszuschließen.

27 Eine AGB-Kontrolle erscheint allerdings notwendig, soweit in dem Vertrag zwischen dem Vermieter und dem verstorbenen Mieter nicht nur das Kündigungsrecht des Erben gem. § 564 Satz 2 BGB ausgeschlossen wird, sondern **sonstige Kündigungsbeschränkungen bzw. Laufzeitregelungen** getroffen werden, die erst nach dem Erbfall gelten sollen. Solche Klauseln wären anstatt an § 564 Satz 2 BGB an den allgemeinen Kündigungsschutzvorschriften zu messen. Danach ist eine Einschränkung des Kündigungsrechts gem. § 573c Abs. 4 BGB unzulässig, Zeitmietverträge unterliegen den Beschränkungen des § 575 BGB und ein befristeter Ausschluss des Kündigungsrechtes ist unter Umständen für vier Jahre möglich[90].

---

[83] *Häublein* in MünchKomm § 564 Rdn. 25; *Rolfs* in Staudinger § 564 Rdn. 22.

[84] Allg. M, vgl. nur *Rolfs* in Staudinger § 564 Rdn. 23 m. w. N.; s. außerdem BVerfG NJW 1997, 2746 zur Vorgängernorm.

[85] *Rolfs* in Staudinger § 564 Rdn. 23.

[86] S. dazu *Streyl* WuM 2005, 183.

[87] Vgl. zum Meinungsstand *Häublein* in MünchKomm § 564 Rdn. 25 sowie die ausführliche Argumentation von *Rolfs* in Staudinger § 564 Rdn. 25 und *Lehmann-Richter* WImmoT 2008, 158/159, 167/168. *Sternel* ZMR 2004, 720 ist der Ansicht, eine Abbedingung durch AGB sein unmöglich, weil die Vorschrift als gesetzlich geregelter Fall der Störung der Geschäftsgrundlage zum Leitbild eines jeden Schuldverhältnisses gehöre; das ist im Ansatz richtig, das Kündigungsrecht beruht aber auf einer anderen als der in § 313 BGB vorausgesetzten Risikoverteilung, weswegen die Argumentation im Ergebnis nicht durchgreift.

[88] *Coester* in Staudinger (2006) § 307 Rdn. 93.

[89] **A. A.** *Lehmann-Richter* WImmoT 2008, 168.

[90] S. näher bei § 575 Rdn. 86.

§ 565 Gewerbliche Weitervermietung

(1) [1]Soll der Mieter nach dem Mietvertrag den gemieteten Wohnraum gewerblich einem Dritten zu Wohnzwecken weitervermieten, so tritt der Vermieter bei der Beendigung des Mietverhältnisses in die Rechte und Pflichten aus dem Mietverhältnis zwischen dem Mieter und dem Dritten ein. [2]Schließt der Vermieter erneut einen Mietvertrag zur gewerblichen Weitervermietung ab, so tritt der Mieter anstelle der bisherigen Vertragspartei in die Rechte und Pflichten aus dem Mietverhältnis mit dem Dritten ein.

(2) Die §§ 566 a bis 566 e gelten entsprechend.

(3) Eine zum Nachteil des Dritten abweichende Vereinbarung ist unwirksam.

Systematische Übersicht

Alphabetische Schnellübersicht

I. Entstehungsgeschichte und Bedeutung der Vorschrift

1. Entstehungsgeschichte

Die Vorschrift ist mit Wirkung vom 1.9.1993 durch das Vierte Mietrechtsänderungs-Gesetz vom 21.7.1993[1] als § 549 a in das BGB eingefügt worden. Das Mietrechtsreformgesetz hat die Vorschrift mit geringfügigen Änderungen im Wortlaut als § 565 übernommen. Die Änderungen beruhen auf sprachlichen Erwägungen; der Regelungsgehalt der Vorschrift ist gleich geblieben. § 565 BGB gilt nur für die Wohnraummiete und behandelt einen Teilaspekt der sog. „gewerblichen Zwischenvermietung" von Wohnungen. Darunter versteht man eine Vertragsgestaltung, bei der die 1

---

[1] BGBl. I S. 1257.

Wohnungen nicht unmittelbar vom Eigentümer, sondern durch einen Zwischenvermieter vermietet werden. Bei diesem Vertragsmodell gilt die zwischen dem Eigentümer und dem Zwischenvermieter bestehende Rechtsbeziehung nach ständiger Rechtsprechung als gewerbliches Hauptmietverhältnis, während der Vertrag zwischen dem Zwischenvermieter und dem Wohnungsnutzer als Untermietverhältnis bewertet wird, auf das Wohnraummietrecht anzuwenden ist (s. Vor § 535 BGB, Rdn. 104). Diese Bewertung hatte nach der bis zum 1.9.1993 geltenden Rechtslage zur Folge, dass der Eigentümer im Falle der Beendigung des Hauptmietverhältnisses die Wohnung vom Untermieter herausverlangen konnte (§ 556 Abs. 3 BGB a. F.). Die allgemeinen Kündigungsschutzvorschriften (§ 564b ff. BGB a. F.) waren nach der damaligen Konzeption des Gesetzes unanwendbar, weil zwischen dem Eigentümer und dem Wohnungsnutzer keine vertraglichen Beziehungen bestehen. Hieraus ergaben sich eine Reihe von Problemen.[2] Die Rechtsprechung der Fachgerichte hat versucht, den aus § 556 Abs. 3 BGB a. F. folgenden Herausgabeanspruch durch die Anwendung des § 242 BGB zu korrigieren. Durch den Rechtsentscheid des BGH vom 21.4.1982[3] wurden jene Mieter geschützt, die beim Abschluss des Mietvertrags keine Kenntnis von den Eigentumsverhältnissen gehabt hatten. In diesem Fall wurde das Herausgabeverlangen des Eigentümers als rechtsmissbräuchlich bewertet. Durch den Rechtsentscheid des BGH vom 20.3.1991[4] wurde dieser Schutz auf jene Mieter erweitert, die zwar die Eigentumsverhältnisse, aber nicht die daraus folgenden rechtlichen Konsequenzen kannten. Durch die Entscheidung des BVerfG vom 11.6.1991[5] wurde der Schutz des Mieters weiter verstärkt. Danach wird durch die Anwendung des § 556 Abs. 3 BGB a. F. in den hier fraglichen Fällen der allgemeine Gleichheitssatz (Art. 3 GG) verletzt. Das BVerfG führt hierzu aus, es sei für die Schutzbedürftigkeit und Schutzwürdigkeit des Wohnungsnutzers ohne Bedeutung, ob dieser von den Eigentumsverhältnissen und den daraus folgenden Konsequenzen bei Beendigung des Hauptmietverhältnisses Kenntnis gehabt habe. Es sei auch kein Grund ersichtlich, warum denjenigen Eigentümern, die sich eines Zwischenvermieters bedienen, weitergehende Möglichkeiten eingeräumt werden, als denen, die unmittelbar an die Wohnungsnutzer vermieten. Das BVerfG hat in der genannten Entscheidung allerdings nicht dazu Stellung genommen, welche Rechtsbeziehungen zwischen dem Eigentümer und dem Wohnungsnutzer nach der Beendigung des Hauptmietverhältnisses entstehen sollen. In der Literatur wurden hierzu unterschiedliche Vorschläge unterbreitet.[6] Mit Wirkung vom 1.9.1993 wurde diese Frage in § 549a BGB a. F. geregelt. Seit dem 1.9.2001 gilt der inhaltsgleiche § 565 BGB.

2 Im Anschluss an verschiedene Vorschläge in der Rechtsprechung[7] und im Schrifttum[8] hat sich der Gesetzgeber dafür entschieden, dass der zwischen dem Wohnungsnutzer und dem Zwischenvermieter bestehende Mietvertrag im Falle der Beendigung des Hauptmietverhältnisses entweder mit dem Hauptvermieter oder mit einem anderen Zwischenvermieter fortgesetzt werden soll. Damit hat der Gesetzgeber die einfachrechtliche Konsequenz aus der vom BVerfG[9] vorgegebenen verfassungsrechtlichen Lage gezogen. Die Rechtsnachfolge ist vom Gesetzgeber in Anlehnung an § 571 BGB a. F. = § 566 BGB ausgestaltet worden, obwohl der Fall der Beendigung des Zwischenmietverhältnisses mit dem Eigentümerwechsel an sich nichts zu tun hat.[10]

2. Begriffsbestimmungen

3 In der Terminologie des Gesetzes wird der Hauptvermieter stets als „Vermieter", der Zwischenvermieter als „Mieter" und der Wohnungsnutzer als „Dritter" bezeichnet. **Diese Terminologie liegt auch den folgenden Ausführungen zugrunde.**

---

[2] S. dazu *Fritz* WuM 1991, 13.
[3] BGH NJW 1982, 1696 = WuM 1982, 178 = ZMR 1982, 274.
[4] BGH NJW 1991, 1815 = WuM 1991, 326 = ZMR 1991, 255 = DWW 1991, 211.
[5] BVerfG NJW 1991, 2272 = WuM 1991, 422 = ZMR 1991, 368 = DWW 1991, 279.
[6] Vgl. *Beuermann* GE 1992, 342; *Derleder* WuM 1991, 641; *Gather* DWW 1992, 37; *Hornick* ZMR 1992, 224; *Scheffler* NJW 1992, 477; *Wein* GE 1993, 74; *Langenberg* MDR 1993, 602.
[7] Vgl. LG München WuM 1992, 246; AG Berlin-Tiergarten WuM 1992, 125.
[8] Vgl. *Brunner/Jung* ZMR 1992, 177; *Bunn* WuM 1988, 388; *Derleder* a. a. O.; *Matthies* NJW 1988, 1631.
[9] BVerfG a. a. O.
[10] S. dazu *Gärtner* JZ 1994, 440.

II. Tatbestandsvoraussetzungen

Nach dem Wortlaut der Vorschrift sollen jene Fälle erfasst werden, in denen „der Mieter nach dem Mietvertrag den gemieteten Wohnraum gewerblich einem Dritten zu Wohnzwecken weitervermieten" soll. 4

1. Mietvertrag

Die Vorschrift setzt zunächst voraus, dass zwischen den Parteien ein Mietverhältnis besteht. Es ist unerheblich, ob dieses Mietverhältnis vor oder nach dem 1.9.1993 abgeschlossen worden ist.[11] Es ist nicht erforderlich, dass der Vermieter Eigentümer der Wohnung ist. Auch mehrfach gestufte Untermietverhältnisse können jeweils für sich den Tatbestand des § 565 BGB erfüllen, wenn dessen Voraussetzungen gegeben sind. Auf Pachtverhältnisse (die gegeben sein können, wenn der Verpächter dem Pächter komplett eingerichtete Wohnungen überlässt), ist § 565 BGB entsprechend anwendbar (§ 581 Abs. 2 BGB). 5

2. Anmietung zur Weitervermietung als Wohnung

Aus dem Gesetzestext folgt weiter, dass der Mietvertrag zu dem in § 565 BGB genannten Zweck, nämlich zur gewerblichen Weitervermietung der Wohnung abgeschlossen sein muss. Obwohl ein solcher Mietvertrag als gewerbliches Mietverhältnis zu bewerten ist (Vor § 535 BGB Rdn. 104), fällt er nicht unter die gesetzlichen Bestimmungen über die Zweckentfremdung von Wohnraum,[12] weil der Wohnzweck erhalten bleibt. Es ist nicht erforderlich, dass dieser Vertragszweck bereits beim Vertragsschluss vereinbart worden ist. Es genügt, wenn die Parteien während der Vertragszeit den Vertragszweck ändern. Die Vereinbarung über den Vertragszweck muss nicht ausdrücklich getroffen werden; es genügt, wenn Vermieter und Mieter übereinstimmend davon ausgehen, dass die Wohnungen vom Mieter an Dritte weitervermietet werden sollen. Dagegen reicht es für die Anwendung des § 565 BGB nicht aus, wenn es dem Mieter nach dem Vertragszweck freigestellt ist, wie er mit der Sache verfährt. Hier „soll" der Mieter nicht weitervermieten. Ebenso ist § 565 BGB unanwendbar, wenn der Mieter ohne Erlaubnis untervermietet. Gleiches gilt, wenn der Mieter die Räume nach den Vereinbarungen des Mietvertrags nur als Geschäftsraum weitervermieten darf, tatsächlich aber Wohnraummietverhältnisse begründet.[13] Teilweise wird vertreten, dass hiervon eine Ausnahme gelten soll, wenn die Räume wegen der Geltung einer Zweckentfremdungsverordnung nur als Wohnraum genutzt werden dürfen. Nach der Ansicht des BVerfG soll diese Auffassung verfassungsrechtlich unbedenklich sein.[14] Aus einfachrechtlicher Sicht ist diese Rechtsprechung nicht zu billigen, weil sich der Mieter außerhalb des nach § 565 BGB vorausgesetztem Vertragszweck bewegt. Etwas anderes kommt in Betracht, wenn beide Parteien beim Vertragsschluss irrtümlich davon ausgegangen sind, dass die Räume als Geschäftsraum vermietet werden können. In einem solchen Fall kann sich ergeben, dass der Mietvertrag unter Anwendung der Grundsätze über den Wegfall der Geschäftsgrundlage (§ 313 BGB) angepasst werden muss. 6

Es kommt nach dem Gesetzeszweck nicht darauf an, ob der vom Mieter angemietete Raum ausschließlich als Wohnraum genutzt werden kann. Maßgeblich ist nur, dass der Mieter die Räume nach den vertraglichen Vereinbarungen als Wohnraum weitervermieten soll. Deshalb gilt § 565 BGB auch in jenen Fällen, in denen ein Mieter Räumlichkeiten anmietet, die nach ihrer Ausstattung sowohl als Geschäfts- als auch als Wohnraum vermietet werden können. Ist es dem Mieter nach den vertraglichen Vereinbarungen freigestellt, ob er Geschäfts- oder Wohnraummietverhältnisse begründet, so gilt § 565 BGB bei der Begründung der Wohnraummietverhältnisse; soweit Geschäftsraummietverhältnisse begründet werden, gelten die allgemeinen Vorschriften über die Untermiete (§ 540 BGB). Dies folgt aus der Erwägung, dass nach § 565 BGB nur der Wohnraummieter geschützt wird. Teilweise wird aber auch vertreten, dass § 565 BGB unanwendbar ist, wenn es dem Hauptmieter freigestellt ist, wie er mit den angemieteten Wohnungen verfährt.[15] 7

---

11 *Schilling,* Neues Mietrecht 1993, S. 60.
12 LG Berlin GE 1992, 151.
13 So bereits zum früheren Recht LG Kiel WuM 1993, 43.
14 BVerfG GE 1993, 1026 = WuM 1994, 123.
15 LG Aachen ZMR 2016, 543 betr. die Vereinbarung: „Diese Räume nutzt der Mieter selber bzw. untervermietet sie als Wohnraum").

3. Gewerbliches Handeln des Mieters

8 **a) Handeln zur Erzielung von Gewinn.** Nach dem Wortlaut der Regelung setzt § 565 Abs. 1 BGB voraus, dass der Mieter bei der Weitervermietung **„gewerblich"** handelt. Die Gesetzesfassung beruht auf einem Vorschlag des Bundesrats. Der hierzu vorgelegten Begründung kann entnommen werden, dass die Gesetzesfassung den „gewerblichen Zwischenvermieter" im Auge hat, wie er insbesondere bei der Vermietung von Wohnungen eingeschaltet wird, die im sog. „Bauherrenmodell" errichtet worden sind.[16] An diesem Leitbild muss sich die Auslegung orientieren. Danach handelt gewerblich (gewerbsmäßig) wer sich aus der Vermietung von Wohnungen an Dritte eine ständige Erwerbsquelle verschaffen will.[17] Es muss sich hierbei nicht um die einzige oder primäre Erwerbsquelle handeln; ein Nebengewerbe genügt. Es ist nicht erforderlich, dass der Mieter aus der Vermietung tatsächlich einen Gewinn erzielt. Lediglich das Handeln des Mieters muss auf Gewinnerzielung, mindestens auf Kostendeckung gerichtet sein.[18] Ein solches Handlungsmotiv kann auch dann angenommen werden, wenn die Vermietung der Wohnung als „Serviceleistung" für den Vermieter zur Abgeltung anderer Leistungen aus einer Geschäftsbeziehung (z. B. Gewährung von zinsgünstigen Darlehen an den Mieter) erfolgt. Teilweise wird die Meinung vertreten, dass es bei dem Tatbestandsmerkmal des gewerblichen Handelns nicht auf die Absicht zur Gewinnerzielung ankommt. Danach handelt ein Vermieter immer dann „gewerblich" i. S. v. § 565 BGB, wenn er – in Konkurrenz zu anderen Vermietern – Mietwohnungen anbietet. Nach dieser Meinung ist § 565 BGB auch auf solche Mietverhältnisse anzuwenden, in denen der Vermieter primär andere Ziele verfolgt. Hierunter fallen z. B. die Werkwohnungen, Wohnungen für Studenten, für die Angehörigen der Stationierungsstreitkräfte und dergleichen.[19]Der BGH teilt diese Ansicht nicht.[20] Danach setzt gewerbliches Handeln zwingend die Absicht zur Gewinnerzielung voraus. Bei der **Zwischenvermietung zur Unterbringung von Flüchtlingen und Asylbewerbern** ist zu unterscheiden: § 565 git, wenn ein privater Vermieter Wohnraum an eine Gemeinde zum Zweck der Weitervermietung an Flüchtlinge oder Asylbewerbern vermietet. Dagegen ist § 565 nicht anzuwenden, wenn als Zwischenmieter ein gemeinnütziger Verein, eine gemeinnützige GmbH oder ein Träger der Wohlfahrtspflege in Erscheinung tritt und die Überlassung der Wohnung in erster Linie sozialen Zwecken dient.[21]

9 **b) Handeln aus sozialem Interesse. Nach der hier vertretenen Ansicht** ist § 565 Abs. 1 BGB nicht unmittelbar anwendbar, wenn der Mieter mit der Anmietung und Vermietung keinen Gewinn erzielen will, sondern andere Zwecke verfolgt. **Beispiele:** Anmietung von Wohnungen durch ein Wirtschaftsunternehmen zum Zwecke der Unterbringung von Betriebsangehörigen;[22] Anmietung mehrerer Wohnungen durch ein Studentenwerk zum Betrieb eines Studentenwohnheims;[23] Anmietung von Wohnungen durch die Bundesrepublik zur Unterbringung von Angehörigen der Stationierungsstreitkräfte;[24] Anmietung eines Hauses durch einen gemeinnützigen Verein zur Förderung der Rehabilitation psychisch Kranker, falls einzelne Zimmer an die Kranken weitervermietet werden sollen;[25] Anmietung und Weitervermietung durch einen gemeinnützigen Verein, dessen Vereinszweck „in der Beratung und Betreuung von Jugendlichen aus zerrütteten Elternhäusern sowie der Versorgung dieser Jugendlichen mit Wohnraum" besteht;[26] Anmietung einer Wohnung durch einen gemeinnützigen Verein zum Zwecke der Weitervermietung an Studenten zum Selbstkostenpreis;[27] Anmietung eines Hauses durch einen Verein, zum Zwecke der Weitervermietung einzelner Zimmer an Vereinsmitglieder (Pfadfinder);[28] Anmietung von Wohnungen durch

---

[16] BR-Drucks. 396/93 S. 14.
[17] Ähnl. KG GE 1996, 51.
[18] Vgl. BGH Urteil vom 29.3.2006 – VIII ZR 173/05, NJW 2006, 2250 betr. Verbrauchsgüterkauf nach § 474 BGB.
[19] *Häublein* in MünchKomm § 565 BGB Rdn. 7 ff; vgl. dazu auch OLG Frankfurt ZMR 2017, 40: danach ist § 565 entsprechend anzuwenden, wenn ein Arbeitgeber Wohnungen anmietet um sie – ohne Gewinnerzielungsabsicht – an seine Arbeitnehmer als Werkwohnung zu vermieten.
[20] BGH (VIII ZR 311/14) NZM 2016, 256 m. Anm. *Derleder* NZM 2016, 670.
[21] *Walburg/Czink* GE 2016, 502, 504.
[22] Vgl. BGH NJW 1981, 1377; s. auch OLG Karlsruhe DWW 1994, 80.
[23] Vgl. BGH WPM 1982, 1390.
[24] Vgl. BGH NJW 1985, 1772.
[25] Vgl. OLG Karlsruhe RE 24.10.1983 NJW 1984, 373 = WuM 1984, 10 = ZMR 1984, 52.
[26] BGH NJW 1996, 2862 = WuM 1996, 537 = ZMR 1996, 537; KG GE 1996, 51.
[27] Vgl. OLG Braunschweig RE 27.6.1984 WuM 1984, 237 = ZMR 1985, 14.
[28] Vgl. OLG Frankfurt RE v. 14.7.1986, NJW-RR 1986, 1211 = WuM 1986, 273.

eine gemeinnützige GmbH zur Weitervermietung an Dritte im Rahmen eines Projekts für betreutes Wohnen."[29] Anmietung einer Eigentumswohnung durch die Wohnungseigentümergemeinschaft zum Zwecke der Unterbringung eines Hausmeisters.[30] In solchen Fällen kann zwar ebenfalls eine dem Prinzip der Kostendeckung verpflichtete Geschäftsführung gegeben sein; gleichwohl werden diese Mietverhältnisse nicht von § 565 BGB erfasst, wenn die betr. Mieter kein Erwerbsinteresse sondern andere (i. d. R. soziale) Interessen verfolgen.

Dies führt zu der Frage, ob **§ 565 BGB** in diesen Fällen **analog** angewendet werden kann.[31] Der **BGH** hat dies für die Anmietung von Wohnungen durch einen gemeinnützigen Verein zum Zwecke der Weitervermietung an Jugendliche und Heranwachsenden aus zerrütteten Elternhäusern verneint.[32] Maßgeblich hierfür sind zwei Erwägungen: Zum einen bestehe eine enge Beziehung zwischen Mieter und Untermieter, die beim gewerblichen Zwischenmietverhältnis nicht gegeben sei. Zum anderen diene die Untervermietung nicht nur den Interessen des Hauptvermieters, sondern mindestens gleichgewichtig den originären Interessen des Mieters und der jeweiligen Untermieter. **10**

Nach der Rechtsprechung des KG[33] gelten dieselben Erwägungen für die Anmietung von Wohnungen durch eine **gemeinnützige GmbH,** wenn der Weitervermietung caritative Erwägungen zugrunde liegen. Zwar seien die von der Kündigung des Hauptmietverhältnisses betroffenen Untermieter dem Herausgabeverlangen des Hauptvermieters ausgesetzt. Die Rechtsstellung dieser Untermieter sei deshalb schlechter als bei einer Miete vom gewerblichen Zwischenmieter. Dies sei aber sachlich gerechtfertigt, weil die Mieter von caritativen Unternehmen i. d. R. einem Personenkreis angehören, mit denen der Hauptvermieter selbst keinen Mietvertrag abgeschlossen hätte. Deshalb sei ein gesetzlicher Eintritt des Hauptvermieters in diese Mietverhältnisse nicht angezeigt. Gleiches gilt für die Anmietung einer Wohnung durch eine GmbH wenn die Räume entsprechend dem Vertragszweck aus sozialen Gründen an Dritte weitervermietet werden. Der Umstand, dass die jeweiligen Endmieter besonders schutzbedürftig sind, spielt keine Rolle.[34] **11**

Hinsichtlich des Zwecks der Weitervermietung kommt es ausschließlich auf die im Hauptmietvertrag getroffenen Vereinbarungen an. Es spielt grundsätzlich keine Rolle, wenn sich der Mieter vertragswidrig verhält. Deshalb ist § 565 auch dann unanwendbar, wenn der Mieter die Räume vereinbarungswidrig mit Gewinnaufschlag vermietet.[35] Unter dem vereinbarten Zweck ist der wirkliche Zweck zu verstehen. Ein nur vorgetäuschter Zweck ist unbeachtlich. Weiß der Vermieter, beim Vertragsschluss dass der im Vertrag deklarierte karitative Zweck nur vorgetäuscht ist, so gilt § 565. Anders ist es, wenn der Vermieter erst nach Abschluss des Mietvertrags erfährt, dass sich der Mieter vertragswidrig verhält, weil eine vertragliche Regelung durch eine vertragswidrige Nutzung weder aufgehoben noch abgeändert wird. Die Voraussetzungen für eine konkludente Vertragsänderung werden nur ausnahmsweise gegeben sein. Der Umstand, dass der Vermieter das vertragswidrige Handeln des Mieters hingenommen hat, reicht für die Annahme einer stillschweigenden Vertragsänderung nicht aus. **12**

In der Entscheidung vom 30.4.2003[36] hat der **BGH** ausgeführt, dass der Eigentümer die Wohnungsmieter nach Beendigung des Hauptmietverhältnisses nur dann auf Herausgabe in Anspruch nehmen kann, wenn Kündigungsgründe vorliegen. In dem zur Entscheidung stehenden Fall hatte der Eigentümer eines Gebäudes an einem gemeinnützigen Verein zur Förderung von künstleri- **13**

---

[29] KG NZM 2013, 313.

[30] Vgl. BayObLG WuM 1985, 51.

[31] Bejahend: LG Berlin GE 1993, 45; AG Frankfurt WuM 1994, 276 mit zust. Anm. *Eisenhardt;* wohl auch *Emmerich* in Staudinger § 565 BGB Rdn. 6; verneinend: *Lammel* § 565 BGB Rdn. 19; *Franke/Geldmacher* ZMR 1993, 548; *Grapentin* in Bub/Treier Kap. IV Rdn. 89, 90;; *Lützenkrichen* in: Erman § 565 Rdn. 4; *Palandt/Weidenkaff* § 565 BGB Rdn. 2; *Herrmann* in Bamberger/Roth § 565 BGB Rdn. 6; *Schilling,* Neues Mietrecht 1993, S. 58; *Schilling/Meyer* ZMR 1994, 497, 502.

[32] BGH (VIII ZR 278/95), NJW 1996, 2862 = WuM 1996, 537 = ZMR 1996, 537; ebenso BGH Urteil vom 20.1.2016 – VIII ZR 311/14 NZM 2016, 256 m. Anm. Derleder NZM 2016, 670 betr. Mietvertrag mit „Mieter-Selbsthilfegenossenschaft"; BayObLG WuM 1995, 638 = ZMR 1995, 527; WuM 1995, 642 = ZMR 1995, 682 für Vermietung zum Zwecke der Betreuung „schwieriger Personen"; anders BayObLG WuM 1995, 645 = ZMR 1995, 585 bei Anmietung von Wohnungen durch ein Unternehmen zum Zwecke der Weitervermietung an Mitarbeiter: Kündigungsschutz aus Art 3 GG.

[33] KG NZM 2013, 313; GE 2014, 935.

[34] KG GE 2016, 257.

[35] KG GE 2014, 935.

[36] BGH NJW 2003, 3054 = NZM 2003, 759 = WuM 2003, 563 = ZMR 2003, 816 mit Anm. *Baldus.*

schen und gestalterischen Berufen vermietet. Nach dem Mietvertrag hatte der Verein das Recht zur Untervermietung. Hiervon hat der Verein Gebrauch gemacht, in dem er verschiedene Räume an Künstler zu Wohnzwecken vermietet hat. Nach der Ansicht des BGH wird der jeweilige Untermieter durch den **allgemeinen Gleichheitssatz (Art. 3 GG)** geschützt. Das Schutzbedürfnis der Künstler, die ihre Wohnung von dem Verein gemietet haben, sei nicht geringer als das Schutzbedürfnis der Mieter allgemein. Eine Ungleichbehandlung der jeweiligen Mietergruppen sei deshalb nicht gerechtfertigt. In dem Urteil vom 20. 1. 2016 hat der BGH allerdings daraufhingewiesen, die Anwendung des Art. 3 GG beruhe auf der Erwägung, dass die Anwendung der Kündigungsschutzvorschriften dem dort klagenden Eigentümer zumutbar gewesen sei; dieser habe alternativ zur Zwischenvermietung die Wohnungen auch unmittelbar zu einer üblichen Miete an die vom Zwischenmieter ausgewählten Personen vermieten können.[37] Anders kann es sein, wenn im Interesse des Dritten ein besonders günstiger Untermietzins vereinbart worden ist.

14 Nach der hier vertretenen Ansicht folgt die **Notwendigkeit der analogen Anwendung** aus dem allgemeinen Gleichheitssatz (Art. 3 GG), wenn folgende Voraussetzungen gegeben sind:[38] **(1)** Auf der Seite des Vermieters muss dieselbe Interessenlage bestehen, wie sie typischerweise bei Vermietern gegeben ist, die ihre Wohnungen anbieten, um durch die Vermietung Einnahmen zu erzielen. **(2)** Der Dritte muss gegenüber dem Mieter Kündigungsschutz genießen und in ähnlicher Weise schutzbedürftig sein, wie der durchschnittliche Mieter, der seine Wohnung unmittelbar vom Eigentümer gemietet hat.

15 Sind diese beiden Voraussetzungen gegeben, (was bei allen oben Rdn. 9 behandelten Fallgruppen zu bejahen ist) so gibt es keinen gerechtfertigten Grund, den Vermieter besser als andere Vermieter und den Dritten schlechter als andere Untermieter zu stellen, nur weil der Mieter nicht gewerblich handelt. Auf das Handlungsmotiv des Mieters kommt es nach dem Gesetzeszweck nämlich nicht an: § 565 Abs. 1 BGB ist eine Vorschrift zu Gunsten des Dritten (des Wohnungsnutzers) und zu Lasten des Vermieters, weil der zwischen dem Mieter und dem Dritten bestehende Bestandschutz auf den Vermieter erstreckt wird.[39]

15a Die hier dargestellten Probleme stellen sich nicht, wenn die Parteien **vertraglich vereinbaren,** dass auf das Hauptmietverhältnis die **Regelungen über die Wohnraummiete** anzuwenden sind. Hierfür genügt es zwar nicht, wenn das Vertragsformular die Überschrift „Mietvertrag für Wohnraum" trägt. Anders ist es, wenn das Formular die für das Wohnraummietverhältnis geltenden Schutzvorschriften wiedergibt. Bei einem auf längere Dauer befristeten Hauptmietvertrag muss sich dies aus der Vertragsurkunde ergeben. Anderenfalls kann ein solches Mietverhältnis nach § 550 BGB gekündigt werden.[40] Weitere Einzelheiten s. vor § 535 Rdn. 103)

16 **c) Kollusives Zusammenwirken von Vermieter und Mieter.** Bereits nach der vor dem 1. 9. 1993 bestehenden Rechtslage wurde die Geltendmachung des Herausgabeanspruchs aus § 546 Abs. 2 BGB für rechtsmissbräuchlich erachtet, wenn der Vermieter nur deshalb untervermietet hat, um dem Dritten (dem Untermieter) den für Wohnraum geltenden Kündigungsschutz zu nehmen.[41] Nach nunmehriger Rechtslage können diese Fälle zwanglos durch eine analoge Anwendung des § 565 BGB gelöst werden, weil die Voraussetzungen der Analogie (s. Rdn. 14) hier i. d. R. gegeben sein werden.

17 **d) Sonstige Untermietverhältnisse.** Dagegen ist § 565 BGB unanwendbar bei den herkömmlichen Untermietverhältnissen i. S. v. **§ 540 Abs. 1 BGB,** weil durch die Erteilung der Untermieterlaubnis lediglich der Vertragszweck erweitert wird. Der Mieter kann weitervermieten; die Weitervermietung stellt aber nicht den vereinbarten Mietzweck dar. Der Untermieter genießt hier im Verhältnis zum Hauptvermieter keinen Kündigungsschutz, weder nach § 565 BGB, noch nach den Grundsätzen früherer Rechtsprechung.[42] Für die Fälle der Abvermietung nach **§ 553 Abs. 1 BGB** gilt dasselbe; außerdem wird es hier regelmäßig am gewerblichen Handeln fehlen. Auf Mietverhältnisse zwischen einem Eigentümer und einer juristischen Person des öffentlichen Rechts (oder einem anerkannten privaten Träger der Wohlfahrtspflege), die Wohnungen anmietet und unter Beachtung des **§ 549 Abs. 2 Nr. 3 BGB** weitervermietet, ist die Neuregelung weder unmit-

[37] BGH (VIII ZR 311/14) NZM 2016, 256 m. Anm. Derleder NZM 2016, 670 betr. Mietvertrag mit einer „Mieter-Selbsthilfegenossenschaft."
[38] Vgl. dazu auch BVerfG WuM 1991, 422.
[39] Vgl. *Gärtner* JZ 1994, 400.
[40] KG GE 2016, 257.
[41] LG Berlin MM 1991, 364; AG München/LG München WuM 1991, 20; LG Konstanz WuM 1991, 689.
[42] **A. A.** AG Köln WuM 1996, 408.

telbar noch entsprechend anwendbar. Die Vorschrift des § 549 Abs. 2 Nr. 3 BGB will gerade sicherstellen, dass der Eigentümer den Wohnraum nach Ablauf der Mietzeit zurückerhält; zu diesem Zweck wird der betr. Wohnraum vom Kündigungsschutz ausgenommen. Schließlich ist § 565 BGB unanwendbar, wenn **beim Vermieter eine besondere Interessenlage** vorliegt. Deshalb hat das OLG Hamburg[43] im Fall „Hafenstraße" i. E. zutreffend entschieden, dass die jeweiligen Bewohner gegenüber dem Vermieter keine Schutzrechte geltend machen können, weil Grund der Vermietung nicht die Absicht zur Erzielung von Einnahmen, sondern eine Hilfeleistung zur Verwirklichung bestimmter Wohn- und Lebensformen („selbstbestimmtes Wohnen auf gewaltfreier Basis") war. Auch der Rechtsentscheid des BayObLG vom 28.7.1995[44] behandelt einen vergleichbaren Sachverhalt. Diese Rechtsprechung ist vom BVerfG gebilligt worden.[45] Eine allgemeine Aussage dahingehend, dass § 565 BGB ausschließlich auf den sog. „gewerblichen Zwischenvermieter" anwendbar sei lässt sich dem Rechtsentscheid des BayObLG hingegen nicht entnehmen.

III. Rechtsfolgen

1. Eintritt des Vermieters

Nach § 565 Abs. 1 Satz 1 BGB „tritt der Vermieter bei der Beendigung des Mietverhältnisses in die Rechte und Pflichten aus dem Mietverhältnis zwischen dem Mieter und dem Dritten ein" Nach der Gesetzesbegründung orientiert sich die Regelung am „Modell des § 571 BGB (a. F.)".[46] Nach dieser Vorschrift tritt der Erwerber allerdings nicht in den Mietvertrag, sondern lediglich in diejenigen Rechte und Pflichten ein, die sich während der Dauer seines Eigentums aus dem Mietverhältnis ergeben. Nichts anderes gilt nach dem nunmehr geltenden § 566 BGB. Vereinfacht ausgedrückt: zwischen dem Erwerber und dem Mieter kommt zum Zeitpunkt der Vollendung des Eigentumserwerbs ein neues Mietverhältnis zustande, das denselben Inhalt wie das bisherige Mietverhältnis hat. Der Gesetzesbegründung und der Regelung in § 565 Abs. 2 BGB wonach die §§ 566a–556e BGB entsprechend gelten sollen, kann entnommen werden, dass auch im Fall des § 565 BGB die für § 566 BGB eigentümliche **Zäsur** eintreten soll.[47] Die hier vertretene Auffassung hat zur Folge, dass mit der Beendigung des Hauptmietverhältnisses das zwischen dem Mieter und dem Dritten bestehende Untermietverhältnis erlischt; an dessen Stelle entsteht zwischen dem Vermieter und dem Dritten ein Hauptmietverhältnis, das allerdings denselben Inhalt wie das frühere Untermietverhältnis hat. 18

a) Beendigung des Hauptmietverhältnisses. Maßgeblicher Zeitpunkt für den Vermieterwechsel ist die Beendigung des Hauptmietverhältnisses. Bei festbestimmter Mietzeit ist dies der im Hauptmietvertrag vereinbarte Zeitpunkt. Eine vorzeitige Kündigung aus wichtigem Grund richtet sich nach den allgemeinen Bestimmungen (s. §§ 543, 569 BGB); der Umstand, dass sich die vom Vermieter erwarteten steuerlichen oder sonstigen Vorteile nicht realisieren lassen, kommt als Kündigungsgrund nicht in Betracht.[48] Bei Mietverhältnissen auf unbestimmte Zeit ist beim Ausspruch einer befristeten Kündigung der Ablauf der Kündigungsfrist maßgeblich; hier ist wesentlich, dass der Mieter gegenüber dem Vermieter keinen Kündigungsschutz genießt, weil das Hauptmietverhältnis als gewerbliches Mietverhältnis zu bewerten ist.[49] Bei der Beendigung durch fristlose Kündigung kommt es auf den Zugang der Kündigungserklärung beim Kündigungsempfänger an. Im Falle der Anfechtung entfällt das Mietverhältnis mit Wirkung ex tunc (s. vor § 535 BGB Rdn. 7); deshalb kommt es hier zu keinem Vermieterwechsel; vielmehr besteht das Mietverhältnis von Anfang an zwischen dem Vermieter und dem Dritten. Wird das Hauptmietverhältnis vom Zwangsverwalter beendet, so tritt der Vermieter ebenfalls in das Untermietverhältnis ein. Der Beendigung des 19

[43] OLG Hamburg WuM 1993, 249 = ZMR 1993, 271.
[44] BayObLG WuM 1995, 638 = ZMR 1995, 527.
[45] BVerfG WuM 1994, 182 = ZMR 1994, 147.
[46] BT-Drucks. 12/3254 S. 37.
[47] Ebenso: *Emmerich* in Staudinger § 565 BGB Rdn. 9–10b; *Häublein* in MünchKomm § 565 BGB Rdn. 15; *Herrmann* in Bamberger/Roth § 565 BGB Rdn. 10; *Franke/Geldmacher* ZMR 1993, 548, 554; *Kinne* in Kinne/Schach/Bieber, Miet- und Mietprozessrecht § 565 BGB Rdn. 7; *Riecke* FA MietRWEG Kap. 12 Rdn. 28; **a. A.** *Derleder/Bartels* JZ 1997, 981; *Lammel* § 565 BGB Rdn. 24.
[48] LG Tübingen WuM 1991, 553.
[49] LG Berlin GE 1992, 103.

Hauptmietverhältnisses steht es gleich, wenn über das Vermögen des Mieters das Insolvenzverfahren eröffnet wird.[50] Wird das Mietverhältnis durch Vertrag aufgehoben, so richtet sich der Beendigungszeitpunkt nach den Vereinbarungen im Mietaufhebungsvertrag. Ist dort keine Regelung getroffen, so endet das Mietverhältnis mit dem Vertragsschluss (§ 271 Abs. 1 BGB). Problematisch kann sein, ob ein Mietaufhebungsvertrag zwischen dem Vermieter und dem Mieter zum Zwecke der Durchsetzung einer Eigenbedarfskündigung zugunsten des Vermieters rechtsmissbräuchlich ist. Dies ist zweifellos zu verneinen, wenn der Vermieter zur Kündigung des Hauptmietverhältnisses in der Lage ist. Anders ist es, wenn die ordentliche Kündigung wegen der Befristung des Hauptmietverhältnisses oder wegen eines vereinbarten Kündigungsausschlusses ausgeschlossen ist. In diesem Fall ist der Mieter nach allgemeinen Grundsätzen gehalten, alles zu unterlassen, was den Bestand des Untermietverhältnisses gefährden könnte. Diese Pflicht gilt uneingeschränkt, weil die rechtlich geschützten Interessen des Mieters durch den Fortbestand des Untermietverhältnisses nicht tangiert werden. Der Vermieter verdient aus rechtlicher Sicht keinen Schutz: in der Befristung des Hauptmietverhältnisses liegt zugleich ein befristeter Verzicht auf die Eigennutzung.

20 Der Vermieterwechsel erfolgt kraft Gesetzes; eine besondere Mitteilung an den Dritten ist nicht erforderlich. Gleichwohl hat der Vermieter gegen den Mieter einen Anspruch auf Erteilung einer Auskunft über das Untermietverhältnis und die Person des Dritten.[51] Der **Auskunftsanspruch** ergibt sich aus dem Interesse des Vermieters an der Sicherung seiner Rechte und der Erfüllung seiner Pflichten. Erhält der Dritte **von dem Vermieterwechsel keine Kenntnis,** so kann er die Miete wie bisher an den Mieter entrichten; gegen eine mehrfache Inanspruchnahme wird der Dritte durch § 566b ff. BGB geschützt (s. Rdn. 51 ff.). Ist **ungewiss, ob das Hauptmietverhältnis beendet worden ist,** so kann der Dritte die Miete beim Amtsgericht (§ 1 Hinterlegungsordnung) mit befreiender Wirkung hinterlegen (§§ 372 Satz 2, 376 Abs. 2 Nr. 1, 378 BGB). Von einer solchen Ungewissheit ist insbesondere dann auszugehen, wenn zwischen dem Vermieter und dem Mieter Streit über die Beendigung des Hauptmietverhältnisses besteht und beide Beteiligten den Dritten unterschiedlich informieren. Dem Dritten ist die **Hinterlegung dringend anzuraten,** weil die Zahlung mit einem hohen Risiko verbunden ist: Zahlt der Dritte trotz bestehender Ungewissheit über die Beendigung des Hauptmietverhältnisses wie bisher die Miete an den Mieter, so liegt eine Zahlung an den Nichtberechtigten vor, wenn das Hauptmietverhältnis tatsächlich beendet ist. Der Vermieter kann dann den Dritten auf Zahlung der Miete in Anspruch nehmen; der Dritte hat einen Bereicherungsanspruch gegen den Mieter. Zur Kündigung des Mietvertrags ist der Vermieter dann befugt, wenn wegen des Zahlungsverzugs die Voraussetzungen des § 543 Abs. 2 Nr. 3 BGB vorliegen; dabei ist allerdings zu prüfen, ob der Verzug möglicherweise wegen eines unverschuldeten Irrtums über die Person des Berechtigten entfällt. Zahlt der Dritte umgekehrt an den Vermieter, obwohl das Hauptmietverhältnis nicht beendet ist, so bleibt die Miete des Mieters bestehen; der Dritte kann den an den Vermieter gezahlten Betrag von diesem zurückfordern. Für die Kündigungsbefugnis des Mieters gelten die obigen Ausführungen.

21 Im Unterschied zum Eigentümerwechsel ist es beim Vermieterwechsel nicht erforderlich, dass der Dritte zum Zeitpunkt der Beendigung des Hauptmietvertrags bereits den Besitz an der Mietsache erlangt hat. Es genügt, wenn zwischen dem Mieter und dem Dritten ein wirksamer Mietvertrag besteht. Diese Regelung ist sachgerecht. Der Kündigungsschutz des Mieters, dessen lückenlose Anwendung durch § 565 BGB sichergestellt werden soll, greift nämlich nicht erst mit der Überlassung der Wohnung, sondern mit dem Abschluss des Mietvertrags.

22 **b) Mischmietverträge bei unterschiedlichen Eigentumsverhältnissen.** Besondere Probleme ergeben sich, wenn der Dritte eine **Wohnung mit Garage auf Grund eines einheitlichen Mietvertrags** gemietet hat und hinsichtlich der Wohnung und der Garage unterschiedliche Eigentumsverhältnisse gegeben sind: Steht die Wohnung im Eigentum des Vermieters und die Garage im Eigentum des Mieters, so wird das Mietverhältnis zwischen dem Vermieter und dem Mieter einerseits und dem Dritten andererseits fortgesetzt. Vermieter und Mieter sind hinsichtlich der Vermieterrechte Gesamthandsgläubiger (Mitgläubiger), hinsichtlich der Vermieterpflichten Gesamtschuldner. Gleiches gilt, wenn der Mieter die Garage von einem anderen Eigentümer angemietet hat und das Hauptmietverhältnis über die Garage nicht beendet ist. Ist hingegen auch das Hauptmietverhältnis über die Garage beendet, so ist zu unterscheiden: War der Mieter nach dem Inhalt des mit dem Garagenvermieter bestehenden Hauptmietvertrags berechtigt, die Garage zu-

[50] *Schilling,* Neues Mietrecht 1993, S. 58.
[51] So AG Köln WuM 1990, 377, für den Fall eines vereinbarten Eintritts.

sammen mit einer Wohnung auf Grund eines einheitlichen Vertrags zu vermieten, so tritt der Garagenvermieter zusammen mit dem Wohnungsvermieter in das Mietverhältnis ein. Sollte der Mieter hingegen die Garage auf Grund eines gesonderten Vertrags weitervermieten, so wird das Mietverhältnis lediglich in Bezug auf die Wohnung und nur mit dem Wohnungsvermieter als alleinigem Vertragspartner des Dritten fortgesetzt. Die Miete ist um den Wert der Garage gemindert; der Dritte kann den Mieter wegen teilweiser Nichterfüllung nach § 536 Abs. 3 BGB in Anspruch nehmen. Die Differenzierung folgt aus dem Gesetzeszweck des § 565 Abs. 1 Satz 1 BGB: Wird die Garage vereinbarungsgemäß als Teil eines Mischmietverhältnisses weitervermietet, so liegt eine Nutzung zu Wohnzwecken vor; in diesem Fall ist es sachgerecht, dass der Garagenvermieter in das Mietverhältnis mit eintritt. Sollte der Mieter dagegen die Garage gesondert vermieten, so ist für eine Anwendung des § 565 BGB kein Raum, weil die Garage in diesem Fall nicht als Teil der Wohnraummiete bewertet werden kann.

Sind **Wohnung und Garage auf Grund von jeweils selbständigen Verträgen** vermietet, so 23 tritt der Vermieter nur in das Wohnungsmietverhältnis ein. Der Mietvertrag über die Garage besteht mit dem Mieter fort, der dem Dritten u. U. nach § 536 Abs. 3 BGB haftet, wenn der Vermieter dem Dritten die Garagennutzung entzieht. Der Mietvertrag über die Garage kann vom Mieter allerdings gekündigt werden kann, falls nicht ausnahmsweise eine Befristung vereinbart worden ist.

c) Rechte und Pflichten aus dem Mietverhältnis. Der Vermieter tritt nur in solche Rechte 24 und Pflichten ein, die in dem Mietvertrag zwischen dem Mieter und dem Dritten ihre Grundlage haben. Hierzu gehört alles, was mit der Nutzung der Wohnung im Zusammenhang steht (Beispiele: Vereinbarungen über die Miete, die Mietzeit, über Schönheitsreparaturen und sonstige Instandhaltungsregelungen, über das Recht zur Tierhaltung, zur (Unter-)Untervermietung, Hausordnungsbestimmungen und dergleichen). **Sondervereinbarungen** gehen nicht auf den Vermieter über, auch wenn sie mit der Vermietung in wirtschaftlichem Zusammenhang stehen oder zusammen mit den mietvertraglichen Bestimmungen in einer einzigen Vertragsurkunde geregelt worden sind. Hierzu gehört beispielsweise ein zwischen dem Mieter und dem Dritten geschlossener Vertrag über Hausmeisterdienste, Putzdienste oder ähnliches.

d) Übergang der Rechte und Pflichten auf den Vermieter. aa) Mit der Beendigung des 25 Hauptmietverhältnisses findet in dem Mietvertrag zwischen dem Mieter und dem Dritten eine **Zäsur** statt. Alle Ansprüche des Mieters gegen den Dritten, die im Zeitpunkt der Beendigung des Hauptmietverhältnisses bereits fällig sind, verbleiben beim Mieter. Entsprechendes gilt für die Ansprüche des Dritten gegen den Mieter: soweit diese Ansprüche fällig sind, kann der Dritte nur den Mieter in Anspruch nehmen; soweit sie nicht fällig sind gehen sie auf den Vermieter über.

bb) Einzelheiten (in alphabethischer Folge): **Aufwendungsersatzansprüche** des Dritten 26 nach § 536a Abs. 2 oder § 539 BGB werden mit der Aufwendung fällig; sind die Aufwendungen vor der Beendigung des Hauptmietverhältnisses vorgenommen worden, so gehen sie nicht auf den Vermieter über.

Ein vereinbarter **Ausschluss der ordentlichen Kündigung** wird durch den Vermieterwechsel 27 nicht berührt.

Bereicherungsansprüche des Dritten wegen überzahlter Miete muss der Dritte dem gegen- 28 über geltend machen, der die ungerechtfertigte Leistung empfangen hat. War die Vereinbarung über die Miete teilunwirksam, so tritt der Vermieter lediglich in den wirksamen Teil ein; dies gilt auch dann, wenn der Vermieter – etwa wegen höherer Aufwendungen – eine höhere Miete verlangen könnte.

Eine **Betriebskostenabrechnung** muss der Mieter vornehmen, wenn der Abrechnungszeit- 29 raum zum Zeitpunkt der Beendigung des Hauptmietverhältnisses bereits abgelaufen war. Wurde das Hauptmietverhältnis während des Abrechnungszeitraums beendet, so trifft die Verpflichtung zur Abrechnung den Vermieter. Der Vermieter hat gegen den Mieter einen Anspruch auf Herausgabe der Abrechnungsunterlagen und der Betriebskostenvorauszahlungen.

Die vom Mieter erteilten **Erlaubnisse und Gestattungen** (Untermieterlaubnis; Erlaubnis zur 30 Tierhaltung, zur gewerblichen Mitbenutzug der Wohnung, zum Abstellen von Fahrzeugen, etc.) muss der Vermieter gegen sich gelten lassen.

Für **Kautionen** gelten die §§ 565 Abs. 2, 566a BGB; s. Rdn. 50). 31

Die gestaffelten **Kündigungsfristen des § 573c Abs. 1 Satz 2 BGB** werden ab der Überlas- 32 sung durch den Mieter gerechnet; der Vermieterwechsel hat hierauf keinen Einfluss.[52]

---

[52] LG Freiburg WuM 1993, 126.

33 Fraglich ist, ob ein vor Beendigung des Hauptmietverhältnisses entstandenes, vom Mieter aber nicht ausgeübtes **Kündigungsrecht** mit der Beendigung des Hauptmietverhältnisses erlischt. Dies ist wegen der durch die Beendigung des Hauptmietverhältnisses entstehenden Zäsur im Grundsatz zu bejahen.[53] Allerdings sind einige Ausnahmen angebracht. So bleibt das Kündigungsrecht ausnahmsweise bestehen, wenn es aus einer Vertragsverletzung abgeleitet wird, die sich unmittelbar auf die Mietsache auswirkt, wie z. B. Sachbeschädigungen oder Störungen des Hausfriedens. Ein Kündigungsrecht wegen Zahlungsverzugs bleibt bestehen, wenn der Mieter seine Mietzinsansprüche an den Hauptvermieter abgetreten hat oder wenn die Mietrückstände teils in die Zeit vor, teils in die Zeit nach der Beendigung des Hauptmietverhältnisses fallen.[54] Bei Sachverhalten dieser Art wirkt sich die Vertragsverletzung trotz der mit dem Vermieterwechsel verbundenen Zäsur auf das neue Mietverhältnis aus. – Hiervon sind jene Fälle zu unterscheiden, in denen der **Mieter bereits wirksam gekündigt** hatte. Hier tritt der Vermieter in das Abwicklungsverhältnis ein, mit der Folge, dass er die Räume vom Dritten herausverlangen kann. Eine Ausnahme gilt für solche Kündigungstatbestände, die ein über den Kündigungsausspruch hinaus fortdauerndes Erlangungsinteresse voraussetzen, insbesondere für den Kündigungsgrund des **§ 573 Abs. 2 Nr. 2 BGB.** In einem solchen Fall wird eine Kündigung, die mit einem eigenen Bedarf begründet ist, i. E. wirkungslos, weil die Weiterverfolgung des Räumungsanspruchs durch den Mieter oder den Vermieter rechtsmissbräuchlich ist. Kann der Vermieter eigene Beendigungsinteressen geltend machen, so muss er nach erfolgtem Vermieterwechsel erneut kündigen. Kündigt der Mieter vor dem Vermieterwechsel wegen eines Eigenbedarfs des Vermieters, so ist die Kündigung unwirksam, weil der Vermieter nicht zu den in § 573 Abs. 2 Nr. 2 BGB genannten Personen gehört. Gleiches gilt für eine Kündigung nach **§ 573 Abs. 2 Nr. 3 BGB,** die mit wirtschaftlichen Interessen des Vermieters an einer anderweitigen Verwertung des Mietobjekts begründet wird; dies gilt auch dann, wenn zwischen dem Mieter und dem Vermieter eine weitgehende Personenidentität besteht.[55] Etwas anderes kommt in Betracht, wenn der Mieter einen objektbezogenen Kündigungsgrund geltend gemacht hat (Abriss, Sanierung), den der Vermieter weiterverfolgen will.

34 Der Umstand, dass das Hauptmietverhältnis beendet wird, berechtigt den Mieter nicht zur Kündigung aus eigenem Interesse nach § 573 Abs. 1 BGB. Mit der Beendigung des Hauptmietverhältnisses wird der Mieter kraft Gesetzes aus dem Untermietverhältnis entlassen, so dass weder der Vermieter noch der Dritte Nichterfüllungs- oder Gewährleistungsansprüche geltend machen können. Der Rechtsentscheid des OLG Stuttgart vom 7.5.1993[56] und die zu diesem Problem ergangene erstinstanzliche Rechtsprechung[57] ist bereits durch § 549a BGB a. F. gegenstandslos geworden. Eine **gleichzeitige Beendigung** von Hauptmietverhältnis und Untermietverhältnis auf Grund vertraglicher Regelungen hat zur Folge, dass der Vermieter in das Abwicklungsverhältnis eintritt (s. Rdn. 33)

35 **Mängelbeseitigungsansprüche** des Dritten nach § 535 BGB gehen auf den Vermieter über.

36 Hat der Mieter vor der Beendigung des Hauptmietverhältnisses eine **Mieterhöhungserklärung** abgegeben, so tritt der Vermieter in die sich hieraus ergebenden Rechte ein. Nach dem Vermieterwechsel kann der Vermieter ein eigenes Erhöhungsrecht geltend machen; selbstverständlich muss der Vermieter hierbei auch die Kappungsgrenze beachten (s. § 558 BGB Rdn. 163).[58]

37 **Mietzinsansprüche** des Mieters **einschließlich der Betriebskostenvorauszahlungen,** die zum Zeitpunkt der Beendigung des Hauptmietverhältnisses rückständig waren, verbleiben beim Mieter.

38 Ein zum Zeitpunkt der Beendigung des Hauptmietverhältnisses bestehendes **Minderungsrecht** des Dritten wirkt auch gegenüber dem Vermieter.

39 Fällige **Schadensersatzansprüche des Dritten** aus § 536a Abs. 1 BGB gehen nicht auf den Vermieter über. Bei **Schadensersatzansprüchen des Mieters wegen einer Beschädigung der Mietsache** ist zu unterscheiden: Der Mieter kann vor Beendigung des Hauptmietverhältnisses gegenüber dem Dritten den Anspruch auf Naturalherstellung oder Geldersatz geltend machen (§ 249

---

[53] Ebenso zum rechtsähnlichen Fall des § 566 BGB: *Sternel* Mietrecht (1988) Rdn. I 62; **a. A.** *Scholz* WuM 1983, 279.

[54] So auch *Scholz* a. a. O.; *Sternel* a. a. O.

[55] LG Stuttgart WuM 1991, 199 betr. eine Vermietung durch eine GmbH, deren Gesellschafter mit den Eigentümern der Mietsache identisch sind.

[56] OLG Stuttgart WuM 1993, 386 = GE 1993, 745.

[57] Vgl. z. B. LG Kiel WuM 1982, 194; LG Tübingen WuM 1991, 488.

[58] AG Lüdinghausen WuM 1994, 279.

BGB); unterlässt er dies, so geht der Anspruch auf den Vermieter über. Dies folgt aus der Erwägung, dass sowohl der Mieter als auch der Vermieter in den Grenzen des § 538 BGB einen vertraglichen Anspruch auf Rückgabe einer schadensfreien Mietsache haben. Leistet der Dritte Geldersatz an den Mieter, so erlischt die Schadensersatzverpflichtung. Der Dritte wird auch gegenüber dem Vermieter frei, weil der Vermieter das Mietverhältnis in dem Status übernehmen muss, indem es sich im Zeitpunkt der Beendigung des Hauptmietverhältnisses befindet. Für **Schönheitsreparaturen** gilt dasselbe.

Das **Wegnahmerecht des § 539 Abs. 2 BGB** kann der Dritte auch gegenüber dem Vermieter geltend machen. 40

Die in einem **Zeitmietvertrag** nach § 575 Abs. 1 Satz 1 BGB festgelegten besonderen Beendigungsgründe werden gegenstandslos, weil sie an die Person eines bestimmten Vermieters geknüpft sind. Aus dem Zeitmietvertrag nach § 575 Abs. 1 Satz 1 BGB wird deshalb nach der Beendigung des Hauptmietverhältnisses ein Mietverhältnis auf unbestimmte Zeit (§ 575 Abs. 1 Satz 2 BGB analog). 41

e) Rechtsbeziehungen zwischen Vermieter und Mieter nach Beendigung des Hauptmietverhältnisses. Nach allgemeinen Grundsätzen (§ 546 Abs. 1 BGB) muss der Mieter die Mietsache nach Beendigung des Hauptmietverhältnisses an den Vermieter zurückgeben. Hat der Mieter die Sache einem Dritten überlassen, so muss er dafür Sorge tragen, dass der Dritte die Sache herausgibt. Im Falle der gewerblichen Zwischenvermietung wird der Mieter von der Rückgabepflicht frei, weil ihm die rechtliche Möglichkeit zur Durchsetzung der Räumung fehlt;[59]. Nach anderer Ansicht bleibt der Anspruch aus § 546 Abs. 1 BGB erhalten. Der Mieter schuldet eine Nutzungsentschädigung nach § 546a Abs. 1 BGB, die analog § 537 Satz 2 BGB reduziert sein kann. Außerdem ist der Mieter zum Ersatz eines eventuell entstehenden weiteren Schadens verpflichtet.[60] 42

2. Eintritt eines anderen Mieters

Schließt der Vermieter erneut einen Mietvertrag zum Zwecke der gewerblichen Weitervermietung ab, so tritt der Mieter anstelle des bisherigen Vertragspartners in die Rechte und Pflichten aus dem Mietverhältnis mit dem Dritten ein **(§ 565 Abs. 1 Satz 2 BGB).** 43

Die Vorschrift regelt zunächst den Fall, dass das Mietverhältnis mit dem bisherigen Mieter beendet und zugleich ein neues Mietverhältnis mit einem anderen Mieter begründet wird. Hier tritt der neue Mieter an Stelle des bisherigen kraft Gesetzes in die Rechte und Pflichten aus dem Untermietverhältnis ein. Einer Mitwirkung des Dritten bedarf es nicht. Ein Durchgangseintritt des Vermieters findet nicht statt. Die für § 566 BGB eigentümliche Zäsur und die Rechtsfolgen der §§ 566a–566e BGB treten auch in diesem Falle ein. 44

Die an den jeweiligen Vertragsverhältnissen Beteiligten können aber auch vereinbaren, dass das ursprüngliche Untermietverhältnis mit dem neuen anstelle des bisherigen Mieters fortgesetzt werden soll (§§ 414, 415 BGB); an diesem Vertrag muss der Dritte mitwirken. Bei dieser Vertragsgestaltung tritt keine Zäsur ein. Der neue Mieter kann gegenüber dem Dritten auch solche Ansprüche geltend machen, die bereits vor dem Vertragseintritt fällig geworden sind. Er haftet auch anstelle des bisherigen Mieters für die Verbindlichkeiten und für den Rückzahlungsanspruch aus der Kaution 45

Die Regelung des § 565 Abs. 1 Satz 2 BGB setzt allerdings nicht voraus, dass das Hauptmietverhältnis nahtlos fortgesetzt wird; sie gilt auch dann, wenn zunächst der Vermieter in den Untermietvertrag eingetreten ist und erst in der Folgezeit ein neues Hauptmietverhältnis begründet wird. In diesem Fall tritt der neue Mieter an Stelle des bisherigen Vertragspartners – also des Vermieters- in das Mietverhältnis ein. Dies gilt allerdings nicht für diejenigen Mietverhältnisse, die der Vermieter unmittelbar mit einem Mieter abgeschlossen hat. 46

3. Ausscheiden des Mieters

Mit der Beendigung des Hauptmietverhältnisses scheidet der Mieter auch aus dem Untermietverhältnis aus. Das Untermietverhältnis wird kraft Gesetzes beendet. Die Erfüllungsansprüche des Dritten erlöschen; der Dritte kann deshalb – von dem oben Rdn. 45 erörterten Ausnahmefall ab- 47

[59] BGH NJW 1996, 1886 = WuM 1996, 413.
[60] *Leutner/Schmidt-Kessel* JZ 1996, 649.

gesehen – auch keine Nichterfüllungs- oder Gewährleistungsansprüche gegen den Dritten geltend machen.

48 Die für den Eigentümerwechsel typische Bürgenhaftung des § 566 Abs. 2 BGB besteht beim Vermieterwechsel nicht, weil § 565 Abs. 2 BGB nur die §§ 566 a ff. BGB für entsprechend anwendbar erklärt. Eine Analogie kraft richterlicher Rechtsfortbildung kommt nicht in Betracht, weil zum einen keine Regelungslücke besteht und zum anderen die für den Eigentümerwechsel geltenden Vorschriften nur dann auf den Vermieterwechsel angewendet werden können, wenn dies ausdrücklich geregelt ist.[61]

4. Entsprechende Anwendung der §§ 566a–566 e BGB

49 Nach § 565 Abs. 2 BGB gelten die für den Eigentümerwechsel maßgeblichen Regelungen über den Übergang der Kaution und die Wirksamkeit bestimmter Rechtsgeschäfte und Verfügungen bezüglich der Miete für den Vermieterwechsel entsprechend. Auf die Kommentierung zu §§ 566a–566 e BGB wird deshalb verwiesen; die für den Vermieterwechsel typischen Besonderheiten werden nachfolgend dargestellt:

50 **a) § 566 a BGB:** Die Vorschrift regelt beim Eigentümerwechsel den **Übergang einer Mietsicherheit** vom Veräußerer auf den Erwerber. Für den Vermieterwechsel gilt die Vorschrift, wenn der Dritte an den Mieter eine Sicherheit geleistet hat. Kann der Mieter bei Beendigung des Untermietverhältnisses fällige Ansprüche gegen den Dritten geltend machen, so ist er berechtigt, sich deswegen aus der Kaution zu befriedigen.[62] Der Vermieter kann in diesem Fall vom Dritten aus vertraglichem Recht die Wiederauffüllung der Kaution verlangen. Hat der Mieter dagegen keinen Anspruch gegen den Dritten, so tritt der Vermieter in die durch die Sicherheit begründeten Rechte ein. Bietet der Zwischenmieter die Übertragung der Kaution an, so liegt hierin i. d. R. ein bindendes Angebot des Inhalts, dass der Zwischenmieter auf eine Befriedigung aus der Kaution verzichtet. Eine Aufrechnung ist in diesem Fall ausgeschlossen.[63] Bei einer Sicherungsbürgschaft erwirbt der Vermieter die Ansprüche aus §§ 765 ff. BGB. Ist eine Sache sicherungsübereignet, so wird der Vermieter Eigentümer der Gegenstände. Hat der Dritte – wie heute allgemein üblich – eine Barkaution bezahlt, so erwirbt der Vermieter einen Anspruch gegen den Mieter auf Herausgabe (Zahlung der Kautionssumme; Übergabe eines Sparbuches). Daneben kann auch der Dritte vom Mieter verlangen, dass dieser die Kaution auf den Vermieter überträgt. Da der Vermieter auch in die Pflichten aus der Sicherheitsabrede eintritt, ist er zur Rückgabe der Kaution gegenüber dem Dritten auch dann verpflichtet, wenn sie ihm nicht ausgehändigt worden ist.

51 **b) § 566 b BGB:** Die Vorschrift schützt beim Eigentümerwechsel in erster Linie den Erwerber in einem beschränkten Umfang gegen **Verfügungen des Veräußerers bezüglich der Miete.** Beim Vermieterwechsel dient die Regelung in erster Linie dem Schutz des Vermieters; darüber hinaus wird aber auch der Dritte geschützt.

52 Unter einer **Verfügung i. S. v. § 566 b BGB** ist ein Rechtsgeschäft zwischen dem Mieter und einer nicht am Mietvertrag beteiligten Person zu verstehen, das sich auf die Berechtigung an der Miete auswirkt. Hierzu gehören insbesondere die Abtretung und die Verpfändung der Miete. Die Pfändung ist der Verpfändung gleichgestellt. Hat der Mieter vor der Beendigung des Hauptmietverhältnisses über die Miete verfügt, so ist die Verfügung auch für die Zeit nach der Beendigung des Hauptmietverhältnisses gegenüber dem Vermieter wirksam **(1)** bezüglich des laufenden Kalendermonats, wenn das Hauptmietverhältnis spätestens zum Ablauf des 15. Tages des Monats beendet wird; **(2)** bezüglich der Miete für den laufenden und den folgenden Monat, wenn das Hauptmietverhältnis nach dem 15. Tag des Monats beendet wird; **(3)** für eine unbeschränkte Zeit, wenn der Vermieter die Verfügung zum Zeitpunkt der Beendigung des Hauptmietverhältnisses kennt. Erforderlich ist positive Kenntnis, wobei es nicht darauf ankommt, woher diese Kenntnis stammt. Auch der Dritte kann den Vermieter über die Verfügung informieren, was insbesondere dann ratsam ist, wenn der Mieter für eine längere Zeit über die Miete verfügt hat oder wenn die Miete gepfändet ist. Auf diese Weise kann sich der Dritte gegen eine doppelte Inanspruchnahme sichern. Für den Vermieter ist die unter (3) beschriebene Rechtsfolge mit einem beträchtlichem Risiko verbunden, weil er alle Verfügungen gegen sich gelten lassen muss, die er zum Zeitpunkt des Eigentumsübergangs – gleich aus welcher Quelle – kennt: Anders als der Erwerber einer Immobilie kann er diese

[61] BGHZ 107, 315 = NJW 1989, 2053 = WuM 1989, 393 = ZMR 1989, 331 = DWW 1989, 256.
[62] AG Mannheim MietRB 2009, 9.
[63] **A. A.** AG Mannheim a. a. O.

Verfügungen weder beim Kaufpreis berücksichtigen, noch ist es ihm möglich vom Erwerb eines überschuldeten Objekts Abstand zu nehmen. Die vom Gesetzgeber angeordnete entsprechende Anwendung des § 566b Satz 2 BGB erscheint wegen der insoweit nicht vergleichbaren Interessenlage von Erwerber und Vermieter, sehr problematisch.

c) § 566c BGB: Die Vorschrift schützt beim Eigentümerwechsel den Mieter in beschränktem Umfang vor einer Inanspruchnahme durch den Erwerber auf Zahlung der bereits an den Veräußerer gezahlten Miete. Beim Vermieterwechsel schützt die Vorschrift den Dritten. Die Vorschrift gilt für **Rechtsgeschäfte zwischen dem Mieter und dem Dritten.** Hierzu gehören insbesondere die Zahlung der Miete (Erfüllung), die Stundung der Miete, der Mieterlass und der Aufrechnungsvertrag (Vereinbarung, dass wechselseitige Ansprüche von Mieter und Drittem durch Aufrechnung erloschen sein sollen). Für die Abänderung des Mietvertrags (Beispiel: Senkung der Miete) gilt § 566c BGB nicht; hier muss der Vermieter den Mietvertrag in der geänderten Form übernehmen. 53

Ist ein Rechtsgeschäft i. S. d. § 566c BGB **vor der Beendigung des Hauptmietvertrags** vorgenommen worden, so ist es gegenüber dem Vermieter wirksam, **(1)** bezüglich der Miete für den laufenden Kalendermonat, in welchem der Dritte von der Beendigung des Mietverhältnisses positive Kenntnis erlangt hat; **(2)** bezüglich der Miete für den laufenden Kalendermonat und den Folgemonat, wenn der Dritte die Kenntnis von der Beendigung des Hauptmietvertrags erst nach dem 15. des Monats erlangt hat; **(3)** bezüglich der Miete für eine unbegrenzte Zeit, wenn der Dritte von der Beendigung des Hauptmietverhältnisses keine Kenntnis erlangt. 54

Wurde das Rechtsgeschäft **nach der Beendigung des Hauptmietverhältnisses** vorgenommen, so ist es unwirksam, wenn der Dritte bei der Vornahme des Rechtsgeschäfts von der Beendigung des Hauptmietvertrags positive Kenntnis hatte. Hatte der Dritte dagegen keine Kenntnis, so richtet sich die Wirksamkeit auch hier nach den oben (1) bis (3) dargelegten Grundsätzen. Es kommt demnach maßgeblich darauf an, wann der Dritte Kenntnis von der Beendigung des Hauptmietverhältnisses erlangt. 55

Die Regelung des § 566c BGB gilt nicht nur dann, wenn die Parteien des Untermietvertrags den Entschluss zur Vornahme des Rechtsgeschäfts während der Mietzeit gefasst haben; die Vorschrift ist auch dann anwendbar, wenn bereits im Mietvertrag eine entsprechende Verpflichtung über den Zeitpunkt der Vornahme des Rechtsgeschäfts enthalten ist.[64] Ist beispielsweise – wie bei Altverträgen (Vertragsschluss vor dem 1.9.2001) in der Praxis häufig –, der Dritte nach den mietvertraglichen Vereinbarungen verpflichtet, die Miete jeweils am 3. Werktag eines Monats zu bezahlen, so ist hierauf § 566c BGB anwendbar.[65] Wird der Dritte in einem solchen Fall am 10. Oktober darüber informiert, dass das Hauptmietverhältnis zum 15. November beendet wird, so muss er die am 3. Werktag des November fällige Miete zur Hälfte an den Mieter und zur anderen Hälfte an den Vermieter bezahlen. 56

Nach der Rechtsprechung ist **§ 566c BGB in zwei Fällen unanwendbar.** Nach der Rechtsprechung des BGH wirkt eine vereinbarungsgemäß geleistete Vorauszahlung auch gegenüber dem Erwerber, wenn die geleisteten Beträge zum Auf- oder Ausbau des Mietgrundstücks bestimmt waren und bestimmungsgemäß verwendet worden sind.[66] Diese Rechtsprechung beruht auf dem Umstand, dass die Grundstückseigentümer für den Wiederaufbau kriegsbeschädigter Immobilien häufig auf Aufbauhilfen von Mietern angewiesen waren mit der weiteren Folge, dass die Bereitschaft zur Vermietung von der Hingabe eines sicherungslosen Kredits oder eines Baukostenzuschusses abhängig gemacht wurde. Diese besondere Situation besteht heute nicht mehr. Deshalb ist zweifelhaft, ob diese Rechtsprechung weiterhin Bestand hat.[67] Eine weitere Ausnahme gilt, wenn **(1)** die Verpflichtung zur Vorauszahlung bereits im Mietvertrag vereinbart ist (bei Mietverträgen von längerer Laufzeit als einem Jahr ist die Schriftform zu beachten [§ 550 BGB]) und **(2)** die vorausbezahlte Miete nicht nach wiederkehrenden Zeitabschnitten bemessen ist (Einmalmiete).[68] Diese Ausnahmen sind auch bei § 565 zu beachten. 57

d) § 566d BGB: Die Vorschrift des § 566d BGB regelt beim Eigentümerwechsel die Frage, unter welchen Voraussetzungen der Mieter eine Forderung, die ihm gegen den Vermieter zusteht, 58

---

[64] BGHZ 37, 346, 351; **a. A.** RGZ 94, 279; 127, 116; 136, 407; 144, 194 und die früher h. M. [Nachweise bei BGH a. a. O.].

[65] BGH a. a. O.

[66] BGH NJW 1967, 555.

[67] Kritisch hierzu auch *Wolf/Eckert/Ball* Rdn. 1393.

[68] BGH NZM 1998, 105.

gegen die Mietforderung des Erwerbers aufrechnen kann. Beim Vermieterwechsel regelt § 566b BGB die Zulässigkeit von **Aufrechnungen des Dritten gegen Mietansprüche des Vermieters.** Im Grundsatz soll durch die Vorschrift sichergestellt werden, dass die Erfüllung im Wege der Aufrechnung durch den Vermieterwechsel nicht tangiert wird. Deshalb gelten gem § 566d Satz 1 BGB dieselben Grundsätze wie bei der Erfüllung durch Zahlung.

59 Eine nach der Beendigung des Hauptmietverhältnisses vorgenommene Aufrechnung mit einer Forderung, die dem Dritten gegenüber dem Mieter zusteht, ist deshalb auch dem Vermieter gegenüber wirksam, **(1)** bezüglich der Miete für den laufenden Kalendermonat, in welchem der Dritte von der Beendigung des Mietverhältnisses positive Kenntnis erlangt hat; **(2)** bezüglich der Miete für den laufenden Kalendermonat und den Folgemonat, wenn der Dritte die Kenntnis von der Beendigung des Hauptmietvertrags erst nach dem 15. des Monats erlangt hat; **(3)** bezüglich der Miete für eine unbegrenzte Zeit, wenn der Dritte von der Beendigung des Hauptmietverhältnisses keine Kenntnis erlangt.

60 In § 566d Satz 2 BGB ist in Anlehnung an § 406 BGB bestimmt, dass die Aufrechnung ausgeschlossen ist, wenn der Dritte die Gegenforderung erworben hat, nachdem er von der Beendigung des Hauptmietverhältnisses Kenntnis erlangt hat, oder wenn die Gegenforderung erst nach der Erlangung der Kenntnis und später als die Miete fällig geworden ist.

61 Ist die Aufrechnung mietvertraglich ausgeschlossen, so ist § 566d BGB unanwendbar.

62 **e) § 566e BGB:** Beim Eigentümerwechsel schützt die Vorschrift in Anlehnung an § 409 BGB das Vertrauen des Mieters hinsichtlich der Richtigkeit eines vom Vermieter angezeigten Eigentümerwechsels. Beim Vermieterwechsel stellt die Vorschrift sicher, dass der Mieter die Zahlungen des Dritten an den Vermieter auf jeden Fall gegen sich gelten lassen muss, wenn der Mieter gegenüber dem Dritten die Beendigung des Hauptmietverhältnisses angezeigt hat. Die Vorschrift besitzt nur dann praktische Bedeutung, wenn das Hauptmietverhältnis in Wirklichkeit nicht beendet worden ist. In einem solchen Fall leistet der Dritte durch Zahlung an den Vermieter zwar an einen Nichtberechtigten; gleichwohl wird er durch die Zahlung auch gegenüber dem Berechtigten (dem Mieter) frei. Der Ausgleich muss hier im Verhältnis zwischen dem Vermieter und dem Mieter erfolgen. Andererseits hat die Anzeige aber keine konstitutive Wirkung; deshalb wird der Dritte auch dann frei, wenn er beim Fortbestand des Hauptmietverhältnisses und unrichtiger Anzeige weiterhin an den Mieter zahlt.

63 Der Mieter kann die Anzeige durch Erklärung gegenüber dem Dritten zurücknehmen. Allerdings ist hierzu die Zustimmung des Vermieters erforderlich (§ 566e Abs. 2 BGB). Hat der Mieter die Anzeige vor der Zahlung des Dritten widerrufen, so hat der Dritte gegenüber dem Mieter ein Leistungsverweigerungsrecht bis ihm die Zustimmung des Vermieters nachgewiesen wird. Das Zurückbehaltungsrecht entfällt, wenn mit Sicherheit feststeht, dass der Vermieter keinen Anspruch auf die Miete erheben wird.[69] Wird die Zustimmung verweigert, so kann sie der Mieter gegenüber dem Vermieter klageweise geltend machen.

5. Abweichende Vereinbarungen

64 Die Vorschrift des § 565 BGB kann vertraglich nicht zum Nachteil des Dritten abbedungen werden (§ 565 Abs. 3 BGB). Eine zwischen dem Mieter und dem Dritten getroffene Vereinbarung, wonach das Untermietverhältnis mit dem Hauptmietverhältnis endet oder wonach der Bestand des Untermietverhältnis vom Hauptmietverhältnis abhängen soll, ist wirksam. Gleichwohl kann sich der Mieter auf eine solche Vereinbarung nicht berufen (§ 572 Abs. 2 BGB). Dies hat zur Folge, dass die Rechtsfolgen des § 565 BGB eintreten, wenn der Dritte an der Wohnung festhalten will. Ist zwischen dem Vermieter und dem Mieter vereinbart, dass das Hauptmietverhältnis zu einem bestimmten Zeitpunkt enden soll, so sind die Parteien des Untermietverhältnisses wegen § 575 Abs. 1 Satz 2 BGB gehindert, einen befristeten Mietvertrag abzuschließen, der dieselbe Laufzeit wie das Hauptmietverhältnis hat. Vielmehr gilt der zwischen dem Mieter und dem Dritten abgeschlossene Mietvertrag als Mietverhältnis auf unbestimmte Zeit (§ 575 Abs. 1 Satz 2 BGB). Bei Beendigung des Hauptmietverhältnisses tritt der Vermieter in dieses Mietverhältnis ein.

65 Für **Altmietverträge** (Vertragsschluss vor dem 1.9.2001) ist Art. 229 § 3 Abs. 3 BGB zu beachten. Nach dieser Vorschrift ist auf befristete Mietverhältnisse, die vor dem 1.9.2001 abgeschlossen worden sind, das bis zum 1.9.2001 geltende Recht maßgeblich. Danach gilt folgendes: Ist zwischen

[69] Vgl. BGHZ 56, 349 zu dem rechtsähnlichen § 409 BGB.

dem Vermieter und dem Mieter vereinbart, dass das Hauptmietverhältnis zu einem bestimmten Zeitpunkt enden soll, so waren die Parteien des Untermietverhältnisses vor dem 1.9.2001 nicht gehindert, einen befristeten Mietvertrag abzuschließen, der dieselbe Laufzeit wie das Hauptmietverhältnis hat. Der Dritte kann bei dieser Vertragsgestaltung die Rechte aus § 564c Abs. 1 BGB a. F. geltend machen und auf diese Weise erreichen, dass das Untermietverhältnis auf unbestimmte Zeit verlängert wird; bei Beendigung des Hauptmietverhältnisses tritt der Vermieter in das verlängerte Mietverhältnis ein. Anders ist es, wenn der Verlängerungsanspruch nicht geltend gemacht wird: hier endet das Untermietverhältnis durch Zeitablauf; der Vermieter tritt in das Abwicklungsschuldverhältnis ein. Eine solche Vertragsgestaltung kann grundsätzlich nicht als rechtsmissbräuchlich angesehen werden. Dies gilt auch dann, wenn der Mieter rechtsunkundig ist. Zum einen geht § 564c BGB a. F. davon aus, dass die Initiative zur Vertragsverlängerung beim befristeten Mietvertrag vom Mieter ausgehen muss; zum anderen treffen den Vermieter im Rahmen des § 564c Abs. 1 BGB a. F. keine Hinweis- oder Belehrungspflichten. Ein vertraglicher Ausschluss des Verlängerungsanspruchs ist allerdings nicht möglich, weil § 564c Abs. 1 BGB a. F. nicht abbedungen werden kann (§§ 564c Abs. 1 Satz 2 i. V. m. § 564b Abs. 6 BGB a. F.).

Hat der Vermieter nach Ablauf des Hauptmietverhältnisses konkrete Verwendungsinteressen **66** i. S. v. § 575 Abs. 1 Satz 1 BGB, so kann im Untermietverhältnis gleichwohl kein Zeitmietvertrag nach § 575 Abs. 1 Satz 1 BGB abgeschlossen werden, weil dort nur Verwendungsinteressen einer Vertragspartei – hier also des Mieters- berücksichtigt werden. Anders als beim gewöhnlichen Mietverhältnis können die Vorschriften der §§ 566a–566d BGB im Rahmen des § 565 BGB nicht abbedungen werden.[70]

Die Regelung des § 565 BGB bringt für beide Teile gewisse Risiken mit sich: Ist der Mieter **67** – wie häufig – eine juristische Person, so muss der Dritte während der Dauer des Zwischenmietverhältnisses keine Eigenbedarfskündigung befürchten. Dies kann sich mit dem Eintritt des Vermieters ändern. Will der Dritte sich davor schützen, muss er mit dem Mieter den Ausschluss der Eigenbedarfskündigung vereinbaren. Hieran ist auch der Vermieter gebunden. Der Vermieter muss sich seinerseits davor schützen, dass der Mieter nachteilige Untermietverträge abschließt oder nachteilige Verfügungen und Rechtsgeschäfte i. S. v. §§ 566b, 566c BGB vornimmt. Der Vermieter muss deshalb im Hauptmietvertrag entsprechende Regelungen treffen; diese Regelungen wirken allerdings nur im Verhältnis zum Mieter.

---

[70] *Schilling,* Neues Mietrecht 1993, S. 60.

§ 566 Kauf bricht nicht Miete

(1) Wird der vermietete Wohnraum nach der Überlassung an den Mieter von dem Vermieter an einen Dritten veräußert, so tritt der Erwerber anstelle des Vermieters in die sich während der Dauer seines Eigentums aus dem Mietverhältnis ergebenden Rechte und Pflichten ein.

(2) [1]Erfüllt der Erwerber die Pflichten nicht, so haftet der Vermieter für den von dem Erwerber zu ersetzenden Schaden wie ein Bürge, der auf die Einrede der Vorausklage verzichtet hat. [2]Erlangt der Mieter von dem Übergang des Eigentums durch Mitteilung des Vermieters Kenntnis, so wird der Vermieter von der Haftung befreit, wenn nicht der Mieter das Mietverhältnis zum ersten Termin kündigt, zu dem die Kündigung zulässig ist.

Systematische Übersicht

Alphabetische Schnellübersicht

I. Überblick

§ 566 BGB regelt das Schicksal des Mietverhältnisses, wenn der Vermieter die Mietsache nach deren Überlassung an den Mieter an einen Dritten veräußert[1]. Die Vorschrift ist Ausdruck des Rechtssprichwortes[2] **„Kauf bricht nicht Miete"**, das sich auch in der amtlichen Überschrift wiederfindet. Die Überschrift stellt allerdings nur einen rechtsgeschichtlichen Bezug her und taugt nicht als Auslegungshilfe, da sie den Regelungsgehalt des § 566 BGB in dreifacher Hinsicht verfälscht wiedergibt[3]: Der Erwerber eines Mietgrundstückes tritt nicht schon mit dem Abschluss des Kaufvertrages in den Mietvertrag ein, sondern erst mit Eigentumserwerb, also Eintrag im Grundbuch; Rechtsgrund für den Eigentumserwerb kann nicht nur Kauf sein, sondern auch Tausch, Schenkung etc.; ohne die Regelung würde der Mietvertrag auch nicht „gebrochen", sondern mit dem Vermieter fortbestehen. 1

§ 566 BGB greift zum **Schutz des Mieters** und als Ausnahme von dem Grundsatz, dass vertragliche Rechte und Pflichten nur zwischen den am Schuldverhältnis beteiligten Personen entstehen[4], tief in das Vertragsverhältnis ein, indem er vorschreibt, dass der ursprüngliche Vermieter im Falle der Veräußerung des Grundstücks durch den neuen Eigentümer ersetzt wird; wichtige und 2

---

[1] S. umfassend zum Regelungszusammenhang der §§ 566 ff. BGB *Streyl* NZM 2010, 343.

[2] Einige Autoren verwenden statt (Rechts-)Sprichwort den spätlateinischen, aber ursprünglich aus dem griechischen stammenden Begriff Parömie.

[3] *Weitemeyer* in FS Blank S. 445.

[4] BGH NJW 1989, 2053.

oft übersehene Voraussetzung hierfür ist allerdings, dass der Mieter im Zeitpunkt des Eigentumsübergangs bereits im Besitz der Mietsache[5] („nach der Überlassung") war; war er das nicht, ist der Vertragsübergang gem. § 567a BGB vom Übernahmewillen des Erwerbers abhängig. Aus der Formulierung „während der Dauer seines Eigentums" sowie aus § 566 Abs. 2 BGB folgt, dass der Eigentumswechsel eine Zäsur bewirkt in der Weise, dass die Rechte und Pflichten aus der Zeit vor dem Eigentumswechsel bei dem ursprünglichen Vermieter verbleiben und dass die Rechte und Pflichten danach den neuen Eigentümer treffen; der ursprüngliche Vermieter haftet dem Mieter allerdings gem. § 566 Abs. 2 BGB unter Umständen wie ein Bürge für Schäden, die der neue Eigentümer verursacht hat. In Bezug auf den Mietzins (Vereinbarungen und Verfügungen darüber, Aufrechnungen von Mieter und Veräußerer) gibt es in §§ 566b bis 566d BGB Sonderregelungen[6], die teilweise erheblich und zu Lasten des Mieters von den sonstigen Grundsätzen des § 566 BGB abweichen. Dem Mieterschutz dienen hingegen die besondere Regelung hinsichtlich der Kaution in § 566a BGB und die Gutglaubensvorschrift des § 566e BGB, die sich über das Vertrauen des Mieters in die Richtigkeit einer Mitteilung des Vermieters über den Eigentumsübergang verhält.

3 § 566 BGB betrifft unmittelbar nur die Wohnraummiete, es gibt aber zahlreiche Vorschriften, die auf § 566 BGB verweisen. Wichtigste Verweisungsvorschrift ist § 578 BGB, so dass der Grundsatz „Kauf bricht nicht Miete" auf **alle Grundstücks- und Raummietverträge** anwendbar ist, nicht aber auf die Miete von beweglichen Sachen. Zu den Einzelheiten und zu weiteren Verweisungsvorschriften, die insbesondere den praktisch wichtigen Erwerb in der Zwangsversteigerung sowie andere dingliche Rechtsänderungen als den Eigentumsübergang („Veräußerung") betreffen, s. Rdn. 15ff. sowie bei der Kommentierung zu § 567 BGB.

4 **Ohne § 566 BGB** würde der Eigentumswechsel an dem Mietgrundstück zwar den Bestand des Mietvertrages nicht berühren, der neue Eigentümer übernähme das Grundstück aber nur mit den aus dem Grundbuch ersichtlichen Lasten und Pflichten (§ 873 BGB). Da Mietverhältnisse wegen des Typenzwangs im Sachenrecht nicht grundbuchfähig sind[7], wäre er dem Mieter nicht zur Gebrauchsüberlassung verpflichtet, der neue Eigentümer könnte vom Mieter vielmehr Herausgabe des Grundstücks bzw. der vermieteten Räume verlangen. Der Mieter wäre dann auf Schadensersatzansprüche gegen seinen Vermieter beschränkt. Ist eine **bewegliche Sache** vermietet (zur Mitvermietung von Zubehör s. Rdn. 97a), greift zwar § 566 BGB nicht ein, der Mieter ist aber auch nicht in gleicher Weise schutzbedürftig. Wenn er nämlich die Mietsache schon in Besitz hat, dann vollzieht sich der Eigentumswechsel gem. § 931 BGB durch Abtretung des Herausgabeanspruchs. Diesem Herausgabeanspruch kann der Mieter aber gem. § 986 Abs. 2 BGB sein Besitzrecht auf Grund des Mietvertrages mit dem früheren Eigentümer entgegensetzen. Ist eine Anwendung von § 566 BGB nicht möglich oder wollen die Parteien dessen Wirkungen vorziehen oder modifizieren, so können sie dies ggf. durch eine Vertragsübernahme in entsprechender Anwendung der §§ 398ff., 414ff. BGB[8] erreichen, an der sämtliche Beteiligten, also Veräußerer, Erwerber und Mieter mitwirken müssen[9].

5 In der folgenden Kommentierung wird im Gegensatz zum Wortlaut des § 566 BGB fast durchgängig nicht der Begriff Vermieter sondern Veräußerer verwendet, um Missverständnisse zu vermeiden, die dadurch entstehen können, dass der Erwerber bei Erfüllung der Voraussetzungen des § 566 BGB nach dem Eigentumsübergang Vermieter wird und der ursprüngliche Vermieter diese Eigenschaft verliert. Die synonyme Verwendung von Vermieter und Veräußerer ist zulässig, weil beide in aller Regel identisch sein müssen (s. hierzu im Einzelnen bei Rdn. 64) und weil § 566 BGB nicht nur für den ursprünglichen Vermieter gilt, sondern auch für den Erwerber, der das Grundstück weiterveräußert (s. § 567b BGB). Wegen § 567b Satz 2 BGB kommt es allerdings bei der bürgengleichen Nachhaftung des Vermieters gem. § 566 Abs. 2 BGB darauf an, wer ursprünglicher Vermieter ist.

---

[5] Zur Bedeutung des Besitzes für § 566 BGB und zur Einordnung der Vorschrift in das sachenrechtliche System des BGB s. *Häublein* in MünchKomm § 566 Rdn. 2ff.

[6] S. eingehend zum Regelungszusammenhang zwischen § 566 BGB und §§ 566b bis 566d BGB, der für das Verständnis von § 566 BGB von erheblicher Bedeutung ist, bei § 566b Rdn. 6ff.

[7] *Paschke/Oetker* NJW 1986, 3175.

[8] *RothKieninger* in MünchKomm (7. Aufl.) § 398 Rdn. 190.

[9] S. dazu auch bei Rdn. 46.

II. Entstehungsgeschichte und Zweck der Vorschrift

Entstehungsgeschichte und Zweck der Vorschrift hängen eng zusammen. Dementsprechend intensiv ist die Geschichte der Norm aufbereitet worden[10]. Zu dem Einfluss des Eigentumswechsels auf das Mietverhältnis gibt es zwei **unterschiedliche Rechtstraditionen.** Auch wenn es im römischen Recht das Rechtssprichwort „Kauf bricht Miete" nicht gab, so galt diese Regel doch faktisch. Nach dem Codex Iustinianus, dem späteren Corpus Iuris Civilis, war der Käufer eines Grundstück nicht verpflichtet, einen Mieter des Voreigentümers zu behalten, es sei denn Käufer und Verkäufer hätten das verabredet; an eine solche Abrede wurden nur niedrige Voraussetzungen geknüpft[11]. In der deutschen Rechtstradition hatte sich jedoch der gegenteilige Grundsatz entwickelt, der sich in dem Rechtssprichwort „Kauf bricht nicht Miete" äußerte und der sich insbesondere in vielen Stadtrechten sowie im preußischen Recht (§ 358 ALR) durchsetzte[12]. Die römische Rechtstradition[13] hatte aber nach wie vor starken Einfluss auf die Verfasser des BGB (besonders im Abstraktionsprinzip lebt das römische Recht fort) und so sollte nach dem ersten Entwurf des BGB noch der Grundsatz „Kauf bricht Miete" gelten, indem dort ein Sonderkündigungsrecht für den neuen Eigentümer vorgeschlagen wurde[14]. Erheblicher öffentlicher und fachöffentlicher Protest[15] sowie ein entsprechendes Votum des 19. Deutschen Juristentages[16] führten dann zu einer Wende und zur Kodifizierung des Grundsatzes „Kauf bricht nicht Miete" in § 571 BGB a. F.[17], der Vorgängernorm zu § 566 BGB. Die zweite Gesetzeskommission gab dem übermächtigen[18] Druck allerdings nur widerwillig und ohne innere Überzeugung[19] nach und stellte – als eine Art Rückzugsgefecht – nicht den möglichen Wohnungsverlust der Minderbemittelten in den Vordergrund, da diese meist ohnehin nicht auf längere Zeit mieteten, sondern den Schutz der Mieter von Gewerberäumen und der Pächter von Landgütern und Gewerbebetrieben[20] sowie das Interesse des Grundstückserwerbers an dem Erhalt solcher Mietverhältnisse[21]. Angesichts dieser Gesetzgebungsgeschichte hat die Regelung nach der Vorstellung des historischen Gesetzgebers Ausnahmecharakter[22]; dies zumal, als die dogmatische Umsetzung des Grundsatzes „Kauf bricht nicht Miete" als Anomalie im Rechtssystem angesehen wurde. § 566 BGB bzw. die Vorgängernorm sind seit Inkrafttreten des BGB – bis auf redaktionelle Änderungen – unverändert geblieben; mit der **Mietrechtsreform** zum 1. 9. 2001 ist lediglich ihr unmittelbarer Anwendungsbereich aufgrund der neuen systematischen Stellung auf die Miete von Wohnraum beschränkt worden, für die Miete von sonstigen Räumen und Grundstücken gilt sie jetzt über § 578 BGB. 6

Die unterschiedlichen Rechtstraditionen sind Ausdruck des Konfliktes unterschiedlicher **Interessenlagen.** Die römische Rechtstradition betont die Freiheit des Eigentümers, uneingeschränkt über sein Eigentum zu verfügen; die deutsche Rechtstradition betont den Schutz des Mieters vor 7

---

[10] S. insbesondere *Hattenauer* NZM 2003, 666, der die Entwicklung seit dem römischen Recht beschreibt; *Wieling* in GS Sonnenschein S. 201, der das preußische ALR und die Gesetzgebungsgeschichte aufbereitet; *Mugdan* S. 212, wo der zersplitterte Rechtszustand in Deutschland nach römischem und gemeinen Recht, nach französischem Recht und nach einzelnen Landesrechten geschildert wird; s. außerdem *Emmerich* in Staudinger § 566 Rdn. 2 und *Weitemeyer* in Festschrift Blank S. 445.

[11] *Hattenauer* NZM 2003, 667.

[12] Das ALR sah im Gegensatz zu den meisten Stadtrechten auch kein Sonderkündigungsrecht des Erwerbers vor; vgl. *Hattenauer* NZM 2003, 670 und 674. Außerdem war die Miete nach dem ALR ein dingliches Recht; vgl. *Wieling* in GS Sonnenschein S. 201/202.

[13] *Wieling* in GS Sonnenschein S. 206.

[14] *Wieling* in GS Sonnenschein S. 207.

[15] *Wieling* in GS Sonnenschein S. 209; *Mugdan* S. 815; *Jüttner,* Zur Geschichte des Grundsatzes „Kauf bricht nicht Miete", Diss. (Universität Münster) 1960, S. 63 und 77. Nach letzterem war dieser Vorschlag die einzige Regelung des Entwurfs, die überhaupt öffentlich in nennenswerter Form diskutiert wurde; heftiger und polemischer Protest habe sich in Zeitschriften und Tageszeitungen sowie durch zahlreiche Eingaben privater Personen und landwirtschaftlicher, gewerblicher und sozialer Vereinigungen erhoben, daneben hebe es eine Vielzahl ablehnender Stellungnahmen aus der juristischen Fachöffentlichkeit gegeben.

[16] *Hattenauer* NZM 2003, 675.

[17] Bei *Hattenauer* NZM 2003, 675 findet sich auch der ursprüngliche Wortlaut des § 571 BGB a. F.

[18] *Jüttner,* Zur Geschichte des Grundsatzes „Kauf bricht nicht Miete", Diss. (Universität Münster) 1960, S. 79.

[19] *Jüttner,* Zur Geschichte des Grundsatzes „Kauf bricht nicht Miete", Diss. (Universität Münster) 1960, S. 79; *Wolter,* Mietrechtlicher Bestandsschutz, 1984, S. 96.

[20] *Wieling* in GS Sonnenschein S. 209/210; *Mugdan* S. 816.

[21] *Harke* ZMR 2002, 491.

[22] So auch *Jüttner,* Zur Geschichte des Grundsatzes „Kauf bricht nicht Miete", Diss. (Universität Münster) 1960, S. 85.

dem Verlust der Wohnung oder der sonstigen Räume. Bei näherer Betrachtung ist die Interessenlage aber durchaus ambivalent – und zwar sowohl bei der Wohn- wie bei der Gewerberaummiete. Je nach Situation auf dem Mietmarkt kann auch ein neuer Grundstückseigentümer ein Interesse am Bestand der Mietverhältnisse haben, oftmals machen sie den Kauf den Grundstücks erst interessant[23]. Umgekehrt kann mancher Mieter geneigt sein, sich wegen der Person des neuen Eigentümers/Vermieters oder aus ganz anderen Gründen von dem Vertrag zu lösen. Die geschichtliche Entwicklung bis zum BGB zeigt jedoch, dass das Lösungsinteresse des Mieters – damals wie heute – eher gering ist und eine Ausnahme darstellt. Neue Eigentümer versuchten zwar in Zeiten knappen Wohnungsangebotes, das seit Beginn der industriellen Revolution die Regel war, meist nicht, die bisherigen Mieter loszuwerden, sie wollten aber einen Altmieter nur dann behalten, wenn dieser eine höhere Miete akzeptierte, was vielen Mietern nicht möglich war; sie wurden dann oft obdachlos. Insofern hat sich § 566 BGB bzw. dessen Vorgängernorm § 571 BGB a. F. historisch als ausgesprochene **Mieterschutzvorschrift** entwickelt, um dem Wohnraummieter seinen Wohnraum zu erhalten **(Bestandsschutz)**[24]. Das Bestandsschutzinteresse besteht auch heute noch, allerdings hat es sich wohl gewandelt. Anders als früher durch die industrielle Revolution und die beiden Weltkriege bedingt gibt es weitgehend keine Wohnungsknappheit oder Wohnungsnot mehr; vielfach herrscht sogar ein Mietermarkt. Aber die Wohnung hat als Lebensmittelpunkt und zentraler Ort der Selbstverwirklichung erheblich an Bedeutung gewonnen; das BVerfG sieht in der Miete ein eigentumsgleiches Grundrecht[25].

8 § 566 BGB verwirklicht den Bestandsschutz, indem es den neuen Eigentümer für die Dauer seines Eigentums in den Vertrag eintreten lässt (zur dogmatischen Einordnung s. Rdn. 9). Damit treffen den neuen Eigentümer grundsätzlich dieselben Rechte und Pflichten wie den ursprünglichen Vermieter **(Verbot der Schlechterstellung).** In den Einzelheiten kann die dadurch bewirkte Zäsur in dem Mietverhältnis schwierige Abgrenzungsfragen nach sich ziehen. Bei der Lösung dieser Probleme muss der Zweck des § 566 BGB (das Bestandsinteresse des Mieters) natürlich berücksichtigt werden, es darf aber nicht verabsolutiert werden. Das Bestandsinteresse erfordert es nicht, den Mieter vor jeglicher Änderung bzw. vor jeglichem Nachteil, den der Wechsel seines Vertragspartners mit sich bringt, zu bewahren[26], schon gar nicht bedeutet es einen absoluten Vertragsinhaltsschutz; eine dynamische Entwicklung des Mietverhältnisses etwa durch ein Mieterhöhungsverlangen ist unter dem neuen Vermieter/Eigentümer genauso möglich wie unter dem alten[27]. Bei der Lösung der Abgrenzungsprobleme müssen vielmehr auch die (Eigentums-)Interessen von altem und neuem Vermieter/Eigentümer berücksichtigt werden[28]. Das Verbot der Schlechterstellung des Mieters nach einem Eigentümerwechsel ist nämlich nur Folge der rechtstechnischen Umsetzung des Bestandschutzzieles, es ist **nicht eigentlicher Zweck der Vorschrift.** Das hat wohl auch der BGH erkannt, der in früheren Urteilen noch ausführte, Ziel des § 566 BGB sei es, den Mieter in seinen Rechten bei einem Eigentumswechsel nicht zu verkürzen[29] bzw. ihm seine Rechtsposition zu erhalten[30]. Später dann betonte er neben dem Verbot der Schlechterstellung, dass es nicht Sinn der Vorschrift sei, den Vertrag aus formellen Gründen unnötig kompliziert zu gestalten[31] oder die Abrechnung von Nebenkosten zu erschweren[32]; außerdem hat er den Verlust einer Aufrechnungsmöglichkeit[33] bzw. eines Zurückbehaltungsrechtes[34] als notwendige Folge des Wechsels des Vertragspartners bezeichnet und den Mieter nicht für schutzwürdig gehalten, weil eine Personenmehrheit in den Vertrag eintritt und deshalb die Gefahr der Eigenbedarfskündigung steigt[35]. Weiterhin ist das Bestandsschutzinteresse nicht nur aus der Sicht des Wohnungsmieters zu beurteilen. Wegen der Vielzahl der Verweisungen auf § 566 BGB (insbesondere in § 578 BGB hinsichtlich der gesam-

---

[23] *Eckert* in FS Blank S. 129.
[24] Allg. M., s. nur *Emmerich* in Staudinger § 566 Rdn. 3 m. w. N.; BGH NJW 1999, 2178.
[25] BVerfG NJW 1993, 2035.
[26] *Derleder/Bartels* JZ 1997, 986.
[27] *Paschke/Oetker* NJW 1986, 3177.
[28] So auch *Weitemeyer* in FS Blank S. 455 unter Hervorhebung des verfassungsrechtlichen Aspektes der Eigentumsgarantie.
[29] BGH NJW 1968, 886.
[30] BGH NJW 1988, 706.
[31] BGH NJW 1999, 2178.
[32] BGH NZM 2005, 17.
[33] BGH NZM 2004, 189.
[34] BGH WuM 2006, 435 = NZM 2006, 696.
[35] BGH NJW 2009, 2738 = WuM 2009, 519 = ZMR 2010, 99.

ten Raum- und Grundstücksmiete) ist die Vorschrift vielmehr nach dem Bestandsinteresse aller in Betracht kommenden Arten von Mietern auszulegen. Schließlich darf nicht einseitig nur § 566 BGB in den Blick genommen werden, wo in der Tat die Mieterinteressen bevorzugt werden. Insbesondere durch §§ 566b, 566c BGB werden nämlich auch die Belange des Erwerbers am Erhalt des Mietzinses unter teils erheblicher Einschränkung des Mieterschutzes berücksichtigt, so dass sich die §§ 566ff. BGB insgesamt als Ausgleich der unterschiedlichen Interessen nach einem Eigentumswechsel darstellen. S. eingehend zum Regelungszusammenhang zwischen § 566 BGB und §§ 566b bis 566d BGB, der für das Verständnis von § 566 BGB von erheblicher Bedeutung ist, bei § 566b Rdn. 6ff.

III. Dogmatik des Rechtsübergangs

Auch wenn die Vorschrift seit Inkrafttreten des BGB nahezu unverändert existiert, ist ihre dogmatische Grundlage nicht abschließend geklärt; gerade in jüngerer Zeit wurde heftig daran gerüttelt[36]. Das mag einmal daran liegen, dass das Verständnis der Vorschrift ohnehin nicht leicht fällt, aber auch daran, dass der darin verwirklichte Mieterschutz manchem zu weit geht[37], andere sehen Schutzlücken[38]. **9**

Die auf das RG zurückgehende mietrechtliche Rechtsprechung des BGH sieht in § 566 BGB seit jeher den Fall einer gesetzlich angeordneten Novation: Der Erwerber werde mit der Eigentumsumschreibung auf ihn nicht Rechtsnachfolger des ursprünglichen Vermieters, es entstehe vielmehr zu diesem Zeitpunkt unmittelbar kraft Gesetzes ein **neues Mietverhältnis,** allerdings mit den gleichen Rechten und Pflichten, wie sie nach dem Vertrag mit dem Vermieter bestanden haben[39]. Mit der Annahme einer Novation lehnt diese Rechtsprechung – teilweise ausdrücklich[40] – eine gesetzliche Vertragsübernahme ab. Zwei nicht für das Mietrecht zuständige Senate des BGH gehen hingegen offenbar – allerdings ohne nähere Problematisierung – von einer Rechtsnachfolge aus[41]. Ebenfalls ohne nähere Problematisierung nimmt der für die Wohnraummiete zuständige VIII. Senat des BGH in einem Urteil vom 9.6.2010[42] wie selbstverständlich eine Rechtsnachfolge an, wenn er in Zusammenhang von § 57 ZVG, § 566 BGB davon spricht, die Zwangsversteigerung führe nicht zu einer Beendigung des Vertrages, sondern zu dessen Fortsetzung mit dem Ersteher; ein grundsätzlicher Rechtsprechungswechsel kann daraus aber wohl nicht entnommen werden, da bei einer Aufgabe dieser jahrzehntealten Rechtsprechungstradition zu erwarten gewesen wäre, dass dies ausdrücklich ausgesprochen wird. **10**

Mit einer Novation ist die Auflösung des Vertrages bei anschließender Neubegründung verbunden; eine **Vertragsübernahme** bewahrt die Identität des Schuldverhältnisses, sie wechselt nur einen der Vertragspartner aus[43]. Die Vertragsübernahme stellt damit einen Fall der Rechtsnachfolge (Sukzession[44]) dar, die Novation hingegen nicht[45]. Die Frage, ob eine Novation oder eine Vertragsübernahme vorliegt, hat vor allem Bedeutung für die Einwendungen, die der neue Vertragspartner **11**

[36] S. *Weitemeyer* in FS Blank S. 445; *Wieling* in GS Sonnenschein S. 201; *Gsell* WuM 2012, 412; *Lähn,* Der Vermieterwechsel im laufenden Mietverhältnis, Diss. (Universität Kiel) 2015, S. 48. *Dötsch* ZMR 2011, 258 schließt sich den nachfolgenden Ausführungen vollumfänglich mit einer fast identischen Gedankenführung und Argumentation, die auf *Streyl* NZM 2010, 346 zurückgeht, an.

[37] *Hattenauer* NZM 2003, 676 sieht in dem Mieterschutz eine Vermengung von Privatrecht und Sozialrecht.

[38] *Weitemeyer* in FS Blank S. 448 weist auf die Probleme bei der Behandlung von Tatbeständen hin, die sich über den Eigentumsübergang hinweg entwickeln.

[39] Ständige Rechtsprechung, zuletzt BGH (VIII ZR 224/13) NZM 2015, 79 = WuM 2015, 80 Rdn. 41; ferner BGH (XII ZR 163/12) NJW 2014, 3775 = WuM 2014, 733; BGH (XII ZR 22/11) NJW 2012, 3032 = WuM 2012, 560; BGH (IX ZR 29/11) NJW 2012, 1881 = WuM 2012, 325 = ZMR 2012, 539; BGH NJW 2008, 2256 = WuM 2008, 402; BGH NJW 2006, 1800; NJW 2005, 1187 (unter Bezugnahme auf BGH NJW 2004, 852, wo allerdings nur das Fälligkeitsprinzip erwähnt wird); NJW 2000, 2346; NJW 1962, 1389; RGZ 68, 12; RGZ 59, 188. Ebenso OLG Karlsruhe DWW 2008, 178 = WuM 2008, 552 = ZMR 2008, 533.

[40] BGH NJW 2000, 2346.

[41] Vgl. BGH NJW 1970, 753 („kraft Gesetzes in die Mietverträge eingetreten") und BGH NJW 1990, 444/445 („in das Mietverhältnis eingetreten").

[42] BGH WuM 2010, 518 = NZM 2010, 698.

[43] *Rieble* in Staudinger (2012) § 414 Rdn. 100.

[44] Grundsätzlich zum Begriff der Rechtsnachfolge s. *Nörr* in *Nörr/Scheyhing/Pöggeler,* Sukzessionen, 2. Aufl., S. 1ff. Danach ist Rechtsnachfolge oder Sukzession die Auswechslung eines Rechtssubjektes unter Wahrung der Identität und Kontinuität des oder der Rechtsverhältnisse.

[45] *Rieble* in Staudinger (2012) § 414 Rdn. 100.

gegen sich gelten lassen muss; Sukzession bedeutet nämlich grundsätzlich Einwendungserhalt, Novation hingegen Einwendungsverlust[46]. Dieser Unterschied ist wohl der tiefere Grund dafür, warum die Rechtsprechung zur Dogmatik des § 566 BGB vielfach nicht akzeptiert wird. M. E. war die Rechtsprechung historisch richtig, sie müsste sich aber der Rechtsentwicklung anpassen und heute von einer Vertragsübernahme ausgehen. Die Unterschiede sind jedoch praktisch gering[47].

12 Nach dem Wortlaut des § 566 Abs. 1 BGB tritt der Erwerber in *die Rechte und Pflichten aus dem Mietverhältnis* ein. Diese Formulierung unterscheidet sich von derjenigen in § 563 Abs. 1 BGB. Dort tritt der Berechtigte in *das Mietverhältnis* ein; ähnlich ist es in § 16 Abs. 2 VermG (Eintritt in die jeweiligen Rechtsverhältnisse). Dieser sprachliche Unterschied könnte darauf hindeuten, dass mit § 566 BGB nur eine Vielzahl einzelner Rechte und Pflichten übertragen wird, die sozusagen in den neuen Vertrag mit dem Erwerber „eingebracht" werden, wohingegen bei §§ 563 BGB, 16 VermG der Vertrag als Ganzes übergeht. In letzterem Sinne versteht die h. M. § 563 Abs. 1 BGB als Sonderrechtsnachfolge[48] (und nicht als Novation) und § 16 Abs. 2 VermG als gesetzliche Vertragsübernahme[49]. Die Formulierung in § 566 BGB ist historisch bedingt. Der Gesetzgeber des BGB kannte die (vertragliche oder gesetzliche) Vertragsübernahme noch nicht, diese Rechtsfigur wurde erst zu Beginn des 20. Jahrhunderts entwickelt[50] und nach dem zweiten Weltkrieg von der Rechtsprechung des BGH anerkannt[51]. Schon den Gesetzesmaterialien kann allerdings entnommen werden, dass der historische Gesetzgeber einen möglichst vollständigen Eintritt des Erwerbers wollte. Die zweite Kommission verwarf nämlich einen Vorschlag, nach dem die *Rechte* des Vermieters nach Maßgabe der heutigen §§ 404 bis 409 BGB[52] übergehen sollten mit der Begründung, dass dem Erwerber dann nur die *Forderungs*rechte zustünden, nicht aber andere Rechte wie etwa das Kündigungsrecht, die bei dem Veräußerer verblieben[53]. Um eine „Duplizität des Mietverhältnisses" zu vermeiden, nahm die Kommission eine „Anomalie" des gesetzgeberischen Gesamtkonzeptes in Kauf[54], nämlich den vollständigen Übergang aller Rechte und Pflichten[55] anstatt des ansonsten in den heutigen §§ 398 ff. BGB eigentlich nur vorgesehenen Übergangs von Einzelforderungen aus einem Schuldverhältnis; die zweite Kommission sah in einem Vertrag nämlich nicht – wie heute – ein einheitliches Rechtsgeschäft, sondern eine Summe von Einzelleistungen[56]. Bei Inkaufnahme der Anomalie stützte sie sich auf die *Hilfserwägung,* dass nach deutschrechtlichen Rechtsgrundsätzen gewisse Belastungen (Reallasten) dem Grundstück anhafteten; wenn man das Mietverhältnis als eine solche Belastung ansehe, müssten dem Erwerber auch die Rechte zustehen[57] und zwar nicht

---

46 *Rieble* in Staudinger (2012) § 414 Rdn. 100.

47 So auch *Derleder/Bartels* JZ 1997, 984.

48 S. § 563 Rdn. 44.

49 BGH ZMR 1996, 192; BGH NZM 2001, 159.

50 *Weitemeyer* in FS Blank S. 454; *Nörr* in *Nörr/Scheyhing/Pöggeler,* Sukzessionen, 2. Aufl., S. 3. *Nörr* geht davon aus, dass der Gesetzgeber die Vertragsübernahme gesetzlich geregelt hätte, wenn er sie für möglich gehalten hätte.

51 BGH NJW 1961, 454; BGH WuM 1985, 1172 = NJW 1985, 2528.

52 Der Vorschlag erwähnte die §§ 302–308 des damaligen (ersten) Entwurfs (*Mugdan* S. 815), die den heutigen §§ 404–409 BGB entsprechen; die Regelung des heutigen § 413 BGB war also nicht in Bezug genommen.

53 *Mugdan* S. 816. M. E. ist die zweite Kommission hier einem Irrtum unterlegen. Der abgelehnte Vorschlag hat zwar nicht auf die dem heutigen § 413 BGB entsprechende Regelung verwiesen (§ 312 des ersten Entwurfs), mit der eine Übertragung anderer Rechte als Forderungen (nämlich etwa Gestaltungsrechte wie die Kündigung) ermöglicht wurde; das war aber wohl auch nicht notwendig, da sich die Anwendung der Abtretungsvorschriften entgegen den Vorstellungen der zweiten Kommission nach dem abgelehnten Vorschlag nicht auf die *Forderungsrechte* des Vermieters beschränken, sondern *alle Rechte* erfassen sollte. Deshalb kann man entgegen *Weitemeyer* (in FS Blank S. 454) in der Ablehnung des Vorschlags kein Votum gegen eine Rechtsnachfolge (*Weitemeyer* spricht von der Zessionstheorie) sehen, sondern nur gegen einen eingeschränkten Rechtsübergang und gegen den in den Abtretungsregeln vorgesehenen Einwendungserhalt. Soweit die Kommission die Befürchtung äußerte, im Falle der „Zessionslösung" sei der Erwerber an Vorausverfügungen über die Miete gebunden (*Mugdan* S. 817), sind hierfür §§ 566b und 566c BGB geschaffen worden; diese Gefahr spricht also auch nicht gegen die Annahme einer Rechtsnachfolge (anders wohl *Weitemeyer* in FS Blank S. 455). Nicht zu dem Thema verhält sich *Streyl, Edmund,* Die Beziehungen des Bundes zu den Ländern im Wasserrecht, Diss. (Universität Münster) 1954.

54 *Mugdan* S. 816.

55 *Jüttner,* Zur Geschichte des Grundsatzes „Kauf bricht nicht Miete", Diss. (Universität Münster) 1960 nennt dies auf S. 79 einen gesetzlichen Eintritt in den Mietvertrag und auf S. 86 einen gesetzlichen Übergang des Schuldverhältnisses.

56 *Nörr* in *Nörr/Scheyhing/Pöggeler,* Sukzessionen, 2. Aufl., S. 180/181.

57 *Mugdan* S. 816/817.

nur die Forderungsrechte, sondern alle Rechte ohne die Beschränkungen des Abtretungsrechtes. Aus dem Vergleich mit den Reallasten folgerte das RG, dies schließe eine Rechtsnachfolge aus, das neue Mietverhältnis erwachse vielmehr aus dem Eigentum[58]. Diese Schlussfolgerung des RG beruht wohl auf einer damals vertretenen Literaturansicht, die den Mietvertrag als eine Zustandsobligation, also als eine auf dem Grundstück ruhende, dinglich wurzelnde Obligation für die Dauer des Eigentums ansah; die andere Ansicht[59], die unter anderem *Enneccerus* vertrat, sah in § 566 BGB den gesetzlichen Übergang des Schuldverhältnisses, der dem Rechtssystem zwar fremd, aber in sich klar sei und keiner Zurückführung auf bekannte Rechtserscheinungen bedürfe. Die Schlussfolgerungen, die das RG aus der Bemerkung der zweiten Kommission zieht und auf denen wohl letztlich auch die Rechtsprechung des BGH beruht, sind m. E. falsch. Im Gegensatz zum preußischen ALR[60] wurde der Grundsatz „Kauf bricht nicht Miete" nämlich gerade nicht als dingliches Recht ausgestaltet, sondern schuldrechtlich. Die Dinglichkeit würde voraussetzen, dass die Miete selbst ein dingliches Rechtverhältnis im Sinne einer Verfügung über das Grundstück bzw. die Räume wäre, was aber allein schon wegen der systematischen Stellung der Vorschriften über die Miete ausscheidet[61]. Der Mietvertrag ist Kausalgeschäft für die Gebrauchsüberlassung. Nur wenn es auf Grund dieses Kausalgeschäftes auch tatsächlich zur Gebrauchsüberlassung kommt, werden an den Besitz (die Sachherrschaft) des Mieters – wie oftmals in anderen Fällen[62] – gewisse dingliche Wirkungen geknüpft[63]. Diese Wirkung besteht etwa in der Anwendung der Besitzschutzregeln oder eben des § 566 BGB[64]. Deshalb bleibt § 566 BGB aber dennoch ein schuldrechtliches Rechtsinstitut[65] und der Vergleich der zweiten Kommission mit den Reallasten muss als Versuch gewertet werden, die selbst eingeräumte Anomalie vorstellbar und akzeptierbar zu machen. Aus ihr können aber entgegen der Ansicht des RG keine Rückschlüsse auf die schuldrechtliche Konstruktion des Rechtsübergangs gezogen werden. Der historische Gesetzgeber hat keine weiteren Angaben zu der Art des Rechtsübergangs gemacht, man kann aber annehmen, dass er die moderne Konstruktion der Vertragsübernahme gewählt hätte, wenn sie ihm bekannt gewesen wäre. Auch wenn er die Vertragsübernahme als Rechtsfigur nicht kannte, ist er doch davon ausgegangen, dass entweder Forderungsabtretung und Schuldübernahme zur Sukzession auch in die Stellung als Vertragspartei ausreichten oder dass alternativ der Austausch einer Vertragspartei durch Aufhebungsvertrag und Neuabschluss möglich sei[66]. Entscheidendes Kriterium für die Abgrenzung beider Alternativen, also der Vertragsübernahme von der Novation ist die Frage, ob nur ein Vertragspartner ausgewechselt werden und das Schuldverhältnis im Übrigen unverändert gelassen werden soll oder nicht[67]. Diese Frage ist angesichts des angeordneten vollständigen Rechte- und Pflichtenübergangs im Sinne einer **Vertragsübernahme** zu bejahen[68]. Der Wortlaut des § 566 BGB steht dem letztlich nicht entgegen und zwar auch dann nicht, wenn man berücksichtigt, dass der Gesetzgeber der Mietrechtsreform ihn unverändert gelassen hat. Denn auch der moderne Gesetzgeber, der schon um die Anerkennung des Rechtsinstituts der Vertragsübernahme wusste, hat noch die Formulierung des § 566 BGB (Eintritt in die Rechte und Pflichten) gewählt, um eine gesetzliche Vertragsübernahme anzuordnen. Beispielhaft seien hier § 613a BGB und § 95 VVG (früher § 69 VVG)

[58] RGZ 68, 12/13; RGZ 59, 188.

[59] Nachweise für beide Ansichten bei *Jüttner,* Zur Geschichte des Grundsatzes „Kauf bricht nicht Miete", Diss. (Universität Münster) 1960, S. 86.

[60] S. dazu *Wieling* in GS Sonnenschein S. 201/202; *Jüttner,* Zur Geschichte des Grundsatzes „Kauf bricht nicht Miete", Diss. (Universität Münster) 1960, S. 85.

[61] **A. A.** *Wieling* in GS Sonnenschein S. 219 und – allerdings zu § 565 BGB – *Gärtner* JZ 1994, 445.

[62] Etwa § 986 Abs. 2 BGB für bewegliche Sachen.

[63] *Canaris* in FS Flume Band I S. 393 bezeichnet § 566 BGB als teilweise Verdinglichung durch das schuldrechtliche Instrument des Vertragsübergangs; ähnlich *Weller* JZ 2012, 882 und 885/886. BGH (XII ZR 13/10) NJW 2012, 1353 = WuM 2012, 278 = ZMR 2012, 535 sieht § 566a BGB als „der Sache nach" dingliche Belastung des Grundstücks.

[64] BGH NJW 1989, 2053; *Weller* JZ 2012, 885/886.

[65] Ausführlich und überzeugend dazu *Häublein* in MünchKomm § 566 Rdn. 3. Außerdem *Emmerich* in Staudinger § 566 Rdn. 6 m. w. N. auch zu den abweichenden Meinungen sowie *Gather* DWW 2006, 312 und *Harke* ZMR 2002, 492. Die Gegenmeinung von *Gärtner* JZ 1994, 445 setzt m. E. in unzulässiger Weise die eingeschränkten dinglichen Wirkungen mit einer Verdinglichung gleich.

[66] *Rieble* in Staudinger (2012) § 414 Rdn. 94.

[67] BGH WuM 1985, 1172 = NJW 1985, 2528; *Nörr* in *Nörr/Scheyhing/Pöggeler,* Sukzessionen, 2. Aufl., S. 185.

[68] Ähnlich *Derleder/Bartels* JZ 1997, 984 und *Sternel* Mietrecht aktuell (2009) Rdn. I 180, die das Modell der Novation als künstlich bzw. lebensfremd bezeichnen.

genannt[69]. Schließlich spricht auch die Regelung des § 563 BGB für die Einordnung als Vertragsübernahme. § 563 BGB wird fast einhellig[70] als Anordnung einer Rechtsnachfolge aufgefasst. Diese Bestimmung betrifft zwar den Wechsel der Person des Mieters; für die dogmatische Einordnung sollte es aber keine Rolle spielen, welcher der Vertragspartner (Mieter oder Vermieter) ausgetauscht wird. Die Struktur der Vorschriften ist auch vergleichbar, weil sie übereinstimmend von einer durch den Personenwechsel bedingten Zäsur in dem Vertragsverhältnis ausgehen, die grundsätzlich zur Anwendung des Fälligkeitsprinzips führt und so die Haftung des Ausgeschiedenen (des Veräußerers in § 566 BGB und des Erben des verstorbenen Mieters in § 563b BGB) auf die vor dem Vertragsübergang entstandenen Ansprüche beschränkt. Auch wenn bei § 566 BGB – anders als bei § 563 BGB – ein rechtsgeschäftlich bedingter Eigentumswechsel dominiert, ist § 566 BGB in zahlreichen Fällen auch auf andere Eigentumserwerbstatbestände (etwa § 57 ZVG) anwendbar.

13 Die dogmatische Einordnung des § 566 BGB als Vertragsübernahme[71] und damit als Rechtsnachfolge hat allerdings kaum Einfluss auf die **materiellrechtlichen**[72] **Folgen** des Rechtsübergangs. Mangels gesetzlicher Regelung hat sich das Rechtsinstitut der Vertragsübernahme durch Literatur und Rechtsprechung geformt. Allgemein wird die entsprechende Anwendung der §§ 398 ff., 414 ff. BGB für richtig gehalten[73], sie steht allerdings unter dem Vorbehalt anderweitiger (ausdrücklicher oder stillschweigender) Vereinbarungen der Parteien des Übernahmevertrages[74]. Im Falle der gesetzlichen Vertragsübernahme gibt es solche Vereinbarungen nicht, es muss deshalb aus der gesetzlichen Anordnung und deren Zweck – wie bei jeder Analogie – im Einzelfall geprüft werden, ob eine entsprechende Anwendung geboten ist[75].

14 Im Rahmen des § 566 BGB ist hierbei zunächst zu berücksichtigen, dass das Gesetz mit den §§ 566a bis 566e BGB Spezialregelungen für den Rechtsübergang in Bezug auf die Mietforderung getroffen hat, die den §§ 398 ff. BGB vorgehen[76]. Ohne Berücksichtigung dieser Regelungen ist ein richtiges Verständnis des § 566 BGB kaum möglich[77]. § 566c BGB ist § 407 BGB[78] nachgebildet, § 566d BGB dem § 406 BGB und § 566e BGB dem § 409 BGB. Der Schutzgehalt von §§ 566b bis 566d BGB, die entgegen ihrer mieterschützenden Diktion den Mieterschutz erheblich beschränken, ist gering; er entspricht demjenigen der vergleichbaren §§ 1124, 1125 BGB[79]. Außerdem gibt es bewusste Schutzlücken für den Mieter, der in Unkenntnis des Eigentumsübergangs an den Veräußerer oder an einen Zessionar leistet, weil die Vorschrift des § 407 BGB in § 566c BGB nur unvollständig übernommen wurde[80]. Eine Vorschrift, die § 404 BGB entspricht, gibt es in §§ 566a bis 566e BGB überhaupt nicht. Aus dem Gedanken des durch § 566 BGB bezweckten Mieterschutzes wird vielfach eine Anwendung des § 404 BGB befürwortet[81], um dem Mieter alle Einwendungen gegenüber dem Erwerber zu erhalten, die ihm gegen den ursprünglichen Vermieter

[69] *Emmerich* in Staudinger § 566 Rdn. 5; *Nörr* in *Nörr/Scheyhing/Pöggeler,* Sukzessionen, 2. Aufl., S. 184, 200.
[70] S. § 563 Rdn. 44.
[71] Wie hier *Emmerich* in Staudinger § 566 Rdn. 5; *Häublein* in MünchKomm § 566 Rdn. 23; *Weitemeyer* FS Blank S. 458, 447 m. w. N.; *Gsell* WuM 2012, 412; *Derleder/Bartels* JZ 1997, 984; *Derleder* WImmoT 2008, 60; *Lehmann-Richter* WImmoT 2008, 155; *Nörr* in *Nörr/Scheyhing/Pöggeler,* Sukzessionen, 2. Aufl., S. 202; *Canaris* FS Flume, Band I S. 393. Dem BGH folgen etwa *Blank/Börstinghaus* § 566 Rdn. 2. *Dötsch* ZMR 2011, 258 schließt sich den hiesigen Ausführungen vollumfänglich mit einer fast identischen Gedankenführung und Argumentation, die auf *Streyl* NZM 2010, 346 zurückgeht, an.
[72] Vollstreckungsrechtlich kann die Annahme einer Rechtsnachfolge die Anwendung des § 727 ZPO (Klauselerteilung für und gegen den Rechtsnachfolger) nach sich ziehen. Wegen der Zäsurwirkung des Eigentumsübergangs dürfte das aber kaum praktische Bedeutung haben, außer für den Räumungsanspruch (s. hierzu auch *Stöber* in Zöller § 727 Rdn. 10).
[73] *Roth/Kieninger* in MünchKomm (7. Aufl.) § 398 Rdn. 190. S. auch BGH (IX ZR 29/11) NJW 2012, 1881 = WuM 2012, 325 = ZMR 2012, 539.
[74] *Nörr* in *Nörr/Scheyhing/Pöggeler,* Sukzessionen, 2. Aufl., S. 202/203.
[75] Ebenso *Weitemeyer* in FS Blank S. 456 und wohl auch *Häublein* in MünchKomm § 566 Rdn. 23.
[76] Ist nicht die Mietforderung betroffen, können §§ 406 ff. BGB aber weitgehend entsprechend angewendet werden (Einzelheiten bei der Kommentierung zu § 566e BGB).
[77] S. eingehend zum Regelungszusammenhang zwischen § 566 BGB und §§ 566b bis 566d BGB bei § 566b Rdn. 6 ff.
[78] Nach BGH NZM 2002, 291 = NJW-RR 2002, 730 und BGH (IX ZR 29/11) NJW 2012, 1881 = WuM 2012, 325 = ZMR 2012, 539 ist § 407 BGB auch bei § 566 BGB anwendbar; s. ausführlich bei § 566e Rdn. 19.
[79] Einzelheiten bei der Kommentierung zu § 566b BGB.
[80] Einzelheiten bei der Kommentierung zu § 566e BGB.
[81] Eingehend *Weitemeyer* in FS Blank S. 456 ff. und *Gellwitzki* WuM 2006, 126; ebenso *Emmerich* in Staudinger § 566 Rdn. 5.

zustanden. Die Rechtsprechung lehnt eine **entsprechende Anwendung des § 404 BGB** ab, weil diese Vorschrift eine Rechtsnachfolge voraussetze, die es aber bei der von ihr angenommenen Novation nicht gebe[82]. Das ist zwar bei der hier angenommenen dogmatischen Konstruktion der Vertragsübernahme anders, das Gesetz ordnet aber – wie insbesondere aus den dargelegten Einschränkungen des Schuldnerschutzes in §§ 566b bis 566e BGB deutlich wird – keine umfassende Rechtsnachfolge des Erwerbers an, sondern nur eine zeitlich beschränkte Rechtsnachfolge für die Dauer des Eigentums unter besonderer Berücksichtigung des Erwerberinteresses, den Mietzinses zu erhalten[83]. Dabei mag es Konstellationen geben, in denen die Anwendung des § 404 BGB wünschenswert erscheint[84], die Unangemessenheit eines Einwendungserhaltes wird aber deutlich an einem bereits vom BGH[85] entschiedenen Fall, bei dem der Veräußerer möglicherweise treuwidrig den Abschluss eines schriftlichen Mietvertrages vereitelt hatte; wäre § 404 BGB anwendbar, dann könnte der Mieter sich dem Erwerber gegenüber auf den durch den Veräußerer begründeten Einwand der Treuwidrigkeit berufen und den Abschluss eines formgerechten Vertrages verlangen, wodurch aber der Zweck des in § 550 BGB geregelten Schriftformerfordernisses, den Erwerber über den Bestand von Mietverhältnissen zu informieren, weitgehend leerlaufen würde[86]. Durch den Eigentumswechsel an dem Grundstück tritt demnach eine **zeitliche Zäsur** ein, die Rechtsnachfolge erfasst nicht die Rechte und Pflichten vor dem Eigentumsübergang. Die Zäsur wirkt aber nicht nur zeitlich, die Rechtsnachfolge wird nach dem Wortlaut des § 566 Abs. 1 BGB auch auf die Rechte und Pflichten *aus dem Mietverhältnis* beschränkt, also auf die Vereinbarungen der vertragsschließenden Parteien (veräußernder Vermieter und Mieter), die als mietrechtlich zu qualifizieren sind (Einzelheiten bei Rdn. 88). Diese Ergebnisse stimmen überein mit der Rechtsprechung des BGH auf dessen anderer dogmatischer Grundlage und sie entsprechen auch dem oben dargelegten Zweck des § 566 BGB, dem Mieter den Bestand des Mietvertrages zu sichern, ihn aber nicht vor allen Nachteilen des Eigentumswechsels zu bewahren. Wegen der weitgehenden Gleichheit der Ergebnisse ist es nicht zu erwarten, dass der BGH die vom RG begründete, über hundertjährige Rechtsprechung zur Novation angesichts der hier dargelegten Meinung ändert; s. aber auch Rdn. 10 am Ende. S. ergänzend zum Schutz des Mieters durch § 406ff. BGB bei § 566e Rdn. 17ff.

IV. Anwendungsbereich

Für die Miete **beweglicher Sachen** gilt § 566 BGB nicht; zu den Folgen s. Rdn. 4. Um die Miete beweglicher Sachen handelt es sich nicht bei Räumen, die lediglich wegen § 95 BGB als bewegliche Sachen (Scheinbestandteile) behandelt werden; in diesen Fällen (etwa bei Verkauf eines vom Mieter eines Grundstücks für einen vorübergehenden Zweck errichteten Hauses[87]) ist § 566 BGB vielmehr anwendbar[88]. Zur Mitvermietung von **Zubehör** s. Rdn. 97a. 15

Nach dem Wortlaut des § 566 BGB löst nicht jede Eigentumsänderung an dem vermieteten Grundstück die Folgen des § 566 BGB aus, sondern nur eine **Veräußerung.** Veräußerung bedeutet Eigentumsübergang[89]. Aus dem Wortlaut des § 566 BGB („vom Vermieter an einen Dritten") ergibt sich, dass der Eigentumsübergang durch Rechtsgeschäft zwischen Vermieter und Erwerber veranlasst sein muss, ein gesetzlicher Rechtsübergang (etwa durch Erbschaft) ist kein Anwendungsfall des § 566 BGB. Da für einen Eigentumsübergang das kausale Grundgeschäft nicht ausreicht, ist mit Veräußerung das dingliche Rechtsgeschäft zwischen Vermieter und Erwerber gemeint[90]. Die rechtsgeschäftliche Eigentumsübertragung ist eine der Grenzen des unmittelbaren Anwendungsbereichs von § 566 BGB. 16

---

[82] BGH NJW 2006, 1800.
[83] Ähnlich *Derleder* WImmoT 2008, 60.
[84] S. hierzu *Weitemeyer* in FS Blank S. 448ff. und *Gellwitzki* WuM 2006, 126.
[85] BGH NJW 1962, 1388.
[86] S. zur Bindung des Erwerbers an Schriftformheilungsklauseln BGH (XII ZR 68/10) NJW 2014, 1087 Rdn. 27; *Leo* NZM 2006, 816; *Streyl* NZM 2009, 261 und bei Rdn. 94. S. aber auch *Lindner-Figura/Schnieders* in DMT-Bilanz 2011 S. 441.
[87] Für die Grundstücksveräußerung gilt § 566 BGB ohnehin.
[88] *Emmerich* in Staudinger § 566a Rdn. 9.
[89] BGH NJW 2003, 2160; BayObLG NJW-RR 1992, 1167; *Emmerich* in Staudinger § 566 Rdn. 26.
[90] Allg. M., vgl. nur *Häublein* in MünchKomm § 566 Rdn. 17.

17 Aus Wortlaut und systematischer Stellung der Vorschrift ergibt sich weiter, dass nicht alle Verträge, die Bezug zu dem veräußerten Grundstück haben, übergehen, sondern nur Mietverhältnisse über Wohnraum[91]. Hierzu gehören auch sog. **Dauernutzungsverträge mit einer Genossenschaft**[92]; s. auch Rdn. 124. Außerdem gehören zur Wohnraummiete Verträge über **Werkmietwohnungen** gem. § 576 BGB. In diesen Fällen gibt es zwei selbständige Verträge, den Dienst- und den Mietvertrag; für letzteren gelten die mietrechtlichen Regelungen, er ist mit Rücksicht auf ersteren aber leichter beendbar. Bei **Werkdienstwohnungen** gem. § 576b BGB gibt es hingegen einen einheitlichen Vertrag über Miete und Dienstleistung, bei der die Dienstleistung im Vordergrund steht und Mietrecht allenfalls kraft Vereinbarung Anwendung findet[93]; nach Ende des Dienstverhältnisses ist der Wohnraum bei Vorliegen der Voraussetzungen des § 576b BGB aber nur unter den mietrechtlichen Voraussetzungen kündbar, so dass bis zur Beendigung ein gesetzliches Schuldverhältnis entsteht, für das – weil der Dienstverpflichtete vor Verlust seiner Wohnung geschützt werden soll – auch § 566 BGB gilt[94]. Bei **Mischmietverhältnissen** von Wohnraum und Gewerbe kommt es auf den Schwerpunkt der Nutzung dafür an, ob ein Wohnraummietvertrag vorliegt oder nicht[95]. Wegen der Verweisung auf § 566 BGB in § 578 BGB spielt die Abgrenzung aber praktisch keine Rolle. Zu typengemischten Verträgen s. Rdn. 29.

18 Der Anwendungsbereich des § 566 BGB ist durch zahlreiche **Verweisungen** erweitert worden. Diese Erweiterungen betreffen einmal die Art des Rechtsübergangs (insbesondere § 57 ZVG), aber auch die Vertragsarten, auf Grund derer eine Grundstücksnutzung geschieht. Die Analyse dieser Verweisungen zeigt, dass als Vertragsart immer ein entgeltlicher Nutzungsvertrag notwendig ist und die Erweiterungen die Nutzungsintensität (Pacht) oder den Nutzungsgegenstand (über die Wohnräume hinaus alle Räume, Grundstücke, Schiffe etc.) betreffen. Bei diesen Verweisungen steht – wie bei der Wohnraummiete – der Mieterschutz (Bestandsschutz) im Vordergrund; ein Sonderkündigungsrecht für den Erwerber gibt es dementsprechend nicht. Bei den Verweisungen, die die Art des Rechtsübergangs (z. B. Zwangsversteigerung) oder das dingliche Recht betreffen, aufgrund dessen die Nutzung gewährt worden ist (z. B. Nießbrauch), bevorzugt das Gesetz hingegen die Interessen des Eigentümers[96], indem es ihm ein Sonderkündigungsrecht einräumt.

1. Verweisung auf die gesamte Raum- und Grundstücksmiete

19 Gem. § 578 Abs. 1 BGB ist eine entsprechende Anwendung des § 566 BGB auf Mietverhältnisse über Grundstücke vorgeschrieben, gem. § 578 Abs. 2 BGB die entsprechende Anwendung auf Räume, die keine Wohnräume sind. Das bedeutet, dass die Vorschrift für die gesamte **Raum- und Grundstücksmiete** gilt, also insbesondere für die neben der Wohnraummiete praktisch besonders wichtige Gewerbemiete von Räumen und Grundstücken. Zur Grundstücksmiete gehört auch die Miete von Grundstücksteilen[97] (etwa als Kfz-Stellplatz oder als Werbefläche bzw. zur Automatenanbringung an Außenwandflächen[98]). Zum Begriff der Raummiete s. § 578 Rdn. 6ff. Insbesondere Innenbereiche beweglicher Sachen gehören nicht dazu (etwa Wohnwagen oder Container). Um die Miete beweglicher Sachen handelt es sich nicht bei Räumen, die lediglich wegen § 95 BGB als bewegliche Sachen (Scheinbestandteile) behandelt werden; in diesen Fällen (etwa bei Verkauf eines vom Mieter eines Grundstücks für einen vorübergehenden Zweck errichteten Hauses[99]) ist § 566 BGB vielmehr anwendbar[100].

---

[91] S. zur Abgrenzung der Wohnraummiete von anderen Vertragsarten vor § 535 Rdn. 94ff.

[92] Grundlegend OLG Karlsruhe WuM 1985, 77 = ZMR 1985, 123 = NJW-RR 1986, 89. LG Frankenthal, Urteil v. 27.7.2005 (Az.: 2 S 119/05); der BGH hat mit Beschluss v. 10.1.2006 (Az.: VIII ZR 15/05) Prozesskostenhilfe für eine Revision gegen dieses Urteil versagt. *Drasdo* NZM 2012, 597. Ferner BGH (VIII ZR 250/11) WuM 2012, 294; dieser Beschluss des BGH gem. § 552a ZPO ist allerdings nicht aus sich heraus verständlich (so auch *Drasdo* NZM 2012, 598), die ihm hier zugemessene Aussage ergibt sich nur aus Rdn. 3 durch Billigung der landgerichtlichen Entscheidung LG Freiburg GE 2012, 953.

[93] S. § 576b Rdn. 8.

[94] § 576b Rdn. 22.

[95] S. zur Abgrenzung vor § 535 Rdn. 107ff.

[96] *Emmerich* in Staudinger § 566 Rdn. 8; s. auch *Roquette* NJW 1957, 1440.

[97] S. § 578 Rdn. 2/3.

[98] OLG München NJW 1972, 1995; OLG Hamm NJW-RR 1992, 270. Dies gilt aber nur, wenn das Mietelement im Vordergrund steht; zu Gestattungsverträgen s. Rdn. 28.

[99] Für die Grundstücksveräußerung gilt § 566 BGB ohnehin.

[100] *Emmerich* in Staudinger § 566a Rdn. 9.

20 Vermietet ein Gesellschafter „seiner" Gesellschaft ein Grundstück oder Räume und stellt dies eine **eigenkapitalersetzende Leistung**[101] dar, so ist das ein Anwendungsfall des § 566 BGB auch dann, wenn es dem Gesellschafter nach den Eigenkapitalersatzregeln in der Krise verwehrt ist, den Mietzins zu fordern[102], da sich hierdurch der Rechtscharakter des Vertrages als Mietvertrag nicht ändert. Die Gesellschaft kann sich dem Erwerber gegenüber nicht auf die eigenkapitalersetzende Funktion berufen, muss also auch in der Krise leisten[103]. Seit Inkrafttreten des MoMiG zum 1.11.2008 sind die Kapitalersatzregeln allerdings grundlegend umgestaltet worden; eine kapitalersetzende Nutzungsüberlassung gibt es danach nur noch für Altfälle[104], für Neufälle gilt § 135 Abs. 3 InsO[105]. Bringt ein Gesellschafter die Nutzung des Grundstücks als **Sacheinlage** ein, so handelt es sich nicht um einen Mietvertrag. Rechtsgrund für die Überlassung ist der Gesellschaftsvertrag, der Gesellschafter hat keinen Anspruch auf Mietzins, sondern auf Gewinnbeteiligung[106]. Damit ist der Anwendungsbereich des § 566 BGB nicht eröffnet, eine analoge Anwendung ist abzulehnen (s. dazu Rdn. 35).

21 § 566 BGB gilt auch für die Veräußerung von vermietetem **Wohnungseigentum.** Besondere Probleme können jedoch auftreten, wenn an den mitüberlassenen Flächen Gemeinschaftseigentum (Treppenhaus, Keller) oder Sondereigentum (Garage, Garten) entsteht. Das ist allerdings keine Frage des Anwendungsbereiches, sondern der Rechtsfolgen der Veräußerung; s. deshalb Rdn. 79ff.

2. Verweisung ohne Sonderkündigungsrecht

22 Neben § 578 BGB verweisen noch zahlreiche andere Vorschriften auf § 566 BGB. Hierzu gehören § 565 Abs. 2 BGB (gewerbliche Weitervermietung), § 567 BGB (Belastung der Mietsache durch den Vermieter mit einem dinglichen Recht), § 567a BGB (Veräußerung oder dingliche Belastung vor Überlassung der Mietsache), § 567b BGB (Weiterveräußerung des Grundstücks oder der dinglichen Belastung), § 1059d BGB (nur Übergang oder Übertragung eines **Nießbrauchs;** für die Bestellung des Nießbrauchs gilt § 567 BGB, für die Beendigung verweist § 1056 BGB auf §§ 566ff. BGB und gewährt ein Sonderkündigungsrecht; s. insgesamt zum Nießbrauch bei der Kommentierung zu § 567 BGB), §§ 11, 30 ErbbauRG[107], § 5 Abs. 2 WBVG[108] (Überlassung von Wohnraum in Zusammenhang mit einem Wohn- und Betreuungsvertrag – sog. Heimvertrag; § 566 BGB gilt aber nur für den Wohnanteil, der dienstvertragliche Anteil, insbesondere Pflege, geht nicht auf den Erwerber über[109]), § 578a BGB (Mietverhältnisse über eingetragene Schiffe), § 98 Abs. 2 des Gesetzes über Rechte an Luftfahrzeugen (LuftFzgG) in Verbindung mit § 578a BGB (Mietverhältnisse über eingetragene Luftfahrzeuge), § 581 Abs. 2 BGB (Pachtvertrag[110]), § 593b BGB (Landpachtvertrag gem. § 585 BGB), § 14 BJagdG (Pacht eines Eigenjagdbezirkes), § 45a Abs. 4 TKG (Nutzung von Grundstücken für Telekommunikationsdienste)[111]. Manche Landesgesetze verweisen hinsichtlich der Fischereipacht auf § 566 BGB, teilweise auch auf §§ 1056, 2135 BGB[112]. Zum Dauerwohnrecht im Sinne von § 31 WEG und zum Schicksal eines Mietvertrages bei Bestellung und Änderungen an einem dinglichen Wohnungsrecht gem. § 1093 BGB s. insgesamt bei der Kommentierung zu § 567 BGB. Weiterhin gibt es Verweise auf § 566 BGB in § 22 Abs. 1 Satz 3 des Gesetzes zur Zusammenführung und Neugliederung der Bundeseisenbahnen (BEZNG), § 8 Abs. 1a Vermögenszuordnungsgesetz (VZOG) und § 11 Abs. 3 Investitionsvorranggesetz (InVorG). §§ 11a Abs. 4, 16 Abs. 2, 17 VermG verweisen zwar nicht auf § 566 BGB sondern

---

101 S. dazu OLG Düsseldorf ZMR 2006, 857.

102 BGH NJW 2006, 1800.

103 BGH NJW 2006, 1800; s. auch BGH ZIP 2005, 48.

104 Das sind gem. § 103d EGInsO solche, bei denen das Insolvenzverfahren vor dem Inkrafttreten des MoMiG zum 1.11.2008 eröffnet wurde (BGH NJW 2009, 1277).

105 S. zu § 135 Abs. 3 InsO näher bei *Altmeppen* NJW 2008, 3607 und insbesondere bei *Hörndler/Hoisl* NZM 2009, 377.

106 *Schäferer* in MünchKomm (6. Aufl.) § 706 Rdn. 13.

107 S. insgesamt zum Erbbaurecht bei der Kommentierung zu § 567 BGB.

108 S. zu Heimverträgen auch vor § 535 Rdn. 130ff.

109 *Drasdo* NJW 2010, 1176.

110 Hierzu gehört auch ein Vertrag über die Ausbeutung von Bodenschätzen auf einem Grundstück, wenn das Schwergewicht auf der Fruchtziehung des Berechtigten liegt (BGH NZM 2000, 240).

111 S. dazu sowie zur Rechtslage vor Inkrafttreten der Vorschrift BGH (V ZR 62/14) NZM 2015, 592 = ZMR 2015, 893.

112 Einzelheiten bei *Harke* in MünchKomm § 581 Rdn. 34.

ordnen selbst eine gesetzliche Vertragsübernahme an; deren Folgen dürften aber entsprechend den zu § 566 BGB entwickelten Grundsätzen zu behandeln sein[113].

3. Verweisungen mit Sonderkündigungsrecht

23 Bei den Verweisungen auf § 566 BGB, bei denen das Gesetz dem Erwerber ein Sonderkündigungsrecht einräumt, geht der Miet- bzw. Pachtvertrag zwar auch auf ihn über, er kann sich aber, wenn das seinen Interessen eher entspricht, durch Ausübung eines **Sonderkündigungsrechtes** vorzeitig von dem Vertrag lösen. Diese Regelung verhindert einmal einen vertragslosen Zustand, sie belässt dem Erwerber aber die Entscheidung, ob er fortsetzen oder kündigen möchte[114]. Der Mieter wird durch die Kündigungsfrist vor dem sofortigen Verlust des Nutzungsrechtes geschützt. Bei dem Sonderkündigungsrecht handelt es sich nämlich um eine außerordentliche Kündigung mit gesetzlicher Frist im Sinne von §§ 573d, 575a BGB bzw. § 580a Abs. 4 BGB[115]. Das hat für Wohnraummietverhältnisse die weitere Folge, dass über § 573d Abs. 1 BGB (bzw. für Zeitmietverträge über § 575a BGB) die §§ 573, 573a BGB anwendbar sind[116]; es ist also einer der dort genannten Kündigungsgründe zur Wirksamkeit der Kündigung erforderlich. Bei der Gewerberaummiete ist die Regelung des § 580a BGB zu den gesetzlichen Kündigungsfristen zwar grundsätzlich abdingbar, für das Kündigungsrecht gem. § 57a ZVG gilt dies jedoch nicht, da es sich um einen Vertrag der Mietvertragsparteien zu Lasten Dritter, des Erstehers, handeln würde[117]. Zu den Einzelheiten der Sonderkündigungsrechte s. die Kommentierungen zu den nachfolgend aufgeführten Verweisungsvorschriften sowie bei § 542 Rdn. 130ff.

24 Die wichtigste Verweisung mit Sonderkündigungsrecht gibt es in §§ 57, 57a ZVG **(Zwangsversteigerung);** dient die Versteigerung allerdings der Aufhebung einer Gemeinschaft, entfällt gem. §§ 180, 183 ZVG das Sonderkündigungsrecht. Zu der Problematik, ob der Mieter gegen seinen früheren Vermieter Schadensersatzansprüche haben kann, wenn der Ersteher in der Zwangsversteigerung von seinem Sonderkündigungsrecht gem. § 57a ZVG Gebrauch macht, s. Rdn. 145. Weitere Verweisungen mit Sonderkündigungsrecht sind enthalten in § 1056 BGB (Beendigung des **Nießbrauchs;** für die Übertragung eines Nießbrauchs gilt § 1059d BGB, für die Bestellung des Nießbrauchs § 567 BGB; s. insgesamt zum Nießbrauch bei der Kommentierung zu § 567 BGB), §§ 2135, 1056 BGB (Eintritt der **Nacherbfolge,** wenn Miet- oder Pachtvertrag von dem Vorerben geschlossen wurde), § 37 Abs. 3 Satz 2 WEG (Zwangsversteigerung eines **Dauerwohnrechts** im Sinne von § 31 WEG[118]), § 30 Abs. 2 und 3 ErbbauRG (s. aber auch §§ 11, 30 Abs. 1 ErbbauRG)[119].

25 Veräußert der **Insolvenzverwalter** das Grundstück des Vermieters, dann steht das grundsätzlich einem Verkauf durch den Vermieter gleich und der Erwerber tritt gem. § 566 BGB in die bestehenden Miet- und Pachtverhältnisse ein. § 111 InsO setzt das voraus[120], gewährt aber dem Erwerber abweichend von § 566 BGB ein Sonderkündigungsrecht[121]; dies allerdings dann nicht, wenn der Insolvenzverwalter selbst den Mietvertrag geschlossen hatte[122]. Zur Pflicht des Insolvenzverwalters, die Betriebskosten abzurechnen, s. Rdn. 116. Zur umstrittenen Frage, ob der Erwerber gem. § 566a BGB eine nicht erhaltene Mietsicherheit zurückzuerstatten hat, s. bei § 566a Rdn. 44. Zu der Problematik, ob der Mieter gegen seinen früheren Vermieter, den Insolvenzschuldner, Schadensersatzansprüche haben kann, wenn der Ersteher in der Zwangsversteigerung von seinem Sonderkündigungsrecht gem. § 111 InsO Gebrauch macht, s. Rdn. 145.

---

[113] BGH NZM 2001, 159 (für §§ 16 Abs. 2, 17 VermG).
[114] *Häublein* in MünchKomm § 566 Rdn. 8.
[115] *Häublein* in MünchKomm § 573d Rdn. 3 und 4.
[116] *Häublein* in MünchKomm § 566 Rdn. 8.
[117] *Derleder* NJW 2008, 1195.
[118] S. insgesamt zum Dauerwohnrecht bei der Kommentierung zu § 567 BGB.
[119] S. insgesamt zum Erbbaurecht bei der Kommentierung zu § 567 BGB.
[120] *Eckert* in MünchKomm InsO (2. Aufl.) § 111 Rdn. 5.
[121] Auch bei diesem Sonderkündigungsrecht ist die Fristenregelung des § 580a Abs. 4 BGB – ähnlich wie oben zu § 57a ZVG erwähnt – nicht abdingbar, weil dies ein unzulässiger Vertrag zu Lasten Dritter wäre.
[122] *Eckert* in MünchKommInsO (2. Aufl.) § 111 Rdn. 4.

4. Zwangsverwaltung

Bei der Zwangsverwaltung findet durch die Beschlagnahme nach § 148 Abs. 2 ZVG kein Eigentumswechsel und kein Rechtsübergang statt[123], so dass auch § 566 BGB nicht gilt. Der Vermieter bleibt Partei des Mietvertrages, ihm ist lediglich gem. § 148 Abs. 2 ZVG die Verwaltung des Grundstücks entzogen, die gem. § 152 ZVG dem Zwangsverwalter obliegt[124]. Dieser handelt zwar im eigenen Namen, aber doch für Rechnung des Schuldners/Vermieters[125]. Der Zwangsverwalter ist allerdings in Ergänzung des durch § 566 BGB bzw. § 57 ZVG bewirkten Schutzes[126] gem. § 152 Abs. 2 ZVG an die vom Eigentümer geschlossenen Miet- und Pachtverträge gebunden, sofern die Mietsache vor der Beschlagnahme bereits überlassen wurde; nicht gebunden ist der Zwangsverwalter an andere Gebrauchsüberlassungen, selbst wenn sie mietähnlichen Charakter haben wie etwa die Gebrauchsüberlassung (ohne Eigentumsübertragung) als Beitragsleistung eines GbR-Gesellschafters[127]. Der Eigentümer wiederum ist nach Aufhebung der Zwangsverwaltung an die vom Zwangsverwalter geschlossenen Verträge gebunden[128]. Das bedeutet, dass dem Zwangsverwalter alle Rechte eines Vermieters zustehen[129], dass er aber auch alle Pflichten zu erfüllen hat[130]. Mietforderungen gem. §§ 148 Abs. 1, 21 Abs. 2, 20 Abs. 2 ZVG, 1123 Abs. 2 BGB kann er allerdings nur geltend machen, soweit sie innerhalb eines Jahres vor der Beschlagnahme fällig wurden[131]. Im Rahmen des § 566 BGB können die Folgen der Zwangsverwaltung nicht umfassend aufgearbeitet werden. Bei der Erläuterung der Rechtsfolgen des Vertragsübergangs wird dementsprechend lediglich die Rechtsprechung des BGH zur Pflicht des Zwangsverwalters, die Betriebskosten abzurechnen, referiert und bei der Kommentierung zu § 566a BGB die Rechtsprechung des BGH zur Kautionsrückzahlungspflicht des Zwangsverwalters[132]. Zur Prozessführungsbefugnis des Zwangsverwalters und zu sonstigen prozessualen Fragen s. Rdn. 156. 26

5. Keine Anwendung des § 566 BGB

Mangels gesetzlicher Verweisung findet § 566 BGB auf die Miete **beweglicher Sachen** keine Anwendung (zur Mitvermietung von **Zubehör** s. Rdn. 97a), ebenso wenig auf **Leihverträge** (auch nicht auf die Leihe von Räumen oder Grundstücken[133]) oder auf sonstige Nutzungsverträge, die keine Miet- oder Pachtverträge sind[134]. Leihe liegt auch bei der unentgeltlichen Einräumung eines lebenslangen schuldrechtlichen Wohnrechts vor[135]. Sonstige Nutzungsverträge und nicht Miete sind etwa die Überlassung von Räumen zur Erfüllung **familienrechtlicher (Unterhalts-) Pflichten**[136] oder die Überlassung von Wohnraum während des Getrenntlebens von Lebenspartnern gem. § 14 LPartG oder Ehegatten gem. § 1361b BGB (ggf. erzwungen gem. § 1568a Abs. 1 27

---

[123] BGH (VIII ZR 330/03) WuM 2005, 460 = NZM 2005, 596 = ZMR 2005, 603; *Börstinghaus* NZM 2004, 489.
[124] *Gather* DWW 2006, 317.
[125] BGH NJW-RR 2005, 1030.
[126] BGH (XII ZR 115/11) NJW 2013, 1881 = ZMR 2013, 766.
[127] (BGH (XII ZR 115/11) NJW 2013, 1881 = ZMR 2013, 766). S. auch Rdn. 33.
[128] OLG Düsseldorf ZMR 2010, 439; BGH NJW 1992, 3041.
[129] Seine Aktivlegitimation im Prozess bleibt auch nach Aufhebung der Zwangsverwaltung bestehen für solche Ansprüche, die vor Aufhebung entstanden sind und auf die sich die Beschlagnahme bezieht (BGH NZI 2009, 572; BGH NJW-RR 2003, 1419); nach Rücknahme des Antrags entfällt die Aktivlegitimation (BGH NJW-RR 2003, 1419). S. außerdem BGH WuM 2005, 463 = NZM 2006, 312 (kein Kautionsrückzahlungsanspruch gegen den Zwangsverwalter, wenn die Zwangsverwaltung vor Rechtshängigkeit aufgehoben wurde) sowie BGH NJW-RR 1990, 1213 (Parteiwechsel nach Aufhebung der Zwangsverwaltung während eines Prozesses möglich, aber nicht mehr in der Revision).
[130] BGH (VIII ZR 330/03) WuM 2005, 460 = NZM 2005, 596 = ZMR 2005, 603; *Börstinghaus* NZM 2004, 489.
[131] BGH NJW 2003, 2321.
[132] Zu den weiteren Folgen der Zwangsverwaltung s. die einschlägige Kommentierung zu § 152 ZVG, die Erläuterungen vor § 535 Rdn. 229ff. und *Börstinghaus* NZM 2004, 489.
[133] BGH NJW 1994, 3158; OLG Köln NJW-RR 2000, 153. Das gilt auch, wenn sich ein Mietvertrag später durch Erlass der Miete in einen Leihvertrag umwandelt; vgl. *Emmerich* in Staudinger § 566 Rdn. 20.
[134] In dem Sonderfall BGH NJW 2001, 2885 wurde das Entgelt nach Behauptung des dortigen Beklagten nicht für die Nutzung des Grundstücks bezahlt, sondern für sonstige Aufwendungen des Überlassers; das – so der BGH – sei keine Miete.
[135] BGH NJW 1982, 820; OLG Köln NJW-RR 2000, 153.
[136] BGH NJW 1964, 765/766.

BGB)[137]; anwendbar wird § 566 BGB erst auf solche Grundstücksveräußerungen, die nach Begründung eines Mietvertrages gem. § 1568a Abs. 3 BGB wirksam wurden[138]. Für **Mietvorverträge** gilt § 566 BGB ebenfalls nicht[139]; es fehlt schon an der Überlassung der Mietsache.

28 Ist bei einem Vertrag das Mietelement (also die entgeltliche Gebrauchsüberlassungspflicht) von untergeordneter Bedeutung, liegt insgesamt kein Mietvertrag sondern ein **Gestattungsvertrag** vor, so dass §§ 566, 578 BGB keine Anwendung finden[140]. Der BGH lehnt eine analoge Anwendung des § 566 BGB auf Gestattungsverträge ab[141]. Solche Verträge erlauben meist die Ausübung eines Gewerbes, was notwendig und als Mittel zum Zweck mit einer bestimmten, aber sehr eingeschränkten Grundstücksnutzung einhergeht; sie ähneln einer Rechtspacht[142]. Sofern es solchen Verträgen nicht schon an der Entgeltlichkeit fehlt, steht bei ihnen nicht die Zurverfügungstellung einer Fläche im Vordergrund, sondern eine bestimmte Rechteausübung, die es gestattet, die besonderen Gegebenheiten des Unternehmens zu nutzen, das hauptsächlich in dem Mietobjekt betrieben wird[143]; ein Automatenaufsteller hat ohne Gaststättenbetrieb kein Interesse an der Fläche für den Automaten. Beispiele für Gestattungsverträge sind etwa die Bandenwerbung oder der Verkauf von Getränken oder Fanartikeln in einem Stadion[144]; typische Automatenaufstellverträge[145]; das Recht zur Errichtung einer Breitbandkabelanlage[146] oder von Kabelverzweigern für die Telekommunikation[147]; auf einem Grundstück das Aufstellen von Werbetafeln auf einem Golfclubgelände zur Bewerbung der Mitglieder[148]. Verträge über die Aufstellung von Funkmasten für den Handytelefonverkehr dürften aber nicht als Gestattungsverträge einzuordnen sein. Bei ihnen geht es nämlich vornehmlich um Gebrauchsüberlassung, damit der Funknetzbetreiber seine Dienste für alle Kunden und nicht nur für die Nutzer des Grundstücks besser erbringen kann.

29 Ähnlich wie Gestattungsverträge sind **typengemischte Verträge**[149] zu behandeln. Wenn es sich nach dem Vertragscharakter überwiegend um Grundstücks- oder Raummiete handelt, ist § 566 BGB anwendbar, ansonsten nicht. Eine Einzelfallbetrachtung ist notwendig[150]. Das nach dieser Einzelfallbetrachtung vorherrschende Vertragselement entscheidet über das anzuwendende Recht[151]. Ist der Mietcharakter nicht vorherrschend, kommt Mietrecht insgesamt und damit auch § 566 BGB nicht zur Anwendung[152]. Bei Alten- oder Pflegeheimverträgen wird oftmals das dienstvertragliche Element überwiegen[153]; hinsichtlich der Rechte und Pflichten, die die Überlassung von Wohnraum betreffen, verweist § 5 Abs. 2 WBVG auf §§ 566ff. BGB. Bei Pferdeeinstellverträgen dürfte es darauf ankommen, ob im Einzelfall die räumliche Unterbringung des Pferdes oder die Obhut über das Tier und dessen Pflege durch den Einsteller im Vordergrund stehen[154]. Auch bei Fitnessstudioverträgen dürfte die Gebrauchsüberlassung der bei Vertragsschluss konkret vorhandenen Geräte und Räume nicht im Vordergrund stehen, es geht vielmehr um die Möglichkeit zur Nutzung irgendwelcher geeigneten Geräte. Im Übrigen schließt der Studionutzer den Vertrag i. d. R. mit dem Grundstücksmieter und nicht mit dem Eigentümer. Bei einem Inhaberwechsel

---

137 S. auch vor § 535 Rdn. 354ff.

138 OLG München WuM 2001, 283 = NZM 2002, 232 (zur vergleichbaren Regelung in der inzwischen aufgehobenen HausratsVO).

139 BGH NJW 1970, 1596; RGZ 86, 33.

140 BGH NJW 2002, 3323 = NZM 2002, 925; sehr instruktiv zur Abgrenzung der Gestattung von der Miete BGH NJW 1967, 1414 und BGH NJW-RR 1994, 558.

141 BGH NJW 2002, 3323 = NZM 2002, 925.

142 *Artz* in MünchKomm § 578 Rdn. 3. S. auch die eingehende Behandlung von Abgrenzungsfragen bei *Häublein* in MünchKomm vor § 535 Rdn. 26ff.

143 BGH NJW 1967, 1414; BGHZ 47, 202; *Canaris* FS Flume, Band I S. 395.

144 *Artz* in MünchKomm § 578 Rdn. 3.

145 BGH NJW 1967, 1414 (bestätigt in BGH NJW 2002, 3322).

146 BGH NJW 2002, 3322/3323 = NZM 2002, 924/925 = ZMR 2002, 905; OLG Köln NJW-RR 1997, 751/752.

147 *Emmerich* in Staudinger § 566 Rdn. 10 m. w. N.

148 BGH NJW-RR 1994, 558.

149 S. allgemein hierzu *Häublein* in MünchKomm vor § 535 BGB Rdn. 20ff.

150 BGH NJW 1981, 342.

151 BGH NJW 1982, 221; BGH NJW 1981, 342.

152 BGH NJW 1982, 221. Das entspricht der vom BGH angewendeten Absorptionsmethode; s. dazu und zur Kombinationsmethode, die in der Literatur vorherrschend ist, *Häublein* NJW 2009, 2983.

153 S. die Fälle BGH NJW 1982, 221; BGH NJW 1981, 342. Allgemein zu Heimverträgen *Drasdo* NZM 2008, 665.

154 S. allgemein zum Pferdeeinstellvertrag *Häublein* NJW 2009, 2982.

des Fitnessstudios ist § 566 BGB nicht anwendbar, da es an einer dinglichen Veräußerung fehlt[155].

Wechselt im Fall der **Untermiete** der Hauptmieter, so ist der Untermieter zwar in einer ähnlichen Lage wie bei einer Veräußerung, weil sein Vermieter (der ausgeschiedene Hauptmieter) ihm aus eigenem Recht die Mietsache nicht mehr überlassen kann; eine direkte Anwendung des § 566 BGB scheitert aber an dem Merkmal der Veräußerung (Eigentumswechsel). Der BGH[156] lehnt eine entsprechende Anwendung der Vorschrift auf die Untermiete unter Hinweis auf den Ausnahmecharakter der Vorschrift ab (s. zur Analogie Rdn. 35). § 566 BGB gilt ebenfalls nicht für die Vereinbarung eines Untermieters mit dem Veräußerer, bei Beendigung des Hauptmietverhältnisses in dieses zu denselben Bedingungen eintreten zu können; eine solche Vereinbarung ist kein Mietvertrag[157]. Für die Fälle einer gewerblichen Weitervermietung einer Wohnung gibt es in § 565 BGB eine besondere Regelung; danach tritt der Vermieter nach Beendigung des Vertrages mit dem Hauptmieter in dessen Vertrag mit dem Untermieter ein (Einzelheiten s. bei der Kommentierung zu § 565 BGB). 30

Zum Schicksal eines Mietvertrages bei Bestellung, Übertragung und Beendigung eines Erbbaurechts, einer beschränkt persönlichen Dienstbarkeit gem. §§ 1090 ff. BGB, insbesondere in Form eines dinglichen **Wohnungsrechts** gem. § 1093 BGB oder einer sog. **Mieterdienstbarkeit,** sowie eines Dauerwohnrechts im Sinne von § 31 WEG s. bei der Kommentierung zu § 567 BGB. 31

Bei einer Grundstücksveräußerung bleibt ein eingetragenes dingliches Recht bestehen, auf **Begleitschuldverhältnisse** zwischen Veräußerer und Berechtigtem finden § 566 BGB (und auch § 567 BGB) keine Anwendung, sie müssen gesondert übertragen oder etwa durch eine Reallast dinglich gesichert werden[158]. 32

Ferner berührt ein Gesellschafterwechsel oder das **Hinzutreten eines Gesellschafters** die Eigentumslage an dem Grundstück nicht, so dass ein Anwendungsfall des § 566 BGB nicht vorliegt[159]. Das gilt jedenfalls dann, wenn die Gesellschaft eine juristische Person ist (AG, GmbH etc.) oder wenn sie als Trägerin eigener Rechte und Pflichten (teil-)rechtsfähig ist (KG, oHG, Außen-GbR, Partnerschaftsgesellschaft, nicht aber Wohnungseigentümergemeinschaft[160]). Dann nämlich ist die Gesellschaft Zuordnungssubjekt des Eigentums, nicht die Gesellschafter. Scheidet ein Gesellschafter aus einer Handelsgesellschaft oder einer Außen-GbR aus, so unterliegt er der Nachhaftung gem. § 160 HGB, § 736 Abs. 2 BGB. § 566 BGB ist ebenfalls nicht bei einer identitätswahrenden **Umwandlung** (oder Verschmelzung) einer Gesellschaft nach dem UmwG[161] (Formwechsel gem. §§ 190 ff. UmwG) anwendbar, weil in diesen Fällen der Rechtsträger, dem das Eigentum zugewiesen ist, identisch bleibt, es also keinen Eigentumswechsel gibt[162]. Es ist vielmehr nach dem UmwG (insbesondere bei Verschmelzung und Spaltung) ein umfassender Vermögensübergang einschließlich der Rechte und Pflichten aus geschlossenen oder zu schließenden Verträgen ausdrücklich gesetzlich angeordnet[163]. Das ergibt sich für die Verschmelzung aus § 20 Abs. 1 Nr. 1 UmwG, für die Spaltung aus dem Verweis in § 125 UmwG und für die Vermögensübernahme aus dem Verweis in §§ 176 ff. UmwG. Auch bei der Ausgliederung des Unternehmens aus dem Vermögen eines Einzelhandelskaufmanns und Umwandlung in eine GmbH gem. § 152 UmwG ist § 566 BGB nicht anwendbar, der Vermieterwechsel vollzieht sich vielmehr im Wege der Gesamtrechts- 33

---

155 **A. A.** LG Stuttgart, Urteil v. 13.2.2007 – 5 S 199/06.

156 BGH NJW 1989, 2053.

157 LG Frankfurt ZMR 2013, 114.

158 *Häublein* in MünchKomm § 566 Rdn. 7. BGH NJW 1972, 199 und BGH NJW-RR 1992, 591 zum Erbbaurecht. S. auch Rdn. 88.

159 KG NZM 2001, 520; OLG Düsseldorf NJW-RR 2003, 513; *Weitemeyer* ZMR 2004, 161. Speziell für die Außen-GbR: *Weitemeyer* ZMR 2004, 157, *Jacobs* NZM 2008, 111 ff, *Kraemer* NZM 2002, 467 sowie *Häublein* PIG 70 (2004) S. 43 und 47; die frühere Rechtsprechung des BGH (NJW 1998, 1220) zu den Folgen eines Gesellschafterwechsels auf den Mietvertrag ist mit der Anerkennung der Rechtsfähigkeit der Außen-GbR jedenfalls für diese überholt.

160 Die Wohnungseigentümergemeinschaft ist zwar gem. § 10 Abs. 6 WEG teilrechtsfähig (s. auch BGH NJW 2005, 2061), Eigentümer sind aber gem. § 10 Abs. 1 WEG die Wohnungseigentümer selbst. S. zum Übergang von Mietverhältnissen bei Veräußerung von Wohnungseigentum bei Rdn. 79.

161 BGH (XII ZR 38/12) NJW 2013, 1083 = ZMR 2013, 425 Rdn. 25; BGH (XII ZR137/12); KG NZM 2001, 520; OLG Düsseldorf NJW-RR 2003, 513; *Weitemeyer* ZMR 2004, 161. Die frühere Rechtsprechung des BGH (NJW 1998, 1220) zu den Folgen eines Gesellschafterwechsels auf den Mietvertrag ist mit der Anerkennung der Rechtsfähigkeit der Außen-GbR jedenfalls für diese überholt.

162 So auch BVerfG (1 BvR 744/13) NJW 2013, 3774 = WuM 2014, 89; BGH NJW 2010, 3708 = ZMR 2011, 19 Rdn. 13 für die einer GbR in eine KG, aber ohne nähere Problematisierung.

163 BGH NJW 2002, 2168 (für die Verschmelzung).

nachfolge[164]. Obwohl nicht im UmwG geregelt, liegt eine identitätswahrende Umwandlung ebenfalls dann vor, wenn sich eine Außen-GbR in eine Partnerschaftsgesellschaft nach dem PartGG umwandelt[165]. Ähnliches gilt das für die vergleichbare Problematik auf **Mieterseite:** Eine GbR wandelte sich in eine oHG und anschließend in eine GmbH um, worin der BGH[166] keine Identitätsänderung und folglich auch keine pflichtwidrige Überlassung der Pachtsache an Dritte gesehen hat. Kann die Gesellschaft nicht Trägerin eigener Rechte und Pflichten sein (etwa als **Innen-GbR**[167]), so ist § 566 BGB auf einen Gesellschafterwechsel[168] analog anzuwenden, wenn das Grundstück zum Gesellschaftsvermögen gehört[169]. Der Eintritt eines Gesellschafters in den Betrieb eines **Einzelkaufmanns** und die Fortführung des Geschäfts durch die neugegründete Gesellschaft führen hingegen nicht kraft Gesetzes (auch nicht gem. §§ 25, 28 HGB) dazu, dass die Gesellschaft Vertragspartei eines zuvor von dem Einzelkaufmann abgeschlossenen Mietvertrags über die weiter genutzten Geschäftsräume wird; zu einem solchen Vertragsübergang ist vielmehr die Mitwirkung des Vermieters erforderlich[170], der bei Vertragsschluss eine Einzelperson und nicht eine Gesellschaft als Mieter akzeptiert hatte und zu dessen Lasten auch nicht die Vorschriften des UmwG eingreifen. Veräußert ein Einzelkaufmann sein Handelsgeschäft, so führt dies gem. § 25 HGB nur zu einem Schuldbeitritt des Erwerbers, nicht aber zu einem Vertragsübergang durch Rechtsnachfolge[171]. Scheidet der vorletzte Gesellschafter aus einer Personengesellschaft (GbR, oHG, KG, Partnerschaftsgesellschaft) aus, so führt das bei einer Fortsetzungsvereinbarung im Sinne von § 736 BGB zum Übergang des Mietvertrags im Wege der Gesamtrechtsnachfolge (und nicht gem. § 566 BGB) auf den verbliebenen Gesellschafter unter Erlöschen der Gesellschaft[172]. Bei der **Auflösung von Gesellschaften** kann § 566 BGB hingegen anwendbar sein[173]. Nach der Auflösung besteht eine Gesellschaft nämlich zum Zwecke der Liquidation fort[174] (die Erbengemeinschaft ist ohnehin

---

[164] OLG Karlsruhe NZM 2009, 84 = ZMR 2009, 34 für den Fall, dass der Einzelhandelskaufmann Mieter war. Die Frage der Gesamtrechtsnachfolge ist aber unabhängig davon, ob die Mietpartei Vermieter oder Mieter ist; der BGH hatte das in NZM 2004, 78 im Hinblick auf die Entscheidung BGH NJW 2001, 2251 für den Mieter noch offengelassen. In dem Urteil des OLG Karlsruhe wird auch auf Gläubigerschutzvorschriften in §§ 125, 156 UmwG hingewiesen.

[165] BayObLG NJW 1998, 1158.

[166] BGH NZM 2010, 280 Rdn. 17–19. S. auch BGH NZM 2002, 660 und OLG Brandenburg BeckRS 2011, 16979.

[167] S. zur Innen-GbR und deren Abgrenzung zur Außen-GbR *Streyl* NZM 2011, 380; *Weitemeyer* ZMR 2004, 157, *Jacobs* NZM 2008, 111 ff, Kraemer NZM 2002, 467 sowie *Häublein* PIG 70 (2004) S. 43 und 47. Danach kommt der Grundbucheintragung gem. § 47 GBO für die Abgrenzung keine besondere Bedeutung zu, entscheidend ist vielmehr vornehmlich der Wille der Gesellschafter, der sich indiziell vor allem dadurch äußert, dass die GbR unter Verwendung eines Gesamtnamens (etwa Grundstücksgesellschaft X-Straße oder Familie Y GbR) auftritt.

[168] Die sonstigen Folgen eines Gesellschafterwechsels, insbesondere die persönliche Haftung von eintretendem und ausgetretenem Gesellschafter, können hier nicht behandelt werden.

[169] Das folgt m. E. aus BGH NJW 1998, 1220 mit Anmerkung *Teichmann/Beck* in JZ 1998, 1011 (die eine analoge Anwendung des § 566 BGB nicht für notwendig halten); **a. A.** *Häublein* in MünchKomm § 566 Rdn. 17. Diese Entscheidung betraf zwar eine Außen-GbR, sie erging aber vor Anerkennung der Rechtsfähigkeit der Außen-GbR und ließ diese Frage ausdrücklich unbeantwortet, so dass es gerechtfertigt erscheint, die Wertungen dieses Urteils auch auf die Innen-GbR zu übertragen; dies insbesondere deshalb, weil der BGH den Mieterschutz (Gleichlauf von Eigentümer- und Vermieterstellung) in den Vordergrund rückte, der bei Innen- und Außen-GbR gleichermaßen relevant ist (**a. A.** *Häublein* PIG 70 [2004] S. 62), der das Wesen der Innen-GbR als Internum betont). Die Einschränkung im Leitsatz des BGH-Urteils, dass § 566 BGB jedenfalls dann anwendbar sei, wenn die GbR als solche gem. § 47 GBO im Grundbuch eingetragen sei, findet sich in dieser Deutlichkeit in den Entscheidungsgründen nicht wieder; m. E. kann die Eintragung im Grundbuch auch kein entscheidendes Abgrenzungskriterium mehr sein, nachdem dies für die Außen-GbR auch belanglos ist (*Häublein* PIG 70 (2004) S. 43). Insgesamt kritisch zu der Entscheidung *Häublein* PIG 70 (2004) S. 62 und *Häublein* in MünchKomm § 566 Rdn. 17, weil ihre Umsetzung zu einem Eigentumserwerb außerhalb des Grundbuches führen könne. Mit diesem Bedenken hat sich der BGH aber in dem Urteil schon auseinandergesetzt und eine Grundbuchberichtigung für möglich gehalten; abgesehen davon vollzieht sich ein Eigentumserwerb häufig außerhalb des Grundbuches, etwa bei der Zwangsversteigerung oder der Vererbung. Zu den Folgen einer analogen Anwendung des § 566 BGB auf einen Gesellschafterwechsel s. *Weitemeyer* ZMR 2004, 161/162 sowie KG NZM 2000, 652 = ZMR 2000, 457.

[170] BGH NJW 2001, 2251.

[171] *Landwehr* in Bub/Treier II Rdn. 2605 mit Nachweisen auf die Gegenmeinung und Einzelheiten zur Haftung des Erwerbers.

[172] BGH NJW 2008, 2992 für die GbR; *Häublein* in MünchKomm § 566 Rdn. 17; *Kraemer* NZM 2002, 472.

[173] BGH (VIII ZR 74/11) NZM 2012, 150 = WuM 2012, 31 = ZMR 2012, 264.

[174] S. für die GbR § 730 Abs. 2 BGB.

auf Auflösung gerichtet[175]). Die Liquidation ist erst dann beendet, wenn die Verbindlichkeiten berichtigt und die Vermögenswerte verteilt sind. Hierzu kann es notwendig sein, ein vermietetes Grundstück auf einen Dritten oder einen der Gesellschafter (etwa zum Zwecke der Abgeltung des Auseinandersetzungsguthabens) zu übertragen (§ 733 Abs. 3 BGB). Das stellt eine Eigentumsübertragung im Sinne des § 566 BGB dar. Wird eine GbR unter Bildung von Wohnungseigentum und Eintragung der einzelnen Gesellschafter als Eigentümer der jeweils zugewiesenen Wohnungen auseinandergesetzt, tritt der jeweilige Eigentümer gem. § 566 BGB in ein Mietverhältnis, das bezüglich der zugewiesenen Wohnung besteht, ein[176]. Die **Auseinandersetzung** der GbR und die Eintragung der bisherigen Gesellschafter als Wohnungseigentümer stellen ein einheitliches Geschäft dar; die dafür notwendige Bildung von Miteigentumsanteilen ist ein bloßer rechtstechnischer Zwischenschritt zur Errichtung der WEG und nicht eine eigenständige Veräußerung i. S. v. § 566 BGB an eine Bruchteilsgemeinschaft[177]. § 566 BGB ist ebenfalls anwendbar, wenn eine Fondgesellschaft, die als Außen-GbR organisiert ist, die Fondsimmobilie in Wohnungseigentum aufteilt und die einzelnen Wohnungen auf die Gesellschafter überträgt[178]. Bei der Auseinandersetzung einer Erbengemeinschaft kommt auch ein Eigentumsübergang nach Teilungsversteigerung gem. §§ 2042, 753 BGB in Betracht, worauf § 57 ZVG anwendbar ist. Scheidet bei einer **Zwei-Personen-GbR** (bei der im Gesellschaftsvertrag die Fortführung der Gesellschaft für den Fall des Ausscheidens eines Gesellschafters vereinbart war[179]) der vorletzte Gesellschafter aus, so führt das zur liquidationslosen Vollbeendigung der Gesellschaft und zur Anwachsung des Gesellschaftsvermögens bei dem letzten verbliebenen Gesellschafter, ohne dass es eines besonderen Übertragungsaktes bedarf[180]. Das folgt aus einer entsprechenden Anwendung des § 738 BGB[181] und bedeutet, dass § 566 BGB – ähnlich wie bei einem Gesellschafterwechsel und einer Umwandlung – keine Anwendung findet, weil es keinen Veräußerungsakt gibt. Zwar bleibt – anders als bei einem Gesellschafterwechsel – der Rechtsträger nicht derselbe, weil die GbR untergegangen ist[182]; aber eben dieser Untergang führt nur zu einer entsprechenden und nicht einer direkten Anwendbarkeit des § 738 BGB und macht den Vorgang eher einer Umwandlung vergleichbar als einer Veräußerung. Die Regelung des § 566 BGB geht hingegen davon aus, dass es die Person des veräußernden Vermieters auch nach dem Vertragsübergang weiterhin gibt, was sich schon allein an § 566 Abs. 2 BGB zeigt. Würde man § 566 BGB im Falle der Anwachsung für anwendbar halten, würde man im Übrigen den Übergang anderer Verträge als Mietverträge auf den verbleibenden Gesellschafter nicht erklären können. Wird ein Grundstück unter **Zwangsverwaltung** gestellt, das einer GbR zu Eigentum gehörte, ist der Zwangsverwalter gem. § 152 Abs. 2 BGB an das Mietverhältnis gebunden, nicht hingegen dann, wenn die Gesellschafter der Gesellschaft nur den Gebrauch, nicht aber das Eigentum des Grundstücks als Beitragsleistung überlassen haben; in letzterem Fall endet das Besitzrecht der GbR mit der Zwangsverwaltung und der Zwangsverwalter kann gegen den Mieter einen Anspruch auf Herausgabe (nicht Räumung) und Nutzungsersatz gem. §§ 987 ff. BGB haben[183]. § 566 BGB ist nicht (analog) anwendbar auf den Übergang der Verfügungsbefugnis gem. **§ 31 Abs. 1 InvG bzw. § 93 Abs. 1 KAGB** auf eine Kapitalverwaltungsgesellschaft; es fehlt an einer Veräußerung[184].

§ 566 BGB gilt nicht für **öffentlich-rechtlich bedingte Eigentumsänderungen** oder ähnlichen Vorgängen wie Enteignung, vorläufige Besitzeinweisung im Enteignungs- oder Flurbereini- **34**

---

[175] *Palandt/Edenhofer* vor § 2032 Rdn. 1.

[176] BGH (VIII ZR 74/11) NZM 2012, 150 = WuM 2012, 31 = ZMR 2012, 264. S. zu den besonderen Problemen bei Übertragung und Begründung von Wohnungseigentum auch bei Rdn. 79 ff.

[177] BGH (VIII ZR 74/11) NZM 2012, 150 = WuM 2012, 31 = ZMR 2012, 264.

[178] *Häublein* PIG 70 (2004) S. 50/51; *Weitemeyer* ZMR 2004, 163.

[179] Ohne eine Fortführungsklausel wird die Gesellschaft aufgelöst (§§ 723, 730 BGB).

[180] BGH NJW 2008, 2992 Rdn. 9.

[181] Ulmer/Schäfer in MünchKomm (5. Aufl.) § 738 Rdn. 11.

[182] Wegen des durch § 566 BGB gewünschten Mieterschutzes möchte *Sick* ZMR 2011, 438 die GbR nicht untergehen, sondern nur zum Zwecke der Fortführung des Mietverhältnisses als Abwicklungsgesellschaft jedenfalls so lange fortbestehen lassen, bis der verbleibende Gesellschafter das Grundstück veräußert. Abgesehen davon, dass eine solche Abwicklungsgesellschaft zur ordnungsgemäßen Durchführung des Mietverhältnisses oftmals nicht willens oder in der Lage sein wird, rechtfertigt der Mieterschutz nicht (s. dazu auch bei Rdn. 8), die gesellschaftsrechtliche Behandlung des Ausscheidens des vorletzten Gesellschafters davon abhängig zu machen, ob ein Mietvertrag besteht oder nicht.

[183] BGH (XII ZR 115/11) NJW 2013, 1881 = ZMR 2013, 766.

[184] AG Offenbach, Urteil v. 17.12.2014 (Az.: 37 C 261/14).

gungsverfahren[185]. In diesen Fällen fehlt es an einer Veräußerung durch Rechtsgeschäft und die Anordnung einer entsprechenden Anwendung wie etwa bei dem hoheitlichen Eigentumserwerb gem. § 57 ZVG gibt es nicht. Außerdem ist zu berücksichtigen, dass zwar sowohl das Mietrecht als auch das Eigentum verfassungsrechtlich durch Art. 14 GG geschützt sind, dass es aber nicht sein kann, dass das „schwächere" Mietrecht im Falle der Enteignung bestehen bleiben soll, während das Eigentumsrecht weichen muss. Schließlich dürfte der Zweck einer Enteignung regelmäßig dem Übergang der Mietverhältnisse entgegenstehen.

6. Analoge Anwendung

35 Die Rechtsprechung des BGH (und auch schon die des RG) ist gegenüber einer analogen Anwendung des § 566 BGB **restriktiv.** Zugelassen wurde sie bisher nur in **wenigen Fällen**[186]. Die beiden zeitlich ersten Entscheidungen betrafen eher exotische Fälle, nämlich die Aufgabe und Aneignung eines Grundstücks gem. § 928 BGB[187] und die Rückerstattung eines Grundstücks aufgrund der alliierten Rückerstattungsgesetze[188]. Zu diesen Analogien betont der BGH[189], hier liege die Ähnlichkeit mit der in § 566 BGB vorausgesetzten Änderung der dinglichen Rechtszuständigkeit in ähnlicher Weise auf der Hand wie bei §§ 1056, 2135 BGB, §§ 11, 30 ErbbauRG, § 37 Abs. 2 WEG, § 57 ZVG. Mit ähnlicher Begründung hat das LG Münster[190] eine analoge Anwendung des § 566 BGB für einen Eigentumsübergang durch Verwaltungsakt in einem Umlegungsverfahren gem. § 76 BauGB angenommen und das LG Gießen[191] für den Fall, dass der Eigentümer eines Grundstücks als Berechtigter einer Grunddienstbarkeit, die zu Lasten eines Nachbargrundstücks bestand, auf diese Grunddienstbarkeit durch Vertrag mit dem Eigentümer des Nachbargrundstücks verzichtet und hierdurch die Gebrauchsrechte eines Mieters infolge Wegfalls der Grunddienstbarkeit geschmälert hat, weil nur über das dienende Grundstück Zugang zum Keller des herrschenden Grundstücks bestand. Ansonsten wiederholt der BGH in ständiger Rechtsprechung seine Ansicht, § 566 BGB stelle eine Ausnahme von dem Grundsatz dar, dass Schuldverhältnisse nur zwischen den Vertragspartnern wirken und würde wegen des angeordneten Vertragsübergangs dem Mietverhältnis eine gewisse dingliche Wirkung zukommen lassen[192]. Mit dieser Begründung hat der BGH eine analoge Anwendung von § 566 BGB **abgelehnt** auf das schuldrechtliche Grundgeschäft zur Bestellung eines dinglichen Wohnungsrechtes gem. § 1093 BGB[193], auf eine Gebrauchsüberlassung auf Grund familienrechtlicher Beziehung (Unterhaltsersatz)[194], auf die Leihe[195], auf Gestattungs- bzw. gemischte Verträge mit untergeordnetem mietrechtlichen Element[196], auf die Gebrauchsüberlassung (ohne Eigentumsübertragung) als Beitragsleistung eines GbR-Gesellschafters[197] und auf die Untermiete[198].

36 Die Differenzierung, die der BGH vornimmt, ist wichtig und richtig. Bei der Frage der Zulässigkeit der Analogie ist danach zu **unterscheiden,** ob es um eine entsprechende Anwendung des § 566 BGB auf andere Schuldvertragstypen bzw. andere Gebrauchsüberlassungstatbestände als Miete und Pacht geht oder um eine Erweiterung des Veräußerungsbegriffs, also um die Eigentums-

---

185 OLG Bamberg NJW 1970, 2109.

186 BGH NJW 2008, 2773 = WuM 2008, 562; BGH NJW 1998, 1221; BGH NJW 1954, 267; RGZ 103, 167.

187 RGZ 103, 167.

188 BGH NJW 1954, 267.

189 BGH NJW 1989, 2053.

190 LG Münster WuM 1979, 221.

191 LG Gießen NJW 1957, 466. **A. A.** zu Recht *Emmerich* in Staudinger § 566 Rdn. 14 und § 567 Rdn. 19 sowie *Roquette* NJW 1957, 1440. Zwar mag der Mieter bei Erlöschen einer Grunddienstbarkeit in gleicher Weise schützenswert erscheinen wie bei deren Bestellung, die unter den Anwendungsbereich von § 567 BGB fällt. Diese Sicht lässt aber die Belange des Eigentümers des dienenden Grundstücks außer Betracht, der ein Interesse am Rückerhalt der vollen Verfügungsbefugnis über sein Grundstück hat und auf den Abschluss des Mietvertrages durch den Eigentümer des herrschenden Grundstücks keinen Einfluss hatte; s. auch der Kommentierung zu § 567 BGB).

192 S. zuletzt BGH NJW 2002, 3323; BGH NJW 1999, 2178 und BGH NJW 1989, 2053.

193 BGH WM 1968, 775.

194 BGH NJW 1964, 765.

195 BGH NJW 1994, 3158.

196 BGH NJW 2002, 3323; BGHZ 47, 205.

197 BGH (XII ZR 115/11) NJW 2013, 1881 = ZMR 2013, 766. S. auch Rdn. 33.

198 BGH NJW 1989, 2053; BGH NJW 1991, 1816.

erwerbstatbestände[199], oder um Erweiterungen sonstiger Tatbestandsmerkmale[200]. Ersteres ist restriktiv zu handhaben, letzteres erlaubt an Sinn und Zweck des § 566 BGB ausgerichtete Analogien[201]. In jedem Fall aber ist zu beachten, dass die Verfechter einer Analogie die Begründungslast haben. Analogie setzt eine planwidrige Regelungslücke voraus. Über das Vorhandensein einer Regelungslücke (man könne sie auch Gerechtigkeitslücke nennen) wird vielfach noch Einigkeit herrschen, auch wenn man sich davor hüten muss, die Gerechtigkeitsvorstellungen des Gesetzgebers durch die eigenen zu ersetzen. Erheblich viel schwieriger ist die Feststellung der Planwidrigkeit der Regelungslücke. Wollte der Gesetzgeber einen Bereich bewusst nicht regeln oder hat er etwas übersehen bzw. nicht vorhergesehen? Ist eine Vorschrift, die von einer allgemeinen Regel abweicht, eine (nur schwer analogiefähige) Ausnahme oder Ausdruck eines (analogiefähigen) allgemeinen Rechtsgedankens? Bleiben bei der Beantwortung dieser Fragen Zweifel, ist eine Analogie nicht möglich.

a) Andere Gebrauchsüberlassungstatbestände. In der Literatur, insbesondere von *Schön*[202], **37**
wird die analoge Anwendung des § 566 BGB auf andere Gebrauchsüberlassungstatbestände als Miete und Pacht mit erheblichen Argumenten befürwortet. Befürwortet wird insbesondere eine Ausdehnung auf einen (auf feste Dauer abgeschlossenen) Leihvertrag, auf die unentgeltliche Nutzungsüberlassung als Unterhaltsersatz und für die Einbringung einer Grundstücksnutzung durch einen Gesellschafter als Sacheinlage[203] sowie für die Wohnungsüberlassung gem. § 1361b BGB bzw. § 14 LPartG. Für das Schutzbedürfnis des Nutzers mag es in der Tat keine Rolle spielen, auf welcher Vertragsgrundlage er berechtigt ist. Auch ist es richtig, dass eine Nichtanwendung des § 566 BGB auf Seiten des Nutzers zu erheblichen Härten führen kann, etwa wenn der Entleiher im Vertrauen auf den Fortbestand des auf feste Dauer abgeschlossenen Leihverhältnisses Investitionen getätigt hat. Wie der BGH[204] aber zu Recht betont, ist § 566 BGB eine Ausnahmevorschrift, durch die bestimmten Schuldverhältnissen quasi dingliche Wirkung zukommt, und als solche nur eingeschränkt analogiefähig[205]. Den Charakter als Ausnahmevorschrift zieht *Schön* ebenfalls in Zweifel[206]. Ob diese Argumentation zutreffend ist, ist nicht entscheidend. Entscheidend ist vielmehr, dass der historische Gesetzgeber der Regelung im heutigen § 566 BGB Ausnahmecharakter in Bezug auf die ihr unterfallenden Nutzungsverhältnisse zugemessen hat (um einem Massenphänomen bei der Miete Herr zu werden und öffentlichem Druck nachzugeben)[207] und damit klar zu erkennen gegeben hat, dass Schutzlücken nicht planwidrig sondern gewollt bzw. in Kauf genommen sind[208]. Dies zumal, als der Gesetzgeber der Mietrechtsreform in Kenntnis der BGH-Rechtsprechung zu dem Ausnahmecharakter und zu einer Zeit, als der Aufsatz von *Schön* schon veröffentlicht war, die Vorgängerregelung praktisch unverändert übernommen hat.

Abgesehen davon ist bei den erwähnten Fallgruppen ein besonderes Schutzbedürfnis zweifelhaft[209]. **38**
Es geht nämlich im wesentlichen um eher seltene unentgeltliche Formen der Gebrauchsüberlassung, die meist auf einer persönlichen Beziehung zum Überlasser beruhen und nicht auf einem auf Gewinn gerichteten Austauschgeschäft. Ein neuer Eigentümer hat eine solche persönliche Beziehung in der Regel nicht und einem Nutzer musste bei Eingehung des Nutzungsverhältnisses klar sein, dass bei einem immer möglichen Eigentumswechsel die persönliche Beziehung keine Rolle mehr spielen wird. Darüber hinaus kann ein solcher Nutzer die Rechtsprechung des

---

199 So auch *Häublein* in MünchKomm § 566 Rdn. 9.

200 Allgemein gegen diese Differenzierung *Lammel* ZMR 2008, 882, weil man die Analogiefähigkeit einer Norm nicht aufspalten könne. Eine solche Aufspaltung wird durch die hier vertretene Ansicht nicht herbeigeführt, da der Ausnahmecharakter erstens auf bestimmte Tatbestandsmerkmale bezogen wird und zweitens Analogien nicht gänzlich ausschließt sondern nur stärker beschränkt.

201 BGH NJW 2008, 2773 = WuM 2008, 562; *Streyl* ZMR 2008, 603; *Günter* WuM 2013, 268.

202 JZ 2001, 119ff.

203 *Schön* JZ 2001, 120. Für die Leihe s. auch *Schulte* JZ 1995, 160.

204 S. zuletzt BGH NJW 2002, 3323; BGH NJW 1999, 2178 und BGH NJW 1989, 2053.

205 Ausnahmevorschriften sind nicht grundsätzlich analogiefeindlich i. S. eines Analogieverbots. Es kann vielmehr ein Bedürfnis bestehen, vergleichbare Ausnahmetatbestände gleich zu behandeln (*Häublein* WuM 2010, 395; *Würdinger* JuS 2008, 949). Der Begründungsaufwand muss m. E. aber ungleich höher sein; um dies zu verdeutlichen, erscheint es deshalb gerechtfertigt, von einem grundsätzlichen Verbot der analogen Anwendung von Ausnahmevorschriften zu sprechen und diese eng auszulegen.

206 Schön JZ 2001, 122. Dagegen m. E. zu Recht *Harke* ZMR 2002, 491 Fn. 16.

207 S. Rdn. 6.

208 *Streyl* ZMR 2008, 603.

209 *Streyl* ZMR 2008, 604.

BGH zu diesen Fällen kennen und wissen, dass er bei einem Eigentumswechsel einem Risiko für den Bestand seines Vertrages ausgesetzt ist. Schließlich spricht das Nutzungs- bzw. Rentabilitätsinteresse des Erwerbers erheblich gegen eine Analogie; die §§ 566b, 566c BGB sind Ausdruck der gesetzgeberischen Berücksichtigung dieses Interesses[210], das schon im Gesetzgebungsverfahren die zweite Kommission des historischen Gesetzgebers geleitet hat[211].

39 **b) Weitere Analogien.** Die restriktive Haltung des BGH zur Analogiefähigkeit des § 566 BGB beschränkt sich auf die Ausdehnung auf andere Gebrauchsüberlassungstatbestände als Miete oder Pacht, bei den übrigen Tatbestandsmerkmalen, insbesondere bei der **Art des Eigentumsübergangs,** hält der BGH sie für möglich. Das zeigt sich schon an den beiden ersten Analogien, die der BGH[212] bzw. das RG[213] positiv entschieden hat; sie betreffen beide eine Erweiterung des Veräußerungsbegriffs. Das widerspricht dem Ausnahmecharakter des § 566 BGB nicht, der, wie oben dargelegt, in der quasidinglichen Wirkung der schuldrechtlichen Miet- und Pachtverträge besteht. Innerhalb dieses Rahmens ist bei der Prüfung einer planwidrigen Regelungslücke maßgebend, ob die Erweiterung einzelner Tatbestandsmerkmale den gesetzgeberischen Zwecks der Vorschrift beachtet, einen Bestandsschutz für Miet- oder Pachtverhältnisse unter Berücksichtigung der Belange der Erwerbers zu gewähren. Das betrifft insbesondere die vielfältigen, vom Gesetzgeber in ihrer Fülle nicht vollständig übersehbaren Möglichkeiten des Eigentumsübergangs an einem Grundstück[214].

40 So hat der BGH[215] – in einer Zeit, als die Rechtsfähigkeit der Außen-GbR noch nicht anerkannt war[216] – für den Gesellschafterwechsel bei einer GbR entschieden, § 566 BGB sei hierauf entsprechend anzuwenden, weil es nicht darauf ankomme, auf welche Weise sich die Eigentumsverhältnisse geändert hätten, entscheidend sei vielmehr, ob sie sich verändert hätten. Ähnlich hat der VIII. Zivilsenat des BGH[217] in dem Fall des (sich außerhalb des Grundbuchs vollziehenden) **gesetzlichen Eigentumsübergangs** gem. § 2 des Gesetzes zur Gründung einer Bundesanstalt für Immobilienaufgaben (BImAG)[218] argumentiert; es komme nicht entscheidend auf den Rechtsgrund des Eigentumserwerbs an, entscheidend sei der Eigentumswechsel als solcher und die Verwirklichung des Schutzzwecks des § 566 BGB. Dementsprechend hat der BGH eine analoge Anwendung von § 566 BGB auf diesen Fall des Eigentumsübergangs kraft Gesetzes bejaht[219]. Für andere grundstücksbezogene Verbindlichkeiten wendet der V. Zivilsenat des BGH[220] allerdings die Vorschrift des §§ 131, 171 UmwG (Wirkungen einer Spaltung bzw. Ausgliederung) analog an und kommt so zu einer umfassenden Rechtsnachfolge auch für Altverbindlichkeiten; mit der früheren Rechtsprechung des VIII. Senats setzt sich der V. Senat nicht auseinander, was aber notwendig gewesen wäre, da § 566 BGB im Falle einer Rechtsnachfolge nach dem Umwandlungsgesetz nicht anwendbar ist (s. Rdn. 33). Die analoge Anwendung von §§ 131, 171 UmwG erscheint überzeugender, da mit dem BImAG nicht nur Grundstückseigentum übertragen wird, sondern – wie im Urteil des V. Senats dargelegt[221] – die gesamte Liegenschaftsverwaltung des Bundes neu organisiert werden sollte und die Eigentumsübertragung nur ein Baustein dieser Umstrukturierung war.

41 Die einzelnen Analogietatbestände, die über die Erweiterung des Veräußerungsbegriffs hinaus noch diskutiert oder bejaht werden, werden bei den einzelnen Tatbestandsmerkmalen des § 566 BGB behandelt. Insbesondere zur Anwendung von § 566 BGB auf Bildung und Übertragung von Sondereigentum und Sondernutzungsrechten nach dem WEG s. Rdn. 79ff.

---

210 *Häublein* in MünchKomm § 566 Rdn. 11, dort auch zur Widerlegung des Vorschlags von *Schön* JZ 2001, 126, das Nutzungsverhältnis nach dem Eigentumsübergang entgeltlich auszugestalten.

211 *Mugdan* S. 816/817.

212 BGH NJW 1954, 267.

213 RGZ 103, 167.

214 *Streyl* ZMR 2008, 604.

215 BGH NJW 1998, 1221.

216 Zur heutigen Rechtslage s. Rdn. 33.

217 BGH NJW 2008, 2773 = WuM 2008, 562. Ausführlich dazu und auch zu den (teils abweichenden) Entscheidungen der Instanzgerichte *Streyl* ZMR 2008, 602 und *Lammel* ZMR 2008, 882.

218 Durch diese Vorschrift war der Bundesanstalt für Immobilienaufgaben (BImA) ein Großteil der Immobilien des Bundes übertragen worden.

219 Weil § 566 BGB nur die Fälle des rechtsgeschäftlichen Eigentumsübergangs regelt und andere Fälle des Eigentumsübergangs durch Verweisung auf § 566 BGB (etwa in § 57 ZVG) erfasst sind, könnte man eher von einer Analogie zu § 57 ZVG und anderen Verweisungsvorschriften sprechen (*Lammel* ZMR 2008, 882).

220 BGH (V ZR 205/14) NJW 2015, 3720.

221 BGH (V ZR 205/14) NJW 2015, 3720 Rdn. 19.

7. Vertragsübergang ohne § 566 BGB

Ein Mietvertrag kann nicht nur durch § 566 BGB (ggf. in Verbindung mit den oben erwähnten Verweisungsvorschriften) auf einen neuen Vermieter übergehen, dies kann gleichfalls durch Rechtsgeschäft, nämlich durch – ggf. nur konkludente[222] – **Vertragsübernahme** geschehen[223] – so etwa in Zusammenhang mit dem Grundstückskaufvertrag oder bei einem Unternehmensverkauf durch sog. asset-deal, bei dem nicht Gesellschaftsanteile, sondern einzelne Wirtschaftsgüter (darunter Mietverträge) veräußert werden[224]. Eine Vertragsübernahme kann auch im Anwendungsbereich des § 566 BGB sinnvoll sein, wenn es gilt, die Zäsurwirkung der Vorschrift, also die zeitliche Aufspaltung der Rechte und Pflichten vor und nach dem Eigentumsübergang, zu vermeiden[225]. Den Vertragsparteien ist es nämlich unbenommen, den Rechtsübergang mit und ohne Zäsurwirkung zu vereinbaren. Was im Einzelfall gewollt ist, ist durch Auslegung zu ermitteln. Die Vertragsübernahme ist ein dreiseitiges Rechtsgeschäft zwischen dem Mieter, dem ursprünglichen Vermieter und dem übernehmenden Vermieter[226]. Entweder können die Beteiligten einen dreiseitigen Vertrag schließen oder zwei Beteiligte vereinbaren die Vertragsübernahme und der Dritte stimmt zu[227]. Meist vereinbaren Veräußerer und Erwerber die Vertragsübernahme in dem Grundstückskaufvertrag und holen die Zustimmung des Mieters später ein, die dann aber gem. § 184 Abs. 1 BGB auf den Zeitpunkt des vereinbarten Vertragsübergangs zurückwirkt[228]. Dessen Zustimmung kann konkludent dadurch erfolgen, dass er die Miete an den neuen Vermieter zahlt[229], was aber zumindest Kenntnis des Wechsels voraussetzt, oder dadurch, dass er Erfüllung (etwa Mängelbeseitigung) verlangt[230]. In der Regel führt die bei der Auslegung anzustellende Interessenabwägung aber dazu, eine konkludente Zustimmung des Mieters zur Vertragsübernahme zu verneinen[231]. Denn für den Mieter kann es nachteilig sein, wenn – und sei es nur bis zur Eigentumsumschreibung – Vermieter und Eigentümer nicht personenidentisch sind und wenn er die Ansprüche nach §§ 566 Abs. 2, 566a Satz 2 BGB verliert. Weiterhin kann ein solcher konkludenter Vertragsschluss gegen das Schriftformerfordernis des § 550 BGB verstoßen; zwar ist die Zustimmung des Dritten (meist des Mieters, es gilt aber für jede mögliche Konstellation[232]) formfrei, die Übernahmevereinbarung der beiden anderen Beteiligten (meist Erwerber und Veräußerer) ist hingegen gem. § 550 BGB formbedürftig[233]. Angesichts dessen dürfte jedenfalls bei der Gewerbemiete und bei der Wohnraummiete, soweit Kündigungsbeschränkungen vereinbart sind, eine konkludente Zustimmung nur in Betracht kommen, wenn die Übernahmevereinbarung der Form genügt und der Mieter dies weiß. Schließlich dürfte es dem Mieter bei seinen konkludenten Erklärungen (etwa der Mietzahlung an den Erwerber) an dem notwendigen Erklärungsbewusstsein fehlen[234], weil viele Mieter denken, § 566 BGB habe sich schon durch den Abschluss des notariellen Kaufvertrages und dem darin vereinbarten Lasten- und Nutzenübergang vollzogen. In der Rechtsprechung wird eine Vertragsübernahme oftmals ohne eingehende Auslegung und Interessenabwägung bejaht[235] – offenbar, um ein wünschenswertes Ergebnis zu erzielen. Ist der Mieter an der Vertragsübernahme nicht beteiligt, kommt es nicht zum Vertragsübergang. Das Zustimmungserfordernis kann nicht dadurch umgangen werden, dass sämtliche Rechte und Pflichten aus 42

---

[222] BGH (VIII ZR 84/09) NZM 2010, 471 = WuM 2010, 365 = ZMR 2010, 674.

[223] S. eingehend zum rechtsgeschäftlichen Mieter- und Vermieterwechsel *Schmid* WuM 2013, 643.

[224] BGH (XII ZR 38/12) NJW 2013, 1083 = ZMR 2013, 425 Rdn. 25; BGH (XII ZR137/12).

[225] *Derleder/Bartels* JZ 1997, 988.

[226] *Roth/Kieninger* in MünchKomm (7. Aufl.) § 398 Rdn. 191.

[227] *Schmid* WuM 2013, 643. S. auch BGH (XII ZR 38/12) NJW 2013, 1083 = ZMR 2013, 425 Rdn. 25; BGH (XII ZR137/12).

[228] OLG Naumburg ZMR 2013, 650; *Schmid* ZWE 2013, 314.

[229] LG Duisburg WuM 2004, 331; *Emmerich* in Staudinger § 566 Rdn. 31; *Gather* DWW 2006, 319.

[230] BGH (VIII ZR 84/09) NZM 2010, 471 = WuM 2010, 365 = ZMR 2010, 674.

[231] S. im einzelnen *Eckert* FS Blank S. 135/136; ihm folgt *Häublein* in MünchKomm § 566 Rdn. 24. Ablehnend auch LG Hamburg WuM 1993, 48.

[232] *Guhling* NZM 2014, 531.

[233] OLG Düsseldorf, Urteil v. 20.10.2011 (Az.: 10 U 66/11);BGH (XII ZR 38/12) NJW 2013, 1083 = ZMR 2013, 425 Rdn. 25; BGH (XII ZR137/12) (dort auch zu den Anforderungen an die Form); *Guhling* NZM 2014, 531.

[234] *Eckert* FS Blank S. 136.

[235] So etwa in BGH (VIII ZR 84/09) NZM 2010, 471 = WuM 2010, 365 = ZMR 2010, 674 (kritisch zu dieser Entscheidung *Eckert* InfoM 2010, 373); LG Berlin ZMR 2013, 798.

dem Vertrag abgetreten werden[236]; abtretbar sind nur die Rechte, wegen § 399 BGB dürften das vornehmlich Zahlungsansprüche sein[237]. Im gewerblichen Mietrecht (nicht aber im Wohnraummietrecht) kann die Zustimmung des Mieters zur Vertragsübernahme durch sog. **Vertragsübernahmeklauseln** im Mietvertrag formularvertraglich vorweggenommen werden; derartige Klauseln, die dem Verwender das Recht einräumen, seine vertragliche Stellung als Vermieter von Gewerberäumen jederzeit auf eine andere Person zu übertragen, stellen nicht generell eine unangemessene Benachteiligung dar, vielmehr ist, wenn der Mieter Unternehmer ist, eine am Maßstab des § 307 BGB ausgerichtete Prüfung der Umstände des Einzelfalls von Nöten[238]. Wenn es zu einer rechtsgeschäftlichen Vertragsübernahme kommt, sind die **Folgen aus der Vertragsübernahme** herzuleiten und nicht aus § 566 BGB bzw. § 566a BGB[239]. Denn bei einer Vertragsübernahme vor Eigentumsübergang fehlt es für eine (ggf. zusätzliche) Anwendung der §§ 566, 566a BGB an einer Identität zwischen Vermieter und Veräußerer/Eigentümer (s. dazu Rdn. 64)[240]. Eine analoge bzw. zusätzliche[241] Anwendung, um evtl. Verstöße gegen das Schriftformgebot des § 550 BGB zu heilen oder dem Mieter die günstigeren Folgen des § 566a BGB zukommen zu lassen, ist angesichts der vertraglichen Einigung nicht möglich[242]. Ein Vertragsübergang kann bei einer Ehescheidung auch durch **Wohnungszuweisung gem. § 1568a BGB** erfolgen. Die Wirkungen einer einverständlichen Wohnungszuweisung gem. § 1568a Abs. 3 Nr. 1 BGB sollen entgegen dem Wortlaut der Vorschrift erst mit Rechtskraft der Scheidung eintreten[243]. Sollte das so sein, wäre ein Erwerber an eine Mitteilung der Eheleute gebunden, falls der Eigentumserwerb zwischen Mitteilung und Rechtskraft erfolgt, da er das Mietverhältnis dann mit dieser in die Zukunft wirkenden Umgestaltungserklärung erwirbt[244].

43 Auch bei einem **Erbfall** geht das Eigentum an dem vermieteten Grundstück auf einen neuen Eigentümer über. Hier besteht aber keine Notwendigkeit zur Anwendung des § 566 BGB, da der Erbe umfassend in die Rechtsstellung des früheren Eigentümers (Erblassers) eintritt, also auch in seine Stellung als Vermieter. Ähnlich ist es bei manchen Formen der **Umwandlung** nach dem Umwandlungsgesetz, bei denen das Unternehmensvermögen insgesamt oder in Teilen übergeht (s. dazu bei Rdn. 33).

44 Schließlich gibt es **besondere Arten der Eigentumsübertragung,** bei denen hinsichtlich der Miet- und Pachtverhältnisse nicht auf § 566 BGB verwiesen wird, die vielmehr den Vertragsübergang eigenständig anordnen. Das ist der Fall bei einer Rückgabe von Grundeigentum nach dem VermG. Gem. § 17 VermG wird der Bestand von Miet- oder Pachtverhältnissen nicht berührt[245]; gem. § 16 Abs. 2 VermG tritt der Berechtigte, also der neue Eigentümer, in alle Rechtsverhältnisse in Bezug auf das Grundstück ein. Bei diesem Eintritt handelt es sich um eine gesetzliche Vertragsübernahme, auf die aber § 566 BGB hinsichtlich der Rechtsfolgen entsprechend anzuwenden ist[246]. Im Unterschied und in Erweiterung zu § 566 BGB ordnet § 16 Abs. 2 VermG nicht nur den Eintritt in das Mietverhältnis, sondern in sämtliche Rechtsverhältnisse in Bezug auf das Grundstück an.

8. Ermächtigung, Abtretung

45 Der Mietvertrag und mit ihm die vertraglichen Rechte und Pflichten gehen erst mit dem Eigentum auf den Erwerber über. Übernimmt der Erwerber eines Grundstücks dessen Lasten und Nutzungen – wie üblich – schon vor dem Eigentumsübergang, ist eine Anwendung des § 566 BGB noch nicht möglich und in diesem Lasten- und Nutzenübergang ist in der Regel, wenn sich nicht im Einzelfall auf Grund der konkreten Umstände eine andere Auslegung ergibt, auch noch keine **Abtre-**

[236] OLG Düsseldorf DWW 2001, 63, das auch noch die Möglichkeit einer analogen Anwendung des § 566 BGB prüft und richtigerweise ablehnt.

[237] BGH NJW 2003, 2987. Zum Streit um die Abtretbarkeit von Gestaltungsrechten s. S. BGH NJW 1998, 897; BGH WuM 2008, 222.

[238] BGH (XII ZR 171/08) NJW 2010, 3708 = ZMR 2011, 19. **A. A.** OLG Düsseldorf ZMR 2011, 715 für einen Leasingvertrag.

[239] OLG Naumburg ZMR 2013, 650; *Schmid* ZWE 2013, 314.

[240] OLG Naumburg ZMR 2013, 650; *Schmid* ZWE 2013, 314.

[241] So *Eckert* FS Blank S. 136/137.

[242] *Schmid* ZWE 2013, 314.

[243] *Götz* NZM 2010, 385; *Abramenko* MDR 2013, 131.

[244] **A. A.** *Abramenko* MDR 2013, 132.

[245] Außer im Falle der Unredlichkeit des Mieters, was aber nicht zivilrechtlich, sondern öffentlich-rechtlich zu klären ist; s. hierzu AG Görlitz WuM 1993, 600.

[246] BGH NZM 2001, 159.

tung der abtretbaren[247] Rechte und Ansprüche (Mietzinsforderungen[248], Räumungsanspruch[249]) zu sehen, die diesem Zeitraum zuzuordnen sind, sondern nur eine Verteilung im Innenverhältnis zwischen Käufer (Erwerber) und Verkäufer (Veräußerer)[250]. Eine Abtretung der abtretbaren Rechte und Ansprüche muss zwar nicht ausdrücklich[251], wohl aber mit hinreichender Deutlichkeit erklärt werden[252]; das Ergebnis der Auslegung von konkludenten Erklärungen muss eindeutig sein, weil eine Abtretung mit einem Wechsel der Rechtsinhaberschaft verbunden ist. Ohne Abtretung kann der Mieter befreiend nur an den Veräußerer leisten bzw. ist nur diesem zur Räumung verpflichtet.

Die Parteien des Grundstückskaufvertrages können den Erwerber neben einer Abtretung der abtretbaren Rechte schon für die Zeit vor dem Eigentumsübergang bevollmächtigen bzw. entsprechend § 185 Abs. 1 BGB ermächtigen[253], die sonstigen Rechte des Veräußerers auszuüben, die den Bestand des Vertragsverhältnisses oder dessen wesentliche Ausgestaltung zum Gegenstand haben. Die **Ermächtigung** betrifft aber im Ansatz nur Verfügungen i. S. v. § 185 Abs. 1 BGB, so dass im Einzelfall für jede Rechtshandlung zu prüfen ist, ob sie eine Verfügung oder ein verfügungsähnliches Geschäft darstellt. Anerkannt ist das insbesondere für die Gestaltungrechte (Kündigung) bzw. den Gestaltungsrechten ähnliche Rechte (Modernisierungsverlangen[254] oder Mieterhöhungsverlangen[255]). Bei einer Bevollmächtigung handelt der Erwerber in fremden Namen, also im Namen des Veräußerers. Bei einer Ermächtigung handelt er im eigenen Namen[256] und kann im Wege der gewillkürten Prozessstandschaft auch im eigenen Namen klagen[257]. Grundsätzlich muss eine Ermächtigung vorprozessual[258] – nicht offengelegt werden; eine Offenlegung widerspräche vielmehr geradezu dem Wesen der Ermächtigung als Rechtsmacht zum Handeln im eigenen Namen. Auch bei den hier in Rede stehenden einseitigen Willenserklärungen des Erwerbers (Kündigung, Mieterhöhung etc.) ist das zum Schutz des Mieters nicht notwendig[259]. Der Mieter, der die Verhältnisse oftmals nicht überschauen kann, hat jedoch aus ähnlichen Gründen wie bei der in § 566 e Rdn. 20 geschilderten Rechtslage ein Zurückweisungsrecht analog § 410 Abs. 1 Satz 2 BGB, bis der Erwerber seine Ermächtigung schriftlich nachweist[260]. Ob eine Bevollmächtigung oder eine Ermächtigung anzunehmen ist, hängt von den Umständen des Einzelfalls ab; angesichts des nahen Eigentumsübergangs dürfte der Veräußerer aber meist kein Interesse mehr daran haben, dass der Erwerber in seinem Namen auftritt. Die weitere Frage, ob eine Ermächtigung bzw. Bevollmächtigung oder eine Abtretung vorliegt, kann meist offen bleiben; dann kann auch die streitige Frage offen bleiben, ob eine isolierte Abtretung anstatt einer Bevollmächtigung bzw. Ermächtigung zulässig ist[261]. Das ist allerdings anders, wenn der Veräußerer vor dem Eigentumsübergang noch selbst Rechte ausüben möchte, da er seine Rechtsmacht zum eigenen Handeln im Falle der Abtretung verliert, im Falle der Ermächtigung bzw. Bevollmächtigung aber nicht[262]. Durch eine Vertragsklausel, wonach „alle Rechte und Pflichten aus dem Mietvertrag" auf den Erwerber übergehen sollen, 46

[247] S. dazu sogleich.
[248] BGH NJW 2003, 2987 = ZMR 2003, 732.
[249] BGH NJW 1998, 896 am Ende = WuM 1998, 99 = ZMR 1998.
[250] BGH NJW 2003, 2987 = ZMR 2003, 732; BGH NZM 2010, 474 Rdn. 29; OLG Düsseldorf NJW-RR 1994, 1234 = WuM 1995, 486; *Eckert* FS Blank S. 143. **A. A.** *Lammel,* Wohnraummietrecht, § 566 Rdn. 20.
[251] So aber *Eckert* FS Blank S. 142.
[252] So wohl auch BGH NZM 2010, 474 Rdn. 28.
[253] BGH NJW 2008, 1218 = WuM 2008, 222 = ZMR 2008, 519; BGH NJW 1998, 896 = WuM 1998, 99 = ZMR 1998, 214; OLG Celle NZM 2000, 93; kritisch *Scholz* ZMR 2008, 522.
[254] BGH NJW 2008, 1218 = WuM 2008, 220 = ZMR 2008, 519.
[255] BGH (VIII ZR 203/13) NJW 2014, 1802 = WuM 2014, 286 = ZMR 2014, 620. Kritisch *Börstinghaus* NZM 2009, 683 und *Zehelein* NZM 2015, 31, der das vor allem damit begründet, dass ein Mieterhöhungsverlangen keine Verfügung i. S. v. § 185 Abs. 1 BGB sei.
[256] BGH NJW 1998, 896. S. auch § 542 Rdn. 37.
[257] BGH NJW 2008, 1218 = WuM 2008, 220 = ZMR 2008, 519.
[258] Im Prozess muss die Prozessstandschaft und damit die Ermächtigung offengelegt werden (BGH [IV ZR 38/80] NJW 1980, 2461; BGH [I ZR 75/71] NJW 1972, 1580.
[259] BGH (VIII ZR 203/13) NJW 2014, 1802 = WuM 2014, 286 = ZMR 2014, 620. Kritisch dazu *Zehelein* NZM 2015, 31; zur auch hier früher vetretenen Gegenansicht s. die 11. Aufl.
[260] Offenlassend BGH (VIII ZR 203/13) NJW 2014, 1802 = WuM 2014, 286 = ZMR 2014, 620 Rdn. 21.
[261] S. zum Meinungsstand, das Ergebnis aber offen lassend BGH NJW 1998, 896 = WuM 1998, 99 = ZMR 1998, 214; BGH NJW 2008, 1218 = WuM 2008, 222 = ZMR 2008, 519; gegen eine Abtretbarkeit etwa LG Berlin GE 2010, 1743; LG München WuM 1989, 282; LG Augsburg NJW-RR 1992, 520. S. außerdem § 542 Rdn. 37.
[262] LG Berlin GE 2010, 1743. S. auch bei Rdn. 117.

wird zwar mangels notwendiger Zustimmung des Mieters keine Vertragsübernahme bewirkt, auf die die §§ 398ff., 414ff. BGB entsprechend anzuwenden wären[263]; hierin ist jedoch als Minus in der Regel jedenfalls eine umfassende Ermächtigung des Erwerbers insbesondere zur Ausübung des Kündigungsrechtes[264] sowie eine Abtretung aller abtretbaren Ansprüche[265] zu sehen; anders ist das jedoch – wie oben schon erwähnt – bei der bloßen Vereinbarung des Lasten- und Nutzenübergangs[266].

V. Tatbestandsvoraussetzungen (Abs. 1)

47 Der Vertragsübergang gem. § 566 Abs. 1 BGB setzt voraus, dass Wohnraum (bzw. wegen des Verweises in § 578 BGB sonstige Räume oder Grundstücke) vermietet wurde und nach der Überlassung der Räume an den Mieter von dem Vermieter an einen Dritten (Erwerber) veräußert wurde. Ein Widerspruchsrecht gegen den Vertragsübergang steht dem Mieter nicht zu; die teilweise befürwortete[267] Analogie zu § 613a BGB ist abzulehnen. Es fehlt schon an einer Regelungslücke angesichts des Umstandes, dass der Gesetzgeber dem Erwerber bzw. Ersteigerer in zahlreichen Vorschriften ein Sonderkündigungsrecht gewährt hat (Hauptbeispiel § 57 ZVG), dem Mieter aber nicht. Zudem fehlt es an einer Vergleichbarkeit der Sachlagen. Während ein Arbeitsverhältnis einen stark personalen Bezug hat und der Arbeitnehmer ständigem Kontakt und Weisungen des Arbeitgebers ausgesetzt ist, hat der Vermieter grundsätzlich keinen Zugang zum Mietobjekt und auf das Verhalten des Mieters in der Wohnung in der Regel nur geringen Einfluss. Schließlich würde die Verkehrsfähigkeit von vermieteten Grundstücken erheblich leiden, wenn eine Veräußerung mit der Unsicherheit belastet wäre, welche Mieter das Mietverhältnis fortsetzen wollen. Auch wenn § 566 BGB vornehmlich eine Mieterschutzvorschrift ist, so sind bei deren Anwendung und Auslegung auch die Vermieterbelange (Veräußerer und Erwerber) zu berücksichtigen[268] und sind auch während der Gesetzesberatungen berücksichtigt worden.

1. Bestehen eines Mietvertrages

48 Die Vorschrift ist unmittelbar nur auf Wohnraummietverträge anwendbar. Über zahlreiche Verweise gilt sie aber für alle Miet- und Pachtverträge über Räume bzw. Grundstücke. S. hierzu und zu sonstigen Fragen des Anwendungsbereiches der Vorschrift im einzelnen oben in Abschnitt IV. Die folgenden Ausführungen befassen sich mit der zeitlichen Dimension des Bestehens eines Mietvertrages. Hierbei sind mit Mietvertrag – soweit nicht Differenzierungen angezeigt sind – alle Vertragsarten gemeint, die unmittelbar oder über Verweisungen dem Anwendungsbereich des § 566 BGB unterfallen.

49 Der Vertragsübergang auf den Erwerber setzt voraus, dass der Mietvertrag zum Zeitpunkt des Eigentumsübergangs wirksam besteht[269]. Das bedeutet allerdings nicht, dass die vertragliche Mietzeit schon begonnen haben muss; entscheidend ist vielmehr, dass die Rechte und Pflichten aus dem Mietvertrag bereits **wirksam angelegt** waren[270]. Die Überlassung der Mietsache als weiteres Tatbestandsmerkmal des § 566 BGB kann auch auf einem anderen Rechtsgrund beruhen. Deshalb reicht es aus, wenn der Vertrag bindend geschlossen wurde, die vertraglich vereinbarte Mietzeit aber erst nach Eigentumsübergang beginnt und die Mietsache dem Mieter schon vorher übergeben worden war[271] – sei es zu deren Herrichtung zum beabsichtigten Nutzungszweck, sei es aufgrund eines vorhergehenden Vertrages[272] oder sei es als Untermieter (wenn also die Untermiete in ein

---

263 *Roth/Kieninger* in MünchKomm (7. Aufl.) § 398 Rdn. 190.

264 BGH NJW 2002, 3391 = ZMR 2002, 907 = WuM 2002, 601. Zur Frage, ob der Veräußerer auch noch kündigen darf, s. Rdn. 117.

265 LG Berlin GE 2009, 657; BGH NJW 2003, 2987 = ZMR 2003, 732 (für den Mietzinsanspruch).

266 BGH NJW 2003, 2987 = ZMR 2003, 732; BGH NJW 1998, 896 am Ende = WuM 1998, 99 = ZMR 1998, 214; *Eckert* FS Blank S. 143.

267 *Kühn* NZM 2009, 4.

268 S. Rdn. 8 und 14.

269 Allg. M., vgl. BGH NJW 2007, 1818 m.w.N. = WuM 2007, 267 = ZMR 2007, 529; BGH NJW 2010, 1068 = WuM 2010, 165 = ZMR 2010, 355.

270 BGH NJW 1964, 1852/1853.

271 *Emmerich* in Staudinger § 566 Rdn. 29.

272 BGH NJW 1964, 1852/1853.

Hauptmietverhältnis umgewandelt wurde)[273]. In einen bloß anfechtbaren Vertrag tritt der Erwerber uneingeschränkt ein, da die Rechtsgestaltung mangels Erklärung der **Anfechtung** noch nicht eingetreten ist und deshalb bei Eigentumsübergang ein Vertrag mit den daraus resultierenden Rechten und Pflichten besteht[274]; zum Übergang des Anfechtungsrechtes auf den Erwerber s. Rdn. 125. Ist ein Mietvertrag **schwebend unwirksam** geschlossen worden und wird er vor dem Eigentumsübergang genehmigt, liegt bei Eigentumsübergang ebenfalls ein wirksamer Mietvertrag vor[275], nicht hingegen, wenn die Genehmigung erst nach Eigentumsübergang erteilt wird; anders kann das allenfalls sein, wenn – bei überlassener Mietsache – für die Genehmigung in dem Vertrag eine Frist vereinbart wurde und die Frist nach Eigentumsübergang abläuft. Ähnlich ist es, wenn der Mietvertrag unter einer zur Zeit des Eigentumserwerbs noch nicht eingetretenen **aufschiebenden Bedingung** geschlossen wurde; auch dann tritt der Erwerber in das unter der aufschiebenden Bedingung abgeschlossene Rechtsgeschäft ein, weil die daraus resultierenden Rechte und Pflichten beim Eigentumsübergang schon begründet waren[276]. Wie eine aufschiebende Bedingung ist die sog. **Bedingungsoption** zu behandeln, nach der der Mieter – innerhalb einer nach Eigentumsübergang ablaufenden Frist – das Recht hat, durch einseitige Erklärung den inhaltlich feststehenden Mietvertrag zu begründen[277]. Miet*vor*verträge binden den Erwerber nicht, weil ein **Mietvorvertrag** noch kein wirksamer Mietvertrag ist[278]. Ebenso bindet ihn nicht die Vereinbarung eines Untermieters mit dem Veräußerer, bei Beendigung des Hauptmietverhältnisses in dieses zu denselben Bedingungen eintreten zu können; das ist kein Mietvertrag[279]. Verträge, die gegen das Schriftformerfordernis des § 550 BGB verstoßen, binden den Erwerber, weil sie nicht unwirksam sind, sondern gem. § 550 BGB nur als auf unbestimmte Zeit geschlossen gelten; zur Bindung des Erwerbers an sog. Schriftformheilungsklauseln s. Rdn. 94.

War der Vertrag zum Zeitpunkt des Eigentumsübergangs bereits gekündigt, die **Kündigungsfrist** aber noch nicht abgelaufen, so tritt der Erwerber für die Restlaufzeit in den Vertrag ein[280]. 50
Ähnliches gilt für einen Mietaufhebungsvertrag[281]. Eine Kündigung des Mieters, die dem Veräußerer nach dem Eigentumsübergang zugeht, geht – mit Ausnahme von gewissen Vertrauenstatbeständen[282] – ins Leere[283], genauso wie eine Kündigung des Veräußerers, die dem Mieter nach Eigentumsübergang zugeht.

Wurde der Vertrag hingegen vor Eigentumsübergang durch fristlose Kündigung, Ablauf einer 51
Kündigungsfrist, Zeitablauf oder durch Mietaufhebungsvertrag beendet, gibt es an sich kein Mietverhältnis mehr, das übergehen könnte; das gilt auch bei einer Kündigung wegen Eigenbedarfs nach Ablauf der Kündigungsfrist, wenn in der Person des Erwerbers kein Eigenbedarf besteht, da der Erwerber nicht zur Wiederbegründung des Mietverhältnisses verpflichtet ist[284]. Der Erwerber tritt aber bei beendetem Mietvertrag, wenn der Mieter noch nicht ausgezogen ist, in das **Abwicklungsverhältnis** ein[285]. Der Eintritt in das Abwicklungsverhältnis soll aus der Nachwirkung des ursprünglichen Mietvertrages folgen[286], sich aber auf den Räumungsanspruch, Nutzungsentschädigung und Schadensersatz wegen Räumungsverzugs beschränken, also andere nachvertragliche Pflichten nicht erfassen[287]. Dementsprechend hat der BGH eine Haftung des Erwerbers für die Rückerstattung der Kaution bzw. deren Abrechnung abgelehnt, wenn der Mieter zwar nach Vertragsende, aber noch vor dem Eigentumsübergang ausgezogen ist, da es ein auf unterlassener Räu-

273 BGH NJW-RR 1989, 77.
274 *Häublein* in MünchKomm § 566 Rdn. 13.
275 *Häublein* in MünchKomm § 566 Rdn. 13.
276 BGH WM 1995, 2115.
277 OLG Saarbrücken ZMR 2016, 371.
278 BGH NJW 1962, 1388.
279 LG Frankfurt ZMR 2013, 114.
280 BGH NJW 1978, 2149; OLG Hamm NJW-RR 1992, 1164.
281 *Blank/Börstinghaus* § 566 Rdn. 15. S. auch bei Rdn. 118.
282 Etwa wenn der Mieter den Eigentumsübergang nicht kennt oder er durch den Veräußerer bzw. den Erwerber falsch informiert wurde (wenn etwa schon der Kauf oder der Nutzen- und Lastenübergang als Eigentumsübergang bezeichnet wird). In diesen Fällen werden §§ 566e bzw. 407 BGB entsprechend angewendet; vgl. *Emmerich* in Staudinger § 566 Rdn. 44 m. w. N. S. auch bei Rdn. 117.
283 *Blank/Börstinghaus* § 566 Rdn. 13.
284 *Gsell* WuM 2012, 412.
285 *Gsell* WuM 2012, 411/412.
286 BGH NJW 1978, 2149 und BGH NJW 2007, 1818 = WuM 2007, 267 = ZMR 2007, 529 jeweils mit weiteren Nachweisen auf die h. M.
287 BGH NJW 2007, 1818 m. w. N. = WuM 2007, 267 = ZMR 2007, 529.

mung beruhendes Abwicklungsschuldverhältnis zwischen Mieter und Erwerber nicht gibt und die Rechtsposition des Mieters durch den Eigentumswechsel nicht mehr berührt wird[288]. Ob das auch gilt, wenn das Mietverhältnis vor dem Eigentumsübergang zwar rechtlich beendet war, der Mieter aber noch nicht ausgezogen ist, s. bei § 566a Rdn. 4. Zu den Folgen der Vertragsbeendigung vor dem Eigentumsübergang für die Betriebskostenabrechnung s. Rdn. 111. Der Übergang einzelner nachvertraglicher Rechte und Pflichten auf den Erwerber ist dogmatisch nur schwer zu begründen; der BGH[289] beruft sich zugunsten des Erwerbers hinsichtlich der erwähnten Ansprüche aus §§ 546, 546a, 280, 281, 286 BGB auf ein praktisches Bedürfnis, da einzig der Erwerber durch die nicht erfolgte Räumung beeinträchtigt sei[290], und hinsichtlich des Mieters (Kaution) auf ein mangelndes Schutzbedürfnis. Letztlich muss man wohl dahingehend argumentieren, dass die Rückgabeverpflichtung eine Dauerverpflichtung[291] ist, die nach dem Eigentumsübergang gegenüber dem Erwerber erfüllt werden muss. Ein Verstoß gegen diese Pflicht begründet in der Person des Erwerbers die genannten Ansprüche.

52 Die vorerwähnte Rechtsprechung des BGH kann allerdings nicht auf eine von Anfang an nichtigen oder noch vor Eigentumsübergang angefochtenen Vertrag übertragen werden[292]. Die Erwerberinteressen sind zwar ähnlich. Da hier allerdings nie ein wirksamer Vertrag bestanden hat bzw. der Vertrag durch Anfechtung rückwirkend vernichtet wurde, kann als Ansatzpunkt für einen Rechtsübergang nicht die Nachwirkung eines früheren Vertrages dienen. Ein Bedürfnis nach einem Rechtsübergang besteht auch nicht, da dem Erwerber gegen den rechtsgrundlosen Mieter ein Herausgabeanspruch nach § 985 BGB sowie wegen der Nutzungen Bereicherungsansprüche sowie ggf. Ansprüche aus einem Eigentümer-Besitzer-Verhältnis zustehen.

53 Vollzieht sich der Eigentumsübergang durch Eintragung in das Grundbuch (etwa bei einem Verkauf des Grundstücks), kommt es für den Eintritt der Rechtswirkungen des § 566 BGB auf den **Zeitpunkt der Eintragung in das Grundbuch** und nicht etwa auf den Zeitpunkt des Vertragsschlusses an. Vollzieht sich der Eigentumsübergang durch ein Ereignis außerhalb des Grundbuchs (etwa bei einer Zwangsversteigerung gem. § 90 ZVG), kommt es auf des Zeitpunkt dieses Ereignisses an (den Zuschlag); die Eintragung in das Grundbuch hat dann nur deklaratorische Bedeutung.

2. Überlassung der Mietsache

54 Weitere Voraussetzung für den Vertragsübergang nach § 566 Abs. 1 BGB ist die Überlassung der Mietsache an den Mieter *vor* der Veräußerung, also vor dem Eigentumsübergang; den Übergang von nicht durch Überlassung vollzogenen Mietverhältnissen auf den Erwerber regelt § 567a BGB (Einzelheiten s. dort). Das in der Vertragspraxis oft unterschätzte[293] Tatbestandsmerkmal der Überlassung übernimmt die **Publizitätsfunktion** in der Vorschrift[294]. Wie eingangs bereits ausgeführt (s. Rdn. 12) ist § 566 BGB zwar eine schuldrechtliche Regelung, ihr kommt aber eine quasi dingliche Wirkung zu, weil sie den Bestand des Mietvertrages bzw. die Vermieterstellung entgegen den sonstigen schuldrechtlichen Grundsätzen an das Eigentum bindet. Diese „Belastung" des Eigentums ist aus dem Grundbuch nicht ersichtlich, da Mietverträge nicht grundbuchfähig sind. Um einem Erwerber unabhängig von den Informationen des Veräußerers Kenntnis davon zu verschaffen, ob und welche Mietverhältnisse in Bezug auf das Grundstück bestehen, hat das Gesetz den Vertragsübergang an die Überlassung der Mietsache angeknüpft, die in der Regel mit der Verschaffung der gut erkennbaren Sachherrschaft, also dem Besitz verbunden ist (s. einschränkend aber sogleich). Ähnliche Publizitätsfunktionen erfüllt die Sachherrschaft in §§ 1006, 929, 932 BGB[295]. Der Besitz eines Dritten an dem Grundstück oder Teilen davon muss dem Erwerber Anlass sein, sich über etwaige Mietverhältnisse zu vergewissern. In Verbindung mit der Schriftformregelung in § 550 BGB wird er vor einer überlangen, nicht erkennbaren Vertragsbindung geschützt.

---

[288] BGH NJW 2007, 1818 m.w.N. = WuM 2007, 267 = ZMR 2007, 529.
[289] BGH NJW 2007, 1818 m.w.N. = WuM 2007, 267 = ZMR 2007, 529.
[290] *Lammel,* Wohnraummietrecht, § 566 Rdn. 29.
[291] In BGH NJW 1978, 2149 wird die Räumungsverpflichtung als Dauerleistung bezeichnet.
[292] Im Ergebnis ebenso *Blank*/Börstinghaus § 566 Rdn. 9. Der BGH bejaht die Anfechtbarkeit von Mietverträgen mit ex-tunc Wirkung, vgl. BGH NJW 2009, 1266 = ZMR 2009, 103.
[293] *Eckert* in FS Blank S. 129.
[294] BGH NJW 2007, 1818 m.w.N. = WuM 2007, 267 = ZMR 2007, 529.
[295] S. zum Ganzen auch *Häublein* in MünchKomm § 566 Rdn. 2.

Dieser Schutz durch die Publizitätsfunktion der Überlassung ist allerdings unvollkommen, da die Überlassung der Mietsache zwar meist, aber nicht zwingend und immer die **Besitzverschaffung** bzw. die Erkennbarkeit des Besitzes erfordert. Den Begriff der Überlassung verwendet das Gesetz nicht nur in § 566 BGB, sondern beispielsweise auch in §§ 535, 536, 567a BGB. In allen Vorschriften ist der gleiche rechtliche Vorgang gemeint, so dass er einheitlich zu verstehen ist[296]. Es geht um den Inhalt der Gebrauchsgewährungspflicht des Vermieters. Setzt diese den Besitz der Mietsache voraus, hat der Vermieter den Besitz entsprechend § 854 BGB[297] zu verschaffen. Diese Besitzverschaffung muss allerdings nicht notwendig für Dritte erkennbar sein bzw. der Mieter muss seinen Besitz nicht manifestiert haben[298], da der Vermieter nur die Möglichkeit des Gebrauchs schuldet. **55**

Diese Erwägungen haben folgende Konsequenzen: § 566 BGB greift nur ein, wenn der Mieter zum Erwerbszeitpunkt die tatsächliche Sachherrschaft über die Mietsache ausübt; ein bloßes Besitzerlangungsinteresse reicht nicht[299]. Hat sich der Mieter eigenmächtig den Gebrauch der Mietsache verschafft (beispielsweise durch verbotene Eigenmacht), liegt keine Überlassung vor, da der Vermieter den Gebrauch nicht gewährt hat[300]. Der Vermieter muss den Besitz nicht selbst verschaffen, das kann beispielsweise auch durch den Vormieter geschehen; der Vermieter muss aber einverstanden sein[301]. Wird der Untermieter Hauptmieter, so gilt die Mietsache als mit dem Beginn dieses Mietverhältnisses als überlassen[302]. Der Vermieter kann eine Überlassung an den Mieter nicht erzwingen, auch nicht dadurch, dass er ihn in Annahmeverzug setzt[303]. Für eine Überlassung im Sinne des § 566 Abs. 1 BGB reicht es aber aus, dass der Mieter die Schlüssel zum Mietobjekt erhalten hat; ein Bezug der Wohnung, die Einrichtung eines Betriebes oder die Einzäunung eines Grundstücks sind nicht erforderlich[304]. Bei teilweiser Überlassung kommt es darauf an, ob die Gebrauchsgewährungspflicht hierdurch im Wesentlichen erfüllt wurde oder nicht[305]. Überlassung wäre danach anzunehmen, wenn die Wohnräume übergeben wären, Keller oder Garage aber nicht; im umgekehrten Fall liegt eine Überlassung nicht vor. Aus dem Inhalt des Mietvertrages kann sich auch ergeben, dass eine Besitzverschaffung nicht geschuldet ist[306]. Das ist etwa der Fall bei der Pflicht zur Gewährung einer gelegentlichen Nutzungsmöglichkeit (z. B. von Unterrichtsräumen, Überfahren von Grundstücksteilen[307]) oder bei Vermietung einer Hauswand zur Anbringung von Werbeplakaten[308]. Bei Verträgen über die Ausbeutung von Bodenschätzen ist Überlassung anzunehmen, wenn mit den ersten Bohrungen bzw. Grabungen begonnen wurde[309]. Ist die Mietsache vor Eigentumsübergang an den Vermieter (Veräußerer) zurückgegeben worden (Besitzaufgabe durch den Mieter – und sei es auch nur vorläufig[310]), ist sie nach dem Wortlaut der Vorschrift nicht mehr überlassen und die Überlassung kann ihre Publizitätsfunktion nicht mehr erfüllen[311]; ein Vertragsübergang gem. § 566 BGB findet deshalb selbst dann nicht statt, wenn das Mietverhältnis rechtlich nicht beendet sein sollte[312]. Überlässt der Mieter die Mietsache hingegen an Dritte, etwa an einen Untermieter, beendet das die Überlassung durch den Vermieter an ihn selbst nicht, da er mittelbarer Besitzer bleibt[313]. **56**

---

296 BGH NJW 1976, 106.
297 BGH NJW 1976, 106.
298 BGH NJW 1976, 106.
299 BGH (VIII ZR 31/15) WuM 2016, 364.
300 *Blank/Börstinghaus* § 566 Rdn. 24.
301 *Blank/Börstinghaus* § 566 Rdn. 24.
302 *Blank/Börstinghaus* § 566 Rdn. 25.
303 *Emmerich* in Staudinger § 566 Rdn. 35; *Wolf/Eckert/Ball* Rdn. 1359.
304 *Häublein* in MünchKomm § 566 Rdn. 15.
305 *Emmerich* in Staudinger § 566 Rdn. 36.
306 BGH NJW-RR 1989, 589.
307 BGH NJW-RR 1989, 589.
308 *Emmerich* in Staudinger § 566 Rdn. 35/36; OLG Hamm MDR 1976, 143.
309 *Emmerich* in Staudinger § 566 Rdn. 36.
310 BGH (IX ZR 87/14) NZM 2015, 202 = WuM 2015, 109 Rdn. 26 und 28.
311 BGH NJW 2007, 1818 m.w.N. = WuM 2007, 267 = ZMR 2007, 529; BGH (VIII ZR 313/08) NJW 2010, 1068 = WuM 2010, 165 = ZMR 2010, 355.
312 BGH (VIII ZR 313/08) NJW 2010, 1068 = WuM 2010, 165 = ZMR 2010, 355 für eine unwirksame Eigenbedarfskündigung; BGH (IX ZR 87/14) NZM 2015, 202 = WuM 2015, 109 Rdn. 26 und 28 für einen vorläufigen Auszug auf Grund einer Sanierungsvereinbarung.
313 *Häublein* in MünchKomm § 566 Rdn. 16.

3. Veräußerung

57 Wie bereits dargelegt (Rdn. 16), ist mit dem Begriff der Veräußerung in § 566 BGG das **dingliche Rechtsgeschäft** gemeint, auf Grund dessen der Eigentumsübergang im Grundbuch vollzogen wird. Es muss sich um einen „echten" Eigentumsübergang handeln, die Übertragung wirtschaftlichen Eigentums (etwa beim Immobilienleasing oder beim Lasten- und Nutzenübergang gem. § 446 BGB) reicht nicht aus[314], ebenso wenig die Eigentumsübertragung unter dem Vorbehalt des Nießbrauchs[315]. Vollendet ist die Veräußerung erst mit Eintragung des Erwerbers im Grundbuch, da erst zu diesem Zeitpunkt das Eigentum übergeht. Bei einem (gesetzlichen) Eigentumserwerb außerhalb des Grundbuches, etwa durch Zuschlag in der Zwangsversteigerung gem. §§ 57, 90 ZVG, kommt es auf den Eigentumsübergang und nicht auf die Eintragung im Grundbuch an. Der Zeitpunkt des Eigentumsübergangs ist maßgeblich für die Bejahung der schon erörterten Tatbestandsmerkmale, nämlich ob ein Mietvertrag bestand und ob die Mietsache bereits überlassen war[316]. Außerdem ist der Zeitpunkt des Eigentumsübergangs maßgeblich für die Rechtswirkungen des § 566 BGB; zur Vorverlagerung dieser Wirkungen durch Vereinbarungen im Kaufvertrag (Abtretung, Ermächtigung) s. Rdn. 45. Trifft ein Mieter in Kenntnis des Verkaufs noch vor dem Eigentumsübergang vertragsändernde Vereinbarungen mit dem Veräußerer, so können diese wegen Sittenwidrigkeit gem. § 138 BGB nichtig sein[317]. Zum Eigentumswechsel bei Realteilung eines Grundstücks sowie bei Begründung und Veräußerung von Mit- bzw. Wohnungseigentum s. Rdn. 73ff. bzw. Rdn. 79ff. Zur entsprechenden Anwendung von § 566 BGB bei der Belastung eines Mietgrundstücks mit dinglichen Rechten und sonstigen dinglichen Rechtsänderungen, die den Gebrauch der Mietsache entziehen oder beeinträchtigen können (etwa ein Nießbrauch), s. bei der Kommentierung zu § 567 BGB. Zu den Folgen einer Weiterveräußerung durch den Erwerber s. § 567b BGB.

58 In Einzelfällen ist eine **Erweiterung des Veräußerungsbegriffes** geboten, um durch eine analoge Anwendung des § 566 BGB dem Zweck der Vorschrift gerecht zu werden, das Bestandsschutzinteresse des Mieters an dem Vertrag zu sichern; s. hierzu Rdn. 35. Zur Anwendung von § 566 BGB auf Sondernutzungsrechte nach §§ 5, 15 WEG s. Rdn. 83.

59 Die Eintragung einer **Auflassungsvormerkung** steht einem Eigentumsübergang nicht gleich[318]. Schon der Wortlaut des § 566 BGB steht dem entgegen. Der Veräußerer kann also noch nach der Eintragung der Auflassungsvormerkung Mietverträge abschließen, die auf den Erwerber nach der Eigentumsumschreibung übergehen; die bestehenden Verträge gehen noch nicht mit Eintragung der Auflassungsvormerkung über. Ein Vertragsübergang aufgrund der Eintragung einer Auflassungsvormerkung oder auch nur die Vorverlagerung des maßgeblichen Stichtages für den Erwerb mietvertraglicher Ansprüche durch den Grundstückserwerber von dem Zeitpunkt des Eigentumswechsels auf denjenigen der Eintragung der Auflassungsvormerkung müsste entgegen dem Wortlaut des § 566 BGB allerdings wohl dann angenommen werden, wenn der Erwerber gem. § 883 Abs. 2 BGB schon vom Zeitpunkt der Eintragung der Vormerkung an dagegen geschützt wäre, dass der Veräußerer nachträglich noch einen Mietvertrag abschließt, der nach § 566 BGB auf den Erwerber übergehen kann. Eine direkte oder analoge Anwendung des § 883 Abs. 2 BGB wird jedoch heute allgemein abgelehnt[319], weil ein Mietvertrag keine dingliche Verfügung im Sinne des § 883 Abs. 2 BGB ist[320] und für eine analoge Anwendung ein hinreichendes Schutzbedürfnis des Erwerbers/Vormerkungsberechtigten nicht besteht und insbesondere eine Bevorzugung seiner Interessen gegenüber dem Bestandsinteresse des Mieters nicht gerechtfertigt erscheint[321].

60 Auf welchem **Rechtsgrund** das dingliche Rechtsgeschäft (die Veräußerung) beruht, spielt keine Rolle. In Betracht kommen Kauf, Tausch, Schenkung, Vermächtnis (nicht Erbschaft, da sich hier der Rechtsübergang kraft Gesetzes sowohl am Eigentum als auch an den Verträgen voll-

---

314 *Eckert* in FS Blank S. 132; *Häublein* in MünchKomm § 566 Rdn. 17.

315 OLG Düsseldorf ZMR 2003, 570; *Palandt/Weidenkaff* § 566 Rdn. 8. Einzelheiten zu dieser rechtsdogmatisch schwierigen Frage bei § 567 Rdn. 15.

316 *Emmerich* in Staudinger § 566 Rdn. 26.

317 LG Hamburg ZMR 2015, 310.

318 *Emmerich* in Staudinger § 566 Rdn. 21 und 26; *Eckert* in FS Blank S. 132; BGH NJW 2003, 2159. **A. A.** *Kohler* NZM 2008, 554 unter Berufung auf die sachenrechtliche Literatur.

319 BGH NJW 1954, 953 und NJW 1989, 451, jeweils auch mit Nachweisen auf die früher vertretene andere Ansicht. Dem BGH folgen beispielsweise *Emmerich* in Staudinger § 566 Rdn. 6; *Otte* in FS Sonnenschein S. 187.

320 S. zur Dinglichkeit der Miete auch bei Rdn. 12.

321 S. die überzeugenden Ausführungen in BGH NJW 1954, 953 sowie *Streyl* NZM 2008, 879.

zieht[322]), Einbringung des Grundstücks in eine Gesellschaft[323]. Letzterer Fall, bei dem das Grundstück durch Übereignung von seinem Eigentümer als Einlage in eine Gesellschaft eingebracht wird, der er selbst als Gesellschafter angehört, ist von dem Fall zu unterscheiden, dass nur der Gebrauch und die Mieteinnahmen eingebracht werden; hierauf findet § 566 BGB keine Anwendung[324]. Weiterhin die Einbringung des Eigentums an einem Grundstück zu unterscheiden von einem Wechsel im Gesellschafterbestand zu einem Zeitpunkt, als die Gesellschaft das Eigentum an dem Grundstück schon erworben hatte. Zum Gesellschafterwechsel (Hinzutreten, Ausscheiden), zur **Auflösung** (Liquidation) von Gesellschaften, deren Umwandlung und zur **Auseinandersetzung** einer GbR sowie zum Ausscheiden eines Gesellschafters aus einer **Zwei-Personen-GbR** s. bei Rdn. 33.

Als Rechtsgrund für die Eigentumsübertragung reicht es auch aus, dass die Veräußerung auf **gutgläubigem Erwerb** gem. § 892 BGB[325] beruht oder in Erfüllung gesetzlicher Ansprüche erfolgt. In Betracht kommen dabei etwa bereicherungsrechtliche **Rückübertragungsansprüche** oder solche auf Rückgewähr gem. § 346ff BGB nach einem Vertragsrücktritt[326]. Die zum Rücktritt berechtigenden Gründe betreffen grundsätzlich nur das schuldrechtliche Kausalgeschäft (etwa den Grundstückskaufvertrag), so dass der Eigentumsübergang, der aufgrund des mängelbehafteten Kausalgeschäfts erfolgte, wirksam war und in Anwendung des § 566 BGB die bestehenden Mietverträge auf den Käufer übergehen ließ. Die Rückabwicklung nach erfolgtem Rücktritt zieht eine erneute Anwendung des § 566 BGB nach sich; im Zeitpunkt der Rückübereignung wird der Verkäufer wieder Vermieter, der Käufer ist nur für eine Übergangszeit Vermieter gewesen. 61

Ist hingegen das **dingliche Geschäft unwirksam,** kommt es nicht zum Eigentumsübergang und damit nicht zu einem Übergang der Mietverhältnisse gem. § 566 BGB[327]. Ähnlich ist es, wenn ein anfechtbares dingliches Rechtsgeschäft angefochten wird. Der Eigentumsübergang und damit auch der Übergang des Mietvertrages gelten ex tunc, also rückwirkend, als nicht erfolgt[328]. Diese Rechtslage kann zu Härten führen, wenn der im Grundbuch eingetragene Eigentümer (Bucheigentümer) einen Mietvertrag abschließt, der den wahren Eigentümer (Veräußerer) nicht bindet – der Mieter verliert das Mietobjekt. Wegen dieser Härte wird teilweise[329] eine analoge Anwendung des § 893 BGB zugunsten des Mieters befürwortet, wenn dieser berechtigter Weise und in gutem Glauben auf das Eigentum seines Vermieters vertrauen durfte[330]. Folge wäre, dass der wahre Eigentümer an den Vertrag gebunden wäre und zwar entweder ab Erklärung der Anfechtung in entsprechender Anwendung des § 566 BGB, ansonsten von Anfang an[331]. Schon das Reichgericht[332] hat eine Anwendung des § 893 BGB, der sich über Verfügungen verhält, abgelehnt, weil die Vermietung nicht als Verfügung anzusehen sei. Abgesehen davon spricht entscheidend gegen die analoge Anwendung des § 893 BGB, dass dem Mieter hierdurch nicht das Risiko eines Eigentumswechsels abgenommen werden soll, sondern das Risiko, mit einem „Nichtberechtigten", also mit jemandem, der den Gebrauch nicht aus eigenem Recht gewähren kann, einen Vertrag abgeschlossen zu haben. Dieses allgemeine Vertragsrisiko, das der Mieter genauso bei einem Vertragsschluss mit einem Geschäftsunfähigen zu tragen hat, unterfällt nicht dem Schutzzweck des § 566 BGB und ist auch ansonsten nicht schutzwürdig, da es auf eine dem Rechtssystem grundsätzlich fremde Verdinglichung von Schuldverhältnissen hinausliefe. 62

---

322 *Emmerich* in Staudinger § 566 Rdn. 26. Bei einer Mehrzahl von Erben wird nicht die Erbengemeinschaft Vermieter, sondern mangels deren Rechtsfähigkeit jeder einzelne Miterbe; vgl. BGH NJW 2002, 3390 = ZMR 2002, 907 = WuM 2002, 601.

323 LG Berlin ZMR 1998, 704; *Häublein* in MünchKomm § 566 Rdn. 17.

324 OLG Saarbrücken GE 2014, 1271.

325 *Emmerich* in Staudinger § 566 Rdn. 6.

326 *Häublein* in MünchKomm § 566 Rdn. 18.

327 *Emmerich* in Staudinger § 566 Rdn. 27. Unwirksam ist beispielsweise auch ein unentgeltlicher Erwerb von vermietetem Wohnraum durch einen Minderjährigen gem. § 107 BGB, weil er nicht lediglich rechtlich vorteilhaft ist (OLG Oldenburg NJW-RR 1988, 839).

328 *Häublein* in MünchKomm § 566 Rdn. 18.

329 *Otte* FS Sonnenschein S. 187 mit Nachweisen.

330 In ähnlicher Weise soll dies gelten bei der Vermietung durch den vorläufigen Erben.

331 *Otte* FS Sonnenschein S. 199. In ähnlicher Weise soll § 566 BGB analog anwendbar sein bei der Vermietung durch den vorläufigen Erben (§§ 1953ff BGB), den Erbscheinserben und den durch Testamentsvollstreckerzeugnis zu Unrecht als Testamentsvollstrecker Ausgewiesenen; vgl. *Otte* FS Sonnenschein S. 189 und 192.

332 RGZ 106, 111.

63 Eine andere Härte kann allerdings darin liegen, dass ein Mieter, der mit dem veräußernden Vermieter den Vertrag geschlossen hatte, an den Bucheigentümer den **Mietzins** leistet. Wegen der Unwirksamkeit des Eigentumsübergangs ist der Bucheigentümer nicht Vermieter geworden, die Zahlungen an ihn haben keine **befreiende Wirkung.** Zum Schutz des Mieters dürfte in diesen Fällen allerdings eine analoge Anwendung des § 566e BGB angezeigt sein[333].

4. Identität zwischen Vermieter und Eigentümer

64 **a) Identitätserfordernis.** Nach dem Wortlaut des § 566 Abs. 1 BGB muss der Vermieter Veräußerer des Mietobjektes sein („vom Vermieter … veräußert"). Über diese Identität von Vermieter und Veräußerer hinaus muss aber der Vermieter in der Regel auch Eigentümer sein, es muss also eine **Identität zwischen Vermieter, Veräußerer und Eigentümer**[334] geben. Das folgt aus dem Gedankengang bzw. der Schlussfolgerung, dass Veräußerung Eigentumsübergang bedeutet und dass grundsätzlich nur der Eigentümer das Grundstück veräußern kann[335]; die wenig praktischen Ausnahmefälle des gutgläubigen Erwerbs vom Nichteigentümer und der nachträglichen Genehmigung können für die Auslegung außer Betracht bleiben[336]. Der Begriff der Veräußerung meint nicht das schuldrechtliche, sondern das dingliche Rechtsgeschäft (s. Rdn. 16 und 57). Wenn der Vermieter das dingliche Rechtsgeschäft vornehmen will, muss er Eigentümer sein. Das Identitätserfordernis lässt sich also schon fast zwingend aus dem Wortlaut des § 566 Abs. 1 BGB herleiten[337], auf die dem zu Grunde liegende Wertung (s. Rdn. 65) kommt es nicht entscheidend an. Der BGH[338] begründet das Identitätserfordernis hingegen mit der bürgengleichen Haftung in § 566 Abs. 2 BGB; der Veräußerer solle nicht wie ein Bürge für Verpflichtungen haften, die nicht in seiner Person (als Eigentümer), sondern in der Person eines Dritten (des Vermieters) bestehen. Diese Argumentation ist allerdings nicht tragfähig[339]: In § 566 Abs. 2 BGB ist nämlich nicht die Haftung des Veräußerers (Eigentümers) festgeschrieben, sondern die Haftung des Vermieters. Wenn es dem Vermieter gelingt, das Grundstück zu veräußern, obwohl es ihm nicht oder nicht allein gehört, führt das nicht zur Haftung des Eigentümers, es bleibt vielmehr bei der alleinigen Haftung des Vermieters. Diese Sicht entspricht auch dem Sinn des § 566 Abs. 2 BGB, dem Mieter nach dem „Zwangswechsel" seines Vertragspartners wenigstens das ursprüngliche Haftungssubjekt zu erhalten, falls der Erwerber als neuer Vermieter sich nicht als ausreichend leistungsfähig oder leistungswillig erweisen sollte.

65 Wenn man die – nachfolgend darzulegende – **Wertung** hinter dem Identitätserfordernis erkennt, werden auch manche Zweifelsfragen klarer, die bei der Frage der (analogen) Anwendung des § 566 BGB in den Fällen eine Rolle spielen, in denen das Identitätserfordernis nicht gewahrt ist (s. dazu Rdn. 67 ff.). Das Bestandsschutzinteresse des Mieters, also der Übergang des Vertrages auf den neuen Eigentümer, erfordern das Identitätserfordernis nicht, im Gegenteil, es kann dem Bestandsschutz entgegenstehen, wenn ein Nichteigentümer vermietet hat, weil das Mietverhältnis dann grundsätzlich nicht auf den Erwerber übergeht[340]. Das Identitätserfordernis ist vielmehr zum **Schutz des**

---

333 *Emmerich* in Staudinger § 566 Rdn. 27.

334 Die Eintragung einer Auflassungsvormerkung reicht nicht; s. dazu Rdn. 59.

335 So auch *Emmerich* in Staudinger § 566 Rdn. 21 m. w. N.; *Grooterhorst/Burbulla* NZM 2006, 248 und – allerdings ohne Begründung – BGH NJW 2003, 2159 = WuM 2003, 1094 = NZM 2003, 476; BGH NZM 2004, 300 = NJW-RR 2004, 657; OLG Düsseldorf ZMR 2007, 33; OLG Hamm ZMR 1999, 817 = NZM 1999, 1091 = WuM 1999, 682; OLG Celle ZMR 2000, 284. **A. A.** *Häublein* in MünchKomm § 566 Rdn. 20, der sich auf die Betrachtung des Wortlautes beschränkt und so nur von dem Erfordernis der Identität von Vermieter und Veräußerer ausgeht, aber zu ähnlichen Ergebnissen gelangt.

336 **A. A.** wohl *Günter* WuM 2013, 266, der aber kurz später selbst darauf abstellt, dass diese Fälle für die Auslegung keine Rolle spielen.

337 **A. A.** *Günter* WuM 2013, 266, der aber auch WuM 2013, 269 annimmt, der Gesetzgeber sei von der Identität von Vermieter und Eigentümer ausgegangen.

338 BGH NJW 1974, 1551; zuletzt nahm der BGH (VIII ZR 84/09) NZM 2010, 471 = WuM 2010, 365 = ZMR 2010, 674 Bezug auf diese Entscheidung.

339 *Harke,* ZMR 2002, 493 bezeichnet die Argumentation des BGH zu Recht als Zirkelschluss; dem haben sich *Häublein* in MünchKomm § 566 Rdn. 21 und *Günter* WuM 2013, 266 angeschlossen. Der BGH hat seine Begründung in BGH NJW 2003, 2159 = WuM 2003, 1094 = NZM 2003, 476 und BGH NZM 2004, 300 = NJW-RR 2004, 657 zwar nicht mehr wiederholt, sondern auf *Emmerich* in Staudinger § 566 Rdn. 21 verwiesen, der wie hier mit dem Wortlaut und einer Schlussfolgerung argumentiert; in BGH NJW 2008, 2181 hat er aber wieder auf die alte Begründung zurückgegriffen, ohne sich mit den Gegenargumenten auseinanderzusetzen.

340 So auch *Günter* WuM 2013, 269, der aber die nachfolgenden Überlegungen nicht teilt.

Grundeigentümers geboten (mit der Reflexwirkung, dem Mieter Bestandsschutz zu geben). Die Vermietung eines Grundstücks (oder von Teilen desselben) stellt eine Belastung in dem Sinne dar, dass sie den Eigentümer zur Gebrauchsüberlassung verpflichtet und ihn in der freien Eigennutzung hindert. Eine solche Belastung ist, selbst wenn sie rentabel ist, nur dann gerechtfertigt, wenn der Eigentümer sie sich selbst auferlegt hat oder – das wird bei einer analogen Anwendung von § 566 BGB relevant – andere hierzu ermächtigt hat; eine Ermächtigung zur Fremdvermietung und Gebrauchsüberlassung bzw. Besitzverschaffung kann auf eine analoge Anwendung des § 185 BGB[341] oder jedenfalls auf dessen Rechtsgedanken gestützt werden[342]. Deswegen darf die Belastung durch ein Mietverhältnis bei einem Eigentumswechsel auch nur dann an den Erwerber als neuen Eigentümer weitergegeben werden, wenn sie auf den alten Eigentümer zurückgeht[343]. Ansonsten würde möglicherweise der Verkehrswert oder die Verkehrsfähigkeit des Grundstücks negativ beeinflusst. Das Identitätserfordernis ist damit kein Ausdruck eines Vertrauenserfordernisses des Mieters in die Eigentümerstellung des Vermieters, sondern besteht als – zwar nicht ausdrückliches, aber doch zwingend herleitbares[344] – Tatbestandsmerkmal im Interesse des Grundstückseigentümers und damit im mittelbaren Interesse des Erwerbers, der diese Belastung zu übernehmen hat. Derartige Interessen sind auch berücksichtigungsfähig[345]. Zwar ist § 566 BGB eine mieterschützende Vorschrift; insbesondere aus §§ 566b, 566c BGB folgt aber, dass der Gesetzgeber eine umfassenden Interessenausgleich der Beteiligten beabsichtigt hat (s. Rdn. 8). Weil das Identitätserfordernis nicht Ausdruck des Mietervertrauens ist, spielt es keine Rolle, ob der Mieter berechtigterweise vom Eigentum des Vermieters ausgehen durfte oder ob er sich des Eigentums (etwa durch Grundbucheinsicht) hätte vergewissern können oder müssen; derartige Erfordernisse oder ein guter Glaube in das Eigentum sind dem Tatbestand des § 566 Abs. 1 BGB nicht zu entnehmen und entsprechen auch nicht dem Gesetzeszweck. Der objektive Umstand, dass der Mieter nicht vom Eigentümer gemietet hat, kann allerdings bei der Prüfung einer analogen Anwendung von § 566 BGB bedeutsam werden.

b) Zeitpunkt. Nach der soeben entwickelten Wertung reicht es aus, wenn das Identitätserfordernis, also die Identität zwischen Vermieter und veräußerndem Eigentümer, zum **Zeitpunkt des Eigentumsübergangs** gewahrt ist[346]. Aus Vermieter- bzw. Eigentümersicht ist es belanglos, ob schon bei der Vermietung Eigentum bestand oder erst danach begründet wurde. Der Mieter hingegen, der bei Anmietung vom Nichteigentümer mit dem Risiko eines Herausgabeverlangens vom Nocheigentümer belastet war, konnte nach Zusammenfallen beider Rechtspositionen damit rechnen, seine Stellung werde sich auch im Falle einer weiteren Veräußerung nicht verschlechtern. Dem Wortlaut des § 566 BGB ist nämlich keinerlei Anhaltspunkt dahingehend zu entnehmen, dass der Vermieter schon im Zeitpunkt der Vermietung Eigentümer sein müsse[347]. Gibt es während des Laufs des Mietverhältnisses **mehrere Eigentumswechsel,** so muss das Identitätserfordernis bei jedem Eigentumswechsel erfüllt sein[348]. 66

c) Auflockerungen, Problemfälle. Vom Wortlaut des § 566 BGB sind nicht gedeckt[349] Fallgestaltungen, in denen der Mieter den Mietvertrag nicht mit allen Grundstückseigentümern 67

[341] *Gursky* in Staudinger (2014) § 185 Rdn. 102ff., dort auch zu Gegenmeinungen.

[342] *Häublein* in MünchKomm § 566 Rdn. 20 entnimmt dem Wortlaut des § 566 BGB nur ein Identitätserfordernis zwischen Vermieter und Veräußerer; deshalb kann er § 185 Abs. 1 BGB direkt anwenden und kommt so zu ähnlichen Ergebnissen wie nachfolgend.

[343] *Harke* ZMR 2002, 493/494. S. auch *Eisenhardt* WuM 1999, 23. Das OLG Celle ZMR 2000, 284 betont hingegen die Schutzwürdigkeit des Erwerbers, der nicht an einen Vertrag gebunden werden solle, den nicht der Vermieter geschlossen habe; das überzeugt nicht, da die Interessen des Erwerbers hinreichend durch das Publizitätskriterium der Überlassung geschützt sind, das ihn veranlassen müsste, sich nach dem Bestand von Mietverhältnissen zu erkundigen.

[344] S. Rdn. 64.

[345] **A. A.** *Günter* WuM 2013, 266.

[346] H. M., s. nur OLG Rostock NZM 2006, 262; OLG Düsseldorf ZMR 2013, 276; *Häublein* in MünchKomm § 566 Rdn. 19; *Gather* DWW 2006, 314; *Grooterhorst/Burbulla* NZM 2006, 248; *Eckert* in FS Blank S. 131. **A. A.** AG Dresden WuM 2010, 693; OLG Köln ZMR 2001, 967 und wohl auch *Neumann* WuM 2010, 665. Entgegen *Grooterhorst/Burbulla* NZM 2006, 247 kann man der Entscheidung BGH NZM 2004, 300 nicht entnehmen, dass das Identitätserfordernis schon zum Zeitpunkt des Vertragsschlusses erfüllt sein müsse.

[347] OLG Rostock NZM 2006, 262; *Neumann* WuM 2010, 661.

[348] OLG Saarbrücken ZMR 2014, 35.

[349] **A. A.** *Häublein* in MünchKomm § 566 Rdn. 20, weil er dem Wortlaut nur ein Identitätserfordernis zwischen Vermieter und Veräußerer entnimmt; deshalb kann er § 185 Abs. 1 BGB direkt anwenden und kommt so zu ähnlichen Ergebnissen wie nachfolgend.

(z. B. nur mit einem von mehreren Miteigentümern) schließt oder in denen ein Dritter (z. B. ein Hausverwalter, ein Treuhänder oder eine Gesellschaft, deren Gesellschaftern das Grundstück gehört[350]) im eigenen Namen vermietet hat oder in denen der Vermieter das Grundstück zwar gekauft, es aber ohne Eigentumseintragung wieder verkauft hatte (Kettenauflassung bei der Projektentwicklung). In den beiden erstgenannten Fällen fehlt es (jedenfalls teilweise) sowohl an der Veräußerereigenschaft des Vermieters als auch an der Eigentümerstellung, in dem letztgenannten Fall der Kettenauflassung ist zwar der Vermieter auch Veräußerer, aber nicht Eigentümer. § 566 BGB kann allenfalls analog angewendet werden. Vor einer analogen Anwendung ist zu prüfen, ob es nicht zu einer konkludenten **Vertragsübernahme** gekommen ist[351] oder das Interesse des Mieters, auch im Falle einer Veräußerung der Mietsache seine Rechtsstellung nicht zu verschlechtern, es gebietet, eine **Auslegung** des Vertrages vorzuziehen (konkret bei der Frage nach der Person des Vermieters), bei der das Identitätserfordernis gewahrt ist[352]. Falls beides nicht zielführend ist, ist eine **Analogie** nicht grundsätzlich wegen des Ausnahmecharakters von § 566 BGB ausgeschlossen, da sich dieser Ausnahmecharakter (s. dazu Rdn. 35 ff.) auf die Vertragsarten, für die § 566 BGB gilt (Miet- und Pachtverträge über Räume und Grundstücke), beschränkt und ansonsten eine entsprechende Anwendung gestattet, soweit der Schutzzweck des § 566 BGB dies erfordert[353]. Auch eine Regelungslücke besteht. Die von Vermieter und Eigentümer geschaffene Sachlage, nämlich das Auseinanderfallen von Vermieter und Eigentümer, führt dazu, dass § 566 BGB nicht direkt anwendbar ist, obwohl die Schutzwürdigkeit des Mieters gleichermaßen vorhanden ist[354]. Da der Gesetzgeber von einer Identität von Vermieter und Eigentümer ausging, handelt es sich um eine planwidrige Regelungslücke, die eine Schließung durch Analogie erlaubt. Von einem Bestandsschutzinteresse des Mieters ist auch dann auszugehen, wenn er sehenden Auges mit einem Nichteigentümer kontrahiert hat, denn § 566 BGB ist – wie dargelegt – kein Vertrauenstatbestand, der an den guten oder bösen Glauben des Mieters anknüpft, die Vorschrift soll vielmehr die Erfüllung von Mietverträgen auch nach einem Eigentumsübergang sichern[355]. Das gilt allerdings nicht unbeschränkt. Wie bereits erwähnt (Rdn. 65), ist der Mieter, der vom Nichteigentümer gemietet hat, grundsätzlich nicht durch § 566 BGB geschützt. Er kann aber durch Analogie schutzwürdig sein, wenn der Eigentümer/Veräußerer mit der Vermietung einverstanden war[356]. Sein Eigentum ist durch den in analoger Anwendung von § 566 BGB erfolgenden Vertragsübergang nicht ungebührlich belastet, weil er sich – wie ein Vermieter – durch das nachfolgend näher definierte Einverständnis mit der Vermietung der Möglichkeit der eigenen freien Verfügbarkeit über das Grundstück begeben hat (mit der Folge, dass der Mieter sich auf § 986 BGB berufen kann[357]), woran er sich – wiederum wie ein Vermieter – im Falle der Veräußerung festhalten lassen muss[358]. Diese Selbstbelastung rechtfertigt es, auch den Mieter zu schützen, der – ggf. sehenden Auges – von einem Nichteigentümer gemietet hat[359]. Die analoge Anwendung des § 566 BGB setzt aber immer – genauso wie die direkte Anwendung – einen Eigentumsübergang voraus[360].

---

350 Weitere Fallgestaltungen bei *Eisenhardt* WuM 1999, 21.

351 S. dazu insbesondere bei Rdn. 42 sowie BGH (VIII ZR 142/12) WuM 2013, 496 = ZMR 2013, 866; BGH (VIII ZR 84/09) NZM 2010, 471 = WuM 2010, 365 = ZMR 2010, 674; OLG Saarbrücken ZMR 2014, 35; LG Berlin GE 2013, 268.

352 BGH (XII ZR 110/08) NZM 2010, 704 = ZMR 2010, 844, bestätigt für einen gleichgelagerten Fall in BGH (XII ZR 48/10) WuM 2012, 323.

353 So im Ansatz auch *Häublein* in MünchKomm § 566 Rdn. 21. **A. A.** OLG Brandenburg ZMR 2003, 830, das zudem den Bestandsschutz auf Wohnraummietverhältnisse beschränkt sieht.

354 Enger *Häublein* in MünchKomm § 566 Rdn. 21, wenn er für die Grenzen einer Analogie darauf abstellen will, ob sich das Risiko des Besitzverlustes für den Mieter durch den Eigentumsübergang erhöhe, was nicht der Fall sei, wenn der Erwerber die Fremdvermietung gestatte.

355 **A. A.** OLG Brandenburg ZMR 2003, 830.

356 LG Berlin GE 2014, 636; OLG Saarbrücken ZMR 2014, 35; *Günter* WuM 2013, 270.

357 *Günter* WuM 2013, 270.

358 Ähnlich *Günter* WuM 2013, 270, der dies – mit Nachweisen – als h. M. bezeichnet. Ob es tatsächlich eine h. M. gibt, kann man bezweifeln. Zwar ist die Tendenz zu erkennen, bei Einverständnis (Günter spricht von Zustimmung; dazu nachfolgend) des Eigentümers eine Analogie anzunehmen; es sind aber erhebliche Differenzen bei der Behandlung der unterschiedlichen Fallgruppen vorhanden (dazu ebenfalls nachfolgend).

359 **A. A.** *Häublein* in MünchKomm § 566 Rdn. 21.

360 BVerfG (1 BvR 744/13) NJW 2013, 3774 = WuM 2014, 89, das allerdings über die Voraussetzungen einer analogen Anwendung nicht entschieden hat, weil es an einem Eigentumsübergang fehlte.

68 Es reicht aber nicht jedes Einverständnis des Eigentümers für eine analoge Anwendung des § 566 BGB zur Überwindung des Identitätserfordernisses. Insbesondere reicht als Einverständnis in diesem Sinne nicht eine bloße Zustimmung zur Vermietung aus, weil ansonsten, worauf der BGH[361] zutreffend hinweist, eine erlaubte Untervermietung genügen würde; das Untermietverhältnis verpflichtet den Vermieter jedoch nicht selbst, sondern stellt nur eine „besondere Nutzungsart" dar, die den Hauptmieter verpflichtet und die mit dem Hauptmietverhältnis endet (§ 546 Abs. 2 BGB). Entscheidend für das **Einverständnis des Eigentümers** muss vielmehr sein, dass es ihn quasi selbst belastet, weil das Mietverhältnis, das ein anderer geschlossen hat, in seinem wirtschaftlichen Interesse liegt oder weil er es gegen sich gelten lassen möchte, ohne allerdings formal Vertragspartner zu sein[362]. Das entspricht in etwa den Wirkungen des § 185 BGB. Weiterhin ist erforderlich, dass der Vermieter, der nicht oder nicht vollständig Eigentümer des Grundstücks ist, Interesse an dem Bestand des Mietvertrages mit ihm selbst als Vertragspartner nur solange haben darf, wie das Eigentum an dem Grundstück nicht wechselt[363]. Denn ansonsten würde er nach einem Eigentumswechsel dem Erwerber die Vermieterposition streitig machen. Die Interessen des Erwerbers stehen nicht entgegen[364]. § 566 BGB ist kein sachenrechtlicher Tatbestand (s. Rdn. 11), so dass an den Vertragsübergang in analoger Anwendung der Vorschrift nicht die strengen sachenrechtlichen Maßstäbe (Klarheit und Formstrenge) angelegt werden dürfen[365]. Der Schutz des Erwerbers wird durch das Schriftformerfordernis des § 550 BGB in Zusammenwirken mit dem (sachenrechtsverwandten) Publizitätserfordernis der Überlassung (s. Rdn. 54) gewährleistet; letzteres müsste den Erwerber veranlassen, sich nach dem Bestand von Mietverhältnissen zu erkundigen. Der vom Identitätserfordernis geschützte (s. Rdn. 65) veräußernde Eigentümer weiß jedenfalls grundsätzlich von der Vermietung seines Eigentums, da eine analoge Anwendung des § 566 BGB nach dem Vorgesagten nur bei einem Einverständnis hiermit möglich ist. Die hier vertretene Sichtweise entspricht auch am ehesten verfassungsrechtlichen Vorgaben, die in dem Mietrecht ein eigentumsgleiches Grundrecht sehen[366], dessen Bestand durch eine großzügige Bejahung des Identitätserfordernisses eher gesichert wird, dies aber nur bei einem Einverständnis des Eigentümers mit der Vermietung, was dessen Eigentumsgrundrecht beachtet. Soweit das BVerfG[367] die Möglichkeit einer Analogie in den hier vertretenen Fällen hat dahinstehen lassen, ist daraus keine grundsätzliche Skepsis zu entnehmen; es fordert lediglich eine „tragfähige oder auch nur nachvollziehbare Begründung".

69 Unter dieser Prämisse sind die angesprochenen **Zweifelsfälle** wie folgt zu lösen: Vermietet ein Dritter zwar im eigenen Namen[368] aber doch letztlich für den Eigentümer (etwa mit dessen Auftrag, auf dessen Rechnung oder in dessen Interesse), so ist trotz Nichtvorliegens des Identitätserfordernisses im Falle der Veräußerung des Grundstücks eine analoge Anwendung des § 566 BGB gerechtfertigt[369]. Derartiges ist beispielsweise anzunehmen bei einer gestatteten Vermietung durch einen Dritten im Interesse des Eigentümers (etwa einem Hausverwalter[370] oder Treuhänder oder

---

361 BGH NZM 2004, 300 = NJW-RR 2004, 657. Ebenso *Günter* WuM 2013, 270.

362 So auch *Günter* WuM 2013, 270; OLG Saarbrücken ZMR 2014, 35.

363 Ähnlich *Flatow* WImmoT 2008, 132 und BGH NZM 2004, 300 = NJW-RR 2004, 657, der davon spricht, dass die Position des Vermieters nicht der eines Untervermieters entsprechen dürfe. In dieser Formulierung kommt m. E. ebenfalls zum Ausdruck, dass der Vermieter kein unbedingtes, über den Eigentumswechsel hinausgehendes Interesse an seiner Vermieterstellung haben darf. S. auch *Häublein* in MünchKomm § 566 Rdn. 21, der die analoge Anwendung des § 566 BGB davon abhängig machen will, ob die Veräußerung das Risiko des Verlustes der Mietsache für den Mieter erhöht.

364 **A. A.** OLG Celle ZMR 2000, 284.

365 So aber wohl *Lammel* WuM 2014, 86.

366 BVerfG NJW 1993, 2035.

367 BVerfG (1 BvR 744/13) NJW 2013, 3774 = WuM 2014, 89 Rdn. 20.

368 Soweit in manchen Kommentaren, Aufsätzen oder Urteilen in diesem Zusammenhang von Bevollmächtigung die Rede ist, ist damit i. d. R. die Gestattung der Vermietung im eigenen Namen gemeint und nicht das von § 164 BGB vorausgesetzte Handeln in fremdem Namen, das den Eigentümer unmittelbar verpflichten und zum Vermieter machen würde.

369 So auch OLG Saarbrücken ZMR 2016, 371; *Günter* WuM 2013, 270.

370 Ebenso, allerdings mit teilweise abweichenden Begründungen BVerfG WuM 1996, 80 = ZMR 1996, 120; *Emmerich* in Staudinger § 566 Rdn. 23; *Günter* WuM 2013, 270; *Grooterhorst/Burbulla* NZM 2006, 248; *Eisenhardt* WuM 1999, 23; *Eckert* in FS Blank S. 132/133; OLG Celle ZMR 2000, 284; LG Berlin NJW-RR 1994, 781; offenlassend BGH NZM 2004, 301; ohne Begründung **a. A.** *Weitemeyer* ZMR 2004, 162. Diese Fallgruppe wurde insbesondere relevant bei der Vermietung von Grundeigentum in der ehemaligen DDR, das westdeutschen Staatsangehörigen gehörte; die Hausverwalter schlossen die Mietverträge im eigenen Namen; weitere Fallgestaltungen bei *Eisenhardt* WuM 1999, 21.

einer Gesellschaft, deren Gesellschaftern das Grundstück gehört[371]), bei einer Vermietung durch einen von mehreren Miteigentümern[372], einen von mehreren Gesellschaftern einer Eigentümergesellschaft[373], den Alleingesellschafter einer GmbH[374] oder bei einer Vermietung durch mehrere Personen, die aber nicht alle Eigentümer sind[375].

70 Endet die Hausverwaltung vor einem Eigentumsübergang oder scheidet der Gesellschaftereigentümer vor einem Eigentumsübergang aus der vermietenden Gesellschaft aus, so geht der Vertrag eigentlich nicht schon auf den Eigentümer über, sondern erst mit einer (späteren) Veräußerung des Grundstücks auf den Erwerber; für einen vorzeitigen Vermieterwechsel ohne Eigentumswechsel (Veräußerung) gibt es keine unmittelbare gesetzliche Stütze. Bei Ausscheiden des Miteigentümers aus einer Eigentümergemeinschaft, auf deren Rechnung der Miteigentümer vermietet hat, kommt es zwar zu einem Eigentumswechsel nicht aber zu einem Eigentümerwechsel (den verbliebenen Miteigentümern wächst der Eigentumsanteil des ausgeschiedenen Miteigentümers zu), so dass § 566 BGB, der Personenverschiedenheit von Veräußerer und Erwerber fordert, wiederum nicht direkt anwendbar ist. In den Fällen des Miteigentums dürfte aber eine analoge Anwendung in Betracht kommen; zu den Einzelheiten der Begründung s. Rdn. 77. Um Wertungswidersprüche zu vermeiden, sollte man die Analogie dann auch auf die Fälle des Ausscheidens des Eigentümergesellschafters aus der vermietenden Gesellschaft bzw. der Beendigung des Vertrages mit der vermietenden Hausverwaltung ausdehnen[376].

71 Eine analoge Anwendung von § 566 BGB ist ebenfalls nicht ausgeschlossen in den Fällen der **Kettenauflassung**[377], bei denen das Grundstück mehrfach ohne Zwischeneintragung der Erwerber im Grundbuch veräußert wird und einer dieser „Nichteigentümer" einen Mietvertrag geschlossen hat[378]. Dieser Vertrag bindet den dann schließlich eingetragenen Erwerber, wenn der Vermieter kein eigenes Interesse an dem Vertrag hat. Das kann durch die Art seiner Geschäftstätigkeit zum Ausdruck kommen oder durch die Vereinbarungen bei Verkauf des Grundstücks. Ein Projektentwickler will in der Regel nicht langfristig selbst Vermieter sein, er vermietet vielmehr zur Förderung der Vermarktung des Grundstücks. Ein fehlendes Interesse an der Vermieterstellung im Falle des Eigentumswechsels kann ferner dadurch zum Ausdruck kommen, dass der Vertrag die Übertragung des Mietverhältnisses vorsieht. Bei mehrfacher Veräußerung müssen die Voraussetzungen der Analogie bei jedem Erwerbsvorgang erfüllt sein[379]. Beweispflichtig ist derjenige, der sich auf das Abweichen von dem Identitätserfordernis beruft.

72 Auch der **BGH** hat sich gelegentlich mit Auflockerungen des Identitätserfordernisses beschäftigt, ohne die Problematik allerdings grundlegend aufzuarbeiten und Leitlinien für mögliche Lo-

---

[371] LG Berlin GE 2014, 636. **A. A.** *Blank* WImmoT 2008, 185 ff.

[372] Ebenso, allerdings teilweise mit abweichenden Begründungen *Eckert* in FS Blank S. 132/133; OLG Saarbrücken ZMR 2016, 371; OLG Saarbrücken ZMR 2014, 35; OLG Karlsruhe NJW 1981, 1278; LG Berlin GE 1990, 823; offenlassend BGH NJW 1974, 1552. **A. A.** *Emmerich* in Staudinger § 566 Rdn. 22, der zusätzlich eine Bevollmächtigung fordert.

[373] OLG Saarbrücken ZMR 2016, 371; *Eckert* in FS Blank S. 132/133.

[374] WuM 2013, 270.

[375] LG Waldshut-Tiengen WuM 1993, 56; *Lammel,* Wohnraummietrecht, § 566 Rdn. 25; *Blank/Börstinghaus* § 566 Rdn. 42; **a. A.** LG Berlin NZM 1998, 662. Bei dieser Fallgestaltung ist besonderes Augenmerk zu legen auf die Voraussetzung, dass der (Mit-)Vermieter, der nicht Eigentümer ist, im Interesse bzw. für Rechnung des Eigentümers vermieten will. Im Fall des LG Waldshut-Tiengen ist die Sachlage ambivalent, weil dieser (Mit-) Vermieter sich irrtümlich für einen Miteigentümer hielt. Einerseits hatte er den Willen, Vermieter auf eigene Rechnung zu sein, auf der anderen Seite hätte er sich dieses Vermieterrecht ohne den Irrtum nicht angemaßt.

[376] So auch, aber ohne nähere Begründung BVerfG WuM 1996, 80 = ZMR 1996, 120. Eine vergleichbare Situation hat wohl in dem Fall des OLG Brandenburg ZMR 2003, 830 vorgelegen, bei dem zwei Miteigentümer, die ursprünglich Vermieter waren, das Mietverhältnis im Einverständnis mit dem Mieter aus steuerlichen Gründen auf eine aus den Eigentümern bestehende KG übertrugen. Auch hier dürfte die KG – ähnlich wie bei einem Hausverwalter oder Treuhänder – zwar im eigenen Namen, aber doch letztlich auf Rechnung der Eigentümer vermietet haben. Das OLG Brandenburg lehnte eine Anwendung des § 566 BGB auf den Erwerb des Alleineigentum durch einen der Miteigentümer ab; eine Analogie wird verneint, allerdings ohne Kenntnis der hier vertretenen Argumentation.

[377] *Harke* ZMR 2002, 494; *Häublein* in MünchKomm § 566 Rdn. 20. **A. A.** *Emmerich* in Staudinger § 566 Rdn. 23 a.

[378] In diesen Fällen wird das Mietobjekt oftmals noch erstellt, es ist dem Mieter also noch nicht überlassen. Dann kann § 567 a BGB zu beachten sein. § 567 b BGB greift hingegen bei einer Kettenauflassung regelmäßig nicht ein, da es eben nicht zu einem Eigentumsübergang und damit zu einem mehrfachen Vermieterwechsel kommt.

[379] OLG Saarbrücken ZMR 2014, 35.

ckerungen zu entwickeln. Die bisherigen Entscheidungen stehen jedoch weitgehend in Einklang mit den oben dargelegten Grundsätzen[380]. In seiner ersten Entscheidung zum Identitätserfordernis aus dem Jahr 1974 lehnt der BGH[381] eine Anwendung des § 566 BGB ab, weil nur einer der beiden Miteigentümer auch Vermieter war; ausdrücklich offen ließ der BGH aber, wie er entscheiden würde, wenn die Vermietung mit Zustimmung des anderen Eigentümers, an der es fehlte, erfolgt wäre. Bisher hat der BGH diese offene Frage nicht abschließend geklärt. Gelegenheit zur Klärung hätte der BGH[382] im Jahre 2008 gehabt. Diese Gelegenheit hat er wohl deswegen nicht genutzt, weil es vornehmlich um Schriftformprobleme ging. Nur einer von zwei Gesellschaftern einer GbR hatte vermietet. Aus dem Umstand, dass bei dem Verkauf des Grundstücks die bestehenden Mietverträge als Anhaltspunkt für die Wertermittlung dienten, schloss der BGH, dass der Erwerber in die Verträge eintreten wollte und hieraus wiederum, dass der nichtvermietende Gesellschafter den Vertragsschluss auch im eigenen Namen gewollt und deshalb den vermietenden Gesellschafter bevollmächtigt habe, den Vertrag auch für ihn zu schließen[383]. Auch wegen der konstruktiven Bedenken gegen diese Lösung[384] hätte es – bei ähnlicher Argumentation – nähergelegen, die Lösung über eine Ermächtigung bzw. Zustimmung zu suchen und hierbei die Problematik der analogen Anwendung des § 566 BGB bei Nichterfüllung des Identitätserfordernisses grundsätzlich aufzuarbeiten. Beide Urteile, das aus 1974 und das aus 2008, stehen aber jedenfalls der hier vertretenen Meinung, die für diese Fallgruppe (Vermietung nur durch einen Teil der Miteigentümer bzw. Gesellschafter) auch die h. M. ist[385], nicht entgegen. Ähnlich ist es bei der Vermietung durch einen Dritten, etwa einen Hausverwalter. Hierzu hält der BGH[386] in einem im Jahre 2004 entschiedenen Fall die Zustimmung des Eigentümers zu der Vermietung selbst dann grundsätzlich für bedeutungslos, wenn der Eigentümer (Allein-)Gesellschafter der Vermieterin ist; eine solche Zustimmung allein sage nichts aus, sie müsse vielmehr auch bei jeder erlaubten Untervermietung vorliegen. Der BGH lässt es aber wiederum ausdrücklich offen, ob nicht anders zu entscheiden wäre, wenn der Vermieter über seine Tätigkeit als Hausverwalter hinaus kein eigenes Interesse an dem Bestand und der Durchführung des Mietvertrages hätte. Auch in dieser Fallgruppe (Vermietung durch einen Dritten im Interesse des Eigentümers) steht also die Rechtsprechung des BGH nicht der hier vertretenen (herrschenden[387]) Meinung entgegen. Letztlich gilt das auch wohl für die Rechtsprechung des BGH[388] aus dem Jahr 2003 zu den sog. Kettenauflassungen, also in den Fällen, in denen das Grundstück mehrfach ohne Zwischeneintragung der Erwerber im Grundbuch veräußert wird und einer dieser „Nichteigentümer" einen Mietvertrag geschlossen hat. Der BGH lehnte die Anwendung des § 566 BGB trotz rechtsgeschäftlicher Übertragung des Mietvertrages auf einen weiteren Zwischenerwerber ab, weil immer nur der Zwischenerwerber Vermieter geworden seien, niemals aber der (noch eingetragene) Eigentümer und weil der Vermieter niemals Eigentümer gewesen sei, sondern nur Veräußerer[389]. Soweit der Sachverhalt mitgeteilt wurde, ist daraus nicht ersichtlich, ob der (noch eingetragene) Eigentümer mit der Vermietung einverstanden war und ob sie in seinem Interesse oder im Interesse des vermietenden Zwischenerwerbers erfolgte; auch aus den Entscheidungsgründen ergeben sich keine Anhaltspunkte. Das Fehlen derartiger Angaben spricht dafür, dass der Vermieter ein Eigeninteresse an der Vermietung hatte. In diesem Fall würde die Entscheidung auch nach der hier vertretenen Meinung zutreffend sein[390].

---

380 So versteht auch wohl *Günter* WuM 2013, 267 die BGH-Rechtsprechung, wenn er schreibt, der BGH sei im Einzelfall bereit, seine formale Betrachtungsweise des Identitätserfordernisses aufzugeben und eine analoge Anwendung zuzulassen.

381 BGH NJW 1974, 1551.

382 BGH NJW 2008, 2181 = ZMR 2008, 701.

383 BGH NJW 2008, 2181 = ZMR 2008, 701.

384 S. hierzu *Streyl* WuM 2008, 581/582.

385 *Häublein* in MünchKomm § 566 Rdn. 21; *Eckert* in FS Blank S. 132/133; OLG Karlsruhe NJW 1981, 1278; LG Berlin GE 1990, 823. *Emmerich* in Staudinger § 566 Rdn. 22 fordert zusätzlich eine Bevollmächtigung.

386 BGH NZM 2004, 300 = NJW-RR 2004, 657.

387 BVerfG WuM 1996, 80 = ZMR 1996, 120; *Emmerich* in Staudinger § 566 Rdn. 23; *Häublein* in MünchKomm § 566 Rdn. 21; *Grooterhorst/Burbulla* NZM 2006, 248; *Eisenhardt* WuM 1999, 23; *Eckert* in FS Blank S. 132/133; OLG Celle ZMR 2000, 284; LG Berlin NJW-RR 1994, 781; offenlassend BGH NZM 2004, 301. Ohne Begründung **a. A.** *Weitemeyer* ZMR 2004, 162.

388 BGH NJW 2003, 2159 und 2160 = WuM 2003, 1094 = NZM 2003, 476.

389 BGH NJW 2003, 2159 und 2160 = WuM 2003, 1094 = NZM 2003, 476.

390 S. auch *Häublein* in MünchKomm § 566 Rdn. 20 Fn. 80.

5. Erwerber (Dritter), insbesondere Miteigentümer

73 Nach dem Wortlaut des § 566 BGB muss die Veräußerung *an einen Dritten* erfolgen, d. h. der veräußernde **Eigentümer und der Erwerber** müssen **personenverschieden** sein, der Erwerber darf bis zum Erwerb nicht Vermieter gewesen sein[391]. Personenidentität (zumindest teilweise) kann auftreten bei Miteigentümergemeinschaften und bei Wohnungseigentum (s. zu Letzterem bei Rdn. 79 ff.). Zur Veräußerung eines Grundstücks bei gleichzeitigem Vorbehalt des Nießbrauchs daran für den Veräußerer s. bei § 567 Rdn. 15. Auch **Erwerber und Mieter** müssen personenverschieden sein. Erwirbt der Mieter das Mietobjekt, so erlischt der Mietvertrag durch Konfusion[392]. Erwirbt nur einer von mehreren Mitmietern das Mietobjekt, so erlischt der Mietvertrag des anderen Mieters ebenfalls, da es an einer Besitzüberlassung unter Ausschluss des Vermieters (des Erwerbers) fehlt[393].

74 Die bloße **Realteilung** eines Grundstücks führt nicht zu einem Eigentumsübergang auf einen Dritten. Werden die Teile eines geteilten Grundstücks aber (mit der Teilung oder später) an mehrere Erwerber veräußert, so wird das ursprünglich über das ungeteilte Grundstück geschlossene, einheitliche Mietverhältnis nicht aufgespalten, sondern mit allen Erwerbern fortgesetzt[394]. Veräußert der Vermieter nur einen Teil des einheitlich vermieteten Grundstücks[395] bleibt der veräußernde Eigentümer Vermieter, neben ihm rückt der Erwerber in die Vermieterstellung ein[396]. Das gilt nicht, wenn eine nicht vermietete Teilfläche veräußert wird, und zwar selbst dann nicht, wenn die Versorgung der Mietfläche mit Gas, Wasser und Strom nur über den veräußerten Teil erfolgt[397]. Zum Innenverhältnis der Bruchteilseigentümer s. Rdn. 78. Zur **Bildung von Wohnungseigentum** s. Rdn. 84.

75 Befindet sich das durch einheitlichen Vertrag gemietete Mietobjekt auf **mehreren rechtlich selbständigen Grundstücken,** so gebietet es das Prinzip der Einheit des Mietvertrages[398], das seine Rechtfertigung letztlich in dem von § 566 BGB gesicherten Bestandsschutzinteresse des Mieters hat, den Mietvertrag bei Veräußerung auf alle Erwerber der vermieteten Grundstücksfläche übergehen zu lassen[399]. Dasselbe gilt bei Veräußerung eines mitvermieteten Sondernutzungsrechts, das einer anderen Wohnungseigentumseinheit als der vermieteten zugewiesen ist[400], und bei **Veräußerung** lediglich **eines Teils** (z. B. einer Wohnungseigentumseinheit) eines einheitlich vermieteten Grundstücks[401]. Zum Innenverhältnis der Bruchteilseigentümer s. Rdn. 78, zur Übertragung von Wohnungseigentum und Sondernutzungsrechten s. ergänzend Rdn. 79 und 83.

76 Wird ein **ungeteiltes Grundstück** insgesamt an mehrere Erwerber veräußert, dann werden sämtliche (neuen) Miteigentümer (ggf. sukzessive, wenn nicht alle Veräußerungen zeitgleich vollzogen werden[402]) Vermieter; verkaufen mehrere **Miteigentümer** an eine Einzelperson, so ist nur noch diese Vermieterin (der Mieter wird aber noch durch § 566 Abs. 2 geschützt). Veräußert ein Miteigentümer (Bruchteilseigentümer im Sinne von §§ 741 ff. BGB) nur seinen Miteigentumsanteil an einen Dritten, der nicht schon Miteigentümer ist, so tritt der Dritte (Erwerber) gem. § 566 BGB neben den verbleibenden Miteigentümern in den Vertrag ein[403].

---

391 BGH NJW 1994, 2542 = WuM 1994, 452 = ZMR 1994, 554; *Häublein* in MünchKomm § 566 Rdn. 22.

392 BGH (VIII ZR 323/14) NZM 2016, 467 = WuM 2016, 341 Rdn. 18.

393 BGH (VIII ZR 323/14) NZM 2016, 467 = WuM 2016, 341 Rdn. 22.

394 BGH (VIII ZR 399/03) NJW 2005, 3781 = ZMR 2006, 30; BGH NJW 1973, 455; OLG Brandenburg, Urteil v. 15.12.2010 (Az.: 3 U 58/10; BeckRS 2011, 00404); BayObLG NJW-RR 1991, 651 = WuM 1991, 78 = ZMR 1991, 174.

395 In den Beispielen von Rechtsprechung und Literatur handelt es sich oftmals um die Grundstücksteile, auf denen sich Nebenräume wie etwa eine Garage befinden oder die als Stellplatz oder Garten genutzt werden; zwingend ist das jedoch nicht, es können alle grundstücksrechtlich möglichen Konstellationen.

396 BGH (VIII ZR 399/03) NJW 2005, 3781 = ZMR 2006, 30; BGH NJW 1973, 455; BayObLG NJW-RR 1991, 651 = WuM 1991, 78 = ZMR 1991, 174.

397 OLG Karlsruhe MDR 2014, 708.

398 BayObLG NJW-RR 1991, 651 = WuM 1991, 78 = ZMR 1991, 174 m. w. N., bestätigt durch BGH NJW 1999, 2177 = WuM 1999, 390 = ZMR 1999, 546 = NZM 1999, 553. S. grundlegend zur Einheitlichkeit des Mietverhältnisses *Streyl* NZM 2011, 382.

399 BGH (V ZR 276/11) WuM 2012, 314; KG NZM 2012, 304. Der Fall ist vergleichbar mit dem Fall BGH (VIII ZR 399/03) NJW 2005, 3781 = ZMR 2006, 30 (s. dazu Rdn. 80); dort fand die Aufteilung des Grundstücks (in Wohnungseigentum) allerdings erst nach der Vermietung statt.

400 BGH (VIII ZR 323/14) NZM 2016, 467 = WuM 2016, 341 Rdn. 16.

401 BGH (XII ZR 113/12) WuM 2013, 752 Rdn. 15.

402 BGH (V ZR 62/14) NZM 2015, 592 = ZMR 2015, 893 Rdn. 25.

403 BGH (VIII ZR 74/11) NZM 2012, 150 = WuM 2012, 31 = ZMR 2012, 264; *Beuermann* WuM 1995, 6.

Ist der **Erwerber** allerdings ein **schon vorhandener Miteigentümer,** findet zwar auch ein Eigentumswechsel statt (den verbliebenen Miteigentümer wächst der Eigentumsanteil des ausgeschiedenen Miteigentümers zu); es kommt aber keine neue Person als Vermieter hinzu. Deshalb liegt ein Anwendungsfall von § 566 BGB nach dem Wortlaut der Vorschrift nicht vor. Das hätte zur Konsequenz[404], dass der aus der Bruchteilsgemeinschaft ausgeschiedene Miteigentümer weiterhin (Mit-)Vermieter bleibt; sein Ausscheiden spielt allenfalls im Innenverhältnis der früheren Miteigentümer eine Rolle. Diese Konsequenz führt aber zu Problemen bei einer späteren Veräußerung des Grundstücks. Dann gäbe es nämlich einen Vermieter, der nicht veräußernder Eigentümer ist, was einen Verstoß gegen das Identitätserfordernis bedeutet (s. dazu bei Rdn. 70). Zwar dürfte in einem solchen Fall eine analoge Anwendung des § 566 BGB in Betracht kommen mit der Folge, dass das Mietverhältnis auf den Erwerber übergeht und auch der Vermieter, der nicht mehr Eigentümer gewesen ist, aus dem Vertrag ausscheidet. Praktikabler für das Innenverhältnis der Vermieter und klarer für Außenstehende, die in einem Vermieter in der Regel den Eigentümer vermuten bzw. umgekehrt[405], aber wäre es, die Vertragsbeendigung insoweit gleich mit dem Ausscheiden dieses Vermieter aus der Eigentümergemeinschaft zu vollziehen und den Vertrag auf die verbliebenen Eigentümer übergehen zu lassen[406]. Das erfordert zwar eine analoge Anwendung des § 566 BGB; sie würde aber ansonsten auch bei einer späteren Weiterveräußerung notwendig. Die Belange des Mieters stehen nicht entscheidend entgegen. Zwar verliert er einen Schuldner[407]; eines solchen Verlustes muss der Mieter aber gewärtig sein als Preis für den Bestandsschutz, den § 566 BGB gewährt; einen Ausgleich hierfür hat das Gesetz in § 566 Abs. 2 BGB vorgesehen, weitergehend wird der Mieter in dieser Beziehung nicht geschützt. **77**

Mehrere Eigentümer eines geteilten Grundstückes bzw. die Miteigentümer eines ungeteilten Grundstückes bilden in Bezug auf das Mietverhältnis ohne weitere Absprachen eine **Bruchteilsgemeinschaft** gem. § 745 ff BGB[408]. Sie sind hinsichtlich der Verpflichtungen aus dem Mietverhältnis Gesamtschuldner gem. §§ 427, 421 BGB und hinsichtlich der Berechtigungen, insbesondere der Mietzinsforderungen, Mitgläubiger gem. § 432 BGB[409]. Leistung kann also nur an alle gefordert und bewirkt werden. Die Bruchteilseigentümer sind an der Mitwirkung zur Einziehung der Miete verpflichtet[410]. Eine Kündigung kann nur gemeinschaftlich ausgeübt werden (Ausnahmen evtl. bei Sonderkündigungsrechten wie § 57 a ZVG)[411]. Verabreden die Bruchteilseigentümer allerdings ausdrücklich oder stillschweigend die **Bildung einer Gesellschaft** (etwa einer GbR) und bringen sie das Eigentum in die Gesellschaft ein, so liegt ein Fall des § 566 BGB vor und die Gesellschaft wird Vermieter (s. näher Rdn. 60). **78**

6. Wohnungseigentum

Besondere Probleme bereitet die Schnittstelle von § 566 BGB zum Wohnungseigentum[412]; Teileigentum im Sinne von § 1 Abs. 3 WEG an nicht zu Wohnzwecken dienenden Räumen ist gem. § 1 Abs. 6 WEG dem Wohnungseigentum gleichgestellt. Grundsätzlich ist dabei auf die Veräußerung von schon gebildetem Wohnungseigentum § 566 BGB anwendbar, so dass der Erwerber der **79**

---

404 So *Häublein* in MünchKomm § 566 Rdn. 22; zweifelnd, aber letztlich offen lassend BGH NJW 1994, 2542 = WuM 1994, 452 = ZMR 1994, 554 für den gleichgelagerten Fall der Zuordnung von Sondereigentum gem. § 3 WEG auf einen Miteigentümer.

405 Beides lässt die Beteiligten leicht das Vorhandensein eines weiteren Vermieters vergessen (falls sie überhaupt jemals an das Fortbestehen des Vermieterstatus gedacht haben), was etwa bei der Wirksamkeit von Willenserklärungen (Kündigung) zu Überraschungen führen kann.

406 Im Ergebnis ebenso Beuermann WuM 1995, 6 sowie – für den gleichgelagerten Fall der Zuordnung von Sondereigentum gem. § 3 WEG auf einen Miteigentümer – BayObLG NJW 1982, 451; *Weitemeyer* ZMR 2004, 164.

407 Darauf stellt *Häublein* in MünchKomm § 566 Rdn. 22 zur Begründung der h. M. wohl entscheidend ab.

408 BGH (V ZR 62/14) NZM 2015, 592 = ZMR 2015, 893 Rdn. 25; BGH (XII ZR 113/12) WuM 2013, 752 Rdn. 15; BGH (VIII ZR 399/03) NJW 2005, 3781 = ZMR 2006, 30; BGH WPM 1983, 604; OLG Brandenburg WuM 2006, 272 (nur Leitsatz, Gründe bei Juris).

409 BGH (VIII ZR 399/03) NJW 2005, 3781 = ZMR 2006, 30; BGH WPM 1983, 604; OLG Brandenburg WuM 2006, 272 (nur Leitsatz, Gründe bei Juris); BGH NJW 1973, 455.

410 BGH (VIII ZR 399/03) NJW 2005, 3781 = ZMR 2006, 30.

411 BGH (V ZR 62/14) NZM 2015, 592 = ZMR 2015, 893 Rdn. 25; BGH (XII ZR 113/12) WuM 2013, 752 Rdn. 15. S. auch Rdn. 117.

412 S. umfassend hierzu *Häublein* NZM 2014, 97; *Nüßlein,* Die Divergenzen zwischen Wohnungseigentums- und Mietrecht, 2006.

Eigentumswohnung für die Dauer seines Eigentums in die Vermieterstellung eintritt; zur Rechtslage bei der Bildung von Wohnungseigentum nach Vermietung s. Rdn. 84. Zu einer Mietwohnung in einer Wohnungseigentumsanlage, an denen der Vermieter Sondereigentum hat, gehört meist auch ein Teil des Gemeinschaftseigentums – etwa das Treppenhaus oder die Waschküche, die der Mieter jedenfalls mitbenutzen darf, oder ein Kellerraum oder eine Garage, die ebenfalls im Sondereigentum (bzw. in Sondernutzung) des Vermieters stehen können und die der Mieter mit angemietet hat und allein nutzen darf. Veräußert ein Wohnungseigentümer sein Sondereigentum an der Wohnung, wird der neue Eigentümer Vermieter. Fraglich ist aber, was hinsichtlich des mitgenutzten Anteils am **Gemeinschaftseigentum** gelten soll, an dem der neue und die alten Wohnungseigentümer gemeinschaftlich berechtigt sind, oder hinsichtlich des Kellers bzw. der Garage, wenn das Sondereigentum daran beim alten Vermieter verbleibt. Vor der Anerkennung der Teilrechtsfähigkeit der Wohnungseigentümergemeinschaft durch den BGH[413], die durch den zum 1.7.2007 in Kraft getretenen § 10 Abs. 6 WEG bestätigt wurde, hätte eine wortgetreue Anwendung des § 566 BGB dazu geführt[414], dass wegen der Einheitlichkeit des Mietverhältnisses[415] alle Wohnungseigentümer Vermieter nicht nur hinsichtlich des Gemeinschaftseigentums, sondern auch hinsichtlich der Wohnung geworden wären. Eine solche Vervielfältigung der Vermieter, die früher in der Tat vielfach angenommen wurde[416], wäre sowohl für die Wohnungseigentümer als auch für den Mieter umständlich bis hin zur Möglichkeit der vollständigen Blockade des Mietverhältnisses, weil etwa der Mieter nur noch durch Zahlung an alle Eigentümer befreiend leisten könnte und sämtliche Willenserklärungen (Kündigung, Mieterhöhung etc.) nur noch von allen und gegen alle vorzunehmen wären – und dies bei einem möglicherweise häufig wechselnden Wohnungseigentümerbestand[417]. Seit dem Jahr 1999 wenden der BGH[418] und ihm folgend Rechtsprechung und Literatur[419] sowie der Gesetzgeber der Mietrechtsreform[420] zur Vermeidung solcher Schwierigkeiten § 566 BGB aus Gründen der Praktikabilität in der Weise einschränkend an, dass sich die Wirkung der Vorschrift auf die Veräußerung des Sondereigentums (das in der Regel an der Wohnung besteht) beschränkt und keine Anwendung auf die damit notwendig zusammenhängende Mitveräußerung der Anteile am Gemeinschaftseigentum findet. Diese **teleologische Reduktion** sei – so der BGH – wegen des Ausnahmecharakters von § 566 BGB zulässig; vor Herausgabeansprüchen anderer Wohnungseigentümer hinsichtlich des Gemeinschaftseigentums sei der Mieter durch § 986 BGB geschützt[421] und Mängel könne er dem Erwerber gegenüber geltend machen, der auch im Hinblick auf die im Gemeinschaftseigentum befindlichen Räume (es ging um einen Kellerraum) sein alleiniger Vermieter sei. Gewisse **Schutzlücken** für den Mieter bzw. rechtliche Unsicherheiten wegen ungeklärter Fragen sind allerdings nicht zu verkennen[422], die Schutzfunktion des § 986 BGB könnte vom BGH überstrapaziert worden sein und einer näheren Prüfung jedenfalls nicht vollständig standhalten[423]. Im Falle der Mangelhaftigkeit des Mietobjektes etwa hat der Mieter keinen direkten Anspruch gegen die Wohnungseigentümer. Soweit

[413] BGH NJW 2005, 2061 = WuM 2005, 530 = ZMR 2005, 547.

[414] S. näher zur Herleitung BGH NJW 1999, 2177 = WuM 1999, 390 = ZMR 1999, 546 = NZM 1999, 553.

[415] S. hierzu BayObLG NJW-RR 1991, 651 = WuM 1991, 78 = ZMR 1991, 174 m. w. N., bestätigt durch BGH NJW 1999, 2177 = WuM 1999, 390 = ZMR 1999, 546 = NZM 1999, 553.

[416] Vgl. die Nachweise in BGH NJW 1999, 2177 = WuM 1999, 390 = ZMR 1999, 546 = NZM 1999, 553.

[417] S. im einzelnen *Weitemeyer* NZM 1999, 173/174; BGH NJW 1999, 2177 = WuM 1999, 390 = ZMR 1999, 546 = NZM 1999, 553.

[418] BGH NJW 1999, 2177 = WuM 1999, 390 = ZMR 1999, 546 = NZM 1999, 553.

[419] *Emmerich* in Staudinger § 566 Rdn. 16 m. w. N.; *Häublein* in MünchKomm § 566 Rdn. 28/29 (allerdings mit teilweise abweichender Begründung); *Börstinghaus* NZM 2004, 483/484.

[420] BT-Drucksache 14, 4553, abgedruckt in NZM 2000, 445/446.

[421] *Häublein* in MünchKomm § 566 Rdn. 28/29 und in NZM 2014, 103/104 differenziert hinsichtlich des Schutzes durch § 986 BGB zwischen solchen Räumen, die der Mieter nur mitbenutzen dürfe, und solchen, die ihm zur Alleinnutzung zugewiesen seien; zur Durchsetzung von Letzterem gegenüber den anderen Wohnungseigentümern reiche § 986 BGB nicht aus, es müsse deshalb auf eine analoge Anwendung von § 567 Satz 2 BGB zurückgegriffen werden. Dem folgt *Lehmann-Richter* ZWE 2009, 346. Für einen Schutz durch § 986 BGB mit eingehender Begründung *Simon* NZM 2000, 851. Für eine analoge Anwendung von § 986 Abs. 2 BGB *Nüßlein,* Die Divergenzen zwischen Wohnungseigentums- und Mietrecht, 2006, S. 53; dagegen *Häublein* NZM 2014, 104 Fn. 44.

[422] So mit Beispielen *Simon* NZM 2000, 850 und *Häublein* NZM 2014, 102ff., der auch einen Gesetzesvorschlag zur Beseitigung derartiger Schutzlücken macht.

[423] So *Häublein* NZM 2014, 103, weniger weitgehend *Simon* NZM 2000, 851.

deren Tätigwerden bzw. deren Zustimmung erforderlich sind, kann der Mieter vom vermietenden Wohnungseigentümer lediglich verlangen, entweder seine Miteigentümer entsprechend in Anspruch zu nehmen oder seine Ansprüche gegen die Miteigentümer an den Mieter abzutreten, um sie dann selbst durchsetzen zu können[424]. Gewährt der Mietvertrag dem Mieter die Alleinnutzung an Gemeinschaftsflächen, so kann der Mieter möglicherweise gegenüber den anderen Miteigentümern nur Einräumung von Mitbesitz, nicht aber Alleinbesitz verlangen oder er kann Herausgabeansprüchen ausgesetzt sein[425]. Weiter können den übrigen Miteigentümern Unterlassungsansprüche gem. § 1004 BGB gegen den Mieter zustehen, wenn die ihm mietvertraglich eingeräumte Nutzung den Gebrauchsregelungen der Wohnungseigentümer widerspricht[426]. Wenn man die Schutzlücken für unzumutbar und eine Schließung im Wege der Rechtsfortbildung für notwendig hält[427], könnte das durch eine entsprechende Anwendung von § 567 S. 2 BGB geschehen[428]. In der Praxis sind die Schutzlücken allerdings nicht in nennenswertem Umfang zu Tage getreten, so dass einer solchen Rechtsfortbildung mit Skepsis zu begegnen ist. Dies insbesondere auch deshalb, weil § 566 BGB zwar eine Schuldnerschutzvorschrift ist, die allerdings kein uneingeschränktes Verbot der Schlechterstellung des Mieters durch einen Eigentumswechsel enthält; es sind vielmehr alle Interessen in Betracht zu ziehen (s. Rdn. 8), weswegen der Mieter um des Vorteils willen, nicht mit allen Wohnungseigentümern in Vertrag zu stehen, ggf. gewisse Nachteile in Kauf nehmen muss. Letztlich erscheint eine gesetzliche Regelung als wünschenswert[429].

Aus Gründen der Rechtssicherheit für den Mieter darf die **Größe der Wohnungseigentümergemeinschaft** bei der Anwendung der BGH-Rechtsprechung m. E. keine Rolle spielen[430]. 80
In einem Urteil aus dem Jahr 2005 hat der BGH[431] allerdings ausgeführt, eine bloße Verdopplung der Vermieterstellung stelle keine Erschwernis dar, die eine teleologische Reduktion des § 566 BGB rechtfertige. Dieser Fall wies jedoch Besonderheiten auf. Er betraf wie derjenige aus dem Jahr 1999[432] auch die Nutzung von Gemeinschaftseigentum, nämlich einen Stellplatz; anders als in der früheren Entscheidung war der Stellplatz wohnungseigentumsrechtlich aber nicht der vermieteten Wohnung zugeordnet, sondern einer anderen Wohnung als Sondernutzungsrecht zugewiesen. Der BGH behandelte dieses Sondernutzungsrecht faktisch wie Sondereigentum, indem er eine Vermehrung der Vermieter nach dessen Übergang auf einen neuen Wohnungseigentümer für möglich gehalten hat – aber eben nur eine Verdopplung um den Sondernutzungsberechtigten an dem Stellplatz, nicht eine Vermehrung um alle Wohnungseigentümer. Aus diesem Grund kann m. E. in dem Urteil aus 2005 keine Relativierung des seit 1999 vertretenen Standpunktes in der Weise gesehen werden, dass in jedem Einzelfall untersucht werden müsse, ob die (erhöhte) Anzahl der Vermieter einer gedeihlichen Durchführung des Mietverhältnisses noch zuträglich sei. Das wäre mit der Rechtssicherheit nicht vereinbar und der Gedanke der Praktikabilität, der hinter der teleologischen Reduktion steht, dürfte dann konsequenterweise nicht auf Wohnungseigentumsgemeinschaften beschränkt bleiben, sondern müsste dann auch auf Miteigentümergemeinschaften einer gewissen Größe angewendet werden.

Das Urteil aus 2005[433] ist deshalb wohl so zu verstehen, dass die **teleologische Reduktion des** 81
§ 566 BGB **nur** in Betracht kommt, **wenn ansonsten alle Wohnungseigentümer Vermieter würden;** betrifft die Vermehrung hingegen nur andere Sondereigentümer (zu Sondernutzungsberechtigten sogleich), verbleibt es bei der uneingeschränkten Anwendung von § 566 BGB[434]. Die praktischen Probleme, die den BGH zu der erwähnten teleologischen Reduktion des § 566 BGB bewogen haben, dürften in diesen Fällen nur in geringem Maß auftreten. Es vergrößert sich zwar auch die Anzahl der Vermieter, da § 566 BGB nicht nur für die Erwerber des Sondereigentums an

---

424 *Häublein* NZM 2014, 104.
425 *Häublein* NZM 2014, 104/105; *Nüßlein,* Die Divergenzen zwischen Wohnungseigentums- und Mietrecht, 2006, S. 51. **A. A.** mit beachtlichen Gründen *Simon* NZM 2000, 852.
426 *Simon* NZM 2000, 852; *Häublein* NZM 2014, 109.
427 So wohl *Häublein* NZM 2014, 104. **A. A.** *Simon* NZM 2000, 852.
428 *Häublein* NZM 2014, 104. Für eine analoge Anwendung von § 986 Abs. 2 BGB *Nüßlein,* Die Divergenzen zwischen Wohnungseigentums- und Mietrecht, 2006, S. 53; dagegen *Häublein* NZM 2014, 104 Fn. 44.
429 S. eingehend und überzeugend *Häublein* NZM 2014, 107.
430 So auch *Flatow* jurisPR-MietR 1/2009 Nr. 3.
431 BGH (VIII ZR 399/03) NJW 2005, 3781 = ZMR 2006, 30.
432 BGH NJW 1999, 2177 = WuM 1999, 390 = ZMR 1999, 546 = NZM 1999, 553.
433 BGH (VIII ZR 399/03) NJW 2005, 3781 = ZMR 2006, 30.
434 AG Mannheim ZMR 2009, 156; LG Hamburg ZMR 1999, 765 (mit ablehnender Anmerkung von *Greiner*); *Häublein* NZM 2014, 104; *Flatow* jurisPR-MietR 1/2009 Nr. 3.

einer Wohnung gilt, sondern auch für die Erwerber von Sondereigentum an Nebenräumen oder Grundstücksteilen, die dem Mieter zum alleinigen Gebrauch vermietet wurden[435]; in der Regel bleibt die Anzahl aber überschaubar auf zwei oder wenige mehr beschränkt, wenn etwa – wie nicht selten – bei einem einheitlichen Mietverhältnis über eine Wohnung und eine Garage (oder einen anderen Nebenraum[436]) die Wohnung nach der Aufteilung einem anderen Eigentümer zugewiesen wird als die Garage.

82 An der Rechtsprechung des BGH zur teleologischen Reduktion des § 566 BGB ist auch festzuhalten, nachdem die Wohnungseigentümergemeinschaft seit der zum 1.7.2007 in Kraft getretenen **WEG-Reform** teilrechtsfähig wurde (§ 10 Abs. 6 WEG)[437]. Denn die Vermietung des Gemeinschaftseigentum ist zwar eine Angelegenheit der gesamten Verwaltung[438]; Eigentümer bleiben aber gem. § 10 Abs. 1 WEG die Wohnungseigentümer selbst[439], so dass auch ein Mietvertrag gem. § 566 BGB auf die Wohnungseigentümer übergehen würde[440] und es bei der Vervielfachung der Vermieter bliebe. Da die Verwaltung des Mietverhältnisses in den Händen des Verbandes der Wohnungseigentümer läge, hätte der Mieter jedoch nur einen zusätzlichen „Ansprechpartner"; damit träte quasi (nicht rechtlich, sondern in der praktischen Handhabung) nur eine Verdopplung der Vermieterstellung ein. Die Schwierigkeiten, die die innere Willensbildung der teilrechtsfähigen WEG-Gemeinschaft oftmals bereitet, wären aber weiterhin vorhanden und könnten das Mietverhältnis immer noch erheblich belasten[441] – und dies angesichts des Umstands, dass die meisten Angelegenheiten, die in Bezug auf das Mietverhältnis zu regeln sind, das Gemeinschaftseigentum gar nicht betreffen. Außerdem können Komplikationen auftreten, wenn ein Verwalter nicht bestellt ist[442]. Es ist freilich nicht zu verkennen, dass einige erhebliche Probleme, die den BGH zu seiner Rechtsprechung veranlasst haben, beseitigt sind, weil der Mieter nur noch einen zusätzlichen Adressaten hätte, an den er leisten und dem gegenüber er Willenserklärungen abgeben müsste. Letztlich ausschlaggebend dürfte sein, dass der Gesetzgeber der Mietrechtsreform eine Vermehrung der Zahl der Vermieter bei Veräußerung von Wohnungseigentum nicht wollte[443].

83 Der BGH behandelt bloße **Sondernutzungsrechte** im Ergebnis genauso wie Sondereigentum[444], obwohl ein Sondernutzungsrecht kein Eigentumsrecht ist und der Rechtscharakter von Sondernutzungsrechten als dingliches oder bloß schuldrechtliches Rechtsinstitut umstritten ist[445]. Auch wenn der BGH die Frage, ob auf die Einräumung bzw. Übertragung eines Sondernutzungsrechtes §§ 566, 567 BGB direkt oder analog angewendet werden können, in keiner Weise problematisiert hat und deshalb nicht ausgeschlossen werden kann, dass er beides irrtümlich verwechselt hat, ist die Meinung des BGH wohl zutreffend[446]. Sondereigentum kann nämlich gem. §§ 5 Abs. 1, 3 Abs. 1 WEG nur an (Wohn-)*Räumen* begründet werden, für den Garten etwa oder für Stellflächen muss die Zuweisung an einzelne Wohnungseigentümer deshalb durch die Einräumung von Sondernutzungsrechten erfolgen. Der Begünstigte erreicht hierdurch eine eigentümerähnliche Stellung, falls das Sondernutzungsrecht gem. § 5 Abs. 4 WEG in das Wohnungsgrundbuch eingetragen wird; dann wirkt es nämlich gem. § 10 Abs. 3 WEG nicht nur unter denjenigen Wohnungseigentümern, die es vereinbart haben, sondern auch gegenüber Rechtsnachfolgern[447]. Des-

---

435 *Weitemeyer* NZM 1998, 173.
436 So in dem Fall AG Mannheim, Urteil vom 18.4.2008, Az.: 9 C 48/08 (BeckRS 2008, 23309).
437 So auch *Häublein* NZM 2014, 103.
438 *Elzer* ZWE 2009, 13; *Wenzel,* NZM 2006, 322.
439 BGH NZM 2007, 411 Rdn. 10.
440 *Schmid* ZWE 2013, 312.
441 *Flatow* jurisPR-MietR 1/2009 Nr. 3; *Häublein* NZM 2014, 103.
442 *Häublein* NZM 2014, 103.
443 BT-Drucksache 14, 4553, abgedruckt in NZM 2000, 445/446.
444 BGH (VIII ZR 399/03) NJW 2005, 3781 = ZMR 2006, 30.
445 S. *Häublein* in MünchKomm § 567 Rdn. 3 und die Dissertationen von *Bornemann,* Der Erwerb von Sondernutzungsrechten im Wohnungseigentumsrecht, 2000; *Ott,* Das Sondernutzungsrecht im Wohnungseigentum, 2000; *Häublein,* Sondernutzungsrechte und ihre Begründung im Wohnungseigentumsrecht, 2003; *Nüßlein,* Die Divergenzen zwischen Wohnungseigentums- und Mietrecht, 2006, S. 55 ff.
446 Ebenso wie der BGH *Sternel* ZMR 1997, 316, *Blank/Börstinghaus* § 567 Rdn. 4 und – eingehend – *Häublein* in MünchKomm § 567 Rdn. 3. Das AG Köln WuM 2007, 11 wendet § 566 BGB an, auch wenn es nicht von einem Sondernutzungsrecht, sondern von der Zuordnung eines Kellers spricht. **A. A.** allein unter Verweis auf fehlende Dinglichkeit des Sondernutzungsrechtes *Emmerich* in Staudinger § 566 Rdn. 16 und § 567 Rdn. 2/3; LG Stuttgart WuM 1988, 404 und – sich darauf berufend – *Börstinghaus* NZM 2004, 484; *Nüßlein,* Die Divergenzen zwischen Wohnungseigentums- und Mietrecht, 2006, S. 61.
447 BayObLG NZM 2005, 344.

halb ist, wenn man nicht das Sondernutzungsrecht als dingliches Recht ansehen will, eine analoge Anwendung von § 567 BGB[448] auf *eingetragene* Sondernutzungsrechte schon allein deshalb zu befürworten, um Wertungswidersprüche mit der Behandlung von Sondereigentum zu verhindern[449].

Schwierigkeiten ergeben sich auch dann, wenn das **Wohnungseigentum** erst **nach der Vermietung** gebildet wird. Hierbei sind zunächst verschiedene Fallgestaltungen auseinanderzuhalten. Einmal gibt es die vertragliche Einräumung von Sondereigentum gem. § 3 WEG, bei der jedem der schon vorhandenen **Miteigentümer** das Sondereigentum an einer Wohnung eingeräumt wird. Zum anderen gibt es die Teilung des Grundstücks durch den Eigentümer gem. § 8 WEG, bei der das Grundstück in Miteigentumsanteile geteilt und jedem Miteigentumsanteil (nicht Miteigentümer) das Sondereigentum an einer Wohnung zugewiesen wird; gab es mehrere Eigentümer (Bruchteilseigentum), so setzt sich diese Bruchteilsgemeinschaft an jedem Miteigentumsanteil (und dem damit verbundenen Sondereigentum) fort[450]. Unproblematisch ist nur der letztere Fall, die sog. Vorratsteilung gem. § 8 WEG. Dann nämlich bleiben Vermieter und Eigentümer auch nach der Bildung des Wohnungseigentums identisch[451], weil eine Änderung der Rechtszuständigkeit durch die bloße Teilung nicht eintritt. Wird hingegen nach der Vorratsteilung ein Miteigentumsanteil (und mit ihm das zugewiesene Sondereigentum an einer Wohnung) an jemanden veräußert, der noch nicht Miteigentümer war, so ist ein Dritter im Sinne des § 566 BGB als Erwerber vorhanden, der in den Mietvertrag, der für das Sondereigentums bestand, eintritt – hinsichtlich des Gemeinschaftseigentums gilt, soweit es mitvermietet ist, das zuvor Ausgeführte entsprechend[452]. Wird das Mietobjekt durch die Umwandlung zu gemeinschaftlichem Eigentum (etwa bei einer Hausmeisterwohnung, einem Kellerraum, der an einen Contractor vermietet wird, oder einem Dachraum, der an einen Mobilfunkanbieter vermietet wird), dann ist ebenfalls ein Dritter vorhanden, nämlich sämtliche Miteigentümer, die dann gemeinschaftlich Vermieter werden[453]. Wenn das Sondereigentum an den Wohnungen gem. § 3 WEG den Miteigentümern zugeordnet wird oder wenn es nach einer Vorratsteilung an einen der schon vorhandenen Miteigentümer veräußert wird, kommt es zu einer ähnlichen Lage wie bei Rdn. 77 zur Veräußerung eines Miteigentumsanteils an einen schon vorhandenen Miteigentümer geschildert. Dementsprechend sollten beide Sachlagen[454] gleich behandelt werden, d. h., nur der Sondereigentümer der Wohnung wird Vermieter[455], hinsichtlich des Gemeinschaftseigentums würde, soweit es mitvermietet ist, das zuvor Ausgeführte gelten. Ist man hingegen der Ansicht, dass in diesen Fällen ein Vertragsübergang entsprechend § 566 BGB nicht erfolgen kann, dann wäre bei einer späteren Weiterveräußerung die Anwendung des § 566 BGB nur unter Verletzung des Identitätserfordernisses möglich. Wird eine **GbR** unter Bildung von Wohnungseigentum und Eintragung der einzelnen Gesellschafter als Eigentümer der jeweils zugewiesenen Wohnungen auseinandergesetzt, tritt der jeweilige Eigentümer gem. § 566 BGB in ein Mietverhältnis, das bezüglich der zugewiesenen Wohnung besteht, ein[456]. Die Auseinandersetzung der GbR und die Eintragung der bisherigen Gesellschafter als Wohnungseigentümer stellen ein einheitliches Geschäft dar; die dafür notwendige Bildung von Miteigentumsanteilen ist ein bloßer 84

---

[448] Auch wenn es im Ergebnis keine Rolle spielt, ist die entsprechende Anwendung von § 567 BGB einer solchen von § 566 BGB vorzuziehen, weil das Sondernutzungsrecht einer dinglichen Belastung, etwa einem Nießbrauch, näher steht als dem Eigentum.

[449] So auch *Flatow* WImmoT 2008, 136. *Häublein* in MünchKomm § 567 Rdn. 3 betont den Mieterschutzgedanken der §§ 566, 567 BGB. OLG Naumburg ZMR 2013, 650 ohne Problematisierung des Einflusses der WEG-Reform. *Schmid* ZWE 2013, 313 will § 566 BGB wohl direkt anwenden.

[450] BayObLG NJW 1982, 451; BGH NJW 1994, 1628 = WuM 1994, 2542 = ZMR 1994, 554.

[451] *Schmid* ZWE 2013, 312 und OLG Naumburg ZMR 2013, 650 für die Rechtslage nach der WEG-Reform 2007, mit der die Wohnungseigentümergemeinschaft als teilrechtsfähig anerkannt wurde. BayObLG NJW 1982, 451; BGH NJW 1994, 1628 = WuM 1994, 2542 = ZMR 1994, 554; *Börstinghaus* NZM 2004, 483.

[452] **A. A.** *Schmid* ZWE 2013, 312 für den Fall, dass das Mietverhältnis eine Fläche betrifft, die nach der Teilung ausschließlich im Gemeinschaftseigentum steht (etwa ein Parkplatz); dann soll der Mietvertrag auf die Wohnungseigentümer als Bruchteilseigentümer und nicht auf den Sondernutzungsberechtigten übergehen.

[453] *Häublein* NZM 2014, 105.

[454] Von einer vergleichbaren Sachlage geht stillschweigend auch BGH (VIII ZR 399/03) NJW 2005, 3781 = ZMR 2006, 30 aus, wenn dort die Rechtsprechung zur Veräußerung von Miteigentum ohne weiteres auf die dem BGH-Fall zugrunde liegende Aufteilung von Wohneigentum angewendet wird.

[455] So auch BayObLG NJW 1982, 451; BayObLG WuM 1994, 189 = ZMR 1994, 154.

[456] BGH (VIII ZR 74/11) NZM 2012, 150 = WuM 2012, 31 = ZMR 2012, 264. S. zu den besonderen Problemen bei Übertragung und Begründung von Wohnungseigentum auch bei Rdn. 79 ff.

rechtstechnischer Zwischenschritt zur Errichtung der WEG und nicht eine eigenständige Veräußerung i. S. v. § 566 BGB an eine Bruchteilsgemeinschaft[457].

VI. Rechtsfolgen von Abs. 1

85 Bei der Beurteilung der Rechtsfolgen des Eigentumsübergangs spielen eine Vielzahl von Faktoren eine Rolle, die nach Möglichkeit in Einklang miteinander gebracht werden müssen. Zentrale Bedeutung haben hierbei der Zweck der Vorschrift und seine dogmatische Konstruktion. § 566 BGB bewirkt eine zeitlich für die Dauer des Eigentums begrenzte Vertragsübernahme[458] des Mietverhältnisses durch den Erwerber. Deshalb ist als Zeitpunkt für den Eintritt der Rechtswirkungen des § 566 BGB auf die Vollendung des Eigentumsübergangs abzustellen, in der Regel also auf die Eintragung im Grundbuch und nicht etwa auf den Zeitpunkt des Vertragsschlusses. Vollzieht sich der Eigentumsübergang hingegen durch ein Ereignis außerhalb des Grundbuchs (etwa bei einer Zwangsversteigerung gem. § 90 ZVG), kommt es auf des Zeitpunkt dieses Ereignisses an (den Zuschlag); die Eintragung in das Grundbuch hat dann nur deklaratorische Bedeutung. Der Vertragsübergang vollzieht sich kraft Gesetzes, eine Kenntnis der Beteiligten, auch eine Kenntnis des Erwerbers von dem Mietverhältnis, ist nicht notwendig[459]. Der Erwerber muss das Mietverhältnis in dem Zustand hinnehmen, in dem es sich zum Zeitpunkt des Eigentumswechsels befindet, d. h. mit allen Änderungen und Ergänzungen, die der Mieter mit dem Veräußerer vereinbart hat oder die durch die Ausübung von Gestaltungsrechten oder kraft Gesetzes eingetreten sind[460]. Einige Rechtsfolgen werden durch die besonderen Vorschriften der §§ 566a bis 566e BGB geregelt. Siehe zum Schutz des Mieters, der in Unkenntnis des Eigentumsübergangs Rechtshandlungen noch gegenüber dem Veräußerer vornimmt oder bei unwirksamem oder vermeintlichen Eigentumsübergang gegenüber dem Erwerber, bei der Kommentierung zu § 566e BGB. Berechtigungen und Verpflichtungen aus Förderzusagen des **öffentlich geförderten Wohnungsbaus** gehen gem. § 13 Abs. 3 WoFG[461] mit dem Eigentumswechsel auf den Erwerber über[462]. Anders ist das bei Förderungen außerhalb des WoFG; s. hierzu Rdn. 94.

1. Fälligkeitsprinzip

86 Die Begrenzung der Vertragsübernahme auf die Zeit der Eigentümerstellung des Erwerbers bewirkt eine Zäsur, die dazu führt, dass *nicht ausnahmslos alle* Rechte und Pflichten aus dem Mietverhältnis übergehen; es gilt vielmehr grundsätzlich das **Fälligkeitsprinzip**[463]. Mit ihm wird – grundsätzlich nach dem Zeitpunkt der Fälligkeit – die Frage beantwortet, welche der verschiedenen mietvertraglichen Rechte und Pflichten nach einem Eigentumsübergang dem Erwerber und welche dem Veräußerer zuzuordnen sind[464]. Für den *Inhalt* der dem Erwerber zuzuordnenden Rechte und Pflichten bleibt die Zäsur hingegen ohne Auswirkung; insoweit ordnet § 566 Abs. 1 BGB an, dass der Erwerber an die Stelle des Veräußerers tritt, so dass seine Rechte und Pflichten inhaltlich mit denen übereinstimmen, die dem Veräußerer bei Hinwegdenken des Eigentumsübergangs zustünden bzw. ihn träfen[465]. Das Fälligkeitsprinzip besagt zunächst, dass Ansprüche, die vor dem Eigentumsübergang fällig[466] geworden sind, dem veräußernden Vermieter zustehen bzw. von ihm zu erfüllen sind, Ansprüche, die danach fällig geworden sind, hingegen dem Erwerber[467]. Den Erwerber treffen auch die nach dem Eigentumsübergang bestehen bleibenden Dauerverpflichtungen, etwa die Pflicht zur Gebrauchsgewährung. Soweit es für den Inhalt der Ansprü-

[457] BGH (VIII ZR 74/11) NZM 2012, 150 = WuM 2012, 31 = ZMR 2012, 264.
[458] Streitig, der BGH geht davon aus, dass mit dem Eigentumsübergang ein neues, aber inhaltsgleiches Mietverhältnis entsteht; Einzelheiten bei Rdn. 10ff.
[459] *Emmerich* in Staudinger § 566 Rdn. 37.
[460] *Emmerich* in Staudinger § 566 Rdn. 38.
[461] Das WoFG gilt nicht in allen Bundesländern; s. dazu bei § 563 Rdn. 10.
[462] *Häublein* in MünchKomm vor § 535 Rdn. 76.
[463] Allg. M., s. nur BGH (XII ZR 163/12) NJW 2014, 3775 = WuM 2014, 733; BGH NZM 2005, 17 = ZMR 2005, 37; NJW 1989, 451; OLG Düsseldorf NZM 2008, 893 = ZMR 2008, 954.
[464] BGH (XII ZR 163/12) NJW 2014, 3775 = WuM 2014, 733; BGH NZM 2005, 17 = ZMR 2005, 37.
[465] BGH (XII ZR 163/12) NJW 2014, 3775 = WuM 2014, 733 Rdn. 15. S. auch Rdn. 96.
[466] Fälligkeit tritt ein mit der Entstehung des Anspruchs; ein Anspruch entsteht, wenn er vom Gläubiger – notfalls gerichtlich – geltend gemacht werden kann (BGH NJW 1991, 836).
[467] BGH NZM 2005, 17 = ZMR 2005, 37.

che oder der sonstigen mietvertraglichen Rechte und Pflichten auf den Beginn des Mietverhältnisses ankommt, ist auf den Beginn des ursprünglichen Mietverhältnisses zwischen Veräußerer und Mieter abzustellen[468]; das betrifft etwa die Berechnung von Fristen bei Mieterhöhungen, Schönheitsreparaturen, Kündigungen (§ 573 Abs. 1 Satz 2 BGB), die Berechnung der 30-Jahresfrist des § 544 BGB oder die Fortwirkung eines Verzugseintritts[469]. Das Fälligkeitsprinzip gilt aber nicht ausnahmslos. Dessen Angemessenheit muss vielmehr unter Berücksichtigung des Bestandsschutzinteresses des Mieters, des (nur eingeschränkt geltenden) Verbotes der Schlechterstellung des Mieters durch den Vertragsübergang und der Eigentumsinteressen von Veräußerer und Erwerber beurteilt werden[470]. Das ist insbesondere bei gestreckten Tatbeständen notwendig, also solchen, die sich über die Zäsur des Eigentumsübergangs hinweg entwickeln. Das betrifft beispielsweise die mit den Betriebskosten bzw. deren Abrechnung zusammenhängenden Ansprüche; hier gilt das Fälligkeitsprinzip nur eingeschränkt (s. Rdn. 110). Das Fälligkeitsprinzip greift darüber hinaus ausnahmsweise nicht ein bei dem Anspruch auf Leistung bzw. Wiederauffüllung der Kaution, weil die Sicherheit alle Ansprüche aus dem Mietvertrag sichert, also gleichfalls die des Erwerbers nach Eigentumsübergang[471]. Zur Verjährung von Ansprüchen des Veräußerers und des Mieters, die bei Veräußerung fällig waren und die nicht auf den Erwerber übergehen, s. bei § 548 Rdn. 56.

Es ist weiterhin zu berücksichtigen, dass das Gesetz mit den §§ 566a bis 566e BGB Spezialrege- **87**
lungen für den Rechtsübergang in Bezug auf die Mietforderung getroffen hat, die den §§ 398ff. BGB vorgehen[472]. Ohne Berücksichtigung dieser Regelungen ist ein richtiges Verständnis des § 566 BGB kaum möglich. § 566c BGB ist § 407 BGB[473] nachgebildet, § 566d BGB dem § 406 BGB und § 566e BGB dem § 409 BGB. Der Schutzgehalt von §§ 566b bis 566d BGB, die entgegen ihrer mieterschützenden Diktion den Mieterschutz erheblich beschränken, ist gering; er entspricht demjenigen der vergleichbaren §§ 1124, 1125 BGB[474]. Außerdem gibt es bewusste Schutzlücken für den Mieter, der in Unkenntnis des Eigentumsübergangs an den Veräußerer oder an einen Zessionar leistet, weil die Vorschrift des § 407 BGB in § 566c BGB nur unvollständig übernommen wurde[475]. Eine Vorschrift, die § 404 BGB entspricht, gibt es in §§ 566a bis 566e BGB überhaupt nicht. Aus dem Gedanken des durch § 566 BGB bezweckten Mieterschutzes wird vielfach eine Anwendung des § 404 BGB befürwortet[476], um dem Mieter alle Einwendungen gegenüber dem Erwerber zu erhalten, die ihm gegen den ursprünglichen Vermieter zustanden. Die Rechtsprechung lehnt eine **entsprechende Anwendung des § 404 BGB** ab, weil diese Vorschrift eine Rechtsnachfolge voraussetze, die es aber bei der von ihr angenommenen Novation nicht gebe[477]. Das ist zwar bei der hier angenommenen dogmatischen Konstruktion der Vertragsübernahme anders, das Gesetz ordnet aber – wie insbesondere aus den dargelegten Einschränkungen des Schuldnerschutzes in §§ 566b bis 566e BGB deutlich wird – keine umfassende Rechtsnachfolge des Erwerbers an, sondern nur eine zeitlich beschränkte Rechtsnachfolge für die Dauer des Eigentums unter besonderer Berücksichtigung des Erwerberinteresses, den Mietzinses zu erhalten.

2. Beschränkung auf das Mietverhältnis

Die durch den Eigentumsübergang bewirkte Zäsur beschränkt sich nach dem Wortlaut des **88**
§ 566 Abs. 1 BGB auf die Rechte und Pflichten *aus dem Mietverhältnis.* Diese Beschränkung in § 566 BGB bereitet insbesondere dann Schwierigkeiten, wenn Mieter und Vermieter aus Anlass

---

[468] BGH (XII ZR 163/12) NJW 2014, 3775 = WuM 2014, 733 Rdn. 16.

[469] BGH (XII ZR 163/12) NJW 2014, 3775 = WuM 2014, 733.

[470] Einzelheiten zu diesen Interessen bei Rdn. 7/8.

[471] BGH (XII ZR 22/11) NJW 2012, 3032 = WuM 2012, 560 Rdn. 34. S. weiter bei § 566a Rdn. 10.

[472] Ist nicht die Mietforderung betroffen, können §§ 406ff. BGB aber weitgehend entsprechend angewendet werden (Einzelheiten bei der Kommentierung zu § 566e BGB).

[473] Nach BGH NZM 2002, 291 = NJW-RR 2002, 730 ist § 407 BGB auch bei § 566 BGB anwendbar; entschieden wurde das für den Fall der Optionsausübung gegenüber dem Veräußerer in Unkenntnis des Eigentumsübergangs, ist aber nach der Argumentation des BGH nicht hierauf beschränkt; s. ausführlich bei § 566e Rdn. 17ff.

[474] Einzelheiten bei der Kommentierung zu § 566b BGB.

[475] Einzelheiten bei der Kommentierung zu § 566e BGB.

[476] Eingehend *Weitemeyer* FS Blank S. 456ff. und *Gellwitzki* WuM 2006, 126; ebenso *Emmerich* in Staudinger § 566 Rdn. 5.

[477] BGH NJW 2006, 1800.

oder in Zusammenhang mit dem Abschluss oder einer Änderung des Mietvertrages Vereinbarungen getroffen haben, die über typische Mietvertragsinhalte hinausgehen. Dann ist zu entscheiden, ob solche Vereinbarungen auch auf den Erwerber übergehen. Die Grenzlinie ist wie folgt zu ziehen: Von § 566 BGB werden nur solche Rechte und Pflichten erfasst, die als mietrechtlich zu qualifizieren sind oder die in untrennbarem Zusammenhang mit dem Mietvertrag stehen; der Erwerber tritt deshalb nicht in Rechte und Pflichten ein, die außerhalb des Mietverhältnisses liegen, selbst wenn sie als zusätzliche Vereinbarung im Mietvertrag geregelt sind. Dieser Grenzziehung hat sich inzwischen der BGH ausdrücklich angeschlossen[478], nachdem seine Position zu dieser Problematik in der älteren Rechtsprechung nicht leicht auszumachen war[479]. In dieser Unklarheit spiegelte sich die in der Literatur stark vertretene Meinung, dass § 566 BGB auf alle Vereinbarungen anwendbar sei, die nach dem Willen der Vertragsschließenden Bestandteil des Mietvertrages sein sollen[480].

89 *derzeit unbelegt*

90 Die Schwierigkeit, die auf den Erwerber übergehenden Rechte und Pflichten richtig von dem abzugrenzen, was bei dem veräußernden Vermieter verbleibt, sind wohl in der **mehrdeutigen Wortwahl des Gesetzes** begründet[481]. Man kann einerseits den Begriff Mietverhältnis mit Mietvertrag gleichsetzten und meinen, es sei der gesamte Vertragsinhalt gemeint, den die konkreten vertragsschließenden Parteien vereinbart haben. Man kann unter Mietverhältnis aber auch nur das verstehen, was als mietrechtlich zu qualifizieren ist; Vereinbarungen, mögen sie auch in demselben Vertrag geregelt worden sein, die einer anderen Vertragsart als dem Mietvertrag zuzuordnen sind, wären dann nicht Bestandteil des Mietverhältnisses im Sinne von § 566 BGB. Ist der Wortlaut einer Vorschrift mehrdeutig, ist nach **Sinn und Zweck** der Norm zu entscheiden, was der letztgenannten Auslegung den Vorzug gibt[482]. Das Bestandsinteresse des Mieters erfordert nämlich eine Überleitung anderer als mietrechtlicher Vereinbarungen auf den Erwerber nicht. Es soll nur den Besitz bzw. die Möglichkeit des Gebrauchs der Mietsache schützen sowie die hierzu getroffenen Vereinbarungen[483]. Der Erwerber hingegen ist nach der Idee des Gesetzes schon durch die Einschränkung des Gebrauchsrechtes potenziell belastet[484]. Diese Belastung würde sich vergrößern, wenn sie darüber hinaus auch auf andere als mietrechtliche Vereinbarungen erstreckt würde. Entscheidend ist aber, dass einem Mietvertrag durch § 566 BGB eine gewisse dingliche Wirkung zukommt (ohne allerdings ein dingliches Recht zu sein)[485]. Das stellt eine Ausnahme im Rechtssystem des BGB dar, die restriktiv zu handhaben ist[486]. Würde man noch andere Vereinbarungen als diejenigen, die mietvertraglich zu qualifizieren sind, auf den Erwerber übergehen lassen, dann würde dies zu einer Verdinglichung auch anderer Vertragsarten führen[487]. Die Notwendigkeit der mietrechtlichen Qualifizierung einer Vereinbarung ist dabei nicht gleichzusetzen mit dem Inhalt eines typischen Mietvertrages bzw. dem, was ein Erwerber typischerweise als Regelungsgehalt eines Mietvertrages erwarten darf[488]. Solche Erwartungen schützt § 566 BGB nicht, weil der Erwerber sich über den Inhalt des Vertrages durch Einblick in die bei längerer Bindung notwendig erstellten Urkunden

---

[478] BGH (XII ZR 9/15) NJW 2017, 254 mit Anm. Streyl = ZMR 2017, 34. Vorher schon, allerdings ohne ausdrückliche Auseinandersetzung mit der Problematik BGH (XII ZR 22/11) NJW 2012, 3032 = WuM 2012, 560; BGH (VIII ZR 224/13) NZM 2015, 79 = WuM 2015, 80 Rdn. 41.

[479] Die Unterschiede zwischen diesen älteren Urteilen (BGH NJW 2006, 1800; BGH NJW 1965, 2198; BGH NJW 1999, 1858/1859) werden in der 12. Aufl. bei § 566 Rdn. 89 aufgearbeitet.

[480] *Emmerich* in Staudinger § 566 Rdn. 40; wohl auch *Häublein* in MünchKomm § 566 Rdn. 33. Die Beispiele bei *Emmerich* deuten darauf hin, dass nach seiner Meinung ein innerer Zusammenhang der Vereinbarungen gegeben sein muss und eine bloß zufällige Zusammenfassung mehrerer Verträge in einer Urkunde nicht genügen soll. *Häublein* stellt darauf ab, ob der Erwerber die Vereinbarungen kennen konnte, was bei einem schriftlichen Mietvertrag zu bejahen sei; nicht schriftlich abgefasste Nebenabreden sollen nicht übergehen, wenn sie einen ungewöhnlichen Inhalt haben.

[481] So auch BGH (XII ZR 9/15) NJW 2017, 254 mit Anm. Streyl = ZMR 2017, 34 Rdn. 22.

[482] BGH (XII ZR 9/15) NJW 2017, 254 mit Anm. Streyl = ZMR 2017, 34; BGH (XII ZR 22/11) NJW 2012, 3032 = WuM 2012, 560; BGH (VIII ZR 224/13) NZM 2015, 79 = WuM 2015, 80 Rdn. 41.

[483] So auch BGH (XII ZR 9/15) NJW 2017, 254 mit Anm. Streyl = ZMR 2017, 34 Rdn. 23.

[484] BGH (XII ZR 9/15) NJW 2017, 254 mit Anm. Streyl = ZMR 2017, 34 Rdn. 25.

[485] S. Rdn. 12.

[486] So auch BGH (XII ZR 9/15) NJW 2017, 254 mit Anm. Streyl = ZMR 2017, 34 Rdn. 24.

[487] S. auch § 567 Rdn. 24.

[488] So aber OLG Düsseldorf ZMR 2008, 954 = NZM 2008, 893; OLG Stuttgart OLGR Stuttgart 2006, 455; *Lammel*, Wohnraummietrecht, § 566 Rdn. 57ff.

(§ 550 BGB) selbst informieren kann; im übrigen wird der Erwerber nur hinsichtlich der Vertragslaufzeit und des Mietzinses durch §§ 550, 566b bis 566d BGB geschützt[489].

Wenn danach unter § 566 BGB **alle als mietrechtlich zu qualifizierenden Vereinbarungen** fallen[490], so bedeutet das im Umkehrschluss, dass alle anderen Vereinbarungen grundsätzlich (zur Ausnahme sogleich) nicht darunter fallen. Wenn etwa ein Mieter für den Vermieter gewisse Hausmeisterdienste oder die Treppenhausreinigung übernommen hat, dann handelt es sich hierbei um eine als Dienst- oder Werkvertrag zu qualifizierende Vereinbarung, die nicht von § 566 BGB erfasst wird. Wohnt der Mieter hingegen aufgrund solcher Dienste ganz oder teilweise mietzinsfrei, dann ist die Erbringung der Dienste die Gegenleistung für die Gebrauchsüberlassung und damit eine mietrechtliche Vereinbarung (Mietvertrag mit atypischer Gegenleistung); in diesem Fall wäre die Dienstverpflichtung ein (mietrechtlich zu qualifizierender) Bestandteil des Mietvertrages und würde auf den Erwerber als Dienstberechtigtem übergehen. 91

Dennoch gibt es Vereinbarungen, die nicht mietrechtlich zu qualifizieren sind, die aber derart in **unlösbarem Zusammenhang** mit dem Mietvertrag stehen, dass eine Trennung von dem Mietvertrag nicht möglich erscheint. Dazu reicht ein wirtschaftlicher Zusammenhang oder ein gemeinsamer Anlass zum Vertragsschluss nicht aus. Die Vereinbarung muss vielmehr ohne den Zusammenhang mit dem Mietvertrag bei wertender Betrachtung mehr oder weniger sinnlos werden. Den Übergang solcher in unlösbarem Zusammenhang mit dem Mietvertrag stehenden Vereinbarungen erkennt auch der BGH an[491]. Ein unlösbarer Zusammenhang ist etwa anzunehmen bei einer Schiedsvereinbarung[492], die nur Sinn macht zwischen den jeweiligen Mietparteien, nach dem Eigentumsübergang aber nicht mehr zwischen Veräußerer und Mieter (außer für die beim Veräußerer nach dem Fälligkeitsprinzip verbliebenen Ansprüche). 92

Ohne dass es auf die mietrechtliche Qualifizierung einer Vereinbarung oder einen unlösbaren Zusammenhang ankommt, sind in jedem Fall solche Vereinbarungen von dem Übergang auf den Erwerber ausgeschlossen, die nicht zwischen dem Vermieter und dem Mieter geschlossen wurden, sondern zwischen dem Vermieter und einem Dritten[493]. Einmal folgt dies schon daraus, dass der Dritte nicht an dem Mietverhältnis, das nach § 566 BGB übergeht, beteiligt ist; zum anderen widerspräche es aber auch dem Schutzzweck der Vorschrift, der sich auf das Bestandsschutzinteresse des Mieters beschränkt[494]. Deshalb erfasst der Ausschluss nicht nur direkte **Vereinbarungen des Veräußerers mit einem Dritten** (auch einem Untermieter[495]), sondern auch Vereinbarungen des Veräußerers mit dem Mieter zugunsten eines Dritten[496]. 93

Beispiele für Vereinbarungen, die keine Pflichten aus dem Mietverhältnis sind und deshalb **nicht übergehen** (zu den mietvertraglichen Pflichten, die übergehen, s. nachfolgend unter 3.): Ein Ankaufsrecht bzw. eine **Kaufoption**[497] sowie die Pflicht zur Begründung eines dinglichen Dauerwohnrechtes[498] gehen nicht auf den Erwerber über. Ebenso wenig geht ein Sonderkündigungsrecht gem. § 1056 Abs. 2 BGB auf einen Erwerber über, der erst nach Beendigung des Nießbrauchs Eigentümer wird[499]. Der Erwerber (ebenso der Ersteigerer gem. § 57 ZVG[500]) ist auch nicht an die Auflagen und Bedingungen (insbesondere zur Beschränkung von Mieterhöhungen gem. §§ 558 Abs. 5, 559a BGB) gebunden, die der Veräußerer anlässlich der Bewilligung von öffentlichen Fördermitteln (etwa zur Modernisierung) gegenüber der Förderstelle (etwa einer öffent- 94

---

489 Hierauf weist *Häublein* in MünchKomm § 566 Rdn. 33 zu Recht hin.

490 BGH (VIII ZR 224/13) NZM 2015, 79 = WuM 2015, 80 Rdn. 41; BGH (XII ZR 22/11) NJW 2012, 3032 = WuM 2012, 560.

491 BGH (XII ZR 22/11) NJW 2012, 3032 = WuM 2012, 560; BGH NJW 1965, 2198; BGH NJW 2006, 1800; BGH NJW 2000, 2346. S. auch OLG Celle NJW-RR 1990, 974 für eine Konkurrenzschutzklausel, bei der ausnahmsweise auf Grund der Einzelfallumstände ein unlösbarer Zusammenhang angenommen wurde.

492 BGH NJW 2000, 2346.

493 BGH NJW 1999, 1859 = NZM 1999, 496= WuM 1999, 397 = ZMR 1999, 537; NJW 1967, 2258.

494 BGH NJW 1967, 2258.

495 LG Frankfurt ZMR 2013, 114 für den Fall, dass der Untermieter mit dem Veräußerer vereinbart hatte, bei Beendigung des Hauptmietverhältnisses in dieses zu denselben Bedingungen eintreten zu können.

496 BGH NJW 1967, 2258.

497 BGH (XII ZR 9/15) NJW 2017, 254 mit Anm. Streyl = ZMR 2017, 34 Rdn. 14.

498 BGH NJW 1976, 2265 (für einen Erwerb in der Zwangsversteigerung).

499 BGH NZM 2010, 474; s. auch bei § 567 Rdn. 21.

500 BGH NZM 2003, 973.

lichen Kreditanstalt) eingegangen ist[501]; anders ist dies nur, wenn der Veräußerer dem Erwerber diese Verpflichtung in dem Kaufvertrag auferlegt hat[502] oder wenn sie sich aus dem Mietvertrag selbst ergibt[503]. Berechtigungen und Verpflichtungen aus Förderzusagen nach dem WoFG gehen allerdings gem. § 13 Abs. 3 WoFG[504] mit dem Eigentumswechsel auf den Erwerber über[505]. Eine im Mietvertrag erwähnte gesetzliche Mietpreisbindung gemeinnütziger Wohnungsunternehmen (§ 7 Abs. 2 WGG, § 12 WGG-DV) geht nicht auf den Erwerber über, da eine solche Kostenmietklausel – wie sich aus einer ergänzenden Vertragsauslegung ergibt – mit der Aufhebung des WGG zum Ende des Jahres 1989 hinfällig geworden ist[506]; anders ist es, wenn Veräußerer und Vermieter in einem Mietvertrag, der nie der Mietpreisbindung unterlag, eine Höchstmiete oder anderweitige (zulässige) Vereinbarungen zur Mieterhöhung getroffen haben; solche Vereinbarungen binden den Erwerber[507]. Der Erwerber ist nicht an eine Vereinbarung in dem Mietvertrag gebunden, wonach der Vermieter auf Grund eines Belegungsrechtes zugunsten des Arbeitgebers des Mieters verpflichtet ist, einen Mietvertrag mit einem anderen Betriebsangehörigen zu schließen, wenn das Mietverhältnis mit dem Mieter endet[508]. Das gilt ebenso für den Verzicht eines Arbeitgebers und Vermieters von Werkswohnungen auf die Umlage von Nebenkosten als freiwillige soziale Leistung[509] und für die Verpflichtung einen Mietvertrag mit dem Untermieter zu schließen, wenn das Hauptmietverhältnis endet[510]. Miet*vor*verträge binden den Erwerber nicht, weil ein Mietvorvertrag noch kein wirksamer Mietvertrag ist[511]. Auch ist der Erwerber nicht an eine Vereinbarung (sog. **Schriftformheilungsklausel**) gebunden, die zur Mitwirkung bei der Heilung eines Schriftformmangels verpflichtet, da hierdurch der Schutzzweck des § 550 BGB, den Erwerber vor der Eigentumsumschreibung über bestehende Mietverhältnisse und deren Inhalt zu informieren, gefährdet würde[512]. Das gilt auch, wenn erst der Erwerber die schriftformbegründende (Laufzeit-)Regelung eingegangen ist, weil er dann entgegen der Absicht des § 550 BGB ebenfalls an die Abreden der früheren Vertragsparteien gebunden wäre[513]. Wenn der Erwerber an eine Heilungsklausel nicht gebunden ist, dann kann es der Mieter nach einem Eigentumsübergang gleichfalls nicht sein; der Mieter kann also ggf. seinerseits wegen des Formverstoßes kündigen. Es gibt nämlich keine „Rosinentheorie", der Erwerber muss die Folgen des § 550 BGB vielmehr komplett hinnehmen und nicht nur die ihm günstige Kündigungsmöglichkeit. Aus demselben Grund scheitert eine ausdrückliche oder konkludente Abtretung des Heilungsanspruchs vom Veräußerer an den Erwerber, wie sie teilweise bejaht wird[514]; eine solche isolierte Abtretung des Heilungsanspruchs würde die Heilungsklausel einseitig zu Gunsten des Erwerbers fortbestehen lassen. Richtigerweise wird man deshalb annehmen müssen, dass die Heilungsklausel nur insoweit gem. § 566 BGB übergehen kann, als sie Formverstöße heilen soll, die nach dem Erwerbsvorgang zwischen Erwerber und Mieter entstanden sind[515]. Lässt sich der Mieter noch während der Mietzeit für die Abkürzung des Mietverhältnisses eine Entschädigung versprechen, so geht die Pflicht zur Leistung dieser Entschädigung in der Regel nicht auf den Erwerber über; es sind aber Fallgestaltungen möglich, in denen eine solche Abfindungsvereinbarung als mietvertraglich im dargestellten Sinn zu qualifizieren ist[516]. Die auch ohne besondere vertragliche Regelung bestehende Pflicht eines Vermieter von Gewerberäumen Räume, den Mie-

[501] BGH NJW 1998, 445 = WuM 1998, 100 = ZMR 1998, 83; NZM 2003, 973; KG NZM 1998, 107. S. auch § 559a Rdn. 9 und *Börstinghaus* NZM 2004, 487.
[502] BGH NJW 1998, 445 = WuM 1998, 100 = ZMR 1998, 83; NZM 2003, 973; *Börstinghaus* NZM 2004, 487.
[503] BGH NZM 2003, 973; LG Frankfurt WuM 1990, 440; *Börstinghaus* NZM 2004, 487.
[504] Das WoFG gilt nicht in allen Bundesländern; s. dazu bei § 563 Rdn. 10.
[505] *Häublein* in MünchKomm vor § 535 Rdn. 76.
[506] BGH WuM 2006, 520 = NZM 2006, 693 = ZMR 2006, 841. S. auch *Paschke/Oetker* NJW 1986, 3177f.
[507] LG Berlin GE 2011, 339.
[508] BGH NJW 1967, 2258.
[509] LG Wiesbaden ZMR 2002, 278.
[510] LG München I WuM 1989, 412.
[511] BGH NJW 1962, 1388.
[512] BGH (XII ZR 68/10) NJW 2014, 1087 m.w.N. auch zur Gegenmeinung; BGH (XII ZR 146/12) NJW 2014, 2102; OLG Düsseldorf NZM 2005, 147 = ZMR 2004, 749. Zur Wirksamkeit von Schriftformheilungsklauseln zwischen den ursprünglichen Vertragsparteien s. *Streyl* NZM 2015, 28.
[513] BGH (XII ZR 69/16) NZM 2017, 189 = WuM 2017, 131 Rdn. 11.
[514] *OLG Hamm,* NZM 2013, 760.
[515] *Streyl* NZM 2015, 1.
[516] BGH MDR 1961, 930 = BB 1961, 881. S. auch BGH NZM 2011, 201 für eine ähnliche Konstellation in der Zwangsverwaltung, bei der die Beschlagnahme einer Ausgleichszahlung verneint wurde, zu der sich der

ter gegen Konkurrenz im Mietobjekt zu schützen (vertragsimmanenter Konkurrenzschutz), geht auf den Erwerber über[517]; vereinbarte **Konkurrenzschutzklauseln** gehen nicht ohne Weiteres über[518], es kommt vielmehr darauf an, ob sie im Einzelfall ausnahmsweise eine derartige Bedeutung für eine wirtschaftliche Verwertung des Grundstücks haben, dass ein unlösbarer Zusammenhang mit dem Mietverhältnis angenommen werden muss oder ob sie selbständig neben dem Mietvertrag stehen[519], weil sie etwa nur die persönliche Tätigkeit des Vermieters schützen sollen, also an dessen Person und nicht an das Objekt gebunden sind[520]. Die Einordnung der **Mietsicherheit** ist problematisch, auch wegen der Sondervorschrift des § 566a BGB; s. Rdn. 102 und bei der Kommentierung zu § 566a BGB. Die Bestellung einer beschränkt persönlichen Dienstbarkeit gem. §§ 1090ff. BGB, insbesondere in Form eines dinglichen **Wohnungsrechts** gem. § 1093 BGB oder einer sog. **Mieterdienstbarkeit,** sowie eines Dauerwohnrechts im Sinne von § 31 WEG ist regelmäßig von besonderen schuldrechtlichen Vereinbarungen begleitet. Es handelt sich um sog. **Sicherungsabreden,** wenn das dingliche Recht der Sicherung der mietvertraglichen Nutzung dient; s. hierzu bei § 567 Rdn. 24ff. Zur **Umsatzsteuer** s. Rdn. 99. Zu **Fristberechnungen** s. Rdn. 86. Zur Mitvermietung von **Zubehör** s. Rdn. 97a.

3. Einzelne Rechte und Pflichten

Das Nachfolgende ist keine erschöpfende Zusammenstellung aller möglichen Rechte und Pflichten, die von dem Veräußerer auf den Erwerber übergehen können. Es handelt sich vielmehr um eine Darstellung dessen, was Rechtsprechung und Literatur bisher beschäftigt hat, insbesondere um das, was in Abweichung vom Fälligkeitsprinzip zu behandeln ist. Verbleibende Zweifelsfälle müssen an Hand der dargestellten Grundsätze (Fälligkeitsprinzip, Beschränkung auf das Mietverhältnis) unter Berücksichtigung des Zwecks der Vorschrift und der Dogmatik des Rechtsübergangs gelöst werden. Als **Zeitpunkt** für den Eintritt der Rechtswirkungen des § 566 BGB ist abzustellen auf die Vollendung des Eigentumsübergangs, in der Regel also auf die Eintragung im Grundbuch und nicht etwa auf den Zeitpunkt des Vertragsschlusses an. Vollzieht sich der Eigentumsübergang hingegen durch ein Ereignis außerhalb des Grundbuchs (etwa bei einer Zwangsversteigerung gem. § 90 ZVG), kommt es auf des Zeitpunkt dieses Ereignisses an (den Zuschlag); die Eintragung in das Grundbuch hat dann nur deklaratorische Bedeutung. 95

a) Vertragsinhalt. Der Vertrag geht nicht mit seinem ursprünglich vereinbarten Inhalt, sondern in dem **Zustand** auf den Erwerber über, in dem er sich **zum Zeitpunkt des Eigentumswechsels** befindet[521], d. h. mit allen Änderungen und Ergänzungen, die der Mieter mit dem Veräußerer vereinbart hat oder die durch die Ausübung von Gestaltungsrechten oder kraft Gesetzes eingetreten sind[522]. Trifft ein Mieter in Kenntnis des Verkaufs noch vor dem Eigentumsübergang vertragsändernde Vereinbarungen mit dem Veräußerer, so können diese wegen Sittenwidrigkeit gem. § 138 BGB nichtig sein[523]. Vom Vertragsübergang werden nur mietvertragliche Rechte und Pflichten oder unlösbar mit dem Mietvertrag verbundene sonstige Vereinbarungen erfasst (Einzelheiten und Beispielsfälle oben). Hinsichtlich Vorausverfügungen und Vereinbarungen über den Mietzins sind einschränkend die §§ 566b, 566c BGB zu beachten, die die Erwerberinteressen am Erhalt des Mietzinses schützen. Für die Vertragsauslegung ist auf den Willen der Vertragsschließenden, also des Veräußerers und des Mieters, abzustellen[524]. Ob der Erwerber den (so ausgelegten) Vertrag selbst oder dessen Änderungen kannte oder kennen konnte, ist belanglos[525]. Ebenso ist es 96

Mieter in einem Mietaufhebungsvertrag verpflichtet hatte, falls der Vermieter bei einer Weitervermietung des Mietobjekts nur eine geringere als die vom Mieter geschuldete Miete erzielen kann.

517 *Tischler* in Lindner-Figura/Oprée/Stellmann Kap. 2 Rdn. 187.

518 So aber ohne Problematisierung OLG Koblenz NZM 2008, 405. Ebenso BGH (XII ZR 117/10) NJW 2013, 44 und BGH (XII ZR 40/10) NJW 2012, 844 = ZMR 2012, 348, die nicht einmal § 566 BGB erwähnen.

519 OLG Celle NJW-RR 1990, 974 = ZMR 1990, 414; *Späth* ZMR 2013, 407 (für Einzelhandelsimmobilien); *Emmerich* in Staudinger § 566 Rdn. 40 m. w. N.

520 *Heintzmann* in Soergel § 566 Rdn. 21.

521 BGH WM 1995, 2115.

522 BGH MDR 1961, 930 = BB 1961, 881.

523 LG Hamburg ZMR 2015, 310.

524 KG WuM 2015, 666.

525 LG Frankfurt DWW 1992, 84; *Lammel,* Wohnraummietrecht, § 566 Rdn. 83; *Emmerich* in Staudinger § 566 Rdn. 37.

belanglos, ob die übergehenden Rechte und Pflichten innerhalb oder außerhalb der Vertragsurkunde oder erst nach Vertragsschluss getroffen[526] wurden und ob sie als mündliche Nebenabreden dem Formerfordernis des § 550 BGB genügen oder nicht[527].

97 **Beispiele für übergehende Rechte und Pflichten** sind: Vereinbarungen über die Erlaubnis zur Untervermietung[528], zur Tierhaltung[529], zur Anbringung einer Parabolantenne[530], zu baulichen Veränderungen[531] bzw. der Verpflichtung zu baulichen Veränderungen (Aus- und Umbauten)[532], über Betriebspflichten[533], über Instandhaltungspflichten[534] (einschließlich Vereinbarungen zu Schönheitsreparaturen[535]), über die Duldung von Modernisierungsmaßnahmen[536], über die Übernahme von Einrichtungen durch den Vermieter[537], über die Art der Mietzahlung (vorbehaltlich der Wirksamkeitsbeschränkungen in §§ 566b, 566c BGB), über Mietzinsanpassungen durch Staffelmietvereinbarungen oder Preisklauseln[538], über die Begünstigung des Mietpreises durch den Vermieter, der bei Vertragsschluss gleichzeitig der Arbeitgeber war[539], über Minderungsverbote, über Aufrechnungsverbote, über Aufwendungsersatz für Aufwendungen auf die Mietsache[540], über Vertragsverlängerungen bzw. über die Gewährung und Ausübung von Verlängerungsoptionen[541] oder in dem Mietvertrag vereinbarte Vormietrechte (auch wenn dies den Abschluss eines neuen Vertrages bedeutet)[542], es sei denn, der Erwerber hat den Vertrag gem. § 111 InsO oder § 57a ZVG gekündigt[543], über Vertragsverkürzungen[544], über Kündigungsbeschränkungen wie etwa die Erhöhung der Anforderungen an ein berechtigtes Interesse gem. § 573 Abs. 2 BGB[545], über den Ausschluss einer Eigenbedarfskündigung[546] oder sonstige Kündigungsausschlüsse[547], über die Einräumung von Gestaltungsrechten sowie die Folgen von deren Ausübung[548], über auflösende bzw. aufschiebende Bedingungen (das gilt selbst dann, wenn der ganze Vertrag aufschiebend bedingt war)[549], über das Vermieterpfandrecht[550] und über die Auswechslung des Mietobjekts[551]. Mietvertragliche Schiedsabreden binden den Erwerber ebenfalls[552]. Hat der Veräußerer dem Mieter bestimmte Verhaltensweisen bloß (unverbindlich) gestattet (wie etwa den Gebrauch eines Kellers oder die Gartennutzung) oder hat er einen vertragswidrigen Zustand geduldet, so geht das Recht zum Widerruf der Gestattung bzw. der Anspruch zur Unterlassung des vertragswidrigen Gebrauchs auf den Erwerber über. Zum Aufwendungsersatz s. Rdn. 136, zum **Konkurrenzschutz** s. Rdn. 94, zur **Wohnungszuweisung gem. § 1568a BGB** s. Rdn. 42.

---

526 BGH MDR 1961, 930 = BB 1961, 881.
527 *Emmerich* in Staudinger § 566 Rdn. 52.
528 *Lammel,* Wohnraummietrecht, § 566 Rdn. 84.
529 *Häublein* in MünchKomm § 566 Rdn. 37.
530 *Lammel,* Wohnraummietrecht, § 566 Rdn. 84.
531 LG Berlin GE 1999, 316.
532 *Späth* ZMR 2013, 408.
533 *Späth* ZMR 2013, 408.
534 KG WuM 2008, 597.
535 BGH (VIII ZR 224/13) NZM 2015, 79 = WuM 2015, 80 Rdn. 41.
536 KG WuM 2008, 597.
537 LG Hamburg ZMR 1978, 86.
538 *Aufderhaar/Jaeger* NZM 2009, 574. S. aber auch Rdn. 109.
539 LG Münster WuM 1998, 727. Bei solchen Vereinbarungen ist aber stets zu fragen, ob es sich um eine mietvertragliche oder um eine arbeitsvertragliche Regelung handelt; letztere würde nicht übergehen, es sei denn sie wäre untrennbar mit dem Mietvertrag verbunden (s. Rdn. 92).
540 BGH (VIII ZR 224/13) NZM 2015, 79 = WuM 2015, 80 Rdn. 41.
541 *Blank/Börstinghaus* § 566 Rdn. 83.
542 BGH NJW 1971, 423 mit ausführlicher Begründung.
543 KG MDR 2011, 218.
544 BGH MDR 1961, 930 = BB 1961, 881.
545 BGH (VIII ZR 57/13) NZM 2013, 824 = WuM 2013, 739.
546 BGH (VIII ZR 223/06) NJW 2007, 1742 = WuM 2007, 272 = ZMR 2007, 531.
547 *Blank/Börstinghaus* § 566 Rdn. 68.
548 BGH WM 1995, 2115; BGH MDR 1966, 229. Übt der Mieter das Gestaltungsrecht in Unkenntnis des Eigentumsübergangs gegenüber dem Veräußerer aus, so ist der Erwerber daran gem. §§ 412, 407 BGB gebunden, vgl. *Häublein* in MünchKomm § 566 Rdn. 37.
549 BGH WM 1995, 2115.
550 BGH (XII ZR 163/12) NJW 2014, 3775 = WuM 2014, 733 Rdn. 23.
551 BGH (VIII ZR 235/11) NZM 2012, 502.
552 BGH NJW 2000, 2346; s. auch bei Rdn. 92.

Nach der Rechtsprechung des BGH trifft den Erwerber auch die vom Veräußerer eingegangene 97a
Verpflichtung, das mitvermietete **Zubehör** (Hofinventar) bei Vertragsende zu übernehmen, wenn es der bestimmungsgemäßen Nutzung des Mietobjektes dient und deswegen einen wesentlichen und notwendigen Teil der Mietsache darstellt[553]. Das bedeutet gleichzeitig, dass der Erwerber Vermieter des Zubehörs wird, wenn Grundstück und Zubehör in einem einheitlichen Vertrag vermietet wurden. Unproblematisch ist das, wenn der Veräußerer Eigentümer des Zubehörs war und der Erwerber es (ausdrücklich oder gem. § 926 BGB) mit dem Grundstück erwirbt. Wird das Zubehör nicht mit veräußert, bleibt der Veräußerer nicht dessen Vermieter, auch in diesem Fall wird vielmehr der Erwerber Vermieter. Der einheitlich geschlossene Vertrag wird nicht aufgespalten, sondern geht einheitlich auf den Erwerber über, da es sich um Rechte und Pflichten aus dem Mietverhältnis i. S. v. Rdn. 88ff. handelt. Der von § 566 BGB bezweckte Schutz des Mieters gebietet es auch nicht, den Veräußerer neben dem Erwerber Mitvermieter werden zu lassen[554], die Vermieterstellung also – ähnlich wie in den Fällen von Rdn. 74ff. – zu verdoppeln. Denn der Mieter beweglicher Sachen wird grundsätzlich nicht durch § 566 BGB geschützt (s. Rdn. 4). Dass dies bei der gemischten Vermietung von beweglichen und unbeweglichen Sachen anders sein soll, ist nicht ersichtlich, weil ein derartiger Schutz sich auf eine gleichzeitige Veräußerung des Grundstücks mit Zubehör beschränken würde; bei einer jederzeit möglichen isolierten Veräußerung des Zubehörs bliebe hingegen der Veräußerer alleiniger Vertragspartner des Mieters, der Erwerber des Zubehörs würde nicht nach § 566 BGB mit in das Mietverhältnis eintreten. Der Mieter von Zubehör ist demnach sowohl bei Veräußerung des Zubehörs zusammen mit dem Grundstück, als auch bei dessen isolierter Veräußerung, als auch im Fall der Vermietung von Zubehör, das von Anfang an Dritten gehörte, nur durch § 986 Abs. 2 BGB geschützt.

b) Mietzins, Umsatzsteuer, Mietvorauszahlungen, (anrechenbarer) Baukostenzu- 98
schuss. Für den Anspruch auf Zahlung des **Mietzinses** (einschließlich evtl. vereinbarter Vorauszahlungen auf die Betriebskosten[555], zur Minderung s. Rdn. 131) gilt das Fälligkeitsprinzip, d. h. die Mietzinsforderungen, die vor dem Eigentumsübergang bereits entstanden und fällig waren, stehen – vorbehaltlich einer Abtretung bzw. Ermächtigung[556] – dem Veräußerer zu, danach fällig gewordene Forderungen dem Erwerber[557]. Dabei spielt es keine Rolle, ob dies mit dem Zeitraum zusammenfällt, für den der Veräußerer bzw. der Erwerber den Gebrauch zu gewähren hatte[558]. Wenn also beispielsweise der Mietzins am ersten Tag eines Monats fällig war und die Eigentumsumschreibung schon am zweiten Tag des Monats erfolgt, so steht dem Veräußerer im Verhältnis zum Mieter der Mietzins für den gesamten Monat zu, der Erwerber hat aber ab dem zweiten Tag den Gebrauch zu gewähren[559]. Im Innenverhältnis von Veräußerer und Erwerber wird allerdings meist eine andere Verteilung vereinbart (s. auch § 566e Rdn. 25). Hatte der Veräußerer eine Ordnungswidrigkeit gem. § 5 WiStG (Mietpreisüberhöhung) begangen, so ist die Mietpreisvereinbarung von Veräußerer und Mieter nicht wirksam; liegen die subjektiven Voraussetzungen des § 5 WiStG in der Person des Erwerbers nicht vor, so macht das die Mietpreisvereinbarung nicht nachträglich wirksam[560]. Auf eine **Vormiete gem. § 556e Abs. 1 BGB** bzw. auf eine nach § 556e Abs. 2 BGB ermittelte Miete kann sich ein Erwerber auch dann berufen, wenn der Veräußerer sie vereinbart bzw. wenn dieser die Renovierung durchgeführt hat[561]. Das folgt nicht nur aus dem Wortlaut der Vorschriften, sondern auch aus ihrem Zweck, der wohnungsbezogen und nicht personenbezogen ist. Wenn der Veräußerer bei Weitervermietung vor Veräußerung von den Regelungen durch Erzielung einer höheren Miete und damit einer höheren Rentabilität des Mietobjekts profitieren könnte, dann darf ihm dies im Falle einer Veräußerung nicht genommen werden, denn maßgeblich für die Preisbildung beim Verkauf sind die aktuell erzielten bzw. künftig erzielbaren Mieten.

---

[553] BGH NJW 1965, 2198 (für die Verpachtung eines Hofes); BGH (XII ZR 9/15) NJW 2017, 254 mit Anm. Streyl = ZMR 2017, 34 Rdn. 30; *Landwehr* in Bub/Treier II Rdn. 2662.

[554] So aber *Schaub* in Staudinger (2013) § 581 Rdn. 118.

[555] *Börstinghaus* NZM 2004, 486; Einzelheiten bei Rdn. 110ff.

[556] S. dazu bei Rdn. 45.

[557] *Emmerich* in Staudinger § 566 Rdn. 49 m. w. N.

[558] OLG Düsseldorf (10 U 60/10) GuT 2011, 517; *Emmerich* in Staudinger § 566 Rdn. 49; *Lammel,* Wohnraummietrecht, § 566 Rdn. 36; *Schenkel* NZM 1999, 5.

[559] S. auch die ähnlichen Beispiele bei OLG Düsseldorf (10 U 60/10) GuT 2011, 517; AG Bremen ZMR 2013, 808.

[560] S. näher bei *Blank/Börstinghaus* § 566 Rdn. 79.

[561] Ebenso für § 556e Abs. 2 BGB *Blank* WuM 2014, 652, aber **a. A.** für § 556e Abs. 1 BGB *Blank* WuM 2014, 650.

99 Bei der Gewerbemiete können Mieter und Vermieter vereinbaren, dass der Vermieter trotz der grundsätzlichen Umsatzsteuerfreiheit der Miete zur **Umsatzsteuer** optieren darf (§§ 4 Nr. 12a, 9 UStG)[562]. Diese Vereinbarung geht auf den Erwerber über. Hatte der Veräußerer nicht oder nicht wirksam zur Umsatzsteuer optiert, darf der Erwerber die Option ausüben; ob er die Option ausübt, steht – vorbehaltlich anderer Vereinbarungen – in seinem Ermessen[563]. Hatte der Veräußerer hingegen zur Umsatzsteuer optiert, so ist der Erwerber hieran zunächst gebunden, weil er den Vertrag zivilrechtlich gem. § 566 BGB in dem „Zustand" übernimmt, in dem er sich zum Zeitpunkt des Vertragsübergangs befunden hat[564]. Steuerrechtlich ist das ähnlich[565]: Die Grundstückveräußerung ist regelmäßig[566] eine (Teil-)Betriebsveräußerung gem. § 1 Abs. 1a Satz 3 UStG und der Erwerber wird hinsichtlich des ausgeübten Optionsrechts und damit in Bezug auf die Steuerpflicht Rechtsnachfolger des Veräußerers[567]. Das bedeutet, dass ein Grundstückserwerber durch eben diesen Erwerb umsatzsteuerrechtlich zum Unternehmer werden kann, wenn er das Unternehmen fortführt, also weiterhin vermietet[568]. Damit wird der Erwerber jedenfalls in Bezug auf das Mietobjekt auch umsatzsteuerpflichtig, wenn der Voreigentümer für die Umsatzsteuer optiert hatte und der Mieter ausschließlich umsatzsteuerpflichtige Geschäfte i. S. v. § 9 Abs. 2 UStG tätigt. Unternehmer ist gem. § 2 Abs. 1 UStG jeder, der selbständig und nachhaltig zur Erzielung von Einnahmen tätig wird; eine Gewinnerzielungsabsicht ist nicht notwendig. Die regelmäßige Vermietung von Räumen oder Grundstücken fällt hierunter[569]. Allerdings ist der Erwerber weder zivilrechtlich noch steuerrechtlich an die Option gebunden. Wenn der Vermieter vertraglich das Recht, aber nicht die Pflicht eingeräumt bekommen hat, zur Umsatzsteuer zu optieren, dann ergibt eine Auslegung dieser Vereinbarung, dass er die Option wieder rückgängig machen darf; dies schon allein deswegen, weil er die Option allein in seinem steuerrechtlichen Interesse ausüben durfte, aber auch, um auf steuerrechtliche Änderungen reagieren oder um einem Zahlungsverzug des Mieters mit der Umsatzsteuer begegnen zu können[570]. Steuerrechtlich ist eine Rücknahme der Option mit der Folge der Umsatzsteuerfreiheit der Miete ebenfalls jederzeit und unabhängig von vertraglichen Vereinbarungen möglich, allerdings nicht grenzenlos, sondern nur bis zur formellen Bestandskraft der Steuerfestsetzung für den maßgeblichen Zeitraum durch Umsatzsteuerjahreserklärung[571]. Die Rücknahme der Option kann allerdings erhebliche Folgen für den Veräußerer haben, insbesondere zu einer Rückabwicklung des Vorsteuerabzuges für vergangene Zeiträume führen[572]. Außerdem muss der Vermieter dem Mieter eine korrigierte Rechnung (also eine ohne Umsatzsteuerausweis) bzw. eine hinreichend bestimmte Berichtigung zukommen lassen[573], da ansonsten der Vermieter als leistender Unternehmer die in Rechnung gestellte Umsatzsteuer gemäß § 14c UStG weiterhin schuldet. Tut er das nicht, muss er als leistender Unternehmer die in (Dauer-)Rechnung gestellte Umsatzsteuer gem. § 14c Abs. 1 UStG[574] weiterhin an das Finanzamt abführen – unabhängig davon, ob der Mie-

---

[562] Einzelheiten bei § 535 Rdn. 654. S. auch weitergehend *Schütz* NZM 2014, 417; *Schmid* NZM 1999, 292; *Weitemeyer* NZM 2006, 881. Die Option kann auch nur für eindeutig bestimmbare Teile des Mietobjekts ausgeübt werden (BFH [V R 27/13] NZM 2014, 714.

[563] BGH (VIII ZR 361/89) NJW-RR 1991, 647.

[564] S. allgemein BGH WM 1995, 2115. **A. A.** OLG München ZMR 2012, 621, das offenbar meint, nur das Optionsrecht, nicht aber der durch die Ausübung der Option veränderte Vertragszustand gehe auf den Erwerber über.

[565] Zu den umsatzsteuerrechtliche Auswirkungen eines Mieterwechsels oder einer Änderung der Geschäftstätigkeit des Mieters s. *Streyl* MietRB 2013, 253.

[566] In Ausnahmefällen kann auch eine Lieferung im umsatzsteuerrechtlichen Sinn vorliegen, nämlich dann, wenn der Käufer das Geschäft nicht fortführt, was etwa bei Veräußerung an den Mieter der Fall ist; s. näher zur umsatzsteuerrechtlichen Behandlung und zu Regelungen hierzu im Grundstückskaufvertrag *Beck* GE 2014, 103.

[567] Hessisches Finanzgericht, Beschluss v. 17.4.2007 (Az.: 6 V 2655/06); *Beck* GE 2014, 104. S. auch *Prätzler* DStR 2011, 507. **A. A.,** aber ohne Begründung OLG München ZMR 2012, 621.

[568] *Streyl* MietRB 2013, 251.

[569] *Weitemeyer* NZM 2006, 883.

[570] OLG Hamm NZM 1998, 575.

[571] BFH, Urteil v. 10.12.2009 (Az.: XI R 7/08); BFH, Beschluss v. 6.8.1998 (Az.: V B 146/97). S. auch *Prätzler* DStR 2011, 507; *Weitemeyer* NZM 2006, 889; *Herrlein* NZM 2015, 73.

[572] S. dazu *Streyl* MietRB 2013, 252; *Herrlein* NZM 2015, 73 und *Beck* GE 2014, 104.

[573] BFH, Urteil v. 25.2.1993 (Az.: V R 78/88).

[574] § 14c UStG unterscheidet zwischen unrichtigem Steuerausweis und unberechtigtem Steuerausweis. Bei einem unrichtigen Steuerausweis stellt ein grundsätzlich umsatzsteuerpflichtiger Unternehmer eine Rechnung mit zu hoher Umsatzsteuer aus oder er weist Umsatzsteuer für nicht steuerbare oder steuerfreie Leistungen aus.

ter die Umsatzsteuer an ihn zahlt oder nicht. Zahlt der Mieter an den Vermieter Umsatzsteuer, obwohl die Rechnung falsch ist oder fehlt, so ist der Mieter nicht zum Vorsteuerabzug berechtigt, da dies eine gesetzlich geschuldete Umsatzsteuer voraussetzt (§ 15 Abs. 1 Nr. 1 UStG) und steuerfreie Umsätze vorsteuerschädlich sind (§ 15 Abs. 2 UStG)[575]. Der Mietvertrag kann in diesem Zusammenhang eine sog. Dauerrechnung sein, sofern die Anforderungen an einen ordnungsgemäßen Rechnungsausweis gemäß § 14 UStG erfüllt werden[576]. Basierend auf dem Grundsatz der Neutralität der Umsatzsteuer zwischen Unternehmern im Sinne des UStG muss im Falle einer Rechnungsberichtigung bei dem leistenden Unternehmer (Vermieter) auch eine rückwirkende Berichtigung des Vorsteuerabzuges bei dem Leistungsempfänger (Mieter) erfolgen, da nach Rechnungsberichtigung auch dessen Vorsteuerabzug rückwirkend verloren geht[577]. Der Grundsatz der Neutralität besagt, dass nur der Endverbraucher mit Steuer belastet sein soll und die Steuerverwaltung letztlich keinen Steuerbetrag erheben darf, der den vom Endverbraucher gezahlten übersteigt[578]. Es kommt also im Ergebnis zu einer vollständigen Steuerrückabwicklung, soweit zeitlich eine Berichtigung möglich ist: Der leistende Unternehmer (Vermieter) erhält nach Berichtigung die zuviel abgeführte Umsatzsteuer vom Finanzamt zurück, ist aber zugleich verpflichtet, diese an den Leistungsempfänger (Mieter) auf Grund der rückwirkend geänderten Rechnung gem. § 812 BGB zu erstatten. Beim Leistungsempfänger entfällt rückwirkend die Vorsteuerabzugsberechtigung, d. h., es kommt in gleicher Höhe zur Erstattungsverpflichtung des Leistungsempfängers gegenüber dem Finanzamt.

Bei einseitigen **Vorausverfügungen** des Vermieters über die Miete oder Vereinbarungen über die Miete zwischen Veräußerer und Mieter oder einem Dritten, die in die Zeit nach Eigentumsübergang wirken, wird der Erwerber weitgehend durch §§ 566b, 566c BGB geschützt. Hierunter fallen insbesondere Vereinbarungen über Mietvorauszahlungen, die Vereinbarung einer aperiodischen, also nicht nach Monaten bemessenen Mietzinszahlung und ggf. die Vereinbarung einer Einmalmiete; zu den Einzelheiten s. bei der Kommentierung zu §§ 566b, 566c BGB, dort ebenso zu möglichen Ausgleichsansprüchen zwischen den Beteiligten bei Eingreifen dieser Vorschriften. Bei vorzeitigem Mietvertragsende sind **Mietvorauszahlungen** gem. § 547 BGB zu erstatten. Diese Erstattungspflicht wegen im Voraus entrichteter Miete trifft nach einem Eigentumswechsel den Erwerber (s. bei § 547 Rdn. 28), möglicherweise greifen aber die Beschränkungen des § 566c BGB (s. bei § 566c Rdn. 23ff.). Auch *anrechenbare* **Baukostenzuschüsse** sind Mietvorauszahlungen (s. bei § 547 Rdn. 9 und bei § 566c Rdn. 23ff.); *verlorene* Baukostenzuschüsse sind hingegen nach den Grundsätzen des Aufwendungsersatzes zu behandeln (s. dazu Rdn. 136 und § 547 Rdn. 16 und 21). 100

Zu den Folgen, wenn der Mieter in **Unkenntnis des Eigentumsübergangs** noch an den Veräußerer oder irrtümlich schon vor dem Eigentumsübergang an den Erwerber oder an einen vermeintlichen Erwerber zahlt, sowie zu den **Auskunfts- und Nachweisansprüchen** des Mieters s. bei § 566e Rdn. 17ff. 101

c) Kaution. Zur Frage, ob und inwieweit eine Mietsicherheit als mietvertraglich zu qualifizieren ist[579] und ob sie deshalb in den Anwendungsbereich des § 566 BGB fällt, s. bei § 566a Rdn. 9/10. Soweit die Kaution geleistet wurde und es um deren **Verwertung bzw. deren Rückerstattung nach Vertragsende** geht, also um Ansprüche aus der Sicherungsabrede, greift § 566a BGB. Zu den Einzelheiten dieser Ansprüche und deren Schicksal bei Zwangsverwaltung und Insolvenz des Vermieters s. dort. 102

derzeit unbelegt 103

derzeit unbelegt 104

d) Mieterhöhung. Ein **Mieterhöhungsverlangen gem. § 558 BGB** muss entsprechend dem Wortlaut der Vorschrift vom Vermieter stammen; maßgeblich ist, wer zum **Zeitpunkt der Zugangs des Erhöhungsverlangens** Vermieter ist[580]. Der Erwerber kann danach vor der Eigen- 105

Bei einem unberechtigten Steuerausweis fehlt insgesamt die Berechtigung zum Steuerausweis, so z. B. bei Nichtunternehmern, Gesellschaften des öffentlichen Rechts oder Kleinunternehmern.

575 BGH (XII ZR 292/02) NZM 2004, 785; *Herrlein* NZM 2013, 413.

576 OLG Düsseldorf NZM 2006, 262.

577 BFH, Urteil v. 1.2.2001 (Az.: V R 23/00); *Weitemeyer* NZM 2006, 889.

578 Dazu Weitemeyer NZM 2006, 882.

579 S. allgemein dazu bei Rdn. 88.

580 **A. A.,** nämlich für ein Abstellen auf den Zeitpunkt der Abgabe der Willenserklärung, vor § 558 Rdn. 39; *Börstinghaus* NZM 2004, 486. Für die Beurteilung einer Verfügungsbefugnis oder sonstiger Voraussetzungen, die nicht die Person, sondern den Inhalt der Willenserklärung betreffen, kommt es jedoch auf den Zeitpunkt des

tumsumschreibung und dem dadurch bedingten Übergang des Mietverhältnisses auf ihn ein solches Verlangen nicht stellen (es wäre unwirksam[581]), der Veräußerer kann dies nach dem Eigentumsübergang nicht mehr tun. Möglich ist jedoch eine Bevollmächtigung bzw. Ermächtigung des Erwerbers durch den Vermieter (s. dazu näher bei Rdn. 46). Außerdem wirkt ein wirksames Mieterhöhungsverlangen des Veräußerers zugunsten des Erwerbers fort, wenn der Eigentumswechsel während der Zustimmungsfrist erfolgte[582], und der Erwerber kann die Rechte aus diesem Erhöhungsverlangen geltend machen[583]; dasselbe gilt, wenn der Mieter die Zustimmung nicht erteilt und der Eigentumswechsel sich innerhalb der Klagefrist des § 558b Abs. 2 Satz 2 BGB vollzieht. Die Frist und die Kappungsgrenze des § 558 Abs. 3 BGB wirken fort[584]. Eine im Mietvertrag erwähnte gesetzliche Mietpreisbindung gemeinnütziger Wohnungsunternehmen (§ 7 Abs. 2 WGG, § 12 WGG-DV) geht nicht auf den Erwerber über, da eine solche Kostenmietklausel – wie sich aus einer ergänzenden Vertragsauslegung ergibt – mit der Aufhebung des WGG zum Ende des Jahres 1989 hinfällig geworden ist[585]. Anders ist es, wenn Veräußerer und Vermieter in einem Mietvertrag, der nie der Mietpreisbindung unterlag, eine Höchstmiete oder anderweitige (zulässige) Vereinbarungen zur Mieterhöhung getroffen haben; solche Vereinbarungen binden den Erwerber[586].

106 Für die **Zustimmungsklage** gem. § 558b Abs. 2 BGB gilt folgendes: Der (jeweilige) Vermieter muss die Zustimmungsklage erheben, d. h. nach Eigentumsübergang muss dies der Erwerber tun, davor der Veräußerer; Kläger und Absender des Mieterhöhungsverlangens müssen nicht identisch sein, wenn das Eigentum nach Abgabe der Erhöhungsverlangens wechselt[587]. Eine Klage des Veräußerers unterbricht die Klagefrist des § 558b Abs. 2 Satz 2 BGB nicht, wenn er das Eigentum bis zur Klageeinreichung (Anhängigkeit) bereits verloren hatte[588]. Nach Rechtshängigkeit (keine Vorverlegung gem. § 167 ZPO[589]) der Klage ist § 265 ZPO anwendbar, so dass der Veräußerer trotz Eigentumsverlust nach Rechtshängigkeit den Prozess fortführen kann[590]. Findet der Eigentumswechsel allerdings zwischen Anhängigkeit der Klage und Rechtshängigkeit statt, dann verliert der Veräußerer seine Aktivlegitimation[591], was – mangels Anwendbarkeit des § 265 ZPO in diesem Stadium – nur dadurch geheilt werden könnte, dass der Erwerber den Prozess im Wege des Parteiwechsels übernimmt. Das muss innerhalb der Klagefrist des § 558b Abs. 2 S. 2 BGB geschehen und dürfte deshalb in der Praxis kaum in Betracht kommen; wenn doch, wäre die für einen Parteiwechsel notwendige Sachdienlichkeit gegeben. Diese Schwierigkeiten würden vermieden, wenn der Veräußerer den Erwerber zur Mieterhöhung, jedenfalls aber zur Klageerhebung ermächtigt (s. dazu bei Rdn. 46).

107 Für ein **Mieterhöhungsverlangen gem. § 559 BGB** gilt entsprechendes; statt der Zustimmungsfrist und der daran anschließenden Klagefrist gibt es jedoch lediglich die Drei- bzw. Sechsmonatsfrist des § 559b Abs. 2 BGB. Es ist zu beachten, dass Bauherr der Modernisierung der (jeweilige) Vermieter sein muss[592]. Ist das der Fall, spielt es keine Rolle, ob die Modernisierung vor oder nach dem Eintritt des Erwerbers abgeschlossen wird[593]. Veranlasst hingegen der Erwerber als Bauherr selbst die Baumaßnahmen vor Eigentumsumschreibung, kann er keine Mieterhöhung vorneh-

---

Wirksamwerdens der Erklärung an, das ist gem. § 130 Abs. 1 Satz 1 BGB der Zugang (BGH NJW 1958, 1286; BGH [XI ZR 85/04] NJW 2006, 294; *Singer* in Staudinger [Neubearbeitung 2011] § 130 Rdn. 37/38); dementsprechend stellt die h. M. bei der Erfüllung sonstiger Wirksamkeitsvoraussetzungen eines Mieterhöhungsverlangens auf dessen Zugang ab (BGH [VIII ZR 41/05] NZM 2006, 101 = WuM 2006, 39; BayObLG MJW-RR 1993, 202 = WuM 1992, 677.

581 *Börstinghaus* NZM 2004, 486 m. w. N.

582 Wenn der Eigentumswechsel nach der Zustimmung erfolgte, tritt der Erwerber ohnehin in das durch das Erhöhungsverlangen umgestaltete Mietverhältnis ein.

583 LG Kassel WuM 1996, 417 mit ausführlicher Begründung; *Börstinghaus* NZM 2004, 486; *Häublein* in MünchKomm § 566 Rdn. 34.

584 BGH (XII ZR 163/12) NJW 2014, 3775 = WuM 2014, 733 Rdn. 17; AG Lüdinghausen WuM 1994, 279 für die Kappungsgrenze.

585 BGH WuM 2006, 520 = NZM 2006, 693 = ZMR 2006, 841. S. auch *Paschke/Oetker* NJW 1986, 3177f.

586 LG Berlin GE 2011, 339.

587 *Börstinghaus* NZM 2004, 486, 487.

588 *Börstinghaus* NZM 2004, 487.

589 *Foerste* in Musielak § 265 Rdn. 8.

590 BGH WM 1965, 680; LG Köln NZM 2002, 288; *Börstinghaus* NZM 2004, 487.

591 *Becker-Eberhard* in MünchKommZPO (5. Aufl.) § 265 Rdn. 68.

592 S. § 559 Rdn. 26f.

593 KG NZM 2000, 652 und 860; *Börstinghaus* NZM 2004, 487/488; *Häublein* in MünchKomm § 566 Rdn. 34. **A. A.** *Sternel* NZM 2001, 1065. S. auch § 559 Rdn. 32 m. w. N. zu beiden Ansichten.

men, da er zu dieser Zeit nicht Vermieter war[594], auch wenn es bei wertender Betrachtungsweise je nach den Einzelfallumständen (etwa Gestattung des Veräußerers) nicht unvertretbar erscheint, ihn als „Modernisierer" anzusehen.

Der Erwerber (ebenso der Ersteigerer gem. § 57 ZVG[595]) ist nicht an die Auflagen und Bedingungen (insbesondere zur Beschränkung von Mieterhöhungen gem. §§ 558 Abs. 5, 559a BGB, d. h., den Abzug von Fördermitteln) gebunden, die der Veräußerer anlässlich der Bewilligung von **öffentlichen Fördermitteln** (etwa zur Modernisierung) gegenüber der Förderstelle (etwa einer öffentlichen Kreditanstalt) eingegangen ist[596]; anders ist dies nur, wenn der Veräußerer dem Erwerber diese Verpflichtung in dem Kaufvertrag auferlegt hat[597] oder wenn sie sich aus dem Mietvertrag selbst ergibt[598]. Berechtigungen und Verpflichtungen aus Förderzusagen nach dem WoFG gehen allerdings gem. § 13 Abs. 3 WoFG[599] mit dem Eigentumswechsel auf den Erwerber über[600]. **108**

Preisklauseln in Gewerberaummietverträgen sind entgegen § 1 Preisklauselgesetz (PreisklG) unbeschränkt zulässig, wenn ein gebietsansässiger (also in Deutschland ansässiger) Unternehmer einen Mietvertrag mit einem Gebietsfremden[601] schließt (§ 6 PreisklG), gleichgültig, wer von beiden Mieter bzw. Vermieter ist[602]. War der Vermieter gebietsfremd und veräußert er das Mietgrundstück gem. § 566 BGB an einen Gebietsansässigen, so fällt die Befreiung des § 6 PreisklG ex nunc, also mit dem Eigentumsübergang weg und §§ 1 bis 5 PreisklG sind anwendbar[603]. **109**

e) Betriebskosten. Hinsichtlich der Betriebskosten sind **drei Ansprüche auseinanderzuhalten:** Der Anspruch des Vermieters auf Leistung der vereinbarten Vorauszahlungen, der Anspruch des Mieters auf Abrechnung der Vorauszahlungen und der Anspruch auf Begleichung des Saldos, der je nach Ergebnis der Abrechnung zu Gunsten oder zu Lasten des Mieters besteht. Die strenge Anwendung des Fälligkeitsprinzips auf diese Ansprüche – mit Ausnahme derjenigen auf die Vorauszahlungen – führt in manchen Konstellationen zu **Unzuträglichkeiten** für den Veräußerer bzw. Erwerber. Geht etwa das Eigentum kurz vor Ablauf einer Abrechnungsperiode über, so war der Veräußerer während dieser gesamten Abrechnungsperiode mit den Betriebskosten belastet. Gab es in dieser Periode Kostensteigerungen, die bei den Vorauszahlungen nicht berücksichtigt wurden, so könnte er ohne den Eigentumswechsel von den Mietern nach Abrechnung entsprechende Nachzahlungen verlangen. Bei einem Eigentumswechsel kurz nach Ablauf der Abrechnungsperiode ginge das hingegen nicht, wenn man das Fälligkeitsprinzip anwenden würde. Der Anspruch auf Nachzahlung wird nämlich erst nach der Abrechnung fällig, zu dieser Zeit ist aber schon der Erwerber Eigentümer und wäre damit nach dem Fälligkeitsprinzip Inhaber des Anspruchs. Ob ein Ausgleich im Innenverhältnis von Erwerber und Veräußerer möglich ist, hängt von deren Absprachen ab. Diese Absprachen werden einen Ausgleich regelmäßig nicht ausschließen, immerhin trägt aber der Veräußerer das Insolvenzrisiko des Erwerbers. Für den Erwerber ist diese Konstellation noch unzuträglicher. Der Anspruch des Mieters auf Abrechnung würde nämlich während der Zeit seines Eigentums fällig, er müsste also Betriebskostenvorauszahlungen abrechnen und ggf. erstatten, die er nie erhalten hat und mit denen er wirtschaftlich nichts zu tun hat; er dürfte meist nicht einmal über die Unterlagen verfügen, die für eine ordnungsgemäße Abrechnung notwendig sind. Auch hier wird es im Innenverhältnis zum Veräußerer regelmäßig einen Anspruch auf Überlassung der Unterlagen und auf finanziellen Ausgleich geben. Aber der Erwerber trägt das Insolvenzrisiko der Veräußerers, was besonders gravierend wird, wenn der Erwerber die notwendigen Unterlagen nicht hat, ihm also eine Abrechnung nicht möglich ist und der Mieter deswegen die Rückzahlung der kompletten Vorauszahlungen von ihm verlangt[604]. Außerdem könnte das ungereimte Ergebnis entstehen, dass eine vor dem Eigentumswechsel fällig gewordene Abrechnungspflicht bei dem bisherigen Vermieter verbleibt, während Nachzahlungen und Erstattungen, deren **110**

---

[594] S. § 559 Rdn. 33 m. w. N.

[595] BGH NZM 2003, 973.

[596] BGH NJW 1998, 445 = WuM 1998, 100 = ZMR 1998, 83; NZM 2003, 973; KG NZM 1998, 107. S. auch § 559a Rdn. 9 und *Börstinghaus* NZM 2004, 487.

[597] BGH NJW 1998, 445 = WuM 1998, 100 = ZMR 1998, 83; BGH NZM 2003, 973; *Börstinghaus* NZM 2004, 487.

[598] BGH NZM 2003, 973; LG Frankfurt WuM 1990, 440; *Börstinghaus* NZM 2004, 487.

[599] Das WoFG gilt nicht in allen Bundesländern; s. dazu bei § 563 Rdn. 10.

[600] *Häublein* in MünchKomm vor § 535 Rdn. 76.

[601] S. dazu *Aufderhaar/Jaeger* NZM 2009, 574.

[602] *Aufderhaar/Jaeger* NZM 2009, 574.

[603] *Aufderhaar/Jaeger* NZM 2009, 574.

[604] S. dazu BGH NJW 2006, 2552.

Vorbereitung und Berechnung die Abrechnung dient, dem Erwerber zustehen bzw. von diesem zu erbringen sind[605].

111 Um diese Unzuträglichkeiten zu minimieren, aber auch, um die Abrechnungspflicht nach einem Eigentumsübergang praktikabel handhaben zu können, gilt nach überwiegender Meinung[606] einschließlich des BGH[607] **nicht** streng das **Fälligkeitsprinzip,** vielmehr ist die **Abrechnungsperiode maßgeblich** – und zwar sowohl hinsichtlich der Abrechnungspflicht als auch hinsichtlich der sich aus der Abrechnung ergebenden Ansprüche auf Nachzahlung bzw. Erstattung von Betriebskosten. War die Abrechnungsperiode vor der Eigentumsumschreibung vollständig abgelaufen, hat – unabhängig vom Fälligkeitsprinzip – der Veräußerer abzurechnen; ihm stehen evtl. Nachzahlungen zu und er hat evtl. Guthaben zu erstatten[608]. Fällt die Abrechnungsperiode vollständig in die Zeit nach Eigentumsübergang, so treffen diese Rechte und Pflichten den Erwerber; das wäre im Übrigen auch nach dem Fälligkeitsprinzip so. Weiterhin trifft den Erwerber die Abrechnungspflicht und er ist aus einem Abrechnungssaldo berechtigt bzw. verpflichtet, wenn sich der Eigentumsübergang während des Laufs einer Abrechnungsperiode vollzieht[609]. Eine Zwischenabrechnung ist wegen des in § 556 Abs. 3 Satz 1 BGB vorgeschriebenen Jährlichkeitsprinzips grundsätzlich nicht geschuldet[610], vielmehr muss der Erwerber über den kompletten Zeitraum abrechnen, wozu der Veräußerer ihm ggf. die Unterlagen zu übergeben bzw. mit ihm zusammenzuwirken hat[611]. Nach einem obiter dictum des BGH[612] soll die Abrechnungspflicht bei einem Eigentumswechsel während der Abrechnungsperiode aber nicht für solche Mieter gelten, die bereits **vor dem Eigentumswechsel ausgezogen** sind, weil hier dem Veräußerer die Vorauszahlungen zu Gute gekommen seien; vielmehr soll der Veräußerer gegenüber diesen Mietern zur Abrechnung verpflichtet sein. Diese Ansicht widerspricht aber dem Jährlichkeitsprinzip bei der Betriebskostenabrechnung und führt dazu, dass unterschiedliche Abrechnungen erstellt werden müssen – ein unpraktikables Ergebnis[613], das im Gegensatz zu den praktischen Erwägungen steht, mit dem der BGH ansonsten das Abweichen vom Fälligkeitsprinzip begründet. Abgesehen davon dürfte es eher selten vorkommen, dass dem Veräußerer alle vor dem Eigentumsübergang fällig gewordenen Vorauszahlungen zustehen; im Innenverhältnis der Kaufvertragsparteien wird meist ein früherer Lasten- und Nutzenübergang vereinbart (s. auch § 566e Rdn. 25). Anders, nämlich entsprechend der hier vertretenen Meinung, müsste aber auch der BGH nach seiner Begründung entscheiden, wenn das Mietverhältnis bei Eigentumsübergang zwar rechtlich beendet, der Mieter aber noch nicht ausgezogen war[614] (s. zu dieser Problematik auch Rdn. 51). Denn in diesem Fall erhält auch der Erwerber als Teil der ihm zustehenden Nutzungsentschädigung Vorauszahlungen auf die in diesem Jahr angefallenen Betriebskosten.

---

[605] BGH WuM 2000, 609 = NZM 2001, 158 = ZMR 2001, 17; BGH NJW 2004, 851 = WuM 2004, 94 = ZMR 2004, 250.

[606] *Häublein* in MünchKomm § 566 Rdn. 41/42; *Emmerich* in Staudinger § 566 Rdn. 55; *Börstinghaus* NZM 2004, 486/487. **A. A.,** also für eine strenge Anwendung des Fälligkeitsprinzips *Schenkel* NZM 1999, 5; *Weitemeyer* in FS Blank S. 450ff. Kritisch auch *Neumann* WuM 2012, 3ff.

[607] BGH WuM 2000, 609 = NZM 2001, 158 = ZMR 2001, 17; BGH NJW 2004, 851 = WuM 2004, 94 = ZMR 2004, 250; BGH NZM 2005, 17 = ZMR 2005, 37.

[608] BGH WuM 2000, 609 = NZM 2001, 158 = ZMR 2001, 17; BGH NJW 2004, 851 = WuM 2004, 94 = ZMR 2004, 250; BGH NZM 2005, 17 = ZMR 2005, 37.

[609] BGH WuM 2000, 609 = NZM 2001, 158 = ZMR 2001, 17; *Häublein* in MünchKomm § 566 Rdn. 41; *Derleder* NZM 2009, 9; *Weitemeyer* in FS Blank S. 450/451 m. w. N.

[610] AG Dortmund NZM 2004, 96; *Börstinghaus* NZM 2004, 486; *Häublein* in MünchKomm § 566 Rdn. 41; *Emmerich* in Staudinger § 566 Rdn. 55. Anders ist das nur in der Vermieterinsolvenz: Wenn der Mietvertrag gem. § 108 Abs. 1 InsO mit Wirkung für die Insolvenzmasse fortbesteht, ist im Jahr der Eröffnung des Insolvenzverfahrens die Abrechnung für die Zeit bis zur Verfahrenseröffnung und für die Zeit danach getrennt vorzunehmen, weil die Erstattungsansprüche des Mieters für die Zeit bis zur Eröffnung des Verfahrens einfache Insolvenzforderungen sind (§ 108 Abs. 3 InsO), für die Zeit danach dagegen Masseforderungen (vgl. BGH NZM 2007, 162).

[611] BGH WuM 2000, 609 = NZM 2001, 158 = ZMR 2001, 17; *Börstinghaus* NZM 2004, 486; *Derleder* NZM 2009, 9. *Blank* hält den Veräußerer in NZM 2008, 754 i. d. R. für verpflichtet, für seine Eigentumszeit eine interne Abrechnung zu erstellen, die der Erwerber dann in die Jahresabrechnung einarbeiten könne; diese Ansicht erscheint zweifelhaft, da sie dem Erwerber kaum Arbeit ersparen dürfte; wichtiger ist für diesen die Übergabe der Buchführung und einer geordneten Beleg- und Vertragssammlung sowie ein Auskunftsrecht.

[612] BGH NJW 2007, 1818 Rdn. 13 am Ende = WuM 2007, 267 = ZMR 2007, 529; der Fall betraf eigentlich den Anspruch auf Kautionsrückzahlung.

[613] So auch *Both* jurisPR-MietR 1/2008 Anm. 2, der die Unpraktikabilität anschaulich darlegt.

[614] Ebenso *Neumann* WuM 2012, 7.

Für die Abrechnungsperiode, in die der Eigentumswechsel fällt, ist der Erwerber auf einen **Ausgleich im Innenverhältnis** zum Veräußerer angewiesen[615]. Der Maßstab für den Innenausgleich richtet sich nach den Vereinbarungen im Kaufvertrag (s. § 566e Rdn. 25). Das mit einem Innenausgleich verbundene Risiko ist auf ein Jahr begrenzt, wohingegen die strenge Anwendung des Fälligkeitsprinzips zur Haftung des Erwerbers im Extremfall für viele Jahre führen kann, wenn der Veräußerer über lange Zeit nicht abgerechnet hat. Im Zweifel gilt wohl eine zeitanteilige Verteilung bezogen auf den Zeitpunkt des Eigentumsübergangs oder auf eine von den Parteien vereinbarten Zeitpunkt des wirtschaftlichen Übergangs. Forderungsausfälle mit Vorauszahlungen oder Nachzahlungen haben die Parteien entsprechend ihrem Zeitanteil zu tragen. Ein Innenausgleich kann deshalb sinnvoll erst gemacht werden nach der Jahresabrechnung und der – ggf. erfolglosen – Beitreibung der Forderungen. Wegen dieses Innenausgleichs kann der Mieter aus Treu und Glauben verpflichtet sein, eine Zwischenablesung zu dulden[616]. **112**

Angesichts dieser einfachen und praktikablen Abgrenzung[617], die keine unter Umständen schwierig zu beantwortenden Fragen zur genauen Dauer der Abrechnungsfrist oder zur Fälligkeit vorgelegter Betriebskostenabrechnungen beantworten muss und die das Risiko des Erwerbers angemessen begrenzt, fallen die **Nachteile für den Mieter** nicht erheblich ins Gewicht[618]. Ein Nachteil besteht darin, dass dem Mieter gegenüber dem Erwerber als seinem neuen Vermieter das Zurückbehaltungsrecht an den Betriebskostenvorauszahlungen wegen nicht vorgelegter Abrechnung[619] für die vor dem Eigentumsübergang abgelaufenen Abrechnungsperioden und eine Aufrechnungsmöglichkeit mit einem Erstattungsanspruch gegenüber der laufenden Miete[620] nicht zusteht. Ein weiterer Nachteil ist darin zu sehen, dass ihm das Mietobjekt nicht mehr als Haftungsmasse zur Verfügung steht[621]. Da der Mieter aber durch § 566 BGB nicht vor jeglichem mit dem Eigentumswechsel verbundenen Nachteil geschützt werden soll und da neben dem Bestandsinteresse des Mieters auch die Interessen des Erwerbers zu berücksichtigen sind[622], erscheint der Verlust des Zurückbehaltungsrechts und der Aufrechnungsmöglichkeit für den Mieter sowie der Verlust des Mietobjektes als Haftungsmasse hinnehmbar[623]. Dies gilt auch vor dem Hintergrund der hier vertretenen Dogmatik des Rechtsübergangs als Rechtsnachfolge, für die § 404 BGB, der dem Rechtsnachfolger grundsätzlich alle Einwendungen erhält, nicht gilt[624]. Anders kann es aber dann sein, wenn der Veräußerer dem Erwerber Mietzinsansprüche aus seiner Eigentumszeit abtritt. Dann ist § 404 BGB anwendbar und der Mieter kann dem Erwerber gegenüber wegen des Abrechnungsanspruchs ein Zurückbehaltungsrecht hinsichtlich der abgetretenen Ansprüche ausüben bzw. mit einem Erstattungsanspruch aufrechnen[625]. **113**

Wem der Anspruch auf die vereinbarten **Nebenkostenvorauszahlungen** zusteht, richtet sich nach dem Fälligkeitsprinzip. Da die Vorauszahlungen mit dem Mietzins fällig werden, teilen sie grundsätzlich dessen Schicksal, d. h., vor dem Eigentumsübergang fällig gewordene Ansprüche stehen dem Veräußerer zu, diejenigen danach dem Erwerber[626]. Das gilt aber nur bis zur Erteilung einer Betriebskostenabrechnung bzw. bis zum Ablauf der Abrechnungsfrist. Nach Ablauf der Abrechnungsfrist können Vorauszahlungen nämlich nicht mehr verlangt werden[627]; nach Vorlage einer Abrechnung kommt es nur auf den sich daraus ergebenden Saldo an, in den die tatsächlich gezahlten Vorauszahlungen eingestellt werden müssen. Soweit ausnahmsweise Sollvorauszahlungen ein- **114**

---

615 S. auch BGH WuM 2007, 698 = NZM 2008, 100 für eine ähnlich gelagerte Fallkonstellation bei der Zwangsverwaltung.
616 *Schmid* GE 2013, 24.
617 BGH NJW 2004, 851 = WuM 2004, 94 = ZMR 2004, 250 spricht von Rechtsklarheit.
618 BGH NJW 2004, 851 = WuM 2004, 94 = ZMR 2004, 250. **A. A.** *Weitemeyer* in FS Blank S. 452; *Schenkel* NZM 1999, 6. Kritisch auch *Derleder* NZM 2009, 10/11, der dem Mieter dann einen Anspruch gegen den Erwerber zugestehen will, wenn der Veräußerer dazu nicht mehr in der Lage ist und der Erwerber bei den Vertragsverhandlungen für diesen Fall hätte Vorsorge treffen können.
619 S. dazu BGH NJW 2005, 1499.
620 BGH NJW 2004, 851 = WuM 2004, 94 = ZMR 2004, 250 am Ende.
621 Darauf weist *Derleder* NZM 2009, 10 zutreffend hin. Angesichts der meist vorhandenen dinglichen Belastungen und – im Vergleich dazu – relativ geringer Nachforderungsbeträge, ist eine Zwangsvollstreckung in das Mietgrundstück aber meist unrealistisch.
622 S. Rdn. 7/8 und *Häublein* in MünchKomm § 566 Rdn. 42.
623 BGH NJW 2004, 851 = WuM 2004, 94 = ZMR 2004, 250 am Ende.
624 S. Rdn. 14.
625 *Derleder* NZM 2009, 11.
626 *Börstinghaus* NZM 2004, 486.
627 S. § 556 Rdn. 266 und 455.

gestellt werden dürfen[628], besteht der Anspruch auf die Vorauszahlungen weiter[629]. Kommt der Vermieter seiner Abrechnungspflicht nicht nach, kann der Mieter bei beendetem Mietverhältnis die **Vorauszahlungen zurückverlangen**[630], wohingegen er bei unbeendetem Vertrag lediglich ein Zurückbehaltungsrecht geltend machen kann[631]. Zwar endet das Mietverhältnis nach der hier vertretenen Auffassung zur Dogmatik des Rechtsübergangs[632] nicht. Dennoch kann der Mieter die Vorauszahlungen zurückverlangen, da ihm – wie soeben ausgeführt – für Forderungen aus der Zeit vor dem Eigentumsübergang gegenüber dem Erwerber das Zurückbehaltungsrecht verloren geht und er deswegen – anders als beim laufenden Mietverhältnis – kein Druckmittel zur Durchsetzung des Abrechnungsanspruchs hat[633]. Anspruchsgegner für Vorauszahlungen aus der Zeit vor dem Eigentumsübergang ist der Veräußerer[634], für die Zeit danach der Erwerber.

115 Zur **Abrechnungspflicht des Zwangsverwalters** kann in diesem Rahmen im Wesentlichen nur die bisherige Rechtsprechung des BGH referiert werden[635]. Der Zwangsverwalter hat gem. § 152 Abs. 2 ZVG für laufende Mietverhältnisse die Betriebskostenabrechnungen nicht nur für die Dauer seiner Bestellung, sondern auch für solche Abrechnungsperioden durchzuführen, die vor seiner Bestellung oder vor dem in § 1123 Abs. 2 BGB[636] bezeichneten Zeitraum abgelaufen sind[637]. Außerdem soll der Zwangsverwalter auch nach dem Ende der Zwangsverwaltung noch über die in der Zeit seiner Bestellung abgelaufenen Abrechnungsperioden abrechnen müssen[638]; das erscheint allerdings – ohne dass die Frage hier abschließend geklärt werden kann – angesichts von § 12 Abs. 2 ZwangsverwalterVO und angesichts der nach Aufhebung der Zwangsverwaltung eingeschränkten Prozessführungsbefugnis des Zwangsverwalters[639] zweifelhaft zu sein. Kommt der Zwangsverwalter der Abrechnungspflicht nicht nach, hat der Mieter ihm gegenüber die gleichen Rechte wie gegenüber dem Vermieter, d. h., er kann im Wege des Zurückbehaltungsrechts die laufenden Vorauszahlungen einbehalten[640]. Nach Aufhebung der Zwangsverwaltung hat eine Abrechnung des Zwangsverwalters dem Eigentümer gegenüber die gleiche Wirkung, als hätte dieser sie selbst erstellt[641]. Nachzahlungsansprüche stehen bei laufender Zwangsverwaltung dem Zwangsverwalter zu[642], er hat aber auch die Erstattungsansprüche des Mieters zu erfüllen und zwar auch dann, wenn ihm die Vorauszahlungen nicht zugeflossen sind[643]. Eine Erstattungspflicht dürfte den Zwangsverwalter aber nicht treffen hinsichtlich solcher Guthaben, die vor dem Beschlagnahmezeitraum des § 1123 Abs. 2 BGB fällig geworden sind[644]. Der BGH[645] betont, dass der Mietvertrag den Zwangsverwalter mit seinem ganzen Inhalt bindet und zwar gem. § 152 Abs. 2 ZVG unabhängig vom Eintritt der Wir-

---

628 S. § 556 Rdn. 455 und BGH NZM 2003, 196.

629 Für die Abrechnungsperiode, in die der Eigentumswechsel fällt, ist allerdings ggf. ein Innenausgleich zwischen Veräußerer und Erwerber durchzuführen; s. Rdn. 112.

630 BGH NJW 2006, 2552; einschränkend BGH (VIII ZR 315/11) NJW 2012, 3508 = WuM 2012, 620 = ZMR 2013, 100.

631 BGH NJW 2005, 1499.

632 S. Rdn. 12.

633 LG Berlin WuM 2015, 735; LG Berlin NZM 2008, 571; LG Magdeburg ZMR 2011, 289; OLG Naumburg, Urteil v. 16.8.2011 (Az.: 9 U 16/11); *Schmid* GE 2012, 1599.

634 LG Berlin NZM 2008, 571; LG Magdeburg ZMR 2011, 289; OLG Naumburg, Urteil v. 16.8.2011 (Az.: 9 U 16/11).

635 Zu den weiteren Folgen der Zwangsverwaltung und zu offenen Fragen auch in Zusammenhang mit der Abrechnung von Betriebskosten s. insbesondere *Derleder* NZM 2009, 13/14, außerdem die einschlägigen Kommentierungen zu § 152 ZVG, die Erläuterungen bei Rdn. 26 und vor § 535 Rdn. 307ff. sowie *Börstinghaus* NZM 2004, 489.

636 § 1123 BGB ist gem. §§ 148 Abs. 1, 21 Abs. 2, 20 Abs. 2 ZVG anwendbar.

637 BGH NJW 2006, 2626 = WuM 2006, 403 = ZMR 2006, 601; BGH NJW 2003, 2320 = WuM 2003, 390 = ZMR 2004, 568 m. w. N. auch auf gegenteilige Meinungen; *Milger* NJW 2011, 1250; *Derleder* NZM 2009, 13/14.

638 AG Köln WuM 2013, 109; LG Potsdam WuM 2001, 289.

639 S. etwa BGH (XII ZR 181/08) NJW 2010, 3033.

640 *Milger* NJW 2011, 1250.

641 KG ZMR 2009, 911 = GE 2009, 1124.

642 Nicht nur gem. § 152 Abs. 2 ZVG sondern auch gem. § 152 Abs. 1 ZVG.

643 BGH NJW 2006, 2626 = WuM 2006, 403 = ZMR 2006, 601; OLG Hamburg NJW-RR 1990, 151; *Milger* NJW 2011, 1250. Zum Anspruch des Zwangsverwalters gegen den Schuldner auf Auskehrung nicht verbrauchter Betriebskostenvorauszahlungen s. *Heider/zur Nieden* NZM 2010, 601.

644 OLG Köln, Beschluss v. 26.7.2013 und v. 11.10.2013 (Az.: 22 U 208/12), BeckRS 2013, 19140.

645 BGH NJW 2006, 2626 = WuM 2006, 403 = ZMR 2006, 601. S. auch *Derleder* NZM 2009, 13/14 und *Milger* NJW 2011, 1250.

kungen der Beschlagnahme. Offen ist allerdings, ob die Abrechnungspflicht aus Mieterschutzgesichtspunkten, die der BGH[646] teilweise hervorhebt, auch solche Mietverhältnisse erfasst, die bereits beendet waren[647] oder jedenfalls solche, die zwar beendet waren, bei denen der Mieter zum Zeitpunkt der Beschlagnahme aber noch nicht geräumt hatte[648]. Wegen der erwähnten „unbegrenzten Zuständigkeit des Zwangsverwalters zur Abrechnung"[649] dürfte hier aber das gleiche gelten wie ohne Zwangsverwaltung (s. dazu Rdn. 110). Wurde das Objekt versteigert und die Zwangsverwaltung über den Zuschlag hinaus fortgesetzt, so gebühren dem Ersteher die vor dem Zuschlag vereinnahmten, aber bis dahin nicht verbrauchten[650] Nebenkostenvorauszahlungen, da der Ersteher als neuer Eigentümer über die zur Zeit seines Eigentumserwerbs laufende Abrechnungsperiode abzurechnen hat und den Saldo auskehren muss bzw. einfordern darf[651]. Der Zwangsverwalter kann hingegen die im laufenden Abrechnungszeitraum bis zum Zuschlag verauslagten, nicht durch Vorauszahlungen abgedeckten Betriebskosten von dem Ersteher nicht als Aufwendungsersatz analog § 670 BGB beanspruchen[652]. Bezüglich der Ansprüche des Mieters auf Rückforderung von Vorauszahlungen nach Ablauf der Abrechnungsfrist gilt Rdn. 114 entsprechend[653]. Auch der Zwangsverwalter unterliegt der Ausschlussfrist des § 556 Abs. 3 BGB. Dass seine Bestellung erst zum Ende der Abrechnungsfrist erfolgt, entschuldigt eine Fristversäumnis noch nicht[654]. Zur Prozessführungsbefugnis des Zwangsverwalters s. bei § 566a Rdn. 43. Zum zusammentreffen von Zwangsverwaltung und Insolvenzverwaltung s. sogleich.

Wenn ein Mietvertrag bei **Insolvenz des Vermieters** gem. § 108 Abs. 1 InsO mit Wirkung für **116** die Insolvenzmasse fortbesteht, ist im Jahr der Eröffnung des Insolvenzverfahrens die Abrechnung für die Zeit bis zur Verfahrenseröffnung und für die Zeit danach getrennt vorzunehmen, weil die Erstattungsansprüche des Mieters für die Zeit bis zur Eröffnung des Verfahrens einfache Insolvenzforderungen sind (§ 108 Abs. 3 InsO), für die Zeit danach dagegen Masseforderungen[655]. Die Abrechnungspflicht trifft den Insolvenzverwalter im Fall der Vertragsfortführung aber nicht nur für die bei Eröffnung laufende Abrechnungsperiode, aus der Vertragsbindung[656] des Insolvenzverwalters folgt vielmehr eine solche Pflicht auch für frühere Abrechnungsperioden[657]. Das gleiche Ergebnis ergibt sich aus dem Argument, dass der Insolvenzverwalter zur Abrechnung verpflichtet sein muss, wenn er berechtigt ist nach einer Abrechnung die Nachforderung geltend zu machen[658]. Mit einem Guthaben aus Abrechnungen für die Zeit vor der Insolvenzeröffnung, das – wie eingangs erwähnt – nur einfache Insolvenzforderung ist, kann der Mieter gegenüber Mietforderungen, die erst nach der Insolvenzeröffnung fällig wurden, nicht gem. § 95 Abs. 1 Satz 1 InsO aufrechnen[659]. Diese Grundsätze gelten auch, wenn während des Insolvenzverfahrens gleichzeitig ein Zwangsverwalter bestellt ist, der dann statt des Insolvenzverwalters abrechnen muss; die Zwangsverwaltung ändert nichts daran, dass ein Guthaben aus einer Abrechnung für die Zeit vor der Insolvenzeröffnung eine einfache Insolvenzforderung bleibt, was sich aus §§ 88, 89 InsO ergibt. In der **Insolvenz des Mieters** ist eine Betriebskostennachforderung des Vermieters aus der Zeit bis zur Eröffnung des Verfahrens einfache Insolvenzforderung, für die Zeit danach dagegen Masseforderung[660]; deshalb ist auch in der Insolvenz des Mieters eine getrennte Abrechnung für die Zeit bis zur Verfahrenseröffnung und für die Zeit danach vorzunehmen. Die Nachforderung des Vermieters aus der Zeit vor Insolvenzeröffnung bleibt auch dann (einfache) Insolvenzforderung, wenn der Vermieter erst nach der Insolvenz-

---

[646] BGH NJW 2006, 2626 = WuM 2006, 403 = ZMR 2006, 601.
[647] Eine Kautionsrückzahlungspflicht verneint der BGH in solchen Fällen (NZM 2006, 680); s. auch bei § 566a Rdn. 4.
[648] Zur Kautionsrückzahlungspflicht in diesen Fällen s. bei § 566a Rdn. 4.
[649] *Derleder* NZM 2009, 14.
[650] Im Zweifel gilt wohl ein zeitanteiliger Verteilungsmaßstab.
[651] BGH WuM 2007, 698 = NZM 2008, 100.
[652] BGH (V ZB 34/11) NZM 2012, 325.
[653] S. auch AG Berlin Charlottenburg GE 2009, 582; *Schmid* GE 2012, 1599.
[654] AG Dortmund WuM 2007, 697 mit eingehender Begründung; LG Dortmund NZM 2012, 400 m. w. N.; AG Dortmund NZM 2010, 239; *Milger* NJW 2011, 1251.
[655] BGH NZM 2007, 162; soweit in dem Urteil über Aufrechnungsmöglichkeiten gem. § 95 InsO entschieden wurde, ist es durch BGH (IX ZR 10/11) NZM 2012, 195 überholt.
[656] S. dazu auch bei § 566a Rdn. 44.
[657] *Derleder* NZM 2009, 15; zweifelnd *Wolf/Eckert/Ball* Rdn. 1522.
[658] So in dem Fall BGH NZM 2007, 162.
[659] BGH (IX ZR 10/11) NZM 2012, 195 unter Aufgabe von BGH NZM 2007, 162.
[660] *Eckert* in MünchKommInso (2. Aufl.) § 108 Rdn. 90; *Flatow* NZM 2011, 613.

eröffnung oder nach dem Wirksamwerden der **Enthaftungserklärung des Insolvenzverwalters gem. § 109 Abs. 1 Satz 2 InsO,** die erst mit dem Ablauf der dreimonatigen Kündigungsfrist des § 109 Abs. 1 Satz 1 Halbs. 2 InsO eintritt[661], abgerechnet hat[662]. Mit Wirksamkeit der Enthaftungserklärung erlangt der Mieter die Verfügungs- und Verwaltungsbefugnis über das Mietverhältnis zurück[663]. Ab diesem Zeitpunkt ist die Betriebskostenabrechnung wieder dem Mieter gegenüber zu erteilen und ihm gegenüber die Abrechnungsfrist des § 556 Abs. 3 BGB einzuhalten.

117 **f) Kündigung, Option.** Im Ansatz ist die Rechtslage bei der Kündigung einfach: Sie muss von dem jeweiligen Vermieter ausgesprochen werden bzw., wenn der Mieter kündigt, gegenüber dem jeweiligen Vermieter[664]. Das ist vor dem Eigentumsübergang der Veräußerer, nach dem Eigentumsübergang der Erwerber[665]. Gibt es mehrere Erwerber, führen sie das Mietverhältnis gemeinschaftlich fort[666] und müssen dementsprechend auch gemeinschaftlich kündigen[667]. Das gilt nicht, wenn das aus mehreren rechtlich selbständigen Teilflächen (etwa verschiedene Grundstücke oder mehrere Wohnungseigentumseinheiten) bestehende, einheitlich vermietete (!) Mietobjekt ganz oder teilweise zwangsversteigert wird; wegen der Besonderheiten der Zwangsversteigerung darf jeder Ersteher das Sonderkündigungsrecht nach § 57a ZVG für die von ihm ersteigerte Teilfläche eigenständig ausüben[668]. Vor dem Eigentumsübergang kann der Erwerber nur mit Ermächtigung des Veräußerers bzw. mit seiner Vollmacht kündigen (s. dazu Rdn. 46). Hat er eine solche Ermächtigung bzw. Vollmacht nicht, so ist die **Kündigung** unwirksam[669], sie wird auch nicht durch die spätere Eigentumsumschreibung geheilt[670]. Versendet der (nicht hierzu ermächtigte) Erwerber die Kündigung vor dem Eigentumsübergang an den Mieter und geht sie diesem erst nach Eigentumsübergang zu, so ist die Kündigung wirksam, da es für die Beurteilung der Verfügungsbefugnis auf den Zeitpunkt des Wirksamwerdens der Erklärung (das ist gem. § 130 Abs. 1 Satz 1 BGB der Zugang) ankommt[671]. Eine trotz Ermächtigung des Erwerbers vom Veräußerer noch selbst vor dem Eigentumsübergang ausgesprochene Kündigung ist nicht ohne Weiteres wegen Treu und Glauben unwirksam[672]; Ermächtigung bedeutet – genauso wie Vollmachtserteilung – nämlich nicht, dass sich der ermächtigende Vermieter seiner Rechte gegenüber dem Mieter (anders ggf. gegenüber dem Erwerber als Ermächtigtem) begeben will, so dass ein widersprüchliches Verhalten nicht vorliegt[673]. Kündigt der Mieter gegenüber dem „falschen" Vermieter oder übt er diesem gegenüber eine (Verlängerungs-)**Option** aus, weil er den Eigentumsübergang nicht kennt oder er durch den Veräußerer bzw. den Erwerber falsch informiert wurde (wenn etwa schon der Kauf oder der Nutzen- und Lastenübergang als Eigentumsübergang bezeichnet wird), so ist die Kündigung/Option in entsprechender Anwendung des **§ 407 BGB** bzw. des § 409 BGB wirksam[674], wenn die Voraussetzungen dieser Vorschriften erfüllt sind. §§ 407, 409 BGB sind nur auf die Kündigungserklärung (und andere rechtserhebliche Erklärungen wie etwa die Enthaftungserklärung gem. § 109 Abs. 1 Satz 2 InsO[675]) entsprechend anwendbar, nicht aber auf die Entrichtung der Miete; s. näher bei

---

661 BGH (VIII ZR 327/11) NJW 2012, 2270 = WuM 2012, 440 Rdn. 33; BGH (IX ZR 29/11) NJW 2012, 1881 = WuM 2012, 325 = ZMR 2012, 539.

662 BGH (VIII ZR 295/10) WuM 2011, 282 = NZM 2011, 404 = ZMR 2012, 11.

663 BGH (VIII ZR 107/13) NJW 2014, 1954 = WuM 2014, 333; BGH (IX ZR 136/13) NJW 2014, 2585.

664 *Börstinghaus* NZM 2004, 488.

665 BGH (V ZR 276/11) WuM 2012, 314 = ZMR 2012, 692 Rdn. 16.

666 S. Rdn. 75.

667 BGH (V ZR 276/11) WuM 2012, 314 = ZMR 2012, 692 Rdn. 17; BGH (XII ZR 113/12) WuM 2013, 752; KG NZM 2012, 304.

668 BGH (XII ZR 113/12) WuM 2013, 752; KG NZM 2012, 304. S. aber auch BGH (XII ZR 34/12) NJW 2013, 3232 = ZMR 2013, 614 und dazu bei § 564 Rdn. 21.

669 LG Münster WuM 1991, 105; LG Ellwangen WuM 1991, 489; *Gather* DWW 2006, 316; *Börstinghaus* NZM 2004, 488.

670 OLG Hamm NJW-RR 1993, 273; *Lammel,* Wohnraummietrecht, § 566 Rdn. 77.

671 BGH NJW 1958, 1286; BGH (XI ZR 85/04) NJW 2006, 294. Soweit *Börstinghaus* NZM 2004, 486 für ein Mieterhöhungsverlangen auf die Abgabe der Erklärung abstellt, ist hiermit wohl der Gesamtakt der Willenserklärung (einschließlich Zugang) gemeint.

672 *Schlimme* jurisPR-MietR 20/2009 Anm. 4. **A. A.** LG Berlin GE 2009, 657.

673 LG Berlin GE 2010, 1743. **A. A.** LG Berlin GE 2009, 657.

674 BGH (IX ZR 29/11) NJW 2012, 1881 = WuM 2012, 325 = ZMR 2012, 539 (zur Kündigung bzw. die dieser gleichgestellten Enthaftungserklärung gem. § 109 Abs. 1 Satz 2 InsO); BGH NZM 2002, 291 = NJW-RR 2002, 730 (zur Optionsausübung); *Emmerich* in Staudinger § 566 Rdn. 44 m. w. N; *Wolf/Eckert/Ball* Rdn. 1414 und 1418. S. auch bei § 566e Rdn. 18.

675 BGH (IX ZR 29/11) NJW 2012, 1881 = WuM 2012, 325 = ZMR 2012, 539.

§ 566e Rdn. 20 und 21ff. Dem Mieter „schadet" gem. § 407 BGB nur Kenntnis des Eigentumsübergangs, so dass die Information an ihn über das schuldrechtliche Rechtsgeschäft oder den wirtschaftlichen Lastenübergang nicht ausreicht[676], wohl aber ein (kopierter) Grundbuchauszug[677] (s. auch § 566e BGB); Ermittlungspflichten treffen den Mieter nicht[678]. Wenn man §§ 407, 409 BGB auf die Kündigung entsprechend anwendet, dann muss dies konsequenterweise auch bei § 410 BGB geschehen mit der Folge, dass der Mieter eine Kündigung des Erwerbers (unverzüglich) gem. § 410 Abs. 1 S. 2 BGB zurückweisen darf, wenn der Erwerber nicht einen Grundbuchauszug (oder im Falle des § 57 ZVG einen Zuschlagsbeschluss) vorlegt oder der Mieter vorher durch den Veräußerer informiert wurde; außerdem hat der Mieter einen Zahlungsverzug gegenüber dem Erwerber wegen des Leistungsverweigerungsrechts gem. § 410 Abs. 1 S. 1 BGB nicht zu vertreten und der Erwerber kann ihm nicht kündigen, wenn er sich auf das Fehlen der Urkunde und damit auf sein Leistungsverweigerungsrecht[679] berufen hat[680]. Ein **Sonderkündigungsrecht** gem. § 1056 Abs. 2 BGB geht nicht auf einen Erwerber über, der erst nach Beendigung des Nießbrauchs Eigentümer wird[681]; s. näher zum Sonderkündigungsrecht nach Beendigung des Nießbrauchs bei § 567 Rdn. 21. In der Insolvenz des Mieters erlangt dieser mit Wirksamkeit der **Enthaftungserklärung gem. § 109 Abs. 1 Satz 2 InsO,** die erst mit dem Ablauf der dreimonatigen Kündigungsfrist des § 109 Abs. 1 Satz 1 Halbs. 2 InsO eintritt[682], die Verfügungs- und Verwaltungsbefugnis über das Mietverhältnis zurück[683]. Ab diesem Zeitpunkt ist die Kündigung wieder dem Mieter gegenüber auszusprechen[684] bzw. von diesem zu erklären;; bis dahin ist der Insolvenzverwalter der richtige Kündigungsgegner.

Wird durch die Kündigung des Veräußerers oder des Mieters das Mietverhältnis (ggf. nach Ab- **118**
lauf einer Kündigungsfrist) noch vor dem Eigentumsübergang beendet oder schließen Veräußerer und Mieter einen Aufhebungsvertrag, so tritt der Erwerber in das **Abwicklungsschuldverhältnis** ein; ihm steht nach dem Eigentumsübergang der Räumungsanspruch (§ 546 BGB) und der Anspruch auf Nutzungsentschädigung (§ 546a BGB) sowie ein evtl. Anspruch auf Schadensersatz wegen Räumungsverzugs zu[685]. Läuft nach einer Kündigung die Kündigungsfrist erst nach der Eigentumsumschreibung ab, so tritt der Erwerber in das noch fortbestehende, aber durch die Kündigung umgestaltete Mietverhältnis ein[686].

Schwierigkeiten bereitet der h. M.[687] zur Dogmatik des Rechtsübergangs bei § 566 BGB, die **119**
eine Novation anstatt einer Rechtsnachfolge annimmt, die Behandlung solcher Fälle, bei denen sich die Kündigungslage schon ganz oder teilweise zur Vermieterzeit des Veräußerers entwickelt hat, bei denen dann aber erst der Erwerber kündigen will. Da diese h. M. mit dem Eigentumsübergang von dem Entstehen eines neuen Mietvertrages ausgeht, wirken bereits entstandene Kündigungsgründe eigentlich nicht fort[688]. Zwar hat das neue Mietverhältnis denselben Inhalt, den es vor dem Eigentumsübergang hatte; das bloße Vorliegen von Kündigungsgründen gestaltet den Vertrag aber noch nicht um, so dass die Kündigungsgründe nicht Vertragsinhalt waren. Trotz dieser dogmatischen Schwierigkeiten wird – allerdings ohne nähere Problematisierung – einhellig angenommen, dass jedenfalls gewisse Elemente von Kündigungstatbeständen, nämlich diejenigen, die von der Person des Vermieters unabhängig sind, nach dem Eigentumsübergang zu Gunsten bzw. zu Lasten des Erwerbers fortwirken, die auf die Person des Vermieters bezogenen hingegen

---

676 BGH (IX ZR 29/11) NJW 2012, 1881 = WuM 2012, 325 = ZMR 2012, 539.
677 AG Bremen ZMR 2013, 808.
678 BGH (IX ZR 29/11) NJW 2012, 1881 = WuM 2012, 325 = ZMR 2012, 539.
679 Zu den Besonderheiten dieses Leistungsverweigerungsrechts s. BGH (LwZR 6/05) NJW 2007, 1269; BGH NJW 1969, 1110.
680 Im Ergebnis ebenso, aber ohne Erwähnung von § 410 BGB AG Gelsenkirchen WuM 2012, 204 = ZMR 2012, 359.
681 BGH NZM 2010, 474; s. auch bei § 567 Rdn. 21.
682 BGH (VIII ZR 327/11) NJW 2012, 2270 = WuM 2012, 440 Rdn. 33; BGH (IX ZR 29/11) NJW 2012, 1881 = WuM 2012, 325 = ZMR 2012, 539.
683 BGH (VIII ZR 107/13) NJW 2014, 1954 = WuM 2014, 333; BGH (IX ZR 136/13) NJW 2014, 2585.
684 BGH (VIII ZR 107/13) NJW 2014, 1954 = WuM 2014, 333.
685 Einzelheiten bei Rdn. 51, dort auch zur Rückerstattung einer Kaution. Zur Abrechnung der Betriebskosten in diesen Fällen s. Rdn. 111.
686 *Emmerich* in Staudinger § 566 Rdn. 46.
687 Nachweise bei Rdn. 10.
688 *Emmerich* in Staudinger § 566 Rdn. 47; *Lammel,* Wohnraummietrecht, § 566 Rdn. 79; *Börstinghaus* NZM 2004, 488. Das LG München I WuM 1989, 180 hat deshalb eine Kündigung abgelehnt, die darauf gestützt wurde, dass der Mieter den Erwerber vor Eigentumsübergang beleidigt hat.

nicht[689]. Wenn man mit der hier vertretenen Ansicht den Eintritt des Erwerbers als Rechtsnachfolge ansieht, entfallen die dogmatischen Erklärungsdefizite, weil der Erwerber (vorbehaltlich der Zäsurwirkung) umfassend in die Rechtsstellung des Veräußerers eintritt[690]. Diese Zäsurwirkung drückt sich bei einer Kündigung ohne Weiteres dadurch aus, dass bei der Prüfung der Kündigungsvoraussetzungen auf den Zeitpunkt des Zugangs der Kündigung abgestellt werden muss[691]. Zu diesem Zeitpunkt ist bei **gestreckten Kündigungslagen** nicht mehr der Veräußerer, sondern bereits der Erwerber Vermieter, so dass es bei personenbezogenen Kündigungsgründen darauf ankommt, ob diese in Bezug auf die Person des Erwerbers verwirklicht sind[692]. Objektbezogene Kündigungsgründe wirken hingegen ohne weiteres zu Gunsten und zu Lasten des Erwerbers fort[693].

120 Wenn für eine Kündigungslage eine Fortwirkung über den Eigentumsübergang hinaus anzunehmen ist, dann gilt das auch für evtl. vom Veräußerer ausgesprochene **Abmahnungen** gem. § 543 Abs. 3 BGB[694]. Die dreißigjährige Frist des § 544 BGB beginnt nicht mit dem Eigentumsübergang neu zu laufen, es ist vielmehr auf den Zeitpunkt der Überlassung durch den Veräußerer abzustellen[695]. Ebenso berechnen sich die **gestaffelten Kündigungsfristen** des § 573c Abs. 1 Satz 2 BGB ab dem Zeitpunkt der Überlassung der Mietsache an den Mieter und werden durch den Eigentumswechsel nicht berührt[696].

121 Objektbezogene Kündigungsgründe, die fortwirken, sind zum **Beispiel** Verstöße gegen die Gebrauchsgewährungspflicht (insbesondere Mängel) durch den Vermieter bzw. Gebrauchsüberschreitungen oder Beschädigungen durch den Mieter. Personengebundene Kündigungsgründe sind solche, die die Persönlichkeit der Vertragsparteien betreffen. Hier ist zu prüfen, ob die Vertragsverletzungen, die sich in der Vergangenheit in Bezug auf den Veräußerer verwirklicht haben, nach dem Eigentumsübergang und im Zeitpunkt der Kündigungserklärung noch den Erwerber betreffen. Ein Beispiel mag das verdeutlichen: Ein Mieter hatte den Veräußerer in der Vergangenheit trotz Abmahnungen wiederholt beleidigt. Waren die Beleidigungen auf Streitigkeiten beider an dem gemeinsamen Arbeitsplatz zurückzuführen, ist nach dem Eigentumswechsel eine Wiederholung nicht zu befürchten, die Vertragsfortsetzung erscheint zumutbar; anders hingegen, wenn es aufgrund des Charakters des Mieters und der Art der Beleidigungen nahe liegt, dass sie unabhängig von der Person des konkreten Vermieters auch in Zukunft zu befürchten sind. Auch das Sonderkündigungsrecht nach § 540 BGB ist personenbezogen, nämlich auf den Vermieter, der die Genehmigung zur Untermiete verweigert. Hier ist dem Mieter in der Regel zuzumuten, den Erwerber um eine erneute Entscheidung zu bitten[697]; anders mag das sein, wenn ein solches Zuwarten den Mieter über Gebühr belastet. Eine Verwertungskündigung gem. § 573 Abs. 2 Nr. 3 BGB kann sowohl aus objekt- als auch aus personenbezogenen Gründen erfolgen; bei letzteren ist in dem oben genannten Sinn zu prüfen, ob sie in Bezug auf die Person des Erwerbers zutreffen[698].

122 Schwierigkeiten bereitet die Einordnung von **Zahlungsrückständen.** Die wohl h. M. ist der Ansicht, dass dem Erwerber kein außerordentliches Kündigungsrecht gem. §§ 543, 569 BGB zusteht, wenn der zur Kündigung berechtigende Zahlungsrückstand sich bereits vollständig vor dem Eigentumsübergang verwirklicht hat; lediglich ein Teilrückstand wirke fort und könne zur Kündigung berechtigen, wenn sich nach dem Eigentumsübergang weitere Rückstände ergäben[699] oder wenn der Rückstand an den Erwerber abgetreten sei[700]. Diese h. M. sieht die Zahlungspflicht wohl als personenbezogen an. Das ist im Ausgangspunkt zwar richtig, weil der Erwerber durch den vor dem Eigentumsübergang verwirklichten Rückstand in seinem Vermögen nicht beeinträchtigt wird. Eine Kündigung wegen Zahlungsrückstands wird in der Regel aber deshalb ausgesprochen, weil der Mieter sich als zahlungsunfähig oder zahlungsunwillig erwiesen hat und weil der Vermieter davon ausgeht, er werde dieses Verhalten in Zukunft fortsetzen. Stände diese Befürch-

---

[689] *Häublein* in MünchKomm § 566 Rdn. 35; *Börstinghaus* NZM 2004, 488; *Derleder* NJW 2008, 1191.
[690] So auch *Emmerich* in DMT-Bilanz 2011 S. 725 und *Gsell* WuM 2012, 412.
[691] *Emmerich* in Staudinger § 566 Rdn. 45.
[692] So auch *Gsell* WuM 2012, 412. **A. A.** LG München I WuM 1989, 180, das eine Kündigung abgelehnt hat, die darauf gestützt wurde, dass der Mieter den Erwerber vor Eigentumsübergang beleidigt hat.
[693] So auch *Gsell* WuM 2012, 412.
[694] *Emmerich* in DMT-Bilanz 2011 S. 725.
[695] OLG Karlsruhe ZMR 2008, 533 = WuM 2008, 552 = DWW 2008, 178.
[696] BGH (XII ZR 163/12) NJW 2014, 3775 = WuM 2014, 733 Rdn. 17.
[697] *Wolf/Eckert/Ball* Rdn. 1420.
[698] Ähnlich *Börstinghaus* NZM 2004, 488 und *Gsell* WuM 2012, 413.
[699] *Emmerich* in Staudinger § 566 Rdn. 47 m. w. N.; *Börstinghaus* NZM 2004, 488; *Wolf/Eckert/Ball* Rdn. 1417.
[700] Derleder NJW 2008, 1191; AG Bremen ZMR 2013, 808.

tung nicht im Raum, würde er nicht kündigen, sondern lediglich auf Zahlung klagen. Aus diesem Grund müssen deshalb Zahlungsverzugslagen zugunsten des Erwerbers fortwirken[701]. Zum Schutz des Mieters, der von dem Eigentumsübergang keine Kenntnis hat, s. § 566e Rdn. 24.

Eine **Eigenbedarfskündigung** gem. § 573 Abs. 2 Nr. 2 BGB ist in der Regel in noch stärkerer Weise personenbezogen als eine außerordentliche Kündigung (oder eine ordentliche Kündigung wegen Pflichtverletzung). Das ist in der vom BGH[702] angenommenen Pflicht des Vermieters begründet, dem Mieter bis zum Ende der Kündigungsfrist den Wegfall des Kündigungsgrundes mitzuteilen und ihm anzubieten, die Kündigungsfolgen rückgängig zu machen. Während eine vom Veräußerer wirksam ausgesprochene außerordentliche Kündigung das Mietverhältnis endgültig beendet, muss es der Erwerber bei einer Eigenbedarfskündigung im Ergebnis weiterführen, wenn die Eigentumsumschreibung während des Laufs der Kündigungsfrist erfolgt[703]. Der Zeitpunkt der Eigentumsumschreibung hängt allerdings oft von Zufälligkeiten ab und meist dürfte der Abschluss des notariellen Kaufvertrages bzw. die Verkaufsabsicht schon bei Ausspruch der Eigenbedarfskündigung vorgelegen haben. Das gibt dann Anlass, die Berechtigung des Eigenbedarfs sorgfältig zu hinterfragen und zu prüfen. Hat der Veräußerer allerdings zu Gunsten eines privilegierten Angehörigen gekündigt und ist dieser Angehörige der Erwerber oder hat der Veräußerer sich etwa ein Wohnrecht vorbehalten, dann wirkt die Eigenbedarfskündigung fort – nach Umwandlung in Wohnungseigentum auch ohne Einhaltung der Sperrfrist des § 577a BGB[704]. Zugunsten des Erwerbers oder dessen Angehöriger kann der Veräußerer allerdings nicht kündigen; der Erwerber muss vielmehr die Eigentumsumschreibung abwarten und dann selbst kündigen[705]. Auch eine dem Erwerber vom Veräußerer erteilte Ermächtigung reicht nicht aus, da sie den Erwerber nur zu einer Kündigung zugunsten des Veräußerers ermächtigen könnte[706]. Eine GbR kann – unter Beachtung der Beschränkungen des § 577a Abs. 1a BGB – auch wegen eines Eigenbedarfs kündigen, der in der Person eines ihrer Gesellschafter oder deren Angehörigen besteht[707] und zwar auch dann, wenn die BGB-Gesellschaft durch Veräußerung gemäß § 566 Abs. 1 BGB in den Mietvertrag eingetreten ist[708]. Es kommt nicht darauf an, dass der Gesellschafter, in dessen Person der Eigenbedarf besteht, schon zu Beginn des Mietverhältnisses Mitglied der GbR war[709]. Wurde – vor Inkrafttreten des § 577a Abs. 1a BGB – eine GbR unter Bildung von Wohnungseigentum und Eintragung der einzelnen Gesellschafter als Eigentümer der jeweils zugewiesenen Wohnungen auseinandergesetzt, löste die Übertragung des Wohnungseigentums auf die Gesellschafter die Kündigungssperrfrist des § 577a Abs. 1 BGB nicht aus, weil die Eigenbedarfslage nicht erst durch die Umwandlung in Wohnungseigentum und eine anschließende Veräußerung begründet wurde, sondern bereits vorher bestand und deshalb eine Kündigung wegen Eigenbedarfs für einen Gesellschafter schon vor der Umwandlung hätte erfolgen können[710]. Die Kündigungssperrfrist nach Umwandlung in Wohnungseigentum (§ 577a Abs. 1 BGB) beginnt mit der erstmaligen Veräußerung; weitere Veräußerungen innerhalb der Sperrfrist lassen die Frist nicht neu beginnen, der Erwerber tritt vielmehr in die bereits teilweise abgelaufene Frist ein[711]. 123

Vereinbarungen über besondere Kündigungsgründe oder **Kündigungsbeschränkungen** etwa ein Kündigungsausschluss für eine bestimmte Zeit[712], den Verzicht auf eine Eigenbedarfskündigung[713] oder die Erhöhung der Anforderungen an ein berechtigtes Interesse gem. § 573 Abs. 2 124

---

[701] Ebenso *Gsell* WuM 2012, 414.

[702] BGH NJW 2006, 220; BGH NJW 2003, 2604; BGH NJW 2007, 2845; BGH WuM 2008, 497; näher dazu *Häublein* in MünchKomm § 573 Rdn. 74 und kritisch *Timme* NZM 2006, 249.

[703] Ebenso *Gsell* WuM 2012, 412/413.

[704] LG Itzehoe ZMR 2014, 287; OLG Hamm NJW-RR 1992, 1164 = WuM 1992, 460; *Emmerich* in Staudinger § 566 Rdn. 46.

[705] AG Ahrensburg ZMR 2013, 445.

[706] AG Ahrensburg ZMR 2013, 445; *Börstinghaus* NZM 2004, 488.

[707] BGH (VIII ZR 232/15) NJW 2017, 547 = WuM 2017, 94.

[708] BGH NJW 2009, 2738 = WuM 2009, 519; BGH (VIII ZR 74/11) NZM 2012, 150 = WuM 2012, 31 = ZMR 2012, 264.

[709] BGH (VIII ZR 74/11) NZM 2012, 150 = WuM 2012, 31 = ZMR 2012, 264 entgegen BGH NJW 2007, 2845 (mit kritischer Anmerkung von *Häublein*) = WuM 2007, 515 = ZMR 2007, 772.

[710] BGH (VIII ZR 74/11) NZM 2012, 150 = WuM 2012, 31 = ZMR 2012, 264.

[711] BayObLG WuM 1982, 46.

[712] *Blank/Börstinghaus* § 566 Rdn. 68.

[713] AG Bremen WuM 2015, 171; AG München WuM 1996, 38; *Börstinghaus* NZM 2004, 484.

BGB[714] – binden den Erwerber[715]. Das gilt auch für den oftmals vereinbarten, genossenschaftlich bedingten und geprägten Ausschluss der ordentlichen Kündigung bei **Genossenschaftswohnungen**[716] einschließlich des damit verbundenen Ausschlusses der Eigenbedarfskündigung[717].

125 **g) Anfechtung.** Wenn man mit dem BGH der Meinung ist, durch den Eigentumsübergang entstehe in der Person des Erwerbers mit dem Mieter ein neues Mietverhältnis[718], so wäre eine Anfechtung des Mietvertrages nach dem Eigentumsübergang[719] aus vor dem Eigentumsübergang entstandenen Gründen an sich nicht möglich. Zwar entsteht das neue Mietverhältnis mit demselben Inhalt, den es vor dem Eigentumsübergang hatte; das bloße Vorliegen von Anfechtungsgründen gestaltet den Vertrag aber noch nicht um, so dass die Anfechtungsgründe nicht Vertragsinhalt waren. Dennoch wird – ähnlich wie bei dem Vorliegen von Kündigungsgründen – die Möglichkeit des Übergangs des Anfechtungsrechts[720] für notwendig gehalten und mit unterschiedlichen Ergebnissen bejaht[721]: Während wohl noch Einigkeit darüber besteht, dass jedenfalls der Veräußerer sein Anfechtungsrecht verliert, ist dann aber schon streitig, ob der Erwerber anfechten oder nur außerordentlich kündigen kann; der Mieter hingegen soll sein Anfechtungsrecht behalten, unklar ist aber, ob er es gegenüber dem Veräußerer oder dem Erwerber oder beiden gegenüber ausüben muss.

126 Diese Unklarheiten kann man weitgehend vermeiden[722], wenn man mit der hier vertretenen Meinung den Rechtsübergang gem. § 566 BGB als Rechtsnachfolge im Wege der gesetzlichen Vertragsübernahme[723] ansieht. Dann nämlich geht – wie bei der vertraglichen Vertragsübernahme – auch die „Anfechtungslage" auf den Erwerber über mit der Folge, dass der Mieter gegenüber dem Erwerber bzw. umgekehrt der Erwerber gegenüber dem Mieter anfechten muss und der Veräußerer sein Anfechtungsrecht – mit einer noch zu erwähnenden Ausnahme – verliert[724]. Auf den Lauf von Anfechtungsfristen hat der Eigentumswechsel keinen Einfluss[725]. Zum Schutz des Mieters, wenn dieser in Unkenntnis des Eigentumsübergangs oder in dessen unberechtigter Annahme gegenüber dem „falschen" Vermieter anficht, s. bei § 566e Rdn. 20. Trotz bestehender Anfechtungslage können sowohl Erwerber als auch Mieter in ihrem Anfechtungsrecht beschränkt sein. Es ist bei Dauerschuldverhältnissen anerkannt, dass eine Anfechtung nach Treu und Glauben ausscheidet, wenn der Anfechtungsgrund im Laufe der Vertragsdurchführung weggefallen ist[726]. Auf den Vertragsübergang nach § 566 BGB übertragen bedeutet das, dass – sofern nicht ohnehin die Anfechtungsfristen abgelaufen sind – nur noch aus Gründen angefochten werden kann, die nach Vertrags-

---

[714] BGH (VIII ZR 57/13) NZM 2013, 824 = WuM 2013, 739.

[715] BGH (VIII ZR 57/13) NZM 2013, 824 = WuM 2013, 739.

[716] Grundlegend OLG Karlsruhe NJW-RR 1986, 89 = WuM 1985, 77 = ZMR 1985, 123. AG Bremen WuM 2015, 171; LG Frankenthal, Urteil v. 27.7.2005 (Az.: 2 S 119/05; der BGH hat mit Beschluss v. 10.1.2006 [Az.: VIII ZR 15/05] Prozesskostenhilfe für eine Revision gegen dieses Urteil versagt). Ferner BGH (VIII ZR 250/11) WuM 2012, 294; dieser Beschluss des BGH gem. § 552a ZPO ist allerdings nicht aus sich heraus verständlich (so auch *Drasdo* NZM 2012, 598), die ihm hier zugemessene Aussage ergibt sich nur aus Rdn. 3 durch Billigung der landgerichtlichen Entscheidung LG Freiburg GE 2012, 953. S. weitergehend auch *Drasdo* NZM 2012, 597/598.

[717] Einzelheiten bei OLG Karlsruhe NJW-RR 1986, 89 = WuM 1985, 77 = ZMR 1985, 123; AG Bremen WuM 2015, 171.

[718] Nachweise bei Rdn. 10.

[719] Zur Anfechtung vor dem Eigentumsübergang s. Rdn. 49.

[720] Der BGH bejaht die Möglichkeit der Anfechtung von Mietverträgen wegen arglistiger Täuschung gem. § 123 BGB mit ex-tunc Wirkung, vgl. BGH NJW 2009, 1266 = ZMR 2009, 103. Der BGH hat nicht über die Zulässigkeit einer Anfechtung wegen Eigenschaftsirrtums gem. § 119 Abs. 2 BGB entschieden, die aber ebenfalls zu bejahen sein dürfte (*Rolfs/Schlüter* LMK 2008, 271832; s. näher auch *Emmerich* NZM 1998, 695; *Fischer* WuM 2006, 3; *Dötsch* NZM 2011, 457.

[721] S. OLG Hamburg, Urteil v. 17.8.2012 (Az.: 4 U 8/12) m. w. N. sowie beispielsweise *Emmerich* in Staudinger § 566 Rdn. 42/43; *Häublein* in MünchKomm § 566 Rdn. 36; *Emmerich* NZM 1998, 696/697; *Dötsch* ZMR 2011, 261.

[722] Ebenso im Ansatz *Emmerich* in DMT-Bilanz 2011 S. 724, aber mit teilweise anderen Ergebnissen.

[723] Einzelheiten dazu bei Rdn. 12.

[724] **A. A.** *Emmerich* in DMT-Bilanz 2011 S. 724 (ähnlich *Emmerich* in Staudinger § 566 Rdn. 43), der bei gleicher dogmatischer Ausgangslage (Rechtsnachfolge) nur ein Anfechtungsrecht des Veräußerers mit Zustimmung des Erwerbers annimmt. Ebenfalls für ein gemeinsames Anfechtungsrecht von Erwerber und Veräußerer OLG Hamburg, Urteil v. 17.8.2012 (Az.: 4 U 8/12). Im Ergebnis für eine Anfechtung durch den bzw. gegenüber dem Erwerber auch *Häublein* in MünchKomm § 566 Rdn. 36.

[725] *Rieble* in Staudinger (2005) § 414 Rdn. 128f.

[726] *Kramer* in MünchKomm (5. Aufl.) § 119 Rdn. 142; *Dötsch* ZMR 2011, 262.

übergang in der Person von Mieter bzw. Erwerber Bedeutung haben[727]. Ähnlich wie die Kündigungslage (s. Rdn. 119/120) muss die Anfechtungslage also über den Eigentumsübergang hinaus fortbestehen. Beweispflichtig für den Wegfall der Anfechtungslage ist wegen des Ausnahmecharakters des § 242 BGB derjenige, der sich darauf beruft[728]. Anders als bei der Kündigung vernichtet die Anfechtung den Vertrag aber nicht ex nunc, sondern ex tunc, was grundsätzlich bedeutet, rückwirkend bezogen auf den Vertragsschluss. Allerdings ist auch hier wieder die Zäsurwirkung des § 566 BGB zu beachten. Der Veräußerer ist berechtigt und verpflichtet für die Zeit vor Eigentumsübergang und diese Rechte und Pflichten können ihm nicht durch eine Anfechtung des Erwerbers nach Eigentumsübergang genommen werden. Die Anfechtung, die nach einem Vertragsübergang gem. § 566 BGB erklärt wird, wirkt deshalb – anders als bei einem gewillkürten Vertragsübergang[729], bei dem es die Zäsurwirkung nicht gibt – nur auf den Zeitpunkt des Eigentumsübergangs zurück, nicht aber auf die Vertragszeit des Veräußerers bzw. dessen Vertragsschluss[730]. Auch wenn der Veräußerer – wie dargestellt – wegen der Rechtsnachfolge grundsätzlich kein Anfechtungsrecht mehr hat, kann er doch noch ein berechtigtes Interesse an der rückwirkenden Vernichtung des von ihm geschlossenen Vertrages haben. Er haftet dem Mieter nämlich nach §§ 566 Abs. 2, 566a Satz 2 BGB unter Umständen fort. Ihm ist deshalb ein beschränktes Anfechtungsrecht dahingehend zuzubilligen, dass er diese Haftung (und nur diese, nicht den gesamten Vertrag) beseitigen kann; das vor dem Eigentumsübergang in seiner Person entstandene Anfechtungsrecht besteht in diesem eingeschränkten Umfang fort, im Übrigen geht es entsprechend dem oben Gesagten auf den Erwerber über.

h) Vereinbarungen über das Vertragsende. Haben der Veräußerer und der Mieter in dem Mietvertrag (oder auch später in Abänderung des ursprünglichen Mietvertrages) Abreden über die Art der Vertragsbeendigung, besondere Kündigungsgründe oder Kündigungsbeschränkungen[731], den Verzicht auf die Geltendmachung von Eigenbedarf[732], über Vormietrechte[733] (s. aber auch Rdn. 97), Vertragslaufzeiten bzw. Befristungen[734], Verkürzungen[735], Verlängerungen, Verlängerungsoptionen, Nachfolgerklauseln über das Recht zur Benennung eines Mietnachfolgers[736], Aufwendungsersatz[737], Entschädigungsklauseln etc. getroffen, so bindet dies – vorbehaltlich der Wirksamkeit solcher Vereinbarungen insbesondere bei Wohnraummietverhältnissen – den Erwerber. Auch an Mietaufhebungsverträge ist der Erwerber gebunden[738]. Die Eintrittswirkungen richten sich danach, ob der Vertrag gemäß dieser Vereinbarung bei Eigentumsübergang schon beendet war oder nicht. Werden in solchen Mietaufhebungsverträgen Vereinbarungen über die Pflicht zur Mietzahlung getroffen, so sind §§ 566b und 566c BGB zu beachten. Lässt sich der Mieter für die Abkürzung des Mietverhältnisses entschädigen, so geht die Pflicht zur Leistung dieser Entschädigung in der Regel nicht auf den Erwerber über; es sind aber Fallgestaltungen möglich, in denen eine solche Abfindungsvereinbarung als mietvertraglich im Rdn. 88 dargestellten Sinn zu qualifizieren ist[739]. 127

i) Gebrauchsgewährung und Mängelbeseitigung. Die Pflicht des Vermieters zur Gebrauchsgewährung gem. § 535 Abs. 1 BGB und die Pflicht des Mieters gem. § 541 BGB, einen vertragswidrigen Gebrauch zu unterlassen sind **Dauerverpflichtungen,** die nach dem Eigentumsübergang (nur noch) den Erwerber treffen bzw. deren Erfüllung nach dem Eigentumsübergang (nur noch) der Erwerber verlangen kann[740]. Zur Gebrauchsgewährungspflicht gehört insbesondere die Erhaltungspflicht und die daraus folgende Pflicht zur Mängelbeseitigung. Wegen des Charakters 128

[727] Ähnlich *Häublein* in MünchKomm § 566 Rdn. 36.
[728] *Dötsch* ZMR 2011, 262.
[729] S. *Rieble* in Staudinger (2005) § 414 Rdn. 130.
[730] *Dötsch* ZMR 2011, 262. Ähnlich auch *Häublein* in MünchKomm § 566 Rdn. 36.
[731] LG Hagen NJW 1960, 1468 zum Kündigungsausschluss einer Genossenschaftswohnung für die Zeit der Mitgliedschaft in der Genossenschaft; *Emmerich* in Staudinger § 566 Rdn. 56.
[732] AG München WuM 1996, 38; *Börstinghaus* NZM 2004, 484.
[733] BGH NJW 1971, 422.
[734] *Börstinghaus* NZM 2004, 484.
[735] BGH MDR 1961, 930 = BB 1961, 881.
[736] *Emmerich* in Staudinger § 566 Rdn. 56 unter Berufung auf BGH NJW 1967, 2258, wo diese Frage allerdings ausdrücklich offen gelassen wird.
[737] Einzelheiten bei Rdn. 136.
[738] *Blank/Börstinghaus* § 566 Rdn. 15.
[739] BGH MDR 1961, 930 = BB 1961, 881.
[740] BGH WuM 2006, 435 = NZM 2006, 696 = ZMR 2006, 761; *Lehmann-Richter* NJW 2008, 1197.

als Dauerverpflichtung spielt es keine Rolle, ob der Mangel schon vor dem Eigentumswechsel vorgelegen hat und vom Veräußerer hätte beseitigt werden müssen[741]. Auch an Zusagen des Veräußerers zur Mängelbeseitigung ist der Erwerber gebunden[742]. Eine Mängelanzeige gem. § 536c BGB wirkt gegenüber dem Erwerber fort[743]; bei Zweifeln des Mieters über den Eigentumsübergang kann wohl verlangt werden, den Mangel sowohl gegenüber dem alten und als auch dem neuen Eigentümer anzuzeigen[744]. Zu Aufwendungs- und Schadensersatzansprüchen, die auf der Mangelhaftigkeit des Mietobjektes beruhen, s. Rdn. 132.

129 **j) Schönheitsreparaturen.** Wenn das Mietobjekt während der Mietzeit renovierungsbedürftig wird oder wenn es am Ende des Mietverhältnisses renovierungsbedürftig ist, immer also, wenn Schönheitsreparaturen durchzuführen sind, dann liegt ein Mangel vor. Trifft den Vermieter die Pflicht zur Vornahme von Schönheitsreparaturen, so stellt dies eine Mängelbeseitigungsmaßnahme dar, die – wie vorstehend ausgeführt – als **Dauerverpflichtung** auf den Erwerber übergeht[745]. Dieser Charakter als Dauerverpflichtung ändert sich nicht, wenn die Dekorationspflicht auf den Mieter übertragen wurde, d. h., nach dem Eigentumsübergang kann der Erwerber deren Erfüllung fordern[746].

130 **Nach Beendigung des Mietverhältnisses** treffen den Vermieter allerdings keine Erfüllungspflichten mehr und damit auch keine Mängelbeseitigungspflichten (Dekorationspflichten). Insofern findet also auch kein Übergang auf den Erwerber statt. Erfüllt der **Mieter** die auf ihn wirksam abgewälzte Dekorationspflicht am Ende eines Mietverhältnisses nicht, kann sie durch Fristsetzung gem. § 281 BGB in einen Schadensersatzanspruch umgewandelt werden. Da der Erfüllungsanspruch aber nicht schon mit dem Fristablauf gem. § 281 Abs. 1 BGB, sondern erst mit dem Schadensersatzverlangen gem. § 281 Abs. 4 BGB untergeht, entsteht der – bis dahin verhaltene – Schadensersatzanspruch erst mit dieser Erklärung[747]. Davor besteht der Anspruch auf Renovierung weiter und kann auf den Erwerber übergehen[748]. Vor dem Eigentumsübergang kann der Veräußerer die Erklärung nach § 281 Abs. 4 BGB wirksam abgeben, danach der Erwerber[749]. Der so entstandene und damit fällige Schadensersatzanspruch steht demjenigen zu, der zum Zeitpunkt der ersten wirksamen Erklärung gem. § 281 Abs. 4 BGB Eigentümer war[750]. **Während des Mietverhältnisses** ist nach h. M. ein Schadensersatzanspruch in Geld (des Vermieters gem. § 281 Abs. 4 BGB und des Mieters gem. § 536a Abs. 1 BGB) wegen Verletzung der Dekorationspflicht – in aller Regel[751] – nicht gegeben, bei Verzug mit der Dekorationspflicht hat der Berechtigte vielmehr einen Aufwendungsersatz- bzw. Vorschussanspruch auf die Renovierungskosten[752], der beim Vermieter auf §§ 281, 284 BGB und beim Mieter auf § 536a Abs. 2 BGB beruht. Ein Vorschuss stellt allerdings noch keine endgültige Vermögensposition dar, sondern ist nach Ausführung der Schönheitsreparaturen abzurechnen, so dass Recht auf den Erhalt bzw. die Pflicht zur Zahlung des Vorschusses mit dem Eigentumsübergang auf den Erwerber übergeht.

131 **k) Minderung.** Die Minderung tritt kraft Gesetzes und ohne Zutun oder Erklärung des Mieters ein; sie ist unmittelbare Folge der Mangelhaftigkeit des Mietobjektes und damit eines Verstoßes gegen die Gebrauchserhaltungspflicht. Ein Mangel mindert die Miete in jedem Monat, in dem er vorliegt, aufs Neue, so dass die berechtigte Mietminderung für die Zeit nach dem Eigentumsüber-

---

741 BGH WuM 2006, 435 = NZM 2006, 696 = ZMR 2006, 761.

742 *Blank/Börstinghaus* § 566 Rdn. 74.

743 *Wolf/Eckert/Ball* Rdn. 1381.

744 *Wolf/Eckert/Ball* Rdn. 1381 unter Berufung auf BGH NZM 2001, 217, wo diese Frage – im Gegensatz zu dem redaktionellen Leitsatz – aber offen gelassen wurde.

745 *Flatow* WImmoT 2008, 145.

746 *Flatow* WImmoT 2008, 145. **A. A.** wohl LG Berlin GE 1990, 823, das die Dekorationspflicht aber nicht als übergewälzte Mängelbeseitigungspflicht und damit als Dauerverpflichtung erkennt und dementsprechend nicht diskutiert.

747 BGH (XII ZR 76/13) NJW 2014, 1521 = WuM 2014, 201 = ZMR 2014, 532 Rdn. 23. Zur Rechtslage vor der Schuldrechtsreform (§ 326 BGB a. F.) s. BGH NJW 1989, 452.

748 BGH (XII ZR 76/13) NJW 2014, 1521 = WuM 2014, 201 = ZMR 2014, 532 Rdn. 23.

749 BGH (XII ZR 76/13) NJW 2014, 1521 = WuM 2014, 201 = ZMR 2014, 532 Rdn. 23.

750 BGH (XII ZR 76/13) NJW 2014, 1521 = WuM 2014, 201 = ZMR 2014, 532 Rdn. 23; BGH NJW 1989, 451 zur Rechtslage vor der Schuldrechtsreform. S. allgemein zu Schadensersatzansprüchen bei Rdn. 132.

751 Zu Ausnahmen s. BGH NJW 1990, 2376.

752 BGH NJW 1990, 2376, bestätigt in BGH NJW 2005, 1862 = WuM 2005, 383 = ZMR 2005, 523; *Kraemer* in FS Blank S. 287; s. auch § 538 Rdn. 236 m. w. N. Ablehnend *Weitemeyer* NZM 2005, 646 m. w. N.

gang den Erwerber trifft, wenn der Mangel noch nicht beseitigt ist[753]. Eine Mängelanzeige gem. § 536 c BGB wirkt gegenüber dem Erwerber fort[754]; bei Zweifeln des Mieters über den Eigentumsübergang kann wohl verlangt werden, den Mangel sowohl gegenüber dem alten und als auch dem neuen Eigentümer anzuzeigen[755] (s. zum Schutz des Mieters aber auch § 566 e Rdn. 17 ff.). Haben Mieter und Veräußerer ein Minderungsverbot vereinbart, so wirkt es nach dem Eigentumsübergang für rückständigen Mietzins des Veräußerers fort[756] und gegenüber den Mietzinsforderungen des Erwerbers.

l) Schadensersatz, Verzug. Für Schadensersatzansprüche gilt grundsätzlich das **Fälligkeitsprinzip**[757]. Da ein Schadensersatzanspruch nicht schon mit der Schadensverursachung, sondern erst mit der Schadensentstehung fällig wird[758], entscheidet der Zeitpunkt des Schadenseintritts, wer die Schadensersatzverpflichtung zu erfüllen hat bzw. wem die Ansprüche zustehen. Entstand der Schaden vor dem Eigentumsübergang, stehen dem Veräußerer die Schadensersatzansprüche gegen den Mieter zu bzw. muss er dem Mieter Schadensersatz leisten; entstand der Schaden nach Eigentumsübergang ist Berechtigter bzw. Verpflichteter der Erwerber. Beschädigt etwa der Mieter die Mietsache vor dem Eigentumsübergang, so muss er dem Veräußerer Ersatz leisten – und zwar auch dann, wenn der Schaden erst nach Eigentumsübergang auffällt, etwa anlässlich der Rückgabe[759]. Ein **Schadensersatzanspruch statt der Leistung** gem. § 281 BGB entsteht erst mit dem Schadensersatzverlangen gem. § 281 Abs. 4 BGB und nicht schon mit dem Fristablauf gem. § 281 Abs. 1 BGB[760]. Davor besteht aber die Leistungsverpflichtung zur Erfüllung weiter und kann auf den Erwerber übergehen[761]. Vor dem Eigentumsübergang kann der Veräußerer die Erklärung nach § 281 Abs. 4 BGB wirksam abgeben, danach der Erwerber[762]. Der so entstandene und damit fällige Schadensersatzanspruch steht demjenigen zu, der zum Zeitpunkt der ersten wirksamen Erklärung gem. § 281 Abs. 4 BGB Eigentümer war[763]. Die kurze **Verjährungsfrist** des § 548 BGB beginnt für die dort erfassten Ersatzansprüche des Veräußerers mit dem Eigentumsübergang zu laufen[764]. Für den Schadensersatzanspruch des Veräußerers wegen Beschädigung der Mietsache (nur für diesen, nicht für Schadensersatz statt der Leistung wegen Verletzung von Leistungspflichten) ist zu beachten, dass er sich nach dem Eigentumsübergang grundsätzlich nicht mehr nach den Schadensbeseitigungskosten bemisst, sondern nach der Verringerung des Kaufpreises, den der Veräußerer erzielt hat[765]. Dem Erwerber können die bereits vor dem Eigentumsübergang fällig gewordenen Schadensersatzansprüche zustehen, wenn sie ihm ausdrücklich oder konkludent[766] abgetreten wurden. 132

Bei Schadensersatzansprüchen fallen Schadensverursachung und Schadensentstehung meist zeitlich zusammen. Ein solcher zeitlicher Zusammenhang ist nicht zwingend. Es gibt auch **gestreckte Schadensersatzlagen,** bei denen die Schadensverursachung vor dem Eigentumsübergang liegt, der Schadenseintritt und damit die Fälligkeit des Schadensersatzanspruches aber danach. Das Fälligkeitsprinzip führt bei diesen gestreckten Schadensersatzlagen dazu, dass der Erwerber für Pflichtverletzungen einzustehen hat, die er nicht verursacht und verschuldet hat, wohingegen der Veräußerer als Schädiger aus der Haftung „entlassen" wird[767]. Aus diesem Grund wird teilweise eine Abweichung vom Fälligkeitsprinzip[768] bzw. eine gesamtschuldnerische Haftung von Veräußerer und Er- 133

---

753 *Häublein* in MünchKomm § 566 Rdn. 38.
754 *Wolf/Eckert/Ball* Rdn. 1381.
755 *Wolf/Eckert/Ball* Rdn. 1381 unter Berufung auf BGH NZM 2001, 217, wo diese Frage – im Gegensatz zu dem redaktionellen Leitsatz – aber offen gelassen wurde.
756 OLG Düsseldorf NZM 2010, 582 = ZMR 2010, 757.
757 BGH NJW 2005, 1187 = WuM 2005, 201 = ZMR 2005, 354; KG ZMR 2010, 182.
758 Allg. M., s. nur *Emmerich* in Staudinger § 566 Rdn. 48.
759 LG Berlin GE 2009, 780.
760 BGH (XII ZR 76/13) NJW 2014, 1521 = WuM 2014, 201 = ZMR 2014, 532 Rdn. 23. Zur Rechtslage vor der Schuldrechtsreform (§ 326 BGB a. F.) s. BGH NJW 1989, 452.
761 BGH (XII ZR 76/13) NJW 2014, 1521 = WuM 2014, 201 = ZMR 2014, 532 Rdn. 23.
762 BGH (XII ZR 76/13) NJW 2014, 1521 = WuM 2014, 201 = ZMR 2014, 532 Rdn. 23.
763 BGH (XII ZR 76/13) NJW 2014, 1521 = WuM 2014, 201 = ZMR 2014, 532 Rdn. 23; BGH NJW 1989, 451 zur Rechtslage vor der Schuldrechtsreform; *Emmerich* in Staudinger § 566 Rdn. 48.
764 S. § 548 Rdn. 57.
765 BGH NZM 2004, 901 = WuM 2004, 660 = ZMR 2005, 34 m. w. N.
766 S. dazu BGH NJW 1989, 451 und *Flatow* WImmoT 2008, 144.
767 *Häublein* in MünchKomm § 566 Rdn. 39.
768 *Lammel,* Wohnraummietrecht, § 566 Rdn. 92; weitere Nachweise in BGH NJW 2005, 1187 = WuM 2005, 201 = ZMR 2005, 354.

werber[769] befürwortet. Der BGH und die h. M.[770] folgen diesem Bedenken zu Recht nicht. Die Begründung zeigt aber wiederum die Schwächen auf, die die vom BGH befürwortete Dogmatik des Rechtsübergangs (keine Rechtsnachfolge, sondern Entstehen eines neuen Mietverhältnisses[771]) hat. Nach dem BGH[772] sollen Rechtsklarheit und Mieterschutzgesichtspunkte ausschlaggebend dafür sein, dass dem Erwerber Tatbestandsmerkmale (Schadensverursachung, Verschulden) „zugerechnet" werden, die vor Begründung seines Mietverhältnisses erfüllt wurden, um so dem Mieter die Rechtsposition (einschließlich der Möglichkeit, gegen die Miete aufzurechnen, oder das Grundstück als Haftungsobjekt zu nutzen) zu erhalten, die er bei Fortführung des Mietverhältnisses mit dem Veräußerer gehabt hätte. So richtig diese Argumentation ist, so läuft sie doch im Grunde auf nichts anderes hinaus als auf die Annahme einer Rechtsnachfolge, die nach der hier vertretenen Auffassung ohnehin dem Vertragsübergang gem. § 566 BGB zugrunde liegt. Bei einer Rechtsnachfolge bereitet die „Zurechnung" einzelner, vom Vorgänger verwirklichter Tatbestandsmerkmale auf den Rechtsnachfolger keine Schwierigkeiten. Die Entlassung des Veräußerers aus der Haftung für die von ihm verursachte und verschuldete Schadensersatzlage ist ebenfalls die schlichte Wirkung der Rechtsnachfolge, die der Mieter quasi als Preis für den Erhalt des Mietverhältnisses hinnehmen muss; eine Weiterhaftung des Veräußerers erkennt das Gesetz nur im Rahmen des § 566 Abs. 2 BGB an.

134 Auch umstritten und höchstrichterlich bisher nicht entschieden[773] ist die Rechtslage, wenn sich nur die **Schadensentstehung über den Eigentumsübergang hinweg** entwickelt, wenn also ein Teil des Schadens während des Eigentums des Veräußerers entsteht und ein Teil danach mit der Folge, dass der Schadensersatzanspruch in Teilen vor bzw. nach dem Eigentumsübergang fällig wird. Die Anwendung des Fälligkeitsprinzips würde zu einer Aufspaltung des Schadensersatzanspruchs führen und dazu, dass der Veräußerer für die vor dem Eigentumsübergang entstandenen Schadensanteile ersatzpflichtig wäre, der Erwerber für diejenigen danach. Das wird unter Mieterschutzgesichtspunkten für misslich gehalten, weil die Schadensaufteilung für den Mieter nur schwer nachvollziehbar sei und er deshalb unter Umständen das Risiko zweier Prozesse tragen müsse[774]. Diese Bedenken greifen nicht durch. Der Mieter als Geschädigter weiß in der Regel am besten, wann der Schaden bei ihm eingetreten ist. Dies nachzuweisen ist oftmals Gegenstand von Rechtsstreitigkeiten (etwa bei Verzug und Verjährung), ohne dass dies dort größere grundsätzliche Probleme aufwerfen würde. Wollte man hingegen bei der „gestreckten" Schadensentstehung auch vom Fälligkeitsprinzip abweichen, so würde dies zu teilweise willkürlichen Ergebnissen führen und es hinge von den Zufälligkeiten der Schadensentstehung ab, ob der Veräußerer oder der Erwerber vollständig haftet[775].

135 Die dargestellten Grundsätze gelten für alle Schadensersatzansprüche, insbesondere für solche aus § 280 BGB (etwa bei Beschädigung der Mietsache oder übermäßigem Gebrauch; außerdem dann, wenn der Veräußerer pflichtwidrig eine gem. § 556d BGB überhöhte Miete verlangt), § 281 BGB (etwa bei Nichterfüllung der Pflicht zur Durchführung von Schönheitsreparaturen[776]), § 286 BGB (ein **Verzug** des Veräußerers wirkt in der Person des Erwerbers fort[777]), § 546a Abs. 2 BGB[778] und § 536a Abs. 1 BGB. Letztere Vorschrift erfasst drei Haftungstatbestände, nämlich die Garantiehaftung für anfängliche Mängel und die Haftung für nachträgliche, schuldhaft herbeigeführte Män-

---

[769] *Häublein* in MünchKomm § 566 Rdn. 39; danach kann sich der Erwerber für die Schäden, die vor dem Eigentumsübergang eingetreten sind, entlasten.

[770] BGH NJW 2005, 1187 = WuM 2005, 201 = ZMR 2005, 354 m. w. N.; BGH NJW 1968, 886/887; *Derleder/Bartels* JZ 1997, 985; *Derleder* NJW 2008, 1190.

[771] Einzelheiten bei Rdn. 10.

[772] BGH NJW 2005, 1187 = WuM 2005, 201 = ZMR 2005, 354.

[773] Der Fall in BGH NJW 2005, 1187 = WuM 2005, 201 = ZMR 2005, 354 betraf einen Anspruch aus § 536a Abs. 1 BGB, bei dem die Verzugslage vor dem Eigentumswechsel eingetreten ist, der Schaden aber vollständig danach.

[774] *Derleder/Bartels* JZ 1997, 985; *Derleder* NJW 2008, 1190. Dieses Bedenken teilt auch *Häublein* in MünchKomm § 566 Rdn. 39, der zusätzlich meint, der Veräußerer als Schädiger dürfe nicht aus der Haftung „entlassen" werden; deshalb befürwortet *Häublein,* dass Veräußerer und Erwerber im Zweifel als Gesamtschuldner haften und der Erwerber sich für die Schäden, die vor dem Eigentumsübergang eingetreten sind, entlasten muss.

[775] *Flatow* WImmoT 2008, 148 will bei Unaufklärbarkeit den Erwerber allein haften lassen.

[776] Einzelheiten bei Rdn. 129.

[777] BGH (XII ZR 163/12) NJW 2014, 3775 = WuM 2014, 733 Rdn. 17; BGH NJW 2005, 1187 = WuM 2005, 201 = ZMR 2005, 354; BGH NJW 1978, 2148.

[778] BGH NJW 1978, 2148.

gel bzw. den Verzug mit der Mängelbeseitigung[779]. Das kann dazu führen, dass der Erwerber ohne Verschulden aus der **Garantiehaftung** gem. § 536a Abs. 1 BGB für solche Mängel einstehen muss, die bereits bei Vertragsschluss des Mieters mit dem Veräußerer vorlagen, die aber erst nach dem Eigentumsübergang zu Schäden geführt haben[780]. Der Eigentumsübergang gem. § 566 BGB führt hingegen nicht zu einem Neubeginn der Garantiehaftung in dem Sinne, dass alle bei Eigentumsübergang vorhandenen Mängel im Verhältnis des Mieters zum Erwerber als anfängliche Mängel gelten; es kommt nur auf den Vertragsschluss mit dem Veräußerer an[781]. Eine **Mängelanzeige** gem. § 536c BGB wirkt gegenüber dem Erwerber fort[782]; bei Zweifeln des Mieters über den Eigentumsübergang kann wohl verlangt werden, den Mangel sowohl gegenüber dem alten und als auch dem neuen Eigentümer anzuzeigen[783] (s. zum Schutz des Mieters aber auch bei der Kommentierung zu § 566e BGB).

m) Bereicherung, Aufwendungsersatz, (verlorener) Baukostenzuschuss. Bereicherungsansprüche gem. § 812 BGB richten sich nach dem Fälligkeitsprinzip. Bei der Leistungskondiktion entsteht der Bereicherungsanspruch mit dem Wegfall des Rechtsgrundes; bestand nie ein Rechtsgrund, hat der Bereicherungsgläubiger den Ausgleichsanspruch sofort nach Bewirkung der Leistung. Das bedeutet für rechtsgrundlos (auf Grundlage unwirksamer Schönheitsreparaturklauseln) ausgeführte Renovierungsarbeiten des Mieters, dass er von demjenigen Bereicherungsausgleich[784] verlangen kann, in dessen Eigentumszeit er die Renovierung vorgenommen hat[785]. Das Fälligkeitsprinzip gilt auch für den **Rückforderungsanspruch gem. § 556g Abs. 1 BGB** wegen überhöhter Miete, der – selbst wenn er nur eine Rechtsfolgenverweisung auf das Bereicherungsrecht enthält – diesem jedenfalls verwandt ist. Er wird sofort mit Zahlung des überhöhten Mietanteils fällig und ist deswegen von demjenigen zurückzuzahlen, in dessen Eigentumszeit die Überzahlung erfolgte. Zum Ausgleich von (Miet-)Vorauszahlungen s. Rdn. 99. Für **Aufwendungsersatzansprüche,** auch auf bereicherungsrechtlicher Grundlage, gilt Folgendes: Auch Abreden über Aufwendungsersatz des Veräußerers mit dem Mieter binden den Erwerber, da es sich um mietvertragliche Pflichten handelt[786]. Wer den vertraglich vereinbarten oder gesetzlich geschuldeten (§§ 536a Abs. 2, 539 Abs. 1, 552, 812 BGB) Aufwendungsersatzanspruch des Mieters zu erfüllen hat, richtet sich nach dem Fälligkeitsprinzip, also danach, in wessen Eigentumszeit der Anspruch entstanden, also fällig geworden ist[787]. Grundsätzlich entstehen Aufwendungsersatzansprüche, die auf anderer Anspruchsgrundlage als Bereicherung beruhen, mit der Vornahme der Aufwendung[788]. Dies gilt vorbehaltlich anderweitiger Vereinbarungen der Vertragsparteien. Sollen danach Aufwendungen erst am Ende des Mietverhältnisses ausgeglichen werden, so hat der Erwerber diesen Anspruch zu erfüllen, wenn der Eigentumsübergang vor dem Ende des Mietverhältnisses erfolgte[789]. Ansprüche gem. § 552 BGB entstehen erst, wenn der Mieter die Wegnahme verlangt und der Vermieter diese durch eine Entschädigungsleistung abwenden will[790]. Ein bereicherungsrechtlicher Aufwendungsersatzanspruch (insbesondere über Mieterinvestitionen und **verlorene Baukostenzuschüsse**[791]) ist fällig, wenn der jeweilige Vermieter die mit der Aufwendung verbun- 136

779 Ein solcher Fall lag der Entscheidung BGH NJW 2005, 1187 = WuM 2005, 201 = ZMR 2005, 354 zu Grunde.

780 BGH NJW 1968, 886/887.

781 *Emmerich* in Staudinger § 566 Rdn. 54; *Wolf/Eckert/Ball* Rdn. 1384; *Lammel,* Wohnraummietrecht, § 566 Rdn. 90.

782 *Wolf/Eckert/Ball* Rdn. 1381.

783 *Wolf/Eckert/Ball* Rdn. 1381 unter Berufung auf BGH NZM 2001, 217, wo diese Frage – im Gegensatz zu dem redaktionellen Leitsatz – aber offen gelassen wurde.

784 S. zu diesem Anspruch näher bei § 538 Rdn. 206.

785 *Schach* GE 2010, 808.

786 BGH (VIII ZR 224/13) NZM 2015, 79 = WuM 2015, 80 Rdn. 41; BGH NJW 1988, 705; *Picker* NJW 1982, 8. **A. A.** OLG Stuttgart OLGR Stuttgart 2006, 455 hinsichtlich der Vereinbarung eines Ausgleichs für die Errichtung eines Gebäudes; das OLG Stuttgart meinte, es handele sich nicht um eine typische mietvertragliche Vereinbarung (s. dazu bei Rdn. 88 ff.).

787 BGH (VIII ZR 224/13) NZM 2015, 79 = WuM 2015, 80 Rdn. 42; BGH NJW 1988, 705; *Derleder* NJW 2008, 1190.

788 OLG Düsseldorf GuT 2008, 341/342; BGH (VIII ZR 224/13) NZM 2015, 79 = WuM 2015, 80 Rdn. 42 (für die Ausführung von Schönheitsreparaturen).

789 BGH NJW 1988, 705; *Picker* NJW 1982, 8.

790 BGH NZM 2006, 15 = ZMR 2006, 185; BGH NJW 1988, 705.

791 Einzelheiten und Definition s. bei § 547 Rdn. 13 und 21. Zu anrechenbaren Baukostenzuschüssen s. auch bei Rdn. 99.

dene Ertragswertsteigerung realisieren kann, was regelmäßig erst bei einer Neuvermietung (durch den Erwerber) der Fall ist[792]; das gilt auch für den Erwerb in der Zwangsversteigerung[793]. Eine zur Eigentumszeit des Veräußerers geschaffene Verzugslage gem. § 536a Abs. 2 Nr. 1 BGB wirkt – ähnlich wie eine Schadensersatzlage[794] – fort, der Mieter muss also nach dem Eigentumswechsel nicht nochmals gegenüber dem Erwerber die Verzugsvoraussetzungen schaffen[795].

137 Falls sich der Aufwendungsersatzanspruch gegen den Veräußerer richtet, beginnt die **Verjährungsfrist** des § 548 Abs. 2 BGB nach der Rechtsprechung des BGH[796] mit der Kenntnis des Mieters vom Eigentumswechsel. Anders verhält es sich bei dem von § 548 Abs. 2 BGB ebenfalls erfassten Anspruch auf Gestattung der Wegnahme einer Einrichtung gem. § 539 Abs. 2 BGB, der im Zweifel erst mit Beendigung des Mietvertrages fällig wird, sich also regelmäßig gegen den Erwerber richtet. Hier beginnt die Verjährung erst mit der Beendigung des Mietverhältnisses zu laufen.

138 **n) Räumung, Nutzungsentschädigung, Wegnahme.** Wurde das Mietverhältnis bereits vor dem Eigentumsübergang beendet, die Mietsache aber noch nicht zurückgegeben, so tritt der Erwerber in das Abwicklungsschuldverhältnis ein; ihm steht nach dem Eigentumsübergang der **Rückgabeanspruch**[797] (§ 546 BGB) und der Anspruch auf **Nutzungsentschädigung** (§ 546a BGB) sowie ein evtl. Anspruch auf Schadensersatz zu, andere Rechte bzw. Pflichten nach der Rechtsprechung des BGH aber grundsätzlich nicht[798]. Anders ist dies bei einem bloß gekündigten Mietverhältnis, bei dem im Zeitpunkt des Eigentumsübergangs die Kündigungsfrist nicht abgelaufen war. In diesem Fall gibt es noch ein Mietverhältnis, das übergehen kann, und nicht nur ein Abwicklungsverhältnis; der Räumungsanspruch und evtl. Folgeansprüche entstehen dann direkt und erstmals in der Person des Erwerbers[799]. Zur **prozessualen Situation** bei Veräußerung des Grundstücks während oder nach einem Rechtsstreit s. Rdn. 156.

139 Das **Wegnahmerecht** gem. § 539 Abs. 2 BGB bzw. dessen Abwendung gem. § 552 BGB teilen das Schicksal des Räumungsanspruchs, d. h., nach dem Eigentumsübergang (auch den durch Zwangsversteigerung[800]) hat der Erwerber die Wegnahme zu dulden[801] und ihm steht das Recht zur Ausübung der **Abwendungsbefugnis** zu. Das Wegnahmerecht ist nämlich quasi das Spiegelbild der den Mieter grundsätzlich treffenden Wegnahmepflicht, die wiederum Teil der Räumungspflicht gem. § 546 BGB ist[802]. Schon aus diesem Grund richtet sich das Wegnahmerecht auch dann gegen den Erwerber, wenn das Mietverhältnis bereits vor dem Eigentumsübergang beendet war und sogar dann, wenn das Mietobjekt noch dem Veräußerer zurückgegeben wurde. Wenn nämlich bei beendetem Mietvertrag dem Erwerber – wie soeben dargelegt – die Rechte aus unterlassener oder unzureichender Räumung zustehen, dann muss das auch für die Pflicht zur Duldung der Wegnahme gelten. Das gleiche Ergebnis folgt aus der Überlegung, dass das Wegnahmerecht ein dingliches Recht[803] ist, also unabhängig von einem Rechtsübergang gem. § 566 BGB vorbehaltlich der Gutglaubensvorschriften gegenüber dem Erwerber geltend gemacht werden kann[804].

140 **o) Zurückbehaltungsrecht, Aufrechnung, Vermieterpfandrecht.** Mit dem Eigentumsübergang verliert der Mieter seinen Erfüllungsanspruch (zum Beispiel in Bezug auf die Gebrauchserhaltungspflicht) gegenüber dem Veräußerer. Mit dem Erfüllungsanspruch geht auch ein dem Mieter zustehendes **Leistungsverweigerungsrecht** gem. § 273 BGB bzw. 320 BGB wegen unter-

---

792 BGH NZM 2006, 15 = ZMR 2006, 185. Zu den Einzelheiten eines solchen Anspruchs s. bei § 547 Rdn. 13 und 21.

793 BGH NJW 2009, 2374 = ZMR 2009, 749; Einzelheiten bei § 547 Rdn. 22.

794 S. Rdn. 133.

795 OLG Brandenburg ZMR 2003, 909; LG Berlin NJW-RR 1990, 23.

796 BGH NJW 1965, 1225; BGH NJW 2008, 2256 = WuM 2008, 402. Zu Einzelheiten, auch zur Kritik von *Eckert* NZM 2008, 313, s. bei der Kommentierung zu § 548 BGB.

797 Hatte sich der Veräußerer verpflichtet, die Mietsache geräumt zu übereignen, dann stellt das Verlangen des Erwerbers, einen wegen Mietvertragsbeendigung schon entstandenen Räumungsanspruch durchzusetzen, eine Ermächtigung des Veräußerers dar (BGH NJW 1978, 2148).

798 BGH NJW 2007, 1818; BGH NJW 1978, 2148. Einzelheiten bei Rdn. 51, dort auch zu möglichen weiteren Ausnahmen.

799 *Emmerich* in Staudinger § 566 Rdn. 50.

800 AG Warendorf WuM 1990, 291.

801 AG Köln WuM 1998, 345; *Emmerich* in Staudinger § 566 Rdn. 53; *Lammel,* Wohnraummietrecht, § 566 Rdn. 88; *Gather* DWW 2008, 124 m.w.N. Auch in BGH NJW 1988, 705 = WuM 1988, 16 wird dies wohl stillschweigend vorausgesetzt.

802 S. § 546 Rdn. 37 ff.

803 So BGH NJW 1981, 2564; *Derleder* WuM 2006, 178.

804 *Derleder* WuM 2006, 178. **A. A.** § 539 Rdn. 80; *Gather* DWW 2008, 124.

lassener Mängelbeseitigung unter, da es – etwa gegenüber einem Restmietzinsanspruch des Veräußerers – keinen Gegenanspruch des Mieters mehr gibt[805]. Diese Schlechterstellung durch den Eigentumswechsel muss der Mieter hinnehmen; ihm steht ein Leistungsverweigerungsrecht für den Fall des Fortbestehens des Mangels nur gegen den Erwerber zu[806]. Dass gilt auch, wenn der Eigentumswechsel während eines Prozesses des Veräußerers gegen den Mieter erfolgt[807].

Im Übrigen ist sowohl nach der hier vertretenen Auffassung als auch nach der Auffassung des BGH zur Dogmatik des Rechtsübergangs wegen der Zäsurwirkung des § 566 BGB und auch wegen der zu beachtenden Interessen des Erwerbers ein genereller **Einwendungserhalt** gem. § 404 BGB ausgeschlossen[808]. Das bedeutet, dass der Mieter gegenüber dem Erwerber nicht mit solchen Forderungen **aufrechnen** kann, die ihm gegenüber dem Veräußerer zustehen. 141

Die gesetzlichen **Pfandrechte** gem. § 562 BGB können unter Umständen zugunsten des Veräußerers und des Erwerbers entstehen. Es kommt nämlich dafür, ob eine in die Mieträume eingebrachte Sache dem **Vermieterpfandrecht** des Erwerbers unterfällt, ebenso wie beim Pfandrecht des Veräußerers auf den Zeitpunkt der Einbringung der Sache in die Mieträume an[809]. In diesem Fall entsteht neben dem Vermieterpfandrecht des Veräußerers, das dessen Forderungen aus dem Mietverhältnis sichert, ein eigenständiges Vermieterpfandrecht des Erwerbers; die beiden Vermieterpfandrechte erfassen dieselben Sachen und sind gleichrangig[810]. Hat der Veräußerer vor dem Eigentumsübergang rechtsgeschäftlich auf das Vermieterpfandrecht verzichtet oder einen Rangrücktritt gegenüber einem anderen Sicherungsgläubiger (etwa einem Sicherungseigentümer) erklärt, wirkt das auch gegenüber dem Erwerber, der dann insoweit für seine Forderungen ein Pfandrecht nicht mehr bzw. nur rangniedriger erlangen kann[811]. 142

p) Verjährung. Ist in der Person des Veräußerers Verjährung hinsichtlich eines Einzelanspruchs eingetreten, der entgegen dem Fälligkeitsprinzip ausnahmsweise auf den Erwerber übergehen kann (etwa der Anspruch auf Leistung der Kaution[812]), so ändert sich an der Verjährung durch die Veräußerung nichts, der Anspruch lebt also in der Person des Erwerbers nicht wieder auf, weil sich der Charakter bzw. der Zustand eines Anspruchs durch einen Rechtsübergang grundsätzlich nicht ändert[813]. S. ansonsten zum Einfluss des Rechtsübergang gem. § 566 BGB auf die Verjährung bei § 548 Rdn. 56 und zur Verjährung von Schadensersatzansprüchen zusätzlich bei Rdn. 131. 143

VII. Haftung des Veräußerers (Abs. 2)

Durch § 566 BGB wird zwar der Bestand des Mietverhältnisses geschützt, der Mieter erhält aber einen neuen Vertragspartner, der möglicherweise weniger leistungsfähig oder leistungswillig als der ursprüngliche Vermieter ist. Zum Schutz des Mieters ordnet § 566 Abs. 2 Satz 1 BGB deshalb die **bürgengleiche Haftung** des Vermieters für die Erfüllung der Pflichten an, die der Erwerber nicht erfüllt. Die Vorschrift betrifft – quasi als zu sichernde Hauptschuld aus dem bürgschaftsähnlichen Verhältnis – deshalb nur solche Pflichten, die (meist in Anwendung des Fälligkeitsprinzips) schon auf den Erwerber übergegangen waren; unerfüllte Ansprüche aus der Zeit vor dem Eigentumsübergang muss der Vermieter nach dem Fälligkeitsprinzip ohnehin erfüllen[814]. Es haftet nur der veräußernde Erstvermieter, nicht ein Zweit- oder weiterer Veräußerer; das ergibt sich aus § 567b Satz 2 144

---

805 BGH WuM 2006, 435 = NZM 2006, 696 = ZMR 2006, 761. Zu der mit dieser Rechtsprechung verbundenen Durchbrechung der Fälligkeitstheorie s. *Häublein* in MünchKomm § 566 Rdn. 38.

806 BGH WuM 2006, 435 = NZM 2006, 696 = ZMR 2006, 761.

807 *Blank/Börstinghaus* § 566 Rdn. 74.

808 S. eingehend zur Begründung und zu Gegenmeinungen bei Rdn. 14.

809 BGH (XII ZR 163/12) NJW 2014, 3775 = WuM 2014, 733.

810 BGH (XII ZR 163/12) NJW 2014, 3775 = WuM 2014, 733. Mit Recht kritisch zur Begründung *Ganter* NZI 2015, 65.

811 *Wilhelm* JZ 2015, 346 und ähnlich de la Motte NZI 2015, 504. Beide sehen das Urteil BGH (XII ZR 163/12) NJW 2014, 3775 = WuM 2014, 733 als dieser Folge eines Verzichts bzw. eines Rangrücktritts entgegenstehend an; allerdings befasst sich das Urteil nicht ausdrücklich mit der Frage, obwohl der (von Mieter, Vermieter und Sicherungseigentümer vereinbarte) Verzicht ausdrücklich im Urteilstatbestand erwähnt ist, so dass eher davon auszugehen ist, dass der BGH das Problem übersehen hat.

812 S. § 566a Rdn. 10.

813 S. etwa BGH NJW 1977, 36.

814 *Lammel,* Wohnraummietrecht, § 566 Rdn. 96, der zutreffend darauf hinweist, dass der Veräußerer auch für solche Verpflichtungen weiterhaftet, die, weil nicht aus dem Mietverhältnis stammend, nicht auf den Erwerber übergehen (s. Rdn. 88).

BGB[815] (s. dort auch zur Weiterveräußerung und zur sog. Kettenveräußerung). Auf eine **Vertragsübernahme** ist § 566 Abs. 2 BGB nicht, auch nicht analog anwendbar, da der Mieter hier mit dem Vertragsübergang und dem Risiko eines neuen Vertragspartners einverstanden sein muss und deshalb nach der gesetzlichen Wertung nicht schutzbedürftig erscheint.

145 Eine **über § 566 Abs. 2 BGB hinausgehende Haftung des Veräußerers** für Nachteile, die der Mieter durch die Veräußerung oder in der Zeit danach erleidet, besteht grundsätzlich nicht. Der weitergehenden Rechtsprechung des RG[816], die teilweise immer noch für richtig erachtet wird[817], ist nicht zu folgen. Das RG hatte entschieden[818], die Haftung des Veräußerers für die obligatorische (schuldrechtliche) Verpflichtung, das Mietobjekt für die gesamte vertragliche Zeit zu gewähren, bleibe bestehen; § 566 Abs. 2 BGB betreffe nur die Pflichten aus der Zeit nach dem Eigentumsübergang, die der Erwerber nicht erfülle. Letzteres ist zwar richtig (s. Rdn. 147), geht aber am Kern der Frage vorbei. Relevant wird die Problematik insbesondere bei Mieterinvestitionen, die sich nach Ausübung eines Sonderkündigungsrechts gem. § 57 a ZVG trotz eigentlich vereinbarter fester Laufzeit des Vertrages nicht amortisieren können; ähnlich ist es bei dem Sonderkündigungsrecht in § 111 InsO. Der Mieter ist ohne einen Schadensersatzanspruch auf einen Bereicherungsausgleich gegen den Ersteher angewiesen, der sich aber auf die wegen der Investitionen erzielte Mehrmiete beschränkt[819]. Diese Beschränkung hat der Mieter nach der Gesetzeskonzeption der §§ 566 ff. BGB hinzunehmen. Wie schon ausgeführt (Rdn. 8) ist § 566 BGB zwar eine Mieterschutzvorschrift, sie kann und soll ihn aber nicht vor sämtlichen Nachteilen des Vertragsübergangs bewahren. Im Falle der Zwangsversteigerung (ähnlich bei der Veräußerung durch den Insolvenzverwalter gem. § 111 InsO oder der Beendigung des Nießbrauchs gem. § 1056 BGB) erhält der Mieter zunächst einen neuen Vermieter, weil § 566 BGB anwendbar ist; der ursprüngliche Vermieter hat also das seinige zur Gebrauchsgewährung „getan", der Vertrag besteht mit dem ursprünglich vereinbarten Inhalt fort. Erst die Ausübung der Sonderkündigungsrechte ändert die Sachlage. Eine solche Kündigung geht zwar kausal auf den ursprünglichen Vermieter zurück, weil das Sonderkündigungsrecht ohne die meist durch Vermögensverfall bedingte Zwangsversteigerung bzw. ohne die Insolvenz nicht entstanden wäre. Das steht aber nicht im Verantwortungsbereich des ursprünglichen Vermieters, der Gesetzgeber hat die Sonderkündigungsrechte vielmehr im Interesse des neuen Vermieters geschaffen. Das (abstrakte) Risiko der Sonderkündigung musste dem Mieter bei Vertragsschluss bekannt sein, es ist sozusagen der Preis dafür, dass der Vertrag überhaupt übergeht. Ohne § 566 BGB wäre der Mieter bei einem Verkauf des Mietobjekts auf die Willkür des Erwerbers hinsichtlich der weiteren Gebrauchsüberlassung angewiesen und hätte gegen den Veräußerer nur Ansprüche auf Schadensersatz wegen Verletzung der Gebrauchsgewährungspflicht (s. Rdn. 4). § 566 BGB lässt nun zu seinen Gunsten das Mietverhältnis auf den Erwerber übergehen; mit dieser Regelung sollte der Mieter aber nicht doppelt begünstigt werden, sondern sozusagen statt der Schadensersatzansprüche den Erwerber als neuen Vermieter erhalten, auch wenn dies unter Umständen mit dem Risiko einer Sonderkündigung verbunden ist. Die Richtigkeit dieser Sicht zeigt sich auch an vergleichbaren Fällen, in denen ein Sonderkündigungsrecht nicht besteht. Wenn nämlich in der Person des Veräußerers eines Wohngebäudes Eigenbedarfsgründe nicht bestehen und der Mieter sich darauf verlässt, dann kann sich dies nach einem Eigentumswechsel zu seinem Nachteil ändern[820], ohne dass dem Mieter Schadensersatz gegen den Veräußerer zustehen würde; eine solche durch den Eigentumswechsel bedingte Verschlechterung hat der Mieter vielmehr hinzunehmen. Abgesehen davon wäre § 566 Abs. 2 BGB bei der Bejahung von Schadensersatzansprüchen weitgehend überflüssig, da sich die Haftung des Veräußerers schon aus allgemeinen Grundsätzen ergeben würde. Die Vorschrift zeigt vielmehr, dass durch § 566 BGB die Person des Vermieters (und damit des Haftenden) ausgewechselt wird, ohne die Zahl der Haftenden beliebig zu vermehren.

146 Der Veräußerer haftet nach § 566 Abs. 2 BGB wie ein **selbstschuldnerischer Bürge** (§ 773 BGB), kann also nicht gem. § 771 BGB die Einrede der Vorausklage gegen den Erwerber erheben,

---

815 *Leo* NZM 2006, 245. S. auch näher bei § 567 b Rdn. 4 und *Häublein* in MünchKomm § 567 b Rdn. 5.
816 RGZ 63, 66.
817 S. etwa *Eckert* NZM 2009, 769 m. w. N., der sich hauptsächlich auf § 111 InsO beziehen. *Emmerich,* auf den sich *Eckert* ebenfalls beruft, behandelt diese Frage in der aktuellen Bearbeitung nicht mehr, sondern letztmalig in Staudinger, Bearbeitung 1997, § 566 Rdn. 117.
818 RGZ 63, 66.
819 S. näher bei § 547 Rdn. 17 und 46.
820 S. etwa den Fall BGH NJW 2009, 2738 = WuM 2009, 519 = ZMR 2010, 99.

der Mieter kann den Veräußerer vielmehr auch direkt und unabhängig vom Erwerber in Anspruch nehmen, falls dieser seine Pflichten nicht erfüllt[821]. Bürge und Hauptschuldner sind zwar nicht Gesamtschuldner, sie haften aber im Ergebnis wie solche[822]; gleiches gilt im Rahmen des § 566 Abs. 2 BGB[823]. Dem Veräußerer stehen sämtliche Einreden eines Bürgen zu (§§ 768, 770 BGB); leistet er an den Mieter, geht der Anspruch auf ihn über und er kann Regress bei dem Erwerber nehmen (§ 774 BGB).

Die Haftung des Veräußerers gem. § 566 Abs. 2 Satz 1 BGB beschränkt sich auf die Verletzung **147**
vertraglicher Pflichten des Erwerbers als Vermieter, da mit dem Begriff der Pflichten in der Vorschrift nur diejenigen gemeint sind, die den Erwerber gem. § 566 Abs. 1 BGB treffen; deliktische Ansprüche werden nicht erfasst[824]. Da der Veräußerer nach dem Eigentumsübergang keine Erfüllung (Gebrauchsgewährung) mehr schuldet und sie in der Regel auch faktisch nicht mehr leisten kann, treffen den Veräußerer nach dem Gesetzeswortlaut nur **Schadensersatzpflichten**[825]. Das setzt unter Umständen voraus, dass der gegen den Erwerber gerichtete Erfüllungsanspruch zunächst in einen Schadensersatzanspruch umgewandelt werden muss (z. B. gem. §§ 281, 536a Abs. 1 BGB). Der Schadensersatz ist in der Regel in Geld zu erbringen[826]. Wenn ausnahmsweise aber der Veräußerer Schadensersatz durch Naturalrestitution leisten kann, kann der Mieter ihn auch darauf in Anspruch nehmen[827]. In **Sonderfällen** ist der Vermieter jedoch zu Leistungen in Geld verpflichtet, sei es kraft Vertrages, sei es nach dem Gesetz (etwa nach §§ 536a Abs. 2, 539 BGB), ohne dass es sich um Schadensersatz handelt. Dann kann, sofern der Erwerber eine solche Verpflichtung nicht erfüllt, nach dem Sinn des § 566 Abs. 2 BGB nichts anderes gelten, als wenn der Erwerber seiner Pflicht zur Überlassung und Erhaltung der Mietsache nicht nachkommt. Hier wie dort verletzt der Erwerber Verpflichtungen aus dem Mietvertrag und fügt dem Vermögen des Mieters eine Einbuße zu, deren Ausgleich dem ursprünglichen Vermieter obliegt, weil er dem Mieter einen neuen Vertragspartner verschafft hat. Die entsprechende Anwendung des § 566 Abs. 2 Satz 1 BGB auf den Fall, dass der Erwerber eine ihm obliegende Geldleistung nicht erfüllt, ist daher geboten und anerkannt[828].

Der Vermieter kann sich – in Grenzen – von seiner bürgengleichen Haftung **befreien,** indem er **148**
dem Mieter gem. § 566 Abs. 2 S. 2 BGB Mitteilung von dem Eigentumsübergang macht. Eine besondere Form ist für diese Mitteilung, die eine rechtsgeschäftliche Handlung ist und in der auf die mit dem Eigentumsübergang verbundenen Konsequenzen nicht hingewiesen werden muss[829], nicht vorgesehen[830]. Sie muss nur durch den Veräußerer oder in dessen Vollmacht[831] (etwa durch den Rechtsanwalt[832] des Veräußerers oder durch den Erwerber) nach dem Eigentumsübergang erklärt werden[833]; eine Mitteilung des Erwerbers ohne Vollmacht des Veräußerers, eine Mitteilung vor Eigentumsübergang oder eine sonstige Kenntniserlangung des Mieters reichen nicht aus[834]. Die Regelung des § 566 Abs. 2 Satz 2 BGB ist nicht entsprechend auf die Haftung des Veräußerers nach § 566a BGB anwendbar[835].

Die **Haftungsbegrenzung** zugunsten des Veräußerers tritt nur ein, wenn der Mieter auf die **149**
Mitteilung hin nicht kündigt. § 566 Abs. 2 Satz 2 BGB verschafft dem Mieter allerdings kein Sonderkündigungsrecht[836], er muss die Kündigung vielmehr zum ersten nach Zugang der Mittelung

---

[821] *Lammel,* Wohnraummietrecht, § 566 Rdn. 99.
[822] *Leo* NZM 2006, 244.
[823] *Leo* NZM 2006, 244.
[824] *Lammel,* Wohnraummietrecht, § 566 Rdn. 100; *Häublein* in MünchKomm § 566 Rdn. 44 m. w. N.
[825] BGH NJW 1969, 417.
[826] BGH NJW 1969, 417.
[827] Hierauf weist zutreffend *Häublein* in MünchKomm § 566 Rdn. 44 hin mit dem Beispiel der Übernahme von Gegenständen bei Vertragsende.
[828] BGH NJW 1969, 417.
[829] BGH NJW 1966, 590.
[830] *Häublein* in MünchKomm § 566 Rdn. 45.
[831] § 174 BGB ist auf rechtsgeschäftsähnliche Handlungen anwendbar (*Schramm* in MünchKomm (5. Aufl.) § 174 Rdn. 3); deshalb empfiehlt sich die Beifügung der Originalvollmacht.
[832] BGH NJW 1966, 590.
[833] OLG Saarbrücken ZMR 2016, 371.
[834] OLG Saarbrücken ZMR 2016, 371; OLG Köln, Beschluss v. 26.7.2013 (Az.: 22 U 208/12), BeckRS 2013, 19140; *Lammel,* Wohnraummietrecht, § 566 Rdn. 102; *Emmerich* in Staudinger § 566 Rdn. 61.
[835] BGH NJW 1999, 1859 zur – allerdings nicht vollständig inhaltsgleichen – Vorgängervorschrift des § 566a BGB; *Häublein* in MünchKomm § 566a Rdn. 1.
[836] OLG Köln, Beschluss v. 26.7.2013 (Az.: 22 U 208/12), BeckRS 2013, 19140.

zulässigen Termin entsprechend den vertraglichen oder gesetzlichen Regeln erklären[837]. Kündigt der Mieter, so ist die Begrenzung unnötig, da das Mietverhältnis ohnehin nur noch bis zum Ablauf der Kündigungsfrist dauert; bis zum Vertragsende haftet der Veräußerer aber in jedem Fall weiter. Kündigt der Mieter hingegen nicht, so macht er damit nach der Vorstellung des Gesetzes deutlich, er akzeptiere den Erwerber als allein Haftenden. Auch in diesem Fall besteht allerdings die Haftung bis zum Ablauf der Kündigungsfrist fort[838], da der Mieter nicht schlechter stehen soll als bei Beendigung des Vertrages. Dem Unterlassen der Kündigung stehen andere Geschehnisse gleich, denen man entnehmen kann, der Mieter sei mit dem Veräußerer als neuen Vertragspartner einverstanden; dazu gehören etwa der Abschluss eines neuen Mietvertrages, die Vereinbarung einer Vertragsverlängerung oder die Ausübung einer Verlängerungsoption[839]. Kann der Mieter, wie etwa bei Zeitverträgen, nicht ordentlich kündigen, besteht die bürgengleiche Haftung des Veräußerers bis zum Vertragsende fort, weil der Veräußerer sich selbst durch den Mietvertrag gegenüber dem Mieter gebunden hat und weil er als Veräußerer den Eigentumsübergang herbeigeführt hat[840].

VIII. Abweichende Vereinbarungen

150 **§ 566 Abs. 1 BGB** enthält kein zwingendes Recht, die Vorschrift ist grundsätzlich abdingbar. Da sie aber zum **gesetzlichen Leitbild** der Miete gehört, ist dies durch vom Vermieter gestellte AGB zu Lasten des Mieters weder bei der Wohnraummiete noch bei der Geschäftsraummiete möglich[841]. Ohne § 566 Abs. 1 BGB würde es nämlich nach einem Eigentumswechsel im Belieben des Erwerbers stehen, ob er dem Mieter die Mietsache weiter überlässt; dieses Risiko benachteiligt den Mieter unzumutbar[842]. Auch dürfte in der Regel ein Verstoß gegen das Überraschungsverbot des § 305 c BGB gegeben sein[843].

151 Eine Individualvereinbarung **zwischen Veräußerer und Erwerber** reicht für eine Abbedingung nicht, da beide hierdurch in unzulässiger Weise in die schon bestehende Vertragsbeziehung mit dem Mieter eingreifen würden (unzulässiger **Vertrag zu Lasten Dritter**)[844]. Möglich soll allerdings ein dreiseitiger Vertrag sein oder ein Vertrag mit Zustimmung des Mieters[845]. Eine solche Vereinbarung begegnet hingegen ähnlichen Bedenken wie bei einem entsprechendem zweiseitigen Vertrag zwischen Veräußerer und Mieter (s. nachfolgend).

152 Entgegen einer in der Literatur vertretenen Meinung[846] stellt die Individualvereinbarung des Ausschlusses von § 566 Abs. 1 BGB **zwischen Veräußerer und Mieter** keinen Vertrag zu Lasten des Erwerbers dar, weil dieser vor dem Eigentumsübergang keinerlei auch nur ansatzweise gesicherte Rechtsposition hatte. Selbst nach Abschluss des Kaufvertrages und Eintragung einer Auflassungsvormerkung kann der Vermieter noch Mietverhältnisse abschließen bzw. aufheben, ohne dass der Erwerber hiergegen geschützt wäre; eine entsprechende Anwendung des § 883 Abs. 2 BGB ist abzulehnen[847]. Dann muss der Veräußerer aber gegenüber dem Erwerber erst Recht die Möglichkeit haben, § 566 Abs. 1 BGB und damit den Vertragsübergang durch Vereinbarung mit dem Mieter abzubedingen. Da der Mieter bei einer solchen Abbedingung nach der Eigentumsumschreibung gegenüber dem Erwerber kein Besitzrecht hat[848], befindet sich der Erwerber in einer ähnlichen

---

837 *Emmerich* in Staudinger § 566 Rdn. 62; *Häublein* in MünchKomm § 566 Rdn. 46; *Lammel,* Wohnraummietrecht, § 566 Rdn. 103.

838 *Emmerich* in Staudinger § 566 Rdn. 62 m. w. N.; *Lammel,* Wohnraummietrecht, § 566 Rdn. 105; Häublein in MünchKomm § 566 Rdn. 46.

839 OLG Saarbrücken ZMR 2016, 371; *Lammel,* Wohnraummietrecht, § 566 Rdn. 106; *Emmerich* in Staudinger § 566 Rdn. 62; *Wolf/Eckert/Ball* Rdn. 1422.

840 *Lammel,* Wohnraummietrecht, § 566 Rdn. 103; *Emmerich* in Staudinger § 566 Rdn. 62; *Häublein* in MünchKomm § 566 Rdn. 46.

841 *Emmerich* in Staudinger § 566 Rdn. 58 m. w. N.; *Häublein* in MünchKomm § 566 Rdn. 47.

842 *Latinovic/Quennet* NZM 2009, 846 halten eine Abbedingung für zulässig, wenn dem Mieter eine beschränkt persönliche Dienstbarkeit oder ein Sicherungsnießbrauch eingeräumt wird.

843 S. dazu *Latinovic/Quinnet* NZM 2009, 845.

844 LG Köln WuM 1995, 151; AG Pinneberg ZMR 2002, 835; *Emmerich* in Staudinger § 566 Rdn. 58.

845 *Emmerich* in Staudinger § 566 Rdn. 58; *Gather* DWW 2006, 317; LG Berlin GE 1989, 409.

846 *Emmerich* in Staudinger § 566 Rdn. 58; *Börstinghaus* ZMR 2004, 483; AG Pinneberg ZMR 2002, 835. *Lehmann-Richter* WImmoT 2008, 156 meint, eine solche Vereinbarung müsse von allen Beteiligten geschlossen werden, weil sie ein actus contrarius zur Vertragsübernahme sei, die ebenfalls die Beteiligung aller erfordere.

847 S. Rdn. 59.

848 S. Rdn. 4.

Lage wie bei einem bereits vom Veräußerer gekündigten Mietverhältnis. Wegen der nach § 550 BGB notwendigen Schriftform konnte der Erwerber sogar von der Abbedingungsvereinbarung zwischen Veräußerer und Mieter wissen. Einer Abbedingungsvereinbarung steht aber – jedenfalls bei der Wohnraummiete – folgendes Wirksamkeitsbedenken entgegen[849]: Wenn Veräußerer und Mieter § 566 Abs. 1 BGB abbedingen könnten, dann würde der Mietvertrag im Falle der Eigentumsübertragung nicht enden, sondern mit dem Veräußerer fortgesetzt werden; das unterscheidet die Abbedingung des § 566 Abs. 1 BGB von der Bedingung, dass das Mietverhältnis bei einem Eigentumsübergang endet. Da der Erwerber dem Mieter nicht zur Besitzüberlassung verpflichtet ist, die Mietsache vielmehr vom Mieter heraus verlangen kann, ist die Position des Mieters faktisch extrem gefährdet. Das betrifft nicht nur die Besitzüberlassung als solche, sondern auch die mit einer ordnungsgemäßen Gebrauchsgewährung in Zusammenhang stehenden Erfüllungspflichten (Mängelbeseitigung, Versorgung mit Wasser und Energie etc.). Damit wäre das Mietverhältnis zwar nicht im strengen Sinn einer Bedingung von dem Eigentumsübergang abhängig, aber faktisch führt diese Rechtslage bei entsprechendem Willen des Erwerbers zu einer Beendigung des Mietverhältnisses. Bei Gewerberaummietverträgen erscheint das individualvertraglich[850] zulässig, bei Wohnraummietverträgen ist jedoch § 572 Abs. 2 BGB zu beachten. Danach kann sich der Vermieter nicht auf eine Vereinbarung berufen, durch der der Vertrag zum Nachteil des Mieters auflösend (hier durch einen Eigentumsübergang) bedingt wird. Da sich die Abbedingung des § 566 Abs. 1 BGB i. d. R. (vorbehaltlich besonderer Interessenlagen auf Seiten des Mieters) als eine Umgehung des § 572 Abs. 2 BGB darstellt[851], würde sie – wenn man § 572 Abs. 2 BGB entsprechend anwenden würde – nicht zu Gunsten des Vermieters (also auch nicht zu Gunsten des Erwerbers) wirken, der Mieter hingegen könnte den Eintritt der Bedingung geltend machen und den Eigentumswechsel zum Anlass des Auszuges nehmen[852]. Mangels echter Bedingung kann § 572 Abs. 2 BGB jedoch weder direkt noch entsprechend auf eine Abbedingung von § 566 Abs. 1 BGB angewendet werden. Das Mietverhältnis endet rechtlich nicht, es geht nach dem Inhalt einer hier in Rede stehenden Abbedingungsvereinbarung nur nicht auf den Erwerber über, wohingegen der Vertrag mit dem Veräußerer formal fortbesteht. Würde man es dem Mieter in dieser Situation entsprechend § 572 Abs. 2 BGB überlassen, sich auf die Unwirksamkeit der Abbedingungsvereinbarung zu berufen, dann könnte er sich seinen Vertragspartner aussuchen. Das ist nicht der Zweck des § 572 Abs. 2 BGB, die Vorschrift soll vielmehr verhindern, dass Kündigungsschutzvorschriften zu Lasten des Mieters umgangen werden. Das spricht dafür, nach dem Rechtsgedanken des § 572 Abs. 2 BGB eine generelle Unwirksamkeit von Abbedingungsvereinbarungen anzunehmen[853]. Gegen dieses Ergebnis spricht nicht, dass der Mieter jederzeit mit dem Vermieter eine Aufhebungsvereinbarung (beispielsweise in Erwartung des Eigentumsübergangs) schließen kann; auf solche Vereinbarungen hat der Mieter nämlich Einfluss, auf den Eigentumsübergang hingegen nicht[854].

Erwerber und Mieter können nur Vereinbarungen über die Zeit nach Eigentumsübergang 153
treffen[855], etwa einen Mietaufhebungsvertrag, Abreden nur zwischen ihnen für die Zeit davor würden zu Lasten des Veräußerers in dessen Rechtsposition eingreifen, weil eine Abbedingung von § 566 Abs. 1 BGB dazu führen würde, dass der Veräußerer weiter Vermieter bleibt, ohne den Gebrauch aus eigener Macht gewähren zu können. Zur Frage der Vorverlegung der Wirkungen des § 566 Abs. 1 BGB auf den Lasten- und Nutzenübergang anstatt auf den Eigentumsübergang s. Rdn. 46.

---

849 Kritisch zum Nachfolgenden *Lähn,* Der Vermieterwechsel im laufenden Mietverhältnis, Diss. (Universität Kiel) 2015, S. 246.

850 Eine entsprechende AGB (oder auch die Vereinbarung eines Sonderkündigungsrechtes) wäre i. d. R. wohl überraschend und auch unangemessen i. S. v. § 307 BGB, weil sie nur bei Verträgen mit fester Laufzeit Sinn macht und in diesen Fällen oftmals Dispositionen des Mieters im Hinblick auf die Vertragsdauer getroffen wurden (Ausbau, Ausstattung der Mieträume etc.).

851 Ähnlich *Emmerich* in Staudinger § 566 Rdn. 58 m. w. N.; *Lammel,* Wohnraummietrecht, § 566 Rdn. 15.

852 So *Emmerich* in Staudinger § 566 Rdn. 58.

853 Auch im Rahmen des § 572 Abs. 2 BGB wird eine beidseitige Unwirksamkeit von auflösenden Bedingungen diskutiert, s. § 572 Rdn. 4 und *Häublein* in MünchKomm § 572 Rdn. 5.

854 So auch *Blank/Börstinghaus* § 566 Rdn. 100.

855 *Emmerich* in Staudinger § 566 Rdn. 58.

154 Vereinbarungen, mit denen § 566 BGB Abs. 1 **umgangen** werden soll, können unwirksam sein. Wenn etwa dem Erwerber ermöglicht werden soll, das Grundstück zu ersteigern anstatt es zu kaufen, um so das **Sonderkündigungsrecht** aus § 57a ZVG in Anspruch nehmen zu können, so ist das gem. § 242 BGB rechtsmissbräuchlich[856].

155 Die Regelung über die **bürgengleiche Haftung** des Veräußerers in **§ 566 Abs. 2 BGB** ist ebenfalls nicht zwingend und kann schon im Voraus im Mietvertrag erlassen werden. Da eine solche Regelung den Mieter jedoch unangemessen benachteiligt, weil hierdurch der aufgezwungene Wechsel des Vertragspartners ausgeglichen werden soll, ist dies formularvertraglich zum Nachteil des Mieters nicht möglich[857]. Aus § 6 Abs. 2 Nr. 2 ZwangsverwalterVO dürfte sich allerdings eine andere Wertung ergeben, wenn ein Zwangsverwalter für den Veräußerer handelt[858]. Dort ist nämlich vorgesehen, dass der Zwangsverwalter Mietverträge nur unter Ausschluss der Haftung nach § 566 Abs. 2 BGB schließen soll. Dem Gesetzgeber erscheint in diesen Fällen die verwaltete Masse schutzwürdiger als der Mieter[859]. Die Vorschrift bezieht sich nicht nur auf individuell ausgehandelte Klauseln, da sie dem Verwalter quasi eine Mehrfachverwendungsabsicht vorschreibt und deshalb i. d. R. eine AGB-Klausel vorliegen dürfte. Bei einer Vermietung durch einen Insolvenzverwalter dürfte es ähnlich sein wie bei einem Zwangsverwalter. Aus § 6 Abs. 2 Nr. 2 ZwangsverwalterVO kann allerdings keine allgemeine Abbedingungsmöglichkeit, also für alle Vermieter, durch AGB abgeleitet werden[860], da die jeweils verwalteten Massen, die die Haftung aus § 566 Abs. 2 trifft, besonderem Schutz unterliegen.

IX. Prozessuales

156 Erfolgt der Eigentumsübergang während eines Mietprozesses, so hat dies wegen §§ 265, 325 ZPO kaum Auswirkungen, wenn der Rechtsstreit schon rechtshängig war. Der Veräußerer führt den Prozess fort (§ 265 ZPO)[861]. Bei einem Räumungsprozess muss der Veräußerer allerdings auf Herausgabe an den Erwerber umstellen[862]. Ein Urteil wirkt auch zu Gunsten oder zu Lasten des Erwerbers (§ 325 ZPO)[863]. § 265 ZPO ändert nichts daran, dass dem Mieter ein Zurückbehaltungsrecht wegen Mängelbeseitigungsansprüchen verloren gehen kann[864]. Zur Klage auf Zustimmung zur Mieterhöhung s. Rdn. 106. Der Erwerber kann einen Räumungstitel, den der Veräußerer erwirkt hat, gem. § 727 ZPO auf sich umschreiben lassen; hierfür reicht der Grundbuchauszug als Nachweis aus[865]. Der Ersteher eines Grundstücks, das nach vorangegangener Zwangsverwaltung zwangsversteigert worden ist, ist allerdings nicht Rechtsnachfolger des früheren Zwangsverwalters; hat Letzterer gegen den Mieter einen Räumungstitel erstritten, kann deshalb der Ersteher die Erteilung einer auf ihn lautenden vollstreckbaren Ausfertigung dieses Titels gem. § 727 ZPO jedenfalls nach der Beendigung der Zwangsverwaltung nicht verlangen, möglich ist aber eine Vollstreckung gem. § 93 ZVG[866]. Wird die **Zwangsverwaltung nach Rechtshängigkeit** angeordnet, kann der Zwangsverwalter durch bloße Übernahmeerklärung an Stelle des Klägers in den Rechtsstreit eintreten; einer Zustimmung des Klägers oder des Beklagten bedarf es nicht; die Regeln über die gewillkürte Prozessstandschaft gelten nicht[867]. Konsequenterweise sollte man in ähnlicher Weise die Fälle der Aufhebung der Zwangsverwaltung während eines laufenden Rechtsstreits behandeln, die oftmals ebenfalls mit einem Verlust der Prozessführungsbefugnis des Zwangsverwalters verbun-

856 BGH WuM 1978, 164 = ZMR 1979, 349.

857 *Häublein* in MünchKomm § 566 Rdn. 48; *Börstinghaus* NZM 2004, 489; *Lehmann-Richter* WImmoT 2008, 169. **A. A.** für die Gewerberaummiete *Leo* NZM 2006, 245 und *Leo/Ghassemi-Tabar* NZM 2010, 570.

858 *Leo/Ghassemi-Tabar* NZM 2010, 570.

859 So auch *Häublein* in MünchKomm § 566 Rdn. 48.

860 So auch *Häublein* in MünchKomm § 566 Rdn. 48. **A. A.** *Leo/Ghassemi-Tabar* NZM 2010, 570.

861 LG Bonn ZMR 2013, 534; LG Berlin GE 2015, 1532 m. w. N.; eingehend *Gsell* WuM 2012, 416.

862 *Gsell* WuM 2012, 416.

863 BGH NJW 2010, 1068 = WuM 2010, 165 = ZMR 2010, 355; BGH WM 1965, 680; LG Bonn ZMR 2013, 534; LG Berlin GE 2015, 1532; eingehend *Gsell* WuM 2012, 416. **A. A.** AG Berlin-Neukölln GE 2012, 1321, das aber den Begriff der Streitbefangenheit in § 265 ZPO verkennt.

864 S. Rdn. 140 und LG Bonn ZMR 2013, 534.

865 LG Köln, Beschluss v. 13.7.2009 (Az.: 10 T 101/09). Das LG Köln stützt sich allerdings fälschlicherweise nur auf § 985 BGB, nicht aber auf § 546 BGB, der dem Gläubiger weitergehende Rechte als die bloße Herausgabe gewährt, nämlich insbesondere den Räumungsanspruch.

866 BGH (VII ZB 47/10) NZM 2012, 724.

867 LG Krefeld NZI 2015, 94 = ZInsO 2014, 2522.

den ist[868] und die bisher ebenfalls überwiegend den Regeln des gewillkürten Parteiwechsels unterstellt werden[869]. Außerdem sollte ein Kläger das Recht haben, einen Parteiwechsel auf Beklagtenseite ohne dessen Zustimmung herbeizuführen, wenn über ein streitgegenständliches Grundstück des Beklagten die Zwangsverwaltung angeordnet wird.

[868] S. BGH (XII ZR 181/08) NZM 2010, 676 zu möglichen prozessualen Konstellationen. Zur Erledigungserklärung durch den Zwangsverwalter s. OLG Hamm ZMR 2010, 178.

[869] S. dazu BGH (VIII ZR 98/89) NJW-RR 1990, 1213; BGH (V ZR 154/75) NJW 1978, 1529.

§ 566a Mietsicherheit

[1]Hat der Mieter des veräußerten Wohnraums dem Vermieter für die Erfüllung seiner Pflichten Sicherheit geleistet, so tritt der Erwerber in die dadurch begründeten Rechte und Pflichten ein. [2]Kann bei Beendigung des Mietverhältnisses der Mieter die Sicherheit von dem Erwerber nicht erlangen, so ist der Vermieter weiterhin zur Rückgewähr verpflichtet.

Systematische Übersicht

Alphabetische Schnellübersicht

I. Normzweck, Entstehungsgeschichte und Übergangsrecht

1 § 566a BGB enthält eine – auch historisch bedingte[1] – Sonderregelung für die Mietsicherheit. Danach tritt der Erwerber in die Rechte und Pflichten des Veräußerers aus der Vereinbarung über die Mietsicherheit und in die Rechte und Pflichten einer vom Mieter geleisteten Sicherheit ein[2]; außerdem haftet der Veräußerer nach Mietvertragsende weiterhin subsidiär für die Rückerstattung der Sicherheit. Die Struktur der Vorschrift ist ähnlich wie die von § 566 BGB, nämlich auf der einen Seite Eintritt des Erwerbers, auf der anderen Seite Weiterhaftung des Veräußerers unter be-

[1] Der historische Gesetzgeber der Vorgängervorschrift § 572 BGB a. F. wollte vor allem die Haftung des Erwerbers beschränken, falls dieser die Sicherheit nicht vom Veräußerer erhalten hatte; s. zu Einzelheiten der Gesetzgebungsgeschichte BGH NJW 1999, 1857 = WuM 1999, 397 = ZMR 1999, 537.

[2] BGH NJW 2007, 1818 = WuM 2007, 267 = ZMR 2007, 529. Die Frage, ob dieser Eintritt eine Rechtsnachfolge ist oder ob mit dem Erwerber ein neues, aber inhaltsgleiches Vertragsverhältnis in Bezug auf die Sicherungsabrede entsteht, stellt sich im Rahmen des § 566a BGB gleichermaßen wie bei § 566 BGB, obwohl sie in der Literatur zu § 566a BGB nicht diskutiert wird; es gelten die gleichen Erwägungen wie bei § 566 BGB, s. deshalb dort Rdn. 9.

stimmten Umständen. Sie ist als **Ergänzung zu § 566 BGB** zum einen deswegen notwendig, weil der Veräußerer in weiterem Maße auf Rückerstattung der Sicherheit haftet, als er dies nach § 566 Abs. 2 BGB tun würde. Sie ist aber auch deshalb notwendig, weil sich der Gesetzgeber der Ansicht des BGH angeschlossen hat, wonach jedenfalls der Anspruch auf Rückzahlung der Kaution kein Anspruch ist, der sich auf das Mietgrundstück bezieht[3], der also nicht aus dem – nach § 566 BGB auf den Erwerber übergehenden – Mietvertrag stammt, sondern aus der davon zu trennenden, nicht unter § 566 BGB fallenden Sicherungsabrede[4]. § 566a BGB soll damit ein Auseinanderfallen von Mietvertrag und Kautionsabrede vermeiden[5]. Sie bürdet aber dem Erwerber das Insolvenzrisiko des Veräußerers auf, wenn dieser die Mietsicherheit weder insolvenzfest angelegt noch an den Erwerber ausgehändigt hat[6]. Sie stellt deshalb der Sache nach eine Belastung des vermieteten Grundstücks dar[7], was sich nicht nur in der Insolvenz des Veräußerers zeigt, sondern gleichermaßen bei der Zwangsversteigerung und Zwangsverwaltung des Grundstücks sowie bei der Insolvenz des Erwerbers (s. VIII. und IX.).

Die Vorgängernorm (§ 572 BGB a. F.) war eine Vorschrift zum Schutz des Erwerbers. Ihr Rege- 2
lungsgehalt betraf nur ihn, indem sie bestimmte, dass er zwar in die Rechte einer geleisteten Sicherheit eintrat, die Pflicht zur Rückgewähr aber nur erfüllen musste, wenn er die Sicherheit erhalten hatte; eine Weiterhaftung des Veräußerers war nicht erwähnt. Demgegenüber ist § 566a BGB eine ausgesprochene **Mieterschutzbestimmung,** indem sie den Erwerber nun uneingeschränkt auf Rückerstattung der Sicherheit haften lässt und den Veräußerer subsidiär. Der Gesetzgeber wollte vermeiden, dass der Mieter sich unter Umständen noch lange nach der Veräußerung der Mietsache mit dem Veräußerer über die Sicherheit auseinandersetzen muss, dies zumal, als ihm der Aufenthalt des Veräußerers dann oftmals unbekannt ist[8]. Allerdings beabsichtigte der Gesetzgeber auch eine Verbesserung der Erwerberstellung insofern, als sie dem Erwerber im Unterschied zur Rechtslage vor der Mietrechtsreform, einen eigenen Anspruch auf erstmalige Leistung bzw. Wiederauffüllung der Kaution zugestand[9].

Da es in der Mietreformgesetzgebung für § 566a BGB keine **Überleitungsvorschrift** gibt, 3
müsste die Regelung eigentlich gleichermaßen für alle Rückerstattungsansprüche gelten, die nach Inkrafttreten der Reform am 1.9.2001 fällig wurden bzw. werden. Dann würden aber auch Erwerber auf Rückerstattung der Sicherheit haften, die lange vor diesem Datum Eigentum an der Mietsache erworben haben. Das käme einer echten Rückwirkung gleich, auf die sich die Erwerber nicht einstellen konnten, weil sie nach der Vorgängervorschrift des § 572 BGB a. F. keine Veranlassung hatten, für eine Auskehrung der beim Veräußerer vorhandenen Kautionsguthaben an sich selbst Sorge zu tragen. Deshalb ist § 566a BGB nach dem Willen des Gesetzgebers[10] und in **verfassungskonformer Auslegung** nach der Rechtsprechung des BGH[11] nur anwendbar, wenn das dem Eigentumsübergang zu Grunde liegende Rechtsgeschäft nach Inkrafttreten der Mietrechtsreform

---

3 BGH NJW 1999, 1857 = WuM 1999, 397 = ZMR 1999, 537 mit ausführlicher Begründung zur Rechtslage vor der Mietrechtsreform. Der Gesetzgeber der Mietrechtsreform hat sich dieser Argumentation angeschlossen, vgl. BT-Drucksache 14, 4553 (abgedruckt in NZM 2000, 446) und insbesondere BR-Drucksache 439/00 (abgedruckt in NZM 2001, 27), jeweils zu § 566a BGB. Der Entwurf der Bunderegierung, der die BGH-Entscheidung durch Anfügung eines weiteren Satzes an § 572 BGB a. F. zur Haftung des Veräußerers in Gesetzesform gießen wollte, ist zwar in dieser Form nicht Gesetz geworden; das bedeutet aber kein Abrücken von dem Grundansatz des BGH, der Bundesrat wünschte vielmehr auf dieser Basis und unter Erwähnung der BGH-Meinung eine weitere, dann auch Gesetz gewordene Verschärfung der Haftung des Erwerbers, der nach der Vorgängervorschrift und dem Entwurf der Bundesregierung zur Rückerstattung nur verpflichtet war, wenn er die Sicherheit erhalten hatte; der Bundesrat wollte dem Mieter Schwierigkeiten bei der Anspruchsdurchsetzung gegenüber dem unter Umständen schon lange ausgeschiedenen Veräußerer ersparen, aber auch dem Erwerber einen Anspruch auf Sicherheitsleistung verschaffen (vgl. BR-Drucksache 439/00, abgedruckt in NZM 2001, 27).

4 S. näher bei § 566 Rdn. 102.

5 BGH NJW 2007, 1818 = WuM 2007, 267 = ZMR 2007, 529; BGH WuM 2011, 472.

6 BGH (XII ZR 13/10) NJW 2012, 1353 = WuM 2012, 278 = ZMR 2012, 535.

7 BGH (XII ZR 13/10) NJW 2012, 1353 = WuM 2012, 278 = ZMR 2012, 535.

8 *Häublein* in MünchKomm § 566a Rdn. 1.

9 BR-Drucksache 439/00, abgedruckt in NZM 2001, 27.

10 Hierauf stellt entscheidend BGH NZM 2009, 615 ab.

11 BGH NZM 2009, 615; BGH NZM 2005, 639 = WuM 2005, 404; BGH NZM 2005, 907 m.w.N. (für die Ersteigerung gem. § 57 ZVG), BGH NZM 2006, 179 = ZMR 2006, 348. S. auch *Häublein* in MünchKomm § 566a Rdn. 5. Zur Rechtslage vor der Mietrechtsreform s. beispielsweise *Derleder* WuM 1986, 39.

(1.9.2001)[12] geschlossen wurde; für Rechtsgeschäfte davor gilt weiterhin § 572 BGB a. F. Auf den Zeitpunkt des Eigentumsübergangs kommt es nicht an[13]. Wenn das Veräußerungsgeschäft ab dem 1.9.2001 erfolgt ist, ist es belanglos, ob es zuvor ggf. einen früheren Erwerber gegeben hat, der sich auf die einschränkende verfassungskonforme Auslegung berufen konnte; die Nichtanwendbarkeit des § 566a BGB perpetuiert sich bei späteren Erwerbern nicht[14]. Beispielhaft wäre zu nennen ein Ersterwerb vor dem 1.9.2001. Gegen einen solchen Ersterwerber hätte der Mieter gem. § 572 BGB a. F. keinen Anspruch auf Kautionsrückerstattung, wenn dieser von dem Veräußerer die Kaution nicht erhalten hätte. Verkauft der Ersterwerber in einer solchen Situation das Mietobjekt ab dem 1.9.2001, so ist der Zweiterwerber gem. § 566a BGB zur Rückerstattung verpflichtet: Die Voraussetzungen des § 566a BGB sind erfüllt, die Rückerstattungspflicht entspricht dem Zweck der Vorschrift und Rückwirkungsgesichtspunkte sind nicht einschlägig, da der Zweiterwerber in den Verhandlungen (bzw. bei einer Zwangsversteigerung bei der Abgabe des Gebots) dafür Sorge tragen konnte, dass die Rückerstattungspflicht bei der Preisfindung berücksichtigt wird[15].

II. Anwendungsbereich

4 § 566a BGB gilt für alle Arten von Mietsicherheiten, also nicht nur für die praktisch häufige Barkaution, sondern für alle in § 232 BGB erwähnten Sicherheiten (auch wenn sie – wie beispielsweise im Falle der Bürgschaft – durch Dritte geleistet werden) sowie für die Sicherungsübereignung und die Sicherungsabtretung[16] oder andere atypische Sicherheiten[17]. Das ergibt sich aus dem Wortlaut der Vorschrift, dem eine Beschränkung auf bestimmte Sicherheiten oder auch auf bestimmte sicherbare Ansprüche nicht zu entnehmen ist. Wie oben ausgeführt ist der **zeitliche** Anwendungsbereich der Vorschrift auf Eigentumsübergänge ab dem 1.9.2001 begrenzt. In **sachlicher** Hinsicht ist die Vorschrift nur anwendbar, wenn es gem. § 566 BGB überhaupt zu einem Eintritt des Erwerbers in den Mietvertrag gekommen ist, wenn also die Voraussetzungen des § 566 BGB erfüllt sind (zu dessen Anwendungsbereich und Voraussetzungen s. dort). Das ergibt sich zwar nicht aus dem Gesetzeswortlaut, folgt aber aus dem Zusammenhang von § 566 BGB und § 566a BGB[18], die ersichtlich aufeinander aufbauen. Ansonsten würden dem Erwerber durch § 566a BGB Pflichten aus einem Vertrag auferlegt, an dem er nicht beteiligt war, dessen Nutzen er also auch nicht hatte. Insbesondere kommt es deshalb auch bei § 566a BGB darauf an, dass das **Mietverhältnis** bei Eigentumsübergang wirksam **besteht**[19] (s. dazu bei § 566 Rdn. 48). Ohne das gibt es grundsätzlich keinen Eintritt des Erwerbers in die Vermieterrechte und -pflichten, obwohl es noch nicht abgewickelte Ansprüche geben kann. Zu solchen nicht abgewickelten Ansprüchen gehören die praktisch wichtigen, weil nicht seltenen Fälle, dass die Mietsicherheit noch abzurechnen und ggf. zu erstatten ist, sowie die Abrechnung und der Ausgleich von Betriebskosten aus vergangenen Abrechnungsperioden[20]. Als **Ausnahme** ist bei § 566 BGB lediglich anerkannt der Anspruch auf Räumung und daraus resultierende Folgeansprüche wie Nutzungsentschädigung und Schadensersatz, die auf den Erwerber übergehen, auch wenn der Vertrag vor dem Eigentumsübergang rechtlich beendet war

---

[12] Nicht entscheidend ist, ob das schuldrechtliche Rechtsgeschäft nach der Beschlussfassung des Bundestages über das Mietrechtsreformgesetz am 29.3.2001 geschlossen wurde. Dann wäre zwar ein verfassungsrechtlicher Vertrauensschutz nicht geboten, eine solche Sicht entspräche aber nicht dem Willen des Gesetzgebers (BGH NZM 2009, 615. **A. A.** die Vorinstanz KG ZMR 2008, 48).

[13] BGH NZM 2009, 615. Kritisch dazu *Häublein* in MünchKomm § 566a Rdn. 5.

[14] BGH (VIII ZR 304/10) NZM 2012, 81 = WuM 2011, 472 = ZMR 2011, 785.

[15] So auch BGH (VIII ZR 304/10) NZM 2012, 81 = WuM 2011, 472 = ZMR 2011, 785. Kritisch dazu *Bister* NZM 2012, 447, der aber fälschlicherweise eine Pflicht des Mieters annimmt, für eine Übertragung der Kaution auf den Erwerber zu sorgen, und hieraus eine Einrede des Erwerbers ableitet.

[16] *Häublein* in MünchKomm § 566a Rdn. 6.

[17] **A. A.** *Späth* ZMR 2013, 407, der den Anwendungsbereich des § 566a BGB auf die klassischen Sicherheiten beschränken will.

[18] *Emmerich* in Staudinger § 566a Rdn. 2; *Feuerlein* WuM 2005, 79; *Lammel,* Wohnraummietrecht, § 566a Rdn. 1; auch der BGH geht in BGH NJW 2007, 1818 = WuM 2007, 267 = ZMR 2007, 529 hiervon aus, wenn er für beide Vorschriften das Bestehen eines wirksamen Mietverhältnisses fordert und den engen Zusammenhang von § 566a BGB und dem Eintritt des Erwerbers in das Mietverhältnis betont.

[19] BGH NJW 2007, 1818 = WuM 2007, 267 = ZMR 2007, 529; LG Potsdam GE 2017, 51.

[20] Auch die Pflicht zur Abrechnung und zum Ausgleich der bei Auszug laufenden Abrechnungsperiode soll nach einem obiter dictum des BGH in NJW 2007, 1818 = WuM 2007, 267 = ZMR 2007, 529 den Veräußerer treffen, wenn der Auszug vor dem Eigentumswechsel lag; m. E. (zu Einzelheiten s. § 566 Rdn. 111) trifft dies Pflicht allerdings den Erwerber.

(s. näher bei § 566 Rdn. 51). Deshalb haftet der Erwerber nicht für die Rückerstattung der Kaution bzw. muss sie nicht abrechnen, wenn der Mieter zwar erst nach Vertragsende, aber noch **vor dem Eigentumsübergang ausgezogen** ist, da es ein auf unterlassener Räumung beruhendes Abwicklungsschuldverhältnis zwischen Mieter und Erwerber nicht gibt und die Rechtsposition des Mieters durch den Eigentumswechsel nicht mehr berührt wird[21]. Problematisch ist allerdings das Schicksal der Mietsicherheit, wenn der Vertrag zwar beendet ist, der Mieter aber **vor dem Eigentumsübergang noch nicht geräumt** hatte. Hier stehen dem Erwerber – wie dargelegt – aus dem Abwicklungsschuldverhältnis der Anspruch auf Räumung und daraus resultierende Folgeansprüche wie Nutzungsentschädigung und Schadensersatz zu. An deren Sicherung durch die Mietsicherheit hat der Erwerber regelmäßig ein Interesse, da die Nichterfüllung einer Räumungspflicht meist auf ein Problemmietverhältnis hindeutet. Deshalb sollte § 566a BGB auch in diesen Fällen angewendet werden, selbst wenn das mit der Folge verbunden ist, dass der Erwerber Schuldner des Kautionsrückerstattungsanspruchs wird. Letztlich entscheidend dürfte sein, dass es dem Sinn und Zweck des § 566a BGB entspricht, eine enge Verzahnung des Rechtsübergangs nach § 566 BGB mit der Kautionsabrede herzustellen[22] und die Sicherheit für die Zeiten der Krise vereinbart wurde, die sich gerade in dem Verstoß gegen die Räumungspflicht realisiert[23].

Die Notwendigkeit des Erwerbereintritts in den Mietvertrag gem. § 566 BGB als unausgesprochene Anwendungsvoraussetzung des § 566a bedeutet weiter, dass § 566a BGB nicht auf die Fälle des rechtsgeschäftlichen Vermieterwechsels **(Vertragsübernahme)** anwendbar ist[24]. Meist vereinbaren die beteiligten Vertragsparteien aber zumindest stillschweigend einen Übergang der Sicherungsabrede, weil sie diese als zum Mietvertrag gehörig ansehen[25]; wegen dieses Vertragswillens ist eine analoge Anwendung des § 566a BGB nicht notwendig und überdies wegen der Gestaltungsmacht der Parteien nicht gerechtfertigt[26]. Eine Mietbürgschaft wird auch ohne Vereinbarung gem. § 401 BGB übergeleitet[27]. Die Vertragsübernahme bedeutet, dass der neue Vermieter die Kaution insolvenzfest anzulegen und unabhängig davon zurückzuzahlen hat, ob er sie vom alten Vermieter erhalten hat[28]; der alte Vermieter haftet hierfür nicht mehr, da § 566a Satz 2 BGB nicht anwendbar ist[29]. S. zur Vertragsübernahme auch bei § 566 Rdn. 42. 5

§ 566a BGB gilt unmittelbar nur für die Mietsicherheit bei Veräußerung von Wohnraum. Neben der Erstreckung auf Mietverhältnisse über **Räume und Grundstücke** in § 578 BGB[30] ist § 566a BGB kraft **Verweisung** anwendbar bei der gewerblichen Weitervermietung (§ 565 Abs. 2 BGB), bei der dinglichen Belastung der Mietsache durch den Vermieter (§ 567 BGB), bei der Veräußerung oder dinglichen Belastung des Grundstücks vor Überlassung der Mietsache (§ 567a BGB) und bei der Weiterveräußerung des Grundstücks oder der dinglichen Belastung (§ 567b BGB), außerdem beim Nießbrauch (§§ 1056, 1059d BGB, aber nur bei dessen Beendigung und Übertragung, für die Bestellung gilt § 567 BGB[31]), bei der Nacherbfolge (§ 2135 BGB), bei der Überlassung von Wohnraum in Zusammenhang mit einem Wohn- und Betreuungsvertrag (§ 5 Abs. 2 WBVG), bei Mietverhältnissen über eingetragene Schiffe und Luftfahrzeuge (§ 578a BGB, für Luftfahrzeuge in Verbindung mit § 98 Abs. 2 des Gesetzes über Rechte an Luftfahrzeugen (LuftFzgG)), bei Pachtverträgen (§ 581 Abs. 2), Landpachtverträgen (§ 593b BGB), Jagdpachtverträgen (§ 14 BJagdG), bei der Fischereipacht hängt es von der Landesgesetzgebung ab[32], nach § 11 Abs. 3 Investitionsvorranggesetz (InVorG) und bei der **Zwangsversteigerung** (§ 57 ZVG)[33]. Veräußert der **Insolvenzverwalter** das Grundstück des Vermieters, dann steht das grundsätzlich einem 6

---

[21] BGH NJW 2007, 1818 = WuM 2007, 267 = ZMR 2007, 529.

[22] Ähnlich BGH NJW 2007, 1818 = WuM 2007, 267 = ZMR 2007, 529. **A. A.** *Wolf/Eckert/Ball* Rdn. 1433.

[23] Im Ergebnis ebenso *Flatow* WImmoT 2008, 151.

[24] H. M., vgl. nur *Häublein* in MünchKomm § 566a Rdn. 3 m.w.N. Für eine analoge Anwendung AG Düsseldorf (bestätigt durch LG Düsseldorf) WuM 1989, 568; *Kandelhard* NZM 2001, 703; für eine Analogie fehlt es allerdings an einer Regelungslücke, da die Parteien frei sind, eine entsprechende Regelung zu vereinbaren und dies jedenfalls stillschweigend regelmäßig auch tun.

[25] *Kandelhard* NZM 2001, 701/702; ähnlich AG Oldenburg WuM 1988, 267.

[26] **A. A.** *Kandelhard* NZM 2001, 703.

[27] BGH NJW 1985, 2528; *Schmid* WuM 2013, 647.

[28] *Schmid* WuM 2013, 647; *Kandelhard* NZM 2001, 702.

[29] *Kandelhard* NZM 2001, 702.

[30] Einzelheiten bei § 566 Rdn. 19.

[31] S. insgesamt zum Nießbrauch bei der Kommentierung zu § 567 BGB.

[32] Einzelheiten bei *Harke* in MünchKomm § 581 Rdn. 34.

[33] BGH (XII ZR 13/10) NJW 2012, 1353 = WuM 2012, 278 = ZMR 2012, 535; *Derleder* WuM 2002, 244.

Verkauf durch den Vermieter gleich mit der Folge, dass § 566a BGB anwendbar ist[34]; s. auch Rdn. 44.

7 Zum Schicksal eines Mietvertrages bei Bestellung und Änderung eines **Erbbaurechts,** eines dinglichen **Wohnungsrechts** gem. § 1093 BGB und eines Dauerwohnrechts im Sinne von § 31 WEG s. bei der Kommentierung zu § 567 BGB.

8 Da § 566a BGB – wie ausgeführt – auf § 566 BGB aufbaut, kann **ergänzend** auf die Ausführungen zum Anwendungsbereich des § 566 BGB verwiesen werden, insbesondere zu den Fällen, in denen §§ 566ff. BGB nicht anwendbar sind.

III. Verhältnis und Abgrenzung zu § 566 BGB

9 Von § 566 BGB werden nur solche Vereinbarungen der Vertragsparteien erfasst (und gehen auf den Erwerber über), die als mietvertraglich zu qualifizieren sind (allgemein dazu bei § 566 Rdn. 88). Die Frage, ob und inwieweit eine Mietsicherheit als mietvertraglich zu qualifizieren ist, ist problematisch. Die **Sicherungsabrede** über eine Barkaution kann und muss auf der einen Seite als eigenständige, nicht mietrechtliche Vertragsart angesehen werden[35]; auf der anderen Seite ist es nicht fernliegend, einen unlösbaren Zusammenhang mit dem Mietvertrag anzunehmen, was für eine mietvertragliche Qualifizierung ausreichen würde[36]. Der BGH ist ersterer Ansicht[37], was letztlich wohl deshalb richtig ist, weil ansonsten § 566a Satz 1 BGB überflüssig wäre und weil ansonsten Wertungswidersprüche zur Behandlung von anderen Arten der Mietsicherheit, wie etwa der Bürgschaft, auftreten würden, die mit außerhalb der Vertragsbeziehung stehenden Dritten vereinbart werden[38]. Dass der BGH seine Auffassung inzwischen aufgegeben hätte, ist nicht ersichtlich[39], im Gegenteil, in späteren Entscheidungen bezeichnet der BGH § 566a BGB ausdrücklich als Ergänzung zu § 566 BGB bezüglich der Rechte und Pflichten aus der Sicherungsabrede[40] bzw. spricht von einer Sonderregelung bezüglich der Rechte und Pflichten aus einer geleisteten Sicherheit[41]. Da § 566a BGB gerade für die Pflicht zur Rückerstattung der Mietsicherheit, die zentraler Bestandteil der Sicherungsabrede ist, den Eintritt des Erwerbers anordnet, liegt hierin zugleich ein (unausgesprochenes) Abweichen von der Notwendigkeit der Erfüllung der Voraussetzungen des § 566 BGB.

10 Von der Sicherungsabrede ist zu unterscheiden die Verpflichtung des Mieters, überhaupt eine Sicherheit zu stellen[42]. Diese Vereinbarung muss als jedenfalls unlösbar mit dem Mietverhältnis verbunden angesehen werden, so dass die **Pflicht zur Leistung der Sicherheit** (einschließlich eines ggf. später nach § 240 BGB[43] entstehenden **Wiederauffüllungsanspruchs**) gem. § 566 BGB auf den Erwerber übergeht[44]. Das gilt entgegen dem Fälligkeitsprinzip selbst dann, wenn die Ansprü-

---

34 *Eckert* in MünchKommInsO (3. Aufl.) § 111 Rdn. 11.
35 S. zur Rechtsnatur der Barkaution *Kießling* JZ 2004, 1146.
36 S. § 566 Rdn. 92.
37 BGH NJW 1999, 1857 = NZM 1999, 496 = WuM 1999, 397 = ZMR 1999, 537 mit ausführlicher Begründung zur Rechtslage vor der Mietrechtsreform. Der Gesetzgeber der Mietrechtsreform hat sich dieser Argumentation angeschlossen, vgl. BT-Drucksache 14, 4553 (abgedruckt in NZM 2000, 446) und insbesondere BR-Drucksache 439/00 (abgedruckt in NZM 2001, 27), jeweils zu § 566a BGB. Der Entwurf der Bunderegierung, der die BGH-Entscheidung durch Anfügung eines weiteren Satzes an § 572 BGB a. F. zur Haftung des Veräußerers in Gesetzesform gießen wollte, ist zwar in dieser Form nicht Gesetz geworden; das bedeutet aber kein Abrücken von dem Grundansatz des BGH, der Bundesrat wünschte vielmehr auf dieser Basis und unter Erwähnung der BGH-Meinung eine weitere, dann auch Gesetz gewordene Verschärfung der Haftung des Erwerbers, der nach der Vorgängervorschrift und dem Entwurf der Bundesregierung zur Rückerstattung nur verpflichtet war, wenn er die Sicherheit erhalten hatte; der Bundesrat wollte dem Mieter Schwierigkeiten bei der Anspruchsdurchsetzung gegenüber dem unter Umständen schon lange ausgeschiedenen Veräußerer ersparen, aber auch dem Erwerber einen Anspruch auf Sicherheitsleistung verschaffen (vgl. BR-Drucksache 439/00, abgedruckt in NZM 2001, 27). In BGH NJW 2007, 1818 = WuM 2007, 267 = ZMR 2007, 529 geht der BGH ebenfalls davon aus, dass die Sicherungsabrede nach § 566a BGB übergeht.
38 BGH NJW 1999, 1859 = NZM 1999, 496 = WuM 1999, 397 = ZMR 1999, 537.
39 **A. A.** für Sicherungsabreden, die nicht mit Dritten getroffen wurden, *Emmerich* in Staudinger § 566a Rdn. 1.
40 BGH NJW 2007, 1818 = WuM 2007, 267 = ZMR 2007, 529 Rdn. 7.
41 BGH (XII ZR 22/11) NJW 2012, 3032 = WuM 2012, 560.
42 *Häublein* in MünchKomm § 566a Rdn. 1. Von dieser Unterscheidung geht auch BGH (XII ZR 22/11) aus.
43 *Kraemer* NZM 2001, 741.
44 BGH (XII ZR 22/11) NJW 2012, 3032 = WuM 2012, 560 Rdn. 28 m.w.N.

che auf Leistung und Wiederauffüllung schon vor dem Eigentumsübergang in der Person des Veräußerers entstanden sind[45]; das Fälligkeitsprinzip greift aber ausnahmsweise nicht ein, weil die Sicherheit alle Ansprüche aus dem Mietvertrag sichert, also gleichfalls die des Erwerbers nach Eigentumsübergang[46]. Hat der Mieter die Sicherheit *an den Veräußerer* geleistet, ist dieser Anspruch erfüllt und kann nicht mehr auf den Erwerber übergehen[47]; wohl aber geht über in möglicher Wiederauffüllungsanspruch. Hat der Mieter die Sicherheit *an den Erwerber* geleistet, so bedarf es für deren weitere Behandlung nicht des Rückgriffs auf § 566 a BGB, da nun zwischen Erwerber und Mieter eine eigene Sicherungsabrede besteht und deshalb für eine Überleitung der Sicherungsabrede zwischen Veräußerer und Mieter keine Notwendigkeit vorhanden ist. Der Anspruch auf Leistung bzw. Wiederauffüllung der Kaution unterliegt der Regelverjährung des § 195 BGB[48]. Ist in der Person des Veräußerers **Verjährung** eingetreten, so ändert sich daran durch die Veräußerung nichts, der Anspruch lebt also in der Person des Erwerbers nicht wieder auf, weil sich der Charakter bzw. der Zustand eines Anspruchs durch einen Rechtsübergang grundsätzlich nicht ändert[49]. Hat der Veräußerer einen **Titel** auf (erstmalige) Leistung oder Wiederauffüllung der Sicherheit erstritten, dann kann der Erwerber ihn gem. § 727 ZPO auf sich **umschreiben** lassen. Erfolgt der Eigentumsübergang während eines Mietprozesses, so führt der Veräußerer den bereits rechtshängigen Prozess fort (§ 265 ZPO), er muss allerdings auf Herausgabe an den Erwerber umstellen; das Urteil wirkt auch zu Gunsten oder zu Lasten des Erwerbers (§ 325 ZPO). Die Rechtslage unterscheidet sich insofern nicht von derjenigen des Räumungsanspruchs; beide Ansprüche gehen nach der Rechtsprechung des BGH gem. § 566 BGB auf den Erwerber über und für den Räumungsanspruch gem. § 546 BGB ist die Geltung von §§ 265, 325, 727 ZPO anerkannt[50]. Zu den Folgen, wenn der Veräußerer die Sicherheit an den Mieter zurückgibt, s. Rdn. 25 und 32.

IV. Voraussetzungen

Nach dem Gesetzeswortlaut des § 566 a Satz 1 BGB ist Voraussetzung für den Eintritt des Erwer- **11**
bers in die Rechte und Pflichten aus der Mietsicherheit nur, dass der Mieter die Sicherheit bereits vor Eigentumsübergang geleistet hat. Daneben müssen aber auch – wie schon ausgeführt (Rdn. 4) – die Voraussetzungen des § 566 BGB erfüllt sein, d. h., der Erwerber muss auch in das Mietverhältnis insgesamt eingetreten sein, insbesondere muss das Mietverhältnis bei Eigentumsübergang noch bestehen. Der Rechtsgrund der Veräußerung ist belanglos; § 566 a BGB gilt deshalb auch bei Erwerb in der Zwangsversteigerung[51] und vom Insolvenzverwalter[52]. Wann eine Sicherheit geleistet ist, bestimmt sich nach den vertraglichen Abreden der Parteien und ggf. nach speziellen gesetzlichen Vorschriften (etwa §§ 765 ff. BGB für die Bürgschaft). Ist eine Sicherheit vor Eigentumsübergang noch nicht geleistet worden oder (nach deren Verbrauch durch den Veräußerer) wiederaufzufüllen, ist dies nach dem Vorgesagten kein Anwendungsfall des § 566 a BGB sondern des § 566 BGB; diese Ansprüche stehen aber ebenfalls dem Erwerber zu.

V. Rechtsfolgen

1. Unmittelbarer Rechtserwerb

Liegen die Voraussetzungen des § 566 a BGB vor, so tritt der Erwerber kraft Gesetzes in die **12**
Rechtsstellung des Veräußerers ein[53]; er wird mit dem Eigentumsübergang unmittelbar Inhaber

[45] BGH (XII ZR 22/11) NJW 2012, 3032 = WuM 2012, 560 Rdn. 31; *Börstinghaus* NZM 2004, 485 m. w. N.; *Bister* NZM 2012, 447; ähnlich auch *Kraemer* NZM 2001, 742 und *Kießling* JZ 2004, 1152, die allerdings § 566 a BGB analog anwenden wollen. **A. A.** wegen Verstoßes gegen das Fälligkeitsprinzip OLG Hamburg ZMR 1997, 415.

[46] BGH (XII ZR 22/11) NJW 2012, 3032 = WuM 2012, 560 Rdn. 34.

[47] BGH (VIII ZR 206/10) NZM 2012, 303 = WuM 2012, 21 = ZMR 2012, 258, dort auch zu einem nach Treu und Glauben begründeten Ausnahmefall.

[48] S. § 548 Rdn. 64.

[49] S. etwa BGH NJW 1977, 36.

[50] S. eingehend *Gsell* WuM 2012, 416.

[51] BGH (XII ZR 13/10) NJW 2012, 1353 = WuM 2012, 278 = ZMR 2012, 535.

[52] Einzelheiten bei Rdn. 47.

[53] BGH (VIII ZR 206/10) NZM 2012, 303 = WuM 2012, 21 = ZMR 2012, 258; LG Wuppertal WuM 2015, 731; AG Erfurt WuM 2012, 209.

der Rechte und Pflichten[54] aus der Sicherheit, ohne dass es eines besonderen Übertragungsaktes[55] oder der Zustimmung des Mieters[56] bedürfte. Dieser unmittelbare Rechtserwerb erfolgt auch dann, wenn dadurch in das **Rechtsverhältnis Dritter** (etwa einer Bank, die das Kautionskonto führt) eingegriffen wird[57]. Die Gegenansicht[58], die einen unmittelbaren Rechtserwerb durch § 566a BGB auf das Verhältnis zwischen Veräußerer/Erwerber und Mieter beschränken will, missachtet den weiten Wortlaut der Vorschrift, ohne konkrete Anhaltspunkte für einen entsprechenden gesetzgeberischen Willen oder einen entgegenstehenden Zweck anführen zu können. Ein unmittelbarer Rechtserwerb kommt allerdings nicht in Betracht, wenn die Sicherheit nicht zu Gunsten des Veräußerers bestellt war[59].

13 **Welche Rechte** und Pflichten mit dem Zeitpunkt des Eigentumswechsels auf den Erwerber **übergehen,** richtet sich nach der Art der Sicherheit. Bei der Bürgschaft erlangt der Erwerber an Stelle des Veräußerers die Rechte gegen den Bürgen[60]. Im Falle der Sicherungsübereignung wird der Erwerber Eigentümer der zur Sicherung übereigneten Gegenstände[61], bei der Sicherungsabtretung Inhaber der zur Sicherung abgetretenen Forderungen[62]. Sind Gegenstände oder Forderungen verpfändet worden, so erlangt der Erwerber die Rechte des Pfandgläubigers[63] und – soweit Sparforderungen (Sparbücher) oder Wertpapiere verpfändet wurden – das Eigentum an den Sparbüchern bzw. den Wertpapieren (§ 952 BGB)[64].

14 Bei der **Barkaution** sind zwei Konstellationen zu unterscheiden. Hat der Veräußerer die Barkaution – wie es bei Wohnraummietverhältnissen gem. § 551 Abs. 3 BGB seine Pflicht ist – auf einem Treuhandkonto angelegt, so wird der Erwerber kraft Gesetzes Inhaber des Treuhandkontos und gem. § 952 BGB Eigentümer eines ggf. vorhandenen Sparbuchs (oder einer anderen Schuldurkunde)[65] und kann es vom Veräußerer gem. §§ 985, 1251 BGB herausverlangen. Der Erwerber braucht dem Kreditinstitut nur den gesetzlichen Forderungsübergang nachzuweisen, um als Forderungsinhaber verbucht zu werden[66]. Handelt es sich um ein Sammeltreuhandkonto des Vermieters, auf dem die Sicherheiten aus mehreren verschiedenen Mietverhältnisses eingezahlt sind, so geht mit dem Eigentumsübergang auf den Erwerber ein Anspruch auf Auszahlung eines entsprechenden Teilguthabens über[67]. Bewahrt der Veräußerer die Barkaution hingegen nicht getrennt von seinem sonstigen Vermögen auf[68], so steht dem Erwerber nur ein Anspruch auf Auszahlung des Kautions-

---

[54] Der Pflichtenübergang ist einer der wesentlichen Unterschiede zur Vorgängervorschrift § 572 BGB a. F., nach der dem Erwerber die Rechte zustanden, die Pflichten ihn aber nur trafen, wenn er die Sicherheit erhalten hatte.

[55] *Häublein* in MünchKomm § 566a Rdn. 7.

[56] BGH (VIII ZR 206/10) NZM 2012, 303 = WuM 2012, 21 = ZMR 2012, 258; *Geldmacher* DWW 2011, 180.

[57] *Häublein* in MünchKomm § 566a Rdn. 8; *Derleder* NZM 2006, 606/607; *Kraemer* NZM 2001, 742; LG Wuppertal WuM 2015, 731; AG Erfurt WuM 2012, 209; OLG Düsseldorf WuM 1997, 264 = ZMR 1997, 295 (zur Vorgängervorschrift).

[58] *Lammel,* Wohnraummietrecht, § 566a Rdn. 10. Unklar LG Berlin GE 2010, 1272, das meint (Rdn. 15 bei Juris), die Bank sei bei einem verpfändeten Sparbuch nicht ohne Zustimmung des verpfändenden Mieters zur Auszahlung an den Erwerber verpflichtet; diese Ansicht ist wegen §§ 1250, 1257 BGB nicht zutreffend.

[59] LG Berlin (65 S 271/09) MM 2010, 74 (für die Verpfändung eines Sparbuchs zu Gunsten der Hausverwaltung).

[60] *Emmerich* in Staudinger § 566a Rdn. 9.

[61] *Emmerich* in Staudinger § 566a Rdn. 9.

[62] Es sind gem. § 412 BGB auch die §§ 399ff. BGB anwendbar, insbesondere § 407 BGB zugunsten des Abtretungsschuldners bis zu dessen Kenntnis von dem Forderungsübergang.

[63] AG Erfurt WuM 2012, 209; *Emmerich* in Staudinger § 566a Rdn. 9. BGH (VIII ZR 206/10) NZM 2012, 303 = WuM 2012, 21 = ZMR 2012, 258 hat die Frage offen gelassen, ob der Erwerber die übergegangenen Rechte aus einem verpfändeten Sparbuch gegenüber der Bank notfalls auch ohne Mitwirkung des Mieters durchsetzen kann; der Mieter hatte die Verpflichtungserklärung nur „zu Gunsten der Voreigentümerin persönlich" abgegeben.

[64] *Emmerich* in Staudinger § 566a Rdn. 9.

[65] LG Wuppertal WuM 2015, 731; OLG Düsseldorf NJW-RR 1997, 1170 (zur Vorgängervorschrift § 572 BGB a. F.); *Häublein* in MünchKomm § 566a Rdn. 8; *Derleder* NZM 2006, 606/607; *Kraemer* NZM 2001, 742. **A. A.** *Lammel,* Wohnraummietrecht, § 566a Rdn. 10 auf Grund der oben bereits wiederlegten Ansicht, ein unmittelbarer Rechtserwerb sei nur im Verhältnis Veräußerer/Erwerber und Mieter möglich.

[66] *Derleder* WuM 2002, 243.

[67] *Häublein* in MünchKomm § 566a Rdn. 8.

[68] Das ist auch dann der Fall, wenn er die Barkaution zwar auf einem gesonderten Konto anlegt, dieses aber nicht offen als Treuhandkonto für die Mietsicherheit kennzeichnet.

betrages einschließlich der aufgelaufenen Zinsen gegen den Veräußerer zu[69], da es an einem eigenständigen Vermögensobjekt fehlt, das ohne besonderen Übertragungsakt übergehen könnte (zum Herausgabeanspruch selbst s. näher bei Rdn. 18, zur Höhe s. nachfolgend).

2. Befriedigungsrecht des Veräußerers

Die Mietsicherheit geht vollständig auf den Erwerber über, d. h. in dem Zustand und der Höhe, **15**
in der sie zum Zeitpunkt des Eigentumswechsels bestand[70]. Hatte der Veräußerer sich vor dem Eigentumsübergang nicht aus der Sicherheit befriedigt (was nur eingeschränkt, nämlich wegen rechtskräftig festgestellter, unbestrittener oder offensichtlich begründeter Forderungen möglich ist; s. § 551 Rdn. 90), so kann er dies nach dem Eigentumsübergang wegen bestehender Forderungen (etwa Mietzinsrückständen) bzw. noch zu erwartender Forderungen (etwa aus Betriebskostenabrechnungen) nicht mehr tun, da der Erwerber nunmehr Inhaber der Sicherheit ist; der Veräußerer kann den Bürgen also nicht mehr in Anspruch nehmen, Sicherungseigentum bzw. Sicherungsforderungen sowie Sparbücher bzw. Wertpapiere darf er nicht mehr verwerten[71]. Aus der neueren Rechtsprechung des BGH[72] zum Vermieterpfandrecht bei Veräußerung ergibt sich nichts anderes. Zwar hat der BGH dort entschieden, dass das Vermieterpfandrecht gleichermaßen und gleichrangig die Ansprüche des Veräußerers wie des Erwerbers sichern könne. Das folgt aber aus den Besonderheiten des Pfandrechts, das Gegenständen des Mieters mit deren Einbringung kraft Gesetzes anhaftet. Die Kaution hingegen ist nicht in dieser Weise belegt, an ihr entsteht kein gesetzliches Pfandrecht; sie geht vielmehr als solche unbelastet auf den Erwerber über, lediglich der Anspruch auf Rückzahlung ist durch das Ende des Mietverhältnisses bedingt[73] und diesem Rückzahlungsanspruch gegenüber kann der Vermieter aufrechnen. Das gilt auch dann, wenn man wie der BGH (s. § 566 Rdn. 10) mit dem Eigentumsübergang das alte Mietverhältnis mit dem Veräußerer als beendet ansieht. Würde man dem Veräußerer deswegen ein Befriedigungsrecht einräumen, wäre der Umfang der Kaution, die auf den Erwerber übergeht, bis zu der (Aufrechnungs-)Erklärung des Veräußerers unbestimmt und unbestimmbar. Zwar ist eine Besserstellung des Mieters nicht zu leugnen, weil die von ihm nicht erfüllten Forderungen teilweise nicht mehr durch die Kaution besichert wären. Das ist aber hinzunehmen, weil bei Annahme eines Befriedigungsrechts der Erwerber mit dem Risiko der Kautionswiederauffüllung belastet würde, ein Anspruch, dessen Höhe er ohne entsprechende Information durch den Veräußerer und vor dessen Kautionsverwertung nicht einschätzen kann. Vereinbarungen zwischen Erwerber und Veräußerer, die Letzterem schuldrechtlich einen Zugriff auf die Sicherheit auch noch nach Eigentumsübergang ermöglichen, sind nicht zulässig[74], da die Sicherheit nach dem Eigentumsübergang ihren Zweck von Gesetzes wegen ändert (nicht mehr Sicherung des Veräußerers, sondern des Erwerbers) und eine zweckwidrige Verwertung nicht zulässig ist[75].

Auch aus einer nicht auf einem Treuhandkonto angelegten **Barkaution** darf sich der Veräuße- **16**
rer entgegen anderer Ansichten in Rechtsprechung[76] und Literatur[77] nicht mehr wegen offener An-

[69] OLG Köln ZMR 2013, 438; LG Wuppertal WuM 2015, 731; *Häublein* in MünchKomm § 566a Rdn. 9; AG Pinneberg WuM 1981, 21 (hinsichtlich der aufgelaufenen Zinsen).

[70] *Häublein* in MünchKomm § 566a Rdn. 10; s. auch Rdn. 12. Offenlassend BGH (XII ZR 22/11) NJW 2012, 3032 = WuM 2012, 560 Rdn. 38 m. w. N. zum Streitstand.

[71] *Derleder* NZM 2006, 606/607; *Häublein* in MünchKomm § 566a Rdn. 10; *Börstinghaus* NZM 2004, 485; zur Bürgschaft: LG Bonn NJW-RR 1994, 1357. **A. A.** *Kießling* JZ 2004, 1152, der eine gemeinschaftliche Berechtigung von Erwerber und Veräußerer an der Sicherheit annimmt, weil er den Verlust der Sicherheit als für den Veräußerer unangemessen hält; mit dieser Billigkeitserwägung kann aber der gesetzlich angeordnete Rechteübergang nicht ausgehebelt werden. **A. A.** *Wolf/Eckert/Ball* Rdn. 1405 für die Verpfändung von Sparbüchern und Wertpapieren und Beuermann GE 2015, 294 für die Barkaution wohl wegen des Sicherungsbedürfnisses des Veräußerers bzw. der Besserstellung des Mieters, weil die Kaution nicht mehr für alle offenen Forderungen aus seinem Mietverhältnis haftet; wie das allerdings mit der automatisch durch den Eigentumswechsel eintretenden Forderungsinhaberschaft des Erwerbers vereinbar ist, ist nicht ersichtlich.

[72] BGH (XII ZR 163/12) NJW 2014, 3775 = WuM 2014, 733.

[73] S. dazu *Ludley* NZM 2013, 777.

[74] **A. A.** *Häublein* in MünchKomm § 566a Rdn. 10.

[75] S. BGH (VIII ZR 36/12) NJW 2012, 3300 = WuM 2012, 502 zum Verbot der Aufrechnung mit mietfremden Forderungen.

[76] OLG Frankfurt ZMR 2011, 870 = GE 2011, 885.

[77] *Emmerich* in Staudinger § 566a Rdn. 12, der ein Befriedigungsrecht des Veräußerers wohl uneingeschränkt bejaht unter Berufung auf OLG Frankfurt NJW-RR 1987, 786 und OLG Karlsruhe NJW-RR 1989, 267; die Entscheidungen beziehen sich allerdings auf die Auslegung vertraglicher Vereinbarungen zur Weitergabe der Si-

sprüche gegen den Mieter etwa durch Aufrechnung befriedigen[78]. Zwar geht bei einer solchen „Barkaution zur freien Verfügung" das Eigentum an der Kaution nicht mit dem Eigentum an dem Grundstück über[79]; der Veräußerer ist aber ab dem Eigentumsübergang mit dem Anspruch des Erwerbers auf Aushändigung der Kaution belastet und es kann den Veräußerer im Vergleich zu anderen Sicherheiten nicht besserstellen, dass diese ohne besonderen Übertragungsakt übergehen. Besonders deutlich wird das, wenn der Veräußerer die Barkaution unter Verstoß gegen § 551 Abs. 3 BGB nicht auf einem Treuhandkonto angelegt hat; hätte er dies pflichtgemäß getan, hätte er nach dem Eigentumswechsel keine Befriedigungsmöglichkeit mehr, da der Erwerber kraft Gesetzes Forderungsinhaber in Bezug auf das Konto geworden wäre. Der Veräußerer darf sich also nur bis zum Eigentumsübergang aus einer vom Mieter gestellten Sicherheit befriedigen; diese Befriedigung muss bis zum Eigentumsübergang abgeschlossen sein. Aus dem Innenverhältnis zwischen Veräußerer und Erwerber können sich weitere Einschränkungen ergeben, etwa wenn die Sicherheiten bei der Bestimmung des Kaufpreises berücksichtigt wurden.

17 Hat der Veräußerer sich noch nach dem Eigentumsübergang **zu Unrecht** aus nicht angelegten Barkaution oder – weil er das Sparbuch noch in Händen hatte und die Bank deshalb befreiend leisten konnte – aus einem Sparbuch oder aus einer anderen Sicherheit befriedigt, können sowohl der Erwerber (wegen Beeinträchtigung der nunmehr ihm zustehenden Sicherheit) als auch der Mieter (wegen Verletzung der Sicherungsabrede) im Wege des Schadensersatzes gem. § 280 BGB **Wiederauffüllung** der Sicherheit **vom Veräußerer** verlangen; der Mieter kann diesen Anspruch darüberhinaus noch gegen den Erwerber geltend machen, der nach § 566a BGB in sämtliche Pflichten aus der Sicherheit eintritt[80]. Bei berechtigter (aber nur dann[81]) Inanspruchnahme der Sicherheit richtet sich der Wiederauffüllungsanspruch gegen den Mieter (s. Rdn. 10).

3. Herausgabe an den Erwerber, insbesondere Aushändigung der Barkaution

18 Wenn die Sicherheit kraft Gesetzes auf den Erwerber übergeht, sind – wie ausgeführt – besondere Übertragungsakte nicht notwendig. **Urkunden** gem. § 952 BGB, insbesondere Sparbücher, werden Eigentum des Erwerbers mit der weiteren Folge, dass der Veräußerer das Sparbuch bzw. die Wertpapiere an den Erwerber herausgeben muss. Diesem steht ein Herausgabeanspruch gem. § 985 BGB zu, bei einer Verpfändung ist Anspruchsgrundlage § 1251 BGB[82]. Daneben kommen vertragliche Ansprüche aus dem Verhältnis Erwerber – Veräußerer in Betracht. Für die vertraglichen Ansprüche gilt die **Regelverjährungsfrist** des § 195 BGB, die dinglichen Ansprüche aus §§ 985, 1251 BGB verjähren gem. § 197 Abs. 1 Nr. 1 BGB in dreißig Jahren.

19 Bei der **„Barkaution zur freien Verfügung"**, also der nicht auf einem Treuhandkonto angelegten Barkaution, kann der Erwerber Aushändigung (also Auszahlung) der Sicherheit einschließlich der aufgelaufenen Zinsen an sich verlangen[83] – bei vorheriger rechtmäßiger Inanspruchnahme der Sicherheit in entsprechend verringertem Umfang (s. dazu Rdn. 15). Das folgt direkt aus § 566a BGB, die Vorschrift ist, auch wenn das in ihrem Wortlaut nur unzureichend zum Ausdruck kommt, Anspruchsgrundlage. Nur so wird ein Gleichklang mit den anderen Arten der Sicherheitsleistung hergestellt, die – wie dargestellt – mit dem Eigentum an dem Mietobjekt kraft Gesetzes auf den Erwerber übergehen. Weil es bei der „Barkaution zur freien Verfügung" mangels Trennbarkeit des Kautionsbetrages von dem übrigen Vermögen des Veräußerers an einem Recht fehlt, das unmittelbar auf den Erwerber übergehen kann, muss quasi als Minus dazu der Anspruch auf Herausgabe (Übertragung) eines entsprechenden Vermögenswertes in der Person des Erwerbers entstehen, da

---

cherheit nach der Rechtslage vor der Mietrechtsreform. *Häublein* in MünchKomm § 566a Rdn. 11 möchte wohl (ausdrücklich bezieht sich seine Argumentation nur auf das Verhältnis Veräußerer – Erwerber) das Befriedigungsrecht des Veräußerers auf (ggf. auch erst nach Eigentumsübergang) rechtskräftig festgestellte, unbestrittene oder offensichtlich begründete Forderungen beschränken, weil nur wegen solcher Forderungen während des Laufs eines Mietverhältnisses Befriedigung gesucht werden dürfe.

78 *Börstinghaus* NZM 2004, 485 und wohl auch *Kraemer* NZM 2001, 742 bei Fn. 112.

79 S. Rdn. 14.

80 *Derleder* WuM 2002, 243; *Kraemer* NZM 2001, 742.

81 *Häublein* in MünchKomm § 566a Rdn. 10/11.

82 *Lammel,* Wohnraummietrecht, § 566a Rdn. 9.

83 Das ist allg. M., die Begründungen sind unterschiedlich, vgl. *Emmerich* in Staudinger § 566a Rdn. 10; *Häublein* in MünchKomm § 566a Rdn. 9; *Kraemer* NZM 2001, 742; *Börstinghaus* NZM 2004, 485; *Lammel,* Wohnraummietrecht, § 566a Rdn. 13; OLG Köln ZMR 2013, 438; LG Bonn NZM 2005, 782; OLG Frankfurt NJW-RR 1987, 786; AG Pinneberg WuM 1981, 21 (hinsichtlich der aufgelaufenen Zinsen).

der Erwerber dem Mieter auch im Falle der „Barkaution zur freien Verfügung" gem. § 566a BGB zur Rückerstattung verpflichtet ist. Dieser **Herausgabeanspruch des Erwerbers** gegen den Veräußerer auf die „Barkaution zur freien Verfügung" steht nicht unter dem Vorbehalt anderweitiger Vereinbarungen zwischen Erwerber und Veräußerer aus deren Innenverhältnis, etwa einer Verrechnungsabrede mit dem Kaufpreis. Eine Aufrechnung ist nicht zulässig[84]. Ansonsten würde der Anspruch seine wichtige Schutzfunktion zugunsten des Mieters verlieren, nämlich sicherzustellen, dass die Barkaution – wie auch die anderen Arten der Sicherheit – nach dem Eigentumsübergang ungeschmälert in das Vermögen des Erwerbers übergehen kann, um diesem ggf. die Rückzahlung an den Mieter zu ermöglichen. Der Umsetzung dieses Schutzzieles dient § 551 Abs. 3 BGB. Wenn der Veräußerer entgegen dieser Vorschrift die Barkaution nicht von seinem Vermögen getrennt hat, dann kann ihm dies und auch dem Erwerber nicht zum Vorteil gereichen, indem ihnen die Möglichkeit der Aufrechnung bzw. Verrechnung eingeräumt wird. Vereinbaren oder erklären die Beteiligten dennoch eine Aufrechnung, so ist das unwirksam[85], dem Erwerber steht weiterhin ein Anspruch auf Herausgabe der Barkaution zu. Macht er diesen Anspruch geltend und hatten die Parteien eine Verrechnung des Kautionsherausgabeanspruchs mit dem Kaufpreis vereinbart, so kann der Veräußerer Resterfüllung des Kaufpreises verlangen, aber eben ohne Aufrechnungsmöglichkeit. Es spielt zwar praktisch meist keine Rolle, ob die beiderseitigen Leistungen real bewirkt oder gegeneinander verrechnet werden. Dennoch ist die unbedingte Herausgabepflicht des Veräußerers gem. § 566a BGB ohne Aufrechnungsmöglichkeit und unabhängig von den Absprachen zwischen Veräußerer und Erwerber notwendig für den Fall, dass der Erwerber die Barkaution vom Veräußerer auf Grund der kaufvertraglichen Absprachen nicht erhalten würde, er selbst aber nicht in der Lage ist, die Kaution aus seinem Vermögen aufzubringen und insolvenzfest anzulegen. Zum selben Ergebnis gelangt man, wenn man die Barkaution mit der h. M.[86] als irreguläres Pfandrecht[87] ansieht. Auf ein solches irreguläres Pfandrecht sind die Bestimmungen der §§ 1204ff. BGB entsprechend anwendbar[88], was zur Folge hat, dass dem Erwerber ein Herausgabeanspruch gem. § 1251 BGB gegen den Veräußerer zusteht. Der Anspruch des Erwerbers auf Herausgabe der Barkaution verjährt innerhalb der Regelverjährungsfrist des § 195 BGB[89]. Das gilt auch, soweit sich der Erwerber auf § 1251 BGB stützen kann. Denn diese Vorschrift gilt nur entsprechend, bewirkt also nicht, dass das irreguläre Pfandrecht ein dingliches Recht (eigener Art) wird[90]. Mangels dinglichen Rechts ist § 197 Abs. 1 Nr. 1 BGB nicht anwendbar[91].

Der Veräußerer muss nur das an den Erwerber herausgeben, was er in seinem Vermögen hat **20**
bzw. – bei unberechtigter Verwertung der Kaution – haben müsste[92]. Wenn der Mieter die Kaution nicht an den Veräußerer geleistet hat, fehlt es schon an einer Voraussetzung des § 566a BGB für den Herausgabeanspruch. Wenn ein Voreigentümer sie nicht an den Veräußerer weitergegeben hat, fehlt es an einem entsprechenden Vermögenswert im Vermögen des Veräußerers[93]; der Veräußerer

---

[84] So auch OLG Frankfurt WuM 1991, 484 = ZMR 1991, 340; OLG Düsseldorf MDR 1983, 405. **A. A.** OLG Frankfurt NJW-RR 1987, 786, weil es den Herausgabeanspruch aus dem Vertragsverhältnis Erwerber – Veräußerer herleitet. *Häublein* in MünchKomm § 566a Rdn. 11 möchte das Befriedigungsrecht des Veräußerers auf (ggf. auch erst nach Eigentumsübergang) rechtskräftig festgestellte, unbestrittene oder offensichtlich begründete Forderungen beschränken, weil nur wegen solcher Forderungen während des Laufs eines Mietverhältnisses Befriedigung gesucht werden dürfe.

[85] *Palandt/Grüneberg* § 399 Rdn. 11.

[86] OLG Frankfurt NJW-RR 1989, 891; *Wiegand* in Staudinger (2009) § 1204 Rdn. 57. Offenlassend BGH NJW 1984, 1749 und BGH NJW 1994, 3287. **A. A.** *Kandelhard* NZM 2001, 696 und *Kießling* JZ 2004, 1146, die ein unregelmäßiges Darlehen verbunden mit dem schuldrechtlichen Anspruch des Mieters auf Rückgewähr der Barkaution annehmen, also ein Forderungspfandrecht, für die die nachfolgend diskutierte Vorschrift des § 1251 BGB ohnehin nicht einschlägig ist.

[87] Von einem irregulären oder unregelmäßigen Pfandrecht spricht man, wenn der Pfandgläubiger nach dem Erlöschen des Pfandrechts nicht die ihm zum Pfand übergebene Sache zurückgeben muss, sondern eine andere Sache derselben Art zurückgeben darf (BGH NJW 1994, 3287).

[88] BGH NJW 1994, 3287.

[89] LG Wuppertal WuM 2015, 731.

[90] BGH NJW 1984, 1749.

[91] Die Vorschrift kann wegen ihres Ausnahmecharakters auch nicht ausdehnend angewendet werden, sondern wollte nur dingliche Ansprüche privilegieren; vgl. *Lüneborg* NJW 2012, 2147/2148.

[92] So auch OLG Köln ZMR 2013, 438.

[93] So auch OLG Köln ZMR 2013, 438. Für einen Herausgabeanspruch in diesem Falle wohl LG Bonn NZM 2005, 782, wobei aus der Begründung aber nicht klar wird, ob nicht ein Ausgleichsanspruch im Innenverhältnis gemeint ist.

hat dann allerdings den Herausgabeanspruch hinsichtlich der Kaution gegen den Voreigentümer an den Erwerber abzutreten. Der Herausgabeanspruch ist (auch verjährungsrechtlich) zu trennen von möglichen Ausgleichsansprüchen aus dem Innenverhältnis zwischen Erwerber und Veräußerer (s. dazu Rdn. 35).

21 Das Recht, die Aushändigung an den Erwerber zu verlangen, steht auch dem Mieter zu. Zwar haftet der Erwerber ihm entgegen der Rechtslage vor der Mietrechtsreform in jedem Fall und nicht nur im Fall der Aushändigung der Kaution. Da der Mieter aber einen Anspruch auf insolvenzfeste Anlage der Kaution hat (der Wohnungsmieter gem. § 551 Abs. 3 BGB und der gewerblichen Mieter in entsprechender Auslegung des Mietvertrages[94]) und dieser Anspruch sich gegen den jeweiligen Vermieter, also nach dem Eigentumswechsel gegen den Erwerber, richtet, muss der Mieter vom Veräußerer auch die Auskehrung der „Barkaution zur freien Verfügung" an den Erwerber verlangen können[95] und von beiden Auskunft über das Schicksal der von ihm geleisteten Kaution[96]. Zur Frage, ob ein solches Herausgabeverlangen des Mieters Auswirkungen auf die subsidiäre Haftung des Veräußerers gem. § 566a Satz 2 BGB hat, s. Rdn. 32. Allerdings ist nur bei der „Barkaution zur freien Verfügung" ein **Recht des Mieters, die Herausgabe an den Erwerber zu verlangen,** überhaupt notwendig. Die anderen Sicherheiten gehen kraft Gesetzes über. Bei ihnen käme allenfalls ein Anspruch auf Weitergabe der Urkunden zu der Sicherheit (insbesondere Sparbuch) in Betracht, um unberechtigte Verfügungen des Veräußerers zu verhindern. Für den Herausgabeanspruch des Mieters gilt die Regelverjährungsfrist des § 195 BGB.

4. Rechte und Pflichten des Erwerbers

22 Der Erwerber tritt nach dem Wortlaut des § 566a Satz 1 BGB umfassend in **alle** durch die Sicherheit begründeten **Rechte und Pflichten** ein[97] und nicht nur – wozu der Blick auf § 566a Satz 2 BGB verleiten könnte – in die Pflicht zur Rückgewähr der Sicherheit. Der Erwerber hat die Sicherheit im Falle der Barkaution also anzulegen und zu verwalten, er hat sie gem. § 551 Abs. 3 BGB von seinem Vermögen getrennt aufzubewahren, er hat sie in angemessener Frist nach Beendigung des Mietverhältnisses abzurechnen und kann sie nach einer solchen Abrechnung ggf. verwerten. Zur Rückgewährpflicht gehört auch die Freigabeerklärung bezüglich eines verpfändeten Sparbuchs[98]. Da der Erwerber für die Sicherheit – anders als nach § 566 BGB – nicht nur für die Dauer seines Eigentums haftet, hat er dem Mieter **Zinsen** auf eine anzulegende Sicherheit ab deren Leistung durch den Mieter, also auch für die Zeit vor dem Eigentumswechsel zu vergüten[99]; hatte der Veräußerer die zinsbringende Anlage pflichtwidrig unterlassen, so hat der Erwerber den gem. § 566a BGB auf ihn übergegangenen Schadensersatzanspruch zu erfüllen. Einwendungen gem. § 417 BGB, die aus dem Verhältnis des Veräußerers zum Mieter herrühren, kann der Erwerber wegen der durch § 566 BGB bewirkten zeitlichen Zäsur und dem daraus folgenden Fälligkeitsprinzip nicht erheben[100].

23 Die **Pflicht zur Anlage der Sicherheit** trifft den Erwerber sofort nach dem Eigentumsübergang. Praktisch wird das in der Regel nur relevant bei der „Barkaution zur freien Verfügung", weil die anderen Arten der Sicherheit kraft Gesetzes auf ihn übergehen und eine Barkaution auf einem Treuhandkonto deshalb schon angelegt ist. Hat der Erwerber die „Barkaution zur freien Verfügung" nicht bei Eigentumsübergang vom Veräußerer erhalten, so muss er sie – auch ohne Verlangen des Mieters – aus dem eigenen Vermögen aufbringen und treuhänderisch anlegen. Dem Mieter steht ansonsten ein Zurückbehaltungsrecht bis zur Höhe der Kaution zu[101]; dem Erwerber kann allenfalls eine ganz kurze Erledigungsfrist eingeräumt werden, bevor der Mieter von dem Zurückbehaltungsrecht Gebrauch machen darf. Ein Anspruch auf treuhänderische Anlage soll gem.

94 S. § 551 Rdn. 112 sowie KG NZM 1999, 376; *Kraemer* NZM 2001, 742; offenlassend BGH ZMR 2008, 698 in einer strafrechtlichen Entscheidung.

95 AG Berlin-Neukölln GE 2012, 493; *Emmerich* in Staudinger § 566a Rdn. 12; *Derleder* WuM 2002, 243; zweifelnd *Häublein* in MünchKomm § 566a Rdn. 9 und *Börstinghaus* NZM 2004, 485. Teilweise unterscheiden die Autoren nicht zwischen der „Barkaution zur freien Verfügung" und den anderen Sicherheiten.

96 *Emmerich* in Staudinger § 566a Rdn. 12.

97 BGH (VIII ZR 206/10) NZM 2012, 303 = WuM 2012, 21 = ZMR 2012, 258; AG Erfurt WuM 2012, 209.

98 AG Erfurt WuM 2012, 209.

99 *Häublein* in MünchKomm § 566a Rdn. 13.

100 S. § 566 Rdn. 14 und 86. **A. A.** *Lammel,* Wohnraummietrecht, § 566a Rdn. 20.

101 S. § 551 Rdn. 74.

§ 242 BGB nicht bestehen, wenn der Mieter gegenüber dem Veräußerer die Kaution übersteigende Mietschulden hat[102]. Dem ist nicht zu folgen. Die Pflicht zur insolvenzfesten Anlage dient der Absicherung des Rückerstattungsanspruchs. Mietschulden des Veräußerers sind für den Rückerstattungsanspruch irrelevant und können deshalb auch keinen Einfluss auf dessen Absicherung haben.

Der Erwerber hat die Sicherheit (ggf. einschließlich Zinsen) unabhängig davon zurückzuerstatten, ob er sie (bzw. die Zinsen) erhalten hat[103] und unabhängig davon, ob der Mieter die Aushändigung der Sicherheit an den Erwerber verlangt hat; letzteres zu unterlassen begründet kein Mitverschulden[104]. Bei Insolvenz des (Wohnraum-)Mieters steht die Verfügungs- und Verwaltungsbefugnis über das Mietverhältnis nach einer Enthaftungserklärung des Insolvenzverwalters gem. § 109 Abs. 1 Satz 2 InsO wieder dem Mieter zu; das umfasst auch den Rückerstattungsanspruch jedenfalls insoweit, als die Sicherheit nicht die zulässige Höhe überschreitet[105]. Die **Rückerstattungspflicht** trifft grundsätzlich auch den Zwangsverwalter[106], den Insolvenzverwalter[107] sowie den Erwerber, der das Grundstück vom Insolvenzverwalter[108] oder in der Zwangsversteigerung[109] erworben hat. Vermietet eine GbR, KG oder oHG, so haften auch die Gesellschafter nach Maßgabe der §§ 128, 130, 160 HGB. Zur Rückerstattungspflicht des Erwerbers bei Vertragsende vor Eigentumsübergang s. Rdn. 4. Eine Kürzung des Rückerstattungsanspruchs kommt nur in Betracht, wenn die Sicherheit vom Veräußerer oder vom Erwerber berechtigt in Anspruch genommen und nicht wiederaufgefüllt wurde[110]. Die Rückerstattungspflicht betrifft vornehmlich die Barkaution (unabhängig davon, ob sie auf einem Treuhandkonto angelegt wurde oder sich sonstwie im Vermögen des Erwerbers oder noch des Veräußerers befindet). Die Barkaution hat der Erwerber zurückzuzahlen, um seiner Rückerstattungspflicht zu genügen. Bei der Verpfändung (etwa einer Sparforderung oder von Wertpapieren) hat der Erwerber die Rückgewähr durch Pfandfreigabeerklärung zu erfüllen. Sicherungsgut hat der Erwerber rückzuübereignen und Sicherungsforderungen rückabzutreten, sofern beides nicht unter der auflösenden Bedingung stand, dass das Eigentum bzw. die Forderungsinhaberschaft automatisch zurückfallen, wenn keine Ansprüche mehr bestehen. Eine Bürgschaft erlischt, sobald feststeht, dass Ansprüche gegen den Mieter nicht mehr bestehen, so dass allenfalls die Rückgabe der Bürgschaftsurkunde zur Erfüllung des Rückerstattungsanspruchs in Betracht kommt[111]. Der Veräußerer hat in keinem Fall Anspruch auf Rückerstattung einer nicht verbrauchten Sicherheit[112]. Der Erwerber darf sich nur im Rahmen der Sicherungsabrede aus der Sicherheit befriedigen. Begleicht der Erwerber Schulden des Mieters gegenüber dem Veräußerer, darf er die Sicherheit nicht verwerten. 24

Hat der Erwerber die **Barkaution nicht** vom Veräußerer **erhalten** (etwa wegen dessen Insolvenz) oder hat der Veräußerer sie unberechtigt verbraucht, so hat er keinen weiteren Anspruch darauf gegen den Mieter, weil der Anspruch auf **Leistung der Sicherheit** durch Erfüllung gegenüber dem Veräußerer erloschen ist[113]. Ein solcher Anspruch gegen den Mieter kommt gem. § 566 BGB – wie schon ausgeführt – nur in Betracht, wenn der Mieter die Sicherheit überhaupt noch nicht geleistet hatte oder als **Wiederauffüllungsanspruch** nach deren berechtigter Inanspruchnahme (Einzelheiten bei Rdn. 10). Eine Ausnahme ist aber zu machen, wenn der Veräußerer die Sicherheit an den Mieter zurückgibt, weil dieser an einer Übertragung an den Erwerber nicht mitwirkt (gleichgültig, ob objektiv notwendig oder nicht); dann ist die Kautionsrückgabe ausnahmsweise nicht mit einem Verlust des Anspruchs auf Leistung der Sicherheit verbunden, der Erwerber 25

---

[102] So LG Berlin NZM 2015, 249.

[103] BGH (XII ZR 13/10) NJW 2012, 1353 = WuM 2012, 278 = ZMR 2012, 535; LG Berlin GE 2009, 910; LG Bonn NZM 2005, 782.

[104] *Häublein* in MünchKomm § 566a Rdn. 9.

[105] BGH (IX ZB 45/15) WuM 2017, 296; LG Berlin, Beschluss v. 21.04.2016 (Az.: 19 T 27/16); *Flatow* NZM 2011, 618. Offenlassend BGH (VIII ZR 107/13) NJW 2014, 1954 = WuM 2014, 333 Rdn. 16.

[106] Einzelheiten bei Rdn. 37.

[107] Einzelheiten bei Rdn. 44.

[108] Einzelheiten bei Rdn. 47.

[109] BGH (XII ZR 13/10) NJW 2012, 1353 = WuM 2012, 278 = ZMR 2012, 535.

[110] *Emmerich* in Staudinger § 566a Rdn. 15; *Lammel*, Wohnraummietrecht, § 566a Rdn. 19.

[111] Hat der Erwerber die Urkunde nicht, muss er sie beschaffen; ist sie nicht zu beschaffen, so ist die Rückgabeverpflichtung unmöglich.

[112] *Heintzmann* in Soergel § 566a Rdn. 5.

[113] BGH (VIII ZR 206/10) NZM 2012, 303 = WuM 2012, 21 = ZMR 2012, 258; AG Frankfurt NJW-RR 1991, 1165.

kann vielmehr nach Treu und Glauben (§ 242 BGB) die erneute Leistung vom Mieter fordern[114]. S. zur Rückgabe der Sicherheit durch den Veräußerer vor dem Eigentumswechsel bei Rdn. 32.

VI. Subsidiäre Haftung des Veräußerers

26 § 566a Satz 2 BGB regelt die subsidiäre Haftung[115] des Veräußerers für die Rückgewähr der Sicherheit. Der Mieter kann den Veräußerer aber auch unabhängig von dieser Vorschrift und deren Voraussetzungen in Anspruch nehmen, wenn der Veräußerer die **Sicherheit nicht an den Erwerber weitergegeben** hat, was vornehmlich bei der „Barkaution zur freien Verfügung" in Betracht kommt, weil die übrigen Sicherheiten kraft Gesetzes auf den Erwerber übergehen; bei den übrigen Sicherheiten kann es allenfalls um die Rückgewähr der über die Sicherheit ausgestellten Urkunden gehen. Zwar ist der Veräußerer nach dem Eigentumsübergang nicht mehr Vertragspartner der Sicherungsabrede, dies ist vielmehr der Erwerber geworden. Wenn er aber vor Beendigung des Mietverhältnisses Aushändigung der Sicherheit an den Erwerber verlangen kann, dann muss er zur Vereinfachung nach Ablauf des Vertrages und wenn feststeht, dass die Sicherheit nicht benötigt wird, Aushändigung vom Veräußerer an sich verlangen dürfen[116]. Aus demselben Grund kann der Mieter gegenüber einem Mietzinsanspruch des Veräußerers mit dem Anspruch auf Rückzahlung einer „Barkaution zur freien Verfügung" aufrechnen, wenn und soweit der Erwerber die Sicherheit nicht benötigt[117]. Letzteres ist notwendige Voraussetzung, weil der Erwerber vorrangiger Berechtigter und Verpflichteter aus der Sicherungsabrede ist (s. Rdn. 16). Er hat deshalb das Recht, sich aus der Sicherheit zu befriedigen; dies auch dann, wenn er den Kautionsbetrag nicht vom Veräußerer bekommen haben sollte, da er unabhängig davon zur Anlage der Kaution verpflichtet war (s. Rdn. 23) und den Kautionsbetrag vom Veräußerer noch unbedingt herausverlangen kann (s. Rdn. 19).

27 Ansonsten hat der Veräußerer gem. § 566a Satz 2 BGB den **Rückgewähranspruch** des Mieters zu erfüllen (einschließlich aller Zinsen ab Leistung der Sicherheit, also auch der während der Eigentumszeit des Erwerbers aufgelaufenen Zinsen[118]), wenn dieser bei Beendigung des Vertrages die Sicherheit vom Erwerber nicht erlangen kann. Auch wenn das Gesetz von der Beendigung des Mietvertrages spricht, so stellt das den frühesten Zeitpunkt dar. Hinzukommen muss noch die **Abrechnungsreife** des Anspruchs bzw. der Ablauf der Abrechnungsfrist[119], die sich nach den Umständen des Einzelfalles richtet[120].

28 Im Übrigen hängt die subsidiäre Haftung des Veräußerers nur davon ab, ob der Mieter die Sicherheit vom Erwerber erlangen kann. Damit verlangt das Gesetz nicht zwingend eine Klage mit erfolgloser Zwangsvollstreckung gegen den Erwerber. Das zeigt schon der Vergleich zum Bürgschaftsrecht, wo in § 771 BGB die Vorausklage ausdrücklich erwähnt ist[121]. Ausreichend sind vielmehr zumutbare **Anstrengungen des Mieters oder Umstände,** die deutlich machen, dass eine Befriedigung durch den Erwerber aussichtslos erscheint[122]. Auch wenn die dann Gesetz gewordene Formulierung („kann ... der Mieter ... nicht erlangen") der Subsidiaritätsklausel in § 839 Abs. 1 Satz 2 BGB ähnlich ist, so die dortige Fallkonstellation nicht mit derjenigen in § 566a Satz 2 BGB vergleichbar; überdies wollte der Gesetzgeber an die frühere Rechtsprechung des

---

114 BGH (VIII ZR 206/10) NZM 2012, 303 = WuM 2012, 21 = ZMR 2012, 258. **A. A.** *Geldmacher* DWW 2011, 180.

115 *Heintzmann* in Soergel § 566a Rdn. 6 meint, es handele sich wegen des Wortlautes der Vorschrift („zur Rückgewähr verpflichtet") nicht um eine Haftung, sondern um eine Schuld. Die § 566 Abs. 2 BGB vergleichbare Struktur der Vorschrift sowie deren Zweck als eine Art nachrangiges Sicherungsmittel legen aber eher den Haftungscharakter nahe.

116 OLG Hamburg ZMR 2014, 784; *Lammel,* Wohnraummietrecht, § 566a Rdn. 26. *Sick* ZMR 2011, 273 kommt durch eine nicht notwendige und deshalb nicht überzeugende teleologische Reduktion des § 566a BGB zu demselben Ergebnis, erwähnt aber nicht, dass der Anspruch unter der Voraussetzung steht, dass der Erwerber die Sicherheit nicht benötigt.

117 OLG Hamburg ZMR 2014, 784.

118 *Häublein* in MünchKomm § 566a Rdn. 13.

119 *Heintzmann* in Soergel § 566a Rdn. 5.

120 S. § 551 Rdn. 97.

121 *Derleder* WuM 2002, 243. **A. A.** *Lammel,* Wohnraummietrecht, § 566a Rdn. 28, der eine Klage mit Zwangsvollstreckung gegen den Erwerber für notwendig hält.

122 BGH (VIII ZR 143/12) NZM 2013, 230 = WuM 2013, 172 Rdn. 19; BT-Drucksache 14/4553, abgedruckt in NZM 2000, 446.

BGH[123] anknüpfen, die auf der bürgengleichen Haftung des § 566 Abs. 2 BGB beruhte. Weil eine Vorausklage in § 566a Satz 2 BGB nicht angeordnet ist, kann deshalb als Anhaltspunkt für eine Aussichtslosigkeit der Befriedigung durch den Erwerber auf die Fallgruppen in § 773 Abs. 1 Nr. 2 bis 4 BGB zurückgegriffen werden[124]. Danach ist jedenfalls ausreichend die Vermögenslosigkeit des Erwerbers, was etwa durch die Eröffnung des Insolvenzverfahrens, Abgabe der eidesstattlichen Versicherung oder die sonstige Offenlegung der Vermögenssituation nachgewiesen werden kann[125], oder Schwierigkeiten bei der Aufenthaltsermittlung des Erwerbers (unbekannter Aufenthalt, Auslandswohnsitz, wobei ein Wohnsitz im europäischen Ausland i. d. R. aus dem Rechtsgedanken der §§ 110, 917 ZPO nicht ausreicht[126]). Die bloße Erfüllungsverweigerung, eine Nichtreaktion auf eine Zahlungsaufforderung oder eine (vom Mieter für unberechtigt gehaltene) Verwertung der Sicherheit ohne konkrete Anhaltspunkte für eine Leistungsunfähigkeit begründen hingegen keinen Anwendungsfall der subsidiären Haftung des Veräußerers gem. § 566a Satz 2 BGB[127], weil diese ansonsten vom Willen des Erwerbers abhinge anstatt von objektiven Umständen. Anders kann das nur sein, wenn der Anspruch gegen den Erwerber verjährt ist[128]. Eine **Klage** gegen den Erwerber ist für den Mieter nicht in jedem Fall unzumutbar, unzumutbar ist nur eine Klage ohne Aussicht auf Befriedigung. Wenn der Mieter nicht über die notwendigen Mittel für eine solche an sich zumutbare Klage verfügt, muss er ggf. Prozesskostenhilfe beantragen. Die Prozesskostenbedürftigkeit des Mieters kann den Veräußerer grundsätzlich nicht belasten; besondere Umstände des Einzelfalls mögen aber auch zu einer anderen Beurteilung führen.

Unklarheiten, ob die Sicherheit vom Erwerber zu erlangen ist, ob also die subsidiäre Haftung des Veräußerers eingreift, gehen zu Lasten des Mieters; im Zweifel muss er also zunächst den Erwerber in Anspruch nehmen[129]. Erwerber und Veräußerer sind auf Grund der Subsidiarität der Haftung des Letzteren nicht Gesamtschuldner[130]; eine Gesamtschuld würde Gleichartigkeit der Forderungen voraussetzen[131]. Da der Mieter die Sicherheit aber nur einmal verlangen kann, haften sie – ähnlich dem Rechtsverhältnis des Gläubigers zu dem Bürgen und dem Hauptschuldner – ***wie*** Gesamtschuldner[132] (unechte Gesamtschuldner). 29

Auch der Veräußerer kann **Ansprüche des Erwerbers** aus dem Mietverhältnis von der Sicherheit in Abzug bringen[133]; mit eigenen Ansprüchen kann er aber nicht aufrechnen[134], da diese Ansprüche nicht mehr vom Sicherungszweck erfasst sind. 30

Im Falle der **Weiterveräußerung** des Mietobjektes durch den Erwerber an einen Zweiterwerber haftet nicht der Ersterwerber dem Mieter gem. § 566a Satz 1 BGB sondern der Zweiterwerber. Dies folgt aus § 567b Satz 1 BGB, wonach auch § 566a BGB bei einer Weiterveräußerung entsprechend anzuwenden ist (Einzelheiten s. bei der Kommentierung zu § 567b BGB). Aus Satz 2 von § 567b BGB ergibt sich nichts anderes. Dort wird in Abweichung von § 567b Satz 1 BGB für die bürgengleiche Haftung des Veräußerers gem. § 566 Abs. 2 BGB zwar ausgesprochen, dass sie im Falle der Weiterveräußerung nicht den Ersterwerber trifft, sondern beim Veräußerer als dem ursprünglichen Vermieter verbleibt. Auch wenn aber § 566 Abs. 2 BGB und § 566a Satz 2 BGB strukturell vergleichbar sind, ist eine analoge Anwendung von § 567b Satz 2 BGB auf die Mietsicherheit nicht möglich, weil der Gesetzgeber bei § 566a BGB die Vorstellung hatte, die Sicherheit gehe auf den Erwerber über bzw. sei ihm zu übergeben, wohingegen § 566 Abs. 2 BGB das Vertrauen des Mieters in den Verbleib und die Leistungsfähigkeit des ursprünglichen Vertragspartners schützen will. 31

Ansonsten wird der Veräußerer von der Haftung frei, wenn die Beteiligten, also der Veräußerer, der Erwerber und der Mieter, eine Vertragsübernahme (des Mietvertrages einschließlich der Kau- 32

---

123 BGH NJW 1999.
124 *Emmerich* in Staudinger § 566a Rdn. 16.
125 *Häublein* in MünchKomm § 566a Rdn. 14.
126 S. auch OLG Düsseldorf NJOZ 2012, 487.
127 *Heintzmann* in Soergel § 566a Rdn. 6. **A. A.** *Emmerich* in Staudinger § 566a Rdn. 16.
128 Wenn der Mieter allerdings vor dem Verjährungseintritt nicht die ihm zumutbaren Anstrengungen zur Durchsetzung des Anspruchs gegen den Erwerber unternommen hat, sondern dem Verjährungslauf tatenlos entgegengesehen hat, sind die Voraussetzungen der subsidiären Haftung des Veräußerers nicht erfüllt.
129 *Emmerich* in Staudinger § 566a Rdn. 16.
130 *Emmerich* in Staudinger § 566a Rdn. 16. **A. A.** *Heintzmann* in Soergel § 566a Rdn. 7.
131 H. M., vgl. *Palandt/Grüneberg* § 421 Rdn. 7/8.
132 *Leo* NZM 2006, 244. Zum Innenausgleich s. Rdn. 35.
133 *Heintzmann* in Soergel § 566a Rdn. 6.
134 **A. A.,** aber ohne nähere Begründung *Heintzmann* in Soergel § 566a Rdn. 6.

tionsabrede) vereinbaren[135]; zur Zulässigkeit von Haftungsfreizeichnungen in AGB s. Rdn. 49. Bei einer Vertragsübernahme wird der Anwendung der §§ 566ff. BGB der Boden entzogen, § 566a BGB ist darauf nicht anwendbar[136]. Einen Willen zur Vertragsübernahme anzunehmen, besteht aber jedenfalls auf Mieterseite auch wegen des damit verbundenen Verlustes der Haftung nach §§ 566 Abs. 2, 566a Satz 2 BGB regelmäßig kein Anlass, so dass eine konkludente Zustimmung des Mieters zu einer Vertragsübernahme kaum in Betracht kommen dürfte[137]. In dem Verlangen oder der Zustimmung des Mieters, die Kaution an den Erwerber herauszugeben, kann ein Einverständnis mit einer Vertragsübernahme oder ein konkludenter Verzicht des Mieters auf die Haftung des Veräußerers nicht gesehen werden; der Mieter möchte sich vielmehr nur sein Recht auf sichere Anlage wahren[138]. Eine **Haftungsbefreiung zu Gunsten des Veräußerers** tritt hingegen ein, wenn die Sicherheit *vom Erwerber* verwertet oder an den Mieter zurückerstattet wird. In diesem Fall ist der Rückerstattungsanspruch nämlich untergegangen. Ein Streit hierüber ist ggf. in dem Haftungsprozess gegen den Veräußerer auszutragen[139]. In einem solchen Prozess steht dem Veräußerer die Einrede des Untergangs des Rückzahlungsanspruchs wegen Abrechnung des Erwerbers zu; um sie geltend machen zu können, hat er insofern Auskunftsansprüche gegen den Erwerber. Gibt *der Veräußerer* dem Mieter die Sicherheit vor Eigentumsübergang zurück, so stellt dies grundsätzlich einmal eine haftungsbefreiende Rückerstattung der Sicherheit dar[140] und außerdem eine den Erwerber bindende[141] Änderung des Vertrages, nämlich die Abbedingung der Pflicht zur Sicherheitsleistung[142], sofern Veräußerer und Mieter nicht gleichzeitig (ausdrücklich oder konkludent) vereinbaren, die Sicherheit müsse nach Eigentumsübergang erneut und dann an den Erwerber geleistet werden. Letzteres würde aber – bei AGB – auf eine unzulässige Abbedingung der Veräußererhaftung nach § 566a Satz 2 BGB hinauslaufen[143]. Gibt der Veräußerer die Sicherheit an den Mieter zurück, weil dieser an einer Übertragung an den Erwerber nicht mitwirkt (gleichgültig, ob objektiv notwendig oder nicht), dann ist das ausnahmsweise nicht mit einem Verlust des Kautionsanspruchs verbunden, der Erwerber kann vielmehr nach Treu und Glauben (§ 242 BGB) die erneute Leistung der Sicherheit vom Mieter fordern[144].

33 Eine **Klage des Mieters auf Feststellung** der Haftung des Veräußerers kommt vor Fälligkeit des Rückerstattungsanspruchs selbst bei Bestreiten der Verpflichtung nur ganz ausnahmsweise in Betracht, weil die Haftung – anders als nach der Rechtslage vor der Mietrechtsreform unter § 572 BGB a. F. – nunmehr von dem veränderlichen Tatbestandsmerkmal der realistischen Möglichkeit der Inanspruchnahme des Erwerbers, also insbesondere von dessen Leistungsfähigkeit abhängt. Nur wenn diese sich als auf unabsehbare Zeit schlecht darstellt, dürfte ein Feststellungsinteresse für eine Klage gegen den Veräußerer gegeben sein[145]. Diese Sicht deckt sich mit der Rechtsprechung des BGH[146] zum Feststellungsinteresse bei reinen Vermögensschäden; danach besteht ein Feststellungsinteresse für einen künftigen Anspruch auf Ersatz eines allgemeinen Vermögensschadens regelmäßig nicht, solange der Eintritt irgendeines Schadens noch ungewiss ist und eine Verjährungsfrist nicht läuft.

34 Die subsidiäre Haftung des Veräußerers unterliegt der Regelverjährung des § 195 BGB[147]. Die **Verjährungsfrist** beginnt frühestens mit dem Ablauf des Jahres, in dem der Rückerstattungsan-

---

[135] *Häublein* in MünchKomm § 566a Rdn. 15; *Emmerich* in Staudinger § 566a Rdn. 16; *Derleder* WuM 2002, 243.

[136] S. Rdn. 5.

[137] S. § 566 Rdn. 42; außerdem *Häublein* in MünchKomm § 566a Rdn. 19; *Michelsburg/Jakoby* GE 2013, 856.

[138] BGH (VIII ZR 206/10) NZM 2012, 303 = WuM 2012, 21 = ZMR 2012, 258.

[139] **A. A.** wohl LG Düsseldorf DWW 1989, 393 zur Rechtslage vor der Mietrechtsreform.

[140] So auch *Häublein* in MünchKomm § 566a Rdn. 16.

[141] S. § 566 Rdn. 96.

[142] So mittelbar BGH (VIII ZR 206/10) NZM 2012, 303 = WuM 2012, 21 = ZMR 2012, 258 Rdn. 11 und 18, wenn dort eine Ausnahmekonstellation bejaht wird. Ausdrücklich LG Berlin GE 2011, 546; LG Mannheim (4 S 99/10) InfoM 2011, 162; *Lehmann-Richter* WImmoT 2008, 171.

[143] S. Rdn. 49.

[144] BGH (VIII ZR 206/10) NZM 2012, 303 = WuM 2012, 21 = ZMR 2012, 258. **A. A.** *Geldmacher* DWW 2011, 180.

[145] **A. A.** *Emmerich* in Staudinger § 566a Rdn. 16, der die Rechtsprechung in BGH NJW 1999, 1857 zu § 572 BGB a. F. wohl fortschreiben will, aber die Veränderung des Tatbestandes durch die Mietrechtsreform nicht diskutiert.

[146] BGH NJW 1993, 648; BGH NJW 1996, 1062.

[147] *Blank/Börstinghaus* § 566a Rdn. 13.

spruch gegenüber dem Erwerber fällig wurde[148]; zusätzlich dürfte für den Verjährungsbeginn die Kenntnis des Mieters über die Nichteinbringlichkeit vom Erwerber notwendig sein[149], um den Mieter nicht indirekt zu zwingen, gegen den Veräußerer gerichtlich vorzugehen, obwohl ihm die Erfüllung dieses objektiven Tatbestandsmerkmals noch nicht bekannt ist (§ 199 Abs. 1 Nr. 2 BGB).

VII. Innenausgleich zwischen Veräußerer und Erwerber

Über das Innenverhältnis zwischen Erwerber und Veräußerer enthält § 566a BGB keine Regelungen. Aus dem subsidiären Charakter der Haftung des Veräußerers kann nichts hergeleitet werden[150], da hiermit nach dem Zweck der Regelung nur die fehlende Leistungsfähigkeit bzw. sonstige Schwierigkeiten bei der Anspruchsdurchsetzung gegenüber dem neuen Vertragspartner des Mieters aufgefangen werden sollen. Das Gesetz geht im Gegenteil stillschweigend davon aus, dass der Erwerber die Sicherheit erhalten soll, wenn es ihn uneingeschränkt haften lässt (Einzelheiten bei Rdn. 22). Für den Innenausgleich von Erwerber und Veräußerer nach Befriedigung des Mieters (Rückerstattung der Sicherheit) kommt es vornehmlich auf deren Absprachen an; gibt es solche Absprachen nicht – wie regelmäßig bei der Zwangsversteigerung –, ist entscheidend, bei wem die Sicherheit vor der Rückerstattung **wirtschaftlich** vorhanden war[151]. Meist wird das der Erwerber sein, sei es durch Übergang kraft Gesetzes oder Vereinbarung, sei es durch Übergabe oder sei es durch Verrechnung[152]; insbesondere bei der nicht treuhänderisch angelegten Barkaution kann das aber anders sein. Wenn dann derjenige erstattet (erstatten muss), der über die Sicherheit wirtschaftlich nicht verfügen konnte, so steht ihm ein Bereicherungsanspruch[153] gegen den anderen zu. Dieser Bereicherungsanspruch entsteht mit der Rückerstattung der Kaution an den Mieter und verjährt ab dann gem. § 195 BGB, also ggf. anders (später) als der Kautionsherausgabeanspruch des Erwerbers gegen den Veräußerer (s. dazu Rdn. 19)[154]. Zum Aufrechnungsverbot des Veräußerers gegenüber dem Kautionsherausgabeanspruch des Erwerbers s. Rdn. 19. Muss Ersatz für nicht gezogene Zinsen geleistet werden, so trifft das im Zweifel denjenigen, der die Anlage der Kaution unterlassen hat[155]. 35

Die subsidiäre Haftung gem. § 566a BGB kann den Veräußerer unter Umständen noch Jahre nach dem Verkauf treffen. Dies stellt eine missliche **Belastung** dar, die durch Vereinbarung kaum vermeidbar ist (s. zur Abbedingung Rdn. 48). Will sich der Veräußerer schützen, muss er bei dem Erwerber Sicherheit für seinen Ausgleichsanspruch suchen. Die Kosten für eine solche Sicherheit stehen aber möglicherweise in keinem Verhältnis zu dem Risiko des Veräußerers. 36

VIII. Zwangsverwaltung

Bei der Zwangsverwaltung findet durch die Beschlagnahme nach § 148 Abs. 2 ZVG kein Eigentumswechsel und kein Rechtsübergang statt, so dass auch § 566 BGB und damit **§ 566a BGB nicht gelten,** auch nicht in analoger Anwendung[156]. Der Vermieter bleibt Partei des Mietvertrages, 37

---

148 So *Blank/Börstinghaus* § 566a Rdn. 13; *Pfeifer* DWW 2009, 135.

149 Wenn der Mieter allerdings nicht vor dem Verjährungseintritt die ihm zumutbaren Anstrengungen zur Durchsetzung des Anspruchs gegen den Erwerber unternommen hat, sondern dem Verjährungslauf tatenlos entgegengesehen hat, so sind schon die Voraussetzungen der subsidiären Haftung des Veräußerers nicht erfüllt.

150 So im Ergebnis auch *Häublein* in MünchKomm § 566a Rdn. 17. **A. A.** wohl *Emmerich* in Staudinger § 566a Rdn. 17, der auf der einen Seite die Bedeutung der Subsidiarität betont, auf der anderen Seite einen Ausgleichsanspruch des Veräußerers gegen den Erwerber aber davon abhängig machen will, dass Letzterer die Sicherheit erhalten hat.

151 *Häublein* in MünchKomm § 566a Rdn. 17.

152 Eine Verrechnung bzw. eine ohne Verrechnungsabrede von einer Partei vorgenommene Aufrechnung scheitern entgegen OLG Frankfurt NJW-RR 1991, 1416 nicht aus der Zweckgebundenheit der Kaution und eine daraus folgenden Anwendbarkeit des § 394 BGB, da es zum einen keine Rolle spielt, ob sich das Vermögen des Erwerbers um den Kautionsbetrag mehrt oder es sich auf Grund der Verrechnung nicht mindert und dem Mieter zum anderen weiterhin gegen beide der Rückerstattungsanspruch zusteht; es geht also nicht der Rückerstattungsanspruch des Mieters unter, sondern nur der Herausgabeanspruch des Erwerbers.

153 So auch LG Wuppertal WuM 2015, 731. Mangels Gesamtschuldnerschaft (s. Rdn. 29) kommt ein Ausgleich gem. § 426 BGB nicht in Betracht (so auch OLG Köln ZMR 2013, 438; LG Wuppertal WuM 2015, 731).

154 LG Wuppertal WuM 2015, 731.

155 *Häublein* in MünchKomm § 566a Rdn. 17.

156 BGH WuM 2005, 460 = NZM 2005, 596 = ZMR 2005, 603; *Börstinghaus* NZM 2004, 489.

ihm ist lediglich gem. § 148 Abs. 2 ZVG die Verwaltung des Grundstücks entzogen, diese obliegt gem. § 152 ZVG dem Zwangsverwalter[157]. Dieser handelt zwar im eigenen Namen, aber doch für Rechnung des Schuldners/Vermieters[158]. Der Zwangsverwalter ist gem. § 152 Abs. 2 ZVG an die vom Eigentümer geschlossenen Mietverträge gebunden, sofern die Mietsache vor der Beschlagnahme bereits überlassen wurde. Der Eigentümer wiederum ist nach Aufhebung der Zwangsverwaltung an die vom Zwangsverwalter geschlossenen Verträge gebunden[159]. Das bedeutet, dass dem Zwangsverwalter alle Rechte eines Vermieters zustehen[160], dass er aber auch alle Pflichten zu erfüllen hat[161]. Mietforderungen gem. §§ 148 Abs. 1, 21 Abs. 2, 20 Abs. 2 ZVG, 1123 Abs. 2 BGB kann er allerdings nur geltend machen, soweit sie innerhalb eines Jahres vor der Beschlagnahme fällig wurden[162]. Für die Mietsicherheit haben diese Grundsätze folgende Konsequenzen:

38 Den Zwangsverwalter treffen die gleichen Rechte und Pflichten aus der Kautionsabrede wie den Vermieter[163]. Deshalb kann er vom Mieter ggf. die erstmalige Leistung der Sicherheit bzw. deren Wiederauffüllung nach berechtigter Inanspruchnahme verlangen[164]. Hatte der Mieter bereits vor der Zwangsverwaltung an den Vermieter geleistet, ist der Anspruch erfüllt; der Zwangsverwalter kann ihn auch dann nicht geltend machen, wenn der Vermieter die Kaution nicht an ihn weitergeleitet hat. Der Zwangsverwalter hat die Sicherheit anzulegen und zu verwalten (bei Wohnraummietverhältnissen unter Beachtung des § 551 Abs. 3 BGB) und dem Mieter Auskunft über die gezogenen Zinsen zu geben; die Verwaltungspflicht trifft ihn auch, soweit die Sicherheit auf einem Treuhandkonto angelegt wurde[165]. Gem. § 152 Abs. 1 ZVG kann und muss der Zwangsverwalter vom Vermieter die Herausgabe der Sicherheit bzw. die darüber ausgestellten Urkunden (Sparbücher, Wertpapiere, Bürgschaftsurkunde etc.) an sich verlangen, wenn sie sich noch im Vermögen bzw. im Besitz des Vermieters befinden[166]. Ggf. stehen dem Zwangsverwalter auch Ansprüche gegen einen Dritten auf Auskehrung des bei diesem befindlichen Kautionsbetrages zu[167]. Hatte der **Vermieter** die Kaution **nicht treuhänderisch angelegt,** trifft die Pflicht zu einer solchen Anlage nach Anordnung der Zwangsverwaltung den Zwangsverwalter[168] und zwar einschließlich der Zinsen[169]; wenn er sie nämlich, wie nachfolgend noch auszuführen sein wird, nach Wegfall des Sicherungszwecks zurückzuzahlen hat, dann muss er gleichermaßen die vorgelagerte Pflicht zur sicheren Anlage erfüllen – und zwar auch dann, wenn er die Kaution vom Vermieter nicht erhalten hat[170]. Da der Vermieter die Kaution, sofern er sie nicht angelegt hat, im Wege des Schadensersatzes gem. § 280 Abs. 1 BGB verzinsen muss, hat der Zwangsverwalter dies in gleicher Weise zu tun[171]. Der Beschluss über die Zwangsverwaltung ist in Verbindung mit der Ermächtigung zur Besitzergreifung in § 150 Abs. 2 ZVG Vollstreckungstitel für eine entsprechende Herausgabevollstreckung gem. § 883 ZPO gegen den Vermieter[172]. Das gilt allerdings nicht für eine Barkaution, die nicht vom übrigen Vermögen getrennt aufbewahrt wird, sondern mit dem Vermögen des Vermieters vermischt ist[173]. Da hier ein Zahlungsanspruch vollstreckt werden müsste, muss der Zwangsverwalter einen Zahlungstitel gegen den Vermieter erwirken. Ebenso gilt es nicht für eine Barkaution, die ein Dritter (etwa der vom Vermieter beauftragte Hausverwalter) angelegt hat – gleichgültig, ob

[157] *Gather* DWW 2006, 317.
[158] BGH WuM 2005, 460 = NZM 2005, 596 = ZMR 2005, 603.
[159] *Emmerich* in Staudinger § 566 Rdn. 18.
[160] Seine Aktivlegitimation im Prozess bleibt auch nach Aufhebung der Zwangsverwaltung bestehen, nach Rücknahme des Antrags hingegen nicht; vgl. für beide Konstellationen BGH NJW-RR 2003, 1419. S. auch vor § 535 Rdn. 314.
[161] BGH WuM 2005, 460 = NZM 2005, 596 = ZMR 2005, 603; BGH NJW 2009, 3505 = WuM 2009, 668; *Börstinghaus* NZM 2004, 489.
[162] BGH NJW 2003, 2321.
[163] *Milger* NJW 2011, 1252.
[164] *Häublein* in MünchKomm § 566a Rdn. 4.
[165] *Emmerich* in Staudinger § 566a Rdn. 5/6.
[166] BGH NZM 2006, 71 = WuM 2005, 405 = RPfleger 2005, 463 mit instruktiver Anmerkung *Schmidtberger.*
[167] BGH (VIII ZR 300/14) NZM 2015, 859 = WuM 2015, 747; AG Krefeld ZMR 2013, 894 (für eine Kaution, die an eine Mietpoolgesellschaft gezahlt wurde).
[168] BGH NJW 2009, 1673 = WuM 2009, 289; BGH NJW 2009, 3505 = WuM 2009, 668.
[169] AG Wetzlar WuM 2012, 376.
[170] Eingehend LG Lüneburg ZMR 2009, 687 und *Milger* NJW 2011, 1253. S. auch nachfolgend.
[171] AG Wetzlar WuM 2012, 376.
[172] BGH NZM 2006, 71 = WuM 2005, 405 = RPfleger 2005, 463 mit instruktiver Anmerkung *Schmidtberger.*
[173] *Schmidtberger* RPfleger 2005, 465.

treuhänderisch oder nicht. Hier muss der Zwangsverwalter einen Titel gegen den Dritten erwirken, wenn dieser nicht zur Herausgabe bereit ist.

Auch der **Mieter** kann als Nebenpflicht aus dem Mietvertrag bzw. der Kautionsabrede vom Vermieter die Herausgabe der Sicherheit an den Zwangsverwalter verlangen[174] und zwar auch dann, wenn bereits ein Treuhandkonto angelegt war, denn dann dient der Anspruch des Mieters dem Schutz vor Missbrauch durch den Vermieter[175]. Wegen dieses gegen den Vermieter persönlich gerichteten Anspruchs auf Herausgabe kann der Mieter gegenüber dem Zwangsverwalter kein Zurückbehaltungsrecht an der Miete ausüben; das beruht schon auf der Personenverschiedenheit von Vermieter und Zwangsverwalter. Anders ist das, wenn der Mieter vom Zwangsverwalter den Nachweis über die insolvenzfeste Anlage der Sicherheit verlangt; in diesem Fall steht dem Mieter in gleicher Weise ein **Zurückbehaltungsrecht** zu wie ohne Anordnung der Zwangsverwaltung, weil er die Kaution auch dann anlegen muss, wenn er sie vom Vermieter nicht erhalten hat[176]. Das gilt auch dann, wenn über das Vermögen des Vermieters das Insolvenzverfahren eröffnet wurde[177]. §§ 392, 1125 BGB stehen einem Zurückbehaltungsrecht nur entgegen, wenn es wie eine Aufrechnung wirkt[178]. Eine solche Wirkung kann aber nicht generell angenommen werden, da der Zwangsverwalter zur Anlage und auch – wie noch auszuführen sein wird – zur Rückzahlung der Kaution verpflichtet ist und deshalb in der Regel erwartet werden kann, dass er den Rückerstattungsanspruch erfüllen wird[179]. 39

Der Zwangsverwalter ist bei Abrechnungsreife zur Abrechnung und **Rückerstattung der Sicherheit** verpflichtet, wenn den Vermieter zu dieser Zeit diese Pflicht getroffen hätte[180]. Die Pflichten des Zwangsverwalters gehen – auch soweit es um durch die Mietrechtsreform verursachte Überleitungsfälle handelt[181] – nicht weiter als die des Vermieters, bleiben aber auch nicht hinter ihnen zurück; sie treffen den Zwangsverwalter allerdings nur, wenn das Mietverhältnis bei Beschlagnahme des Grundstücks noch nicht beendet war, da sich § 152 Abs. 2 ZVG nur auf zur Zeit der Beschlagnahme bestehende Mietverhältnisse bezieht[182] (zur möglichen Ausnahme sogleich). Das bedeutet, dass das Mietverhältnis während der Zwangsverwaltung beendet, der Mieter ausgezogen und der Rückerstattungsanspruch fällig geworden sein muss. Letzteres setzt Abrechnungsreife voraus. Den Vermieter kann der Mieter nicht in Anspruch nehmen, solange ein Anspruch gegen den Zwangsverwalter besteht. Es ist *nicht* Voraussetzung des Anspruchs gegen den Zwangsverwalter, dass dieser die Kaution erhalten hat, er ist zur Rückerstattung vielmehr auch ohne dies verpflichtet[183]. Wird der Wohnungsmieter allerdings durch Zuschlag im Zwangsversteigerungsverfahren selbst Eigentümer des Mietobjekts, so kann er vom Zwangsverwalter, wenn dieser die Kaution vom früheren Vermieter nicht erhalten hat, deren Auszahlung nicht an sich selbst verlangen, da das Mietverhältnis auf den Mieter als Ersteher übergeht und der Kautionsrückzahlungsanspruch durch Konfusion erlischt[184]. Die Rückerstattungspflicht des Zwangsverwalters trotz Nichterhalt der Kaution ist inzwischen gefestigte Rechtsprechung des BGH[185] und muss – wie schon erwähnt – gleichermaßen für die der Rückerstattung vorgelagerte Pflicht zur insolvenzsicheren Anlage der 40

---

[174] LG Düsseldorf WuM 1992, 542 m. w. N.; *Emmerich* in Staudinger § 566a Rdn. 5.

[175] LG Köln WuM 1990, 427; AG Düsseldorf WuM 1992, 432.

[176] BGH NJW 2009, 3505 = WuM 2009, 668 und eingehend die Vorinstanz LG Lüneburg ZMR 2009, 687. S. dazu auch nachfolgend und bei § 551 Rdn. 111. Insgesamt sehr kritisch zu dieser Sicht *Keller* NZM 2009, 745.

[177] BGH NJW 2009, 3505 = WuM 2009, 668.

[178] BGH WuM 1979, 101; LG Mannheim WuM 1990, 293.

[179] **A. A.** *Emmerich* in Staudinger § 566a Rdn. 5 unter Berufung auf LG Mannheim WuM 1990, 293, das mit BGH WuM 1979, 101 und entgegen der jetzigen BGH-Rechtsprechung davon ausging, dass nur der Vermieter Schuldner des Rückerstattungsanspruchs sei und in dessen Person es – wie regelmäßig – konkrete Anhaltspunkte dafür gab, dass die Kaution nicht zurückgezahlt werde.

[180] BGH WuM 2005, 404 = NZM 2005, 639 = ZMR 2005, 686.

[181] S. BGH NZM 2005, 639 = WuM 2005, 404 und bei Rdn. 3.

[182] BGH NZM 2006, 680 = WuM 2006, 403 = ZMR 2006, 603.

[183] BGH NJW 2003, 3342 = WuM 2003, 630 = ZMR 2003, 903; BGH WuM 2005, 460 = NZM 2005, 596 = ZMR 2005, 603; BGH WuM 2005, 404 = NZM 2005, 639 = ZMR 2005, 686; BGH NZM 2006, 680 = WuM 2006, 403 = ZMR 2006, 603; *Milger* NJW 2011, 1252.

[184] BGH WuM 2010, 518 = NZM 2010, 698; LG Bonn NZM 2009, 817.

[185] BGH NJW 2003, 3342 = WuM 2003, 630 = ZMR 2003, 903; BGH WuM 2005, 460 = NZM 2005, 596 = ZMR 2005, 603; BGH WuM 2005, 404 = NZM 2005, 639 = ZMR 2005, 686; BGH NZM 2006, 680 = WuM 2006, 403 = ZMR 2006, 603.

Kaution auf einem Treuhandkonto gelten[186]. Die für die Rückerstattung unter Umständen notwendige Inanspruchnahme von Vermögen, das eigentlich als Haftungsmasse zugunsten der Zwangsvollstreckungsgläubiger dient, ist vom Gesetz gewollt, indem es in § 152 Abs. 2 BGB eine Bindung des Zwangsverwalters an Mietverträge mit ihrem gesamten Vertragsinhalt[187] vorsieht, wohingegen eine solche Bindung für andere Verträge nicht existiert[188]. Vornehmlich wegen dieser Folge ist der BGH heftig angegriffen worden[189], er hat aber mit der h. M.[190] und nach ausführlicher Auseinandersetzung mit diesen Angriffen zu Recht an seiner Rechtsprechung festgehalten. Das ist nicht nur deshalb richtig, weil das Gesetz Mietverträge gegenüber anderen Verträgen bevorzugt, sondern auch deshalb, weil der Mieter sich nicht selbst schützen kann. Er hat nämlich keinen sicheren Einfluss darauf, ob der Vermieter seine Pflicht zur treuhänderischen Anlage der Barkaution (bei Wohnraummietverhältnissen folgt diese Pflicht aus § 551 Abs. 3 BGB, ansonsten aus der Kautionsabrede[191]) erfüllt. Zwar steht ihm ein entsprechender Anspruch zu und der Vermieter muss die Erfüllung nachweisen. Das hindert den Vermieter aber nicht zwingend, von einem Zugriff auf das Treuhandkonto abzusehen – im Gegenteil, in Zeiten der Krise, die regelmäßig einer Zwangsverwaltung vorangehen, ist die Versuchung eines Zugriffs auf das Treuhandkonto groß und innerhalb der Öffnungszeiten der kontoführenden Bank sehr kurzfristig möglich. Abgesehen davon unterliegt die Erfüllung des Anspruchs auf insolvenzfeste Anlage möglicherweise der Insolvenzanfechtung gem. §§ 129ff. InsO, wenn sie in der Krise, die oftmals mit der Zeit der Zwangsverwaltung zusammenfällt, oder gar nach Stellung eines Insolvenzantrages erfolgt[192].

41 Der Zwangsverwalter hat – wie soeben ausgeführt – die Kaution nicht mehr abzurechnen und zurückzuerstatten, wenn das **Ende des Mietverhältnisses vor Anordnung der Zwangsverwaltung** lag und der Mieter ausgezogen ist. Das Interesse der Zwangsvollstreckungsgläubiger an dem Erhalt der Haftungsmasse ist vorrangig vor dem Interesse des Mieters, den Zwangsverwalter in Anspruch nehmen zu können. Fraglich[193] ist allerdings die Behandlung von Fällen, in denen zwar der Mietvertrag vor Anordnung der Zwangsverwaltung rechtlich beendet wurde, in denen der Mieter aber noch nicht ausgezogen ist. In dieser Situation stehen dem Zwangsverwalter – ähnlich wie dem Erwerber im Falle der Veräußerung des Grundstücks[194] – nach der Rechtsprechung des BGH[195] die Ansprüche auf Nutzungsentschädigung zu, obwohl zum Zeitpunkt der entscheidenden Zäsur (bei der Zwangsverwaltung ist das die Beschlagnahme, beim Vermieterwechsel die Eigentumsumschreibung) eigentlich ein noch bestehender Mietvertrag für den Rechtsübergang notwendig ist. Wenn aber diese wertungsmäßig vergleichbaren Fälle der Zwangsverwaltung und des Eigentumswechsels bei der Frage der Nutzungsentschädigung gleich behandelt werden, dann sollte das auch bei der Frage der Kautionsrückerstattungspflicht so sein. Hierzu wurde bereits oben (Rdn. 4) für den Eigentumsübergang bejaht, dass den Erwerber die Pflichten aus § 566a BGB treffen, weil er die Kaution in Anspruch nehmen kann. Bei der Zwangsverwaltung sollte es ähnlich sein, was bedeuten würde, dass auch der Zwangsverwalter trotz Vertragsbeendigung bei Verbleiben des Mieters in dem

---

[186] LG Lüneburg ZMR 2009, 687. Das folgt wohl auch zwingend aus BGH NJW 2006, 2626 = WuM 2006, 402 = ZMR 2006, 601, wo der BGH unter Rdn. 11 feststellt, dass der Mietvertrag den Zwangsverwalter mit seinem gesamten Vertragsinhalt binde.

[187] BGH NJW 2006, 2626 = WuM 2006, 402 = ZMR 2006 unter Rdn. 11; BGH NJW 2009, 1673; BGH NJW 2009, 3505 = WuM 2009, 668.

[188] BGH WuM 2005, 460 = NZM 2005, 596 = ZMR 2005, 603.

[189] S. vor allem *Keller* NZI 2009, 745; *Alff/Hintzen* Rechtspfleger 2003, 635 sowie die weiteren Nachweise bei BGH WuM 2005, 460 = NZM 2005, 596 = ZMR 2005, 603 und *Drasdo* NJW 2011, 1784. Skeptisch auch *Häublein* in MünchKomm § 566a Rdn. 4.

[190] S. die ausführlichen Nachweise in BGH WuM 2005, 460 = NZM 2005, 596 = ZMR 2005, 603. Außerdem eingehend LG Lüneburg ZMR 2009, 688 und *Milger* NJW 2011, 1252.

[191] So die herrschende mietrechtliche Auffassung; s. Nachweise bei § 551 Rdn. 118. Das Strafurteil BGH NJW 2008, 1827 = WuM 2008, 336 = ZMR 2008, 687 (kritisch dazu *Pauly* ZMR 2010, 256) steht dem nicht entgegen. Danach sind die schuldrechtliche Pflicht zur Anlage der Kaution und die Vermögensbetreuungspflicht bei der Untreue auseinanderzuhalten. Bei der Gewerbemiete gebe es eine Vermögensbetreuungspflicht nicht, bei der Wohnraummiete folge sie aus der Spezialvorschrift des § 551 BGB. Hinsichtlich der schuldrechtlichen Pflicht zur Kautionsanlage ist der Strafsenat zwar skeptisch, ob sie in der bloßen Vereinbarung einer Kaution schon mit enthalten sei oder ob sie gesondert geregelt werden müsse. Die herrschende mietrechtliche Literatur geht aber – wie erwähnt – von einer konkludenten Vereinbarung aus.

[192] *Wolf/Eckert/Ball* Rdn. 1538 m. w. N.

[193] Der BGH hat in BGH NZM 2006, 680 = WuM 2006, 403 = ZMR 2006, 603 diese Frage offen gelassen.

[194] S. bei § 566 Rdn. 51.

[195] BGH NZM 2006, 680 = WuM 2006, 403 = ZMR 2006, 603.

Objekt die Kaution fordern kann bzw. ihm die Rechte daraus zustehen, dass er aber auch zur Kautionsrückzahlung verpflichtet ist[196]. Dafür spricht zudem der Wortlaut des § 152 Abs. 2 ZVG, wenn dort die Formulierung „überlassen ist" verwendet wird[197]. Dagegen spricht nicht die Überlegung dass ein vertragsbrüchiger Mieter (Räumungsverzug) durch einen solchen Rückzahlungsanspruch gegen den Zwangsverwalter quasi belohnt würde[198]; der Zwangsverwalter würde bei der hier vertretenen Sicht nämlich – wie ein Erwerber – nicht nur Pflichten, sondern auch Rechte (an der Kaution) erhalten. Der Zwangsverwalter ist hingegen nicht zur Rückerstattung verpflichtet, wenn das Mietgrundstück *nach* Beendigung des Mietverhältnisses zwangsversteigert und die Zwangsverwaltung deshalb aufgehoben wird. Zwar fällt das Vertragsende als das den Rückzahlungsanspruch auslösende Ereignis in die Zeit der Zwangsverwaltung. Mit dem Ende der Zwangsverwaltung verliert der Zwangsverwalter aber die Verwaltungsbefugnis, der Mieter muss sich an den Vermieter halten. Die Pflicht zur ordnungsgemäßen Abwicklung der Zwangsverwaltung erfordert keine andere Sicht, sondern führt nur dazu, dass der Zwangsverwalter eine bei ihm vorhandene Sicherheit an den Vermieter aushändigen muss, sofern sie nicht dem Ersteher gebührt[199]. Im Übrigen führt nur dieses Ergebnis zu einem Gleichlauf mit dem Verlust der Prozessführungsbefugnis nach Aufhebung der Zwangsverwaltung (s. dazu Rdn. 43).

Der Mieter kann grundsätzlich gegenüber einem Mietzins- oder Schadensersatzanspruch des Zwangsverwalters nicht mit dem Anspruch auf Kautionsrückzahlung **aufrechnen.** Bis zur Abrechnungsreife der Kaution folgt dies schon aus der Kautionsabrede. Danach stehen einer solchen Aufrechnung § 392 BGB bzw. §§ 1124 Abs. 2, 1125 BGB entgegen[200]. § 392 BGB ist anwendbar, weil der Mietzins- bzw. Schadensersatzanspruch vor dem Kautionsrückzahlungsanspruch fällig geworden sein muss, da ansonsten keine Abrechnungsreife eingetreten wäre. §§ 1124 Abs. 2, 1125 BGB sehen zugunsten der Hypothekengläubiger ein Aufrechnungsverbot gegenüber solchen Ansprüchen des Vermieters vor, die nach der Beschlagnahme entstanden sind. Letztlich wird es aber meist (es sei denn, die Zwangsverwaltung ist masseunzulänglich) doch auf eine Verrechnung hinauslaufen, wenn nämlich der Mieter den Zwangsverwalter befriedigt und dieser das soeben erhaltene Geld zur Erfüllung des Kautionsrückerstattungsanspruchs zurückzahlt. Aus diesem Grund erscheint es ausnahmsweise gerechtfertigt, eine direkte Aufrechnung zuzulassen[201]. 42

Eine Klage gegen den Zwangsverwalter auf Kautionsrückzahlung ist unzulässig, wenn die Zwangsverwaltung vor Rechtshängigkeit aufgehoben wurde; dem Zwangsverwalter fehlt die **Prozessführungsbefugnis** selbst dann, wenn die Aufhebung zwischen Anhängigkeit und Rechtshängigkeit erfolgte[202]. S. ansonsten zu den Folgen der Anordnung oder Aufhebung einer Zwangsverwaltung bei § 566 Rdn. 156. 43

IX. Insolvenz des Vermieters

Die Insolvenz des Vermieters ist **kein Anwendungsfall** des § 566a BGB, da sie gem. § 108 Abs. 1 InsO das Bestehen des Mietverhältnisses nicht berührt (zur Veräußerung des Grundstücks durch den Insolvenzverwalter s. sogleich). Weil aber der Mietvertrag fortbesteht, haben ihn Mieter und Insolvenzverwalter genau so zu erfüllen wie vor der Insolvenz; die Rechtslage ist insofern vergleichbar derjenigen bei der Zwangsverwaltung unter § 152 Abs. 2 ZVG. Die Insolvenz allein berechtigt den Mieter deswegen nicht, die Rückerstattung der Sicherheit zu verlangen oder mit dem Rückerstattungsanspruch aufzurechnen[203]; die Sicherheit erfüllt vielmehr ihren Sicherungszweck in gleicher Weise wie vor dem Eintritt der Insolvenz. Der Insolvenzverwalter darf eine vom Mieter 44

196 So auch *Blank/Börstinghaus* § 551 Rdn. 122. Zweifelnd *Wolf/Eckert/Ball* Rdn. 1504. Offenlassend BGH NZM 2006, 680 = WuM 2006, 403 = ZMR 2006, 603. **A. A.** *Milger* NJW 2011, 1253 mit dem gewichtigen Hinweis auf die Vertragsbrüchigkeit des Mieters, der deshalb keinen Schutz verdiene.

197 *Blank/Börstinghaus* § 551 Rdn. 122. Anders möglicherweise BGH NZM 2006, 680 = WuM 2006, 403 = ZMR 2006, 603, wo der BGH aber von einem falschen Wortlaut des § 152 Abs. 2 ZVG ausgeht („überlassen war" anstatt „überlassen ist").

198 So aber *Milger* NJW 2011, 1253.

199 Das ist nach der hier vertretenen Meinung der Fall, wenn der Mieter bei Eigentumsübergang noch nicht ausgezogen war; s. Rdn. 4.

200 *Emmerich* in Staudinger § 566a Rdn. 6.

201 Ähnlich *Geldmacher* in Fischer-Dieskau/Pergande/Schwender § 566a Anm. 11.1.

202 BGH WuM 2005, 463 = NZM 2006, 312; BGH WuM 2010, 518 = NZM 2010, 698.

203 *Cymutta* WuM 2008, 441; *Emmerich* in Staudinger § 566a Rdn. 7.

noch nicht geleistete Sicherheit einfordern[204], muss sie dann aber entsprechend der Kautionsabrede bzw. entsprechend § 551 Abs. 3 BGB anlegen und verwalten.

45 Den Insolvenzverwalter soll nach der Rechtsprechung des BGH[205] bei bestehendem Mietverhältnis eine **Pflicht zur insolvenzfesten Anlage** auch dann nicht treffen, wenn der Vermieter (Schuldner) die Kaution zwar erhalten, aber nicht insolvenzfest angelegt hat; der Insolvenzverwalter muss dies nicht (aus der Insolvenzmasse) nachholen, der Mieter hat kein Zurückbehaltungsrecht an den laufenden Mietzahlungen. Der BGH[206] stellt aber zu Unrecht auf die Zäsurwirkung der Insolvenzeröffnung ab. Zwar ist es richtig, dass die Pflicht zur insolvenzfesten Anlage der Kaution schon vor Insolvenzeröffnung fällig ist; der BGH verkennt aber den Dauercharakter dieser Pflicht[207]. Außerdem gibt es einen Widerspruch zu der in Rdn. 47 vertretenen Ansicht.

46 Endet das Mietverhältnis *vor* Eröffnung des Insolvenzverfahrens, so gibt es keinen Vertrag mehr, den der Insolvenzverwalter gem. § 108 InsO fortführen könnte. Der Mieter kann deshalb nach Eintritt der Abrechnungsreife vom Insolvenzverwalter die **Rückerstattung der Sicherheit** im Wege der Aussonderung gem. § 47 InsO nur verlangen bzw. mit eigenen Ansprüchen aufrechnen, wenn nach der Abrechnung durch den Insolvenzverwalter noch ein Erstattungsanspruch verbleibt und wenn es sich um eine aussonderungsfähige Sicherheit im Sinne von § 47 InsO handelt, also um eine Sicherheit, die nicht zum Schuldner- (Vermieter-)Vermögen gehört bzw. von dem Schuldner treuhänderisch und dinglich getrennt vom seinem übrigen Vermögen verwaltet wurde[208]. Eine derartige Sicherheit ist insbesondere bei einem vom Mieter dem Vermieter verpfändetes Sparbuch bzw. bei verpfändeten Wertpapieren sowie bei einem offen als Mietsicherheit ausgewiesenes Treuhandkonto gem. § 551 Abs. 3 BGB gegeben; auch die Rückgabe einer Bürgschaftsurkunde dürfte hierunter fallen. Eine Sicherheit, die diesen Anforderungen nicht genügt, insbesondere eine Barkaution, die sich zum Zeitpunkt der Eröffnung des Insolvenzverfahrens im sonstigen Vermögen des Vermieters befindet („Barkaution zur freien Verfügung"), ist nicht aussonderungsfähig gem. § 47 InsO, der Mieter kann sie deshalb bei vor Insolvenzeröffnung beendetem Mietverhältnis nicht vom Insolvenzverwalter heraus verlangen oder mit dem Rückerstattungsanspruch aufrechnen (§ 95 Abs. 1 Satz 3 InsO); der Rückerstattungsanspruch ist vielmehr nur einfache Insolvenzforderung, die quotenmäßig befriedigt wird[209].

47 Umstritten ist, ob der **Erwerber eines Grundstücks,** das ihm vom Insolvenzverwalter veräußert wurde, zur Rückerstattung einer Barkaution verpflichtet ist, die er vom Insolvenzverwalter nicht erhalten hat, weil sie nicht aussonderungsfähig im Vermögen des Vermieters vorhanden war. Teilweise[210] wird in diesen Fällen eine teleologische Reduktion von § 566a BGB befürwortet, weil der Erwerber bei der Preisfindung berücksichtige, wenn er zur Kautionsrückerstattung verpflichtet sei, ohne die Kaution selbst erhalten zu haben, was zu Lasten der Insolvenzgläubiger gehe und deswegen den Zielen des Insolvenzverfahrens widerspreche; der Mieter sei nicht schutzwürdig, weil er sich durch seinen Anspruch auf insolvenzfeste Anlage und das daraus folgende Zurückbehaltungsrecht vor einer solchen Situation hätte bewahren könne. Einer solchen teleologischen Reduktion ist aus vielerlei Gründen zu widersprechen[211]. Zunächst bietet das Recht des Mieters, die insolvenzfeste Anlage der Kaution zu verlangen, gerade in der Krise des Vermieters keinen zuverlässigen Schutz vor Missbrauch (s. Rdn. 40). Weiter ist es rein tatsächlich nicht gesichert, ob und ggf. in welcher Höhe der Kaufpreis durch das Fehlen (einzelner, aller?) Sicherheiten negativ beeinflusst wird; die Preisfindung ist ein komplexer Vorgang, der sich pauschalen Urteilen entzieht. Abgesehen da-

---

[204] *Emmerich* in Staudinger § 566a Rdn. 7.

[205] BGH (IX ZR 9/12) NZM 2013, 145 = WuM 2013, 103 m. w. N. **A. A.** *Derleder* EWiR § 108 InsO 1/13, 81 und NJW 2008, 1153; *Streyl* GuT 2009, 371.

[206] BGH (IX ZR 9/12) NZM 2013, 145 = WuM 2013, 103 Rdn. 10/11. Dem BGH folgend *Jacoby* ZMR 2015, 1, der auch allgemein die Ansprüche des Mieters bei Insolvenz und Zwangsverwaltung untersucht.

[207] S. weitergehend in der 10. Aufl. bei § 566a Rdn. 45 sowie bei *Streyl* GuT 2009, 371.

[208] BGH NJW 2008, 1152 (mit kritischer Anmerkung von *Derleder*) = WuM 2008, 149 = ZMR 2008, 280.

[209] BGH NJW 2008, 1152 mit kritischer Anmerkung von *Derleder* = WuM 2008, 149 = ZMR 2008, 280; BGH (IX ZR 9/12) NZM 2013, 145 = WuM 2013, 103 Rdn. 11 m. w. N.; *Timme* NZM 2008, 429; *Cymutta* WuM 2008, 441. Zu den Möglichkeiten und Voraussetzungen, die Mietsicherheit insolvenzfest anzulegen, s. *Eckert* ZMR 2010, 9.

[210] *Noltin* NZI 2007, 149; *Cymutta* WuM 2008, 442.

[211] Ähnlich *Häublein* in MünchKomm § 566a Rdn. 13; *Geldmacher* DWW 2011, 180 (unter Hinweis auf die Gesetzgebungsgeschichte). S. auch BGH (XII ZR 13/10) NJW 2012, 1353 = WuM 2012, 278 = ZMR 2012, 535, der einen Rückerstattungsanspruch des Mieters gegen den Erwerber für den ähnlich gelagerten Fall des Erwerbs in der Zwangsversteigerung annimmt.

von stünde die Insolvenzmasse genauso, wenn der Schuldner das Grundstück in der Krise selbst verkauft und wegen der nicht auf den Erwerber zu übertragenden Kautionen einen geringeren Kaufpreis erzielt hätte; ein Fall inkongruenter Deckung läge nicht vor. Wenn man tatsächlich eine teleologische Reduktion annehmen würde, dann müsste konsequenterweise nicht nur der Ersterwerber von der Rückerstattungspflicht (und allen anderen Rechten und Pflichten aus der Kautionsabrede) befreit sein, sondern auch alle evtl. Folgeerwerber[212]. Wenn nämlich bei Verkauf eines Grundstücks durch einen Insolvenzverwalter die Rechte und Pflichten aus der Kaution nicht auf den Ersterwerber übergehen, dann bestehen in der Person dieses Ersterwerbers auch keine Rechte und Pflichten in Bezug auf die Kaution, die gem. § 566a BGB auf die Folgeerwerber übergehen könnten. Entscheidend ist schließlich, dass der Gesetzgeber durch die in § 566a BGB vorgesehene, vom Erhalt der Kaution nicht abhängige Rückerstattungspflicht den Mieterschutz vor die Interessen des Erwerbers, aber auch vor die Interessen der Gläubiger des Vermieters gestellt hat[213]. Für die Gläubiger des Vermieters in der Zwangsverwaltung hat der BGH[214] das anerkannt; es besteht kein Grund zu der Annahme, dass er dies für die Insolvenzgläubiger anders sehen könnte.

X. Abweichende Vereinbarungen

§ 566a BGB selbst enthält kein zwingendes Recht[215], abweichende Vereinbarungen sind möglich. Dies gilt für **Individualvereinbarungen** uneingeschränkt[216], wenn daran sowohl Veräußerer, Erwerber als auch der Mieter beteiligt sind bzw. dem zustimmen; ansonsten (bei nur zweiseitiger Vereinbarung) muss geprüft werden, ob ein unzulässiger Vertrag zu Lasten Dritter (meist des Mieters, da es in der Regel um den Ausschluss der Veräußererhaftung geht) vorliegt[217]. Wie oben ausgeführt (Rdn. 32) ist in dem Verlangen des Mieters, die Sicherheit auf den Erwerber zu übertragen, keine (individualvertragliche) Erklärung der Haftentlassung gesehen werden[218]. Veräußerer und Erwerber können auch nicht vereinbaren, dass die Sicherheit beim Veräußerer verbleibt[219], da dies das Recht des Mieters, die Herausgabe an den Erwerber zu verlangen, beeinträchtigen würde (s. dazu Rdn. 18). **48**

Eine **formularvertragliche Abweichung** von § 566a BGB zu Lasten des Mieters ist grundsätzlich nicht möglich[220], da dies sowohl im Wohnraum- als auch im Gewerberaummietverhältnis zu einer unangemessenen Benachteiligung bzw. zu einer Abweichung von einem wesentlichen Grundgedanken des Gesetzes i. S. v. § 307 BGB führt[221]. Meist geht es hierbei um eine Enthaftung des Veräußerers. Diese soll ausnahmsweise durch AGB vereinbart werden können, wenn es unter der Bedingung steht, dass der Veräußerer die Sicherheit gem. § 551 Abs. 3 BGB insolvenzfest angelegt hat und sie vollständig auf den Erwerber übergegangen ist[222]. Diese Bedingungen erscheinen jedoch als nicht ausreichend[223], vielmehr ist zusätzlich zu fordern, dass der Erwerber nicht die Möglichkeit haben darf, allein, also ohne Mitwirkung des Mieters über die Sicherheit zu verfügen[224] (was etwa bei einer Verpfändung des Kontos der Fall wäre). Ohne das bestünde nämlich die Möglichkeit, dass der Erwerber unberechtigt, also nicht zur Befriedigung berechtigter Ansprüche aus dem Mietverhältnis, auf die Sicherheit zugreift und sie nicht zurückerstatten kann, was ebenfalls die Haftung des Veräußerers gem. § 566a Satz 2 BGB nach sich ziehen würde. Der BGH[225] hat eine Enthaftung des Veräußerers durch eine formularmäßige vorbereitete Erklärung eines Zwangsverwalters, dieser werde nach Übertragung der Kaution an den Erwerber aus der „bürgenähnlichen Haftung" entlassen, wegen der Unklarheitenregel des § 305c Abs. 2 BGB scheitern lassen, weil **49**

---

212 *Häublein* in MünchKomm § 566a Rdn. 13.
213 *Häublein* in MünchKomm § 566a Rdn. 13.
214 BGH WuM 2005, 460 = NZM 2005, 596 = ZMR 2005, 603.
215 *Emmerich* in Staudinger § 566a Rdn. 18; *Häublein* in MünchKomm § 566a Rdn. 18.
216 Wird über den Regelungsgehalt des § 566a BGB hinaus in die Kautionsabrede selbst eingegriffen, so ist § 551 Abs. 4 BGB zu beachten.
217 *Heintzmann* in Soergel § 566a Rdn. 10.
218 So auch *Häublein* in MünchKomm § 566a Rdn. 19 mit Nachweisen auf die Gegenmeinung.
219 So aber *Blank/Börstinghaus* § 566a Rdn. 22.
220 *Häublein* in MünchKomm § 566a Rdn. 18. Offen lassen BGH (VIII ZR 143/12) Rdn. 18.
221 *Derleder* WuM 2002, 243.
222 *Derleder* WuM 2002, 243; *Börstinghaus* NZM 2004, 486.
223 So auch *Häublein* in MünchKomm § 566a Rdn. 18; *Lehmann-Richter* WImmoT 2008, 171.
224 Ähnlich *Häublein* in MünchKomm § 566a Rdn. 18.
225 BGH (VIII ZR 143/12) NZM 2013, 230 = WuM 2013, 172 Rdn. 18.

auch die Auslegung möglich erscheine, es sei nur die Haftungsentlassung des Zwangsverwalters und nicht (auch) die des Veräußerers gemeint.

50 Eine **Rückgabe der Sicherheit** an den Mieter durch den Veräußerer vor Eigentumsübergang wirkt haftungsbefreiend[226] und stellt außerdem eine den Erwerber bindende[227] Änderung des Vertrages dar, nämlich die Abbedingung der Pflicht zur Sicherheitsleistung[228], sofern Veräußerer und Mieter nicht gleichzeitig vereinbaren, die Sicherheit müsse nach Eigentumsübergang erneut und dann an den Erwerber geleistet werden. Letzteres würde aber – bei AGB – auf eine unzulässige Abbedingung der Veräußererhaftung nach § 566 a Satz 2 BGB hinauslaufen.

XI. Beweislast

51 Der Mieter trägt im Rückerstattungsprozess die Beweislast dafür, dass und in welcher Höhe er die Sicherheit geleistet hat[229]. Ob er an den Veräußerer oder den Erwerber geleistet hat bzw. leisten musste, ist für die Beweislast unerheblich. Verlangt der Erwerber die Herausgabe der Sicherheit vom Veräußerer, muss er beweisen, dass der Mieter sie geleistet hatte[230]. Der Erwerber ist für die berechtigte Inanspruchnahme der Sicherheit beweisbelastet und zwar auch dann, wenn der Veräußerer die Sicherheit verwertet hat[231]. Der Mieter hat im Rahmen der subsidiären Haftung gem. § 566 a Satz 2 BGB zu beweisen, dass er die Sicherheit von dem Erwerber nicht zurückerlangen kann[232].

---

[226] So auch *Häublein* in MünchKomm § 566 a Rdn. 16.

[227] S. § 566 Rdn. 96.

[228] LG Berlin GE 2011, 546; LG Mannheim (4 S 99/10) InfoM 2011, 162; *Lehmann-Richter* WImmoT 2008, 171; *Häublein* in MünchKomm § 566 a Rdn. 16, der eine ergänzende Vertragsauslegung diskutiert, aber verwirft. **A. A.** LG Berlin GE 2010, 1272.

[229] *Häublein* in MünchKomm § 566 a Rdn. 12.

[230] *Heintzmann* in Soergel § 566 a Rdn. 9.

[231] *Lammel,* Wohnraummietrecht, § 566 a Rdn. 19 und 31; *Häublein* in MünchKomm § 566 a Rdn. 12.

[232] *Häublein* in MünchKomm § 566 a Rdn. 14.

§ 566b Vorausverfügung über die Miete

(1) [1]Hat der Vermieter vor dem Übergang des Eigentums über die Miete verfügt, die auf die Zeit der Berechtigung des Erwerbers entfällt, so ist die Verfügung wirksam, soweit sie sich auf die Miete für den zur Zeit des Eigentumsübergangs laufenden Kalendermonat bezieht. [2]Geht das Eigentum nach dem 15. Tag des Monats über, so ist die Verfügung auch wirksam, soweit sie sich auf die Miete für den folgenden Kalendermonat bezieht.

(2) Eine Verfügung über die Miete für eine spätere Zeit muss der Erwerber gegen sich gelten lassen, wenn er sie zur Zeit des Übergangs des Eigentums kennt.

Systematische Übersicht

Alphabetische Schnellübersicht

I. Überblick zu §§ 566b bis 566d BGB

Die §§ 566b bis 566d BGB sind in engem Zusammenhang zueinander und zu § 566 BGB zu sehen. Gem. § 566 BGB tritt der Erwerber eines Grundstücks für die Zeit seines Eigentums in die Rechte und Pflichten des Vermieters/Veräußerers aus dem Mietvertrag ein; er übernimmt den Vertrag grundsätzlich so, wie er zum Zeitpunkt des Eigentumsübergangs bestanden hat (Einzelheiten bei § 566 Rdn. 96). § 566 BGB schützt das Interesse des Mieters an der Fortsetzung des Mietverhältnisses. Auch wenn der Übergang des Vertrages oftmals auch im (wirtschaftlichen) Interesse der Erwerbers liegt, so handelt es sich doch um eine ausgesprochene Mieterschutzvorschrift[1]; gleiches gilt für § 566a BGB[2]. Das scheint auf den ersten Blick auch bei §§ 566b bis 566d BGB so zu sein, wenn der Gesetzeswortlaut von der Wirksamkeit von Verfügungen, Vereinbarungen und Aufrechnungen in Bezug auf die Miete spricht. Diese Formulierungen verschleiern aber, dass eher die Unwirksamkeit von derartigen Verfügungen, Vereinbarungen und Aufrechnungen in Bezug auf die 1

[1] Einhellige Meinung, s. § 566 Rdn. 7.
[2] S. § 566a Rdn. 2.

Miete die Regel ist, weil der Erwerber sie nämlich – grob vereinfacht – nur für den zum Zeitpunkt des Eigentumsübergangs laufenden Monat bzw. den Folgemonat gegen sich gelten lassen muss. Die Normstruktur der §§ 566b bis 566d BGB ist an §§ 406ff. BGB angelehnt, der Schutzumfang aber an §§ 1124, 1125 BGB ausgerichtet.

2 **§ 566b BGB** regelt die Wirksamkeit von **Verfügungen des Veräußerers über die Miete.** Entscheidender Stichtag ist grundsätzlich der Zeitpunkt des Eigentumsübergangs. Hat der Veräußerer vor dem Eigentumsübergang über die Miete für einen danach liegenden Zeitraum verfügt, so ist die Verfügung gegenüber dem Erwerber nur bezüglich des bei Eigentumswechsel laufenden Kalendermonats wirksam, wenn das Eigentum spätestens zum Ablauf des 15. Tages des Monats übergeht; die Verfügung ist bezüglich der Miete für den laufenden und den folgenden Monat wirksam, wenn der Eigentümerwechsel nach dem 15. Tag des Monats erfolgt; sie ist für eine unbeschränkte Zeit wirksam, wenn der Erwerber die Verfügung zum Zeitpunkt des Eigentumsübergangs kennt.

3 **§ 566c BGB** regelt die Wirksamkeit von **Rechtsgeschäften über die Miete** zwischen Veräußerer und Mieter. Für die Wirksamkeit kommt es auf die Kenntnis des Mieters vom Eigentumsübergang an. Ist ein Rechtsgeschäft über die Miete vor dem Eigentumsübergang vorgenommen worden, so ist es gegenüber dem Erwerber bezüglich der Miete mindestens für den laufenden Kalendermonat wirksam, in dem der Mieter von dem Eigentumsübergang positive Kenntnis erlangt; das Rechtsgeschäft ist bezüglich der Miete für den laufenden Kalendermonat und den Folgemonat wirksam, wenn der Mieter die Kenntnis vom Eigentumsübergang erst nach dem 15. Tag des Monats erlangt; es ist für eine unbegrenzte Zeit wirksam, wenn der Mieter vom Eigentumsübergang keine Kenntnis erlangt. Wurde das Rechtsgeschäft nach dem Eigentumsübergang vorgenommen, so ist es unwirksam, wenn der Mieter bei der Vornahme des Rechtsgeschäfts von dem Eigentumsübergang positive Kenntnis hatte.

4 **§ 566d BGB** regelt die Möglichkeiten des Mieters, gegenüber den Mietforderungen des Erwerbers mit solchen Forderungen aufzurechnen, die ihm gegen den Veräußerer zustehen. Für die Möglichkeit der **Aufrechnung** ist grundsätzlich auf die Kenntnis des Mieters vom Eigentumsübergang bei Erwerb der Forderung gegen den Veräußerer abzustellen. Eine Aufrechnung mit einer Forderung, die dem Mieter gegen den Veräußerer zusteht, kann auch nach dem Eigentumsübergang wirksam dem Erwerber gegenüber erklärt werden mindestens bezüglich der Miete für den laufenden Kalendermonat, in welchem der Mieter von dem Eigentumsübergang positive Kenntnis erlangt hat; eine Aufrechnung gegenüber dem Erwerber ist möglich bezüglich der Miete für den laufenden Kalendermonat und den Folgemonat, wenn der Mieter vom Eigentumsübergang erst nach dem 15. Tag des Monats Kenntnis erlangt hat; die Aufrechnung ist möglich bezüglich der Miete für eine unbegrenzte Zeit, wenn der Mieter vom Eigentumsübergang keine Kenntnis erlangt. Eine Aufrechnung ist gegenüber dem Erwerber unwirksam, wenn der Mieter die Gegenforderung erworben hat, nachdem er von dem Eigentumsübergang Kenntnis erlangt hat, oder wenn die Gegenforderung erst nach der Erlangung der Kenntnis und später als der Mietzins fällig geworden ist.

II. Entstehungsgeschichte

5 Durch die zum 1.9.2001 in Kraft getretene Mietrechtsreform wurden die Vorgängervorschriften in geringem Maße redaktionell, nicht aber inhaltlich geändert. § 566b BGB entspricht § 573 BGB a.F., § 566c BGB entspricht § 574 BGB a.F. und § 566d BGB entspricht § 575 BGB a.F. In dieser Form galten die Vorgängervorschriften seit 1953, von 1931 bis 1953 gab es inhaltsgleiche Regelungen außerhalb des BGB[3]. Davor, nämlich von 1915 bis 1931 stellten die §§ 573 bis 575 BGB a.F. nicht auf den Kalendermonat ab, sondern auf das Kalendervierteljahr[4]. Vorausverfügungen und Vereinbarungen über die Miete waren wirksam bis zum Ende des Kalendervierteljahres nach Eigentumsübergang (§ 573 BGB a.F.) bzw. Kenntnis des Mieters davon (§ 574 BGB a.F.); bei Eigentumsübergang bzw. Kenntnis davon innerhalb des letzten halben Monats waren sie wirksam bis zum Ende des folgenden Kalendervierteljahres. Von Inkrafttreten des BGB bis 1915 waren Vorausverfügungen bzw. Vereinbarungen über den Mietzins für das laufende und das folgende Kalendervierteljahr wirksam[5].

---

[3] Einzelheiten bei *Häublein* in MünchKomm § 566b Rdn. 6.
[4] Vgl. *Planck's* Kommentar zum Bürgerlichen Gesetzbuch (4. Aufl.) S. 881.
[5] Vgl. *Planck's* Kommentar zum Bürgerlichen Gesetzbuch (4. Aufl.) S. 881.

III. Zweck und Regelungszusammenhang der §§ 566b bis 566d BGB

6 Das Verständnis der §§ 566b bis 566d BGB fällt nicht leicht. Das ist wohl einmal bedingt dadurch, dass – wie oben erwähnt – §§ 566, 566a BGB ausgesprochene Mieterschutzvorschriften sind und bei ihnen immer betont wird, der Erwerber trete vollständig und mit allen Änderungen so in den Vertrag ein, wie er ihn bei dem Eigentumsübergang vorfinde; dann aber ist es zunächst schwer nachvollziehbar, den §§ 566b, 566c BGB entnehmen zu müssen, dies gelte für die aus Mietersicht naturgemäß bedeutungsvolle Mietzinszahlungspflicht nur eingeschränkt, der Mieter habe vielmehr unter Umständen Leistungen an den Veräußerer vergeblich erbracht und müsse an den Erwerber nochmals zahlen. Zum anderen wird das Verständnis der Vorschriften erschwert durch die Frage der Abgrenzung von Vorausverfügungen über die Miete (§ 566b BGB) und Vereinbarungen über die Miete (§ 566c BGB).

7 Das Verständnis erschließt sich – wie meistens – durch genaue Analyse des Wortlautes und Kenntnis des **Zwecks der Vorschriften.** Der historische Gesetzgeber des BGB hatte ursprünglich Vorbehalte gegen den in § 566 BGB verankerten Grundsatz „Kauf bricht nicht Miete" und deshalb ein Sonderkündigungsrecht des Erwerbers vorgesehen[6]. Auf öffentlichen Druck hin wurde die jetzige Regelung Gesetz, wonach Mietverhältnisse bei Veräußerung des Mietobjektes auf den Erwerber übergehen. Als die Gesetzgebungskommission dem öffentlichen Druck nachgab, betonte sie aber die Gefahr für den Erwerber (und damit auch für potentielle Grundpfandgläubiger), wenn Vorausverfügungen über die Miete gegenüber dem Erwerber wirksam seien; dann nämlich erhalte der Erwerber möglicherweise über längere Zeit nicht das seiner Gebrauchsüberlassungspflicht entsprechende Entgelt, was dem Wesen des Mietvertrages widerspreche[7]. Das birgt die weitere Gefahr, dass der Erwerber die Forderungen der Grundpfandgläubiger unter Umständen nicht mehr aus dem Ertrag des Grundstücks befriedigen kann. Es wurden deshalb verschiedene Schutzmechanismen in das Gesetz eingebaut, nämlich etwa das Schriftformerfordernis des § 550 BGB und das Sonderkündigungsrecht des § 57a ZVG. Beides wirkt allerdings kaum bei Wohnraummietverhältnissen, da Folge des Schriftformverstoßes nicht die Unwirksamkeit des gesamten Vertrages ist, sondern nur die Unwirksamkeit einer evtl. Befristung. Für eine Kündigung eines in dieser Weise unbefristeten Wohnraummietvertrages ist – genauso wie bei § 57a ZVG – ein berechtigtes Interesse im Sinne von § 573 BGB notwendig. Effektiver wird die Rentabilität für den Erwerber durch §§ 566b bis 566d BGB gesichert. Zwar sind diese Regelungen den Schuldnerschutzvorschriften der §§ 406ff. BGB nachgebildet und ihre Formulierungen betonen vordergründig die Wirksamkeit von Vorausverfügungen bzw. Vereinbarungen über die Miete (was das Verständnis der Normen nicht fördert). Das darf aber nicht darüber hinwegtäuschen, dass §§ 566b bis 566d BGB entsprechend dem Willen des Gesetzgebers auch sicherstellen sollen, dass der Erwerber in den Genuss des auf seine Mietzeit entfallenden Mietzinses kommt[8]. Das mag zunächst einseitig belastend für den Mieter erscheinen, ist aber insgesamt betrachtet als Ausgleich für den durch § 566 BGB gewährten Bestandschutz zu verstehen. Mieterschützend wirkt[9], dass die Beschränkungen der §§ 566c und 566d BGB nur eingreifen, wenn der Mieter Kenntnis vom Eigentumsübergang hat. Abgesehen davon wird nicht nur der Mieter belastet, sondern durch § 566b BGB beispielsweise auch diejenigen Dritten, denen der Veräußerer die Miete abgetreten hatte. Die Belange des Veräußerers hat der Gesetzgeber mit der zeitlich begrenzten Wirksamkeit von Vorausverfügungen bzw. von Vereinbarungen über den Mietzins berücksichtigt, weil er hierfür ein oftmals vorhandenes wirtschaftliches Bedürfnis sah[10]. Die Vorschriften der §§ 566ff. BGB schaffen so insgesamt einen Ausgleich der unterschiedlichen Interessen von Mieter, Erwerber und Veräußerer[11]. Die Schutzrichtung der §§ 566b bis 566d BGB hat sich dabei im Laufe der Normgeschichte (s. Rdn. 5) immer weiter zu Gunsten des Erwerbers verschoben. Daneben bewirken die §§ 566b bis 566d BGB im Hinblick auf §§ 161, 163 BGB Rechtsklarheit, weil sie die Mietzinsforderung eindeutig zuordnen[12]. Die **§§ 1124, 1125 BGB** enthalten eine den §§ 566b bis 566d BGB ähnliche Regelung, die über den Verweis in §§ 148, 20, 21 ZVG auch für

---

6 S. zur Gesetzesgeschichte § 566 Rdn. 6.
7 *Mugdan* S. 816/817. Ähnlich *Dedek* ZMR 1998, 681; *Dötsch* NZM 2012, 297.
8 *Dedek* ZMR 1998, 681; *Dötsch* NZM 2012, 297.
9 So zu Recht *Häublein* in MünchKomm § 566b Rdn. 2. Dieser Mieterschutz entspricht der Absicht des historischen Gesetzgebers, vgl. *Mugdan* S. 823.
10 *Mugdan* S. 823.
11 *Häublein* in MünchKomm § 566b Rdn. 4.
12 S. dazu näher bei *Häublein* in MünchKomm § 566b Rdn. 4.

ein unter Zwangsverwaltung stehendes Grundstück gelten. Dadurch werden auch die Grundpfandgläubiger in den Interessenausgleich einbezogen, weshalb die Vorschriften einheitlich auszulegen sind[13].

8 Das Gesetz geht in §§ 566b bis 566d BGB davon aus, dass der Mietzins – entsprechend der ganz vorherrschenden praktischen Handhabung – periodisch bemessen und zahlbar ist, nämlich nach Kalendermonaten. Das kommt dadurch zum Ausdruck, dass es die Mietzahlung auf den Kalendermonat bezieht und die die Wirksamkeit von Vorausverfügungen und Vereinbarungen über die Miete an den Kalendermonat anknüpft. Durch die beschränkte Wirksamkeit von Vorausverfügungen und Vereinbarungen über die Miete kann und soll dem Erwerber nicht eine wirtschaftlich angemessene Miete gesichert werden, da dies auf eine Preiskontrolle hinauslaufen würde. Er soll auch nicht vor jeglichen Veränderungen des Mietniveaus geschützt werden, da er ansonsten zwar nicht an die Vereinbarung einer niedrigeren Miete gebunden wäre, aber auch von Mieterhöhungen nicht profitieren würde. Die eigentliche Aufgabe der Vorschriften kann man vielmehr schon aus deren Wortlaut herleiten. Dort ist nirgendwo von Veränderung (des ursprünglichen Mietvertrages) die Rede, sondern nur davon, dass bestimmte rechtliche Vorgänge (Vorausverfügungen und Vereinbarungen) dem Erwerber gegenüber keine Auswirkung auf die „Miete" (§ 566b Abs. 1 Satz 1 BGB) bzw. die „Mietforderung" (§ 566c Satz 1 BGB) haben. Wenn das Gesetz aber solche Vorausverfügungen und Vereinbarungen über die Miete zwischen dem Veräußerer und dem Mieter wirksam sein lässt, gegenüber dem Erwerber aber nicht (oder nur sehr eingeschränkt), soweit sie seine Eigentumszeit betreffen, so kann das ausschließlich den Sinn haben, dem Erwerber für die Zeit, für die er die Gebrauchsüberlassung schuldet, auch die **Gegenleistung,** die Miete, zukommen zu lassen[14]. Wäre dem nicht so, so könnte sich in der Tat die vom historischen Gesetzgeber gesehene Gefahr realisieren, dass die Verkehrsfähigkeit von Grundstücken leidet[15]. Kann nämlich ein Erwerber laufende Einnahmen aus dem Grundstück nicht erzielen, weil der Veräußerer über die Mieten gegenüber dem Mieter oder einem Dritten schon verfügt hat, wird sich kaum ein Käufer oder – wichtiger – kaum ein Ersteigerer zu einem angemessenen Preis finden. Diese Gefahr beeinträchtigt auch schon die Belastungsgrenze, bis zu der Grundpfandkredite vergeben werden, mit der Folge, dass Kapital für einen Grundstückskauf schwerer aufzubringen ist. §§ 566b bis 566d BGB gewähren also **keinen Schutz vor Veränderungen des Mietniveaus**[16], es geht vielmehr darum, dass die Miete in dem Zeitraum (und damit nach einem Eigentumswechsel gegenüber dem Erwerber) erbracht werden muss, in dem auch die Gegenleistung, die Pflicht zur Gebrauchsgewährung, fällig wird[17]. Oder andersherum: Der Erwerber soll nicht wegen des Vertragsübergangs nach § 566 BGB zur Leistung (Gebrauchsüberlassung) gezwungen sein, ohne Anspruch auf die Gegenleistung zu haben[18]. Deshalb spielt es – entgegen einer erheblichen Gegenmeinung in der Literatur[19] – keine Rolle, ob die Vorausverfügung bzw. die Vereinbarung über den Mietzins bereits zu Beginn des Vertrages oder später erfolgte bzw. ob sie sich in einer über eine Einzelfallregelung hinausgehenden, **dauerhaften Vertragsänderung** (als Abweichung zu dem Ursprungsvertrag) niederschlägt; nach dieser Meinung fallen dauerhafte Vertragsänderungen nicht unter §§ 566b bis 566d BGB. Ein solches Verständnis mag zunächst vielleicht nahe liegen, weil die Vorstellung schwer fällt, eine schon in dem Mietvertrag enthaltene Vereinbarung über die Miete[20] könne nach einer Veräußerung des Grundstücks gegenüber dem Erwerber unwirksam sein oder eine dauerhafte Vertragsänderung könne den Er-

---

[13] BGH NJW 2007, 2919, der seine Rechtsprechung zu § 566b BGB ausdrücklich auf § 1124 BGB überträgt; BGH (VIII ZR 103/13) NJW 2014, 2720 = WuM 2014, 562 Rdn. 20; BGH (VIII ZR 103/11) WuM 2012, 112; *Dötsch* NZM 2012, 297.

[14] *Mugdan* S. 816/817; *Häublein* in MünchKomm § 566c Rdn. 3; *Dedek* ZMR 1998, 680/681.

[15] Das ist wohl gemeint, wenn der historische Gesetzgeber von einer „mit dem modernen Grundbuchsystem nicht vereinbaren Gefährdung des Erwerbers" spricht und auf den heutigen § 1124 BGB verweist, vgl. *Mugdan* S. 816/817.

[16] S. dazu näher § 566c Rdn. 17.

[17] So auch *Häublein* in MünchKomm § 566c Rdn. 10, der das Phasengleichheit von Leistung und Gegenleistung nennt, sowie *Dedek* ZMR 1998, 682; *Dötsch* NZM 2012, 297.

[18] So auch *Dötsch* NZM 2012, 297.

[19] S. insbesondere *Emmerich* NZM 1999, 49. Dem folgt ohne nähere Problematisierung für § 1124 BGB KG ZMR 2005, 949.

[20] Diese Problematik betrifft hauptsächlich Vereinbarungen über die Miete zwischen Veräußerer und Mieter und deshalb den Anwendungsbereich des § 566c BGB. Das hängt mit dem noch dazulegenden Verfügungsbegriff in § 566b BGB zusammen.

werber nicht binden. Letztlich gibt es aber weder nach dem dargelegten Zweck der Vorschriften[21] noch in deren Wortlaut Anhaltspunkte für ein solches Verständnis; nach dem Gesetzeswortlaut ist vielmehr nur die **Zukunftswirkung** einer Verfügung bzw. einer Vereinbarung für die Zeit nach Eigentumsübergang entscheidend, die aber auch schon in dem Ursprungsvertrag angelegt sein kann[22]. Abgesehen davon ist es kaum möglich zu unterscheiden, wann eine Vorausverfügung oder Vereinbarung einen Mietvertrag dauerhaft verändert und wann nur hinsichtlich einzelner Mieten[23]. Fängt die Dauerhaftigkeit bei zwei oder erst bei fünf oder gar erst bei fünfzehn Mieten an?

Die Frage kulminiert an folgendem Beispiel von *Emmerich*[24]: In einem Mietvertrag ist bestimmt, 9
dass der Mieter erst nach zehn Monaten zur Zahlung des vollen statt des hälftigen Mietzinses verpflichtet ist. Das Eigentum an dem Mietgrundstück geht aber schon im dritten Monat auf einen Erwerber über. Soll der Mieter ab dem vierten Monat voll zahlen müssen? Wie noch im Einzelnen zu erörtern sein wird (s. Rdn. 37), würde die Bejahung der Frage nicht zu einer doppelten Zahlungspflicht des Mieters führen. Wenn nämlich die vertragliche Regelung auf einer Vorauszahlung des Mieters beruht, dann steht dem Mieter gegen den Veräußerer ein Schadensersatzanspruch auf Erstattung der Vorauszahlung zu, so dass der Mieter allenfalls das Insolvenzrisiko des Veräußerers zu tragen hat[25]. Wenn die Vereinbarung hingegen der Ausgleich für eine Mangelhaftigkeit der Wohnung ist (weil eine benachbarte Baustelle noch für eine absehbare Zeit besteht), dann liegt gar kein Anwendungsfall des § 566c BGB vor, weil dem Erwerber durch die Vereinbarung nicht der für diesen Zeitraum angemessene Mietzins vorenthalten wird[26] (Einzelheiten bei § 566c Rdn. 14). Die wirtschaftlichen Folgen für den Mieter sind also überschaubar und bestehen im Wesentlichen im Insolvenzrisiko des Veräußerers; dem Mieter kann und muss aber angesichts des § 566c BGB bewusst sein, dass er – wie bei jeder Vorleistung – dieses Risiko eingeht. Der Erwerber könnte sich ohne die Regelungen der §§ 566b bis 566d BGB nur durch Vereinbarung eines entsprechend niedrigeren Kaufpreises vor dem „Mietausfall" schützen. Das setzt Kenntnis der Vereinbarung voraus, die trotz des Schriftformerfordernisses in § 550 BGB oftmals nur schwer zu erlangen ist, weil derartige Vereinbarungen vielfach mündlich getroffen werden[27]. Der Grundpfandgläubiger, der wegen der ähnlichen Regelungen in §§ 1124, 1125 BGB auch in die Überlegungen einbezogen werden muss, kann Informationen in der Regel noch schwerer erhalten.

Die hier vertretene Sichtweise[28] zum Zweck und Regelungszusammenhang der §§ 566b bis 10
566d BGB entspricht wohl der des **BGH.** Nach der Rechtsprechung des RG[29] war der Erwerber nicht gem. § 566c BGB vor solchen Vorauszahlungen des Mietzinses geschützt, die schon im Mietvertrag vereinbart wurden. Der BGH[30] betont hingegen, dass zu den Rechten, die gem. § 566 BGB auf den Erwerber übergehen, auch das Recht auf Mietzins für die Dauer des Eigentums gehöre, wenn die Miete nach periodischen Zeitabständen bemessen sei; dieses Recht könne nur nach §§ 566b bis 566d BGB beschränkt werden. Zur Verwirklichung des Erwerberschutzes komme es nicht darauf an, wann die Vereinbarung über den Mietzins getroffen worden sei, da ansonsten Abreden zum Nachteil des Erwerbers möglich seien[31]. Der BGH stellt dabei die periodische Bemessung des Mietzinses in den Vordergrund[32] und hält § 566c BGB ausdrücklich nur bei einer im ursprünglichen Mietvertrag vereinbarten Einmalmiete und bei einem (anrechenbaren) Baukosten-

---

[21] So auch *Häublein* in MünchKomm § 566b Rdn. 5 und § 566c Rdn. 7.

[22] So auch *Dötsch* NZM 2012, 300.

[23] Eingehend dazu *Dedek* ZMR 1998, 680 und *Häublein* in MünchKomm § 566c Rdn. 8; *Dötsch* NZM 2012, 300.

[24] *Emmerich* NZM 1999, 51.

[25] Unter Umständen ist auch ein Freihaltungsanspruch gegen den Erwerber möglich; s. dazu § 566e Rdn. 24.

[26] *Häublein* in MünchKomm § 566c Rdn. 9.

[27] S. dazu auch *Häublein* in MünchKomm § 566c Rdn. 7.

[28] Ebenso *Häublein* in MünchKomm § 566c Rdn. 6ff.

[29] RGZ 144, 194 m.w.N.

[30] BGH NJW 1998, 595 = WuM 1998, 104 = ZMR 1998, 141; BGH NJW 1962, 1860 = BGHZ 37, 346. S. auch schon BGH NJW 1955, 301. In BGH NJW 2007, 2919 = WuM 2007, 467 = ZMR 2007, 677 wird die vorgenannte Rechtsprechung bestätigt und auf die gleichgelagerte Problematik in § 1124 BGB übertragen; ähnlich in BGH NZM 2003, 871 = WuM 2003, 510 = ZMR 2003, 827.

[31] Die Missbrauchsgefahr betont auch *Häublein* in MünchKomm § 566c Rdn. 8.

[32] BGH NJW 1998, 595 = WuM 1998, 104 = ZMR 1998, 141; BGH NJW 1962, 1860 = BGHZ 37, 346. Ebenso *Häublein* in MünchKomm § 566c Rdn. 9/10; *Dedek* ZMR 1998, 682.

zuschuss nicht für anwendbar[33]. Jedenfalls Ersteres entspricht auch der hier vertretenen Ansicht, da mangels periodischer Bemessung des Mietzinses bei unbefristetem Mietvertrag nicht bestimmt werden kann, welcher Teil der Miete auf die Zeit nach dem Eigentumsübergang entfällt[34]. Zu Einzelheiten und Ausnahmen s. § 566c Rdn. 20. Zum Baukostenzuschuss s. § 566c Rdn. 23. Nicht entschieden hat der BGH bisher, ob § 566c BGB im Falle einer nachträglichen Mietpreissenkung anwendbar sein soll[35]. Konsequenterweise müsste der BGH das verneinen, wenn die Erniedrigung auf einer Anpassung an die Gegenleistung beruht (Reduzierung wegen Mängeln oder Verschlechterung des Mietpreisniveaus), wenn also die Äquivalenz von Leistung und Gegenleistung beibehalten wird[36].

11 Auch das **Verhältnis von § 566b BGB zu § 566c BGB** ist nicht einfach zu verstehen. § 566b BGB betrifft nur Verfügungen, die der Veräußerer in Bezug auf die Miete einseitig gegenüber dem Mieter oder auf Grund von Vereinbarungen mit Dritten für die Eigentumszeit des Erwerbers getroffen hatte[37]. Diese Beschränkung lässt sich zwar dem Wortlaut des § 566b BGB nicht entnehmen, sie folgt aber aus dem Vergleich mit § 566c BGB. Dort werden nämlich Rechtsgeschäfte zwischen Veräußerer und Mieter über die Miete geregelt, also Vereinbarungen, an denen beide beteiligt waren. Beruht eine Verfügung des Veräußerers über die Miete nicht auf einem Rechtsgeschäft mit dem Mieter, sondern auf einer **einseitigen Willenserklärung,** fällt sie unter § 566b BGB. Verfügungen des Vermieters auf Grund von **Vereinbarungen mit Dritten** beurteilen sich ebenfalls nach § 566b BGB. Die Unterscheidung in diese beiden verschiedenen Tatbestände und die unterschiedliche Begrifflichkeit (Verfügung in § 566b BGB und Rechtsgeschäft bzw. Vereinbarung in § 566c BGB) hat seinen Grund in dem stärker mieterschützenden Charakter des § 566c BGB[38]. Wenn nämlich der Veräußerer mit dem Mieter ein Rechtsgeschäft über die Miete schließt, also darüber verfügt, dann ist im Gegensatz zu § 566b BGB für die Bestimmung der Wirksamkeitsdauer nicht auf den Eigentumsübergang, sondern auf die Kenntnis des Mieters davon abzustellen. Das macht deutlich, dass § 566b BGB die – für den Mieter relativ harte, vornehmlich den Erwerber schützende – Grundregel hinsichtlich der Wirksamkeit von Vorausverfügungen über den Mietzins enthält und § 566c BGB in seinem Anwendungsbereich den Mieterschutz (jedenfalls etwas) stärker betont. Dieser stärkere Schutz ist deshalb angemessen, weil der Mieter selbst an der Verfügung beteiligt war und auf deren Wirksamkeit vertrauen durfte. § 566c BGB betrifft demnach vornehmlich Verfügungen, die durch ein **zweiseitiges Rechtsgeschäft zwischen Veräußerer und Mieter** getroffen wurden. Außerdem werden nicht nur Verfügungsverträge erfasst, sondern auch solche Rechtsgeschäfte, die eine unmittelbare Rechtsänderung nicht zur Folge haben und erst in Zukunft auf den Mietzins einwirken wie etwa Aufrechnungsverträge, in denen vereinbart wird, dass und wie künftig entstehende Mietzinsforderungen mit Gegenansprüchen des Mieters verrechnet werden. Bestätigt wird dieses Verständnis des Verhältnisses von §§ 566b, 566c BGB durch die vergleichbaren Regelung des § 1124 BGB. Dort gibt es einen § 566c BGB ähnlichen Tatbestand deshalb nicht, weil es für den (Grundpfand-)Gläubiger belanglos ist, auf Grund welchen Rechtsverhältnisses die Vollstreckung beeinträchtigt würde; der Erwerber hingegen ist nach § 566 BGB grundsätzlich an die vertraglichen Vereinbarungen zwischen Veräußerer und Mieter gebunden, weshalb ihm in dieser Beziehung stärkere Einschränkungen (nämlich Abhängigkeit von der Kenntnis des Mieters) zugemutet werden als bei einseitigen Verfügungen des Veräußerers oder Verfügungen gegenüber Dritten und auch stärkere Einschränkungen als einem (Grundpfand-)Gläubiger. Damit Vereinbarungen über die Miete zwischen Vermieter und Mieter von § 1124 BGB erfasst werden, ist nach

---

[33] BGH NJW 1998, 595 = WuM 1998, 104 = ZMR 1998, 141. S. auch BGH NJW 2007, 2919 = WuM 2007, 467 = ZMR 2007, 677 und BGH (VIII ZR 103/11) WuM 2012, 112 (in diesem Fall war die Einmalmiete nur wenige Tage nach dem Mietvertragsschluss vereinbart worden, was für die Unwirksamkeit der Vorausverfügung ausreichte).

[34] BGH NJW 1998, 595 = WuM 1998, 104 = ZMR 1998, 141; *Häublein* in MünchKomm § 566c Rdn. 9; *Dedek* ZMR 1998, 682.

[35] In BGH NZM 2002, 291 = NJW-RR 2002, 730 hat er zwar ausgesprochen, eine Vertragsänderung falle nicht unter § 566c BGB, er hat die Problematik aber nicht ansatzweise erörtert, sondern sie nur erwähnt, um den Anwendungsbereich des § 407 BGB gegenüber dem der §§ 566b bis 566d BGB abzugrenzen.

[36] Ebenso *Häublein* in MünchKomm § 566c Rdn. 10.

[37] H. M., s. nur *Häublein* in MünchKomm § 566b Rdn. 8.

[38] *Planck's* Kommentar zum Bürgerlichen Gesetzbuch (4. Aufl.) S. 882.

dessen Wortlaut allerdings notwendig, dass sie verfügenden Charakter haben, was aber meistens der Fall ist[39].

IV. Anwendungsbereich

§ 566b BGB baut auf § 566 BGB auf, indem die Vorschrift an den nach § 566 BGB notwendigen Eigentumsübergang anknüpft. Wegen dieses Bezuges ist § 566b BGB – genauso wie § 566a BGB[40] – nicht auf den rechtsgeschäftlichen Vermieterwechsel **(Vertragsübernahme)** anwendbar; in diesen Fällen ist vielmehr § 407 BGB einschlägig. Es gibt aber im BGB und in anderen Gesetzen zahlreiche Verweisungen auf § 566b BGB, die gleichzeitig auch immer den gesetzlichen Vermieterwechsel nach § 566 BGB in Bezug nehmen. 12

1. Verweisungen

§ 566b BGB gilt unmittelbar nur für Vorausverfügungen über die Miete bei Veräußerung von Wohnraum. Neben der Erstreckung auf Mietverhältnisse über **Räume und Grundstücke** in § 578 BGB[41] ist § 566b BGB kraft **Verweisung** anwendbar bei der gewerblichen Weitervermietung (§ 565 Abs. 2 BGB), bei der dinglichen Belastung der Mietsache durch den Vermieter (§ 567 BGB), bei der Veräußerung oder dinglichen Belastung des Grundstücks vor Überlassung der Mietsache (§ 567a BGB) und bei der Weiterveräußerung des Grundstücks oder der dinglichen Belastung (§ 567b BGB), außerdem beim Nießbrauch[42] (§§ 1056, 1059d BGB, aber nur bei dessen Beendigung und Übertragung, für die Bestellung gilt § 567 BGB[43]), bei der Nacherbfolge (§ 2135 BGB), bei der Überlassung von Wohnraum in Zusammenhang mit einem Wohn- und Betreuungsvertrag (§ 5 Abs. 2 WBVG), bei Pachtverträgen (§ 581 Abs. 2), Landpachtverträgen (§ 593b BGB), Jagdpachtverträgen (§ 14 BJagdG), bei der Fischereipacht hängt es von der Landesgesetzgebung ab[44], nach § 11 Abs. 3 Investitionsvorranggesetz (InVorG) und – mit Modifikationen – bei der **Zwangsversteigerung** (§§ 57, 57b ZVG; Einzelheiten bei Rdn. 18). Zum Schicksal eines Mietvertrages bei Bestellung und Änderung eines Erbbaurechts, eines dinglichen Wohnungsrechts gem. § 1093 BGB und eines Dauerwohnrechts im Sinne von § 31 WEG s. bei der Kommentierung zu § 567 BGB. 13

In einigen Verweisungen (§§ 1056, 2135 BGB, §§ 57, 57b ZVG, § 11 Investitionsvorranggesetz (InVorG)) wird nur auf § 566b Abs. 1 BGB Bezug genommen, so dass eine **kenntnisabhängige Wirksamkeit von Vorausverfügungen** gem. § 566b Abs. 2 BGB in diesen Fällen nicht in Betracht kommt[45]. 14

Soweit es in den Verweisungsfällen nicht um eine Grundstücksveräußerung geht, kommt es statt des nach § 566b BGB eigentlich **maßgeblichen Zeitpunktes** des Eigentumsübergangs auf den der Veräußerung gleichgestellten Rechtsakt an[46] (etwa die Übertragung des Nießbrauchs). 15

Nicht anwendbar ist § 566b BGB bei Mietverhältnissen über eingetragene Schiffe und Luftfahrzeuge (§ 578a BGB, für Luftfahrzeuge in Verbindung mit § 98 Abs. 2 des Gesetzes über Rechte an Luftfahrzeugen (LuftFzgG)); hier sind Vorausverfügungen über die Miete gem. § 578a Abs. 2 BGB wirksam. Außerdem gilt § 566b BGB nicht bei der Verfügung über **Nebenrechte** wie den Verzicht auf eine Bürgschaft[47], da es sich nicht um eine Mietzinsforderung handelt. 16

Da § 566b BGB – wie ausgeführt – auf § 566 BGB aufbaut, kann **ergänzend** auf die Ausführungen zum Anwendungsbereich des § 566 BGB verwiesen werden, insbesondere zu den Fällen, in denen §§ 566ff. BGB nicht anwendbar sind. 17

---

[39] S. näher zum Verfügungsbegriff in § 566b BGB bei Rdn. 22 und zum vergleichbaren Verfügungsbegriff in § 1124 BGB (dort wird zwischen Einziehung und anderweitigen Verfügungen unterschieden, die Einziehung ist aber auch eine Form der Verfügung) bei *Wolfsteiner* in Staudinger (2002) § 1124 Rdn. 3ff.

[40] S. § 566a Rdn. 5.

[41] Einzelheiten bei § 566 Rdn. 19.

[42] S. zu Vorausverfügungen beim Nießbrauch *Emmerich* in DMT-Bilanz 2011 S. 733.

[43] S. insgesamt zum Nießbrauch bei der Kommentierung zu § 567 BGB.

[44] Einzelheiten bei *Harke* in MünchKomm § 581 Rdn. 34.

[45] BGH NJW-RR 2005, 1466; *Häublein* in MünchKomm § 566b Rdn. 7.

[46] *Häublein* in MünchKomm § 566b Rdn. 7.

[47] *Emmerich* in Staudinger § 566b Rdn. 3.

2. Zwangsversteigerung

18 Gem. § 56 ZVG gebühren die Nutzungen eines Grundstücks, zu denen auch Mietzinsforderungen gehören, bis zum Zuschlag in der Zwangsversteigerung dem Vollstreckungsschuldner; der Schuldner kann also grundsätzlich vor dem Zuschlag über die Miete verfügen[48]. Soweit dies in die Zeit nach dem Zuschlag wirkt, also in die Zeit, ab der dem Ersteher die Nutzungen zustehen, beurteilt sich die Wirksamkeit gem. § 57 ZVG grundsätzlich nach § 566b Abs. 1 BGB. § 566b Abs. 2 BGB wird von § 57 ZVG nicht in Bezug genommen, so dass eine kenntnisabhängige Wirksamkeit von Vorausverfügungen gem. § 566b Abs. 2 BGB in diesen Fällen nicht in Betracht kommt. § 57b ZVG modifiziert überdies § 566b Abs. 1 BGB dahingehend, dass maßgeblicher Zeitpunkt nicht der Eigentumsübergang, sondern die Beschlagnahme des Grundstücks zum Zwecke der Zwangs*versteigerung* ist[49]. Auf die Beschlagnahme in einer vorausgegangenen Zwangs*verwaltung* ist dann abzustellen, wenn die Zwangsverwaltung bis zum Zuschlag fortgedauert hat (§ 57b Abs. 2 Satz 1 ZVG). § 57b ZVG ist nicht anzuwenden, wenn der Zwangsverwalter den Mietvertrag schließt oder die Vorausverfügung vornimmt (§ 57b Abs. 3 ZVG), die §§ 566b bis 566d BGB gelten dann vielmehr uneingeschränkt[50]. Weiterhin findet § 57b ZVG keine Anwendung bei einer Zwangsversteigerung zum Zwecke der Aufhebung einer Gemeinschaft (§ 183 ZVG). Zu den Besonderheiten bei der Behandlung von Baukostenzuschüssen s. § 566c Rdn. 23.

3. Zwangsverwaltung

19 Bei der Zwangsverwaltung findet durch die Beschlagnahme nach § 148 Abs. 2 ZVG kein Eigentumswechsel und kein Rechtsübergang gem. § 566 BGB statt[51], so dass auch § 566b BGB nicht anwendbar ist; der Vermieter bleibt Partei des Mietvertrages, ihm ist lediglich gem. § 148 Abs. 2 ZVG die Verwaltung des Grundstücks entzogen, diese obliegt gem. § 152 ZVG dem Zwangsverwalter[52]. Der Zwangsverwalter handelt zwar im eigenen Namen, aber doch für Rechnung des Schuldners/Vermieters[53]. Er ist gem. § 152 Abs. 2 ZVG an die vom Eigentümer geschlossenen Miet- und Pachtverträge gebunden, sofern die Mietsache vor der Beschlagnahme bereits überlassen wurde. Der Eigentümer wiederum ist nach Aufhebung der Zwangsverwaltung an die vom Zwangsverwalter geschlossenen Verträge gebunden[54] – in diesem Fall gelten bei einer späteren Zwangsversteigerung nicht die Besonderheiten des § 57b ZVG (s. § 57b Abs. 3 ZVG), sondern §§ 566b bis 566d BGB uneingeschränkt[55]. Den Zwangsverwalter treffen grundsätzlich alle Rechte und Pflichten eines Vermieters[56]. Zur Prozessführungsbefugnis des Zwangsverwalters s. bei § 566 Rdn. 156. Von der Beschlagnahme sind im Gegensatz zur Zwangsversteigerung auch die Mietzinsforderungen umfasst[57]. Verpflichtet sich der Mieter in einem Mietaufhebungsvertrag zu Ausgleichszahlungen, falls der Vermieter bei einer Weitervermietung des Mietobjekts nur eine geringere als die vom Mieter geschuldete Miete erzielen kann, wird dieser Anspruch bei einer späteren Zwangsverwaltung des Grundstücks nicht von der Beschlagnahme erfasst, da es sich nicht um eine Mietforderung handelt[58]. Der Grundsatz, dass Mietforderungen der Beschlagnahme unterliegen, gilt zu Gunsten der Vollstreckungsgläubiger für **Vorausverfügungen** über den Mietzins gem. §§ 148 Abs. 1, 21

48 *Emmerich* in Staudinger § 566b Rdn. 5. S. allgemein zur Zwangsvollstreckung in Mietforderungen *Schneider* ZMR 2008, 595.

49 Die Kenntnisfiktion des Mieters in § 57b Abs. 1 Satz 2 ZVG ist nur bedeutsam bei § 566c BGB, da nur diese Vorschrift auf die Kenntnis des Mieters abstellt.

50 *Emmerich* in Staudinger § 566b Rdn. 7.

51 BGH WuM 2005, 460 = NZM 2005, 596 = ZMR 2005, 603; *Börstinghaus* NZM 2004, 489.

52 *Gather* DWW 2006, 317.

53 BGH NJW-RR 2005, 1030.

54 *Emmerich* in Staudinger § 566 Rdn. 18.

55 *Emmerich* in Staudinger § 566b Rdn. 7.

56 BGH WuM 2005, 460 = NZM 2005, 596 = ZMR 2005, 603; *Börstinghaus* NZM 2004, 489. Die Aktivlegitimation des Zwangsverwalters im Prozess bleibt auch nach Aufhebung der Zwangsverwaltung bestehen für solche Ansprüche, die vor Aufhebung entstanden sind und auf die sich die Beschlagnahme bezieht (BGH NZI 2009, 572; BGH NJW-RR 2003, 1419); nach Rücknahme des Antrags entfällt die Aktivlegitimation (BGH NJW-RR 2003, 1419). S. außerdem BGH WuM 2005, 463 = NZM 2006, 312 (kein Kautionsrückzahlungsanspruch gegen den Zwangsverwalter, wenn die Zwangsverwaltung vor Rechtshängigkeit aufgehoben wurde) sowie BGH NJW-RR 1990, 1213 (Parteiwechsel nach Aufhebung der Zwangsverwaltung während eines Prozesses möglich, aber nicht mehr in der Revision).

57 *Schneider* ZMR 2008, 596.

58 BGH NZM 2011, 201.

Abs. 2, 20 Abs. 2 ZVG, 1124 BGB aber nur eingeschränkt[59]. Danach ist eine Verfügung über die Miete gegenüber dem Vollstreckungsgläubiger unwirksam, wenn sie sich auf den Mietzins für eine spätere Zeit als den zur Zeit der Beschlagnahme laufenden Monat bezieht. Erfolgt die Beschlagnahme nach dem 15. des Monats, so ist sie gegenüber dem Gläubiger wirksam, soweit sie sich auf den Mietzins für den folgenden Kalendermonat bezieht. Im Falle einer Abtretung der Miete muss der Zessionar den betreffenden Mietzinsteil gem. § 816 Abs. 2 BGB zurückerstatten[60]. Es ist belanglos, ob ein Grundpfandgläubiger oder ein sonstiger Gläubiger die Zwangsverwaltung betreibt[61]. Der Begriff der Vorausverfügung in § 1124 BGB ist derselbe wie in § 566b BGB[62]. Zu den Besonderheiten bei der Behandlung von Baukostenzuschüssen s. § 566c Rdn. 23.

4. Insolvenz

Nach § 110 Abs. 1 Satz 1 InsO ist die vor Eröffnung des Insolvenzverfahrens getroffene Verfügung[63] des Schuldners über den Mietzins für eine Immobilie ab dem nächsten Kalendermonat nach Insolvenzeröffnung bzw. – bei Insolvenzeröffnung nach dem 15. Tag des Monats – ab dem übernächsten Monat unwirksam. Die Vorschrift beschränkt, rechtstechnisch gesehen, nicht die Wirksamkeit von Vorausverfügungen über Mietforderungen, sondern verdrängt in seinem Anwendungsbereich § 91 InsO, und begründet so (in ihren zeitlichen Grenzen) die Wirksamkeit einer Vorausabtretung, auch wenn diese nach der allgemeinen, die Masse schützenden Vorschrift des § 91 InsO unwirksam wäre; ist eine Vorausverfügung für die Zeit nach Insolvenzeröffnung hingegen nicht nach den § 91 Abs. 1 InsO unwirksam, ist für eine Anwendung von § 110 InsO kein Raum[64]. § 110 InsO ist an den §§ 1124, 1125 BGB ausgerichtet[65] (und damit auch mit § 566b BGB vergleichbar), weil sich der Insolvenzgläubiger in einer ähnlichen Lage befindet wie der Hypothekengläubiger, der die Beschlagnahme des Grundstücks bewirkt hat, und der Schutz, den die Hypothekengläubiger nach § 1124 Abs. 2 BGB genießen, auch den Konkurs- bzw. Insolvenzgläubigern zuerkannt werden sollte[66]. § 110 InsO bezweckt somit die Gleichbehandlung der Insolvenzgläubiger und die Erhaltung der Masse. Derjenige, der bisher in den Genuss der Vorausverfügung über den Mietzins gekommen war, insbesondere der Zessionar, hat das Nachsehen, da sein Bereicherungsanspruch gegen den Schuldner (Vermieter) einfache Insolvenzforderung ist[67]. Vorausverfügungen des Insolvenzverwalters richten sich im Falle einer freihändigen Veräußerung nach § 566b BGB, im Falle einer Zwangsversteigerung nach §§ 57, 57b ZVG, 566b Abs. 1 BGB[68]. Zu den Besonderheiten bei der Behandlung von Baukostenzuschüssen s. § 566c Rdn. 23. 20

V. Voraussetzungen

§ 566b BGB baut auf § 566 BGB auf, indem die Vorschrift an den nach § 566 BGB notwendigen Eigentumsübergang anknüpft 21

[59] Weitere Einschränkungen sind in § 1123 BGB enthalten.

[60] OLG Hamm NJW-RR 1989, 1421.

[61] BGH NJW-RR 2005, 1466 unter II.1.a.cc; s. auch *Eickmann* in MünchKomm (6. Aufl.) § 1124 Rdn. 47. **A. A.** *Blank/Börstinghaus* § 566b Rdn. 7, der die m. E. eindeutige BGH-Entscheidung aber offenbar missversteht bzw. übersieht; in der Verweisungskette der §§ 148 Abs. 1, 21 Abs. 2, 20 Abs. 2 ZVG, 1124 BGB gibt es auch keinerlei Anhaltspunkte für eine Beschränkung auf die Grundpfandgläubiger als betreibende Gläubiger. S. allgemein zur Zwangsvollstreckung in Mietforderungen *Schneider* ZMR 2008, 595.

[62] *Emmerich* in Staudinger § 566b Rdn. 6. In BGH NZM 2003, 871 = WuM 2003, 510 = ZMR 2003, 827 wird dies stillschweigend vorausgesetzt, indem sich der BGH auf die Kommentierung zu § 566b BGB beruft.

[63] Der Begriff der Verfügung ist in § 110 InsO derselbe wie in §§ 566b, 1124 BGB. *Lammel,* Wohnraummietrecht, § 566b Rdn. 22 nimmt einen weiteren Verfügungsbegriff an als in § 566b BGB, da eine § 566c BGB vergleichbare Regelung fehle.

[64] BGH (IX ZR 62/12) NJW 2013, 2429 Rdn. 25.

[65] BGH NJW-RR 2005, 1466.

[66] BGH NJW-RR 2005, 1466.

[67] *Emmerich* in Staudinger § 566b Rdn. 8.

[68] *Emmerich* in Staudinger § 566b Rdn. 9; *Lammel,* Wohnraummietrecht, § 566b Rdn. 24 für den Fall des § 57 ZVG; beide diskutieren aber nicht den Fall des freihändigen Verkaufs.

1. Verfügung über den Mietzins

22 Verfügung im Sinne von § 566b BGB ist jedes Rechtsgeschäft, durch das die Mietforderung unmittelbar übertragen, belastet, geändert oder aufgehoben wird[69]. Das entspricht dem allgemeinen **Verfügungsbegriff** des BGB[70]. Das Rechtsgeschäft ist aber nur für die Seite eine Verfügung, die eine Rechtsminderung erfährt oder deren Recht inhaltlich verändert wird; für den durch die Verfügung Begünstigten ist sie ein Erwerbsgeschäft[71].

23 Zur Miete im Sinne von § 566b BGB gehören auch die vereinbarten Vorauszahlungen auf abzurechnende **Betriebskosten,** da sie Bestandteil der Miete sind, wie inzwischen für die Frage der Mietminderung anerkannt ist[72]. Dem steht auch der Vorschusscharakter dieser Leistung nicht entgegen, im Gegenteil, wenn es – wie dargelegt – der Zweck des § 566b BGB ist, dem Erwerber für die Zeit seines Eigentums das Äquivalent für die Gebrauchsüberlassung an den Mieter zu sichern, dann kann dies nur effektiv umgesetzt werden, wenn die Betriebskostenvorauszahlungen – wie auch in anderen Vorschriften[73] – als Bestandteil der Miete angesehen werden; dies zumal, als der Betriebskostenvorschuss abgetreten werden, also Gegenstand von Verfügungen sein kann[74]. Nicht unter den Mietbegriff des § 566b BGB fallen allerdings die Abrechnungssalden, da sie nicht zum periodisch anfallenden Entgelt für die Gebrauchsüberlassung gehören[75]. Ansprüche auf **Nutzungsentschädigung** gem. § 546a BGB (genauso wie Schadensersatz- und Bereicherungsansprüche wegen Vorenthaltung der Mietsache) sind schon begrifflich keine Miete. Sie sichern zwar auch das Äquivalenzinteresse des Erwerbers; wegen ihres (bis zur Räumung) vorübergehenden Charakters erscheint eine analoge Anwendung von § 566b BGB auf diese Ansprüche aber nicht notwendig. Verpflichtet sich der Mieter in einem Mietaufhebungsvertrag zu Ausgleichszahlungen, falls der Vermieter bei einer Weitervermietung des Mietobjekts nur eine geringere als die vom Mieter geschuldete Miete erzielen kann, handelt es sich ebenfalls nicht um eine Mietforderung[76]. Auch **Nebenforderungen** (Sicherungsrechte wie Bürgschaft etc., Zinsen) sind keine Miete in Sinne von § 566b BGB. Auf Verfügungen über **andere Rechte** aus dem Mietvertrag als den Mietzins (etwa Options- oder Kündigungsrechte) findet § 566b BGB (und auch § 566c BGB) ebenfalls keine Anwendung.

24 § 566b BGB gilt nur für Vorausverfügungen über den Mietzins[77]. Der Mieter, der in **gutem Glauben** an das Fortbestehen des Vertragsverhältnisses mit dem Veräußerer ein verfügendes Rechtsgeschäft *hinsichtlich anderer Regelungsbereiche als dem Mietzins* schließt, wird nach Ansicht des BGH durch §§ 407, 412 BGB geschützt[78]; dieser Schutz ist allerdings nur für nach dem Eigentumswechsel vorgenommene Verfügungen notwendig, da frühere Verfügungen den Erwerber gem. § 566 BGB binden.

25 Wie bereits erwähnt (s. Rdn. 11) ergibt sich aus dem systematischen Zusammenhang mit § 566c BGB, dass § 566b BGB nur Verfügungen erfasst, die der Veräußerer in Bezug auf die Miete **einseitig** gegenüber dem Mieter oder auf Grund von **Vereinbarungen mit Dritten** für die Eigentumszeit des Erwerbers getroffen hat. Beruht also eine Verfügung des Veräußerers über die Miete nicht auf einem Rechtsgeschäft mit dem Mieter, sondern auf einer einseitigen Willenserklärung (z. B. Aufrechnung), fällt sie unter § 566b BGB. Schließen hingegen Veräußerer und Mieter eine Vereinbarung über die Miete, ist § 566c BGB anwendbar.

26 **Wichtigster Anwendungsfall** des § 566b BGB sind Verfügungsvereinbarungen des Vermieters mit Dritten. Dazu gehören insbesondere die **Abtretung** und die **Verpfändung**[79], gleichgestellt sind Pfändungen oder Vorpfändungen durch Gläubiger des Veräußerers gem. §§ 829, 845 ZPO, weil es keinen Unterschied macht, ob die Entstehung des Pfandrechts auf einer Zwangsmaß-

---

[69] BGH NZM 2003, 871 = WuM 2003, 510 = ZMR 2003, 827.

[70] BGH (XII ZR 170/07) NZM 2010, 126 Rdn. 22.

[71] *Gursky* in Staudinger (2004) § 185 Rdn. 4.

[72] BGH NZM 2005, 455.

[73] S. § 535 Rdn. 651 und BGH NZM 2005, 455.

[74] S. § 556 Rdn. 271.

[75] Zum Tatbestandsmerkmal der periodischen Bemessung des Mietzinses s. Rdn. 30.

[76] BGH NZM 2011, 201 für die Beschlagnahme in der Zwangsverwaltung, für die derselbe Verfügungsbegriff gilt wie in §§ 566b, 566c BGB (s. Rdn. 19).

[77] Einzelheiten zum Schutz des gutgläubigen Mieters bei § 566e Rdn. 17ff.

[78] *Häublein* in MünchKomm § 566b Rdn. 9; BGH (IX ZR 29/11) NJW 2012, 1881 = WuM 2012, 325 = ZMR 2012, 539; BGH NZM 2002, 291 = NJW-RR 2002, 730. Einzelheiten zum Schutz des gutgläubigen Mieters bei § 566e Rdn. 17ff.

[79] *Emmerich* in Staudinger § 566b Rdn. 10.

nahme oder einer freiwilligen Verpfändung beruht[80]. Einseitige Vorausverfügungen des Vermieters gibt es praktisch nicht, auch die Erfüllung der Forderung durch Annahme an Erfüllung statt sowie ihre Stundung und ihr Erlass gehören nicht dazu; eine Annahme an Erfüllung statt, eine Stundung und ein Erlass setzen nämlich – auch wenn die Anforderungen an die Willenserklärung des Schuldners teilweise bis zur Unkenntlichkeit gering sind – formal einen Vertrag zwischen Gläubiger und Schuldner voraus, also zwischen Vermieter und Mieter, so dass der Anwendungsbereich des § 566c BGB eröffnet ist und nicht eine einseitige Vorausverfügung im Sinne von § 566b BGB vorliegt[81].

Als einseitige Vorausverfügung über die Miete kommt die **Aufrechnung** des Veräußerers in Betracht, die er aber nur bis zum Zeitpunkt des Eigentumsübergangs erklären kann[82] (einen Aufrechnungsvertrag kann er mit dem Mieter allerdings gem. § 566c BGB noch bis zu dessen Kenntnis vom Eigentumsübergang schließen). Denn mit dem Eigentumswechsel gehen die Mietzinsforderungen nach dem gem. § 566 BGB geltenden Fälligkeitsprinzip auf den Erwerber über, so dass der Veräußerer nach dem Eigentumsübergang als Nichtberechtigter verfügen würde. Aus diesem Grund dürfte es kaum Fälle geben, in denen eine Aufrechnung des Veräußerers eine Vorausverfügung gem. § 566b BGB ist. Eine Mietzinsforderung ist nach der Rechtsprechung des BGH[83] bei der Miete unbeweglicher Sachen nämlich regelmäßig[84] (Auslegungsfrage!) nicht ein betagter, sondern ein befristeter Anspruch, der abschnittsweise neu entsteht. Er wird deshalb erst mit Beginn des jeweiligen Leistungszeitraums erfüllbar[85]. Da § 387 BGB für den Anspruch, gegen den aufgerechnet werden soll (hier: die Mietzinsforderung), Erfüllbarkeit („bewirken kann") voraussetzt, hat das hat für die Aufrechenbarkeit, zur Folge, dass der Vermieter erst bei Entstehung des Anspruchs aufrechnen kann (also schon bei Beginn des jeweiligen Leistungszeitraums, Fälligkeit muss noch nicht eingetreten sein). Wegen des nach § 566 BGB geltenden Fälligkeitsprinzips[86] geht eine *nach* dem Eigentumswechsel erklärte Aufrechnung des Veräußerers mangels Inhaberschaft für solche Mietzinsansprüche ins Leere, die nach dem Eigentumsübergang erfüllbar wurden[87]. Eine Aufrechnung **vor** Eigentumsübergang geht mangels aufrechenbarer (erfüllbarer) Forderung ins Leere. **Praktisch** kommt deshalb eine einseitige Aufrechnung des Veräußerers nur in Betracht, wenn der Leistungszeitraum, für den der Mietzins geschuldet wird, über den in § 566b Abs. 1 BGB genannten Wirksamkeitszeitraum (Einzelheiten bei Rdn. 33) hinausgeht. Außerdem können Veräußerer und Mieter einen Aufrechnungsvertrag über noch nicht erfüllbare Ansprüche und damit auch für nach dem Eigentumsübergang liegende Zeiträume schließen[88]; dann liegt aber eine Vereinbarung über den Mietzins zwischen Mieter und Veräußerer vor, deren Wirksamkeit sich nicht nach § 566b BGB, sondern nach § 566c BGB beurteilt. Für die **Abtretung** des Mietzinsanspruches gelten diese Ausführungen nicht, da auch künftige Forderungen abgetreten werden können[89]. Bis zum Eigentumsübergang ist der Veräußerer also Berechtigter auch hinsichtlich der künftig entstehenden Ansprüche, § 566b BGB beschränkt aber die Wirksamkeit der Abtretung[90]. 27

---

[80] Allg. M., vgl. zu dieser früher umstrittenen Frage *Emmerich* in Staudinger § 566b Rdn. 12 m. w. N.; *Häublein* in MünchKomm § 566b Rdn. 8.

[81] *Emmerich* in Staudinger § 566b Rdn. 11. In BGH NZM 2003, 871 = WuM 2003, 510 = ZMR 2003, 827 wird nur der Verfügungscharakter dieser Rechtsgeschäfte erwähnt, allerdings Bezug genommen auf die Kommentierung zu § 566c BGB, so dass auch wohl der BGH nicht von einer einseitigen Verfügung ausgeht; die Frage spielte in dem Urteil allerdings keine Rolle, da es um § 1124 Abs. 2 BGB ging.

[82] *Häublein* in MünchKomm § 566b Rdn. 12.

[83] BGH (IX ZR 62/12) NJW 2013, 2429; BGH (XII ZR 170/07) NZM 2010, 126; BGH NJW 2008, 1153 = ZMR 2008, 201 Rdn. 35; BGH ZMR 1997, 223 = MDR 1997, 562; OLGR Nürnberg 2009, 121. Wenn man die Mietzinsforderung als betagt ansehen würde, so wäre eine Aufrechnung vor Fälligkeit möglich und damit auch Vorausverfügungen i. S. v. § 566b BGB; s. zum Meinungsstand *Gursky* in Staudinger (2006) § 387 Rdn. 116ff., insbesondere Rdn. 121.

[84] S. zu einem Ausnahmefall (Miete beweglicher Sachen) etwa BGH (XII ZR 170/07) NZM 2010, 126 sowie BGH (IX ZR 62/12) NJW 2013, 2429 Rdn. 30 und 31 mit Nachweisen auf weitere Ausnahmefälle (insbesondere Finanzierungsleasing).

[85] *Gursky* in Staudinger (2006) § 387 Rdn. 116ff., insbesondere Rdn. 121.

[86] S. § 566 Rdn. 86.

[87] So im Ergebnis auch *Lammel,* Wohnraummietrecht, § 566b Rdn. 10.

[88] *Gursky* in Staudinger (2006) vor § 387 Rdn. 67 und 74ff.

[89] *Palandt/Grüneberg* § 398 Rdn. 11. S. auch *Häublein* in MünchKomm § 566b Rdn. 2/3 mit Nachweisen auf die Gegenmeinung, die bei Abtretung.

[90] *Häublein* in MünchKomm § 566b Rdn. 2/3. **A. A.,** für eine Nichtberechtigung hinsichtlich der künftig nach Eigentumsübergang entstehenden Ansprüche *Lammel,* Wohnraummietrecht, § 566b Rdn. 2 und wohl auch *Emmerich* NZM 1999, 50.

28 Es spielt nach dem Tatbestand des § 566b BGB keine Rolle, ob der Veräußerer und der Dritte, der eine Vorausverfügung (etwa eine Abtretung) mit dem Veräußerer vereinbart hat, **Kenntnis** davon haben oder voraussehen können, dass es sich um eine Vorausverfügung, also um eine in die Eigentumszeit des Erwerbers fallende Einwirkung auf die Miete handelt. Nach § 566b Abs. 2 BGB würde nur die Kenntnis des Erwerbers Einfluss auf die Wirksamkeit der Vorauszahlung haben. Verfügungen des Veräußerers nach Abschluss des Kaufvertrages binden also den Erwerber, der Veräußerer macht sich aber ggf. schadensersatzpflichtig (s. dazu bei Rdn. 40)

29 Zu den Besonderheiten bei der Behandlung von **Baukostenzuschüssen** s. § 566c Rdn. 23.

2. Periodische Bemessung des Mietzinses

30 Wie bereits erwähnt (Rdn. 8), geht § 566b BGB davon aus, dass der Mietzins – entsprechend der ganz vorherrschenden praktischen Handhabung – periodisch bemessen und zahlbar ist, nämlich nach Kalendermonaten. Es handelt sich um eine Anwendungsvoraussetzung des § 566b BGB und damit um ein (ungeschriebenes) Tatbestandsmerkmal der Vorschrift[91]. Sollte dies ausnahmsweise nicht der Fall sein, muss – soweit dies möglich ist – eine **Umrechnung auf eine fiktive Monatsmiete** erfolgen, um den Wirksamkeitsumfang der Vorausverfügung bestimmen zu können. Folgende Fälle sind zu unterscheiden:

31 Haben die Vertragsparteien für ein Mietverhältnis auf **unbestimmte Dauer** eine Einmalmiete vereinbart (einen festen Betrag für einen auf Lebenszeit des Mieters geschlossenen Vertrag[92]), so kann nach der bisherigen Rechtsprechung des BGH mangels periodischer Bemessung des Mietzinses nicht bestimmt werden, welcher Teil der Miete auf die Zeit nach dem Eigentumsübergang entfällt; hier liegt schon ein Anwendungsfall des § 566b BGB nicht vor[93]. In einer neueren Entscheidung hat der BGH offen gelassen, ob an dieser Sicht festzuhalten ist[94]. In der Tat ist es erwägenswert, die monatliche Miete an Hand der statistischen Lebenserwartung des Mieters zum Zeitpunkt der Vereinbarung der Einmalmiete zu ermitteln[95]. Hierdurch könnte auch einem Missbrauch entgegengewirkt werden.

32 Haben die Parteien hingegen für einen **zeitlich befristeten Vertrag** eine Einmalmiete vereinbart, ist eine Umrechnung auf einen fiktiven monatlichen Mietzins ohne weiteres möglich und durchzuführen[96]. In ähnlicher Weise ist zu verfahren, wenn nicht ein monatlicher, sondern ein nach **anderen Perioden** (Quartal, Jahr etc.) zahlbarer Mietzins vereinbart wurde[97].

VI. Rechtsfolgen

1. Beschränkte Wirksamkeit der Vorausverfügung

33 Einseitige Vorausverfügungen des Veräußerers bzw. zweiseitige Vorausverfügungen des Veräußerers mit einem Dritten haben für die Zeit nach dem Eigentumsübergang nur **begrenzte Wirksamkeit.** Geht das Eigentum an dem Grundstück *bis* (einschließlich) zum 15. Tag eines Monats auf den Erwerber über, so sind nur die Vorausverfügungen wirksam, die sich auf den für diesen Monat entfallenden Mietzins beziehen (Abs. 1 Satz 1); geht das Eigentum an dem Grundstück *nach* dem 15. Tag eines Monats auf den Erwerber über, so sind darüber hinaus auch die Vorausverfügun-

---

[91] So ausdrücklich *Häublein* in MünchKomm § 566b Rdn. 10 und wohl auch BGH (VIII ZR 103/13) NJW 2014, 2720 = WuM 2014, 562 Rdn. 19/20. BGH NJW 1998, 595 = WuM 1998, 104 = ZMR 1998, 141 spricht davon, §§ 566b, 566c BGB seien „nur für Verträge geschaffen, in denen der Mietzins nach wiederkehrenden Zeitabschnitten bemessen wurde".

[92] So in BGH NJW 1998, 595 = WuM 1998, 104 = ZMR 1998, 141. S. auch BGH NJW 2007, 2919 = WuM 2007, 467 = ZMR 2007, 677, wo die vorgenannte Rechtsprechung bestätigt und auf die gleichgelagerte Problematik in § 1124 BGB übertragen wird.

[93] BGH NJW 1998, 595 = WuM 1998, 104 = ZMR 1998, 141, der die Vereinbarung einer solchen Einmalmiete im Rahmen der §§ 566b, 566c BGB zur Verhinderung von Missbrauch nur anerkennt, wenn sie im ursprünglichen Mietvertrag erfolgte; *Dedek* ZMR 1998, 682.

[94] BGH (VIII ZR 103/13) NJW 2014, 2720 = WuM 2014, 562 Rdn. 21.

[95] So auch *Abramenko* ZfIR 2014, 836.

[96] *Häublein* in MünchKomm § 566c Rdn. 9 und § 566b Rdn. 10. Die Haltung des OLG Düsseldorf ZMR 2004, 257 in dieser Frage ist nicht ganz eindeutig; es wird wohl schon abgelehnt, dass überhaupt ein Mietzinses vereinbart wurde und die hier in Rede stehende Problematik offen gelassen.

[97] *Häublein* in MünchKomm § 566b Rdn. 13; *Emmerich* in Staudinger § 566b Rdn. 18; OLG Hamm NJW-RR 1989, 1421 für die gleichgelagerte Problematik in § 1124 BGB.

gen wirksam, die sich auf den für den Folgemonat entfallenden Mietzins beziehen (Abs. 1 Satz 2). Vorausverfügungen für Zeiträume danach sind – außer bei Kenntnis des Erwerbers, dazu sogleich – unwirksam.

Ist die Miete ausnahmsweise **nicht nach Kalendermonaten bemessen,** so ist sie entsprechend umzurechnen, um den Wirksamkeitszeitraum der Vorausverfügung bestimmen zu können (s. Rdn. 30). 34

2. Kenntnis des Erwerbers

Erlangt der Erwerber vor dem Eigentumsübergang Kenntnis von der Vorausverfügung, muss er sie gem. § 566b Abs. 2 BGB gegen sich gelten lassen, d. h., die Vorausverfügung ist dann unbeschränkt wirksam. Nur **positive Kenntnis** hat diese Wirkung, Kennenmüssen reicht nicht[98]; einer sich aufdrängenden Kenntnis darf sich der Erwerber aber nicht verschließen, ansonsten ist Kenntnis anzunehmen[99]. Wie oder durch wen der Erwerber die Kenntnis erlangt, ist allerdings gleichgültig[100]. 35

Sinn der Regelung ist es, die Beteiligten durch rechtzeitige Mitteilung in die Lage zu versetzen, der Vorausverfügung auch für die Zeit nach dem Eigentumsübergang Geltung zu verschaffen[101]. Das leuchtet ein, wenn die Mitteilung vor Abschluss des dem Eigentumsübergang zu Grunde liegenden Erwerbsvertrages erfolgt; eine Mitteilung danach kann sich hingegen nicht mehr in den Verhandlungen des Erwerbers mit dem Veräußerer niederschlagen. Der historische Gesetzgeber hat sich aber dennoch für diese Regelung entschieden, weil der Erwerber beim Veräußerer Regress nehmen kann (s. dazu bei Rdn. 39) und weil der Mieter in der Regel nichts von den Vertragsverhandlungen erfährt[102]. 36

3. Tilgungswirkung von Mieterleistungen

Wenn Vorausverfügungen gem. § 566b Abs. 1 BGB nur in bestimmtem (zeitlichen) Umfang wirksam sind, so bedeutet das im Umkehrschluss, dass Vorausverfügungen für die Zeit danach unwirksam sind – es sei denn, der Erwerber hätte Kenntnis davon gehabt (Abs. 2). Wenn ein Mieter in Unkenntnis des Eigentumsübergangs und deshalb in Unkenntnis der Unwirksamkeit der Vorausverfügung Mietzahlungen an einen Dritten als Verfügungsempfänger erbracht hat, so hat er nicht an den richtigen Gläubiger gezahlt und seiner Leistung kommt **keine Tilgungswirkung** zu. Er muss nochmals an den Erwerber leisten[103]. 37

Dem kann nicht entgegen gehalten werden, § 566b BGB treffe keine Aussage über die Tilgungswirkung bei Unkenntnis des Mieters[104]. Ausdrücklich wird das in der Tat nicht angesprochen, es ergibt sich aber zwanglos aus der Unwirksamkeit der Vorausverfügung. Zwar sind Vorausverfügungen gem. § 566b BGB über den dort bestimmten Wirksamkeitszeitraum hinaus nur relativ unwirksam, weil der Erwerber die Vorausverfügung genehmigen kann[105]. Die relative Unwirksamkeit besteht aber gerade zu Gunsten des Erwerbers[106] und kann nicht über die Hintertür des Mieterschutzes als Folge von dessen Unkenntnis des Eigentumsübergangs wieder ausgehebelt werden. Die Anwendung des Rechtsgedankens der §§ 566c, 407 BGB aus Gründen des Mieterschutzes, der in der Literatur[107] teilweise befürwortet wird, widerspricht auch dem Zweck des § 566b BGB, der den Ausgleich zwischen Veräußerer, Erwerber und Mieter bei einseitigen Vorausverfügungen des Vermieters oder solchen, die der Vermieter mit Dritten vereinbart, zu Gunsten des Erwerbers vornimmt und eben deswegen die relative Unwirksamkeit der Vorausverfügungen anordnet. Der Mieter muss im Ergebnis nicht doppelt zahlen, er hat vielmehr einen Erstattungsanspruch gegen den Veräußerer bzw. den Dritten und ggf. sogar einen Schadensersatzanspruch gegen den Erwerber 38

98 *Häublein* in MünchKomm § 566b Rdn. 14.
99 BGH NJW 1990, 2808 zu der ähnlich gelagerten Problematik in § 852 BGB a. F., der noch Kenntnis von den anspruchsbegründenden Voraussetzungen erforderte.
100 *Häublein* in MünchKomm § 566b Rdn. 14.
101 *Emmerich* in Staudinger § 566b Rdn. 20.
102 *Mugdan* S. 822/823; *Häublein* in MünchKomm § 566b Rdn. 15.
103 *Lammel,* Wohnraummietrecht, § 566b Rdn. 18.
104 So aber *Häublein* in MünchKomm § 566b Rdn. 17.
105 BGH NJW-RR 1996, 1230.
106 BGH NJW-RR 1996, 1230.
107 *Häublein* in MünchKomm § 566b Rdn. 18; *Emmerich* in Staudinger § 566b Rdn. 17.

auf Freihaltung (s. dazu sogleich). Allerdings trägt er das Insolvenzrisiko, wenn sich diese Ansprüche nicht realisieren lassen. Abgesehen davon ist zu bedenken, dass §§ 566b bis 566d BGB als spezialgesetzliche Ausprägung der §§ 406ff. BGB angesehen werden[108], soweit es um die Mietzinszahlungspflicht nach einem Eigentumsübergang geht. Dann kann aber der allgemeine Gedanke dieser Regelungen nicht auf § 566b übertragen werden, da es ansonsten der Anordnung der durch § 566b BGB bewirkten Einschränkungen nicht bedurft hätte. Auch die Regelung des § 566c BGB kann nicht herangezogen werden, da sie speziell nur für Vereinbarungen des Mieters mit dem Vermieter gilt.

VII. Folgeansprüche bei Vorausverfügungen

39 Eine **wirksame Vorausverfügung** belastet den **Erwerber,** der nach dem Fälligkeitsprinzip des § 566 BGB[109] davon ausgehen darf, ihm stehe der nach dem Eigentumsübergang fällig werdende Mietzins zu[110]. Deshalb dürfte der Veräußerer den Erwerber in der Regel über Vorausverfügungen über den Mietzins, die er einseitig oder durch Vereinbarung mit Dritten getroffen hat, aufzuklären haben, da sich derartige Vorausverfügungen regelmäßig nicht aus dem Mietvertrag ergeben; eine Automatik gibt es aber nicht, entscheidend ist wohl der Wissensvorsprung des Veräußerers[111], der beispielsweise entfallen kann, wenn die Vorausverfügung in dem Mietvertrag erwähnt ist, in den Einblick zu nehmen dem Erwerber zumutbar ist. Die Verletzung einer Aufklärungspflicht macht den Veräußerer gem. §§ 311 Abs. 2, 280 BGB schadensersatzpflichtig[112]. Außerdem kommen je nach Vertragsgestaltung, insbesondere wenn ein Nutzen- und Lastenübergang schon vor dem Eigentumsübergang vereinbart ist, kaufrechtliche Gewährleistungsansprüche gem. § 437 BGB in Betracht. Bei kollusivem Zusammenwirken zwischen Veräußerer und einem Dritten (Verfügungsempfänger) kann sich auch Letzterer gem. § 826 BGB schadensersatzpflichtig machen, dies wegen § 566b Abs. 2 BGB insbesondere bei Verfügungen in der Zeit zwischen Kaufvertragsschluss und Eigentumsübergang (s. auch Rdn. 35). Außerdem steht dem Erwerber gegen den Dritten (Verfügungsempfänger) im Falle der Zahlung auf Grund einer unwirksamen Vorausverfügung ein Bereicherungsanspruch gem. § 816 Abs. 2 BGB zu, in dessen Geltendmachung gleichzeitig eine wegen der nur relativen Unwirksamkeit der Vorausverfügung zulässige[113], aber für den Bereicherungsanspruch auch notwendige Genehmigung derselben zu sehen ist[114].

40 Eine **unwirksame Vorausverfügung** belastet hingegen den **Mieter,** der schon gezahlt hat, aber nochmals an den Erwerber leisten muss (s. Rdn. 37). Er ist aber im Falle der Doppelzahlung nicht rechtlos. Seine bereits an den Dritten (Verfügungsempfänger) erbrachte Leistung kann er von diesem gem. § 812 Abs. 1 BGB kondizieren[115], da der Rechtsgrund durch das Eingreifen der Regelung des § 566b Abs. 1 BGB weggefallen ist. Der Veräußerer dürfte dem Mieter in der Regel schadensersatzpflichtig sein, da ihm die Nebenpflicht obliegt, für eine Tilgungswirkung der Leistungen des Mieters zu sorgen (etwa durch eine Kenntnisgabe des Eigentumsübergangs im Falle der Abtretung). Das betrifft Verfügungsvereinbarungen mit Dritten; bei einseitigen Vorausverfügungen des Veräußerers bestehen derartige Nebenpflichten hingegen nur, wenn der Veräußerer den Eigentumswechsel voraussehen konnte. Genauso wie der Veräußerer den Mieter über den Eigentumswechsel informieren muss, um ihm eine Tilgungswirkung seiner Leistung zu ermöglichen, muss dies in Erfüllung einer Nebenpflicht aus dem nach dem Eigentumswechsel bestehenden Mietverhältnis auch der Erwerber tun. Kommt er dieser Pflicht, deren Erfüllung überdies in seinem ureigenen Interesse liegt, nicht nach, macht er sich schadensersatzpflichtig; dieser Schadensersatzanspruch

---

108 S. bei § 566 Rdn. 14.

109 S. bei § 566 Rdn. 86.

110 *Lammel,* Wohnraummietrecht, § 566b Rdn. 2 bis 4 meint, § 566b BGB betreffe nur die Wirksamkeit einer Verfügung im Außenverhältnis, im Innenverhältnis gelte uneingeschränkt das Fälligkeitsprinzip. Für diese Annahme fehlen aber Anhaltspunkte in dem Gesetzeswortlaut. Abgesehen davon steht der uneingeschränkten Geltung des Fälligkeitsprinzips der Grundsatz entgegen, dass der Erwerber gem. § 566 BGB das Mietverhältnis in dem Zustand zu übernehmen hat, in dem es sich zum Zeitpunkt des Eigentumsübergangs befindet. § 566b BGB schafft einen Ausgleich dieser Grundsätze.

111 Vgl. BGH NJW 2007, 3057 Rdn. 35.

112 *Häublein* in MünchKomm § 566b Rdn. 16, der eine Aufklärungspflicht über Vorausverfügungen wohl einschränkungslos bejaht.

113 BGH NJW-RR 1996, 1230.

114 *Häublein* in MünchKomm § 566b Rdn. 17; OLG Hamm NJW-RR 1989, 1421.

115 *Häublein* in MünchKomm § 566b Rdn. 18.

ist gerichtet auf Befreiung von dem Mietzinsanspruch. Über einen solchen Schadensersatzanspruch dürfte zwar in den meisten Fällen das gleiche Ergebnis erzielt werden wie über eine entsprechende Anwendung der §§ 406ff. BGB. Es ist aber zum einen der dogmatisch richtige Weg; zum anderen kann es Fälle geben, in denen der Erwerber schuldlos nicht in der Lage ist, den Mieter zu informieren.

Zum **Schutz des Mieters** bei Unkenntnis vom Eigentumsübergang s. bei § 566e Rdn. 17ff. **41**

VIII. Abweichende Vereinbarungen

§ 566b BGB selbst enthält nach h. M. kein zwingendes Recht[116], abweichende Vereinbarungen sind möglich. Dies gilt für Individualvereinbarungen uneingeschränkt, wenn daran sowohl Veräußerer, Erwerber und Mieter sowie ggf. der Dritte (Verfügungsempfänger) beteiligt sind bzw. dem zustimmen; ansonsten (bei nur zweiseitiger Vereinbarung) muss geprüft werden, ob ein unzulässiger Vertrag zu Lasten Dritter (meist des Erwerbers) vorliegt[117]. Das ist der Fall, wenn Verfügungen gegenüber dem Erwerber in weiterem Maße wirksam sein sollen, als nach § 566b Abs. 1 BGB vorgesehen; solche Verfügungen sind dem Erwerber gegenüber relativ unwirksam, es sei denn, er kennt sie bei Eigentumsübergang gem. § 566b Abs. 2 BGB[118]. Eine AGB-Klausel in dem Erwerbsvertrag vermittelt eine solche Kenntnis nicht zwingend[119], da Kennenmüssen nicht ausreicht (s. Rdn. 35). Formularvertragliche Abweichungen in dem Mietvertrag, die die Verfügungswirkung zu Lasten des Mieters einschränken, verstoßen gegen § 307 BGB[120]. Wenn Mieter und Erwerber versuchen, die Folgen des § 566b Abs. 2 BGB durch Aufhebung des alten Vertrages und Abschluss eines neuen Vertrages mit gleichem Inhalt zu verhindern, so wird man hierin in der Regel ein gem. § 134 BGB nichtiges Umgehungsgeschäft sehen müssen; außerdem kommen Schadensersatzansprüche wegen kollusiven Zusammenwirkens gem. § 826 BGB in Betracht[121]. **42**

[116] *Häublein* in MünchKomm § 566b Rdn. 19 und wohl auch BGH NJW-RR 1996, 1230. **A. A.** *Lammel,* Wohnraummietrecht, § 566b Rdn. 7, weil die Rechtsfolgen von Verfügungen auch dem Verkehrsschutz dienten und deshalb nicht disponibel seien.

[117] *Häublein* in MünchKomm § 566b Rdn. 18; *Emmerich* in Staudinger § 566b Rdn. 21.

[118] BGH NJW-RR 1996, 1230 = ZMR 1997, 282; *Lehmann-Richter* WImmoT 2008, 173.

[119] **A. A.** *Lehmann-Richter* WImmoT 2008, 173.

[120] *Emmerich* in Staudinger § 566b Rdn. 21.

[121] *Häublein* in MünchKomm § 566b Rdn. 20. **A. A.,** aber ohne Erörterung der Umgehungsproblematik, *Lammel,* Wohnraummietrecht, § 566b Rdn. 20.

§ 566c Vereinbarung zwischen Mieter und Vermieter über die Miete

[1]Ein Rechtsgeschäft, das zwischen dem Mieter und dem Vermieter über die Mietforderung vorgenommen wird, insbesondere die Entrichtung der Miete, ist dem Erwerber gegenüber wirksam, soweit es sich nicht auf die Miete für eine spätere Zeit als den Kalendermonat bezieht, in welchem der Mieter von dem Übergang des Eigentums Kenntnis erlangt. [2]Erlangt der Mieter die Kenntnis nach dem 15. Tag des Monats, so ist das Rechtsgeschäft auch wirksam, soweit es sich auf die Miete für den folgenden Kalendermonat bezieht. [3]Ein Rechtsgeschäft, das nach dem Übergang des Eigentums vorgenommen wird, ist jedoch unwirksam, wenn der Mieter bei der Vornahme des Rechtsgeschäfts von dem Übergang des Eigentums Kenntnis hat.

Systematische Übersicht

Alphabetische Schnellübersicht

I. Überblick und Zweck der Vorschrift

1 § 566 c BGB ist in engem Zusammenhang zu §§ 566 b, 566 d BGB und zu § 566 BGB zu sehen. Gem. § 566 BGB tritt der Erwerber eines Grundstücks für die Zeit seines Eigentums in die Rechte und Pflichten des Vermieters/Veräußerers aus dem Mietvertrag ein; er übernimmt den Vertrag grundsätzlich so, wie er zum Zeitpunkt des Eigentumsübergangs bestanden hat (Einzelheiten bei § 566 Rdn. 96). § 566 BGB schützt das Interesse des Mieters an der Fortsetzung des Mietverhältnisses. Auch wenn der Übergang des Vertrages oftmals auch im (wirtschaftlichen) Interesse der Erwerbers liegt, so handelt es sich bei § 566 BGB doch um eine ausgesprochene Mieterschutzvorschrift; gleiches gilt für § 566 a BGB. Das scheint auf den ersten Blick auch bei §§ 566 b bis 566 d BGB so zu sein, wenn der Gesetzeswortlaut von der Wirksamkeit von Verfügungen, Vereinbarungen und Aufrechnungen in Bezug auf die Miete spricht. Diese Formulierungen verschleiern aber, dass eher die Unwirksamkeit von Verfügungen, Vereinbarungen und Aufrechnungen in Bezug auf die Miete die Regel ist.

§ 566c BGB ist zwar § 407 BGB nachgebildet und soll deshalb in erster Linie den Mieter bei Vornahme von **Vereinbarungen über die Miete** gegen etwaige nachteilige Folgen des Eigentumsübergangs an dem vermieteten Grundstück schützen, solange er gutgläubig ist[1]. Abweichend von § 566b Abs. 1 BGB hält das Gesetz deshalb in § 566c Satz 1 BGB diese Rechtsgeschäfte zwischen Vermieter und Mieter in Ansehung des Mietzinses so lange aufrecht, wie der Mieter noch keine positive Kenntnis von dem Eigentumsübergang hat. Die Folge ist, dass der ursprüngliche Vermieter sogar noch *nach* Eigentumsübergang derartige Rechtsgeschäfte mit dem **gutgläubigen Mieter** vornehmen kann, die dann auch gegenüber dem Erwerber wirken (§ 566c Satz 3 BGB). Der Schutz besteht aber nicht in Bezug auf die gesamte Vereinbarung, sondern nur zeitlich eng begrenzt bis zur Kenntnis des Mieters bzw. noch kurz danach. Es gilt folgendes: 2

Ist ein Rechtsgeschäft über die Miete **vor dem Eigentumsübergang** vorgenommen worden, so ist es gegenüber dem Erwerber wirksam bezüglich der Miete für den laufenden Kalendermonat, in dem der Mieter von dem Eigentumsübergang positive Kenntnis erlangt; bezüglich der Miete für den laufenden Kalendermonat und den Folgemonat ist es wirksam, wenn der Mieter die Kenntnis vom Eigentumsübergang erst nach dem 15. des Monats erlangt; es ist für eine unbegrenzte Zeit wirksam, wenn der Mieter vom Eigentumsübergang keine Kenntnis erlangt. Wurde das Rechtsgeschäft **nach dem Eigentumsübergang** vorgenommen, so ist es unwirksam, wenn der Mieter bei der Vornahme des Rechtsgeschäfts von dem Eigentumsübergang positive Kenntnis hatte. In der Diktion des Mieterschutzes werden also – wie in §§ 566b, 566d BGB – vornehmlich die **Erwerberinteressen** am Erhalt der auf die Zeit nach dem Eigentumsübergang entfallenden Miete verwirklicht. 3

S. **grundlegend zum Zweck** und dem schwierigen Verständnis der §§ 566b bis 566d BGB, deren Regelungszusammenhang und deren umstrittene Abgrenzung zueinander bei § 566b Rdn. 6ff. Zur **Entstehungsgeschichte** s. bei § 566b Rdn. 5. 4

II. Anwendungsbereich

§ 566c BGB baut auf § 566 BGB auf, indem die Vorschrift an die Kenntnis des nach § 566 BGB erfolgten Eigentumsübergangs anknüpft. Wegen dieses Bezuges ist § 566c BGB – genauso wie § 566a BGB – nicht auf den rechtsgeschäftlichen Vermieterwechsel **(Vertragsübernahme)** anwendbar; in diesen Fällen ist vielmehr § 407 BGB einschlägig. Es gibt aber im BGB und in anderen Gesetzen zahlreiche Verweisungen auf § 566c BGB, die den Anwendungsbereich der Vorschrift erweitern. 5

1. Verweisungen

§ 566c BGB gilt unmittelbar nur für Vereinbarungen über die Miete bei Veräußerung von Wohnraum. Neben der Erstreckung auf Mietverhältnisse über **Räume und Grundstücke** in § 578 BGB[2] ist § 566c BGB kraft **Verweisung** anwendbar bei der gewerblichen Weitervermietung (§ 565 Abs. 2 BGB), bei der dinglichen Belastung der Mietsache durch den Vermieter (§ 567 BGB), bei der Veräußerung oder dinglichen Belastung des Grundstücks vor Überlassung der Mietsache (§ 567a BGB) und bei der Weiterveräußerung des Grundstücks oder der dinglichen Belastung (§ 567b BGB), außerdem beim Nießbrauch (§§ 1056, 1059d BGB, aber nur bei dessen Beendigung und Übertragung, für die Bestellung gilt § 567 BGB), bei der Nacherbfolge (§ 2135 BGB), bei der Überlassung von Wohnraum in Zusammenhang mit einem Wohn- und Betreuungsvertrag (§ 5 Abs. 2 WBVG), bei Pachtverträgen (§ 581 Abs. 2), Landpachtverträgen (§ 593b BGB), Jagdpachtverträgen (§ 14 BJagdG), bei der Fischereipacht hängt es von der Landesgesetzgebung ab, nach § 11 Abs. 3 Investitionsvorranggesetz (InVorG) und – mit Modifikationen – bei der **Zwangsversteigerung** (§§ 57, 57b ZVG; Einzelheiten bei Rdn. 10). Zum Schicksal eines Mietvertrages bei Bestellung und Änderung eines Erbbaurechts, eines dinglichen Wohnungsrechts gem. § 1093 BGB und eines Dauerwohnrechts im Sinne von § 31 WEG s. bei der Kommentierung zu § 567 BGB. 6

Soweit es in den Verweisungsfällen nicht um eine Grundstücksveräußerung geht, kommt es statt des nach § 566c BGB eigentlich **maßgeblichen Zeitpunktes** der Kenntnis des Eigentumsüber- 7

[1] *Emmerich* NZM 1999, 50.
[2] Einzelheiten bei § 566 Rdn. 19.

gangs auf die Kenntnis des der Veräußerung gleichgestellten Rechtsaktes an (etwa die Übertragung des Nießbrauchs).

8 **Nicht anwendbar** ist § 566c BGB bei Mietverhältnissen über eingetragene Schiffe und Luftfahrzeuge (§ 578a BGB, für Luftfahrzeuge in Verbindung mit § 98 Abs. 2 des Gesetzes über Rechte an Luftfahrzeugen (LuftFzgG)); hier sind Vereinbarungen über die Miete gem. § 578a Abs. 2 BGB wirksam. Außerdem gilt § 566c BGB nicht bei der Vereinbarungen über **Nebenrechte** wie den Verzicht auf eine Bürgschaft, da es sich nicht um eine Mietzinsforderung handelt.

9 Da § 566c BGB – wie ausgeführt – auf § 566 BGB aufbaut, kann ergänzend auf die Ausführungen zum Anwendungsbereich des § 566 BGB verwiesen werden, insbesondere zu den Fällen, in denen §§ 566ff. BGB nicht anwendbar sind.

2. Zwangsversteigerung

10 Gem. § 56 ZVG gebühren die Nutzungen eines Grundstücks, zu denen auch Mietzinsforderungen gehören, bis zum Zuschlag in der Zwangsversteigerung dem Vollstreckungsschuldner; der Schuldner kann also grundsätzlich vor dem Zuschlag Vereinbarungen über die Miete schließen. Soweit das in die Zeit nach dem Zuschlag wirkt, also in die Zeit, ab der dem Ersteher die Nutzungen zustehen, beurteilt sich die Wirksamkeit gem. § 57 ZVG grundsätzlich nach § 566c BGB. § 57b ZVG modifiziert aber § 566c BGB dahingehend, dass maßgeblicher Zeitpunkt nicht der Eigentumsübergang, sondern die Beschlagnahme des Grundstücks zum Zwecke der Zwangs*versteigerung* ist. Auf die Beschlagnahme in einer vorausgegangenen Zwangs*verwaltung* ist dann abzustellen, wenn die Zwangsverwaltung bis zum Zuschlag fortgedauert hat (§ 57b Abs. 2 Satz 1 ZVG). Die Kenntnisfiktion des Mieters von der Beschlagnahme in § 57b Abs. 1 Satz 2 ZVG ist nur bedeutsam bei §§ 566c, 566d BGB (nicht aber bei § 566b BGB), da nur diese Vorschriften auf die Kenntnis des Mieters abstellen; danach gilt dem Mieter die Beschlagnahme als bekannt, wenn ihm der Beschluss über die Anordnung der Zwangsversteigerung zugestellt wurde. § 57b ZVG ist nicht anzuwenden, wenn der Zwangsverwalter den Mietvertrag oder die Vereinbarung über die Miete schließt (§ 57b Abs. 3 ZVG), die §§ 566b bis 566d BGB gelten dann vielmehr uneingeschränkt. Weiterhin findet § 57b ZVG keine Anwendung bei einer Zwangsversteigerung zum Zwecke der Aufhebung einer Gemeinschaft (§ 183 ZVG). Zu den Besonderheiten bei der Behandlung von Baukostenzuschüssen s. Rdn. 23.

3. Zwangsverwaltung

11 Bei der Zwangsverwaltung findet durch die Beschlagnahme nach § 148 Abs. 2 ZVG kein Eigentumswechsel und kein Rechtsübergang gem. § 566 BGB statt, so dass auch § 566c BGB nicht anwendbar ist; der Vermieter bleibt Partei des Mietvertrages, ihm ist lediglich gem. § 148 Abs. 2 ZVG die Verwaltung des Grundstücks entzogen, diese obliegt gem. § 152 ZVG dem Zwangsverwalter. Der Zwangsverwalter handelt zwar im eigenen Namen, aber doch für Rechnung des Schuldners/Vermieters. Er ist gem. § 152 Abs. 2 ZVG an die vom Eigentümer geschlossenen Miet- und Pachtverträge gebunden, sofern die Mietsache vor der Beschlagnahme bereits überlassen wurde. Der Eigentümer wiederum ist nach Aufhebung der Zwangsverwaltung an die vom Zwangsverwalter geschlossenen Verträge gebunden – in diesem Fall gelten bei einer späteren Zwangsversteigerung nicht die Besonderheiten des § 57b ZVG (s. § 57b Abs. 3 ZVG), sondern §§ 566b bis 566d BGB uneingeschränkt. Den Zwangsverwalter treffen grundsätzlich alle Rechte und Pflichten eines Vermieters. Zur Prozessführungsbefugnis des Zwangsverwalters s. bei § 566 Rdn. 156. Von der Beschlagnahme sind im Gegensatz zur Zwangsversteigerung grundsätzlich auch die Mietzinsforderungen umfasst. Verpflichtet sich der Mieter in einem Mietaufhebungsvertrag zu Ausgleichszahlungen, falls der Vermieter bei einer Weitervermietung des Mietobjekts nur eine geringere als die vom Mieter geschuldete Miete erzielen kann, wird dieser Anspruch bei einer späteren Zwangsverwaltung des Grundstücks nicht von der Beschlagnahme erfasst, da es sich nicht um eine Mietforderung handelt[3]. Der Grundsatz, dass Mietforderungen der Beschlagnahme unterliegen, gilt zu Gunsten der Vollstreckungsgläubiger für Vorausverfügungen über den Mietzins gem. §§ 148 Abs. 1, 21 Abs. 2, 20 Abs. 2 ZVG, 1124 BGB aber nur eingeschränkt. Danach ist eine **Verfügung** über die Miete gegenüber dem Vollstreckungsgläubiger **unwirksam,** wenn sie sich auf den Mietzins für eine spätere Zeit als den zur Zeit der Beschlagnahme laufenden Monat bezieht. Erfolgt die Beschlagnahme nach

---

[3] BGH NZM 2011, 201.

dem 15. des Monats, so ist sie gegenüber dem Gläubiger wirksam, soweit sie sich auf den Mietzins für den folgenden Kalendermonat bezieht. Im Falle einer Abtretung der Miete muss der Zessionar den betreffenden Mietzinsteil gem. § 816 Abs. 2 BGB zurückerstatten. Es ist belanglos, ob ein Grundpfandgläubiger oder ein sonstiger Gläubiger die Zwangsverwaltung betreibt. Der **Begriff der Vorausverfügung** in § 1124 BGB umfasst auch Vereinbarungen zwischen Veräußerer und Mieter über die Miete, wenn diese Vereinbarungen Verfügungscharakter haben (s. dazu näher bei § 566b Rdn. 11). Zu den Besonderheiten bei der Behandlung von Baukostenzuschüssen s. Rdn. 23.

4. Insolvenz

12 Nach § 110 Abs. 1 Satz 1 InsO ist die vor Eröffnung des Insolvenzverfahrens getroffene Verfügung des Schuldners über den Miet- oder Pachtzins für eine Immobilie ab dem nächsten Kalendermonat nach Insolvenzeröffnung bzw. – bei Insolvenzeröffnung nach dem 15. Tag des Monats – ab dem übernächsten Monat unwirksam. Der Begriff der Verfügung in § 110 InsO umfasst genauso wie der Begriff der Vorausverfügung in § 1124 BGB auch Vereinbarungen zwischen Veräußerer und Mieter über die Miete, wenn diese Vereinbarungen Verfügungscharakter haben (s. dazu bei § 566b Rdn. 11). § 110 Abs. 1 Satz 1 InsO ist an den §§ 1124, 1125 BGB ausgerichtet (und damit auch §§ 566b, 566c BGB vergleichbar; s. § 566b Rdn. 11), weil sich der Insolvenzgläubiger in einer ähnlichen Lage wie der Hypothekengläubiger, der die Beschlagnahme des Grundstücks bewirkt hat, befindet und der Schutz, den die Hypothekengläubiger nach § 1124 Abs. 2 BGB genießen auch den Insolvenzgläubigern zuerkannt werden sollte. § 110 InsO bezweckt somit die Gleichbehandlung der Insolvenzgläubiger und die Erhaltung der Masse. Derjenige, der bisher in den Genuss der Vorausverfügung über den Miet- oder Pachtzins gekommen ist, insbesondere der Zessionar, hat das Nachsehen, da sein Bereicherungsanspruch gegen den Schuldner (Vermieter) einfache Insolvenzforderung ist. Vereinbarungen des Insolvenzverwalters mit dem Mieter über die Miete richten sich im Falle einer freihändigen Veräußerung nach § 566c BGB, im Falle einer Zwangsversteigerung nach §§ 57, 57b ZVG, 566c BGB. Zu den Besonderheiten bei der Behandlung von Baukostenzuschüssen s. Rdn. 23.

III. Voraussetzungen

13 § 566c BGB baut auf § 566 BGB auf, indem die Vorschrift an die Kenntnis des nach § 566 BGB notwendigen Eigentumsübergangs anknüpft.

1. Vereinbarung über den Mietzins

14 Unter § 566c BGB fallen nur Rechtsgeschäfte[4] zwischen Veräußerer[5] und Mieter über die Mietforderung. Rechtsgeschäfte des Veräußerers über die Miete mit einem Dritten oder einseitige Verfügungen des Veräußerers werden von § 566b BGB erfasst[6]. Erforderlich ist also ein **zweiseitiges** Rechtsgeschäft, das sich auf die Mietforderung bezieht. Der Wortlaut des § 566c Satz 1 BGB ist zwar möglicherweise dahingehend missverständlich als darunter auch bloße Zahlungen des Mieters („Entrichtung der Miete") in Unkenntnis des Eigentumsübergangs verstanden werden könnten. Die Notwendigkeit der Zweiseitigkeit des Rechtsgeschäfts ergibt sich aber eindeutig aus der amtlichen Überschrift von § 566c BGB, in der von Vereinbarung die Rede ist. Überdies spricht die Normgeschichte für diese Sicht. Zu Anfang des letzten Jahrhunderts betrug der Wirksamkeitszeitraum von Vereinbarungen über die Miete nämlich nicht nur wie jetzt einen Monat, sondern ein Vierteljahr ab Kenntnis des Mieters[7]. Es ist kein Grund ersichtlich, bloße Zahlungen des Mieters, die nicht auf besonderen Vereinbarungen mit dem Veräußerer beruhen (nämlich Vorauszahlungsvereinbarungen), noch nach Kenntnis des Mieters zu privilegieren. Wenn das Gesetz als Anwen-

[4] Soweit in der amtlichen Überschrift der Vorschrift von Vereinbarung die Rede ist, so ist dies synonym zu dem im Text der Vorschrift verwendeten Begriff des Rechtsgeschäfts.

[5] Das Gesetz spricht von Vermieter, gemeint ist allerdings der Veräußerer (vgl. *Häublein* in MünchKomm § 566c Rdn. 3). Das zeigt sich an § 566c Satz 3 BGB. Danach können auch Vereinbarungen nach dem Eigentumswechsel wirksam sein, zu einer Zeit also, zu der der Veräußerer wegen § 566 BGB nicht mehr Vermieter ist, aber mit dem Mieter noch eine Vereinbarung über die Miete geschlossen hat.

[6] S. zur Abgrenzung der Vorschriften bei § 566b Rdn. 11.

[7] S. dazu bei § 566b Rdn. 5.

dungsfall („insbesondere") Vereinbarungen über die *Entrichtung* des Mietzinses hervorhebt, dann sind damit regelmäßig Vereinbarungen über die Vorverlagerung der Zahlungspflicht gemeint (Mietvorauszahlungen gem. § 547 BGB). Die **bloße Zahlung** (Erfüllung) in Unkenntnis des Eigentumsübergangs ohne (Vorauszahlungs-)Vereinbarung reicht also nicht aus; s. zur Wirkung solcher Zahlungen bei § 566e Rdn. 22. Die Vereinbarung muss nicht zwingend Verfügungscharakter haben[8], auch wenn dies meist der Fall sein wird. Bei einem Erlass- oder Aufrechnungsvertrag ist der Verfügungscharakter offensichtlich, die Forderung erlischt. Bei einer **Vorauszahlungsvereinbarung,** dem im Gesetz besonders hervorgehobenen Anwendungsfall, erlischt die Forderung allerdings nicht schon durch die Vereinbarung, sondern erst bei späterer Zahlung. Der Verfügungscharakter einer solchen Vereinbarung ergibt sich aber aus der Verschiebung (Vorverlagerung) der Fälligkeit des Mietzinses; hierdurch wird unmittelbar auf die Forderung eingewirkt mit der Folge, dass wegen des nach § 566 BGB geltenden Fälligkeitsprinzips[9] der Veräußerer auch nach einem Eigentumswechsel Inhaber der Forderung für die nach dem Eigentumsübergang liegenden Leistungszeiträume bleiben würde, wenn es die Regelung des § 566c BGB nicht gäbe[10]. Ein Anspruch des Mieters gegen den Vermieter auf Rückgewähr von im Voraus entrichteter Miete gem. § 547 BGB kann sich nur insoweit gegen den Erwerber richten, als die Vereinbarung über die Vorauszahlung diesem gem. § 566c BGB gegenüber wirksam ist. Auch anrechenbare (Baukosten-)Zuschüsse gehören zu den Mietvorauszahlungen und fallen damit unter § 566c BGB, nicht aber verlorene Baukostenzuschüsse. Zu den Besonderheiten bei der Behandlung von anrechenbaren **Baukostenzuschüssen** s. Rdn. 23.

15 **Weitere Beispiele** für Rechtsgeschäfte zwischen Veräußerer und Mieter im Sinne von § 566c BGB sind Stundung, Erlass, Annahme an Erfüllung statt, Vereinbarung der Mietzahlung an einen Dritten (etwa die den Grundkredit finanzierende Bank)[11]. Ferner ist Anwendungsfall des § 566c BGB der Aufrechnungsvertrag mit dem Mieter, nicht aber die einseitige Aufrechnung des Vermieters, für die § 566b BGB gilt (s. dort Rdn. 27), und nicht die einseitige Aufrechnung des Mieters, für die § 566d BGB gilt.

16 Eine Vereinbarung über die Mietforderung ist nur möglich, wenn überhaupt bereits eine Abrede zur Zahlung von Mietzins besteht, auf die dann eingewirkt werden kann; nicht ausreichend ist, wenn die Verpflichtung zur Zahlung von Mietzins von Vornherein auf Zeit[12] abbedungen ist, ohne dass dieser Abbedingung eine Gegenleistung des Mieters (etwa ein Baukostenzuschuss) zu Grunde liegt. Die Mietforderung und das auf sie einwirkende Rechtsgeschäft können zwar in demselben Vertrag begründet werden (z. B. dem ursprünglichen Mietvertrag; s. § 566b Rdn. 8), aber auch in diesem Fall ist die Vereinbarung im Sinne von § 566c BGB von derjenigen Vereinbarung zu unterscheiden, die den Mietzins erst dem Grunde und der Höhe nach entstehen lässt.

17 Wenn Veräußerer und Mieter das **Mietniveau nachträglich ändern,** insbesondere wenn es nachträglich[13] zu einer Herabsetzung der Miete kommt, dann liegt zwar nach dem Wortlaut des § 566c BGB ein Rechtsgeschäft über die Miete vor; dennoch wird die Vorschrift in aller Regel nicht anzuwenden sein. Zweck des § 566c BGB ist es nämlich nicht, den Erwerber vor Veränderungen des Mietpreisniveaus zu schützen, sondern ihm während der Zeit, in der er die Gebrauchsüberlassung schuldet, die vereinbarte Miete zukommen zu lassen (s. hierzu näher bei § 566b Rdn. 8). Durch § 566c BGB soll die Äquivalenz von Leistung und Gegenleistung in zeitlicher Hinsicht gesichert werden. Das geschieht nicht dadurch, dass ein bestimmtes Mietniveau festgeschrieben wird. Das käme einer Preiskontrolle gleich und würde Rechtsunsicherheit nach sich ziehen, da eine solche Vereinbarung zwischen Veräußerer und Mieter wirksam wäre, diese Wirksamkeit aber nach dem meist ungewissen Zeitpunkt des Eigentumsübergangs verlieren würde[14]. Vielmehr

---

[8] S. zum Begriff der Verfügung bei § 566b Rdn. 22. Aus BGH NZM 2003, 871 = WuM 2003, 510 = ZMR 2003, 827 ergibt sich nichts anderes; in dieser Entscheidung geht es nämlich um § 1124 BGB, wo – anders als in §§ 566c BGB – eine Verfügung gesetzliche Voraussetzung ist.

[9] S. § 566 Rdn. 86.

[10] So im Ergebnis wohl auch *Lammel,* Wohnraummietrecht, § 566c Rdn. 8.

[11] OLG Frankfurt NZM 2012, 505 = ZMR 2012, 698, allerdings nicht für § 566c BGB, sondern die vergleichbare Konstellation in § 1124 Abs. 2 BGB.

[12] Ist sie insgesamt abbedungen, so wird meist der Fall der Einmalmiete vorliegen; s. dazu bei Rdn. 22.

[13] Das wird zwar der Hauptanwendungsfall sein, nach der hier vertretenen Meinung ist es aber belanglos, ob das Mietniveau nachträglich oder schon in dem ursprünglichen Mietvertrag für in der Zukunft liegende Zeiträume verändert wird.

[14] Es sei denn man würde – wie *Emmerich* in Staudinger § 566b Rdn. 13ff. – auf die Dauerhaftigkeit einer solchen Mietniveauänderung abstellen; s. dagegen aber bei § 566b Rdn. 8/9.

sieht § 566c BGB die Phasengleichheit[15] von Leistung und Gegenleistung vor, d. h., im Verhältnis zu dem Erwerber sind dem Veräußerer und dem Mieter Vereinbarungen verwehrt, mit denen die Zahlung der Miete von dem Zeitraum der Gebrauchsgewährung über den in der Vorschrift vorgesehenen Wirksamkeitszeitraum hinaus abgekoppelt werden soll, indem der Mieter sie zu Lasten des Erwerbers vorab erbringt oder sie auf andere Weise nicht dem Vermögen des Erwerbers, sondern dem des Veräußerers oder eines Dritten zufließt[16]. Das bedeutet, dass Veräußerer und Mieter die Miete erhöhen und auch erniedrigen können, ohne dass § 566c BGB eingreift, solange sie nicht vereinbaren, dass die Miete ganz oder teilweise vor dem Zeitraum zu zahlen ist, für den sie Gegenleistung der Gebrauchsüberlassung ist.

Unter den Begriff der Miete im Sinne von § 566c BGB fallen auch die vereinbarten Vorauszahlungen auf abzurechnende **Betriebskosten,** da sie Bestandteil der Miete sind, wie inzwischen für die Frage der Mietminderung anerkannt ist. Dem steht auch nicht der Vorschusscharakter dieser Leistung entgegen, im Gegenteil, wenn es der Zweck des § 566c BGB ist, dem Erwerber für die Zeit seines Eigentums das Äquivalent für die Gebrauchsüberlassung an den Mieter zu sichern (Einzelheiten s. bei § 566b Rdn. 8), dann kann dies nur effektiv umgesetzt werden, wenn die Betriebskostenvorauszahlungen – wie auch in anderen Vorschriften – als Bestandteil der Miete angesehen werden. Nicht unter den Mietbegriff des § 566c BGB fallen allerdings die Abrechnungssalden, da sie nicht zum periodisch anfallenden Entgelt für die Gebrauchsüberlassung gehören. Ansprüche auf **Nutzungsentschädigung** gem. § 546a BGB (genauso wie Schadensersatz- und Bereicherungsansprüche wegen Vorenthaltung der Mietsache) sind schon begrifflich keine Miete. Sie sichern zwar auch das Äquivalenzinteresse des Erwerbers, wegen ihres (bis zur Räumung) vorübergehenden Charakters erscheint eine analoge Anwendung von § 566c BGB auf diese Ansprüche aber nicht notwendig. Verpflichtet sich der Mieter in einem Mietaufhebungsvertrag zu Ausgleichszahlungen, falls der Vermieter bei einer Weitervermietung des Mietobjekts nur eine geringere als die vom Mieter geschuldete Miete erzielen kann, handelt es sich ebenfalls nicht um eine Mietforderung[17]. Auch **Nebenforderungen** (Sicherungsrechte wie Bürgschaft etc., Zinsen) sind keine Miete in Sinne von § 566c BGB. Auf Vereinbarungen über **andere Rechte** aus dem Mietvertrag als den Mietzins (etwa Options- oder Kündigungsrechte) findet § 566c BGB ebenfalls keine Anwendung. Eine im Zusammenhang mit dem Mietvertrag getroffene Vereinbarung zwischen dem Vermieter und einer GbR als Mieterin dahingehend, dass die Haftung der Gesellschafter auf das Gesellschaftsvermögen beschränkt sei, stellt keine Vereinbarung über den Mietzins im Sinne von § 566c BGB dar. Vereinbaren die Vertragsparteien einen vollständigen Verzicht auf Mietzinszahlungen oder eine sonstige Gegenleistung des Mieters, so wandelt sich der Vertrag in einen Leihvertrag um; § 566 BGB und als Folge davon § 566c BGB sind dann nicht mehr anwendbar (s. bei § 566 Rdn. 27). 18

Der Mieter, der in **gutem Glauben** an das Fortbestehen des Vertragsverhältnisses mit dem Veräußerer ein Rechtsgeschäft über *andere Regelungsbereiche als den Mietzins* schließt, wird nach Ansicht des BGH durch §§ 407, 412 BGB geschützt; dieser Schutz ist allerdings nur für nach dem Eigentumswechsel geschlossene Vereinbarungen notwendig, da frühere Vereinbarungen den Erwerber gem. § 566 BGB binden. 19

2. Periodische Bemessung des Mietzinses

§ 566c BGB geht davon aus, dass der Mietzins – entsprechend der ganz vorherrschenden praktischen Handhabung – periodisch bemessen und zahlbar ist, nämlich nach Kalendermonaten[18]. Es handelt sich um eine Anwendungsvoraussetzung des § 566c BGB und damit um ein Tatbestandsmerkmal der Vorschrift. Sollte ausnahmsweise nicht eine Monatsmiete vereinbart sein, muss – soweit dies möglich ist – eine **Umrechnung auf eine fiktive Monatsmiete** erfolgen, um den Wirksamkeitsumfang der Vereinbarung über die Miete bestimmen zu können. Folgende Fälle sind zu unterscheiden: 20

Haben die Vertragsparteien für ein Mietverhältnis auf **unbestimmte Dauer** eine Einmalmiete vereinbart (einen festen Betrag für einen auf Lebenszeit des Mieters geschlossenen Vertrag), so kann 21

[15] So *Häublein* in MünchKomm § 566c Rdn. 10.
[16] *Häublein* in MünchKomm § 566c Rdn. 10.
[17] BGH NZM 2011, 201 für die Beschlagnahme in der Zwangsverwaltung, für die derselbe Verfügungsbegriff gilt wie in §§ 566b, 566c BGB (s. Rdn. 11).
[18] S. näher bei § 566b Rdn. 8.

mangels periodischer Bemessung des Mietzinses nicht bestimmt werden, welcher Teil der Miete auf die Zeit nach dem Eigentumsübergang entfällt; hier liegt schon ein Anwendungsfall des § 566c BGB nicht vor.

22 Haben die Parteien hingegen für einen **zeitlich befristeten Vertrag** eine Einmalmiete vereinbart, ist eine Umrechnung auf einen fiktiven monatlichen Mietzins ohne weiteres möglich und durchzuführen. In ähnlicher Weise ist zu verfahren, wenn nicht ein monatlicher, sondern ein nach **anderen Perioden** (Quartal, Jahr etc.) zahlbarer Mietzins vereinbart wurde.

3. Baukostenzuschüsse

23 Es sind zwei Arten von Baukostenzuschüssen zu unterscheiden, nämlich die verlorenen und die auf die Miete anrechenbaren Zuschüsse. Nur bei letzteren findet – wie der Name schon sagt – eine Anrechnung auf die Miete in der Weise statt, dass sie mit der Zeit durch Nutzung abgegolten („abgewohnt") werden sollen; **verlorene Baukostenzuschüsse** haben auf den Mietzins keinen Einfluss und stellen deshalb keinen Anwendungsfall des § 566c BGB dar[19]. S. näher zur Definition und Abgrenzung der anrechenbaren und verlorenen Baukostenzuschüsse bei § 547 Rdn. 9 und 13.

24 Wenn ein vom Mieter geleisteter Baukostenzuschuss abgewohnt werden soll **(anrechenbarer Zuschuss),** dann ist dies einmal eine Vorausleistung des Mieters im Sinne von § 547 BGB und zum anderen stellt die Abrede hierüber eine Vereinbarung über die Miete dar, die je nach Länge der „Abwohndauer" in die Eigentumszeit des Erwerbers reichen kann, deren Wirksamkeit also nach § 566c BGB zu beurteilen ist. Wie oben bereits erwähnt, kann sich ein Anspruch des Mieters gegen den Vermieter auf Rückgewähr von im Voraus entrichteter Miete gem. § 547 BGB nur insoweit gegen den Erwerber richten, als die Vereinbarung über die Vorauszahlung diesem gegenüber gem. § 566c BGB wirksam ist[20]. Danach ist die Wirksamkeitsdauer von Vorauszahlungen begrenzt, nämlich grundsätzlich auf den Monat bzw. den Folgemonat, in dem der Mieter Kenntnis von dem Eigentumsübergang erlangt (s. dazu sogleich).

25 In der Zeit des Wiederaufbaus nach dem II. Weltkrieg, als sich viele Mieter an der Errichtung der Mietsache mit Zuschüssen beteiligt hatten, wurde diese Folge des § 566c BGB insbesondere dann als misslich empfunden, wenn der Baukostenzuschuss und damit die Abwohnzeit erheblich waren. Deshalb vertritt der BGH seit der Nachkriegszeit in ständiger Rechtsprechung die Auffassung, dass **ausnahmsweise nicht § 566c BGB,** sondern nur § 566 BGB auf die Vereinbarung anrechenbarer Baukostenzuschüsse anwendbar sei, wenn folgende Voraussetzungen erfüllt sind: Es muss eine Vorauszahlung des Mieters vereinbart sein; die Leistung (Geld oder Sachleistung) muss von vornherein, also vor Erbringung, für den Aus- oder Aufbau des Mietgrundstücks im Zusammenhang mit dem Mietvertrag bestimmt gewesen sein und bei wirtschaftlicher Betrachtungsweise aus dem eigenen Vermögen des Mieters stammen; die Mittel sind bestimmungsgemäß verwendet worden und haben den Wert des Grundstücks erhöht; zum Zeitpunkt des Eigentumsübergangs muss die Werterhöhung noch vorhanden sein[21]. Tragender Gesichtspunkt für diese Rechtsprechung ist die Erwägung, dass dem Erwerber der durch den Baukostenzuschuss geschaffene Sachwert zukomme, der Mieter aber auf der anderen Seite vor Doppelbelastungen geschützt werden müsse[22]. Dogmatischer Ansatzpunkt für die Berücksichtigung dieses Ansatzes sind § 242 BGB und der in **§ 57c ZVG** zum Ausdruck kommende Schutzgedanke[23]. In § 57c ZVG war das Kündigungsrecht des Erstehers gem. § 57a ZVG bei anrechenbaren Baukostenzuschüssen ausgeschlossen worden – nicht nur, um den Mieter vor dem Verlust des Raumbesitzes, sondern auch vor dem Verlust des Finanzierungsbeitrages zu bewahren[24], selbst wenn § 57c ZVG (nur Kündigungsmöglichkeit) kein direkter Einfluss auf die Wirksamkeit von Baukostenzuschüssen gegenüber dem Ersteher zukam[25]. § 57c ZVG ist allerdings zum 1. 2. 2007 ersatzlos aufgehoben worden. Damit entfällt ein

---

19 S. § 547 Rdn. 23.

20 BGH NJW 1962, 1860; BGH NJW 1970, 93.

21 S. nur BGH NJW 1967, 555, bestätigt durch BGH NJW 1998, 595; BGH (VIII ZR 166/10) NZM 2012, 301 = WuM 2012, 210 = ZMR 2012, 432 (zu der vergleichbaren Problematik bei § 1124 BGB); *Dötsch* NZM 2012, 298/299 m. w. N.; *Häublein* in MünchKomm § 566c Rdn. 13. Weitere Einzelheiten und Nachweise bei § 535 Rdn. 616ff.

22 BGH NJW 1967, 557.

23 BGH NJW 1967, 557.

24 BGH NJW 1955, 302 a. E. (V ZR 4/54 vom 17. 12. 1954).

25 BGH NJW 1955, 301 a. E. (V ZR 24/54 vom 26. 11. 1954); BGH WM 1959, 120.

tragendes Argument für die Nichtanwendung des § 566c BGB auf anrechenbare Baukostenzuschüsse, die ohnehin aus Erwerbersicht problematisch war, weil er Gefahr lief, vom Mieter die laufende Miete nicht zu erhalten, die als Folge des Zuschusses eingetretene Werterhöhung des Grundstücks aber beim Erwerb mitbezahlen zu müssen[26]. Die Vorschrift wurde nach der Gesetzesbegründung ersatzlos aufgehoben, weil sie ihre Bedeutung verloren hatte und um Missbrauch vorzubeugen[27]. Das kann aber nicht nur für den in § 57c ZVG unmittelbar verwirklichten Kündigungsschutz gelten, sondern muss auch Bedeutung für die Behandlung von anrechenbaren Baukostenzuschüssen im Rahmen von § 566c BGB haben. Die in der Aufhebung von § 57c ZVG zum Ausdruck kommende Wertung lässt eine Sonderbehandlung von anrechenbaren Baukostenzuschüssen nicht mehr zu[28], sie sind vielmehr – genauso wie andere Vereinbarungen über Vorauszahlungen auch – nur bis zum dem Monat bzw. dem Folgemonat gegenüber dem Erwerber wirksam, in dem der Mieter Kenntnis von dem Eigentumsübergang erhält. Den Mieter belastet das zwar, aber meist (außer in der Zwangsversteigerung) nicht unzumutbar, da er Ersatzansprüche gegen den Veräußerer hat (s. Rdn. 34) und er deshalb „nur" das Insolvenzrisiko des Veräußerers trägt. Untragbaren Ergebnissen kann man überdies mit § 242 BGB begegnen[29], dessen spezialgesetzliche Ausprägung § 57c ZVG ohnehin war[30]. Unter Vertrauensschutzgesichtspunkten dürfte diese Folge angesichts der dargestellten jahrzehntelangen gefestigten Rechtsprechung des BGH erst auf Vereinbarungen über Baukostenzuschüsse anzuwenden sein, die nach der Aufhebung des § 57c ZVG, also nach dem 1.2.2007 geschlossen wurden[31]. Der **BGH**[32] hat an seiner Rechtsprechung auch nach Aufhebung des § 57c ZVG festgehalten, allerdings ohne das Problem oder die Diskussion auch nur im Ansatz zu erwähnen, so dass – weil ein Versehen nicht auszuschließen ist – hieraus keine sicheren Schlüsse für künftige Fälle gezogen werden können; der Entscheidung lag auch eine Vorauszahlungsvereinbarung zu Grunde, die vor der Aufhebung des § 57c ZVG geschlossen wurde.

IV. Rechtsfolgen

Vereinbarungen des Veräußerers mit dem Mieter über die Miete haben gegenüber dem Erwerber nur eine begrenzte Wirksamkeit. Anders als in § 566b BGB wird aus Gründen des Mieterschutzes aber nicht auf den Zeitpunkt des Eigentumsübergangs abgestellt, sondern auf die Kenntnis des Mieters davon. Weil es deshalb möglich ist, dass eine Vereinbarung über die Miete noch nach dem Eigentumsübergang geschlossen wird, gibt es für beide Fälle unterschiedliche Regelungen, nämlich für Vereinbarungen vor Eigentumsübergang in den Sätzen 1 und 2, für solche danach in Satz 3. **26**

1. Vereinbarungen vor Eigentumsübergang (Sätze 1 und 2)

Erlangt der Mieter von dem Eigentumsübergang *bis* (einschließlich) zum 15. Tag eines Monats Kenntnis, so ist gegenüber dem Erwerber eine vor dem Eigentumsübergang geschlossene Vereinbarung über die Miete nur insofern wirksam, als sie sich auf den für diesen Monat entfallenden Mietzins oder die Zeit davor bezieht (Satz 1); erlangt der Mieter Kenntnis *nach* dem 15. Tag eines Monats, so ist die Vereinbarung darüber hinaus für den auf den Folgemonat entfallenden Mietzins wirksam (Satz 2). Vereinbarungen für Zeiträume danach sind dem Erwerber gegenüber[33] relativ unwirksam – und zwar auch bei Kenntnis des Erwerbers (s. dazu bei Rdn. 32). Der Erwerber kann ggf. erneut Zahlung der Miete verlangen[34]. Er kann die Vereinbarung zwischen Veräußerer und Mieter **27**

---

26 *Häublein* in MünchKomm § 566c Rdn. 13; *Eckert* ZfIR 2008, 454.

27 S. http://www.bmj.bund.de/media/archive/1276.pdf (S. 87).

28 Ähnlich *Eckert* ZfIR 2008, 453; *Dötsch* NZI 2009, 713; *Dötsch* NZM 2012, 296; *Häublein* in MünchKomm § 566c Rdn. 13.

29 *Eckert* ZfIR 2008, 456; *Dötsch* NZI 2009, 716/717.

30 BGH NZM 2002, 758.

31 So auch OLG Saarbrücken ZMR 2014, 35. Gegen einen Vertrauensschutz *Eckert* InfoM 2013, 331, weil § 57c ZVG auch für „Altfälle" abgeschafft worden sei. Die Erweiterung von Kündigungsmöglichkeiten durch die Abschaffung von § 57c ZVG hat jedoch eine andere Qualität als der Verlust eines Schuldners; zwar bleibt dem Mieter der frühere Vermieter als Schuldner, dieser Anspruch dürfte aber in den Fällen der Zwangsversteigerung meist wertlos sein, anders als der durch das Grundstück gesicherte Anspruch gegen den Ersteher.

32 BGH (VIII ZR 166/10) NZM 2012, 301 = WuM 2012, 210 = ZMR 2012, 432 (zu der vergleichbaren Problematik bei § 1124 Abs. 2 BGB, der eine § 566c BGB vergleichbare Regelung enthält).

33 Zu den Folgeansprüchen gegen den Veräußerer in diesem Fall s. Rdn. 34.

34 *Emmerich* in Staudinger § 566c Rdn. 4.

aber auch genehmigen und muss sie dann im Verhältnis zum Mieter in vollem Umfang gegen sich gelten lassen. Ein Anspruch des Mieters auf Rückgewähr von im Voraus entrichteter Miete gem. § 547 BGB kann sich nur insoweit gegen den Erwerber richten, als die Vereinbarung über die Vorauszahlung diesem gem. § 566c BGB gegenüber wirksam ist[35].

28 Der Mieter muss **positive Kenntnis** von dem Eigentumsübergang erlangen, Kennenmüssen oder grob fahrlässige Unkenntnis reichen nicht[36]; einer sich aufdrängenden Kenntnis darf sich der Erwerber aber nicht verschließen, ansonsten ist Kenntnis anzunehmen. Wie oder durch wen der Mieter die Kenntnis erlangt, ist allerdings gleichgültig. Mitteilungen von dem Kausalgeschäft oder von dem bevorstehenden Eigentumsübergang reichen nicht, weil der Eigentumsübergang (und damit die Kenntnis davon) noch nicht gesichert sind[37]. Zu eigenen Nachforschungen ist der Mieter nicht verpflichtet, um Kenntnis zu erlangen[38]. Andererseits verlangt § 566c BGB nur Kenntnis, also Information, und nicht Nachweis des Eigentumsübergangs; deshalb ist die Vorlage eines Grundbuchauszuges oder gleichwertiger Unterlagen zur Kenntnisverschaffung grundsätzlich nicht notwendig. Es ist aber danach zu differenzieren, wer dem Mieter die Kenntnis verschafft. Eine Mitteilung des Veräußerers reicht in der Regel aus[39], was auch dem Rechtsgedanken der §§ 409, 566e BGB entspricht. Eine Mitteilung des Erwerbers reicht nur dann, wenn sie vertrauenswürdig ist; das ist etwa bei einem auf den Erwerber umgeschriebenen Urteil der Fall[40]. Gibt es begründete Zweifel, muss der Erwerber einen Grundbuchauszug oder gleichwertige Urkunden vorlegen[41]. Im übrigen können die im Rahmen des § 407 BGB entwickelten Grundsätze zur Kenntnis des Schuldners von einer Abtretung angewendet werden[42]. Bei Zweifeln kann der Mieter gem. § 372 BGB hinterlegen[43]. Die Kenntnis des Mieters hat der Erwerber zu beweisen[44], den Mieter können aber sekundäre Darlegungslasten treffen. Von der Art der Kenntnisverschaffung ist die Frage zu trennen, ob der Mieter einen Anspruch auf Nachweis darüber hat, wer sein neuer Vermieter ist. Diese Frage ist in entsprechender Anwendung von §§ 410, 412 BGB zu bejahen[45].

29 Ist die Miete ausnahmsweise nicht nach Kalendermonaten bemessen, so ist sie entsprechend umzurechnen, um den Wirksamkeitszeitraum der Vereinbarung bestimmen zu können (s. Rdn. 20).

2. Vereinbarungen nach Eigentumsübergang (Satz 3)

30 Aus § 566c Satz 3 BGB ergibt sich, dass Veräußerer und Mieter auch nach dem Eigentumsübergang unter bestimmten Bedingungen noch mit Wirksamkeit für den Erwerber Rechtsgeschäfte über die Miete schließen können. Gem. § 566 BGB hat der Veräußerer an sich diese Rechtsmacht verloren, da er nach dem Eigentumsübergang nicht mehr Vermieter ist. § 566c Satz 3 BGB überträgt jedoch den Schutzgedanken des § 407 Abs. 1 BGB teilweise auf Rechtsgeschäfte über die Miete[46]. **Unwirksam** sind solche Vereinbarungen, bei deren Vornahme der Mieter den Übergang des Eigentums kennt. Kennt er ihn nicht, greifen die Regelungen in § 566c Satz 1 und 2 BGB[47], d. h., die Vereinbarung über den Mietzins mit dem (nichtberechtigten) Veräußerer ist bis zum Monat der Kenntniserlangung bzw. bis zum Folgemonat wirksam. Aus der Formulierung von § 566c Satz 3 BGB ergibt sich, dass der Erwerber beweisen muss, dass der Mieter bei Vornahme des Rechtsgeschäfts von dem Eigentumsübergang wusste[48]. Zur Kenntnis des Mieters s. Rdn. 27.

---

35 BGH NJW 1962, 1860; BGH NJW 1970, 93. S. auch Rdn. 24.
36 *Emmerich* in Staudinger § 566c Rdn. 7.
37 BGH (IX ZR 29/11) NJW 2012, 1881 = WuM 2012, 325 = ZMR 2012, 539; LG Berlin WuM 1992, 439.
38 BGH (IX ZR 29/11) NJW 2012, 1881 = WuM 2012, 325 = ZMR 2012, 539 und BGH NJW 2001, 231 zu § 407 BGB.
39 AG Berlin-Schöneberg GE 1992, 727; *Busche* in Staudinger (2012) § 407 Rdn. 33.
40 BGH (VIII ZR 278/13) NJW 2015, 2650 = WuM 2015, 555 = ZMR 2015, 848 Rdn. 21.
41 AG Berlin-Schöneberg GE 1992, 727; LG Berlin GE 1996, 927; *Busche* in Staudinger (2012) § 407 Rdn. 33.
42 AG Berlin-Schöneberg GE 1992, 727; *Häublein* in MünchKomm § 566c Rdn. 16.
43 *Busche* in Staudinger (2005) § 407 Rdn. 33.
44 *Häublein* in MünchKomm § 566c Rdn. 15.
45 S. § 566e Rdn. 20, dort auch zum Leistungsverweigerungsrecht des Mieters.
46 *Häublein* in MünchKomm § 566c Rdn. 16.
47 *Emmerich* in Staudinger § 566c Rdn. 6.
48 LG Berlin GE 1996, 927; *Emmerich* in Staudinger § 566c Rdn. 8.

Der Mieter, der in **gutem Glauben** an das Fortbestehen des Vertragsverhältnisses mit dem Veräußerer ein Rechtsgeschäft über andere Regelungsbereiche als den Mietzins schließt, wird nach Ansicht des BGH durch §§ 407, 412 BGB geschützt; dieser Schutz ist allerdings nur für nach dem Eigentumswechsel geschlossene Vereinbarungen notwendig, da frühere Vereinbarungen den Erwerber gem. § 566 BGB binden. 31

3. Kenntnis des Erwerbers

§ 566c BGB ist auch anwendbar, wenn der Erwerber Kenntnis von der Vereinbarung über den Mietzins hat; eine § 566b Abs. 2 BGB vergleichbare Regelung fehlt. Letztere Vorschrift kann auch nicht entsprechend angewendet werden[49]. Durch die Mietrechtsreform wurde die Regelung in einen eigenen Absatz, nämlich § 566b Abs. 2 BGB, verschoben; angesichts dessen kann nicht ein Versehen des Gesetzgebers hinsichtlich der dort verwirklichten Idee angenommen und eine planwidrige Regelungslücke demnach nicht unterstellt werden. Abgesehen davon ist § 566b Abs. 2 BGB als (nur eingeschränkt analogiefähige[50]) Ausnahme zu begreifen, was neben § 566c BGB auch die vergleichbaren Regelungen in §§ 1124 BGB, 110 InsO zeigen, die allesamt letztlich die Rentabilität und damit die Verkehrsfähigkeit des Grundstücks sichern sollen[51]. Der Erwerber handelt auch nicht treuwidrig, wenn er sich trotz Kenntnis auf § 566c BGB beruft[52], weil er berechtigterweise davon ausgehen darf, das Gesetz habe ihm diese Rechtsposition bewusst und im Unterschied zu § 566b BGB eingeräumt. 32

V. Folgeansprüche

Eine **wirksame Vereinbarung** über den Mietzins belastet den **Erwerber,** der nach dem Fälligkeitsprinzip des § 566 BGB (s. dort bei Rdn. 86) davon ausgehen darf, ihm stehe der nach dem Eigentumsübergang fällig werdende Mietzins zu. Bei Erfüllung der Voraussetzungen des § 547 BGB drohen nicht nur ausbleibende Mietzinszahlungen, sondern auch Erstattungsansprüche nach dieser Vorschrift für im Voraus gezahlte Miete. Deshalb dürfte der Veräußerer den Erwerber in der Regel über derartige Vereinbarungen aufzuklären haben; eine Automatik gibt es aber nicht, entscheidend ist wohl der Wissensvorsprung des Veräußerers, der beispielsweise entfallen kann, wenn sich die Vorausverfügung aus dem Mietvertrag ergibt, in den Einblick zu nehmen dem Erwerber zumutbar ist. Eine Verletzung dieser Aufklärungspflicht macht den Veräußerer gem. §§ 311 Abs. 2, 280 BGB schadensersatzpflichtig. Außerdem kommen je nach Vertragsgestaltung, insbesondere wenn ein Nutzen- und Lastenübergang schon vor dem Eigentumsübergang vereinbart ist, kaufrechtliche Gewährleistungsansprüche gem. § 437 BGB in Betracht. Bei kollusivem Zusammenwirken zwischen Veräußerer und Mieter können sich beide gem. § 826 BGB schadensersatzpflichtig machen. Außerdem steht dem Erwerber gegen den Veräußerer im Falle der Zahlung auf Grund einer unwirksamen Vereinbarung ein Bereicherungsanspruch gem. § 816 Abs. 2 BGB zu, in dessen Geltendmachung gleichzeitig eine wegen der nur relativen Unwirksamkeit der Vereinbarung zulässige[53], aber für den Bereicherungsanspruch auch notwendige Genehmigung derselben zu sehen ist; Voraussetzung für einen solchen Anspruch ist allerdings, dass die Vereinbarung über den Mietzins Verfügungscharakter hatte, da § 816 BGB eine Verfügung erfordert[54]. 33

---

[49] So wohl *Häublein* in MünchKomm § 566c Rdn. 11 unter Berufung auf *Schön* JZ 2001, 125/126, der sich zu dieser Analogie aber nicht ausdrücklich verhält.

[50] Ausnahmevorschriften sind nicht grundsätzlich analogiefeindlich i. S. eines Analogieverbots. Es kann vielmehr ein Bedürfnis bestehen, vergleichbare Ausnahmetatbestände gleich zu behandeln (*Häublein* WuM 2010, 395; *Würdinger* JuS 2008, 949). Der Begründungsaufwand muss m. E. aber ungleich höher sein; um dies zu verdeutlichen, erscheint es deshalb gerechtfertigt, von einem grundsätzlichen Verbot der analogen Anwendung von Ausnahmevorschriften zu sprechen und diese eng auszulegen.

[51] S. dazu § 566b Rdn. 7. **A. A.** wohl *Schön* JZ 2001, 126, der die Vorschriften als Ausgleich für die fehlende grundbuchrechtliche Publizität der Mietverhältnisse ansieht; einmal widerspricht das aber der bei § 566b BGB dargelegten Intention des Gesetzgebers, zum anderen dient hierzu insbesondere das Schriftformerfordernis des § 550 BGB.

[52] So aber *Häublein* in MünchKomm § 566c Rdn. 11.

[53] BGH NJW-RR 1996, 1230.

[54] S. bei § 566b Rdn. 39 und die dortigen Nachweise zu der ähnlichen Situation bei Vorausverfügungen des Veräußerers sowie bei Rdn. 14 zum Verfügungscharakter von Vereinbarungen über den Mietzins.

34 Eine **unwirksame Vereinbarung** über die Miete belastet hingegen den **Mieter,** der schon (voraus-)gezahlt hat, aber nochmals an den Erwerber leisten muss. Seine bereits erbrachte Leistung kann er von dem Veräußerer gem. § 812 Abs. 1 BGB kondizieren, da der Rechtsgrund durch das Eingreifen der Regelung des § 566c BGB weggefallen ist. Der Veräußerer ist dem Mieter in der Regel auch schadensersatzpflichtig, da ihm die Nebenpflicht obliegt, für eine Tilgungswirkung der Leistungen des Mieters zu sorgen. Überdies ist in einer Vereinbarung über die Vorausentrichtung der Miete regelmäßig eine Schadensersatz auslösende Verpflichtung des Veräußerers zu sehen, er wolle dem Mieter dafür einstehen, dass die Vorauszahlung während der ganzen Mietzeit verrechnet werden kann[55].

VI. Abweichende Vereinbarungen

35 Die Ausführungen hierzu bei § 566b BGB gelten sinngemäß[56].

[55] BGH NJW 1966, 1703; *Häublein* in MünchKomm § 566c Rdn. 17.

[56] So auch *Häublein* in MünchKomm § 566c Rdn. 18.

§ 566d Aufrechnung durch den Mieter

[1]Soweit die Entrichtung der Miete an den Vermieter nach § 566c dem Erwerber gegenüber wirksam ist, kann der Mieter gegen die Mietforderung des Erwerbers eine ihm gegen den Vermieter zustehende Forderung aufrechnen. [2]Die Aufrechnung ist ausgeschlossen, wenn der Mieter die Gegenforderung erworben hat, nachdem er von dem Übergang des Eigentums Kenntnis erlangt hat, oder wenn die Gegenforderung erst nach der Erlangung der Kenntnis und später als die Miete fällig geworden ist.

Systematische Übersicht

Alphabetische Schnellübersicht

I. Überblick und Zweck der Vorschrift

1 § 566d BGB ist § 406 BGB nachgebildet, aber angepasst an die Wertungen des Ausgleichs zwischen Veräußerer, Erwerber und Mieter, die §§ 566b, 566c BGB zu Grunde liegen (s. dazu näher bei § 566b Rdn. 7). Die Vorschrift soll ähnlich wie in § 406 BGB dem Mieter eine einmal erworbene Aufrechnungsmöglichkeit erhalten[1], der Schutzgehalt ist aber eher dem des § 1125 BGB vergleichbar. Im Ergebnis werden nämlich die Aufrechnungsmöglichkeiten erheblich beschränkt; wie in §§ 566b, 566c BGB werden in der Diktion des Mieterschutzes vornehmlich die **Erwerberinteressen** am Erhalt der auf die Zeit nach dem Eigentumsübergang entfallenden Miete verwirklicht. Eine Mieterschutzregelung ist § 566d BGB nur im Vergleich zu § 566b BGB, da in § 566b BGB auf das objektive Kriterium des Eigentumsübergangs abgestellt wird, wohingegen in §§ 566c, 566d BGB die Kenntnis des Mieters vom Eigentumsübergang entscheidend ist. § 566b BGB selbst bevorzugt bei dem Interessenausgleich der Beteiligten in erheblichem Maß diejenigen des Erwerbers. Die Kenntnisabhängigkeit in §§ 566c, 566d BGB wird nämlich nur relevant, wenn der Erwerber es in Vernachlässigung seiner eigenen Belange unterlässt, den Mieter zeitnah von dem Eigentumsübergang zu unterrichten. S. **grundlegend zum Zweck** und dem schwierigen Verständnis der §§ 566b bis 566d BGB, deren Regelungszusammenhang und deren umstrittene Abgrenzung zueinander bei § 566b Rdn. 6ff. Zur **Entstehungsgeschichte** der Norm, die seit der zum 1.9.2001 in Kraft getretenen Mietrechtsreform gilt und den inhaltsgleichen § 575 BGB a. F. ersetzt hat, s. bei § 566b Rdn. 5.

2 § 566d BGB ermöglicht es dem Mieter, den Mietzinsanspruch des Erwerbers durch **Aufrechnung** mit Ansprüchen, die ihm gegenüber dem Veräußerer zustehen, erlöschen zu lassen. Das aber nur in dem Umfang bzw. dem zeitlichen Rahmen, in dem er Vereinbarungen gem. § 566c BGB mit dem Veräußerer über die Mietforderung schließen könnte, die gegenüber dem Erwerber wirksam sind; hierdurch wird die Aufrechnungsmöglichkeit auf die Miete für den Monat bzw. den Fol-

---

[1] *Häublein* in MünchKomm § 566 Rdn. 1.

gemonat begrenzt, in dem der Mieter Kenntnis von dem Eigentumsübergang erhalten hat. Das ergibt sich aus dem Bezugnahme auf § 566c BGB in § 566d Satz 1 BGB. Entscheidend ist, dass die **Aufrechnungslage** vor der Kenntnis vom Eigentumsübergang bestanden hat, die Aufrechnungserklärung selbst kann danach abgegeben werden.

II. Anwendungsbereich

3 § 566d BGB baut auf § 566 BGB auf, indem die Vorschrift an die Kenntnis des nach § 566 BGB erfolgten Eigentumsübergangs anknüpft. Wegen dieses Bezuges ist § 566d BGB – genauso wie § 566a BGB[2] – nicht auf den rechtsgeschäftlichen Vermieterwechsel **(Vertragsübernahme)** anwendbar; in diesen Fällen ist vielmehr § 406 BGB einschlägig. Außerdem gilt § 566d BGB nicht für ein Zurückbehaltungsrecht des Mieters oder eine Mietminderung; diese Rechte beurteilen sich allein nach § 566 BGB[3]. Es gibt aber im BGB und in anderen Gesetzen zahlreiche Verweisungen auf § 566d BGB, die den Anwendungsbereich der Vorschrift erweitern.

1. Verweisungen

4 § 566d BGB gilt unmittelbar nur für die Aufrechnung des Mieters von Wohnraum bei Veräußerung desselben. Neben der Erstreckung auf Mietverhältnisse über **Räume und Grundstücke** in § 578 BGB[4] ist § 566d BGB kraft **Verweisung** anwendbar bei der gewerblichen Weitervermietung (§ 565 Abs. 2 BGB), bei der dinglichen Belastung der Mietsache durch den Vermieter (§ 567 BGB), bei der Veräußerung oder dinglichen Belastung des Grundstücks vor Überlassung der Mietsache (§ 567a BGB) und bei der Weiterveräußerung des Grundstücks oder der dinglichen Belastung (§ 567b BGB), bei Mietverhältnissen über eingetragene Schiffe und Luftfahrzeuge (§ 578a Abs. 2 Satz 3 BGB, für Luftfahrzeuge in Verbindung mit § 98 Abs. 2 des Gesetzes über Rechte an Luftfahrzeugen (LuftFzgG)), außerdem beim Nießbrauch (§§ 1056, 1059d BGB, aber nur bei dessen Beendigung und Übertragung, für die Bestellung gilt § 567 BGB[5]), bei der Nacherbfolge (§ 2135 BGB), bei der Überlassung von Wohnraum in Zusammenhang mit einem Wohn- und Betreuungsvertrag (§ 5 Abs. 2 WBVG), bei Pachtverträgen (§ 581 Abs. 2), Landpachtverträgen (§ 593b BGB), Jagdpachtverträgen (§ 14 BJagdG), bei der Fischereipacht hängt es von der Landesgesetzgebung ab[6], nach § 11 Abs. 3 Investitionsvorranggesetz (InVorG) und – mit Modifikationen – bei der **Zwangsversteigerung** (§§ 57, 57b ZVG; dazu näher unten Rdn. 7). Zum Schicksal eines Mietvertrages bei Bestellung und Änderung eines Erbbaurechts, eines dinglichen Wohnungsrechts gem. § 1093 BGB und eines Dauerwohnrechts i. S. v. § 31 WEG s. bei der Kommentierung zu § 567 BGB.

5 Soweit es in den Verweisungsfällen nicht um eine Grundstücksveräußerung geht, kommt es statt des nach § 566d BGB eigentlich **maßgeblichen Zeitpunktes** der Kenntnis des Eigentumsübergangs auf die Kenntnis des der Veräußerung gleichgestellten Rechtsaktes an[7] (etwa die Übertragung des Nießbrauchs).

6 Da § 566d BGB – wie ausgeführt – auf § 566 BGB aufbaut, kann **ergänzend** auf die Ausführungen zum Anwendungsbereich des § 566 BGB verwiesen werden, insbesondere zu den Fällen, in denen §§ 566ff. BGB nicht anwendbar sind.

2. Zwangsversteigerung

7 § 57b ZVG modifiziert aber § 566d BGB dahingehend, dass maßgeblicher Zeitpunkt nicht der Eigentumsübergang, sondern die Beschlagnahme des Grundstücks zum Zwecke der Zwangs*versteigerung* ist. Auf die Beschlagnahme in einer vorausgegangenen Zwangs*verwaltung* ist dann abzustellen, wenn die Zwangsverwaltung bis zum Zuschlag fortgedauert hat (§ 57b Abs. 2 Satz 1 ZVG). Die Kenntnisfiktion des Mieters von der Beschlagnahme in § 57b Abs. 1 Satz 2 ZVG ist nur bedeutsam bei §§ 566c, 566d BGB (nicht aber bei § 566b BGB), da nur diese Vorschriften auf die

---

[2] S. § 566a Rdn. 5.

[3] H. M., *Häublein* in MünchKomm § 566d Rdn. 3. Einzelheiten bei § 566 Rdn. 131 (Minderung) und Rdn. 140 (Zurückbehaltungsrecht).

[4] S. dazu näher bei § 566 Rdn. 19.

[5] S. insgesamt zum Nießbrauch bei der Kommentierung zu § 567 BGB.

[6] Einzelheiten bei *Harke* in MünchKomm § 581 Rdn. 34.

[7] *Häublein* in MünchKomm § 566b Rdn. 7 zu der ähnlichen Problematik bei § 566b BGB.

Kenntnis des Mieters abstellen; danach gilt dem Mieter die Beschlagnahme als bekannt, wenn ihm der Beschluss über die Anordnung der Zwangsversteigerung zugestellt wurde. § 57b ZVG ist nicht anzuwenden, wenn der Zwangsverwalter den Mietvertrag oder die Vereinbarung über die Miete schließt (§ 57b Abs. 3 ZVG), die §§ 566b bis 566d BGB gelten dann vielmehr uneingeschränkt[8]. Weiterhin findet § 57b ZVG keine Anwendung bei einer Zwangsversteigerung zum Zwecke der Aufhebung einer Gemeinschaft (§ 183 ZVG).

3. Zwangsverwaltung

Bei der Zwangsverwaltung findet durch die Beschlagnahme nach § 148 Abs. 2 ZVG kein Eigentumswechsel und kein Rechtsübergang gem. § 566 BGB statt[9], so dass auch § 566d BGB nicht anwendbar ist; der Vermieter bleibt Partei des Mietvertrages, ihm ist lediglich gem. § 148 Abs. 2 ZVG die Verwaltung des Grundstücks entzogen, diese obliegt gem. § 152 ZVG dem Zwangsverwalter[10]. Der Zwangsverwalter handelt zwar im eigenen Namen, aber doch für Rechnung des Schuldners/Vermieters[11]. Er ist gem. § 152 Abs. 2 ZVG an die vom Eigentümer geschlossenen Miet- und Pachtverträge gebunden, sofern die Mietsache vor der Beschlagnahme bereits überlassen wurde. Der Eigentümer wiederum ist nach Aufhebung der Zwangsverwaltung an die vom Zwangsverwalter geschlossenen Verträge gebunden[12] – in diesem Fall gelten bei einer späteren Zwangsversteigerung nicht die Besonderheiten des § 57b ZVG (s. § 57b Abs. 3 ZVG), sondern §§ 566b bis 566d BGB uneingeschränkt[13]. Den Zwangsverwalter treffen grundsätzlich alle Rechte und Pflichten eines Vermieters[14]. Zur Prozessführungsbefugnis des Zwangsverwalters s. bei § 566 Rdn. 156. Von der Beschlagnahme sind im Gegensatz zur Zwangsversteigerung grundsätzlich auch die Mietzinsforderungen umfasst[15]. Allerdings gilt dieser Grundsatz zu Gunsten der Vollstreckungsgläubiger für Aufrechnungen des Mieters gegenüber der Mietforderung gem. §§ 148 Abs. 1, 21 Abs. 2, 20 Abs. 2 ZVG, 1125 i. V. m. 1124 Abs. 2 BGB nur eingeschränkt[16]. Danach kann der Mieter gegenüber dem Vollstreckungsgläubiger nicht aufrechnen, wenn sich die Aufrechnung auf den Mietzins für eine spätere Zeit als den zur Zeit der Beschlagnahme laufenden Monat bezieht. Erfolgt die Beschlagnahme nach dem 15. Tag des Monats, so ist die Aufrechnung möglich, soweit sie sich auf den Mietzins für den folgenden Kalendermonat bezieht. Es ist belanglos, ob ein Grundpfandgläubiger oder ein sonstiger Gläubiger die Zwangsverwaltung betreibt[17]. 8

4. Insolvenz

§ 110 Abs. 3 InsO enthält eine § 566d BGB vergleichbare Regelung, allerdings wird nicht auf § 566c BGB, sondern auf die ähnliche Regelung des § 110 Abs. 1 InsO[18] Bezug genommen. Außerdem ist maßgeblicher Zeitpunkt nicht die Kenntnis des Mieters vom Eigentumsübergang, sondern der Zeitpunkt der Eröffnung des Insolvenzverfahrens; auf die Kenntnis des Mieters hiervon kommt es nach § 110 InsO grundsätzlich nicht an, der gute Glaube des Mieters wird aber ggf. 9

---

[8] *Emmerich* in Staudinger § 566b Rdn. 7.

[9] BGH WuM 2005, 460 = NZM 2005, 596 = ZMR 2005, 603; *Börstinghaus* NZM 2004, 489.

[10] *Gather* DWW 2006, 317.

[11] BGH NJW-RR 2005, 1030.

[12] *Emmerich* in Staudinger § 566 Rdn. 18.

[13] *Emmerich* in Staudinger § 566b Rdn. 7.

[14] BGH WuM 2005, 460 = NZM 2005, 596 = ZMR 2005, 603; *Börstinghaus* NZM 2004, 489. Die Aktivlegitimation des Zwangsverwalters im Prozess bleibt auch nach Aufhebung der Zwangsverwaltung bestehen für solche Ansprüche, die vor Aufhebung entstanden sind und auf die sich die Beschlagnahme bezieht (BGH NZI 2009, 572; BGH NJW-RR 2003, 1419); nach Rücknahme des Antrags entfällt die Aktivlegitimation (BGH NJW-RR 2003, 1419). S. außerdem BGH WuM 2005, 463 = NZM 2006, 312 (kein Kautionsrückzahlungsanspruch gegen den Zwangsverwalter, wenn die Zwangsverwaltung vor Rechtshängigkeit aufgehoben wurde) sowie BGH NJW-RR 1990, 1213 (Parteiwechsel nach Aufhebung der Zwangsverwaltung während eines Prozesses möglich, aber nicht mehr in der Revision).

[15] *Schneider* ZMR 2008, 596.

[16] Weitere Einschränkungen sind in § 1123 BGB enthalten.

[17] BGH NJW-RR 2005, 1466 unter II.1.a.cc; s. auch *Eickmann* in MünchKomm (6. Aufl.) § 1124 Rdn. 47. **A. A.** *Blank/Börstinghaus* § 566d Rdn. 9, der die m. E. eindeutige BGH-Entscheidung aber offenbar missversteht bzw. übersieht; in der Verweisungskette der §§ 148 Abs. 1, 21 Abs. 2, 20 Abs. 2 ZVG, 1124 BGB gibt es auch keinerlei Anhaltspunkte für eine Beschränkung auf die Grundpfandgläubiger als betreibende Gläubiger. S. allgemein zur Zwangsvollstreckung in Mietforderungen *Schneider* ZMR 2008, 595.

[18] S. zu § 110 Abs. 1 InsO bei § 566b Rdn. 20.

gem. § 82 InsO geschützt[19]. Die Aufrechnung kann gem. §§ 110 Abs. 3 Satz 2, 95, 96 Nr. 2 bis 4 InsO in den dort bestimmten Fällen ausgeschlossen sein.

III. Voraussetzungen

10 § 566d BGB baut auf § 566 BGB auf, indem die Vorschrift an die Kenntnis des nach § 566 BGB notwendigen Eigentumsübergangs anknüpft.

1. Aufrechnung

11 § 566d BGB setzt eine Aufrechnungslage i. S. v. § 387 ff. BGB voraus. Für eine Vorschrift, die die Aufrechnung von Ansprüchen des Mieters, die ihm gegen den Erwerber zustehen, gegenüber einer Mietzinsforderung des Erwerbers ermöglicht, gäbe es allerdings keine Notwendigkeit, eine solche Aufrechnung wäre schon gem. § 387 BGB zulässig. § 566d BGB erlaubt vielmehr die Aufrechnung von fälligen Ansprüchen des Mieters, die ihm *gegen den Veräußerer* zustehen, gegenüber dem Mietzinsanspruch des Erwerbers und ist damit – wie § 406 BGB – eine **Abbedingung des Gegenseitigkeitserfordernisses** gem. § 389 BGB[20]. Für die Aufrechnung genügt die Gleichartigkeit der Leistungen (i. d. R. Geldzahlung). Der Rechtsgrund des Anspruchs, mit dem der Mieter aufrechnet, ist gleichgültig, also nicht auf Ansprüche gegen den Veräußerer aus dem Mietverhältnis beschränkt[21]; die Forderung des Erwerbers, gegenüber der aufgerechnet wird, muss nach dem klaren Gesetzeswortlaut aber auf die Entrichtung der Miete gerichtet sein. S. zum Begriff der Miete bei § 566b Rdn. 18. Der Mieter muss die Aufrechnungslage beweisen[22].

12 § 566d BGB gilt nur für die einseitige Aufrechnung des Mieters; ein **Aufrechnungsvertrag** ist eine Vereinbarung über die Miete und wird deshalb von § 566c BGB erfasst[23]. Der Mieter muss die Aufrechnungserklärung gegenüber dem Erwerber abgeben, da dieser der Inhaber derjenigen Forderung ist, gegenüber der aufgerechnet wird[24]. Hierbei darf (und wird) er bereits Kenntnis von dem Eigentumsübergang haben, nur bei Entstehung der Aufrechnungslage muss er **gutgläubig** gewesen sein[25]. Falls der Mieter in Unkenntnis des Eigentumsübergangs noch gegenüber dem Veräußerer aufrechnet, muss das Gleiche gelten wie bei einer Zahlung nach Eigentumsübergang, da die Aufrechnung ein Erfüllungssurrogat ist. Der Erwerber muss Zahlungen an den Veräußerer, die in Unkenntnis des Eigentumsübergangs erfolgen, nicht gegen sich gelten lassen, deshalb ist auch die Aufrechnung dem Veräußerer gegenüber unwirksam[26] (Einzelheiten bei § 566e Rdn. 22).

2. Periodische Bemessung des Mietzinses

13 § 566d BGB geht durch die Bezugnahme auf § 566c BGB davon aus, dass der Mietzins – entsprechend der ganz vorherrschenden praktischen Handhabung – periodisch bemessen und zahlbar ist, und zwar nach Kalendermonaten[27]. Sollte ausnahmsweise nicht eine Monatsmiete vereinbart sein, muss allerdings eine Umrechnung auf eine fiktive Monatsmiete i. d. R. nicht erfolgen, um die Aufrechnungsmöglichkeiten bestimmen zu können. Haben die Parteien nämlich längere Leistungsperioden als die Monatsmiete vereinbart, dann hat der Mieter die Mietforderung entweder schon erfüllt (er kann also nicht mehr aufrechnen) oder sie wurde vor dem Eigentumsübergang fällig und steht daher nach dem Fälligkeitsprinzip des § 566 BGB grundsätzlich dem Veräußerer zu. Eine solche Vereinbarung fällt zwar auch unter § 566c BGB und hat deshalb eine (zeitlich) begrenzte Wirksamkeit gegenüber dem Erwerber (s. § 566c Rdn. 27). Diese zeitliche Grenze ist jedoch identisch mit derjenigen des § 566d BGB (s. nachfolgend), so dass es in diesen Fällen keine Mietforderungen des Erwerbers geben kann, gegenüber denen der Mieter mit Ansprüchen gegen den Veräußerer aufrechnen kann.

---

[19] *Eckert* in MünchKommInsO (3. Aufl.) § 110 Rdn. 16.
[20] *Häublein* in MünchKomm § 566d Rdn. 4.
[21] LG Berlin WuM 1992, 439; *Blank/Börstinghaus* § 566d Rdn. 7.
[22] *Häublein* in MünchKomm § 566d Rdn. 4.
[23] *Häublein* in MünchKomm § 566d Rdn. 1.
[24] *Häublein* in MünchKomm § 566d Rdn. 5.
[25] *Krenek* in Müller/Walther § 566d Rdn. 3.
[26] **A. A.** *Häublein* in MünchKomm § 566d Rdn. 5.
[27] S. näher bei § 566b Rdn. 8.

IV. Rechtsfolge

14 Die Erklärung der Aufrechnung durch den Mieter bringt die Mietforderung des Erwerbers gem. § 389 BGB ex tunc zum Erlöschen. Das gilt allerdings nur in den zeitlichen Grenzen des § 566c BGB[28], da die **Aufrechnungsmöglichkeit** in § 566d Satz 1 BGB auf die Mietforderungen beschränkt ist, über die Mieter und Veräußerer wirksame Vereinbarungen treffen können. Das bedeutet folgendes: Erlangt der Mieter von dem Eigentumsübergang *bis* (einschließlich) zum 15. Tag eines Monats Kenntnis, so kann der Mieter nur gegen den auf diesen Monat entfallenden Mietzinsanspruch aufrechnen; erlangt der Mieter Kenntnis *nach* dem 15. Tag eines Monats, so kann er darüber hinaus gegen den auf den Folgemonat entfallenden Mietzinsanspruch aufrechnen. Gegen Mietzinsansprüche des Erwerbers für Zeiträume danach kann er nicht aufrechnen. **Praktisch** ist die Aufrechnungsmöglichkeit des § 566d BGB weitgehend wertlos. Da der Mietzins in aller Regel vorfällig geschuldet wird (entweder gem. § 556b BGB oder auf Grund des Mietvertrages) gebührt dem Veräußerer nach dem gem. § 566 BGB geltenden Fälligkeitsprinzip ohnehin die Miete für den laufenden Monat, wenn der Eigentumsübergang nach dem 3. Werktag des Monats erfolgt. Bei Eigentumswechsel zwischen dem 3. Werktag und dem 15. Tag gibt es dann keinen Mietzinsanspruch des Erwerbers, gegenüber dem der Mieter aufrechnen könnte. Bei Eigentumsumschreibung nach dem 15. Tag kann der Mieter gegenüber dem Mietzinsanspruch für den Folgemonat aufrechnen.

15 Soweit es wegen der Bezugnahme auf § 566c BGB auf die Kenntnis des Mieters von dem Eigentumsübergang ankommt, gilt zu den Voraussetzungen, wann eine **positive Kenntnis** anzunehmen ist, das Gleiche wie zu § 566c BGB (s. dort Rdn. 28). Der Erwerber muss die Kenntnis des Mieters, die die Aufrechnungsbefugnis begrenzt, beweisen; es gibt keinen tragfähigen Grund, den Mieter in dieser Beziehung anders zu stellen als bei § 566c BGB[29]. Den Mieter können aber sekundäre Darlegungslasten treffen.

V. Ausschlusstatbestände (Satz 2)

16 § 566d Satz 2 BGB beschränkt die Aufrechnungsbefugnis des Mieters. Einmal ist die Aufrechnung ausgeschlossen, wenn der Mieter die Gegenforderung erst **nach Kenntniserlangung**[30] von dem Eigentumserwerb **erwirbt.** In diesen Fällen fehlt es auf Mieterseite an einem schützenswerten Vertrauen in das Fortbestehen der Aufrechnungslage[31] und damit der Möglichkeit der Erfüllung durch Erklärung der Aufrechnung.

17 Zum anderen ist die Aufrechnung ausgeschlossen, wenn die Forderung des Mieters gegen den Veräußerer, mit der er aufrechnen könnte, erst fällig geworden ist, nachdem er Kenntnis von dem Eigentumsübergang erhalten hat und nachdem die Mietforderung des Erwerbers fällig geworden ist. Bei gleichzeitiger **Fälligkeit** bleibt die Aufrechnungsmöglichkeit erhalten[32]. Grund für diese Regelung ist, dass der Mieter auch dann nicht hätte aufrechnen können, wenn er die Miete pünktlich gezahlt hätte[33]. Bei mehreren Mietforderungen des Erwerbers kommt es auf die Fälligkeit der ersteren an, soweit dadurch die Aufrechnungsforderung des Mieters verbraucht würde. Verbleibt ein Rest, kommt es auf die Fälligkeit der späteren Mietforderungen an.

18 Der Erwerber hat die Voraussetzungen der Ausschlusstatbestände entsprechend den allgemeinen Beweislastregeln zu beweisen[34].

VI. Folgeansprüche

19 Durch die Aufrechnung verliert der Erwerber die Mietforderung in dem durch §§ 566c, 566d BGB bestimmten Rahmen. Deshalb kommen je nach Vertragsgestaltung zwischen Veräußerer und Erwerber, insbesondere wenn ein Nutzen- und Lastenübergang schon vor dem Eigentumsübergang vereinbart ist, kaufrechtliche Gewährleistungsansprüche gem. § 437 BGB in Betracht. Der Veräu-

---

28 *Häublein* in MünchKomm § 566d Rdn. 8.
29 *Emmerich* in Staudinger § 566d Rdn. 6.
30 S. dazu § 566c Rdn. 28.
31 *Häublein* in MünchKomm § 566d Rdn. 6.
32 LG Stuttgart NJW 1977, 1885.
33 *Häublein* in MünchKomm § 566d Rdn. 7; BGH NJW 1996, 1057/1058 zu § 406 BGB.
34 *Häublein* in MünchKomm § 566d Rdn. 6.

ßerer wird durch die Aufrechnung von der Forderung des Mieters befreit. Das begründet für den Erwerber einen Bereicherungsanspruch gegen den Veräußerer analog § 816 Abs. 2 BGB[35]

VII. Abweichende Vereinbarungen

20 Haben Veräußerer und Mieter ein Aufrechnungsverbot vereinbart, so ist § 566d BGB nicht anwendbar[36]. Zur Wirksamkeit solcher Verbote s. bei § 556b Rdn. 28. Ansonsten gelten die Ausführungen bei § 566b BGB zu abweichenden Vereinbarungen sinngemäß, ergänzend ist § 309 Nr. 3 BGB zu beachten.

[35] *Heintzmann* in Soergel § 566d Rdn. 5.
[36] *Blank/Börstinghaus* § 566d Rdn. 6.

§ 566e Mitteilung des Eigentumsübergangs durch den Vermieter

(1) Teilt der Vermieter dem Mieter mit, dass er das Eigentum an dem vermieteten Wohnraum auf einen Dritten übertragen hat, so muss er in Ansehung der Mietforderung dem Mieter gegenüber die mitgeteilte Übertragung gegen sich gelten lassen, auch wenn sie nicht erfolgt oder nicht wirksam ist.

(2) Die Mitteilung kann nur mit Zustimmung desjenigen zurückgenommen werden, der als der neue Eigentümer bezeichnet worden ist.

Systematische Übersicht

Alphabetische Schnellübersicht

I. Überblick und Zweck der Vorschrift

§ 566e BGB ist § 409 BGB nachgebildet. Während aber §§ 566b bis 566d BGB in der Diktion 1
des Mieterschutzes vornehmlich die Interessen des Erwerbers wahren, indem sie zwar Verfügungen und Vereinbarungen über den Mietzins sowie dessen Abtretung für wirksam erklären, dies aber nur für eine sehr begrenzte Zeit nach Eigentumsübergang bzw. Kenntnis des Mieters davon[1], ist § 566e BGB eine reine **Mieterschutzvorschrift.** Sie schützt das Vertrauen des Mieters in die Richtigkeit einer Mitteilung des Eigentumsübergangs durch den Veräußerer in Bezug auf die Mietforderung, weil der Mieter i. d. R. keinen Einblick in die Rechtsbeziehungen zwischen Veräußerer und Erwerber hat[2]. Leistet etwa ein Mieter nach einer solche Mitteilung an den (vermeintlichen) Erwerber, so muss der (vermeintliche) Veräußerer die Leistung gegen sich gelten lassen, auch wenn sich herausstellt, dass es tatsächlich nicht oder nicht wirksam zu einem Eigentumsübergang gekommen ist. Ist der Eigentumserwerb hingegen wirksam und beständig, bedarf es der Regelung in § 566e BGB nicht, da der Erwerber gem. § 566 BGB ohnehin Forderungsinhaber ist. Die Norm gilt seit der zum 1.9.2001 in Kraft getretenen Mietrechtsreform und hat den inhaltsgleichen § 576 BGB a. F. ersetzt.

II. Anwendungsbereich

§ 566e BGB baut auf § 566 BGB auf, indem die Vorschrift an die Mitteilung des nach § 566 2
BGB erfolgten Eigentumsübergangs anknüpft. Wegen dieses Bezuges ist § 566e BGB – genauso

[1] S. grundlegend zum Zweck und dem schwierigen Verständnis der §§ 566b bis 566d BGB, deren Regelungszusammenhang und deren umstrittene Abgrenzung zueinander bei § 566b Rdn. 6ff.

[2] *Lammel,* Wohnraummietrecht, § 566e Rdn. 2.

wie § 566a BGB[3] – nicht auf den rechtsgeschäftlichen Vermieterwechsel **(Vertragsübernahme)** anwendbar; in diesen Fällen ist vielmehr § 409 BGB einschlägig. Es gibt aber im BGB und in anderen Gesetzen zahlreiche Verweisungen auf § 566e BGB, die den Anwendungsbereich der Vorschrift erweitern.

3 § 566e BGB gilt unmittelbar nur für die Veräußerung von Wohnraum. Neben der Erstreckung auf Mietverhältnisse über **Räume und Grundstücke** in § 578 BGB[4] ist § 566e BGB kraft **Verweisung** anwendbar bei der gewerblichen Weitervermietung (§ 565 Abs. 2 BGB), bei der dinglichen Belastung der Mietsache durch den Vermieter (§ 567 BGB), bei der Veräußerung oder dinglichen Belastung des Grundstücks vor Überlassung der Mietsache (§ 567a BGB) und bei der Weiterveräußerung des Grundstücks oder der dinglichen Belastung (§ 567b BGB), bei Mietverhältnissen über eingetragene Schiffe und Luftfahrzeuge (§ 578a BGB, für Luftfahrzeuge in Verbindung mit § 98 Abs. 2 des Gesetzes über Rechte an Luftfahrzeugen (LuftFzgG)), außerdem beim Nießbrauch (§§ 1056, 1059d BGB, aber nur bei dessen Beendigung und Übertragung, für die Bestellung gilt § 567 BGB[5]), bei der Nacherbfolge (§ 2135 BGB), bei der Überlassung von Wohnraum in Zusammenhang mit einem Wohn- und Betreuungsvertrag (§ 5 Abs. 2 WBVG), bei Pachtverträgen (§ 581 Abs. 2), Landpachtverträgen (§ 593b BGB), Jagdpachtverträgen (§ 14 BJagdG), bei der Fischereipacht hängt es von der Landesgesetzgebung ab[6], und nach § 11 Abs. 3 Investitionsvorranggesetz (InVorG). Zum Schicksal eines Mietvertrages bei Bestellung und Änderung eines Erbbaurechts, eines dinglichen Wohnungsrechts gem. § 1093 BGB und eines Dauerwohnrechts i. S. v. § 31 WEG s. bei der Kommentierung zu § 567 BGB.

4 Soweit es in den Verweisungsfällen nicht um eine Grundstücksveräußerung geht, kommt es auf die Mitteilung des der Veräußerung **gleichgestellten Rechtsaktes** an[7] (etwa Übertragung des Nießbrauchs).

5 Mangels Verweisung findet § 566e BGB **keine Anwendung** bei der **Zwangsversteigerung** gem. §§ 57, 57b ZVG. Für die **Zwangsverwaltung** fehlt es in § 1124ff. BGB und für die **Insolvenz** in § 110 InsO ebenfalls an einer entsprechenden Regelung. Grund hierfür ist, dass in diesen Fällen eines staatlichen Zwangsverfahrens ein Vertrauensschutz des Mieters in eine Mitteilung des Vermieters, gegen den das Zwangsverfahren läuft, nicht gerechtfertigt ist.

6 Da § 566e BGB – wie ausgeführt – auf § 566 BGB aufbaut, kann **ergänzend** auf die Ausführungen zum Anwendungsbereich des § 566 BGB verwiesen werden, insbesondere zu den Fällen, in denen §§ 566ff. BGB nicht anwendbar sind.

III. Übertragungsmitteilung des Veräußerers

7 Durch § 566e BGB wird nur das Vertrauen des Mieters in eine **Mitteilung** der Eigentumsübertragung **des Veräußerers**[8] geschützt, da den Vermieter nur in diesem Fall die nachteiligen Folgen der Regelung treffen sollen. Die Regelung gilt entsprechend bei einer falschen Mitteilung des Veräußerers über eine Erfüllungsübernahme durch den Erwerber gem. § 567a BGB[9]. Kenntniserlangung auf sonstige Weise oder die Mitteilung durch andere Personen reichen nicht, es sei denn die Mitteilung ist dem Veräußerer zurechenbar. Das ist etwa der Fall, wenn der Erwerber oder ein sonstiger Dritter als bevollmächtigter Vertreter des Veräußerers den Mieter informiert; dazu muss er offen in dessen Namen auftreten[10]. Informiert der **Erwerber** den Mieter nicht als bevollmächtigter Vertreter, sondern in eigenem Namen *und* legt er hierbei einen Grundbuchauszug vor, so wird der Mieter durch § 893 BGB geschützt[11], weil Grundlage des Rechteübergangs auf den Erwerber gem. § 566 BGB der Eigentumswechsel ist, der sich wiederum aus dem Grundbuch ergibt.

---

3 S. § 566a Rdn. 5.
4 S. dazu näher bei § 566 Rdn. 19.
5 S. insgesamt zum Nießbrauch bei der Kommentierung zu § 567 BGB.
6 Einzelheiten bei *Harke* in MünchKomm § 581 Rdn. 34.
7 *Häublein* in MünchKomm § 566b Rdn. 7 zu der ähnlichen Problematik bei § 566b BGB.
8 Wenn Veräußerer und Vermieter ausnahmsweise verschieden sind, kommt es auf die Mitteilung des Vermieters an, da diesem gegenüber die Mietschuld besteht (*Heintzmann* in Soergel § 566e Rdn. 2).
9 *Heintzmann* in Soergel § 567a Rdn. 6.
10 *Häublein* in MünchKomm § 566e Rdn. 5; *Lammel,* Wohnraummietrecht, § 566e Rdn. 10.
11 *Häublein* in MünchKomm § 566e Rdn. 5 unter Hinweis auf einen entsprechenden Willen des historischen Gesetzgebers; ferner *Lammel,* Wohnraummietrecht, § 566e Rdn. 8; *Emmerich* in Staudinger § 566e Rdn. 2.

8 Um die Rechtswirkungen des § 566e BGB auszulösen, muss der Veräußerer dem Mieter eine **falsche Mitteilung** über einen erfolgten Eigentumsübergang gemacht haben[12]. Die Fehlerhaftigkeit kann darin liegen, dass es eine dingliche Rechtsänderung nie gegeben hat, dass es sie noch nicht gegeben hat, weil sie erst zu einem späteren, nach der Mitteilung liegenden Zeitpunkt eintritt, oder dass sie unwirksam ist. Die Anzeige vom Abschluss des schuldrechtlichen Vertrages reicht hingegen nicht, da der Vertragsschluss noch nicht die Rechtswirkungen des § 566 BGB nach sich zieht. Gleichfalls reicht es nicht aus, wenn der Veräußerer den mutmaßlichen, in der Zukunft liegenden Zeitpunkt des Eigentumsübergangs bekannt gibt. Dem Mieter könnte nämlich klar sein, dass der Veräußerer keinen entscheidenden Einfluss auf den Eintragungszeitpunkt hat; ein berechtigtes Vertrauen kann sich deshalb bei ihm nicht entwickeln[13]. Haben Veräußerer und Erwerber in dem Kaufvertrag vereinbart, dass dem Erwerber die Nutzungen, also auch die Mieten, schon vor dem Eigentumsübergang zustehen sollen, so wird der Mieter bei einer entsprechenden Benachrichtigung durch §§ 409, 412 BGB geschützt[14], da es sich um einen Fall der Abtretung der Mietforderung handelt.

9 Die **Mitteilung** des Veräußerers gem. § 566e BGB ist **nicht formgebunden** und begründet, wenn sie falsch ist, keine Kenntnis i. S. v. § 566c BGB[15]. Die Mitteilung kann etwa konkludent durch Übersendung eines Grundbuchauszuges erfolgen oder durch die Aufforderung, nunmehr an den Erwerber zu zahlen. Sie ist – ähnlich wie die Anzeige gem. § 409 BGB – keine Willenserklärung, sondern eine **geschäftsähnliche Handlung,** auf die aber die Vorschriften über die Willenserklärungen anzuwenden sind[16]. Es gelten also insbesondere die Vorschriften über die Geschäftsfähigkeit (§§ 105ff. BGB), den Zugang (§ 130 BGB) und die Anfechtung (§§ 119ff. BGB einschließlich der Schadensersatzpflicht gem. § 122 BGB). Nach dem Sinn und Zweck des § 566e BGB ist eine Anfechtung aber ausgeschlossen, wenn sich der Veräußerer über die Bedeutung und die Folgen der Mitteilung oder darüber geirrt hat, dass der Eigentumsübergang tatsächlich erfolgt oder wirksam ist; denn vor der Unrichtigkeit der Mitteilung soll § 566e BGB den Mieter gerade schützen[17].

IV. Wirkung der Mitteilung

10 Wenn der Veräußerer dem Mieter den Eigentumsübergang mitgeteilt hat, so muss er dies gegen sich gelten lassen, auch wenn es tatsächlich nicht oder nicht wirksam oder erst zu einem späteren Zeitpunkt zu einer Eigentumsübertragung gekommen ist[18]. Die Wirkung des § 566e BGB betrifft vornehmlich die Zahlung des Mietzinses. Es werden darüber hinaus aber alle Rechtsgeschäfte des Mieters **in Bezug auf die Mietforderung** erfasst. Dazu gehören neben der Zahlung etwa Aufrechnung oder Erlass[19]. Zum Begriff der Miete s. bei § 566b Rdn. 18. Anders als bei den §§ 566b bis 566d BGB gehören nicht nur die Betriebskostenvorauszahlungen, sondern auch die Salden aus Betriebskostenabrechnungen zur Miete, soweit sie dem Erwerber zustehen können[20], da es im Rahmen des § 566e BGB – anders als bei den genannten Vorschriften – nicht auf den periodischen Anfall dieser Leistung ankommt[21].

11 Rechtsgeschäfte (auch einseitige) des Mieters mit bzw. gegenüber dem Erwerber, die sich **nicht auf die Miete** beziehen, werden trotz einer entsprechenden Mitteilung nicht von § 566e BGB erfasst und sind unwirksam, weil der Mieter sie nicht mit bzw. gegenüber seinem Vertragspartner ge-

[12] *Emmerich* in Staudinger § 566e Rdn. 3.
[13] **A. A.** *Häublein* in MünchKomm § 566e Rdn. 4.
[14] *Lammel,* Wohnraummietrecht, § 566e Rdn. 6; *Häublein* in MünchKomm § 566e Rdn. 4.
[15] S. dort Rdn. 28.
[16] *Häublein* in MünchKomm § 566e Rdn. 3.
[17] *Häublein* in MünchKomm § 566e Rdn. 3; *Busche* in Staudinger (2012) § 409 Rdn. 12 zu der gleichgelagerten Problematik bei § 409 BGB.
[18] Die Mitteilung hat keine rechtsgestaltende Kraft, ersetzt also nicht den Eigentumsübergang oder macht den Erwerber zum Forderungsinhaber (BGH NJW 1975, 1160 zu dem vergleichbaren § 409 BGB; *Lammel,* Wohnraummietrecht, § 566e Rdn. 3).
[19] *Emmerich* in Staudinger § 566e Rdn. 5.
[20] S. hierzu bei § 566 Rdn. 110.
[21] Im Ergebnis wohl ebenso *Häublein* in MünchKomm § 566e Rdn. 7. **A. A.** *Lammel,* Wohnraummietrecht, § 566e Rdn. 15.

troffen hat[22]. Es kommt aber ein Schutz durch §§ 409, 412 BGB in Betracht, etwa wenn der Mieter gegenüber dem Erwerber kündigt[23].

12 Hatte der Mieter **Kenntnis** von der Unrichtigkeit der Mitteilung, also vom Fehlen des Eigentumsübergangs, kommt ihm der Schutz des § 566e BGB dennoch zu Gute, es sei denn er hat mit dem Erwerber i. S. v. § 826 BGB kollusiv zusammengewirkt. Das ergibt sich mittelbar aus § 566e Abs. 2 BGB. Die dortige Regelung wäre nämlich ansonsten leicht dadurch zu umgehen, dass der Veräußerer den Mieter vom Fehlen des Eigentumsübergangs in Kenntnis setzt[24]. Der Mieter, der die wahre Rechtslage kennt, muss allerdings den Schutz des § 566e BGB nicht in Anspruch nehmen und an den Erwerber leisten, er kann vielmehr auch an den Veräußerer zahlen[25]. Der Veräußerer bleibt gem. § 566e Abs. 2 BGB klagebefugt, da die Mitteilung keine rechtsgestaltende Kraft hat, also nicht den Eigentumsübergang ersetzt oder den Erwerber zum Forderungsinhaber macht. Der Mieter kann allerdings ohne Rücknahme der Mitteilung gem. § 566e Abs. 2 BGB die Zahlung an den Veräußerer verweigern[26]; letzteres gilt jedoch nicht, wenn der Veräußerer im Prozess die Zustimmungspflicht nachweist und – etwa durch eine Streitverkündung – dafür sorgt, dass der Mieter nicht mehrfach in Anspruch genommen werden kann.

13 Hat der Mieter befreiend an den unberechtigten Erwerber geleistet, hat dieser den Mietzins an den berechtigten Veräußerer gem. § 816 Abs. 1 BGB herauszugeben[27].

V. Rücknahme der Mitteilung (Abs. 2)

14 Sobald dem Mieter die Mitteilung des Veräußerers über den Eigentumsübergang zugegangen ist, kann der durch § 566e BGB bewirkte Schutz des Mieters nur durch eine Rücknahme gem. § 566e Abs. 2 BGB beseitigt werden. Vor dem Zugang gilt § 130 Abs. 1 Satz 2 BGB. Für eine Rücknahme gem. § 566e Abs. 2 BGB ist neben einer entsprechenden Erklärung des Veräußerers zusätzlich die Zustimmung desjenigen notwendig, der in der Mitteilung als Eigentümer bezeichnet wurde. Auf die Erteilung dieser Zustimmung hat der Veräußerer einen Anspruch aus Eingriffskondiktion gem. § 812 BGB[28] und zwar auch dann, wenn es noch zu einem Eigentumsübergang kommen kann, da der Veräußerer bis dahin Vermieter bleibt und ihm bis dahin der Mietzinsanspruch zusteht. Sowohl die Rücknahmeerklärung des Veräußerers als auch die Zustimmung des vermeintlichen Eigentümers müssen dem Mieter zugehen; Formerfordernisse gibt es jedoch nicht[29], weshalb beide Erklärungen auch konkludent abgegeben werden können. Bis zum Zugang kann der Mieter noch befreiend an den vermeintlichen Eigentümer leisten[30]. Dem Nachweis der Zustimmung steht der Nachweis der Tatsachen, aus denen sich die Pflicht zur Zustimmung ergibt, nicht gleich[31].

VI. Beweislast

15 Der Mieter muss die Voraussetzungen von § 566e Abs. 1 BGB beweisen, wenn er sich auf den Schutz der Vorschrift berufen will, der Veräußerer die Voraussetzungen der Rücknahme gem. § 566e Abs. 2 BGB[32]. Nimmt der Erwerber den Mieter nach einer Mitteilung i. S. v. § 566e Abs. 1

[22] *Häublein* in MünchKomm § 566e Rdn. 7.

[23] Im Ergebnis wohl ebenso *Häublein* in MünchKomm § 566e Rdn. 7. *Lammel,* Wohnraummietrecht, § 566e Rdn. 17 lehnt eine analoge Anwendung des § 566e BGB in diesen Fällen ab, äußert sich aber nicht zur Anwendbarkeit der §§ 409, 412 BGB. S. auch Rdn. 18.

[24] *Häublein* in MünchKomm § 566e Rdn. 6; *Emmerich* in Staudinger § 566e Rdn. 4. **A. A.** *Lammel,* Wohnraummietrecht, § 566e Rdn. 13/14; *Blank/Börstinghaus* § 566e Rdn. 1, die mit beachtlichen Argumenten der Ansicht sind, nur das berechtigte Vertrauen werde durch § 566e BGB geschützt, und die eine teleologische Reduktion des § 566e BGB befürworten, was aber wegen § 566e Abs. 2 BGB nicht möglich sein dürfte; *Lammel* geht von einem Redaktionsversehen des Gesetzgebers aus.

[25] BGH NJW 1975, 1160 zu dem vergleichbaren § 409 BGB; *Häublein* in MünchKomm § 566e Rdn. 6.

[26] BGH NJW 1975, 1160 zu dem vergleichbaren § 409 BGB; *Lammel,* Wohnraummietrecht, § 566e Rdn. 3 und 22.

[27] *Lammel,* Wohnraummietrecht, § 566e Rdn. 3.

[28] Der vermeintliche Erwerber erhält nämlich die kondizierbare Rechtsposition nicht durch eine Leistung an ihn selbst, weil die Mitteilung an den Mieter gerichtet gewesen ist.

[29] *Häublein* in MünchKomm § 566e Rdn. 8.

[30] *Lammel,* Wohnraummietrecht, § 566e Rdn. 20.

[31] *Emmerich* in Staudinger § 566e Rdn. 8.

[32] *Emmerich* in Staudinger § 566e Rdn. 9.

BGB in Anspruch, so muss er dennoch bei Bestreiten den wirksamen Eigentumsübergang beweisen[33], da § 566e BGB nur den Mieter schützt, ihn aber – wie dargelegt[34] – nicht verpflichtet an den vermeintlichen Eigentümer zu zahlen.

VII. Abweichende Vereinbarungen

16 § 566e Abs. 1 BGB ist nicht abdingbar, weil dadurch der Mitteilung das durch sie geschaffene Vertrauen genommen würde. Das verstieße gegen § 242 BGB (venire contra factum proprium) bzw. gegen den Rechtsgedanken des § 444 BGB. In § 566e Abs. 2 BGB ist die Zustimmung des Erwerbers abdingbar, da die Vorschrift nicht diesen, sondern den Mieter schützt.

VIII. Sonstiger Schutz des gutgläubigen Mieters

17 § 566e BGB schützt nach seinem Wortlaut nur das Vertrauen des Mieters in eine Mitteilung des Veräußerers über den Eigentumsübergang bzw. entsprechend in eine falsche Mitteilung des Veräußerers über eine Erfüllungsübernahme durch den Erwerber gem. § 567a BGB; Schutzgut ist danach nur die Mietzinszahlungspflicht. Schutzwürdig erscheint der Mieter aber auch in anderen Fällen, in denen er (nicht nur, aber auch in Bezug auf den Mietzins) Rechtshandlungen vornimmt entweder in der fälschlichen Annahme eines Eigentumsübergangs oder in Unkenntnis des Eigentumsübergangs. Der Mieter ist nämlich nicht an dem Eigentumswechsel oder dessen vorbereitenden Verhandlungen beteiligt und weiß deshalb meistens nichts davon. Ein Mieterschutz in diesen Fällen ist jedoch dogmatisch nicht einfach zu begründen, in wichtigen Bereichen sogar ausgeschlossen.

1. Allgemeiner Schutz

18 Wenn man den Vertragsübergang gem. § 566 BGB entsprechend der hier vertretenen Ansicht als Rechtsnachfolge im Wege der gesetzlichen Vertragsübernahme begreift[35], dann sind mangels spezieller gesetzlicher Regelung grundsätzlich §§ 398ff., 414ff. BGB anwendbar. Durch die Zäsurwirkung des § 566 BGB, die einen Rechtsübergang auf die Rechte und Pflichten aus dem Mietverhältnis und auf die Zeit des Eigentums des Erwerbers beschränkt, kommt es aber zu Einschränkungen bei der Anwendbarkeit der §§ 398ff., 414ff. BGB, insbesondere ist § 404 BGB nicht anwendbar[36] – eine Vorschrift, die es dem Mieter erlauben würde, dem Erwerber sämtliche Einwendungen (auch aus anderen Rechtsverhältnissen) entgegenzuhalten, die ihm gegen den Veräußerer zustehen. Bei Beachtung dieser Grundsätze und Besonderheiten sind die **Schuldnerschutzvorschriften der §§ 406ff. BGB hingegen anwendbar.** Die teilweise befürwortete Analogie zu §§ 566c, 566e BGB[37] mag zwar meist zum gleichen Ergebnis führen, ist aber abzulehnen, weil es sich hierbei um Ausnahmevorschriften handelt (dazu sogleich).

19 Wenn man jedoch mit dem **BGH** davon ausgeht, dass mit dem Eigentumswechsel zwischen Erwerber und Mieter kraft Gesetzes ein neues Mietverhältnis entsteht, das allerdings den gleichen Inhalt hat wie das mit dem Veräußerer (s. dazu bei § 566 Rdn. 10), dann bereitet die Anwendung der §§ 406ff. BGB, die eine Rechtsnachfolge voraussetzen, dogmatische Probleme. Darüber geht der BGH[38] teilweise lapidar hinweg, wenn er urteilt, den §§ 566b bis 567b BGB sei kein Hinweis zu entnehmen, der die Anwendbarkeit des § 407 BGB ausschließen würde; teilweise befürwortet der BGH[39] wegen der vergleichbaren Sachlage eine analoge Anwendung. Im Ergebnis können also auch nach dieser Ansicht die Schuldnerschutzvorschriften der §§ 406ff. BGB (außer auf Mietzinszahlungen; s. dazu sogleich) angewendet werden.

20 Relevant wird die Anwendung der §§ 406ff. BGB insbesondere dann, wenn der Mieter in Unkenntnis des Eigentumsübergangs und damit in Unkenntnis des Vermieterwechsels gegenüber der falschen Person kündigt, eine Option, die Enthaftungserklärung (des Insolvenzverwalters)

---

33 *Emmerich* in Staudinger § 566e Rdn. 9.
34 S. Rdn. 12.
35 S. ausführlich bei § 566 Rdn. 9ff.
36 S. ausführlich bei § 566 Rdn. 14.
37 S. LG Duisburg NJW-RR 1997, 1171. Ausdrücklich dagegen BGH (IX ZR 29/11) NJW 2012, 1881 = WuM 2012, 325 = ZMR 2012, 539.
38 BGH NZM 2002, 291 = NJW-RR 2002, 730.
39 BGH (IX ZR 29/11) NJW 2012, 1881 = WuM 2012, 325 = ZMR 2012, 539.

gem. § 109 Abs. 1 Satz 2 InsO[40] oder sonstige **Gestaltungsrechte** ausübt oder Anzeigen bzw. **rechtserhebliche Mitteilungen** (etwa eine Mängelanzeige) macht[41]. Hierbei handelt es sich um Rechtsgeschäfte i. S. v. § 407 BGB[42]. Im umgekehrten Fall wird der Mieter durch § 409 BGB geschützt, wenn er also Rechtsgeschäfte im Sinne dieser Vorschrift gegenüber dem vermeintlichen Erwerber vornimmt, obwohl es einen Eigentumsübergang nicht oder noch nicht oder nicht wirksam gegeben hat; die Voraussetzungen des § 409 BGB müssen erfüllt sein, insbesondere das Erfordernis der Anzeige des Eigentumsübergangs durch den Veräußerer. Dem Mieter „schadet" gem. § 407 BGB nur Kenntnis des Eigentumsübergangs, so dass die Information an ihn über das schuldrechtliche Rechtsgeschäft oder den wirtschaftlichen Lastenübergang nicht ausreicht[43], wohl aber ein (kopierter) Grundbuchauszug[44]; Ermittlungspflichten treffen den Mieter nicht[45]. S. zur Kenntnisverschaffung auch bei § 566c Rdn. 28. Die Vorschriften der §§ 407, 409 BGB finden allerdings keine Anwendung auf die **Entrichtung der Mietforderung,** hierfür gelten §§ 566b bis 566e BGB (näher dazu sogleich). Der Mieter hat gegenüber einem *Hausverwalter* keinen Anspruch auf **Auskunft** darüber, wer neuer Eigentümer und damit Vermieter geworden ist[46], da sich der Mieter diese Kenntnis durch Einblick in das Grundbuch selbst verschaffen kann bzw. einen entsprechenden Anspruch gegenüber dem *Veräußerer* hat[47]. Von der Kenntnisverschaffung, auf die die im Rahmen des § 407 BGB entwickelten Grundsätze angewendet werden können[48], ist die Frage zu trennen, ob der Mieter einen Anspruch auf Nachweis darüber hat, wer sein neuer Vermieter ist. Der Mieter kann von dem *Erwerber* in entsprechender Anwendung der §§ 410, 412 BGB, die auch vom abschließenden Charakter der §§ 566b bis 566e BGB als Sonderregelung nicht erfasst werden, einen **Nachweis über den Eigentumsübergang** (Grundbuchauszug, Zuschlagsbeschluss gem. § 57 ZVG; Kopien dürften i. d. R. ausreichen) verlangen[49]. § 410 BGB gewährt zwar keinen einklagbaren Anspruch, aber ein Leistungsverweigerungsrecht eigener Art, das der Schuldner geltend machen muss und das bis zur Vorlage der Urkunde den Verzug ausschließt[50]. Der Nachweis des Eigentumsübergangs führt gleichfalls zur Kenntnisverschaffung des Mieters gem. § 566c BGB.

2. Schutz in Bezug auf die Mietforderung

21 In Bezug auf die Mietforderung sind §§ 406ff. BGB **nicht anwendbar** (wohl aber § 410 BGB, s. zuvor), da mit §§ 566b bis 566e BGB besondere Regelungen vorhanden sind, die die Rechte von Mieter, Veräußerer und Erwerber abschließend regeln. Dabei sind §§ 566b bis 566e BGB den §§ 406ff. BGB nachempfunden, schränken aber deren Schutzgehalt zu Gunsten des Erwerbers und zu Lasten des Mieters erheblich ein. Hierdurch soll dem Erwerber der Mietzinsanspruch für die Zeit seines Eigentums weitgehend gesichert werden (s. ausführlich bei § 566b Rdn. 6ff.). Die Ausschließlichkeit der §§ 566b bis 566e BGB gegenüber §§ 406ff. BGB scheint auch der BGH[51] anzunehmen, wenn er – allerdings eher nebenbei – erwähnt, § 566c BGB beträfe nur Rechtsgeschäfte über den Mietzinsanspruch.

22 Die Bevorzugung der Erwerberinteressen wird insbesondere dann relevant, wenn der Mieter in Unkenntnis des Eigentumsübergangs die danach fällig werdende Miete noch an den Veräußerer zahlt oder diesem gegenüber aufrechnet. Der Veräußerer ist nach dem gem. § 566 BGB geltenden Fälligkeitsprinzip[52] nicht Inhaber der Forderung, die Zahlung hat keine befreiende Wirkung bzw. die Aufrechnung geht ins Leere, der Mieter muss nochmals an den Erwerber leisten. Aus **§ 407 Abs. 1 BGB** würde sich etwas anderes ergeben; § 566c BGB, der § 407 nachempfun-

---

40 BGH (IX ZR 29/11) NJW 2012, 1881 = WuM 2012, 325 = ZMR 2012, 539.
41 *Eckert* in FS Blank S. 135; BGH (IX ZR 29/11) NJW 2012, 1881 = WuM 2012, 325 = ZMR 2012, 539; BGH NZM 2002, 291.
42 S. dazu *Roth* in MünchKomm (5. Aufl.) § 407 Rdn. 7ff.
43 BGH (IX ZR 29/11) NJW 2012, 1881 = WuM 2012, 325 = ZMR 2012, 539.
44 AG Bremen ZMR 2013, 808.
45 BGH (IX ZR 29/11) NJW 2012, 1881 = WuM 2012, 325 = ZMR 2012, 539.
46 **A. A.** AG Tempelhof-Kreuzberg GE 2008, 1199.
47 S. bei Rdn. 23.
48 S. auch § 566c Rdn. 28.
49 LG Berlin GE 1996, 927; *Lammel,* Wohnraummietrecht, § 566 Rdn. 65.
50 BGH (LwZR 6/05) NJW 2007, 1269; BGH NJW 1969, 1110.
51 BGH NZM 2002, 291 = NJW-RR 2002, 730.
52 S. § 566 Rdn. 86.

den ist[53], enthält aber anders als § 407 BGB gerade keine Regelung über die (befreiende) Leistung der Miete an den alten Gläubiger (Veräußerer) in Unkenntnis des Eigentumsübergangs (Einzelheiten bei § 566c Rdn. 14). Eine ähnliche Situation tritt ein, wenn der Mieter im Falle einer Abtretung von Mietforderungen durch den Veräußerer an einen Dritten, die gegenüber dem Erwerber eine unwirksame Vorausverfügung gem. § 566b BGB darstellt, in Unkenntnis des Eigentumsübergangs noch an den Dritten zahlt. Eine Zahlung nach dem in § 566b BGB bestimmten Wirksamkeitszeitraum hat keine Tilgungswirkung, der Mieter muss nochmals an den Erwerber leisten. S. ausführlich hierzu bei § 566b Rdn. 37.

Diesem Ergebnis kann nicht entgegengehalten werden, der Erwerber habe es selbst in der Hand, ob er den Mieter von dem Eigentumsübergang informiert[54]. Der Mieter ist nämlich im Falle der Doppelzahlung nicht rechtlos. Seine bereits an den Veräußerer oder den Dritten erbrachte Leistung kann er von diesem gem. § 812 Abs. 1 BGB kondizieren, da ein Rechtsgrund bei Zahlung an den Veräußerer in Unkenntnis des Eigentumsübergangs nie bestanden hat bzw. durch das Eingreifen der Regelung des § 566b Abs. 1 BGB weggefallen ist[55]. Im Fall der Aufrechnung kann er den aufgerechneten Anspruch einfordern. Der **Veräußerer** dürfte dem Mieter i. d. R. auch **schadensersatzpflichtig** sein, da ihm die Nebenpflicht obliegt, für eine Tilgungswirkung der Leistungen des Mieters zu sorgen (etwa durch eine Kenntnisgabe des Eigentumsübergangs). Bei einseitigen Vorausverfügungen des Veräußerers gem. § 566b BGB kommen derartige Nebenpflichten aber nur in Betracht, wenn er den Eigentumswechsel voraussehen konnte. **23**

Genauso wie der Veräußerer den Mieter über den Eigentumswechsel informieren muss, um ihm eine Tilgungswirkung seiner Leistung zu ermöglichen, muss dies in Erfüllung einer Nebenpflicht aus dem nach dem Eigentumswechsel bestehenden Mietverhältnis auch der **Erwerber** tun. Kommt er dieser Pflicht, deren Erfüllung in seinem ureigenen Interesse liegt, nicht nach, macht er sich schadensersatzpflichtig; dieser **Schadensersatzanspruch** ist gerichtet **auf Befreiung von dem Mietzinsanspruch.** Über diesen Schadensersatzanspruch dürfte zwar in den meisten Fällen das gleiche Ergebnis erzielt werden wie über eine entsprechende Anwendung der §§ 406ff. BGB. Es ist aber zum einen der dogmatisch richtige Weg; zum anderen kann es Fälle geben, in denen der Erwerber schuldlos nicht in der Lage ist, den Mieter zu informieren. Angesichts der Pflicht des Erwerbers, den Mieter von dem Eigentumsübergang zu informieren, kann ein **Verschulden** des Mieters an der Entstehung eines **kündigungsrelevanten Mietrückstands** ausgeschlossen sein, wenn dieser die Miete ohne Tilgungswirkung weiterhin an den Veräußerer zahlt. **24**

Soweit dem Erwerber im **Innenverhältnis zum Veräußerer** die Mietforderung zusteht, kann er die rechtsgrundlose Zahlung des Mieters an den Veräußerer genehmigen und sie gem. **§ 816 Abs. 2 BGB vom Veräußerer direkt herausverlangen** anstatt sich an den Mieter zu halten; in dem Zahlungsverlangen gegenüber dem Veräußerer ist eine (stillschweigende) Genehmigung zu sehen. Wem die Mietforderung im Innenverhältnis zwischen Erwerber und Veräußerer zusteht, ist in Grundstückkaufverträgen zumeist durch Festlegung des Zeitpunktes für den wirtschaftlichen Übergang geregelt. Fehlt es an einer solchen Regelung (wie etwa auch bei einem Erwerb in der Zwangsversteigerung), ist im Zweifel anzunehmen, dass dem Erwerber die Mietforderung taggenau ab dem Zeitpunkt des Eigentumserwerbs gebührt, weil er ab diesem Zeitpunkt das Nutzungsrecht hat. **25**

---

[53] S. § 566c Rdn. 2.
[54] So *Häublein* in MünchKomm § 566b Rdn. 17.
[55] S. für letzteren Fall *Häublein* in MünchKomm § 566b Rdn. 18; *Lammel,* Wohnraummietrecht, § 566b Rdn. 5.

§ 567 Belastung des Wohnraums durch den Vermieter

[1]Wird der vermietete Wohnraum nach der Überlassung an den Mieter von dem Vermieter mit dem Recht eines Dritten belastet, so sind die §§ 566 bis 566e entsprechend anzuwenden, wenn durch die Ausübung des Rechts dem Mieter der vertragsgemäße Gebrauch entzogen wird. [2]Wird der Mieter durch die Ausübung des Rechts in dem vertragsgemäßen Gebrauch beschränkt, so ist der Dritte dem Mieter gegenüber verpflichtet, die Ausübung zu unterlassen, soweit sie den vertragsgemäßen Gebrauch beeinträchtigen würde.

Systematische Übersicht

Alphabetische Schnellübersicht

I. Überblick und Zweck der Vorschrift

1 § 567 BGB erweitert den Anwendungsbereich der §§ 566ff. BGB. Durch § 566 BGB wird der Bestand des Mietverhältnisses zu Gunsten des Mieters nur bei einem Wechsel des Eigentums an dem Mietobjekt geschützt. Das Gebrauchsrecht des Mieters kann aber auch durch andere dingliche Rechte beeinträchtigt werden. Führt eine solche dingliche Rechtsänderung dazu, dass dem Mieter der **vertragsgemäße Gebrauch entzogen** wird, so findet in entsprechender Anwendung des § 566 BGB ein Vermieterwechsel statt, der dinglich Berechtigte tritt in die Vermieterstellung ein (§ 567 Satz 1 BGB). Es handelt sich nicht nur um einen Rechtsfolgenverweis, es müssen vielmehr auch die Voraussetzungen des § 566 BGB erfüllt sein – nur der dort notwendige Eigentumswechsel wird im Rahmen des § 567 BGB durch die sonstige dingliche Rechtsänderung ersetzt. Neben § 566 BGB sind die §§ 566a bis 566e BGB entsprechend anwendbar.

2 Wird dem Mieter durch die dingliche Rechtsänderung der **vertragsgemäße Gebrauch** nicht entzogen, sondern er darin nur **beeinträchtigt,** so findet gem. § 567 Satz 2 BGB kein Vermieterwechsel statt, der dinglich Berechtigte hat dem Mieter gegenüber vielmehr alles zu unterlassen, was den vertragsgemäßen Gebrauch stört.

3 § 567 BGB gilt seit der zum 1. 9. 2001 in Kraft getretenen Mietrechtsreform und hat den inhaltsgleichen § 577 BGB a. F. ersetzt. Soweit nunmehr von „Wohnraum" statt – wie in § 577 BGB a. F. – von „Belastung des Grundstücks" die Rede ist, stellt dies keine Änderung des sachlichen Regelungsgehaltes dar, sondern ist der geänderten systematischen Stellung der Vorschrift bei den Mietverhältnissen über Wohnraum (§§ 549ff. BGB) geschuldet, auch wenn die Formulierung sachenrechtlich nicht völlig korrekt ist. Gem. § 578 BGB gilt die Regelung ebenfalls für Mietverhältnisse über Räume und Grundstücke.

II. Anwendungsbereich

Wie erwähnt gilt § 567 BGB unmittelbar nur für die Belastung von Wohnraum durch den Vermieter. Kraft Verweisung ist § 567 BGB – neben der Erstreckung auf Mietverhältnisse über Räume und Grundstücke in § 578 BGB[1] – anwendbar bei dinglicher Belastung des Grundstücks vor Überlassung der Mietsache (§ 567 a BGB), bei dessen Belastung durch den Erwerber (§ 567 b BGB), bei der Überlassung von Wohnraum in Zusammenhang mit einem Wohn- und Betreuungsvertrag (§ 5 Abs. 2 WBVG), bei Mietverhältnissen über eingetragene Schiffe und Luftfahrzeuge (§ 578 a BGB, für Luftfahrzeuge in Verbindung mit § 98 Abs. 2 des Gesetzes über Rechte an Luftfahrzeugen (LuftFzgG)), außerdem bei Pachtverträgen (§ 581 Abs. 2), Landpachtverträgen (§ 593 b BGB), Jagdpachtverträgen (§ 14 BJagdG), bei der Fischereipacht hängt es von der Landesgesetzgebung ab[2]. Bei der **Zwangsversteigerung** kann es keine dinglichen Belastungen i. S. v. § 567 BGB geben. Sollte ein Zwangs- oder Insolvenzverwalter für den Schuldner (Vermieter) eine Belastung bestellen, ist § 567 BGB anwendbar (s. auch § 566 Rdn. 26 zur Zwangsverwaltung und § 566 Rdn. 25 zur Insolvenz). 4

III. Voraussetzungen

§ 567 BGB erweitert den Anwendungsbereich der §§ 566 bis 566 e BGB, indem die Vorschrift nicht auf einen Eigentumsübergang des Mietobjektes abstellt, sondern auf die Belastung mit dem (dinglichen Gebrauchs-)Recht eines Dritten, und hierfür die entsprechende Anwendung der §§ 566 bis 566 e BGB anordnet. Daraus ergibt sich, dass in den Fällen des § 567 Satz 1 BGB **(Gebrauchsentziehung)** sämtliche Voraussetzungen der §§ 566 bis 566 e BGB erfüllt sein müssen mit Ausnahme des Tatbestandsmerkmals des Eigentumswechsels, an dessen Stelle die Belastung mit dem Recht des Dritten durch Eintragung in das Grundbuch gem. § 873 BGB tritt[3]; das gilt auch für §§ 566 a bis 566 e[4], da diese Regelungen auf § 566 BGB aufbauen und sein Eingreifen voraussetzen. Die entsprechende **Anwendung des § 566 BGB** erfordert danach nicht nur die in § 567 BGB besonders erwähnte Überlassung des Mietobjekts[5] an den Mieter *vor*[6] der Belastung mit dem Recht eines Dritten, sondern auch das Bestehen eines Mietvertrages, die Identität zwischen Eigentümer und Vermieter[7] und den Rechtserwerb durch einen vom Vermieter/Eigentümer verschiedenen Dritten. An letzterem fehlt es, wenn der Vermieter für sich selbst einen Eigennießbrauch eintragen lässt, was möglich ist[8]. Für eine Anwendung von § 567 BGB besteht auch kein Anlass, weil der Vermieter weiterhin ohne Einschränkungen zur Gebrauchsgewährung in der Lage ist, ein Vertragsübergang auf den Erwerber ist nicht notwendig. Veräußert[9] der Vermieter, der sich einen Eigennießbrauch bestellt hat, die Mietsache später, dann ist er (und nur er) aus dem Nießbrauchsrecht zur Gebrauchsgewährung in der Lage; auch wenn eigentlich die Voraussetzungen des § 566 BGB vorliegen, kommt es nicht zum Vertragsübergang auf den Erwerber, der Vermieter bleibt als Nießbraucher Vertragspartner (s. zur Begründung bei der vergleichbaren Sachlage in Rdn. 15; zur Rechtslage bei Ende des Nießbrauchs s. Rdn. 21). S. ansonsten zu Einzelheiten dieser Voraussetzungen bei der Kommentierung zu § 566 BGB. **Maßgeblicher Zeitpunkt** für den Eintritt der Wirkungen des § 567 BGB ist die Eintragung des dinglichen Rechts im Grundbuch[10]. Es muss wirksam eingetragen sein, ein schuldrechtlicher Anspruch auf Eintragung reicht nicht[11]. Schließt 5

---

[1] S. dazu näher bei § 566 Rdn. 19.
[2] Einzelheiten bei *Harke* in MünchKomm § 581 Rdn. 34.
[3] *Lammel,* Wohnraummietrecht, § 567 Rdn. 13; *Emmerich* in Staudinger § 567 Rdn. 4.
[4] *Emmerich* in Staudinger § 567 Rdn. 4; *Lammel,* Wohnraummietrecht, § 567 Rdn. 13.
[5] Für vor Überlassung vorgenommene Belastungen gilt § 567 a BGB.
[6] Entscheidender Zeitpunkt ist die Eintragung des Rechts in das Grundbuch gem. § 873 BGB.
[7] *Emmerich* in Staudinger § 567 Rdn. 4.
[8] BGH NJW 2011, 3517 = WuM 2011, 634.
[9] In dieser Konstellation kommt praktisch nur eine Eigentumsübertragung in Betracht, eine Übertragung des Nießbrauchs ist gem. § 1059 BGB grundsätzlich ausgeschlossen; sollte sie gem. § 1059 a BGB ausnahmsweise doch möglich sein, so geht das Mietverhältnis gem. §§ 1059 d, 566 ff. BGB über.
[10] *Blank/Börstinghaus* § 567 Rdn. 11.
[11] LG Mannheim ZMR 1977, 284; *Emmerich* in Staudinger § 567 Rdn. 9. Zu den Folgen einer Unwirksamkeit oder Anfechtbarkeit der Eintragung s. die entsprechend geltenden Ausführungen bei § 566 Rdn. 62; zur Vorverlagerung der Wirkungen der Eintragung durch Vereinbarungen zwischen Eigentümer und Berechtigtem (Abtretung, Ermächtigung) s. bei § 566 Rdn. 45.

der Eigentümer nach Eintragung des dinglichen Rechts einen Mietvertrag, dann greift § 567 BGB nicht ein. Die Frage nach der analogen Anwendbarkeit des § 567 BGB ist nach ähnlichen Grundsätzen zu beurteilen wie bei § 566 BGB[12].

6 Auch in den Fällen des § 567 Satz 2 BGB **(Gebrauchsbeeinträchtigung)** müssen die Voraussetzungen des § 566 BGB erfüllt sein. Es treten aber nicht die Rechtsfolgen des § 566 BGB ein, da die Regelung eine eigene Rechtsfolgenanordnung enthält. Für den Fall nämlich, dass dem Mieter durch Belastung des Grundstücks der Gebrauch nicht entzogen, sondern er nur beschränkt wird, kommt es nicht – wie nach § 566 BGB – zu einem Vermieterwechsel, der Rechtsinhaber ist dem Mieter lediglich zur Unterlassung der Beeinträchtigung verpflichtet. §§ 566 Abs. 2, 566a bis 566e BGB haben in diesem Fall keine Bedeutung, da sie einen Vermieterwechsel voraussetzen.

7 Weder die Gebrauchsentziehung (§ 567 Satz 1 BGB) noch die Gebrauchsbeeinträchtigung (§ 567 Satz 2 BGB) müssen **tatsächlich eingetreten** sein, um die Rechtsfolgen (Vermieterwechsel bzw. Unterlassungspflicht) auszulösen, auch wenn der Wortlaut das nahezulegen scheint. Genauso wie bei § 566 BGB reicht vielmehr die Gefahr für den Bestand bzw. die ungestörte Durchführung des Mietverhältnisses aus, die mit einer dinglichen Rechtsänderung verbunden ist. Der dinglich Berechtigte muss von seinem Recht also noch nicht Gebrauch gemacht haben oder dies auch nur beabsichtigen[13]. Tut er es jedoch unberechtigterweise und zieht der Mieter aus, so kann der Mieter von dem dinglich Berechtigten nach den gleichen Grundsätzen Schadensersatz verlangen, nach denen ihm ein Anspruch gegen einen unberechtigt kündigenden Vermieter zustehen würde[14].

8 § 567 BGB erfasst nur die Fälle der dinglichen Belastung eines Mietobjektes, die Vorschrift gilt **nicht für schuldrechtliche Gebrauchs- oder Nutzungsverträge**[15]. Das ergibt sich einmal aus der sachenrechtlichen Diktion der Vorschrift („mit dem Recht eines Dritten belastet"), die derjenigen in § 873 BGB ähnlich ist. Zum anderen ergibt es sich daraus, dass die nach § 566 BGB notwendige Veräußerung, der die Belastung in § 567 BGB gleichgestellt wird, ein dingliches Geschäft ist. Überdies kann auch nur eine dingliche Rechtsänderung die Rechte des Mieters beeinträchtigen (s. bei § 566 Rdn. 57). Der Rechtscharakter von **Sondernutzungsrechten** nach dem WEG ist noch nicht abschließend geklärt. Selbst wenn man sie aber als schuldrechtliche Rechtsinstitute versteht, ist eine entsprechende Anwendung des § 567 BGB schon allein deshalb geboten, um Wertungswidersprüche zu der Behandlung von Sondereigentum zu vermeiden; zu den Einzelheiten dieser umstrittenen, aber wohl vom BGH[16] geteilten Auffassung s. bei § 566 Rdn. 83.

9 Nicht jede dingliche Rechtsänderung an dem Mietgrundstück führt zur Anwendbarkeit des § 567 BGB. Die Vorschrift greift nach ihrem Wortlaut vielmehr nur bei einer **Belastung** des Grundstücks **durch den Vermieter** ein; zur gleichartigen Rechtslage bei Belastung durch einen Grundstückserwerber s. bei § 567b BGB. Zur Behandlung anderer Rechtsänderungen als Belastungen (z. B. Übertragung oder Erlöschen des dinglichen Rechts) s. Rdn. 20. Diese Differenzierung hat ihren Grund darin, dass der Gesetzgeber insbesondere bei dem Erlöschen von dinglichen Rechten dem Interesse des Eigentümers an der damit verbundenen Rückerlangung der Verfügungsbefugnis oftmals den Vorrang vor dem Bestandsschutzinteresse des Mieters gegeben hat, indem er das Mietverhältnis enden oder nicht auf den Eigentümer übergehen lässt[17].

10 Zu den dinglichen Gebrauchsrechten (Belastungen), die geeignet sind, dem Mieter den vertragsgemäßen Gebrauch des Mietobjekts zu **entziehen** (§ 567 Satz 1 BGB), gehören[18]: Die Bestellung des **Nießbrauchs**[19] (§§ 1031 ff. BGB; für die Beendigung bzw. die Übertragung des Nießbrauchs ordnen §§ 1056 bzw. 1059d BGB die entsprechende Anwendung der §§ 566 ff. BGB an), eines dinglichen Wohnungsrecht (§ 1093 BGB)[20], eines Erbbaurechts (§§ 1 ff. ErbbauRG), eines Dauerwohnrechts (§ 31 WEG) sowie eines Wohnungs- bzw. Teilerbbaurechts (§ 30 WEG). Dies

---

[12] Häublein in MünchKomm § 567 Rdn. 2. S. näher zu den Voraussetzungen einer Analogie bei § 566 Rdn. 35 ff.

[13] AG Hamburg WuM 1997, 330; *Emmerich* in Staudinger § 567 Rdn. 8.

[14] S. dazu § 573 Rdn. 77.

[15] *Häublein* in MünchKomm § 567 Rdn. 2.

[16] BGH NJW 2005, 3781 = ZMR 2006, 30.

[17] *Roquette* NJW 1957, 1440.

[18] Allg. M., s. nur *Häublein* in MünchKomm § 567 Rdn. 2.

[19] S. auch die umfassende Darstellung von *Emmerich* in DMT-Bilanz 2011 S. 729.

[20] BGH NJW 1972, 1416 für den Fall, dass das Wohnungsrecht sämtliche Mieträumlichkeiten erfasst. Zur Frage, ob dann, wenn das dingliche Recht nur einen Teil des Mietobjektes betrifft, Satz 1 (Entziehung des Gebrauchs) oder Satz 2 (Beeinträchtigung des Gebrauchs) einschlägig ist, s. Rdn. 16.

gilt unabhängig davon, ob die Vermietung nach dem dinglichen Recht gestattet oder verboten oder – etwa gem. § 1092 Abs. 1 BGB – von einer Genehmigung abhängig ist[21]. Ob nämlich eine Gebrauchsentziehung i. S. v. § 567 BGB vorliegt, bestimmt sich allein nach dem Umfang der dem dinglich Berechtigten eingeräumten Befugnisse; darf er die zuvor einem Mieter überlassenen Räume seinerseits unter Ausschluss des Eigentümers nutzen, so schlösse eine tatsächliche Ausübung dieses Rechts auch den Mieter vom Gebrauch aus, was gem. § 567 Satz 1 BGB zur Folge hat, dass der Berechtigte das dingliche Recht gerade nicht in der vorgesehenen Weise ausüben kann. Der Berechtigte muss vielmehr das bestehende Mietverhältnis, weil er in die dadurch begründeten Rechte und Pflichten des bisherigen Vermieters eintritt, hinnehmen und zwar auch dann, wenn er und der Grundeigentümer bei Bestellung des dinglichen Rechts davon ausgegangen sind, er werde es lediglich in eigener Person ausüben und dürfe die Ausübung nicht irgendwelchen Dritten überlassen. Wird der Mietvertrag später beendet, ist dem Berechtigten der Neuabschluss eines Vertrages allerdings verwehrt bzw. von der Genehmigung des Eigentümers abhängig.

Als dingliche Rechte, die geeignet sind, den vertragsgemäßen Gebrauch des Mieters lediglich zu **beeinträchtigen** (§ 567 Satz 2 BGB), kommen Grunddienstbarkeiten (§§ 1018ff. BGB) und beschränkt persönliche Dienstbarkeiten (§§ 1090ff. BGB mit Ausnahme des dinglichen Wohnungsrechts, das – wie soeben dargelegt – zu einer Entziehung des Gebrauchs gem. Satz 1 führt) in Betracht[22], also etwa Wegerechte, (Leitungs-)Verlegungsrechte, Rechte auf Entnahme von Wasser- oder sonstigen Bodenbestandteilen. 11

Grundpfandrechte beeinträchtigen das Gebrauchsrecht des Mieters nicht. Sie sind dingliche Verwertungsrechte, fallen also nicht unter § 567 BGB[23]. Im Falle der Beschlagnahme des Grundstücks unterliegt allerdings die Mietforderung dem Haftungsverband und es gelten die §§ 1123ff. BGB[24]. 12

IV. Rechtsfolgen

Für die Rechtsfolgen ist danach zu unterscheiden, ob die Belastung des Mietobjekts mit dem dinglichen Recht eines Dritten geeignet ist, dem Mieter das Gebrauchsrecht zu entziehen (§ 567 Satz 1 BGB) oder nur zu beeinträchtigen (§ 567 Satz 2 BGB). 13

1. Gebrauchsentziehung (Satz 1)

Für den Fall, dass eine dingliche Belastung geeignet ist, dem Mieter sein Gebrauchsrecht zu entziehen, erfolgt in entsprechender Anwendung der Rechtsfolgen des § 566 BGB ein **vollständiger Eintritt** des dinglich Berechtigten an Stelle des Eigentümers **in das Mietverhältnis.** Der Nießbraucher, Wohnungs- oder Erbbauberechtigte wird also alleiniger Vermieter[25]. Mehrere Nießbraucher werden gemeinsam Vermieter[26]. Der Nießbraucher übernimmt alle Rechte und Pflichten des Eigentümers als früherer Vermieter während der Zeit, in der er Inhaber des dinglichen Rechts ist[27]. Für Vorausverfügungen und Vereinbarungen über die Miete gelten die §§ 566b bis 566e BGB entsprechend[28], für die Kaution § 566a BGB. Im Außenverhältnis zum Mieter ist er in keiner Weise durch evtl. Abreden aus seinem Innenverhältnis zum Eigentümer beschränkt[29], letzterer hat kein Mitspracherecht[30]. Der Vertragsübergang ist aber – genauso wie bei § 566 BGB – auf die Rechte und Pflichten aus dem Mietverhältnis beschränkt; weiterhin gilt das Fälligkeitsprinzip. Wegen der Einzelheiten zu den Rechtsfolgen kann auf die Kommentierung zu §§ 566 bis 566e BGB verwie- 14

---

[21] BGH NJW 1972, 1416, wo auch entschieden wurde, dass dem dinglich Berechtigten und nicht dem Eigentümer im Falle der unberechtigten Vermietung der Anspruch auf den Mietzins zusteht (kritisch zu letzterem *Baur* JZ 1972, 630 und *Kollhosser* BB 1973, 820). Ebenso *Lammel,* Wohnraummietrecht, § 567 Rdn. 7.
[22] *Häublein* in MünchKomm § 567 Rdn. 2.
[23] *Lammel,* Wohnraummietrecht, § 567 Rdn. 2; *Häublein* in MünchKomm § 567 Rdn. 2, *Emmerich* in Staudinger § 567 Rdn. 3.
[24] S. näher bei der einschlägigen Kommentierung dieser Vorschriften sowie – zu Vorausverfügungen – bei § 566b Rdn. 19.
[25] BGH NJW 2006, 51.
[26] LG Verden NZM 2010, 360.
[27] *Emmerich* in Staudinger § 567 Rdn. 11; *Lammel,* Wohnraummietrecht, § 567 Rdn. 9.
[28] *Emmerich* in Staudinger § 567 Rdn. 14.
[29] *Heintzmann* in Soergel § 567 Rdn. 2.
[30] *Blank/Börstinghaus* § 567 Rdn. 7.

sen werden. Ergänzend sei nur angemerkt, dass – entgegen einer älteren Meinung[31] – der dinglich Berechtigte als neuer Vermieter auch Vertragsänderungen mit dem Mieter vereinbaren kann, die nicht auf die Dauer seines Rechts beschränkt sind, sondern im Rahmen des nach § 566 BGB möglichen auch nachfolgende Vermieter binden[32].

15 Wenn das Eigentum an einem Grundstück übertragen und dem Veräußerer gleichzeitig der **Nießbrauch** an dem Grundstück vorbehalten wird, so stellt sich die Frage, ob ein bestehender Mietvertrag für eine sog. juristische Sekunde gem. § 566 BGB auf den Erwerber übergeht, um dann praktisch zeitgleich gem. § 567 BGB an den Veräußerer/Nießbraucher zurückzufallen, oder ob der Veräußerer durchgehend Vermieter bleibt. Eine solche Konstellation von Eigentumsübertragung eines Mietobjektes unter gleichzeitigem Nießbrauchsvorbehalt dürfte in der Praxis häufig vorkommen. Der BGH[33] hat die Frage aufgeworfen, aber mangels Erheblichkeit nicht entschieden[34]; das OLG Koblenz[35] hat sich – ohne Problematisierung – für eine Anwendung der §§ 566, 567 BGB ausgesprochen, m. E. allerdings zu Unrecht[36]. Die Vorschriften sollen nämlich verhindern, dass der Mieter durch eine dingliche Rechtsänderung in die Lage gerät, dass sein Vermieter die Pflichten aus dem Mietvertrag nicht mehr erfüllen, insbesondere den Gebrauch nicht mehr gewähren kann. Diese Gefahr besteht bei Eigentumsübertragung unter Nießbrauchsvorbehalt nicht, wohl aber würde ein Vermieterwechsel für eine juristische Sekunde die damit verbundenen Vor- bzw. Nachteile zeigen können, ohne dass hierfür eine innere Berechtigung bestände. Der Mieter würde gem. § 566 Abs. 2 BGB einen zusätzlichen Schuldner erhalten, der neue Eigentümer würde gem. § 566 a BGB auf Rückzahlung der Kaution haften und Vorausverfügungen wären ggf. unwirksam. Selbst nach der Gegenansicht ist aber in dem häufig vorkommenden Fall, dass Eltern das Grundstück ihren minderjährigen Kindern übertragen und sich den Nießbrauch vorbehalten, eine vormundschaftliche Genehmigung gem. § 1822 BGB nicht erforderlich, da ein rechtsgeschäftlicher Erwerb nicht vorliegt[37].

16 § 567 Satz 1 BGB ist auch anwendbar, wenn sich das dingliche Recht (z. B. das Wohnungsrecht) nicht auf das **gesamte Mietobjekt** bezieht, sondern nur auf abgrenzbare Teile davon, etwa einen von mehreren Räumen der vermieteten Wohnung. Die Abgrenzung zu § 567 Satz 2 BGB ist allerdings nicht unproblematisch und dementsprechend auch umstritten. Einmal könnte man argumentieren, die Gebrauchsentziehung eines Raumes stelle nur eine Beeinträchtigung des gesamten Mietobjektes dar[38]; man kann aber auch auf die vollständige Nichtnutzbarkeit des einzelnen Raumes abstellen. Ein geringfügig anderes Beispiel zeigt eine Parallele zu § 566 BGB auf und bestätigt die Anwendbarkeit von § 567 Satz 1 BGB. Wenn es nämlich nicht um einen Raum in der Wohnung geht, sondern eine mitvermietete Garage, dann führt die Veräußerung nur der Garage nach einer Grundstücksteilung gem. § 566 BGB zu einer Vermehrung der Vermieter, d. h. der Eigentümer des Garagengrundstücks wird zusammen mit dem Eigentümer des Wohnungsgrundstücks Vermieter. Ähnlich muss es sich bei der dinglichen Belastung von Teilen des Mietobjekts verhalten; der dinglich Berechtigte und der Eigentümer werden gemeinsam Vermieter[39]. Diese Folge ist auch deshalb angemessen, weil dem Berechtigten jedenfalls wirtschaftlich ein Teil der Miete zusteht – anders als bei den typischen Fällen der bloßen Gebrauchsbeeinträchtigung gem. § 567 Satz 2 BGB, etwa einem Wegerecht.

---

31 OLG Celle OLGE 33, 320. Weitere Nachweise zu dieser in aktuellen Kommentaren nicht mehr vertretenen Meinung bei *Häublein* in MünchKomm § 567 Rdn. 5.

32 *Häublein* in MünchKomm § 567 Rdn. 5; *Lammel,* Wohnraummietrecht, § 567 Rdn. 15.

33 BGH NJW 1983, 1780. In BGH NJW 2006, 51 = WuM 2005, 769 = ZMR 2006, 26 ist er lapidar von der Vermieterstellung des Nießbraucher ausgegangen und hat das Problem des Vermieterwechsels für eine logische Sekunde – wohl wegen offenkundig fehlender Entscheidungserheblichkeit – nicht einmal erwähnt.

34 Ebenso AG Dortmund NZM 1998, 511.

35 OLG Koblenz NZM 2002, 293.

36 *Häublein* in MünchKomm § 567 Rdn. 6. So im Ergebnis auch OLG Düsseldorf GE 2009, 906; OLG Düsseldorf ZMR 2003, 570; LG Baden-Baden WuM 1993, 357, auch wenn sie das konstruktive Problem nicht ausdrücklich ansprechen.

37 BGH NJW 1972, 1416.

38 So – allerdings ohne nähere Begründung – LG Bremen WuM 1990, 514; *Emmerich* in Staudinger § 567 Rdn. 6. In BGH NJW 1972, 1416 wurde die Frage offen gelassen.

39 *Häublein* in MünchKomm § 567 Rdn. 7; *Lammel,* Wohnraummietrecht, § 567 Rdn. 11.

2. Gebrauchsbeeinträchtigung (Satz 2)

17 Wenn das dingliche Rechts nur geeignet ist, den Gebrauch des Mietobjekts zu beeinträchtigen, anstatt ihn völlig zu entziehen, wäre ein Vermieterwechsel nicht die richtige Rechtsfolge, da dann der dinglich Berechtigte als neuer Vermieter den Gebrauch ebenso wenig vollständig gewähren könnte wie der Eigentümer. Da der Mieter aber gegen den dinglich Berechtigten keine eigenen vertraglichen Ansprüche hat, hat das Gesetz zu seinen Gunsten in § 567 Satz 2 BGB einen **Unterlassungsanspruch** vorgesehen. Mit diesem Anspruch kann er vom dinglich Berechtigten einmal aktiv Unterlassung einer Beeinträchtigung des Mietgebrauchs verlangen; zum anderen kann er aber seinen Duldungsanspruch gem. §§ 567 Satz 2, 1004 Abs. 2 BGB einem Anspruch des dinglich Berechtigten aus § 1027 bzw. § 1090 Abs. 2 BGB (jeweils i. V. m. § 1004 Abs. 1 BGB) entgegensetzen[40]. Bei mehreren (zeitlich gestaffelten oder nebeneinander bestehenden) Dienstbarkeiten hat der Mieter gegen jeden Berechtigten einen Unterlassungsanspruch[41].

18 Der Unterlassungsanspruch gem. § 567 Satz 2 BGB gegen den dinglich Berechtigten führt allerdings – ähnlich wie bei jeder anderen Gebrauchsbeeinträchtigung durch Dritte – nicht dazu, dass der Mieter seine Ansprüche gegen den Vermieter verliert. Er kann also diesem gegenüber bei Erfüllung der gesetzlichen Voraussetzungen die **Beseitigung der Beeinträchtigung** durch das dingliche Recht verlangen (also Erfüllung gem. § 535 BGB), mindern (§ 536 Abs. 1 und 3 BGB), Schadens- bzw. Aufwendungsersatz fordern (§ 536a BGB) oder kündigen (§ 543 Abs. 2 Nr. 1 BGB)[42]. Oftmals wird der Vermieter/Eigentümer aber nicht in der Lage sein, den dinglich Berechtigten zur Unterlassung gegenüber dem Mieter zu bewegen. Dann stehen dem Mieter gegen den Vermieter die erwähnten Rechte nur zu, wenn er in zumutbarer Weise an der Beseitigung der Beeinträchtigung mitwirkt[43]. Dies kann etwa dadurch geschehen, dass er den Vermieter zur Ausübung des Unterlassungsanspruchs gem. § 567 Satz 2 BGB ermächtigt oder sogar selbst – ggf. gegen Zahlung eines Kostenvorschusses – den dinglich Berechtigten gerichtlich auf Unterlassung in Anspruch nimmt.

19 Der Unterlassungsanspruch verjährt gem. § 195 BGB.

V. Andere Rechtsänderungen als Belastungen

20 § 567 BGB enthält nur eine Regelung über die dingliche Belastung eines Mietgrundstücks, die Vorschrift verhält sich nicht darüber, welche Folgen eine Weiter- bzw. Rückübertragung oder ein Erlöschen des dinglichen Rechts haben.

21 **Endet ein Nießbrauchsrecht** vor dem Ende des Mietverhältnisses, so ordnet § 1056 Abs. 1 BGB die entsprechende Anwendung der §§ 566ff. BGB für den Fall an, dass der Nießbraucher den Mietvertrag abgeschlossen hatte. Das heißt, der vom Nießbraucher geschlossene Mietvertrag geht entsprechend den Regeln der §§ 566ff. BGB auf den Eigentümer über. Eine Regelung für den Fall, dass der Nießbraucher das Mietverhältnis nicht während seines Nutzungsrechtes erstmals geschlossen, sondern es gem. § 567 BGB vom Eigentümer bei Begründung des Nießbrauchs übernommen hat, fehlt zwar; beide Konstellationen sind aber gleich zu behandeln[44]. Die Zeitpunkte des Abschlusses und der Beendigung von Mietverträgen sind oftmals von Zufälligkeiten abhängig, die unabhängig vom Bestehen des Nießbrauchs sind und deshalb auf den durch §§ 566, 567 BGB gewährleisteten Mieterschutz keinen Einfluss haben dürfen. § 1056 Abs. 2 BGB sieht für den Fall der Beendigung des Nießbrauchs einschränkungslos ein **Sonderkündigungsrecht** für den Eigentümer des Grundstücks vor, auf den das Mietverhältnis übergegangen ist, um ihn davor zu schützen, in einen von einem Dritten ohne sein Zutun abgeschlossenen Vertrag gedrängt zu werden und so das Grundstück vermietet zurückzuerhalten[45]. Veräußert allerdings der Eigentümer, dem nach dem

---

40 *Häublein* in MünchKomm § 567 Rdn. 8.

41 *Emmerich* in Staudinger § 567 Rdn. 19.

42 *Häublein* in MünchKomm § 567 Rdn. 8. *Lammel,* Wohnraummietrecht, § 567 Rdn. 24 möchte wegen des Unterlassungsanspruchs das Kündigungsrecht ausschließen; es ist aber kein Grund ersichtlich, die Rechte des Mieters gegenüber dem Vermieter zu schmälern, nur weil dieser noch einen anderen Schuldner hat.

43 Das entspricht dem allgemeinen Grundsatz, dass eine Minderung ausgeschlossen ist, wenn der Mieter die Mängelbeseitigung erschwert oder verhindert (s. bei § 536 Rdn. 627).

44 OLG Koblenz NZM 2002, 293 *Häublein* in MünchKomm § 567 Rdn. 6. Auch der BGH geht in NJW 1990, 443 und WuM 2005, 769 wohl von dieser Ansicht aus, wenngleich er das nicht ausdrücklich erwähnt.

45 BGH (XII ZR 25/09) NZM 2011, 73; BGH (LwZR 12/08) NZM 2010, 474.

Ende des Nießbrauchs das Sonderkündigungsrecht zusteht, das Grundstück weiter, so geht das (zum Zeitpunkt der Veräußerung noch bestehende) Sonderkündigungsrecht entgegen der Regelung des § 1056 Abs. 2 BGB nicht auf einen Erwerber über, da diesem das Mietverhältnis nicht durch die Beendigung des Nießbrauchs aufgedrängt wird, er es vielmehr gem. § 566 BGB übernimmt und diese Vorschrift ein Sonderkündigungsrecht nicht vorsieht[46]. Weiterhin besteht das Sonderkündigungsrecht gem. § 1056 Abs. 2 BGB entgegen dem Wortlaut der Vorschrift dann nicht, wenn der Eigentümer des Grundstücks bereits vor Bestellung des Nießbrauchs Vermieter war[47] oder wenn er den Mietvertrag bei Bestehen eines Eigennießbrauchs geschlossen hat (s. dazu Rdn. 5). In gleicher Weise ist das Sonderkündigungsrecht ausgeschlossen, wenn der Eigentümer dem vom Nießbraucher abgeschlossenen Mietvertrag persönlich beigetreten ist[48]. In diesen Fällen wird der Grundstückseigentümer nicht ohne sein Einverständnis in einen zwischen dritten Personen abgeschlossenen Mietvertrag hineingedrängt; er hat vielmehr durch seine eigene schuldrechtliche Beteiligung an dem Mietvertrag gegenüber dem Mieter den Eindruck erweckt, dass das Mietverhältnis unabhängig vom Bestand des Nießbrauchs fortbesteht[49]. Fraglich und durch die Rechtsprechung ungeklärt ist, ob das Sonderkündigungsrecht nur entfällt, wenn der Eigentümer an dem Mietvertragsschluss persönlich beteiligt war oder ob ein Einverständnis mit dem Vertragsschluss oder allgemein mit einer Vermietung ausreicht. Dagegen spricht zwar die grundsätzliche gesetzliche Wertung, eben die Einräumung des Sonderkündigungsrechts. Wenn aber der Eigentümer das Grundstück zur Vermietung an unbestimmte Dritte vorgesehen hat und bei der Einräumung des Nießbrauchs davon ausging, auch der Nießbraucher werde weiter so verfahren, ist er nicht i. S. d. § 1056 Abs. 2 BGB schutzbedürftig. Allgemein formuliert bedeutet das, dass das Sonderkündigungsrecht gem. § 1056 Abs. 2 BGB immer dann ausgeschlossen ist, wenn das Grundstück bei Bestellung des Nießbrauchs vermietet war oder nach dem Willen des Eigentümers an beliebige Dritte für unbestimmte Zeit hätte vermietet sein sollen. Auch der Tod des Nießbrauchers führt zur Beendigung des Nießbrauchs (§ 1061 BGB). Hier kommt ebenfalls ein Ausschluss des eigentlich nach § 1056 Abs. 2 BGB zu Gunsten des Eigentümers bestehenden Sonderkündigungsrechts in Betracht, nämlich dann, wenn der Eigentümer den Nießbraucher als Alleinerbe beerbt hat, da er in diesem Fall nach erbrechtlichen Grundsätzen durch Universalsukzession unmittelbarer Vertragspartner des Mieters geworden ist und daher bereits erbrechtlich für die Erfüllung des Mietvertrages als Nachlassverbindlichkeit haftet[50]. Das gilt auch dann, wenn der Nießbraucher ohne Beteiligung des Erben (Eigentümers) besondere Vereinbarungen mit dem Mieter über die Vertragsdauer schließt (Vertrag auf Lebenszeit; Ausschluss der ordentlichen Kündigung); solche Vereinbarungen sind keine unzulässigen Verträge zu Lasten Dritter[51]. Das Sonderkündigungsrecht entfällt aber dann nicht (als Ausnahme von der Ausnahme), wenn zwischen dem Eigentümer und dem Erben des Nießbrauchers keine (vollständige) Personenidentität besteht, etwa weil die Miteigentümer des (ehemals) belasteten Grundstücks Teil einer noch weitere Personen umfassenden Miterbengemeinschaft sind[52]. Hinsichtlich des Erben ist nämlich zu bedenken, dass er – im Gegensatz zu den eingangs genannten Fällen – nicht Vertragspartner des Mieters gewesen, sondern erst durch den Erbfall geworden ist und er durch die Ausübung des Sonderkündigungsrechts nur dann treuwidrig handelt, wenn sich die mietrechtlichen Verpflichtungen mit der tatsächlichen Möglichkeit, diese zu erfüllen, in einer Person vereinigen, wie es der Fall ist, wenn der Grundstückseigentümer Alleinerbe des Nießbrauchers ist[53]. Gibt es hingegen weitere Eigentümer des Grundstücks als den durch Erbfall Vermieter gewordenen Erben, dann liegt ein Fall der Treuwidrigkeit nicht vor. Für die **Übertragung des Nießbrauchs** ordnet § 1059d BGB die entsprechende Anwendung der §§ 566ff. BGB an. § 1059d gilt analog, wenn der Mietvertrag schon vor Nießbrauchbestellung vom Eigentümer des Grundstücks abgeschlossen worden war und der Nießbraucher selbst erst mit dem Nießbrauchserwerb gem. § 567 BGB Vermieter geworden ist[54]. Die vorstehenden Ausführungen zum

---

[46] BGH (LwZR 12/08) NZM 2010, 474.

[47] BGH NJW 1990, 443; BGH (XII ZR 25/09) NZM 2011, 73. Ebenso OLG Koblenz NZM 2002, 293, das allerdings von der in Rdn. 15 abgelehnten Rechtsansicht ausgeht.

[48] BGH NJW 1990, 443; BGH (XII ZR 25/09) NZM 2011, 73.

[49] BGH (XII ZR 25/09) NZM 2011, 73.

[50] BGH NJW 1990, 443; BGH (XII ZR 25/09) NZM 2011, 73.

[51] BGH (VIII ZR 50/11) WuM 2011, 690 = NZM 2012, 558.

[52] BGH (XII ZR 25/09) NZM 2011, 73.

[53] BGH (XII ZR 25/09) NZM 2011, 73.

[54] LG Verden NZM 2010, 360; *Emmerich* in Staudinger § 566 Rdn. 12.

Nießbrauch gelten entsprechend für den Eintritt der **Nacherbfolge** (§ 2135 BGB) und zwar sowohl bezüglich des Sonderkündigungsrechts als auch bezüglich der dazu entwickelten Ausnahmen über die Bindung des Nacherben an den Mietvertrag. Überdies kann bei einem Nacherben das Sonderkündigungsrecht ausgeschlossen sein, wenn die Vermietung über den Nacherbfall hinaus einer ordnungsgemäßen Verwaltung des Nachlasses entsprochen hat und der Nacherbe deshalb dem Mietvertrag hätte zustimmen müssen[55].

In § 11 ErbbauRG wird auf alle sich auf Grundstücke beziehenden Vorschriften verwiesen, also auch auf §§ 566ff. BGB. § 11 ErbbauRG erfasst aber nur den Fall, dass das **Erbbaurecht** selbst betroffen ist, also bestellt oder veräußert (übertragen) wird, nicht hingegen den Fall der Grundstücksveräußerung (weshalb etwa ein nur schuldrechtlich vereinbarter Erbbauzinsanspruch nicht gem. § 566 BGB auf den Erwerber übergeht)[56]; im Fall der Grundstücksveräußerung ist der Erbbauberechtigte dinglich durch das Erbbaurecht gesichert, der Mieter wiederum leitet sein Besitzrecht von dem vermietenden Erbbauberechtigten ab. Es soll also durch § 11 ErbbauRG nicht der Erbbauberechtigte dem Mieter gleichgestellt werden. Erfasst werden vielmehr die Fälle, in denen der Eigentümer für das vermietete Grundstück ein Erbbaurecht bestellt; hier greift § 567 BGB (s. Rdn. 10). Außerdem werden erfasst die Fälle, in denen der Erbbauberechtigte das Grundstück vermietet und dann das Erbbaurecht an einen Dritten veräußert. Auf diese Veräußerung des Erbbaurechts findet § 566 BGB Anwendung, gleiches gilt gem. § 30 Abs. 1 ErbbauRG für die Aufhebung und das Erlöschen des Erbbaurechts[57]. Bei Erlöschen durch Zeitablauf steht dem Eigentümer gem. § 30 Abs. 2 und 3 ErbbauRG ein Sonderkündigungsrecht unter den dort näher bezeichneten Voraussetzungen zu. Die Frage, ob das Sonderkündigungsrecht ausgeschlossen ist, wenn das Grundstück bei Bestellung des Erbbaurechts vermietet war oder nach dem Willen des Eigentümers hätte vermietet sein sollen, ist genauso zu behandeln wie beim Nießbrauch (s. soeben oben). 22

Auf das Erlöschen des **Dauerwohnrechts** i. S. v. § 31 WEG finden §§ 566ff. BGB grundsätzlich keine Anwendung. Das Mietverhältnis endet vielmehr gem. § 37 Abs. 1 WEG mit dem Ende des Dauerwohnrechtes – dies aber nur im Verhältnis zum Grundeigentümer, nicht gegenüber dem Vermieter, der schuldrechtlich haften kann[58]. Anders ist das allerdings gem. § 37 Abs. 2 und 3 WEG, wenn der Wohnungseigentümer von seinem Heimfallanspruch gem. § 37 Abs. 2 WEG Gebrauch macht oder wenn das Dauerwohnrecht veräußert (übertragen) wird; in diesen Fällen greifen §§ 566 bis 566e BGB ein. Bei einer Veräußerung im Wege der Zwangsvollstreckung steht dem Ersteigerer ein Sonderkündigungsrecht zu (§§ 37 Abs. 3 Satz 2 WEG i. V. m. 57a ZVG). 23

Endet ein **dingliches Wohnungsrecht** gem. § 1093 BGB (eine Übertragung ist gem. § 1092 BGB ausgeschlossen), hat das ähnliche Folgen wie bei einem dinglichen Dauerwohnrecht gem. § 31 WEG. Es erlischt zwar – anders als bei § 37 Abs. 1 WEG – ein vom Wohnungsberechtigten abgeschlossenes Mietverhältnis nicht, das Mietverhältnis geht aber auch nicht auf den Eigentümer über, da in der Vorschrift ein Verweis auf § 1056 BGB und damit auf § 566 BGB fehlt[59]; der Vermieter ist zur Gebrauchsüberlassung nicht mehr in der Lage. Auch für die schuldrechtliche Vereinbarung zwischen Eigentümer und Wohnungsberechtigtem, die einem dinglichen Wohnungsrecht zugrunde liegt[60], greift § 566 BGB nicht ein. Sie ist nämlich nicht wie bei der Miete auf 24

[55] BGH (VIII ZR 278/13) NJW 2015, 2650 = WuM 2015, 555 = ZMR 2015, 848 Rdn. 25/26.

[56] BGH NJW 1972, 198; BGH NJW-RR 1992, 591; BGH WM 1960, 1125 = BB 1960, 1045.

[57] BGH NJW 1972, 198.

[58] *Lammel,* Wohnraummietrecht, § 566 Rdn. 11. Auch wenn man eine Schutzlücke mit guten Gründen bejahen kann und Wertungswidersprüche zum (von der Rechtsprechung angenommenen) Ausschluss des Sonderkündigungsrechts beim Nießbrauch gem. § 1056 Abs. 2 BGB (s. dazu Rdn. 21) nicht zu übersehen sind, scheidet angesichts des eindeutigen Wortlauts von § 37 WEG, der ähnlichen Regelung in § 1093 BGB und der dem zu Grunde liegenden gesetzgeberischen Wertung (s. dazu Rdn. 9 und *Roquette* NJW 1957, 1440) eine Analogie bzw. eine teleologische Reduktion von § 37 Abs. 1 WEG aber aus.

[59] *Häublein* in MünchKomm § 567 Rdn. 6. *Reymann* in Staudinger (2017) § 1093 Rdn. 38 spricht sich bei Gestattung der Vermietung unter Verweis auf eine Schutzlücke für eine analoge Anwendung der Vorschriften aus; auch wenn man eine Schutzlücke mit guten Gründen bejahen kann und Wertungswidersprüche zum (von der Rechtsprechung angenommenen) Ausschluss des Sonderkündigungsrechts beim Nießbrauch gem. § 1056 Abs. 2 BGB (s. dazu Rdn. 21) nicht zu übersehen sind, scheidet angesichts des eindeutigen Wortlauts von § 1093 BGB, der ähnlichen Regelung in § 37 WEG und der dem zu Grunde liegenden gesetzgeberischen Wertung (s. dazu Rdn. 9 und *Roquette* NJW 1957, 1440) eine Analogie aber aus.

[60] S. zu Gestaltungsmöglichkeiten *Palandt/Herrler* vor § 1018 Rdn. 2; BayObLG NJW-RR 1990, 208. Außerdem BGH NZM 1999, 138 = WuM 1999, 169 = ZMR 1999, 232; hiernach kann das Wohnungsrecht vom Bestehen des Mietvertrags abhängig gemacht werden.

Gebrauchsgewährung, sondern auf Bestellung des Wohnungsrechtes gerichtet[61]. Damit liegt ein Mietvertrag nicht vor und die Rechte und Pflichten aus einer solchen Vereinbarung (Entgeltzahlung auf Seiten des Wohnungsberechtigten bzw. Bestellung des Wohnungsrechtes auf Seiten des Eigentümers) gehen nicht gem. § 566 BGB auf den Erwerber eines Grundstücks über[62]. Einen Anspruch auf Entgelt für die Bestellung des Wohnungsrechtes muss der Erwerber sich von dem Veräußerer ggf. abtreten lassen[63]. Ist *neben* dem dinglichen Wohnungsrecht ein Mietvertrag geschlossen worden[64], so ist auf den Mietvertrag, aber nur auf diesen, § 566 BGB anwendbar. Aus einer solchen Verknüpfung zwischen einem Mietvertrag und der Pflicht zur Bestellung eines dinglichen Wohnungsrechtes kann nicht gefolgert werden, die Pflicht zur Bestellung des Wohnungsrechtes stehe in unlösbarem Zusammenhang mit dem Mietvertrag und müsse deshalb ausnahmsweise gem. § 566 BGB auf den Erwerber übergehen, wenn das Wohnungsrecht noch nicht vom ursprünglichen Vermieter/Eigentümer bestellt wurde. Die Annahme eines derartigen unlösbaren Zusammenhangs würde nämlich zu einer Verdinglichung der Miete und damit zu einem Verstoß gegen den Typenzwang im Sachenrecht führen[65]. Ähnlich ist es bei der Sicherungsabrede für eine sog. **Mieterdienstbarkeit**[66], die eine **beschränkt persönliche Dienstbarkeit** gem. § 1090 BGB ist und die gewährt wird, um den Mieter vor den Folgen einer Sonderkündigung gem. § 57a ZVG bzw. § 111 InsO zu schützen; im Falle der Veräußerung vor Eintragung der Mieterdienstbarkeit geht die Pflicht aus der Sicherungsabrede zur Eintragung nicht auf den Erwerber über[67], da die Sicherungsabrede nicht Teil des Mietvertrages ist und mit diesem auch nicht in unlösbaren Zusammenhang steht[68].

25 Wird **nach Erlöschen eines dinglichen Rechts** der Eigentümer wieder Vermieter, nachdem er die Vermieterstellung durch die Bestellung des dinglichen Rechts zeitweise verloren hatte, kann er sich auf die Haftungsbefreiung gem. § 566 Abs. 2 BGB[69] oder die Unwirksamkeit (eigener sowie solcher des dinglich Berechtigten) Vorausverfügungen gem. §§ 566b, 566c BGB bzw. auf § 566d BGB berufen[70]. Das Mietverhältnis wurde nämlich durch den zwischenzeitlichen Vermieterwechsel[71] auf den dinglich Berechtigten umgestaltet und es fällt – ähnlich wie bei rechtsgeschäftlichen Änderungen zwischen dinglich Berechtigtem und Mieter, an die der Eigentümer als neuer Vermieter gebunden ist – mit dem geänderten Inhalt an den Eigentümer zurück. Bei den Sonderkündigungsrechten ist das anders, weil sie nicht Vertragsinhalt sind, sondern dem (hier nicht schützenswertem) Interesse des Eigentümers am Rückerhalt der vollen Verfügungsbefugnis über das Grundstück nach Erlöschen der dinglichen Belastung dienen[72].

26 Wenn der Eigentümer eines Grundstücks als Berechtigter einer Grunddienstbarkeit, die zu Lasten eines Nachbargrundstücks besteht, auf diese Grunddienstbarkeit durch Vertrag mit dem Eigentümer des Nachbargrundstücks verzichtet und hierdurch die Gebrauchsrechte eines Mieters infolge **Wegfalls der Grunddienstbarkeit** geschmälert werden würden (etwa weil nur über das dienende Grundstück Zugang zum Keller des herrschenden Grundstücks bestand[73]), sind §§ 566, 567 BGB

---

[61] Instruktiv BGH WM 1968, 775 und BGH NZM 1999, 138 = WuM 1999, 169 = ZMR 1999, 232.

[62] BGH WM 1968, 775; BGH (V ZR 152/74) NJW 1976, 2264; *Haegele* Rpfleger 1973, 352.

[63] BGH WM 1968, 775.

[64] Das ist möglich, vgl. BGH (V ZR 191/14) NJW 2016, 1242 Rdn. 28; BGH NZM 1999, 138 = WuM 1999, 169 = ZMR 1999, 232; BayObLG NJW-RR 1990, 208; *Haegele* Rpfleger 1973, 349. Der BGH geht in WM 1968, 775 aber davon aus, dass der Mietvertrag i. d. R. stillschweigend aufgehoben wird, wenn das Wohnungsrecht nachträglich, also nach Abschluss des Mietvertrages bestellt wird; gegen eine Regelhaftigkeit *Palandt/Herrler* vor § 1018 Rdn. 2 m. w. N.

[65] *Haegele* Rpfleger 1973, 349. S. auch Rdn. 27 sowie bei § 566 Rdn. 88.

[66] S. allgemein zu Mieterdienstbarkeiten *Krüger* NZM 2012, 377; *Stapenhorst/Voß* NZM 2003, 873; *Wortberg* ZfIR 2011, 591. Sachenrechtlich ist eine solche Dienstbarkeit zulässig, s. BGH (V ZB 11/10) NZM 2012, 392.

[67] So auch *Wortberg* ZfIR 2011, 594.

[68] S. allgemein zu diesen Voraussetzungen bei § 566 Rdn. 88ff. Auch *Krüger* NZM 2012, 378 geht von zwei nebeneinander bestehenden Verträgen aus, ohne allerdings ausdrücklich die hiesige Problematik zu behandeln.

[69] So auch *Häublein* in MünchKomm § 567 Rdn. 6. **A. A.** die h. M., vgl. *Emmerich* in Staudinger § 567 Rdn. 12; *Lammel*, Wohnraummietrecht, § 567 Rdn. 16/17; *Blank/Börstinghaus* § 567 Rdn. 7.

[70] *Heintzmann* in Soergel § 567 Rdn. 2; *Emmerich* in Staudinger § 567 Rdn. 15 und 16.

[71] Um einen solchen handelt es sich nämlich entgegen der Ansicht von *Lammel*, Wohnraummietrecht, § 567 Rdn. 16, der von einer auflösenden Bedingung ausgeht. Dafür gibt es aber im Gesetz keinen Anhaltspunkt, im Gegenteil, es geht um die entsprechende Anwendung von § 566 BGB.

[72] *Roquette* NJW 1957, 1440.

[73] So im Fall des LG Gießen NJW 1957, 466.

grundsätzlich nicht entsprechend anwendbar[74]. Zwar mag der Mieter bei Erlöschen einer Grunddienstbarkeit in gleicher Weise schützenswert erscheinen wie bei deren Bestellung, die unter den Anwendungsbereich von § 567 BGB fällt. Diese Sicht lässt aber die Interessen des Eigentümers des dienenden Grundstücks außer Betracht, der ein Interesse am Rückerhalt der vollen Verfügungsbefugnis über sein Grundstück hat und auf den Abschluss des Mietvertrages durch den Eigentümer des herrschenden Grundstücks keinen Einfluss hatte.

Bei einer Grundstücksveräußerung bleibt ein eingetragenes dingliches Recht bestehen, auf **Begleitschuldverhältnisse** zwischen Veräußerer und Berechtigtem finden §§ 566, 567 BGB keine Anwendung, sie müssen gesondert übertragen oder etwa durch eine Reallast dinglich gesichert werden[75]. 27

VI. Abweichende Vereinbarungen

§ 567 BGB ist grundsätzlich abdingbar; es sind aber die gleichen Einschränkungen und Regel zu beachten wie bei §§ 566 bis 566e BGB[76]. 28

[74] *Emmerich* in Staudinger § 566 Rdn. 14 und § 567 Rdn. 19 sowie *Roquette* NJW 1957, 1440.). **A. A.** LG Gießen NJW 1957, 466.

[75] *Häublein* in MünchKomm § 566 Rdn. 7; *Emmerich* in Staudinger § 566 Rdn. 15. BGH (V ZR 152/74) NJW 1976, 2264 zum dinglichen Wohnrecht und BGH NJW 1972, 199 und BGH NJW-RR 1992, 591 zum Erbbaurecht. S. auch bei § 566 Rdn. 88.

[76] *Häublein* in MünchKomm § 567 Rdn. 9; *Lammel,* Wohnraummietrecht, § 567 Rdn. 4.

§ 567 a Veräußerung oder Belastung vor der Überlassung des Wohnraums

Hat vor der Überlassung des vermieteten Wohnraums an den Mieter der Vermieter den Wohnraum an einen Dritten veräußert oder mit einem Recht belastet, durch dessen Ausübung der vertragsgemäße Gebrauch dem Mieter entzogen oder beschränkt wird, so gilt das Gleiche wie in den Fällen des § 566 Abs. 1 und des § 567, wenn der Erwerber dem Vermieter gegenüber die Erfüllung der sich aus dem Mietverhältnis ergebenden Pflichten übernommen hat.

Systematische Übersicht

I. Zweck der Vorschrift, Entstehungsgeschichte

1 §§ 566, 567 BGB (und als darauf aufbauende Vorschriften auch §§ 566 a bis 566 e BGB) haben die Überlassung der Mietsache an den Mieter vor dem Eigentumsübergang (§ 566 BGB) bzw. vor dem Entstehen des dinglichen Rechts (§ 567 BGB) zur Voraussetzung. Wenn § 567 a BGB die Anwendung der §§ 566, 567 BGB nach Vertragsschluss aber noch vor Überlassung anordnet, so dient das nicht vordringlich, sondern allenfalls mittelbar dem Bestandsschutzinteresse des Mieters; mit § 567 a BGB werden vielmehr die **Belange des Veräußerers** berücksichtigt, der dem Mieter schadensersatzpflichtig ist, wenn er den Gebrauch nach dem Eigentumsübergang nicht mehr gewähren kann[1]. Die Belange des Erwerbers, der nach der gesetzgeberischen Vorstellung durch das Erfordernis der Überlassung die bestehenden Mietverhältnisse selbst erkennen können soll (Publizitätsfunktion[2]), werden dadurch gewahrt, dass der Vertragsübergang an seine Zustimmung geknüpft ist. Eine Zustimmung des Mieters ist hingegen entbehrlich angesichts des von § 566, 567 BGB unterstellten Interesses am Fortbestand des Mietvertrages mit dem neuen Eigentümer des Mietgrundstücks; ein solches Erfordernis würde auch den Schutz des Veräußerers relativieren. Hauptwirkung des § 567 BGB ist deshalb die Abbedingung der nach § 415 BGB an sich notwendigen Zustimmung des Mieters zu einer Vertragsübernahme[3]. Dieser Aspekt darf aber nicht dazu verleiten, unreflektiert die sonstigen Regeln der Vertragsübernahme anzuwenden; abgesehen davon, dass umstritten ist, ob § 566 BGB ein Fall der gesetzlichen Vertragsübernahme ist[4], sind auch im Anwendungsbereich des § 567 a BGB die bei §§ 566, 567 BGB geltenden Besonderheiten zu beachten, was sich schon allein aus dem Verweis auf diese Vorschriften ergibt.

2 § 567 a BGB gilt seit der zum 1. 9. 2001 in Kraft getretenen Mietrechtsreform und hat den inhaltsgleichen § 578 BGB a. F. ersetzt. Soweit nunmehr von „Wohnraum" statt – wie in § 578 BGB a. F. – von „Belastung des Grundstücks" die Rede ist, stellt dies keine Änderung des sachlichen Regelungsgehaltes dar, sondern ist der geänderten systematischen Stellung der Vorschrift bei den Mietverhältnissen über Wohnraum (§§ 549 ff. BGB) geschuldet, auch wenn die Formulierung sachenrechtlich nicht völlig korrekt ist. Gem. § 578 BGB gilt die Regelung aber gleichfalls für Mietverhältnisse über Räume und Grundstücke[5].

II. Anwendungsbereich

3 Der Anwendungsbereich von § 567 a BGB ist im Grundsatz identisch mit dem der §§ 566, 567 BGB sowie der darauf aufbauenden §§ 566 a bis 566 e BGB, da § 567 a BGB nur von dem Erfordernis der Überlassung der Mietsache vor Eigentumsübergang bzw. Überlassung der Mietsache absieht.

---

[1] Emmerich in Staudinger § 567 a Rdn. 1; *Häublein* in MünchKomm § 567 a Rdn. 1. S. auch § 566 Rdn. 4.

[2] S. bei § 566 Rdn. 54.

[3] *Häublein* in MünchKomm § 567 a Rdn. 1. Auf eine Vertragsübernahme sind die Regeln der §§ 398 ff, 414 ff BGB entsprechend anwendbar (*Palandt/Grüneberg* § 398 Rdn. 39 a).

[4] S. bei § 566 Rdn. 9 ff.

[5] S. dazu näher bei § 566 Rdn. 19.

Die Ausführungen zum Anwendungsbereich bei der Kommentierung zu §§ 566 bis 567 BGB gelten deshalb entsprechend. Folgende **Einschränkungen** sind jedoch zu beachten: In § 1056 BGB (Beendigung des Nießbrauchs, anders für die Übertragung in § 1059d BGB), § 37 Abs. 2 und 3 WEG (Heimfall und Veräußerung des Dauerwohnrechts), § 57 ZVG (Zwangsversteigerung), § 11 Abs. 3 Investitionsvorranggesetz (InVorG) fehlt ein Verweis auf § 567a BGB. In den beiden letztgenannten Fällen liegt das daran, dass es sich nicht um einen rechtsgeschäftlichen Erwerb handelt, eine Zustimmung des Erwerbers also i. d. R. nicht möglich ist[6]. In den erstgenannten Vorschriften ist der Verweis wohl im Hinblick auf das Sonderkündigungsrecht des Eigentümers unterblieben, das deswegen besteht, weil der Eigentümer in diesen Fällen oftmals an einer Fortführung des Mietverhältnisses nicht interessiert ist.

III. Allgemeine Voraussetzungen

§ 567a BGB macht nur die Überlassung der Mietsache als Voraussetzung für das Eingreifen der 4 §§ 566, 567 BGB und – darauf aufbauend – der §§ 566a bis 566e BGB entbehrlich. Die übrigen Voraussetzungen der §§ 566 bis 567 BGB müssen in deren Regelungsbereich erfüllt sein[7], die Ausführungen hierzu bei der Kommentierung zu §§ 566 bis 567 BGB gelten deshalb entsprechend.

IV. Erfüllungsübernahme

Statt der Überlassung der Mietsache ist Voraussetzung für die Vertragsüberleitung gem. §§ 566, 5 567 BGB bzw. für die Anwendung der darauf aufbauenden §§ 566a bis 566e BGB, dass der Übernehmende (also der Erwerber bzw. der dingliche Berechtigte) erklärt, er übernehme sämtliche Rechte und Pflichten aus dem bereits geschlossenen Mietvertrag; eine teilweise Übernahme reicht nicht[8]. Es müssen allerdings nur diejenigen mietvertraglichen Pflichten übernommen werden, die auch gem. § 566 BGB auf den Erwerber übergehen, die also als mietvertraglich zu qualifizieren sind[9]. Eine einseitige Übernahmeerklärung des Erwerbers genügt ebenfalls nicht, erforderlich ist vielmehr eine **Vereinbarung mit dem Veräußerer.** Das dürfte jedenfalls aus der gesetzlichen Formulierung „dem Vermieter gegenüber … übernommen hat" zu folgern sein[10]. Die Übernahmeerklärung muss nur dem Vermieter zugehen, nicht dem Mieter; die Übernahme muss dem Mieter auch nicht angezeigt werden[11]. Eine Anzeige empfiehlt sich aber, um die Kenntniswirkungen der §§ 566ff. BGB auszulösen. § 567a BGB verleiht dem zweiseitigen Vertrag zwischen Vermieter und Erwerber bzw. dinglich Berechtigtem **Wirkung für den Mieter,** ohne dass dieser zustimmen muss[12].

Ausreichend für eine Übernahmevereinbarung ist jedenfalls, wenn sie in Bezug auf ein konkretes Mietverhältnis erfolgt. Problematisch kann hingegen die häufig in Notarverträgen verwendete Klausel sein, der Erwerber übernehme die Rechte und Pflichten aus (allen) bestehenden Mietverträgen, **wenn er keine Kenntnis** von der Existenz **des** noch nicht durch Überlassung vollzogenen **Mietverhältnisses** hat. Der BGH[13] geht unabhängig von einer Kenntnis von einer wirksamen Übernahmeerklärung i. S. v. § 567a BGB aus. Das ist in dieser Allgemeinheit m. E. nicht haltbar, der Inhalt einer solchen Erklärung unterliegt vielmehr den gleichen Grundsätzen wie jede andere Willenserklärung auch. Deshalb kommt es ggf. darauf an, ob die Vertragsparteien über bestimmte Mietverhältnisse verhandelt haben und nur diese trotz des weitergehenden Wortlauts zum Gegen- 6

---

[6] *Emmerich* in Staudinger § 567a Rdn. 2 spricht sich für eine entsprechende Anwendung aus, wenn der Ersteher die Verpflichtung übernimmt; da die Erfüllungsübernahme aber ein Vertrag ist (s. Rdn. 5), reicht eine einseitige erklärte Übernahme nicht aus, es handelt sich vielmehr um eine unverbindliche Selbstverpflichtung, die allenfalls bei tatsächlicher Überlassung an den Mieter zum konkludenten Abschluss eines neuen Vertrages führen mag (ähnlich wohl *Lammel,* Wohnraummietrecht, § 567a Rdn. 10).

[7] *Häublein* in MünchKomm § 567a Rdn. 3; BGH NJW 2003, 2158 = ZMR 2003, 647 für das nach § 566 BGB notwendige Erfordernis der Identität zwischen Vermieter, Veräußerer und Eigentümer.

[8] *Häublein* in MünchKomm § 567a Rdn. 4.

[9] S. dazu bei § 566 Rdn. 88.

[10] So auch *Blank/Börstinghaus* § 567a Rdn. 6; *Lammel,* Wohnraummietrecht, § 567a Rdn. 3.

[11] *Häublein* in MünchKomm § 567a Rdn. 4.

[12] *Emmerich* in Staudinger § 567a Rdn. 4.

[13] BGH MDR 1966, 229. Dem folgen *Blank/Börstinghaus* § 567a Rdn. 6.

stand der Übernahmeerklärung machen wollten (falsa demonstratio[14]). Ansonsten bindet eine weitgefasste Übernahmeerklärung, die der Erwerber trotz Unkenntnis und ohne Erkundigung der wahren Sachlage abgegeben hat und über die er sich keine bestimmte, andersartige Vorstellung gemacht hat, in ähnlicher Weise wie die Unterzeichnung einer ungelesenen Urkunde, bei der auch eine Anfechtung gem. § 119 BGB i. d. R. ausgeschlossen ist[15].

7 Ebenfalls weit verbreitet sind in Notarverträgen Klauseln, nach denen Nutzen und Lasten des Grundstücks zu einem bestimmten Zeitpunkt auf den Erwerber übergehen sollen. Hierin liegt weder eine Abtretung noch eine Vertragsübernahme noch eine Erfüllungsübernahme i. S. v. § 567a BGB, sondern es wird nur eine **Verteilung im Innenverhältnis** vorgenommen[16]. Wenn die Parteien in derartigen Fällen von einem gesetzlichen Vertragsübergang gem. § 566 BGB ausgehen, fehlt es überdies schon an dem notwendigen Erklärungsbewusstsein[17].

8 Die Erfüllungsübernahme durch den Erwerber (§ 566 BGB) bzw. den dinglich Berechtigten (§ 567 BGB) ist grundsätzlich **nicht formbedürftig** und deshalb auch konkludent möglich[18]. Stellt sie allerdings eine Nebenabrede zu dem beurkundungsbedürftigen Grundstücksgeschäft dar, so ist § 311b BGB zu beachten und demgemäß auch die Erfüllungsübernahme zu beurkunden[19]. Das Schriftformerfordernis des § 550 BGB ist nicht zu beachten[20]. Zwar gilt es auch für einen Austausch der Vertragsbeteiligten; bei § 567a BGB handelt es sich aber trotz des Zustimmungserfordernisses nicht um einen rechtsgeschäftlichen Wechsel des Vertragspartners, für den allein § 550 BGB gilt, sondern um einen gesetzlichen Vermieterwechsel[21]; zudem entspricht diese Sicht dem Rechtsgedanken des § 182 Abs. 2 BGB.

9 Die **Erfüllungsübernahme** kann nur **bis zum Eigentumsübergang** (§ 566 BGB) bzw. bis zur Entstehung des dinglichen Rechts (§ 567 BGB) erklärt werden. Die h. M.[22] nimmt hingegen an, dies sei auch noch danach möglich, die Vertragsübernahme wirke dann auf den Zeitpunkt der dinglichen Rechtsänderung zurück. Die h. M. kann aber einmal zu Rechtsunsicherheiten auf Mieterseite führen, der nicht weiß, ob nicht sein Vertragspartner noch wechselt, und der deshalb nicht weiß, ob der Veräußerer, mit dem der Vertrag zunächst fortbesteht, in Zukunft zur Gebrauchsüberlassung in der Lage ist; er kann deshalb nicht sinnvoll entscheiden, ob er sich ein anderes Mietobjekt suchen muss. Zum anderen ist die h. M. mit der Rechtsidee des § 566 BGB nicht vereinbar, die die Rechtswirkungen zentral an den Zeitpunkt des Eigentumsübergangs knüpft und der eine Rückwirkung fremd ist. Wenn zu diesem Zeitpunkt der Vertrag nicht auf den Erwerber übergeht, bleibt er mit dem Veräußerer bestehen. Überlässt der Erwerber dem Mieter aber in der Folgezeit die Mietsache, kommt möglicherweise konkludent ein (neuer) Vertrag zu Stande, der im Zweifel den gleichen Inhalt haben dürfte wie der mit dem Veräußerer geschlossene Vertrag. Zu Unzuträglichkeiten kann dies allenfalls wegen § 550 BGB führen.

10 Die Erfüllungsübernahme wird und bleibt nur **wirksam,** wenn es tatsächlich zum Eintritt des Erwerbers bzw. des dinglich Berechtigten in den Vertrag kommt, also bis zum Eigentumsübergang bzw. bis zur dinglichen Rechtsänderung. Bis zu diesem Zeitpunkt kann die Übernahmevereinbarung auch noch aufgehoben werden. Da der Mieter bis zu diesem Zeitpunkt noch keine gesicherte Rechtsstellung hat, ist seine Mitwirkung bzw. Zustimmung bis dahin nicht notwendig[23].

---

[14] S. dazu *Palandt/Ellenberger* § 133 Rdn. 8. Der Grundsatz gilt auch bei beurkundungspflichtigen Grundstücksgeschäften, vgl. *Palandt/Bassenge* § 873 Rdn. 10 unter Verweis auf § 925 Rdn. 14.

[15] S. dazu *Palandt/Ellenberger* § 119 Rdn. 9/10. *Eckert* in FS Blank S. 138 geht davon aus, derartige Erklärungen bezögen sich nur auf bekannte Mietverhältnisse; das ist aber mit dem Wortlaut i. d. R. nicht vereinbar, wenn von „bestehenden" oder sogar „allen bestehenden" Verträgen die Rede ist.

[16] *Häublein* in MünchKomm § 567a Rdn. 4.

[17] *Häublein* in MünchKomm § 567a Rdn. 4.

[18] *Emmerich* in Staudinger § 567a Rdn. 4.

[19] *Häublein* in MünchKomm § 567a Rdn. 4.

[20] *Häublein* in MünchKomm § 567a Rdn. 4. **A. A.** *Eckert* FS Blank S. 139.

[21] Das gilt unabhängig davon, ob man eine Rechtsnachfolge im Wege der gesetzlichen Vertragsübernahme annimmt oder die gesetzliche Neubegründung eines Mietvertrages mit dem Erwerber (s. dazu bei § 566 Rdn. 9ff.).

[22] *Häublein* in MünchKomm § 567a Rdn. 4. *Heintzmann* in Soergel § 567a Rdn. 3 hält die Übernahme nur bis zur Überlassung für möglich.

[23] *Häublein* in MünchKomm § 567a Rdn. 6; *Lammel,* Wohnraummietrecht, § 567a Rdn. 14/15.

V. Rechtsfolgen

Die Rechtsfolgen des Eingreifens von § 567 a BGB richten sich nach §§ 566 bis 567 BGB, je nachdem, welcher Regelungsgehalt betroffen ist. Kommt es zu einem Vermieterwechsel, übernimmt der Erwerber (§ 566 BGB) bzw. der dinglich Berechtigte (§ 567 BGB) alle Rechte und Pflichten des früheren Vermieters von dem Zeitpunkt des Eigentumsübergangs bzw. der Entstehung des dinglichen Rechts; für Vorausverfügungen und Vereinbarungen über die Miete gelten die §§ 566 b bis 566 e BGB entsprechend, für die Kaution § 566 a BGB[24]; der ausscheidende Vermieter haftet gem. § 566 Abs. 2 BGB[25]. Bezüglich der Einzelheiten zu den Rechtsfolgen kann auf die Kommentierungen zu §§ 566 bis 567 BGB verwiesen werden. § 566 e BGB greift nicht nur bei einer falschen Mitteilung des Veräußerers über den Eigentumsübergang ein, sondern entsprechend auch bei einer falschen Mitteilung über die Erfüllungsübernahme[26]. Bei bloßer Gebrauchsbeeinträchtigung schuldet der dinglich Berechtigte nur Unterlassung der Beeinträchtigung (§ 567 Satz 2 BGB); s. dazu näher bei § 567 Rdn. 17. All diese Wirkungen treten erst mit dem Eigentumsübergang (§ 566 BGB) bzw. der Entstehung des dinglichen Rechts (§ 567 BGB) ein[27]. Das gilt naturgemäß nicht für die Rechtsfolgen der Gutglaubensvorschrift § 566 e BGB. 11

VI. Fehlende oder nichtige Erfüllungsübernahme

Fehlt eine Erfüllungsübernahme oder ist sie unwirksam, so bleibt der ursprüngliche Mietvertrag bestehen, den Erwerber bzw. dinglich Berechtigten treffen keine Rechte oder Pflichten, der Mieter ist vielmehr dessen Herausgabeanspruch bzw. dessen dinglichem Nutzungsrecht ausgesetzt[28]. Gegenüber seinem Vermieter stehen dem Mieter dann Gewährleistungsrechte[29] bzw. das Recht zur Kündigung zu. 12

---

[24] *Emmerich* in Staudinger § 567 a Rdn. 7; *Eckert* in FS Blank S. 131.
[25] OLG Köln OLG-Report Köln 1992, 153; *Häublein* in MünchKomm § 567 a Rdn. 7.
[26] *Heintzmann* in Soergel § 567 a Rdn. 6.
[27] *Häublein* in MünchKomm § 567 a Rdn. 7; *Eckert* in FS Blank S. 131.
[28] *Heintzmann* in Soergel § 567 a Rdn. 7.
[29] Diese richten sich nach allgemeinem Schuldrecht, da es nicht zu einer Übergabe gekommen ist (s. § 536 Rdn. 532).

§ 567b Weiterveräußerung oder Belastung durch Erwerber

[1]Wird der vermietete Wohnraum von dem Erwerber weiterveräußert oder belastet, so sind § 566 Abs. 1 und die §§ 566a bis 567a entsprechend anzuwenden. [2]Erfüllt der neue Erwerber die sich aus dem Mietverhältnis ergebenden Pflichten nicht, so haftet der Vermieter dem Mieter nach § 566 Abs. 2.

Systematische Übersicht

I. Zweck der Vorschrift

1 § 567b BGB erklärt die §§ 566 Abs. 1, 566a bis 567a BGB für entsprechend anwendbar, wenn der Erwerber eines Grundstücks dieses weiterveräußert oder mit einem dinglichen Recht i. S. v. § 567 BGB belastet. Diese Folge ergäbe sich auch ohne § 567b BGB, da ein Erwerber mit dem Eigentumsübergang gem. § 566 BGB Vermieter wird und der Fall der Weiterveräußerung deshalb ohne Schwierigkeiten direkt unter § 566 BGB subsumiert werden könnte; der Ersterwerber ist dann Vermieter, der Zweiterwerber der Erwerber i. S. v. § 566 BGB[1]. § 567b Satz 1 BGB hat deshalb im wesentlichen klarstellende Funktion. Die eigenständige Bedeutung der Vorschrift liegt in Satz 2, wo die bürgengleiche Nachhaftung des Vermieters gem. § 566 Abs. 2 BGB modifiziert wird[2].

2 § 567b BGB gilt seit der zum 1. 9. 2001 in Kraft getretenen Mietrechtsreform und hat den inhaltsgleichen § 579 BGB a. F. ersetzt. Soweit nunmehr von „Wohnraum" statt – wie in § 579 BGB a. F. – von „Belastung des Grundstücks" die Rede ist, stellt dies keine Änderung des sachlichen Regelungsgehaltes dar, sondern ist der geänderten systematischen Stellung der Vorschrift bei den Mietverhältnissen über Wohnraum (§§ 549 ff. BGB) geschuldet, auch wenn die Formulierung sachenrechtlich nicht völlig korrekt ist. Gem. § 578 BGB gilt die Regelung aber ebenfalls für Mietverhältnisse über Räume und Grundstücke.

II. Anwendungsbereich

3 Wie erwähnt gilt § 567b BGB unmittelbar nur für die Weiterveräußerung und Belastung von Wohnraum durch den Erwerber. Neben der Erstreckung auf Mietverhältnisse über **Räume und Grundstücke** in § 578 BGB[3] ist § 567b BGB kraft **Verweisung** anwendbar bei der Überlassung von Wohnraum in Zusammenhang mit einem Wohn- und Betreuungsvertrag (§ 5 Abs. 2 WBVG), bei Mietverhältnissen über eingetragene Schiffe und Luftfahrzeuge (§ 578a BGB, für Luftfahrzeuge in Verbindung mit § 98 Abs. 2 des Gesetzes über Rechte an Luftfahrzeugen (LuftFzgG)), bei Pachtverträgen (§ 581 Abs. 2), Landpachtverträgen (§ 593b BGB), Jagdpachtverträgen (§ 14 BJagdG), bei der Fischereipacht hängt es von der Landesgesetzgebung ab[4], außerdem bei Beendigung und Übertragung des Nießbrauchs (§§ 1056, 1059d BGB), bei der Nacherbfolge (§ 2135 BGB), beim Erbbaurecht (§ 30 ErbbauRG) und nach § 11 Abs. 3 Investitionsvorranggesetz (InVorG). Für den Heimfall und die Veräußerung eines Dauerwohnrecht i. S. v. § 31 WEG gibt es in § 37 Abs. 2 und 3 WEG keine Verweisung. In diesem Fall ist § 567b BGB **entsprechend anwendbar,** wenn der

---

[1] *Häublein* in MünchKomm § 567b Rdn. 1. **A. A.** *Lammel,* Wohnraummietrecht, § 567b Rdn. 2, der meint, § 566 BGB gelte nach seinem Wortlaut nur bei vertraglich begründeten Mietverhältnissen. M. E. ist diese Beschränkung dem Wortlaut des § 566 BGB nicht zu entnehmen und widerspricht auch des Gesetzgebungsgeschichte. Nach *Emmerich* in Staudinger § 567b Rdn. 1 war nämlich gesetzgeberisches Motiv, durch Satz 1 etwaigen Zweifeln über die Rechtslage vorzubeugen.

[2] *Häublein* in MünchKomm § 567b Rdn. 1.

[3] S. dazu näher bei § 566 Rdn. 19.

[4] Einzelheiten bei *Harke* in MünchKomm § 581 Rdn. 34.

Dauerwohnberechtigte das Wohnrecht veräußert oder wenn der Eigentümer den Heimfallanspruch geltend macht[5].

III. Folgen einer Weiterveräußerung oder Belastung (Satz 1)

4 § 567b BGB geht von folgender **Konstellation** aus: Nach Abschluss eines Mietvertrages veräußert der ursprüngliche, erste Vermieter das Mietgrundstück. Der Erwerber tritt nach Eigentumsübergang gem. § 566 BGB in das Mietverhältnis ein mit den besonders geregelten Folgen für Kaution und Mietzinsforderung in §§ 566a bis 566e BGB; erfolgt der Eigentumsübergang vor Überlassung der Mietsache an den Mieter, so gilt stattdessen § 567a BGB. Veräußert nun der Ersterwerber als neuer Vermieter das Grundstück an einen Zweiterwerber weiter, dann ordnet § 567b BGB das Gleiche an, nämlich den Eintritt des Zweiterwerbers in das Mietverhältnis in entsprechender Anwendung des § 566 Abs. 1 BGB (bzw. bei noch nicht überlassener Mietsache des § 567a BGB) sowie die entsprechende Anwendung der §§ 566a bis 566e BGB für Kaution und Mietforderung[6]. Lediglich für die bürgengleiche Nachhaftung des Vermieters gem. § 566 Abs. 2 BGB gibt es in § 567b Satz 2 BGB eine besondere Regelung. Entsprechende Anwendung der §§ 566ff. BGB bedeutet, dass diese Vorschriften so zu lesen sind, als stünde dort Ersterwerber anstatt Vermieter und Zweiterwerber anstatt Erwerber[7].

5 Veräußert der Ersterwerber das Grundstück nicht weiter, sondern bewilligt er die **Belastung mit einem dinglichen Recht** (etwa einem Nießbrauch), dann gilt § 567 BGB entsprechend; die Vorschrift ist dann so zu lesen, als stünde dort Ersterwerber anstatt Vermieter.

6 § 567b BGB gilt nicht nur für die zweite Veräußerung eines Grundstücks nach Vertragsschluss bzw. nicht nur für die dingliche Belastung durch den Ersterwerber, sondern auch für **jede weitere Veräußerung** bzw. Belastung.

IV. Weiterhaftung des Vermieters (Satz 2)

7 Eine Ausnahme von der entsprechenden Anwendung der §§ 566 bis 567a BGB ist in Satz 2 enthalten, indem dort nicht auf § 566 Abs. 2 BGB verwiesen, sondern abweichend davon geregelt wird, dass die bürgengleiche Nachhaftung im Falle der Weiterveräußerung nicht den Ersterwerber trifft, sondern weiterhin den ursprünglichen Vermieter[8]. Grund der Nachhaftung gem. § 566 Abs. 2 BGB ist nämlich, dass der Mieter im Falle des Vermieterwechsels den Vertragspartner verliert, den er sich ausgesucht hat, und ihm ein neuer Vertragspartner, der Erwerber, aufgezwungen wird; falls dieser seine Pflichten aus dem Mietverhältnis nicht erfüllt, soll er Rückgriff bei dem ursprünglichen Vermieter nehmen können[9]. Dieser Zweck des § 566 Abs. 2 BGB kann grundsätzlich auch bei einer Weiterveräußerung eingreifen, da der Zweiterwerber dem Mieter ebenfalls aufgezwungen wird. Ist allerdings bereits eine Haftungsbefreiung des ursprünglichen Vermieters gem. § 566 Abs. 2 Satz 2 BGB eingetreten, dann besteht kein Grund, die Haftung im Falle der Weiterveräußerung wiederaufleben zu lassen, da die Haftungsbefreiung auf der Fiktion beruht, der Mieter habe den Erwerber als neuen Vermieter akzeptiert, wenn er von einer Kündigungsmöglichkeit nicht Gebrauch macht. § 567b BGB ist deshalb wie folgt **teleologisch zu reduzieren:** Der ursprüngliche Vermieter haftet allein[10] gem. § 566 Abs. 2 BGB, bis der Kündigungstermin i. S. v. § 566 Abs. 2 Satz 2 BGB verstrichen ist oder der Mieter in anderer Weise ausdrücklich oder konkludent den Erwerber als neuen Vermieter akzeptiert hat (s. dazu bei § 566 Rdn. 148); seine Haftung lebt auch im

---

[5] *Häublein* in MünchKomm § 567b Rdn. 2. Die dort befürwortete entsprechende Anwendung auf alle Fälle der Veräußerung oder Belastung durch einen dinglich Berechtigten i. S. v. § 567 BGB ist überflüssig, da nur der Dauerwohnberechtigte zu einer Veräußerung berechtigt ist, nicht aber der Wohnungsberechtigte gem. § 1093 BGB (s. § 1092 BGB); dingliche Belastungen können die dinglich Berechtigten ohnehin nicht vornehmen.

[6] *Häublein* in MünchKomm § 567b Rdn. 3. Hatte der Erwerber hingegen mit dem Mieter unmittelbar einen neuen Vertrag geschlossen, gelten die §§ 566ff. BGB im Falle der Weiterveräußerung unmittelbar.

[7] *Häublein* in MünchKomm § 567b Rdn. 3; *Lammel*, Wohnraummietrecht, § 567b Rdn. 11.

[8] *Emmerich* in Staudinger § 567b Rdn. 6.

[9] S. näher bei § 566 Rdn. 144.

[10] Der Ersterwerber haftet nicht zusätzlich neben dem Vermieter (*Häublein* in MünchKomm § 567b Rdn. 5).

Falle einer Weiterveräußerung nicht wieder auf[11]. Nach der Haftungsbefreiung des Vermieters haftet vielmehr allein der Ersterwerber gem. § 566 Abs. 2 BGB[12].

8 Eine analoge Anwendung von § 567b Satz 2 BGB auf die **Mietsicherheit** ist trotz der strukturellen Vergleichbarkeit von § 566 Abs. 2 BGB und § 566a Satz 2 BGB nicht möglich, weil der Gesetzgeber bei § 566a BGB die Vorstellung hatte, die Sicherheit gehe auf der Erwerber über bzw. sei ihm zu übergeben, wohingegen § 566 Abs. 2 BGB das Vertrauen des Mieters in den Verbleib und die Leistungsfähigkeit des ursprünglichen Vertragspartners schützen will.

V. Abweichende Vereinbarungen

9 Zur Abdingbarkeit gelten die Ausführungen bei der Kommentierung zu §§ 566 bis 567a BGB entsprechend.

---

[11] Allg. M., vgl. *Häublein* in MünchKomm § 567b Rdn. 5; *Lammel,* Wohnraummietrecht, § 567b Rdn. 14/15 (der aber in Bezug auf die Haftung des Ersterwerbers in diesem Fall eine abweichende Meinung vertritt).

[12] H. M., vgl. *Häublein* in MünchKomm § 567b Rdn. 5. **A. A.** *Lammel,* Wohnraummietrecht, § 567b Rdn. 14/15, der sich gegen die Haftung des Ersterwerbers aussprechen. Diese Ansicht lässt sich aber mit dem Gesetz nicht vereinbaren, das die bürgengleiche Haftung mit § 567b Satz 2 BGB nicht ersatzlos streichen, sondern entsprechend dem Zweck des § 566 Abs. 2 BGB beim ursprünglichen Vermieter belassen wollte. Diese Ratio greift zwar abgeschwächt, aber dennoch auch bei dem Ersterwerber ein, den der Mieter sich zwar nicht ausgesucht, den er aber doch durch Unterlassen der Kündigung akzeptiert hat.

Kapitel 5. Beendigung des Mietverhältnisses

Unterkapitel 1. Allgemeine Vorschriften

§ 568 Form und Inhalt der Kündigung

(1) Die Kündigung des Mietverhältnisses bedarf der schriftlichen Form.

(2) Der Vermieter soll den Mieter auf die Möglichkeit, die Form und die Frist des Widerspruchs nach den §§ 574 bis 574b rechtzeitig hinweisen.

Systematische Übersicht

Alphabetische Schnellübersicht

I. Schriftform der Kündigung (Abs. 1)

1. Entwicklung und Bedeutung der Vorschrift

1 Der Vorläufer des § 568 Abs. 1 BGB ist als § 564a durch das Gesetz vom 29.7.1963 (BGBl. I S. 505) in das BGB eingefügt worden und hat durch die Gesetze vom 21.12.1967 (BGBl. I S. 1248) und vom 4.11.1971 (BGBl. I S. 1745) ihre bis zum 31.8.2001 geltende Fassung erhalten. Das Mietrechtsreformgesetz vom 19.6.2001 (BGBl. I S. 1149) hat die Regelung im Wesentlichen unverändert übernommen. Der Anwendungsbereich des § 568 Abs. 1 BGB ist allerdings etwas weiter als die frühere Regelung. Nach früherem Recht konnten Mietverhältnisse über Wohnraum, der nur zu vorübergehendem Gebrauch vermietet ist und möblierter Wohnraum innerhalb der Vermieterwohnung formlos gekündigt werden (§ 564a Abs. 3 Satz 1 BGB a. F.). Nunmehr bedarf auch die Kündigung dieser Mietverhältnisse der Schriftform, weil § 549 Abs. 2 BGB nur auf § 568 Abs. 2 BGB, nicht aber auf Abs. 1 verweist.

2 Der bisherige § 564a Abs. 2 BGB, wonach in dem Kündigungsschreiben die Gründe der Kündigung angegeben werden **sollen,** ist entfallen. Weiter reichende Regelungen finden sich nunmehr in §§ 573 Abs. 3, 569 Abs. 5 BGB und in 573d Abs. 1 BGB. Danach **müssen** die Gründe der Kündigung angegeben werden, **(1)** wenn der Vermieter von Wohnraum eine ordentliche befristete (§ 573 Abs. 3 BGB), eine außerordentliche befristete (§§ 573d Abs. 1 BGB i. V. m. § 573 Abs. 3 BGB) oder eine außerordentliche fristlose Kündigung (§ 569 Abs. 5 BGB) ausspricht und **(2)** wenn der Mieter von Wohnraum das Mietverhältnis im Wege der außerordentlichen fristlosen Kündigung beenden will (§ 569 Abs. 5 BGB). Die amtliche Überschrift ist insoweit unvollständig.

3 Die Regelung des § 568 Abs. 1 BGB ist als Ergänzung zu § 542 Abs. 1 BGB zu verstehen. Sie bestimmt, welche formellen Besonderheiten bei der Kündigung eines Wohnraummietverhältnisses zu beachten sind. Die Vorschrift hat mieterschützende Funktion und ist als Teil des sozialen Mietrechts anzusehen.

2. Anwendungsbereich

4 Die Vorschrift bestimmt, dass die Kündigung eines Mietverhältnisses über Wohnraum von der Einhaltung der Schriftform abhängig ist. Zum **Begriff des Mietverhältnis über Wohnraum** s. Vor § 535 BGB Rdn. 94. Die Regelung gilt für alle Mietverhältnisse über Wohnraum, einschließlich derer mit eingeschränktem Kündigungsschutz (s. § 549 Abs. 2 und 3 BGB). Für Mietverhältnisse über Geschäftsräume gilt § 568 Abs. 1 BGB nicht. Gleiches gilt für Mischräume, deren Schwerpunkt im gewerblichen Bereich liegt (s. Vor § 535 BGB Rdn. 107). Für Mietverhältnisse über bewegliche Sachen ist die Vorschrift ebenfalls unanwendbar.

5 Bei der nach § 568 Abs. 1 BGB verlangten Schriftform handelt es sich um ein echtes **Wirksamkeitserfordernis.** Die Regelung wird vom Gesetz nicht ausdrücklich für unabdingbar erklärt, jedoch ist dies aus der Funktion der Vorschrift zu folgern.[1] Die Form kann durch Vertrag weder erleichtert, noch erschwert werden.[2] Dies gilt sowohl für die Kündigung des Vermieters als auch für die Kündigung des Mieters.

6 Wird die Schriftform missachtet, so ist die Kündigung unwirksam. Durch die Formvorschrift soll in erster Linie verhindert werden, dass ein Mietverhältnis über Wohnraum unüberlegt durch Kündigung beendet wird (Warnfunktion).[3] Daneben dient die Vorschrift der Rechtsklarheit sowie dem Schutz und dem Interesse des Erklärungsempfängers (Klarstellungsfunktion).[4]

7 Zum **Begriff der Kündigung** s. zunächst § 542 BGB Rdn. 11ff. Die Vorschrift gilt sowohl für die Kündigung des Vermieters als auch für die Kündigung des Mieters. Sie erfasst alle Arten der Kündigung, also sowohl die ordentliche wie auch die außerordentliche befristete und die fristlose Kündigung.[5] Andererseits ist der Anwendungsbereich des § 568 Abs. 1 BGB auf die Kündigung beschränkt; Mietaufhebungsverträge können auch mündlich geschlossen werden.[6] Gleiches gilt für den Rücktritt.[7] Dabei ist nicht zu verkennen, dass die Ausdehnung des Schriftformerfordernisses auf alle Arten der Vertragsbeendigung sinnvoll wäre. Der Wortlaut des § 568 Abs. 1 BGB ist indes eindeutig. Eine analoge Anwendung auf andere Fälle der Vertragsbeendigung als der Kündigung kommt aus Gründen der Rechtssicherheit nicht in Betracht.[8]

3. Anforderungen an die Schriftform

8 Der Kündigende muss die Kündigungserklärung schriftlich abfassen und diese eigenhändig durch Namensunterschrift oder mittels notariell beglaubigtem Handzeichen unterzeichnen (§ 126 Abs. 1 BGB).

9 **a) Name** i. S. d. § 126 BGB ist der Vor- und Familienname. Die Unterschrift mit dem Familiennamen genügt. Eine Unterzeichnung mit dem Vornamen reicht dann aus, wenn der Empfänger den Kündigenden unter diesem Namen kennt. Unter diesen Umständen kann der Kündigende auch mit einem Pseudonym, einem Künstler- oder einem Phantasienamen unterschreiben. Die Niederschrift einer bloßen Funktionsbezeichnung („Der Hauseigentümer") oder Verwandtschaftsbezeichnung („Euer Sohn") ist keine „Namensunterschrift". Eine solche Kündigung ist unwirksam.

10 **b)** Eine Unter**schrift** liegt vor, wenn der Name in Form eines individuellen Schriftbilds wiedergegeben wird. Leserlichkeit ist nicht erforderlich; auch eine „wellenförmige Linie" ist eine Unterschrift.[9] Die Form der Schrift ist gleichgültig. Es muss sich keineswegs um die üblicherweise ge-

---

[1] *Roquette* § 564a BGB Rdn. 10; *Lützenkrichen* in: Erman § 568 Rdn. 1; Palandt/*Weidenkaff* § 568 BGB Rdn. 3; *Häublein* in MünchKomm § 568 BGB Rdn. 11; *Wöstmann* in Bamberger/Roth § 568 BGB Rdn. 16; *Rolfs* in Staudinger § 568 BGB Rdn. 33; *Haug* in Emmerich/Sonnenschein § 568 BGB Rdn. 18; *Kossmann* § 87 Rdn. 15; *Lammel* § 568 BGB Rdn. 5.

[2] *Häublein* in MünchKomm § 568 BGB Rdn. 11.

[3] *Häublein* in MünchKomm § 568 BGB Rdn. 1; *Lützenkrichen* in: Erman § 568 Rdn. 3 *Wöstmann* in Bamberger/Roth § 568 Rdn. 2; *Rolfs* in Staudinger § 568 BGB Rdn. 4; *Lammel* § 568 BGB Rdn. 3.

[4] OLG Hamm RE v. 23.11.1981, NJW 1982, 452 = WuM 1982, 44; BayObLG RE v. 14.7.1981, BayObLGZ 1981, 232 = NJW 1981, 2197 = WuM 1981, 200; *Rolfs* in Staudinger § 568 BGB Rdn. 4.

[5] *Roquette* § 564a BGB Rdn. 4; *Rolfs* in Staudinger § 568 BGB Rdn. 10; *Lützenkrichen* in: Erman § 568 Rdn. 3; *Häublein* in MünchKomm § 568 BGB Rdn. 3; *Wöstmann* in Bamberger/Roth § 568 BGB Rdn. 3.

[6] *Rolfs* in Staudinger § 568 BGB Rdn. 11; *Wöstmann* in Bamberger/Roth § 568 BGB Rdn. 3; *Lützenkrichen* in: Erman § 568 Rdn. 3 Palandt/*Weidenkaff* § 568 BGB Rdn. 3; **a. A.** AG Köln WuM 1993, 119.

[7] *Grapentin* in Bub/Treier Kap. IV Rdn. 33; *Rolfs* in Staudinger § 568 BGB Rdn. 11.

[8] *Kandelhard* in Herrlein/Kandelhard § 568 BGB Rdn. 4.

[9] **A. A.** *Sternel* Mietrecht aktuell (2009) Rdn. X 36.

brauchte Unterschrift handeln; auch die Wiedergabe des Namens in Druckbuchstaben ist eine Unterschrift. Gleiches gilt für die von einem Analphabeten verwendeten Schriftzeichen (z. B. „drei Kreuze"). Ein bloßes Handzeichen (Paraphe) reicht dagegen nur aus, wenn es notariell beglaubigt ist, was bei einer Wohnraumkündigung so gut wie nie vorkommen wird.

c) Die Namens**unter**schrift muss **unter dem Text** der Kündigungserklärung stehen und diesen räumlich abschließen. Wird die Kündigung in einem Zusatz in einem Schreiben in anderer Sache erklärt, so muss der Zusatz erneut unterschrieben werden. Die zeitliche Reihenfolge der Abfassung der Kündigungserklärung und der Unterschrift spielt keine Rolle. Der Kündigende kann auch blanko unterschreiben; der später eingefügte Text muss aber auch hier vollständig über der Unterschrift stehen. 11

d) § 126 BGB verlangt eine **eigenhändige Unterschrift.** Dieses Erfordernis ist nicht gewahrt bei der Wiedergabe des Namens mittels einer Schreibmaschine, bei der Verwendung eines Namenstempels, beim Einsatz eines Unterschriftautomats und bei einer gedruckten Unterschrift. Wer nicht schreiben kann, muss eine notariell beurkundete Kündigungserklärung abgeben (§ 126 Abs. 3 BGB). 12

Die **Fotokopie** einer Kündigungserklärung enthält ebenfalls keine eigenhändige Unterschrift. Auch auf einem **Telegramm** befindet sich keine eigenhändige Unterschrift. Aus diesem Grunde ist die telegraphisch erklärte Kündigung unwirksam.[10] Durch **Telefax** kann ebenfalls nicht wirksam gekündigt werden, weil der Empfänger hier nicht die Urschrift mit der eigenhändigen Unterschrift des Kündigenden erhält.[11] Die z. T. vertretene Ansicht, wonach eine Kündigung per „Vorab-Telefax" zur Fristwahrung ausreicht, wenn in dem Fax der spätere Zugang der Originalerklärung angekündigt wird und in der Folgezeit auch erfolgt,[12] trifft nicht zu[13], weil eine formunwirksame Erklärung nichtig (§ 125 Satz 1 BGB) und deshalb auch zur Fristwahrung ungeeignet ist. Dieselben Grundsätze gelten für eine auf einem **Notepad** geleistete und dem Empfänger per Datenleitung übermittelte Unterschrift[14] und für die auf einer **E-Mail** befindlichen Unterschrift. 13

e) Bei der **Kündigung durch einen Vertreter** ist die Schriftform gewahrt, wenn dieser mit seinem Namen unterschreibt. Aus dem Kündigungsschreiben muss sich in diesem Fall ergeben, dass der Unterzeichnende als Vertreter des Kündigenden tätig wird.[15] Eine Kündigung in verdeckter Stellvertretung ist nicht zulässig (§ 542 BGB Rdn. 46). Dies gilt auch dann, wenn der Mieter weiß, dass der Vermieter in allen Mietangelegenheiten durch den Unterzeichner des Kündigungsschreibens vertreten wird.[16] Nach h. M. soll es darüber hinaus auch möglich sein, dass der Vertreter mit dem Namen des Vertretenen unterzeichnet.[17] Dies gilt auch dann, wenn der Vertreter die Unterschrift des Vertretenen nachahmt (fälscht) und so den Eindruck erweckt, der Vertretene habe selbst unterzeichnet.[18] Die eigenhändige Unterzeichnung der Kündigungserklärung durch den Vertreter ist unverzichtbar. Eine nicht unterzeichnete Erklärung ist auch dann unwirksam, wenn der Kündigung eine vom Vertretenen eigenhändig unterzeichnete Vollmacht beigefügt ist.[19] Die Erteilung der Vollmacht ist nicht formbedürftig (§ 167 Abs. 2 BGB).[20] 14

f) Besteht der kündigende Teil aus **mehreren Personen,** so müssen alle unterschreiben. Eine Stellvertretung bei der Unterschrift ist zulässig. Deshalb kann beispielsweise einer von mehreren Mietern oder Vermietern zugleich für die übrigen Mieter oder Vermieter unterzeichnen. Auch hier gilt allerdings der Grundsatz, dass das Vertretungsverhältnis erkennbar sein muss.[21] Aus der Sicht des Kündigungsempfängers darf kein Zweifel bestehen, dass der Unterzeichnende nicht nur für sich selbst sondern auch für die übrigen Mieter oder Vermieter tätig werden wollte.[22] Sind Eheleute Vermieter und wird eine Kündigungserklärung nur vom Ehemann unterschrieben, so ist die 15

---

[10] AG Siegburg WuM 1993, 647.

[11] *Schach* GE 1994, 487; *Sternel* Mietrecht (1988) Rdn. IV 43; *Rolfs* in Staudinger § 568 BGB Rdn. 15; vgl. auch BGH NJW 1993, 1126 für Bürgschaftserklärung; **a. A.** AG Köln WuM 1992, 194 ohne Begründung.

[12] So *Schürmann* NJW 1992, 3005; ihm folgend *Gramlich* § 568 Abs. 1 BGB Anm. 6.

[13] *Rolfs* in Staudinger § 568 BGB Rdn. 15; *Haug* in Emmerich/Sonnenschein, Miete § 568 BGB Rdn. 6.

[14] *Haug* in Emmerich/Sonnenschein, Miete § 568 BGB Rdn. 6.

[15] LG Düsseldorf DWW 1993, 20 betr. die Kündigung durch den Verwalter.

[16] LG Düsseldorf DWW 1993, 20.

[17] RGZ 74, 69; *Rolfs* in Staudinger § 568 BGB Rdn. 19.

[18] LG Berlin GE 2011, 1372.

[19] AG Friedberg/Hessen WuM 1993, 48.

[20] LG Wiesbaden WuM 1967, 184; **a. A.** AG Frankfurt ZMR 1969, 86.

[21] Vgl. RGZ 96, 289.

[22] BGH NJW 2009, 3506; LG Wuppertal WuM 2016, 489.

Kündigung nur wirksam, wenn sich aus dem Kündigungsschreiben ergibt, dass der Ehemann zugleich als Vertreter für seine Ehefrau unterzeichnet hat[23] Ist im Briefkopf eines Kündigungsschreibens die Ehefrau mit aufgeführt und verwendet der Ehemann in der Kündigungserklärung den Plural, so legt dies zwar die Annahme nahe, dass die Kündigung auch durch die Ehefrau erklärt werden soll. Eine solche Praxis ist bei Personenmehrheiten häufig. Sie rechtfertigt nicht den Schluss, dass der Unterzeichner einer Erklärung zugleich für sich und für andere Personen unterschreiben wollte. Gleiches gilt, wenn eine Wohnung an Eheleute vermietet ist und lediglich der Ehemann die Kündigungserklärung unterschrieben hat. Die hier dargelegten Grundsätze gelten auch für die kraft einer **Ermächtigung** (Einwilligung, § 185 Abs. 1 BGB) ausgesprochene Kündigung, weil die Ermächtigung mit der Vollmacht verwandt ist und für vergleichbare Zwecke eingesetzt wird. Die gesetzliche Schriftform ist deshalb nur gewahrt, wenn sich aus dem Kündigungsschreiben ergibt, dass der Unterzeichnende ein fremdes Recht im eigenen Namen geltend macht.

16 **g)** Wird **durch prozessualen Schriftsatz** gekündigt, so ist die Schriftform gewahrt, wenn der Kündigende oder dessen Bevollmächtigter die für den Kündigungsempfänger bestimmte Abschrift eigenhändig unterschreibt. Es genügt aber auch, wenn die für das Gericht bestimmte Urschrift eigenhändig unterzeichnet ist und der Kündigungsempfänger eine mit einem Beglaubigungsvermerk versehene Abschrift erhält. Erforderlich ist allerdings, dass der Beglaubigungsvermerk vom Verfasser des Schriftsatzes, der die Kündigung enthält, eigenhändig unterzeichnet ist;[24] s. i. Ü. § 542 BGB Rdn. 19). Sind der Verfasser des Schriftsatzes und der Beglaubiger nicht personengleich, so ist die Schriftform nicht gewahrt.[25]

17 **h)** Eine **mündlich erklärte Kündigung** ist stets unwirksam. Dies gilt auch dann, wenn sie in der mündlichen Verhandlung **zu Protokoll** erklärt wird, weil § 127a BGB nur für den gerichtlichen Vergleich gilt.[26] Die Umdeutung einer formunwirksamen Kündigung in ein Angebot zum Abschluss eines Mietaufhebungsvertrags ist nur im Ausnahmefall möglich (s. § 542 BGB Anm. 25). An der Unwirksamkeit der mündlich erklärten Kündigung ändert sich auch dann nichts, wenn sie vom Empfänger schriftlich „angenommen" wird.[27] Unbillige Ergebnisse müssen – unter voller Beachtung des Schutzzweck des § 568 Abs. 1 BGB – über § 242 BGB korrigiert werden. Unter Umständen kann in der schriftlichen „Annahme" einer mündlichen Kündigung ein Angebot auf Abschluss eines Mietaufhebungsvertrags liegen. Wird dieses Angebot vom Kündigenden ausdrücklich oder durch konkludente Handlung (etwa durch Auszug des Mieters) angenommen, so wird das Mietverhältnis durch den Aufhebungsvertrag beendet.

4. Elektronische Form

18 Nach § 126 Abs. 3 BGB kann die Schriftform durch die elektronische Form ersetzt werden. Diese Form ist von Bedeutung, wenn die Kündigungserklärung durch ein elektronisches Dokument, z. B. per E-Mail, übermittelt werden soll. Der Kündigende muss der Erklärung seinen Namen hinzufügen und das elektronische Dokument mit einer qualifizierten elektronischen Signatur nach dem Signaturgesetz versehen (§ 126a Abs. 1 BGB). Allerdings ist eine dergestalt übermittelte Erklärung nur wirksam, wenn der Empfänger damit einverstanden ist.[28] Das Einverständnis kann formlos erteilt werden. Es genügt, wenn die Parteien ihre Erklärungen in der Vergangenheit in elektronischer Form abgegeben haben.

19 Einzelheiten zur elektronischen Form ergeben sich aus dem Signaturgesetz vom 16.5.2001 (BGBl. I S. 876 – SigG). Eine qualifizierte elektronische Signatur setzt nach § 2 Nr. 2 SigG voraus dass (1) die Signatur ausschließlich dem Inhaber des Signaturschlüssels zugeordnet ist, (2) der Inhaber des Signaturschlüssels identifiziert werden kann (3) die Signatur mit Mitteln erzeugt wird, die

---

[23] BGHZ 125, 175.

[24] OLG Zweibrücken RE v. 17.2.1981, OLGZ 1981, 350 = WuM 1981, 178; BayObLG RE v. 14.7.1981, BayObLGZ 1981, 232 = NJW 1981, 2197 = WuM 1981, 200; OLG Hamm RE v. 23.11.1981, NJW 1982, 452 = WuM 1982, 44; LG Frankfurt WuM 1991, 104.

[25] *Sternel* Mietrecht (1988) Rdn. IV 43.

[26] LG Berlin WuM 1982, 111; GE 1989, 145; AG Braunschweig WuM 1990, 153; AG Münster WuM 1987, 273; *Deggau* ZMR 1982, 291, 293; *Nassall* MDR 1985, 893, 897; *Weimar* WuM 1969, 199; *Sternel* Mietrecht (1988) Rdn. IV 43; *Rolfs* in Staudinger § 568 BGB Rdn. 22; *Wöstmann* in Bamberger/Roth § 568 BGB Rdn. 7; *Hinz* in FA MietRWEG Kap. 15 Rdn. 98; **a. A.** *Spangenberg* MDR 1983, 807, 808.

[27] **A. A.** AG Gifhorn WuM 1992, 250.

[28] Palandt/*Ellenberger* § 126a BGB Rdn. 6.

der Kontrolle des Schlüsselinhabers unterliegen, (4) die Verknüpfung der Signatur mit dem Dokument dergestalt erfolgt, dass nachträgliche Änderungen zu erkennen sind (5) die Signatur im Zeitpunkt ihrer Erzeugung auf einem gültigen Zertifikat beruht und (6) mit einer sicheren Einrichtung erzeugt worden ist.

Nach § 292a ZPO gilt eine prima-facie-Vermutung für die Echtheit der Urkunde, wenn eine Überprüfung nach dem Signaturgesetz ergibt, dass die Erklärung mit dem Willen des Inhabers des Signaturschlüssels abgegeben worden ist. Der Erklärungsempfänger kann die Vermutung widerlegen. Eine Erklärung mit Nichtwissen genügt nicht. Erforderlich ist, dass auf Grund konkreter Tatsachen ernstliche Zweifel bestehen, dass die Erklärung dem Willen des Signaturinhabers entspricht. Ist die Vermutung erschüttert, so muss der Erklärende die Echtheit der Urkunde beweisen. 20

II. Hinweis auf das Recht zum Kündigungswiderspruch (Abs. 2)

1. Entwicklung und Zweck der Vorschrift

Die Regelung ist dem bis 31.8.2001 geltenden § 564a Abs. 2 BGB a. F. nachgebildet (s. o. Rdn. 2). Sie ist als Ergänzung zu § 574 BGB zu verstehen. Danach kann der Mieter der Kündigung des Vermieters widersprechen und von ihm die Fortsetzung des Mietverhältnisses verlangen, wenn die Beendigung des Mietverhältnisses für den Mieter, seine Familie oder einen anderen Angehörigen seines Haushalts eine Härte bedeuten würde, die auch unter Würdigung der berechtigten Interessen des Vermieters nicht zu rechtfertigen ist. Nach § 568 Abs. 2 BGB soll der Vermieter den Mieter „auf die Möglichkeit, die Form und die Frist des Widerspruchs nach den §§ 574–574b rechtzeitig hinweisen". Die „Möglichkeit" des Widerspruchs ergibt sich aus § 574 BGB; „die Form und die Frist" sind in § 574b Abs. 1 und 2 BGB geregelt. Rechtzeitig ist der Hinweis, wenn er so zeitig erfolgt, dass der Mieter den Kündigungswiderspruch 2 Monate vor der Beendigung des Mietverhältnisses erklären kann (§ 574b Abs. 2 BGB). Regelmäßig wird der Hinweis bereits im Kündigungsschreiben erteilt. Wie schon nach § 546a Abs. 2 BGB a. F. ist auch § 568 Abs. 2 BGB als „Soll-Vorschrift" ausgestaltet. Wird der Hinweis nicht erteilt, so kann der Widerspruch noch im ersten Termin des Räumungsrechtsstreits erklärt werden (§ 574b Abs. 2 Satz 2 BGB). 21

2. Anwendungsbereich

Die Hinweispflicht besteht für alle Mietverhältnisse, die dem Anwendungsbereich der §§ 574ff. BGB unterliegen. Das sind alle Wohnraummietverhältnisse (zum Begriff s. Vor § 535 BGB Rdn. 94). Die Hinweispflicht entfällt allerdings bei Mietverhältnissen über Wohnraum, der nur zu vorübergehendem Gebrauch vermietet ist und bei Mietverhältnissen über möblierten Wohnraum innerhalb der Vermieterwohnung, der nicht zum dauernden Gebrauch für eine Familie überlassen wurde. Außerdem entfällt die Hinweispflicht bei Mietverträgen, die eine juristische Person oder ein anerkannter Träger der Wohlfahrtspflege zum Zwecke der Weitervermietung abgeschlossen hat. Dies folgt aus der Erwägung dass diese Mietverhältnisse keinen speziellen Kündigungsschutz genießen (s. § 549 Abs. 2 BGB). Für Mietverhältnisse über Wohnraum in einem Studenten- oder Jugendheim i. S. v. § 549 Abs. 3 BGB ist § 568 Abs. 2 BGB aber anwendbar. Für Mietverhältnis über Geschäftsräume gilt § 568 Abs. 2 BGB nicht. Gleiches gilt für Mischräume, deren Schwerpunkt im gewerblichen Bereich liegt (s. Vor § 535 BGB Rdn. 107). Für befristete Mietverhältnisse i. S. v. § 575 Abs. 1 Satz 1 BGB ist § 568 Abs. 2 BGB unanwendbar, weil solche Mietverhältnisse nicht nach § 574 BGB fortgesetzt werden können. 22

Eine Besonderheit gilt für **einfache befristete Mietverhältnisse nach § 564c Abs. 1 BGB a. F.**, die vor dem 1.9.2001 begründet worden sind. Auf diese Mietverhältnisse ist § 556b BGB a. F. weiterhin anwendbar (Art. 229 § 3 Abs. 3 EGBGB). Nach § 556b BGB a. F. kann der Mieter eines befristeten Mietverhältnisses in Härtefällen dessen Fortsetzung über den vertraglich vereinbarten Zeitpunkt hinaus verlangen. Aus diesem Grunde war der Vorläufer des § 568 Abs. 2 BGB, also die Regelung des § 564a Abs. 2 BGB a. F. auch in diesen Fällen anwendbar.[29] Die Regelung des § 564a Abs. 2 BGB a. F. ist in Art. 229 § 3 Abs. 3 BGB nicht genannt. Es handelt sich um eine Gesetzeslücke, weil § 564a Abs. 2 BGB a. F. und § 556b BGB a. F. in einem engen sachlichen Zusam- 23

[29] OLG Hamm RE v. 26.7.1991, NJW-RR 1991, 1485 = WuM 1991, 423 = ZMR 1991, 375; LG Hildesheim WuM 1990, 209; AG Köln WuM 1990, 210.

menhang stehen. Daraus folgt, dass der Hinweis auf die Sozialklausel auch bei den befristeten Altmietverträgen zu erteilen ist.

24 Die Regelung des § 568 Abs. 2 BGB begründet kein Wirksamkeitserfordernis für die Kündigung sondern stellt eine Obliegenheit dar. Die Rechtsfolgen der Obliegenheitsverletzung ergeben sich aus § 574b Abs. 2 Satz 2 BGB: Wird der Mieter entgegen § 568 Abs. 2 BGB nicht oder nur unvollständig über sein Recht zum Kündigungswiderspruch belehrt, so kann er den Widerspruch noch im ersten Termin des Räumungsrechtsstreits erklären. Mit dieser Regelung soll erreicht werden, dass die Einlegung des Kündigungswiderspruchs nicht an der Unwissenheit des Mieters scheitert.

3. Inhalt der Belehrung

25 Der Vermieter muss den Mieter über die Möglichkeit des Kündigungswiderspruchs und seine form- und fristgerechte Erhebung belehren. Form und Frist des Widerspruchs ergeben sich aus § 574a BGB. Danach ist der Widerspruch schriftlich gegenüber dem Vermieter spätestens zwei Monate vor Beendigung des Mietverhältnisses zu erklären. Der **Hinweis** hierauf kann **formlos** erteilt werden. Er ist auch dann nicht entbehrlich, wenn die Kündigung gegenüber oder zu Händen eines Rechtskundigen erklärt wird. Gesetzliche Hinweis- oder Belehrungspflichten gelten aus Gründen der Rechtssicherheit üblicherweise ohne Rücksicht auf die Belehrungsbedürftigkeit des Adressaten. Der Hinweis muss nicht bereits in der Kündigungserklärung erteilt werden. Dies ist zwar üblich, aber nicht erforderlich.[30] Es muss aber ein zeitlicher Zusammenhang zwischen Kündigung und Hinweis bestehen. Eine im Mietvertrag erteilte Belehrung reicht nicht aus.[31] Sowohl nach § 568 Abs. 2 BGB als auch nach § 574b Abs. 2 Satz 2 BGB genügt es, wenn der Hinweis **„rechtzeitig"** erteilt wird. Dies ist dann der Fall, wenn der Hinweis so frühzeitig erfolgt, dass der Mieter die Widerspruchsfrist einhalten kann. Eine angemessene Überlegungs- und Beratungszeit sowie die Postlaufzeiten sind dabei zu berücksichtigen. I. d. R. wird es ausreichen, wenn zwischen dem Zugang des Hinweises beim Mieter und dem Ablauf der Widerspruchsfrist ein Zeitraum von ca. 2 Wochen liegt.[32] Wird dieser Zeitraum unterschritten, kann der Widerspruch noch im ersten Termin erklärt werden. Der Hinweis muss **verständlich und vollständig** sein; dies ist unter Berücksichtigung der Rechts- und Geschäftsgewandtheit des Mieters zu beurteilen. Der bloße Hinweis auf die Gesetzesbestimmung reicht i. d. R. nicht aus. Jedoch genügt es, wenn der wesentliche Inhalt der §§ 574, 574b Abs. 1 Satz 1 BGB mitgeteilt wird. Eine Übermittlung der entsprechenden Gesetzestexte reicht ebenfalls aus.[33] Über die Gesetzestexte hinaus muss der Vermieter keine weiteren Belehrungen vermitteln.[34] Den besonderen Verständnisschwierigkeiten, insbesondere ausländischer Mieter muss der Hinweis nicht Rechnung tragen.[35]

---

[30] *Rolfs* in Staudinger § 568 BGB Rdn. 30.

[31] *Rolfs* in Staudinger a. a. O.; *Kossmann* § 87 Rdn. 21.

[32] *Lammel* § 568 BGB Rdn. 18.

[33] LG Rottweil ZMR 1980, 183.

[34] *Rolfs* in Staudinger § 568 BGB Rdn. 28; *Schach* in Kinne/Schach/Bieber Miet- und Mietprozessrecht § 568 BGB Rdn. 2; **a. A.** AG Bergheim WuM 1996, 415: Danach muss der Vermieter bei einer Mietermehrheit mitteilen, dass der Widerspruch von allen Mietern erhoben werden muss.

[35] **A. A.** *Wöstmann* in Bamberger/Roth § 568 BGB Rdn. 13.

§ 569 Außerordentliche fristlose Kündigung aus wichtigem Grund

(1) [1]Ein wichtiger Grund im Sinne des § 543 Abs. 1 liegt für den Mieter auch vor, wenn der gemietete Wohnraum so beschaffen ist, dass seine Benutzung mit einer erheblichen Gefährdung der Gesundheit verbunden ist. [2]Dies gilt auch, wenn der Mieter die gefahrbringende Beschaffenheit bei Vertragsschluss gekannt oder darauf verzichtet hat, die ihm wegen dieser Beschaffenheit zustehenden Rechte geltend zu machen.

(2) Ein wichtiger Grund im Sinne des § 543 Abs. 1 liegt ferner vor, wenn eine Vertragspartei den Hausfrieden nachhaltig stört, so dass dem Kündigenden unter Berücksichtigung aller Umstände des Einzelfalls, insbesondere eines Verschuldens der Vertragsparteien, und unter Abwägung der beiderseitigen Interessen die Fortsetzung des Mietverhältnisses bis zum Ablauf der Kündigungsfrist oder bis zur sonstigen Beendigung des Mietverhältnisses nicht zugemutet werden kann.

(2a) Ein wichtiger Grund im Sinne des § 543 Abs. 1 liegt ferner vor, wenn der Mieter mit einer Sicherheitsleistung nach § 551 in Höhe eines Betrages im Verzug ist, der der zweifachen Monatsmiete entspricht. Die als Pauschale oder als Vorauszahlung ausgewiesenen Betriebskosten sind bei der Berechnung der Monatsmiete nach Satz 1 nicht zu berücksichtigen. Einer Abhilfefrist oder einer Abmahnung nach § 543 Abs. 3 Satz 1 bedarf es nicht. Abs. 3 Nummer 2 Satz 1 sowie § 543 Absatz 2 Satz 2 sind sinngemäß anzuwenden.

(3) Ergänzend zu § 543 Abs. 2 Satz 1 Nr. 3 gilt:

1. **[1]Im Falle des § 543 Abs. 2 Satz 1 Nr. 3 Buchst. a ist der rückständige Teil der Miete nur dann als nicht unerheblich anzusehen, wenn er die Miete für einen Monat übersteigt. [2]Dies gilt nicht, wenn der Wohnraum nur zum vorübergehenden Gebrauch vermietet ist.**
2. **[1]Die Kündigung wird auch dann unwirksam, wenn der Vermieter spätestens bis zum Ablauf von zwei Monaten nach Eintritt der Rechtshängigkeit des Räumungsanspruchs hinsichtlich der fälligen Miete und der fälligen Entschädigung nach § 546a Abs. 1 befriedigt wird oder sich eine öffentliche Stelle zur Befriedigung verpflichtet. [2]Dies gilt nicht, wenn der Kündigung vor nicht länger als zwei Jahren bereits eine nach Satz 1 unwirksam gewordene Kündigung vorausgegangen ist.**
3. **Ist der Mieter rechtskräftig zur Zahlung einer erhöhten Miete nach den §§ 558 bis 560 verurteilt worden, so kann der Vermieter das Mietverhältnis wegen Zahlungsverzugs des Mieters nicht vor Ablauf von zwei Monaten nach rechtskräftiger Verurteilung kündigen, wenn nicht die Voraussetzungen der außerordentlichen fristlosen Kündigung schon wegen der bisher geschuldeten Miete erfüllt sind.**

(4) Der zur Kündigung führende wichtige Grund ist in dem Kündigungsschreiben anzugeben.

(5) [1]Eine Vereinbarung, die zum Nachteil des Mieters von den Absätzen 1 bis 3 dieser Vorschrift oder von § 543 abweicht, ist unwirksam. [2]Ferner ist eine Vereinbarung unwirksam, nach der der Vermieter berechtigt sein soll, aus anderen als den im Gesetz zugelassenen Gründen außerordentlich fristlos zu kündigen.

Systematische Übersicht

Alphabetische Schnellübersicht

I. Bedeutung und Anwendungsbereich der Vorschrift

1 Die Vorschrift gilt ab 1.9.2001 und ergänzt die Regelungen des § 543 BGB über die außerordentliche fristlose Kündigung um einige Sonderbestimmungen für die Wohn- und Geschäftsraummiete. § 569 BGB ist deshalb im Zusammenhang mit § 543 BGB zu lesen.

2 **§ 569 Abs. 1 BGB** ist dem bis zum 31.8.2001 geltenden § 544 BGB nachgebildet. Die Vorschrift bestimmt, dass ein wichtiger Grund i. S. d. § 543 Abs. 1 BGB auch dann vorliegt, wenn die Benutzung der Räume mit einer erheblichen Gefährdung der Gesundheit verbunden ist. Kündigungsbefugt ist nur der Mieter; dem Vermieter steht in diesem Fall kein Kündigungsrecht zu. Die Regelung gilt für alle Wohnraummietverhältnisse i. S. v. § 549 BGB (s. dort) und für die Geschäftsraummiete, wenn die Räume zum Aufenthalt von Menschen bestimmt sind (§ 578 Abs. 2 Satz 2 BGB).

3 Die Vorschrift des **§ 569 Abs. 2 BGB** tritt an die Stelle des früheren § 554a BGB (Kündigung wegen Störung des Hausfriedens). Die Regelung gilt für alle Wohnraummietverhältnisse i. S. d. § 549 BGB und auf Grund der Verweisung in § 578 Abs. 2 BGB auch für Geschäftsräume. Gegenüber dem früheren Recht bestehen im Wesentlichen zwei sachliche Änderungen: Der Kündigungstatbestand des § 554a BGB a. F. umfasste eine Vielzahl von Vertragsverletzungen, wobei die Störung des Hausfriedens nur als besonders geregelter Fall („insbesondere") der schweren Pflichtverletzung genannt war. § 569 Abs. 2 BGB gilt ausschließlich für den Tatbestand der Störung des Hausfriedens. Die übrigen Fälle der Pflichtverletzungen, die bisher unter § 554a BGB a. F. behandelt worden sind, müssen seit 1.9.2001 unter den Auffangtatbestand des § 543 Abs. 1 BGB subsumiert werden.

3a **§ 569 Abs. 2a** wurde durch das Mietrechtsänderungsgesetz 2013 in das BGB eingefügt. Die Vorschrift begründet zugunsten des Vermieters von Wohnraum ein Recht zur fristlosen Kündigung, wenn der Mieter mit der Verpflichtung zur Zahlung der Kaution in Verzug gerät.

4 **§ 569 Abs. 3 BGB** enthält ergänzende Regelungen für die Kündigung wegen Zahlungsverzugs. Sie gelten nur für die Wohnraummiete und sind im Zusammenhang mit § 543 Abs. 2 Satz 1 Nr. 3 BGB zu lesen. In der Sache entspricht **Abs. 3 Nr. 1** dem bisherigen § 554 Abs. 2 Nr. 1 BGB a. F. **Abs. 3 Nr. 2** ist dem bisherigen § 554 Abs. 2 Nr. 2 BGB a. F. nachgebildet. Die Vorschrift gibt dem Mieter die Möglichkeit, durch nachträgliche Zahlung eine fristlose Kündigung wegen Zahlungsverzugs unwirksam zu machen (sog. „Nachholrecht"); jedoch ist die Frist zur nachträglichen Zahlung von einem auf zwei Monate verlängert worden. Die bisher in § 9 Abs. 2 MHG a. F. angeordnete Kündigungsbeschränkung ist nunmehr inhaltsgleich in **Abs. 3 Nr. 3** geregelt. Die Vorschrift regelt den Fall, dass der Zahlungsverzug aus einer Erhöhung der Miete, der Betriebskostenpauschale oder einer Betriebskostenvorauszahlung herrührt. In diesen Fällen kann der Vermieter das Mietverhältnis wegen Zahlungsverzugs nicht vor Ablauf von 2 Monaten nach rechtskräftiger Verurteilung kündigen.

5 In **§ 569 Abs. 4 BGB** ist für die Wohnraummiete bestimmt, dass der zur Kündigung führende wichtige Grund in dem Kündigungsschreiben anzugeben ist. Dies gilt sowohl für die Kündigung

durch den Vermieter als auch für die Kündigung durch den Mieter. Die Vorschrift hat im bisherigen Recht kein Vorbild. Die Regelung ähnelt der für die befristete Kündigung maßgeblichen Vorschrift des § 573 Abs. 3 Satz 1, wonach die Gründe für das berechtigte Interesse im Kündigungsschreiben angegeben werden müssen. Über die Berücksichtigung nachträglich entstandener Gründe enthält Abs. 4 keine Regelung. Daraus ergibt sich, dass es insoweit bei dem allgemeinen Grundsatz verbleibt, wonach wegen nachträglicher Gründe eine erneute Kündigung ausgesprochen werden muss. Die Neuregelung gilt für alle Kündigungen die nach dem 31.8.2001 zugehen (Art. 11 Mietrechtsreformgesetz v. 19.6.2001 (BGBl. I S. 1149).

II. Kündigung wegen gesundheitsgefährdender Beschaffenheit der Mietsache (Abs. 1)

1. Anwendungsbereich

Nach § 569 Abs. 1 BGB kann der Mieter von Wohnraum fristlos kündigen, wenn sich die **Wohnung** in einem Zustand befindet, der zur Folge hat, dass die Benutzung mit einer erheblichen Gefährdung der Gesundheit verbunden ist. Das gleiche Recht hat der Mieter von **sonstigen Räumen, die vertragsgemäß zum Aufenthalt von Menschen** bestimmt sind (§ 578 Abs. 1 Satz 2 BGB). Hierzu gehören Büroräume, Ladenräume, Fabrikationsräume, Gaststättenräume, Hotelzimmer und dergleichen. Gleiches gilt für Lagerräume,[1] Kellerräume, Abstellräume, Räume die der Tierhaltung dienen usw., wenn sich dort Menschen nicht nur vorübergehend und kurzfristig aufhalten.[2] Ein stundenweises Verweilen genügt; dagegen sind die Räumlichkeiten nicht „zum Aufenthalt" bestimmt, wenn sie nur kurzzeitig betreten werden.[3] Die Vorschrift regelt einen Sonderfall der Nichtgewährung des vertragsgemäßen Gebrauchs; das in den meisten Fällen daneben bestehende Kündigungsrecht des **§ 543 Abs. 2 Nr. 1 BGB** bleibt von § 569 Abs. 1 BGB unberührt.[4] Gegenüber § 543 Abs. 2 Nr. 1 BGB erlaubt § 569 Abs. 1 BGB die Kündigung unter erleichterten Voraussetzungen: Eine Kenntnis vom gesundheitsgefährdenden Zustand bei Anmietung schadet nicht; die Kündigung ist auch dann möglich, wenn der Mieter auf die Geltendmachung seiner Rechte verzichtet hat (§ 569 Abs. 1 Satz 2 BGB). Streitig ist, ob der Mieter vor der Kündigung den Mangel anzeigen und eine Abhilfefrist setzen muss (dazu Rdn. 13). 6

Die Regelung beruht auf sozialpolitischen Erwägungen.[5] Ziel der Vorschrift ist es, im Interesse der Volksgesundheit wirtschaftlichen Druck auf die Vermieter auszuüben, die Wohnungen gesundheitsgerecht zu gestalten.[6] Aus diesem Gesetzeszweck folgt, dass die Vorschrift insbesondere dann anzuwenden ist, wenn sich die Gesundheitsgefährdung als Folge einer dauerhaften Eigenschaft der Räume darstellt.[7] Dem Umstand, dass der Kündigung nach § 569 Abs. 1 BGB im Gegensatz zu der Kündigung nach § 543 Abs. 2 Nr. 1 BGB grundsätzlich kein Abhilfeverlangen vorausgehen muss, ist zu entnehmen, dass die durch den Wohnungsmangel bedingte Gesundheitsgefährdung nahe liegend und schwerwiegend sein muss.[8] Hat der Mieter die angebliche Gesundheitsgefahr längere Zeit hingenommen und der Vermieter eine kurzfristige Überprüfung oder Abhilfe zugesagt, so muss der Mieter nach § 242 BGB mit der Kündigung zuwarten, bis die Überprüfung durch den Vermieter erfolgt ist.[9] Die Vorschrift ist **nicht abdingbar** (§ 569 Abs. 5 BGB).[10] 7

2. Kündigungsvoraussetzungen

a) Kündigungsberechtigt ist der Mieter, wenn er persönlich von der gesundheitsgefährdenden Beschaffenheit der Räume betroffen ist. Gleiches gilt, wenn **Angehörige, Angestellte, Be-** 8

---

[1] OLG Düsseldorf Beschluss vom 16.2.2016 – 10 U 202/15.
[2] KG GuT 2003, 215 betr. Möbellager; OLG Koblenz NJW-RR 1992, 1228 betr. Hühnerhallen; LG Berlin GE 1988, 733 betr. Kellerraum eines Ladengeschäftes.
[3] *Roquette* § 544 BGB Rdn. 2; *Emmerich* in Staudinger § 569 BGB Rdn. 5; *Wöstmann* in Bamberger/Roth § 569 BGB Rdn. 5.
[4] Brandenburgisches OLG ZMR 2014, 719; *Emmerich* in Staudinger § 569 BGB Rdn. 23.
[5] BGHZ 29, 289.
[6] Protokolle II, 230–232.
[7] OLG Koblenz WuM 1989, 509.
[8] KG GE 2001, 1539.
[9] KG a. a. O.
[10] Vgl. BGHZ 29, 289, 294.

sucher oder Kunden des Mieters in ihrer Gesundheit gefährdet werden.[11] Sind mehrere Personen Mieter, so genügt es, wenn die Kündigungsvoraussetzungen hinsichtlich der Person eines Mieters vorliegen. Die Kündigung muss aber auch in diesem Fall von allen Mietern ausgesprochen werden. Der Vermieter hat kein Kündigungsrecht. Nach der Ansicht des BGH[12] soll auch der Untervermieter (Zwischenmieter) zur fristlosen Kündigung des Hauptmietverhältnisses berechtigt sein, wenn der Untermieter (Endmieter) durch den Zustand der Räume in seiner Gesundheit gefährdet wird. Diese Ansicht trifft nicht zu: Der Zwischenmieter hat in einem solchen Fall das Kündigungsrecht des § 543 Abs. 2 Nr. 1 BGB; dieses Recht ist ausgeschlossen, wenn die Voraussetzungen des § 536b BGB vorliegen (§ 543 Abs. 4 Satz 1 BGB). Den Verlust des Kündigungsrechts bei Mangelkenntnis muss der Vermieter hinnehmen, wenn er – wie der Zwischenmieter – nicht selbst in seiner Gesundheit gefährdet wird.[13]

9 **b)** Das Kündigungsrecht besteht für alle Räume, die vertragsgemäß zum Aufenthalt von Menschen bestimmt sind. Es ist nicht erforderlich, dass sich in den Räumen ständig Menschen aufhalten. Es genügt, wenn der zeitweilige Aufenthalt eine **Gesundheitsgefährdung** bewirkt. Ist nur ein **Teil der Räume gesundheitsgefährdet,** so kommt es darauf an, ob hierdurch die Benutzbarkeit der Wohnung als ganzes in Frage gestellt ist.[14] Hiervon ist auszugehen, wenn die Tauglichkeit einzelner Haupträume zu dauernden Aufenthalt ausgeschlossen oder wesentlich beeinträchtigt wird (z. B. Wohnzimmer, Schlafzimmer, Kinderzimmer, Küche); eine Gebrauchsbeeinträchtigung von Nebenräumen (Flure, Abstellräume, Keller) wird dagegen i. d. R. nicht ausreichen.[15] Ist die Wohnung als Ganzes betroffen, so muss der Mieter auch die gesamte Wohnung kündigen. Ist nur ein unwesentlicher Teil der Wohnung betroffen, so besteht kein Kündigungsrecht. Eine **Teilkündigung** scheidet in jedem Fall aus.[16] Ein **Verschulden des Vermieters** am Zustand der Räume wird nicht vorausgesetzt[17] (für das Verschulden des Mieters s. Rdn. 12). Zwischen der Gesundheitsgefährdung und der Beschaffenheit oder Lage der Räume muss ein kausaler Zusammenhang bestehen. Maßgeblich ist die **allgemeine Wohnhygiene,** nicht der besondere Gesundheitszustand des Einzelnen.[18] Eine spezifische Anfälligkeit bestimmter Bevölkerungsgruppen (Säuglinge, Kinder, Alte,) ist aber ausreichend.[19] Die Gefährdung muss entweder auf der Beschaffenheit oder den mitvermieteten Einrichtungsgegenständen der Räume beruhen (z. B.: starke Feuchtigkeit und Schimmelbildung[20]; ungenügende Beheizbarkeit,[21] u. U. mangelnde Lichtzufuhr infolge der Aufstellung eines Baugerüstes,[22] Einsturzgefahr des Gebäudes oder von Gebäudeteilen,[23] unsichere Treppen und Fußböden, Treppen oder Galerien ohne Geländer,[24] Fehlen ausreichender Rettungswege im Brandfall,[25] Unzureichende Brandschutzeinrichtungen,[26] Formaldehyd oder sonstige Giftstoffe in der Raumluft,[27] asbesthaltige Nachtstromspeicheröfen,[28] eine der Trinkwasserverordnung 2011 nicht entsprechende Wasserqualität[29] oder durch sonstige Umwelteinflüsse bedingt sein, z. B. Un-

[11] BGHZ 29, 289.

[12] BGH NZM 2004, 222 = NJW 2004, 848.

[13] S. *Blank* NZM 2004, 249; wie hier: OLG Köln NJW-RR 2001, 442; **a. A.** *Emmerich* in Staudinger § 569 BGB Rdn. 5;.

[14] Palandt/*Weidenkaff* § 569 BGB Rdn. 10; *Häublein* in MünchKomm § 569 BGB Rdn. 7; *Grapentin* in Bub/Treier Kap. IV Rdn. 340; *Lützenkrichen* in: Erman § 569 Rdn. 4 **a. A.** *Lammel* § 569 BGB Rdn. 13.

[15] Brandenburgisches OLG ZMR 2009, 190; *Sternel* Mietrecht (1988) Rdn. IV 481.

[16] *Lammel* § 569 BGB Rdn. 13; *Herrlein* in Herrlein/Kandelhard § 569 BGB Rdn. 7.

[17] *Horst* NJW-Schriften 19 Rdn. 1756.

[18] Palandt/*Weidenkaff* § 569 BGB Rdn. 10.

[19] LG Mannheim WuM 1977, 140; LG Lübeck ZMR 1998, 434; *Häublein* in MünchKomm § 569 Rdn. 8; *Wöstmann* in Bamberger/Roth § 569 BGB Rdn. 6; **a. A.** *Lammel* § 569 BGB Rdn. 15.

[20] LG Bremen WuM 2006, 621.

[21] LG Mannheim ZMR 1977, 154 = WuM 1977, 140; AG Waldbröl WuM 1986, 337; AG Langenfeld WuM 1986, 314.

[22] Vgl. LG Berlin ZMR 1986, 54 = GE 1986, 911, das im konkreten Fall das Vorliegen der Kündigungsvoraussetzungen allerdings verneint hat.

[23] OLG Düsseldorf Beschluss vom 16.2.2016 – 10 U 202/15.

[24] Brandenburgisches OLG ZMR 2009, 190; LG Landau GuT 2003, 214.

[25] OLG Bremen Urt. v. 24.6.1992–1 U 34/92 – zit. nach juris.

[26] KG GuT 2003, 215.

[27] Brandenburgisches OLG Urteil vom 7.2.2017 – 6 U 169/14; LG München I WuM 1991, 584 = NJW-RR 1991, 975; LG Lübeck ZMR 1998, 434.

[28] LG Dortmund ZMR 1994, 410.

[29] Dazu: *Herrlein* NZM 2011, 741.

gezieferbefall,[30] gesundheitsschädliche Umweltbelastungen jeder Art z. B. durch Lärm,[31] unerträgliche Gerüche,[32] häufige Überflutungen durch Hochwasser, Altlasten, Industrieemissionen und dergleichen, unerträgliche hohe Innentemperaturen.[33] Es genügt demgegenüber nicht, wenn der Mieter durch Umstände in seiner Gesundheit beeinträchtigt wird, die nicht mit dem Gebäude als solchem in Zusammenhang stehen, sondern in sonstigen Verhältnissen begründet sind.[34] Gleiches gilt, wenn sich die Gesundheitsbeeinträchtigung aus einer in der Person des Mieters liegenden besonderen Disposition ergibt (angegriffener Gesundheitszustand, Allergien und dergleichen).[35] Streitigkeiten mit dem Vermieter, die zu einer Gesundheitsstörung des Mieters führen können oder geführt haben, berechtigen ebenfalls nicht zur Kündigung nach § 569 Abs. 1 BGB; in einem solchen Fall kann der Mieter möglicherweise nach § 543 Abs. 1 BGB kündigen. Ein bloßer Baumangel ohne konkrete Gesundheitsgefährdung rechtfertigt die Kündigung nicht.[36]

c) Die **Gesundheitsgefährdung** muss **erheblich** sein. An dieses Tatbestandsmerkmal sind keine allzu strengen Anforderungen zu stellen. Es genügt nach dem Gesetzeszweck, wenn das Wohlbefinden des Benutzers der Räume nachhaltig beeinträchtigt wird. Andererseits wird es am Merkmal der Erheblichkeit regelmäßig fehlen, wenn die gesundheitsgefährdende Beschaffenheit sofort behoben werden kann.[37] Gleiches gilt, wenn der Vermieter konkrete Vorschläge zur Behebung der Gefahr unterbreitet hat.[38] Das Kündigungsrecht setzt nicht voraus, dass bereits eine Gefährdung der Gesundheit eingetreten ist. Es genügt, wenn eine solche Gefährdung zum Zeitpunkt des Kündigungsausspruchs[39] ernsthaft in Betracht gezogen werden muss;[40] haltlose Befürchtungen sind auszuschließen.[41] Vielmehr genügt es, wenn eine Gefährdung der Gesundheit nach sachkundiger Beurteilung nicht ausgeschlossen werden kann.[42] Eine mögliche Einsturzgefahr eines Gebäudes ist auch dann i. S. des § 569 Abs. 1 BGB als gesundheitsgefährdend einzustufen, wenn der Eintritt der Gefahr zwar nur bei besonderen Wind- und Schneelasten in Betracht kommt, gleichwohl aber als real einzustufen ist.[43] **10**

Die Gefährdung ist nicht abstrakt sondern konkret auf den Einzelfall bezogen festzustellen. Bei Schimmelbildung genügt es aus diesem Grunde nicht, wenn lediglich feststeht, dass Schimmel im Allgemeinen zu einer Gesundheitsgefährdung führen kann. Vielmehr ist zu ermitteln welcher Art der Schimmel zuzuordnen ist und welche konkreten Gefahren bei der Nutzung der Mietsache bestehen.[44] Die Gesundheitsgefahr ist anhand **objektiver Kriterien** festzustellen. Dabei kommt es auf den zum Zeitpunkt der Kündigung bestehenden Zustand an, auch wenn dieser bei Vertragsschluss noch nicht bestanden haben sollte.[45] Maßgeblich ist der gegenwärtige Stand der medizinischen oder technischen Erkenntnis.[46] Deshalb ist es unbeachtlich, ob der Zustand der Mietsache in früherer Zeit als unbedenklich eingestuft worden ist. Soweit gesicherte Erfahrungswerte vorliegen (z. B. bei Lärmimmissionen, bei Beeinträchtigungen durch Umweltgifte[47]) kann hierauf zurückge- **11**

---

[30] LG Saarbrücken WuM 1991, 91.
[31] BGHZ 29, 289; AG Köln WuM 1979, 75.
[32] RGZ 188, 170.
[33] OLG Düsseldorf ZMR 1998, 622.
[34] OLG Koblenz WuM 1989, 509 = ZMR 1989, 376 = DWW 1989, 359 = NJW-RR 1989, 509 betr. Übergriffe von Kunden und Nachbarn auf die Bediensteten eines Mieters bei einem gemieteten Geschäftslokal.
[35] AG München WuM 1986, 247; *Grapentin* in Bub/Treier Kap. IV Rdn. 339.
[36] AG Köln WuM 1988, 265.
[37] RGZ 88, 169; LG Mannheim DWW 1976, 239 betr. gelegentliches Auftreten von Ungeziefer; LG Kiel WuM 1992, 122 betr. Kakerlakenbefall; AG Kiel WuM 1980, 235; AG Lahnstein WuM 1988, 55 betr. Auftreten von Silberfischen; AG Miesbach WuM 1987, 221 betr. Heizungsausfall.
[38] LG Traunstein WuM 1986, 93 betr. Den Ausfall der Heizungsanlage im Winter, wenn der Vermieter eine anderweitige Unterbringung des Mieters oder eine Beheizung mit Gasöfen angeboten hat.
[39] *Grapentin* in Bub/Treier Kap. IV Rdn. 339.
[40] KG GuT 2003, 215; *Sternel* Mietrecht aktuell (2009) Rdn. VIII 373.
[41] So OLG Hamm DWW 1987, 226 zu dem vergleichbaren Problem, wann die Mietsache als mangelhaft anzusehen ist.
[42] Brandenburgisches OLG Urteil vom 7.2.2017 – 6 U 169/14 betr. Belastung von Büroräumen mit DDT.
[43] OLG Düsseldorf Beschluss vom 16.2.2016 – 10 U 202/15.
[44] Brandenburgisches OLG ZMR 2014, 719.
[45] OLG Düsseldorf Beschluss vom 16.2.2016 – 10 U 202/15.
[46] KG GuT 2003, 215; Brandenburgisches OLG ZMR 2014, 719; *Häublein* in MünchKomm § 569 BGB Rdn. 8.
[47] Dazu *Eisenschmid* WuM 1992, 3; *Schläger* ZMR 1992, 85, 90.

griffen werden.[48] Eine Gesundheitsgefährdung kann aber auch dann vorliegen, wenn keine Grenzwerte existieren.[49] War auf Grund der zum Zeitpunkt des Kündigungsausspruchs gegebenen Umstände mit einer ernsthaften Gesundheitsgefährdung zu rechnen, so ist die Kündigung wirksam. Steht fest, dass die Räume mit Giftstoffen belastet sind und ist ungeklärt, ob und in welcher Konzentration sich die Schadstoffe in der Raumluft befinden, so liegt der Kündigungstatbestand vor, wenn eine Gesundheitsschädlichkeit nicht sicher auszuschließen ist.[50] Die aus einer ungeklärten Sachlage folgenden Gesundheitsrisiken sind nach dem Wertsystem des Grundgesetzes zugunsten der körperlichen Unversehrtheit (Art. 2 Abs. 2 GG) dem Vermieter zuzuweisen.[51] Stellt sich im Nachhinein heraus, dass sich die Gefahr nicht verwirklicht hat oder verwirklicht hätte, so bleibt die Wirksamkeit der Kündigung hiervon unberührt.[52] Maßgeblich ist der objektive Befund; auf die subjektiven Befindlichkeiten oder Befürchtungen eines Mieters kommt es insoweit nicht an.[53] Einerseits ist nicht erforderlich, dass ein Mieter subjektiv beeinträchtigt wurde. Andererseits genügt es nicht, wenn ein Mieter auf Grund besonderer Umstände (z. B. auf Grund einer Allergie) beeinträchtigt wird. Eine Gefährdung bestimmter Nutzergruppen (z. B. Kleinkinder) reicht aber aus, wenn Angehörige dieser Gruppe mit der Mietsache in Berührung kommen Bloße Unbequemlichkeiten oder Komfortmängel (Wohnung ohne Bad, Wohnung mit Kohleofen, zu kleine Wohnung, unbeheizbare Toilette, usw.) genügen ebenfalls nicht; dies gilt auch dann, wenn der Mieter auf Grund seiner gesundheitlichen Verfassung auf eine komfortablere Wohnung angewiesen ist.

12 **d)** Das Kündigungsrecht besteht auch dann, wenn der **Mieter** die gefahrbringende **Beschaffenheit** beim Abschluss des Mietvertrags **gekannt** oder wenn er auf die Geltendmachung der aus diesem Zustand folgenden **Rechte verzichtet** hat.[54] Das war bereits zum früheren Recht allgemein anerkannt und folgt nunmehr aus § 569 Abs. 1 Satz 2 BGB. Aus § 569 Abs. 5 BGB ergibt sich, dass das Kündigungsrecht vertraglich weder abbedungen noch eingeschränkt werden kann. Nach der hier vertretenen Ansicht schließt die Kenntnis des Mieters von der gesundheitsgefährdenden Beschaffenheit der Räume auch den Schadensersatzanspruch nach § 536 a BGB nicht aus; allerdings kann der Schadensersatzanspruch nach § 254 BGB entfallen, wenn der Mieter eine an sich mögliche und zumutbare Kündigung unterlassen hat.[55] Nach h. M. ist das Kündigungsrecht ausgeschlossen, wenn der **Mieter** den **gesundheitsgefährdenden Zustand zu vertreten** hat.[56] Dem ist zuzustimmen, weil dem Mieter aus einem vertragswidrigen Verhalten keine Vorteile erwachsen dürfen. Da der Vertragszweck wegen der Gesundheitsgefährdung nicht mehr ausgeübt werden kann, liegt ein vom Mieter zu vertretendes Leistungshindernis vor (§ 275 Abs. 2 BGB). Dies hat nach § 326 Abs. 2 BGB zur Folge, dass der Anspruch des Vermieters auf die Miete nicht erlischt. Die gleiche Rechtsfolge gilt, wenn der Mieter die Mängelbeseitigung schuldhaft vereitelt hat. Auf ein Verschulden des Vermieters kommt es im Rahmen des § 569 Abs. 1 BGB nicht an.

13 **e)** Nach dem bis zum 31.8.2001 geltenden § 544 BGB a. F. konnte der Mieter im Falle der Gesundheitsgefährdung sofort kündigen; eine **Mangelanzeige** war ebenso wenig erforderlich wie eine **Abhilfefrist.**[57] Eine Ausnahme wurde angenommen, wenn der Mangel leicht zu beheben

---

[48] LG München I WuM 1991, 584, wonach die Kündigungsvoraussetzungen gegeben sind, wenn eine Formaldehydkonzentration festgestellt wird, die den Grenzwert von 0,1 ppm überschreitet und die Räume Schimmelbefall in erheblichem Umfang aufweisen; AG Erkelenz VuR 1988, 339, wonach die Kündigung ausgeschlossen ist, wenn die Belastung mit PCP um ein Vielfaches hinter dem Grenzwert zurückbleibt.

[49] LG Lübeck ZMR 1998, 434 bei Belastung einer Wohnung mit PCP [Pentachlorphenol] und Lindan; AG Euskirchen VuR 1988, 341.

[50] LG Lübeck ZMR 1998, 434; abw. *Schläger* ZMR 1998, 435, 436.

[51] *Schumacher* WuM 2004, 311, 315; *Selk/Handhammer* NZM 2008, 65, 66; **A. A.** *Sternel* Mietrecht aktuell (2009) Rdn. VIII 376.

[52] LG Berlin GE 2000, 1328 betr. einsturzgefährdetes Gebäude; AG Saarlouis WuM 1990, 389.

[53] Brandenburgisches OLG ZMR 2014, 719; LG Saarbrücken WuM 1982, 187; AG Köln WuM 1979, 75.

[54] OLG Düsseldorf Beschluss vom 16.2.2016 – 10 U 202/15.

[55] Palandt/*Weidenkaff* § 569 BGB Rdn. 7.

[56] BGH NJW 2004, 848 unter Nr. II 3f.; OLG Düsseldorf Beschluss vom 16.2.2016 – 10 U 202/15; LG Mannheim ZMR 1978, 341; LG Oldenburg ZMR 2000, 100; AG Friedberg WuM 1985, 262; Palandt/*Weidenkaff* § 569 BGB Rdn. 8; *Grapentin* in Bub/Treier Kap. IV Rdn. 341; *Roquette* § 544 BGB Rdn. 11; *Mittelstein* S. 335; *Lützenkrichen* in: Erman § 569 Rdn. 9*Lammel* § 569 BGB Rdn. 7; *Wöstmann* in Bamberger/Roth § 569 BGB Rdn. 7; *Selk* ZMR 2008, 942, 943; **a. A.** *Harsch* WuM 1989, 162; *Emmerich* in Staudinger § 569 BGB Rdn. 17; *Herrlein* in Herrlein/Kandelhard § 569 BGB Rdn. 7; abw. *Häublein* in MünchKomm § 569 Rdn. 14: danach sind die Umstände des Einzelfalls maßgebend.

[57] KG GuT 2003, 215 = ZMR 2004, 259.

und dem Mieter ein kurzzeitiges Zuwarten zuzumuten war.[58] Nach der nunmehrigen Gesetzesfassung des § 569 Abs. 1 BGB ist in der Nachfolgevorschrift des § 544 BGB a. F. ein besonders geregelter Fall der Kündigung aus wichtigem Grund i. S. d. § 543 Abs. 1 BGB zu sehen. Dies führt zu der Frage, ob für die Kündigung wegen Gesundheitsgefährdung die Vorschriften der §§ 536c Abs. 2 Satz 2 Nr. 3, 543 Abs. 3 BGB gelten. Nach diesen Vorschriften ist die fristlose Kündigung wegen „der Verletzung einer Pflicht aus dem Mietvertrag" grundsätzlich erst nach Ablauf einer zur Abhilfe bestimmten angemessenen Frist möglich. Da ein die Gesundheit gefährdender Zustand der Mieträume immer auch eine Verletzung der mietvertraglichen Leistungspflicht darstellt, ist nach der Gesetzessystematik und dem Wortlaut des § 543 Abs. 3 BGB – im Gegensatz zur früheren Rechtslage – die Kündigung nach § 569 Abs. 1 BGB grundsätzlich von einer vorherigen Mangelanzeige und Abhilfefrist abhängig. In der Gesetzesbegründung[59] wird zu § 569 Abs. 1 BGB ausgeführt, dass die Neuregelung „mit einigen sprachlichen Änderungen" dem früheren § 544 BGB a. F. entsprechen soll. Dies legt die Annahme nahe, dass die frühere Rechtslage unverändert fortgilt. Dies wird auch von einem Teil des Schrifttums vertreten.[60] Der BGH hat demgegenüber zu Recht entschieden, dass die jetzige Gesetzesfassung eindeutig ist; ein eventuell abw. Wille des Gesetzgebers kann dem Gesetzeswortlaut nicht entnommen werden.[61] Allerdings werden in den Fällen der Gesundheitsgefährdung oftmals die Voraussetzungen des § 543 Abs. 3 Satz 2 Nr. 1 oder Nr. 2 BGB gegeben sein. Danach ist eine Abhilfefrist entbehrlich, wenn dies keinen Erfolg verspricht oder dem Mieter ein weiteres Zuwarten wegen der damit verbundenen Gefahr nicht zugemutet werden kann oder wenn der Vermieter den Mangel nachhaltig bestreitet[62] oder die Abhilfe endgültig verweigert.[63] Gleiches gilt, wenn die vom Vermieter angebotene Abhilfemaßnahme zur endgültigen Beseitigung der Gesundheitsgefahr nicht geeignet ist.[64]

3. Die Kündigungserklärung

Die Kündigung bedarf bei der **Wohnraummiete** der Schriftform (§ 568 BGB).[65] In der Kündigungserklärung müssen die Gründe der Kündigung mitgeteilt werden (s. Rdn. 75). Grundsätzlich muss der Mieter vor dem Ausspruch der Kündigung eine Abhilfefrist setzen (s. o. Rdn. 13) Dies gilt insbesondere dann, wenn die angebliche Gesundheitsgefahr schon seit längerer Zeit besteht und der Vermieter eine kurzfristige Überprüfung oder Abhilfe zugesagt hat. Gleiches gilt, wenn eine kurzfristige Abhilfe möglich ist. Der Mieter muss die Kündigung nicht sofort nach dem Bekanntwerden der Gesundheitsgefährdung aussprechen; Nach der Ansicht des BGH darf der Mieter mit der Kündigung aber nicht allzu lange zuwarten darf. Nach der Rechtsprechung des XII. Senats kann eine solche Kündigung bei der Gewerbemiete nach **§ 314 Abs. 3 BGB** ausgeschlossen sein.[66] Nach der hier vertretenen Ansicht ist auf die Kündigung wegen einer Gesundheitsgefährdung weder § 314 Abs. 3 BGB noch § 242 BGB anzuwenden.[67] Dies folgt aus der Erwägung, dass der Kündigungsgrund der Gesundheitsgefährdung unverzichtbar ist und selbst dann besteht, wenn der Mieter den gesundheitsgefährdenden Zustand längere Zeit in Kauf genommen hat.[68] Die Annahme 14

---

[58] OLG Naumburg WuM 2003, 144, 145.

[59] Begründung des Kabinettsentwurfs zu § 569 BGB, abgedruckt bei: *Börstinghaus/Eisenschmid,* Arbeitskommentar Neues Mietrecht S. 476.

[60] *Kern* NZM 2007, 634, 636; *Emmerich* in Staudinger § 569 BGB Rdn. 14a; *Lammel* § 569 BGB Rdn. 19; *Herrlein* in Herrlein/Kandelhard § 569 BGB Rdn. 12; *Wetekamp* Mietsachen Kap. 8 Rdn. 160.

[61] BGH NJW 2007, 2177; BGH (VIII ZR 206/09) WuM 2010, 352 = NZM 2011, 32; OLG Braunschweig NZM 2016, 197; Brandenburgisches OLG ZMR 2014, 719; ebenso: *Häublein* in MünchKomm § 569 BGB Rdn. 12; *Kinne* in Kinne/Schach/Bieber Miet- und Mietprozessrecht § 569 BGB Rdn. 7; *Lützenkirchen* in: Erman § 569 Rdn. 9Palandt/*Weidenkaff* § 569 BGB Rdn. 9; *Kossmann* § 69 Rdn. 8.

[62] OLG Düsseldorf Beschluss vom 16. 2. 2016 – 10 U 202/15.

[63] BGH (VIII ZR 206/09) WuM 2010, 352 = NZM 2011, 32; Brandenburgisches OLG ZMR 2009, 190.

[64] Brandenburgisches OLG Urteil vom 7. 2. 2017 – 6 U 169/14.

[65] *Kinne* in Kinne/Schach/Bieber Miet- und Mietprozessrecht § 569 BGB Rdn. 9; **a. A.** *Lammel* § 569 BGB Rdn. 21: danach genügt „bei unmittelbarer und erheblicher Bedrohung der Gesundheit" eine mündliche Kündigung.

[66] **A. A.** BGH VIII Zivilsenat (VIII ZR 296/15) NJW 2016, 3720: danach ist § 314 Abs. 3 BGB bei der Wohnraummiete nicht anzuwenden.

[67] Ebenso: *Häublein* in MünchKomm § 569 BGB Rdn 15.

[68] Brandenburgisches OLG ZMR 2009, 190; betr. eine Auslauffrist von fast 3 Monaten.

einer Verwirkung muss am Schutzzweck der Vorschrift scheitern.[69] Liegt die Abmahnung längere Zeit zurück, so ist dem Vermieter allerdings unter Umständen zuzumuten, vor dem Ausspruch der Kündigung eine weitere Nachfrist zu setzen.[70] Dies gilt insbesondere, wenn die Abhilfe nicht besonders dringlich erscheint. Im übrigen ist eine Kündigung nach § 569 Abs. 1 BGB auch dann wirksam, wenn das Mietverhältnis nach dem Wortlaut des Kündigungsschreibens nicht sofort, sondern erst nach Ablauf einer nach dem Kalender bestimmten oder bestimmbaren Auslauffrist enden soll.[71]

15 **Beweislast.** Der Mieter muss beweisen, dass die tatsächlichen Voraussetzungen des Kündigungstatbestands vorliegen.[72] In manchen Fällen genügt es, wenn der Mieter beweist, dass die Beschaffenheit der Räume (z. B. Belastung des Holzwerks mit giftigen Schutzmitteln und dergleichen) nach den Erkenntnissen der Wissenschaft zu einer Gesundheitsgefährdung führen kann; er muss in einem solchen Fall nicht beweisen, dass sich eine signifikante Konzentration dieser Gifte in der Raumluft feststellen lässt.[73] In anderen Fällen (Schimmel, Verwendung von Asbest) muss der Mieter auch die konkreten Auswirkungen der Beschaffenheit auf die Gesundheit darlegen und beweisen. In vielen Fällen kann der Beweis für die gesundheitsgefährdende Beschaffenheit der Räume nur durch ein medizinisches Sachverständigengutachten geführt werden.[74] Deshalb ist es empfehlenswert, wenn der Mieter den Zustand der Räume vor dem Ausspruch der Kündigung durch ein selbständiges Beweisverfahren feststellen lässt. Der Vermieter muss die Umstände beweisen, aus denen sich der Ausschluss des Kündigungsrechts ergibt.

5. Konkurrenzen

16 Kann der Mieter die Mietsache nur unter Inkaufnahme der Gefährdung seiner Gesundheit nutzen, so ist dieser Zustand als Mangel i. S. d. § 536 BGB zu bewerten. Folglich ist die Miete gemindert. In der Literatur wird hierzu die Ansicht vertreten, dass die Befugnis zur Mietkürzung verwirkt, wenn der Mieter an der Wohnung festhält, obwohl er hierdurch erheblichen Gesundheitsgefahren ausgesetzt ist; in einem solchen Fall verhalte sich der Mieter widersprüchlich.[75] Diese Ansicht trifft nicht zu.[76]Die Regelung in § 569 Abs. 1 BGB verpflichtet den Mieter nicht zur Kündigung. Vielmehr steht es dem Mieter frei, ob er den Vermieter auf Mangelbeseitigung (§ 535 Abs. 1 BGB) in Anspruch nimmt, ob er von der Minderungsbefugnis Gebrauch macht (§ 536 BGB), Schadensersatz verlangt (§ 536 a BGB), fristlos (§ 543 Abs. 2 Nr. § 569 Abs. 1 BGB) oder ordentlich (§ 573 Abs. 2 Nr. 1 BGB) kündigt.

III. Kündigung wegen Hausfriedensstörungen (Abs. 2)

1. Anwendungsbereich

17 Die Regelung des § 569 Abs. 2 BGB gilt nur für die **Raummiete** (Wohn- und Geschäftsraum, § 578 Abs. 2 Satz 1 BGB), nicht für die reine Grundstücksmiete und nicht für die Miete beweglicher Sachen. Bei Mischmietverhältnissen (z. B. Parkfläche mit Kassengebäude) kommt es darauf an, in welchen Bereich der Schwerpunkt des Vertrags liegt. Nach § 569 Abs. 2 BGB haben **beide Parteien** ein Recht zur fristlosen Kündigung, wenn der jeweils andere Teil den Hausfrieden nachhaltig stört.

2. Tatbestandsvoraussetzungen

18 Der Kündigungstatbestand setzt voraus, dass **(a)** einer der beiden Vertragsteile den Hausfrieden stört, **(b)** dass die Störung nachhaltig ist, **(c)** dass die Störung wegen ihrer Nachhaltigkeit zur Un-

---

[69] **A. A.** LG Berlin GE 2005, 57; wie hier: LG Köln WuM 1980, 235, wonach keine Verwirkung gegeben ist, wenn der Mieter erst 5 Monate nach einem Wassereinbruch kündigt.
[70] OLG Braunschweig NZM 2016, 697.
[71] Brandenburgisches OLG Urteil vom 7.2.2017 – 6 U 169/14.
[72] LG Berlin ZMR 1986, 54; LG Kiel ZMR 1977, 374; LG Waldshut-Tiengen WuM 1989, 175.
[73] **A. A.** AG Münster WuM 2008, 218 mit Anm. *Emmert* WuM 2008, 660.
[74] BGH NJW 2007, 2177 = NZM 2007, 439 = WuM 2007, 319 = ZMR 2007, 601 = DWW 2007, 239 = GE 2007, 841 betr. Schimmel; LG Mannheim WuM 1988, 360.
[75] LG Frankfurt NZM 2001, 523; *Kern* NZM 2007, 634, 637.
[76] *Hinz* in FA MietRWEG Kap. 15 Rdn. 292; *Herrlein* NZM 2011, 741.

zumutbarkeit der Vertragsfortsetzung führt, **(d)** dass der Störende vor dem Ausspruch der Kündigung abgemahnt worden ist (§ 543 Abs. 3 BGB); über die Ausnahmen hiervon s. § 541 BGB Rdn. 8 **(e)** dass der Mieter nach Zugang der Abmahnung eine weitere Störung verursacht, und **(f)** dass zwischen der Störung und dem Ausspruch der Kündigung ein zeitlicher Zusammenhang besteht (§ 314 Abs. 3 BGB). Die Vorschrift des § 569 Abs. 2 BGB enthält einen selbständigen Kündigungstatbestand; es ist nicht erforderlich, dass daneben die Voraussetzungen des § 543 Abs. 1 BGB vorliegen[77] Hierfür besteht auch kein Bedürfnis, weil der Tatbestand des § 569 Abs. 2 BGB eine der Vorschrift des § 543 Abs. 1 BGB vergleichbare Interessenabwägung vorsieht.

a) Störung des Hausfriedens. Der Begriff des Hausfriedens wird im BGB nicht definiert; er hat auch keine scharfe Kontur. Mit dem durch §§ 123, 124 StGB geschützten Hausfrieden ist der Begriff nicht identisch. Vielmehr beruht der in § 569 Abs. 2 BGB verwendete Begriff auf der Erwägung, dass die Nutzung von Wohn- oder Geschäftsräumen durch mehrere Mietparteien ein gewisses Maß an Rücksichtnahme voraussetzt.[78] Jede Mietpartei muss sich bei der Nutzung der Mieträume so verhalten, dass die anderen Mieter nicht mehr beeinträchtigt werden, als dies nach den konkreten Umständen unvermeidlich ist. Dasselbe gilt für den Vermieter. Die Einzelheiten werden durch die vertraglichen Vereinbarungen und die Verkehrssitte bestimmt. Ein „Weisungsrecht" gegenüber dem Mieter kommt dem Vermieter nur insoweit zu, als durch die Anweisung der durch den Vertrag und § 157 BGB vorgegebene vertragsgemäße Gebrauch konkretisiert wird. 19

Werden die zur Wahrung des Hausfriedens erforderlichen Verhaltenspflichten verletzt, und hat dies zu einer **Beeinträchtigung** des Vermieters oder einer anderen Mietpartei geführt, so ist der Hausfrieden gestört.[79] Auch der Vermieter kann den Hausfrieden stören. Hierzu ist nicht Voraussetzung, dass er im Haus wohnt; es genügt, wenn die Störung anlässlich von Besuchen des Vermieters erfolgt. Denkbar ist auch, dass ein Mieter durch das Verhalten anderer Mieter gestört wird. In diesem Fall ergibt sich das Kündigungsrecht des Vermieters gegen die störenden Mieter aus 569 Abs. 2 BGB; der gestörte Mieter kann gegenüber dem Vermieter nach § 543 Abs. 2 Nr. 1 BGB kündigen (s dort). Stets ist erforderlich, dass andere Hausbewohner durch das Verhalten des Störers beeinträchtigt werden. Hieran fehlt es, wenn die Mitbewohner mit der Störung einverstanden sind (etwa bei einer abgesprochenen lautstarken „Fete"); in der Störung der Bewohner der Nachbarhäuser liegt keine Störung des Hausfriedens. Eine Störung des „Nachbarfriedens" fällt nicht unter § 569 Abs. 2.[80] Der Mieter eines Einfamilienhauses kann den Hausfrieden nicht stören, weil durch sein Verhalten weder Vermieter noch andere Mieter beeinträchtigt werden können. 20

Besteht die **Mieterseite aus mehreren Personen** und wird der Hausfrieden nur von einem von mehreren Mietern gestört, so kann (und muss) der Vermieter dennoch allen Mietern kündigen.[81] Wird die Kündigung nur gegen den störenden Mieter gerichtet, so ist sie unwirksam. Bei einer Wohngemeinschaft mit wechselnden Mitgliedern gilt dies auch dann, wenn die Mieter zum Zeitpunkt der Störung noch nicht Mitglieder der Wohngemeinschaft waren. Diese Rechtsfolge ergibt sich nicht aus dem Umstand, dass die nicht störenden Mieter für das Verhalten des störenden Mieters einzustehen hätten. Vielmehr folgt aus dem Zweck des § 569 Abs. 2 BGB, dass es für die Kündigung ausreicht, wenn der Kündigungstatbestand von einem einzigen Mieter erfüllt wird. Durch § 569 Abs. 2 BGB soll der Hausfrieden geschützt werden. Dieser Schutzzweck ist bei einer nachhaltigen Störung durch einen der Mieter nur zu erreichen, wenn das Mietverhältnis beendet wird. Da eine Teilkündigung aus Rechtsgründen ausgeschlossen ist, muss zwangsläufig die Beendigung des gesamten Mietverhältnisses möglich sein. Etwas anderes gilt allerdings dann, wenn die neuen Mitglieder auf Grund eines Vertrages mit dem Vermieter in das Mietverhältnis eingetreten sind. Ebenso ist die Kündigung ausgeschlossen, wenn die neuen Mitglieder ihren Eintritt in das Mietverhältnis angezeigt haben und der Vermieter keinen Hinweis auf die Kündigungsabsicht erteilt hat.[82] Schließlich gilt eine Ausnahme, wenn feststeht, dass der störende Mieter freiwillig auszieht, so dass für die Zukunft keine Störungen zu befürchten sind.[83] 21

---

77 **A. A.** *Haas*, Das neue Mietrecht § 569 Rdn. 3.

78 KG ZMR 2004, 261; *Emmerich* in Staudinger § 569 BGB Rdn. 24; *Sternel* Mietrecht aktuell (2009) Rdn. XII 88; *Häublein* in MünchKomm § 569 Rdn. 17; *Hinz* in FA MietRWEG Kap. 15 Rdn. 304.

79 S. LG Berlin WuM 2016, 419: Repressalien gegen Wohnungsnachbarn.

80 S. dazu auch AG Brandenburg WuM 2015, 741 betr. Kündigung nach § 573 BGB.

81 LG Berlin GE 1995, 934.

82 LG Lübeck NJW-RR 1990, 1429 = WuM 1990, 294.

83 LG Frankfurt WuM 1987, 21; LG Darmstadt NJW 193, 52; AG Bochum WuM 1990, 296.

22 **b) Nachhaltigkeit der Störung.** Die Störung ist nachhaltig, wenn sie zu einem Dauerzustand wird.[84] Hierfür reicht es aus, wenn sie häufiger vorkommt. Einzelne Störungen oder solche, die nur ganz vereinzelt auftreten, genügen für eine Kündigung nicht; in Fällen dieser Art fehlt es am Merkmal der Nachhaltigkeit.[85] Außer der Nachhaltigkeit muss daneben noch das unter c behandelte Tatbestandsmerkmal – die Unzumutbarkeit der Vertragsfortsetzung- vorliegen.

23 **c) Unzumutbarkeit der Vertragsfortsetzung.** In der Praxis liegt der Schwerpunkt der Rechtsanwendung zweifelsfrei in der **Konkretisierung** dieses Tatbestandsmerkmals. Für die Frage der Zumutbarkeit ist das Empfinden eines „verständigen Durchschnittsmenschen" maßgeblich. Dabei sind auch die Wertentscheidungen des Grundgesetzes zu berücksichtigen.[86] Generell gilt, dass „die Kündigung eines Mietverhältnisses … regelmäßig einen so schweren Eingriff in den persönlichen Lebensbereich der Benutzer darstellt, dass an deren Voraussetzungen strenge Anforderungen zu stellen sind"[87]. Nach dem Wortlaut des Gesetzes muss die Pflichtverletzung so schwer sein, dass der Gegenpartei die Fortsetzung der Vertragsbeziehungen bis zum Ablauf der regulären Kündigungsfrist oder bis zur sonstigen Beendigung des Mietverhältnisses unzumutbar ist. Hieraus folgt, dass Animositäten, Lästigkeiten oder eine unsubstantiiert behauptete Zerrüttung keine Kündigung wegen einer Hausfriedensstörung rechtfertigen.[88] Kündigt der Vermieter, so sind die Interessen des Mieters und seiner Angehörigen am Fortbestand des Mietverhältnisses einerseits und die Interessen des Vermieters an der Vertragsbeendigung andererseits gegeneinander abzuwägen. Kündigt der Mieter, so gilt mit umgekehrten Vorzeichen dasselbe. Bei der Abwägung sind alle Umstände des Einzelfalls, insbesondere das **Verschulden** der Vertragsparteien zu berücksichtigen. Durch die Verwendung des Begriffs „insbesondere" kommt zum Ausdruck, dass das Verschulden ein wesentliches Kriterium für die Kündigung sein soll. Unbeschadet hiervon ist das Verschulden – anders als nach dem bis 1.9.2001 geltenden Recht- aber keine zwingende Voraussetzung für die Kündigung, sondern nur eines von vielen Kriterien, die bei der Kündigung eine Rolle spielen.[89] Insbesondere kommt es auf das Ausmaß der Schuld, die Auswirkungen der Vertragsverletzung und die Folgen des Wohnungsverlustes für den Mieter (oder den Verlust des Vertragspartners für den Vermieter) an. Hat der Mieter beispielsweise umfangreiche Investitionen vorgenommen, die noch nicht „abgewohnt" sind, so ist dies bei einer Kündigung durch den Vermieter zu Gunsten des Mieters zu berücksichtigen. Hat umgekehrt der Vermieter in Erwartung einer längeren Mietzeit auf Wunsch des Mieters Um- oder Ausbauarbeiten durchgeführt, so muss dies bei einer Kündigung durch den Mieter angemessen bewertet werden. Auch die persönlichen Verhältnisse der Parteien spielen eine Rolle. Gegenüber Kinderlärm ist eine erhöhte Toleranz angezeigt.[90] Hat der im Haus lebende Vermieter infolge einer Krankheit oder infolge seines hohen Lebensalters besonders unter den Folgen der Vertragsverletzung zu leiden, so ist dies bei der Abwägung hinreichend zu würdigen. Werden die Störungen von einem Mieter verursacht, der schon lange Zeit im Haus wohnt und nunmehr infolge Alter, Krankheit oder seelischer Beeinträchtigung verhaltensauffällig geworden ist, so ist umgekehrt vom Vermieter und den Hausbewohnern ein erhöhtes Maß an Verständnis und Rücksichtnahme zu erwarten.[91] Wird der Hausfrieden durch das Verhalten eines **psychisch kranken Mieters** gestört, so sind die Belange des Vermieters, des Mieters und der anderen Mieter unter Berücksichtigung der Wertentscheidungen des Grundgesetzes gegeneinander abzuwägen. Gleiches gilt, wenn der Hausfrieden durch einen psychisch kranken oder geistig behinderten Angehörigen des Mieters gestört wird[92]. Insoweit ist aus Art. 3 Abs. 3 Satz 2 GG abzuleiten, dass im nachbarlichen Zusammenleben mit Behinderten ein erhöhtes Maß an Toleranzbereitschaft

---

[84] *Roquette* § 554a BGB Rdn. 24.

[85] OLG Düsseldorf DWW 2014, 61: keine nachhaltige Störung liegt vor, wenn der Vermieter in Abwesenheit des Mieters die Mieträume betritt um an der Innenseite eines Fensters ein Vermietungsplakat anzubringen; AG Wedding GE 2010, 1545.

[86] BGH WuM 2005, 125 = NZM 2005, 300 = ZMR 2005, 183.

[87] BGH RE 14.7.1993 BGHZ 123, 233 = NJW 1993, 2528 = WuM 1993, 529 = ZMR 1993, 508 a. a. O.; BayObLG WuM 1983, 129 = ZMR 1983, 352; BVerfG NJW 1994, 41 = WuM 1994, 119 = ZMR 1994, 10; LG Köln ZMR 1997, 80.

[88] *Kraemer* DWW 2001, 110, 121.

[89] LG Wuppertal ZMR 2016, 455.

[90] LG Bad Kreuznach WuM 2003, 328.

[91] AG Darmstadt WuM 1985, 264; AG Fürstenfeldbruck WuM 1995, 41; ähnlich AG Charlottenburg WuM 1995, 394 wenn die Störungen von den Kindern einer alleinstehenden berufstätigen Mutter verursacht werden.

[92] BGH WuM 2009, 762 im Anschluss an BGH WuM 2005, 125; *Klimesch* ZMR 2015, 940.

zu fordern ist[93]. Die Kündigung eines schuldunfähigen, psychisch kranken Mieters ist zwar möglich; jedoch müssen die wechselseitigen Interessen der Beteiligten in einem solchen Fall unter Berücksichtigung der besonderen Schutzbedürftigkeit des kranken Mieters gegeneinander abgewogen werden.[94] Allerdings endet die Verpflichtung zur Toleranz, wo durch das Verhalten des Behinderten die Gesundheit des Vermieters oder anderer Mieter im Haus ernsthaft gefährdet wird oder wo der Hausfrieden ständig durch Beleidigungen der Mitbewohner und Pöbeleien gestört wird.[95] Ist es möglich, dass die Störungen durch die Einrichtung einer Betreuung oder durch ärztliche Behandlung beseitigt oder mindestens auf ein zumutbares Maß reduziert werden können, so hat der Vermieter die Möglichkeit, beim Vormundschaftsgericht die Einrichtung einer Betreuung anzuregen. Bei suizidgefährteten Mietern ist zu unterscheiden: Besteht die Möglichkeit, dass sich die Gefahr im Falle der Zwangsräumung verwirklicht, so ist dieser Umstand nicht im Erkenntnis, sondern – wie allgemein bei Vollstreckungshindernissen – erst im Vollstreckungsverfahren zu berücksichtigen. Anders ist es, wenn zu befürchten ist, dass die Gefahr bereits bei Erlass eines Räumungsurteils entsteht; in diesem Fall kommt eine Kündigung i. d. R. nicht in Betracht.[96]

Die **besondere Schwere des Pflichtverstoßes** kann sich aus der Schuldform (Vorsatz/grobe 24
Fahrlässigkeit) als auch aus dem Ausmaß der Pflichtwidrigkeit (also aus der Handlung als solcher) und aus den verschuldeten Auswirkungen (also aus den Folgen der Handlung) ergeben. Unproblematisch sind nach dieser Systematik jene Fälle, in denen eine vorsätzlich begangene erhebliche Pflichtwidrigkeit zu schwerwiegenden Folgen führt. Sie begründen regelmäßig ein berechtigtes Interesse des Vermieters an der Vertragsbeendigung. Umgekehrt liegt kein berechtigtes Interesse vor, wenn sowohl die Schuldform als auch die Pflichtwidrigkeit und die daraus entstandenen Folgen gering sind. Schwierigkeiten bereiten jene Fälle, in denen das Maß der Pflichtwidrigkeit nicht mit den daraus folgenden Auswirkungen korrespondiert. Hier ergibt sich das Problem, ob ein besonders schwerwiegender Pflichtverstoß auch dann zur Kündigung berechtigt, wenn die äußeren Auswirkungen dieses Pflichtverstoßes zunächst einmal verhältnismäßig unerheblich sind und ob umgekehrt eine nur geringfügige Pflichtwidrigkeit mit geringem Schuldgehalt eine Kündigung rechtfertigt, wenn dieses Verhalten schwerwiegende Folgen nach sich zieht. Beispiele für ein Fehlverhalten mit geringen Auswirkungen bilden häufig die Fälle der Beleidigungen, der folgenlosen tätlichen Angriffe, des schikanösen Verhaltens und ähnliche Vorfälle. Hier liegt regelmäßig vorsätzliches Handeln und teilweise auch eine erhebliche Pflichtwidrigkeit vor. Die Folgen sind jedoch meist gering. Typisch für Vertragsverletzungen von geringer Pflichtwidrigkeit und schwerwiegenden Folgen sind dagegen die Fälle der Nichterfüllung vertraglich übernommener Hausordnungspflichten: Der Mieter verletzt die ihm übertragene Streupflicht; ein Passant stürzt infolge des eisglatten Wegs und nimmt den Vermieter auf Schadenersatz in Anspruch. Hier handelt der Mieter regelmäßig nur fahrlässig und der Grad der Pflichtwidrigkeit ist gering, während die Folgen seiner Pflichtwidrigkeit groß sind. Wegen der personenbezogenen Struktur des § 569 Abs. 2 BGB ist in diesen Fällen maßgeblich, welche Auswirkungen sich aus der Pflichtverletzung für das zukünftige Zusammenleben der Vertragspartner ergeben. Es muss also eine **Zukunftsprognose** getroffen werden. Die Notwendigkeit einer solchen Zukunftsprognose ergibt sich aus der Überlegung, dass bei der Prüfung des Kündigungsinteresses letztlich über die Frage der Vertragsfortsetzung entschieden wird. Eine solche Entscheidung muss aber auch die voraussichtliche zukünftige Entwicklung berücksichtigen. Hierbei kann eine Rolle spielen, ob die Vertragsparteien im selben Haus zusammenwohnen, oder ob – wie etwa bei Mietverhältnissen mit Großvermietern – das persönliche Verhältnis zwischen den Vertragsparteien von untergeordneter Bedeutung ist. Darüber hinaus kann die voraussichtliche Dauer des Mietverhältnisses maßgeblich sein.

Eine Kündigung wegen **„Zerrüttung des Vertrauensverhältnisses"** ist nach § 569 Abs. 2 25
BGB nicht möglich, was sich bereits aus dem Wortlaut dieser Vorschrift ergibt. Beruht die Zerrüttung auf dem Verschulden des Kündigenden, so kommt eine Vertragsbeendigung nach 569 Abs. 2 BGB nicht in Betracht.[97] Hat der Gekündigte die Zerrüttung verschuldet, so kann die Kündigung auf diesen Umstand gestützt werden; allerdings muss der Kündigende hier konkrete Vertragsverlet-

---

93 Vgl. OLG Karlsruhe ZMR 2002, 418; AG München WuM 2006, 621: keine Kündigung, wenn aus der Wohnung einer unter Inkontinenz leidenden Mieterin unangenehme Gerüche dringen.
94 AG Düren WuM 2010, 627.
95 AG Wedding ZMR 2014, 378; AG Tempelhof-Kreuzberg GE 2015, 257.
96 BGH WuM 2005, 125 = NZM 2005, 300 = ZMR 2005, 183.
97 LG Gießen WuM 1986, 94.

zungen des anderen Teils darlegen; sind diese Vertragsverletzungen in ihrer Gesamtheit erheblich, so ist die Kündigung gerechtfertigt, im anderen Falle nicht.

26 Wird wegen einer **Vielzahl von Vertragsverletzungen** gekündigt, so sind im gerichtlichen Verfahren zunächst die **Bagatellverstöße** auszuscheiden. Hierunter sind belanglose Vertragsverletzungen zu verstehen, die aus der Sicht einer verständigen Partei zwar als lästig aber nicht als erheblich empfunden werden (unhöfliches Verhalten, geringfügige Verstöße gegen die Hausordnung, gelegentlicher Kinderlärm, kleinliches oder querulatorisches Verhalten in Bezug auf Nebensächlichkeiten, usw.). Solche Bagatellverstöße können auch in ihrer Gesamtheit die Kündigung nicht rechtfertigen.[98] Die verbleibenden Vertragsverletzungen sind jeweils für sich daraufhin zu untersuchen, ob sie die Vertragsbeendigung rechtfertigen. Ist dies zu verneinen, so muss eine Gesamtbewertung vorgenommen werden, weil auch eine Häufung von kleineren Vertragsverstößen – soweit diese jeweils über der Bagatellgrenze liegen – die Kündigung rechtfertigen kann.

27 Das Verhalten des Kündigenden ist stets mit zu berücksichtigen. Bei **provozierten Vertragsverletzungen** scheidet eine Kündigung regelmäßig aus,[99] mindestens aber ist die Vertragsverletzung des Gekündigten erheblich geringer zu bewerten.[100] Zu **wechselseitigen Beleidigungen** s. auch § 543 BGB Rdn. 188). Der Umstand, dass das inkriminierte Verhalten für die beteiligten Kreise typisch ist, kann ebenfalls eine Rolle spielen.[101]

28 Bei einem **Streit zwischen mehreren Mietern,** durch den der Hausfrieden nachhaltig gestört wird, so muss der Vermieter zunächst ermitteln, welcher Mieter den Streit schuldhaft verursacht hat. Dem Vermieter steht es auch dann keineswegs frei, einem beliebigen Mieter zu kündigen, wenn feststeht, dass durch dessen Auszug der Hausfrieden wiederhergestellt werden könnte.[102] Der Kündigungstatbestand des § 569 Abs. 2 BGB setzt nämlich eine konkrete Vertragsverletzung voraus, für die der Vermieter beweispflichtig ist. Lediglich dann, wenn mehrere Mieter den Kündigungstatbestand in ihrer Person verwirklicht haben, hat der Vermieter ein Auswahlrecht. Er braucht insoweit auch nicht demjenigen Mieter zu kündigen, der den Streit und damit die Störung des Hausfriedens überwiegend verschuldet hat, sondern kann sich bei seiner Auswahl durchaus von Zweckmäßigkeitsgesichtspunkten leiten lassen. Auch hier müssen aber grundsätzlich das Verhalten des anderen Mieters und die allgemeinen Verhältnisse im Haus mitberücksichtigt werden.[103]

29 **d) Abmahnung.** Nach § 569 Abs. 2 BGB gilt die Hausfriedensstörung als „wichtiger Grund" zur Kündigung i. S. v. § 543 Abs. 1 BGB. Da die Hausfriedensstörung zugleich als „Verletzung einer Pflicht aus dem Mietvertrag" i. S. v. § 543 Abs. 3 BGB zu bewerten ist, muss der Kündigung grundsätzlich eine Abmahnung vorausgehen.[104] Wegen der Einzelheiten s. § 541 BGB Rdn. 4. Der Kündigungstatbestand ist erst dann erfüllt, wenn nach der Abmahnung eine weitere Vertragsverletzung begangen wird.[105] Dabei muss es sich um eine gleiche oder ähnliche Pflichtverletzung handeln (s. § 543 BGB Rdn. 63ff.). Das beanstandete Verhalten ist in der Abmahnung so genau zu beschreiben, dass der Mieter erkennen kann, welches konkrete Verhalten der Vermieter beanstandet. Erforderlich ist, dass die Störungen nach Zeit und Art eingegrenzt werden. Pauschale Umschreibungen (z. B. „Störungen der Nachtruhe") genügen nicht.[106]

30 **e) Zeitlicher Zusammenhang zwischen Vertragsverletzung und Kündigung. Liegt zwischen der Vertragsverletzung und dem Ausspruch der Kündigung ein längerer Zeitraum, so ist die Kündigung nach** § 314 Abs. 3 BGB ausgeschlossen. Die Vorschrift gilt seit dem 1.1.2002. Das dieser Regelung zugrunde liegende Prinzip war allerdings bereits in früherer Zeit allgemein anerkannt. In der Rechtsprechung und in der Literatur wurde ein längeres Zuwarten regelmäßig als Indiz gegen die Unzumutbarkeit der Vertragsfortsetzung gewertet.[107] Auf diese

---

[98] Bedenklich: LG Göttingen WuM 1990, 18: Kündigung bejaht, wenn der Mieter beharrlich eigene Ordnungsvorstellungen durchsetzen will.

[99] BGH WuM 1986, 60; *Roquette* § 554a BGB Rdn. 27.

[100] *Sternel* Mietrecht (1988) Rdn. IV 508.

[101] AG Dortmund WuM 1978, 85 = ZMR 1978, 207.

[102] AG Köln WuM 1994, 207; *Sternel* Mietrecht aktuell (2009) Rdn. XII 90; **a. A.** LG Duisburg WuM 1975, 209.

[103] LG Mannheim WuM 1981, 17.

[104] AG Wedding GE 2010, 1545; *Sternel* Mietrecht aktuell (2009) Rdn. XII 87.

[105] LG Berlin WuM 2003, 208, 209.

[106] LG Berlin GE 2015, 323.

[107] Vgl. BGH WPM 1983, 660; NJW-RR 1988, 77; OLG Düsseldorf DWW 1997, 435, 438 für zweijähriges Zuwarten; LG Halle NZM 2003, 310: wenn zwischen der letzten Abmahnung und der Kündigung ein Zeitraum von 15 Monaten liegt; LG Berlin WuM 1986, 251 für dreijähriges Zuwarten; LG Essen WuM 1986, 117

Rechtsprechung kann weiterhin zurückgegriffen werden. Allerdings darf der Grundsatz des zeitlichen Zusammenhangs zwischen der Vertragsverletzung und dem Ausspruch der Kündigung nicht schematisch gehandhabt werden. Hat der Kündigungsberechtigte mit dem Ausspruch der Kündigung eine längere Zeit zugewartet, so ist zu fragen, ob hierfür ein hinreichender Grund vorgelegen hat. So ist es i. d. R. unschädlich, wenn ein Mieter mit der Kündigung wartet, bis er Ersatzräume gefunden hat. Dem Vermieter kann es nicht zum Nachteil gereichen, wenn er nach einer Vertragsverletzung nicht sofort kündigt, sondern zunächst die weitere Entwicklung abwartet.

f) Kündigungserklärung/Verhalten nach der Kündigung. Zu den Anforderungen an die Kündigungserklärung s. die Darlegungen zu § 568 BGB Rdn. 8ff., die hier sinngemäß gelten. **31**

Für die Wirksamkeit der Kündigung kommt es maßgeblich darauf an, ob der Kündigungstatbestand zum Zeitpunkt des Ausspruchs der Kündigung vorgelegen hat. Durch ein nachträgliches Wohlverhalten wird die Wirksamkeit der Kündigung nicht berührt.[108] Dies gilt ausnahmslos.[109] Im Einzelfall kann aber das Festhalten am Räumungsanspruch rechtsmissbräuchlich sein, wenn der Mieter sein Verhalten später nachhaltig ändert[110] oder wenn die Ursachen der Störung beseitigt werden.[111] Ergibt sich dies im Verlauf eines anhängigen Verfahrens, so kann der Vermieter die Hauptsache für erledigt erklären. Die Kosten sind dann entspr. § 91a ZPO nach billigem Ermessen dem Mieter aufzuerlegen, wenn der Räumungsanspruch ursprünglich bestanden hat. **32**

IV. Kündigung wegen Verzugs mit der Zahlung der Kaution (Abs. 2a)

Der Kündigungstatbestand des § 569 Abs. 2a wurde durch das Mietrechtsänderungsgesetz 2013 in das BGB eingefügt. Die Vorschrift begründet zugunsten des Vermieters ein Recht zur fristlosen Kündigung, wenn der Mieter mit der Verpflichtung zur Zahlung der Kaution in Verzug gerät. Die Regelung gilt nur für die Wohnraummiete. Für die Gewerbemiete hat der BGH entschieden, dass die Nichtzahlung der Kaution grundsätzlich als wichtiger Grund zur fristlosen Kündigung im Sinne des § 543 Abs. 1 BGB zu bewerten ist.[112] Zwischen der Regelung in § 543 Abs. 1 und § 569 Abs. 2a bestehen folgende Unterschiede: **(1)** Bei dem Kündigung nach § 543 Abs. 1 BGB ist die Entscheidung über die Wirksamkeit der Kündigung aufgrund einer Interessenabwägung zu treffen. Nach § 569 Abs. 2a ist der Kündigungstatbestand als Regelbeispiel für den wichtigen Grund ausgestaltet. Für die Kündigung genügt es, wenn der Verzug vorliegt; eine Interessenabwägung ist nicht erforderlich.[113] **(2)** Die Kündigung nach § 543 Abs. 1 setzt eine Abmahnung voraus. Nach § 569 Abs. 2a Satz 3 ist eine Abmahnung entbehrlich. Die Kündigung hängt bei der Wohnraumiete also von geringeren Anforderungen ab als bei der Gewerbemiete. Der allgemeine Kündigungstatbestand des § 543 Abs. 1 wird für die Wohnraummiete durch die Neufassung verdrängt.[114] Dies erscheint aus rechtsdogmatischen Gründen bedenklich.[115] Im übrigen steht es den Parteien eines Gewerbemietverhältnisses frei die tatbestandlichen Merkmale eines Kündigungsgrundes vertraglich zu konkretisieren. Zwar bestimmt § 569 Abs. 5 BGB, dass die Parteien bei der Wohnraummiete keine Vereinbarungen treffen können, die zum Nachteil des Mieters von den gesetzlichen Kündigungstatbeständen abweichen. Auf die Gewerbemiete ist die Regelung nicht anzuwenden, weil § 578 Abs. 2 BGB nicht auf **32a**

---

für fünfjähriges Zuwarten bei Tierhaltung; LG Koblenz WuM 1976, 98 für einjähriges Zuwarten; AG Dortmund WuM 1978, 85 = ZMR 1978, 207 für sechsmonatiges Zuwarten; LG Berlin MM 1991, 100; AG Delmenhorst WuM 1980, 163 für einmonatiges Zuwarten [zweifelhaft]; *Sternel* Mietrecht (1988) Rdn. IV 507; *Roquette* § 554a BGB Rdn. 28.

108 BGH NJW-RR 1988, 77 = WuM 1988, 126 = ZMR 1988, 16; LG Köln WuM 1991, 485; LG Berlin GE 1995, 943; AG Frankfurt NJW 1993, 78.

109 **A. A.** AG Köln WuM 1988, 57, für eine Kündigung gegenüber streitenden Mietern, wenn diese sich in der Folgezeit wieder versöhnen.

110 *Sternel* Mietrecht (1988) Rdn. IV 506; vgl. LG Berlin GE 1994, 459: Wechsel in der Nutzung durch getrennt lebende Ehegatten, von denen der eine zuverlässig, der andere unzuverlässig ist; vgl. auch LG Köln WuM 1991, 98; LG Ravensburg WuM 1984, 297.

111 LG Darmstadt NJW 1983, 52; LG Frankfurt WuM 1987, 21; AG Bochum WuM 1990, 296 betr. Auszug des Störers aus der Ehewohnung; AG Wiesbaden WuM 1995, 706 betr. pubertätsbedingte Lärmstörungen, die im Zeitpunkt der gerichtlichen Entscheidung nicht mehr auftreten.

112 BGH (XII ZR 36/05) NZM 2007, 400.

113 *Wiek* WuM 2013, 195, 197.

114 *Hinz* ZMR 2012, 777, 789; *Wiek* WuM 2013, 195, 199.

115 **A. A.** *Hinz* a. a. O.

§ 569 Abs. 5 BGB verweist. Deshalb kann bei der Gewerbemiete vereinbart werden, dass dem Vermieter im Falle der Nichterfüllung der Kautionsvereinbarung ein Kündigungsrecht zustehen soll.[116]

32b Ist vereinbart, dass der Mieter eine Kaution in Höhe von 3 Monatsmieten zu zahlen hat, so liegen die Kündigungsvoraussetzungen mit dem Ablauf des 3. Werktages des 2. Mietmonats vor. Beginnt das Mietverhältnis beispielsweise am 1.5. so ist die erste Rate am 1. Mai und die zweite Rate am 3. Werktag des Monats Juni fällig. Der Rückstand entspricht dann 2 Monatsmieten. Beträgt die vereinbarte Kaution 2 Monatsmieten, so entspricht jede Rate 2/3 der Monatsmiete. Der Mieter hat die erste Rate bei Mietbeginn, die zweite Rate am 3. Werktag des 2. Mietmonats und die dritte Rate am 3. Werktag des 3. Mietmonats zu bezahlen. Erst dann beträgt der Rückstand 2 Monatsmieten. Ist eine Kaution von einer Monatsmiete vereinbart, so besteht kein Kündigungsrecht nach § 569 Abs. 3a. Dann stellt sich die Frage, ob der Vermieter nach § 543 Abs. 1 BGB kündigen kann. Dies ist zu verneinen, weil ein unvollständiges Regelbeispiel nicht durch Rückgriff auf einen Auffangtatbestand umgangen werden kann. Bei der Gewerbemiete kann vereinbart werden, dass die Kaution in voller Höhe bei der Übergabe oder vor der Übergabe zu zahlen ist. Ist vereinbart, dass die Kaution „1 Monat vor Übergabe" zu leisten ist, so ist unter dem Begriff der „Übergabe" der vereinbarte Mietbeginn zu verstehen.[117]

32c § 569 Abs. 2a setzt voraus, dass sich der Mieter mit einer **„Sicherheitsleistung nach § 551"** in Verzug befindet. Nach § 551 Abs. 1 fallen hierunter Sicherheiten aller Art, insbesondere die Barkaution, die Verpfändung einer Sparforderung, die Abtretung einer solchen Forderung, die Lohn- oder Gehaltsabtretung, die Verpfändung von Wertpapieren und die Verpflichtung zur Beibringung einer Bürgschaft. Die Gesetzesbegründung zu § 569 spricht von „Zahlungsverpflichtungen".[118] Dies rechtfertigt die Annahme, dass die Regelung nur für die Barkaution und die Verpfändung einer Sparforderung, nicht für sonstige Sicherheiten gilt.[119] Wegen des Verzugs mit der Erfüllung sonstiger Kautionsverpflichtungen ist eine Kündigung nach §§ 543 Abs. 1, 573 Abs. 2 Nr. 1 BGB möglich, wenn die weiteren Voraussetzungen dieser Vorschriften gegeben sind. Dies beruht auf der Erwägung, dass die Kündigungstatbestände in den §§ 543 Abs. 2 und § 569 Abs. 1 bis 2a nicht abschließend geregelt werden. Ein Kündigungsgrund nach § 543 Abs. 1 BGB liegt vor, wenn der Mieter grundlos und endgültig die Stellung der vereinbarten Sicherheit verweigert.[120]

32d Der Kündigungstatbestand setzt einen **Verzug** des Mieters mit der Kautionszahlung voraus. Der Mieter kommt nicht in Verzug, solange die Zahlung infolge eines Umstands unterbleibt, den er nicht zu vertreten hat (§ 286 Abs. 4 BGB). Die Ausführungen zu § 543 Rdn. 95ff gelten hier sinngemäß. Subjektive Gesichtspunkte, wie z. B. eine unverschuldete Zahlungsunfähigkeit spielen im Rahmen des § 569 Abs. 2a allerdings keine Rolle; insoweit gilt nichts anderes als bei der Kündigung wegen Verzugs mit der Mietzahlung (s. § 543 Rdn. 96). Wird die Kaution vom Vermieter nicht in einer dem Gesetz entsprechenden Weise angelegt, steht dem Mieter ein Zurückbehaltungsrecht nach § 273 BGB zu; erforderlich ist insoweit, dass sich der Mieter hierauf beruft.[121]

32e Kommt der Mieter sowohl mit der **Mietzahlung als auch** mit der Zahlung der **Kaution** in Verzug, so richtet sich die Kündigung wegen des Mietrückstands nach § 543 Abs. 2 Nr. 3 und die Kündigung wegen des Kautionsrückstandes nach § 569 Abs. 2a. Bei der Prüfung der jeweiligen Kündigungstatbestände können die jeweiligen Rückstandsbeträge nicht zusammengerechnet werden. Eine andere Frage ist es, ob der Vermieter nach §§ 543 Abs. 1, 573 Abs. 2 Nr. 1 BGB kündigen kann, wenn eine Bewertung des Zahlungsverhaltens des Mieters und der sonstigen Umstände ergibt, dass dem Vermieter eine weitere Vertragsfortsetzung nicht zugemutet werden kann. Die Frage ist zu bejahen, weil die Kündigungstatbestände in den §§ 543 Abs. 2 und § 569 Abs. 1 bis 2a nicht abschließend geregelt werden.

32f In bestimmten Fällen steht dem Vermieter ein **Anspruch auf Wiederauffüllung der Kaution** zu (Rdn. 90). Der Wortlaut des Kündigungstatbestands deckt auch die Kündigung wegen Verzugs mit der Erfüllung dieser Verpflichtung. Nach der Begründung des Regierungsentwurfs soll die Vorschrift des § 569 Abs. 2a allerdings aufgrund ihrer „Zielrichtung" (Schutz des Vermieters gegenüber dem Mieter der sich „bereits zu Beginn des Mietverhältnisses seiner Zahlungspflicht entzieht") in

---

[116] OLG Düsseldorf Urteil vom 21.2.2017 – 10 U 87/16, juris.
[117] OLG Düsseldorf Urteil vom 21.2.2017 – 10 U 87/16, juris.
[118] BT-Drucks.17/10485 S. 25.
[119] *Wiek* WuM 2013, 195, 198; **a. A.** *Zehelein* WuM 2013, 133, 135: Danach gilt die Vorschrift auch für die Bürgschaft; *Sommer* IMR 2014, 139, 141f: alle Sicherheitsleistungen.
[120] *Wiek* WuM 2013, 195, 198.
[121] *Zehelein* WuM 2013, 133, 135.

diesen Fällen nicht anzuwenden sein.[122] Eine Kündigung nach §§ 543 Abs. 1, 573 Abs. 2 Nr. 1 BGB ist allerdings möglich, wenn die weiteren Voraussetzungen dieser Kündigungstatbestände vorliegen. Dies beruht ebenfalls auf der Erwägung dass die Kündigungstatbestände in den §§ 543 Abs. 2 und § 569 Abs. 1 bis 2a nicht abschließend geregelt werden. Der bloße Verzug reicht für eine Kündigung nach § 543 Abs. 1 nicht aus. Erforderlich sind besonders erschwerende Umstände, die dem Verzug ein besonderes Gewicht verleihen und zur Folge haben, dass die Fortsetzung des Mietverhältnisses dem Vermieter nicht zuzumuten ist.[123]

Gem § 569 Abs. 2a gilt die Regelung in Abs. 3 Nummer 2 Satz 1 entsprechend. Diese Regelung beinhaltet das sog. **„Nachholrecht".** Danach wird die Kündigung unwirksam, wenn der Vermieter wegen der rückständigen Kaution bis zum Ablauf von zwei Monaten nach Eintritt der Rechtshängigkeit des Räumungsanspruchs befriedigt wird (Einzelheiten Rdn. 37). Dies gilt auch dann, wenn daneben noch Mietrückstände bestehen.[124] Eine Erfüllung durch Aufrechnung scheidet bei der Kaution aus.[125] Kommt der Mieter nach Eintritt dieser Rechtsfolge mit der Mietzahlung in Verzug, so gilt § 569 Abs. 3 Nr. 2 Satz 2. **32g**

Die Regelung in **§ 543 Abs. 2 Satz 2** gilt ebenfalls entsprechend. Danach ist die Kündigung ausgeschlossen, wenn der Vermieter vorher befriedigt wird (Einzelheiten § 543 Rdn. 134. **32h**

Eine **Verwirkung des Kündigungsrechts** kommt nur ausnahmsweise in Betracht, wenn der Vermieter zu erkennen gibt, dass er wegen der Nichtzahlung der Kaution nicht kündigen werde.[126] Bleibt der Vermieter längere Zeit untätig, so kann eine Kündigung gegen § 242 BGB verstoßen, wenn der Mieter hierdurch überrascht wird; eine solche Kündigung ist unwirksam. Der Vermieter ist in einem solchen Fall gehalten dem Mieter eine Zahlungsfrist zu setzen und die Kündigung anzudrohen.[127] **32i**

§ 569 Abs. 2a gilt nur für die außerordentliche fristlose Kündigung. Dies führt zu der Frage, welche Rechtsfolge gilt wenn der Vermieter anstelle oder neben der fristlosen Kündigung eine **ordentliche Kündigung** nach § 573 Abs. 2 Nr. 1 BGB ausspricht. Die ordentliche Kündigung kann statt oder neben einer fristlosen Kündigung ausgesprochen werden.[128] In diesem Fall ist fraglich, ob auch in diesem Fall § 569 Abs. 3 Nummer 2 Satz 1 (Nachholrecht) sowie § 543 Absatz 2 Satz 2 sinngemäß anzuwenden sind. Für die ordentliche Kündigung nach § 573 Abs. 2 Nr. 1 wegen eines Verzugs mit der Miete hat der BGH die entsprechende Anwendung des § 569 Abs. 3 Nummer 2 Satz 1 BGB verneint (s. Rdn. 65). Folgt man dieser (hier abgelehnten) Rechtsprechung, so kann für die ordentliche Kündigung wegen Verzugs mit der Kaution nichts anderes gelten. **32j**

Übergangsregelung: Nach Art 229 § **XXX** EGBGB ist § 569 Abs. 2a auf ein vor dem Inkrafttreten des Mietrechtsänderungsgesetzes 2013 entstandenes Mietverhältnis nicht anzuwenden. Das Mietverhältnis entsteht mit dem Vertragsschluss. Das MietRÄndG ist am 1.5.2013 in Kraft getreten. Mithin gilt die Neuregelung für alle Mietverträge, die nach dem 30.4.2013 abgeschlossen wurden. Voraussetzung ist, dass dort eine Kautionsabrede enthalten ist. Fraglich ist, welches Recht für Mietverträge gilt, die vor dem 1.5.2013 abgeschlossen wurden, § 569 Abs 2a ist unanwendbar. Nach der hier vertretenen Ansicht ist auf diese Fälle § 543 Abs. 1 BGB anzuwenden. Gleiches gilt nach der hier vertretenen Ansicht, wenn die Parteien eines vor dem 1.5.2013 abgeschlossenen Mietvertrags nach diesem Zeitpunkt eine Kautionsabrede vereinbaren. **32k**

V. Ergänzende Vorschriften für die Wohnraummiete bei der Kündigung wegen Zahlungsverzugs (Abs. 3)

1. Begriff des erheblichen Rückstands (Abs. 3 Nr. 1)

Nach § 543 Abs. 2 Nr. 2 lit. a BGB kann der Vermieter unter anderem dann kündigen, wenn der Mieter für zwei aufeinander folgende Termine mit der Entrichtung „eines nicht unerheblichen Teils der Miete" in Verzug ist. Hierzu ist in § 569 Abs. 3 Nr. 1 Satz 1 BGB ergänzend geregelt, dass der rückständige Teil der Miete nur dann als nicht unerheblich anzusehen ist, wenn er die Miete für **33**

---

122 BT-Drucks.17/10485 S. 25.
123 So zutreffend: *Wiek* WuM 2013, 195, 199.
124 *Zehelein* WuM 2013, 133, 135; *Wiek* WuM 2013, 195, 200.
125 *Wiek* WuM 2013, 195, 200.
126 *Wiek* WuM 2013, 195, 200.
127 *Wiek* a. a. O.
128 *Häublein* in MünchKomm § 573 Rdn. 56 und in PiG 97 (2014) S. 35, 56.

einen Monat übersteigt. Der Rückstand muss also mindestens eine Monatsmiete plus 0,01 € betragen. Maßgeblich ist diejenige Miete, die zum Zeitpunkt des Kündigungsausspruchs geschuldet wird.[129] Bei der nach § 556b BGB geschuldeten Vorauszahlung am dritten Werktag eines Monats gilt bei einer Grundmiete von 600 € und Betriebskostenvorauszahlungen von 100 €, dass der Vermieter kündigen kann, wenn am vierten Werktag des März von der Februarmiete und der Märzmiete ein Betrag von mindestens 700,01 € rückständig ist. Zur Bewertung des Samstags s. § 573c BGB Rdn. 8ff. Der Wortlaut des § 569 Abs. 3 Nr. 1 Satz 1 BGB erweckt den Eindruck, als gewähre das Gesetz dem Richter einen Entscheidungsspielraum hinsichtlich der Frage, wann der Rückstand als nicht unerheblich anzusehen sei. Durch die Formulierung „nur dann" kommt aber lediglich zum Ausdruck, dass ein geringerer Rückstand als eine Monatsmiete plus 0,01 € nicht zur Kündigung berechtigen soll; ein Umkehrschluss dahingehend, dass die Kündigung stets dann möglich sei, wenn diese Grenze überschritten wird, ist dagegen nicht zwingend geboten.[130] Dennoch entspricht dieser Umkehrschluss allgemeiner Praxis. Hierfür spricht auch das Bedürfnis nach einer klaren und prognostizierbaren Regelung.

34 Das **Erheblichkeitskriterium** bezieht sich dabei nicht auf beide Termine. Es ist also nicht erforderlich, dass der Rückstand bezogen auf jeden einzelnen Termin erheblich ist; es genügt, wenn der Gesamtrückstand als nicht unerheblich bewertet werden kann. Ein geringer Rückstand im ersten Termin und ein hoher Rückstand im darauf folgenden Termin können sich also zu einem nicht unerheblichen Rückstand addieren.[131]

35 Die Einschränkung, dass der Rückstand mindestens eine Monatsmiete betragen muss, gilt nicht bei **Mietverhältnissen über Wohnraum zu nur vorübergehendem Gebrauch** (zum Begriff s. § 549 Abs. 2 Nr. 1 BGB Rdn. 4). Hier genügt es, dass ein Verzug für zwei aufeinander folgende Termine vorliegt und dass der Rückstand einen nicht unerheblichen Teil der Miete umfasst. Wann der Mietanteil als nicht unerheblich gilt, wird für diese Mietverhältnisse nicht näher definiert. Aus dem Schutzzweck des § 569 Abs. 3 Nr. 1 Satz 1 BGB folgt, dass ein Rückstand von einer Monatsmiete plus 0,01 € stets als nicht unerheblich anzusehen ist.[132] Dies ergibt sich aus der Erwägung, dass dem Mieter, der Wohnraum zu nur vorübergehendem Gebrauch gemietet hat, jedenfalls kein weitergehender Schutz zukommen kann, als dem Dauermieter. Darüber hinaus kann auch ein Rückstand von weniger als einer Monatsmiete zur Kündigung berechtigen, insbesondere dann, wenn die Miete relativ hoch ist und kurze Zahlungstermine vereinbart worden sind (z. B. bei der Miete eines Hotelzimmers). Wegen der Vielzahl der hier in Betracht kommenden Vertragsgestaltungen kann dieses Tatbestandsmerkmal allerdings nicht allgemeingültig definiert werden. Nähert sich das Mietverhältnis zu nur vorübergehendem Gebrauch in seiner Ausgestaltung dem gewöhnlichen Dauermietverhältnis, so wird es i. d. R. sachgerecht sein, wenn auf die Frist des § 569 Abs. 3 Nr. 1 Satz 1 BGB zurückgegriffen wird.

36 Die Regelung in § 569 Abs. 3 Nr. 1 Satz 1 BGB muss analog angewendet werden, wenn die Parteien **kürzere Zahlungstermine** vereinbart haben. Nach dem Wortlaut und der Systematik des § 569 Abs. 3 Nr. 1 Satz 1 BGB liegt bei vereinbarter wöchentlicher Zahlung der Kündigungstatbestand bereits dann vor, wenn zwei volle Wochenmieten fällig geworden sind. Die Regelung in § 569 Abs. 3 Nr. 1 Satz 1 BGB, wonach der Rückstand eine Monatsmiete übersteigen muss, bezieht sich nämlich nur auf den Teilverzug. Der Gedanke des Mieterschutzes gebietet jedoch in Fällen dieser Art die analoge Anwendung des § 569 Abs. 3 Nr. 1 Satz 1 BGB mit der Folge, dass der Rückstand auch bei wöchentlicher Zahlung mindestens eine Monatsmiete übersteigen muss.[133] Die Schutzvorschrift ist nämlich erkennbar auf die in der Praxis übliche monatliche Mietzahlung zugeschnitten. Dies legt die Annahme nahe, dass der Gesetzgeber die sich aus der Vereinbarung von kürzerfristigen Zahlungsterminen ergebende Problematik nicht bedacht hat. Da der Mieterschutz bei längerfristigen Mietverhältnissen im Bereich des Zahlungsverzugs auch lückenlos ist, kann nicht da-

[129] LG Osnabrück WuM 1988, 268.

[130] **A. A.** *Both* NJW 1970, 2197.

[131] BGH NJW-RR 1987, 903 = ZMR 1987, 289 = WuM 1987, 317 = DWW 1987, 216; *Häublein* in MünchKomm § 569 BGB Rdn. 29; *Emmerich* in Staudinger § 569 BGB Rdn. 38a; *Lammel* § 569 BGB Rdn. 27; Palandt/*Weidenkaff* § 569 BGB Rdn. 15; *Wöstmann* in Bamberger/Roth § 569 BGB Rdn. 11; *Lützenkirchen* in: Erman § 569 Rdn. 16 *Kinne* GE 1996, 820, 826; **a. A.** *Roquette* Mietrecht § 554 BGB Rdn. 3; *Sternel* Mietrecht (1988) Rdn. IV 269.

[132] *Häublein* in MünchKomm § 569 BGB Rdn. 30.

[133] Wohl ebenso: *Emmerich* in Staudinger § 569 BGB Rdn. 38a: im Regelfall ist von dem Maßstab des Abs. 3 Nr. 2 Satz 1 auszugehen.

von ausgegangen werden, dass der Gesetzgeber ausnahmsweise dann eine Kündigung wegen verhältnismäßig geringer Rückstände zulassen wollte, wenn die Parteien eine wöchentliche (oder noch kürzerfristige) Mietzahlung vereinbart haben. Für diese Rechtsfolge gäbe es keinen sachlichen Grund. Bei **längerfristigen Zahlungsterminen** ergeben sich keine Probleme. Ist vereinbart, dass die Miete jeweils zu Beginn eines Quartals gezahlt werden soll, so liegt der Tatbestand des § 569 Abs. 3 Nr. 1 Satz 1 BGB stets dann vor, wenn die Miete für ein Quartal nicht bezahlt worden ist und die Zahlung für das folgende Quartal fällig wird. Ist vereinbart, dass die Miete jährlich im Voraus zu zahlen ist, so muss der Vermieter mit der Kündigung ein Jahr zuwarten, bis ein Rückstand mit zwei aufeinander folgenden Terminen gegeben ist.[134] Diese Rechtsfolge ist auch verfassungsrechtlich nicht zu beanstanden.[135]

2. Das Nachholrecht (Abs. 3 Nr. 2)

a) Nach § 569 Abs. 3 Nr. 2 Satz 1 BGB wird die Kündigung unwirksam, wenn der Vermieter bis zum Ablauf von zwei Monaten nach Eintritt der Rechtshängigkeit des Räumungsanspruchs **(Schonfrist)** hinsichtlich der fälligen Miete und der fälligen Entschädigung nach § 546a Abs. 1 BGB befriedigt wird **(Nachholrecht).** Die Befriedigung kann durch Zahlung, Aufrechnung oder Hinterlegung mit Rücknahmeverzicht erfolgen. Die Kündigungswirkungen entfallen bei nachträglicher Erfüllung kraft gesetzlicher Fiktion rückwirkend; das Mietverhältnis lebt wieder auf und besteht unverändert fort.[136] Das Nachholrecht gilt nur für die Wohnraummiete. Es dient nicht der Vermeidung von Obdachlosigkeit,[137] sondern dem Schutz des Mieters bei unzureichender Finanzkraft.[138] Ob Wohnraum vorliegt, richtet sich nach den unter vor § 535 BGB Rdn. 94 dargelegten Grundsätzen. Maßgeblich sind die vertraglichen Vereinbarungen, nicht die faktische Nutzung. Deshalb gilt § 569 Abs. 3 Nr. 2 Satz 1 BGB nicht, wenn der Mieter die zu Gewerbezwecken vermieteten Räume vertragswidrig ausschließlich zu Wohnzwecken benutzt.[139] **37**

b) Die **Frist** des § 569 Abs. 3 Nr. 2 Satz 1 BGB **beginnt** mit dem Eintritt der Rechtshängigkeit des Räumungsanspruchs, also mit der Zustellung der Räumungsklage an den Mieter (§ 253 Abs. 1 ZPO). Das Gericht ist nicht verpflichtet, den Mieter bei der Zustellung über die Schonfrist zu informieren. Bei Mietern, die nicht durch einen Rechtsanwalt vertreten sind, ist ein entsprechender Hinweis aber durchaus sachdienlich; die klagende Partei kann hieraus keine Besorgnis der Befangenheit ableiten.[140] Maßgeblich für die Zustellung sind die Vorschriften der §§ 166 ff. ZPO. Aus dem Zweck des § 569 Abs. 3 Nr. 2 Satz 1 BGB lässt sich kein abw. Zeitpunkt herleiten; insbesondere beginnt die Frist auch dann, wenn der Mieter von der Zustellung der Klagschrift keine Kenntnis erlangt hat.[141] Ist die Klageschrift mangelhaft, weil die Unterschrift fehlt, oder weil sie den Anforderungen des § 253 Abs. 2 Nr. 1 und 2 ZPO nicht entspricht, so tritt die Rechtshängigkeit erst dann ein, wenn der Mangel behoben wird; die Frist des § 569 Abs. 3 Nr. 2 Satz 1 BGB beginnt in diesem Fall, wenn dem Mieter ein Schriftsatz mit den fehlenden Angaben zugestellt wird. Die **Frist endet** zwei Monate nach Eintritt der Rechtshängigkeit um 24.00 Uhr (Beispiel: Zustellung der Räumungsklage am 5. Januar führt zum Fristablauf am 5. März, 24.00 Uhr). Für die **Fristberechnung** gelten die §§ 187 Abs. 1, 188 Abs. 2 und 193 BGB, so dass sich das Fristende verschieben kann, wenn der letzte Tag der Frist auf einen Sonntag, einen staatlich anerkannten allgemeinen Feiertag oder einen Sonnabend fällt: In diesem Fall tritt an die Stelle dieses Tages der nächste Werktag. Sind **mehrere Personen Mieter,** so beginnt die Schonfrist für alle Mieter am Tag der zuletzt bewirkten Zustellung zu laufen. Eine an diesem Zeitpunkt erfolgte Zahlung wirkt für alle Mieter (§ 422 Abs. 1 BGB). Es handelt sich um eine Maximalfrist. Die Wirkungen der Vorschrift treten deshalb auch dann ein, wenn der Mieter **bereits vor Rechtshängigkeit des Räumungsanspruchs bezahlt.**[142] **38**

---

134 LG Wuppertal WuM 1992, 668.

135 BVerfG WuM 1992, 668.

136 BGH NJW 1960, 2093; ZMR 2007, 348, 350; *Emmerich* in Staudinger § 569 BGB Rdn. 44; Palandt/*Weidenkaff* § 569 BGB Rdn. 16; *Herrlein* in Herrlein/Kandelhard § 569 BGB Rdn. 26; *Weber* ZMR 1992, 41, 43; **a. A.** *O'Sullivan* ZMR 2002, 250; *Both* in FS Blank S. 93, 102 f.: danach wird die Kündigung ex nunc unwirksam.

137 So aber BGH NZM 2005, 334 Rz. 18.

138 *Harke* NZM 2016, 449, 456.

139 LG Berlin GE 1983, 439.

140 OLG Hamburg ZMR 1988, 225 = WuM 1989, 139.

141 **A. A.** AG Köln WuM 1980, 63.

142 KG RE 5.3.1984 WuM 1984, 93 = ZMR 1985, 52 = DWW 1984, 191; LG Stuttgart ZMR 1985, 128; LG Berlin ZMR 1978, 238; GE 1982, 85.

Wird die Kündigung während eines anhängigen Rechtsstreits erklärt, so beginnt die Schonfrist mit dem Zugang des Schriftsatzes durch den der Räumungsanspruch auch auf die weitere Kündigung gestützt wird;[143] sie endet zwei Monate später. Hat der Mieter die **Wohnung vor Erhebung der Räumungsklage zurückgegeben,** so ist für die Anwendung des § 569 Abs. 3 Nr. 2 Satz 1 BGB kein Raum. Aus der Formulierung des Gesetzes, wonach der Lauf der Schonfrist mit der Zustellung der Räumungsklage beginnt, muss entnommen werden, dass die Frist nur demjenigen zugute kommen soll, der sich die Wohnung erhalten will. Zieht der Mieter freiwillig aus, so erübrigt sich eine Räumungsklage; die Schonfrist kann deshalb weder beginnen noch enden.

39 **c)** Für die **Rechtzeitigkeit der Zahlung** gelten die Ausführungen zu § 543 BGB Rdn. 94. Maßgeblich ist, dass der Mieter die Leistungshandlung (z. B. Erteilung eines Überweisungsauftrags) rechtzeitig vorgenommen hat. Es spielt keine Rolle, wenn der Leistungserfolg (Gutschrift auf dem Konto des Vermieters) erst nach Ablauf der Schonfrist eintritt.[144] Der Zeitpunkt der Erfüllung ist auch dann nicht entscheidend, wenn der Mietvertrag die unter §§ 556b BGB Rdn. 7; § 543 BGB Rdn. 217 wiedergegebene „Rechtzeitigkeitsklausel" enthält: Zum einen stellt die Vorschrift des § 569 Abs. 3 Nr. 2 Satz 1 BGB ein gesetzliches Schutzrecht zugunsten des Mieters dar, dessen Voraussetzungen durch vertragliche Vereinbarungen nicht zum Nachteil des Mieters modifiziert werden können;[145] zum anderen wird durch die genannte Klausel der Fall der nachträglichen Zahlung nicht geregelt. **Zahlungen eines Dritten** darf der Vermieter auch hier nicht ablehnen (Einzelheiten § 543 Rdn. 98a). Auch die **Zahlung unter Vorbehalt** ist Erfüllung, wenn die oben Rdn. 37 dargestellten Voraussetzungen gegeben sind (Einzelheiten: § 536b BGB Rdn. 24). Eine Wiedereinsetzung in den vorigen Stand gegen die Versäumung der Schonfrist ist nicht möglich.[146] Bei **unverschuldeten Fristüberschreitungen von unerheblicher Dauer** kann die Durchsetzung des Räumungsanspruchs allerdings gegen Treu und Glauben verstoßen.[147]

40 **d)** Die nachträgliche Zahlung führt nur dann zur Unwirksamkeit der Kündigung, wenn sie zur **vollständigen Befriedigung** des Vermieters ausreicht.[148] Deshalb muss der Mieter auch denjenigen Rückstand bezahlen, der nicht zur Begründung der Kündigung herangezogen worden ist.[149] Eine Ausnahme gilt für verjährte oder verwirkte Beträge (s. § 543 BGB Rdn. 84),[150] sowie für Kleinbeträge, die der Vermieter nicht angemahnt hat.[151] Zu zahlen ist demnach zunächst die zum Zeitpunkt der Erfüllungshandlung fällige Miete einschließlich der Betriebskostenvorauszahlungen[152] wobei auch hier die Ausführungen unter § 543 BGB Rdn. 86 gelten. Die Fälligkeit richtet sich nach den vertraglichen Vereinbarungen oder – falls solche fehlen– nach § 556b Abs. 1 BGB. Vereinzelt wird vertreten, dass es sich hierbei um eine Karenzregelung handelt.[153] Die Miete wird nach dieser Ansicht am 1. Werktag fällig, der Mieter kommt aber erst am 3. Werktag in Verzug. Folgt man dieser Ansicht, so tritt eine Heilung der Verzugsfolgen nur ein, wenn der Vermieter zum Ablauf der Schonfrist hinsichtlich der am Monatsersten fälligen Miete befriedigt wird. Nach richtiger Ansicht wird die Miete nach der gesetzlichen Regelung am 3. Werktag fällig (s. § 556b BGB Rdn. 4);[154] dies folgt ohne weiteres aus der – amtlichen – Überschrift des Gesetzes. Demgemäß ist auch im Rahmen des § 569 Abs. 3 Nr. 2 BGB auf den dritten Werktag abzustellen. Nach-

---

[143] LG Mannheim WuM 1991, 687; LG Gießen WuM 1994, 706.

[144] LG Aachen WuM 1993, 348; LG Arnsberg DWW 1991, 113; LG Hamburg WuM 1992, 124; LG Stuttgart WuM 1995, 470; LG Oldenburg WuM 1996, 471; *Wöstmann* in Bamberger/Roth § 569 BGB Rdn. 14; *Lützenkirchen* in: Erman § 569 Rdn. 20*Sternel* Mietrecht (1988) Rdn. IV 419; *Kinne* in Kinne/Schach/Bieber Miet- und Mietprozessrecht § 569 BGB Rdn. 19; *Herrlein* in Herrlein/Kandelhard § 569 BGB Rdn. 34; *Wetekamp* Mietsachen Kap. 8 Rdn. 111 und in FS Blank S. 459, 462; **a. A.** AG Tiergarten GE 1987, 883; *Lammel* § 569 BGB Rdn. 33; **a. A.** nunmehr *Emmerich* in Staudinger § 569 BGB Rdn. 42a.

[145] LG Berlin ZMR 1992, 394 = NJW-RR 1993, 144; LG Hamburg WuM 1992, 124; *Sternel* Mietrecht aktuell (2009) Rdn. XII 155a; **a. A.** LG Bonn WuM 1991, 263; LG Heilbronn WuM 1992, 10 = ZMR 1991, 388.

[146] LG München I WuM 1983, 141.

[147] AG Nürnberg WuM 19433 betr. Fristüberschreitung infolge eines Krankenhausaufenthalts.

[148] BGH (VIII ZR 261/15) Rz. 22, 23 NJW 2016, 3437.

[149] LG München I WuM 1987, 153.

[150] *Scholz* WuM 1987, 135; *Emmerich* in Staudinger § 569 BGB Rdn. 42; *Lützenkirchen* in: Erman § 569 Rdn. 19; *Sternel* Mietrecht (1988) Rdn. IV 419; *Wöstmann* in Bamberger/Roth § 569 BGB Rdn. 15.

[151] *Sternel* Mietrecht aktuell (2009) Rdn. XII 153.

[152] AG München JurBüro 1986, 245 = ZMR 1986, 245 [LS].

[153] LG München WuM 1995, 103; *Rave* GE 2007, 628, 629.

[154] BGH WuM 2010, 353 unter Rdn. 16; *Weitemeyer* in Staudinger § 556b BGB Rdn. 15; *Both* in Herrlein/Kandelhard § 556b BGB Rdn. 4; *Ehlert* in Bamberger/Roth § 556b BGB Rdn. 6.

zahlungsansprüche aus Nebenkostenabrechnungen, Verzugszinsen, Schadensersatzansprüche, Kostenerstattungsansprüche und andere nicht periodische Zahlungen bleiben hier außer Betracht, und zwar auch dann, wenn der Vermieter auch wegen dieser Beträge gekündigt hat. Zahlt der Mieter exakt den im Kündigungsschreiben/der Klagschrift angegebenen Betrag, so liegt hierin eine stillschweigende Leistungsbestimmung. Der Vermieter ist deshalb gehindert, die Zahlung auf eine Betriebskostennachzahlung zu verrechnen.[155] Zahlungen ohne Tilgungsbestimmung, die zwar zur Tilgung der Hauptleistung, nicht aber zur Tilgung der daneben geforderten Zinsen und Kosten ausreichen, sind entsprechend dem vermuteten Willen des Zahlungspflichtigen auf die Hauptleistung anzurechnen. Es bleibt dem Vermieter unbenommen, in einem solchen Fall von seinem Zurückweisungsrecht nach § 367 Abs. 2 BGB Gebrauch zu machen; der Eintritt der Rechtsfolgen des § 569 Abs. 3 Nr. 2 Satz 1 BGB bleibt hiervon unberührt, weil § 569 Abs. 3 Nr. 2 BGB gegenüber § 367 Abs. 2 BGB lex specialis ist[156], [157] Zu zahlen ist weiter die Nutzungsentschädigung i. S. v. § 546 a Abs. 1 BGB, die der Mieter nach Beendigung des Mietverhältnisses anstelle der Miete schuldet.[158] Die Höhe der Nutzungsentschädigung richtet sich entweder nach der vereinbarten Miete inklusive der Betriebskostenvorauszahlung oder nach der ortsüblichen Miete. Dem Vermieter steht insoweit ein Wahlrecht zu das durch formlos wirksame, einseitige empfangsbedürftige Willenserklärung geltend zu machen ist. Die Erklärung wirkt ex nunc. Die Fälligkeit der Nutzungsentschädigung richtet sich nach denselben gesetzlichen Regelungen oder vertraglichen Vereinbarungen, die vor Beendigung der Mietzeit für die Miete gegolten haben. Dies folgt aus der Natur des Abwicklungsverhältnisses und dem Zweck des § 546 a Abs. 1 BGB. Zahlt der Mieter während des Laufs der Schonfrist mehrere **Teilbeträge,** so kommt es darauf an, ob bis zum Ende der Schonfrist eine vollständige Tilgung stattgefunden hat.[159] Wird der Rückstand durch die Zahlung nicht vollständig getilgt, so bleibt die Kündigung wirksam. Eine Ausnahme kann unter dem Gesichtspunkt des § 242 BGB in Betracht kommen, wenn die **unvollständige Tilgung** auf einem Irrtum beruht und der verbleibende Rückstand gering ist.[160]

Nach **§ 367 BGB** schuldet der Mieter nach Anhängigkeit des Rechtsstreits nicht nur die bis **41**
zum Zeitpunkt der Zahlung fällige Miete, sondern auch Zinsen und Kosten i. S. d. § 367 Abs. 1 BGB. Hierzu gehören auch die Verzugszinsen sowie die Kosten, die der Vermieter für den Ausspruch der Kündigung und die Durchsetzung des Räumungsanspruchs aufgewendet hat. Es handelt sich um einen Verzugsschaden i. S. d. §§ 280, 286 BGB. Nach § 367 Abs. 1 BGB ist eine Zahlung des Schuldners zunächst auf die Zinsen und Kosten zu verrechnen. Bestimmt der Mieter eine andere Anrechnung, so kann der Vermieter die Annahme der Leistung ablehnen. Ein solcher Fall wird regelmäßig vorliegen, weil der Mieter nur die Miete und die Nutzungsentschädigung, nicht aber die weiteren Kosten bezahlen wird. In der Literatur ist streitig, ob die Kündigung im Falle der **Zurückweisung der Zahlung nach § 367 Abs. 2 BGB** gleichwohl unwirksam wird[161] oder ob diese Rechtsfolge nur eintritt, wenn der Mieter auch die Zinsen und Kosten bezahlt.[162] Der Wortlaut des § 569 Abs. 3 Nr. 2 erscheint eindeutig. Danach tritt im Falle der Zurückweisung zwar keine Erfüllung wohl aber die Rechtsfolge der Unwirksamkeit der Kündigung ein. Hierfür spricht vor allem der Gesichtspunkt der Rechtssicherheit. Der Mieter muss wissen, welche Zahlungen er zu leisten hat um die Unwirksamkeit der Kündigung herbeizuführen. Die Höhe der Zinsen und Kosten ist dem Mieter aber regelmäßig nicht bekannt; deshalb ist es sachgerecht, wenn diese Beträge im Rahmen des § 569 Abs. 3 Nr. 2 BGB unberücksichtigt bleiben. Der Vermieter kann nach Zahlung durch den Mieter und erfolgter Zurückweisung dieser Zahlung gem. § 367 Abs. 2 BGB wegen desselben Rückstands nicht erneut wegen Zahlungsverzugs kündigen. Nach dem Wortlaut des § 543 Abs. 2 Nr. 2 BGB liegen zwar die Kündigungsvorausset-

---

[155] AG Gelsenkirchen ZMR 2011, 881.
[156] *Sternel* WuM 2009, 699, 704.
[157] Weber ZMR 1992, 41, 47 f.
[158] LG München I WuM 1987, 153.
[159] LG Berlin WuM 1992, 607.
[160] Bejaht vom LG Berlin WuM 1997, 216 bei einem offenen Betrag von 2,31 DM; verneint vom LG Bonn WuM 1992, 607, wenn der offene Betrag ca. 30 DM bei ca. 583 DM Grundmiete beträgt.
[161] BGH (VIII ZR 267/09) NJW 2010, 3020 = WuM 2010, 571; ebenso *Weber* ZMR 1992, 41; *Emmerich* in Staudinger § 569 BGB Rdn. 43 a; *Häublein* in MünchKomm § 569 Rdn. 31, 32; *Sternel* Mietrecht aktuell (2009) Rdn. XII 155; Palandt/*Weidenkaff* § 569 BGB Rdn. 19; *Hinz* in FA MietRWEG Kap. 15 Rdn. 271; *Wöstmann* in Bamberger/Roth § 569 BGB Rdn. 16; *Both* in FS Blank S. 93, 99; *Wetekamp* in FS Blank S. 459, 462.
[162] So *Schneider* MDR 1991, 591; *Rave* GE 2007, 628, 630.

zungen vor, weil infolge der Zurückweisung der Zahlung keine Erfüllung eingetreten ist. Der Gesetzeszweck des § 569 Abs. 3 Nr. 2 BGB steht einer Wiederholung der Kündigung aber entgegen.[163]

42 Wird vor dem Zugang der Kündigung über das Vermögen des Mieters das **Insolvenzverfahren** eröffnet, so kann der Vermieter nur wegen solcher Rückstände kündigen, die nach dem Antrag auf Eröffnung des Insolvenzverfahrens fällig geworden sind (§ 112 InsO). Wird nach der Verfahrenseröffnung wegen der ab diesem Zeitpunkt entstehenden Rückstände gekündigt, so wird die Kündigung unwirksam, wenn der Mieter diejenigen Rückstände bezahlt, die nach der Verfahrenseröffnung fällig geworden sind. Dies folgt aus der Erwägung, dass der Vermieter hinsichtlich der Rückstände vor der Verfahrenseröffnung nur Insolvenzgläubiger ist (§ 38 InsO) und deshalb nicht verlangen kann, dass die Rückstände an ihn gezahlt werden.

43 **e)** Auch die **Aufrechnung mit Gegenforderungen** ist eine Art der Erfüllung. Bestand die Aufrechnungslage bereits zum Zeitpunkt des Zugangs der Kündigung und rechnet der Mieter unverzüglich auf, so gilt § 543 Abs. 2 Nr. 3 Satz 2 BGB, was insbesondere im Rahmen des § 569 Abs. 3 Nr. 2 Satz 2 BGB von Bedeutung ist. Abweichend von § 543 Abs. 2 Nr. 3 Satz 2 BGB führt die Aufrechnung mit einer bereits fälligen Gegenforderung aber auch dann zur Unwirksamkeit der Kündigung, wenn die Aufrechnung zwar nicht unverzüglich nach Zugang der Kündigung, aber noch innerhalb der Schonfrist erklärt wird.[164] Darüber hinaus gestattet § 569 Abs. 3 Nr. 2 Satz 1 BGB auch eine Aufrechnung mit solchen Forderungen, die erst nach Zugang der Kündigung fällig werden.[165] In allen Fällen ist es erforderlich, aber auch genügend, dass die Aufrechnung innerhalb der Schonfrist erklärt wird. Maßgeblich für die Fristwahrung ist dabei der Zugang der Aufrechnungserklärung beim Vermieter.

43a In manchen Mietverträgen ist vereinbart, dass die **Aufrechnung einen Monat vor Fälligkeit der Miete angezeigt werden** muss. Der BGH hat eine solche Formularklausel in dem Urteil vom 4.5.2011 als wirksam angesehen.[166] Folgt man dieser Ansicht, so wäre die Möglichkeit zur Beseitigung der Kündigungswirkung nach dieser Vorschrift ausgeschlossen. Nach der hier vertretenen Auffassung ist eine entsprechende Klausel nur wirksam, wenn der Fall der nachträglichen Aufrechnungen im Falle der Kündigung wegen Zahlungsverzugs ausdrücklich ausgenommen wird.[167] Eine umfassend wirksame Ankündigungsklausel verstößt gegen § 569 Abs. 5 BGB). Eine einschränkende Auslegung auf ihren zulässigen Inhalt ist wegen des Verbots der geltungserhaltenden Reduktion von Allgemeinen Geschäftsbedingungen nicht möglich.

44 **f)** Der Erfüllung steht es gleich, wenn sich **eine öffentliche Stelle** zur Befriedigung verpflichtet. Öffentliche Stelle in diesem Sinn sind die Träger der Sozialhilfe, die Wohngeldstelle, alle öffentlich-rechtlichen Gebietskörperschaften (Bund, Länder, Gemeinden, Gemeindeverbände), die juristischen Personen des öffentlichen Rechts, öffentlich-rechtliche Anstalten und Stiftungen sowie die öffentlich-rechtlichen Religionsgemeinschaften. Im Hinblick auf den Schutzzweck des § 569 Abs. 3 Nr. 2 Satz 1 BGB ist eine extensive Auslegung angebracht, so dass auch die großen karitativen Verbände (s. dazu § 549 BGB Rdn. 16) hierzu gerechnet werden müssen.[168] Es kommt nicht darauf an, ob die öffentliche Stelle für die Übernahme von Mietrückständen zuständig ist.

45 Für die Rechtsfolge des § 569 Abs. 3 Nr. 2 Satz 1 BGB reicht die Verpflichtungserklärung aus. Der Grund hierfür liegt in der Erwägung, dass die Zahlungsfähigkeit und -willigkeit öffentlicher Stellen außer Frage steht.[169] Wird die Verpflichtungserklärung – wie im Regelfall – vom Sozialhilfeträger abgegeben, so handelt es sich um eine **Erklärung zivilrechtlicher Natur,**[170] i. d. R. um eine **Schuldmitübernahme.**[171] Auf Grund einer solchen Erklärung bleibt der Mieter weiterhin verpflichtet; der Vermieter erwirbt jedoch zusätzlich einen Anspruch gegen den Träger der Sozial-

---

163 S. dazu auch *Rave* GE 2007, 628, 630.

164 LG Aachen WuM 1989, 294 = ZMR 1989, 304; *Emmerich* in Staudinger § 569 BGB Rdn. 43a.

165 *Sternel* Mietrecht (1988) Rdn. IV 415; *Emmerich* in Staudinger § 569 BGB Rdn. 43a; *Lützenkirchen* in: Erman § 569 Rdn. 21.

166 BGH (VIII ZR 191/10) NJW 2011, 2201 = WuM 2011, 418.

167 Ebenso: *Niebling* ZMR 2011, 709.

168 *Sternel* Mietrecht (1988) Rdn. IV 280; *Wetekamp* Mietsachen Kap. 8 Rdn. 117 und in FS Blank S. 459, 463; **a. A.** *Lammel* § 569 BGB Rdn. 37; *Emmerich* in Staudinger § 569 BGB Rdn. 45.

169 **A. A.** *Karl* NJW 1991, 2124: danach soll dem Umstand Rechnung getragen werden, dass die öffentlichen Stellen mit der Umsetzung ihrer Vorhaben zeitliche Probleme haben.

170 BVerwG NJW 1994, 1169 = MDR 1994, 304; LG Berlin NZM 2000, 1188.

171 BayObLG RE v. 7.9.1994, WuM 1994, 598 = ZMR 1994, 557 = NJW 1995, 338; *Herrlein* in Herrlein/Kandelhard § 569 BGB Rdn. 38; **a. A.** *Lammel* § 569 BGB Rdn. 39: selbstschuldnerische Bürgschaft.

hilfe. Dieser Anspruch ist vor den Zivilgerichten geltend zu machen.[172] Der Mieter und der Träger der Sozialhilfe haften als Gesamtschuldner.

Die Übernahmeerklärung bedarf keiner besonderen **Form.** Sie kann deshalb auch per **Telefax** abgegeben werden.[173] Die Erklärung muss **gegenüber dem Vermieter** abgegeben werden und diesem innerhalb der Schonfrist zugehen.[174] Der Zugang beim Prozessbevollmächtigten des Vermieters steht dem Zugang beim Vermieter gleich.[175] Dagegen genügt es nicht, wenn der Träger der Sozialhilfe die Erklärung gegenüber dem Mieter[176] oder gegenüber dem Gericht[177] abgibt oder wenn die Erklärung dem Bevollmächtigten des Vermieters lediglich zur Kenntnisnahme übersandt wird.[178] Anders kann es sein, wenn eine solche Erklärung innerhalb der Frist an den Vermieter oder dessen Bevollmächtigten weitergeleitet wird und der Vermieter aus der Erklärung erkennen kann, dass der Träger der Sozialhilfe in Wirklichkeit eine für den Vermieter bestimmte Erklärung nach § 569 Abs. 3 Nr. 2 Satz 1 BGB abgeben wollte. **46**

Die Verpflichtungserklärung muss **klar und eindeutig** sein und – ebenso wie die Zahlung – den **gesamten Rückstand** erfassen, wie er zum Zeitpunkt der Abgabe der Verpflichtungserklärung besteht. Dies ist andererseits aber auch ausreichend. Es ist insbesondere nicht erforderlich, dass sich die Behörde verpflichtet, auch die zukünftigen Mietforderungen zu übernehmen. Aus der Verpflichtungserklärung muss sich ergeben, dass der Träger der Sozialhilfe eine dem Privatrecht zuzuordnende Erklärung (Schuldübernahme, Schuldmitübernahme, Garantieversprechen) abgeben will. Diesen Voraussetzungen ist Genüge getan, wenn sich aus der Erklärung ergibt, dass sie im Rahmen des § 569 Abs. 3 Nr. 2 Satz 1 BGB abgegeben wird. Dagegen reicht es nicht aus, wenn der Träger der Sozialhilfe lediglich erklärt, dass er die zu zahlende Miete als Bedarf im Rahmen der Sozialhilfe anerkenne.[179] Durch eine solche Erklärung erwirbt der Vermieter keinen Zahlungsanspruch gegenüber dem Träger der Sozialhilfe. Es handelt sich vielmehr um eine Erklärung öffentlichrechtlicher Natur, die sich in der Unterrichtung des Vermieters über die Sozialhilfeberechtigung des Mieters erschöpft.[180] Eine bloße Anfrage beim Vermieter, ob der Mieter die Wohnung bei Übernahme des Rückstands behalten kann, reicht im Rahmen des § 569 Abs. 3 Nr. 2 Satz 1 BGB ebenfalls nicht aus.[181] Unklar ist es, wenn die Behörde erklärt, sie sei „bereit, die bestehenden Mietschulden zu übernehmen, wenn …", weil sich aus einer solchen Erklärung nicht eindeutig ergibt, ob eine Übernahmeerklärung oder lediglich die Bereitschaft hierzu abgegeben werden soll.[182] Eine solche Erklärung ist unwirksam. **47**

Die Verpflichtungserklärung ist **bedingungsfeindlich.**[183] Deshalb darf deren Wirksamkeit nicht davon abhängig gemacht werden, dass der Vermieter bestimmte Handlungen vornimmt. Insbesondere darf der Vermieter nicht zur Klagrücknahme aufgefordert werden;[184] in diesem Fall müsste der Vermieter nämlich die Verfahrenskosten tragen, während in den Fällen des § 569 Abs. 3 Nr. 2 Satz 1 BGB die Kosten i. d. R. dem Mieter aufzuerlegen sind (s. Rdn. 59). Unzulässig ist es auch, wenn die Mietübernahme vom Bestehen eines Sozialhilfeanspruchs abhängig gemacht wird; in diesem Fall erwirbt der Vermieter keinen hinreichend sicheren Zahlungsanspruch gegenüber dem Träger der Sozialhilfe. Unschädlich ist dagegen die Klarstellung, dass der Mietrückstand nur **48**

---

172 BVerwG a. a. O.; **a. A.** LG Berlin GE 1993, 267.

173 AG Berlin-Wedding GE 1994, 1129; *Schach* GE 1994, 487; *Häublein* in MünchKomm § 569 Rdn. 31; *Wöstmann* in Bamberger/Roth § 569 BGB Rdn. 17; **a. A.** AG Berlin-Charlottenburg GE 1994, 55; *Lammel* § 569 BGB Rdn. 40.

174 BayObLG RE 7.9.1994 WuM 1994, 598 = ZMR 1994, 557 = NJW 1995, 338; LG Berlin GE 1993, 157; LG Dortmund ZMR 1993, 16, 17; LG Hamburg MDR 1977, 317; AG Hamburg WuM 1994, 206, 207; *Lammel* § 568 BGB Rdn. 40; *Lützenkrichen* in: Erman § 569 Rdn. 22Palandt/*Weidenkaff* § 569 BGB Rdn. 20; *Emmerich* in Staudinger § 569 BGB Rdn. 46; *Wöstmann* in Bamberger/Roth § 569 BGB Rdn. 16; *Sternel* Mietrecht (1988) Rdn. IV 423; *Grapentin* in Bub/Treier Kap. IV Rdn. 382; *Schopp* ZMR 1993, 17; *Schläger* ZMR 1986, 421, 423.

175 LG Hamburg WuM 1996, 340.

176 *Lammel* § 569 BGB Rdn. 40; *Wöstmann* in Bamberger/Roth § 569 BGB Rdn. 16; *Kossmann* § 73 Rdn. 24; **a. A.** AG Berlin-Schönebberg WuM 1992, 245; *Roquette* § 554 BGB Rdn. 29: Vertrag zugunsten Dritter.

177 *Lammel* § 569 BGB Rdn. 40.

178 AG/LG Köln WuM 1997, 215.

179 **A. A.** LG Dortmund ZMR 1993, 16.

180 BVerwG NJW 1994, 2968.

181 AG Neuss WuM 1991, 688.

182 LG Berlin GE 1996, 1111.

183 LG Berlin GE 1992, 385.

184 AG Mannheim DWW 1984, 290.

übernommen wird, wenn die Rechtsfolge des § 569 Abs. 3 Nr. 2 Satz 1 BGB eingreift.[185] Hierin liegt lediglich ein Hinweis auf den Umstand, dass die Übernahmeerklärung abgegeben wird, um dem Mieter die Wohnung zu erhalten und dass die Erklärung nicht gelten soll, wenn § 569 Abs. 3 Nr. 2 Satz 1 BGB nicht zur Anwendung kommt, sei es, weil noch andere Kündungsgründe vorliegen, sei es, weil der Vermieter (auch) nach § 573 Abs. 2 Nr. 1 BGB gekündigt hat (s. Rdn. 65) oder dass ein Fall des § 569 Abs. 3 Nr. 2 Satz 2 BGB vorliegt. In diesem Sinne ist die Erklärung auszulegen, wonach die Mietübernahme nur gilt, „wenn der Mieter im Besitz der Wohnung verbleiben kann".[186] Die Rechtsprechung ist nicht einheitlich: teilweise wird vertreten, dass es unschädlich sei, wenn die Übernahmeerklärung daran geknüpft ist, dass der Vermieter die schriftliche Zusicherung erteilt, er werde das Mietverhältnis fortsetzen;[187] oder wenn die Übernahmeerklärung den Zusatz enthält: „wenn dadurch die Unterkunft nachhaltig gesichert und Obdachlosigkeit vermieden wird".[188] Nach anderer Meinung soll keine wirksame Erklärung vorliegen, wenn die Mietübernahme davon abhängig gemacht wird, dass „es sich im Klageverfahren ergibt, dass nur Zahlungsverzug die Räumungsklage rechtfertigt"[189], oder wenn es dort heißt: „Voraussetzung ist, dass das Mietverhältnis fortgesetzt wird".[190] Ebenso soll die Übernahmeerklärung unwirksam sein, wenn die Zahlung davon abhängig gemacht wird, dass dem Mieter die Wohnung erhalten bleibt.[191]

49 Eine **verspätet zugegangene Erklärung** löst die Rechtsfolgen des § 569 Abs. 3 Nr. 2 Satz 1 BGB ebenso wenig aus wie eine verspätete Zahlung. Anders dürfte es sein, wenn die Erklärung gegenüber dem Gericht abgegeben, von dort aber nicht oder verspätet an den Vermieter weitergeleitet wird. In diesen Fällen dürfte **§ 167 ZPO** anwendbar sein. Danach wird eine Frist bereits mit dem Eingang der Erklärung bei Gericht gewahrt, wenn die Zustellung demnächst erfolgt. Nach der Rechtsprechung des BGH ist die Bestimmung des § 167 ZPO „grundsätzlich auch in den Fällen anwendbar, in denen durch die Zustellung eine Frist gewahrt werden soll, die auch durch außergerichtliche Geltendmachung gewahrt werden kann.".[192] Über die Anwendung des § 167 ZPO auf Erklärungen der Behörde nach § 569 Abs. 3 BGB liegt allerdings noch keine höchstrichterliche Entscheidung vor.

50 **g)** Hat der Mieter nachträglich erfüllt, so wird die Kündigung rückwirkend unwirksam. Das Kündigungsrecht lebt auch dann nicht wieder auf, wenn der Mieter in der Folgezeit erneut in Verzug gerät.[193] Der **Wegfall der Kündigungswirkung** hat zur Folge, dass die Voraussetzungen für den Räumungs- und Herausgabeanspruch nicht mehr vorliegen. In einem solchen Fall muss der Vermieter erneut kündigen. Zur prozessualen Rechtslage s. Rdn. 55.

51 **h)** Die Rechtsfolge des § 569 Abs. 3 Nr. 2 Satz 1 BGB tritt nicht ein, wenn der Kündigung **vor nicht länger als zwei Jahren bereits eine nach Satz 1 unwirksam gewordene Kündigung vorausgegangen** ist (§ 569 Abs. 3 Nr. 2 Satz 2 BGB). Maßgeblich für die Berechnung der Frist ist der jeweilige Zugang der Kündigung. Ist beispielsweise eine am 5.1. zugegangene Kündigung durch nachträgliche Zahlung unwirksam geworden, so kann der Mieter von dem Recht aus § 569 Abs. 3 Nr. 2 Satz 1 BGB erst wieder bei solchen Kündigungen Gebrauch machen, die am 6. 1. 2012 oder später zugehen. Die Ausschlusswirkung des § 569 Abs. 3 Satz 2 BGB tritt auch dann ein, wenn die Befriedigung des Vermieters nach Zugang der Kündigung aber vor Zustellung der Räumungsklage erfolgt.[194] Aus § 569 Abs. 3 Satz 1 BGB, wonach die Frist zur Bezahlung des Rückstands mit dem Eintritt der Rechtshängigkeit beginnt folgt nicht, dass im Falle der Zahlung vor Rechtshängigkeit kein Ausschluss eintritt.

52 Die Vorschrift will zugunsten des Vermieters verhindern, dass sich die Abfolge von Mietrückstand, Kündigung und zwangsweiser Vertragsfortsetzung in kurzen Zeitabständen wiederholt. Deshalb gilt § 569 Abs. 3 Nr. 2 Satz 2 BGB **nur für die Fälle der zwangsweisen Vertragsfortset-**

---

185 **A. A.** LG Berlin GE 1996, 1111; *Karl* NJW 1991, 2124.
186 AG Hamburg WuM 1994, 206.
187 LG Berlin GE 1993, 157.
188 AG Berlin-Schöneberg GE 1991, 527.
189 LG Bielefeld WuM 1994, 206.
190 LG Berlin GE 1996, 1111.
191 LG Essen ZMR 1996, 663; LG München I NZM 2004, 66.
192 BGH NJW 2009, 765 unter Rz. 23 betr. Rechtzeitigkeit eines Auskunftsanspruch nach § 26 Abs. 3 UrhG a. F.; BGH (VIII ZR 10/14) NJW 2014, 2568 Rz. 28ff betr. Widerspruch nach § 545 BGB.
193 LG Hamburg MDR 1977, 317; LG Berlin GE 1992, 205; WuM 1997, 216; LG Aachen WuM 1993, 348; *Sternel* Mietrecht (1988) Rdn. IV 421; *Grapentin* in Bub/Treier Kap. IV Rdn. 383; *Häublein* in MünchKomm § 569 BGB Rdn. 32.
194 LG Detmold WuM 2006, 527; *Wetekamp* in FS Blank S. 459, 465; *Emmerich* in: Staudinger § 569 Rdn. 49.

zung. Hiervon ist auch dann auszugehen, wenn die Parteien nach fristloser Kündigung und anschließender Zahlung den Vertrag stillschweigend fortsetzen[195] oder dessen Fortsetzung ausdrücklich vereinbaren. Eine solche Praxis entspricht der in § 569 Abs. 3 Nr. 2 Satz 1 BGB vorgesehenen Rechtsfolge. Etwas anderes gilt aber dann, wenn die Vertragsfortsetzung praktiziert oder vereinbart wird, obwohl der Vermieter auch auf der Räumung bestehen könnte; hier ist § 569 Abs. 3 Nr. 2 Satz 2 BGB unanwendbar.[196] Hiervon ist u. a. dann auszugehen, wenn der Vermieter im Zuge einer Ratenzahlungsvereinbarung von der Kündigung Abstand genommen hat und der Mieter erneut in Verzug gerät.[197] Außerdem ist § 569 Abs. 3 Nr. 2 Satz 2 BGB in denjenigen Fällen unanwendbar, in denen die Durchsetzung des Räumungsanspruchs als verwirkt angesehen werden muss (s. § 545 BGB Rdn. 35). Wer den Räumungsanspruch nicht geltend macht und deshalb beim Vertragspartner den Eindruck erweckt, dass er aus dem Titel keine Rechte herleiten wolle, muss sich so behandeln lassen, als wäre die dem Räumungsanspruch zugrunde liegende Kündigung nicht erfolgt.

Die Vorschrift des § 569 Abs. 3 Nr. 2 Satz 2 BGB ist schließlich dann unanwendbar, wenn die 53
Kündigung deshalb unwirksam geworden ist, weil der Mieter nach § 543 Abs. 2 Nr. 3 Satz 3 BGB aufgerechnet hat. Die **Tilgung durch Aufrechnung** mit einer bereits zum Zeitpunkt der Kündigung fälligen Forderung ist wegen § 389 BGB kein Fall der nachträglichen Erfüllung. Vielmehr fehlt es hier am Zahlungsverzug. Es besteht deshalb kein Grund, den Mieter zu benachteiligen, weil er mehrmals hintereinander zur Aufrechnung mit einer bereits fälligen Gegenforderung, auf deren Erfüllung durch den Vermieter er selbst Anspruch hat, in der Lage ist.[198]

k) Tritt nach der Unwirksamkeit der Kündigung ein **erneuter Verzug** noch während der An- 54
hängigkeit des ursprünglichen Räumungsrechtsstreits ein, so muss der Vermieter erneut kündigen. In diesem Fall kann der ursprüngliche Rechtsstreit fortgesetzt werden, wobei die zweite Kündigung zu einer Klageänderung führt.[199]

l) Prozessuales. aa) Streitig ist, ob **vor Ablauf der Schonfrist** ein der Klage stattgebendes 55
Versäumnisurteil oder streitiges **Endurteil** ergehen darf. Dies wird teilweise mit der Erwägung verneint, dass das Verfahrensrecht dem materiellen Schutzrecht des Mieters aus § 569 Abs. 3 Nr. 2 Satz 1 BGB Rechnung tragen müsse; deshalb könne das Gericht den Mieter nicht vor Ablauf der Schonfrist zur Räumung verurteilen.[200] Nach der hier vertretenen Ansicht ist zu unterscheiden: Das Verfahren kann vor Ablauf der Schonfrist terminiert werden. Erscheint der Mieter nicht, so kann gegen ihn ein der Klage stattgebendes **Versäumnisurteil** erlassen werden.[201] Der Umstand, dass der Mieter die Wirksamkeit der Kündigung noch durch Zahlung beseitigen kann, steht dem nicht entgegen. Die Obliegenheit zum Erscheinen vor Gericht wird durch die Existenz von materiellen Rechten nämlich nicht berührt. Erscheint der Mieter nicht, so kann – wie allgemein – unterstellt werden, dass sich der Mieter nicht gegen den Klaganspruch verteidigen will. In einem solchen Fall wäre es sachwidrig, das Verfahren zu Lasten des Vermieters zu verzögern.[202] Durch eine nach

---

195 **A. A.** *Sternel* WuM 2009, 699, 705.

196 LG Mannheim MDR 1974, 935; WuM 1988, 363; LG Berlin WuM 1992, 607; MDR 1992, 479: bei Fortsetzung trotz Räumungstitel; LG Frankfurt WuM 1991, 34; LG Berlin GE 1987, 1051: wenn der Vermieter die Rechte aus einer Kündigung nicht weiterverfolgt hat; AG Berlin-Tiergarten GE 1994, 711; AG Berlin-Charlottenburg GE 1994, 55: bei Fortsetzung, obwohl der Rückstand innerhalb der Schonfrist nicht vollständig gezahlt worden ist; *Emmerich* in Staudinger § 569 BGB Rdn. 50; *Sternel* Mietrecht (1988) Rdn. IV 425; *Kinne* GE 1996, 820, 830; *Lammel* § 569 BGB Rdn. 42; *Herrlein* in Herrlein/Kandelhard § 569 BGB Rdn. 33; **a. A.** LG Stuttgart WuM 1995, 470 für den Fall, dass die Parteien Ratenzahlung vereinbaren und der Vertrag sodann fortgesetzt wird; AG Darmstadt WuM 1988, 159 für den Fall, dass der Vermieter das Mietverhältnis fortgesetzt hat, obwohl die Übernahmeerklärung des Sozialamts verspätet zugegangen ist; Palandt/*Weidenkaff* § 569 BGB Rdn. 17.

197 *Sternel* PiG 90 (2011) S. 175, 181.

198 LG Mannheim WuM 1986, 250; *Grapentin* in Bub/Treier Kap. IV Rdn. 377.

199 LG Gießen WuM 1994, 706.

200 OLG Hamburg ZMR 1988, 225 = WuM 1989, 139; *Rogosch* DRiZ 1994, 342; *Sternel* Mietrecht (1988) Rdn. IV 424: Die Regelung enthalte eine prozessuale Sperrfrist; **a. A.** LG Kiel NJW 1972, 1222; *Weber* ZMR 1992, 41; *Schläger* ZMR 1986, 421, 424; Erman/*Jendrek* § 569 BGB Rdn. 17; *Emmerich* in Staudinger § 569 BGB Rdn. 73; *Häublein* in MünchKomm § 569 BGB Rdn. 34; *Grapentin* in Bub/Treier Kap. IV Rdn 383; *Roquette* § 554 BGB Rdn. 36; *Haas,* Das neue Mietrecht § 569 BGB Rdn. 4; *Lammel* § 569 BGB Rdn. 68; *Wöstmann* in Bamberger/Roth § 569 BGB Rdn. 32; *Feuerlein* GE 2005, 524, 530.

201 LG Hamburg WuM 2003, 275 = NZM 2003, 432; LG Köln NZM 2004, 65; *Sternel* Mietrecht aktuell (2009) Rdn. XII 169; *Both* in FS Blank S. 93, 104f.

202 Ebenso: LG Hamburg WuM 2003, 275 = NZM 2003, 432; *O'Sullivan* ZMR 2002, 250; *Haas,* Das neue Mietrecht § 569 BGB Rdn. 4; *Both* in FS Blank S. 93.

Verkündung des Versäumnisurteils erfolgte Zahlung, wird die Kündigung unwirksam. Das Versäumnisurteil wird hierdurch nicht gegenstandslos; der Mieter kann und muss (§ 767 Abs. 2 ZPO) Einspruch einlegen.

56 In diesem Zusammenhang wird die Ansicht vertreten, dass der Richter nach Art. 103 Abs. 1 i. V. m. Art. 19 Abs. 4, 20 Abs. 3 GG verpflichtet sei, den Mieter auf die Bedeutung der Schonfrist hinzuweisen. Ebenso sei der Hinweis erforderlich, dass auch während des Laufs der Schonfrist der Erlass eines Versäumnisurteils möglich ist.[203] An dieser Ansicht ist zutreffend, dass die genannten Hinweise dem Gebot eines fairen Verfahrens entsprechen. Keinesfalls kann in einer solchen Verfahrenspraxis ein Befangenheitsgrund gesehen werden. Eine Verpflichtung zur Erteilung dieser Hinweise besteht allerdings mangels gesetzlicher Regelung nicht.

57 Erscheint der Mieter im Termin und erkennt er den Anspruch an, so kann ein **Anerkenntnisurteil** ergehen. Auch in diesem Fall wird die Kündigung bei nachträglicher Zahlung unwirksam. Der Mieter kann Berufung einlegen; es fehlt in diesen Fällen nicht an der Beschwer, weil für den Beklagten nicht der erstinstanzliche Prozessantrag sondern die materielle Beschwer maßgebend ist.[204] Wahlweise kann der Mieter auch Vollstreckungsabwehrklage erheben, wenn der Vermieter aus dem Anerkenntnisurteil vollstreckt (§ 767 ZPO).

58 Wird **im Termin streitig verhandelt,** und macht der Mieter geltend, dass die Schonfrist noch nicht abgelaufen sei, so muss das Gericht **vertagen.** Der Vertagungsgrund folgt aus § 227 Abs. 1 Satz 1 ZPO. Das dem Gericht grundsätzlich eingeräumte Ermessen wird in diesem Fall auf die Vertagungsentscheidung reduziert.[205] Dies ergibt sich aus der Erwägung, dass die dem Gericht obliegende Prozessgestaltung auf die materiellen Schutzrechte der Parteien Rücksicht nehmen muss; insoweit ist dem OLG Hamburg[206] zuzustimmen. Anderenfalls kann das Gericht durch Endurteil entscheiden. Bei nachträglicher Zahlung kann der Mieter wahlweise Berufung einlegen oder Vollstreckungsgegenklage erheben.[207]

59 **bb)** Steht fest, dass die Kündigung bis zur Rechtshängigkeit des Räumungsanspruchs wirksam war und dass sie infolge einer nach Rechtshängigkeit erfolgten Zahlung unwirksam geworden ist, so darf der Vermieter den Räumungsantrag nicht weiterverfolgen. Vielmehr muss der Vermieter den Rechtstreit **in der Hauptsache für erledigt erklären (§ 91 a ZPO).** Hinsichtlich der **Kosten** war in § 3 Abs. 3 Satz 2 Mieterschutzgesetz für diesen Fall folgendes bestimmt:

„Beantragt … der Vermieter alsbald, den Rechtstreit in der Hauptsache für erledigt zu erklären, so hat der Mieter die Kosten des Rechtsstreits zu tragen"

60 Dieser Rechtsgedanke findet auch heute noch bei der nach § 91 a ZPO zu treffenden Kostenentscheidung Anwendung.[208] Wird der Erledigungsantrag nach Schluss der mündlichen Verhandlung gestellt, so ist die mündliche Verhandlung wiederzueröffnen.[209]

61 Hat der Mieter nach Klageeinreichung (Anhängigkeit) aber **vor Rechtshängigkeit** gezahlt, so wurde unter der Geltung des § 269 ZPO a. F. die Meinung vertreten, dass der Vermieter im Wege der Klageänderung auf Feststellung der Kostentragungspflicht des Mieters klagen kann[210]. Nach der Neufassung des § 269 ZPO besteht hierfür kein Bedürfnis. Der Vermieter muss in diesem Fall die Klage zurücknehmen. Über die Kosten hat das Gericht unter Berücksichtigung des bisherigen Sach- und Streitstandes nach billigem Ermessen zu entscheiden; dies gilt auch, wenn die Klage nicht zugestellt wurde (§ 269 Abs. 3 Satz 3 ZPO n. F.). Die Kosten sind regelmäßig dem Mieter aufzuerlegen.

62 **cc)** Gibt der Mieter die Mietsache nach Rechtshängigkeit zurück, so muss der Vermieter die Hauptsache ebenfalls für erledigt erklären. In diesem Fall können die Kosten dem Vermieter auferlegt werden, wenn er die Klage zu früh erhoben hat.[211] Ist der Anlass zur Einreichung der Klage vor

---

[203] *O'Sullivan* ZMR 2002, 250.

[204] Vgl. BGH NJW 1955, 545.

[205] Insoweit **a. A.** *Haas,* Das neue Mietrecht § 569 BGB Rdn. 4; *Both* in FS Blank S. 93, 105; *Wetekamp* in FS Blank S. 459, 468.

[206] OLG Hamburg ZMR 1988, 225.

[207] *Hiendl* NJW 1964, 1946; *Schneider* NJW 1965, 140; **a. A.** AG Wesel WuM 1992, 435: nur Vollstreckungsgegenklage; *Roquette* NJW 1964, 377, 383; *Weber* ZMR 1992, 41, 48 f.: nur Berufung.

[208] LG Kassel NJW-RR 1987, 788; LG Rottweil WuM 1970, 206; *Lützenkrichen* in: Erman § 569 Rdn. 23 *Weber* ZMR 1992, 41, 48.

[209] LG Hamburg WuM 1998, 422.

[210] LG Stuttgart NJW-RR 1987, 660; AG Sinsheim NJW-RR 1986, 1345.

[211] AG Neuss WuM 1987, 260: wenn der Vermieter in der Klagschrift kündigt.

Rechtshängigkeit weggefallen und wird die Klage daraufhin zurückgenommen, so bestimmt sich die **Kostentragungspflicht** unter Berücksichtigung des bisherigen Sach- und Streitstandes nach billigem Ermessen; dies gilt auch, wenn die Klage nicht zugestellt wurde (§ 269 Abs. 3 ZPO).

dd) Nach h. M. kann dem Mieter keine Prozesskostenhilfe gewährt werden, wenn er gegen den Räumungsanspruch lediglich einwendet, dass er den Vermieter innerhalb der Schonfrist befriedigen könne oder dass eine öffentliche Stelle fristgemäß eine Übernahmeerklärung abgeben werde.[212] Dies trifft zu, weil in einem solchen Fall von einer Erfolg versprechenden Rechtsverteidigung i. S. v. § 114 ZPO keine Rede sein kann. Der bedürftige Mieter ist gleichwohl nicht schutzlos, weil er im Wege der Beratungshilfe die zum Erhalt der Wohnung erforderlichen Auskünfte erhalten wird. 63

Hat der Mieter die **Rückstände nach Anhängigkeit oder Rechtshängigkeit bezahlt,** so ist zu unterscheiden: Hält der Vermieter trotz der Zahlung an dem Räumungsantrag fest, so ist dem Mieter Prozesskostenhilfe zu gewähren, wenn er im Hinblick auf die erfolgte Zahlung Klagabweisung beantragt und die Klage beim Fortgang des Verfahrens abzuweisen ist. Erklärt der Vermieter dagegen das Verfahren in der Hauptsache für erledigt, oder nimmt er die Klage zurück, so liegen die Voraussetzungen für die Gewährung von Prozesskostenhilfe mangels Erfolgsaussicht der Rechtsverteidigung regelmäßig nicht vor. 64

m) Analoge Anwendung des § 569 Abs. 3 Nr. 2 Satz 1 BGB bei der ordentlichen Kündigung. Nach der obergerichtlichen Rechtsprechung kommt eine analoge Anwendung des § 569 Abs. 3 Nr. 2 Satz 1 BGB nicht in Betracht, wenn die Kündigung auf § 573 Abs. 2 Nr. 1 BGB gestützt wird.[213] Dies hat zur Folge, dass das Nachholrecht nicht besteht, wenn der Vermieter nach § 573 Abs. 2 Nr. 1 BGB kündigt. Zur Begründung wird ausgeführt, dass der Schutz des Mieters im Falle der ordentlichen Kündigung über das Verschuldenskriterium gewährleistet werde;[214] dabei könne auch eine nachträgliche Zahlung verschuldensmindernd berücksichtigt werden.[215] Nach der Rechtsprechung soll eine nachträgliche Zahlung insbesondere dann zur Unwirksamkeit der Kündigung führen, wenn der Mieter die Mieten nicht vorsätzlich zurückgehalten hat.[216] Deshalb gebe es für die analoge Anwendung des § 569 Abs. 3 Nr. 2 Satz 1 BGB kein Bedürfnis. Diese Begründung überzeugt nicht: zweifelhaft ist bereits, ob bei einer Kündigung wegen einer Vertragsverletzung nachträglich eingetretene Sachlagen berücksichtigt werden können.[217] Jedenfalls dient das Verschuldenserfordernis in § 573 Abs. 2 Nr. 1 BGB nicht als Ersatz für das in § 569 Abs. 3 Nr. 2 Satz 1 BGB geregelte Nachholrecht. Insbesondere ist nicht anzunehmen, dass der Gesetzgeber mit dem Erlass des I. WKSchG die Voraussetzungen für die Ausschaltung eines der wesentlichsten Schutzrechte des Mieters schaffen wollte.[218] Durch das I WKSchG – auf dessen Regelungen § 573 BGB beruht- sollte der Schutz des Mieters nämlich nicht gemindert, sondern verstärkt werden. Schließlich wäre es auch widersprüchlich, wenn der Mieter gegenüber einer ordentlichen befristeten Kündigung weniger geschützt wäre, als gegenüber einer außerordentlichen fristlosen Vertragsbeendigung.[219] Die analoge Anwendung des § 569 Abs. 3 Nr. 2 Satz 1 BGB ist deshalb zwingend.[220] 65

---

[212] LG Berlin WuM 1992, 143; LG Stade WuM 1990, 160; LG Aachen NJW-RR 1993, 829; LG Freiburg MDR 1984, 150; AG Schöneberg NJWE-MietR 1996, 105; **a. A.** LG Mannheim WuM 1888, 268.

[213] BGH WuM 2005, 205 = NZM 2005, 334 = ZMR 2005, 356; BGH NJW 2007, 428 unter II 1; BGH NJW 2008, 508 114; BGH WuM 2012, 571; BGH (VIII ZR 238/15) WuM 2016, 682; KG WuM 2008, 411; DWW 2008, 379; OLG Stuttgart RE 28.8.1991 WuM 1991, 526 = ZMR 1991, 429 = NJW-RR 1991, 1487; OLG Karlsruhe RE 19.8.1992 WuM 1992, 517 = ZMR 1992, 488 = NJW-RR 1993, 79; ebenso: Sternel PiG 90 (2011) S. 175, 183*N. Fischer* WuM 2008, 251; *Rolfs* in Staudinger § 573 BGB Rdn. 51; *Haug* in Emmerich/Sonnenschein, Miete § 573 BGB Rdn. 26; *Wetekamp* in FS Blank S. 459, 472; **a. A.** AG Pinneberg ZMR 2003, 850; *Blank* WuM 2005, 252; *Franke* ZMR 1992, 81 und in WoBauR § 573 BGB Anm. 14.3; *Scholl* WuM 1993, 99; *Sternel* Mietrecht aktuell (2009) Rdn. XI 28; *Häublein* in MünchKomm § 573 BGB Rdn. 60ff und PiG 97 (2014) S. 35, 43.

[214] BGH WuM 2005, 205 = NZM 2005, 334 = ZMR 2005, 356; OLG Karlsruhe a. a. O.

[215] BGH a. a. O.; BGH (VIII ZR 238/12) WuM 2012, 571; OLG Stuttgart a. a. O.

[216] KG WuM 2008, 411 betr. das Erlöschen einer Einzugsermächtigung wegen eines vom Mieter unbemerkten Vermieterwechsels; ähnlich: *Milger* NZM 2013, 553, 555: wenn der Mieter ganz kurz nach Erhalt der Kündigungserklärung zahlt und für den Verzug nachvollziehbare Gründe vorliegen.

[217] Bejahend LG Berlin GE 1993, 427; verneinend LG Berlin WuM 2017, 83; s. aber auch § 573 Rdn. 31.

[218] Ebenso Franke ZMR 1992, 81, 83.

[219] *Sternel* Mietrecht aktuell (2009) Rdn. XI 28.

[220] AG Pinneberg ZMR 2003, 850; *Blank* WuM 2005, 252; ebenso *Franke* ZMR 1992, 81; *Scholl* WuM 1993, 99; *Sternel* a. a. O.; *Franke* in WoBauR § 573 BGB Anm. 14.3; *Häublein* in MünchKomm § 573 BGB Rdn. 60ff.; **a. A.** AG Kassel WuM 2000, 675.

Auch nach der hier abgelehnten Auffassung der obergerichtlichen Rechtsprechung gilt aber, dass das Kündigungsrecht nicht wieder auflebt, wenn eine fristlose Kündigung nach § 569 Abs. 3 Nr. 2 Satz 1 BGB unwirksam geworden ist; die der fristlosen Kündigung zugrunde liegenden Rückstände können deshalb nicht zum Gegenstand einer ordentlichen Kündigung nach § 573 Abs. 2 Nr. 2 BGB gemacht werden.[221] Eine solche Kündigung scheitert an dem Umstand, dass zum Zeitpunkt des Zugangs kein Rückstand mehr besteht. Zur Frage, ob dem Vermieter die Berufung auf eine zunächst wirksame ordentliche Kündigung wegen nachträglich eingetretener Umstände, insbesondere bei nachträglicher Tilgung des Rückstands mit Rücksicht auf **Treu und Glauben** verwehrt ist s. § 573 Rdn. 31).

3. Kündigungsschutz des Mieters nach Mieterhöhung (Abs. 3 Nr. 3)

66 Ist der Zahlungsverzug entstanden, weil der Mieter „rechtskräftig zur Zahlung einer erhöhten Miete nach den §§ 558–560 BGB verurteilt worden" ist, so kann der Vermieter grundsätzlich nicht vor Ablauf von zwei Monaten nach rechtskräftiger Verurteilung kündigen (§ 569 Abs. 3 Nr. 3 BGB).

66a **a)** Die Regelung des § 569 Abs. 3 Nr. 3 BGB nennt die §§ 558 bis § 560 BGB. Die Inbezugname der §§ 558c bis 558e BGB ergibt für den Anwendungsbereich der Kündigungssperre allerdings keinen Sinn, weil sich dort lediglich Definitionen der verschiedenen Arten von Mietspiegeln und der Mietdatenbank finden.

66b **b)** Die Vorschrift gilt zunächst für **Mieterhöhungen nach § 558 BGB.** Bei diesen Mieterhöhungen ergibt die Anordnung einer Kündigungssperre einen guten Sinn: Ist das Mieterhöhungsverlangen begründet, so schuldet der Mieter die erhöhte Miete mit Beginn des dritten Kalendermonats nach dem Zugang des Erhöhungsverlangens (§ 558b Abs. 1 BGB). Im Falle der Zustimmung des Mieters wird die erhöhte Miete zu diesem Zeitpunkt fällig. Stimmt der Mieter nicht zu, so muss der Vermieter auf Zustimmung zur Mieterhöhung klagen. Mit der Rechtskraft des Urteils wird die Zustimmung des Mieters ersetzt. Diese erfolgt rückwirkend auf den in § 558b Abs. 1 BGB genannten Zeitpunkt. In der Regel liegt dieser Zeitpunkt mehrere Monate vor der Rechtskraft des Urteils. Dies hat zur Folge, dass mit dem Eintritt der Rechtskraft ein Mietrückstand vorliegt, der rechnerisch den Tatbestand der Kündigung nach § 543 Abs. 2 Nr. 3 BGB erfüllt. Hier ist es sinnvoll, den Mieter für eine gewisse Zeit durch eine Kündigungssperre vor einer überraschenden Kündigung zu schützen.

66c Nach dem Wortlaut des § 569 Abs. 3 Nr. 3 BGB setzt die Kündigungssperre allerdings voraus, dass der Mieter „zur Zahlung einer erhöhten Miete" verurteilt wird. Nach § 558b Abs. 2 BGB muss der Vermieter allerdings zunächst „auf Erteilung der Zustimmung" zur Mieterhöhung klagen. Dies führt zu der Frage, ob die Vorschrift auf einem Redaktionsversehen beruht, wie dies zum früheren inhaltsgleichen § 9 MHG vertreten worden ist[222] oder ob neben der Verurteilung zur Zustimmung tatsächlich noch eine weitere Verurteilung zur Zahlung hinzutreten muss, damit das Kündigungsrecht ausgeübt werden kann. Mit dem Sinn der Kündigungssperre stünde dies nicht im Einklang, weil mit der Rechtskraft des Zustimmungsurteils zugleich die Zahlungspflicht des Mieters feststeht. Es spricht deshalb vieles dafür, dass der Gesetzgeber die bisherige Regelung des § 9 MHG unreflektiert übernommen hat. Deshalb gilt: Ist der Mieter im Verfahren nach § 558 BGB verurteilt worden, einer Mieterhöhung zuzustimmen, so kann der Vermieter zwei Monate nach Rechtskraft des Zustimmungsurteils kündigen, wenn zu diesem Zeitpunkt die weiteren Voraussetzungen des § 543 Abs. 2 Nr. 3 BGB gegeben sind.[223] Diese Regelung gilt auch dann, wenn der Mieter rückwirkend zur Zustimmung verurteilt worden ist.[224] Hat der Mieter der Mieterhöhung freiwillig zugestimmt (§ 558b Abs. 1 BGB) so wird hierdurch der Mietvertrag abgeändert. Die Regelung des § 569 Abs. 3 Nr. 3 BGB ist dann unanwendbar, weil sich daraus nicht ergibt dass der Vermieter wegen der Rückstände zunächst eine Zahlungsklage erheben müsste.[225]

66d **c)** Nach dem Wortlaut des § 569 Abs. 3 Nr. 3 BGB gilt die Sperrfrist auch bei Mietrückständen infolge der **Erhöhung einer Betriebskostenpauschale nach § 560 Abs. 1 und 2 BGB,** sowie bei einer **Erhöhung der Betriebskostenvorauszahlungen nach § 560 Abs. 4 BGB.**

---

[221] LG Berlin GE 1994, 399.
[222] S. die 6. Aufl. 1987 Rdn. C 476.
[223] BGH WuM 2005, 458.
[224] BGH a. a. O.
[225] *Sternel* WuM 2009, 699, 704.

aa) Nach der früheren Rechtsprechung des BGH[226] setzt die Erhöhung der Betriebskostenvorauszahlungen nur eine formell richtige Abrechnung voraus; auf die inhaltliche Richtigkeit soll es nicht ankommen. Diese Rechtsansicht hat der BGH in dem Urteil vom 15.5.2012[227] aufgegeben. Danach ist die Anpassung von Vorauszahlungen nur auf der Grundlage einer formell und inhaltlich korrekten Abrechnung möglich. Die geänderte Rechtsprechung hat folgende Auswirkungen: **66e**

(1) Verweigert der Mieter die Zahlung der erhöhten Vorausleistungen, so kann der Vermieter Zahlungsklage erheben. In diesem Fall kann der Mieter einwenden, dass er die erhöhten Beträge nicht schuldet, weil die Betriebskostenabrechnung formell oder inhaltlich fehlerhaft ist. Das Gericht muss im Zahlungsprozess die Richtigkeit der Betriebskostenabrechnung überprüfen. Erweist sich die Betriebskostenabrechnung als zutreffend, so wird der Mieter zur Zahlung verurteilt. Dieser Fall wird vom Wortlaut des § 569 Abs. 3 Nr. 3 BGB erfasst. Eine fristlose Kündigung wegen Zahlungsverzugs mit den rückständigen Betriebskostenvorauszahlungen ist dann erst nach Ablauf von zwei Monaten nach Rechtskraft des Zahlungsurteils möglich. **67**

(2) Geht dem Mieter eine Erhöhungserklärung nach § 560 Abs. 4 BGB zu, so kann er Klage auf Feststellung erheben, dass er den erhöhten Vorauszahlungsbetrag wegen formeller oder inhaltlicher Mängel der Betriebskostenabrechnung nicht schuldet. Fraglich ist, ob § 569 Abs. 3 Nr. 3 BGB bewirkt, dass die fristlose Kündigung des Vermieters erst nach Ablauf von zwei Monaten nach Rechtskraft der Feststellungsklage möglich ist. Der Wortlaut der Vorschrift setzt eine Verurteilung zur Zahlung voraus. Nach dem Schutzzweck der Regelung sollte jedoch eine entsprechende Anwendung auf die Feststellungsklage in Erwägung gezogen werden. **68**

(3) Der Vermieter kann wegen der Weigerung des Mieters zur Zahlung der erhöhten Vorausleistungen fristlos kündigen, wenn die Voraussetzungen der §§ 543 Abs. 2 Nr. 3 oder 573 Abs. 2 Nr. 1 BGB vorliegen. Auch in diesen Fällen stellt sich die Frage nach der Anwendung des § 569 Abs. 3 Nr. 3 BGB. Nach dem Urteil des BGH vom 18.7.2012[228] setzt die Kündigung des Mietverhältnisses in diesem Fall nicht voraus, dass der Mieter zuvor im Wege der Zahlungsklage in Anspruch genommen und rechtskräftig zur Zahlung der Erhöhungsbeträge verurteilt worden ist. Der Mieter hat also ein erhebliches Kündigungsrisiko zu tragen, wenn die gerichtliche Prüfung ergibt, dass die Abrechnung fehlerfrei ist. Dann stellt sich die weitere Frage, ob der Zahlungsverzug möglicherweise deshalb entfällt, weil sich der Mieter in der Beurteilung der Sach- oder Rechtslage geirrt hat. Nach ständiger Rechtsprechung des BGH[229] gilt insoweit ein strenger Maßstab: „Der Schuldner muss die Rechtslage sorgfältig prüfen, soweit erforderlich Rechtsrat einholen und die höchstrichterliche Rechtsprechung sorgfältig beachten … Entschuldigt ist ein Rechtsirrtum nur dann, wenn der Irrende bei Anwendung der im Verkehr erforderlichen Sorgfalt mit einer anderen Beurteilung durch die Gerichte nicht zu rechnen brauchte. Nach allgemeinen Grundsätzen muss der Mieter darlegen und beweisen, dass er ohne Verschulden an der Entrichtung der Miete gehindert war." Ein schuldausschließender Rechts- oder Tatsachenirrtum wird also so gut wie nie vorliegen. Dem Mieter ist zu raten im Zweifelsfall den Erhöhungsbetrag unter Vorbehalt zu zahlen und sodann den Bereicherungsanspruch wegen rechtsgrundloser Zahlung der Erhöhungsbeträge geltend zu machen. In diesem Verfahren kann die Berechtigung der Erhöhung der Betriebskostenvorauszahlungen überprüft werden, ohne dass dies mit dem Risiko des Wohnungsverlustes verbunden ist. **69**

c) Die Mieterhöhung nach Durchführung einer Modernisierung gem § 559 BGB erfolgt – wie die Erhöhung der Betriebskostenpauschale oder die Erhöhung der Betriebskostenvorauszahlungen ebenfalls auf Grund einer einseitigen Erklärung. Auch hier ist streitig, ob eine fristlose Kündigung in jedem Fall eine vorhergehende rechtskräftige Verurteilung zur Zahlung voraussetzt[230] oder ob § 569 Abs. 3 Nr. 3 BGB nur gilt, wenn der Vermieter eine Zahlungsklage erhoben hat.[231] Folgt man der Rechtsansicht des BGH in dem oben zitierten Urteil vom 18.7.2012 so gilt die zur Betriebskostenerhöhung dargestellte Rechtslage auch für die Mieterhöhung nach § 559 BGB. **70**

---

226 BGH (VIII ZR 322/08) WuM 2010, 156 = NJW 2010, 2053.
227 BGH (VIII ZR 246/11) WuM 2012, 321 = NJW 2012, 2186.
228 BGH (VIII ZR 1/11) WuM 2012, 497 = NJW 2012, 3089; BGH (VIII ZR 360/11) WuM 2012, 681.
229 BGH WuM 2007, 24; NJW 2006, 3271; WuM 2012, 323.
230 LG Berlin ZMR 1989, 305; *Hinz* NZM 2010, 57, 67.
231 *Emmerich* in: Staudinger § 569 BGB Rdn. 53.

71 **d)** Die Vorschrift des § 569 Abs. 3 Nr. 3 BGB gilt für alle **Mietverhältnisse über eine freifinanzierte Wohnung** mit Ausnahme der in § 549 Abs. 2 und 3 BGB aufgezählten Vertragstypen. Auf diese Mietverhältnisse sind die Vorschriften über die Mieterhöhung (§§ 557–561 BGB) nicht anwendbar; folgerichtig kann auch § 569 Abs. 3 Nr. 3 BGB nicht angewandt werden. In der instanzgerichtlichen Rechtsprechung und in der Literatur wird teilweise die Ansicht vertreten, dass die Regelung auf Mietverhältnis über eine **preisgebundene Wohnung** entsprechend anzuwenden ist.[232] Nach h. M. ist eine analoge Anwendung des § 569 Abs. 3 Nr. 3 BGB auf preisgebundenen Wohnraum nicht möglich.[233] Der BGH leitet aus der Gesetzesgeschichte ab, dass der Gesetzgeber den Mieter einer preisgebundenen Wohnung nicht im gleichen Maße für schutzbedürftig erachtet wie den Mieter einer freifinanzierten Wohnung. Auf Geschäftsraummietverhältnisse ist § 569 Abs. 3 Nr. 3 BGB ebenfalls unanwendbar.

71a **e)** Die Vorschrift gilt nach ihrem Wortlaut nur für die außerordentliche fristlose Kündigung aus wichtigem Grund gem. § 543 Abs. 2 Nr. 3 BGB. Dies hat zur Folge, dass der Vermieter ohne Beachtung der Sperrfrist nach **§ 573 Abs. 2 Nr. 1 BGB** kündigen könnte. Deshalb stellt sich die Frage, ob die Vorschrift auf die **ordentliche Kündigung analog** anzuwenden ist. Dies wird zum Teil bejaht,[234] zum Teil verneint.[235] Der BGH[236] vertritt die letztgenannte Ansicht; er führt zur Begründung aus, dass es an einer Regelungslücke fehle. Unter Umständen kann eine nachträgliche Zahlung allerdings über § 242 BGB zugunsten des Mieters berücksichtigt werden, wenn dieser Umstand die Pflichtverletzung in einem milderen Licht erscheinen lässt. Der BGH hat dies im Entscheidungsfall aus tatsächlichen Gründen offen gelassen.

72 **f) Rechtskräftig** sind Endurteile, welche mit einem ordentlichen Rechtsmittel nicht mehr angefochten werden können (§ 19 Abs. 1 EGZPO). Als ordentliche Rechtsmittel sind diejenigen Rechtsbehelfe anzusehen, welche an eine von dem Tag der Verkündung oder Zustellung des Urteils laufende Notfrist gebunden sind (§ 19 Abs. 2 EGZPO). Zu diesen Rechtsmitteln zählen: der Einspruch gegen ein Versäumnisurteil (§ 338 ZPO); die Rüge der Verletzung des rechtlichen Gehörs bei nicht berufungsfähigen Urteilen der ersten Instanz (§ 321 a ZPO); der Einspruch gegen einen Vollstreckungsbescheid (§ 700 ZPO); die Rechtsbeschwerde gegen einen Beschluss, durch den eine Berufung als unzulässig verworfen wird (§§ 522, 574 ZPO); die Berufung gegen ein erstinstanzliches Urteil (§§ 511, 517 ZPO) und die Revision gegen ein Berufungsurteil (§ 542, 548 ZPO). Keine Rechtsmittel sind: das Nachverfahren im Urkundenprozess;[237] das Wiederaufnahmeverfahren; der Antrag auf Wiedereinsetzung in den vorigen Stand (wird Wiedereinsetzung gewährt, so wird die Rechtskraftwirkung allerdings beseitigt); ein Prozesskostenhilfeantrag für die Durchführung eines Berufungsverfahrens; die Verfassungsbeschwerde.[238]

73 Dementsprechend tritt die Rechtskraft ein:

- Bei einem Versäumnisurteil: mit Ablauf der Einspruchsfrist von zwei Wochen (§ 339 Abs. 1 ZPO);
- Bei einem zweiten Versäumnisurteil gem. § 345 ZPO: mit Ablauf der Berufungsfrist von einem Monat (§ 517 ZPO);
- Bei Urteilen des Amtsgerichts, die nicht berufungsfähig sind: mit Ablauf der Rügefrist von zwei Wochen (§ 321 a Abs. 2 Satz 2 ZPO). Zur Berufungsfähigkeit von Urteilen im Verfahren nach § 558 BGB s. § 558 b BGB Rdn. 155.
- Bei Urteilen des Amtsgerichts, die berufungsfähig sind: mit Ablauf der Berufungsfrist von einem Monat (§ 517 ZPO). Berufungsfähig sind Urteile, wenn der Wert des Beschwerdegegenstands 600 € übersteigt (§ 511 Abs. 2 Nr. 1 ZPO) oder wenn das Amtsgericht die Berufung zugelassen hat (§ 511 Abs. 2 Nr. 2 ZPO). Zur Berufungsfähigkeit von Urteilen im Verfahren nach § 558 BGB; s. § 558 b BGB Rdn. 155.

---

[232] LG Köln WuM 1995, 593; *Sternel* Mietrecht aktuell 4. Aufl. 2009 Rdn. XII 147.

[233] BGH (VIII ZR 327/11) WuM 2012, 440 = NJW 2012, 2270; *Lammel* Wohnraummietrecht 3. Aufl. 2007 § 569 Rdn. 46; *Häublein* in MünchKomm § 569 Rdn. 35; *Wöstmann* in Bamberger/Roth § 569 Rdn. 19.

[234] LG Berlin GE 2012, 548.

[235] *Lützenkirchen* in Erman § 569 Rdn. 24; Hinz NZM 2010, 57, 68.

[236] BGH (VIII ZR 107/12) NJW 2013, 159.

[237] BGHZ 69, 270.

[238] BVerfG NJW 1996, 1736.

– Bei einem einseitigen Verzicht der Partei auf das Rechtsmittel der Berufung, wenn der Verzicht gegenüber dem Gericht erklärt wird: mit dem Eingang der Verzichtserklärung bei Gericht, weil diese Erklärung als Prozesshandlung unanfechtbar und unwiderruflich ist;[239]
– Bei einem einseitigen Verzicht der Partei auf das Rechtsmittel der Berufung, wenn der Verzicht gegenüber dem Gegner erklärt wird: mit dem Ablauf der Rechtsmittelfrist, weil der Verzicht mit Einwilligung des Gegners bis zu diesem Zeitpunkt widerrufen werden kann.[240]
– Bei einem vertraglich vereinbarten Verzicht auf das Recht der Berufung: mit dem Ablauf der Rechtsmittelfrist, weil der Verzichtsvertrag bis zu diesem Zeitpunkt wieder aufgehoben werden kann.
– wird gegen das Urteil eines Amtsgerichts Berufung eingelegt und das Rechtsmittel vom Landgericht gem. § 522 ZPO durch Beschluss verworfen: mit Ablauf der Rechtsbeschwerdefrist von einem Monat (§ 575 ZPO);
– wird gegen das Urteil eines Amtsgerichts Berufung eingelegt und das Rechtsmittel vom Landgericht durch Versäumnisurteil zurückgewiesen: mit Ablauf der Einspruchsfrist von zwei Wochen (§ 339 Abs. 1 ZPO);
– wird gegen das Urteil eines Amtsgerichts Berufung eingelegt und das Rechtsmittel vom Landgericht durch Endurteil zurückgewiesen ohne dass die Revision zugelassen wird: mit Ablauf der Frist zur Einlegung der Nichtzulassungsbeschwerde von einem Monat (§ 544 ZPO). Bis zum 31.12.2011 gilt dies nur dann, wenn die Beschwer 20.000 € übersteigt (§ 26 Nr. 8 EGZPO). Diese Voraussetzung wird in den hier maßgeblichen Fällen kaum vorliegen. Deswegen ist davon auszugehen, dass landgerichtliche Berufungsurteile der hier fraglichen Art im Zeitpunkt der Verkündung rechtskräftig werden.
– wird gegen das Urteil eines Amtsgerichts Berufung eingelegt und das Rechtsmittel vom Landgericht durch Endurteil zurückgewiesen und die Revision zugelassen: mit Ablauf der Frist zur Einlegung der Revision von einem Monat (§ 548 ZPO);
– wird gegen das Urteil eines Amtsgerichts Berufung eingelegt und das Rechtsmittel sodann zurückgenommen: mit dem Eingang der Erklärung beim Berufungsgericht, weil diese Erklärung als Prozesshandlung unanfechtbar und unwiderruflich ist;[241]
– wird gegen das Berufungsurteil Revision eingelegt: Mit der Verkündung des Revisionsurteils.

Im Falle eines **Vergleichs** ist § 569 Abs. 3 Nr. 3 BGB nicht anwendbar.[242] Eine überraschende Kündigung verstößt in diesem Fall aber gegen § 242 BGB; der Vermieter ist also gehalten, den Mieter nach Vergleichsschluss zur Zahlung der Rückstände aufzufordern und ihm hierzu eine angemessene Frist (von ca. 2 Wochen) einzuräumen. Ein zahlungsschwacher Mieter muss darauf achten, dass er im Vergleich ein Recht zur Ratenzahlung erhält oder dass ihm die Rückstände für eine bestimmte Zeit gestundet werden. Ein zur Zeit des Vergleichsschlusses bestehendes Kündigungsrecht nach § 543 Abs. 2 Nr. 3 BGB bleibt erhalten; der Vermieter muss den Mieter aber auch hier vor dem Ausspruch der Kündigung zur Zahlung auffordern und ihm eine angemessene Frist einräumen.[243] Dieselben Grundsätze gelten für außergerichtliche Vereinbarungen, insbesondere für **freiwillige Mieterhöhungsvereinbarungen nach § 557 Abs. 1 BGB,** falls dort nichts abw. geregelt ist. 74

VI. Begründung der Kündigungserklärung (Abs. 4)

Nach § 569 Abs. 4 BGB ist der zur Kündigung führende wichtige Grund in dem Kündigungsschreiben anzugeben. Die Vorschrift gilt für alle Wohnraummietverhältnisse einschließlich derer, die in **§ 549 Abs. 2 und 3 BGB** aufgeführt sind.[244] Möglicherweise ist dem Gesetzgeber insoweit ein Redaktionsversehen unterlaufen. Hierfür spricht die Entstehungsgeschichte des § 569 Abs. 4 BGB. Diese Vorschrift wurde erst auf Empfehlung des Rechtsausschusses in das Gesetz aufgenommen; deshalb ist denkbar, dass der Gesetzgeber die bei § 549 Abs. 2 BGB erforderliche Fol- 75

[239] Zöller/*Gummer* § 515 ZPO Rdn. 6.
[240] Zöller/*Gummer* § 515 ZPO Rdn. 11.
[241] Zöller/*Gummer* § 516 ZPO Rdn. 9.
[242] OLG Hamm RE 27.12.1991 WuM 1992, 54 = ZMR 1992, 109.
[243] *Sternel* Mietrecht aktuell (2009) Rdn. XII 146; **a. A.** *Kinne* in Kinne/Schach/Bieber Miet- und Mietprozessrecht § 569 BGB Rdn. 26.
[244] *Hinz* in Dauner-Lieb u. a. Anwaltskommentar § 569 BGB Rdn. 9.

geänderung übersehen hat. Nach § 549 Abs. 2 BGB kann der Vermieter ein Mietverhältnisses über Wohnraum i. S. v. § 549 Abs. 2 Nr. 2 BGB im Wege der ordentlichen Kündigung beenden, ohne dass die Gründe hierfür im Kündigungsschreiben anzugeben sind. Nach der Gesetzessystematik liegt es nahe, die fristlose Kündigung ebenso zu behandeln. Dies ist allerdings nicht geschehen; eine Korrektur im Wege der Gesetzesauslegung ist aus Gründen der Rechtssicherheit nicht möglich. Für die Geschäftsraummiete[245] und für die Miete beweglicher Sachen gilt die Vorschrift nicht.

76 Die Pflicht zur Angabe der Kündigungsgründe gilt nicht nur für Kündigungen nach § 569 Abs. 1 und 2 BGB sondern auch für Kündigungen nach **§ 543 Abs. 1 und 2 BGB.**[246] Dies folgt ohne weiteres aus dem Umstand, dass der „wichtige Grund" i. S. d. § 569 Abs. 4 BGB mit dem in § 543 BGB gebrauchten Begriff des wichtigen Grundes identisch ist. Die Angabe des Kündigungsgrundes ist sowohl bei der Kündigung durch den Vermieter als auch bei der Kündigung durch den Mieter erforderlich. Wird wegen mehrerer Gründe gekündigt, so müssen alle Gründe angegeben werden; die nicht im Kündigungsschreiben mitgeteilten Gründe sind nicht zu berücksichtigen;[247] Allerdings kann deswegen eine weitere Kündigung ausgesprochen werden. Entstehen nach dem Ausspruch der Kündigung **neue Gründe,** so muss erneut gekündigt werden. Es genügt nicht, wenn die neuen Gründe lediglich in einem prozessualen Schriftsatz mitgeteilt werden oder wenn der Kündigungsberechtigte erklärt, dass die bereits ausgesprochene Kündigung auch auf die neuen Gründe gestützt wird. Vielmehr muss aus der Sicht des Kündigungsempfängers deutlich werden, dass der Berechtigte eine weitere Kündigung aussprechen will.

77 In der Begründung des Rechtsausschusses[248] ist zum **Umfang der Begründungspflicht** folgendes ausgeführt: „An diese Begründung dürfen jedoch keine zu hohen und übertrieben formalistischen Anforderungen gestellt werden. Es soll dadurch lediglich sichergestellt sein, dass der Mieter erkennen kann, welcher Umstand zur fristlosen Kündigung geführt hat". In diesem Zusammenhang wird teilweise die Ansicht vertreten, dass an die Begründung einer fristlosen Kündigung geringere Anforderungen zu stellen sind, als bei der ordentlichen Kündigung nach § 573 BGB; es genüge „eine sehr knappe und laienhafte Angabe".[249] Dem ist nicht zu folgen:[250] die Anordnung einer Begründungspflicht ergibt nur dann einen vernünftigen Sinn, wenn der Kündigungsempfänger auf Grund der Angaben im Kündigungsschreiben Klarheit über seine Rechtsposition und die Möglichkeiten einer Rechtsverteidigung erhält.[251] Diese Auffassung entspricht der Rechtsprechung des Bundesverfassungsgericht zu der rechtsähnlichen Vorschrift des § 564b Abs. 3 BGB a. F. (= § 573 Abs. 3 BGB n. F.).[252]

78 Zu der **Kündigung wegen Zahlungsverzugs** hat der BGH in dem Beschluss vom 22.12.2003[253] ausgeführt, dass es „jedenfalls bei klarer und einfacher Sachlage" für die formelle Wirksamkeit der Kündigung genügt, wenn der Vermieter in dem Kündigungsschreiben „den Zahlungsverzug als Grund benennt und den Gesamtbetrag der rückständigen Miete beziffert". Die Angabe weiterer Einzelheiten wie Datum des Verzugseintritts, Aufgliederung des Mietrückstandes für einzelne Monate oder Verrechnung einzelner Zahlungen ist entbehrlich. Nach dem Urteil des BGH vom 12.5.2010[254] gelten dieselben Grundsätze auch bei umfangreichen oder schwierig zu ermittelnden Rückständen.[255] Eine fehlerhafte Berechnung des Rückstands hat keinen Einfluss auf die formelle Wirksamkeit der Kündigung.[256]

---

245 KG GE 2013, 618.

246 *Paschke* GE 2003, 639, 640; *Gellwitzki* WuM 2003, 612, 613; *Emmerich* in Staudinger § 569 BGB Rdn. 58; *Wöstmann* in Bamberger/Roth § 569 BGB Rdn. 21; *Lammel* § 569 BGB Rdn. 53; *Häublein* in MünchKomm § 569 BGB Rdn. 36; *Hinz* in Dauner-Lieb u. a. Anwaltskommentar § 569 BGB Rdn. 57; *Kinne* in Kinne/Schach/Bieber Miet- und Mietprozessrecht § 69 BGB Rdn. 27.

247 *Emmerich* in Staudinger § 569 BGB Rdn. 58; Palandt/*Weidenkaff* § 569 BGB Rdn. 25; *Wöstmann* in Bamberger/Roth § 569 BGB Rdn. 22; **a. A.** AG Lichtenberg ZMR 2003, 506; *Haas,* Das neue Mietrecht, § 569 BGB Rdn. 5.

248 BT-Drucks.14/5663 zu § 569 BGB.

249 *Haas,* Das neue Mietrecht § 569 BGB Rdn. 5.

250 Ebenso: *Lützenkirchen,* Neue Mietrechtspraxis Rdn. 884 und 911f.; *Hinz/Ormanschick/Rieke/Scheff,* Das neue Mietrecht § 8 Rdn. 19; *Flatow* NZM 2004, 281, 286.

251 *Lammel* § 569 BGB Rdn. 54.

252 BVerfG WuM 1989, 483; ZMR 1994, 252.

253 BGH NZM 2004, 187 = WuM 2004, 97 = NJW 2004, 850; BGH WuM 2004, 489.

254 BGH (VIII ZR 96/09) NJW 2010, 3050 = WuM 2010, 484.

255 Ebenso: *Flatow* NZM 2004, 281, 286; *Sternel* Mietrecht Aktuell (2009) Rdn. XII 145.

256 BGH a. a. O.

Wird die Kündigung auf **sonstige Vertragsverletzungen** gestützt, so muss der Kündigungsberechtigte das beanstandete Verhalten des Kündigungsempfängers hinreichend genau beschreiben und die Zeit, den Ort und die näheren Umstände des Vorfalls („wann, wo, was") mitteilen.[257] Ist der Kündigung eine Abmahnung vorausgegangen, so muss sich aus dem Kündigungsschreiben ergeben, dass der Gekündigte nach dem Zugang der Abmahnung eine weitere, gleiche oder gleichartige Vertragsverletzung begangen hat. Es genügt nicht, wenn zur Begründung lediglich auf die im Abmahnschreiben aufgeführten Beanstandungen Bezug genommen wird, weil der Kündigungstatbestand eine Fortsetzung des beanstandeten Verhaltens nach der Abmahnung voraussetzt.[258] Diese Grundsätze gelten auch dann, wenn der Kündigende abgemahnt hat, obwohl nach § 543 Abs. 3 Satz 2 BGB keine Abmahnung erforderlich gewesen wäre. Durch die Abmahnung gibt der Kündigende nämlich zu erkennen, dass der Kündigungsgegner die Kündigung vermeiden kann, wenn er sich in Zukunft vertragsgemäß verhält. 79

Bei einer Kündigung wegen einer **Zahlungsunpünktlichkeit** ist es regelmäßig erforderlich, dass der Vermieter die Zahlungseingänge der maßgeblichen vergangenen Monate im Kündigungsschreiben aufführt, damit der Mieter weiß von welchem Sachverhalt der Vermieter ausgeht.[259] In einfach gelagerten Fällen kann jedoch auf eine Auflistung der Zahlungseingänge verzichtet werden, insbesondere dann, wenn der Zeitraum der Zahlungsunpünktlichkeit überschaubar ist und der Mieter ungefähr weiß, wann die Zahlungen beim Vermieter eingegangen sind.[260] 80

Wird die Kündigung auf eine **Vielzahl einzelner Vertragsverletzungen** gestützt, so müssen die einzelnen Vertragsverletzungen substantiiert im Kündigungsschreiben dargelegt werden. Aus dem Kündigungsschreiben muss sich auch in diesem Fall ergeben, wann und wo der Gekündigte die behaupteten Vertragsverstöße begangen hat. Hat der Vermieter beispielsweise wegen einer häufigen Lärmbelästigung gekündigt, so genügt es nicht, wenn er lediglich darlegt, dass der Mieter „ständig ruhestörenden Lärm" verursacht habe. Vielmehr ist in einem solchen Fall zu verlangen, dass Art, Zeitpunkt und jeweilige Dauer der einzelnen Lärmstörungen hinreichend genau beschrieben wird. Zumindest muss der Vermieter einen abgrenzbaren Zeitraum angeben und die Häufigkeit der Lärmstörungen innerhalb dieses Zeitraums darlegen (z. B.: „In der Zeit vom … bis … ca. dreimal wöchentlich"). Anders kann der Gekündigte zu den Vorwürfen nicht sinnvoll Stellung nehmen. 81

Nach dem Wortlaut des § 569 Abs. 4 BGB ist es zweifelsfrei, dass die Angabe des wichtigen Grundes in der Kündigungserklärung zu den **Wirksamkeitsvoraussetzungen der Kündigung** gehört. Dies hat zur Folge, dass eine fristlose Kündigung bei der Wohnraummiete unwirksam ist, wenn die Gründe der Kündigung entweder gar nicht oder nur unvollständig angegeben sind. Wird die Kündigung auf eine Vertragsverletzung des Mieters gestützt und ergibt sich, dass das beanstandete Verhalten nicht diesem, sondern einem Familienangehörigen zur Last fällt, so ist eine „Korrektur" der Kündigungserklärung im Räumungsprozess als unzulässiges Auswechseln von Kündigungsgründen zu bewerten.[261] Die Kündigung kann allerdings unter Angabe des richtigen Sachverhalts wiederholt werden. 82

Der Vermieter kann zur Begründung der Kündigung auf bereits ausgesprochene Kündigungen Bezug nehmen.[262] Wird die Kündigung im Prozess erklärt, so kann auf prozessuale Schriftsätze Bezug genommen werden. Die Bezugnahme muss dergestalt erfolgen, dass der Mieter erkennen kann, auf welche konkreten Gründe die Kündigung gestützt wird. Es ist nicht Sache des Mieters, sich die Gründe der Kündigung aus einem umfangreichem Schriftwechsel oder ähnlichem „zusammenzusuchen" 83

VII. Abweichende Vereinbarungen (Abs. 5)

1. Abs. 5 Satz 1

Nach dieser Vorschrift sind abw. Vereinbarungen, die zum Nachteil des Mieters von den Absätzen **1 bis 3** abweichen, unwirksam. Nach dem Wortlaut der Regelung könnte das in Abs. 4 gere- 84

[257] LG Berlin GE 2003, 670, 671.
[258] LG Bonn WuM 1992, 18.
[259] BGH NJW 2006, 1585 = NZM 2006, 338 = WuM 2006, 193 = ZMR 2006, 425 = DWW 2006, 233 = GE 2006, 508 unter Nr. III; LG Berlin GE 2010, 1271.
[260] BGH a. a. O.
[261] AG Köln WuM 2015, 623.
[262] OLG Karlsruhe NZM 2003, 513.

gelte Begründungserfordernis also abbedungen werden.[263] Dies widerspricht dem allgemeinen Grundsatz, wonach gesetzliche Formvorschriften nach ihrer Rechtsnatur zwingendes Recht darstellen. Es ist anzunehmen, dass die Formulierung des Abs. 5 auf einem Redaktionsversehen beruht.[264] Hierfür spricht, dass Abs. 4 auf Initiative des Rechtsausschusses in den Regierungsentwurf eingefügt worden ist und dass hierbei die an sich notwendige Folgeänderung in Abs. 5 übersehen wurde.

85 Außerdem sind bei der Wohnraummiete alle Vereinbarungen unwirksam, die zum Nachteil des Mieters von § 543 BGB abweichen. Hiervon ist auszugehen, wenn die Parteien einen gesetzlichen Kündigungstatbestand vertraglich abw. von der gesetzlichen Regelung umgestalten oder konkretisieren. Weitere Einzelheiten s. bei § 543 BGB Rdn. 214.

2. Abs. 5 Satz 2

86 Nach dieser Vorschrift ist eine Vereinbarung unwirksam, nach der der Vermieter berechtigt sein soll, aus anderen als den im Gesetz zugelassenen Gründen außerordentlich fristlos zu kündigen.

87 **a) Anwendungsbereich und Zweck.** Die Vorschrift bezweckt den Schutz des Wohnraummieters und gilt deshalb nur für die Wohnraummiete. Sie besagt, dass der Vermieter ein Wohnraummietverhältnis nur aus den im Gesetz genannten Gründen fristlos kündigen kann. Dabei handelt es sich um die §§ 543, 569 Abs. 1 und 2 BGB. Eine Vereinbarung über weitere fristlose Kündigungsgründe zugunsten des Vermieters ist bei der Wohnraummiete unwirksam. Dies gilt auch hinsichtlich solcher Wohnraummietverhältnisse, die ansonsten keinen Kündigungsschutz genießen, wie die Mietverhältnisse i. S. v. § 549 Abs. 2 und 3 BGB. Die Vereinbarung befristeter Kündigungsmöglichkeiten wird von § 569 Abs. 5 Satz 2 BGB nicht erfasst. Solche Vereinbarungen sind nach § 573 Abs. 4 BGB unwirksam, wenn sie zu Lasten des Mieters von der gesetzlichen Regelung abweichen. (s. § 573 BGB Rdn. 282ff.). Zugunsten des Mieters können weitere Kündigungsgründe vereinbart werden (z. B. für den Fall eines beruflich bedingten Ortswechsels; des Umzugs in ein Altersheim, etc.).

88 **b) Begriff der Vereinbarung.** Die Vorschrift betrifft in erster Linie die Vereinbarungen im Mietvertrag. Solche Vereinbarungen sind stets unwirksam, unabhängig davon, ob sie formular-[265] oder individualvertraglich getroffen werden.

89 Daneben gilt die Vorschrift aber auch für Vereinbarungen, die während der Mietzeit getroffen werden und für bestimmte Fälle eine fristlose Kündigung außerhalb der §§ 543, 569 Abs. 2 BGB zugunsten des Vermieters vorsehen.[266] Dabei spielt es keine Rolle aus welchem Anlass und in welcher Form die Vereinbarung getroffen wird. Deshalb kann auch in einem gerichtlichen Vergleich über die Fortsetzung eines gekündigten Mietverhältnisses nicht vereinbart werden, dass der Vermieter zur fristlosen Kündigung berechtigt sein soll, wenn der Mieter die Miete erneut mit Verspätung bezahlt. Auf eine Vereinbarung, wonach der Mieter die Mietsache an den Vermieter herauszugeben hat, wenn er mit der Mietzahlung in Verzug gerät, ist die Regelung in § 572 Abs. 2 BGB anzuwenden. Danach kann sich der Vermieter nicht auf eine Vereinbarung berufen, nach der das Mietverhältnis zum Nachteil des Mieters auflösend bedingt ist. Ein auflösend bedingter Mietvertrag liegt vor, wenn das Ende des Mietverhältnisses vereinbarungsgemäß von einem künftigen Ereignis abhängen soll, dessen Eintritt ungewiss ist (§ 158 Abs. 2 BGB). Hierzu zählt auch der Eintritt des Verzugs.[267] Regelungen der genannten Art sind nur dann möglich, wenn sie inhaltlich mit den gesetzlichen Kündigungstatbeständen übereinstimmen. Ergibt sich dieses Ergebnis nicht aus dem Wortlaut der Regelung oder im Wege der Auslegung, so ist die Vereinbarung (teil)unwirksam.

Die Möglichkeit der Parteien zum Abschluss eines Mietaufhebungsvertrags mit sofortiger Wirkung wird durch § 569 Abs. 5 Satz 2 BGB nicht berührt.

---

[263] So *Lützenkirchen,* Neue Mietrechtspraxis, Rdn. 915: allerdings nur durch Individualvertrag; *Lammel* Wohnraummietrecht § 569 BGB Rdn. 56; *Feuerlein* Informationsservice Mietrecht 09/2002 S. 3; *Paschke* GE 2003, 639, 640.

[264] *Hinz/Ormanschick/Rieke/Scheff,* Das neue Mietrecht § 8 Rdn. 20; *Häublein* in MünchKomm § 569 BGB Rdn. 39; i. E. ebenso *Emmerich* in Staudinger § 569 BGB Rdn. 67; *Sternel* Mietrecht aktuell (2009) Rdn. X 83; *Wöstmann* in Bamberger/Roth § 569 BGB Rdn. 27; Palandt/*Weidenkaff* § 569 BGB Rdn. 4 (danach ergibt sich die Unabdingbarkeit aus dem Grundsatz, dass gesetzliche Formvorschriften nach ihrer Rechtsnatur zwingendes Recht darstellen).

[265] LG München I WuM 1994, 370, 372.

[266] AG Friedberg/Hessen WuM 1991, 686 betr. Vereinbarung über fristlose Kündigung bei Unterlassung einer Entrümpelung und Renovierung.

[267] *Blank* NZM 2010, 31; s. aber auch BGH WuM 2009, 739 = NJW 2010, 859 = NZM 2010, 39.

c) Begriff der Kündigung. Die Vorschrift erfasst nach ihrem Wortlaut nur die Vereinbarung über eine Kündigungsbefugnis. Unter einer **Kündigung** ist die Vertragsbeendigung ex nunc durch einseitige, zugangsbedürftige Willenserklärung zu verstehen. Für den **Rücktritt** gilt § 572 BGB. Die Regelung des § 569 Abs. 5 Satz 2 BGB muss entsprechend angewendet werden, wenn die Parteien **Anfechtungsrechte** außerhalb der gesetzlichen Voraussetzungen vereinbaren oder wenn eine vertragliche Herausgabepflicht begründet wird. Deshalb kann weder durch Vereinbarung noch durch einen gerichtlichen Vergleich über die Fortsetzung des Mietverhältnisses vereinbart werden, dass der Mieter die Mietsache mit sofortiger Wirkung herausgeben muss, wenn er erneut in Verzug gerät. Dies gilt auch für eine **Vollstreckungsvereinbarung,** in der sich der Vermieter verpflichtet, von einem Räumungstitel solange keinen Gebrauch zu machen, als der Mieter seine Zahlungsverpflichtungen erfüllt.[268] Hierin liegt in der Sache eine Vereinbarung über die Fortsetzung des Mietverhältnisses, verbunden mit einer kündigungsunabhängigen Herausgabeverpflichtung für den Fall des Zahlungsverzugs. Solche Vereinbarungen sind teilunwirksam. Das Mietverhältnis wird zwar fortgesetzt; es kann im Falle des Verzugs aber nur durch Kündigung beendet werden, wenn die Voraussetzungen der §§ 543 Abs. 1 oder Abs. 2 Nr. 3 BGB gegeben sind 90

d) Begriff der Kündigungsgründe. Die Vorschrift verbietet die Kündigung „aus anderen als den im Gesetz zugelassenen Gründen". Diese Voraussetzung ist zum einen dann gegeben, wenn die Parteien einen Kündigungsgrund vereinbaren, der im Gesetz überhaupt nicht vorgesehen ist, z. B. ein fristloses Kündigungsrecht zugunsten des Vermieters, wenn der Mieter die eidesstattliche Versicherung abgibt. Zum anderen können die einschlägigen Tatbestandsvoraussetzungen nicht zu Lasten des Mieters verändert werden; deshalb ist eine Vereinbarung unwirksam, wonach der Vermieter bei geringeren Rückständen als in § 543 Abs. 2 Nr. 3 BGB genannt, zur Kündigung berechtigt sein soll. 91

e) Rechtsfolgen unwirksamer Vereinbarungen. Eine gegen § 569 Abs. 5 Satz 2 BGB verstoßende Regelung ist nichtig. Die Wirksamkeit des übrigen Vertrags wird dadurch nicht berührt. Dies folgt aus dem mieterschützenden Charakter der Regelung. Eine dem Mieter günstige Vereinbarung ist wirksam. Eine Vereinbarung, die dem Mieter teilweise günstig, teilweise ungünstig ist, bleibt nach dem Gesetzeszweck mit dem günstigen Teil aufrechterhalten. Ist beispielsweise vereinbart, dass der Vermieter nach Abmahnung zur fristlosen Kündigung berechtigt ist, wenn der Mieter mit mehr als 2 Monatsmieten in Rückstand gerät, so ist diese Vereinbarung teils günstiger als § 543 Abs. 2 Nr. 3 BGB (diese Vorschrift setzt keine Abmahnung voraus), teils ungünstiger (für § 543 Abs. 2 Nr. 3 BGB ist Verzug erforderlich, ein Rückstand genügt nicht). Dies hat zur Folge, dass der Vermieter nur dann fristlos kündigen kann, wenn die gesetzlichen Voraussetzungen des § 543 Abs. 2 Nr. 3 BGB gegeben sind und der Mieter außerdem abgemahnt worden ist. 92

f) Geschäftsraummiete. Bei der Geschäftsraummiete können zugunsten und zu Lasten des Vermieters weitere fristlose Kündigungsgründe oder Abweichungen von den gesetzlichen Kündigungsgründen vereinbart werden. Dies folgt aus dem Grundsatz der Vertragsfreiheit.[269] Teilweise wird vertreten, dass hierzu eine formularvertragliche Regelung nicht ausreicht; vielmehr sei stets eine individuelle Vereinbarung erforderlich.[270] Hierfür besteht allerdings kein Bedürfnis, weil der Geschäftsraummieter durch die §§ 138, 242 und § 307 BGB hinreichend geschützt ist. Wegen der gravierenden Wirkungen einer fristlosen Kündigung sind die Grenzen sowohl bei Formular- als auch bei Individualvereinbarungen sehr eng zu ziehen.[271] Grundvoraussetzung ist, dass der Vermieter ein berechtigtes Interesse an einer sofortigen Vertragsbeendigung hat. Die Kündigungsvoraussetzungen müssen sich aus der Vereinbarung klar ergeben. Das Recht zur fristlosen Kündigung darf nicht ins Belieben des Vermieters gestellt werden. Die sich aus dem Gesetz ergebenden Leitbilder sind zu beachten. Deshalb kann bei der Gewerbemiete vereinbart werden, dass dem Vermieter im Falle der Nichterfüllung der Kautionsvereinbarung ein Kündigungsrecht zustehen soll.[272] Grundsätzlich muss ein Kündigungstatbestand wegen einer Vertragsverletzung an eine vorherige Abmahnung geknüpft werden. Wo gesetzlich für die Kündigung wegen der Nichtzahlung der Miete ein Verzug des Mieters vorausgesetzt wird, kann dieses Erfordernis nicht vertraglich durch einen „Rückstand" ersetzt werden. 93

---

[268] LG Köln WuM 1991, 673.

[269] *Roquette* § 554b BGB Rdn. 3.

[270] *Grapentin* in Bub/Treier Kap. IV Rdn. 363; **a. A.** BGH NJW 1984, 871 betr. Kündigungsrecht des Vermieters in einem Leasingvertrag, für den Fall, dass in das Vermögen des Mieters die Zwangsvollstreckung betrieben wird.

[271] *Sonnenschein* NJW 1980, 1713, 1718.

[272] OLG Düsseldorf Urteil vom 21.2.2017 – 10 U 87/16, juris.

§ 570 Ausschluss des Zurückbehaltungsrechts

Dem Mieter steht kein Zurückbehaltungsrecht gegen den Rückgabeanspruch des Vermieters zu.

Systematische Übersicht

I. Zweck der Vorschrift, Entstehungsgeschichte

1 Dem Mieter stehen am Ende des Mietverhältnisses oftmals Ansprüche gegen den Vermieter zu, etwa auf Abrechnung von Betriebskosten oder Schadens- bzw. Aufwendungsersatz. Ohne § 570 BGB könnte der Mieter dem Rückgabeanspruch des Vermieters ggf. ein Zurückbehaltungsrecht wegen seiner Ansprüche entgegensetzen. Der historische Gesetzgeber des BGH war der Ansicht, dass die in einer solchen Zurückhaltung liegende Sicherheit (Wert des Mietobjekts) meist außer Verhältnis zu den eher geringen Ansprüchen des Mieters stehe und schikanöses Vorgehen des Mieters den Vermieter deshalb dazu bringen könne, dessen ungerechtfertigte Ansprüche anzuerkennen, um die Mietsache schnell zurückzuerhalten[1]. Deshalb wird mit § 570 BGB das Zurückbehaltungsrecht des Mieters gegenüber dem Rückgabeanspruch des Vermieters generell ausgeschlossen. Es handelt sich um eine eng auszulegende Ausnahmevorschrift[2]. Eine ungerechtfertigte Bevorzugung des Vermieters, der im Hinblick auf seine Ansprüche evtl. durch eine Kaution gesichert ist, liegt in dem Ausschluss des Zurückbehaltungsrechts nicht, da der Mieter wegen seiner Ansprüche auch nach Rückgabe in das Grundstück vollstrecken kann. Abgesehen davon zeigt die Praxis, dass Mieter in nicht seltenen Fällen die Mietsache faktisch nicht zurückgeben und den Vermieter zu einem ggf. langwierigen Räumungsprozess zwingen, innerhalb dessen dann auch Gelegenheit besteht, die Ansprüche des Mieters zu klären.

2 Vor der zum 1.9.2001 in Kraft getretenen Mietrechtsreform war der Ausschluss des Zurückbehaltungsrechts in § 556 Abs. 2 BGB a. F. geregelt. Ein eigener Paragraf wurde notwendig wegen der Unterteilung in allgemeine Vorschriften über die Miete und solche über Wohnraum, die aber gem. § 578 BGB weitgehend auch für die sonstige Raum- und Grundstücksmiete gelten. Der Ausschluss des Zurückbehaltungsrechts sollte für die Rückgabe von Räumen und Grundstücken greifen. § 556 BGB a. F. war die Vorgängervorschrift zu § 546 BGB. Um den Bezug (nur) zu § 546 Abs. 1 BGB deutlich zu machen, ist der Begriff „Rückgabeanspruch" in § 570 BGB notwendig geworden[3].

II. Anwendungsbereich

3 § 570 BGB gilt unmittelbar nur für die Wohnraummiete einschließlich der in § 549 Abs. 2 und 3 BGB genannten Vertragsarten, für Werkdienstwohnungen i. S. v. § 576b BGB allerdings nur, wenn Mietrecht Anwendung findet[4]. Die Beschränkung auf die Wohnraummiete ergibt sich aus der systematischen Stellung der Vorschrift in Untertitel 2 (§§ 549ff. BGB). Über den Verweis in § 578 Abs. 1 und 2 BGB ist das Zurückbehaltungsrecht aber auch bei Mietverhältnissen über Grundstücke und andere Räume als Wohnräume[5] ausgeschlossen, ebenso gem. § 581 Abs. 2 BGB bei Pachtverhältnissen (s. aber auch das Pächterpfandrecht in § 583 BGB)[6]. Für die Landpacht gilt die inhaltsgleiche Vorschrift des § 596 Abs. 2 BGB. § 570 BGB greift weiterhin ein bei dem Herausgabean-

---

[1] BGH (V ZR 51/13) NZM 2014, 790; BGH MDR 1960, 482; BGH NJW 2003, 1317; RGZ 85, 133.

[2] BGH (V ZR 51/13) NZM 2014, 790.

[3] *Rolfs* in Staudinger § 570 Rdn. 2.

[4] *Häublein* in MünchKomm § 570 Rdn. 2. Mietrecht findet gem. § 576b BGB Anwendung, wenn der Dienstverpflichtete die Wohnung selbst ausgestattet hat oder dort mit seiner Familie lebt bzw. mit Personen, mit denen er einen gemeinsamen Haushalt führt. *Lammel,* Wohnraummietrecht, § 570 Rdn. 1 will § 570 BGB wohl ohne diese Einschränkung bei Werksdienstwohnungen eingreifen lassen.

[5] S. dazu bei § 566 Rdn. 19.

[6] Für die Landpacht gibt es in § 596 Abs. 2 BGB eine entsprechende Vorschrift.

spruch des Vermieters gegen den **Untermieter** oder einen sonstigen Dritten gem. § 546 Abs. 2 BGB[7]. Zwar erfasst der Wortlaut von § 570 BGB unmittelbar nur den Mieter und dessen Ansprüche, der Normzweck würde aber in Teilbereichen vereitelt, wenn für die Fälle des § 546 Abs. 2 BGB nicht das Gleiche gelten würde[8].

Nicht anwendbar ist § 570 BGB auf den Rückgabeanspruch bei der Miete von **beweglichen Sachen**[9]. Gegenüber einem solchen Anspruch kann der Mieter bei Bestehen von Gegenansprüchen ggf. ein Zurückbehaltungsrecht geltend machen. Dieses Zurückbehaltungsrecht berechtigt ihn allerdings nicht zur weiteren Nutzung, sondern nur zum Behalten; nutzt der Mieter die Sache dennoch, kommt bei Erfüllung der entsprechenden Voraussetzungen § 546a BGB zur Anwendung[10], ggf. auch §§ 280ff., 812ff., 987ff. BGB. Als Grundlage für Gegenansprüche kommen insbesondere Schadens- und Aufwendungsersatz in Betracht, aber auch ein Zurückbehaltungsrecht wegen Verwendungen gem. § 1000 BGB[11]. Ein Besitzrecht gem. § 986 Abs. 1 Satz 1 BGB kann zwar, was sich schon allein aus dem Wortlaut der Vorschrift und ihrer systematischen Stellung ergibt, nur dem Herausgabeanspruch gem. § 985 BGB, nicht aber dem Rückgabeanspruch gem. § 546 Abs. 1 BGB entgegen gehalten werden; einem Vermieter ist es aber gem. § 242 BGB i. d. R. verwehrt die Rückgabe der Mietsache zu verlangen, wenn er sie sogleich wegen eines Rechts zum Besitz auf Grund anderer Rechtsgrundlage wieder herausgeben müsste[12]. 4

III. Voraussetzungen

Als Ausnahmevorschrift ist § 570 BGB eng auszulegen[13]. Deshalb ist für ihr Eingreifen erforderlich, dass zumindest auch der im Wortlaut der Norm erwähnte vertragliche **Rückgabeanspruch gem. § 546 Abs. 1 BGB** besteht[14]. Kann sich der Vermieter hingegen *ausschließlich* auf gesetzliche Herausgabeansprüche aus § 985 BGB oder ungerechtfertigter Bereicherung (§§ 812ff. BGB) stützen, kann dem Herausgabepflichtigen bei Erfüllung der Voraussetzungen ein Zurückbehaltungsrecht zustehen, § 570 BGB ist nicht anwendbar[15]. Bestehen gesetzliche Ansprüche auf Herausgabe *neben* dem vertraglichen Anspruch auf Rückgabe gem. § 546 BGB, ist ein Zurückbehaltungsrecht ausgeschlossen[16]. Bedeutung hat diese Differenzierung insbesondere bei (etwa wegen Sittenwidrigkeit[17], Geschäftsunfähigkeit oder Anfechtung[18]) nichtigen Mietverträgen; in diesen Fällen bestehen vertragliche Rückgabeansprüche nicht, die Geltendmachung eines Zurückbehaltungsrechtes ist also möglich[19]. 5

IV. Umfang des Ausschlusses

§ 570 BGB schließt sowohl das Zurückbehaltungsrecht aus § 273 BGB als auch dasjenige aus § 320 BGB aus und zwar ohne Rücksicht auf die Höhe der Gegenansprüche[20]. Zu den **möglichen Gegenansprüchen,** die von § 570 BGB erfasst werden gehören gleichermaßen vertragliche (Rückzahlung der Kaution, Abrechnung bzw. Erstattung von Betriebskosten[21] oder Mietvorauszahlungen (einschließlich nicht abgewohnter Baukostenzuschüssen)[22] wie gesetzliche (Bereicherungsausgleich bei Mietminderung, Aufwendungsersatz[23], Schadensersatz[24]) Ansprüche. Auch 6

---

7 OLG Hamm NJW-RR 1992, 783.
8 OLG Hamm NJW-RR 1992, 783.
9 *Rolfs* in Staudinger § 570 Rdn. 4.
10 BGH NJW 1975, 1773.
11 *Rolfs* in Staudinger § 570 Rdn. 4.
12 BGH NZM 1998, 779 = WuM 1998, 549 = ZMR 1998, 754.
13 Allg. M., vgl. nur BGH MDR 1960, 482.
14 *Rolfs* in Staudinger § 570 Rdn. 6; *Häublein* in MünchKomm § 570 Rdn. 2.
15 *Rolfs* in Staudinger § 570 Rdn. 6; *Häublein* in MünchKomm § 570 Rdn. 2.
16 BGH NZM 1998, 779 = WuM 1998, 549 = ZMR 1998, 754.
17 BGH NJW 1964, 1791.
18 RGZ 85, 133; *Schmid* WuM 2009, 157.
19 BGH NJW 1964, 1791; *Schmid* WuM 2009, 157.
20 *Häublein* in MünchKomm § 570 Rdn. 3; *Rolfs* in Staudinger § 570 Rdn. 7.
21 *Lammel,* Wohnraummietrecht, § 570 Rdn. 4.
22 *Rolfs* in Staudinger § 570 Rdn. 7.
23 LG Wuppertal WuM 1986, 316 (wegen Anfertigung von Hausschlüsseln).
24 RGZ 108, 137 (wegen Entschädigung für vorzeitige Kündigung).

sachenrechtliche Einwendungen, die dem Mieter gegenüber einem Herausgabeanspruch gem. § 985 BGB zustehen, etwa ein Besitzrecht gem. § 986 Abs. 1 Satz 1 BGB oder ein Zurückbehaltungsrecht wegen Verwendungen gem. § 1000 BGB, sind ausgeschlossen, solange der Vermieter sich auch auf einen vertraglichen Rückgabeanspruch stützen kann[25]. Wenn ein Besitzrecht gem. § 986 Abs. 1 Satz 1 BGB besteht, ist es dem Vermieter aber gem. § 242 BGB i. d. R. verwehrt, die Rückgabe der Mietsache zu verlangen, wenn er sie sogleich wegen eines Rechts zum Besitz auf Grund anderer Rechtsgrundlage wieder herausgeben müsste[26]. Ein anhängiges **selbständiges Beweisverfahren** über Mängel an dem Mietobjekt soll ebenfalls unter § 570 BGB fallen[27]. Das ist abzulehnen. § 570 BGB gewährt bzw. verwehrt nämlich keinen Gegenanspruch, wegen dessen zurückgehalten werden könnte, sie setzt einen Gegenanspruch vielmehr voraus[28]. Ein selbständiges Beweisverfahren ist kein solcher Gegenanspruch; es kann allenfalls den Rückgabeanspruch des Vermieters hindern (s. dazu bei § 546 Rdn. 17). Wenn der Vermieter keinen Anspruch auf Rückgabe hat, kommt es auf § 570 BGB nicht an.

7 Umstritten ist, ob der Vermieter sich auf den Ausschluss des Zurückbehaltungsrechts gem. § 570 BGB auch dann berufen kann, wenn der Anspruch des Mieters auf einer vom Vermieter begangenen vorsätzlichen oder grob fahrlässigen **unerlaubten Handlung** beruht. Für die Ansicht, die dem Vermieter in diesen Fällen den Schutz des § 570 BGB verwehrt[29], spricht der Rechtsgedanke des § 393 BGB, der gem. § 242 BGB auch für Zurückbehaltungsrechte gilt[30]. § 570 BGB ist allerdings ebenfalls eine gesetzliche Ausprägung von Treu und Glauben, durch die das nach allgemeinen Grundsätzen bestehende Zurückbehaltungsrecht des Mieters eingeschränkt wird – dies aber anders als § 393 BGB nicht wegen des Charakters des Gegenanspruchs, sondern mit Rücksicht auf die üblicherweise fehlende Relation zwischen Wert des Gegenanspruchs und Sicherungsobjekt[31]. Es gibt keinen Anhaltspunkt dafür, dass der Gesetzgeber den durch § 570 BGB bewirkten Schutz des Vermieters relativieren wollte[32] – im Gegenteil, die Verhinderung von schikanösem Mieterverhalten, die Anlass für die Regelung war, kann zuverlässig nur bei einem ausnahmslosen Ausschluss des Zurückbehaltungsrechts wirksam greifen. Abgesehen davon wären dann nach Treu und Glauben weitere Ausnahmen dann angebracht, wenn die Gegenansprüche des Mieters nicht, wie vom Gesetzgeber unterstellt, von relativ geringem, sondern von erheblichem Wert wären. In besonders gelagerten Einzelfällen kann allerdings dem Vermieter die Berufung auf § 570 BGB nach Treu und Glauben verwehrt sein[33], so etwa in dem erwähnten Fall (Rdn. 6) eines Besitzrechtes gem. § 986 Abs. 1 Satz 1 BGB, im Falle einer sittenwidrigen Schädigung in Zusammenhang mit der Beendigung des Vertrages (§ 826 BGB) oder wenn die Parteien über das rückzugebende Objekt bereits einen Vorvertrag geschlossen haben[34].

V. Abweichende Vereinbarungen

8 § 570 BGB ist nicht zwingend, abweichende Vereinbarungen sind – auch stillschweigend[35] – zulässig[36]. Dementsprechend ist die vertragliche Vereinbarung eines Zurückbehaltungsrechtes möglich[37]. § 309 Nr. 2 BGB ist nicht zu beachten, da die Vorschrift nur für Beschränkungen des Zurückbehaltungsrechts gilt[38].

---

[25] BGH NZM 1998, 779 = WuM 1998, 549 = ZMR 1998, 754.
[26] BGH NZM 1998, 779 = WuM 1998, 549 = ZMR 1998, 754.
[27] OLG Düsseldorf NZM 2008, 489 = ZMR 2008, 363.
[28] So auch *Wiek* InfoM 2008, 175.
[29] *Rolfs* in Staudinger § 570 Rdn. 7 (bei vorsätzlichem Handeln). In RGZ 160, 88 wurde die Frage mangels Entscheidungserheblichkeit letztendlich offen gelassen. Die Ausdehnung auf grob fahrlässiges Handeln wurde hier in der 9. Aufl. vertreten; dagegen ausdrücklich auch *Rolfs* in Staudinger § 570 Rdn. 7.
[30] BAG NJW 1968, 565.
[31] *Lammel,* Wohnraummietrecht, § 570 Rdn. 4.
[32] *Häublein* in MünchKomm § 570 Rdn. 3.
[33] *Häublein* in MünchKomm § 570 Rdn. 3 Fn. 15.
[34] OLG Köln NJW-RR 1992, 1162; der Fall ist dem des Besitzrechtes gem. § 986 BGB vergleichbar.
[35] BGH WM 1981, 695 (Abfindungsregelung in einer Räumungsvereinbarung).
[36] BGH NJW 2003, 1317 = WuM 2003, 263 = ZMR 2003, 415; BGH WM 1981, 695 (Abfindungsregelung in einer Räumungsvereinbarung); RGZ 108, 137; OLG Düsseldorf NZM 2008, 489 = ZMR 2008, 363.
[37] RGZ 139, 17.
[38] *Rolfs* in Staudinger § 570 Rdn. 8.

§ 571 Weiterer Schadensersatz bei verspäteter Rückgabe von Wohnraum

(1) ¹Gibt der Mieter den gemieteten Wohnraum nach Beendigung des Mietverhältnisses nicht zurück, so kann der Vermieter einen weiteren Schaden im Sinne des § 546a Abs. 2 nur geltend machen, wenn die Rückgabe infolge von Umständen unterblieben ist, die der Mieter zu vertreten hat. ²Der Schaden ist nur insoweit zu ersetzen, als die Billigkeit eine Schadloshaltung erfordert. ³Dies gilt nicht, wenn der Mieter gekündigt hat.

(2) Wird dem Mieter nach § 721 oder § 794a der Zivilprozessordnung eine Räumungsfrist gewährt, so ist er für die Zeit von der Beendigung des Mietverhältnisses bis zum Ablauf der Räumungsfrist zum Ersatz eines weiteren Schadens nicht verpflichtet.

(3) Eine zum Nachteil des Mieters abweichende Vereinbarung ist unwirksam.

Systematische Übersicht

I. Allgemeines und Zweck der Vorschrift

1 Wie sich schon aus dem Wortlaut der Norm ergibt, steht § 571 BGB in unmittelbarem Zusammenhang mit § 546a BGB. Bis zur Mietrechtsreform, die zum 1.9.2001 in Kraft getreten ist, waren beide Vorschriften in § 557 BGB a. F.[1] zusammengefasst. Die Trennung wurde notwendig, weil § 546a BGB sich nun systematisch in dem Untertitel der für alle Mietverhältnisse geltenden Regelungen befindet, § 571 BGB aber nur für Wohnraummietverhältnisse gilt.

2 § 571 BGB ist eine Ausprägung des sozialen Wohnraummietrechts und deshalb, was sich sowohl aus dem Wortlaut, als auch aus der systematischen Stellung ergibt, im **Anwendungsbereich** auf Wohnraummietverhältnisse beschränkt, einschließlich solcher Wohnraummietverhältnisse, für die ein geringerer Bestands- bzw. Mieterschutz besteht wie in §§ 549 Abs. 2 und 3, 573a, 575 Abs. 1, 576b BGB[2]. § 571 BGB begrenzt Schadensersatzansprüche des Vermieters wegen Vorenthaltung der Mietsache (das ist im Wesentlichen Mietausfall; zu Einzelheiten und weiteren möglichen Vorenthaltungsschäden s. bei § 546a Rdn. 96 ff.). **Zweck** dieser Begrenzung ist es, dem Wohnraummieter ohne Furcht vor Ersatzansprüchen des Vermieters wegen Vorenthaltung der Mietsache zu ermöglichen, seine Schutzrechte nach Ende des Mietverhältnisses auszuüben, insbesondere die Sozialklausel der §§ 574 ff. BGB oder prozessualen Räumungsschutz in Anspruch zu nehmen; eine sichere Prognose, ob diese ermessensabhängigen Schutzrechte gewährt werden, ist nämlich oftmals nur schwer möglich[3]. Der Vermieter wird nicht rechtlos gestellt. § 571 BGB beschneidet nur die Schadensersatzhaftung des Mieters, nicht aber die Ansprüche auf Nutzungsentschädigung gem. § 546a Abs. 1 BGB (oder aus Bereicherung bzw. Eigentümer-Besitzer-Verhältnis).

3 Auf die **Haftung des Untermieters** gegenüber dem Hauptvermieter ist § 571 BGB weder dem Wortlaut noch dem Sinn nach anzuwenden[4]. Die Vorschrift knüpft nämlich an § 546a BGB an, der aber im Verhältnis von Hauptvermieter zu Untermieter nicht gilt[5]. Auch die Wertungen des § 571 BGB passen in diesem Verhältnis nicht, da dem Hauptvermieter anders als dem Untervermieter bei Beschränkung seines Schadensersatzanspruchs nicht einmal Ansprüche auf Nutzungsentschädigung gem. § 546a Abs. 1 BGB zustehen.

---

[1] Die heute in § 571 BGB enthaltenen Regelungen wurden erst durch das 2. MietRÄndG von 1964 in § 557 Abs. 2 bis 4 BGB a. F. eingefügt (s. *Emmerich* NZM 1999, 930).

[2] *Rolfs* in Staudinger § 571 Rdn. 3; *Häublein* in MünchKomm § 571 Rdn. 2.

[3] *Häublein* in MünchKomm § 571 Rdn. 1.

[4] Im Ergebnis ebenso LG Kiel WuM 1995, 540; *Rolfs* in Staudinger § 571 Rdn. 10. **A. A.** LG Stuttgart NJW-RR 1990, 654.

[5] S. bei § 546a Rdn. 6.

II. Verschuldenshaftung (Abs. 1 Satz 1)

4 Die Bedeutung von § 571 Abs. 1 Satz 1 BGB ist begrenzt. In der Regelung wird festgestellt, dass der Mieter dem Vermieter einen weiteren Schaden i. S. v. § 546a Abs. 2 BGB (das ist im Wesentlichen Mietausfall; zu Einzelheiten und weiteren möglichen **Vorenthaltungsschäden** s. bei § 546a Rdn. 96ff.) nur dann ersetzen muss, wenn der Mieter die Vorenthaltung der Mietsache zu vertreten hat. Soweit nichts anderes bestimmt ist, hat ein Schuldner gem. § 276 BGB fahrlässiges und vorsätzliches (also schuldhaftes) Verhalten zu vertreten. Verschulden als Voraussetzung der Erstattung eines Vorenthaltungsschadens ergibt sich aber schon aus den Voraussetzungen der in Betracht kommenden Anspruchsgrundlagen (§§ 280 Abs. 1, 281, 286 BGB). Deshalb erlangt § 571 Abs. 1 Satz 1 BGB eine eigenständige Bedeutung nur in Zusammenwirken mit § 571 Abs. 3 BGB, der eine Abweichung zum Nachteil des Mieters, also eine verschuldensunabhängige Schadensersatzhaftung des Mieters, verbietet[6]. Aus der Formulierung von § 571 Abs. 1 Satz 1 BGB kann auch nicht entnommen werden, dass der Vermieter die Beweislast für das Verschulden des Mieters an der Vorenthaltung trägt; es verbleibt vielmehr bei der Grundregel des § 280 Abs. 1 Satz 2 BGB, wonach sich der Mieter entlasten muss[7].

1. Erfasste Vorschriften

5 Aus dem Wortlaut des § 571 Abs. 1 Satz 1 BGB ergibt sich zunächst, dass der **Nutzungsentschädigungsanspruch** gem. § 546a Abs. 1 BGB nicht erfasst ist, also in vollem Umfang geltend gemacht werden kann; hierdurch wird sichergestellt, dass der Vermieter auch im Falle der Vorenthaltung und der Inanspruchnahme von Schutzrechten (Sozialklausel, Räumungsfrist) jedenfalls so steht wie bei einer Fortsetzung des Mietverhältnisses. § 546a Abs. 2 BGB betrifft nur Schadensersatzansprüche („… einen weiteren Schaden …") des Vermieters wegen Vorenthaltung der Mietsache[8] („… wenn die Rückgabe … unterblieben ist …"). Wegen der Bezugnahme auf § 546a Abs. 2 BGB gilt das auch für § 571 Abs. 1 Satz 1 BGB. Das bedeutet zweierlei: Zum einen kann der Vermieter Ansprüche, die nicht Schadensersatzansprüche sind, einschränkungslos geltend machen; dazu gehören insbesondere **Bereicherungsansprüche** gem. §§ 812ff. BGB und Ansprüche aus **Eigentümer-Besitzer-Verhältnis** gem. § 987ff. BGB[9]. § 571 BGB soll nämlich nur die Schadensersatzhaftung des Mieters begrenzen, ihm aber nicht die durch die Vorenthaltung erlangten Vorteile belassen[10]. Zum anderen werden von § 571 BGB nur solche Schadensersatzansprüche erfasst, die auf der **Vorenthaltung der Mietsache** beruhen (das ist im Wesentlichen **Mietausfall;** zu Einzelheiten und weiteren möglichen Vorenthaltungsschäden s. bei § 546a Rdn. 96ff.), nicht aber sonstige Schadensersatzansprüche (etwa wegen Beschädigung, vertragswidrigen Gebrauchs, Kosten für nicht durchgeführte Schönheitsreparaturen etc.)[11].

2. Verschulden

6 Der Maßstab für das Verschulden des Mieters ergibt sich aus § 276 BGB. Danach haftet der Mieter für vorsätzliches oder fahrlässiges Verhalten. Letzteres liegt vor, wenn er die im Verkehr erforderliche Sorgfalt außer Acht gelassen hat, wenn er also nach einem objektivierten Maßstab des jeweiligen Verkehrskreises die Pflichtverletzung (Vorenthaltung[12]) erkennen und vermeiden konnte[13]. Ist das der Fall, handelt der Mieter also schuldhaft, kommt eine Haftungsbeschränkung aus Billigkeitsgesichtspunkten gem. § 571 Abs. 1 Satz 2 BGB in Betracht.

7 S. zur Erkennbarkeit der Pflichtverletzung eingehend bei § 546a Rdn. 93.

---

[6] *Blank/Börstinghaus* § 571 Rdn. 2.
[7] Allg. M., vgl. *Rolfs* in Staudinger § 571 Rdn. 5; *Häublein* in MünchKomm § 571 Rdn. 4.
[8] S. zu den Schadensersatzansprüchen wegen Vorenthaltung der Mietsache i. E. bei der Kommentierung zu § 546a BGB.
[9] *Häublein* in MünchKomm § 571 Rdn. 3; *Scheuer/Emmerich* in Bub/Treier V. Rdn. 167. S. zu diesen Ansprüchen bei der Kommentierung zu § 546a BGB.
[10] *Häublein* in MünchKomm § 571 Rdn. 3.
[11] *Häublein* in MünchKomm § 571 Rdn. 2; *Rolfs* in Staudinger § 571 Rdn. 3.
[12] Wie oben ausgeführt geht es bei § 571 BGB nur um Vorenthaltungsschäden, also auch nur um Pflichtverletzungen, die zu einer Vorenthaltung führen.
[13] BGH (XII ZR 34/12) NJW 2013, 3232 = ZMR 2013, 614.

Auch an die **Vermeidbarkeit** sind im Rahmen der Verschuldensprüfung strenge Anforderungen zu stellen. Sie erfordert ein tatsächliches Können und ein rechtliches Müssen[14]. Das Können ist i. d. R. recht problemlos feststellbar; hierbei ist aber in Bezug auf die Rückgabepflichten nicht nur zu prüfen, ob der Mieter in Person nicht leisten kann, sondern auch daraufhin, ob er die Leistung nicht durch Dritte erbringen bzw. sie nicht organisieren kann oder ob nicht ein Zwischenumzug möglich ist[15]. Ein Beinbruch etwa hindert einen Mieter nicht, einen Umzugsunternehmer bestellen, wohl aber ein Koma. Bei der Prüfung des rechtlichen Müssens spielen **Zumutbarkeitsgesichtspunkte** eine Rolle, die teilweise durch Rechtsnormen konkretisiert werden[16]. 8

Eine solche Konkretisierung kann – entgegen der h. M. im Schrifttum[17] aber nur in Ausnahmefällen – §§ 574ff. BGB (sog. **Sozialklausel**) entnommen werden[18]. Nach § 574 BGB kann der Mieter der Kündigung widersprechen und die Fortsetzung des Mietverhältnisses verlangen, wenn die Vertragsbeendigung eine unzumutbare Härte darstellen würde. Als Härtegründe kommen in Betracht fehlender oder noch nicht bezugsfertiger Ersatzwohnraum, hohes Alter, Behinderung, Erkrankung etc.; s. zu Einzelheiten bei der Kommentierung zu § 574 BGB. Der Anwendungsbereich der Sozialklausel ist eingeschränkt. Einmal gelten §§ 574ff. BGB nur für Wohnraummietverhältnisse[19]; zum anderen greifen sie nur bei einer ordentlichen Kündigung oder einer außerordentlichen Kündigung des Vermieters mit gesetzlicher Frist ein, nicht aber bei einer fristlosen außerordentlichen Kündigung oder wenn der Vermieter eine solche hätte aussprechen können (§ 574 Abs. 1 Satz 2 BGB) und gleichfalls nicht bei einer Kündigung des Mieters sowie bei einem Mietaufhebungsvertrag[20]. Wenn ein Härtegrund vorliegt und durch Widerspruch geltend gemacht wird, dann sind die Kündigungswirkungen gehemmt bzw. in der Schwebe[21], bis die Parteien sich über eine Fortsetzung des Vertrages geeinigt haben oder das Gericht eine Fortsetzung ausgesprochen hat. Dann entfällt aber schon die Rückgabepflicht als Voraussetzung der Vorenthaltung und eines daraus resultierenden Schadens; ein Verschulden des Mieters spielt in dieser Konstellation keine Rolle. Besteht ein Härtegrund, macht der Mieter ihn aber trotz Kenntnis des Widerspruchsrechtes und des Fortsetzungsanspruchs nicht geltend, dann gibt es keinen Grund, den Verschuldensmaßstab zu senken[22]; denn die Fristgebundenheit des Widerspruchs in § 574b BGB soll den Vermieter schützen, der ein Interesse daran hat, für die Zeit nach Vertragsbeendigung über das Mietobjekt disponieren zu können. Hat er weitervermietet, drohen ihm Schadensersatzforderungen des neuen Mieters, die er mangels Verschulden des alten Mieters unter Umständen nicht weitergeben kann, wenn man das bloße Vorliegen eines Härtegrundes auf Seiten des Mieters ausreichen lassen würde. § 308a ZPO führt zu keiner anderen Betrachtungsweise, da durch diese Vorschrift nur das Fortsetzungsverlangen bzw. dessen Geltendmachung im Prozess entbehrlich ist, nicht aber der Widerspruch des Mieters gem. §§ 574, 574b BGB. Das bloße Bestehen eines Härtegrundes kann als Maßstab für die Zumutbarkeit der Rückgabe aber ausreichen, wenn der Mieter das Widerspruchsrecht nicht kennt. Eine Rechtsunkenntnis schadet dem Mieter entgegen den oben dargestellten Grundsätzen ausnahmsweise nämlich nicht; auch eine Erkundigungspflicht besteht nicht. Das ergibt sich aus der in § 574b BGB geregelten Belehrungspflicht des Vermieters über das Widerspruchsrecht, das bei fehlender Belehrung erst nach einem ersten Gerichtstermin in einem Räumungsrechtsstreit verloren geht; dabei geht das Gesetz davon aus, dass der Richter die Belehrung gem. § 139 ZPO in diesem ersten Termin nachholt[23]. Wenn der Vermieter nicht belehrt, ist er in Bezug auf seine Dispositionen auf das Mietverhältnis auch nicht schutzwürdig und er 9

---

[14] *Grundmann* in MünchKomm (5. Aufl.) § 276 Rdn. 77/78.

[15] LG Siegen WuM 1990, 208.

[16] S. näher bei *Grundmann* in MünchKomm (7. Aufl.) § 276 Rdn. 74 und 78.

[17] *Rolfs* in Staudinger § 571 Rdn. 6.

[18] §§ 721, 765a ZPO sind an sich auch geeignet, den Maßstab für die Zumutbarkeitsanforderungen vorzugeben. Zu § 721 ZPO gibt es aber eine spezielle Regelung in § 571 Abs. 2 BGB. § 765a ZPO spielt erst unmittelbar vor der Vollstreckung eine Rolle; im Übrigen sind die dort maßgeblichen Härtegründe auch im Rahmen des § 574 BGB relevant.

[19] S. § 574 Rdn. 2.

[20] S. bei § 574 Rdn. 14/15.

[21] Die dogmatischen Einzelheiten sind umstritten, über das Ergebnis besteht aber Einigkeit; s. bei § 574a Rdn. 10 sowie bei *Häublein* in MünchKomm § 574 Rdn. 27 und § 574a Rdn. 4.

[22] Ähnlich *Häublein* in MünchKomm § 571 Rdn. 6. *Rolfs* in Staudinger § 571 Rdn. 6 will den Verschuldensmaßstab auch ohne Erhebung des Widerspruchs senken. Ebenso wohl LG Hamburg, wenn es einen kurzen Zwischenumzug für unzumutbar hält, dabei aber die Voraussetzungen der §§ 574ff. BGB nicht prüft.

[23] S. bei § 574b Rdn. 6.

hat es ggf. hinzunehmen, wenn er einen Regressanspruch gegen den Mieter verliert. Wird trotz Widerspruchs ein Härtefall vom Gericht nicht anerkannt, dann kann dies entsprechend den oben dargestellten Grundsätzen zur erheblich unklaren Rechtslage ein Verschulden entfallen lassen, wenn in hohem Maße offen erscheinen durfte, ob der Härtegrund durchgreift[24]. Weil es sich um ermessensgetragene Einzelfallentscheidungen handelt, dürfte das nicht selten in Betracht kommen[25]. Bestand kein oder kein ausreichender[26] Härtegrund und war die Situation auch nicht in dem vorbeschriebenen Sinn unklar, erhebt der Mieter aber dennoch Widerspruch gegen die Kündigung, dann sind zwar die Kündigungswirkungen zunächst gehemmt[27]; nach Ende der Verhandlungen bzw. nach gerichtlicher Ablehnung der Fortsetzung treten die Kündigungswirkungen aber rückwirkend ein[28] und der Mieter hat eine Vorenthaltung zu vertreten, da er den Widerspruch zu Unrecht erhoben hat.

III. Beschränkung nach Billigkeit (Abs. 1 Sätze 2 und 3)

10 Durch § 571 Abs. 1 Satz 2 BGB wird die Höhe des zu ersetzenden Vorenthaltungsschadens (nicht der sonstigen Schäden[29]) begrenzt. Relevant wird die Regelung nur, wenn den Mieter entsprechend den obigen Ausführungen ein Verschulden trifft, da er ohne Verschulden gar nicht haftet. Angesichts des Umstandes, dass die in § 571 Abs. 1 Satz 1 BGB festgelegte Verschuldenshaftung des Mieters ohnehin den allgemeinen haftungsrechtlichen Grundsätzen entspricht, ist die Haftungsbeschränkung nach Billigkeitsgesichtspunkten der eigentliche **mieterschützende Kerngehalt** von § 571 Abs. 1 BGB. Hinter dieser Haftungsbeschränkung steht die Erwägung, dass den Mieter, der sich (erfolglos) auf seine sozialen Schutzrechte aus §§ 574ff. BGB (Sozialklausel) und § 721 ZPO (Räumungsfrist) beruft, nicht ein unangemessen hohes Schadensersatzrisiko tragen soll[30]. Deshalb sind Irrtümer oder Fehleinschätzungen der tatsächlichen oder rechtlichen Lage in stärkerem Maße zu berücksichtigen als bei der Prüfung des Verschuldens[31].

11 In die **Abwägung,** welche Haftung der Billigkeit entspricht, sind **alle Umstände des Einzelfalls** einzubeziehen[32]. Sie kann dazu führen, dass es eine Haftungsbeschränkung nicht gibt, aber auch dazu, dass eine Haftung des Mieters auf Schadensersatz ausgeschlossen ist[33], er vielmehr nur Nutzungsentschädigung schuldet, die von § 571 BGB nicht berührt wird. Folgende Umstände können insbesondere eine Rolle spielen[34]: Das Ausmaß und die Berechtigung des Irrtums, wegen dessen der Mieter davon ausging, er sei zur Rückgabe nicht verpflichtet, es lägen vielmehr Härtegründe gem. § 574 BGB vor oder ihm sei eine Räumungsfrist zu bewilligen; das Ausmaß seines Verschuldens; die Schwierigkeiten, angemessenen Ersatzwohnraum zu finden; seine persönlichen Verhältnisse (Alter, Krankheit, Behinderung etc.); die (vom Vermieter zu vermittelnde) Kenntnis des Mieters von einer Weitervermietung und des deswegen drohenden Schadens[35]; die Zumutbarkeit eines doppelten Umzuges oder einer sonstigen Zwischenlösung (Hotel, Verwandtschaft); das Gewicht von sonstigen Hinderungsgründen, die Wohnung zu räumen; eine Weitervermietung der Wohnung durch den Vermieter; die Höhe des Schadens unter Berücksichtigung der Vermögensverhältnisse von Mieter und Vermieter; die Dringlichkeit eines Eigenbedarfs; sonstige Interessen des Vermieters, die Wohnung zurückzuerlangen (für einen Verkauf, Sanierung etc.). Zum

---

[24] *Häublein* in MünchKomm § 571 Rdn. 6.
[25] *Häublein* in MünchKomm § 571 Rdn. 6.
[26] Nicht ausreichende Härtegründe können im Rahmen der Billigkeitsabwägung gem. § 571 Abs. 1 Satz 2 BGB eine Rolle spielen.
[27] Die dogmatischen Einzelheiten sind umstritten, über das Ergebnis besteht aber Einigkeit; s. bei § 574a Rdn. 10 sowie bei *Häublein* in MünchKomm § 574 Rdn. 27 und § 574a Rdn. 4.
[28] S. bei § 574a Rdn. 10, außerdem *Häublein* in MünchKomm § 574a Rdn. 4.
[29] § 571 BGB betrifft nach den Ausführungen unter Rdn. 2 nur den Vorenthaltungsschaden (das ist im Wesentlichen Mietausfall; zu Einzelheiten und weiteren möglichen Vorenthaltungsschäden s. bei § 546a Rdn. 96ff.).
[30] Ähnlich *Rolfs* in Staudinger § 571 Rdn. 7.
[31] Ähnlich *Blank/Börstinghaus* § 571 Rdn. 4.
[32] *Häublein* in MünchKomm § 571 Rdn. 7; *Rolfs* in Staudinger § 571 Rdn. 8.
[33] LG München II ZMR1987, 96; *Häublein* in MünchKomm § 571 Rdn. 7.
[34] *Häublein* in MünchKomm § 571 Rdn. 7; *Rolfs* in Staudinger § 571 Rdn. 8.
[35] Möglicherweise hätte der Mieter sein Verhalten geändert, wenn er das Risiko eines höheren Schadens gekannt hätte.

Zwangskauf durch den Mieter im Wege des Schadensersatzes gem. § 281 BGB bei Verletzung der Rückgabepflicht s. § 546a Rdn. 86.

Eine Haftungsbegrenzung aus Billigkeitsgründen ist gem. § 571 Abs. 1 Satz 3 BGB allerdings ausgeschlossen, wenn der **Mieter selbst gekündigt** hat[36]. Dann trägt er das Risiko, zum Beendigungszeitpunkt Ersatzwohnraum gefunden zu haben[37]. Das gilt auch bei außerordentlicher Kündigung des Mieters oder dann, wenn die ordentliche Kündigung durch ein vertragswidriges Verhalten des Vermieters veranlasst wurde[38]. Dem Mieter ist es nämlich auch in diesen Fällen möglich den Zeitpunkt des Vertragsendes zu steuern, indem er bei der ordentlichen Kündigung eine längere als die gesetzliche Mindestkündigungsfrist wählt oder indem er bei der außerordentlichen Kündigung zulässigerweise zu einem bestimmten Datum kündigt. Allerdings können dem Mieter bei einer vom Vermieter veranlassten Kündigung selbst Schadensersatzansprüche zustehen, die den Vorenthaltungsschaden des Vermieters begrenzen oder ausschließen[39]. Für Mietaufhebungsverträge gilt § 571 Abs. 1 Satz 3 BGB nicht, eine Haftungsbegrenzung aus Billigkeitsgesichtspunkten gem. § 571 Abs. 1 Satz 2 BGB ist also möglich[40]. Zwar beruht die Vertragsbeendigung auch hier – wie bei der Kündigung – auf einem Willensentschluss des Mieters; der klare Wortlaut von Satz 3 widerspricht aber einer Gleichbehandlung mit einer Kündigung. 12

IV. Räumungsfrist (Abs. 2)

§ 571 Abs. 2 BGB regelt die Folgen, die die Gewährung einer gerichtlichen Räumungsfrist auf den Schadensersatzanspruch des Vermieters hat. Im Unterschied zur Haftungsbeschränkung aus Billigkeitsgründen in § 571 Abs. 1 BGB schließt § 571 Abs. 2 BGB die Haftung des Mieters völlig aus, wenn diesem eine Räumungsfrist gem. §§ 721, 794a ZPO bewilligt wurde.[41] Das gilt auch bei einer Kündigung des Mieters[42]; eine Einschränkung wie in Abs. 1 Satz 3 ist in Abs. 2 nicht enthalten. Der **Haftungsausschluss** bezieht sich aber nicht auf jeglichen Schaden (etwa wegen Beschädigung, vertragswidrigen Gebrauchs oder Verstoß gegen Schönheitsreparatur- oder Rückbaupflichten), sondern nur auf den „weiteren Schaden" i. S. v. § 546a Abs. 2 BGB, also auf den Vorenthaltungsschaden[43] (das ist im Wesentlichen Mietausfall; zu Einzelheiten und weiteren möglichen Vorenthaltungsschäden s. bei § 546a Rdn. 96ff.). Der Haftungsausschluss greift nicht nur für die Dauer der Räumungsfrist, sondern – so der Wortlaut des § 571 Abs. 2 BGB – vom Zeitpunkt der Beendigung des Mietverhältnisses an bis zum Ablauf der (ggf. gem. §§ 721 Abs. 3, 794a Abs. 2 ZPO verlängerten[44]) Räumungsfrist. Ein früherer Auszug des Mieters ändert daran nichts[45]. Die Rückwirkung des Haftungsausschlusses auf den Zeitpunkt der Vertragsbeendigung hat seinen Grund darin, dass das Gesetz davon ausgeht, die Gründe für die Bewilligung einer Räumungsfrist hätten schon bei Vertragsende vorgelegen und seien in ihrer Schutzfunktion zu Gunsten des Mieters höher zu bewerten als das Rückerlangungsinteresse des Vermieters, das allerdings bei der Prüfung, ob eine Räumungsfrist bewilligt wird, zu berücksichtigen ist. Gibt der Mieter das Mietobjekt hingegen erst nach Ablauf der Räumungsfrist zurück, lebt der Schadensersatzanspruch wieder auf[46]. 13

§ 571 Abs. 2 BGB ist **nicht anwendbar** bei bloßer Gewährung von **Vollstreckungsschutz** gem. § 765a ZPO oder bei einstweiligen Anordnungen gem. §§ 707, 719, 732 Abs. 2, 766, 769 ZPO etc.[47]. Gleiches gilt bei vertraglich **vereinbarter oder einseitig bewilligter Räumungsfrist**[48]. Einer Anwendung steht schon der eindeutige Wortlaut des § 571 Abs. 2 BGB entgegen[49]. 14

---

[36] Satz 3 bezieht sich nur auf die Regelung zur Billigkeitshaftung in Satz 2, nicht aber auf Satz 1 (*Rolfs* in Staudinger § 571 Rdn. 9).
[37] *Rolfs* in Staudinger § 571 Rdn. 9.
[38] *Häublein* in MünchKomm § 571 Rdn. 8.
[39] *Häublein* in MünchKomm § 571 Rdn. 8.
[40] *Rolfs* in Staudinger § 571 Rdn. 9.
[41] LG Berlin GE 2017, 538.
[42] *Rolfs* in Staudinger § 571 Rdn. 12.
[43] *Rolfs* in Staudinger § 571 Rdn. 12.
[44] *Rolfs* in Staudinger § 571 Rdn. 11.
[45] *Häublein* in MünchKomm § 571 Rdn. 9.
[46] *Rolfs* in Staudinger § 571 Rdn. 11.
[47] LG Ellwangen WuM 1992, 247; *Häublein* in MünchKomm § 571 Rdn. 9.
[48] Im Ergebnis ebenso *Häublein* in MünchKomm § 571 Rdn. 9. S. im Zusammenhang mit der Problematik des Zwangskaufs (dazu § 546a Rdn. 86) auch *Klinck* DMT-Bilanz 2011 S. 309/310.
[49] LG Ellwangen WuM 1992, 247.

Eine analoge Anwendung erscheint angesichts des Ausnahmecharakters der Regelung kaum möglich[50]. Abgesehen davon bieten die oben zu § 571 Abs. 1 BGB dargestellten Schuldausschließungsgründe bzw. die Haftungsbeschränkung aus Billigkeitsgründen hinreichenden Schutz für den Mieter. Eine Ausdehnung der pauschalen Bevorzugung der Mieterinteressen wie in § 571 Abs. 2 BGB ist weder notwendig noch angemessen. Bei Vereinbarungen zwischen Mieter und Vermieter bzw. bei einer einseitig bewilligten Räumungsfrist kommt hinzu, dass hiermit ggf. auch ein Verzug des Mieters und damit die Grundlage für einen Mietausfallschaden ausgeschlossen wird. Verallgemeinerungen verbieten sich aber, ein entsprechender Wille des Vermieters ist durch Auslegung der Einzelfallumstände zu ermitteln[51]. Zur **Untermiete** s. Rdn. 3.

15 Die Räumungsfrist muss **tatsächlich und rechtskräftig bewilligt** worden sein. Das folgt schon aus dem Wortlaut des § 571 Abs. 2 BGB. Nicht ausreichend sind demnach das bloße Vorliegen der für die Bewilligung maßgeblichen Umstände, wenn kein Antrag gestellt wurde[52] oder wenn der Mieter vor Bescheidung des Antrags ausgezogen ist. Gleichfalls ist nicht ausreichend, wenn die Bewilligung später vom Rechtsmittelgericht aufgehoben wird[53]. Zwar ist insbesondere in letzterem Fall ein Vertrauen des Mieters in die Ausgangsentscheidung nicht zu leugnen und eine Verletzung dieses Vertrauens kann dazu geeignet sein, ihn von einer Wahrnehmung seiner Rechte (auf endgültigen Verbleib in der Wohnung oder für die Dauer einer Räumungsfrist) abzuhalten. Der Mieter kann aber ohne Antragstellung oder vor rechtskräftiger Entscheidung[54] kein sicheres Vertrauen haben, dass er völlig von einer Haftung befreit sein wird. Der Haftungsausschluss in § 571 Abs. 2 BGB ist nämlich letztlich nur dadurch zu rechtfertigen, dass dem Mieter gerichtlich bescheinigt wird, er dürfe bis zu einem bestimmten Zeitpunkt in der Wohnung verbleiben, weil seine Interessen höher bewertet werden als diejenigen des Vermieters. Ohne diese Klarheit und die Verbindlichkeit einer gerichtlichen Entscheidung ist der Mieter auf die Haftungsbeschränkungen auf Billigkeitsgründen gem. § 571 Abs. 1 Satz 3 BGB verwiesen, bei der die Gründe, die für eine Räumungsfrist sprechen, und das Vertrauen des Mieters in eine erstinstanzliche Entscheidung zu berücksichtigen sind. Bei diesen Billigkeitserwägungen ist dann auch mit einzubeziehen, warum der Mieter ggf. einen Räumungsschutzantrag nicht gestellt hat.

V. Abweichende Vereinbarungen (Abs. 3)

16 Gem. § 571 Abs. 3 BGB sind zu Lasten des Mieters abweichende Vereinbarungen unwirksam. Das gilt sowohl für AGB-Klauseln als auch für Individualvereinbarungen. Es kann weder der Haftungsausschluss des § 571 Abs. 2 BGB bei Gewährung einer Räumungsfrist oder dessen zeitliche Beschränkung vereinbart werden, noch eine verschuldenslose Haftung des Mieters, noch eine Einschränkung der Billigkeitserwägungen[55]. Die Unwirksamkeit erfasst nicht nur abstrakt generelle Vereinbarungen der Parteien in dem Mietvertrag, sondern auch Vereinbarungen anlässlich der Räumung oder sonstige Vereinbarungen und Vergleiche, in denen ein konkreter Schaden festgelegt ist, der von dem nach § 571 BGB Geschuldeten abweicht[56]. Das gilt aber nicht uneingeschränkt, wenn durch einen Vergleich eine tatsächliche oder rechtliche Unsicherheit beseitigt werden sollte[57].

---

50 Ein entsprechender Vorschlag von *Blank* NZM 2001, 169 gegenüber dem Rechtsausschuss des Bundestages bei der Anhörung zur Mietrechtsreform wurde nicht umgesetzt.

51 BGH NJW-RR 1987, 907 = WuM 1987, 261 = ZMR 1987, 287. **A. A.**, nämlich für einen Ausschluss des Verzuges in diesen Fällen *Rolfs* in Staudinger § 571 Rdn. 10.

52 **A. A.** LG Münster ZMR 1972, 279.

53 *Blank*/Börstinghaus § 571 Rdn. 6. **A. A.** LG Siegen WuM 1990, 208; *Rolfs* in Staudinger § 571 Rdn. 11; *Häublein* in MünchKomm § 571 Rdn. 9; danach tritt Verzug mit Zustellung der Rechtsmittelentscheidung ein.

54 Das Risiko der Abänderung durch ein Rechtsmittelgericht trifft den Mieter grundsätzlich wie jeden anderen Rechtssuchenden.

55 *Rolfs* in Staudinger § 571 Rdn. 13.

56 *Häublein* in MünchKomm § 571 Rdn. 11.

57 S. *Habersack* in MünchKomm (6. Aufl.) § 779 Rdn. 11 für die vergleichbare Problematik im Verbraucherschutzrecht.

VI. Beweislast

Der Vermieter muss – wie allgemein – die Voraussetzungen seines Schadensersatzanspruchs darlegen und beweisen, der Mieter die Voraussetzungen, die sein Verschulden ausschließen[58]. Die Billigkeitsentscheidung gem. § 571 Abs. 1 Satz 3 BGB beruht auf einer Abwägung der beiderseitigen Interessen. Jede Partei hat dabei die von ihr angeführten oder die ihr günstigen Umstände darzulegen und zu beweisen[59]. 17

[58] *Häublein* in MünchKomm § 571 Rdn. 10.
[59] *Häublein* in MünchKomm § 571 Rdn. 10.

§ 572 Vereinbartes Rücktrittsrecht; Mietverhältnis unter auflösender Bedingung

(1) Auf eine Vereinbarung, nach der der Vermieter berechtigt sein soll, nach Überlassung des Wohnraums an den Mieter vom Vertrag zurückzutreten, kann der Vermieter sich nicht berufen.

(2) Ferner kann der Vermieter sich nicht auf eine Vereinbarung berufen, nach der das Mietverhältnis zum Nachteil des Mieters auflösend bedingt ist.

Systematische Übersicht

I. Anwendungsbereich, Zweck

1 **1.** Die Vorschrift gilt nur für die Wohnraummiete. Dort gilt sie aber uneingeschränkt, also auch für die in § 549 Abs. 2 und 3 BGB aufgeführten Mietverhältnisse. Für Mietverhältnisse über Geschäftsraum, bei der Miete beweglicher Sachen und bei der Pacht gilt § 572 BGB nicht.

2 **2. § 572 Abs. 1 BGB** ist dem bis 31.8.2001 geltenden § 570a BGB nachgebildet. Nach dieser Vorschrift galten für ein vereinbartes Rücktrittsrecht nach Überlassung der Mietsache die Vorschriften über die Kündigung und ihre Folgen. Nach der Neufassung können die Parteien vereinbaren, dass der Mieter oder der Vermieter zum Rücktritt vom Vertrag berechtigt sein sollen. Der Vermieter kann sich gleichwohl auf ein Rücktrittsrecht nicht berufen; er kann das Mietverhältnis nur beenden, wenn ein Kündigungstatbestand vorliegt. Der Sinn der Regelung ist derselbe, wie nach früherem Recht: Die Vorschrift soll verhindern, dass die zugunsten des Wohnraummieters bestehenden Kündigungsschutzvorschriften durch die Vereinbarung eines Rücktritts zugunsten des Vermieters umgangen werden.[1]

3 **3. § 572 Abs. 2 BGB** betrifft Mietverhältnisse, die unter einer auflösenden Bedingung geschlossen worden sind. Nach dem bis 31.8.2001 geltendem Recht war für ein solches Mietverhältnis in § 565a Abs. 2 Satz 1 BGB a. F. bestimmt, dass es sich nach Eintritt der Bedingung auf unbestimmte Zeit verlängert. Nach nunmehrigem Recht kann sich der Vermieter „nicht auf eine Vereinbarung berufen, nach der das Mietverhältnis zum Nachteil des Mieters auflösend bedingt ist". Daraus folgt zunächst, dass die Vereinbarung einer auflösenden **Bedingung,** die sich ausschließlich **zu Gunsten des Mieter** auswirken kann (Beispiel: Das Mietverhältnis endet, wenn sich der Mieter zum Umzug in ein Alten- oder Pflegeheim entschließt) wirksam sind. In einem solchen Fall endet das Mietverhältnis mit dem Eintritt der Bedingung.[2]

4 Kann sich eine **Bedingung** auch **zum Nachteil des Mieters** auswirken, so ist die Auslegung der Vorschrift umstritten. **(1)** Nach einer Ansicht ist die Vereinbarung einer auflösenden Bedingung zum Nachteil des Mieters wirksam. Tritt die Bedingung ein, so kann sich allerdings nur der Mieter, nicht aber der Vermieter auf den Eintritt der Bedingung berufen. Nach dieser Ansicht endet das Mietverhältnis auf Grund des Bedingungseintritts, wenn der Mieter dies will.[3] **(2)** Nach anderer Meinung ist die Vereinbarung einer auflösenden Bedingung zum Nachteil des Mieters unwirksam.[4] Folgt man dieser Ansicht, so kann sich keiner der Parteien auf die vertragsbeendigende Wirkung der Bedingung berufen. Diese Ansicht steht im Einklang mit den Vorstellungen des Gesetzgebers, der durch die Wahl der Formulierung „nicht … berufen" klarstellen wollte, dass nur die Vereinba-

---

[1] Begründung des Regierungsentwurfs zu § 572 BGB, BT-Drucks.14/4553.

[2] *Sternel* Mietrecht aktuell (2009) Rdn. 125; *Stangl* in FA MietRWEG Kap. 15 Rdn. 51.

[3] *Lammel* § 572 BGB Rdn. 15, 16. *Rolfs* in Staudinger § 572 BGB Rdn. 9; *Sternel* Mietrecht aktuell (2009) Rdn. 124; *Kossmann* § 83 Rdn. 4; *Franke* in WoBauR § 572 BGB Anm. 5.

[4] *Haas,* Das neue Mietrecht § 572 BGB Rdn. 2; *Kinne* in Kinne/Schach/Bieber Miet- und Mietprozessrecht § 572 BGB Rdn. 5. *Stangl* in FA MietRWEG Kap. 15 Rdn. 52, 54.

rung einer auflösenden Bedingung zum Nachteil des Mieters unwirksam ist, während der Vertrag im übrigen wirksam bleibt.[5] **(3)** Schließlich wird die Ansicht vertreten, dass das Mietverhältnis beim Eintritt der Bedingung nur dann endet, wenn sich der Mieter binnen einer Frist von zwei Wochen auf die Beendigung beruft.[6]

Die unter Nr. (2) dargestellte Meinung ist vorzuziehen. Ist beispielsweise in einem Mietvertrag über eine Werkwohnung zum Nachteil des Mieters vereinbart, dass das Mietverhältnis mit dem Arbeitsverhältnisses endet, so kann der Vermieter hieraus keinen Räumungsanspruch ableiten. Folgt man der unter Nr. (1) dargestellten Meinung, so stellt sich die Frage, ob das Mietverhältnis gleichwohl mit dem Arbeitsverhältnis endet, wenn der Mieter zunächst wohnen bleibt und (irgendwann) erklärt, dass er sich auf die Bedingung berufe. Bejaht man dies, so bestünde zwischen dem Eintritt der Bedingung und der Erklärung des Mieters hinsichtlich der Wohnung ein vertragsloser Zustand. Eine solche Rechtsfolge ist ersichtlich nicht gewollt. Der Sinn der Regelung ist derselbe, wie nach früherem Recht: Die Vorschrift soll verhindern, dass die zugunsten des Wohnraummieters bestehenden Kündigungsschutzvorschriften durch die Vereinbarung auflösend bedingter Mietverhältnisse umgangen werden. Die unter Nr. (3) dargestellte Rechtsansicht führt zwar zu angemessen Ergebnissen, findet aber in der gesetzlichen Regelung keine Stütze. 5

II. Vereinbartes Rücktrittsrecht (Abs. 1)

1. Vereinbarung eines Rücktrittsrechts

Die Vorschrift setzt voraus, dass ein Rücktrittsrecht vertraglich vereinbart ist oder dass sich eine Partei den Rücktritt vertraglich vorbehalten hat (§ 349 BGB). Hiervon ist auszugehen, wenn ein Vertragsteil nach den vertraglichen Vereinbarungen berechtigt sein soll, den Vertrag durch einseitige Erklärung rückgängig zu machen. Für das gesetzliche Rücktrittsrecht gilt § 572 Abs. 1 BGB nicht; die Fälle des gesetzlichen Rücktritts werden bei der Miete nach der Übergabe durch das Recht zur Kündigung nach § 543 Abs. 1 BGB verdrängt. 6

2. Rechtsfolgen

Ein vertraglich vereinbartes Rücktrittsrecht ist auch bei der Wohnraummiete wirksam. Dies gilt auch, wenn die Vereinbarung formularmäßig getroffen ist (§ 308 Nr. 3 Hs. 2 BGB). Bei der Ausübung des Rechts ist zu unterscheiden, ob der Rücktritt vor oder nach der Überlassung an den Mieter erklärt wird. 7

a) Vor der Überlassung. Vor der Überlassung gelten die allgemeinen Vorschriften. Der Rücktritt erfolgt durch Erklärung gegenüber dem anderen Teil (§ 349 BGB). Mangels besonderer Vereinbarung bedarf der Rücktritt keiner besonderen Form und keiner Begründung. Die materiellrechtlichen Voraussetzungen des Rücktritts bestimmen sich nach den Vereinbarungen im Mietvertrag. Ein wirksam erklärter Rücktritt hat zur Folge, dass der Mietvertrag rückwirkend aufgelöst wird. 8

b) Nach der Überlassung. Ist die Wohnung dem Mieter überlassen (übergeben) worden, so kann der **Vermieter** auch dann nicht vom Vertrag zurücktreten, wenn die vertraglich vereinbarten Rücktrittsvoraussetzungen gegeben sind. An die Stelle des Rücktrittsrechts tritt das Recht zur Kündigung. Hiervon kann der Vermieter Gebrauch machen, wenn ein gesetzlicher Kündigungstatbestand erfüllt ist. 9

Ein erklärter Rücktritt kann in eine Kündigungserklärung umgedeutet werden, wenn die für die Kündigung maßgeblichen formellen und materiellen Voraussetzungen vorliegen. Wird der Rücktritt aus Gründen erklärt, die den Vermieter zur ordentlich befristeten Kündigung nach § 573 BGB berechtigten, so ist der Rücktritt nur wirksam, wenn die Kündigungsgründe im Rücktrittsschreiben mitgeteilt werden. Außerdem sind in diesem Fall die Kündigungsfristen des § 573c BGB einzuhalten. Dem Mieter stehen die Rechte aus § 574 BGB zu. 10

Der **Mieter** kann vom Vertrag zurücktreten, wenn die vereinbarten Rücktrittsvoraussetzungen gegeben sind. Es gilt dieselbe Rechtslage wie bei der Ausübung des Rücktritts vor Übergabe (s. o. Rdn. 8). Ein nach der Übergabe erklärter Rücktritt wirkt entgegen den allgemeinen Vorschriften 11

---

[5] Begründung des Regierungsentwurfs zu § 572 BGB, BT-Drucks.14/4553.
[6] *Häublein* in MünchKomm § 572 BGB Rdn 5.

allerdings nur für die Zukunft.[7] Dies folgt aus der Erwägung, dass die beiderseits erbrachten Leistungen nicht mehr mit Rückwirkung beseitigt werden können.

III. Mietverhältnis unter auflösender Bedingung (Abs. 2)

1. Auflösende Bedingung

12 Ein auflösend bedingter Mietvertrag liegt vor, wenn das Ende des Mietverhältnisses vereinbarungsgemäß von einem künftigen Ereignis abhängen soll, dessen Eintritt ungewiss ist **(§ 158 Abs. 2 BGB)**. **Ereignisse** in diesem Sinne sind: bei der Vermietung einer **Werkwohnung** das Ende des Arbeitsverhältnisses (Das Mietverhältnis endet mit dem Arbeitsverhältnis); beim **Untermietverhältnis** die Beendigung des Hauptmietvertrags (Das Untermietverhältnis endet, wenn das Hauptmietverhältnis beendet wird);[8] bei den **Nutzungsverträgen der Wohnungsgenossenschaften** der Bestand der Mitgliedschaft (Das Nutzungsverhältnis endet, wenn das Mitglied aus der Genossenschaft ausscheidet);[9] bei Mietverträgen über Wohnraum, der Teil eines **Studentenwohnheims** ist die Beendigung des Studiums (Das Mietverhältnis endet mit dem Abschluss des Studiums). Bei einem **Mietverhältnis mit mehreren Mietern** der Auszug eines Mieters (Das Mietverhältnis endet mit dem Auszug eines Mieters).[10] Falls der **Mietgebrauch** von einer **behördlichen Erlaubnis** abhängt, die behördliche Nutzungsuntersagung. (Das Mietverhältnis endet, wenn die Behörde die Nutzung der Mietsache untersagt.)[11] Umstritten ist die Frage ob die Parteien vereinbaren können, dass der Mieter trotz wirksamer Kündigung wegen Zahlungsverzugs weiterhin in der Wohnung verbleiben kann, wenn er sich zur Zahlung der Rückstände und für den Fall eines erneuten Zahlungsverzugs zur Räumung und Herausgabe verpflichtet. („Im Falle eines erneuten Zahlungsverzugs verpflichtet sich der Mieter bereits jetzt, die Mietsache zu räumen und an den Vermieter herauszugeben") s. dazu auch § 569 BGB Rdn. 89. Nach der hier vertretenen Ansicht ist die **Räumungsverpflichtung als auflösende Bedingung** im Sinne von § 572 Abs. 2 zu bewerten. Eine solche Vereinbarung hat zur Folge, dass mit dem Vertragsschluss ein neues Mietverhältnis entsteht. Die Räumungsverpflichtung ist – auch wenn sie in Form eines gerichtlichen Vergleichs getroffen wird – unwirksam. Nach **anderer Ansicht**[12] sind derartige Vergleiche wirksam, wenn folgende Voraussetzungen gegeben sind: **(1)** Das ursprüngliche Mietverhältnis ist beendet; **(2)** es wird eine Schwebezeit vereinbart, in der die Rückstände zu tilgen sind, die Schwebezeit darf dabei die Dauer eines Jahres nicht überschreiten. Bei längeren Schwebezeiten ist die Vereinbarung teilunwirksam (§ 139 BGB). **(3)** Nach Ablauf der Schwebezeit soll ein neues Mietverhältnis entstehen oder das ursprüngliche Mietverhältnis fortgesetzt werden. Eine Erklärung des Vermieters, er werde aus der Kündigung nach Tilgung der Rückstände keine Rechte herleiten ist im letztgenannten Sinn zu verstehen. **(4)** Die Regelung des § 572 Abs. 2 BGB ist nicht anzuwenden; vielmehr entsteht ein Vollstreckungsmoratorium.[13] Der BGH[14] hat zu einer vergleichbaren Regelung entschieden, dass der in der Vereinbarung liegende Verzicht des Mieters auf die gesetzlichen Schutzrechte nicht als Vertragsstrafe zu bewerten sei. Zu dem Problem des § 572 Abs. 2 BGB hat der BGH nicht Stellung genommen.[15] Danach ist ein Räumungsvergleich mit Stillhalteverpflichtung, falls der Mieter die Rückstände bezahlt, wirksam mit der weiteren Folge, dass der Mieter zur Räumung verpflichtet ist, wenn er mit den Zahlungen in Verzug gerät.[16]

13 Für die **Abgrenzung zum befristeten Mietverhältnis** kommt es maßgeblich darauf an, ob der Eintritt des Ereignisses ungewiss (dann auflösende Bedingung) oder gewiss (dann Befristung) ist. Gehen die Parteien davon aus, dass der Eintritt des Ereignisses gewiss, der Zeitpunkt des Eintritts aber ungewiss ist **(dies certus an, incertus quando),** so liegt ein Mietverhältnis i. S. v. § 542 Abs. 2 BGB vor. Deshalb wird ein Mietverhältnis auf Lebenszeit des Mieters oder Vermieters allge-

---

[7] *Lammel* Wohnraummietrecht § 572 BGB Rdn. 9.
[8] Dazu LG Osnabrück WuM 1994, 24.
[9] Dazu LG Berlin MM 1992, 354.
[10] Dazu LG Göttingen WuM 1989, 184.
[11] Dazu BGH NJW-RR 2009, 927 = NZM 2009, 433 = GuT 2009, 108 mit Anm. *Blank* LMK 2009, 284072.
[12] S. insbesondere *Hinz* WuM 2015, 269, 280.
[13] Ebenso: *Häublein* in Münchener Kommentar § 572 Rdn. 4.
[14] BGH WuM 2009, 739 = NZM 2010, 39 = NJW 2010, 859.
[15] S. *Blank* NZM 2010, 31.
[16] LG Berlin GE 2016, 725.

mein als befristetes Mietverhältnis bewertet, weil der Tod der Partei mit Gewissheit eintreten wird.[17] Ein gewerblicher Mietvertrag endet ohne weiteres mit dem Eintritt des Ereignisses, weil dieser Umstand dem Ablauf der Mietzeit entspricht; eine vorherige Kündigung ist – wie allgemein bei befristeten Mietverhältnissen – ausgeschlossen. Bei Wohnraummietverhältnissen können befristete Mietverträge nur in den Fällen des § 575 BGB geschlossen werden (s. dort).

Ist dagegen ungewiss, ob das Ereignis eintritt **(dies incertus quando, incertus an),** so ist das Mietverhältnis als unbefristetes Mietverhältnis i. S. v. § 543 Abs. 1 BGB zu bewerten. Ein solcher Fall liegt auch dann vor, wenn die Parteien den Eintritt des Ereignisses zwar für wahrscheinlich halten aber letztlich ungewiss ist, ob es eintritt. Lediglich die Gewissheit des Bedingungseintritts führt zur Geltung des § 542 Abs. 2 BGB.[18] **14**

Die Abgrenzung kann im Einzelfall schwierig sein. Sie richtet sich nach den übereinstimmenden Vorstellungen der Parteien (s. auch § 542 BGB Rdn. 164). Ein Mietverhältnis „bis zum Abbruch eines Hauses" ist ein befristetes Mietverhältnis, wenn der Abbruch mit Sicherheit feststeht, der Zeitpunkt des Abbruchs aber ungewiss ist. Wird der Abbruch dagegen nur als Möglichkeit in Erwägung gezogen, so liegt ein auflösend bedingtes Mietverhältnis vor. Eine Präferenz für die Annahme des § 572 Abs. 2 BGB besteht nicht.[19] Im Zweifelsfall ist nach **Beweislastgrundsätzen** zu entscheiden. Darlegungs- und beweispflichtig für die Art des Mietverhältnisses ist derjenige, der aus einer bestimmten Vertragsgestaltung Rechte für sich herleiten will.[20] Klagt der Vermieter nach Eintritt des Ereignisses auf Räumung und ist streitig, ob die Parteien den Eintritt des Ereignisses bei Vertragsschluss als gewiss (Befristung, § 575 Abs. 1 Satz 1 BGB) oder ungewiss (auflösende Bedingung, § 572 Abs. 2 BGB) angesehen haben, so muss der Vermieter die Befristung des Mietverhältnisses beweisen. **15**

2. Zum Nachteil des Mieters

§ 572 Abs. 2 BGB gilt nur für auflösende Bedingungen **zum Nachteil des Mieters.** Hierunter sind solche Bedingungen zu verstehen, die im Interesse des Vermieters an der Rückerlangung der Wohnung bei Eintritt eines bestimmten Ereignisses vereinbart worden sind. Die Vereinbarung einer auflösenden Bedingung **zum Vorteil des Mieters** ist wirksam. Es gelten die allgemeinen Vorschriften. Solche Mietverhältnisse enden kraft Gesetzes mit dem Eintritt der Bedingung; auf diese Rechtsfolge können sich beide Parteien berufen. Kann sich eine Bedingung **sowohl zum Vorteil als auch zum Nachteil des Mieters** auswirken, so ist § 572 Abs. 2 BGB anwendbar. Ist beispielsweise im Interesse des Mieters vereinbart, dass das Mietverhältnis enden soll, wenn der Mieter an einen anderen Ort versetzt wird, so hätte die Anwendung des § 158 Abs. 2 BGB zur Folge, dass das Mietverhältnis auch dann endet, wenn der Mieter trotz des Eintritts der Bedingung am Mietvertrag festhalten will. Weil sich eine derartige Vereinbarung nicht nur zum Vorteil des Mieters auswirken kann, wird auch hier § 158 Abs. 2 BGB durch § 572 Abs. 2 BGB verdrängt.[21] Der Eintritt der Bedingung führt also nicht zur Beendigung des Mietverhältnisses. Allerdings ist es möglich, für die Kündigung des Mieters nach dem Eintritt der Bedingung eine sehr kurze (oder gar keine) Kündigungsfrist zu vereinbaren. **16**

3. Rechtsfolgen des Abs. 2

a) Beendigung vor Bedingungseintritt. Teilweise wird die Ansicht vertreten, dass ein Mietverhältnis unter einer auflösenden Bedingung vor dem Eintritt der Bedingung unkündbar sei.[22] Nach anderer Ansicht sind diese Mietverträge wie unbefristete Mietverhältnisse zu behandeln, die auch vor Bedingungseintritt gekündigt werden können.[23] Nach der hier vertretenen Meinung ist von der Unkündbarkeit vor Bedingungseintritt auszugehen, wenn die Bedingung nach den Vor- **17**

---

[17] BayObLG RE v. 2.7.1993, BayObLGZ 1993, 272 = NJW-RR 1993, 1164 = WuM 1993, 523 = ZMR 1993, 462 = DWW 1993, 261; **a. A.** noch LG Berlin MM 1991, 333.

[18] BGH a. a. O.

[19] *Rolfs* in Staudinger § 572 BGB Rdn. 8; **a. A.** *Pergande* § 565a BGB Anm. 4, der eine extensive Auslegung befürwortet.

[20] BGH a. a. O.

[21] *Roquette* § 565a BGB Rdn. 12; *Sternel* Mietrecht (1988) Rdn. IV 336; *Lammel* § 572 BGB Rdn. 13.

[22] *Roquette* § 565a BGB Rdn. 10; *Lammel* Wohnraummietrecht § 572 BGB Rdn. 13.

[23] Palandt/*Weidenkaff* § 572 BGB Rdn. 5; *Lützenkrichen* in: Erman § 572 Rdn. 4; *Franke* in WoBauR § 572 BGB Anm. 9; *Kossmann* § 83 Rdn. 3.

stellungen der Parteien der alleinige Grund zur Vertragsbeendigung sein soll.[24] Daneben ist aber auch denkbar, dass die Parteien ein (jederzeit kündbares) Mietverhältnis auf unbestimmte Zeit abschließen, mit der Maßgabe, dass das Vertragsverhältnis auf jeden Fall (oder spätestens) mit dem Eintritt der Bedingung enden soll.[25] Ebenso können mit dem Mietverhältnis unter einer auflösenden Bedingung auch einseitige Kündigungsverzichte verbunden sein. Maßgeblich sind die konkreten Vertragsvereinbarungen und die Umstände des Einzelfalls. Bei Mietverhältnissen über Werkwohnungen, die unter der auflösenden Bedingung der Beendigung des Arbeitsverhältnisses geschlossen werden, ist im Zweifel ein Kündigungsverzicht des Vermieters vor Beendigung des Arbeitsverhältnisses mit vereinbart. Entsprechendes wird für ein Mietverhältnis in einem Studentenwohnheim gelten, wenn der Mietvertrag vereinbarungsgemäß mit dem Abschluss des Studiums enden soll. Bei Untermietverhältnissen, die vereinbarungsgemäß mit der Auflösung des Hauptmietverhältnisses enden sollen, wird dagegen im Zweifel keine Kündigungsbeschränkung vereinbart. Aus der hier dargestellten Rechtslage folgt, dass jeder Miet- oder Pachtvertrag der unter einer auflösenden Bedingung geschlossen wird, eine Regelung über das Recht zur ordentlichen Kündigung enthalten sollte.

18 **b) Beendigung nach Bedingungseintritt.** Nach § 158 Abs. 2 BGB endet die Wirkung eines Rechtsgeschäfts mit dem Eintritt der Bedingung. Diese allgemeine Rechtsfolge wird durch § 572 Abs. 2 BGB für die Wohnungsmiete abgeändert, falls das Mietverhältnis zum Nachteil des Mieters auflösend bedingt ist.

19 Die Vereinbarung einer auflösenden Bedingung zum Nachteil des Mieters ist unwirksam (s. o. Rdn. 4). Solche Mietverhältnisse sind wie Mietverträge auf unbestimmte Zeit zu behandeln. Das Mietverhältnis endet auch dann nicht mit dem Bedingungseintritt, wenn sich der Mieter darauf beruft.[26] Vielmehr kann ein solches Mietverhältnis von beiden Seiten nur durch Kündigung beendet werden.

IV. Abweichende Vereinbarungen

20 Die Vorschrift ist entsprechend ihrer Rechtsnatur unabdingbar.[27] Dies gilt für alle Wohnraummietverhältnisse. Die nach dem bis 31.8.2001 geltenden Recht möglichen Ausnahmen (§ 565a Abs. 3 BGB a. F.) bei Mietverhältnissen zu nur vorübergehendem Gebrauch und bei möbliertem Wohnraum, der nicht zum dauernden Gebrauch für eine Familie überlassen ist, bestehen nicht mehr.

---

24 Ebenso: BGH NJW-RR 2009, 927 = NZM 2009, 433 = GuT 2009, 108; *Rolfs* in Staudinger § 572 BGB Rdn. 12.

25 BGH a. a. O.; *Sternel* Mietrecht (1988) Rdn. IV 334.

26 **A. A.** *Lammel* § 572 BGB Rdn. 16.

27 **A. A.** *Pauly* ZMR 2015, 836, 837: individualvertraglich abdingbar.

Unterkapitel 2. Mietverhältnisse auf unbestimmte Zeit

§ 573 Ordentliche Kündigung des Vermieters

(1) [1]Der Vermieter kann nur kündigen, wenn er ein berechtigtes Interesse an der Beendigung des Mietverhältnisses hat. [2]Die Kündigung zum Zwecke der Mieterhöhung ist ausgeschlossen.

(2) Ein berechtigtes Interesse des Vermieters an der Beendigung des Mietverhältnisses liegt insbesondere vor, wenn

1. der Mieter seine vertraglichen Pflichten schuldhaft nicht unerheblich verletzt hat,
2. der Vermieter die Räume als Wohnung für sich, seine Familienangehörigen oder Angehörige seines Haushalts benötigt oder
3. der Vermieter durch die Fortsetzung des Mietverhältnisses an einer angemessenen wirtschaftlichen Verwertung des Grundstücks gehindert und dadurch erhebliche Nachteile erleiden würde; die Möglichkeit, durch eine anderweitige Vermietung als Wohnraum eine höhere Miete zu erzielen, bleibt außer Betracht; der Vermieter kann sich auch nicht darauf berufen, dass er die Mieträume im Zusammenhang mit einer beabsichtigten oder nach Überlassung an den Mieter erfolgten Begründung von Wohnungseigentum veräußern will.

(3) [1]Die Gründe für ein berechtigtes Interesse des Vermieters sind in dem Kündigungsschreiben anzugeben. [2]Andere Gründe werden nur berücksichtigt, soweit sie nachträglich entstanden sind.

(4) Eine zum Nachteil des Mieters abweichende Vereinbarung ist unwirksam.

Systematische Übersicht

Alphabetische Schnellübersicht

I. Grundsätzliches zum Verständnis der Vorschrift

1. Historische Entwicklung

1 Das BGB enthielt bei seinem Inkrafttreten im Jahre 1900 keine Kündigungsschutzbestimmungen zu Gunsten des Mieters. Der Vermieter konnte das Mietverhältnis nach seinem Belieben kündigen; er hatte im Regelfall lediglich eine Kündigungsfrist von 2 Wochen zum Monatsende einzuhalten (§ 565 Abs. 1 Satz 2 BGB a. F.). Dabei war bereits zu Beginn der Verhandlungen über die Ausgestaltung eines Bürgerlichen Gesetzbuches im Jahre 1875 durchaus erkennbar, dass die vielfältigen Wohnungsprobleme, die in Folge der industriellen Revolution insbesondere in den Großstädten entstanden waren, mit diesem liberalistischen Gesetzeskonzept nicht gelöst werden konnten. Die Gesetzesväter fühlten sich einer solchen Aufgabe allerdings auch nicht verpflichtet. Oberstes Ziel war eine folgerichtige Systematisierung des Rechts; die hiergegen gerichtete vereinzelte Kritik,[1] hat sich nicht durchgesetzt. Misst man die Ausgestaltung der Wohnungsmiete im BGB an der Intention der Verfasser, so verdient das Gesetzeswerk höchste Bewunderung. Es ist aber auch festzustellen, dass das System der nahezu unbeschränkten Vertragsfreiheit und der damit in Zusammenhang stehenden Kündigungsbefugnis zu keinem Zeitpunkt funktioniert hat. In der Zeit des ersten Weltkriegs und danach ist es völlig zusammengebrochen.[2] Ab dem Jahre 1917 und in den folgenden Jahren wurden außerhalb des BGB eine Reihe von Rechtsverordnungen zum Schutz des Mieters erlassen (MieterschutzVO vom 26.7.1917, RGBl. S. 659); Zweite MieterschutzV vom 23.9.1918, RGBl. S. 1135; Dritte MieterschutzV vom 22.6.1919, RGBl. S. 591; Reichsmietengesetz vom 24.3.1922, RGBl. S. 273; Mieterschutzgesetz vom 1.6.1923, RGBl.

[1] Vgl. etwa *v. Giercke,* Die soziale Aufgabe des Privatrechts, 1889; *Menger,* Das Bürgerliche Recht und die besitzlosen Klassen, 1891.
[2] S. *Bärmann* PiG 10, S. 74.

S. 355; Wohnungsmangelgesetz vom 26.7.1923, RGBl. S. 754), die im wesentlichen drei Zielrichtungen hatten: (1) die Kontrolle des Wohnungsmarktes durch die staatliche Bewirtschaftung des Wohnraums; (2) die Kontrolle der Mietzinsen durch eine Beschränkung von Mieterhöhungen und (3) eine Kontrolle der Auflösung von Mietverhältnissen. Diese Mieterschutzbestimmungen wurden – je nach den politischen Gegebenheiten und der Situation auf dem Wohnungsmarkt- mal gelockert, dann wieder etwas verschärft. Für die Auflösung der Mietverhältnisse galt zuletzt das Mieterschutzgesetz in der Fassung vom 15.12.1942 (RGBl. S. 70). Nach diesem Gesetz war die Kündigung von Mietverhältnissen durch den Vermieter ausgeschlossen; ein Mietverhältnis konnte nur im Wege der Aufhebungsklage beendet werden, wenn bestimmte Auflösungsgründe gegeben waren. Diese Rechtslage bestand bis zur ersten Hälfte der 60er Jahre. Am 23.6.1960 wurde das Gesetz über den Abbau der Wohnungszwangswirtschaft und über ein soziales Miet- und Wohnrecht (BGBl. I S. 389) verkündet, das einen stufenweisen Abbau der Mieterschutzbestimmungen vorsah. Das Mieterschutzgesetz wurde zum 31.12.1965 aufgehoben und die Kündigungsbefugnis des Vermieters wiederhergestellt. An die Stelle des generellen Bestandschutzes trat die sog. Sozialklausel des 556a BGB a. F. (= § 574 BGB n. F.): Dies bedeutete, dass der Vermieter auch ohne besonderen Grund jederzeit zur Kündigung unter Einhaltung einer Kündigungsfrist berechtigt war; der Mieter konnte dieser Kündigung allerdings widersprechen, wenn besondere Härtegründe vorlagen. Dieser Rechtszustand wurde im November 1971 durch das 1. Wohnraumkündigungsschutzgesetz (BGBl. I S. 1839) abgelöst. Danach war die ordentliche Kündigung eines Wohnraummietverhältnisses davon abhängig, dass Kündigungsgründe vorlagen; diese Gründe waren im Wesentlichen identisch mit den Mietaufhebungsgründen der §§ 2ff. des Mieterschutzgesetzes. Das 1. Wohnraumkündigungsschutzgesetz war zunächst befristet; die dort enthaltenen Kündigungsschutzbestimmungen wurden sodann durch das 2. Wohnraumkündigungsschutzgesetz vom 18.12.1974 (BGBl. I S. 3603) im wesentlichen inhaltsgleich als § 564b in das BGB aufgenommen. Das Mietrechtsreformgesetz vom 19.6.2001 (BGBl. I S. 1149) hat die Vorschrift als § 573 BGB übernommen. Die Vorschrift kann somit durchaus als **Nachfolgeregelung der §§ 2ff. des Mieterschutzgesetzes** bezeichnet werden.

Die einzelnen Kündigungstatbestände werden von der instanzgerichtlichen Rechtsprechung durchweg restriktiv ausgelegt. Von einem Teil der Literatur wird hierzu die Ansicht vertreten, dass dieser Auslegung ein fehlerhaftes Verständnis der Vorschrift zugrunde liegt.[3] An dieser Kritik trifft zu, dass § 573 BGB – anders als das frühere Mieterschutzgesetz – kein Instrument zur Steuerung der Wohnungsversorgung bei unzureichendem Wohnungsangebot ist. Zu eng dürfte allerdings die Auffassung sein, dass der Mieter nach der Konzeption des Gesetzgebers durch § 573 BGB lediglich vor willkürlichen Kündigungen geschützt werden soll und dass die einer Kündigung entgegenstehenden Interessen des Mieters erst im Rahmen einer Interessenabwägung nach § 574 BGB zu berücksichtigen sind. Nach der hier vertretenen Meinung liegt der Schwerpunkt der Räumungsverfahren also in der Prüfung der formellen und materiellen Voraussetzungen der Kündigungstatbestände und nicht in der Anwendung der Sozialklausel. 2a

2. Bedeutung der Vorschrift

Die Vorschrift bildet das **Kernstück des mietrechtlichen Bestandschutzes.** Sie besagt, dass die Kündigung eines Wohnraummietverhältnisses grundsätzlich nur möglich ist, wenn ein Beendigungsgrund vorliegt. Beendigungsgründe sind Vertragsverletzungen des Mieters (§ 573 Abs. 2 Nr. 1 BGB) oder überwiegende Interessen des Vermieters (§ 573b Abs. 2 Nr. 2 und 3 BGB). Die Kündigung zum Zwecke der Mieterhöhung ist stets ausgeschlossen (§§ 573 Abs. 1 Satz 2 BGB). Durch den Abschluss befristeter Mietverträge kann der mietrechtliche Bestandschutz grundsätzlich nicht umgangen werden (§ 575 Abs. 1 Satz 2 BGB). Verfassungsrechtlich wird dieser Schutz durch Art. 14 GG garantiert. Das BVerfG hat hierzu in dem Beschluss vom 26.5.1993[4] ausgeführt, dass der berechtigte Mietbesitz ein eigentumsähnliches Recht i. S. v. Art. 14 GG darstellt und dass das sich hieraus ergebende Grundrecht des Mieters durch § 564b BGB a. F. (= § 573 BGB n. F.) konkretisiert wird (s. weiter Rdn. 43). Als dem einfachen Gesetz übergeordnetes Recht ist dieses Grundrecht auch bei den anderen Kündigungsbestimmungen zu beachten. Die strukturelle Einheit der 2

[3] J. Emmerich WuM 2015, 259, 268.

[4] BVerfGE 89, 1 = NJW 1993, 2035 = WuM 1993, 377 = ZMR 1993, 405 = DWW 1993, 224; s. dazu auch: *Depenheuer* NJW 1993, 2561; *Derleder* WuM 1993, 514; *Finger* ZMR 1993, 545; *Franke* DWW 1993, 281; *Roellecke* JZ 1995, 74; *Rüthers* NJW 1993, 2587; *Sternel* MDR 1993, 729.

Kündigungstatbestände ist von wesentlicher Bedeutung für deren jeweilige Auslegung sowie für die Frage, ob die in den §§ 543, 569 BGB getroffenen Wertentscheidungen entweder unmittelbar oder im Wege der Analogie auch bei § 573 BGB zu berücksichtigen sind. Die sehr weitreichenden praktischen Folgen werden bei den einzelnen Sachfragen erörtert.

3. Anwendungsbereich

3 Die Vorschrift gilt nur für **Mietverhältnisse über Wohnraum** (zu den Begriffen s. vor § 535 BGB, Rdn. 94), die im Wege der ordentlichen oder außerordentlichen befristeten Kündigung beendet werden können. Hierzu gehören die Mietverhältnisse über preisgebundenen und sonstigen **öffentlich geförderten Wohnraum,** die **Nutzungsverträge** der Wohnungsgenossenschaften und der (ehemaligen) gemeinnützigen Wohnungsunternehmen, die Mietverhältnisse über **Werkwohnungen** einschließlich des werkgeförderten Wohnraums, soweit die Überlassung auf mietvertraglicher Grundlage beruht. Für Dienstwohnungen s. § 576b. § 573 gilt auch für Räume, die als Wohnung vermietet wurden, aber vertragswidrig als Geschäftsraum genutzt werden.[5]

4 Auf **Mischmietverhältnisse** (s. Vor § 535 BGB, Rdn. 107) ist § 573 BGB anwendbar, wenn das Mietverhältnis seinen Schwerpunkt in der Wohnraummiete hat. Sind gewerbliche Räume und Wohnräume auf Grund eines einheitlichen Vertrags vermietet und steht es dem Mieter frei, ob und in welchem Umfang er die Räume zu Wohnzwecken nutzt, so setzt die Anwendung des § 573 BGB voraus, dass die Räume tatsächlich ganz oder überwiegend zu Wohnzwecken genutzt werden.[6] Zur Frage, ob der Vermieter ein Mischraummietverhältnis, dessen Schwerpunkt auf der Wohnraumnutzung liegt, kündigen kann, wenn er lediglich Bedarf an den Wohnräumen hat s. Rdn. 71.

5 Mietverhältnisse auf Dauer über **Ferienhäuser** und **-wohnungen** fallen ebenso unter die für Wohnraum geltenden Bestimmungen wie Mietverhältnisse über **Zweitwohnungen.**[7] Es kommt nicht darauf an, ob die Zweit- oder Ferienwohnung in demselben Umfang genutzt wird, wie die Hauptwohnung.[8] Auch die Frage der ganzjährigen oder lediglich saisonalen Nutzung spielt keine Rolle.[9] Es wird allerdings auch die Ansicht vertreten, dass die Schutzvorschriften nur für solchen Wohnraum gelten, der den existentiellen Lebensmittelpunkt des Mieters darstellt.[10] Eine solche Auslegung ist nach der Ansicht des BVerfG[11] verfassungsrechtlich möglich.

6 Für Mietverhältnisse i. S. v. **§ 549 Abs. 2 Nr. 1–3 BGB und § 549 Abs. 3 BGB** ist die Vorschrift unanwendbar. Dies entspricht im Wesentlichen dem bis 31.8.2001 geltenden Recht. Anders als nach früherem Recht ist § 573 BGB aber anwendbar auf Mietverhältnisse über Wohnraum in Ferienwohnungen in Ferienhausgebieten i. S. v. §§ 564b Abs. 7 Nr. 4 BGB a. F.

7 Die Regelung des § 573 BGB ist auch dann zu beachten, wenn das Mietverhältnis **zwischen Vertragsschluss und Mietbeginn** gekündigt werden soll. In diesem Fall hat der Mieter zwar noch keinen Mietbesitz. Gleichwohl wird er i. d. R. schutzbedürftig sein, so z. B., wenn er in Erwartung des alsbaldigen Bezugs der Wohnung seine bisherige Mietwohnung aufgegeben oder wenn er bereits Aufwendungen für die angemietete Wohnung getätigt hat.

8 Bis zum 31.8.2001 konnten die Parteien ein **befristetes Mietverhältnis** begründen. Diese Mietverhältnisse enden mit dem Ablauf der Befristung. Der Mieter kann allerdings nach § 564c BGB a. F. die Fortsetzung des Mietverhältnisses verlangen. Die Vorschrift des § 564c BGB a. F. ist auch nach dem 1.9.2001 weiterhin anwendbar (Art. 229 BGB § 3 Abs. 3 EBGB; s. Anh. zu § 575 BGB). Für die **Abgrenzung von § 573 BGB zu § 564c BGB a. F.** kommt es darauf an, ob das Mietverhältnis ohne Zutun der einen oder anderen Partei enden kann. Die Regelung des § 573 BGB ist immer dann anwendbar, wenn die Vertragsbeendigung von einer Erklärung einer der Parteien abhängig sein soll. Bei einem Mietverhältnis auf bestimmte Zeit mit Verlängerungsklausel auf

[5] *Fleindl* NZM 2016, 289, 290.

[6] OLG Köln WuM 1996, 266.

[7] KG WuM 2008, 411, 412; *Hannappel* in Bamberger/Roth § 573 BGB Rdn. 9; *Häublein* in MünchKomm § 573 BGB Rdn. 18; Palandt/*Weidenkaff* § 573 BGB Rdn. 2; *Horst* NJW-Schriften 19 Rdn. 1423; *Sternel* Mietrecht aktuell (2009) Rdn. XI 4; *Fleindl* NZM 2016, 289, 290.

[8] OLG Hamburg WuM 1992, 634 = ZMR 1992, 538 zu § 29a ZPO; AG Miesbach WuM 1989, 241; LG Lübeck WuM 1989, 632.

[9] Von OLG Hamburg a. a. O. offen gelassen.

[10] AG Viechtach NJW RR 87, 787; AG Gelnhausen MDR 80, 849; *Haake* NJW 1985, 2935: wenn der Mieter dort seinen Erstwohnsitz hat.

[11] BVerfG NJW 1979, 757.

unbestimmte Zeit gilt § 573 BGB, wenn das Mietverhältnis zum Ablauf der Befristung oder nach Ablauf der Befristung beendet werden soll. Ist vereinbart, dass sich das Mietverhältnis nach Ablauf einer bestimmten Zeit einmalig um einen weiteren Zeitraum verlängern soll, wenn es nicht gekündigt wird, so gilt für die Beendigung zum ersten Termin 573 BGB; hinsichtlich des Endtermins gilt § 564c BGB a. F. Soll sich das Mietverhältnis immer wieder um einen bestimmten Zeitraum verlängern, wenn keiner der Parteien widerspricht, so ist die Beendigungserklärung ebenfalls als Kündigung im Rechtssinne zu bewerten. Die früher vom RG vertretene Ansicht, wonach in einer solchen Erklärung keine Kündigung, sondern die Ablehnung des Abschlusses eines neuen Mietverhältnisses liegen soll[12] ist überholt. Für **auflösend bedingte Mietverhältnisse** s. § 572 BGB. Für Mietverhältnisse auf **Lebenszeit** s. § 575 BGB Rdn. 80.

Für die Anwendung des § 573 BGB kommt es nicht darauf an, ob der Vermieter zugleich Eigentümer der Mietsache ist. Deshalb gilt die Vorschrift auch bei der **Untermiete** im Verhältnis zwischen dem Untervermieter und dem Untermieter;[13] dies gilt auch dann, wenn der Untervermieter im Verhältnis zum Eigentümer nicht zur Untervermietung berechtigt war, oder wenn er die Räume lediglich zu gewerblichen Zwecken hätte vermieten dürfen. Im Verhältnis zwischen dem Eigentümer und dem Untervermieter gilt § 573 BGB dann, wenn der Hauptmietvertrag als Wohnraummietvertrag zu bewerten ist. Dies setzt voraus, dass der Hauptmieter die Räume zu eigenen Wohnzwecken angemietet hat. Ist diese Voraussetzung gegeben, so ist § 573 BGB auch dann anwendbar, wenn der Mieter nicht mehr in den Räumen wohnt oder diese abredewidrig niemals selbst bewohnt hat; allerdings wird in Fällen dieser Art häufig ein Grund zur fristlosen Kündigung nach § 543 Abs. 2 Nr. 2 BGB vorliegen. Demgegenüber ist das Hauptmietverhältnis als gewerbliches Mietverhältnis zu bewerten, wenn der Zweck des Vertrags in der Weitervermietung liegt. In diesen Fällen ist § 573 BGB auch dann unanwendbar, wenn die Weitervermietung nicht in der Absicht zur Gewinnerzielung sondern aus fürsorgerischen oder ähnlichen Gründen erfolgt. 9

Auf die **außerordentliche befristete Kündigung** des Vermieters ist § 573 BGB ebenfalls anwendbar. Wegen der Einzelheiten und der Ausnahme s. § 573d BGB. 10

II. Die Kündigungstatbestände

1. Vertragsverletzungen (Abs. 2 Nr. 1)

a) Verletzung vertraglicher Pflichten. Der Kündigungstatbestand setzt zunächst voraus, dass der Mieter seine vertraglichen Pflichten verletzt hat. Der **Begriff** der vertraglichen Pflichten ist nach allgemeiner Ansicht in einem umfassenden Sinne zu verstehen. Er umfasst sowohl den „vertragswidrigen Gebrauch" i. S. v. § 541 BGB sowie alle Formen der Schlecht- oder Nichterfüllung von vertraglichen Verpflichtungen, seien sie finanzieller oder anderer Art. Auf die Unterscheidung von Haupt- und Nebenpflichten kommt es insoweit nicht an. Sind **mehrere Personen** Mieter, so genugt es, wenn der Kündigungstatbestand durch einen der Mieter verwirklicht wird. Hierbei handelt es sich nicht um eine Form der Haftung für das Verhalten Dritter. Vielmehr ergibt sich diese Rechtsfolge aus dem Sinn und Zweck des Kündigungstatbestandes: ein berechtigtes Interesse an der Vertragsbeendigung liegt bereits dann vor, wenn das Vertragsverhältnis durch einen Mieter gestört wird, mögen sich auch die übrigen Mieter korrekt verhalten. Der Vermieter muss in einem solchen Fall gegenüber allen Mietern kündigen, weil ein von mehreren Mietern begründetes Vertragsverhältnis nur insgesamt beendet werden kann. Eine Kündigung, die nur gegenüber dem pflichtwidrig handelnden Mieter erfolgt, hat weder Einzel- noch Gesamtwirkung. Im Ausnahmefall kann aber das Räumungsverlangen gegenüber dem vertragstreuen Mieter gegen § 242 BGB verstoßen. Ein solcher Fall ist insbesondere dann in Erwägung zu ziehen, wenn mit hinreichender Sicherheit feststeht, dass der störende Mieter räumt und nicht mehr in die Wohnung zurückkehrt.[14] Wird die Vertragsverletzung nicht vom Mieter, sondern von Erfüllungsgehilfen oder ähnlichen Personengruppen begangen, so kommt eine Zurechnung nach §§ 278, 540 Abs. 2 BGB in Betracht (s. Rdn. 20). 11

Die im Arbeitrecht anerkannte **„Verdachtskündigung"** gibt es im Mietrecht nicht.[15] 12

---

[12] RGZ 86, 60; 97, 80; 107, 300.
[13] LG Berlin GE 1996, 739.
[14] Dazu LG Darmstadt NJW 1983, 52 = WuM 1983, 54.
[15] *Wiek*, Informationsservice Mietrecht 2003, 47, abl. Anm. zu AG Lichtenberg NJW-RR 2003, 442.

13 **b) Erheblichkeit der Pflichtverletzung.** Der Pflichtverletzung muss eine gewisse Bedeutung zukommen. Im Kündigungstatbestand kommt dies dadurch zum Ausdruck, dass die Pflichtverletzung **„nicht unerheblich"** sein darf. Es handelt sich dabei um ein Tatbestandsmerkmal, das verschiedenen Kündigungsvorschriften eigen ist. Allerdings werden jeweils unterschiedliche Begriffe verwendet. Die Vorschrift des § 543 Abs. 2 Nr. 2 BGB setzt voraus, dass die Rechte des Vermieters „in erheblichem Maße" verletzt werden oder dass die Mietsache „erheblich gefährdet" wird. Nach den rechtsähnlichen §§ 543 Abs. 1, 569 Abs. 2 BGB muss die Pflichtverletzung so schwer sein, dass dem anderen Teil die Vertragsfortsetzung „nicht zugemutet" werden kann. Durch die unterschiedliche Fassung des Erheblichkeitskriteriums soll zum Ausdruck gebracht werden dass eine Kündigung nicht nur dann möglich ist, wenn Gründe vorliegen, die den Vermieter zur fristlosen Kündigung berechtigen, sondern auch bei schuldhaften Vertragsverletzungen geringeren Gewichts, mit Ausnahme solcher, die unerheblich – z. B. weil nur vereinzelt vorgefallen – sind.[16] Hieraus folgt, dass der Tatbestand des § 573 Abs. 2 Nr. 1 BGB zu den Tatbeständen der fristlosen Kündigung nach der Vorstellung des Gesetzgebers in einem **Stufenverhältnis** steht.[17] Es ist insbesondere nicht erforderlich, dass dem Vermieter die Vertragsfortsetzung bis zum Ablauf der Kündigungsfrist unzumutbar ist.[18] Dies findet seine Entsprechung in dem systematischen Verhältnis der Kündigungstatbestände zu § 574 BGB. Eine Vertragsfortsetzung nach dieser Vorschrift ist nur bei der ordentlichen, nicht bei der fristlosen Kündigung möglich (§ 574 Abs. 1 Satz 2 BGB). Es ist allerdings anzumerken, dass eine hinreichend exakte und einsichtige Abgrenzung zwischen den beiden Formen der Kündigung kaum möglich erscheint. In der Rechtspraxis werden die Unterschiede auch häufig verwischt. Ebenso ist nicht zu verkennen, dass die wirtschaftlichen und sozialen Auswirkungen der beiden Kündigungsformen weitgehend gleich sind: Der Mieter verliert in beiden Fällen seine Wohnung; die jeweils unterschiedlichen Räumungszeitpunkte haben wegen der Dauer des gerichtlichen Verfahrens und wegen § 721 ZPO i. d. R. nur marginale Bedeutung. Jedenfalls ist eine Kündigung wegen einer Pflichtverletzung nach § 573 Abs. 2 Nr. 1 BGB nicht gerechtfertigt, wenn die Rechte des Vermieters hierdurch nur unerheblich beeinträchtigt werden.[19] Nach **anderer Ansicht** besteht zwischen den Kündigungstatbeständen des § 543 BGB und dem Tatbestand des § 573 Abs. 2 Nr. 1 BGB kein Stufenverhältnis.[20] Nach dieser Ansicht ist das Tatbestandsmerkmal der Erheblichkeit der Pflichtverletzung unter Berücksichtigung der Umstände des Einzelfalls im Wege einer Interessenabwägung zu festzustellen. Im Rahmen dieser Abwägung spielen die beanstandungsfreie Dauer des bisherigen Verlaufs der Vertragsbeziehungen, das Gewicht und die Auswirkungen der Vertragsverletzung, eine mögliche Wiederholungsgefahr, der Grad des Verschuldens, sowie die besonderen persönlichen Verhältnisse des Mieters ein Rolle.[21] Ebenso kann ein pflichtwidriges Verhalten des Vermieters, etwa der Ausspruch einer unberechtigten Kündigung, ein unredliches Prozessverhalten oder eine Nutzung der Nachbarwohnungen, die mit erheblichen Störungen des Mietgebrauchs verbunden ist, berücksichtigt werden.[22] Schließlich wird vertreten, dass sich das Merkmal „nicht unerheblich" auf die Pflichtverletzung, nicht auf deren Auswirkungen bezieht.[23]

13a In Rechtsprechung und Literatur ist streitig, ob die Kündigung nach § 573 Abs. 2 Nr. 1 BGB eine vorherige **Abmahnung** voraussetzt. Hierzu werden im Wesentlichen vier Meinungen vertreten. **(1)** Die herrschende Meinung orientiert sich am Wortlaut des § 573 Abs. 2 Nr. 1 BGB. Danach ist es nicht erforderlich, dass der Mieter vor der Kündigung abgemahnt wird.[24] Nach der **Ansicht des**

---

[16] Begründung des Entwurfs der Bundesregierung zu Art. 2 des Gesetzes über Maßnahmen zur Verbesserung des Mietrechts und zur Begrenzung des Mietanstiegs – BT-Drucks. VI/1549.

[17] BGH NJW 2006, 1585 = NZM 2006, 338 = WuM 2006, 193 = ZMR 2006, 425 = DWW 2006, 233 = GE 2006, 508 unter Nr. II 3a.

[18] BGH a. a. O.; LG Köln ZMR 2017, 250; *Häublein* in MünchKomm § 573 BGB Rdn. 56.

[19] KG WuM 2004, 721, 722 betr. Unbefugtes Entnehmen einer geringfügigen Menge Strom; Katzenhaltung.

[20] LG Berlin WuM 2017, 83.

[21] LG Berlin a. a. O. betr. die Unwirksamkeit einer auf Zahlungsverzug gestützten ordentlichen Kündigung nach Zahlung des Rückstands; LG Berlin ZMR 2017, 239 betr. Kündigung wegen Zahlungsverzugs bei erwerbslosem Mieter.

[22] LG Berlin ZMR 2017, 238 betr. Vermietung an Touristen (vgl. LG Berlin ZMR 2017, 238).

[23] LG Hagen ZMR 2008, 973; Palandt/*Weidenkaff* § 573 Rdn. 18.

[24] BGH NJW 2008, 508 = WuM 2008, 31 mit Anm. *Blank* WuM 2008, 91; KG DWW 2008, 379; LG München I ZMR 2015, 856; *Rolfs* in Staudinger § 573 BGB Rdn. 31; *Haug* in Emmerich/Sonnenschein, Miete § 573 BGB Rdn. 19; *Herrlein* in Herrlein/Kandelhard, Mietrecht § 573 BGB Rdn. 17; *Franke* in WoBauR § 573 BGB Anm. 7.1 Nr. 2, Anm. 9 Nr. 3, Anm. 12 Nr. 7; *Schach* in Kinne/Schach/Bieber, Miet- und Mietprozessrecht § 573 BGB Rdn. 15; *Hannappel* in Bamberger/Roth § 573 BGB Rdn. 22; *Lützenkirchen* in: Erman

BGH hat eine Abmahnung lediglich Bedeutung für die Frage, ob die Pflichtverletzung als „nicht unerheblich" zu bewerten ist. Danach ist denkbar, dass die Abmahnung der Pflichtverletzung ein besonderes Gewicht verleiht, „etwa weil vorher nur ein schlichtes Versehen des Mieters vorgelegen hat oder eine Duldung des Vermieters zu vermuten war." **(2)** Nach der hier vertretenen Meinung gelten hinsichtlich der Abmahnung bei der ordentlichen Kündigung dieselben Grundsätze wie bei der fristlosen Kündigung.[25] Danach ist in den Fällen der §§ 543 Abs. 1, Abs. 2 Nr. 2, 569 Abs. 2 BGB eine Abmahnung erforderlich, wenn die Wirksamkeit einer fristlosen Kündigung von einer Abmahnung abhängt (§ 543 Abs. 3 BGB). Dies betrifft beispielsweise die Fälle der Kündigung wegen einer Gebrauchsüberschreitung, einer unerlaubten Untervermietung, wegen einer Verletzung der Obhutspflicht, einer Sachbeschädigung, einer Beleidigung oder bei unpünktlicher Mietzahlung.[26] Bei der Kündigung wegen Zahlungsverzugs ist keine Abmahnung erforderlich, weil auch die fristlose Kündigung gemäß § 543 Abs. 3 Satz 2 Nr. 3 BGB ohne vorherige Abmahnung möglich ist. Ausnahmen sind denkbar, insbesondere dann, wenn der Mieter auf Grund besonderer Umstände nicht mit einer Kündigung wegen Zahlungsverzugs rechnen musste (s. § 543 BGB Rdn. 128 m. w. N.). **(3)** Nach einer weiteren Meinung ist eine Abmahnung entbehrlich, wenn der Vermieter wegen des Zahlungsverzugs eine fristlose Kündigung ausspricht; der Mieter wird in diesem Fall durch das Nachholrecht des § 569 Abs. 3 Nr. 2 BGB geschützt. Erklärt der Vermieter dagegen eine ordentliche Kündigung, so ist § 569 Abs. 3 Nr. 2 BGB nicht anwendbar; deshalb sei es erforderlich, den Mieter durch die Abmahnung vor dem Verlust der Wohnung zu warnen.[27] **(4)** Schließlich wird die Ansicht vertreten, dass eine Abmahnung bei der ordentlichen Kündigung grundsätzlich entbehrlich ist; eine Ausnahme soll gelten, wenn der Vermieter ein vertragswidriges Verhalten längere Zeit hingenommen hat und sodann eine vergleichbare Pflichtverletzung zum Anlass einer Kündigung nehmen will.[28] Hat der Vermieter in der Abmahnung für den Fall der Fortsetzung des pflichtwidrigen Verhaltens eine Unterlassungsklage angedroht, so ist streitig, ob der Vermieter bei erfolglosem Fristablauf ohne weiteres von der Kündigungsbefugnis Gebrauch machen darf (s. dazu § 543 Rdn. 66 a).

c) Verschulden. Der Kündigungstatbestand des § 573 Abs. 2 Nr. 1 BGB setzt ein schuldhaftes Verhalten des Mieters voraus. Darin unterscheidet sich die Vorschrift von den rechtsähnlichen Tatbeständen der §§ 543 Abs. 1, Abs. 2 Nr. 2, 569 Abs. 2 BGB (Zur Darlegungs- und Beweislast s. Rdn. 41). 14

Der Begriff des Verschuldens ist nicht i. S. von § 276 Abs. 1 BGB zu verstehen. Der Kündigungstatbestand des § 573 Abs. 2 Nr. 1 BGB setzt voraus, dass der Pflichtverstoß vorsätzlich oder fahrlässig begangen wird. Ein schuldloser Verstoß gegen eine Garantiepflicht genügt nicht. Auf die verschiedenen Formen des Verschuldens kommt es grundsätzlich nicht an. Jedoch kann die Schwere der Schuldform bei der Beurteilung des Gesamtverhaltens eine gewichtige Rolle spielen. Insoweit kann im Bereich des vorsätzlichen Handelns unterschieden werden zwischen der **Absicht** (Ziel des Handelns ist die Beschädigung der Mietsache, die Störung der Mitmieter, die Schädigung des Vermieters etc.), dem **direkten Vorsatz** (der Mieter weiß, dass durch sein Verhalten, die Mietsache beschädigt, die Mitmieter gestört oder der Vermieter geschädigt wird) und dem **bedingten Vorsatz** (der Mieter hält die Beschädigung der Mietsache, die Störung der Mitmieter oder die Schädigung des Vermieters für möglich und nimmt diese Folge billigend in Kauf). Die Formen der Fahrlässigkeit lassen sich unterteilen in die **bewusste Fahrlässigkeit** (der Mieter rechnet damit, dass sein Verhalten zur Beschädigung der Mietsache, zur Störung der Mietmieter oder zur Schädigung des Vermieters führen kann; gleichwohl vertraut er darauf, dass diese Folgen nicht eintreten), in die **grobe Fahrlässigkeit** (der Mieter verstößt in besonders schwerem Maße gegen seine Vertragspflichten) und in **einfache Fahrlässigkeit** (der Mieter erkennt nicht, dass sein Verhalten zur Beschädigung der Mietsache, zur Störung der Mitmieter oder zur Schädigung des Vermieters führen kann, obwohl er dies bei hinreichender Sorgfalt hätte erkennen können). Für das fehlende Verschulden ist der Mieter darlegungs- und beweispflichtig.[29] 15

---

§ 573 Rdn. 19; *Eisenhardt* in Lützenkirchen AHB-Mietrecht J Rdn. 241; Palandt/*Weidenkaff* § 573 BGB Rdn. 13; *N. Fischer* WuM 2008, 251.

[25] Ebenso: *Loof* ZMR 2008, 680, 685.

[26] S. dazu LG Berlin WuM 2016, 490.

[27] *Häublein* in MüKomm § 543 BGB Rdn. 58; *Hinz* in Dauner-Lieb/Heidel/Ring, Anwaltkommentar § 543 Rdn. 14.

[28] *Lammel* Wohnraummietrecht § 543 Rdn. 49; *Sternel* Mietrecht (1988) Rdn. IV 119; *Grapentin* in Bub/Treier Kap. IV Rdn. 111).

[29] BGH (VIII ZR 39/15) NZM 2016, 550.

16 Der Vorsatz entfällt, wenn sich der Mieter in einem **Rechts- oder Tatsachenirrtum** befunden hat. Ein derartiger Irrtum ist anzunehmen, wenn der Mieter auf Grund unzutreffender Tatsachen oder einer fehlerhaften Bewertung der Rechtslage irrig davon ausgeht, dass er zu einem bestimmten Verhalten berechtigt sei. War der Irrtum vermeidbar, so ist Fahrlässigkeit gegeben. Bei einem unvermeidbaren Irrtum entfällt jedes Verschulden. Allerdings setzt dies voraus, dass sich der Mieter mit der gebührenden Sorgfalt über die tatsächlichen und rechtlichen Gegebenheiten informiert hat. Bei Zweifeln muss der Mieter sachkundigen Rat einholen.

17 Das Verschulden entfällt auch dann, wenn die Voraussetzungen des **§ 827 Satz 1 BGB** vorliegen. Danach trifft den Mieter keine Verantwortung, wenn er die Vertragsverletzung im Zustand der **Bewusstlosigkeit** oder in einem die freie Willensbestimmung ausschließenden Zustande krankhafter **Störung der Geistestätigkeit** begangen hat. Hierzu zählen in erster Linie Hausfriedensstörungen oder Beschädigungen der Mietsache durch einen **geisteskranken Mieter.** In extremen Ausnahmefällen können auch Fehlreaktionen in Folge einer **übermächtigen Erregung** unter § 827 Satz 1 BGB fallen. Zur Anwendung des § 573 Abs. 1 BGB in diesen Fällen s. Rdn. 209. Hat sich der Mieter durch **Alkohol** oder **Drogen** in den Zustand der Bewusstlosigkeit versetzt oder ist die Störung der Geistestätigkeit hierdurch verursacht, so gilt **§ 827 Satz 2 BGB.** Danach muss der Mieter für sein Verhalten einstehen, wie wenn ihm Fahrlässigkeit zur Last fiele; eine Ausnahme gilt, wenn der Mieter ohne Verschulden in diesen Zustand geraten ist. Für minderjährige und taubstumme Mieter gilt § 828 BGB.

18 Der Rechtsgedanke des **§ 254 BGB** kann auch im Rahmen des § 573 Abs. 2 Nr. 1 BGB eine Rolle spielen. Er greift insbesondere dann, wenn der Mieter zu dem beanstandeten Verhalten provoziert worden ist.

19 Das Maß des Verschuldens steht in enger **Beziehung zum Erheblichkeitskriterium.**[30] Es gilt der Grundsatz, dass Vertragsverletzungen mit bedeutenden Auswirkungen auf die Mietsache, die übrigen Hausbewohner oder den Vermieter bei schwerer Schuldform i. d. R. zur Kündigung berechtigen. Umgekehrt besteht bei leichter Schuldform und geringen Auswirkungen im Allgemeinen kein Kündigungsrecht. Dazwischen gibt es zahlreiche Abstufungen, bei denen die Tatfolgen und die Schuldform eine jeweils unterschiedliche Gewichtung haben.[31]

20 Für das Verhalten eines **Untermieters** hat der Mieter gemäß **§ 540 Abs. 2 BGB** einzustehen. Nach dem Rechtsentscheid des OLG Hamm vom 17. 8. 1982[32] gilt die Vorschrift auch für solche Personen, die der Mieter ohne ein Untermietverhältnis zu begründen auf längere Dauer in seinen Haushalt aufgenommen hat, beispielsweise für den Partner einer **eheähnlichen Gemeinschaft.** Fällt einem **Familienangehörigen** des Mieters ein Fehlverhalten zur Last, so muss sich der Mieter dessen Verhalten i. d. R. nach **§ 278 BGB** zurechnen lassen, weil diese Personen in Bezug auf die mietvertraglichen Verhaltenspflichten als Erfüllungsgehilfen anzusehen sind.[33] Deshalb kann der Vermieter kündigen, wenn zwar nicht der Mieter, wohl aber dessen Ehegatte den Hausfrieden stört.[34] Der Rechtsentscheid des KG vom 15. 7. 2000[35] wonach eine Kündigung nach § 564b Abs. 2 Nr. 1 BGB a. F. (= § 573 Abs. 2 Nr. 1 BGB n. F.) nur möglich ist, wenn der Mieter selbst schuldhaft handelt, ist durch die Rechtsprechung des BGH[36] überholt. Bei minderjährigen **Kindern** kommt eine Zurechnung aus dem Gesichtspunkt der verletzten Aufsichtspflicht in Betracht. Die Eltern eines Kindes sind allerdings nicht verpflichtet, ihre Kinder ständig zu überwachen. In

---

[30] LG Aachen DWW 1991, 116; *Häublein* in MünchKomm § 573 BGB Rdn. 55; **a. A.** *Rolfs* in Staudinger § 573 BGB Rdn. 39; *Franke* in WoBauR § 573 BGB Anm. 12: danach kommt es für die Erheblichkeit nur auf das Gewicht der Vertragsverletzung an.

[31] Vgl. LG Aachen DWW 1991, 116: keine Kündigung, wenn ein vom Mieter verursachter Wohnungsbrand nicht auf grober Fahrlässigkeit beruht.

[32] OLG Hamm RE v. 17. 8. 1982, WuM 1982, 318 = NJW 1982, 2876 = ZMR 1983, 49.

[33] Grundlegend: BGH NJW 2007, 428 = NZM 2007, 35 = WuM 2007, 24 = ZMR 2007, 103 = DWW 2007, 22 = GE 2007, 46 unter II 1; *Wenger* MDR 2000, 1239; *Häublein* in MünchKomm § 573 BGB Rdn. 52 und 63; *Sternel* Mietrecht aktuell (2009) Rdn. XI 10; *Horst* NJW-Schriften 19 Rdn. 1440; *Lammel* § 573 BGB Rdn. 58; *Hannappel* in Bamberger/Roth § 573 BGB Rdn. 23; *Grapentin* in Bub/Treier Kap. IV Rdn. 112; *Schach* in Kinne/Schach/Bieber Miet- und Mietprozessrecht § 573 BGB Rdn. 8; *Herrlein* in Herrlein/Kandelhard § 573 BGB Rdn. 15; Palandt/*Weidenkaff* § 573 BGB Rdn. 13; **a. A.** *Rolfs* in Staudinger § 573 BGB Rdn. 42: danach kann der Vermieter u. U. nach § 573 Abs. 1 kündigen.

[34] AG Brandenburg GE 2001, 1134.

[35] KG RE 15. 7. 2000 WuM 2000, 481 = NZM 2000, 905 = ZMR 2000, 822.

[36] BGH NJW 2007, 428 = NZM 2007, 35 = WuM 2007, 24 = ZMR 2007, 103 = DWW 2007, 22 = GE 2007, 46.

vielen Fällen wird eine eventuelle Pflichtwidrigkeit unterhalb der Erheblichkeitsschwelle liegen.[37] Für **schuldunfähige Personen** haftet der Mieter nur, wenn ihm selbst eine Aufsichtspflichtverletzung zur Last fällt. Für das Verhalten seiner **Besucher** muss der Mieter einstehen (Einzelheiten s. § 540 BGB Rdn. 37). Wird durch das schuldhafte Verhalten eines vom Mieter beauftragten **Handwerkers** die Mietsache beschädigt, der Vermieter geschädigt oder andere Hausbewohner belästigt, so muss der Mieter hierfür einstehen, wenn der Handwerker die Störungen „bei der Erfüllung" seiner Verbindlichkeit verursacht hat;[38] für Störungen „bei Gelegenheit" (Exzesshandlungen) haftet der Mieter nicht.

d) Einzelfälle. aa) Vertragswidriger Gebrauch. Überschreitet der Mieter die Grenzen des 21 ihm zustehenden vertragsgemäßen Gebrauchs, so kann der Vermieter nach Abmahnung auf Unterlassung klagen (§ 541 BGB). Werden durch die Gebrauchsüberschreitung die Rechte des Vermieters in erheblichem Maße verletzt, so kann der Vermieter nach § 543 Abs. 2 Nr. 2 BGB fristlos kündigen. Unter denselben Voraussetzungen ist der Vermieter stattdessen auch zur Kündigung nach § 573 Abs. 2 Nr. 1 BGB berechtigt.[39] Nach der Gesetzessystematik umfasst dieser Kündigungstatbestand aber auch Vertragsverletzungen unterhalb des § 543 Abs. 2 Nr. 2 BGB. Die genannten Vorschriften unterscheiden sich in ihrem maßgeblichen Gehalt durch die unterschiedlichen Anforderungen die an das Gewicht der Gebrauchsüberschreitung gestellt werden. Für die Unterlassungsklage nach § 541 BGB genügt jede Gebrauchsüberschreitung; § 573 Abs. 2 Nr. 1 BGB setzt voraus, dass die Gebrauchsüberschreitung ein gewisses Gewicht besitzt und nach § 543 Abs. 2 Nr. 2 BGB ist eine erhebliche Rechtsverletzung erforderlich. Der Unterschied zu § 541 und § 543 Abs. 2 Nr. 2 BGB ist also gradueller Natur.[40] Die in Rechtsprechung und Literatur erörterten Konkretisierungsversuche sind nicht einheitlich. Teilweise werden an die Voraussetzungen einer ordentlichen Kündigung ähnlich hohe Anforderungen wie an die fristlose Kündigung gestellt.[41] Diese strengen Anforderungen entsprechen den Bedürfnissen der Praxis, stehen aber mit den (verfehlten)[42] Intentionen des Gesetzgebers und der Gesetzessystematik nicht im Einklang. Danach ist die ordentliche Kündigung nicht ultima ratio.[43] Die h. M. versucht die „erheblichen" von den „nicht unerheblichen" Vertragsverletzungen rechtsdogmatisch i. S. eines Stufenverhältnisses abzugrenzen; es ist allerdings anerkannt, dass ein allgemeines Abgrenzungskriterium nicht existiert, so dass es für die praktische Rechtsanwendung auf die konkreten Umstände des Einzelfalls ankommt[44] Für die Frage, ob der Pflichtenverstoß als „nicht unerheblich" zu bewerten ist, muss es in erster Linie darauf ankommen, welche Auswirkungen das Verhalten des Mieters auf die Mietsache, die übrigen Hausbewohner und den Vermieter hat. Man wird in vielen Fällen das richtige Ergebnis finden, wenn man den zur Beurteilung stehenden Kündigungssachverhalt darauf überprüft, ob sich ein wirtschaftlich denkender, vernünftig abwägender Vermieter in der konkreten Situation zur Vertragsbeendigung entschlösse, wenn er bei einem durch geringe Nachfrage geprägten Wohnungsmarkt mit Schwierigkeiten bei der Weitervermietung und Mietzinsverlusten zu rechnen hätte.

Fälle in denen die Erheblichkeit einer Vertragsverletzung verneint worden ist: wenn ein 22 vereinzelter Vorfall keine weiteren Folgen nach sich zieht;[45] wenn durch das Verhalten des Mieters die Mietsache nicht gefährdet wird;[46] wenn der Vorfall bereits längere Zeit zurückliegt und sich

---

[37] LG Wuppertal WuM 2008, 563: danach liegt kein Kündigungsgrund i. S. v. § 573 Abs. 2 Nr. 1 BGB vor, wenn der 5-jährige Sohn der Mieter trotz eines Verbotsschildes auf einem Garagenhof mit anderen Kindern spielt und dabei der üblicherweise entstehende Lärm verursacht wird.

[38] **A. A.** KG a. a. O.

[39] LG Düsseldorf DWW 1993, 104; *Häublein* in MünchKomm § 573 BGB Rdn. 56; *Rolfs* in Staudinger § 573 BGB Rdn. 48; *Lammel* § 573 BGB Rdn. 47; *Lützenkirchen* in: Erman § 573 Rdn. 19*Franke* in WoBauR § 573 BGB Anm. 14.1; s. im Übrigen die Ausführungen zu § 543 BGB.

[40] *Blank* WuM 1979, 137; s. Fn. 25.

[41] S. z. B. LG Hamburg WuM 1984, 85: „Die Kündigung (muss) … als das allein angemessene Mittel erscheinen, um das Vermieterinteresse zu schützen"; ebenso LG Berlin MM 1990, 289.

[42] *Honsell* AcP 186, 115, 141.

[43] *Häublein* in MünchKomm § 573 BGB Rdn. 56; *Lützenkirchen* in: Erman § 573 Rdn. 19; *Hannappel* in Bamberger/Roth § 573 BGB Rdn. 21.

[44] *Rolfs* in Staudinger § 573 BGB Rdn. 39; *Hannappel* in Bamberger/Roth § 573 BGB Rdn. 22; *Franke* in WoBauR § 573 BGB Anm. 9.

[45] LG Mannheim DWW 1977, 42 betr. Geruchsbelästigungen, weil der Mieter bei Antritt einer Urlaubsreise verderbliche Lebensmittel in der Wohnung zurückgelassen hat; LG Hamburg ZMR 2001, 972: gelegentliches Füttern von Katzen auf dem Grundstück; AG Unna DWW 1990, 53 betr. einmalige Verwendung einer gesundheitsgefährdenden aber frei erhältlichen Spachtelmasse.

[46] LG Berlin MM 1990, 289; LG Münster WuM 1991, 33 und AG Hamburg – Altona WuM 2000, 418 betr.

keine weiteren Vorfälle wiederholt haben; wenn der Vermieter ein bestimmtes Verhalten des Mieters lange Zeit rügelos hingenommen hat;[47] wenn ein manisch-depressiver Mieter entgegen ärztlichem Rat die ihm verordneten Medikamente absetzt und in dieser Phase Hausbewohner bedroht und beleidigt;[48] wenn der Mieter die Bewohner eines benachbarten Hauses beleidigt, weil sich die Pflicht zur Wahrung des Hausfriedens nur auf das Zusammenleben innerhalb eines Gebäudes bezieht;[49] wenn der Vermieter wegen eines Verhaltens kündigt, dessen Vertragswidrigkeit zweifelhaft ist, so dass dessen Rechtmäßigkeit ohne weiteres im Wege der Klage nach § 541 BGB geklärt werden kann;[50] wenn der Mieter ohne Erlaubnis des Vermieters eine Satellitenantenne an der Fassade anbringt;[51] wenn der Mieter seine Pflicht zur Duldung von Maßnahmen zur Mängelbeseitigung verletzt[52] Die Ausführungen zu § 543 Abs. 2 Nr. 2 BGB, dort Rdn. 59 und § 569 Abs. 2 BGB, dort Rdn. 23 gelten sinngemäß auch hier.

23 **Fälle in denen die Erheblichkeit einer Vertragsverletzung bejaht** worden ist: ungenehmigte Hundehaltung;[53] wenn der Mieter einen „offenen Brief" verfasst, der Beleidigungen des Vermieters oder seiner Mitarbeiter enthält;[54] wenn der Mieter ein eindeutig vertragswidriges Verhalten trotz Abmahnung fortsetzt; wenn der Mieter seine Wohnung trotz Abmahnung nicht ausreichend heizt, so dass Schäden durch Frost, Feuchtigkeit oder Schimmelbildung zu befürchten sind;[55] Geruchsbelästigungen infolge unzureichender Reinigung der Wohnung[56] wenn der Mieter trotz eines im Mietvertrag vereinbarten Verbots mehrfach in der Grundstückseinfahrt parkt;[57] wenn der Mieter Gegenstände im Treppenhaus aufstellt (Schuhregal, Glasgefäße, Kartons) und diese trotz Abmahung nicht beseitigt;[58] wenn der Mieter vertragliche Pflichten nicht erfüllt, obwohl er hierzu verurteilt worden ist;[59] wenn durch das Verhalten des Mieters die Mitbewohner des Hauses belästigt[60] oder gefährdet[61] werden oder wenn dessen Fehlverhalten zu einer ernsthaften Gefährdung oder Beschädigung der Mietsache führt;[62] wenn der Mieter gegen den ausdrücklich erklärten Willen des Vermieters eine Wand zwischen zwei Zimmern entfernt und deren Stelle einen Stahlträger einbaut.[63]

24 Hat der Mieter die Räume einem Dritten überlassen ohne hierzu berechtigt zu sein **(Untermiete)** oder hat er einen Dritten ohne Erlaubnis des Vermieters in die Wohnung aufgenommen, so ist der Vermieter regelmäßig zur Kündigung nach § 573 Abs. 2 Nr. 1 BGB berechtigt.[64] Etwas

unterlassene Schönheitsreparaturen; **a. A.** für Schönheitsreparaturen: LG Berlin GE 1999, 1052; AG Erfurt WuM 2000, 629 betr. Einbau eines Katzendurchschlupfs in eine Zimmertür; AG Wiesbaden WuM 2000, 190 betr. Verletzung der Pflicht zur Treppenreinigung.

[47] LG München NJW RR 1991, 1112 = WuM 1991, 548 betr. Duldung der Aufnahme eines Dritten über längere Zeit.

[48] AG Darmstadt ZMR 2015, 39.

[49] AG Brandenburg WuM 2015, 741.

[50] Z. B. Anbringen einer Parabolantenne; Tierhaltung; Musikausübung; s. dazu auch AG Dortmund WuM 1974, 103 betr. die Haltung eines nicht störenden Zwergdackels; AG Berlin-Charlottenburg GE 1991, 191 betr. Hundehaltung; LG Bochum WuM 1979, 255 betr. das Abstellen eines PKW im Hof, Errichtung einer CB-Antenne und nachlässige Erledigung der Hauswartpflichten; AG Altötting NJW RR 1992, 660 = WuM 1992, 365 betr. Errichtung einer Parabolantenne; AG Landstuhl NJW-RR 1994, 205 betr. Parken eines PKW an einer möglicherweise nicht erlaubten Stelle; AG Regensburg WuM 1991, 678 betr. die gewerbliche Nutzung eines Zimmers als Büro; LG Berlin GE 2016, 526: Angabe der Wohnanschrift als Geschäftsadresse durch Rechtsanwalt, wenn kein Mandantenverkehr stattfindet und kein Schild auf eine Anwaltskanzlei hinweist; LG Mannheim WuM 1976, 232 bei Mietrückständen, die auf Grund einer Minderung trotz zweifelhafter Rechtslage eingetreten sind (ebenso: LG Köln WuM 1974, 126; WuM 1974, 219); LG Mannheim WuM 1987, 320, wenn der Mieter einem Handwerker das Betreten der Wohnung verweigert.

[51] LG Berlin GE 2009, 1316.

[52] LG Saarbrücken ZMR 2008, 974; zweifelhaft.

[53] LG Berlin GE 2012, 899.

[54] LG Halle/Saale ZMR 2012, 19.

[55] LG Hagen ZMR 2008, 973.

[56] AG Bonn ZMR 2015, 38.

[57] LG München I NZM 2015, 893.

[58] LG Köln ZMR 2017, 250.

[59] AG Hamburg-Blankennese WuM 1998, 286.

[60] LG Düsseldorf DWW 1989, 393 betr. tägliches Klavierspiel auch an Sonn- und Feiertagen.

[61] LG Berlin ZMR 2000, 529 betr. Diebstahl innerhalb der Hausgemeinschaft.

[62] LG Berlin GE 1993, 917: Einleitung erheblicher Mengen von Katzenstreu in die Toilette mit der Folge einer Rohrverstopfung.

[63] LG Kassel DWW 2011, 336.

[64] BayOBLG RE 26.4.1995 NJW-RR 1995, 969 = WuM 1995, 378 = ZMR 1995, 301.

anderes gilt dann, wenn der Mieter einen Anspruch auf Erteilung der Untermieterlaubnis nach § 553 BGB geltend machen kann. In diesem Fall wird es in aller Regel an einer erheblichen Verletzung der Rechte des Vermieters fehlen.[65] In den übrigen Fällen ist im Einzelfall zu prüfen, ob der Vertragsverstoß schwer genug wiegt, um die Kündigung zu rechtfertigen. Maßgeblich ist, welches Gewicht dem Vertragsverstoß zukommt, den der Mieter gegenüber seinem Vermieter durch die unbefugte Gebrauchsüberlassung begangen hat. In der Praxis wird es dabei maßgeblich darauf ankommen, welche persönlichen und wirtschaftlichen Gründe der Mieter für die Aufnahme des Dritten geltend machen kann. Sind diese Gründe besonders gewichtig, so wird es an der Erheblichkeit der Vertragsverletzung fehlen; bei weniger gewichtigen Gründen kann die Erheblichkeit zu bejahen sein. Zum anderen sind aber auch die Gründe zu berücksichtigen, die den Mieter dazu bewogen haben, ohne Einholung der Erlaubnis einen Dritten aufzunehmen. Eine bewusste Missachtung des Vermieterwillens spricht hier für die Erheblichkeit der Vertragsverletzung; ein – wenn auch verschuldeter – Rechtsirrtum spricht dagegen. In bestimmten Fällen kann es auch am Verschulden fehlen.

Bei einer **Benutzung der Wohnung zu beruflichen, freiberuflichen oder gewerblichen** 24a
Zwecken, ist zu unterscheiden: Eine berufliche Tätigkeit ohne Außenwirkung fällt unter den Begriff des „Wohnens“. Eine solche Tätigkeit ist ohne weiteres zulässig; einer Erlaubnis durch den Vermieter bedarf es nicht. Der BGH[66] nennt beispielsweise die Unterrichtsvorbereitung eines Lehrers; die Telearbeit eines Angestellten, die schriftstellerische Tätigkeit eines Autors oder den Empfang oder die Bewirtung eines Geschäftsfreundes.

Dagegen sind geschäftliche Aktivitäten freiberuflicher oder gewerblicher Art, die nach außen in 24b
Erscheinung treten Erlaubnispflichtig. Für die **Abgrenzung** kommt es maßgeblich auf die Außenwirkung an. Von einer Außenwirkung kann nach der Ansicht des BGH ausgegangen werden, wenn der Mieter die Wohnung als seine Geschäftsadresse angibt, wenn er in der Wohnung Kunden empfängt oder wenn er dort Mitarbeiter beschäftigt. Die Angabe der Wohnanschrift als Geschäftsadresse bei der Rechtsanwaltskammer durch einen Rechtsanwalt dürfte für sich allein allerdings keine Kündigung rechtfertigen, wenn weder Mandantenverkehr stattfindet noch ein Schild auf eine Anwaltskanzlei hinweist.[67]

Der Mieter kann im Einzelfall nach Treu und Glauben einen **Anspruch auf Erteilung der Er-** 24c
laubnis haben, wenn er keine Mitarbeiter beschäftigt und der Kundenverkehr nicht ins Gewicht fällt.

Übt der Mieter eine erlaubnispflichtige Tätigkeit in der Wohnung aus und hat er auch keinen 24d
Anspruch auf Erteilung der Erlaubnis, so liegt der Tatbestand des § 573 Abs. 2 Nr. 1 BGB vor[68].

Für die **Beweislast** gilt in den Fällen der Untermiete und der teilgewerblichen Nutzung folgen- 24e
des: Kündigt der Vermieter wegen einer vertragswidrigen, nicht vom Wohngebrauch gedeckten Nutzung, so muss der Mieter beweisen, dass ein vom Vertragszweck abw. Mietgebrauch gestattet ist. In den Fällen der teilgewerblichen Nutzung muss der Mieter entweder beweisen, dass die in Betracht stehende Tätigkeit keine Außenwirkung hat oder dass ihm ein Anspruch auf Genehmigung der Tätigkeit zusteht. Bei der Untervermietung muss der Mieter beweisen, dass ihm die Untervermietung gestattet wurde oder dass ihm ein Anspruch auf Erteilung der Untermieterlaubnis zusteht.

bb) Zahlungsverzug. Liegt ein verschuldeter Zahlungsrückstand i. S. v. § 543 Abs. 2 Nr. 3 25
BGB vor, so kann der Vermieter wahlweise nach § 543 Abs. 2 Nr. 3 BGB oder nach § 573 Abs. 2 Nr. 1 BGB kündigen.[69] Ebenso kann der Vermieter eine fristlose Kündigung mit einer hilfsweise ausgesprochenen ordentlichen Kündigung verbinden. Beide Kündigungen bestehen dann nebeneinander.

---

[65] So zum rechtsähnlichen § 543 Abs. 2 Nr. 2 BGB: *Kraemer* DWW 2001, 110, 118; *Lammel* § 543 BGB Rdn. 84; *Kandelhard* in Herrlein/Kandelhard § 543 BGB Rdn. 44; *Lützenkirchen,* Neue Mietrechtspraxis Rdn. 867.

[66] BGH NJW 2009, 3157 = NZM 2009, 658 = WuM 2009, 517.

[67] So zutreffend LG Berlin GE 2016, 526.

[68] BGH a. a. O.

[69] BGH WuM 2005, 205 = NZM 2005, 334 = ZMR 2005, 356; BGH NJW 2007, 428 = NZM 2007, 35 = WuM 2007, 24 = ZMR 2007, 103 = DWW 2007, 22 = GE 2007, 46 unter II 1; *Rolfs* in Staudinger § 573 BGB Rdn. 46; *Haug* in Emmerich/Sonnenschein § 573 BGB Rdn. 24; *Lammel* § 573 BGB Rdn. 52; *Hannappel* in Bamberger/Roth § 573 BGB Rdn. 28; **a. A.** *Franke* in WoBauR § 573 BGB Anm. 14.4.: danach hat § 573 BGB neben § 543 Abs. 3 Nr. 3 BGB keine eigenständige Bedeutung; ähnlich: *Häublein* in MünchKomm § 573 BGB Rdn. 60ff.; *Asper* WuM 1996, 315: Danach ist in den Fällen des Verzugs mit periodisch wiederkehrenden Mietzahlungen ausschließlich § 554 BGB a. F. (= § 543 Abs. 2 Nr. 3 BGB n. F.) anwendbar.

26 Fraglich kann nur sein, wie das Tatbestandsmerkmal „nicht unerheblich“ in § 573 Abs. 2 Nr. 1 BGB zu konkretisieren ist. Hinsichtlich einer Kündigung wegen Zahlungsverzugs werden hierzu im Wesentlichen zwei Ansichten vertreten. Nach einer Meinung ist das Tatbestandmerkmal „nicht unerheblich“ unter Rückgriff auf die für die fristlose Kündigung geltende Vorschrift des § 543 Abs. 2 Nr. 3 BGB auszulegen.[70] Nach der Gegenmeinung ist eine ordentliche Kündigung auch wegen geringerer Rückstände möglich, wobei meist ein Rückstand von mehr als einer Monatsmiete und eine Verzugsdauer von mindestens einem Monat gefordert wird.[71] Der **BGH** schließt sich der letztgenannten Ansicht an.[72] Danach scheidet eine ordentliche Kündigung wegen Zahlungsverzugs aus, „wenn der Mietrückstand eine Monatsmiete nicht übersteigt und die Verzugsdauer weniger als einen Monat beträgt“ (Rz. 20).

27 Für die Auffassung des BGH spricht auf den ersten Blick das systematische Verhältnis der ordentlichen zur außerordentlichen, fristlosen Kündigung. Die Annahme einer Kündigungsmöglichkeit bei einem Zahlungsverzug unterhalb der Schwelle des § 573 BGB ist allerdings nicht zwingend. Vielmehr ist davon auszugehen, dass den präzisen Kündigungsvoraussetzungen des § 543 Abs. 2 Nr. 3 BGB eine allgemeingültige Bedeutung zukommt. Immerhin liegen dieser Vorschrift ausgewogene, gesetzgeberische Wertvorstellungen darüber zugrunde, wie die Vermögensinteressen des Vermieters mit den Erfordernissen des Mieterschutzes in Einklang zu bringen sind. Diese gesetzgeberischen Wertvorstellungen müssen auch bei der ordentlichen Kündigung beachtet werden. Dies rechtfertigt es, dass an die ordentliche Kündigung wegen Zahlungsverzugs dieselben Anforderungen wie im Rahmen des § 543 Abs. 2 Nr. 3 BGB gestellt werden.[73] Auf die Ausführungen zu § 543 Abs. 2 Nr. 3 BGB kann deshalb verwiesen werden.

28 Soweit eine Kündigung wegen rückständiger Grundmiete, rückständigen Betriebskostenvorauszahlungen und rückständigen, in periodischer Folge geschuldeten Mietzuschlägen (Untermietzuschlag; Zuschlag für gewerbliche Nutzung, Möblierungszuschlag) in Frage steht, kommt der Vorschrift des § 573 Abs. 2 Nr. 1 BGB nach der hier vertretenen Ansicht also keine eigenständige Bedeutung zu. Darüber hinaus umfasst § 573 Abs. 2 Nr. 1 BGB aber auch Mietrückstände, die aus **nicht periodisch wiederkehrenden Zahlungsverpflichtungen** herrühren. Dies gilt insbesondere für den Anspruch des Vermieters aus einer **Betriebskostenabrechnung.**[74] Anders als § 543 Abs. 2 Nr. 3 BGB enthält § 573 Abs. 2 Nr. 1 BGB keine Beschränkung auf periodisch wiederkehrende Leistungen. Eine solche Beschränkung wäre auch unangebracht, weil die Betriebskosten auch zur Miete gehören. Dass die Kündigung wegen rückständiger Nachzahlungsbeträge nach § 543 Abs. 2 Nr. 3 BGB nicht möglich ist, beruht auch nicht auf Gerechtigkeitsvorstellungen, sondern auf dem Umstand, dass der Gesetzgeber diese Fälle bei der Schaffung des § 554 BGB a. F. (= § 543 Abs. 2 Nr. 3 BGB n. F.) offensichtlich nicht mitbedacht hat.[75] Das Erheblichkeitskriterium ist bei der Kündigung wegen einer rückständigen Betriebskostennachzahlung dann erfüllt, wenn der Zahlungsverzug der Höhe nach einer Monatsmiete entspricht und die Forderung länger als einen Monat fällig ist.[76] Dabei ist stets zu bedenken, dass der Anspruch aus einer Betriebskostenabrechnung erst dann fällig wird, wenn dem Mieter eine ordnungsgemäß begründete und nachprüfbare Abrechnung zugegangen und eine angemessene Prüfungsfrist verstrichen ist. Darüber hinaus kann in Fällen der hier fraglichen Art der Verzug deshalb ausgeschlossen sein, weil sich der Mieter bezüglich seiner Zahlungspflicht in einem unverschuldeten Irrtum befindet. Ein solcher Fall wird vorliegen, wenn der Mieter begründete Zweifel an der Richtigkeit der Abrechnung hat. Gleiches gilt, wenn Unklarheit darüber besteht, ob der Vermieter überhaupt zur Umlage bestimmter Betriebskosten berechtigt ist.

29 Ähnliche Grundsätze gelten, wenn der Mieter mit der Zahlung einer **Kaution** in Verzug gerät. Die Nichtzahlung der Kaution berechtigt zur ordentlichen Kündigung gem. § 573 Abs. 2 Nr. 1 BGB.[77] Jedoch ist zunächst § 551 BGB, wonach die Kaution in Teilbeträgen bezahlt werden darf, zu beachten. Bei der Prüfung der Erheblichkeit der Vertragsverletzung wird es sachgerecht sein, auf die

---

[70] *Häublein* in MünchKomm § 573 Rdn. 59.
[71] *Rolfs* in Staudinger § 573 Rdn. 47; *Lützenkirchen* in Ermann § 573 Rdn. 24.
[72] BGH (VIII ZR 107/12) NJW 2013, 159.
[73] Wie hier: *Häublein* in MünchKomm § 573 BGB Rdn. 60ff; *Derckx* NZM 2011, 652;. *Franke* in WoBauR § 573 BGB Anm. 14.3; *Kossmann* § 116 Rdn. 13.
[74] AG Köln ZMR 2011, 804; Vgl. auch OLG Koblenz RES § 554 BGB Nr. 3.
[75] OLG Koblenz a. a. O.
[76] LG Berlin GE 2016, 126; ähnlich AG Geldern/LG Kleve WuM 1996, 37.
[77] AG Hamburg-Blankenese ZMR 2011, 884.

in § 569 Abs. 3 Nr. 1 BGB getroffene Wertentscheidung zurückzugreifen. Dies führt zum Ergebnis, dass eine Kündigung erst dann möglich ist, wenn sich der Mieter mit einem Kautionsbetrag im Rückstand befindet, der eine Monatsmiete übersteigt.[78] Diese Voraussetzung ist frühestens mit Fälligkeit der zweiten Kautionsrate gegeben. Außerdem kommt es im Rahmen der Erheblichkeitsprüfung maßgeblich darauf an, auf welchen Gründen die Nichterfüllung beruht. Zahlungsunfähigkeit oder – unwilligkeit sprechen für die Kündigung. Ein Einbehalt auf Grund der (rechtsirrigen) Annahme, dass hinsichtlich der Kaution ein Zurückbehaltungsrecht bestehe, spricht dagegen.[79]

Streitig ist, ob die Weigerung (oder das Unvermögen) zur Zahlung von **Prozesskosten** aus einer 29a
vorangegangenen Mietstreitigkeit als Pflichtverletzung in diesem Sinn zu bewerten ist.[80] Der BGH[81] führt hierzu aus, dass die Weigerung (oder das Unvermögen) zur Zahlung von Prozesskosten jedenfalls dann unter § 573 Abs. 2 Nr. 1 BGB fällt, wenn die Kosten im Zusammenhang mit einem Verfahren wegen dem Verzug zur Zahlung der Miete entstanden sind. Dies beruht auf der Erwägung, dass die Prozesskosten in diesem Fall als Teil des durch die unterbliebenen Mietzahlungen verursachten Verzugsschadens gelten. Gleichwohl kann der Vermieter in Fällen dieser Art nicht kündigen, weil die Pflichtverletzung unterhalb der „Erheblichkeitsschwelle" liegt, die unter Berücksichtigung „der in § 569 Abs. 3 Nr. 2 BGB zum Ausdruck gekommenen Wertung des Gesetzgebers" zu bestimmen ist. Danach wird eine fristlose Kündigung unwirksam, wenn der Vermieter bis zum Ablauf von zwei Monaten nach Zustellung der Räumungsklage „hinsichtlich der fälligen Miete und der fälligen Entschädigung nach § 546a Abs. 1 befriedigt wird". Die Rechtsfolge der Unwirksamkeit hängt nach der Vorstellung des Gesetzgebers nur vom Ausgleich der Mietrückstände, nicht aber von der Bezahlung angefallener Verzugszinsen oder Prozesskosten ab. Diese gesetzgeberische Wertung würde unterlaufen, wenn der Vermieter diese Beträge zum Gegenstand einer ordentlichen Kündigung oder einer Kündigung nach § 543 Abs. 2 Nr. 3 BGB machen könnte.[82]

Die Kündigung nach § 573 Abs. 2 Nr. 1 BGB setzt nach dem Wortlaut der Vorschrift zwingend 30
ein **Verschulden** des Mieters am Zahlungsrückstand voraus. Deshalb besteht das Kündigungsrecht nicht, wenn die Zahlung infolge eines Umstands unterbleibt, den der Mieter nicht zu vertreten hat. Hierzu zählen **Zahlungsverzögerungen aufgrund unverschuldeter wirtschaftlicher Schwierigkeiten** (Arbeitslosigkeit, Krankheit; zur Darlegungs- und Beweislast s. Rdn. 41). Das Verschulden wird vermutet (s. § 280 Abs. 1 BGB);[83] deshalb muss der Mieter darlegen und beweisen, dass ihn kein Verschulden trifft.[84] Nach der Rechtsprechung des BGH muss der Mieter im Einzelnen darlegen, dass er einen Zahlungsverzug aufgrund des Eintritts einer unvorhersehbaren wirtschaftlichen Notlage mangels Verschuldens nicht zu vertreten hat. Eine lückenlose Darstellung der Umstände, dass jede noch so entfernt liegende Möglichkeit eines Verschuldens ausgeschlossen erscheint, sei zwar nicht erforderlich. Jedoch müsse der Mieter regelmäßig seine Einkommens- und Vermögensverhältnisse offenlegen und zu allen Umständen Stellung nehmen die für einen behaupteten Ausschluss der Leistungsfähigkeit von Bedeutung sein können.[85] Ist absehbar, dass es zu einem finanziellen Engpass kommt, muss sich der Mieter unverzüglich um eine Übernahme der Mietschulden durch eine öffentliche Stelle (z. B. Jobcenter) bemühen; wird diese Obliegenheit verletzt, so ist der weiterhin bestehende Rückstand vom Mieter zu vertreten.[86] Die in einem Vermögensverzeichnis gem. § 802c ZPO dokumentierte Zahlungsunfähigkeit des Mieters kann i. d. R. als Indiz dafür gewertet werden, dass dem Mieter zum Kündigungszeitpunkt keine ausreichenden Mittel zur Erfüllung der Mietschuld zur Verfügung standen.[87]

Beruht die Nichtzahlung auf einem **unverschuldeten Rechtsirrtum** über die Zahlungs- 30a
pflicht, so wird es bereits an den Voraussetzungen des Verzugs fehlen. An die Annahme eines unverschuldeten Rechtsirrtums werden allerdings strenge Anforderungen gestellt (s. § 543 Rdn. 102ff).

---

[78] LG Berlin GE 2016, 330.

[79] LG Köln WuM 1993, 605.

[80] Bejahend: *Häublein* in: MünchKomm § 573 BGB Rdn. 57; verneinend LG Duisburg WuM 1992, 189; *Rolfs* in: Staudinger § 573 BGB Rdn. 38.

[81] BGH (VIII ZR 267/09) NJW 2010, 3020 = WuM 2010, 571 = ZMR 2011, 16.

[82] BGH a. a. O.

[83] BGH (VIII ZR 173/15) NZM 2016, 635 Rz. 19.

[84] BGH (VIII ZR 238/15) WuM 2016, 682; BGH (VIII ZR 39/15) NZM 2016, 650.

[85] BGH (VIII ZR 238/15) WuM 2016, 682 betr. Zahlungsprobleme auf Grund unerwartet hoher Steuernachforderungen.

[86] AG Reinbek ZMR 2015, 945.

[87] S. dazu auch BGH (VIII ZR 39/15) NZM 2016, 650.

30b Nach der Rechtsprechung des BGH kann auch die nachträgliche Zahlung der Rückstände zu Gunsten des Mieters berücksichtigt werden kann, weil sie „ein etwaiges Fehlverhalten in einem milderen Licht erscheinen lässt".[88] Nach der Meinung des KG soll dies nur dann gelten, wenn der Rückstand „binnen kurzer Zeit" ausgeglichen wird.[89] Für diese Beschränkung besteht kein Bedürfnis; vielmehr kommt es stets auf die Umstände des Einzelfalls an. Grundsätzlich ist die Verschuldensfrage immer dann zu prüfen, wenn der Ausgleich innerhalb der Frist des § 569 Abs. 3 Nr. 2 BGB erfolgt (zur analogen Anwendung dieser Vorschrift bei der ordentlichen Kündigung s. § 569 BGB Rdn. 65). Wurde die Miete bislang vom Sozialamt oder vom Jobcenter bezahlt, so trifft den Mieter kein Eigenverschulden, wenn die Behörde die Zahlungen an den Vermieter eingestellt hat ohne den Mieter hierüber zu informieren.[90] Ein eventuelles Verschulden der Behörde ist dem Mieter nicht zuzurechnen. Eine andere Frage ist es, ob der Vermieter im Falle unverschuldeter Zahlungsrückstände auf den allgemeinen Kündigungstatbestand des § 573 Abs. 1 BGB zurückgreifen kann.[91] Dies ist aus rechtssystematischen Gründen zu bejahen. Weil die Tatbestände der außerordentlichen, fristlosen Kündigung wegen einer Vertragsverletzung und die Tatbestände der ordentlichen Kündigung in einem Stufenverhältnis zueinander stehen und sich nicht strukturell sondern nur graduell voneinander unterscheiden, muss bei der ordentlichen Kündigung wegen einer Vertragsverletzung auch ein verschuldensunabhängiger Kündigungstatbestand existieren. Es wäre widersprüchlich, wenn der Vermieter wegen einer nichtverschuldeten Vertragsverletzung zwar nach § 543 Abs. 2 Nr. 2 BGB oder nach § 543 Abs. 2 Nr. 3 BGB, nicht aber nach § 573 BGB kündigen könnte. Nach der hier vertretenen Auffassung werden die Interessen des Mieters durch diese Lösung auch nicht über Gebühr beeinträchtigt, weil der ordentlichen Kündigung wegen Zahlungsverzugs nur im Falle einer rückständigen Betriebskostennachzahlung oder Kaution in Höhe mindestens einer Monatsmiete praktische Bedeutung zukommt. Im Übrigen erlaubt die weite Fassung des § 573 Abs. 1 BGB eine Korrektur dahingehend, dass bei fehlendem Verschulden des Mieters an das Vorliegen des berechtigten Interesses strengere Anforderungen gestellt werden als bei schuldhafter Nichtzahlung.[92]

31 Eine ordentliche Kündigung bleibt grundsätzlich auch dann wirksam, wenn der Mieter den Rückstand bezahlt. In besonders gelagerten Ausnahmefällen kann die Durchsetzung des aus der Kündigung folgenden Räumungsanspruchs allerdings rechtsmissbräuchlich **(§ 242 BGB)** sein.[93] Nach der **Rechtsprechung des BGH** entzieht sich die Frage, ob dem Vermieter die Berufung auf eine zunächst wirksame ordentliche Kündigung wegen nachträglich eingetretener Umstände mit Rücksicht auf Treu und Glauben verwehrt ist, allgemeiner Betrachtung. Sie ist vielmehr vom Tatrichter aufgrund der ihm obliegenden Würdigung der konkreten Umstände des Einzelfalls zu beantworten. Die Entscheidung des Tatrichters ist vom Revisionsgericht nur eingeschränkt überprüfbar.[94] Das LG Berlin vertritt die Ansicht, dass Rechtsmissbrauch vorliegen kann wenn die nachträgliche Zahlung ganz kurz nach dem Ausspruch der Kündigung erfolgt und der Mieter nachvollziehbare Gründe für die Säumnis angeben kann.[95] Das LG Hamburg hat Rechtsmissbrauch in einem Fall angenommen, in dem der Mieter die Rückstände anerkannt, Ratenzahlungen angeboten, Zahlungen geleistet und den Rückstand ausgeglichen hat.[96] Nach einer Entscheidung des LG Bonn[97] (insoweit bestätigt von BGH a. a. O.), stellt sich die Berufung auf eine wegen Zahlungsverzug erklärte ordentliche Kündigung „in der Regel dann als rechtsmissbräuchlich dar, wenn der Vermieter spätestens bis zum Ablauf von zwei Monaten nach Eintritt der Rechtshängigkeit des Räumungsanspruchs hinsichtlich der fälligen Miete und der fälligen Entschädigung nach § 546a BGB befriedigt wird oder sich eine öffentliche Stelle zur Befriedigung verpflichtet, keine Anhaltspunkte dafür vorliegen, dass es künftig erneut zu weiteren Zahlungsrückständen kommen wird und der Mieter sich auch im Übrigen keine Verletzung von mietvertraglichen Pflichten zuschulden hat kommen lassen, die gegen eine Fortsetzung des Mietverhältnisses sprechen würden." Ebenso soll

---

88 BGH NZM 2005, 334 = WuM 2005, 250 = ZMR 2005, 356 = DWW 2005, 150.
89 KG DWW 2008, 379.
90 AG Ludwigslust WuM 2011, 506.
91 So *Schmid* DWW 1982, 77, 83.
92 So zutreffend: *Schmid* a. a. O.
93 Milger NZM 2013, 553, 555.
94 BGH (VIII ZR 321/14) GE 2016, 453, GE 2016, 455.
95 LG Berlin ZMR 2015, 300.
96 LG Hamburg WuM 2007, 74.
97 LG Bonn GE 2015, 383.

ein geringes Verschulden vorliegen, wenn der Mieter wegen Schimmelbildung mindert und er nach Eingang eines vom Gericht eingeholten Gutachtens, das ihm die Verantwortung zuweist, die rückständige Miete bezahlt.[98] Nach einer Entscheidung des LG Berlin hat ein zur fristlosen Kündigung nach § 543 Abs. 2 Nr. 3 BGB ausreichender Rückstand nicht ohne weiteres zur Folge, dass auch die auf § 573 Abs. 2 Nr. 1 BGB gestützte ordentliche Kündigung wirksam ist. Vielmehr kommt es darauf an, ob der Zahlungsverzug als „nicht unerhebliche" Pflichtverletzung zu bewerten ist.[99] Dies ist unter Berücksichtigung der Umstände des Einzelfalls im Wege einer Interessenabwägung zu festzustellen. Im Rahmen dieser Abwägung spielen die beanstandungsfreie Dauer des bisherigen Verlaufs der Vertragsbeziehungen, das Gewicht und die Auswirkungen der Vertragsverletzung, eine mögliche Wiederholungsgefahr, der Grad des Verschuldens, sowie die besonderen persönlichen Verhältnisse des Mieters ein Rolle.

Hat der Vermieter neben der fristlosen Kündigung hilfsweise ordentlich gekündigt und wird der Rechtstreit nach Zahlung des Mietrückstands von den Parteien übereinstimmend für erledigt erklärt, so stellt sich die Frage, ob der Vermieter den Räumungsanspruch weiterhin auf die ordentliche Kündigung stützen kann. Die Frage ist zu verneinen, weil durch die **Erledigungserklärung** der Räumungsprozess insgesamt beendet wird ohne dass es darauf ankommt, auf welche Rechtsnorm der Räumungsanspruch gestützt wurde. Eine erneute – auf die ordentliche Kündigung gestützte – Klage ist rechtsmissbräuchlich,[100] weil sie auf Gründe gestützt wird, die bereits Gegenstand des Vorprozesses waren (s. § 542 Rdn. 101). **31a**

Zur Frage, ob die Regelung des § 569 Abs. 3 Nr. 2 BGB **(Nachholrecht)** bei der ordentlichen Kündigung analog anzuwenden ist s. § 569 BGB Rdn. 65. **32**

Vereinzelt wird die Ansicht vertreten, dass das Gericht das Mietverhältnis im Falle nachträglicher Zahlung gem. § 574 BGB fortsetzen könne.[101] Demgegenüber ist einzuwenden, dass die genannte Regelung für andere Fälle gedacht ist (s. § 574 BGB Rdn. 28 ff.). Davon abgesehen wird die Anwendung des § 574 BGB i. d. R. an § 574 Abs. 1 Satz 2 BGB scheitern. **33**

Nach obergerichtlicher Rechtsprechung kann der Vermieter die Kündigung nach § 573 Abs. 2 Nr. 1 BGB **hilfsweise** neben der Kündigung nach § 543 Abs. 2 Nr. 3 BGB erklären.[102] Die nachträgliche Zahlung des Rückstands hat nach dieser (hier abgelehnten, s. § 569 BGB Rdn. 65) Meinung zur Folge, dass die fristlose Kündigung nach § 569 Abs. 3 Nr. 2 BGB unwirksam wird während die ordentliche Kündigung bestehen bleibt. Folgerichtig ist der Vermieter nicht gehindert, den auf die ordentliche Kündigung gestützten Räumungsanspruch weiter zu verfolgen, weil insoweit ein anderer Streitgegenstand vorliegt.[103] Hiervon abw. wird allerdings auch die Ansicht vertreten, dass die ordentliche Kündigung nicht wirksam werden könne, weil im Zeitpunkt ihres Zugangs das Mietverhältnis (auf Grund der Kündigung nach § 543 Abs. 2 Nr. 3 BGB noch) beendet sei.[104] Die Kündigungserklärung könne auch nicht dahingehend verstanden werden, dass die ordentliche Kündigung für den Fall ausgesprochen sei, dass die fristlose Kündigung durch nachträgliche Zahlung unwirksam werde; eine solche Auslegung des Begriffs „hilfsweise" sei aus der Sicht des Kündigungsempfängers fernliegend.[105] **34**

Die Regelung des **§ 543 Abs. 2 Satz 2 BGB** muss aus den in § 569 BGB Rdn. 65 dargelegten Gründen bei einer ordentlichen Kündigung **ebenfalls analog** angewendet werden. Deshalb kann der Vermieter entgegen allgemeiner Grundsätze nicht kündigen, wenn der Mieter zwar eine Vertragsverletzung in Form eines verschuldeten Zahlungsverzugs begangen hat, der Rückstand aber zum Zeitpunkt des Kündigungszugangs wieder vollständig ausgeglichen ist. Diese Rechtslage hat zur weiteren Folge, dass das Kündigungsrecht nicht wieder auflebt, wenn eine fristlose Kündigung nach § 569 Abs. 3 Nr. 2 BGB unwirksam geworden ist; die der fristlosen Kündigung zugrundeliegenden Rückstände können deshalb nicht zum Gegenstand einer ordentlichen Kündigung nach **35**

---

98 LG Krefeld DWW 2013, 58.

99 LG Berlin WuM 2017, 83.

100 AG Stuttgart WuM 2016, 40.

101 *Beuermann* WuM 1997, 151; *Lammel* § 573 BGB Rdn. 52.

102 BGH WuM 2005, 205 = NZM 2005, 334 = ZMR 2005, 356; BGH (VIII ZR 238/12) WuM 2012, 571; OLG Stuttgart RE 28.8.1991 WuM 1991, 526 = ZMR 1991, 429 = NJW-RR 1991, 1487; OLG Karlsruhe RE v. 19.8.1992, WuM 1992, 517 = ZMR 1992, 488 = NJW-RR 1993, 79; **a. A.** *Asper* WuM 1996, 315: danach wird § 564b Abs. 2 Nr. 1 BGB a. F. durch § 554 BGB a. F. verdrängt.

103 LG Berlin GE 2011, 691.

104 LG Wiesbaden WuM 1998, 284; *Buchmann* WuM 1996, 78; vgl. dazu auch BVerfG NJW-RR 1996, 1479.

105 AG Kerpen WuM 2006, 452.

§ 573 Abs. 2 Nr. 2 BGB gemacht werden.[106] Eine solche Kündigung scheitert an dem Umstand, dass zum Zeitpunkt des Zugangs kein Rückstand mehr besteht.

36 Erklärt der Mieter gegen den rückständigen Mietzins die **Aufrechnung (§ 543 Abs. 2 Satz 3 BGB),** so hat dies nach allgemeinen Grundsätzen zur Folge, dass die Mietzinsschuld rückwirkend auf den Zeitpunkt der Aufrechnungslage erlischt (§ 389 BGB). Eine zuvor ausgesprochene Kündigung würde dann mangels eines Mietrückstands unwirksam. Die Regelung des § 543 Abs. 2 S. 3 BGB bestimmt aus Gründen der Rechtsklarheit hiervon abw., dass diese Rechtsfolge nur eintritt, wenn die Aufrechnung unverzüglich nach dem Zugang der Kündigung erklärt wird. Diese Vorschrift ist im Rahmen des § 573 Abs. 2 Nr. 1 BGB **analog** anzuwenden, weil die Interessenlagen identisch sind.

37 **cc) Zahlungsunpünktlichkeit.** In den Fällen der Zahlungsunpünktlichkeit kann der Vermieter wahlweise nach § 543 Abs. 1 BGB oder nach § 573 BGB kündigen.[107] Ebenso kann der Vermieter in erster Linie fristlos und hilfsweise ordentlich kündigen. Die beiden Kündigungstatbestände unterscheiden sich in formeller und materieller Hinsicht. Der Kündigung nach § 543 BGB muss zwingend eine Abmahnung vorausgehen; für die ordentliche Kündigung ist eine Abmahnung nicht zwingend vorgeschrieben. Es ist allerdings zu bedenken, dass der Tatbestand des § 573 Abs. 2 Nr. 1 BGB eine nicht unerhebliche Pflichtverletzung voraussetzt. Dran kann es fehlen, wenn der Vermieter die Zahlungsunpünktlichkeit zunächst hingenommen hat und er dann das Mietverhältnis ohne Abmahnung kündigt.[108] In materieller Hinsicht genügen für die ordentliche Kündigung Pflichtverstöße von geringerem Gewicht als dies nach § 543 BGB erforderlich ist. Insbesondere ist es nicht erforderlich, dass dem Vermieter die Fortsetzung des Mietverhältnisses bis zum Ablauf der Kündigungsfrist unzumutbar ist.[109] Maßgeblich ist vielmehr, „ob das Zahlungsverhalten …(des Mieters) nach dem Zugang der Abmahnung geeignet ist, das Vertrauen … (des Vermieters) in eine pünktliche Zahlungsweise … wiederherzustellen.[110] Die Grundsätze über die unpünktliche Mietzahlung sind nicht anzuwenden, wenn der Mieter pünktlich aber stets unvollständig zahlt. Bei **ständiger unvollständiger Zahlung** kann der Vermieter erst kündigen, wenn ein Rückstand im Sinne des § 543 Abs. 2 Nr. 3 erreicht ist.[111]

38 **dd) Belästigungen.** In den Fällen der **Hausfriedensstörungen** und bei allen anderen Vertragsverletzungen, die von **§§ 543 Abs. 1, 569 Abs. 2 BGB** erfasst werden, kann der Vermieter wahlweise nach dieser Vorschrift oder nach § 573 Abs. 2 Nr. 1 BGB kündigen. Auf die Erläuterungen zu §§ 543 Abs. 1, 569 Abs. 2 BGB kann deshalb verwiesen werden.

39 Die Vorschriften über die fristlose Kündigung unterscheiden sich von § 573 Abs. 2 Nr. 1 BGB nur hinsichtlich der **Schwere des Vertragsverstoßes.** Die erstgenannten Vorschriften setzen einen Vertragsverstoß voraus, der so schwer ist, dass dem Vermieter die Fortsetzung des Mietverhältnisses nicht zugemutet werden kann; im Rahmen des § 573 Abs. 2 Nr. 1 BGB genügt es, dass der Mieter seine Verpflichtungen „nicht unerheblich verletzt hat". Zur Abgrenzung werden dieselben Formeln verwendet, wie im Verhältnis des § 573 Abs. 2 Nr. 1 zu § 543 Abs. 1 BGB. Auf die Ausführungen hierzu wird verwiesen.

40 Der Kündigung nach §§ 543 Abs. 1, 569 Abs. 2 BGB muss regelmäßig eine **Abmahnung** vorausgehen (§ 543 Abs. 3 BGB). Da die Kündigungssachverhalte vergleichbar sind, muss dasselbe für eine Kündung nach § 573 Abs. 2 Nr. 1 BGB.[112]

40a **ee) Beschädigung der Mietsache.** Ist der Mieter wegen einer erheblichen und schuldhaften Verletzung seiner vertraglichen (Neben-)Pflicht zur Obhut der Mietsache rechtskräftig verurteilt worden, kann in dem beharrlichen Leugnen der Pflichtverletzung jedenfalls dann ein berechtigter Grund zur ordentlichen Kündigung nach § 573 Abs. 2 Nr. 1 BGB liegen, wenn Umstände festgestellt werden können, die die Besorgnis des Vermieters begründen, der Mieter setze seine Obhutspflichtverletzung auch nach der rechtskräftigen Verurteilung fort.[113]

---

[106] LG Berlin GE 1994, 399.

[107] BGH NJW 2006, 1585 = NZM 2006, 338 = WuM 2006, 193 = ZMR 2006, 425 = DWW 2006, 233 = GE 2006, 508 unter Nr. II 1.

[108] LG Berlin WuM 2016, 490.

[109] BGH a. a. O.

[110] BGH (VIII ZR 129/09) NJW 2010, 2879 = WuM 2010, 495 = ZMR 2010, 948.

[111] AG Mitte/LG Berlin GE 2015, 386.

[112] S. Rdn. 13.

[113] BGH (VIII ZR 39/15) NZM 2016, 550 betr. Feuchtigkeitsschäden infolge unzureichendem Heizen und Lüften.

ff) Unerlaubte Untervermietung/Gebrauchsüberlassung. Nach § 540 Abs. 1 BGB ist der Mieter ohne Erlaubnis des Vermieters nicht berechtigt, die Sache weiter zu vermieten. Die Aufnahme des Untermieters ohne Erlaubnis ist als Pflichtverletzung zu bewerten. Dies gilt nach der Rechtsprechung des BGH auch dann, wenn der Mieter einen Anspruch auf Erteilung der Erlaubnis hat.[114] Allerdings rechtfertigt nicht jede Pflichtverletzung die ordentliche Kündigung des Mietvertrags. Erforderlich ist vielmehr dass der Mieter seine Pflichten „nicht unerheblich" verletzt hat. Dieses Tatbestandmerkmal ist unter Abwägung der Umstände des Einzelfalls auszufüllen.[115] An diesem Tatbestandsmerkmal wird es i. d. R. fehlen, wenn der Mieter einen Anspruch auf Erteilung der Untermieterlaubnis hat.[116] In der formell unerlaubten Untervermietung kann nämlich schwerlich eine erhebliche Rechtsverletzung liegen. Der BGH hat diese Frage in dem Urteil vom 2.2.2011[117] offengelassen. Nach dem dort zur Entscheidung stehenden Sachverhalt hatte der Vermieter keine Erlaubnis erteilt, obwohl er hierzu nach dem Mietvertrag verpflichtet gewesen wäre. Die Verweigerung der Erlaubnis war mithin vertragswidrig. In einem solchen Fall ist es einem Vermieter „wegen des Verbots des rechtsmissbräuchlichen Verhaltens (§ 242 BGB) verwehrt, sich … auf das Fehlen einer Erlaubnis zu berufen".[118] 40b

e) Darlegungs- und Beweislast. Für die Darlegungs- und Beweislast gelten dieselben Grundsätze wie bei den vergleichbaren Tatbeständen der außerordentlichen fristlosen Kündigung. Auf die Ausführungen zu § 543 BGB Rdn. 233 wird deshalb verwiesen. Im Unterschied zu § 543 Abs. 2 Nr. 3 BGB setzt die ordentliche Kündigung nach § 573 Abs. 2 Nr. 1 BGB voraus, dass die Pflichtverletzung **schuldhaft** begangen wird. Insoweit folgt aus § 280 Abs 1 Satz 2 BGB, dass der Mieter das fehlende Verschulden darlegen und beweisen muss.[119] 41

2. Eigenbedarf (Abs. 2 Nr. 2)

a) Allgemeines. Der Kündigungstatbestand setzt voraus, dass der Vermieter die Räume als Wohnung für sich, die zu seinem Haushalt gehörenden Personen oder seine Familienangehörigen benötigt. Der Begriff „benötigt" setzt nach allgemeiner Ansicht nicht voraus, dass der Vermieter dringend („nötig") auf die Wohnung angewiesen ist. Andererseits kommt durch den vom Gesetzgeber gewählten Begriff („benötigt" statt „nutzen will") aber doch zum Ausdruck, dass der bloße Wille des Vermieters zur Eigennutzung für die Kündigung nicht ausreicht. Die instanzgerichtliche Rechtsprechung hat in früherer Zeit teilweise strenge Anforderungen an den Kündigungstatbestand gestellt. Durch die Rechtsprechung des BVerfG (s. Rdn. 43) und die neuerer Rechtsprechung des BGH (s. insbes. Rdn. 146) wurden die Anforderungen an das Erlangungsinteresse jedoch dem bloßen Erlangungswillen angenähert. Diese Rechtsprechung beruht letztlich auf der Annahme, dass die Regelungen des § 573 Abs. 2 Nr. 2 BGB im Hinblick auf angeblich übergeordnete Grundrechte der Immobilieneigentümer eng auszulegen sind, eine These, die mit dem Wortlaut des Kündigungstatbestandes und den ursprünglichen Intensionen des Gesetzgebers nicht im Einklang steht. Nach dem gegenwärtigen Stand der Rechtsentwicklung genügt es, wenn der Vermieter die ernsthafte Absicht hat, die Räume selbst als Wohnung zu nutzen oder diese einem Angehörigen zu überlassen (Nutzungs-/Überlassungswille) und wenn diese Absicht auf vernünftigen Erwägungen beruht (Nutzungs-/Überlassungsinteresse). Folgt man der Rechtsprechung des BGH hat das (Miet)Gericht letztlich lediglich zu prüfen (1) ob der Vermieter tatsächlich die ernsthafte Absicht hat, die Wohnung selbst zu nutzen oder diese einem Angehörigen zu überlassen; (2) ob der Nutzungswille von vernünftigen und nachvollziehbaren Erwägungen getragen ist; (3) ob durch die Inanspruchnahme der gekündigten Wohnung der Bedarf des Vermieters tatsächlich gedeckt wird; (4) ob der Bedarf des Vermieters durch eine andere frei stehende oder frei werdende Wohnung gedeckt werden kann 42

---

114 BGH (VIII ZR 74/10) NJW 2011, 1065 = WuM 2011, 169 = ZMR 2011, 453 m. Anm. *Blank* LMK 2011, 315715.

115 BGH a. a. O.; s. dazu auch § 543 Rdn. 74.

116 Vgl. LG Berlin GE 2003, 880; *Kraemer* NZM 2001, 553, 560; *Emmerich* in: Staudinger § 543 BGB Rdn. 58; *Lammel* § 543 BGB Rdn. 84; *Sternel* Mietrecht aktuell (2009) Rdn. XII 114; *Kandelhard* in Herrlein/Kandelhard Mietrecht § 543 Rdn. 44, 50; *Hinz* in: FA MietRWEG Kap.15 Rdn. 254; *Bieber* in MünchKomm § 543 BGB Rdn 40; *Kinne* in: Kinne/Schach/Bieber Miet- und Mietprozessrecht § 543 BGB Rdn. 52; Kandelhard in: Herrlein/Kandelhard § 543 BGB Rdn. 44; *Lützenkirchen* Neue Mietrechtspraxis, Rdn. 867.

117 BGH a. a. O.

118 BGH a. a. O.

119 KG DWW 2008, 379; AG Reinbek ZMR 2015, 945; *Rolfs* in Staudinger § 573 BGB Rdn. 45; Palandt/*Weidenkaff* § 573 BGB Rdn. 22.

und (5) ob der Wohnbedarf „weit überhöht" ist.[120] Die Prüfung des Eigenbedarfs wird damit faktisch auf eine Missbrauchskontrolle beschränkt. Die Regelung in § 573 Abs. 2 Nr. 2 BGB setzt nicht voraus, dass der Vermieter sämtliche Räume zu Wohnzwecken benötigt. Deshalb kann der Vermieter auch dann nach dieser Vorschrift kündigen, wenn er die Räume nur teilweise zu Wohnzwecken, überwiegend aber zu gewerblichen Zwecken nutzen will.[121] Die Interessen des Mieters am Erhalt der Wohnung sind nach der obergerichtlichen Rechtsprechung nicht im Rahmen des § 573 BGB sondern ausschließlich auf dessen Widerspruch gegen die Kündigung nach § 574 BGB zu berücksichtigen.[122] **Kritik:** Die Ansicht des BGH ist zweifelhaft. Sieht man im Mietbesitz – wie das BVerfG, s. Rdn. 43 – ebenfalls Eigentum i. S. d. Art. 14, spricht das eher für eine Abwägung der jeweiligen durch Art. 14 geschützten Interessen. Davon abgesehen ist in § 574 BGB keineswegs geregelt, dass „entgegenstehende Interessen des Mieters"[123] nur im Wege des Kündigungswiderspruchs Berücksichtigung finden. Die Vorschrift regelt nur die Berücksichtigung von „Härte"(gründen). Härtegründe sind etwas anderes als „Interessen". Ob das „berechtigte Interesse" des Vermieters i. S. des § 573 BGB hinreichend gewichtig ist um eine Vertragsbeendigung zu rechtfertigen kann letztlich nur durch Abwägung mit den Mieterinteressen festgestellt werden.

43 **b) Verfassungsrechtliche Vorgaben.** Nach der Rechtsprechung des BVerfG sind bei der Auslegung des Eigenbedarfstatbestands folgende Verfassungsgrundsätze zu beachten: Der Kündigungstatbestand muss so praktiziert werden, dass das Grundrecht auf Eigentum (Art. 14 GG) gewahrt wird. Zur Eigentumsgewährleistung nach Art. 14 GG zählt das Recht eines Eigentümers eine vermietete Wohnung zu kündigen, wenn er diese wieder selbst nutzen will oder wenn er die Räume privilegierten Angehörigen zur Nutzung überlassen möchte. Das BVerfG betont in diesem Zusammenhang, dass die Gerichte die Entscheidung des Eigentümers über seinen Wohnbedarf grundsätzlich respektieren müssen und ihm nicht fremde Vorstellungen über angemessenes Wohnen und seine weitere Lebensplanung aufdrängen dürfen.[124] Das Besitzrecht des Mieters an der Wohnung ist aber gleichfalls Eigentum i. S. v. Art. 14 Abs. 1 GG; der Mietbesitz steht damit ebenfalls unter dem Schutz des Grundgesetzes.[125] Aus dieser sehr umstrittenen[126] Entscheidung des BVerfG folgt, dass die Eigentumsposition des Sacheigentümers und die Eigentumsposition des Mieters miteinander konkurrieren. Hieraus ergeben sich Konsequenzen für den Gesetzgeber und für die Gerichte. Der Gesetzgeber ist nach den Ausführungen des BVerfG gehalten, „die beiden miteinander konkurrierenden Eigentumspositionen inhaltlich auszugestalten, gegeneinander abzugrenzen und die jeweiligen Befugnisse so (zu) bestimmen, dass die beiden Eigentumspositionen angemessen gewahrt bleiben". Das BVerfG betont in diesem Zusammenhang, dass hieraus keine Folgerungen für eine bestimmte Ausgestaltung des Mietrechts gezogen werden können. Insbesondere könne aus dem Eigentumsschutz des Mieters nicht abgeleitet werden, dass dessen Interesse an der Aufrechterhaltung des Mietverhältnisses dem Erlangungsinteresse des Vermieters vorgeht; die derzeitige gesetzgeberische Ausgestaltung der §§ 564b, 556a BGB a. F. sei für die Regelfälle der ordentlichen Kündigung aus verfassungsrechtlicher Sicht nicht zu beanstanden. (Die gleichen Erwägungen gelten für die Ausgestaltung der [inhaltsgleichen] §§ 573, 574 BGB). Bei der Rechtsanwendung muss der grundrechtlich geschützten Besitzposition des Mieters dadurch Rechnung getragen werden, dass das Gericht den Einwänden des Mieters „in einer Weise nachgeht, die der Bedeutung und Tragweite seines Bestandsinteresses gerecht wird, also beispielsweise nachprüft, ob der Selbstnutzungswunsch ernsthaft verfolgt wird …, ob der geltend gemachte Wohnbedarf weit überhöht ist, ob er zwar vorhanden ist, jedoch die Möglichkeit in Betracht kommt, ihn ohne Inanspruchnahme der gekündigten Wohnung zu befriedigen, etwa weil eine andere im Eigentum des Vermieters stehende Wohnung frei ist, in der der geltend gemachte Wohnbedarf ohne wesentliche Abstriche befriedigt werden könnte … Darüber hinaus kann der Mieter verlangen, dass das Gericht bei der Anwendung der Sozialklausel des § 556a BGB a. F. (= § 574 BGB n. F.) und der Auslegung der dort enthaltenen unbestimmten Rechtsbegriffe namentlich des Begriffs der „Härte", Bedeutung und Tragweite seines Bestandsin-

[120] So BGH Urteil vom 4.3.2015 – VIII ZR 166/14 unter Rz. 15.
[121] BGH WuM 2005, 779 = NZM 2005, 943 = GE 2005, 1548.
[122] BGH RE v. 20.1.1988, NJW 1988, 904; Fleindl, NZM 2016, 289, 292.
[123] So aber BGH NJW 1988, 904.
[124] BVerfG WuM 1989, 114; GE 1999, 834; WuM 2002, 21, 22.
[125] BVerfG WuM 1993, 377 = ZMR 1993, 405 = DWW 1993, 224.
[126] Vgl. *Derleder* WuM 1993, 514; *Sternel* MDR 1993, 728; *Depenheuer* NJW 1993, 2561; *Roellecke* JZ 1995, 74; *Rüthers* NJW 1993, 2587; *Franke* DWW 1993, 281; *Finger* ZMR 1993, 545.

teresses hinreichend erfasst und berücksichtigt".[127] Die hier dargelegten Grundsätze hat das BVerfG in zahlreichen Entscheidungen konkretisiert.[128] Der Vermieter muss den ernsthaften Wunsch zur Nutzung der vermieteten Wohnung haben. Die Instanzgerichte müssen allen Gesichtspunkten nachgehen, die Zweifel an der Ernsthaftigkeit des Nutzungswunsches begründen.[129] Es ist Sache des Eigentümers, seinen Nutzungswunsch darzulegen; der Mieter muss seinerseits konkrete Einwände gegen den Nutzungswunsch vorbringen. Fehlt es an solchen Einwänden, so ist es aus verfassungsrechtlichen Gründen nicht erforderlich, dass sich das Gericht von sich aus mit dem Eigenbedarf auseinandersetzt.[130] Bestreitet der Mieter die Nutzungsabsicht, so muss darüber grundsätzlich Beweis erhoben werden; dies gilt auch dann, wenn das Bestreiten auf einer bloßen Vermutung beruht.[131] Bei der Prüfung der Frage, ob der Vermieter vernünftige und billigenswerte Gründe i. S. d. Rechtsprechung des Bundesgerichtshofs geltend macht, ist den Absichten, den Motiven und der Lebensplanung des Vermieters gebührend Rechnung zu tragen; die Instanzgerichte sind nicht befugt, die Vorstellungen des Vermieters durch eigene Meinungen zu ersetzen.[132] Dem Vermieter darf der Nutzungswunsch nicht „ausgeredet" werden. Eine Mangelsituation ist nicht erforderlich. Ein zeitlich begrenzter Bedarf genügt. Deshalb kann der Vermieter auch dann wegen Eigenbedarfs kündigen, wenn er die Räume lediglich als Zweitwohnung nutzen will.[133] Der Umstand, dass der Vermieter seinen Wohnbedarf durch vorangegangene Fehlplanungen selbst verursacht hat, steht der Kündigung nicht entgegen.[134] Die Kündigung ist allerdings dann unwirksam, wenn mit dem Erlangungswunsch ein weit überhöhter Wohnbedarf geltend gemacht wird.[135] Bei der Prüfung dieser Frage ist kein kleinlicher Maßstab anzulegen; so ist es z. B. nicht zu beanstanden, wenn ein Ehepaar in eine 74 qm große 3-Zimmerwohnung einziehen will, obwohl eine 56 qm große 2-Zimmerwohnung freisteht.[136] Ebenso ist zu akzeptieren, wenn ein Eigentümer eine 72 qm große Wohnung kündigt, um diese mit seiner derzeit genutzten 65 qm großen Wohnung zusammenzulegen um so für sich und seine künftige Ehefrau eine angemessen große Wohnung zu schaffen[137] oder wenn der Eigentümer kündigt, weil er aus finanziellen Gründen aus einer großen in eine kleine Wohnung umziehen will.[138] Eine andere Beurteilung kann geboten sein, wenn einer 22jährigen Studentin eine 107 qm große 4-Zimmerwohnung überlassen werden soll,[139] oder wenn der Eigentümer ein vermietetes Haus mit zahlreichen Zimmern kündigt, obwohl er nur einen Bruchteil der Räumlichkeiten selbst nutzen will.[140] Weitere Einzelheiten hierzu s. Rdn. 146. Unwirksam ist die Kündigung auch dann, wenn die Wohnung die Nutzungswünsche des Vermieters überhaupt nicht erfüllen kann.[141] Die Instanzgerichte müssen prüfen, ob die Kündigungsvoraussetzungen gegeben sind; deshalb ist es verfassungsrechtlich nicht zu beanstanden, wenn das Gericht den Vermieter auffordert, seinen Eigenbedarf näher darzulegen.[142] In bestimmten Fällen kann das Herausgabeverlangen auch rechtsmissbräuchlich sein. So darf der Vermieter nicht kündigen, wenn ihm eine freistehende Wohnung zur Verfügung steht.[143] Der Vermieter darf den Herausgabeanspruch nicht geltend machen, wenn nach Ausspruch der Kündigung eine geeignete Alternativwohnung frei wird;[144] dabei hat das Gericht offengelassen, ob dies auch dann gilt, wenn der Räumungsanspruch bereits tituliert ist. Der Vermieter darf eine freistehende Wohnung auch nicht weitervermieten, um sich die Kündigungsbefugnis oder den Herausgabeanspruch zu erhalten.[145] Die Obliegenheit zum Gebrauch der freiste-

[127] BVerfG WuM 1993, 377 = ZMR 1993, 405 = DWW 1993, 224.
[128] S. dazu: *Blank* WuM 1989, 157; *Gather* DWW 1994, 348; *Lammel* NJW 1994, 3320; *Meincke* WuM 1994, 581; *Roellecke* JZ 1995, 74; NJW 1992, 1649; *Sonnenschein* NJW 1993, 161; *Wolf* WPM 1990, 1565.
[129] BVerfG WuM 1989, 114.
[130] BVerfG NZM 2001, 706 = WuM 2001, 330.
[131] BVerfG WuM 1990, 536; WuM 1991, 146; WuM 1993, 381.
[132] BVerfG WuM 1989, 114.
[133] BVerfG NJW 2014, 2417.
[134] BVerfG WuM 1993, 231.
[135] BVerfG a. a. O.
[136] BVerfG WuM 1991, 145.
[137] BVerfG ZMR 1993, 315.
[138] BVerfG WuM 1991, 661.
[139] BVerfG WuM 1990, 480.
[140] BVerfG GE 1993, 1327.
[141] BVerfG WuM 1989, 114.
[142] BVerfG WuM 1989, 483.
[143] BVerfG WuM 1989, 114.
[144] BVerfG WuM 1990, 536.
[145] BVerfG WuM 1990, 535; WuM 1991, 247.

henden Wohnung gilt allerdings nicht, wenn der Vermieter vernünftige und nachvollziehbare Gründe i. S. d. Rechtsentscheids des BGH vom 20. 1. 1988 (s. Rdn. 92) für den Zugriff auf die gekündigte Wohnung geltend machen kann.[146] Diese Gründe sind von den Instanzgerichten so zu würdigen, dass dabei den Belangen des Mieters hinreichend Rechnung getragen wird.[147] Den Belangen des Eigentümers und seiner Angehörigen muss aber ebenfalls Rechnung getragen werden. Soll beispielsweise einem Ehepaar eine etwa 74 qm große 3-Zimmer-Wohnung überlassen werden, so darf das Mietverhältnis über diese Wohnung auch dann gekündigt werden, wenn im Haus eine 56 qm große 2-Zimmerwohnung freisteht.[148] Der Eigentümer darf auch nicht darauf verwiesen werden, er müsse auf die Kündigung einer vermieteten Wohnung verzichten und seine Angehörigen in freistehenden Räumlichkeiten unterbringen, die bisher gewerblich genutzt worden sind und auch weiterhin gewerblich genutzt werden sollen.[149] Die Räumungsklage kann ohne Verfassungsverstoß abgewiesen werden, wenn der Vermieter wegen eines Bedarfs kündigt, der bereits beim Abschluss des Mietverhältnisses vorhanden gewesen ist oder absehbar war.[150] Allerdings muss dieser Bedarf hinreichend konkret sein; die bloße Möglichkeit, dass später ein solcher Bedarf entstehen könnte, genügt nicht.[151] Vorratskündigungen sind nicht zulässig.[152]

44 **c) Der privilegierte Personenkreis. aa) Eigennutzung.** Eigennutzung ist gegeben, wenn der **Vermieter selbst** die Räume als Wohnung für sich benötigt. Der Vermieter muss nicht Eigentümer sein;[153] auch der **Untermieter** kann Eigenbedarf geltend machen,[154] wenn er die Räume nach dem Inhalt des Hauptmietvertrags selbst nutzen darf. Der Umstand, dass der Vermieter weitere Personen in die Wohnung aufnehmen will, die nicht zu seinen Angehörigen zählen, ist unbeachtlich. Auch die Absicht, einen untergeordneten Teil der Räume anderweitig zu nutzen, hindert die Kündigung nicht.[155] Die Wohnnutzung durch den Vermieter muss allerdings im Vordergrund stehen. Will der Vermieter nur einen geringen Teil der Räume selbst nutzen und den übrigen Teil an Dritte überlassen oder gewerblich nutzen, so liegt in Wirklichkeit keine Wohnraumnutzung vor. Eine Kündigung nach Abs. 2 Nr. 2 ist dann nicht gerechtfertigt; u. U. kann hier aber ein Fall des Abs. 2 Nr. 3 gegeben sein. Der Umstand, dass der Vermieter bei der Aufnahme des oder der Dritten nicht in der Absicht der Gewinnerzielung, sondern aus anderen Motiven handelt, ändert an dieser Bewertung nichts.[156]

45 Bei **mehreren Vermietern** genügt es, wenn die Räume von einem der Vermieter genutzt werden sollen.[157]

46 Der **Erwerber** einer Wohnung kann unmittelbar nach seiner Eintragung ins Grundbuch kündigen. Eine Wartefrist besteht nur dort, wo dies durch Gesetz ausdrücklich bestimmt ist, nämlich in den Fällen des § 577 a BGB (s. dort). Eine allgemeine Wartepflicht, wie sie früher aus § 4 MSchG abgeleitet wurde, gibt es heute nicht mehr.[158]

47 **Juristische Personen** (GmbH, AG) oder **Vereine** haben kein Kündigungsrecht nach Nr. 2, weil die Räumlichkeiten von einer juristischen Person oder von einem Verein nicht als „Wohnung" genutzt werden können.[159] Es genügt nicht, wenn ein Gesellschafter, ein gesetzlicher Vertreter[160] oder ein Angestellter der juristischen Person die Räume nutzen will; der Nutzungswillige gehört in diesen Fällen nicht zum privilegierten Personenkreis, weil er weder Vermieter noch Angehöriger

---

[146] BVerfG WuM 1989, 114.
[147] BVerfG WuM 1991, 247.
[148] BVerfG WuM 1991, 145.
[149] BVerfG WuM 1989, 607.
[150] BVerfG WuM 1989, 114.
[151] BVerfG ZMR 1993, 363; ZMR 1993, 505.
[152] BVerfG WuM 1990, 480; BGH (VIII ZR 297/14) NJW 2015, 3368 unter Rn. 22; BGH (VIII ZR 300/15) NZM 2017, 23 Rn. 19.
[153] LG Hamburg ZMR 2011, 798.
[154] LG Lüneburg DWW 1999, 296.
[155] LG Berlin GE 1991, 683 betr. Nutzung eines Zimmers als Behandlungsraum.
[156] AG Köln WuM 1994, 211 betr. Überlassung von Räumen an Mitglieder einer Glaubensgemeinschaft.
[157] OLG Düsseldorf NZM 2010, 276; LG Berlin GE 1992, 207; GE 1992, 549.
[158] **A. A.** noch *Vogel* JZ 1975, 75: Wartefrist zwischen 1–3 Jahren.
[159] BGH (VIII ZR 232/15) Rn. 17 m. w. N. WuM 2017, 94 m. krit. Anmerkung *Derleder; Harke* ZMR 1991, 81; *Rolfs* in Staudinger § 573 BGB Rdn. 77; *Lützenkirchen* in: Erman § 573 Rdn. 34 *Grapentin* in Bub/Treier Kap. IV Rdn. 121; *Herrlein* in Herrlein/Kandelhard § 573 BGB Rdn. 22; *Lammel* § 573 BGB Rdn. 65; *Franke* in WoBauR § 573 BGB Anm. 16.5; *Häublein* in MünchKomm § 573 BGB Rdn. 67; *Haug* in Emmerich/Sonnenschein, Miete § 573 BGB Rdn. 38; Palandt/*Weidenkaff* § 573 BGB Rdn. 26.
[160] LG Wuppertal WuM 1994, 686; LG Duisburg NZM 2010, 898 für Geschäftsführer.

ist.[161] Für Alleingesellschafter, die über die Mietsache wirtschaftlich verfügen können, gilt nichts anderes. In Ausnahmefällen kann ein Kündigungsgrund aus § 573 Abs. 1 BGB hergeleitet werden, wenn die Nutzung einer bestimmten Wohnung durch den Geschäftsführer aus betrieblichen Gründen dringend erforderlich ist (gesteigerter Betriebsbedarf).[162]

Personengesellschaften ohne eigene Rechtspersönlichkeit (GBR, OHG, KG). Die Gesellschaft als solche kann keinen Wohnbedarf haben. Aus diesem Grunde ist eine Kündigung nach § 573 Abs. 2 Nr. 2 BGB wegen des Bedarfs der Gesellschaft ausgeschlossen.[163] **48**

Hiervon ist die Frage zu unterscheiden, ob eine Personengesellschaft wegen Eigenbedarfs für einen Gesellschafter kündigen kann. Hierzu werden folgende Ansichten vertreten: **(1)** Nach der hier vertretenen Meinung ist eine Eigenbedarfskündigung nach § 573 Abs. 2 Nr. 2 BGB ausgeschlossen, weil der Kündigungstatbestand voraussetzt, dass die Wohnung vom „Vermieter" benötigt wird. „Vermieter" in diesem Sinne ist derjenige, dem die Rechte und Pflichten aus dem Mietvertrag zustehen. Ist eine Wohnung durch eine Personengesellschaft vermietet, so stehen die Rechte und Pflichten nicht den Gesellschaftern, sondern der rechtlich selbständigen Gesellschaft zu;[164] deshalb sind die einzelnen Gesellschafter nicht als Vermieter anzusehen.[165] Auf die Generalklausel in § 573 Abs. 1 BGB kann grundsätzlich nicht zurückgegriffen werden, weil der Regelung in Abs. 2 Nr. 2 eine Sperrwirkung zukommt; ein Rückgriff auf Abs. 1 ist nur ausnahmsweise möglich, wenn außer dem Wohnbedarf weitere Umstände vorliegen.[166] Ein solcher Fall kann bei einer Ehegatten-GbR vorliegen, wenn die Eheleute in die Wohnung einziehen wollen. Ebenso kann nach Abs. 1 gekündigt werden, wenn die Nutzung der Wohnung durch einen Gesellschafter aus betrieblichen Gründen erforderlich ist (Betriebsbedarf).[167] **(2)** Nach anderer Meinung ist eine Eigenbedarfskündigung nur dann möglich, wenn alle Gesellschafter Eigenbedarf haben. In diesem Fall hänge „oft nur vom Zufall ab" ob eine Personenmehrheit als Gemeinschaft oder als Gesellschaft auftritt.[168] Deshalb sei es möglich, die Gesellschafter wie eine Vermietermehrheit zu behandeln.[169] **(3)** Weiter wird die Ansicht vertreten, dass eine GbR wie eine Vermietermehrheit zu behandeln ist, wenn der Gesellschafterbestand überschaubar und dem Mieter namentlich bekannt ist.[170] **(4)** Nach der **Rechtsprechung des BGH** scheidet eine unmittelbare Anwendung des § 573 Abs. 2 Nr. 2 BGB aus. Jedoch sei die Vorschrift entsprechend anzuwenden.[171] Die entsprechende (analoge) Anwendung eines Gesetzes setzt nach allgemeiner Ansicht eine planwidrige Gesetzeslücke voraus. Der BGH führt dazu aus, dass die GbR bis zum Jahre 2000 als (gewöhnliche) Vermietermehrheit behandelt worden sei. Entsprechend dieser Rechtsauffassung sei jedes Mitglied der Gesellschaft als Partei des Mietverhältnisses zur Kündigung wegen Eigenbedarfs berechtigt gewesen. Erst seit der Grundsatzentscheidung des BGH vom 29.1.2001[172] sei anerkannt, dass die (Außen-)Gesellschaft bürgerlichen Rechts Rechtsfähigkeit besitzt, soweit sie durch Teilnahme am Rechtsverkehr eigene Rechte und Pflichten begründet. Damit treten als Vermieter nicht mehr die einzelnen Mitglieder der Gesellschaft sondern die Gesellschaft als solche in Erscheinung. Die Möglichkeit der unmittelbaren Anwendung des § 573 Abs. 2 Nr. 2 BGB zum Zwecke der Kündigung wegen des Wohnbedarfs einzelner Gesellschafter sei damit entfallen. Auf diese Weise sei eine vom Gesetzgeber nicht geplante Lücke entstanden, die durch eine entsprechende Anwendung des § 573 Abs. 2 Nr. 2 BGB zu schließen sei. **49**

[161] LG Karlsruhe WuM 1985, 148; AG Bergheim WuM 1985, 147.

[162] LG Berlin GE 1999, 506.

[163] BGH NJW-RR 2007, 1460 = NZM 2007, 639 = WuM 2007, 457 = GE 2007, 1187 für Kommanditgesellschaft.

[164] BGHZ 179, 102 = NJW 2009, 594 = NZM 2009, 94 = GuT 2008, 489 = GE 2009, 113.

[165] Ebenso: *Wiek* WuM 2009, 491; WuM 2011, 146; *Grunewald* NJW 2009, 3486; *H. Schmidt* NZM 2014, 609, 617.

[166] *Wiek* WuM 2009, 491, 495; WuM 2011, 146; *H. Schmidt* NZM 2014, 609, 617.

[167] *Grunewald* NJW 2009, 3486.

[168] So auch *Wertenbruch* in Handbuch Personengesellschaften Abschnitt 5 § 30 Rz. I 712.

[169] *Harke* ZMR 2002, 405, 407.

[170] *Häublein* in MünchKomm § 573 BGB Rdn. 67.

[171] BGH (VIII ZR 232/15) m. krit. Anm. *Dubovitskaya/Weitemeyer* NZM 2017, 201 und zustimmender Anm. *Singbart/Zimtl* NZM 2017, 111; BGH Urt. v. 15.3.2017 – VIII ZR 92/16; so bereits im Ergebnis: BGH (VIII ZR 271/06) NJW 2007, 2845, BGH (VIII ZR 231/08) NJW 2009, 2738 BGH (VIII ZR 74/11) NJW-RR 2012, 237).

[172] BGH (II ZR 331/00) NJW 2001, 1056.

49a Für eine **Personenhandelsgesellschaft** gilt nach Auffassung des BGH etwas anderes. Hier ist die Kündigung zugunsten eines Gesellschafters ausgeschlossen.[173] Die Gründung einer KG oder einer OHG setze regelmäßig „eine umfangreiche organisatorische und rechtsgeschäftliche Tätigkeit bis hin zur Eintragung in das Handelsregister voraus". Der Entschluss hierzu beruhe regelmäßig „auf einer bewussten Entscheidung aufgrund wirtschaftlicher, steuerrechtlicher und/oder haftungsrechtlicher Überlegungen. Dies rechtfertige eine unterschiedliche Behandlung.

50 Ist die Wohnung vom Eigentümer **einem Dritten zur Vermietung überlassen** worden, so kann der Vermieter (Dritte) nicht wegen des Bedarfs des Eigentümers kündigen. Gleiches gilt, wenn eine im Eigentum mehrerer Personen stehende Wohnung nur von einem der Eigentümer vermietet worden ist; auch hier kann nicht zugunsten des anderen Eigentümers gekündigt werden.[174] Ein Rückgriff auf § 573 Abs. 1 BGB ist regelmäßig ausgeschlossen, weil der Gesetzgeber durch die Wortfassung des § 573 Abs. 2 Nr. 2 BGB zum Ausdruck gebracht hat, dass lediglich das Nutzungsinteresse der dort genannten Personen Vorrang haben soll gegenüber dem Erhaltungsinteresse des Mieters; bei besonderen Notlagen sind Ausnahmen denkbar (s. Rdn. 59) Eine Kündigung wegen des Bedarfs des Vermieters ist möglich, wenn es sich dabei um eine natürliche Person handelt; außerdem muss in diesem Fall gewährleistet sein, dass der Vermieter auf Grund seiner Rechtsbeziehungen zum (anderen) Eigentümer die Räume selbst bewohnen darf.

51 **bb) Haushaltsangehörige.** Zu den Haushaltsangehörigen gehören alle Familienmitglieder und sonstigen Personen (Ehefrau, Lebensgefährte, Eltern, Kinder, Stiefkinder, Pflegekinder, Enkel, Schwiegertochter, Hausgehilfin, Pflegerin, Arbeitnehmer, „Wahlverwandte"[175] usw.) die seit längerer Zeit auf Dauer (also nicht nur vorübergehend;[176] mit dem Vermieter in Hausgemeinschaft zusammenleben. Eine eigenständige Bedeutung kommt diesem Tatbestandsmerkmal nur zu, als diese Personen nicht ohnehin zu den privilegierten Verwandten des Vermieters zählen.

52 Soweit der Vermieter einen **zusätzlichen Raumbedarf** deshalb hat, weil er eine bisher nicht in seinem Haus lebende Person als Hausgehilfin, Pflegerin oder Hausmeister in seinen eigenen Haushalt aufnehmen und deshalb eine größere Wohnung beziehen will, so ist ein Fall der Eigennutzung gegeben. Soll diesen Personen eine eigene Wohnung außerhalb der Vermieterwohnung überlassen werden, so wird dieser Fall vom Wortlaut des § 573 Abs. 2 Nr. 2 BGB nur gedeckt, wenn der Berechtigte bisher im Haushalt des Vermieters untergebracht war.

53 Will der Vermieter dagegen Personen mit **eigenem Wohnraum** versorgen, die bisher nicht zu seinem Haushalt gehört haben, so ist kein Fall des Abs. 2 Nr. 2 gegeben;[177] hier kann jedoch nach Abs. 1 gekündigt werden, wenn für die Beschäftigung solcher Hilfspersonen ein Bedürfnis vorliegt und ihre Unterbringung im Haus oder in der Nähe der Vermieterwohnung aus persönlichen, wirtschaftlichen oder sonstigen Gründen geboten ist.[178] Bei der Prüfung dieser Frage ist ein großzügiger Maßstab anzulegen; es ist allein Sache des Vermieters darüber zu befinden, welche Personen er zu seiner eigenen Pflege und der Pflege seines Anwesens in das Haus aufnehmen will. Ein berechtigtes Interesse an der **Aufnahme einer Pflegeperson** setzt nicht voraus, dass die Pflegebedürftigkeit bereits eingetreten ist; es genügt, wenn aufgrund äußerer Umstände mit einiger Sicherheit damit gerechnet werden muss, dass der Vermieter die Dienste in naher Zukunft für seine Lebensführung benötigt.[179] Dies gilt insbesondere dann, wenn der Vermieter eine lange Kündigungsfrist einzuhalten hat. Es ist auch nicht erforderlich, dass die Pflegeperson bereits namentlich feststeht. Vielmehr reicht es aus, wenn der Vermieter den ernsthaften Willen hat, eine Pflegeperson aufzunehmen und wenn mit einiger Sicherheit damit zu rechnen ist, dass der Vermieter in naher Zukunft eine Pflegeperson benötigt.[180] Hiervon kann ausgegangen werden, wenn der Vermieter im einzelnen darlegt und erforderlichenfalls beweist, dass er sich vom Zeitpunkt der Kündigung an nachdrücklich um

---

[173] BGH (VIII ZR 210/10) NJW 2011, 993 = WuM 2011, 113 = ZMR 2011, 371 m. Anmerkung *Wiek* WuM 2011, 146 und Anm. *Eisenschmid* LMK 2011, 316147; BGH (VIII ZR 232/15) NJW 2017, 547 Rn. 52.

[174] *Grapentin* in Bub/Treier Kap. IV Rdn. 120.

[175] *Lützenkirchen* in: Erman § 573 Rdn. 36.

[176] LG Braunschweig WuM 1972, 127 = DWW 1972, 170.

[177] **A. A.** *Rolfs* in Staudinger § 573 BGB Rdn. 90; *Häublein* in MünchKomm § 573 BGB Rdn 81; *Lützenkirchen* in: Erman § 573 Rdn. 36.

[178] Vgl. BGH WuM 2009, 294 = NJW 2009, 1808 = GE 2009, 651; LG Bielefeld WuM 1972, 178; AG Lübeck WuM 1972, 193, LG Hamburg MDR 1980, 315; *Haug* in Emmerich/Sonnenschein § 573 BGB Rdn. 43.

[179] BayObLG RE v. 2.3.1982, NJW 1982, 1159 = WuM 1982, 125 = ZMR 1982, 368, betr. einen 82 Jahre alten Vermieter.

[180] OLG Hamm RE v. 24.7.1986, WuM 1986, 269 = ZMR 1986, 398 = NJW-RR 1986, 1212.

eine Pflegeperson – wenn auch vergeblich – bemüht hat und auch weiterhin bemühen wird und/oder dass solche Bemühungen ohne das Angebot einer Wohnung erfolglos sind.[181] Zur Ernsthaftigkeit solcher Bemühungen gehört, dass sich der Vermieter nicht nur im Verwandten- und Bekanntenkreis umhört, sondern auch an Behörden und Wohlfahrtsverbände herantritt sowie Zeitungsinserate aufgibt.[182]

cc) Familienangehörige. Der **Begriff des Familienangehörigen** ist in Rechtsprechung und Literatur umstritten. Dabei besteht Einigkeit, dass der allgemeine Familienbegriff des BGB, wonach zur Familie alle Personen zählen, die mit dem Vermieter verwandt oder verschwägert sind, keine praktikable Grundlage für die Bestimmung des privilegierten Personenkreises darstellt. Dies folgt aus dem Schutzzweck des § 573 Abs. 2 Nr. 2 BGB. Deshalb muss der weite Familienbegriff auf Grund des Gesetzeszwecks eingeschränkt werden. Teilweise wird vorgeschlagen, dass diese Einschränkung entsprechend der Begriffsbestimmung in § 8 Abs. 2 des Zweiten Wohnungsbaugesetzes vorzunehmen sei; danach zählen zu den Angehörigen der Ehegatte, Verwandte in gerader Linie sowie Verwandte zweiten und dritten Grades in der Seitenlinie, Verschwägerte in gerader Linie sowie Verschwägerte zweiten und dritten Grades in der Seitenlinie, außerdem gehören hierzu die Pflegekinder.[183] Die überwiegende Meinung lehnt den Rückgriff auf § 8 Abs. 2 des Zweiten Wohnungsbaugesetzes allerdings ab. Sie unterscheidet zwischen den engen Familienangehörigen und denjenigen, die mit dem Vermieter nur weitläufig verwandt oder verschwägert sind. Bei den engen Familienangehörigen genügt die Tatsache der Verwandtschaft; bezüglich der entfernteren Angehörigen wird gefordert, dass zwischen dem Vermieter und dem Angehörigen „ein besonders enger Kontakt" besteht[184] oder dass der Vermieter gegenüber dem Angehörigen rechtlich oder moralisch zur Unterhaltsgewährung oder sonstiger Fürsorge verpflichtet ist.[185] Nach **Ansicht des BGH** bieten die Regelungen über das Zeugnisverweigerungsrecht aus persönlichen Gründen (§§ 383 ZPO, 52 StPO) einen „Anknüpfungspunkt" dafür, wie weit der Kreis der privilegierten Familienangehörigen zu ziehen ist.[186] Danach zählen zu den Personen, die das Zeugnis verweigern dürfen, nicht nur die Verwandten und Verschwägerten sondern auch die ehemaligen Verschwägerten (§ 383 Abs. 1 Nr. 3 ZPO), der Verlobte (§ 383 Abs. 1 Nr. 1 ZPO), der geschiedene Ehegatte (§ 383 Abs. 1 Nr. 2 ZPO)und der frühere Lebenspartner des Vermieters (§ 383 Abs. 1 Nr. 2a ZPO). Der Kreis der zur Zeugnisverweigerung berechtigten Personen ist also weiter als der in § 573 Abs. 2 Nr. 2 BGB genannte Personenkreis. Jedoch ist die Entscheidung des BGH nicht dahingehend zu verstehen, dass der privilegierte Personenkreis künftig nach den §§ 383 ZPO, 52 StPO zu bestimmen ist. Aus dem Urteil des BGH folgt nämlich keineswegs, dass die Regelung des § 573 Abs. 2 Nr. 2 BGB durch die §§ 383 ZPO, 52 StPO konkretisiert wird; der BGH sieht in den Regelungen über das Zeugnisverweigerungsrecht lediglich einen „Anknüpfungspunkt" für die Annahme des ungeschriebenen Tatbestandsmerkmals der engen sozialen Bindung. Daraus folgt: Die Gerichte haben zunächst zu prüfen, ob die begünstigte Person zum Kreis der Familienangehörigen zählt; ist dies (wie bei den Verlobten, dem geschiedenen Ehegatten, dem früheren Lebensgefährten oder ehemaligen Schwager) zu verneinen, so rechtfertigt ein Wohnbedarf dieser Personen keine Kündigung nach § 573 Abs. 2 Nr. 2 BGB. Es kommt insoweit nicht darauf an, ob zwischen den genannten Personen und dem Vermieter (noch) eine enge persönliche Bindung besteht. Zählt die Bedarfsperson dagegen zu den Familienangehörigen, so ist es entsprechend den vom BGH gegebenen Hinweisen naheliegend, die Privilegierung anhand des § 383 54

---

181 OLG Hamm a. a. O.

182 OLG Hamm a. a. O.

183 AG Oldenburg WuM 1990, 512.

184 BGH NZM 2009, 353 = WuM 2009, 294 betr. Schwager.

185 BGH NJW 2003, 2624 = WuM 2003, 463; OLG Oldenburg RE v. 16.12.1992, WuM 1993, 386 = DWW 1993, 171; OLG Braunschweig RE v. 1.11.1993, NJW-RR 1994, 597 = WuM 1993, 731 (Cousine); LG Heidelberg DWW 1991, 244; LG Wiesbaden WuM 1991, 491; LG Mainz WuM 1991, 554; ähnlich: Expertenkommission Wohnungspolitik, Gutachten Tz 5404, danach gehören zu den privilegierten Angehörigen: der Ehegatte, Verwandte in auf- und absteigender Linie und Geschwister des Vermieters, soweit diese in persönlicher Beziehung zu ihm stehen; *Rolfs* in Staudinger § 573 BGB Rdn. 84; *Haug* in Emmerich/Sonnenschein, Miete § 573 BGB Rdn. 40, 41; *Häublein* in MünchKomm § 573 BGB Rdn. 76ff.; *Franke* in WoBauR § 573 BGB Anm. 16.2; *Hannappel* in Bamberger/Roth § 573 BGB Rdn. 41; *Lützenkirchen* in: Erman § 573 Rdn. 35Barthelmess § 564b BGB Rdn. 77; *Sternel* Mietrecht (1988) Rdn. IV 139; *Grapentin* in Bub/Treier Kap. IV Rdn. 123; Palandt/*Weidenkaff* § 573 BGB Rdn. 27; *Herrlein* in Herrlein/Kandelhard § 573 BGB Rdn. 20; *Lammel* Wohnraummietrecht § 573 BGB Rdn. 67, 68; *Horst* NJW-Schriften 19 Rdn. 1468.

186 BGH WuM 2010, 163.

Abs. 1 Nr. 3 ZPO zu bestimmen. Danach zählen zu den **privilegierten Angehörigen** der Ehegatte, die Verwandten und Verschwägerten in gerader Linie (Eltern,[187] Großeltern, Kinder, Enkel,[188] Urenkel etc), die Verwandten in der Seitenlinie bis zum 3. Grad (Geschwister,[189] Nichten und Neffen)[190] und die Verschwägerten in der Seitenlinie bis zum 2. Grad (Schwiegereltern, Schwager).

55 Durch den Wunsch zum Getrenntleben wird die Familienzugehörigkeit nicht aufgehoben.[191] Deshalb kann der Vermieter kündigen, wenn er eine weitere Wohnung benötigt, damit er von seinem Ehegatten getrennt leben kann. Es kommt nicht darauf an, ob der Vermieter-Ehegatte oder der Nichtvermieter in die gekündigte Wohnung einziehen will (zur Rechtslage bei geschiedenen Ehegatten s. Rdn. 59). Auch der bereits getrennt lebende Ehegatte ist bis zur Scheidung als Familienangehöriger anzusehen.[192] Die Familienzugehörigkeit endet mit der Scheidung.[193] Die **Rechtsprechung** hat darüber hinaus folgende Personen **als enge Familienangehörige anerkannt:** Stiefsohn;[194] Stieftochter;[195] Schwager;[196] Schwiegermutter;[197] Schwiegervater;[198] Schwiegereltern.[199]

56 In folgenden Fällen wurde die **enge Familienzugehörigkeit verneint:** Schwager des Vermieters;[200] Schwägerin des Vermieters;[201] Cousine (Tochter einer Schwester der Mutter des Vermieters);[202] aus anderer Verbindung stammende Tochter der Schwiegertochter des Vermieters;[203] Cousin;[204] Großnichte;[205] Tante des Ehemanns der Vermieterin;[206] Stiefsohn;[207] Großnichte bei türkischer Großfamilie;[208] Tochter des Cousins des Vermieters;[209] Onkel des Vermieters.[210]

57 Ein **besonderes persönliches Verhältnis** zwischen dem Vermieter und dem Angehörigen wurde **bejaht:** wenn ein in Deutschland lebender Vermieter mit seiner in Polen lebender Cousine bereits seit längerer Zeit persönlichen Kontakt unterhalten und diese mit Geld und Sachleistungen unterstützt hat.[211]

58 Dagegen wurde ein solches **besonderes Verhältnis verneint:** bei gemeinsamen Freizeitaktivitäten mit der Tochter eines Cousins;[212] wenn der Vermieter von seiner Nichte etwa 10-mal im Jahr besucht wird und wenn die Verwandten vor mehreren Jahren einen gemeinsamen Urlaub verbracht haben.[213]

59 **dd) Sonstige Personen.** Ein Bedarf für andere als die in § 573 Abs. 2 Nr. 2 BGB genannten Personengruppen rechtfertigt die Kündigung grundsätzlich nicht. Deshalb kann der Vermieter nicht

---

[187] LG Berlin GE 1991, 1205.
[188] AG München WuM 1990, 511.
[189] BGH NJW 2003, 2624 = WuM 2003, 464; BayObLG RE v. 24.11.1983, WuM 1984, 14 = ZMR 1984, 89; LG Wiesbaden WuM 1991, 491.
[190] BGH WuM 2010, 163.
[191] LG Frankfurt NJW-RR 1996, 396.
[192] LG Frankfurt NJW-RR 1996, 396.
[193] *Fleindl* NZM 2016, 289, 297.
[194] LG München I WuM 1990, 23 [LS], s. aber auch unten AG Oldenburg.
[195] LG Hamburg WuM 1997, 177.
[196] LG Freiburg WuM 1993, 126, s. aber auch unten OLG Oldenburg; der BGH hat entschieden, dass der Vermieter wegen des Wohnbedarfs eines Schwagers „zumindest dann" kündigen kann, wenn zwischen dem Vermieter und seinem Schwager „ein besonders enger Kontakt besteht" (BGH NZM 2009, 353 = WuM 2009, 294).
[197] LG Köln WuM 1994, 541.
[198] LG Berlin MM 1991, 331.
[199] LG Mainz WuM 1991, 554.
[200] OlG Oldenburg a. a. O.; LG Mainz WuM 1991, 554 und AG Springe WuM 1991, 554.
[201] AG Solingen WuM 1994, 685; AG Langenfeld ZMR 2000, 767.
[202] OLG Braunschweig a. a. O. und LG Ravensburg WuM 1993, 51.
[203] LG Weiden WuM 2003, 210.
[204] LG Berlin MM 1993, 251.
[205] AG Warstein WuM 1996, 547.
[206] AG Frankfurt/M. WuM 1991, 108.
[207] LG Aschaffenburg DWW 1989, 364, LG München I WuM 1990, 23 und AG Oldenburg WuM 1990, 512.
[208] LG Wiesbaden NJW RR 1995, 782.
[209] AG Waiblingen WuM 1094, 542.
[210] AG Dortmund WuM 1993, 615.
[211] LG Braunschweig WuM 1994, 210.
[212] AG Waiblingen WuM 1994, 542.
[213] LG Wiesbaden WuM 1991, 491.

mit der Begründung kündigen, er benötige die Wohnung für einen Bekannten, einen engen Freund, oder seinen Verlobten[214] oder Lebensgefährten.[215] Ebenfalls gehören nicht zu den Familienangehörigen: ein Patenkind;[216] die Tochter der Lebensgefährtin des Vermieters;[217] die „Nebenfrau" eines ausländischen Vermieters.[218] Denkbar ist allerdings, dass in besonders gelagerten Ausnahmefällen nach Abs. 1 gekündigt werden kann, etwa für ein Patenkind des Vermieters mit dringendem Wohnraumbedarf oder für einen mit dem Vermieter befreundeten Aussiedler, der in einem Lager untergebracht ist.[219] Außerdem ist zu bedenken, dass ein Kündigungsgrund nach Abs. 2 Nr. 2 dann vorliegen kann, wenn der Vermieter selbst oder ein Familienangehöriger des Vermieters mit einem Angehörigen dieses Personenkreises in die Wohnung einziehen will.[220] Gleiches gilt, wenn der Vermieter eine Wohnung zugunsten der Mutter seiner nichtehelichen Kinder kündigt, damit für die Kinder eine Wohnung zur Verfügung steht; dieser Fall ist einer Kündigung zugunsten eines Angehörigen gleichzustellen.[221] Problematisch ist, ob der Vermieter nach Abs. 2 Nr. 2 kündigen kann, wenn er für seinen **geschiedenen Ehegatten** eine eigene Wohnung benötigt. Dies ist nur dann zweifelsfrei zu bejahen, wenn der Vermieter die gemeinsame Wohnung verlassen will und zu diesem Zweck eine von ihm vermietete Wohnung kündigt; in diesem Fall ist ein Fall der Eigennutzung gegeben. Soll die gekündigte Wohnung aber dem Nicht-Vermieter-Ehegatten überlassen werden, so liegt der Tatbestand des Abs. 2 Nr. 2 BGB nicht vor, weil der ehemalige Ehegatte nach der Scheidung nicht mehr zur Familie des Vermieters gehört.[222] Allerdings wird man hier auf Abs. 1 zurückgreifen müssen, weil es aus der Sicht des Mieters keinen Unterschied bedeutet, ob dessen Wohnung von seinem Vermieter oder von dessen geschiedener Ehefrau genutzt werden soll; maßgeblich kann hier allein sein, dass die Kündigung erfolgt, um die Trennung zu ermöglichen. Anders ist es dagegen, wenn die Trennung bereits vollzogen ist und der frühere Ehegatte eine andere Wohnung beziehen will. Hier ist sowohl die Kündigung nach Abs. 1, als auch die Kündigung nach Abs. 2 Nr. 2 ausgeschlossen.[223] Auch hier ist allerdings zu bedenken, dass eine Ausnahme dann gilt, wenn in der Wohnung der geschiedenen Ehefrau die gemeinsamen Kinder erzogen werden sollen; dieser Fall ist einer Kündigung zugunsten eines Angehörigen gleichzustellen.[224] Für die Kündigung zugunsten von Arbeitnehmern, die für den Betrieb oder das Unternehmen des Vermieters benötigt werden kann u. U. auf § 573 Abs. 1 BGB zurückgegriffen werden (s. Rdn. 190).

ee) Nutzung als Wohnung. Die Regelung des § 573 Abs. 2 Nr. 2 BGB setzt voraus, dass der **59a**
Vermieter die Räume als „Wohnung" benötigt. Es ist nicht erforderlich, dass der Vermieter sämtliche Räume zu Wohnzwecken nutzen will. Auch die Absicht, einen untergeordneten Teil der Räume anderweitig zu nutzen, hindert die Kündigung nicht.[225] Die Wohnnutzung durch den Vermieter muss allerdings im Vordergrund stehen. Will der Vermieter nur einen geringen Teil der Räume selbst nutzen und den übrigen Teil an Dritte überlassen oder gewerblich nutzen, so liegt in Wirklichkeit keine Wohnraumnutzung vor. Eine Kündigung nach Abs. 2 Nr. 2 ist dann nicht gerechtfertigt. Der Umstand, dass der Vermieter bei der Aufnahme des oder der Dritten nicht in der Absicht der Gewinnerzielung, sondern aus anderen Motiven handelt, ändert an dieser Bewertung nichts.[226] Nach der Ansicht des BGH soll eine **Kündigung nach § 573 Abs. 1 Satz 1 BGB** in Betracht kommen, wenn der Vermieter die Räume zu **beruflichen oder gewerblichen Zwecken**

---

[214] *Fleindl* NZM 2016, 289, 297.

[215] *Häublein* in MünchKomm § 573 BGB Rdn. 78; *Haug* in Emmerich/Sonnenschein, Miete § 573 BGB Rdn. 41; **a. A.** *Lammel* § 573 BGB Rdn. 71; *Sternel* Mietrecht (1988) Rdn. IV 158 Fn. 7; *Wolter,* Mietrechtlicher Bestandschutz, S. 257 für Lebensgefährten.

[216] AG Waiblingen WuM 1994, 542.

[217] AG Winsen WuM 1994, 432.

[218] LG Aachen WuM 1989, 633.

[219] Ebenso *Barthelmess* § 564b BGB Rdn. 79; ähnlich *Vogel* JZ 1975, 73, 75 [Fn. 15]; vgl. auch LG Stuttgart WuM 1993, 352, wonach das Kind der Schwiegertochter des Vermieters zu dem durch Abs. 2 Nr. 2 privilegierten Personenkreis zählen soll, falls ein besonderer sozialer Kontakt zum Vermieter besteht ablehnend hierzu: *Franke* in WoBauR § 573 BGB Anm. 16.2.

[220] OLG Karlsruhe RE v. 14.1.1982, NJW 1982, 889 für Bedarf zugunsten des Sohnes des Vermieters, der die Wohnung zusammen mit seiner Lebensgefährtin nutzen möchte.

[221] LG Berlin GE 1992, 101.

[222] *Rolfs* in Staudinger § 573 BGB Rdn. 86; **a. A.** *Barthelmess* § 564b BGB Rdn. 77; *Kossmann* § 117 Rdn. 9.

[223] AG Hamburg WuM 1996, 39; *Franke* in WoBauR § 573 BGB Anm. 16.1; *Fleindl* NZM 2016, 289, 297.

[224] LG Aachen WuM 1992, 613.

[225] LG Berlin GE 1991, 683 betr. Nutzung eines Zimmers als Behandlungsraum; *Rolfs* in: Staudinger § 573 BGB Rdn. 96.

[226] AG Köln WuM 1994, 211 betr. Überlassung von Räumen an Mitglieder einer Glaubensgemeinschaft.

nutzen will.[227]. Diese Ansicht beruht auf der Erwägung, dass das Interesses eines Eigentümers an der Nutzung der Räume zu gewerblichen Zwecken im Hinblick auf die durch Art 12 Abs. 1 GG geschützte Berufsfreiheit nicht geringer zu bewerten ist als der Bedarf zu Wohnzwecken. Dieser Ansicht ist allerdings nicht zuzustimmen.[228]

60 **d) Der Nutzungswille. aa) Ernsthaftigkeit und Realisierbarkeit der Nutzungs- oder Überlassungsabsicht.** Das Tatbestandsmerkmal „benötigt" in Abs. 2 Nr. 2 setzt begrifflich zunächst voraus, dass der Vermieter die ernsthafte Absicht hat, die Räume selbst als Wohnung zu nutzen oder diese einem Hausstands- oder Familienangehörigen zu überlassen.[229] Fehlt in den Fällen der behaupteten Eigennutzungsabsicht ein ernsthafter Nutzungswille, so ist die Kündigung bereits aus diesem Grunde unwirksam.

61 Soll die Wohnung einem Angehörigen überlassen werden, so ist nicht der Nutzungswille des Angehörigen, sondern der Überlassungswille des Vermieters maßgebend. Bei einem fehlenden Nutzungswillen des Angehörigen fehlt es aber ebenfalls am Tatbestand des Abs. 2 Nr. 2, weil der Vermieter die Räume auch in diesem Fall nicht „benötigt".[230] Gleiches gilt, wenn der Angehörige die Wohnung gar nicht oder kaum nutzen kann, etwa weil er sich überwiegend an anderen Orten aufhält. Eine bevorstehende Einberufung zum Wehrdienst schließt aber grundsätzlich weder den Nutzungswillen noch die Nutzungsmöglichkeit aus.[231]

62 **aaa) Vorgetäuschte Absicht.** An der Ernsthaftigkeit des Nutzungs-/Überlassungswillens fehlt es, wenn der Vermieter lediglich behauptet, dass er die Wohnung selbst nutzen oder einem Angehörigen überlassen will, in Wirklichkeit aber andere Absichten verfolgt. Gleiches gilt, wenn der Vermieter die Räume des Mieters in anderer Weise nutzen will, wie im Kündigungsschreiben behauptet.[232] In diesem Fall spricht man von einem **„vorgetäuschten Eigenbedarf"** (besser: vorgetäuschter Nutzungs-/Überlassungswille). Eine solche Kündigung ist nicht nur unwirksam, sondern auch vertragswidrig (zum Schadensersatzanspruch des Mieter s. Rdn. 77). Nach der Rechtsprechung des BGH kann eine Kündigung wegen Eigenbedarfs auch dann vorgeschoben sein, „wenn ein Vermieter seit längerem Verkaufsabsichten hegt und der von ihm benannten Eigenbedarfsperson den Wohnraum in der – dieser möglicherweise nicht offenbarten – Erwartung zur Miete überlässt, diese im Falle eines doch noch gelingenden gewinnbringenden Verkaufs ohne Schwierigkeiten zum Auszug bewegen zu können.[233] Weitere **Indizien** für eine vorgetäuschte Kündigung sind: wenn der begünstigte Familienangehörige gar nicht weiß, dass er die Wohnung bekommen soll;[234] wenn der Angehörige die Wohnung überhaupt nicht kennt;[235] wenn der Erwerber einer Wohnung zunächst versucht, den Mieter zum Abschluss eines neuen Mietvertrags zu bewegen und nach dem Scheitern dieses Versuchs eine Eigenbedarfskündigung ausspricht;[236] wenn nach einem Eigentümerwechsel über die Mieter des Hauses eine Flut von Mieterhöhungs- und/oder Räumungsklagen hereinbricht;[237] wenn der Kündigung ein erfolgloser Mieterhöhungsversuch oder andere Streitigkeiten vorausgegangen sind;[238] wenn der Vermieter in kürzerer Zeit mehrere Kündigungen ausspricht und diese mit unterschiedlichen Verwendungsabsichten begründet;[239] wenn der Vermieter bereits in früherer Zeit einen Nutzungs-/Überlassungswillen vorgetäuscht hat;[240] wenn sich aus dem Prozessvortrag oder den Äußerungen des Vermieters im Prozess ergibt, dass dieser in erster Linie einen unliebsamen Mieter loswerden will.[241] In Fällen dieser Art ist es zwar nicht ausgeschlossen, dass der Vermieter gleichwohl einen ernsthaften Nutzungs-/Überlassungswillen hat.[242] Jedoch

[227] BGH NZM 2005, 943 = WuM 2005, 779; BGH (VIII ZR 330/11) NJW 2013, 225; ebenso: LG Berlin GE 2015, 1163.
[228] Ebenso: Wiek WuM 2013, 271; s. Rdn. 204.
[229] BGH WuM 2010, 165 = NJW 2010, 1068 unter Rdn. 14.
[230] BVerfG WuM 1993, 381.
[231] AG Nürtingen WuM 1993, 676.
[232] LG Karlsruhe DWW 1995, 144.
[233] BGH (VIII ZR 214/15) NZM 2016, 718.
[234] AG Münster WuM 1991, 111.
[235] LG Mosbach WuM 1992, 18 und AG Rheinberg WuM 1990, 434.
[236] AG Wiesbaden WuM 1991, 490.
[237] LG Hannover WuM 1989, 418.
[238] LG Köln WuM 1995, 109 und LG Osnabrück WuM 1990, 21.
[239] AG Bonn WuM 1992, 613.
[240] LG Karlsruhe ZMR 1989, 427.
[241] LG Lübeck WuM 1989, 516: „Dieser Querulant muss raus".
[242] LG Lüneburg WuM 1991, 490 betr. zeitweilige Verkaufsabsichten.

sind hier besonders strenge Anforderungen an die Überzeugungsbildung zu stellen.[243] Soll die Wohnung einem Angehörigen überlassen werden, der die Miete nicht bezahlen kann, so spricht dieser Umstand für sich alleine noch nicht gegen einen ernsthaften Überlassungswillen, weil auch die Absicht zur unentgeltlichen Überlassung eine Kündigung rechtfertigen kann.[244] Etwas anderes kann sich ergeben, wenn der Vermieter in angespannten finanziellen Verhältnissen lebt und auf die Mieteinnahmen angewiesen ist oder wenn er geltend macht, dass der Angehörige eine Miete bezahlen müsse.

bbb) Ungewisse Absicht. An der Ernsthaftigkeit des Nutzungs-/Überlassungswillens fehlt es weiterhin, wenn sich der Vermieter **noch nicht sicher** ist, ob er die Nutzungs-/Überlassungsabsicht verwirklichen kann. Auch in diesem Fall ist die Kündigung unwirksam und vertragswidrig.[245] Der Schadensersatzanspruch des Mieters setzt in einem solchen Fall voraus, dass die Unsicherheit hinsichtlich der beabsichtigten Nutzung auf **Fahrlässigkeit** beruht. Dies ist regelmäßig zu bejahen: für den Mieter ist der Verlust der Wohnung im Allgemeinen nicht nur mit hohen finanziellen Aufwendungen, sondern auch mit vielfältigen Unannehmlichkeiten anderer Art verbunden. Dies rechtfertigt es, an die Prüfungspflicht des Vermieters höchste Anforderungen zu stellen. So muss der Vermieter vor der Kündigung klären, ob seine Angehörigen umzugsbereit sind. Kündigt ein Vermieter zugunsten eines ausländischen Angehörigen, so muss mit hinreichender Sicherheit feststehen, dass der **Ausländer** ein nicht nur vorübergehendes Aufenthaltsrecht erhält.[246] Hat der Vermieter die Absicht, die gekündigten Räume vor der Eigennutzung oder Überlassung an einen Angehörigen umzubauen und ist hierzu eine **Bau- oder Abrissgenehmigung** erforderlich, so muss der Vermieter mit seiner Kündigung zwar nicht zuwarten, bis die Genehmigungen erteilt sind;[247] andererseits darf er aber erst kündigen, wenn seine Planung ein Stadium erreicht hat, in dem beurteilt werden kann, ob die Verwirklichung des Plans eine Kündigung rechtfertigt.[248] Dies muss anhand der konkreten Umstände des Einzelfalls beurteilt werden.[249] 63

Von der Ungewissheit des Nutzungs-/Überlassungswillens muss auch dann ausgegangen werden, wenn unklar ist, ob die Wohnung des Mieter auf längere Dauer benötigt wird. So kann der Vermieter nicht kündigen, wenn er zwar einen Arbeitsplatz am Ort der Wohnung gefunden hat aber unklar ist, ob das Arbeitsverhältnis auf Dauer sein wird. Will ein Vermieter (oder ein Angehöriger des Vermieters) von seinem Ehegatten getrennt leben, so kann dies die Kündigung nicht rechtfertigen, wenn die Eheleute noch keine endgültige Entscheidung über den Fortbestand der Ehe getroffen haben.[250] 64

Kündigt der Vermieter mehrere Wohnungen, weil er diese zu einer einzigen Wohnung umbauen und anschließend selbst nutzen will, so setzt die Verwirklichung des Nutzungswunsches voraus, dass alle Kündigungen wirksam sind und die hieraus folgenden Räumungsansprüche durchgesetzt werden können. Scheitert der Vermieter mit einer Kündigung, so hat dies die Unwirksamkeit aller Kündigungen zur Folge. Die Gerichte müssen diesem Umstand durch eine entsprechende Verfahrensgestaltung Rechnung tragen, etwa durch eine gleichzeitige Verhandlung und Entscheidung oder durch eine Verbindung aller Räumungsprozesse. Das Gericht kann eine der mehreren Räumungsklagen nicht mit der Begründung abweisen, dass über die anderen noch nicht entschieden sei und deshalb nicht feststehe ob der Vermieter seinen Nutzungswunsch verwirklichen könne.[251]

Eine Kündigung bei ungewissem Nutzungswillen ist als **Pflichtverletzung** zu bewerten, die den Vermieter zum Schadensersatz verpflichtet.[252] Im Allgemeinen muss der zum Schadensersatz Berechtigte die für den Ersatzanspruch maßgeblichen Tatsachen darlegen und beweisen. In Fällen der vorliegenden Art ist allerdings zu bedenken, dass der Mieter in die für den Eigenbedarf geltend gemachten Tatsachen regelmäßig keinen Einblick hat und ohne nähere Darlegung seitens des Ver- 64a

[243] LG Osnabrück WuM 1990, 21; ähnlich: LG Lübeck WuM 1989, 516; AG Stuttgart WuM 1989, 248; LG Hannover WuM 1989, 418; LG Karlsruhe ZMR 1989, 427.
[244] LG Köln WuM 1995, 110.
[245] BGH (VIII ZR 297/14) NJW 2015, 3368 unter Rn. 22; BGH (VIII ZR 300/15) NZM 2017, 23 Rn. 19; LG Mannheim WuM 1991, 693; LG Essen WuM 1991, 494; LG Berlin GE 1990, 1041; LG Aachen WuM 1990, 301; LG Hamburg NZM 2011, 33; AG Memmingen NJW-RR 1995, 1227 = ZMR 1995, 318.
[246] LG Hamburg WuM 1994, 210.
[247] OLG Frankfurt RE v. 25.6.1992, WuM 1992, 421 = ZMR 1992, 383 = DWW 1992, 335.
[248] LG München WuM 1992, 612.
[249] OLG Frankfurt a. a. O.; BayObLG ZMR 1993, 560.
[250] LG Köln WuM 1997, 48.
[251] BVerfG WuM 1999, 381.
[252] BGH (VIII ZR 300/15) NZM 2017, 23.

mieters nicht beurteilen kann, ob dessen Kündigung wegen Eigenbedarfs berechtigt war. Deshalb gilt zugunsten des Mieters eine **Beweiserleichterung,** wenn der Vermieter den behaupteten Selbstnutzungswillen nach dem Auszug des Mieters nicht in die Tat umsetzt. Dann hat der Vermieter „substantiiert und plausibel [„stimmig"]… darzulegen, aus welchem Grund der mit der Kündigung vorgebrachte Eigenbedarf nachträglich entfallen sein soll; insoweit sind strenge Anforderungen zu stellen. Erst wenn der Vortrag des Vermieters diesem Maßstab genügt, obliegt dem Mieter der Beweis, dass ein Selbstnutzungswille des Vermieters schon vorher nicht bestand".[253]

65 **ccc) Vorratskündigungen.** Die Absicht zur Selbstnutzung oder Überlassung muss in einem zeitlich engen Zusammenhang mit der Kündigung stehen. Sog. „Vorratskündigungen" sind unzulässig.[254] Es ist zwar nicht erforderlich, dass sich die Eigennutzung/Überlassung zeitlich unmittelbar an das Ende des Mietverhältnisses anschließt. Andererseits darf der Vermieter aber auch nicht kündigen, wenn er die Wohnung erst in einigen Jahren beziehen oder überlassen will. Eine feste zeitliche Grenze gibt es nicht. Kündigt der Vermieter mit der Begründung, dass er eine größere Wohnung benötige, weil er eine Familie gründen und Kinder haben wolle, so liegt keine Vorratskündigung vor. Solche Kündigungen sind i. d. R. wirksam, weil der Vermieter seinen Bedarf selbst bestimmen kann (s. Rdn. 43. Ebenso ist keine Vorratskündigung gegeben, wenn der Vermieter vor dem Bezug der Wohnung Sanierungs-, Umbau oder Renovierungsarbeiten durchführt. Es kommt dabei nicht darauf an, ob sich die Arbeiten über einen wesentlich längeren als den üblichen Zeitraum erstrecken.[255] In der Rechtsprechung werden die Fälle der Kündigung bei ungewissen Nutzungswillen und die Fälle der Vorratskündigung gleich behandelt;[256] s. auch Rdn. 63–64a.

66 **ddd) Mehrdeutige Absicht.** Der Nutzungs-/Überlassungswille muss **eindeutig** sein und sich auf eine bestimmte Verwendungsart und eine bestimmte Wohnung beziehen. Deshalb ist eine Kündigung unwirksam, wenn unklar bleibt, ob der Vermieter wegen anderer wirtschaftlicher Verwertung oder wegen Eigenbedarfs kündigt.[257] **Alternativkündigungen** sind ebenfalls unwirksam. Der Vermieter muss sich beim Ausspruch der Kündigung festlegen, welcher Person er die Wohnung überlassen will.[258] Deshalb kann der Vermieter nicht mit der Begründung kündigen, dass er die Wohnung „einem seiner Kinder" oder „entweder seinem Sohn A oder seiner Tochter B „ überlassen wolle. An der Eindeutigkeit des Nutzungs-/Überlassungswillens fehlt es auch dann, wenn der Vermieter **mehrere Mietverhältnisse kündigt,** obwohl er nur eine einzige Wohnung benötigt.[259] Die Beschränkung auf eine konkrete Nutzungs-/Überlassungsabsicht ist erforderlich, weil sich der Mieter andernfalls nicht sachgerecht gegen die Kündigung verteidigen kann. Hiervon sind jene Fälle zu unterscheiden, in denen ein Vermieter für seine Familienangehörigen mehrere Wohnungen benötigt. Hier genügt es, wenn feststeht, dass alle Familienangehörigen zu dem privilegierten Personenkreis gehören (Rdn. 55ff.) und dass für jeden Angehörigen ein Bedarf besteht. Es ist nicht erforderlich, dass zum Zeitpunkt des Kündigungsausspruchs bereits ein konkreter Belegungsplan besteht. Aus diesem Grunde spielt es für die Wirksamkeit der Kündigung keine Rolle, wenn der Vermieter seinen ursprünglichen Belegungsplan aufgibt und die Wohnungen zwischen seinen Familienangehörigen anders als zunächst geplant, aufteilt.[260]

67 **eee) Rechtliche Nutzungs-/Überlassungshindernisse.** Dem fehlenden Nutzungs-/Überlassungswillen sind diejenigen Fälle gleichzustellen, in denen die **Absicht** des Vermieters **aus rechtlichen Gründen nicht verwirklicht werden kann.** Hierzu zählen folgende Fälle: **(1)** Will der Vermieter eine **öffentlich geförderte Wohnung** selbst nutzen, so bedarf er hierzu der Genehmigung der zuständigen Stelle (§ 6 Abs. 1 WoBindG). Die Genehmigung muss zum Zeitpunkt der Kündigungserklärung noch nicht erteilt sein.[261] Es genügt, wenn die Behörde dem Vermieter bescheinigt hat, dass eine solche Genehmigung auf Grund der geltenden Bestimmungen ausgesprochen werde.[262] Ist eine solche Bescheinigung noch nicht erteilt, so ist die Kündigung unwirksam.

---

253 BGH a. a. O.
254 BVerfG NJW 1990, 3259 = ZMR 1990, 448; WuM 2002, 21, 22; BGH NJW 2005, 2395; BGH (VIII ZR 297/14) NJW 2015, 3368 unter Rn. 22; BGH (VIII ZR 300/15) NZM 2017, 23 Rn. 19.
255 BGH NZM 2005, 580 = NJW 2005, 2395 = WuM 2005, 521 = ZMR 2005, 702.
256 Z. B. BGH (VIII ZR 300/15) NZM 2017, 23.
257 AG Charlottenburg GE 1994, 999.
258 LG München I WuM 1991, 490; **a. A.** LG Neuruppin GE 2000, 894.
259 LG Köln WuM 1991, 590.
260 OLG Köln ZMR 2004, 33.
261 **A. A.** LG Essen WuM 1993, 676.
262 *Rankenhorn* WuM 1993, 656.

Nach der hier vertretenen Ansicht, setzt die Wirksamkeit einer solchen Kündigung weiter voraus, dass die Bescheinigung dem Kündigungsschreiben beigefügt wird. Dieselben Grundsätze gelten, wenn der Vermieter die Wohnung einem Angehörigen überlassen will, dessen Einkommen die nach § 25 Abs. 2 WoBindG maßgebliche Einkommensgrenze übersteigt (§ 7 Abs. 2 WoBindG). Die Genehmigung oder Freistellungsbescheinigung hat für den Kündigungsgrund selbst keine präjudizierende Wirkung. Deshalb steht dem Mieter hiergegen kein Rechtsbehelf zu. Gehören der Vermieter oder der Angehörige zu dem wohnberechtigten Personenkreis, so muss auch dies im Kündigungschreiben mitgeteilt werden **(2)** Dürfen die Räume nach den **Bestimmungen des Bauordnungsrechts** nicht zu Wohnzwecken benutzt werden, so scheidet eine Eigenbedarfskündigung ebenfalls aus.[263] Dies gilt auch dann, wenn die Behörde das Bewohnen der Räume durch den bisherigen Mieter duldet. **(3)** Hat der Vermieter die Wohnung seinerseits nur angemietet, so setzt eine **Kündigung des Untermietverhältnisses** wegen beabsichtigter Eigennutzung voraus, dass der Vermieter die Räume auf Grund seiner Rechtsbeziehungen zum Eigentümer in der beabsichtigten Art und Weise nutzen darf. **(4)** Hat der Vermieter **nach einer Eigenbedarfskündigung das Anwesen veräußert** und dem Erwerber die wirtschaftliche Nutzung übertragen, so darf er die Rechte aus der Kündigung mangels eines Rechts zur Eigennutzung nicht weiterverfolgen, es sei denn, dass der Erwerber mit der Nutzung durch den Veräußerer einverstanden ist.[264] Hat der Vermieter zugunsten eines Familienangehörigen gekündigt und wird die Wohnung in der Folgezeit an den Angehörigen veräußert, so bleibt die Kündigung wirksam, weil Nutzungswille und Nutzungsinteresse fortbestehen. Dies gilt auch dann, wenn der Angehörige als Erwerber an der Kündigung gehindert wäre, weil zu seinen Lasten die Kündigungssperre des § 577a BGB wirkt.[265]

fff) Unvernünftige Absicht. Im Allgemeinen darf das Gericht nicht überprüfen, ob es zur Nutzungsabsicht des Vermieters bessere oder sinnvollere Alternativen gibt. Der Eigentümer ist aus verfassungsrechtlichen Gründen befugt, selbst über die Nutzung seines Eigentums zu bestimmen. Eine Ausnahme gilt, wenn die Nutzungsabsicht des Eigentümers auf unrealistischen Vorstellungen beruht und die Nutzungswünsche des Eigentümers durch die Kündigung überhaupt nicht befriedigt werden können.[266] Hiervon kann beispielsweise ausgegangen werden, wenn ein schwer gehbehinderter Eigentümer in einem Haus ohne Fahrstuhl eine hochgelegene Dachgeschoßwohnung beziehen will.[267] Die gleichen Grundsätze gelten, wenn der Nutzungs-/Überlassungswille auf Erwägungen beruht, die auch unter Zugrundelegung eines großzügigen Maßstabs nicht mehr nachvollzogen werden können.[268] 68

ggg) Wille zur Nutzung eines Teils der Mietsache. Grundsätzlich muss sich der Nutzungs-/Überlassungswille auf die gesamte Mietsache beziehen. Teilkündigungen sind – von der Ausnahme des § 573b BGB abgesehen – unwirksam. Wegen der Einzelheiten s. § 542 BGB Rdn. 87. Zum Teilbedarf s. § 573b BGB Rdn. 23. Hiervon ist die Frage zu unterscheiden, ob der Vermieter ein **Mischraummietverhältnis, dessen Schwerpunkt auf der Wohnraumnutzung** liegt, kündigen kann, wenn er lediglich Bedarf an den Wohnräumen hat. Dies wird vom BGH bejaht.[269] Die Entscheidung beruht auf der zutreffenden Erwägung, dass Gewerberäume keinen Kündigungsbeschränkungen unterliegen. Es wäre deshalb verfehlt, wenn der Bedarf auf die gewerblich genutzten Teile erstreckt würde. 69

bb) Darlegungs- und Beweislast. Bei dem Nutzungs-/Überlassungswillen handelt es sich um eine innere Tatsache, die der Vermieter im Kündigungsschreiben mitteilen und im Prozess darlegen muss. Bestreitet der Mieter den Nutzungswillen, so muss der Vermieter hierfür Beweis anbieten, anderenfalls ist die Klage abzuweisen. Legt der Vermieter ein prozessordnungsgemäßes Beweisangebot vor, so muss über den Nutzungs-/Überlassungswillen Beweis erhoben werden. Wird ohne Beweiserhebung entschieden, so liegt ein Verstoß gegen das Gebot zur Gewährung von recht- 70

---

263 LG Hamburg WuM 1994, 432.

264 AG Frankfurt WuM 1991, 591.

265 OLG Hamm RE v. 21.7.1992, WuM 1992, 460; LG Karlsruhe WuM 1990, 352.

266 BVerfG WuM 1989, 114.

267 Vgl. OLG Karlsruhe RE 26.10.1982 NJW 1983, 579 = WuM 1983, 10.

268 LG Mannheim WuM 1991, 692: wenn eine in guten Einkommens- und Vermögensverhältnissen lebende Vermieterin eine vermietete Wohnung mit der Begründung kündigt, dass sie im Falle eines Umzugs ihre Mieteinnahmen von 3.136 DM auf 3.395 DM steigern könne; LG Köln WuM 1995, 110: wenn ein Vermieter aus seiner im 16 Stock gelegenen Wohnung ausziehen will und dies – ohne vernünftigen Grund – mit einer Brandgefahr begründet.

269 BGH (VIII ZR 14/15) NJW 2015, 2727.

lichem Gehör vor (Art. 103 Abs. 1 GG). Eine amtsgerichtliche Entscheidung ist in diesem Falle mit der Berufung anfechtbar; eine landgerichtliche Entscheidung kann im Wege der Verfassungsbeschwerde aufgehoben werden.

71 Wesentlich ist, dass der Mieter i. d. R. keine konkreten Tatsachen benennen muss, aus denen sich ergibt, dass der Vermieter die Räume nicht nutzen will; vielmehr genügt es, wenn er sich diesbezüglich auf bloßes Bestreiten gem. § 138 Abs. 4 ZPO beschränkt.[270] Beweispflichtig ist der Vermieter.[271] Der redliche Vermieter kann den Beweis für die Ernsthaftigkeit der Nutzungsabsicht i. d. R. ohne weiteres führen, wenn er die Wohnung einem Familienangehörigen überlassen will: in diesem Fall kann der Familienangehörige als Zeuge vernommen werden. Will der Vermieter selbst in die Wohnung einziehen, so werden im Allgemeinen Stütztatsachen vorhanden sein, die den Schluss auf die Nutzungsabsicht rechtfertigen.[272] Diese Stütztatsachen muss der Vermieter vortragen und beweisen.[273]

72 Darüber hinaus muss das Gericht aber auch den vom Mieter vorgetragenen Tatsachen nachgehen, wenn sich hieraus Zweifel an der Ernsthaftigkeit der Nutzungsabsicht ergeben.[274] Der Vortrag des Mieters hat auf die Beweislast keinen Einfluss. Die gelegentlich vertretene Ansicht, wonach der Mieter beweisen müsse, dass der Eigenbedarf nicht ernsthaft verfolgt, sondern vorgeschoben ist und/oder missbräuchlich erscheint[275] beruht ersichtlich auf der Annahme, dass vorgetäuschte Kündigungen unter Missbrauchsgesichtspunkten zu beurteilen seien. Diese Ansicht ist zivilrechtlich unhaltbar: im Falle einer vorgetäuschten Kündigung ist der Tatbestand des § 573 Abs. 2 Nr. 2 BGB nicht erfüllt, weil der Vermieter in diesem Fall die Wohnung nicht „benötigt".[276] Für das Vorliegen des Kündigungstatbestandes ist aber uneingeschränkt der Vermieter beweispflichtig.

73 **cc) Wegfall der Nutzungsabsicht.** Der Nutzungs-Überlassungswille muss zum Zeitpunkt des Kündigungsausspruchs bereits vorhanden sein. Entfällt der Nutzungs-Überlassungswille vor dem Ausspruch der Kündigung, so ist diese unwirksam. Ein nachträglicher Wegfall des Nutzungs-Überlassungswillens lässt die Wirksamkeit der Kündigung unberührt; es ist allerdings rechtsmissbräuchlich, wenn der Vermieter den aus der Vertragsbeendigung folgenden Räumungsanspruch weiterverfolgt.[277] Hat der Vermieter Eigenbedarf zu seinen Gunsten geltend gemacht und verstirbt er nach dem Ausspruch der Kündigung, so darf auch der Gesamtrechtsnachfolger die Kündigung nicht weiterverfolgen;[278] für Verkaufsfälle s. Rdn. 67). Der Vermieter (oder dessen Rechtsnachfolger) ist vielmehr aus dem Gesichtspunkt von Treu und Glauben verpflichtet, dem Mieter einen Vertrag über die Aufhebung der Kündigungswirkungen anzubieten.[279] Dieses Angebot kann der Mieter (auch stillschweigend durch die Fortsetzung des Mietverhältnisses) annehmen. Kommt der Vertrag zustande, so gilt der Eintritt der Kündigungswirkung als nicht erfolgt.[280] Das Mietverhältnis ist in diesem Fall als ungekündigtes Mietverhältnis zu behandeln. Der Mieter ist zur Annahme eines solchen Vertragsangebots allerdings nicht verpflichtet; lehnt er es ab (was wiederum stillschweigend geschehen kann) so bleibt das Mietverhältnis beendet.

74 In Rechtsprechung und Literatur ist **streitig, bis zu welchem Zeitpunkt** der Wegfall des Nutzungs- oder Überlassungswillens zu berücksichtigen ist. Nach h. M. kommt es auf den Ablauf der Kündigungsfrist an. Eine Veränderung der tatsächlichen Verhältnisse nach diesem Zeitpunkt spielt nach dieser Ansicht keine Rolle.[281] Das BVerfG hat entschieden, dass die Ansicht der h. M.

---

[270] BVerfG WuM 1993, 381; WuM 1995, 140 = ZMR 1995, 150; unzutreffend: AG Potsdam GE 2001, 929.
[271] LG Mannheim WuM 1991, 692; LG Osnabrück WuM 1990, 21.
[272] BVerfG WuM 1993, 381.
[273] LG Berlin GE 1992, 205; AG Wiesbaden WuM 1991, 490.
[274] BVerfG WuM 1991, 146.
[275] So LG Gießen NJW-RR 1994, 910.
[276] Ähnlich *Herrlein* in Herrlein/Kandelhard § 573 BGB Rdn. 7.
[277] OLG Karlsruhe RE v. 7.10.1981, WuM 1982, 11 = ZMR 1982, 50 = NJW 1982, 54.
[278] OLG Karlsruhe ZMR 1993, 335 = WuM 1993, 405 = DWW 1993, 236 = NJW-RR 1994, 80.
[279] OLG Karlsruhe a. a. O.
[280] Vgl. BGH BB 1974, 578.
[281] BGH NJW 2006, 220 = NZM 2006, 50 = WuM 2005, 782 = ZMR 2006, 119 = DWW 2006, 19 = GE 2006, 115; BGH NJW 2007, 2845 = NZM 2007, 679 = WuM 2007, 579 = ZMR 2007, 772 = DWW 2007, 369 = GE 2007, 1185; OLG Düsseldorf NJW-RR 1992, 1489; OLG Karlsruhe NJW 1982, 54; LG Berlin GE 2004, 1527; *Hannappel* in Bamberger/Roth § 573 BGB Rdn. 57, 58; Palandt/*Weidenkaff* § 573 BGB Rdn. 29; *Häublein* in MünchKomm § 573 BGB Rdn. 74; *v. Stebut* NJW 1985, 289, 295); **a. A.** OLG Karlsruhe ZMR 1993, 335; *Lammel* Wohnraummietrecht § 573 BGB Rdn. 98: danach ist die Rechtskraft des Räumungsurteils maßgebend.

keinen verfassungsrechtlichen Bedenken begegnet.[282] Nach der hier vertretenen Ansicht müssen Veränderungen der tatsächlichen Verhältnisse bis zum Auszug des Mieters berücksichtigt werden.[283] Die hier vertretene Ansicht beruht auf der Erwägung, dass weder das materielle Recht noch die zwischen den Parteien bestehende Interessenlage durch die Titulierung verändert werden. Es genügt allerdings nicht, wenn der Mieter gegenüber dem Vollstreckungsversuch des Vermieters Erinnerung (§ 766 ZPO) oder den Einwand des Rechtsmissbrauchs erhebt. Vielmehr muss er Vollstreckungsgegenklage (§ 767 ZPO) erheben[284] und hierbei vortragen, dass der Nutzungs-/Überlassungswille des Vollstreckungsgläubigers nach Schluss der mündlichen Verhandlung entfallen sei. Teilweise wird dem Mieter auch ein Anspruch aus § 826 BGB – mit dem Inhalt der Verpflichtung zur Einstellung der Zwangsvollstreckung – zugestanden.[285]

Aus den genannten Gründen ist der Vermieter verpflichtet, dem Mieter den Wegfall des Nutzungs-/Überlassungswillens mitzuteilen. Diese Pflicht entfällt nach der hier vertretenen Ansicht nicht bereits dann, wenn der Mieter eine Ersatzwohnung angemietet hat, weil es auch in diesem Fall nicht auszuschließen ist, dass der Mieter dem Verbleib in der bisherigen Wohnung den Vorzug gibt.[286] Unterlässt der Vermieter diese Mitteilung, so handelt er vertragswidrig. 75

Entfällt der Nutzungs-/Überlassungswille nach dem Ausspruch der Kündigung, so kann der Vermieter den Räumungsanspruch auch dann nicht weiterverfolgen, wenn er in der Folgezeit einen erneuten Nutzungs-/Überlassungswillen fasst.[287] In einem solchen Fall muss der Vermieter wegen des erneut gefassten Nutzungs-/Überlassungswillens eine erneute Kündigung aussprechen. Etwas anderes kann nach h. M. gelten, wenn ein ursprünglich vorhandener Kündigungsgrund entfällt und stattdessen ein anderer Kündigungsgrund entsteht (s. dazu Rdn. 255). 76

dd) Vertragswidrige Kündigung und erschlichener Mietaufhebungsvertrag.

aaa) Vertragsverletzung. Der BGH hat bereits durch Urteil vom 11. 1. 1984 für die Gewerbemiete entschieden, dass der Vermieter dem Mieter den Mietgebrauch streitig macht und damit seine Vertragspflichten verletzt, wenn er eine wegen fehlender materieller Gründe unwirksame Kündigung ausspricht.[288] Geschieht dies schuldhaft, wobei Fahrlässigkeit genügt und erwächst dem Mieter hieraus ein Schaden, so ist der Vermieter aus dem Gesichtspunkt der positiven Vertragsverletzung (heute: Pflichtverletzung gem. § 280 Abs. 1 BGB) ersatzpflichtig.[289] In dem Urteil vom 18. 5. 2005 hat der BGH ausgeführt, dass diese Grundsätze auch auf die Wohnraummiete anzuwenden sind und auch dann gelten, wenn ein vom Vermieter geltend gemachter Eigenbedarf in Wahrheit nicht besteht.[290] Gleiches gilt, wenn der Nutzungs-/Überlassungswille nach dem Kündigungsausspruch wegfällt und der Vermieter gleichwohl seinen Räumungsanspruch weiterverfolgt.[291] In diesem Fall ist der Vermieter zu einer entsprechenden Mitteilung an den Mieter verpflichtet. Nach der Rechtsprechung des BGH[292] gilt dies aber nur bis zum Ablauf der Kündigungsfrist. Diese Ansicht beruht auf der Erwägung, dass andernfalls derjenige Mieter begünstigt wird, der sich trotz Ablaufs der Kündigungsfrist zu Unrecht in der Wohnung aufhält. Nach der hier vertretenen Ansicht, ist der Verzicht auf das Räumungsverlangen aus § 241 Abs. 2 BGB abzuleiten; die dort geregelte Rücksichtspflicht gilt für die Dauer der zwischen den Parteien bestehenden rechtlichen Sonderverbindung, also bis zur Räumung. 77

282 BVerfG NZM 2006, 459.
283 Ebenso: OLG Karlsruhe WuM 1993, 405; BayObLG NJW 1987, 626.
284 LG Heidelberg a. a. O.; AG Bonn a. a. O.
285 Vgl. BVerfG ZMR 1991, 18 = NJW 1990, 3259, OLG Karlsruhe ZMR 1993, 335, 336; LG Mönchengladbach, WuM 1995, 186.
286 LG Stuttgart WuM 1991, 41.
287 LG Mannheim ZMR 1994, Heft 12 Grüne Seiten XV [LS] betr. einen Fall, in dem der Vermieter wegen Eigenbedarfs gekündigt, später das Haus zum Verkauf angeboten und im Prozess erklärt hat, er habe zwischenzeitlich wieder von der Verkaufsabsicht Abstand genommen und sei zur ursprünglichen Selbstnutzungsabsicht zurückgekehrt; AG Charlottenburg GE 1991, 787 betr. einen Wechsel von einer ursprünglich geplanten Eigennutzung zu einer Nutzung durch einen Familienangehörigen; AG Hanau WuM 1980, 86 betr. das Auswechseln von Familienangehörigen- Tochter statt Sohn.
288 BGHZ 89, 296 = NJW 1984, 1028 = ZMR 1984, 163 = DWW 1984, 133 = GE 1984, 575.
289 BGH a. a. O. unter Nr. I 3b.
290 BGH NZM 2005, 580 = NJW 2005, 2395 = WuM 2005, 521 = ZMR 2005, 702.
291 BGH NJW 2006, 220 = NZM 2006, 50 = WuM 2005, 782 = ZMR 2006, 119 = DWW 2006, 19 = GE 2006, 115; BGH (VIII ZR 356/11), GuT 2012, 384; OLG Karlsruhe RE v. 7. 10. 1981, WuM 1982, 11 = ZMR 1982, 50 = NJW 1982, 54.
292 BGH NJW 2006, 220 = NZM 2006, 50 = WuM 2005, 782 = ZMR 2006, 119 = DWW 2006, 19 = GE 2006, 115.

78 Kündigt der Vermieter mit der Absicht, die Wohnung selbst zu nutzen oder diese einem Angehörigen zu überlassen, obwohl nicht sicher feststeht, dass die Nutzungsabsicht verwirklicht werden kann, so ist eine **fahrlässige Pflichtverletzung** gegeben.

79 Streitig ist, ob eine fahrlässige Pflichtverletzung auch dann anzunehmen ist, wenn der Vermieter zwar die Beendigungstatsachen zutreffend mitteilt, aber infolge eines **vermeidbaren Rechtsirrtums** verkennt, dass die geltend gemachten Gründe keine Vertragsbeendigung rechtfertigen.[293] Nach der hier vertretenen Ansicht ist die Frage im Regelfall zu bejahen.[294] Dies folgt aus der Erwägung, dass der Vermieter nach § 535 Abs. 1 Satz 1 BGB zur Gebrauchsgewährung verpflichtet ist und demzufolge alles zu unterlassen hat, was den Mieter im Gebrauch stören könnte. In diesem Zusammenhang ist davon auszugehen, dass der Vermieter einer Wohnung wissen muss, dass Mietverhältnisse dem Bestandschutz unterliegen. Deshalb ist der Vermieter gehalten, gewissenhaft zu prüfen, ob der Kündigungsgrund tatsächlich besteht und vollzogen werden kann.[295] Bei Zweifeln über den Inhalt und Umfang des Bestandschutzes muss der Vermieter Rechtsrat einholen. Unterlässt er dies, so wird der Irrtum regelmäßig verschuldet sein; im anderen Fall wird es am Verschulden fehlen.

80 Eine Pflichtverletzung liegt auch dann vor, wenn der Vermieter zwar keine Kündigung ausspricht, aber gegenüber dem Mieter vorsätzlich oder fahrlässig den Eindruck erweckt, dass er Beendigungsgründe geltend machen könne.[296] Es genügt allerdings nicht, wenn der Vermieter den Mieter lediglich befragt, ob dieser ohnehin die Absicht zur Aufgabe der Wohnung habe und bei dieser Gelegenheit ein Eigennutzungsinteresse bekundet.[297] Erforderlich ist vielmehr, dass der Vermieter hinreichend deutlich zum Ausdruck bringt, dass er in die Wohnung des Mieters einziehen wolle

80a Die Beachtung der formellen Anforderungen an das Kündigungsschreiben zählt nicht als „Pflicht" i. S. des § 280 BGB, sondern ist als bloße „Obliegenheit" zu bewerten. Die Verletzung einer vertraglichen oder gesetzlichen Pflicht führt zum Schadensersatz. Wird demgegenüber eine Obliegenheit verletzt, so ist dies zwar mit Rechtsnachteilen – i. d. R. mit der Unwirksamkeit einer Erklärung – verbunden; der Vertragspartner kann hieraus aber keine eigenen Ansprüche herleiten. Formelle Mängel des Kündigungsschreibens begründen deshalb keine Schadensersatzpflicht.[298]

81 **bbb) Kausalität.** Zwischen der Pflichtverletzung des Vermieters und dem Auszug des Mieters muss **Kausalität** bestehen. Hiervon ist auszugehen, wenn der Mieter auf Grund der Angaben des Vermieters zur Räumung verurteilt wird oder wenn er freiwillig auszieht, weil er auf die Angaben des Vermieters vertraut hat.[299] Schließen die Parteien im Anschluss an eine vorgetäuschte Eigenbedarfskündigung einen **Mietaufhebungsvertrag,** so wird hierdurch die Kausalität zwischen der Vertragsverletzung und dem Schaden nicht unterbrochen. Dies gilt auch dann, wenn die vorangegangene Kündigung formell unwirksam war. Dem Mieter fällt auch in diesem Fall kein Mitverschulden an der Entstehung des Schadens zur Last, weil er grundsätzlich auf die Richtigkeit der Tatsachenangaben seines Vermieters vertrauen darf, wenn nicht ausnahmsweise erkennbar naheliegende Verdachtsgründe bestehen. Der Anspruch entfällt nur ausnahmsweise, nämlich dann, wenn feststeht, dass der Mieter im Zeitpunkt der Mietaufhebungsvereinbarung oder später entschlossen war, die Wohnung in jedem Fall, unabhängig von dem geltend gemachten Eigenbedarf, zu räumen.[300] Es kommt nicht darauf an, ob dem Mieter die Kündigungsgründe schriftlich oder nur

---

293 So: BGHZ 89, 296 = NJW 1984, 1028; NJW 1988, 1268; NZM 1998, 718 (für Gewerbemiete); LG Hamburg MDR 1976, 844; LG Mannheim MDR 1973, 676; LG Waldshut WuM 1978, 5; LG Kiel NJW 1975, 1933 mit abl. Anm. *Fehl;* LG Saarbrücken NZM 1998, 304 = ZMR 1998, 233 = DWW 1998, 117); *Sternel* Mietrecht (1988) Rdn. II 631; *Sternel* Mietrecht aktuell (2009) Rdn. XI 173; *Rolfs* in Staudinger § 573 BGB Rdn. 229; *Haug* in Emmerich/Sonnenschein, Miete § 573 BGB Rdn. 93; *Lützenkirchen* in: Erman § 573 Rdn. 57*Häublein* in MünchKomm § 573 BGB Rdn. 106; *Lammel* § 573 BGB Rdn. 146; Palandt/*Weidenkaff* § 573 BGB Rdn. 58; *Grapentin* in Bub/Treier Kap. IV Rdn. 42, 226; *Harke* ZMR 1991, 94; *Seier* ZMR 1978, 37; *Schmid* DWW 1984, 204; *Hinz* in FA MietRWEG Kap. 15 Rdn. 174; **a. A.** OLG Hamm RE v. 31. 1. 1984, NJW 1984, 1044 = WuM 1984, 94 = ZMR 1984, 129; LG Freiburg WuM 1989, 251; LG Heidelberg DWW 1990, 151; LG Mannheim WuM 1995, 710; *Schach* in Kinne/Schach/Bieber Miet- und Mietprozessrecht § 573 BGB Rdn. 33; *Franke* in WoBauR § 573 BGB Anm. 50; *Kossmann* § 123 Rdn. 9; *Klinkhammer* NJW 1997, 221.

294 Ebenso *Eisenschmid* PiG 90 (2011) S. 192.

295 *Eisenschmid* a. a. O.

296 LG Saarbrücken DWW 1998, 117 = NZM 1998, 304 = ZMR 1998, 233.

297 LG Saarbrücken a. a. O.

298 BGH (VIII ZR 9/10) NJW 2011, 914; *Harsch* MietRB 2016, 81.

299 LG Saarbrücken a. a. O.

300 BGH WuM 2009, 359; OLG Karlsruhe RE v. 7. 10. 1981, WuM 1982, 11 unter Nr. III 3; ebenso BayObLG RE v. 25. 5. 1982, WuM 1982, 203; LG Bochum NJWE-MietR 1997, 50; *Rolfs* in Staudinger § 573

mündlich bekannt gegeben worden sind, weil der Mieter auch auf mündlich dargelegte Gründe vertrauen darf.[301] Solange der Mieter davon überzeugt ist, dass der Vermieter tatsächlich einen begründeten Eigenbedarf hat, kann die Kausalität zwischen der Vertragsverletzung und dem Schaden nicht zweifelhaft sein.[302] Nach der **Rechtsprechung des BGH** steht dem Mieter gem. § 280 Abs. 1 BGB ein Schadensersatzanspruch zu, wenn der Vermieter schuldhaft wegen eines in Wirklichkeit nicht bestehenden Eigenbedarfs kündigt. Gleiches gilt, wenn der Mieter nach Ausspruch einer vorgetäuschten Kündigung mit dem Vermieter einen Mietaufhebungsvertrag oder Räumungsvergleich abschließt, weil er von der Richtigkeit der Angaben des Vermieters zum Kündigungsgrund überzeugt ist. Es spielt keine Rolle ob das Kündigungsschreiben formell wirksam ist. Maßgeblich ist allein, dass der Mieter das Räumungsverlangen materiell für gerechtfertigt ansieht. Anders ist die Rechtslage, wenn der Abschluss des Aufhebungsvertrags „auf der freien Willensentscheidung" des Mieters beruht. Ein solcher Fall ist anzunehmen, wenn der Mieter auf jeden Fall – ohne Rücksicht auf das Bestehen des Eigenbedarfs – ausziehen will.[303] Ist dieser Punkt – wie in den meisten Fällen – im Mietaufhebungsvertrag oder Räumungsvergleich nicht eindeutig geregelt, so ist das von den Parteien gewollte unter Berücksichtigung der Umstände des Einzelfalls im Wege der Auslegung zu ermitteln.[304] An den Willen des Mieters zum Verzicht auf eventuelle Schadensersatzansprüche sind strenge Anforderungen zu stellen. Der Verzichtswille muss „unmissverständlich" sein.[305] Es ist Aufgabe der Instanzgerichte, diejenigen Umstände festzustellen, aus denen sich der Verzichtswille herleiten lässt. Ein Indiz hierfür kann darin gesehen werden, dass sich der Vermieter zu einer substantiellen Gegenleistung verpflichtet, z. B. eine Abstandszahlung leistet oder auf Schönheitsreparaturen verzichtet.[306] Ein Teil der Rechtspraxis neigt dazu, die Kausalität zu verneinen, wenn der Mieter den Nutzungs-/Überlassungswillen vorgerichtlich oder prozessual bestritten hat[307] oder wenn die Mietaufhebung vereinbart wird, obwohl zwischen den Parteien wegen des Kündigungsgrundes noch alles offen ist.[308] Diese Praxis ist zweifelhaft, weil ein solches Bestreiten in den meisten Fällen eine Erklärung mit Nichtwissen i. S. v. § 138 ZPO darstellen wird. In der Bereitschaft zum Abschluss eines Räumungsvergleichs kommt deshalb häufig lediglich die Erwartung des Mieters zum Ausdruck, dass der Vermieter mit der Klage durchdringen werde. Etwas anderes wird nur dann anzunehmen sein, wenn zwischen den Parteien Klarheit besteht, dass das Mietverhältnis unabhängig vom geltend gemachten Kündigungsgrund beendet sein soll.[309] Diese übereinstimmende Vorstellung ist zweckmäßigerweise in den Vergleich aufzunehmen. Die Formulierung, wonach „sämtliche Ansprüche der Parteien durch den Vergleich abgegolten sein sollen", umfasst nur diejenigen Ansprüche, die beim Vergleichsschluss schon bestehen, jedenfalls aber absehbar gewesen sind; Schadensersatzansprüche wegen eines vorgetäuschten Nutzungs-/Überlassungswillens gehören hierzu nicht.[310]

An der Kausalität kann es fehlen, wenn der Mieter unabhängig von der Kündigung des Vermieters ausgezogen ist. Dies ist der Fall, wenn der Mieter das Mietverhältnis seinerseits gekündigt hat.[311] **82**
Gleiches gilt, wenn der Vermieter auch aus anderen Gründen gekündigt hat und wenn der Mieter auf Grund dieser Kündigung zur Räumung verpflichtet gewesen wäre.[312] Schließlich kann ein Ersatzanspruch aus dem Gesichtspunkt des **rechtmäßigen Alternativverhaltens** entfallen, wenn

---

BGB Rdn. 227, 228; *Häublein* in MünchKomm § 573 BGB Rdn 108; *Sternel* Mietrecht aktuell (2009) Rdn. XI 175 ff.; *Herrlein* in Herrlein/Kandelhard § 573 BGB Rdn. 45; *Lammel* § 573 BGB Rdn. 147; *Schach* in Kinne/Schach/Bieber Miet- und Mietprozessrecht § 573 BGB Rdn. 32; *Hinz* in FA MietRWEG Kap. 15 Rdn. 173; *Wetekamp* Mietsachen Kap. 8 Rdn. 235; *Haug* in Emmerich/Sonnenschein, Miete § 573 BGB Rdn. 92.

301 LG Mannheim WuM 1995, 710.

302 BGH a. a. O.

303 Grundlegend: BGH (VIII ZR 231/07) NJW 2009, 2059; BGH (VIII ZR 99/14) NJW 2015, 2324; BGH (VIII ZR 214/15) NZM 2016, 718.

304 BGH (VIII ZR 343/10) WuM 2011, 634; BGH (VIII ZR 99/14) NJW 2015, 2324 unter Rn. 15; im Ergebnis ebenso: OLG Frankfurt RE 6.9.1994 WuM 1994, 600.

305 BGH (VIII ZR 99/14) NJW 2015, 2324 unter Rn. 19; BGH (VIII ZR 214/15) NZM 2016, 718 unter Rn. 14.

306 BGH a. a. O.

307 OLG Celle MDR 1995, 252; LG Gießen WuM 1995, 183; LG Tübingen WuM 1993, 353; LG Düsseldorf ZMR 2000, 675.

308 LG Berlin GE 1995, 1551.

309 AG Garmisch-Partenkirchen WuM 2008, 674.

310 LG Hamburg WuM 1995, 168.

311 AG Sinzig DWW 1991, 25 betr. Kündigung wegen des gespannten Vertragsverhältnisses.

312 LG Gießen WuM 1995, 163 betr. Kündigung wegen Zahlungsverzugs.

der Vermieter aus einem anderen Grund zur Kündigung berechtigt gewesen wäre und feststeht, dass hierdurch das Mietverhältnis geendet hätte. Die Darlegungs- und Beweislast für das Vorliegen der hypothetischen Beendigungsgründe liegt beim Vermieter.[313] Ebenso entfällt der Schadensersatzanspruch, wenn der Vermieter statt der angegebenen Verwendungsabsicht einen anderen ebenfalls rechtmäßigen Verwendungszweck verwirklicht hat.[314]

83 **ccc) Rechtsfolgen.**

84 Zur Schadensberechnung s. zunächst § 542 BGB Rdn. 116; Neben den dort aufgeführten Schadenspositionen gehören zum Schaden

(1) Die **Kosten des vorangegangenen Räumungsrechtsstreits.**[315]

85 **(2) Detektivkosten.** Bei abgewiesener Räumungsklage muss der Vermieter diejenigen Kosten erstatten, die der Mieter zum Nachweis der Täuschungshandlung aufgewendet hat, beispielsweise die Kosten eines Detektivs.[316]

86 **ddd) Mitverschulden des Mieters.** Der Mieter muss sich ein **Mitverschulden** anrechnen lassen, wenn er auf eine naheliegende Rechtsverteidigung gegen die Kündigung verzichtet hat. Der Umstand, dass die Kündigung formell unwirksam war (etwa, weil die Beendigungstatsachen nicht vollständig mitgeteilt sind), spielt hier allerdings keine Rolle: zum einen darf der Mieter auch auf die Richtigkeit der mündlich mitgeteilten Gründe vertrauen.[317] Zum anderen gewinnt der Mieter i. E. nichts, wenn er (lediglich) die formelle Unwirksamkeit der Kündigung rügt. Im günstigsten Fall kann er seine Räumungsverpflichtung verzögern, weil eine formell unwirksame Kündigung jederzeit wiederholt werden kann.[318] Bestehen allerdings konkrete Verdachtsmomente gegen die Ernsthaftigkeit des Nutzungs-/Überlassungswillens, muss sich der Mieter gegen die Kündigung zur Wehr setzen. Erst recht gilt diese Obliegenheit, wenn der Vermieter unter Angabe der zutreffenden Gründe kündigt, diese aber die Vertragsbeendigung – auch für den Laien erkennbar – nicht rechtfertigen.[319]

87 **eee) Darlegungs- und Beweislast.** Nach allgemeinen Grundsätzen muss der Mieter die tatsächlichen Voraussetzungen seines Schadensersatzanspruchs beweisen. Dieser Grundsatz gilt auch in den Fällen des vorgetäuschten Eigenbedarfs. Nach der Rechtsprechung des BGH findet keine Umkehr der Beweislast statt.[320] Zugunsten des Mieters gilt jedoch eine **Beweiserleichterung,** wenn der Vermieter den behaupteten Selbstnutzungswillen nach dem Auszug des Mieters nicht in die Tat umsetzt. Dann hat der Vermieter „substantiiert und plausibel [„stimmig"]… darzulegen, aus welchem Grund der mit der Kündigung vorgebrachte Eigenbedarf nachträglich entfallen sein soll; insoweit sind strenge Anforderungen zu stellen. Erst wenn der Vortrag des Vermieters diesem Maßstab genügt, obliegt dem Mieter der Beweis, dass ein Selbstnutzungswille des Vermieters schon vorher nicht bestand."[321]

88 Für die **praktische Umsetzung** gilt folgendes: Wird die Wohnung entgegen der Angaben im Kündigungsschreiben vom Vermieter nicht bezogen, sondern anderweitig vermietet, so muss der Vermieter „substantiiert und plausibel" darlegen aus welchem Grund der mit der Kündigung vorgebrachte Eigenbedarf nachträglich entfallen sein soll. Wenn der Vortrag des Vermieters dem genügt, obliegt dem Mieter der Beweis, dass ein Selbstnutzungswille schon von vorneherein nicht bestanden hat.[322]

89 Teilweise wird in diesem Zusammenhang die Ansicht vertreten, dass der Mieter in einem solchen Fall einen **Auskunftsanspruch** geltend machen kann, wenn von der Auskunft die Erfolgsaussicht eines Schadensersatzanspruchs abhängt.[323] Ist streitig, ob der Vermieter den Mieter vor seinem Auszug von dem Wegfall des Nutzungs-/Überlassungswillens informiert hat, so trifft die Beweislast den Vermieter. Gleiches gilt, wenn die **Erfüllung der Anbietpflicht** in Frage steht.

---

[313] BGH NJW 1991, 3208.

[314] LG Hamburg ZMR 2001, 620.

[315] AG Nürnberg WuM 1995, 180.

[316] AG Hamburg WuM 1997, 220; vgl. auch LG Köln WuM 2000, 616: danach gehören diese Kosten zu den Prozesskosten.

[317] OLG Karlsruhe RE 7.10.1981 NJW 1982, 54 = WuM 1982, 11 = ZMR 1982, 50; BayObLG RE v. 25.5.1982, NJW 1982, 2003 = WuM 1982, 203; ZMR 1982, 277; *Eisenschmid* PiG 90 (2011) S. 192, 195.

[318] LG Saarbrücken WuM 1995, 173; LG Mannheim WuM 1995, 711; **a. A.** AG Saarlois WuM 1995, 173.

[319] LG Mannheim a. a. O.

[320] BGH NZM 2005, 580 = NJW 2005, 2395 = WuM 2005, 521 = ZMR 2005, 702.

[321] BGH (VIII ZR 300/15) NZM 2017, 23.

[322] BGH a. a. O.; AG Garmisch-Partenkirchen WuM 2008, 674; AG Münster WuM 2014, 274.

[323] AG Wuppertal WuM 1995, 185; *Eisenschmid* PiG 90 (2011) S. 192, 195.

Zieht der Mieter freiwillig aus, weil er auf **mündliche Erklärungen** des Vermieters über einen angeblichen Nutzungs-/Überlassungswillen vertraut hat und ist streitig, was der Vermieter erklärt hat, so trifft die Beweislast den Vermieter.[324] Dies folgt aus der Erwägung, dass die schriftliche Mitteilung der Kündigungsgründe zu den Pflichten des Vermieters gehört(§ 573 Abs. 3 BGB); deshalb muss der Vermieter das Risiko tragen, wenn der Inhalt des mündlich erklärten nicht ermittelt werden kann. Die **Kausalität** zwischen der Pflichtverletzung des Vermieters und dem Auszug des Mieters ist vom Mieter zu beweisen. An diesen Beweis sind allerdings keine strengen Anforderungen zu stellen; er gilt als geführt, wenn feststeht, dass zwischen der Pflichtverletzung des Vermieters und dem Auszug ein zeitlicher Zusammenhang besteht. Die **Höhe des Schadens** muss der Mieter beweisen; für das Mitverschulden ist der Vermieter beweispflichtig.

ee) Anspruch auf Wiedereinräumung des Besitzes. Hat der Mieter die Wohnung geräumt 90
und an den Vermieter zurückgegeben, so hat er im Falle einer unwirksamen Kündigung oder beim nachträglichen Wegfall des Bedarfs einen Anspruch auf Wiedereinräumung des Besitzes.[325] Dieser Anspruch kann durch ein im Wege der einstweiligen Verfügung zu erlassendes Verbot der Weitervermietung gesichert werden. Hat der Vermieter Verkaufsabsichten, so kommt ein einstweiliges Veräußerungsverbot in Betracht[326]. Der Anspruch auf Wiedereinräumung des Besitzes kann mit der Schadensersatz- oder mit der Erfüllungsklage geltend gemacht werden.

(1) Schadensersatzanspruch. Wird ein Mietverhältnis wegen eines Eigenbedarfs gekündigt, der in Wirklichkeit nicht besteht, so hat der Mieter gem. § 280 Abs. 1 BGB Anspruch auf Schadensersatz, wenn die Kündigung schuldhaft, d. h. vorsätzlich oder fahrlässig ausgesprochen wird. Grundsätzlich hat der Vermieter denjenigen Zustand herzustellen, der bestehen würde, wenn der zum Ersatz verpflichtende Umstand nicht eingetreten wäre (§ 249 Abs. 1 BGB; „Naturalrestitution"). Der Mieter kann also verlangen, dass ihm die Wohnung wieder überlassen wird. Ist dies ausnahmsweise nicht möglich, weil die Räume anderweitig vermietet oder an einen Dritten veräußert wurden, hat der Vermieter den Mieter in Geld zu entschädigen (§ 251 Abs. 1 BGB). Den Ausnahmefall hat der Vermieter darzulegen. Ist die Unmöglichkeit der Naturalrestitution streitig, so muss das Gericht hierüber Beweis erheben. Beweispflichtig ist der Vermieter.[327]

(2) Erfüllungsanspruch. Durch eine vorgetäuschte Eigenbedarfskündigung wird das Mietverhältnis nicht beendet. Der Mieter hat deshalb gegen den Vermieter nicht nur einen Schadensersatzanspruch, sondern auch einen aus § 535 Abs. 1 BGB folgenden Erfüllungsanspruch.[328] Der Vermieter kann die Erfüllung nach § 275 Abs. 1 BGB im Falle der Unmöglichkeit allerdings verweigern. Zu § 275 Abs. 1 BGB a. F. wurde die Ansicht vertreten, dass die Unmöglichkeit nur dann zum Ausschluss der Leistungspflicht führt, wenn diese vom Schuldner nicht zu vertreten ist. Seit der Neufassung der Vorschrift durch das Schuldrechtsmodernisierungsgesetz ist jedoch fraglich, ob es weiterhin auf dieses Kriterium ankommt. Dies wird überwiegend verneint.[329] Nach dieser Ansicht ist also auch nach § 275 Abs. 1 BGB eine Beweiserhebung erforderlich, wenn die Unmöglichkeit streitig ist.

(3) Besonderheiten bei Rechtsnachfolge. Wird die Wohnung nach Rechtshängigkeit der Klage des Anspruchs auf Wiedereinräumung des Besitzes veräußert, so kommt es zunächst darauf an, ob die Mietsache im Zeitpunkt der Veräußerung (maßgeblich: die Eintragung des Erwerbers ins Grundbuch) noch im Besitz des Mieters war. In diesem Fall tritt der Erwerber gem. § 566 BGB in das Mietverhältnis ein. Hier bestimmt § 325 Abs. 1 ZPO, dass ein gegen den Veräußerer ergehendes rechtskräftiges Urteil gegen diejenigen Personen wirkt, die nach dem Eintritt der Rechtshängigkeit der Klage (d. h. nach der Zustellung der Klagschrift an den Veräußerer) Rechtsnachfolger des Klägers im Mietverhältnis werden. Wird der Veräußerer zur Wiedereinräumung des Besitzes verurteilt, so trifft dieselbe Verpflichtung den Erwerber. Hatte der Mieter dagegen den Besitz vor der Veräußerung bereits aufgegeben, so ist § 566 BGB unanwendbar, weil diese Vorschrift voraus-

---

324 LG Mannheim WuM 1995, 710.

325 *Ostermann* WuM 1992, 342, 346.

326 LG Bonn WuM 1988, 402; *Ostermann* a. a. O.; *Börstinghaus* in Enders/Börstinghaus, Einstweiliger Rechtsschutz 2003 Rdn. 890; **a. A.** *Schuschke* in Schuschke/Walker, Vollstreckung und Vorläufiger Rechtsschutz 3. Aufl. 2005 Vorbem. Zu § 935 BGB Rdn. 40.

327 BGH WuM 2010, 165 = NJW 2010, 1068.

328 *Eisenschmid* PiG 90 (2011) S. 192, 196; **a. A.** *Harsch* MietRB 2016, 8186: nur Schadensersatzanspruch in Form der Naturalherstellung.

329 Palandt/*Grüneberg* § 275 BGB Rdn. 5; *Unberath* in Bamberger/Roth § 275 Rdn. 51; *Schur* NJW 2002, 2518.

setzt, dass der Wohnraum „nach der Überlassung an den Mieter" veräußert wird. Eine Rechtsnachfolge im Mietverhältnis tritt nicht ein; deshalb wirkt das Urteil auch nicht gegen den Erwerber.

91 **e) Das Nutzungs-/Überlassungsinteresse. aa) Allgemeines.** Während es für den Abschluss eines Zeitmietvertrags i. S. v. § 575 Abs. 1 Satz 1 Nr. 2 BGB genügt, wenn der Vermieter die Räume für sich oder seine Angehörigen „nutzen will", setzt der Kündigungstatbestand des § 573 Abs. 2 Nr. 2 BGB voraus, dass der Vermieter die Räume **„benötigt".** Hieraus ergibt sich, dass zur Kündigung neben dem Nutzungs-/oder Überlassungswillen ein besonderes Nutzungs-/Überlassungsinteresse hinzutreten muss. An dem Tatbestandsmerkmal „benötigt" fehlt es, wenn dem Vermieter eine andere freistehende Wohnung zur Verfügung steht, durch die sein Bedarf gedeckt werden kann (s. dazu Rdn. 111). Ebenfalls fehlt es an dem genannten Tatbestandsmerkmal, wenn das Nutzungs-/oder Überlassungsinteresse kein hinreichendes Gewicht hat, etwa weil die Wohnung nur für kurze Zeit benötigt wird (s. Rdn. 103) oder weil die Kündigung vernunftwidrig (s. Rdn. 68) oder willkürlich (s. Rdn. 137) ist oder weil der Vermieter einen übermäßigen Bedarf (s. Rdn. 146) geltend macht. Nach dem Wortlaut des § 573 Abs. 2 Nr. 2 BGB setzt die Eigenbedarfskündigung voraus, dass der **Vermieter** die Räume benötigt. Hieraus wird von einem Teil der Rechtsprechung und Literatur abgeleitet, dass es hinsichtlich des Nutzungswillens und des Nutzungsinteresses ausschließlich auf den Willen des Vermieters und nicht auf das Interesse des Angehörigen ankommt, dem die Wohnung überlassen werden soll.[330] Der BGH teilt diese Ansicht nicht. Bei der Kündigung zugunsten eines Angehörigen mache sich der Vermieter „regelmäßig die Bedarfssituation des Angehörigen und damit dessen Nutzungsvorstellungen zu eigen" (BGH Urteil vom 4.3.2015 – VIII ZR 166/14). Deshalb ist beispielsweise zu berücksichtigen, wenn die Bedarfsperson die Räume zusammen mit einen Lebensgefährten oder einer sonstigen befreundete Person nutzen will. Ob für die Begründung einer reinen Zweckgemeinschaft, z. B. einer studentischen Wohngemeinschaft etwas anderes gilt, hat der BGH offen gelassen. Die Interessen des Mieters an der Aufrechterhaltung des Mietverhältnisses können erst auf seinen Kündigungswiderspruch nach § 574 BGB berücksichtigt werden.[331]

92 Grundlegend für die Bestimmung des Nutzungs-/Überlassungsinteresses ist der **Rechtsentscheid des BGH** vom 20.1.1988.[332] Danach genügt es, wenn der Vermieter „vernünftige, nachvollziehbare Gründe für die Inanspruchnahme des Wohnraums für sich oder eine begünstigte Person hat". Es ist nach der Auffassung des BGH nicht erforderlich, dass der Vermieter unzureichend untergebracht ist. Zur Illustration des so verstandenen Nutzungs-/Überlassungsinteresses nennt der BGH drei Fälle, in denen der Vermieter zur Kündigung berechtigt sein soll: **(1)** wenn er sich eine Wohnung gekauft hat, um dort seinen Altersruhesitz zu haben. **(2)** wenn Eltern ihrem Kind eine eigene Wohnung zur Verfügung stellen wollen, um zu verhindern, dass es sich vom Elternhaus löst; in diesem Fall soll es nicht darauf ankommen, ob das Kind im Elternhaus ausreichend untergebracht ist. **(3)** wenn der Vermieter im eigenen Haus wohnen will, um die Heizung zu warten und das Haus verwalten zu können. Diese Beispielsfälle zeigen, dass an das Nutzungs-/Überlassungsinteresse nach der Auffassung des BGH nur geringe Anforderungen zu stellen sind.

93 In der Folgezeit hat das **BVerfG** in dem **Grundsatzurteil** vom 14.2.1989[333] zu dem Problem des Nutzungs-/Überlassungsinteresses Stellung genommen. In dieser Entscheidung wird zwar betont, dass der BGH den Kündigungstatbestand des § 564b Abs. 2 Nr. 2 BGB a. F. (= § 573 Abs. 2 Nr. 2 BGB n. F.) verfassungsrechtlich zutreffend ausgelegt habe (unter Nr. C I 1). In den hierauf folgenden zahlreichen Kammerbeschlüssen hat das BVerfG den Unterschied zwischen dem Nutzungswillen und dem Nutzungsinteresse allerdings teilweise bis zur Unkenntlichkeit verwischt.[334] Paradigmatisch hierfür ist der Beschluss vom 11.11.1993.[335] Dort wurde entschieden, es genüge für die Annahme eines Nutzungsinteresses, wenn der Erwerber einer vermieteten Eigentumswohnung zur Begründung der Kündigung geltend macht, dass er die Wohnung erworben habe, weil er „schlichtweg Herr seiner eigenen vier Wände sein will". Zudem beruht die Rechtsprechung des BVerfG auf einer eigenwilligen Rechtsdogmatik, die mit den herkömmlichen zivilrechtlichen Auslegungs- und

---

[330] So z. B. BayObLG WuM 1986, 271; OLG Hamburg WuM 1986, 51; *Rolfs* in Staudinger § 573 Rdn. 102 sowie die Vorauflage.
[331] BGH RE v. 20.1.1988, WuM 1988, 47.
[332] A. a. O.; ebenso: BVerfG WuM 2002, 21, 22.
[333] WuM 1989, 114.
[334] Ähnlich: *Sternel* Mietrecht aktuell (2009) Rdn. XI 38.
[335] NJW 1993, 309 = WuM 1993, 729 = ZMR 1994, 208.

Entscheidungsgrundsätzen nicht im Einklang steht.[336] So soll der Schutz des Mieters nicht durch eine sachgerechte Auslegung des Tatbestandsmerkmals „benötigt“, sondern unter Rückgriff auf das Institut des Rechtsmissbrauchs verwirklicht werden. Es ist gleichwohl nicht zu verkennen, dass die Rechtspraxis durch die Entscheidungen des BVerfG trotz dieser Unzulänglichkeiten maßgeblich beeinflusst worden ist.[337] Dies ist bedauerlich, weil die Ergebnisse nicht überzeugen und die Fortbildung des Zivilrechts auch nicht zu den Aufgaben des BVerfG gehört.[338]

bb) Einzelne Nutzungsinteressen. Die instanzgerichtliche Rechtsprechung zu den Nutzungsinteressen ist unübersehbar. Die vor dem Rechtsentscheid des BGH vom 20.1.1988 (s. Rdn. 92) ergangene Rechtsprechung ist nur mit Einschränkungen zu verwerten, weil diese Entscheidungen z. T. auf einer engeren Tatbestandsauslegung beruhen. 94

Der Vermieter kann kündigen, wenn er bisher **keine eigene Wohnung** hatte und vernünftige Gründe für die Begründung eines Hausstands sprechen, etwa wenn der Vermieter nicht mehr mit seinen Eltern in einer Wohnung zusammenleben möchte;[339] wenn der Vermieter bisher in der Wohnung seiner Schwiegermutter gelebt hat;[340] wenn eine 59-jährige Reiseleiterin eine feste Wohnung benötigt, weil ihre Entlassung bevorsteht.[341] 95

Ebenso ist die Kündigung berechtigt, wenn der Vermieter seine **bisherige Wohnung verloren** hat. Unerheblich ist es, ob der Vermieter seinen Wohnbedarf selbst verschuldet hat. Dem Vermieter ist es auch nicht zuzumuten, mit dem Vermieter seiner bisherigen Mietwohnung einen Rechtsstreit über die Wirksamkeit der Kündigung zu führen.[342] 96

Ähnliche Gesichtspunkte gelten für den **Erwerber** eines Mietshauses oder einer Eigentumswohnung. Insbesondere ist die Kündigung nicht deshalb ausgeschlossen, weil der Vermieter die Wohnung in vermietetem Zustand erworben hat.[343] Will der Erwerber die Wohnung vor dem Selbstbezug grundlegend sanieren oder modernisieren und ist hierzu eine Baugenehmigung erforderlich, so setzt die Wirksamkeit der Kündigung nicht voraus, dass die Genehmigung bereits erteilt ist.[344] Anderseits muss die Eigennutzungsabsicht aber in angemessener Zeit verwirklicht werden. Der Vermieter darf die beabsichtigten Umbaumaßnahmen insbesondere nicht jahrelang hinausschieben und die Wohnung in der Zwischenzeit leerstehen lassen.[345] Hat der Erwerber bislang zur Miete gewohnt, so sind nach der Auffassung des BVerfG an das Nutzungsinteresse keine hohen Anforderungen zu stellen.[346] Nach der Meinung des BVerfG[347] soll es bereits ausreichen, wenn der Erwerber einer Eigentumswohnung mit der Begründung kündigt, dass er künftig in seinen eigenen vier Wänden wohnen will um den Misslichkeiten seines bisherigen Mietverhältnisses zu entgehen. Die Fachgerichte seien nicht befugt, den Eigentümer gegen seinen Willen in die Rolle des Kapitalanlegers zu drängen.[348] 97

Ebenso kann der Vermieter kündigen, wenn er eine **größere Wohnung** haben will. Das **BVerfG** betont in diesem Zusammenhang, dass die Gerichte die Entscheidung des Eigentümers über seinen Wohnbedarf grundsätzlich respektieren müssen und ihm nicht fremde Vorstellungen über angemessenes Wohnen und seine weitere Lebensplanung aufdrängen dürfen.[349] Dem Vermieter darf der Nutzungswunsch nicht „ausgeredet“ werden. So ist es nicht zu beanstanden, wenn ein Eigentümer eine 72 qm große Wohnung kündigt, um diese mit seiner derzeit genutzten 65 qm gro- 98

---

336 Ebenso *Lammel* NJW 1994, 3320.
337 S. z. B. LG Potsdam GE 1998, 431; LG München I NZM 2015, 932, 933.
338 S. dazu auch *Sendler* ZRP 1994, 343.
339 LG Düsseldorf WuM 1989, 414.
340 AG Ludwigsburg WuM 1989, 417.
341 OLG Düsseldorf ZMR 1992, 386 = WuM 1993, 49.
342 BayObLG RE v. 14.7.1981, WuM 1981, 200 = NJW 1981, 2197.
343 BayObLG RE v. 14.7.1981, WuM 1981, 200.
344 OLG Frankfurt RE v. 25.6.1992, WuM 1992, 421 = ZMR 1992, 383 = DWW 1992, 335.
345 Vgl. BVerfG WuM 2002, 21, 22.
346 Vgl. BVerfG NJW 1994, 310 = ZMR 1994, 59: „Wer … bislang selbst zur Miete wohnt und finanzielle Mittel – oft nach längerer Ansparung und/oder unter Aufnahme von Krediten – dazu verwendet, ein Haus zu Eigentum zu erwerben, um selbst darin zu wohnen und nicht mehr den Abhängigkeiten eines Mietverhältnisses und der damit – nicht nur in finanzieller Hinsicht – verbundenen Fremdbestimmung zu unterliegen, nimmt sein von der Eigentumsgarantie mitverbürgtes Recht in Anspruch, sein Leben unter Gebrauch seines Eigentums so einzurichten, wie er es für richtig hält“.
347 NJW 1993, 309 = WuM 1993, 729 = ZMR 1994, 208.
348 BVerfG a. a. O.; dem folgend: LG Mainz NJWE-MietR 1996, 152; differenzierend LG Potsdam GE 1998, 431.
349 BVerfG WuM 1989, 114.

ßen Wohnung zusammenzulegen um so für sich und seine künftige Ehefrau eine angemessen große Wohnung zu schaffen.[350] Wer in einer 100 m² großen Wohnung lebt, kann eine weitere 100 m² große Wohnung kündigen, wenn er in den Räumen eine Puppensammlung (!) unterbringen, sowie zwei Arbeitszimmer und ein Zimmer für ein Kindermädchen einrichten will.[351] Eine andere Beurteilung kann geboten sein, wenn der Eigentümer ein vermietetes Haus mit zahlreichen Zimmern kündigt, obwohl er nur einen Bruchteil der Räumlichkeiten selbst nutzen will.[352] Die **instanzgerichtliche Rechtsprechung** hat ein **Nutzungsinteresse** in folgenden Fällen **bejaht:** wenn der Vermieter eine größere Wohnung haben will, damit er jedem seiner Kinder ein eigenes Zimmer zur Verfügung stellen kann;[353] wenn der Vermieter mit seiner insgesamt 4-köpfigen Familie von einer 3 Zimmer Wohnung in eine 4 Zimmer Wohnung umziehen will;[354] wenn der Vermieter mit seiner 4-köpfigen Familie von einer 80 m² großen 2-Zimmer-Wohnung in eine 110 m² große 4-Zimmer-Wohnung umziehen will;[355] wenn eine Vermieterin aus einer 49 m² großen 2-Zimmer-Wohnung in eine ca. 75 m² große 3-Zimmer-Wohnung umziehen möchte, damit sie dort längerdauernden Besuch von Familienangehörigen empfangen kann.[356] Das Nutzungsinteresse an einer größeren Wohnung entfällt nicht, wenn der Vermieter durch eine geschicktere Möblierung seiner bisherigen Wohnung zusätzlichen Raum schaffen könnte.[357] Dagegen wurde ein **Nutzungsinteresse verneint:** wenn eine Lehrerin mit der Begründung kündigt, dass sie die Wohnung als Arbeitszimmer benötige;[358] dies ist zweifelhaft, weil die Nutzung eines Arbeitszimmers als Wohnungsnutzung zu bewerten ist; wenn der Vermieter eine 100 m² große Wohnung kündigt, obwohl ihm bereits ein 50 m² großes Appartement zur Verfügung steht.[359]

99 Ebenso kann ein Nutzungsinteresse gegeben sein, wenn der Vermieter in eine kleinere Wohnung umziehen möchte, weil ihm die **bisherige Wohnung zu groß** geworden ist. Grundsätzlich spielt es keine Rolle ob der Vermieter den Bedarf durch vorangegangene Fehlplanungen selbst verursacht hat.[360] Etwas anderes kann gelten, wenn der Umbau in Kenntnis oder Erwartung der künftigen Eigenbedarfssituation durchgeführt worden ist (s. dazu auch Rdn. 137). In der instanzgerichtlichen Rechtsprechung wurde ein **Nutzungsinteresse bejaht:** wenn eine im höheren Lebensalter stehende kranke Vermieterin aus einer 132 m² großen Wohnung in eine Kleinwohnung mit 47 m² umziehen möchte;[361] wenn ein Vermieter umziehen will, weil die Kleinwohnung einfacher zu bewirtschaften ist und die Gartenpflege entfällt;[362] wenn eine Vermieterin, die bisher mit ihrem Mann ein 200 m² großes Haus bewohnt hat, dieses nach dem Tod des Ehemannes verkaufen und in eine 100 m² große Wohnung einziehen will.[363]

100 Ist die bisherige **Wohnung zu teuer** kann ebenfalls ein **Nutzungsinteresse bejaht** werden: wenn der Vermieter auf die Mieteinnahmen aus seiner bisher genutzten größeren Wohnung angewiesen ist, um das Haus erhalten zu können;[364] wenn ein Vermieter mit einem Monatseinkommen von 1.400 DM umziehen will, weil er hierdurch einen finanziellen Vorteil von 210 DM/mtl. erlangt;[365] wenn ein Umzug mit einer Ersparnis von 242 DM/mtl. verbunden ist;[366] wenn ein kinderloses Ehepaar aus einer 130 m² großen Wohnung aus Kostenersparnisgründen in eine kleinere Wohnung umziehen möchte;[367] wenn der alleinstehende Angehörige des Vermieters aus einer teuren 165 qm großen Mietwohnung in eine dem Vermieter gehörende 60 qm große Wohnung um-

---

[350] BVerfG ZMR 1993, 315 = WuM 1994, 131.
[351] BVerfG NJW 1994, 994 = WuM 1994, 183 = ZMR 1994, 147.
[352] BVerfG GE 1993, 1327.
[353] LG Hamburg WuM 1991, 38.
[354] AG Stuttgart WuM 1989, 414.
[355] LG Hannover WuM 1989, 302.
[356] LG Hamburg WuM 1994, 683.
[357] LG Mannheim DWW 1995, 113.
[358] AG Aachen WuM 1991, 590.
[359] LG Münster WuM 1992, 372.
[360] BVerfG WuM 1993, 231, betr.: beabsichtigter Umzug aus finanziellen Gründen von einer 265 m² großen Wohnung, in eine kleinere Wohnung, wenn die bisherige große Wohnung 2 Jahre vor der Kündigung durch Zusammenlegung zweier Einzelwohnungen geschaffen worden ist.
[361] LG Wuppertal WuM 1989, 386.
[362] LG Hamburg WuM 1989, 387.
[363] LG Münster WuM 1990, 304.
[364] BVerfG WuM 1991, 661 = DWW 1991, 363 = ZMR 1992, 10.
[365] AG Bad Schwartau WuM 1989, 514.
[366] LG Berlin MM 1994, 325.
[367] LG Frankfurt WuM 1990, 347.

ziehen will um Kosten zu sparen. Dies gilt jedenfalls dann, wenn der Angehörige mittellos ist und vom Vermieter unterhalten wird.[368] Ein **Nutzungsinteresse** wurde **verneint:** wenn ein Vermieter in ausreichenden Einkommensverhältnissen durch den Umzug 67 DM/mtl. sparen würde;[369] wenn ein Vermieter kündigt, weil er in seiner jetzigen Wohnung eine Fehlbelegerabgabe zahlen muss.[370]

Eine **günstigere Verbindung zum Arbeitsplatz** kann für die Kündigung ebenfalls ausreichen. Hier wurde ein **Nutzungsinteresse bejaht:** wenn der Vermieter bisher 4 km mit der Straßenbahn fahren musste, während die gekündigte Wohnung 400 m vom Arbeitsplatz entfernt liegt;[371] Ein **Nutzungsinteresse** wurde **verneint:** wenn der Vermieter an seinem Arbeitsplatz eine Zweitwohnung einrichten will und der bisherige Wohnsitz 37 km entfernt liegt und in 30 Minuten mit dem Zug oder dem Auto zu erreichen ist;[372] wenn die Wohnung des Vermieters 20 Autobahnkilometer vom Arbeitsplatz entfernt liegt und die vermietete Wohnung lediglich gelegentlich zu Übernachtungen benutzt werden soll.[373] **101**

Auch **sonstige vernünftige Wünsche** des Vermieters können die Kündigung rechtfertigen: wenn der Vermieter seinen Lebensabend in seinem früheren Elternhaus verbringen möchte;[374] wenn ein Vermieter in das eigene Haus einziehen will, weil er in diesem Fall seine ebenfalls dort lebenden Eltern besser pflegen kann;[375] wenn der Vermieter von einer Wohnung im Obergeschoß in eine gleich große vermietete Erdgeschoß-Wohnung umziehen will, weil ihm dort eine Terrasse, ein Wintergarten und ein Garten zur Verfügung steht; wenn ein Vermieter von seiner Ehefrau getrennt leben möchte und eine hinreichende Gewissheit besteht, dass die Wohnung des Mieters auf Dauer oder doch auf längere Zeit benötigt wird.[376] Bei Unsicherheiten über die Dauer des Getrenntlebens s. Rdn. 65) **102**

Es ist nicht erforderlich, dass der Vermieter die Wohnung auf Dauer nutzen will; ein **Nutzungsinteresse für eine vorübergehende Zeit** kann genügen.[377] Eine zeitlich begrenzte Nutzungsabsicht ist zwar bei der Gesamtwürdigung des Erlangungsinteresses zu berücksichtigen, schließt für sich allein aber die Kündigung nicht aus. Maßgeblich sind die Umstände des Einzelfalls. Eine feste zeitliche Grenze lasse sich nicht ziehen.[378] Beispielhaft führt der BGH aus, im Hinblick „auf die Mobilität in der heutigen Gesellschaft" könne bereits ein Eigenbedarfswunsch für die Dauer eines Jahres die Kündigung rechtfertigen. In der Literatur wird vertreten, dass in Fällen des zeitlich begrenzten Bedarfs eine Abwägung zwischen dem Erlangungsinteresse des Vermieters und dem Bestandsinteresse des Mieters angezeigt ist.[379] Nach dem Rechtsentscheid des BayObLG vom 23.3.1993[380] können für das Nutzungsinteresse. folgende Umstände sprechen: wenn die Dauer der Nutzungszeit noch nicht hinreichend sicher feststeht; wenn der Vermieter einen besonders dringenden Wohnbedarf hat, etwa weil ihm seine bisherige Wohnung nicht mehr zur Verfügung steht; wenn er ein besonders gewichtiges Interesse an der vorübergehenden Nutzung hat, etwa weil sein Arbeitsplatz in unmittelbarer Nähe der Wohnung liegt und der Vermieter seinen Arbeitsplatz schnell erreichen muss; wenn die vorübergehende Nutzung aus finanziellen Gründen geboten ist, etwa weil der Vermieter für eine andere (Miet)wohnung erheblich größere Aufwendungen tätigen müsste. Gegen ein Nutzungsinteresse kann sprechen, wenn die Nutzung – falls der Vermieter die Räume angemietet hätte – als Mietverhältnis „zu nur vorübergehenden Gebrauch" i. S. v. § 549 Abs. 2 Nr. 1 BGB zu bewerten wäre. Das LG München I[381] hat den Rechtsentscheid des BayObLG dahingehend interpretiert, dass von einer auf „mehrere Jahre" angelegten Nutzung nur dann die Rede sein kann, wenn die Räume für mindestens drei Jahre benötigt werden. In der instanzgerichtlichen Rechtsprechung wurde ein **Nutzungsinteresse bejaht:** wenn ein Eigentümer sein bisher bewohntes Haus umbauen will und für die Umbauzeit von 18 Monaten eine Ersatzwohnung **103**

---

368 AG Tiergarten GE 2011, 617.
369 LG Hamburg WuM 1990, 27.
370 LG Wiesbaden WuM 1997, 48.
371 LG Stuttgart WuM 1991, 106.
372 LG Hamburg ZMR 1992, 503 = DWW 1992, 342 mit abl. Anm. *Mutter* ZMR 1992, 505.
373 LG Regensburg WuM 1992, 192.
374 LG Berlin GE 1993, 479.
375 AG Neuss WuM 1990, 350.
376 AG Lüdenscheid DWW 1996, 374.
377 BGH Urteil vom 4.3.2015 – VIII ZR 166/14.
378 BGH a. a. O.
379 *Fleindl* NZM 2016, 289, 293.
380 BayObLG WuM 1993, 252.
381 WuM 1993, 677.

benötigt.[382] Ein **Nutzungsinteresse** wurde **verneint:** wenn der Vermieter die Wohnung nur für eine Übergangszeit von wenigen Monaten bis zur Fertigstellung eines Neubaus benötigt;[383] bei einem Nutzungsinteresse von lediglich 2 Jahren.[384]

104 Sehr umstritten ist die Frage, ob und unter welchen Voraussetzungen ein Vermieter kündigen kann, wenn er die Räume als **Zweitwohnung** nutzen will.[385]. Die Wohnung ist der Ort, an dem eine Person den Schwerpunkt seiner Lebensbeziehungen hat. Eine Person kann mehrere Wohnsitze haben, z. B. einen Sommer- und einen Winterwohnsitz oder eine Stadtwohnung und eine auf dem Land gelegene Wohnung. Besteht Bedarf für eine solche Wohnung so kann Eigenbedarf bejaht werden. Eine nur kurzfristige oder kurzzeitige Nutzungsabsicht (z. B. als Ferienwohnung, Wohnung für wenige Tage im Monat) genügt nach der hier vertretenen Ansicht nicht.[386] Der **BGH** hat sich mit dieser Frage noch nicht ausdrücklich befasst. Jedoch ist der Grundsatzentscheidung vom 14.2.1989 (s. Rdn. 92) zu entnehmen, dass „vernünftige, nachvollziehbare Gründe" für die Inanspruchnahme des Wohnraums auch dann vorliegen können, wenn der Eigentümer die Räume nur als Zweitwohnung nutzen will. Diese Auslegung des § 573 Abs. 2 Nr. 2 wird vom BVerfG gebilligt, s. Rdn. 43[387]. Die hier vertretene Ansicht, wonach Eigenbedarf nur anzunehmen ist, wenn der Vermieter in der gekündigten Wohnung seinen Lebensmittelpunkt begründen will[388] steht mit dieser Rechtsprechung nicht im Einklang. Aus der Rechtsprechung des BGH ist nicht abzuleiten, dass der Kündigungstatbestand bereits dann vorliegt, wenn der Eigentümer eine entsprechende Nutzungsabsicht hat; vielmehr ist auch danach erforderlich, dass dem Nutzungswunsch ein gewisses Gewicht beizumessen ist. Dies ist vom Vermieter vorzutragen und vom Instanzgericht unter Berücksichtigung der Umstände des Einzelfalls festzustellen. Deshalb muss der Vermieter vortragen an wie vielen Tagen im Monat und auf welche Zeitdauer insgesamt er die beanspruchte Wohnung zu nutzen gedenkt.[389] Ein ausländischer Vermieter, der sich auf Grund ausländerrechtlicher Vorschriften lediglich 180 Tage im Jahr in der BRD aufhalten darf, muss aus diesem Grunde darlegen, wie lange er sich tatsächlich in Deutschland aufhalten will.[390] In der Rechtsprechung wurde ein **Kündigungsinteresse bejaht:** wenn der Vermieter die Räumlichkeiten als Zweitwohnung benötigt, um sich regelmäßig, gegebenenfalls auch kurzfristig in familiärer bzw. häuslicher Atmosphäre mit seiner aus einer früheren Beziehung stammenden inzwischen dreizehnjährigen Tochter treffen zu können;[391] wenn ein in München ansässiger Vermieter eine in Hamburg gelegene Wohnung berufsbedingt an etwa acht bis zehn Arbeitstagen im Monat nutzen will;[392] wenn sich eine ausländische Vermieterin immer wieder für längere Zeit in Deutschland aufhält und bei dieser Gelegenheit die Wohnung benötigt.[393] Ein **Kündigungsinteresse** wurde **verneint:** wenn der Vermieter eine 4 ½-Zimmer-Wohnung mit 132 m² kündigt um dort ca. 1x wöchentlich zu übernachten;[394] wenn der Vermieter die Wohnung nur zu gelegentlichen Übernachtungen nutzen will;[395] wenn der Vermieter ein auf Dauer vermietetes Haus nur als Wochenendwohnung nutzen will;[396] wenn die Wohnung nur drei Monate im Jahr genutzt werden soll;[397] wenn eine in Berlin gelegene Wohnung von einem in Westdeutschland lebenden Vermieter ca. 10 Tage im Monat genutzt werden soll;[398] wenn die Wohnung bei der beabsichtigten Nutzung mehr als 6 Monate im Jahr leerstehen würde.[399] Zum Teilbedarf s. § 573b BGB Rdn. 23; zum überhöhten Bedarf s. Rdn. 146).

---

382 AG Neumarkt WuM 1990, 510.
383 LG Nürnberg-Fürth WuM 1991, 40.
384 AG Köln WuM 1992, 250 und LG München I a. a. O.
385 Vgl. dazu *Haake* NJW 1985, 2935; *Harke* ZMR 1991, 81, 83; *H. Schmidt* NZM 2014, 609, 617.
386 Ebenso: AG Neustadt a.d. Aisch WuM 2017, 196; *H. Schmidt* NZM 2014, 609, 619.
387 BVerfG NJW 2014, 2417.
388 So auch AG Wolfratshausen NZM 2013, 758.
389 AG Köln WuM 2012, 328.
390 Insoweit zutreffend: AG Wolfratshausen a. a. O.
391 LG Berlin WuM 2013, 741.
392 LG Hamburg WuM 1994, 431.
393 LG Hamburg WuM 1991, 491.
394 LG Berlin NJW-RR 1997, 74.
395 AG Köpenick WuM 2013, 678.
396 AG Wegberg WuM 1972, 109; **a. A.** AG Hanau MDR 1980, 849.
397 AG Bad Schwartau WuM 1981, U 20.
398 LG Berlin WuM 1990, 23.
399 AG München WuM 1989, 299.

cc) Einzelne Überlassungsinteressen. Der Vermieter kann zugunsten eines Angehörigen kündigen, wenn diesem **keine eigene Wohnung** zur Verfügung steht, sei es, weil der Angehörige bislang noch im elterlichen Haushalt wohnt, sei es, weil er seine bisherige Wohnung verloren hat. Der Grund des Wohnungsverlustes ist unerheblich; insbesondere ist eine Kündigung auch dann möglich, wenn der Angehörige (oder der Vermieter) den Verlust der bisherigen Wohnung selbst verschuldet hat.[400] Etwas anderes kann gelten, wenn der Angehörige in Absprache mit dem Vermieter seine bisherige Wohnung allein deshalb aufgibt, damit der Vermieter den Mieter aus der Wohnung drängen kann. 105

Für die Kündigung genügt es, wenn der Vermieter dem **Angehörigen eine Wohnung zur Verfügung stellen will, die gegenüber der bisherigen Wohnung Vorteile bietet.** Hiervon ist auszugehen, wenn der Angehörige bislang unzureichend untergebracht war.[401] Erforderlich ist dies allerdings nicht. Auch hier gilt der Grundsatz, dass der Vermieter zu bestimmen hat, welchen Raumbedarf er für seine Angehörigen als angemessen ansieht. Ebenfalls liegt ein berechtigtes Interesse i. S. des § 573 BGB vor, wenn Eltern ihrem Kind eine Wohnung überlassen wollen, um die **Selbständigkeit des Kindes zu fördern.**[402] Die instanzgerichtliche Rechtsprechung hat ein **Überlassungsinteresse bejaht:** Wenn der Vermieter seinem Sohn und dessen Familie statt der bisher genutzten 64 m² großen Wohnung eine Wohnung mit 93 m² zur Verfügung stellen will, die näher am Arbeitsplatz des Sohnes liegt;[403] wenn der 18-jährige Sohn des Vermieters mit seiner Freundin eine 4-Zimmer-Wohnung erhalten soll;[404] wenn der 23-jährige, alleinstehende Sohn des Vermieters in eine 80 m² große Wohnung einziehen möchte;[405] wenn der Familienangehörige an einer Stauballergie leidet und deshalb aus einer kleinen mit Teppichboden ausgestatteten Wohnung in eine größere Wohnung umziehen will, die einen Parkettboden aufweist.[406] Unerheblich ist es, ob außer dem Angehörigen weitere Personen in die Wohnung einziehen sollen. So ist ein Überlassungsinteresse auch dann zu bejahen, wenn der Vermieter seinem Sohn eine Wohnung überlassen will, damit dieser dort mit seiner Lebensgefährtin zusammenwohnen kann.[407] Ein **Überlassungsinteresse** wurde **verneint:** wenn eine 74 m² große 2-Zimmer-Wohnung zugunsten des Sohnes des Vermieters gekündigt wird, obwohl dem Sohn eine 100 m² große 4-Zimmer-Wohnung zur Verfügung steht;[408] wenn der Vermieter seinem Enkel ein 90 m² großes Haus überlassen will, damit dieser selbständiger wird;[409] wenn der alleinstehende Sohn des Vermieters ohne eigene Einkünfte ein gut vermietetes Einfamilienhaus nutzen soll;[410] wenn der Vermieter seiner Tochter ein geräumiges Einfamilienhaus mit Garten überlassen will, obwohl diese als Studienanfängerin über kein eigenes Einkommen verfügt;[411] wenn der Vermieter für seinen in der Berufsausbildung befindlichen Sohn eine 4-Zimmer-Wohnung zum Mietwert von 1.800 DM/mtl. beansprucht.[412] 106

Ein Überlassungsinteresse ist anzunehmen, wenn der Vermieter seiner Tochter eine Wohnung von ca. 150 m² zum Zwecke der **Familiengründung** überlassen will.[413] Wird die Kündigung u. a. auch mit Kinderwünschen begründet, so ist es nicht erforderlich, dass sich dieser Wunsch bereits in Form einer Schwangerschaft konkretisiert hat.[414] 107

Wird zugunsten eines Angehörigen gekündigt, damit dieser einen **kürzeren Arbeitsweg** hat, so ist es unerheblich, ob der Angehörige auf das Arbeitseinkommen angewiesen ist.[415] 108

---

400 **A. A.** LG Berlin NJWE-MietR 1997, 7: Danach soll ein Vermieter verpflichtet sein, für seine vorübergehend im Ausland tätige Tochter eine Wohnung vorzuhalten.
401 LG Gießen NJW-RR 1994, 1290 = WuM 1994, 684.
402 BGH (VIII ZR 78/10) NJW 2010, 3775 = WuM 2010, 757 unter Rz 12.
403 LG Siegen WuM 1989, 389.
404 LG Hannover WuM 1989, 416.
405 LG Kassel WuM 1989, 417.
406 AG Düsseldorf WuM 1989, 301.
407 OLG Karlsruhe RE v. 14.1.1982, WuM 1982, 151.
408 LG Frankfurt WuM 1989, 246.
409 LG Stade WuM 1990, 239.
410 LG Köln WuM 1990, 119.
411 AG Bonn WuM 1990, 214.
412 LG München I WuM 1990, 352.
413 BVerfG NJW 1995, 1480 = WuM 1995, 260 = ZMR 1995, 198 = DWW 1995, 185.
414 BVerfG a. a. O.
415 LG Hamburg NJW-RR 1994, 204.

109 Selbstverständlich ist ein Überlassungsinteresse auch dann zu bejahen, wenn die **Aufnahme des Angehörigen im eigenen Interessen des Vermieters** liegt, etwa wenn sich die Mutter des Vermieters um dessen Kleinkind kümmern soll[416] oder wenn der Vermieter eine **Pflegeperson** aufnehmen will.[417] Es ist insoweit nicht erforderlich, dass die Person bereits namentlich feststeht. Vielmehr genügt es, wenn auf Grund konkreter Tatsachen zu erwarten ist, dass der Vermieter die Dienste in naher Zukunft benötigt.[418] I. d. R. ist zu verlangen, dass der Vermieter konkrete Maßnahmen zur Suche und Auswahl der Pflegeperson getroffen hat.[419]

110 **dd) Auswahlrecht des Vermieters.** Hat der Vermieter einen ernsthaften Nutzungs-/Überlassungswillen und liegt außerdem ein Nutzungsinteresse vor, so kann er die von ihm gewünschte Wohnung grundsätzlich nach Belieben auswählen (Ausnahme: Rdn. 111, 146). Der Vermieter ist nicht verpflichtet, demjenigen Mieter zu kündigen, der von der Vertragsbeendigung am wenigsten getroffen wird.[420] Im Hinblick auf § 574 BGB ist es für den Vermieter gleichwohl günstig, wenn er diesen Gesichtspunkt bei der Auswahl mitbedenkt. Das Gericht hat grundsätzlich auch nicht zu prüfen, ob eine andere vermietete Wohnung für die Zwecke des Vermieters geeigneter wäre oder ob es Mieter gibt, denen der Vermieter wegen einer Vertragsverletzung fristlos kündigen könnte.[421] Deshalb muss der Vermieter auch nicht vortragen in welcher Weise und aus welchen Erwägungen er das Auswahlermessen ausgeübt hat.[422] Unerheblich ist auch, ob Räumlichkeiten vorhanden sind, die unter Verstoß gegen das Zweckentfremdungsverbot vermietet worden sind.[423] Eine solche Prüfung verbietet sich schon deshalb, weil die Mieter dieser Wohnungen am Verfahren nicht beteiligt sind. Etwas anderes kann gelten, wenn eine Sozialwohnung an einen Nichtberechtigten vermietet worden ist, die Behörde die Kündigung dieses Mietverhältnisses verlangt (§ 4 Abs. 8 WoBindG) und die fragliche Wohnung für die Zwecke des Vermieters tauglich ist.

111 **f) Unzulässige Kündigungen. aa) Kündigung bei freistehender (freiwerdender) Alternativwohnung. aaa) Voraussetzungen des Kündigungsverbots.** An dem Tatbestandsmerkmal „benötigt" fehlt es, wenn dem Vermieter eine andere freistehende Wohnung zur Verfügung steht, durch die sein Bedarf gedeckt werden kann. Gleiches gilt, wenn eine Wohnung alsbald frei wird, sei es, dass ein Mieter freiwillig auszieht, sei es, dass er ausziehen muss, weil der Vermieter bereits einen Räumungstitel hat[424] oder einen solchen Titel alsbald erhalten wird. Das **BVerfG** hat in dem **Urteil vom 14.2.1989**[425] ausgeführt, dass der Fall der freistehenden Wohnung unter Missbrauchsgesichtspunkten zu prüfen sei. Ein Missbrauch in diesem Sinne liege aber erst dann vor, „wenn der vom Eigentümer bestimmte Wohnbedarf in den Alternativobjekten ohne wesentliche Abstriche befriedigt werden kann". Bei der Prüfung dieser Frage müsse das Gericht die Vorstellungen des Eigentümers akzeptieren; die Planung des Eigentümers dürfe nicht durch eine abw. Planung ersetzt werden. Soll beispielsweise einem Ehepaar eine 74 m² große 3-Zimmer-Wohnung überlassen werden, so darf das Mietverhältnis über diese Wohnung auch dann gekündigt werden, wenn im Haus eine 56 m² große 2-Zimmerwohnung freisteht.[426] Der Eigentümer darf auch nicht darauf verwiesen werden, er müsse auf die Kündigung einer vermieteten Wohnung verzichten und seine Angehörigen in freistehenden Räumlichkeiten unterbringen, die bisher gewerblich genutzt worden sind und auch weiterhin gewerblich genutzt werden sollen.[427]

112 Die Rechtsprechung des BVerfG wird durch die **instanzgerichtliche Rechtsprechung** wie folgt konkretisiert:

---

[416] LG Berlin ZMR 1989, 425.
[417] LG Potsdam WuM 2006, 44; AG Miesbach WuM 1993, 615.
[418] BayObLG RE v. 2.3.1982, WuM 1982, 125; OLG Hamm RE v. 24.7.1986, WuM 1986, 269.
[419] LG Kiel WuM 1990, 22.
[420] BGH RE v. 6.7.1994, unter Nr. III 2 c-cc BGHZ 126, 357 = NJW 1994, 2542 = WuM 1994, 452 = ZMR 1994, 554; BayObLG RE v. 2.3.1982, [obiter dictum unter II 2a der Entscheidungsgründe] NJW 1982, 1159 = WuM 1982, 125 = ZMR 1982, 368; *Rolfs* in Staudinger § 573 BGB Rdn. 140, 141: falls alle der in Betracht kommenden Wohnungen für den Vermieter gleichermaßen geeignet sind; *Franke* in WoBauR § 573 BGB Anm. 22; *Hannappel* in Bamberger/Roth § 573 BGB Rdn. 62; *Lützenkirchen* in: Erman § 573 Rdn. 25**a. A.** LG Hannover WuM 1990, 305; *Sternel* Mietrecht (1988) Rdn. IV 137.
[421] **A. A.** AG Bonn NJW-RR 1993, 978.
[422] **A. A.** AG Gelsenkirchen ZMR 2011, 478.
[423] **A. A.** AG Bonn WuM 1993, 125.
[424] LG Berlin NJW RR 1992, 336.
[425] BVerfGE 79, 292 = NJW 1989, 970 = WuM 1989, 114.
[426] BVerfG WuM 1991, 145.
[427] BVerfG WuM 1989, 607.

Zumutbarkeit bejaht: Dem Vermieter ist die freistehende Wohnung auch dann zuzumuten, wenn dort geringfügige Änderungsarbeiten erforderlich sind;[428] der Umstand, dass die freistehende Wohnung in einem höheren Stockwerk liegt, spielt keine Rolle, wenn der künftige Wohnungsnutzer jung ist und Treppen steigen kann;[429] ein hinreichender Grund zur Ablehnung der freistehenden Wohnung liegt nicht vor, wenn die künftige Bewohnerin deshalb nicht in eine Souterrain-Wohnung einziehen will, weil sie sich fürchtet – hierbei soll es sich um „Befindlichkeiten" und nicht um vernünftige Gründe handeln;[430] unerheblich ist, ob die freistehende Wohnung schräge Wände hat;[431] ein Ablehnungsgrund liegt nicht vor, wenn der Vermieter eine freistehende Wohnung und die gekündigte Wohnung zusammen renovieren will;[432] der Vermieter darf die freistehende Wohnung nicht weitervermieten, wenn sie zwar kleiner ist als die gekündigte Wohnung aber dennoch für den Wohnbedarf des künftigen Bewohners ausreicht; der Vermieter muss auch dann auf die freistehende Wohnung zugreifen, wenn diese für einen relativ hohen Preis vermietet werden könnte, während der Mietzins für die vermietete Wohnung relativ niedrig ist;[433] der Vermieter darf eine Wohnung im Mietwert von 350 DM nicht kündigen, wenn er seine Tochter in einer freistehenden Wohnung mit einem Mietwert von 600 DM unterbringen kann – dies gilt jedenfalls bei extrem angespanntem Wohnungsmarkt;[434] die Absicht zum Verkauf der freistehenden Wohnung rechtfertigt die Kündigung jedenfalls dann nicht, wenn diese Absicht noch nicht näher konkretisiert worden ist.[435] 113

Zumutbarkeit verneint: der Wunsch des Vermieters, in eine Dachgeschoß- Wohnung einzuziehen, weil er dort weniger belästigt wird, ist zu respektieren;[436] auf eine freistehende Wohnung im Mietwert zwischen 380 DM und 450 DM muss der Vermieter nicht zurückgreifen, wenn er seinen in bescheidenen Einkommensverhältnissen lebenden Sohn in einer Wohnung zum Mietwert von 180 DM unterbringen will;[437] will die Tochter der Vermieterin ihre Wohnung durch Verbindung mit der gekündigten Wohnung vergrößern, so darf sie nicht auf eine freistehende Wohnung in einem anderen Haus verwiesen werden;[438] auf leerstehende Räume muss der Vermieter nicht zurückgreifen, wenn diese bisher gewinnbringend als Anwaltskanzlei vermietet waren und auch künftig wieder zu Gewerbezwecken vermietet werden sollen;[439] der Vermieter darf eine freistehende Wohnung an einen Angehörigen der amerikanischen Streitkräfte weitervermieten, wenn dies mit Rücksicht auf eine jahrelange Zusammenarbeit mit dem amerikanischen Wohnungsamt geschehen soll;[440] es ist zu akzeptieren, dass sich der Vermieter seine künftige Wohnung mit Rücksicht auf gute Verkehrsverbindungen zu seinem Arbeitsplatz auswählt; der Vermieter muss sich dann nicht auf eine freistehende Wohnung mit ungünstigeren Verkehrsverbindungen verweisen lassen;[441] kündigt die im 1. Obergeschoß wohnende Vermieterin wegen des Wohnbedarfs einer Pflegeperson eine im 1. Obergeschoß gelegene Wohnung, so muss sie die Pflegeperson nicht in einer freiwerdenden Wohnung im 2. Obergeschoß unterbringen, wenn sie die Wohnung im 1. Obergeschoß deshalb ausgewählt hat, damit sie sich durch Klopfzeichen mit der Pflegeperson verständigen kann.[442] 114

Wird an der vermieteten Wohnung ein Bedarf zugunsten des Vermieters geltend gemacht, so muss der Vermieter **nicht auf die freistehende Wohnung zurückgreifen,** wenn er diese einem privilegierten Angehörigen i. S. d. § 573 Abs. 2 Nr. 2 BGB (s. Rdn. 55) überlassen will. Nach der Auffassung des BVerfG kommt es in einem solchen Fall nicht darauf an, ob der Angehörige ein 115

---

428 LG Berlin WuM 1990, 25, betr: Einbau einer Badewanne.
429 AG Hamburg WuM 1990, 25.
430 AG Marburg WuM 1989, 247 – zweifelhaft.
431 LG Trier WuM 1989, 390.
432 LG Wiesbaden WuM 1990, 213.
433 LG Heidelberg WuM 1992, 612; ebenso: LG Stuttgart WuM 1991, 493: wenn der Mieter lediglich einen ortsüblichen Mietzins von 754 DM zahlt, während die freistehende Wohnung für 1.800 DM vermietet werden könnte.
434 LG Stuttgart WuM 1991, 164; s. aber auch unten LG Düsseldorf WuM 1989, 248.
435 LG Kiel WuM 1991, 108.
436 LG Darmstadt WuM 1989, 571 – zweifelhaft.
437 LG Düsseldorf WuM 1989, 248; s. aber auch oben LG Stuttgart WuM 1991, 164.
438 AG Remscheid WuM 1989, 388.
439 LG Hannover WuM 1989, 302.
440 LG Karlsruhe DWW 1990, 274.
441 LG Duisburg WuM 1990, 512.
442 LG Frankenthal WuM 1990, 79; ähnlich LG Hamburg WuM 1990, 302 – zweifelhaft.

Nutzungsinteresse i. S. v. § 573 Abs. 2 Nr. 2 BGB hat.[443] Entsprechendes gilt, wenn an der vermieteten Wohnung ein Bedarf zugunsten eines Angehörigen geltend gemacht wird und der Vermieter die freistehende Wohnung selbst nutzen oder einem anderen privilegierten Angehörigen überlassen möchte. Dies wird damit begründet, dass der Vermieter nur auf solche Alternativwohnungen zurückgreifen muss, die zur Vermietung als Wohnung gedacht sind. In diesem Fall hat der bereits im Haus wohnende Mieter Vorrang vor außenstehenden Dritten, zu denen auch die nicht privilegierten Angehörigen (s. Rdn. 54) gehören. Der Vermieter ist deshalb lediglich daran gehindert, die freistehenden Räume an einen Dritten zu Wohnzwecken weiterzuvermieten. An der Verwirklichung anderer Verwendungsabsichten (Eigennutzung, Nutzung durch einen Miteigentümer,[444] Überlassung an privilegierte Angehörige; Eigennutzung zu gewerblichen Zwecken; Vermietung als Gewerberaum; Verkauf) ist der Vermieter nicht gehindert.[445] Der Umstand, dass der Vermieter die freistehende Wohnung nur befristet vermieten will, weil er sie nach Ablauf der vereinbarten Mietzeit einem Angehörigen überlassen möchte, spielt für die Anbietpflicht allerdings keine Rolle. Es ist Sache des Mieters zu entscheiden, ob der Abschluss eines **Zeitmietvertrags** seinen Bedürfnissen entspricht.[446]

116 **bbb) Rechtsfolgen.** Kündigt der Vermieter, obwohl **beim Ausspruch der Kündigung** eine Alternativwohnung freisteht und eine Verpflichtung zum Zugriff auf diese Wohnung besteht, so ist die Kündigung unwirksam.

117 Dieselbe Rechtsfolge tritt ein, wenn **vor dem Ausspruch der Kündigung** eine freistehende Wohnung zur Verfügung stand und der Vermieter diese pflichtwidrig nicht zur Deckung seines Bedarfs genutzt, sondern weitervermietet hat.[447] Etwas anderes kann gelten, wenn der Bedarf erst nach der Weitervermietung entstanden ist. In diesen Fällen ist zu fragen, ob der Bedarf zum Zeitpunkt der Weitervermietung vorhersehbar war (dann ist die Kündigung unwirksam)[448] oder ob der Vermieter den später eingetretenen Bedarf nicht in Erwägung ziehen musste (dann ist die Kündigung wirksam; s. dazu auch Rdn. 146). Ist ungewiss, ob ein Bedarf eintreten wird, so ist der Vermieter nach der Rechtsprechung des BVerfG an einer Weitervermietung der freigewordenen Wohnung nicht gehindert.[449]

118 Wird **nach dem Ausspruch der Kündigung** eine zur Bedarfsdeckung geeignete Alternativwohnung frei, so darf der Vermieter die Rechte aus der Kündigung nicht weiterverfolgen.[450] Vielmehr ist er verpflichtet, dem Mieter unverzüglich ein Angebot zur Aufhebung der Kündigungswirkungen zu unterbreiten. Wegen der Einzelheiten s. die Erläuterungen zu Rdn. 73, die hier ebenfalls gelten. Wegen der Schadensersatzpflicht bei Verletzung dieser Pflicht s. Rdn. 77).

119 **ccc) Die „Anbietpflicht". aaaa) Grundsätzliches zur Anbietpflicht.** Ist die vermietete Wohnung für die Zwecke des Vermieters besser geeignet als die freistehende Alternativwohnung, so stellt sich die Frage, ob der Vermieter gehalten ist, dem gekündigten Mieter die freistehende Wohnung anzubieten. In der instanzgerichtlichen Rechtsprechung wurde eine solche Pflicht teilweise bejaht,[451] teilweise verneint.[452] Das OLG Karlsruhe hat sich in dem Rechtsentscheid vom 27.1.1993[453] der erstgenannten Auffassung angeschlossen.[454] Die Entscheidung beruht auf der Erwägung, dass der Vermieter das Kündigungsrecht so schonend wie möglich ausüben müsse. Deshalb sei er gehalten, die mit dem Verlust der Wohnung für den Mieter verbundenen Nachteile so gering wie möglich zu halten. Falls nach Ausspruch der Kündigung eine Drittwohnung frei werde, müsse er diese dem gekündigten Mieter zu angemessenen Bedingungen zur Anmietung anbieten. Die Bedin-

---

443 BVerfG NJW 1994, 435 = WuM 1994, 13 = ZMR 1994, 61.
444 BVerfG NZM 2001, 706 = WuM 2001, 330.
445 Vgl. dazu auch BVerfG NJW 1994, 435 = DWW 1994, 44 = ZMR 1994, 61.
446 AG Köln WuM 2016, 42; s. Rdn. 127.
447 BVerfG WuM 1990, 535; WuM 1991, 247; AG Hamburg-Altona WuM 1994, 383.
448 AG Neuss WuM 1989, 390.
449 BVerfG ZMR 1993, 363 = WuM 1994, 134 betr. Ungewissheit ob der Vermieter einen Arbeitsplatz in der Nähe der Wohnung erhält.
450 BGH (VIII ZR 276/02) NJW 2003, 2604 = WuM 2003, 464 = ZMR 2003, 664; BGH (VIII ZR 311/02) NJW 2003, 2604 = WuM 2003, 464 = ZMR 2003, 665; BGH (VIII ZR 78/10) NJW 2010, 3775 = WuM 2010, 757; OLG Düsseldorf NJW-RR 1993, 49 = ZMR 1992, 86 = WuM 1993, 49.
451 LG Hamburg WuM 1990, 302; WuM 1992, 192; LG Nürnberg-Fürth WuM 1991, 110; LG Münster WuM 1991, 691; LG Regensburg WuM 1991, 109.
452 LG Frankenthal WuM 1990, 79; LG Baden-Baden DWW 1992, 214.
453 OLG Karlsruhe WuM 1993, 105 = ZMR 1993, 159 = DWW 1993, 40.
454 Ebenso: LG Berlin GE 1994, 995; LG Bochum WuM 1994, 473.

gungen des vorangegangenen Mietverhältnisses seien dabei grundsätzlich nicht zu beanstanden; im Allgemeinen sei der Vermieter aber auch berechtigt, für die freistehende Wohnung die ortsübliche oder die hausübliche Miete zu verlangen. Im Einzelfall könne die Anbietpflicht auch entfallen, so insbesondere, wenn dem Mieter ein Fehlverhalten zur Last falle. Auch der **BGH** folgt dieser Meinung.[455] Der BGH rechtfertigt die Anbietpflicht mit der Erwägung, dass der Vermieter gehalten sei, den durch die Kündigung bewirkten Eingriff in die Lebensführung eines Mieters „abzumildern, soweit ihm dies möglich ist

Man kann das Gebot der Rücksichtnahme heute problemlos aus § 241 Abs. 2 BGB ableiten.[456] **120** Nach der bisherigen Rechtsprechung des BGH war die Berufung des Vermieters auf die den Vertrag beendende Wirkung der Kündigung bei Verletzung der Anbietpflicht rechtsmissbräuchlich. Dies hatte im Ergebnis zur Folge, dass der Mieter nicht zur Räumung und Herausgabe verpflichtet war.[457] Diese Rechtsprechung hat der BGH in dem Urteil vom 14.12.2016[458] aufgegeben. Nach dieser Entscheidung bleibt die Wirksamkeit der Kündigung trotz Verletzung der Anbietpflicht wirksam. Der Mieter ist zur Räumung und Herausgabe verpflichtet. Ihm stehen lediglich **Schadensersatzansprüche in Geld** zu, wenn er infolge der Pflichtverletzung des Vermieters einen Vermögensnachteil erlitten hat (§ 280 BGB). **Kritik:** An der Rechtsprechung des BGH trifft zu, dass die Anbietpflicht aus § 241 Abs. 2 BGB abzuleiten ist und dass dem Mieter bei Verletzung dieser Pflicht ein Schadensersatzanspruch zusteht. Die Beschränkung des Ersatzanspruchs auf eine Entschädigung in Geld ist nach der hier vertretenen Ansicht nicht angezeigt. Vielmehr kann der Anspruch auch in Form der Naturalrestitution geltend gemacht werden. Solange die Überlassung der Alternativwohnung noch möglich ist, kann der Mieter verlangen, dass ihm diese Wohnung zur Anmietung angeboten wird. Ist dies nicht mehr möglich, weil diese Wohnung einem Dritten vermietet wurde, kann der Mieter Naturalrestitution in Form der Überlassung einer gleichwertigen Wohnung verlangen. Steht eine solche Wohnung nicht zu Verfügung kann der Mieter verlangen, dass ihm der Besitz an der gekündigten Wohnung verbleibt. Mit einem Ersatzanspruch in Geld ist dem Mieter i. d. R. nicht gedient. Zum einen kann der Verlust der vertrauten Umgebung nicht mit Geld kompensiert werden[459]. Zum anderen ist die Realisierung dieses Anspruchs mit einem erheblichen Risiko verbunden.[460]

Die Anbietpflicht besteht, wenn die Wohnung im Zeitpunkt des Kündigungsausspruchs freisteht. **121** Gleiches gilt, wenn sie nach dem Ausspruch der Kündigung frei wird. In diesem Fall muss der Vermieter dem Mieter unverzüglich ein Mietangebot hinsichtlich dieser Wohnung unterbreiten. Hat der Vermieter einen Wohnungsvermittler eingeschaltet, so muss dieser entsprechend informiert werden.[461] Da die Anbietpflicht nicht nur eine Obliegenheit, sondern eine echte nachvertragliche Pflicht darstellt, kann der Mieter den Anspruch auf die Anmietung der Wohnung auch klagweise geltend machen. Dies gilt allerdings nur so lange, als die Wohnung noch nicht weitervermietet worden ist.[462] Eine Verletzung der Anbietpflicht kann Schadensersatzansprüche zur Folge haben (s. Rdn. 77). Nach der **obergerichtlichen Rechtsprechung**[463] besteht die **Anbietpflicht nur bis zum Ablauf der Kündigungsfrist.**[464] Dies gilt auch dann, wenn mit hinreichender Sicherheit feststeht, dass die Alternativwohnung alsbald nach Ablauf der Kündigungsfrist frei wird.[465] In der Literatur wird z. T. die Meinung vertreten, dass diese Beschränkung nur gilt, wenn der Mieter seine Pflicht zur Herausgabe der Mietsache schuldhaft verletzt hat. Anders soll es sein, wenn es am Verschulden fehlt, z. B., weil der Mieter Härtegründe nach § 574 BGB geltend machen konnte, oder weil er die Räume auf Grund einer einvernehmlich gewährten Räumungsfrist nutzt[466] oder

[455] BGH WuM 2003, 463 = NJW 2003, 2624; BGH (VIII ZR 78/10) NJW 2010, 3775 = WuM 2010, 757; zuletzt: BGH (VIII ZR 232/15) NJW 2017, 547 Rn. 55.

[456] BGH (VIII ZR 232/15) NJW 2017, 547 Rn. 60; *Fleindl* NZM 2016, 289, 300; *Gesell* DWW 2010, 122, 128.

[457] BGH (VIII ZR 78/10) NJW 2010, 3775 Rn. 14; BGH (VIII ZR 292/07) NJW 2009, 1141 Rn. 11f.; BGH (VIII ZR 276/02) NJW 2003, 2604 unter II 2, 3.

[458] BGH (VIII ZR 232/15) NJW 2017, 547 Rn. 56ff.

[459] *Dubovitskaya/Weitemeyer* NZM 2017, 201, 208.

[460] *Selk* NJW 217, 521, 524.

[461] LG Köln ZMR 2001, 897.

[462] LG München II WuM 1991, 577 betr. einstweilige Verfügung.

[463] BGH a. a. O.

[464] Ebenso: *Lammel* § 573 BGB Rdn. 101.

[465] BGH NJW 2009, 1141 = NZM 2008, 642 = WuM 2008, 497 = DWW 2008, 342 = GE 2008, 1048.

[466] *Fleindl* NZM 2016, 289, 299.

weil er den Bedarf mit Recht bezweifelt hat.[467] Nach der hier vertretenen Ansicht ergibt sich aus § 241 Abs. 2 BGB eine nachvertragliche Pflicht zur Rücksichtnahme. Dies spricht dafür, die Anbietpflicht grundsätzlich bis zur Rückgabe auszudehnen.[468] Jedenfalls ist die Anbietpflicht zu bejahen, wenn der Vermieter auf Grund der Sach- und Rechtslage davon ausgehen darf, dass die Alternativwohnung vor oder zum Ablauf der Kündigungsfrist für die gekündigte Wohnung frei wird.

122 Nach **Ansicht des BGH**[469] besteht die **Anbietpflicht nur, wenn** sich die freiwerdende **Wohnung im selben Haus oder in derselben Wohnanlage** befindet. Die Anbietpflicht diene nicht dem Ziel, dem Mieter die Suche nach einer Ersatzwohnung abzunehmen. Vielmehr soll der Mieter die Möglichkeit erhalten, eine Wohnung in seiner vertrauten häuslichen Umgebung zu beziehen. Mit dem rechtsdogmatischen Ansatz des BGH steht diese Einschränkung nicht im Einklang. Bejaht man für die Dauer des Vertragsverhältnisses eine Verpflichtung zur Rücksichtnahme auf die Interessen des Mieters, so müssen die daraus abzuleitenden Verhaltenspflichten im Wege einer Interessenbewertung konkretisiert werden. Dem Vermieter kann es letztlich gleichgültig sein, wo sich eine ohnehin zur Vermietung vorgesehene Alternativwohnung befindet. Der Mieter kann selbst darüber entschieden, ob er das Angebot zur Anmietung einer außerhalb des bisherigen Wohnquartiers liegenden Alternativwohnung annimmt oder ablehnt.

123 Nach der Rechtsprechung muss das **Angebot vom Vermieter ausgehen.**[470] Dessen Verpflichtung entfällt nicht, weil der Mieter von der freistehenden Wohnung Kenntnis hat und dennoch nichts unternimmt um die Wohnung zu erhalten.[471] Vielmehr hat der Vermieter die Initiative zu ergreifen. Der Vermieter muss dem Mieter die Anmietung anbieten und ihn hierbei über die Größe, die Ausstattung und die Mietkondiktionen (Miete/Nebenkosten) informieren. Vor Erhalt dieser Informationen muss der Mieter keine rechtsverbindliche Erklärung über die Anmietung abgeben.[472] Steht die Alternativwohnung zum Zeitpunkt der Kündigung bereits frei, so muss das Mietangebot nicht im Kündigungsschreiben enthalten sein; eine Kündigung ohne Mietangebot ist wirksam, wenn die übrigen Voraussetzungen des § 573 Abs. 3 BGB vorliegen. Das Angebot muss zu angemessenen Bedingungen erfolgen. Dies gilt insbesondere für die Höhe der Miete. Angemessen ist die ortsübliche Miete, die bisher verlangte Miete, die hausübliche Miete oder die Marktmiete (die bei einer Neuvermietung erzielbare Miete)[473] bis zur Grenze des § 5 WiStG. Die Anbietpflicht ist auch dann erfüllt, wenn der für die Ersatzwohnung verlangte Mietzins über der ortsüblichen Vergleichsmiete liegt.[474] Wird jedoch der höchstzulässige Mietpreis überschritten, so hat der Vermieter die Anbietpflicht nicht erfüllt.[475]

124 **bbbb) Fälle, in denen keine Anbietpflicht besteht.** Eine Anbietpflicht besteht nicht, wenn Umstände vorliegen, die die **Neubegründung eines Mietverhältnisses** mit diesem Mieter als **unzumutbar** erscheinen lassen. Dies ist dann der Fall, wenn dem Mieter ein Fehlverhalten zur Last fällt, das den Vermieter zur ordentlichen oder außerordentlichen Kündigung berechtigen würde. Spannungen unterhalb dieser Schwelle genügen nicht.[476] Ist keiner der jeweiligen Kündigungstatbestände erfüllt, so steht damit zugleich fest, dass dem Vermieter die Fortsetzung des Mietverhältnisses mit dem betr. Mieter zuzumuten ist.

125 Ebenfalls besteht keine Anbietpflicht, wenn der Vermieter nicht die Absicht hat, die Wohnung an einen Dritten zu vermieten. Der Vermieter ist nicht verpflichtet, eine freistehende Wohnung dem allgemeinen Wohnungsmarkt zuzuführen.[477] An der **Verwirklichung anderer Verwendungsabsichten** (Eigennutzung, Überlassung an privilegierte Angehörige; Eigennutzung zu gewerblichen Zwecken; Vermietung als Gewerberaum; Verwendung als Hausmeisterwohnung;[478] Verkauf ist der Vermieter nicht gehindert. Die Ausführungen zu Rdn. 115 gelten auch hier.

---

[467] *Häublein* NZM 2003, 970.
[468] *Blank* WuM 2004, 243, 245.
[469] BGH a. a. O.
[470] BGH (VIII ZR 78/10) NJW 2010, 3775 = WuM 2010, 757; OLG Karlsruhe a. a. O.; LG Bochum WuM 1994, 473.
[471] BGH a. a. O.; LG Bochum a. a. O.
[472] BGH a. a. O.
[473] LG Mannheim ZMR 1996, 34; vgl. auch LG Berlin MDR 2015, 148: der Vermieter hat die ihm obliegende Anbietpflicht auch dann erfüllt, wenn die geforderte Miete über der ortsüblichen Miete liegt.
[474] LG Berlin WuM 2015, 40.
[475] LG Mannheim a. a. O.
[476] LG Mannheim WuM 1996, 475.
[477] BVerfG NJW 1994, 435 = DWW 1994, 44 = ZMR 1994, 61 = WuM 1994, 13.
[478] AG Hamburg WuM 1992, 373.

Nach der Ansicht des BGH besteht keine Anbietpflicht hinsichtlich solcher Räume, die **bislang als Geschäftsraum vermietet** waren.[479] Richtig ist es, wenn ein derartiges Mietobjekt nur dann von der Anbietpflicht ausgenommen wird, wenn der Vermieter eine Weitervermietung als Geschäftsraum plant. Sollen die Räume dagegen künftig als Wohnung vermietet werden, so ist es sachgerecht, wenn dem bisherigen Mieter der Vorrang eingeräumt wird. **125a**

Will der Vermieter eine einfach ausgestattete und deshalb preiswerte Wohnung modernisieren um sie sodann zu einem höheren Preis weiterzuvermieten, so muss er die modernisierte Wohnung dem Mieter anbieten. Der Mieter hat allerdings keinen Anspruch darauf, dass ihm die nicht modernisierte Wohnung zu dem dafür angemessenen niedrigen Preis angeboten wird.[480] **126**

Außerdem besteht keine Anbietpflicht, wenn die Wohnung für den betr. Mieter **objektiv ungeeignet** ist. Dies gilt zunächst dann, wenn konkrete, sachlich begründete Zweifel an der Zahlungsfähigkeit des Mieters bestehen; in diesem Fall obliegt es dem Mieter, diese Zweifel auszuräumen. Ebenso entfällt die Anbietpflicht, wenn die Wohnung für den Mieter und dessen Familie zu klein oder aus anderen Gründen ungeeignet ist. Dies muss allerdings anhand objektiver Kriterien festgestellt werden. Ebenso wie der Vermieter seinen Bedarf selbst bestimmen kann, steht es auch dem Mieter frei, über seinen Bedarf selbst zu entscheiden.[481] Die Anbietpflicht entfällt nur, wenn eine Vergleichbarkeit der freistehenden mit der gekündigten Wohnung von vorneherein ausscheidet.[482] Eine Überbelegung muss der Vermieter allerdings nicht hinnehmen. **127**

Schließlich besteht keine Anbietpflicht, wenn mit hinreichender Sicherheit feststeht, dass der Mieter die Alternativwohnung ohnehin nicht angemietet hätte. Dies ist insbesondere dann der Fall, wenn der Mieter vor oder nach Ausspruch der Kündigung gegenüber dem Vermieter zum Ausdruck gebracht hat, dass er an der Anmietung der Alternativwohnung kein Interesse habe.[483] **127a**

cccc) Einzelfälle zur Anbietpflicht. (1) Der Vermieter kündigt und bietet zugleich die Wohnung zu angemessenen Bedingungen an. Der Mieter lehnt das Angebot ab, weil er von der Unwirksamkeit der Kündigung ausgeht. – In diesem Fall kann der Vermieter die Wohnung anderweitig vermieten und Räumungsklage erheben. Die Klagerhebung ist nicht rechtsmissbräuchlich, weil der Vermieter seine Anbietpflicht erfüllt hat. Der Vermieter ist nicht verpflichtet, die Wohnung über längere Zeit freizuhalten. **128**

(2) Der Vermieter bietet die Wohnung zu angemessenen Bedingungen an. Der Mieter erklärt, er wolle das Angebot annehmen, allerdings nur dann, wenn die Berechtigung zur Kündigung gerichtlich geklärt sei. – Auch in diesem Fall besteht keine Vorhaltepflicht. Der Vermieter kann die Wohnung weitervermieten. **129**

(3) Der Vermieter bietet die Wohnung zu unangemessenen Bedingungen, insbesondere zu einem überhöhten Mietzins an. – Die Anbietpflicht ist nicht erfüllt. Eine Ausnahme ist denkbar, wenn sich ergibt, dass der Mieter die Wohnung auch dann nicht angemietet hätte, wenn sie ihm zu angemessenen Bedingungen angeboten worden wäre. Diese Einschränkung beruht auf der Erwägung, dass ein Angebot entbehrlich ist, wenn der Mieter auf die Wohnung keinen Wert legt. **130**

(4) Der Vermieter bietet die Wohnung zu unangemessenen Bedingungen an, bringt aber zugleich zum Ausdruck, dass er verhandlungsbereit sei. – Der Mieter darf solche Verhandlungen nicht ablehnen; er muss Gegenvorschläge machen. Dies beruht auf der Erwägung, dass die Anbietpflicht letztlich auf dem Partnerschaftsgedanken beruht; deshalb muss der Mieter an einer möglichen Lösung partnerschaftlich mitwirken. Lehnt der Mieter die Aufnahme von Verhandlungen ab, so kann die Wohnung anderweitig vermietet werden. Gleiches gilt, wenn der Mieter die Verhandlungen ohne hinreichenden Grund abbricht. Ist das Scheitern der Verhandlungen vom Vermieter zu vertreten, so ist die Anbietpflicht nicht erfüllt. **131**

(5) Im Zeitpunkt der Kündigung stehen mehrere Wohnungen frei. Der Vermieter bietet nur eine oder einen Teil der Wohnungen an. Andere Wohnungen bietet er nicht an, obwohl auch diese zur Vermietung bestimmt sind. – Die Anbietpflicht ist nicht erfüllt. Aus dem Gebot der Rücksichtnahme (§ 541 Abs. 2 BGB folgt, dass der Vermieter grundsätzlich alle zur Vermietung bestimmten und für den Mieter geeigneten Wohnungen anbieten muss. **132**

---

[479] BGH (VIII ZR 166/11) NZM 2012, 231 = WuM 2012, 160 = ZMR 2012, 345 unter Rz. 25.

[480] **A. A.** wohl LG Hamburg WuM 2001, 554.

[481] BVerfG WuM 1992, 180 = ZMR 1992, 230 = DWW 1992, 174; BGH (VIII ZR 78/10) NJW 2010, 3775 = WuM 2010, 757; LG Berlin ZMR 2010, 38 betr. Alternativwohnung im 1. OG für Mieter mit gehbehindertem Angehörigen. AG Mainz WuM 2007, 74.

[482] BGH (VIII ZR 78/10) NJW 2010, 3775 = WuM 2010, 757.

[483] **A. A.** wohl LG Berlin DWW 2015, 187 = GE 2015, 731.

133 **(6)** Der Mieter hat eine Alternativwohnung abgelehnt. Im Lauf der Kündigungsfrist werden weitere Alternativwohnungen frei. – Aus den oben (5) genannten Gründen muss der Vermieter auch diese Wohnungen anbieten

134 **(7)** Die Wohnung wird im Verlauf des Räumungsrechtstreits frei. Nach der obergerichtlichen Rechtsprechung endet die Anbietpflicht mit dem Ablauf der Kündigungsfrist.[484] Der Vermieter kann die Wohnung an einen Dritten weitervermieten.

135 **dddd) Anbietpflicht bei mehreren Vermietern.** Die hier dargelegten Grundsätze gelten auch dann, wenn auf der Vermieterseite mehrere Personen stehen. Allerdings besteht keine Anbietpflicht, wenn die freigewordene Wohnung zur Nutzung durch einen der Vermieter oder zur Vermietung an einen privilegierten Angehörigen eines Vermieters bestimmt ist. Gleiches gilt, wenn die freigewordenen Räume nicht mehr als Wohnung vermietet werden sollen. Bilden die mehreren Vermieter eine BGB-Gesellschaft, die im Innenverhältnis die einzelnen Wohnungen auf die Gesellschafter verteilt hat, so gilt die Anbietpflicht gleichwohl für alle freiwerdenden Wohnungen, unabhängig davon, welchem Gesellschafter die Wohnung zugewiesen ist. Dies gilt auch dann, wenn die Zuweisung auf notariellem Vertrag beruht[485] oder wenn an den Wohnungen in der Folgezeit Sondereigentum begründet werden soll. Stets hat der gekündigte Mieter Vorrang gegenüber einem sonstigen Dritten.

136 **ddd) Darlegungs- und Beweislast.** Der Mieter muss darlegen und beweisen, dass eine freistehende Alternativwohnung vorhanden ist. Zu diesem Zweck gesteht ihm die Rechtsprechung einen Auskunftsanspruch gegen den Vermieter zu, der auch im Wege einer selbständigen Klage geltend gemacht werden kann.[486] Außerdem wird dem Mieter ein berechtigtes Interesse i. S. d. § 12 GBO an einer Grundbucheinsicht (erste Abteilung und das dort in Bezug genommene Bestandsverzeichnis) zugebilligt, damit er sich über den Wohnungsbestand des Vermieters informieren kann.[487] Einen Anspruch auf Erteilung einer Grundbuchauskunft (§ 45 Abs. 3 Satz 1 GBVfg) hat der Mieter nicht.[488] Die Erfüllung der Anbietpflicht muss der Vermieter darlegen und beweisen. Ebenso muss der Vermieter beweisen, dass der Mieter das Angebot ausgeschlagen hat.

137 **bb) Die treuwidrige Kündigung. aaa) Vorhandener oder absehbarer Bedarf bei Vertragsschluss.** Das **BVerfG** hatte sich in der Grundsatzentscheidung vom 14.2.1989 mit der Frage zu befassen, ob der Vermieter ein Mietverhältnis nach nur kurzer Mietdauer wegen Eigenbedarfs kündigen kann, wenn er bereits beim Abschluss des Mietvertrags weiß, dass er die Wohnung alsbald selbst für sich oder einen Angehörigen benötigt.[489] Das BVerfG hat in dem genannten Beschluss ausgeführt, dass dem Eigentümer „nicht eine Lebensplanung abverlangt werden (darf), die er im Zeitpunkt der Vermietung seines Eigentums noch nicht vorzunehmen brauchte." Dieser Grundsatz schließe es aber nicht aus, den Eigentümer mit solchen Bedarfsgründen auszuschließen, die bereits beim Abschluss des Mietvertrags vorlagen „weil das Gericht damit nicht in unzulässiger Weise bei der Lebensplanung des Vermieters mitbestimmt, sondern ihn lediglich an der Durchsetzung seines Selbstnutzungswunsches aus Gründen hindert, die er in zurechenbarer Weise selbst gesetzt hat"[490]. Der **BGH** hat diese Rechtsgrundsätze übernommen.[491] Nach der Rechtsprechung des BGH ist der Vermieter allerdings nur dann mit einer späteren Eigenbedarfskündigung ausgeschlossen, wenn er eine solche Kündigung bereits beim Abschluss des Mietvertrags beabsichtigt oder dies ernsthaft in Erwägung zieht.[492] Nach dieser Rechtsansicht ist eine alsbald nach Vertragsschluss erklärte Kündigung nicht rechtsmissbräuchlich, „wenn das künftige Entstehen des Eigenbedarfs zwar im Rahmen einer „Bedarfsvorschau" zum Zeitpunkt des Vertragsabschlusses erkennbar gewesen wäre, der Vermieter aber zu diesem Zeitpunkt weder entschlossen war, alsbald Eigenbedarf geltend zu machen, noch ein solches Vorgehen erwogen, also ernsthaft in Betracht gezogen hat".[493] Fraglich ist, ob der Vermieter verpflichtet ist, den Mieter von sich aus über eine mögliche Eigenbedarfs-

---

[484] BGH NJW 2003, 2605 = NZM 2003, 682 = WuM 2003, 463 = ZMR 2003, 665.
[485] LG Berlin GE 1997, 240.
[486] LG Berlin NJW RR 1994, 859 = WuM 1994, 75.
[487] LG Mannheim WuM 1992, 130.
[488] LG Hamburg WuM 1993, 136.
[489] BVerfG (1 BvR 356/88), NJW 1989, 970.
[490] BVerfG (1 BvR 501/93) NJW-RR 1993, 1357.
[491] BGH (VIII ZR 62/08) NJW 2009, 1139; BGH (VIII ZR 233/12) NJW 2013, 1596; BGH (VIII ZR 180/09) WuM 2010, 512; BGH Urteil vom 4.2.2015 – VIII ZR 154/14.
[492] Ebenso *Rolfs* in Staudinger § 573 BGB Rdn. 116.
[493] BGH Urteil vom 4.2.2015 – VIII ZR 154/14 Rz. 27.

situation zu informieren. Dies wird vom BGH verneint.[494] Unbeschadet hiervon ist der Vermieter aber gehalten, konkrete Fragen des Mieters nach einer eventuellen Bedarfssituation wahrheitsgemäß zu beantworten. Bei einer vorsätzlichen Falschauskunft ist eine gleichwohl erklärte Kündigung als rechtsmissbräuchlich einzustufen. Fahrlässige Falschangaben rechtfertigen den Ausschluss der Eigenbedarfskündigung nach der Ansicht des BGH dagegen nicht.[495]

Ob die tatsächlichen Voraussetzungen des Rechtsmissbrauchs vorliegen ist auf Grund der Gesamtumstände zu entscheiden. (BGH Urteil vom 4.2.2015 – VIII ZR 154/14 Rz. 48). Wird die Kündigung alsbald nach Vertragsschluss erklärt, so kann hierin ein Indiz dafür liegen, dass diese bereits bei Vertragsschluss geplant war. Umgekehrt kann eine längere Zeit zwischen Vertragsschluss und Kündigung gegen eine Kündigungsabsicht sprechen (BGH Urteil vom 4.2.2015 – VIII ZR 154/14 Rz. 49). **137a**

In den Fällen der Neubegründung (Novation) eines bereits bestehenden Mietverhältnisse besteht nach der Rechtsprechung des BGH keine Hinweispflicht.[496] Dies beruht auf der zutreffenden Erwägung, dass der Mieter durch die Hinweispflicht vor den Nachteilen und Risiken geschützt werden soll, die mit einem Mietverhältnis von nur kurzer Dauer verbunden sind. Bei der Neubegründung eines seit langer Zeit bestehenden Mietverhältnisses spielt diese Erwägung keine Rolle. **137b**

Nach der hier vertretenen Ansicht besteht die Hinweispflicht immer dann, wenn bei Vertragsschluss hinreichend konkrete Anhaltspunkte dafür vorliegen, dass das Mietverhältnis nur von kurzer Dauer sein wird; die bloße Möglichkeit, dass später ein solcher Bedarf auftreten könnte, genügt nicht.[497]. Andererseits ist es nicht erforderlich, dass der Vermieter den künftigen Bedarf genau kennt; es genügt, wenn der Vermieter den künftigen Bedarf bei vorausschauender Planung hätte in Erwägung ziehen müssen.[498] Deshalb verstößt eine Kündigung wegen Eigenbedarfs gegen Treu und Glauben, wenn das Mietverhältnis 4 Monate nach Mietbeginn gekündigt wird, weil der Vermieter die Wohnung einem erkrankten Angehörigen überlassen will um diesen dort zu pflegen und zu versorgen und die Krankheit des Angehörigen bereits bei Vertragsschluss bestand. Es kommt in einem solchen Fall nicht darauf an, ob der Eintritt des Pflegefalls sicher prognostiziert werden kann. Vielmehr genügt „die naheliegende Möglichkeit des Eintritts des Eigenbedarfs in absehbarer Zeit".[499] Außerdem ist zu beachten, dass es auf die Vorhersehbarkeit des Bedarfs nur dann ankommt, wenn die Kündigung vor Ablauf von 5 Jahren nach Vertragsschluss ausgesprochen wird.[500] **138**

Nach der hier vertretenen zivilrechtlichen Sicht handelt es sich dabei nicht um einen Anwendungsfall des § 242 BGB (Kündigungsverbot wegen widersprüchlichen Verhaltens)[501] sondern um einen Anwendungsfall der §§ 241 Abs 2, 280 Abs. 1, 311 Abs. 2 BGB: Wer eine Wohnung vermietet, obwohl er weiß oder in Erwägung ziehen müsste, dass er sie in absehbarer Zeit (d. h. innerhalb von 5 Jahren) wieder benötigt, muss den Mieter auf die voraussichtlich kurze Dauer des Mietverhältnisses hinweisen. Diese Pflicht besteht deshalb, weil Mieter im Allgemeinen mit einer längeren Mietdauer rechnen und weil ein Wohnungswechsel mit nicht unerheblichen finanziellen Aufwendungen und sonstigen Unannehmlichkeiten verbunden ist. Wird die vorvertragliche Hinweispflicht vom Vermieter vorsätzlich oder fahrlässig verletzt, so steht dem Mieter ein Schadensersatzanspruch zu (§ 280 Abs. 1 BGB). Der Mieter kann verlangen, dass der Vermieter von der Kündigung Abstand nimmt; eine gleichwohl erklärte Kündigung ist unwirksam. Wird die Wohnung nach Abschluss des Mietvertrags veräußert so kann der Erwerber ohne Rücksicht auf die Dauer des Mietverhältnisses kündigen. Der Erwerber muss sich eventuelle Pflichtverletzungen sei- **139**

---

494 BGH Urteil vom 4.2.2015 – VIII ZR 154/14 Rz. 43.

495 BGH Urteil vom 4.2.2015 – VIII ZR 154/14 Rz. 38; zustimmend: *Wietz* WuM 2016, 323, 330f.

496 BGH (VIII ZR 62/08) NJW 2009, 1139.

497 BVerfG ZMR 1993, 363; ZMR 1993, 505 = WuM 1994, 132; BGH (VIII ZR 233/12) NJW 2013, 1596; s. auch LG Ulm DWW 2008, 387: keine Treuwidrigkeit, wenn der Vermieter nach kurzer Mietzeit kündigt, weil er seinen Arbeitsplatz verloren hat mit der weiteren Folge, dass er die Miete für die bisher genutzte Wohnung nicht mehr aufbringen kann.

498 LG Berlin NZM 1998, 433; LG Lüneburg ZMR 2012, 357: wenn die Vermieter einen 19-jährigen Sohn haben, der im Haushalt der Eltern lebt und kurz vor Beginn einer Berufsausbildung steht. Hier müssen die Vermieter in Erwägung ziehen, dass ihr Sohn in absehbarer Zeit eine Freundin kennen lernt mit der er zusammen ziehen will.

499 AG Bremen WuM 2008, 730.

500 BVerfG WuM 1989, 114; LG Wuppertal WuM 1991, 691; LG Paderborn WuM 1994, 331; LG Gießen WuM 1996, 416; AG Darmstadt WuM 2001, 512.

501 So aber BVerfG WuM 1994, 132.

nes Rechtsvorgängers nicht zurechnen lassen.[502] Anders ist es in den Fällen der Gesamtrechtsnachfolge.

140 **bbb) Hinweispflicht des Vermieters.** Die Hinweispflicht kann dadurch erfüllt werden, dass dem Mieter ein Zeitmietvertrag i. S. v. § 575 Abs. 1 Satz 1 Nr. 1 BGB angeboten wird.[503] In diesem Fall ergibt sich die kurze Dauer des Mietverhältnisses aus dem Inhalt des Mietvertrags. Es genügt allerdings auch, wenn der Vermieter den Mieter vor Vertragschluss darüber informiert, dass er die Mietsache alsbald wieder benötige. In diesem Fall hat der Vermieter seine vorvertragliche Hinweispflicht ebenfalls erfüllt, mit der Folge, dass der Haftungstatbestand entfällt. Der Hinweis kann mündlich oder schriftlich erteilt werden (zur Beweislast s. Rdn. 144).

141 Ein **Hinweis** auf den alsbald entstehenden Bedarf ist **entbehrlich,** wenn der Mieter beim Vertragschluss positive Kenntnis von den Plänen des Vermieters hat. Es reicht allerdings nicht aus, wenn der Mieter die familiäre oder gesundheitliche (bei späterer Kündigung zugunsten einer Pflegeperson) Situation des Vermieters kennt. Es ist auch nicht Sache des Mieters, sich nach den Plänen des Vermieters zu erkundigen. Teilt der Vermieter trotz heranwachsender Kinder oder beengter Wohnverhältnisse oder einem hohem Lebensalter oder einer sichtbaren Krankheit dem Mieter nicht mit, dass das Mietverhältnis nur über wenige Jahre Bestand haben soll, so braucht der Mieter nicht in Erwägung zu ziehen, dass in den nächsten Jahren Eigenbedarf entstehen könnte.

142 **ccc) Beispielsfälle.** Ob der Bedarf beim Vertragschluss vorhanden oder absehbar gewesen ist, richtet sich nach den Umständen des Einzelfalls. Maßgeblich sind nicht die subjektiven Vorstellungen des Vermieters, sondern die tatsächlichen Verhältnisse beim Abschluss des Mietvertrags.[504] Dem Urteil des BVerfG vom 14.2.1989[505] lag ein Ausgangsfall zugrunde, in dem eine Vermieterin 2½ Jahre nach dem Vertragsschluss wegen eines Bedarfs zugunsten ihrer Söhne gekündigt hatte, die beim Vertragsschluss 16, 14 und 7 Jahre alt gewesen sind. Eine solche Kündigung hat das BVerfG für unwirksam erachtet, weil die Vermieterin den künftigen Bedarf der (älteren) Söhne beim Vertragsschluss hätte bedenken müssen. Die **instanzgerichtliche Rechtsprechung** hat die **Vorhersehbarkeit des Bedarfs verneint:** Kündigt der Vermieter wegen eines Bedarfs für seinen 19-jährigen Sohn, so ist die Kündigung nicht deshalb ausgeschlossen, weil vor 3 Jahren eine Wohnung freigeworden ist und der Vermieter hierüber keinen Zeitmietvertrag abgeschlossen hat;[506] kündigt ein bei seinen Eltern wohnender Vermieter, weil er eine eigene Wohnung haben möchte, so kann dem nicht entgegengehalten werden, dass dieser Umstand schon zum Zeitpunkt des Vertragsschlusses vor 4 Jahren vorgelegen habe, weil sich die Interessensituation im Verlauf der Zeit ändern kann;[507] der Vermieter, zu dessen Haushalt Kinder oder Heranwachsende gehören, muss zwar damit rechnen, dass sich diese einmal selbständig machen wollen; er muss dies bei der Vermietung seiner Wohnungen allerdings so lange nicht berücksichtigen, solange nicht absehbar ist, wann und an welchem Ort dies geschehen soll;[508] wird mit der Begründung gekündigt, dass der Vermieter infolge der Aufnahme eines Adoptivkindes mehr Platz benötige, so ist die Kündigung nicht ausgeschlossen, wenn sich die Adoptionsmöglichkeit erst fünf Monate nach dem Vertragsschluss ergeben hat.[509] Demgegenüber wurde die **Vorhersehbarkeit bejaht:** bei Vorausschau von 5 Jahren, wenn zu der Familie des Vermieters ein 16- jähriges Kind gehört;[510] bei Vorausschau von 5 Jahren, wenn zu der Familie des Vermieters heranwachsende Kinder gehören;[511] Wenn zwischen dem Vermieter und seinem 16-jährigen Sohn Spannungen bestehen, so muss der Vermieter damit rechnen, dass sein Sohn innerhalb der nächsten 5 Jahre Wohnraum benötigt;[512] wenn die Tochter des Vermieters bei Beginn des Mietverhältnisses 18 Jahre alt war und die Kündigung 2¾ Jahre nach Vertragsbeginn ausgesprochen wird; im allgemeinen sei der Vermieter gehalten, den Bedarf seiner Angehörigen auf ca. 5 Jahre vorauszuberechnen;[513] wenn der Vermieter eine 20jährige Tochter hat, die in einem 12 m² großen

---

[502] AG Steinfurt WuM 2006, 43.
[503] BVerfG ZMR 1993, 505 = WuM 1994, 132.
[504] LG Gießen WuM 1996, 416.
[505] BVerfG WuM 1989, 114.
[506] LG Stuttgart WuM 1989, 249; ähnl. LG Hamburg WuM 1989, 249.
[507] LG Düsseldorf WuM 1989, 414.
[508] LG Mannheim DWW 1990, 309.
[509] LG Mannheim DWW 1994, 51.
[510] LG Hamburg WuM 1993, 677 = NJW-RR 1994, 465.
[511] LG Paderborn WuM 1994, 33.
[512] LG Wuppertal WuM 1991, 691.
[513] LG Hamburg WuM 1993, 50 = ZMR 1993, 79.

Zimmer wohnt, eine Vorausschau könne für die Dauer von 5 Jahren verlangt werden;[514] wenn zum Haushalt des Vermieters erwachsene Kinder gehören, die am Ort bleiben wollen;[515] wenn der Sohn der Vermieter kurz vor dem Abschluss seines Studiums steht und damit gerechnet werden muss, dass er an den Wohnort der Eltern zurückkehrt;[516] wenn eine 83-jährige Vermieterin die Wohnung vor vier Jahren auf unbestimmte Zeit vermietet hat, obwohl mit einem altersbedingten Abbau körperlicher und geistiger Kräfte zu rechnen war;[517] wenn ein Vermieter im Ausland lebt; dann müsse der Vermieter in Erwägung ziehen, dass er dort erkrankt und deshalb die vermietete Wohnung wieder benötigt.[518] Ein Vermieter muss einen Zeitraum von 5 Jahren überdenken; er muss damit rechnen, dass sein Sohn das Abitur besteht und sich gegen einen auswärtigen Studienort entscheidet;[519] wenn ein Vermieter zur Begründung der Eigenbedarfskündigung geltend macht, dass seine derzeitige Wohnung von seinem Arbeitsplatz ca. 100 km entfernt sei und dass er die tägliche An- und Abfahrt aus Gesundheitsgründen nicht mehr bewältigen könne und er gleichwohl ein Jahr zuvor eine nahe der Arbeitsstelle gelegene Wohnung aufgegeben hat. Etwas anderes gilt, wenn sich der Gesundheitszustand des Vermieters zwischenzeitlich verschlechtert hat;[520] wenn das Mietverhältnis 4 Monate nach Mietbeginn gekündigt wird, weil der Vermieter die Wohnung einem erkrankten Angehörigen überlassen will um diesen dort zu pflegen und zu versorgen und die Krankheit des Angehörigen bereits bei Vertragsschluss bestand.[521]

ddd) Absehbarer Bedarf des Eigentümers bei Zwischenvermietung. Hat der Eigentümer einen absehbaren Bedarf und vermietet er die Wohnung für eine vorübergehende Zeit an einen Zwischenvermieter, so muss dieser den Endnutzer (Untermieter) darüber informieren, dass das Hauptmietverhältnis nur auf bestimmte Zeit abgeschlossen ist und dass der Eigentümer bei Mietende Eigenbedarf geltend machen werde. Bei Verletzung dieser Verpflichtung kann der Untermieter den Zwischenvermieter auf Schadensersatz in Anspruch nehmen. Der Eigentümer muss seinerseits den Zwischenvermieter zur Erteilung dieser Information verpflichten. Erfüllt der Eigentümer diese Verpflichtung nicht, so ist die nach Vertragseintritt (§ 565 BGB) ausgesprochene Kündigung als treuwidrig zu bewerten. Dies folgt aus der Erwägung, dass der Eigentümer durch die Einschaltung eines Zwischenvermieters keine Vorteile erlangen soll.[522] 143

eee) Darlegungs- und Beweislast. Nach allgemeinen Grundsätzen muss der Mieter darlegen und beweisen, dass eine vorvertragliche Hinweispflicht bestanden hat und dass diese vom Vermieter nicht erfüllt worden ist. Demgemäß müsste der Mieter darlegen und beweisen, (1) dass zwischen Vertragsschluss und Kündigung weniger als 5 Jahre liegen, (2) dass der Bedarf bereits bei Vertragsschluss gegeben war oder absehbar gewesen ist und (3) dass der Vermieter keinen Hinweis auf die kurzzeitige Dauer des Mietverhältnisses gegeben hat. Da die unter (2) und (3) aufgeführten Umstände aber durchweg in der Sphäre des Vermieters liegen, muss insoweit eine Umkehr der Darlegungs- und Beweislast stattfinden: Macht der Mieter geltend, dass der Bedarf bereits bei Vertragsschluss gegeben war, so muss der Vermieter substantiiert darlegen und beweisen, wann und auf Grund welcher Umstände der Bedarf eingetreten ist. Steht fest, dass der Bedarf bereits bei Vertragsschluss vorhanden gewesen ist, so muss der Vermieter substantiiert darlegen, wann und auf welche Weise er die Hinweispflicht erfüllt hat. 144

fff) Verzicht auf Eigenbedarf bei Vertragsschluss. Die Parteien können bei Vertragsschluss den Ausschluss der Eigenbedarfskündigung für eine bestimmte Zeit oder auf Dauer vereinbaren. Soll die Ausschlussvereinbarung für längere Zeit als ein Jahr gelten, so ist hierfür Schriftform erforderlich (§ 550 BGB). Sind an einem Mietverhältnis auf der Mieterseite mehrere Personen beteiligt, so ist die Schriftform nur gewahrt, wenn die Vereinbarung von allen Mietern unterzeichnet wird. Ein Mieter kann sich zwar bei der Unterschriftsleistung durch einen anderen vertreten lassen. In diesem Fall muss sich allerdings aus einem Zusatz zur Unterschrift ergeben, dass der unterzeichnende Mieter nicht nur für sich, sondern auch für den Vertretenen handeln will.[523] Wird die 145

---

[514] LG Berlin NZM 1998, 433.
[515] LG Karlsruhe WuM 1988, 276.
[516] LG Heidelberg WuM 1991, 271.
[517] AG Hamburg-Altona WuM 1994, 383.
[518] AG Gießen WuM 2004, 490; zweifelhaft.
[519] LG Gießen WuM 1996, 416.
[520] LG Frankfurt ZMR 2008, 626.
[521] AG Bremen WuM 2008, 730.
[522] AG Hamburg WuM 1997, 219.
[523] VerfGH Berlin GE 2012, 121.

Schriftform nicht beachtet, so ist das Mietverhältnis ohne Beachtung der Kündigungsbeschränkung jederzeit kündbar.[524] Grundsätzlich handelt der Vermieter auch nicht rechtsmissbräuchlich, wenn er sich auf den Formmangel beruft. Härtefälle, die auftreten können, wenn ein Mieter im Vertrauen auf die Zusage besonders hohe Aufwendungen getätigt hat, müssen über § 574 BGB gelöst werden.

146 **cc) Überhöhter Bedarf.** Nach der **Rechtsprechung des BVerfG** ist eine Kündigung missbräuchlich, wenn ein „weit überhöhter Wohnbedarf" geltend gemacht wird.[525] Dabei ist im Grundsatz davon auszugehen, dass die Gerichte die Entscheidung des Vermieters über seinen Bedarf zu achten haben.[526] Maßgeblich ist nicht, welchen Bedarf die Gerichte für angemessen halten; vielmehr kommt es darauf an, welchen Bedarf der Eigentümer nach seinen persönlichen Vorstellungen und Bedürfnissen für angemessen ansieht. Der **BGH** hat die Rechtsprechung des BVerfG übernommen und präzisiert.[527] Danach ist ein „weit überhöhter" Wohnbedarf ist erst dann anzunehmen, wenn der Zugriff auf die Wohnung als „missbräuchlich" anzusehen ist. Dem Vermieter steht ein weiter Ermessensspielraum zu. Dem Gericht ist es verwehrt, die Wünsche und Vorstellungen des Eigentümers daraufhin zu überprüfen, ob diese angemessen sind. Die Annahme von Rechtsmissbrauch muss auf Ausnahmefälle beschränkt sein. Eine feste Grenze besteht nicht, insbesondere ist es nicht zulässig, den Bedarf formelhaft durch eine starre personenbezogene Flächenzuweisung zu bestimmen. Maßgeblich sind die Gesamtumstände des Einzelfalls, die anhand objektiver Kriterien unter Abwägung der beiderseitigen Interessen festzustellen sind. Nach der Auffassung des Gerichts können bei der Festlegung der Missbrauchsgrenze beispielhaft folgende Umstände berücksichtigt werden: die Wohnfläche, die Anzahl der Zimmer, der Zuschnitt und die Ausstattung der Wohnung, die Bedürfnisse der Bedarfsperson, dessen Lebensentwurf und Lebensplanung, deren persönlichen und wirtschaftlichen Verhältnisse, die Lage auf dem Wohnungsmarkt, die Höhe der zu zahlenden oder vom Vermieter erlassenen Miete, ferner ob die Wohnung auf Dauer oder nur sporadisch genutzt werden soll und schließlich ob der Mieter für die eigene Nutzung einen großzügigen Maßstab anlegt. Die vor dem Urteil des BGH vom 4.3.2015 ergangene instanzgerichtliche Rechtsprechung ist zum Teil überholt. **Einzelfälle:** In den vom BVerfG bisher entschiedenen Fällen wurden klagabweisende Entscheidungen der Instanzgerichte, die mit der Geltendmachung eines „weit überhöhten Bedarfs" begründet worden waren, teilweise akzeptiert: Kündigung einer 250 m² großen 7-Zimmer-Wohnung, wenn der Vermieterin mit ihrem Kind eine 3-Zimmer-Wohnung zur Verfügung steht;[528] wenn einer 22jährigen Studentin eine 107 qm große 4-Zimmer-Wohnung überlassen werden soll;[529] wenn der Eigentümer ein vermietetes Haus mit zahlreichen Zimmern kündigt, obwohl er nur einen Bruchteil der Räumlichkeiten selbst nutzen will.[530]

147 Teilweise wurden die Nutzungswünsche des Eigentümers als berechtigt angesehen: Kündigung einer 146 m² großen 5-Zimmer-Wohnung zugunsten der Ehefrau des Vermieters;[531] wenn ein Eigentümer eine 72 qm große Wohnung kündigt, um diese mit seiner derzeit genutzten 65 qm großen Wohnung zusammenzulegen um so für sich und seine künftige Ehefrau eine angemessen große Wohnung zu schaffen;[532] Wer in einer 100 m² großen Wohnung lebt, kann eine weitere 100 m² große Wohnung kündigen, wenn er in den Räumen eine Puppensammlung (!) unterbringen, sowie zwei Arbeitszimmer und ein Zimmer für ein Kindermädchen einrichten will.[533]

148 Eine nachvollziehbare Systematik liegt diesen Entscheidungen nicht zugrunde; da es sich durchweg um Kammerbeschlüsse handelt, kommt den genannten Entscheidungen auch keine Bindungswirkung zu.[534] Zum Teilbedarf s. § 573b BGB Rdn. 23; zum Bedarf für vorübergehende Zeit s. Rdn. 103)

149 Die **instanzgerichtliche Rechtsprechung** wendet das Kriterium des „weit überhöhten Bedarfs" regelmäßig dann an, wenn zwischen dem Wert des Mietobjekts und der Person oder den finanziellen Verhältnissen des Nutzungswilligen ein auffälliges Missverhältnis besteht: **Beispiele:**

---

524 LG Hamburg ZMR 2001, 895.
525 BVerfG WuM 1989, 114.
526 BVerfG a. a. O.; NJW 1994, 2605 = WuM 1994, 450 = ZMR 1994, 453.
527 BGH Urteil vom 4.3.2015 – VIII ZR 166/14.
528 BVerfG WuM 1985, 75.
529 BVerfG WuM 1990, 480.
530 BVerfG GE 1993, 1327.
531 BVerfG WuM 1988, 46.
532 BVerfG ZMR 1993, 315.
533 BVerfG NJW 1994, 994 = WuM 1994, 183 = ZMR 1994, 147.
534 *Lammel* NJW 1994, 3320.

wenn der Vermieter seinem Enkel ein 90 m² großes Haus überlassen will, damit dieser selbständiger wird;[535] wenn der alleinstehende Sohn des Vermieters ohne eigene Einkünfte ein gut vermietetes Einfamilienhaus nutzen soll;[536] wenn der Vermieter seiner Tochter ein geräumiges Einfamilienhaus mit Garten überlassen will, obwohl diese als Studienanfängerin über kein eigenes Einkommen verfügt;[537] wenn einer Studentin eine 133 m² große Wohnung mit einem Mietwert von 2.030 DM/mtl. überlassen werden soll;[538] wenn der Vermieter für seinen in der Berufsausbildung befindlichen Sohn eine 4-Zimmer-Wohnung zum Mietwert von 1.800 DM/mtl. beansprucht;[539] wenn eine 84 m² große 3-Zimmer-Penthaus-Wohnung einer 19 jährigen Auszubildenden zur alleinigen Nutzung überlassen werden soll;[540] wenn eine Vermieterin eine Wohnung ihrer 14-jährigen Tochter überlassen will, damit diese dort mit ihrem 16-jährigen Freund zusammenleben kann;[541] wenn eine Wohnung zugunsten eines 14-jährigen gekündigt wird, damit dieser zusammen mit seinem 16-jährigen Bruder einen eigenen Hausstand gründen kann.[542] wenn die Vermieterin eine ca 100 qm große Wohnung ihrer 18-jährigen Tochter ohne Beruf und Einkommen überlassen will.[543] Davon abgesehen wird ein großzügiger Maßstab angelegt: Kein überhöhter Bedarf, wenn ein alleinstehender Lehrer für sich eine 4-Zimmer-Wohnung beansprucht;[544] wenn ein Chemiker Bedarf an einer 5-Zimmer-Wohnung geltend macht, weil er die Räume zur Unterbringung seiner Antiquitäten benötigt.[545] Teilweise wird auch die Ansicht vertreten, dass die Ernsthaftigkeit des Nutzungswillens besonders sorgfältig zu prüfen ist, wenn der Vermieter zur Begründung einer Eigenbedarfskündigung ein ungewöhnliches Nutzungsinteresse geltend macht.[546]

Der **Einwand des „weit überhöhten" Bedarfs ist unbeachtlich,** wenn die Zahl der Perso- **149a** nen, denen die Wohnung überlassen werden soll, nicht kleiner oder sogar größer als die Zahl der bisherigen Wohnungsnutzer ist. Dies gilt unabhängig von der Größe der Wohnung.[547]

3. Anderweitige wirtschaftliche Verwertung (Abs. 2 Nr. 3)

a) Allgemeines. Ein Kündigungsgrund liegt auch dann vor, wenn der Vermieter durch die **150** Fortsetzung des Mietverhältnisses an einer angemessenen wirtschaftlichen Verwertung des Grundstücks gehindert und dadurch erhebliche Nachteile erleiden würde. Der Tatbestand des Abs. 2 Nr. 3 besteht aus vier Elementen. **(1)** Der Vermieter muss die Absicht haben, die Mietsache anderweitig zu verwerten. **(2)** Die Verwertung muss nach den Gesamtumständen angemessen sein. **(3)** Der Bestand des Mietverhältnisses muss der Verwertung entgegenstehen. **(4)** Im Falle der Hinderung der Verwertung müssen erhebliche Nachteile eintreten. Die einzelnen Tatbestandselemente müssen kumulativ vorliegen. Fehlt ein Tatbestandsmerkmal, so ist die Kündigung unwirksam. Wegen des komplexen Kündigungstatbestandes und dessen restriktiver Handhabung durch die Instanzgerichte hat die Vorschrift in der Praxis keine allzu große Bedeutung.

Von einem Teil der Literatur[548] wird allerdings die Ansicht vertreten, dass dieser Handhabung **150a** ein fehlerhaftes Verständnis der Vorschrift zugrunde liegt; s. Rdn. 2a. Nach dieser Ansicht folgt für die Verwertungskündigung dass eine wirtschaftliche Verwertung angemessen ist, wenn sie im Einklang mit der Rechtsordnung steht und von vernünftigen und nachvollziehbaren Gründen getragen wird. Nicht angemessen ist eine Verwertungsabsicht, die gegen öffentlich-rechtliche Vorschriften verstößt. Keine vernünftigen Gründe liegen vor, wenn die Verwertung zu einer geringeren Rendite führt oder in den Fällen des Rechtsmissbrauchs. Unerhebliche Nachteile sind zu vernach-

---

535 LG Stade WuM 1990, 23.
536 LG Köln WuM 1990, 119.
537 AG Bonn WuM 1990, 214.
538 AG Bonn WuM 1992, 613.
539 LG München I WuM 1990, 352.
540 LG Bremen WuM 1994, 541.
541 LG Hannover WuM 1991, 491.
542 AG Köln WuM 1994, 209.
543 AG Köpenick WuM 2013, 678.
544 LG Berlin NJW-RR 1994, 850 = WuM 1994, 75.
545 LG Berlin MM 1993, 182.
546 AG Fürstenfeldbruck WuM 2008, 600: Ernsthaftigkeit des Nutzungswillen verneint bei Kündigung einer 76 qm großen 3-Zimmer-Wohnung mit einem Mietwert von 650 € für 19-jährige Auszubildende mit einem Einkommen von 550 €, wenn die Wohnung weit ab vom Arbeitsplatz der Begünstigten gelegen ist und diese weder die Wohnung noch deren Umfeld kennt.
547 BGH (VIII ZR 14/15) NJW 2015, 2727 Rn. 13.
548 *J. Emmerich* WuM 2015, 259, 268.

lässigen. Sie liegen bei der Verwertungskündigung vor, wenn bei einer Veräußerung mit dem bestehenden Mietverhältnis ein Mindererlös von 5–10% zu erwarten ist.

151 Der Kündigungstatbestand gilt auch für **Mietverhältnisse in den neuen Bundesländern.** Die bislang bestehende Kündigungssperre für Mietverhältnisse, die vor dem 2.10.1990 begründet worden sind (Art. 232 § 2 Abs. 2 EGBGB) ist durch das Gesetz vom 31.3.2004 (BGBl. I S. 478) aufgehoben worden. Die bisherige Streitfrage, ob ein Mietverhältnis auch dann gekündigt werden kann, wenn das Gebäude abgerissen werden soll (s. Rdn. 156, 213) ist damit gegenstandslos). Bei besonderen Härtefällen ist § 574 BGB anzuwenden (s. dort).

152 **b) Verfassungsrechtliche Vorgaben.** Durch Abs. 2 Nr. 3 soll den Belangen des Eigentümers an der freien wirtschaftlichen Verfügbarkeit Rechnung getragen werden. Dies bedeutet allerdings nicht, dass dieser Gesichtspunkt bei der Auslegung des Kündigungstatbestandes im Vordergrund steht. Die Interessen des Mieters am Erhalt der Wohnung sind gleichrangig zu berücksichtigen, weil das Eigentum an einer Wohnung in besonderem Maße dem Gemeinwohl verpflichtet ist. Insbesondere wird durch Art. 14 GG nicht gewährleistet, dass der Eigentümer durch die Verwertung vermieteter Wohnungen stets den maximalen Gewinn erzielen kann. Daraus ergibt sich ein wichtiger **Unterschied zur Eigenbedarfskündigung:** Wo zu entscheiden ist, ob der Mieter oder der Eigentümer die Wohnung nutzen soll, wird dem Eigentümer der Vorrang eingeräumt, weil ihm die Räume als Eigentum zugeordnet sind.[549] Bei der Abwägung zwischen dem Nutzungsinteresse des Mieters und den Renditeinteressen des Eigentümers ist als zusätzliche Komponente das Gemeinwohl zu berücksichtigen. Hieraus kann sich ergeben, dass die Renditeinteressen des Eigentümers hinter dem Nutzungsinteresse des Mieters zurücktreten müssen. Andererseits darf der Kündigungstatbestand des Abs. 2 Nr. 3 aber nicht auf die Fälle beschränkt werden, in denen bei Hinderung der geplanten Verwertung die wirtschaftliche Existenz des Vermieters gefährdet wäre.[550] Es genügt, wenn der Eigentümer verkaufen will und der Verkauf der vermieteten Wohnung „ wirtschaftlich sinnlos" ist[551] oder wenn die Einbußen des Vermieters einen Umfang annehmen, „welcher die Nachteile weit übersteigt, die dem Mieter im Falle des Verlustes der Wohnung erwachsen".[552] Hat der Eigentümer das Mietobjekt seinerseits mit einem bestehenden Mietverhältnis erworben, so ist es verfassungsrechtlich nicht zu beanstanden, wenn der wirtschaftliche Nachteil durch einen Vergleich des Einkaufspreises mit dem Verkaufspreis festgestellt wird.[553] Allerdings darf sich die Prüfung nicht auf diesen Gesichtspunkt beschränken. Die Gerichte müssen auch zu allen weiteren Gesichtspunkten Stellung nehmen, mit denen der Eigentümer seinen Nachteil begründet.[554] Insgesamt können aus der Rechtsprechung des BVerfG drei **verfassungsrechtliche Leitlinien** hergeleitet werden: **(1)** § 573 Abs. 2 Nr. 3 BGB dient nicht dazu dem Vermieter einen möglichst hohen Gewinn zu verschaffen. **(2)** Der Eigentümer muss auch Verluste in Kauf nehmen; diese Verluste müssen sich aber in Grenzen halten, wobei als Grenze nicht die Existenzvernichtung angesehen werden darf. **(3)** Die Interessensituation des Vermieters ist nicht schematisch, sondern einzelfallbezogen zu bewerten.

153 **c) Die Tatbestandsvoraussetzungen (Abs. 2 Nr. 3 Hs. 1). aa) Absicht zur anderweitigen Verwertung.** Der Vermieter muss die **Absicht** haben, die Mietsache anderweitig zu verwerten. Die Verwertungsabsicht in Abs. 2 Nr. 3 entspricht der Nutzungs-/Überlassungsabsicht in Abs. 2 Nr. 2. Hier wie dort muss es sich um eine **ernsthafte Absicht** handeln, die Absicht darf nicht vorgetäuscht werden, sie muss mit hinreichender Sicherheit feststehen und eindeutig sein, es dürfen keine rechtlichen oder tatsächlichen Verwertungshindernisse bestehen. Soll das Haus abgerissen werden und besteht in der Gemeinde ein Zweckentfremdungsverbot, so muss beachtet werden, dass die Kündigung nur wirksam ist, wenn für den Abriss eine Zweckentfremdungsgenehmigung erteilt ist[555]; Streitig ist, ob dieser Umstand in dem Kündigungsschreiben erwähnt werden muss. In der älteren Rechtsprechung wird dies bejaht.[556] Jedoch ist zu bedenken, dass der BGH an die Begründung

---

549 BVerfG WuM 1989, 607.
550 BVerfG WuM 1992, 46 = ZMR 1992, 17.
551 BVerfG a. a. O. betr. einen Verlust von 43.000 DM bei einem Verkehrswert von 135.000 DM.
552 BVerfG WuM 1989, 118 betr. einen Verlust von 250.000 DM bei einem Verkehrswert des Grundstücks von 500.000 DM; zum Begriff des Nachteils s. auch *Brinkmann* ZMR 1992, 520.
553 BVerfG WuM 1991, 663.
554 BVerfG WuM 1992, 669.
555 LG Bonn ZMR 2014, 284, 285: *Häublein* NZM 2011, 668; **A. A.** LG Mannheim NZM 2004, 256.
556 OLG Hamburg RE 25.3.1981 WuM 1981, 155; LG Berlin ZMR 1991, 346; LG München II WuM 1997, 115.

der Kündigung nur geringe Anforderungen stellt (Rdn. 216ff).[557] Die Zweckentfremdungsgenehmigung muss dem Kündigungsschreiben jedenfalls nicht beigefügt werden. Für die Baugenehmigung/Abrissgenehmigung gilt etwas anderes. Während die Zweckentfremdungsgenehmigung nach ihrer Zielsetzung mieterschützenden Charakter hat, soll durch die Baugenehmigung lediglich sichergestellt werden, dass das Bauvorhaben den öffentlich-rechtlichen Baunormen entspricht. Dies hat zur Folge, dass die Wirksamkeit der Kündigung nicht davon abhängt, ob die Baugenehmigung bereits erteilt ist.[558] Der Vermieter muss mit seiner Kündigung auch nicht zuwarten, bis die Genehmigungen erteilt sind; andererseits darf er aber erst dann kündigen, wenn seine Planung ein Stadium erreicht hat, in dem beurteilt werden kann, ob die Verwirklichung des Plans eine Kündigung rechtfertigt. Dies muss anhand der konkreten Umstände des Einzelfalls festgestellt werden.

Unvernünftige Verwertungsabsichten scheiden aus. Die Verwertungsabsicht muss zum Zeitpunkt der Kündigung bereits bestehen; Vorratskündigungen sind unzulässig. Die Verwertungsabsicht muss zum Zeitpunkt der Kündigung noch vorhanden sein, andernfalls ist die Kündigung unwirksam. Entfällt die Verwertungsabsicht nach dem Ausspruch der Kündigung, so muss der Vermieter dem Mieter ein Angebot zum Abschluss eines Vertrages über die Aufhebung der Kündigungswirkungen unterbreiten. Eine Verletzung dieser Verpflichtungen kann Schadensersatzansprüche zur Folge haben. Die Ausführungen unter Rdn. 77 gelten sinngemäß. 154

Nach Abs. 2 Nr. 3 können grundsätzlich alle **Verwertungsabsichten** berücksichtigt werden, mit Ausnahme derer, die nach Abs. 2 Nr. 3 Hs. 2–4 ausdrücklich ausgeschlossen sind (dazu Rdn. 178). Beispiele: der Verkauf des Hauses oder der Wohnung;[559] die Vermietung der Wohnung als Geschäftsraum; die Nutzung der Wohnung für eigene gewerbliche Zwecke;[560] der Abriss des Hauses um das Grundstück anderweitig zu verwerten;[561] grundlegende Modernisierungs- und/oder Sanierungsmaßnahmen.[562] Dies gilt auch dann, wenn die Räume nach der Modernisierung zu einem höheren Mietzins als Wohnung weitervermietet werden sollen;[563] die Zusammenlegung zweier Kleinwohnungen zu einer Großwohnung;[564] die Aufteilung einer Großwohnung in mehrere Kleinwohnungen.[565] 155

Der **Abriss eines Gebäudes** als solcher ohne anschließende anderweitige Verwertung fällt nicht unter Abs. 2 Nr. 3. Ist der Abriss erforderlich um Leerstandskosten zu vermeiden, so kann eine solche Maßnahme unter § 573 Abs. 1 BGB fallen (s. Rdn. 213). Keine „Verwertung" ist gegeben, wenn der Vermieter deshalb kündigt, weil er bei Fortsetzung des Mietverhältnisses umfangreiche Instandsetzungsmaßnahmen durchführen müsste.[566] In Fällen dieser Art ist zu fragen, ob durch die erforderlichen Instandsetzungsmaßnahmen die Opfergrenze überschritten wird; in diesem Fall ist von einer Unmöglichkeit auszugehen. Anderenfalls kann der Mieter nach § 535 Abs. 1 BGB die Herstellung des vertragsgemäßen Zustands verlangen. Die Umwidmung der Mietwohnung in eine zweckgebundene Werkmiet- oder Werkdienstwohnung stellt ebenfalls keine „Verwertung" i. S. v. Abs. 2 Nr. 3 dar;[567] unter Umständen kann der Vermieter in einem solchen Fall nach Abs. 1 kündigen. 156

bb) Angemessenheit der Verwertung. Die geplante Art der Verwertung muss nach den Gesamtumständen angemessen sein. Die **Auslegung des Begriffs** ist umstritten. Nach teilweise vertretener Ansicht bedeutet „angemessen" soviel wie „mit der geltenden Rechts- und Sozialordnung in Einklang stehend". Hierunter wird jeder Verwendungszweck gezählt, der weder sittenwidrig noch rechtswidrig ist.[568] Diese Ansicht erscheint allerdings als zu eng, weil dem Tatbestandsmerk- 157

---

[557] So auch *Häublein* NZM 2011, 668.

[558] OLG Frankfurt RE v. 25.6.1992, WuM 1992, 421; BayObLG RE v. 31.8.1993, WuM 1993, 660 = ZMR 1993, 560.

[559] BVerfG DWW 1989, 77; OLG Koblenz RE v. 1.3.1989, WuM 1989, 164.

[560] AG Bergheim WuM 1991, 164.

[561] BGH (VIII ZR 8/08) NJW 2009, 1200 = NZM 2009, 234 = WuM 2009, 182 = DWW 2009, 100 = GE 2009, 381; gleichlautend: VIII ZR 7/08 und VIII ZR 9/08 betr. Abriss und Neubau; LG Mannheim NZM 2004, 256 = WuM 2004, 99; AG Düsseldorf WuM 1991, 168.

[562] BayObLG RE v. 17.11.1983, WuM 1984, 16; LG Karlsruhe WuM 1991, 168; AG Neustadt a. d. Aisch ZMR 2008, 215.

[563] AG Köln WuM 1991, 170.

[564] LG Berlin GE 1989, 311.

[565] LG Hamburg WuM 1989, 393.

[566] **A. A.** LG Aachen WuM 1991, 167.

[567] AG Steinfurt WuM 1991, 166.

[568] LG Stuttgart ZMR 1995, 259 = DWW 1995, 142; *Barthelmess* § 564b BGB Rdn. 92; ähnlich *Grapentin* in Bub/Treier Rdn. IV 79; *Häublein* in MünchKomm § 573 BGB Rdn. 88; *Hannappel* in Bamberger/Roth § 573 BGB Rdn. 83.

mal damit seine normative Funktion genommen wird. Davon abgesehen trifft es aber zu, dass **sittenwidrige Formen der Verwertung** (z. B.: die Absicht, in einer Wohnung ein Bordell einzurichten) **rechtswidrige Maßnahmen** (etwa solche, die gegen ein Zweckentfremdungsverbot verstoßen) oder **wirtschaftlich unsinnige Verwertungsgeschäfte** nicht zur Kündigung berechtigen. Nach der Rechtsprechung des **BGH** ist eine Verwertung angemessen, wenn sie von vernünftigen, nachvollziehbaren Erwägungen getragen wird.[569]

158 Nach der hier vertretenen Ansicht sind unter dem Tatbestandsmerkmal der Angemessenheit die **Gesamtumstände der Verwertung** zu prüfen. Dazu gehört die Wert/Preisrelation (im Falle des Verkaufs) ebenso wie alle sonstigen Umstände, etwa das Verwertungsmotiv, der Verwertungszweck oder die Gründe, die den Vermieter zu einem Verkauf im bezugsfreien Zustand bewogen haben.[570] Das Kriterium der Angemessenheit entspricht dem bei der Eigenbedarfskündigung maßgebenden Nutzungsinteresse. Das Tatbestandsmerkmal erlaubt es, die Kündigung bis zu einem gewissen Grad auf ihre Nachvollziehbarkeit und Vernünftigkeit zu überprüfen. Wie bei der Eigenbedarfskündigung ist es dem Gericht aber verwehrt, die wirtschaftlichen Planungen des Eigentümers durch eigene, vermeintlich vernünftigere Entscheidungen zu ersetzen. Ebenso ist zu beachten, dass der Eigentümer über die Verwendung des Verkaufserlöses frei verfügen kann; auch hier kommen dem Gericht (bis zur Grenze des Missbrauchs) keine Kontrollbefugnisse zu.[571] Die zur Eigenbedarfskündigung dargelegten Grundsätze (s. Rdn. 43, 92) gelten sinngemäß auch hier.

159 Soll das **Haus oder eine Eigentumswohnung verkauft** werden, so reicht hierzu jeder billigenswerte, vernünftige Grund aus, z. B.: Verkauf der vermieteten Wohnung um eine größere Wohnung zur Deckung des Familienbedarfs zu kaufen;[572] Verkauf eines vermieteten Objekts, weil der Vermieter den Kaufpreis zur Finanzierung eines Wohnhauses benötigt;[573] Verkauf der Mietwohnung, um die eigene selbstgenutzte Wohnung zu finanzieren;[574] Verkauf einer Eigentumswohnung anlässlich der Ehescheidung;[575] Verkauf zur Finanzierung einer Arztpraxis;[576] Verkauf zur Deckung geschäftlicher Verbindlichkeiten;[577] Grundstückstausch, wenn dies aus betrieblichen Gründen erforderlich ist.[578] Es ist nicht erforderlich, dass der Verkauf „zwingend" erforderlich ist.[579] Vielmehr ist die Dispositionsfreiheit des Vermieters über sein Eigentum grundsätzlich zu achten.[580]

160 Nach dem Rechtsentscheid des OLG Koblenz v. 1.3.1989[581] soll das Tatbestandsmerkmal nicht schon deshalb entfallen, weil der Vermieter das **Mietobjekt selbst in vermietetem Zustand erworben** hat. Dem ist in dieser Allgemeinheit nicht zuzustimmen, weil Spekulationsgeschäfte (Kauf einer Wohnung in vermietetem Zustand zu niedrigem Preis in der Absicht, die freistehende Wohnung zu höherem Preis weiterzuverkaufen), die Kündigung nicht rechtfertigen können.[582] Die Kündigungstatbestände dienen nicht der Förderung des Immobilienhandels, sondern dem Bestandschutz. Deshalb liegt keine angemessene Verwertung vor, wenn der Vermieter das Haus im Wege der Zwangsversteigerung erworben hat und es mit Gewinn im leerstehenden Zustand verkaufen möchte.[583] Gleiches gilt, wenn der Vermieter eine vermietete Wohnung kauft, wegen Eigenbedarfs kündigt, seine hierauf gestützte Räumungsklage abgewiesen wird und er sodann eine Verwertungskündigung zum Zwecke des besseren Verkaufs ausspricht.[584]

---

[569] BGH (VIII ZR 155/10) NJW 2011, 1135 = WuM 2011, 171 = ZMR 2011, 458.
[570] LG Stuttgart NZM 2015, 165.
[571] *Rolfs* in Staudinger § 573 BGB Rdn. 151; *Häublein* in MünchKomm § 573 BGB Rdn. 88; **a. A.** LG Hamburg WuM 1989, 256.
[572] LG München II DWW 1988, 45.
[573] LG Trier WuM 1991, 273; LG Düsseldorf NJW-RR 1991, 1166.
[574] LG Frankenthal WuM 1991, 181.
[575] AG Bayreuth WuM 1991, 180.
[576] AG Bad Homburg WuM 1989, 303.
[577] LG Mannheim ZMR 1995, 315.
[578] AG Duisburg DWW 1989, 229.
[579] **A. A.** LG Duisburg WuM 1991, 497.
[580] BVerfG WuM 1989, 118; WuM 1992, 46.
[581] OLG Koblenz RE 1.3.1989 WuM 1989, 164.
[582] So zutr. LG Osnabrück WuM 1990, 81; LG Hamburg WuM 1991, 185; AG Hamburg WuM 1991, 497; vgl. auch LG Freiburg WuM 1991, 183, wonach dieser Umstand jedenfalls bei der Prüfung der Angemessenheit gebührend zu berücksichtigen ist; i. E. ebenso: *Sternel* Mietrecht (1988) Rdn. IV 148; *Grapentin* in Bub/Treier Kap. IV Rdn. 170; *Häublein* in MünchKomm § 573 BGB Rdn. 88; **a. A.** *Barthelmess* § 564b BGB Rdn. 92b.
[583] LG Düsseldorf WuM 1987, 321.
[584] LG München I WuM 1984, 247.

Bei **Risikogeschäften** ist die Kündigung ebenfalls nicht angemessen: Hat der Erwerber einer Eigentumswohnung seine Finanzierung dergestalt kalkuliert, dass die Unrentabilität und die damit verbundene Notwendigkeit einer alsbaldigen Weiterveräußerung bereits beim Erwerb in Erwägung zu ziehen ist, so ist die Kündigung zum Zwecke des Verkaufs ausgeschlossen. Hiervon kann beispielsweise ausgegangen werden bei erheblichen Verlusten von Steuervorteilen beim Bauherrenmodell;[585] beim Kauf einer Wohnung mit einer Fremdfinanzierung von fast 100%;[586] wenn die Miete zur Deckung der laufenden Aufwendungen nicht ausreicht und dies bereits beim Erwerb erkennbar gewesen ist;[587] wenn dem Vermieter bereits im Zeitpunkt des Erwerbs bekannt ist, dass er wegen der hohen Fremdkapitalkosten keine Rendite erzielen kann.[588] **161**

Gleiches gilt in den Fällen der **Fehlkalkulation:** Die Folgen einer fehlerhaften Kalkulation sollen nicht zu Lasten des Mieters gehen. Hat der Vermieter eine vermietete Eigentumswohnung zu einem überhöhten Preis erworben, so kann er nicht mit der Begründung kündigen, dass er das Objekt leerstehend verkaufen müsse um den Einkaufspreis zu erzielen.[589] Jedoch hat der Vermieter einen unwirtschaftlichen Kauf oder eine unwirtschaftliche Finanzierung dann nicht zu vertreten, wenn er zur Zeit des Kaufs oder der Kreditaufnahme ein hohes Einkommen hatte, später aber arbeitslos geworden ist.[590] **162**

In der instanzgerichtlichen Rechtsprechung wird es als unangemessen angesehen, wenn eine **Hypothekenbank** die vermietete Eigentumswohnung oder das vermietete Einfamilienhaus eines zahlungsunfähigen Hypothekenschuldners ersteigert und sodann mit der Begründung kündigt, man müsse das Mietobjekt möglichst gewinnbringend verkaufen.[591] Diese Rechtsprechung beruht auf der Erwägung, dass notleidende Kredite zum typischen Risiko der Hypothekenbanken gehören; solche Risiken sollen nicht über die Kündigungsbefugnis auf den Mieter abgewälzt werden. Der BGH lässt offen, ob diese Ansicht im Allgemeinen zutrifft. Sie ist jedenfalls dann nicht anzuwenden, wenn der Mietvertrag wegen **Gläubigerbenachteiligung** angefochten werden könnte. Es ist nicht erforderlich, dass der Mietvertrag angefochten wird; es genügt, wenn der Anfechtungstatbestand nach § 3 des Anfechtungsgesetzes vorliegt.[592] Nach § 3 Abs. 1 Satz 1 AnfG ist eine Rechtshandlung anfechtbar, „die der Schuldner in den letzten 10 Jahren vor der Anfechtung mit dem Vorsatz, seine Gläubiger zu benachteiligen vorgenommen hat, wenn der andere Teil zur Zeit der Handlung den Vorsatz des Schuldners kannte". Nach § 3 Abs. 1 Satz 2 AnfG wird die Kenntnis „vermutet, wenn der andere Teil wusste, dass die Zahlungsunfähigkeit des Schuldners drohte und dass die Handlung die Gläubiger benachteiligte". Der Tatbestand des § 3 Abs. 1 AnfG setzt mithin voraus, dass **(1)** die Gläubiger des Vermieters durch den Abschluss des Mietvertrags benachteiligt werden, **(2)** dass der Vermieter mit dem Vorsatz der Gläubigerbenachteiligung handelt und **(3)** dass der Mieter den Vorsatz des Vermieters kennt. Das unter Nr. (1) beschriebene Tatbestandsmerkmal liegt vor, wenn die Zugriffsmöglichkeit der Gläubiger auf das Vermögen des Vermieters erschwert wird. Hiervon kann regelmäßig ausgegangen werden, wenn der Vermieter die Immobilie langfristig zu besonders günstigen Konditionen vermietet. Das unter Nr. (2) beschriebene Merkmal ist anzunehmen, wenn der Vermieter dem Mieter eine inkongruente Deckung verschafft. Dies ist der Fall, wenn der Mieter keinen Anspruch auf den Mietvertrag hat. Das unter Nr. (3) beschriebene Tatbestandsmerkmal wird vermutet. Es genügt, wenn der Mieter im Allgemeinen von dem Vorsatz der Gläubigerbenachteiligung Kenntnis hat; die Kenntnis von Einzelheiten ist nicht erforderlich.

Die **Absicht zur gewerblichen Nutzung** wird nur im Ausnahmefall angemessen sein, was sich aus der in § 573 Abs. 2 Nr. 2 BGB getroffenen Wertentscheidung (Kündigung grundsätzlich nur bei familiären Wohnbedarf) ergibt. Nach der Ansicht des BGH soll der Vermieter auch dann kündigen können, wenn er die Räume nur teilweise zu Wohnzwecken, überwiegend aber zu gewerblichen Zwecken nutzen will.[593] Diese Ansicht trifft i. E. zu, weil § 573 Abs. 2 Nr. 2 BGB nicht voraussetzt, dass der Vermieter sämtliche Räume zu Wohnzwecken benötigt. Der BGH stützt die **163**

---

585 Vgl. dazu: LG Köln WuM 1992, 132.
586 **A. A.** AG Bayreuth WuM 1991, 180; AG München WuM 1991, 192.
587 LG München NJW-RR 1992, 520, LG Wiesbaden WuM 1993, 195; WuM 1994, 215.
588 AG Hannover WuM 1991, 187; AG Lübeck WuM 1994, 542; ähnlich AG Nürnberg WuM 1988, 366.
589 AG Hamburg WuM 1991, 696 betr. Erwerb einer Wohnung im Verkehrswert von 65.000 DM zum Preis von 165.000 DM.
590 LG Krefeld WuM 2010, 302.
591 LG Hannover WuM 1991, 189; LG Dortmund WuM 1992, 23; LG Wiesbaden WuM 1993, 54; AG Bonn WuM 1991, 696; AG Münster WuM 1991, 194.
592 BGH NJW-RR 2008, 869 = NZM 2008, 281 = WuM 2008, 233 = GE 2008, 402.
593 BGH WuM 2005, 779 = NZM 2005, 943 GE 2005, 1548.

Kündigung bei beabsichtigter Mischnutzung teils auf § 573 Abs. 2 Nr. 2, teils auf § 573 Abs. 1 Satz 1 BGB. Dies ist dogmatisch fehlerhaft, weil die Nutzung einer Wohnung zu gewerblichen Zwecken unter § 573 Abs. 2 Nr. 3 BGB zu subsumieren ist.

164 **Sanierungs- und Modernisierungsmaßnahmen** sind i. d. R. angemessen, wenn hierdurch Wohnverhältnisse geschaffen werden sollen, wie sie allgemein üblich sind (vgl. § 559 Abs. 4 Nr. 1, s. § 559 Rdn. 114); das LG Wuppertal[594] vertritt bei diesen Kündigungen die Ansicht, dass der Vermieter verpflichtet sei, dem Mieter eine Ersatzwohnung anzubieten; hierfür gibt Abs. 2 Nr. 3 allerdings nichts her. Sogenannte Luxusmodernisierungen sind im Allgemeinen nicht angemessen. Ebenso wird es an der Angemessenheit fehlen, wenn die Sanierung deshalb erforderlich geworden ist, weil der Vermieter seine Instandhaltungspflicht jahrelang nicht erfüllt hat.[595] Gleiches gilt, wenn ein Vermieter Gewinne erzielen will, indem er vermietete Wohnungen aufkauft, die Mietverhältnisse zum Zwecke der Modernisierung kündigt um sie sodann freistehend mit Gewinn weiter zu veräußern.[596]

165 Der **Umbau einer Großwohnung in mehrere Kleinwohnungen** kann eine Form der angemessenen Verwertung sein, wenn die bisherige Nutzung der Räumlichkeiten unrentabel ist. Das setzt allerdings voraus, dass durch die gegenwärtige Vermietung Verluste erzielt werden und dass diese Verluste bei der Vermietung der Kleinwohnungen vermieden werden können. Allerdings fehlt es in Fällen dieser Art am Merkmal des Nachteils, wenn bereits die Vermietung der Großwohnung gewinnbringend ist und der Umbau nur zum Zwecke der Gewinnmaximierung durchgeführt werden soll.[597]

166 Der **Abriss eines Gebäudes** ist als wirtschaftliche Verwertung i. S. d. § 573 Abs. 2 Nr. 3 BGB anzusehen, wenn das bisherige Gebäude durch einen Neubau ersetzt wird. Eine solche Maßnahme ist angemessen, wenn sie „von vernünftigen, nachvollziehbaren Erwägungen getragen wird". Hiervon ist auszugehen, wenn ein Erhalt des bestehenden Gebäudes unrentabel ist und einem Neubau keine Gründe des Denkmalschutzes oder sonstige bauordnungsrechtliche Hindernisse entgegenstehen.[598] Der Vermieter muss im Kündigungsschreiben darlegen und im Prozess vortragen welche Ersatzbebauung verwirklicht werden soll. Kommt eine Sanierung und Modernisierung des Gebäudes als Alternative zum Abriss in Betracht, so müssen die Kosten einer Sanierung den Kosten des Abrisses und des Neubaus gegenübergestellt werden.[599] Anderenfalls kann die Rentabilität des Vorhabens nicht beurteilt werden.[600] Für die formelle Wirksamkeit der Kündigungserklärung genügt es, wenn die Baumängel pauschal beschrieben und die Sanierungs- und Neubaukosten in Form pauschaler Quadratmeterpreise dargelegt werden.[601] Müssen zum Erhalt eines Gebäudes erhebliche Sanierungsmaßnahmen durchgeführt werden und entscheidet sich der Eigentümer/Vermieter für den Abriss der Immobilie und die Errichtung eines Neubaus, so ist diese Entscheidung vom Mieter hinzunehmen. Auch das Gericht ist nicht befugt, dem Eigentümer den Erhalt des bestehenden Gebäudes vorzuschreiben. Voraussetzung ist lediglich, dass die Entscheidung des Eigentümers für den Abriss nachvollziehbar ist und auf vernünftigen Erwägungen beruht.[602] Anders kann es sein, wenn eine Sanierung wirtschaftlich vernünftig ist und sich der Eigentümer/Vermieter wegen des erwarteten hohen Gewinns gleichwohl für den Abriss und der Errichtung eines Neubaus entscheidet. Dies gilt zumindest dann, wenn die Geschäftstätigkeit des Vermieters „vornehmlich auf eine aus Preis- und Wertveränderungen der erworbenen Grundstücke resultierende Gewinnerzielung gerichtet ist".[603]

---

594 LG Wuppertal WuM 1981, 191.

595 LG Frankfurt WuM 1995, 441; *Sternel* Rdn. IV 153.

596 LG Augsburg WuM 1992, 614.

597 LG Hamburg WuM 1989, 393.

598 LG München I ZMR 2013, 198: wenn der Vermieter das Gebäude abreißen und das Grundstück anschließend mit 2 Doppelhaushälften bebauen will, wenn der gegenwärtige Ertragswert 320.000.– € beträgt und sich der Ertragswert des Neubaus auf 1.130.000.– € beläuft; LG Bonn ZMR 2014, 284: wenn ein über 50 Jahre altes sanierungsbedürftiges Haus mit einer Wohnfläche von 50 qm abgerissen und auf dem Grundstück ein Wohngebäude mit 750 qm errichtet werden soll.

599 LG Stuttgart NZM 2015, 165, 166.

600 BGH (VIII ZR 155/10) NJW 2011, 1135 = WuM 2011, 171 = ZMR 2011, 458; LG Berlin GE 2009, 1497.

601 LG Berlin GE 2011, 1553 = ZMR 2012, 15.

602 AG Hamburg-St. Georg ZMR 2015, 385 wenn für eine Sanierung Kosten zwischen 800.– €/qm und 1.100.– €/qm entstehen, während der Abriss mit anschließendem Neubau ca 2.930.– €/qm kostet.

603 LG Berlin Urteil vom 28.7.2015 – 63 S 217/14, juris.

cc) Hinderung der Verwertung. Der Bestand des Mietverhältnisses muss die geplante Verwertung hindern. Eine Erschwerung der Verwertung genügt nicht (arg.e § 575 Abs. 1 Satz 1 Nr. 2 BGB). Bei einem geplanten **Haus- oder Wohnungsverkauf** liegt dieses Tatbestandsmerkmal vor, wenn der Vermieter das Haus oder die Wohnung in vermietetem Zustand entweder überhaupt nicht oder nur zu wirtschaftlich unzumutbaren Bedingungen verkaufen könnte.[604] Welcher Preisabschlag als wesentlich bezeichnet werden kann, ist nach den unten dd) dargelegten Kriterien zu entscheiden. Wird das Haus nach dem Kündigungsausspruch verkauft, so darf der Vermieter die Kündigung grundsätzlich nicht weiterverfolgen.[605] Etwas anderes kann gelten, wenn sich der Verkäufer im Hinblick auf die Erzielung des angestrebten Kaufpreises zur Übergabe einer geräumten Wohnung verpflichtet hat und verpflichten musste.[606] Auf keinen Fall kann sich der Erwerber auf die Kündigung berufen.[607] Der Erwerber kann allerdings eine Eigenbedarfskündigung aussprechen. **167**

Soll die **Wohnung** in Zukunft **gewerblich genutzt** oder soll das **Haus abgerissen** werden, so liegt es in der Natur der Sache, dass dies nur möglich ist, wenn das Mietverhältnis beendet wird. Die Kündigung hängt in solchen Fällen davon ab, dass der Vermieter das Objekt gewerblich nutzen oder abreißen darf, was in bestimmten Gebieten von einer Zweckentfremdungsgenehmigung abhängt. In diesem Fall ist das Vorliegen der Zweckentfremdungsgenehmigung Wirksamkeitsvoraussetzung der Kündigung.[608] Daneben müssen die weiteren Tatbestandsvoraussetzungen gegeben sein, was insbesondere bei der gewerblichen Nutzung bezüglich des unter cc) erörterten Merkmals häufig zweifelhaft ist. **168**

Bei einer **Sanierung/Modernisierung** liegt das hier erörterte Tatbestandsmerkmal dann vor, wenn die Mietsache bei geplanter Durchführung der Maßnahme nicht mehr in ihrer ursprünglichen Gestalt vorhanden ist, was bei einer Zusammenlegung mehrerer Kleinwohnungen und bei der Aufteilung einer Großwohnung bejaht werden muss. Führt die Maßnahme zu einer Grundrissänderung, so liegt das Tatbestandsmerkmal vor, wenn der Grundriss so wesentlich verändert wird, dass nicht mehr vom selben Mietobjekt gesprochen werden kann.[609] Der tatsächlichen Hinderung stehen jene Fälle gleich, in denen der Mieter den nach der Modernisierung maßgeblichen Mietzins nicht bezahlen kann oder in denen er aus anderen Gründen nicht als Mieter in Frage kommt.[610] Das Tatbestandsmerkmal ist schließlich auch dann zu bejahen, wenn die Modernisierung/Sanierung so umfangreich ist, dass sie bei Aufrechterhaltung des Mietverhältnisses nicht durchgeführt werden könnte. Zu beachten ist allerdings, dass eine bloße Erschwerung der Modernisierung nicht ausreicht; dies gilt auch dann, wenn die Erschwerung für den Vermieter erheblich ist (Arg.e § 575 Abs. 1 Satz 1 Nr. 2 BGB). Insbesondere genügt es nicht, dass die Wohnung zur Durchführung der Maßnahme vorübergehend geräumt werden muss.[611] Vielmehr ist in diesem Fall zu fragen, ob die damit verbundene Kostenbelastung dem Vermieter zugemutet werden kann; nach § 555a Abs. 3 i. V. m. § 555d Abs. 4 BGB (s. § 555a Rdn. 41ff), ist der Vermieter nämlich verpflichtet, dem Mieter gewisse Modernisierungsaufwendungen zu ersetzen, wozu auch die Kosten einer vorübergehenden Unterbringung im Hotel gehören können. Für die Frage der Zumutbarkeit kommt es zum einen auf die Dauer der Unterbringung und zum anderen auf die Relation der Unterbringungskosten zu den reinen Modernisierungskosten an.[612] Dabei ist zu unterstellen, dass die Arbeiten zügig erledigt werden; der Vermieter kann nicht mit der Begründung kündigen, er wolle die Arbeiten nach und nach an den Wochenenden durchführen.[613] Das Tatbestandsmerkmal liegt nicht vor, wenn der Mieter die Modernisierung nach § 554 BGB dulden muss[614] oder wenn er die Mo- **169**

---

604 BVerfGE 79, 283, 290f; WuM 1992, 46, 47; BGH NJW-RR 2008, 869 = NZM 2008, 281 = WuM 2008, 233 = GE 2008, 402 unter Nr. II 1b.

605 LG Aachen WuM 1990, 27; LG Münster WuM 1991, 194; LG Siegen 1991, 197; LG Frankenthal WuM 1991, 350; LG Duisburg WuM 1991, 497; AG Landshut WuM 1989, 422.

606 LG Frankenthal. a. a. O.

607 LG Aachen a. a. O.; AG Landshut a. a. O.

608 OLG Hamburg RE v. 25.3.1981, WuM 1981, 155.

609 LG Berlin GE 1989, 934.

610 LG Freiburg WuM 1991, 172 betr. Umbau eines Mietshauses in ein Altersheim.

611 LG Köln WuM 1989, 255; LG Frankenthal WuM 1991, 171 betr. Kündigung wegen der Erneuerung der Versorgungsleitungen, Einbau von Heizung und Bad/WC.

612 S. dazu LG Stuttgart WuM 1991, 178, wonach die Kosten einer vier- bis fünfmonatigen Hotelunterbringung bei entsprechender Umbauzeit nicht zumutbar sind.

613 LG Bonn ZMR 1992, 114.

614 LG Köln a. a. O.; LG Koblenz WuM 1990, 211; LG Freiburg WuM 1991, 173; *Rolfs* in Staudinger § 573 BGB Rdn. 157; *Grapentin* in Bub/Treier Kap. IV Rdn. 164; *Häublein* in MünchKomm § 573 BGB Rdn. 86.

dernisierung dulden will.[615] Aus dem Fehlen einer Duldungspflicht kann allerdings nicht der Ausschluss der Kündigungsbefugnis gefolgert werden.[616] Schließlich ist zu beachten, dass der Vermieter nur dann zum Zwecke einer Sanierung oder Modernisierung kündigen kann, wenn er diese Maßnahmen selbst durchführen will; es genügt nicht, wenn die Wohnung unrenoviert verkauft werden soll und der Erwerber eine Modernisierungsabsicht hat.[617]

170 **dd) Erheblicher Nachteil.** Der Vermieter muss im Falle des Fortbestands des Mietverhältnisses erhebliche Nachteile zu erwarten haben. Dabei kommen in erster Linie wirtschaftliche Nachteile in Betracht. Aber auch sonstige (persönliche) Nachteile sind zu berücksichtigen. Hierzu hat das BVerfG entschieden, dass sich aus dem Grundgesetz kein Anspruch des Grundeigentümers auf die höchstmögliche Rendite ergibt.[618] Anderenfalls dürfen die Einbußen des Eigentümers aber „keinen Umfang annehmen, welcher die Nachteile weit übersteigt, die dem Mieter im Falle des Verlustes der Wohnung erwachsen.[619] Diese verfassungsrechtliche Bewertung trifft auch auf die Auslegung des einfachen Rechts zu.[620] Ein allgemein gültiges Kriterium zur Auslegung des Begriffs des erheblichen Nachteils existiert allerdings nicht. Vielmehr ist insoweit auf die Umstände des Einzelfalls abzustellen. Nach der Rechtsprechung des BGH ist über die Kündigung auf Grund einer „Abwägung zwischen dem Verwertungsinteresse des Eigentümers und dem Bestandsinteresse des Mieters" zu entscheiden. Hierbei haben die Instanzgerichte einen Ermessensspielraum, der in der Revision nur eingeschränkt nachprüfbar ist. Das Revisionsgericht habe zu prüfen, „ob das Berufungsgericht die Wertungsgrenzen erkannt, die tatsächliche Wertungsgrundlage ausgeschöpft und die Denk- und Erfahrungssätze beachtet hat".[621]

171 In den **Veräußerungsfällen** reicht es aus, wenn das Haus oder die Wohnung nur mit einem erheblichen Abschlag von dem sonst erzielbaren Preis verkauft werden könnte.[622] Es ist nicht erforderlich, dass der Eigentümer in Existenznot gerät.[623] Ein Kündigungsgrund liegt nicht nur dann vor, wenn Umstände vorliegen die den „Verkauf als zwingend erscheinen lassen". Vielmehr muss eine Kündigungsbefugnis aus verfassungsrechtlichen Gründen bejaht werden, wenn der Verkauf im vermieteten Zustand „wirtschaftlich sinnlos" ist[624] oder wenn die Einbußen des Vermieters einen Umfang annehmen, welcher die Nachteile weit übersteigt, die dem Mieter im Falle des Verlustes der Wohnung erwachsen.[625] Der Umstand, dass für eine mietfreie Wohnung ein höherer Verkaufspreis erzielt werden kann als für ein vermietetes Objekt dürfte i. d. R. offenkundig sein; dieser Umstand kann für sich allein keine Kündigung rechtfertigen, weil andererseits die Tatbestandsmerkmale des § 573 Abs. 2 Nr. 3, also die Angemessenheit der Verwertung und die Erheblichkeit des Nachteils, für die Verkauffälle bedeutungslos wären. Es gilt der Grundsatz, dass die reine Gewinnoptimierung hinter dem durch den Kündigungstatbestand bezweckten Schutz des Mieters am Erhalt der Wohnung nachrangig ist.[626] Die jeweilige Erheblichkeitsgrenze ist im Einzelfall durch einen Vergleich der möglichen Verkaufserlöse im vermieteten und im freistehenden Zustand zu ermitteln.[627] Hat der Eigentümer das Mietobjekt aber seinerseits mit einem bestehenden Mietverhältnis erworben, so ist der Einkaufspreis mit dem Verkaufspreis (jeweils im vermieteten Zustand) zu vergleichen.[628] Kann der Vermieter hiernach einen Gewinn erzielen, so liegt auch dann kein Nachteil vor, wenn er für die freistehende Wohnung einen weitaus höheren Preis erzie-

---

[615] LG Frankenthal WuM 1991, 171; *Blank* ZMR 1981, 321.

[616] **A. A.** AG Konstanz WuM 1989, 255; *Sternel* Rdn. IV 153.

[617] LG Aachen WuM 1991, 495.

[618] BVerfG NJW 1992, 361 unter Nr. II 1.

[619] BVerfG NJW 1989, 972 unter Nr. I 1.

[620] BGH Urt. v. 28.1.2009 – VIII ZR 7/08; BGH (VIII ZR 226/09) NJW 2013, 1596.

[621] BGH (VIII ZR 8/08) NJW 2009, 1200 = WuM 2009, 182 = unter Rz 15; BGH (VIII ZR 155/10) NJW 2011, 1135 = WuM 2011, 171 = ZMR 2011, 458; BGH (VIII ZR 226/09) NZM 2011, 773 = WuM 2011, 426 unter Rz. 12; BGH (VIII ZR 84/11) WuM 2011, 690.

[622] BVerfG NZM 2004, 134 = ZMR 2004, 95.

[623] BVerfG DWW 1989, 77; BGH (VIII ZR 226/09) NZM 2011, 773 = WuM 2011, 426.

[624] BVerfG WuM 1992, 46 = ZMR 1992, 17.

[625] BVerfG DWW 1989, 77.

[626] LG Berlin WuM 2016, 178.

[627] LG Stuttgart ZMR 1995, 259 = DWW 1995, 142; LG Freiburg WuM 1991, 592; LG Duisburg WuM 1991, 497.

[628] LG München I WuM 1992, 374; LG Lübeck WuM 1993, 616; LG Berlin GE 1994, 1055; NJW-RR 1995, 332; NJW-RR 1997, 10; GE 2010, 1420; LG Mannheim ZMR 1994, 568; LG Gießen WuM 1994, 688; LG Köln WuM 1996, 39 [für Erwerb im Erbgang]; **a. A.** *Rolfs* in Staudinger § 573 BGB Rdn. 162; *Barthelmess* § 564b BGB Rdn. 98.

len könnte. In diesem Fall ist das Grundstück von Anfang an mit dem durch die Vermietung bedingten Minderwert behaftet.[629] Jedoch gilt dieser Grundsatz nicht, wenn der Mieter den Mietbesitz unter Umständen erworben hat, die den Tatbestand des § 3 AnfG erfüllen (s. Rdn. 162).[630] Vergleichbare Kriterien gelten, wenn der Eigentümer die Wohnung im Erbgang erworben hat. Hier kommt es nicht darauf an, ob für die mietfreie Immobilie ein höherer Preis erzielt werden kann. Ein Nachteil liegt nur dann vor, wenn der Eigentümer den für vermietete Immobilien üblichen Preis nicht erzielen kann.[631]. Diese Methode ist grundsätzlich auch verfassungsrechtlich nicht zu beanstanden.[632] Allerdings darf sich die Prüfung nicht auf diesen Gesichtspunkt beschränken. Die Gerichte müssen auch zu allen weiteren Gesichtspunkten Stellung nehmen, mit denen der Eigentümer seinen Nachteil begründet.[633] So kann ein Nachteil auch darin bestehen, dass die Fortsetzung des Mietverhältnisses für die Erben einer vermieteten Wohnung unrentabel ist, weil mit der Verwaltung des Mietobjekts und der Aufteilung des Erlöses auf die einzelnen Mitglieder der Erbengemeinschaft ein relativ hoher Aufwand verbunden ist.[634] Allerdings reicht dieser Umstand i. d. R. nicht aus. Die Erben müssen zunächst versuchen, die Wohnung mit dem bestehenden Mietverhältnis zu verkaufen. Dann kommt es darauf an, ob der Verkauf zu wirtschaftlich zumutbaren Bedingungen nicht möglich war.[635] Unter Umständen muss der Vermieter auch Verluste in Kauf nehmen. Eine für den Eigentümer ungünstige Preisentwicklung gehört zu den allgemeinen Risiken des Kapitalanlegers. Diese Risiken können nicht über die Kündigung kompensiert werden, weil dies vom Zweck des Abs. 2 Nr. 3 nicht gedeckt ist.[636]

Grundsätzlich gilt, dass der „Nachteil" nicht generell abstrakt zu bestimmen ist. Vielmehr **172**
kommt es auf die **persönlichen Verhältnisse des Vermieters** an.[637] Eine generelle Antwort ist nicht möglich; es kommt vielmehr auf die Verhältnisse des Einzelfalls an. Die instanzgerichtliche Rechtsprechung kann deshalb nur Anhaltspunkte für die grundsätzlichen Bewertungskriterien vermitteln. Ein erheblicher **Nachteil** wurde in folgenden Fällen **bejaht:** Wenn das Haus im Leerzustand für 880.000 DM und im vermieteten Zustand für 830.000 DM zu verkaufen ist;[638] wenn für eine Eigentumswohnung im Verkehrswert von ca. 550.000 DM im Hinblick auf ein bestehendes Mietverhältnis lediglich ein Preis von 390.000 DM erzielt werden kann;[639] wenn beim Verkauf im vermieteten Zustand ein Mindererlös von 6% in Kauf genommen werden muss;[640] bei Minderung des Kaufpreises um 10%–15%;[641] bei einem Mindererlös von 15%–20%;[642] bei einem Mindererlös von 20%[643]; wenn ein verschuldeter Vermieter ohne wesentliches Einkommen eine Eigentumswohnung die unvermietet einen Verkehrswert von ca. 120.000 € hat, zu einem Preis von 103.000 € verkaufen müsste;[644] wenn die Vermietung unwirtschaftlich ist, weil bei einer Belastung von 4.800 € nur Mieteinnahmen von 2.000 € mtl. erzielt werden und der Vermieter den Verkaufserlös benötigt, um die bestehenden Kredite zu bedienen und seinen Lebensunterhalt zu bestrei-

[629] BGH NJW-RR 2008, 869 = NZM 2008, 281 = WuM 2008, 233 = GE 2008, 402 unter Nr. II 1 c; *Häublein* in MüKomm § 573 BGB Rdn. 90; *Rolfs* in Staudinger § 573 Rdn. 162.

[630] BGH a. a. O.

[631] OLG Stuttgart ZMR 2006, 42, 44; AG Kerpen WuM 2007, 135, 136; s. auch LG Berlin WuM 2014, 288: Ein erheblicher Nachteil liegt nicht vor, wenn eine vermietete Wohnung deren Verkehrswert ohne Mietverhältnis 150.000.- € beträgt für 115.000.-€ an den Mieter verkauft werden könnte und der Erlös 4 Mitgliedern einer Erbengemeinschaft zugute kommt.

[632] BVerfG WuM 1991, 663 = DWW 1991, 13 = ZMR 1992, 50.

[633] BVerfG WuM 1992, 669.

[634] **A. A.** OLG Stuttgart ZMR 2006, 42, 44.

[635] OLG Stuttgart a. a. O.

[636] LG Mannheim ZMR 1994, 568; LG Gießen WuM 1994, 688 = NJW-RR 1995, 331; LG Berlin NJW-RR 1995, 332.

[637] LG Hamburg WuM 1989, 256; LG Berlin NJW-RR 1988, 527 = DWW 1988, 178; AG Bonn WuM 1991, 696; Grapentin in Bub/Treier Kap. IV Rdn. 167; *Rolfs* in Staudinger § 573 BGB Rdn. 166; *Haug* in Emmerich/Sonnenschein, Miete § 573 BGB Rdn. 70; *Häublein* in MünchKomm § 573 BGB Rdn. 90; *Hannappel* in Bamberger/Roth § 573 BGB Rdn. 87; **a. A.** *Barthelmess* § 564b BGB Rdn. 96.

[638] LG Mainz ZMR 1986, 14.

[639] LG Mannheim ZMR 1995, 315.

[640] LG Karlsruhe ZMR 1987, 469.

[641] LG Traunstein WuM 1989, 420.

[642] LG Hamburg WuM 1991, 187.

[643] LG Stuttgart WuM 1991, 201.

[644] LG Wiesbaden WuM 2007, 201.

ten.[645] Verfehlt ist die Ansicht des AG Hannover,[646] wonach bereits unerhebliche Preisnachteile ausreichen sollen. Ein erheblicher **Nachteil** wurde **verneint:** Wenn der Vermieter einer Eigentumswohnung beim Verkauf im vermieteten Zustand einen Verlust von 15% hinnehmen müsste;[647] wenn der Vermieter eines Reihenhauses einen Verlust von 13,5% = 50.000 DM hinnehmen müsste;[648] bei einem Verlust von 10.000 DM oder 2,22%;[649] wenn der Vermieter eines Mehrfamilienhauses, das er im vermieteten Zustand erworben hat, im vermieteten Zustand für 500.000 DM und im leerstehenden Zustand für 950.000 DM verkaufen könnte – hier kommt es darauf an, welchen Preis der Vermieter für das Gebäude bezahlt hat.[650] Wenn ein Vermieter eine Eigentumswohnung im Jahre 1980 für 70.400 DM gekauft hat und er sie im Jahre 2000 für 108.000 DM verkaufen kann; dies gilt auch dann, wenn er für die freistehende Wohnung 205.000 DM erzielen könnte.[651] Wenn die Erben eines Vermieters das Haus im vermieteten Zustand für 430.000 DM und im mietfreien Zustand für 450.000 DM verkaufen können.[652],wenn beim Verkauf einer Wohnung mit einem Verkehrswert von 150.000.-€ beim Fortbestand des Mietverhältnisses lediglich 115.000.– € erzielt werden und der Erlös durch 4 Eigentümer geteilt werden muss.[653]

173 Bei der **Absicht zur gewerblichen Nutzung** gelten ähnliche Grundsätze. Im Falle der Weitervermietung ist hier jedoch zunächst zu prüfen, ob die gegenwärtigen Nachteile durch eine Anhebung des Mietzinses vermieden oder auf ein erträgliches Maß reduziert werden können. Auch in diesem Zusammenhang ist das Urteil des BVerfG v. 14. 2. 1989[654] zu beachten, wonach an die Verwertungskündigung strengere Anforderungen als an die Eigenbedarfskündigung gestellt werden dürfen. Bei der Absicht zur gewerblichen Eigennutzung ist zunächst zu prüfen, ob das mit der Kündigung erstrebte wirtschaftliche Ziel nicht mit anderen Maßnahmen erreicht werden kann.[655]

174 Bei den **Abriss und Modernisierungsfällen** ist das Tatbestandsmerkmal des erheblichen Nachteils fallbezogen auf Grund einer Abwägung zwischen dem Bestandsinteresse des Mieters und dem Verwertungsinteresse des Eigentümers zu konkretisieren.[656] Einerseits ist hierbei die Sozialpflichtigkeit des Eigentums zu beachten. Hieraus folgt, dass der Eigentümer keinen Anspruch auf die Erzielung einer maximalen Rendite hat. Andererseits ist der Eigentümer aber auch nicht gehalten, die dem Mieter günstigste Lösung zu wählen.[657] Will der Vermieter ein Gebäude durch einen Neubau ersetzen, so kommt es nicht darauf an, ob er auch im Falle einer Modernisierung eine Rendite erzielen könnte. Den Instanzgerichten steht bei der Abwägung und Bewertung der wechselseitigen Interessen ein erheblicher Beurteilungsspielraum zu, weil der BGH als Revisionsgericht die instanzgerichtliche Entscheidung nur auf die Beachtung und Einhaltung der Denk- und Erfahrungssätze überprüfen kann.

175 Diese Grundsätze gelten auch dann, wenn ein Unternehmen ein **altes, unrentables Mietshaus** aufkauft um es abzureißen und auf dem Grundstück einen Neubau zu errichten. Anders ist es, wenn der Vermieter ein rentabel zu bewirtschaftendes Gebäude mit intakter Bausubstanz erwirbt um es abzureißen, das Grundstück mit Eigentumswohnungen zu bebauen und diese mit einem erheblichen Gewinn (12,7 Mio. €) zu verkaufen.[658] Der Abriss ist also nur dann als angemessene Art der Verwertung zu beurteilen, wenn eine solche Maßnahme dem Gebot wirtschaftlicher Vernunft entspricht.[659] Spekulative Maßnahmen rechtfertigen die Kündigung nicht.[660] Der Nachteil ist aus der Sicht des Erwerbers und neuen Vermieters zu beurteilen.[661] Allerdings wird in der

---

[645] LG Krefeld WuM 2010, 302.
[646] AG Hannover WuM 1991, 188.
[647] LG Berlin GE 1990, 199.
[648] LG Hamburg WuM 1991, 15.
[649] LG Aachen WuM 1991, 495.
[650] LG Berlin WuM 1990, 96.
[651] LG Hamburg WuM 2001, 196 = NZM 2001, 1029.
[652] AG Eschweiler WuM 2000, 191.
[653] LG Berlin ZMR 2014, 730.
[654] DWW 1989, 77.
[655] LG Berlin WuM 1990, 22: die Kündigung von Wohnraum zur Schaffung von Hotelbetten ist unwirksam, wenn die Übernachtungszahl auch mit den bereits vorhandenen Hotelbetten gesteigert werden kann.
[656] BGH (VIII ZR 155/10) NJW 2011, 1135 = WuM 2011, 171 = ZMR 2001, 458.
[657] BGH (VIII ZR 155/10) NJW 2011, 1135 = WuM 2011, 171 = ZMR 2001, 458; LG Berlin ZMR 2015, 23.
[658] LG Berlin ZMR 2015, 23.
[659] BGH NJW 2009, 1200 = NZM 2009, 234 = WuM 2009, 182 = DWW 2009, 100 = GE 2009, 381.
[660] LG Berlin ZMR 2015, 23.
[661] BGH a. a. O.

Rechtsprechung auch die Ansicht vertreten, dass eine Kündigung ausgeschlossen sei, wenn der Erwerber „das Grundstück in Kenntnis der Unwirtschaftlichkeit zum Zwecke der sofortigen Verwertung durch Abriss und Neubebauung erworben hat".[662] Hierbei wird verkannt, dass es nach § 573 Abs. 2 Nr. 3 BGB keine Rolle spielen kann, ob die Beendigung einer unrentablen Situation vom Veräußerer oder vom Erwerber erfolgt. Der Mieter wird nur vor solchen Verwertungen geschützt, die unabhängig von der Person des Verwerters als unangemessen zu bewerten sind. Ist eine Verwertung aber angemessen, so muss die Person des Verwerters letztlich gleichgültig sein. Die Vorschrift dient weder dem Erhalt veralteter Mietwohnungen noch will sie verhindern, dass unwirtschaftliche Objekte veräußert werden. Soweit also der Veräußerer eine Kündigung zum Zwecke des Abrisses durchsetzen könnte, muss dies auch dem Erwerber möglich sein.[663]

d) Unzulässige Kündigung. Hat der Eigentümer die Wohnung zu einem Zeitpunkt vermietet, zu dem die **Notwendigkeit einer anderweitigen Verwertung bereits absehbar** gewesen ist, so ist die Kündigung zum Zwecke der Verwirklichung der Verwertung ausgeschlossen.[664] Es gelten die zur Eigenbedarfskündigung dargelegten Grundsätze, zumal das Verwertungsinteresse einen geringeren verfassungsrechtlichen Stellenwert hat, als das Eigennutzungsinteresse des Vermieters. Deshalb kann der Vermieter nicht wegen einer unzureichenden Rendite kündigen, wenn sich die Renditeverhältnisse seit dem Abschluss des Mietvertrags nicht verändert haben.[665] War es im Zeitpunkt der Vermietung absehbar, dass der Eigentümer alsbald einen größeren Kapitalbedarf haben wird, so kann er selbst dann nicht zum Zwecke des Verkaufs kündigen, wenn der Verkaufserlös zur Erhaltung der wirtschaftlichen Existenz des Vermieters erforderlich ist;[666] etwas anderes gilt, wenn der Vermieter den Mieter bei Vertragsschluss über die voraussichtlich kurze Dauer des Mietverhältnisses aufgeklärt hat. Sind die wirtschaftlichen Schwierigkeiten erst nach dem Vertragsschluss entstanden, so kann der Vermieter kündigen, wenn die übrigen Voraussetzungen des Abs. 2 Nr. 3 gegeben sind. Es spielt hierbei keine Rolle, ob die Schwierigkeiten ihre Ursache in einem ungeschickten oder riskanten geschäftlichen Verhalten haben.[667] **176**

Vom BVerfG wird diese Fallgruppe allerdings anders bewertet. Danach ist die Kündigung nicht bereits dann ausgeschlossen, wenn der Eigentümer im Zeitpunkt des Abschlusses des Mietvertrags gewusst hat, dass die Vermietung mit einem wirtschaftlichen Risiko verbunden ist.[668] Nach der hier vertretenen Ansicht wird dabei verkannt, dass ein Vermieter nach den zivilrechtlichen Grundsätzen der Aufklärungspflicht bei Vertragsschluss verpflichtet ist, den Mieter auf eine möglicherweise alsbald bevorstehende Verwertungskündigung hinzuweisen. Wird diese Pflicht verletzt, so sollte dies den Kündigungsausschluss zur Folge haben. **177**

Eine **Vorratskündigung** ist unzulässig. Hiervon ist auszugehen, wenn der Vermieter sowohl den Verkauf an den Mieter als auch den Verkauf der leer stehenden Räume an einen Dritten in Erwägung zieht. Unterbreitet der Vermieter deshalb dem Mieter ein Kaufangebot und erklärt er für den Fall der Ablehnung „hilfsweise" die ordentliche Kündigung, so ist die Kündigung unwirksam.[669] Es gelten die unter Rdn. 65 dargestellten Grundsätze. **177a**

e) Kündigung zum Zwecke der Erzielung eines höheren Mietzinses Abs. 2 Nr. 3 Hs. 2). Nach Abs. 2 Nr. 3 Hs. 2 kann der Vermieter nicht kündigen, wenn er die Räume anderweitig als Wohnraum vermieten will, um auf diese Weise einen höheren Mietzins zu erzielen. Die Vorschrift ergänzt § 573 Abs. 1 Satz 2 BGB (Verbot der Änderungskündigung) und stellt auf diese Weise sicher, dass Mietsteigerungen nur im Wege freiwilliger Vereinbarungen oder nach Maßgabe der §§ 557 ff. BGB durchgesetzt werden können. **178**

f) Umwandlung von Miet- in Eigentumswohnungen (Abs. 2 Nr. 3 Hs. 3). Bei der Umwandlung einer Miet- in eine Eigentumswohnung gelten Sonderregelungen. Der Vermieter kann nicht deshalb kündigen, weil er die Mietwohnung in eine Eigentumswohnung umwandeln und verkaufen will; gleiches gilt, wenn die Kündigung nach der Umwandlung zum Zwecke des Verkaufs ausgesprochen wird (Nr. 3 Hs. 3). Dieser Kündigungsausschluss ist unbefristet. Vereinzelt wird die Regelung dahingehend ausgelegt, dass das Kündigungsverbot nur dann gelten soll, wenn **179**

---

662 So offenbar KG GE 2002, 395.
663 So zutreffend: *Beuermann* GE 2002, 365.
664 *Franke* in WoBauR § 573 BGB Anm. 26.
665 LG Hamburg WuM 1991, 187; AG Hannover WuM 1991, 187.
666 LG Mannheim ZMR 1995, 315.
667 LG Mannheim a. a. O.
668 BVerfG GE 1998, 852.
669 LG Berlin ZMR 2014, 730.

die Aufteilung gerade zu dem Zweck erfolgt, um die Wohnung anschließend mit Gewinn zu veräußern.[670] Diese Ansicht ist abzulehnen, weil das danach geforderte Tatbestandskriterium einer besonderen Zweckverfolgung völlig unklar ist; die Vorschrift kann dann nicht mehr sinnvoll praktiziert werden. Der Erwerber der Wohnung kann allerdings nach Ablauf der Kündigungssperre (§ 577 a BGB) wegen Eigenbedarfs kündigen.

180 **g) Darlegungs- und Beweislast.** Die Darlegungs- und Beweislast für das Vorliegen der Kündigungsvoraussetzungen trägt der Vermieter. Erforderlich ist, dass diejenigen Tatsachen, aus denen sich die einzelnen Tatbestandsmerkmale ergeben, substantiiert dargelegt werden. An die Substantiierungspflicht werden hohe Anforderungen gestellt, die sich insbesondere nach dem Beendigungsinteresse richten.

181 **aa) Verkauf.** Macht der Vermieter geltend, dass das Haus oder die Eigentumswohnung in vermietetem Zustand **unverkäuflich** sei, so muss er nach h. M. Einzelheiten zu seinen Verkaufsbemühungen mitteilen.[671] Teilweise wird gefordert, dass der Vermieter vor Ausspruch der Kündigung mehrere Verkaufsanzeigen aufgeben und Makler einschalten muss.[672] An dieser Ansicht trifft zu, dass sich der Vermieter bei bestehender Verkaufsabsicht über die Notwendigkeit einer Kündigung klar werden muss. Deshalb reicht es nicht aus, wenn der Vermieter die Unverkäuflichkeit lediglich behauptet und sich zum Beweis hierfür auf ein Sachverständigengutachten beruft. Der Nachweis von Verkaufsbemühungen kann gleichwohl nicht verlangt werden, weil sich der Vermieter die entsprechenden Marktkenntnisse auch anderweitig (etwa durch Auskünfte von Sachverständigen oder Maklern) verschaffen kann.[673] Demgemäß muss der Vermieter lediglich darlegen, dass und warum er entsprechende Marktkenntnisse besitzt. Ob die Wohnung mit dem bestehenden Mietverhältnis tatsächlich unverkäuflich ist, muss mit den nach der ZPO zulässigen Beweismitteln geklärt werden.

182 Will der Vermieter ein vermietetes Haus oder eine vermietete Eigentumswohnung freistehend verkaufen, um auf diese Weise einen **höheren Verkaufserlös** zu erzielen, so wird teilweise die Ansicht vertreten, es sei offenkundig oder gerichtsbekannt, dass für eine vermietete Wohnung ein geringerer Preis als für eine freistehende Wohnung bezahlt werde.[674] Tatsächlich kommt es auch hier auf den Wohnungstyp und auf die konkreten Marktverhältnisse an. Einen allgemeinen Erfahrungssatz des Inhalts, dass eine vermietete Eigentumswohnung oder ein vermietetes Einfamilienhaus nur mit einem wesentlichen Preisabschlag verkauft werden kann, gibt es nicht. Dies gilt nicht zuletzt deshalb, weil Erwerber mit Selbstnutzungsabsicht, die rechtlich richtig beraten sind, keine Zuschläge für eine freistehende Wohnung akzeptieren werden. Schließlich kann der Erwerber eines vermieteten Objekts einen berechtigten Eigenbedarf nach dem grundlegenden Rechtsentscheid des BGH zur Eigenbedarfskündigung (s. Rdn. 92) und der ständigen Rechtsprechung des BVerfG ohne Schwierigkeit durchsetzen. Im Einzelfall kann dies anders sein; dies muss der Vermieter substantiiert darlegen und beweisen.[675] Deshalb ist es auch hier erforderlich, dass der Vermieter darlegt, welche Verluste beim Verkauf im vermieteten Zustand eintreten werden und worauf sich diese Erkenntnisse gründen; pauschale Behauptungen genügen nicht.[676] Hat der Vermieter das Objekt seinerseits im vermieteten Zustand erworben, so muss er nach der hier vertretenen Ansicht auch den Einkaufspreis mitteilen.[677]

183 In allen Verkaufsfällen muss der Vermieter die **Verkaufsgründe offenlegen,** weil anderenfalls die Angemessenheit der Verwertung nicht überprüft werden kann. Wird der Verkauf mit einer unzureichenden Rendite begründet, so muss der Vermieter in diesem Zusammenhang die Entwicklung der Mietzinseinnahmen und der Kosten darlegen. Dies geschieht zweckmäßigerweise in Form einer Wirtschaftlichkeitsberechnung. Macht der Vermieter geltend, dass er den Verkaufserlös benö-

---

670 LG Stuttgart WuM 1991, 201.

671 LG Stuttgart WuM 1994, 686; LG Frankfurt WuM 1991, 182; LG Duisburg WuM 1991, 497; LG Hamburg WuM 1991, 187.

672 LG Frankfurt a. a. O.

673 BVerfG GE 1998, 852 und 853.

674 LG München II ZMR 1987, 309; LG Düsseldorf WuM 1991, 593 für kleinere Eigentumswohnungen.

675 LG Bad Kreuznach a. a. O.; LG Frankfurt WuM 1991, 182; LG Gießen WuM 1991, 184; LG Hannover WuM 1991, 189; LG Mosbach WuM 1991, 191.

676 LG Berlin GE 1994, 1055; LG Freiburg WuM 1991, 592; LG Hamburg WuM 1992, 21; LG Dortmund WuM 1992, 23.

677 Ebenso: LG Hamburg WuM 1992, 21.

tige, um anderweitige Verbindlichkeiten zu erfüllen, so muss er darlegen und beweisen, dass dies beim Abschluss des Mietverhältnisses noch nicht erkennbar gewesen ist.[678]

Ist zweifelhaft, ob das Objekt überhaupt verkäuflich ist, so muss der Vermieter nachweisen, dass **184** es Interessenten gibt, die am Kauf der freistehenden Wohnung interessiert sind.[679]

bb) Modernisierung/Sanierung. Hier ist zunächst zu prüfen, ob die geplante Maßnahme **185** auch ohne Beendigung des Mietverhältnisses durchgeführt werden kann. Deshalb muss der Vermieter zu Art, Umfang und Dauer der geplanten Maßname vortragen. Außerdem muss der Vermieter die Gründe darlegen, aus denen sich die Notwendigkeit der Kündigung ergibt. In diesem Zusammenhang muss der Vermieter ausführen, warum die Modernisierungsmaßnahmen nicht mittels des Duldungsanspruchs aus § 554 BGB durchgesetzt werden können.[680] Die Vorlage von Renditeberechnungen ist nur dann erforderlich, wenn die Notwendigkeit der Maßnahme im Hinblick auf das Alter und den Zustand des Gebäudes zweifelhaft ist.

cc) Abriss. Hier liegt der Prüfungsschwerpunkt zum einen bei der Frage, ob der Abriss über- **186** haupt erforderlich ist oder ob die Räume mit zumutbaren Mitteln wiederhergestellt werden können. Deshalb muss der Vermieter zunächst die Gründe darlegen, die für den Abriss sprechen. Außerdem muss der Vermieter zu den Nachteilen Stellung nehmen, die bei Fortführung des Mietverhältnisses eintreten würden. Es genügt nicht, wenn insoweit lediglich ausgeführt wird, das Haus sei verwahrlost und müsse abgerissen werden, damit ein neues Wohngebäude erstellt werden könne.[681] Aus dem Vortrag des Vermieters muss sich vielmehr ergeben, dass der Abriss in erheblichem Maße wirtschaftlicher ist, als die Aufrechterhaltung des bestehenden Zustands.[682] I. d. R. müssen hierzu vergleichende Berechnungen vorgelegt werden. Zum anderen muss der Vermieter zum Stand des behördlichen Verfahrens vortragen und insbesondere darlegen, mit welcher Wahrscheinlichkeit mit der Erteilung einer Abriss/Baugenehmigung zu rechnen ist, wann diese erwartet wird und zu welchem Zeitpunkt mit den Abrissarbeiten begonnen werden soll.

dd) Nutzung als Geschäftsraum. Sollen Wohnräume als Geschäftsräume genutzt werden **187** und ist hierzu eine Zweckentfremdungsgenehmigung erforderlich, so muss vorgetragen werden, dass diese vor dem Kündigungsausspruch erteilt worden ist. Die Zweckentfremdungsgenehmigung besagt allerdings lediglich, dass der beabsichtigten Nutzung keine öffentlich-rechtlichen Hindernisse entgegenstehen. Im Rahmen des Abs. 2 Nr. 3 entfaltet die Zweckentfremdungsgenehmigung keine präjudizierende Wirkung. Da die Kündigung zum Zwecke der anderweitigen Nutzung als Geschäftsraum nur ausnahmsweise angemessen sein wird (s. Rdn. 163) muss der Vermieter die dafür sprechenden Gründe substantiiert darlegen. Stehen Renditeüberlegungen im Vordergrund, so müssen Vergleichsberechnungen vorgelegt werden. Soll die Wohnung als Geschäftsraum weitervermietet werden, so der Vermieter vortragen, dass Mietinteressenten vorhanden sind.

4. Sonstige Kündigungsgründe (Abs. 1 Satz 1)

Aus dem Wortlaut des § 573 Abs. 2 BGB („insbesondere") folgt, dass die möglichen Kündi- **187a** gungsgründe in Abs. 2 nicht abschließend aufgezahlt werden. Vielmehr stellt das Gesetz mit § 573 Abs. 1 BGB einen generalklauselartigen Kündigungstatbestand zur Verfügung, der den in § 573 Abs. 2 BGB beispielhaft genannten Kündigungsgründen nach allgemeiner Meinung gleichgewichtig ist.[683] Die Regelung in Abs. 1 ist mithin als Auffangtatbestand für weitere Beendigungsinteressen zu verstehen. Die speziellen Kündigungstatbestände des § 573 Abs. 2 BGB sind stets vorrangig zu prüfen. Ein Rückgriff auf § 573 Abs. 1 kommt nur in Betracht, wenn keiner der speziellen Kündigungssachverhalte gegeben ist. Fehlt eines oder mehrere Tatbestandselemente des § 573 Abs. 2 Nr. 1–3, so kann die Kündigung nicht ohne weiteres auf den allgemeinen Kündigungstatbestand gestützt werden. Die speziellen Kündigungstatbestände beschreiben nicht nur die Voraussetzungen für die Kündigung in den dort genannten Fällen der Vertragsverletzung, des Eigenbedarfs und der wirtschaftlichen Verwertung sondern haben auch Sperrwirkung für diejenigen Fälle, in denen ein

678 LG Mannheim ZMR 1995, 315.
679 AG Münster WuM 1991, 193.
680 LG Koblenz WuM 1990, 211; AG Dortmund NJW-RR 1992, 521.
681 LG Kempten WuM 1994, 687.
682 AG Düsseldorf WuM 1991, 168.
683 BVerfG NJW 1992, 105 unter Ziff II 3b zu § 564b BGB a. F. m. w. N.; BGH (VIII ZR 122/06) NJW-RR 2007, 1460 Rn. 13; BGH (VIII ZR 113/06) WuM 2007, 459 Rn. 13; BGH (VIII ZR 238/11) NJW 2012, 2342 = WuM 2012, 388 = ZMR 2012, 691.

Tatbestandsmerkmal fehlt. Eine Kündigung nach § 573 Abs. 1 kommt lediglich dann in Betracht, wenn besondere Umstände vorliegen, die eine Gleichbehandlung mit den speziellen Kündigungstatbeständen rechtfertigen.[684]

188 **a) Das berechtigte Interesse.** Nach § 573 Abs. 1 Satz 1 BGB kann der Vermieter kündigen, wenn er ein **„berechtigtes Interesse"** an der Beendigung des Mietverhältnisses hat. Eine allgemeingültige **Definition** dieses Begriffs ist nicht möglich. Der Begriff des berechtigten Interesses findet sich zwar auch in anderen Vorschriften des BGB-Mietrechts, z. B. in §§ 552 Abs. 1, 553 Abs. 1, 554 Abs. 1 BGB. Gleichwohl verbietet es sich, diesen Begriff unter Rückgriff auf diese Vorschriften zu präzisieren, weil dort völlig andere Sachverhalte geregelt werden.[685] In § 543 Abs. 1 BGB findet sich die Formulierung „wichtiger Grund" ohne dass hieraus Rückschlüsse auf die Bedeutung des Begriffs „berechtigtes Interesse" gezogen werden könnten. Eine von Fall zu Fall unterschiedliche Gewichtung unter Berücksichtigung des konkreten Erlangungsinteresses des Vermieters einerseits und des konkreten Bestandsinteresses des Mieters andererseits ist ebenfalls nicht möglich, weil eine so verstandene einzelfallbezogene Interessenabwägung nach der Gesetzessystematik nur im Rahmen des § 574 BGB durchgeführt werden kann.[686] Ein Teil der Rechtsprechung und des Schrifttums steht auf dem Standpunkt, dass der Interessenbegriff unter Berücksichtigung des generellen Bestandsinteresses des Mieters einerseits und der generellen Bedeutung typisierter Erlangungsinteressen andererseits gesehen werden müsse. Es sei zu fragen, welche Bedeutung der Besitz der Wohnung für den Mieter im Allgemeinen hat und welche Nachteile im Allgemeinen mit dem Verlust der Wohnung verbunden sind.[687] Das systematische Verhältnis des § 573 zu § 574 BGB spricht allerdings auch gegen diese Meinung. Aus den in Abs. 2 genannten Beispielsfällen kann für den Interessenbegriff nicht allzuviel hergeleitet werden. Zwar kommt durch die Formulierung „insbesondere" zum Ausdruck, dass die Aufzählung nicht abschließend sein soll und dass an das allgemeine Kündigungsinteresse ähnliche Anforderungen gestellt werden müssen, wie an die in Abs. 2 ausdrücklich genannten Gründe. Diese Gründe sind aber ihrerseits nicht präzise formuliert und außerdem zu unterschiedlich, als dass hieraus ein einheitlicher Begriff abgeleitet werden könnte. Nach richtiger Ansicht wird man zu unterscheiden haben zwischen den Fällen in denen der Vermieter einen Bedarf an den Räumen hat (Eigenbedarf, Betriebsbedarf, etc.) und jenen Sachverhalten, in denen es dem Vermieter lediglich auf die Exmittierung des Mieters ankommt (Verkaufsabsichten, Vertragsverletzungen). In den erstgenannten Fällen wird das Erlangungsinteresse des Vermieters, in den letztgenannten das Bestandsinteresse des Mieters im Vordergrund stehen. In diesem Sinne ist auch die obergerichtliche Rechtsprechung zu verstehen. In dem Rechtsentscheid vom 20.1.1988 hat der BGH[688] das berechtigte Interesse vornehmlich aus der Sicht des Vermieters bestimmt und ausgeführt, dass hierunter „vernünftige, nachvollziehbare Gründe" zu verstehen sind. Die Entscheidung ist zur Eigenbedarfskündigung ergangen und in ihrer Bindungswirkung hierauf beschränkt. Sie kann keineswegs auf alle denkbaren Kündigungssachverhalte übertragen werden. Dies gilt insbesondere für die Kündigung wegen einer Vertragsverletzung oder beabsichtigter wirtschaftlicher Verwertung; der Charakter des § 573 BGB als mieterschützende Vorschrift würde anderenfalls nur unvollkommen erfasst. Auch das BVerfG neigt der Auffassung zu, dass das Interesse je nach dem Kündigungssachverhalt unterschiedlich bewertet werden könne; so sei das Interesse des Vermieters an der Selbstnutzung beispielsweise höher zu bewerten, als das Verwertungsinteresse nach § 573 Abs. 2 Nr. 3 BGB (s. Rdn. 152). Diese Abstufung ist auch im Rahmen des Abs. 1 zu berücksichtigen.[689] Das OLG Karlsruhe ist der Ansicht, dass sich aus Abs. 1 auch die Befugnis des Vermieters zur **Teilkündigung** herleiten lasse.[690] Diese Ansicht ist verfehlt, weil die Frage der Teilkündigung mit dem Kündigungsschutz nichts zu tun hat (s. § 542 BGB Rdn. 87).

189 **b) Einzelne Beendigungsgründe nach Abs. 1.** In der Rechtspraxis wird Abs. 1 auf folgende Sachverhalte angewandt:

---

[684] *H. Schmidt* NZM 2014, 609, 617.

[685] Verfehlt: BGH RE v. 20.1.1988, WuM 1988, 47.

[686] Insoweit zutreffend BGH RE v. 20.1.1988, a. a. O.

[687] OLG Stuttgart RE 24.4.1991 [obiter dictum] WuM 1991, 330 = ZMR 1991, 260; *Sternel* Mietrecht (1988) Rdn. IV 157.

[688] BGH a. a. O.

[689] **A. A.** *Barthelmess* § 564b BGB, Rdn. 53: danach ist der Maßstab allgemein niedrig anzusetzen, da lediglich willkürliche bzw. missbräuchliche Interessen ausscheiden.

[690] OLG Karlsruhe RE v. 3.3.1997, WuM 1997, 202.

aa) Betriebsbedarf. Ein Mietverhältnis über eine Werkwohnung kann gekündigt werden, wenn der Mieter aus dem Arbeits- oder Dienstverhältnis ausscheidet und der Wohnraum für Betriebsangehörige benötigt wird.[691] Steht dem Unternehmen ein Belegungs- oder Mieterbenennungsrecht zu, so kann der Vermieter dieser Wohnung kündigen, wenn das Unternehmen die Kündigung verlangt und darüber hinaus ein Betriebsbedarf besteht.[692] Dies folgt aus der Erwägung, dass die Belange des Dienstberechtigten nach § 576a Abs. 1 BGB unabhängig davon zu berücksichtigen sind, ob die Wohnung im Eigentum des Dienstberechtigten oder eines Dritten steht. Der Kündigungsgrund des Betriebsbedarfs gilt auch in den neuen Ländern.[693] **190**

Der **Kündigungstatbestand** setzt voraus. **(1)** dass das Arbeitsverhältnis beendet ist oder dass dessen Beendigung kurz bevor steht; **(2)** dass der Vermieter die Absicht hat, die Wohnung einem anderen Arbeitnehmer oder einem künftigen Arbeitnehmer zu überlassen und **(3)** dass hierfür vernünftige, nachvollziehbare Gründe vorliegen. Dabei kommt es maßgeblich auf das Interesse des Unternehmens an der Unterbringung des Mitarbeiters an. Auf das Interesse des Mitarbeiters ist nicht abzustellen.[694] Ein dringlicher Bedarf ist nicht erforderlich.[695] Es genügt, wenn sich Betriebsangehörige um eine frei werdende Werkwohnung beworben haben (Wartelisten) und aus dem Kreis der Bewerber zumindest einer bereit ist, in die gekündigten Räume einzuziehen.[696] An einem vernünftigen Überlassungsgrund fehlt es auch dann nicht, wenn dem Bewerber in unmittelbarer Nähe des Arbeitsplatzes eine preisgünstige Wohnung zur Verfügung steht.[697] Grundsätzlich gilt, dass den Betriebsangehörigen gegenüber dem ausgeschiedenen Arbeitnehmer der Vorrang gebührt. Hieraus folgt auch, dass der Vermieter nicht kündigen kann, wenn er die Wohnung einem betriebsfremden Mietinteressenten überlassen will. **191**

Da die Kündigung wegen Betriebsbedarfs eine **besondere Form der Eigenbedarfskündigung** darstellt, gelten die dort dargestellten Besonderheiten entsprechend. Hier wie dort muss es sich um eine ernsthafte Überlassungsabsicht handeln. Die Absicht darf nicht vorgetäuscht werden, sie muss mit hinreichender Sicherheit feststehen und eindeutig sein, es dürfen keine rechtlichen oder tatsächlichen Überlassungshindernisse bestehen. Stand dem Vermieter vor dem Ausspruch der Kündigung eine Alternativwohnung zur Verfügung, die für die Zwecke des Vermieters ausreichend gewesen wäre, so ist die Kündigung unwirksam.[698] Die Überlassungsabsicht muss zum Zeitpunkt der Kündigung bereits bestehen; Vorratskündigungen sind unzulässig. Deshalb ist die Kündigung unwirksam, wenn der Vermieter noch gar nicht sicher ist, ob er einen Arbeitnehmer findet, dem er die Wohnung überlassen kann.[699] Die Überlassungsabsicht muss zum Zeitpunkt der Kündigung noch vorhanden sein, andernfalls ist die Kündigung ebenfalls unwirksam. Entfällt die Überlassungsabsicht nach dem Ausspruch der Kündigung, so muss der Vermieter dem Mieter ein Angebot zum Abschluss eines Vertrages über die Aufhebung der Kündigungswirkungen unterbreiten. Wird nach dem Ausspruch der Kündigung eine geeignete Wohnung frei, so gilt dasselbe.[700] Befinden sich in dem Anwesen sowohl funktionsgebundene Dienstmietwohnungen als auch solche, die an beliebige Dritte vermietet werden, so gilt die Anbietpflicht (s. Rdn. 119) für alle freistehenden Wohnungen. Hat der Vermieter beispielsweise eine Hauswartswohnung gekündigt, so ist er verpflichtet, dem früheren Hauswart eine freistehende Nachbarwohnung anzubieten.[701] Eine Ver- **192**

[691] LG Regensburg WuM 1998, 160 (Hauswart); LG Berlin GE 1999, 506 (GmbH-Gesellschafter); LG Berlin WuM 2001, 241 (Bundesbediensteter); *Franke* in WoBauR § 573 BGB Anm. 37; *Rolfs* in Staudinger § 573 BGB Rdn. 178; *Haug* in Emmerich/Sonnenschein, Miete § 573 BGB Rdn. 75; *Hannappel* in Bamberger/Roth § 573 BGB Rdn. 105; *Lammel* § 573 BGB Rdn. 24; *Häublein* in MünchKomm § 573 BGB Rdn. 39.

[692] LG Darmstadt WuM 1991, 268; *Sternel* Mietrecht (1988) Rdn. IV 165; *Franke* in WoBauR § 573 BGB Anm. 37.2.

[693] KrsG Cottbus WuM 1994, 68.

[694] LG Frankfurt/Oder ZMR 2011, 877.

[695] *Grapentin* in Bub/Treier Kap. IV Rdn. 185; *Hannappel* in Bamberger/Roth § 573 BGB Rdn. 106.

[696] *Rolfs* in Staudinger § 573 BGB Rdn. 180; *Häublein* in MünchKomm § 573 BGB Rdn. 40; *Haug* in Emmerich/Sonnenschein, Miete § 573 BGB Rdn. 75; *Barthelmess* § 564b BGB Rdn. 107; **a. A.** *Sternel* Mietrecht (1988) Rdn. IV 164: danach liegt kein Kündigungsgrund vor, wenn der begünstigte Arbeitnehmer eine angemessene Wohnung hat.

[697] **A. A.** AG Witzenhausen WuM 1983, 23; *Sternel* a. a. O.

[698] LG Berlin GE 1993, 859.

[699] LG Freiburg WuM 1992, 437 betr. Hausmeisterwohnung.

[700] LG Berlin GE 1993, 429; WuM 1995, 41.

[701] LG Berlin GE 1997, 243.

letzung dieser Verpflichtungen kann Schadensersatzansprüche zur Folge haben. Die Ausführungen unter Rdn. 77 gelten sinngemäß.

193 Zu beachten ist weiterhin, dass die Kündigung einer Werkmietwohnung dem **Mitbestimmungsrecht des Betriebsrats** unterliegt (§ 87 Abs. 1 Nr. 9 BetrVG). Die Ausübung des Mitbestimmungsrechts ist ein echtes Wirksamkeitserfordernis, das im Kündigungsschreiben erwähnt werden muss; anderenfalls ist die Kündigung unwirksam. Allerdings gilt dies nur bis zur wirksamen Auflösung des Arbeitsverhältnisses.[702] Für Werkdienstwohnungen, die nicht auf Grund eines Mietvertrags, sondern auf Grund des Arbeitsvertrags überlassen werden, besteht kein Mitbestimmungsrecht.[703]

194 Nach h. M. gelten die Grundsätze über die Kündigung wegen eines Betriebsbedarfs auch dann, wenn eine bisher nicht zweckgebundene Wohnung in eine Werkswohnung umgewandelt werden soll (sog. **„unechte Werkswohnung"**). Danach kann sich „ein berechtigtes Interesse des Vermieters an der Beendigung des Mietverhältnisses … daraus ergeben, dass einem Mitarbeiter seines Unternehmens aus betrieblichen Gründen eine an einen Betriebsfremden vermietete Wohnung zur Verfügung gestellt werden soll, sofern der Vermieter vernünftige Gründe für die Inanspruchnahme der Wohnung hat, die den Nutzungswunsch nachvollziehbar erscheinen lassen".[704] Nach anderer Meinung genügt es nicht, wenn der Vermieter einen gewöhnlichen Betriebsbedarf hat, etwa weil er die Wohnung neu anzuwerbenden Fachkräften zur Verfügung stellen will, um so seine Chancen auf dem Arbeitsmarkt zu verbessern oder wenn die Räume einem Arbeitnehmer mit konkretem Wohnbedarf überlassen werden sollen.[705] Es kommt hierbei nicht darauf an, ob die Wohnung zu früherer Zeit als Werkswohnung genutzt worden ist; ein Hinweis im Mietvertrag auf die generell bestehende Zweckbindung ändert an dieser Rechtslage nichts.[706]

195 In **Ausnahmefällen** kann etwas anderes gelten. Ein solcher Fall kann insbesondere dann vorliegen, wenn es aus betrieblichen Gründen erforderlich ist, dass die Wohnung von einem bestimmten Arbeitnehmer bezogen wird. Diese Gründe müssen nach Abschluss des Mietvertrags entstanden sein.[707] Es muss ein Bedarf für eine sog. „Schlüsselkraft" bestehen.[708] Der allgemeine Wohnbedarf eines Geschäftsführers[709] oder anderer leitender Mitarbeiter reicht hierfür nicht aus. Der Umstand, dass der Geschäftsführer den Betrieb schneller erreichen kann, genügt ebenfalls nicht.[710] Ein **Ausnahmefall** wurde **bejaht:** wenn die ständige Anwesenheit eines Hauswarts erforderlich ist, um die ordnungsgemäße Bewirtschaftung des Miethauses zu gewährleisten;[711] wenn eine Gemeinde einen Hausmeister zur Betreuung ihrer Liegenschaften anstellt und diesem eine gemeindeeigene Wohnung zur Verfügung stellen will, damit der Hausmeister in der Nähe der Liegenschaften wohnen kann;[712] wenn ein Landwirt auf einen landwirtschaftlichen Arbeiter angewiesen ist;[713] wenn die an einen Betriebsfremden vermietete Wohnung in einem Gebäude liegt, das ursprünglich als Gebäude mit Werkwohnungen konzipiert war, voll in das Betriebsgelände integriert ist und nur über das Betriebsgelände erreicht werden kann;[714] wenn die Beschaffung von Wohnraum vom Arbeitgeber zu erwarten ist, weil sonst wegen des knappen Wohnungsmarktes keine Wohnung unter zumutbaren Bedingungen gefunden werden kann;[715] wenn ein Forschungsinstitut einen Institutsdirektor in der Nähe seines Arbeitsplatzes unterbringen will.[716] Ein **Ausnahmefall** wurde **verneint:** wenn der Hausmeister gewisse Arbeiten (Gartenpflege und Schneebeseitigung) durchführen soll, die der Ver-

---

[702] OLG Frankfurt RE v. 14. 8. 1992, WuM 1992, 525 = ZMR 1992, 443.
[703] BAG WuM 1993, 353.
[704] BGH NJW-RR 2007, 1460 = NZM 2007, 639 = WuM 2007, 457 = GE 2007, 1187; *Rolfs* in Staudinger § 573 BGB Rdn. 180; *Hannappel* in Bamberger/Roth § 573 BGB Rdn. 107.
[705] OLG Stuttgart RE v. 24. 4. 1991, WuM 1991, 330 = NJW-RR 1991, 1264; **a. A.** LG Berlin WuM 1996, 145.
[706] OLG Stuttgart RE v. 21. 4. 1993, ZMR 1993, 330 betr. eine Wohnung mit einem Belegungsrecht der Deutschen Bundesbahn.
[707] LG Karlsruhe WuM 195, 148; *Sternel* Mietrecht (1988) Rdn. IV 164.
[708] LG Berlin NJW-RR 1996, 907; AG Bad Hersfeld WuM 1992, 17.
[709] LG Wuppertal WuM 1994, 686.
[710] LG Wuppertal a. a. O.
[711] LG Hamburg MDR 1980, 315; LG Aachen ZMR 1990, 303.
[712] LG Regensburg WuM 1998, 160.
[713] LG Lübeck WuM 1985, 148.
[714] LG Tübingen ZMR 1987, 20.
[715] LG Landau WuM 1985, 146.
[716] LG Berlin WuM 1996, 145 (zweifelhaft).

mieter ebensogut einem nicht im Haus wohnenden Dritten übertragen kann;[717] wenn der Eigentümer eines Hauses mit 11 Parteien einen Hausmeister anstellen will und dieser Reinigungsarbeiten, Installationsarbeiten, die Überprüfung der Elektrik, sonstige Reparaturarbeiten und die Gartenpflege durchführen soll, weil hier die ständige Anwesenheit eines Hausmeisters nicht erforderlich ist;[718] wenn ein nebenberuflich tätiger Hausmeister für ein Haus mit 9 Wohnungen eingestellt werden soll und keine gravierenden Gründe dafür sprechen, dass der Hausmeister im Haus wohnen muss;[719] wenn der Vermieter eine Hilfskraft zum Gas- und Stromablesen sowie zur Kontrolle der Hauseingangstüren zur Verhinderung von Einbrüchen einstellen will;[720] wenn der Geschäftsführer eines Unternehmens in eine betriebseigene Wohnung einziehen will und wenn hierdurch der Betriebsablauf erleichtert würde;[721] wenn eine Kirchengemeinde eine Wohnung zugunsten einer Pfarrerin kündigt, obwohl diese an mehreren Orten tätig ist und keine besonderen Gründe für die Wohnsitznahme am Ort der Kirchengemeinde sprechen.[722]

In der Literatur wird vertreten, dass Betriebsbedarf auch dann vorliegen kann, wenn eine juristische Person oder eine Personengesellschaft einem Gesellschafter überlassen will und die Nutzung der Räume aus betriebsbezogenen Gründen erforderlich ist.[723] Diese Ansicht trifft zu, weil es keinen Unterschied bedeuten kann, ob die Wohnung durch einen angestellten oder einen Gesellschafter genutzt wird. **195a**

bb) Fehlbelegte Sozialwohnung. Der Vermieter einer Sozialwohnung kann kündigen, wenn er die Wohnung einem Mieter überlassen hat, der nicht zum Kreis der Wohnberechtigten nach §§ 4ff. WoBindG, 25 des II. WoBauG gehört, die Behörde deshalb die Kündigung des Mietverhältnisses verlangt und dem Vermieter bei Fortsetzung des Mietverhältnisses Nachteile nach §§ 25, 26 WoBindG drohen.[724] Gleiches gilt für den Rechtsnachfolger dieses Vermieters.[725] Die Kündigung des Mietverhältnisses setzt nicht voraus, dass die Behörde die Kündigung der öffentlichen Mittel androht.[726] Auch die Androhung der Nachteile gehört nicht zu den Kündigungsvoraussetzungen. Es genügt, wenn diese Nachteile tatsächlich eintreten können.[727] Da der Kündigungsgrund im öffentlichen Interesse besteht, kommt es nicht darauf an, ob der Vermieter von der fehlenden Wohnberechtigung des Mieters Kenntnis gehabt hat.[728] Hat der Vermieter die Wohnung in Kenntnis der fehlenden Berechtigung vermietet, so kann er sich allerdings gegenüber dem Mieter schadensersatzpflichtig machen, wenn dieser die Wohnung infolge der fehlenden Berechtigung verliert.[729] **196**

Die bloße Fehlbelegung allein ist allerdings kein Kündigungsgrund.[730] Es genügt auch nicht, wenn die Behörde den **Mieter** zur Räumung auffordert.[731] Vielmehr muss die Behörde die Beseitigung der Fehlbelegung vom **Vermieter** verlangen.[732] Gegen die Kündigungsaufforderung steht dem Mieter kein Rechtsmittel zu.[733] Hat der Vermieter dem nicht wohnberechtigten Mieter verschwiegen, dass die Wohnung der Belegungsbindung unterliegt, so ist er zum Ersatz des Schadens verpflichtet, der dem Mieter durch die Kündigung entsteht.[734] Hatte der Mieter Kenntnis von der Belegungsbindung, so trifft ihn ein überwiegendes Mitverschulden, das zum Wegfall des Ersatzanspruchs führt. **197**

---

[717] AG Offenbach WuM 1986, 326; ebenso: AG Tempelhof-Kreuzberg MM 1993, 325.
[718] LG Heidelberg WuM 1993, 678; ähnlich: LG Freiburg WuM 1992, 437.
[719] LG Wiesbaden WuM 1996, 543.
[720] LG Freiburg WuM 1989, 245.
[721] LG Stuttgart WuM 1994, 470.
[722] LG Frankfurt/Oder ZMR 2011, 877.
[723] *H. Schmidt* NZM 2014, 609, 620.
[724] OLG Hamm RE v. 14.7.1982, WuM 1982, 244; vgl. auch BayObLG WuM 1985, 283.
[725] BVerwG NJW-RR 1990, 14.
[726] OLG Hamm a. a. O.
[727] BayObLG a. a. O.; BVerwG a. a. O.
[728] LG Berlin GE 1990, 541; *Hannappel* in Bamberger/Roth § 573 BGB Rdn. 114; *Häublein* in MünchKomm § 573 BGB Rdn. 43; *Barthelmess* § 564b BGB, Rdn. 117; kritisch: *Sternel* Mietrecht (1988) Rdn. IV 159, 160.
[729] *Lammel* § 573 BGB Rdn. 31; *Häublein* in MünchKomm § 573 BGB Rdn. 43.
[730] LG Berlin GE 1991, 881; MM 1993, 393.
[731] LG Berlin GE 1994, 1059.
[732] LG Berlin GE 1994, 1059.
[733] BVerwG NJW 1995, 2866 = ZMR 1995, 559.
[734] AG Schöneberg GE 1990, 319.

198 Die hier dargestellte Kündigungsbefugnis besteht nicht, wenn der Mieter im Zeitpunkt der Überlassung der Wohnung wohnberechtigt war und erst in der Folgezeit zum „Fehlbeleger" geworden ist.[735]

199 Für **Steuerbegünstigte und freifinanzierte Wohnungen,** die einer öffentlich-rechtlichen Belegungsbindung unterliegen (§§ 87a, 88 des II. WoBauG) gelten die hier dargelegten Rechtsgrundsätze ebenfalls.

200 **cc) Überbelegung.** Nach dem Rechtsentscheid des OLG Hamm vom 6.10.1982[736] kann eine Kündigung auch im Falle einer (nichtverschuldeten) Überbelegung der Wohnung gerechtfertigt sein. Von einer nichtverschuldeten Überbelegung ist auszugehen, wenn sich die Familie des Mieters im Lauf der Zeit durch Kinderzuwachs vergrößert. Wann eine Überbelegung vorliegt, richtet sich nach den Umständen des Einzelfalls (s. § 540 BGB Rdn. 27, 34). Über die Frage der Kündigungsberechtigung ist nach der Auffassung des OLG Hamm ebenfalls auf Grund einer Interessenabwägung zu entscheiden. Die Tatsache der Überbelegung reicht für die Kündigung für sich alleine nicht aus. Stets müssen weitere Umstände hinzutreten, aus denen sich das Kündigungsinteresse ergibt (verstärkte Abnutzung oder Beschädigung der Wohnung; Störungen der übrigen Hausbewohner; negative Außenwirkungen und dergleichen). Hat der Mieter entgegen einer vertraglichen Vereinbarung und ohne gesetzlichen Anspruch weitere Personen in die Wohnung aufgenommen, so liegt i. d. R. eine verschuldete Vertragsverletzung vor, die unter den Voraussetzungen des § 573 Abs. 2 Nr. 1 BGB oder des § 543 Abs. 2 Nr. 2 BGB zur Kündigung berechtigen kann (s. dort).

201 **dd) Unterbelegung.** Nach dem Rechtsentscheid des OLG Stuttgart vom 11.6.1991[737] soll eine Wohnungsgenossenschaft ein berechtigtes Interesse an der Beendigung eines Mietverhältnisses haben, wenn eine erheblich unterbelegte Genossenschaftswohnung an eine größere Familie mit entsprechendem Wohnbedarf überlassen werden soll.[738] Diese Ansicht trifft nicht zu:[739] Nach den Grundsätzen des Genossenschaftsrechts hat das Mitglied der Genossenschaft als Mitträger des genossenschaftlichen Betriebs[740] Anspruch auf ein Dauerschuldverhältnis mit quasi dinglichem Charakter; auf Grund dieses Dauernutzungsvertrags genießt das Mitglied einen weitergehenden Kündigungsschutz als der gewöhnliche Mieter. Deshalb kann er hinsichtlich des Bestandschutzes jedenfalls nicht schlechter gestellt werden, als andere Mieter nach der gesetzlichen Regelung stehen. Wegen einer Unterbelegung kann einem Mieter aber nicht gekündigt werden, weil die Vorschrift des § 573 BGB keine Maßnahmen der Wohnraumbewirtschaftung rechtfertigt. Aus der genossenschaftlichen Treuepflicht folgt nichts anderes, weil bei der Abwägung zwischen dem Interesse des Mieters am Erhalt der Wohnung und dem Umverteilungsinteresse der Genossenschaft, das Interesse des Mieters vorrangig ist.[741] Auch das OLG Karlsruhe hat die Rechtsfrage in dem vergleichbaren Fall des § 569a BGB a. F. (= § 563 BGB n. F.) zutreffend anders entschieden.[742] Danach kann eine Baugenossenschaft einem alleinstehenden Mitglied das gem. § 569a BGB a. F. in ein Mietverhältnis eingetreten ist, nicht mit der Begründung kündigen, dass die Wohnung für eine kinderreiche Familie benötigt werde. In der instanzgerichtlichen Rechtsprechung ist die Kündigungsbefugnis verneint worden: wenn die Mieterin in einem Heim lebt, aber die Wohnung aufrechterhält, weil sie hofft, irgendwann dorthin zurückkehren zu können;[743] wenn der Mieter die Wohnung überwiegend leerstehen lässt.[744]

201a Nach einer vermittelnden Lösung setzt eine Kündigung wegen einer Unter- oder Fehlbelegung voraus, dass klare genossenschaftliche Regelungen zur Belegung der jeweiligen Wohnungen bestehen. Es genügt nicht, wenn die Nutzer durch den Vorstand der Genossenschaft ausgewählt werden

---

735 AG Lüdenscheid WuM 1990, 553; *Rolfs* in Staudinger § 573 BGB Rdn. 193.
736 OLG Hamm WuM 1982, 323 = NJW 1983, 48 = ZMR 1983, 66.
737 OLG Stuttgart WuM 1991, 379 = ZMR 1991, 297.
738 Ähnlich: LG München I WuM 1992, 16: wenn der Mieter die Wohnung nur als Stadtwohnung benutzt; LG Nürnberg-Fürth WuM 1993, 280: wenn die Wohnung nur noch sporadisch genutzt wird; AG Dresden ZMR 1994, 518: wenn der Mieter noch eine weitere Wohnung zur Verfügung hat; zustimmend: *Lützenkirchen* WuM 1994, 5; *Häublein* in MünchKomm § 573 BGB Rdn. 44; *Hannappel* in Bamberger/Roth § 573 BGB Rdn. 118; *Franke* in WoBauR § 573 BGB Anm. 38; *Herrlein* in Herrlein/Kandelhard § 573 BGB Rdn. 10.
739 Ebenso *Grapentin* in Bub/Treier Kap. IV Rdn. 188.
740 Vgl. *Riebandt-Korfmacher* ZfgG Bd. 43 S. 254.
741 Ebenso *Riebandt-Korfmacher* a. a. O. S. 261).
742 OLG Karlsruhe RE 23.12.1983 NJW 1984, 2584 = WuM 1984, 34.
743 AG Bielefeld WuM 1994, 22.
744 LG Köln WuM 1991, 589.

und sich dieser hierbei an bestimmten Kriterien, wie z. B. der Größe der Wohnung oder der Zahl der Familienmitglieder orientiert. Erforderlich ist ein eindeutiges Belegungskonzept ohne wesentlichen Entscheidungsspielraum und eine Belegungspraxis nach der die Vergabe der Wohnungen unter strikter Beachtung der maßgeblichen Richtlinien erfolgt.[745]

ee) Öffentliches Interesse. In § 32 des Mieterschutzgesetzes war in früherer Zeit u. a. geregelt, dass der Kündigungsschutz keine Anwendung findet, wenn die Wohnung im Eigentum bestimmter öffentlicher Körperschaften steht und zu öffentlichen Zwecken verwendet werden soll (sog. „Fiskusprivileg"). In Anlehnung an den dort enthaltenen Rechtsgedanken hat das BayObLG entschieden, dass eine Kündigung auch dann gerechtfertigt sein kann, wenn der Wohnraum zur Erfüllung öffentlicher Aufgaben benötigt wird.[746] Dem ist die instanzgerichtliche Rechtsprechung gefolgt, so z. B. bei der Kündigung einer Gemeinde um Wohnraum zur Obdachlosenunterbringung zu erhalten;[747] bei der Kündigung zum Zwecke der Unterbringung von Aussiedlern und Asylbewerbern;[748] bei der Kündigung zur Unterbringung von Asylbewerbern und Obdachlosen;[749] wenn die Räume für parlamentarische Arbeit und Regierungstätigkeit verwendet werden sollen;[750] wenn ein Gebäude als Botschaft genutzt werden soll;[751] bei der Kündigung zur Unterbringung von Verwaltungsdienststellen;[752] bei der Kündigung zum Zwecke der Durchführung von Sanierungsmaßnahmen, wenn diese im öffentlichen Interesse geboten sind und der Vermieter mit dem Sanierungsträger identisch ist;[753] wenn eine Gemeinde auf Grund bundesgesetzlicher Regelung einen Kindergarten errichten muss;[754] wenn im Rahmen der gemeindlichen Daseinsvorsorge bezahlbarer Wohnraum in altengerechter Ausstattung stadtnah und mit Anbindung an das daneben gelegene städtische Altenheim geschaffen werden soll.[755] Allerdings wird die Kündigung nicht durch jedes beliebige öffentliche Interesse gerechtfertigt. Vielmehr muss das öffentliche Interesse ein solches Gewicht haben, dass es gegenüber dem allgemeinen Interesse des Mieters am Fortbestand des Mietverhältnisses überwiegt.[756] In der Literatur wird vertreten, dass bei Kündigungen im öffentlichen Interesse durch eine öffentlich-rechtliche Körperschaft stets der **Grundsatz der Verhältnismäßigkeit** zu beachten ist.[757] Diese Ansicht trifft zu. Sie beruht auf der Erwägung, dass öffentlich-rechtliche Körperschaften in weiterem Umfang als private Vermieter an Recht und Gesetz gebunden sind; hierzu gehört auch, dass Eingriffe in die Rechtsgüter Dritter nur rechtmäßig sind, wenn der genannte Grundsatz beachtet wird. Regelmäßig ist die Kündigung eines Mieters zugunsten eines anderen Mieters oder Wohnungsnutzer nicht verhältnismäßig, weil auf diese Weise der Wohnbedarf einer Person zu Lasten des Bedarfs einer anderen Person befriedigt wird. Es gilt der Grundsatz, dass das öffentliche Interesse an der Unterbringung von Flüchtlingen gegenüber dem Interesse des Mieter am Erhalt der Wohnung nachrangig ist.[758] Etwas anderes kann gelten, wenn der besitzende Mieter als Fehlbeleger anzusehen ist oder wenn er an der von ihm genutzten Wohnraum keinen echten Bedarf hat, etwa weil es sich um eine Zweitwohnung handelt. Ist die Wohnung übermäßig groß, so kann eine Kündigung in Betracht kommen, wenn eine kleinere Ersatzwohnung zur Verfügung steht.[759] 202

[745] Vgl. LG Heidelberg DWW 2014, 63 das allerdings offen läßt, ob eine Wohnungsgenossenschaft wegen einer Unterbelegung kündigen kann.

[746] BayObLG RE 21.11.1980 NJW 1981, 580 = WuM 1981, 32 = ZMR 1981, 93: betr. Bereitstellung der Räume zur Unterbringung der Feuerwehr sowie für kulturelle und soziale Zwecke.

[747] AG Göppingen WuM 1979, 122.

[748] LG Kiel WuM 1992, 129.

[749] AG Göttingen NJW 1992, 3044.

[750] LG Berlin MM 1991, 161.

[751] LG Berlin ZMR 1999, 333.

[752] LG Bad Kreuznach WuM 1990, 298.

[753] LG Kiel WuM 1984, 222, 223.

[754] AG Neustadt/Rbge NJW-RR 1996, 397.

[755] LG Flensburg ZMR 2001, 711 mit Anmerkung *J. Pfannkuch.*

[756] OLG Frankfurt RE v. 6.3.1981, NJW 1981, 1277 = WuM 1981, 126, wonach das öffentliche Interesse an der Durchführung eines Bauvorhabens, das die Errichtung eines Mehrzweckgebäudes mit Parkplätzen, Geschäftsräumen und Wohnungen zum Gegenstand hat, nicht ausreicht; ebenso AG Hamburg-Blankenese WuM 1980, 55 für das öffentliche Interesse an der Errichtung einer Garage.

[757] *Streyl/Wietz* WuM 2015, 651; *Willems* NZM 2016, 153 betr. Kündigung zu Gunsten von Flüchtlingen.

[758] *Willems* NZM 2016, 153, 157f.

[759] *Streyl/Wietz* a. a. O.

202a Teilweise wird vertreten, dass im Rahmen des § 573 Abs. 1 BGB nur solche öffentlich-rechtliche Aufgaben zu berücksichtigen sind, zu deren Erfüllung die öffentlich-rechtliche Körperschaft verpflichtet ist.[760] Der BGH teilt diese Ansicht nicht. Nach seiner Meinung genügt es, „wenn eine öffentlich-rechtliche Körperschaft … die von ihr vermietete Wohnung zur Umsetzung von Aufgaben benötigt, an deren Erfüllung ein gewichtiges öffentliches Interesse besteht".[761]

202b Die Frage, ob sich auch ein **privater Vermieter** auf den Kündigungsgrund des überwiegenden öffentlichen Interesses berufen kann, hat der BGH[762] nicht entschieden. Eine solche Konstellation wäre beispielsweise gegeben, wenn ein privater Vermieter ein Wohnraummietverhältnis mit der Begründung kündigt, er wolle die Räume der Kommune oder einer Kirchengemeinde zur Einrichtung einer Kindertagesstätte vermieten. An derartigen Einrichtungen besteht zwar – ein derzeit aktuelles – öffentliches Interesse. Nach der hier vertretenen Ansicht ist die Berufung auf öffentliche Interessen aber nur möglich, wenn der Vermieter eine öffentlich-rechtliche Körperschaft ist, zu deren Aufgaben die Durchsetzung der mit der Kündigung verfolgten Ziele gehört.[763]

202c Für **private Vereine** müssen dieselben Grundsätze gelten. In der instanzgerichtlichen Rechtsprechung wird allerdings die Ansicht vertreten, dass ein Kündigungsgrund nach § 573 Abs. 1 vorliegen kann, wenn „ein gemeinnütziger eingetragener Verein die vermieteten Räume benötigt, um diese einer Verwendung zuzuführen, die unmittelbar der Umsetzung seiner satzungsmäßigen, gemeinnützigen Ziele dient". Hierin sei ein dem Eigenbedarf „artverwandtes" Interesse zu sehen.[764] Diese Ansicht verkennt, dass die Fürsorge für gefährdete Jugendliche nicht privaten Personen oder Vereinigungen zugewiesen ist, sondern zu den staatlichen Aufgaben zählt. Deshalb können Private hieraus kein Interesse im Sinne des § 573 Abs. 1 ableiten.

203 Teilweise wird die Ansicht vertreten, dass eine Ausnahme in Betracht kommen soll, wenn der Vermieter in seinem Handlungsbereich vom öffentlichen Interesse betroffen wird, weil beispielsweise eine Abrissverfügung gegen ihn ergeht, oder weil die Fortsetzung des Mietverhältnisses im Interesse des Mieters Baumaßnahmen erfordern würde, die das Maß des Zumutbaren überschreiten.[765] Nach der hier vertretenen Ansicht sind diese Fälle nach anderen Grundsätzen zu lösen (s. Rdn. 154)

204 **ff) Berufs-/Gewerbebedarf.** In der Literatur ist streitig, ob der Vermieter ein Wohnraummietverhältnis kündigen kann, wenn er die Räume zu beruflichen oder gewerblichen Zwecken benötigt. Hierzu werden im Wesentlichen drei Ansichten vertreten: **(1)** Nach einer Meinung berechtigt ein Berufs- oder Gewerbebedarf ohne weiteres zur Kündigung nach § 573 Abs. 1 Satz 1 BGB, weil das dort enthaltene Tatbestandsmerkmal des berechtigten Interesses nicht auf die Wohnungsnutzung beschränkt ist.[766] **(2)** Nach der Gegenansicht folgt aus dem Umkehrschluss aus § 573 Abs. 2 Nr. 2 BGB, dass lediglich der Wohnraumbedarf des Vermieters eine Kündigung rechtfertigt; eine Kündigung zur Befriedigung anderer Interessen ist nach dieser Ansicht generell ausgeschlossen.[767] **(3)** Nach einer vermittelnden Ansicht setzt die Kündigung eines Wohnraummietverhältnisses zwar grundsätzlich voraus, dass der Vermieter oder seine Angehörigen die Räume als Wohnung benötigen. Unter engen Voraussetzungen soll jedoch auch eine Kündigung wegen eines Berufs- oder Gewerbebedarfs möglich sein, so z. B. wenn anderenfalls die Existenz des Vermieters gefährdet wäre[768] oder wenn der Vermieter einen besonders dringenden Bedarf an den Räumen hat und ihm bei Versagung der Kündigungsbefugnis erhebliche Nachteile drohen.[769] Die Kündigungsbefugnis

---

760 LG Kiel WuM 1992, 129: Keine Kündigung zum Zwecke der Unterbringung von Aussiedlern/Übersiedlern bzw Asylanten in Wohnungen des Bundes.

761 BGH (VIII ZR 238/11) NJW 2012, 2342 = WuM 2012, 388 = ZMR 2012, 691 betr. Kündigung durch eine Evangelische Kirchengemeinde zum Zwecke der Einrichtung einer Beratungsstelle für Erziehungs-, Ehe- und Lebensfragen.

762 BGB (VIII ZR 238/11) NJW 2012, 2342 = WuM 2012, 388 = ZMR 2012, 691.

763 *Blank* LMK 2012, 334939.

764 AG Hamburg-Blankennese ZMR 2016, 208 betr. Unterbringung von Kindern und Jugendlichen aus Problemfamilien auf Veranlassung des Jugendamts.

765 LG Kiel ZMR 1983, 234; *Hannappel* in Bamberger/Roth § 573 BGB Rdn. 113; *Häublein* in MünchKomm § 573 BGB Rdn. 50; *Rolfs* in Staudinger § 573 BGB Rdn. 186.

766 *Herrlein* in Herrlein/Kandelhard Mietrecht 4. Aufl. 2010 § 573 BGB Rdn. 8.

767 *Rolfs* in Staudinger § 573 BGB Rdn. 177.

768 *Lützenkirchen* in Erman § 573 BGB Rdn. 11.

769 *Wiek* WuM 2005, 779; *Hinz* in: Dauner-Lieb/Heidel/Ring AnwaltKommentar § 573 BGB Rdn. 70.

wird in diesen Fällen teils aus § 573 Abs. 1 Satz 1,[770] teils aus § 573 Abs. 2 Nr. 3 BGB abgeleitet.[771] Die letztgenannte Ansicht ist zutreffend.[772]

Der **BGH** vertritt allerdings die unter Ziff (1) genannte Auffassung. In dem Beschluss vom 5.10.2005 hat der BGH ausgeführt, das Interesse eines Eigentümers an der Nutzung der Räume zu eigenen gewerblichen Zwecken sei im Hinblick auf die durch Art 12 Abs. 1 GG geschützte Berufsfreiheit nicht geringer zu bewerten als der Bedarf zu Wohnzwecken. Deshalb könne der Vermieter nach § 573 Abs. 1 Satz 1 BGB auch dann kündigen wenn er die Räume nur teilweise zu Wohnzwecken, überwiegend aber zu gewerblichen Zwecken nutzen will.[773] Nach dem Urteil von 26.10.2012 besteht das Kündigungsrecht auch dann, wenn er die vermietete Wohnung nicht nur überwiegend, sondern ausschließlich für seine berufliche Tätigkeit nutzen will. Nach der Ansicht des BGH ist in diesen Fällen „ein dem Kündigungsgrund des Eigenbedarfs … artverwandtes Interesse" gegeben. Dies gelte „umso mehr, wenn sich … die selbstgenutzte Wohnung des Vermieters und die an die Mieter vermietete Wohnung in demselben Haus befinden".[774]

Der amtliche Leitsatz der Entscheidung könnte dahingehend verstanden werden, dass es für das Kündigungsinteresse ausreicht, wenn der Vermieter die Räume für seine berufliche Tätigkeit „nutzen will." Eine solche Interpretation ist jedoch nicht angezeigt. Wie bei der Kündigung wegen Eigenbedarfs genügt es auch für die Kündigung wegen eines Berufsbedarfs nicht, dass der Vermieter die Räume selbst nutzen will. Erforderlich ist weiterhin, dass der Nutzungswille „nachvollziehbar und vernünftig" ist. Dies wird in den Entscheidungsgründen (Rz. 14) klargestellt.

Das Urteil vom 26.9.2012 betrifft die Kündigung durch einen Vermieter „der eine anderere Wohnung in demselben Haus bewohnt" in dem der Angehörige eine Anwaltskanzlei einrichten will. Ob der Vermieter ein Wohnraummietverhältnis auch dann kündigen kann, wenn er nicht in demselben Gebäude wohnt, kann der Entscheidung nicht eindeutig entnommen werden. Die Ausführungen unter Rz. 17 („Dies gilt umso mehr …") lassen eine solche Interpretation zu. Der Wortlaut des amtlichen Leitsatzes spricht dagegen.

Der amtliche Leitsatz verwendet den Begriff „berufliche Tätigkeit" Dies führt zu der Frage, ob für eine gewerbliche Nutzung dieselben Grundsätze gelten. Dies ist nach der Vorstellung des BGH wohl zu bejahen, zumal in dem Urteil vom 5.10.2005[775] betreffend die teilgewerbliche Nutzung der Begriff „gewerbliche Zwecke" verwendet wird.

gg) Kündigung eines Untermietverhältnisses. Der Untervermieter kann das mit dem Untermieter bestehende Mietverhältnis nicht allein deshalb kündigen, weil er die Wohnung aufgeben will.[776] Eine Ausnahme kann gelten, wenn die Aufrechterhaltung des Hauptmietverhältnisses mit gewichtigen wirtschaftlichen oder sonstigen Nachteilen verbunden wäre. 205

Streitig ist, ob es bei der Wohnraummiete für die Kündigung des Untermieters ausreicht, wenn das **Hauptmietverhältnis gekündigt** worden ist.[777] Nach der hier vertretenen Ansicht ist zu differenzieren: Ein berechtigtes Interesse nach § 573 Abs. 1 BGB an der Beendigung des Untermietverhältnisses ist dann zu bejahen, wenn der Eigentümer ein berechtigtes Interesse an der Beendigung des Hauptmietverhältnisses geltend machen kann (Fälle des § 573 Abs. 1, Abs. 2 Nr. 2 und 3 BGB), oder wenn der Untermieter den Anlass für die Beendigung des Hauptmietverhältnisses gegeben hat (Fälle der Hausfriedensstörung und ähnliches). In den übrigen Fällen kann dagegen ein berechtigtes Interesse an der Beendigung des Untermietverhältnisses nicht bejaht werden.[778] Dies hat zur Folge, dass der Mieter dem Untermieter auf Schadensersatz wegen Nichterfüllung haftet, wenn der Hauptvermieter den Herausgabeanspruch aus § 546 Abs. 2 BGB geltend macht. In ähnlicher Weise wird die Problematik in dem Rechtsentscheid des OLG Stuttgart vom 7.5.1993[779] behandelt. Danach stellt die Beendigung des Hauptmietverhältnisses grundsätzlich keinen Kündi- 206

[770] *Lützenkirchen* a. a. O.; Hinz a. a. O.

[771] *Wiek* a. a. O.

[772] So auch *Wiek* WuM 2013, 271.

[773] BGH (VIII ZR 127/05), WuM 2005, 779; zur berechtigten Kritik dieser Entscheidung s. *Rolfs* in Staudinger a. a. O.; Wiek a. a. O.

[774] BGH (VIII ZR 330/11) NJW 2013, 225 = WuM 2012, 684.

[775] BGH (VIII ZR 127/05), WuM 2005, 779.

[776] LG Berlin GE 1996, 739.

[777] **Bejahend:** LG Kiel WuM 1982, 194; **verneinend:** BGH NJW 1996, 1886 = WuM 1996, 413; LG Tübingen WuM 1991, 488; LG München I WuM 1992, 246; LG Osnabrück WuM 1994, 24; LG Köln WuM 1995, 709; *Nassall* ZMR 1983, 338; *Rolfs* in Staudinger § 573 BGB Rdn. 200.

[778] Ähnlich *Sternel* Mietrecht (1988) Rdn. IV 176 ff.

[779] OLG Stuttgart RE v. 7.5.1993, WuM 1993, 386.

gungsgrund dar. Etwas anderes soll allerdings dann gelten, wenn der Eigentümer einen echten Eigenbedarf i. S. v. 573 Abs. 2 Nr. 2 BGB geltend machen kann. In diesem Fall soll der Mieter rechtsmissbräuchlich handeln, wenn er sich gegenüber dem Hauptmieter auf die Kündigungsschutzvorschriften beruft. Für die Fälle der gewerblichen Zwischenvermietung wird der beschriebene Sachverhalt seit dem 1. 9. 1993 durch § 565 BGB geregelt (s. dort).

207 **hh) Kündigung zur Erlangung von Steuervorteilen.** Das BayObLG hat durch Rechtsentscheid vom 17. 10. 1983[780] entschieden, dass der Vermieter auch dann nach Abs. 1 kündigen kann, wenn er im Falle einer Selbstnutzung Steuervorteile (Befreiung von der Grunderwerbsteuer) erlangt.[781] Dieser Ansicht kann nicht zugestimmt werden.[782] Die Vorschriften über die Steuerbefreiung knüpfen an einen bestehenden Eigenbedarf an und wollen denjenigen privilegieren, der Eigenbedarf hat und deshalb die Wohnung nicht als Kapitalanlage sondern zur Eigennutzung erwirbt. Bei bestehendem Eigenbedarf ist es sachgerecht, wenn der Erwerber kündigt, die Wohnung selbst bezieht und die Steuervergünstigung in Anspruch nimmt. Fehlt der Eigenbedarf, so wäre es sowohl im Hinblick auf den Zweck des § 573 BGB als auch im Hinblick auf den Zweck der Steuervorschriften verfehlt, dem Erwerber um des steuerlichen Vorteils wegen ein Kündigungsrecht zuzubilligen. Denkbar ist allerdings, dass der Ausschluss des Kündigungsrechts bei gleichzeitiger Versagung der Steuerbefreiung zu einer für den Erwerber nicht vorhersehbaren Belastung führt. Ein solcher Fall ist z. B. dann denkbar, wenn ein zum Zeitpunkt des Erwerbs vorhandener Eigenbedarf wegfällt und der Erwerber deshalb nicht mehr kündigen kann. Würde hier auch der Anspruch auf die Steuerbefreiung entfallen, so hätte dies eine nicht vorhersehbare Erhöhung der Gesamtbelastung zur Folge. Diese Härtefälle können jedoch nicht zu Lasten des Mieters gelöst werden; eine Korrektur muss vielmehr über das Steuerrecht erfolgen. Im Übrigen ist stets zu beachten, dass der Rechtsentscheid des BayObLG keineswegs in jedem Fall das Kündigungsinteresse des Vermieters bejaht. Gefordert wird vielmehr, dass die durch den Verlust der Steuervorteile bedingten finanziellen Nachteile unter Berücksichtigung aller Umstände so schwer wiegen, dass sie den übrigen im Gesetz genannten Kündigungsgründen gleichstehen. Maßgeblich sind also die Verhältnisse des Einzelfalls, die von den Instanzgerichten ermittelt werden müssen.

208 **ii) Sonstige Gründe.** An sonstigen Kündigungsgründen sind anerkannt:

209 Die Kündigung eines **geschäftsunfähigen Mieters,** wenn dieser den Hausfrieden erheblich stört, wobei die Zumutbarkeitsgrenze sehr hoch anzusetzen ist.[783]

Nach dem Rechtsentscheid des KG vom 15. 7. 2000[784] erfordert § 564b Abs. 2 Nr. 1 BGB grundsätzlich ein eigenes Verschulden des Mieters und schließt damit die Zurechnung des Verschuldens von **Erfüllungsgehilfen** und **Familienangehörigen** nach § 278 BGB aus. Folgt man dieser Ansicht, so ist eine verschuldensunabhängige Kündigung im Falle eines besonders gravierenden Fehlverhaltens des Familienangehörigen des Mieters möglich. Der genannte Rechtsentscheid ist allerdings durch die Rechtsprechung des BGH überholt (s. Rdn. 20)

210 Die Kündigung eines Mietvertrags, der vom **Verwalter** im eigenen Namen abgeschlossen worden ist, wenn der Eigentümer berechtigte Interessen an der Vertragsbeendigung i. S. v. Abs. 2 Nr. 2 oder 3 geltend machen kann.[785]

211 Die Kündigung eines Zimmers, das dem Mieter im Rahmen eines **Ausbildungsverhältnisses** überlassen worden ist.[786] Die Kündigung eines **Heimplatzes,** wenn die Voraussetzungen für das weitere Verbleiben im Heim nicht mehr gegeben sind.[787]

212 Nach der Rechtsprechung des BGH[788] kann eine **Genossenschaftswohnung** nach § 573 Abs. 1 BGB gekündigt werden, wenn zwei **Voraussetzungen** gegeben sind: **(1)** Zum einen muss die Mitgliedschaft in der Genossenschaft durch freiwilligen Austritt oder durch Ausschluss nach

---

[780] BayObLG RE v. 17. 10. 1983, WuM 1984, 15.
[781] Kritisch hierzu: *Sternel* Mietrecht (1988) Rdn. IV 172.
[782] Ebenso: *Franke* in WoBauR § 573 BGB Anm. 42; *Hannappel* in Bamberger/Roth § 573 BGB Rdn. 115.
[783] LG Kaiserslautern WuM 1983, 263; AG Freiburg WuM 1993, 125; AG Hamburg WuM 1989, 628; *Sternel* Mietrecht (1988) Rdn. IV 174; *Grapentin* in Bub/Treier Kap. IV Rdn. 112; *Häublein* in MünchKomm § 573 BGB Rdn. 49.
[784] KG RE v. 15. 7. 2000, WuM 2000, 481.
[785] *Rolfs* in Staudinger § 573 BGB Rdn. 199.
[786] LG Mönchengladbach ZMR 1993, 571 betr. ein Lehrkrankenhaus mit Personalwohnheim.
[787] BT-Drucks. 7/2638, 3; *Grapentin* in Bub/Treier Kap. IV Rdn. 187; *Sternel* Mietrecht (1988) Rdn. IV 168; *Barthelmess* § 564b BGB Rdn. 114; *Franke* in WoBauR § 573 BGB Anm. 39.
[788] BGH NZM 2004, 25 = WuM 2003, 691.

§ 68 GenG beendet sein. **(2)** Zum anderen ist erforderlich, dass die Wohnung für die Versorgung eines anderen Mitglieds benötigt wird.[789] Insoweit genügt es, wenn Wartelisten geführt werden.[790] Ebenso liegt ein Kündigungsgrund vor, wenn dem Rechtsnachfolger des Mieters nach § 563 BGB die Mitgliedschaft vergeblich angeboten worden ist und die Genossenschaft durch die Vermietung an ein Nichtmitglied steuerliche oder sonstige Nachteile entstehen.[791] Es kommt letztlich auf die Umstände des Einzelfalls an.[792]

Der **ersatzlose Abriss eines Gebäudes** ist nach der Rechtsprechung des BGH keine wirtschaftliche Verwertung i. S. d. § 573 Abs. 2 Nr. 3 BGB. Jedoch kann in einem solchen Fall eine Kündigung nach Abs. 1 gerechtfertigt sein.[793] Der **Kündigungstatbestand** setzt voraus, dass **(1)** das Wohngebäude überwiegend leer steht **(2)** der Leerstand nicht vom Vermieter zu vertreten ist und **(3)** dem Vermieter durch die Fortsetzung des Mietverhältnisses erhebliche wirtschaftliche Nachteile entstehen.[794] Ein überwiegender Leerstand ist anzunehmen, wenn mehr als 50% der Wohnungen nicht vermietet sind. Das unter Nr. (2) genannte Tatbestandsmerkmal ist gegeben, wenn der Leerstand auf mangelnder Nachfrage aufgrund der demographischen Entwicklung beruht; ein bestehendes Stadtentwicklungskonzept ist dabei zu berücksichtigen. Die letztgenannte Voraussetzung liegt insbesondere dann vor, wenn die Unterhaltskosten des Gebäudes in einem erheblichen Missverhältnis zu den Mieteinnahmen stehen. 213

c) Fehlendes Kündigungsinteresse. Kein Kündigungsgrund nach § 573 Abs. 1 BGB liegt vor, wenn der Mieter wegen Geistesschwäche entmündigt ist und dies bei der Anmietung nicht offenbart hat;[795] wenn der Mieter als „Stasi-Mitarbeiter" tätig war und sich hierbei an Willkürmaßnahmen gegen die Familie des Vermieters beteiligt hat;[796] wenn der Vermieter eine Wohnung vermietet hat, die aus baurechtlichen Gründen nicht zum Wohnen geeignet ist;[797] wenn eine Eigentumswohnung unter Verstoß gegen ein in der Teilungserklärung vereinbartes Vermietungsverbot vermietet worden ist.[798] 214

III. Die Begründung der Kündigungserklärung (Abs. 3)

1. Allgemeines

§ 573 Abs. 3 BGB regelt die Anforderungen an die Begründung der ordentlichen befristeten Kündigung. Ebenso gilt die Vorschrift für die außerordentliche befristete Kündigung (§ 575a Abs. 1 BGB). Bei der außerordentlichen fristlosen Kündigung ist § 569 Abs. 4 BGB zu beachten. Die Anforderungen an den sonstigen Inhalt und die Wirksamkeit einer Kündigung werden durch §§ 116ff., 164ff., 542, 568 BGB geregelt. 215

Die Angabe der Gründe ist nach § 573 Abs. 3 Satz 1 BGB Wirksamkeitsvoraussetzung für die ordentliche Kündigung. Eine Kündigung ohne Angabe der Gründe ist unwirksam. Nach der Ansicht des BGH hat es mit dieser Rechtsfolge sein Bewenden. Danach ist das Begründungserfordernis in § 573 Abs. 3 BGB nicht als „Pflicht" i. S. des § 280 BGB, sondern als bloße „Obliegenheit" zu bewerten.[799] Dies hat zur weiteren Folge, dass dem Mieter keine Schadensersatzansprüche zustehen, wenn der Vermieter ohne Angabe von Gründen kündigt. Die Ansicht des BGH ist zweifelhaft. Richtig ist nur, dass die Angabe der Kündigungsgründe im Kündigungsschreiben bis zum 215a

---

[789] Ebenso: *Grapentin* in Bub/Treier Kap. IV Rdn. 188; *Barthelmess* § 564b BGB Rdn. 106; *Franke* a. a. O.; kritisch *Roth* NZM 2004, 25: danach kann die Genossenschaft immer dann kündigen, wenn die Mitgliedschaft des Mieters beendet ist; auf einen Bedarf der Genossenschaft an der Wohnung soll es nicht ankommen.

[790] LG Berlin GE 2003, 395.

[791] *Lützenkirchen* WuM 1994, 5.

[792] Ähnlich: *Sternel* Mietrecht (1988) Rdn. IV 163; s. dazu auch *C. Fritz* WuM 2012, 183.

[793] BGH NJW 2004, 1736 = NZM 2004, 377 = WuM 2004, 277 m. Anm. *Hinz* = ZMR 2004, 428 = DWW 2004, 147 = GE 2004, 611; ebenso: *Sternel* WuM 2003, 243, 245; *Schultz* PiG 62, 247, 257; **a. A.** *Taubenek* ZMR 2003, 633.

[794] LG Gera NZM 2003, 640.

[795] BVerfG NJW 1991, 2411.

[796] AG Meißen WuM 1993, 664.

[797] LG Aachen WuM 1991, 166; LG Stuttgart WuM 1992, 487; LG Berlin MM 1992, 135; LG Hamburg WuM 1992, 129.

[798] *Sternel* Mietrecht (1988) Rdn. IV 163.

[799] BGH (VIII ZR 9/10) NJW 2011, 914 = WuM 2011, 33 = ZMR 20122, 278; **a. A.** *Eisenschmid* PiG 90 (2011) S. 192; *Sternel* NZM 2011, 688.

31.8.2001 lediglich als eine vom Vermieter zu beachtende Obliegenheit zu bewerten war. Jedoch hat sich die Rechtslage mit dem Inkrafttreten der Mietrechtsreform maßgeblich geändert: Anstelle der §§ 564a Abs. 1 Satz 2, 564b Abs. 3 BGB a. F. heißt es nunmehr in § 573 Abs. 3 BGB apodiktisch: „Die Gründe für ein berechtigtes Interesse des Vermieters sind in dem Kündigungsschreiben anzugeben. Andere Gründe werden nur berücksichtigt, soweit sie nachträglich entstanden sind." Die Regelung beruht auf dem sog. „Vereinfachungsentwurf", dort § 575 Abs. 3). Zur Begründung des Paradigmenwechsels ist ausgeführt, es solle klargestellt werden, „dass der Vermieter von Wohnraum eine ordentliche Kündigung begründen muss." Die Möglichkeit des (unbegrenzten) Nachschiebens von Gründen wurde zwar diskutiert, aber verworfen: „Wenn der Vermieter nicht gezwungen ist, seine Gründe für die Kündigung vollständig zu offenbaren, wird dies die Zahl und die Dauer von Räumungsprozessen erhöhen".[800] In den Begründungen zum Referenten- und Kabinettsentwurf wurde ergänzend darauf hingewiesen, der Mieter solle in die Lage versetzt werden, „sich frühzeitig Klarheit über seine Rechtsstellung zu verschaffen.[801] Dem Wortlaut des Gesetzes („sind … anzugeben") und dem durch die Gesetzesmaterialien dokumentierten Gesetzeszweck ist zu entnehmen, dass § 573 Abs. 3 eine echte Informationspflicht enthält. Davon abgesehen beinhaltet jede Kündigung zugleich eine Aufforderung an den Mieter, die Mietsache zurückzugeben. Ist das Mietverhältnis aber nicht beendet, so liegt in einer solchen Kündigung eine Pflichtverletzung des Vermieters, weil dieser dem Mieter den Besitz streitig macht, ohne dass die gesetzlichen Voraussetzungen hierfür gegeben sind.[802] Kündigt der Vermieter ohne Angabe der Gründe und entstehen im Zuge der Überprüfung einer solchen Kündigung Rechtsanwaltskosten, so ist zu fragen, ob diese Kosten (allein) durch die Verletzung der Informationspflicht entstanden sind. Das wird allerdings in vielen Fällen zweifelhaft sein.[803]

2. Der Inhalt der Begründungspflicht

216 **a) Zweck.** Nach den Vorstellungen des Gesetzgebers soll durch Abs. 3 erreicht werden, dass „der Mieter zum frühestmöglichen Zeitpunkt Klarheit über seine Rechtsposition erlangt, und so in die Lage versetzt wird, rechtzeitig alles Erforderliche zur Wahrung seiner Interessen zu veranlassen". Außerdem soll die Vorschrift den Vermieter zwingen, sich selbst über die Rechtslage und die Aussichten der Kündigung klar zu werden.[804] Schließlich wird durch Abs. 3 bestimmt, welche Gründe dem Gericht zur Berücksichtigung und Würdigung unterbreitet werden.[805] Deshalb sind die Gründe für das Kündigungsinteresse in dem Kündigungsschreiben grundsätzlich auch dann nochmals anzugeben, „wenn sie dem Mieter bereits zuvor mündlich oder schriftlich mitgeteilt oder in einem Vorprozess geltend gemacht worden waren."[806] Das BVerfG hat diese Ansicht dahingehend relativiert, dass die **Bezugnahme auf ein früheres, dem Mieter zugegangenes Schreiben** genügt.[807] Auf diesen verfassungsrechtlichen Grundsätzen beruht das Urteil des BGH vom 2.2.2011;[808] dort ist unter Rz 14 ausgeführt, dass der Vermieter zur Begründung einer Kündigung auf die in einem früheren, dem Mieter zugegangen Schreiben dargelegten Kündigungsgründe Bezug nehmen kann. Diese Rechtsprechung steht sowohl mit dem Zweck des § 573 Abs. 3 Satz 2 BGB als auch mit dem Schriftformerfordernis des § 568 Abs. 1 BGB im Einklang, weil durch eine ausdrückliche Bezugnahme auf ein anderes Schriftstück klargestellt wird, dass die in Bezug genommen Textstellen Teil der Erklärung sein sollen. Nach dem Urteil des BGH vom 6.7.2011[809] soll die Angabe solcher Umstände entbehrlich sein, die dem Mieter „**bereits zuvor (mündlich) mitgeteilt** wurden oder ihm **sonst bekannt** sind." Nach der genannten Entscheidung bleibt allerdings unklar, ob bei der Prüfung eines Kündigungsschreibens, das nach isolierter Betrachtung formell unwirksam ist, mündlich bekannt gegebene Gründe oder eine sonstige Kenntnis des Mieters zu be-

---

[800] Begründung zum Vereinfachungsentwurf, abgedruckt in *Börstinghaus/Eisenschmid:* Arbeitskommentar Neues Mietrecht S. 496.
[801] *Börstinghaus/Eisenschmid* a. a. O. S. 498, 499.
[802] *Sternel* a. a. O.
[803] **A. A.** *Sternel* NZM 2011, 688: danach ist ein bloß hypothetischer Geschehensverlauf bei der Bewertung des Schadens nicht zu berücksichtigen.
[804] BT-Drucks. VI 1549 S. 6.
[805] BayObLG RE v. 14.7.1981, WuM 1981, 200.
[806] BayObLG a. a. O.
[807] BVerfG WuM 1993, 233.
[808] BGH (VIII ZR 74/10) WuM 2011, 169.
[809] BGH (VIII ZR 317/10) NZM 2011, 706 = WuM 2011, 518 = ZMR 2011, 942.

rücksichtigen sind. Nach der hier vertretenen Ansicht ist dies wegen §§ 568 Abs. 1, 573 Abs. 3 Satz 2 BGB zu verneinen.

b) Begriff der „Gründe". Bereits aus dem Wortlaut des § 573 BGB ergibt sich, dass der Begriff der „Gründe" in Abs. 3 nicht identisch ist mit dem in Abs. 1 und 2 verwendeten Begriff des berechtigten Interesses. Unter dem Interesse sind die in Abs. 2 speziell geregelten Kündigungstatbestände (Vertragsverletzungen, Eigenbedarf, anderweitige Verwertung) sowie die von Abs. 1 erfassten Tatbestände (Betriebsbedarf, etc.) zu verstehen. Die „Gründe" i. S. d. Abs. 3 sind demgegenüber die Tatsachen, Sachverhalte und Lebensvorgänge, aus denen sich die Kündigungstatbestände ergeben. Hieraus folgt, dass es für die Begründung einer Kündigung nicht genügt, wenn im Kündigungsschreiben lediglich der Gesetzeswortlaut oder das Kündigungsinteresse („wegen Eigenbedarfs") mitgeteilt wird.[810] **217**

c) Kerntatsachen und Ergänzungstatsachen. Für die Frage, in welcher Ausführlichkeit die Gründe anzugeben sind, ist der Rechtsentscheid des BayObLG vom 14. 7. 1981[811] von Bedeutung. Danach dürfen „an den formellen Begründungszwang nicht die gleichen hohen Anforderungen gestellt werden, wie an die materielle Anspruchsbegründung". Das BayOBLG unterscheidet zwischen den „Kerntatsachen" und den „Ergänzungstatsachen": Es genüge, wenn der Vermieter den Kündigungsgrund „so bezeichnet, dass er identifiziert und von anderen Gründen unterschieden werden kann („Kerntatsachen"). Tatsachen, die nur der näheren Erläuterung, Ergänzung, Ausfüllung sowie dem Beweis des geltend gemachten Kündigungsgrundes dienen" könnten nachgeschoben werden („Ergänzungstatsachen").[812] Der genannte Rechtsentscheid ist zu einer Eigenbedarfskündigung ergangen. Nach der Auffassung des BayObLG gehören bei diesem Kündigungstatbestand zu den „Kerntatsachen" Angaben wie: „ Fehlende anderweitige Unterbringung am Ort", „bisherige Wohnung wurde vom Vermieter gekündigt", „bisherige Wohnung zu klein oder zu groß", „gesundheitliche oder Altersgründe", „berufliche oder schulische Gründe". Zu den Ergänzungstatsachen gehören nach dieser Ansicht Angaben über die bisherigen Wohnverhältnisse, Einzelheiten über die Größe der bisherigen Wohnung, konkrete Darlegungen zum Gesundheitszustand, usw. Der **BGH** hat diese Rechtsansicht für die Auslegung des § 573 Abs. 3 BGB übernommen.[813] Ein Teil der Literatur folgt dieser Auffassung.[814] In einem weiteren Rechtsentscheid vom 17. 12. 1984[815] hat das BayObLG allerdings ergänzend ausgeführt, dass der Kreis der „Kerntatsachen" nicht verallgemeinernd festgelegt werden könne. Es könne „unter Umständen durchaus genügen, wenn der Vermieter angibt, seine Wohnung sei zu klein geworden ...". Es seien aber „auch Fälle denkbar, in denen die Wohnverhältnisse eingehender geschildert werden müssen." Dies müsse von den Instanzgerichten entschieden werden.[816] **218**

Die **Instanzgerichte** haben den Spielraum, der sich aus dem Rechtsentscheid des BayObLG vom 17. 12. 1984[817] ergibt, i. S. einer relativ weitgehenden Begründungspflicht ausgefüllt (Nachweise s. Rdn. 222). Dem ist – entgegen der Rechtsprechung des BGH (oben Rdn. 218 – zuzustimmen, weil die vom BayObLG in dem Rechtsentscheid vom 14. 7. 1981 beispielhaft erwähnten „Kerntatsachen" z. T. keine Tatsachen, sondern Werturteile darstellen („Wohnung zu klein").[818] Zur Begründung einer Kündigung reicht dies nicht aus, weil Werturteile ohne nähere Erläuterung nicht auf ihren objektiven Tatsachengehalt – auf den es alleine ankommt – überprüft werden kön- **219**

---

810 BVerfG NJW 1992, 1379 = WuM 1992, 178 = ZMR 1992, 232 = DWW 1992, 173.

811 BayObLG RE v. 14. 7. 1981, WuM 1981, 200.

812 Ebenso: BGH NJW 2007, 2845 = NZM 2007, 679 = WuM 2007, 579 = ZMR 2007, 772 = DWW 2007, 369 = GE 2007, 1185; BGH NJW-RR 2008, 869 = NZM 2008, 281 = WuM 2008, 233 = GE 2008, 402 unter Nr. II 1 d.

813 BGH (VIII ZR 271/06) WuM 2007, 579 unter Rz. 23; BGH (VIII ZR 70/09) WuM 2010, 301 unter Rz. 8; BGH (VIII ZR 317/10) WuM 2011, 518, betr. Eigenbedarf; BGH (VIII ZR 254/06) unter Rz. 24 WuM 2008, 233; BGH (VIII ZR 155/10) WuM 2011, 171 betr. wirtschaftliche Verwertung; BGH (VIII ZR 297/14) NJW 2015, 3368 Rn. 11, 12.

814 *Rolfs* in: Staudinger § 573 BGB Rdn. 202, 208; *Häublein* in: MünchKomm § 573 BGB Rdn. 95; *Lützenkirchen* in: Erman § 573 Rdn. 52; *Hannappel* in: Bamberger/Roth § 573 BGB Rdn. 125; *Franke* in: WoBauR § 573 BGB Anm. 44; Palandt/*Weidenkaff* § 573 BGB Rdn. 48; *Hinz* JR 2011, 306; **a. A.** *Lammel* § 573 BGB Rdn. 134: danach muss der Vermieter den Kündigungsgrund im Wesentlichen schlüssig darlegen.

815 BayObLG RE v. 17. 12. 1984, WuM 1985, 50.

816 I. E. ebenso: OLG Karlsruhe WuM 1989, 124.

817 BayObLG RE v. 17. 12. 1984, WuM 1985, 50.

818 *Kossmann* § 117 Rdn. 32.

nen.[819] Bei den relativ einfach strukturierten Kündigungstatbeständen des § 573 Abs. 2 Nr. 1 und 2 BGB sind dem Vermieter auch ohne weiteres umfassende Angaben zu den einzelnen Tatbestandsmerkmalen zuzumuten. Hier ist es sachgerecht, eine im Wesentlichen schlüssige Darstellung zu verlangen. Anders ist es bei dem relativ komplizierten und vielschichtigen Kündigungstatbestand des § 573 Abs. 2 Nr. 3 BGB. Hier dürfen die Anforderungen an das Kündigungsschreiben nicht überspannt werden.

220 Diese Rechtsauffassung wird vom **BVerfG** gebilligt: Die Regelung des Abs. 3 soll dem Mieter Klarheit über seine Rechtsposition verschaffen.[820] Deshalb muss z. B. ein Vermieter, der eine in München gelegene Wohnung kündigt, Angaben über ein in 75 km entferntes eigenes Haus und dessen Nutzung machen.[821] Wird der Wunsch zur Eigennutzung mit der Belastung des Grundstücks begründet, müssen die Einkünfte und Belastungen im Kündigungsschreiben mitgeteilt werden.[822] Wer von einer Wohnung im 1.OG in die EG-Wohnung umziehen will, muss die hierfür maßgeblichen Gründe mitteilen.[823] Nach der Auffassung des BVerfG müssen allerdings zwei Grenzen beachtet werden. Zum einen dürfen nur solche Angaben verlangt werden, die dem berechtigten Informationsinteresse des Mieters dienen.[824] Hieraus folgt, dass die Begründungspflicht nicht formalistisch gehandhabt werden darf.[825] Zum anderen muss sichergestellt werden, dass der Zugang zur gerichtlichen Sachprüfung nicht durch unzumutbar hohe Anforderungen an die vorgerichtliche Begründungspflicht verwehrt wird.[826] Die für die Mieterhöhung entwickelten Grundsätze[827] gelten auch für § 573 Abs. 3 BGB.[828]

221 **Unrichtige oder dramatisierende Angaben** sind für die formelle Wirksamkeit der Kündigungserklärung nur von Bedeutung, wenn nach dem richtigen Sachverhalt kein Kündigungsgrund besteht. Im Einzelfall kann hierin auch ein Indiz gegen die Ernsthaftigkeit des Eigennutzungswunsches liegen.[829] Geringfügige **Abweichungen** zwischen den realen Gegebenheiten und den Angaben im Kündigungsschreiben führen nicht zur Unwirksamkeit der Kündigung. Gleiches gilt, wenn sich der Lebenssachverhalt zwischen dem Ausspruch der Kündigung und der gerichtlichen Entscheidung über den Räumungsantrag geringfügig ändert. Das BVerfG hat hierzu in der Entscheidung vom 9. 2. 2000[830] wörtlich ausgeführt: „Von dem Vermieter kann … nur verlangt werden, dass er den Lebenssachverhalt so wiedergibt, wie er sich nach sorgfältiger Prüfung zum Zeitpunkt der Kündigungserklärung darstellt. Ändert sich der zugrunde liegende Lebenssachverhalt nachträglich geringfügig oder stellt sich eine Tatsachenprognose später in einem für die rechtliche Beurteilung nicht wesentlichen Punkt als unzutreffend heraus, dann führt es zu einer unzumutbaren Erschwerung der Rechtsverfolgung, wenn dem Vermieter allein deswegen die Berufung auf den Kündigungsgrund versagt wird."

222 **d) Zu den einzelnen Kündigungstatbeständen. aa) Vertragsverletzungen (Abs. 2 Nr. 1).** Bei einer Kündigung wegen einer Vertragsverletzung muss der Vermieter das Verhalten des Mieters hinreichend genau beschreiben und die Zeit, den Ort und die näheren Umstände des Vorfalls („wann, wo, was, wie") mitteilen.[831] Ist der Kündigung eine Abmahnung vorausgegangen, so muss sich aus dem Kündigungsschreiben ergeben, dass der Mieter nach dem Zugang der Abmahnung eine weitere, gleiche oder gleichartige Vertragsverletzung begangen hat. Es genügt nicht, wenn der Vermieter zur Begründung lediglich auf die im Abmahnschreiben aufgeführten Beanstandungen Bezug nimmt, weil der Kündigungstatbestand eine Fortsetzung des beanstandeten Ver-

---

819 LG Mannheim WuM 1996, 707.
820 BVerfG WuM 1989, 483, ZMR 1994, 252.
821 BVerfG NJW 1992, 1379 = WuM 1992, 178 = ZMR 1992, 232 = DWW 1992, 173.
822 BVerfG NJW 1992, 3032 = WuM 1993, 231.
823 BVerfG ZMR 1994, 252 = WuM 1995, 142.
824 BVerfG NJW 1992, 1379 = WuM 1992, 178 = ZMR 1992, 232 = DWW 1992, 173.
825 BVerfG NJW 1992, 2411 = WuM 1992, 417 = ZMR 1992, 429.
826 BVerfG WuM 1989, 62; WuM 2000, 232.
827 BVerfGE 37, 132, 147 f; BVerfGE 49, 244, 247; BVerfGE 53, 352, 357; BVerfGE 79, 80, 84.
828 BVerfG NJW 1992, 1379 = WuM 1992, 178 = ZMR 1992, 232 = DWW 1992, 173; NZM 2003, 592 = WuM 2003, 435.
829 BGH WuM 2010, 301.
830 BVerfG WuM 2000, 232.
831 *Hannappel* in Bamberger/Roth § 573 BGB Rdn. 127; *Haug* in Emmerich/Sonnenschein, Miete § 573 BGB Rdn. 86; *Barthelmess* § 564b BGB, Rdn. 133; *Franke* in WoBauR § 573 BGB Anm. 45; **a. A.** *Häublein* in MünchKomm § 573 BGB Rdn. 99; *Rolfs* in Staudinger § 573 BGB Rdn. 206: danach genügen pauschale Angaben (z. B. „wiederholter ruhestörender Lärm" oder „Unterlassen der Treppenreinigungspflicht").

haltens nach der Abmahnung voraussetzt.[832] Diese Grundsätze gelten auch dann, wenn der Vermieter abgemahnt hat, obwohl nach der gesetzlichen Regelung keine Abmahnung erforderlich gewesen wäre. Durch die Abmahnung gibt der Vermieter nämlich zu erkennen, dass der Mieter die Kündigung vermeiden kann, wenn er sich in Zukunft vertragsgemäß verhält. Wird die Kündigung auf eine Vertragsverletzung des Mieters gestützt und ergibt sich, dass das beanstandete Verhalten nicht diesem, sondern einem Familienangehörigen zur Last fällt, so ist eine „Korrektur" der Kündigungserklärung im Räumungsprozess als unzulässiges Auswechseln von Kündigungsgründen zu bewerten.[833] Die Kündigung kann allerdings unter Angabe des richtigen Sachverhalts wiederholt werden.

Wird die Kündigung auf eine Vielzahl einzelner Vertragsverletzungen gestützt, so müssen die 223
einzelnen Vertragsverletzungen substantiiert im Kündigungsschreiben dargelegt werden. Aus dem Kündigungsschreiben muss sich auch in diesem Fall ergeben, wann und wo der Mieter die behaupteten Vertragsverstöße begangen hat. Wird beispielsweise wegen einer häufigen Lärmbelästigung gekündigt, so genügt es nicht, wenn der Vermieter lediglich darlegt, dass der Mieter „ständig ruhestörenden Lärm" verursacht habe. Vielmehr ist in einem solchen Fall zu verlangen, dass Art, Zeitpunkt und jeweilige Dauer der einzelnen Lärmstörungen hinreichend genau beschrieben wird. Zumindest muss der Vermieter einen abgrenzbaren Zeitraum angeben und die Häufigkeit der Lärmstörungen innerhalb dieses Zeitraums darlegen (z. B.: „In der Zeit vom … bis … ca. dreimal wöchentlich").

bb) Eigenbedarf (Abs. 2 Nr. 2). aaa) Eine Eigenbedarfskündigung ist hinreichend begrün- 224
det, wenn sich aus dem Kündigungsschreiben ergibt, dass der Vermieter die Räume selbst bewohnen oder diese einer begünstigten Person überlassen will und dass hierfür vernünftige Gründe vorliegen.[834] Es ist nicht erforderlich, dass das Kündigungsschreiben Angaben zu den bisherigen Wohnverhältnissen enthält.[835] Im Falle der Überlassung an einen **Familienangehörigen** muss der Vermieter den Grad der Verwandtschaft (Sohn, Nichte, Vetter, usw.) mitteilen.[836] Zweifelhaft ist, ob das Kündigungsschreiben Einzelheiten zu den familiären Bindungen enthalten muss, wenn der Vermieter zugunsten eines weitläufigen Verwandten kündigt.[837] Nach der hier vertretenen Auffassung ist dies schon deshalb zu verneinen, weil sich die Unterscheidung zwischen den engen und den weitläufigen Verwandten (dazu Rdn. 54ff.) nicht unmittelbar aus dem Gesetz ergibt. Deshalb ist auch für einen sorgfältigen Vermieter nicht ohne weiteres zu erkennen, dass der Erfolg der Kündigung hiervon abhängen kann. Die Bezeichnung der begünstigten Person mit dem Verwandtschaftsgrad genügt nur dann, wenn hierdurch der Begünstigte unverwechselbar benannt wird. Hieran fehlt es, wenn ein Vermieter beispielsweise mehrere Söhne/Töchter hat und die Kündigung „zugunsten meines Sohnes" ausgesprochen wird. In einem solchen Fall muss der Begünstigte entweder namentlich genannt oder sonst näher bezeichnet werden.[838] Gleiches gilt, wenn es zwar nur eine Person mit dieser Verwandtschaftsbezeichnung gibt aber der Mieter von den familiären Verhältnissen des Vermieters keine Kenntnis hat. Auch der **Haushaltsangehörige** muss unverwechselbar bezeichnet werden, etwa durch die Angabe des Namens oder der Funktionsbezeichnung. Hiervon sind jene Fälle zu unterscheiden, in denen ein Vermieter für seine Familienangehörigen mehrere Wohnungen benötigt. Hier genügt es, wenn sich aus dem Kündigungsschreiben ergibt, dass alle Familienangehörigen zu dem privilegierten Personenkreis gehören (Rdn. 54ff.) und dass für jeden Angehörigen ein Bedarf besteht. Es ist nicht erforderlich, dass zum Zeitpunkt des Kündigungsausspruchs bereits ein konkreter Belegungsplan besteht oder mitgeteilt wird. Aus diesem Grunde spielt es für die Wirksamkeit der Kündigung auch keine Rolle, wenn der Vermieter seinen ursprünglichen Belegungsplan aufgibt und die Wohnungen zwischen seinen Familienangehörigen anders als zunächst geplant, aufteilt.[839]

bbb) Der Vermieter muss außerdem diejenigen Tatsachen mitteilen, aus denen sich das **Nut-** 225
zungs- oder Überlassungsinteresse ergibt (s. Rdn. 91). Die Angabe „wegen Eigenbedarfs"

---

[832] LG Bonn WuM 1992, 18.
[833] AG Köln WuM 2015, 623.
[834] BGHZ 103, 91, 96; BGH (VIII ZR 78/10) NJW 2010, 3775 = WuM 2010, 757 Rz 11; BGH (VIII ZR 317/10) NZM 2011, 706; BGH (VIII ZR 297/14) NJW 2015, 3368 Rn. 11, 12.
[835] BGH (VIII ZR 78/10) NJW 2010, 3775 = WuM 2010, 757 unter Rz 11.
[836] LG Bochum WuM 1993, 540; LG Frankfurt WuM 2000, 606.
[837] So AG Frankfurt/M. NJWE-MietR 1997, 52.
[838] AG Neuss DWW 1992, 245.
[839] OLG Köln ZMR 2004, 33.

oder „... weil ich die Wohnung für eigene Zwecke benötige" reicht niemals aus.[840] Ebensowenig genügt es, wenn der Vermieter das Nutzungsinteresse mit irgendwelchen Leerformeln umschreibt.[841] Nach der hier vertretenen Auffassung muss der Mieter auf Grund der im Kündigungsschreiben mitgeteilten Gründe in der Lage sein, die Erfolgsaussicht der Kündigung überschlägig zu überprüfen. Hieran ist das Kündigungsschreiben zu messen. Soweit es zur Information des Mieters erforderlich ist, muss der Vermieter auch persönliche Daten offenbaren.[842] Kündigt der Vermieter, weil seine bisherige **Wohnung zu klein oder zu groß** ist, muss er konkrete Angaben über seine Wohnverhältnisse machen. Es genügt nicht, wenn der Vermieter lediglich mitteilt, seine Wohnung sei „zu klein" oder „wesentlicher kleiner" als die Wohnung des Mieters oder „zu groß". Hierbei handelt es sich um Werturteile, auf Grund derer keine Überprüfung der wirklichen Wohnverhältnisse möglich ist. Erforderlich ist, dass der Vermieter konkrete Angaben über die Größe der Wohnungen macht.[843] Es genügt allerdings ein Hinweis auf die Anzahl der Zimmer und die Größe der Familie; es ist nicht erforderlich, dass die Größe der Zimmer mitgeteilt wird.[844] Wird wegen des Bedarfs an einer **Zweitwohnung** gekündigt, so muss der Vermieter mitteilen, wie er seinen gewöhnlichen und regelmäßigen Wohnbedarf deckt.[845] Die Angabe im Kündigungsschreiben, dass dem Vermieter die bisher genutzte Wohnung „nicht mehr zumutbar" sei, ist unzureichend. Der Vermieter muss in einem solchen Fall die konkreten Gründe angeben, aus denen sich die Unzumutbarkeit ergibt.[846] Soll die Wohnung einem **Angehörigen überlassen** werden, so muss das Kündigungsschreiben Ausführungen zum Grund der Überlassung enthalten. Wird mit der Begründung gekündigt, dass der Angehörige derzeit nicht angemessen untergebracht sei, so müssen die Wohnverhältnisse des Berechtigten offengelegt werden.[847] Anders ist es, wenn die Kündigung erfolgt, damit der Familienangehörige in der Nähe des Vermieters wohnen und diesen unterstützen kann; hier sind Ausführungen erforderlich, warum diese Unterstützung erforderlich ist. Gleiches gilt, wenn der Vermieter eine Wohnung beziehen will, die in der Nachbarschaft eines pflegebedürftigen Angehörige liegt. Auch hier müssen die Umstände mitgeteilt werden, aus denen sich die Notwendigkeit für den Bezug der gekündigten Wohnung ergibt.[848] Soll die Wohnung einem Familienangehörigen überlassen werden, der heiraten oder mit seinem Partner zusammenziehen will, so muss dargelegt werden, wie beide Personen gegenwärtig untergebracht sind; anders kann der Bedarf an der Wohnung nicht beurteilt werden.[849] Der Name des Verlobten/des Partners und dessen Anschrift müssen nicht mitgeteilt werden.[850] Entsprechendes gilt, wenn der Vermieter die gekündigte **Wohnung** zusammen **mit** seinem **Lebensgefährten nutzen** will. Auch hier muss der Name des Lebensgefährten in dem Kündigungsschreiben nicht genannt werden.[851] Ist dem Vermieter die bisherige Mietwohnung gekündigt worden, so genügt es nicht, wenn im Kündigungsschreiben lediglich dieser Umstand mitgeteilt wird.[852] Der Vermieter muss auch über die Gründe der Kündigung Auskunft geben, damit der Mieter prüfen kann, ob der Vermieter überhaupt zum Auszug verpflichtet ist. Will der Vermieter das Mietverhältnis über seine bisherige Wohnung trotz unwirksamer Kündigung oder aus eigenem Entschluss beenden, so muss er die Gründe darlegen, auf denen dieser Entschluss beruht. Wird wegen des Wunsches nach einem **Arbeitszimmer** gekündigt, so muss dieser Wunsch nicht durch Hilfstatsachen substantiiert werden. Deshalb muss der Vermieter nicht ausführen, warum er ein Arbeitszimmer benötigt.[853] Der Vermieter kann den

---

[840] LG Detmold WuM 1990, 301; LG Karlsruhe WuM 1989, 384; LG Hamburg WuM 1989, 385; LG Mannheim ZMR 1990, 19.

[841] LG Köln WuM 1992, 155: „Die Gründe ... sind in den derzeitigen Lebensverhältnissen und Lebensvorstellungen unserer Mandantschaft zu sehen"; LG Hamburg WuM 2007, 457: Die Tochter des Vermieters benötige für ihre „Persönlichkeitsentwicklung" eine eigene Wohnung.

[842] BVerfG NJW 1992, 1379 = WuM 1992, 178; LG Berlin GE 1995, 313.

[843] LG Mannheim WuM 1996, 707.

[844] BVerfG NZM 2003, 592 = WuM 2003, 435.

[845] BVerfG NJW 1992, 1379 = WuM 1992, 178.

[846] LG Oldenburg ZMR 2015, 857.

[847] LG Frankfurt WuM 2000, 606.

[848] AG Recklinghausen WuM 2016, 368.

[849] **A. A.** LG Oldenburg NJW-RR 1996, 653: danach sind Ausführungen zur Wohnsituation des Verlobten/des Partners entbehrlich.

[850] BGH (VIII ZR 284/13) NJW 2014, 2102 mit zust. Anm. *Wiek* WuM 2015, 55.

[851] BVerfG NZM 2003, 592 = WuM 2003, 435.

[852] LG München I WuM 1996, 770; LG Stuttgart NJW-RR 1996, 1036; AG Schöneberg GE 1994, 817.

[853] BVerfG NZM 2003, 592 = WuM 2003, 435.

Wunsch nach einer größeren Wohnung damit begründen, dass er sich **Kinder** wünsche. Auch dieser Wunsch muss nicht konkretisiert werden. Insbesondere ist es nicht erforderlich, dass eine Geburt absehbar ist.[854] Wird der Eigenbedarf damit begründet, dass der Vermieter wegen einer **Erkrankung** aus einer bisher genutzten Dachwohnung in eine Erdgeschosswohnung umziehen will, so genügt es, wenn im Kündigungsschreiben erwähnt wird, dass der Umzug wegen der „Erkrankung" oder kranheitsbedingt angezeigt ist. Weitere Ausführungen zu der Art der Erkrankung sind nicht erforderlich.[855]

Das Kündigungsschreiben dient der Information des Mieters; es braucht deshalb **keine** Angaben enthalten, die zur **Beweisführung** oder zur Überprüfung des Wahrheitsgehalts der Angaben des Vermieters nützlich sein könnten. Durch das Informationsinteresse des Mieters wird der Umfang der Begründungspflicht zugleich begrenzt. Kündigt der Vermieter mit der Begründung, dass er seinen täglichen **Arbeitsweg verkürzen** wolle, so muss er lediglich den Ort seiner Tätigkeit und den seiner Wohnung mitteilen und Entfernungsangaben machen; Ausführungen zu der Größe der bisherigen Wohnung sind in diesem Fall entbehrlich. Wird die Kündigung dagegen mit unzureichenden Wohnverhältnissen begründet, so sind konkrete Angaben zu den Wohnverhältnissen erforderlich und Angaben zu der Entfernung zum Arbeitsplatz entbehrlich. **226**

Die ältere instanzgerichtliche Rechtsprechung ist durch die Entscheidungen des BGH z. Teil überholt **Bedarf für Familienangehörige:** Die Angabe des Vermieters, „er benötige die Räume für seinen Sohn R." genügt nicht.[856] Im Kündigungsschreiben müssen die bisherigen Wohnverhältnisse des Angehörigen offengelegt werden.[857] Macht ein Vermieter **Bedarf an allen Wohnungen eines Hauses** geltend, weil er diese mit seiner Familie nutzen will, so muss in dem Kündigungsschreiben nicht ausgeführt werden, welche Familienmitglieder in welche Wohnungen einziehen.[858] Wird wegen eines Bedarfs für eine **Pflegeperson** gekündigt, so muss die Pflegeperson zum Zeitpunkt des Kündigungsausspruchs noch nicht feststehen; deshalb ist es auch nicht erforderlich, dass die Pflegeperson im Kündigungsschreiben namentlich genannt wird.[859] Wird eine Kündigung auf die Krankheit der Bedarfsperson gestützt, so muss im Kündigungsschreiben die Art der Krankheit mitgeteilt werden;[860] die Mitteilung „wegen Eigenbedarf für Pflegeperson" genügt nicht.[861] Bei einer Kündigung wegen eines **berufsbedingten Wohnungswechsels** genügt es nicht, wenn der Vermieter im Kündigungsschreiben mitteilt, sein Sohn werde als Polizeibeamter in absehbarer Zeit seinen Dienst am Ort der Wohnung antreten. Erforderlich ist die Angabe aus wieviel Personen die Familie des Sohnes besteht und in welchem Zeitrahmen ein Umzug erfolgen soll.[862] Kündigt der Vermieter eine in Berlin gelegene Wohnung mit der Begründung, dass er seine Berufstätigkeit in Berlin fortsetzen wolle und zu diesem Zweck eine Familienwohnung benötige, so muss er bereits im Kündigungsschreiben mitteilen, dass auch seine Ehefrau umzugsbereit ist.[863] Wird im Zusammenhang mit dem **Erwerb einer Eigentumswohnung** gekündigt, so ist die Mitteilung „wir haben den … Wohnraum erworben, um selbst dort einzuziehen" unzureichend.[864] Nach der Rechtsprechung des BVerfG soll es allerdings bereits ausreichen, wenn der Vermieter sein Interesse damit begründet, dass er nicht mehr Mieter sein wolle.[865] **Heirat/Partnerschaften:** Der Vermieter muss im Kündigungsschreiben mitteilen, dass er die Wohnung zusammen mit seiner Partnerin nutzen will; dies gilt auch dann, wenn diese noch verheiratet ist.[866] Kündigt der Vermieter mit der Begründung, er wolle die Wohnung seinem Sohn überlassen, damit dieser zusammen **227**

[854] BVerfG NZM 2003, 592 = WuM 2003, 435.
[855] BGH NJW 2007, 2845 = NZM 2007, 679 = WuM 2007, 579 = ZMR 2007, 772 = DWW 2007, 369 = GE 2007, 1185.
[856] LG Freiburg WuM 1990, 300; ebenso: LG Göttingen WuM 1990, 351; LG Koblenz WuM 1990, 509; überholt; s. BGH (VIII ZR 78/10) NJW 2010, 3775 = WuM 2010, 757 unter Rz 11).
[857] LG Bochum WuM 1993, 540; LG Frankfurt WuM 2000, 606; überholt; s. BGH (VIII ZR 78/10) NJW 2010, 3775 = WuM 2010, 757 unter Rz 11; BGH (VIII ZR 317/10) NZM 2011, 706 = WuM 2011, 518 = ZMR 2011, 942.
[858] OLG Köln WuM 2003, 465.
[859] OLG Hamm RE 24.7.1986 NJW-RR 1986, 1212 = WuM 1986, 269 = ZMR 1986, 398.
[860] LG Berlin MM 1995, 225; ebenso: AG Frankfurt NJW-RR 1992, 661.
[861] AG Frankfurt WuM 1990, 155.
[862] LG Arnsberg MDR 1994, 578.
[863] LG Berlin NJW-RR 1995, 783; überzogen.
[864] LG Mannheim ZMR 1990, 19.
[865] BVerfG NJW 1993, 309 = WuM 1993, 729 = ZMR 1994, 208.
[866] LG München NZM 2001, 807.

mit seiner Verlobten einen gemeinsamen Haustand gründen könne, so muss bereits im Kündigungsschreiben mitgeteilt werden, in welchen Verhältnissen der Familienangehörige und dessen Verlobte gegenwärtig wohnen.[867] Nach richtiger Ansicht genügt es nicht, wenn der Vermieter lediglich mitteilt, dass sein Sohn heiraten und die Wohnung beziehen will; vielmehr müssen die Gründe des Einzugs mitgeteilt werden.[868] Der Name des Verlobten oder Partners muss allerdings nicht mitgeteilt werden.[869] Wird gekündigt, weil die bisherige **Wohnung zu klein** ist, so genügt es nicht, wenn im Kündigungsschreiben lediglich ausgeführt wird, dass der Vermieter in eine größere Wohnung umziehen will.[870] Die Mitteilung, der Vermieter könne es sich nunmehr finanziell leisten, in die bisher vermietete Wohnung einzuziehen, ist ebenfalls unzureichend.[871] Auch pauschale Werturteile wie „vielköpfige Familie", „völlig überbelegt", „unzumutbare Wohnverhältnisse" reichen nicht aus; vielmehr muss der Vermieter Angaben zur Größe der Wohnung machen und die genaue Zahl der Bewohner mitteilen.[872]

228 **ccc)** Teilweise wird die Ansicht vertreten, dass der Vermieter bereits im Kündigungsschreiben seinen weiteren Grundbesitz offenlegen und darlegen muss, ob anderweitige **freistehende Alternativobjekte** zur Verfügung stehen.[873] Diese Ansicht ist zwar verfassungsrechtlich nicht zu beanstanden.[874] Aus einfachrechtlicher Sicht ist diese Ansicht aber abzulehnen, weil der Vermieter zwar die Gründe der Kündigung, aber nicht die gegen die Kündigung sprechenden Umstände angeben muss.[875] Den Interessen des Mieters wird dadurch Rechnung getragen, dass ihm ein Auskunftsanspruch gegen den Vermieter zusteht; außerdem kann der Mieter in das Grundbuch Einsicht nehmen (s. Rdn. 136).

229 **ddd) Alternative Begründungen** sind unzulässig. Hiervon ist auszugehen, wenn der Vermieter in dem Kündigungsschreiben mitteilt, er benötige die Wohnung entweder für Herrn X oder Herrn Y[876] oder wenn in dem Kündigungsschreiben ausgeführt wird, der Vermieter wolle die Wohnung einer seiner drei Töchter überlassen.[877] Zum einen muss der Verwendungszweck bereits im Zeitpunkt des Ausspruchs der Kündigung feststehen. Zum anderen ist es dem Mieter nicht zumutbar, mehrere Alternativsituationen zu beurteilen.

230 **cc) Wirtschaftliche Verwertung (Abs. 2 Nr. 3).** Die Tatbestandsvoraussetzungen des § 573 Abs. 2 Nr. 3 BGB sind vielschichtig und relativ kompliziert. Deshalb ist es in vielen Fällen kaum möglich, dass die Kündigungsvoraussetzungen bereits in der Kündigungserklärung umfassend dargelegt werden. Aus diesem Grunde ist es sachgerecht, wenn an das Kündigungsschreiben etwas geringere Anforderungen als in den Fällen des Abs. 2 Nr. 1 und 2 gestellt werden.[878] Dies ist auch aus verfassungsrechtlichen Gründen geboten, weil dem Vermieter der Zugang zur gerichtlichen Sachprüfung ohne allzugroße Schwierigkeiten möglich sein muss. Gleichwohl genügt es auch bei einer Kündigung nach Abs. 2 Nr. 3 nicht, wenn das Kündigungsschreiben lediglich eine Rechtsbehauptung enthält oder den Gesetzestext wiedergibt. Erforderlich ist auch hier die hinreichend genaue Angabe von Tatsachen, aus denen sich der Kündigungsgrund herleiten lässt.

231 **aaa)** Will der Vermieter sein **Haus oder seine Wohnung in leerstehendem Zustand verkaufen,** so genügt es nicht, wenn sich aus der Kündigungserklärung lediglich ergibt, dass die Woh-

---

[867] LG Mannheim ZMR 1994, 67; ebenso: LG Berlin GE 1995, 315; LG Hamburg WuM 1993, 50; AG Kenzingen WuM 1990, 433; **a. A.** LG Gießen ZMR 1994, 565; LG Oldenburg WuM 1996, 220.

[868] LG Gießen WuM 1991, 39; **a. A.** LG Münster NJW-RR 1990, 398.

[869] LG Berlin MM 1994, 327; ebenso: LG Gießen ZMR 1994, 565; **a. A.** LG Hamburg NJW-RR 1992, 1364 = WuM 1993, 50.

[870] LG Hamburg ZMR 1993, 167.

[871] AG Tempelhof-Kreuzberg MM 1991, 230.

[872] LG Gießen WuM 1994, 684 = ZMR 1995, 72.

[873] LG Berlin MM 1992, 388; LG Bielefeld WuM 1993, 539: falls der Vermieter Eigentümer mehrerer Häuser ist; AG Hamburg WuM 1995, 109: Der Vermieter muss zwar keinen „Status über sein Immobilieneigentum" vorlegen, aber mitteilen, ob ihm weitere Wohnungen gehören, die für den Mieter geeignet sein könnten; ähnlich LG Bielefeld WuM 1993, 539; AG Waiblingen WuM 1995, 589: der Vermieter muss darlegen, dass keine anderen Wohnungen zur Deckung seines Bedarfs in Betracht kommen.

[874] Vgl. BVerfG NJW 1992, 1379 = WuM 1992, 178 = ZMR 1992, 232 = DWW 1992, 173: Danach muss z. B. ein Vermieter, der eine in München gelegene Wohnung kündigt, Angaben über ein in 75 km entferntes eigenes Haus und dessen Nutzung machen.

[875] Ebenso: LG München I WuM 1996, 38; *Barthelmess* § 564b BGB Rdn. 134; *Rolfs* in Staudinger § 573 BGB Rdn. 211a; *Lammel* Wohnraummietrecht § 573 BGB Rdn. 134.

[876] AG Frankfurt WuM 1991, 39.

[877] LG München I WuM 1991, 490.

[878] *Häublein* in MünchKomm § 573 Rdn. 101.

nung in vermietetem Zustand nur mit einem erheblichen Abschlag zu verkaufen sei.[879] Vielmehr muss der Vermieter im Kündigungsschreiben mitteilen, **(1)** dass er diese Absicht hat (anderweitige Verwertung), **(2)** dass ein Verkauf im vermieteten Zustand unmöglich oder nur mit Verlusten möglich ist (Erforderlichkeit der Kündigung), **(3)** aus welchen Gründen der Verkauf erfolgt (Angemessenheit der Verwertung) und **(4)** welche konkreten Nachteile beim Unterlassen des Verkaufs oder beim Verkauf im vermieteten Zustand eintreten werden.

Zu dem **Merkmal (1)** wird vereinzelt die Ansicht vertreten, dass bereits die Mitteilung der Ver- **232** kaufsabsicht zur Begründung der Kündigung ausreicht.[880] Diese Ansicht steht mit dem Gesetzeswortlaut und -zweck offensichtlich nicht im Einklang.[881]

Nach der hier vertretenen Ansicht versteht es sich nicht von selbst, dass für eine freistehende **233** Wohnung ein höherer Preis erzielt werden kann, als für eine Wohnung mit einem bestehenden Mietverhältnis (S. Rdn. 182). Deshalb muss der Vermieter diesen Umstand im Kündigungsschreiben darlegen **(Merkmal (2).** Teilweise wird in diesem Zusammenhang gefordert, dass der Vermieter konkrete Kaufinteressenten benennen müsse, die vom Kauf im vermieteten Zustand Abstand genommen haben;[882] diese Ansicht ist dann zutreffend, wenn der Vermieter entsprechende Verkaufsbemühungen unternommen hat und die Interessenten wegen des Mietverhältnisses vom Kauf Abstand genommen oder nur einen unzumutbaren Preis geboten haben. Das LG Frankfurt[883] fordert für diesen Fall, dass der Vermieter im Kündigungsschreiben darlegt, welchen Wert die Wohnung im unvermieteten Zustand hat, weil nur dann geprüft werden kann, ob der Verkauf nicht an den überzogenen Preisvorstellungen des Vermieters gescheitert ist. Diese Ansicht überzeugt nicht, weil diese Umstände ohnehin nur durch eine Beweisaufnahme geklärt werden können. Es ist nicht erforderlich, dass der Vermieter selbst Verkaufsbemühungen unternimmt. Es genügt auch, wenn er das Objekt über einen Makler verkaufen will und dieser erklärt, dass ein Verkauf im vermieteten Zustand nicht oder nur zu unzumutbaren Bedingungen möglich ist;[884] in diesem Fall muss diese Auskunft mitgeteilt werden (eine andere Frage ist es, ob die Auskunft zutrifft; dies ist gegebenenfalls durch eine Beweisaufnahme zu klären). Der Vermieter muss überhaupt keine Verkaufsbemühungen unternehmen. Er kann ebenso auf ein Sachverständigengutachten Bezug nehmen aus dem sich ergibt, dass ein Verkauf mit dem bestehenden Mietverhältnis sinnlos ist;[885] in diesem Fall muss das Gutachten dem Kündigungsschreiben beigefügt werden. Ergibt sich aus dem Kündigungsschreiben aber nicht, welche Verkaufsbemühungen mit welchem Ergebnis der Vermieter unternommen hat, oder auf Grund welcher anderer Erkenntnisse ein Verkauf mit dem bestehenden Mietverhältnis wirtschaftlich sinnlos ist, so ist die Kündigung wirkungslos.[886] In Ausnahmefällen kann aus den sonstigen Angaben im Kündigungsschreiben der Erfahrungssatz abgeleitet werden, dass das Objekt im vermieteten Zustand unverkäuflich ist, weil Objekte dieser Art nicht von Kapitalanlegern erworben werden.[887]

Zur Darlegung des **Merkmals (3)** genügt die knappe Angabe der Verkaufsgründe. Will der Ver- **234** mieter verkaufen, weil er für sich oder seine Familie eine Wohnung oder ein Haus kaufen und mit dem Kaufpreis der vermieteten Wohnung finanzieren will, so muss er nicht darlegen, wie er gegenwärtig untergebracht ist.[888] Bloße Floskeln reichen aber auch hier nicht aus.[889]

Zum **Merkmal (4)** muss der Vermieter im Kündigungsschreiben darlegen, welche Verluste beim **235** Verkauf im vermieteten Zustand eintreten werden und worauf sich diese Erkenntnisse gründen; pau-

---

879 LG Berlin WuM 2016, 178.

880 AG Arnsberg DWW 1990, 153; ähnl. AG Bad Homburg WuM 1989, 303, wenn der Verkaufsgrund beim Abschluss des Mietvertrags vor 6 Jahren (!) erläutert worden ist.

881 So zutr. LG Düsseldorf WuM 1987, 321; LG Bad Kreuznach WuM 1991, 179; LG Gießen WuM 1991, 184; LG Hamburg WuM 1991, 185; LG Mosbach WuM 1991, 191; AG Neuss DWW 1990, 279; AG Bergisch Gladbach WuM 1991, 181; AG Hannover WuM 1991, 188; AG Stuttgart-Bad Cannstatt WuM 1991, 199.

882 LG Darmstadt WuM 1987, 320; AG Schöneberg MM 1989, 284; AG Nidda WuM 1989, 573.

883 LG Frankfurt DWW 1988, 324.

884 BVerfG ZMR 1998, 685; **a. A.** wohl LG Mosbach WuM 1991, 191.

885 BVerfG GE 1998, 852 und 853; **a. A.** OLG Stuttgart ZMR 2006, 42, 45.

886 Insoweit zutreffend: OLG Stuttgart ZMR 2006, 42, 45; LG Gießen WuM 1991, 184; AG Neuss DWW 1990, 279; AG Regensburg WuM 1991, 195.

887 Vgl. Krefeld WuM 2010, 302 betr. ein Einfamilienhaus mit aufwendiger Ausstattung und einem Verkaufswert von 480.000 €.

888 **A. A.** LG Frankfurt DWW 1988, 324.

889 AG Siegburg WuM 1991, 197, betr. Verkauf, weil das Haus „wirtschaftlich nicht mehr tragbar" sei.

schale Behauptungen genügen nicht.[890] Hat der Vermieter das Objekt seinerseits im vermieteten Zustand erworben, so muss er nach der hier vertretenen Ansicht auch den Einkaufspreis mitteilen.[891] Ob die im Falle eines Verkaufs im vermieteten Zustand entstehenden Verluste ins Gewicht fallen, hängt unter Umständen von den wirtschaftlichen Verhältnissen des Vermieters ab. In diesem Fall sind die Verhältnisse im Kündigungsschreiben offenzulegen.[892]

236 Wird der Verkauf mit einer unzureichenden Rendite begründet, so muss der Vermieter in diesem Zusammenhang die Entwicklung der Mietzinseinnahmen und der Kosten darlegen. Dies geschieht zweckmäßigerweise in Form einer Wirtschaftlichkeitsberechnung.[893] Es genügt aber auch jede andere Form der Darlegung; sie muss nur verständlich und für den Mieter nachvollziehbar sein. Aus dem Umstand, dass die laufenden Finanzierungskosten höher sind, als die Mieteinnahmen, ergibt sich noch nicht, dass ein Verkauf aus wirtschaftlichen Gründen erforderlich ist, weil hier auch der Wertzuwachs am Mietobjekt und die Steuervorteile berücksichtigt werden müssen. Dementsprechend sind in diesem Fall auch jene Umstände offenzulegen.[894] Der Vermieter muss soviel an Daten und Fakten mitteilen, dass der Mieter prüfen kann, ob eine Rechtsverteidigung sinnvoll ist.[895]

237 **bbb)** Bei beabsichtigter **gewerblicher Nutzung** muss der Vermieter im Kündigungsschreiben angeben, ob er das Objekt selbst als Gewerberaum nutzen oder ob er es als Geschäftsraum vermieten will. Bei der Eigennutzung müssen die hierfür maßgeblichen Gründe angegeben werden; außerdem ist darzulegen, welche persönlichen oder wirtschaftlichen Nachteile beim Fortbestand des Mietverhältnisses eintreten.[896] Bei der Vermietungsabsicht sind vergleichende Wirtschaftlichkeitsberechnungen vorzulegen (eine andere Frage ist es, ob die Berechnungen richtig sind und ob auf Grund der dort ausgewiesenen Ergebnisse eine Kündigung gerechtfertigt ist; hierüber muss vom Gericht – gegebenenfalls nach Beweisaufnahme – entschieden werden).

238 Ist für die gewerbliche Nutzung eine **Zweckentfremdungsgenehmigung** erforderlich, so muss im Kündigungsschreiben mitgeteilt werden, dass die Genehmigung erteilt ist. Die Genehmigung muss dem Kündigungsschreiben nicht beigefügt werden.[897]

239 **ccc)** Soll das **Gebäude abgerissen und durch einen Neubau ersetzt** werden, so genügt es, wenn dem Mieter mitgeteilt wird, aus welchen Gründen der Vermieter die vorhandene Bausubstanz nicht für erhaltenswert hält und welche baulichen Maßnahmen er stattdessen plant.[898] Die Frage, ob dem Vermieter eine alternative Sanierungsmöglichkeit zur Verfügung steht und ob er im Interesse des Mieters hierauf zurückgreifen muss, betrifft nicht die formelle, sondern die materielle Wirksamkeit der Kündigung. Deshalb muss dem Kündigungsschreiben keine Wirtschaftlichkeitsberechnung beigefügt werden, aus der sich ergibt, dass zu dem Abriss keine „Sanierungsalternative" besteht.[899] Die hiervon abweichende Rechtsprechung einiger Instanzgerichte[900] ist überholt. Es genügt allerdings nicht, wenn in dem Kündigungsschreiben lediglich ausgeführt wird, das Haus sei verwahrlost und müsse abgerissen werden, damit ein neues Wohngebäude erstellt werden kann[901] oder wenn der Vermieter ganz allgemein auf drohende wirtschaftliche Nachteile hinweist.[902] Aus den Ausführungen des Vermieters muss sich vielmehr ergeben, dass der Abriss in erheblichem Maße wirtschaftlicher ist, als die Aufrechterhaltung des bestehenden Zustands.

240 Besteht in der Gemeinde ein Zweckentfremdungsverbot, so muss beachtet werden, dass die Kündigung nur wirksam ist, wenn für den Abriss eine **Zweckentfremdungsgenehmigung** erteilt ist und dieser Umstand im Kündigungsschreiben erwähnt wird.[903] Die Zweckentfremdungsge-

---

[890] LG Freiburg WuM 1991, 592.
[891] Ebenso: LG Berlin GE 1994, 1055.
[892] LG Berlin GE 1994, 109: einschließlich der steuerlichen Gegebenheiten.
[893] LG Berlin ZMR 2003, 837.
[894] LG Freiburg WuM 1991, 183; ähnl. AG Hamburg WuM 1991, 185.
[895] AG Gelsenkirchen WuM 1990, 26.
[896] AG Bergheim WuM 1991, 164: Ertragslage des Unternehmens und wirtschaftliche Kalkulation muss offengelegt werden.
[897] OLG Hamburg RE v. 25.3.1981, WuM 1981, 155; LG Berlin ZMR 1991, 346.
[898] BGH (VIII ZR 155/10) NJW 2011, 1135 = WuM 2011, 171 = ZMR 2001, 458.
[899] BGH a. a. O.
[900] Z. B. LG Berlin, GE 2007, 659; AG Regensburg WuM 1991, 177.
[901] LG Kempten WuM 1994, 687.
[902] LG Berlin WuM 1996, 770.
[903] OLG Hamburg RE v. 25.3.1981, WuM 1981, 155; LG Berlin ZMR 1991, 346; **a. A.** LG Mannheim NZM 2004, 256 = WuM 2004, 99.

nehmigung muss dem Kündigungsschreiben nicht beigefügt werden. Für die **Baugenehmigung/Abrissgenehmigung** gilt etwas anderes. Während die Zweckentfremdungsgenehmigung nach ihrer Zielsetzung mieterschützenden Charakter hat, soll durch die Baugenehmigung lediglich sichergestellt werden, dass das Bauvorhaben den öffentlich-rechtlichen Baunormen entspricht. Dies hat zur Folge, dass die Wirksamkeit der Kündigung nicht davon abhängt, ob die Baugenehmigung bereits erteilt ist.[904] Der Vermieter muss mit seiner Kündigung auch nicht zuwarten, bis die Genehmigungen erteilt sind; andererseits darf er aber erst dann kündigen, wenn seine Planung ein Stadium erreicht hat, in dem beurteilt werden kann, ob die Verwirklichung des Plans eine Kündigung rechtfertigt. Dies muss anhand der konkreten Umstände des Einzelfalls festgestellt werden.

ddd) Bei einer geplanten **Sanierung/Modernisierung** muss zunächst der Umfang der Maßnahme hinreichend genau beschrieben werden. Allgemein gehaltene Formulierungen reichen nicht aus. Der Mieter muss in der Lage sein zu beurteilen, ob wegen des Umfangs der Maßnahmen eine Beendigung des Mietverhältnisses erforderlich ist. Außerdem muss das Kündigungsschreiben Angaben zur Angemessenheit und zum Nachteil enthalten.[905] Vergleichende Wirtschaftlichkeitsberechnungen sind entbehrlich, wenn der derzeitige Zustand des Gebäudes und der Wohnungen eine Sanierung/Modernisierung nahelegt: die Steigerung des Grundstückswerts durch Erhaltung und Verbesserung der Bausubstanz entspricht in diesen Fällen dem Gebot wirtschaftlicher Vernunft; in der Unterlassung solcher notwendigen Maßnahmen liegt deshalb zugleich ein wirtschaftlicher Nachteil.[906] Befinden sich in einem Haus beispielsweise Gemeinschaftstoiletten, die von mehreren Mietparteien benutzt werden, oder sind die Wohnungen weder mit Bädern noch mit einer Zentralheizung ausgestattet, so muss der Vermieter im Kündigungsschreiben nicht darlegen, dass durch die Modernisierung der Wohnungen die Rendite verbessert wird, weil sich dies von selbst versteht.[907] Etwas anderes kann gelten, wenn der Vermieter ein Gebäude in gutem Zustand mit soliden Durchschnittswohnungen durch Modernisierungsmaßnahmen in ein Luxusobjekt verwandeln will.[908] Ist der Eigentümer baupolizeilich zur Durchführung von Sanierungsarbeiten aufgefordert worden, so kann entweder ein Fall des § 573 Abs. 2 Nr. 3 BGB oder ein Fall des § 573 Abs. 1 BGB vorliegen. Wird die Kündigung auf § 573 Abs. 2 Nr. 3 BGB gestützt, so sind Darlegungen zum wirtschaftlichen Nachteil erforderlich.[909] Bei § 573 Abs. 1 BGB reicht es aus, wenn der Vermieter darlegt, dass die Sanierungsverfügung besteht und dass er dieser Maßnahme aus öffentlich-rechtlichen Gründen Folge leisten muss. 241

dd) sonstige Kündigungsgründe (Abs. 1). aaa) Bei einer **Kündigung wegen Betriebsbedarfs** muss sich aus dem Kündigungsschreiben ergeben, **(1)** dass das Arbeitsverhältnis beendet ist oder dass dessen Beendigung kurz bevor steht; **(2)** dass der Vermieter die Absicht hat, die Wohnung einem anderen Arbeitnehmer oder einem künftigen Arbeitnehmer zu überlassen und **(3)** dass hierfür vernünftige, nachvollziehbare Gründe vorliegen; **(4)** dass der Betriebsrat der Kündigung zugestimmt hat. 242

Darlegungen zum **Merkmal (1)** sind entbehrlich, wenn an der Beendigung des Arbeitsverhältnisses keinerlei Zweifel bestehen. Das **Merkmal (2)** ist hinreichend begründet, wenn der Vermieter darlegt, dass die Wohnung einem Betriebsangehörigen überlassen werden soll. Es ist nicht erforderlich, dass der Mietinteressent namentlich oder sonst identifizierbar benannt wird.[910] Hinsichtlich des **Merkmals (3)** muss der Vermieter darlegen, dass aus dem Kreis der Arbeitnehmer Interessenten für die Wohnung vorhanden sind. Bei dem **Merkmal (4)** ist zu beachten, dass das Mitbestimmungsrecht des Betriebsrats nur bis zur wirksamen Auflösung des Arbeitsverhältnisses besteht.[911] 243

Bei der Kündigung einer sog. **„unechten Werkwohnung"** muss in dem Kündigungsschreiben ausgeführt werden, dass der Vermieter die Absicht hat, die Wohnung einem Arbeitnehmer oder einem künftigen Arbeitnehmer zu überlassen und dass hierfür besonders dringliche Gründe vorliegen (s. Rdn. 194). Dabei muss der Vermieter diejenigen Umstände offenlegen, aus denen der besonders dringliche Grund hergeleitet wird. 244

---

[904] OLG Frankfurt RE v. 25.6.1992, WuM 1992, 421; BayObLG RE v. 31.8.1993, WuM 1993, 660 = ZMR 1993, 560.
[905] LG Bonn ZMR 1992, 114.
[906] Unklar LG Karlsruhe WuM 1991, 169.
[907] **A. A.** AG Köln WuM 1991, 170.
[908] Vgl. dazu LG Aachen MDR 1983, 670.
[909] LG Freiburg WuM 1991, 175.
[910] LG Köln ZMR 1996, 666.
[911] OLG Frankfurt RE v. 14.8.1992, WuM 1992, 525 = ZMR 1992, 443.

245 **bbb)** Soll eine **fehlbelegte Sozialwohnung** gekündigt werden, so muss sich aus dem Kündigungsschreiben ergeben, dass die zuständige Behörde vom Vermieter die Beseitigung der Fehlbelegung verlangt hat. Die behördliche Verfügung muss dem Kündigungsschreiben nicht beigefügt werden. Jedoch muss in dem Kündigungsschreiben mitgeteilt werden, welche Behörde tätig geworden ist, so dass der Mieter dort weitere Auskünfte einholen kann.

246 **ccc)** Bei einer **Kündigung wegen Überbelegung** muss der Vermieter mitteilen, in welchem Umstand die Überbelegung gesehen wird. Dies setzt regelmäßig voraus, dass der Vermieter in dem Kündigungsschreiben die Personen benennt, die nach seiner Auffassung in der Wohnung leben. Die Personen müssen zwar nicht namentlich, aber identifizierbar benannt werden. Auf diese Weise kann der Mieter überprüfen, ob der Vermieter von zutreffenden Voraussetzungen ausgeht oder ob er fälschlicherweise auch Besucher oder ehemalige Bewohner berücksichtigt hat. Die Angabe einer Personenzahl genügt regelmäßig nicht, weil eine solche Angabe dem Kontrollbedürfnis des Mieters nicht gerecht wird. Da die Überbelegung als solche für die Kündigung alleine nicht ausreicht, muss der Vermieter auch die tatsächlichen Umstände darlegen, aus denen sich ergibt, dass seine Interessen gefährdet werden (übermäßige Abnutzung oder Beschädigung der Wohnung, Hausfriedensstörungen etc.).

247 **ddd)** Bejaht man ein Recht zur **Kündigung wegen Unterbelegung** (s. Rdn. 201) so muss in dem Kündigungsschreiben ausgeführt werden, aus welchen Umständen der Vermieter seinen Anspruch auf eine bessere Ausnutzung der Wohnung herleitet. Aus dem Kündigungsschreiben muss sich weiter ergeben, dass Wohnungsbewerber mit größerer Familie vorhanden sind und dass die Räume einem solchen Bewerber überlassen werden sollen. Der Bewerber muss nicht namentlich benannt werden; jedoch muss aus dem Kündigungsschreiben ersichtlich sein, aus wieviel Personen die Familie des Bewerbers besteht.

248 **eee)** Wird zugunsten **öffentlicher Interessen** gekündigt, so muss sich aus dem Kündigungsschreiben ergeben, auf Grund welcher Umstände der Vermieter zur Wahrnehmung öffentlicher Interessen befugt ist. Der Kündigungszweck muss hinreichend genau beschrieben werden. Dazu sind Ausführungen erforderlich, welchen Zwecken die Räume zugeführt werden sollen und welche Erwägungen für die beabsichtigte Nutzung maßgeblich gewesen sind. Der bloße Hinweis auf die von einem öffentlichen Organ getroffene Entscheidung genügt i. d. R. nicht.

249 **fff)** Bei einer **Kündigung zur Erweiterung eines Gewerbebetriebs** muss im Kündigungsschreiben dargelegt werden, dass der Vermieter auf den Wohnraum zur Erweiterung seines Geschäftsbetriebs dringend angewiesen ist (dass also andere Räumlichkeiten nicht zur Verfügung stehen), dass die Geschäftserweiterung wirtschaftlich sinnvoll ist, und dass im Falle der Nichterweiterung des Geschäftsbetriebs erhebliche Nachteile drohen. Erforderlich ist die Mitteilung konkreter Tatsachen, aus denen das Vorliegen der jeweiligen Tatbestandsmerkmale abgeleitet werden kann. Insoweit gelten die gleichen Grundsätze wie bei der Kündigung nach Abs. 2 Nr. 3. Soweit eine **Zweckentfremdungsgenehmigung** erforderlich ist, muss deren Vorliegen außerdem im Kündigungsschreiben erwähnt werden. Die Genehmigung muss dem Kündigungsschreiben aber nicht beigefügt werden.

250 **ggg)** Soll ein **Untermietverhältnis** gekündigt werden, damit der Hauptmieter die ihm gegenüber dem Eigentümer obliegende Herausgabepflicht erfüllen kann, so muss sich nach der hier vertretenen Auffassung (s. Rdn. 205) aus dem Kündigungsschreiben ergeben, dass das Hauptmietverhältnis gekündigt worden ist. Außerdem muss der Hauptmieter im Kündigungsschreiben darlegen, dass der Eigentümer ein berechtigtes Interesse nach § 573 Abs. 1 oder Abs. 2 BGB an der Beendigung des Untermietverhältnisses hat oder dass der Untermieter den Anlass für die Beendigung des Hauptmietverhältnisses gegeben hat. Hierfür gelten dieselben Grundsätze wie für die Kündigung nach Abs. 2 Nr. 1–3.

251 **hhh)** Hält man die **Kündigung zur Erlangung von Steuervorteilen** für zulässig (s. Rdn. 251) so muss im Kündigungsschreiben die steuerliche Situation in Form einer vergleichenden nachvollziehbaren Berechnung dargestellt werden.

252 **e) Bezugnahme auf mündliche Erklärungen/andere Schreiben/anderweitige Schriftsätze.** Grundsätzlich müssen die Kündigungsgründe im Kündigungsschreiben mitgeteilt werden. Dies gilt auch dann, wenn der Vermieter dem Mieter die Kündigungsgründe vor Ausspruch der Kündigung mündlich oder schriftlich bekanntgegeben oder wenn er diese Gründe bereits in einem vorangegangen Prozess geltend gemacht hat.[912] Nichts anderes kommt in Betracht, wenn der Mie-

[912] BayObLG RE v. 14.7.1981, WuM 1981, 200; LG Berlin MM 1990, 289.

ter die Kündigungsgründe aus eigenem Wissen kennt.[913] Hat der Vermieter die zur Substantiierung eines Kündigungsgrundes erforderlichen Kerntatsachen nicht ausreichend vorgetragen, so bleibt dieser Grund auch dann außer Betracht, wenn er dem Mieter vor oder nach Ausspruch der Kündigung mündlich erläutert worden ist.[914] Dies beruht auf der Erwägung, dass die Angabe der Gründe im Kündigungsschreiben nicht nur zur Information des Mieters dient; zugleich wird hierdurch bestimmt, welche Gründe dem Gericht zur Berücksichtigung und Würdigung unterbreitet werden.[915]

Eine **Bezugnahme** auf **mündlich bekannt gegebene Gründe** genügt nicht, weil die Be- 253
gründung nach §§ 568 Abs. 1, 573 Abs. 3 schriftlich erfolgen muss; das Schriftformerfordernis gilt für alle Teile der Kündigung, einschließlich der Begründung.

Eine **Bezugnahme** auf anderweitige **schriftliche Erklärungen** reicht hingegen aus.[916] Des- 254
halb kann der Vermieter auf vorangegangene Kündigungen, auf Abmahnschreiben oder auf Schriftsätze Bezug nehmen. Voraussetzung ist allerdings, dass die genannten Urkunden dem Mieter zugegangen sind und dass die Bezugnahme klar und eindeutig ist.[917] Dieses Erfordernis ist nicht gewahrt, wenn der Vermieter pauschal auf seinen schriftsätzlichen Vortrag in einem vorangegangen Gerichtsverfahren Bezug nimmt.[918] Es ist nicht Aufgabe des Mieters, sich die Kündigungsgründe selbst zusammenzusuchen.

3. Berücksichtigung nachträglich entstandener Gründe (Abs. 3 Satz 2)

a) Neben den im Kündigungsschreiben angegebenen Gründen können nach dem ausdrück- 255
lichen Wortlaut des Abs. 3 Satz 2 auch nachträglich entstandene Kündigungsgründe berücksichtigt werden. Dieser Teil der Gesetzesfassung ist missglückt. Die Regelung in Abs. 3 Satz 2 steht nämlich mit den anerkannten Grundsätzen über die Wirksamkeit von Willenserklärungen nicht im Einklang: Ist die Wirksamkeit einer einseitigen Willenserklärung davon abhängig, dass Gründe vorliegen (Abs. 3 Satz 1), so müssen diese im Zeitpunkt des Zugangs der Erklärung gegeben sein (§ 130 BGB). Liegen die Gründe nicht vor, so ist die Erklärung unwirksam; nachträgliche Ereignisse vermögen hieran nichts zu ändern. Damit steht es nicht im Einklang, dass eine unwirksame Kündigung durch nachträglich entstandene Gründe wirksam werden kann. Das Problem war bereits unter der Geltung der Vorläufervorschrift des § 573 BGB bekannt und umstritten. Die h. M. ging bei der Auslegung des § 564b Abs. 3 BGB a. F. davon aus, dass die Angabe der Gründe Wirksamkeitsvoraussetzung für die ordentliche Kündigung ist. Eine Kündigung ohne Angabe der Gründe wurde für unwirksam erachtet.[919] Das Bundesverfassungsgericht hat diese Auslegung gebilligt.[920] Im Hinblick hierauf wurde die Ansicht vertreten, dass ein nachträglich entstandener Grund nicht zur Wirksamkeit der ursprünglich unbegründeten Kündigung führt, weil eine vom Vorliegen von Gründen abhängige Willenserklärung nur dann Rechtsfolgen auslösen kann, wenn die Gründe im Zeitpunkt der Abgabe der Erklärung bereits vorliegen. Auch diese Annahme wurde vom Bundesverfassungsgericht gebilligt.[921] Die Bedeutung des Abs. 3 Satz 2 war unter den Vertretern der hier referierten Ansicht umstritten. Überwiegend wurde die Ansicht vertreten, dass es auf die Wirksamkeit der Kündigung keinen Einfluss haben soll, wenn die im Kündigungsschreiben angegebenen und zum Zeitpunkt des Kündigungsausspruchs vorhandenen Gründe nach dem Ausspruch der Kündigung entfallen und an ihre Stelle andere Gründe treten (wegen der Einzelheiten s. Rdn. 256). Nach anderer Meinung hatte Abs. 3 Satz 2 für die Frage der Wirksamkeit der Kündigung keine Bedeutung. Nachträglich entstandene Gründe konnten nach dieser Meinung niemals zur Wirksamkeit einer Kündigung führen, die ursprünglich formell unbegründet war oder die durch den Wegfall der angegebenen Gründe unwirksam geworden ist. Der Vermieter hatte durch Abs. 3 Satz 2 zwar die Möglichkeit, nachträgliche Kündigungsgründe in das Verfahren einzuführen;

---

[913] LG Gießen WuM 1990, 301.
[914] AG Kenzingen WuM 1990, 433.
[915] BayObLG a. a. O.
[916] BVerfG NJW 1992, 1877 = ZMR 1992, 288 = WuM 1993, 233; BVerfG ZMR 1992, 430 = WuM 1993, 234.
[917] LG Hamburg WuM 1993, 48.
[918] LG Mannheim ZMR 1994, 67.
[919] Vgl. statt vieler: *Blank* in Schmidt-Futterer 7. Aufl. § 564b BGB Rdn. 249 m. w. N.
[920] BVerfG NJW 1992, 1379 = WuM 1992, 178 = ZMR 1992, 232 = DWW 1992, 173.
[921] BVerfG GE 1993, 36.

diese Gründe waren aber nur bei der Interessenabwägung nach §§ 556a BGB a. F. (= § 574 BGB n. F.), 721 ZPO von Bedeutung.[922]

256 Das damals diskutierten Auslegungsproblem besteht nach wie vor, weil der Gesetzgeber die missglückte Regelung des § 564b Abs. 3 BGB a. F. in § 573 Abs. 3 BGB übernommen hat. Nach der hier vertretenen Ansicht ist zwischen folgendem Fallgestaltungen zu unterscheiden:

257 **(1)** Die ursprüngliche Kündigungserklärung war mangels Angabe ausreichender Gründe unwirksam; nach Ausspruch der Kündigung entstehen neue Gründe, auf Grund derer eine Vertragsbeendigung gerechtfertigt wäre.

258 **(2)** Die ursprüngliche Kündigungserklärung war wirksam. Nach Ausspruch der Kündigung entfallen diese Gründe. Etwas später entstehen neue Gründe, die aber von anderer Art als die ursprünglichen Gründe sind (z. B. Vertragsverletzungen statt Eigenbedarf).

259 **(3)** Die ursprüngliche Kündigungserklärung war wirksam. Nach Ausspruch der Kündigung entfallen diese Gründe. Etwas später entstehen neue Gründe, die von gleicher oder ähnlicher Art wie die ursprünglichen Gründe sind (z. B. Eigenbedarf für die Tochter, statt für den Sohn).

260 **(4)** Die ursprüngliche Kündigungserklärung war wirksam. Nach Ausspruch der Kündigung entfallen diese Gründe. Zugleich entstehen neue Gründe, die aber von anderer Art als die ursprünglichen Gründe sind (z. B. Vertragsverletzungen statt Eigenbedarf).

261 **(5)** Die ursprüngliche Kündigungserklärung war wirksam. Nach Ausspruch der Kündigung entfallen diese Gründe. Zugleich entstehen neue Gründe, die von gleicher oder ähnlicher Art wie die ursprünglichen Gründe sind (z. B. Eigenbedarf für die Tochter, statt für den Sohn).

262 **(6)** Die ursprüngliche Kündigungserklärung war wirksam. Nach Ausspruch der Kündigung entstehen weitere Gründe. Sodann entfallen die ursprünglichen Gründe, während die später entstandenen fortbestehen

263 **(7)** Die ursprüngliche Kündigungserklärung war wirksam. Nach Ausspruch der Kündigung entstehen weitere Gründe.

264 **zu Fall (1):** Eine ursprünglich unwirksame Kündigung führt auch dann nicht zur Vertragsbeendigung, wenn nach Kündigungsausspruch neue Gründe entstehen.[923] Wegen dieser Gründe muss der Vermieter eine neue Kündigung aussprechen. Diese Ansicht ist verfassungsrechtlich nicht zu beanstanden.[924] Aus der Erklärung des Vermieters muss sich ergeben, dass die Kündigung erneut ausgesprochen werden soll. Es genügt nicht, wenn der Vermieter erklärt, dass er an der ursprünglichen Kündigung festhalte.[925]

265 **zu Fall (2)–(3):** Der Wegfall der ursprünglichen Gründe hat auf die Wirksamkeit der Kündigung keinen Einfluss. Bei der Eigenbedarfskündigung und anderen Kündigungen, die einen Fortbestand des Kündigungsinteresses voraussetzen, hat der Wegfall der Gründe allerdings zur Folge, dass der Vermieter verpflichtet ist, dem Mieter unverzüglich einen Vertrag über die Aufhebung der Kündigungswirkung anzubieten (s. Rdn. 73). Bei vertragsgemäßem Verhalten des Vermieters führt dies dazu, dass die Wirkungen der ursprünglichen Kündigung entfallen. Hieraus folgt, dass der Vermieter wegen der später entstehenden Gründe erneut kündigen muss. Unterbreitet der Vermieter nach dem Wegfall der ursprünglichen Gründe vertragswidrig kein Angebot zum Abschluss eines Vertrags über die Aufhebung der Kündigungswirkungen, so gilt nichts anderes, weil der Vermieter durch die Vertragswidrigkeit keine Vorteile erlangen darf.

266 **zu Fall (4)–(5):** Der Wegfall der ursprünglichen Gründe hat auf die Wirksamkeit der Kündigung keinen Einfluss. Der Vermieter muss dem Mieter allerdings einen Vertrag über die Aufhebung der Kündigungswirkungen anbieten, wenn eine Vertragsbeendigung durch die neuen Gründe nicht gerechtfertigt ist. Reichen hingegen die nachträglichen Gründe für eine Vertragsbeendigung aus, so besteht keine Verpflichtung zum Abschluss eines Vertrags über die Aufhebung der Kündigungswirkungen, weil das Räumungsinteresse immer noch besteht. Es ergibt sich zwar nicht mehr aus den im Kündigungsschreiben angegeben, wohl aber aus den neuen, nachträglich entstandenen Gründen. Es kommt nach der hier vertretenen Ansicht nicht darauf an, ob diese Gründe gleichartig oder andersartig sind. In der Literatur wird in Fällen dieser Art z. T. differenziert. Eine Ansicht folgt

[922] So *Sternel* Mietrecht (1988) Rdn. IV 106.

[923] LG Düsseldorf WuM 1990, 505; LG Bochum ZMR 2007, 452, 455; *Franke* in WoBauR § 573 BGB Anm. 46; *Grapentin* in Bub/Treier Kap. IV Rdn. 191; *Rolfs* in Staudinger § 573 BGB Rdn. 222; *Lammel* § 573 BGB Rdn. 141, 142; *Häublein* in MünchKomm § 573 BGB Rdn. 97; *Hannappel* in Bamberger/Roth § 573 BGB Rdn. 134; *Lützenkirchen* in: Erman § 573 Rdn. 54*Kossmann* § 117 Rdn. 33.

[924] BVerfG GE 1993, 36.

[925] LG Münster WuM 1992, 372.

der hier vertretenen Auffassung.[926] Es kommt nicht darauf an, ob die nachgeschobenen Gründe gleichartig sind[927]

zu Fall 6: Die wirksame Kündigung wird durch die nachträglich entstandenen Gründe verstärkt. Wird die Räumungsklage vor dem Wegfall der ursprünglichen Gründe erhoben, so sind alle Gründe zu berücksichtigen. Wird sie nach dem Wegfall der ursprünglichen Gründe erhoben, so kommt es nur noch darauf an, ob sich aus den nachträglichen Gründen ein hinreichendes Beendigungsinteresse ergibt. Ist dies zu verneinen, so muss der Vermieter dem Mieter einen Vertrag über die Aufhebung der Kündigungswirkungen anbieten. Im anderen Fall führen die nachträglichen Gründe zur Vertragsbeendigung. 267

zu Fall 7: Die wirksame Kündigung wird durch die nachträglich entstandenen Gründe verstärkt. Im gerichtlichen Verfahren sind alle Gründe zu berücksichtigen. Sternel[928] ist der Ansicht, dass sich der Anwendungsbereich des Abs. 3 Satz 2 auf diese Fallgruppe beschränkt.[929] 268

b) Maßgeblicher **Zeitpunkt** für die Bewertung eines Grundes als „nachträglich entstanden" ist der Ausspruch der Kündigung. Entscheidend ist, wann das Kündigungsschreiben vom Vermieter aus der Hand gegeben wird; der Zugang beim Mieter ist unerheblich.[930] Nachträglich entstanden sind mithin alle Gründe, die beim Ausspruch der Kündigung noch nicht vorhanden waren. 269

Ein **Kündigungsgrund ist entstanden,** wenn der Vorgang abgeschlossen ist, aus dem der Vermieter das Kündigungsrecht herleitet.[931] Bei einer Kündigung wegen einer Vertragsverletzung kommt es nicht darauf an, zu welchem Zeitpunkt die Verletzungshandlung beendet ist; maßgeblich ist der Eintritt der hieraus resultierenden Folgen. Bei einem aus der Sphäre des Vermieters stammenden Kündigungsgrund (Abs. 2 Nr. 2 und 3) ist das Vorliegen des objektiven Bedarfsgrunds entscheidend; unerheblich ist, wann der Vermieter den Entschluss gefasst hat, das Mietverhältnis auch aus diesem Grund zu beenden.[932] 270

Zweifelhaft ist, ob auch solche Gründe berücksichtigt werden können, die im Zeitpunkt des Kündigungsausspruchs zwar bereits vorhanden waren, dem Vermieter aber erst **nach Kündigungsausspruch bekannt geworden** sind.[933] Der Wortlaut der Vorschrift spricht gegen die Berücksichtigung. Billigkeitserwägungen gebieten nur dann eine vom Wortlaut der Vorschrift abw. Interpretation, wenn die Kündigungsgründe aus der Sphäre des Mieters kommen (wie bei der Kündigung nach Abs. 2 Nr. 1); im übrigen muss es bei der Wortbedeutung sein Bewenden haben. 271

Beweispflichtig für das nachträgliche Entstehen der Gründe ist der Vermieter. 272

IV. Ausschluss der Änderungskündigung (Abs. 1 Satz 2)

1. Zweck der Vorschrift

Durch § 573 Abs. 1 Satz 2 BGB wird die Änderungskündigung ausgeschlossen. Die Regelung hat zur Folge, dass der Vermieter nicht kündigen kann, um mit demselben Mieter einen neuen Mietvertrag mit höherem Mietzins abzuschließen. Die Vorschrift wird durch § 573 Abs. 2 Nr. 3 Hs. 2 BGB ergänzt. Danach kann der Vermieter nicht kündigen, wenn er die Räume anderweitig als Wohnraum vermieten will, um auf diese Weise einen höheren Mietzins zu erzielen. Aus beiden Vorschriften ergibt sich, dass die Absicht zur Erzielung einer höheren Miete keinen Kündigungsgrund darstellt, unabhängig davon, ob das Anschlussmietverhältnis mit dem bisherigen oder mit einem anderen Mieter beabsichtigt ist. 273

[926] LG Hamburg WuM 1989, 256; *Franke* in WoBauR § 573 BGB Anm. 46; *Rolfs* in Staudinger § 573 BGB Rdn. 225; *Hannappel* in Bamberger/Roth § 573 BGB Rdn. 134; *Barthelmess* § 564b BGB Rdn. 142; *Grapentin* in Bub/Treier Kap. IV Rdn. 192.

[927] *Lützenkirchen* in: Erman § 573 Rdn. 55; *Rolfs* in Staudinger § 573 BGB Rdn. 225.

[928] *Sternel* Mietrecht (1988) Rdn. IV 107.

[929] Ebenso: AG Tiergarten MM 1992, 175.

[930] *Barthelmess,* § 564b BGB, Rdn. 138.

[931] *Rolfs* in Staudinger § 573 BGB Rdn. 224.

[932] *Rolfs* in Staudinger a. a. O.; **a. A.** *Franke* in WoBauR § 573 BGB Anm. 46; *Barthelmess* § 564b BGB Rdn. 139.

[933] Bejahend: *Franke* in WoBauR § 573 BGB Anm. 46; *Barthelmess* § 564b BGB Rdn. 139; verneinend: *Rolfs* in Staudinger § 573 BGB Rdn. 213; *Sternel* Mietrecht (1988) Rdn. IV 105.

2. Begriff der Mieterhöhung

274 Eine Mieterhöhung i. S. v. § 573 Abs. 1 Satz 2 BGB liegt immer dann vor, wenn das vom Mieter zu zahlende Entgelt erhöht werden soll. Es kommt nicht darauf an, aus welchen Gründen der Mieter in Anspruch genommen wird. Die Ausschlussregelung gilt nicht nur für die Erhöhung der Grundmiete nach §§ 558, 559 BGB sondern auch für die Erhöhung der Betriebskosten nach § 560 BGB.

275 Der Begriff der Mieterhöhung ist **weit auszulegen;** es genügt, wenn der Vermieter durch die Änderung der vom Mieter zu erbringenden Gegenleistung irgendeinen Vorteil erlangt. Deshalb liegt eine Mieterhöhung auch dann vor, wenn der Vermieter im Wege der Änderungskündigung lediglich höhere Betriebskostenvorauszahlungen durchsetzen will, oder wenn es ihm darauf ankommt, weitere geldwerte Verpflichtungen auf den Mieter zu übertragen, etwa die Verpflichtung zur Durchführung von Schönheitsreparaturen.

276 Auf die **Art des Entgelts** kommt es ebenfalls nicht an. Ist beispielsweise vereinbart, dass der Mieter die Miete ganz oder teilweise durch Dienstleistungen, Warenlieferungen oder dergleichen erbringen darf, so ist der Vermieter für die Dauer der Ausschlussvereinbarung hieran gebunden. Eine Teilkündigung der Dienst- oder Warenlieferungsvereinbarung ist bereits aus allgemeinen Gründen ausgeschlossen. Die Kündigung des gesamten Mietverhältnisses zum Zwecke der Ersetzung der Dienst- oder Warenlieferungen durch Geldleistungen fällt unter Abs. 1 Satz 2.[934] An einer freiwilligen Erhöhungsvereinbarung sind die Parteien allerdings nicht gehindert, weil eine Ausschlussregelung jederzeit vertraglich geändert werden kann. Hat sich der Mieter während der Laufzeit des Mietverhältnisses mit einer oder mehreren Mieterhöhungen einverstanden erklärt, so ist im Zweifel nicht anzunehmen, dass hiermit die gesamte Ausschlussvereinbarung aufgehoben worden ist.[935]

3. Begriff der Kündigung

277 Für den Begriff der Kündigung s. zunächst. § 542 BGB Rdn. 11. Für die bis zum 31.8.2001 möglichen einfachen befristeten Mietverträge ist folgendes zu beachten: Soll ein befristetes Mietverhältnis vereinbarungsgemäß enden, wenn der Vermieter der Verlängerung nicht widerspricht, so ist die Ablehnung der Vertragsverlängerung durch den Vermieter als echte Kündigungserklärung zu bewerten; dies folgt aus der weiterhin anwendbaren (Art. 229 § 3 Abs. 3 EGBGB) Vorschrift des § 565a Abs. 1 BGB a. F. Hat der Mieter bei einem nach § 564c Abs. 1 BGB a. F. befristeten Mietverhältnis die Vertragsverlängerung verlangt, so gilt die Ablehnungserklärung des Vermieters ebenfalls als Kündigung; dies folgt aus der weiterhin anwendbaren (Art. 229 § 3 Abs. 3 EGBGB) Vorschrift § 564c Abs. 1 Satz 2 BGB a. F. Die genannten Ablehnungserklärungen fallen unter § 573 Abs. 1 Satz 2 BGB; sie können deshalb nicht mit einem Angebot zur Vertragsfortsetzung zu höherem Mietzins verbunden werden. Endet dagegen ein befristetes Mietverhältnis ohne Zutun der Parteien, so steht einem Neuabschluss mit dem bisherigen Mieter zu einem höheren Mietzins nichts entgegen. Ein solcher Fall kann eintreten, wenn ein befristetes Mietverhältnis mangels Fortsetzungsverlangens des Mieters endet. Die Vorschrift des § 573 Abs. 1 Satz 2 BGB ist in diesem Fall unanwendbar, weil die Beendigung nicht durch Kündigung oder Ablehnung der Vertragsfortsetzung, sondern durch schlichten Zeitablauf erfolgt.

4. Kündigung zum Zwecke der Mieterhöhung

278 Kündigt der Vermieter ein dem Kündigungsschutz unterliegendes Mietverhältnis ausdrücklich zum Zwecke der Mieterhöhung, so ist die Kündigung unwirksam. Dies ergibt sich ohne weiteres aus dem Umstand, dass in diesem Fall der Tatbestand des § 573 Abs. 1 oder Abs. 2 BGB nicht vorliegt. Ein mit der Kündigung verbundenes Mieterhöhungsverlangen ist ebenfalls unwirksam (§ 139 BGB), weil Kündigung und Mieterhöhungsverlangen ein einheitliches Rechtsgeschäft darstellen. Die Regelung des § 573 Abs. 1 Satz 2 BGB hat hier keine eigenständige Bedeutung. Gleiches gilt, wenn der Vermieter ein solches Mietverhältnis ohne Angabe von Gründen kündigt und dabei zum Ausdruck bringt, dass er ein neues Mietverhältnis zu einem höheren Mietzins abschließen wolle. In der Rechtsprechung wird dies gelegentlich verkannt. So hat das AG Münster[936] entschieden, dass

---

934 AG Schleiden WuM 1989, 382.
935 LG Düsseldorf WuM 1986, 322; AG Bielefeld WuM 1980, 197.
936 AG Münster WuM 1994, 477.

die Ausübung des Sonderkündigungsrechts nach Beendigung eines Nießbrauchs unwirksam sei, wenn sie zum Zwecke der Mieterhöhung erfolgt. Richtig ist demgegenüber, dass solche Kündigungen unabhängig vom Kündigungszweck immer dann unwirksam sind, wenn ein Kündigungsgrund i. S. v. § 573 BGB fehlt. Schließlich ist eine Kündigung mangels Kündigungstatbestand unwirksam, wenn der Kündigungsgrund nur vorgetäuscht ist und der Vermieter in Wirklichkeit nur einen höheren Mietzins erzielen will.

Bedeutsam ist die Vorschrift des § 573 Abs. 1 Satz 2 BGB in jenen Fällen, in denen der Vermie- 279
ter kündigen kann, ohne dass die Voraussetzungen des § 573 Abs. 1 Satz 1 oder 2 BGB vorliegen müssen. Dies gilt insbesondere für Wohnungen in **Ein- und Zweifamilienhäusern i. S. v. § 573 a Abs. 1 BGB.** Hier ist die Kündigung nach dieser Vorschrift gem. § 573 Abs. 1 Satz 2 BGB ausgeschlossen, wenn sie zum Zwecke der Mieterhöhung erfolgt. Für die Annahme der Unwirksamkeit ist nicht erforderlich, dass der Vermieter eine Änderungskündigung ausspricht. Es genügt, dass mit der Kündigung tatsächlich ein derartiger Zweck verfolgt wird. Kündigt der Vermieter, weil der Mieter zuvor eine Mieterhöhung abgelehnt hat, so ist § 573 Abs. 1 Satz 2 BGB unanwendbar, wenn der Vermieter nicht die Absicht hat, mit dem Mieter einen neuen Mietvertrag abzuschließen. Es besteht auch keine Vermutung dafür, dass der Vermieter eine Änderungskündigung zum Zwecke der Mieterhöhung aussprechen will. Die Erfahrung zeigt im Gegenteil, dass sich der Vermieter in solchen Fällen vom Mieter trennen will, weil er sich über die Ablehnung der Mieterhöhung geärgert hat. Unter Umständen kann eine solche Kündigung rechtsmissbräuchlich sein, wenn es dem Vermieter ausschließlich um die Erzielung höherer Einnahmen geht.

Der Mieter ist **darlegungs- und beweispflichtig,** dass die Kündigung zum Zwecke der 280
Mieterhöhung ausgesprochen worden ist;[937] ein solcher Beweis wird allerdings selten gelingen.

Für Mietverhältnisse, für die §§ 557–561 BGB nicht gelten (s. § 549 Abs. 2 und 3 BGB) ist die 281
Änderungskündigung möglich.

V. Abweichende Vereinbarungen (Abs. 4)

Nach § 573 Abs. 4 BGB ist eine von den gesetzlichen Kündigungsvoraussetzungen zum Nach- 282
teil des Mieters abw. Vereinbarung unwirksam. Die Regelung des § 573 BGB kann **weder ersatzlos abbedungen** werden noch ist eine Vereinbarung wirksam, durch die ein dem Kündigungsschutz unterliegendes **Mietverhältnis** dem **Anwendungsbereich des § 573 BGB entzogen** werden soll. Eine vertragliche Regelung, wonach der Wohnraum zu nur vorübergehendem Gebrauch vermietet wird (§ 549 Abs. 2 Nr. 1 BGB) oder als Wohnraum in einem Studentenwohnheim (Jugendwohnheim) gelten soll (§ 549 Abs. 3 BGB) oder wonach die Voraussetzungen des § 549 Abs. 2 Nr. 2 oder Nr. 3 BGB als „vereinbart" gelten, ist deshalb i. E. bedeutungslos.[938] Entspricht das Mietverhältnis in Wirklichkeit nicht der fraglichen Wohnungskategorie, so ist die Vereinbarung unwirksam. Im anderen Fall folgt der Ausschluss des Kündigungsschutzes nicht aus der Vereinbarung, sondern unmittelbar aus dem Gesetz. Eine entsprechende Regelung hat deshalb nur deklaratorischen Charakter.

Dieselben Grundsätze gelten bei **Mischräumen.** Für die Einordnung dieser Räume als Wohn- 283
oder Geschäftsraum ist zwar in erster Linie der Parteiwille maßgebend. Allerdings kommt es auch insoweit nicht darauf an, wie die Parteien das Mietverhältnis bezeichnen; maßgeblich ist allein, welcher Vertragszweck tatsächlich verfolgt wird. Überwiegt der Wohnzweck, so finden die Kündigungsschutzvorschriften auch dann Anwendung, wenn im Mietvertrag „vereinbart" ist, dass das gesamte Mietverhältnis als Geschäftsraummietverhältnis anzusehen sei.[939] Überwiegt der Geschäftszweck, gelten die Kündigungsschutzvorschriften nicht. Eine Ausnahme kann allerdings dann gelten, wenn vertraglich die **Anwendung von Wohnraummietrecht vereinbart** worden ist. Eine solche Vereinbarung verstößt nicht gegen § 573 Abs. 4 BGB, weil sie den Mieter besserstellt als dieser nach der gesetzlichen Regelung stehen würde.

Unwirksam sind schließlich solche Vereinbarungen, nach denen der Vermieter **unter erleich-** 284
terten Voraussetzungen zur Kündigung berechtigt sein soll. Die Vereinbarung besonderer in § 573 Abs. 2 BGB nicht aufgezählter Kündigungsgründe ist i. E. bedeutungslos. Soweit es sich um

---

937 *Rolfs* in Staudinger § 573 BGB Rdn. 28; Palandt/*Weidenkaff* § 573 BGB Rdn. 9.

938 OLG Frankfurt RE v. 19.11.1990, NJW-RR 1990, 268 = WuM 1991, 17 = ZMR 1991, 63 betr. vorübergehenden Gebrauch.

939 LG Hamburg WuM 1988, 406; s. hierzu auch *Bühler* ZMR 2010, 897.

Kündigungstatbestände handelt, die nach der gesetzlichen Regelung keine Vertragsbeendigung rechtfertigen, ist die Vereinbarung unwirksam. Erweisen sich die vertraglich „vereinbarten" Kündigungstatbestände lediglich als Konkretisierungen von §§ 573 Abs. 1, 543 oder 569 BGB, so hat die betr. Regelung keine eigenständige Bedeutung, weil die Kündigungsbefugnis dann nicht aus dem Vertrag, sondern aus der Gesetzesbestimmung folgt.

285 Wirksam sind solche Vereinbarungen, welche die Kündigungsvoraussetzungen **zugunsten des Mieters erschweren** (z. B. Kündigung nur bei vorsätzlicher Pflichtverletzung) oder bestimmte Kündigungsgründe völlig ausschließen (z. B. keine Kündigung wegen Eigenbedarfs). Der Ausschluss einzelner Kündigungsgründe bedarf der Schriftform.[940] Durch die in einem sogenannten **„Dauernutzungsvertrag"** über eine Wohnung zwischen einer Wohnungsbaugenossenschaft und ihrem Mitglied getroffene Vereinbarung, wonach das ordentliche Kündigungsrecht der Genossenschaft nur dann bestehen soll, wenn wichtige, berechtigte Interessen der Genossenschaft eine Beendigung des Mietverhältnisses notwendig machen, wird der Mieter bessergestellt, als nach der gesetzlichen Regelung. Während nach § 573 Abs. 1 BGB jedes vernünftige, billigenswerte Erlangungsinteresse für die Vertragsbeendigung genügt, liegt ein wichtiges, berechtigtes Interesse i. S. d. Vereinbarung nur dann vor, wenn die Kündigung den einzig zumutbaren Weg darstellt, wie den berechtigten Belangen des Vermieters Genüge getan werden kann.[941] Wird die Genossenschaftswohnung veräußert, so geht die Kündigungsbeschränkung auch dann auf den Erwerber über, wenn dieser nicht zum Kreis der gemeinnützigen Vermieter gehört. Auf Eigenbedarf kann die Kündigung nur dann gestützt werden, wenn die dafür geltend gemachten Gründe ausnahmsweise die verschärften Voraussetzungen eines wichtigen, berechtigten Interesses erfüllen, das die Beendigung des Mietverhältnisses notwendig macht.[942] Ist die **Wohnung zweckbestimmt** zur Unterbringung von Beamten oder Bediensteten einer Behörde und wird diese an einen privaten Erwerber verkauft, so tritt dieser gem. § 566 BGB in eine im Mietvertrag vereinbarte Kündigungsbeschränkung ein. Ist nach dem Mietvertrag eine Kündigung wegen Eigenbedarfs ausgeschlossen, so ist auch der Erwerber an einer solchen Kündigung gehindert.[943]

286 Eine Vereinbarung, wonach das Mietverhältnis beim **Eintritt einer bestimmten Bedingung** enden soll, ist nach § 572 Abs. 2 BGB zu beurteilen (s. dort).

287 Auf **Mietaufhebungsverträge** ist § 573 Abs. 4 BGB unanwendbar.[944] Dies gilt auch dann, wenn der Mieter durch das Vortäuschen nicht vorhandener Kündigungsgründe zum Abschluss eines solchen Vertrages bewogen wurde oder wenn der Vermieter Druck auf den Mieter ausgeübt hat. Der Mieter hat in Fällen dieser Art nur die Möglichkeit der Anfechtung nach §§ 119ff. BGB.

288 Vom Mietaufhebungsvertrag sind solche Vereinbarungen zu unterscheiden, in denen sich der Mieter bereits beim **Abschluss des Mietvertrags** bereit erklärt, bei Eintritt bestimmter Voraussetzungen einen Mietaufhebungsvertrag abzuschließen. Solche Vereinbarungen sind regelmäßig dahingehend auszulegen, dass das Mietverhältnis bis zum Eintritt der vereinbarten Voraussetzung unkündbar ist und dass danach eine Beendigung durch Vertrag – also außerhalb des § 564b BGB – eintreten soll. Damit ist eine solche Vereinbarung für den Mieter teils günstiger, teils ungünstiger als die gesetzliche Regelung. Da Vereinbarungen der fraglichen Art eine strukturelle Ähnlichkeit mit den auflösend bedingten Mietverhältnissen haben, erscheint es sachgerecht, hierauf § 572 Abs. 2 BGB entsprechend anzuwenden.

289 **Kettenmietverträge** sind unwirksam (s. § 575 BGB Rdn. 75).

---

[940] BGH NJW 2007, 1742 = NZM 2007, 399 = WuM 2007, 272 = ZMR 2007, 531 = GE 2007, 906.

[941] OLG Karlsruhe RE 21. 1. 1985 NJW-RR 1986, 86 = WuM 1985, 77 = ZMR 1985, 122.

[942] BGH (VIII ZR 57/13) NZM 2013, 824; OLG Karlsruhe a. a. O; LG Berlin GE 2015, 1405.

[943] AG Bremen WuM 2015, 171.

[944] Palandt/*Weidenkaff* § 573 BGB Rdn. 3; *Herrlein* in Herrlein/Kandelhard, Mietrecht § 573 BGB Rdn. 5.

§ 573a Erleichterte Kündigung des Vermieters

(1) [1]Ein Mietverhältnis über eine Wohnung in einem vom Vermieter selbst bewohnten Gebäude mit nicht mehr als zwei Wohnungen kann der Vermieter auch kündigen, ohne dass er eines berechtigten Interesses im Sinne des § 573 bedarf. [2]Die Kündigungsfrist verlängert sich in diesem Fall um drei Monate.

(2) Absatz 1 gilt entsprechend für Wohnraum innerhalb der vom Vermieter selbst bewohnten Wohnung, sofern der Wohnraum nicht nach § 549 Abs. 2 Nr. 2 vom Mieterschutz ausgenommen ist.

(3) In dem Kündigungsschreiben ist anzugeben, dass die Kündigung auf die Voraussetzungen des Absatzes 1 oder 2 gestützt wird.

(4) Eine zum Nachteil des Mieters abweichende Vereinbarung ist unwirksam.

Systematische Übersicht

I. Entstehungsgeschichte und Zweck

1 Der Kündigungstatbestand ist durch das II. WKSchG[1] geschaffen worden[2]; er war bis 31. 8. 2001 in § 564b Abs. 4 BGB a. F. geregelt. Er beruht auf der Erwägung, dass das enge Zusammenleben von Vermieter und Mieter in einem Haus oder einer Wohnung ein Mindestmaß an Harmonie voraussetzt; fehlt es hieran, so soll der Vermieter berechtigt sein, das Mietverhältnis ohne Angabe von Gründen zu beenden. Diese Kündigungsmöglichkeit wird als „Sonderkündigungsrecht für Einliegerwohnungen" bezeichnet. Der Begriff „ Einliegerwohnung" ist allerdings ungenau und für die Gesetzesauslegung nicht geeignet: das Sonderkündigungsrecht gilt zwar für Einliegerwohnungen i. S. v. § 11 des II. WoBauG, es ist aber nicht hierauf beschränkt (s. Rdn. 11).

2 Das der Regelung des § 573a BGB zugrunde liegende gesetzgeberische Motiv der Zerrüttung für die Auflösung des Mietverhältnisses gehört nicht zu den Kündigungsvoraussetzungen. Deshalb ist es bei einer Kündigung nach § 573a BGB nicht erforderlich, dass Spannungen bestehen oder dass das Mietverhältnis zerrüttet ist. Ebensowenig kommt es darauf an, welche der Parteien die Zerrüttung verursacht oder verschuldet hat.[3]

3 Die Vorschrift des § 573a BGB ist als **Ausnahmevorschrift zu § 573 BGB zu bewerten[4] und deshalb eng auszulegen.**[5] Deshalb steht dem Vermieter die Möglichkeit der erleichterten Kündigung nicht zur Verfügung, wenn er seine eigene Wohnung aufgeben will, um das Gebäude abzureißen[6] oder um das geräumte Haus besser verkaufen zu können.[7] Kündigungsinteressen dieser Art können nur nach § 573 Abs. 2 Nr. 3 BGB berücksichtigt werden (s. weiter Rdn. 19). Eine analoge Anwendung des § 573a BGB auf Mietverhältnisse in Mehrfamilienhäusern ist auch dann ausgeschlossen, wenn der Vermieter selbst im Haus wohnt und das persönliche Verhältnis zwischen den Vertragsparteien zerrüttet ist. Teilweise wird vertreten, dass der Hauptmieter verpflichtet ist, eine Kündigung nach § 573a BGB gegenüber dem in der Wohnung lebenden Untermieter auszusprechen wenn dieser eine vom Hauptvermieter geplante Modernisierung nicht dulden will.[8] Nach der hier vertretenen Ansicht wird dies durch den Gesetzeszweck nicht gedeckt (s. § 540 Rdn. 4a).

---

[1] BGBl. 1974 I S. 3603.
[2] Vgl. zum Gesetzgebungsverfahren: *Schubert* WuM 1975, 1.
[3] LG Stuttgart ZMR 1979, 274; *Franke* in WoBauR § 573a BGB Anm. 5; *Barthelmess* § 564b BGB Rdn. 152.
[4] *Haas,* Das neue Mietrecht § 573a BGB Rdn. 2.
[5] *Barthelmess* § 564b BGB Rdn. 152.
[6] LG Mannheim WuM 2004, 99 = NZM 2004, 256.
[7] LG Duisburg NZM 2005, 216; LG Stuttgart WuM 2007, 75; *Häublein* in MünchKomm § 573a BGB Rdn. 7; *Sonnenschein* NZM 2000, 1, 4.
[8] So *Jablonski* GE 2015, 234.

4 Obwohl der Vermieter für seine Kündigung kein besonderes Interesse benötigt, kann der Mieter **Kündigungswiderspruch** nach §§ 574ff BGB erheben.[9] Dies folgt aus der systematischen Stellung des § 573a BGB und des § 574 BGB in dem gemeinsamen Abschn. „Mietverhältnisse auf unbestimmte Zeit". § 568 Abs. 2 BGB ist zu beachten.

II. Anwendungsbereich

5 Die Vorschrift gilt nur für die Wohnungsmiete. Auf Mietverhältnisse i. S. v. § 549 Abs. 2 Nr. 1–3 BGB (s. dort) und § 549 Abs. 3 BGB (s. dort) ist die Vorschrift unanwendbar. Dies entspricht im Wesentlichen dem bis 31.8.2001 geltendem Recht. Anders als nach früherem Recht ist § 573a BGB aber anwendbar auf Mietverhältnisse über Wohnraum in Ferienwohnungen in Ferienhausgebieten i. S. v. §§ 564b Abs. 7 Nr. 4 BGB a. F.

6 § 573a BGB ist anwendbar auf unbefristete Mietverhältnisse, die im Wege der ordentlichen befristeten Kündigung beendet werden können. Bestehende Kündigungsausschlüsse oder -verbote bleiben unberührt. Deshalb kann ein **befristetes Mietverhältnis** i. S. v. § 575 Abs. 1 Satz 1 BGB bis zum Ablauf der Befristung nicht nach § 573a BGB gekündigt werden.[10] Gleiches gilt für einfache befristete Mietverhältnisse i. S. v. § 564c Abs. 1 BGB a. F., wie sie bis zum 31.8.2001 wirksam begründet werden konnten. Endet die Befristung, so gilt das Sonderkündigungsrecht aber auch gegenüber dem Fortsetzungsverlangen des Mieters nach § 564c Abs. 1 BGB a. F.[11] Durch einen **vertraglichen Ausschluss der ordentlichen Kündigung** wird zugleich das Kündigungsrecht nach § 573a BGB ausgeschlossen (s. Rdn. 44). Ein Ausschluss der Eigenbedarfskündigung wird im Regelfall dahingehend auszulegen sein, dass der Vermieter nur bei Vertragsverletzungen kündigen kann, weil anderenfalls der durch den Ausschluss der Eigenbedarfskündigung beabsichtigte Schutz des Mieters nicht erreicht werden könnte. Ist – wie in den Mietverträgen der gemeinnützigen Wohnungsunternehmen vereinbart, dass der Vermieter „nur in besonderen Ausnahmefällen unter Einhaltung der gesetzlichen Fristen kündigen kann, wenn wichtige berechtigte Interessen des Vermieters eine Beendigung des Mietverhältnisses notwendig machen", so wird hierdurch auch die Kündigung nach § 573a ausgeschlossen.[12] Im Einzelfall kann sich ein Kündigungsausschluss auch aus den Umständen ergeben.[13] Die hier fraglichen Beschränkungen bleiben im Falle der Veräußerung bestehen.[14]

7 Eine **Kündigung zum Zwecke der Mieterhöhung** (§ 573 Abs. 1 Satz 2 BGB) ist auch dann ausgeschlossen, wenn sie auf § 573a BGB gestützt wird.[15] Zur Kündigung mit der Absicht, das Haus freistehend zu verkaufen s. u. Rdn. 19.

8 **Weitere Kündigungsverbote** können sich im Ausnahmefall aus §§ 134, 138 Abs. 1, 242 BGB ergeben, etwa wenn der Vermieter die Kündigung als **Druckmittel** zur Erzwingung von nicht geschuldeten Mieterleistungen einsetzt. Wird die Kündigung nicht als Druckmittel zur Durchsetzung, sondern als **Sanktion** für die Weigerung des Mieters zur Erfüllung bestimmter Ansprüche erklärt, so ist die Kündigung unwirksam, wenn die Voraussetzungen des § 226 BGB (sog. **„Schikaneverbot"**) gegeben sind. Diese Vorschrift wird indes nur ausnahmsweise eingreifen, weil sie voraussetzt, dass die Schadenszufügung der einzige Zweck der Kündigung ist. Hiervon kann nicht ausgegangen werden, wenn der Vermieter kündigt, weil es infolge der Weigerung des Mieters zu Spannungen und Differenzen gekommen ist.[16]

---

[9] *Franke* in WoBauR § 573a BGB Anm. 5 und 16; *Rolfs* in Staudinger § 573a BGB Rdn. 26; *Lammel* § 573a BGB Rdn. 27; *Haug* in Emmerich/Sonnenschein, Miete § 573a BGB Rdn. 13; *Hannappel* in Bamberger/Roth § 573a BGB Rdn. 30; *Lützenkirchen* in: Erman § 573a Rdn. 13.

[10] Allgem. Ansicht.

[11] S. *Blank* in Schmidt-Futterer 7. Aufl. § 564b BGB Rdn. 310 m. w. N.

[12] BGH (VIII ZR 57/13) NZM 2013, 824 unter Rz 12.

[13] LG Gießen ZMR 1997, 188: wenn das Haus im Zusammenwirken von Vermieter und Mieter errichtet oder finanziert worden ist.

[14] BGH (VIII ZR 57/13) NZM 2013, 824 unter Rz 13; OLG Karlsruhe RE v. 21.1.1985, NJW-RR 1986, 89 = WuM 1985, 55 = ZMR 1985, 123 betr. Kündigungsbeschränkung bei Dauernutzungsvertrag einer Wohnungsbaugenossenschaft; ebenso: LG Kaiserslautern, MDR 1983, 56.

[15] *Franke* in WoBauR § 573a BGB Anm. 5; *Hannappel* in Bamberger/Roth § 573a BGB Rdn. 27; *Grapentin* in Bub/Treier Kap. IV Rdn. 208; *Barthelmess* § 564b BGB Rdn. 181; *Kossmann* § 114, Rdn. 3; *Haas* Das neue Mietrecht § 573a BGB Rdn. 2.

[16] LG Stuttgart ZMR 1979, 274, m. Anm. *Buchholz-Duffner* a. a. O.; AG Dortmund DWW 1993, 238; *Grapentin* in Bub/Treier Kap. IV Rdn. 208.

Beweispflichtig für das Vorliegen der §§ 573 Abs. 1 Satz 2, 134, 138 Abs. 1, 226, 242 BGB ist der Mieter.[17] Die Grundsätze über den Anscheinsbeweis sind nicht anwendbar,[18] weil die Kündigungsmotive sehr unterschiedlich sein können; es fehlt mithin an einem für den Anscheinsbeweis erforderlichen typischen Geschehensablauf.[19] 9

Für Mietverhältnisse, die auf **gerichtlicher Gestaltung** beruhen (z. B. nach §§ 574 BGB, 4, 5 HausratsVO a. F., § 1568 a BGB – s. dazu vor § 535 BGB Rdn. 355–372) gilt das Sonderkündigungsrecht nicht.[20] 10

III. Die Kündigungstatbestände

1. Abs. 1 Satz 1

a) Gebäude. Das Sonderkündigungsrecht gilt nur, wenn sich die Wohnungen des Mieters und des Vermieters in **einem** „Gebäude" befinden. Hiervon kann nicht ausgegangen werden, wenn eine Hälfte eines Doppelhauses vom Vermieter genutzt wird, während die andere vermietet ist. Diese Immobilien werden als selbständige Häuser angesehen.[21] Dieselbe Situation besteht bei Wohnungen, die voneinander völlig unabhängig sind, wie etwa übereinander liegende Terrassenwohnungen ohne gemeinsamen Eingang und ohne sonstige Berührungspunkte.[22] Maßgeblich ist, ob die beiden Wohnungen so verbunden sind, dass nach der Verkehrsauffassung von einem einzigen Gebäude gesprochen wird. Auf die Ausweisung im Grundbuch als einheitliches Gebäude kommt es nicht an. Maßgeblich ist vielmehr die Verkehrsanschauung.[23] Ist ein Reihenhaus mit zwei Wohnungen Teil eines aus mehreren Reihenhäusern bestehenden Blocks, so ist unter dem Begriff des „Gebäudes" das einzelne Reihenhaus und nicht der Reihenhausblock zu verstehen.[24] Ob die Häuser real oder ideell geteilt sind, ist unerheblich.[25] 11

Nach dem Wortlaut des § 573 a BGB kommt es nicht darauf an, ob die **Parteien innerhalb des Gebäudes zusammentreffen** können. Ein Teil der instanzgerichtlichen Rechtsprechung (zu § 564 b Abs. 4 BGB a. F.) hat allerdings aus dem Gesetzeszweck gefolgert, dass das Sonderkündigungsrecht nur gegeben ist, wenn die beiden Wohnungen einen gemeinsamen Eingang haben oder das Gebäude so beschaffen ist, dass die Parteien in den gemeinsamen Hausteilen (Treppenhaus, Keller, Waschküche, Hof, etc.) eine Gelegenheit zum Zusammentreffen haben.[26] Das gesetzgeberische Motiv hat allerdings im Wortlaut des § 573 a BGB keinen Niederschlag gefunden. Deshalb vertritt der BGH zu Recht die Ansicht, dass die Vorschrift auch dann anwendbar ist, wenn es an einem gemeinsamen Hauseingang und Treppenhaus fehlt.[27] Ebensowenig spielt es eine Rolle, ob gemeinschaftlich zu nutzende Räume vorhanden sind oder ob die Parteien auf sonstigen Gemeinschaftsflächen zusammentreffen können.[28] 12

Unter den **Begriff des Gebäudes** fallen zunächst alle Häuser die **ausschließlich zu Wohnzwecken** genutzt werden. Auf die Eigentumsverhältnisse kommt es nicht an. Maßgeblich ist nur, 13

---

[17] Barthelmess § 564 b BGB Rdn. 181, 182.
[18] **A. A.** *Schubert* WuM 1975, 4.
[19] Ebenso *Barthelmess* § 564 b BGB Rdn. 182.
[20] *Gather* DWW 1981, 86.
[21] BGH NJW-RR 2008, 1329 = NZM 2008, 682 = WuM 2008, 564 = ZMR 2008, 877 = DWW 2008, 311 = GE 2008, 1118.
[22] Ähnlich: LG Kleve WuM 1992, 437 für Wohnungen in verschiedenen Gebäudeteilen mit jeweils eigenem Eingang; AG Dortmund WuM 1990, 355 für Zechensiedlungshäuser; LG Hannover WuM 1979, 78 für zwei ebenerdig nebeneinander gelegene Bungalows; ebenso *Sternel* Mietrecht (1988) Rdn. IV 238; *Franke* in WoBauR § 573 a BGB Anm. 8; *Lammel* § 573 a BGB Rdn. 5; *Rolfs* in Staudinger § 573 a BGB Rdn. 15; *Hannappel* in Bamberger/Roth § 573 a BGB Rdn. 12; **a. A.** *Häublein* in MünchKomm § 573 a BGB Rdn. 9.
[23] LG Köln WuM 2015, 680.
[24] BGH (VIII ZR 325/09) NJW 2010, 3571 = WuM 2010, 513 = ZMR 2010, 939.
[25] LG Berlin GE 2011, 823.
[26] LG Hannover WuM 1979, 78; LG Hamburg WuM 1981, 42; WuM 1983, 23; LG Bochum WuM 1987, 158, LG Wuppertal WuM 1990, 156; LG Köln WuM 2003, 278; AG Dortmund WuM 1990, 355; ebenso *Franke* in WoBauR § 573 a BGB Anm. 8.
[27] BGH NJW-RR 2008, 1329 = NZM 2008, 682 = WuM 2008, 564 = ZMR 2008, 877 = DWW 2008, 311 = GE 2008, 1118.
[28] OLG Saarbrücken WuM 1992, 520 = ZMR 1992, 492 = DWW 1992, 310; ebenso: *Rolfs* in Staudinger § 573 a BGB Rdn. 15; *Kossmann* § 114 Rdn. 9; *Hannappel* in Bamberger/Roth § 573 a BGB Rdn. 13; *Haug* in Emmerich/Sonnenschein, Miete § 573 a BGB Rdn. 7.

dass Vermieter und Mieter im selben Gebäude wohnen und der Mieter sein Besitzrecht vom Vermieter herleitet. Ein Gebäude, bestehend aus zwei Eigentumswohnungen ist ebenfalls als „Gebäude" i. S. v. § 573a BGB zu bewerten. Auch hier kommt es nicht darauf an, ob der Vermieter Eigentümer der jeweiligen Wohnungen ist.

14 Bei einem **gemischt genutzten Gebäude** wurde unter der Geltung des § 564b Abs. 4 BGB a. F. teilweise die Ansicht vertreten, dass der gewerblich genutzte Teil nicht relevant sei.[29] Nach anderer Ansicht bestand das Sonderkündigungsrecht in diesem Falle nicht.[30] Die Streitfrage ist durch die Neufassung der Vorschrift durch das Mietrechtsreformgesetz vom 20.6.2001[31] gegenstandslos geworden. Nach der früheren Gesetzesfassung musste die vermietete Wohnung Teil eines vom Vermieter bewohnten „Wohngebäudes" sein. Der Begriff des „Wohngebäudes" ist durch den Begriff „Gebäude" ersetzt worden. Damit ist klargestellt, dass das Sonderkündigungsrecht auch dann besteht, wenn sich in dem Gebäude außer der Wohnung des Vermieters und der Wohnung des Mieters auch noch Gewerberäume befinden. Es kommt nicht darauf an, ob die Gewerberäume vom Vermieter selbst genutzt werden.[32]

15 **b) Vom Vermieter selbst bewohnt.** Das Sonderkündigungsrecht besteht nur, wenn der **Vermieter** selbst in dem Gebäude **wohnt.** Der Vermieter muss einen Teil der Räumlichkeiten zu Wohnzwecken nutzen. Dabei muss es sich nicht um eine Wohnung handeln. Es genügt, wenn das Gebäude im Wesentlichen vom Mieter genutzt wird und der Vermieter lediglich ein Zimmer bewohnt.[33] Bei einer Nutzung zu gewerblichen Zwecken besteht kein Sonderkündigungsrecht. Dies gilt auch dann, wenn ein Teil der Gewerberäume so eingerichtet ist, dass der Vermieter dort wohnen könnte. Gelegentliche Übernachtungen in den Gewerberäumen machen diese nicht zur Wohnung.

16 Der Vermieter muss **selbst** in dem Gebäude wohnen. Bei einer Vermietermehrheit muss mindestens ein Vermieter in dem Gebäude wohnen. Es genügt nicht, wenn die Wohnung durch einen Ehegatten oder Verwandten des Vermieters bewohnt wird. Bei einer Vermietung durch eine juristische Person ist das Sonderkündigungsrecht ausgeschlossen. Ist der Vermieter nicht der Eigentümer, so besteht kein Sonderkündigungsrecht, wenn zwar der Eigentümer, nicht aber der Vermieter im Haus wohnt.[34] Umgekehrt kann ein Nichteigentümer nach § 573a BGB kündigen, wenn er im Haus wohnt und Vermieter der anderen Wohnung ist. Das Sonderkündigungsrecht gilt nämlich auch im Verhältnis vom Mieter zum Untermieter. Ein solcher Fall wird etwa dann vorliegen, wenn der Vermieter in dem von ihm angemieteten Haus eine Wohnung selber nutzt und die andere durch Untermietvertrag einem Mieter überlassen hat.

17 Es ist erforderlich, dass die Wohnung von dem Vermieter **tatsächlich genutzt** wird. Eine freistehende Wohnung gibt dem Vermieter auch dann kein Sonderkündigungsrecht, wenn er dort polizeilich gemeldet ist oder die Absicht hat, in Bälde dort einzuziehen. Teilweise wird vertreten, dass der Vermieter in einer der Wohnungen seinen **Lebensmittelpunkt** haben muss.[35] Nach dieser Meinung besteht kein Kündigungsrecht, wenn die Räume nur als **Zweitwohnung** genutzt werden. Nach der hier vertretenen Ansicht kommt es darauf an, ob das Interesse des Vermieters an einer ungestörten Alleinnutzung höher zu bewerten ist, als das Bestandsinteresse des Mieters. Bei einer Nutzung als Wochenendwohnung ist dies zu verneinen.[36] Gleiches gilt, wenn der Vermieter die Wohnung lediglich zum Abstellen von Möbeln oder anlässlich gelegentlicher Verwandtenbesu-

---

[29] *Pfeifer* DWW 1981, 322; *Schmidt* BlGBW 1982, 70; *Sonnenschein* NZM 2000, 1, 3.
[30] *Sternel* Mietrecht (1988) Rdn. IV 238.
[31] BGBl. I S. 1149.
[32] Begründung des Regierungsentwurfs zu § 573a BGB, BT-Drucks.14/4553; *Franke* in WoBauR § 573a BGB Anm. 7; *Lammel* § 573a BGB Rdn. 6; *Rolfs* in Staudinger § 573a BGB Rdn. 12; *Häublein* in MünchKomm § 573a BGB Rdn. 8; *Lützenkirchen* in: Erman § 573a Rdn. 1.
[33] *Barthelmess* § 564b BGB Rdn. 162.
[34] LG Karlsruhe WuM 1989, 241.
[35] LG Berlin NJW-RR 1991, 1227; LG Wuppertal WuM 1990, 156; AG Walsrode WuM 1992, 616; *Rolfs* in Staudinger § 573a BGB Rdn. 10; *Sternel* Mietrecht (1988) Rdn. IV 241 und *Sternel* Mietrecht aktuell (2009) Rdn. XI 399; *Herrlein* in Herrlein/Kandelhard § 573a BGB Rdn. 7; *Haug* in Emmerich/Sonnenschein § 573a BGB Rdn. 6; *Kossmann* § 114 Rdn. 10; *Hannappel* in Bamberger/Roth § 573a BGB Rdn. 19; **a. A.** LG Hamburg WuM 1983, 23; *Lammel* § 573a BGB Rdn. 13; *Franke* in WoBauR § 573a BGB Anm. 13; *Lützenkirchen* in: Erman § 573a Rdn. 7 *Häublein* in MünchKomm § 573a BGB Rdn. 5.
[36] **A. A.** AG Halle-Saalkreis WuM 1995, 43.

che nutzt.[37] Bei zeitlich umfangreicher Nutzung ist das Sonderkündigungsrecht gegeben.[38] Die hier maßgebliche Abgrenzung ist nach denselben Kriterien zu entscheiden wie die Frage des Kündigungsinteresses nach § 573 Abs. 2 Nr. 2 BGB, wenn der Vermieter Bedarf an einer Zweitwohnung geltend macht (s. § 573 BGB Rdn. 104).[39] Die melderechtliche Bezeichnung als „Erst- oder Zweitwohnsitz" ist unerheblich.

Für die Kündigungsvoraussetzungen kommt es darauf an, ob der Vermieter im **Zeitpunkt des Ausspruchs der Kündigung** eine Wohnung nutzt. Hat der Vermieter nach § 573a BGB gekündigt und entschließt er sich nach dem Ausspruch der Kündigung zur Aufgabe der bisherigen Wohnung, so bleibt die Kündigung wirksam. Wird dieser Entschluss aber vor Ablauf der Kündigungsfrist gefasst, so muss er hierüber den Mieter informieren und diesem den Abschluss eines Vertrags über die Aufhebung der Kündigungswirkungen anbieten.[40] Umgekehrt besteht das Sonderkündigungsrecht auch dann, wenn der Vermieter erst nach Abschluss des Mietvertrags in das Haus einzieht.[41] Ein Vertrauensschutz zugunsten des Mieters besteht in einem solchen Fall nur ausnahmsweise, etwa wenn der Vermieter durch sein Verhalten einen besonderen Vertrauenstatbestand des Inhalts geschaffen hat, das betr. Haus selbst nie zu beziehen.[42] Der Umstand, dass der Mieter die Möglichkeit einer Eigennutzung durch den Vermieter nicht in Erwägung gezogen hat, reicht für die Annahme eines solchen Vertrauenstatbestandes keinesfalls aus. Weiter besteht das Sonderkündigungsrecht, wenn der Mieter einer der beiden Wohnungen das gesamte Gebäude erwirbt; in diesem Fall kann er nach seiner Eintragung ins Grundbuch die andere Wohnung nach § 573a BGB kündigen. Sind in einem Zweifamilienhaus sämtliche Wohnungen vermietet, so kann der bisher nicht im Haus wohnende Vermieter (oder Erwerber) unter Umständen das eine Mietverhältnis wegen Eigenbedarfs und das andere nach § 573a BGB kündigen. Die Kündigung nach § 573a BGB kann allerdings nicht zusammen mit der Eigenbedarfskündigung erklärt werden. Vielmehr ist diese Kündigung erst möglich, wenn der Vermieter eine der Wohnung bezogen hat. 18

Der bei der Kündigung nach § 573 Abs. 2 Nr. 2 BGB anerkannte Grundsatz, dass das **Kündigungsinteresse über den Ablauf der Kündigungsfrist hinaus fortbestehen muss** (s. § 573 BGB Rdn. 73), gilt auch bei der Kündigung nach § 573a BGB.[43] Deshalb ist eine Kündigung nach § 573a BGB unwirksam, wenn der Vermieter in der Absicht kündigt, nach dem Auszug des Mieters auch die eigene Wohnung aufzugeben, um das Haus sodann freistehend verkaufen zu können (s. Rdn. 3).[44] Aus einer unwirksamen Kündigung kann auch der Erwerber keine Rechte herleiten.[45] Hat der Vermieter nach § 573a BGB gekündigt und fasst er sodann den Entschluss zur Veräußerung des Gebäudes, so bleibt die Kündigung wirksam. Der Erwerber kann den Mieter auf Räumung und Herausgabe in Anspruch nehmen, wenn er selbst die Hauptwohnung bezogen hat; maßgeblich ist der Schluss der mündlichen Verhandlung. Hat der Erwerber die Hauptwohnung nicht bezogen, so kann er aus der vom Veräußerer ausgesprochenen Kündigung keine Rechte herleiten. Er ist in diesem Fall verpflichtet, dem Mieter einen Vertrag über die Fortsetzung des Mietverhältnisses anzubieten.[46] Die Ausführungen zu § 573 BGB Rdn. 73 gelten auch hierfür. 19

Stirbt der Vermieter nach Kündigungsausspruch, so kann der Rechtsnachfolger des Vermieters die Kündigung nicht weiterverfolgen.[47] Eine Ausnahme gilt, wenn der verstorbene Ver- 20

---

[37] LG Limburg/Lahn WuM 1991, 111.

[38] Ebenso: AG Hamburg-Blankenese WuM 1992, 112 für fünfmonatige Nutzung im Jahr.

[39] Eebenso: *Barthelmess* § 564b BGB Rdn. 161; *Franke* in WoBauR § 573a BGB Anm. 13; *Häublein* in MünchKomm § 573a BGB Rdn. 5.

[40] AG Bergheim WuM 2015, 39.

[41] OLG Koblenz RE v. 25.5.1981, WuM 1981, 204 = ZMR 1981, 371; BayOBLG RE v. 31.1.1991, NJW RR 1991, 1036 = WuM 1991, 249; OLG Karlsruhe RE v. 25.11.1991, WuM 1992, 49 = DWW 1992, 49; *Haas* Das neue Mietrecht, § 573a BGB Rdn. 5; *Franke* in WoBauR § 573a BGB Anm. 13; *Lammel* § 573a BGB Rdn. 15; *Herrlein* in Herrlein/Kandelhard § 573a BGB Rdn. 7; *Rolfs* in Staudinger § 573a BGB Rdn. 16; *Kossmann* § 114 Rdn. 11; *Hannappel* in Bamberger/Roth § 573a BGB Rdn. 22; Palandt/*Weidenkaff* § 573a BGB Rdn. 5; *Riecke* in Elzer/Riecke § 573a Rdn. 7; *Sternel* Mietrecht aktuell (2009) Rdn. XI 404 anders noch in Mietrecht (1988) Rdn. IV 243.

[42] OLG Karlsruhe a. a. O.

[43] OLG Karlsruhe RE v. 22.4.1993, NJW-RR 1994, 80 = WuM 1993, 405 = ZMR 1993, 335.

[44] LG Stuttgart WuM 2007, 75; *Sonnenschein* NZM 2000, 1, 4.

[45] Unzutreffend AG Aschaffenburg WuM 2007, 460 mit abl. Anm. *Blank*.

[46] LG Duisburg NZM 2005, 216.

[47] OLG Karlsruhe a. a. O.; LG Karlsruhe WuM 1989, 256.

mieter und sein Rechtsnachfolger die Wohnung zusammen genutzt haben und der Rechtsnachfolger die Wohnung auch in Zukunft weiter nutzen will, weil dann ein „deckungsgleicher" Kündigungssachverhalt gegeben ist. Ein nicht im Haus wohnender Rechtsnachfolger ist auf die Kündigung nach § 573 Abs. 1 und 2 beschränkt.

21 **c) Nicht mehr als zwei Wohnungen.** Ein „Gebäude mit nicht mehr als zwei Wohnungen" liegt auch dann vor, wenn sich in dem Gebäude außer den vom Vermieter und vom Mieter bewohnten Räumen noch Gewerberäume oder einzelne vermietete Zimmer befinden.[48] Der **Begriff der Wohnung** richtet sich nach der **Verkehrsanschauung.** Danach wird unter einer Wohnung „ein selbständiger, räumlich und wirtschaftlich abgegrenzter Bereich verstanden, der eine eigenständige Haushaltsführung ermöglicht".[49] **Die DIN 283** definiert die Wohnung als „die Summe der Räume, welche die Führung eines Haushalts ermöglichen, darunter stets eine Küche oder ein Raum mit Kochgelegenheit. Zu einer Wohnung gehören außerdem Wasserversorgung, Ausguss und Abort".[50] Es ist nicht erforderlich, dass die Küche eingerichtet ist; es müssen lediglich diejenigen Versorgungsanschlüsse (Wasser, Abwasser, Strom) vorhanden sein, die zur Einrichtung einer Küche nötig sind.[51] Außerdem muss der Mieter nach den vertraglichen Vereinbarungen berechtigt sein, den Raum als Küche einzurichten und zu nutzen. Vergleichbar ist der **steuerrechtliche Wohnungsbegriff i. S. des § 5 Abs. 2 GrStG.** Nach der Rechtsprechung des BFH[52] ist unter einer Wohnung „die Zusammenfassung einer Mehrheit von Räumen zu verstehen, die in ihrer Gesamtheit so beschaffen sein müssen, dass sie die Führung eines selbständigen Haushalts auf Dauer ermöglichen". Dies ist der Fall wenn die Einheit mindestens 20 qm aufweist und mit einer Küche oder einem Raum mit Kochgelegenheit, einem Bad oder einer Dusche sowie einer Toilette ausgestattet ist. Außerdem muss die Einheit von anderen Einheiten getrennt sein und über einen eigenen Zugang verfügen. Der Umstand, dass in den Räumlichkeiten eine Kochplatte aufgestellt werden kann, macht den Raum nicht zu einer Wohnung.[53] Dieses Kriterium ist für den Wohnungsbegriff völlig ungeeignet, weil es kaum einen Raum geben wird, in dem keine Kochplatte aufgestellt und an eine Steckdose angeschlossen werden könnte. **Abgeschlossene Wohnungen** sind nach der DIN 283 solche, „die baulich vollkommen von fremden Wohnungen und Räumen abgeschlossen sind, z. B. durch Wände und Decken, die den Anforderungen der Bauaufsichtsbehörden (Baupolizei) an Wohnungstrennwände und Wohnungstrenndecken entsprechen und einen eigenen abschließbaren Zugang unmittelbar vom Freien, von einem Treppenhaus oder einem Vorraum haben. Zu abgeschlossenen Wohnungen können zusätzliche Räume außerhalb des Wohnungsabschlusses gehören. Auch Wasserversorgung, Ausguss und Abort können außerhalb der Wohnung liegen". Ebenso schadet es nichts, wenn diese Einrichtungen von mehreren Wohnparteien benutzt werden. Anders ist es, wenn der Mieter Räume und Einrichtungen einer anderen Wohnung in Anspruch nehmen muss.[54] Ein Bad ist nicht wesentlicher Bestandteil einer Wohnung.[55] **Nicht abgeschlossene Wohnungen** sind solche, die diesen Anforderungen nicht genügen. Zu den Wohnungen i. S. v. § 573a BGB gehören sowohl abgeschlossene als auch nicht abgeschlossene Wohnungen.[56] Der Umstand, dass der Vermieter durch die Errichtung der Räumlichkeiten gegen formelles oder materielles öffentliches Baurecht versto-

---

[48] BGH NJW-RR 2008, 1329 = NZM 2008, 682 = WuM 2008, 564 = ZMR 2008, 877 = DWW 2008, 311 = GE 2008, 1118.

[49] BGH (VIII ZR 90/10) NZM 2011, 71 = WuM 2011, 34 = ZMR 2011, 363; BGH Urteil vom 18.2.2015 – VIII ZR 127/14; LG Hamburg WuM 1994, 215; LG Aachen WuM 1993, 616, 617; LG Bochum WuM 1984, 133; *Sternel* Mietrecht aktuell 4. Aufl. 2009 Rdn. XI 397.

[50] LG Bochum WuM 1984, 133; LG Berlin GE 1992, 1151; LG Lübeck WuM 1992, 616; LG Bonn WuM 1992, 24; LG Aachen WuM 1993, 616; LG Hamburg WuM 1994, 215; LG Kempten WuM 1994, 254; *Franke* in WoBauR § 573a BGB Anm. 9; *Häublein* in MünchKomm § 573a BGB Rdn. 11; *Rolfs* in Staudinger § 573a BGB Rdn. 6; *Barthelmess* § 564b BGB Rdn. 155.

[51] BGH Urteil vom 18.2.2015 – VIII ZR 127/14.

[52] BFH DWW 2015, 195.

[53] LG Kempten a. a. O.; LG Hamburg a. a. O.; AG Siegburg WuM 1979, 218 mit abl. Anm. *Holtschoppen* WuM 1979, 219; *Barthelmess* § 564b BGB Rdn. 155; *Häublein* in MünchKomm § 573a BGB Rdn. 11; **a. A.** LG Braunschweig WuM 1985, 64; LG Essen WuM 1993, 54; LG Lübeck WuM 1992, 616; LG Bonn WuM 1992, 24; *Franke* in WoBauR § 573 BGB Anm. 9.

[54] LG Köln WuM 1985, 63; *Lammel* § 573a BGB Rdn. 7.

[55] *Sonnenschein* a. a. O.; **a. A.** LG Berlin GE 1999, 507.

[56] LG Essen WuM 1977, 206; AG Rostock DWW 1993, 142.

ßen hat, spielt keine Rolle.[57] Unerheblich ist auch, ob das Haus steuerrechtlich als Zwei- oder Dreifamilienhaus bewertet wird.[58]

Die Frage, ob Räumlichkeiten **zur Führung eines Haushaltes geeignet** sind, richtet sich nach der Verkehrsanschauung.[59] Indizien hierfür sind das Vorhandensein einer Klingel im Hauseingangsbereich, eines Briefkastens, eines separaten Strom- und/oder Wasserzählers, sowie der Umstand, dass die Räume gegenwärtig oder früher von einer Einzelperson oder einer Familie als Wohnung genutzt worden sind. Eine Wohnung kann aber auch dann anzunehmen sein, wenn diese Einrichtungen nicht vorhanden sind. Der Umstand, dass mehrere Mieter bestimmte Räume gemeinsam benutzen, steht der Bewertung der Mieträume als „Wohnung" nicht entgegen.[60] 22

In der **Rechtsprechung** wurde die **Wohnungseigenschaft bejaht:** Für ein Appartement im Dachgeschoss bestehend aus einem Zimmer, Bad/WC, Abstellraum, Flur und Balkon wobei unerheblich ist, dass eine Kücheneinrichtung fehlt, es genügt, wenn die hierfür erforderlichen Wasser- und Stromanschlüsse vorhanden sind;[61] für Räumlichkeiten im Dachgeschoss bestehend aus Küche, Diele, Wohn- und Schlafraum, Bad mit Dusche, WC mit Waschtisch, Abstellkammer und Speicherraum – der Umstand dass kein separater Strom- und Wasserzähler vorhanden war und dass die Räume vom Vermieter genutzt worden sind wurde für unerheblich erachtet;[62] für Räumlichkeiten im Dachgeschoss bestehend aus 2 Zimmern, Wohnküche, Dusche und Toilette.[63] 23

Die **Wohnungseigenschaft** wurde **verneint:** für 2 Zimmer und WC/Dusche im Dachgeschoss, die nicht mit einer Spüle ausgestattet sind und als Ferienzimmer vermietet werden;[64] für abgeschlossene Räumlichkeiten bestehend aus einem 9,5 m² großen Zimmer mit Elektroanschlüssen, einer Toilette mit Handwaschbecken und einem Vorraum, jedoch ohne Küche oder Kochnische;[65] für Räume ohne Küche;[66] für ein Zimmer mit Toilette und Waschgelegenheit;[67] wenn in den Räumlichkeiten kein Ausguss vorhanden ist.[68] 24

Für den **Wohnungsbegriff** sind grundsätzlich die **objektiven Gegebenheiten** im **Zeitpunkt der Kündigung** maßgebend. Deshalb ist es unerheblich, ob ein Dachgeschoß zu einer Wohnung ausgebaut werden könnte oder ob ein Vermieter solche Ausbauabsichten hat.[69] Umgekehrt kommt es nicht darauf an, ob vorhandene Räume als Wohnung genutzt werden, sondern darauf, ob sie als Wohnung geeignet sind.[70] Deshalb ist das Sonderkündigungsrecht auch dann ausgeschlossen, wenn die Räume leerstehen[71] oder wenn sie vom Vermieter nicht zur Vermietung an Dritte vorgesehen sind. Unbeschadet hiervon ist der Vermieter aber nicht gehindert, eine Wohnung, die bereits beim Vertragsschluss zu gewerblichen Zwecken genutzt wurde oder die zu solchen Zwecken vermietet war, auch weiterhin gewerblich zu nutzen. In diesem Fall bleibt das Gebäude ein Haus mit zwei Wohnungen, so dass das Sonderkündigungsrecht besteht. Wurde hingegen eine Wohnung bei Vertragsschluss gewerblich genutzt und hat der Vermieter diese Art der Nutzung in der Folgezeit aufgegeben, so sind die Räumlichkeiten entsprechend ihrer Eignung als Wohnräume zu bewerten.[72] In diesem Fall ist das Sonderkündigungsrecht ausgeschlossen. Waren umgekehrt bei Vertragsschluss drei Wohnungen vorhanden und hat der Vermieter in der Folgezeit eine der Wohnungen zu gewerblichen Zwecken genutzt oder vermietet, so ist eine aus dem Vertrauensgrundsatz abzuleitende Ausnahme zu beachten. Hier ist das Sonderkündigungsrecht ausgeschlossen, weil der Mieter darauf 25

---

[57] LG Bochum WuM 1984, 133; LG Köln WuM 1985, 64; LG Aachen WuM 1993, 616; LG Hamburg WuM 1994, 215.
[58] LG Hildesheim NJW-RR 1993, 585; *Barthelmess* § 564b BGB Rdn. 157; *Häublein* in MünchKomm § 573a BGB Rdn. 10; *Rolfs* in Staudinger § 573a BGB Rdn. 13.
[59] LG Hamburg WuM 1994, 215.
[60] AG Heidelberg WuM 1983, 144.
[61] BGH Urteil vom 18.2.2015 – VIII ZR 127/14.
[62] LG Aachen WuM 1993, 616.
[63] LG Hildesheim NJW-RR 1993, 585.
[64] LG Kempten WuM 1994, 254.
[65] LG Hamburg WuM 1994, 215.
[66] AG Wolfratshausen WuM 1985, 267.
[67] AG Siegburg WuM 1979, 218.
[68] LG Lübeck WuM 1992, 616.
[69] LG Mannheim WuM 1981, 234; LG Wiesbaden WuM 1981, 162.
[70] AG Hamburg-Bergedorf ZMR 2012, 451.
[71] LG Köln WuM 1985, 64; LG Essen a. a. O.
[72] LG Essen a. a. O.

vertrauen darf, dass ein bei Vertragsschluss bestehender Kündigungsschutz nicht durch eine vom Vermieter vorgenommene Zweckänderung tangiert wird.[73]

26 Dieselben Grundsätze gelten, wenn das **Gebäude nach dem Vertragsschluss baulich verändert** wird. Bestand das Haus im Zeitpunkt des Vertragsschlusses aus 2 Wohnungen und wurde in der Folgezeit durch Ausbau oder Teilung eine dritte Wohnung geschaffen, so ist das Sonderkündigungsrecht ausgeschlossen. Hat umgekehrt der Mieter einer in einem Dreifamilienhaus gelegenen Wohnung nach Vertragschluss eine weitere Wohnung hinzugemietet und diese mit der Ursprungswohnung verbunden, so entsteht für den im Haus wohnenden Vermieter ein Sonderkündigungsrecht, weil nach dem Umbau nur noch zwei Wohnungen vorhanden sind.[74] Dies gilt auch dann, wenn der Umbau jederzeit wieder rückgängig gemacht werden könnte.[75] Nach der hier vertretenen Ansicht kommt es nicht darauf an, ob die beiden Wohnungen nach den baulichen Gegebenheiten als einheitliche abgeschlossene Wohnung anzusehen sind. Maßgeblich ist vielmehr, ob der Mieter die beiden Wohnungen im Rahmen seiner Haushaltsführung nutzt. Deshalb besteht das Sonderkündigungsrecht auch dann, wenn der Mieter nach Vertragsschluss eine weitere Wohnung anmietet und beide Wohnungen ohne Umbaumaßnahmen zur Haushaltsführung genutzt werden. Werden die Umbauarbeiten auf Veranlassung oder im Interesse des Vermieters vorgenommen, so ist allerdings eine aus dem **Vertrauensgrundsatz** abzuleitende Ausnahme zu beachten: Das Sonderkündigungsrecht gilt nicht, wenn das Haus beim Vertragsschluss aus drei Wohnungen bestand und der Vermieter in der Folgezeit zwei der Wohnungen zu einer einzigen zusammengelegt hat[76] oder wenn er beide Wohnungen ohne Umbaumaßnahme im Rahmen seiner Haushaltsführung nutzt. Für die Anwendung des Vertrauensgrundsatzes besteht allerdings kein Raum, wenn der Vermieter den Mieter vor Vertragsschluss über seine Umbaupläne informiert hat.[77]

27 Eine weitere, aus dem Vertrauensgrundsatz abzuleitende Ausnahme gilt, wenn der Mieter eine **Wohnung in einem noch nicht fertig gestellten Haus** gemietet hat. Hier kommt es darauf an, ob das Haus als Zwei- oder Mehrfamilienhaus konzipiert ist. War beim Vertragsschluss die dritte Wohnung bereits geplant aber noch nicht fertig gestellt, so besteht kein Sonderkündigungsrecht, wenn der Vermieter vor der Bezugsfertigkeit der dritten Wohnung kündigt.[78] Dies gilt auch dann, wenn der Plan zur Fertigstellung der dritten Wohnung nach Abschluss des Mietvertrags endgültig aufgegeben wird.

28 Befinden sich in einem Gebäude mehr als zwei Wohnungen, so ist § 573a Abs. 1 BGB unanwendbar. Dies gilt auch dann, wenn der Vermieter eine dritte Wohnung als Teil seiner eigenen Wohnung nutzt, z. B. als Arbeits- Gäste- Kinder- oder Schlafzimmer.[79] Anders ist es, wenn die Räumlichkeiten auf Grund ihrer baulichen Beschaffenheit als Teil der Vermieterwohnung anzusehen sind. Dies ist aber nur dann der Fall, wenn die betreffenden Räumlichkeiten mit der Wohnung des Vermieters eine bauliche Einheit bilden; hiervon kann beispielsweise bei einer Verbindung mit Innentreppen ausgegangen werden.[80] Dieselben Grundsätze gelten, wenn das Gebäude aus drei Wohnungen besteht und zwei der Wohnungen vom Mieter genutzt werden. Die in der Vorauflage vertretene abweichende Ansicht wird nicht aufrechterhalten.

29 Die **Anzahl der jeweiligen Wohnungsnutzer** ist unerheblich. Deshalb gilt das Sonderkündigungsrecht auch dann, wenn der Vermieter oder der Mieter einzelne Räume seiner Wohnung an einen oder mehrere **Untermieter** vermietet hat.[81]

2. Abs. 2

30 Das Sonderkündigungsrecht besteht ebenfalls für **Wohnraum innerhalb der vom Vermieter selbst bewohnten Wohnung.** Diese Vorschrift hat dann praktische Bedeutung, wenn die Räume unmöbliert vermietet werden, oder wenn sie zum dauernden Gebrauch für eine Familie bestimmt sind. Gleiches gilt, wenn sich die Räume in einem Mehrfamilienhaus befinden.[82] Solche Räume

[73] BGH Urteil vom 18.2.2015 – VIII ZR 127/14.
[74] OLG Karlsruhe RE v. 10.6.1983, NJW 1984, 2953 = WuM 1983, 253.
[75] OLG Karlsruhe a. a. O.
[76] OLG Hamburg RE v. 7.4.1982, WuM 1982, 151 = ZMR 1982, 282 = NJW 1983, 182.
[77] LG Memmingen NJW-RR 1992, 523.
[78] AG Marl WuM 1998, 221.
[79] BGH (VIII ZR 90/10) NZM 2011, 71 = WuM 2011, 34 = ZMR 2011, 363.
[80] LG Memmingen NJW-RR 1992, 523.
[81] *Grapentin* in Bub/Treier Kap. IV Rdn. 205.
[82] KG NJW 1981, 2470 = WuM 1981, 154 = ZMR 1981, 243.

unterliegen an sich dem Kündigungsschutz (§ 549 Abs. 2 Nr. 2 BGB); der Vermieter kann diese Räume allerdings auch dann kündigen, wenn er kein berechtigtes Interesse an der Beendigung des Mietverhältnisses hat. Die Regelung entspricht dem bis 31.8.2001 geltenden § 564b Abs. 4 Satz 3 BGB a. F.

Die Vorschrift gilt auch im Verhältnis des Mieters zum Untermieter. Deshalb kann ein Mieter, 31 der einzelne Zimmer seiner Wohnung weitervermietet hat, von dem Sonderkündigungsrecht Gebrauch machen. Eine solche Situation besteht auch bei einer **Wohngemeinschaft,** wenn nicht alle Wohnungsnutzer Partei des Hauptmietvertrags sind. Hier können die Hauptmieter den Untermietern nach § 573a BGB kündigen.

IV. Die Kündigungsfrist (Abs. 1 Satz 2)

Macht der Vermieter von dem Sonderkündigungsrecht nach § 573a BGB Gebrauch, so verlängert sich die Kündigungsfrist um drei Monate. Die gesetzliche Kündigungsfrist beträgt deshalb je nach Dauer des Mietverhältnisses (s. § 573c BGB Rdn. 6ff.) mindestens sechs, höchstens 12 Monate. In den Fällen der außerordentlichen befristeten Kündigung beträgt die Kündigungsfrist einheitlich 3 Monate (§ 573d Abs. 2 Satz 2 BGB). 32

V. Die Kündigungserklärung (Abs. 3)

Nach § 573a Abs. 3 BGB ist in dem Kündigungsschreiben „anzugeben, dass die Kündigung auf 33 die Voraussetzungen des Absatzes 1 oder 2 gestützt wird".

Die Angabe muss **im Kündigungsschreiben** erfolgen; sie ist auch dann nicht entbehrlich, 34 wenn der Mieter auf Grund mündlicher Erklärungen oder vorangegangener Korrespondenz weiß, dass der Vermieter von seinem Sonderkündigungsrecht Gebrauch machen will. Eine unterlassene Angabe kann nicht nachgeholt werden. Jedoch kann der Vermieter erneut kündigen.[83] Eine nachträgliche Mitteilung des Vermieters, dass die Kündigung auf die Voraussetzungen des Absatzes 1 oder 2 gestützt wird, kann aus Gründen der Rechtsklarheit nicht in eine erneute Kündigung nach § 573a BGB umgedeutet werden.[84]

Durch die **Einhaltung** einer dem Sonderkündigungsrecht entsprechenden **verlängerten Kündigungsfrist** wird die Angabe nicht ersetzt.[85] Der Umstand, dass ein **Kündigungsschreiben keine Gründe** enthält, macht die Angabe ebenfalls nicht entbehrlich.[86] Dies gilt schon deshalb, weil in diesem Fall auch eine (unwirksame) Kündigung nach § 573 BGB vorliegen kann. 35

Die Vorschrift dient der Unterrichtung des Mieters; deshalb muss der Hinweis für den Kündigungsempfänger verständlich sein. Dieser muss aus dem **Inhalt des Kündigungsschreibens** erkennen können, dass der Vermieter von seinem Sonderkündigungsrecht nach § 573a BGB Gebrauch macht. Wird gegenüber einem rechtskundigen Mieter oder gegenüber dem rechtskundigen Bevollmächtigten eines Mieters gekündigt, so reicht ein Hinweis auf die Gesetzesbestimmung („… kündige ich nach § 573a BGB …") oder eine Formulierung wie: „… mache ich von meinem Sonderkündigungsrecht für Einliegerwohnungen Gebrauch" i. d. R. aus. Gleiches gilt, wenn der Mieter weiß, dass der Vermieter eine Einliegerwohnung ohne berechtigtes Interesse kündigen kann.[87] Wird die Kündigung gegenüber einem rechtsunkundigen Mieter erklärt, so genügt die Wiedergabe von Gesetzesbezeichnungen im allgemeinen nicht;[88] hier muss – z. B. durch die Wiederholung des Gesetzestextes deutlich gemacht werden, dass eine vom Vorliegen von Gründen unabhängige Kündigung ausgesprochen wird. Fehlt es hieran, so ist die Kündigung unwirksam. Der Mieter muss allerdings nicht belehrt werden. Deshalb muss der Vermieter in dem 36

---

[83] *Kossmann* § 114, Rdn. 18.

[84] **A. A.** *Kossmann* a. a. O.

[85] *Sternel* Mietrecht (1988) Rdn. IV 247; *Franke* in WoBauR § 573a BGB Anm. 14; *Lammel* § 573a BGB Rdn. 24; vgl. auch *Rolfs* in Staudinger § 573a BGB Rdn. 22; *Häublein* in MünchKomm § 573 BGB Rdn. 13: „zweifelhaft".

[86] *Grapentin* in Bub/Treier Kap. IV Rdn. 210; *Barthelmess* § 564b BGB Rdn. 177; *Lammel* § 573a BGB Rdn. 24; *Franke* in WoBauR § 573a BGB Anm. 14; *Rolfs* in Staudinger § 573a BGB Rdn. 23; **a. A.** *Löwe* NJW 1975, 9.

[87] LG Kiel WuM 1994, 543 betr. Kenntnis auf Grund einer vorangegangenen Kündigung.

[88] LG Osnabrück WuM 1990, 307; **a. A.** AG Karlsruhe DWW 1992, 212; *Lützenkirchen* in Erman § 573a BGB Rdn. 11; *Hannappel* in Bamberger/Roth § 573a BGB Rdn. 25.

Kündigungsschreiben weder mitteilen, dass die Voraussetzungen des § 573a BGB vorliegen, noch muss er die sich daraus ergebende Rechtsfolge erläutern.

37 Die **Angabe von Gründen** schadet nicht. Es muss nur deutlich werden, dass die Kündigung nicht hierauf gestützt wird. Die Angabe von Gründen im Kündigungsschreiben ist allerdings nicht erforderlich, wenn der Vermieter ausschließlich nach § 573a BGB kündigen will. Dies gilt auch, wenn der Mieter der Kündigung nach § 574 BGB widerspricht. Bei der **Anwendung der Sozialklausel** können zugunsten des Vermieters auch solche Gründe berücksichtigt werden, die nicht im Kündigungsschreiben genannt sind. Anders als nach früherem Recht[89] ist § 574 Abs. 3 BGB auf Kündigungen nach § 573a BGB nämlich nicht anwendbar.[90]

38 Liegen berechtigte Interessen an der Beendigung des Mietverhältnisses vor, so kann der Vermieter **wahlweise** nach § 573 BGB oder nach § 573a BGB kündigen. Der Vermieter kann allerdings nicht beide Kündigungen gleichrangig geltend machen. Vielmehr muss die Kündigungserklärung erkennen lassen, in welcher Weise das Wahlrecht ausgeübt wird.[91] Der Vermieter darf die Ausübung des Wahlrechts nicht dem Mieter oder dem Gericht überlassen, etwa dergestalt, dass von dem für den Mieter rechtlich günstigsten Kündigungsgrund ausgegangen wird.[92]

39 Nach dem Rechtsentscheid des OLG Hamburg vom 7. 4. 1982[93] kann der Vermieter die Kündigung nach § 573 BGB und diejenige nach § 573a BGB dergestalt miteinander kombinieren, dass er die erste oder die zweite in erster Linie und die jeweils andere **hilfsweise** geltend macht.[94] Auch im Räumungsprozess kann der Vermieter beide Kündigungen in dieser Weise geltend machen.

40 Hat der Mieter einer Kündigung des Vermieters nach § 573 BGB widersprochen, so darf der Vermieter nach dem Rechtsentscheid des OLG Karlsruhe vom 2. 11. 1981[95] erneut noch innerhalb der laufenden Kündigungsfrist nach § 573a BGB kündigen, wenn er in dem Kündigungsschreiben zweifelsfrei zum Ausdruck bringt, dass er nunmehr von seinem Sonderkündigungsrecht Gebrauch macht.[96] Teilweise wird die Auffassung vertreten, dass die Ansicht des OLG Karlsruhe nur dann zutreffend sei, wenn die ursprüngliche Kündigung unwirksam gewesen ist.[97] Diese Ansicht verkennt, dass der Vermieter beliebig viele Kündigungen gleichzeitig oder in Folge aussprechen kann; in solchen Fällen ist jede Kündigung gesondert zu beurteilen.[98]

41 Ist auf Grund der Kündigungserklärung nicht zu ermitteln, in welcher Weise der Vermieter von seinem Wahlrecht Gebrauch gemacht hat (z. B. bei einer Kündigung unter Angabe von Gründen mit der verlängerten Frist des § 573a Abs. 1 Satz 2 BGB), so ist die Kündigung nur wirksam, wenn sie den Anforderungen des § 573 BGB entspricht.[99]

VI. Darlegungs- und Beweislast/Abweichende Vereinbarungen (Abs. 4)

42 Der Vermieter muss darlegen und beweisen, dass die Voraussetzungen des § 573a BGB gegeben sind. Der Mieter muss beweisen, dass die Kündigung gegen §§ 573 Abs. 1 Satz 2, 134, 138, 226, 242 BGB verstößt.

43 Nach § 573a Abs. 4 BGB ist eine zum Nachteil des Mieters abw. Vereinbarung unwirksam. Eine vertragliche Regelung, wonach die Wohnung als „Einliegerwohnung" gelten soll ist i. E. bedeutungslos. Entspricht das Mietverhältnis in Wirklichkeit nicht der fraglichen Wohnungskategorie, so ist die Vereinbarung unwirksam. Im anderen Fall folgt das Sonderkündigungsrecht nicht aus der Vereinbarung, sondern unmittelbar aus dem Gesetz. Eine entsprechende Regelung hat deshalb nur deklaratorischen Charakter.

---

89 OLG Hamm RE v. 16. 3. 1992, WuM 1992, 230 = ZMR 1992, 243 zum früheren § 564b Abs. 4 BGB a. F.

90 Gesetzentwurf der Bundesregierung, Begründung zu § 574 BGB, BT-Drucks 14/4553; *Lammel* § 573a BGB Rdn. 27; *Franke* in WoBauR § 573a BGB Anm. 5 und 16; *Lützenkirchen* in: Erman § 573a Rdn. 13; *Häublein* in MünchKomm § 573a BGB Rdn. 16; *Rolfs* in Staudinger § 573a BGB Rdn. 26.

91 LG Köln WuM 1997, 221.

92 LG Landau WuM 1986, 144.

93 OLG Hamburg RE v. 7. 4. 1982, NJW 1983, 182 = WuM 1982, 151 = ZMR 1982, 282.

94 Ebenso: LG Berlin GE 1983, 713; LG Kiel DWW 1992, 85.

95 OLG Karlsruhe RE v. 2. 11. 1981, NJW 1982, 391; WuM 1982, 14 = DWW 1982, 54.

96 Dagegen zu Recht: *Sternel* Mietrecht (1988) Rdn. IV 245 Fn. 33.

97 *Barthelmess* § 564b BGB Rdn. 179.

98 Ebenso: *Sonnenschein* NZM 2000, 1, 7.

99 *Sternel* Mietrecht (1988) Rdn. IV 247.

Die Regelung des § 573a BGB kann **ersatzlos abbedungen** werden, weil eine solche Vereinbarung zum Vorteil des Mieters wirkt. Eine Vereinbarung über den Ausschluss der Eigenbedarfskündigung ist i. d. R. dahingehend auszulegen, dass zugleich das Kündigungsrecht nach § 573a entfällt.[100] 44

VII. Sonderkündigungsrecht bei Wohnungen in Gebäuden mit drei Wohnungen

Nach dem bis 31.8.2001 geltenden **§ 564b Abs. 4 Satz 1 Nr. 2 BGB a. F.** hatte der Vermieter auch dann ein Sonderkündigungsrecht, wenn sich die Wohnung des Mieters in einem **Gebäude mit drei Wohnungen** befand, wenn mindestens eine der Wohnungen durch Ausbau oder Erweiterung eines vom Vermieter selbst bewohnten Wohngebäudes nach dem 31.5.1990 und vor dem 1.6.1999 fertig gestellt worden ist. Dieses Sonderkündigungsrecht konnte noch **bis zum 1.9.2006** ausgeübt werden (Art 229 § 3 Abs. 2 EGBGB) falls das Mietverhältnis über die betr. Wohnung bereits vor dem 1.9.2001 abgeschlossen wurde und an diesem Tage noch bestand. Seit dem 1.9.2006 besteht das Sonderkündigungsrecht für diese Wohnungsgruppe nicht mehr. 45

[100] LG Heidelberg WuM 2015, 173.

§ 573b Teilkündigung des Vermieters

(1) Der Vermieter kann nicht zum Wohnen bestimmte Nebenräume oder Teile eines Grundstücks ohne ein berechtigtes Interesse im Sinne des § 573 kündigen, wenn er die Kündigung auf diese Räume oder Grundstücksteile beschränkt und sie dazu verwenden will,

1. Wohnraum zum Zwecke der Vermietung zu schaffen oder

2. den neu zu schaffenden und den vorhandenen Wohnraum mit Nebenräumen oder Grundstücksteilen auszustatten.

(2) Die Kündigung ist spätestens am dritten Werktag eines Kalendermonats zum Ablauf des übernächsten Monats zulässig.

(3) Verzögert sich der Beginn der Bauarbeiten, so kann der Mieter eine Verlängerung des Mietverhältnisses um einen entsprechenden Zeitraum verlangen.

(4) Der Mieter kann eine angemessene Senkung der Miete verlangen.

(5) Eine zum Nachteil des Mieters abweichende Vereinbarung ist unwirksam.

Systematische Übersicht

I. Anwendungsbereich und Zweck

1 Die Vorschrift gilt nur für die Wohnraummiete. Erfasst werden alle Mietverhältnisse, einschließlich derer, die in § 549 Abs. 2 und 3 BGB genannt sind. Die Vorschrift gilt auch in den neuen Ländern. Für Mietverhältnisse über Gewerberäume gilt § 573b BGB nicht.[1] Das war zum früheren Recht umstritten.[2] Nunmehr folgt die hier vertretene Rechtsansicht aus § 578 BGB, weil diese Vorschrift nicht auf § 573b BGB verweist.

2 Die Vorschrift ist durch das Wohnungsbau – Erleichterungsgesetz vom 17.5.1990[3] und das Vierte Mietrechtsänderungsgesetz vom 21.7.1993[4] in das BGB eingefügt worden (§ 564b Abs. 2 Nr. 4 BGB a. F.). Sie bestimmt, dass der Vermieter auch zur Teilkündigung von Nebenräumen (insbesondere zur Kündigung von Speicherräumen) oder sonstiger mitvermieteter Grundstücksteile (Kfz-Abstellplätze, Gärten usw.) berechtigt ist, wenn er diese Räume oder Grundstücksflächen zur Schaffung neuer Mietwohnungen verwenden will. Auf diese Weise will der Gesetzgeber sicherstellen, dass der wohnungsbaupolitisch wünschenswerte Ausbau von Dachgeschoßen, die Aufstockung, der Ausbau oder die Schließung von Baulücken nicht am Widerstand der Mieter scheitert. Für den Mieter besteht keine Möglichkeit zur Teilkündigung.

3 Der Mieter kann **Kündigungswiderspruch** nach § 574ff. BGB erheben. Dies folgt aus der systematischen Stellung des § 573b BGB und des § 574 BGB im Unterkap. „Mietverhältnisse auf unbestimmte Zeit".

II. Tatbestandsvoraussetzungen

4 **1.** Die Teilkündigung ist kein Unterfall der ordentlichen Kündigung. Vielmehr enthält § 573b BGB ein eigenständiges Kündigungsrecht.[5] Aus der systematischen Stellung der Vorschrift im Unterkap. 2 „Mietverhältnisse auf unbestimmte Zeit" ergibt sich, dass die Vorschrift nur für diese Mietverhältnisse gilt.[6] Sie setzt also zunächst voraus, dass das Mietverhältnis generell im Wege der ordentlichen Kündigung beendet werden kann. Bei einem **befristeten Mietverhältnis** nach § 575

---

[1] *Häublein* in MünchKomm § 573b BGB Rdn. 4.

[2] Nachweise bei *Blank* in Schmidt-Futterer 7. Aufl. § 564b BGB Rdn. 231.

[3] BGBl. I S. 926.

[4] BGBl. I S. 1257.

[5] Gesetzentwurf der Bundesregierung, Begründung zu § 573b BGB, BT-Drucks.14/4553.

[6] Gesetzentwurf der Bundesregierung, Begründung zu § 573b BGB, BT-Drucks.14/4553.

Abs. 1 Satz 1 BGB ist die Teilkündigung während der Befristung ausgeschlossen.[7] Dies folgt aus der systematischen Stellung der Vorschrift im Unterkap. „Mietverhältnisse auf bestimmte Zeit".[8] Ist ein **Kündigungsverzicht** vereinbart (dazu § 575 BGB Rdn. 66, 78, 81), so kommt es darauf an, ob die Verzichtsvereinbarung auch die Teilkündigung umfasst. Dies ist durch Auslegung der Vereinbarung zu ermitteln. Ist vereinbart, dass das Recht zur „ordentlichen Kündigung" ausgeschlossen ist, so ist mit diesem Begriff auch die Kündigung nach § 573b BGB angesprochen.[9]

Die Teilkündigung besteht für „nicht zum Wohnen bestimmte Nebenräume oder Teile eines Grundstücks". Die **Nebenräume** müssen außerhalb der Wohnung des Mieters liegen. Ob sie innerhalb oder außerhalb des Gebäudes oder des Grundstücks liegen, ist unerheblich.[10] Sie dürfen nach den Vereinbarungen des Mietvertrags nicht zum Wohnen bestimmt sein. Es muss sich um Zubehörräume handeln; in Betracht kommen: Keller, Waschküche, Abstellräume außerhalb der Wohnung, Dachboden, Trockenräume, Schuppen, Garagen und ähnliche Räume (vgl. § 2 Abs. 3 Nr. 1 WoFlV). Unerheblich ist es, ob der Mieter die Räume vertragswidrig zu Wohnzwecken nutzt. Eine vertraggemäße Wohnnutzung schließt die Teilkündigung aus, auch wenn die Räume bauordnungsrechtlich nicht zum Wohnen geeignet sind. Eine ursprünglich vertragswidrige Nutzung kann im Einzelfall durch stillschweigende, langjährige Duldung vertragsgemäß werden. 5

Zu den **Grundstücksteilen** gehören insbesondere mitvermietete Kfz-Abstellplätze oder mitvermietete Gärten. Es ist unerheblich, ob der Mieter diese Flächen alleine nutzt oder ob ihm hieran nur ein Mitbenutzungsrecht zusteht. Ist dem Mieter die Benutzung oder Mitbenutzung lediglich gestattet, so genügt es, wenn der Vermieter die Gestattung widerruft. 6

Eine Teilkündigung ist nur möglich, wenn die Nebenräume oder Grundstücksteile im Rahmen eines Mietverhältnisses über **Wohnraum** überlassen worden sind. Für Mietverhältnisse über Gewerberäume gilt Abs. 2 Nr. 4 nicht (oben Rdn. 1). Eine analoge Anwendung ist weder möglich, noch erforderlich, weil der Vermieter von Gewerberaum eine Änderungskündigung aussprechen kann. 7

2. Die Teilkündigung setzt voraus, dass der Vermieter die Nebenräume oder Grundstücksteile zu einem **bestimmten Zweck** verwenden will. 8

Ein zulässiger Verwendungszweck ist gegeben, wenn der Vermieter **Wohnraum zum Zwecke der Vermietung** errichtet (Abs. 1 Nr. 1). Hierunter fällt nicht nur der Ausbau von bestehenden, bisher nicht als Wohnraum benutzen Räumen, sondern auch die Neuschaffung von Wohnraum durch Aufstockung oder Anbau und dergleichen. Sonstige Modernisierungsmaßnahmen rechtfertigen die Teilkündigung nicht.[11] 9

Es ist nicht erforderlich ist, dass der neu geschaffene Wohnraum eine **abgeschlossene Einheit** darstellt, die selbständig vermietet werden kann. Die **Vergrößerung einer vorhandenen Mietwohnung** rechtfertigt die Teilkündigung ebenfalls.[12] Dies folgt aus dem Gesetzeszweck, weil durch eine Erweiterungsmaßnahme ebenfalls das Wohnungsangebot erhöht wird. 10

Ebenso ist die Teilkündigung ausgeschlossen, wenn der Vermieter **Gewerberaum** errichten will. Dagegen ist es unschädlich, wenn der Vermieter den Wohnraum nicht selbst vermietet, sondern diesen im Wege eines (gewerblichen) Mietverhältnisses einem Zwischenvermieter zum Zwecke der Vermietung als Wohnraum überlässt. 11

Der Ausbau muss **bauordnungsrechtlich zulässig** sein.[13] Die Baugenehmigungen müssen zum Zeitpunkt der Kündigungserklärung allerdings noch nicht vorliegen. Erforderlich ist jedoch, dass der Vermieter mit der alsbaldigen Erteilung der Genehmigungen rechnen kann. Hiervon ist auszugehen, wenn eine hinreichende Wahrscheinlichkeit dafür besteht, dass sie bis zum Ablauf der 12

---

[7] *Rolfs* in Staudinger § 573b BGB Rdn. 17; *Haug* in Emmerich/Sonnenschein, Miete § 573b BGB Rdn. 8; *Kossmann* § 119 Rdn. 3; *Hannappel* in Bamberger/Roth § 573b BGB Rdn. 8.

[8] *Kossmann* a. a. O.; *Hannappel* in Bamberger/Roth § 573 BGB Rdn. 8.

[9] *Rolfs* in Staudinger a. a. O.; *Sternel* Mietrecht aktuell (2009) Rdn. X 97.

[10] *Schilling,* Neues Mietrecht 1993 S. 71; *Rolfs* in Staudinger § 573b BGB Rdn. 9; *Hannappel* in Bamberger/Roth § 573b BGB Rdn. 12; *Häublein* in MünchKomm § 573b BGB Rdn. 11; *Lützenkirchen* in: Erman § 573b Rdn. 6 **a. A.** *Barthelmess* § 564b BGB Rdn. 101 c: danach müssen die Nebenräume und die Haupträume zum selben Gebäude gehören.

[11] AG München WuM 1995, 112 betr. Einbau eines Aufzugs.

[12] *Rolfs* in Staudinger § 573b BGB Rdn. 13; *Grapentin* in Bub/Treier Kap. IV Rdn. 217; *Lützenkirchen* in: Erman § 573b Rdn. 9*Häublein* in MünchKomm § 573b BGB Rdn. 6; *Hannappel* in Bamberger/Roth § 573b BGB Rdn. 15; *Schilling* ZMR 1990, 281, 283; **a. A.** *Lammel* § 573 BGB Rdn. 8.

[13] LG Berlin NZM 1998, 328, 329.

Kündigungsfrist erteilt werden. Sind diese Voraussetzungen nicht gegeben, so ist die Kündigung unwirksam mit der Folge, dass das Mietverhältnis in der ursprünglichen Form fortbesteht.

13 Der vom Vermieter zu schaffende Wohnraum muss **zur Vermietung bestimmt** sein. Die Absicht zur Errichtung von Eigentumswohnungen genügt nicht;[14] dies gilt auch dann, wenn die Wohnungseigentumsanlage für Kapitalanleger konzipiert und zu erwarten ist, dass die künftigen Erwerber die Wohnungen vermieten.[15] Eine Teilkündigung zum Zwecke der Vergrößerung der vom Vermieter selbst genutzten Wohnung ist ebenfalls ausgeschlossen. Gleiches gilt, wenn der Vermieter bisher nicht im Haus gewohnt hat und sich nunmehr durch den Ausbau der Nebenräume eine eigene Wohnung schaffen will.[16] Ebenso genügt es nicht, wenn der neu zu schaffende Wohnraum zur kostenfreien Benutzung durch die Angehörigen des Vermieters bestimmt ist. Die Absicht zur Vermietung an Angehörige reicht aber aus. Streitig ist, ob der Vermieter kündigen kann, wenn er die früheren Nebenräume selbst beziehen und seine bisher genutzte Wohnung zur Vermietung anbieten will. In der instanzgerichtlichen Rechtsprechung und in der Literatur wird diese Frage z. T. bejaht,[17] z. T. verneint.[18] Die letztgenannte Meinung trifft zu, weil sich das Tatbestandsmerkmal „zum Zwecke der Vermietung" auf den neugeschaffenen Raum bezieht. Nach der Meinung des Bundesverfassungsgerichts[19] können allerdings beide Rechtsmeinungen ohne Verfassungsverstoß vertreten werden. Eine analoge Anwendung des § 573b BGB auf diese Fälle scheidet aus, weil es an einer planwidrigen Gesetzeslücke fehlt.[20] Nach einer Entscheidung des LG Duisburg[21] liegen die Voraussetzungen des § 573b BGB jedenfalls dann nicht vor, wenn der Vermieter seine bisherige Wohnung verkaufen und die neu zu schaffende Wohnung selbst nutzen will.

14 In der Beschlussempfehlung des Rechtsausschusses[22] wird ausgeführt, die Ausschussmehrheit habe es als „nicht sinnvoll" erachtet, die Möglichkeit der Teilkündigung ausdrücklich darauf zu beschränken, dass der Vermieter die Schaffung **„zusätzlichen" Wohnraums** beabsichtigt. Man wird hieraus folgern müssen, dass die Möglichkeit der Teilkündigung hiervon nicht abhängen soll. Deshalb kann der Vermieter beispielsweise eine frei werdende Wohnung als Geschäftsraum weitervermieten und unter Einsatz der Teilkündigung Dachgeschoßräume zu einer Wohnung ausbauen.

15 Außerdem liegt ein zulässiger Verwendungszweck vor, wenn der Vermieter **den neu zu schaffenden und den vorhandenen Wohnraum mit Nebenräumen und Grundstücksteilen ausstatten** möchte (Abs. 1 Nr. 2). Ein solcher Fall wird beispielsweise vorliegen, wenn der Vermieter durch Aufstockung, Anbau oder Dachgeschoßausbau neue Wohnungen schaffen und den Mietern dieser Wohnungen vorhandene, aber anderweitig vermietete Kellerräume oder Kfz-Abstellplätze zur Verfügung stellen will. Gleiches gilt, wenn durch die Aufteilung in mehrere Kleinwohnungen zusätzlicher Nebenraum benötigt wird oder wenn den bisherigen Mietern anstelle der gekündigten Nebenräume Ersatzraum zur Verfügung gestellt werden soll. Der Vermieter kann die Kündigung auch auf einen Teil des Nebenraums beschränken, beispielsweise wenn ein großer Keller aufgeteilt und die Kleinkeller den neugeschaffenen Wohnungen zugeordnet werden sollen. Eine Neuordnung bestehender Vertragsbeziehungen außerhalb der genannten Baumaßnahmen ist nicht möglich.

16 Die in Betracht kommenden Maßnahmen müssen vom Vermieter ausgeführt werden.[23] Eine **Teilkündigung zugunsten eines Dritten** ist nicht möglich. Hiervon ist z. B. auszugehen, wenn

---

[14] LG Berlin NZM 1998, 328.

[15] **A. A.** *Häublein* in MünchKomm § 573b BGB Rdn. 10.

[16] *Häublein* in MünchKomm § 573b Rdn. 10; *Lammel* § 573b BGB Rdn. 8; *Hannappel* in Bamberger/Roth § 573b BGB Rdn. 16; Palandt/*Weidenkaff* § 573b BGB Rdn. 4; *Herrlein* in Herrlein/Kandelhard § 573b BGB Rdn. 4; *Riecke* in Elzer/Riecke § 573b BGB Rdn. 3.

[17] LG Marburg DWW 1992, 116 = ZMR 1992, 304; *Lammel* § 573b BGB Rdn. 8; *Grapentin* in Bub/Treier Kap. IV Rdn. 218; *Kossmann* § 119 Rdn. 4; *Herrlein* in Herrlein/Kandelhard § 573b BGB Rdn. 4; Palandt/*Weidenkaff* § 573b BGB Rdn. 4; *Barthelmess* § 564b BGB Rdn. 101e; i. E. ebenso (Kündigung nach § 573 Abs. 2 Nr. 2 BGB): *Häublein* in MünchKomm § 573b BGB Rdn. 10; *Lützenkirchen* in: Erman § 573b Rdn. 9.

[18] LG Stuttgart WuM 1992, 24; *Rolfs* in Staudinger § 573b BGB Rdn. 14, 15; *Sternel* Mietrecht aktuell (2009) Rdn. X 100; *Haug* in Emmerich/Sonnenschein, Miete § 573b BGB Rdn. 6; *Franke* in WoBauR § 573b BGB Anm. 4; *Hannappel* in Bamberger/Roth § 573b BGB Rdn. 16.

[19] BVerfG WuM 1992, 228; vgl. auch BVerfG WuM 1992, 47.

[20] *Rolfs* in in Staudinger § 573b BGB Rdn. 15; *Riecke* in Elzer/Riecke § 573b BGB Rdn. 6.

[21] LG Duisburg NJW-RR 1996, 718.

[22] BT-Drucks. 12/5110, S. 19.

[23] *Barthelmess* § 564b BGB Rdn. 101e.

der Vermieter einer Eigentumswohnung kündigt, damit ein anderer Eigentümer die in § 573b BGB genannten Maßnahmen durchführen kann.

3. Formalien

17 Der Vermieter kann nicht die gesamte Wohnung, sondern nur die Nebenräume kündigen. Diese Beschränkung muss in der Kündigungserklärung zum Ausdruck kommen. Dies folgt aus dem Wortlaut des § 573b Abs. 1 BGB („wenn er die Kündigung … beschränkt") Die Kündigung muss schriftlich erklärt werden (§ 568 Abs. 1 BGB). Ebenso gilt § 568 Abs. 2 BGB.

18 Fraglich ist, ob die Kündigung darüber hinaus begründet werden muss. Nach der bis 31.8.2001 geltenden Gesetzesfassung (§ 564b Abs. 2 Nr. 4 BGB ergab sich die **Begründungspflicht** zweifelsfrei aus § 564b Abs. 3 BGB. Die nunmehrige Gesetzesfassung enthält weder eine Verweisung auf § 573 Abs. 3 BGB noch eine der Regelung in § 573a Abs. 3 BGB vergleichbare Vorschrift. Der Gesetzgeber hat das sich daraus ergebende Problem vermutlich trotz entsprechender Hinweise[24] nicht gesehen; jedenfalls ergibt sich aus der Begründung des Regierungsentwurfs kein Hinweis auf eine beabsichtigte Änderung der Rechtslage. Im Gegenteil wird darauf hingewiesen, dass der Regelungsgehalt des früheren § 564b Abs. 2 Nr. 4 BGB unverändert übernommen worden sei.[25] In der Literatur wird teils die Ansicht vertreten, dass die Kündigungserklärung nach § 573b BGB keiner Begründung bedarf; aus der Kündigungserklärung müsse sich lediglich ergeben, dass der Vermieter eine Teilkündigung aussprechen will.[26] Danach genügt es, wenn die von der Kündigung betroffenen Teile der Mietsache identifizierbar bezeichnet sind und der Verwendungszweck durch Beschreibung der Baumaßnahme und die Mitteilung der künftigen Vermietungsabsicht ersichtlich ist.[27] Nach anderer Ansicht besteht nach gegenwärtigem Recht eine Gesetzeslücke, die durch eine analoge Anwendung des § 573 Abs. 3 BGB zu schließen ist.[28] Danach muss sich aus der Begründung ergeben, dass die Voraussetzungen des § 573b BGB vorliegen. Insbesondere muss der Vermieter die konkrete Bauabsicht, die baurechtliche Zulässigkeit und die Absicht darlegen, dass die Wohnungen zum Zwecke der Vermietung errichtet werden.[29] Für die letztgenannte Ansicht spricht der Umstand, dass bei der Wohnraummiete alle Kündigungserklärungen begründet werden müssen (§§ 569 Abs. 4, 573 Abs. 3, 573d BGB). Gleichwohl ist die erstgenannten Ansicht aus Gründen der Rechtssicherheit vorzuziehen.

Mehrere Vermieter müssen gemeinsam kündigen; dies gilt auch dann, wenn ein Vermieter Sondereigentümer des Nebenraums und ein anderer Sondereigentümer der Wohnung ist.[30]

4. Kündigungsfrist

19 Es gilt eine von der Dauer des Mietverhältnisses unabhängige, einheitliche Kündigungsfrist: Die Kündigung kann zum dritten Werktag eines Kalendermonats zum Ablauf des übernächsten Monats erklärt werden. Vorratskündigungen sind auch hier ausgeschlossen; dies bedeutet, dass der Vermieter unmittelbar nach Ablauf der Kündigungsfrist mit der Durchführung der Arbeiten beginnen muss. Verzögert sich der Beginn der Bauarbeiten, so kann der Mieter eine „Verlängerung des Mietverhältnisses" um einen entsprechenden Zeitraum verlangen (§ 573b Abs. 3 BGB). Es handelt sich um einen Anspruch des Mieters auf Verlängerung des Mietverhältnisses auf bestimmte Zeit. Eine erneute Kündigung nach Ablauf der Verlängerungszeit ist nicht erforderlich.[31]

---

24 Stellungnahme Deutscher Mietgerichtstag zu § 573b BGB in *Börstinghaus/Eisenschmid* Arbeitskommentar Neues Mietrecht S. 513.

25 Gesetzentwurf der Bundesregierung, Begründung zu § 573b BGB, BT-Drucks.14/4553.

26 *Rolfs* in Staudinger § 573b BGB Rdn. 23; *Hannappel* in Bamberger/Roth § 573b BGB Rdn. 22; *Lützenkirchen* in: Erman § 573b Rdn. 12; *Kossmann* § 119 Rdn. 8; Palandt/*Weidenkaff* § 573b BGB Rdn. 7; *Lützenkirchen* Neue Mietrechtspraxis Rdn. 762; *Rips/Eisenschmid* Neues Mietrecht S. 132.

27 *Rolfs* in Staudinger § 573b BGB Rdn. 23f; *Hannappel* in Bamberger/Roth § 573b BGB Rdn. 22; *Kossmann* § 119 Rdn. 8; *Lützenkirchen* in: Erman § 573b Rdn. 12; *Kinne* ZMR 2001, 599, 602.

28 *Franke* in WoBauR § 573b BGB Anm. 2; *Häublein* in MünchKomm § 573b BGB Rdn. 14; *Beuermann/Blümmel* Das Neue Mietrecht 2001 S. 207; *Haas* Das neue Mietrecht § 573b BGB Rdn. 2; i. E. ebenso: *Lammel* § 573b BGB Rdn. 12; *Sonnenschein* WuM 2000, 387, 391.

29 LG Berlin NZM 1998, 328.

30 OLG Celle NJWE-MietR 1996, 27.

31 *Gramlich* NJW 1990, 2611, 2912; *Rolfs* in Staudinger § 573b BGB Rdn. 20.

20 **5.** Da dem Mieter nach der Rückgabe der Mieträume nicht mehr das gesamte Mietobjekt zur Verfügung steht, kann er eine angemessene **Herabsetzung des Mietzinses** verlangen (§ 573b Abs. 4 BGB). Anders als bei der Minderung tritt die Herabsetzung nicht kraft Gesetzes ein; der Vermieter ist nach dem klaren Wortlaut des Gesetzes auch nicht von sich aus zur Reduzierung der Miete verpflichtet. Vielmehr muss der Mieter die Herabsetzung „verlangen".[32] Das Herabsetzungsverlangen ist als Angebot des Mieters zur Änderung der Mietzinsvereinbarung zu bewerten. Der Vermieter ist zur Annahme des Angebots verpflichtet, wenn die tatbestandsmäßigen Voraussetzungen für die Mietzinsreduzierung vorliegen.[33] Die Höhe der Mietzinsreduzierung richtet sich nach den Grundsätzen, die für die Minderung der Miete bei mangelhafter Mietsache gelten[34] (s. § 536 BGB). Maßgeblich ist das Verhältnis des Nutzwertes der Nebenräume zum Nutzwert der gesamten Mietsache. Kann ein Teil der Betriebskosten den Nebenräumen zugeordnet werden, so ist auch dies zu berücksichtigen.[35] In einem solchen Fall kann der Mieter eine Anpassung der Betriebskostenpauschale oder der -vorauszahlungen, gegebenenfalls auch eine Änderung des Umlageschlüssels verlangen.

21 Maßgeblich für das Inkrafttreten der Änderung ist der Inhalt der Änderungsvereinbarung. Der Mieter hat Anspruch darauf, dass die Änderung ab dem Zeitpunkt der Rückgabe eintritt.[36] Soweit sich aus dem Änderungsvertrag nichts anderes ergibt, ist dieser Zeitpunkt maßgeblich. Die Parteien können aber auch einen früheren oder späteren Zeitpunkt vereinbaren. Dies gilt auch dann, wenn die konkret getroffene Änderungsvereinbarung zum Nachteil des Mieters von der gesetzlichen Regelung abweicht. Die Vorschrift des § 573b Abs. 5 BGB ist nicht einschlägig, weil der Mieter von der gesetzlichen Möglichkeit der Mietsenkung keinen Gebrauch machen muss. Wird die Änderungsvereinbarung nach der Rückgabe der Teilräume getroffen, so steht dem Mieter – bei vereinbarter Rückwirkung – ein Bereicherungsanspruch zu.[37]

6. Veräußerung der Mietsache

22 Wird die Mietsache nach dem Ausspruch der Kündigung veräußert, so tritt der Erwerber in das umgestaltete Mietverhältnis ein. Falls der Erwerber die mit der Kündigung verfolgten Maßnahmen durchführen will, bleibt die Kündigung wirksam;[38] eine erneute Kündigung ist nicht erforderlich.

III. Teilbedarf

23 Von der Teilkündigung ist die Kündigung zum Zwecke eines Teilbedarfs zu unterscheiden. Hiervon spricht man, wenn der Vermieter lediglich einen Teil der vermieteten Sache für eigene Zwecke benötigt. In einem solchen Fall kann der Vermieter grundsätzlich auch dann nicht kündigen, wenn hinsichtlich des Teils die Voraussetzungen des § 573 BGB gegeben sind.[39] Der Bedarf i. S. v. § 573 Abs. 2 Nr. 2 BGB muss sich auf das gesamte Mietverhältnis beziehen. Eine Kündigung wegen eines Teilbedarfs ist in § 573 BGB nicht vorgesehen.[40] Eine Ausnahme gilt, wenn der nicht benötigte Teil im Verhältnis zum Ganzen von völlig untergeordneter Bedeutung ist (z. B. bei Kündigung einer Wohnung mit Garage wegen eines Bedarfs an der Wohnung). In diesem Fall ist die Kündigung des gesamten Mietverhältnisses zulässig. Im anderen Fall ist die Kündigung unzulässig. Dies gilt auch dann, wenn der Vermieter dem Mieter den Abschluss eines Mietvertrags über den nicht benötigten Teil anbietet. Eine **Teilkündigung** ist nach allgemeinen Grundsätzen in jedem Fall ausgeschlossen. Eine entsprechende Anwendung des § 573b BGB auf diese Fälle ist nicht mög-

---

[32] *Gather* DWW 1990, 190; *Franke* in WoBauR § 573b BGB Anm. 6; *Lammel* § 573b BGB Rdn. 19; *Rolfs* in Staudinger § 573b BGB Rdn. 21; *Lützenkirchen* in: Erman § 573b Rdn. 18; *Grapentin* in Bub/Treier Rdn. IV 84a; *Sternel* Mietrecht aktuell (2009) Rdn. X 102.

[33] *Rolfs* in Staudinger § 573b BGB Rdn. 21.

[34] *Lützenkirchen* in: Erman § 573b Rdn. 18; **a. A.** *Lammel* § 573b BGB Rdn. 19: maßgeblich ist nicht die Gebrauchsbeeinträchtigung, sondern der „abstrakte Nutzungswert".

[35] *Johann* NJW 1991, 1100; *Häublein* in MünchKomm § 573b BGB Rdn. 17; *Lützenkirchen* in: Erman § 573 Rdn. 18; *Schilling* ZMR 1990, 281, 283.

[36] *Häublein* in MünchKomm § 573b BGB Rdn. 17; *Rolfs* in Staudinger § 573b BGB Rdn. 21.

[37] *Häublein* a. a. O.; *Rolfs* a. a. O.

[38] *Grapentin* in Bub/Treier Kap. IV Rdn. 224.

[39] BVerfG NJW 1994, 308 = WuM 1994, 127 = ZMR 1994, 207; *Barthelmess* § 564b BGB Rdn. 67g.

[40] BVerfG a. a. O.

lich.[41] Hiervon abw. wird aber auch die Meinung vertreten, dass eine Teilkündigung nach § 573 Abs. 1 BGB anzuerkennen sei, wenn die Voraussetzungen des § 573 BGB gegeben sind und die Teilkündigung „einerseits den Belangen des Kündigenden genügt, andererseits die Interessen des Vertragsgegners nicht oder jedenfalls nicht zumutbar beeinträchtigt werden".[42] Diese Ansicht trifft jedoch nicht zu (s. § 542 BGB Rdn. 87).

IV. Darlegungs- und Beweislast/Abweichende Vereinbarungen (Abs. 5)

Der Vermieter muss darlegen und beweisen, dass die Voraussetzungen des § 573b Abs. 1 BGB gegeben sind. Die Voraussetzungen des § 573b Abs. 3 BGB muss der Mieter darlegen und beweisen. Da der Mieter über die Dauer der Verzögerung nichts wissen kann, ist ihm insoweit ein Auskunftsanspruch gegen den Vermieter zuzubilligen. Im Rahmen des § 573b Abs. 4 BGB muss der Mieter die Tatsachen vortragen aus denen sich der Anspruch auf die Senkung der Miete ergibt. **24**

Nach § 573b Abs. 5 BGB ist eine zum Nachteil des Mieters abw. Vereinbarung unwirksam. Daraus folgt, dass die Regelungen in § 573b Abs. 2 und 3 BGB nicht abbedungen werden können. Auf das Recht zur Teilkündigung kann der Vermieter dagegen verzichten. **25**

[41] S. BVerfG NJW 1994, 308 = WuM 1994, 127 = ZMR 1994, 207.

[42] OLG Karlsruhe RE v. 3.3.1997, WuM 1997, 202: wenn sich der Wohnbedarf des Mieters, etwa infolge des Weggangs der früher in der Wohnung lebenden Kinder, verringert hat und der vom Vermieter beanspruchte Teil von der Wohnung des Mieters abgetrennt werden kann; LG Duisburg NJW-RR 1996, 718 = ZMR 1996, 664: wenn der Vermieter einen parzellierten Teil eines großen mitvermieteten Gartens kündigt, um dort ein Einfamilienhaus zu errichten.

§ 573c Fristen der ordentlichen Kündigung

(1) [1]Die Kündigung ist spätestens am dritten Werktag eines Kalendermonats zum Ablauf des übernächsten Monats zulässig. [2]Die Kündigungsfrist für den Vermieter verlängert sich nach fünf und acht Jahren seit der Überlassung des Wohnraums um jeweils drei Monate.

(2) Bei Wohnraum, der nur zum vorübergehenden Gebrauch vermietet worden ist, kann eine kürzere Kündigungsfrist vereinbart werden.

(3) Bei Wohnraum nach § 549 Abs. 2 Nr. 2 ist die Kündigung spätestens am Fünfzehnten eines Monats zum Ablauf dieses Monats zulässig.

(4) Eine zum Nachteil des Mieters von den Absätzen 1 oder 3 abweichende Vereinbarung ist unwirksam.

Systematische Übersicht

Alphabetische Schnellübersicht

I. Anwendungsbereich und Zweck

1 **1.** Die Vorschrift gilt nur für die Wohnraummiete. Sie ist für alle Kündigungen maßgeblich, die dem Kündigungsempfänger **nach dem 31.8.2001** zugehen (Art. 229 § 3 Abs. 1 Nr. 1 EGBGB). Auf den Zeitpunkt des Abschlusses des Mietvertrags kommt es nicht an (Arg. e Art. 229 § 3 Abs. 1 Nr. 1 EGBGB).[1] Etwas anderes kann gelten, wenn die Parteien in einem vor dem 1.9.2001 abgeschlossenen Mietvertrag andere Kündigungsfristen vereinbart haben (dazu Rdn. 26, 27).

2 Für den **Begriff des Wohnraums,** für die Abgrenzung des Wohnraums zum Geschäftsraum und zur Grundstücksmiete sowie für die rechtliche Behandlung von Mischräumen wird auf die Ausführungen vor § 535 BGB Rdn. 94, 102, 107, 113 verwiesen. Für Werkmietwohnungen gelten besondere Kündigungsfristen (§ 576 BGB; s. dort). Die Kündigungsfristen für die Geschäftsraummiete und für bewegliche Sachen sind in § 580a BGB geregelt.

3 **2.** Durch die Kündigungsfristen soll sichergestellt werden, dass sich die Parteien auf die Beendigung des Mietverhältnisses einrichten können. Die Kündigungsfrist soll dem Mieter zur Beschaffung einer Ersatzwohnung und dem Vermieter zur Vorbereitung der Weitervermietung oder einer anderweitigen Disposition dienen.

4 Nach dem bis 31.8.2002 geltenden Recht (§ 565 Abs. 2 BGB a. F.) galten für Vermieter und Mieter dieselben Kündigungsfristen, die von der Dauer des Mietverhältnisses abhängig waren. Nunmehr gilt für den **Mieter** unabhängig von der Dauer der Mietzeit stets eine einheitliche Kündigungsfrist von drei Monaten. Für den **Vermieter** gelten dagegen gestaffelte Kündigungsfristen.

[1] BGH NJW 2003, 2739 = NZM 2003, 711 = WuM 2003, 505 = ZMR 2003, 655 = DWW 2003, 226 = GE 2003, 1147; *Wiek* WuM 2007, 52.

Bei Mietverhältnissen mit einer Dauer von bis zu fünf Jahren ist der Kündigungstermin der Ablauf des übernächsten Monats. Nach fünf und acht Jahren verlängert sich die Kündigungsfrist für den Vermieter um jeweils drei Monate. Bei einer Mietzeit bis zu fünf Jahren kann der Vermieter mit dreimonatiger Frist kündigen. Nach fünfjähriger Dauer des Mietverhältnisses beträgt die Kündigungsfrist sechs Monate. Nach achtjähriger und längerer Dauer des Mietverhältnisses hat der Vermieter eine Kündigungsfrist von neun Monaten einzuhalten. Die bis 31. 8. 2001 vorgesehene Kündigungsfrist von einem Jahr nach zehnjähriger Mietzeit ist entfallen.

Vereinzelt wird die Ansicht vertreten, dass diese sog. „asymmetrische Kündigungsfrist" den **Gleichheitssatz (Art. 3 GG) tangiere.**[2] Der Vorwurf ist unberechtigt, weil der Gleichheitssatz lediglich besagt, dass gleiche Sach- und Interessenlagen gleich zu behandeln sind. Demgegenüber haben Looschelders und Roth[3] nachgewiesen, dass die nach der Dauer des Mietverhältnisses gestaffelten Kündigungsfristen der speziellen Situation desjenigen Mieters Rechnung tragen, der lange im selben Quartier gelebt hat und dem deshalb eine längere Kündigungsfrist zuzubilligen ist, damit er sich auf einem räumlich begrenzten Markt eine Ersatzwohnung suchen kann. Diesen Interessen hat der Vermieter nichts Gleichwertiges entgegenzusetzen. 5

II. Fristberechnung

Für die Fristberechnung gelten die §§ 187 ff. BGB. Es ist nützlich, wenn zwischen folgenden **Begriffen** unterschieden wird: 6

„Kündigung" ist die Erklärung einer Vertragspartei, dass das Mietverhältnis enden soll. Unter dem **„Kündigungstag"** ist derjenige Tag zu verstehen, zu dessen Ablauf die Kündigung spätestens zugehen muss. Ist das Mietverhältnis noch nicht vollzogen, so kann der Kündigungstag auch vor der Übergabe liegen.[4] Der **„Kündigungstermin"** bezeichnet den Zeitpunkt, zu dem das Mietverhältnis endet; an dem folgenden Tag muss die Mietsache zurückgegeben werden (§ 546 Abs. 1 BGB). Die **„Kündigungsfrist"** ist der Zeitraum, der zwischen dem Kündigungstag und dem Kündigungstermin liegt. Bei der Kündigung eines noch nicht in Vollzug gesetzten Mietverhältnisses gilt insoweit keine Ausnahme. Auch hier läuft die Kündigungsfrist grundsätzlich ab dem Zugang der Kündigung und nicht erst ab dem Vollzug des Mietverhältnisses.[5] Etwas anderes kann gelten, wenn sich aus den Umständen etwas anderes ergibt oder wenn die Parteien eine entsprechende Abrede getroffen haben.[6] 7

III. Allgemeine Kündigungsfrist (Abs. 1)

1. Kündigungstag

Kündigungstag ist der dritte Werktag eines Monats; die ersten beiden Werktage nennt man „Karenztage". Streitig ist, wie die **Karenzzeit** zu berechnen ist, wenn einer der Karenztage auf einen **Samstag** fällt. Dabei geht es um die Frage, ob der Samstag als Werktag i. S. d. § 573c Abs. 1 BGB anzusehen ist und ob § 193 BGB auch für die Berechnung der Karenzzeit gilt. Hierzu werden drei Ansichten vertreten. **(1)** Nach einer Meinung gilt der Samstag nicht als Werktag i. S. v. § 573c BGB. Dies hat zur Folge, dass dieser Tag bei der Berechnung der Karenzzeit nicht mitgezählt wird. Ist der erste Werktag ein Freitag, so kann die Kündigung noch am Dienstag erklärt werden.[7] **(2)** Nach der Gegenmeinung ist der Samstag als Werktag anzusehen, mit der Folge, dass er bei der Berechnung der Karenzzeit mitzuzählen ist. Jedoch soll bei der Kündigung § 193 BGB anwendbar sein. Diese Vorschrift bestimmt u. a., dass an die Stelle des Samstags der nächste Werktag tritt, wenn der letzte Tag der Karenzzeit auf einen Samstag fällt. Ist beispielsweise der Monatserste ein Donnerstag, so kann noch am Montag gekündigt werden. Ist der Monatserste ein Freitag, so muss die Kündigung ebenfalls am Montag erfolgen, weil der Samstag hier nicht der letzte sondern der zweite Tag der 8

[2] *Emmerich* DWW 2000, 143, 145.
[3] *Looschelders/Roth* JZ 1995, 1034.
[4] BGHZ 73, 350 = NJW 1979, 1288.
[5] Grundlegend: BGHZ 73, 350 = NJW 1979, 1288.
[6] BGH a. a. O.
[7] LG Aachen WuM 2004, 32; LG Berlin GE 1989, 509; AG Offenbach WuM 1987, 322; *Häublein* in MünchKomm § 573c BGB Rdn. 13; *Bottenberg/Kühnemund* ZMR 1999, 221; *Grapentin* in Bub/Treier Kap. IV Rdn. 69; *Pergande* § 565 BGB Anm. 9.

Karenzzeit ist.[8] **(3)** Schließlich wird die Ansicht vertreten, dass der Samstag als Werktag anzusehen ist. Deshalb ist der Samstag bei der Berechnung der Karenzzeit stets mitzuzählen. Dies gilt auch dann, wenn der letzte Tag der Karenzzeit auf einen Samstag fällt. Die Vorschrift des § 193 BGB gilt nach dieser Ansicht nicht. Fällt der Monatserste auf einen Donnerstag, so muss nach dieser Ansicht spätestens am Samstag gekündigt werden.[9]

9 Die Rechtsfrage ist für die Miete obergerichtlich noch nicht endgültig geklärt.[10] Der **III. ZS des BGH** hat in dem Urteil vom 17.2.2005 ausgeführt, dass § 193 BGB nicht für die Berechnung von Kündigungsfristen gilt.[11] Diese Ansicht beruht auf der Erwägung, dass § 193 BGB zum einen für solche Erklärungen gilt, die weder früher noch später als an dem bestimmten Tag abzugeben sind. Zum anderen ist § 193 BGB dort anzuwenden, wo die Frist an einem bestimmten Tag beginnt und an einem anderen bestimmten Tag endet. Die Kündigungserklärung gehört zu keiner dieser beiden Gruppen. Eine analoge Anwendung des § 193 BGB scheidet aus, weil die Kündigungsfrist ausschließlich dem Schutz des Gekündigten dient. Eine solche Frist kann nicht durch die Anwendung des § 193 BGB verkürzt werden, weil vom Zweck dieser Vorschrift ausschließlich eine Fristverlängerung aber keine Fristverkürzung erfasst wird. Die Entscheidung des III. ZS ist zur Kündigung eines Werbevertrags zwischen einer Basketball-Bundesliga-Mannschaft und ihrem Sponsor ergangen. Die dort entwickelten Rechtsgrundsätze gelten aber auch für die Kündigung eines Wohn- oder Geschäftsraummietverhältnisses. Der BGH führt aus, dass die tragenden Gründe der Entscheidung „auf alle Kündigungsfristen ohne Rücksicht auf die Natur der in Rede stehenden Verträge und die Frage einer besonderen Schutzbedürftigkeit des Kündigungsempfängers" anzuwenden sind. Deshalb ist die Entscheidung auch für die Anwendung der §§ 573c ff. BGB von Bedeutung. Der **VIII. ZS des BGH** hat durch Urteil vom 27.4.2005 entschieden, dass der Samstag als Werktag anzusehen ist.[12] Die Frage der Anwendung des § 193 BGB hat der BGH jedoch offengelassen.[13] Es ist allerdings zu erwarten, dass die für die Miete zuständigen Senate der Ansicht des III. ZS folgen.

2. Allgemeiner Kündigungstermin (Abs. 1 Satz 1)

10 Kündigungstermin ist grundsätzlich der Ablauf des auf die Kündigung folgenden übernächsten Monats. Dies gilt für alle Kündigungen durch den Mieter. Für die Kündigung durch den Vermieter gilt Abs. 1 Satz 1, wenn die Räume dem Mieter vor weniger als fünf Jahren überlassen worden sind. Eine am dritten Werktag des Monats Januar erklärte Kündigung beendet das Mietverhältnis also am 31. März um 0 Uhr. Dies gilt auch dann, wenn der letzte Tag des Monats auf einen Samstag, Sonntag oder Feiertag fällt. Die Pflicht zur Rückgabe der Mietsache entsteht in einem solchen Fall aber erst am nächsten Werktag (§ 193 BGB).

3. Kündigungstermin bei länger dauerndem Mietverhältnis (Abs. 1 Satz 2)

11 Die Kündigungsfrist für den Vermieter verlängert sich nach fünf und acht Jahren seit der Überlassung des Wohnraums um jeweils drei Monate. Die gestaffelten Kündigungsfristen dienen ausschließlich dem Schutz des Mieters. Die Staffelung beruht auf dem sog. „Heimgedanken", der besagt, dass der Mieter nach einer gewissen Zeit mit einem bestimmten Wohnquartier verwurzelt ist und deshalb die Möglichkeit haben soll, sich im Falle der Kündigung innerhalb des Quartiers eine Ersatzwohnung zu suchen (oben Rdn. 5). Deshalb gilt die Staffelung nur für die Kündigung durch den Vermieter. Dies gilt auch für die Kündigung eines Untermietverhältnisses. Der Mieter (Untermieter) kann immer mit der kurzen Frist des Abs. 1 Satz 1 kündigen. Die Kündigungsfrist be-

---

[8] LG Wuppertal WuM 1993, 450; LG Kiel WuM 1994, 543; *Rolfs* in Staudinger § 573c BGB Rdn. 12; Palandt/*Weidenkaff* § 573c BGB Rdn. 10; *Lammel* § 573c BGB Rdn. 20; *Hannappel* in Bamberger/Roth § 573c BGB Rdn. 9; *Haug* in Emmerich/Sonnenschein, Miete §§ 573c BGB Rdn. 4; *Vielitz* in MAH Wohnraummietrecht § 42 Rdn. 5; *Riecke* in Elzer/Riecke § 573c BGB Rdn. 2.

[9] BGH WuM 2005, 247 = NZM 2005, 391 = NJW 2005, 1354 = GE 2005, 481; wohl auch *Sternel* Mietrecht aktuell (2009) Rdn. X 91; *Schach* in Kinne/Schach/Bieber Miet- und Mietprozessrecht § 573c BGB Rdn. 5.

[10] Ebenso: *Häublein* in MünchKomm § 573c BGB Rdn 10; *Hinz* in FA MietRWEG Kap. 15 Rdn. 121.

[11] BGH WuM 2005, 247 = NZM 2005, 391 = NJW 2005, 1354 = GE 2005, 481.

[12] BGH NJW 2005, 2145 = NZM 2005, 532 = WuM 2005, 465 = ZMR 2005, 695 = DWW 2005, 286 = GE 2005, 726; dazu *Häublein* NZM 2010, 651.

[13] BGH a. a. O. unter Rdn. 17.

trägt somit bei fünf bis siebenjähriger Dauer des Mietvertrags 6 Monate und ab achtjähriger Dauer 9 Monate jeweils abzüglich der Karenzzeit. Für die Berechnung der Überlassungszeit kommt es auf den Zugang der Kündigung, nicht auf den Ablauf der Kündigungsfrist an.[14]

Für die Berechnung der Kündigungsfrist ist der Zeitpunkt der tatsächlichen **Überlassung,** nicht der Abschluss des Mietvertrags maßgebend.[15] Es kommt allerdings nicht darauf an, wann der Mieter die Räume bezogen hat.[16] Maßgeblich ist vielmehr derjenige Zeitpunkt, zu dem der Besitz vom Vermieter auf den Mieter übertragen worden ist.[17] Auf welchem Rechtsgrund die Überlassung beruhte, ist unerheblich; entscheidend ist allein, dass der Mieter den Besitz mit Zustimmung des Vermieters erlangt hat und dass zum Zeitpunkt der Kündigung ein Mietverhältnis besteht. Nach der **Rechtsprechung des BGH** bleibt bei der Bemessung der Kündigungsfrist die Zeit unberücksichtigt, in der der spätere Mieter zunächst als Familienangehöriger des Vermieters in dessen Wohnung gelebt hat. Ein derartiges unentgeltliches Nutzungsverhältnis, das keinen Kündigungsschutz genießt und vom „Vermieter" jederzeit beendet werden kann, begründe keinen Vertrauenstatbestand, der Grundlage für eine Berücksichtigung dieses Überlassungszeitraums im Wege analoger Anwendung des § 573c Abs. 1 Satz 2 BGB sein könnte.[18] –-Dies ist im Ergebnis zutreffend, was sich bereits aus dem Wortlaut des § 573c Abs. 1 Satz 2 BGB ergibt, weil die Vorschrift hinsichtlich der Fristberechnung auf den Zeitpunkt der „Überlassung des Wohnraums" abstellt. Unter der „Überlassung" ist die Übertragung des Besitzes vom Vermieter (Eigentümer) auf den Mieter (Nutzer) zu verstehen. An einer solchen Besitzübertragung fehlt es in den Fällen der fraglichen Art. Die weitere Begründung überzeugt nicht; der Regelung des § 573c ist nicht zu entnehmen, dass bei der Anwendung des § 573c Abs. 1 Satz 2 BGB nur solche Rechtsverhältnisse zu berücksichtigen sind, nach denen der Nutzer „Kündigungsschutz" genießt. Wird beispielsweise Wohnraum auf Grund eines **dinglichen Wohnrechts** (§ 1093 BGB) überlassen und nach Aufhebung dieses Rechts ein Mietvertrag geschlossen, so ist bei der Berechnung der Kündigungsfrist die gesamte Wohndauer zu berücksichtigen.[19] Unerheblich ist auch, wenn Vermieter und Mieter nach Ablauf bestimmter Zeitabschnitte **jeweils neue Mietverträge** schließen[20] oder wenn später zusätzliche Räume hinzugemietet werden[21] bzw. die Wohnung verkleinert wird. Auch ein **Eigentümerwechsel** hat keinen Einfluss auf die Berechnung der Kündigungsfrist, was sich bereits aus § 566 Abs. 1 BGB ergibt. Dies gilt auch dann, wenn der Mieter mit dem Erwerber einen neuen Mietvertrag abschließt.[22] Gleiches gilt für einen **Vermieterwechsel,** etwa nach Beendigung eines Zwischenmietverhältnisses i. S. v. § 565 BGB. Ein **Personenwechsel auf Seiten des Mieters** ist dann unbeachtlich, wenn die Identität des Mietverhältnisses gewahrt bleibt; so z. B. beim gesetzlichen Eintritt eines Familienangehörigen oder des Ehegatten nach §§ 563 BGB. Dem Erben (§ 564 BGB) kommt die Mietzeit des Erblassers dagegen nur zugute, wenn er selbst in den Räumen gewohnt hat. Bei der Begründung eines Mietverhältnisses nach § 1568a Abs. 3 BGB kommt dem neuen Mieter die tatsächliche Wohnzeit zugute. Generell gilt, dass bei der Berechnung der Kündigungsfrist diejenige Zeit berücksichtigt wird, in der der jetzige Mieter aufgrund eines Mietvertrags seines früheren Ehegatten die Wohnung berechtigt bewohnt hat.[23] Gründet sich das **Besitzrecht auf öffentlich-rechtliche Vorschriften** (z. B. Einweisung Obdachloser durch die Behörde), so liegt darin keine „Überlassung" i. S. d. 12

---

[14] LG Berlin GE 1986, 41; *Grapentin* in Bub/Treier Kap. IV Rdn. 98; *Lützenkirchen* in: Erman § 573c Rdn. 6; *Häublein* in MünchKomm § 573c BGB Rdn. 7; *Hannappel* in Bamberger/Roth § 573c BGB Rdn. 11; *Rolfs* in Staudinger § 573c BGB Rdn. 32; Palandt/*Weidenkaff* § 573c BGB Rdn. 11.

[15] LG Kaiserslautern ZMR 1967, 301; LG Zwickau WuM 1998, 158; AG Kassel ZMR 1966, 48; AG Weimar WM 1969, 36; *Franke* in WoBauR § 573c BGB Anm. 8; *Rolfs* in Staudinger § 573c BGB Rdn. 20; *Hannappel* in Bamberger/Roth § 573c BGB Rdn. 12; *Häublein* in MünchKomm § 573c BGB Rdn. 7; *Lammel* § 573c BGB Rdn. 24; *Vielitz* in Hannemann/Wiegner MAH Wohnraummietrecht § 42 Rdn. 12; *Kandelhard* in Herrlein/Kandelhard § 573c BGB Rdn. 5; Palandt/*Weidenkaff* § 573c BGB Rdn. 11.

[16] *Franke* in WoBauR § 573c BGB Anm. 8; *Rolfs* in Staudinger § 573c BGB Rdn. 20; *Häublein* in MünchKomm § 573c BGB Rdn. 7.

[17] Fn. 12.

[18] BGH (VIII ZR 10/14) NJW 2014, 2568 unter Rz. 23.

[19] AG Kaiserslautern ZMR 1967, 301.

[20] LG Düsseldorf WuM 1973, 189; AG Oberhausen WuM 1965, 186 = ZMR 1965, 248; *Rolfs* in Staudinger § 573c BGB Rdn. 22; *Sternel* Mietrecht aktuell (2009) Rdn. X 84.

[21] *Franke* in WoBauR § 573c BGB Anm. 8; *Häublein* in MünchKomm § 573c BGB Rdn. 8.

[22] LG Stade DWW 1987, 233.

[23] So zu § 5 HausrV a. F.: OLG Stuttgart RE 30.12.1983 NJW 1984, 875 = WuM 1984, 45 = ZMR 1984, 136.

§ 573c BGB; bei der Kündigung eines später abgeschlossenen Mietvertrags bleibt die Einweisungszeit und die vorangegangene Mietdauer deshalb unberücksichtigt.[24]

13 Ebenso wenig kann dem Mieter die Zeit angerechnet werden, während der er vor Begründung des Hauptmietvertrages als **Untermieter** in einem Teil der Wohnräume gelebt hat.[25] Die Gegenansicht, welche die Untermietzeit dann berücksichtigen will, wenn die auf Grund der Hauptmiete bewohnten Räume mit denen der Untermiete im Wesentlichen identisch sind[26] verkennt, dass die Überlassung (Besitzeinräumung) in diesen Fällen nicht durch den Vermieter, sondern durch den Hauptmieter erfolgt. Auch in der Erlaubniserteilung zur Untervermietung ist keine Überlassung im Sinn von § 573c BGB zu sehen, zumal der Mieter in bestimmten Fällen einen Anspruch auf die Erteilung hat (§ 553 BGB), so dass ein bei der Berechnung der Kündigungsfrist zu berücksichtigendes Mietverhältnis auch gegen den Willen des Vermieters begründet werden könnte.

14 Umstritten ist die Frage, ob ein **Wohnungswechsel innerhalb desselben Hauses** für die Berechnung der Kündigungsfrist von Bedeutung ist. **(1)** Teilweise wird dies mit der Begründung bejaht, dass es nach Wortlaut und Zweck des § 573c BGB ausschließlich darauf ankommt, wie lange der Mieter die zur Zeit der Kündigung innegehabte Wohnung bewohnt hat, so dass die Besitzzeit der früheren Wohnung für die Berechnung der Kündigungsfrist außer Betracht bleibt.[27] **(2)** Die Gegenansicht will die gesamte Wohnzeit des Mieters im Hause des Vermieters berücksichtigen, sofern der Wohnungswechsel mit dessen Einverständnis erfolgt ist.[28] **(3)** Eine vermittelnde Meinung will die gesamte Wohnzeit nur dann berücksichtigen, wenn der Auszug im Interesse des Vermieters bzw. auf dessen Wunsch erfolgt ist.[29] Zur Begründung wird ausgeführt, dass der Vermieter gegen Treu und Glauben verstoße, wenn er nur die Wohndauer in der zur Zeit der Kündigung innegehabten Wohnung berücksichtige. Diese Ansicht ist deswegen problematisch, weil danach die Berechnung der Kündigungsfrist von einem i. d. R. sehr schwer feststellbaren Umstand abhängig gemacht wird. Derartige Unklarheiten müssen bei der Bestimmung der Kündigungsfristen im Interesse beider Parteien aber vermieden werden. Dies bedeutet jedoch nicht, dass die Besitzzeit an der früher innegehabten Wohnung unberücksichtigt bleiben darf. Da der Gesetzgeber den Fall des Wohnungswechsels eines Mieters im gleichen Haus offensichtlich nicht bedacht hat, liegt eine Regelungslücke vor, die unter Berücksichtigung des Zwecks der gestaffelten Kündigungsfristen des Abs. 1 Satz 2 und der zwischen den Parteien bestehenden Interessenlage zu schließen ist. Lässt man bei der Berechnung der Kündigungsfrist die Besitzzeit der früheren Wohnung außer Betracht, so ist dies mit dem hinter Abs. 1 Satz 2 stehenden „Heimgedanken" nicht vereinbar. Der Umzug innerhalb desselben Hauses bedeutet für den Mieter keinen Bruch bestehender Bindungen, vielmehr werden die bisherigen Beziehungen kontinuierlich fortgesetzt.[30] Es ist auch nicht verständlich, warum dem Vermieter bei der Kündigung des Mietvertrags der Umstand zugute kommen soll, dass im Verlauf der Vertragsbeziehungen der Mietgegenstand ausgewechselt worden ist, obwohl dies von ihm gewünscht oder doch gebilligt wurde. Eine sachgerechte Lösung kann deswegen nur darin gesehen werden, dass ein Wohnungswechsel innerhalb desselben Hauses bei der Berechnung der

---

[24] *Grapentin* in Bub/Treier Kap. IV Rdn. 98; *Franke* in WoBauR § 573c BGB Anm. 8; *Rolfs* in Staudinger § 573c BGB Rdn. 21; **a. A.** *Sternel* Mietrecht (1988) Rdn. IV 54.

[25] LG Bielefeld ZMR 1965, 274; AG Hannover ZMR 1967, 18; AG Köln ZMR 2013, 205; *Lützenkirchen* in: Erman § 573c Rdn. 8; *Hannappel* in Bamberger/Roth § 573c BGB Rdn. 15; Palandt/*Weidenkaff* § 573c BGB Rdn. 11; *Kossmann* § 89 Rdn. 8.

[26] *Rolfs* in Staudinger § 573c BGB Rdn. 28; *Franke* in WoBauR § 573c BGB Anm. 8.2; *Häublein* in MünchKomm § 573c BGB Rdn. 8; *Lammel* § 573c BGB Rdn. 30; *Haug* in Emmerich/Sonnenschein, Miete § 573c BGB Rdn. 14; *Sternel* Mietrecht (1988) Rdn. IV, 54 und Mietrecht aktuell (2009) Rdn. X 84.

[27] LG Düsseldorf ZMR 1969, 310; LG Düsseldorf ZMR 1969, 243; AG Düsseldorf ZMR 1968, 846 = GE 1968, 726; AG Dortmund MDR 1964, 923; AG Hamburg ZMR 1970, 53 = MDR 1970, 240; *Michaelis* ZMR 1966, 198; *Lutz* BlGBW 1967, 116; *Franke* in WoBauR § 573c BGB Anm. 8.3; *Häublein* in MünchKomm § 573c BGB Rdn. 22; *Hannappel* in Bamberger/Roth § 573c BGB Rdn. 16; *Grapentin* in Bub/Treier Kap. IV Rdn. 101; Palandt/*Weidenkaff* § 573c BGB Rdn. 11; *Pergande* § 565 BGB Anm. 9.

[28] LG Kaiserslautern WuM 1970, 135 = ZMR 1970, 184; LG Bonn WuM 1987, 322; LG Mannheim WuM 1976, 207; AG Bremen WuM 1965, 203; AG Oberhausen ZMR 1965, 248 = WuM 1965, 186; AG Bochum WuM 1987, 56; *Bodie* ZMR 1966, 294 und WuM 1969,137; *Rolfs* in Staudinger § 573c BGB Rdn. 31; *Haug* in Emmerich/Sonnenschein, Miete § 573c BGB Rdn. 16; *Sternel* Mietrecht (1988) Rdn. IV 55; *Hans* § 565 BGB Anm. 3.

[29] LG Aachen WuM 1971, 60 = ZMR 1970, 216, AG Kassel ZMR 1966, 48; AG Köln WuM 1970, 119; AG Offenbach WuM 1987, 322; AG Kerpen WuM 1994, 77; *Kossmann* § 89 Rdn. 10; *Lammel* Wohnraummietrecht § 573c BGB Rdn. 32, 33.

[30] So zutr. LG Bonn WuM 1987, 322; *Bodie* ZMR 1966, 294; **a. A.** *Michaelis* ZMR 1966, 198.

Kündigungsfrist ohne Bedeutung ist ohne Rücksicht darauf, ob der Wechsel vom Vermieter gewünscht oder nur gebilligt wurde.[31]

Die hier dargelegten Grundsätze gelten nur dann, wenn die mehreren in Betracht kommenden Wohnungen demselben Vermieter gehören. Ist mit dem Wohnungswechsel zugleich ein Vermieterwechsel verbunden, (z. B. beim **Umzug innerhalb einer Wohnungseigentums-Anlage**) so findet keine Addition der jeweiligen Wohnzeiten statt. 15

IV. Kündigungsfrist bei Wohnraum zu vorübergehendem Gebrauch (Abs. 2)

Mietverhältnisse zu nur vorübergehendem Gebrauch (z. Begriff s. § 549 BGB, Rdn. 4) sind i. d. R. befristet, so dass § 573c BGB ohnehin unanwendbar ist. In anderen Fällen wird sich die Kündigungsfrist häufig aus den Umständen oder der Verkehrssitte (z. B. tägliche Kündigung bei der Hotelmiete) ergeben. Für die verbleibenden Mietverhältnisse gelten die gesetzlichen Fristen (einschließlich der in Abs. 1 Satz 2 enthaltenen Staffelung!). Diese Fristen können allerdings vertraglich nach Belieben verkürzt werden. Die Regelung entspricht i. E. dem bis 31. 8. 2001 geltenden § 565 Abs. 2 Satz 3 BGB a. F. 16

V. Kündigungsfrist bei möbliertem Wohnraum (Abs. 3)

Bei möbliertem Wohnraum den der Vermieter ganz oder überwiegend mit Einrichtungsgegenständen auszustatten hat, der Teil der vom Vermieter selbst bewohnten Wohnung ist und der nicht zum dauernden Gebrauch für eine Familie bestimmt ist (z. Begriff s. § 549 BGB Rdn. 6), ist die Kündigung spätestens am Fünfzehnten eines Monats zum Ablauf dieses Monats zulässig. Kündigungstag ist der 15. eines Monats. Die Vorschrift des § 193 BGB ist hier unanwendbar, so dass die Kündigung auch dann spätestens am 15. des Monats zugehen muss, wenn dieser Tag auf einen Samstag, Sonntag oder Feiertag fällt. Eine unmittelbare Anwendung des § 193 BGB scheidet aus, weil es sich bei dem gesetzlichen Kündigungstag nicht um den Ablauf einer Frist handelt. Eine analoge Anwendung des § 193 BGB kommt nicht in Betracht, weil die hierdurch bewirkte Verkürzung einer Kündigungsfrist vom Zweck der Vorschrift nicht erfasst wird.[32] 17

Nach dem bis 31. 8. 2001 geltenden Recht waren für diese Mietverhältnis bei der Vereinbarung eines Tages- oder Wochenmietzinses kürzere Kündigungsfristen vorgesehen. Die Vereinbarung einer Tages- oder Wochenmiete war in der Praxis ohne Bedeutung. Die Regelung ist deshalb ersatzlos entfallen. 18

VI. Abweichende Vereinbarungen (Abs. 4)

1. Vertragsschluss nach dem 31. 8. 2001

Eine zum Nachteil des Mieters von § 573c Abs. 1–3 BGB abw. Vereinbarung ist unwirksam. 19

Eine zum Nachteil des **Mieter**s von § 573c Abs. 1 BGB abw. Vereinbarung liegt vor, wenn vereinbart ist, dass er im Falle einer Kündigung **längere** als die in Abs. 1 Satz 1 bestimmten **Fristen** beachten muss. Eine Verkürzung dieser Frist ist möglich. 20

Unwirksam ist eine Vereinbarung, wonach der **Vermieter** mit **kürzeren Fristen** kündigen kann, als sie in § 573c Abs. 1 Satz 1 und 2 BGB vorgesehen sind. Die Vereinbarung längerer Fristen für die Vermieterkündigung ist möglich. 21

Eine Vereinbarung, wonach für **beide Teile kürzere** als die gesetzlichen **Fristen** gelten sollen, wird überwiegend als teilunwirksam erachtet: für den Mieter gelten in einem solchen Fall die für ihn günstigen vertraglichen Fristen, während der Vermieter an die gesetzlichen Fristen gebunden bleibt.[33] 22

---

[31] LG Mannheim DWW 1976, 260 = WuM 1976, 207 = Justiz 1976, 511.

[32] Vgl. dazu auch BGHZ 59, 265 = NJW 1972, 2083; NJW 2005, 1354; s. auch Rdn. 9.

[33] OLG Zweibrücken WuM 1990, 8 = ZMR 1990, 106; LG Hannover WuM 1980, 138; LG München I NZM 1998, 153; AG Oberndorf/Neckar WuM 1991, 44; *Rolfs* in Staudinger § 573c BGB Rdn. 54; *Lammel* § 573c BGB Rdn. 37; *Kossmann* § 89 Rdn. 15; **a. A.** LG Köln WuM 1988, 404.

23 Für eine Vereinbarung, wonach für **beide Teile** eine **längere** als die gesetzliche **Kündigungsfrist** gelten soll, gilt dasselbe.[34] Der Mieter kann stets mit Dreimonatsfrist kündigen. Der Vermieter ist an die längere vertragliche Frist gebunden.[35]

24 Unwirksam ist die Vereinbarung **abw. Kündigungstage und Kündigungstermine.**[36] Deshalb kann nicht vereinbart werden, dass die Kündigung nur zum Schluss bestimmter Kalendermonate zulässig sein soll.[37] Ebenso verstößt die in der Praxis häufige Vereinbarung, wonach sich ein **Mietverhältnis jeweils um ein weiteres Jahr verlängert,** falls es nicht gekündigt wird, gegen § 573c Abs. 4 BGB. Nach der Vertragsregelung kann – abw. von der gesetzlichen Regelung- nämlich nicht zu jedem beliebigen Termin sondern nur zur den Terminen gekündigt werden, die dem Vertragsbeginn entsprechen (weitere Einzelheiten § 575 BGB Rdn. 76).

25 Ein zeitlich befristeter Kündigungsausschluss ist wirksam (s. § 575 BGB Rdn. 66, 78, 81).

2. Altmietverträge (Vertragsschluss vor dem 1.9.2001)

26 **a) Mietverhältnisse in den neuen Ländern.** Für Mietverhältnisse in den neuen Ländern gilt folgendes: Nach § 120 Abs. 2 ZGB konnte der Mieter das Mietverhältnis jederzeit mit einer Frist von 2 Wochen kündigen. Diese Vorschrift ist entfallen, so dass beide Teile seit dem 3.10.1990 die Kündigungsfristen des § 565 BGB a. F. einhalten mussten. Seit dem 1.9.2001 gilt für beide Teile die Frist des § 573c Abs. 1 Satz 1 BGB. Ist im Mietvertrag allerdings eine Klausel enthalten, die der Regelung des § 120 Abs. 2 ZGB inhaltlich entspricht, so gilt das ursprüngliche Gesetzesrecht als Vertragsrecht fort. Bei dieser Vertragsgestaltung kann der Mieter weiterhin mit einer Frist von 2 Wochen kündigen, während der Vermieter an die längeren Fristen des § 573c BGB gebunden ist.[38] Diese Rechtsfolge wird zwar vereinzelt mit der Erwägung in Frage gestellt, dass Vertragsklauseln, die lediglich eine zwingende gesetzliche Regelung wiedergeben, keine eigenständige vertragliche Bedeutung hätten.[39] Diese Ansicht trifft allerdings nicht zu. Vielmehr kommt es in Fällen der fraglichen Art nur darauf an, ob die Klausel nach dem Willen der Parteien als Vertragsbestandteil gelten sollte. Dies kann aber schon deshalb nicht zweifelhaft sein, weil die i. d. R. rechtsunkundigen Parteien beim Abschluss eines Mietverhältnisses unter Verwendung eines Formularvertrags i. d. R. gar nicht wissen, welche Vertragsteile zwingendem Gesetzesrecht entsprechen und welche hiervon abweichen. Deshalb ist davon auszugehen, dass die Parteien alle Klauseln in ihren rechtsgeschäftlichen Willen aufnehmen wollen. Etwas anderes kommt grundsätzlich nur dann in Betracht, wenn in dem Vertragsformular die vom Gesetzesrecht abw. oder das Gesetzesrecht ergänzenden Vereinbarungen einerseits und das zwingende Gesetzesrecht andererseits räumlich getrennt wiedergegeben werden und sich aus der Vertraggestaltung hinreichend deutlich ergibt, dass der Verwender des Vertrags mit der Wiedergabe der zwingenden gesetzlichen Regelungen lediglich eine Information über die Rechtslage geben wollte.

27 **b) Sonstige Mietverhältnisse.** Für Mietverträge, die vor dem Inkrafttreten der Mietrechtsreform am 1.9.2001 abgeschlossen wurden gilt die **Übergangsregelung des Art. 229 § 3 Abs. 10 EGBGB.** Dort war **bis 31.5.2005** folgendes geregelt:

„§ 573c Abs. 4 des Bürgerlichen Gesetzbuchs ist nicht anzuwenden, wenn die Kündigungsfristen vor dem 1. September 2001 durch Vertrag vereinbart worden sind."

28 Eine vertragliche Regelung, wonach für die Kündigung die „gesetzlichen Vorschriften" gelten, hat lediglich klarstellende Bedeutung. Maßgebend sind die zum Zeitpunkt des Ausspruchs der Kündigung geltenden Vorschriften.[40]

29 In der Praxis existieren zahlreiche Formularmietverträge, in denen der Text des früheren § 565 BGB wiedergegeben ist. Hier stellt sich die Frage, ob der Mieter in diesem Fall die früher maßge-

---

[34] *Vielitz* in Hannemann/Wiegner, MAH Wohnraummietrecht § 42 Rdn. 18.
[35] *Lammel* § 573c BGB Rdn. 38.
[36] *Lammel* § 573c BGB Rdn. 39.
[37] *Lützenkirchen* Neue Mietrechtspraxis Rdn. 776.
[38] KG RE v. 22.1.1998, WuM 1998, 149; LG Mühlhausen WuM 1994, 146; BezG. Cottbus WuM 1994, 146; LG Potsdam WuM 1995, 268; LG Chemnitz WuM 1996, 475; LG Berlin GE 1996, 1113; NJWE-MietR 1997, 3; LG Zwickau WuM 1996, 40; AG Berlin-Lichtenberg MM 1994, 283; AG Berlin-Pankow/Weißensee DWW 1997, 76; *Sonnenschein* PiG 38, S. 23, 44; *Rolfs/Barg* NZM 2006, 83.
[39] So AG Köpenick GE 1995, 1087; *Kinne* WuM 1992, 403, 406; *Beuermann* GE 1993, 1298.
[40] BGH NJW-RR 2006, 229 = NZM 2006, 12 = WuM 2006, 102 = ZMR 2006, 192 = GE 2006, 121 [Rdn. 28].

benden gestaffelten Kündigungsfristen zu beachten hat. In der Gesetzesbegründung ist hierzu ausgeführt, dass in der bloßen Wiedergabe des Gesetzestextes keine vertragliche Vereinbarung i. S. d. Art. 229 § 3 Abs. 10 EGBGB zu sehen sei. Der BGH hat in mehreren Entscheidungen eine andere Ansicht vertreten.[41] Danach liegt eine vertragliche Vereinbarung i. S. d. Art. 229 § 3 Abs. 10 EGBGB auch dann vor, wenn in einer Formularklausel die bis zum 1.9.2001 geltenden Kündigungsfristen wörtlich oder sinngemäß wiedergegeben werden. In einem solchen Fall sind sowohl der Vermieter als auch der Mieter an die früher maßgeblichen Kündigungsfristen gebunden. Danach ist die Kündigung spätestens am dritten Werktag eines Kalendermonats für den Ablauf des übernächsten Monats zulässig. Nach fünf, acht und zehn Jahren seit der Überlassung des Wohnraums verlängert sich die Kündigungsfrist um jeweils drei Monate. In Fortführung dieser Rechtsprechung hat der BGH weiter entschieden, dass diese Rechtsfolge auch dann gilt, wenn nach dem Vertragstext die „gesetzlichen Kündigungsfristen" maßgeblich sein sollen und die Fristen durch Verweisung auf eine Fußnote konkretisiert werden.[42]

Anders ist es, wenn durch die Klausel lediglich ein Hinweis auf die bestehende Rechtslage gegeben werden soll. Die in der Fußnote abgedruckten Fristen dienen dann lediglich der Information, nicht der Vertragsgestaltung. Ändert sich die Rechtslage, so wird die Information unrichtig. Für die Kündigung sind dann die geänderten gesetzlichen Fristen maßgebend. Dies hat der BGH in einem Fall angenommen, in dem die Klausel auf „gesetzliche Kündigungsfristen" und auf eine formularmäßige Fußnote verweist, in der den dort aufgeführten Kündigungsfristen der Zusatz vorangestellt ist: „Die gesetzlich vorgesehenen Kündigungsfristen für Wohnraum betragen z. Zt ..."[43] **30**

Nach einer vereinzelt vertretenen Meinung[44] soll die Übergangsvorschrift in Art. 229 § 3 Abs. 10 EGBGB, wonach vertraglich vereinbarte Kündigungsfristen weiterhin gültig sind, nur bis zum 31.12.2002 anwendbar sein. Ab diesem Zeitpunkt soll **Art. 229 § 5 Satz 2 EGBGB** gelten. Danach sind ab dem 1.1.2003 für alle Dauerschuldverhältnisse die Regelungen des BGB maßgebend; dies habe zur weiteren Folge, dass die speziellen mietrechtlichen Übergangsregelungen durch Art. 229 § 5 Satz 2 EGBGB verdrängt werden. Der BGH folgt dieser Ansicht nicht. Vielmehr gilt, dass Art. 229 § 3 Abs. 10 EGBGB über den 1.1.2003 hinaus weiterhin anzuwenden ist.[45] **30a**

Der Gesetzgeber hat die Übergangsvorschrift in **Art. 229 § 3 Abs. 10 EGBGB** zwischenzeitlich „nachgebessert". Die Regelung hat **seit dem 1.6.2005** folgenden Wortlaut: **31**

„§ 573c Abs. 4 des Bürgerlichen Gesetzbuchs ist nicht anzuwenden, wenn die Kündigungsfristen vor dem 1. September 2001 durch Vertrag vereinbart worden sind. Für Kündigungen, die ab dem 1. Juni 2005 zugehen, gilt dies nicht, wenn die Kündigungsfristen des § 565 Abs. 2 Satz 1 und 2 des Bürgerlichen Gesetzbuches in der bis zum 1. September 2001 geltenden Fassung durch Allgemeine Geschäftsbedingungen vereinbart worden sind." **32**

Die neue Regelung hat folgende Auswirkungen[46] **33**

(1) Die Regelung betrifft nur solche Mietverträge, die den Text des früher maßgeblichen § 565 Abs. 2 Sätze 1 und 2 BGB a. F. – also die gestaffelten Kündigungsfristen – im Wortlaut oder sinngemäß wiedergeben.[47]

Die Regelung gilt nicht für eine Formularklausel, die auf „gesetzliche Kündigungsfristen" und auf eine formularmäßige Fußnote verweist, in der den dort aufgeführten Kündigungsfristen der Zusatz vorangestellt ist: „Die gesetzlich vorgesehenen Kündigungsfristen für Wohnraum betragen z. Zt ...".[48] Eine solche Klausel gibt lediglich einen informatorischen Hinweis auf die im Zeitpunkt des Vertragsschlusses geltende Kündigungsfrist. Dies folgt aus der Verwendung des Kürzels „z. Z." **34**

---

41 BGH WuM 2003, 505; WuM 2003, 462; WuM 2004, 101; WuM 2004, 273; WuM 2004, 275).

42 BGH WuM 2004, 275 mit ablehnender Anm. *Wiek;* BGH NJW 2004, 1447 = NZM 2004, 336 = WuM 2004, 273 mit ablehnender Anm. *Tiefenbacher* = ZMR 2004, 427 = DWW 2004, 120; BGH WuM 2005, 583 = GE 2005, 1249.

43 BGH NJW 2006, 1867 = NZM 2006, 460 = WuM 2006, 258 = ZMR 2006, 509 = GE 2006, 707.

44 *Schmidt-Kessel* NJW 2003, 3748; ebenso: LG Leipzig NZM 2005, 178; AG Bückeburg NZM 2004, 420 = NJW 2004, 1807 = WuM 2004, 407 mit abl. Anm. *Wiek;* **a. A.** LG Hamburg WuM 2005, 63; *Schimmel/Mayer* NJW 2004, 1633; *Lützenkirchen* Neue Mietrechtspraxis Rdn. ZMR 2004, 323.

45 BGH NJW 2005, 1572 = NZM 2005, 417 = WuM 2005, 342 = ZMR 2005, 446 = DWW 2005, 197; BGH WuM 2005, 584 = GE 2005, 1352 BGH WuM 2005, 583 = GE 2005, 1249.

46 Dazu: *Rolfs/Barg* NZM 2006, 83.

47 *Börstinghaus* NJW 2005, 1900, 1901; *Gellwitzki* WuM 2005, 436, 438; **a. A.** *Rolfs/Barg* a. a. O.: danach sind alle Formularvereinbarungen unwirksam, die zum Nachteil des Mieters von § 573c Abs. 1 BGB abweichen.

48 BGH NJW 2006, 1867 = NZM 2006, 460 = WuM 2006, 258 = ZMR 2006, 509 = GE 2006, 707.

(zur Zeit). Die Fußnote ist deshalb so zu lesen, dass die kündigende Vertragspartei, die im Zeitpunkt der Kündigung maßgebliche gesetzliche Frist einzuhalten hat.

35 Ist vereinbart:

„Nach fünf, acht und zehn Jahren seit der Überlassung des Wohnraums verlängert sich die Kündigungsfrist um jeweils drei Monate"

so ist der Vermieter weiterhin an die vertraglich vereinbarte Kündigungsfrist gebunden, während der Mieter unabhängig von der Dauer des Mietverhältnisses mit der Dreimonatsfrist des § 573c Abs. 1 Satz 1 kündigen kann.[49] Dies beruht auf der Erwägung, dass eine von § 573c Abs. 1 BGB abweichende Vereinbarung nur „zum Nachteil des Mieters" unwirksam ist und dass eine für beide Seiten geltende Fristenreglung nicht insgesamt sondern nur insoweit unwirksam ist, als sie sich zum Nachteil des Mieters auswirkt (s. Rdn. 23).

36 Gelegentlich findet man Altmietverträge, in denen eine längere als die gesetzliche Frist vereinbart ist, z. B.:

„Das Mietverhältnis beginnt am … und läuft von da an auf die Dauer von 1 Jahr. Es verlängert sich danach, soweit es nicht 6 Monate vor Ablauf schriftlich gekündigt wird auf unbestimmte Zeit. Die Kündigungsfrist beträgt dann 6 Monate".[50]

37 Eine vertragliche Verlängerung der Kündigungsfrist war nach früherem Recht möglich; seit dem 1. 9. 2001 ist eine Vereinbarung, wonach der Mieter eine längere als die gesetzliche Frist einzuhalten hat, unwirksam. In Altverträgen bleibt die Vereinbarung einer längeren Frist aber wirksam.

38 Wirksam bleibt demnach auch die in Altmietverträgen häufiger anzutreffende Klausel

„Das Mietverhältnis wird für die Dauer eines Jahres abgeschlossen. Es verlängert sich sodann um jeweils ein weiteres Jahr, wenn es nicht gekündigt wird."

Die Klausel hat zur Folge, dass die Kündigungsfrist für beide Teile ein Jahr beträgt. Nach früherem Recht konnte eine Fristverlängerung wirksam vereinbart werden. Nach nunmehrigem Recht wäre eine solche Vereinbarung unwirksam. Für Altmietverträge gilt Art. 229 § 3 Abs. 3 und Abs. 10 Satz 1 EGBGB. Die Vereinbarung bleibt also wirksam.[51] Die Vorschrift des Art. 229 § 3 Abs. 10 Satz 2 EGBGB ist nicht anwendbar, weil dort nur der Fall geregelt ist, dass die gestaffelten Kündigungsfristen vereinbart sind.

39 **(2)** Ist die gestaffelte Kündigungsfrist durch **Individualvertrag** vereinbart oder ist die Klausel ausgehandelt, so gilt Art. 229 § 3 Abs. 10 Satz 1 EGBGB. Die Vereinbarung bleibt also wirksam. Wohnraummietverträge mit solchen Vereinbarungen dürfte es in der Praxis aber nicht geben.

40 **(3)** Die Neuregelung in Art. 229 § 3 Abs. 10 Satz 2 EGBGB gilt nur für Kündigungen, die ab dem 1. 6. 2005 zugehen. Für Kündigungen, die vor diesem Zeitpunkt zugegangen sind, gilt lediglich Art. 229 § 3 Abs. 10 Satz 1 EGBGB; die Rechtsprechung des BGH ist bei diesen Kündigungen weiter zu beachten. Der Mieter kann aber nach dem 31.5.2005 erneut kündigen und auf diese Weise eine Fristverkürzung erreichen.

41 Fraglich kann sein, welche Rechtsfolge gilt, wenn ein vor dem 1. 9. 2001 geschlossener **Mietvertrag nach dem 31. 8. 2001 um eine weitere Mietpartei erweitert** wird. Theoretisch kommen drei Möglichkeiten in Betracht: **(1)** Der Beitritt hat lediglich zur Folge, dass sich die Zahl der Mieter ändert; alle weiteren Vereinbarungen bleiben unberührt. **(2)** Der Beitritt eines weiteren Mieters ist wie der Neuabschluss eines Mietvertrags zu bewerten; die Regelungen des Ursprungsvertrags bleiben nur insoweit erhalten, als sie mit dem neuen Recht in Einklang stehen. **(3)** Durch den Beitritt werden die Vertragsbeziehungen des ursprünglichen Mieters zum Vermieter nicht berührt; für den beigetretenen Mieter gilt dagegen das neue Recht.[52] Der BGH erachtet die unter (1) dargestellte Lösung für zutreffend.[53] Diese entspreche i. d. R. dem Parteiwillen. „Tritt jemand einem vor der Rechtsänderung geschlossenen Vertrag bei, so ist auch für ihn das ursprünglich geltende Recht maßgeblich", es denn dass „die Änderung den Vertrag in seinem sachlichen Kern zu einem neuen Geschäft macht."

---

[49] BGH (VIII ZR 71/07) NJW 2008, 1661 = WuM 2008, 290 = ZMR 2008, 608 unter Rz 23.

[50] OLG Zweibrücken RE 23. 11. 1989 WuM 1990, 8; NJW-RR 1990, 148; ZMR 1990, 106.

[51] BGH NJW 2007, 2760 = NZM 2007, 728 = WuM 2007, 463 = ZMR 2007, 848 = GE 2007, 1182.

[52] So *Wiek* WuM 2007, 227, 229.

[53] BGH NJW-RR 2007, 668 = NZM 2007, 327 = WuM 2007, 202 = ZMR 2007, 358 = DWW 2007, 200 = GE 2007, 1184.

Tritt ein Mieter anstelle eines anderen in einen Mietvertrag ein, der vor dem 1.9.2001 abgeschlossen worden ist, so gelten hinsichtlich der Kündigungsfristen die neuen Vorschriften. Das gilt auch dann, wenn in dem Altvertrag die gestaffelten Fristen des § 565 Abs. 2 BGB a. F. vereinbart worden sind. Dabei kommt es nicht darauf an, in welcher Weise der Mieterwechsel erfolgt. Das durch den Eintritt des Mieters entstandene Mietverhältnis fällt nach dem Gesetzeszweck der Überleitungsvorschrift nicht unter Art. 229 § 3 Abs. 10 EGBGB.[54] **42**

[54] *Wiek* Informationsservice Mietrecht 2003, 46: abl. Anm. zu LG Itzehoe WuM 2003, 329.

§ 573d Außerordentliche Kündigung mit gesetzlicher Frist

(1) Kann ein Mietverhältnis außerordentlich mit der gesetzlichen Frist gekündigt werden, so gelten mit Ausnahme der Kündigung gegenüber Erben des Mieters nach § 564 die §§ 573 und 573 a entsprechend.

(2) [1]Die Kündigung ist spätestens am dritten Werktag eines Kalendermonats zum Ablauf des übernächsten Monats zulässig, bei Wohnraum nach § 549 Abs. 2 Nr. 2 spätestens am Fünfzehnten eines Monats zum Ablauf dieses Monats (gesetzliche Frist). [2]§ 573 a Abs. 1 Satz 2 findet keine Anwendung.

(3) Eine zum Nachteil des Mieters abweichende Vereinbarung ist unwirksam.

Systematische Übersicht

I. Anwendungsbereich

1 Die Regelung ist bei der außerordentlichen Kündigung mit gesetzlicher Frist zu beachten. Sie gilt für alle Kündigungen, die dem Empfänger nach dem 31.8.2001 zugehen. Wann ein Mietverhältnis „mit der gesetzlichen Frist" vom Vermieter oder Mieter vorzeitig gekündigt werden kann, ist den jeweiligen Vorschriften zu entnehmen, die eine entsprechende Beendigungsbefugnis gewähren (s. dazu § 542 BGB Rdn. 129–161)

2 Die Vorschrift gilt nur für die Wohnraummiete und nur für solche Mietverträge die auf unbestimmte Zeit abgeschlossen worden sind (unbefristete Mietverträge). Sie regelt die Voraussetzungen und die Fristen der außerordentlichen befristeten Kündigung.

3 Für Mietverhältnisse i. S. v. § 549 Abs. 2 Nr. 1–3 (s. dort) und § 549 Abs. 3 (s. dort) ist § 573d Abs. 1 BGB unanwendbar; die Regelungen des § 573d Abs. 2 und 3 BGB gelten aber auch für diese Mietverhältnisse. Dies entspricht im Wesentlichen der bis 31.8.2001 geltenden Rechtslage. Anders als nach früherem Recht ist § 573d Abs. 1 BGB aber anwendbar auf Mietverhältnisse über Wohnraum in Ferienwohnungen in Ferienhausgebieten i. S. v. §§ 564b Abs. 7 Nr. 4 BGB a. F.

4 Für Wohnraummietverhältnisse auf bestimmte Zeit (Zeitmietverträge) gilt § 575a BGB

5 Für die Geschäftsraummiete und die Miete beweglicher Sachen gilt § 580a Abs. 4 BGB.

II. Kündigungsschutz (Abs. 1)

6 § 573d Abs. 1 BGB bestimmt, dass das Recht zur außerordentlichen Kündigung mit gesetzlicher Frist durch den Vermieter nur ausgeübt werden kann, wenn **Kündigungsgründe i. S. v. § 573 BGB** gegeben sind oder wenn die Voraussetzungen der erleichterten Kündigung bei Einliegerwohnungen i. S. v. § 573a BGB vorliegen.

7 Selbstverständlich müssen auch die dort geregelten **Formalien der Kündigung** hinsichtlich der Kündigungserklärung vorliegen. Dies gilt auch für die Kündigung einer Wohnung i. S. d. § 573a BGB. Die Vorschrift dient der Klarstellung, weil sich die Geltung der speziellen Kündigungsschutzvorschriften bereits aus der systematischen Stellung der §§ 573 und 573a BGB im Abschn. „Mietverhältnisse über Wohnraum" ergibt. Dies entspricht auch der bis 31.8.2002 geltenden Rechtslage.

8 Auf die Vorschriften der **§§ 574–574c BGB (Kündigungswiderspruch)** nimmt § 573d Abs. 1 BGB nicht Bezug. Gleichwohl sind auch diese Vorschriften bei der Wohnraummiete zu beachten, wenn die außerordentliche befristete Kündigung durch den Vermieter ausgesprochen wird. Dies war bereits unter dem bis 31.8.2001 geltenden Recht anerkannt und folgt nunmehr aus der systematischen Stellung der §§ 574–574c BGB im Abschn. „Mietverhältnisse über Wohnraum".[1] Für die Richtigkeit dieser Ansicht spricht darüber hinaus auch der Vergleich mit § 575a Abs. 2 BGB.

---

[1] Begründung des Gesetzentwurfs der Bunderregierung zu § 573d, BT-Drucks. 14/4553.

9 Eine Besonderheit gilt – abw. von dem bis 31. 8. 2001 geltenden Recht– für die Kündigung des Vermieters gegenüber dem Erben des verstorbenen Mieters nach § 564 BGB. Für diese Kündigung benötigt der Vermieter keine Kündigungsgründe.[2] Jedoch kann der Mieter Kündigungswiderspruch erheben. Die Regelung des § 573d Abs. 1 BGB ist unanwendbar, wenn der Erbe nicht nach den §§ 564 Satz 1, 1922 Abs. 1 BGB, sondern nach den §§ 563, 563a BGB Rechtsnachfolger hinsichtlich der Wohnung geworden ist.

III. Kündigungstag/Kündigungsfristen (Abs. 2)

10 Kündigungstag ist der dritte Werktag des Monats. Wird die Kündigung spätestens zum dritten Werktag erklärt, so endet das Mietverhältnis zum Ablauf des übernächsten Monats. Diese Regelung entspricht dem bis 31. 8. 2001 geltenden Recht. Die gestaffelten Kündigungsfristen des § 573c BGB gelten nicht.

11 Kürzere Fristen gelten für möblierte Wohnräume innerhalb der Vermieterwohnung i. S. v. § 549 Abs. 2 Nr. 2 BGB. Diese Mietverhältnisse können spätestens am fünfzehnten eines Monats zum Ablauf des Monats gekündigt werden. Auch diese Regelung entspricht dem bis 31. 8. 2001 geltenden Recht.

12 § 573d Abs. 2 Satz 2 BGB bestimmt, dass sich die in Abs. 2 Satz 1 geregelten Kündigungsfristen auch dann nicht verlängern, wenn der Vermieter nach § 573a BGB kündigt (Kündigung von Einliegerwohnungen in einem vom Vermieter selbst bewohnten Gebäude). Die Vorschrift dient der Klarstellung und entspricht dem bis 31. 8. 2001 geltenden Recht.

IV. Abweichende Vereinbarungen

13 Nach § 573c Abs. 3 BGB sind nachteilige Vereinbarungen zum Nachteil des Mieters unwirksam.

14 Die Regelung des § 573d Abs. 1 BGB kann nicht abbedungen werden. Zulässig ist es jedoch zu vereinbaren, dass der Erbe des Mieters Kündigungsschutz haben soll.

15 Eine zum Nachteil des Mieters von § 573d Abs. 2 BGB abw. Vereinbarung liegt vor, wenn vereinbart ist, dass er im Falle einer Kündigung (z. B. nach §§ 563a Abs. 2, 564 BGB längere als die in § 573d Abs. 2 BGB bestimmten Fristen beachten muss. Eine Verkürzung dieser Frist ist möglich.

16 Unwirksam ist eine Vereinbarung, wonach der Vermieter mit kürzeren Fristen kündigen kann, als sie in § 573d Abs. 2 BGB vorgesehen ist. Die Vereinbarung längerer Fristen für die Vermieterkündigung ist möglich.

17 Eine Vereinbarung, wonach für beide Teile kürzere als die gesetzlichen Fristen gelten sollen, wird überwiegend als teilunwirksam erachtet: für den Mieter gelten in einem solchen Fall die für ihn günstigen vertraglichen Fristen, während der Vermieter an die gesetzlichen Fristen gebunden bleibt.[3]

18 Für eine Vereinbarung, wonach für beide Teile eine längere als die gesetzliche Kündigungsfrist gelten soll, gilt dasselbe.[4] Der Mieter kann stets mit Dreimonatsfrist kündigen. Der Vermieter ist an die längere vertragliche Frist gebunden.[5]

19 Unwirksam ist die Vereinbarung abw. Kündigungstage.

---

[2] Die zum früheren Recht ergangene Entscheidung des BGH NJW 1997, 1695 ist gegenstandslos.

[3] OLG Zweibrücken WuM 1990, 8 = ZMR 1990, 106; LG Hannover WuM 1980, 138; LG München I NZM 1998, 153; AG Oberndorf/Neckar WuM 1991, 44; *Lammel* § 573c BGB Rdn. 37; *Kossmann* § 89 Rdn. 15; **a. A.** LG Köln WuM 1988, 404.

[4] *Vielitz* in Hannemann/Wiegner MAH Wohnraummietrecht § 42 Rdn. 18.

[5] *Lammel* § 573c BGB Rdn. 38.

§ 574 Widerspruch des Mieters gegen die Kündigung

(1) [1]Der Mieter kann der Kündigung des Vermieters widersprechen und von ihm die Fortsetzung des Mietverhältnisses verlangen, wenn die Beendigung des Mietverhältnisses für den Mieter, seine Familie oder einen anderen Angehörigen seines Haushalts eine Härte bedeuten würde, die auch unter Würdigung der berechtigten Interessen des Vermieters nicht zu rechtfertigen ist. [2]Dies gilt nicht, wenn ein Grund vorliegt, der den Vermieter zur außerordentlichen fristlosen Kündigung berechtigt.

(2) Eine Härte liegt auch vor, wenn angemessener Ersatzwohnraum zu zumutbaren Bedingungen nicht beschafft werden kann.

(3) Bei der Würdigung der berechtigten Interessen des Vermieters werden nur die in dem Kündigungsschreiben nach § 573 Abs. 3 angegebenen Gründe berücksichtigt, außer wenn die Gründe nachträglich entstanden sind.

(4) Eine zum Nachteil des Mieters abweichende Vereinbarung ist unwirksam.

Systematische Übersicht

Alphabetische Schnellübersicht

I. Bedeutung der Vorschrift

1 Die Vorschrift gibt dem Mieter von Wohnraum das Recht, einer ordentlichen befristeten Kündigung oder einer außerordentlichen Kündigung mit gesetzlicher Frist des Vermieters zu widersprechen und die Fortsetzung des Mietverhältnisses zu verlangen, wenn die vertragsgemäße Beendigung eine besondere Härte bedeuten würde. Die Vorschrift ist dem bis 31.8.2001 geltenden § 556a BGB a. F. (sog. „Sozialklausel") nachgebildet. Die praktische Bedeutung der Regelung ist gering. Gleichwohl ist § 574 BGB aber nicht entbehrlich, weil § 573 BGB ausschließlich auf das Interesse des Vermieters an der Vertragsbeendigung abstellt; erst § 574 BGB stellt sicher, dass die be-

sonderen Interessen des Mieters am Fortbestand des Vertrags berücksichtigt werden.[1] Durch § 574 BGB wird zum einen der allgemeine Kündigungsschutz um eine spezielle Härtefallregelung ergänzt; sowohl die Schutzfunktion des § 573 BGB als auch diejenige des § 574 BGB sind aus verfassungsrechtlichen Gründen geboten.[2] Zum anderen bewirkt die Existenz des § 574 BGB, dass der Vermieter – insbesondere bei der Kündigung wegen Eigenbedarfs– zur Vermeidung von Rechtsnachteilen eine (in § 573 BGB nicht vorgesehene) Sozialauswahl treffen muss.[3] Es ist aus diesen Gründen nicht überzeugend, wenn das gegenwärtig geltende System des Kündigungsschutzes als „doppelter Mieterschutz" oder als ein „Aufeinandertürmen" von Schutzvorschriften kritisiert wird.[4]

II. Anwendungsbereich

1. Sachlich

Die Vorschrift gilt nur bei Mietverhältnissen über Wohnraum (zu den Begriffen s. Vor § 535 BGB Rdn. 94). Hierzu gehören sowohl Mietverhältnisse über freifinanzierte Wohnungen als auch die Mietverhältnisse über preisgebundenen und sonstigen **öffentlich geförderten Wohnraum,** die **Nutzungsverträge** der Wohnungsgenossenschaften und der (ehemaligen) gemeinnützigen Wohnungsunternehmen. Auf Mietverhältnisse über **Werkwohnungen** und werkgeförderte Wohnungen ist die Sozialklausel ebenfalls anwendbar; jedoch sind hier die besonderen Ausschlusstatbestände des § 576a Abs. 2 BGB zu beachten. Für Dienstwohnungen (vor § 535 BGB Rdn. 128) s. § 576b BGB Rdn. 3ff.). 2

Die Vorschrift gilt auch für Mietverhältnisse über **Wohnungen in Ein- oder Zweifamilienhäusern,** und für Mietverhältnisse über Wohnraum, der Teil eines **Studenten- oder Jugendwohnheims** ist 3

Auf **Mischmietverhältnisse** (s. vor § 535 BGB Rdn. 107) ist § 574 BGB anwendbar, wenn das Mietverhältnis seinen Schwerpunkt in der Wohnraummiete hat. Liegt der Schwerpunkt in der Gewerbemiete, so ist § 574 BGB auch dann unanwendbar, wenn der Wohnraum einerseits und der Gewerberaum andererseits räumlich getrennt werden könnten (z.B. bei der Vermietung einer Gaststätte mit Wirtewohnung). Im Ausnahmefall kann der Mieter jedoch für die Wohnung eine Räumungsfrist nach § 721 ZPO erhalten, wenn die getrennte Rückgabe von Wohnung und Gewerberaum möglich und dem Vermieter zumutbar ist. Mietverhältnisse auf Dauer über **Ferienhäuser** und **-wohnungen** fallen ebenso unter die für Wohnraum geltenden Bestimmungen wie Mietverhältnisse über **Zweitwohnungen.** Der Umstand, dass der Mieter mehrere Monate im Jahr ortsabwesend ist, steht der Anwendung der Sozialklausel ebenfalls nicht entgegen.[5] 4

Für die Anwendung des § 574 BGB kommt es nicht darauf an, ob der Vermieter zugleich Eigentümer der Mietsache ist. Deshalb ist die Vorschrift auch bei der **Untermiete** anwendbar. 5

Hat der Mieter nur **einen Teil der Wohnräume** untervermietet, so gilt § 574 BGB im Verhältnis zwischen dem Hauptvermieter und dem Mieter. Der Mieter kann allerdings nur eigene Härtegründe, nicht solche des Untermieters geltend machen. Macht der Hauptvermieter gegenüber dem Untermieter den Herausgabeanspruch aus § 546 Abs. 2 BGB geltend, so ist § 574 BGB unanwendbar, weil zwischen dem Hauptvermieter und dem Untermieter kein Vertragsverhältnis besteht. Kündigt der Mieter gegenüber dem Untermieter, so kann sich der Untermieter gegenüber dem Mieter auf § 574 BGB berufen. 6

Ist der **Wohnraum als ganzes** durch einen **gewerblichen Zwischenvermieter** untervermietet, so gilt bei einer Beendigung des Untermietverhältnisses auf Grund einer Kündigung des Zwischenvermieters § 574 BGB. Wird das Hauptmietverhältnis beendet, so tritt der Hauptvermieter in das Untermietverhältnis ein; gegenüber einer Kündigung des Hauptvermieters kann sich der Untermieter auf § 574 BGB berufen. Im Verhältnis des Hauptvermieters zum Zwischenvermieter ist § 574 BGB stets unanwendbar, weil das Hauptmietverhältnis kein Wohnraummietverhältnis darstellt. 7

---

[1] BGH RE v. 20.1.1988, BGHZ 103, 91 = NJW 1988, 904 = WuM 1988, 47 = ZMR 1988, 130; LG Berlin GE 1990, 493.
[2] BVerfGE 89, 1 = NJW 1993, 2035 = WuM 1993, 377 = ZMR 1993, 405 = DWW 1993, 224.
[3] LG Hannover WuM 1990, 305.
[4] So aber *Honsell* AcP 1986, 159; *Löwe* NJW 1975, 9.
[5] LG Düsseldorf WuM 1991, 36.

8 Bei einer Vermietung durch einen **nicht gewerblichen Zwischenvermieter** ist nach der hier vertretenen Ansicht § 565 BGB entsprechend anzuwenden (s. § 565 BGB Rdn. 9, 14); nach der Gegenansicht kann der Mieter in bestimmten Fällen Schutzrechte aus **Art. 3 GG** herleiten (§ 565 BGB Rdn. 13). Danach gilt bei einer Beendigung des Hauptmietverhältnisses folgendes: Der Hauptvermieter tritt nicht in das Untermietverhältnis ein mit der Folge, dass er den Herausgabeanspruch aus § 546 Abs. 2 BGB geltend machen kann. Aus Art. 3 GG folgt indes, dass der Mieter die Wohnung nur dann herausgeben muss, wenn Kündigungsgründe i. S. v. § 573 BGB vorliegen. Außerdem folgt aus Art. 3 GG, dass der Mieter außerdem die Rechte aus § 574 BGB geltend machen kann. Im Verhältnis zwischen dem Hauptvermieter und dem Zwischenvermieter gilt § 574 BGB nicht, weil das Hauptmietverhältnis auch dann kein Wohnraummietverhältnis darstellt, wenn der Zwischenvermieter nicht gewerblich handelt (vor § 535 BGB Rdn. 104).

9 Für Mietverhältnisse i. S. v. **§ 549 Abs. 2 Nr. 1–3 BGB** (s. dort) ist die Vorschrift unanwendbar. Anders als nach dem bis 31.8.2001 geltenden Recht ist § 574 BGB aber anwendbar auf Mietverhältnisse über Wohnraum in Ferienwohnungen in Ferienhausgebieten i. S. v. §§ 564b Abs. 7 Nr. 4 BGB a. F.

2. Ausschlusstatbestand nach Abs. 1 Satz 2

10 Nach § 574 Abs. 1 Satz 2 BGB ist die Vorschrift unanwendbar, wenn ein Grund vorliegt, der den Vermieter zu außerordentlichen fristlosen Kündigung berechtigt. Dieser Ausschlusstatbestand beruht auf der Erwägung, dass der Mieter in diesem Fall keinen Schutz verdient. Der Ausschlusstatbestand ist auch dann zu beachten, wenn sich der Mieter auf den Härtegrund des fehlenden Ersatzraums beruft. Zwar wird dieser in § 574 **Abs. 2** BGB geregelte Härtegrund von dem in § 574 **Abs. 1** BGB geregelten Ausschlusstatbestand bei systematischer Auslegung des § 574 BGB nicht erfasst. Ein sachlicher Grund für diese Auslegung ist nicht ersichtlich; es ist vielmehr davon auszugehen, dass der Gesetzgeber die möglichen Auswirkungen seiner Systematik nicht hinreichend bedacht hat.

11 Der Kündigungswiderspruch wird nur durch solche Kündigungstatbestände ausgeschlossen, die an eine Vertragsverletzung des Mieters anknüpfen. Hierzu zählen die §§ 543 Abs. 1, Abs. 2 Nr. 2 und 3 sowie § 569 Abs. 2 BGB. Die übergesetzliche **Kündigung wegen Wegfalls der Geschäftsgrundlage** nach § 242 BGB (§ 543 BGB Rdn. 229) scheidet aus, weil das Beendigungsinteresse hier aus der Sphäre des Vermieters stammt. Der Ausschlusstatbestand greift nach seinem Wortlaut auch dann, wenn der Vermieter einem **geschäftsunfähigen Mieter** gekündigt hat. Dies ist problematisch, weil der Gedanke der mangelnden Schutzwürdigkeit auf den geschäftsunfähigen Mieter nicht passt. Außerdem ist diese Mietergruppe oftmals besonders schutzbedürftig. Deshalb ist eine einschränkende Auslegung des § 574 Abs. 1 Satz 2 BGB geboten.

12 Der Ausschlusstatbestand gilt auch dann, wenn der Vermieter wegen der Vertragsverletzung des Mieters eine **ordentliche befristete Kündigung** ausspricht, obwohl er zur fristlosen Kündigung berechtigt wäre.[6] Ebenso genügt es, wenn der Mieter eine zur fristlosen Kündigung berechtigende Vertragsverletzung begeht, der Vermieter seine Kündigung aber auf einen anderen Beendigungsgrund stützt.[7] Ein ursächlicher Zusammenhang zwischen Vertragsverletzung und Kündigung ist nicht erforderlich.[8] Bei älteren Vertragsverletzungen gilt § 314 Abs. 3 BGB, wenn der Vermieter hierauf längere Zeit nicht reagiert. Vertragsverletzungen nach Zugang der Kündigung reichen ebenfalls aus, unabhängig davon, ob der Vermieter den Vorfall zum Anlass einer erneuten Kündigung nimmt.[9] Nur der vertragstreue Mieter kann eine Fortsetzung des Mietverhältnisses verlangen.

III. Tatbestandvoraussetzungen (Abs. 1 Satz 1)

1. Beendigung durch Kündigung

13 Die Vorschrift gilt nur für solche Mietverhältnisse, die durch Kündigung beendet werden können. Für die Beendigung befristeter Mietverhältnisse durch bloßen Zeitablauf (Zeitmietverträge i. S. v. § 575 Abs. 1 Satz 1 BGB) gilt § 574 BGB nur im Falle der außerordentlichen Kündigung

[6] *Haas,* Das neue Mietrecht, § 574 BGB Rdn. 1; *Herrlein* in Herrlein/Kandelhard § 574 BGB Rdn. 18.
[7] *Lammel* § 574 BGB Rdn. 51; Palandt/*Weidenkaff* § 574 BGB Rdn. 15.
[8] *Rolfs* in Staudinger § 574 BGB Rdn. 20.
[9] *Grapentin* in Bub/Treier Kap. IV Rdn. 238; **a. A.** *Sternel* Mietrecht (1988) Rdn. IV 186.

mit gesetzlicher Frist; in diesem Fall ist § 575a Abs. 2 BGB zu beachten (s. dort). Für einfache befristete Mietverhältnisse i. S. v. § 564c BGB a. F., die vor dem 1. 9. 2001 abgeschlossen worden sind, gilt die Übergangsvorschrift des Art. 229 § 3 Abs. 3 BGB (s. Nach § 575 BGB)

Die Anwendung des § 574 BGB setzt voraus, dass der **Vermieter** eine **ordentliche Kündigung** i. S. v. § 573c BGB oder eine **außerordentliche Kündigung mit gesetzlicher Frist** i. S. v. § 575a BGB ausgesprochen hat. Unter der Geltung des bis 31. 8. 2001 geltendem Recht war die Anwendung der Sozialklausel im Falle der außerordentlichen Kündigung mit gesetzlicher Frist streitig, weil nach dem Wortlaut des § 556a BGB a. F. eine „vertragsmäßige Beendigung" vorausgesetzt wurde. Der Begriff „vertragsmäßig" findet sich in der Neufassung nicht mehr. Dadurch kommt zum Ausdruck, dass § 574 BGB auch bei der außerordentlichen Kündigung mit gesetzlicher Frist zu beachten ist.[10] Dies gilt auch für eine **Kündigung** des Vermieters **gegenüber dem Erben des Mieters.** Der Erbe genießt zwar keinen Kündigungsschutz (§ 573d Abs. 1 BGB). Die Vorschrift des § 574 BGB ist aber anwendbar. Es sind allerdings kaum Fälle denkbar, in denen die Tatbestandsvoraussetzungen der Vorschrift vorliegen könnten. 14

Der Kündigungsgrund ist gleichgültig; bei einer ordentlichen befristeten Kündigung wegen einer Vertragsverletzung ist aber § 574 Abs. 1 Satz 2 BGB zu beachten (s. Rdn. 10). Für **fristlose Kündigungen** gilt die Sozialklausel nicht (§ 574 Abs. 1 Satz 2 BGB). Hat der **Mieter gekündigt,** so ist ein Widerspruch ebenfalls ausgeschlossen. Dies folgt ohne weiteres aus dem Umstand, dass § 574 BGB nach seinem Wortlaut eine „Kündigung des Vermieters" voraussetzt.[11] Gleiches gilt, wenn das Mietverhältnis durch **Mietaufhebungsvertrag** beendet worden ist. 15

Die Kündigung des Vermieters muss **wirksam** sein und die Beendigung des Mietverhältnisses zur Folge haben. Durch eine unwirksame Kündigung wird das Mietverhältnis nicht beendet; ein solches Mietverhältnisses kann deshalb auch nicht nach § 574 BGB fortgesetzt werden. Gleiches gilt für Mietverhältnisse, die nach wirksamer Kündigung gem. § 545 BGB verlängert worden sind. Wird das Mietverhältnis nach § 574a BGB durch gerichtliche Entscheidung fortgesetzt, so kann die Wirksamkeit der Kündigung keinesfalls offen bleiben, weil die Beendigung des Mietverhältnisses durch Kündigung zu den zwingenden Tatbestandsvoraussetzungen des § 574 BGB gehört.[12] 16

Die Vorschrift ist auch dann zu beachten, wenn das Mietverhältnis **zwischen Vertragsschluss und Mietbeginn** gekündigt werden soll. In diesem Fall hat der Mieter zwar noch keinen Mietbesitz. Gleichwohl wird er i. d. R. schutzbedürftig sein, so z. B., wenn er in Erwartung des alsbaldigen Bezugs der Wohnung seine bisherige Mietwohnung aufgegeben oder wenn er bereits Aufwendungen für die angemietete Wohnung getätigt hat. 17

Eine Vereinbarung, wonach der Vermieter berechtigt sein soll, nach der Überlassung der Mietsache vom Vertrag zurückzutreten, ist unwirksam. Wird der **Rücktritt** vor der Überlassung erklärt, ist § 574 BGB unanwendbar, weil die Vorschrift eine Beendigung durch Kündigung voraussetzt. Auf die Schutzbedürftigkeit des Mieters kommt es deshalb nicht an. 18

Wird das Mietverhältnis durch eine **Anfechtung** des Vermieters beendet, so liegt ebenfalls keine Kündigung vor; § 574 BGB ist unanwendbar.[13] Eine analoge Anwendung kommt nicht in Betracht, weil sich die Anfechtungstatbestände von denen der Kündigung in wesentlichen Punkten unterscheiden.[14] Für eine analoge Anwendung besteht auch kein praktisches Bedürfnis. Eine Anfechtung wegen Irrtums nach § 119 BGB wird im Mietverhältnis so gut wie nicht in Betracht kommen. Im Übrigen kann der Mieter hier seinen Vertrauensschaden nach § 122 BGB ersetzt verlangen. Bei einer auf § 123 BGB gestützten Anfechtung wird i. d. R. ein Sachverhalt vorliegen, der den Vermieter auch zur fristlosen Kündigung berechtigt; hier verbietet sich eine entsprechende Anwendung des § 574 BGB (§ 574 Abs. 1 Satz 2 BGB). Bei einer Anfechtung durch den Mieter scheitert eine entsprechende Anwendung an dem Umstand, dass § 574 BGB nur gilt, wenn die Beendigung vom Vermieter gewünscht wird. 19

[10] Begründung des Regierungsentwurfs zu § 574 BGB, BT-Drucks. 14/4553; ebenso zum früheren Recht: BGH RE v. 21. 4. 1982, BGHZ 84, 90 = NJW 1982, 1696.

[11] Begründung des Regierungsentwurfs zu § 574 BGB, BT-Drucks. 14/4553.

[12] LG München WuM 2001, 561.

[13] *Rolfs* in Staudinger § 574 BGB Rdn. 16; *Hannappel* in Bamberger/Roth § 574 BGB Rdn. 8.

[14] *Rolfs* in Staudinger a. a. O.

2. Voraussetzungen des Kündigungswiderspruchs

20 **a)** Der Mieter kann der Kündigung nur dann widersprechen, wenn die Vertragsbeendigung „eine Härte bedeuten würde, die … nicht zu rechtfertigen ist". Unter einer **„Härte"** sind alle Nachteile wirtschaftlicher, finanzieller, gesundheitlicher, familiärer oder persönlicher Art zu verstehen, die infolge der Vertragsbeendigung auftreten können. (LG Berlin GE 2015, 859) Hierzu zählen auch Eingriffe in die beruflichen Verhältnisse.[15] Sportliche Ambitionen sind dagegen im Allgemeinen nicht zu berücksichtigen.[16] Gleiches gilt für politische,[17] kirchliche, künstlerische[18] oder gesellschaftliche Interessen. Der Eintritt der Nachteile muss nicht mit absoluter Sicherheit feststehen. Es genügt, wenn solche Nachteile mit einiger Wahrscheinlichkeit zu erwarten sind.[19] Die lediglich theoretische Möglichkeit des Eintritts von Nachteilen reicht aber nicht aus. Ob die Härtegründe nur vorübergehend oder bleibend sind, spielt nur für die Dauer der Vertragsfortsetzung eine Rolle. Keinesfalls darf die Anwendbarkeit des § 574 BGB mit der Begründung versagt werden, dass der Mieter wegen seiner finanziellen Lage oder auf Grund bestimmter persönlicher Eigenschaften ohnehin keine Ersatzwohnung finde: Die Anwendung des § 574 BGB liegt im Gegenteil umso näher, je hilfsbedürftiger der Mieter ist. Es kommt nicht darauf an, ob der Vermieter die persönliche Situation des Mieters gekannt hat.[20]

21 **b)** Berücksichtigt werden Nachteile für den **„Mieter, seine Familie oder einen anderen Angehörigen seines Haushalts"**. Bei **mehreren Mietern** genügt es, wenn die Härtegründe in der Person eines Mieters vorliegen.[21] Dann kann jeder Mieter Widerspruch erheben. Die Erhebung durch einen Mieter genügt.[22] Das Mietverhältnis wird in jedem Fall stets mit allen Mietern fortgesetzt. Familienmitglieder, die nicht zugleich Mieter sind, haben kein eigenes Widerspruchsrecht; nur der Mieter kann Härtegründe von Familienmitgliedern geltend machen. Zur **Familie** gehören der Ehegatte, die Kinder und alle sonstigen Personen, die mit dem Mieter verwandt oder verschwägert sind. Weiter gehören dazu die Stiefkinder und die Pflegekinder. Auf einen bestimmten Verwandtschaftsgrad ist nicht abzustellen.[23] Es wird allerdings auch die Ansicht vertreten, dass – wie bei § 573 Abs. 2 Nr. 2 BGB – zwischen den engen und den entfernten Angehörigen zu unterscheiden sei; nur die engen Angehörigen seien zur Familie zu zählen.[24] Diese Abgrenzung wird dem Schutzzweck des § 574 BGB nicht gerecht. Vielmehr ist der allgemeine Familienbegriff teils in einem engeren, teils in einem weiteren Sinne zu verstehen.

22 Zum einen kann es nur auf die Belange derjenigen Personen ankommen, die mit dem **Mieter in der Wohnung zusammenleben.**[25] Ein gemeinsamer Hausstand ist nicht erforderlich. Der betr. Familienangehörige muss sich nicht ständig in der Wohnung aufhalten; es genügt, wenn er in der Mieterwohnung einen Zweitwohnsitz unterhält. Die Interessen der vorübergehend abwesenden Familienangehörigen (z. B. eines Wehr- oder Ersatzdienstleistenden) sind ebenfalls zu berücksichtigen. Ist ein Mieter deshalb auf die Wohnung angewiesen, weil er in der Nähe wohnende Familienangehörige zu betreuen hat, so ist dieser Umstand als eigenes Interesse des Mieters am Erhalt der Wohnung zu bewerten.

23 Zu den **„anderen Angehörigen"** des Mieters zählen solche Personen die mit dem Mieter eine **Lebens- und Wirtschaftsgemeinschaft** bilden. Diese durch das Mietrechtsreformgesetz geschaffene Erweiterung betrifft insbesondere die **eheähnlichen Gemeinschaften**[26] und die **gleichgeschlechtlichen Partnerschaften** aber auch das Zusammenleben ohne sexuellen Bezug (Geschwister, ältere Menschen). Ein Zusammenleben in diesem Sinn setzt eine Lebensgemeinschaft voraus, die auf Dauer angelegt ist, daneben keine weitere Lebensgemeinschaft gleicher Art zulässt

---

[15] OLG Köln RE v. 28.6.1968, NJW 1968, 1834 = WuM 1968, 179 = ZMR 1969, 17; LG Berlin MM 1993, 182.

[16] LG Bonn WuM 1992, 610; LG Mannheim DWW 1993, 140.

[17] LG Hamburg WuM 1990, 118.

[18] **A. A.** *von Mutius* ZMR 2003, 621.

[19] LG Bochum ZMR 2007, 452, 454; LG Lübeck WuM 2015, 97; LG Berlin GE 2015, 859.

[20] LG Bochum ZMR 2007, 452, 454 betr. die Kündigung durch einen Erwerber.

[21] LG Bochum ZMR 2007, 452, 454.

[22] *Rolfs* in Staudinger § 574 BGB Rdn. 27.

[23] Rolfs in Staudinger § 574 BGB Rdn. 25.

[24] *Franke* in WoBauR § 574 BGB Anm. 8; *Häublein* in MünchKomm § 574 BGB Rdn. 21.

[25] *Rolfs* in Staudinger § 574 BGB Rdn. 25; *Roquette* § 556a BGB Rdn. 13.

[26] *Eisenschmid* WuM 2001, 215; *Franke* in WoBauR § 574 BGB Anm. 8; *Rolfs* in Staudinger § 574 BGB Rdn. 26.

und sich durch innere Bindungen auszeichnet, die ein gegenseitiges Einstehen der Partner füreinander begründen, also über die Beziehungen einer reinen Haushalts- und Wirtschaftsgemeinschaft hinausgeht. Ob diese Voraussetzungen gegeben sind, muss anhand von Indizien festgestellt werden, wobei vor allem die lange Dauer des Zusammenlebens, die Versorgung von Kindern und Angehörigen im gemeinsamen Haushalt und die Befugnis über Einkommen und Vermögensgegenstände des Partners zu verfügen von Bedeutung sind.[27] Der Mieter muss die für die Annahme einer Gemeinschaft erforderlichen Tatsachen darlegen und beweisen. Unerträgliche Nachforschungen, die die Intimsphäre berühren, sind dabei allerdings nicht veranlasst.

Die **Dauerhaftigkeit der Beziehung** kann problemlos unterstellt werden, wenn die Partner bereits längere Zeit zusammengelebt haben. Nach der hier vertretenen Ansicht kann es allerdings nicht entscheidend darauf ankommen, ob die Beziehung schon seit längerer Zeit besteht; maßgeblich muss vielmehr sein, ob sie auf Dauer angelegt ist. Dies kann nur an Hand der Umstände des Einzelfalls beurteilt werden. Der Umstand, dass die Partner nur einen einzigen gemeinsamen Haustand führen, stellt dabei bereits ein Indiz für eine auf Dauer angelegte Beziehung dar. 24

Die Belange anderer als der hier genannten Personengruppen können nicht berücksichtigt werden.[28] 25

c) Die Nachteile müssen dergestalt sein, dass sie **„nicht zu rechtfertigen"** sind. Die kündigungstypischen Belastungen (Mühe und Kosten der Wohnungssuche, des Umzugs, der Herrichtung der neuen Wohnung, usw.) muss ein in durchschnittlichen Verhältnissen lebender Mieter hinnehmen.[29] Andererseits muss keine sittenwidrige Härte vorliegen. Erforderlich ist, dass die Nachteile von einigem Gewicht sind. Maßgeblich ist eine Gesamtbewertung aller in der Person des Mieters liegenden Härtegründe. In diese Bewertung sind auch diejenigen Gründe einzubeziehen, die bei isolierter Betrachtung keine Härte darstellen.[30] Davon abgesehen, kann der Begriff der nicht zu rechtfertigenden Härte nicht allgemein formuliert werden, weil er sich erst aus einem Vergleich der wechselseitigen Interessen ergibt. Erforderlich ist eine auf den Einzelfall bezogene **Interessenbewertung,** die unter Berücksichtigung der persönlichen Verhältnisse der Vertragsparteien vorzunehmen ist. 26

Maßgeblicher Beurteilungszeitpunkt ist bei einer gerichtlichen Vertragsfortsetzung der Zeitpunkt der letzten mündlichen Verhandlung. Ist ein bis zu diesem Zeitpunkt vorhandener Härtegrund entfallen, so kann er nicht mehr berücksichtigt werden.[31] Gleiches gilt, wenn mit hinreichender Sicherheit feststeht, dass der Härtegrund in Kürze entfällt. Dagegen spielt es keine Rolle, ob der Härtegrund bereits beim Abschluss des Mietverhältnisses vorgelegen hat. 27

3. Einzelne Härtegründe des Mieters

a) Fehlender Ersatzraum (Abs. 2). Der Härtegrund des fehlenden Ersatzraums ist der in der Praxis häufigste Härtegrund. Wohl aus diesem Grund hat sich der Gesetzgeber entschlossen, ihn in einem gesonderten Absatz 2 hervorzuheben. Systematisch ist dies verfehlt, weil der (unzutreffende) Eindruck entsteht, dass § 574 Abs. 1 Satz 2 BGB für diesen Härtegrund nicht gilt (s. o. Rdn. 10). 28

Die Regelung in § 574 Abs. 2 BGB setzt voraus, dass „angemessener Ersatzwohnraum zu zumutbaren Bedingungen nicht beschafft werden kann". Nach der obergerichtlichen Rechtsprechung entfällt dieser Tatbestand nicht bereits dann, wenn die Räumungsschwierigkeiten des Mieters durch die Gewährung einer Räumungsfrist nach § 721 ZPO beseitigt werden könnten.[32] Dem 29

---

[27] Vgl. BGH RE v. 13.1.1993, BGHZ 121, 116 = NJW 1993, 999 = WuM 1993, 254 = ZMR 1993, 261 zu § 569a BGB a. F.

[28] LG Freiburg WuM 1990, 152 betr. Mitglieder einer Wohngemeinschaft.

[29] BGH NZM 2013, 419 Rn. 15; *Rolfs* in Staudinger § 574 BGB Rdn. 56; *Häublein* in MünchKomm § 574 BGB Rdn. 9; *Lammel* § 574 BGB Rdn. 19; *Kossmann* § 131 Rdn. 3; *Lützenkirchen* in: Erman § 574 Rdn. 5; *Hannappel* in Bamberger/Roth § 574 BGB Rdn. 10; *Herrlein* in Herrlein/Kandelhard § 574 BGB Rdn. 3; *Sternel* Mietrecht Aktuell Rdn XI 321; *Lützenkirchen* in Lützenkirchen Mietrecht § 574 Rdn. 23; *Krenek* in Spielbauer/Schneider Mietrecht § 574 Rdn. 17; *Hinz* in Klein-Blenkers/Heinemann/Ring, Miete/WEG/Nachbarschaft § 574 Rdn. 7 *Franke* ZMR 1993, 93, 95; *Roquette* § 556a BGB Rdn. 12; *Wetekamp* DWW 1990, 102, 104.

[30] LG Lübeck NJW RR 1993, 1359 = WuM 1993, 613.

[31] LG Oldenburg DWW 1991, 240.

[32] OLG Stuttgart RE v. 11.11.1968, NJW 1969, 240 = WuM 1969, 25 = ZMR 1969, 57 = DWW 1969, 34; OLG Oldenburg RE v. 23.6.1970, ZMR 1970, 329 = WuM 1970, 132; ebenso: *Franke* in WoBauR § 574 BGB Anm. 10.3; *Rolfs* in Staudinger § 574 BGB Rdn. 34; *Haug* in Emmerich/Sonnenschein, Miete § 573 BGB Rdn. 24; **a. A.** AG Neuss DWW 1990, 311 AG Hamburg WuM 2008, 14 [LS] m. abl. Anm. *Blank; Lammel* § 574 BGB Rdn. 45.

ist zuzustimmen, weil sich aus § 574 BGB ein materiellrechtlicher Anspruch zugunsten des Mieters ergibt, während die Gewährung der Räumungsfrist im Ermessen des Gerichts steht.

30 Für die Annahme eines Härtegrundes nach § 574 BGB reicht es allerdings nicht aus, dass in der Gemeinde eine Wohnungsmangellage besteht. Erforderlich ist vielmehr **(„nicht beschafft werden kann")**, dass der konkrete Mieter außerstande ist, sich bis zum Ablauf der Kündigungsfrist eine Ersatzwohnung zu beschaffen.[33] Dem Mieter obliegt es, alle erforderlichen und zumutbaren Maßnahmen zur Erlangung einer Ersatzwohnung zu ergreifen **(„Ersatzraumbeschaffungspflicht")**.

31 **aa)** Die **Obliegenheit zur Suche nach Ersatzraum beginnt** nach herrschender Meinung grundsätzlich mit dem Zugang der Kündigung.[34] Dies erscheint zweifelhaft. Das Gebot einer frühzeitig beginnenden Ersatzraumsuche war vor dem Inkrafttreten des I. WKSchG im November 1971 (dem jetzigen § 574 BGB) unproblematisch, weil damals die Wirksamkeit der Kündigung nicht vom Vorliegen eines berechtigten Interesses abhängig war. Nach gegenwärtigem Recht wird der Mieter dagegen häufig nicht mit hinreichender Sicherheit wissen, ob Kündigungsgründe gegeben sind. Deshalb bedarf das Gebot sofortiger Ersatzraumsuche einer Einschränkung. Nach wie vor gilt der Grundsatz, dass der Härtegrund des fehlenden Ersatzraums nicht bejaht werden kann, wenn der Mieter ohne konkreten Anlass auf die Unwirksamkeit der Kündigung vertraut und deshalb von der Ersatzraumsuche absieht.[35] In einem solchen Fall kommt lediglich die Gewährung einer Räumungsfrist (§ 721 ZPO) in Betracht. Demgegenüber entfällt die Pflicht zur Ersatzraumsuche, wenn der Mieter auf Grund konkreter Umstände auf die Unwirksamkeit der Kündigung oder auf den Erfolg seines (auf andere Gründe gestützten) Widerspruchs vertrauen darf.[36]

32 **bb)** Der **Umfang der Ersatzraumsuche** richtet sich zum einen nach den Gegebenheiten des Wohnungsmarktes, insbesondere nach dem Wohnungsangebot und den Marktchancen des Mieters. Zum anderen sind aber auch die persönlichen Verhältnisse des Mieters zu berücksichtigen. I. d. R. reicht es aus, wenn der Mieter die Wohnungsangebote in den örtlichen Zeitungen verfolgt. Teilweise wird auch gefordert, dass der Mieter bei den großen Wohnungsunternehmen nach freistehenden Wohnungen nachfragen muss.[37] Soweit angemessener Wohnraum zu zumutbaren Bedingungen angeboten wird, muss er mit dem betr. Vermieter Verbindung aufnehmen und sich um die Anmietung bemühen. Soweit es die finanziellen Verhältnisse des Mieters zulassen, kann er verpflichtet sein, einen Makler zu beauftragen.[38] Ist der Mieter beruflich stark belastet, so wird diese Maßnahme bereits genügen. Ist der Mieter auf Grund seines Alters oder seiner Einkommensverhältnisse auf dem Wohnungsmarkt besonders benachteiligt, kann es ausreichen, wenn er die städtischen Wohnungsbehörden aufsucht.

33 **cc)** Ziel der Suche ist die Anmietung von **angemessenem Ersatzwohnraum.** Der Begriff hat eine objektive und eine subjektive Komponente. In objektiver Hinsicht ist zu fordern, dass in den Räumen ein menschenwürdiges Wohnen möglich ist. Dies gilt auch dann, wenn der Mieter bislang in einer sehr schlecht ausgestatteten Wohnung gelebt hat. Gewisse Mindeststandards (Strom, Wasser in der Wohnung) müssen stets gegeben sein. Eine Obdachlosenunterkunft ist keine Ersatzwohnung.[39] Gleiches gilt für Behelfsunterkünfte,[40] Wohncontainer, Baracken und ähnliche Unterbringungsmöglichkeiten. Darüber hinaus kann der Mieter verlangen, dass die Ersatzwohnung hinsicht-

---

[33] OLG Köln WuM 2003, 465.

[34] LG Karlsruhe DWW 1990, 238; LG München I WuM 1990, 153; LG Berlin GE 2011, 1553; AG Ansbach ZMR 2006, 938; *Rolfs* in Staudinger § 574 BGB Rdn. 52; *Hannappel* in Bamberger/Roth § 574 BGB Rdn. 12; *Lammel* § 574 BGB Rdn. 38; *Häublein* in MünchKomm § 574 BGB Rdn. 13; *Horst* NJW-Schriften 19 Rdn. 1685; *Herrlein* in Herrlein/Kandelhard § 574 BGB Rdn. 6; *Schach* in Kinne/Schach/Bieber Miet- und Mietprozessrecht § 574 BGB Rdn. 6.

[35] *Franke* ZMR 1993, 93.

[36] *Riecke* in Elzer/Riecke § 574 BGB Rdn. 8; *Fittkan* in FA MietRWEG Kap. 15 Rdn. 360; Weitergehend *Sternel* Mietrecht aktuell (2009) Rdn. XI 342: danach beginnt die Verpflichtung zur Ersatzraumsuche erst, wenn der Mieter „weder mit Aussicht auf Erfolg die Kündigungsgründe des Vermieters bestreiten, noch sich auf andere Härtegründe als fehlenden Ersatzraum berufen kann, mithin seine Rechtsverteidigung gegenüber der Wirksamkeit der Kündigung für ihn erkennbar sonst nicht Erfolg versprechend ist"; enger *Gather* DWW 1995, 5, 6: Danach entfällt die Pflicht zur Ersatzraumsuche nur dann, wenn der Mieter mit Gewissheit erkennt, dass die Kündigung unwirksam ist.

[37] AG Dortmund DWW 1991, 28.

[38] LG Karlsruhe DWW 1990, 238.

[39] LG Hagen WuM 1967, 15 = ZMR 1967, 189.

[40] AG Hannover WuM 1991, 553.

lich ihrer Art, Größe, Ausstattung, Beschaffenheit und Lage seinen bisherigen Lebensumständen entspricht. Grundsätzlich muss der Mieter keine wesentliche Verschlechterung seiner bisherigen Wohnverhältnisse hinnehmen; auf eine wesentliche Verbesserung hat er i. d. R. keinen Anspruch. Ein Mieter im hohen Lebensalter muss sich nicht auf die Möglichkeit der Unterbringung in einem Altersheim verweisen lassen.[41] Etwas anderes kann gelten, wenn der Mieter auf Grund seiner physischen oder psychischen Verfassung nicht mehr alleine in einer Wohnung leben kann;[42] an diese Annahme sind strenge Anforderungen zu stellen. Den Bedürfnissen des Mieters ist im Rahmen des Angemessenen Rechnung zu tragen (z. B. Anspruch auf Trennung von Wohn- und Schlafraum; Möglichkeit zur Aufnahme einer Pflegeperson beim älteren Mieter).[43] Ein gehbehinderter Mieter, der bislang in einer Erdgeschoßwohnung oder in einem Haus mit Aufzug gewohnt hat, kann sich eine Wohnung suchen, die seiner Behinderung Rechnung trägt. Ebenso kann der Gehbehinderte die Kündigung zum Anlass nehmen, seine Wohnverhältnisse zu verbessern, wenn mit einer Verschlimmerung seiner Leiden zu rechnen ist. Wer bislang mit seiner Familie in zu kleinen Räumlichkeiten gewohnt hat, kann eine Ersatzwohnung suchen, die seinen objektiven Bedürfnissen angemessen ist. Hat aber umgekehrt eine Einzelperson in einer großen Wohnung gelebt, so kann dieser Mieter durchaus gehalten sein, auch kleinere Wohnungen in seine Suche einzubeziehen. Überhaupt muss der Mieter bestimmte Lebensgewohnheiten aufgeben, wenn er über längere Zeit keine diesen Gewohnheiten entsprechende Wohnung gefunden hat.[44] Wer als Mieter bislang einzelne Räume seiner Wohnung an Dritte untervermieten konnte, darf seine Ersatzraumsuche nicht auf solche Wohnungen beschränken, bei denen dieselbe Möglichkeit besteht.[45] Ebenso stellt es keine Härte dar, wenn der Mieter in seiner bisherigen Wohnung ein Hobby ausüben konnte, auf das er in den meisten anderen Wohnungen verzichten muss.[46]

Die Ersatzraumsuche muss sich grundsätzlich auf das **gesamte Gemeindegebiet** erstrecken. 34
Auch hiervon gelten Ausnahmen. Ein Mieter in höherem Lebensalter, der lange Zeit in einem bestimmten Wohnviertel gelebt hat und hierin „verwurzelt" ist, kann seine Suche auf Wohnungen in diesem Viertel beschränken.[47] Gleiches gilt, wenn ein Mieter in der Nähe seiner Angehörigen leben muss, etwa weil er diese zu betreuen hat oder weil er selbst auf die Betreuung durch diese Personen oder auf deren Mithilfe bei der Haushaltsführung oder Kinderbetreuung angewiesen ist.[48] Hier ist im Einzelfall zu prüfen, ob der Kontakt zwischen dem Mieter und seinen Angehörigen durch eine größere räumliche Entfernung wesentlich erschwert wird. Dies hängt von der Mobilität des Mieters und von den Verkehrsverhältnissen ab. Die Notwendigkeit eines Schulwechsels, das Interesse am Erhalt eines Kindergartenplatzes,[49] ein politisches Mandat,[50] die Mitgliedschaft des Mieters in einem bestimmten Verein,[51] die Nähe zu Freunden und Bekannten oder ähnliche Interessenlagen rechtfertigen grundsätzlich keine Beschränkung der Ersatzraumsuche.[52]

dd) Der Mieter muss nur solche Wohnungen anmieten, die **„zu zumutbaren Bedingun-** 35
gen" angeboten werden. Unter den „ Bedingungen" i. S. d. Vorschrift sind die Mietbedingungen zu verstehen. Hierzu gehört in erster Linie die **Höhe der Miete.** Ein Mietpreis ist zumutbar, wenn er dem Wert der Wohnung entspricht und der Mieter auf Grund seiner finanziellen Verhältnisse in der Lage ist, den geforderten Preis zu bezahlen. Für die Angemessenheit des Verhältnisses zwischen dem Mietpreis und dem Wert der Wohnung ist die Höhe der ortsüblichen Miete ein wichtiger Anhaltspunkt. Jedoch ist zu bedenken, dass der Neuvermietungspreis (die Marktmiete) regelmäßig etwas höher ist, als die ortsübliche Miete. Den üblichen Neuvermietungspreis muss der Mieter akzeptieren. Überhöhte Angebote kann der Mieter ablehnen. Dies gilt insbesondere für Mietangebote, die gegen § 5 WiStG verstoßen; der Mieter muss sich nicht auf die Teilunwirksam-

---

[41] OLG Karlsruhe RE v. 3.7.1970, NJW 1970, 1746.
[42] BVerfG WuM 1994, 255; LG Kempten WuM 1994, 254.
[43] OLG Karlsruhe RE v. 3.7.1970, NJW 1970, 1746 = ZMR 1970, 309 = DWW 1970, 307.
[44] LG Hamburg WuM 1990, 11 falls hierdurch sein „sozialer Status" nicht berührt wird.
[45] LG Freiburg WuM 1990, 152 betr. eine Wohngemeinschaft.
[46] OLG Karlsruhe RE v. 31.3.1971, NJW 1971, 1182 = WuM 1971, 96 = ZMR 1971, 376 = DWW 1971, 264.
[47] OLG Karlsruhe RE v. 3.7.1970, NJW 1970, 1746 = ZMR 1970, 309 = DWW 1970, 307.
[48] LG München I WuM 1989, 296 betr. Betreuung eines behinderten Kindes durch Familienangehörige.
[49] AG Neumünster WuM 1989, 298.
[50] LG Hamburg WuM 1990, 118.
[51] LG Mannheim DWW 1993, 140.
[52] AG Neumünster WuM 1989, 298: Zusage eines Kindergartenplatzes; LG Siegen WuM 1989, 389: Schulwechsel.

keit der Mietpreisvereinbarung verweisen lassen. Für die Angemessenheit des Verhältnisses zwischen dem Mietpreis und der finanziellen Leistungsfähigkeit des Mieters ist zu berücksichtigen, ob der Mieter einen Anspruch auf Wohngeld besitzt; diesen Anspruch muss der Mieter geltend machen.[53] Die Einkünfte der im Haushalt lebenden Familienmitglieder sind ebenfalls zu berücksichtigen. Auf bescheidene Vermögenswerte muss der Mieter nicht zurückgreifen. Er ist auch nicht gehalten, seine finanzielle Leistungsfähigkeit bis zur äußersten Grenze auszuschöpfen;[54] vielmehr darf er nach einer Wohnung suchen, die er auch bei geringfügig sinkenden Einnahmen weiterhin bezahlen kann. Eine feste Belastungsgrenze sieht das Gesetz nicht vor. Es kommt immer auf den Einzelfall an. Die gelegentlich erörterten Zahlenwerte[55] sind mit Vorsicht zu bewerten. Bei hohem Einkommen kann eine höhere Belastung verkraftet werden. Bei niedrigem Einkommen wird der Mieter zur Zahlung einer solch hohen Miete außerstande sein.[56] Bezieht ein Mieter Sozialhilfe, so kommt es darauf an, ob und in welcher Höhe das Sozialamt für die Wohnkosten aufkommt. Ein Mieter mit eigenem Einkommen, der bislang den Mietzins aus eigener Kraft aufgebracht hat, ist dagegen grundsätzlich nicht zur Anmietung einer Wohnung verpflichtet, die er nur unter Inanspruchnahme von Sozialleistungen bezahlen kann. Etwas anderes kann in Betracht kommen, wenn zu dem vom Mieter aufzubringenden Mietpreis keine Wohnungen angeboten werden (s. Rdn. 38).

36 Auch die **sonstigen Mietbedingungen** können bei der Frage der Zumutbarkeit eine Rolle spielen. So ist ein Mieter i. d. R. nicht zum Abschluss eines Mietvertrags mit nur kurzer Laufzeit verpflichtet, weil er in diesem Fall mehrfach mit den Kosten des Wohnungswechsels belastet wird. Ebenso muss der Mieter keinen Mietvertrag akzeptieren, der ihn zu Nebenleistungen verpflichtet, die er auf Grund seines Alters, seines Gesundheitszustands oder seiner beruflichen Belastung nicht erbringen kann.

37 **ee)** Der Mieter muss den Umfang seiner Ersatzraumbemühungen **darlegen und beweisen.**[57] Hierzu muss der Mieter substantiiert vortragen, was er im Einzelnen getan hat, um eine Ersatzwohnung zu erhalten. Erforderlich ist insoweit die Angabe konkreter nachprüfbarer Tatsachen. Allgemein gehaltene Hinweise auf nicht näher bezeichnete Aktivitäten,[58] auf das knappe Wohnungsangebot,[59] auf Behördenauskünfte[60] oder auf Presseberichte über das unzureichende Wohnungsangebot[61] genügen – wie allgemein – nicht. Hat der Mieter mit einem Vermieter Kontakt aufgenommen oder sogar Vertragsverhandlungen geführt oder eine konkrete Wohnung besichtigt, so muss er auch darlegen, warum es nicht zur Anmietung der Wohnung gekommen ist.[62]

38 **ff)** Von einem Teil der Rechtsprechung wird auf die **Ersatzraumsuche verzichtet,** wenn eine allgemeine Wohnungsmangellage besteht und der Mieter in schlechten finanziellen Verhältnissen lebt. In diesem Fall wird unterstellt, dass eine konkrete Suche ohnehin keinen Erfolg hätte[63] oder angenommen, dass es genügt, wenn sich der Mieter mit der Wohnungsbehörde in Verbindung setzt.[64] Diese Rechtsprechung trifft zu, weil offensichtlich aussichtslose Bemühungen nicht Gegenstand einer Obliegenheit sein können.[65] Eine andere Frage ist es, ob in einem solchen Fall das Mietverhältnis fortgesetzt werden kann. Dies ist zu bejahen, wenn zu erwarten ist, dass sich die Wohnungslage oder die Lage des Mieters verbessert. Eine Fortsetzung des Mietverhältnisses auf un-

---

53 LG Itzehoe WuM 1967, 65; WuM 1968, 34; LG Münster ZMR 1968, 49.
54 **A. A.** OLG Celle WuM 1987, 63.
55 Vgl. z. B. *Schmidt-Futterer* NJW 1971, 1829: 25% vom Familiennettoeinkommens.
56 Vgl. LG Hamburg WuM 1994, 683: Eine Mieterin mit Kind und einem Bruttoeinkommen von 3.172 DM muss keine Wohnung zum Preis von 1.500 DM Kaltmiete anmieten.
57 OLG Köln WuM 2003, 465.
58 LG Bonn WuM 1992, 16.
59 LG Düsseldorf ZMR 1990, 380; DWW 1991, 178; AG Dortmund, DWW 1990, 366.
60 LG Berlin GE 1990, 543.
61 LG Berlin GE 1990, 491.
62 LG Berlin GE 1993, 1219.
63 LG Darmstadt MM 1991, 131 betr. alleinerziehende Frau mit sechs Kindern und geringem Einkommen; AG Freiburg WuM 1991, 686 betr. alleinstehende Musiklehrerin mit einem Nettoeinkommen zwischen 1000 und 1.500 DM mtl.; AG Schöneberg GE 1990, 499; MM 1990, 131 betr. einen Mieter, der auf eine Wohnung in Berlin angewiesen ist, aber keinen höheren Mietpreis als 7,25 DM/m² aufbringen kann; AG Charlottenburg MM 1991, 194 betr. sechsköpfige Familie in Berlin; AG Hannover WuM 1991, 553 betr. Sozialhilfeempfängerin mit drei Kindern.
64 LG Mannheim ZMR 1993, 79; WuM 1993, 62.
65 **A. A.** LG Karlsruhe DWW 1990, 238 betr. Rentner mit einem Monatseinkommen von 911 DM; LG Berlin MM 1994, 325 betr. „Problemgruppen" in Berlin.

bestimmte Zeit kommt auch bei einer dauerhaften Aussichtslosigkeit der Anmietung einer Ersatzwohnung nicht in Betracht.

gg) Im Ausnahmefall ist denkbar, dass die **Beschaffung von Ersatzraum zu den Obliegenheiten des Vermieters** gehört. Ein solcher Fall kann insbesondere dann vorliegen, wenn die Kündigung auf Umstände gestützt wird, die vom Mieter nicht zu vertreten sind sondern im Interesse des Vermieters liegen und der Vermieter über einen hinreichend großen Wohnungsbestand verfügt. Hier kann es nach Treu und Glauben (§ 242 BGB) geboten sein, dass der Großvermieter dem Mieter eine Ersatzwohnung anbietet. Dieser Gesichtspunkt ist insbesondere dann von Bedeutung, wenn ein Vermieter wegen Unterbelegung kündigt; hier entspricht es Treu und Glauben, dass dem Mieter eine kleinere Ersatzwohnung angeboten wird.[66] **39**

hh) Eine **vom Vermieter angebotene Ersatzwohnung** darf der Mieter nicht ablehnen, wenn die Räume angemessen und die Mietbedingungen zumutbar sind.[67] Dies gilt auch dann, wenn zwischen den Parteien Spannungen bestehen.[68] **40**

b) Hohes Alter. aa) Der Umstand, dass sich der Mieter in einem hohen Lebensalter befindet, stellt für sich allein keine Härte dar.[69] Ebensowenig kann ein Mietverhältnis wegen der langen Wohndauer des Mieters fortgesetzt werden.[70] Ein rüstiger Mieter mit ausreichendem Einkommen wird auch im höheren Lebensalter eine Wohnung finden. In vielen Fällen sind Mieter in hohem Lebensalter nach langer Wohndauer aber mit ihrer Wohnung, dem Wohnhaus, oder dem Wohnviertel in besonders starkem Maße verwurzelt. Dieser Umstand führt in Verbindung mit den alterstypischen Formen der Asthenie, mit Veränderungsphobien oder sonstigen Krankheiten häufig zur **Räumungsunfähigkeit.**[71] Von einer Räumungsunfähigkeit ist dabei nicht nur dann auszugehen, wenn der Mieter auf Grund seines Alters oder seines körperlichen oder geistigen Zustands nicht in der Lage ist, eine Ersatzwohnung zu finden und dorthin umzuziehen. Es ist auch nicht erforderlich, dass der Umzug mit einer Lebensgefahr für den Mieter verbunden ist. Vielmehr genügt es, wenn der Gesundheitszustand oder die allgemeine Lebenssituation des Mieters durch den Umzug erheblich verschlechtert würden.[72] Es entspricht überwiegender Ansicht, dass in diesen Fällen ein besonders gewichtiger Härtegrund vorliegt, der das Interesse des Vermieters an der Rückerlangung der Wohnung regelmäßig überwiegt. Das Mietverhältnis ist dann auf unbestimmte Zeit (s. § 574a BGB Rdn. 12) fortzusetzen.[73] **41**

Die körperliche Unversehrtheit der Person genießt verfassungsrechtlichen Schutz (Art. 2 Abs. 2 Satz 1 GG). Deshalb muss das Vorbringen des Mieters betr. die bei einem Umzug zu erwartenden gesundheitlichen Nachteile besonders sorgfältig geprüft werden.[74] Erforderlich sind zum einen Feststellungen über die Räumungsfähigkeit (Zumutbarkeit der Räumung). Da das Interesse des Vermieters an der Rückerlangung der Wohnung ebenfalls verfassungsrechtlich geschützt ist **42**

---

[66] Vgl. OLG Stuttgart RE v. 11.6.1991, WuM 1991, 379 = ZMR 1991, 297.

[67] LG Waldshut-Tiengen WuM 1993, 349; AG Köln WuM 1989, 250.

[68] OLG Karlsruhe RE 3.7.1970 NJW 1970, 1746 = ZMR 1970, 309 = DWW 1970, 307.

[69] OLG Köln WuM 2003, 465; WuM 2004, 33, 35; LG Köln WuM 1997, 46; LG Berlin MM 1999, 351; LG Berlin GE 2011, 1553.

[70] LG Berlin a. a. O.

[71] LG Hamburg DWW 1991, 189.

[72] LG Bochum ZMR 2007, 452, 454 betr. lange Mietzeit, Verwurzelung und Blindheit.

[73] LG Hamburg WuM 1995, 439: 74-jährige Mieterin mit 33-jähriger Wohnzeit, angegriffener Gesundheit und starker Verwurzelung im Wohnviertel; LG Berlin MM 1990, 21: 69-jährige Mieterin mit 18-jähriger Wohnzeit und erheblichen Krankheiten; LG Berlin GE 1990, 493: Hohes Alter, 34-jährige Wohnzeit, Krankheit und Körperbehinderung von 80%; LG Berlin GE 1992, 153: 75-jährige Mieterin mit 17-jähriger Wohnzeit, geringem Einkommen und angegriffener Gesundheit; LG Berlin MM 1994, 101: 90-jähriger Mieter mit 43-jähriger Mietzeit und latenter Suicidalität; LG Bonn NJW RR 1990, 973 = WuM 1990, 151: 89-jähriger, kranker Mieter mit 50-jähriger Mietzeit und dadurch bedingter Verwurzelung; LG Düsseldorf WuM 1991, 36: 80/82-jähriges herzkrankes Mieterehepaar mit 54-jähriger Wohnzeit; LG Koblenz WuM 1990, 20: 83-jährige Mieterin mit 17-jähriger Wohnzeit und verschiedenen Krankheiten; LG Oldenburg WuM 1991, 346: 69-jähriger krebskranker und suizidgefährdeter Mieter mit 15-jähriger Mietzeit; LG Stuttgart WuM 1993, 46: 82-jähriger Mieter mit psychischen und physischen Erkrankungen bei 20-jähriger Mietzeit; LG Gera WuM 2000, 35: 75-jähriger Mieter bei 60-jähriger Wohnzeit; LG Essen WuM 2000, 357: 89-jährige Mieterin mit 20-jähriger Wohnzeit; AG Landau NJW 1993, 2249: 79-jähriger, schwer herzkranker und gehbehinderter Mieter mit 35-jähriger Wohnzeit; AG Forchheim DWW 1991, 115: 81-jähriger Mieter mit Behinderung und Verwurzelung im Wohnviertel; LG Zwickau WuM 1998, 159: 84-jährige kranke und gebrechliche Mieterin mit 25-jähriger Wohnzeit.

[74] BVerfG WuM 1993, 172.

(Art. 14 GG), kommt es außerdem darauf an, ob eine zur Zeit fehlende Räumungsfähigkeit durch zumutbare Maßnahmen (ärztliche Behandlung, besondere Betreuung) hergestellt werden kann. Dies ist in erster Linie nach dem konkreten Gesundheitszustand zu beurteilen. Hierbei kann auf ärztliche Atteste zurückgegriffen werden. Dieses Erkenntnismittel reicht jedenfalls dann aus, wenn der Mieter sehr alt ist und das dauernde Räumungshindernis auf Grund der Erscheinung des Mieters auf der Hand liegt. Im Zweifelsfall sollte die Untersuchung des Mieters durch einen neutralen ärztlichen Gutachter angeordnet werden. Da der Mieter für das Vorliegen der Härtegründe beweispflichtig ist, geht eine Verweigerung der Untersuchung regelmäßig zu seinen Lasten.[75] Aus dem Umstand, dass der Mieter trotz seines hohen Alters am gesellschaftlichen Leben teilnimmt, sich selbst versorgt oder sportlich aktiv ist, kann im allgemeinen nichts hergeleitet werden.[76] Andererseits gibt es aber auch keinen allgemeinen Erfahrungssatz des Inhalts, dass ein älterer Mensch nicht mehr umziehen könne.[77]

43 Wesentlich ist, dass die Interessen der hier beschriebenen Mietergruppe nicht in jedem Fall eine Fortsetzung des Mietverhältnisses rechtfertigen. Sind die Interessen des Vermieters an der Erlangung der Wohnung besonders gewichtig, so müssen die Interessen des Mieters zurücktreten.[78] Demgegenüber steht es mit der gesetzlichen Regelung nicht im Einklang, wenn die Interessen des alten Mieters den aus der Eigentümerstellung des Vermieters folgenden Rechten schlechthin nachgeordnet werden.[79] So können die Interessen des Vermieters vorrangig sein, wenn dieser ein gewichtiges Erlangungsinteresse hat und eine Ersatzwohnung sowie die Erstattung der Umzugskosten anbietet.[80]

44 Die vereinzelt vertretene Ansicht, wonach das Mietverhältnis eines alten Mieters mit langer Wohnzeit auch dann auf unbestimmte Zeit fortzusetzen ist, wenn keine wesentlichen gesundheitsbedingten oder sonstigen Räumungsschwierigkeiten bestehen[81] ist nicht zutreffend. Zu beachten ist allerdings, dass die genannten Fälle i. E. gleichwohl richtig entschieden worden sind. Den Entscheidungen lagen nämlich durchwegs Sachverhalte zugrunde, in denen wegen einer bestehenden Verwurzelung des Mieters ein Härtegrund zu bejahen war.

45 Der Mieter muss sich nicht auf die Möglichkeit der Unterbringung in einem Altersheim verweisen lassen.[82] Etwas anderes kann gelten, wenn der Mieter auf Grund seiner physischen oder psychischen Verfassung nicht mehr alleine in einer Wohnung leben kann;[83] an diese Annahme sind strenge Anforderungen zu stellen. Will der Mieter von sich aus in ein Heim umziehen, so ist das Mietverhältnis regelmäßig so lange fortzusetzen (s. § 574a BGB Rdn. 11) bis ein Heimplatz zur Verfügung steht.[84]

46 **bb)** Liegt keine Räumungsunfähigkeit vor, kann gleichwohl eine Härte bejaht werden, wenn der Mieter wegen seines hohen Lebensalters **besondere Schwierigkeiten bei der Ersatzraumsuche** hat. Zum einen ist dem älteren Mieter zuzubilligen, dass er die Ersatzraumsuche auf sein bisheriges Wohnviertel beschränkt. Auf einen Umzug in einen anderen Stadtteil[85] oder gar in eine andere Gemeinde[86] muss sich der Mieter nicht verweisen lassen. Ebenso darf der Mieter seine Suche auf altengerechte Wohnungen beschränken. Schließlich ist zu bedenken, dass der dem älteren Mieter zustehende Schutz zugleich zur Folge hat, dass dieser als Wohnungssuchender benachteiligt ist.

---

75 LG Hamburg NJW RR 1994, 204.

76 LG Düsseldorf WuM 1991, 36: Urlaubsaufenthalte auf Sylt; LG Berlin MM 1993, 217: Reisen nach Italien; LG Köln WuM 1992, 247: Verwandtenbesuche; LG Köln WuM 1997, 46: häufige längere Reisen.

77 **A. A.** AG Hanau WuM 1989, 239.

78 LG Siegen WuM 1990, 23: 75-jährige Mieterin mit altersbedingten Krankheiten und 20-jähriger Wohndauer, wenn die Wohnung für die Tochter des Vermieters dringend benötigt wird; AG Lörrach WuM 1996, 704: Mieterehepaar im Alter von 69 und 77 Jahren mit diversen Krankheiten und über 20-jähriger Mietdauer, wenn der Vermieter mit seiner Ehefrau und zwei heranwachsenden Kindern in einer 77 m^2 großen 3-Zimmer-Wohnung lebt; zweifelhaft, weil der Vermieter die Wohnung in Kenntnis der Härtegründe erworben hatte.

79 So aber: AG Münster WuM 1989, 379: schwer kranke Mieterin mit 38-jähriger Wohnzeit; verfehlt: LG Oldenburg DWW 1991, 240: 86-jährige gehbehinderte Mieterin mit 55-jähriger Wohnzeit, deren Ehemann im Verlauf des Räumungsverfahrens verstorben ist.

80 LG München I ZMR 2013, 198.

81 AG Kerpen WuM 1992, 247: 84-jähriger Mieter und 19-jährige Mietzeit; AG Hanau WuM 1989, 239: 85-jähriger Mieter; LG Hannover, WuM 1989, 298: 96-jährige Mieterin.

82 OLG Karlsruhe RE v. 3.7.1970 a. a. O.; LG Bochum ZMR 2007, 452, 454.

83 BVerfG WuM 1994, 255; LG Kempten WuM 1994, 254.

84 OLG Karlsruhe RE v. 3.7.1970 a. a. O.; LG Köln WuM 1997, 46; AG Nürnberg WuM 1991, 39.

85 LG Hamburg DWW 1991, 189: 77-jähriger Mieter mit 40-jähriger Mietzeit und hierdurch bedingter Verwurzelung.

86 AG Forchheim DWW 1991, 115: 81-jähriger körperbehinderter Mieter mit Verwurzelung im Wohnviertel.

In Fällen dieser Art ist unter Berücksichtigung der Rückerlangungsinteressen des Vermieters zu prüfen, ob das Mietverhältnis auf bestimmte Zeit fortzusetzen ist.[87] Ist nicht zu erwarten, dass der Mieter trotz Ersatzraumsuche eine Wohnung findet, so kommt auch hier eine Fortsetzung des Mietverhältnisses auf unbestimmte Zeit in Betracht.[88]

c) Krankheit, Behinderung. aa) Ist ein Mieter wegen einer **Krankheit** an der Räumung gehindert, so stellt auch dieser Umstand einen Härtegrund dar. Dies gilt sowohl für körperliche als auch für geistige oder seelische Erkrankungen. Wie im Falle des alten Mieters (s. Rdn. 41) liegt auch hier ein Fall der Räumungsunfähigkeit vor, wenn der Mieter auf Grund seines körperlichen oder geistigen Zustands nicht in der Lage ist, eine Ersatzwohnung zu finden und dorthin umzuziehen oder wenn der Gesundheitszustand oder die allgemeine Lebenssituation des Mieters durch den Umzug erheblich verschlechtert würden.[89] Gleiches gilt, für Familienangehörige des Mieters. Deshalb liegt ein Härtegrund vor, wenn ein Wohnungswechsel für den 15-jährigen Sohn der Mieterin mit einer erheblichen Gesundheitsbeeinträchtigung verbunden ist, weil sich dieser wegen einer schweren geistigen Behinderung nicht an eine veränderte Umgebung anpassen kann.[90] Es ist nicht erforderlich, dass die Beeinträchtigung der Gesundheit mit Sicherheit eintritt. Vielmehr kann „bereits die ernsthafte Gefahr einer erheblichen gesundheitlichen Verschlechterung die Annahme einer unzumutbaren Härte rechtfertigen".[91] Wegen der insoweit erforderlichen Tatsachenfeststellungen kann auf die Ausführungen zu Rdn. 42 verwiesen werden. 47

Bei krankheitsbedingten Räumungshindernissen, die ihrer Natur nach vorübergehend sind, ist das Mietverhältnis auf bestimmte Zeit fortzusetzen. Eine Vertragsfortsetzung auf unbestimmte Zeit kommt in Betracht, wenn das Ende der Beeinträchtigung noch nicht abgeschätzt werden kann (§ 574a Abs. 2 Satz 2 BGB).[92] Dem Mieter obliegt es, an der Beseitigung des Räumungshindernisses mitzuwirken.[93] Diese Grundsätze gelten auch, wenn der **Mieter suizidgefährdet** ist.[94] Hier ist allerdings zu unterscheiden: Wird die Suizidgefahr bereits durch den Erlass eines Räumungsurteils geschaffen, so ist dies nach § 574 zu berücksichtigen. Verwirklicht sich die Suizidgefahr dagegen erst im Falle der Vollstreckung, so liegt möglicherweise ein künftiges Vollstreckungshindernis vor; der Erlass eines Räumungsurteils ist in diesem Fall möglich. Dies folgt aus der Erwägung, dass die Frage der Vollstreckbarkeit generell im Erkenntnisverfahren keine Rolle spielt. Dies ist sachgerecht, weil der Gläubiger auch dann Anspruch auf einen Titel hat, wenn er aus diesem zwar nicht sofort, möglicherweise aber später vollstrecken kann. Das Gericht muss die Wahrscheinlichkeit der Suizidgefahr genau untersuchen und prüfen, ob und gegebenenfalls welche Möglichkeiten zur Abwendung der Gefahr bestehen. Im Regelfall ist im Rahmen der Sachverhaltsaufklärung ein medizinisches Gutachten einzuholen.[95] Der Mieter ist gehalten, das ihm Zumutbare zu tun um die Gefährdung abzuwenden Erforderlichenfalls muss sich der Mieter in **ärztliche Behandlung** begeben, wenn sich dadurch die mit der Räumung verbundenen Belastungen wesentlich vermindern lassen. Diese Obliegenheit folgt aus dem Umstand, dass der Mieter nach der Beendigung des Mietverhältnisses die Rückgabe der Wohnung schuldet. Der Mieter muss insbesondere ärztliche Hilfe in Anspruch nehmen.[96] Das Gericht kann derartige Mitwirkungspflichten nicht anordnen, nur anregen und auf die Folgen der Verweigerung der Mitwirkung hinweisen. Eine Verletzung dieser Obliegenheit hat allerdings nicht zwingend zur Folge, dass der Räumungsschutz zu versagen wäre. Vielmehr ist dieser Umstand bei der Entscheidung über das ob und die Dauer der Vertragsfortsetzung mit zu berücksichtigen. Dabei wird es maßgeblich darauf ankommen, aus welchen Gründen der Mieter seine Mitwirkung verweigert hat. 48

---

[87] LG Lübeck WuM 1994, 22: Vertragsfortsetzung auf 2 Jahre bei einem 81-jährigen Mieter mit 17-jähriger Mietzeit.

[88] LG Hannover WuM 1989, 298: 96-jährige Mieterin.

[89] BVerfG NJW RR 1993, 463 = WuM 1993, 172 = ZMR 1993, 211 = DWW 1993, 134 bei schweren Gesundheitsschäden; BGH NZM 2005, 143: bei älterer Mieterin, die an Krebs erkrankt ist; LG Berlin MM 1994, 327; GE 2015, 859 bei Suizidgefahr; LG Aachen WuM 2006, 692 betr. Anpassungsschwierigkeiten eines autistischen Kindes und LG Oldenburg WuM 1991, 346 betr. psychische Störung mit der Gefahr eines Suizids.

[90] LG Lübeck WuM 2015, 97.

[91] BGH (VIII ZR 57/13) NZM 2013, 824, Rz 20.

[92] AG Friedberg WuM 1993, 675 betr. Beeinträchtigung nach Herzinfarkt und Bypassoperation.

[93] BVerfG a. a. O.

[94] LG Berlin GE 2015, 859.

[95] LG Berlin GE 2015, 859.

[96] LG Aurich WuM 1992, 609 betr. Behandlung einer Umzugsdepression; LG Bonn ZMR 2000, 27; NZM 2000, 331 betr. Suizidgefahr.

49 Wie im Fall des alten Mieters rechtfertigt auch eine schwere Krankheit nicht in jedem Fall eine Fortsetzung des Mietverhältnisses. Sind die Interessen des Vermieters an der Erlangung der Wohnung besonders gewichtig, so müssen die Interessen des Mieters zurücktreten.[97] Eine ernsthafte Gefahr für das Leben des Mieters, der durch ärztliche Hilfe nicht begegnet werden kann, schließt die Räumung aus[98] (s. dazu auch Anh. 3 zu §§ 574–574c BGB Rdn. 8). Über krankheits- oder behinderungsbedingte Räumungshindernisse kann das Gericht regelmäßig nicht auf Grund eigener Sachkunde entscheiden; vielmehr ist in solchen Fällen ein medizinisch begründetes Gutachten einzuholen.[99]

50 **bb)** Das Mietverhältnis eines Mieters, dem auf Grund einer **körperlichen oder geistigen Behinderung** ein Umzug nicht zugemutet werden kann, ist auf unbestimmte Zeit fortzusetzen, wenn nicht der Vermieter besonders gewichtige Interessen an der Räumung hat. Zu denken ist insbesondere an den blinden Mieter, der sich an eine bestimmte Umgebung gewöhnt hat und sich nur dort zurechtfinden kann. Ein Mieter der auf Grund seiner Behinderung zur Ersatzraumsuche außerstande ist, muss ebenfalls als räumungsunfähig angesehen werden. In diesem Fall ist u. U. eine Betreuung erforderlich, die vom Familiengericht angeordnet werden kann.[100] Aufgabe des Betreuers ist es, für den Mieter eine Ersatzwohnung zu finden. Ist der **Mieter geschäftsunfähig,** so muss der gesetzliche Vertreter tätig werden. Ein geschäftsunfähiger Mieter ohne gesetzlichen Vertreter benötigt einen Betreuer zur Entgegennahme der Kündigung[101] zur Vertretung im gerichtlichen Verfahren und zur Ersatzraumsuche.

51 In bestimmten Fällen hat der behinderte Mieter auch größere Schwierigkeiten bei der Ersatzraumsuche als ein Nichtbehinderter. Querschnittsgelähmte Mieter können ihre Suche auf rollstuhlgerechte Wohnungen beschränken; gehbehinderte Mieter können Wohnungen in höheren Stockwerken, die nicht mit einem Aufzug zu erreichen sind, ablehnen. Auch hier kann eine Ausnahme in Betracht kommen, so z. B. wenn ein gehbehinderter Mieter erklärt, dass er in seiner bisherigen, im ersten OG gelegenen Wohnung verbleiben wolle. Hier kann dem Mieter zugemutet werden, die Ersatzraumsuche auf vergleichbar gelegene Wohnungen auszudehnen.[102]

52 **d) Schwangerschaft.** Steht eine Mieterin oder die Familienangehörige eines Mieters kurz vor der Niederkunft, so ist dieser Umstand wegen den damit verbundenen Erschwernissen bei der Ersatzraumsuche sowie den allgemeinen physischen und psychischen Belastungen als besondere Härte anzusehen. Gleiches gilt für die Zeit unmittelbar nach der Niederkunft. Grundsätzlich ist das Mietverhältnis solange fortzusetzen bis die mit der Geburt verbundenen Hindernisse beseitigt sind.[103] Dabei kommt es maßgeblich darauf an, wann der Mieter/die Mieterin mit der Ersatzraumsuche beginnen kann und welche Zeit voraussichtlich benötigt wird bis eine Ersatzwohnung gefunden ist.

53 **e) Zusage einer langen Mietzeit/Aufwendungen für die Wohnung.** Mietverträge, die über eine längere Zeit als ein Jahr abgeschlossen werden, bedürfen zu ihrer Wirksamkeit der Schriftform (§ 550 BGB). Wird die Schriftform nicht beachtet, so kann das Mietverhältnis zum Ablauf des ersten Vertragsjahres gekündigt werden. Der Umstand, dass der Mieter auf die Wirksamkeit einer mündlichen Zusage betr. eine lange Vertragsdauer vertraut hat, stellt keine Härte i. S. v. § 574 BGB dar.[104] Etwas anderes kommt in Betracht, wenn der Mieter mit dem ausdrücklichen oder stillschweigenden Einverständnis des Vermieters in Erwartung einer langen, vom Vermieter zugesicherten Mietzeit wirtschaftliche Aufwendungen für die Erhaltung und Verbesserung der Mietsache gemacht hat, zu denen er vertraglich nicht verpflichtet war. In einem solchen Fall kann die frühzeitige Beendigung des Mietverhältnisses eine nicht zu rechtfertigende Härte bedeuten, wenn der Mieter mit einer frühen Kündigung nicht zu rechnen hatte, die Aufwendungen erheblich sind, für einen erheblichen Teil davon beim Auszug kein Ersatz verlangt werden kann und die Aufwendun-

---

[97] BVerfG a. a. O.: danach ist es verfassungsrechtlich nicht zu beanstanden, wenn den Interessen einer vierköpfigen Familie der Vorrang eingeräumt wird vor den Interessen eines erheblich erkrankten Mieters, wenn dessen Umzugsbelastungen durch eine ärztliche Behandlung vermindert werden können; LG Berlin GE 1992, 103: die Interessen eines Vermieters an der angemessenen Unterbringung seiner Familie haben Vorrang vor den Interessen eines sehbehinderten und herzkranken Mieters am Verbleib in der Wohnung.

[98] LG Oldenburg WuM 1991, 346; LG Berlin GE 2015, 859.

[99] LG Berlin GE 2015, 859.

[100] Vgl. dazu BayObLG WuM 1996, 275.

[101] BayObLG a. a. O.

[102] AG Dortmund DWW 1993, 238.

[103] LG Stuttgart WuM 1991, 347: 10 Wochen nach der Entbindung; AG Herford MDR 1964, 1007; AG Aachen MDR 1966, 55.

[104] BGH (VIII ZR 233/12) NJW 2013, 1596; OLG Karlsruhe RE v. 31.3.1971, NJW 1971, 1182 = WuM 1971, 96 = DWW 1971, 264 = ZMR 1971, 376.

gen durch die Mietzeit noch nicht abgewohnt sind, so dass es i. E. zu einem wesentlichen Verlust des Mieters kommen würde.[105] Es kommt insoweit nicht darauf an, ob die Verwendungen notwendig, nützlich, oder überflüssig waren. Entscheidend ist vielmehr, ob der Vermieter durch sein Verhalten einen Vertrauenstatbestand geschaffen hat.[106] Sind diese Voraussetzungen gegeben, so kann das Mietverhältnis solange fortgesetzt werden, bis die Aufwendungen „abgewohnt" sind. Zur Bemessung der Abwohnzeit kommt ein Rückgriff auf die Wertentscheidungen des Gesetzes … über die Rückerstattung von Baukostenzuschüssen vom 21.7.1961 (BGBl. I S. 1041) in Betracht. Nach § 2 dieses Gesetzes gilt ein Betrag in Höhe einer Jahresmiete durch eine Mietdauer von vier Jahren von der Leistung an als getilgt. Eine gleichlautende Regelung findet sich in § 19 Abs. 2 des Ersten Bundesmietengesetzes vom 27.7.1955 (BGBl. I S. 458). Nach dem Rechtsentscheid des OLG Frankfurt[107] soll der dort enthaltene Bewertungsmaßstab aber nur bei notwendigen Verwendungen anwendbar sein. Für diese Einschränkung gibt es allerdings keinen Grund, weil nach § 19 Abs. 2 des Ersten Bundesmietengesetzes die im Einvernehmen mit dem Vermieter gemachten Aufwendungen (vereinbarte Zuschüsse, Modernisierungs- und Instandsetzungsbeiträge, usw.) den notwendigen Verwendungen gleichgestellt sind. Haben die Parteien im Hinblick auf die Mieterleistungen einen besonders niedrigen Mietzins vereinbart, so ist unter Berücksichtigung aller Umstände zu ermitteln, inwieweit die Verwendungen des Mieters schon durch die bisherige Mietersparnis abgewohnt sind.[108] Wesentliches Kriterium für die Bewertung der Miethöhe ist die ortsübliche Miete.

f) Berufliche, Schulische Schwierigkeiten. Eine andauernde starke berufliche Belastung 54
des Mieters stellt für sich alleine keinen Härtegrund dar. Dieser Umstand ist lediglich in Verbindung mit fehlendem Ersatzraum zu berücksichtigen, weil sich der berufsbedingte Zeitmangel auf die Ersatzraumsuche auswirken kann. Anders ist es, wenn der Mieter gerade zum Zeitpunkt der vertragsgemäßen Beendigung des Mietverhältnisses außergewöhnlich stark belastet ist.[109] In diesem Fall kann das Mietverhältnis auf bestimmte Zeit verlängert werden. Dabei kommt es maßgeblich darauf an, wann die außergewöhnliche Belastung endet und welche Zeit im Anschluss hieran voraussichtlich benötigt wird bis eine Ersatzwohnung gefunden ist.

Dieselben Grundsätze gelten für einen Studenten vor dem Examen,[110] für einen Referendar am 55
Ende der Ausbildung[111] für einen Arzt vor Abschluss der Promotion[112] oder dann, wenn den Kindern des Mieters durch den Wohnungswechsel ernsthafte Umschulungs- oder Prüfungsschwierigkeiten entstehen.[113] Im Allgemeinen gilt, dass Mieter mit schulpflichtigen Kindern nicht außerhalb der Schulferien umziehen müssen.

g) Zwischenumzug. Steht dem Mieter bereits eine Ersatzwohnung zur Verfügung, in die er 56
zwar nicht im Zeitpunkt der vertragsmäßigen Beendigung des Mietverhältnisses, wohl aber in absehbarer Zeit einziehen kann, so ist der in solchen Fällen erforderliche Zwischenumzug wegen der damit verbundenen persönlichen und finanziellen Belastung als besondere Härte zu bewerten.[114] Der Umstand, dass ein Zwischenumzug auch durch die Gewährung einer Räumungsfrist nach § 721 ZPO vermieden werden kann, ist unbeachtlich;[115] als materiellrechtlicher Anspruch hat § 574 BGB Vorrang vor der ins Ermessen des Gerichts gestellten Räumungsfrist. Deshalb muss das Mietverhältnis auf bestimmte Zeit fortgesetzt werden.[116] Dies gilt allerdings nur dann, wenn der Umzugszeitpunkt feststeht.[117] Der Mieter muss kein genaues Umzugsdatum nennen. Er muss allerdings den Monat angeben können, zu dem der Umzug möglich sein wird. Der Gesichtspunkt des Zwischenumzugs ist ausnahmsweise nicht als besondere Härte zu bewerten, wenn der Mieter auf Grund seiner Berufstätigkeit oder aus anderen Gründen ohnehin ständig die Wohnung wechselt.

---

105 OLG Karlsruhe a. a. O.; OLG Frankfurt RE v. 23.6.1971, WuM 1971, 168.
106 OLG Frankfurt a. a. O.
107 OLG Frankfurt a. a. O.
108 Insoweit zutr. OLG Frankfurt a. a. O.
109 OLG Köln RE v. 28.6.1968, NJW 1968, 1834 = WuM 1968, 179 = ZMR 1969, 17.
110 LG Aachen NJW RR 1986, 313; AG Tübingen ZMR 1986, 60.
111 AG Lübeck WuM 1989, 413.
112 AG Tübingen WuM 1989, 240.
113 LG Wuppertal MDR 1970, 332.
114 LG Mannheim NJW 1964, 2307.
115 OLG Oldenburg RE v. 23.6.1970, ZMR 1970, 329 = WuM 1970, 132.
116 LG Stuttgart WuM 1991, 589: wenn der Mieter in 6 Monaten in eine Eigentumswohnung einziehen kann; LG Wiesbaden WuM 1989, 240 für 2 Monate.
117 AG Waldshut NJW 1990, 1051.

57 **h) sonstige Gründe.** Der Umstand, dass der Mieter aus der **teilweisen Untervermietung** der Wohnung sein wesentliches Einkommen bezieht, stellt keine Härte dar.[118] Das Interesse des Mieters am Erhalt der mit dem Besitz der Wohnung verbundenen Einkommensmöglichkeiten wird durch § 574 BGB nicht geschützt. Etwas anderes gilt für solche Mieter, die in der Wohnung berechtigterweise ihren Beruf ausüben (z. B. Musiklehrer, Freiberufler, Künstler, etc.). Die berufsbedingten Belange sind – insbesondere – bei der Beurteilung der Möglichkeit zur Ersatzraumbeschaffung zu berücksichtigen.[119]

58 Wird ein Mietverhältnis nach nur **kurzer Mietzeit** gekündigt, so ist zunächst zu prüfen, ob die Kündigung deshalb ausgeschlossen ist, weil die Kündigungsgründe im Zeitpunkt der Begründung des Mietverhältnisses bereits vorgelegen haben (§ 573 BGB Rdn. 137). Ist dies zu verneinen, so stellt der Umstand, dass der Mieter innerhalb kurzer Zeit zweimal mit Umzugskosten belastet wird und dass er Aufwendungen für die Wohnung gemacht hat, die er infolge der Beendigung der Mietzeit nicht ausnutzen kann, grundsätzlich keine besondere Härte dar.[120] Schließt der Mieter einen unbefristeten Mietvertrag, so muss er das Risiko einer Kündigung tragen. Bei der Anmietung einer Einliegerwohnung in einem Einfamilienhaus gilt nichts anderes. Insbesondere ergibt sich aus § 574 BGB nicht, dass der Vermieter einer Einliegewohnung erst nach dem Ablauf von zwei Jahren seit Mietbeginn kündigen kann.[121]

59 Die dauerhaft schlechten **Vermögens- und Einkommensverhältnisse** eines Mieters sind in Verbindung mit fehlendem Ersatzraum zu berücksichtigen. Hier ist zu prüfen, welchen Betrag seines Einkommens der Mieter für die Wohnung aufwenden muss (Rdn. 35) und welche Aufwendungen für die Ersatzraumsuche angemessen sind (Rdn. 32). Reicht die Kündigungsfrist nicht aus, um Ersatzraum zu zumutbaren Bedingungen zu finden, so muss das Mietverhältnis auf bestimmte Zeit fortgesetzt werden. Eine Vertragsfortsetzung auf unbestimmte Zeit kommt grundsätzlich nicht in Betracht. Dies gilt auch dann, wenn der Mieter in einer außergewöhnlich billigen Wohnung lebt, aus eigener Kraft keine höhere Miete bezahlen kann und Wohnungen der betr. Art auf dem Markt nicht angeboten werden. In einem solchen Fall müssen öffentliche Stellen Hilfe gewähren, weil die Notlage einzelner Mieter durch die Allgemeinheit und nicht auf Kosten des privaten Vermieters zu beseitigen ist. Die vom Mieter gewählte Lebensform hat das Gericht hinzunehmen. Das Gericht kann dem Mieter auch dann keine Aufnahme oder Erweiterung einer Berufstätigkeit ansinnen, wenn auf diese Weise das Wohnungsproblem des Mieters gelöst werden könnte.

60 Ein Mieter mit **kinderreicher Familie** hat häufig besondere Schwierigkeiten bei der Ersatzraumsuche. Dies gilt insbesondere dann, wenn die Einkommensverhältnisse der Familie – gemessen an der Zahl der Kinder – nicht allzu gut sind.[122] Zum einen ist ein solcher Mieter auf eine relativ große und dennoch preisgünstige Wohnung angewiesen. Zum andern sind Familien mit Kindern nicht überall willkommen. Deshalb wird die bei fehlendem Ersatzraum vorliegende Härte durch Kinderreichtum verstärkt. Reicht die Kündigungsfrist zur Ersatzraumsuche nicht aus, so muss das Mietverhältnis auf bestimmte Zeit fortgesetzt werden.

61 In der Rechtsprechung wird angenommen, dass auch **alleinerziehende Elternteile,** die berufstätig sind oder einem Studium nachgehen, besondere Schwierigkeiten bei der Ersatzraumsuche haben.[123] Gelegentlich wird in solchen Fällen sogar eine Fortsetzung des Mietverhältnisses auf unbestimmte Zeit angeordnet.[124]

4. Interessen des Vermieters an der Vertragsbeendigung (Abs. 3)

62 Ob die Härtegründe des Mieters zu einer Vertragsfortsetzung führen, ist „unter Würdigung der berechtigten Interessen des Vermieters" zu beurteilen. **Zugunsten des Vermieters** dürfen lediglich die im Kündigungsschreiben angegebenen Gründe bewertet werden; andere Gründe sind nur dann zu berücksichtigen, wenn sie nachträglich (d. h.: nach der Absendung des Kündigungsschrei-

---

[118] BayObLG RE v. 21.7.1970, NJW 1970, 1748 = ZMR 1970, 308 = DWW 1970, 309.
[119] OLG Köln RE v. 28.6.1968, NJW 1968, 1834 = WuM 1968, 179 = ZMR 1969, 17.
[120] AG Dortmund, DWW 1991, 28 betr. Einbauküche zum Preis von 10.000 DM.
[121] So aber AG Bergisch Gladbach WuM 1994, 22.
[122] LG Heidelberg DWW 1991, 244.
[123] LG Hannover WuM 1994, 430: Verlängerung des Mietverhältnisses um 17 Monate bei studierender Mutter mit zwei schulpflichtigen Kindern und einem Einkommen von 2.846 DM.
[124] So LG Freiburg WuM 1993, 402, wenn die Familie anderenfalls der Sozialhilfe zur Last fiele; AG Lübeck WuM 1993, 674, bei Sozialhilfeempfängerin mit Kind.

bens) entstanden sind (Abs. 3). Dies gilt aber nur für solche Kündigungen, die begründet werden müssen. Hängt die Wirksamkeit der Kündigungserklärung selbst nicht von der Angabe von Gründen ab, wie in den Fällen des § 573a BGB **(Einliegerwohnungen)** und des § 549 Abs. 3 BGB **(Wohnraum, der Teil eines Studenten- oder Jugendwohnheims ist),** so ist § 574 Abs. 3 BGB unanwendbar. Dies folgt aus der Erwägung dass in § 574 Abs. 3 BGB nur auf § 573 Abs. 3 BGB Bezug genommen wird. Die zu § 556a BGB a. F. ergangene gegenteilige Rechtsprechung[125] ist durch die Neufassung gegenstandslos.[126]

Unter den **Gründen i. S. d. § 556a BGB** sind die Tatsachen, Sachverhalte und Lebensvorgänge zu verstehen, aus denen sich das Interesse des Vermieters an der Vertragsbeendigung ergibt. Das sind in erster Linie die Kündigungsgründe. Daneben kommen aber auch solche Gründe in Betracht, auf die die Kündigung nicht gestützt ist oder die auf die Wirksamkeit der Kündigung keinen Einfluss haben. Wesentlich ist nur, dass die Gründe im Kündigungsschreiben mitgeteilt werden. Dabei kommt es maßgeblich darauf an, welche **„Kerntatsachen"** angegeben sind. Diese Kerntatsachen kann der Vermieter im gerichtlichen Verfahren durch die Mitteilung von **„Ergänzungstatsachen"** präzisieren. Für die Unterscheidung zwischen den Kern- und den Ergänzungstatsachen kann auf den Rechtsentscheid des BayObLG vom 14. 7. 1981[127] zur gleichlautenden Vorschrift des § 564b Abs. 3 BGB a. F. = § 573 Abs. 3 BGB n. F. zurückgegriffen werden. Danach gehören zu den Kerntatsachen diejenigen Umstände, die zur Identifizierung und Unterscheidung des Beendigungsinteresses (Beendigungsgrundes) von anderen Interessen (Gründen) erforderlich sind. Zu den Ergänzungstatsachen gehören diejenigen Umstände, die der näheren Erläuterung, Ergänzung, Ausfüllung sowie dem Beweis des jeweiligen Beendigungsinteresses dienen. Wird beispielsweise wegen Eigenbedarfs gekündigt, so gehören zu den „Kerntatsachen" Angaben wie: „Fehlende anderweitige Unterbringung am Ort", „bisherige Wohnung wurde vom Vermieter gekündigt", „bisherige Wohnung zu klein oder zu groß", „gesundheitliche oder Altersgründe", „berufliche oder schulische Gründe". Zu den Ergänzungstatsachen gehören Angaben über die bisherigen Wohnverhältnisse, Einzelheiten über die Größe der bisherigen Wohnung, über die Zahl der Familienmitglieder, konkrete Darlegungen zum Gesundheitszustand, usw. Für andere Kündigungsinteressen gilt entsprechendes. Das rechtlich nicht bindende Versprechen des Vermieters gegenüber einem Dritten, diesem demnächst die gekündigte Wohnung zur Verfügung zu stellen, begründet kein zusätzliches Interesse.[128] Die Interessen der Familienangehörigen des Vermieters sind nur insoweit zu berücksichtigen als es sich dabei zugleich um Interessen des Vermieters handelt. 63

5. Interessenabwägung

Bei der Interessenabwägung sind die Bestandsinteressen des Mieters mit den Erlangungsinteressen des Vermieters in Beziehung zu setzen.[129] Es ist zu fragen, welche Auswirkungen eine Vertragsbeendigung für den Mieter haben würde und wie sich eine Vertragsfortsetzung auf den Vermieter auswirkt. Die Wertentscheidungen des Grundgesetzes sind zu berücksichtigen.[130] Macht der Mieter gegenüber einer auf Eigenbedarf gestützten Kündigung geltend, dass er aus gesundheitlichen Gründen auf den Verbleib in der Wohnung angewiesen sei, so müssen sich die Gerichte ein „nicht nur an der Oberfläche haftendes Bild davon verschaffen, welche gesundheitlichen Folgen im Einzelnen für den Mieter mit einem Umzug verbunden sind, insbesondere welchen Schweregrad zu erwartende Gesundheitsbeeinträchtigungen erreichen können und mit welcher Wahrscheinlichkeit dies eintreten kann."[131] Regelmäßig ist zu diesem Zweck das Gutachten eines Sachverständigen einzuholen. Ist die Räumung für den Mieter mit einer Lebensgefahr verbunden, so müssen die Interessen des Vermieters zurückstehen.[132] Die Interessen des Mieters an der Erhaltung seiner Gesundheit haben im allgemeinen Vorrang vor allgemeinen Finanzinteressen des Vermieters. Der Wunsch des Vermieters für sich und seine Familie eine angemessene Wohnung zu 64

[125] OLG Hamm RE v. 16. 3. 1992, NJW 1992, 1969 = WuM 1992, 230 = ZMR 1992, 243 = DWW 1992, 208 betr. Kündigung nach § 564b Abs. 4 Satz 1 Nr. 1 BGB a. F. = § 573a BGB n. F.
[126] Ebenso: *Haas,* Das neue Mietrecht § 574 BGB Rdn. 4; Palandt/*Weidenkaff* § 574 BGB Rdn. 14.
[127] BayObLG WuM 1981, 200.
[128] OLG Karlsruhe RE v. 3.7.1970, NJW 1970, 1746 = ZMR 1970, 309.
[129] LG Berlin GE 2015, 859.
[130] BVerfG GE 1999, 834 betr. Eigentumsgrundrecht des Vermieters.
[131] BGH (VIII ZR 270/15) NJW 2017, 1474.
[132] LG Berlin GE 2015, 859.

schaffen, ist umgekehrt vorrangig vor den Finanzinteressen des Mieters. Hat der Vermieter einen gewichtigen Bedarf an Wohnraum, so ist diesem Umstand ein besonders hoher Stellenwert einzuräumen.[133] Der Umstand, dass der Vermieter seine jetzige Wohnung über eine lange Zeit als ausreichend angesehen hat, spielt keine entscheidende Rolle. Es genügt, wenn der Eigentümer seine Wohnverhältnisse neu überdenkt und zum Ergebnis kommt, dass ein Umzug eine Verbesserung darstellt.[134] Das Gericht kann berücksichtigen, welche Alternativen den Parteien bei der Lösung ihrer Wohnungsprobleme zur Verfügung stehen.[135] Allerdings muss das Gericht dabei die Vorstellungen der Parteien respektieren.[136] Es hat den Wunsch des Vermieters nach einer bestimmten Wohnung ebenso hinzunehmen, wie den Wunsch des alten Mieters, weiterhin einen selbständigen Haushalt zu führen. Auch das Verhalten der Parteien vor der Kündigung oder während des Räumungsrechtsstreits kann eine Rolle spielen. Will der Vermieter zur Deckung seines Wohnbedarfs kündigen, so muss er bei der Auswahl des zu kündigenden Mietverhältnisses zwar keine Sozialauswahl treffen. Liegt jedoch in der Person des gekündigten Mieters eine besondere Härte vor, so muss der Vermieter die sich daraus ergebenden Rechtsfolgen hinnehmen. Nach der Rechtsprechung gilt dies insbesondere dann, wenn sich der Vermieter bei der Auswahl des zu kündigenden Mietverhältnisses bedenkenlos über die Belange des Mieters hinweggesetzt hat.[137] Hat sich der Vermieter während des Räumungsrechtsstreits durch leichtsinniges Verhalten in eine Notlage gebracht, so ist auch dies bei der Interessenabwägung zu seinen Lasten zu berücksichtigen.[138] Wiegen die Interessen der Parteien gleich schwer, so gebührt dem Erlangungsinteresse des Vermieters der Vorrang.[139] In der Praxis wird eine Interessenabwägung oftmals zu keinem eindeutigen Ergebnis führen. In diesem Fall scheidet eine Vertragsfortsetzung nach § 574 BGB ebenfalls aus.[140] Dies folgt aus der Erwägung, dass die tatsächlichen Voraussetzungen des § 574 Abs. 1 Satz 1 BGB vom Mieter zu beweisen sind.

IV. Beweislast

65 Der **Mieter** muss beweisen: den rechtzeitigen Zugang des Kündigungswiderspruchs beim Vermieter, das Vorliegen der Härtegründe, die Erfüllung der Ersatzraumbeschaffungspflicht und die Einigung über die Vertragsfortsetzung nach § 574a BGB. Der **Vermieter** trägt die Beweislast für die Beendigungsinteressen, für die Ausschlusstatbestände nach § 574 Abs. 1 Satz 2 BGB und § 549 Abs. 2 sowie für die Erteilung des Hinweises nach § 568 Abs. 2 BGB.

V. Abweichende Vereinbarungen (Abs. 4)

66 Nach § 574 Abs. 4 BGB kann das Recht des Mieters zum Kündigungswiderspruch weder vertraglich abbedungen noch abw. geregelt werden. Vor Erhalt der Kündigung kann der Mieter auch nicht auf das Widerspruchsrecht verzichten. Nach Erhalt der Kündigung ist ein solcher Verzicht möglich.[141] Dies folgt aus der Erwägung, dass die Parteien stattdessen auch einen Mietaufhebungsvertrag schließen könnten, gegen dessen Zulässigkeit keine Bedenken bestehen.

---

[133] LG Frankfurt/M NZM 2011, 774.

[134] BVerfG GE 1999, 834.

[135] BGH NZM 2005, 143 betr. Unterbringung einer gehbehinderten Pflegeperson in oberem Stockwerk.

[136] BVerfG NJW RR 1993, 1358 = WuM 1994, 126.

[137] AG Stuttgart WuM 1989, 297: wenn der Vermieter ausgerechnet einem behinderten Mieter kündigt; LG Hannover WuM 1991, 346: wenn der Vermieter eine Erdgeschoßwohnung kündigt, die von einem Rollstuhlfahrer bewohnt wird; LG Köln WuM 1993, 675: wenn der Vermieter eine Wohnung erworben hat, die an einen hochbetagten Mieter vermietet ist; ähnlich: LG München I WuM 1994, 538; LG Bonn NJW RR 1990, 973 = WuM 1990, 151; AG Leverkusen WuM 1993, 124; LG Zwickau WuM 1998, 159.

[138] LG Freiburg WuM 1990, 209: wenn der Vermieter seine eigene Mietwohnung gekündigt hat, obwohl er wusste, dass in der Person des Mieters Härtegründe vorliegen.

[139] LG Berlin MM 1992, 387; WuM 1990, 504; LG Hannover WuM 1992, 609; LG Kaiserslautern WuM 1990, 446; AG Bergisch Gladbach WuM 1989, 412; *Franke* in WoBauR § 574 BGB Anm. 22.2; *Lammel* § 574 BGB Rdn. 46; *Rolfs* in Staudinger § 574 BGB Rdn. 76; *Herrlein* in Herrlein/Kandelhard § 574 BGB Rdn. 16; *Häublein* in MünchKomm § 574 BGB Rdn. 22; *Hannappel* in Bamberger/Roth § 574 BGB Rdn. 27; *Lützenkirchen* in: Erman § 574 Rdn. 13*Horst* NJW-Schriften 19 Rdn. 1696.

[140] **A. A.** *Sternel* Mietrecht aktuell (2009) Rdn. XI 349.

[141] *Franke* in WoBauR § 574 BGB Anm. 36; *Rolfs* in Staudinger § 574 BGB Rdn. 81; *Hannappel* in Bamberger/Roth § 574 BGB Rdn. 33; **a. A.** *Lammel* § 574 BGB Rdn. 6.

§ 574a Fortsetzung des Mietverhältnisses nach Widerspruch

(1) [1]Im Falle des § 574 kann der Mieter verlangen, dass das Mietverhältnis so lange fortgesetzt wird, wie dies unter Berücksichtigung aller Umstände angemessen ist. [2]Ist dem Vermieter nicht zuzumuten, das Mietverhältnis zu den bisherigen Vertragsbedingungen fortzusetzen, so kann der Mieter nur verlangen, dass es unter einer angemessenen Änderung der Bedingungen fortgesetzt wird.

(2) [1]Kommt keine Einigung zustande, so werden die Fortsetzung des Mietverhältnisses, deren Dauer sowie die Bedingungen, zu denen es fortgesetzt wird, durch Urteil bestimmt. [2]Ist ungewiss, wann voraussichtlich die Umstände wegfallen, aufgrund deren die Beendigung des Mietverhältnisses eine Härte bedeutet, so kann bestimmt werden, dass das Mietverhältnis auf unbestimmte Zeit fortgesetzt wird.

(3) Eine zum Nachteil des Mieters abweichende Vereinbarung ist unwirksam.

Systematische Übersicht

I. Zweck und Anwendungsbereich

Die Vorschrift regelt weitere Einzelheiten des Verfahrens über den Kündigungswiderspruch. Sie ist dem bis 31.8.2001 geltenden § 556a Abs. 1 und 2 BGB nachgebildet. Wegen des Anwendungsbereichs s. § 574 BGB Rdn. 2. 1

II. Rechtswirkungen von Widerspruch und Fortsetzungsverlangen

1. Widerspruch und Fortsetzungsverlangen

a) Ergibt die Interessenabwägung nach § 574 BGB, dass das Bestandsinteresse des Mieters höher zu bewerten ist, als das Erlangungsinteresse des Vermieters, so kann der Mieter der Kündigung widersprechen und verlangen, dass das Mietverhältnis so lange fortgesetzt wird, wie dies unter Berücksichtigung aller Umstände angemessen ist. Trotz des missverständlichen Wortlauts des § 574 BGB („... widersprechen **und** ... verlangen"), sind Widerspruch und Fortsetzungsverlangen nicht zwei verschiedene Erklärungen, sondern „ein und dasselbe".[1] Durch den Widerspruch erklärt der Mieter, dass er von dem Recht aus § 574 BGB Gebrauch machen will. Es handelt sich um eine einseitige, form- und empfangsbedürftige, bedingungsfeindliche Willenserklärung, die fristabhängig ist. Der Widerspruch hat das Fortsetzungsverlangen zum Gegenstand. Das Fortsetzungsverlangen ist als Angebot des Mieters zum Abschluss des Verlängerungsvertrages auf bestimmte oder unbestimmte Zeit (genauer: Vertrag über die Modifikation der Kündigungswirkungen) anzusehen. Das Angebot muss gegenüber dem Vermieter abgegeben werden. Es muss allerdings nicht so konkretisiert sein, dass der Vermieter das Angebot sofort und ohne Änderung annehmen kann. Aus § 574a BGB folgt vielmehr, dass die Parteien die Einzelheiten aushandeln sollen. Deshalb muss der Mieter auch dann keine bestimmte Fortsetzungsdauer angeben, wenn er eine befristete Vertragsfortsetzung will.[2] Zur hinreichend genauen Bestimmung der benötigten Verlängerungszeit ist ein Mieter im Übrigen häufig auch gar nicht in der Lage. 2

Aus dem Wortlaut des § 574 BGB („Fortsetzung des Mietverhältnisses") folgt, dass das Fortsetzungsverlangen nicht den Abschluss eines neuen Mietverhältnisses zum Gegenstand hat.[3] Vielmehr 3

---

[1] *Sternel* Mietrecht (1988) Rdn. IV 188; *Franke* in WoBauR § 574 BGB Anm. 23; *Rolfs* in Staudinger § 574 BGB Rdn. 80; *Häublein* in MünchKomm § 574a BGB Rdn. 3; *Hannappel in* Bamberger/Roth § 574a BGB Rdn. 4.

[2] *Franke* in WoBauR § 574 BGB Anm. 23.

[3] *Rolfs* in Staudinger § 574a BGB Rdn. 6; *Sternel* Mietrecht (1988) Rdn. IV 221; **a. A.** *Mohnen*, in FS Nipperdey, S. 616.

ist das Fortsetzungsverlangen als Angebot zum Abschluss eines Vertrags über die **Modifikation der Kündigungswirkungen** zu bewerten. Dies ist in mehrfacher Hinsicht von Bedeutung, wenn es zur Verlängerung kommt: Dann kommt es für die Frage, ob ein die Garantiehaftung des Vermieters begründender ursprünglicher Mangel i. S. v. § 536a Abs. 1 BGB vorgelegen hat, auf den Beginn des Mietverhältnisses an. Für die Bemessung der Kündigungsfrist nach § 573c BGB ist die gesamte Mietzeit maßgeblich.

4 Je nach der Art des Härtegrundes kommen zwei **Vertragsvarianten** in Betracht, nämlich **(1)** ein Vertrag, wonach die Kündigungswirkungen abw. vom Kündigungsschreiben erst zu einem späteren Zeitpunkt eintreten sollen (Fortsetzung auf bestimmte Dauer) und **(2)** ein Vertrag über den Wegfall der Kündigungswirkungen (Fortsetzung auf unbestimmte Zeit).

5 **b)** Kommt die unter **(1)** beschriebene Vertragsvariante zustande, so treten die Kündigungswirkungen zu einem späteren als dem ursprünglichen Zeitpunkt ein: das ursprüngliche Mietverhältnis wird bis zu diesem Zeitpunkt verlängert. Bei einer Fortsetzung auf längere Zeit als 1 Jahr ist § 550 BGB zu beachten.[4] Es wird zwar kein Mietvertrag für längere Zeit als ein Jahr abgeschlossen; vielmehr wird vereinbart, dass die Kündigungswirkungen erst später eintreten sollen. Gleichwohl ist § 550 BGB einschlägig, weil das fortgesetzte Mietverhältnis vor Ablauf der Verlängerungszeit nicht gekündigt werden kann.

6 Es ist unerheblich, ob der Vertrag vor oder nach Ablauf der Kündigungsfrist abgeschlossen wird. Im letztgenannten Fall wirkt die Rechtsfolge der Verlängerung zurück, so dass in keinem Fall ein vertragsloser Zustand bestehen kann.

7 Auf die Wirksamkeit der Kündigung hat die Vertragsfortsetzung keinen Einfluss. Das Mietverhältnis bleibt beendet. Eine erneute Kündigung während der Verlängerungszeit ist ausgeschlossen. Nach Ablauf der Verlängerungszeit kann der Vermieter das Herausgabeverlangen geltend machen und – bei Nichterfüllung – Räumungsklage erheben. Einer erneuten Kündigung bedarf es nicht.[5] Trotz der Verlängerungsvereinbarung besteht nach wie vor ein Mietverhältnis auf unbestimmte Zeit, weil der Verlängerungsvertrag lediglich die Kündigungswirkungen hinausschiebt.

8 **c)** Nach der unter **(2)** beschriebenen Vertragsvariante werden die Kündigungswirkungen dagegen beseitigt. Die Kündigung wird nicht „unwirksam". Vielmehr werden deren Wirkungen durch Vertrag – also auf Grund des übereinstimmenden Parteiwillens – aufgehoben. Das Mietverhältnis wird auf unbestimmte Zeit fortgesetzt. Es kann vom Vermieter erneut gekündigt werden. Für diese Kündigung müssen Gründe i. S. v. § 573 BGB vorliegen.[6]

9 **d)** Aus dem Wortlaut des Abs. 2 („Kommt keine Einigung zustande …") folgt, dass die Fortsetzung des Mietverhältnisses in erster Linie auf Grund eines Vertrages vereinbart werden soll. Eine gerichtliche Entscheidung kommt erst beim Scheitern der Verhandlungen in Betracht. Diese Regelung entspricht nicht den Bedürfnissen der Praxis, weil kaum ein Vermieter nach Ausspruch einer Kündigung einen Verlängerungsvertrag abschließen wird. Tatsächlich kommt eine außergerichtlich vereinbarte Vertragsverlängerung in der Praxis so gut wie nicht vor. Nahezu ausschließlich wird die Vertragsfortsetzung durch gerichtliche Entscheidung angeordnet. Diese Entscheidung ergeht in Form eines Gestaltungsurteils (s. Rdn. 24).

10 **e)** In der **Zeit zwischen dem Ablauf der Kündigungsfrist und der Einigung** über die Vertragsfortsetzung (oder der gerichtlichen Entscheidung hierüber) bleibt das Ende des Mietverhältnisses in der Schwebe.[7] Nach anderer Meinung soll „die Kündigung schwebend unwirksam sein".[8] Dies ist ungenau, weil die Wirksamkeit der Kündigung auch im Falle der Vertragsfortsetzung unberührt bleibt. Der Zugang des Widerspruchs bewirkt, dass das Mietverhältnis zunächst als fortbestehend anzusehen ist. Der Mieter schuldet keine Nutzungsentschädigung nach § 546a Abs. 1 BGB, sondern Miete, die nach §§ 558ff. BGB (oder den vertraglichen Vereinbarungen) erhöht werden kann. Kommt es nicht zur Vertragsfortsetzung, so entfällt der Schwebezustand; das Mietverhältnis wird dann rückwirkend auf den Ablauf der Kündigungsfrist beendet. In diesem Fall kann der Vermieter die Ansprüche aus § 546a BGB geltend machen. Kommt es zur Vertragsfortset-

[4] *Sternel* Mietrecht (1988) Rdn. IV 220; *Rolfs* in Staudinger § 574a BGB Rdn. 9; *Grapentin* in Bub/Treier Kap. IV Rdn. 252; *Lützenkirchen* in: Erman § 574a Rdn. 2*Lammel* § 574a BGB Rdn. 7; *Häublein* in MünchKomm § 574a BGB Rdn. 6; *Hannappel* in Bamberger/Roth § 574a BGB Rdn. 8; **a. A.** *Franke* in WoBauR § 574a BGB Anm. 4; *Franke* ZMR 1993, 93; *Hoffmann* WuM 1964, 49.

[5] LG Lübeck WuM 1996, 705.

[6] *Hannappel* in Bamberger/Roth § 574a BGB Rdn. 16; *Häublein* in MünchKomm § 574a BGB Rdn. 12.

[7] *Rolfs* in Staudinger § 574a BGB Rdn. 4; *Grapentin* in Bub/Treier Kap. IV Rdn. 251.

[8] OLG Karlsruhe RE 16.2.1973 NJW 1973, 1001.

zung, so treten die Kündigungswirkungen entweder zu einem späteren Zeitpunkt (bei befristeter Fortsetzung) oder gar nicht (bei Fortsetzung auf unbestimmte Zeit) ein. Ansprüche nach § 546a BGB sind dann ausgeschlossen.

2. Fortsetzung auf bestimmte oder unbestimmte Zeit

Nach der gesetzlichen Regelung ist das Mietverhältnis grundsätzlich auf **bestimmte Zeit** fortzusetzen (§ 574a Abs. 1 Satz 1 BGB). Maßgeblich ist, wann das Räumungshindernis voraussichtlich entfällt. Dies muss auf Grund einer Prognose festgestellt werden. Eine an Sicherheit grenzende Wahrscheinlichkeit über den Zeitpunkt des Wegfalls des Räumungshindernisses ist nicht erforderlich. Es genügt eine überwiegende Wahrscheinlichkeit, dass das Räumungshindernis binnen der Fortsetzungszeit entfällt. Tritt diese Erwartung nicht ein, so kommt eine weitere Vertragsfortsetzung nach § 574c Abs. 1 BGB in Betracht. Für die Dauer der Fortsetzung eines Mietverhältnisses auf bestimmte Zeit gibt es weder eine Unter- noch eine Obergrenze. Sind die Voraussetzungen des § 574 BGB gegeben, so ist das Mietverhältnis gegebenenfalls auch auf kurze Zeit fortzusetzen.[9] **11**

Nach § 574a Abs. 2 Satz 2 BGB ist das Mietverhältnis auf **unbestimmte Zeit** fortzusetzen, wenn ungewiss ist, „wann voraussichtlich die Umstände wegfallen, auf Grund deren die Beendigung des Mietverhältnisses … eine Härte bedeutet". Trotz der systematischen Stellung gilt die Vorschrift nicht nur für die gerichtliche Vertragsfortsetzung, sondern auch für den Anspruch aus Abs. 1. Die Ungewissheit bezieht sich trotz der missverständlichen Formulierung auch nicht auf den (völligen) Wegfall der Härtegründe. Vielmehr kann es nach dem Sinn der Vorschrift nur auf den Zeitpunkt ankommen, zu dem die räumungsbedingten Nachteile so weit reduziert sind, dass der Mieter räumen kann. Für die Annahme der Ungewissheit genügt es, wenn keine konkreten Anhaltspunkte für einen künftigen Wegfall des Räumungshindernisses gegeben sind. Gleiches gilt, wenn zwar der künftige Wegfall gewiss, der Zeitpunkt aber ungewiss ist. Darüber hinaus ist das Mietverhältnis auch dann auf unbestimmte Zeit fortzusetzen, wenn mit Sicherheit feststeht, dass ein lebenslanges Räumungshindernis besteht.[10] Eine Fortsetzung des Mietverhältnisses auf Lebenszeit ist im Gesetz nicht vorgesehen und deshalb auch nicht zulässig.[11] **12**

3. Fortsetzung zu geänderten Bedingungen

Grundsätzlich ist das Mietverhältnis zu den bisherigen Bedingungen fortzusetzen. Eine Änderung der Bedingungen ist nur im Interesse des Vermieters möglich (§ 574a Abs. 1 Satz 2 BGB). Sie setzt voraus, dass dem Vermieter eine Vertragsfortsetzung zu den bisher geltenden Vertragsbedingungen nicht zuzumuten ist. Zugunsten des Mieters können die Mietbedingungen nicht geändert werden. Dies gilt auch bei einer gerichtlichen Vertragsverlängerung. Der Wortlaut des Abs. 2 spricht zwar lediglich davon, dass durch Urteil über die „Bedingungen" der Vertragsfortsetzung entschieden werden kann. Da sich der Begriff der „Bedingungen" aber nur auf die in Abs. 1 genannten „Vertragsbedingungen" beziehen kann, muss auch bei der gerichtlichen Vertragsfortsetzung die in Abs. 1 enthaltene Beschränkung auf das Vermieterinteresse beachtet werden. **13**

Der **Begriff der Vertragsbedingungen** ist umfassend zu verstehen.[12] Insbesondere gehören hierzu: die Vereinbarungen über die Miethöhe einschließlich der Umlage von Betriebskosten, Regelungen über die Fälligkeit der Mietzahlung, über Instandhaltungs- und Hausreinigungspflichten, über die Verpflichtung zur Duldung von Erhaltungs- oder Verbesserungsmaßnahmen, Regelungen über Untermiet-, Tierhaltungs- oder sonstige Erlaubnisse, Kautionsvereinbarungen, usw. Von einer **Unzumutbarkeit der Bedingungen** kann ausgegangen werden, wenn die Vertragsbedin- **14**

---

[9] AG Freiburg WuM 1991, 102: 3 Monate bei fehlendem Ersatzraum; LG Stuttgart WuM 1991, 589: 6 Monate zur Vermeidung eines Zwischenumzugs; LG Wiesbaden WuM 1989, 240 für 2 Monate.

[10] AG Bergheim WuM 1996, 415 betr. 83-jährige Mieterin mit 35-jähriger Wohnzeit.

[11] OLG Stuttgart RE 6.3.1969 NJW 1969, 1070 =ZMR 1969, 242; LG Lübeck WuM 1994, 22; *Rolfs* in Staudinger § 574a BGB Rdn. 22; *Franke* in WoBauR § 574a BGB Anm. 7; *Grapentin* in Bub/Treier Kap. IV Rdn. 253; *Lützenkirchen* in: Erman § 574a Rdn. 5Palandt/*Weidenkaff* § 574a BGB Rdn. 2; *Herrlein* in Herrlein/Kandelhard § 574a BGB Rdn. 2; *Sternel* Mietrecht (1988) Rdn. IV, 222; **a. A.** LG Essen WuM 1971, 24; *Lammel* § 574a BGB Rdn. 15.

[12] *Sternel* Mietrecht (1988) Rdn. IV 223; *Grapentin* in Bub/Treier Kap. IV Rdn. 254; *Häublein* in MünchKomm § 574a BGB Rdn. 8; *Rolfs* in Staudinger § 574a BGB Rdn. 24; *Franke* in WoBauR § 574a BGB Anm. 3; *Kossmann* § 133 Rdn. 6; *Hannappel* in Bamberger/Roth § 574a BGB Rdn. 14; **a. A.** *Roquette* § 556a BGB Rdn. 41 ff.: nur Miethöhe.

gungen von den in der Gemeinde üblichen Mietbedingungen zum Nachteil des Vermieters abweichen. Für die außergerichtliche Vertragsfortsetzung ist in Abs. 1 bestimmt, dass der zur Vertragsverlängerung verpflichtete Vermieter Anspruch auf eine **angemessene Änderung der Bedingungen** hat. Derselbe Maßstab gilt bei der gerichtlichen Vertragsverlängerung. Angemessen sind solche Bedingungen, wie sie bei vergleichbaren Mietverhältnissen in der Gemeinde üblich sind.[13] Die zwingenden gesetzlichen Schutzvorschriften zugunsten des Mieters können von den Parteien nicht abw. geregelt werden. Wegen der Gleichheit des Begriffs „Vertragsbedingungen" in Abs. 1 und des Begriffs der „Bedingungen" in Abs. 2 ist dieser Grundsatz auch bei der gerichtlichen Vertragsfortsetzung zu beachten. Da Mietverhältnisse üblicherweise unter Verwendung von Formularverträgen abgeschlossen werden, müssen auch die Vorschriften der §§ 305ff. BGB beachtet werden. Eine hiergegen verstoßende Vertragsgestaltung stellt keine angemessene Änderung dar.

15 Liegt die bisherige Miete unterhalb der ortsüblichen Miete, so ist eine Mietanhebung bis zur ortsüblichen Miete angemessen. Eine Mietanhebung durch gerichtliche Entscheidung ist dabei auch dann möglich, wenn der Vermieter selbst zur Mieterhöhung nach § 558 BGB in der Lage wäre.[14] Bei der Festsetzung der Miethöhe müssen weder die Kappungsgrenzen noch die Fristen noch die Formalien des § 558a BGB beachtet werden. Im Falle der Änderung durch Parteivereinbarung gilt dies aus Gründen des § 557 Abs. 1 BGB. Für die gerichtliche Entscheidung gilt nichts anderes, weil die gerichtliche Festsetzung anstelle der Parteivereinbarung erfolgt und materiellrechtlich denselben Regeln folgt.[15]

16 Zu den Vertragsbedingungen gehört auch der **Vertragsgegenstand.** Deshalb kann der Vermieter unter Umständen verlangen, dass das Mietverhältnis in verkleinertem Umfang fortgesetzt wird, wenn ihm die Fortsetzung insgesamt nicht zugemutet werden kann.[16] Zu denken ist insbesondere an die sofortige Herausgabe von mitvermieteten Nebenräumen[17] oder (bei Mischmietverhältnissen deren Schwerpunkt im Wohnungsbereich liegt) die Herausgabe der Geschäftsräume oder einer Garage. Dem Mieter muss aber eine abgeschlossene Wohnung verbleiben, wenn er eine solche gemietet hat.[18]

17 Soweit sich aus dem Tenor oder den Entscheidungsgründen nichts anderes ergibt, gelten die vom Gericht festgesetzten Mietbedingungen ab dem **Zeitpunkt** der Beendigung des ursprünglichen Mietverhältnisses.[19] Dies folgt aus der Erwägung, dass die Entscheidung über die Vertragsmodalitäten ebenso mit Rückwirkung ergeht, wie die Entscheidung über die Vertragsfortsetzung als solche.[20] Das Gericht kann die Mietbedingungen aber auch ab einem anderen zukünftigen oder vergangenen Zeitpunkt ändern. In die während der Mietzeit maßgeblichen Mietbedingungen kann das Gericht nicht rückwirkend eingreifen.

18 Eine Änderung der Vertragsbedingungen durch das Gericht scheidet aus, wenn der Mieter erklärt, dass er lediglich an einer Fortsetzung des Mietverhältnisses zu den bisherigen Bedingungen interessiert sei. Dies folgt aus Abs. 1 Satz 2 („... kann der Mieter nur verlangen ...") und aus dem Schutzzweck des § 574 BGB: die Vorschrift will dem Mieter keine Vertragsverlängerung zu nicht gewünschten Bedingungen aufzwingen. Sind die Voraussetzungen des Abs. 1 S. 2 gegeben und hält der Mieter an seinem Verlangen auf Fortsetzung zu den bisherigen Bedingungen fest, so kommt keine Vertragsfortsetzung nach § 574 BGB in Betracht.

---

[13] Vgl. LG Hagen WuM 1991, 103 betr. Anordnung einer höheren Miete, Übernahme von Betriebskosten nebst Vorauszahlungen, Übernahme der Schönheitsreparaturen.

[14] **A. A.** AG Heidenheim WuM 1992, 436; *Sternel* Mietrecht (1988) Rdn. IV 223 und Mietrecht aktuell (2009) Rdn. XI 362.

[15] Ebenso: *Rolfs* in Staudinger § 574a BGB Rdn. 27; *Grapentin* in Bub/Treier Kap. IV Rdn. 254; *Häublein* in MünchKomm § 574a BGB Rdn. 7; *Hannappel* in Bamberger/Roth § 574a BGB Rdn. 14; *Kossmann* § 133 Rdn. 6; *Herrlein* in Herrlein/Kandelhard § 574a BGB Rdn. 3; *Lützenkirchen* in: Erman § 574a Rdn. 6; Palandt/*Weidenkaff* § 574a BGB Rdn. 3; *Riecke* in Elzer/Riecke § 574a BGB Rdn. 8; **a. A.** *Lammel* § 574a BGB Rdn. 17: danach kann die Miete nur vom Vermieter bei Beachtung der §§ 557ff. BGB erhöht werden; *Sternel* Mietrecht (1988) Rdn. IV 223 und *Franke* ZMR 1993, 93 sowie *Franke* in WoBauR § 574a BGB Anm. 3: danach sind lediglich die Formalien entbehrlich, die materiellen Voraussetzungen des § 558 BGB sind zu berücksichtigen.

[16] *Rolfs* in Staudinger § 574a BGB Rdn. 29; *Häublein* in MünchKomm § 574a BGB Rdn. 8; *Franke* in WoBauR § 574a BGB Anm. 3; **a. A.** *Roquette* § 556a BGB Rdn. 43.

[17] LG Hamburg WuM 1987, 223 betr. Bodenräume.

[18] *Rolfs* in Staudinger § 574a BGB Rdn. 29; *Häublein* in MünchKomm § 574a BGB Rdn. 8; *Franke* in WoBauR § 574a BGB Anm. 3.

[19] *Franke* in WoBauR § 574a BGB Anm. 3.

[20] **A. A.** LG Heidelberg WuM 1994, 682.

4. Gerichtliches Verfahren

Erhebt der **Vermieter Räumungsklage,** so kann der Mieter den Anspruch auf Vertragsfortsetzung durch Einrede geltend machen. Über die Vertragsfortsetzung ist durch Urteil zu entscheiden (Abs. 2 Satz 1). Die Erhebung einer **Widerklage** auf Fortsetzung des Mietverhältnisses ist ebenso entbehrlich wie ein **Fortsetzungsantrag** (§ 308a ZPO). Gleichwohl ist eine Widerklage ebenso zulässig wie ein Fortsetzungsantrag. Das Rechtsschutzbedürfnis hierfür wird durch § 308a ZPO nicht tangiert. Aus § 308a ZPO folgt nur, dass ein Antrag entbehrlich ist; gegen die Zulässigkeit des Antrags und der Widerklage lässt sich hieraus nichts herleiten.[21] Will der Mieter mit der Widerklage sowohl die Wirksamkeit der Kündigung angreifen als auch seine Rechte aus § 574 BGB geltend machen, so muss der Antrag auf Feststellung, dass das Mietverhältnis durch die Kündigung nicht beendet worden ist, in der Hauptsache und der Antrag auf Fortsetzung des Mietverhältnisses hilfsweise geltend gemacht werden. 19

Hat der **Mieter Klage** auf Feststellung des Fortbestands des Mietverhältnisses oder auf Fortsetzung des Mietverhältnisses erhoben, so kann der Vermieter Widerklage auf Räumung erheben. Das Rechtsschutzbedürfnis der vom Mieter erhobenen Klage wird hierdurch nicht tangiert.[22] 20

Der **Streitwert** für Klage und Widerklage richtet sich in jedem Fall nach dem Wert der Klage. Eine Zusammenrechnung findet nicht statt, weil die beiden Klaggegenstände wirtschaftlich identisch sind.[23] Dies gilt sowohl für die Rechtsmittelbeschwer als auch für den Gebührenstreitwert. 21

Entscheidung: Ist die **Kündigung unwirksam,** so wird die Räumungsklage aus diesem Grunde abgewiesen. Die Verfahrenskosten fallen dem Vermieter zur Last. 22

Ist die **Kündigung wirksam** und sind die Voraussetzungen des **§ 574 BGB nicht gegeben,** so ergeht ein Räumungsurteil. In diesem Fall muss der Mieter die Verfahrenskosten tragen (§ 91 ZPO; Ausnahme: § 93b Abs. 1 ZPO). 23

Ist die **Kündigung wirksam** und hat der Mieter einen **Anspruch aus § 574 BGB,** so wird die Klage abgewiesen und entschieden, dass das Mietverhältnis fortgesetzt wird. Es handelt sich nicht um ein Leistungsurteil sondern um ein Gestaltungsurteil.[24] Bei einer Fortsetzung auf bestimmte Zeit muss sich aus dem Tenor das Ende der Mietzeit ergeben. Es ist ratsam, den Beendigungszeitpunkt kalendermäßig zu bestimmen; die Angabe der Fortsetzungszeit (z. B. 2 Jahre, etc.) ist nicht empfehlenswert, weil bei der Ermittlung des Vertragsendes Unklarheiten auftreten können (im Zweifel ist das Vertragsende vom Zeitpunkt der Verkündung des Urteils aus zu rechnen). Die Bezugnahme auf unbestimmte Umstände (Beisp. bis zur Anmietung einer Ersatzwohnung; bis zur Fertigstellung des Neubaus) ist unzulässig. Bei einer Fortsetzung „auf unbestimmte Zeit" ist in den Tenor dieser Begriff aufzunehmen. Werden die Mietbedingungen geändert, so sollte auf einen vollstreckungsfähigen Inhalt geachtet werden. Deshalb ist es unzulässig, wenn das Mietverhältnis gegen „Zahlung der ortsüblichen Miete" fortgesetzt wird. Da ein Urteil mit rechtsgestaltender Wirkung erlassen wird, ist die Angabe eines genauen Betrages erforderlich.[25] Die Kosten des Verfahrens sind (infolge der Klagabweisung) dem Vermieter aufzuerlegen (§ 91 ZPO; Ausnahme: § 93b Abs. 2 ZPO). 24

Eine gerichtliche Entscheidung, wonach über die Wirksamkeit einer Kündigung nicht entschieden wird und wonach das Mietverhältnis gem. § 574 BGB fortgesetzt wird, ist unzulässig. Eine Vertragsfortsetzung nach § 574 BGB kann nur dann erfolgen, wenn die Wirksamkeit der Kündigung feststeht.[26] 25

Rechtsmittel: Ist die Klage im Hinblick auf die Unwirksamkeit der Kündigung abgewiesen worden, so kann der Vermieter Berufung einlegen. 26

---

[21] LG Berlin GE 2004, 235; *Häublein* in MünchKomm § 574a BGB Rdn. 21; *Lützenkirchen* in: Erman § 574a Rdn. 3; *Rolfs* in Staudinger § 574a BGB Rdn. 10.

[22] *Rolfs* in Staudinger § 574a BGB Rdn. 10; **a. A.** *Sternel* Rdn. IV 232; *Lammel* § 574a BGB Rdn. 29: danach entfällt im Falle der Erhebung der Räumungs(wider)klage das Rechtsschutzbedürfnis für die Fortsetzungsklage; ebenso: *Franke* in WoBauR § 574a BGB Anm. 5: der Mieter muss die Fortsetzungsklage in der Hauptssache für erledigt erklären.

[23] BGH WuM 1994, 705 = ZMR 1995, 17; OLG München JurBüro 1989, 852.

[24] BVerfG NZM 2015, 161, 162; LG Lübeck WuM 1996, 705; *Sternel* Mietrecht (1988) Rdn. IV 232; *Grapentin* in Bub/Treier Kap. IV Rdn. 252; *Lützenkirchen* in: Erman § 574 Rdn. 3; *Rolfs* in Staudinger § 574a BGB Rdn. 11; *Kossmann* § 135 Rdn. 12; Palandt/*Weidenkaff* § 574a BGB Rdn. 8.

[25] *Kossmann* § 135 Rdn. 11; **a. A.** LG Heidelberg WuM 1994, 682.

[26] LG München WuM 2001, 561; *Sternel* Mietrecht (1988) Rdn. IV 232.

27 Hat das Gericht der Klage stattgegeben, so kann der Mieter Berufung einlegen. Er kann die Berufung auf die Ablehnung der Vertragsfortsetzung nach § 574 BGB beschränken (§ 308 Abs. 2 ZPO).

28 Hat das Gericht die Kündigung für wirksam erachtet und die Klage im Hinblick auf § 574 BGB abgewiesen, so können beide Parteien Berufung einlegen. Der Vermieter muss die Berufung auf den Ausspruch über die Vertragsfortsetzung beschränken (§ 308 a Abs. 2 ZPO). Gleiches gilt, wenn er eine kürzere Fortsetzungszeit oder günstigere Fortsetzungsbedingungen erreichen will. Der Mieter kann Berufung einlegen, wenn er ereichen will, dass die Klage wegen der Unwirksamkeit der Kündigung abgewiesen wird. Legt lediglich der Vermieter Berufung gegen die Fortsetzung des Mietverhältnisses ein, so erwächst der übrige Teil der amtsgerichtlichen Entscheidung in Rechtskraft. Ein **Auswechseln der Entscheidungsgründe** in den Fällen des § 308 a ZPO (Klagabweisung wegen unwirksamer Kündigung durch das Berufungsgericht anstelle der erstinstanzlichen Klagabweisung wegen überwiegender Interessen des Mieters an der Fortsetzung des Mietverhältnisses) wird durch das **Verschlechterungsverbot (§ 528 ZPO)** ausgeschlossen, weil der Vermieter durch eine solche Entscheidung stärker belastet wird als durch eine befristete Fortsetzung des Mietverhältnisses.[27] Wird die Klagabweisung auf eine unwirksame Kündigung gestützt, muss der Vermieter erneut kündigen. Bei der Klagabweisung auf Grund einer befristeten Vertragsfortsetzung endet das Mietverhältnis dagegen ohne weiteres nach Ablauf der Verlängerungszeit.

III. Abweichende Vereinbarungen

29 Das in § 574 a BGB geregelte Verfahren kann nicht zum Nachteil des Mieters abw. geregelt werden. Es gelten die Ausführungen zu § 574 BGB.

[27] *Rimmelspacher* in MünchKomm § 528 ZPO Rdn. 54.

§ 574b Form und Frist des Widerspruchs

(1) [1]Der Widerspruch des Mieters gegen die Kündigung ist schriftlich zu erklären. [2]Auf Verlangen des Vermieters soll der Mieter über die Gründe des Widerspruchs unverzüglich Auskunft erteilen.

(2) [1]Der Vermieter kann die Fortsetzung des Mietverhältnisses ablehnen, wenn der Mieter ihm den Widerspruch nicht spätestens zwei Monate vor der Beendigung des Mietverhältnisses erklärt hat. [2]Hat der Vermieter nicht rechtzeitig vor Ablauf der Widerspruchsfrist auf die Möglichkeit des Widerspruchs sowie auf dessen Form und Frist hingewiesen, so kann der Mieter den Widerspruch noch im ersten Termin des Räumungsrechtsstreits erklären.

(3) Eine zum Nachteil des Mieters abweichende Vereinbarung ist unwirksam.

Systematische Übersicht

I. Zweck und Anwendungsbereich

1 Die Vorschrift regelt Form und Frist des Kündigungswiderspruchs. Sie ist dem bis 31. 8. 2001 geltenden § 556a Abs. 5 und 6 BGB nachgebildet. Wegen des Anwendungsbereichs s. § 574 BGB Rdn. 2.

II. Schriftform (Abs. 1 Satz 1)

2 Der Widerspruch bedarf nach Abs. 1 Satz 1 der Schriftform. Das Schriftformerfordernis dient einem doppelten Zweck. Zum einen soll der Mieter dazu angehalten werden, den Kündigungswiderspruch nur dann einzulegen, wenn tatsächlich Härtegrunde vorliegen. Zum anderen sollen Beweisschwierigkeit über die Einlegung des Widerspruchs und den Inhalt der Erklärungen vermieden werden. Die in § 574 BGB gebrauchten Begriffe „Widerspruch" und „Fortsetzung des Mietverhältnisses" muss der Mieter nicht verwenden. Es genügt, wenn er zum Ausdruck bringt, dass er von der Möglichkeit des § 574 BGB Gebrauch machen will.[1] Zweifel gehen zu Lasten des Mieters, weil er den Zugang des Widerspruchs beweisen muss. Dies ist insbesondere dann von Bedeutung, wenn unklar bleibt, ob der Mieter Widerspruch einlegen oder lediglich eine vorgerichtliche Räumungsfrist haben will. Der Mieter muss den Widerspruch eigenhändig unterschreiben. Bei einem Mietverhältnis mit mehreren Mietern müssen alle unterschreiben, wenn nicht eine Erklärungsvollmacht vorliegt. Formularmäßige Bevollmächtigung reicht aus. Die fehlende Unterschrift eines von mehreren Mietern hat nicht die Unwirksamkeit der gesamten Erklärung zur Folge. Vielmehr führt dieser Umstand dazu, dass lediglich der unterschreibende Mieter Härtegründe geltend machen kann. In der Praxis ist dies i. d. R. von untergeordneter Bedeutung, weil der andere Mieter häufig als Familienangehöriger oder Lebensgefährte mitberücksichtigt wird (s. Rdn. 21). Die Einlegung eines Widerspruchs durch **Telegramm** ist nicht möglich.[2] Bei der Einlegung des Widerspruchs durch **Telefax** ist die Schriftform ebenfalls nicht gewahrt.[3] Die Erklärung des Widerspruchs zu **Protokoll des Gerichts** reicht gleichfalls nicht aus, es sei denn, der Widerspruch ist Teil eines ge-

---

[1] *Lammel* § 574b BGB Rdn. 8; *Franke* in WoBauR § 574b BGB Anm. 2; *Rolfs* in Staudinger § 574b BGB Rdn. 6; *Lützenkirchen* in: Erman § 574b Rdn. 2 *Hannappel* in Bamberger/Roth § 574b BGB Rdn. 4; *Häublein* in MünchKomm § 574a BGB Rdn. 2; *Sternel* Mietrecht (1988) Rdn. IV 190; *Grapentin* in Bub/Treier Kap. IV Rdn. 250.

[2] OLG Karlsruhe RE v. 16. 2. 1973, NJW 1973, 1001 = WuM 1973, 240 = ZMR 1973, 146 = DWW 1974, 158.

[3] *Sternel* Mietrecht aktuell (2009) Rdn. XI 313; *Grapentin* in Bub/Treier Kap. IV Rdn. 248; *Rolfs* in Staudinger § 574b BGB Rdn. 9; *Häublein* in MünchKomm § 574b BGB Rdn. 2; *Hannappel* in Bamberger/Roth § 574b BGB Rdn. 3; *Lützenkirchen* in: Erman § 574b Rdn. 3; *Lammel* § 574b BGB Rdn. 6.

richtlichen Vergleichs (§ 127a BGB).[4] Dies führt insbesondere im Fall des § 574b Abs. 2 BGB zu Problemen (s. Rdn. 6). Wird der Widerspruch durch einen **Bevollmächtigten** erklärt, so ist § 174 BGB zu beachten. Danach kann der Widerspruch zurückgewiesen werden, wenn keine Vollmachtsurkunde beigefügt ist. Der Widerspruch muss gegenüber dem Vermieter erklärt werden und diesem zugehen. Bei mehreren Vermietern muss der Widerspruch allen Vermietern zugehen, wenn keine Empfangsvollmacht vorliegt.

III. Gründe des Widerspruchs (Abs. 1 Satz 2)

3 Der Widerspruch bedarf keiner Begründung. Gleichwohl kann eine Begründung sinnvoll sein, weil der Mieter mit der Angabe der Gründe in bestimmten Fällen Kostenvorteile erlangen kann (§ 93b Abs. 1 und Abs. 3 ZPO). In Abs. 1 Satz 2 ist darüber hinaus bestimmt, dass der Mieter auf Verlangen des Vermieters über die Gründe des Widerspruchs unverzüglich Auskunft erteilen soll. Ein Auskunfts**anspruch** wird hierdurch nicht begründet. Eine Verletzung der **Obliegenheit zur Erteilung der Auskunft** kann aber zu Kostennachteilen führen (§ 93b Abs. 2 ZPO). Weitere Rechtsnachteile sind hiermit nicht verbunden. Das Auskunftsverlangen des Vermieters kann erst nach Zugang des Kündigungswiderspruchs geltend gemacht werden. Es bedarf keiner besonderen Form. Da der Vermieter den Zugang beweisen muss, ist Schrift- oder Textform empfehlenswert. Unter den **Gründen des Widerspruchs i. S. d. Abs. 1 Satz 2** sind die Tatsachen, Sachverhalte und Lebensvorgänge zu verstehen, aus denen sich das Interesse des Mieters an der Vertragsfortsetzung ergibt. Dabei kommt es maßgeblich darauf an, welche „Kerntatsachen" der Mieter angegeben hat. Diese Kerntatsachen kann der Mieter durch die spätere (z. B. im Prozess) Mitteilung von „Ergänzungstatsachen" präzisieren. Für die Unterscheidung zwischen den Kern- und den Ergänzungstatsachen wird auf die Ausführungen zu § 574 BGB Rdn. 63 verwiesen, die hier sinngemäß gelten, weil Abs. 1 Satz 2 das Gegenstück zu § 574 Abs. 3 BGB darstellt. Die Auskunftspflicht muss „unverzüglich" (ohne schuldhaftes Zögern) erfüllt werden. Eine Zeit von etwa 2 Wochen ist im Allgemeinen angemessen.

IV. Widerspruchsfrist (Abs. 2)

1. Abs. 2 Satz 1

4 Der Widerspruch muss grundsätzlich spätestens 2 Monate vor der Beendigung des Mietverhältnisses dem Vermieter gegenüber erklärt werden (Abs. 2 Satz 1). Maßgeblich ist der Zugang. Ein nach diesem Zeitpunkt eingehender Widerspruch ist verspätet (über die Folgen s. Rdn. 9). Der Zeitpunkt der Beendigung richtet sich nach der Kündigungserklärung. Eine Ausnahme gilt, wenn der Vermieter mit einer zu kurzen Frist gekündigt hat; in diesem Fall endet das Mietverhältnis nach Ablauf der gesetzlichen Fristen. Für die **Fristberechnung** gelten die §§ 186–193 BGB. Endet das Mietverhältnis am 3. Juli, so muss der Widerspruch spätestens am 31. Mai dem Vermieter zugehen (§ 188 Abs. 2 BGB). Fällt der letzte Tag der Frist auf einen Sonntag, Feiertag oder Samstag, so tritt an die Stelle dieses Tages der nächste Werktag (§ 193 BGB). Ein fristgemäßer Widerspruch ist auch dann nicht entbehrlich, wenn der Mieter bereits Klage auf Feststellung der Unwirksamkeit der Kündigung erhoben hat. Anders ist es, wenn der Mieter (zugleich oder ausschließlich) eine Klage auf Fortsetzung des Mietverhältnisses erhoben hat; in diesem Fall ist in der Klagerhebung zugleich ein Kündigungswiderspruch zu sehen. Eine vorfristige Widerspruchserklärung ist rechtlich unbedenklich, aber wegen § 259 ZPO nicht zu empfehlen. Der Mieter ist zur Abgabe einer vorfristigen Erklärung nicht verpflichtet. Das Auskunftsverlangen nach Abs. 1 Satz 2 kann erst nach Zugang des Widerspruchs beim Vermieter geltend gemacht werden.

5 Bei **mehreren Kündigungen** ist es zweckmäßig, dass der Mieter gegen jede Kündigung Widerspruch einlegt. Die Frist beginnt mit jeder Kündigung neu zu laufen. In den meisten Fällen ist eine erneute Einlegung des Widerspruchs allerdings nicht zwingend erforderlich. Hat der Mieter beispielsweise gegen eine formell unwirksame Kündigung Widerspruch eingelegt und wird die

---

[4] *Rolfs* in Staudinger § 574b BGB Rdn. 9; *Lammel* § 574b BGB Rdn. 7; *Sternel* Mietrecht (1988) Rdn. IV 192; **a. A.** *Häublein* in MünchKomm § 574b BGB Rdn. 2: danach ist § 574b Abs. 2 Satz 2 BGB lex specialis zu § 127a ZPO; *Franke* in WoBauR § 574b BGB Anm. 2; *Franke* ZMR 1993, 93; *Grapentin* in Bub/Treier Kap. IV Rdn. 249.

Kündigung anschließend formell wirksam wiederholt, so wirkt der ursprüngliche Widerspruch weiter, wenn für den Vermieter hinreichend klar erkennbar ist, dass die Härtegründe fortbestehen.[5]

2. Abs. 2 Satz 2

6 In § 568 Abs. 2 BGB ist geregelt, dass der Vermieter den Mieter rechtzeitig auf die Möglichkeit, die Form und die Frist des Widerspruchs hinweisen soll. Wird diese Obliegenheit nicht beachtet (zur Beweislast s. § 574 BGB Rdn. 65), so kann der Mieter den Widerspruch noch im ersten Termin des Räumungsrechtsstreits erklären (Abs. 2 Satz 2). Mit dieser Regelung soll erreicht werden, dass die Einlegung des Kündigungswiderspruchs nicht an der Unwissenheit des Mieters scheitert. Das Gesetz geht dabei davon aus, dass der Mieter spätestens vom Richter über die Möglichkeit des Kündigungswiderspruchs informiert wird. Gleichwohl kann der Mieter den Widerspruch nicht zu Protokoll erklären, weil in diesem Fall die Schriftform nicht gewahrt ist (s. § 127a BGB).[6] Wegen der Einzelheiten der Erteilung des Hinweises s. § 568 BGB Rdn. 21.

7 Fehlt der Hinweis oder entspricht er nicht den gesetzlichen Anforderungen, so genügt es für die Rechtzeitigkeit des Widerspruchs, wenn er spätestens vor der Beendigung des **ersten Termins des Räumungsrechtsstreits** erklärt wird. Dies ist die erste mündliche Verhandlung i. S. v. § 274 ZPO. Ist dem Termin ein schriftliches Vorverfahren vorausgegangen und hat das Gericht in diesem Verfahren ein Versäumnisurteil erlassen, so muss über den Widerspruch mündlich verhandelt werden.[7] Hier kann der Widerspruch noch im Termin zur Verhandlung über den Einspruch erklärt werden.[8] Wird im laufenden Gerichtsverfahren ohne Hinweis gekündigt, so ist der erste Termin derjenige, in dem über diese Kündigung verhandelt wird. Dies gilt auch, wenn der Rechtsstreit in der Berufungsinstanz anhängig ist.

8 Nach der gesetzlichen Regelung ist der Widerspruch **im** Termin zu erklären. Selbstverständlich kann der Mieter den Widerspruch aber auch außerhalb des Termins übermitteln. Die Widerspruchsfrist endet aber in den Fällen des Abs. 2 Satz 2 in jedem Fall mit der Beendigung des ersten Termins. Ein nach diesem Termin erklärter Widerspruch ist verspätet (wegen der Folgen s. Rdn. 9. Dies gilt auch dann, wenn der Richter keinen Hinweis auf die Möglichkeit des Kündigungswiderspruchs gegeben hat. Das Gesetz geht zwar davon aus, dass der Mieter vom Richter informiert werden soll; ein unterbliebener Hinweis ist gleichwohl folgenlos. Erscheint der Mieter nicht, so gilt der Termin als versäumt. Ein rechtzeitiger Widerspruch nach diesem versäumten Termin ist nicht möglich, es sei denn, dass der Mieter nicht ordnungsgemäß zum Termin geladen worden ist oder dass das Amtsgericht vertagt hat. Bei einer schuldlosen Säumnis kann keine Wiedereinsetzung gewährt werden.[9] Eine dem § 721 Abs. 2 Satz 2 ZPO vergleichbare Vorschrift enthält § 574b BGB nicht.

3. Verspäteter Widerspruch

9 Die Widerspruchsfrist ist keine Ausschlussfrist. Vielmehr muss der verspätete Widerspruch mit einer **Einrede** (vergleichbar der Verjährungseinrede) gerügt werden.[10] Dies folgt aus dem Wortlaut des Abs. 2 Satz 1 („... kann ... ablehnen"). Wird die Einrede nicht erhoben, so ist jeder Widerspruch zu beachten, der bis zum Schluss der mündlichen Verhandlung erklärt und in das Verfahren eingeführt wird. Auch die in Abs. 2 Satz 2 bezeichnete Frist (erster Termin des Räumungsrechtsstreits) ist keine Ausschlussfrist; die Überschreitung dieser Frist ist deshalb ebenfalls nur zu beachten, wenn der Vermieter die Verspätungseinrede erhoben hat.

10 **4.** Im Gesetz ist nicht geregelt, welche Rechtsfolge gilt, wenn die **Härtegründe erst nach Ablauf der Fristen** des § 574b BGB eintreten. Es handelt sich um eine planwidrige Gesetzes-

---

[5] LG Darmstadt MM 1991, 131.

[6] S. Fn. 4.

[7] *Franke* ZMR 1993, 93.

[8] LG Düsseldorf WuM 1992, 371; *Häublein* in MünchKomm § 574b BGB Rdn. 8; *Hannappel* in Bamberger/Roth § 574b BGB Rdn. 8; *Lammel* § 574b BGB Rdn. 14; *Franke* in WoBauR § 574b BGB Anm. 5 und in ZMR 1993, 93; *Rolfs* in Staudinger § 574b BGB Rdn. 13; **a. A.** *Grapentin* in Bub/Treier Kap. IV Rdn. 249.

[9] *Häublein* in MünchKomm § 574b BGB Rdn. 9; *Sternel* Mietrecht (1988) Rdn. IV 194.

[10] Allgem. Ansicht: *Grapentin* in Bub/Treier Kap. IV Rdn. 249; *Rolfs* in Staudinger § 574b BGB Rdn. 10; *Franke* in WoBauR § 574b BGB Anm. 4 und in ZMR 1993, 93; *Lammel* § 574b BGB Rdn. 12; *Häublein* in MünchKomm § 574b BGB Rdn. 9; *Kossmann* § 132 Rdn. 7; *Lützenkirchen* in: Erman § 574b Rdn. 6; *Herrlein* in Herrlein/Kandelhard § 574b BGB Rdn. 4; Palandt/*Weidenkaff* § 574b BGB Rdn. 4; *Sternel* Mietrecht (1988) Rdn. IV 194; *Burkhardt* BB 1963, 907; *Hoffmann* NJW 1966, 486; *Kunkel* NJW 1965, 799.

lücke,[11] die durch entsprechende Anwendung des in § 574 Abs. 3 BGB enthaltenen Rechtsgedankens zu schließen ist. Wegen der nachträglichen Gründe kann der Mieter den Widerspruch bis zum Schluss der mündlichen Verhandlung einlegen.[12]

V. Abweichende Vereinbarungen (Abs. 3)

11 Es gelten die Ausführungen zu § 574 BGB.

[11] **A. A.** *Hinz* in Dauner-Lieb u. a. Anwaltskommentar § 574b BGB Rdn. 11.

[12] Wie hier: *Sternel* Mietrecht aktuell (2009) Rdn. XI 317; *Herrlein* in Herrlein/Kandelhard § 574b BGB Rdn. 4; **a. A.** *Rolfs* in Staudinger § 574b BGB Rdn. 15; *Häublein* in MünchKomm § 574b Rdn 7; *Lammel* § 574b BGB Rdn. 13; *Grapentin* in Bub/Treier Kap. IV Rdn. 249; *Hannappel* in Bamberger/Roth § 574b BGB Rdn. 6; *Hinz* in Dauner-Lieb u. a. Anwaltskommentar § 574b BGB Rdn. 11: danach ist in diesem Fall nur die Gewährung einer Räumungsfrist möglich.

§ 574c Weitere Fortsetzung des Mietverhältnisses bei unvorhergesehenen Umständen

(1) Ist aufgrund der §§ 574 bis 574 b durch Einigung oder Urteil bestimmt worden, dass das Mietverhältnis auf bestimmte Zeit fortgesetzt wird, so kann der Mieter dessen weitere Fortsetzung nur verlangen, wenn dies durch eine wesentliche Änderung der Umstände gerechtfertigt ist oder wenn Umstände nicht eingetreten sind, deren vorgesehener Eintritt für die Zeitdauer der Fortsetzung bestimmend gewesen war.

(2) [1]Kündigt der Vermieter ein Mietverhältnis, dessen Fortsetzung auf unbestimmte Zeit durch Urteil bestimmt worden ist, so kann der Mieter der Kündigung widersprechen und vom Vermieter verlangen, das Mietverhältnis auf unbestimmte Zeit fortzusetzen. [2]Haben sich die Umstände verändert, die für die Fortsetzung bestimmend gewesen waren, so kann der Mieter eine Fortsetzung des Mietverhältnisses nur nach § 574 verlangen; unerhebliche Veränderungen bleiben außer Betracht.

(3) Eine zum Nachteil des Mieters abweichende Vereinbarung ist unwirksam.

Systematische Übersicht

Alphabetische Schnellübersicht

I. Zweck und Anwendungsbereich

1 Die Vorschrift regelt, wann das Mietverhältnis nach einer Fortsetzung gem. §§ 574, 574 a BGB erneut fortgesetzt werden kann. Die Vorschrift ist dem bis 31.8.2001 geltenden § 556 c BGB a. F. nachgebildet.

2 Der Anwendungsbereich ist derselbe, wie bei § 574 BGB dargestellt. Die praktische Bedeutung der Vorschrift ist gering.

II. Anwendungsbereich des Abs. 1

1. Ablauf der Verlängerungszeit

3 Die Regelung in Abs. 1 ist anwendbar, wenn die Vertragszeit endet, nachdem das Mietverhältnis nach §§ 574, 574 a BGB durch Einigung oder Urteil **auf bestimmte Zeit** fortgesetzt worden ist. Eine vorangegangene Vertragsfortsetzung aus anderen Gründen (z. B. nach § 545 BGB oder auf Grund vertraglicher Vereinbarung außerhalb der §§ 574, 574 a BGB) führt nicht zur Anwendung des § 574 c BGB; vielmehr sind in einem solchen Fall §§ 574, 574 a BGB unmittelbar anwendbar. Es genügt auch nicht, dass das Mietverhältnis irgendwann in zurückliegender Zeit nach §§ 574,

574a BGB fortgesetzt worden ist. Erforderlich ist vielmehr, dass ein nach diesen Bestimmungen fortgesetztes Mietverhältnis endet.

2. Rückgabepflicht

4 Der Ablauf der Fortsetzungszeit hat in diesem Fall zur Folge, dass der Mieter die Mietsache herausgeben muss. Eine Kündigung durch den Vermieter ist nicht erforderlich, weil das Mietverhältnis mit dem Ablauf der Fortsetzungszeit ohne weiteres endet. § 545 BGB ist allerdings zu beachten (s. § 545 BGB Rdn. 11). Gibt der Mieter die Sache nicht zurück, so kann der Vermieter ohne weiteres Räumungsklage erheben.

3. Fortsetzungsinteresse

5 Liegen jedoch in der Person des Mieters Härtegründe i. S. v. § 574 BGB vor, so kann er eine weitere Vertragsfortsetzung nach § 574 BGB verlangen, falls das **besondere Fortsetzungsinteresse** des Abs. 1 gegeben ist.

6 **a)** Ein solches Fortsetzungsinteresse ist zunächst dann anzunehmen, wenn eine weitere Fortsetzung durch eine **wesentliche Änderung der Umstände** gerechtfertigt ist. An das Kriterium der **Wesentlichkeit** sind keine allzu hohen Anforderungen zu stellen. Es genügt, wenn auf Grund der neuen Sachlage ein Überdenken des bisherigen Abwägungsergebnisses angezeigt erscheint. Eine **Änderung** liegt vor, wenn in der Verlängerungszeit neue Härtegründe auftreten, die ursprünglich nicht vorhanden gewesen sind oder wenn sich ein ursprünglich vorhandener Härtegrund (z. B. eine Krankheit) in der Verlängerungszeit wesentlich verschärft oder zum Nachteil des Mieters anders entwickelt als dies erwartet wurde. Weiterhin kann ein Fortsetzungsinteresse bejaht werden, wenn auf Seiten des Mieters ursprünglich vorhandene Härtegründe entfallen und zugleich neue Härtegründe eingetreten sind. Nach der hier vertretenen Ansicht ist ein Fortsetzungsinteresse auch hinsichtlich solcher Härtegründe gegeben, die zwar bei der ursprünglichen Fortsetzung bereits vorhanden waren aber nicht geltend gemacht oder nicht berücksichtigt wurden.[1] Nach anderer Meinung dürfen nur solche Gründe berücksichtigt werden, die nach Schluss der mündlichen Verhandlung über das Fortsetzungsurteil oder dem Zeitpunkt der Einigung über die Vertragsfortsetzung entstanden sind.[2] Das Bedürfnis zur Korrektur einer früher getroffenen fehlerhaften Entscheidung kann allerdings nicht als Fortsetzungsinteresse bewertet werden.[3] Unerheblich ist es auch, wenn sich Umstände verändern, die mit den Gründen der ursprünglichen Vertragsfortsetzung nichts zu tun haben.[4]

7 **b)** Außerdem liegt ein Fortsetzungsinteresse vor, wenn **Umstände nicht eingetreten** sind, deren vorhergesehener Eintritt für die Zeitdauer der Fortsetzung bestimmend gewesen ist. Ein solcher Fall kann beispielsweise vorliegen, wenn der Mieter trotz Erfüllung der Ersatzraumbeschaffungspflicht in der Fortsetzungszeit keine Ersatzwohnung gefunden hat, oder wenn sich ein als hinreichend sicher angesehener Umzug in ein Eigenheim aus Gründen, die der Mieter nicht zu vertreten hat, weiter verzögert. Ist der Eintritt bestimmter Umstände von einer Partei wider Treu und Glauben verhindert oder herbeigeführt worden, so kann sich die treuwidrig handelnde Partei nicht darauf berufen (Rechtsgedanke des § 162 BGB).[5] Hierzu sind auch diejenigen Fälle zu zählen, in denen der Mieter nichts unternimmt um einen Härtegrund zu beseitigen.[6] Hiervon ist beispielsweise dann auszugehen, wenn der Mieter keine Ersatzraumbemühungen unternimmt oder – bei krankheitsbedingtem Räumungshindernis – keine Heilbehandlung in die Wege leitet.

---

[1] *Rolfs* in Staudinger § 574c BGB Rdn. 9; *Häublein* in MünchKomm § 574c BGB Rdn 5; *Hannappel* in Bamberger/Roth § 574c BGB Rdn. 6; Palandt/*Weidenkaff* § 574c BGB Rdn. 5; *Riecke* in Elzer/Riecke § 574c BGB Rdn. 2.

[2] *Sternel* Mietrecht (1988) Rdn. IV 226; *Franke* in WoBauR § 574c BGB Anm. 2; *Lammel* § 574c BGB Rdn. 16; *Herrlein* in Herrlein/Kandelhard § 574c BGB Rdn. 2.

[3] *Grapentin* in Bub/Treier Kap. IV Rdn. 256.

[4] LG Siegen NJW-RR 1991, 1113 betr. die Eheschließung und Aufnahme des Ehegatten in die gekündigte Wohnung, wenn das Mietverhältnis wegen fehlendem Ersatzraum fortgesetzt worden ist.

[5] Bericht des Rechtsausschusses BT-Drucks. V/2317 S. 4; *Rolfs* in Staudinger § 574c BGB Rdn. 15; *Hannappel* in Bamberger/Roth § 574c BGB Rdn. 8; *Häublein* in MünchKomm § 574c BGB Rdn. 6; *Lützenkirchen* in: Erman § 574c Rdn. 3; *Franke* in WoBauR § 574c BGB Anm. 2.1; *Grapentin* in Bub/Treier Kap IV Rdn. 257.

[6] *Pergande* § 556c BGB Anm. 3.

c) Liegt kein besonderes Fortsetzungsinteresse vor, so kann der Mieter auch dann keine weitere Vertragsfortsetzung nach § 574c verlangen, wenn die **früheren Härtegründe des Vermieters weggefallen** sind.[7] Bei einem Wegfall bestimmter Kündigungsgründe (z. B. des Eigenbedarfs) kann der Mieter Vollstreckungsgegenklage erheben (s. § 573 BGB Rdn. 74). 8

4. Fortsetzungsanspruch, materielle Voraussetzungen

Der Fortsetzungsanspruch richtet sich nach § 574 BGB, wenn das ursprüngliche Mietverhältnis nach dieser Vorschrift fortgesetzt worden ist. Auch bei § 574c Abs. 1 ist eine Fortsetzung auf bestimmte oder unbestimmte Zeit möglich. Über die Fortsetzung ist auf Grund einer erneuten Interessenabwägung zu entscheiden. Zugunsten des Mieters sind die schon früher gegebenen und noch vorhandenen Härtegründe und das spezielle Fortsetzungsinteresse zu berücksichtigen. Zugunsten des Vermieters ist auch zu berücksichtigen, ob zu dem ursprünglich gegebenen Erlangungsinteresse weitere Interessen hinzugetreten sind, die für eine endgültige Abwicklung des Mietverhältnisses sprechen. Maßgeblich ist die Interessenlage zum Zeitpunkt der Entscheidung über die Vertragsfortsetzung. Die Abwägung kann ergeben, dass das Mietverhältnis nicht weiter fortgesetzt werden darf, obwohl die formellen Voraussetzungen des § 574c gegeben sind. Die in § 574 Abs. 1 Satz BGB und § 549 Abs. 2 BGB enthaltenen Ausschlusstatbestände gelten auch für die weitere Vertragsfortsetzung nach § 574c BGB. 9

5. Fortsetzungsanspruch, formelle Voraussetzungen

In §§ 556c Abs. 1 BGB a. F. war ausdrücklich geregelt, dass das Fortsetzungsverlangen nach den Vorschriften der §§ 556a, 556b BGB a. F. – also unter Beachtung der in § 556b BGB a. F. bestimmten Formen und Fristen- geltend zu machen war.[8] Überwiegend wird die Ansicht vertreten, dass diese Rechtslage nach der Neufassung der Vorschriften über die Vertragsfortsetzung durch das Mietrechtsreformgesetz unverändert fortgilt.[9] Dabei wird verkannt, dass § 574c Abs. 1 BGB nicht mehr auf die in § 574b BGB geregelten Formen und Fristen des Fortsetzungsverlangens Bezug nimmt. Daraus ist zu folgern, dass das Verlangen nach weiterer Fortsetzung des Mietverhältnisses formlos gestellt werden kann und dass hierfür keine Fristen gelten.[10] Aus dem systematischen Zusammenhang der §§ 574 bis § 574c BGB kann das Formerfordernis nicht abgeleitet werden;[11] der Gesichtspunkt der Rechtsklarheit erfordert, dass die Wirksamkeit einer Erklärung nur dann von der Beachtung bestimmter Formen oder Fristen abhängen darf, wenn dies im Gesetz hinreichend klar bestimmt ist. 10

6. Wiederholte Vertragsfortsetzung

Endet eine nach § 574c Abs. 1 BGB angeordnete Vertragsfortsetzung, so kann der Mieter wiederum eine Fortsetzung nach § 574c BGB verlangen, wenn die Voraussetzungen dieser Vorschrift gegeben sind. Für die weitere Vertragsfortsetzung ist ein Fortsetzungsinteresse erforderlich. In früherer Zeit wurde zu § 556a BGB a. F. zum Teil die Ansicht vertreten, dass die Vorschrift nur einmal angewendet werden könne.[12] Diese Ansicht konnte sich auf den Wortlaut der früheren Gesetzesfassung („Ist ... bereits einmal ... die Fortsetzung des Mietverhältnisses bestimmt worden, ...") stützen. Heute ist diese Ansicht überholt. Aus der gegenwärtigen Gesetzesfassung lässt sich keine Beschränkung der Anzahl der Vertragsfortsetzungen ableiten.[13] 11

---

[7] Insoweit zutreffend: LG München I WuM 1996, 94; **a. A.** *Rolfs* in Staudinger § 574c BGB Rdn. 10; *Häublein* in MünchKomm § 574c BGB Rdn. 5; *Franke* in WoBauR § 574c BGB Anm. 2.2; *Lammel* § 574c BGB Rdn. 14; *Riecke* in Elzer/Riecke § 574c BGB Rdn. 2; *Hinz* in Dauner-Lieb u. a. Anwaltskommentar § 574c BGB Rdn. 4.

[8] *Pergande* § 556c BGB a. F. Anm. 2.

[9] *Franke* in WoBauR § 574c BGB Anm. 2.3; *Rolfs* in Staudinger § 574c BGB Rdn. 18; *Hannappel* in Bamberger/Roth § 574c BGB Rdn. 10; *Häublein* in MünchKomm § 574c BGB Rdn. 7; *Lammel* § 574c BGB Rdn. 21; *Kossmann* § 134 Rdn. 5.

[10] Ebenso Palandt/*Weidenkaff* § 574c BGB Rdn. 10; *Herrlein* in Herrlein/Kandelhard § 574c BGB Rdn. 7.

[11] So aber *Rolfs* in Staudinger § 574c BGB Rdn. 28.

[12] *Roquette* § 556c BGB Rdn. 3; **a. A.** *Schmidt-Futterer* NJW 1965, 1461, 1463.

[13] LG Mannheim WuM 1975, 213, 214; *Franke* in WoBauR § 574c BGB Anm. 2.3; *Rolfs* in Staudinger § 574c BGB Rdn. 20; *Häublein* in MünchKomm § 574c BGB Rdn. 6; Palandt/*Weidenkaff* § 574c BGB Rdn. 1.

12 7. Für das **gerichtliche Verfahren** gelten die Ausführungen zu § 574a BGB Rdn. 19). Wie bei § 574 BGB genügt es, wenn der Mieter den Fortsetzungsanspruch durch Einrede geltend macht. Auch im Rahmen des § 574c Abs. 1 kann der Vermieter beim Vorliegen der Voraussetzungen des § 574a Abs. 1 Satz 2 BGB verlangen, dass die Bedingungen der Vertragsfortsetzung geändert werden (s. § 574a Rdn. 13).

8. Darlegungs- und Beweislast

13 Der Vermieter muss darlegen und beweisen, dass das Mietverhältnis nach §§ 574, 574a BGB und nicht nach anderen Rechtsgrundsätzen fortgesetzt wurde. Dies kann insbesondere dann zu Problemen führen, wenn die ursprüngliche Fortsetzung nicht durch das Gericht, sondern durch Einigung der Vertragsparteien erfolgt ist. Der Mieter muss darlegen und beweisen, dass ein besonderes Fortsetzungsinteresse gegeben ist.

III. Anwendungsbereich des Abs. 2

1. Fortsetzung auf unbestimmte Zeit durch Urteil

14 Die Regelung in Abs. 2 ist anwendbar, wenn das Mietverhältnis durch **Urteil** gem. §§ 574, 574a BGB auf unbestimmte Zeit verlängert worden ist und der Vermieter in der Folgezeit erneut kündigt. Bei einer Vertragsfortsetzung durch **Einigung** (außerhalb eines gerichtlichen Verfahrens oder durch Prozessvergleich) gilt Abs. 2 nicht; hier richtet sich der Fortsetzungsanspruch nach § 574 BGB.[14] Der Grund für diese unterschiedliche Handhabung ist darin zu sehen, dass die Anwendung des § 574 BGB für den Vermieter günstiger ist als die Anwendung des § 574c Abs. 2 BGB. Im erstgenannten Fall muss der Mieter unter Beachtung der nach § 574 BGB maßgeblichen Formen und Fristen darlegen und beweisen, dass ein Härtegrund besteht. Der Fortsetzungsanspruch nach § 574c Abs. 2 ist dagegen weder an formelle noch an materiellrechtliche Voraussetzungen gebunden. Die Privilegierung des Vermieters für den Fall der Vertragsfortsetzung durch Einigung ist sachgerecht, weil dieser bei freiwilliger Vertragsfortsetzung nach § 574 BGB nicht schlechter gestellt werden soll als bei einer vereinbarten Vertragsfortsetzung außerhalb dieser Bestimmungen.

2. Kündigung durch den Vermieter

15 § 574c Abs. 2 BGB gilt nur bei einer Vertragsbeendigung durch Kündigung des Vermieters. Bei einer Vertragsbeendigung durch Kündigung des Mieters ist Abs. 2 unanwendbar; eine Verlängerung nach § 574 BGB kommt nicht in Betracht (s. § 574 BGB Rdn. 15). Ebenso ist Abs. 2 nicht anwendbar, wenn das Mietverhältnis durch Aufhebungsvertrag beendet worden ist.

16 Die Regelung gilt nur bei einer wirksamen ordentlichen oder außerordentlichen Kündigung mit gesetzlicher Frist. Liegt kein Kündigungsgrund vor, so ist eine Anwendung des § 574c Abs. 2 ausgeschlossen; hierfür besteht auch kein Bedürfnis, weil das Mietverhältnis durch eine unwirksame Kündigung nicht beendet wird. Bei fristlosen Kündigungen ist Abs. 2 unanwendbar. Es genügt aber – im Unterschied zu § 574 Abs. 1 Satz 2 BGB – nicht, wenn lediglich ein Grund zur fristlosen Kündigung vorliegt und der Vermieter gleichwohl eine ordentliche Kündigung ausspricht.

3. Fortsetzungsanspruch (Abs. 2 Satz 1)

17 Der Mieter kann der Kündigung widersprechen und vom Vermieter verlangen, das Mietverhältnis auf unbestimmte Zeit fortzusetzen. Ein **Fortsetzungsinteresse** ist – anders als bei Abs. 1 – **nicht erforderlich.** Der Mieter muss auch nicht darlegen, dass die ursprünglich gegebenen Härtegründe weiterhin vorhanden sind. Der Widerspruch und das Fortsetzungsverlangen sind wie bei § 574 BGB ein und dasselbe (s. § 574a BGB Rdn. 2). Der Mieter muss das **Fortsetzungsverlangen** gegenüber dem Vermieter geltend machen. Es ist nicht erforderlich, dass hierbei die Gesetzesbegriffe verwendet werden. Der Mieter muss nur (schriftlich oder mündlich) klarstellen, dass er eine weitere Vertragsfortsetzung will. Die Regelung in Abs. 2 Satz 1 verweist nicht auf § 574b

---

[14] *Rolfs* in Staudinger § 574c BGB Rdn. 21; *Franke* in WoBauR § 574c BGB Anm. 5; *Grapentin* in Bub/Treier Kap IV Rdn. 257; *Hannappel* in Bamberger/Roth § 574c BGB Rdn. 12; *Häublein* in MünchKomm § 574c BGB Rdn. 9; *Lützenkirchen* in: Erman § 574c Rdn. 4; Palandt/*Weidenkaff* § 574c BGB Rdn. 7.

BGB; deshalb bedarf das Fortsetzungsverlangen weder der **Schriftform,** noch sind **Fristen** zu beachten.[15] Es genügt, wenn das Fortsetzungsverlangen im letzten Termin zur mündlichen Verhandlung über den Räumungsanspruch erklärt wird. Im Klagabweisungsantrag liegt i. d. R. zugleich ein Fortsetzungsverlangen nach Abs. 2. Der Gesetzgeber hat dem Mieter bewusst eine sehr starke Stellung eingeräumt um zu verhindern, dass dieser nach der Vertragsfortsetzung durch das Gericht durch Kündigungen im Mietgebrauch gestört wird. Ein durch Urteil auf unbestimmte Zeit fortgesetztes Mietverhältnis ist praktisch unkündbar.

4. Für das **gerichtliche Verfahren** gelten die Ausführungen zu § 574a BGB Rdn. 19). Es genügt, wenn der Mieter den Fortsetzungsanspruch durch Einrede geltend macht. Das Gericht muss das Mietverhältnis wiederum auf unbestimmte Zeit fortsetzen. Eine Vertragsfortsetzung zu geänderten Bedingungen ist – anders als bei Abs. 1 – im Falle des Abs. 2 Satz 1 nicht möglich. 18

5. Fortsetzungsanspruch bei Veränderung der Sachlage (Abs. 2 Satz 2)

Haben sich Umstände, die für die Fortsetzung des Mietverhältnisses bestimmend gewesen waren, verändert, so kann der Mieter eine Fortsetzung des Mietverhältnisses nur nach § 574 BGB verlangen. Diese Vorschrift beruht auf der Erwägung, dass die wechselseitigen Interessen bei einer wesentlichen Änderung der Sachlage neu bewertet und abgewogen werden sollen. Zu Klarstellung ist in Abs. 2 Satz 2 Hs. 2 bestimmt, dass eine unerhebliche Veränderung außer Betracht bleibt. Von einer **wesentlichen Veränderung der Sachlage** ist auszugehen, wenn ursprünglich vorhandene Härtegründe auf Seiten des Mieters ganz oder überwiegend entfallen oder nur noch in wesentlich abgeschwächter Form weiterbestehen. Gleiches gilt, wenn auf Seiten des Vermieters neue Interessen an der Vertragsbeendigung gegeben sind oder ursprüngliche Beendigungsinteressen stärker in Erscheinung treten. Dagegen ist Abs. 2 Satz 2 unanwendbar, wenn sich die beim Mieter gegebenen Härtegründe verstärkt oder wenn die Interessen des Vermieters an Gewicht verloren haben. Dies folgt zwar nicht aus dem Wortlaut, wohl aber aus dem Sinn und Zweck des Abs. 2 Satz 2. 19

Der Grundsatz des **§ 162 BGB,** wonach sich keine Partei auf Umstände berufen kann, die sie wider Treu und Glauben herbeigeführt oder deren Eintritt sie wider Treu und Glauben vereitelt hat, gilt auch im Rahmen des Abs. 2 Satz 2.[16] Deshalb ist eine Neubewertung der Interessen angezeigt, wenn ein krankheitsbedingtes Räumungshindernis nur deshalb fortbesteht, weil der Mieter eine zumutbare ärztliche Behandlung unterlassen oder abgebrochen hat. Umgekehrt kann sich ein Vermieter nicht auf eine geänderte Sachlage berufen, wenn er seinen Wohnbedarf durch die freiwillige Aufgabe seiner bisherigen Wohnung dringlicher gestaltet, als dies zum Zeitpunkt der ursprünglichen Vertragsfortsetzung der Fall gewesen ist. 20

Ob sich die für die frühere Vertragsfortsetzung maßgebenden Umstände geändert haben, muss sich grundsätzlich aus dem **Kündigungsschreiben** ergeben (§ 574 Abs. 3 BGB). In diesem Fall muss der Mieter das Fortsetzungsverlangen unter Beachtung der in § 574b bestimmten Formalien (Schriftform, 2-Monatsfrist) geltend machen.[17] Die Vorschrift des § 574b Abs. 2 Satz 2 BGB gilt auch hier. Wegen der weiteren Einzelheiten s. § 574b Rdn. 6. Werden die für die Anwendung der Abs. 2 Satz 2 maßgeblichen Gründe in dem Kündigungsschreiben nicht mitgeteilt, so ist für eine Anwendung dieser Vorschrift wegen § 574 Abs. 3 BGB kein Raum. 21

---

[15] Bericht des Rechtsausschusses BT-Drucks. V/2317 S. 3; *Lammel* § 574c BGB Rdn. 30; *Lützenkirchen* in: Erman § 574c Rdn. 5; Palandt/*Weidenkaff* § 574c BGB Rdn. 10; *Herrlein* in Herrlein/Kandelhard § 574c BGB Rdn. 7; **a. A.** *Rolfs* in Staudinger § 574c BGB Rdn. 28; *Häublein* in MünchKomm § 574c BGB Rdn. 11; *Sternel* Mietrecht (1988) Rdn. IV 230.

[16] Bericht des Rechtsausschusses BT-Drucks. V/2317 S. 4; *Rolfs* in Staudinger § 574c BGB Rdn. 32; *Pergande* § 556c BGB Anm. 3.

[17] *Pergande* § 556c BGB Anm. 3.

6. Darlegungs- und Beweislast

22 Der Vermieter muss beweisen, dass die für ihn günstigen Voraussetzungen des Abs. 2 Satz 2 gegeben sind, insbesondere, dass sich die Umstände die für die ursprüngliche Entscheidung maßgebend waren, geändert haben. Der Mieter muss darlegen und beweisen, dass die Beendigung des Mietverhältnisses für ihn oder seine Familie nach wie vor eine Härte darstellen.[18]

IV. Abweichende Vereinbarungen

23 Es gelten die Ausführungen zu § 574 BGB.

[18] Bericht des Rechtsausschusses BT-Drucks. V/2317 S. 3; *Lammel* § 574c BGB Rdn. 35; *Rolfs* in Staudinger § 574c BGB Rdn. 30; *Hannappel* in Bamberger/Roth § 574c BGB Rdn. 17; *Häublein* in MünchKomm § 574c BGB Rdn. 13; *Lützenkirchen* in: Erman § 574c Rdn. 8; Sternel Mietrecht (1988) Rdn. IV 229; *Pergande* § 556c BGB Anm. 3.

Unterkapitel 3. Mietverhältnisse auf bestimmte Zeit

§ 575 Zeitmietvertrag

(1) [1]Ein Mietverhältnis kann auf bestimmte Zeit eingegangen werden, wenn der Vermieter nach Ablauf der Mietzeit

1. die Räume als Wohnung für sich, seine Familienangehörigen oder Angehörige seines Haushalts nutzen will,

2. in zulässiger Weise die Räume beseitigen oder so wesentlich verändern oder instand setzen will, dass die Maßnahmen durch eine Fortsetzung des Mietverhältnisses erheblich erschwert würden, oder

3. die Räume an einen zur Dienstleistung Verpflichteten vermieten will und er dem Mieter den Grund der Befristung bei Vertragsschluss schriftlich mitteilt. [2]Anderenfalls gilt das Mietverhältnis als auf unbestimmte Zeit abgeschlossen.

(2) [1]Der Mieter kann vom Vermieter frühestens vier Monate vor Ablauf der Befristung verlangen, dass dieser ihm binnen eines Monats mitteilt, ob der Befristungsgrund noch besteht. [2]Erfolgt die Mitteilung später, so kann der Mieter eine Verlängerung des Mietverhältnisses um den Zeitraum der Verspätung verlangen.

(3) [1]Tritt der Grund der Befristung erst später ein, so kann der Mieter eine Verlängerung des Mietverhältnisses um einen entsprechenden Zeitraum verlangen. [2]Entfällt der Grund, so kann der Mieter eine Verlängerung auf unbestimmte Zeit verlangen. [3]Die Beweislast für den Eintritt des Befristungsgrundes und die Dauer der Verzögerung trifft den Vermieter.

(4) Eine zum Nachteil des Mieters abweichende Vereinbarung ist unwirksam.

Systematische Übersicht

Alphabetische Schnellübersicht

I. Entstehungsgeschichte, Zweck

1. Abs. 1 Satz 1

1 Nach dieser Vorschrift ist es möglich, ein Mietverhältnis auf bestimmte Zeit zu vereinbaren, bei dem der Mieter keinen Anspruch auf Vertragsfortsetzung hat **(Zeitmietvertrag).** Die Fortsetzung des Mietverhältnisses nach § 574 BGB ist ebenfalls ausgeschlossen. Dem Mieter kann auch keine Räumungsfrist nach § 721 ZPO bewilligt werden (Über die Ausnahmen s. Anh. 1 zu §§ 574 Rdn. 78). Die Vorschrift ist dem bis zum 31.8.2001 geltenden § 564c Abs. 2 BGB a. F. nachgebildet. Diese Regelung wurde durch das Gesetz zur Erhöhung des Angebots an Mietwohnungen vom 20.12.1982 (BGBl. I S. 1912) in das BGB eingefügt. Die Vermieter erhielten dadurch die Möglichkeit zur befristeten Vermietung einer Wohnung unter Ausschluss des zugunsten des Mieters bestehenden Kündigungsschutzes. Durch die systemwidrige Vorschrift sollte ein Anreiz geschaffen werden, auch solche Wohnungen zu vermieten, die in absehbarer Zeit zur Eigennutzung oder zur Modernisierung vorgesehen waren. Folgerichtig konnten Zeitmietverträge i. S. v. § 564c Abs. 2 BGB a. F. höchstens für die Dauer von fünf Jahren geschlossen werden. So betrachtet, war § 564c Abs. 2 BGB a. F. eine gezielte Maßnahme zur Bekämpfung des (damaligen) Wohnungsmangels. Die Regelung hat allerdings in der Zeit ihrer Geltung vom 1.1.1983 bis zum 31.8.2001 keine ins Gewicht fallende praktische Bedeutung erlangt.

2 Der Zeitmietvertrag ist ein Mietverhältnis i. S. v. § 542 Abs. 2 BGB, das grundsätzlich mit dem Ablauf der vereinbarten Mietzeit endet. Vor Ablauf dieser Zeit ist weder der Vermieter noch der Mieter zur ordentlichen Kündigung berechtigt.[1] Vereinzelt wird allerdings die Ansicht vertreten[2] aus der Befristung des Vertrages folge zwar, dass der Vermieter für die Vertragszeit nicht zur ordentlichen Kündigung berechtigt sei. Ein Verzicht des Mieters auf eine ordentliche Kündigung könne sich dagegen nur aus der Parteivereinbarung ergeben. Der Mieter müsse erklären, dass auch er auf eine ordentliche Kündigung verzichte. Die Befristung des Mietvertrags reicht nach dieser Ansicht nicht aus. Vielmehr müssten weitere Anhaltspunkte vorliegen; fehlen diese, so könne der Mieter das Mietverhältnis vor Ablauf der Frist ordentlich kündigen. Für die besonderen Anhaltspunkte sei der Vermieter darlegungs- und beweispflichtig.

3 Diese Ansicht trifft nicht zu:[3] § 575 Abs. 1 Satz 1 BGB regelt die Voraussetzungen, unter denen die Parteien ein „Mietverhältnis auf bestimmte Zeit" eingehen können. Mietverhältnisse auf bestimmte Zeit können nicht im Wege der ordentlichen Kündigung beendet werden; vielmehr enden sie durch Zeitablauf (§ 542 Abs. 2 BGB). Eine Vereinbarung, wonach der Vermieter trotz der Befristung zur vorzeitigen Kündigung berechtigt sein soll (etwa, wenn der Rückerlangungsgrund früher als erwartet eintritt), verstößt gegen § 575 Abs. 4 BGB. Dagegen kann vereinbart werden, dass der Mieter zur vorzeitigen Kündigung berechtigt sein soll. Eine solche Vereinbarung kann sich nur zum Vorteil des Mieters auswirken; sie ist deshalb unschädlich. Ist eine solche Vereinbarung nicht getroffen, so bleibt es bei der Regelung des § 542 Abs. 2 BGB).

---

[1] BGH NJW 2007, 2177 = NZM 2007, 439 = WuM 2007, 319 = ZMR 2007, 601 = DWW 2007, 239 = GE 2007, 841.
[2] *Häublein* ZMR 2004, 1 und in MünchKomm § 575 BGB Rdn. 4ff.
[3] BGH a. a. O.

2. Abs. 1 Satz 2

Durch diese Vorschrift wird das bis zum 31.8.2001 mögliche „einfache" befristete Mietverhältnis abgeschafft. Der Grund für diese Regelung ist in der komplizierten Konstruktion des § 564c Abs. 1 BGB a. F. zu sehen. Danach kam der Mieter bei einem befristeten Mietverhältnis nur dann in den Genuss des Kündigungsschutzes nach § 564b BGB a. F., wenn er spätestens zwei Monate vor der Beendigung des Mietverhältnisses durch schriftliche Erklärung gegenüber dem Vermieter die Fortsetzung des Mietverhältnisses auf unbestimmte Zeit verlangt hat. Das Fortsetzungsverlangen wurde in der Vergangenheit in vielen Fällen – sei es aus Rechtsunkenntnis, sei es aus Vergesslichkeit – nicht gestellt, so dass das Mietverhältnis mit dem Ablauf der Vertragszeit beendet worden ist und der Mieter zur Räumung und Herausgabe der Wohnung verpflichtet war. Diese für den Mieter nachteilige Rechtsfolge soll durch die Neufassung vermieden werden. Seit dem 1.9.2001 ist es nicht mehr möglich, einen „einfachen" Zeitmietvertrag (also einen befristeten Mietvertrag ohne Befristungsinteresse) abzuschließen. Für die Abwicklung von „Altmietverträgen" gilt das bis 1.9.2001 maßgebliche Recht (s. Rdn. 5). 4

II. Anwendungsbereich

Die Vorschrift gilt nur für die Wohnraummiete. 5

Für Mietverhältnisse i. S. v. § 549 Abs. 2 Nr. 1–3 BGB (s. dort) und § 549 Abs. 3 BGB (s. dort) ist die Vorschrift unanwendbar. Dies entspricht im Wesentlichen dem bis 1.9.2001 geltendem Recht. Anders als nach bisherigem Recht ist § 575 BGB aber anwendbar auf Mietverhältnisse über Wohnraum in Ferienwohnungen in Feriendhausgebieten i. S. v. §§ 564b Abs 7 Nr. 4 BGB a. F. Stets ist Voraussetzung, dass das **Mietverhältnis nach dem 31.8.2001 begründet** worden ist oder begründet werden soll. Es kommt darauf an, wann der Mietvertrag geschlossen worden ist; der Zeitpunkt der Überlassung ist nicht maßgeblich.[4] Altmietverträge werden nach dem bis zum 1.9.2001 geltenden Recht abgewickelt (Art. 229 § 3 Abs 3 EGBGB). s. dazu die Kommentierung in der 10. Aufl. Anh. zu § 575 BGB).

Obwohl § 575 BGB nur solche Fallgestaltungen regelt, in denen die Befristung den Interessen des Vermieter dient, gilt die Vorschrift auch dann, wenn die **Befristung** ausschließlich **im Interesse des Mieters** vereinbart wird. Deshalb können die Parteien ein Mietverhältnis auch dann nicht befristen, wenn der Mieter die Wohnung nur für eine begrenzte Zeit benötigt. Eine Ausnahme gilt, wenn das Mietverhältnis aufgrund besonderer Umstände unter § 549 Abs. 2 Nr. 1 BGB fällt. Eine weitere Ausnahme ist für Mietverhältnisse auf Lebenszeit des Mieters angezeigt, weil ein solches Mietverhältnis zu Lebzeiten des Mieters nicht beendet werden kann (s. Rdn. 80). 5a

III. Der Zeitmietvertrag (befristeter Mietvertrag mit Befristungsinteresse)

1. Voraussetzungen (Abs. 1 Satz 1)

§ 575 Abs. 1 Satz 1 BGB regelt die Voraussetzungen, unter denen ein Mietverhältnis befristet werden kann („Zeitmietvertrag"). Hierzu bedarf es eines Befristungsgrundes und dessen Mitteilung bei Vertragsschluss. Die Dauer der Befristung spielt – anders als nach § 564c Abs. 2 BGB a. F. – keine Rolle. 6

a) Befristungsinteresse: Der Zeitmietvertrag setzt voraus, dass die Befristung durch ein besonderes Interesse des Vermieters gerechtfertigt ist. Der Vermieter muss bei Abschluss des Mietvertrags die ernsthafte Absicht haben, das Mietobjekt einer der in § 575 BGB bezeichneten Verwendungen zuzuführen.[5] Entfällt die Verwendungsabsicht im Verlauf der Mietzeit, so führt dies nicht zur Unwirksamkeit der Befristung. Der Mieter kann aber Verlängerung auf unbestimmte Zeit ver- 7

[4] BGH NJW-RR 2007, 20 = NZM 2006, 927 = WuM 2006, 620 = ZMR 2007, 20 = GE 2006, 1472; AG Nordhorn NJW 2002, 2327; *Häublein* in MünchKomm § 575 BGB Rdn. 14; *Rolfs* in Staudinger § 575 BGB Rdn. 89; *Haug* in Emmerich/Sonnenschein, Miete § 575 Rdn. 3; *Franke* ZMR 2001, 951, 953; *Jansen* NJW 2001, 3152; *Bösche* WuM 2001, 367; *Gather* DWW 2001, 192, 201; **a. A.** *Lammel* Wohnraummietrecht § 575 BGB Rdn. 86; *Stürzer* WuM 2001, 423.

[5] BGH NJW 2007, 2177 = NZM 2007, 439 = WuM 2007, 319 = ZMR 2007, 601 = DWW 2007, 239 = GE 2007, 841.

langen.[6] **Drei Befristungsinteressen** kommen in Betracht, nämlich die künftige Eigennutzungsabsicht (Nr. 1), die künftige Abriss-, Umbau- oder Instandsetzungsabsicht (Nr. 2) und der künftige Betriebsbedarf (Nr. 3). Es reicht aus, wenn einer der drei Verwendungszwecke vorliegt. Eine **Kumulation** mehrerer Zwecke schadet nicht, so z. B. wenn der Vermieter die Räume erst nach der Modernisierung selbst nutzen will. **Eine alternative oder hilfsweise Angabe** des Verwendungszwecks (z. B. Eigennutzung oder Vermietung an Kinder; Abriss oder Sanierung; Überlassung an den Sohn oder die Tochter) ist ebenfalls möglich.[7] Die angegebenen Verwendungszwecke müssen der Wahrheit entsprechen und realitätsgerecht sein. Bei einer angekündigten Sanierungsabsicht muss ein künftiger Sanierungsbedarf tatsächlich vorliegen. Ein Mietverhältnis in einem neuwertigen Gebäude kann grundsätzlich nicht unter Hinweis auf Abrisspläne befristet werden. Werden alternative Befristungsinteressen genannt, die nicht zueinander passen (Eigennutzung oder Abriss), so liegt hierin ein Indiz dafür, dass die angegebenen Verwendungsabsichten in Wirklichkeit nicht bestanden haben.[8] Die Befristungsinteressen sind im Gesetz **abschließend aufgezählt;** eine Erweiterung oder analoge Anwendung auf ähnliche Sachverhalte ist ausgeschlossen.[9] Die Verwendung der Räume als Geschäftsräume rechtfertigt deshalb die Befristung nicht. Gleiches gilt, wenn der Vermieter die Absicht hat, die Wohnung zu verkaufen[10] oder die Räume zunächst über längere Zeit leerstehen zu lassen. Zugunsten eines späteren Erwerbers der Wohnung kann ebenfalls keine Befristung vereinbart werden, es sei denn, es handle sich um einen privilegierten Angehörigen.

8 **aa) Eigennutzungstatbestand (Nr. 1).** Der Eigennutzungstatbestand liegt vor, wenn der Vermieter die Räume als Wohnung für sich, seine Familienangehörigen oder Angehörige seines Haushalts nutzen will. Der Eigennutzungstatbestand unterscheidet sich von dem Eigenbedarfstatbestand des § 573 Abs. 2 Nr. 2 BGB in einem wesentlichen Punkt. Anders als bei der Kündigung reicht es für die Befristung nämlich aus, dass der Vermieter die Räume selbst nutzen oder den durch Nr. 1 privilegierten Personen überlassen will. Bei **mehreren Vermietern** genügt es, wenn einer von ihnen die Wohnung selbst nutzen möchte. Zur Sicherung eines künftigen **Berufs- oder Gewerbebedarfs** ist keine Befristung möglich, weil die berechtigten Interessen i. S. des § 573 Abs. 1 in § 575 Abs. 1 BGB nicht genannt sind.

9 **aaa) Der Nutzungs-/Überlassungswille genügt.** Hiervon ist auszugehen, wenn der Vermieter die ernsthafte Absicht hat, die Räume selbst als Wohnung zu nutzen oder einem Familienangehörigen oder Angehörigen seines Haushalts zu überlassen. Soll die Wohnung einem Angehörigen überlassen werden, so ist nicht der Nutzungswille des Angehörigen, sondern der Überlassungswille des Vermieters maßgebend. Bei einem von Anfang an fehlenden Nutzungswillen des Angehörigen ist der Eigennutzungstatbestand aber ebenfalls nicht erfüllt, weil der Vermieter in diesem Fall seine Absicht nicht verwirklichen kann. Gleiches gilt, wenn feststeht, dass der Angehörige die Wohnung nach Ablauf der Vertragszeit gar nicht nutzen kann, etwa weil er sich an anderen Orten aufhält. Zu beachten ist allerdings, dass die Nutzungsmöglichkeit nicht mit Sicherheit feststehen muss.[11] Es genügt, wenn der Vermieter in Erwägung zieht, dass nach Ablauf der Vertragszeit ein Nutzungswille vorliegen könnte. An der Ernsthaftigkeit des Nutzungs-/Überlassungswillens fehlt es dagegen, wenn der Vermieter lediglich behauptet, dass er die Wohnung selbst nutzen oder einem Angehörigen überlassen will, in Wirklichkeit aber andere Absichten verfolgt. Gleiches gilt, wenn der Vermieter die Räume des Mieters in anderer Weise nutzen will, wie beim Vertragsabschluss behauptet. In diesen Fällen kommt kein befristetes Mietverhältnis zustande.

---

[6] BGH NJW 2007, 2177 = NZM 2007, 439 = WuM 2007, 319 = ZMR 2007, 601 = DWW 2007, 239 = GE 2007, 841.

[7] *Derleder* NZM 2001, 649, 656; *Rolfs* in Staudinger § 575 BGB Rdn. 18; *Hannemann* in Hannemann/Wiegner, MAH Wohnraummietrecht §.44 Rdn. 35; *Lammel* § 575 BGB Rdn. 28; *Horst* ZAP Fach 4 S. 361; *Haug* in Emmerich/Sonnenschein, Miete § 575 BGB Rdn. 8; *Häublein* in MünchKomm § 575 BGB Rdn. 24; *Hannappel* in Bamberger/Roth § 575 BGB Rdn. 16; *Kossmann* § 82 Rdn. 21; *Barthelmess* § 564c BGB Rdn. 64; *Grapentin* in Bub/Treier Kap. IV Rdn. 500; *Sternel* Mietrecht (1988) Rdn. IV 313 und Mietrecht aktuell (2009) Rdn. X 132; *Kandelhard* in Herrlein/Kandelhard § 575 BGB Rdn. 11; Palandt/*Weidenkaff* § 575 BGB Rdn. 5.

[8] Weitergehend: *Lammel* § 575 BGB Rdn. 29: danach schließen sich solche Befristungsinteressen per se aus mit der Folge, dass ein unbefristetes Mietverhältnis vorliegt.

[9] *Derleder* NZM 2001, 649, 656; *Rolfs* in Staudinger § 575 BGB Rdn. 18; *Haug* in Emmerich/Sonnenschein, Miete § 575 BGB Rdn. 8; *Häublein* in MünchKomm § 575 BGB Rdn. 15; *Lützenkirchen* in: Erman § 575 Rdn. 8; Palandt/*Weidenkaff* § 575 BGB Rdn. 5; *Barthelmess* § 564c BGB Rdn. 65.

[10] LG Lübeck WuM 1988, 277.

[11] *Häublein* in MünchKomm § 575 BGB Rdn. 16; *Hannappel* in Bamberger/Roth § 575 BGB Rdn. 9; *Rolfs* in Staudinger § 575 BGB Rdn. 18; *Barthelmess* § 564c BGB Rdn. 61.

bbb) Ein bestimmtes **Nutzungsinteresse** ist nicht erforderlich. Auf das Ausmaß der beabsichtigten Nutzung kommt es ebenfalls nicht an. Deshalb reicht es für den Eigennutzungstatbestand grundsätzlich aus, wenn der Vermieter die Räume nur als Wochenend- oder Zweitwohnung nutzen will.[12] Eine Ausnahme muss gelten, wenn die Nutzungsabsicht des Eigentümers auf ganz und gar unrealistischen Vorstellungen beruht und die Nutzungswünsche des Eigentümers durch die Befristung überhaupt nicht befriedigt werden können. Hiervon kann beispielsweise ausgegangen werden, wenn ein schwer gehbehinderter Eigentümer in einem Haus ohne Fahrstuhl eine hochgelegene Dachgeschoßwohnung beziehen will. Die gleichen Grundsätze gelten, wenn der Nutzungs-/Überlassungswille auf Erwägungen beruht, die auch unter Zugrundelegung eines großzügigen Maßstabs nicht mehr nachvollzogen werden können. 10

ccc) Die übrigen Elemente des Eigennutzungstatbestands sind mit denjenigen des Eigenbedarfstatbestands identisch. Für den **Begriff der Wohnung** (s. vor § 535 Rdn. 101), sowie den **Begriff des Familienangehörigen** und des **Haushaltsangehörigen** gelten demnach dieselben Grundsätze wie im Rahmen des § 573 Abs. 2 Nr. 2 BGB (s. dort Rdn. 54, 51). Ebenso wie beim Eigenbedarfstatbestand ist es nicht erforderlich, dass der Wohnungsanwärter bereits zum Haushalt gehört; es genügt, wenn ein bislang Außenstehender durch die Überlassung der Wohnung Haushaltsangehöriger wird. Der privilegierte Personenkreis wird in § 575 Abs. 1 Satz 1 Nr. 1 BGB abschließend aufgezählt. Eine Ausdehnung des Eigennutzungstatbestands auf andere Personen ist ausgeschlossen (wegen der Einzelheiten s. § 573 BGB Rdn. 59). 11

bb) Modernisierungstatbestand (Nr. 2). Der Modernisierungstatbestand ist gegeben, wenn der Vermieter in zulässiger Weise die Räume beseitigen oder so wesentlich verändern oder instandsetzen will, dass die Maßnahmen durch eine Fortsetzung des Mietverhältnisses erheblich erschwert würden. Es genügt der bloße Veränderungs- oder Instandsetzungswille; anders als bei § 573 Abs. 2 Nr. 3 BGB ist es nicht erforderlich, dass der Vermieter ein besonderes Interesse an der Durchführung der Maßnahmen hat oder dass diese wirtschaftlich geboten oder sinnvoll sind. Sog. „Luxusmodernisierungen" sind ebensowenig ausgeschlossen,[13] wie eine Modernisierung mit dem Ziel der Nutzungsänderung.[14] Deshalb ist eine Befristung auch dann möglich, wenn der Vermieter die Räume nach Fristablauf zu Geschäftszwecken umbauen will.[15] Ist hierzu eine Zweckentfremdungsgenehmigung erforderlich, so muss die Genehmigung zum Zeitpunkt der Befristung zwar nicht vorliegen. Die Maßnahme muss allerdings generell genehmigungsfähig sein.[16] 12

aaa) Durch den **Begriff „in zulässiger Weise"** bringt das Gesetz zum Ausdruck, dass nur solche Maßnahmen eine Befristung rechtfertigen, die mit der Rechtsordnung, insbesondere mit den Bestimmungen des öffentlichen Bau- und Planungsrechts im Einklang stehen. Es ist zwar nicht erforderlich, dass die für die Maßnahme notwendigen Genehmigungen (Abriss, Bau-, Zweckentfremdungsgenehmigung) zum Zeitpunkt des Vertragsschlusses bereits vorliegen. Die Maßnahme muss aber generell genehmigungsfähig sein.[17] Wegen des Erfordernisses des Vorliegens der Genehmigungen bei Vertragsende s. Rdn. 42. 13

bbb) Zu den **Maßnahmen, die eine Befristung rechtfertigen** gehören die Beseitigung, die wesentliche Veränderung oder die wesentliche Instandsetzung. Unter dem Begriff der **Beseitigung** ist nicht nur der völlige **Abriss** des Gebäudes zu verstehen. Eine Mietsache wird vielmehr immer dann beseitigt, wenn sie nach der Durchführung der Maßnahme nicht mehr in ihrer räumlichen Gestalt vorhanden ist. Dies ist auch dann der Fall, wenn beispielsweise eine große Wohnung in mehrere kleine Appartements aufgeteilt wird oder umgekehrt. **Veränderungsmaßnahmen** sind demgegenüber solche, durch die die Mietsache verbessert oder umgestaltet wird. Auch bei der Umgestaltung muss indes die Sachsubstanz erhalten bleiben, weil die Maßnahme sonst zu den Be- 14

[12] *Gather* DWW 1991, 69, 74; *Rolfs* in Staudinger § 575 BGB Rdn. 22; *Lützenkirchen* in: Erman § 575 Rdn. 9; *Haug* in Emmerich/Sonnenschein, Miete § 575 BGB Rdn. 11; *Kandelhard* in Herrlein/Kandelhard § 575 BGB Rdn. 13; *Barthelmess* § 564c BGB Rdn. 69; **a. A.** *Sternel* MDR 1983, 271 und Mietrecht (1988) Rdn. IV 309.

[13] *Häublein* in MünchKomm § 575 BGB Rdn. 18; *Lammel* § 575 BGB Rdn. 35; *Rolfs* in Staudinger § 575 BGB Rdn. 32.

[14] *Grapentin* in Bub/Treier Kap. IV Rdn. 497.

[15] *Barthelmess* § 564c BGB Rdn. 60.

[16] *Kossmann* § 82 Rdn. 9; *Häublein* in MünchKomm § 575 BGB Rdn. 19.

[17] *Grapentin* in Bub/Treier Kap. IV Rdn. 497; *Rolfs* in Staudinger § 575 BGB Rdn. 31; *Lammel* § 575 BGB Rdn. 38; *Hannappel* in Bamberger/Roth § 575 BGB Rdn. 12; *Häublein* in MünchKomm § 575 BGB Rdn. 19; *Kossmann* § 82 Rdn. 9; *Sternel* Mietrecht (1988) Rdn. IV 310; Kandelhard in Herrlein/Kandelhard § 575 BGB Rdn. 20; **a. A.** *Lützenkirchen* in: Erman § 575 Rdn. 10: danach genügt es, wenn die Maßnahme bei Vertragsende zulässig ist.

seitigungsmaßnahmen gehört. **Instandsetzung** ist die Behebung von baulichen Mängeln, insbesondere von Mängeln, die infolge Abnutzung, Alterung, Witterungseinflüssen oder Einwirkungen Dritter entstanden sind, durch Maßnahmen, die in den Wohnungen den zum bestimmungsgemäßen Gebrauch geeigneten Zustand wieder herstellen.[18]

15 Stets ist Voraussetzung, dass die Maßnahmen so weitreichend sind, dass sie „durch eine Fortsetzung des Mietverhältnisses **erheblich erschwert** würden". Aus dieser Formulierung ergibt sich zunächst, dass die Auflösung der Mietverhältnisse keine unabdingbare Voraussetzung für die Durchführung der Maßnahme sein muss. Es ist also nicht notwendig, dass die Durchführung bei Aufrechterhaltung des Mietverhältnisses unmöglich wäre. Es genügt, wenn sie erheblich erschwert wird. Aus dem Erheblichkeitskriterium muss andererseits gefolgert werden, dass nicht jede Erschwerung ausreicht; vielmehr kommen nur Maßnahmen von einigem Gewicht in Betracht. Schönheitsreparaturen und solche Instandsetzungsarbeiten, die ohne weiteres bei bestehendem Mietverhältnis durchgeführt werden können, scheiden von vorne herein aus.[19] Für eine Befristung kommen zunächst diejenigen Maßnahmen in Betracht, die der Mieter nach § 554 Abs. 2 BGB nicht zu dulden braucht;[20] solche Maßnahmen könnte der Vermieter gegen den Willen des Mieters nicht durchführen. Es genügt, wenn an der Duldungspflicht begründete Zweifel bestehen.[21] Umgekehrt wird durch den Umstand, dass der Mieter zur Duldung verpflichtet wäre, die Befristung nicht in jedem Fall ausgeschlossen, weil sich die Erschwernis auch aus einer besonders großen finanziellen Belastung des Vermieters ergeben kann.[22] Die Duldungspflicht ist aber andererseits ein wichtiger Orientierungsmaßstab für die Zulässigkeit des Zeitmietvertrags.[23] Dies gilt allerdings mit der Einschränkung, dass subjektive Faktoren, von denen die Duldungspflicht ebenfalls abhängt, wie zum Beispiel der Gesundheitszustand oder das Alter des Mieters im Rahmen des § 575 BGB unberücksichtigt bleiben müssen; ob solche Umstände vorliegen, steht beim Vertragsschluss nämlich regelmäßig nicht fest. Vielmehr ist hier allein auf die Art der vorzunehmenden Arbeiten, die baulichen Folgen und die zu erwartende Mieterhöhung abzustellen. Maßnahmen, bei denen die Duldungspflicht wegen dieser Umstände zweifelhaft ist, werden demnach die Befristung rechtfertigen (Beispiel: Austausch schadhafter Fußböden, weil hierbei i. d. R. eine vorübergehende Räumung erforderlich ist; Veränderung des Zuschnitts der Wohnung, weil dies i. d. R. nicht zu dulden ist). Kleinere Modernisierungsmaßnahmen, bei denen offensichtlich ist, dass sie vom Mieter geduldet werden müssen, rechtfertigen die Befristung nicht (Beispiel: Einbau einer Sammelheizung, Austausch alter Fenster gegen Isolierfenster). Der Einbau eines Badezimmers gehört ebenfalls zu den duldungspflichtigen Maßnahmen; da die Durchsetzung einer solchen Maßnahme regelmäßig auch keine sonstigen Erschwernisse mit sich bringt, rechtfertigt sie allein die Befristung nicht. Der Umstand, dass der Mieter trotz bestehender Duldungspflicht duldungsunwillig ist, spielt keine Rolle. Dem Vermieter ist es zuzumuten, die Duldung gerichtlich durchzusetzen.

16 **cc) Betriebsbedarf (Nr. 3).** Dieser Befristungsgrund bestand nach dem bis 1.9.2001 geltendem Recht für „Räume, die mit Rücksicht auf das Bestehen eines Dienstverhältnisses vermietet worden sind (und die der Vermieter nach Ablauf der Befristung) an einen anderen zur Dienstleistung Verpflichteten vermieten will". Nach der nunmehrigen Gesetzesfassung genügt es für die Befristung „wenn der Vermieter nach Ablauf der Mietzeit … die Räume an einen zur Dienstleistung Verpflichteten vermieten will". Mit der Neufassung ist eine Änderung der Rechtslage verbunden. Bisher galt der Befristungsgrund des Betriebsbedarfs nur für die sog. **„echten" Werkmietwohnungen.** Hierunter sind solche Wohnungen zu verstehen, die schon bisher von Betriebsangehörigen genutzt worden sind. Zu den **Werkmietwohnungen** in diesem Sinne gehören die werkeigenen Wohnungen, ferner diejenigen Wohnungen, die das Werk angemietet und an seine Arbeitnehmer weitervermietet hat und schließlich die werkfremden Wohnungen, die von einem Dritten auf Grund eines dem Unternehmen zustehenden Mieterbenennungsrechts (Belegungsrechts) vermietet werden. Nunmehr erfasst der Tatbestand auch die sog. **„unechten" Werkmiet-**

[18] So die Legaldefinition in dem mittlerweile aufgehobenen § 3 Abs. 4 ModEnG vom 12.7.1978, BGBl. I S. 993/994.

[19] *Häublein* in MünchKomm § 575 BGB Rdn. 21; *Hannappel* in Bamberger/Roth § 575 BGB Rdn. 12; *Lützenkirchen* in: Erman § 575 Rdn. 10; *Kossmann* § 82 Rdn. 11.

[20] *Lammel* § 575 BGB Rdn. 36; *Rolfs* in Staudinger § 575 BGB Rdn. 30; *Haug* in Emmerich/Sonnenschein, Miete § 575 BGB Rdn. 15; Palandt/*Weidenkaff* § 575 BGB Rdn. 7.

[21] *Häublein* in MünchKomm § 575 BGB Rdn. 21; *Hannappel* in Bamberger/Roth § 575 BGB Rdn. 13.

[22] *Rolfs* in Staudinger § 575 BGB Rdn. 30; **a. A.** *Köhler* Neues Mietrecht S. 51; *Kossmann* § 82 Rdn. 14.

[23] *Sternel* MDR 1983, 265, 272.

wohnungen. Das sind solche Wohnungen, die bisher keine Werkwohnungen waren, sondern dem freien Wohnungsmarkt zur Verfügung standen und erst nach Ablauf der Vertragszeit als Werkswohnung genutzt werden sollen.

Die vom Gesetzgeber gewählte Wortfassung: **„vermieten will"** entspricht sachlich der in Nr. 1 **17** verwendeten Formulierung „nutzen will". In beiden Fällen kommt zum Ausdruck, dass es für die Befristung genügt, wenn der Vermieter einen entsprechenden Nutzungswillen hat. Auf ein besonderes Nutzungsinteresse kommt es also nicht an. Damit eignet sich diese Form des Zeitmietvertrags vor allen Dingen für zwei Verwendungszwecke: zum einen für die Unterbringung von solchen Arbeitnehmern, deren Tätigkeit von vorne herein befristet ist: die Dauer des Mietvertrages kann in einem solchen Fall mit der Dauer des Arbeitsvertrages zeitlich abgestimmt werden. Zum anderen kann ein Unternehmen seine Anziehungskraft auf auswärtige (qualifizierte) Arbeitnehmer vergrößern, wenn es den Interessenten für eine Übergangszeit eine Werkwohnung zur Verfügung stellen kann, bis eine andere Wohnung auf dem freien Markt gefunden ist. Die Regelung setzt nämlich nicht voraus, dass das Arbeitsverhältnis mit dem Mieter beendet wird oder gleichzeitig mit dem Ablauf des Mietverhältnisses endet.

b) Mitteilung des Befristungsinteresses bei Vertragsschluss. Die Befristung ist nur wirk- **18** sam, wenn der Vermieter dem Mieter die Befristungsabsicht bei Vertragsschluss schriftlich mitgeteilt hat.

aa) Form, Frist. Für die Form der Mitteilung gilt **§ 126 BGB.**[24] Wesentlich ist, dass das Be- **19** fristungsinteresse in vollem Umfang schriftlich mitgeteilt wird. So genügt es beispielsweise nicht, wenn der Vermieter schriftlich mitteilt, dass er das Gebäude nach Ablauf der Mietzeit sanieren wolle und dem Mieter die Einzelheiten der Sanierung mündlich erläutert.[25] Die Mitteilung ist eine Rechtshandlung, für die die Grundsätze der einseitigen empfangsbedürftigen Willenserklärung entsprechend gelten. Die Mitteilung wird deshalb nur dann wirksam, wenn sie **spätestens bei Vertragsschluss** dem Mieter zugegangen ist. Daraus folgt zum einen, dass die bloße Kenntnis des Mieters vom Befristungsinteresse unerheblich ist. Zum anderen gilt, dass die Erklärung über das Befristungsinteresse nicht Vertragsbestandteil werden muss.[26] Die Regelung des § 550 BGB bleibt allerdings unberührt. Hat der Zeitmietvertrag eine **längere Laufzeit als ein Jahr,** so muss sich das Befristungsinteresse aus der schriftlichen Vertragsurkunde ergeben.[27] Andernfalls ist das Mietverhältnis zum Ablauf des ersten Jahres nach der Überlassung von beiden Seiten kündbar (§ 550 BGB). Diese Rechtsfolge ergibt sich aus dem Zweck des § 550 BGB, weil der Erwerber in die Befristung eintritt (§ 566 BGB). Aus diesem Grunde müssen sich die Voraussetzungen der Wirksamkeit der Befristung – zu denen auch die Mitteilung des Befristungsinteresses beim Vertragsschluss gehört- aus der Vertragsurkunde ergeben.

Eine mündliche Mitteilung des Vermieters genügt in keinem Fall. Gleiches gilt für eine schrift- **20** liche Mitteilung, die erst nach Vertragsschluss dem Mieter zugeht. Grundsätzlich ist es unzureichend, wenn sich der Befristungsgrund aus einer Vorkorrespondenz ergibt. Der Mieter ist nicht gehalten, die Vorstellungen des Vermieters zu ergründen.[28] Haben die Parteien einen mündlichen Mietvertrag abgeschlossen und eine schriftliche Beurkundung lediglich zu Beweiszwecken vereinbart, so ist die in der Vertragsurkunde enthaltene Befristung verspätet.

bb) Inhalt. An den Inhalt der Mitteilung müssen strenge Anforderungen gestellt werden, weil **21** anderenfalls der mit dem Gesetz verfolgte Zweck nicht erreicht werden kann: Der Mieter soll bereits bei Vertragsschluss über seine Rechte und Pflichten informiert werden, er soll insbesondere wissen, dass er weder die Fortsetzung nach 574 BGB noch eine gerichtliche Räumungsfrist verlangen kann. Diese weitgehende Beschneidung üblicher Mieterrechte, die im Einzelfall tiefgreifende soziale Probleme und finanzielle Belastungen mit sich bringen kann[29] bedingt, dass jeglicher Zweifel an der Wirksamkeit der Befristung schlechthin ausgeschlossen ist.

---

[24] *Rolfs* in Staudinger § 575 BGB Rdn. 44; Palandt/*Weidenkaff* § 575 BGB Rdn. 9; *Lammel* § 575 BGB Rdn. 47; *Hannappel* in Bamberger/Roth § 575 BGB Rdn. 17; *Häublein* in MünchKomm § 575 BGB Rdn. 24; *Lützenkirchen* in: Erman § 575 Rdn. 13; **a. A.** *Barthelmess* § 564c BCB Rdn. 92.

[25] AG Freiburg WuM 1992, 193.

[26] *Kandelhard* in Herrlein/Kandelhard § 575 BGB Rdn. 22; *Häublein* in MünchKomm § 575 BGB Rdn. 24; *Lützenkirchen* in: Erman § 575 Rdn. 13; Palandt/*Weidenkaff* § 575 BGB Rdn. 9.

[27] *Rolfs* in Staudinger § 575 BGB Rdn. 44; *Häublein* in MünchKomm § 575 BGB Rdn. 24.

[28] *Kandelhard* in Herrlein/Kandelhard § 575 BGB Rdn. 21.

[29] Vgl. *Blank* WuM 1983, 36, 42.

22 Es versteht sich von selbst, dass der Vermieter **wahrheitsgemäße Angaben** machen muss. Eine Verletzung dieser Verpflichtung führt zur Unwirksamkeit der Befristung und – ebenso wie die Angabe unzutreffender Gründe bei der Kündigung – zu Schadensersatzansprüchen des Mieters (s. § 573 BGB Rdn. 77)

23 Das Befristungsinteresse muss so genau umschrieben werden, dass es von anderen Interessen unterschieden werden kann.[30] Schlagworte („wegen Eigenbedarfs") oder allgemein gehaltene Formulierungen wie „Das Mietverhältnis ist ein Zeitmietvertrag i. S. v. § 575 BGB" genügen deshalb in keinem Fall. Einer solchen Mitteilung kann nämlich nicht entnommen werden, auf Grund welcher tatsächlichen Umstände die Befristung erfolgt; demgemäß kann der Mieter nicht überprüfen, ob die Befristung wirksam ist. Eine Wiederholung des Gesetzestextes ist nur dann ausreichend, wenn mitgeteilt wird, dass der Vermieter „die Räume als Wohnung für sich nutzen will" oder wenn der Vermieter erklärt, dass er die Räume nach Ablauf der Mietzeit „einem Arbeitnehmer" überlassen möchte. In diesen beiden Fällen steht zweifelsfrei fest, dass ein vom Gesetz anerkanntes Befristungsinteresse vorliegt. In den meisten anderen Fällen genügt die Wiedergabe des Gesetzestextes nicht.

24 Erfolgt die Befristung im Hinblick auf eine **künftige Eigennutzung,** so muss der Vermieter sein Verwandtschaftsverhältnis zu dem zukünftigen Bewohner so bezeichnen, dass der Mieter erkennen kann, ob die benannte Person zu der in Abs. 1 Nr. 1 genannten Gruppe gehört. Eine Namensnennung ist nicht erforderlich.[31] Es reicht aus, wenn der Vermieter mitteilt, dass er die Wohnung „seinem Sohn" oder „dem ältesten Sohn" oder „einem seiner Kinder" überlassen will. Die Formulierung, dass die Wohnung „für Angehörige" benötigt wird, genügt nach der hier vertretenen Ansicht nicht, weil dadurch die Person des Nutzungsberechtigten nicht hinreichend konkretisiert wird; insbesondere kann der Mieter nicht erkennen, ob der Angehörige zu dem von § 575 BGB privilegierten Personenkreis gehört (dazu § 573 Rdn. 54).[32] Wegen der Möglichkeit einer alternativen Verwendung reicht es aber aus, wenn der Vermieter mitteilt, dass die Wohnung „einem der Kinder" überlassen werden soll.[33] Wird lediglich der Name des zukünftigen Bewohners mitgeteilt, so genügt dies nur dann, wenn der Mieter die verwandtschaftlichen Beziehungen dieser Person zum Vermieter kennt.

25 Soll die Befristung im Hinblick auf eine **beabsichtigte Modernisierung** erfolgen, so genügt die Wiedergabe des Gesetzestextes nur dann, wenn der Vermieter „die **Räume beseitigen** ... will". Diese Formulierung ist eindeutig. Zwar kann eine Beseitigung sowohl in der Form des Abbruchs als auch in der Form des völligen Umbaus vorgenommen werden. I. E. spielt dies aber keine Rolle, weil beide Formen die Befristung rechtfertigen. Es ist nicht erforderlich, dass der genaue Zeitpunkt des Abrisses angegeben wird.[34] Anders ist es bei dem Begriff **„wesentlich verändern"** und bei dem Begriff **„wesentlich instand setzen".** Diese Maßnahmen können eine Befristung nur rechtfertigen, wenn sie so umfassend sind, dass dadurch eine Fortsetzung des Mietverhältnisses „erheblich erschwert" würde. Diese Tatbestandsvoraussetzung kann der Mieter nur überprüfen, wenn ihm konkrete Informationen vorliegen.[35] Es ist deshalb sachgerecht, wenn an den Inhalt der Information im Wesentlichen dieselben Anforderungen gestellt werden, wie an die Mitteilung, die nach der Regelung des § 555 b BGB im Rahmen der Modernisierung erforderlich ist (AG Pankow/Weißensee GE 2016, 657 s. dort Rdn. 264 ff.).

26 Bei einer Befristung wegen eines **künftigen Betriebsbedarfs** genügt es, wenn der Vermieter mitteilt, dass er die Räume nach Ablauf der Vertragszeit „einem Arbeitnehmer" überlassen möchte. Die Person des Arbeitnehmers muss nicht namentlich bezeichnet werden. Dies gilt schon deshalb, weil der betr. Arbeitnehmer zum Zeitpunkt des Vertragsschlusses noch nicht feststehen muss und

---

[30] LG Stuttgart WuM 1994, 690; LG Hamburg ZMR 1992, 505; LG Berlin GE 1990, 1037.

[31] *Rolfs* in Staudinger § 575 BGB Rdn. 38; *Häublein* in MünchKomm § 575 BGB Rdn. 25; *Hannappel* in Bamberger/Roth § 575 BGB Rdn. 18; *Lammel* § 575 BGB Rdn. 52; *Haug* in Emmerich/Sonnenschein, Miete § 575 BGB Rdn. 20; enger: *Kandelhard* in Herrlein/Kandelhard § 575 BGB Rdn. 24: danach muss der Begünstigte identifizierbar angegeben werden.

[32] Ebenso LG München I WuM 1994, 543; LG Berlin MM 1992, 356; *Sternel* MDR 1983, 265, 272 und Mietrecht (1988) Rdn. IV 313.

[33] *Barthelmess* § 564 c BGB Rdn. 64, 78; *Grapentin* in Bub/Treier Kap. IV Rdn. 500; **a. A.** wohl *Kandelhard* in Herrlein/Kandelhard § 575 BGB Rdn. 24.

[34] BGH NJW 2007, 2177 = NZM 2007, 439 = WuM 2007, 319 = ZMR 2007, 601 = DWW 2007, 239 = GE 2007, 841.

[35] LG Hamburg ZMR 1992, 505; WuM 1992, 375; LG Berlin MM 1991, 129; *Hannemann* in Hannemann/Wiegner, MAH Wohnraummietrecht § 44 Rdn. 53.

i. d. R. auch nicht feststeht. Eine namentliche Bezeichnung ist aber auch dann nicht erforderlich, wenn der künftige Wohnungsnutzer beim Vertragsschluss bereits bekannt ist.

Beispiele aus der Rechtsprechung: Die Wiedergabe des Gesetzestextes („für sich, seine Familienangehörigen oder Angehörige seines Haushalts …") reicht nicht aus.[36] Es genügt nicht, wenn dem Mieter lediglich mitgeteilt wird, dass die Räume für „Angehörige" benötigt werden.[37] Die Angabe „wegen Eigenbedarfs" ist unzureichend.[38] Die Formulierung „Die Wohnung soll grundlegend umgebaut werden, z. B. Badezimmereinbau, Zentralheizungseinbau usw" ist ungenügend, weil sich daraus nicht ergibt, dass der Fortbestand des Mietverhältnisses die Durchführung der Maßnahmen erschweren würde.[39] Die Mitteilung „Den Mietern ist bekannt, dass die Vermieterin das Mietobjekt nach Beendigung des befristeten Mietverhältnisses selbst nutzen möchte, wobei die Möglichkeit besteht, dass das jetzige Gebäude abgerissen und ein neues erstellt werden wird" entspricht nicht § 564 c Abs. 2, (a. F.) weil das Befristungsinteresse nicht unverwechselbar feststeht.[40] Die Formulierung „Das Haus soll … saniert bzw abgerissen werden" lässt offen, was der Vermieter im Einzelnen plant; deshalb wird hierdurch keine Befristung bewirkt.[41] **27**

Über die mit der Befristung verbundenen **Rechtsfolgen** braucht der Vermieter nicht aufzuklären.[42] Es kommt insoweit auch nicht darauf an, ob der Mieter von den weitreichenden Rechtsfolgen des § 575 Kenntnis hatte. **28**

2. Fehlerhafte Zeitmietverträge (Abs. 1 Satz 2)

Sind die unter Rdn. 6 bis Rdn. 28 dargelegten Voraussetzungen nicht gegeben, so gilt das Mietverhältnis als auf unbestimmte Zeit abgeschlossen (§ 575 Abs. 1 Satz 2 BGB). Ein solches Mietverhältnis kann von beiden Parteien unter Beachtung der §§ 573 ff. BGB im Wege der ordentlichen Kündigung beendet werden. Dies führt zu der Frage, ob an die Stelle der unwirksamen Befristung eine wirksame Kündigungsausschlussvereinbarung tritt. Nach der **Rechtsprechung des BGH** kommt es darauf an, ob infolge des Wegfalls der Regelung über die Mietzeit eine **planwidrige Vertragslücke** entstanden ist. Diese Lücke sei im Wege der ergänzenden Vertragsauslegung dahingehend zu schließen, „dass an die Stelle der unwirksamen Befristung ein beiderseitiger Kündigungsverzicht in der Weise tritt, dass eine Kündigung frühestens zum Ablauf der vereinbarten Mietzeit (beziehungsweise bei Ausübung der Option zum Ablauf des entsprechenden zusätzlichen Zeitraums) möglich ist".[43] Nach der hier vertretenen Ansicht kann eine vereinbarte **Befristung in einen beiderseitigen Kündigungsausschluss umgedeutet** werden (§ 140 BGB). Die Regelung des Abs. 1 Satz 2 steht einer solchen Vereinbarung an sich nicht entgegen (näheres unten Rdn. 66). Teilweise wird vertreten, dass eine Umdeutung der Befristung in eine Kündigungsausschlussvereinbarung nicht in Betracht kommt, wenn das Mietende nicht „taggenau" bestimmt werden kann.[44] Dies überzeugt nicht: Betrachtet man die Befristung unter dem Gesichtspunkt der vertraglich vereinbarten Bestandssicherung, so werden durch die Befristung einerseits, den Kündigungsausschluss andererseits dieselben Rechtsfolgen herbeigeführt: in beiden Fällen sind die Parteien für eine gewisse Zeit an den Mietvertrag gebunden. Andererseits ist nicht zu verkennen, dass der Zeitmietvertrag nach § 575 BGB ausschließlich dem Interesse des Vermieters dient. Die Frage der Umdeutung richtet sich deshalb nach der Interessenlage der Parteien und den Umständen des Einzelfalls. Ein Kündigungsausschluss ist anzunehmen, wenn die Interessenbewertung ergibt, dass sich die Parteien für eine gewisse Zeit an den Vertrag binden wollten (LG Fulda ZMR 2016, 203); eine solche Auslegung kommt beispielsweise in Betracht, wenn die Parteien nach dem 31. 8. 2001 – in Unkenntnis der Rechtslage – einen einfachen befristeten Mietvertrag abgeschlossen haben. Haben die Parteien dagegen auf Grund konkreter Interessen des Vermieters einen Zeitmietvertrag nach § 575 Abs. 1 Satz 1 BGB schließen wollen und ist dies nicht gelungen, weil die materiellen oder formellen Vor- **29**

---

[36] AG Potsdam WuM 2004, 491.
[37] LG München WuM 1994, 543.
[38] LG Berlin GE 1996, 127.
[39] LG Hamburg ZMR 1992, 505.
[40] LG Stuttgart WuM 1994, 690.
[41] AG Freiburg WuM 1992, 193.
[42] *Köhler,* Neues Mietrecht S. 52; *Barthelmess* § 564 c BGB Rdn. 97.
[43] BGH (VIII ZR 388/12) NJW 2013, 2820 unter Rz. 16 mit Anmerkung *Hinz* ZMR 2014, 179; BGH (VIII ZR 235/12) NZM 2014, 235 unter Rz. 10 f; *Rolfs* in: Staudinger § 575 Rdn. 15 a.
[44] AG Böblingen/LG Stuttgart WuM 2007, 582.

aussetzungen dieser Vorschrift nicht beachtet worden sind, so ist eine Umdeutung ausgeschlossen. Das Mietverhältnis gilt dann als auf unbestimmte Zeit geschlossen.[45]

3. Auskunftsanspruch des Mieters/Informationspflicht (Mitteilungspflicht) des Vermieters (Abs. 2)

30 Der Mieter kann vom Vermieter frühestens vier Monate vor Ablauf der Befristung verlangen, dass dieser ihm binnen eines Monats mitteilt, ob der Befristungsgrund noch besteht**(Abs. 2 Satz 1).**

31 **a) Auskunftsanspruch.** Der Auskunftsanspruch kann frühestens vier Monate vor Ablauf der Befristung geltend gemacht werden. Fraglich ist, ob ein Auskunftsanspruch bereits vor diesem Zeitpunkt besteht, wenn der Mieter konkrete Anhaltspunkte für den Wegfall des Befristungsinteresses hat. Dies wird teilweise mit der Erwägung bejaht, dass sich das Mietverhältnis nach dem Wegfall des Befristungsgrundes in ein Mietverhältnis auf unbestimmte Zeit umwandle. Der Mieter habe deshalb ein berechtigtes Interesse an der Erteilung einer Auskunft, damit er entsprechend disponieren könne[46] Aus der Regelung in § 575 Abs. 2 Satz 1 BGB kann ein solcher Anspruch nicht abgeleitet werden. Aus allgemeinen Grundsätzen ergibt sich ebenfalls keine Offenbarungspflicht. Zwar besteht eine allgemeine vertragliche Nebenpflicht zur Offenlegung solcher Tatsachen, die für den weiteren Verlauf des Mietverhältnisses von Bedeutung sind (§ 241 Abs. 2 BGB). Dem insoweit eindeutigen Wortlaut des § 575 Abs. 2 BGB ist aber zu entnehmen, dass der Vermieter den Wegfall des Befristungsgrundes nur offenbaren muss, wenn der Mieter dies verlangt;[47] dieses Verlangen kann erst vier Monate vor Vertragsende gestellt werden. Der Gesetzgeber hat diese Regelung bewusst getroffen;[48] die Entscheidung des Gesetzgebers ist zu respektieren.

32 Ein **verfrühtes Auskunftsverlangen** kann in ein Auskunftsersuchen zum zulässigen Termin umgedeutet werden.[49] Voraussetzung ist, dass ein zeitlicher Zusammenhang zum vereinbarten Vertragsende gewahrt ist. Die Monatsfrist für die Informationspflicht beginnt dann vier Monate vor Vertragsende.[50] Der Auskunftsanspruch bedarf keiner besonderen Form. Der Mieter muss beweisen, dass er das Auskunftsverlangen gestellt hat und dass dieses dem Vermieter zugegangen ist.

33 Eine **Ausschlussfrist** für das Auskunftsverlangen ist dem Gesetz nicht zu entnehmen. Aus rechtslogischen Gründen muss das Auskunftsverlangen aber vor dem Ablauf der Befristung geltend gemacht werden. Die zum Teil vertretene Ansicht, dass der Mieter keinen Verlängerungsanspruch habe, wenn er das Auskunftsverlangen nicht geltend mache,[51] trifft allerdings nicht zu. Vielmehr besteht der **Verlängerungsanspruch unabhängig vom Auskunftsanspruch.** Weiß der Mieter, dass der Befristungsgrund entfallen ist, so ist die Geltendmachung des Auskunftsanspruchs entbehrlich; der Mieter kann in diesem Fall (frühestens vier Monate vor Vertragsende, § 575 Abs. 2 Satz 1 BGB analog) die Verlängerung verlangen. Wird bis zum Ablauf der Befristung aber weder ein Auskunftsverlangen noch ein Verlängerungsanspruch (unten Rdn. 46) geltend gemacht, so wird das Mietverhältnis beendet (§ 542 Abs. 2 BGB). Nach der Beendigung des Mietverhältnisses ist der Vermieter nicht mehr zur Auskunft verpflichtet. Ebenso ist der Vermieter nicht verpflichtet, den Mieter von sich aus auf die bevorstehende Beendigung des Mietverhältnisses oder den Fortbestand des Befristungsgrundes hinzuweisen. Ohne Auskunfts- und Verlängerungsverlangen endet das Mietverhältnis auch dann zum vereinbarten Zeitpunkt, wenn sich der Eintritt des Befristungsgrundes verzögert. Hieraus folgt, dass der Mieter vor dem Ablauf der Mietzeit aktiv werden muss, wenn er eine Vertragsfortsetzung oder Verlängerung erreichen will. Mit den Bedürfnissen eines effektiven

---

[45] LG Berlin ZMR 2012, 274; *Hinz* ZMR 2014, 179, 182; ähnlich *Derleder* NZM 2001, 649, 653: „Für die Umdeutung einfacher Zeitmietabreden kommt es […] darauf an, ob der Vermieter auch mit einem beiderseitigen Kündigungsausschluss zufrieden gewesen wäre und ob der Mieter dadurch ein langfristiges Bindungsinteresse verwirklichen wollte."

[46] *Kandelhard* in Herrlein/Kandelhard § 575 BGB Rdn. 28.

[47] **A. A.** *Rolfs* in Staudinger § 575 BGB Rdn. 53: Danach muss der Vermieter den Mieter ungefragt über den Wegfall des Befristungsinteresses unterrichten.

[48] Begründung des Kabinettsentwurfs, abgedruckt in *Börstinghaus/Eisenschmid,* Arbeitskommentar Neues Mietrecht S. 568.

[49] *Rolfs* in Staudinger § 575 BGB Rdn. 55.

[50] I. E. ebenso: *Lützenkirchen,* Neue Mietrechtspraxis Rdn. 409; *Häublein* in MünchKomm § 575 BGB Rdn. 27;.

[51] *Hinz/Ormanschick/Rieke/Scheff,* Das neue Mietrecht § 9 Rdn. 8.

Mieterschutzes steht diese Rechtsfolge nicht im Einklang; eine Korrektur des Gesetzes ist gleichwohl nicht möglich. Zu den Fällen des Wegfalls des Befristungsgrundes und der Verzögerung des Bedarfs s. u. Rdn. 47.

Die Regelung des **§ 545 BGB** bleibt unberührt. Das Mietverhältnis wird nach Ablauf der vereinbarten Vertragszeit auf unbestimmte Zeit verlängert, wenn der Mieter den Mietgebrauch fortsetzt und keine der Parteien gegenüber dem anderen Teil seinen entgegenstehenden Willen binnen einer Frist von zwei Wochen erklärt.[52] 34

Fraglich ist, welche Rechtsfolge eintritt, wenn **§ 545 BGB vertraglich abbedungen ist und das Mietverhältnis über die vereinbarte Vertragszeit hinaus fortgesetzt** wird. Dieser Fall ist im Gesetz nicht geregelt. Man wird in Fällen dieser Art auf den Rechtsgrundsatz der Verwirkung zurückgreifen müssen.[53] Der Mieter darf nämlich angemessene Zeit nach dem Ablauf der Befristung darauf vertrauen, dass der Vermieter von dem nach Vertragsablauf entstandenen Herausgabeanspruch keinen Gebrauch machen werde; eine generalisierende, allgemeingültige Aussage über den Beginn des Vertrauensschutzes ist allerdings nicht möglich. 35

bb) Informationspflicht (Mitteilungspflicht) des Vermieters. Hat der Mieter vor Ablauf der Vertragszeit das Auskunftsverlangen gestellt, so muss der Vermieter mitteilen, ob der Befristungsgrund noch besteht. 36

aaa) Form, Frist. Die Erklärung des Vermieters über das Befristungsinteresse ist keine Willenserklärung, sondern eine Wissenserklärung. Sie bedarf keiner besonderen Form. 37

Die Mitteilung muss dem Mieter binnen eines Monats zugehen. Die Frist beginnt mit dem Zugang des Auskunftsverlangens beim Vermieter. Es handelt sich um eine Schutzfrist zugunsten des Mieters, so dass § 193 BGB nicht gilt. Ein früherer Zugang schadet nicht, jedoch muss die Mitteilung noch in einem zeitlichen Zusammenhang mit dem Vertragsende stehen. 38

Im Fall einer verspäteten Mitteilung kann der Mieter eine Verlängerung des Mietverhältnisses um den Zeitraum der Verspätung verlangen (§ 575 Abs. 2 Satz 2 BGB). Dies gilt auch dann, wenn das Auskunftsersuchen rechtzeitig beim Vermieter eingeht, die Mitteilung aber erst unmittelbar vor Ablauf der Befristung oder nach deren Ablauf erfolgt. In dem letztgenannten Fall wirkt der Verlängerungsanspruch zurück, so dass das Mietverhältnis nicht mit der Befristung, sondern erst zu dem in Abs. 2 Satz 2 genannten Zeitpunkt endet. 39

Die Rechtsfolge des **§ 545 BGB** bleibt auch hier unberührt. Wird der Mietgebrauch vom Mieter über den vereinbarten Beendigungszeitraum hinaus fortgesetzt und hat der Vermieter binnen einer Frist von zwei Wochen nach dem vereinbarten Vertragsende weder eine Information nach § 575 Abs. 2 Satz 1 BGB erteilt, noch eine Erklärung nach § 545 BGB abgegeben, so wird das Mietverhältnis auf unbestimmte Zeit verlängert. Ist § 545 BGB vertraglich abbedungen, so gelten die Ausführungen oben Rdn. 35. 40

bbb) Inhalt. Für die Erfüllung der Informationspflicht genügt es, wenn der Vermieter auf die beim Vertragsabschluss abgegebene Erklärung Bezug nimmt und zum Ausdruck bringt, dass die dort beschriebene Verwendungsabsicht noch besteht. Dies gilt allerdings nur dann, wenn in der beim Vertragsschluss abgegebenen Erklärung das Befristungsinteresse unverwechselbar und substantiiert dargelegt worden ist. Hat der Vermieter beim Vertragsschluss mehrere Verwendungsabsichten alternativ angegeben, so muss er in der Mitteilung nach Abs. 2 Satz 1 erklären, in welcher Weise er von seiner Wahlmöglichkeit Gebrauch machen will.[54] In keinem Fall reicht es aus, wenn der Vermieter lediglich mitteilt, dass er die Verlängerung des Mietverhältnisses ablehne.[55] Die Information muss der Wahrheit entsprechen. Bei schuldhaft falscher Information kann der Mieter Schadensersatzansprüche geltend machen, wenn er im Vertrauen auf die Richtigkeit der Beendigungserklärung auszieht und einen Schaden erleidet (s. § 573 BGB Rdn. 77). 41

Ein **Auswechseln des Befristungsinteresses** ist zulässig, wenn das ursprüngliche und das neue Befristungsinteresse an sich gleichwertig sind, so z. B., wenn die Wohnung einem anderen als dem ursprünglich genannten Familienangehörigen überlassen werden soll, oder wenn anstelle des ur- 42

---

[52] *Häublein* in MünchKomm § 575 BGB Rdn. 38; *Rolfs* in Staudinger § 575 BGB Rdn. 67; *Sternel* Mietrecht aktuell (2009) Rdn. X 137.
[53] Vgl. OLG Hamm WuM 1981, 257.
[54] LG Hamburg WuM 1992, 375 [li. Sp.].
[55] LG Berlin MM 1988 Nr. 6, S. 30.

sprünglich geplanten Abbruchs nunmehr eine grundlegende Instandsetzung beabsichtigt ist.[56] Ein Wechsel zwischen den Befristungsgründen (z. B. Eigennutzung statt Abriss) ist nicht möglich.[57]

43 Aus der Mitteilung muss sich weiter ergeben, **zu welchem Zeitpunkt** die Räume beseitigt, modernisiert oder weitervermietet werden sollen.[58] Diese Angabe ist deshalb erforderlich, damit der Mieter erkennen kann, ob ihm ein Fortsetzungsanspruch nach § 575 Abs. 3 BGB zusteht. Sind für die Maßnahme **öffentlich-rechtliche Genehmigungen** erforderlich, so gilt dasselbe wie bei der Kündigung. Soll das Haus abgerissen werden und besteht in der Gemeinde ein Zweckentfremdungsverbot, so kann der Vermieter nur dann die Herausgabe zum vertraglich vereinbarten Zeitpunkt verlangen, wenn für den Abriss eine Zweckentfremdungsgenehmigung erteilt ist und dieser Umstand in der Mitteilung erwähnt wird.[59] Die Zweckentfremdungsgenehmigung muss der Mitteilung nicht beigefügt werden. Für die Baugenehmigung/Abrissgenehmigung gilt etwas anderes. Während die Zweckentfremdungsgenehmigung nach ihrer Zielsetzung mieterschützenden Charakter hat, soll durch die Baugenehmigung lediglich sichergestellt werden, dass das Bauvorhaben den öffentlich-rechtlichen Baunormen entspricht. Dies hat zur Folge, dass die Vertragsbeendigung nicht davon abhängt, ob die Baugenehmigung bereits erteilt ist.[60] Die Planung muss allerdings ein Stadium erreicht haben, in dem beurteilt werden kann, ob die Verwirklichung des Plans eine Vertragsbeendigung zum vereinbarten Zeitpunkt rechtfertigt. Dies muss anhand der konkreten Umstände des Einzelfalls festgestellt werden. Gegebenenfalls kann der Mieter eine Verlängerung nach Abs. 3 verlangen.

44 Ist die **Information inhaltlich unzureichend,** so kann der Mieter eine Verlängerung des Mietverhältnisses auf unbestimmte Zeit verlangen (§ 575 Abs. 3 Satz 2 BGB analog). Der Vermieter kann die Mitteilung ergänzen. Geht dem Mieter die Ergänzung nach Ablauf der in Abs. 2 Satz 1 bestimmten Monatsfrist (s. Rdn. 38) zu, so kann der Mieter eine Verlängerung des Mietverhältnisses um den Zeitraum der Verspätung verlangen (575 Abs. 2 Satz 2 BGB).

45 Erteilt der Vermieter **keine Information,** so ist ebenfalls § 575 Abs. 3 Satz 2 BGB analog anzuwenden. Der Mieter kann die Verlängerung des Mietverhältnisses auf unbestimmte Zeit verlangen.[61] Der Vermieter kann die Information nachholen. Geht dem Mieter die Mitteilung nach Ablauf der in Abs. 2 Satz 1 bestimmten Monatsfrist (s. Rdn. 38) zu, so kann der Mieter eine Verlängerung des Mietverhältnisses um den Zeitraum der Verspätung verlangen (575 Abs. 2 Satz 2 BGB). Wird die Information erst längere Zeit nach dem vereinbarten Vertragsende erteilt, so kann sich aus § 242 BGB ergeben, dass der Herausgabeanspruch verwirkt ist.

4. Verlängerungsanspruch des Mieters (Abs. 3)

46 Tritt der Grund der Befristung erst später ein, so kann der Mieter eine Verlängerung des Mietverhältnisses um einen entsprechenden Zeitraum verlangen (§ 575 Abs. 3 Satz 1 BGB. Ist das Befristungsinteresse weggefallen, so kann der Mieter eine Verlängerung auf unbestimmte Zeit verlangen (§ 575 Abs. 3 Satz 2 BGB).

47 **a) Verzögerung und Wegfall des Befristungsgrundes.** Im Unterschied zu dem bis 1.9.2001 geltendem Recht spielt es keine Rolle, ob die Verzögerung vom Vermieter verschuldet ist. Die Dauer der Verzögerung ist ebenfalls unerheblich.

48 Der Wegfall des Befristungsgrundes muss dem Mieter erst in der nach § 575 Abs. 2 Satz 1 BGB geforderten Information mitgeteilt werden. Dagegen besteht keine Mitteilungspflicht, wenn der Befristungsgrund bereits während der Vertragszeit entfällt. Dies ist darauf zurückzuführen, dass der Vermieter in einem solchen Fall möglicherweise ein anderes Befristungsinteresse geltend machen kann (Rdn. 42).

---

[56] Begründung zum Kabinettsentwurf, abgedruckt bei *Börstinghaus/Eisenschmid,* Arbeitskommentar Neues Mietrecht S. 568; **a. A.** *Rips/Eisenschmid,* Neues Mietrecht S. 142 und: *Börstinghaus/Eisenschmid,* Arbeitskommentar Neues Mietrecht S. 560.

[57] Begründung zum Kabinettsentwurf a. a. O.; *Hannemann* in Hannemann/Wiegner, MAH Wohnraummietrecht § 44 Rdn. 36; *Hinz/Ormanschick/Rieke/Scheff,* Das neue Mietrecht § 9 Rdn. 7; **a. A.** *Kossmann* § 82 Rdn. 43.

[58] *Rolfs* in Staudinger § 575 BGB Rdn. 57; **a. A.** *Barthelmess* § 564 c BGB, Rdn. 105.

[59] Vgl. für die Kündigung: OLG Hamburg RE v. 25.3.1981, WuM 1981, 155; LG Berlin ZMR 1991, 346.

[60] Für die Kündigung: OLG Frankfurt RE v. 25.6.1992, WuM 1992, 421; BayObLG RE v. 31.8.1993, WuM 1993, 660 = ZMR 1993, 560.

[61] *Lammel* § 575 BGB Rdn. 58.

Eine andere Frage ist es, ob der Vermieter verpflichtet ist, den Mieter auch dann über den Wegfall oder die Verzögerung des Befristungsgrundes zu informieren, wenn dieser keinen Auskunftsanspruch nach Abs. 2 geltend gemacht hat. Unter der Geltung des § 564c BGB a. F. wurde die Ansicht vertreten, dass dem Vermieter eine solche Informationspflicht als vertragliche Nebenpflicht obliege.[62] Diese Ansicht kann nach der nunmehrigen Rechtslage aus den unter Rdn. 31 aufgeführten Gründen nicht aufrechterhalten werden.[63] 49

Beweislast: Der Vermieter muss den Eintritt des Befristungsgrundes und die Dauer der Verzögerung beweisen (§ 575 Abs. 3 Satz 3 BGB). 50

b) Verlängerungsanspruch des Mieters. Wird die Mietsache erst zu einem späteren als dem vertraglich vereinbarten Beendigungszeitpunkt benötigt, so kann der Mieter verlangen, dass das Mietverhältnis um den Zeitraum der Verzögerung verlängert wird. Ist das Befristungsinteresse entfallen, so kann der Mieter eine Verlängerung auf unbestimmte Zeit verlangen;[64] ein Anspruch auf Verlängerung um einen bestimmten Zeitraum ist in diesem Fall ausgeschlossen. In beiden Fällen sind für den Verlängerungsanspruch keine Gründe und keine besonderen Interessen des Mieters erforderlich. Es kommt auch nicht darauf an, ob sich die Interessenlage seit dem Vertragsschluss verändert hat. Will der Mieter die Wohnung trotz Wegfall des Befristungsgrundes zurückgeben, so ist er daran nicht gehindert. Will der Mieter nicht sofort, sondern zu einem späteren Zeitpunkt räumen, so muss er – beim Wegfall des Befristungsgrundes- eine Verlängerung auf unbestimmte Zeit verlangen und in der Folgezeit eine ordentliche Kündigung aussprechen. Der Vermieter hat keinen Anspruch auf Verlängerung des Mietverhältnisses. 51

aa) Rechtsnatur. Der Verlängerungsanspruch ist als Angebot des Mieters zum Abschluss eines Verlängerungsvertrages auf bestimmte oder unbestimmte Zeit anzusehen.[65] Das Angebot muss von allen Mietern gegenüber allen Vermietern abgegeben werden. Die Grundsätze über die Bevollmächtigung bleiben unberührt. Der Verlängerungsvertrag kann nur zustande kommen, wenn der Mieter das Verlängerungsangebot abgibt. Das Fortsetzungsverlangen ist deshalb auch dann nicht entbehrlich, wenn der Vermieter eine Fortsetzung von vorneherein endgültig und bestimmt abgelehnt hat.[66] Nach anderer Ansicht übt der Mieter mit der Geltendmachung des Fortsetzungsverlangens ein Gestaltungsrecht aus. Die Ausübung des Rechts hat die Wirkung, dass das Mietverhältnis fortgesetzt wird, wenn die materiellrechtlichen Voraussetzungen hierfür vorliegen.[67] 52

bb) Form, Frist. Nach der gesetzlichen Regelung bedarf der Verlängerungsanspruch keiner besonderen Form. Er kann also auch mündlich geltend gemacht werden. Es ist allerdings darauf zu achten, dass der Verlängerungsvertrag als solcher in den meisten Fällen formbedürftig ist (s. Rdn. 19). 53

Der Verlängerungsanspruch nach § 575 BGB bedarf keiner Begründung. Er ist **bedingungsfeindlich.** Insbesondere hat der Mieter keinen Anspruch, dass die Mietbedingungen abgeändert werden. Eine solche Erklärung kann möglicherweise als Angebot (§ 145 BGB) zum Abschluss eines Fortsetzungsvertrages außerhalb des § 575 BGB gewertet werden. 54

Eine ausdrücklich geregelte **Frist** zur Geltendmachung des Verlängerungsanspruchs besteht nicht. Der Gesetzessystematik kann allerdings entnommen werden, dass der Anspruch in einem zeitlichen Zusammenhang mit der Information des Vermieters über den Fortbestand des Befristungsgrundes nach § 575 Abs. 2 Satz 1 BGB stehen muss. I. d. R. kann der Vermieter erwarten, dass der Mieter seinen Verlängerungsanspruch binnen eines Monats nach Zugang der Information geltend macht (§ 575 Abs. 2 Satz 1 BGB analog). 55

cc) Inhalt. Das Angebot des Mieters zur Vertragsverlängerung muss erkennen lassen, was der Mieter will. Die gesetzlichen Begriffe müssen nicht verwendet werden. Es genügt, wenn der Mieter erklärt, dass er mit der Vertragsbeendigung zum vereinbarten Zeitpunkt nicht einverstanden sei 56

---

[62] S. 7. Aufl. m. w. N.

[63] **A. A.** *Kandelhard* in Herrlein/Kandelhard § 575 BGB Rdn. 33.

[64] BGH NJW 2007, 2177 = NZM 2007, 439 = WuM 2007, 319 = ZMR 2007, 601 = DWW 2007, 239 = GE 2007, 841.

[65] *Lützenkirchen,* Neue Mietrechtspraxis Rdn. 414; *Hannemann* in Hannemann/Wiegner, MAH Wohnraummietrecht § 44 Rdn. 64; *Rolfs* in Staudinger § 575 BGB Rdn. 64ff.; *Häublein* in MünchKomm § 575 BGB Rdn. 34; *Hannappel* in Bamberger/Roth § 575 BGB Rdn. 32; Palandt/*Weidenkaff* § 575 BGB Rdn. 17.

[66] LG Karlsruhe DWW 1990, 178; *Lützenkirchen,* Neue Mietrechtspraxis, Rdn. 414.

[67] *Lammel* § 575 BGB Rdn. 69; ähnlich auch *Kandelhard* in Herrlein/Kandelhard § 575 BGB Rdn. 35: Option zur Verlängerung.

oder dass er nicht räumen könne oder wolle.[68] Gleiches gilt, wenn der Mieter über den vereinbarten Beendigungszeitpunkt hinaus wohnen bleibt und gegenüber dem Vermieter zum Ausdruck bringt, dass er die Angaben in der Mitteilung über den Fortbestand des Befristungsgrundes für unzutreffend halte. In diesem Fall ist in der Erklärung des Mieters ein Angebot zur Vertragsverlängerung auf unbestimmte Zeit zu sehen. Es ist allerdings wesentlich, dass der Wunsch nach einer Vertragsverlängerung auf bestimmte oder unbestimmte Zeit hinreichend klar zum Ausdruck kommt. Es genügt nicht, dass der Mieter den Mietgebrauch fortsetzt.[69] Verlangt der Mieter lediglich eine befristete Vertragsfortsetzung, so kann hierin eine Erklärung nach § 575 Abs. 3 Satz 1 BGB, ein Angebot zum Abschluss eines Fortsetzungsvertrages nach § 145 BGB oder ein Antrag auf Gewährung einer Räumungsfrist liegen. Zweifel gehen – wie allgemein- zu Lasten des Erklärenden, also des Mieters.[70] Der Mieter ist auch darlegungs- und beweispflichtig dafür, dass ein wirksames Fortsetzungsverlangen vorliegt.

57 Steht der Zeitpunkt des Eintritts des Bedarfs zum Zeitpunkt der Geltendmachung des Verlängerungsanspruchs noch nicht mit Sicherheit fest, so kann der Mieter eine Verlängerung bis zum Eintritt des Bedarfs verlangen. Ein Mietverhältnis mit diesem Inhalt ist nicht als Mietvertrag unter einer auflösenden Bedingung, sondern als befristeter Mietvertrag anzusehen (§ 542 BGB Rdn. 165).

5. Verlängerung des Mietverhältnisses

58 **a) Vertragliche Einigung.** Nimmt der Vermieter das Angebot des Mieters an, so kommt ein Verlängerungsvertrag zustande. Das Mietverhältnis wird dann – je nach dem Inhalt der übereinstimmenden Erklärungen der Parteien – auf bestimmte oder unbestimmte Zeit verlängert. Bei einer Verlängerung auf bestimmte Zeit ist § 550 BGB zu beachten (Schriftform), wenn das Vertragsverhältnis insgesamt länger als 1 Jahr dauern soll. Die Parteien können eine Verlängerung zu geänderten Bedingungen vereinbaren; ein Anspruch auf Änderung der Vertragsbedingungen besteht allerdings nicht. Einigen sich die Parteien lediglich über den Verlängerungszeitraum, so wird das Mietverhältnis zu den bisherigen Bedingungen fortgesetzt. Ein auf bestimmte Zeit fortgesetztes Mietverhältnis kann vor dem Ablauf der vereinbarten Zeit nicht im Wege der ordentlichen Kündigung beendet werden. Beim Ablauf der fortgesetzten Mietdauer kann der Mieter erneut die Ansprüche aus § 575 Abs. 2 und 3 BGB geltend machen. Wird das Mietverhältnis auf unbestimmte Zeit fortgesetzt, so kann es von beiden Parteien gekündigt werden. Für die Kündigung des Vermieters sind Kündigungsgründe i. S. d. § 573 BGB erforderlich. Für die Bemessung der Kündigungsfrist bei der Kündigung durch den Vermieter nach § 573c Abs. 1 BGB ist die gesamte Mietzeit maßgeblich. Der Mieter hat die Möglichkeit des Kündigungswiderspruchs nach § 574 BGB. Für die Frage, ob ein die Garantiehaftung des Vermieters begründender ursprünglicher Mangel i. S. v. § 536b Abs. 1 BGB vorgelegen hat, kommt es auf den Beginn des Mietverhältnisses an.

59 **b) Dissens.** Können sich die Parteien über die Verlängerung, die Dauer der Verlängerung oder über die Modalitäten der Fortsetzung nicht einigen, so kommt kein Verlängerungsvertrag zustande. Nach allgemeinen Grundsätzen hätte dies zur Folge, dass das Mietverhältnis zu dem vertraglich vereinbarten Zeitpunkt beendet wird. Diese Rechtsfolge stünde mit dem Schutzzweck der §§ 575 Abs. 2 und 3 BGB nicht im Einklang. Dieser Schutzzweck kann nur verwirklicht werden, wenn man davon ausgeht, dass die ursprüngliche Vereinbarung über das Vertragsende durch die Geltendmachung des Verlängerungsanspruchs in einen Schwebezustand gerät.[71] Mit der gerichtlichen Entscheidung über den Anspruch des Mieters auf befristete oder unbefristete Vertragsverlängerung wird der Schwebezustand beendet. Kommt es nicht zum gerichtlichen Verfahren, so richtet sich das Ende des Schwebezustands nach allgemeinen Grundsätzen. Insbesondere ist zu prüfen, ob durch die Fortsetzung des Mietgebrauchs durch den Mieter und die Entgegennahme der Miete durch den Vermieter eine Vertragsfortsetzung durch konkludente Handlung zustande gekommen ist.[72] Allerdings

---

[68] Ebenso: *Rolfs* in Staudinger § 575 BGB Rdn. 64; *Häublein* in MünchKomm § 575 BGB Rdn. 34; *Barthelmess* § 564c BGB Rdn. 14.

[69] **A. A.** *Kossmann* § 82 Rdn. 33: Hierin könne ein Fortsetzungsverlangen durch konkludente Handlung liegen.

[70] *Hannappel* in Bamberger/Roth § 575 BGB Rdn. 32; ähnlich: *Häublein* in MünchKomm § 575 BGB Rdn. 34: die Beweislast trägt der Mieter; dessen Erklärungen sind allerdings „laiengünstig" auszulegen; *Barthelmess* § 564c BGB Rdn. 14.

[71] Anders *Lammel* § 575 BGB Rdn. 68f: Danach hat das Verlängerungsverlangen rechtsgestaltende Wirkung.

[72] LG Berlin MM 1992, 209; AG Regensburg WuM 1990, 514.

ist Zurückhaltung geboten. In der Weiterzahlung der Miete durch den Mieter und der Entgegennahme des Geldes durch den Vermieter liegt im Allgemeinen noch keine konkludent vereinbarte Vertragsfortsetzung, weil dieser Vorgang auch nach Beendigung des Mietverhältnisses einen Sinn hat: Der Mieter schuldet ja die vereinbarte Miete nach der Vertragsbeendigung als Nutzungsentschädigung (§ 546a BGB). Anders ist es, wenn der Vermieter eine Mieterhöhungserklärung nach § 558 BGB verlangt und der Mieter dem Verlangen zustimmt. Ein solcher Vorgang ergäbe bei Annahme der Vertragsbeendigung nämlich keinen Sinn. Maßgeblich sind aber letztlich die Umstände des Einzelfalls.[73] Je länger das Mietverhältnis fortgesetzt wird, desto geringer sind die Anforderungen, die an eine konkludent vereinbarte Vertragsfortsetzung zu stellen sind.[74]

c) Gerichtliches Verfahren. Der Mieter kann den Anspruch auf Vertragsverlängerung im Wege der **Leistungsklage** (nicht Feststellungsklage) geltend machen. Erhebt der Vermieter Räumungsklage, so kann der Mieter **Widerklage** auf Vertragsverlängerung erheben. Dies ist unstreitig. Dagegen ist umstritten, ob es genügt, wenn der Mieter gegen den vom Vermieter erhobenen Räumungsanspruch lediglich einwendet, dass die Voraussetzungen des § 575 Abs. 3 BGB gegeben sind. Dies ist zu verneinen: die Regelung des § 575 Abs. 3 hat nicht die Vertragsfortsetzung zur Folge, sondern gibt dem Mieter lediglich einen Anspruch hierauf. Dieser Anspruch muss im Wege der Klage oder Widerklage geltend gemacht werden, weil eine dem § 308a ZPO entsprechende Regelung fehlt.[75] Dies bedeutet nicht, dass das Gericht der Räumungsklage ohne weiteres stattgeben könnte, wenn die Widerklage nicht erhoben wird. Vielmehr muss das Gericht auf das Erfordernis der Erhebung einer Widerklage hinweisen und sodann über die Begründetheit des Verlängerungsverlangens entscheiden. 60

Hat der **Mieter Klage** auf Fortsetzung des Mietverhältnisses erhoben, so kann der Vermieter den Räumungsanspruch mit der Widerklage geltend machen. 61

Der **Streitwert** für Klage und Widerklage richtet sich in jedem Fall nach dem Wert der Klage. Eine Zusammenrechnung findet nicht statt, weil die beiden Klaggegenstände wirtschaftlich identisch sind.[76] Dies gilt sowohl für die Rechtsmittelbeschwer als auch für den Gebührenstreitwert. 62

6. Beendigung des Mietverhältnisses

Sind die formellen oder materiellen Voraussetzungen für eine Verlängerung nicht gegeben, so endet das Mietverhältnis zum vereinbarten Zeitpunkt. Die Anwendung des **§ 574 BGB** ist ausgeschlossen. Dies folgt aus der Erwägung, dass die Regelung des § 574 nach ihrem Wortlaut und ihrer systematischen Stellung nur im Falle der Beendigung des Mietverhältnisses durch Kündigung gilt. Bei Beendigung durch Zeitablauf ist § 574 BGB unanwendbar. Dem Mieter kann auch keine gerichtliche Räumungsfrist nach **§§ 721, 794a ZPO** gewährt werden. Dies gilt auch dann, wenn der Vermieter keine besonderen Interessen an der pünktlichen Rückgabe hat. Eine Ausnahme gilt, wenn das Mietverhältnis nicht durch Zeitablauf, sondern durch außerordentliche Kündigung mit gesetzlicher Frist endet. Eine solche Kündigung ist möglich (§ 575a BGB. In diesem Fall ist sowohl § 573 als auch § 574 anwendbar (§ 575a Abs. 1 und 2, s. dort Rdn. 5). Für die außerordentliche Kündigung mit gesetzlicher Frist müssen neben dem jeweiligen Sonderkündigungstatbestands (s. § 542 BGB Rdn. 129ff.) die Voraussetzungen des § 573 BGB oder des 573a BGB vorliegen. Der Mieter kann die Fortsetzung des Mietverhältnisses nach § 574 BGB verlangen, allerdings nur bis zum vertraglich bestimmten Zeitpunkt der Beendigung (§ 575a Abs. 2 BGB). Eine Räumungsfrist kann ebenfalls höchstens bis zum vertraglich bestimmten Zeitpunkt der Beendigung gewährt werden (§ 721 ZPO in der Fassung des Art. 3 Nr. 5 und 6 des Mietrechtsreformgesetzes). In besonderen Härtefällen kann der Mieter Vollstreckungsschutz nach **§ 765a ZPO** erhalten. Die Vorschrift des 63

---

[73] Vgl. dazu LG Hagen MDR 1982, 582; LG Hannover MDR 1979, 495; LG Hamburg WuM 1989, 32; LG Berlin MM 1992, 209; AG Regensburg WuM 1990, 514.

[74] Zur Verwirkung des Herausgabeanspruchs vgl. auch OLG Hamm NJW 1982, 341 = WuM 1981, 257 = DWW 1981, 293 = ZMR 1982, 13.

[75] LG Regensburg WuM 1992, 194; LG Berlin WuM 1986, 340 = ZMR 1986, 442; AG Wuppertal WuM 1994, 534; AG Münster WuM 1988, 364; *Rolfs* in Staudinger § 575 BGB Rdn. 80; *Barthelmess* § 564c BGB Rdn. 46, 47; *Grapentin* in Bub/Treier Kap. IV Rdn. 405; *Hannappel* in Bamberger/Roth § 575 BGB Rdn. 40; *Häublein* in MünchKomm § 575 BGB Rdn. 37; Palandt/*Weidenkaff* § 575 BGB Rdn. 22; **a. A.** LG Berlin GE 1996, 127; AG Uelzen WuM 1989, 23 mit zust. Anm. *Hinkelmann;* AG Ebersberg WuM 1988, 23; *Derleder* NZM 2001, 649, 657; *Lammel* § 575 BGB Rdn. 72; *Sternel* Mietrecht (1988) Rdn. IV 296.

[76] BGH WuM 1994, 705 = ZMR 1995, 17; OLG München JurBüro 1989, 852.

§ 545 BGB bleibt unberührt. In der Mitteilung über den Fortbestand des Befristungsinteresses vor Vertragsende liegt allerdings regelmäßig zugleich eine Erklärung nach § 545 BGB[77]

7. Veräußerung der Mietsache

64 Wird die Wohnung veräußert, so tritt der Erwerber in das Mietverhältnis ein. An der Befristung des Mietvertrags ändert sich durch den Eigentümerwechsel nichts. Vereinzelt wird allerdings die Ansicht vertreten, dass sich das Mietverhältnis in einem solchen Fall „automatisch analog § 575 Abs. 1 Satz 2 in ein unbefristetes" Mietverhältnis umwandle.[78] Diese Ansicht trifft nicht zu. Eine Verlängerung ist nur möglich, wenn der Mieter dies nach § 575 Abs. 3 BGB verlangt. Dies beruht auf der Erwägung, dass der Mieter ein Interesse am Bestand der Befristungsregelung haben kann; folgerichtig muss es ihm überlassen bleiben, ob er auf die Befristung verzichtet.

64a Streitig ist, ob der **Erwerber** das **ursprüngliche Befristungsinteresse geltend machen darf.** Teilweise wird die Ansicht vertreten, dass mit der Veräußerung jedes Befristungsinteresse verloren geht.[79] Nach der hier vertretenen Auffassung[80] kann der Erwerber das Befristungsinteresse nur geltend machen, wenn dieses objektgebunden ist. Hierzu gehört das Befristungsinteresse nach Abs. 1 Nr. 2 (Beseitigung, wesentliche Veränderung, Instandsetzung). Ein personengebundenes Befristungsinteresse kann der Erwerber nicht geltend machen. Hierzu zählt die Eigennutzungsabsicht (Abs. 1 Nr. 1). Eine Ausnahme gilt, wenn die Befristung zulässigerweise zugunsten des (familienangehörigen) Erwerbers erfolgt ist (Beispiel: Vermieter veräußert die Wohnung an seinen Sohn). Der Befristungsgrund des Abs. 1 Nr. 3 (Überlassung an Betriebsangehörige) kann vom Erwerber geltend gemacht werden, wenn dieser seinerseits Arbeitnehmer beschäftigt und die Wohnungen zur Unterbringung dieses Personenkreises verwenden will.

65 Kann das Befristungsinteresse vom Erwerber nicht durchgesetzt werden, so hat der Mieter den Verlängerungsanspruch nach § 575 Abs. 3 Satz 2 BGB. Diesen Anspruch muss der Mieter geltend machen; anderenfalls bleibt das Mietverhältnis befristet mit der weiteren Folge, dass es zum vereinbarten Zeitpunkt endet. Der Erwerber ist nicht verpflichtet, von sich aus auf den Wegfall der Befristung hinzuweisen (s. Rdn. 31, 49)

IV. Abweichende Vereinbarungen (Abs. 4)

1. Kündigungsausschlussvereinbarung

66 Nach § 575 Abs. 4 BGB sind Vereinbarungen, die zum Nachteil des Mieters von § 575 Abs. 1–3 BGB abweichen, unwirksam. In diesem Zusammenhang wird die Frage diskutiert, ob die Parteien **statt einer Befristung einen Kündigungsausschluss** vereinbaren können[81] oder ob eine solche Vereinbarung als Umgehung des § 575 Abs. 1 Satz 2 BGB zu bewerten ist.[82] Ebenso wird die Ansicht vertreten, dass ein befristeter Kündigungsausschluss unter gewissen Umständen wie eine vertraglich verlängerte Kündigungsfrist zu Lasten des Mieters wirke; deshalb wird auch ein Verstoß gegen § 573c Abs. 4 BGB angenommen[83] oder in Erwägung gezogen.[84] Nach einer vermittelnden Auffassung ist ein Kündigungsausschluss wirksam, wenn der Vermieter dem Mieter ein Wahlrecht

---

[77] *Häublein* in MünchKomm § 575 BGB Rdn. 38; *Horst* ZAP Fach 4 S. 366.

[78] *Kandelhard* in Herrlein/Kandelhard § 575 BGB Rdn. 30.

[79] *Sternel* Mietrecht (1988) Rdn. IV, 316; *Kandelhard* in Herrlein/Kandelhard § 575 BGB Rdn. 30.

[80] Ebenso: *Rolfs* in Staudinger § 575 BGB Rdn. 60, 61; *Lammel* § 575 BGB Rdn. 24, 25; *Häublein* in MünchKomm § 575 BGB Rdn. 33; *Hannappel* in Bamberger/Roth § 575 BGB Rdn. 38; **a. A.** *Lützenkirchen* in: Erman § 575 Rdn. 22.

[81] So Begründung des Kabinettsentwurfs, abgedruckt bei *Börstinghaus/Eisenschmid,* Arbeitskommentar Neues Mietrecht S. 566: „Liegt bei Vertragsschluss kein Befristungsgrund auf Vermieterseite vor, so kann dem Interesse des Mieters an einer langfristigen Bindung des Mietverhältnisses dadurch Rechnung getragen werden, dass die Parteien einen unbefristeten Mietvertrag schließen und für einen vertraglich festgelegten Zeitraum das ordentliche Kündigungsrecht beiderseits ausschließen"; *Rolfs* in Staudinger § 573c BGB Rdn. 49ff; *Hannemann* in Hannemann/Wiegner MAH Wohnraummietrecht § 44 Rdn. 100; *Lützenkirchen* Neue Mietrechtspraxis Rdn. 392; ZMR 2001, 769; MDR 2001, 1385, 1388; *Hinz* in Ormanschick/Rieke/Scheff, Das neue Mietrecht § 9 Rdn. 10; *Grundmann* NJW 2001, 2497; *Derckx* NZM 2001, 826; *Kinne/Schach* Miet- und Mietprozessrecht § 573c BGB Rdn. 9; Palandt/*Weidenkaff* § 573c BGB Rdn. 3.

[82] *Kandelhard* in Herrlein/Kandelhard § 573c BGB Rdn. 8; § 542 BGB Rdn. 27; § 575 Rdn. 36.

[83] So insbes.: LG Krefeld WuM 2003, 212 = NZM 2003, 309; AG Itzehoe WuM 2003, 213 *Wiek* WuM 2003, 329, 330; *Lammel* § 575 BGB Rdn. 2 und § 542 BGB Rdn. 73; *ders.* WuM 2003, 123; *Börstinghaus,* Kündi-

zwischen der Vereinbarung eines Kündigungsausschlusses und einem Mietverhältnis auf unbestimmte Zeit einräumt[85] oder wenn der Kündigungsausschluss auf Verlangen des Mieters erfolgt.[86] Ist der Kündigungsausschluss in Form einer Allgemeinen Geschäftsbedingung geregelt, so wird die Vereinbarung außerdem an § 307 Abs. 2 Nr. 1 BGB gemessen, weil das Recht des Mieters sich innerhalb kurzer Frist vom Vertrag zu lösen, durch den Kündigungsausschluss tangiert werde;[87] nach dieser Ansicht ist die Mobilität des Mieters als gesetzliches Leitbild der Reformgesetzgebung anzusehen.[88] Nach der Ansicht des BGH ist ein **individualvertraglich vereinbarter Kündigungsverzicht** wirksam.[89] Dies gilt auch dann, wenn lediglich der Mieter auf das Recht zur Kündigung verzichtet.[90] **Für Formularklauseln s. Rdn. 81 ff** Der Ansicht des BGH ist zuzustimmen.

a) Bei der **Prüfung nach § 575 Abs. 4 BGB** ist in erster Linie auf den Zweck des § 575 Abs. 1 Satz 2 BGB abzustellen (s. o. Rdn. 4). Der Gesetzeszweck ist erreicht, wenn eine Beendigung des Mietverhältnisses durch Zeitablauf auf die Fälle des Zeitmietvertrags nach § 575 Abs. 1 Satz 1 BGB beschränkt bleibt. Deshalb werden durch Abs. 1 Satz 2 nur solche Vertragsgestaltungen ausgeschlossen, die bewirken, dass ein Mietverhältnis durch Zeitablauf, also ohne Kündigung, endet. Dazu gehören in erster Linie die einfachen befristeten Mietverträge (Mietverträge auf bestimmte Zeit) i. S. v. § 542 Abs. 2 BGB. Alle anderen Vertragsgestaltungen, auf die bereits nach bisherigem Recht die Regelung des § 564c BGB a. F. unanwendbar war, fallen nicht unter Abs. 1 Satz 2 der Neufassung. Demnach kommt es maßgeblich darauf an, ob ein Mietverhältnis nach der konkreten Vertragsgestaltung durch Kündigung (§ 542 Abs. 1 BGB) oder durch Zeitablauf (§ 542 Abs. 2 BGB) beendet werden kann. Im erstgenannten Fall (Beendigung durch Kündigung) verbleibt es bei der Vertragsregelung; im letztgenannten Fall (Beendigung durch Zeitablauf) gilt § 575 Abs. 1 Satz 2 BGB. **67**

Die von einem Teil der Literatur vertretene Ansicht, wonach § 575 Abs. 1 Satz 2 BGB auch für den vereinbarten Kündigungsausschluss gelte: – „Ein Mietvertrag unter Ausschluss der ordentlichen Kündigung ist nichts anderes als ein befristeter Mietvertrag mit anderem Namen".[91] – überzeugt nicht. Zwar trifft es zu, dass die Parteien in beiden Fällen für eine bestimmte vereinbarte Zeit an das Mietverhältnis gebunden sind. Für die Beendigung des Vertrags gelten dagegen unterschiedliche Regeln. Ist ein Kündigungsausschluss vereinbart, so kann der Vermieter zwar nach Ablauf der Ausschlussfrist kündigen; das Mietverhältnis wird aber nur beendet, wenn der Vermieter Kündigungsgründe i. S. v. § 573 BGB geltend machen kann. Ein befristeter Mietvertrag endet dagegen nach dem Wortlaut der Vertragsvereinbarung ohne Kündigung durch bloßen Zeitablauf. Der Vermieter kann die Räume auch ohne berechtigtes Interesse i. S. v. § 573 BGB herausverlangen. Gerade dies – und nur dies – soll durch § 575 Abs. 1 Satz 2 verhindert werden. Die Regelung soll den Mieter nicht vor einer längeren Bindung an den Vertrag, sondern vor dem Verlust der Wohnung schützen. Folgerichtig hat der Gesetzgeber die Vorschrift im Kap. 5 „Beendigung des Mietverhältnisses" platziert. **68**

b) Bei der **Prüfung nach § 573c Abs. 4 BGB** kommt es maßgeblich darauf an, ob durch den Wortlaut oder den Zweck der Regelung Kündigungstage, Kündigungsfristen oder Kündigungstermine abw. vom Gesetz geregelt werden. **69**

In der Literatur wird hiervon abw. die Ansicht vertreten, durch § 573c BGB solle sichergestellt werden, dass sich ein Mieter kurzfristig vom Mietvertrag lösen kann: „Die Norm gewährt … Schutz durch das Recht zur kurzfristigen Kündigung".[92] Deshalb sei zu prüfen, ob die Verein- **70**

---

gungsausschlussvereinbarungen nach neuem Recht, in Gedächtnisschrift für Jürgen Sonnenschein, Berlin 2003, S. 349; *Hannappel* in Bamberger/Roth § 575 BGB Rdn. 39; *Kossmann* § 81 Rdn. 7.

[84] *Rips/Eisenschmid,* Neues Mietrecht S. 138; *Eisenschmid* in Börstinghaus/Eisenschmid, Arbeitskommentar Neues Mietrecht S. 558.

[85] *Derleder* NZM 2001, 649.

[86] *Rips/Eisenschmid,* Neues Mietrecht a. a. O.

[87] *Gather* NZM 2001, 57; *Rips/Eisenschmid,* Neues Mietrecht S. 138; *Börstinghaus,* Kündigungsausschlussvereinbarungen nach neuem Recht, in Gedächtnisschrift für Jürgen Sonnenschein, Berlin 2003, S. 349.

[88] *Rips/Eisenschmid,* Neues Mietrecht a. a. O.; s. dazu auch *Derleder* NZM 2001, 649.

[89] BGH NZM 2004, 216 = WuM 2004, 157 für die Dauer von 5 Jahren; BGH (VIII ZR 98/10) NJW 2011, 59 = WuM 2010, 752 = ZMR 2011, 193 unter Rz. 25 für 10-jährigen Kündigungsausschluss.

[90] BGH NZM 2004, 216 = WuM 2004, 157.

[91] So ausdrücklich *Kandelhard* in Herrlein/Kandelhard § 575 Rdn. 37.

[92] So ausdrücklich *Derleder* NZM 2001, 649, 652; ähnlich *Rips/Eisenschmid,* Neues Mietrecht S. 138; *Kandelhard* a. a. O.

barung einer längerfristigen Bindung mit dem „Mobilitätsleitbild" des Gesetzgebers im Einklang stehe.

71 Hierzu ist anzumerken, dass der Gesetzgeber in den (amtlichen) Paragraphenüberschriften terminologisch zwischen den „Fristen der ordentlichen Kündigung" (§ 573c BGB) und der „Kündigungsbeschränkung" (§ 577a BGB) unterscheidet. Diese Unterscheidung folgt einem herkömmlichen Sprachgebrauch. Danach ist unter der Kündigungsfrist der Zeitraum zwischen dem Ausspruch der Kündigung und dem Ende des Mietverhältnisses zu verstehen. Die „Kündigungsbeschränkung" meint dagegen die Zeit, in der eine Kündigung ausgeschlossen ist. Die Regelung des § 573c Abs. 4 betrifft nur die Kündigungsfristen, nicht die Kündigungsbeschränkung.

72 Ein Mobilitätsleitbild ist der gesetzlichen Regelung nicht zu entnehmen. Zwar ist in der Begründung des Kabinettsentwurfs zum Mietrechtsreformgesetz vom 9.11.2000[93] von „Mobilität und Flexibilität" die Rede (Teil A III 2d und e). Ebenso wird aber auch das „Interesse des Mieters an einer langfristigen Bindung" angesprochen (Teil B zu § 575 Entwurf). Folgerichtig ist anzunehmen, dass auch Vertragsgestaltungen möglich sind, die dem Bedürfnis an einer langfristigen Bindung Rechnung tragen. Hierauf beruht beispielsweise die gesetzliche Regelung in § 557a Abs. 3 BGB. Danach kann das Kündigungsrecht des Mieters bei einer Staffelmietvereinbarung nur „für höchstens vier Jahre … ausgeschlossen werden". Diese Regelung setzt die Wirksamkeit einer entsprechenden Vereinbarung voraus. Es ist nicht anzunehmen, dass die Regelung nur für den Zeitmietvertrag nach § 575 Abs. 1 Satz 1 BGB gelten soll; in der Gesetzesbegründung findet sich für diese Annahme kein Anhaltspunkt.

2. Unwirksame Vereinbarungen

73 **a) Befristete Mietverhältnisse ohne Befristungsgrund.**

Beispiel: „Das Mietverhältnis beginnt am 1.7.2009 und endet am 30.6.2014". Oder: „Das Mietverhältnis wird auf die Dauer von 5 Jahren abgeschlossen".

Ein solches Mietverhältnis endet nach dem Vertragswortlaut ohne Kündigung mit dem Ablauf der Vertragszeit. Hier greift die Rechtsfolge des § 575 Abs. 1 Satz 2 BGB. Ein solches Mietverhältnis gilt als auf unbestimmte Zeit abgeschlossen. Möglicherweise kann für die Zeit der Befristung ein Kündigungsausschluss gelten (s. Rdn. 29)

74 **b) Befristete Mietverträge, die eine einmalige Verlängerung auf bestimmte Zeit vorsehen.**

Beispiel: „Das Mietverhältnis wird für die Dauer von fünf Jahren abgeschlossen. Es verlängert sich um weitere fünf Jahre, falls es nicht gekündigt wird".

Solche Mietverhältnisse können im Wege der Kündigung zum Zeitpunkt des Ablaufs der ersten Befristung beendet werden (s. § 542 BGB Rdn. 171). Wird das Mietverhältnis zum Ablauf der Befristung aber nicht gekündigt, so entsteht ein befristetes Mietverhältnis, das nach dem Vertragswortlaut mit dem Ablauf der weiteren Befristung ohne weiteres endet. Aus diesem Grunde gilt die Rechtsfolge des § 575 Abs. 1 Satz 2 von Anfang an. Möglicherweise kann für die Zeit der ersten und der weiteren Befristung ein Kündigungsausschluss gelten (s. Rdn. 29).

75 **c) Kettenmietverträge.** Von Kettenmietverträgen spricht man, wenn ein Vermieter immer nur kurzfristige Mietverträge anbietet, wobei dem ersten Mietvertrag ein zweiter, dem zweiten ein dritter usw. folgen soll. Der erste Vertrag der „Kette" endet nach dem Vertragswortlaut durch Zeitablauf. Deshalb gilt bereits der erste Vertrag der Kette auf als unbestimmte Zeit abgeschlossen. Alle weiteren geplanten Verträge der Kette werden gegenstandslos.[94]

76 **d) Mietverträge mit Befristung und jeweiliger Verlängerung auf kurze Zeit.**

Beispiel: Das Mietverhältnis wird für die Dauer eines Jahres abgeschlossen. Es verlängert sich jeweils um ein weiteres Jahr, falls es nicht gekündigt wird.

Ein solches Mietverhältnis kann nur durch Kündigung beendet werden. § 575 Abs. 1 Satz 2 BGB greift nicht. Die Vereinbarung verstößt aber gegen § 573c Abs. 4 BGB, weil der Kündigungs-

---

[93] BT-Drucks. 14/4553.
[94] I. E. ebenso: *Lammel* § 575 BGB Rdn. 9.

termin abw. vom Gesetz geregelt wird.[95] Nach der Vertragsregelung kann – abw. von der gesetzlichen Regelung – nicht zu jedem beliebigen Termin sondern nur zur den Terminen gekündigt werden, die dem Vertragsbeginn entsprechen. Der BGH vertritt die Ansicht, dass Klauseln der fraglichen Art in Altmietverträgen (Vertragsschluss vor dem 1.9.2001) weiterhin wirksam sind.[96] Der BGH begründet dies mit der Erwägung, dass auf solche Regelungen gem. Art. 229 § 3 Abs. 10 EGBGB das frühere Recht anzuwenden ist. Nach richtiger Ansicht ist Art. 229 § 3 Abs. 10 EGBGB aber nicht einschlägig. Die Vorschrift setzt nach ihrem Wortlaut voraus, dass „**Kündigungs**fristen … durch Vertrag vereinbart worden sind". Die fragliche Klausel regelt aber nicht die Kündigungs**frist,** sondern den Kündigungstermin. Für Regelungen betr. den Kündigungstermin gibt es keine spezielle Übergangsvorschrift. Vielmehr gilt hierfür Art. 229 § 5 Satz 2 EGBGB.[97]

e) Mietverhältnisse unter einer auflösenden Bedingung. 77

Beispiel: Das Mietverhältnis über die Werkwohnung endet, wenn der Mieter aus dem Betrieb ausscheidet.

Nach dem bis 31.8.2001 geltendem Recht war für ein solches Mietverhältnis in § 565a Abs. 2 Satz 1 BGB a. F. bestimmt, dass es sich nach Eintritt der Bedingung auf unbestimmte Zeit verlängert. Nach nunmehrigem Recht kann sich der Vermieter „nicht auf eine Vereinbarung berufen, nach der das Mietverhältnis zum Nachteil des Mieters auflösend bedingt ist" (§ 572 Abs. 2 BGB). Die Auslegung der Vorschrift ist umstritten. Nach einer Ansicht ist die Vereinbarung einer auflösenden Bedingung zum Nachteil des Mieters wirksam. Tritt die Bedingung ein, so kann sich allerdings nur der Mieter, nicht aber der Vermieter auf den Eintritt der Bedingung berufen. Nach dieser Ansicht endet das Mietverhältnis auf Grund des Bedingungseintritts, wenn der Mieter dies will.[98] Nach anderer Meinung ist die Vereinbarung einer auflösenden Bedingung zum Nachteil des Mieters unwirksam.[99] Folgt man dieser Ansicht, so kann sich keiner der Parteien auf die vertragsbeendigende Wirkung der Bedingung berufen. Diese Ansicht steht im Einklang mit den Vorstellungen des Gesetzgebers, der durch die Wahl der Formulierung „nicht … berufen" klarstellen wollte, dass nur die Vereinbarung einer auflösenden Bedingung zum Nachteil des Mieters unwirksam ist, während der Vertrag im übrigen wirksam bleibt.[100] Die letztgenannte Meinung ist vorzuziehen. Geht man davon aus, dass die Vereinbarung einer auflösenden Bedingung zum Nachteil des Mieters generell wirksam ist, so hätte der Vermieter beim Eintritt der Bedingung zwar keinen Räumungsanspruch; gleichwohl würde das Mietverhältnis entsprechend der (wirksamen) Vertragsregelung mit dem Bedingungseintritt beendet. Eine solche Rechtsfolge ist ersichtlich nicht gewollt. Der Sinn der Regelung ist derselbe, wie nach früherem Recht: Die Vorschrift soll verhindern, dass die zugunsten des Wohnraummieters bestehenden Kündigungsschutzvorschriften durch die Vereinbarung auflösend bedingter Mietverhältnisse umgangen werden.

3. Wirksame Vereinbarungen (für Formularklauseln s. Rdn. 81ff.)

a) Der zeitlich befristete Kündigungsausschluss. Er liegt vor, wenn die Parteien vereinbaren, dass die ordentliche befristete Kündigung für eine bestimmte Zeit ausgeschlossen sein soll. 78
Wird vereinbart: *„Die Parteien verzichten bis zum [Datum] auf den Ausspruch einer ordentlichen Kündigung. Das Mietverhältnis kann also erstmals nach Ablauf des [Datum] gekündigt werden.",* so ist eine Kündigungserklärung erstmals nach Ablauf der vereinbarten Zeit möglich. Wird dagegen vereinbart: *„Die Parteien verzichten bis zum [Datum] auf eine ordentliche Kündigung. Das Mietverhältnis kann also erstmals zum [Datum] gekündigt werden.",* so ist eine Kündigung möglich, nach der das Mietverhältnis zu dem vereinbarten Datum endet. Solche Regelungen sind – unabhängig von der Dauer des Kündigungsausschlusses – uneingeschränkt wirksam.[101] Ist die Kündigung des Vermieters für längere Zeit

---

95 BGH WuM 2005, 342 m. Anm. *Gellwitzki* NZM 2005, 417; *Lammel* § 573c BGB Rdn. 39; *Wiek* Mietrecht express 2005, 1; **a. A.** *Kossmann* § 82 Rdn. 55.
96 BGH WuM 2005, 342 m. Anm. *Gellwitzki* NZM 2005, 417; AG Schöneberg GE 2012, 756.
97 *Blank* NZM 2005, 441; vgl. dazu auch *Wiek* WuM 2007, 228.
98 *Lammel* § 572 BGB Rdn. 15, 16.
99 *Haas,* Das neue Mietrecht § 572 BGB Rdn. 2; *Kandelhard* in Herrlein/Kandelhard § 572 BGB Rdn. 2 und 4.
100 Begründung des Regierungsentwurfs zu § 572 BGB, BT-Drucks.14/4553.
101 BGH NZM 2004, 216 = WuM 2004, 157 für die Dauer von 5 Jahren; BGH (VIII ZR 98/10) NJW 2011, 59 = WuM 2010, 752 = ZMR 2011, 193 unter Rz. 25 für 10-jährigen Kündigungsausschluss; BGH (VIII ZR 388/12) NJW 2013, 2820 für 13-jährigen Kündigungsausschluss.

als ein Jahr ausgeschlossen, so bedarf die Vereinbarung der Schriftform (§ 550 BGB).[102] Nach Ablauf der im Vertrag bestimmten Zeit kann das Mietverhältnis gekündigt werden. Der Schutzzweck des Abs. 1 Satz 2 wird nicht tangiert, weil das Mietverhältnis nicht durch Zeitablauf endet. Zu dieser Gruppe gehören auch solche Mietverträge, für die eine Mindestlaufzeit bestimmt ist. Eine Besonderheit gilt, wenn der Kündigungsausschluss im Zusammenhang mit einer **Staffelmiete** vereinbart wird. In diesem Fall kann das Kündigungsrecht des Mieters für höchstens vier Jahre ausgeschlossen werden (§ 557a Abs. 3 BGB). Für die Berechnung der Vier-Jahresfrist kommt es weder auf den Beginn des Mietverhältnisses, noch auf die erste Mieterhöhung, sondern auf den Zeitpunkt an, zu dem die Staffelmiete vereinbart worden ist. Dies gilt auch dann, wenn der Mietvertrag nicht am Monatsersten, sondern während eines Monats abgeschlossen wird.[103] Ist der Kündigungsausschluss individualvertraglich vereinbart, so hat ein längerer als der gesetzlich zulässige Kündigungsausschluss nicht zur Folge, dass die gesamte Ausschlussvereinbarung entfällt. Vielmehr bleibt die Vereinbarung in dem gesetzlich zulässigen Umfang – also für die Dauer von vier Jahren– erhalten.[104] Ein formularvertraglich vereinbarter Kündigungsausschluss ist dagegen insgesamt unwirksam (s. Rdn. 86).

79 **b) Befristete Mietverträge mit Verlängerungsklausel auf unbestimmte Zeit.**

Beispiel: „Das Mietverhältnis wird auf fünf Jahre abgeschlossen. Es verlängert sich auf unbestimmte Zeit, wenn es nicht gekündigt wird"

Ein solches Mietverhältnis kann nach dem Wortlaut des Vertrags nur im Wege der Kündigung beendet werden. § 575 Abs. 1 Satz 2 BGB greift nicht.[105] Die Befristung hat zur Folge, dass die ordentlich befristete Kündigung während der Dauer der vertraglich bestimmten Zeit ausgeschlossen ist.[106] Dies gilt auch für die Kündigung durch den Mieter. Es gelten die Grundsätze über den befristeten Kündigungsausschluss (s. Rdn. 81).[107] Wird die Vereinbarung durch **Formularvertrag** getroffen, so darf die Dauer der Befristung die Zeit von vier Jahren nicht überschreiten.[108] Eine Kündigung des Mieters muss zum Ablauf der Vierjahresfrist möglich sein. Deshalb kann in einem Formularvertrag nicht wirksam vereinbart werden, dass der Mietvertrag zunächst eine Laufzeit von vier Jahren haben soll; in diesem Fall wäre die Kündigung erstmals nach Ablauf von vier Jahren möglich.[109] Ein Verstoß gegen die Höchstdauer der Bindung führt zur Gesamtunwirksamkeit der Klausel; die Klausel bleibt also nicht mit der zulässigen Vertragsbindung aufrechterhalten.

80 **c) Mietverhältnisse auf Lebenszeit des Mieters.** Solche Mietverhältnisse werden zumeist zugunsten eines bereits älteren Mieters begründet. Sie sollen sicherstellen, dass dem Mieter für die restliche Zeit seines Lebens eine (häufig kostengünstige) Wohnung zur Verfügung steht. Ein **Mietverhältnis auf Lebenszeit** des Mieters ist als befristetes Mietverhältnis zu bewerten.[110] Ein solches Mietverhältnis endet mit dem Tod des Mieters; der Erbe tritt lediglich in das Abwicklungsschuldverhältnis ein. Deshalb wäre an sich § 575 Abs. 1 Satz 2 BGB anwendbar. Allerdings ist nicht zu verkennen, dass die Mietverhältnisse auf Lebenszeit des Mieters vom Zweck dieser Vorschrift (Schutz des Mieters vor dem Verlust der Wohnung) nicht erfasst werden. Es ist zu vermuten, dass der Gesetzgeber an diese Mietverhältnis bei der Schaffung des § 575 BGB nicht gedacht hat. Die Vorschrift des § 575 Abs. 1 Satz 2 BGB ist deshalb restriktiv dahingehend auszulegen, dass sie auf Mietverhältnisse auf Lebenszeit des Mieters keine Anwendung findet.[111] Den Belangen derjenigen Personen, die mit dem Mieter in der Wohnung als Ehegatte, Lebenspartner, Angehöriger und dergleichen einen gemeinsamen Haushalt geführt haben, muss durch eine entsprechende Anwendung der §§ 563ff. BGB Rechnung getragen werden.[112]

---

[102] Vgl. BGH NJW 2007, 1742 = NZM 2007, 399 = WuM 2007, 272 = ZMR 2007, 531 = GE 2007, 906.
[103] BGH NJW-RR 2006, 1236 = NZM 2006, 579 = WuM 2006, 385 = GE 2006, 904.
[104] BGH NJW 2006, 2696 = NZM 2006, 653 = WuM 2006, 445 = ZMR 2006, 682 = DWW 2006, 422 = GE 2006, 1032.
[105] LG Halle WuM 2006, 572; LG Hildesheim ZMR 2017, 46; **a. A.** *Gellwitzki* WuM 2004, 575: Danach sind befristete Mietverhältnisse mit Verlängerungsklauseln aufzuspalten in einen Zeitmietvertrag einerseits und einen sich daran anschließenden Mietvertrag auf unbestimmte Zeit.
[106] Vgl. BGH (VIII ZR 247/14) NJW 2015, 3780.
[107] **A. A.** LG Hildesheim ZMR 2017, 46.
[108] BGH (VIII ZR 27/04) NZM 2005, 419.
[109] BGH (VIII ZR 86/10) NZM 2011, 150.
[110] S. § 542 BGB Rdn. 163.
[111] I. E. ebenso aber mit anderer Begründung: *Lammel* § 575 BGB Rdn. 8.
[112] BayObLG RE v. 2.7.1993, WuM 1993, 523 = ZMR 1993, 462 = NJW-RR 1993, 1164.

4. Formularklauseln

Ein Kündigungsausschluss kann auch durch **Formularvertrag** vereinbart werden.[113] Dies gilt auch für den preisgebundenen Wohnraum.[114] Dabei ist folgendes zu beachten: 81

Es darf **nur das Recht zur ordentlichen Kündigung** ausgeschlossen werden. Eine Vereinbarung, wonach „das Kündigungsrecht" insgesamt ausgeschlossen wird, umfasst nach ihrem Wortlaut auch das Recht des Mieters zur außerordentlichen Kündigung in den Fällen des § 543 Abs. 1 (Vertragsverletzungen des Vermieters); § 543 Abs. 2 Nr. 1 (Mängel der Mietsache); § 569 Abs. 1 (Gesundheitsgefährdung) und § 569 Abs. 2 (Hausfriedensstörung). Der Ausschluss dieser Kündigungsbefugnisse verstößt gegen § 569 Abs. 5 BGB. Er hat zur Folge, dass die gesamte Ausschlussvereinbarung unwirksam ist.[115] Der BGH hat allerdings die Klausel „Das Kündigungsrecht des Mieters ist für vier Jahre seit Abschluss der Staffelmietvereinbarung ausgeschlossen", dahingehend ausgelegt, dass hiervon das Recht zur außerordentlichen Kündigung unberührt bleibt. Zur Begründung ist ausgeführt, die Klausel werde „aus der Sicht eines verständigen, juristisch nicht vorgebildeten Mieters" dahingehend verstanden, dass mit dem Begriff „Kündigungsrecht" nur das Recht zur ordentlichen Kündigung gemeint sei. Dieses Verständnis entspreche auch dem Sprachgebrauch des Gesetzes in § 557a Abs. 3 BGB. Dort ist bestimmt, dass das „Kündigungsrecht des Mieters" beim Abschluss einer Staffelmietvereinbarung für höchstens vier Jahre ausgeschlossen werden kann. Unter dem „Kündigungsrecht" sei zweifelsfrei nur die ordentliche Kündigung zu verstehen.[116]

Die Kündigungsausschlussvereinbarung muss – falls sie **über eine längere Zeit als 1 Jahr** gelten soll – **schriftlich** getroffen werden (§ 550 BGB). Wird der Kündigungsausschluss auf einer gesonderten Urkunde getroffen, so muss diese grundsätzlich fest mit dem Mietvertrag verbunden werden 82

Eine Klausel kann gegen **§ 305c Abs. 1 BGB** verstoßen, wenn sie in der Vertragsurkunde an ungewöhnlicher oder systematisch unpassender Stelle steht.[117] Ausnahmsweise können die besonderen Umstände des Einzelfalls einen Verstoß gegen § 307 Abs. 1 BGB begründen. Dies wurde von der Rechtsprechung in einem Fall angenommen, in dem der Vermieter bereits im Zeitpunkt des Vertragsschlusses umfangreiche Baumaßnahmen plant, die zu massiven Belästigungen der Bewohner führen.[118] Hier hat die Ausschlussvereinbarung zur Folge, dass der Mieter weder wegen der Belästigungen noch bei einer planwidrigen Verzögerung der Baumaßnahmen kündigen kann, was den Tatbestand des § 307 Abs. 1 BGB erfüllt. 83

Ein Verstoß gegen **§ 307 BGB** kann vorliegen, wenn Grundsätze der fairen Vertragsgestaltung verletzt sind. Hiervon ist zum einen dann auszugehen, wenn **lediglich das Kündigungsrecht des Mieters ausgeschlossen** ist.[119] Eine Vereinbarung, wonach lediglich das Kündigungsrecht des Vermieters ausgeschlossen wird, ist dagegen unproblematisch: eine solche Vereinbarung kann sich nicht zum Nachteil des Mieters auswirken. Etwas anderes gilt, wenn das Vertragsformular vom Mieter ausgewählt wird und dieser als Verwender anzusehen ist.[120] In diesem Fall verstößt eine Klausel, wonach der (Privat-)Vermieter auf die Eigenbedarfskündigung auf unbestimmte Zeit verzichtet, gegen § 307 Abs. 1, Abs. 2 Nr. 1 BGB, weil die Möglichkeit der Beendigung eines Mietverhältnisses zum Zwecke der Eigennutzung zu den wesentlichen Grundgedanken des Gesetzes 84

---

[113] St. Rspr. des BGH; grundlegend: BGH WuM 2005, 346 = NZM 2005, 419; **a. A.** *Häublein* in MünchKomm § 575 BGB Rdn. 19.

[114] LG Berlin GE 2010, 1421.

[115] *Fischer* WuM 2004, 123, 125; *Hinz* WuM 2004, 126, 128; *Wiek* a. a. O.; *Brock/Lattka* NZM 2004, 729, 731; *Blank* ZMR 2002, 797, 799, 801.

[116] BGH NJW 2006, 1056 = NZM 2006, 256 = WuM 2006, 97 = ZMR 2006, 262 = GE 2006, 250; ebenso BGH NJW 2006, 1059 = NZM 2006, 254 = WuM 2006, 152 = ZMR 2006, 270 = GE 2006, 247; BGH (VIII ZR 120/11) WuM 2012, 99 m. Anm. *Wiek.*

[117] *Häublein* ZMR 2004, 252, 254.

[118] LG Kiel ZMR 2015, 30.

[119] BGH NJW 2009, 912 = NZM 2009, 153 = WuM 2009, 47 = GE 2009, 110; LG Duisburg NZM 2003, 353; *Rolfs* in Staudinger § 573c BGB Rdn. 51; *Weitemeyer* in Emmerich/Sonnenschein, Miete § 557a BGB Rdn. 13; Palandt/*Weidenkaff* § 573c BGB Rdn. 3; *Wetekamp,* Mietsachen 4. Aufl. Kap 8 Rdn. 422; *Häublein* ZMR 2004, 252, 254; *Kandelhard* WuM 2004, 129; *Hinz* WuM 2004, 126, 128; *Börstinghaus* GE 2006, 898; *Wiek* Mietrecht express Nr. 3/2004 S. 17; vgl. dazu auch BGH WuM 2004, 543: danach ist ein befristeter Mietvertrag mit Verlängerungsklausel jedenfalls dann wirksam, wenn der Kündigungsausschluss für beide Parteien gilt.

[120] AG Hamburg-Altona ZMR 2010, 535.

zählt.[121] Ist der Vermieter Verwender, so darf die Dauer des Kündigungsausschlusses für den Mieter nicht länger sein als für den Vermieter. Die umgekehrte Vertragsgestaltung (längere Vertragsbindung des Vermieters, kürzere des Mieters) ist möglich. Nach Ansicht des BGH ist ein einseitiger (nur für den Mieter geltender) Kündigungsausschluss wirksam, wenn er im **Zusammenhang mit einer Staffelmiete** vereinbart wird. Die Regelung des § 557a Abs. 3 Satz 1 BGB setze den einseitigen Kündigungsausschluss voraus.[122] Die Ansicht des BGH trifft allerdings nicht zu. Durch die genannte Vorschrift soll der Mieter vor Preisvereinbarungen mit langer Laufzeit geschützt werden, weil die Entwicklung der Einkommen und Preise nur begrenzt prognostizierbar ist. Die im Urteil des BGH vom 19.11.2008[123] gegen den einseitigen Kündigungsausschluss sprechenden Gründe gelten deshalb auch, wenn die Regelung in Verbindung mit einer Staffelmiete vereinbart wird.[124]

85 Die Möglichkeiten des Mieters, sich in bestimmten Härtefällen durch Mietaufhebungsvertrag vom Vertrag zu lösen (s. nach § 542 Rdn. 10) und das Recht zur Untervermietung der gesamten Wohnung dürfen nicht ausgeschlossen werden. Es ist nicht erforderlich, dass die Ausschlussklausel die genannten Möglichkeiten erwähnt. Es muss nur möglich sein, dass der Mieter von den gesetzlichen Möglichkeiten der Mietaufhebung und der Untervermietung Gebrauch machen kann.

86 Nach der gesetzlichen Regelung in § 544 BGB sind Mietverträge jedenfalls nach Ablauf von 30 Jahren kündbar. Eine solch lange Bindung kann allerdings nicht durch Formularvertrag vereinbart werden. Nach der **Rechtsprechung des BGH**[125] ist ein **vierjähriger Kündigungsausschluss möglich.** Der BGH orientiert sich dabei an der Regelung des § 557a Abs. 3 Satz 1 BGB. Danach kann bei der Vereinbarung einer Staffelmiete das Kündigungsrecht für die Dauer von höchstens 4 Jahren ausgeschlossen werden. Der BGH sieht hierin einen Hinweis, wo nach Auffassung des Gesetzgebers allgemein die zeitliche Grenze eines Kündigungsverzichts des Mieters zu ziehen ist. Wird diese Grenze überschritten, so führt dies wegen des Verbots der geltungserhaltenden Reduktion zur Unwirksamkeit der Ausschlussvereinbarung; der Kündigungsverzicht bleibt also nicht mit der höchstzulässigen Laufzeit von 4 Jahren erhalten. Dies gilt auch, wenn die Ausschlussvereinbarung im Zusammenhang mit einer Staffelmiete vereinbart wird.[126] Die zu § 10 Abs. 2 Satz 6 MHG vertretene gegenteilige Rechtsauffassung[127] kann nicht auf § 557a Abs. 3 BGB übertragen werden, weil die jeweiligen Vorschriften in diesem Punkt voneinander abweichen.[128]

87 Nach der Regelung in § 557a Abs. 3 BGB kann der **Mieter zum Ablauf des vierten Vertragsjahres kündigen.** Der Mieter ist also vier Jahre an den Vertrag gebunden. Liegt der Mietbeginn zeitlich nach dem Vertragsschluss, so beginnt die Frist nicht mit dem Mietbeginn, sondern mit dem Abschluss des Mietvertrags. Eine Kündigung des Mieters muss zum Ablauf der Vierjahresfrist möglich sein.[129] In einem Formularvertrag kann nicht wirksam vereinbart werden, dass die Kündigung erstmals nach Ablauf von vier Jahren möglich ist.[130] Liegt der Vertragsschluss vor dem Mietbeginn, so ist eine Klausel unwirksam nach der die vierjährige Bindung erst ab Beginn des Mietverhältnisses zu rechnen ist.[131] Bei einer kürzeren Vertragsbindung sind solche Regelungen möglich, vorausgesetzt, dass die gesamte Dauer der Vertragsbindung die 4-Jahres-Grenze nicht überschreitet. Unklare Vereinbarungen sind bei der Klauselkontrolle nach der Unklarheitenregel (§ 305c Abs. 2 BGB) zu Lasten des Mieters auszulegen. Ein Verstoß gegen die Höchstdauer der Bindung führt zur Gesamtunsirksamkeit der Klausel; die Klausel bleibt also nicht mit der zulässigen Vertragsbindung aufrechterhalten.

---

[121] AG Hamburg-Altona ZMR 2010, 535 betr. das Vertragsmuster des DMB.

[122] BGH NJW 2006, 1056 = NZM 2006, 256 = WuM 2006, 97 = ZMR 2006, 262 = GE 2006, 250; BGH NJW 2009, 353 = NZM 2009, 80 = WuM 2009, 45 = ZMR 2009, 189 = GE 2009, 45; ebenso: AG Schopfheim WuM 2007, 449 m. Anm. *Harsch*.

[123] BGH NJW 2009, 912 = NZM 2009, 153 = WuM 2009, 47 = GE 2009, 110.

[124] So zutreffend AG Dortmund WuM 2010, 431, 433ff.; *Artz* in MünchKomm § 557a Rdn. 16; *Weitemeyer* in Staudinger § 557a BGB Rdn. 20; *Ehlert* in Bamberger/Roth § 557a Rdn. 26; *Wiek* WuM 2009, 46; *Börstinghaus* NJW 2009, 1391.

[125] BGH (VIII ZR 27/04) NZM 2005, 419; BGH (VIII ZR 23/16) NZM 2017, 71.

[126] BGH NJW 2006, 1059 = NZM 2006, 254 = WuM 2006, 152 = ZMR 2006, 270 = GE 2006, 247; BGH NJW-RR 2006, 1236 = NZM 2006, 579 = WuM 2006, 385 = GE 2006, 904.

[127] BGH WuM 2005, 519 = NZM 2005, 782 = GE 2005, 1418.

[128] BGH NJW 2006, 1059 = NZM 2006, 254 = WuM 2006, 152 = ZMR 2006, 270 = GE 2006, 247.

[129] *Wiek* WuM 2010, 405, 407.

[130] BGH (VIII ZR 23/16) NZM 2017, 71; *Wiek* WuM 2010, 405, 407; **a. A.** LG Krefeld WuM 2010, 305.

[131] *Wiek* WuM 2010, 405, 407; **a. A.** LG Krefeld WuM 2010, 305.

Eine **wirksame Ausschlussvereinbarung** könnte demnach **folgenden Wortlaut** haben: 88

„Beide Parteien verzichten auf das Recht zur ordentlichen Kündigung für die Dauer von vier Jahren ab Vertragsschluss. Eine ordentliche Kündigung kann frühestens zum Ablauf dieser Zeit erklärt werden. Dabei sind die gesetzlichen Kündigungsfristen einzuhalten. Das Recht beider Parteien zur außerordentlichen Kündigung bleibt unberührt. Der Mieter kann seine vorzeitige Entlassung aus dem Mietverhältnis verlangen, wenn er die Wohnung aus wichtigen persönlichen Gründen aufgeben muss. Der Vermieter ist auch während der Zeit des Kündigungsausschlusses zur Mieterhöhung berechtigt."

Eine formularvertragliche Kündigungsausschlussvereinbarung ist nicht ausnahmslos, sondern 89
nur i. d. R. wirksam. Bestimmten Personengruppen, insbesondere den **Studierenden der Fach- und Hochschulen** ist ein besonderes Bedürfnis nach Mobilität zuzubilligen um auf Unwägbarkeiten des Studienverlaufs und ausbildungsbedingte Erfordernisse eines Ortswechsels angemessen reagieren zu können. Das Interesse eines Vermieters an einer Mindestmietzeit fällt demgegenüber nicht ins Gewicht. In einem solchen Fall wird eine Kündigungsausschlussvereinbarung regelmäßig gegen § 307 Abs. 1 BGB verstoßen.[132]Die gleichen Grundsätze gelten für einen Kündigungsausschluss in einem Formularmietvertrag, den Eltern für ihr Kind zum Zwecke einer **Berufsausbildung** abschließen.[133]

Auch die **Höchstdauer der Bindung** gilt nicht ausnahmslos, sondern nur **„i. d. R."**. Unter 90
„besonderen Umständen" kann etwas anderes gelten.[134] Bei Mietverhältnissen, die üblicherweise eine kürzere Laufzeit als vier Jahre haben (z. B.: Mietverträge mit Studenten) darf die Kündigung nicht ausgeschlossen werden (s. o.). Andererseits sind Fälle denkbar, in denen auf Grund besonderer Umstände eine längere als eine vierjährige Bindung angezeigt ist. Ein solcher Fall kann beispielsweise vorliegen, wenn ein Vermieter Neubauwohnungen errichtet und dabei den Mietern weitreichenden Einfluss auf die Ausstattung der Mietobjekte einräumt. Nach einer Entscheidung des AG Hamburg verstößt eine Kündigungsausschlussvereinbarung in einem Mietvertrag über ein möbliertes Zimmer innerhalb der Vermieterwohnung gegen 307 Abs. 2 BGB, weil der Mieter bei dieser Vertragregelung u. U. für längere Zeit an einem konfliktbelastenden Mietverhältnis festhalten muss.[135] In der Rechtsprechung und Literatur wird teilweise vertreten, dass die vierjährige Obergrenze auch für **Altverträge** (Vertragsschluss vor dem 1. 9. 2001) gilt, wenn der Kündigungsausschluss durch Formularvertrag vereinbart wird.[136] Der BGH teilt diese Ansicht nicht.[137] Danach ist in einem Altvertrag folgende Klausel wirksam: *„Wird das Mietverhältnis nicht auf den als Endtermin vorgesehenen Tag unter Einhaltung der gesetzlichen Kündigungsfrist gekündigt, so verlängert es sich jedes Mal um 5 Jahre"*. Die Entscheidung beruht auf der Erwägung, dass der Gesetzgeber die Möglichkeit der Befristung von Mietverträgen erst im Mietrechtsreformgesetz stark eingeschränkt habe, um das Interesse des Mieters an „Mobilität und Flexibilität" zu stärken und dass diese Zielsetzung im früheren Recht keine Rolle gespielt habe. Nach dieser Ansicht ist in einem Altvertrag auch ein längerer als ein vierjähriger Kündigungsausschluss möglich. Zu der Maximaldauer einer solchen Regelung hat sich der BGH nicht geäußert. Nach der hier vertretenen Ansicht wird in dem genannten Urteil verkannt, dass auch in Altverträgen ein Bedürfnis nach einer Maximalfrist besteht, weil eine überlange Bindung des Mieters mit den Grundsätzen von Treu und Glauben nicht zu vereinbaren ist.

---

132 BGH (VIII ZR 307/08) NJW 2009, 3506; AG Saarbrücken WuM 2016, 415 betr. zweijährigen Kündigungsausschluss für Mietverhältnis mit einem Studenten.
133 LG Kiel WuM 2011, 427 betr. einen auf drei Jahre befristeter Kündigungsausschluss.
134 BGH NJW 2005, 1574 = NZM 2005, 419 = WuM 2005, 346 = ZMR 2005, 443 = DWW 2005, 194 = GE 2005, 606.
135 AG Hamburg Urt. v. 1.9.2006 – Az.: 46 C 95/06 m. Anm. *Blank* WuM 2006, 668.
136 AG Gießen WuM 2006, 196; *Sternel* Mietrecht Aktuell (2009) Rdn. 8.
137 BGH (VIII ZR 230/09) NJW 2010, 3431 = WuM 2010, 508 = ZMR 2010, 935.

§ 575a Außerordentliche Kündigung mit gesetzlicher Frist

(1) Kann ein Mietverhältnis, das auf bestimmte Zeit eingegangen ist, außerordentlich mit der gesetzlichen Frist gekündigt werden, so gelten mit Ausnahme der Kündigung gegenüber Erben des Mieters nach § 564 die §§ 573 und 573 a entsprechend.

(2) Die §§ 574 bis § 574 c gelten entsprechend mit der Maßgabe, dass die Fortsetzung des Mietverhältnisses höchstens bis zum vertraglich bestimmten Zeitpunkt der Beendigung verlangt werden kann.

(3) [1]Die Kündigung ist spätestens am dritten Werktag eines Kalendermonats zum Ablauf des übernächsten Monats zulässig, bei Wohnraum nach § 549 Abs. 2 Nr. 2 spätestens am 15. eines Monats zum Ablauf dieses Monats (gesetzliche Frist). [2]§ 573 a Abs. 1 Satz 2 findet keine Anwendung.

(4) Eine zum Nachteil des Mieters abweichende Vereinbarung ist unwirksam.

Systematische Übersicht

I. Zweck und Anwendungsbereich

1 Die Vorschrift ist als Ergänzung zu § 575 BGB zu verstehen. Der Anwendungsbereich ist derselbe wie unter § 575 Rdn. 5 dargelegt. Sie gilt ausschließlich für Zeitmietverträge i. S. v. § 575 Abs. 1 Satz 1 BGB, die nach dem 31.8.2001 begründet worden sind. Solche Mietverträge können vor Ablauf der Vertragszeit beendet werden, wenn die Voraussetzungen für eine außerordentliche Kündigung mit gesetzlicher Frist gegeben sind. Dies ist den jeweiligen Vorschriften zu entnehmen, die eine entsprechende Beendigungsbefugnis gewähren (s. § 542 BGB Rdn. 129 ff.).

II. Kündigungsschutz (Abs. 1)

2 § 575 a Abs. 1 BGB bestimmt, dass das Recht zur außerordentlichen Kündigung mit gesetzlicher Frist durch den Vermieter nur ausgeübt werden kann, wenn **Kündigungsgründe i. S. v. § 573 BGB** gegeben sind oder wenn die Voraussetzungen der erleichterten Kündigung bei Einliegerwohnungen i. S. v. § 573 a BGB vorliegen.

3 Selbstverständlich müssen auch die dort geregelten **Formalien der Kündigung** hinsichtlich der Kündigungserklärung vorliegen. Dies gilt auch für die Kündigung einer Wohnung i. S. d. § 573 a BGB. Die Vorschrift dient der Klarstellung, weil sich die Geltung der speziellen Kündigungsschutzvorschriften bereits aus der systematischen Stellung der §§ 573 und 573 a BGB im Abschn. „Mietverhältnisse über Wohnraum" ergibt. Dies entspricht auch der bis 31.8.2002 geltenden Rechtslage.

4 Eine Besonderheit gilt – abw. von dem bis 31.8.2001 geltenden Recht – für die Kündigung des Vermieters gegenüber dem Erben des verstorbenen Mieters nach § 564 (s. dort) Für diese Kündigung benötigt der Vermieter keine Kündigungsgründe.[1] Jedoch kann der Mieter Kündigungswiderspruch erheben. Die Regelung des § 575 a Abs. 1 BGB ist unanwendbar, wenn der Erbe nicht nach den §§ 564 Satz 1, 1922 Abs. 1 BGB, sondern nach den §§ 563, 563 a BGB Rechtsnachfolger hinsichtlich der Wohnung geworden ist.

III. Anwendung der Sozialklausel (Abs. 2)

5 § 575 a Abs. 2 BGB enthält eine Modifikation bei der Anwendung des § 574 bis § 574 c BGB (Kündigungswiderspruch, Sozialklausel). Die genannten Vorschriften sind zwar anwendbar, jedoch

---

[1] Die zum früheren Recht ergangene Entscheidung des BGH NJW 1997, 1695 ist gegenstandslos.

kann das Mietverhältnis höchstens bis zu dem vereinbarten Beendigungstermin fortgesetzt werden. Die Vorschrift gilt nach ihrem Wortlaut auch für den Erben des Mieters, der nicht in den Räumen gewohnt hat und nach § 564 BGB keinen Kündigungsschutz genießt. Allerdings ist kaum ein Fall denkbar, in dem die tatsächlichen Voraussetzungen des § 574 BGB vorliegen werden.

Auch eine **Räumungsfrist nach § 721 BGB** kann höchstens bis zum vertraglich bestimmten Zeitpunkt der Beendigung gewährt werden (§ 721 ZPO in der Fassung des Art. 3 Nr. 5 und 6 des Mietrechtsreformgesetzes). 6

IV. Kündigungsfristen/Kündigungstag (Abs. 3)

Kündigungstag ist der dritte Werktag des Monats. Wird die Kündigung spätestens zum dritten Werktag erklärt, so endet das Mietverhältnis zum Ablauf des übernächsten Monats. Die gestaffelten Kündigungsfristen des § 573c BGB gelten nicht. 7

Kürzere Fristen gelten für möblierte Wohnräume innerhalb der Vermieterwohnung i. S. v. § 549 Abs. 2 Nr. 2 BGB. Diese Mietverhältnisse können spätestens am fünfzehnten eines Monats zum Ablauf des Monats gekündigt werden. 8

§ 575a Abs. 3 Satz 2 BGB bestimmt, dass sich die in Abs. 2 Satz 1 geregelten Kündigungsfristen auch dann nicht verlängern, wenn der Vermieter nach § 573a BGB kündigt (Kündigung von Einliegerwohnungen in einem vom Vermieter selbst bewohnten Gebäude). Die Vorschrift dient der Klarstellung und entspricht dem bis 31.8.2001 geltenden Recht. 9

V. Abweichende Vereinbarungen (Abs. 4)

Nach § 575a Abs. 4 BGB sind nachteilige Vereinbarungen zum Nachteil des Mieters unwirksam. 10

Die Regelung des § 575d Abs. 4 BGB kann nicht abbedungen werden. Zulässig ist es jedoch zu vereinbaren, dass der Erbe des Mieters Kündigungsschutz haben soll. 11

Eine zum Nachteil des Mieters von § 575a Abs. 2 BGB abw. Vereinbarung liegt vor, wenn vereinbart ist, dass dieser im Falle einer Kündigung (z. B. nach §§ 563a Abs. 2, 564 BGB längere als die in § 575a Abs. 3 BGB bestimmten Fristen beachten muss. Eine Verkürzung dieser Frist ist möglich. 12

Unwirksam ist eine Vereinbarung, wonach der Vermieter mit kürzeren Fristen kündigen kann, als sie in § 575d Abs. 3 BGB vorgesehen sind. Die Vereinbarung längerer Fristen für die Vermieterkündigung ist möglich. 13

Eine Vereinbarung, wonach für beide Teile kürzere als die gesetzlichen Fristen gelten sollen, wird überwiegend als teilunwirksam erachtet: für den Mieter gelten in einem solchen Fall die für ihn günstigen vertraglichen Fristen, während der Vermieter an die gesetzlichen Fristen gebunden bleibt.[2] 14

Für eine Vereinbarung, wonach für beide Teile eine längere als die gesetzliche Kündigungsfrist gelten soll, gilt dasselbe.[3] Der Mieter kann stets mit Dreimonatsfrist kündigen. Der Vermieter ist an die längere vertragliche Frist gebunden.[4] 15

Unwirksam ist die Vereinbarung abw. Kündigungstage. 16

Zugunsten des Vermieters können keine zusätzlichen Kündigungstatbestände vereinbart werden (§ 575a Abs. 4 BGB), wohl aber zugunsten des Mieters (z. B. für den Fall des beruflich bedingten Ortswechsels). Für die Form der Kündigung gilt in diesen Fällen § 568 Abs. 1 BGB. Die Vereinbarung zusätzlicher Formalien ist möglich. Ist vereinbart, dass der Mieter die Kündigung begründen muss, so gilt § 569 Abs. 4 BGB. Muss der Mieter die Kündigungsvoraussetzungen glaubhaft machen, so muss er spätestens in der Kündigungserklärung nachvollziehbar darlegen, dass der Kündigungstatbestand vorliegt. Diese Darlegungen müssen so detailliert sein, dass der Vermieter die Wirksamkeit der Kündigung beurteilen kann. Wesentlich ist, dass die Darlegung der Kündigungsgründe zu den Wirksamkeitsvoraussetzungen der Kündigung gehört. Dies hat zur Folge, dass die 17

---

[2] OLG Zweibrücken WuM 1990, 8 = ZMR 1990, 106; LG Hannover WuM 1980, 138; LG München I NZM 1998, 153; AG Oberndorf/Neckar WuM 1991, 44; *Lammel* § 573c BGB Rdn. 37; *Kossmann* § 89 Rdn. 15; **a. A.** LG Köln WuM 1988, 404; *Rolfs* in Staudinger § 573c BGB Rdn. 54.

[3] *Vielitz* in Hannemann/Wiegner MAH Wohnraummietrecht § 42 Rdn. 18.

[4] *Lammel* § 573c BGB Rdn. 38.

Kündigung unwirksam ist, wenn der Mieter den Kündigungstatbestand vor dem Ausspruch der Kündigung nicht oder nicht ausreichend erläutert.[5]

VI. Altverträge (Vertragsschluss vor dem 1.9.2001)

18 Für solche Mietverträge gilt die Übergangsvorschrift des Art. 229 § 3 Abs. 3 BGB (s. nach § 575 BGB). Danach gilt: Befristete Altmietverträge können vor Ablauf der Vertragszeit im Wege der außerordentlichen Kündigung mit gesetzlicher Frist in den vom Gesetz vorgesehenen Fällen beendet werden. Außerdem steht dem Mieter das Sonderkündigungsrecht nach § 570 BGB a. F. (Kündigungsrecht von Beamten und ähnlichen Berufsgruppen im Falle der Versetzung), zu, weil § 570 BGB a. F. für befristete Altmietverträge weiter gilt (Art. 229 § 3 Abs. 3 EGBGB). Wegen der Einzelheiten s. die Kommentierung in der 10. Aufl. nach § 575 BGB Rdn. 47 ff. und § 575a Rdn. 18–21).

[5] Vgl. dazu BGH NJW 2003, 347 = NZM 2003, 61 = GE 2003, 806.

Unterkapitel 4. Werkwohnungen

Vorbemerkung zu §§ 576–576b BGB: Besonderheiten bei der Beendigung eines Mietverhältnisses über eine Werkwohnung

Systematische Übersicht

I. Allgemeines

1 Das BGB enthielt in seiner ursprünglichen Fassung keine Sonderbestimmungen für Werkwohnungen. Solche Regelungen waren entbehrlich, weil der Vermieter das Mietverhältnis ohne weiteres kündigen konnte, wenn das Dienstverhältnis beendet war. Erst mit der Einführung eines generellen Bestandsschutzes für die Wohnungsmiete durch das Mieterschutzgesetz vom 1.6.1923[1] entstand das Bedürfnis nach einer Regelung über die Kündigung des Mietvertrags nach Beendigung des Dienstverhältnisses. Insbesondere musste das im Hinblick auf die Zweckbindung der Wohnung bestehende Interesse des Vermieters an einer raschen Vertragsbeendigung mit dem Schutzbedürfnis des Wohnungsmieters in Einklang gebracht werden. In den §§ 23ff. MSchG war zu diesem Zweck geregelt, dass der generelle Bestandsschutz des Wohnungsmieters trotz der Beendigung des „Dienst- oder Arbeitsverhältnisses" grundsätzlich fortbesteht. Dem Vermieter wurden allerdings besondere Beendigungsmöglichkeiten zugestanden. So konnte der Vermieter die Aufhebung des Mietvertrags verlangen, falls der Mieter die Beendigung des Dienst- oder Arbeitsverhältnisses zu vertreten hatte, ferner bei Betriebsbedarf und – seit 1928 – bei Unterbelegung. Nach dem Außerkrafttreten des MSchG wurden die §§ 565b bis 565e BGB durch das 2. MietRÄndG vom 14.7.1964 (BGBl. I S. 457) in das BGB eingefügt. Die Regelung des § 576 BGB ist diesen Vorschriften nachgebildet. Sie bildet heute zusammen mit § 573 BGB einen Regelungskomplex mit einem den §§ 23ff. MSchG vergleichbaren Inhalt: Der Mietvertrag besteht nach der Beendigung des Dienstverhältnisses fort. Der Vermieter hat aber im Falle des Betriebsbedarfs ein besonderes Kündigungsrecht (§ 573 Abs. 1 BGB s. dort Rdn 190, 242) mit verkürzten Kündigungsfristen (§ 576 BGB und auch bei der Anwendung der Sozialklausel sind zugunsten des Vermieters einige Besonderheiten zu beachten (§ 576a BGB).

2 Das Gesetz unterscheidet Werkmietwohnungen (§ 576 BGB, auch Dienstmietwohnungen genannt) und Werkdienstwohnungen (§ 576b BGB, auch Dienstwohnungen genannt). Werkmietwohnungen sind solche, die auf Grund eines Mietvertrags überlassen werden. Rechtsgrund für die Überlassung der Werkdienstwohnung ist der Dienstvertrag; ein gesonderter Mietvertrag besteht hier nicht.

II. Begriff der Werkmietwohnungen

3 Nach der Regelung des § 576 BGB liegt eine Werkmietwohnung vor, wenn der **„Wohnraum mit Rücksicht auf das Bestehen eines Dienstverhältnisses vermietet"** worden ist. Die Vorschriften der §§ 23ff. MSchG sprachen noch von einem „Dienst- oder Arbeitsverhältnis". Das BGB verwendet – in sprachlicher Angleichung an den in §§ 611 BGB geregelten Vertragstyp den Begriff des Dienstverhältnisses. Eine sachliche Änderung ist damit nicht verbunden. Ein **Dienstverhältnis i. S. v. §§ 576ff. BGB** ist anzunehmen, wenn der Dienstverpflichtete zu unselbständiger, abhängiger, weisungsgebundener Arbeit verpflichtet ist;[2] darunter fallen auch die Arbeitsverhältnisse leitender Angestellter, angestellter Ärzte, Rechtsanwälte und ähnlicher Personengruppen. Die Art der Beschäftigung, ob in der Industrie, im Handel, in der Landwirtschaft, im Haushalt, etc. ist gleich-

[1] RGBl. I S. 353.

[2] *Rolfs* in Staudinger § 576 BGB Rdn. 6; *Lammel* § 576 BGB Rdn. 20; *Kossmann* § 124 Rdn. 8; *Lützenkirchen* in: Erman § 576 Rdn. 6; *Haug* in Emmerich/Sonnenschein, Miete §§ 576–576b Rdn. 2; *Knops* in Herrlein/Kandelhard § 576 BGB Rdn. 8.

gültig. Eine Teilzeitbeschäftigung reicht aus; der Arbeitsumfang kann dabei auch sehr gering sein.[3] Deshalb liegt auch dann ein Dienstverhältnis i. S. d. § 576 BGB vor, wenn eine Mieterin nur gelegentliche Mithilfe im Haushalt des Vermieters verspricht.[4] Für die Dienstwohnungen der Beamten, Angestellten und Arbeiter des öffentlichen Dienstes, gilt § 576 BGB, wenn die Überlassung der Wohnung auf privatrechtlicher Grundlage beruht.[5] Etwas anderes gilt hinsichtlich derjenigen Wohnungen, die unter ausdrücklicher Bezeichnung als Dienstwohnung ohne Abschluss eines Mietvertrags zugewiesen werden. Bei diesen Wohnungen gilt öffentliches Recht;[6] § 576 BGB ist unanwendbar.

4 Entgegen dem insoweit missverständlichen Wortlaut des § 576 BGB („… mit Rücksicht auf das **Bestehen eines Dienstverhältnisses** …") ist es nicht erforderlich, dass das Dienstverhältnis bereits besteht; vielmehr reicht es aus, wenn Dienstvertrag und Mietvertrag gleichzeitig, oder wenn der Mietvertrag im Hinblick auf den bevorstehenden Abschluss eines Dienstvertrags abgeschlossen wird.[7] Keine Werkwohnung liegt dagegen vor, wenn der Vermieter mit einem seiner Mieter längere Zeit nach der Begründung des Mietverhältnisses einen Hauswartvertrag abschließt.[8] Dies gilt auch dann, wenn in dem Hauswartsvertrag vereinbart ist, dass die bisherige Mietwohnung als kostengünstige oder kostenlose „Dienstwohnung" gelten soll. Eine solche Vereinbarung wäre unwirksam, weil sie zu einer Schlechterstellung des Mieters in Bezug auf die Kündigungsfrist (§ 573c BGB) und die Anwendung des § 574 BGB führt. Von den genannten Vorschriften kann aber nicht zum Nachteil des Mieters abgewichen werden. Das Mietverhältnis bleibt in diesem Fall ein gewöhnliches Mietverhältnis; u. U. gilt dies mit der Maßgabe, dass der Mieter das Entgelt anstelle in Geld nunmehr in Form von Dienstleistungen zu erbringen hat oder erbringen darf. Anders ist es, wenn die Parteien das bisherige Mietverhältnis aufheben und ein neues Mietverhältnis über eine Werkmietwohnung begründen oder wenn die Wohnung unter Aufhebung des Mietvertrags als Werkdienstwohnung überlassen wird.

5 Das Dienstverhältnis muss einen maßgebenden Einfluss auf den Abschluss des Mietvertrags ausgeübt haben, braucht aber nicht der einzige Grund dafür gewesen zu sein. Die **Verknüpfung zwischen Dienstverhältnis und Mietverhältnis** muss nicht Gegenstand der Vereinbarung sein und darin keinen Ausdruck finden. Es genügt, wenn sich diese Verknüpfung für den Mieter erkennbar lediglich aus den Umständen ergibt.

6 Es ist nicht erforderlich dass alle Mieter zugleich Parteien des Dienstverhältnisses sind. Die Aufnahme des Ehegatten (oder anderer Personen) in den Mietvertrag lässt den Charakter der Wohnung als Werkwohnung auch dann unberührt, wenn diese Personen nicht zum Kreis der Arbeitnehmer gehören.[9]

7 Die **Eigentumsverhältnisse an der Wohnung** sind gleichgültig; insbesondere ist es nicht erforderlich, dass die Wohnungen einem „Werk" oder sonstigen Industrieunternehmen i. e. S. gehören. Auch eine besondere **Zweckbindung** ist nicht erforderlich. So wird eine bisherige Werkwohnung zur gewöhnlichen Mietwohnung, wenn sie einem Mieter überlassen wird, der nicht zum Kreis der Betriebsangehörigen gehört. Umgekehrt werden Räumlichkeiten, die bisher von solchen

---

[3] LG Berlin WuM 1991, 697; *Rolfs* in Staudinger § 576 BGB Rdn. 9; *Haug* in Emmerich/Sonnenschein, Miete §§ 576–576b Rdn. 2; *Hannappel* in Bamberger/Roth § 576 BGB Rdn. 16; *Artz* in MünchKomm § 576 BGB Rdn. 4; *Kinne* in Kinne/Schach/Bieber Miet- und Mietprozessrecht § 576 BGB Rdn. 7; Palandt/Weidenkaff vor § 576 BGB Rdn. 1; **a. A.** LG Aachen MDR 1991, 542; AG Schöneberg MM 1994, 247; AG Regensburg WM 1989, 381; *Schmitz-Justen* WuM 2000, 582; *Lammel* § 576 BGB Rdn. 21; *Sternel* Mietrecht (1988) Rdn. IV 255; *Grapentin* in Bub/Treier Kap. IV Rdn. 266; *Riecke* in Elzer/Riecke § 576 BGB Rdn. 4.

[4] LG Dortmund WuM 1965, 158; vgl. auch LG Kiel WuM 1986, 218 wonach bei der Vermietung eines kleinen Hauses auf einem landwirtschaftlichen Anwesen von einem Mietverhältnis über eine Werkwohnung ausgegangen werden kann, wenn sich der Mieter verpflichtet hat, bei Bedarf in der Landwirtschaft des Vermieters mitzuhelfen.

[5] *Grapentin* in Bub/Treier Kap. IV Rdn. 266; *Rolfs* in Staudinger § 576 BGB Rdn. 7; *Artz* in MünchKomm § 576 Rdn 5.

[6] Vgl. AG Bad Bramstedt WuM 1998, 415 betr. Dienstwohnung eines Pastors; *Artz* in MünchKomm § 576 BGB Rdn. 5.

[7] *Burkhardt* WuM 1965, 89; *Rolfs* in Staudinger § 576 BGB Rdn. 14; *Haug* in Emmerich/Sonnenschein, Miete §§ 576–576b Rdn. 4; *Lammel* § 576 BGB Rdn. 22; *Roquette* § 565b BGB Rdn 5; **a. A.** *Knops* in Herrlein/Kandelhard § 576 BGB Rdn. 9.

[8] AG Hamburg WuM 1985, 152.

[9] *Rolfs* in Staudinger § 576 BGB Rdn. 10; *Lammel* § 576 BGB Rdn. 18; *Lützenkirchen* in: Erman § 576 Rdn. 5; *Kossmann* § 124 Rdn. 4.

Mietern genutzt worden sind, zur Werkwohnung, wenn sie an einen Betriebsangehörigen mit Rücksicht auf das Bestehen des Arbeitsverhältnisses vermietet werden.

Vermieter der Werkwohnung kann der Dienstberechtigte, ein von ihm abhängiges aber rechtlich selbständiges Unternehmen aber auch ein beliebiger Dritter sein. Diese Konstellation liegt insbesondere dann vor, wenn dem Dienstberechtigten an den Wohnungen des Dritten ein **Belegungsrecht** (Mieterbenennungsrecht) zusteht und der Dritte den Mietvertrag mit der vom Dienstberechtigten benannten Person abschließt. 8

Ist eine Wohnung als Werkwohnung vermietet worden, so hat die **spätere Beendigung des Dienstverhältnisses** nicht zur Folge, dass der Wohnraum seine Eigenschaft als Werkwohnung verliert. Wird die **Werkwohnung veräußert,** so endet die Verfügungsmacht des Dienstberechtigten über die Wohnung. Das Mietverhältnis wird mit dem Erwerber fortgesetzt (§ 566 BGB). Dieser kann sich nicht auf § 576 BGB berufen. 9

Die **Darlegungs- und Beweislast** für das Vorliegen einer Werkwohnung hat derjenige, der aus diesem Umstand Rechte für sich herleiten will, im Falle der Kündigung also der Vermieter.[10] 10

III. Gerichtliche Zuständigkeit

1. Für Streitigkeiten aus einem Mietverhältnis über eine **Werkmietwohnung** ist das Amtsgericht sachlich und örtlich zuständig (§§ 23 GVG, 29a ZPO).[11] Die früher vertretene abw. Ansicht, die aus § 2 Abs. 1 Nr. 2 ArbGG die Zuständigkeit der Arbeitsgerichte hergeleitet hat,[12] ist durch die Einfügung des § 29a ZPO durch das 3. MÄG v. 21.12.1967 überholt. Erklärt der Vermieter gegen den rückständigen Mietzins die **Aufrechnung** mit einem Teil des Arbeitslohns, so ist für die Klage auf Zahlung des Restlohns das Arbeitsgericht zuständig. In diesem Fall hat[13] das Arbeitsgericht zu prüfen, ob die Aufrechnung zu Recht erfolgt ist. 11

2. Zweifelhaft ist die gerichtliche Zuständigkeit bei Streitigkeiten über eine **Werkdienstwohnung.** Da diese Wohnungen nicht auf Grund eines Mietvertrags überlassen werden, wird hier teilweise die Zuständigkeit der Arbeitsgerichte bejaht.[14] Man wird jedoch unterscheiden müssen: Solange das Dienstverhältnis nicht beendet ist, sind die Arbeitsgerichte auch für Streitigkeiten hinsichtlich des Wohnraums zuständig;[15] nach Beendigung des Dienstverhältnisses wandelt sich das Rechtsverhältnis hinsichtlich des Wohnraums in ein gesetzliches Schuldverhältnis um, das in seiner rechtlichen Beurteilung den vertraglich begründeten Mietverhältnissen gleichzustellen ist. Deshalb besteht nach Beendigung des Dienstverhältnisses die ausschließliche Zuständigkeit des Amtsgerichts.[16] 12

IV. Mitbestimmungsrecht des Betriebsrats

Nach § 87 Abs. 1 Nr. 9 BetrVG hat der Betriebsrat ein Mitbestimmungsrecht bei der Zuweisung und Kündigung sowie bei der allgemeinen Festlegung der Nutzungsbedingungen von Werkwohnungen. Es kommt hierbei nicht darauf an, ob der Arbeitgeber Eigentümer der Wohnung ist; maßgeblich ist nur, dass er die Person des Wohnungsnutzers auswählen kann.[17] Das Mitbestimmungsrecht beschränkt sich auf die vorhandenen Wohnungen; die Mitbestimmungsorgane können nicht 13

---

[10] AG Darmstadt WuM 1985, 153.

[11] BAG WuM 1990, 391 betr. Miethöhe; LG Essen ZMR 1966, 148; LG Kiel WuM 1966, 78 = ZMR 1966, 147; *Pergande* § 565b BGB Anm. 8; *Matthes* BB 1968, 551; *König* WuM 1967,160; *Burkhardt* WuM 1965, 89; *Rolfs* in Staudinger § 576 BGB Rdn. 47; *Haug* in Emmerich/Sonnenschein Miete §§ 576–576b Rdn. 38; *Kossmann* § 124 Rdn. 9; *Hannappel* in Bamberger/Roth § 576 BGB Rdn. 23; *Knops* in Herrlein/Kandelhard § 576 BGB Rdn. 23; *Horst* NJW-Schriften 19 Rdn. 2545; *Palandt/Weidenkaff* vor § 576 BGB Rdn. 7.

[12] Vgl. die Nachweise bei *Pergande* a. a. O.

[13] LArbG Frankfurt ZAP EN-Nr. 1136/92.

[14] *Pergande* a. a. O.; *König* WuM 1967, 3; *Lützenkirchen* in: Erman § 576b Rdn. 9.

[15] BAG ZMR 2000, 361 = WuM 2000, 362; *Rolfs* in Staudinger § 576b BGB Rdn. 28.

[16] Ebenso LG Detmold ZMR 1968, 321 = WuM 1969, 28; LG Augsburg ZMR 1994, 333; AG Garmisch ZMR 1972, 117; *Baron* ZMR 2000, 363, 364; *Schmitz-Justen* WuM 2000, 582, 583; *Rolfs* in Staudinger § 576b BGB Rdn. 29; *Artz* in MünchKomm § Rdn 576b BGB Rdn. 9; *Lammel* § 576b BGB Rdn. 20; *Kossmann* § 126 Rdn. 6; *Sternel* Mietrecht aktuell (2009) Rdn. XI 428; *Haug* in Emmerich/Sonnenschein, Miete 576b Rdn. 39; *Knops* in Herrlein/Kandelhard § 576b BGB Rdn. 11; *Hannappel* in Bamberger/Roth § 576b BGB Rdn. 16; das BAG hat diese Frage bisher noch nicht entschieden; s. BAG ZMR 2000, 361, 363 = WuM 2000, 362.

[17] OLG Frankfurt Rechtsentscheid vom 14.8.1992 WuM 1992, 52 = ZMR 1992, 443.

die Schaffung neuer Wohnungen verlangen.[18] Der Umstand, dass ein Teil der dem Betrieb gehörenden Wohnungen an Betriebsfremde vermietet ist, steht dem Mitbestimmungsrecht nicht entgegen; das Recht erstreckt sich aber nur auf die Wohnungen der Betriebsangehörigen.[19] Das Mitbestimmungsrecht besteht auch dann, wenn der Vermieter in der Vergangenheit mehrfach Mieterhöhungen ohne Mitwirkung des Betriebsrats durchgeführt hat. Durch die unterlassene Geltendmachung des Mitbestimmungsrechts wird kein Vertrauenstatbestand begründet.[20] Soweit der Arbeitgeber auf Grund gesetzlicher oder tariflicher Vorschriften gebunden ist, eine bestimmte Regelung vorzunehmen, besteht kein Mitbestimmungsrecht.[21]

14 Unter **Zuweisung** ist dabei die Entscheidung über die Person des Begünstigten, nicht der Abschluss des Mietvertrags zu verstehen. Eine unter Umgehung des Mitbestimmungsrechts zustande gekommene Vergabe von Wohnungen hat deshalb nicht die Unwirksamkeit des Mietvertrags zur Folge. Es ist nicht erforderlich, dass der Betriebsrat in jedem Einzelfall zustimmt. Es genügt, wenn der Arbeitgeber in Zusammenarbeit mit dem Betriebsrat Anwärterlisten erstellt und die frei werdenden Wohnungen entsprechend dieser Listen vergeben werden.

15 Im Unterschied zur Mitbestimmung beim Abschluss des Mietvertrags ist die Ausübung des Mitbestimmungsrechts im Falle der **Kündigung** eine echte Wirksamkeitsvoraussetzung. Dies gilt sowohl für die ordentliche als auch für die außerordentliche Kündigung. Das Mitbestimmungsrecht muss in jedem Einzelfall ausgeübt werden. Eine allgemein erteilte Zustimmung ist unwirksam. Die Kündigung einer Werkwohnung ist nur wirksam, wenn im Zeitpunkt ihrer Geltendmachung die Zustimmung des Betriebsrats vorliegt;[22] weist der Vermieter bei der Kündigungserklärung das Vorliegen der Zustimmung nicht in schriftlicher Form nach, so kann der Mieter die Kündigung unverzüglich zurückweisen, so dass sie unwirksam wird und wiederholt werden muss (§§ 182 Abs. 3, 111 Satz 2 BGB). Allerdings besteht das Mitbestimmungserfordernis nur bis zur rechtswirksamen Auflösung des Arbeitsverhältnisses.[23]

16 Das Mitbestimmungsrecht bei der **allgemeinen Festlegung der Nutzungsbedingungen** umfasst die generelle Regelung aller mit dem Mietvertrag zusammenhängenden Fragen. Dazu gehört neben dem Entwurf eines Mustermietvertrags und der Hausordnung insbesondere die generelle Festlegung oder Änderung des Mietzinses einschließlich der Mietnebenkosten. Die individuelle Festlegung des Mietzinses im Einzelfall – aufgrund besonderer Umstände – ist dagegen mitbestimmungsfrei.[24]

17 Bei den **Werkdienstwohnungen** besteht kein Mitbestimmungsrecht. Dies gilt nicht nur für die Zuweisung und die Festlegung der allgemeinen Nutzungsbedingungen, sondern auch für die Kündigung des Rechtsverhältnisses über die Wohnung.[25] Die Umwandlung einer Werkmietwohnung in eine Werkdienstwohnung unterliegt ebenfalls nicht der Mitbestimmung.[26]

---

[18] BVerwG WuM 1995, 569; BAG WuM 1999, 637.
[19] BVerwG a. a. O.; **a. A.** *Schmitz-Justen* WuM 2000, 582, 583.
[20] VG Frankfurt/M ZMR 2011, 255.
[21] BAG WuM 1999, 636, 637.
[22] *Schmitz-Justen* WuM 2000, 582, 584.
[23] OLG Frankfurt a. a. O.; LG Ulm WuM 1979, 244.
[24] BVerwG WuM 1995, 596.
[25] BAG WuM 1993, 353.
[26] OVG Münster WuM 1995, 600.

§ 576 Fristen der ordentlichen Kündigung bei Werkmietwohnungen

(1) Ist Wohnraum mit Rücksicht auf das Bestehen eines Dienstverhältnisses vermietet, so kann der Vermieter nach Beendigung des Dienstverhältnisses abweichend von § 573c Abs. 1 Satz 2 mit folgenden Fristen kündigen:

1. **Bei Wohnraum, der dem Mieter weniger als zehn Jahre überlassen war, spätestens am dritten Werktag eines Kalendermonats zum Ablauf des übernächsten Monats, wenn der Wohnraum für einen anderen zur Dienstleistung Verpflichteten benötigt wird;**
2. **spätestens am dritten Werktag eines Kalendermonats zum Ablauf dieses Monats, wenn das Dienstverhältnis seiner Art nach die Überlassung von Wohnraum erfordert hat, der in unmittelbarer Beziehung oder Nähe zur Arbeitsstätte steht, und der Wohnraum aus dem gleichen Grund für einen anderen zur Dienstleistung Verpflichteten benötigt wird.**

(2) Eine zum Nachteil des Mieters abweichende Vereinbarung ist unwirksam.

Systematische Übersicht:

I. Anwendungsbereich und Zweck

1 Die Vorschrift gilt für die Beendigung von Werkmietwohnungen (zum Begriff s. Vorbemerkung zu §§ 576–576b BGB Rdn. 3). Sie gibt dem Vermieter (nicht dem Mieter) ein **Recht zur ordentlichen Kündigung mit verkürzten Fristen,** wenn das Dienstverhältnis beendet ist. Es handelt sich weder um ein außerordentliches Kündigungsrecht noch um ein Recht zur vorzeitigen Kündigung. Deshalb können befristete Mietverhältnisse und Mietverhältnisse mit vereinbartem Ausschluss der ordentlichen befristeten Kündigung während der Laufzeit des Vertrags oder der Dauer des Kündigungsausschlusses nicht nach § 576 BGB gekündigt werden. Die Regelung enthält auch keinen eigenständigen Kündigungsgrund. Deshalb kann der Vermieter das Mietverhältnis trotz der Beendigung des Dienstverhältnisses nur kündigen, wenn der Tatbestand des § 573 BGB vorliegt (Einzelheiten s. dort). Der Zweck der Vorschrift erschöpft sich also in der Verkürzung der Kündigungsfrist.

2 Während der Dauer des Dienstverhältnisses kann die Wohnung unter Beachtung der allgemeinen Kündigungsfristen gekündigt werden.[1] Ein Kündigungsausschluss muss vertraglich vereinbart werden. Ein stillschweigender, sich aus besonderen Umständen ergebender Kündigungsausschluss ist möglich.[2] Allein das Bestehen des Dienstverhältnisses hindert den Vermieter aber nicht an der Kündigung des Mietvertrags.[3] Das Recht zur fristlosen Kündigung wird durch § 575 BGB nicht berührt.

II. Voraussetzungen der Kündigung mit verkürzter Frist

3 **1.** Die Vorschrift gilt nur für **Mietverhältnisse auf unbestimmte Zeit.** Hierunter sind solche Mietverhältnisse zu verstehen, die weder durch Zeitablauf noch beim Eintritt eines bestimmten Ereignisses, sondern durch Kündigung enden. Für die befristeten Mietverhältnisse gelten die allgemeinen Vorschriften (§§ 542 Abs. 2, 575 BGB; s. dort). Eine Vereinbarung, wonach das Mietverhältnis vom Bestand des Dienstverhältnisses abhängig sein soll (z. B. Das Mietverhältnis endet mit dem Arbeitsverhältnis) ist unwirksam (s. § 572 BGB Rdn. 12).

---

[1] LG Kassel NJW 1971, 2031.

[2] *Artz* in MünchKomm § 576 BGB Rdn. 6; *Sternel* Mietrecht aktuell (2009) Rdn. XI 414.

[3] *Grapentin* in Bub/Treier Kap. IV Rdn. 267; *Artz* in MünchKomm § 576 Rdn 6; *Rolfs* in Staudinger § 576 BGB Rdn. 18; *Knops* in Herrlein/Kandelhard § 576 BGB Rdn. 13; **a. A.** *Burkhardt* WuM 1965, 89; *Weimar* ZMR 1965, 162; WuM 1967, 73; *Pergande* § 565b BGB Anm. 3.

4 **2.** Das **Dienstverhältnis muss beendet sein.** Dies bedeutet: Die Kündigung darf dem Mieter erst zugehen, wenn das Dienstverhältnis beendet ist. Der Umstand, dass der Vermieter den Dienstvertrag bereits gekündigt hat, reicht nicht aus. Auf den Zeitpunkt der tatsächlichen Beendigung (Aufgabe der Arbeit) kommt es ebenfalls nicht an; maßgeblich ist vielmehr, wann das Dienstverhältnis rechtlich wirksam aufgelöst worden ist.[4] Bei einer ordentlichen Kündigung des Dienstverhältnisses kommt es auf den Ablauf der Kündigungsfrist an. Ist über die Beendigung des Dienstverhältnisses ein arbeitsgerichtliches Verfahren anhängig, so muss der Räumungsrechtsstreit bis zur Entscheidung des Arbeitsgerichts ausgesetzt werden (§ 148 ZPO). Teilweise wird die Ansicht vertreten, dass die Kündigung des Mietverhältnisses bereits zu einem Zeitpunkt erklärt werden kann, zu dem das Dienstverhältnis zwar gekündigt, aber noch nicht beendet ist.[5] Diese Ansicht steht mit dem Gesetzeswortlaut nicht im Einklang. Geht die Kündigungserklärung dem Mieter vor Beendigung des Dienstverhältnisses zu, so ist sie allerdings nicht unwirksam;[6] vielmehr endet das Mietverhältnis zum nächsten zulässigen Termin, also nach Ablauf der allgemeinen Fristen (§ 573 c BGB)[7].

5 Bei den **Bergarbeiterwohnungen** i. S. d. Gesetzes zur Förderung des Bergarbeiterwohnungsbaus im Kohlenbergbau vom 25. 7. 1997[8] ist eine Besonderheit zu beachten. Diese Wohnung gehören zwar ebenfalls zu den Werkmietwohnungen, mit der Folge dass § 576 BGB anwendbar ist. Sie sind allerdings nicht betriebsgebunden; vielmehr kommt es hier auf die Zugehörigkeit des Mieters zum Bergbau an (§ 5). Deshalb ist hier § 576 BGB erst dann anwendbar, wenn der Mieter aus dem Bergbau ausscheidet.

6 **3.** Teilweise wird die Ansicht vertreten, dass die Kündigung mit verkürzter Frist nur zum ersten zulässigen Termin ausgesprochen werden kann[9] oder jedenfalls **alsbald nach der Beendigung des Dienstvertrags** ausgesprochen werden muss.[10] Aus dem Wortlaut der Vorschrift lässt sich diese Einschränkung allerdings nicht herleiten. Auch der Sinn und Zweck der Regelung rechtfertigt die Einschränkung nicht, weil die durch § 576 Abs. 1 Nr. 2 BGB geregelte besondere Situation (Bedarf an der Wohnung aus betrieblichen Gründen) nicht mit dem Ende des Dienstverhältnisses zusammenfallen muss. Entscheidend ist, dass sich am besonderen Charakter der Wohnung als Werkmietwohnung nichts ändert, wenn das Dienstverhältnis beendet ist; folgerichtig müssen auch die für die Werkmietwohnung geltenden Kündigungsprivilegien fortbestehen.[11]

7 **4.** Der Vermieter hat ein **Wahlrecht,** ob er mit den allgemeinen oder mit den verkürzten Fristen kündigt.[12] Aus diesem Grunde ist es bei der Kündigung nach § 576 BGB erforderlich, dass sich die kurze Frist aus dem Kündigungsschreiben ergibt. Es genügt, wenn der Mieter – etwa durch die Bezugnahme auf die Gesetzesbestimmung- erkennen kann, dass der Vermieter mit der verkürzten Frist des § 576 BGB kündigen will. Eine Kündigung ohne Angabe einer Frist ist als Kündigung nach § 573c BGB zu bewerten. Gleiches gilt, wenn der Vermieter eine Frist wählt, die weder mit § 573c BGB, noch mit § 576 BGB übereinstimmt. Wird mit verkürzter Frist gekündigt, obwohl die Voraussetzungen des § 576 BGB nicht gegeben sind, so wirkt die Kündigung zum nächstzulässigen Termin.[13]

---

[4] *Rolfs* in Staudinger § 576 BGB Rdn. 30; *Artz* in MünchKomm § 576 BGB Rdn. 8; **a. A.** LG Essen ZMR 1966, 148.
[5] *Knops* in Herrlein/Kandelhard § 576 BGB Rdn. 12.
[6] **A. A.** *Roquette* § 565c BGB Rdn. 5.
[7] *Rolfs* in Staudinger § 576 BGB Rdn. 31; *Hannappel* in Bamberger/Roth § 576 BGB Rdn. 13; *Lammel* § 576 BGB Rdn. 32; *Lützenkirchen* in: Erman § 576 Rdn. 10: *Palandt/Weidenkaff* § 576 BGB Rdn. 3.
[8] BGBl. I S. 1942.
[9] Pergande § 565b BGB Anm. 4.
[10] LG Berlin GE 1993, 1335: ein Zuwarten von 7 Monaten sei zu lang; MM 1990, 97; LG Bochum WuM 1992, 438; LG Aachen WuM 1985, 149; *Knops* in Herrlein/Kandelhard § 576 BGB Rdn. 15; *Sternel* Mietrecht (1988) Rdn. IV 263 und Mietrecht aktuell (2009) Rdn. XI 421.
[11] Wie hier: LG Stuttgart DWW 1991, 112; *Sonnenschein* NJW 1986, 2731; *Rolfs* in Staudinger § 576 BGB Rdn. 39; *Hannappel* in Bamberger/Roth § 576 BGB Rdn. 14; *Artz* in MünchKomm § 576 BGB Rdn. 11; *Grapentin* in Bub/Treier Kap. IV Rdn. 270; *Palandt/Weidenkaff* § 576 BGB Rdn. 3; *Roquette* § 565c BGB, Rdn. 5.
[12] LG Kassel NJW 1971, 2031.
[13] Insoweit zutr. LG Aachen WuM 1985, 149.

III. Die Kündigungsfristen

Die Vorschrift unterscheidet zwischen den ungebundenen und den funktionsgebundenen Werkmietwohnungen. 8

1. Ungebundene („gewöhnliche") Werkmietwohnungen (Abs. 1 Nr. 1)

Hierunter versteht man solche Wohnungen, die ausschließlich oder in erster Linie der Versorgung des Dienstverpflichteten mit Wohnraum dienen, ohne dass eine betriebliche Notwendigkeit zum Bezug gerade dieser Wohnung besteht. 9

a) Für Wohnraum, der dem Mieter **weniger als 10 Jahren überlassen** war (zur Berechnung der Überlassungszeit s. § 573c BGB Rdn. 11 ff.), gelten – je nach der Intensität des Betriebsbedarfs – zwei Kündigungsfristen: 10

(1) Der Vermieter kann spätestens zum dritten Werktag eines Kalendermonats für den Ablauf des übernächsten Monats kündigen (für Einzelheiten der Berechnung s. § 573c BGB Rdn. 8 ff.), wenn der Wohnraum für einen anderen zur Dienstleistung Verpflichteten benötigt wird **(gewöhnlicher Betriebsbedarf).** Für den gewöhnlichen Betriebsbedarf genügt es, wenn sich Betriebsangehörige um eine frei werdende Werkwohnung beworben haben (Wartelisten) und aus dem Kreis der Bewerber zumindest einer bereit ist, in die gekündigten Räume einzuziehen (s. § 573 BGB Rdn. 190). Hieran fehlt es auch dann nicht, wenn dem Bewerber in unmittelbarer Nähe des Arbeitsplatzes eine preisgünstige Wohnung zur Verfügung steht.[14] Grundsätzlich gilt, dass den Betriebsangehörigen gegenüber dem ausgeschiedenen Arbeitnehmer der Vorrang gebührt. 11

(2) Hat der Vermieter **keinen Betriebsbedarf,** so gelten die allgemeinen Kündigungsfristen des § 573c BGB. Sie richten sich nach der Dauer des Mietverhältnisses. 12

b) Ab zehnjähriger Überlassungsdauer gilt die allgemeine Kündigungsfrist des § 573c BGB: Das Mietverhältnis wird in Ansehung der Kündigungsfristen kraft Gesetzes vom Dienstverhältnis unabhängig. Der Vermieter kann zum dritten Werktag eines Kalendermonats zum Ablauf des 9. Monats kündigen. Diese lange Kündigungsfrist ist auch dann zu beachten, wenn ein dringender Betriebsbedarf vorliegt. 13

2. Funktionsgebundene Werkmietwohnungen (Abs. 1 Nr. 2)

Eine funktionsgebundene Werkmietwohnung liegt vor, wenn zwischen der Vermietung der Wohnung und den betrieblichen Erfordernissen eine unmittelbare räumliche oder sonstige Beziehung besteht. Wesentlich ist, dass die Wohnung einem bestimmten Kreis von betrieblichen Funktionsträgern vorbehalten ist und dass diese Zweckbestimmung auch nach dem Ausscheiden des Mieters aus dem Dienstverhältnis weiter besteht. Typisch hierfür sind die Wohnungen der Hauswarte,[15] der Pförtner und der Angehörigen von Not- oder Bereitschaftsdiensten, die in der Nähe der Betriebsstätte wohnen müssen, um schnell erreichbar zu sein. Für solche Mietverhältnisse gilt mit Rücksicht auf das überragende Betriebsinteresse eine besonders kurze Kündigungsfrist: Der Vermieter kann spätestens am 3. Werktag eines Monats für den Ablauf dieses Monats kündigen, wenn er die Wohnung für einen anderen Mieter benötigt. Der andere Mieter muss zwar nicht dieselbe Funktion ausüben, wie der bisherige. Erforderlich ist aber auch hier, dass der neue Mieter zum Kreis der Funktionsträger gehört, für den die Wohnung nach ihrer Lage und Ausstattung bestimmt ist. Die Dauer des bisherigen Mietverhältnisses spielt bei der funktionsgebundenen Werkmietwohnung keine Rolle. 14

3. Darlegungs- und beweispflichtig für das Vorliegen des Betriebsbedarfs, für die Dringlichkeit des Bedarfs und für die Funktionsbindung der Werkmietwohnung ist der Vermieter. 15

IV. Neue Bundesländer

Die hier dargestellte Rechtslage gilt seit dem 3. 10. 1990 auch in den neuen Bundesländern. Die in dem früher geltenden § 130 Abs. 3 ZGB enthaltene Regelung, wonach es für die Kündigung des Vermieters genügte, dass das Arbeitsverhältnis beendet war, ist mit dem Beitritt gegenstandslos ge- 16

---

[14] **A. A.** AG Witzenhausen WuM 1983, 23.

[15] LG Berlin GE 1994, 287: auch wenn der Hausmeister die Tätigkeit nur im Nebenberuf ausübt.

worden. Klauseln im Mietvertrag, die der früheren Gesetzeslage entsprechen, sind unwirksam, weil sie von dem nunmehr geltenden zwingenden Gesetzesrecht zum Nachteil des Mieters abweichen. Gleiches gilt für eine vertragliche Regelung, wonach beim Tod des Arbeitnehmers der Betrieb darüber zu entscheiden hatte, ob das Mietverhältnis mit den im Haushalt lebenden Familienangehörigen fortzusetzen ist. Diese – der früheren Gesetzeslage (§ 130 Abs. 3 Satz 2 ZGB) nachgebildete – Klausel steht mit §§ 563, 563a BGB nicht im Einklang. Deshalb ist auch insoweit die gesetzliche Regelung maßgebend.

V. Abweichende Vereinbarungen

17 Es gelten die Ausführungen zu § 573c BGB Rdn. 19. Nach dem bis 31.8.2001 geltenden Recht waren vertragliche Vereinbarungen zum Nachteil des Mieters zulässig, wenn der Wohnraum zu nur vorübergehendem Gebrauch vermietet war (§§ 565c Satz 2, 565 Abs. 2 Satz 3 BGB a. F.). Diese Ausnahmeregelung besteht nicht mehr.

§ 576a Besonderheiten des Widerspruchsrechts bei Werkmietwohnungen

(1) Bei der Anwendung der §§ 574 bis 574c auf Werkmietwohnungen sind auch die Belange des Dienstberechtigten zu berücksichtigen.

(2) Die §§ 574 bis 574c gelten nicht, wenn

1. der Vermieter nach § 576 Abs. 1 Nr. 2 gekündigt hat;

2. der Mieter das Dienstverhältnis gelöst hat, ohne dass ihm von dem Dienstberechtigten gesetzlich begründeter Anlass dazu gegeben war, oder der Mieter durch sein Verhalten dem Dienstberechtigten gesetzlich begründeten Anlass zur Auflösung des Dienstverhältnisses gegeben hat.

(3) Eine zum Nachteil des Mieters abweichende Vereinbarung ist unwirksam.

Systematische Übersicht

I. Zweck

Hat der Vermieter eine Werkmietwohnung nach Beendigung des Dienstverhältnisses gekündigt, so kann der Mieter nach § 574 BGB der Kündigung widersprechen und die Fortsetzung des Mietverhältnisses verlangen, wenn besondere Härtegründe vorliegen. Durch § 576a BGB wird bestimmt, dass bei der Entscheidung über die Fortsetzung eines Mietverhältnisses über eine Werkmietwohnung zugunsten des Vermieters einige Besonderheiten zu beachten sind. 1

II. Berücksichtigung der Belange des Dienstberechtigten (Abs. 1)

Nach § 574 BGB setzt die Vertragsfortsetzung voraus, dass die Vertragsbeendigung für den Mieter eine Härte bedeutet, „die auch unter Würdigung der berechtigten Interessen des Vermieters“ nicht zu rechtfertigen ist. Die Vorschrift des § 576a BGB stellt klar, dass bei der Interessenabwägung auch die betriebsbezogenen Belange zu berücksichtigen sind. Dies gilt auch dann, wenn es sich nicht um eigene Belange des Vermieters handelt, wie bei der betriebsfremden Werkmietwohnung. Die Vorschrift gilt für alle ordentlichen Kündigungen, auch wenn kein Fall des § 576 BGB vorliegt oder wenn der Vermieter unter Beachtung der Fristen des § 573c BGB gekündigt hat. Wesentlich ist, dass durch Abs. 1 lediglich die Vorschrift des § 574 Abs. 1 Satz 1 BGB erweitert wird. Alle anderen Bestimmungen der §§ 574, 574a BGB bleiben unberührt. Dies gilt auch für § 574 Abs. 3 BGB: deshalb können die Belange des Dienstberechtigten nur berücksichtigt werden, wenn sie im Kündigungsschreiben angegeben sind. 2

Für das Fortsetzungsverlangen nach Beendigung eines befristeten Mietverhältnisses gelten dieselben Grundsätze. 3

III. Ausschluss der Vertragsfortsetzung bei funktionsgebundener Werkwohnung (Abs. 2 Nr. 1)

Bei der Kündigung eines Mietverhältnisses über eine funktionsgebundene Werkmietwohnung i. S. v. § 576 Abs. 1 Nr. 2 BGB) ist der Kündigungswiderspruch kraft Gesetzes ausgeschlossen. Der Ausschluss beruht auf dem Vorrang der Vermieterinteressen: das betriebliche Interesse an der bestimmungsgemäßen Verwendung dieser Wohnungen hat hier absoluten Vorrang gegenüber eventuellen Härtegründen des Mieters. Nach dem eindeutigen Wortlaut der Regelung gilt dies aber nur, wenn die Voraussetzungen des § 576 Abs. 1 Nr. 2 BGB gegeben sind und der Vermieter mit den dort genannten Fristen gekündigt hat.[1] 4

---

[1] *Grapentin* in Bub/Treier Kap. IV Rdn. 273; *Rolfs* in Staudinger § 576a BGB Rdn. 7; *Lammel* § 576a BGB Rdn. 6; *Lützenkirchen* in: Erman § 576a Rdn. 3.

IV. Weitere Ausschlussgründe (Abs. 2 Nr. 2)

5 Nach § 574 BGB ist der Kündigungswiderspruch ausgeschlossen, wenn der Mieter das Mietverhältnis gekündigt hat (§ 574 BGB Rdn. 15) oder wenn ein Grund vorliegt, aus dem der Vermieter zur Kündigung ohne Einhaltung einer Kündigungsfrist berechtigt ist § 574 BGB Rdn. 10). Diese Ausschlüsse beruhen auf der mangelnden Schutzbedürftigkeit oder -würdigkeit des Mieters. Durch § 576a Abs. 2 Nr. 2 BGB werden die Ausschlüsse um zwei Anwendungsfälle erweitert.

6 Der Kündigungswiderspruch ist zum einen auch dann ausgeschlossen, wenn der **Mieter das Dienstverhältnis gelöst** hat, ohne dass ihm von dem Dienstberechtigten gesetzlich begründeter Anlass gegeben war. Nach dem Wortlaut und dem Zweck der Vorschrift ist es nicht erforderlich, dass der Mieter kündigt. Der Abschluss eines Aufhebungsvertrages genügt, wenn er auf Wunsch des Mieters abgeschlossen worden ist.[2] Ebenso genügt es, wenn der Dienstvertrag auf Grund einer vom Mieter erklärten Anfechtung beendet worden ist.[3]

7 Zum anderen entfällt das Widerspruchsrecht, wenn der **Mieter durch sein Verhalten** dem Dienstberechtigten gesetzlich begründeten **Anlass zur Auflösung des Dienstverhältnisses** gegeben hat. Hiervon ist auszugehen, wenn der Dienstberechtigte auf Grund eines schuldhaften, rechtswidrigen Verhaltens des Arbeitnehmers einen gesetzlichen oder wichtigen Kündigungsgrund hatte und darin die Ursache für die Auflösung des Dienstverhältnisses lag. Ein wichtiger Grund zur fristlosen Kündigung wird nicht vorausgesetzt. Es genügt, dass die Kündigung des Dienstverhältnisses durch schwerwiegende Gründe im Verhalten des Dienstverpflichteten bedingt war und sie somit nicht zu den sozial ungerechtfertigten unwirksamen Kündigungen i. S. v. § 1 Abs. 2 KSchG zählt.[4] Erhebliche Pflichtverletzungen des Dienstverpflichteten reichen aus. Es ist nicht erforderlich, dass der Dienstberechtigte kündigt. Ein Mietaufhebungsvertrag schließt den Widerspruch ebenfalls aus, wenn die Aufhebung des Dienstverhältnisses anstelle der ebenfalls möglichen Kündigung vereinbart wird. Ist die Kündigung des Dienstverhältnisses lediglich durch dringende betriebliche Erfordernisse i. S. d. § 1 Abs. 2 KSchG gerechtfertigt, wird das Widerspruchsrecht des Mieters nicht ausgeschlossen. Gleiches gilt, wenn das Dienstverhältnis während der Probezeit wegen fehlender Eignung gekündigt worden ist.[5]

8 I. d. R. wird der Ausschlusstatbestand der § 576a Abs. 2 Nr. 2 BGB nur für die Kündigung von Werkmietwohnungen der im § 576 Abs. 1 Nr. 1 BGB genannten Art von Bedeutung sein, weil bei den funktionsgebundenen Werkmietwohnungen ohnehin der Ausschlusstatbestand der Nr. 1 eingreift. Dennoch schließen sich die beiden Ausschlusstatbestände nicht aus, sondern sind nebeneinander anwendbar.

V. Darlegungs- und Beweislast

9 Der Vermieter muss darlegen und beweisen, dass die für ihn günstigen Umstände für den Ausschluss der §§ 574–574c BGB vorliegen.

VI. Abweichende Vereinbarungen (Abs. 3)

10 Die Vorschrift stellt eine Sonderregelung zu § 574 BGB dar; deshalb kann hiervon nicht zum Nachteil des Mieters abgewichen werden (§ 576a Abs. 3 BGB).

---

[2] *Grapentin* in Bub/Treier Kap. IV Rdn. 273; *Rolfs* in Staudinger § 576a BGB Rdn. 9; *Artz* in MünchKomm § 576a BGB Rdn. 7; *Knops* in Herrlein/Kandelhard § 576a BGB Rdn. 7; *Lammel* § 576a BGB Rdn. 21.

[3] Fn. 2.

[4] *Artz* in MünchKomm § 576a BGB Rdn. 8; *Rolfs* in Staudinger § 576a BGB Rdn. 15; *Hannappel* in Bamberger/Roth § 576a BGB Rdn. 8; *Lammel* § 576a BGB Rdn. 23; *Knops* in Herrlein/Kandelhard § 576a BGB Rdn. 8; *Haug* in Emmerich/Sonnenschein Miete §§ 576–576b Rdn. 27.

[5] OLG Celle WuM 1985, 142 = DWW 1985, 232.

§ 576b Entsprechende Geltung des Mietrechts bei Werkdienstwohnungen

(1) Ist Wohnraum im Rahmen eines Dienstverhältnisses überlassen, so gelten für die Beendigung des Rechtsverhältnisses hinsichtlich des Wohnraums die Vorschriften über Mietverhältnisse entsprechend, wenn der zur Dienstleistung Verpflichtete den Wohnraum überwiegend mit Einrichtungsgegenständen ausgestattet hat oder in dem Wohnraum mit seiner Familie oder Personen lebt, mit denen er einen auf Dauer angelegten gemeinsamen Haushalt führt.

(2) Eine zum Nachteil des Mieters abweichende Vereinbarung ist unwirksam.

Systematische Übersicht

I. Zweck und Anwendungsbereich

1 Ist der Wohnraum „im Rahmen eines Dienstverhältnisses" überlassen, so spricht man von einer „Werkdienstwohnung". Rechtsgrund für die Überlassung der Wohnung ist kein Mietvertrag, sondern der Dienstvertrag. Endet dieses Vertragsverhältnis, so muss der Wohnungsnutzer die Räumlichkeiten an den Dienstherrn zurückgeben. Eine Kündigung der Wohnungsnutzung ist nicht erforderlich. Diese Rechtsfolge gilt uneingeschränkt, wenn einem Alleinstehenden eine möblierte Werkdienstwohnung überlassen worden ist. Hat dagegen der Wohnungsnutzer die Werkdienstwohnung ganz oder überwiegend mit Einrichtungsgegenständen ausgestattet oder führt er mit seiner Familie in der Wohnung einen eigenen Hausstand, so bestimmt § 576b BGB, dass für die Beendigung des Rechtsverhältnisses über die Wohnungsnutzung die Vorschriften über Mietverhältnisse entsprechend anzuwenden sind. Die Vorschrift dient also dem Schutz des Wohnungsnutzers. Sie gilt nach ihrem Wortlaut aber auch dann, wenn der Verpflichtete das Rechtsverhältnis über die Wohnung kündigt.

2 Nach h. M. ist § 576b BGB entgegen dem Wortlaut der Vorschrift- erst nach der Beendigung des Dienstverhältnisses anwendbar).[1] Während des Bestehens des Dienstverhältnisses richtet sich die Beendigung des Rechtsverhältnisses über die Wohnung nach den Regelungen des Dienstvertrages. Eine isolierte Kündigung der Wohnungsnutzung ist als Teilkündigung unwirksam.[2] Jedoch kann in einem Dienstvertrag vereinbart werden, dass das Recht zur Nutzung der Dienstwohnung widerruflich ist. Ein solcher **Widerrufsvorbehalt** ist wirksam, wenn die Möglichkeit des Widerrufs auf den Fall der Fortdauer des Dienstvertrages beschränkt wird; anderenfalls verstößt der Widerrufsvorbehalt gegen § 576b Abs. 2 BGB. Ebenso kann die Zuweisung einer Dienstwohnung mit einem Widerrufsvorbehalt verbunden werden. Ein formularmäßiger Widerrufsvorbehalt unterliegt einer Inhaltskontrolle und einer Ausübungskontrolle.[3] Ein Widerrufsvorbehalt hält einer Inhaltskontrolle stand, wenn der Widerruf auf den Fall der Fortdauer des Dienstverhältnisses beschränkt wird, einen sachlichen Grund voraussetzt und dem Wohnungsinhaber zugemutet werden kann. Außerdem darf der Widerruf nicht in den Kernbereich des Dienstverhältnisses eingreifen. Die letztgenannte Vor-

---

[1] BAG ZMR 2000, 361 = WuM 2000, 362 unter Nr. II 4c–bb; BAG AP Nr 3 zu § 565e BGB unter Nr. II 2; LAG Köln ZMR 2008, 963; ArbG Bielefeld Urteil vom 15.11.2004 – 3 Ca. 1448/04; *Hannappel* in Bamberger/Roth § 576b BGB Rdn. 5; **a. A.** *Artz* in MünchKomm § 576b BGB Rdn 1: danach gilt die Vorschrift auch, wenn die Nutzung des Wohnraums bei fortbestehendem Dienstverhältnis beendet werden soll.

[2] ArbG Bielefeld Urteil vom 15.11.2004 – 3 Ca. 1448/04 für die Kündigung durch den Arbeitnehmer.

[3] LAG Köln ZMR 2008, 963.

aussetzung ist gewahrt, wenn der widerrufene Teil des Entgelts unter 25% des Gesamtverdienstes liegt.[4] Bei der Ausübungskontrolle ist zu prüfen, ob der Widerruf im Einzelfall billigem Ermessen entspricht.[5]

II. Begriff der Werkdienstwohnung

1. Wohnraum

3 Nach § 576b BGB muss dem zur Dienstleistung Verpflichteten „Wohn**raum**" überlassen werden. Die Innenbereiche beweglicher Sachen (Wohnwagen, Container, Schiffe) gehören nicht zu den Räumen, wohl aber eine auf Dauer erstellte Baracke, auch wenn sie im Unterschied zu einem herkömmlichen Gebäude relativ einfach demontiert oder abgerissen werden kann.

4 **Wohn**raum liegt vor, wenn die Räume dem Nutzungsberechtigten vertragsgemäß zur Befriedigung seiner eigenen Wohnbedürfnisse und/oder der Wohnbedürfnisse seiner Familie dienen sollen. Dies ist immer dann der Fall, wenn der Dienstverpflichtete die Räumlichkeiten in herkömmlicher Weise als Wohnung nutzen darf. In diesem Sinne gehört zum Wohnen die Führung eines Haushalts, die Zubereitung von Speisen und die Einnahme der Mahlzeiten, das Waschen der Wäsche, die Körperpflege, die Pflege der Geselligkeit und das Schlafen. Die Wohnraumeigenschaft hängt allerdings nicht davon ab, dass der jeweilige Bewohner, einen umfassenden Wohngebrauch ausüben kann. Wohnraum liegt auch dann vor, wenn vereinbart ist, dass die Räume nur in eingeschränktem Umfang benutzt oder mitbenutzt werden dürfen. Erforderlich ist lediglich, dass die Räumlichkeiten dem Nutzungsberechtigten nach den übereinstimmenden Vorstellungen der Vertragsparteien als Lebensmittelpunkt dienen sollen. Der Umstand, dass der Nutzungsberechtigte neben der Dienstwohnung noch eine andere Wohnung innehat, spielt für die Einordnung als Wohnraum keine Rolle. Etwas anderes gilt nach dem Schutzzweck des § 576b BGB, wenn sich der Lebensmittelpunkt des Nutzungsberechtigten nicht in der Dienstwohnung, sondern in der anderen Wohnung befindet.

5 Unerheblich ist, ob der Nutzungsberechtigte die geschuldete Dienstleistung in den Wohnräumen oder außerhalb erbringen muss.

2. Dienstverhältnis

6 Der Wohnraum muss im Rahmen eines Dienstverhältnisses überlassen werden. Ein Dienstverhältnis in diesem Sinne liegt vor, wenn zwischen den Vertragsparteien ein (privatrechtlicher) Dienstvertrag i. S. v. §§ 611 ff. BGB besteht. Hierzu gehören insbesondere die Arbeitsverträge mit Arbeitern und Angestellten, die Ausbildungsverträge mit Lehrlingen, Praktikanten, Volontären und dergleichen und die Dienstverträge mit Hausangestellten. Die Dienstverträge mit den Organen juristischer Personen, die i. d. R. auf eine Geschäftsbesorgung gerichtet sind, fallen i. d. R. nicht unter § 576b BGB, weil es an der Weisungsgebundenheit der Tätigkeit fehlt. Für die Dienstwohnungen der Beamten gilt § 576b BGB nicht, weil hier die Überlassung der Wohnung auf öffentlichem Recht beruht. Ebenso ist § 576b BGB unanwendbar, wenn die Dienstleistung als solche nicht auf Grund eines privaten Vertrages, sondern auf Grund öffentlichrechtlicher Vorschriften (z. B. Wehrersatzdienst) oder anderer Rechtsgrundlage (z. B. Dienste von Ordensangehörigen) erbracht wird.

7 Unerheblich ist es, ob der Dienstvertrag auf Dauer oder befristet abgeschlossen worden ist. Es ist auch nicht erforderlich, dass der zur Dienstleistung Verpflichtete seine gesamte oder den überwiegenden Teil seiner Arbeitskraft zur Verfügung stellen muss. Auch einem Hauswart, der nur für wenige Stunden am Tag tätig wird, kann eine Dienstwohnung überlassen werden.

7a Beim **Betriebsübergang** tritt der Übernehmer in die Rechte aus dem Dienstverhältnis ein. Dies gilt auch hinsichtlich der Rechte und Pflichten aus der Wohnraumüberlassung.[6]

[4] LAG Köln ZMR 2008, 963, 965.
[5] LAG Köln a. a. O.
[6] ArbG Nürnberg WuM 2013, 239.

3. Rechtsgrund der Überlassung

8 Das Dienstverhältnis muss zugleich Rechtsgrund für die Überlassung der Wohnung sein. Das Gesetz verwendet die unscharfe (und in der Gesetzessprache unübliche) Formulierung „im Rahmen". Damit ist gemeint, dass neben dem Dienstverhältnis kein weiteres selbständiges Vertragsverhältnis über die Wohnungsnutzung, d. h. kein Mietvertrag bestehen darf. Die **Abgrenzung der Werkdienstwohnung zur Werkmietwohnung** ist oft schwierig. Die in einem schriftlichen Vertrag verwendeten Bezeichnungen geben oft einen wichtigen Anhaltspunkt; letztlich gilt aber auch hier das in Wirklichkeit Gewollte (§ 133 BGB).[7] Typisch für die Werkdienstwohnung i. S. v. § 576b BGB ist eine mit dem Dienstverpflichteten vereinbarte Benutzungspflicht; erforderlich ist dies aber nicht. Häufig werden Werkdienstwohnungen kostenfrei überlassen; es ist aber auch denkbar, dass der Wert der Wohnung bei der Bemessung der Vergütung berücksichtigt wird. Ist vereinbart, dass der Verpflichtete für die Überlassung der Wohnung ein Entgelt bezahlen muss, so liegt i. d. R. ein Mietvertrag vor; der Umstand, dass der Mietzins vom Arbeitsentgelt einbehalten wird, ist von untergeordneter Bedeutung.

III. Rechtsverhältnis während des Dienstverhältnisses

9 Zur Regelung des Rechtsverhältnisses über eine Werkdienstwohnung gibt es keine gesetzlichen Vorschriften. In den Wohnungsnutzungsverträgen wird deshalb häufig auf die entsprechenden mietrechtlichen Bestimmungen verwiesen. In diesem Fall gelten die mietrechtlichen Vorschriften kraft Vereinbarung. Die Parteien können von den mietrechtlichen Vorschriften abweichen. Dies gilt grundsätzlich auch bezüglich derjenigen Regelungen, die bei der Wohnraummiete zwingend sind. Die Gestaltungsfreiheit wird allerdings durch § 242 BGB und – bei Formularverträgen – durch die §§ 305 ff. BGB beschränkt. Insoweit ist zu berücksichtigen, dass der Grundsatz von Treu und Glauben durch die zwingenden Vorschriften des Wohnungsmietrechts konkretisiert wird.

10 Haben die Parteien über die Wohnungsnutzung keine – oder keine vollständigen – Vereinbarungen getroffen, so ist der Vertrag im Wege der **ergänzenden Auslegung** auszufüllen. Auch hierbei kann auf die Vorschriften des Wohnungsmietrechts zurückgegriffen werden.[8] Die Vorschriften zur Regelung der Miethöhe (§§ 557–561 BGB) sind allerdings unanwendbar,[9] weil die Preisbildung bei den Dienstwohnungen nach anderen Kriterien erfolgt als bei der Wohnungsmiete.[10] Für eine Erhöhung des Entgelts ist das Arbeitsgericht zuständig.[11]

11 Zum Widerruf der Zuweisung der Werkdienstwohnung s. Rdn. 2.

IV. Rechtsverhältnis nach Beendigung des Dienstverhältnisses

12 Mit dem Dienstvertrag entfällt auch der Rechtsgrund für die Benutzung der Dienstwohnung. Dies hat zur Folge, dass der Dienstberechtigte die Wohnung herausgeben muss. In bestimmten Fällen bestimmt § 576b BGB zum Schutz des Wohnungsnutzers, dass die Vorschriften betr. die Beendigung eines Mietverhältnisses über eine Wohnung entsprechend anzuwenden sind.

1. Voraussetzungen der Anwendung mietrechtlicher Vorschriften

13 **a) Ausstattung mit Einrichtungsgegenständen durch den Verpflichteten.** Die mietrechtlichen Vorschriften sind zum einen dann anwendbar, wenn der Verpflichtete den Wohnraum ganz oder überwiegend mit Einrichtungsgegenständen ausgestattet hat. Zur Konkretisierung dieses Tatbestandsmerkmals kann auf die Rechtsprechung zu § 549 Abs. 2 Nr. 2 BGB zurückgegriffen werden (s. dort). Von einer **überwiegenden Ausstattung** kann ausgegangen werden, wenn der Verpflichtete mehr als die Hälfte der für eine Haushaltsführung erforderlichen Einrichtungsgegen-

---

7 BAG NJW 2008, 1020; LAG Köln ZMR 2008, 963.
8 I. E. ebenso: *Pergande* § 565e BGB Anm. 2: Mietrechtsvorschriften analog.
9 BAG WuM 1993, 353.
10 **A. A.** *Gaßner* AcP 186, 323, 346 ff.
11 ArbG Nürnberg WuM 2013, 239.

stände gestellt hat.[12] Es kommt auf die funktionale Bedeutung, nicht auf den Wert der Gegenstände an.[13] Unter den Einrichtungsgegenständen versteht man Möbel, Öfen, Beleuchtungskörper, Gardinen, Vorhänge, Teppiche, Betten, Bett- und Tischwäsche, nicht aber Geschirr und sonstigen Hausrat. Ist diese Voraussetzung gegeben, so kommt es nicht darauf an, ob und in welchem Umfang der Verpflichtete weitere Einrichtungsgegenstände in die Wohnung eingebracht hat. Die Einrichtungsgegenstände müssen nicht dem Dienstverpflichteten gehören.

14 Maßgeblich ist nicht, ob der Verpflichtete zur Ausstattung der Räume verpflichtet gewesen ist, sondern ob er sie tatsächlich ausgestattet hat.[14] Entscheidend sind die Verhältnisse beim Ende des Vertragsverhältnisses.

15 **b) Führen eines eigenen Haushalts.** Zum anderen sind die mietrechtlichen Vorschriften anwendbar, wenn der Verpflichtete mit seiner Familie oder mit sonstigen Personen lebt, mit denen er in den Räumen einen auf Dauer angelegten gemeinsamen eigenen Haushalt führt. Zur Konkretisierung dieses Tatbestandsmerkmals kann ebenfalls auf die Rechtsprechung zu § 549 Abs. 2 Nr. 2 BGB zurückgegriffen werden. Der **Begriff der Familie** richtet sich nach den Bestimmungen des BGB. Hierzu gehören alle durch Ehe oder Verwandtschaft verbundenen Personen. Weiter gehören dazu die Stiefkinder und die Pflegekinder. Auf einen bestimmten Verwandtschaftsgrad ist nicht abzustellen. Zu den **„Personen"** i. S. d. § 576b BGB zählen die Angehörigen des Mieters die mit ihm eine **Lebens- und Wirtschaftsgemeinschaft** bilden. Darunter fallen insbesondere die eheähnlichen Gemeinschaften und die gleichgeschlechtlichen Partnerschaften aber auch das Zusammenleben ohne sexuellen Bezug (Geschwister, ältere Menschen). Maßgeblich sind grundsätzlich die **wirklichen Verhältnisse bei Vertragsende.** Im Übrigen kommt es nicht darauf an, ob dem Dienstberechtigten die Familienverhältnisse bekannt sind.

16 Der vom Gesetzgeber gewählte **Begriff des „Haushalts"** meint eine Lebensgemeinschaft, die auf Dauer angelegt ist, daneben keine weitere Lebensgemeinschaft gleicher Art zulässt und sich durch innere Bindungen auszeichnet, die ein gegenseitiges Einstehen der Partner füreinander begründen, also über die Beziehungen einer reinen Haushalts und Wirtschaftsgemeinschaft hinausgeht.[15] Ob diese Voraussetzungen gegeben sind, muss anhand von Indizien festgestellt werden, wobei vor allem die lange Dauer des Zusammenlebens, die Versorgung von Kindern und Angehörigen im gemeinsamen Haushalt und die Befugnis über Einkommen und Vermögensgegenstände des Partners zu verfügen von Bedeutung sind.[16] Der Mieter muss die für die Annahme einer Gemeinschaft erforderlichen Tatsachen darlegen und beweisen. Unerträgliche Nachforschungen, die die Intimsphäre berühren, sind dabei allerdings nicht veranlasst.

17 Die **Dauerhaftigkeit der Beziehung** kann problemlos unterstellt werden, wenn die Partner bereits längere Zeit zusammengelebt haben. Nach der hier vertretenen Ansicht kann es allerdings nicht entscheidend darauf ankommen, ob die Beziehung schon seit längerer Zeit besteht; maßgeblich muss vielmehr sein, ob sie auf Dauer angelegt ist. Dies kann nur an Hand der Umstände des Einzelfalls beurteilt werden. Der Umstand, dass die Partner nur einen einzigen gemeinsamen Haustand führen, stellt dabei bereits ein Indiz für eine auf Dauer angelegte Beziehung dar.

2. Rechtsfolgen

18 **a) Unbefristeter Dienstvertrag.** Ein unbefristeter Mietvertrag endet durch Kündigung. Die entsprechende Anwendung der Vorschriften über Mietverhältnisse führt über § 542 Abs. 1 BGB zum Ergebnis, dass das Rechtsverhältnis über die Wohnung unter Beachtung der §§ 549ff., 568ff. BGB gekündigt werden muss. In der Kündigung des Dienstverhältnisses liegt nicht zugleich eine Kündigung des Rechtsverhältnisses über die Wohnung. Jedoch können beide Kündigungen zur selben Zeit erklärt und in einer Erklärung verbunden werden. Eine isolierte Kündigung der Werk-

[12] *Rolfs* in Staudinger § 576b BGB Rdn. 10; *Hannappel* in Bamberger/Roth § 576b BGB Rdn. 7; *Knops* in Herrlein/Kandelhard § 576b BGB Rdn. 7; *Lützenkirchen* in: Erman § 576b Rdn. 5; teilweise abw. *Sternel* Mietrecht (1988) Rdn. III 508: danach muss der Verpflichtete mindestens Bett, Tisch, 2 Stühle, Schrank, Koch- und Waschgelegenheit, Vorhang und Gardinen stellen.

[13] *Hannappel* in Bamberger/Roth § 576b BGB Rdn. 7; **a. A.** *Rolfs* in Staudinger § 576b BGB Rdn. 10; *Kossmann* § 126 Rdn. 3.

[14] *Rolfs* in Staudinger § 576b BGB Rdn. 10; *Kossmann* § 126 Rdn. 3; *Artz* in MünchKomm § 576b BGB Rdn. 4.

[15] Begründung des Regierungsentwurfs zu § 576b BGB und zu A III 2c, BT-Drucks.14/4553.

[16] Vgl. BGH RE v. 13.1.1993, BGHZ 121, 116 = NJW 1993, 999 = WuM 1993, 254 = ZMR 1993, 261 zu § 569a BGB a. F.

dienstwohnung ist als unzulässige Teilkündigung zu bewerten.[17] Die Kündigung unterliegt nicht dem Mitbestimmungsrecht des Betriebsrats.[18]

Die Kündigung muss schriftlich erklärt werden (§ 568 Abs. 1 BGB). Dies gilt für die Kündigung beider Parteien. Für die Kündigung des Dienstberechtigten (des Arbeitgebers) müssen Kündigungsgründe i. S. v. § 573 BGB gegeben sein. Diese Kündigungsgründe müssen im Kündigungsschreiben angegeben werden (§ 573 Abs. 3 BGB). Die Kündigungsfristen können sich entweder nach § 573c BGB oder nach § 576 BGB richten. Der Verpflichtete kann Kündigungswiderspruch nach §§ 574, 574a BGB einlegen. Soweit ein entsprechendes Mietverhältnis von den speziellen Mieterschutzvorschriften ausgenommen ist, gilt dies bei vergleichbarer Sachlage auch für das Rechtsverhältnis über die Werkdienstwohnung. So kann z. B. ein Rechtsverhältnis über eine Werkdienstwohnung zu nur vorübergehendem Gebrauch gem § 549 Abs. 2 Nr. 1 BGB ohne Angabe von Gründen gekündigt werden. Der Kündigungswiderspruch nach § 574 BGB ist ausgeschlossen, wenn ein Fall des §§ 574 Abs. 1 Satz 2, 576a Abs. 2 BGB vorliegt. Setzt der Verpflichtete den Mietgebrauch fort, so ist § 545 BGB zu beachten. 19

b) Befristeter Dienstvertrag. Ein befristeter Dienstvertrag endet mit dem Ablauf der Zeit für den er eingegangen ist. Mit dem Dienstvertrag entfällt auch der Rechtsgrund für die Benutzung der Dienstwohnung. Die entsprechende Anwendung der Vorschriften über Mietverhältnisse führt über § 542 Abs. 2 BGB zum Ergebnis, dass das Mietverhältnis ohne Kündigung mit dem Ablauf der Befristung endet. Damit hat es sein Bewenden, wenn in dem befristeten Dienstvertrag bestimmt ist, dass die Wohnung nach der Beendigung des Dienstverhältnisses einem andern Arbeitnehmer überlassen werden soll (§ 575 Abs. 1 Satz 1 Nr. 3 BGB).[19] Liegen die Voraussetzungen des § 575 BGB nicht vor, so ist hinsichtlich des Wohnraums § 572 Abs. 2 BGB entsprechend anzuwenden. Dies hat zur Folge, dass für die Beendigung des Rechtsverhältnisses über die Wohnung die Regelungen über unbefristete Dienstverhältnisse (oben Rdn. 18) gelten.[20] 20

c) Vorenthaltung. Gibt der Verpflichtete die Werkdienstwohnung nach Beendung des Rechtsverhältnisses über die Wohnungsnutzung gegen den Willen des Berechtigten nicht zurück, so ist eine Vorenthaltung gegeben. Dem Gesetzestext ist nicht eindeutig zu entnehmen, ob sich der Begriff „Beendigung" in § 576b BGB auch auf das Abwicklungsverhältnis bezieht. Eine solche Interpretation ist aber möglich und vom Zweck der Vorschrift geboten, weil die insoweit bestehende Interessensituation mit der Vorenthaltung der Werkmietwohnung vergleichbar ist. Der Verpflichtete schuldet also für die Zeit der Vorenthaltung einen Betrag in Höhe des für die Überlassung der Dienstwohnung geschuldeten Entgelts.[21] Auf Verlangen des Berechtigten muss der Verpflichtete ein Entgelt in Höhe der ortsüblichen Miete für Wohnraum vergleichbarer Art bezahlen (§ 546a Abs. 1 BGB).[22] Auch § 571 BGB ist anwendbar. 21

V. Rechtsverhältnis bei Fortsetzung der Wohnungsnutzung

In § 576b BGB ist nicht geregelt, welche Rechtsfolge gelten soll, wenn zwar das Dienstverhältnis endet, aber das Rechtsverhältnis über die Dienstwohnung fortgesetzt wird. Ein solcher Fall kann eintreten, wenn der Berechtigte keine Kündigung ausspricht oder wenn das Rechtsverhältnis über die Dienstwohnung aus Rechtsgründen nicht beendet worden ist (z. B. bei unwirksamer Kündigung) oder nicht beendet werden kann (z. B. bei fehlendem Kündigungsgrund). Die Vorschriften des Eigentümer-Besitzer-Verhältnisses (§§ 985ff. BGB) sind unanwendbar, weil der Wohnungsinhaber ein Recht zum Besitz hat.[23] Aus dem gleichen Grunde scheidet der Rückgriff auf das Bereicherungsrecht (§§ 812 BGB) aus.[24] In der Literatur werden für diesen Fall unterschiedliche Ansichten vertreten. Rolfs[25] nimmt an, dass ein gesetzliches Schuldverhältnis in Form eines Abwicklungsschuldverhältnisses zustande kommt. Die Höhe des Nutzungsentgelts bestimmt sich nach dem Teil der früheren Tätigkeitsvergütung, der für die Überlassung der Wohnung angerech- 22

17 BAG WuM 1990, 284.
18 BAG WuM 1993, 353.
19 *Artz* in MünchKomm § 576b BGB Rdn 6.
20 I. E. ebenso *Artz* a. a. O.: entsprechende Anwendung des § 575 Abs. 1 Satz 2 BGB.
21 LG Hamburg WuM 1991, 550.
22 Insoweit **a. A.** LG Hamburg a. a. O.
23 *Rolfs* in Staudinger § 576b BGB Rdn. 17.
24 *Rolfs* a. a. O.; *Roquette* § 565e BGB Rdn. 17.
25 *Rolfs* a. a. O.; ebenso: *Artz* in MünchKomm § 576 BGB Rdn. 5.

net worden ist. Für die übrigen Rechte und Pflichten soll dasselbe gelten, wie in den Fällen der Vorenthaltung nach § 546a BGB. Nach der Auffassung Roquettes[26] entsteht ebenfalls ein Abwicklungsverhältnis. Die Nutzungsentschädigung richtet sich nach dem Wohnwert der Räume. Im Übrigen trifft den Vermieter nur die Verkehrssicherungspflicht. Sternel[27] weist zu Recht darauf hin, dass kein Abwicklungsverhältnis vorliegt, wenn das Nutzungsverhältnis über die Wohnung nicht beendet wird oder nicht beendet werden kann. Sternel und Lammel sind der Ansicht, dass in Fällen dieser Art ein echtes Mietverhältnis kraft gesetzlicher Novation zustande kommt.[28] Nach der hier vertretenen Ansicht entsteht dagegen ein gesetzliches Schuldverhältnis, dessen Inhalt nach § 242 BGB zu bestimmen ist.[29] Da der Verpflichtete die Wohnung weiterhin wie ein Mieter nutzen kann, muss er hierfür ein Entgelt bezahlen. Das Entgelt bestimmt sich nicht nach den während der Dienstverpflichtung bestehenden Vereinbarungen, weil der Dienstvertrag nicht mehr besteht. Vielmehr schuldet der Verpflichtete ein Entgelt entsprechend der ortsüblichen Miete für vergleichbaren Wohnraum. Die Höhe dieses Entgelts kann der frühere Dienstberechtigte beim Ende des Dienstverhältnisses nach §§ 315, 316 BGB bestimmen; später gelten die Vorschriften über die Miethöhe nach §§ 556ff. BGB. Ebenso muss der Verpflichtete die sonstigen üblichen Mieterpflichten übernehmen. Im Gegenzug hat er Anspruch darauf, wie ein Mieter behandelt zu werden. Bestehen aus dem nachwirkenden Dienstverhältnis spezielle Regelungen für die Wohnungsnutzung (etwa über die Durchführung von Schönheitsreparaturen, über Tierhaltung, etc.) so gelten diese fort. Im Übrigen sind die im Mietverhältnis geltenden Vorschriften über § 242 BGB auch auf die Dienstwohnung anwendbar.[30] Dies gilt auch für § 566 BGB.[31] Zwar handelt es sich dabei um eine Ausnahmevorschrift, die nur ausnahmsweise entsprechend angewendet werden darf.[32] Ein derartiger Ausnahmefall ist hier aber gegeben, weil die Ähnlichkeit zur Veräußerung einer Werkmietwohnung – bei der § 566 BGB zweifelsfrei gilt – auf der Hand liegt. In beiden Fällen tritt eine Änderung der dinglichen Rechtszuständigkeit ein und in beiden Fällen befindet sich der Wohnungsnutzer in derselben schutzbedürftigen Situation.

VI. Abweichende Vereinbarungen (Abs. 2)

23 Die Regelung in § 576b Abs. 2 BGB stellt klar, dass die Vorschrift nicht zum Nachteil des Mieters abbedungen werden kann.

---

[26] *Roquette* § 565e BGB Rdn. 19, 20.
[27] Sternel Mietrecht (1988) Rdn. IV 269.
[28] *Sternel* Mietrecht (1988) a. a. O.; *Lammel* § 576 BGB Rdn. 9.
[29] Ebenso: *Hannappel* in Bamberger/Roth § 576b BGB Rdn. 13.
[30] BAG WuM 1993, 353, 355 für MHG.
[31] **A. A.** *Roquette* a. a. O.
[32] BGH NJW 1989, 2053.

Kapitel 6. Besonderheiten bei der Bildung von Wohnungseigentum an vermieteten Wohnungen

§ 577 Vorkaufsrecht des Mietersals

(1) [1]Werden vermietete Wohnräume, an denen nach der Überlassung an den Mieter Wohnungseigentum begründet worden ist oder begründet werden soll, an einen Dritten verkauft, so ist der Mieter zum Vorkauf berechtigt. [2]Dies gilt nicht, wenn der Vermieter die Wohnräume an einen Familienangehörigen oder an einen Angehörigen seines Haushalts verkauft. [3]Soweit sich nicht aus den nachfolgenden Absätzen etwas anderes ergibt, finden auf das Vorkaufsrecht die Vorschriften über den Vorkauf Anwendung.

(2) Die Mitteilung des Verkäufers oder des Dritten über den Inhalt des Kaufvertrags ist mit einer Unterrichtung des Mieters über sein Vorkaufsrecht zu verbinden.

(3) Die Ausübung des Vorkaufsrechts erfolgt durch schriftliche Erklärung des Mieters gegenüber dem Verkäufer.

(4) Stirbt der Mieter, so geht das Vorkaufsrecht auf diejenigen über, die in das Mietverhältnis nach § 563 Abs. 1 oder 2 eintreten.

(5) Eine zum Nachteil des Mieters abweichende Vereinbarung ist unwirksam.

Systematische Übersicht

Alphabetische Schnellübersicht

I. Entstehungsgeschichte und Zweck

1 Nach § 577 BGB hat der Mieter ein gesetzliches, schuldrechtliches Vorkaufsrecht für den Fall der Veräußerung einer umgewandelten Eigentumswohnung. Soweit in § 577 BGB keine Sonderregelungen enthalten sind, werden die weiteren Einzelheiten durch die §§ 463ff. BGB geregelt; dies wird in § 577 Abs. 1 Satz 3 BGB klargestellt.

2 Die Vorschrift wurde durch das Vierte Mietrechtsänderungsgesetz vom 21.7.1993[1] als § 570b in das BGB eingefügt. Die Regelung des § 577 BGB entspricht dem bis 31.8.2001 geltenden § 570b BGB a. F. Sie steht im Zusammenhang mit den verschiedenen Versuchen des Gesetzgebers, den Mieter vor den Folgen der Umwandlung von Miet- in Eigentumswohnungen, insbesondere vor der im Verkaufsfall häufigen Kündigung nach § 573 Abs. 2 Nr. 2 BGB durch den Erwerber zu schützen. Verschiedene in diesem Zusammenhang diskutierte Lösungen[2] haben sich nicht durchgesetzt. Stattdessen hat sich der Gesetzgeber für eine Verlängerung der Kündigungssperre (§ 577a BGB) und für die Einführung eines Vorkaufsrechts zugunsten des Mieters entschieden. Nach der Begründung des Bundesratsentwurfs soll die Regelung die Tendenz verstärken, dass ein verkaufsbereiter Vermieter die Eigentumswohnung in erster Linie dem Mieter anbietet. Der Mieter soll in die Lage versetzt werden, „vor der Entscheidung über den Kauf der Wohnung abzuwarten, ob der Vermieter einen anderen Käufer findet und ob dieser gegebenenfalls nur aus Gründen der Kapitalanlage erwerben will, so dass eine Kündigung des Mietverhältnisses nicht zu besorgen ist".[3] Das letztgenannte Motiv hat in der Gesetzesfassung allerdings keinen Niederschlag gefunden, weil der Mieter keine rechtliche Möglichkeit hat, sich über eine Kündigungsabsicht des Erwerbers zu informieren (s. Rdn. 44).

II. Anwendungsbereich

1. Zeitlich

3 Das Vorkaufsrecht gilt nach der Übergangsvorschrift in Art. 6 Abs. 4 des Vierten Mietrechtsänderungsgesetzes für alle **Verkaufsfälle,** die **nach dem 31.8.1993** protokolliert werden. Die Protokollierung ist auch dann maßgeblich, wenn zu diesem Zeitpunkt noch Genehmigungen ausstehen. Auf den Zeitpunkt der Umwandlung kommt es nicht an.[4] Ebenso ist unerheblich, wann das Mietverhältnis begründet worden ist.

4 Nach h. M. besteht das Vorkaufsrecht **nur für den ersten Verkaufsfall nach der Umwandlung.**[5] Diese Ansicht beruht im Wesentlichen auf dem Zweck des § 577 BGB (Schutz des Mieters vor den Folgen einer spekulativen Umwandlung von Miet- in Eigentumswohnungen). Das Spekulationsinteresse des Umwandlers wird nach der Vorstellung des Gesetzgebers i. d. R. nur durch den ersten Verkauf der Wohnung verwirklicht. Auf nachfolgende Verkäufe erstreckt sich das Vorkaufsrecht auch dann nicht, wenn die Möglichkeit zur Ausübung des Rechts bei dem ersten Verkauf nicht bestand, weil die Wohnung an einen Familien- oder Haushaltsangehörigen verkauft wurde (§ 577 Abs. 1 Satz 2 BGB), oder wenn – im Falle eines Verkaufs „en bloc" die Ermittlung des antei-

---

[1] BGBl. I S. 1257.

[2] Gesetzentwurf des Bundesrates vom 14.2.1992 – BT-Drucks. 12/2505 – betr. die Verhinderung der Umwandlung von Altbauten durch eine Änderung des WEG; Gesetzentwurf des Bundesrates vom 27.11.1992 – BR-Drucks. 665/92 – betr. die Einführung einer öffentlich-rechtlichen Genehmigung der Umwandlung durch eine Änderung des Baugesetzbuchs.

[3] BT-Drucks. 12/3254.

[4] *Langhein* DNotZ 1993, 654; *Derleder* PiG 49, 169, 175.

[5] BGHZ 167, 58 = NJW 2006, 1869 = NZM 2006, 505 = WuM 2006, 260 = ZMR 2006, 511 = GE 2006, 643; BGH NJW 2007, 2699 = NZM 2007, 640 = WuM 2007, 464 = ZMR 2007, 770 = GE 2007, 1115; *Lammel* § 577 BGB Rdn. 5; *Rolfs* in Emmerich/Sonnenschein, Miete § 577 BGB Rdn. 31.

ligen Preises, der für die dem Vorkaufsrecht unterfallende Eigentumswohnung zu zahlen ist, für den Mieter schwierig gewesen wäre.[6]

2. Sachlich

5 Für den öffentlichen geförderten Wohnraum galt früher die vergleichbare Regelung des § 2b WoBindG. Nach der Aufhebung dieser Vorschrift durch das Gesetz zur Reform des Wohnungsbaurechts – WoFG vom 13.9.2001[7] gilt § 577 BGB sowohl für öffentlich geförderte als auch für freifinanzierte Wohnungen.[8] Bei Mischräumen kommt es darauf an, wo das Schwergewicht des Vertrages liegt (Vorbem. § 535 BGB Rdn. 107). Ist eine Wohnung mit Garage auf Grund eines einheitlichen Mietvertrags vermietet, so erstreckt sich das Vorkaufsrecht auf Wohnung und Garage. Bestehen dagegen zwei getrennte Mietverträge, so kann das Vorkaufsrecht nur hinsichtlich der Wohnung ausgeübt werden.[9] Für Untermiet- und Zwischenmietverhältnisse s. Rdn. 32, 35.

6 Für Mietverhältnisse i. S. v. § 549 Abs. 2 Nr. 1–3 und § 549 Abs. 3 (s. dort) ist die Vorschrift unanwendbar.

III. Voraussetzungen

1. Vermietung und Überlassung

7 Das Vorkaufsrecht besteht für vermietete Wohnräume, die dem Mieter überlassen worden sind.

8 **a) Die zeitliche Reihenfolge von Vermietung, Überlassung und Umwandlung.** Das Vorkaufsrecht gilt zunächst für solche Wohnungen, die nach dem Abschluss des Mietvertrags und Überlassung an den Mieter in eine Eigentumswohnung umgewandelt worden sind. Es ist nicht erforderlich, dass die Absicht zur Umwandlung erst nach der Überlassung gefasst wird. Das Vorkaufsrecht besteht auch dann, wenn die Wohnungen von Anfang an als Eigentumswohnungen geplant worden sind und wenn der Mieter vom Umwandlungsplan des Eigentümers Kenntnis hatte.[10] Teilweise wird allerdings die Ansicht vertreten, dass dem Mieter kein Vorkaufsrecht zusteht, wenn der Vermieter die Absicht zur Umwandlung bereits vor der Überlassung gefasst hat und der Mieter wusste, dass der Vermieter Wohnungseigentum begründen will.[11] Die gesetzliche Regelung geht davon aus, dass die Vermietung, die Überlassung und die Begründung von Wohnungseigentum in der hier aufgeführten zeitlichen Reihenfolge stattfindet und dass zwischen der Überlassung und der Umwandlung eine größere Zeitspanne liegt. Diese chronologische Abfolge wird auch auf die meisten Umwandlungsfälle zutreffen. Es sind aber auch Fälle denkbar, in denen die Umwandlung anders abläuft.

9 **b)** Bei der chronologischen Abfolge: **Vermietung – Umwandlung – Überlassung** – hat der Mieter kein Vorkaufsrecht. Aus dem Wortlaut der Vorschrift folgt, dass es für das Vorkaufsrecht maßgeblich darauf ankommt, ob die Umwandlung nach der Überlassung der Wohnung an den Mieter erfolgt ist. Denn die Präposition „nach" bezieht sich nur auf die Überlassung und nicht auf die Vermietung. Dies bedeutet zunächst: Der Eigentümer eines Neubaus, der die Errichtung von Eigentumswohnungen plant, kann ohne spätere Rechtsnachteile die Wohnungen zunächst vermieten, wenn er die Mietverträge vor der Überlassung und Teilung abschließt. So kann beispielsweise der Bauherr die im Rohbau befindlichen Wohnungen vermieten, nach Fertigstellung Wohnungseigentum begründen und die Wohnungen anschließend dem Mieter übergeben.

10 **c)** Die chronologische Abfolge **Überlassung – Umwandlung – Vermietung** – liegt in jenen Fällen vor, in denen der Mieter bereits vor der Umwandlung in die Wohnung einzieht, der Mietvertrag aber erst nach der Umwandlung geschlossen wird. Bei einer Wortlautinterpretation könnte man die Ansicht vertreten, dass kein Vorkaufsrecht besteht. Denn die Regelung setzt voraus, dass

---

6 BGH NJW 2007, 2699 = NZM 2007, 640 = WuM 2007, 464 = ZMR 2007, 770 = GE 2007, 1115.

7 BGBl. I S. 2376.

8 *Lammel* § 577 BGB Rdn. 6.

9 *Brambring* ZAP 1993, 995, 996.

10 BGH (VIII ZR 143/15) NJW 2017, 156 Rn. 27 m. Anm. *Klühs* NZM 2016, 812; BGH (VIII ZR 70/16) WuM 2017, 36; AG Frankfurt NJW 1995, 1034; *Rolfs* in: Staudinger § 577 BGB Rdn. 25; *Häublein* in: MüKomm § 577 BGB Rdn. 6; *Lützenkirchen* in: Lützenkirchen, Mietrecht § 577 Rdn. 18; *Kandelhard* in: Herrlein/Kandelhard § 577 BGB Rdn. 7; Palandt-*Weidenkaff* § 577 Rdn. 3; *Schilling/Meyer* ZMR 1994, 497, 503.

11 *Langhein* DNotZ 1994, 650, 656; *Commichau* NJW 1995, 1010; ähnlich *Wirth* NZM 1998, 391: wenn im Zeitpunkt der Überlassung bereits die Teilungserklärung beurkundet ist und der Mieter davon Kenntnis hatte.

„vermietete Wohnräume" umgewandelt werden. Nach dieser engen Wortlautinterpretation kommt es also nicht entscheidend darauf an, dass die Räume bewohnt sind, sondern dass sie aufgrund eines Mietvertrags bewohnt werden. Es fragt sich aber, ob die Regelung in diesem Sinne verstanden werden kann. Durch die vom Gesetzgeber gewählte Formulierung sollen nämlich andere Sachverhalte geregelt werden. Die hier fragliche Formulierung („vermietete Wohnräume") soll klarstellen, dass das Vorkaufsrecht nicht in jenen Fällen gilt, in denen die Überlassung auf einem anderen Rechtsgrund als der Miete, etwa einer Leihe oder einem dinglichen Wohnrecht beruht. Die Formulierung „nach der Überlassung" soll bewirken, dass das Vorkaufsrecht nicht entsteht, wenn der Mieter erst nach der Umwandlung in die Wohnung eingezogen ist. Oder anders ausgedrückt: Ein Vorkaufsrecht besteht immer dann, wenn der Bewohner aufgrund eines Mietvertrags besitzt und die Wohnung nach der Besitzerlangung umgewandelt worden ist. Auf die zeitliche Reihenfolge von Vertragsschluss und Besitzüberlassung kann es dagegen nach dem Sinn und Zweck der Vorschrift nicht ankommen.

11 **d) Wohnräume.** Das Vorkaufsrecht gilt nur für Wohnräume. Bei Mischräumen kommt es darauf an, in welchem Bereich der Schwerpunkt des Vertragsverhältnisses liegt (Vor § 535 BGB Rdn. 107). Liegt der Schwerpunkt auf der Wohnraumnutzung so besteht das Vorkaufsrecht.[12] Maßgeblich ist der Inhalt des Mietvertrags; es kommt nicht darauf an, ob die Räume in der Teilungserklärung als Wohnungseigentum, oder (gewerblich zu nutzendes) Teileigentum bezeichnet sind.[13]

12 **e) Zubehör.** Das Vorkaufsrecht gilt für die Wohnung und für die Zubehörräume und -flächen (Garage, Stellplatz, Keller, Abstellräume außerhalb der Wohnung und ähnliche Räume). Maßgeblich ist stets, welche Räume und Flächen nach dem Mietvertrag zum Mietgegenstand gehören; unerheblich ist, ob die betr. Räume oder Flächen in der Teilungserklärung als Sondereigentum ausgewiesen sind oder ob hieran nur Sondernutzungsrechte begründet werden. Hieraus ergeben sich Probleme, wenn die Aufteilung des Hausgrundstücks abw. von den Mietverträgen erfolgt und beispielsweise an der Wohnung und an der mitvermietete Garage jeweils rechtlich gesonderte Eigentume gebildet werden. Hier erstreckt sich das Vorkaufsrecht auch dann auf die Wohnung und das Zubehör, wenn lediglich die Wohnung veräußert wird.[14] Die Korrektur muss gem. § 242 BGB über eine Anpassung des Kaufpreises erfolgen.

13 Umgekehrt gilt dasselbe: Ist lediglich eine Wohnung vermietet und wird an der Wohnung und an einer nicht mitvermieteten Garage ein einheitliches Sondereigentum begründet, so erstreckt sich das Vorkaufsrecht grundsätzlich nur auf die Wohnung. Die Korrektur muss auch hier über eine Anpassung des Kaufpreises erfolgen. Eine Ausnahme kann nach § 467 Satz 2 BGB gelten, wenn dem Vermieter ohne die Erstreckung des Vorkaufsrechts auf die Garage ein unverhältnismäßiger Nachteil entstünde.[15]

2. Begründung von Wohnungseigentum

14 **a) Die bereits umgewandelte Eigentumswohnung.** Das Vorkaufsrecht bezieht sich zunächst auf „vermietete Wohnräume, an denen nach der Überlassung an den Mieter Wohnungseigentum begründet worden ist". Das Wohnungseigentum kann entweder nach § 3 WEG oder nach § 8 WEG begründet werden (§ 2 WEG). **Der Begriff „begründet"** in § 577 BGB ist i. S. v. § 2 WEG – also umfassend – zu verstehen. Wird Wohnungseigentum durch die Einräumung von Sondereigentum nach § 3 WEG begründet, so kommt es im Rahmen des § 577 BGB maßgeblich darauf an, wann die Rechtsänderung ins Grundbuch eingetragen wird (§ 4 Abs. 1 WEG). Erfolgt die Begründung durch Teilung nach § 8 WEG, so ist der Zeitpunkt maßgebend, zu dem die Wohnungsgrundbücher angelegt sind (§ 8 Abs. 2 WEG).[16] Der wirtschaftliche Anlass, der zur Begründung von Wohnungseigentum geführt hat, ist rechtlich ebenso unerheblich wie die Person dessen, der die Teilungserklärung abgegeben hat.

---

12 *Wirth* NZM 1998, 390.

13 *Wirth* a. a. O.; *Heintz* Rdn. 71.

14 *Rolfs* in Staudinger § 577 BGB Rdn. 29; i. E. trotz dogmatischer Bedenken ebenso: *Wirth* NZM 1998, 390, 391; **A. A.** *Baer* NotBZ 2015, 121, 127.

15 *Wirth* NZM 1998, 390, 391; **a. A.** *Brambring* ZAP 1993, 965, 968.

16 BGH (VIII ZR 143/15) NJW 2017, 156 Rn. 26 m. Anm. *Klühs* NZM 2016, 812; BGH (VIII ZR 70/16) WuM 2017, 36.

Bei der Begründung eines **Wohnungserbbaurechts** nach § 30 WEG ist die Vorschrift entsprechend anzuwenden, weil Sinn und Zweck des Gesetzes auch diese Gestaltungsform umfassen.[17] Für den Verkauf mehrerer Eigentumswohnungen s. Rdn. 54). 15

b) Die noch umzuwandelnde Mietwohnung. Weiter gilt das Vorkaufsrecht für „vermietete Wohnräume, an denen nach der Überlassung an den Mieter Wohnungseigentum begründet werden soll". Dieses Tatbestandsmerkmal ist offensichtlich der Vorschrift des § 2b Abs. 1 Satz 1 WoBindG nachgebildet. Damit wird klargestellt, dass das Vorkaufsrecht auch in solchen Fällen entsteht, in denen die Mietwohnung als noch umzuwandelnde Eigentumswohnung verkauft wird. 16

Streitig ist, welche Rechtsfolge gilt, wenn der Erwerber ein mit einem Mehrfamilienhaus bebautes Grundstück in der Absicht erwirbt, dieses in Wohnungseigentum aufzuteilen (sog. **„Erwerbermodell"**). Hierzu werden im Wesentlichen drei Ansichten vertreten: **(1)** Nach einer Meinung setzt der Tatbestand des § 577 Abs. 1 Satz 1 Alt. 2 voraus, dass der **Veräußerer** eine Umwandlungsabsicht hat. Auf die Absichten des Erwerbers kommt es nicht an. Dies folgt aus der Erwägung, dass lediglich der Veräußerer, nicht aber der Erwerber der Vorkaufslast unterliegt[18] **(2)** Nach wohl h. M. entsteht das Vorkaufsrecht nur, wenn Gegenstand des Kaufvertrags die einzelnen (vom Veräußerer oder Erwerber noch umzuwandelnden) Wohnungen sind. Wird dagegen das Gebäude als ganzes verkauft, so entsteht kein Vorkaufsrecht.[19] **(3)** Die Gegenansicht versteht § 577 BGB in erster Linie als Mieterschutzvorschrift. Diese sei so auszulegen, dass eine Umgehung des Vorkaufsrechts weitgehend ausgeschlossen ist. Danach genügt es für das Entstehen des Vorkaufsrechts wenn die Absicht zur Umwandlung im Zeitpunkt des Abschlusses des Kaufvertrags bereits feststeht. Insoweit reicht es aus, dass der Erwerber eine Umwandlungsabsicht hat. Hierfür müssen allerdings eindeutige Anhaltspunkte vorliegen. Ein Indiz hierfür ist, wenn bereits ein Aufteilungsplan erstellt und eine Abgeschlossenheitsbescheinigung beantragt oder gar – wie vorliegend – bereits erteilt wurde.[20] 17

Der **BGH**[21] verknüpft im Ergebnis die unter der Ziff (1) und (2) dargestellten Ansichten. Er begründet dies mit „systematischen Überlegungen:" Mit der Ausübung des Vorkaufsrechts entsteht zwischen dem Veräußerer und dem Mieter ein neuer Kaufvertrag, der – bis auf die Person des Käufers – mit dem Ursprungsvertrag identisch ist. Der Erwerb der vom Mieter bewohnten Wohnung setzt mithin zweierlei voraus: **(1)** Zum einen muss der Mieter einen Rechtsanspruch auf den Erwerb des Sondereigentums (verbunden mit einem entsprechenden Miteigentumsanteil am Gemeinschaftseigentum) haben; dies ist nur der Fall, wenn der Veräußerer nach dem Kaufvertrag zur Aufteilung verpflichtet ist. Es genügt nicht, wenn diese Verpflichtung dem Erwerber obliegt, weil der Mieter keine vertraglichen Ansprüche gegenüber dem Erwerber hat. **(2)** Zum anderen muss die Wohnung als solche Gegenstand des Kaufvertrags sein; dies ist nur der Fall, wenn das Wohnungseigentum hinreichend bestimmt oder bestimmbar ist.[22] **(3)** Drittens ist erforderlich, dass die Absicht zur Begründung von Wohnungseigentum zeitlich nach der Überlassung der Wohnung an den Mieter gefasst wird. Wird die Absicht zur Begründung von Wohnungseigentum bereits vor der Überlassung an den Mieter gefasst, entsteht kein Vorkaufsrecht. Für die Begründungsabsicht reicht eine rein innerlich bestehende Absicht nicht aus; erforderlich ist vielmehr, dass sich die Absicht nach außen manifestiert. Hiervon ist jedenfalls dann auszugehen, wenn die Teilungserklärung notariell beurkundet wird.[23] 18

derzeit frei 19

c) Sonstige „Erwerbermodelle". Wird ein **Mehrfamilienhaus durch eine Gesellschaft bürgerlichen Rechts erworben** und sodann Wohnungseigentum zugunsten der jeweiligen Ge- 20

---

[17] *Blank* WuM 1993, 573, 577; *Brambring* ZAP 1993, 965, 966; *Maciejewski* MM 1994, 137, 138; **a. A.** *Rolfs* in Staudinger § 577 BGB Rdn. 26.

[18] *Lammel* Wohnraummietrecht § 577 Rdn. 19; im Ergebnis ebenso: *Hannapel* in Bamberger/Roth § 577 Rdn. 8.

[19] *Lützenkirchen* in: Lützenkirchen, Mietrecht § 577 Rdn. 18; Rolfs in: Staudinger § 577 Rdn. 23; *Häublein* in: MünchKomm § 577 Rdn. 7; *Krenek* in Spielbauer/Schneider Mietrecht § 577 Rdn. 19ff.

[20] *Drasdo* in: Bub/Treier Kap VII Rn. 307; ähnlich *Derleder* PIG 49 (1996) S. 169, 176: danach reicht „jede eindeutige Äußerung der Umwandlungsabsicht" aus; *Kandelhard* in: Herrlein/Kandelhard Mietrecht § 577 Rdn. 8, 9: danach können bereits formlose Absprachen zwischen den Parteien des Kaufvertrags für die Annahme einer Umwandlungsabsicht ausreichen.

[21] BGH (V ZR 96/12) NJW 2014, 850 m. Anm.*Blank* LMK 2014, 355579; BGH (VIII ZR 143/15) NJW 2017, 156 m. Anm. *Klühs* NZM 2016, 812; BGH (VIII ZR 70/16) WuM 2017, 36.

[22] Vgl. auch BGH (VIII ZR 61/15) NZM 2016, 543 Rn. 58 m. Anm. *Klühs* NZM 2016, 812.

[23] BGH (VIII ZR 143/15 NJW 2017, 156 Rn. 33 m. Anm. *Klühs* NZM 2016, 812; BGH (VIII ZR 70/16) WuM 2017, 36.

sellschafter begründet, so ist § 577 BGB unanwendbar, weil die Vorschrift nach ihrem Wortlaut eine Veränderung in der Person des Eigentümers voraussetzt.[24] Der hiervon abw. frühere Rechtsentscheid des BayObLG vom 24.11.1981[25] ist gegenstandslos. In der Literatur wird für diese Fälle z. T. auch die analoge Anwendung des § 577 BGB vorgeschlagen.[26] Der BGH hat eine Analogie in dem vergleichbaren Fall des § 577a BGB abgelehnt.[27] Dies dürfte auch für das vom OLG Karlsruhe in dem RE v. 10.7.1992, behandelte „Erwerbermodell" gelten: jedem Miteigentümer war durch Vertrag eine bestimmte Wohnung zur ausschließlichen Nutzung zugewiesen; diese Nutzungsregelung sowie der dauernde Ausschluss des Aufhebungsverlangens nach § 1010 BGB war im Grundbuch eingetragen; im Kaufvertrag war vereinbart, dass innerhalb von drei Jahren Wohnungseigentum nach § 3 WEG gebildet werden soll; für die einzelnen Wohnungen lag bereits beim Abschluss des Kaufvertrags eine Abgeschlossenheitsbescheinigung vor.[28] Auch in diesem Fall ist § 577 BGB unanwendbar.

20a Das sog. **„Kellermodell"** wird vom Wortlaut des Tatbestandes ebenfalls nicht umfasst: Nach diesem Vermarktungsmodell wird lediglich an den jeweiligen Kellerräumen Sondereigentum begründet. Die jeweiligen Wohnungen bleiben Gemeinschaftseigentum, jedoch ist in der Teilungserklärung bestimmt, dass mit dem Eigentum am jeweiligen Keller ein Sondernutzungsrecht an einer bestimmten Wohnung verbunden sein soll. Wird das Kellereigentum in der Folgezeit veräußert, so erwirbt der jeweilige Erwerber mit dem Eigentum am Keller das Recht, die dazu gehörende Wohnung zu nutzen. Eigentümer der Wohnung ist aber nicht er, sondern die Gemeinschaft der Kellereigentümer. Auf dieses „Modell" muss § 577 BGB entsprechend angewendet werden, weil es keinen wesentlichen Unterschied bedeutet, ob eine „Wohnung mit Keller" oder ein „Keller mit Wohnung" verkauft wird.

21 **d) Teilung ohne Verkauf.** Die Kündigungssperrfrist tritt immer dann ein, wenn die Wohnung „veräußert" wird; das Vorkaufsrecht gilt im Gegensatz hierzu nur im Falle des Verkaufs. Hieraus folgt, dass das Vorkaufsrecht ausgeschlossen ist, wenn ein im gemeinschaftlichen Eigentum stehendes Grundstück gem § 8 WEG in Wohnungseigentum aufgeteilt und das Wohnungseigentum sodann den einzelnen Mitglieder der Gemeinschaft übertragen wird; in diesem Fall wird die Wohnung nicht verkauft.[29] Das Vorkaufsrecht kann allerdings geltend gemacht werden, wenn die Wohnungen von den Eigentümern weiterverkauft werden. Dieselbe Rechtsfolge gilt, wenn ein Grundstück als ganzes an eine Bruchteilsgemeinschaft veräußert wird, die sodann nach § 3 WEG Sondereigentum begründet; auch hier entsteht das Vorkaufsrecht erst im Fall des Weiterverkaufs.

3. Der Eintritt des Vorkaufsfalls

22 **a) Der Verkauf an beliebige Dritte. Dritter** ist jeder, der nicht zu dem privilegierten Personenkreis (unten Rdn. 25) gehört. Der Verkauf an eine Person, die bereits Mitglied der Wohnungseigentümergemeinschaft ist, bildet hiervon keine Ausnahme.[30] Wird ein im Eigentum einer juristischen Person stehende Wohnung an einen Gesellschafter verkauft, so ist der Erwerber „Dritter". Dies gilt auch im Verhältnis einer GmbH zu deren Alleingesellschafter.

23 Der Vorkaufsfall tritt ein, wenn der **Kaufvertrag** wirksam zustande gekommen ist (§ 463 BGB). Dies ist erst der Fall, wenn alle für die Wirksamkeit des Vertrags erforderlichen Genehmigungen vorliegen. Bis zu diesem Zeitpunkt können Verkäufer und Käufer den Kaufvertrag willkürlich aufheben; der Vorkaufsberechtigte hat keinen Anspruch auf den Eintritt des Vorkaufsfalls. Liegt jedoch ein wirksamer Kaufvertrag vor, so kann das Vorkaufsrecht ausgeübt werden. Dies gilt auch dann, wenn ein wirksamer Kaufvertrag vor Ausübung des Vorkaufsrechts aufgehoben wird.[31] Kaufgegen-

---

[24] BGHZ 126, 357 = NJW 1994, 2542 = WuM 1994, 452 = ZMR 1994, 554; ebenso: KG RE v. 26.3.1987, WuM 1987, 138 = ZMR 1987, 216 = NJW-RR 1987, 847 für den vergleichbaren Fall des § 11 des XII. BMG; BGH (VIII ZR 231/08) NJW 2009, 2738 = WuM 2009, 519 = ZMR 2010, 99; AG Heidelberg WuM 1976, 15.

[25] BayObLG NJW 1982, 451 = WuM 1982, 46 = ZMR 1982, 88 = DWW 1982, 119.

[26] *Schmid* WuM 1982, 34; *Karl* ZMR 1991, 288; *Lechner* WuM 1982, 36; *Schläger* ZMR 1987, 241.

[27] BGH NJW 2009, 2738 = WuM 2009, 519 = NZM 2009, 613 = ZMR 2010, 99, sog. „Münchener Modell", s. § 577a BGB Rdn. 13.

[28] OLG Karlsruhe WuM 1992, 519.

[29] *Blank* WuM 1993, 573, 578; *Maciejewski* MM 1994, 137; *Sternel* Mietrecht aktuell (2009) Rdn. XI 267; *Lammel* § 577 BGB Rdn. 25; *Rolfs* in Staudinger § 577 BGB Rdn. 32.

[30] *Wirth* NZM 1998, 390, 393.

[31] BGH (V ZR 173/09) NJW 2010, 3774 = WuM 2010, 710.

stand muss die Wohnung als solche sein. Steht das Eigentum an der Wohnung mehreren gemeinsam zu und wird der Bruchteil eines Miteigentümers an einen anderen Mitberechtigten übertragen, so ist kein Vorkaufsfall gegeben.[32]

Verkäufer ist i. d. R. der Vermieter; allerdings tritt der Vorkaufsfall auch dann ein, wenn der Verkauf durch einen Eigentümer erfolgt, der nicht zugleich Vermieter ist.[33] Ist der Verkauf von einer **Zustimmung des Verwalters** (oder anderer Wohnungseigentümer) abhängig, so kann das Vorkaufsrecht erst ausgeübt werden, wenn der Verwalter (oder der/die Wohnungseigentümer) dem Kaufvertrag zugestimmt haben.[34] Spätere Veränderungen lassen das Vorkaufsrecht grundsätzlich unberührt.[35] Dem Vermieter ist es zwar unbenommen mit dem Käufer ein **Rücktrittsrecht** (etwa für den Fall der Ausübung des Vorkaufsrechts) zu vereinbaren. Das Vorkaufsrecht bleibt aber auch dann bestehen, wenn eine der Kaufvertragsparteien von dem Rücktrittsrecht Gebrauch macht.[36] Gleiches gilt, wenn die Kaufvertragsparteien den Kaufvertrag wieder aufheben; der **Aufhebungsvertrag** wirkt nur zwischen den Kaufvertragsparteien, nicht gegenüber dem Mieter.[37] Bei der **Anfechtung** ist zu unterscheiden: Wird die Anfechtung vom Käufer erklärt, so bleibt das Vorkaufsrecht entgegen § 142 BGB unberührt, weil die Annahme der rückwirkenden Vernichtung des Kaufvertrags im Hinblick auf die Belange des Vorkaufsberechtigten einerseits und des Verkäufers andererseits nicht geboten ist.[38] Anders ist es, wenn der Verkäufer zur Anfechtung berechtigt ist: in diesem Fall wird seine Bindung an den Kaufvertrag – und damit das Vorkaufsrecht des Mieters – beseitigt. Beim Erwerb in der **Zwangsversteigerung**[39] oder beim Verkauf durch den **Insolvenzverwalter** kommt das Vorkaufsrecht nicht zum Zuge (§ 471 BGB; s. auch Rdn. 50). Gleiches gilt gem § 470 BGB für **Erbteilskäufe** zwischen künftigen gesetzlichen Erben[40] und für den **Tausch** oder die **Schenkung.** **23a**

Die Vorschrift des § 577 BGB ist aber entsprechend anzuwenden, wenn die Parteien des Veräußerungsvertrags nur deshalb eine bestimmte Vertragsgestaltung wählen (z. B.: Tausch statt Verkauf; Einbringung des Grundstücks in eine Gesellschaft), um das Vorkaufsrecht zu umgehen.[41] **24**

b) Der Verkauf an Familien- oder Haushaltsangehörige. Nach § 577 Abs. 1 Satz 2 BGB ist das Vorkaufsrecht ausgeschlossen, „wenn der Vermieter die Wohnräume an einen Familienangehörigen oder an einen Angehörigen seines Haushalts verkauft". Gleiches gilt, wenn der Verkauf durch einen Eigentümer erfolgt, der nicht zugleich der Vermieter ist; hier muss der Verkauf an einen Familien- oder Haushaltsangehörigen des Eigentümers erfolgen. Das Begriffspaar der Familien- oder Haushaltsangehörigen ist der Regelung in § 573 Abs. 2 Nr. 2 Satz 1 BGB nachgebildet. Dieser Umstand spricht dafür, dass die Begriffe in beiden Vorschriften gleich auszulegen sind. Auch der Sinn und Zweck des § 577 BGB steht dem nicht entgegen. Es ist sachgerecht, wenn die Angehörigen des Vermieters gegenüber dem Mieter privilegiert werden. Dies gilt sowohl für die Kündigung als auch für den Ausschluss des Vorkaufsrechts, weil die jeweilige Interessenbewertung identisch ist. In der Vorschrift des § 573 Abs. 2 Nr. 2 BGB kommt zum Ausdruck, dass das Interesse des Mieters an der Wohnung geringer bewertet wird als das Interesse bestimmter (privilegierter) Angehöriger des Vermieters. Für § 577 BGB gilt das gleiche: das Vorkaufsrecht gilt nicht, wenn ein privilegierter Angehöriger die Wohnung erwerben will; ist der Angehörige nicht privilegiert, weil er nur entfernt mit dem Vermieter verwandt ist (s. § 573 BGB Rdn. 54), so ist das Erwerbsinteresse des Mieters vorrangig. Ein Ausschluss des Vorkaufsrechts beim Verkauf an einen Haushaltsangehörigen i. S. d. § 573 BGB ist ebenfalls sachgerecht. Zwar ist nicht zu verkennen, dass zu den Haushaltsangehörigen i. S. d. § 573 BGB auch solche Personen gehören, die dem Vermieter nicht besonders nahestehen, wie beispielsweise Hausgehilfen, Pfleger, Hausmeister oder andere Hilfspersonen. Das Kündigungsrecht besteht in solchen Fällen, weil der Vermieter in die Lage versetzt werden soll, diese Personengruppe in seinem eigenen Interesse mit Wohnraum zu versorgen; dieser Grund rechtfertig auch den **25**

---

32 *Wirth* NZM 1998, 390, 393.

33 *Commichau* NJW 1995, 1010.

34 *Schmidt* DWW 1994, 65, 66.

35 BGH (V ZR 173/09) NJW 2010, 3774 = WuM 2010, 710.

36 BGHZ 67, 395, 397.

37 RGZ 98, 44, 50; BGH (V ZR 173/09) NJW 2010, 3774 = WuM 2010, 710.

38 *H. P. Westermann* in MünchKomm § 504 BGB Rdn. 15; *Rolfs* in Staudinger § 577 BGB Rdn. 35.

39 AG Frankfurt NJW 1995, 1034 m. Anm. *Langhein* Rpfl.1995, 351.

40 **A. A.** *Sternel* Mietrecht aktuell (2009) Rdn. XI 264; *Rolfs* in Staudinger § 577 BGB Rdn. 33; *Hinz* in Dauner-Lieb u. a. Anwaltskommentar § 577 BGB Rdn. 13.

41 OLG Nürnberg NJW-RR 1992, 461; *Rolfs* in Staudinger § 577 BGB Rdn. 32.

Ausschluss des Vorkaufsrechts. Es ist deshalb kein Grund ersichtlich bestimmte Hausstandsangehörige aus dem Bereich des § 577 BGB auszuschließen.[42]

Der Ausschluss des Vorkaufsrechts setzt nicht voraus, dass die jeweiligen Käufer einen Eigennutzungswillen oder einen Wohnbedarf haben.[43] Die gesetzliche Regelung ist in diesem Punkt eindeutig. Anderenfalls hätte eine Bezugnahme auf § 573 BGB nahe gelegen. Diese wurde ursprünglich in Erwägung gezogen,[44] aber nicht in den Gesetzestext übernommen.

25a **c) Kaufähnliche Verträge..** Fraglich ist, ob § 577 analog auf einen Auseinandersetzungsvertrag zwischen den Gesellschaftern einer Personengesellschaft angewandt werden kann. Die Frage stellt sich dann, wenn ein im Eigentum der Gesellschaft stehendes Gebäude gem. § 8 WEG aufgeteilt wird und die Gesellschafter im Anschluss hieran einen notariellen Vertrag schließen, durch den die jeweiligen Wohnungen den einzelnen Gesellschaftern zugewiesen werden. Hier ergibt sich das Problem, ob dem Mieter ein Vorkaufsrecht zusteht, wenn der Mietvertrag vor der Aufteilung abgeschlossen wurde. Eine unmittelbare Anwendung der Vorschrift kommt nicht in Betracht, weil die Auseinadersetzung des Gesellschaftsvermögens nicht in der Form von Kaufverträgen, sondern nach §§ 731 ff BGB erfolgt. Eine analoge Anwendung kommt in Betracht, wenn der Zweck des § 577 diese nahelegt und hinsichtlich des hier fraglichen Sachverhalts eine Regelungslücke besteht. Zweck des § 577 ist es den Mieter vor den Folgen der Umwandlung von Miet- in Eigentumswohnungen, insbesondere vor der im Verkaufsfall häufigen Kündigung nach § 573 Abs. 2 Nr. 2 BGB durch den Erwerber zu schützen (s. Rdn. 2).

25b Nach der Rechtsprechung des BGH ist hinsichtlich der Kündigungsgefahr zwischen der GbR und der Personenhandelsgesellschaft zu unterscheiden. Eine GbR ist generell wie eine Vermietermehrheit zu behandeln.[45] Zur Begründung führt der BGH im Wesentlichen aus, es sei nicht gerechtfertigt, „Gesellschafter einer bürgerlich-rechtlichen Gesellschaft (in Bezug auf das Kündigungsrecht) schlechter zu stellen als Mitglieder einer einfachen Vermietermehrheit". Daraus folgt, dass sich die Kündigungsgefahr durch die Auseinadersetzung nicht erhöht. Vor der Auseinandersetzung hätte die Gesellschaft wegen des Bedarfs eines Gesellschafter kündigen können; nach der Auseinandersetzung steht das Recht dem früheren Gesellschafter und jetzigem Alleineigentümer zu.

25c Für eine Personenhandelsgesellschaft gilt nach Auffassung des BGH etwas anderes. Hier ist die Kündigung zugunsten eines Gesellschafters ausgeschlossen.[46] Die Gründung einer KG oder einer OHG setze regelmäßig „eine umfangreiche organisatorische und rechtsgeschäftliche Tätigkeit bis hin zur Eintragung in das Handelsregister voraus". Der Entschluss hierzu beruhe regelmäßig „auf einer bewussten Entscheidung aufgrund wirtschaftlicher, steuerrechtlicher und/oder haftungsrechtlicher Überlegungen. Dies rechtfertige eine unterschiedliche Behandlung. Daraus folgt, dass die Kündigungsgefahr bei der Auseinandersetzung einer Personenhandelsgesellschaft wächst. Vor der Auseinadersetzung ist die Kündigung wegen eines Gesellschafterbedarfs nicht möglich. Nach der Auseinandersetzung könnte der frühere Gesellschafter und jetzigem Alleineigentümer kündigen.

25d Gleichwohl scheidet eine entsprechende Anwendung des § 577 aus, weil das Vorkaufsrecht voraussetzt, dass sich das Entgelt aus dem Veräußerungsvertrag ergibt; das ist bei den Auseinandersetzungsverträgen regelmäßig nicht der Fall. Anders ist es, wenn die Aufteilung in kaufähnlicher Form erfolgt. Hiervon ist auszugehen, wenn die Gesellschafter wechselseitige Ausgleichszahlungen auf der Basis der jeweiligen Verkehrswerte vereinbaren.[47]

25e **d) Schenkung.** Auf den Eigentumsübergang im Wege der Schenkung ist § 577 Abs. 1 Satz 2 weder unmittelbar noch analog anwendbar. Bei der betreffenden Vorschrift handelt es sich um

---

[42] So aber *Schilling,* Neues Mietrecht S. 92, für künftig aufzunehmende Hilfspersonen.

[43] *Bub* NJW 1993, 2897, 2902; *Wirth* NZM 1998, 390, 394; *Drettmann* in Bub/Treier Kap. II Rdn. 2699; *Rolfs* in Staudinger § 577 BGB Rdn. 49; *Hannappel* in Bamberger/Roth § 577 BGB Rdn. 15; *Kandelhard* in Herrlein/Kandelhard § 577 BGB Rdn. 11; *Häublein* in MünchKomm § 577 BGB Rdn. 14; *Hinz* in Dauner-Lieb u. a. Anwaltskommentar § 577 BGB Rdn. 19; *Lützenkirchen* in: Erman § 577 Rdn. 7: *Lammel* § 577 BGB Rdn. 29; *Palandt/Weidenkaff* § 577 BGB, Rdn. 5.

[44] Stellungnahme des Bundesrats, BT-Drucks.12/3254,S. 28, 39.

[45] BGH NJW 2007, 2845 = NZM 2007, 679 = WuM 2007, 579; NJW 2009, 2738 = NZM 2009, 613 = WuM 2009, 519.

[46] BGH (VIII ZR 210/10) NJW 2011, 993 = WuM 2011, 113 = ZMR 2011, 371 m. Anmerkung *Wiek* WuM 2011, 146 und Anm. *Eisenschmid* LMK 2011, 316147.

[47] S. dazu AG München WuM 2013, 680 m. Anm. Bühler.

eine eng auszulegende Ausnahmeregelung; eine planwidrige Regelungslücke besteht nicht.[48] Gleiches gilt für eine Veräußerung an einen Angehörigen zu einem lediglich symbolischen Kaufpreis. Wird die Wohnung in der Folgezeit vom Beschenkten an einen Dritten weiterveräußert, so steht dem Mieter das Vorkaufsrecht zu.[49]

4. Der Vorkaufsberechtigte

a) der Mieter. Vorkaufsberechtigt ist derjenige, der vor der Umwandlung Mieter war und im Zeitpunkt des Verkaufs noch Mieter ist (Ausnahme s. Rdn. 64). Maßgeblich für den **Zeitpunkt der Umwandlung** ist die Anlegung des Wohnungsgrundbuchs.[50] Maßgeblich für den **Zeitpunkt des Verkaufs** ist die Protokollierung des Kaufvertrags. Wer die Wohnung erst nach der Umwandlung, d. h. nach der Anlegung des Wohnungsgrundbuchs gemietet hat, besitzt kein Vorkaufsrecht. Umgekehrt ist das Vorkaufsrecht nicht deshalb ausgeschlossen, weil der Mieter beim Abschluss des Mietvertrags und vor der Überlassung der Wohnung von der Umwandlungsabsicht Kenntnis gehabt hat.[51] 26

Die **Mieterstellung zum Zeitpunkt des Verkaufs** setzt voraus, dass beim Abschluss des Kaufvertrags ein Mietvertrag besteht. Es ist nicht erforderlich, dass der Mieter bereits im Besitz der Wohnung ist oder dass er diese noch in Besitz hat.[52] Beim **gekündigten Mietverhältnis** endet der Mietvertrag mit dem Ablauf der Kündigungsfrist. Ein **befristeter Mietvertrag** endet mit dem Ablauf der Mietzeit. Ein Mietvertrag besteht auch dann, wenn das Mietverhältnis nach wirksamer Kündigung vom Gericht nach **§ 574, 574a BGB** fortgesetzt worden ist;[53] das Gericht kann in einem solchen Fall auch nicht nach § 574a Abs. 1 Satz 2 BGB bestimmen, dass die Ausübung des Vorkaufsrechts während der Verlängerungszeit ausgeschlossen sein soll, weil es sich bei § 577 BGB um zwingendes Recht handelt. Mieter ist auch derjenige, dessen Mietverhältnis nach **§ 545 BGB** verlängert worden ist.[54] Dabei spielt es keine Rolle, ob die Verlängerung nach § 545 BGB während der hier maßgeblichen Zeitpunkte (Anlegung des Wohnungsgrundbuches/Abschluss des Kaufvertrags) bereits eingetreten war. Maßgeblich ist nur, dass das Mietverhältnis in der Folgezeit verlängert wird. Dies folgt aus der Erwägung, dass beim Vorliegen der in § 545 BGB bestimmten Voraussetzungen eine Verlängerung des Mietverhältnisses eintritt; in diesem Fall ist der Vorkaufsberechtigte unbeschadet des zwischenzeitlichen Ablaufs der Mietzeit als „Mieter" anzusehen (zur Mietereigenschaft bei der Ausübung des Vorkaufsrechts s. Rdn. 63). Kein Verkaufsrecht erwirbt dagegen der Nutzungsberechtigte, der die Räume aufgrund einer Räumungsfrist (§§ 721, 794a ZPO) oder auf Grund der Gewährung von Vollstreckungsschutz (§ 765a ZPO) in Besitz hat. 27

Diese Grundsätze gelten unabhängig davon, ob die Kündigung vom Vermieter oder vom Mieter ausgesprochen wurde oder ob die Beendigung auf Grund eines Mietaufhebungsvertrags eingetreten ist. Maßgeblich ist immer nur, dass zum Zeitpunkt des Verkaufs das Mietverhältnis noch nicht beendet ist.[55] Demgegenüber wird allerdings auch vertreten, dass bei der Kündigung durch den Mieter zu differenzieren sei: Kündigt der Mieter in Kenntnis der bevorstehenden oder erfolgten Umwandlung, so soll das Vorkaufsrecht nicht zur Entstehung gelangen; anders soll es sein, wenn der Mieter das Mietverhältnis in Unkenntnis seiner Rechte aus § 577 BGB gekündigt hat.[56] Diese Ansicht findet im Gesetz keine Stütze.[57] 28

b) Der Rechtsnachfolger des Mieters (Abs. 4). Nach § 472 BGB ist das Vorkaufsrecht nicht übertragbar; der Mieter kann das Vorkaufsrecht deshalb nur selbst ausüben und auch nur Eigentumsübertragung auf sich selbst verlangen. An einer Weiterveräußerung der Wohnung ist der Mie- 29

---

[48] BGH (VIII ZR 51/14) NJW 2015, 1516 Rz 17 m. Anm. *Bühler* WuM 2015, 245 und Anm. *Fervers* ZMR 2015, 609. sowie Anm. *Bruns* ZMR 2015, 529.

[49] BGH a. a. O. Rz. 18.

[50] AG Frankfurt NJW 1995, 1034; *Rolfs* in Staudinger § 577 BGB Rdn. 17; *Lammel* § 577 BGB Rdn. 15; *Lützenkirchen* in: Erman § 577 Rdn. 3; *Drasdo* in: Bub/Treier Kap VII Rdn. 290; **a. A.** *Commichau* NJW 1995, 1010 und *Heintz* Rdn 126ff., wonach das Vorkaufsrecht nicht besteht, wenn die Wohnung dem Mieter nach der notariellen Bekundung der Teilungserklärung und vor Anlegung der Wohnungsgrundbücher überlassen wird.

[51] AG Frankfurt NJW 1995, 1034; **a. A.** *Commichau* NJW 1995, 1010.

[52] LG Köln NJW-RR 1995, 1354 betr. getrennt lebenden Mieter.

[53] *Rolfs* in Staudinger § 577 BGB Rdn. 41.

[54] *Rolfs* a. a. O.; *Schilling,* Neues Mietrecht 1993, S. 91.

[55] *Rolfs* a. a. O.; *Wirth* NZM 1998, 390, 391.

[56] So *Commichau* NJW 1995, 1010.

[57] So zutreffend: *Wirth* NZM 1998, 390, 391.

ter allerdings nicht gehindert. In § 473 BGB ist weiter geregelt, dass das Vorkaufsrecht nicht vererblich ist. Nach § 577 Abs. 4 BGB geht das Vorkaufsrecht beim Tod des Mieters allerdings „auf diejenigen über, die in das Mietverhältnis nach § 563 Abs. 1 oder 2 eintreten." Dies hat folgende Konsequenzen:

30 **(1) Stirbt der Mieter vor der Begründung von Wohnungseigentum,** so treten der Ehegatte oder der Lebenspartner in das Mietverhältnis ein (§ 563 Abs. 1 BGB). Leben in dem gemeinsamen Haushalt Kinder des Mieters, treten diese mit dem Tod des Mieters in das Mietverhältnis ein, wenn nicht der Ehegatte eintritt. Der Eintritt des Lebenspartners bleibt vom Eintritt der Kinder des Mieters unberührt. Andere Familienangehörige, die mit dem Mieter einen gemeinsamen Haushalt führen, treten mit dem Tod des Mieters in das Mietverhältnis ein, wenn nicht der Ehegatte oder der Lebenspartner eintritt. Dasselbe gilt für Personen, die mit dem Mieter einen auf Dauer angelegten gemeinsamen Haushalt führen (§ 563 Abs. 2 BGB). Sind mehrere Personen i. S. d. § 563 BGB gemeinsam Mieter, so wird das Mietverhältnis beim Tod eines Mieters mit den überlebenden Mietern fortgesetzt (§ 563a BGB). Treten beim Tod des Mieters keine Personen i. S. d. § 563 BGB in das Mietverhältnis ein oder wird es nicht mit ihnen nach § 563a BGB fortgesetzt, so wird es mit dem Erben fortgesetzt. Wird die Mietwohnung anschließend in Wohnungseigentum umgewandelt und veräußert, so kann derjenige Mieter das Vorkaufsrecht geltend machen, der im Zeitpunkt der Umwandlung Mieter gewesen ist. Es kommt in diesem Fall nicht darauf an, ob der Betreffende die Mieterstellung nach §§ 563, 563a BGB oder durch Erbfolge erworben hat.

31 **(2) Stirbt der Mieter nach der Begründung von Wohnungseigentum,** so treten entweder die Sonderrechtsnachfolger nach § 563 Abs. 1 und 2 BGB oder der Erbe in ein Mietverhältnis über eine Eigentumswohnung ein. Der Erbe kann das Vorkaufsrecht nicht geltend machen,[58] weil der Verstorbene zwar den Mietbesitz, nicht aber sein Recht aus § 577 BGB vererben kann. Der Erbe als Rechtsnachfolger wird in diesem Fall nicht anders behandelt, als hätte er selbst eine Eigentumswohnung gemietet. Die Sonderrechtsnachfolger nach § 563 Abs. 1 und 2 BGB können dagegen auf Grund der Regelung in § 577 Abs. 4 BGB das Vorkaufsrecht geltend machen.[59] Gleiches gilt im Falle des § 563a BGB, wenn der Überlebende bereits im Zeitpunkt der Umwandlung Mieter gewesen ist.

32 **c) Untermiete (§ 540 BGB).** Bei gewöhnlichen Untermietverhältnissen steht das Vorkaufsrecht dem Hauptmieter zu, wenn das zwischen ihm und dem Vermieter bestehende Vertragsverhältnis als Wohnraummietverhältnis zu bewerten ist. Dies ist dann der Fall, wenn der Hauptmieter die Räume zur Deckung seines eigenen Wohnbedarfs angemietet hat. Maßgeblich hierfür ist der vereinbarte Vertragszweck. An dieser Bewertung ändert sich nichts, wenn der Hauptmieter nicht mehr in den Räumen wohnt oder wenn er – vertragswidrig – die Räume zu keinem Zeitpunkt selbst bewohnt hat.

33 Besteht der Vertragszweck des Hauptmietverhältnisses dagegen in der Weitervermietung, so liegt im Verhältnis des Vermieters zum Hauptmieter ein gewerbliches Mietverhältnis vor. Aus diesem Grunde hat der Hauptmieter kein Vorkaufsrecht. Der Untermieter kann das Vorkaufsrecht ebenfalls nicht ausüben, weil dieser im Verhältnis zum Hauptvermieter nicht „Mieter" sondern „Dritter" ist (vgl. §§ 540, 546 Abs. 2 BGB).

34 Wird die Wohnung vom Hauptvermieter (Eigentümer) an den Untermieter veräußert, so hat dies auf das zwischen dem Hauptmieter und dem Untermieter (und nunmehrigem Eigentümer) bestehenden Mietvertrag keinen Einfluss. Der Untermieter kann das Mietverhältnis allerdings kündigen, wobei als Kündigungsgrund i. d. R. der Wegfall der Geschäftsgrundlage in Betracht kommt. Dies folgt aus der Erwägung, dass die Parteien des Untermietverhältnisses bei vernünftiger und redlicher Vertragsgestaltung eine Auflösung des Mietverhältnisses für den Fall des vorhergesehenen Wechsels der Eigentumsverhältnisse vereinbart hätten.

35 **d) Zwischenvermietung (§ 565 BGB).** Die gewerbliche Weitervermietung i. S. v. § 565 BGB ist ebenfalls als Untermiete zu bewerten, deren Besonderheit darin besteht, dass der Untermieter in ähnlicher Weise wie ein Hauptmieter geschützt ist. Wegen dieses besonderen Schutzzwecks ist es gerechtfertigt, wenn der Untermieter (Wohnungsnutzer) auch im Falle der Veräuße-

---

[58] *Rolfs* in Staudinger § 577 BGB Rdn. 74.
[59] *Sternel* Mietrecht aktuell (2009) Rdn. XI 270.

rung der Eigentumswohnung einem Hauptmieter gleichgestellt wird. Deshalb ist der Untermieter, der die Wohnung selbst nutzt, hier wie ein Hauptmieter zu behandeln, mit der Folge, dass ihm das Vorkaufsrecht zusteht.[60]

Wird das Vorkaufsrecht ausgeübt, so entsteht zwischen dem gewerblichen Zwischenvermieter und dem Wohnungsnutzer das unter Rdn. 33 beschriebene Vertragsverhältnis, das durch Kündigung wegen Wegfalls der Geschäftsgrundlage gelöst werden kann.[61] **36**

IV. Die Mitteilungspflicht des Vermieters (Verkäufers)

Für das vertragliche Vorkaufsrecht ist in § 469 Abs. 1 BGB bestimmt, dass der Verkäufer verpflichtet ist, dem Vorkaufsberechtigten den Inhalt des Kaufvertrags mitzuteilen; die **Mitteilung** des Verkäufers wird durch die Mitteilung des Dritten (des Käufers) ersetzt. Eine Verpflichtung zur Mitteilung obliegt lediglich dem Vermieter; dessen Verpflichtung gilt als erfüllt, wenn der Käufer den Mieter über den Inhalt des Kaufvertrags informiert. Es genügt nicht, wenn dem Mieter lediglich die Tatsache des Kaufs und der Kaufpreis mitgeteilt wird. Vielmehr muss der Mieter über den gesamten Inhalt des Kaufvertrags in Kenntnis gesetzt werden; dies erfordert regelmäßig die Übersendung einer Abschrift des Kaufvertrags. Die Mitteilung ist keine Willens- sondern eine Wissenserklärung. Sie ist formlos möglich[62] und an keine Frist gebunden. Werden mehrere Wohnungen en bloc zu einem Gesamtpreis verkauft, so ist der Vermieter nicht verpflichtet, den Mieter über den Einzelpreis zu informieren. Der Einzelpreis ist nach § 467 BGB zu ermitteln.[63] **37**

In § 577 Abs. 2 BGB ist außerdem geregelt, dass die jeweilige Mitteilung „mit einer **Unterrichtung** des Mieters über sein Vorkaufsrecht zu verbinden" ist. Aus dem Begriff „zu verbinden" kann nicht entnommen werden, dass die Mitteilung und die Belehrung in einem einzigen Schreiben erfolgen müsste.[64] Es genügt, wenn ein zeitlicher Zusammenhang gewahrt ist;[65] die Frist beginnt dann, wenn dem Mieter sowohl die Mitteilung als auch die Unterrichtung vorliegen. **38**

Die Unterrichtungspflicht **(Belehrungspflicht)** über das Vorkaufsrecht obliegt dem jeweiligen Informanten. Der bloße Hinweis auf die Gesetzesbestimmung des § 577 BGB genügt nicht.[66] Der Mieter muss auf Grund der Mitteilung erkennen können, dass er ein Vorkaufsrecht hat und wie er es ausüben kann. In der Erklärung muss zumindest der **Adressat** der Ausübungserklärung und die hierfür maßgebliche **Frist** ersichtlich sein. Ist im Grundbuch eine **Veräußerungsbeschränkung** eingetragen, so hängt das Zustandekommen des Kaufvertrags nach der hier vertretenen Auffassung davon ab, dass der Verwalter hierzu seine Zustimmung erteilt (s. Rdn. 23a); folgerichtig soll der Mieter auch auf diesen Gesichtspunkt hingewiesen werden.[67] Teilweise wird die Ansicht vertreten, dass der Mieter auch über die **Rechtsfolgen** der Ausübung des Vorkaufsrechts belehrt werden müsse; danach muss die Mitteilung den Hinweis enthalten, dass durch die Ausübung des Vorkaufsrechts ein Kaufvertrag über die Wohnung zustande kommt.[68] **39**

Entspricht die Mitteilung nicht den Anforderungen des § 577 BGB, so beginnt die Ausübungsfrist nicht zu laufen. Eine Ausnahme gilt, wenn lediglich die Information über das Erfordernis der Verwalterzustimmung fehlt, weil zwar die Wirksamkeit des Kaufvertrags, nicht aber die Wirksamkeit der Ausübung des Vorkaufsrechts vom Vorliegen der Zustimmung abhängt. **40**

Wird der Kaufvertrag in der Folgezeit abgeändert, so muss dem Mieter der Inhalt des geänderten Kaufvertrags mitgeteilt werden;[69] außerdem ist er erneut über sein Vorkaufsrecht zu unterrichten. Die Frist zur Ausübung des Vorkaufsrechts beginnt mit dem Zugang dieser Mitteilung. **41**

---

[60] Ebenso: *Drettmann* in Bub/Treier Kap. II Rdn. 2717; *Rolfs* in Staudinger § 577 BGB Rdn. 13; *Häublein* in MünchKomm § 577 BGB Rdn 3; *Lützenkirchen* in: Erman § 577 Rdn. 2; **a. A.** *Hinz* in Dauner-Lieb u. a. Anwaltskommentar § 577 BGB Rdn. 7.

[61] *Rolfs* in Staudinger § 577 BGB Rdn. 15.

[62] BGH LM § 510 BGB Nr. 3.

[63] OLG Celle WuM 2008, 292, 294.

[64] *Sternel* Mietrecht aktuell (2009) Rdn. XI 275.

[65] *Rolfs* in Staudinger § 577 BGB Rdn. 59; *Hinz* in Dauner-Lieb u. a. Anwaltskommentar § 577 BGB Rdn. 27.

[66] *Heintz* Rdn 393; *Häublein* in MünchKomm § 577 BGB Rdn. 18; *Rolfs* in Staudinger § 577 BGB Rdn. 58; *Hinz* in Dauner-Lieb u. a. Anwaltskommentar § 577 BGB Rdn. 26; **a. A.** *Langhein* DNotZ 1993, 650, 657; *Lammel* § 577 BGB Rdn. 37.

[67] Ebenso: *Schmidt* DWW 1994, 65.

[68] *Schilling,* Neues Mietrecht S. 94; **a. A.** zu Recht *Schmidt* DWW 1994, 69; *Häublein* in MünchKomm § 577 BGB Rdn 18.

[69] OLG Karlsruhe WuM 1996, 325.

42 Bei **mehreren Vorkaufsberechtigten** muss die Mitteilung allen Berechtigten gegenüber erfolgen und zugehen.[70] Die Miteilung kann erst erfolgen, wenn der Kaufvertrag rechtswirksam zustande gekommen ist. Erfolgt die Mitteilung vor diesem Zeitpunkt (etwa weil die Verwalterzustimmung erst später erteilt worden ist), so muss die Mitteilung wiederholt werden; anderenfalls beginnt die Frist für die Ausübung des Vorkaufsrechts nicht zu laufen.[71]

43 Ergänzend zu § 577 BGB bestimmt § 20 BeurkundungsG, dass der Notar auf das gesetzliche Vorkaufsrecht hinweisen soll, wenn er davon Kenntnis hat, dass eine umgewandelte oder umzuwandelnde Eigentumswohnung verkauft wird. Man wird diese Bestimmung ergänzend dahingehend auslegen müssen, dass sich der Hinweis auch auf die Notwendigkeit der Unterrichtung des Mieters erstrecken soll. Eine Mitteilungspflicht besteht nicht, wenn kein Vorkaufsfall gegeben ist, etwa weil die Wohnung an einen Angehörigen verkauft worden ist.

44 In manchen Fällen wird der Mieter sein Vorkaufsrecht nur dann ausüben wollen, wenn der Käufer eine Eigennutzungsabsicht besitzt. Nach der gesetzlichen Regelung hat der Mieter allerdings keinen Anspruch auf Auskünfte über den Erwerbszweck.

45 Die Nichterfüllung oder die **unvollständige Erfüllung der Mitteilungspflicht** stellt eine Pflichtverletzung dar, die den Mieter zum **Schadensersatz** berechtigt. Für eine Verletzung der Informationspflicht durch den Notar hat der Vermieter einzustehen (§ 278 BGB).[72] Ein Schaden ist insbesondere dann zu bejahen, wenn der Vermieter den Kaufvertrag gegenüber dem Käufer erfüllt und dieser das Mietverhältnis kündigt. Der Mieter muss – wie allgemein – die Kausalität zwischen dem schädigenden Ereignis (der Nichterfüllung der Mitteilungspflicht) und dem Schaden (den durch den Verlust der Wohnung eingetretenen Vermögensnachteil) beweisen. Hierzu gehört der Nachweis, dass der Mieter bei ordnungsgemäßer Erfüllung der Mitteilungspflicht von seinem Vorkaufsrecht Gebrauch gemacht hätte. Hieran sind keine strengen Anforderungen zu stellen. Es spricht eine Vermutung für „aufklärungsrichtiges" Verhalten.[73] Kann der Mieter nachweisen, dass er ein ernsthaftes Interesse am Erwerb der Wohnung hatte und dass er hierzu auf Grund seiner finanziellen Situation auch in der Lage gewesen wäre, so spricht der Anschein für den Mieter. Es ist dann Sache des Vermieters, diesen Anschein zu widerlegen.

45a Hinsichtlich der **Schadensberechnung** gilt folgendes **(1)** Die Frist für die Ausübung des Vorkaufsrechts beginnt erst mit der Mitteilung des Inhalts des mit dem Dritten abgeschlossenen Kaufvertrags; sie beträgt 2 Monate ab diesem Zeitpunkt. Wird das Vorkaufsrecht ausgeübt, so kommt zwischen dem Mieter und dem Vermieter ein zweiter Kaufvertrag zustande. Erfüllt der Vermieter diesen Vertrag, so entsteht dem Mieter kein Schaden. **(2)** Kann der Vermieter den Vertrag mit dem Mieter nicht erfüllen, so steht dem Mieter ein Schadensersatzanspruch zu. Ein Fall der Nichterfüllung wegen anfänglicher subjektiver Unmöglichkeit liegt in der Regel vor, wenn der Vermieter dem Dritten bereits das Eigentum übertragen hat; eine Ausnahme gilt, wenn der Vermieter geltend macht, dass er gleichwohl zur Erfüllung in der Lage ist. Für die Höhe des Anspruchs ist maßgeblich, in welchem Umfang das Vermögen des Mieters infolge der Vereitelung des Vorkaufsrechts gemindert wurde. Bei diesem Vermögensvergleich ist zum einen die Differenz zwischen dem (höheren) Verkehrswert der Wohnung und dem vom Mieter zu zahlenden (niedrigeren) Kaufpreis zu ermitteln. Zum anderen sind alle Nebenkosten zu berücksichtigen, die der Mieter im Falle der Ausübung des Vorkaufsrechts hätte aufbringen müssen. Hierzu zählen die Notarkosten, die im Kaufvertrag geregelten Maklerkosten, die Grundbuchgebühren, die Grunderwerbsteuer sowie die Finanzierungskosten.[74] Der Umstand, dass die Mietzahlung im Falle eines geglückten Eigentumserwerbs entfällt, spielt bei der Schadensberechnung keine Rolle, weil die jedem Eigentum innewohnende Möglichkeit, die Sache selbst oder durch Vermietung nutzen zu können, in ihrem Verkehrswert bereits enthalten ist; sie kann deshalb nicht zusätzlich neben dem Verkehrswert der Sache als Schadensposition angesetzt werden.[75] **(3)** Der Vermieter hat die Wahl ob er den Vertrag mit dem

---

[70] *Schmidt* DWW 1994, 65, 69; *Rolfs* in Staudinger § 577 BGB Rdn. 55; *Häublein* in MünchKomm § 577 BGB Rdn. 17; *Lammel* § 577 BGB Rdn. 39; *Kossmann* § 120 Rdn. 15; *Palandt/Weidenkaff* § 577 BGB Rdn. 6.

[71] *Schmidt* DWW 1994, 65, 67.

[72] BGH WuM 2003, 281 = ZMR 2003, 409.

[73] BGH (VIII ZR 51/14) NJW 2015, 1516 Rz 32 m. w. N. m. Anm. *Bühler* WuM 2015, 245 und Anm. *Fervers* ZMR 2015, 609; sowie Anm. *Bruns* ZMR 2015, 529.

[74] BGH Urteile vom 21.1.2015 – VIII ZR 51/14, NJW 2015, 1516 Rn. 29f, und vom 6.4.2016 – VIII ZR 143/15, NZM 2016, 540 Rn. 19, 21 m. Anm. Klühs NZM 2016, 812; Beschluss vom 4.10.2016 – VIII ZR 281/15.

[75] BGH Beschluss vom 4.10.2016 – VIII ZR 281/15.

Mieter oder den Vertrag mit dem Dritten erfüllt. Will der Vermieter den Vertrag mit dem Dritten erfüllen, so stehen dem Mieter die unter (2) dargestellten Ansprüche zu. **(4)** Steht fest, dass der Vermieter einen mit dem Mieter geschlossenen Kaufvertrag nicht erfüllen kann oder nicht erfüllen will, so ist der Mieter nicht gehalten ein Vorkaufsrecht auszuüben. Stattdessen kann er den unter (2) dargelegten Anspruch geltend machen.[76] **(5)** Am Ursachenzusammenhang zwischen der Pflichtverletzung des Vermieters und dem Schaden des Mieters kann es fehlen, wenn der Mieter auf Grund seiner finanziellen Verhältnisse nicht in der Lage gewesen wäre, die für den Erwerb der Wohnung erforderlichen Mittel aufzubringen oder zu finanzieren.

Kritik: Die dem Urteil des **BGH vom 21.1.2015 – VIII ZR 51/14 Rz 21ff** (s. oben Rdn. 45a unter Ziff (4)) vertretene Auffassung beruht ersichtlich auf der Erwägung, dass dem Vermieter die Erfüllung des Kaufvertrags mit dem Mieter nach der Übereignung der Wohnung an den Dritten nicht mehr möglich ist. Diese Annahme ist allerdings zweifelhaft, weil Unmöglichkeit erst dann eintritt, wenn feststeht, dass der Dritte zur Rückübertragung des Eigentums an den Vermieter nicht bereit ist.[77] Die Rechtsansicht des BGH hat im Übrigen zur Folge, dass dem Mieter unabhängig von einem tatsächlichen Erwerbsinteresse ein Anspruch auf entgangenen Gewinn (das ist die Differenz zwischen dem Verkehrswert der Wohnung und dem mit dem Dritten vereinbarten Kaufpreis) zusteht; dies ist vom Schutzzweck des § 577 BGB nicht gedeckt. Nach der von Fervers[78] entwickelten Lösung gilt: Übt der Mieter das Vorkaufsrecht aus und kann der Vermieter dem Mieter das Eigentum verschaffen, so hat der Mieter erhalten, was ihm von Rechts wegen zusteht. Der Mieter muss das Risiko tragen, dass er das Eigentum an der Wohnung erhält, obwohl er dies möglicherweise nicht will. Ist die Eigentumsverschaffung nicht möglich, so steht dem Mieter ein Anspruch auf den entgangenen Gewinn nur zu, wenn die Voraussetzungen der §§ 280 Abs. 1, Abs. 3, 283 BGB gegeben sind, also wenn die Unmöglichkeit der Eigentumsverschaffung endgültig feststeht. Dies muss der Mieter darlegen und gegebenenfalls beweisen. Verzichtet der Mieter dagegen auf die Ausübung des Vorkaufsrechts, so entfällt das Risiko eines ungewollten Eigentumserwerbs. Ein entgangener Gewinn steht dem Mieter nur im Ausnahmefall zu, nämlich dann, wenn die Voraussetzungen des § 251 Abs. 1 BGB vorliegen; dies muss der Mieter darlegen und beweisen. 45b

V. Die Ausübung des Vorkaufsrechts (Abs. 3)

Nach § 577 Abs. 3 BGB erfolgt die Ausübung des Vorkaufsrechts durch schriftliche Erklärung des Mieters gegenüber dem Verkäufer. 46

1. Erklärung gegenüber dem Verkäufer

Das Vorkaufsrecht wird durch einseitige, empfangsbedürftige, bedingungsfeindliche Willenserklärung gegenüber dem Vorkaufsverpflichteten ausgeübt. Dies ist der Verkäufer, i. d. R. also (aber nicht notwendigerweise) der Vermieter. Bei **mehreren Verkäufern** muss die Erklärung allen Verkäufern zugehen, falls keine Empfangsvollmachten bestehen. Wird eine unter **Zwangsverwaltung** stehende Wohnung vom Vermieter verkauft, so richtet sich der Eigentumsverschaffungsanspruch des Mieters aus diesem Kaufvertrag nicht gegen den Zwangsverwalter sondern gegen den Vermieter.[79] Demgemäß muss das Vorkaufsrecht gegenüber dem Vermieter geltend gemacht werden. Bei **mehreren Mietern** gilt § 472 BGB: die Mieter müssen das Vorkaufsrecht zusammen ausüben; übt ein Mieter sein Recht nicht aus, so können es die übrigen Mieter alleine ausüben. Gleiches gilt, wenn das Recht eines Mieters erloschen oder verwirkt ist. Von einer Verwirkung ist insbesondere dann auszugehen, wenn einer von mehreren Mietern schon vor längerer Zeit aus der Wohnung ausgezogen ist.[80] Damit ist sichergestellt, dass das Vorkaufsrecht nicht durch das Verhalten einzelner Mieter vereitelt wird. Allerdings müssen die das Vorkaufsrecht ausübenden Mieter klar und eindeutig zum Ausdruck bringen, dass sie das Recht ohne die anderen Berechtigten ausüben. Fehlt es hieran, so ist das Vorkaufsrecht nicht wirksam ausgeübt; der Kaufvertrag kommt also auch nicht mit denjenigen Mietern zustande, die das Recht ausgeübt ha- 47

---

[76] BGH (VIII ZR 51/14) NJW 2015, 1516 Rz 21ff. m. Anm. *Bühler* WuM 2015, 245 **a. A.** *Fervers* ZMR 2015, 609.

[77] So zutreffend *Fervers* ZMR 2015, 610.

[78] A. a. O.

[79] BGH NJW 2009, 1076 = NZM 2009, 151 = WuM 2001, 127 = ZMR 2001, 349 = GE 2009, 260.

[80] OLG München NZM 1999, 797, 798.

ben.[81] Ein **minderjähriger Mieter** benötigt zum Erwerb die Genehmigung des Vormundschaftsgerichts (§ 1821 Abs. 1 Nr. 5 BGB; eventuell gem § 1822 Nr. 10 BGB, wenn er neben anderen Berechtigten als Gesamtschuldner auf den Kaufpreis haftet).

48 Die Ausübungserklärung bedarf nicht der für den Kaufvertrag bestimmten **Form (§ 464 Abs. 1 Satz 2 BGB).** Nach § 577 Abs. 3 BGB ist **Schriftform** erforderlich, aber auch genügend. Einer notariellen Beurkundung bedarf es nicht.[82] Diese Regelung kollidiert mit **§ 311b Abs. 1 BGB,** weil der Mieter durch die Ausübung des Vorkaufsrechts eine Erwerbsverpflichtung eingeht, die nach § 311b Abs. 1 BGB generell beurkundungsbedürftig ist. Durch diese Vorschrift sollen die Parteien des Kaufvertrags von unüberlegten Grundstücksgeschäften abgehalten werden. Deshalb ist der Verzicht auf die Form bereits beim vertraglich vereinbarten Vorkaufsrecht rechtspolitisch fragwürdig; immerhin kann hierfür angeführt werden, dass das Vorkaufsrecht als solches notariell beurkundet werden muss. Beim gesetzlichen Vorkaufsrecht ist dies nicht der Fall. Deshalb müsste hier nach dem Schutzzweck des § 311b Abs. 1 BGB (auch der Käufer soll von übereilten und unüberlegten Grundstücksgeschäften zurückgehalten werden) folgerichtig die Ausübung des Vorkaufsrechts beurkundungspflichtig sein.[83] Der Gesetzgeber hat sich allerdings bewusst gegen die Beurkundungspflicht entschieden und die Ansicht vertreten, dass die Schriftform ausreiche, um den Mieter vor übereilten und unüberlegten Entscheidungen zu schützen.[84] Eine Auslegung gegen den Wortlaut des Gesetzes ist nicht möglich.

49 Das Recht besteht nur für den **ersten Verkauf** nach der Umwandlung nach dem 1.9.1993.[85]

50 Nach § 471 BGB ist das Vorkaufsrecht ausgeschlossen, wenn der **Verkauf im Wege der Zwangsvollstreckung** oder durch den **Insolvenzverwalter** erfolgt. In einem solchen Fall stellt sich die weitere Frage, ob der Mieter das Vorkaufsrecht bei der ersten rechtsgeschäftlichen Veräußerung geltend machen kann. Dies wird vom BGH[86] verneint. Maßgeblich hierfür sei der Zweck des § 471 BGB, der insbesondere das Interesse der Vollstreckungsgläubiger an einer unproblematischen Verwertung der Wohnung schütze. Gegenüber diesem Interesse müsse das Interesse des Mieters an der Ausübung des Vorkaufsrechts zurückstehen

51 Eine vorangegangene **Schenkung** oder ein **Tausch** hindert die Ausübung des Vorkaufsrechts nicht (s. Rdn. 25a).

52 Hat der Mieter im Falle eines Verkaufs sein Vorkaufsrecht nicht ausgeübt, so lebt es auch dann nicht wieder auf, wenn der Verkauf – aus irgendeinem Grund – nicht zu einem Eigentümerwechsel geführt hat.

53 Vereinzelt wird die Annahme vertreten, dass der Mieter ausnahmsweise ein Vorkaufsrecht haben soll, wenn der Erstverkauf vor dem Inkrafttreten des § 570b BGB a. F. (1.9.1993) stattgefunden hat und nach diesem Zeitpunkt ein weiterer Verkauf stattfindet.[87] Dieser Ansicht steht allerdings Art. 6 Abs. 4 des 4. MietRÄndG entgegen, weil danach § 570b BGB a. F. generell unanwendbar ist, wenn der Verkauf vor dem 1.9.1993 erfolgt ist.

54 Werden **mehrere Eigentumswohnungen** in einem Kaufvertrag verkauft, so ist der Mieter hinsichtlich seiner Wohnung zum Vorkauf berechtigt. Es spielt keine Rolle, ob Gegenstand des Kaufvertrags mehrere Eigentumswohnungen sind oder ob ein gesamtes in Wohnungseigentum aufgeteiltes oder noch aufzuteilendes Gebäude veräußert wird. Bei Ausübung des Vorkaufsrechts muss der Mieter einen auf die Wohnung entfallenden verhältnismäßigen Teil des Gesamtpreises entrich-

---

[81] *Schmidt* DWW 1994, 65, 67.

[82] BGHZ 144, 357 = NJW 2000, 2665 = NZM 2000, 858 = WuM 2000, 486 = ZMR 2000, 812 = DWW 2001, 154 = GE 2000, 1026; BGH NJW-RR 2005, 1534 = NZM 2005, 779 = WuM 2005, 660 = GE 2006, 776.

[83] So insbes. *Heintz* Rdn 414, 418; *Wufka* DNotZ 90, 350; ebenso *Schmidt* DWW 94, 65, 66 für § 570b BGB; *Beuermann* GE 1993, 951, 952.

[84] Begründung des Regierungsentwurfs zu § 577 BGB, BT-Drucks.14/4553.

[85] BGH GE 1999, 768 = NJW 1999, 2044 = WuM 1999, 400 = ZMR 1999, 607; LG Oldenburg WuM 1997, 436; AG Frankfurt NJW 1995, 1034; *Schmidt* a. a. O., S. 67; *Beuermann* GE 1993, 951, 953; *Langhein* DNotZ 1993, 650, 662; *Heintz* Rdn 28; *Schilling,* Neues Mietrecht S. 92; *Rolfs* in Staudinger § 577 BGB Rdn. 16 und 31; *Häublein* in MünchKomm § 577 BGB Rdn 13; *Hinz* in Dauner-Lieb u. a. Anwaltskommentar § 577 BGB Rdn. 18; *Drettmann* in Bub/Treier Kap. II Rdn. 2100; *Kossmann* § 120 Rdn. 13; *Lützenkirchen* in: Erman § 577 Rdn. 6; *Hannappel* in Bamberger/Roth § 576 BGB Rdn. 18; *Sternel,* Mietrecht aktuell (2009) Rdn. XI 271; *Palandt/Weidenkaff* § 577 BGB Rdn. 1; *Lammel* § 577 BGB Rdn. 4.

[86] BGH GE 1999, 768 = NJW 1999, 2044 = WuM 1999, 400 = ZMR 1999, 607; **a. A.** AG Frankfurt NJW 1995, 1034.

[87] *Heintz* Rdn 30; wie hier: *Langhein* DNotZ 1993, 650, 662.

ten (§ 467 BGB). Hat ein Eigentümer mehrere Eigentumswohnungen zu einem Gesamtpreis verkauft und mit dem Käufer einen besonders hohen Teilpreis für eine bestimmte Wohnung vereinbart, um einen bestimmten Mieter von der Ausübung seines Vorkaufrechts abzuhalten, so wirkt die Vereinbarung des Teilpreises nicht gegenüber dem Vorkaufsberechtigten.[88] Der Mieter muss in einem solchen Fall nicht den vereinbarten Teilpreis, sondern nur den niedrigeren anteiligen Preis bezahlen. Gleiches gilt, wenn die Kaufvertragsparteien hohe Einzelpreise für die einzelnen Wohnungen vereinbaren und zugleich einen relativ niedrigen Gesamtpreis für das „Wohnungspaket" festlegen.[89] Will der Mieter sein Vorkaufsrecht ausüben, so muss er nicht den (hohen) Einzelpreis, sondern einen (nach § 467 BGB zu bemessenden) Teil des Gesamtpreises bezahlen, der dem Wert seiner Wohnung entspricht. Der anteilige Preis wird entsprechend dem Verhältnis der Gesamtfläche aller verkauften Wohnungen zur Fläche der Wohnung des Mieters bestimmt.[90] Das OLG Karlsruhe[91] stellt in diesem Zusammenhang klar, dass ein dergestalt ausgeübtes Vorkaufsrecht wirksam ist, weil die Beschränkung auf den angemessen Preis keine (unzulässige) Bedingung im Rechtssinne darstellt. Einigen sich die Parteien auf einen Einzelpreis, so geht die Einigung der gesetzlichen Regelung vor.[92]

Die **Unwirksamkeit der Preisvereinbarung** führt nach § 139 BGB zur Gesamtnichtigkeit des Kaufvertrags, wenn nicht anzunehmen ist, dass der Vertrag auch ohne den nichtigen Teil geschlossen worden wäre. Hierfür ist nach allgemeinen Grundsätzen derjenige beweispflichtig, der das teilnichtige Geschäft aufrechterhalten will. Etwas anderes gilt, wenn der Kaufvertrag eine salvatorische Erhaltens- und Ersetzungsklausel enthält. Nach der Rechtsprechung des BGH führt die Klausel zu einer Umkehr der Beweislast.[93] Beweispflichtig für die Gesamtnichtigkeit ist derjenige, der das Geschäft verwerfen will. **55**

Hat der Eigentümer die Wohnung in einem solchen Fall trotz der wirksamen Ausübung des Vorkaufsrechts dem Erwerber übereignet, so ergibt sich der Schadensersatzanspruch des Mieters aus § 281 BGB. Die Höhe des Anspruchs richtet sich nach einem Gesamtvermögensvergleich. Der tatsächlichen Vermögensentwicklung ist die Vermögenssituation bei ordnungsgemäßer Erfüllung gegenüberzustellen. Regelmäßig besteht der Vermögensschaden in der Differenz zwischen dem anteiligen Kaufpreis der Wohnung und dem Verkehrswert.[94] **56**

Ist im Grundbuch eine **Veräußerungsbeschränkung** eingetragen, so ist **§ 12 WEG** zu beachten: Danach kann als Inhalt des Sondereigentums vereinbart werden, dass ein Wohnungseigentümer zur Veräußerung seines Wohnungseigentums der Zustimmung anderer Wohnungseigentümer oder eines Dritten bedarf (§ 12 Abs. 1 WEG). Ist eine solche Vereinbarung getroffen, so ist ein Veräußerungsvertrag unwirksam, solange nicht die erforderliche Zustimmung erteilt ist (§ 12 Abs. 3 Satz 1 WEG). Das Zustimmungserfordernis soll die Eigentümergemeinschaft vor ungeeigneten Erwerbern schützen; deshalb darf die Zustimmung nur versagt werden, wenn ein wichtiger Grund in diesem Sinne vorliegt (§ 12 Abs. 2 Satz 1 WEG). Das Zustimmungserfordernis gilt auch bei Erwerbsvorgängen, die auf gesetzlicher Grundlage beruhen (§ 12 Abs. 3 Satz 2 BGB).; es gilt ebenso bei der Ausübung des Vorkaufsrechts nach § 577 BGB. Hat der Verwalter den ursprünglichen Kaufvertrag genehmigt, so stellt sich die Frage, ob die Genehmigung ohne weiteres für den Zweitvertrag gilt. Dies ist entsprechend dem Schutzzweck des § 12 WEG (Schutz der Gemeinschaft vor ungeeigneten Erwerbern) zu verneinen. Aus diesem Grunde muss der Zweitvertrag erneut genehmigt werden;[95] die Genehmigung muss allerdings weder im Zeitpunkt der Ausübung des Vorkaufsrechts noch bis zum Ablauf der Ausübungsfrist vorliegen. Wird die Genehmigung nach der Ausübung des Vorkaufsrechts erteilt, so kommt der Kaufvertrag zustande. Wird die Zustimmung verweigert, so kann der Mieter lediglich den Vermieter auf Erfüllung des Kaufvertrags in Anspruch nehmen; dieser muss sodann entscheiden, ob er gegenüber dem Verwalter (im Verfahren nach dem WEG) den Zustimmungsanspruch geltend macht. Der Mieter hat gegenüber dem Verwalter keinen **57**

[88] BGH NJW-RR 2005, 1534 = NZM 2005, 779 = WuM 2005, 660 = GE 2006, 776; OLG Karlsruhe WuM 1996, 325.
[89] OLG Düsseldorf WuM 1998, 668.
[90] BGH NJW-RR 2005, 1534 = NZM 2005, 779 = WuM 2005, 660 = GE 2006, 776.
[91] OLG Karlsruhe WuM 1996, 325.
[92] OLG Celle WuM 2008, 292, 294.
[93] BGH NJW 2003, 347 = NZM 2003, 61 = GE 2003, 806; BGH NJW-RR 2005, 1534 = NZM 2005, 779 = WuM 2005, 660 = GE 2006, 776.
[94] BGH NJW-RR 2005, 1534 = NZM 2005, 779 = WuM 2005, 660 = GE 2006, 776.
[95] Ebenso: *Schmidt* DWW 1994, 65, 68.

Anspruch auf Erteilung der Zustimmung. Diese Grundsätze gelten sinngemäß, wenn die Zustimmung nach dem Inhalt der Teilungserklärung von der Wohnungseigentümergemeinschaft, oder von anderen Wohnungseigentümern zu erteilen ist.

58 Die im ursprünglichen Vertrag enthaltenen Regelungen gelten auch für den Zweitvertrag. Eine Ausnahme gilt hinsichtlich solcher Bestimmungen, die wesensgemäß nicht zum Kaufvertrag gehören und sich darin als Fremdkörper darstellen.[96] Ist im Ursprungsvertrag eine **Stundung des Kaufpreises** vereinbart, so gilt § 468 Abs. 2 BGB: die Stundung wirkt zugunsten des Mieters, wenn dieser Sicherheit leistet oder wenn die Bestellung einer Hypothek vereinbart wird. Die **Kosten des Kaufvertrags** sind vom Mieter zu tragen, wenn nach den Vereinbarungen im Kaufvertrag der Käufer zur Tragung der Kosten verpflichtet ist. Hat der Käufer die Kosten bereits bezahlt, so hat er einen Erstattungsanspruch aus § 812 BGB gegen den Mieter, wenn dieser das Vorkaufsrecht ausübt.[97] Hat sich der Käufer im Kaufvertrag zur Zahlung der Maklerprovision verpflichtet, so gilt dieselbe Verpflichtung für den Mieter.[98] Nach der Rechtsprechung des BGH gehören Bestimmungen in Kaufverträgen über die Verteilung der Maklerkosten, die sich nicht im üblichen Rahmen halten, wesensgemäß nicht zum Kaufvertrag und verpflichten daher den Vorkaufsberechtigten nicht.[99] Eine Reduzierung der Maklerprovision auf die Höhe des üblichen Entgelts analog § 655 BGB kommt nicht in Betracht. Dies hat zur weiteren Folge, dass der Vorkaufsberechtigte nicht verpflichtet ist, in einem solchen Fall eine auf die übliche Höhe reduzierte Maklerprovision zu zahlen.[100]

58a Ist der Käufer nach den vertraglichen Vereinbarungen mit dem Verkäufer berechtigt, die Wohnung zum Zwecke der Finanzierung des Kaufpreises mit einem Grundpfandrecht zu belasten, so steht das selbe Recht dem Mieter zu, wenn dieser von seinem Vorkaufsrecht Gebrauch macht. Fehlt eine solche Vereinbarung so trifft den Verkäufer eine aus dem Mietvertrag ableitbare Nebenpflicht zur Bewilligung einer derartigen Belastung, da die Fremdfinanzierung einer Immobilie allgemein üblich ist. Dies gilt auch, wenn der Erstkäufer auf eine **Belastungsvollmacht** verzichtet hat. Der Mieter muss den Anspruch auf die Belastungsvollmacht allerdings so zeitig gegenüber dem Verkäufer geltend machen, dass dieser die Berechtigung des Verlangens prüfen kann.[101]

59 Die Erklärung des Mieters über die Ausübung des Vorkaufsrechts ist unwirksam, wenn dieser offensichtlich seine Verpflichtungen aus dem Kaufvertrag nicht erfüllen kann.[102] Da der Vermieter an der Klärung dieser Frage ein gewichtiges Interesse hat, wird man ihm einen **Auskunftsanspruch gegen den Mieter** aus § 242 BGB zubilligen müssen,[103] den dieser durch Vorlage eines **Kapitalnachweises** zu erfüllen hat.

2. Frist

60 Nach § 469 Abs. 2 BGB kann das Vorkaufsrecht nur bis zum Ablauf von zwei Monaten nach dem Empfang der Mitteilung ausgeübt werden. Diese Frist soll nach dem ausdrücklichen Hinweis in den Beschlussempfehlungen des Rechtsausschusses[104] auch im Rahmen des § 577 BGB gelten. Die Frist beginnt mit dem Zugang der Mitteilung. Dies gilt allerdings nur dann, wenn die Mitteilung zugleich die Unterrichtung über das Vorkaufsrecht enthält. Bei getrennter Information beginnt die Frist, wenn dem Mieter sowohl die Mitteilung als auch die Unterrichtung zugegangen ist. Die Mitteilung und die Unterrichtung müssen den gesetzlichen Vorschriften entsprechen; andernfalls beginnt die Frist nicht zu laufen.[105] Gleiches gilt, wenn – bei mehreren Mietern – die Information nur einem Teil der Mieter zugegangen ist.[106]

61 Die Frist erscheint insbesondere dann zu knapp, wenn der Mieter von der Umwandlung und/oder der Möglichkeit des Vorkaufs keine Kenntnis hatte. In diesem Fall muss der Mieter innerhalb

---

[96] OLG Düsseldorf MDR 1999, 800.

[97] BGH MDR 1960, 1004.

[98] OLG Düsseldorf MDR 1999, 800.

[99] BGH (III ZR 7/06) NZM 2007, 256; BGH (I ZR 5/15) NJW 2016, 3233.

[100] BGH (I ZR 5/15) NJW 2016, 3233.

[101] LG Berlin GE 2016, 533: danach ist die Geltendmachung des Anspruchs verspätet, wenn das Verlangen dem Verkäufer erst 2 Tage vor Ablauf der Ausübungsfrist zugeht.

[102] *Wienicke* WuM 1980, 97.

[103] **A. A.** *Rolfs* in Staudinger § 577 BGB Rdn. 67.

[104] BT-Drucks. 12/5110 S. 19.

[105] *Rolfs* in Staudinger § 577 BGB Rdn. 64; *Franke/Geldmacher* ZMR 1993, 548, 555; *Sternel,* Mietrecht aktuell (2009) Rdn. XI 276.

[106] *Sternel* a. a. O.; **a. M.** *Schmidt* DWW 1994, 65, 69.

von zwei Monaten nicht nur die Angemessenheit des Kaufpreises prüfen, sondern auch die Finanzierung überdenken und planen. Einen Anspruch auf **Verlängerung der Frist** hat der Mieter nicht.

Die **Frist endet** zwei Monate nach Zugang der Mitteilung. Zu diesem Zeitpunkt muss die Erklärung über die Ausübung des Vorkaufsrechts dem Verkäufer (bei mehreren Personen: den Verkäufern) zugegangen sein. Auf den Zeitpunkt der Abgabe der Erklärung kommt es – wie allgemein – nicht an. Der Mieter kann die Erklärung auch früher abgeben, auch vor dem Zugang der Mitteilung. 62

Endet die Ausübungsfrist nach dem **Ende des Mietverhältnisses,** so kann der Mieter das Vorkaufsrecht auch nach dem Ablauf der Mietzeit ausüben.[107] Wird das Vorkaufsrecht innerhalb der Zwei-Monats-Frist geltend gemacht, so wird der Kauf wirksam, wenn das Mietverhältnis in der Folgezeit nach § 545 BGB verlängert wird. Dies folgt aus der Erwägung, dass beim Vorliegen der in § 545 BGB bestimmten Voraussetzungen eine Verlängerung des Mietverhältnisses eintritt; in diesem Fall ist der Vorkaufsberechtigte unbeschadet des Ablaufs der Mietzeit als „Mieter" anzusehen. Tritt hingegen keine Verlängerung des Mietverhältnisses nach § 545 BGB ein (weil eine der Parteien der Gebrauchsfortsetzung widerspricht), so ist eine nach Ablauf der Mietzeit erklärte Ausübung des Vorkaufsrechts unwirksam, weil in diesem Fall der Berechtigte nicht als „Mieter" tätig geworden ist. Beginnt die Ausübungsfrist nach Beendigung der Mietzeit, so kann der Mieter das Vorkaufsrecht bereits vor Ablauf der in § 545 BGB bestimmten Widerspruchsfrist wirksam ausüben. Der Kauf kommt in diesem Fall zustande, wenn das Mietverhältnis nach § 545 BGB verlängert wird. 63

Die Frist für die Ausübung des Vorkaufsrechts wird erneut in Lauf gesetzt, wenn die Parteien den **Kaufvertrag ändern.**[108] Dies kann dann von Bedeutung sein, wenn die Kaufvertragsparteien zunächst einen hohen Kaufpreis vereinbaren, um den Mieter von der Ausübung des Vorkaufsrechts abzuhalten und sodann nach Ablauf der Zwei-Monats-Frist den Kaufpreis reduzieren. Hier muss dem Mieter der Inhalt des geänderten Kaufvertrags mitgeteilt werden; außerdem ist er erneut über sein Vorkaufsrecht zu unterrichten. Die Frist zur Ausübung des Vorkaufsrechts beginnt mit dem Zugang dieser Mitteilung. 64

VI. Der Auflassungsanspruch

Mit der wirksamen Ausübung des Vorkaufsrechts kommt ein Kaufvertrag zwischen dem Verkäufer und dem Mieter zu den Bedingungen des Erstvertrags zustande. Einer notariellen Beurkundung dieses Vertrags bedarf es nicht.[109] Der Erstvertrag bleibt wirksam; eventuelle Ansprüche des Erstkäufers richten sich nach diesem Vertrag und den allgemeinen Vorschriften über die Nichterfüllung. Da die Parteien des Kaufvertrags i. d. R. nicht wissen, ob der Mieter sein Vorkaufsrecht ausübt, empfiehlt es sich für den Verkäufer auf einen vereinbarten Rücktrittsvorbehalt für den Fall der Ausübung des Rechts hinzuwirken. 65

Aus dem Kaufvertrag kann der Mieter auf Übertragung des Eigentums klagen, wenn der Vermieter die Auflassung nicht erklärt **(Klage auf Abgabe der zur Auflassung erforderlichen Willenserklärung).** Da das Vorkaufsrecht nach § 577 BGB keine dingliche, sondern lediglich schuldrechtliche Wirkung hat, kann dieser Anspruch allerdings nicht gegen den Willen des Dritten durchgesetzt werden, wenn der Dritte bereits im Grundbuch eingetragen ist oder wenn zu dessen Gunsten eine Auflassungsvormerkung besteht. In diesem Fall kann der Mieter den Vermieter lediglich auf **Schadensersatz** in Anspruch nehmen. Die Berechnung des Schadens richtet sich – wie stets – nach den Umständen des Einzelfalls. Maßgeblich ist ein Gesamtvermögensvergleich. Der tatsächlichen Vermögensentwicklung ist die Vermögenssituation bei ordnungsgemäßer Erfüllung gegenüberzustellen;[110] (s. dazu auch Rdn. 45). Kündigt der Erwerber wegen Eigenbedarfs, so können beispielsweise die umzugsbedingten Aufwendungen Gegenstand eines Ersatzanspruchs sein. Nach einer Entscheidung des OLG München[111] soll allerdings eine Ausnahme gelten, wenn die 66

---

[107] *Bellinger* in WoBauR § 2b WoBindG Anm. 3.4; **a. M.** *Schilling,* Neues Mietrecht 1993, S. 94; *Rolfs* in Staudinger § 577 BGB Rdn. 40; *Lützenkirchen* in: Erman § 577 Rdn. 2.
[108] OLG Karlsruhe WuM 1996, 325 m. Anm. *Blank.*
[109] *Rolfs* in Staudinger § 577 BGB Rdn. 67; **a. A.** *Börstinghaus* in MietPrax Fach 1 Rdn. 282.
[110] BGH NJW-RR 2005, 1534 = NZM 2005, 779 = WuM 2005, 660 = GE 2006, 776.
[111] OLG München NZM 1999, 797.

Parteien des Kaufvertrags in einer gegen die guten Sitten verstoßenden Weise (§ 826 BGB) zusammenwirken, um das Vorkaufsrecht des Mieters zu vereiteln. In diesem Fall soll der Mieter die Möglichkeit haben, den Parteien des Kaufvertrags durch einstweilige Verfügung zu verbieten, Schritte zur Eintragung des Erwerbers ins Grundbuch zu unternehmen.

67 Zur Sicherung seines Eigentumsverschaffungsanspruchs kann der Mieter im Wege der einstweiligen Verfügung die Eintragung einer **Auflassungsvormerkung** zu seinen Gunsten erwirken (§ 883 Abs. 1 BGB); eine Gefährdung des zu sichernden Anspruchs muss hierbei nicht glaubhaft gemacht werden (§ 885 Abs. 1 Satz 2 BGB). Eine bereits zuvor eingetragene Vormerkung zugunsten des Dritten hindert die Eintragung nicht, weil nicht fest steht, ob der Eigentumsübergang zugunsten des Dritten erfolgt.[112] Allerdings ist die Eintragung zugunsten des Erwerbers vorrangig (§ 883 Abs. 2 BGB).

68 Eine Besonderheit kann gelten, wenn der Veräußerer mit dem Erwerber vereinbart hat, dass dieser verpflichtet sein soll, dem Mieter Gelegenheit zur Ausübung des Vorkaufsrechts zu geben. Hierin kann ein Vertrag zugunsten eines Dritten (des Mieters) zu sehen sein. In einem solchen Fall kann der Mieter gegenüber dem Erwerber den Anspruch auf Übertragung des Eigentums geltend machen; eine Sicherung dieses Anspruchs durch eine Vormerkung ist möglich.[113]

69 Nach allgemeinen Grundsätzen ist die Eintragung einer Vormerkung zugunsten des Mieters erst möglich, wenn dieser das Vorkaufsrecht ausgeübt hat. Da dieser Zeitpunkt immer nach Abschluss des Kaufvertrags liegt, kann die Durchsetzung des gesetzlichen Vorkaufsrechts durch die Eintragung einer Vormerkung zugunsten des Käufers vereitelt werden. Aus diesem Grunde wird teilweise vorgeschlagen, dass die Eintragung der Vormerkung zugunsten des Mieters bereits „bei Verdichtung der Umwandlungsabsicht" möglich sein soll.[114] Hierfür fehlt es allerdings an einer gesetzlichen Grundlage: Die Vormerkung setzt einen zu sichernden Anspruch voraus; dieser entsteht erst mit der Ausübung des Vorkaufsrechts.

70 Wird der Mieter als Eigentümer im Grundbuch eingetragen, obwohl zugunsten des Dritten eine vorrangige Auflassungsvormerkung besteht, so kann der Dritte den Veräußerer auf Auflassung und den Mieter auf Zustimmung zur Löschung seiner Eintragung als Eigentümer in Anspruch nehmen (§§ 433 Abs. 1, 883 Abs. 2, 888 BGB). Auf das Verhältnis des Dritten zum Mieter sind die Regelungen der §§ 987 ff. BGB entsprechend anzuwenden.[115] Der Dritte hat gegen den Mieter einen Anspruch auf Ersatz der Nutzungen in Höhe des Mietzinses. Hat der Mieter während seiner Zeit als Eigentümer Verwendungen auf die Mietsache gemacht, so kann er vom Dritten nach §§ 347 Abs. 2, 994 Abs. 2 BGB Ersatz verlangen.[116]

71 Dem Mieter ist ein **Zurückbehaltungsrecht an der Miete (§ 273 BGB)** zuzubilligen, wenn der Vermieter seine Verpflichtung zur Auflassung nicht erfüllt.[117] Dies gilt nicht, wenn der Vermieter den Auflassungsanspruch nicht erfüllen kann, etwa weil der Dritte bereits im Grundbuch eingetragen ist, oder weil zu dessen Gunsten eine Auflassungsvormerkung besteht. Ist über das Grundstück die **Zwangsverwaltung** angeordnet, so scheidet ein Zurückbehaltungsrecht ebenfalls aus. Bei der Zwangsverwaltung ist die Miete an den Zwangsverwalter zu bezahlen, während der Auflassungsanspruch vom Vermieter als Verkäufer zu erfüllen ist. Es fehlt mithin am Gegenseitigkeitsverhältnis zwischen der geschuldeten und der zurückgehaltenen Leistung.[118]

VII. Abweichende Vereinbarungen (Abs. 5)

72 **1.** Nach § 577 Abs. 5 BGB ist eine „zum Nachteil des Mieters abweichende Vereinbarung … unwirksam". Dies bedeutet, dass das Vorkaufsrecht mietvertraglich nicht ausgeschlossen oder zum Nachteil des Mieters beschränkt werden kann. Die Modalitäten der Ausübung des Vorkaufsrechts, wie sie in §§ 463–473 BGB geregelt sind, können ebenfalls nicht zum Nachteil des Mieters abweichend geregelt werden. Dies folgt unmittelbar aus § 577 Abs. 1 Satz 3 BGB. Deshalb ist es beispielsweise unwirksam, wenn die Fristen für die Ausübung des Vorkaufsrechts verkürzt werden oder

---

[112] AG Frankfurt NJW 1995, 1034.
[113] LG Köln NJW-RR 1995, 1354; **a. A.** OLG München NZM 1999, 797, 798.
[114] *Derleder* PiG 49, 170, 187; **a. A.** *Langhein* Rpfleger 1995, 350; *Rolfs* in Staudinger § 577 BGB Rdn. 52.
[115] BGHZ 87, 296, 301.
[116] Vgl. BGH GE 2000, 1470.
[117] Von BGH NJW 2009, 1076 = NZM 2009, 151 = WuM 2009, 127 = ZMR 2009, 349 = GE 2009, 260 offengelassen.
[118] BGH NJW 2009, 1076 = NZM 2009, 151 = WuM 2009, 127 = ZMR 2009, 349 = GE 2009, 260.

wenn vereinbart wird, dass die Ausübung des Vorkaufsrechts der notariellen Form bedarf. Dagegen ist es wirksam, wenn Regelungen getroffen werden, die dem Mieter vorteilhaft sind (z. B. längere Ausübungsfristen, Vererbbarkeit des Vorkaufsrechts).

2. Ein **Verzichtsvertrag** zwischen dem Mieter und dem Vermieter, der vor Abschluss des Kaufvertrags geschlossen wird, ist unwirksam.[119] In einem solchen Vertrag liegt eine abweichende Vereinbarung zum Nachteil des Mieters, weil dieser die Folgen seines Verzichts erst wahrnehmen kann, wenn er den Inhalt des Kaufvertrags kennt. Ein einseitiger Verzicht des Mieters hat wegen § 397 BGB keine Rechtsfolgen. Jedoch kann die spätere Ausübung des Vorkaufsrechts trotz vorher erklärtem Verzicht u. U. gegen § 242 BGB verstoßen.[120] **73**

3. Fraglich ist, ob der Mieter mit dem Kaufinteressenten einen Verzichtsvertrag abschließen kann. Dies hängt zunächst davon ab, ob sich die Verbotsnorm nur auf die Vertragsparteien bezieht, oder ob unter dem Begriff der „Vereinbarung" auch ein Vertrag zwischen dem Mieter und dem Dritten zu verstehen ist. Insoweit ist festzustellen, dass sich aus § 577 Abs. 2 BGB eindeutig eine Verpflichtung des Dritten zur Unterrichtung des Mieters über das Vorkaufsrecht ergibt, wenn der Dritte den Inhalt des Kaufvertrags mitteilt. Dies rechtfertig die Annahme, dass der Dritte auch das Verbot des § 577 Abs. 5 BGB zu beachten hat. **74**

4. Nach Abschluss des Kaufvertrags und dessen Mitteilung an den Mieter unter Beachtung der in § 577 Abs. 2 BGB vorgeschriebenen Unterrichtung kann allerdings ein Verzichtsvertrag sowohl mit dem Vermieter als auch mit dem Dritten geschlossen werden.[121] Der Einwand Wirths[122] wonach ein Erlassvertrag nur zwischen den Beteiligten des Schuldverhältnisses möglich sei, verkennt, dass der Vertrag mit dem Dritten über den Verzicht auf das Vorkaufsrecht nach den Grundsätzen der Vertragsfreiheit ohne weiteres als Vertrag besonderer Art bewertet werden kann. **75**

Kennt der Mieter den Inhalt des Kaufvertrags und weiß er um sein Vorkaufsrecht, so kann er sich frei darüber entscheiden, ob er es ausüben will; ein weitergehendes Schutzbedürfnis besteht in einem solchen Fall nicht. **76**

5. Nach demselben Kriterium ist die Wirksamkeit eines Mietaufhebungsvertrags zu beurteilen, der im zeitlichen Zusammenhang mit dem Verkauf der Wohnung abgeschlossen wird, damit dem Käufer eine freistehende Wohnung übergeben werden kann. Erfolgt der Vertragsschluss vor Abschluss des Kaufvertrags oder dessen Mitteilung an den Mieter, so hat die vereinbarte Mietaufhebung zugleich einen unwirksamen Verzicht auf das Vorkaufsrecht zur Folge. Dabei spielt es keine Rolle, ob das Mietverhältnis bereits vor dem Abschluss des Kaufvertrags oder erst danach enden soll.[123] Nach dem Gesetzeszweck kann allein maßgeblich sein, dass die Aufhebung des Mietverhältnis im Hinblick auf einen beabsichtigten Verkauf erfolgt. Die Unwirksamkeit des ausdrücklich oder stillschweigend vereinbarten Verzichts auf das Vorkaufsrecht führt zur Unwirksamkeit des gesamten Rechtsgeschäfts, also auch des Aufhebungsvertrags einschließlich der dort enthaltenen Abfindungsabreden.[124] Zieht der Mieter allerdings aus, nachdem er von dem Kaufvertrag und dem Vorkaufsrecht Kenntnis erlangt hat, so kann hierin ein erneuter Aufhebungsvertrag gesehen werden (§ 141 BGB). **77**

Wird der Aufhebungsvertrag dagegen abgeschlossen, nachdem der Kaufvertrag dem Mieter unter Beachtung der in § 577 Abs. 2 BGB vorgeschriebenen Unterrichtung mitgeteilt worden ist, so ist sowohl der darin liegende Verzicht auf das Vorkaufsrecht als auch der Aufhebungsvertrag wirksam. Gleiches gilt, wenn die Aufhebung auf Betreiben des Mieters erfolgt oder wenn die Aufhebung zu einem Zeitpunkt vereinbart wird, zu dem der Verkauf der Wohnung noch nicht beabsichtigt ist. **78**

---

[119] *Wirth* NZM 1998, 390, 394; *Lammel* § 577 BGB Rdn. 54; *Kossmann* § 120 Rdn. 22; *Rolfs* in Staudinger § 577 BGB Rdn. 81; *Hinz* in Dauner-Lieb u. a. Anwaltskommentar § 577 BGB Rdn. 44; **a. A.** *Wienicke* a. a. O. S. 97 für § 2b WoBindG; *Lützenkirchen* in: Erman § 577 Rdn. 13, 14.

[120] *Wirth* NZM 1998, 390, 395.

[121] *Sonnenschein* NJW 1980, 2055, 2058; *Schilling/Meyer* ZMR 1994, 504; *Heintz* Rdn. 451; *Rolfs* in Staudinger § 577 BGB Rdn. 85; *Häublein* in MünchKomm § 577 BGB Rdn. 23; *Hinz* in Dauner-Lieb u. a. Anwaltskommentar § 577 BGB Rdn. 44; *Lammel* § 577 BGB Rdn. 54.

[122] *Wirth* NZM 1998, 390, 395.

[123] **A. A.** *Rolfs* in Staudinger § 577 BGB Rdn. 86: Danach sind nur solche Aufhebungsverträge unwirksam, bei denen das Mietverhältnis nach Abschluss des Kaufvertrags endet.

[124] *Rolfs* a. a. O.

79 **6.** In der Praxis wird für Wohnungen mit einem bestehenden Mietverhältnis regelmäßig ein niedrigerer Mietpreis bezahlt als für eine Wohnung ohne mietvertragliche Bindungen. Da der Mietvertrag mit dem Eigentumserwerb des Mieters erlischt, könnte dieser die Wohnung zu günstigeren Bedingungen als der Erstkäufer erwerben. Dies zeigt sich insbesondere dann, wenn der Mieter die Wohnung nach dem Eigentumserwerb freistehend (zu einem höheren Preis) weiterveräußert. Die damit verbundenen Vermögensvorteile sind vom Schutzzweck des § 577 BGB nicht gedeckt. Deshalb ist § 577 Abs. 5 BGB nicht verletzt, wenn die Parteien des Kaufvertrags eine **differenzierte Preisabrede** treffen.[125] Bei dieser Form der Preisabrede werden zwei Kaufpreise bestimmt, nämlich ein niedriger Preis für die Wohnung mit mietvertraglichen Bindungen und (alternativ hierzu) ein höherer Preis für die Wohnung ohne mietvertragliche Bindungen. Der niedrigere Preis gilt, wenn der Mieter das Vorkaufsrecht nicht ausübt. Übt der Mieter das Vorkaufrecht aus, so gilt der höhere Preis. Eine solche Preisgestaltung ist wirksam, wenn die Preisdifferenz den Marktgegebenheiten entspricht.

VIII. Prozessuales

80 Für Streitigkeiten über die Ausübung des gesetzlichen Vorkaufsrechts sind nach § 29a ZPO die Amtsgerichte zuständig. Dies gilt auch dann, wenn der Rechtsstreit zwischen dem Mieter und dem noch nicht im Grundbuch eingetragenen Erwerber geführt wird. In diesem Fall besteht zwischen den Parteien des Rechtsstreits zwar kein Mietverhältnis; gleichwohl ist § 29a ZPO einschlägig, weil der Anspruch des Mieters seine Grundlage im Mietverhältnis hat.

80a Teilt der Vermieter dem Mieter entgegen § 577 Abs. 2 den Inhalt des Kaufvertrags nicht mit, so kann der Mieter **Auskunftsklage** erheben. Einen eventuellen Schadensersatzanspruch wegen Vereitelung des Vorkaufsrechts (s. Rdn. 45) kann der Mieter mit der **Leistungsklage** verfolgen. Fraglich ist, ob der Mieter den Auskunftsanspruch und den Schadensersatzanspruch im Wege der **Stufenklage** geltend machen kann. Das Problem ergibt sich aus § 254 ZPO, weil die Stufenklage grundsätzlich voraussetzt, dass der Kläger mit der Auskunftsklage die für die Erhebung der Leistungsklage erforderlichen Informationen erhält. Dies ist in Fällen der vorliegenden Art nicht der Fall, weil der Mieter durch die Auskunft über den Inhalt des Kaufvertrags zwar den Verkaufspreis der Wohnung, nicht aber deren Verkehrswert erfährt. Nach der Ansicht des BGH steht dies der Zulässigkeit der Stufenklage nicht entgegen: Für die Erhebung einer Stufenklage nach § 254 ZPO sei es „nicht erforderlich, dass durch die in der ersten Stufe geltend gemachte Auskunft alle Informationen zu erlangen sind, die für die Bezifferung des in einer weiteren Stufe verfolgten Leistungsanspruchs notwendig sind"[126].

IX. Analoge Anwendung bei Realteilung eines Grundstücks

81 Die Regelungen der §§ 577, 577a BGB setzen voraus, dass an vermieteten Wohnräumen Wohnungseigentum begründet und dieses veräußert wird. Soll ein mit mehreren vermieteten Einfamilienhäusern bebautes einheitliches Grundstück in selbständige Grundstücke aufgeteilt und die einzelnen Häuser sodann verkauft werden, so scheidet eine unmittelbare Anwendung der §§ 577, 577a BGB aus. Nach der Ansicht des BGH sind diese Regelungen im Fall der Realteilung eines Grundstücks aber entsprechend anzuwenden.[127] Hier steht dem Mieter des Einfamilienhauses das Vorkaufsrecht zu, wenn die Realteilung nach der Überlassung der Mietsache an den Mieter erfolgt und das Einfamilienhaus sodann veräußert wird (§ 577 Abs. 1 Satz 1 Alt. 1 analog). Ebenso besteht das Vorkaufsrecht, wenn das ungeteilte Grundstück veräußert wird und sich der Veräußerer in dem Kaufvertrag zur Aufteilung verpflichtet hat (§ 577 Abs. 1 Satz 1 Alt. 2 analog). Die letztgenannte Alternative setzt zum einen voraus, dass der Veräußerer gegenüber dem Erwerber vertraglich zur Teilung des Grundstücks verpflichtet ist. Die Entscheidung über die Teilung darf also nicht dem Erwerber überlassen werden. Zum anderen muss die vom Vorkaufsrecht erfasste künftige Wohneinheit in dem Vertrag hinreichend bestimmt oder bestimmbar sein. Für die Bestimmbarkeit der Teilflächen genügt es nach der Auffassung des BGH, wenn diese „nach ihrer ungefähren Größe, ihrer

[125] *Derleder* PiG 49, 169, 176ff.; NJW 1996, 2817, 2819; **a. A.** *Rolfs* in Staudinger § 577 BGB Rdn. 82.
[126] BGH (VIII ZR 143/15) NJW 2017, 156 Rn. 14 m. Anm. *Klühs* NZM 2016, 812.
[127] BGH NJW 2008, 2257; BGH (VIII ZR 325/09) NJW 2010, 3571; BGH (VIII ZR 61/15) NZM 2016, 543 Rn. 19 m. Anm. *Klühs* NZM 2016, 812.

Beschaffenheit (mit Wohnhaus, Schuppen oder Garage bebaut) und nach ihrer Lage auf dem Gesamtgrundstück … ausreichend bestimmt beschrieben und bezeichnet" werden.[128] Sind der Gegenstand des Mietvertrags und die von den Parteien des Kaufvertrags beabsichtigte Aufteilung des Gesamtgrundstücks in Einzelgrundstücke nicht völlig identisch, so ist § 467 Satz 2 BGB anzuwenden. Danach kann der Verpflichtete (also der Veräußerer) verlangen, dass der Vorkauf auf alle Sachen erstreckt wird, die nicht ohne Nachteil für ihn getrennt werden können. Diese Regelung gilt für das gesetzliche Vorkaufsrecht entsprechend. Das Vorkaufsrecht kann deshalb auch solche Grundstücksteile erfassen, die nicht Gegenstand des Kaufvertrags sind: „Damit bestimmt das Vorkaufsrecht und nicht der den Vorkaufsfall auslösende Kaufvertrag, welche Gegenstände der Vorkaufsberechtigte in Ausübung seines Rechts erwerben kann."[129] Der Veräußerer kann gem. § 467 Satz 2 BGB auch verlangen, dass der Mieter den gesamten auf ihn entfallenden Grundstücksteil erwirbt, wenn der ansonsten verbleibende Rest nicht sinnvoll zu verwerten ist. Die analoge Anwendung der §§ 577, 577 a BGB im Wege der richterlichen Rechtsfortbildung auf den Fall der Realteilung eines Grundstücks ist verfassungsrechtlich nicht zu beanstanden.[130] Im Falle der Kündigung durch den Erwerber gilt die Kündigungssperre gem. § 577 a BGB.

[128] BGH (VIII ZR 61/15) NZM 2016, 543 Rn. 58 m. *Anm.* Klühs NZM 2016, 812.
[129] BGH a. a. O. Rn. 63.
[130] BVerfG NZM 2011, 479 = WuM 2011, 355.

§ 577a Kündigungsbeschränkung bei Wohnungsumwandlung

(1) Ist an vermieteten Wohnräumen nach der Überlassung an den Mieter Wohnungseigentum begründet und das Wohnungseigentum veräußert worden, so kann sich ein Erwerber auf berechtigte Interessen im Sinne des § 573 Abs. 2 Nr. 2 oder 3 erst nach Ablauf von drei Jahren seit der Veräußerung berufen.

(1a) Die Kündigungsbeschränkung nach Abs. 1 gilt entsprechend, wenn vermieteter Wohnraum nach der Überlassung an den Mieter
1. an eine Personengesellschaft oder an mehrere Erwerber veräußert worden ist oder
2. zu Gunsten einer Personengesellschaft oder mehrerer Erwerber mit einem Recht belastet worden ist, durch dessen Ausübung dem Mieter der vertragsgemäße Gebrauch entzogen wird.

Satz 1 ist nicht anzuwenden, wenn die Gesellschafter oder Erwerber derselben Familie oder demselben Haushalt angehören oder vor Überlassung des Wohnraums an den Mieter Wohnungseigentum begründet worden ist

(2) [1]Die Frist nach Absatz 1 oder nach Absatz 1a beträgt bis zu zehn Jahre, wenn die ausreichende Versorgung der Bevölkerung mit Mietwohnungen zu angemessenen Bedingungen in einer Gemeinde oder einem Teil einer Gemeinde besonders gefährdet ist und diese Gebiete nach Satz 2 bestimmt sind. [2]Die Landesregierungen werden ermächtigt, diese Gebiete und die Frist nach Satz 1 durch Rechtsverordnung für die Dauer von jeweils höchstens zehn Jahren zu bestimmen.

(2a) Wird nach einer Veräußerung oder Belastung im Sinne des Absatzes 1a Wohnungseigentum begründet, so beginnt die Frist, innerhalb der eine Kündigung nach § 573 Abs. 2 Nummer 2 oder 3 ausgeschlossen ist, bereits mit der Veräußerung oder Belastung nach Absatz 1a.

(3) Eine zum Nachteil des Mieters abweichende Vereinbarung ist unwirksam.

Systematische Übersicht

Alphabetische Schnellübersicht

I. Anwendungsbereich und Zweck

1 Die Vorschrift gilt nur für die Wohnraummiete und regelt die Kündigungsbeschränkungen bei der Umwandlung von Miet- in Eigentumswohnungen. Die Regelung ist dem bis 31.8.2001 geltenden § 564b Abs. 2 Nr. 2 Sätze 2–4, Abs. 2 Nr. 3 Sätze 3 und 4 BGB a. F. nachgebildet.

2 Für Mietverhältnisse i. S. v. § 549 Abs. 2 Nr. 1–3 BGB und § 549 Abs. 3 BGB (s. dort) ist die Vorschrift unanwendbar. Dies entspricht im Wesentlichen dem bis 31.8.2001 geltenden Recht. Anders als nach bisherigem Recht ist § 577a BGB aber anwendbar auf Mietverhältnisse über Wohnraum in Ferienwohnungen in Ferienhausgebieten i. S. v. §§ 564b Abs. 7 Nr. 4 BGB a. F.

§ 577a Abs. 1 BGB begründet zugunsten des Mieters einen Ausschluss der Kündigung des Erwerbers einer umgewandelten Eigentumswohnung wegen Eigenbedarfs oder anderweitiger wirtschaftlicher Verwertung für die Dauer von drei Jahren, gerechnet ab dem Zeitpunkt des Eigentumsübergangs. Wird die Wohnung vom Ersterwerber an einen Zweiterwerber weiterveräußert, so beginnt die Frist nicht neu zu laufen. Vielmehr tritt der Zweiterwerber in eine laufende Frist ein. Ist die Frist zum Zeitpunkt des Zweiterwerbs bereits abgelaufen, so kann der Zweiterwerber ohne Beachtung einer Sperrfrist kündigen. 3

Die Regelung in Abs. 1a wurde durch das Mietrechtsänderungsgesetz vom 11.3.2013 (BGBl. I S. 434) mit Wirkung vom 1.5.2013 eingefügt. Die Regelung ist nicht anzuwenden auf Kündigungen die dem Mieter bereits vor dem Inkrafttreten dieser Vorschrift am 1.5.2013 zugegangen sind. Dies gilt auch dann, wenn die Kündigungsfrist erst nach dem 1.5.2013 abläuft.[1] Dagegen spielt der Zeitpunkt der Veräußerung keine Rolle. Deshalb ist die verlängerte Kündigungsfrist auch dann zu beachten, wenn der Eigentumsübergang vor Inkrafttreten der Verordnung stattgefunden hat.[2] Nach anderer Ansicht ist die rückwirkende Anwendung als unzulässige „echte Rückwirkung" zu bewerten.[3] Dabei wird verkannt, dass es ein schützenswertes Vertrauen auf den Fortbestand von Kündigungsfristen und -möglichkeiten nicht gibt. Vielmehr muss jede Mietvertragspartei damit rechnen, dass der Gesetzgeber das Recht den sich ändernden Verhältnissen anpasst mit der weiteren Folge, dass die geänderten Regeln – falls Übergangsvorschriften fehlen – für alle bestehenden Mietverhältnisse gelten. 3a

Die besondere Kündigungssperre des § 577a BGB verfolgt den Zweck, die Mieter gegen die (wohnungspolitisch unerwünschte) Umwandlung von Miet- in Eigentumswohnungen besonders zu schützen. Die 3-jährige Sperrfrist gilt nur dann, wenn der **Kaufvertrag nach dem 31.7.1990** abgeschlossen worden ist. Hinsichtlich des Ausschlusses der Eigenbedarfskündigung ist die Vorschrift mit dem bis 31.8.2001 geltenden Recht identisch. Hinsichtlich der Verwertungskündigung weicht die Neuregelung vom bisherigen Recht ab. Nach dem bis 31.8.2001 geltenden Recht war die Verwertungskündigung in den Umwandlungsfällen generell ausgeschlossen; eine zeitliche Befristung bestand nicht. Nunmehr kann der Erwerber nach Ablauf von drei Jahren nach seiner Eintragung ins Grundbuch nach § 573 Nr. 3 BGB kündigen. 4

II. Tatbestandsvoraussetzungen des Abs. 1

Ist an vermieteten Wohnräumen nach der Überlassung an den Mieter Wohnungseigentum begründet und das Wohnungseigentum veräußert worden, so kann sich ein Erwerber auf berechtigte Interessen i. S. d. § 573 Abs. 2 Nr. 2 oder 3 BGB erst nach Ablauf von drei Jahren seit der Veräußerung berufen. Die Sperrfrist beginnt mit dem Tag, an dem der Erwerber als neuer Eigentümer ins Grundbuch eingetragen wird. Vor Ablauf der Frist kann der Erwerber weder wegen Eigenbedarfs (§ 573 Abs. 2 Nr. 2 BGB) noch wegen anderweitiger wirtschaftlicher Verwertung (§ 573 Abs. 2 Nr. 3 BGB) kündigen. Eine vor Ablauf der Sperrfrist erklärte Kündigung ist unwirksam. Entsteht dem Mieter hierdurch ein Schaden, so ist der Vermieter zum Ersatzverpflichtet.[4] 5

1. Die zeitliche Reihenfolge von Vermietung, Überlassung und Umwandlung

Der gesetzliche Kündigungsausschluss gilt zunächst für Mietverhältnisse über solche Wohnungen, die nach dem Abschluss des Mietvertrags und Überlassung an den Mieter in eine Eigentumswohnung umgewandelt worden sind. Dabei geht die Regelung davon aus, dass die Vermietung, die Überlassung und die Begründung von Wohnungseigentum in der hier aufgeführten zeitlichen Reihenfolge stattfindet und dass zwischen der Überlassung und der Umwandlung eine größere Zeitspanne liegt. Diese chronologische Abfolge wird auch auf die meisten Umwandlungsfälle zutreffen. Es sind aber auch Fälle denkbar, in denen die Umwandlung anders abläuft. 6

---

[1] LG Berlin WuM 2015, 40.
[2] AG Berlin-Mitte GE 2016, 462.
[3] *Krenek* in: Spielbauer/Schneider (Hrsg) Mietrecht § 577a Rdn. 67; *Klein-Blenkers* in: Klein-Blenkers/Heinemann/Ring, Miete/WEG/Nachbarschaft § 577a Rdn. 31; *Dickersbach* in Lützenkirchen Mietrecht § 577a Rdn. 45a.
[4] **A. A.** LG Köln ZMR 2012, 445 m. abl. Anm. *Lützenkirchen.*

7 Die chronologische Abfolge: **Vermietung – Umwandlung – Überlassung** – löst die Kündigungssperre nicht aus.[5] Aus dem Wortlaut der Vorschrift folgt, dass es für den Eintritt der Kündigungssperre maßgeblich darauf ankommt, ob die Umwandlung nach der Überlassung der Wohnung an den Mieter erfolgt ist. Denn die Präposition „nach" bezieht sich nur auf die Überlassung und nicht auf die Vermietung. Dies bedeutet zunächst: Der Eigentümer eines Neubaus, der die Errichtung von Eigentumswohnungen plant, kann ohne spätere Rechtsnachteile die Wohnungen zunächst vermieten, wenn er die Mietverträge vor der Überlassung und Teilung abschließt. So kann beispielsweise der Bauherr die im Rohbau befindlichen Wohnungen vermieten, nach Fertigstellung Wohnungseigentum begründen und die Wohnungen anschließend dem Mieter übergeben. Werden die Wohnungen sodann verkauft, so ist der Erwerber nicht gehindert, unmittelbar nach der Eintragung ins Grundbuch zu kündigen, weil die Überlassung erst nach der Begründung von Wohnungseigentum erfolgt ist. Diese Rechtsfolge entspricht durchaus der Intention des Gesetzgebers, der durch § 577a BGB lediglich die Umwandlung bestehender Mietwohnungen, nicht aber den Bau und die Vermietung von Eigentumswohnungen erfassen will.

8 Die chronologische Abfolge: **Vermietung – Überlassung – Umwandlung** – führt dagegen stets und ausnahmslos zur Kündigungssperre. Auch dies ergibt sich aus dem klaren Wortlaut der Vorschrift. Die Kündigungssperre tritt auch dann ein, wenn die Wohnungen von Anfang an als Eigentumswohnungen geplant worden sind und wenn der Mieter vom Umwandlungsplan des Eigentümers Kenntnis hatte.[6] Dabei ist nicht zu verkennen, dass sich die Fälle der oben behandelten Art faktisch nicht wesentlich unterscheiden von jenen Fällen, in denen der Eigentümer die Wohnungen zunächst an den Mieter überlässt und sodann Wohnungseigentum begründet. Der soziale Tatbestand ist derselbe, lediglich die zeitliche Reihenfolge seiner Verwirklichung ist verschieden. Auch in den hier behandelten Fällen lässt sich sagen, dass der Gesetzeszweck jene Fälle nicht umfasst. Dennoch ist aus Gründen der Rechtsklarheit und Rechtssicherheit keine andere Auslegung möglich.

9 Ist der **Mieter nach der Vermietung und Überlassung verstorben** und wurde das Mietverhältnis durch einen Rechtsnachfolger i. S. v. § 563 Abs. 1 und 2 BGB fortgesetzt, so gilt die Kündigungssperre auch gegenüber dem nunmehrigen Mieter. Dieser rückt auch bezüglich der Wartefrist, die der Vermieter für eine Kündigung wegen Eigenbedarfs zu beachten hat, in die Rechtsposition des verstorbenen Mieters ein.[7]

10 Die chronologische Abfolge **Überlassung – Umwandlung – Vermietung** – liegt in jenen Fällen vor, in denen der Mieter bereits vor der Umwandlung in die Wohnung einzieht, der Mietvertrag aber erst nach der Umwandlung geschlossen wird. Bei einer Wortlautinterpretation könnte man die Ansicht vertreten, dass die Kündigungssperre in diesen Fällen nicht eintritt. Denn die Regelung setzt voraus, dass das Wohnungseigentum „an vermieteten Wohnräumen" begründet wird. Nach dieser engen Wortlautinterpretation kommt es also nicht entscheidend darauf an, dass die Räume bewohnt sind, sondern dass sie aufgrund eines Mietvertrags bewohnt werden. Es fragt sich aber, ob die Regelung in diesem Sinne verstanden werden kann. Durch die vom Gesetzgeber gewählte Formulierung sollen nämlich andere Sachverhalte geregelt werden. Die Verwendung des hier fraglichen Partizips („vermieteten") soll klarstellen, dass die Sperrfrist nicht in jenen Fällen gilt, in denen die Überlassung auf einem anderen Rechtsgrund als der Miete, etwa einer Leihe oder einem dinglichen Wohnrecht beruht. Die Formulierung „nach der Überlassung" soll bewirken, dass die Sperrfrist dann nicht eintritt, wenn der Mieter erst nach der Umwandlung in die Wohnung eingezogen ist. Oder anders ausgedrückt: Die Sperrfrist soll immer dann gelten, wenn der Bewohner aufgrund eines Mietvertrags besitzt und die Wohnung nach der Besitzerlangung umgewandelt worden ist. Auf die zeitliche Reihenfolge von Vertragsschluss und Besitzüberlassung kann es dagegen nach dem Sinn und Zweck der Vorschrift nicht ankommen. Zwar könnte man dagegen einwenden, dass derjenige, der nach der Umwandlung einen Mietvertrag abschließt, durch eine entsprechende Vertragsgestaltung für seinen eigenen Schutz sorgen kann. Dabei würde aber verkannt, dass die Vertragsfreiheit mit der Inbesitznahme der Wohnung faktisch stark eingeschränkt ist: Verweigert der Eigentümer den Abschluss eines Mietvertrags mit einem befristeten Kündigungsausschluss, so bliebe dem Besitzer letztlich nur die Wahl des Auszugs. Die hier dargelegten Grundsätze gelten auch dann, wenn der Mieter nach dem Verkauf der umgewandelten Woh-

[5] LG Berlin GE 1995, 495.
[6] LG Mannheim ZMR 1975, 362 = WuM 1975, 212; AG Konstanz WuM 1978, 212 = ZMR 1979, 12; *Barthelmeß* § 564b BGB Rdn 84; *Rolfs* in Staudinger § 577a BGB Rdn. 14.
[7] BGH WuM 2003, 569 = NJW 2003, 3265 = ZMR 2003, 819.

nung mit dem Erwerber einen neuen Mietvertrag abschließt. Hier könnte man die Ansicht vertreten, dass der Abschluss eines neuen Mietvertrags mit dem bisherigen Mieter nicht anders zu beurteilen sei, als die Neuvermietung nach der Umwandlung. Für diese Ansicht spricht auch, dass der alte Mieter beim Abschluss des neuen Vertrags in seiner Entscheidung frei ist, weil der Vertragsschluss in seinem Belieben steht und dass er aufgrund dieser starken Stellung durchaus in der Lage ist, auf einen für ihn günstigen Vertragsschluss hinzuwirken. Ein solches Verhalten setzt allerdings genaue Kenntnis der Rechtslage voraus, die in den meisten Fällen dieser Art fehlen wird. Es besteht deshalb kein Grund, die Schutzbedürftigkeit des Mieters in den Fällen der genannten Art zu verneinen. Der Wortlaut der Vorschrift schließt die Anwendung der Sperrfrist ebenfalls nicht aus. Der Begriff der Überlassung muss sich nämlich nicht notwendigerweise auf den konkreten Mietvertrag beziehen, aufgrund dessen die Überlassung in rechtlicher Hinsicht erfolgt (§ 535 BGB), sondern kann auch die faktische, erstmalige Besitzübergabe bezeichnen. Diese Ansicht wird auch im Rahmen des § 573c BGB vertreten, wo sich die Frage stellt, ob der Mieter auch dann in den Genuss der vom Zeitpunkt der Überlassung abhängigen verlängerten Kündigungsfrist kommt, wenn der Mietvertrag erst längere Zeit nach der Besitzübergabe geschlossen wird oder wenn die Parteien nach der Überlassung einen neuen Mietvertrag vereinbaren. Hier steht die überwiegende Ansicht auf dem Standpunkt, dass es für die Berechnung der Kündigungsfrist nicht auf den Abschluss des Mietvertrags, sondern auf den Zeitpunkt der tatsächlichen Überlassung ankommt. Diese Ansicht beruht auf der zutreffenden Erwägung, dass die gestaffelten Kündigungsfristen an die tatsächliche Wohndauer, nicht an den Zeitpunkt des Vertragsabschlusses anknüpfen. Einen ähnlichen Zweck verfolgt auch die Sperrfrist. Geschützt wird der Bewohner, das heißt derjenige, der die Mietsache tatsächlich aufgrund eines Mietvertrags nutzt. Entsprechend dieses Schutzgedankens muss es auch maßgeblich auf das faktische Bewohnen ankommen.

2. Die Begründung von Wohnungseigentum

Das Wohnungseigentum kann entweder nach § 3 WEG oder nach § 8 WEG begründet werden 11
(§ 2 WEG). Der Begriff „begründet" in § 577a BGB ist i. S. v. § 2 WEG – also umfassend – zu verstehen. Wird Wohnungseigentum durch die Einräumung von Sondereigentum nach § 3 WEG begründet, so kommt es im Rahmen des § 577a BGB maßgeblich darauf an, wann die Rechtsänderung ins Grundbuch eingetragen wird (§ 4 Abs. 1 WEG). Erfolgt die Begründung durch Teilung nach § 8 WEG, so ist der Zeitpunkt maßgebend, zu dem die Wohnungsgrundbücher angelegt sind (§ 8 Abs. 2 WEG).[8] Der wirtschaftliche Anlass, der zur Begründung von Wohnungseigentum geführt hat, ist rechtlich unerheblich. Insbesondere lässt sich aus dem ursprünglichen gesetzgeberischen Anlass zur Einführung der Kündigungssperre[9] nicht herleiten, dass jene Rechtsfolge nur auf die Aufgliederung großer Baukomplexe zum Zwecke der besseren wirtschaftlichen Verwertung beschränkt sein soll. Der Wortlaut des § 577a BGB ist umfassend. Die Kündigungssperre wird deshalb auch dann ausgelöst, wenn der Eigentümer eines Grundstücks Wohnungen errichtet mit der Absicht, diese nach Aufteilung als Eigentumswohnungen zu verkaufen (Vorratsbau). Gleiches gilt in jenen Fällen, in denen eine Erbengemeinschaft ein Mietshaus in Wohnungseigentum aufteilt, um auf diese Weise eine Auseinandersetzung zu erreichen, oder wenn die Teilung des Gebäudes auf der letztwilligen Verfügung des Erblassers beruht. Rechtspolitisch erscheint die Ausdehnung der Sperrfrist auf diese Fälle verfehlt. Angesichts des klaren Wortlauts der Vorschrift ist aber eine Korrektur de lege lata – etwa im Wege der einschränkenden Auslegung – nicht möglich.

3. Die Veräußerung

Eine Veräußerung i. S. v. § 577a BGB liegt in allen Fällen vor, in denen der **Eigentümerwechsel auf Rechtsgeschäft** beruht, insbesondere also beim Verkauf und bei der Schenkung. Ebenso ist eine Veräußerung anzunehmen, wenn der **Erwerber in der Zwangsvollstreckung** erwirbt. In diesem Fall gilt die Sperrfrist auch dann, wenn der Erwerber von dem Sonderkündigungsrecht nach § 57a ZVG Gebrauch macht.[10] 12

[8] AG Hamburg WuM 1991, 349.

[9] Vgl. dazu: Protokoll der 53. Sitzung des Rechtsausschusses des Deutschen Bundestages vom 24.6.1971, S. 66f.

[10] BGH NJW 1999, 2044 = GE 1999, 768, 769; BayObLG RE v. 10.6.1992, WuM 1992, 424; *Häublein* in MünchKomm § 577a BGB Rdn. 6.

12a Wird ein Gebäude von den Bruchteilseigentümern die zugleich Vermieter sind gem. **§ 3 WEG** in **Wohnungseigentum** aufgeteilt und für jeden Miteigentümer Sondereigentum an einer Wohnung begründet, so ist dies nach der Rechtsprechung des BGH nicht als Veräußerung zu bewerten.[11] Zwar trete in einem solchen Fall eine Rechtsänderung auf der Vermieterseite ein. Dies geschehe aber nicht „durch Eintritt des Sondereigentümers in die Rechte und Pflichten aus dem Mietverhältnis über die betreffende Wohnung, sondern in der Weise, dass er als alleiniger Vermieter übrig bleibt". Auf diese Rechtsfolge sei § 571 BGB a. F. (= § 566 BGB n. F.) weder unmittelbar noch entsprechend anzuwenden.

12b Anders ist es, wenn eine GbR ein Gebäude mit vermieteten Wohnungen erwirbt und hieran nach § 3 WEG Wohnungseigentum begründet. Wird die Gesellschaft im Anschluss hieran aufgelöst, so führt die „Auseinandersetzung der Gesellschaft … unter Bildung von Wohnungseigentum und Eintragung der bisherigen Gesellschafter als Eigentümer der jeweils zugewiesenen Wohnung … zu einem Wechsel der Rechtsträgerschaft von der Gesellschaft auf die einzelnen Wohnungseigentümer".[12] Dieser Vorgang ist als Veräußerung i. S. des § 566 BGB zu bewerten. Folgerichtig ist § 577a BGB anzuwenden, wenn der Sondereigentümer wegen Eigenbedarfs kündigt. Der **BGH** sieht dies anders.[13] Er ist der Auffassung, dass die Kündigungssperrfrist nur in solchen Fällen gilt, in denen durch die Veräußerung eine zuvor nicht bestehende Eigenbedarfssituation entsteht. Dies sei in Fällen der vorliegenden Art nicht der Fall. Der BGH stützt sich dabei auf seine Rechtsprechung zu § 573 BGB. Danach ist eine GbR generell wie eine Vermietermehrheit zu behandeln[14] mit der weiteren Folge, dass die Gesellschaft wegen Eigenbedarfs für einen Gesellschafter kündigen kann (s. § 573 BGB Rdn. **49**)

13 Wird ein **Mehrfamilienhaus durch eine Gesellschaft bürgerlichen Rechts erworben,** so kann die Gesellschaft die jeweiligen Mietverhältnisse nach der Rechtsprechung des BGH wegen Eigenbedarfs für die einzelnen Gesellschafter kündigen (s. § 573 BGB Rdn. 49). Die Kündigungssperre ist auf diese Kündigung nicht anwendbar, weil § 577a BGB voraussetzt, dass die Kündigung nach der Begründung von Wohnungseigentum ausgesprochen wird. Eine nach Zugang der Kündigung erfolgte Umwandlung in Wohnungseigentum hat auf die Wirksamkeit dieser Kündigung keinen Einfluss; dies gilt nach der Rechtsprechung des BGH auch dann, wenn die Umwandlung bereits bei der Gründung der Gesellschaft oder dem Erwerb des Gebäudes beabsichtigt war.[15] Eine analoge Anwendung der Vorschrift lehnt der BGH ab, weil es nach seiner Ansicht an einer planwidrigen Gesetzeslücke fehlt und die fragliche Gestaltung „vom Schutzzweck des § 577a BGB nicht erfasst wird". Mit der Übertragung der Eigentümer- und Vermieterstellung von der Gesellschaft auf einen der Gesellschafter werde kein neuer bis zu diesem Zeitpunkt nicht vorhandener Eigenbedarf geschaffen. Hierin unterscheide sich diese Vertragsgestaltung (sog. **„Münchener Modell"**) von den typischen von § 577a BGB erfassten Umwandlungsfällen.[16] Dies dürfte auch für das vom OLG Karlsruhe in dem RE v. 10.7.1992 behandelte „Erwerbermodell" gelten: jedem Miteigentümer war durch Vertrag eine bestimmte Wohnung zur ausschließlichen Nutzung zugewiesen; diese Nutzungsregelung sowie der dauernde Ausschluss des Aufhebungsverlangens nach § 1010 BGB war im Grundbuch eingetragen; im Kaufvertrag war vereinbart, dass innerhalb von drei Jahren Wohnungseigentum nach § 3 WEG gebildet werden soll; für die einzelnen Wohnungen lag bereits beim Abschluss des Kaufvertrags eine Abgeschlossenheitsbescheinigung vor.[17] Auch in diesem Fall ist § 577a BGB unanwendbar; s. dazu weiter Rdn. 18a ff.

4. Der Erwerber

14 Erwerber ist derjenige, der anstelle des bisherigen Vermieters in das Mietverhältnis auf der Vermieterseite eintritt. Die Kündigungssperre gilt dabei nicht nur für denjenigen, der unmittelbar vom Umwandler erwirbt, sondern auch für den Zweiterwerber und jeden weiteren Erwerber. Für die

---

[11] BGH RE vom 6.7.1994 – ARZ 2/94, NJW 1994, 2542 = WuM 1994, 452 = ZMR 1994, 554.
[12] BGH (VIII ZR 74/11) NZM 2012, 150 = WuM 2012, 31 = ZMR 2012, 264.
[13] BGH (VIII ZR 74/11) NZM 2012, 150 = WuM 2012, 31 = ZMR 2012, 264.
[14] BGH (VIII ZR 271/06) NJW 2007, 2845 = WuM 2007, 515 = ZMR 2007, 772; BGH (VIII ZR 231/08) NJW 2009, 2738 = WuM 2009, 519 = ZMR 2010, 99.
[15] BGH NJW 2009, 2738 = WuM 2009, 519 = NZM 2009, 613 = ZMR 2010, 99, sog. „Münchener Modell".
[16] BGH a. a. O.
[17] OLG Karlsruhe WuM 1992, 519.

Fristberechnung gilt hier der Rechtsentscheid des BayObLG vom 24.11.1981.[18] Das BayObLG geht davon aus, dass die Dreijahresfrist mit der Vollendung des Ersterwerbs beginnt und dass der Zweiterwerber in eine zum Zeitpunkt seines Erwerbs noch laufende Frist eintritt.[19] Ist die Frist zum Zeitpunkt des Zweiterwerbs bereits abgelaufen, so ist § 577a BGB unanwendbar. Diese Rechtsfolge gilt auch dann, wenn die Wohnungen nach der Umwandlung zunächst „en bloc" an eine **juristische Person** veräußert werden und dieser Erwerber die Wohnungen sodann an natürliche Personen weiterverkauft.[20]

5. Die Fristberechnung

15 Die Frist beginnt mit der Eintragung des Erwerbers im Grundbuch.[21] Maßgeblich ist die Vollendung des ersten Eigentumserwerbs (§§ 873, 925 BGB).[22] Auf den Zeitpunkt des Abschlusses des Kaufvertrags kommt es nicht an.[23] Auch der Zeitpunkt der Auflassung ist nicht maßgebend.

16 Dies gilt auch bei einem **befristeten Mietverhältnis i. S. v. § 564c Abs. 1 BGB a. F.** und bei solchen Verträgen, die einen **einseitigen Kündigungsausschluss** zu Lasten des Vermieters enthalten. In Fällen dieser Art tritt der Erwerber in die bestehenden vertraglichen Bindungen ein (§ 566 BGB). Solange das Mietverhältnis wegen der vertraglichen Vereinbarung unkündbar ist, kann es bereits aus diesem Grund nicht beendet werden. Endet die vertragliche Kündigungsbeschränkung vor Ablauf der gesetzlichen Kündigungssperre, so kann der Mieter eine Vertragsfortsetzung verlangen (§ 564c Abs. 1 BGB a. F.; s. Anh. zu § 575 BGB); in diesem Fall entsteht ein unbefristetes Mietverhältnis, das nach Ablauf der gesetzlichen Kündigungssperre gekündigt werden kann. Eine Kumulation von vertraglichem Kündigungsausschluss und gesetzlicher Kündigungssperre findet nicht statt, weil § 577a BGB gerade keine besondere (zusätzliche) „Räumungsfrist" darstellt, sondern einen gesetzlichen Kündigungsausschluss beinhaltet. Verlangt der Mieter keine Vertragsfortsetzung, so endet das Mietverhältnis ungeachtet der gesetzlichen Kündigungssperre zu dem vertraglich vereinbarten Zeitpunkt. Bei einem **Zeitmietvertrag i. S. v. § 575 Abs. 1 Satz 1 BGB** kommt es maßgeblich darauf an, ob das Befristungsinteresse nach der Veräußerung fortbesteht. In diesem Fall kann sich auch der Erwerber auf die Befristung berufen (s. § 575 BGB Rdn. 64a). Das Mietverhältnis endet in diesem Fall auch dann nach Maßgabe des § 575 BGB, wenn die gesetzliche Kündigungssperre noch nicht abgelaufen ist. Anderenfalls ist der Zeitmietvertrag nach der Veräußerung wie ein gewöhnliches befristetes Mietverhältnis zu behandeln.

17 Da das Kündigungsrecht des Vermieters für die dreijährige Wartezeit ausgeschlossen ist, kann die **Kündigung erst nach Fristablauf** ausgesprochen und mit dem Ablauf der jeweiligen Kündigungsfrist des § 573c BGB wirksam werden. Eine vorherige Kündigung zum Ende der Wartezeit ist nicht zulässig.[24] Auch insoweit ist die Rechtslage bei dem gesetzlichen Kündigungsausschluss keine andere als in den Fällen, in denen ein vertraglicher Kündigungsausschluss vereinbart worden ist. Es entspricht dem Sinn und Zweck beider Kündigungssperren, dass der Mieter nicht nur in den Genuss der Sperrfrist, sondern auch in den Genuss der gestaffelten Kündigungsfrist kommen soll. Eine vor Ablauf der Sperrfrist erklärte Kündigung kann aus Gründen der Rechtsklarheit auch nicht als Kündigung zum nächst zulässigen Termin behandelt werden; vielmehr ist eine solche Kündigung unwirksam.[25] Für das Fristende gilt § 188 Abs. 2 BGB. Eine Verkürzung der gesetzlichen Wartefrist ist auch beim Vorliegen persönlicher Härtegründe auf Seiten des Vermieters (z. B. schwere Erkrankung, fortgeschrittenes Alter) nicht möglich.[26]

18 **6.** Nach dem Wortlaut des § 577a BGB ist nur die Eigenbedarfskündigung (§ 573 Abs. 2 Nr. 2 BGB) und die Kündigung wegen anderweitiger wirtschaftlicher Verwertung (§ 573 Abs. 2 Nr. 3 BGB) ausgeschlossen. Eigenbedarf liegt vor, wenn der Vermieter die Räume als Wohnung für sich,

---

[18] BayObLG NJW 1982, 451 = WuM 1982, 46 = ZMR 1982, 88 = DWW 1982, 119.

[19] **A. A.** AG Charlottenburg GE 1994, 999.

[20] **A. A.** AG München WuM 1993, 740: danach ist die Übertragung des Eigentums auf die juristische Person nicht als Veräußerung i. S. d. Abs. 2 Nr. 2 Satz 2 anzusehen.

[21] AG Hamburg WuM 1991, 349.

[22] AG Mannheim WuM 1979, 218; LG München I WuM 1979, 124.

[23] AG Stuttgart WuM 1999, 462.

[24] BGH WuM 2003, 569 = NJW 2003, 3265 = ZMR 2003, 819; OLG Hamm RE 3.12.1980 NJW 19981, 584 = WuM 1981, 35 = ZMR 1981, 115; **a. A.** LG München WuM 1979, 124 mit abl. Anm. *Pütz*.

[25] OLG Hamm a. a. O.; **a. A.** *Schmidt* WuM 1982, 34.

[26] AG Wuppertal MDR 1972, 425 = WuM 1972, 44; AG Wuppertal WuM 1972, 93.

seine Familienangehörigen oder Angehörige seines Haushalts benötigt. Haushaltsangehöriger ist nur, wer bereits zum Haushalt des Vermieters gehört. Will der Vermieter dagegen eine Person mit eigenem Wohnraum versorgen, die bisher nicht zu seinem Haushalt zählt, so kann nach § 573 Abs. 1 BGB gekündigt werden (s. § 573 BGB Rdn. 53 m.w.N.). Dies führt zu der Frage, ob § 577a BGB auf eine **Kündigung zum Zwecke sonstiger Eigennutzung, insbesondere wegen Betriebsbedarfs** analog anzuwenden ist. Dies wird vom BGH verneint.[27] Dies ist insbesondere für alle Fälle von Bedeutung, in denen die Wohnung nach der Umwandlung und Veräußerung zugunsten eines Arbeitnehmers des Erwerbers gekündigt werden soll.[28] Ebenso ist § 577a BGB unanwendbar, wenn der Erwerber nach § 573a BGB kündigt.[29]

III. Kündigungssperre bei Veräußerung des Gebäudes an Personengesellschaft oder an mehrere Erwerber (§ 577a Abs. 1a)

18a Die Kündigungsbeschränkung nach Abs. 1 setzt voraus, dass die Kündigung **nach** der Begründung von Wohnungseigentum ausgesprochen wird. Werden die Mietverhältnisse dagegen vor der Umwandlung gekündigt, so ist Abs 1 nach der Rechtsprechung des BGH nicht anwendbar; hierauf beruht das sog. „Münchener Modell" (s. Rdn. 13). Die hierdurch entstehende Lücke im Kündigungsschutz soll durch Abs. 1a geschlossen werden. Die Regelung des Abs. 1a ist am 1.5.2013 in Kraft getreten (MietRÄndG v.11.3.2013 (BGBl. I 434). Auf eine vor diesem Zeitpunkt erklärte Kündigung, ist die Vorschrift nicht anzuwenden. Dies gilt auch dann, wenn die Kündigungsfrist erst nach dem 1.5.2013 abläuft.[30]

18b Die Regelung in Nummer 1 gilt, wenn das Gebäude in dem sich die Mietwohnung befindet, an eine Personengesellschaft (GbR, KG, OHG) oder an mehrere Personen veräußert wird. In diesem Fall tritt die Gesellschaft bzw treten die mehreren Erwerber in die bestehenden Mietverhältnisse ein. Mit der Kündigung nach § 573 Abs. 2 Nr. 2 oder 3 sind die Erwerber für die Dauer von drei Jahren ausgeschlossen. Die Kündigungssperrfrist tritt auch dann ein, wenn die erwerbende Gesellschaft oder die mehreren Erwerber nicht die Absicht haben, an den einzelnen Wohnungen Wohnungseigentum zu begründen. Dies folgt aus dem Wortlaut des Abs. 1a, weil dort die Umwandlungsabsicht nicht erwähnt wird. Aus der amtlichen Überschrift der Vorschrift („Kündigungsbeschränkung bei Wohnungs**umwandlung**"), folgt nichts anderes. Die Überschrift bezieht sich auf die ursprüngliche Fassung der Vorschrift, sie kann deshalb nicht zur Auslegung des Abs. 1a herangezogen werden.

18c Die Regelung in **Nummer 2** gilt in jenen Fällen, in denen der Gebäudeeigentümer einer Personengesellschaft oder mehrerer Erwerber ein eigentumsähnliches Recht einräumt, aufgrund dessen der oder die Berechtigten ein Kündigungsrecht ausüben könnten. In Betracht kommt insbesondere die Bestellung eines Erbbaurechts oder eines Nießbrauchs. Auch in diesem Fall sind die Berechtigten mit der Eigenbedarfs- und Verwertungskündigung für die Dauer von drei Jahren ausgeschlossen.

18d Die Neuregelung gilt nicht, wenn die Gesellschafter oder Erwerber derselben Familie oder demselben Haushalt angehören. Dies betrifft insbesondere den in der Praxis häufigen Fall des Erwerbs eines Gebäudes mit vermieteten Wohnungen durch ein **Ehepaar.** Hier können die Erwerber sofort kündigen. Anders ist es, wenn die Eheleute eine umgewandelte Eigentumswohnung erwerben. In diesem Fall gilt – wie bisher – die Regelung in Abs. 1.

18e Die Neuregelung gilt nur für den Erwerb durch Personengesellschaften oder mehrere (natürliche) Personen, nicht für den Erwerb durch eine **juristische Person.** Dies ist vermutlich damit zu erklären, dass eine juristische Person nicht wegen Eigenbedarfs kündigen kann. Eine Verwertungskündigung ist aber möglich. Dies führt zu dem Ergebnis, dass eine Personengesellschaft (z. B. eine OHG oder KG) mit der Verwertungskündigung für die Dauer von drei Jahren ausgeschlossen

[27] BGH NJW 2009, 1808 = WuM 2009, 294 = GE 2009, 651; BGH (VIII ZR 325/09) NJW 2010, 3571 = WuM 2010, 513 = ZMR 2010, 939; ebenso: *Häublein* in MünchKomm § 577a Rdn. 9; *Rolfs* in Staudinger § 577a Rdn. 25; *Franke* in WoBauR § 577a BGB Anm. 5.1; *Sternel* Mietrecht (1988) Rdn. IV 146; *Lammel* Wohnraummietrecht § 577a BGB Rdn. 12; *Herrlein* in Herrlein/Kandelhard Mietrecht 3. Aufl. § 577a Rdn. 5; *Hinz* in Anw.K-BGB § 577a Rdn. 15; *Haug* in Emmerich/Sonnenschein, Miete § 577a BGB Rdn. 11.

[28] S. BGH a. a. O. betr. Kündigung zum Zwecke der Unterbringung eines Au-pair-Mädchens.

[29] BGH (VIII ZR 325/09) NJW 2010, 3571 = WuM 2010, 513 = ZMR 2010, 939.

[30] LG Berlin MDR 2015, 148.

ist, während eine juristische Person (z. B. eine GmbH) eine solche Kündigung aussprechen könnte. Ein sachlich überzeugender Grund für diese unterschiedliche Behandlung ist nicht erkennbar.

Veräußert der Eigentümer eines Wohnhaus **einen Bruchteil seines Grundstücks,** so tritt der Erwerber neben dem Veräußerer in die bestehenden Mietverhältnisse ein. Will der Veräußerer eine der vermieteten Wohnungen selbst nutzen und liegen die übrigen Voraussetzungen des § 573 Abs. 2 Nr. 2 BGB vor, so können die Vermieter das Mietverhältnis über diese Wohnung wegen Eigenbedarfs kündigen. Für diese Kündigung gilt keine Sperrfrist. Anders ist es, wenn an den Wohnungen nach erfolgter Kündigung plangemäß Wohnungseigentum begründet wird. Zwar ist die Regelung des § 577a Abs. 1 BGB nicht einschlägig, weil die Kündigung vor der Umwandlung ausgesprochen wurde. Die Regelung des Abs. 1a ist nach ihrem Wortlaut ebenfalls unanwendbar, weil die Veräußerung nicht an eine Personengesellschaft oder eine Mehrheit von Personen erfolgt. Jedoch ist hier eine entsprechende Anwendung des Abs. 1a möglich. Es liegt eine Gesetzeslücke vor. Aus der Ergänzung des § 577a durch das MietRÄndG 2013 folgt, dass der Gesetzgeber den Mieter umfassend gegen alle Varianten der Wohnungsumwandlung schützen wollte. Hierzu zählt auch die Umwandlung nach vorangegangener Veräußerung von Bruchteilseigentum an einen einzelnen oder mehrere einzelne Erwerber. Der Mieter ist für die Umwandlungsabsicht darlegungs- und beweispflichtig. Da er die Absichten der Parteien des Veräußerungsgeschäfts i. d. R. weder kennt noch kennen muss, genügt es, wenn er im Zuge seiner Rechtsverteidigung gegen die Kündigung die Umwandlungsabsicht behauptet. Es ist dann Sache der Vermieter, hierzu substantiiert Stellung zu nehmen. Besteht eine Umwandlungsabsicht, so ist die Sperrfrist zu beachten, anderenfalls ist die Kündigung wirksam. Wird die Umwandlungsabsicht wahrheitswidrig geleugnet, so ist die Kündigung unwirksam. Dem Mieter stehen dann Erfüllungs- und Schadensersatzansprüche zu. Es gelten dieselben Rechtsfolgen wie bei der Kündigung mit vorgetäuschtem Eigenbedarf (s. § 573 Rdn. 90). 18f

IV. Verlängerte Fristen nach Abs. 2

§ 577a Abs. 2 BGB enthält Sonderregelungen für Gebiete mit unzureichender Wohnraumversorgung. In diesen Gebieten können die Landesregierungen durch Rechtsverordnung eine Kündigungssperre bis zur Dauer von zehn Jahren anordnen. 19

Voraussetzung ist zunächst, dass „die ausreichende Versorgung der Bevölkerung mit Mietwohnungen zu angemessenen Bedingungen in einer Gemeinde oder in einem Teil einer Gemeinde besonders gefährdet ist". Unter dem **Begriff „ausreichende Versorgung"** ist „ein annäherndes Gleichgewicht von Angebot und Nachfrage an Wohnungen, wie sie dem allgemein für Wohnungen der entsprechenden Gegend anzutreffenden Standard entsprechen, zu verstehen".[31] Die Regelung setzt nicht voraus, dass das rechnerische Angebot an freistehenden Wohnungen geringer ist als die Zahl der Wohnungssuchenden. Vielmehr kann auch dann eine Unterversorgung vorliegen, wenn Angebot und Nachfrage ausgeglichen sind oder bereits „ein leichtes Übergewicht des Angebots" vorliegt. Wesentlich ist hierbei, dass die einer Rechtsverordnung zugrunde liegenden tatsächlichen Voraussetzungen für die Annahme einer Unterversorgung vom Gericht nur daraufhin zu überprüfen sind, ob der Verordnungsgeber die von der Verfassung vorgegeben Grenzen beachtet hat. Dem (demokratisch legitimierten) Verordnungsgeber (also der Landesregierung) steht „ein politischer Beurteilungs- und Gestaltungsspielraum zu",[32] der von den Gerichten zu respektieren ist. Dabei hat der Verordnungsgeber eine Prognoseentscheidung über einen Zeitraum zu treffen, welcher der Laufzeit der Verordnung entspricht.[33] 19a

Mit dem **Begriff der „angemessenen Bedingungen"** ist die Miethöhe gemeint. Maßgeblich ist, welcher Teil des Einkommens in der Gemeinde oder der Region für die Miete eingesetzt werden muss. Ein Indiz für die Unangemessenheit der Mietbelastung liegt vor, wenn die durchschnittliche Mietbelastung der Haushalte in einer Gemeinde oder Region den bundesweiten Durchschnitt deutlich übersteigt (vgl. § 556d Abs. 2 Satz 3 Nr. 2 BGB). 19b

Indizien für eine Mangelsituation sind: wenn die Nachfragen Wohnungssuchender beim Wohnungsamt stark ansteigen oder wenn die Marktmiete – also die übliche Miete bei Neuvermietungen – um ca. 15% höher ist als die ortsübliche Miete. Weitere Indizien für eine Mangelsituation 20

---

31 BGH (VIII ZR 217/14) NJW 2016, 476 Rn. 71 zu der rechtsähnlichen Regelung in § 558 Abs. 3 Satz 2 BGB.

32 BGH a. a. O. Rn. 63.

33 BGH a. a. O. Rn. 74.

sind: statistische Daten, registrierte Wohnungslosenfälle, behördliche Bedarfsprognosen, Regierungsprogramme zur Förderung des Wohnungsbaus oder zunehmende Wohnungsmodernisierungen mit der Folge, dass sich das Angebot an Billigwohnungen verringert. Hat sich das ortsübliche Mietpreisniveau in der Gemeinde in den letzen Jahren stärker entwickelt, als die allgemeinen Lebenshaltungskosten, so spricht dies ebenfalls für eine Mangelsituation.

21 **Indizien für einen ausgeglichenen Markt** sind ebenfalls denkbar. Hierzu gehören: ein größerer Wohnungsleerstand; Mietsenkungen bei der Neuvermietung und vergebliche Zeitungsinserate.

22 Die Landesregierungen können **Rechtsverordnungen** erlassen, in denen Gebiete (Gemeinden oder Gemeindeteile) ausgewiesen sind, in denen eine Mangellage besteht. Die Verordnung muss auf einer hinreichend gesicherten Tatsachengrundlage beruhen. Die in Rdn. 20 aufgeführten Indizien können lediglich Anlass für eine derartige (aufwendige) Tatsachenermittlung sein; sie können eine solche Ermittlung aber nicht ersetzen. Nach dem Wortlaut des § 558 Abs. 3 Satz 3 BGB muss die Mangelage „in einer **Gemeinde oder einem Teil einer Gemeinde**" vorliegen. Diese Regelung kann unterschiedlich ausgelegt werden. **(1)** Denkbar ist zum einen, dass der Verordnungsgeber verpflichtet ist, den Wohnungsmarkt möglichst kleinräumig zu untersuchen und nur solche Gemeindeteile (Quartiere) in der Verordnung auszuweisen, in denen eine nachweisbare Mangellage besteht. **(2)** Denkbar ist aber auch, dass der Verordnungsgeber die abgesenkte Kappungsgrenze auf das gesamte Gemeindegebiet erstrecken muss, wenn in einem Teil der Gemeinde eine Mangellage besteht. **(3)** Schließlich ist eine (vermittelnde) Auslegung möglich, wonach der räumliche Geltungsbereich der Verordnung im Ermessen des Verordnungsgebers steht. Der **BGH** vertritt mit überzeugender Begründung die letztgenannte Ansicht.[34] Maßgeblich hierfür ist vor allem die Erwägung, dass es kaum möglich ist für einzelne Gemeindeteile aussagekräftige Daten zu gewinnen. Unbeschadet hiervon könnte im Ausnahmefall durchaus eine Reduktion des Ermessens auf „Null" angenommen werden, wenn zweifelsfrei feststeht, dass für einem abgrenzbaren Gemeindeteil kein Regelungsbedürfnis besteht.

22a Für die Vereinbarkeit von landesrechtlichen Rechtsverordnungen mit dem förmlichen Gesetz oder dem Grundgesetz gilt Art 100 Abs. 1 GG nicht. Hier kommt den Zivilgerichten nicht nur eine Prüfungs- sondern auch eine Verwerfungskompetenz zu.[35] Durch Rechtsverordnung kann angeordnet werden, dass für die Kündigung umgewandelter Eigentumswohnungen längere Sperrfristen als nach § 577a Abs. 2 BGB gelten sollen. Die in der Verordnung festgelegte Frist muss länger als 3 Jahre sein; zu einer Verkürzung der in Abs. 1 festgelegten Frist sind die Landesregierungen nicht ermächtigt. Die Frist darf höchstens zehn Jahre betragen. Die Geltungsdauer der Verordnung kann befristet werden, notwendig ist dies nicht. Auch beim Erlass einer unbefristeten Verordnung sind die Landesregierungen verpflichtet, zu gegebener Zeit zu prüfen, ob die Mangellage fortbesteht. Ist dies nicht der Fall, so muss die betr. Gemeinde aus dem Geltungsbereich der Verordnung herausgenommen werden. Ist die zeitliche Geltungsdauer der Verordnung befristet, so kann sie nach Ablauf der Befristung verlängert werden, wenn die Mangellage fortbesteht. In jedem Fall muss sichergestellt sein, dass der Erwerber einer Eigentumswohnung spätestens nach Ablauf von 10 Jahren seit dem Eigentumserwerb kündigen kann.

23 Fraglich ist, ob eine nach dem Inkrafttreten des Mietrechtsreformgesetzes (1.9.2001) erlassene Rechtsverordnung auf Veräußerungsfälle angewendet werden kann, die bereits vor dem Inkrafttreten des Mietrechtsreformgesetzes abgeschlossen waren. Hiervon ist immer dann auszugehen, wenn sich aus der Verordnung nichts gegenteiliges ergibt. Maßgeblich ist diejenige Frist, die im Zeitpunkt des Zugangs der Kündigungserklärung gilt. Wurde die Frist zwischen dem Eigentumserwerb (Eintrag des Erwerbers ins Grundbuch) und der Kündigung verlängert, so gilt die längere Frist; ein Vertrauensschutz auf die Fortgeltung der kürzeren Frist besteht nicht.[36] Umgekehrt gilt dasselbe: Wurde die Frist verkürzt, so ist die im Zeitpunkt der Kündigung geltende Frist anzuwenden.

---

[34] BGH (VIII ZR 217/14) NJW 2016, 476 Rn. 71 zu der rechtsähnlichen Regelung in § 558 Abs. 3 Satz 2 BGB.

[35] BGH (VIII ZR 217/14) NJW 2016, 476 Rn. 22 zu der rechtsähnlichen Regelung in § 558 Abs. 3 Satz 2 BGB im Anschluss an die Entscheidung des BVerfG vom 24.6.2015 – 1 BvR 1360/15, WuM 2015, 475).

[36] LG Berlin GE 2017, 355.

V. Fristbeginn bei Veräußerung der umgewandelten Eigentumswohnung an Personengesellschaft oder an mehrere Erwerber (§ 577a Abs. 2a)

Wird ein Gebäude an eine Personengesellschaft oder mehrere Erwerber veräußert und sodann Wohnungseigentum an dem Gebäude begründet und an einen der Erwerber oder Gesellschafter veräußert, so stellt sich die Frage, ob die Sperrfrist bereits mit dem Erwerb des Gebäudes durch die Gesellschaft oder erst mit der Veräußerung der umgewandelten Wohnung an den Gesellschafter bzw. einen der mehreren Erwerber beginnt. **23a**

Die Regelung des § 577a Abs. 2a beantwortet diese Frage im erstgenannten Sinn.

VI. Abweichende Vereinbarungen (Abs. 3)

Nach § 577a Abs. 3 BGB ist eine „zum Nachteil des Mieters abweichende Vereinbarung ... unwirksam". Dies bedeutet, dass die Dauer der Kündigungssperre mietvertraglich nicht verkürzt werden kann. Eine Verlängerung wäre möglich. **24**

Ein zwischen dem Erwerber und dem Mieter abgeschlossener Aufhebungsvertrag ist wirksam. Ist der Erwerber noch nicht im Grundbuch eingetragen, so muss der Veräußerer an dem Aufhebungsvertrag mitwirken. Bis zur Eintragung des Erwerbers im Grundbuch stehen die Rechte aus dem Vertrag dem Veräußerer zu; nach seiner Eintragung kann der Erwerber diese Rechte geltend machen. Die Rechtsposition des Mieters richtet sich nach den Vereinbarungen; ist dort geregelt, dass das Mietverhältnis mit sofortiger Wirkung beendet sein soll, so kann der Mieter sofort ausziehen, ohne dass es auf die Eigentumsverhältnisse ankommt. Ein ohne Mitwirkung des Veräußerers geschlossener Mietaufhebungsvertrag ist als Vertrag zu Lasten Dritter unwirksam, wenn die Wirkungen des Vertrags, insbesondere die Vertragsbeendigung, bereits vor der Eintragung des Erwerbers ins Grundbuch eintreten sollen oder wenn die Rechte des Veräußerers in anderer Weise tangiert werden; anderenfalls bestehen gegen die Wirksamkeit eines solchen Vertrags keine Bedenken. **25**

Fraglich ist, ob der Mieter gegenüber dem Veräußerer auf die Rechte aus § 577a Abs. 1 BGB verzichten kann. Nach der hier vertretenen Ansicht ist dies dann möglich, wenn statt der Verzichtsvereinbarung ein Aufhebungsvertrag geschlossen werden könnte. **26**

VII. Analoge Anwendung bei Realteilung eines Grundstücks

Siehe dazu § 577 BGB Rdn. 81. **27**

Untertitel 3. Mietverhältnisse über andere Sachen

§ 578 Mietverhältnisse über Grundstücke und Räume

(1) Auf Mietverhältnisse über Grundstücke sind die Vorschriften der §§ 550, 562 bis 562d, 566 bis 567b sowie 570 entsprechend anzuwenden.

(2) [1]Auf Mietverhältnisse über Räume, die keine Wohnräume sind, sind die in Absatz 1 genannten Vorschriften sowie § 552 Abs. 1, §§ 555a Absatz 1 bis 3, 555b, 555c Absatz 1 bis 4, 555d Absatz 1 bis 6, 555e Absatz 1 und 2, 555f und § 569 Abs. 2 entsprechend anzuwenden. [2]§ 556c Absatz 1 und 2 sowie die auf Grund des § 556c Absatz 3 erlassene Rechtsverordnung sind entsprechend anzuwenden, abweichende Vereinbarungen sind zulässig. [3]Sind die Räume zum Aufenthalt von Menschen bestimmt, so gilt außerdem § 569 Abs. 1 entsprechend.

Systematische Übersicht

I. Zweck und Anwendungsbereich

1 Die Regelung enthält die zentrale Vorschrift für Grundstücke (Abs. 1) und für Geschäftsräume (Abs. 2). Für diese Mietverhältnisse gelten erstens die „Allgemeinen Vorschriften über Mietverhältnisse" (§§ 535–548), zweitens bestimmte Vorschriften der „Mietverhältnisse über Wohnraum" und drittens einige in den §§ 579–580a enthaltene Sonderregelungen.

II. Begriffe

1. Mietverhältnisse über Grundstücke (Abs. 1)

2 Unter einem Grundstück ist ein abgegrenzter Teil der Erdoberfläche zu verstehen, der im Bestandsverzeichnis des Grundbuchs unter einer bestimmten Lagebuchnummer eingetragen ist. Zum Grundstück gehört alles, was sich auf der Erdoberfläche befindet und fest mit ihr verbunden ist, etwa Pflanzen oder Gebäude. Außerdem gehört zum Grundstück der Luftraum über der Erdoberfläche und das Erdreich unter ihr (§ 905 BGB) sowie die im Erdreich liegenden Baulichkeiten, wie Keller oder Tiefbunker.

3 **Grundstücksmiete** ist der Sammelbegriff für die Miete von unbebauten und bebauten Grundstücken sowie von Grundstücksteilen, z. B. der Miete einer Hauswand zu Reklamezwecken, der Miete von Gebäudeteilen zur Anbringung von Automaten, die Miete einer Dachfläche[1] oder die Miete eines Stellplatzes für ein Kraftfahrzeug oder einen Wohnwagen. Grundstücksmiete liegt auch dann vor, wenn der gemietete Bereich mit Wasser bedeckt ist; deshalb ist auch auf die Miete eines Bootsliegeplatzes Grundstücksmiete anzuwenden.[2] Weitere Einzelheiten s. Vor § 535 BGB Rdn. 113.

4 Für die Annahme eines Mietvertrags ist wesentlich, dass dem Mieter der Gebrauch an dem Grundstück oder dem Grundstücksteil eingeräumt wird. Hiervon sind diejenigen Verträge zu unterscheiden, nach denen der Berechtigte befugt ist, auf einem Grundstück oder einem Grundstücksteil bei bestimmten Gelegenheiten Waren anzubieten oder zu bewerben (z. B. Bandenwerbung im Sportstadion, Recht zum Verkauf von Getränken etc.). Hierbei handelt es sich nicht um Miete sondern um **Verträge sui generis,** weil dabei nicht die Nutzung des Grundstücks, sondern das Verkaufs- oder Werberecht im Vordergrund steht.

---

[1] OLG München NJW 1972, 1995; *Raisch* BB 1968, 526, 532; *Emmerich* in Staudinger § 578 BGB Rdn. 3; *Artz* in MünchKomm § 578 BGB Rdn. 3; *Mittelstein* S. 19.
[2] *Gregor* WuM 2008, 435.

Für diese Mietverhältnisse gelten die „Allgemeinen Vorschriften über Mietverhältnisse" (§§ 535–548 BGB), die §§ 550 BGB (Schriftform bei Mietverträgen von längerer Dauer als ein Jahr), 562–562d BGB (Vermieterpfandrecht), 566–567b BGB (Kauf bricht nicht Miete einschließlich der dazugehörenden Sondervorschriften über den Übergang der Kaution, der Wirkung von Verfügungen gegenüber dem Erwerber etc.) und 570 BGB (Kein Zurückbehaltungsrecht des Mieters gegen den Rückgabeanspruch des Vermieters). Abweichende Vereinbarungen sind möglich. 5

2. Mietverhältnisse über Räume, die keine Wohnräume sind (Abs. 2)

Hierzu zählen alle Räume die nicht zu Wohnzwecken vermietet sind. 6

Unter einem **Raum** ist ein allseits mit Wänden, Fußboden und Decke abgeschlossener Gebäudeteil zu verstehen. Es ist allerdings weder erforderlich, dass der Gebäudeteil vollständig abgeschlossen ist (auch eine nach zwei Seiten offene Halle ist ein Raum) noch wird vorausgesetzt, dass der Mieter den gesamten Raum nutzen darf. Raummiete liegt auch dann vor, wenn lediglich Teile des Raumes vermietet werden, etwa ein Stellplatz in einer Sammelgarage. Die Innenbereiche beweglicher Sachen (Schiffe, Wohnwagen, Container) gehören nicht zu den Räumen,[3] wohl aber eine auf Dauer erstellte Baracke, auch wenn sie im Unterschied zu einem herkömmlichen Gebäude relativ einfach demontiert oder abgerissen werden kann. 7

Der Raum muss eine **bestimmte Größe** haben. I. d. R. wird als Mindestgröße gefordert, dass sich ein Mensch in dem Raum aufhalten kann.[4] Deshalb gehören beispielsweise Schließfächer für die Aufbewahrung von Gepäckstücken oder Wertgegenständen nicht zu den Räumen.[5] 8

Naturgebilde wie **Höhlen, Felskammern** und dergleichen zählen im Allgemeinen nicht zu den Räumen. Etwas anderes gilt, wenn das Naturgebilde durch bauliche Maßnamen oder die Einbringung von Einrichtungen zum Zwecke einer bestimmten Nutzung verändert worden ist (Weinkeller, Lagerräume für Waren).[6] 9

Wesentlich ist auch hier, dass dem Mieter der **Gebrauch an dem Raum** eingeräumt wird. Hiervon sind diejenigen Verträge zu unterscheiden, nach denen der Berechtigte befugt ist, in dem Raum Waren anzubieten oder zu bewerben oder Dienstleistungen zu erbringen (z. B. Aufstellung einer Werbetafel in einer Hotelhalle, Recht zum Verkauf von Getränken etc.). Hierbei handelt es sich nicht um Miete sondern um Verträge sui generis, weil dabei nicht die Nutzung des Raumes, sondern das Verkaufs- oder Werberecht im Vordergrund steht. 10

Wichtigster Anwendungsfall der Miete sonstiger Räume ist die **Geschäftsraummiete.** Hierzu gehört die Miete von Ladenräumen, Lagerräumen, Büros, Arztpraxen, Kanzleien, Fabrikationsräumen, Garagen, usw. Maßgeblich ist auch hier nicht die tatsächliche Nutzung, sondern der vereinbarte Zweck. Dabei kommt es nicht darauf an, ob die Räume zu Gewerbezwecken benutzt werden dürfen oder ob dem das Verbot der Zweckentfremdung entgegensteht. Ein Verstoß gegen ein öffentlich-rechtliches Zweckentfremdungsverbot führt nicht zur Unwirksamkeit des Mietvertrags,[7] sondern ist gegebenenfalls als Mangel zu bewerten, wenn die weiteren Voraussetzungen des § 536 BGB gegeben sind (§ 536 BGB Rdn. 80). Gleiches gilt, wenn die Räume auf Grund ihrer Beschaffenheit nicht zu dem vereinbarten Zweck benutzt werden können. Der Zweck ergibt sich in vielen Fällen bereits aus der Art des Raumes (z. B. bei der Anmietung einer Garage). 11

Sind Räume sowohl als Geschäftsräume als auch als Wohnräume nutzbar, so kommt es für die Bestimmung des Vertragszwecks auf die übereinstimmenden Vorstellungen der Parteien über die Art der Raumnutzung an. 12

Zu den Geschäftsräumen zählen auch diejenigen Räume, die nach dem Vertragszweck zur **Weitervermietung oder zur anderweitigen Überlassung an Dritte** bestimmt sind (s. vor § 535 BGB Rdn. 104)[8]. Dabei kommt es nicht darauf an, ob der Mieter aus der Weitervermietung einen Gewinn erzielt (z. B. bei der gewerblichen Zwischenvermietung) oder die Überlassung an den Dritten aus altruistischen oder sonstigen Gründen kostengünstig oder unentgeltlich erfolgt. Maß- 13

---

[3] **A. A.** *Gregor* WuM 2008, 435, 436.
[4] *Mittelstein* S. 21; *Emmerich* in Staudinger § 578 BGB Rdn. 5; *Artz* in MünchKomm § 578 Rdn 4.
[5] **A. A.** *Gregor* WuM 2008, 435, 437.
[6] *Roquette* § 580 BGB Rdn. 4.
[7] BGH NJW 1994, 320.
[8] **A. A.** *Gregor* WuM 2008, 435, 438: danach liegt Wohnraummiete immer dann vor, wenn die Mietsache durch eine beliebige Person zum Wohnen genutzt werden soll.

geblich ist allein, dass statt des Mieters oder seiner Familie ein Dritter Räumlichkeiten als Wohnung nutzen soll. Weitere Einzelheiten, Rechtsprechungsnachweise und Beispiele s. vor § 535 BGB Rdn. 104.

14 Für diese Mietverhältnisse gelten die „Allgemeinen Vorschriften über Mietverhältnisse" (§§ 535–548 BGB), die in § 578 Abs. 1 BGB genannten Vorschriften sowie die §§ 552 Abs. 1 BGB (Befugnis des Vermieters zur Abwendung des Wegnahmerechts), §§ 555a Absatz 1 bis 3, 555b, 555c Absatz 1 bis 4, 555d Absatz 1 bis 6, 555e Absatz 1 und 2, 555f BGB (Duldungspflicht des Mieters von Instandhaltungs- und Modernisierungsmaßnahmen mit Ausnahme der Vorschrift über die Unabdingbarkeit der genannten Regelungen) und 569 Abs. 2 BGB (Kündigungsrecht beider Teile bei Störungen des Hausfriedens). Abweichende Vereinbarungen sind möglich. Dies gilt auch für die Kündigung nach § 569 Abs. 2 BGB, die nach dem bis 31.8.2001 geltenden Recht auch bei der Geschäftsraumiete nicht abbedungen werden konnte (§ 554a Satz 2 BGB a. F.)

3. Mietverhältnisse über Räume, die zum Aufenthalt von Menschen bestimmt sind (Abs. 2 Satz 2)

15 Die Regelung des § 578 Abs. 2 Satz 1 BGB gilt für Räume, die keine Wohnräume sind, gleichwohl aber zum Aufenthalt von Menschen dienen. Für diese Mietverhältnisse gelten die „Allgemeinen Vorschriften über Mietverhältnisse" (§§ 535–548 BGB), die in § 578 Abs. 1 und 2 BGB genannten Vorschriften und außerdem § 569 Abs. 1 BGB (Kündigungsrecht des Mieters bei gesundheitsgefährdender Beschaffenheit der Räume).

16 Der Aufenthalt in den Räumen muss dem bestimmungsgemäßen Gebrauch der Mietsache entsprechen. Hierzu gehören Büroräume, Ladenräume, Fabrikationsräume, Gaststättenräume, Hotelzimmer und dergleichen. Gleiches gilt für Lagerräume, Kellerräume, Abstellräume, Räume die der Tierhaltung dienen usw., wenn sich dort Menschen aufhalten.[9] Es ist nicht erforderlich, dass sich in den Räumen ständig Menschen aufhalten. Es genügt, wenn der zeitweilige Aufenthalt eine Gesundheitsgefährdung bewirkt. Der gelegentliche kurzfristige Aufenthalt, z. B. zur Durchführung von Wartungsarbeiten und dergleichen genügt nicht. Ist nur ein Teil der Räume gesundheitsgefährdet, so kommt es darauf an, ob hierdurch die Benutzbarkeit der Mietsache als ganzes in Frage gestellt ist.[10] Hiervon ist auszugehen, wenn die Tauglichkeit einzelner Haupträume zu dauernden Aufenthalt ausgeschlossen oder wesentlich beeinträchtigt wird. Ist nur ein unwesentlicher Teil der Mietsache betroffen, so besteht kein Kündigungsrecht. Eine Teilkündigung scheidet in jedem Fall aus. Weitere Einzelheiten s. § 569 BGB.

---

[9] OLG Koblenz NJW-RR 1992, 1228 betr. Hühnerhallen; LG Berlin GE 1988, 733 betr. Kellerraum eines Ladengeschäftes). Ein stundenweises Verweilen genügt; dagegen sind die Räumlichkeiten nicht „ zum Aufenthalt" bestimmt, wenn sie nur kurzzeitig betreten werden (*Roquette* § 544 BGB Rdn. 2).

[10] *Grapentin* in Bub/Treier Kap. IV Rdn. 340.

§ 578a Mietverhältnisse über eingetragene Schiffe

(1) Die Vorschriften der §§ 566, 566a, 566e bis 567b gelten im Fall der Veräußerung oder Belastung eines im Schiffsregister eingetragenen Schiffs entsprechend.

(2) [1]Eine Verfügung, die der Vermieter vor dem Übergang des Eigentums über die Miete getroffen hat, die auf die Zeit der Berechtigung des Erwerbers entfällt, ist dem Erwerber gegenüber wirksam. [2]Das Gleiche gilt für ein Rechtsgeschäft, das zwischen dem Mieter und dem Vermieter über die Mietforderung vorgenommen wird, insbesondere die Entrichtung der Miete; ein Rechtsgeschäft, das nach dem Übergang des Eigentums vorgenommen wird, ist jedoch unwirksam, wenn der Mieter bei der Vornahme des Rechtsgeschäfts von dem Übergang des Eigentums Kenntnis hat. [3]§ 566d gilt entsprechend.

Systematische Übersicht

I. Zweck der Vorschrift

Die Vorschrift enthält eine Sonderregelung für die Miete eines im Binnenschiffs- oder Seeschiffsregister eingetragenen Schiffs. Hierbei handelt es sich um die Miete einer beweglichen Sache. Wird das vermietete Schiff veräußert oder belastet, so bewirkt § 578a BGB, dass bestimmte für die Veräußerung und Belastung eines Grundstücks maßgebliche Vorschriften sinngemäß gelten. Der Grund hierfür ist darin zu sehen, dass die im Schiffsregister eingetragenen Schiffe nach dem Gesetz über Rechte an eingetragenen Schiffen und Schiffsbauwerken vom 15.11.1940[1] (SchiffsRG) in mancher Hinsicht wie Grundstücke behandelt werden. So setzt die Übertragung des Eigentums an einem Binnenschiff nicht nur die Einigung des Eigentümers und des Erwerbers über den Eigentumsübergang sondern auch die Eintragung in das Binnenschiffsregister voraus (§ 3 SchiffsRG). Bei der Übertragung des Eigentums an einem Seeschiff ist die Einigung über den Eigentumsübergang ausreichend (§ 2 SchiffsRG). Hier begründet die Eintragung aber eine gesetzliche Eigentumsvermutung zugunsten des Eingetragenen (§ 15 SchiffsRG). Außerdem kann an einem eingetragenen Schiff eine Schiffshypothek (§ 8 SchiffsRG) und unter den weiteren Voraussetzungen des § 9 SchiffsRG auch ein Nießbrauch bestellt werden. Dieser Rechtslage entspricht es, wenn im Falle der Veräußerung und Belastung eines vermieteten Schiffs die für Grundstücke maßgeblichen Rechte Anwendung finden. 1

II. Anwendungsbereich

1. Schiffe

Die Vorschrift setzt voraus, dass ein Schiff entweder im Seeschiffsregister oder im Binnenschiffsregister **eingetragen** ist. Außerdem muss das Schiff **vermietet** sein. Insoweit ist erforderlich, dass das gesamte Schiff Mietgegenstand ist; es genügt nicht, wenn lediglich einzelne Räume des Schiffes vermietet sind. Die sog. Charterverträge sind keine Miet- sondern Frachtverträge.[2] Schließlich ist Voraussetzung, dass das Schiff nach der Überlassung an den Mieter an einen Dritten **veräußert** oder dass es **mit einem Nießbrauch belastet** wird. 2

---

[1] RGBl. I S. 1499.

[2] *Emmerich* in Staudinger § 578 BGB Rdn. 1.

2. Flugzeuge, Luftfahrzeuge

3 Nach § 1 des Gesetzes über Rechte an Luftfahrzeugen vom 26.2.1959[3] (LuftRG) kann ein in der Luftfahrzeugrolle eingetragenes Luftfahrzeug mit einem Registerpfandrecht belastet werden. In § 98 Abs. 1 LuftRG ist geregelt, dass für Luftfahrzeuge die für bewegliche Sachen geltenden Vorschriften maßgeblich sind. Dies gilt auch für die Miete eines Luftfahrzeugs. Eine Ausnahme gilt, wenn ein vermietetes Luftfahrzeug veräußert wird. Für diesen Fall ist in **§ 98 Abs. 2 LuftRG** geregelt, dass § 578a BGB sinngemäß mit der Maßgabe anzuwenden ist, dass an die Stelle des eingetragenen Schiffs, das in der Luftfahrzeugrolle eingetragene Luftfahrzeug tritt.

III. Rechtsfolgen bei Veräußerung und Belastung

1. Anwendung des § 566 BGB

4 Der Begriff der Veräußerung ist derselbe wie in § 566 BGB (s. dort Rdn. 57ff.).

5 Die Veräußerung hat zur Folge, dass der Erwerber an die Stelle des Veräußerers in die sich während der Dauer seines Eigentums ergebenden Rechte und Verpflichtungen eintritt. Vereinfacht ausgedrückt: zwischen dem Erwerber und dem Mieter kommt zum Zeitpunkt der Vollendung des Eigentumserwerbs (beim Seeschiff die Einigung über den Eigentumsübergang, beim Binnenschiff die Eintragung ins Binnenschiffsregister) ein neues Mietverhältnis zustande, das denselben Inhalt wie das bisherige Mietverhältnis hat.

6 Der Erwerber tritt nur in solche Rechte und Pflichten ein, die in dem Mietvertrag zwischen dem Mieter und dem Veräußerer ihre Grundlage haben. Hierzu gehört alles, was mit der Nutzung des Schiffs im Zusammenhang steht (Beispiele: Vereinbarungen über die Miete, die Mietzeit, über Instandhaltungsregelungen und dergleichen). Sondervereinbarungen gehen nicht auf den Erwerber über, auch wenn sie mit der Vermietung in wirtschaftlichem Zusammenhang stehen oder zusammen mit den mietvertraglichen Bestimmungen in einer einzigen Vertragsurkunde geregelt worden sind.

7 Mit dem Eigentumsübergang findet in dem Mietverhältnis eine Zäsur statt. Alle Ansprüche des Veräußerers gegen den Mieter, die im Zeitpunkt des Eigentumsübergangs bereits fällig sind, verbleiben beim Veräußerer. Entsprechendes gilt für die Ansprüche des Mieters gegen den Veräußerer: soweit diese Ansprüche fällig sind, kann der Mieter nur den Veräußerer in Anspruch nehmen; soweit sie nicht fällig sind gehen sie auf den Erwerber über. Weitere Einzelheiten bei § 566 BGB.

2. Anwendung des § 566a BGB

8 Hat der Mieter des Schiffs eine Sicherheit geleistet, so gilt nach §§ 578a, 566a BGB folgendes: Kann der Veräußerer bei Eigentumsübergang fällige Ansprüche gegen den Mieter geltend machen, so ist er berechtigt, sich deswegen aus der Kaution zu befriedigen. Der Erwerber kann in diesem Fall vom Mieter aus vertraglichem Recht die Wiederauffüllung der Kaution verlangen. Hat der Veräußerer dagegen keinen Anspruch gegen den Mieter, so tritt der Erwerber in die durch die Sicherheit begründeten Rechte und Pflichten ein. Bei einer Sicherungsbürgschaft erwirbt er die Ansprüche aus §§ 765ff. BGB. Ist eine Sache sicherungsübereignet, so wird der Erwerber Eigentümer der Gegenstände. Hat der Mieter eine Barkaution bezahlt, so erwirbt der Erwerber einen Anspruch gegen den Veräußerer auf Herausgabe. Daneben kann auch der Mieter vom Veräußerer verlangen, dass dieser die Kaution auf den Erwerber überträgt. Weitere Einzelheiten s. § 566a BGB

3. Anwendung des § 566e BGB

9 Die Vorschrift schützt in Anlehnung an § 409 BGB das Vertrauen des Mieters hinsichtlich der Richtigkeit eines vom Vermieter angezeigten Eigentümerwechsels. Dies hat dann praktische Bedeutung, wenn der Eigentümerwechsel in Wirklichkeit nicht stattgefunden hat. In einem solchen Fall leistet der Mieter durch Zahlung an den vermeintlichen Erwerber zwar an einen Nichtberechtigten; gleichwohl wird er durch die Zahlung auch gegenüber dem Berechtigten (dem Vermieter)

[3] BGBl. I S. 57.

frei. Der Ausgleich muss hier im Verhältnis zwischen dem Vermieter und dem vermeintlichen Erwerber erfolgen.

Der Vermieter kann die Anzeige durch Erklärung gegenüber dem Mieter zurücknehmen. Allerdings ist hierzu die Zustimmung dessen erforderlich, der als neuer Eigentümer bezeichnet worden ist (§ 566e Abs. 2 BGB). Hat der Vermieter die Anzeige vor der Zahlung des Mieters widerrufen, so hat der Mieter gegenüber dem Vermieter ein Leistungsverweigerungsrecht bis ihm die Zustimmung des vermeintlichen Erwerbers nachgewiesen wird. Das Zurückbehaltungsrecht entfällt, wenn mit Sicherheit feststeht, dass der vermeintliche Erwerber keinen Anspruch auf den Mietzins erheben wird. **10**

4. Anwendung des § 567 BGB

Die Vorschrift ist von Bedeutung, wenn an dem vermieteten Schiff nach der Überlassung an den Mieter ein **Nießbrauch** bestellt wird. Die Bestellung des Nießbrauches hat zur Folge, dass der Nießbraucher an Stelle des bisherigen Vermieters in das Mietverhältnis eintritt (§§ 566, 567, 578a BGB). Erlischt der Nießbrauch, so werden die ursprünglichen Vertragsverhältnisse wiederhergestellt (§ 1056 BGB). Wird das Schiff unter gleichzeitiger Bestellung eines Nießbrauchs zugunsten des bisherigen Vermieters veräußert, so bleiben die Vertragsverhältnisse unberührt. **11**

5. Anwendung des § 567a BGB

Die Vorschriften der §§ 566, 567 BGB setzen voraus, dass das Schiff **nach** der Überlassung an den Mieter veräußert oder mit einem Nießbrauch belastet wird. Werden diese Rechtsgeschäfte **vor** der Überlassung der Mietsache vorgenommen, so ist der Grundsatz „Kauf bricht nicht Miete" unanwendbar. Der Erwerber tritt nicht in das Mietverhältnis ein. Der Veräußerer haftet dem Mieter jedoch nach §§ 283, 323, 326 BGB. Diese Rechtsfolge kann vermieden werden, wenn der Erwerber dem Vermieter gegenüber die Erfüllung der sich aus dem Mietverhältnis ergebenden Pflichten übernommen hat. Die Übernahme der Pflichten bewirkt, dass die §§ 566, 567 BGB Anwendung finden. **12**

6. Anwendung des § 567b BGB

Die Vorschrift regelt den Fall der mehrfachen Veräußerung oder Belastung der vermieteten Sache. Hier bestimmt § 567b BGB zur Klarstellung, dass jeder Erwerber gem. § 566 BGB in das Mietverhältnis eintritt. **13**

7. Verfügungen über die Miete (Abs. 2 Satz 1)

Bei der Grundstücksmiete schützen §§ 566b, 578 Abs. 1 BGB den Erwerber in einem beschränktem Umfang gegen Verfügungen des Veräußerers bezüglich des Mietzinses (Einzelheiten s. dort). Diese Vorschrift ist bei der Schiffs- und Flugzeugmiete nicht entsprechend anwendbar. Vielmehr bestimmt hier § 578a Abs. 2 Satz 1, dass alle Verfügungen des Veräußerers bezüglich der Miete gegenüber dem Erwerber wirksam sind. Eine zeitliche Beschränkung besteht nicht. **14**

8. Rechtsgeschäfte zwischen dem Vermieter und dem Mieter über die Mietforderung (Abs. 2 Satz 2)

Bei der Grundstücksmiete schützen §§ 566c, 578 Abs. 1 BGB den Mieter in beschränktem Umfang vor einer Inanspruchnahme durch den Erwerber auf Zahlung der bereits an den Veräußerer gezahlten Miete (Einzelheiten s. dort). Diese Vorschrift ist bei der Schiffs- und Flugzeugmiete nicht entsprechend anwendbar. Vielmehr bestimmt hier § 578a Abs. 2 Satz 2, dass grundsätzlich alle Rechtsgeschäfte zwischen dem Vermieter und dem Mieter über die Mietzinsforderung gegenüber dem Erwerber wirksam sind. Eine Ausnahme gilt hinsichtlich solcher Rechtsgeschäfte, die nach dem Übergang des Eigentums vorgenommen werden, wenn der Mieter bei der Vornahme des Rechtsgeschäfts vom Eigentumsübergang Kenntnis hatte. Erforderlich ist positive Kenntnis. **15**

9. Aufrechnung gegenüber dem Erwerber (Abs. 2 Satz 3)

16 Bei der Grundstücksmiete regeln §§ 566d, 578 Abs. 1 BGB die Frage, unter welchen Voraussetzungen der Mieter eine Forderung, die ihm gegen den Vermieter zusteht, gegen die Mietzinsforderung des Erwerbers aufrechnen kann (Einzelheiten s. dort). Bei der Schiffs- und Flugzeugmiete bestimmt § 578a Abs. 2 Satz 3 BGB, dass die genannte Vorschrift sinngemäß gilt.

§ 579 Fälligkeit der Miete

(1) [1]Die Miete für ein Grundstück und für bewegliche Sachen ist am Ende der Mietzeit zu entrichten. [2]Ist die Miete nach Zeitabschnitten bemessen, so ist sie nach Ablauf der einzelnen Zeitabschnitte zu entrichten. [3]Die Miete für ein Grundstück ist, sofern sie nicht nach kürzeren Zeitabschnitten bemessen ist, jeweils nach Ablauf eines Kalendervierteljahrs am ersten Werktag des folgenden Monats zu entrichten.

(2) Für Mietverhältnisse über Räume gilt § 556b Abs. 1 entsprechend.

Systematische Übersicht

I. Anwendungsbereich und Bedeutung der Vorschrift

1 § 579 Abs. 1 BGB regelt die Fälligkeit für **Grundstücke und bewegliche Sachen.** Die bisherige Regelung in § 551 BGB a. F. wurde in Abs. 1 inhaltlich unverändert übernommen. § 579 Abs. 2 BGB nimmt **Gewerberäume** aus, für die auf § 556b Abs. 1 BGB verwiesen ist. Diese Regelung gilt jedoch gem. Art. 229 § 3 Abs. 1 Nr. 7 EGBGB **nur für nach dem 31.8.2001 begründete Mietverhältnisse.**

2 Die Vorschrift ist, auch formularvertraglich, **abdingbar.**[1] Da Vereinbarungen, die das Minderungsrecht des Mieters beschränken, nach § 536 Abs. 4 BGB nur bei der Wohnraummiete unwirksam sind, wird die Wirksamkeit einer Klausel mit Vorleistungspflicht des Mieters nicht von Aufrechnungsverboten oder -einschränkungen berührt, soweit sie nach § 309 Nr. 3 BGB überhaupt zulässig sind.

3 Aus der unterschiedlichen Fälligkeit der Miete für Grundstücke in Abs. 1 einerseits und Räume andererseits resultiert für die Praxis eine **weitere Abgrenzungsproblematik.** Während es früher nur erforderlich war, bei Mischmietverhältnissen Überlegungen dazu anzustellen, ob die Wohnraumnutzung – mit den Vorschriften zum Schutz des Mieters – oder die gewerbliche Nutzung überwiegt, ist es nunmehr gelegentlich geboten festzustellen, ob Raum- oder Grundstücksmiete vorliegt, etwa bei der Überlassung eines Erholungsgrundstücks mit Wochenendhaus.[2]

4 Die einheitliche Regelung des § 551 BGB a. F. gestattete es, bei Mietobjekten, die nicht zu den im Gesetz aufgeführten gehörten, ohne weiteres auf diese Vorschrift zurückzugreifen. Nunmehr kann sich in Sonderfällen das Problem ergeben, **ob** auf **§ 556b BGB oder** auf **§ 579 BGB** abzustellen ist, zumal § 579 BGB kein Auffangtatbestand ist. In Anlehnung an die sonstigen schuldrechtlichen Austauschverträge, bei denen das Entgelt nach der Leistung zu entrichten ist, wird vertreten, dass eher § 579 BGB anzuwenden ist.[3]

II. Fälligkeit der Miete

5 § 579 Abs. 1 BGB enthält eine **differenzierte Regelung** über die Fälligkeit der Miete, wenn es sich nicht um die Vermietung von Wohnraum (§ 556b Abs. 1 BGB) oder sonstige Räume (§ 579 Abs. 2 BGB mit Verweis auf § 556b Abs. 1 BGB) handelt. Gemeinsam ist allen Varianten, dass die Miete jeweils **erst nachträglich fällig** ist, sei es **am** Ende der Mietzeit (§ 579 Abs. 1 Satz 1 BGB), sei es **nach** Ablauf eines Nutzungsabschnitts (§ 579 Abs. 1 Satz 2 BGB).

6 Ist die **Miete in einem Betrag** (sog. Einmalmiete) zu zahlen, tritt Fälligkeit nach § 579 Abs. 1 Satz 1 BGB *am* Ende der Mietzeit ein, d. h. sie ist an deren letztem Tag zu entrichten. Dies gilt auch bei *Grundstücken*.

7 Ist die Zahlung der **Miete nach Zeitabschnitten** vereinbart, gilt nach § 579 Abs. 1 Satz 2 BGB im **Grundsatz,** dass sie *nach* Ablauf des jeweiligen Zeitabschnitts fällig wird. Fälligkeit ist daher am folgenden ersten Tag des Halbjahres, Quartals oder Monats bzw. bei tageweisem Zeitabschnitt am

---

1 *Artz* in MünchKomm § 579 Rdn. 3.
2 *Gellwitzki* WuM 2001, 377.
3 *Gellwitzki* WuM 2001, 377; *Kinne* in Kinne/Schach/Bieber § 579 Rdn. 2.

nächsten Tag gegeben. Die Miete ist an diesem *„bestimmten Tage"* i. S. des § 193 BGB zu leisten, so dass an die Stelle eines Sonnabends, Sonn- oder Feiertags der folgende Werktag tritt. Dies gilt auch bei *Grundstücken,* wenn die Zahlung täglich, wöchentlich oder ein- bzw. zweimonatlich zu erfolgen hat.

Ist als Mietbeginn der 15. eines Monats festgesetzt, wird dieser Tag nach § 187 Abs. 2 Satz 1 BGB mitgerechnet, so dass hier nicht wie nach § 188 Abs. 2 Alt. 1 BGB der durch seine Benennung oder Zahl entsprechende Tag, also der 15., der letzte Tag der Frist ist, sondern nach § 188 Abs. 2 Alt. 2 BGB der vorangehende Tag mit der Folge, dass schon der jeweils 15. der Tag *nach* Ablauf des Zeitabschnitts ist.

8 Eine **Ausnahme** greift nach § 579 Abs. 1 Satz 3 BGB bei **Grundstücken** ein, wenn der Mieter **in längeren Abständen** zu zahlen hat, nämlich quartalsweise, halb- oder jährlich.[4] Hier tritt Fälligkeit allgemein *nach* Ablauf eines Kalendervierteljahres ein, also am ersten Werktag des folgenden Monats. Durch den Verweis auf das Kalendervierteljahr ist der Anfang der Nutzungszeit des Mieters nicht relevant; begann sie innerhalb dieses Zeitraums, schuldet der Mieter zunächst nur die anteilige Miete für die Zeit bis zum Ende des laufenden Vierteljahres.[5]

9 Zur **Rechtzeitigkeit** der Mietzahlung ist auf § 556b BGB Rdn. 6ff. zu verweisen.

10 Die **Übergangsvorschrift** des Art. 229 § 3 Abs. 1 Nr. 7 EGBGB ist nur für **Gewerberäume** relevant (s. Rdn. 1), weil es im Übrigen bei der bisherigen Regelung geblieben ist. War der Zeitpunkt der Mietzahlungspflicht des Mieters im Vertrag aus der Zeit vor dem 1. 9. 2001 nicht geregelt, bleibt es bei der Fälligkeit nach Maßgabe des § 579 Abs. 1 BGB; die praktische Bedeutung ist gering.

[4] Vgl. LG Wuppertal WuM 1992, 668.

[5] *Artz* in MünchKomm § 579 Rdn. 2; *Blank* in Blank/Börstinghaus § 579 Rdn. 4.

§ 580 Außerordentliche Kündigung bei Tod des Mieters

Stirbt der Mieter, so ist sowohl der Erbe als auch der Vermieter berechtigt, das Mietverhältnis innerhalb eines Monats, nachdem sie vom Tod des Mieters Kenntnis erlangt haben, außerordentlich mit der gesetzlichen Frist zu kündigen.

Systematische Übersicht

I. Anwendungsbereich

Die Vorschrift ist das Pendant zur gleichartigen Regelung in § 564 Satz 2 BGB. § 564 Satz 2 BGB gilt für Wohnraummietverhältnisse aller Art, § 580 BGB für **alle anderen Mietverhältnisse.** Das ergibt sich aus der systematischen Stellung der Vorschriften (§ 564 BGB steht im Untertitel 2 über Wohnraummietverhältnisse; § 580 BGB im Untertitel 3 über Mietverhältnisse über andere Sachen[1]). Zu den erfassten Mietverhältnissen gehört die Gewerberaummiete, die Miete von beweglichen Sachen, von Grundstücken oder Grundstücksteilen und von Schiffen. Bei Mischmietverhältnissen kommt es auf den Schwerpunkt der Nutzung an, ob ein Gewerbe oder ein Wohnraummietvertrag vorliegt (s. zur Abgrenzung vor § 535 Rdn. 94ff.); wenn danach Gewerberaummiete anzunehmen ist, finden die §§ 563ff. BGB keine Anwendung, sondern § 580 BGB. Auch **Leasingverträge** sind erfasst[2]. Leasingverträge sind nämlich grundsätzlich als Mietverträge einzuordnen, so dass auch die Vorschriften über die Miete gelten. Zwar handelt es sich insbesondere bei Finanzierungsleasingverträgen mit Vollamortisation um atypische Mietverträge, die von der Interessenlage her an der Nahtstelle zum Kauf liegen, weil der Leasingnehmer nicht nur ein Gebrauchsentgelt, sondern die Vollamortisation versprochen hat. Daraus folgt aber nicht, dass die Vorschrift des § 580 BGB unanwendbar wäre, ansonsten könnte man jede Gesetzesanwendung unter die Bedingung der Vergleichbarkeit der Interessenlage stellen; vielmehr wird der atypischen Interessenlage ausreichend dadurch Rechnung getragen, dass die Parteien des Leasingvertrages die dispositiven Vorschriften des Mietrechts im Rahmen der Vertragsfreiheit abändern können[3]. Für die **Pacht** gibt es in §§ 584, 584a BGB und für die Landpacht in § 594d BGB eigene Vorschriften. 1

II. Zweck der Vorschrift

Im Falle des Todes des Mieters geht das Mietverhältnis gem. §§ 1922, 1967 BGB auf den Erben über[4]. Anders als bei der Wohnraummiete (s. §§ 563, 563a BGB) gibt es kein Eintritts- oder Fortsetzungsrecht privilegierter Personen. § 580 BGB gewährt sowohl dem Vermieter als auch dem Erben ein außerordentliches Kündigungsrecht ohne ein besonderes Kündigungsinteresse, wenn der Mieter stirbt. Das Kündigungsrecht dient – wie im Falle des § 564 Satz 2 BGB – dazu, dass Vermieter und Erbe einem starken personalen Bezug des Mietverhältnisses und den Veränderungen Rechnung tragen können, die der Tod des Mieters möglicherweise mit sich bringt[5], und ist ein gesetzlich geregelter Fall des Wegfalls der Geschäftsgrundlage. Die Person des Mieters ist für den Vermieter nämlich oft von wesentlicher Bedeutung; auf der anderen Seite hat ein Erbe oft kein Interesse an 2

---

[1] Näher hätte es gelegen, eine allgemeine Regelung im Untertitel 1 (Allgemeine Vorschriften für Mietverhältnisse) anzusiedeln. Vor der zum 1.9.2001 in Kraft getretenen Mietrechtsreform gab es eine solche allgemeine Regelung in § 569 BGB.

[2] H.M., vgl. LG Gießen NJW 1986, 2116; *von Westphalen* EWiR 1986, 1087; *Rolfs* in Staudinger § 580 Rdn. 5. **A. A.** *Stoffels* in Staudinger (2004) Leasing Rdn. 349; *Gerken* DB 1997, 1703.

[3] LG Gießen NJW 1986, 2116.

[4] BGH (VIII ZR 68/12) NJW 2013, 933 = WuM 2013, 236 = ZMR 2013, 422 Rdn. 17.

[5] *Häublein* in MünchKomm § 564 Rdn. 2 unter Bezugnahme auf die Gesetzesmotive. S. auch RGZ 90, 329.

der Fortführung des Vertrages, wenn er etwa das Gewerbe des Erblassers nicht weiterführen will. § 580 BGB hat insbesondere bei der Gewerberaummiete besondere Bedeutung, da hier Zeitmietverträge vorherrschen, die im Falle des Todes vorzeitig beendet werden können; eine Kündigung ist aber auch möglich, wenn die Vertragsparteien den Ausschluss des Kündigungsrechtes für eine bestimmte Zeit vereinbart haben oder wenn sie die Kündigungsfristen verlängert haben. Der **Tod des Vermieters** begründet kein außerordentliches Kündigungsrecht für die Mieter[6]. Nach dem Tod des Vermieters treten dessen Erben bzw. – wenn keine Erben vorhanden sind – der Fiskus im Wege der Gesamtrechtsnachfolge in die Vermieterstellung ein[7]; eine Sonderrechtsnachfolge wie in §§ 563ff. BGB gibt es nicht.

III. Entstehungsgeschichte und Übergangsregelung

3 Unmittelbare Vorgängernorm war nicht § 569 BGB a. F., sondern (für einen Monat vom 1.8. bis zum 1.9.2001) § 569c Abs. 2 BGB a. F. (s. § 563 Rdn. 3). § 569c Abs. 2 BGB a. F. ist inhaltsgleich mit § 580 BGB. § 569 BGB a. F., also die Gesetzesfassung vor dem 1.8.2001, sah hingegen vor, dass die Kündigung nur zu dem ersten möglichen Termin erklärt werden konnte im Gegensatz zu der Monatsfrist nach jetziger Rechtslage. Zur Übergangsregelung s. § 563 Rdn. 4; Art 229 § 3 Abs. 1 Nr. 5 EGBGB gilt – mit Ausnahme des 2. Halbsatzes, der nur Wohnraummietverhältnisse betrifft – auch für § 580 BGB[8].

IV. Fortsetzung des Mietverhältnisses mit dem Erben

4 § 580 BGB ist nur anwendbar, wenn der verstorbene **Mieter eine natürliche Person** war; für juristische Personen oder Personengesellschaften bzw. auf ein Ausscheiden von deren Gesellschaftern gilt die Vorschrift nicht[9]. Der Erbe des verstorbenen Mieters setzt das Mietverhältnis mit dem Vermieter fort, er wird Vertragspartei, mehrere Erben bilden eine Erbengemeinschaft. Soll nur einer der Erben Mieter sein, so muss hierüber ein dreiseitiger Vertrag zwischen dem Vermieter, den Mitgliedern der Erbengemeinschaft und dem fortsetzungswilligem Miterben geschlossen werden, da es sich um eine Vertragsübernahme handelt[10]. S. zur Haftung des Erben für **nach dem Erbfall fällig gewordene Verbindlichkeiten** einschließlich der Pflichten aus der Abwicklung des Vertrages sowie für **Altverbindlichkeiten** bei § 564 Rdn. 3.

5 Eine Fortsetzung des Mietverhältnisses kommt nicht mehr in Betracht, wenn es beendet war; dann kann der Erbe allenfalls in das **Abwicklungsschuldverhältnis** eintreten[11]. Das Mietverhältnis wird beendet bei Zeitmietverträgen durch Ablauf der Mietzeit, ansonsten nach Ablauf der Kündigungsfrist. Ist diese länger als die Kündigungsfrist nach §§ 580, 580a BGB, kann auch noch nach § 580 gekündigt werden. Wurde der Mietvertrag auf Lebenszeit des Mieters geschlossen, endet es mit dessen Tod.

V. Kündigungsrecht für Erben und Vermieter

6 Das Kündigungsrecht des § 580 BGB setzt voraus, dass der Mieter während des Bestehens des Mietvertrages verstorben sein muss. Die Todesursache ist unerheblich, auch Selbstmord schließt die Anwendung nicht aus[12]. Die Todeserklärung gem. § 9 Abs. 1 VerschG steht dem Tod gleich, nicht jedoch die Verschollenheit; gem. § 10 VerschG wird nämlich vermutet, dass eine Person lebt, solange er nicht für tot erklärt ist. Auf die Auflösung von juristischen Personen und Personenvereinigungen (GbR, oHG, KG) ist § 580 BGB weder direkt noch analog anwendbar; zu den Einzelheiten der Begründung s. § 563 Rdn. 13. Teilweise wird in gewerblichen Mietverträgen entsprechend einer Rechtspraxis im angelsächsischen Raum ein Kündigungsrecht für den Fall vereinbart, dass es

---

[6] *Rolfs* in Staudinger § 564 Rdn. 4.

[7] S. zur Problematik des unbekannten Erben und des Fiskus als gesetzlichen Erben *Wotte/Ungerer* NZM 2012, 412; *Horst* DWW 2013, 367.

[8] *Rolfs* in Staudinger § 580 Rdn. 13.

[9] Zu Einzelheiten für die ähnliche Problematik bei der Wohnraummiete s. § 563 Rdn. 13.

[10] *Häublein* in MünchKomm § 564 Rdn. 6.

[11] *Blank/Börstinghaus* § 580 Rdn. 14.

[12] BGH NJW-RR 1991, 76.

einen Gesellschafter- oder Geschäftsführerwechsel auf Mieterseite gibt (sog. **Change-of-Control-Klauseln**); solche Klauseln sind als AGB regelmäßig unwirksam, weil sie meist unangemessen in die Interna des Mieters eingreifen, indem sie mittelbar durch das Recht zu einer möglicherweise existenzbedrohenden Kündigung des Mietverhältnisses Veränderungen im Gesellschafterbestand oder bei der Person der Geschäftsführer verhindern[13].

Kündigungsberechtigt sind sowohl der Erbe als auch der Vermieter, nicht aber die anderen Gesellschafter beim Tod eines Mitgesellschafters[14]. Die Kündigung beendet das Mietverhältnis erst zum Ablauf der Kündigungsfrist des § 580a BGB. Die bis dahin entstandenen, also fällig gewordenen Verbindlichkeiten einschließlich der Pflichten aus der Abwicklung des Vertrages sind Nachlassverbindlichkeiten (s. Rdn. 4); 7

Es handelt sich bei dem Kündigungsrecht gem. § 580 BGB nach dem Wortlaut der Vorschrift um ein **außerordentliches Kündigungsrecht mit gesetzlicher Frist.** Die Frist ergibt sich gem. § 580a Abs. 4 BGB aus § 580a Abs. 1 bis 3 BGB und richtet sich nach der Art des Mietverhältnisses (bei Gewerberaum etwa gilt § 580a Abs. 2 BGB). Vertragliche Vereinbarungen über Änderungen der Kündigungsfrist oder den zeitweiligen Ausschluss des Kündigungsrechtes beeinflussen grundsätzlich nicht die Kündigungsfrist gem. §§ 580, 580a BGB; etwas anderes gilt nur dann, wenn die Vereinbarung ausdrücklich auch die Kündigung nach Tod des Mieters erfassen sollte (s. zu abweichenden Vereinbarungen auch Rdn. 12). Das Kündigungsrecht ist weder für den Vermieter noch für den Erben an ein besonderes **Kündigungsinteresse** gebunden. Das Kündigungsrecht entfällt auch dann nicht, wenn der Erbe ein Personenhandelsgewerbe unter der bisherigen Firma fortführt (mit der Haftungsfolge aus §§ 25, 27 HGB)[15]. 8

Hinsichtlich der **Kündigungserklärung** (einschließlich der Folgen einer **Ausschlagung** der Erbschaft) kann auf die entsprechenden Ausführungen in der Kommentierung zu § 564 BGB verwiesen werden, allerdings mit der Einschränkung, dass § 568 BGB nicht anwendbar ist; die Vorschrift gilt nur für Wohnraummietverhältnisse. Die Kündigung nach § 580 BGB kann also auch mündlich erklärt werden. 9

Die außerordentliche Kündigung gem. § 580 BGB muss **innerhalb eines Monats** erklärt werden, ansonsten erlischt das Kündigungsrecht. Der Zugang der Kündigung setzt die Kündigungsfrist des § 580a BGB in Gang. Die Ausschlussfrist beginnt, wenn die Kündigungsberechtigten (also Erbe oder Vermieter) von dem Tod des Mieters Kenntnis erlangt haben. Die Kenntnis kann im Einzelfall schon vor Vollzug des Mietverhältnisses, also vor Gebrauchsüberlassung bestehen[16]; die Kündigungsfrist (laufend ab Zugang der Kündigungserklärung) ist auch in diesem Fall einzuhalten[17], um dem Kündigungsgegner die Suche nach einem neuen Vertragspartner zu ermöglichen[18]. Nach dem Wortlaut des § 580 BGB scheint es auf die **Kenntnis der Erbenstellung** bzw. der Person des Erben nicht anzukommen. Diese Kenntnis ist aber für den Fristenlauf ebenfalls notwendig[19], damit der Erbe bzw. der Vermieter überhaupt die Möglichkeit hat, eine Entscheidung über die Ausübung seines Kündigungsrechtes zu treffen[20]. Aus dem gleichen Grund läuft die Frist für den Testamentsvollstrecker, wenn ein solcher eingesetzt ist, frühestens mit der Annahme des Amtes gem. § 2202 BGB zu laufen. Die Kenntnis von der Erbenstellung wird nicht ohne weiteres durch eine Mitteilung von Familienangehörigen bzw. ähnlichen Personen oder durch Kenntnisnahme von einem Testament begründet; der Erbe darf sich vielmehr in solchen Fällen seines Erbrechtes durch unverzüglich einzuholende Auskunft beim Nachlassgericht (etwa über das Vorhandensein weiterer Testamente) oder bei einem Rechtsanwalt (etwa über die Auslegung des Testaments) vergewissern[21]. Ansonsten gelten die Erläuterungen zur Kenntnis sowie zur Kenntnisverschaffung im Rahmen des § 563 Abs. 3 und 4 BGB sowie des § 563a Abs. 2 BGB sinngemäß auch hier. Bei Geschäftsunfähigen oder beschränkt Geschäftsfähigen ist § 166 BGB zu beachten; gleiches gilt für die Nachlassverwaltung und die Nachlassinsolvenzverwaltung. 10

---

13 Einzelheiten bei § 540 Rdn. 83 sowie bei *Disput* NZM 2008, 305; *Mielke/Nguyen-Viet*, DB 2004, 2515; BGH NJW 1985, 623 (zu einer solchen Klausel in einem Vertragshändlervertrag).
14 *Artz* in MünchKomm § 580 Rdn. 2; s. auch Rdn. 11.
15 *Artz* in MünchKomm § 580 Rdn. 2.
16 *Blank/Börstinghaus* § 564 Rdn. 50.
17 Hierdurch können Erfüllungspflichten entstehen.
18 BGH NJW 1979, 1288.
19 LG München NZM 2004, 337, allerdings ohne Begründung.
20 OLG Hamm WuM 1981, 263 = ZMR 1981, 211.
21 LG München NZM 2004, 337.

VI. Kündigungsrecht bei mehreren Mietern

11 Auch im Falle einer Mietermehrheit, nicht hingegen beim Tod des Gesellschafters einer teilrechtsfähigen Personengemeinschaft[22], können der Erbe eines Mieters bzw. der Vermieter gem. § 580 BGB kündigen. Zu den Einzelheiten sowie zur Begründung dieser umstrittenen Frage s. die Erläuterungen zu der ähnlichen Problematik bei der Kommentierung zu § 564 BGB (dort Rdn. 16ff.). Hat der überlebende Mieter den verstorbenen Mieter beerbt, so schließt das das Kündigungsrecht gem. § 580 BGB nicht aus[23], weil das Fehlen eines (Gesamt-)Schuldners wesentlich sein kann.

VII. Abweichende Vereinbarungen

12 § 580 BGB ist durch **Individualvereinbarung** abdingbar[24], auch durch Vertrag des verstorbenen Mieters mit dem Vermieter zu Lasten des Erben, da dieser durch die Erbschaft ohnehin nur in die durch den Erblasser geschaffene Rechtslage eintritt[25]. Das heißt, der Erblasser und der Vermieter können das Kündigungsrecht gem. § 580 BGB ganz ausschließen oder es hinsichtlich der Voraussetzungen und Fristen ändern (erleichtern oder verschärfen)[26]. Das gilt in den Grenzen der §§ 138, 242 BGB auch für sehr langfristige Verträge oder einen langfristigen Kündigungsrechtsausschluss, da sich der Erbe vor einer übermäßigen Belastung durch Ausschlagung der Erbschaft schützen kann; er kann der Bindung auch durch Stellung eines geeigneten Nachmieters entgehen[27].

13 Ob die Abdingbarkeit auch für **Formularklauseln** gilt, soll nach h. M. davon abhängen, ob man das Kündigungsrecht nach § 580 BGB zu dem gesetzlichen Leitbild der Miete zählt; in diesem Fall läge in einer Erschwerung des Kündigungsrechtes ein Verstoß gegen § 307 Abs. 2 Nr. 1 BGB. Ob § 580 BGB zum gesetzlichen Leitbild gehört, ist in ähnlicher Weise umstritten wie bei § 564 Satz 2 BGB[28]. M. E. kommt es auf diese Frage nicht an. § 307 BGB verbietet nur Benachteiligungen des Vertragspartners des Verwenders, also des verstorbenen Mieters. Dieser wird aber durch eine Abweichung von § 580 BGB nicht belastet. Belastet wird erst der Erbe durch eine Erschwerung des Kündigungsrechtes. Dritte werden zwar unter Umständen auch durch § 307 BGB geschützt; dies aber nur auf Grund eines Rechtsverhältnisses zum Vertragspartner[29]. Ein solches Rechtsverhältnis existiert jedoch nicht zwischen dem Erben und dem Vertragspartner, der Erbe wird vielmehr mit dem Tod des Mieters selbst Vertragspartner[30].

14 Wenn man diesem Ansatz nicht folgt, müsste die Frage, ob § 580 BGB zum gesetzlichen Leitbild der Miete gehört, verneint werden. Gerade die Fälle der **Mietermehrheit** zeigen nämlich, dass es bei den Mitmietern des Erben ein erhebliches Bedürfnis dafür geben kann, die Anwendung des § 580 BGB auf sich zu erstrecken oder die Kündigungsmöglichkeit des Erben und des Vermieters zu beschränken bzw. auszuschließen.

15 Eine AGB-Kontrolle erscheint allerdings notwendig, soweit in dem Vertrag zwischen dem Vermieter und dem verstorbenen Mieter nicht nur das Kündigungsrecht des Erben gem. § 580 BGB ausgeschlossen wird, sondern **sonstige Kündigungsbeschränkungen bzw. Laufzeitregelungen** getroffen werden, die erst nach dem Erbfall gelten sollen. Solche Klauseln wären an § 307 BGB zu messen. Danach sollen Klauseln unangemessen sein, die nicht für den Erben und den Ver-

[22] S. für die GbR OLG Brandenburg ZMR 2008, 780.
[23] **A. A.** *Blank/Börstinghaus* § 580 Rdn. 11, weil sich am Vertragsverhältnis nichts ändere.
[24] Allg. M., vgl. nur *Rolfs* in Staudinger § 580 Rdn. 12 m. w. N.; s. außerdem die Nachweise zur Abdingbarkeit der gleichartigen Regelung in § 564 Satz 2 BGB.
[25] *Blank/Börstinghaus* § 580 Rdn. 34.
[26] Vgl. zu § 564 BGB *Rolfs* in Staudinger § 564 Rdn. 23.
[27] S. hierzu *Streyl* WuM 2005, 183.
[28] Vgl. zum Meinungsstand bei § 564: *Häublein* in MünchKomm § 564 Rdn. 25 sowie die ausführliche Argumentation bei *Rolfs* in Staudinger § 564 Rdn. 25 und *Lehmann-Richter* WImmoT 2008, 158/159, 167/168. *Sternel* ZMR 2004, 720 ist der Ansicht, eine Abdingung durch AGB sein unmöglich, weil die Vorschrift als gesetzlich geregelter Fall der Störung der Geschäftsgrundlage zum Leitbild eines jeden Schuldverhältnisses gehöre; das ist im Ansatz richtig, das Kündigungsrecht beruht aber auf einer anderen als der in § 313 BGB vorausgesetzten Risikoverteilung, weswegen die Argumentation im Ergebnis nicht durchgreift.
[29] *Coester* in Staudinger (2006) § 307 Rdn. 93.
[30] **A. A.** *Lehmann-Richter* WImmoT 2008, 168.

mieter gleichermaßen gelten, und zum anderen solche Klauseln, die die Untervermietung ausschließen[31]. Letzteres dürfte jedenfalls dann richtig sein, wenn man den formularmäßigen Ausschluss der Untervermietung insgesamt, also auch zu Lebzeiten des verstorbenen Mieters, für unangemessen hält[32].

[31] *Blank/Börstinghaus* § 580 Rdn. 37.
[32] S. § 540 Rdn. 63.

§ 580a Kündigungsfristen

(1) Bei einem Mietverhältnis über Grundstücke, über Räume, die keine Geschäftsräume sind, ist die ordentliche Kündigung zulässig,

1. wenn die Miete nach Tagen bemessen ist, an jedem Tag zum Ablauf des folgenden Tages;

2. wenn die Miete nach Wochen bemessen ist, spätestens am ersten Werktag einer Woche zum Ablauf des folgenden Sonnabends;

3. wenn die Miete nach Monaten oder längeren Zeitabschnitten bemessen ist, spätestens am dritten Werktag eines Kalendermonats zum Ablauf des übernächsten Monats, bei einem Mietverhältnis über gewerblich genutzte unbebaute Grundstücke jedoch nur zum Ablauf eines Kalendervierteljahres.

(2) Bei einem Mietverhältnis über Geschäftsräume ist die ordentliche Kündigung spätestens am dritten Werktag eines Kalendervierteljahres zum Ablauf des nächsten Kalendervierteljahres zulässig.

(3) Bei einem Mietverhältnis über bewegliche Sachen ist die ordentliche Kündigung zulässig,

1. wenn die Miete nach Tagen bemessen ist, an jedem Tag zum Ablauf des folgenden Tages;

2. wenn die Miete nach längeren Zeitabschnitten bemessen ist, spätestens am dritten Tag vor dem Tag, mit dessen Ablauf das Mietverhältnis enden soll.

(4) Absatz 1 Nr. 3, Absatz 2 und 3 Nr. 2 sind auch anzuwenden, wenn ein Mietverhältnis außerordentlich mit der gesetzlichen Frist gekündigt werden kann.

Systematische Übersicht

I. Anwendungsbereich und Zweck

1 Die Regelung gilt für die Grundstücksmiete, für die Miete von Räumen, die keine Geschäftsräume sind, für die Geschäftsraummiete und für die Miete beweglicher Sachen. Die Vorschrift ist dem bisherigen § 565 BGB nachgebildet und regelt die Kündigungsfristen für diese Mietverhältnisse. Für die Wohnraummiete gilt § 573c BGB

II. Kündigungsfristen für Grundstücke und für Räume, die keine Geschäftsräume sind (Abs. 1)

1. Begriffe

2 Die Vorschrift des § 580a Abs. 1 BGB gilt für Grundstücke und Räume. Ein **Grundstück** i. S. v. Abs. 1 ist eine Bodenfläche, die im Grundbuch als selbständiges Grundstück eingetragen ist. Grundstücksmiete ist der Sammelbegriff für die Miete von Grundstücken sowie von Grundstücksteilen, z. B. der Miete einer Hauswand für Reklamezwecke oder die Anbringung eines Automaten oder die Miete einer Dachfläche. Die Regelung des Abs. 1 gilt nach ihrem Wortlaut für alle bebauten und unbebauten Grundstücke. Jedoch ist für die Geschäftsraummiete die Sondervorschrift des § 580a Abs. 2 BGB zu beachten, so dass Abs. 1 nur für solche Grundstücke von Bedeutung ist, die nicht mit einem Geschäftshaus bebaut sind (Gartenflächen, Waldstücke, Fischteiche etc., Abstell- und Lagerplätze). Außerdem regelt Abs. 1 die Kündigungsfristen bei vermieteten Gebäudeteilen (Wandflächen zu Reklamezwecken).

3 Dient ein solches Grundstück den Erwerbszwecken des Mieters, so liegt ein **gewerblich genutztes unbebautes Grundstück** i. S. v. Abs. 1 Nr. 3 vor (Lagerplätze, Abstellplätze für KFZ, Wandflächen für Reklamezwecke u. s. w). Befindet sich auf dem Grundstück ein mitvermietetes

Gebäude, so ist Abs. 1 Nr. 3 nicht anwendbar. Die Existenz sonstiger Bauwerke (Mauern, Brunnen, Behelfsbauten) schließt die Anwendung des Abs. 1 Nr. 3 nicht aus. Gleiches gilt, wenn der Mieter lediglich den unbebauten Teil eines bebauten Grundstückes gemietet hat. Sind die Gebäude mitvermietet, so ist Raummiete anzunehmen. In diesem Fall gilt Abs. 2, wenn es sich um Geschäftsräume handelt; im anderen Fall richtet sich die Kündigungsfrist nach Abs. 1. Weitere Abgrenzungen der Grundstücksmiete von der Geschäfts- und Wohnraummiete s. Vor § 535 BGB Rdn. 113.

derzeit frei 4

Unter einem **Raum** i. S. v. Abs. 1 ist ein allseits mit Wänden, Fußboden und Decke abgeschlossener Gebäudeteil zu verstehen, der nicht zu Wohnzwecken vermietet ist. Es ist weder erforderlich, dass der Gebäudeteil vollständig abgeschlossen ist (auch eine nach zwei Seiten offene Halle ist ein Raum) noch wird vorausgesetzt, dass der Mieter den gesamten Raum nutzen darf. Raummiete liegt auch dann vor, wenn lediglich Teile des Raumes vermietet werden, etwa ein Stellplatz in einer Sammelgarage oder ein Messestand. Die Innenbereiche beweglicher Sachen (Wohnwagen, Container) gehören nicht zu den Räumen, wohl aber eine auf Dauer erstellte Baracke, auch wenn sie im Unterschied zu einem herkömmlichen Gebäude relativ einfach demontiert oder abgerissen werden kann. 5

2. Kündigungsfristen

Für die Fristberechnung gelten die §§ 187ff. BGB. Einzelheiten s. § 573c BGB Rdn. 6. 6

a) Für **Grundstücke und für Räume (außer Geschäftsräume)** richtet sich die Kündigungsfrist nach der Bemessung der Miete. Maßgeblich ist nicht, in welchen Abständen die Miete bezahlt wird, sondern ob der vereinbarte Betrag eine Tages-, Wochen- oder Monatsmiete ist (allgemeine Ansicht). Ist beispielsweise für die Überlassung eines KFZ-Stellplatzes ein Tagesmietzins vereinbart, so gilt auch dann die Frist des Abs. 1 Nr. 1 wenn der Mietzins üblicherweise in wöchentlichen oder monatlichen Abständen gezahlt wird. Im Einzelnen gilt folgendes: 7

aa) Tagesmiete (Abs. 1 Nr. 1). Es kann an jedem Tag für den Ablauf des folgenden Tages gekündigt werden. Die Kündigung kann auch an einem Samstag, einem Sonntag oder einem Feiertag erfolgen. Sie wirkt immer für den Ablauf des folgenden Tages, ebenfalls unabhängig davon, ob es sich hierbei um einen Samstag, Sonntag oder Feiertag handelt. Bei einer am Freitag um 10 Uhr ausgesprochenen Kündigung endet die Mietzeit am Samstag um 24 Uhr; zu diesem Zeitpunkt muss die Mietsache herausgegeben werden. Die Vorschrift des § 193 BGB – wonach die Leistung erst am nächsten Werktag zu bewirken ist, wenn der letzte Tag der Frist auf einen Samstag, Sonntag oder Feiertag fällt–, setzt voraus, dass die Frist aus mehreren Tagen besteht; bei den kurzen Fristen des Abs. 1 Nr. 1 ist die genannte Regelung nicht anwendbar.[1] 8

bb) Wochenmiete (Abs. 1 Nr. 2). Die Kündigung kann spätestens am ersten Werktag einer Woche für den Ablauf des folgenden Sonnabends gekündigt werden. Unter dem Begriff der Woche ist die Kalenderwoche zu verstehen. Kündigungstag ist i. d. R. der Montag; falls es sich hierbei um einen Feiertag handelt, tritt an dessen Stelle der nächste darauf folgende Werktag. Der Kündigungstermin wird hierdurch nicht beeinflusst; Kündigungstermin ist stets der Ablauf des Sonnabend. Wird der Kündigungstag versäumt – etwa bei einer Kündigung am zweiten Werktag der Woche –, so ist die Mietsache am Sonnabend der darauf folgenden Woche herauszugeben. Die Vorschrift des § 193 BGB ist auch hier unanwendbar, weil in Abs. 1 Nr. 2 der Sonnabend ausdrücklich als Kündigungstermin genannt ist; die Vorschrift ist deshalb als lex specialis zu § 193 BGB anzusehen.[2] 9

cc) Monatsmiete (Abs. 1 Nr. 3). Es kann spätestens am dritten Werktag eines Kalendermonats für den Ablauf des übernächsten Monats gekündigt werden. 10

Der Kündigungstag ist der dritte Werktag eines Monats. Zur Frage, ob der **Samstag** als Werktag anzusehen ist und ob § 193 BGB auch für die Berechnung der Karenzzeit gilt s. § 573c BGB Rdn. 8. 11

Kündigungstermin ist grundsätzlich der Ablauf des auf die Kündigung folgenden übernächsten Monats. Eine am 3. Werktag des Monats Januar erklärte Kündigung beendet das Mietverhältnis also am 31. März um 0 Uhr. Dies gilt auch dann, wenn der letzte Tag des Monats auf einen Samstag, Sonntag oder Feiertag fällt. Die Pflicht zur Rückgabe der Mietsache entsteht in einem solchen 12

---

1 *Rolfs* in Staudinger § 580a BGB Rdn. 23.
2 *Roquette* § 565 BGB Rdn. 15, Fn. 3.

Fall aber erst am nächsten Werktag (§ 193 BGB), sofern sich nicht aus der Natur des Mietverhältnisses etwas anderes ergibt (z. B. bei der Miete einer Ferienwohnung, eines Hotelzimmers, etc.).

13 Ein besonderer Kündigungstermin gilt für **gewerblich genutzte unbebaute Grundstücke** (z. Begriff s. Rdn. 3). Hier ist die Kündigung nur zum Ablauf eines Kalendervierteljahrs möglich (sog **„Quartalsregelung"**). Hieraus ergeben sich folgende Kündigungstage und -termine:

Kündigungstag Die Kündigung muss dem Empfänger spätestens zugehen am:	**Kündigungstermin Das Mietverhältnis endet mit dem Ablauf des:**
3. Werktag Januar	31. März
3. Werktag April	30. Juni
3. Werktag Juli	30. September
3. Werktag Oktober	31. Dezember

III. Kündigungsfristen für Geschäftsräume (Abs. 2)

1. Begriff

14 Ein Geschäftsraum ist anzunehmen, wenn der Raum den Erwerbszwecken des Mieters dient (Lagerhalle, Werkstatt, Büro, etc.). Außerdem liegt Geschäftsraummiete vor, wenn ein von einer **juristischen Person** angemietetes Objekt vom Geschäftsführer teils zu Wohnzwecken, teils zu Geschäftszwecken genutzt werden soll; es kommt nicht darauf an, in welchem Bereich der Schwerpunkt der Nutzung liegt.[3] Dieselben Grundsätze gelten für Gesellschaften ohne eigene Rechtspersönlichkeit (**Außen-GBR, OHG, KG.**[4] Ein Mietvertrag zwischen dem Eigentümer eines Wohnhauses und einem Werkunternehmen, wonach der Eigentümer verpflichtet sein soll, die Wohnungen an Angestellte des Werkunternehmens zu vermieten ist ebenfalls als Gewerberaummietvertrag zu bewerten.[5] Wird das Objekt dagegen vom Gesellschafter oder Geschäftsführer ausschließlich zu Wohnzwecken genutzt, so gilt für die Kündigung § 580a Abs. 1 BGB. **Garagen** sind Geschäftsräume i. S. v. Abs. 2, wenn sie der Mieter angemietet hat, um dort gewerblich genutzte Fahrzeuge oder Waren unterzustellen oder wenn die Garagen zum Zwecke der Gewinnerzielung weitervermietet werden. Privat genutzte Garagen fallen unter Abs. 1.[6] Gleiches gilt für privat genutzte Lagerräume (z. B. für die Unterbringung von Möbeln) oder für die durch einen Verein angemietete Sporthalle. Werden **Wohnungen zum Zwecke der gewerblichen Weitervermietung** angemietet, so gilt Abs. 2. Erfolgt die Weitervermietung nicht zu gewerblichen Zwecken, so ist Abs. 1 anwendbar.

2. Frist

15 Für Geschäftsräume i. S. v. Abs. 2 gilt unabhängig von der Dauer des Mietverhältnis und von der Bemessung des Mietzinses eine einheitliche Kündigungsfrist. **Kündigungstag** ist der dritte Werktag eines Kalendervierteljahres. Für die Berechnung der Karenzzeit gelten die Ausführungen zu § 573c BGB Rdn. 8. **Kündigungstermin** ist der Ablauf des nächsten Kalendervierteljahres. Die Kündigungsfrist beträgt damit 6 Monate, abzüglich der Karenztage. Hieraus ergeben sich folgende Kündigungstage und -termine:

Kündigungstag Die Kündigung muss dem Empfänger spätestens zugehen am:	**Kündigungstermin Das Mietverhältnis endet mit dem Ablauf des:**
3. Werktag Januar	30. Juni
3. Werktag April	30. September
3. Werktag Juli	31. Dezember
3. Werktag Oktober	31. März

[3] BGH NJW 2008, 3361 = NZM 2008, 804 = GuT 2008, 361.
[4] BGH NJW-RR 2007, 1460 = NZM 2007, 639 = WuM 2007, 457 = GE 2007, 1187 für Kommanditgesellschaft.
[5] BGH NJW 1981, 1377.
[6] AG Wuppertal WuM 1996, 548.

Obwohl die relativ lange Kündigungsfrist ausschließlich den Interessen des Mieters dienen soll, ist sie auch dann zu beachten, wenn der Mieter kündigt.[7]

IV. Kündigungsfristen bei der Miete beweglicher Sachen (Abs. 3)

Maßgeblich für die Kündigungsfrist ist die Bemessung der Miete. Bei der **Tagesmiete** gilt dasselbe wie nach Abs. 1 Nr. 1. Auf die Ausführungen Rdn. 8 wird verwiesen. In allen anderen Fällen beträgt die Kündigungsfrist drei Kalendertage; wegen der Kürze dieser Frist ist § 193 BGB unanwendbar. Soll das Mietverhältnis am 31. Tag eines Monats enden, so muss es die Kündigung spätestens am 28. Tag des Monats zugehen. **16**

V. Außerordentliche Kündigung mit gesetzlicher Frist (Abs. 4)

Die Regelung in Abs. 4 gilt für die außerordentliche befristete Kündigung. Wann ein Mietverhältnis „außerordentlich mit der gesetzlichen Frist" vom Vermieter oder Mieter vorzeitig gekündigt werden kann, ist den jeweiligen Vorschriften zu entnehmen, die eine entsprechende Beendigungsbefugnis gewähren (s. dazu § 542 BGB Rdn. 129ff.). **17**

Für alle Mietverhältnisse über **Grundstücke, Räume, (die keine Geschäftsräume sind) mit Monatsmiete gilt** die Kündigungsfrist nach Abs. 1 Nr. 3. Geschäftsräume i. S. v. Abs. 2 können mit der in Abs. 2 bestimmten Frist gekündigt werden. Die frühere Streitfrage, ob Geschäftsräume im Fall der außerordentlichen Kündigung mit der Dreimonatsfrist gekündigt werden können, ist gegenstandslos. **18**

VI. Abweichende Vereinbarungen

Abweichende Vereinbarungen sind möglich. **19**

---

[7] *Palandt/Weidenkaff* § 580a BGB Rdn. 13.

Verordnung über die verbrauchsabhängige Abrechnung der Heiz- und Warmwasserkosten
(Verordnung über Heizkostenabrechnung – HeizkostenV)

in der Fassung der Bekanntmachung vom 5. Oktober 2009 (BGBl I S. 3250)

§ 1 Anwendungsbereich

(1) Diese Verordnung gilt für die Verteilung der Kosten
1. des Betriebs zentraler Heizungsanlagen und zentraler Warmwasserversorgungsanlagen,
2. der eigenständig gewerblichen Lieferung von Wärme und Warmwasser, auch aus Anlagen nach Nummer 1 (Wärmelieferung, Warmwasserlieferung),

durch den Gebäudeeigentümer auf die Nutzer der mit Wärme oder Warmwasser versorgten Räume.

(2) Dem Gebäudeeigentümer stehen gleich
1. der zur Nutzungsüberlassung in eigenem Namen und für eigene Rechnung Berechtigte,
2. derjenige, dem der Betrieb von Anlagen im Sinne des § 1 Abs. 1 Nr. 1 in der Weise übertragen worden ist, dass er dafür ein Entgelt vom Nutzer zu fordern berechtigt ist,
3. beim Wohnungseigentum die Gemeinschaft der Wohnungseigentümer im Verhältnis zum Wohnungseigentümer, bei Vermietung einer oder mehrerer Eigentumswohnungen der Wohnungseigentümer im Verhältnis zum Mieter.

(3) Diese Verordnung gilt auch für die Verteilung der Kosten der Wärmelieferung und Warmwasserlieferung auf die Nutzer der mit Wärme oder Warmwasser versorgten Räume, soweit der Lieferer unmittelbar mit den Nutzern abrechnet und dabei nicht den für den einzelnen Nutzer gemessenen Verbrauch, sondern die Anteile der Nutzer am Gesamtverbrauch zu Grunde legt; in diesen Fällen gelten die Rechte und Pflichten des Gebäudeeigentümers aus dieser Verordnung für den Lieferer.

(4) Diese Verordnung gilt auch für Mietverhältnisse über preisgebundenen Wohnraum, soweit für diesen nichts anderes bestimmt ist.

Systematische Übersicht

A. Zweck der Heizkostenverordnung

1 Die HeizkV bezweckt entsprechend der Ermächtigungsgrundlage im Energieeinsparungsgesetz (§ 3a) die **Einsparung von Heizenergie.** Dem jeweiligen Verbraucher sollen mit der konkreten auf ihn bezogenen Abrechnung nicht nur sein Energieverbrauch, sondern auch die durch seinen Verbrauch verursachten Kosten vor Augen geführt werden. Damit hat er es in der Hand, durch individuelle Gestaltung seines Verbrauchs für sich Kosten zu sparen und für die Volkswirtschaft Energie. Das setzt aber auch voraus, dass der Nutzer seinen Energieverbrauch selbst steuern kann. Die Verbrauchs-Kosten-Beziehung ist dem Nutzer von Räumen bei Einzelofenheizungen unmittelbar bekannt, da er selbst für die Zufuhr von Heizenergie sorgen muss. Bei zentraler Beheizung geht dieser unmittelbare Eindruck verloren und soll durch die Heizkostenabrechnung wieder hergestellt werden. **Mittelbar** kommt diesem Spareffekt auch eine umweltpolitische Bedeutung zu; denn je

weniger Primärenergie verbraucht wird, desto weniger wird die Umwelt durch den Ausstoß von Schadstoffen belastet. Im Rahmen des „Integrierten Energie- und Klimaprogramms" 2007 ist allerdings der Gesichtspunkt der Umweltbelastung in den Vordergrund gerückt worden.[1]

2 Entgegen einer insbesondere bei Nutzern wärmebelieferter Räume weit verbreiteten Auffassung dient die HeizkV **nicht** der **gerechten Verteilung** der angefallenen Kosten unter einer Mehrheit von Nutzern; sie kann lediglich im Einzelfall diese Auswirkungen haben.

3 Die HeizkV knüpft **allein** an die **Bereitstellung** von Heizenergie und Warmwasser an. Für ihre Anwendung kommt es nicht auf die rechtliche Einordnung der **vertraglichen Beziehungen** zwischen dem Gebäudeeigentümer und dem Nutzer an. Die Nutzung der mit Heizung und Warmwasser belieferten Räume kann daher auf einem Miet-, Pacht- oder Leihvertrag beruhen, auf dinglichen Rechtsbeziehungen, wie Nießbrauch, beschränkter persönlicher Dienstbarkeit, dinglichem Wohnrecht; auch Wohnungseigentumsanlagen werden von ihr erfasst. Der Zweck der Überlassung der Räume spielt für die Anwendung der HeizkV keine Rolle; eine Verteilung der Heizkosten hat sowohl bei einer Nutzung als Wohnraum wie auch als Gewerberaum zu erfolgen.

B. Sachlicher Anwendungsbereich

4 § 1 regelt den sachlichen und personellen Anwendungsbereich der HeizkV. Dem liegt die Vorstellung zu Grunde, dass die Kosten für die Lieferung von Wärme und Warmwasser zunächst vom Gebäudeeigentümer (= im Regelfall ein Vermieter) aufgewendet und danach im Wege der Umlage auf die einzelnen Wärme und Warmwasser verbrauchenden Nutzer (= im Regelfall Mieter) verteilt werden. Im Endergebnis werden nur die Nutzer mit den Kosten belastet, während sie beim Gebäudeeigentümer, sofern er nicht selbst zum Kreis der Nutzer gehört, lediglich durchlaufende Posten darstellen.

5 Die Herstellung der dem Nutzer zur Verfügung gestellten Wärme kann auf drei verschiedenen technischen und rechtlichen Wegen erfolgen: durch die zentrale Anlage (dazu Rdn. 6), die eigenständige gewerbliche Lieferung von Wärme (dazu Rdn. 9 bis 20) sowie der eigentlichen Fernwärmelieferung nach Abs. 3 (dazu Rdn. 22 bis 27). Der Unterschied zwischen diesen drei Formen liegt im Wesentlichen darin, dass die zentrale Anlage nach § 1 Abs. 1 Nr. 1 vom Gebäudeeigentümer oder ihm gleichgestellten Personen betrieben wird, während die Lieferung von Wärme nach § 1 Abs. 1 Nr. 2 und Abs. 3 durch Dritte erfolgt, wobei innerhalb dieser Drittlieferungen zwischen der Direktabrechnung mit dem Nutzer (Abs. 3) und der Abrechnung mit dem Gebäudeeigentümer unterschieden wird (Abs. 1 Nr. 2).

I. Zentrale Anlagen, Abs. 1 Nr. 1

6 Das Charakteristikum für zentrale Anlagen ist die **gemeinschaftliche Versorgung mehrerer selbständiger Nutzer** mit Wärme/Warmwasser durch eine Anlage. Bei dieser Anlage kann es sich um die herkömmlichen **Zentralheizungsanlagen** handeln, die im Keller oder auf dem Dachboden eines Gebäudes installiert sind. Die Anlage kann aber auch in einem gesonderten Gebäude untergebracht werden, wenn sie einen ganzen Gebäudekomplex versorgen soll.[2] Schließlich gehören auch **Etagenheizungen** zu den zentralen Anlagen, wenn von ihnen **mehrere** und nicht nur ein Nutzer versorgt werden.

7 **Nicht** in den Anwendungsbereich der HeizkV fallen **Einzelanlagen,** die jeden Nutzer getrennt von den anderen Nutzern mit Wärme versorgen. Dazu gehören **Einzelöfen** (betrieben mit Kohle, Holz, Öl, Gas oder Strom), so dass die Kosten weder für Nachtstromspeicheröfen noch für elektrisch betriebene Fußbodenheizungen nach der HeizkV abgerechnet zu werden brauchen. Ferner gehören zu solchen Einzelanlagen **Etagenheizungen nur für eine Nutzergruppe.** Schließlich stellen die **zentralen Brennstoffversorgungsanlagen** keine zentralen Anlagen iSd § 1 Abs. 1 Nr. 1 dar, da sie die jeweiligen Nutzer nicht mit Wärme, sondern lediglich mit der für ihre Erzeugung notwendigen Energie versorgen.[3]

8 § 1 Abs. 1 Nr. 1 findet unmittelbare Anwendung, wenn die Anlage vom Gebäudeeigentümer selbst oder von dazu bestellten Personen in seinem Auftrag, für seine Rechnung und/oder in sei-

[1] *Friers/Happ,* DWW 2008, 373.
[2] Sog. Blockheizwerke, OLG Köln ZMR 1991, 141/142.
[3] AG Schwäbisch Hall WuM 1997, 118.

nem Namen betrieben wird[4]. Ist der Betrieb einem selbständigen Dritten (z. B. im Wege der Verpachtung, des Leasing) übertragen worden und rechnet der Betreiber weiterhin mit dem Gebäudeeigentümer ab (Direktwärme-Konzept nach dem Betreiber-Modell), gilt § 1 Abs. 1 Nr. 2; rechnet der Betreiber in diesem Fall direkt mit dem Nutzer ab, gilt § 1 Abs. 2 Nr. 2.

II. Wärmelieferung

Die Wärmelieferung unterscheidet sich von der Zentralheizung zum einen in dem ihr zu Grunde liegenden Vertrag. Während die Zentralbeheizung als Nebenpflicht aus dem Nutzungsvertrag geschuldet wird, erfolgt die Wärmelieferung auf Grund eines Kaufvertrages. Zum zweiten ändert sich dadurch der Umfang der berechnungsfähigen Kosten. Für die Zentralbeheizung dürfen nur die in § 7 Abs. 2 bzw. § 8 Abs. 2 HeizkV aufgeführten Kosten in Rechnung gestellt werden, während für die Wärme ein Kaufpreis zu zahlen ist, der nicht nur nach den unmittelbaren Kosten für die Herstellung der Wärme (= Arbeitspreis), sondern auch nach Rücklagen, Finanzierungskosten, Pachtzinsen, Abschreibungen, Gewinnanteilen, Steuerbelastungen etc. (= Grundpreis) kalkuliert ist.[5] 9

1. Lieferung nach Abs. 1 Nr. 2

Hierunter gehören alle diejenigen Lieferungen von Wärme/Warmwasser, die außerhalb des Rahmens des Nutzungsvertrages erfolgen, aber noch vom Gebäudeeigentümer bezahlt werden. Ohne **rechtliche Relevanz** ist die Bezeichnung des Liefervertrages als Nah-, Direkt- oder Fernwärmevertrag,[6] ebenso die technische Ausgestaltung der Lieferung. 10

Die Wärme kann erzeugt werden in den klassischen **Fernheizwerken,** die ganze Städte oder zumindest Stadtteile versorgen; in **Blockheizwerken** für mehrere zusammenliegende Gebäude; aber auch in **Zentralheizungen** der herkömmlichen Art.[7] 11

Für die Erfüllung des Tatbestandsmerkmals „eigenständige gewerbliche Lieferung" ist lediglich erforderlich, dass zum einen die Lieferung nicht auf Grund eines Nutzungsvertrages erfolgt, sondern auf Grund eines davon verschiedenen Kaufvertrages, und dass sie auf Dauer zur Gewinnerzielung betrieben wird. 12

2. Übertragung von Anlagen

Die Erzeugung der Wärme kann erfolgen in vom Lieferanten erstellten Anlagen, entweder als **Fernheizwerk** oder als für einen konkreten Baukomplex geplantes **Nahheizwerk** (sog. Eigentümer-Modell im Wärme-Direkt-Service) oder in solchen Anlagen, die vom Gebäudeeigentümer erstellt und danach durch Pacht-, Leasing- oder Übereignungsvertrag auf den Lieferanten übertragen worden sind (sog. Outsourcing)[8]. 13

Im Außenverhältnis zwischen Gebäudeeigentümer und Wärmeerzeuger sind derartige Vertragsgestaltungen unbeschränkt zulässig. Angesichts des unterschiedlichen Kostenumfangs (s. oben Rdn. 9) ist aber im Innenverhältnis zwischen Eigentümer und Nutzer auf die jeweiligen vertraglichen Vereinbarungen abzustellen. Denn es muss vermieden werden, dass der Nutzer die in dem Grundpreis eingestellten Kosten (s. oben Rdn. 9) zweimal zahlt, einmal über die Miete und zum anderen über das an den Wärmelieferanten zu zahlende Entgelt. 14

Erfolgt der Vertragsschluss mit dem Wärmelieferanten und/oder die Übertragung der Anlage auf ihn **vor Abschluss des Nutzungsvertrages** mit dem Nutzer der zur versorgenden Räume, hat dieser die vorgefundene Versorgungssituation hinsichtlich Wärme/Warmwasser hinzunehmen[9], und er hat den Lieferpreis zu zahlen, entweder nach der Verteilung durch den Gebäudeeigentümer oder direkt nach Abs. 3. Ein Großvermieter kann aber unter wettbewerblichen Gesichtspunkten den Mieter bei Abschluss des Mietvertrages weder zum Bezug von Fern- oder Nahwärme verpflichten (der Mieter könnte z. B. auch mit Strom heizen)[10] noch einen Vorbehalt im Vertrag mit 15

---

[4] BGH (VIII ZR 92/08) WuM 2009, 115.
[5] *Kinne,* § 1 Rdn. 10.
[6] *Schumacher, in:Kreuzberg/Wien,* 1.3.3; in der Neubearbeitung von *Pfeiffer* in der Form nicht mehr enthalten.
[7] KG WuM 2010, 42, dazu die Revisionsentscheidung BGH (VIII ZR 262/09) WuM 2012, 115.
[8] Zur Kündbarkeit solcher Verträge s. OLG Brandenburg CuR 2012, 79.
[9] BGH (VIII ZR 78/06) WuM 2007, 393; LG Berlin GE 2012, 956.
[10] OLG Schleswig NJWE-WettbR 2000, 25; AG Erfurt WuM 2000, 259; AG Winsen WuM 2012, 603.

dem Wärmelieferer dahingehend vereinbaren, dass eine Preiserhöhung der Zustimmung des Vermieters bedarf.[11]

16 Bei **bestehenden Nutzungsverhältnissen,** in denen sich der Gebäudeeigentümer vertraglich zur Versorgung der genutzten Räume mit Wärme/Warmwasser verpflichtet hat, ist eine Veränderung hinsichtlich dieser Versorgung durch ihre Übertragung auf Dritte von der **Zustimmung des Nutzers** abhängig[12]. Das gilt zum einen für den Fall, dass nach der Umstellung eine unmittelbare Nahwärmeversorgung durch direkte Vertragsbeziehungen zwischen Energiedienstleister und Mieter eintreten soll. Denn hierbei soll der Vermieter aus seiner vorher bestehenden mietvertraglichen Leistungspflicht hinsichtlich Wärme/Warmwasser entlassen werden, was die Zustimmung des Vertragspartners erforderlich macht. Vertragliche Leistungsänderungsklauseln, die eine einseitige Neubestimmung der Vermieter-Vertragspflichten ermöglichen sollen, sind im Regelfall unwirksam, da sie die Interessen der Mieter nicht berücksichtigen[13]. Zwar kann der Gebäudeeigentümer im Außenverhältnis wirksam eine Übertragung vornehmen, im Innenverhältnis zum Nutzer bleibt er aber zur Heizung verpflichtet und darf insbesondere nur die in §§ 7 Abs. 2/8 Abs. 2 HeizkV aufgezählten Kosten umlegen. Außerdem kann er nicht den Nutzer auf den Abschluss eines Vertrages mit dem Drittbetreiber verweisen.

17 Das (Rdn. 16) gilt aber auch, wenn der Vermieter bei eigener fortbestehender Leistungspflicht von der Eigenerzeugung von Wärme/Warmwasser zum Fremdbezug (s. Rdn. 13) übergeht, sofern hierfür keine *ausdrückliche* Regelung im Mietvertrag vorhanden ist.[14] Eine derartige ausdrückliche Vereinbarung ist zulässig, weil sie nicht die Leistungspflicht, sondern nur die Leistungsmodalitäten betrifft.

18 In den übrigen Fällen, die nicht von der **Neuregelung in § 556 c BGB** erfasst werden, und in denen eine bereits vorhandene Zentralheizungsanlage entweder direkt übertragen oder nach einer Modernisierung durch einen Dritten betrieben werden soll mit der Folge der Umlage des Wärmepreises, bedarf es hierzu der Zustimmung des Mieters.[15] Die mietvertraglichen Beziehungen der Parteien haben sich auf den Eigenbetrieb der Heizung konkretisiert.[16] Die dem Vermieter grundsätzlich zustehende Organisationshoheit wurde dadurch beschränkt. Eine Abweichung von dieser Vertragsgestaltung ist weder unter dem Gesichtspunkt der Modernisierung,[17] § 554 Abs. 2 BGB, noch eines Leistungsbestimmungsrechts nach § 315 BGB zulässig. Zu den umlagefähigen Kosten einer Modernisierung der Zentralheizung gehören nur die für die Baumaßnahmen als solche aufgewendeten Kosten, § 559 Abs. 1 BGB, nicht aber die Folgekosten im Rahmen der Betriebskosten. Aus der Aufzählung der umlagefähigen Betriebskosten im Mietvertrag unter Hinweis auf Anlage 3 zu § 27 II. BV (worin auch die Kosten der Wärmelieferung als umlagefähig gem. Nr. 4 c, 5 b vereinbart sind), ergibt sich keine Rechtsgrundlage für die Abänderung des Vertrages, da eine solche nicht aus den Rechtsfolgen hergleitet werden kann. Der **BGH** sieht dies trotz fundierter Kritik[18] **anders:** Er vertritt in nunmehr **ständiger Rechtsprechung** die Auffassung, dass in dem **Verweis auf die Anlage 3** zu § 27 II.BV die vertragliche Grundlage für die Befugnis des Vermieters zu sehen sei, von der Eigenbeheizung zur Fremdbeheizung überzugehen, sofern in der Fassung der Anlage 3 bereits die „Fernwärme" als umlegungsfähig enthalten ist.[19] Das ist zwar bereits deshalb unzutreffend, weil die Anlage 3 bzw. die BetrKV keine Befugnis zur Vertragsänderung, sondern nur zum Umlage

[11] BGH (KZR 37/99) NJW 2001, 2541; allgemein zu Preisanpassungsklauseln in Fernwärmelieferungsverträgen s. Lippert CuR 2010, 56; Wollschläger/*Beermann* CuR 2010, 62; *Heine* CuR 2011, 59; *Thomal* CuR 2011, 64.

[12] BGH (VIII ZR 54/04) WuM 2005, 387 m. Anm. *Derleder;* BGH (VIII ZR 146/05) GE 2006, 908; BGH (VIII ZR 153/05) WuM 2006, 256 m. Anm. *Lammel* WuM 2006, 558; BGH (VIII ZR 244/06) WuM 2007, 445.

[13] Anders möglicherweise AG Leipzig ZMR 2005, 55.

[14] Wie im Fall LG Braunschweig ZMR 2000, 832.

[15] LG Neuruppin WuM 2000, 554; so jetzt auch BGH (VIII ZR 54/04) WuM 2005, 387 m. Anm. *Derleder;* Anm. *Pfeifer* DWW 2005, 229; Anm. *Schmid* ZMR 2005, 590; BGH (VIII ZR 84/04) WuM 2005, 456.

[16] *Pfeifer,* in: ASEW (Hrsg.), Wärme-Direkt-Service, S. 51/52; **a. A.** *v. Seldeneck,* Betriebskosten im Mietrecht, Rdn. 2825.

[17] Im ständig zitierten Fall LG Frankfurt/Oder WuM 1999, 403, war offenbar noch keine Zentralheizung vorhanden, so dass eine Konkretisierung der Vermieterleistungen nicht erfolgen konnte; ebenso LG Berlin GE 2004, 1527.

[18] Insbesondere *Beyer* NZM 2008, 12; *Lammel* jurisPR-MietR 22/2007, Anm. 1; *Arzt/Fitzner* CuR 2007, 84; *Eisenschmid,* MietPrax-AK § 2 Nr. 4 BetrKV Nr 9; *Blank* NZM 2008, 745/747.

[19] BGH (VIII ZR 202/06) NJW 2007, 3060 m. Anm. *Derckx;* Anm. *Schach* GE 2007, 1299; BGH (VIII ZR 75/07) GE 2008, 730.

der konkret benannten Betriebskosten berechtigt. Jedoch hat sich die Contracting-Praxis schon auf die neue Rechtsprechung eingestellt,[20] und die Instanzrechtsprechung folgt dem BGH.[21] Ein Leistungsbestimmungsrecht nach § 315 ist zu verneinen: angesichts der höheren Kostenbelastung (s. Rdn. 9) entspricht seine Ausübung weder billigem Ermessen[22] noch dem Gebot der Wirtschaftlichkeit, §§ 556 Abs. 3 S. 1 2. HS, 560 Abs. 5 BGB[23]. Die vom Gesetzgeber mit der Änderung der HeizkV 1989 geschaffene Möglichkeit der Umlage von Wärmelieferungskosten rechtfertigt diese nicht, sondern setzt eine entsprechende vertragliche Vereinbarung voraus.[24] Der Hinweis auf das Recht, auch bei anderen Betriebskostenarten von der Eigentätigkeit zur Beauftragung externer Arbeiter überzugehen,[25] greift nicht durch, weil auch hierfür triftige Gründe vorliegen müssen.

Stimmt der Nutzer, insbesondere ein Mieter preisfreien Wohnraums, der Übertragung **vorbehaltlos zu,** kann er danach **keine Herabsetzung des Nutzungsentgelts** um den im Mietpreis kalkulatorisch enthaltenen Grundpreis für die Wärmeversorgung verlangen. Hierfür bieten weder das neue Miethöherecht noch das Minderungsrecht des BGB eine Rechtsgrundlage, da mit vorbehaltloser Zustimmung die Vertragsänderung eingetreten ist. Das dürfte dann nicht gelten, wenn die Veränderung auf der Grundlage der BGH-Rspr. erfolgt ist (s. Rdn. 18 m. Fn. 17); denn in diesem Fall wird eine wirtschaftlich gesehen Teilinklusivmiete in eine Nettomiete umgewandelt dadurch, dass der Vermieter die dem Bruttoanteil der Miete zugrundeliegenden Leistungen infolge der Ausgliederung der Heizung nunmehr nicht mehr erbringt. In diesem Fall müsste der Bruttoanteil aus der bisherigen Miete herausgerechnet werden. Jedoch hat der BGH einen Anspruch auf Verringerung der Miete verneint.[26] Eine Aufschlüsselung des Wärmepreises in der Heizkostenabrechnung kann nicht begehrt werden,[27] da dieser der Kalkulation des Lieferanten unterliegt und auch im übrigen Betriebskostenrecht derartige Aufschlüsselungen von Drittpreisen nicht verlangt werden können. 19

Eine Vorabzustimmung zum Wechsel zwischen Eigenbetrieb und Wärmelieferung im Formularmietvertrag: 20

„Die Wohnung ist an eine zentrale Heizungsanlage angeschlossen. Der Vermieter errichtet und betreibt die Anlage selbst oder bezieht die benötigte Wärme von einem eigenständigen gewerblichen Wärmelieferanten, der die Anlage errichtet und betreibt. Der Mieter trägt die jeweils anfallenden Heiz- und Warmwasserkosten im Sinne des § 2 Nr. 4 und Nr. 5 Betriebskostenverordnung. Im Falle der eigenständigen gewerblichen Lieferung von Wärme trägt der Mieter die Kosten der Wärmelieferung. Der Vermieter kann zwischen dem Eigenbetrieb der Zentralheizung und Bezug der Wärme von einem Wärmelieferanten wechseln und die jeweils anfallenden Heiz- und Warmwasserkosten auf die Mieter umlegen, wenn die sich durch den Wechsel ergebenden Veränderungen bei der Höhe der umzulegenden Kosten für den Mieter wirtschaftlich zumutbar sind. Die Betriebskostenverordnung liegt diesem Vertrag als Anlage bei und ist Bestandteil des Vertrages[28]"

ist nur dann wirksam, wenn aus dem Wechsel keine Kostensteigerung für den Mieter folgt[29]. Dies setzt voraus, dass die nur beim Wärmelieferanten anfallenden zusätzlichen Kosten (s. o. Rdn. 9) **nicht** auf den Mieter umgelegt, sondern vom Vermieter getragen werden.

Anders als im preisfreien Wohnraummietverhältnis stellt sich die Rechtslage im preisgebundenen Wohnraummietrecht dar. Hier ist der Vermieter nach Übertragung einer Versorgungsanlage gemäß § 5 Abs. 3 NMV zur Ausgliederung der anteiligen auf die Anlage entfallenden Kosten aus den Aufwendungen verpflichtet, was dann nach § 5 Abs. 1 NMV auch zu einer Herabsetzung der Miete führt.[30] 21

[20] *Quint,* GE 2009, 173; zustimmend auch *Lützenkirchen* WuM 2008, 186/191; *ders.* NZM 2008, 160–162; *Schmid* ZMR 2008, 25–27; *Hack,* Energie-Contracting, 2. Aufl. 2012, Rdn. 522 (S. 245).

[21] AG Solingen ZMR 2007, 461; AG Velbert GE 2008, 673; LG Berlin GE 2008, 1561; GE 2009, 1319; AG Berlin-Wedding MM 2010, 183; LG Berlin GE 2011, 1620; anders für einen „Altfall", AG Dortmund NZM 2012, 762/764.

[22] **A. A.** LG Chemnitz GE 1999, 1649; LG München II ZMR 2001, 199; WuM 2000, 81.

[23] Der Nutzer hat jedenfalls ein Einsichtsrecht in die Verträge mit den Drittlieferanten, BGH (VIII ZR 38/11) WuM 2012, 276.

[24] **A. A.** durchgängig *Schmid,* so z. B. DWW 2000, 147.

[25] *Weyhe* MDR 2000, 744; *Hack* NJW 2005, 2039.

[26] BGH (VIII ZR 202/06) NJW 2007, 3060.

[27] LG Bochum WuM 2004, 477; AG Hamburg-Harburg DWW 2005, 108; **a. A.** wohl AG Gladbeck WuM 2000, 17.

[28] Formulierungsvorschlag des VfW e. V.

[29] **A. A.** *Pfeifer* MietRB 2008, 152/156.

[30] *Kramer* ZMR 2007, 508; LG Frankfurt/Oder ZMR 2011, 125.

3. Lieferung nach Abs. 3

22 Fernwärmelieferanten, die direkt mit dem Nutzer abrechnen, müssen die Kostenverteilung nach der HeizkV vornehmen, wenn sie ihr nicht den Einzelverbrauch, sondern nur den Anteil am Gesamtverbrauch zu Grunde legen.

23 Voraussetzung hierfür ist, dass es sich um echte Fernwärme und nicht um die Lieferung aus ausgegliederten Anlagen nach § 1 Abs. 1 Nr. 1 handelt; für letztere gilt § 1 Abs. 2 Nr. 2. Von Fernwärmeversorgung im Sinne des Abs. 3 kann gesprochen werden, wenn zwischen Versorgungsanlage und den zu versorgenden Gebäuden keine Wirtschaftseinheit entsprechend der Definition in § 2 Abs. 2 Satz 3 II. BV vorliegt.[31] Gebäude und Versorgungsanlage müssen daher im Eigentum von verschiedenen Personen stehen; zwischen den Baulichkeiten darf kein örtlicher Zusammenhang bestehen[32] und der Erstellung darf kein einheitlicher Finanzierungsplan zu Grunde gelegen haben. Außerdem verlangt die Annahme von Fernwärme eine eigene Investition des Lieferanten, um seinen Lieferverpflichtungen nachzukommen.[33]

24 Ferner darf nicht der Einzelverbrauch des Nutzers gemessen werden, sondern nur der Gesamtverbrauch für das Gebäude. Letzteres erfolgt an der Übergabestation zwischen Leitungsnetz des Lieferanten und dem des Gebäudes durch Feststellung der Wärmemenge nach den in § 18 Abs. 1 AVB FernwärmeV festgelegten Messverfahren.

25 Schließlich muss vereinbart sein, dass zwischen Lieferanten und Nutzer eine Direktabrechnung stattfindet. Ein direkter Vertrag zwischen Mieter und Wärmelieferanten kann auch dadurch zustande kommen, dass dem Mieter ein Vertragsangebot erhält, welches er konkludent durch Bezug von Wärme annimmt.[34]

26 Sind diese Voraussetzungen (Rdn. 23 bis 25) gegeben, erfolgt die Verteilung gegenüber dem Nutzer nach der HeizkV, wobei zunächst der Gesamtverbrauch für das Gebäude festgestellt wird, danach der einzelne Anteil des jeweiligen Nutzers am Gesamtverbrauch, wobei letzterer nach den Regeln der HeizkV zu verteilen ist. Um diese Verteilung zu ermöglichen, hat der Lieferant die sich aus der HeizkV ergebenden Rechte und Pflichten des Gebäudeeigentümers, so dass er z. B. auch zur Anbringungen der notwendigen Messeinrichtungen berechtigt ist.

27 Bei einer **Verbrauchsmessung beim einzelnen Nutzer** und einer danach erfolgenden Rechnungserstellung nach dem gemessenen Verbrauch findet die HeizkV keine Anwendung. Diese Situation ist mit dem Betrieb von Einzelöfen vergleichbar. Hier wie dort kann der Nutzer seinen Energieverbrauch individuell gestalten, unabhängig vom Verbrauchsverhalten der übrigen Nutzer eines Gebäudes.

C. Persönlicher Anwendungsbereich

28 Die HeizkV wendet sich an zwei Zielgruppen, einmal den abrechnungs- und verteilungspflichtigen Gläubiger aus der Versorgung mit Wärme, der generell als Gebäudeeigentümer bezeichnet wird; zum anderen den Adressaten und Schuldner der Abrechnung, der mit dem Begriff Nutzer umschrieben wird.

I. Gebäudeeigentümer

29 Dieser Begriff knüpft an den bürgerlich-rechtlichen Eigentumsstatus am Grundstück an und meint damit den im Grundbuch eingetragenen Eigentümer. Im weiteren Sinn fällt diejenige Person darunter, die mit Wärme und Warmwasser versorgte Räume vertraglich Dritten zur Nutzung überlassen hat.[35]

---

[31] LG Berlin GE 1989, 39.

[32] BGH (VIII ZR 133/85) WuM 1986, 214; anders hinsichtlich des örtlichen Zusammenhanges BayObLG NJW-RR 1989, 843; BGH (VIII ZR 229/88) WuM 1990, 33, wobei allerdings der Unterschied zu Abs. 2 Nr. 2 nicht mehr deutlich wird. Der Unterschied zu Abs. 1 Nr. 2, auf den in diesen Entscheidungen abgestellt wird, besteht darin, dass der Wärmelieferant nicht mit dem Nutzer, sondern mit dem Gebäudeeigentümer abrechnet.

[33] BGH (VIII ZR 262/09) WuM 2012, 115, Anm. Emmert, jurisPR-MietR 7/2012 Anm. 1.

[34] BGH (VIII ZR 235/08) NZM 2010, 314 m. Anm. *Schmid,* CuR 2010, 13; BGH, Urteil vom 07. März 2017 – EnZR 56/15 –, juris. Ob dies auch bei bestehender vermieterseitiger Wärmelieferungspflicht gelten kann, dürfte fraglich sein, LG Heidelberg, Urteil vom 02. September 2016 – 2 O 392/15 –, juris.

[35] *Pfeifer,* § 1 Anm. 5.

Unter **Gebäude im Sinne der HeizkV** ist ein fest mit dem Boden verbundenes Bauwerk zu verstehen, das mehrere Räume enthält, die allseits umschlossen sind. **Räume im Sinne der HeizkV** sind solche, die direkt (mittels angebrachter Heizkörper) oder indirekt (z. B. Flur über die angrenzenden Räume) mit Wärme versorgt werden. **30**

Die Abrechnungspflichten nach der HeizkV können ohne Veränderung im Eigentums- oder Vertragsverhältnis auf Zwangs- oder Insolvenzverwalter übergehen, die die laufenden Nutzungsverträge zu erfüllen haben.[36] **31**

Der Nutzungsüberlasser kann Eigentümer sowohl eines als auch mehrerer Gebäude sein, die von einer einheitlichen Heizzentrale beheizt oder bei Fernwärme von einer Übergabestation aus versorgt werden. In diesen Fällen ist eine einheitliche Abrechnung für die Gebäudegesamtheit zulässig.[37] **32**

Gehören mehrere Gebäude eines Ensembles verschiedenen Eigentümern oder werden diese bei Eigentümereinheit von getrennten Anlagen oder Übergabestationen aus versorgt, ist für jedes Gebäude eine getrennte Abrechnung zu erstellen. **33**

II. Dem Gebäudeeigentümer gleichgestellte Personen, Abs. 2

Die HeizkV geht für den Regelfall von einer unmittelbaren Beziehung zwischen Eigentümer und Nutzer aus. Ihre Anwendung soll aber nicht dadurch ausgeschlossen werden, dass zwischen Eigentümer und Endnutzer ein Dritter zwischengeschaltet wird. Deshalb werden bestimmte Zwischenpersonen in Abs. 2 hinsichtlich der Rechte und Pflichten aus der HeizkV dem Gebäudeeigentümer gleichgestellt. **34**

1. Zur Überlassung befugte Personen, Abs. 2 Nr. 1

Dem Grundmodell der HeizkV entspricht es, diejenigen Personen dem Gebäudeeigentümer gleichzustellen, die zur Einräumung eines selbständigen Nutzungsrechts an den mit Wärme/Warmwasser versorgten Räumen im eigenen Namen und für eigene Rechnung berechtigt sind. Schon aus dem Gesetzeswortlaut ergibt sich, dass die unberechtigte Nutzungseinräumung nicht darunter fällt;[38] denn aus einem Unrecht können keine Rechte erwachsen. **35**

Zur Nutzungsüberlassung berechtigt sind der **Nießbraucher** nach § 1030 BGB, der **Inhaber eines Dauerwohnrechts** oder Dauernutzungsrechts nach § 37 WEG. Der Inhaber eines dinglichen Wohnrechts ist nur dann zur Überlassung berechtigt, wenn ihm dies ausdrücklich gestattet worden ist, §§ 1093, 1092 Abs. 1 BGB; das gleiche gilt für den Nutzungsberechtigten auf Grund einer beschränkt persönlichen Dienstbarkeit, §§ 1018, 1090, 1092 BGB. **36**

Schuldrechtlich zur Nutzungsüberlassung berechtigt sind vor allem die **gewerblichen Zwischenvermieter** sowie andere Mieter/Pächter, die ausdrücklich befugt werden, Untermietverhältnisse zu begründen. **Hausverwaltungen** sind im Regelfall nicht im eigenen Namen auf eigene Rechnung zur Nutzungsüberlassung berechtigt; ihre Abrechnungspflicht gegenüber dem Gebäudeeigentümer ergibt sich aus dem Hausverwaltervertrag. **37**

Aus der Nutzungsüberlassung an Dritte kann sich eine gestaffelte Abrechnungspflicht nach der HeizkV ergeben: zwischen Gebäudeeigentümer und Berechtigtem[39] und zwischen diesem und dem Endnutzer. Der Gebäudeeigentümer bleibt gegenüber dem Berechtigten zur Abrechnung verpflichtet, wenn er **nicht** hinsichtlich der Nutzung des Objekts durch den Berechtigten völlig verdrängt worden ist. Die Abrechnungspflicht des Gebäudeeigentümers bleibt daher bei den dinglichen Wohnrechten und bei den lediglich schuldrechtlichen Berechtigungen zur Nutzungsüberlassung bestehen, sofern mehrere derartige Berechtigte vorhanden sind, damit von einer „Verteilung" der Kosten gesprochen werden kann. Eine Rückausnahme gilt im letzteren Fall, wenn der schuldrechtliche Berechtigte (z. B. der gewerbliche Zwischenvermieter) – vertragsmäßig – den Wärmelieferungsvertrag im eigenen Namen und für eigene Rechnung schließt oder die zentrale Heizungsanlage (als Mieter eines gesamten Hauses) selbst betreibt. Dann bleibt mangels einer Nutzermehrheit im Verhältnis zum Gebäudeeigentümer kein Raum für eine Kostenverteilung. Das gleiche gilt gegenüber dem Nießbraucher des Gebäudes. **38**

---

[36] AG Berlin-Neukölln GE 1989, 947.
[37] BGH (VIII ZR 371/04) WuM 2005, 579.
[38] **A. A.** wohl hM, *Schmid* Rdn. 6036; *Kinne,* § 1 Rdn. 14.
[39] BGH (V ZR 57/11) NZM 2012, 313/314.

2. Betreiber der zentralen Versorgungsanlage, Abs. 2 Nr. 2

39 Während Nr. 1 den personalen Anwendungsbereich erweitert und Umgehungen durch Nutzungsverlagerungen vermeidet, erweitert Nr. 2 den sachlichen Anwendungsbereich dergestalt, dass die Übertragung zentraler Heizungsanlagen an selbständig handelnde Dritte nicht von der Kostenverteilungspflicht nach der HeizkV befreit.

40 Voraussetzung ist einmal, dass es sich um eine zentrale Anlage im Sinne von § 1 Abs. 1 Nr. 1 handelt (dazu oben Rdn. 6) und nicht um Fernwärmelieferungen (dazu oben Rdn. 22). Ferner muss der Betrieb dieser Anlage auf einen Dritten derart übertragen worden sein, dass er den Gebäudeeigentümer insoweit völlig aus seiner Stellung verdrängt; der Dritte muss also selbständig im eigenen Namen und auf eigene Rechnung handeln. Schließlich muss der Dritte einen „Liefervertrag" mit den Nutzern abschließen, damit er nach dem Gesetzeswortlaut berechtigt ist, von diesen ein Entgelt zu fordern.

41 Sind diese Voraussetzungen (Rdn. 40) erfüllt, hat der Betreiber nach der HeizkV und nicht nach der AVB FernwärmeV abzurechnen.[40]

3. Wohnungseigentümer, Abs. 2 Nr. 3

42 Entsprechend der Sonderlage beim Wohnungseigentum, wonach zwar der einzelne Wohnungseigentümer rechtlich einem Gebäudeeigentümer gleichsteht, die Kosten für Heizung und Warmwasser im Regelfall aber für das gesamte Gebäude (d. h. die Gemeinschaft der Wohnungseigentümer belastet) und nicht für die einzelne Wohnung anfallen, enthält Abs. 2 Nr. 3 eine gestaffelte Verpflichtung zur Anwendung der HeizkV.

43 Zunächst ist im Verhältnis zwischen Eigentümergemeinschaft und dem einzelnen Wohnungseigentümer die Verteilung der Kosten für Heizung und Warmwasser nach der HeizkV vorzunehmen, wobei das Verhältnis zwischen WEG und HeizkV in § 3 näher geregelt wird.

44 Ist die Eigentumswohnung vermietet, ist auch auf das Verhältnis zwischen dem einzelnen Wohnungseigentümer und dem Mieter die Kostenverteilung nach der HeizkV vorzunehmen, um den Letztnutzer zur Einsparung von Heizenergie durch Kostenüberwälzung zu veranlassen. Wegen dieses Einsparzweckes findet nach dem ausdrücklichen Gesetzeswortlaut die HeizkV selbst dann Anwendung, wenn der Wohnungseigentümer nur eine Wohnung vermietet hat, obwohl in diesem Fall mangels einer Nutzermehrheit keine Kostenverteilung vorgenommen werden kann. In diesem Fall stehen Wohnungseigentümer und Nutzer gleichsam als Betroffene einer Kostenverteilung auf einer Stufe.

45 Aus Praktikabilitätsgründen sollten die **Verteilungsschlüssel** zwischen Eigentümergemeinschaft und Wohnungseigentümer (hinsichtlich des Verhältnisses zwischen Grundpreis und Verbrauchspreis) sowie zwischen diesem und seinen Mietern gleichlautend sein[41]. Rechtlich zwingend ist dies aber nicht; der Wohnungseigentümer kann mit seinem Mieter einen anderen Verteilungsmaßstab wählen, darf aber nur die nach der HeizkV bzw. dem Mietvertrag als umlegungsfähig vereinbarten Kosten verteilen. Deshalb darf er nicht unbesehen die ihm von der Eigentümergemeinschaft durch den Verwalter in Rechnung gestellten Kosten weitergeben.[42]

46 Nr. 3 spricht zwar nur von Wohnungseigentümern. **Teileigentum** über Räume, die nicht Wohnzwecken dienen, stehen dem Wohnungseigentum nach § 1 Abs. 2 und 6 WEG aber gleich. Deshalb ist der Wärme- und Warmwasserverbrauch für gewerblich genutzte Räume, wie Läden, Büros, Lagerräume, Praxisräume für Freiberufler ebenfalls nach der HeizkV zu verteilen.

III. Nutzer

47 Gilt der Gebäudeeigentümer und der ihm gleichgestellte Personenkreis im konkreten Nutzungsverhältnis als der abrechnungspflichtige Lieferant von Wärme und Warmwasser, steht auf der anderen Seite als zahlungspflichtiger Empfänger dieser Leistungen der Nutzer. **Nutzer im Sinne der HeizkV** ist aber nur derjenige, demgegenüber tatsächlich und rechtlich eine Kostenverteilung

---

[40] BGH (VIII ZR 133/85) WuM 1986, 214; *Pfeifer,* § 1 Anm. 5.b; s. aber oben Rdn. 23, Fn. 29. Der Dritte ist an den Kostenrahmen des § 7 Abs. 2 gebunden, AG Hannover WuM 1998, 40.

[41] *Langenberg,* WuM 2004, 583; *Drasdo,* DWW 2004, 316; *Fritsch,* MietRB 2005, 298/301; s. auch *Lehmann-Richter* ZWE 2009, 345/350.

[42] Allgemein AG Berlin-Mitte WuM 2015, 158.

nach der HeizkV stattfinden kann, materiellrechtlicher und heizkostenrechtlicher Nutzerbegriff können daher auseinanderfallen (s. Rdn. 49).

Abgesehen vom vermieteten Wohnungseigentum (s. oben Rdn. 44) muss stets eine Mehrheit von Nutzern vorhanden sein, um zwischen ihnen eine Kostenverteilung vornehmen zu können, wobei diese Mehrheit sich aus der Mehrheit von genutzten selbständigen Nutzungsobjekten herleitet und nicht von einer Personenmehrheit innerhalb eines Nutzungsobjekts. 48

Unter den Begriff des Nutzers im Sinne der HeizkV fallen daher z. B. nicht die Nutzer eines Einfamilienhauses, eines einheitlichen Gewerbegeländes, der klassische einzelne Untermieter innerhalb einer Wohnung. Dagegen gehören dazu Nutzer von Doppelhaushälften, die von einer gemeinschaftlichen Zentralheizungsanlage beheizt werden ebenso wie die verschiedenen Nutzer von Einfamilienhaus und darin gelegener Einliegerwohnung. Zu den hier möglichen abweichenden Vereinbarungen s. § 2 Rdn. 28 bis 32. 49

Für die Anwendung der HeizkV ist die materiellrechtliche Grundlage des Nutzungsverhältnisses unerheblich; sie kann auf obligatorischen (Miet-, Pacht- oder Genossenschaftsvertrag) oder dinglichen (Nießbrauch, Wohnrecht, Dauerwohnrecht, Wohnungserbbaurecht, Wohnungseigentum) Verträgen beruhen. Auch der Gebäudeeigentümer selbst kann Nutzer im Sinne der HeizkV sein, wenn er mit Wärme versorgte Räume nutzt. Unerheblich ist ferner die Nutzung zu privaten oder gewerblich/beruflichen Zwecken. 50

Nutzer ist aber nur der **berechtigte Nutzer.** Denn nur dieser hat die Rechte aus der HeizkV, z. B. auf Ausstattung der Räume mit Erfassungsgeräten, und den Anspruch auf Lieferung von Wärme. Deshalb bestehen auch nur ihm gegenüber die Verteilungspflichten. Ein **unberechtigter Nutzer** ist nur zur Herausgabe der Nutzungen nach den §§ 987 ff. BGB verpflichtet, wozu auch die verbrauchte Wärme gehört. Zum Nachweis dieses Verbrauchs mag zwar die Verteilung nach der HeizkV nützlich sein; eine Verpflichtung als Korrelat zu einem Nutzer-Recht besteht dazu aber nicht.[43] 51

D. Preisgebundener Wohnraum, Abs. 4

Grundsätzlich gilt die HeizkV auch für den preisgebundenen Wohnraum, was § 22 Abs. 1 NMV noch einmal ausdrücklich bestätigt. 52

Weitergeltende Ausnahmen ergeben sich zunächst aus § 22 Abs. 2 NMV, wonach für die in § 11 HeizkV enthaltenen Ausnahmeregelungen besondere Verteilungsmaßstäbe vorgesehen sind[44] sowie vor dem 1. Mai 1984 entsprechend erteilte Genehmigungen zur verbrauchsunabhängigen Kostenverteilung nach einem Flächen- oder Raum-Maßstab aufrecht erhalten bleiben. Ferner kann der Vermieter bei verbundenen Anlagen nach § 9 HeizkV gemäß § 22 Abs. 3 NMV wählen, ob er weiterhin unaufgeteilt die Kostenverteilung vornehmen oder nach § 9 vorgehen will, sofern die betroffene Wohnung vor dem 1. Januar 1981 bezugsfertig geworden ist und am 30. April 1984 die Kosten unaufgeteilt umgelegt worden sind.[45] 53

Mit dem Verweis in § 22 NMV auf die HeizkV ist diese für ihren Anwendungsbereich zum Mietpreisrecht geworden, so dass Verstöße gegen sie nach den §§ 25 Abs. 1, 26 Abs. 1 Nr. 4, Abs. 2 WoBindG bußgeldbewehrt sind. Außerdem kann der Mieter nach § 8 WoBindG gezahlte überhöhte Umlagen und Abrechnungssalden zurückfordern. 54

---

43 WoBauR-*Heix,* HeizKV § 1 Anm. 3.3; **a. A.** wohl hM *Schmid,* Rdn. 6036; *Kinne,* § 1 Rdn. 8.
44 WoBauR-*Heix* § 22 NMV Anm. 3.
45 WoBauR-*Heix,* § 22 NMV Anm. 8.

§ 2 Vorrang vor rechtsgeschäftlichen Bestimmungen

Außer bei Gebäuden mit nicht mehr als zwei Wohnungen, von denen eine der Vermieter selbst bewohnt, gehen die Vorschriften dieser Verordnung rechtsgeschäftlichen Bestimmungen vor.

Systematische Übersicht

A. Zweck der Regelung

1 Die Norm dient der Durchsetzung des öffentlichen Interesses an der Einsparung von Energie gegenüber der privatautonom gestalteten Kostenverteilung aus der Versorgung mit Wärme und Warmwasser zwischen Nutzungsgeber und Nutzer. Der angeordnete Vorrang der HeizkV trifft trotz des ausdrücklich erwähnten Mietverhältnisses nicht nur Vereinbarungen in Mietverträgen, sondern Heizkostenregelungen in sämtlichen Arten von Nutzungsverträgen, seien sie obligatorischer (Miet- oder Pachtvertrag), gesellschaftsrechtlicher (Wohnungsgenossenschaftsvertrag) oder dinglicher (wie Nießbrauch und sämtliche Formen von Wohnrechten) Natur.

2 Die **Rechtsgrundlage** für diese Beschränkung der Privatautonomie findet sich in § 5 Abs. 4 EnEG, wonach Rechtsverordnungen nach den §§ 1 bis 4 EnEG – der Erlass der HeizkV beruht auf § 3a EnEG – die Erfassung und Kostenverteilung abweichend von Vereinbarungen zwischen Nutzungsgeber und Nutzer und von den Vorschriften des WEG regeln und gleichzeitig das Verhältnis zwischen Verordnung und vertraglicher Regelung festlegen dürfen.

3 Der angeordnete **Vorrang der HeizkV** vor rechtsgeschäftlichen Bestimmungen führt aber nicht dazu, dass diese der HeizkV widersprechenden Vereinbarungen unwirksam sind im Sinne des § 134 BGB. Vielmehr überlagert die Norm lediglich die rechtsgeschäftlichen Vereinbarungen dann und soweit eine Kollision mit den Regelungen der HeizkV eintritt[1]. Deshalb sollte nicht von einer schwebenden Unwirksamkeit der widersprechenden Vereinbarungen ausgegangen werden,[2] sondern dogmatisch treffender von einem Rangverhältnis der Normen. Kommt die HeizkV nicht oder nicht mehr zur Anwendung, entfalten die vorher getroffenen Vereinbarungen wieder ihre volle Wirksamkeit; es bedarf also keiner vertraglichen Neuregelung dieses Gegenstandes.

4 Zwar handelt es sich bei der HeizKV nicht um ein Verbotsgesetz[3]. Dies bedeutet aber nicht, dass die Regelungen der HeizKV erst dann Anwendung finden, wenn sich eine der Parteien auf sie beruft. Vielmehr geht die HeizKV konkurrierenden vertraglichen Regelungen immer vor[4], lässt diese aber nicht unwirksam werden, sondern sie behalten eine subsidiäre Geltung, sofern die Regelungen der HeizKV nicht eingreifen.

B. Entgegenstehende Vereinbarungen

5 Die HeizkV beansprucht Vorrang nicht nur vor ausdrücklichen abweichenden Vereinbarungen der Nutzungsparteien, wie etwa Pauschalzahlungen auf Betriebskosten insgesamt[5] oder nur auf die Heizkosten oder verbrauchsunabhängige Verteilungsschlüssel (nach Personen oder Fläche), sondern auch vor konkludenten gegenteiligen vertraglichen Regelungen, wie etwa einer Inklusivmiete.[6]

---

[1] *Wall*, Betriebskostenkommentar, § 2 HeizKV Rdn. 5205, 5206; WoBauR/*Heix* § 2 HeizKV Anm. 3.

[2] So aber *Pfeifer*, § 2 Anm. 1; *Kinne* § 2 Rdn. 20.

[3] MüKo/*Schmid/Zehelein* § 2 HeizKV Rdn. 1; aber das dort bevorzugte Abdingbarkeitsverbot führt dogmatisch zur Unwirksamkeit.

[4] So jetzt BGH (VIII ZR 212/05) NZM 2006, 652, unter ausdrücklicher Offenlassung einer dogmatischen Einordnung („entgegenstehende Regelungen sind nicht anzuwenden"), m. Anm. *Ludley* DWW 2006, 418; *Thomma* WuM 2006, 658; *Schmidt* ZMR 2007, 15; *Schmitt* HKA 2009, 1.

[5] OLG Schleswig, RE vom 15.1.1986, WuM 1986, 330.

[6] BayObLG, RE vom 23.6.1988, NJW-RR 1988, 1293.

Der Vorrang besteht unabhängig davon, ob die abweichende Regelung vor[7] oder erst nach[8] In-Kraft-Treten der HeizkV getroffen worden ist. 6

Nicht vom Vorrang der HeizkV erfasst wird der **Umfang der verteilungsfähigen Kosten.** Die mögliche Diskrepanz zwischen vertraglicher Regelung (z. B. als umlagefähig vereinbart sind nur die reinen Brennstoffkosten) und dem Kostenkatalog in §§ 7, 8 HeizkV ist zugunsten des privatautonom gestalteten Vertrages aufzulösen.[9] Denn der Nutzungsgeber darf zwar die in § 7 HeizkV aufgeführten Kosten auf die Nutzer verteilen, er muss es aber nicht.[10] Der Zweck der HeizkV steht dem nicht entgegen, solange die reinen Energiekosten nach ihr verteilt werden. Dem kann nicht entgegengehalten werden, dass der Mieter stets die gesamten nach den §§ 7, 8 umlegbaren Kosten trägt, entweder per Umlage in der Heizkostenabrechnung oder als Kalkulationsposten in der Miete;[11] denn es muss auch eine Entscheidung für den Fall vorgesehen werden, dass eine fehlerhafte Kalkulation vorliegt und der Vermieter diese Kosten nicht in die Miete eingerechnet hat. Dann trägt nach der hier vertretenen Auffassung der Vermieter die Kosten, weil er es in der Hand hatte, alle auf den Mieter überwälzbaren Kosten entsprechend dem jeweiligen Nutzer zuzuordnen. 7

Unberührt vom § 2 bleiben auch die vertraglichen Regelungen über die Leistungsmodalitäten im Rahmen der Lieferung von Wärme und Warmwasser. Der einzelvertraglichen Regelung bleibt es daher überlassen, ob und in welcher Höhe **Vorauszahlungen** auf die Heizkosten zu leisten sind; das gleiche gilt für die Fälligkeit und die Ausgestaltung solcher Vorauszahlungen (z. B. ein bestimmter Prozentsatz der jeweils anfallenden Brennstoffkosten). Ebenfalls der einzelvertraglichen Regelung überlassen bleibt die Festlegung des **Abrechnungsturnus;** denn hierüber enthält die HeizkV keine Vorschriften. Als Grenze ist allerdings für die Abrechnung die Regelung in § 556 Abs. 3 S. 1 1 HS BGB einzuhalten. 8

I. Inhalt

Bei Altverträgen oder Verträgen über Appartements finden sich häufig noch sog. **Inklusiv- oder Warmmieten.** Mit ihnen werden nicht nur die Nutzung des Objekts abgegolten, sondern auch sämtliche damit verbundenen Nebenleistungen, sofern sie vom Nutzungsgeber erbracht werden. Da hierunter auch Wärme und Warmwasser fallen, widerspricht diese Regelung der Intention der HeizkV; denn die Zahlung ist in ihrer Höhe unabhängig vom konkreten Verbrauch, so dass von ihr kein Anreiz zur Energieeinsparung ausgeht.[12] 9

Das gleiche gilt beim Vorliegen einer **Kaltmiete mit Betriebskostenpauschale.** Auch hier findet über die Pauschalzahlung, die die Leistung von Wärme und Warmwasser beinhaltet, keine Abrechnung nach der im konkreten Einzelfall verbrauchten Energie statt, so dass der jeweilige Nutzer sein Verhalten nicht entsprechend einzurichten braucht. Auch das widerspricht der Zielrichtung der HeizkV.[13] Der Betriebskostenpauschale vergleichbar ist die Situation der Vereinbarung einer **Heizkostenpauschale.** 10

Wird zwar über den Heizungsverbrauch konkret abgerechnet, kann sich eine Abweichung von den Regelungen der HeizkV dadurch ergeben, dass ein **nicht verordnungskonformer Schlüssel der Kostenverteilung** zu Grunde gelegt wird. Solche abweichenden **Verteilungsschlüssel** können auf Flächen oder Raummaßen beruhen, der Zahl der Personen in dem Nutzungsobjekt, der Zahl der Heizkörper oder sogar der einzelnen Heizrippen, der Größe der Heizkörper, dem Verhältnis der Mieten innerhalb eines Hauses, einem festen Prozentsatz, mit dem sich der Nutzer an den jeweiligen Brennstofflieferungen beteiligen soll[14] oder schließlich auf einem statistischen Durchschnittswert.[15] Nicht der HeizkV entsprechen ferner solche Verteilungsmaßstäbe, die zwar 11

---

[7] BayObLG, RE vom 23.6.1988, NJW-RR 1988, 1293.

[8] OLG Schleswig, RE vom 15.1.1986, WuM 1986, 330.

[9] Str., wie hier *Kinne,* § 2 Rdn. 20; **a. A.** z. B. *Pfeifer,* § 2 Anm. 4a; MieWo-*Schmid* § 2 Rdn. 21a; *Schmid* Rdn. 6082a; *Freywald,* Rdn. 45.

[10] Ausführlich dazu *Lammel,* § 2 Rdn. 33 bis 36.

[11] *Freywald,* Rdn. 116 unter Berufung auf *RE* BayObLG NJW-RR 1988, 1293; zirkelschlüssig aber Schmid Rdn. 6082a: in der Vereinbarung von weniger Umlagepositionen würde eine von der HeizKV überlagerte Teilinklusivmiete vorliegen; damit wird zur Begründung das zu begründende herangezogen.

[12] AA *Heix* WuM 2015, 59, dessen Spaltung in Verteilungs- und Zahlungsabrechnung aber diesen Intentionen der HeizKV widerspricht; denn nur, wer zahlen muss, wird zur Energieeinsparung angehalten.

[13] OLG Hamm, RE vom 2.7.1986, NJW-RR 1987, 8.

[14] So der Fall LG Mönchengladbach ZMR 2013, 805.

[15] So der Fall AG Berlin-Schöneberg MM 2001, 200.

zwischen verbrauchsabhängigen und verbrauchsunabhängigen Anteilen differenzieren, aber nicht die von der HeizkV in den §§ 7, 8 vorgegebenen Grenzen einhalten, also insbesondere weniger als 50% der anfallenden Kosten nach Verbrauch verteilen.

II. Anpassung

12 Die **Anpassung an die Bestimmungen der HeizkV** kann entweder durch vertragliche Vereinbarung oder auch einseitig durch den Nutzungsgeber vorgenommen werden. Die HeizkV räumt insoweit dem Nutzungsgeber ein einseitig ausübbares Recht auf Umgestaltung des Nutzungsvertrages ein (z. B. in § 6 Abs. 4; s. auch § 556a Abs. 2 BGB), so dass die Zustimmung des Nutzers zur partiellen Neufassung des Vertrages nicht erforderlich ist. Zu beachten bleibt, dass diese Umgestaltung nur für die Zukunft und nicht rückwirkend zulässig ist.[16]

13 Die **einseitige Umgestaltung des Nutzungsvertrages** unterliegt aber zwei Schranken: zum einen muss sie sich innerhalb der Grenzen halten, die die HeizkV für eine Kostenverteilung einräumt; zum anderen sind die aus § 315 BGB herzuleitenden Grundsätze zu beachten. Letzteres zwingt bei der Umgestaltung zu einer möglichst vertragskongruenten Anpassung. Denn in dem Vertrag haben die Parteien privatautonom das ihnen am sinnvollsten erscheinende Verhältnis von Leistung und Gegenleistung bezüglich des Nutzungsobjekts geregelt, so dass eine Abänderung des Vertrages nur soweit notwendig ist, bis er HeizkV-konform gestaltet ist. Bei bisher verbrauchsunabhängigen Verteilungsmaßstäben und pauschalen Kostenregelungen ist daher dieser verbrauchsunabhängige Anteil so hoch wie zulässig zu wählen, also maximal 50%.

14 Aus bisherigen Pauschalzahlungen ist der Heizkostenanteil herauszurechnen. Es reicht nicht aus, dass neben der bisherigen Pauschale HeizkV-gemäß abgerechnet wird. Denn in diesem Fall würde der Nutzer die Heizkosten doppelt bezahlen, einmal als weiterhin in der Pauschale enthaltener Teil, zum anderen als nach der Abrechnung auf ihn entfallende Kosten.[17]

15 Bei der **Umstellung einer Inklusivmiete auf eine (Teil) Inklusivmiete** zuzüglich gesonderter Heizkostenanteile ist vorab zu berücksichtigen, dass das Leistungsgefüge nicht zum Nachteil des Mieters verändert wird, d. h. das Verhältnis zwischen Mietanteil und Kostenanteil darf zunächst nicht zulasten des Mieters verschoben werden[18]

16 Deshalb ist für die Herausrechnung zunächst auf den **Zeitpunkt des Vertragsabschlusses** über die Nutzung des Objektes abzustellen[19]. Denn in diesem Zeitpunkt waren sich die Parteien zum einen darüber einig, welche Leistung seitens des Nutzungsgebers durch die Gegenleistung des Nutzers abgegolten werden soll; zum anderen ist dem Nutzungsgeber ein betriebswirtschaftlich vernünftiges Verhalten dergestalt zu unterstellen, dass er die Betriebskosten neben dem reinen Nutzungsentgelt im vollen Umfang in seine Kalkulation des Entgelts einbezogen hat.

17 Für diesen Zeitpunkt (Rdn. 16) sind die Heizkosten für das gesamte Gebäude umfangmäßig nach den Vorgaben der HeizkV zu ermitteln, sofern im konkreten Vertrag hinsichtlich der überwälzbaren Kosten keine Sonderregelung getroffen worden ist; in diesem Fall geht die Vertragsregelung der HeizkV vor (s. oben Rdn. 7). Danach sind die Kosten nach einem vom Nutzungsgeber unter Berücksichtigung des § 315 BGB zu wählenden Schlüssel auf die einzelnen Mieter zu verteilen; in Anlehnung an § 22 Abs. 2 NMV sollte der Flächenmaßstab gewählt werden.

18 Ist das pauschale Nutzungsentgelt zwischen Vertragsschluss und Anpassung an die HeizkV geändert worden, ist für die Berechnung des Heizkostenanteils (s. Rdn. 17) auf diesen Zeitpunkt abzustellen. Denn es ist davon auszugehen, dass die Parteien zu diesem Zeitpunkt das Preis-Leistungs-Verhältnis einschließlich aller Nebenleistungen neu festgesetzt haben.

19 Die einzelnen Rechenschritte bei der Trennung zwischen (alter) Pauschalmiete und (neuer) Teil-Inklusivmiete und Heizkostenanteil sind vom Nutzungsgeber nachvollziehbar darzulegen. Denn die einseitige Umgestaltung der Mietstruktur kann zu einer Risikoverlagerung auf den Nutzer hinsichtlich des Umfangs der Verbrauchskosten führen, wenn diese bislang vom Nutzungsgeber

[16] AG Erfurt WuM 2007, 130 m. Anm. *Lammel* WuM 2007, 439; LG Potsdam WuM 2015, 550; dazu Wall, jurisPR-MietR 25/2015 Anm. 2; **a. A.** LG Heidelberg WuM 2011, 217/218.

[17] AG Berlin-Wedding MM 2009, 263.

[18] LG Potsdam WuM 2015, 550.

[19] Lützenkirchen, HeizKV § 2 Rdn. 17; aA *Wall,* jurisPR-MietR 25/2015 Anm. 2; *ders.,* Betriebkostenkommentar, HeizKV § 2 Rdn. 5211, die befürchtete hohe Belastung des Mieters stellt kein taugliches Verteilungskriterium dar, sondern zeigt nur den verschwenderischen Umgang mit Energie.

zu gering kalkuliert worden sind. Diese gesetzlich zugelassene Risikoverlagerung muss aber hinsichtlich ihrer Voraussetzungen begründet werden, bevor der Nutzer die sich daraus ergebenden zukünftigen Folgen, eine Nachzahlung auf die Heizkostenabrechnung, zu tragen hat.

Kann der Nutzungsgeber diese Berechnung anhand seiner Unterlagen nicht mehr vollziehen, **20** was bei Wechseln auf seiner Seite der Fall sein kann, ist der Heizkostenanteil für die genannten Zeitpunkte durch Sachverständige zu ermitteln, die sich weitgehend auf Erfahrungswerte für einen durchschnittlichen Kostenanfall für Nutzungsobjekte stützen werden, die dem konkreten Objekt vergleichbar sind.

Der herausgerechnete Heizkostenanteil wird in Zukunft zur Vorauszahlung für die Heizkosten, **21** über die nach der HeizkV abzurechnen ist.[20]

Bei der Umstellung von Inklusivmiete auf eine Teil-Inklusivmiete zuzüglich eines Heizkosten- **22** anteils ist **nicht** auf den Verbrauch in der letzten, vor der Umstellung liegenden Heizperiode abzustellen,[21] ebenso wenig auf die manchen neueren Mietspiegeln beigefügten Erfahrungswerte über die anfallenden Heizkosten. Denn bei langdauernden Nutzungsverhältnissen ohne zwischenzeitliche stetige Anpassung des pauschalen Nutzungsentgelts würde sich durch diese Methode das Verhältnis zwischen reinem Nutzungsentgelt und Heizkostenanteil zulasten des Entgelts verschieben, so dass das Äquivalenzverhältnis von Leistung (= Nutzungsgewährung) und Gegenleistung (= Nutzungsentgelt) nicht mehr gewahrt wäre.

Ebenso wenig ist bei einem Wohnraummietvertrag auf das Verhältnis zwischen ortsüblicher Ver- **23** gleichsmiete und Heizkostenanteil zum Zeitpunkt des Vertragsschlusses abzustellen. Es kann nicht unbedingt davon ausgegangen werden, dass der Vermieter seiner Kalkulation die ortsübliche Vergleichsmiete zu Grunde gelegt hat, zumal diese einen wertungsimmanenten Spielraum aufweist, während die angefallenen Heizkosten weitgehend rechnerisch exakt feststellbar sind.

Für die **Umstellung einer Kaltmiete mit Betriebskostenpauschale** ist auf die Kosten der **24** letzten, vor der Umstellung liegenden Abrechnungsperiode abzustellen. Diese Kosten dürfen nicht einfach festgestellt und von der Jahrespauschalzahlung abgezogen werden. Denn hierdurch würde das Verhältnis zwischen Heizkostenanteilen und Anteilen für die sonstigen Betriebskosten in der Pauschale zugunsten der Heizkosten verzerrt. Vielmehr sind die Gesamtkosten sämtlicher Betriebskosten festzustellen, danach die Trennung zwischen Heizkosten und sonstigen Betriebskosten vorzunehmen und die vereinbarte Pauschale im Verhältnis von Heizkosten zu den Gesamtkosten auf die Heizkosten aufzuteilen.[22] Sollte der Nutzungsgeber in der Lage sein, diese Verteilung für den Zeitpunkt des Vertragsschlusses oder einer späteren Erhöhung der Pauschale vorzunehmen, darf er auch die notwendige Berechnung auf diesen Termin beziehen[23], da ihn jede spätere diesbezügliche Maßnahme deswegen benachteiligt, weil sich das Verhältnis zwischen verbrauchsunabhängigen und verbrauchsabhängigen Kostenanteilen zulasten der verbrauchsunabhängigen verschiebt.

Der rechnerische Anteil der Pauschale wird zur Vorauszahlung, über die abzurechnen ist. Für die **25** Zukunft ist die vereinbarte Pauschale um diesen Heizkostenanteil nach § 560 Abs. 3 BGB zu reduzieren.[24] Die verbleibende Betriebskostenpauschale kann allerdings unter den Voraussetzungen des § 560 Abs. 1, 2 BGB erhöht werden.[25]

Eine **Heizkostenpauschale** wird unter Geltung der HeizkV zur Vorauszahlung, über die abzu- **26** rechnen ist. Eine besondere Rechenoperation zur Feststellung des Heizkostenanteils ist nicht erforderlich.[26] Ist die Pauschale allerdings bewusst zwischen den Parteien als nicht kostendeckend vereinbart worden, weil etwa der Nutzer bezüglich der Heizung besondere Dienste übernommen

[20] LG Heidelberg WuM 2012, 217/218.

[21] **A. A.** *Freywald,* Rdn. 161; *Schmid* Rdn. 6100.

[22] Beispiel (nach *Schulz, W.,* Anwendungsprobleme zur Heizkostenverordnung, 1987, S. 18): Vereinbarte Pauschale = 150,–/Monat; Heizkosten im Abrechnungszeitraum = 1200,–, d. h. 100,– im Monat; übrige Betriebskosten im Abrechnungszeitraum = 960,–, d. h. 80,– im Monat; im Monat fallen also insgesamt 180,– für alle Betriebskosten an. Die monatliche Pauschalsumme von 150,– ist daher im Verhältnis von 100: 180 auf die Heizkosten bzw. 80: 180 auf die übrigen Betriebskosten aufzuteilen.

[23] Auf diesen Zeitpunkt stellt einzig LG Heidelberg WuM 2011, 217/218 ab, ohne die tatsächlichen Schwierigkeiten zu berücksichtigen, die bei langdauernden Mietverhältnissen auftreten können.

[24] Zum Verfahren s. *Lammel,* Wohnraummietrecht, § 560 Rdn. 27–31.

[25] Vgl. § 560 Rdn. 8–29; *Lammel,* Wohnraummietrecht, § 560 Rdn. 9–13; *Langenberg,* Betriebskostenrecht Rdn. C 63.

[26] **A. A.** MieWo-*Schmid,* § 2 HeizkV Rdn. 28; undeutlich insoweit *Schmid* ZMR-Sonderheft HeizkostenV § 2 Ziff. 24.

hat, muss es auch in Zukunft bei dieser Unterdeckung bleiben, so dass der Nutzungsgeber den entsprechenden Anteil der Heizkosten selbst zu tragen hat.[27]

27 Die **Anpassung von Verteilungsschlüsseln,** die den Verbrauch entweder überhaupt nicht oder nicht nach den von der HeizkV vorgegebenen Maßstäben berücksichtigen, erfolgt ebenfalls einseitig durch den Nutzungsgeber, wobei aber die bisherige vertragliche Regelung zu beachten ist (s. oben Rdn. 13).

C. Ausnahmen

28 Wenn der Zweck der HeizkV, Einsparung von Heizenergie, auf andere Weise erfüllt wird, wird auf den gesetzlichen Vorrang vor vertraglichen Regelungen verzichtet. Das gilt nach § 2 aber **nur** unter zwei Voraussetzungen: es muss sich um ein Gebäude mit nicht mehr als zwei Wohnungen handeln, von denen eine vom Vermieter selbst bewohnt wird,[28] und es muss eine – abweichende – vertragliche Regelung getroffen worden sein. Liegt keine vertragliche Vereinbarung über die Verteilung der Heizkosten (oder umfassend über die der gesamten Betriebskosten) vor, ist die Verteilung nach der HeizkV vorzunehmen. Das dem Nutzungsgeber nach § 315 BGB in solchen Fällen zustehende Ermessen wird durch eine bereitstehende gesetzliche Regelung eingeschränkt.

29 Für das **vom Vermieter bewohnte Zwei-Familien-Haus** geht die HeizkV davon aus, dass die soziale Kontrolle infolge des engen Zusammenlebens zu einem sparsamen Umgang mit Heizenergie führt. Dies mag zwar für die Richtung vom Nutzungsgeber auf den Nutzer hin zutreffen, nicht aber im umgekehrten Sinn; der Nutzer hat im Regelfall keine Möglichkeit, Energieverschwendung beim Nutzungsgeber zu beeinflussen. Der Sinn der Regelung ist daher eher im Bereich der Wirtschaftlichkeit der Abrechnung zu sehen; die Kosten für eine HeizkV-gemäße Verteilung könnten den Spareffekt bei derartig kleinen Abrechnungseinheiten übersteigen.[29]

30 Der Kostengesichtspunkt (s. Rdn. 29) lässt es daher zu, die Ausnahmeregelungen über ihren – unpassenden[30] – Wortlaut hinaus nicht nur auf Wohnraummietverhältnisse anzuwenden, sondern auf alle Gestaltungen, in denen **nur zwei Nutzungseinheiten** vorliegen. Unerheblich ist daher sowohl die Rechtsgrundlage als auch die Art der Nutzung, so dass schuldrechtliche und dingliche Nutzer ebenso unter die Ausnahmeregelung fallen können wie die Kombination von einer gewerblichen mit einer wohnlichen Nutzung oder zwei gewerblichen Nutzungen. Allerdings muss nach dem insoweit kaum interpretierbaren Wortlaut der Vorschrift zusätzlich der Nutzungsgeber selbst Nutzer einer der Nutzungsobjekte sein, obwohl dies unter Kostengesichtspunkten kein sinnvolles Abgrenzungskriterium ist.

31 Besteht das Zwei-Familien-Haus aus zwei Eigentumswohnungen, die getrennten Eigentümern gehören, und ist eine Wohnung vermietet, gilt die Ausnahmeregelung nicht, weil der Nutzungsgeber nicht im Haus wohnt.[31] Anders ist hingegen zu entscheiden, wenn entweder beide Wohnungseigentümer im Haus wohnen[32] oder beide Wohnungen demselben Eigentümer gehören, der eine davon (nicht aber beide) vermietet hat.

32 Die Anwendung der Ausnahmeregelung kann durch nachträgliche Veränderungen wieder entfallen oder auch erst eintreten. Ersteres liegt vor, wenn der Nutzungsgeber aus der zweiten Wohnung auszieht und diese vermietet oder durch bauliche Veränderungen aus dem Zwei-Familien-Haus ein Haus mit drei Nutzungseinheiten macht. Letzteres ist gegeben, wenn der Nutzungsgeber nachträglich eine der beiden Nutzungseinheiten selbst bezieht. Die tatsächlichen Veränderungen wirken aber nicht automatisch auf die Rechtslage ein, sondern erst dann, wenn sich eine der Vertragsparteien auf sie beruft.

---

[27] *Freywald,* Rdn. 164; die dortige Bezugnahme auf *Lammel,* § 2 Rdn. 18 für eine abweichende Meinung beruht auf einem Missverständnis.

[28] Also nicht bei einem völlig fremdvermieteten Zwei-Familien-Haus, LG Hamburg HKA 2001, 16.

[29] *Schumacher, in: Kreuzberg/Wien* (7.A.), 1.3.7; *Pfeifer* § 2 Anm. 6.

[30] *Schumacher, in: Kreuzberg/Wien* (7.A.), 1.3.7.

[31] Str., *Kinne,* § 2 Rdn. 23; *Freywald,* Rdn. 10; OLG Düsseldorf ZMR 2004, 694; OLG München ZMR 2007, 1001; **a. A.** *Peruzzo,* S. 15/16.

[32] AG Hamburg-Blankenese ZMR 2004, 544.

§ 3 Anwendung auf das Wohnungseigentum

[1]Die Vorschriften dieser Verordnung sind auf Wohnungseigentum anzuwenden unabhängig davon, ob durch Vereinbarung oder Beschluss der Wohnungseigentümer abweichende Bestimmungen über die Verteilung der Kosten der Versorgung mit Wärme und Warmwasser getroffen worden sind. [2]Auf die Anbringung und Auswahl der Ausstattung nach den §§ 4 und 5 sowie auf die Verteilung der Kosten und die sonstigen Entscheidungen des Gebäudeeigentümers nach den §§ 6 bis 9b und 11 sind die Regelungen entsprechend anzuwenden, die für die Verwaltung des gemeinschaftlichen Eigentums im Wohnungseigentumsgesetz enthalten oder durch Vereinbarung der Wohnungseigentümer getroffen worden sind. [3]Die Kosten für die Anbringung der Ausstattung sind entsprechend den dort vorgesehenen Regelungen über die Tragung der Verwaltungskosten zu verteilen.

Systematische Übersicht

A. Regelungsgehalt

§ 3 **ergänzt** die Vorschrift des § 2 für den Bereich des Wohnungseigentums. Während § 2 einzelvertragliche Regelungen gegenüber den Vorschriften der HeizkV zurücktreten lässt, gibt § 3 der HeizkV Vorrang vor gemeinschaftsvertraglichen Regelungen des Wohnungseigentumsrechts.[1] Für beide Beschränkungen bildet § 5 Abs. 4 EnEG die Rechtsgrundlage. Infolgedessen sind die Auswirkungen auf bereits bestehende, von der HeizkV abweichende Regelungen gleich zu beurteilen trotz des etwas unterschiedlichen Wortlauts der Normen. Abweichungen im Bereich des Wohnungseigentumsrechts sind daher nicht nichtig[2], sondern treten lediglich gegenüber den Vorschriften der HeizkV zurück. Die Kostenverteilung ist solange weiter nach den wohnungseigentumsrechtlichen Vereinbarungen vorzunehmen, bis ein entsprechender abändernden Beschluss gefasst worden ist.[3] Die Jahresabrechnung, in die diese verordnungswidrige Heizkostenverteilung eingegangen ist, ist anfechtbar (nicht nichtig)[4]. Allerdings beschränkt sich die daraus folgende Ungültigkeitserklärung auf die Einzelabrechnung[5]. Wegen der unterschiedlichen Abrechnungsmethoden – beim Wohnungseigentum erfolgt eine Einnahmen- Ausgaben-Abrechnung, bei den Heizkosten notwendigerweise eine Verbrauchsabrechnung[6], denn ansonsten wird das Ziel der HeizkV einer Energieeinssparung durch Kenntlichmachung des individuellen Verbrauchs nicht erreicht – müssen getrennte Abrechnungen erstellt werden: Einmal die wohnungseigentumsspezifische Jahresabrechnung, zum anderen die Heizkostenabrechnung[7]. In der Jahresabrechnung ist dann dieser Unterschied anhand der Zahlen zu erläutern[8]. 1

§ 3 **koordiniert** ferner die sich aus der Anwendung der HeizkV im Einzelfall ergebenden materiellen Verpflichtungen mit den im WEG besonders geregelten Verfahrensvorschriften. Die Bestimmung gibt durch Verweisung auf die Regelungen des WEG an, auf welchem Wege den Pflichten aus der HeizkV nachgekommen werden soll. 2

Adressat der sich aus der HeizkV ergebenden Pflichten beim Wohnungseigentum ist die Gemeinschaft der Wohnungseigentümer, die nach § 1 Abs. 2 Nr. 3 HeizkV[9] dem Gebäudeeigentü- 3

[1] BGH (V ZR 251/10) ZMR 2012, 372 m. Anm. *Casser/Schultheis; Niedenführ* LMK 2012, 334551.
[2] OLG Köln ZMR 2005, 77; **a. A.** AG Halle-Saalkreis ZMR 2005, 581.
[3] BGH (V ZR 251/10) ZMR 2012, 372; LG München I ZMR 2012, 394; AG Berlin-Charlottenburg ZWE 2014, 175; anders, aber praxisfremd, LG Lübeck ZMR 2011, 747.
[4] AG Berlin-Tiergarten (Urt. v. 6.1.2011 – 10 C 156/10 WEG) BeckRS 2011, 16004.
[5] OLG München WuM 2012, 573.
[6] Dazu im einzelnen § 6 Rdn. 18–23.
[7] BGH (V ZR 251/10) ZMR 2012, 372; AG Bremen ZMR 2014, 316.
[8] BGH (V ZR 251/10) ZMR 2012, 372; LG München I WuM 2011, 652. Beispiele für die sich daraus ergebenden buchhalterische Darstellung der Jahresabrechnung finden sich bei *Wilhelmy* ZMR 2013, 246; *Lang* ZMR 2013, 861.
[9] S. § 1 Rdn. 42 bis 46.

mer gleichsteht. Alle die den in der HeizkV jeweils ausdrücklich aufgeführten Gebäudeeigentümer treffenden Pflichten hat beim Wohnungseigentum die Eigentümergemeinschaft zu erfüllen. Rechte und Pflichten des Nutzers aus der HeizkV treffen im Verhältnis zur Eigentümergemeinschaft den einzelnen Wohnungseigentümer.

4 Von diesen wohnungseigentumsspezifischen Beziehungen, mit denen allein sich § 3 befasst, sind die mietrechtlichen Beziehungen zwischen Wohnungseigentümer und dem Mieter seiner Eigentumswohnung zu unterscheiden.[10] Der vermietende Wohnungseigentümer ist gemäß § 1 Abs. 2 Nr. 3 HeizkV in dieser Beziehung als Gebäudeeigentümer zu behandeln.

5 Die Bezeichnung „Wohnungseigentum" in § 3 ist als **Sammelbegriff** für alle im WEG geregelten Formen des Wohnungseigentums zu verstehen, so dass hierunter entsprechend den §§ 1 Abs. 6, 30 Abs. 3 Satz 2 WEG auch das Teileigentum, das Wohnungserbbaurecht und das Teilerbbaurecht zu subsumieren sind.

6 Da sowohl WEG als auch HeizkV zusätzlicher Vereinbarungen der Beteiligten für den Einzelfall bedürfen, diese Verabredungen aber zu ihrer Wirksamkeit gegenüber Sondernachfolgern eines Wohnungseigentümers die Eintragung in das Wohnungsgrundbuch brauchen, § 10 Abs. 2 WEG, ist der hierfür erforderliche **Notar** verpflichtet, die Beteiligten über die Anwendung der HeizkV und ihre Umsetzung in der Gemeinschaftsordnung umfassend zu belehren. Eine diesbezügliche Unterlassung kann zu Schadensersatzansprüchen nach § 19 BNotO führen, wenn nachträglich ein Wohnungseigentümer die Anwendung der HeizkV verlangt. Die Belehrungspflicht des Notars besteht auch für spätere Abänderungen der Gemeinschaftsordnung.

7 Sieht die Gemeinschaftsordnung von der Anwendung der HeizkV ganz ab oder enthält sie einen von der HeizkV abweichenden Verteilungsmaßstab, ist sie dennoch eintragungsfähig; das **Grundbuch** wird durch die Eintragung nicht unrichtig. Denn diese Vereinbarungen bleiben solange für die Wohnungseigentümergemeinschaft verbindlich, bis sich einer der Eigentümer auf die Rechtslage nach der HeizkV beruft.[11] Erst eine spätere Abänderung der Gemeinschaftsordnung macht das Grundbuch unrichtig und bedarf der Berichtigung durch Eintragung ihrer neuen Fassung.

B. Anpassung der Verteilungsregelungen

8 § 3 geht in seiner Regelungskonzeption von zwei Sachverhalten aus. In Satz 1 befasst er sich mit der Grundsatzfrage des Verhältnisses von HeizkV und Gemeinschaftsordnung, wobei er den Vorrang der HeizkV anordnet, aber nicht regelt, wie diesem Vorrang im konkreten Fall Rechnung getragen werden soll. Satz 2 dagegen geht davon aus, dass grundsätzlich die HeizkV Anwendung findet, aber für die Beantwortung der in ihr enthaltenen Einzelfragen besondere Verfahrensvorschriften gelten sollen. Satz 3 schließlich befasst sich nur mit der Verteilung der Kosten für die Anbringung der Geräte zur Erfassung des Verbrauchs von Wärme und Warmwasser. Insoweit bauen die einzelnen Sätze der Vorschrift auf die Erfüllung der Merkmale des jeweils vorangehenden Satzes auf.

9 Angesichts des § 3 Satz 1 gehört es zur **ordnungsgemäßen Verwaltung** des Wohnungseigentums, die Heiz- und Warmwasserkosten nach der HeizkV zu verteilen. Der jedem einzelnen Wohnungseigentümer nach § 21 Abs. 4 WEG zustehende Anspruch auf Einhaltung der Grundsätze der ordnungsgemäßen Verwaltung besteht zwar gegenüber der Eigentümergemeinschaft, ist aber zunächst gegenüber dem Verwalter als Antrag auf Aufnahme eines entsprechenden Punktes in die Tagesordnung einer einzuberufenden Eigentümerversammlung geltend zu machen. Letztlich kann der einzelne Wohnungseigentümer seinen Anspruch auf Anwendung der HeizkV[12] auch gerichtlich durchsetzen, § 43 Abs. 1 Nr. 1 und 2 WEG. Bei nicht ordnungsgemäßer Wärmeerfassung und daraus folgender nicht ordnungsgemäßer Heizkostenabrechnung steht dem dadurch benachteiligten Wohnungseigentümer ein Schadensersatzanspruch gegen die übrigen Wohnungseigentümer zu.[13]

10 Im Übrigen waren bislang die Verfahrensvorschriften der Teilungserklärung/Gemeinschaftsordnung maßgebend, insbesondere für die Feststellung des notwendigen Quorums bei Abstimmungen. Abgesehen von der eher seltenen Einstimmigkeit werden Mehrheitsentscheidungen für Fragen der Verwaltung vorgesehen sein; eine Abänderung der Gemeinschaftsordnung durch Mehrheitsbe-

---

[10] S. § 1 Rdn. 44/45.
[11] BayObLG NZM 1999, 908.
[12] OLG Frankfurt OLG-Report Frankfurt 2005, 13.
[13] BayObLG ZMR 1999, 573.

schluss ist unzulässig.[14] Die Mehrheiten richten sich entweder nach dem gesetzlichen Kopfteilschlüssel, § 25 Abs. 2 WEG, oder nach den auch hierfür getroffenen Regelungen in der Gemeinschaftsordnung. Allerdings war bei Mehrheitsentscheidungen im Zusammenhang mit Fragen der Kostenverteilung nach der HeizkV zu beachten, dass eine Abänderung eines **verordnungsgemäßen** Verteilungsmaßstabes eines sachlichen Grundes bedurfte,[15] um Benachteiligungen der überstimmten Minderheit zu vermeiden. Die BGH-Rechtsprechung,[16] die auf die Einhaltung der Grundsätze einer ordnungsgemäßen Verwaltung bzw. auf das Willkürverbot bei ansonsten weitem Gestaltungsspielraum der Eigentümergemeinschaft abstellt, steht dieser Forderung nicht entgegen, weil sie nicht zu Abänderungen im Rahmen der HeizKV ergangen ist, wo die hier geltenden sachlichen Voraussetzungen für die Abänderung des Verteilungsmaßstabes einzuhalten sind (s. § 6 Abs. 4). Jetzt ist die Neuregelung nach § 16 Abs. 3 WEG zu berücksichtigen. Dadurch hat sich eine Fülle von **Problemen** hinsichtlich der Abänderbarkeit von Vereinbarungen/Beschlüssen/Öffnungsklauseln/Mehrheitsbeschlüsse/Einstimmigkeit[17] **erledigt.**

I. Einführung der HeizkV, § 3 Satz 1

Enthalten weder Teilungserklärung noch Gemeinschaftsordnung eine Regelung über die Verteilung der Heiz- und Warmwasserkosten, gilt zunächst § 16 Abs. 2 WEG mit der Folge, dass die Lasten des gemeinschaftlichen Eigentums nach dem Verhältnis der Miteigentumsanteile zu tragen sind.[18] Entsprechend dem neuen § 16 Abs. 3 WEG ***kann*** durch Mehrheitsentscheidung eine verbrauchsabhängige Kostenverteilung eingeführt werden, d. h. hier eine Verteilung entsprechend der HeizKV.[19] Der Mehrheitsentscheidung zugänglich ist dann auch die Festlegung des Verteilungsschlüssels im Rahmen des § 7.[20] 11

Einstimmigkeit ist dagegen für den **Beschluss der Eigentümergemeinschaft** erforderlich, **die Grundsätze der HeizkV** (weiterhin) **nicht anzuwenden.** Ein entsprechender Beschluss ist nicht nichtig, sondern nur anfechtbar,[21] weil auch § 3 Satz 1 kein Verbotsgesetz darstellt; mangels Anfechtung wird der Beschluss bestandskräftig, kann aber in Zukunft durch einen abweichenden Beschluss wieder geändert werden. 12

Enthalten Teilungserklärung/Gemeinschaftsordnung bereits einen **verbrauchsunabhängigen** Verteilungsmaßstab für Heizung und Warmwasser, stellt sich das Verlangen auf Abänderung als Begehren auf grundsätzliche Einführung der HeizkV dar. Auch hierfür reicht nach der neuen Rechtslage ein Mehrheitsbeschluss gem. § 16 Abs. 3 WEG aus[22], da die in diesem Absatz gewährten Möglichkeiten durch Vereinbarung nicht ausgeschlossen werden dürfen, § 16 Abs. 5 WEG. Allerdings sind zusätzlich die Voraussetzungen des § 6 Abs. 2 zu berücksichtigen, da in dieser Norm die materiellen Voraussetzungen für die Abänderung einer bereits der HeizKV entsprechenden Verteilungsregelung enthalten sind; die Abänderung darf also nicht rückwirkend[23] und muss ausdrücklich – nicht durch entsprechende Berechnungen in der Heizkosten-Abrechnung[24] – vorgenommen werden.[25] 13

[14] BGH (V ZB 8/99) NZM 2000, 1184.

[15] BayObLG WuM 1992, 156; BayObLG ZMR 2001, 297.

[16] BGH (V ZR 3/11) ZMR 2012, 116; BGH (V ZR 2/10) NZM 2011, 589.

[17] Dazu *Lammel,* HeizKV, 2.A. § 3 Rdn. 13–31.

[18] LG Itzehoe ZMR 2011, 236.

[19] *Becker,* ZWE 2008, 217/223.

[20] AG Berlin-Tempelhof-Kreuzberg GE 2008, 1271.

[21] BayObLG WuM 1986, 27; 1988, 332; 2004, 737; **a. A.** OLG Hamm NJW-RR 1995, 465 unter Verkennung dieses nicht zwingenden Charakters der HeizKV; *Becker,* ZWE 2008, 224; *Schmid,* GE 2007, 1096; *Elzer,* in: Riecke/Schmid, WEG, 3.A. 2010, § 10 Rdn. 266, § 16 Rdn. 36, 37; *Wall,* Betriebskostenkommentar, § 3 HeizKV Rdn. 5303; *Lützenkirchen,* § 3 HeizKV Rdn. 10; die hieraus gefolgerte rückwirkende Verpflichtung zur Abrechnung nach der HeizKV dürfte technisch unmöglich sein.

[22] *Schmid,* ZMR 2007, 845; **a. A.** AG Hamburg ZMR 2009, 320.

[23] BGH (V ZR 202/09) NZM 2010, 622; Dt. Schiedsgericht ZMR 2013, 843; **a. A.** LG Hamburg ZMR 2013, 465).

[24] LG Itzehoe ZMR 2014, 909.

[25] AG Aachen ZMR 2014, 923.

II. Folgeentscheidungen, § 3 Satz 2

14 Die nach der grundsätzlichen Einführung einer Verteilung gemäß der HeizkV anstehenden **erstmaligen** Folgeentscheidungen unterliegen nach § 16 Abs. 3 WEG dem Mehrheitsprinzip; § 21 Abs. 3 WEG mit dem Hinweis auf einen Vorrang einer anderen Regelung in der Gemeinschaftsordnung wird durch § 16 Abs. 3 WEG verdrängt.

15 Nach der Aufzählung in § 3 Satz 2 gehören zu diesen **Folgeentscheidungen:** die Auswahl der Geräte zur Verbrauchserfassung, ihre Anschaffung und Anbringung nach den §§ 4, 5; die Festlegung des Verteilungsschlüssels mit den Maßstäben für die verbrauchsabhängigen und verbrauchsunabhängigen Teile nach den §§ 6 bis 8; die Grundsätze für die Vorerfassung und deren Verteilung nach den §§ 5, 6; die Kostenverteilung bei verbundenen Anlagen nach § 9; die Entscheidung über die in den jeweiligen Vorschriften enthaltenen Alternativen für eine Kostenverteilung in den Sonderfällen der §§ 9a und 9b; Anträge auf Erteilung einer Ausnahmegenehmigung nach § 11.

16 Zwar ist in der Aufzählung § 10 nicht erwähnt, was aber seine Anwendbarkeit auf Wohnungseigentumsanlagen nicht ausschließt.[26] Die erstmalige völlig verbrauchsabhängige Kostenverteilung kann daher auch durch Mehrheitsentscheidung getroffen werden.[27]

17 Der letzte Halbsatz des § 3 Satz 2 weist zwar ausdrücklich auf die Verfahrensregelungen des WEG hin. Jedoch ist hier davon auszugehen, dass der Wortlaut der Normen von HeizKV und WEG nach den Reformen nicht koordiniert worden ist. Das bedeutet, dass auch evtl. vorliegende Vereinbarungen durch einen Mehrheitsbeschluss nach § 16 Abs. 3 WEG abgeändert werden können.[28]

18 Ein **Anspruch auf Abänderung des** einmal **vereinbarten Verteilungsmaßstabes** besteht nur in ganz **seltenen** Ausnahmefällen. Hierfür ist das Vorliegen außergewöhnlicher Umstände erforderlich, die das Festhalten am vereinbarten Verteilungsschlüssel als grob unbillig erscheinen lassen, so jetzt § 10 Abs. 2 S. 3 WEG n. F.[29] Die sich möglicherweise aus dem vorliegenden Schlüssel ergebende Mehrbelastung eines Wohnungseigentümers mit Heiz- und Warmwasserkosten gegenüber der Belastung, die sich aus dem gewünschten neuen Schlüssel errechnen ließe,[30] reicht hierfür nicht aus,[31] da die Verteilungsmaßstäbe schematisch angewendet werden müssen und nicht der Einzelfallgerechtigkeit dienen. Außerdem ist eine völlige Gleichbehandlung unter Berücksichtigung der jeweiligen Umstände des Einzelfalles weder technisch noch rechtlich durchführbar. Ein möglicher Anspruch auf Abänderung ist zunächst der Entscheidung durch die Eigentümerversammlung zuzuführen; erst danach kann er gerichtlich geltend gemacht werden.[32] Die Instanzrechtsprechung nimmt jedoch in den sog. Rohrwärmefällen nach § 7 Abs. 1 S. 3 einen Anspruch des einzelnen Wohnungseigentümers auf Anwendung des Verfahrens nach VDI 2077, Beiblatt Rohrwärme, unter Abänderung des bisherigen Verteilungsschlüssels an, wenn die VDI-Kriterien erfüllt sind[33].

19 Zwischen Grundentscheidung und Folgeentscheidung ist sachlich die Problematik einer **Ausnahmegenehmigung nach § 11 Abs. 1 Nr. 1a** angesiedelt. Zwar lässt das Vorliegen der dortigen Voraussetzungen die Pflicht zur Anwendung der HeizkV entfallen. Dennoch kann die Entscheidung hierüber durch Mehrheitsbeschluss gefasst werden, da es sich nach dem insoweit eindeutigen Gesetzeswortlaut um eine Verwaltungsmaßnahme handelt, für die grundsätzlich Mehrheitsbeschlüsse zulässig sind[34]. Die Abwägung, ob die verordnungsgemäße Verbrauchserfassung nur mit

---

[26] *Pfeifer,* § 3 Anm. 4; *Kinne,* § 10 Rdn. 197.

[27] Str., *Kinne,* § 10 Rdn. 197; **a. A.** *Pfeifer* § 3 Anm. 7; *Schmid* in: MünchKomm, § 3 Rdn. 4; *ders.,* ZMR-Sonderheft HeizKV § 3 Ziff. 9; *Lützenkirchen,* § 3 HeizKV Rdn. 13.

[28] BGH (V ZR 221/09) WuM 2010, 591; BGH (V ZR 202/09) NZM 2010, 622, jeweils m. Anm. *Lammel* WuM 2010, 734;735.; BGH (V ZR 3/11) NZM 2012, 28.

[29] BayObLG WuM 1991, 365; 1995, 217; 1997, 289; NZM 2001, 290; OLG Köln NZM 1998, 484; OLG Frankfurt NZM 2001, 140; OLG Düsseldorf NZM 1999, 81; KG NZM 1999, 257; OLG Zweibrücken NJW-RR 1999, 88; LG Krefeld ZMR 2001, 745.

[30] Darauf stellt allerdings BGH (V ZR 174/09) ZMR 2010, 778 ab; ein Vertrauensschutzgedanke wird hingegen in BGH (V ZR 131/10) ZMR 2011, 485 hervorgehoben.

[31] Sofern sie bei etwa 22% bleibt, BayObLG WuM 1995, 217; anders dagegen, wenn der Unterschied 60% beträgt, BayObLG WuM 1992, 83. Eine Grenze lässt sich anhand der Grundsätze der laesio enormis bei 50% ziehen.

[32] OLG Hamm ZMR 2008, 156.

[33] s. z. B. AG Vaihingen ZMR 2017, 276; AG Besigheim ZWE 2017, 52 m.Anm *Lammel* jurisPR-MietR 7/2017 Anm. 4; einschränkend AG Hamburg-St. Georg ZWE 2016, 285.

[34] S. auch BayObLG WuM 2004, 737.

unverhältnismäßig hohen Kosten möglich ist, wird nicht nach § 22 Abs. 1 WEG getroffen, sondern richtet sich allein nach der HeizkV und ihrer speziellen Zwecksetzung.

Neben der Festlegung des Verteilungsmaßstabes, d. h. des Verhältnisses von verbrauchsabhängigen zu verbrauchsunabhängigen Anteilen nach § 7 Abs. 1, ist die **Entscheidung über die Ausstattung der Räume mit Geräten** von besonderer Bedeutung. Der Verwalter hat vor der Beschlussfassung hierüber die Wohnungseigentümer umfassend über die verschiedenen Systeme der Verbrauchserfassung und innerhalb der Systeme über das Angebot und die jeweiligen Kosten der Erfassungsgeräte zu informieren. Sollen die Geräte gemäß § 4 Abs. 2 Satz 2 angemietet werden, reicht hierfür die entsprechende Beschlussfassung der Wohnungseigentümergemeinschaft aus, ohne dass zusätzlich das besondere Informationsverfahren nach § 4 Abs. 2 Satz 2 eingehalten werden muss. Der Wechsel der Erfassungssysteme bzw. Geräte unterfällt ebenfalls der Verfahrensvorschrift des § 16 Abs. 3 WEG. **20**

Der Mehrheitsbeschluss über die Anschaffung eines bestimmten Erfassungsgerätes bindet auch die überstimmten Wohnungseigentümer, so dass sie zur Duldung des Einbaus der Geräte in ihren jeweiligen Eigentumswohnungen verpflichtet sind, § 14 Nr. 3/4 WEG. Die Geräte zur Erfassung des Verbrauchs von Wärme und Warmwasser stellen **gemeinschaftliches Eigentum** dar.[35] Sie sind nicht wesentliche Bestandteile der im Sondereigentum stehenden Heizkörper[36] geworden, sondern dienen allein der Wohnungseigentümergemeinschaft zur ordnungsgemäßen Verteilung der angefallenen Kosten. Das gleiche – Beschlussfassung, Duldungspflicht und gemeinschaftliches Eigentum – gilt auch für die Anbringung von Thermostatventilen. Obwohl der einzelne Heizkörper im Sondereigentum steht, darf er wegen seiner Verbindung mit einem Gerät zur Verbrauchserfassung nicht eigenmächtig entfernt werden und durch eine Heizquelle ohne Erfassungsmöglichkeit ersetzt werden.[37] **21**

III. Ausstattungskosten, § 3 Satz 3

Über den Wortlaut von Satz 3 hinaus gehören hierher nicht nur die Kosten für die Anbringung der Erfassungsgeräte, sondern auch die Kosten für deren Anschaffung. Zu letzteren gehören nach der Systematik des § 4 auch die Kosten zur Anmietung oder ähnlicher Nutzungsverträge über die Geräte.[38] **22**

Die Verteilung dieser Kosten richtet sich nach der wohnungseigentumsrechtlichen Verteilung der Verwaltungskosten (wobei zweifelhaft bleibt, ob die HeizKV insoweit die Neuregelung in § 16 Abs. 3 WEG beachtet hat). Vorbehaltlich einer besonderen Regelung in der Gemeinschaftsordnung oder in einem Beschluss der Wohnungseigentümergemeinschaft werden diese gemäß § 16 Abs. 2 WEG nach dem Verhältnis der Eigentumsanteile verteilt. **23**

Eine Abweichung von dieser Verteilungsordnung unter Rückgriff auf § 242 BGB ist nicht zulässig, selbst wenn im Einzelfall – etwa bei gemischt genutzten Gebäuden die großen Gewerbeflächen mit wenigen Heizkörpern ausgestattet sind – die flächenmäßige Verteilung zu einer überproportionalen Belastung führt.[39] Es bleibt der Eigentümergemeinschaft aber unbenommen, durch einstimmige Vereinbarung eine Sonderregelung für die Verteilung der Kosten der Erfassungsgeräte zu treffen. **24**

Enthält die Gemeinschaftsordnung für einzelne Verwaltungskosten unterschiedliche Schlüssel, sind die Ausstattungskosten analog derjenigen Kosten zu verteilen, die ihnen inhaltlich am ähnlichsten sind, was für die Instandsetzungs- oder Instandhaltungskosten zutrifft. **25**

Eine Ausnahme vom allgemein geltenden Verteilungsschlüssel ist dann zu machen, wenn die Kosten von einem Wohnungseigentümer verursacht worden sind. Gestaltet dieser z. B. die Heizung in seiner Wohnung um, wozu bereits der Ersatz der vorhandenen Heizkörper durch solche einer anderen Bauart genügen kann (s. aber oben Rdn. 21), erfordert dies eine Veränderung der Verbrauchserfassung. Denn die ursprünglich angebrachten Erfassungsgeräte waren auf eine einheitliche **26**

---

[35] OLG Hamm ZMR 2001, 839; LG Landshut ZMR 2009, 145; *Schmid* DWE 2011, 44.

[36] Dazu BGH (V ZR 176/10) NZM 2011, 750 = ZWE 2011, 394 m. Anm. *Armbrüster* = ZMR 2011, 971 m. Anm. *Jennißen;* LG Bautzen ZMR 2012, 802; krit. unter Hinweis auf den Zusammenhang mit dem gesamten Heizungssystem *Schmid* DWE 2011, 128; s. auch *Schlüter* ZWE 2012, 310 „praktische Schwierigkeiten".

[37] OLG Hamburg ZMR 1999, 502.

[38] *Kinne,* § 3 Rdn. 31; **a. A.** *Pfeifer,* § 3 Anm. 6 a.

[39] *Kinne,* § 3 Rdn. 28; s. aber auch oben Rdn. 18.

Heizungsart ausgerichtet und müssen nunmehr den unterschiedlichen Heizungsformen angepasst werden. Diese Anpassungskosten hat der Wohnungseigentümer zu tragen.

C. Vermietete Eigentumswohnungen

27 Zwar ist der einzelne Wohnungseigentümer nach § 13 Abs. 1 WEG berechtigt, seine Wohnung zu vermieten. Das führt aber oftmals zu Koordinationsproblemen; denn die beiden Rechtskreise – Wohnungseigentümergemeinschaft/Wohnungseigentümer und Wohnungseigentümer/Mieter – sind nur tatsächlich, nicht aber rechtlich miteinander verbunden. Mietvertragliche Klauseln, die eine automatische Anpassung des Mietvertrages durch die jeweiligen Beschlüsse der Eigentümergemeinschaft vorsehen, verstoßen gegen §§ 307, 308 Nr. 4 BGB, wonach eine einseitige, den Mieter belastende Leistungsänderung unzulässig ist.[40] Ob der Hinweis auf die Eigenschaft des Mietobjekts als Eigentumswohnung, gekoppelt mit einer salvatorischen Änderungsklausel, für eine automatische Anpassung ausreicht, wird ebenfalls bezweifelt.[41] Es ist daher vor Abschluss eines Mietvertrages auf einen Gleichlauf der Regelungen zu achten;[42] im Unterlassungsfall bleibt nur die Lösung des Einzelfalles.

28 Verlangt der einzelne Mieter eine Kostenverteilung nach der HeizkV, wird eine solche von der Eigentümergemeinschaft nicht vorgenommen, hat der Wohnungseigentümer gegen die Eigentümergemeinschaft einen Anspruch auf Anwendung der HeizkV (s. oben Rdn. 9), selbst wenn ein ausdrücklicher Beschluss über deren Nichtanwendung vorliegt, es sei denn, es ist ein Ausnahmefall nach § 11 gegeben.

29 Im Fall der Anmietung der Erfassungsgeräte steht dem Mieter nach § 4 Abs. 2 Satz 2 2. Halbsatz ein Widerspruchsrecht zu, das die Anmietung verhindern kann, wenn die Mehrheit der Nutzer widerspricht. Diese Regelung beachtet ersichtlich nicht die hintereinander gestaffelten Nutzungsverhältnisse beim vermieteten Wohnungseigentum. Während der Mehrheitsbeschluss über die Anmietung auch die widersprechenden Wohnungseigentümer bindet, kann der Mieter, der bezüglich der konkreten Eigentumswohnung stets die vom Gesetz geforderte Mehrheit der Nutzer darstellt, diese Maßnahme verhindern.[43] Angesichts der rechtlichen Selbständigkeit jeder einzelnen Eigentumswohnung erscheint es auch nicht zulässig, die Mehrheit der Nutzer nach allen Mietern einer Eigentumswohnungsanlage zu berechnen.[44]

30 Wesentlich ist der Gleichklang der Verteilungsschlüssel, d. h. des Verhältnisses zwischen verbrauchsabhängig und verbrauchsunabhängig zu verteilenden Kosten. Wird dieses Verhältnis während des laufenden Mietvertrages von der Eigentümergemeinschaft geändert (s. oben Rdn. 17/18), hat dies keinen unmittelbaren Einfluss auf den zwischen Vermieter-Wohnungseigentümer und Mieter vereinbarten Verteilungsmaßstab. Eine einseitige Anpassung ist dem Vermieter – abgesehen von einer jederzeit möglichen vertraglichen Vereinbarung –, nur nach § 6 Abs. 4 möglich. Sind die dort genannten Voraussetzungen für eine Neufestsetzung der Abrechnungsmaßstäbe nicht gegeben – die in § 6 Abs. 4 S. 2 Nr. 3 genannten „anderen sachgerechten Gründe" werden nicht durch eine Änderung des Verteilungsmaßstabes seitens der Eigentümergemeinschaft erfüllt, es sei denn, diese Änderung erfüllt ihrerseits eines der Tatbestandsmerkmale, die in § 6 Abs. 4 S. 2 Nr. 1 oder Nr. 2 aufgeführt sind –, muss der Vermieter-Eigentümer die ihm vom Verwalter übermittelte Heizkostenabrechnung nach den mietvertraglichen Verteilungsmaßstäben umgestalten. Im Endergebnis darf der Wohnungseigentümer seinem Mieter nur die vertraglich vereinbarten Betriebskosten in Rechnung stellen und nicht unbesehen die in der Verwalterabrechnung enthaltenen Kosten weitergeben. Schließlich darf er auch nicht auf Grund der Neuberechnung der Heizkosten vom Mieter einen höheren Betrag verlangen, als er selbst an die Eigentümergemeinschaft zu zahlen verpflichtet ist.[45]

---

[40] *Kinne,* § 3 Rdn. 36; *Riecke* ZMR 2001, 78 unter Verweis auf §§ 4, 10 MHG (jetzt §§ 556, 556a BGB).

[41] *Kinne,* Fn. 40; Parallelen lassen sich aber zu den vom BGH für die frühere Rechtsgrundlage bei gewerblicher Zwischenvermietung geforderten Hinweisen ziehen, ebenso zu dem Hinweis auf die Eigenschaft einer Betriebswohnung.

[42] Dazu *J. Emmerich* ZWE 2012, 245; *Häublein* NZM 2014, 97.

[43] *Kinne,* § 3 Rdn. 39; **a. A.** MieWo-*Schmid,* § 4 Rdn. 29.

[44] **A. A.** *Kinne,* Fn. 43.

[45] S. § 556a Rdn. 32.

§ 4 Pflicht zur Verbrauchserfassung

(1) Der Gebäudeeigentümer hat den anteiligen Verbrauch der Nutzer an Wärme und Warmwasser zu erfassen.

(2) [1]Er hat dazu die Räume mit Ausstattungen zur Verbrauchserfassung zu versehen; die Nutzer haben dies zu dulden. [2]Will der Gebäudeeigentümer die Ausstattung zur Verbrauchserfassung mieten oder durch eine andere Art der Gebrauchsüberlassung beschaffen, so hat er dies den Nutzern vorher unter Angabe der dadurch entstehenden Kosten mitzuteilen; die Maßnahme ist unzulässig, wenn die Mehrheit der Nutzer innerhalb eines Monats nach Zugang der Mitteilung widerspricht. [3]Die Wahl der Ausstattung bleibt im Rahmen des § 5 dem Gebäudeeigentümer überlassen.

(3) [1]Gemeinschaftlich genutzte Räume sind von der Pflicht zur Verbrauchserfassung ausgenommen. [2] Dies gilt nicht für Gemeinschaftsräume mit nutzungsbedingt hohem Wärme- oder Warmwasserverbrauch, wie Schwimmbäder oder Saunen.

(4) Der Nutzer ist berechtigt, vom Gebäudeeigentümer die Erfüllung dieser Verpflichtungen zu verlangen.

Systematische Übersicht

A. Regelungsgehalt

1 Während die §§ 1 bis 3 als Allgemeiner Teil den sachlichen, persönlichen und rechtlichen Anwendungsbereich der HeizkV umreißen, stellt § 4 die Grundnorm für den Besonderen Teil, die Durchführung der Verbrauchserfassung, dar. Ohne die hierin enthaltene Pflicht zur Verbrauchserfassung und die damit notwendigerweise verbundene Ausstattung der Räume mit entsprechenden Geräten, lässt sich das Ziel der HeizkV, den jeweiligen Verbraucher durch Kenntlichmachung seines Verbrauchs zur Energieeinsparung zu veranlassen, überhaupt nicht erreichen.

2 Entsprechend dieser Zielsetzung wird die Erfassungspflicht an die Spitze gestellt. Diese Pflicht wird durch die Anbringung der Erfassungsgeräte verwirklicht. Letzteres erfordert einen Eingriff in den Rechtskreis des Nutzers; deshalb wird er zur Duldung der Maßnahmen verpflichtet, wobei ihm nur in einem besonderen Fall ein Mitspracherecht zugebilligt wird. Damit die Kosten der Erfassung diejenigen aus der Einsparung von Energie nicht übersteigen, werden einzelne Räume, deren Energieverbrauch nicht einem konkreten Nutzer zugeordnet werden kann, von der Erfassungspflicht ausgenommen. Schließlich wird klargestellt, dass jeder einzelne Nutzer einen Anspruch auf Durchführung der Erfassung hat.

3 Zu berücksichtigen sind aber bereits hier die Ausnahmeregelungen des § 11 sowie der Bestandsschutz nach § 12 Abs. 2.

B. Ausstattung mit Erfassungsgeräten

4 § 4 regelt die Ausstattung mit Geräten zur Verbrauchserfassung lediglich dem Grunde nach, während sich die technischen Voraussetzungen nach § 5 zu richten haben. Der Ausstattungspflichtige darf aber keine anderen technischen Geräte verwenden, als die nach § 5 zugelassenen; hierfür ist er beweispflichtig[1]. Innerhalb des dortigen Rahmens hat er zwar eine Auswahlfreiheit (§ 4 Abs. 2 Satz 3); jedoch darf er das ihm eingeräumte Ermessen nicht missbrauchen, sondern hat insbesondere Gesichtspunkte der Wirtschaftlichkeit zu wahren.[2] Letzteres erfordert eine Abwägung unterhalb der Grenze des § 11 Abs. 1 Nr. 1 a, etwa zwischen zwei gleichermaßen brauchbaren, aber unterschiedlich teuren Erfassungsgeräten oder -systemen.

---

[1] LG Frankfurt WuM 2011, 684.

[2] *Von Brunn*, in: *Kreuzberg/Wien*, 3.3.1; LG Köln NZM 2005, 453; LG Berlin WuM 2004, 340 m. Anm. *Wall*.

I. Rechte und Pflichten der Beteiligten

5 Der **Gebäudeeigentümer** ist der Verpflichtete zur Durchführung der Verbrauchserfassung, wobei diese Bezeichnung, wie im gesamten Besonderen Teil der HeizkV nur als Sammelbezeichnung für die im konkreten Einzelfall tatsächlich Verpflichteten anzusehen ist. Denn der rechtliche Gebäudeeigentümer kann bezüglich der Rechte und Pflichten aus der HeizkV durch andere Personen entweder völlig verdrängt werden, oder er kann sich auch zur Erfüllung der Pflichten der Hilfe von Ersatzpersonen bedienen.

6 **Anstelle des Gebäudeeigentümers** trifft die Ausstattungspflicht diejenigen Personen, die in § 1 Abs. 2 dem Gebäudeeigentümer gleichgestellt sind und bezüglich der Nutzung den Gebäudeeigentümer aus seiner Stellung verdrängen. Dazu gehören die auf Grund eines dinglichen oder schuldrechtlichen Vertrages Nutzungsberechtigten, die ihrerseits Dritten die Nutzung des Objekts einräumen dürfen;[3] ferner die Wohnungseigentümergemeinschaft im Verhältnis zum einzelnen Wohnungseigentümer und dieser im Verhältnis zu seinem Mieter.

7 Nicht für den Bereich der Nutzungsüberlassung, sondern für den der Versorgung mit Wärme und Warmwasser wird der Gebäudeeigentümer aus seiner umfassenden Stellung verdrängt durch die eigenständigen Betreiber einer zentralen Versorgungsanlage[4] und die Fernwärmelieferanten nach § 1 Abs. 3.[5]

8 In den Fällen der Rdn. 6/7 treffen den Gebäudeeigentümer zwar keine Pflichten zur Verbrauchserfassung. Jedoch ist er infolge dieser generell formulierten Vorschrift gehalten, die Anbringung der Geräte zur Verbrauchserfassung in seinem Eigentum zu dulden. Denn nur auf diese Weise lassen sich die Pflichten des ihn verdrängenden Personenkreises erfüllen.

9 Die vom Gebäudeeigentümer herangezogenen **Ersatzpersonen** verdrängen ihn dagegen nicht bei der Pflichterfüllung, sondern stellen lediglich Erfüllungshilfen im Sinne des § 278 BGB dar, für deren Fehlverhalten der Gebäudeeigentümer weiterhin einzustehen hat. Denn zwischen Nutzer und Hilfsperson bestehen keine vertraglichen Beziehungen, so dass ein vertraglicher Direktanspruch gegen die Ersatzperson ausscheidet. Fehlverhalten, wie etwa fehlerhafte Montage oder ungenaues Ablesen der Erfassungsgeräte, falsche Kostenverteilung oder fahrlässiges deliktisches Verhalten, etwa Beschädigung von Einrichtungsgegenständen, ist als Grundlage eines Schadensersatzanspruches nur gegenüber dem Nutzungsgeber geltend zu machen. Mit diesem bestehen vertragliche Beziehungen, als deren Verletzung von Nebenpflichten sich das Fehlverhalten der Ersatzpersonen darstellt. Vorsätzliche unerlaubte Handlungen bei Gelegenheit der vertraglichen Tätigkeit fallen dagegen nicht mehr in den Haftungsbereich des § 278 BGB, sondern können allenfalls zu einer Haftung nach § 831 BGB führen mit dem Risiko, dass der in dieser Norm enthaltene Entlastungsbeweis des Geschäftsherrn (= Gebäudeeigentümer) gelingt.

10 Der **Nutzer** wird in § 4 in doppelter Funktion angesprochen, einmal als Anspruchssteller, zum anderen als Duldungspflichtiger.

11 Der Nutzer als Zielobjekt der HeizkV hat nach Abs. 4 einen **Anspruch auf Erfüllung** der den Gebäudeeigentümer aus der HeizkV treffenden Pflichten. Zwar bezieht sich diese gesetzliche Regelung dem systematischen Aufbau nach nur auf die Verbrauchserfassung. Damit allein wird aber den Zielen der HeizkV, Verbrauchsminderung durch Herausstellung der Verbrauchskosten, nicht gedient. Deshalb ist dieser Erfüllungsanspruch umfassend auf alle in der HeizkV enthaltenen Pflichten auszudehnen.[6] Bei diesem Anspruch handelt es sch um einen Daueranspruch, der so lange wie das jeweilige Nutzungsverhältnis besteht; er kann daher nicht verjähren.[7]

12 Der Anspruch muss nicht von allen Nutzern eines Objekts (Gebäude) geltend gemacht werden. Es reicht aus, dass der oder die Nutzer eines einzelnen Nutzungsobjekts (Wohn- oder Gewerberaum) den entsprechenden Anspruch erheben. Sind bei einem einzelnen Nutzungsobjekt (= z. B. Wohnung) mehrere Vertragspartner vorhanden, müssen allerdings alle insoweit gemeinschaftlich handeln, § 709BGB, es sei denn, einem ist – ausdrücklich oder konkludent – die alleinige Geschäftsführung übertragen worden, § 714 BGB.[8]

---

[3] S. oben § 1 Rdn. 36 bis 38.
[4] S. oben § 1 Rdn. 40.
[5] S. oben § 1 Rdn. 23 bis 27.
[6] *Kinne,* § 4 Rdn. 69.
[7] LG Berlin MM 12/2014, 28.
[8] Zu den Vollmachtsklauseln in den Formularmietverträgen s. § 542 Rdn. 58; auf diese dürfte die Einzelbe-

Der Anspruch kann unmittelbar durch Erhebung einer entsprechenden **Leistungsklage** durchgesetzt werden, entweder nach § 29 a ZPO vor dem Amtsgericht des belegenen Wohnraums, sofern dem Nutzungsverhältnis ein Wohnraummietvertrag zu Grunde liegt, oder bei anderen Nutzungsverträgen je nach Streitwert vor dem Amts- oder Landgericht der belegenen Sache als dem Gerichtsstand des Erfüllungsortes, § 29 ZPO. Die Vollstreckung eines obsiegenden Urteils erfolgt nach § 887 ZPO durch Ersatzvornahme. Mittelbar kann der Anspruch durchgesetzt werden durch Geltendmachung des Kürzungsrechts nach § 12 Abs. 1 Satz 1. 13

Das Gegenstück zur Ausstattungspflicht des Gebäudeeigentümers stellt die **Duldungspflicht des Nutzers** nach Abs. 2 Satz 1 2. Halbsatz dar.[9] Die Normierung dieser Pflicht wurde bei Erlass der HeizkV für erforderlich gehalten, weil die zu jenem Zeitpunkt geltenden positiv-rechtlichen Duldungspflichten in § 541 a BGB a. F. sowie § 20 ModEnG für nicht ausreichend gehalten wurden.[10] Für die Formalien der Duldung kann aber auf die damals geltenden Vorschriften zurückgegriffen werden, da insoweit eine Regelung in der HeizkV fehlt, die Verordnungsgeber andererseits von diesen Normen als Grundlage der Duldung eines Eingriffs in die Nutzungsrechte ausgegangen sind. 14

Die **Duldungspflicht** erstreckt sich über den Wortlaut der Vorschrift hinaus auf alle im Zusammenhang mit der Anbringung der Erfassungsgeräte stehenden sachgerechten Maßnahmen, von der ersten Besichtigung durch die beauftragten Handwerker über die Anbringung, die teilweise auch die Verlegung elektrischer Leitungen notwendig machen kann, bis hin zur jährlichen Ablesung. Denn die Duldung der Anbringung allein führt noch nicht zur verordnungskonformen Verteilung der erfassten Verbrauchskosten. Diese Duldung umfasst jedenfalls die Hinnahme der **Erstanbringung** von Erfassungsgeräten; deren zahlenmäßige **Ergänzung,** wenn sich ein Erfassungsmangel durch die vorhandenen Geräte herausgestellt hat[11] sowie deren Ersatz bei Defekten oder Ablauf der Eichdauer. Nach Ansicht des **BGH** erstreckt sich die Duldungspflicht als eine Dauerverpflichtung auch auf die Hinnahme des **Austausches** von funktionsfähigen Erfassungsgeräten durch modernere Geräte[12], was jedoch sowohl dogmatisch wie auch technisch nicht haltbar ist[13]. 15

Je nach Umfang der durchzuführenden Maßnahmen wird sich der Gebäudeeigentümer mehr oder minder eng an die **Verfahrensvorschriften** des § 555 c BGB, die denjenigen des § 20 Abs. 2 ModEnG weitgehend entsprechen, zu halten haben. Generell wird sich der Umfang dieses Verfahrens nicht nur nach der Art der auszuführenden Arbeiten, sondern auch nach der Struktur der Nutzer (Alleinstehend, Berufstätig, Urlaubszeiten etc.) zu richten haben. Bei größeren Eingriffen in die Substanz des Nutzungsobjekts sind schriftlich Art, Umfang, Beginn und Dauer dieser Arbeiten drei Monate vorher mitzuteilen.[14] Diese Mitteilung wird sowohl im Interesse des Gebäudeeigentümers erfolgen, um eine zügige Durchführung der Maßnahmen zu gewährleisten, als auch im Interesse des Nutzers, der sich entsprechend auf die Maßnahmen einstellen kann. Bei geringfügigen Eingriffen reichen kürzerfristige Ankündigungen mit pauschalierten Hinweisen zur geplanten Arbeit aus. Stellt sich die Anbringung der Ausstattung zur Verbrauchserfassung als eine Folgemaßnahme anderweitiger Modernisierungen (z. B. Ersatz von Einzelöfen durch Zentralheizung) dar, wird sie von der hierfür gegebenen Duldungspflicht mit erfasst.[15] 16

Prozessual ist der Duldungsanspruch durch **Klage auf Duldung** der spätestens in der Klageschrift nach Art und Umfang genau zu konkretisierenden Maßnahmen durchzusetzen; für den Erlass einer einstweiligen Verfügung auf Duldung ist kein Raum, da zum einen angesichts der notwendigen Planungsmaßnahmen kein Verfügungsgrund (= Eilbedürftigkeit) gegeben ist, zum anderen das Verfügungsverfahren nicht statthaft ist, da es nur der vorläufigen Regelung eines Zu- 17

---

rechtigung zur Geltendmachung der Ansprüche nach der HeizkV wegen ihres vertragsändernden Charakters nicht gestützt werden können.

9 Dazu BGH (VIII ZR 170/9) WuM 2010, 427.

10 *BR-Drs 632/80, 24, in: Kreuzberg/Wien,* 1.3.8 (22).

11 BGH (VIII ZR 170/9) WuM 2010, 427 m. Anm. *Wall* WuM 2010, 624.

12 BGH (VIII ZR 326/10) WuM 2011, 625 unter Bestätigung von LG Heidelberg WuM 2011, 14; ebenso AG Hamburg-St. Georg ZMR 2015, 388; anders noch AG Berlin-Schöneberg MM2010, 182 m. Anm. *Lammel* jurisPR-MietR 17/2010 Anm. 1.

13 S. dazu die Anm. *Lammel* jurisPR-MietR 3/2012 Anm. 2; krit. auch *Bieber* GE 2011, 1518; *Mann* NZM 2011, V.

14 Str., *Kinne,* § 4 Rdn. 61 empfiehlt lediglich die Einhaltung dieser Vorschriften; *Freywald,* Rdn. 57 hält zwei Wochen für ausreichend ohne weitere Hinweise; *von Brunn,* in: *Kreuzberg/Wien,* 3.3 (179) verlangt nur eine Ankündigungsfrist von einer Woche.

15 LG Berlin GE 2016, 1572 Rz. 12.

standes dient, nicht aber der endgültigen Erfüllung eines Anspruchs. Die Zwangsvollstreckung hat nach § 888 ZPO durch Verhängung von Zwangsgeld oder Zwangshaft zu erfolgen. Denn bei der Duldung handelt es sich um eine unvertretbare Maßnahme, die nur durch den jeweiligen Nutzer des Nutzungsobjekts erklärt werden kann.

18 Nach Beendigung der Maßnahme hat der Nutzer – je nach Sachlage – einen Anspruch auf Wiederherstellung des ursprünglichen Zustandes des Nutzungsobjekts, d. h. konkret Beseitigung der Arbeitsspuren und sonstiger Schäden. Bei einem Mietverhältnis kann er je nach Intensität des Eingriffs die Miete mindern und gegebenenfalls Schadensersatzansprüche geltend machen. Angesichts der üblichen kurzen Dauer des Einbaus wird allerdings der Minderungsausschluss nach § 536 Abs. 1a i. V. m. § 555b Nr. 6 BGB eingreifen, da es sich bei den baulichen Maßnahmen um solche handelt, zu deren Durchführung der Gebäudeeigentümer von verordnungswegen verpflichtet ist.

II. Ausstattungspflichtige Räume

19 Generell sind **alle Räume, die mit einem Heizkörper ausgestattet sind,** mit Erfassungsgeräten zu versehen. Dazu gehören einmal die Räume einer Nutzungseinheit (= Wohnung), zum anderen auch die separaten Räume, wie Garagen, Mansarden, Hobby- und Kellerräume, sofern sie mit Heizkörpern ausgestattet und zum Gebrauch nur einem Nutzer zugeordnet sind. Der Hinweis eines Nutzers darauf, dass einige Heizkörper ständig ausgeschaltet sind, ist unerheblich, sofern diese nur infolge ihrer technischen Ausgestaltung jederzeit wieder in Betrieb genommen werden können.[16] Je nach der technischen Auslegung der Versorgung mit Wärme und Warmwasser kann sich die Ausstattung in der Anbringung eines Gerätes erschöpfen, so bei zentraler Erfassung infolge der Einzelversorgung jeder Nutzereinheit. Erfolgt die Versorgung dagegen für jeden einzelnen Raum gesondert, ist dieser jeweils mit einem Erfassungsgerät auszustatten.

20 **Nicht** ausstattungspflichtig sind **Räume ohne Heizkörper,** auch wenn sie mittelbar ausreichend beheizt werden. Ferner fallen aus der Ausstattungspflicht solche Heizkörper heraus, die technisch nicht mit für sie geeigneten Messgeräten ausgestattet werden können.

21 **Nicht** ausstattungspflichtig sind nach Absatz 3 Satz 1 ferner die **gemeinschaftlich genutzten Räume,** wie Flur, Treppenhaus, Keller. Zum einen ist der Energieverbrauch dieser Räume im Verhältnis zum Gesamtverbrauch eines Gebäudes verhältnismäßig gering, so dass die Erfassungskosten die mögliche Energieeinsparung übersteigen können. Zum anderen lässt sich gerade wegen der gemeinschaftlichen Nutzung der Energieverbrauch weder einem einzelnen Nutzer zuordnen noch von diesem wirksam beeinflussen, so dass das Ziel der HeizkV, Einsparung durch Kostenzuordnung, nicht erreicht werden kann.

22 Die Kosten für diese Räume (Rdn. 21) gehen in die Energiekosten für das gesamte Gebäude ein und werden entsprechend dem geltenden Verteilungsschlüssel auf die einzelnen Nutzungseinheiten verteilt, so dass der Viel-Verbraucher auf diese Weise auch mit einem höheren Anteil an den „Gemeinkosten“ belastet wird. Die in der Begründung zu Absatz 3 erwähnte Möglichkeit, durch rechtsgeschäftliche Vereinbarung eine Verbrauchserfassung durchzuführen,[17] hat keine praktische Bedeutung; jedenfalls wäre eine verbrauchsunabhängige Verteilung als den Zielen der HeizkV zuwiderlaufend unzulässig.[18]

23 Eine Rückausnahme gilt für die **Gemeinschaftsräume,** die von allen Nutzern eines Gebäudes genutzt werden können und zweckentsprechend einen **hohen Energieverbrauch** aufweisen. Die in Abs. 3 Satz 2 erwähnten Beispiele Schwimmbad und Sauna sind um solche Räume zu erweitern, die zwar nicht dauernd beheizt zu werden pflegen, die aber bei ihrer zeitweiligen Nutzung wie dauernd genutzte Räume beheizt werden. Hierzu gehören Wäsche-Trockenräume, Party-, Hobby- und Tischtennisräume, sofern sie der Nutzergemeinschaft insgesamt und nicht nur jeweils einzelnen Nutzern zur Verfügung stehen.[19] Die Ausstattungspflicht kann dagegen für diese Räume nicht davon abhängig gemacht werden, ob sie im Laufe der Nutzungszeit einen hohen Wärmeverbrauch aufweisen;[20] denn ein solcher kann sich nur durch entsprechende Erfassungsgeräte nachweisen lassen. Die Kostenverteilung für diese gesondert erfassten Gemeinschaftsräume erfolgt nach § 6 Abs. 3.

---

[16] BeckOK MietR/Pfeifer HeizkostenV § 4 Rn. 13.
[17] *BR-Drs 494/88, 24, in: Kreuzberg/Wien,* 1.3.9 (26).
[18] **A. A.** *Kinne,* § 4 Rdn. 67; *Pfeifer,* § 4 Anm. 7 a.
[19] *Kinne,* § 4 Rdn. 68; *Pfeifer,* § 4 Anm. 7 b.
[20] So *Pfeifer,* § 4 Anm. 7 c.

III. Geräteauswahl

Die Auswahl der Geräte zur Verbrauchserfassung liegt **allein** in den Händen des **Gebäudeeigentümers,** Abs. 2 Satz 3. Er hat sich hierbei nur an die technischen Vorgaben des § 5 zu halten. Ein Mitsprache- oder Mitbestimmungsrecht der Nutzer ist weder rechtlich geboten noch tatsächlich sinnvoll. Denn je größer eine Nutzereinheit ist, desto weniger einheitlich wird eine Meinungsbildung verlaufen. Die erforderlichen Hinweise im Rahmen des Duldungsverfahrens (s. oben Rdn. 16) reichen völlig aus. 24

Das gleiche (Rdn. 24) gilt, wenn der Gebäudeeigentümer die Erfassungsgeräte **kaufen** will. Diese Erwerbsmodalität steht in seinem Ermessen und bedarf weder einer Zustimmung noch einer Information der Mieter. 25

Will der Gebäudeeigentümer die Geräte nicht zu Eigentum erwerben, sondern nur durch zeitweilige **Gebrauchsüberlassung** nutzen **(Miete, Leasing)**[21], muss er dagegen gemäß Abs. 2 Satz 2 ein besonderes Informations- und Abstimmungsverfahren beachten. Denn in diesem Fall haben die Nutzer wegen der angeblich höheren Kostenbelastung ein **Mitspracherecht** hinsichtlich der Erwerbsart (nicht der Geräteart). 26

Zunächst sind die Nutzer über die Absicht, die Erfassungsgeräte zu mieten oder zu leasen, sowie über die dadurch anfallenden Kosten zu **informieren,** zweckmäßigerweise schriftlich. Da die wenigsten Nutzer auf Grund dieser Angaben eine sachgerechte Entscheidung werden treffen können, sind **zusätzliche Angaben** erforderlich,[22] wie Art des gewählten Gerätes, Art des Gebrauchsüberlassungsvertrages (Miete oder Leasing mit entsprechenden Steuervorteilen für den Gebäudeeigentümer), die monatlichen Raten sowie die Laufzeit des Vertrages, schließlich die Gegenüberstellung der Kosten von Gerätekauf und Gerätemiete bzw. -leasing.[23] Da die Begründung für die Einführung dieses nutzerseitigen Mitwirkungsrechts auf die Kostenbelastung abstellt,[24] ist dieses Mitteilungsverfahren bei jeder Änderung des Gebrauchsüberlassungsvertrages durchzuführen, die Einfluss auf die Kostenbelastung hat.[25] 27

Auf Grund der Mitteilung haben die Nutzer lediglich ein **Widerspruchsrecht,** sie sind aber nicht berechtigt, die Nutzungsart von ihrer Zustimmung abhängig zu machen. Da die Wirksamkeit des Widerspruchs sowohl von der Erreichung einer Mindeststimmenzahl als auch der Einhaltung einer Frist abhängig ist, sollte der Nutzer auf sein fristgebundenes Widerspruchsrecht hingewiesen werden.[26] 28

Der Widerspruch muss innerhalb einer **Ausschlussfrist** von einem Monat nach Zugang der Mitteilung erklärt werden, wobei sich der Zugang nach den §§ 130 bis 132 BGB bestimmt.[27] Nach der hier vertretenen Auffassung beginnt die Frist nicht zu laufen, wenn auf das Widerspruchsrecht nicht hingewiesen worden ist. In diesem Fall kann der Widerspruch noch bis zur Anbringung der gemieteten Geräte erklärt werden. 29

Der Widerspruch ist nur wirksam, wenn er von der **Mehrheit der Nutzer** erklärt worden ist. Diese Mehrheit wird nach der Zahl der im Gebäude vorhandenen Nutzungseinheiten berechnet, nicht nach der Zahl der tatsächlichen Nutzer oder der jeweiligen Vertragspartner des Nutzungsvertrages. Wird eine **Nutzungseinheit von mehreren Personen genutzt,** die alle Partner des Nutzungsvertrages sind, sind die entsprechenden Erklärungen von allen und gegenüber allen Vertragspartnern abzugeben; die Erklärung zählt aber nur einmal für die gesamte Nutzungseinheit. Das Widerspruchsrecht darf aber nur im Hinblick auf die besondere Art der Geräteüberlassung ausgeübt werden, insbesondere darf es nicht von sachfremden Erwägungen (Widerstand gegen bestimmte 30

---

[21] Zur Laufzeit derartiger Verträge s. OLG Frankfurt NZM 2005, 477: **keine** formularmäßige Erstlaufzeit von **10 Jahren, keine** automatische **Vertragsverlängerung** im Falle der Nichtkündigung um 10 Jahre; kein Recht auf Rücknahme der Geräte im Falle des Zahlungsverzugs.

[22] **A. A.** AG Hamburg WuM 1994, 695, da nicht gesetzlich vorgeschrieben.

[23] Str., wie hier *Peruzzo,* S. 25/26; BeckOK MietR/Pfeifer HeizkostenV § 4 Rn. 64–66; für zweckmäßig hält dies *Kinne,* § 4 Rdn. 50; **a. A.** *Schmid,* Rdn. 6138; *SchmidZehelein* in: MünchKomm, § 4 Rdn. 6; *Langenberg* K Rdn. 63; *Lützenkirchen,* Mietrecht, § 4 HeizKV Rdn. 46.

[24] *BR-Drs. 483/83, 33, in: Kreuzberg/Wien,* 1.3.9 (S. 23).

[25] *Peruzzo,* S. 26; MieWo-*Schmid,* § 4 Rdn. 18 a; **a. A.** *Schmid* in: MünchKomm, § 4 Rdn. 6.

[26] Str., a.A *Schmid/Zehelein* in: MünchKomm, § 4 Rdn. 6; *Kinne,* § 4 Rdn. 51; *Freywald,* Rdn. 70; *Lützenkirchen,* Mietrecht, § 4 HeizKV Rdn. 47.

[27] AG Neuss WuM 1995, 46; AG Rüdesheim WuM 2007, 265: Aushang im Hausflur genügt nicht. Die Zweifel von *Schmid,* ZMR-Sonderheft HeizKV, § 4 Ziff. 19, dürften mehr theoretischer Natur sein; denn in der Praxis wird der Nutzer gerade bestreiten, den Aushang gelesen zu haben.

Gerätearten,[28] Anbringungsorte, oder von einer Abänderung des Verteilungsschlüssels) abhängig gemacht werden.

31 Ein wirksamer Widerspruch **verhindert** die Anbringung der im Wege eines Gebrauchsüberlassungsvertrages vorgehaltenen Erfassungsgeräte, nicht nur die Verteilung der entsprechenden Kosten.[29] Der Ausschluss der Kostenumlage würde auch den Gebäudeeigentümer benachteiligen, da er nicht einmal die – fiktiven – Erwerbskosten umlegen könnte. Es ist aber nicht nur die Anmietung der Geräte unzulässig, sondern auch deren Anbringung.

32 Hat der Gebäudeeigentümer dieses **Mitteilungsverfahren** (Rdn. 27 bis 30) **nicht eingehalten** und dennoch die gemieteten Geräte anbringen lassen, war diese Maßnahme unzulässig, es bestand auch keine Duldungspflicht der Nutzer. Der Mangel kann nicht durch nachträgliche Mitteilungen geheilt werden,[30] da unter praktischen Gesichtspunkten niemand bei entsprechendem Widerspruch die Geräte wieder abmontieren wird und deshalb eine freie Entscheidungsmöglichkeit der Nutzer nicht mehr vorliegt. Für die Dauer der Nutzung dieser Geräte ist eine Einstellung der Mietkosten in die Heizkostenabrechnung unzulässig.[31]

IV. Kostentragung

33 Art und Umfang der Weitergabe der Gerätekosten, die zunächst der Gebäudeeigentümer als unmittelbarer Vertragspartner des Lieferanten zu tragen hat, hängt von der Rechtsgrundlage der Gerätebeschaffung (Kauf oder Miete), der Ausgestaltung des jeweiligen Nutzungsvertrages und besonders bei der Miete vom Wesen des Vertrages (freifinanziert, preisgebunden, gewerblich) ab. Eine Sonderregelung findet sich für das Wohnungseigentum in § 3 Satz 3.[32]

34 Werden die **Erfassungsgeräte gemietet oder geleast,** gehören die entsprechenden Kosten nach § 7 Abs. 2 zu den verteilungsfähigen Kosten der Wärmeversorgung aus zentralen Heizungsanlagen. Bei der Vereinbarung der Mietkosten für die Geräte ist aber der Wirtschaftlichkeitsgrundsatz einzuhalten; der Vermieter darf nicht ohne sachlichen Grund auf Kosten der Mieter wesentlich höhere als die marktüblichen Kosten vereinbaren.[33] Voraussetzung ist aber stets, dass diese Kostenart im Mietvertrag überhaupt als umlagefähig vereinbart worden ist. Fehlt eine derartige Vereinbarung, dürfen die Kosten nicht in die Abrechnung eingestellt werden.[34] Eine sog. Mehrbelastungsklausel berechtigt allenfalls bei Bruttomieten oder Nettomieten mit Nebenkostenpauschalen (s. jetzt § 560 Abs. 1)[35] zur Neueinführung der Mietkosten in die Heizkostenabrechnung, nicht aber bei einer Nettomiete mit Nebenkostenvorauszahlung und einzelnen, wenn auch nicht vollständig, als umlagefähig aufgezählten Betriebskosten.[36] Als ausreichend ist aber der (frühere)Hinweis „Heizkosten nach der II. BV" oder eine ähnliche Bezugnahme auf den Katalog in Anlage 3 zu § 27 II. BV bzw. jetzt auf die Betriebskosten nach der BetrKV anzusehen.

35 Ist die Umlage der Miet-/Leasing-Kosten nach den nutzungsvertraglichen Vereinbarungen zulässig, sind die entsprechenden **Gesamtkosten** in die Heizkostenverteilung einzustellen und danach nach dem für die einzelne Nutzungseinheit geltenden Verteilungsschlüssel auf diese Einheit zu verteilen[37]. Eine Aufschlüsselung der Mietkosten für jede einzelne Nutzungseinheit widerspricht der Regelung in § 7 Abs. 2, der die umlagefähigen Gesamtkosten aufzählt und nicht die für jede Nutzungseinheit anfallenden speziellen Kosten. Erwirbt der Gebäudeeigentümer nach Ablauf der Leasingzeit die Geräte zu Eigentum, darf er die Erwerbskosten je nach Vertragsart (s. unten Rdn. 38 bis 40) auf die Miete aufschlagen. Da der Kaufpreis nach dem sog. Restwert berechnet wird, ist dessen Auferlegung auf die Mieter von den in die Heizkostenabrechnung eingestellten Leasingraten unabhängig.

---

[28] LG Hamburg WuM 1990, 33; 1992, 245.

[29] *Kinne,* § 4 Rdn. 56; **a. A.** *Schmid/Zehelein* in: MünchKomm, § 4 Rdn. 7; MieWo-*Schmid,* § 4 Rdn. 13/14.

[30] **A. A.** *Schmid,* Rdn. 6141; *Lützenkirchen,* Mietrecht, § 4 HeizKV Rdn. 57.

[31] LG Berlin MM 2000, 278; AG Tecklenburg WuM 1999, 365; AG Berlin-Tiergarten WuM 2012, 618; AG Berlin-Schöneberg MM 1+2/2015, 38.

[32] S. oben § 3 Rdn. 22 bis 26.

[33] LG Köln NZM 2005, 453; *Schmid,* ZMR-Sonderheft HeizKV § 4 Ziff. 29.

[34] *Kinne,* § 4 Rdn. 57; s. auch oben § 2 Rdn. 7; **a. A.** *Schmid/Zehelein* in: MünchKomm, § 4 Rdn. 8, eine fehlende Vereinbarung stellt aber keine abweichende i. S. des § 2 dar.

[35] *Langenberg,* C Rdn. 16 bis 21, 63.

[36] Weitergehend *Kinne,* § 4 Rdn. 57.

[37] LG Frankfurt PE 2004, 208.

Bei **öffentlich gefördertem Wohnraum** stellen die Mietzinsen/Leasingraten nach Nr. 4 der Anlage 3 zu § 27 II. BV Betriebskosten dar, die gemäß den §§ 20 Abs. 4, 4 Abs. 1, 7, 22 NMV auf die Mieter umgelegt werden dürfen. **36**

Für die Kostenverteilung beim **Geräte-Kauf** muss mangels spezieller Vorschriften in der HeizkV entweder auf die allgemeinen mietrechtlichen Normen für Wohnraum oder die vertraglichen Regelungen zurückgegriffen werden. **37**

Liegt dem Nutzungsverhältnis ein **Wohnraummietvertrag** zu Grunde, können die Anschaffungskosten bei freifinanziertem Wohnraum nach § 559 auf die Mieter umgelegt werden, da es sich bei der Anbringung der Geräte um bauliche Maßnahmen handelt, die der Vermieter infolge der gesetzlichen Verpflichtung hierzu nicht zu vertreten hat. Von den für die **jeweilige Wohnung** anfallenden Kosten dürfen 11% auf die Miete aufgeschlagen werden.[38] **38**

Bei **preisgebundenem Wohnraum** gehen die Erwerbskosten in die Kostenmiete ein, wenn zulässigerweise nach § 6 NMV, §§ 8, 8a, 8b WoBindG eine neue Wirtschaftlichkeitsberechnung oder nach § 39a Abs. 1, 3 II. BV eine Zusatzberechnung zur bisherigen Wirtschaftlichkeitsberechnung aufgestellt wird. In diese Berechnung dürfen sowohl die Erwerbskosten als auch die für den Kauf angefallenen Kapitalkosten eingestellt werden, dagegen darf die Abschreibung für die gekauften Geräte nicht berücksichtigt werden. **39**

Die Überwälzung der Erwerbskosten bei den **übrigen Nutzungsverhältnissen** richtet sich allein nach den vertraglichen Regelungen. Da insbesondere bei Gewerberaummietverhältnissen kein Bestandsschutz besteht, können diese Kosten – je nach Vertragslage – letztlich im Wege einer Änderungskündigung dem Nutzer auferlegt werden.[39] **40**

Die **Kosten für Reparaturen,** Änderungen, Ersatz oder Austausch der Geräte richtet sich mangels heizkostenrechtlicher Sondervorschriften nach den allgemeinen Bestimmungen des Mietvertragsrechts oder des einzelnen Nutzungsvertrages. Grundsätzlich hat der Gebäudeeigentümer die Kosten der notwendigen Reparaturen selbst zu tragen; eine Überwälzung sog. Kleinreparaturen auf den Wohnraummieter ist nur in engen Grenzen zulässig.[40] **41**

Die **Kostenverteilung beim Ersatz** eines infolge natürlichen Verschleißes unbrauchbar gewordenen Gerätes richtet sich nach denselben Regeln wie die Erstanschaffung. Denn die Erneuerung stellt lediglich die Erfüllung der Pflicht zur Ausstattung der Räume mit Erfassungsgeräten dar, die infolge des Wegfalls des Gerätes nicht mehr mit solchen versehen sind. **42**

Wird ein funktionsfähiges Gerät gegen ein anderes **ausgetauscht,** weil dies durch eine Änderung der Heizungsanlage erforderlich geworden ist, umfassen die nach § 559 umlegbaren Modernisierungskosten auch die Kosten der neuen Erfassungsgeräte. Die bislang in der Miete enthaltenen Kosten für die alten Geräte sind jedoch vorher herauszurechnen, ehe die Kosten für die neuen Geräte wieder eingestellt werden. **43**

Die **Modernisierung** allein **der Erfassungsgeräte,** also der Ersatz eines vorhandenen voll funktionsfähigen gegen ein neues moderneres, berechtigt nicht zur Kostenumlage nach § 559, weil weder die durch diese Geräte möglicherweise erleichterte Ablesung noch die höhere Messgenauigkeit in den Maßnahmekatalog des § 559 fallen[41]; anders muss das wohl der **BGH** auf Grund der Annahme einer dauernden Duldungspflicht[42] sehen. Den Parteien ist es aber unbenommen, über die Kostenverteilung eine vertragliche Vereinbarung zu treffen. **44**

Für **preisgebundenen Wohnraum** gelten die Ausführungen (Rdn. 42 bis 44) entsprechend. Eine Erhöhung der Kostenmiete ist nur bei einer nachhaltigen Verbesserung des Wohnwertes oder der Einsparung von Energie durch modernisierende bauliche Änderungen zulässig, § 6 Abs. 1 NMV i. V. mit § 11 Abs. 6 II. BV. **45**

---

[38] Zur Berechnung s. § 559 Rdn. 82–84.

[39] *Freywald,* Rdn. 69.

[40] S. § 535 Rdn. 72; § 538 Rdn. 52–61.

[41] AG Berlin-Schöneberg MM 2010, 182; LG Kassel NZM 2007, 818; LG Hamburg WuM 2009, 124: Duldungspflicht nur gegen Freistellung von den Mehrkosten; *Kinne,* § 4 Rdn. 66; **a. A.** *Freywald,* Rdn. 68 bei Fn. 124; AG Düsseldorf DWW 2008, 98; AG Berlin-Lichtenberg MM 2007, 227; GE 2010, 1351; AG Frankfurt/Main NZM 2006, 537; LG Berlin GE 2010, 1745; jetzt auch *Kinne* GE 2006, 1583.

[42] S. o. Rdn. 14.

§ 5 Ausstattung zur Verbrauchserfassung

(1) [1]Zur Erfassung des anteiligen Wärmeverbrauchs sind Wärmezähler oder Heizkostenverteiler, zur Erfassung des anteiligen Warmwasserverbrauchs Warmwasserzähler oder andere geeignete Ausstattungen zu verwenden. [2]Soweit nicht eichrechtliche Bestimmungen zur Anwendung kommen, dürfen nur solche Ausstattungen zur Verbrauchserfassung verwendet werden, hinsichtlich derer sachverständige Stellen bestätigt haben, dass sie den anerkannten Regeln der Technik entsprechen oder dass ihre Eignung auf andere Weise nachgewiesen wurde. [3]Als sachverständige Stellen gelten nur solche Stellen, deren Eignung die nach Landesrecht zuständige Behörde im Benehmen mit der Physikalisch-Technischen Bundesanstalt bestätigt hat. [4]Die Ausstattungen müssen für das jeweilige Heizsystem geeignet sein und so angebracht werden, dass ihre technisch einwandfreie Funktion gewährleistet ist.

(2) [1]Wird der Verbrauch der von einer Anlage im Sinne des § 1 Abs. 1 versorgten Nutzer nicht mit gleichen Ausstattungen erfasst, so sind zunächst durch Vorerfassung vom Gesamtverbrauch die Anteile der Gruppen von Nutzern zu erfassen, deren Verbrauch mit gleichen Ausstattungen erfasst wird. [2]Der Gebäudeeigentümer kann auch bei unterschiedlichen Nutzungs- oder Gebäudearten oder aus anderen sachgerechten Gründen eine Vorerfassung nach Nutzergruppen durchführen.

Systematische Übersicht

A. Regelungsgehalt

1 Die Norm begrenzt und konkretisiert die dem Gebäudeeigentümer nach § 4 obliegende Pflicht zur Ausstattung mit Erfassungsgeräten. Diese Pflicht kann er nicht mit beliebigen Geräten erfüllen, sondern nur mit solchen, die die Kriterien des § 5 erfüllen. Die Anbringung anderer Geräte führt zu keiner ordnungsgemäßen Erfassung und damit auch nicht zu einer zulässigen Grundlage für die Kostenverteilung, so dass letztendlich ein Hilfsverfahren gewählt werden muss mit der Folge des Kürzungsrechts nach § 12 Abs. 1.

2 Verwendbar sind nur solche Geräte, die entweder der Eichpflicht unterliegen oder denen bestätigt worden ist, dass sie den anerkannten Regeln der Technik entsprechen bzw. einen anderen Eignungsnachweis besitzen.

3 **Eichfähig und eichpflichtig** sind im Zusammenhang mit der Erfassung nach der HeizkV nur die Wärmezähler (dazu unten Rdn. 26–28) und die Warmwasserzähler (dazu unten Rdn. 29, 30). Die Eichdauer beträgt zur Zeit für diese Geräte nur 5 Jahre; nach Ablauf dieses Zeitraums müssen sie nachgeeicht werden[1] (dazu unten Rdn. 30). Wird diese Gültigkeitsdauer überschritten, handelt es sich bei den weiter benutzten Geräten nicht mehr um ein geeichtes und damit um ein zur Erfassung geeignetes Gerät,[2] so dass keine ordnungsgemäße Kostenverteilung vorgenommen werden kann. Dieses Gerät steht dann einem nicht vorhandenen Gerät gleich, so dass zum einen der Nutzer das Kürzungsrecht nach § 12 Abs. 1 geltend machen kann, zum anderen die Kostenverteilung nach § 9a vorzunehmen ist. Die Entscheidung des BGH,[3] zu Kaltwasserzählern, die den Nachweis der richtigen Werte trotz Ablaufs der Eichfrist zulässt, kann nicht auf die HeizKV übernommen werden.[4] Denn dort handelte es sich um eine Beweisfrage, die auch durch andere Beweismittel beantwortet werden kann, während bei der HeizKV ein normiertes Verfahren vorliegt, das genau einzuhalten ist. Außerdem bestimmt § 33 MessEG, dass Verbrauchswerte von nicht geeichten Messgeräten weder

---

[1] LME GE 2003, 313.

[2] BayObLG NZM 1998, 486; NZM 2005, 509 mit Anm. *Lefèvre* HKA 2005, 25.

[3] BGH (VIII ZR 112/10) WuM 2011, 21 m. Anm. *Börstinghaus* jurisPR-BGHZivilR 5/2011 Anm. 4; *Pfeifer* jurisPR-MietR 4/2011 Anm. 3.

[4] **A. A.** *Lützenkirchen,* Mietrecht, § 5 HeizKV Rdn. 26; Pfeifer MietRB 2015, 83/87; OLG München WuM 2012, 573; *Drager,* in: BeckOGK/HeizkostenV § 5 Rdn. 26, 26.1.

bei Erstellung der Abrechnung berücksichtigt noch in die Abrechnung einbezogen werden dürfen.[5] Verbrauchswerte für einen Zeitraum, der durch nicht geeichte Messgeräte erfasst wurde, müssen geschätzt werden.

Die übrigen Erfassungsgeräte, insbesondere die **Heizkostenverteiler,** unterliegen keiner Eichpflicht,[6] sondern bedürfen hinsichtlich ihrer Eignung der Bestätigung sachverständiger Stellen. Diese sachverständigen Stellen ihrerseits müssen als solche von den jeweiligen Landesbehörden im Benehmen mit der Physikalisch-Technischen Bundesanstalt anerkannt worden sein. Für den jeweiligen Verbraucher (Gebäudeeigentümer, Nutzer) ist allerdings vor allem wesentlich, dass die angebrachten Geräte das behördliche Zulassungszeichen tragen; dann ist davon auszugehen, dass es sich um ein nach § 5 verwendbares Gerät handelt. 4

Die Bestätigung der Erfassungsgeräte wird dann erteilt werden, wenn sie den anerkannten Regeln der Technik entsprechen. Ab November 1994 ist die bis dahin zu Grunde liegende DIN 4713 durch zwei europäische Normierungen ersetzt worden, die DIN EN 834 für Heizkostenverteiler mit elektrischer Energieversorgung und die DIN EN 835 für Heizkostenverteiler nach dem Verdunstungsprinzip.[7] Die Zulassung für Wärmezähler nach der europäische Norm für Wärmezähler EN 1434 aus dem Jahre 1997 erfolgt nach den insoweit materiell gleichlautenden innerstaatlichen Regelungen des MessEG und der PTB-Richtlinien[8] Der im Verordnungstext weiter aufgeführte Nachweis der Eignung auf andere Weise sollte die Anwendbarkeit technischer Neuentwicklungen offen halten, hat aber bislang keine praktische Bedeutung erlangt. 5

B. Erfassungssysteme

Die HeizkV begrenzt die verwendbaren Erfassungsgeräte nicht nur durch das amtliche Zulassungsverfahren, sondern auch durch eine abschließende Aufzählung der brauchbaren Systeme. Während für den Wärmeverbrauch nur Wärmezähler oder Heizkostenverteiler als System zugelassen sind, enthält sie für die Erfassung des Warmwasserverbrauchs neben den Warmwasserzählern eine Öffnungsklausel dergestalt, dass auch andere geeignete Ausstattungen verwendet werden dürfen. Letzteres beruht auf der Erwartung, dass neben den Zählern auch die ursprünglich einmal genutzten Verteilungssysteme wieder zu brauchbaren Geräten weiterentwickelt werden, wozu aber derzeit keine Aussicht besteht. 6

Die beiden Systeme **unterscheiden** sich grundsätzlich darin, dass die **Zähler** den konkreten Energieverbrauch messen und in den jeweiligen Maßeinheiten angeben, während die **Verteiler** nur eine Verrechnungsgröße anzeigen, wonach sich der Verhältniswert des Einzelverbrauchs zum Gesamtverbrauch ermitteln lässt. Der Nutzer kann also nur beim Zähler seinen täglichen Verbrauch an Energie ermitteln und – theoretisch – entsprechend darauf reagieren, während ihm der Verteiler nur einen Jahresüberblick verschafft. 7

Ferner ist für die Verteilung der Kosten für den Verbrauch von Wärme und Warmwasser stets dann ein externer Wärmemessdienst erforderlich, wenn kein Zählgerät verwendet wird. Denn die Verteilungsgeräte erfordern nicht nur eine korrekte Anpassung an das jeweilige Heizsystem bzw. an die vorhandenen Heizkörper, sondern auch die Ablesung und Berechnung des der endgültigen Heizkostenabrechnung zu Grunde zu legenden Verbrauchs dürfte einen Laien überfordern. 8

Die **Verträge mit den Messdienstfirmen** über den Abrechnungsdienst sind als Geschäftsbesorgungsverträge mit Werkvertragscharakter zu qualifizieren, auch wenn die Formularverträge von Dienstleistungen sprechen. Denn maßgebend für diese Einordnung ist nicht die Tätigkeit der Dienste, sondern der letztlich erzielte Erfolg, die Erstellung einer ordnungsgemäßen Heizkostenabrechnung. Die beauftragte Abrechnung ist fristgerecht i. S. des § 556 Abs. 3 Ss. 3 BGB zu erstellen; bei Verspätung macht sich das Unternehmen **schadensersatzpflichtig,** wenn der Vermieter deswegen seine Nachforderungen nicht mehr durchsetzen kann.[9] Der Vertrag über die Anmietung/den Kauf von elektronischen Heizkostenverteilern bzw. Zählern sowie deren Wartung kann selbständig abgeschlossen werden; zumeist wird er aber mit dem Abrechnungsvertrag gekoppelt sein, 9

---

[5] *Lammel* WuM 2015, 531; VG Köln ZWE 2015, 293; VG Köln ZWE 2016, 101; OVG Münster ZWE 2016, 383 mit Anm. *Lammel,* jurisPR-MietR 18/2016 Anm. 1.

[6] AG Berlin-Pankow-Weißensee GE 2014, 1143.

[7] Dazu im Einzelnen *Mügge* in: *Kreuzberg/Wien,* Kap. 4.

[8] Dazu im Einzelnen *Rose,* in: *Kreuzberg/Wien* Kap. 5.

[9] AG Wuppertal NZM 2010, 901; s. auch LG Berlin GE 2015, 382; KG GE 2016, 1275.

wodurch der gesamte Vertragskomplex der Laufzeitbeschränkung des § 309 Nr. 9 BGB unterliegen kann.[10] Bei Wartungsverträgen über Heizkostenverteiler ist zu prüfen, ob diese nach ihrer technischen Ausgestaltung überhaupt einer Wartung bedürfen; verneindenfalls könnte ein entsprechender Wartungsvertrag wegen arglistiger Täuschung angefochten werden.[11]Die bislang veröffentlichte Rechtsprechung trennt allerdings strikt zwischen Mietvertrag über die Heizkostenverteiler und Ablese-/Abrechnungsvertrag mit der Folge, dass eine Kündigung des Ablesevertrages keinen Einfluss auf den Mietvertrag haben soll mit der Folge, dass einerseits die Laufzeitbegrenzung nach § 309 Nr. 9a BGB auf den Mietvertrag keine Anwendung findet und die Auflösung des Ablesevertrages ebenfalls keine Beendigung des Mietvertrages über die Heizkostenverteiler hat.[12] Dies erscheint unter dem Gesichtspunkt der Geschäftsgrundlage zweifelhaft: im Regelfall wird der Ablesevertrag nur deshalb mit dem konkreten Anbieter geschlossen, weil dieser auch die Heizkostenverteiler mietweise zur Verfügung gestellt hat. Ein gleiches gilt im Falle der Veräußerung des Anwesens; hier war Geschäftsgrundlage sowohl des Miet- als auch des Ablesevertrages, dass der Nach-Mieter der Geräte nach der HeizkV zur entsprechenden Anbringung dieser Geräte, deren Ablesung und einer folgenden Kostenverteilung verpflichtet ist; anderenfalls stellt sich der Abschluss der genannten Verträge mit den Wärmemessdiensten als sinnlos heraus, was diese auch erkennen mussten, so dass die Argumentation mit dem Verwendungsrisiko des Mieters nach § 537 Abs. 1[13] nicht durchgreift.

10 Für alle Geräte gilt, dass sie systemimmanente **Fehlergrenzen** aufweisen, die aber die konkrete Erfassung nicht fehlerhaft machen, weil sie bei allen Nutzern auftreten. Lediglich Einzelfehler wirken sich zulasten des einzelnen Nutzers aus und können zur Unbrauchbarkeit der Erfassung führen.

11 Bei der Wahl unter den verschiedenen Erfassungssystemen ist, sofern die technische Ausgestaltung der Heizung nicht ein besonderes System erfordert, der **Grundsatz der Wirtschaftlichkeit** gem. § 5 Abs. 1 EnEG zu beachten. Nach dieser Vorschrift gelten „Anforderungen als wirtschaftlich vertretbar, wenn generell die erforderlichen Aufwendungen innerhalb der üblichen Nutzungsdauer durch die eintretenden Einsparungen erwirtschaftet werden können". Bei dem hierfür erforderlichen Kosten-Nutzen-Vergleich ist zwischen reinen Wohn- und reinen Gewerbebauten zu trennen. Für Wohngebäude scheidet die Anwendung der Wärmezähler (abgesehen von einer Vorerfassung, s. unten Rdn. 31–33) wegen der Kosten aus, die nahezu der prognostizierten Energieeinsparung entsprechen. Der prozentuale Anteil beträgt zwischen 6% und 13% der jährlichen Heizkosten gegenüber einer möglichen Energieeinsparung von 15%.[14] Eine unter Kostengesichtspunkten realistische Auswahl kann daher nur zwischen den Verdunstungsgeräten und den elektronischen Heizkostenverteilern getroffen werden[15]. Da für die Erfassung des Warmwasserverbrauchs derzeit nur ein System zur Verfügung steht, muss notwendigerweise eine derartige Kosten-Nutzen-Analyse entfallen, zumal hier auch noch die volkswirtschaftlichen Kosten des Wasserverbrauchs zu berücksichtigen sind. Bei Gewerbebauten ist dagegen der Einsatz von Wärmezählern sinnvoll.[16]

I. Erfassung des Wärmeverbrauchs

12 Der Wärmeverbrauch darf entweder durch Wärmezähler oder durch Heizkostenverteiler erfasst werden. Während die Anbringung von Zählern bei Neubauten angemessen ist, wird aus Kostengründen bei Altbauten auf die Verteilungsgeräte zurückgegriffen. Beide Systeme erfüllen ihren Zweck, wenn auf die jeweiligen Einsatzgrenzen geachtet wird.

---

[10] AG Gießen NJW-RR 1996, 49; bestätigt aus anderen Gründen von LG Gießen NJW-RR 1996, 630; s. auch OLG Frankfurt NZM 2005, 477 **a. A.** AG Weilburg HKA 2001, 35; zum Gesichtspunkt der Wirtschaftlichkeit der Kündigung eines bestehenden langfristigen Vertrages s. AG München ZMR 2012, 739.

[11] AG Osnabrück ZWE 2014, 100 m. Anm. *Reichert.*

[12] AG Dortmund DWW 1999, 384; AG Saarlouis DWW 1999, 384; AG Mülheim DWW 1999, 383; AG Nidda DWW 1999, 383.

[13] So die in der vorherigen Fußnote zitierten Entscheidungen; s. auch AG Buchen DWW 1999, 327.

[14] *Wien* in: *Kreuzberg/Wien,* S. 510–513; s. auch AG Münster WuM 2001, 499.

[15] Zum Grundsatz der Wirtschaftlichkeit bei Erfassungsgeräten s. LG Berlin WuM 2004, 340 m. Anm. *Wall;* LG Köln NZM 2005, 453; s. auch *Lammel* ZdW Bay 2005, 288/292. Die zu angeblich überdimensionierten Wasserzählern ergangene Entscheidung BGH (VIII ZR 97/09) NZM 2010, 558 dürfte bei der Anwendung der HeizkV keine Rolle spielen, da zu große Zähler nicht den technischen Vorgaben der HeizkV entsprechen.

[16] S. *Wien* (Fn. 14) S. 513–514.

Die **Verteilungsgeräte** arbeiten entweder nach dem Verdunstungsprinzip oder als Geräte mit elektronischer Energieversorgung. 13

1. Verdunstungsgeräte

Die **Verdunstungsgeräte** beruhen auf dem physikalischen Prinzip, dass eine bestimmte Flüssigkeit unter Einfluss von Wärme in einer bestimmten Zeit um bestimmte Volumenanteile verdunstet.[17] Mangels Zuordenbarkeit dieser Verdunstung zu einer bestimmten konkreten Wärmequelle sind die Verdunstungsgeräte nicht einsetzbar bei Fußbodenheizungen, Deckenstrahlungsheizungen[18], klappengesteuerten Heizkörpern, Heizkörpern mit Gebläse, Dampfheizsystemen,[19] Heizungssystemen mit mittlerer Auslegungs-Heizungsmediumtemperatur unter 60 °C bzw. 55 °C (sog. Niedertemperaturheizungen), Heizsystemen, bei denen der Nutzer keine Möglichkeit hat, den Wärmeverbrauch direkt zu beeinflussen[20], horizontalen Einrohrheizungen, die sich über eine Nutzereinheit hinaus erstrecken,[21] Badewannenkonvektoren und Warmlufterzeugern.[22] 14

Bei den übrigen Heizkörperarten sind die Verdunstungsgeräte generell einsetzbar. Allerdings ist jeweils darauf zu achten, dass sie den unterschiedlichen Bauarten und damit auch der verschiedenen Art der Wärmeabgabe angepasst werden, was entweder bereits bei der Skalierung (durch eine sog. Produktskale) oder nachträglich bei der Abrechnung erfolgt.[23] Abhängig vom Heizungssystem und der Heizkörperart ist auch die Anbringungsart der Verdunstungsgeräte sowohl hinsichtlich ihrer Höhe als auch im Verhältnis zur Länge des Heizkörpers. 15

Das Verdunstungsgerät besteht aus (mindestens) drei Teilen, der Befestigungsvorrichtung am Heizkörper (Gehäuseunterteil), der Glasampulle mit der Messflüssigkeit und der Abdeckung (Gehäuseoberteil) mit der Meßskale; außerdem kann noch ein Fach zur Aufbewahrung der Vorjahresampulle vorhanden sein. Die Verbindung der Teile miteinander wird durch eine Verplombung gesichert, um Manipulationen am Flüssigkeitsröhrchen zu verhindern. Die beteiligten Laien können die ordnungsgemäße Funktion des Geräts nur bezüglich seines festen Sitzes am Heizkörper und zusätzlich dadurch kontrollieren, dass jedes Jahr eine anders gefärbte Flüssigkeit in der Glasampulle ist. 16

Die **Verdunstung** der Messflüssigkeit erfolgt nicht linear, sondern kurvenförmig und stimmt ferner nicht überein mit der Kennlinie des jeweiligen Heizkörpers, d. h. seiner mittleren Temperatur während einer Heizperiode. Deshalb sind die Strichzahlen der verschiedenen Heizperioden nicht miteinander vergleichbar, so dass hieraus keine Einwände gegen das Ableseergebnis hergeleitet werden können. Ferner ist die sog. **Kaltverdunstung** zu berücksichtigen, d. h. die Verdunstung der Messflüssigkeit bei abgeschaltetem Heizkörper auf Grund anderer Wärmequellen. Zu diesem Zweck wird die Ampulle über den Skalennullpunkt hinaus mit der sog. Kaltverdunstungsvorgabe gefüllt;[24] letzteres wiederum macht den jährlichen Austausch der Messampulle notwendig. Eine Überfüllung der Ampulle dergestalt, dass trotz unstreitigen Verbrauchs ein Null-Verbrauch angezeigt wird (z. B. bei Leerstand), macht die Abrechnung fehlerhaft; denn die Kosten des Leerstandes hat der Vermieter zu tragen und darf nicht auf die anderen Mieter mitverteilt werden.[25] 17

Anwendungsfehler beim Einsatz der Verdunstungsgeräte[26] führen nicht dazu, dass keine gesetzlich vorgeschriebene Ausstattung zur Erfassung vorliegt, sondern lediglich dazu, dass die erfassten Werte nicht vollkommen zutreffend ermittelt worden sind und die endgültige Kostenverteilung daher dem Kürzungsrecht nach § 12 Abs. 1 unterliegt, sofern der Fehler dem Gebäudeeigentümer zuzurechnen ist. 18

---

[17] S. im Einzelnen *Hampel/Faulhaber* in: *Kreuzberg/Wien,* 7.3. (S. 350ff.).

[18] BeckOK MietR/Pfeifer HeizkostenV § 4 Rn. 4.

[19] AG Berlin-Neukölln GE 1999, 579.

[20] Zur **Rohrwärmeabgabe** generell s. § 7.

[21] Im Gegensatz zur horizontalen Einrohrheizung nur für eine Nutzungseinheit, BayObLG NJW-RR 1993, 663, und den vertikalen Einrohrheizungen, s. *Wien* in: *Kreuzberg/Wien,* S. 497.

[22] S. *Hampel/Faulhaber,* (Fn. 17) S. 341/342.

[23] S. *Hampel/Faulhaber,* (Fn. 17) S. 365; diese technischen Einzelheiten brauchen in der Heizkostenabrechnung nicht erläutert zu werden, AG Berlin-Spandau GE 2005, 920; **a. A.** insoweit LG Berlin GE 2011, 1021; kann aber im Streitfall durch Sachverständigenbeweis geklärt werden AG Hamburg-Barmbek ZMR 2011, 293.

[24] Zur Umrechnung bei einer Zwischenablesung AG Flensburg WuM 1991, 702; die vom AG Starnberg, NJW-RR 2014, 17, geforderte Erläuterung gehört entgegen dem AG nicht zum formellen, sondern zum materiellen Teil einer Heizkostenabrechnung.

[25] **A. A.** AG Berlin-Köpenick GE 2007, 1327; entgegen dessen Ansicht handelt es sich nicht um eine Meßungenauigkeit, sondern einen Anwendungsfehler.

[26] S. *Kinne,* S. 124/125.

19 Als Anwendungsfehler, die dem Gebäudeeigentümer zuzurechnen sind, können **Fehler bei der Anbringung der Geräte** am Heizkörper gewertet werden,[27] z. B. bei gängigen Rippenheizkörpern mit Thermostatventilen die Anbringung nicht in 75% der Heizkörperbauhöhe und in der Mitte der Heizkörperlänge; die nicht feste und vollflächige Verbindung der Gehäuseunterfläche mit dem Heizkörper durch lose Verschraubungen; den nicht flächigen Verbund oder die zu dicke Klebeschicht beim Verkleben des Verdunstungsgeräts auf der Heizkörperfläche. Ferner können **Fehler beim Ablesen der Messflüssigkeit** vorkommen, z. B. Ablesen im Warmzustand der Flüssigkeit, wodurch diese einen zu hohen Stand und damit einen geringeren Verbrauch aufweist; Ablesung nicht in Augenhöhe oder nicht in der Mitte des Flüssigkeitsspiegels.

20 Anbringungsfehler können auch nachträglich durch Veränderung der Heizungsanlage, Austausch der Heizkörper oder Wärmedämmassnahmen auftreten[28]. Alle diese Umstände verlangen eine Anpassung der Verdunstungsgeräte an die neue Situation durch Veränderung des Anbringungsortes und/oder Anpassung an die neue Bauart des Heizkörpers.

21 Eher der Nutzerseite zuzuordnen sind die Anwendungsfehler, die infolge eines Wärmestaus oder von Manipulationsversuchen auftreten. Ein **Wärmestau** wird durch Heizkörperverkleidungen oder lange dichte Vorhänge, die über die Heizkörper hängen, verursacht. Er führt dazu, dass für die Erwärmung des Raumes mehr Heizenergie aufgewendet werden muss, um die Wärmeabsorption durch das „stauende" Werkstück zu überwinden. Zusätzlich steigt durch die Stauwärme die Temperatur der Messflüssigkeit mit der Folge einer höheren Verdunstung als sie der ungestauten Wärmeabgabe entsprechen würde. In diesen Zusammenhang gehören auch die **Manipulationsversuche** durch Umwickeln der Geräte mit feuchten oder kalten Lappen; dies führt ebenfalls zu einem Wärmestau mit Mehrverbrauch.[29] Während letzteres eindeutig auf das Verhalten des Nutzers zurückzuführen ist, kommt es bei den übrigen Vorkehrungen, die einen Wärmestau herbeiführen können, zum einen auf denjenigen an, der diese Gegenstände angebracht hat (Gebäudeeigentümer oder Nutzer), zum anderen darauf, ob der Nutzer auf diese Zusammenhänge hingewiesen worden ist[30].

2. Elektronische Heizkostenverteiler

22 Bei diesen handelt es sich um batteriebetriebene Geräte zur Ermittlung der Differenz zwischen der Oberflächentemperatur des Heizkörpers und der Raumtemperatur, d. h. der sog. Heizkörper-Übertemperatur, bezogen auf die Zeit, in der der Heizkörper Wärme abgibt. Der praktische Vorteil dieser Geräte gegenüber den Verdunstern liegt in ihrer leichteren Ablesbarkeit wegen der ziffernmäßigen Angabe der Werte und der Möglichkeit, diese Werte zentral, also außerhalb der jeweiligen Nutzereinheit abzulesen,[31] oder durch Funk auf das Ableseunternehmen zu übertragen[32]. Zwar handelt es sich bei den Ablesewerten um personenbezogene Daten.[33] Ihre Erhebung und Nutzung ist aber nach § 28 Abs. 1 Nr. 1 BDSG (s. auch § 21g EnWG) zulässig, weil dies für die Durchführung des Mietverhältnisses erforderlich ist.[34]

23 Beim **Kompakt-Einfühlergerät** wird nur die mittlere Heizkörper-Oberflächentemperatur gemessen; die Raumtemperatur wird mit einem bestimmten Wert (z. B. 20 °C) als konstant angenommen.[35] Das **Kompakt-Zweifühlergerät** misst die Oberflächentemperatur und zusätzlich indirekt die Raumtemperatur durch Messung der Temperatur an der Gerätefrontseite.[36] Da diese indirekte Messung anfällig für Wärmestau (s. oben Rdn. 21) ist, wechselt das Gerät ab einer bestimmten Raumtemperatur automatisch in das Einfühlerverfahren. Das **Dreifühlergerät** erfasst die Heizkörperoberflächentemperatur durch Messung der Vor- und Rücklauftemperatur und die Raumtemperatur durch einen eigenen Raumfühler.[37]

---

[27] LG Berlin GE 1991, 1119 bei den Besonderheiten einer Ein-Rohr-Heizung; AG Berlin-Köpenick GE 2012, 759.

[28] Hier besteht eine schadensersatzbewehrte Aufklärungspflicht des Handwerkers, *Wiesler,* GE 2004, 1206.

[29] S. *Hampel/Faulhaber,* (Fn. 17) S. 377.

[30] AG Aschersleben/Staßfurt ZMR 2005, 714.

[31] AHW, HKA 2005, 17.

[32] S. dazu *Mrozinski/Domke,* in: Kreuzberg/Wien, Kap. 9.

[33] AA möglicherweise AG Dortmund ZWE 2014, 99.

[34] AA LG Dortmund (unter Aufhebung der Entscheidung AG Dortmund ZWE 2014, 99) WuM 2015, 115 unter Nichtberücksichtigung des BDSG.

[35] *Braun/Schmidt/Schmid/Tritschler* in: *Kreuzberg/Wien,* 8.2.1 (S. 397).

[36] S. *Braun/Schmidt/Schmid/Tritschler* (Fn. 35), 8.2.2 (S. 398).

[37] S. *Braun/Schmidt/Schmid/Tritschler* (Fn. 35), 8.2.3 (S. 402).

24 Der Einsatzbereich dieser Geräte ist auf eine Vorlauftemperatur zwischen 40 °C (Mehrfühlergerät) bzw. 55 °C (Einfühlergerät) und 90 °C beschränkt. Außerdem sind sie nicht anwendbar bei Fußbodenheizungen, Deckenstrahlungsheizungen, klappengesteuerten Heizkörpern, Heizkörpern mit Gebläse, Warmlufterzeugern, Heizungssystemen, deren Heizkörper mit Dampf betrieben werden, und solchen Heizsystemen, bei denen der Nutzer den Verbrauch nicht beeinflussen kann. Dem der Kaltverdunstung (s. oben Rdn. 17) entsprechenden Verhalten der Geräte wird durch eine sog. Messwertunterdrückung begegnet, d. h. die Messung beginnt erst ab einer bestimmten Oberflächentemperatur des Heizkörpers.

25 **Anwendungsfehler**[38] führen ebenso wie bei den Verdunstungsgeräten (s. oben Rdn. 18) zum Kürzungsrecht des Nutzers nach § 12 Abs. 1, sofern die Geräte für das vorhandene Heizsystem überhaupt tauglich sind. Ebenfalls ähnlich wie bei den Verdunstern können Fehler bei der Montage hinsichtlich des festen Sitzes, der Wärmeleitung zwischen Heizkörper und Gerät und der Montagehöhe vorkommen. Außerdem könnte der seltenere Fall eintreten, dass die Batteriereserve nicht ausreichend zumindest für den Einjahresbetrieb ausgelegt ist, so dass die Stromversorgung ausfällt.

3. Wärmezähler

26 Diese Geräte geben nicht lediglich nur Vergleichswerte an, sondern die verbrauchte thermische Energie in gesetzlichen Maßeinheiten. Sie sind bei allen Heizungssystemen einsetzbar, unter Kostengesichtspunkten allerdings bevorzugt jeweils für eine Nutzereinheit mit einem abgeschlossenen horizontal verlaufenden Heizkreislauf, bei der Vorerfassung und in der Übergabestation zwischen Fernwärme und dem mit Wärme versorgten Gebäude. Die Messgeräte bestehen aus drei Teilen, den Temperaturfühlern an Vor- und Rucklauf des Wärmeträgermediums, dem Messteil für das Volumen des durchfließenden Wärmeträgers und dem elektronischen Rechenwerk mit der Anzeige der verbrauchten Energie. Im Rechenwerk werden die von den einzelnen Teilen gelieferten Werte (Temperatur von Vor- und Rücklauf, Volumen des durchfließenden Mediums) miteinander verknüpft, die thermische Energie berechnet und schließlich der jeweilige Verbrauch angezeigt.[39]

27 Die Geräte stellen zwar von den drei üblicherweise benutzten Systemen das genaueste und sicherste dar. Jedoch unterliegen auch sie Fehlern, die sich in den Eichfehlergrenzen und den Verkehrsfehlergrenzen niederschlagen. Diese wirken sich allerdings nicht bei der Verteilung der Heizkosten aus, weil alle in einem Gebäude verwendeten Geräte derselben Fehlergrenze unterliegen. Allerdings steht dem Nutzer der Beweis offen, dass die Geräte – trotz vorhandener Eichgültigkeit – fehlerhaft angezeigt haben[40]

28 Die Geräte sind eichpflichtig, d. h. sie müssen vor ihrem ersten Einsatz geeicht sein und nach Ablauf der Eichgültigkeitsdauer nachgeeicht werden. Diese Eichgültigkeitsdauer beträgt derzeit nur fünf Jahre.[41] Hierfür muss des Gerät ausgebaut werden, wodurch erhebliche Kosten entstehen, was ebenfalls den Einsatz der Geräte begrenzt.[42]

II. Erfassung des Warmwasserverbrauchs

29 Da die einstmals verwendeten Warmwasserkostenverteiler ausgedient haben dürften und nach dem 1.1.1987 nicht mehr neu eingebaut werden durften, findet sich als gängiges Messgerät nur der **Warmwasserzähler.** Er misst allerdings nur den Durchfluss des erwärmten Wassers, also das Volumen des Wassers, aber nicht die jeweilige Wassertemperatur. Deshalb enthält das Messergebnis auch den Anteil des im Rohrleitungsnetz stehenden, nach Erwärmung im Warmwasserbereitungsgerät wieder abgekühlten Wassers. Dieses muss ablaufen, um dem Nutzer wieder warmes Wasser, d. h. solches von einer Temperatur zwischen 30 °C und 90 °C, zu liefern. Der hierdurch entstehende Wasserverlust kann durch eine Zirkulationsleitung vermieden werden, die sich aber nur bei größeren Objekten kostenmäßig lohnt, bei denen eine ständige Warmwasserbereitschaft erforderlich ist.

---

[38] S. *Kinne,* S. 126/127.

[39] S. *Rose* in: *Kreuzberg/Wien,*5.5 (S. 265ff.).

[40] VG Neustadt HKA 2016, 38.

[41] S. *Rose* in: *Kreuzberg/Wien,* S. 292–293 mit der dort beschriebenen Möglichkeit einer Verlängerung der Frist um drei Jahre.

[42] Zur förmlichen Inbetriebnahme dieser Geräte s. ausführlich BeckOK MietR/*Pfeifer* HeizkostenV § 5 Rn. 39–47.

30 Auch diese Geräte sind **eichpflichtig.** Nach Ablauf der Eichgültigkeitsdauer von fünf Jahren müssen sie ausgebaut und zur Nacheichung vorgelegt werden. Um den nochmaligen Ausbau eines zwischenzeitlich verwendeten Ersatzgerätes zu vermeiden, verbleibt dieses in der Warmwasseranlage. Die Eich- und damit zusammenhängende Montagekosten gehören zu den nach § 7 Abs. 2 verteilungsfähigen Kosten der Verwendung eines Erfassungsgeräts. Entsprechen die Kosten für das Ersatzgerät denen für die Eichung und den Wiedereinbau des Altgerätes, können stattdessen diese Ersatzkosten in die Abrechnung eingestellt werden.[43] Die Kosten sind anteilsmäßig auf die Eichdauer zu verteilen, um nicht nur den Nutzer zum Zeitpunkt der Nacheichungspflicht mit den Kosten zu belasten.

C. Vorerfassung, Abs. 2

31 In eine Heizkostenverteilung können nur Werte einfließen, die von demselben Erfassungssystem bei allen Nutzern ermittelt worden sind; Werte unterschiedlicher Erfassungssysteme sind dagegen nicht miteinander vergleichbar. Sind in einem Gebäude wegen der besonderen heizungstechnischen Bedingungen unterschiedliche Erfassungssysteme in Gebrauch, **muss** eine Vorerfassung durchgeführt werden.[44] Die jeweils systemeinheitlichen Nutzer werden dadurch in einer Gruppe zusammengefasst.

32 Neben den technisch bedingten können auch nutzungsbedingte Umstände eine Vorerfassung sinnvoll werden lassen;[45] letztere liegt aber im Ermessen des Gebäudeeigentümers[46], während er bei den technischen Umständen dazu gezwungen ist. Unterschiedliche Nutzungen liegen in einer Grobeinteilung bei gewerblicher und wohnlicher Nutzung im selben Gebäude vor[47]; die gewerbliche kann dann noch weiter unterteilt werden je nach dem spezifischen Wärmebedarf (von der Arztpraxis bis zur technischen Produktionsstätte). Unterschiedliche Gebäudearten sind z. B. gegeben bei der Versorgung von Häusern unterschiedlicher Größe und Nutzungsart (vom Hochhaus über den Wohnblock zum Einfamilienhaus) durch ein Blockheizwerk. Die Auslegung der Generalklausel („andere sachgerechte Gründe") ist im Lichte dieser gesetzlichen Beispiele auszulegen, hat aber im Wesentlichen keine praktische Bedeutung.

33 Technisch erfordert die Vorerfassung den Einsatz von Wärmezählern. Denn nur mit diesen Geräten kann derzeit die von einer Nutzergruppe insgesamt verbrauchte Wärme erfasst werden. Allerdings muss für jede Nutzergruppe ein eigener Wärmezähler angebracht werden; es reicht nicht aus, dass die Werte eines einzelnen Zählers vom Gesamtwert abgezogen werden und dieser Restbetrag dann der anderen Nutzergruppe zugeordnet wird.[48] Die Verteilung der vorerfassten Verbrauchseinheiten erfolgt nach § 6 Abs. 2; bei nicht verordnungskonformer Durchführung der Vorerfassung steht den Nutzern das Kürzungsrecht gem. § 12 Abs. 1 zu[49].

---

[43] LG Berlin GE 1992, 385.

[44] BGH (VIII ZR 329/14) WuM 2016, 174.

[45] AG Berlin-Neukölln GE 1999, 579.

[46] Die Bildung der Nutzergruppen muss aber in der Abrechnung nachvollziehbar sein KG ZMR 2010, 15; Leitungsverluste führen nicht zu einem Abänderungsanspruch gegenüber dem Gebäudeeigentümer, OLG Schleswig ZMR 2005, 406.

[47] Der BGH hält in solchen Fällen einen Vorwegabzug der gewerblich verursachten Kosten nur aus Billigkeitsgründen für erforderlich, sieht in dessen Unterlassung aber keinen formellen Mangel der Abrechnung, BGH (VIII ZR 46/10) WuM 2010, 741.

[48] BGH (VIII ZR 57/07) WuM 2008, 556 m. Anm. *Wall* S. 588 = ZMR 2008, 885 m. Anm. *Schmid;* AG Itzehoe ZMR 2016, 912. Eine Differenzmessung soll allerdings bei der Wasserabrechnung zulässig sein, BGH (VIII ZR 69/09) WuM 2010, 35; dazu *Pfeifer,* MietRB 2009, 338.

[49] BGH (VIII ZR 329/14) WuM 2016, 174; dazu *Lammel,* NZM 2016, 748; *Zehelein* WuM 2016, 176; *Wall* jurisPR-MietR 5/2016 Anm. 3.

§ 6 Pflicht zur verbrauchsabhängigen Kostenverteilung

(1) [1]Der Gebäudeeigentümer hat die Kosten der Versorgung mit Wärme und Warmwasser auf der Grundlage der Verbrauchserfassung nach Maßgabe der §§ 7 bis 9 auf die einzelnen Nutzer zu verteilen. [2]Das Ergebnis der Ablesung soll dem Nutzer in der Regel innerhalb eines Monats mitgeteilt werden. [3]Eine gesonderte Mitteilung ist nicht erforderlich, wenn das Ableseergebnis über einen längeren Zeitraum in den Räumen des Nutzers gespeichert ist und von diesem selbst abgerufen werden kann. [4]Einer gesonderten Mitteilung des Warmwasserverbrauchs bedarf es auch dann nicht, wenn in der Nutzeinheit ein Warmwasserzähler eingebaut ist.

(2) [1]In den Fällen des § 5 Absatz 2 sind die Kosten zunächst mindestens zu 50 vom Hundert nach dem Verhältnis der erfassten Anteile am Gesamtverbrauch auf die Nutzergruppen aufzuteilen. [2]Werden die Kosten nicht vollständig nach dem Verhältnis der erfassten Anteile am Gesamtverbrauch aufgeteilt, sind
1. die übrigen Kosten der Versorgung mit Wärme nach der Wohn- oder Nutzfläche oder nach dem umbauten Raum auf die einzelnen Nutzergruppen zu verteilen; es kann auch die Wohn- oder Nutzfläche oder der umbaute Raum der beheizten Räume zu Grunde gelegt werden,
2. die übrigen Kosten der Versorgung mit Warmwasser nach der Wohn- oder Nutzfläche auf die einzelnen Nutzergruppen zu verteilen.
[3]Die Kostenanteile der Nutzergruppen sind dann nach Absatz 1 auf die einzelnen Nutzer zu verteilen.

(3) [1]In den Fällen des § 4 Absatz 3 Satz 2 sind die Kosten nach dem Verhältnis der erfassten Anteile am Gesamtverbrauch auf die Gemeinschaftsräume und die übrigen Räume aufzuteilen. [2]Die Verteilung der auf die Gemeinschaftsräume entfallenden anteiligen Kosten richtet sich nach rechtsgeschäftlichen Bestimmungen.

(4) [1]Die Wahl der Abrechnungsmaßstäbe nach Absatz 2 sowie nach § 7 Absatz 1 Satz 1, §§ 8 und 9 bleibt dem Gebäudeeigentümer überlassen. [2]Er kann diese für künftige Abrechnungszeiträume durch Erklärung gegenüber den Nutzern ändern
1. bei der Einführung einer Vorerfassung nach Nutzergruppen,
2. nach Durchführung von baulichen Maßnahmen, die nachhaltig Einsparungen von Heizenergie bewirken oder
3. aus anderen sachgerechten Gründen nach deren erstmaliger Bestimmung.
[3]Die Festlegung und die Änderung der Abrechnungsmaßstäbe sind nur mit Wirkung zum Beginn eines Abrechnungszeitraumes zulässig.

Systematische Übersicht

A. Regelungsgehalt

Neben der Pflicht zur Erfassung des Verbrauchs von Wärme und Warmwasser (§ 4) und der zur Ausstattung der Räume mit geeigneten Erfassungsgeräten (§ 5) legt das Gesetz dem Gebäudeeigentümer daraus folgend die Verpflichtung auf, die auf Grund der Erfassung sich ergebenden Kosten auf die einzelnen Nutzer zu verteilen. Für die Durchführung dieser Verteilung beschränkt es sich auf den Verweis auf die §§ 7 bis 9, d. h. auf die zulässigen Maßstäbe der Verteilung von Wärme (§ 7) und Warmwasser (§ 8) hinsichtlich der verbrauchsabhängigen und der verbrauchsunabhängigen Anteile, auf die Aufzählung der verteilungsfähigen Kosten (§§ 7, 8, jeweils Abs. 2) und auf die Verteilung bei verbundenen Anlagen (§ 9). 1

Die Durchführung der Verteilung im Einzelnen ist in der HeizkV – mit den Ausnahme in § 7 Abs. 1 S. 2–4 – nicht geregelt. Sie verweist damit inzident auf die allgemeinen Vorschriften der das jeweilige Nutzungsverhältnis regelnden Gesetze bzw. auf die – soweit vorhanden – vertraglichen 2

Sonderbestimmungen. Da sich der Gebäudeeigentümer bei der Kostenverteilung zumeist einer Abrechnungsfirma bedient, wirken die dortigen vertraglichen Beziehungen dergestalt auf die Verhältnisse Gebäudeeigentümer – Nutzer ein, dass ein vertragswidriges Verhalten der Messdienstfirma auch zu einem Abrechnungsfehler gegenüber dem Nutzer führt, während umgekehrt die ordnungsgemäße Erfüllung des Abrechnungsvertrages gegenüber dem Gebäudeeigentümer nicht zwingend auch eine ordnungsgemäße Abrechnung gegenüber dem Nutzer zur Folge hat.[1]

B. Kostenverteilung, Abs. 1

3 Die Verteilung der Kosten des Wärme- und Warmwasserverbrauchs setzt dessen ordnungsgemäße Erfassung und damit die Anbringung der gesetzlich als geeignet bezeichneten Erfassungsgeräte voraus. Über die Anbringung[2] wird eine technische Dokumentation erstellt, in der Art und Zahl der Erfassungsgeräte sowie der Heizkörper, Bewertung der Heizkörper und die davon abhängige Skalierung, schließlich die Verteilungsquote zwischen verbrauchsabhängigen und verbrauchsunabhängigen Kosten aufgeführt sind. Diese Dokumentation erhält der Gebäudeeigentümer als Anschlusskunde des Wärmemessdienstes. Der Nutzer hat Anspruch auf Einblick in die Dokumentation, auch unter Beiziehung eines Sachverständigen, um Zweifeln hinsichtlich einer korrekten Kostenverteilung nachgehen zu können, es sei denn, dem Nutzer ist eine separate Dokumentation ausgehändigt worden.[3]

I. Verbrauchserfassung

4 Eine ordnungsgemäße Kostenverteilung setzt eine verbrauchsnahe **Ablesung der erfassten Verbrauchswerte** voraus, d. h. beim Wärmeverbrauch im Regelfall nach Beendigung der Heizperiode. Jedenfalls bei Verdunstungsgeräten ist hierfür das Betreten der Räume mit Erfassungsgeräten durch den beauftragten Wärmemessdienst erforderlich; bei elektronischen Verteilern sowie bei Wärme- und Warmwasserzählern ist dies – je nach technischer Ausgestaltung der Geräte[4] – nicht unbedingt erforderlich. Die Zeitnähe der Erfassung zur regelmäßigen Verbrauchsbeendigung ist ferner bei elektronischen Verteilungsgeräten dann nicht erforderlich, wenn sie zu einem bestimmten Zeitpunkt (d. h. kalendermäßiges Ende der Heizperiode) die laufende Zählung abschließen, diesen Wert jederzeit abrufbar speichern und danach neu zu zählen anfangen[5].

5 Sofern das Betreten der einzelnen Nutzungseinheiten noch erforderlich ist, muss diesem eine **Ankündigung** von ein bis zwei Wochen vorangehen[6], sofern die Größe und die Nutzerstruktur des Gebäudes keine kürzere oder längere Frist erfordern. Die Ankündigung sollte schriftlich erfolgen. Ihre **Art und Weise** hängt wiederum mit der Nutzerstruktur des Gebäudes zusammen: es kann ein Generalaushang im Treppenhaus[7], an der Eingangstür (innen) oder am Aufzug ausreichen; als nächste Stufe wäre der Einzelaushang an der Tür der Nutzungseinheit oder das Durchschieben unter der Tür zu wählen; weiter kann das Einlegen in den Briefkasten, die Zusendung durch die Post oder durch Boten und schließlich im Extremfall die förmliche Zustellung gewählt werden. Auch bei der sog. Fernablesung sollte eine Ankündigung vorangehen, damit dem Nutzer die Möglichkeit zur eigenen Kontrolle der Werte am Stichtag ermöglicht wird. Diese Ankündigung wird durch die Mitteilungspflicht nach S. 2 nicht überflüssig, da diese Pflicht für elektronische Geräte gerade nicht eingreift, S. 3.

---

[1] **A. A.** wohl MieWo-*Schmid*, § 6 Rdn. 3 a.

[2] Wobei im Folgenden stets davon ausgegangen wird, dass alle mit der Kostenverteilung zusammenhängenden Leistungen durch eine Drittfirma erbracht werden, wie dies in der Praxis überwiegend der Fall ist.

[3] *Franke* in: *Kreuzberg/Wien*, 11.3 (S. 587 ff.). Der sog. Wärmepass nach § 12 WärmeschutzVO ist nur für nach dem 31.12.1994 errichtete oder veränderte Gebäude erforderlich, *v. Brunn* in: *Kreuzberg/Wien*, 3.11.4 (S. 231). Diese Regelung gilt nach § 19 EnEV weiter für Bauvorhaben, für die vor dem In-Kraft-Treten der EnEV (17.11.2001) der Bauantrag gestellt oder die Bauanzeige erstattet worden ist. Zum 1.2.2002 tritt die WärmeschutzVO außer Kraft, an ihre Stelle tritt bezüglich des Energiebedarfsausweises § 13 EnEV; jetzt §§ 16 ff. EnEV 2014. Dazu *Friers* DWW 2005, 227; *Peters* HKA 2004, 31; *Brückner* GE 2007, 1533; *ders.* GE 2008, 836; *Stangl* ZMR 2008, 14; *Pfeifer* MietRB 2007, 239; *Rips* WuM 2008, 379.

[4] Mit zentralem Zählwerk oder Funkmessung.

[5] *Leiß* MM 2005, 140.

[6] Die vom AG Langenfeld für Wohnungseigentum gemachten Einschränkungen, ZMR 2011, 907, sind nicht gerechtfertigt, s. auch die Anm. *Schmid*, ZMR 2011, 908, dazu.

[7] Krit. dazu *Schmid* WuM 2012, 486/487.

Der **Inhalt der Ankündigung** wird durch ihren Zweck, die Empfangsbereitschaft des Nutzers herbeizuführen, bestimmt. Deshalb müssen in ihr der Wochentag und die Tageszeit der Ablesung enthalten sein; ein Zeitraum von ein bis zwei Stunden kann – abhängig von der Größe des Objekts – genügen. Ferner sind aufzuführen Name, Anschrift und Telefonnummer der Ablesefirma sowie der Name des konkreten Ablesers; letzterer sollte daher auch mit einer entsprechenden (fälschungssicheren) Legitimation versehen sein. Schließlich ist in der Ankündigung auf die Kontrollmöglichkeiten des Nutzers zu verweisen, also der Austausch der vorhandenen Messampulle gegen eine neue mit anderer Farbe sowie die Durchführung einer eigenen Kontrollablesung. 6

Der Nutzer ist nach § 4 Abs. 2 Satz 1 2. Halbsatz zur **Duldung der Ablesung** als Folge der Duldung der Anbringung von Erfassungsgeräten verpflichtet, desgleichen zur Hinnahme des Austausches oder der Funktionskontrolle der Geräte. Verweigert der Nutzer die Ablesung oder versäumt er schuldhaft ordnungsgemäß angekündigte Ablesungstermine, macht er sich schadensersatzpflichtig. Von einem Verschulden kann erst nach der zweiten erfolglosen Ankündigung ohne Reaktion des Nutzers gesprochen werden.[8] Auch angesichts einer um sich greifenden Praxis der Ablesefirmen sind weiterhin zwei Ablesetermine durchzuführen[9], weil bei nur einem Termin die Möglichkeit, aus persönlich-unverschuldeten Gründen (Urlaub, Krankheit, Beruf) ortsabwesend sein zu müssen, besteht. Deshalb dürfen auch bei Versäumung nur eines angekündigten Termins für den zweiten Termin noch keine Kosten in Rechnung gestellt oder sogar der Abschluss eines eigenen Ablesevertrages mit dem säumigen Mieter angeboten werden.[10] Ein Schaden des Gebäudeeigentümers kann einmal in den Kosten einer weiteren Ablesung liegen, zum anderen aber auch in den Kürzungsbeträgen nach § 12 Abs. 1. Denn die anderen Nutzer sind, wenn mangels Ablesung in einer Nutzereinheit keine ordnungsgemäße Ablesung stattfinden kann und der Verbrauch geschätzt werden muss, wegen einer nicht ordnungsgemäßen Gesamtverteilung zur Kürzung der ihnen in Rechnung gestellten Abrechnungssumme berechtigt[11]. 7

Der Gebäudeeigentümer kann seinen **Anspruch auf Duldung** der Ablesung durch einen Antrag auf Erlass einer **einstweiligen Verfügung** durchsetzen[12]; eine ebenfalls zulässige Klage auf Duldung führt für die laufende Abrechnungsperiode wegen der Verfahrensdauer nicht zum Erfolg. Der notwendige Verfügungsgrund ist entweder in der ausdrücklichen Verweigerung des Zutritts oder im zweimaligen unentschuldigten Versäumen des angekündigten Ablesetermins zu sehen. Zwar führt die einstweilige Verfügung zur Erfüllung des Anspruchs; wegen dessen Zeitbedingtheit ist dies aber ausnahmsweise zulässig trotz des vorläufigen Charakters des Verfügungsverfahrens. 8

Über die Ablesung wird manchmal noch ein **Protokoll** gefertigt, in dem die abgelesenen Werte eingetragen werden und das der Nutzer mit seiner Unterschrift bestätigt. Da er mit dieser Unterschrift ein Beweisanzeichen gegen sich selbst schafft, muss er bei mangelndem Einverständnis mit dem Wert auf dem Protokoll einen Vorbehalt erklären oder die Unterschrift verweigern. Anderenfalls ist er dafür beweispflichtig, dass andere Werte als die im Protokoll notierten vorgelegen haben[13]. Die Werte des Ableseprotokolls sind danach selbst dann in die Abrechnung zu übernehmen, wenn der Mieter das Heizkörperventil ständig geschlossen hält;[14] denn der abgelesene Wärmeverbrauch kann auch durch andere kostenpflichtige Heizquellen (z. B. andere Heizkörper) verursacht worden sein. Bei den neueren Geräten (= keine Verdunster) werden die Werte ohne Protokoll in das Gerät des Ablesers übernommen[15]; der Nutzer muss in diesen Fällen die Werte zur Kontrolle selbst ablesen[16]; er muss hierzu in die Funktionsweise der Geräte und die Ablesetechnik eingewiesen werden.[17] Geht bei der Funkablesung der an sich gespeicherte Wert verloren, liegt mangels Nachprüfbarkeit der Werte keine ordnungsgemäße Abrechnung vor.[18] 9

---

[8] AG Hamburg WuM 1996, 348.
[9] *Lützenkirchen* MietRB 2004, 365/366.
[10] LG München I WuM 2001, 190; rechtskräftig durch Rücknahme der Berufung WuM 2001, 333.
[11] Str., s. im einzelnen § 9a Rdn. 5.
[12] *Lützenkirchen* MietRB 2004, 365/366; ob das aber noch zu einer zeitnahen Ablesung führt, mag weiterhin zweifelhaft sein, s. unten § 9a Rdn. 14.
[13] KG ZMR 2011, 35.
[14] LG Berlin GE 2000, 539.
[15] *Leiß* MM 2005, 140.
[16] Mit entsprechender Pflicht zur Substantiierung seiner Behauptung des Vorliegens anderer Werte, LG Berlin NZM 2011, 583.
[17] *Schumacher* WuM 2005, 509; zu den Gefahren der Selbstablesung s. *Schmitt,* HKA 2010, 1.
[18] AG Zittau DWW 2004, 194.

II. Mitteilungspflicht, Abs. 1 S. 2–4

10 Seit 2009 besteht unter bestimmten Voraussetzungen eine Pflicht zur **Mitteilung** des **Ableseergebnisses.** Damit wollte der Verordnungsgeber dem Trend der Abrechnungsunternehmen begegnen, auch bei den Verdunstungsgeräten kein Protokoll mehr anzufertigen. Mit der Neuregelung werden zwei Ziele verfolgt: Zum einen soll Streit über die Ablesungswerte vermieden werden, wenn diese erst mit der Heizkostenabrechnung mitgeteilt werden.[19] Zum anderen ist der Verordnungsgeber der Meinung, dass der Nutzer nach Erhalt seiner Ablesewerte sein Nutzungsverhalten sparsamer ausrichten werde.[20] Zumindest die zweite Begründung ist realitäts- und wertefremd: die abgelesenen Werte stellen keine Messungen dar, sondern Vergleichszahlen, die erst im Zusammenhang mit dem Gesamtverbrauch den Einzelverbrauch ergeben, so dass der Nutzer vor der Gesamtberechnung seinen konkreten Verbrauch aus den mitgeteilten Zahlen nicht ablesen kann. Außerdem wird kaum ein Nutzer nach Erhalt der Mitteilung die Heizkörper verstellen; sie sind im Regelfall nach der jeweiligen Behaglichkeitstemperatur eingestellt. Ein ständiges Verstellen führt zum gegenteiligen Effekt einer Energieeinsparung[21].

11 Die **Mitteilungspflicht** trifft konkret den Nutzungsgeber. Er kann – und wird im Regelfall – sich eines Messdienstunternehmens als Hilfsperson bedienen, so dass dieses direkt an die Nutzer die Ableseergebnisse verschicken wird. Die Verordnung enthält zwar keine **Formvorschrift;** die Begründung spricht insoweit von einer „geeigneten Form".[22] Deshalb ist die notwendige Form am Sinn und Zweck der Regelung auszurichten. Der Zweck der Streitvermeidung kann aber nur dadurch erfüllt werden, dass die Mitteilung in einer Form verkörpert wird, damit der Nutzer auch nach Erhalt der Heizkostenabrechnung darauf zurück greifen kann.[23] Die Art der „Verkörperung" steht dem Mitteiler frei; jedoch können moderne technische Mittel („Textform", E-Mail, evtl. sogar CD) nur dann eingesetzt werden, wenn bekannt ist, dass der Nutzer als Empfänger diese Mitteilungsformen auch verwerten kann. **Inhaltlich** ist jeder Wert von jedem Heizkörper in der Nutzungseinheit, in der abgelesen worden ist, aufzuführen. Die Angabe von Sammeleinheiten, sowohl der jeweiligen Nutzungseinheit, wie auch aus dem gesamten Gebäude erfüllt die Pflicht in § 6 nicht. Denn damit kann der einzelne Nutzer nicht sein erwünschtes Verhalten der Energieeinsparung pro Heizkörper verwirklichen.

12 Die Mitteilung muss dem **Nutzer zugehen,** dessen Werte abgelesen worden sind. Denn er sollte nach der Begründung[24] sein Heizungsverhalten (realitätsfremderweise) an den neuen Werten ausrichten. Deshalb reicht es nicht aus, dass die Mitteilung dem jeweiligen Nutzungsgeber und/oder bei Eigentumswohnungen den Verwalter zugesandt wird.[25] Der Nutzer hat andererseits gegen seinen Vertragspartner einen Anspruch auf Übersendung der Ablesewerte; denn die „Sollvorschrift" stellt methodisch ein gesetzliches Gebot dar, das zu befolgen ist.[26] Der Zugang hat innerhalb eines Monats nach der Ablesung zu erfolgen und zwar entweder direkt durch Übergabe der Ablesewerte beim Ablesetermin oder Zusendung in verkörperter Form (s. Rdn. 11). Die **Monatsfrist** stellt nach dem Wortlaut die Regel dar; die Nicht-Einhaltung dieser Frist ist ausnahmsweise dann entschuldigt, wenn angesichts der Digitalisierung der Ablesungen und deren Verarbeitung z. B. ein Computerabsturz zu verzeichnen war.

13 Nichterfüllung der Mitteilungspflicht wie auch verschuldete Fristversäumnis sind **nicht strafbewehrt.**[27] Die Anwendung des Kürzungsrechts nach § 12 Abs. 1 kommt nicht in Betracht, da die Abrechnung selbst unabhängig von der Mitteilung der Ableseergebnisse den Abrechnungsregeln der HeizKV entsprechen kann.[28] Allerdings wird bei Verstößen gegen § 6 Abs. 1 S. 2 eine Umkehr

---

[19] BR-Drs. 570/08, Begründung S. 11.
[20] BR-Drs. 570/08, Begründung S. 11.
[21] Kritisch auch *Schmid* ZMR 2009, 174.
[22] BR-Drs. 570/08, Begründung S. 11.
[23] *Wall,* WuM 2009, 3; *Pfeifer,* GE 2009, 157 Ziff. 1.2.1, 1.2.2; *Kinne,* GE 2009, 692; Info DWW 2009, 38; *Schmid/Zehelein* in: MüKo § 6 Rdn. 2; **a. A.** früher *Schmid,* ZMR 2009, 174: mündliche Mitteilung reicht aus; noch weitergehend *Lützenkirchen,* Mietrecht, § 6 HeizKV Rdn. 27; ebenso jetzt BeckOK MietR/*Pfeifer* HeizkostenV § 6 Rn. 6.
[24] BR-Drs. 570/08, Begründung S. 11.
[25] *Pfeifer,* GE 2009, 157, Ziff. 1.2.5.
[26] *Kinne,* GE 2009, 694; **a. A.** *Schmid,* ZMR 2009, 174.
[27] *Wall,* WuM 2009, 4; *Schmid,* ZMR 2009, 174.
[28] *Kinne,* GE 2009, 694; **a. A.** *Pfeifer,* GE 2009, 158, Ziff. 1.2.7 und 1.2.8; *Pfeifer,* HeizKV, 4.A. § 6 Anm. 3.3.k.

der Beweislast[29] eintreten dahingehend, dass der Nutzungsgeber, der Nachzahlungen vom Nutzer auf Grund einer Abrechnung haben will, die Richtigkeit der Zahlen beweisen muss, was insbesondere dann praxisrelevant werden wird, wenn sich der Nutzer z. B. eine (höhere) Rückzahlung ausgerechnet hat.

Die **Kosten** für die Erstellung und Übersendung der Mitteilung gehen als Kosten der Berechnung und Aufteilung gem. § 7 Abs. 2 in die Heizkostenabrechnung ein.[30] 14

Entsprechend dem Informations-Zweck der Mitteilung kann diese entfallen, wenn sich der Nutzer diese Verbrauchs-Informationen selbst beschaffen kann. Demgemäss hängt die **Ausnahme** von vier **Voraussetzungen** ab: (1) der Speicherung des Ableseergebnisses; (2) über einen längeren Zeitraum; (3) in den Räumen des Nutzers; (4) und letztlich dessen Möglichkeit, die Ergebnisse selbst abzurufen. 15

Speicherung bedeutet die Ablage des Ableseergebnisses auf einem Speichermedium, so dass die Aufbewahrung der vorjährigen Messampullen nicht dazu gehört,[31] abgesehen davon, dass deren Ablesung für den Laien sehr schwierig ist. Der **längere Zeitraum** muss die Zeit zwischen Ablesung und Erhalt der Heizkostenabrechnung überbrücken; denn die Speicherung soll der Kontrolle dieser Abrechnung dienen. Daraus ergibt sich, dass Maßstab nicht allein die einjährige Abrechnungsfrist sein kann,[32] sondern hinzuzuzählen ist der Zeitraum, der von der Ablesung bis zum Ende des Abrechnungszeitraumes vergeht. Keinesfalls ausreichend ist der Zeitraum zwischen zwei Ablesungen. Der Zugriff auf die gespeicherten Daten muss in den **Räumen des Nutzers** möglich sein; d. h. der Nutzer muss jederzeit die Daten überprüfen können.[33] Bei **Nutzerwechsel** und/oder **Auszug** des Mieters greift die Ausnahmeregelung nicht, da die weichenden Nutzer keinen Zugriff mehr auf die Datenspeicherung haben. Schließlich müssen die Daten vom Nutzer **selbst abrufbar** sein, was eine Einweisung in die technische Funktionsweise der (elektronischen) Geräte erforderlich macht.[34] Nur wenn alle vier Voraussetzungen kumulativ vorliegen, entfällt die Pflicht zur Mitteilung der Ableseergebnisse. 16

Eine weitere **Ausnahme** ist für **Warmwasserzähler** gemacht worden. Da diese aber mit Rollenzählwerken versehen sind, die sich weiterdrehen ohne Speicherung des vorangegangenen Wertes,[35] muss sich der Nutzer bei der Ablesung die Zahlen selbst notieren, was im Streitfall aber keine Beweiskraft hat. 17

III. Abrechnung

Die Abrechnung erfordert gemäß § 259 BGB eine geordnete Zusammenstellung der Einnahmen und Ausgaben, die Angabe des Gesamtverbrauchs für das Anwesen, des konkreten Verteilungsschlüssels[36] – der sich nach den §§ 7, 8 HeizkV zu richten hat –, und die Einzelverteilung auf den jeweiligen Nutzer anhand dieses Schlüssels. Die Abrechnung muss für einen betriebswirtschaftlich und juristisch nicht geschulten Nutzer verständlich sein,[37] darf aber gewisse Gedankenarbeit erfordern, so dass die computerisierten Abrechnungen der großen Abrechnungsfirmen zwar teilweise schwierig nachzuvollziehen, aber unter dem Gesichtspunkt des § 259 zulässig sind. Die Rechtsprechung lässt es darüber hinaus zu, dass mehrere Gebäude zu einer **Abrechnungseinheit** zusammengefasst werden, wenn diese z. B. durch eine gemeinsame Heizungsanlage versorgt werden[38]. In dieser Absolutheit ist dem nicht zu folgen, da damit der Zweck der HeizKV, Verbrauchseinsparung durch Verbrauchszuordnung, konterkariert würde. Denn je größer die Abrechnungseinheit(en) sind, desto mehr nivellieren sich rein mathematisch die Erfassungsdifferenzen, die der verhältnismä- 18

---

29 *Schmid,* ZMR 2009, 174.
30 *Pfeifer,* GE 2009, 158, Ziff. 1.2.10; *Schmid,* ZMR-Sonderheft HeizKV § 6 Ziff. 15.
31 *Wall,* WuM 2009, 4; **a. A.** *Pfeifer,* GE 2009, 157, Ziff. 1.2.6.2; *Kinne,* GE 2009, 695.
32 So *Schmid,* ZMR-Sonderheft HeizKV § 6 Ziff. 11.
33 Also nicht im Hausflur, AG Berlin-Tiergarten WuM 2012, 618.
34 *Wall,* WuM 2009, 4; *Schmid,* ZMR-Sonderheft HeizKV § 6 Ziff. 12.
35 *Wall,* WuM 2009, 4; *Noack/Westner,* Heizkostenabrechnung für Vermieter und Verwalter, 2009, S. 93.
36 Dessen Fehlen die Abrechnung unwirksam macht, AG Berlin-Charlottenburg GE 2011, 618.
37 BGH (VIII ZR 298/80) NJW 1982, 573; als Beispiel für die unterschiedlichen Bewertungsmöglichkeiten derselben Abrechnung s. AG Dortmund ZMR 2004, 589 einerseits, LG Dortmund WuM 2005, 454 andererseits.
38 BGH (VIII ZR 45/11) WuM 2011, 684; BGH (VIII ZR 290/09) WuM 2010, 629 m. Anm. *Lammel* WuM 2011, 82; LG Itzehoe WuM 2011, 104; LG Frankfurt ZMR 2010, 853; AG Berlin-Wedding GE 2012, 959.

ßigen Verteilung zugrunde liegen. Die Zusammenfassung dürfte nur dann zulässig sein, wenn eine einzelne Zuordnung **technisch unmöglich** ist.[39]

19 Einzustellen in die Abrechnung sind vor allem die **Brennstoffkosten,** wobei für ihre Berücksichtigung innerhalb einer Abrechnungsperiode das Datum der Lieferung (bei Öl) bzw. der Ablesung (bei Gas/Strom)[40] maßgebend ist, nicht das möglicherweise später liegende Rechnungsdatum und auch nicht das Datum, an dem der Käufer die Lieferung bezahlt hat. Denn mit der Lieferung nimmt der Nutzer den Brennstoff in Gebrauch, so dass er ab diesem Zeitpunkt die Leistung auch zu vergüten hat (sog. **Leistungsprinzip**).[41] Daraus ergibt sich, dass in der Abrechnung auch die Lieferdaten enthalten sein müssen, um darzustellen, dass diese Lieferungen tatsächlich in dem Abrechnungszeitraum angefallen sind. Dagegen brauchen die Rechnungsdaten, sofern sie nicht mit dem Lieferdatum identisch sind, mangels Relevanz für die Abrechnung nicht angegeben zu werden.[42] Aus der Pflicht zur verbrauchsabhängigen Heizkostenabrechnung entnimmt der BGH das Verbot einer Abrechnung nach dem Abflussprinzip.[43] Eine weiterhin nach dem Abflussprinzip erstellte Abrechnung ist aber „nur" materiell unrichtig, so dass sie inhaltlich korrigiert werden kann;[44] allerdings soll die Korrektur auf der (notwendigerweise vorliegenden) Verbrauchserfassung beruhen und nicht über das Kürzungsrecht nach § 12 Abs. 1 HeizKV erfolgen,[45] eine Zurückrechnung im Wege einer sog. Simulationsrechnung ist zwar vom BGH gebilligt worden,[46] eine solche Berechnungsmethode sieht die HeizKV aber nicht vor. Dabei wird aber der Unterschied zwischen Verbrauchserfassung, Abrechnung nach Verbrauch und Bezahlung der Rechnung (mit dem erfassten Verbrauch) verwechselt.[47]

20 Der **Verbrauch bei Heizöl** wird durch die Subtraktion des Anfangsbestandes vom Endbestand ermittelt.[48] Sind mehrere Lieferungen innerhalb der Abrechnungsperiode erfolgt, wird der Endbestand nach dem Grundsatz des „first in – first out" bewertet,[49] so dass der vorhandene Bestand von der letzten Lieferung rückwärts zur ersten preislich berücksichtigt wird.[50] Der auf diese Weise ermittelte Wert stellt den Anfangswert für die folgende Abrechnungsperiode dar. Die Bestandswerte sowie die Ableserwerte sind in der Abrechnung anzugeben[51]; denn nur auf diese Weise kann der Nutzer die Abrechnung rechnerisch nachvollziehen.[52]

21 Die **Feststellung des Gasverbrauchs** hängt vom Ableserhythmus des Lieferanten ab, der entweder alle zwei Monate oder nur noch einmal im Jahr die Verbrauchswerte feststellt. Bei beiden Systemen kann es zu einer Divergenz zwischen festgestellten Verbrauchszeiträumen und – oftmals in den Nutzungsverträgen fixierten – Abrechnungsperioden kommen; entweder enthält die Lieferantenabrechnung mehr Verbrauchsmonate oder weniger. Bei einem fortdauernden Nutzungsverhältnis ist die Einbeziehung der Überhangmonate unschädlich[53] unabhängig davon, in welcher zeitlichen Nähe zum Ende der Abrechnungsperiode die Gesamtablesung erfolgt.[54] Der Nutzer er-

[39] Dieser Gedanke liegt mehr oder minder deutlich auch den beiden BGH-Entscheidungen (Fn. 38) zugrunde.
[40] LG Berlin GE 2004, 1395.
[41] S. § 556 Rdn. 304ff.
[42] § 556 Rdn. 348; **a. A.** insbesondere LG Berlin WuM 1996, 154; s. auch Vorlagebeschluss LG Berlin ZMR 1997, 299; KG WuM 1998, 474.
[43] BGH (VIII ZR 156/11) NZM 2012, 230 und (V ZR 251/10) 344 sowie (VIII ZR 260/11) GE 2012, 823 unter Abgrenzung zu BGH (VIII ZR 49/07) NZM 2008, 277 und (VIII ZR 27/07) 403, krit zu letzteren *Langenberg/Zehelein* Rdn. G 111; anders noch LG Berlin ZMR 2011, 871; wie der BGH hingegen AG Berlin-Köpenick GE 2011, 891.
[44] AG Berlin-Tempelhof-Kreuzberg GE 2015, 195.
[45] BGH (VIII ZR 156/11) NZM 2012, 230.
[46] BGH (VIII ZR 221/13) NZM 2014, 384).
[47] Anmerkung *Lammel,* jurisPR-MietR 21/2009, Anm. 1 zu LG Hamburg ZMR 2009, 530.
[48] Zur Ermittlung des Füllstandes s. die Methode bei AG Bad Mergentheim NZM 2012, 680.
[49] AG Halle ZMR 2013, 202.
[50] *Franke* in: *Kreuzberg/Wien,* 11.13 (S. 629–630); fehlen Anfangs- und Endbestand des Heizöls, ist die Abrechnung formell unwirksam, da rechnerisch nicht mehr nachvollziehbar, AG Berlin-Schöneberg GE 2010, 489.
[51] AG Berlin-Lichtenberg MM 10/2012, 29.
[52] LG Itzehoe ZMR 2012, 953.
[53] AG Darmstadt MietRB 2012, 226.
[54] Darauf stellt aber *Langenberg/Zehelein,* Rdn. G 116/117 ab; die Möglichkeit einer Abrechnung auf Grund von Abschlagszahlungen, Rdn. G 117, widerspricht dem Leistungsbegriff der Abrechnung. Zu pauschal auch die Ablehnung durch LG Düsseldorf ZMR 1998, 167.

fährt daraus keinen Nachteil, weil er weiterhin die Leistungen in Anspruch nimmt (es wird verbrauchsabhängig abgerechnet!); der Gebäudeeigentümer seinerseits hat weder einen durchsetzbaren Einfluss auf eine Änderung der Ablesungszeiträume noch eine praktische Möglichkeit, die Abrechnungsperiode der Ablesung anzupassen. Bei einem Nutzerwechsel während dieses Ablesungszeitraums ist nach § 9b zu verfahren. Das gilt aber nur unter Zugrundelegung des „Leistungsprinzips" (s. Rdn. 19), das Abflussprinzip ist hier nicht anwendbar.[55]

Die sich aus den Brennstoffkosten und den sonstigen in § 7 Abs. 2 bzw. § 8 Abs. 2 enthaltenen Kosten – sofern letztere vertraglich als umlegungsfähig vereinbart worden sind – ergebenden Gesamtkosten werden nach sich aus §§ 7, 8 ergebenden Schlüsseln teils verbrauchsabhängig, teils verbrauchsunabhängig auf die einzelnen Nutzereinheiten umgelegt. Das erfolgt zunächst in der Weise, dass entsprechend der prozentualen Aufteilung in Grund- und Verbrauchskosten der verbrauchsunabhängige Prozentanteil z. B. durch die Gesamthöhe der Wohnflächen, der verbrauchsabhängige Anteil durch die Gesamtzahl der erfassten Werte dividiert wird. Daraus ergibt sich der Einzelwert pro qm-Wohnfläche bzw. pro Erfassungsmaß. Dieser wird dann mit der qm-Wohnfläche bzw. den abgelesenen Einzelwerten der konkreten Nutzereinheit multipliziert. Die kompliziertere Abrechnung bei verbundenen Anlagen nach § 9 Abs. 2 verstößt nicht gegen den Grundsatz der Verständlichkeit, weil der Gebäudeeigentümer gesetzlich zu diesem besonderen Abrechnungsverfahren gezwungen ist.[56] 22

Von der ermittelten Gesamtsumme (Rdn. 22) sind die **Vorauszahlungen auf die Heizkosten** abzuziehen, sofern solche vereinbart und geleistet worden sind. Allerdings ist der **BGH** der Auffassung, dass es die formelle Wirksamkeit der Abrechnung nicht beeinträchtigt, wenn (trotz Zahlung) keine Vorauszahlungen abgezogen würden[57], was allerdings seinen eigenen Anforderungen an eine wirksame Abrechnung (u. a. Abzug der Vorauszahlungen) widerspricht.[58] Die Verpflichtung zur Zahlung von Vorauszahlungen, entweder generell auf die Betriebskosten oder getrennt auf allgemeine Betriebskosten und die Heizkosten, besteht nur bei einer entsprechenden vertraglichen Vereinbarung; sie ergibt sich weder aus einer allgemeinen Übung noch aus der vereinbarten Verteilung von Betriebskosten. Andererseits wird diese Verpflichtung dem Grunde nach nicht davon berührt, ob die Heizungsanlage funktionsfähig ist[59]; der Nutzer hat in diesem Fall „nur" ein Zurückbehaltungsrecht bis der Mangel beseitigt ist. 23

Die **Höhe der monatlichen Vorauszahlungen** wird nur hinsichtlich der Obergrenze durch § 556 Abs. 2 S. 2 allgemein bestimmt; zulässig ist danach die Vereinbarung von 1/12 des Vorjahreskostenanfalls zuzüglich einer Preissteigerungsrate je nach der wirtschaftlichen Konjunktur als Monatsrate[60]. Durch eine zu geringe Vereinbarung der Heizkostenvorauszahlung ist der Nutzungsgeber weder gehindert, die hohe Nachzahlung geltend zu machen, noch macht er sich im Regelfall schadensersatzpflichtig, zumal letztlich dem Nutzer kein Vermögensschaden entstanden ist, da er die Leistungen auch in Anspruch genommen hat.[61] Dem Nutzer bleibt nur die Möglichkeit der Auflösung des Nutzungsverhältnisses, wenn der Nutzungsgeber bewusst eine zu niedrige Monatsbelastung aus Nutzungsentgelt und Betriebskostenvorauszahlungen bei den Vertragsverhandlungen angegeben hat, um den Vertragsabschluß zu erreichen. Ein **Anspruch auf Erhöhung künftiger Vorauszahlungen** auf Grund der Abrechnung für die Vergangenheit ist aus § 560 Abs. 4 herzuleiten, da der Gebäudeeigentümer gegenüber den Energie-Leistungsträgern als Treuhänder des Nutzers handelt. Die Erhöhung der Vorauszahlungen setzt das Vorliegen einer formell ordnungsgemäßen und materiell wirksamen Abrechnung voraus.[62] 24

Die **Abrechnungsperiode,** d. h. der Zeitraum, für den die erbrachten Leistungen abgerechnet werden, ist nur für das Wohnraummietverhältnis in § 556 Abs. 3 S. 1 bzw. § 20 Abs. 3 Satz 2 NMV auf maximal ein Jahr festgelegt; für die übrigen Nutzungsverhältnisse muss sie sich aus den vertraglichen Vereinbarungen, hilfsweise aus der Festlegung einer Heizperiode ergeben. Zu den Überhangmonaten s. oben Rdn. 21. 25

[55] Anders LG Koblenz ZMR 2011, 955.
[56] BGH (VIII ZR 371/04) WuM 2005, 579.
[57] BGH (VIII ZR 197/11) NJW 2012, 1502.
[58] So auch *Börstinghaus* jurisPR-BGHZivilR 8/2012 Anm. 3.
[59] **A. A.** KG ZMR 2011, 279.
[60] BGH (VIII ZR 294/10) NJW 2011, 3642.
[61] BGH (VIII ZR 195/03) NJW 2004, 1102; (XII ZR 21/02) NZM 2004, 619.
[62] BGH (VIII ZR 246/11) WuM 2012, 321; AG Berlin-Pankow-Weißensee WuM 2012, 275.

26 Für die **Abrechnungsfrist,** d. h. den Zeitraum, innerhalb dessen der Gebäudeeigentümer die Abrechnung zu erstellen hat, findet sich für den preisgebundenen Wohnraum in § 20 Abs. 3 Satz 4 NMV und für den preisfreien Wohnraum in § 556 Abs. 3 S. 2 eine Ausschlussfrist von zwölf Monaten nach Ende der Abrechnungsperiode.[63]

27 Der Anspruch des Gebäudeeigentümers auf Zahlung des sich aus der Abrechnung ergebenden Forderungsbetrages verjährt in drei Jahren; der Lauf der **Verjährungsfrist** beginnt allerdings erst mit Ablauf des Jahres, in dem die Abrechnung erstellt worden ist, § 199 Abs. 1 BGB.[64] Für die **Verwirkung** ist neben dem Zeitmoment, das auch unterhalb der rechnerischen Verjährungsdauer erfüllt sein kann, das Vorliegen eines Umstandsmomentes erforderlich. Letzteres kann nur bei der Erbringung von Vorauszahlungen auf die Heizkosten vorliegen und setzt voraus, dass der Nutzer darauf vertraut hat, dass angesichts seiner Vorauszahlungen keine Nachforderungen mehr geltend gemacht würden, und zusätzlich muss er sein Verhalten darauf eingerichtet haben. Diese Kumulation von Merkmalen wird bei dem Bezug von Wärme und Warmwasser kaum zu erfüllen sein. Angesichts der nunmehrigen gesetzlichen Ausschlussfrist in § 556 Abs. 3 S. 2 hat das Institut der Verwirkung viel von seiner – schon bisher geringen – Bedeutung verloren.

IV. Zahlungspflicht

28 Mit dem Zugang der Abrechnung wird die sich daraus gegen den Nutzer ergebende Nachforderung nicht sofort **fällig,** vielmehr steht diesem eine mindestens zweiwöchige **Überprüfungsfrist** zu. Die **entgegengesetzte Meinung** des BGH[65] ist abzulehnen. Nahezu jede Rechnung im Handelsverkehr bestimmt ein Zahlungsziel. Dem Nutzer kann nicht zugemutet werden, erst zu zahlen (mit der Gefahr des Rechtsverlustes wegen eines vermeintlichen Anerkenntnisses; bei Zahlung unter Vorbehalt droht eine mögliche Klage des Gläubigers), um dann beweisbelastet eine Rückforderung geltend zu machen. Dogmatisch unzutreffend ist auch die Ansicht einer gespaltenen Fälligkeit zwischen Fristenlauf und Durchsetzbarkeit.[66] Für die Überprüfung hat der Nutzer ein Einsichtsrecht (und auch eine Obliegenheit zur Einsicht[67]) in die der Abrechnung zu Grunde liegenden Originalbelege, wozu auch die erfassten Daten der anderen Nutzer des Gebäudes gehören;[68] sowie im Falle der Wärmelieferung in die Wärmelieferverträge des Gebäudeeigentümers mit den Wärmelieferanten.[69] Je nach den tatsächlichen Umständen ist die **Belegeinsicht** beim Nutzungsgeber bzw. seinem Verwalter zu verwirklichen, es sei denn, dieser wohnt nicht am Ort des Nutzungsobjekts, in diesem Fall ist die Belegeinsicht hier zu gewähren.

29 Mit der Überprüfung sollte eine **Plausibilitätskontrolle** verbunden werden, d. h. eine Untersuchung, ob sich die in die Abrechnung eingestellten Werte im Rahmen des Üblichen halten.[70] Dazu gibt eine 25%ige Abweichung von der Vorjahresabrechnung besonderen Anlass. Im Übrigen können als **Grenzwerte für den regelgerechten Verbrauch** angesetzt werden: Heizung und Warmwasser 300 kWh/m²/a, nur Heizung 280 kWh/m²/a; Anteil des Energieverbrauchs für Warmwasser am Gesamtenergieverbrauch zwischen 8% und 30%; Anteil der Heiznebenkosten an den Brennstoffkosten zwischen 20% und 30% sowie der Anteil der Stromkosten an den Brennstoffkosten bis 8%.[71]

30 In die Bewertung der Abrechnung fließt der sog. **Lageausgleich** nicht ein, also der sich aus der unterschiedlichen Lage der Nutzungseinheit im Gebäude (Nord/Süd) ergebende Wärmeverbrauch. Denn diese Lage sollte bei der Wärmebedarfsrechnung berücksichtigt werden und zu einer entsprechend unterschiedlichen Dimensionierung der Heizkörper führen.[72]

---

[63] Zu den Folgen der Fristversäunis s. § 556 Rdn. 473ff.
[64] BGH, RE v. 19. 12. 1990, (VIII ARZ 5/90) WuM 1991, 150.
[65] BGH (VIII ZR 57/04) NZM 2005, 373.
[66] So *Langenberg*, § 556 Rdn. 420; eine gespaltene Fälligkeit gibt es nicht!
[67] Dazu *Flatow* AnwZert MietR 6/2016 Anm. 1; s. auch *Schmid* MDR 2015, 187.
[68] AG Garmisch-Partenkirchen WuM 1996, 155; LG Berlin GE 2017, 294.
[69] BGH (VIII ZR 38/11) WuM 2012, 276.
[70] *Franke* in: *Kreuzberg/Wien,* 11.7 (S. 614f.); bei unplausiblen Werten trifft den Gebäudeeigentümer trotz ordnungsgemäßer Ableseprotokolle wieder die volle Beweislast; AG Lüdenscheid WuM 2011, 161.
[71] S. *Franke,* (Fn. 69).
[72] *v. Brunn* in: *Kreuzberg/Wien,* 3.6.3 (S. 206).

Desgleichen bleiben **Mängel des Objekts,** wie nicht ausreichende Wärmedämmung nach den §§ 3 bis 8 EnEV[73] oder erhöhter Heizungsbedarf bei Neubauten infolge noch vorhandener Baufeuchte (sog. Trockenheizen), bei der Heizkostenabrechnung unberücksichtigt. Der sich aus diesen Faktoren möglicherweise ergebende Mehrverbrauch ist über das Minderungsrecht gegenüber dem Leistungsentgelt für die Gebrauchsüberlassung geltend zu machen, sofern dem nicht § 536b entgegensteht. 31

Entspricht die Heizungsanlage dagegen nicht den §§ 13, 14 EnEV, beeinflusst dieser Mangel unmittelbar die Kostenverteilung nach der HeizkV. Denn bei einer mangelhaften Anlage hat der Gebäudeeigentümer seinerseits die Pflichten zur Energieeinsparung nicht erfüllt und möglicherweise einen zu hohen Energieverbrauch verursacht. Diesen darf er den Nutzern nicht in Rechnung stellen, so dass die Verbrauchswerte – gegebenenfalls unter Einschaltung eines Sachverständigen – um den Mehrverbrauch zu kürzen sind[74]. 32

Behebbare Fehler in der Abrechnung selbst[75], wie Rechen- oder Schreibfehler, Einstellung nicht umlegbarer, nicht belegter oder nicht in der Abrechnungsperiode angefallener Kosten, führen zur Unbegründetheit der Nachforderung im Ganzen. Die nach der HeizkV zu erstellende Gesamtabrechnung kann nicht in ihre Einzelteile dergestalt aufgespalten werden, dass fehlerhafte Teile vom Nutzer (oder letztlich vom Gericht) herausgerechnet werden und der Rest bezahlt wird. Vielmehr ist die Abrechnung neu zu erstellen[76]. 33

Nicht behebbare Fehler, wie fehlerhafte oder fehlende Ausstattung mit Erfassungsgeräten, fehlerhafte Ablesung und Vernichtung der alten Messampullen, berechtigen den Nutzer, die Nachforderung gemäß § 12 Abs. 1 zu kürzen. 34

C. Vorerfassung, Abs. 2

Die Kostenverteilung auf die unterschiedlichen Nutzergruppen bei der Vorerfassung[77] kann entweder völlig verbrauchsabhängig oder gemischt verbrauchsabhängig/verbrauchsunabhängig erfolgen, wobei für letztere Verteilung von der HeizkV verschiedene Maßstäbe vorgegeben sind. 35

Die zu **100% verbrauchsabhängige Verteilung** auf die vorerfassten Nutzergruppen erfolgt dadurch, dass der für das Gebäude ermittelte Gesamtverbrauch an Wärme und/oder Warmwasser prozentual nach den vorerfassten Anteilen auf die Nutzergruppen verteilt wird. Beispiel: betragen die Gesamtkosten aus drei Nutzergruppen 100 und sind für die einzelnen Gruppen jeweils Verbrauchswerte von 20, 30 und 50 vorerfasst worden, tragen die Nutzergruppen jeweils 20%, 30% und 50% der Gesamtkosten. Innerhalb der Nutzergruppe ist dann die Einzelverteilung auf die jeweiligen Nutzer entsprechend der §§ 7, 8 vorzunehmen. 36

Die Verteilung des vorerfassten Verbrauchs kann aber auch nach einem **gemischten Schlüssel** erfolgen, wobei allerdings die HeizkV eine mindestens 50% verbrauchsabhängige Umlegung verlangt. Die weiteren 50% verbrauchsunabhängig zu verteilenden Anteile beim Wärmeverbrauch können entweder nach der Wohn- oder Nutzfläche oder dem umbauten Raum aller Räume oder nur der beheizten Räume verteilt werden. Innerhalb der Nutzergruppen ist die Verteilung auf die einzelnen Nutzer wiederum nach § 7 vorzunehmen. 37

Die Anwendung eines gemischten Maßstabes bei der Vorerfassung des Warmwasserverbrauchs lässt für den verbrauchsunabhängigen Anteil nur eine Verteilung nach der Wohn- oder Nutzfläche der einzelnen Nutzergruppen zu. Aber auch hier gilt für die Einzelverteilung § 8. 38

D. Gemeinschaftsräume, Abs. 3

Für die nutzungsbedingt viel Wärme verbrauchenden Gemeinschaftsräume[78] ist stets eine verbrauchsabhängige Vorverteilung vorzunehmen. Denn die Gesamtkosten für ein Gebäude sind prozentual nach dem Verhältnis der bei den Gemeinschaftsräumen erfassten Anteile am Gesamtver- 39

---

[73] *Blank,* WuM 2008, 311.
[74] Anders wohl *Lützenkirchen* § 5 HeizKV Rdn. 22.
[75] Der BGH differenziert im Hinblick auf die Ausschlussfrist in § 556 Abs. 3 S. 3 BGB in formelle und materielle Mängel, s. dazu § 556 Rdn. 333–373; 462; *Lammel* WuM 2014, 387.
[76] Zur Möglichkeit der Nachbesserung trotz Ablaufs der Ausschlussfrist s. § 556 Rdn. 473ff.
[77] S. oben § 5 Rdn. 31 bis 33.
[78] S. oben § 4 Rdn. 23.

brauch zu verteilen. Beispiel: beträgt der Gesamtverbrauch 100 Anteile, wurden für die besonderen Gemeinschaftsräume 20 Anteile erfasst, sind 20% der Gesamtkosten auf die Gemeinschaftsräume zu verteilen; bei mehreren derartigen Gemeinschaftsräumen ist diese Verhältnisrechnung für jeden einzelnen Raum zu erstellen. Es ist also gleichsam eine rechnerische Vorerfassung durchzuführen.

40 Die **Einzelverteilung** für die betreffenden Gemeinschaftsräume richtet sich nur nach rechtsgeschäftlichen Vereinbarungen, die der Nutzungsgeber mit den Nutzern getroffen hat. Es ist also weder eine Verteilung nach den §§ 7 bis 9 vorzunehmen noch steht dem Nutzungsgeber die Möglichkeit offen, den Verteilungsmaßstab einseitig festzulegen, selbst wenn ihm im Nutzungsvertrag ein solches Recht eingeräumt worden ist.[79] Je nach Art des Gemeinschaftsraumes wird daher mit der Benutzungsregelung auch eine Kostenvereinbarung zu treffen sein, etwa nach Nutzungsdauer, Zahl der Nutzer.

41 Von Absatz 3 **nicht** erfasst werden die gemeinschaftlich genutzten Räume,[80] da diese nicht mit Erfassungsgeräten ausgestattet werden müssen.

E. Verteilungsmaßstab, Abs. 4

42 Vor allem aus praktischen Gründen hat allein der Gebäudeeigentümer das Recht, den Verteilungsmaßstab festzulegen: eine Einigung unter einer Nutzermehrheit wird kaum zu erreichen sein, und der Gebäudeeigentümer kennt die Wärmecharakteristik des Hauses, wonach sich auch die Wahl des geeigneten Verteilungsmaßstabes richten kann.

43 Das Auswahlrecht betrifft bei der Vorerfassung die Entscheidung zwischen einem völlig verbrauchsabhängigen Maßstab und einem gemischten; beim gemischten Maßstab die Klärung, nach welchem der vorgegebenen Kriterien die verbrauchsunabhängige Verteilung erfolgen soll. Für den Regelfall der Kostenverteilung nach den §§ 7, 8 ist das Verhältnis zwischen verbrauchsabhängigem und verbrauchsunabhängigem Schlüssel festzulegen, beim verbrauchsunabhängigen wiederum der konkrete Maßstab zu wählen.[81]

44 Das **Wahlrecht** steht nicht im völlig freien Ermessen des Gebäudeeigentümers. Zum einen kann sich aus den vertraglichen Vereinbarungen bereits eine Bindung ergeben, wenn in ihnen ein der HeizkV entsprechender Schlüssel festgelegt worden ist. Diese vertragliche Regelung geht dem Wahlrecht des Gebäudeeigentümers vor. Zum anderen unterliegt die Ausübung des Wahlrechts der Schranke des billigen Ermessens nach § 315 BGB. Der Gebäudeeigentümer hat die Interessen der Nutzer zu beachten und einen Maßstab zu wählen, der dem bisherigen – nicht der HeizkV entsprechenden – in seinen Auswirkungen möglichst nahe kommt. Für die Nutzungseinheiten muss aber ein einheitlicher Schlüssel gewählt werden. Nur bei einer Vorerfassung können für die jeweiligen vorerfassten Einheiten unterschiedliche Schlüssel gewählt werden, jedoch muss auch hier jedes der jeweiligen Nutzungseinheiten angehörende Nutzungsobjekt auf Grund desselben Schlüssels abgerechnet werden.

45 Der Gebäudeeigentümer hat ferner das Recht, den einmal festgelegten Verteilungsmaßstab unter bestimmten Voraussetzungen zu **ändern.**[82] Maßgeblich hierfür sind überwiegend sachliche Gründe, die den bisherigen Schlüssel als nicht mehr sachgerecht erscheinen lassen. Die **Abänderungsbefugnis** ist sowohl bei vertraglicher Festlegung des Verteilungsschlüssels als auch bei dessen vorheriger einseitiger Festlegung durch den Gebäudeeigentümer gegeben.

46 Ein Grund für die Änderung **(§ 6 Abs. 4 Satz 2 Nr. 2)** ist die Durchführung von Baumaßnahmen, die zur nachhaltigen Einsparung von Energie führen. Hierunter sind die in § 4 Abs. 3 ModEnG[83] aufgeführten Maßnahmen zu verstehen, wie Verbesserung der Wärmedämmung, Verminderung des Energieverlustes und des Energieverbrauchs der Heizungsanlage, Änderung der vorhandenen zentralen Heizungsanlage im Hinblick auf Verwendung sog. alternativer Energieformen (Kraft-Wärme-Kopplung, Müllverbrennung, Verwertung von Abwärme, Rückgewinnung von Wärme, Nutzung von Wärmepumpen und Solaranlagen). Da sich hierdurch sowohl der Be-

[79] *Kinne,* § 6 Rdn. 94; **a. A.** MieWo-*Schmid,* § 6 Rdn. 10c.
[80] S. oben § 4 Rdn. 21/22.
[81] Zu den Einzelheiten s. § 7 Rdn. 4 bis 15.
[82] AG Berlin-Mitte GE 2016, 1157.
[83] Diese Vorschrift ist zwar inzwischen aufgehoben worden, stand jedoch für die betreffende Regelung der HeizkV Pate und ist daher weiterhin bei der Auslegung zu berücksichtigen. Jetzt kann auch auf die Kommentierung zu § 555b zurückgegriffen werden, § 555b Rdn. 13–64.

darf an Wärme als auch die Zufuhr von Wärme ändern können, soll die Gelegenheit gegeben werden, den Schlüssel zu ändern, zumal es bei den alternativen Energieformen nicht mehr unbedingt auf das Ziel der Einsparung ankommen muss.

Ein weiterer Grund für die Abänderung **(§ 6 Abs. 4 Satz 2 Nr. 1)** ist die Einführung der Vorerfassung. Während die Gesamtverteilung für ein Gebäude den Verbrauch nur nach pauschalierten Maßstäben berücksichtigen kann, soll die Vorerfassung gerade auf den unterschiedlichen Verbrauch einzelner Nutzergruppen eingehen. Deshalb kann der generelle Verteilungsmaßstab jetzt zur Berücksichtigung der individuellen Verbrauchsgewohnheiten der einzelnen Nutzergruppen angepasst und geändert werden. **47**

Neben diesen sachbezogenen Gründen (Rdn. 46/47) gewährt die HeizkV ein **generelles Abänderungsrecht (§ 6 Abs. 4 Satz 2 Nr. 3).** Mangels näherer Beschreibung der Voraussetzungen ist seine Ausübung aber an den beiden anderen Abänderungsrechten auszurichten. Es muss also ein ähnlich sachlicher Grund für die Änderung des einmal festgelegten Schlüssels vorliegen, etwa falsche Einschätzung des Wärmebedarfs. **48**

Die in der alten Fassung des § 6 Abs. 4 enthaltenen zeitlichen Begrenzungen („einmalig" und „bis zum Ablauf von drei Abrechnungszeiträumen")[84] sind gestrichen worden, weil der Verordnungsgeber der Auffassung war, sie würden sachgerecht notwendige Abänderungen behindern.[85] Auch die Beibehaltung der „erstmaligen Bestimmung" in Nr. 3 bedeutet nicht, dass eine Abänderung insgesamt nur zweimal erfolgen darf; dieser begrenzende Inhalt des „erstmalig" ist bei der Neufassung wohl übersehen worden. Unabhängig von dieser Erleichterung der Abänderung eines einmal gewählten Verteilungsschlüssels müssen für jeden Fall die materiellen Tatbestandsmerkmale erfüllt sein. **49**

Die Abänderungsbefugnis steht nur dem Gebäudeeigentümer zu; der Nutzer hat auf deren Ausübung keinen Anspruch. Sie ist durch ausdrückliche Erklärung gegenüber allen Nutzern geltend zu machen. Zwar ist keine Form hierfür vorgeschrieben. Da aber die Nutzungsverträge schriftlich abgefasst zu werden pflegen bzw. sogar sollten (§ 550), sollte auch eine Abänderung des Vertrages in der entsprechenden Form erfolgen.[86] Außerdem sollten die Gründe für die Abänderung nachvollziehbar dargelegt werden. **50**

Die Abänderung darf nach dem ausdrücklichen Wortlaut des Gesetzes nur zu **Beginn** einer **Abrechnungsperiode** erfolgen. Da aber mit der Kostenverteilung auch auf das Nutzerverhalten hinsichtlich des Energieverbrauchs eingewirkt werden soll, kann dies nur bedeuten, dass die Abänderung für die zukünftig nächste beginnende Periode wirkt[87] und nicht rückwirkend für die bereits laufende.[88] Dieses Verbot einer rückwirkenden Änderung der tatsächlichen Umstände für die Heizkostenabrechnung gilt auch für die Formen der Erfassung, insbesondere bei der Rohrwärmeabgabe. Denn die erfassten (d. h. in diesem Fall errechneten)Werte bilden die Grundlage für die Verteilung und aus den verteilten Kosten soll der jeweilige Nutzer einen möglichen Ansporn für ein verändertes Nutzerverhalten hinsichtlich des Wärmeverbrauchs entnehmen können. Wenn ihm diese Tatsachen aber erst nach Ablauf einer Nutzungsperiode „untergeschoben" werden, kann er sein Nutzungsverhalten nicht mehr entsprechend einrichten und der Zweck der HeizkV wird verfehlt[89]. Unzulässig ist auch die Auferlegung neuer, bisher nicht vereinbarter Betriebskosten mit der Neufestlegung eines Umlageschlüssels.[90] **51**

---

[84] S. Vorauflage 11, § 6 Rdn. 41, 42.
[85] BR-Drs. 570/08, Begründung S. 12.
[86] *Kinne,* § 6 Rdn. 101.
[87] *Kinne,* § 6 Rdn. 102.
[88] **A. A.** *Peruzzo,* § 6 (S. 50).
[89] Hier greift auch der Gedanke des Vertrauensschutzes ein, LG Hamburg ZMR 2012, 290 unter Hinweis auf BGH (V ZR 202/09) NJW 2010, 2654; LG Hamburg ZWE 2014, 366. **A. A.** AG Gera (Urt. v 28.2.2012 – 7 C 1632/11) zit. nach juris; m. Anm. *Jahreis* jurisPR-MietR 23/2012 Anm. 4. Das AG stellt einzig formal darauf ab, dass sich das Rückwirkungsverbot seinem Wortlaut nach nicht auf die Modalitäten der Erfassung erstrecke. Es ist aber nicht nur auf den Wortlaut einer Norm abzustellen, sondern auch auf ihren Sinn und Zweck.
[90] AG Hamburg-Blankenese ZMR 2013, 814.

§ 7 Verteilung der Kosten der Versorgung mit Wärme

(1) [1]Von den Kosten des Betriebs der zentralen Heizungsanlage sind mindestens 50 vom Hundert, höchstens 70 vom Hundert nach dem erfassten Wärmeverbrauch der Nutzer zu verteilen. [2]In Gebäuden, die das Anforderungsniveau der Wärmeschutzverordnung vom 16. August 1994 (BGBl. I S. 2121) nicht erfüllen, die mit einer Öl- oder Gasheizung versorgt werden und in denen die freiliegenden Leitungen der Wärmeverteilung überwiegend gedämmt sind, sind von den Kosten des Betriebs der zentralen Heizungsanlage 70 vom Hundert nach dem erfassten Wärmeverbrauch der Nutzer zu verteilen. [3]In Gebäuden, in denen die freiliegenden Leitungen der Wärmeverteilung überwiegend ungedämmt sind und deswegen ein wesentlicher Anteil des Wärmeverbrauchs nicht erfasst wird, kann der Wärmeverbrauch der Nutzer nach anerkannten Regeln der Technik bestimmt werden. [4]Der so bestimmte Verbrauch der einzelnen Nutzer wird als erfasster Wärmeverbrauch nach Satz 1 berücksichtigt. [5]Die übrigen Kosten sind nach der Wohn- oder Nutzfläche oder nach dem umbauten Raum zu verteilen; es kann auch die Wohn- oder Nutzfläche oder der umbaute Raum der beheizten Räume zu Grunde gelegt werden.

(2) [1]Zu den Kosten des Betriebs der zentralen Heizungsanlage einschließlich der Abgasanlage gehören die Kosten der verbrauchten Brennstoffe und ihrer Lieferung, die Kosten des Betriebsstromes, die Kosten der Bedienung, Überwachung und Pflege der Anlage, der regelmäßigen Prüfung ihrer Betriebsbereitschaft und Betriebssicherheit einschließlich der Einstellung durch einen Fachmann, der Reinigung der Anlage und des Betriebsraumes, die Kosten der Messungen nach dem Bundes-Immissionsschutzgesetz, die Kosten der Anmietung oder anderer Arten der Gebrauchsüberlassung einer Ausstattung zur Verbrauchserfassung einschließlich der Kosten der Eichung sowie der Kosten der Berechnung, Aufteilung und Verbrauchsanalyse. [2]Die Verbrauchsanalyse sollte insbesondere die Entwicklung der Kosten für die Heizwärme- und Warmwasserversorgung der vergangenen drei Jahre wiedergeben.

(3) Für die Verteilung der Kosten der Wärmelieferung gilt Absatz 1 entsprechend.

(4) Zu den Kosten der Wärmelieferung gehören das Entgelt für die Wärmelieferung und die Kosten des Betriebs der zugehörigen Hausanlagen entsprechend Absatz 2.

Systematische Übersicht

A. Regelungsgehalt

1 Die Norm enthält zwei große Regelungskomplexe zur Verteilung der Kosten von Wärme. Zum einen die Verpflichtung zur Verwendung eines in verbrauchsabhängige und verbrauchsunabhängige Anteile zu spaltenden Verteilungsschlüssels, zum anderen die begrenzende Aufzählung der in der Heizkostenabrechnung[1] zu verteilenden Kosten. Technischer Ausgangspunkt der Regelung ist das Vorhandensein einer zentralen Heizungsanlage iS v § 1 Abs. 1 Nr. 1; die Regelungen für die sonstigen Möglichkeiten der Wärmeversorgung bauen auf dieser Grundlage auf und ergänzen sie im Einzelfall.

2 Der **Spaltung der Verteilungsschlüssel** liegt der Gedanke zu Grunde, dass auch ein wenig oder – zeitweise – keine Wärme verbrauchender Nutzer von der Betriebsbereitschaft der Heizungsanlage profitiert und deshalb anteilig an diesen Bereitstellungskosten beteiligt werden soll. Diese Beteiligung muss sich nach einem verbrauchsunabhängigen Schlüssel richten, da sie gerade für die Zeit der Nichtnutzung der Anlage von Bedeutung ist. Allerdings ist zu berücksichtigen, dass es sich bei dieser Spaltung um eine rein rechnerische Maßnahme handelt und nicht dazu führen darf, die verbrauchsabhängigen und verbrauchsunabhängigen Kosten gesondert zu ermitteln und zu verteilen. Vielmehr gehen beide Kosten in die Gesamtabrechnung ein; erst die sich daraus ergebende Gesamtsumme wird nach den unterschiedlichen Maßstäben verteilt.

---

[1] Im übrigen gelten für den Inhalt der Heizkostenabrechnung die selben Regeln wie für die Abrechnung über die sonstigen Betriebskosten, so dass darauf – § 556 Rdn. 323ff. – verwiesen werden kann.

Der zweite Komplex befasst sich mit den **Kosten,** die für die Wärmeerzeugung unmittelbar oder mittelbar anfallen und die deshalb über die Heizkostenabrechnung auf die Nutzer verteilt werden dürfen. Nicht in der Aufzählung enthaltene Kosten dürfen auch nicht in die Heizkostenabrechnung eingestellt werden. In der allgemeinen Abrechnung über die Betriebskosten dürfen derartige Positionen nur aufgeführt werden, wenn ihre Umlagefähigkeit im Nutzungsvertrag vereinbart ist; in Wohnraummietverträgen ist zusätzlich die Begrenzung auf die Kosten zu beachten, die in § 2 BetrKV aufgezählt sind, § 556 Abs. 1. 3

B. Verteilungsmaßstäbe

Von den Gesamtkosten der Wärmeversorgung sollen mindestens 50%, höchstens aber 70% verbrauchsabhängig verteilt werden, d. h. also nach dem beim einzelnen Nutzer erfassten oder gemessenen Wärmeverbrauch. In diesem Rahmen darf der Gebäudeeigentümer durch einseitige Festlegung den Verteilungsmaßstab bestimmen. Soll ein höherer verbrauchsabhängiger Maßstab zu Grunde gelegt werden, bedarf es einer – nach § 10 zulässigen – entsprechenden vertraglichen Vereinbarung. Grundsätzlich ist zu beachten, dass für alle Nutzer eines Gebäudes oder der vorerfassten Nutzungseinheit derselbe Maßstab angewendet wird. 4

Die **Festlegung innerhalb der Bandbreite 50/70** steht zwar im Ermessen des Gebäudeeigentümers, das jedoch nach § 315 BGB gebunden ist, so dass im Einzelfall trotz der Einhaltung der generellen Grenzen der HeizkV die Wahl nicht dem billigen Ermessen entsprechen kann[2]. Die konkrete Wahl hat sich daher an den wärmespezifischen Eigenheiten des jeweiligen Gebäudes auszurichten. Hierbei ist allgemein zu berücksichtigen, dass der 70:30-Schlüssel dem individuellen Verbrauchsverhalten der Nutzer am ehesten gerecht wird[3], während der 50: 50-Schlüssel sich nivellierend dahingehend auswirkt, dass der sparsame Nutzer zu viel, der verschwenderische dagegen zu wenig im Verhältnis zu seinem Nutzungsverhalten zu zahlen hat.[4] Systematisch unkorrekt ist es auch, auf den tatsächlich anfallenden Grundkostenanteil abzustellen und danach den verbrauchsabhängigen Anteil zu bestimmen.[5] Denn es findet gerade keine Kostenaufspaltung nach ihrer konkreten Entstehung statt, sondern die Kosten werden zusammengefasst und dann verteilt. 5

Obwohl die Bandbreite vom Gesetzgeber auch deshalb eingeführt worden ist, um lagebedingte Unterschiede im Wärmeverbrauch ausgleichen zu können,[6] ist der sog. **Lagenachteil** bei der Festlegung des Maßstabes **nicht** zu berücksichtigen.[7] Denn die sog. wärmeverbrauchenden Räume (insbesondere außenliegende Wohnungen mit großen Fensterflächen, Penthousewohnungen) stellen unter Mietwertgesichtspunkten besonders begehrte Wohnlagen innerhalb eines Gebäudes dar, die zu entsprechenden marktabhängigen Zuschlägen zur Miete führen. Diese Höherbewertung infolge besonderer Nachfrage darf nicht teilweise auf die Nutzer anderer, nicht mit den entsprechenden wertbildenden Vorteilen versehenen Räumen[8] kostenmäßig dadurch verteilt werden, dass sie indirekt die höheren Heizkosten mit tragen. 6

Wesentliches Kriterium für die Auswahl des Verteilungsmaßstabes innerhalb der vorgegebenen Bandbreite ist der **bauliche Zustand des Gebäudes** im Hinblick auf den Wärmeverbrauch durch nutzergesteuertes Verhalten oder durch bautechnische Vorgaben.[9] Bei einem **Neubau,** der entsprechend den einschlägigen Vorschriften des EnEG und der EnEV errichtet worden ist, kann ein Verteilungsmaßstab von 70:30 gewählt werden, weil der konkrete Energieverbrauch überwiegend vom Verhalten der Nutzer abhängig ist und nicht durch Energieverluste infolge Gebäudemängeln wesentlich beeinflusst wird. Bei einem **Altbau** können dagegen mehrere den Wärmeverbrauch bereits durch den baulichen Zustand negativ beeinflussende Faktoren vorliegen, wie z. B. nicht vorhandene Wärmedämmung, keine isolierverglasten Fenster, keine isolierten Heizungsrohre, veral- 7

[2] LG Karlsruhe NZM 2016, 558.
[3] LG München I ZMR 2016, 141.
[4] *Kreuzberg,* 4.A. S. 48/49.
[5] LG Berlin GE 2005, 739 m. Anm. *Beuermann* S. 709; anders *Wien,* in: *Kreuzberg/Wien.* 10.4.4 (S. 535–538).
[6] Gesetzesbegründung BR-Drs. 632/80, S. 29 in: *Kreuzberg/Wien,* S. 54.
[7] Str., *Freywald,* Rdn. 127; *von Brunn* in: *Kreuzberg/Wien,* 3.6.3 (S. 206); *Peruzzo,* Rdn. 191; **a. A.** *Pfeifer* § 6 Anm. 13/13a im Widerspruch zu § 4 Anm. 1a; wohl auch *Wien* (wie Fn. 4).
[8] So auch *Peruzzo,* Rdn. 191.
[9] So auch *Kinne,* § 7 Rdn. 105; AG Saarburg WuM 2001, 85; „gefühlte" Gerechtigkeitserwägungen haben hier keinen Platz, anders wohl AG Besigheim ZWE 2017, 52.

tete Heizungsanlage[10]. Da hier das Nutzerverhalten nicht allein den Wärmeverbrauch beeinflusst, kann ein Maßstab von 50:50 gewählt werden. Eine Modernisierung des Altbaus im wärmespezifischen Bereich lässt wiederum eine Angleichung an den Verteilungsmaßstab bei Neubauten zu.[11]

8 Die Novellierung der HeizKV 2009 hat diese (Rdn. 7) mehr allgemeine **Zustandsbeschreibung** des für den Verteilungsschlüssel evtl. maßgebenden Bautenzustand für zwei Fälle **konkretisiert.** Zum einen ist in Abs. 1 S. 2 zwingend ein Verteilungsschlüssel 70:30 vorgeschrieben. Zum anderen hat die Novelle versucht, das besonders in den östlichen Bundesländern virulente Problem der Rohrwärmeabgabe in Abs. 1 S. 3 in den Griff zu bekommen. Dieser Versuch muss als misslungen bezeichnet werden; die Instanzrechtsprechung wendet die Neuregelung jedoch als zwingend an (s. dazu unten Rdn. 13).

9 Die Anwendung des **zwingenden Verteilungsschlüssels** 70:30 hängt von **drei Voraussetzungen** ab, die zum Zeitpunkt des Inkrafttretens der Neuregelung vorliegen müssen: Als erstes darf das Gebäude die Kriterien der Wärmeschutzverordnung 1994 noch nicht erfüllen, d. h. der darin genannte Jahreswärmebedarf wird überschritten. Zum zweiten muss die Beheizung durch Öl- oder Gasheizungen erfolgen, wobei diese Heizungen im Gebäude selbst sein müssen; Fernheizungen werden davon nicht erfasst.[12] Schließlich müssen die Heizungsrohre freiliegend und überwiegend gedämmt sein. Mit freiliegenden Rohren sind nicht die kurzen Verbindungsstücke zwischen in der Wand liegendem Heizungsrohr und dem jeweiligen Heizkörper gemeint,[13] sondern solche Rohre, die auf Grund ihrer Länge wesentliche Wärme abgeben können; außerdem müssen sie auf Dauer freiliegend sein (und nicht auf Grund von Baumaßnahmen). Etwas ähnliches gilt auch für das Merkmal „überwiegend gedämmt". Hierunter fallen Heizungsrohre, die mindestens zu 51% gedämmt sind. Vorbild für diese Regelung mögen die Heizungsrohre in den Plattenbauten der ehemaligen DDR gewesen sein, jedoch beruhten diese auf einem anderen Heizungsprinzip und sind deshalb notwendigerweise ungedämmt, so dass diese Bestimmung kaum Anwendung finden wird.[14] Außerdem dreht diese Anordnung die bisherige Sichtweise um; denn ein höherer Energiebedarf infolge baulicher Gegebenheiten sollte mit einem 50:50 Verteilungsschlüssel nivelliert werden, um die Nutzer nicht mit den Mehrkosten zu belasten.[15] Die Formalitäten der Umstellung auf den Zwangsschlüssel richten sich nach § 6 Abs. 4 S. 2, d. h. die Abänderung bedarf der Ankündigung gegenüber den Nutzern, damit diese ihr Verhalten auf den veränderten Schlüssel einstellen können, und sie darf nur für einen zukünftig beginnenden Abrechnungszeitraum erfolgen.[16] Die Nutzer haben einen Anspruch auf Umstellung des Schlüssels.[17]

10 Praktisch bedeutsamer, aber auch rechtlich und technisch problematischer ist die Erfassung der **Rohrwärmeabgabe.** Dieses Problem taucht besonders, aber nicht nur, in den Plattenbauten der ehemaligen DDR deshalb auf, weil die Fernheizungen in den Gebäuden bewusst so konstruiert worden sind, dass die vertikal geführten Heizungsrohre (überwiegend) zur Erwärmung der Räume beitragen, während die Heizkörper entsprechend klein dimensioniert sind. Nachdem die HeizKV auch im sog. Beitrittsgebiet Geltung erlangt hatte, war alsbald die Rechtsprechung mit dieser Problematik befasst, zumal die an den Heizkörpern angebrachten Erfassungsgeräte (technisch bedingt) nicht den gesamten Wärmeverbrauch der Nutzereinheiten erfassten. Die entsprechenden Heizkostenabrechnungen wurden für nicht der HeizKV entsprechend verworfen, die Heizkosten wurden nach einem Flächenmaßstab abgerechnet und dem Strafabzug nach § 12 Abs. 1 unterworfen.[18] Daran ist zunächst nur richtig, dass die Abrechnungen nicht der HeizKV entsprachen, mangels normierter Vorgaben aber auch nicht entsprechen konnten.

---

[10] Sofern die Übergangsfristen für die Modernisierung noch nicht abgelaufen sind.

[11] S. oben § 6 Rdn. 38; LG Berlin GE 2007, 915.

[12] LG Hamburg ZMR 2014, 740.

[13] So aber AG Berlin-Schöneberg GE 2011, 758 m. Anm. *Lammel* jurisPR-MietR 15/2011 Anm. 1.

[14] So *Wien* (Fn. 4), S. 522; zur umfassenden Kritik s. *Lammel,* HeizKV, 4.A. 2015, § 7 Rdn. 30.

[15] *Wall,* WuM 2009, 5–6; *Eisenschmid,* jurisPR-MietR 1/2009, Nr. 4 S. 10; *Simons,* MM 2009, 291.

[16] Str. **a. A.** MüKo/*Schmid* § 7 Rdn. 5; AG Berlin-Charlottenburg MM 9/2011, 29; LG Berlin (Beschl. v. 20.4.2011 – 65 S 60/11) zit. nach juris.

[17] AG Düsseldorf WuM 2011, 438 (für Wohnungseigentum).

[18] LG Meiningen, WuM 2003, 453; LG Mühlhausen, WuM 2009, 234; AG München, ZWE 2009, 94; LG Dresden, WuM 2009, 292; LG Gera, WuM 2007, 511; LG Neubrandenburg WuM 2011, 107; AG Brühl ZMR 2010, 883 m. Anm. *Schmid* S. 884:AG Neuss MietRB 2012, 332; **a. A.** Halle-Saalkreis, ZMR 2006, 536; AG Berlin-Tempelhof-Kreuzberg GE 2011, 415 m. Anm. *Lammel* WuM 2011, 463; AG Berlin-Lichtenberg ZMR 2012, 145; LG Nürnberg-Fürth ZMR 2012, 358; AG Niebüll ZMR 2012, 826.

Nach Abs. 1 S. 3 kann der Wärmeverbrauch in diesen Fällen unter **zwei Voraussetzungen** nach anerkannten Regeln der Technik bestimmt werden: Zunächst muss der überwiegende Teil der Heizungsrohre ungedämmt sein, d. h. zumindest zu mehr als 50%, was in den Rohrwärmefällen konstruktionsbedingt der Fall ist. Zum anderen darf ein wesentlicher Anteil der Wärme durch die an den Heizkörpern angebrachten Heizkostenverteiler nicht erfasst werden; auch dies ist in den Rohrwärmefällen auf Grund der besonderen Konstruktionsweise gegeben. In den übrigen Fällen wird dieses Merkmal als erfüllt angesehen, wenn mehr als 20% der Wärme nicht erfasst werden.[19] Als grobe Berechnungsweise lässt sich dies dadurch feststellen, dass der erfasste Verbrauch ins Verhältnis zum Gesamtwärmeverbrauch gesetzt wird.[20] Schließlich müssen die ungedämmten Rohre **freiliegend** sein; denn nur an diesen Rohren können evtl. Erfassungsgeräte oder eine Dämmung zur Verhinderung der unerwünschten Wärmeabgabe angebracht werden.[21] Demgegenüber stellt die Instanzrechtsprechung nicht auf die Verhinderung der ungewollten Wärmeabgabe ab, sondern allein darauf, dass auch die im Estrich verlegten Rohre Wärme abgeben und subsumiert sie deshalb ebenfalls unter das Tatbestandsmerkmal „ungedämmte Rohre" unter Beiseitelassung des Kriteriums „freiliegend"[22]. Dieser dogmatisch-methodisch nicht haltbaren Rechtsprechung ist der **BGH** entgegengetreten und hat die Anwendung auf im Estrich liegende Rohre verneint.[23] 11

Mit den **anerkannten Regeln der Technik** ist die VDI-Richtlinie 2077, Beiblatt „Verfahren zur Berücksichtigung des Rohrwärmeanteils" gemeint. Es enthält drei Verfahren zur Berücksichtigung des Rohrwärmeanteils. Am verständlichsten ist die sog. messtechnische Ermittlung, bei der an die vertikalen Heizungsrohre (elektronische) Erfassungsgeräte angebracht werden.[24] Mit mathematischen Formeln durchsetzt sind die beiden anderen Verfahren, das Bilanzverfahren[25] und das der rechnerischen Ermittlung.[26] Die mathematischen Verfahren laufen auf eine gespaltene Verteilung hinaus: die durch die Heizkostenverteiler an den Heizkörpern erfassten Werte werden zusammengefasst mit im Prinzip nach Flächenanteilen berechneten Werten und danach in die Heizkostenabrechnung eingestellt. Die unter Anwendung dieser Technik als erfasst geltenden Werte unterliegen nicht dem Kürzungsrecht nach § 12 Abs. 1.[27] Außerdem sind die sich für den technischen Laien nahezu notwendigerweise ergebenden Verständnisprobleme nicht dem Vermieter als Ersteller der Heizkostenabrechnung anzulasten[28]. Zu beachten bleibt schließlich, dass diese Methoden in einer **Kannvorschrift** enthalten sind, ihre Anwendung bleibt dem Ermessen des Gebäudeeigentümers überlassen. Die insoweit entgegenstehende Instanzrechtsprechung[29] übersieht, dass die geringe Erfassungsrate erst das Ermessen eröffnet; sie kann daher dieses Ermessen nicht bereits auf „Null" reduzieren. In der **Praxis** hat sich jedoch folgendes Prüfungsschema durchgesetzt: Angewendet wird vor allem das sog. **Bilanzverfahren;** liegen dessen drei Anwendungskriterien (geringe Erfassungsrate der Wärme (< 34%), Abweichung von den normierten Verbrauchsfaktoren (=/> 0,85) und Anteil der Niedrigverbraucher (> 15%) vor[30], dann muss nach Auffassung der Gerichte die Heizkostenabrechnung nach den anerkannten Regeln der Technik, konkret nach VDI 2077, durchgeführt werden[31], wobei die Entscheidungsfindung auf **Sachverständige** verlagert wird; denn den 12

[19] Empfehlungen der Ausschüsse, BR-Drs. 570/1/08, S. 4, 5; LG Leipzig BeckRS 2016, 16988.

[20] *Mügge, Schmid,* Tritschler, HLH 2008, (H. 11), 65; *Wall,* WuM 2009, 7; s. auch LG Dresden WuM 2013, 671.

[21] das übersieht die anderslautende Instanzrechtsprechung völlig; S: AG Bayreuth WuM 2014, 728, dazu *Pfeifer,* jurisPR-MietR 23/2014 Anm. 5; AG Emmendingen WuM 2014, 727.

[22] AG Augsburg WuM 2015, 736; LG Ellwangen WuM 2016, 497; LG Dresden MDR 2016, 454 m. Anm. *Lammel* jurisPR-MietR 15/2016 Anm. 6); AG Vaihingen ZMR 2017, 276.

[23] BGH (VIII ZR 5/16) BeckRS 2017, 109157 = WuM 2017, 320 m. abl. Anm. Wall.

[24] AG Berlin-Schöneberg GE 2015, 1226; Einzelheiten s. *Lammel,* HeizKV, 4.A. 2015, § 7 Rdn. 41; diese Geräte müssen aber zur Erfassung geeignet sein, s. LG Nürnberg-Fürth ZMR 2012, 358; LG München I MietRB 2014, 211.

[25] Einzelheiten umfassend bei *Lammel,* HeizKV, 4.A. 2015, § 7 Rdn. 42ff.

[26] Einzelheiten umfassend bei *Lammel,* HeizKV, 4.A. 2015, § 7 Rdn 44.

[27] LG Berlin GE 2012, 1563; **a. A.** AG Berlin-Lichtenberg MM 1+2, 2015/37, wenn die gebotene Anwendung der Rorhwärmeregel unterlassen worden ist; in der Tendenz ähnlich AG Niebüll ZMR 2012, 826.

[28] BGH (VIII ZR 270/10) ZMR 2012, 345; BGH (VIII ZR 193/14) NZM 2015, 589.

[29] AG Bayreuth WuM 2014, 728 m. Anm. *Pfeifer* S. 729; LG Landau ZWE 2014, 97; LG Leipzig WuM 2014, 30 m. Anm. *Wall* S. 195; LG Neubrandenburg WuM 2013, 541.

[30] Und zwar kumulativ, *Zehelein* NZM 2015, 913/916.

[31] AG Sonneberg WuM 2017, 207; AG Vaihingen ZMR 2017, 276; AG Wuppertal ZMR 2017, 205; AG Hamburg-St.Georg ZWE 2016, 285; AG Berlin-Lichtenberg GE 2016, 1095; LG Siegen WuM 2015, 433; AG Augsburg WuM 2015, 736.

Entscheidungen ist durchweg anzumerken, dass die jeweils erkennenden Richter das technische Regelwerk nicht verstanden haben. Angesichts ihrer Kompliziertheit,[32] Undurchschaubarkeit und der rechtlichen Zweifel (Rdn. 13) kann rechtlich davon ausgegangen werden, dass die Nichtanwendung nicht dem billigen Ermessen nach § 315 BGB widerspricht;[33] die Gerichtspraxis sieht dies aber durchweg anders!

13 Die Regelung (Rdn. 12) ist **rechtlich anfechtbar**[34] und **unbrauchbar.** Die Verweisung auf die technischen Regeln widerspricht dem Verbot der dynamischen Verweisung auf nicht demokratisch legitimierte Gesetzgeber; entspricht nicht der Ermächtigungsgrundlage in § 5 Abs. 3 EnEG, da die Fundstelle nicht angegeben wird; entspricht ferner nicht der allgemeinen Ermächtigungsgrundlage für die HeizKV in § 3a EnEG, da weder die Nutzer ihren Verbrauch bei diesen Anlagen steuern können[35] noch eine „Verbrauchserfassung" im eigentlichen Sinne der Rohrwärme stattfindet, sondern eine Verbrauchsberechnung. Der **BGH** teilt diese Auffassung **nicht**[36]. Rechtlich unbrauchbar ist die Regelung, weil die Richtlinie für ihre Anwendbarkeit im jeweils konkreten Fall drei rechnerisch zu ermittelnde Voraussetzungen aufstellt,[37] die ihrerseits erst nach Ablauf einer Abrechnungsperiode festgestellt werden können mit der Konsequenz, dass die richtlinienkonforme Berechnungsweise jedenfalls nicht mehr für die sich unmittelbar anschließende Abrechnungsperiode verwendet werden kann, weil der Schlüssel vor deren Beginn feststehen muss. Bei genauer Handhabung gilt das für jede folgende Abrechnungsperiode.

14 Von den Gesamtkosten der Wärmeversorgung wird der prozentuale Anteil nach dem gewählten Verteilungsmaßstab berechnet (also zwischen 50 und 70%; in Fällen der sog. Rohrwärme wird ein 50:50-Verteilungsmaßstab empfohlen[38]), der verbrauchsabhängige Teil wird durch die Gesamtsumme der im Gebäude erfassten oder gemessenen Verbrauchsanteile dividiert und der Einzelwert schließlich mit den beim einzelnen Nutzer erfassten Anteilen multipliziert. Dieser Wert stellt die verbrauchsabhängigen Kosten des jeweiligen Nutzers dar.

15 Die Höhe des übrigen Kostenanteils, der sog. **Grundkosten,** bestimmt sich allein danach, wie hoch der Prozentsatz des verbrauchsabhängig zu verteilenden Anteils ist. Dieser Kostenanteil kann daher zwischen 50% und 30% liegen; bei einer Vereinbarung nach § 10 noch geringer.

16 Generell sind die Grundkosten nach einem **Flächen- oder Rauminhaltsmaß** zu verteilen; unzulässig ist daher z. B. beim Wohnungseigentum die Wahl eines Maßstabes nach den 1000stel-Anteilen.[39] Maßgebend für die Feststellung der entsprechenden Maße ist zunächst der **Nutzungsvertrag.** Enthält dieser für alle Nutzer eines Gebäudes die Regelung, dass für die Verteilung der Betriebs- und/oder Heizkosten eine bestimmte Quadratmeterzahl als vereinbart gilt, ist nach dieser abzurechnen, mag sie im Einzelfall auch nicht dem konkreten Wert des Nutzungsobjekts entsprechen.[40] Demgegenüber wendet der **BGH** auch für die Betriebskostenverteilung seine aus dem Minderungsrecht stammende **10%-Rechtsprechung** an; d. h. die vereinbarte Wohnfläche ist für die Verteilung solange maßgebend, wie die Abweichung von der objektiven Fläche nicht mehr als 10% beträgt.[41] Hierbei wird aber übersehen, dass es sich um eine Verhältnisrechnung handelt[42], es also auf das Verhältnis zur Gesamtfläche ankommt;[43] stimmt dieses Verhältnis, ist die Abweichung in der konkreten Flächenzahl unerheblich; stimmt das Verhältnis hingegen nicht, ist die tatsächliche Größe zugrunde zu legen, wobei allerdings die tatsächliche Größe auch des Gesamtobjekts maßge-

---

[32] S. bsplw. AG Dresden WuM 2014, 338.

[33] *Schmid,* ZMR-Sonderheft HeizKV § 7 Ziff. 13; **a. A.** *Wall,* WuM 2009, 9; AG Berlin-Wedding GE 2012, 1099; wohl auch AG Neuss ZMR 2013, 235; AG Bonn ZMR 2013, 140; AG Düsseldorf ZMR 2013, 311.

[34] S. auch *Lammel* NZM 2015, 325; dagegen die Mitglieder des VDI 2077-Ausschusses, NZM 2015, 924.

[35] Was nach Ansicht der (Berliner) Rechtsprechung unbeachtlich sein soll, LG Berlin GE 2011, 1621 m. Anm. *Eisenschmid* WuM 2012, 264; LG Berlin GE 2012, 1563; anders jetzt aber LG Berlin ZMR 2016, 623.

[36] BGH (VIII ZR 193/14) NZM 2015, 589 m. Anm. *Lammel* jurisPR-MietR 16/2015 Anm. 4; *Pfeifer* DWW 2015, 332.

[37] Einzelheiten s. *Lammel,* HeizKV, 4.A. 2015, § 7 Rdn. 36–39.

[38] AG Besigheim ZWE 2017, 52.

[39] Denn die einzelnen Anteile können, müssen sich aber nicht nach der Wohnungsgröße richten, *Engelhardt,* in: MünchKomm § 16 WEG Anm. V 1 a).

[40] **A. A.** AG Hamburg WuM 1996, 778.

[41] BGH (VIII ZR 261/06) WuM 2007, 700 = ZMR 2008, 38 m. Anm. *Schmid;* AG Berlin-Spandau GE 2009, 723; GE 2010, 277; ob diese Rechtsprechung nach der BGH-Entscheidung (VIII ZR 266/14) NJW 2016, 239 (ergangen zur Mieterhöhung) noch aufrechterhalten wird (dagegen *Blank,* in: Blank/Börstinghaus, Miete, 5.A. § 536 Rdn. 154) bleibt abzuwarten.

[42] *Börstinghaus,* Flächenabweichungen in der Wohnraummiete Rdn. 880, 881.

[43] *Langenberg,* Rdn. F 36, aber im Ergebnis irgendwie unentschieden.

bend ist[44]. Für die Zwecke der Verteilung nicht heranziehbar sind dagegen die ca.-Quadratmeter-Angaben z. B. bei der Wohnungsbeschreibung, da es sich hierbei im Regelfall nicht um eine genaue Angabe zur vorhandenen Fläche, sondern lediglich um eine ungefähre Beschreibung der Größe des Nutzungsobjekts handelt.[45]

Mangels konkreter Vereinbarungen ist die **Wohn- oder Nutzfläche** in **entsprechender Anwendung** der §§ 2 bis 4 WoFlV zu berechnen[46]. Problematisch ist hierbei allein die Anwendung des § 4 Nr. 4 WoFlV, wonach **Balkone, Loggien, Dachgärten und Terrassen** bei der Ermittlung der Wohnfläche bis zur Hälfte angerechnet werden können. Da keine konkrete Verweisung der HeizkV auf die WoFlV vorliegt, handelt es sich nur um deren entsprechende Anwendung; deshalb sind die Berechnungsnormen nach dem Zweck der HeizkV zu interpretieren. Das bedeutet daher, dass die aufgezählten Flächen von der Berechnung ausgenommen werden, weil sie naturgemäß keinerlei Wärme verbrauchen und ihre Hinzuziehung zur Fläche die Verteilung eher verfälscht als konkretisiert.[47] 17

Weisen die Räume im Gebäude **unterschiedliche Raumhöhen** auf (z. B. bei Altbauten mit nicht in allen Räumen eingezogenen Zwischendecken) oder enthalten sie schräge Wände (z. B. Dachgeschosswohnungen), empfiehlt sich die Anwendung des Maßstabes nach dem umbauten Raum, wobei sich die Berechnung nach Anlage 2 zur II. BV richten kann.[48] 18

Schließlich kann das **Flächen- oder Raummaß nach den beheizten Räumen** gewählt werden. Hierunter sind nach § 2 Nr. 4 EnEV 204 diejenigen Räume zu verstehen, die auf Grund bestimmungsgemäßer Nutzung direkt oder durch Raumverbund beheizt werden.[49] Angesichts dieser Regelung ist daher nicht allein darauf abzustellen, ob die entsprechenden Räume mit Heizkörpern versehen sind oder nicht,[50] sondern darauf, ob die angrenzenden Räume ohne Heizkörper bestimmungsgemäß von den sich in anderen Räumen befindlichen Heizkörpern mit Wärme versorgt werden sollen. Das wird von Fluren oder Dielen generell gesagt werden können, nicht aber von Abstellkammern, Loggien und Balkonen, unter Umständen auch nicht von Wintergärten.[51] Unerheblich ist es in diesem Zusammenhang, ob die Heizkörper vom konkreten Nutzer geöffnet werden oder ständig geschlossen bleiben; denn es kommt nur auf die Möglichkeit der Nutzung, nicht aber auf die tatsächliche Nutzung bei der Festlegung der beheizten Räume an. 19

Leerstehende Nutzungsobjekte sind ebenfalls bei der Berechnung der Flächen oder Rauminhalte zu berücksichtigen; die auf diese Objekte entfallenden Kostenanteile hat der Gebäudeeigentümer bzw. die ihm gleichgestellte Person zu tragen.[52] Das bedeutet einerseits, dass weder ein Anspruch auf Änderung des Verteilungsschlüssels besteht[53] noch gar auf ein Absehen von der Verteilung nach der HeizKV[54], andererseits aber auch, dass der Gebäudeeigentümer den leerstandsbedingten Mehrverbrauch[55] zu tragen hat; letzterer kann anhand des Durchschnittsverbrauchs der noch bewohnten Räume für die letzten vier Jahre ermittelt werden. 20

Die **Berechnung** des **verbrauchsunabhängigen** Kostenanteils erfolgt auf die Weise, dass der sich aus der Berechnung des verbrauchsabhängigen Kostenanteils ergebende Restbetrag (s. oben Rdn. 15) durch die Gesamtsumme des gewählten festen Maßes (Fläche oder Rauminhalt) dividiert wird; der sich hieraus ergebende Einzelwert ist mit dem auf den jeweiligen Nutzer entfallenden 21

---

[44] *Börstinghaus,* Flächenabweichungen, Rdn. 910, 911.

[45] Anders für die Beschaffenheitsangabe, s. *Börstinghaus,* Flächenabweichung, Rdn. 908.

[46] Die vom BGH für das Mängelrecht entwickelte sog. Stufentheorie (Berechnung der Fläche nach Vereinbarung – Ortssitte – zum Zeitpunkt des Vertragsschlusses geltende Regelungen für den preisgebundenen Wohnraum), dazu *Börstinghaus,* Flächenabweichungen, Rdn. 115, ist auf das Betriebskostenrecht nicht übertragbar, da es hier anders als beim Mängelrecht nicht um die subjektive Gebrauchstauglichkeit des Mietobjekts geht, sondern um den objektiven Verteilungsmaßstab, anders wohl *Börstinghaus,* Flächenabweichung, Rdn, 885–887.

[47] *Freywald,* Rdn. 142; *Pfeifer,* § 6 Anm. 12 a.bb; AG Berlin-Pankow/Weißensee MM 2008, 299.

[48] Sofern die Parteien nichts anderes vereinbart haben, s. BGH (VIII ZR 218/08) WuM 2009, 514.

[49] *Schmid,* Rdn. 6173 a.

[50] So aber *Kinne,* § 7 Rdn. 109; *Freywald,* Rdn. 154; AG Koblenz WuM 2012, 118; LG Berlin GE 1992, 717; VG Berlin GE 1983, 755.

[51] *von Brunn* in: *Kreuzberg/Wien,* 3.6.2 (S. 205); *Pfeifer,* § 6 Anm. 12 a.aa.

[52] AG Köln WuM 1998, 290; OLG Hamburg WuM 2001, 343; BGH (VIII ZR 137/03) WuM 2004, 150; BGH (VIII ZR 9/14) WuM 2015, 94; AG Rathenow WuM 2004, 342; eingeschränkt AG Zwickau NZM 2001, 467; **a. A.** AG Halle-Saalkreis ZMR 2005, 201.

[53] Anders AG Arnstadt/Ilmenau WuM 2017, 208; *Abramenko* ZMR 2015, 275 über § 313 Abs. 1 BGB.

[54] So LG Berlin GE 2016, 1513.

[55] Dazu *Wall,* Betriebskostenkommentar, Rdn. 5833.

konkreten Maßanteil (Fläche oder umbauter Raum) zu multiplizieren. Das Ergebnis stellt die sog. verbrauchsunabhängigen Kosten des Nutzers dar.

C. Kosten des Betriebs, Abs. 2

22 Absatz 2 **ermöglicht** es dem Gebäudeeigentümer, sämtliche hierin aufgezählten Kostenarten, die vom Gesetzgeber als mit der Wärmeerzeugung im unmittelbaren oder mittelbaren Zusammenhang stehend angesehen worden sind, in die Heizkostenabrechnung einzustellen; für die Ordnungsmäßigkeit einer derartigen Abrechnung reicht aber nicht die Angabe der Gesamtkosten nach Abs. 2, sondern die einzelnen Kostenarten sind getrennt aufzuführen;[56] umlegungsfähige, aber nicht umgelegte Kosten brauchen demgegenüber nicht in die Abrechnung aufgenommen zu werden.[57] Er ist zur Umlage sämtlicher Kosten nicht verpflichtet, was für die Kosten außerhalb der reinen Brennstoffkosten von Bedeutung ist. Denn die auch im Rahmen der HeizkV geltende Privatautonomie[58] überlässt es den Parteien, ob und inwieweit die Regeln der HeizkV Anwendung finden sollen. Deshalb führt die grundsätzliche Einführung der Kostenverteilung nach der HeizkV nicht zwingend dazu, dass auch alle in Absatz 2 aufgezählten Kosten in die Abrechnung eingestellt werden dürfen.[59]

23 Maßgebend ist auch hier die **vertragliche Vereinbarung der Parteien.**[60] Enthält diese eine komplette Aufzählung der verteilungsfähigen Kosten, sind auch nur diese umlegungsfähig, auch wenn sie nicht sämtliche Kosten des Absatz 2 umfassen. Wird dagegen generell für die umlegungsfähigen Kosten auf die HeizkV (oder auf den insoweit gleichlautenden § 2 Nr. 4 a BetrKV) verwiesen, sind sämtliche darin enthaltenen Kosten umlegbar. Enthält der Vertrag nur die pauschale Verpflichtung, die „Heizkosten" zu tragen, sind nur die nach herkömmlichem Verständnis hierunter einzuordnenden Kosten umlegbar, d. h. im Wesentlichen die Brennstoffkosten[61]. Angesichts der auch hier geltenden Vertragsfreiheit (s. oben Rdn. 22) kann in Absatz 2 keine Legaldefinition des Begriffs der Heizkosten gesehen werden.[62]

24 Die Aufzählung in Absatz 2 ist aber abschließend, so dass auch durch vertragliche Vereinbarung keine weiteren Kosten als die hier genannten auf die Nutzer verteilt werden dürfen.[63] Das gilt z. B. für Abschreibungen auf die gesamte Heizungsanlage, wie ein Umlageausfallwagnis, das nur im preisgebundenen Wohnraum nach § 25 a NMV in Rechnung gestellt werden darf. Nicht verteilungsfähig sind auch die Kosten für Druck- und Dichtigkeitsprüfungen der Gasleitungen[64] und für Überprüfungen des Feuerlöschers im Heizraum.[65]

25 In die Heizkostenabrechnung gehen zunächst die **Kosten des verbrauchten Brennstoffs** ein. Bereits aus dem Wortlaut der Norm ergibt sich, dass es nur auf den Verbrauch, nicht auf den Kostenanfall ankommt,[66] d. h. der innerhalb des Abrechnungszeitraums erfasste Verbrauch ist auch dann maßgebend, wenn die Rechnung des Lieferanten später erstellt wird.

26 Beim Einkauf des Brennstoffs, zur Zeit gilt dies vor allem für nichtleitungsgebundene Energie, ist der **Grundsatz der Wirtschaftlichkeit** zu wahren.[67] Es ist also unter den jeweils gegebenen Umständen das günstigste Angebot zu ermitteln, Rabatte, Skonti u. ä. sind an die Nutzer weiterzugeben; das gilt nicht für Vorzugspreise auf Grund besonderer persönlicher Eigenschaften des Gebäudeeigentümers (wie etwa als Arbeitnehmer des Lieferanten). Allerdings muss nicht in jedem

---

56 LG Berlin GE 2001, 63.

57 LG Itzehoe WuM 2011, 104; BGH (VIII ZR 45/11) WuM 2011, 684.

58 S. oben § 2 Rdn. 4.

59 Str. s. oben § 2 Rdn. 7.

60 AG Hannover WuM 1998, 40.

61 Es sei denn, der Begriff „Heizkosten" wird durch einen Verweis auf § 7 HeizKV inhaltlich konkretisiert, OLG Dresden NJ 2016, 249 Rz. 18.

62 *Kinne,* § 7 Rdn. 117; **a. A.** MieWo-*Schmid,* § 7 Rdn. 11. Zur Umstellung einer bisherigen Inklusivmiete s. oben § 2 Rdn. 15 bis 23.

63 BGH (VIII ZR 92/08) WuM 2009, 115 = ZMR 2009, 354 m. Anm. *Schmid; Lammel,* jurisPR-MietR 6/2009 Anm. 4.

64 AG Königstein WuM 1997, 684.

65 AG Steinfurt WuM 1993, 135; AG Stuttgart WuM 1997, 231; AG Hamburg WuM 1998, 352; **a. A.** AG Neuss ZMR 1994, XII; LG Berlin GE 2000, 1185; 2001, 63, die die Umlagefähigkeit derartiger Kosten nach Nr. 17 der Anlage 3 zu § 27 II: BV als „sonstige Kosten" in der allgemeinen Betriebskostenabrechnung bejahen.

66 S. oben § 6 Rdn. 19.

67 AG Berlin-Spandau MM 12/2012, 30.

Fall das billigste Angebot auch das günstigste sein; denn zu berücksichtigen sind auch die Serviceleistungen des Lieferanten.[68] Aus dem Grundsatz der Wirtschaftlichkeit sollte aber nicht die Pflicht des Gebäudeeigentümers hergleitet werden, klageweise gegen Preiserhöhungen auf Grund von vereinbarten Preisänderungsklauseln (insbesondere bei Wärmelieferungsverträgen) vorzugehen,[69] sofern nicht die Rechtslage gerade bezüglich der vertragsgegenständlichen Klausel höchstrichterlich geklärt ist.[70]

Der **Verbrauch bei leitungsgebundener Energie** wird entweder in einem Zweimonats- oder Einjahres-Turnus ermittelt. Decken sich Verbrauchsfeststellung und vertraglich festgelegter Abrechnungszeitraum nicht, kommt es zu sog. Überhangmonaten. Der Verbrauch der entsprechenden Monate darf mangels realistischer Alternativen[71] bei fortdauerndem Nutzungsverhältnis in die Abrechnung eingestellt werden.[72] Der Ölverbrauch wird durch Gegenüberstellung von Anfangs- und Endbestand ermittelt;[73] der Verbrauch fester Brennstoffe kann allerdings nur anhand der Lieferungen ermittelt werden.[74] 27

Zu den **Brennstoffkosten** gehört vor allem der Kaufpreis für die verbrauchten Brennstoffe; bei Koks/Kohle fallen auch die Kosten für Anfeuerungsmaterial darunter. Brennstoffadditive gehören nach dem Sprachverständnis nicht hierher, da sie nicht unmittelbar der Wärmeerzeugung dienen; sie könnten allenfalls unter die Kosten der Pflege der Anlage zu subsumieren sein.[75] Trinkgelder für die Anlieferer sollten – je nach deren örtlicher Üblichkeit – in die Abrechnung einbezogen werden.[76] 28

Nicht zu den Brennstoffkosten gehören sowohl die eigene Arbeitsleistung des Gebäudeeigentümers für die Beschaffung der Brennstoffe, die möglichen Zinsverluste für die Bevorschussung des Kaufpreises, die Kosten der Lagerhaltung, wie Miete des Tanks, dessen Austausch oder Reparatur. 29

Der **Betriebsstrom** für alle diejenigen Aggregate, von deren Hilfe die Wärmeerzeugung abhängt (Brenner, Umwälzpumpen, Regelungsanlagen, Kompressoren, Wärmefühler), nicht aber für die Beleuchtung des Heizraumes, wird entweder durch Zwischenzähler (bei großen Heizanlagen), durch prozentuale Berechnung abhängig vom Brennstoffpreis (zwischen 4% und 10%)[77] oder anhand der Anschlusswerte der jeweiligen Geräte (Anschlusswert × Laufdauer [= 24 Stunden] × Heiztage × Strompreis) ermittelt; der Ansatz eines Pauschalwertes für die Kosten des Betriebsstroms der Heizung entspricht nicht den Vorgaben der HeizKV und ist daher unzulässig[78]. 30

Bedienungskosten fallen bei allen Heizungsanlagen an. Werden diese mit Kohle/Koks betrieben, sind die anfallenden Zahlungen für Lohn und Sozialabgaben des damit betrauten Personals umlagefähig; Eigenleistungen des Gebäudeeigentümers können analog § 27 Abs. 2 II. BV berücksichtigt werden. Derartige Kosten, wenn auch im geringeren Umfang, fallen auch für die halb- oder vollautomatischen Heizungsanlagen an, die mit Öl, Gas oder Strom betrieben werden.[79] Denn nach dem insoweit maßgebenden § 11 Abs. 3 EnEV 2014 bedürfen Heizungsanlagen der Bedienung durch fachkundiges Personal. Unter Bedienung wird die Funktionskontrolle und die Vornahme von Schalt- und Stellvorgängen (insbesondere An- und Abstellen, Überprüfen und ggf. Anpassen der Sollwerteinstellungen von Temperaturen, Einstellen von Zeitprogrammen) verstanden. Derartige Bedienungsmaßnahmen können entweder durch einen Wartungsdienst oder durch den 31

[68] Und seine Seriosität, *Pfeifer* GE 2004, 866.

[69] AG Hamburg-Blankenese ZMR 2014, 128.

[70] AG Pinneberg WuM 2013, 731.

[71] **A. A.** *Freywald*, Rdn. 79/80; AG Berlin-Wedding GE 2015, 258, verlangen eine Zwischenablesung durch den Gebäudeeigentümer, was bei großen Komplexen kaum durchführbar ist und außerdem nur Anlass zu Zweifeln an der Richtigkeit der getroffenen Feststellungen gibt.

[72] OLG Schleswig, RE vom 4. 10. 1990, WuM 1991, 333; AG Köln ZMR 1995, 210; AG Darmstadt MietRB 2012, 226; s. im übrigen oben § 6 Rdn. 21.

[73] S. oben § 6 Rdn. 20; AG Köln MietRB 2016, 170.

[74] LG Berlin GE 2005, 433.

[75] *Pfeifer*, § 7 Anm. 3 c.aa (S. 141).

[76] Str. *Pfeifer*, § 7 Anm. 4 (S. 169); **a. A.** *Peruzzo*, Rdn. 204; *von Brunn* in: *Kreuzberg/Wien*, 3.5.1 (S. 196); wohl auch *Kinne*, A Rdn. 34.

[77] *Kinne*, A Rdn. 38; *Wien* in: *Kreuzberg/Wien*, 10.4.3 (S. 535); BGH WuM 2008, 285 zur Möglichkeit der Schätzung.

[78] BGH (V ZR 166/15) WuM 2016, 702 m. Anm. *Wall* WuM 2017, 8.

[79] *Kinne*, A Rdn. 42/43; **a. A.** *von Brunn* in: *Kreuzberg/Wien*, 3.5.1 (S. 196); *Freywald*, Rdn. 100, jeweils unter Außerachtlassung der Vorschriften der HeizAnlVO a. F.

Hausmeister vorgenommen werden; im letzteren Fall können die für ihn erbrachten Aufwendungen anteilig in die Heizkostenabrechnung eingehen.

32 Die **Wartung** als Oberbegriff für die Tatbestandsmerkmale der Prüfung der Betriebsbereitschaft und Betriebssicherheit sowie der Einstellung durch einen Fachmann hat sich umfangmäßig an § 9 Abs. 3 HeizAnlV a. F. (in § 11 Abs. 3 EnEV ist diese Umschreibung nicht mehr enthalten) zu orientieren. Danach gehören hierher die Einstellung der Feuerungseinrichtungen, die Überprüfung der zentralen regelungstechnischen Einrichtungen und die Reinigung der Kesselheizflächen. Vorrangig sind diese Tätigkeiten durch einen Fachmann vorzunehmen, d. h. nach Abs. 1 Satz 3 des § 9 HeizAnlV durch eine Person, die die zur Wartung und Instandhaltung notwendigen Fachkenntnisse und Fertigkeiten besitzt. Lediglich die Reinigung darf auch durch eingewiesenes Personal durchgeführt werden.

33 **Nicht** zur Wartung gehört die Instandsetzung. Die hierfür anfallenden **Reparaturkosten** sind jedenfalls nicht nach der HeizkV verteilbar.[80] Denn sie dienen der Beseitigung einer bereits eingetretenen Störung und nicht der weiteren Aufrechterhaltung des ordnungsgemäßen Betriebs.

34 Verteilungsfähig sind dagegen die Kosten für die **Instandhaltung.** Hierunter wird die Aufrechterhaltung des technisch einwandfreien Betriebszustandes, der eine weitestgehende Nutzung der eingesetzten Energie gestattet, verstanden, § 9 Abs. 3 Satz 2 HeizAnlVO a. F. (die EnEV hat diese Beschreibung nicht übernommen). Zu diesen Kosten gehören auch die Aufwendungen für sog. Kleinmaterial (Dichtungen, Düsen, Filter; auch Reinigung des Brenners, Entlüftungen der Heizkörper und Nachfüllen mit Wasser), nicht aber der Austausch unbrauchbar gewordener Werkteile, wie Ölpumpe, Brenner, Umwälzpumpe.

35 Die Wartung wird überwiegend durch Fachfirmen auf Grund eines **Wartungsvertrages** durchgeführt. Deren Kosten sind daher im Rahmen der Heizkostenverteilung umlagefähig. Allerdings sind bei einem **Vollwartungsvertrag,** der auch die Durchführung von Reparaturen mit umfasst, die kalkulationsmäßig im Wartungspreis enthaltenen Reparaturkosten abzusetzen.[81]

36 Zur **Reinigung der Anlage** gehört die Reinigung der Kesselheizflächen, des Heizkessels, der Brennerdüsen, des Schornsteins und des Öltanks.[82] **Nicht** dazu gehören die Neubeschichtung des Tanks, dessen Neuanstrich mit Rostschutzfarbe sowie die Öltankversicherung.[83] Die **Reinigung des Betriebsraumes** wird im Wesentlichen nur bei Koks- oder Kohleheizungen anfallen;[84] das Staubwischen bei Gas-, Öl- oder Strom-betriebenen Heizungen kann vernachlässigt werden,[85] dürfte zumindest in den allgemeinen Hausreinigungskosten oder Hausmeisterkosten aufgehen. Zu den umlagefähigen Kosten gehört nicht nur das Entgelt für die Reinigung als solche, sondern auch für die Reinigungsmaterialien.

37 Die zentralen Heizungsanlagen müssen jährlich durch **Messungen auf Grund der §§ 22, 23 BImschG** auf die Einhaltung der Grenzwerte für Immissionen überprüft werden. Da entweder die bevollmächtigten Bezirksschornsteinfeger oder die beauftragten registrierten Fachbetriebe des Schornsteinfegerhandwerks diese Messungen vornehmen, gehen die entsprechenden Kosten in deren Gebührenrechnungen auf, die damit insgesamt auf die Nutzer verteilbar sind.

38 **Miet- oder Leasingkosten für die Erfassungsgeräte** sind umlegbar, sofern das Beteiligungsverfahren der Nutzer nach § 4 Abs. 2 Satz 2 eingehalten worden ist.[86]

39 Schließlich können die **Kosten eines externen Wärmemessdienstes** auf die Nutzer verteilt werden, sofern dessen Einschaltung angesichts der verwendeten Erfassungsgeräte notwendig ist; es ist der Gesichtspunkt der Wirtschaftlichkeit zu beachten.[87] Eine Vertragsklausel, wonach sich das Entgelt nach der jeweils gültigen Preisliste richtet, verstößt gegen § 307 Abs. 1 BGB mit der Folge, dass die Preise bei Vertragsschluss maßgebend bleiben.[88] Auch eine Klausel, mit der die Haftung für

---

[80] BayObLG ZMR 1997, 256.

[81] Die entsprechende betriebswirtschaftliche Kalkulation des Wartungsunternehmens ist entweder offenzulegen oder durch einen Sachverständigen zu ermitteln.

[82] Zum Öltank s. BGH (VIII ZR 221/08) WuM 2010, 33; AG Bremen WuM 2009, 403; AG Karlsruhe DWW 2006, 119.

[83] BayObLG ZMR 1997, 256.

[84] *Freywald,* Rdn. 102.

[85] **A. A.** *Kinne,* A Rdn. 48.

[86] S. oben § 4 Rdn. 26 bis 32.

[87] AG Münster WuM 2001, 499; AG Bersenbrück WuM 1999, 467; **a. A.** AG Lüdinghausen WuM 2001, 499.

[88] AG Idstein ZMR 2013, 640.

Abrechnungsmängel auf Personenschäden sowie auf Vorsatz und grobe Fahrlässigkeit beschränkt wird, ist unwirksam, weil damit der Zweck der Heranziehung eines Abrechnungsunternehmens vereitelt wird.[89] Dessen Tätigkeit darf aber nur im Zusammenhang mit der Erfassung des Verbrauchs von Wärme und Warmwasser und der auf diese beiden Elemente entfallenden Kostenverteilung stehen; die Erstellung der allgemeinen Betriebskostenabrechnung (auch wenn sie im Zusammenhang mit der Heizkostenabrechnung erfolgt) darf nicht als Kostenfaktor in die Heizkostenabrechnung eingestellt werden; hingegen sind nunmehr auch die Kosten für die Mitteilung des Ableseergebnisses nach § 6 Abs. 1 S. 2 umlegbar. Die **Kosten der Verwendung einer Ausstattung** umfassen Funktionskontrollen, Austausch der Messampullen bei Verdunstungsgeräten, der Batterien bei elektronischen Verteilern. Bei den elektronischen Verteilern mit Funkauslesung gehören zu den Kosten der Verwendung auch die für den/die Netzwerk-Knoten, bei denen die Daten der angeschlossenen Wohnungen gesammelt werden, sowie die des Gateways (einschließlich des erforderlichen Stroms), das diese gesammelten Daten an die Abrechnungsfirmen übermittelt. Diese technischen Instrumente stehen insoweit an der Stelle des personalen Ablesers, dessen Kosten zu tragen gewesen wären. Dazu gehören ferner die Kosten eines Wartungsvertrages für die Erfassungsgeräte. Die **Eichkosten für Wärme- und Warmwasserzähler** fallen unter die umlegungsfähigen Wartungskosten, da sie unabhängig vom jeweiligen Gebrauchszustand des Gerätes anfallen. **Nicht** verteilungsfähig sind die Kosten für die Einziehung der ausstehenden Rechnungsbeträge sowie Kontoführungsgebühren.

Neu eingeführt wurde auch als Kostenfaktor eine **Verbrauchsanalyse.** Hierunter versteht der Verordnungsgeber eine Übersicht über die Kostenentwicklung der letzten drei Jahre.[90] Da die HeizKV aber den Verbrauch steuern will (und nach der Ermächtigungsgrundlage auch nur darf),[91] sollte in dieser Analyse eine Verbrauchsübersicht geliefert werden. Denn die sehr variablen Kosten müssen über den Verbrauch nichts aussagen.[92] **40**

Besonders bei den Kosten für die Tankreinigung und die Nacheichung der eichfähigen Erfassungsgeräte entsteht das Problem der **Verteilung sog. aperiodischer Kosten,** d. h. solcher Kosten, die nur einmal in längeren Zeitabständen, die über eine Abrechnungsperiode hinausreichen, entstehen. Hier sollte eine Aufteilung der Kosten auf die sie abdeckenden Jahre vorgenommen werden.[93] Denn die HeizkV geht davon aus, dass der Nutzer nur für solche Kosten aufkommen soll, die durch seinen „Verbrauch" (mit-)verursacht worden sind. Von den Mehrjahreskosten hat der Nutzer aber nur jeweils einen Jahres-Anteil „verbraucht", so dass auch nur dieser Anteil in die Abrechnung einzustellen ist. Der **BGH** sieht dies zwar **anders,** setzt sich aber mit der verbrauchsabhängigen Abrechnungspflicht nach der HeizKV nicht auseinander.[94] Der Wartungsvertrag für die Erfassungsgeräte vermeidet derartige Schwierigkeiten bei der Kostenverteilung.[95] **41**

D. Wärmelieferung, Abs. 3, 4

Die Kosten der Wärmelieferung müssen ebenfalls in einen verbrauchsabhängigen und einen verbrauchsunabhängigen Anteil aufgespalten und entsprechend verteilt werden, sofern beim einzelnen Nutzer nicht der konkrete Verbrauch der vom Wärmelieferanten gelieferten Energie gemessen wird, sondern nur eine anteilsmäßige Erfassung erfolgt. **42**

Die Verteilung hat durch den **Gebäudeeigentümer** zu erfolgen, sofern dieser Vertragspartner des Wärmelieferanten ist.[96] Umlegungsfähig ist dann der in Rechnung gestellte Wärmepreis, unabhängig davon, wie dieser vom Wärmelieferanten kalkuliert ist und ob sich diese Kalkulation an den Kostenelementen des § 7 Abs. 2 ausgerichtet hat. Davon zu trennen ist die Frage, ob der Vermieter ohne Beteiligung der Mieter die Wärmeversorgung durch Zentralheizung umstellen darf auf den **43**

---

[89] AG Krefeld ZMR 2013, 48.

[90] BR-Drs. 570/1/08; s. auch *Schmid,* ZMR-Sonderheft HeizKV, § 7 Ziff. 55.

[91] So auch die Begründung, BR-Drs. 570/08, S. 14, 15.

[92] *Wall,* WuM 2009, 3/11.

[93] Str., wie hier *von Brunn* in: *Kreuzberg/Wien,* 3.8.8 (S. 221); AG Koblenz DWW 1996, 252; ähnlich *Pfeifer,* § 7 Anm. 3d.cc (S. 147) mit der Bildung von Rücklagen; **a. A.** *Kinne,* A Rdn. 48 (S. 26).

[94] BGH (VIII ZR 271/08) WuM 2010, 33; dazu jurisPR-MietR 5/2010 Anm. 4 *(Dittert);* MietPrax § 2 Nr. 2 BetrKV Nr. 10 *(Eisenschmid).* Zur Begründung verweist er lediglich auf seine Entscheidung über die Kosten zur Überprüfung einer Elektroanlage, BGH (VIII ZR 123/06) WuM 2007, 198, die sich aber mit der Frage aperiodischer Kosten überhaupt nicht auseinandersetzt.

[95] *Peruzzo,* S. 65.

[96] S. § 1 Nr. 2 HeizkV, oben § 1 Rdn. 10 bis 18.

Bezug von Fernwärme (als Unterform der Wärmelieferung i. S. des § 1 Abs. 3) mit der sich daraus ergebenden gesetzlichen Konsequenz, dass die Fernwärmekosten weitergehende Kostenanteile beinhalten als bislang umlegbar waren.[97] Für die Zwischenschaltung eines Contractingunternehmens (zur Wärmelieferung) gilt jetzt § 556c BGB. Ist die Umstellung aber zulässigerweise erfolgt, kann der Wärmepreis unabhängig von seiner Kalkulation umgelegt werden;[98] eine anteilige Herausrechnung von – früher nicht umlagefähigen – Instandhaltungs- und/oder Reparaturkostenanteilen wird von der pauschalen Formulierung des Gesetzes nicht gedeckt.[99]

44 Der **Fernwärmelieferant,** der nach § 1 Abs. 3[100] direkt mit dem Nutzer abrechnet, hat ebenfalls die Verteilung der Kosten nach Absatz 1 vorzunehmen. Die verteilungsfähigen Gesamtkosten für das Gebäude, die anteilsmäßig auf die einzelnen Nutzer umgelegt werden, entsprechen dem Wärmepreis bei der Lieferung an den Gebäudeeigentümer und müssen sich daher nicht an der Aufzählung des § 7 Abs. 2 orientieren.

45 Die Aufzählung der verteilungsfähigen Kosten in Abs. 2 ist bei der Wärmelieferung nur maßgebend für die Verteilung der Kosten einer Hausanlage, also der Übergabestation zwischen der Fernwärmeleitung und den Hausleitungen. An Kosten werden nur Betriebsstrom und Wartung anfallen.

46 Nimmt der Gebäudeeigentümer die Kostenverteilung bei der Wärmelieferung vor, so wird er die Kosten der Hausanlage zu den Wärmekosten hinzuzählen und den sich daraus ergebenden Gesamtbetrag auf die Nutzer verteilen. Bei der Direktabrechnung des Wärmelieferanten gegenüber den Nutzern können diese Kosten im Lieferpreis bereits enthalten sein.

47 Tritt aber eine Spaltung der Kostenträgerschaft hinsichtlich der Hausanlage zwischen Lieferanten und Gebäudeeigentümer dergestalt ein, dass jener nur den Wärmepreis berechnet, während die Kosten der Hausanlage beim Gebäudeeigentümer entstehen, müssen letztere gemäß § 11 Abs. 1 Nr. 4 nicht nach der HeizkV verteilt werden. Die Überwälzung der Kosten auf die Nutzer bedarf dann aber einer entsprechenden Vereinbarung;[101] der Umlegungsmaßstab kann vom Gebäudeeigentümer nach § 315 BGB bestimmt werden.[102]

---

[97] Dazu im Einzelnen § 1 Rdn. 15 bis 19; s. auch LG Chemnitz NZM 2000, 63; LG Essen GE 2000, 124 m. Anm. *Beuermann* GE 2000, 1224; ZMR 2000, 835; AG Köln WuM 2001, 32; LG Erfurt WuM 2002, 317.

[98] BGH (VIII ZR 145/10)WuM 2011, 219; LG Braunschweig ZMR 2000, 832 m. Anm. *Schmid;* LG München II ZMR 2000, 177 m abl. Anm. *Irrgeher* WuM 2000, 198; 2001, 199; LG Chemnitz NZM 2000, 63 m. Aufs. *Schmid* NZM 2000, 25.

[99] **A. A.** AG Starnberg ZMR 2000, 839 m. Anm. *Schmid;* AG Köln WuM 2001, 32.

[100] S. oben § 1 Rdn. 21 bis 26.

[101] LG Gera ZMR 2001, 350 m. Anm. *Burmeister/Kues.*

[102] *Kinne,* § 7 Rdn. 124.

§ 8 Verteilung der Kosten der Versorgung mit Warmwasser

(1) Von den Kosten des Betriebs der zentralen Warmwasserversorgungsanlage sind mindestens 50 vom Hundert, höchstens 70 vom Hundert nach dem erfassten Warmwasserverbrauch, die übrigen Kosten nach der Wohn- oder Nutzfläche zu verteilen.

(2) [1]Zu den Kosten des Betriebs der zentralen Warmwasserversorgungsanlage gehören die Kosten der Wasserversorgung, soweit sie nicht gesondert abgerechnet werden, und die Kosten der Wassererwärmung entsprechend § 7 Abs. 2. [2]Zu den Kosten der Wasserversorgung gehören die Kosten des Wasserverbrauchs, die Grundgebühren und die Zählermiete, die Kosten der Verwendung von Zwischenzählern, die Kosten des Betriebs einer hauseigenen Wasserversorgungsanlage und einer Wasseraufbereitungsanlage einschließlich der Aufbereitungsstoffe.

(3) Für die Verteilung der Kosten der Warmwasserlieferung gilt Absatz 1 entsprechend.

(4) Zu den Kosten der Warmwasserlieferung gehören das Entgelt für die Lieferung des Warmwassers und die Kosten des Betriebs der zugehörigen Hausanlagen entsprechend § 7 Abs. 2.

Systematische Übersicht

A. Regelungsgehalt

Die in dieser Vorschrift niedergelegte Regelung der Verteilung der Warmwasserkosten lehnt sich eng an die parallele Norm für die Wärmekosten an. Sie gilt aber nur für den Fall, dass das Warmwasser in einer von der Heizungsanlage getrennten Anlage erzeugt wird; Anlagen, die sowohl Wärme als auch Warmwasser erzeugen (sog. verbundene Anlagen), werden in § 9 geregelt. 1

Wie bei der Verteilung der Kosten der Wärmeversorgung ist auch hier eine rechnerische Aufspaltung der Kosten in einen verbrauchsabhängigen und einen verbrauchsunabhängigen Anteil vorgeschrieben, sofern nicht eine Sondervereinbarung zwischen Gebäudeeigentümer und Nutzern nach § 10 über einen höheren verbrauchsabhängigen Anteil getroffen worden ist. 2

Die Aufspaltung dient aber lediglich Verteilungszwecken; es ist nicht erforderlich, die verbrauchsabhängigen Kosten von den verbrauchsunabhängigen gesondert zu verteilen. Beide Kostenarten gehen vielmehr in den Betrag der Gesamtkosten ein; dieser Betrag wird dann entsprechend dem gewählten Verteilungsschlüssel auf die Nutzer umgelegt. Insbesondere erfolgt die Verteilung nicht nur für die Kosten der Wassererwärmung.[1] 3

Mit dem getrennten Verteilungsmaßstab nach verbrauchsabhängigen und verbrauchsunabhängigen Anteilen soll der Tatsache Rechnung getragen werden, dass auch der wenig Warmwasser verbrauchende Nutzer von der kostenverursachenden Vorhaltung des Warmwassers einen Vorteil hat. Für diesen Vorteil soll nach dem verbrauchsunabhängigen Maßstab jeder Nutzer einen entsprechenden Anteil zahlen. Das gilt auch bei erheblichem Leerstand; durch den verbrauchsunabhängigen Schlüssel trägt der Gebäudeeigentümer die Leerstandskosten.[2] 4

Die in der Vorschrift enthaltene Aufzählung der verteilungsfähigen Kosten, die entweder direkt benannt oder durch den Verweis auf § 7 Abs. 2 inkorporiert werden, ist abschließend. Weitere Kostenarten dürfen jedenfalls in die Abrechnung über die Warmwasserkosten nicht eingestellt werden.[3] Ferner gilt auch hier, dass die aufgezählten Kostenarten zwar von Gesetzes wegen in die Abrechnung aufgenommen werden dürfen. Ihre Umlegung auf die Nutzer im Einzelfall hängt aber davon 5

---

[1] **A. A.** *Freywald,* Rdn. 152, der aber die Gesetzesänderung aus dem Jahre 1984, mit der die vorher vorhandenen Worte „Kosten der Wassererwärmung“ gestrichen wurden, nicht berücksichtigt.

[2] BGH (VIII ZR 9/14) WuM 2015, 94, m. krit. Anm. *Wall,* jurisPR-MietR 5/2015 Anm. 1, dessen Berechnungsbeispiel aber phantasievoll ist; aufgehoben wurde damit das anderslautende Urteil des LG Frankfurt (Oder) ZMR 2014, 984, m. abl. Anm. *Lammel,* jurisPR-MietR 8/2014, Anm. 1; krit. auch *Kinne* GE 2014, 426.

[3] Entwässerungskosten gehören also nicht hierzu, AG Berlin-Charlottenburg GE 2006, 59; das beachtet LG Itzehoe, ZMR 2011, 214, nicht, ebenso wenig wie die insoweit bestätigende Entscheidung des BGH (VIII ZR 340/08) WuM 2012, 25;die Entscheidung BGH (VIII ZR 268/10) ZMR 2009, 839 über die einheitliche Kostenabrechnung von Frisch- und Schmutzwasser ist hierauf nicht übertragbar.

ab, dass im konkreten Nutzungsvertrag ihre Verteilungsfähigkeit vereinbart worden ist. Fehlt eine derartige Vereinbarung, bleiben die nicht benannten Kosten außer Ansatz.[4]

B. Verteilungsmaßstäbe, Abs. 1

6 Die **Wahl des Maßstabes** zur verbrauchsabhängigen/verbrauchsunabhängigen Verteilung der Warmwasserkosten steht im nach § 315 BGB gebundenen Ermessen des Gebäudeeigentümers. Der verbrauchsabhängige Anteil **muss** mindestens 50% betragen; er darf einseitig bis 70% festgesetzt werden. Für einen darüber hinausgehenden verbrauchsabhängigen Anteil bedarf es einer vertraglichen Vereinbarung zwischen Gebäudeeigentümer und allen Nutzern.

7 Im Interesse eines Anreizes zur Einsparung im Bereich des Warmwassers, wovon sowohl die Energie zur Erwärmung als auch der Wasserverbrauch als solcher betroffen ist, sollte ein hoher verbrauchsabhängiger Maßstab, also 70%, gewählt werden. Besondere Umstände des benutzten Bauwerks, die bei der Wärmeversorgung einen geringen verbrauchsabhängigen Maßstab angezeigt erscheinen ließen,[5] sind hier nicht ersichtlich. Die leitungsbedingten Wärmeverluste treffen zwar die Bewohner oberer Stockwerke in Hochhäusern mehr, werden jedoch durch vorgeschriebene Isolierungen der Rohre und durch zusätzlich eingebaute Zirkulationsleitungen vermieden.

8 Bei **gemischt genutzten Gebäuden** (Wohnen/Gewerbe) ist eine Vorerfassung nach § 5 Abs. 2 zu empfehlen. Wird diese nicht vorgenommen, sollte der verbrauchsabhängige Anteil nach den Verbrauchsgewohnheiten der überwiegenden Zahl der Nutzer ausgewählt werden.

9 Die Höhe des verbrauchsunabhängigen Anteils bestimmt sich als Restwert nach dem gewählten verbrauchsabhängigen Anteil. Seine Verteilung darf nur nach der Wohn- oder Nutzfläche erfolgen, die entsprechend den §§ 2 bis 4 WoFlV festgestellt werden kann. Grund für die Festlegung dieses Maßstabes ist die Vermutung, dass auf großen Flächen auch viele Nutzer von Warmwasser leben; zum anderen ist dieser Maßstab gegenüber sonstigen Schlüsseln, die mehr die Nutzungsmöglichkeiten berücksichtigen (Zahl der Nutzer in einem Nutzungsobjekt, Zahl der Warmwasserstellen), leichter handhabbar.[6]

C. Kosten des Betriebs, Abs. 2

10 In die Abrechnung der Warmwasserkosten dürfen **nur** die Kosten für die Wassererwärmung und für den Wasserverbrauch eingestellt werden. Was zu den **Kosten der Wassererwärmung** gehört, entspricht infolge der Verweisung auf § 7 Abs. 2 der dortigen Aufzählung.[7] Auch hier gilt der Grundsatz, dass die einzelnen Kosten nur verteilt werden dürfen, wenn ihre Umlagefähigkeit im Nutzungsvertrag enthalten ist oder wenn in diesem pauschal auf die Anwendung der HeizkV oder die Aufzählung in § 2 BetrKV verwiesen worden ist.

11 Die Kosten der Wasserversorgung ihrerseits dürfen nur dann in die Warmwasserkostenverteilung eingehen, wenn sie nicht bereits auf Grund der allgemeinen Betriebskostenabrechnung als Wasserverbrauch abgerechnet worden sind. Es ist also darauf zu achten, dass diese Verbrauchskosten nicht doppelt in Rechnung gestellt werden. Praktisch ist eine Trennung des Verbrauchs von reinem Kaltwasser und zu Warmwasser erwärmtem Kaltwasser nur durch die Installation eines Zwischenzählers möglich.

12 Auch die in § 8 Abs. 2 Satz 2 enthaltene Aufzählung der **Kosten der Wasserversorgung** ist abschließend; weitere Kosten dürfen – selbst bei entsprechender vertraglicher Vereinbarung – jedenfalls nicht in die Abrechnung der Warmwasserkosten eingestellt werden. Die wesentlichsten Kosten der Wasserversorgung sind die des Wasserverbrauchs, die vom jeweiligen Lieferanten anhand eines eichfähigen Zählers und unter Zugrundelegung des mit dem Gebäudeeigentümer vereinbarten Wasserpreises ermittelt werden. Dem Gebäudeeigentümer zuzurechnender Mehrverbrauch an Wasser, z. B. durch Leckagen in der Leitung,[8] Ablaufenlassen wegen gesundheitsgefährdender Inhaltsstoffe, wie Rost, Blei, Nitrat, muss durch eine Kombination von Messung (Verlust des Wassers

---

[4] *Kinne,* § 8 Rdn. 128.
[5] S. oben § 7 Rdn. 5/7.
[6] *Peruzzo,* Rdn. 214–216 (S. 92/93).
[7] S. § 7 Rdn. 25 bis 41.
[8] Zu dem Umfang solcher Verluste s. *Franke* in: *Kreuzberg/Wien,* 11.12 (S. 629).

durch Leckage/Ablaufenlassen) und Schätzung hinsichtlich des Zeitfaktors (Dauer der Leckage bzw. Häufigkeit der Wassernutzung mit Ablaufenlassen) abgezogen werden.

Ferner gehören zu den **Wasserkosten** die Grundgebühren, also die vom konkreten Verbrauch unabhängig berechneten Bereitstellungskosten für die Vorhaltung des Wassers, und die Zählermiete. Mit letzterer ist die Bereitstellung des Zählers durch den Lieferanten gemeint; die Kosten werden in dessen Abrechnung meist nicht gesondert ausgewiesen, sondern gehen in den Arbeitspreis ebenso ein wie die Kosten für den Austausch des Wasserzählers und dessen Nacheichung. Die Kosten für die Zwischenzähler, einmal zur Trennung zwischen Kalt- und Warmwasserverbrauch, zum anderen zur Feststellung des Einzelverbrauchs beim jeweiligen Nutzer, sind ebenfalls verteilungsfähig. Sind die Einzelzähler nur gemietet oder geleast, ist allerdings das Beteiligungsverfahren der Nutzer nach § 4 Abs. 2 Satz 2 zu beachten,[9] sofern diese Zähler nicht vom Lieferanten gestellt werden und die entsprechenden Kosten deshalb ununterscheidbar in seinem Lieferpreis enthalten sind. 13

Die **Kosten einer Wasseraufbereitungsanlage** einschließlich der dafür erforderlichen Aufbereitungsstoffe können verteilt werden.[10] Dazu gehören auch die Kosten für die Instandhaltung, wie Reinigung, Austausch von Filtern und sonstigen Kleinmaterialien (Dichtungen); **Reparaturkosten** gehören auch hier **nicht** dazu. 14

Erfolgt die Wasserversorgung ausnahmsweise nicht durch Dritte, sondern durch eine **hauseigene Wasserversorgungsanlage,** können deren Betriebskosten verteilt werden, nicht aber die Kosten, die im Zusammenhang mit der Errichtung der Anlage stehen, wie Abschreibungen, Reparaturen, Genehmigungen, Prüfungen. Als Betriebskosten fallen im Wesentlichen die Auslagen für den Betriebsstrom und die Pflege der Anlage an. 15

D. Warmwasserlieferung, Abs. 3, 4

Wird das Warmwasser nicht durch eine Hausanlage erstellt, sondern von einem Drittunternehmen geliefert, muss die Kostenverteilung ebenfalls in einen verbrauchsabhängigen und einen verbrauchsunabhängigen Anteil aufgespalten werden. 16

Die Kostenverteilung erfolgt entweder durch den Gebäudeeigentümer, der Vertragspartner des Warmwasserunternehmens ist, oder durch das Unternehmen, sofern es gemäß § 1 Abs. 3 direkt mit den Nutzern abrechnet, aber nicht den einzelnen Verbrauch misst, was zwar bei der Wärmelieferung, aber angesichts der Verbrauchsfeststellung durch eichfähige Warmwassermessgeräte nicht bei der Lieferung von Warmwasser denkbar ist. 17

Als verteilungsfähige Kosten nennt Absatz 4 zunächst das vom Lieferanten in Rechnung gestellte Entgelt für die Lieferung des Warmwassers, wobei dieser Vertragspreis unabhängig von der nicht überprüfbaren Kalkulation zu Grunde zulegen ist. Dazu gehören ferner die Kosten für die Hausanlagen, also die Übergabestation zwischen der Fernwarmwasserleitung und den Hausleitungen einschließlich der Einrichtungen zur Druckregulierung, Pumpstationen und den Verteilern. Für den Umfang der hierfür verteilungsfähigen Kosten wird ebenfalls auf die Aufzählung in § 7 Abs. 2 verwiesen. 18

Entstehen die Betriebskosten für die Hausanlage beim Gebäudeeigentümer, während die Warmwasserlieferung direkt vom Lieferanten mit dem einzelnen Nutzer abgerechnet wird, braucht der Gebäudeeigentümer gemäß § 11 Abs. 1 Nr. 4 wegen des unverhältnismäßigen Aufwandes keine Verteilung nach der HeizkV vorzunehmen. Eine Umlage dieser Kosten auf die Nutzer ist jedoch nur bei Vorliegen einer entsprechenden vertraglichen Vereinbarung zulässig; der Verteilungsmaßstab kann – sofern im Nutzungsvertrag hierfür keine Vereinbarung getroffen worden ist – nach § 315 BGB vom Gebäudeeigentümer gewählt werden. 19

---

9 S. oben § 4 Rdn. 26 bis 32.

10 Zum Korrosionsschutz AG Dresden NZM 2001, 708.

§ 9 Verteilung der Kosten der Versorgung mit Wärme und Warmwasser bei verbundenen Anlagen

(1) [1]Ist die zentrale Anlage zur Versorgung mit Wärme mit der zentralen Warmwasserversorgungsanlage verbunden, so sind die einheitlich entstandenen Kosten des Betriebs aufzuteilen. [2]Die Anteile an den einheitlich entstandenen Kosten sind bei Anlagen mit Heizkesseln nach den Anteilen am Brennstoffverbrauch oder am Energieverbrauch, bei eigenständiger gewerblicher Wärmelieferung nach den Anteilen am Wärmeverbrauch zu bestimmen. [3]Kosten, die nicht einheitlich entstanden sind, sind dem Anteil an den einheitlich entstandenen Kosten hinzuzurechnen. [4]Der Anteil der zentralen Anlage zur Versorgung mit Wärme ergibt sich aus dem gesamten Verbrauch nach Abzug des Verbrauchs der zentralen Warmwasserversorgungsanlage. [5]Bei Anlagen, die weder durch Heizkessel noch durch eigenständige gewerbliche Wärmelieferung mit Wärme versorgt werden, können anerkannte Regeln der Technik zur Aufteilung der Kosten verwendet werden. [6]Der Anteil der zentralen Warmwasserversorgungsanlage am Wärmeverbrauch ist nach Absatz 2, der Anteil am Brennstoffverbrauch nach Absatz 3 zu ermitteln.

(2) [1]Die auf die zentrale Warmwasserversorgungsanlage entfallende Wärmemenge (Q) ist ab dem 31. Dezember 2013 mit einem Wärmezähler zu messen. [2]Kann die Wärmemenge nur mit einem unzumutbar hohen Aufwand gemessen werden, kann sie nach der Gleichung

$$Q = 2{,}5 \cdot \frac{\text{kWh}}{\text{m}^3 \cdot \text{K}} \cdot V \cdot (t_w - 10\,°\text{C})$$

bestimmt werden. [3]Dabei sind zu Grunde zu legen

1. **das gemessene Volumen des verbrauchten Warmwassers (V) in Kubikmetern (m^3);**
2. **die gemessene oder geschätzte mittlere Temperatur des Warmwassers (t_w) in Grad Celsius (°C).**

[4]Wenn in Ausnahmefällen weder die Wärmemenge noch das Volumen des verbrauchten Warmwassers gemessen werden können, kann die auf die zentrale Warmwasserversorgungsanlage entfallende Wärmemenge nach folgender Gleichung bestimmt werden

$$Q = 32 \cdot \frac{\text{kWh}}{\text{m}^2\, A_{Wohn}} \cdot A_{Wohn}$$

[5]Dabei ist die durch die zentrale Anlage mit Warmwasser versorgte Wohn- oder Nutzfläche (A_{Wohn}) zu Grunde zu legen. [6]Die nach den Gleichungen in Satz 2 oder 4 bestimmte Wärmemenge (Q) ist

1. **bei brennwertbezogener Abrechnung von Erdgas mit 1,11 zu multiplizieren und**
2. **bei eigenständiger gewerblicher Wärmelieferung durch 1,15 zu dividieren.**

(3) [1]Bei Anlagen mit Heizkesseln ist der Brennstoffverbrauch der zentralen Warmwasserversorgungsanlage (B) in Litern, Kubikmetern, Kilogramm oder Schüttraummetern nach der Gleichung

$$B = \frac{Q}{H_i}$$

zu bestimmen. [2]Dabei sind zu Grunde zu legen

1. **die auf die zentrale Warmwasserversorgungsanlage entfallende Wärmemenge (Q) nach Absatz 2 in kWh;**
2. **der Heizwert des verbrauchten Brennstoffes (H_i) in Kilowattstunden (kWh) je Liter (l), Kubikmeter (m^3), Kilogramm (kg) oder Schüttraummeter (SRm). Als H_i-Werte können verwendet werden für**

Leichtes Heizöl EL	**10**	**kWh/l**
Schweres Heizöl	**10,9**	**kWh/l**
Erdgas H	**10**	**kWh/m³**
Erdgas L	**9**	**kWh/m³**
Flüssiggas	**13**	**kWh/kg**
Koks	**8**	**kWh/kg**
Braunkohle	**5,5**	**kWh/kg**
Steinkohle	**8**	**kWh/kg**
Holz (lufttrocken)	**4,1**	**kWh/kg**
Holzpellets	**5**	**kWh/kg**
Holzhackschnitzel	**650**	**kWh/SRm.**

³Enthalten die Abrechnungsunterlagen des Energieversorgungsunternehmens oder Brennstofflieferanten H_i-Werte, so sind diese zu verwenden. Soweit die Abrechnung über kWh-Werte erfolgt, ist eine Umrechnung in Brennstoffverbrauch nicht erforderlich.

(4) Der Anteil an den Kosten der Versorgung mit Wärme ist nach § 7 Absatz 1, der Anteil an den Kosten der Versorgung mit Warmwasser nach § 8 Absatz 1 zu verteilen, soweit diese Verordnung nichts anderes bestimmt oder zulässt.

Systematische Übersicht

A. Regelungszweck

Die Verteilung der Kosten von Wärme und Warmwasser nach den §§ 7 und 8 beruht auf der Voraussetzung, dass beide Versorgungsformen aus jeweils getrennten Anlagen stammen. Denn nur dann können die Kosten dem Nutzer nach den verordnungsrechtlichen Verteilungsregelungen zugeordnet werden. Eine derartige Zuordnung ist aber nicht mehr möglich, wenn eine Anlage die Nutzer sowohl mit Wärme als auch mit Warmwasser versorgt. 1

Die sich hier anbietende einheitliche Verteilung der gesamten Kosten widerstreitet dem Ziel der HeizkV, nur den jeweiligen Nutzer auf Grund seines spezifischen Nutzungsverhaltens mit den Kosten zu belasten.[1] Denn unter dem Gesichtspunkt des Verbrauchs lässt sich kein einheitlicher Maßstab sowohl für Wärme als auch für Warmwasser finden, solange keine den konkreten Wärmeverbrauch sowohl bei der Heizung als auch beim Warmwasser messenden Geräte vorhanden bzw. kostengünstig verwendbar sind. 2

Deshalb sieht § 9 Verfahren vor, durch die der für die Anwendung der Verteilungsregeln der §§ 7 und 8 notwendige Ausgangszustand hergestellt wird, nämlich die Trennung der Kosten für die Versorgung mit Wärme und Warmwasser. Diese Trennung ist zwangsläufig erforderlich, um überhaupt die Verteilungsmaßstäbe der HeizkV anwenden zu können. Auch der Wortlaut der Norm gebietet diese Trennung zwingend. 3

Lediglich für bestimmte Wohnungen des **preisgebundenen Wohnraums** enthält § 22 Abs. 3 NMV einen Bestandsschutz, wonach für Wohnungen, die vor dem 1. Januar 1981 bezugsfertig geworden sind und bei denen am 30. April 1984 die Kosten bei verbundenen Anlagen unaufgeteilt umgelegt worden sind, weiterhin ohne Trennung in Kosten für Wärme und Warmwasser verteilt werden darf. Dieser Bestandsschutz hindert den Vermieter aber nicht daran, für künftige Abrechnungszeiträume eine Kostentrennung vorzunehmen, ohne an die Voraussetzungen des § 6 Abs. 4 Satz 2 gebunden zu sein. 4

B. Trennung der Kosten

Die Vorschrift ist 2009 neu gestaltet worden. In Absatz 1 werden die Grundsätze über die Trennung, über das Trennungsverfahren und rudimentär über den Einsatz von Solarenergie geregelt. Die Absätze 2 und 3 sind gegenüber der Altfassung umgestellt worden, im Vordergrund steht jetzt die Ermittlung der Wärmemenge, d. h. die Wassererwärmung bei gewerblicher Wärmelieferung, erst im Abs. 3 werden die zentralen (Haus-)Anlagen behandelt. Absatz 4 schließlich regelt die endgültige Kostenverteilung. 5

I. Grundzüge, Abs. 1

Nach dem Wortlaut der Vorschrift in Abs. 1 Satz 1 besteht eine unbedingte **Pflicht zur Trennung** der einheitlichen Kosten des Betriebs der verbundenen Anlage in solche für die Wärmeerzeugung und für die Warmwassererzeugung. Diese Pflicht besteht selbst dann, wenn sich auf Grund 6

[1] Beispiel bei AG Berlin-Köpenick GE 2010, 915.

technischer Entwicklungen eine einheitliche Verteilung nach entsprechenden Messungen anbieten würde. Hierbei ist mehrstufig vorzugehen: zunächst muss eine Trennung von einheitlich und nicht einheitlich entstandenen Kosten erfolgen (s. Rdn. 7, 8); danach wird der Energieverbrauch ermittelt, getrennt nach der Art der Energiezuführung, entweder durch Wärmelieferung (Rdn. 13ff.) oder durch Brennstoffe/Energieverbrauch (Rdn. 23).

7 Getrennt werden müssen nur die **einheitlich** entstandenen Kosten, also solche, die sowohl für Wärme als auch für Warmwasser hinsichtlich ihrer Verwendung ununterscheidbar anfallen. Dazu gehören vor allem die **Brennstoffkosten** und die in § 7 Abs. 2 genannten anlagespezifischen Kostenarten sowie die der Berechnung und Aufteilung.

8 **Nicht einheitlich** sind alle diejenigen Kostenarten, die auf Grund ihres spezifischen Verwendungszwecks der Erzeugung entweder von Wärme oder von Warmwasser konkret zugeordnet werden können. Beim Warmwasser gehören hierzu die Kosten der **Wasserversorgung** iSv § 8 Abs. 2 Satz 2. Für beide Versorgungsarten können hierunter die Kosten von **Erfassungsgeräten** fallen, wenn für Wärme und Warmwasser unterschiedliche Gerätearten und Überlassungsverträge vorliegen, z. B. Wärme wird mit Verdunstungsgeräten erfasst, Warmwasser notwendigerweise mit eichpflichtigen Zählern; die Wärmeerfassungsgeräte sind gemietet oder geleast, die Warmwassermessgeräte gekauft.[2] Dagegen ist der Betriebsstrom z. B. für die Umwälzpumpen zwar einer Versorgungsart (wegen der unterschiedlichen Leitungen) zuordenbar, aber kostenmäßig nicht trennbar.[3]

9 Die nicht einheitlich entstandenen Kosten werden nach der rechnerischen Kostentrennung der einheitlich entstandenen Kosten der Kostenart zugeordnet, bei der sie entstanden sind, also entweder den Wärme- oder den Warmwasserkosten.

10 **Bezugsgröße für die Kostentrennung** ist der **Energieverbrauch,** also bei den zentralen Anlagen der Brennstoffverbrauch oder Energieverbrauch; bei der Wärmelieferung der Wärmeverbrauch; der neue Satz 2 hat insoweit nur klarstellende Bedeutung.[4] Konkret ermittelt wird der Energieverbrauch nur für die Bereitung von Warmwasser; der Verbrauch für die Wärmeerzeugung wird durch **Subtraktion** des Energieverbrauchs für Warmwasser von dem Gesamtenergieverbrauch ermittelt. Der neue Satz 5 ist übriggeblieben von einem umfassenderen Regelungsvorschlag bei Verwendung von **Solarenergie.**[5] Er ist inhaltlich angreifbar, da Solarenergie derzeit nur selten allein zur Wärmeerzeugung dienen kann,[6] und wegen seiner dynamischen Verweisung auf noch auszuarbeitende technische Regeln durch nicht demokratisch legitimierte Institutionen verfassungswidrig.[7]

11 Der jeweils ermittelte Anteil an dem gesamten Energieverbrauch wird als **Prozentsatz**[8] für die einzelne Kostenverteilung für Wärme bzw. Warmwasser verwendet, nicht dagegen als absolute Rechnungszahl.[9]

12 Der Verbrauch an Brennstoff bzw. an Wärme für die Bereitung des Warmwassers ist **nur** nach den in den Absätzen 2 und 3 vorgesehenen Verfahren zu ermitteln; andere Möglichkeiten sind nicht zulässig. Die früher in diesen Absätzen enthaltenen Verweise auf die anerkannten Regeln der Technik als anderweitig zulässige Berechnungsverfahren sind nunmehr entfallen.

II. Wärmelieferung, Abs. 2

13 Absatz 2 ist neu gefasst worden, weil infolge der fortschreitenden Wärmedämmung der Gebäude der rechnerische Anteil der Warmwasserversorgung an den Energiekosten überproportional gestiegen ist.[10] Er gilt nur für die Ermittlung der Wärmemenge, und damit ex definitione für die Fernwärmelieferung, die sowohl der Wärmeversorgung dient als auch mit der zentralen Warmwas-

---

[2] **A. A.** *Freywald,* Rdn. 116 für die Mietkosten.
[3] **A. A.** *Pfeifer,* § 9 Anm. 2.b./3.a.
[4] BR-Drs. 570/08, Begründung S. 15.
[5] BR-Drs. 570/08, S. 2/3.
[6] *Wall* WuM 2009, 11.
[7] BVerfG NJW 1984, 1225.
[8] AG Berlin-Wedding GE 2012, 959.
[9] Beispiel: Von 20 000 Litern Heizöl sind nach entsprechender Berechnung 3750 Liter für die Warmwassererzeugung verbraucht worden, also 18,75%. Die einheitlich entstandenen Gesamtkosten sind daher zu 18,75% nach dem Verteilungsmaßstab für Warmwasser, § 8 Abs. 1, und zu 81,25% nach demjenigen für Wärme, § 7 Abs. 1, zu verteilen. Dagegen sind nicht die konkreten Kosten für die 3750 Liter Heizöl in die Warmwasserabrechnung einzustellen.
[10] BR-Drs. 570/08, Begr. S. 15; *Peruzzo,* Rdn. 224.

serversorgungsanlage verbunden ist.[11] Für die Ermittlung des **Wärmeverbrauchs** für **Warmwasser** in zentralen Warmwasserversorgungsanlagen enthält Absatz 2 **drei** verschiedene **Verfahren,** wobei von einer gestaffelten Anwendbarkeit auszugehen ist. **Vorrangig** ist die Verwendung eines **Wärmezählers** spätestens ab Abrechnungszeitraum 1. Januar 2014; wenn die Wärmezähler früher angebracht worden sind, dann sind die gemessenen Werte ab dem der Anbringung folgenden Abrechnungszeitraum zu verwenden. Erst wenn die Anbringung eines derartigen Zählers unter dem Gesichtspunkt der Wirtschaftlichkeit unzumutbar ist, darf die Formel S. 2, 3 verwendet werden. Scheitert auch deren Verwendung an technischen Schwierigkeiten, darf letztlich der Flächenmaßstab nach der Formel nach S. 4, 5 angewendet werden. Um noch eine verordnungsnahe Kostenverteilung durchführen zu können, kann auf die Formeln auch für den Abrechnungszeitraum zurückgegriffen werden, in dem noch keine Wärmezähler angebracht worden sind;[12] in diesem Fall greift das Kürzungsrecht nach § 12 Abs. 1 HeizKV nicht ein, weil ein der HeizKV entsprechendes (wenn auch subsidiäres) Verfahren angewendet wird.[13]

Der Verordnungsgeber ist davon ausgegangen, dass die Verpflichtung zur **Anbringung** von 14
Wärmemessgeräten der bisherigen Rechtslage entspreche und für die Trennung der Anteile die einfachste und sicherste Methode darstelle.[14] Die erste Auffassung findet ihre Stütze zwar in der Altfassung des § 9 Abs. 3 S. 1, hatte wohl keine praktische Bedeutung, da dort ausdrücklich für die Ermittlung auf Formeln verwiesen worden war. Die zweite Auffassung wird unter dem Gesichtspunkt kritisiert, dass der Verlust bei der Erzeugung von Wärme (entsprechend dem Kesselwirkungsgrad) allein dem Heizungsanteil zugeschlagen wird; dieser Verlust betrage zwischen 20 und 30%.[15] Diese Kritik ist unberechtigt: Abs. 2 gilt für die Ermittlung der Wärmemenge, d. h. der Energielieferung für die Wassererwärmung durch Fernwärme. Bei dieser ist aber kein oder kaum Wärmeverlust zwischen Übergabestation (mit Wärmezähler) und zentraler Wasserbereitungsanlage zu befürchten. Bei der Fernwärme werden die Verluste durch Kesselwirkungsgrade bereits bei der Übergabestation mit berücksichtigt (bzw. sind im Lieferpreis mit enthalten). Die Wärmezähler müssen bis 31. Dezember 2013 angebracht sein. Die Frist wurde gewählt, um den Ableseunternehmen ausreichend Zeit für die Installation zu geben.[16]

Die Messung setzt die Anbringung eines Wärmezählers, d. h. der Temperaturfühler am Vor- 15
und Rücklauf, sowie des Messteils für den durchfließenden Wärmeträger[17] an der zentralen Warmwasserbereitungsanlage voraus. Die gemessene Wärmemenge ist zur Gesamtwärmemenge des Gebäudes ins Verhältnis zu setzen; nach dem sich daraus ergebenden Prozentanteil sind die einheitlich entstandenen Kosten auf Wärme- und Warmwasser-Nutzer aufzuteilen. Berechnungsbeispiel: Gesamtwärmemenge 10 000, gemessene Wärmemenge Warmwasserbereitung 2500, Verteilungsprozentsatz 25%.

Das **rechnerische Ersatzverfahren** nach Abs. 2 S. 2 und 3 darf **nur** dann **angewendet** wer- 16
den, wenn für die Messung nach Abs. 2 S. 1 ein unzumutbar hoher Aufwand entsteht. Sachlich korrekt ist damit gemeint, dass die Anbringung der Wärmezähler zu hohe Kosten verursachen würde, weil die baulichen und/oder technischen Voraussetzungen für eine einfache Zwischenschaltung nicht vorliegen.[18] Die neue Definition der „unzumutbar hohen Kosten" in § 11 Abs. 1 Nr. 1 b stellt auf die Energieeinsparung ab. Es erscheint aber zweifelhaft, ob allein die Anbringung eines Wärmezählers zur Einsparung führt; allenfalls mittelbar dadurch, dass nunmehr genauere Verbrauchswerte festgestellt werden können. Generell wird auf Sinn und Zweck der Anbringung solcher Messgeräte abzustellen sein: die Herbeiführung einer Verteilungsgerechtigkeit wird allerdings nicht durch die Ermächtigungsgrundlage im EnEG gedeckt. Ob auf die Einzelbelastung der Nutzer Bezug genommen werden kann dergestalt, dass bei großen Gebäudekomplexen mit vielen Nutzern die Einzel-

---

[11] *Wall,* WuM 2009, 12/13 unterliegt insoweit einem Missverständnis des Aufbaus der Norm.

[12] LG Berlin GE 2017, 108.

[13] *Lammel* ZMR 2016, 6; so wohl auch *Schmid,* in: Schmid/Harz, Mietrecht, § 9 HeizKV Rdn. 6; aA *Lützenkirchen,* Mietrecht, § 9 HeizKV Rdn. 13; *Wall,* Betriebskostenkommentar, Rdn. 6329; *Lindner* AnwZert MietR 24/2015 Anm. 2.

[14] BR-Drs. 570/08, S. 15.

[15] *Wall,* WuM 2009, 12; *Wien,* in: *Kreuzberg/Wien,* 10.3.4 (S. 531); zur Vermeidung dieser Zuordnung soll mindestens ein weiterer Zähler angebracht werden, *Wall,* Betriebskostenkommentar Rdn. 6318; hierzu s. *Lammel* WuM 2017, 177/179.

[16] BR-Drs. 570/1/08, S. 7.

[17] S. oben § 5 Rdn. 26.

[18] BR-Drs. 570/08, S. 16.

quote verhältnismäßig gering und daher eher tragbar ist, als bei kleineren Wohneinheiten mit wenigen Nutzern,[19] ist ebenso fraglich: die HeizKV wird nur durch die Energieeinsparung legitimiert, nicht aber durch die Tragbarkeit der Kosten (ohne unmittelbaren Einsparungseffekt).

17 Die Formel setzt zwei **Mess-Werte** (bzw. Schätz-Werte) voraus: einmal das Volumen des verbrauchten Warmwassers, zum anderen die mittlere Temperatur des Warmwassers. Unbedingt erforderlich ist die **Messung des verbrauchten Warmwassers** durch geeichte Wasserzähler. Diese können am Einlaufrohr des Kaltwassers in die Warmwasserbereitungsanlage, am Ausflussrohr der Anlage oder schließlich an den Zulaufrohren zu den einzelnen Nutzungseinheiten angebracht werden; im letzteren Fall sind die Einzelwerte zum Gesamtwert zu addieren. Die **mittlere Temperatur des Warmwassers** kann entweder gemessen oder geschätzt werden. Wegen der Kostenintensität der Messung wird im Regelfall nur der Schätzwert zu Grunde gelegt, der wegen der in § 8 Abs. 2 HeizAnlVO a. F. (in der EnEV insoweit nicht mehr enthalten) enthaltenen Temperaturbegrenzung auf die dort genannten 60 °C angenommen wird[20]. Im Übrigen bietet sich als Anhaltspunkt für die Schätzung die Temperatureinstellung an der Warmwasserbereitungsanlage an.[21] Die Ausgangstemperatur des zu erwärmenden Wassers wird mit einem Durchschnittswert von 10 °C angenommen; diese Zahl wird von der geschätzten mittleren Temperatur des Warmwassers wieder abgezogen.

18 Die **Formel** ist **drucktechnisch fehlerhaft** und damit verwirrend[22] wiedergegeben. „KWh" wird nicht durch „$m^3 \cdot K$" dividiert, sondern diese als Bruch erscheinende Bezeichnung ist als Maßeinheit für die „2,5" zu lesen. Die Formel lautet als richtig gelesen wie folgt: 2,5 kWh/ (= pro) m^3 K · V · (t_w – 10 °C), wobei 2,5 die pauschale Aufwandszahl für die Speicherung und Verteilung von Warmwasser darstellt, gemessen in kWh pro erwärmten Kubikmeter Wasser.[23]

19 **Berechnungsbeispiel:** In einem Mehrfamilienhaus wird die verbundene Anlage mit Heizöl betrieben und hat in der Abrechnungsperiode 16 000 l verbraucht. An Warmwasser sind 174 m^3 angefallen; der Heizwert des Öls beträgt 10 kWh/l, die mittlere Temperatur wird mit 60 °C geschätzt. Der Anteil des Warmwassers am Brennstoffverbrauch beträgt also: 2,5 · 174 · (60 – 10) : 10 = 2175 l Heizöl, mithin 13,59%. Von den einheitlich entstandenen Gesamtkosten der verbundenen Anlage entfallen also 13,59% auf Warmwasser. An einheitlichen Kosten mögen entstanden sein: Brennstoff 6.000,00 EUR; Betriebsstrom 120,00 EUR, insgesamt also 6.855,00 EUR. 13,59% davon betragen 931,59 EUR. Hinzuzurechnen sind die nur für das Warmwasser angefallenen Kosten, also insbesondere die der Warmwasserversorgung; hier angenommen in Höhe von 470,00 EUR, so dass insgesamt 1401,59 EUR nach dem Verteilungsmaßstab des § 8 Abs. 1 auf den einzelnen Nutzer umzulegen sind. Die Kosten der Wasserversorgung dürfen aber nur dann hier einbezogen werden, wenn sie **nicht** gesondert, also unter der Rubrik „Kaltwasser + Kanal" abgerechnet werden.

20 Kann die Formel S. 2/3 aus **objektiven technischen** Gründen nicht angewendet werden, etwa weil das Volumen des Warmwassers nicht gemessen werden kann mangels entsprechender Anbringungsmöglichkeit von Warmwasserzählern, steht die **Formel S. 4/5** zur Verfügung, die rechnerisch zu einem **Flächenmaßstab** führt.

21 Auch diese **Formel** ist **drucktechnisch falsch** dargestellt. Es soll nicht „kWh" durch „m^2_{Awohn}" dividiert werden, was zu einem absurden Ergebnis führt,[24] sondern dieser Bruch stellt die Maßeinheit für die „32" dar. Diese Formel ist daher ebenfalls wie folgt zu lesen: 32 kWh/(= pro)m^2_{Awohn} · A_{wohn}. D. h. der Pauschalwert „32" für die Erwärmung von Wasser pro

---

[19] So jedenfalls *Wall,* WuM 2009, 12; *Noack/Westner,* Heizkostenabrechnung für Vermieter und Verwalter, 2009, S. 136.

[20] Zu weitgehend daher BayObLG WuM 2004, 679, m. Anm. *Schmid* 643; *Wall* WuM 2005, 119; das die Ermittlung der maßgebenden Schätzgrundlagen fordert. Dabei wird übersehen, dass die Einführung der „Schätzung" gerade der Erleichterung der Abrechnung dienen sollte. Der BGH (VIII ZR 261/15) NZM 2016, 765, hält die Angabe der Schätzgrundlagen für eine formell ordnungsgemäße Abrechnung für nicht erforderlich.

[21] *Schmid,* ZMR-Sonderheft HeizKV, § 9 Ziff. 8.

[22] Das zeigen die kunstvollen Rechenoperationen von *Wall,* WuM 2009, 12 re. Sp. überdeutlich: sein dortiges Endergebnis „Q = kWh" ist unlogisch, denn das alleingestellte „kWh" ist lediglich eine Maßeinheit, aber keine gesuchte Wärmemenge! Der Hinweis auf das SI-Einheitensystem von *Wall,* Betriebskostenkommentar, Rdn. 6332, rettet die Darstellung nicht: es kommt auf ihre inhaltliche Verständlichkeit an und nicht auf die Übereinstimmung mit einem technischen System. Dazu *Lammel* NZM 2010, 116.

[23] Anders die Berechnung bei *Pfeifer,* § 9 Anm. 5.a.aa), bb).

[24] So bei *Wall,* WuM 2009, 13 li. Sp., der durch seine Kürzungen zu dem Ergebnis kommen müsste: Q = 32 · kWh, was keinen Sinn ergibt. Aber sein Ergebnis Q = 32 · Wohnfläche wird durch seine Rechenoperationen nicht gedeckt.

Wohn- oder Nutzfläche[25] wird mit der konkreten Wohn- oder Nutzfläche multipliziert, daraus ergibt sich dann die für die Wasserwärmung verbrauchte Wärmemenge.[26]

Die Formeln in Abs. 2 S. 2/4 beruhen für den Einsatz von Gas als Energieträger auf dessen Heizwert. Wenn die Gas-Lieferanten ihren Abrechnungen aber den Brennwert zugrunde legen, muss eine Umrechnung stattfinden. Für Gas findet sich diese Umrechnung in **Abs. 2 S. 6 Nr. 1,** die nach den beiden Formeln in S. 2/4 errechnete Wärmemenge ist mit 1,11 zu multiplizieren. Systematisch hätte diese Regelung aber in Abs. 3 untergebracht werden müssen, da erst in diesem Absatz der Einsatz von Gas bewertet wird. Richtig ist hingegen die Einordnung der Nachberechnung für Fernwärme in Abs. 2, der inhaltlich auf dem Einsatz dieses Energieträgers beruht. Die Zahl „1,15", durch die die formelmäßig ermittelte Wärmemenge für die Warmwasserbereitung zu dividieren ist, stellt die Aufwandszahl bei Fernwärme für Warmwasserbereitung dar.[27] 22

III. Zentrale Anlagen, Abs. 3

Handelt es sich bei der verbundenen Anlage um eine (Haus-)**Anlage mit Heizkessel,** muss der Brennstoffverbrauch für die zur Erzeugung des Warmwassers aufgewendete Wärmemenge ermittelt werden. Für die Ermittlung der Wärmemenge „Q" verweist Abs. 3 insoweit vollinhaltlich auf Abs. 2. Dies bedeutet, dass vorrangig ebenfalls Wärmezähler angebracht und verwendet werden sollten. Allerdings ist insoweit nach der technischen Ausgestaltung der Hausanlage zu differenzieren: Handelt es sich um eine Kompaktanlage (bei kleineren Gebäudeeinheiten), scheidet die Anbringung von Wärmezählern mangels ausreichenden Platzes aus, es können nur die Berechnungsformeln des Abs. 3 i. V. mit Abs. 2 angewendet werden.[28] Sind Heizkessel und Warmwasserkessel hingegen getrennt aufgestellt und führt eine Wärmeleitung zum Wasserkessel (mit entsprechenden dazwischengeschalteten Wärmetauschern), können an Vor- und Rücklauf dieser Wärmezuführungsleitung die Tauchhülsen für die Wärmezähler angebracht werden.[29] Festzustellen ist bei diesen Anlagen der Brennstoffverbrauch, weil der Brennstoff der unmittelbare Energieträger ist. Anzuwenden ist zunächst die Formel in Abs. 3. Einzusetzen in diese Formel ist einmal der nach Abs. 2 gewonnene Wert der Wärmemenge „Q", der in Bezug gesetzt wird durch den Heizwert der jeweils benutzten Brennstoffe, so wie er sich aus der Tabelle in S. 2 Nr. 2 ergibt. Diesen Tabellenwerten gehen zwei Werte vor, die gegebenenfalls vom Brennstofflieferanten geliefert werden: Zum einen der vom Lieferanten mitgeteilte Heizwert des gelieferten Brennstoffes, da diese Angabe gegenüber den durchschnittlichen Tabellenwerten genauer ist; zum anderen der in der Abrechnung enthaltene kWh-Wert, da hiermit die verbrauchte Wärmemenge ersichtlich ist. 23

C. Kostenverteilung, Abs. 4

Die nach den Abs. 2 und 3 ermittelten Anteile für Wärme und Warmwasser werden anschließend nach den für die entsprechenden Kostenarten geltenden Regeln auf die Nutzer verteilt, also die Wärme nach § 7, das Warmwasser nach § 8. Denn die nach den Verfahren des § 9 festgestellten Anteile stellen die Einzelverbrauchswerte dar, die den Werten gleichstehen, die bei Einzelanlagen für Wärme und Warmwasser erfasst werden. 24

Neben der generellen Anwendbarkeit der Verteilungsregeln der §§ 7 und 8 sind auch sämtliche anderen Sonderregeln für die Erfassung oder Verteilung der Einzelwerte anwendbar. Auch bei verbundenen Anlagen kann oder muss eine Vorerfassung nach den §§ 5 Abs. 2 und 6 Abs. 2 stattfinden. Auch die Sonderverfahren nach den §§ 9a und 9b sind anwendbar. 25

---

[25] BR-Drs. 570/08, S. 16.

[26] Ebenso *Pfeifer,* § 9, § 9 Anm. 5.b.bb).

[27] Anders wohl *Wall,* WuM 2009, 13 li. Sp. letzter Absatz, der von einem Versehen ausgeht. Nach der DIN V 4701-10 Anhang C stellt sich diese Zahl (näherungsweise) als Aufwandszahl dar (dort 1,14; aber der Verordnungsgeber hat sämtliche in Gutachten/DIN enthaltenen Aufwandszahlen erhöht).

[28] Davon geht auch die Begründung aus, BR-Drs. 570/08, S. 17.

[29] An der insoweit undifferenzierten Meinung in der Vorauflage 11 wird daher nicht mehr festgehalten; auf die Umstände des Einzelfalles stellt auch *Schmid,* ZMR 2012, 764/765, ab.

§ 9a Kostenverteilung in Sonderfällen

(1) [1]Kann der anteilige Wärme- oder Warmwasserverbrauch von Nutzern für einen Abrechnungszeitraum wegen Geräteausfalls oder aus anderen zwingenden Gründen nicht ordnungsgemäß erfasst werden, ist er vom Gebäudeeigentümer auf der Grundlage des Verbrauchs der betroffenen Räume in vergleichbaren Zeiträumen oder des Verbrauchs vergleichbarer anderer Räume im jeweiligen Abrechnungszeitraum oder des Durchschnittsverbrauchs des Gebäudes oder der Nutzergruppe zu ermitteln. [2]Der so ermittelte anteilige Verbrauch ist bei der Kostenverteilung anstelle des erfassten Verbrauchs zu Grunde zu legen.

(2) Überschreitet die von der Verbrauchsermittlung nach Absatz 1 betroffene Wohn- oder Nutzfläche oder der umbaute Raum 25 vom Hundert der für die Kostenverteilung maßgeblichen gesamten Wohn- oder Nutzfläche oder des maßgeblichen gesamten umbauten Raumes, sind die Kosten ausschließlich nach den nach § 7 Absatz 1 Satz 5 und § 8 Absatz 1 für die Verteilung der übrigen Kosten zu Grunde zu legenden Maßstäben zu verteilen.

Systematische Übersicht

A. Regelungszweck

1 Die Kostenverteilung nach der Verbrauchserfassung oder- messung setzt den einwandfreien Betrieb des Erfassungs- bzw. Messgerätes voraus, ferner die ordnungsgemäße Ablesung nahe der Abrechnungsperiode. Beide Voraussetzungen können auf Grund objektiver Gegebenheiten fehlen: das Gerät kann ausgefallen sein, die zeitnahe Ablesung wegen Abwesenheit des Nutzers scheitern.

2 Von den sich bei Nichterfassung stellenden beiden Möglichkeiten hat die HeizkV nicht den Verzicht auf eine verbrauchsnahe Abrechnung gewählt, sondern ein Näherungsverfahren, wonach entweder aus dem früheren Nutzerverhalten oder aus dem Verbrauch in vergleichbaren Nutzungseinheiten auf den Verbrauch des konkreten Objektes geschlossen werden kann.

3 Diese Ersatzverfahren gehen aber ihrerseits von zwei Prämissen aus. Zum einen müssen die Räume generell mit Erfassungsgeräten ausstattungspflichtig[1] und ordnungsgemäß ausgestattet sein. Entfällt die Ausstattungspflicht nach § 11, erübrigt sich die Anwendung eines Ersatzverfahrens zur Verbrauchsermittlung, weil generell nicht verbrauchsabhängig abgerechnet zu werden braucht. Ferner muss der Gebäudeeigentümer grundsätzlich seiner Ausstattungspflicht nachgekommen sein; die Ersatzverfahren stellen keine Hilfsverfahren für den Fall dar, dass pflichtwidrig überhaupt keine Erfassungsgeräte angebracht worden sind.[2] In solchen Fällen ist eine verbrauchsabhängige Kostenverteilung nicht möglich.

4 Zum anderen verlangt die Anwendung der Ersatzverfahren die Vergleichbarkeit entweder früherer Abrechnungsperioden oder anderer Nutzungseinheiten. Dabei unterstellt die HeizkV, dass sich ein Nutzer in seinem Wärme- und Warmwasserverbrauch gleichbleibend verhält oder dass in vergleichbaren anderen Nutzungseinheiten ein vergleichbares Nutzungsverhalten vorliegt. Treten aber hinsichtlich der Vergleichsobjekte schwerwiegende, den Verbrauch beeinflussende Veränderungen auf,[3] scheitert insoweit die Anwendung der Ersatzverfahren.

5 Trotz der von der HeizkV ausdrücklich vorgesehenen beiden Ersatzverfahren handelt es sich materiell **nicht** um eine **Kostenverteilung** nach Verbrauch, **sondern** nach **Schätzung** (so bei Abs. 1) oder nach einem verbrauchsunabhängigen Schlüssel (so bei Abs. 2). Das hat nach der hier vertretenen Auffassung die Folge, dass auch in diesen Fällen das Kürzungsrecht des § 12 Abs. 1 ein-

---

[1] AG Köln WuM 2001, 449.

[2] LG Berlin DWW 1997, 152; GE 2010, 126; anders aber LG Berlin GE 2011, 612.

[3] Für den Fall einer Dachgeschosswohnung zu anderen Wohneinheiten verneint von OLG Düsseldorf ZMR 2000, 475.

greift.[4] Denn anderenfalls würde die schuldhafte Verursachung der Unmöglichkeit einer ordnungsgemäßen Verbrauchserfassung sanktionslos bleiben.[5] Allein auf das Vorliegen der gesetzlichen Ersatzverfahren abzustellen und daraus die Folgerung zu ziehen, dass eine der HeizkV entsprechende Kostenverteilung vorliege,[6] verkennt den Unterschied zwischen einem formell ordnungsgemäßen und einem materiell verbrauchsabhängigen Verfahren, zumal § 9a nur die von der Rechtsprechung früher angewendeten Ersatzverfahren legalisiert hat,[7] ohne diese zu einem Verfahren der Verbrauchserfassung zu machen. Der **BGH** hat sich allerdings 2005 der hM im Schrifttum angeschlossen und die Anwendung des **Kürzungsrechts** auf § 9a mit der Begründung **verneint,** es handele sich noch um eine verbrauchsabhängige Abrechnung, weil diese Methode in der HeizKV vorgesehen sei.[8] Dies stellt eine formalistische Betrachtungsweise dar und unterstellt einen Wortsinn von „verbrauchsabhängig", der auch bei weitester Auslegung nicht zutrifft.

B. Verbrauchsermittlung, Abs. 1

Im Gegensatz zum amtlichen Titel der Vorschrift behandelt sie nicht die Kostenverteilung im Falle des Geräteausfalls, sondern sie befasst sich lediglich mit der einer Verteilung notwendigerweise vorausgehenden Ermittlung des kostenverursachenden Verbrauchs. Für diese Ermittlung sind zwei Verfahrensgruppen vorgesehen, die die konkrete Verbrauchserfassung ersetzen sollen, ein individuelles und drei generelle Vergleichsverfahren; die Anwendung anderer Verfahren, auch wenn sie technisch möglich sein sollten, ist unzulässig.[9] Auch dies sieht der **BGH anders:** er hält die Anwendung der Gradtagszahlen auch im Bereich des § 9a für zulässig,[10] was sowohl nach altem wie nach dem novellierten Recht schlicht gesetzwidrig ist.[11] Die Methoden zur Verbrauchsermittlung sind den einzelnen Vorschriften mit ihren jeweiligen konkreten Tatbestandsmerkmalen bewusst zugeordnet worden; auch die Novelle 2009 hat an der Verwendung der Gradtagszahlen nichts geändert. 6

Die **Auswahl der Verfahren** steht zwar grundsätzlich im Ermessen des Gebäudeeigentümers,[12] diese ist jedoch nach dem Regelungszweck der HeizkV gebunden. Nach dem Zweck der HeizkV – den Energieverbrauch dem konkreten Nutzer zuzuordnen und diesen entsprechend mit Kosten zu belasten –, sind diese Verfahren abgestuft anzuwenden[13]: erst das auf den konkreten Nutzer zugeschnittene individuelle Vergleichsverfahren[14] (s. unten Rdn. 17 bis 22); nur im Falle, dass für das individuelle Verfahren keine Vergleichswerte zur Verfügung stehen, die generellen Vergleichsverfahren (s. unten Rdn. 23 bis 26), da letztere auf nutzerunabhängigen Werten beruhen.[15] 7

Die Anwendung der Ersatzverfahren ist nur einmal zwischen zwei ordnungsgemäß erfassten Perioden zulässig,[16] d. h. sowohl vor als auch nach der Abrechnungsperiode, in der die Erfassung un- 8

---

[4] Str., AG Köln WuM 1997, 273 (für den Fall des Abs. 2; ebenso *Lützenkirchen,* Mietrecht, HeizKV § 9a Rdn. 27); ebenso zwischen den Absätzen 1 und 2 differenzierend *Wall,* Betriebskostenkommentar Rdn. 6522, 6523; **a. A.** die wohl hM im Schrifttum, *Kinne,* § 9a Rdn. 172; *Peruzzo,* S. 97; MieWo-*Schmid,* § 9a Rdn. 22; AG Berlin-Mitte MM 2005, 39.

[5] Was nicht dadurch umgangen werden kann, dass bei Vorliegen von Verschulden kein zwingender Grund iSd Abs. 1 angenommen wird, so Kinne (wie Fn. 4); denn das Vorliegen eines zwingenden Grundes ist unabhängig davon zu prüfen, ob er schuldhaft herbeigeführt worden ist, s. unten Rdn. 12.

[6] So *Pfeifer,* § 9a Anm. 4.b.

[7] BR-Drs. 494/88,S. 27, *in:Kreuzberg/Wien,* 1. 3. 22 (S. 97).

[8] BGH (VIII ZR 373/04) WuM 2005, 776/778 Rz. 21 m. Anm. *Schmid* ZMR 2006, 347; *Lefèvre* HKA 2006, 37.

[9] AG Berlin-Mitte MM 2007, 371: kein Flächenmaßstab; AG Berlin-Charlottenburg GE 2011, 207;die von *Peters,* S. 229, vorgeschlagene Schätzungen nach dem Hausdurchschnitt ist jetzt nach der Neufassung 2009 zulässig.

[10] BGH (VIII ZR 373/04) WuM 2005, 776/778 Rz. 20; zustimmend wohl *Lützenkirchen* § 9a HeizKV Rdn. 22.

[11] Kritik auch bei *Schmid* ZMR 2006, 347/348; *Wall,* Betriebskostenkommentar Rdn. 6514.

[12] OLG Hamburg WuM 2001, 460 für Wohnungseigentümergemeinschaft; gerichtlich überprüfbare Ermessensentscheidung OLG Hamburg ZMR 2004, 769.

[13] Wall, Betriebskostenkommentar Rdn. 6516, 6517; **a. A.** AG Brandenburg a.d.Havel NZM 2005, 257; *Lützenkirchen,* § 9a HeizKV Rdn. 10.

[14] AG Berlin-Charlottenburg ZWE 2014, 226.

[15] Ähnlich *Freywald,* Rdn. 89; **a. A.** *Kinne,* § 9a Rdn. 164; *Pfeifer,* § 9a Anm. 4.

[16] LG Berlin ZMR 1997, 145; LG Itzehoe ZMR 2013, 924.

möglich ist, muss auf Grund der durch die Erfassungsgeräte ermittelten Werte abgerechnet worden sein.[17] Das ergibt sich bereits aus dem Wortlaut der Norm („für einen Abrechnungszeitraum")[18].

9 **Unzulässig** sind daher **aufeinanderfolgende Wiederholungsschätzungen,**[19] weil dadurch die verbrauchsnahe Erfassung nicht mehr gewährleistet ist. Das gilt auch für den Fall, dass der Grund, weswegen nicht erfasst werden konnte, für die folgende Abrechnungsperiode nicht beseitigt werden konnte, etwa weil der Nutzer den Zugang zum Nutzungsobjekt ständig verweigert hat oder nie anwesend ist.[20] In diesen Fällen sind z. B. zwischen zwei Heizperioden gerichtliche Zwangsmittel, notfalls im Wege der einstweiligen Verfügung, einzusetzen, um zu einer wieder ordnungsgemäßen Erfassung zu kommen. Der Verbrauch z. B. von Warmwasser in der Zwischenzeit kann nur verbrauchsunabhängig verteilt werden mit der Konsequenz des Kürzungsrechts nach § 12 Abs. 1.

10 **Zulässig** ist dagegen der **wiederholte Einsatz der Vergleichsverfahren,** sofern nur zwischen dem jeweiligen Einsatz eine ordnungsgemäße Erfassung erfolgt ist.[21]

11 **Unzulässig** ist wiederum die **Dauerschätzung,** wenn z. B. Erfassungsgeräte wegen der Möblierung (Einbauküchen, Wandschränke) dauerhaft nicht abgelesen werden können. In diesen Fällen dürfen die Vergleichsverfahren einmal angewendet werden.[22] Danach ist entweder auf eine Ummöblierung zu drängen, der Heizkörper abzumontieren oder verbrauchsunabhängig mit der Folge des Kürzungsrechts nach § 12 Abs. 1 zu verteilen.

I. Voraussetzungen

12 Die Ersatzverfahren zur Feststellung des Verbrauchs sind nur zulässig, wenn entweder ein Ausfall der Erfassungsgeräte oder andere zwingende Gründe vorliegen. Für beide Gründe gilt gleichermaßen, dass sie auf objektiven Umständen beruhen müssen, unabhängig vom Verschulden des Gebäudeeigentümers oder des Nutzers.[23] Maßgebend für die Anwendung der Norm ist die Folge, nämlich die Nichterfassbarkeit des Verbrauchs im konkreten Abrechnungszeitraum, nicht deren Ursache. Zu den Folgen der verschuldeten Unmöglichkeit s. unten Rdn. 36.

13 Von einem **Geräteausfall** kann gesprochen werden, wenn die Anzeige des ordnungsgemäß angebrachten Erfassungsgeräts aus technischen Gründen versagt hat[24], z. B. die Messampulle wurde zerstört oder nach Ablauf einer Abrechnungsperiode nicht ausgetauscht[25], das elektronische Gerät zeigt nicht weiter an mangels Stromzufuhr; die Anzeige des Durchflusses durch das Zählgerät wird durch Fremdkörper gehemmt oder die Durchströmung der Heizkörper ist ungleichmäßig.[26] Allerdings ist zu berücksichtigen, dass die modernsten Geräte auf elektronischer Basis Störungen automatisch anzeigen, so dass es zu keinem längeren Ausfall und damit Datenverlust kommen muss.

14 Unter **anderen zwingenden Gründen** sind solche zu verstehen, die die gleichen Folgen wie ein Geräteausfall zeigen, bei denen also eine **Nachholung** der Verbrauchserfassung objektiv **unmöglich** ist. Dazu gehört vor allem die **verweigerte oder nicht durchführbare Ablesung.**[27] Diesem Grund kann auch nicht durch die Möglichkeit einer einstweiligen Verfügung abgeholfen werden, da selbst dieses Verfahren nicht mehr zu einer zeitnahen Ablesung führt.[28] Aber das kann bei Einsatz bestimmter elektronischer Geräte vermieden werden, die vorprogrammiert die Verbrauchswerte zu einem bestimmten Stichtag festhalten und danach neu zu zählen anfangen. Zu

---

[17] Eine Rückwärtsschätzung nach Anbringung von Erfassungsgeräten während eines Abrechnungszeitraums ist daher nicht zulässig, AG Berlin-Köpenick GE 2008, 1260.

[18] AG Berlin-Schöneberg MM 2004, 47.

[19] *Wall,* Betriebskostenkommentar Rdn. 6508; a. A. OLG Hamburg ZMR 2004, 769 aufgrund der Messergebnisse vergleichbarer Räume; *Peters,* S. 231/232, der aus praktischen Gründen für eine Wiederholungsschätzung plädiert; *Lützenkirchen,* Mietrecht, HeizKV § 9a Rdn. 8.

[20] **A. A.** *Pfeifer,* § 9a Anm. 3.

[21] *Kinne,* § 9a Rdn. 161.

[22] LG Berlin ZMR 1997, 145.

[23] *Schmid,* Rdn. 6199; *Kinne,* § 9a Rdn. 158; **a. A.** wohl *v. Brunn* in: *Bub/Treier,* III. A Rdn. 81.

[24] AG Neuruppin WuM 2004, 538.

[25] OLG Hamburg ZMR 2004, 769.

[26] OLG Düsseldorf ZMR 2007, 379.

[27] AG Brandenburg a.d.Havel NZM 2005, 257; *Kinne,* § 9a Rdn. 159; *Lefèvre,* HKA 2005, 9; **a. A.** MieWo-*Schmid,* § 9a Rdn. 10; *Schmid* Rdn. 6203.

[28] **A. A.** *Schmid,* Rdn. 6203; von der grundsätzlichen Möglichkeit der Durchsetzung des Anspruchs auf Duldung der Ablesung (s. oben § 6 Rdn. 8) ist der Erfolg einer zeitnahen Ablesung zu unterscheiden.

den zwingenden Gründen gehört auch die **unterlassene Ablesung,** weil sie für das konkrete Objekt vergessen worden ist, weil die damit betraute Firma den Vertrag gekündigt oder weil sie mangels Bezahlung ein Leistungsverweigerungsrecht geltend gemacht hat.[29] In diesen Bereich gehört auch die fehlerhafte Ablesung,[30] etwa weil die Zuordnung der Erfassungsgeräte vertauscht worden ist. Das gleiche gilt für infolge Anbringung einer Heizkörperverkleidung (notwendigerweise) verfälschte Anzeigewerte.[31] Bei diesen an sich unplausibel erscheinenden Werten muss aber geprüft werden, ob durch die Verkleidung nicht eine erhöhte Wärmenutzung für den zu beheizenden Raum erfolgt; denn dann stellt der „unplausible" erfasste Wert die bezogene Energie dar.[32] Schließlich sind hier noch die unwiederbringlich **abhanden gekommenen Unterlagen** über die erfolgte Verbrauchserfassung zu nennen. Ordnungsgemäß erfasste, aber im Ergebnis zu einer vermeintlich ungerechten Belastung führende Werte (z. B. infolge eines überwiegenden Leerstandes des Gebäudes) dürfen nicht über § 9a korrigiert werden.[33] Kein zwingender Grund ist gegeben, wenn eine verbrauchsabhängige Abrechnung vermeintlich den Grundsätzen von Treu und Glauben widerspricht, weil von den vorhandenen Heizkostenverteilern bereits nur ganz geringe Anteile der im Gebäude tatsächlich abgegebenen Wärmemenge erfasst werden. Dies entspricht dann keiner gerechten Verteilung mehr[34]; dies ist eine Wertungsfrage, die den technisch bestimmten Tatbestandsmerkmalen nicht entgegengehalten werden darf.

II. Durchführung

Bei der Anwendung der Vergleichsverfahren ist zwischen der Schätzung des Verbrauchs von Wärme und der von Warmwasser zu unterscheiden. Für Erstere sollte nur eine Verhältniszahl zum Gesamtverbrauch des Gebäudes zu Grunde gelegt werden (s. unten Rdn. 21/22), da fur den Wärmeverbrauch neben den individuellen Gewohnheiten auch die Witterungseinflüsse in den jeweiligen Jahren maßgebend sind. Für die Warmwasserschätzung kann dagegen der absolute Wert des Vergleichszeitraums bzw. -objekts in die endgültige Abrechnung eingesetzt werden, weil hierfür nur das Nutzerverhalten entscheidend ist. 15

Da die Heizkostenverteilung auf einer Verhältnisrechnung beruht, müssen die jeweiligen Einsatzwerte anhand derselben Methode gewonnen werden. Deshalb ist es erforderlich, im Falle der Anwendung des Schätzverfahrens für mehrere Nutzereinheiten bei allen dasselbe Verfahren anzuwenden, sofern sich eine Schätzung nicht nach Abs. 2 verbietet (s. unten Rdn. 29 bis 34). 16

Zunächst sollte das **individuelle Vergleichsverfahren** angewendet werden, da es auf den Verbrauch der von der Nichterfassbarkeit betroffenen Räume in früheren Zeiträumen abstellt. Die Novelle 2009 hat den bisherigen Vergleichszeitraum „Abrechnungszeitraum" in „Zeiträume" geändert, damit die Möglichkeit besteht, auch Werte kürzerer Zeiträume zu verwenden, sofern sie ausreichend und aussagekräftig sind.[35] Angesichts der üblichen jährlichen Ablesung ist allerdings fraglich, woher die qualifizierten Daten kommen sollen.[36] Ist der Verbrauch für eine Nutzungseinheit insgesamt nicht erfassbar gewesen, sind die Vergleichswerte für diese Einheit heranzuziehen; ist nur ein Raum vom Erfassungsmangel betroffen, sind auch nur die früheren Werte für diesen Raum zu berücksichtigen.[37] 17

Vergleichbar sind die **erfassten** Werte aus mehreren vorangegangenen Zeiträumen, d. h. mindestens zwei; denn nur auf diese Weise werden zufällige extreme Schwankungen bei der Bewertung ausgeschlossen. Deshalb ist es sinnvoll, die erfassten Werte aus möglichst vielen Zeiträumen zum Vergleich heranzuziehen und daraus einen Durchschnittswert zu bilden. 18

---

[29] KG WuM 1994, 400/402; AG Berlin-Tempelhof-Kreuzberg MM 2003, 47; **a. A.** *Schmid,* Rdn. 6204, auf den Grund der Unmöglichkeit kommt es aber gerade nicht an.

[30] BGH (VIII ZR 373/04) WuM 2005, 776.

[31] LG Magdeburg ZMR 2006, 289.

[32] Das wurde – soweit tatbestandlich nachvollziehbar – im Essecken-Fall des BGH (VIII ZR 310/12) WuM 2013, 305 m. Anm. *Wall* WuM 2013, 411, möglicherweise nicht genügend beachtet.

[33] BGH (VIII ZR 9/14) WuM 2015, 94 gegen LG Frankfurt (Oder) ZMR 2014, 984.

[34] So AG Wuppertal ZMR 2017, 205.

[35] BR-Drs. 570/08, S. 17.

[36] Jedenfalls kann nicht darauf abgestellt werden, ob die Ergebnisse angemessen sind, so *Wall,* WuM 2009, 14; denn die Anwendung einer Methode kann nicht vom zu erzielenden Ergebnis abhängig gemacht werden.

[37] Der Raum muss aber mit einem Erfassungsgerät ausgestattet sein; bei einem fehlenden Gerät greift des Schätzverfahren nicht, da es sich dann um einen Dauermangel handelt, **a. A.** LG Berlin GE 2011, 612, m. Anm. *Lammel,* WuM 2011, 502.

19 Die herangezogenen Zeiträume müssen **vergleichbar** sein. Da der Wärmeverbrauch – auch – von der Zahl, dem Alter, der Familienstruktur der Nutzer abhängig ist, ist die Vergleichbarkeit nur gegeben, soweit diesbezüglich die entsprechenden Merkmale identisch sind. Diese Gleichheit liegt vor, wenn die Nutzer zwischenzeitlich nicht gewechselt haben; sie kann aber auch vorliegen, wenn beim Nutzerwechsel die genannten Merkmale erhalten bleiben. Ferner dürfen Erfassungssysteme, Heizungsanlagen und die Wärmedämmung des Gebäudes zwischenzeitlich nicht geändert worden sein.

20 Auf die Vergleichbarkeit der **Witterung** kommt es dagegen nicht entscheidend an. Wenn, wie hier vorgeschlagen, für den Wärmeverbrauch nicht auf die ermittelte absolute Zahl aus den Vergleichszeiträumen abgestellt wird, sondern lediglich auf den verhältnismäßigen Verbrauch zum Gesamtverbrauch, bleibt diese Verhältniszahl von äußeren Einflüssen unberührt, da auch der Gesamtverbrauch witterungsabhängig gewesen ist.

21 **Berechnungsbeispiel 1:** Beim Ausfall eines Erfassungsgerätes nur in einem Raum[38] der Nutzungseinheit sollen die restlichen erfassten Werte 40 Einheiten ausmachen. Der Durchschnittswert aus den vorangegangenen Vergleichszeiträumen für die gesamte Nutzungseinheit soll 70 Werte betragen haben, für den konkreten Raum seien 20 Werte erfasst worden, also 28,6% der Gesamteinheit. Im nunmehr zu bewertenden Zeitraum stellen die erfassten 40 Einheiten 71,4% des gesamten Verbrauchs dar. Die restlichen Einheiten für den vom Geräteausfall betroffenen Raum können durch eine Vergleichsrechnung ermittelt werden, so dass insgesamt 56 Einheiten in die Kostenverteilung einzusetzen sind [(40 · 100) : 71,4 = 56,022]. Würde dagegen die absolute Vergleichszahl eingesetzt (= 20), bliebe der reduzierte Wärmeverbrauch unberücksichtigt.

22 **Berechnungsbeispiel 2:** Beim Ausfall der Erfassung für eine gesamte Nutzungseinheit stellt sich die Berechnung wie folgt dar: die restlichen erfassten Werte sollen 400 ausmachen; die Durchschnittswerte für die gesamte Einheit aus den Vergleichszeiträumen betragen 700, für die ausgefallene Nutzungseinheit 200, also wiederum 28,6%. Die erfassten 400 stellen also 71,4% des gesamten Wärmeverbrauchs dar, so dass der Wärmeverbrauch für die Gesamteinheit (400 · 100) : 71,4 = 560,22 ausmacht, für die konkrete Nutzereinheit mithin (560,22 – 400 =) 160,22 Einheiten.[39] Diese Vergleichsrechnung erfordert auch keine weitere Rechenoperation hinsichtlich der Flächenanteile, da diese ebenfalls infolge der Vergleichszahlen berücksichtigt worden sind.

23 Scheitert die Anwendung des individuellen Vergleichsverfahrens, weil die erfassten Werte aus den vorangegangenen Zeiträumen (etwa wegen eines den Verbrauch erheblich beeinflussenden Nutzerwechsels) nicht vergleichbar sind, kann eines der **drei generellen Vergleichsverfahren** angewendet werden: vergleichbare andere Räume; Durchschnittsverbrauch des Gebäudes; Durchschnittsverbrauch der Nutzergruppe. Die drei Verfahren stehen unsystematisch nebeneinander; wegen der raumbezogenen Nähe sollten erst die vergleichbaren anderen Räume herangezogen werden; danach der Durchschnittsverbrauch der Nutzergruppe, da hier eine personenbezogene Vergleichbarkeit zu vermuten ist; zuletzt dann der von konkreten Kriterien losgelöste Durchschnittsverbrauch des Gebäudes.[40]

24 Im **ersten Fall** wird nicht auf früher erfasste Werte zurückgegriffen, sondern auf Werte aus der abzurechnenden Periode in anderen Räumen. Das Verfahren ist zwar grundsätzlich für die Verbrauchsermittlung sowohl für einen Raum als auch für eine Nutzungseinheit anwendbar. Die Vergleichbarkeit hinsichtlich nur eines Raumes dürfte jedoch auf erhebliche praktische Schwierigkeiten stoßen, während das Nutzungsverhalten bei einer Nutzungseinheit – auch bei unterschiedlicher Nutzung der konkreten einzelnen Räume – insgesamt vergleichbar erscheint. Die Vermutung dieses Verfahrens geht dahin, dass der Wärmeverbrauch in vergleichbaren Räumen während der laufenden Abrechnungsperiode in etwa gleich ist. Voraussetzung hierfür ist zunächst, dass die Räume in demselben Gebäude wie die Nutzungseinheit liegt, für die keine Erfassung möglich ist.

25 Ferner müssen die Räume **vergleichbar** sein. Sie müssen also zumindest hinsichtlich der Lage im Gebäude und in Bezug auf die Himmelsrichtung, der Größe und Ausstattung mit Heizkörpern sowie der Nutzungsart den nicht erfassten Räumen ähneln. Angesichts der stockwerksidentischen

---

38 Dazu KG ZMR 2010, 133.

39 Die Berechnungen von *Kinne,* § 9a Rdn. 167 und 169 beruhen auf einem mathematischen bzw. logischen Fehler: bei Rdn. 167 stellen die erfassten 40 einen Wert von 90% des Gesamtverbrauchs dar, so dass nicht 10% von 40 hinzugerechnet werden dürfen; bei Rdn. 169 wird übersehen, dass die festgestellte Verringerung des Verbrauchs auf der Nichterfassung einer Verbrauchseinheit beruht; tatsächlich dürfte eine Verbrauchssteigerung vorliegen, wenn von den früher erfassten 600 Einheiten die erfassten 60 Einheiten abgezogen werden und der Wert von 540 Einheiten mit dem der jetzt erfassten 550 verglichen wird.

40 *Wall* WuM 2009, 14; anders wohl *Schmid,* ZMR-Sonderheft HeizKV § 9a Ziff. 28.

Bauweise von modernen Mehrfamilienhäusern wird damit nicht Unmögliches verlangt.[41] Schließlich müssen mehrere Räume zum Vergleich herangezogen werden, um die unterschiedlichen Verbrauchsgewohnheiten auszugleichen.

Da bei diesem Vergleichsverfahren die Werte des aktuellen Abrechnungszeitraums herangezogen werden, bedarf es nicht der Feststellung des verhältnismäßigen Verbrauchs zum Gesamtverbrauch, um den anfallenden Mehr- oder Minderverbrauch mit zu berücksichtigen. Vielmehr werden die ermittelten Vergleichswerte, also konkret der Durchschnittswert aus den mehreren Vergleichsräumen, als absolute Zahl in die Wärmekostenverteilung eingesetzt. 26

Als nächstes Verfahren wird auf den **Durchschnittsverbrauch der Nutzergruppe** abgestellt, das Kriterium der Vergleichbarkeit ist hier nicht mehr heranzuziehen, obwohl die Voraussetzungen für eine Nutzergruppentrennung nach § 5 Abs. 2[42] die Anwendung dieses Kriteriums durchaus zulassen würden. Der Verordnungsgeber ist aber wohl davon ausgegangen, dass die erfassungsmäßig zusammengefassten Gruppen in sich vergleichbar sind bzw. nach § 5 Abs. 2 sein sollten. Nachdruck ist aber auf die Ermittlung des „Durchschnittsverbrauchs" zu legen; es sind also alle Verbräuche zu addieren und dann durch die Zahl jener Objekte zu dividieren, bei denen keine Ablesung möglich war; also bei einzelnen Räumen ist der Divisor die Anzahl sämtlicher erfassten Räume der Nutzergruppe; bei Ausfall in einer Nutzereinheit ist der Divisor die Zahl sämtlicher erfassten Nutzereinheiten. 27

Als letztes anzuwendendes Verfahren kann der Durchschnittsverbrauch des Gebäudes verwendet werden. Auch hier gilt das gleiche wie Rdn. 27 für die Ermittlung des Durchschnitts. 28

Für die Ermittlung des **Warmwasserverbrauchs** sind bei allen Vergleichsverfahren jeweils die absoluten Werte in die Kostenverteilung einzusetzen. Denn hierbei kommt es weniger auf die äußeren witterungsbedingten Einflüsse als auf die konkrete Nutzerstruktur der Nutzungseinheit an. Das individuelle Vergleichsverfahren ist daher nur anwendbar, wenn sich die Nutzerstruktur in den vorangegangenen Vergleichszeiträumen nicht nutzungsrelevant verändert hat. Das generelle Vergleichsverfahren muss daher entgegen dem Wortlaut nicht primär auf die Vergleichbarkeit der Räume, sondern des Nutzungsverhaltens in den vergleichbaren Räumen abstellen. 29

Die mit Hilfe der Vergleichsverfahren ermittelten Werte sind in die Kostenverteilung für Wärme und Warmwasser einzustellen. Sie werden bei der weiteren Berechnung der Heiz- und Warmwasserkosten so behandelt, als wären sie ordnungsgemäß erfasst worden. In die Abrechnung sind zusätzlich die Schätzgrundlagen aufzunehmen, um die Abrechnung dem Nutzer nachvollziehbar und nachprüfbar zu machen; fehlen diese Angaben, liegt ein formeller Fehler i. S. der BGH-Differenzierung zur Betriebskostenabrechnung vor.[43] An diesen Voraussetzungen ist trotz des jüngst ergangenen **entgegenstehenden Urteils des BGH**[44] festzuhalten; nur so ist die Abrechnung überhaupt nachprüfbar. 30

C. Anwendungsgrenzen, Abs. 2

Neben den sich aus praktischen Gründen ergebenden Anwendungsgrenzen, wie fehlende Vergleichswerte und/oder Vergleichsobjekte, enthält Abs. 2 eine absolute Grenze, bei deren Überschreiten die Anwendung der Ersatzverfahren unzulässig wird. Das liegt nicht unbedingt an der Ungenauigkeit dieser Verfahren,[45] sondern daran, dass sich bei zunehmendem Umfang der Schätzungen die Kostenverteilung zulasten derjenigen Nutzer verschiebt, bei denen die Erfassungsgeräte noch ordnungsgemäß abgelesen werden konnten. 31

Der **Maßstab von 25 %,** bis zu dem das Schätzverfahren noch eingesetzt werden darf, bezieht sich auf die gesamte Abrechnungseinheit und nicht nur auf die Nutzungseinheit, wenn in dieser lediglich für einen Raum, der diese Grenze überschreitet, keine ordnungsgemäße Erfassung aus zwingenden Gründen möglich gewesen ist.[46] Denn die Grenze berücksichtigt die Interessen der 32

---

41 Enger dagegen MieWo-*Schmid,* § 9a Rdn. 16; (jetzt aber großzügiger: *Schmid,* ZMR-Sonderheft HeizKV § 9a Ziff. 25); *Kinne,* § 9a Rdn. 171; weitergehend OLG Düsseldorf ZMR 2000, 475 für das Verhältnis Dachgeschossräume zu den anderen Räumen im Gebäude.

42 S. o. § 5 Rdn. 31 ff.

43 AG Köln WuM 2012, 582; AG Berlin-Charlottenburg GE 2011, 756, m. Anm. *Wall,* WuM 2011, 558; LG Berlin GE 2011, 612; OLG Köln BeckRS 2014, 18065.

44 BGH (VIII ZR 112/14) WuM 2015, 32 m. Anm. *Lammel* WuM 2015, 143.

45 So aber *Peruzzo,* Rdn. 252.

46 Undeutlich insoweit *Peruzzo,* Rdn. 254.

anderen Nutzer, zu deren erfasstem Verbrauch der geschätzte Verbrauch einer Nutzereinheit ins Verhältnis gesetzt wird. Diese Interessen werden durch den Geräteausfall innerhalb einer Nutzereinheit, sofern davon die 25%-Grenze nicht überschritten wird, nicht berührt.

33 Die in Abs. 2 genannten verbrauchsunabhängigen Maßstäbe sind zunächst danach zu unterscheiden, welche Energieart vom Erfassungsmangel betroffen ist. Für Warmwasser kommt nach § 8 Abs. 1 nur die Wohn- oder Nutzfläche als Vergleichsmaßstab in Betracht, so dass der umbaute Raum hierfür nicht herangezogen werden kann.

34 Ist die Versorgung mit Wärme vom Erfassungsmangel betroffen, können über den Wortlaut des Abs. 2 hinaus sämtliche verbrauchsunabhängigen Maßstäbe des § 7 Abs. 1 Satz 2 herangezogen werden. Es ist kein sachlicher Grund dafür ersichtlich, dass die verbrauchsunabhängige Kostenverteilung nach anderen Maßstäben vorgenommen werden soll als die Begrenzung der Schätzung. Andererseits dürfen nur die dort genannten Maßstäbe verwendet werden und keine anderen, z. B. bei Wohneigentum der 1000stel-Schlüssel.[47]

35 Schließlich ist im konkreten Einzelfall die 25%-Grenze nach dem Maßstab zu ziehen, der vom Gebäudeeigentümer für die verbrauchsunabhängige Kostenverteilung nach den §§ 7 und 8 gewählt worden ist.

36 Überschreitet die Fläche/der umbaute Raum/die beheizbare Fläche bzw. der beheizbare umbaute Raum der nicht ordnungsgemäß erfassbaren Nutzungseinheiten 25% der gewählten Maßeinheit der gesamten Abrechnungseinheit, ist die Anwendung der Schätzverfahren ausgeschlossen. In diesem Fall ist die Kostenverteilung ausschließlich verbrauchsunabhängig nach dem zuvor gewählten oder vereinbarten Schlüssel der §§ 7 Abs. 1 Satz 2 und 8 Abs. 1 vorzunehmen. Das gilt auch für die Nutzer, bei denen die Verbrauchswerte ordnungsgemäß erfasst werden konnten.

D. Schadensersatz

37 Nach der **hier vertretenen** Auffassung (s. oben Rdn. 5) stellen die Schätzverfahren keine ordnungsgemäße Erfassung im Sinne der HeizkV dar, so dass das **15%ige Kürzungsrecht des § 12 Abs. 1** eingreift. Dieses Kürzungsrecht können alle Nutzer der Abrechnungseinheit geltend machen, die nicht vom Erfassungsmangel betroffen sind. Ferner kann der betroffene Nutzer ein Kürzungsrecht ausüben, sofern er den Erfassungsmangel nicht verschuldet hat.

38 Hat der oder haben mehrere Nutzer den Erfassungsmangel verschuldet, weil sie die Ablesung der Erfassungsgeräte trotz ordnungsgemäßer Ankündigung nicht zugelassen haben; weil sie das Erfassungsgerät beschädigt haben oder weil sie einen erkennbaren Mangel des Geräts nicht unverzüglich dem Nutzungsgeber angezeigt haben (§ 536c), sind er/sie zum Schadensersatz wegen der Verletzung einer vertraglichen Nebenpflicht nach den Grundsätzen der positiven Vertragsverletzung verpflichtet. Der Schaden des Nutzungsgebers ist (neben dem möglichen Sachschaden am Gerät) darin zu sehen, dass er von den für die verbrauchte Energie aufgewendeten Kosten 15% weniger von den anderen Nutzern erhält.

[47] **A. A.** KG WuM 1994, 400/402, das aber auf die Problematik der nach der HeizkV zulässigen Verteilungsmaßstäbe nicht eingeht.

§ 9b Kostenaufteilung bei Nutzerwechsel

(1) Bei Nutzerwechsel innerhalb eines Abrechnungszeitraumes hat der Gebäudeeigentümer eine Ablesung der Ausstattung zur Verbrauchserfassung der vom Wechsel betroffenen Räume (Zwischenablesung) vorzunehmen.

(2) Die nach dem erfassten Verbrauch zu verteilenden Kosten sind auf der Grundlage der Zwischenablesung, die übrigen Kosten des Wärmeverbrauchs auf der Grundlage der sich aus anerkannten Regeln der Technik ergebenden Gradtagszahlen oder zeitanteilig und die übrigen Kosten des Warmwasserverbrauchs zeitanteilig auf Vor- und Nachnutzer aufzuteilen.

(3) Ist eine Zwischenablesung nicht möglich oder lässt sie wegen des Zeitpunktes des Nutzerwechsels aus technischen Gründen keine hinreichend genaue Ermittlung der Verbrauchsanteile zu, sind die gesamten Kosten nach den nach Absatz 2 für die übrigen Kosten geltenden Maßstäben aufzuteilen.

(4) Von den Absätzen 1 bis 3 abweichende rechtsgeschäftliche Bestimmungen bleiben unberührt.

Systematische Übersicht

A. Regelungszweck

1 Mit dieser Norm wird dem Gedanken der verbrauchsnahen Kostenverteilung bei Inanspruchnahme von Wärme und Warmwasser auch für den Fall des Nutzerwechsels während des Laufs der Abrechnungsperiode Rechnung getragen. Diese Abrechnungszeiträume sind zumeist vertraglich festgeschrieben und können nicht je nach den Umständen wieder geändert werden. Außerdem sind sie im Wohnraummietrecht nach § 556 Abs. 3 an die dortige Jahresfrist gebunden. Zieht ein Nutzer daher während einer Abrechnungsperiode aus, ist es dem Gebäudeeigentümer im Regelfall versagt, die Abrechnungsperiode auf diesen Auszugstermin entweder zu verkürzen[1] oder die vorangegangene auf ihn zu verlängern.

2 Diese zumeist rechtlichen Schwierigkeiten werden durch tatsächliche Probleme verstärkt, wenn erst nach Ablauf des Abrechnungszeitraums die Verbrauchsfeststellung stattfindet. Denn in diesem Fall sieht sich der Gebäudeeigentümer vom weichenden Nutzer dem Einwand ausgesetzt, die Verteilung sei nicht sachgerecht, da er die angebotene Wärme bzw. das Warmwasser nicht die gesamte Zeit in Anspruch genommen habe.

3 Um diese Schwierigkeiten zu vermeiden, schreibt die Norm sowohl eine zwischenzeitliche Verbrauchsfeststellung als auch die Aufteilung der verbrauchsunabhängig zu verteilenden Kosten vor, wobei sie auch für den letzteren Kostenfaktor einen verbrauchsnahen Maßstab zur Verfügung stellt.

4 Zu berücksichtigen ist aber, dass es sich bei den Berechnungen im Fall des Nutzerwechsels **nicht** um eine Kostenverteilung, sondern lediglich um eine **Kostenaufteilung** handelt. Die Kostenverteilung auf die Nutzereinheit, die von dem Nutzerwechsel betroffen worden ist, wird nach den allgemeinen Regeln der §§ 7, 8 vorgenommen. Erst die sich aus dieser Verteilung ergebenden verbrauchsabhängigen bzw. verbrauchsunabhängigen Anteile sind nach den Maßstäben des § 9b auf die verschiedenen Nutzer der betreffenden Einheit aufzuteilen. Der Nutzerwechsel beeinflusst also nicht die Kostenverteilung für das gesamte Anwesen.

5 Wird das in § 9b vorgesehene Verfahren nicht eingehalten und liegt auch keine abweichende Vereinbarung nach Abs. 4 vor, kann keine ordnungsgemäße Aufteilung erfolgen. Das gilt insbesondere, wenn trotz gegebener Möglichkeit eine Zwischenablesung nicht durchgeführt wird.[2] Dann bleibt zwar die Aufteilung nach den Gradtagszahlen (s. unten Rdn. 21) rechnerisch möglich, führt

[1] Das gilt erst recht für den Fall des Vermieterwechsels, der schon dem Wortlaut nach von der Vorschrift nicht erfasst wird, LG Berlin GE 2005, 433.

[2] AG Berlin-Schöneberg MM 2006, 39.

aber nicht zur ordnungsgemäßen Abrechnung. Deshalb können die auf die beteiligten Nutzer entfallenden Kostenanteile gemäß § 12 Abs. 1 um 15% gekürzt werden[3]. Dagegen unterliegt der auf die Nutzungseinheit aus der Gesamtabrechnung entfallende Kostenanteil nicht dieser Kürzung,[4] weil die Kostenverteilung für die gesamte Abrechnungseinheit nicht von den Fehlern bei der Aufteilung im Falle des Nutzerwechsels beeinflusst wird.

B. Zwischenablesung, Abs. 1

6 Um eine verbrauchsnahe Aufteilung zu gewährleisten, schreibt § 9b eine Zwischenablesung vor, wobei dieser an sich zwingende Grundsatz durch die Ausnahmen der Absätze 3 und 4 wieder relativiert wird. Die Zwischenablesung braucht nur für die vom Nutzerwechsel betroffenen Räume durchgeführt zu werden, wobei hierunter die Nutzereinheit zu verstehen ist. Nicht erforderlich und nach dem Zweck der Regelung (s. oben Rdn. 4) auch nicht zulässig ist eine Zwischenablesung für die gesamte Abrechnungseinheit.

7 Entsprechend dem Zweck der Zwischenablesung – Aufteilung und nicht Verteilung der Kosten –, führt sie lediglich zur Ermittlung eines Aufteilungsmaßstabes, nicht aber zur Feststellung der konkret verbrauchten Energie und damit auch nur der abzurechnenden Kosten. Der weichende Nutzer braucht also nicht nur die für ihn auf Grund der Zwischenablesung sich ergebenden Verbrauchskosten zu zahlen, sondern er wird mit einem entsprechenden Anteil an den Gesamtkosten aus der ganzen Abrechnungsperiode belastet.

8 Daraus ergibt sich ferner, dass keine Zwischenabrechnung erforderlich (und möglich) ist.[5] Denn die Kostenaufteilung kann nur von dem Anteil an den Gesamtkosten vorgenommen werden, und diese Gesamtkosten werden erst nach Ablauf der Abrechnungsperiode festgestellt, nicht zum Zeitpunkt der Zwischenablesung.

9 Die Zwischenablesung hat entweder zum genauen **Zeitpunkt** der rechtlichen Beendigung des Mietverhältnisses oder der Beendigung der tatsächlichen Nutzung der Räume zu erfolgen.[6] Die rechtliche Beendigung ist maßgebend, wenn der Nutzer vor Vertragsablauf die Räume verlässt. Dennoch bleibt er bis zum Zeitpunkt der Vertragsbeendigung zur Zahlung von Wärme verpflichtet, sofern diese für die Räume infolge der Witterung (z. B. während der Heizperiode zur Vermeidung von Gebäudeschäden) noch verbraucht wird. Die tatsächliche Beendigung der Nutzung ist dann maßgebend, wenn der Nutzer nach rechtlicher Beendigung des Nutzungsverhältnisses die Nutzung fortsetzt und dabei auch die Möglichkeit des Verbrauchs von Wärme und Warmwasser hat.[7]

10 Für die **Durchführung der Zwischenablesung** ist nicht unbedingt die Heranziehung des Wärmemessdienstes erforderlich, dem die Gesamtabrechnung des Anwesens übertragen ist. Auch Laien können die Ablesung jedenfalls bei den numerisch anzeigenden elektronischen Heizkostenverteilern und den Warmwasserzählern vornehmen; hierbei sind neben den abgelesenen Werten noch Raumbezeichnung und Gerätenummer aufzunehmen. Bei Heizkostenverteilern nach dem Verdunstungsprinzip sind systembedingt Besonderheiten zu beachten, insbesondere hat die Ablesung an der Unterkante des Flüssigkeitsspiegels in Augenhöhe zu erfolgen; zusätzlich sind im selbst gefertigten Ableseprotokoll die Raumbezeichnung, die Gerätenummer, die Skalennummer, der Kontrollwert und der Verbrauchswert anzugeben.[8] Die sog. Kaltverdunstungsvorgabe (s. § 5 Rdn. 17) sollte unberücksichtigt bleiben; für eine nachvollziehbare Berechnung ihrer Aufteilung auf Vor- und Nachmieter gibt es keine Rechtsgrundlage und auch kein verbindliches technisches Regelwerk.[9]

11 Die Feststellung der Zwischenwerte sollte vom Gebäudeeigentümer in Gegenwart sowohl des Vor- als auch des Nach-Nutzers der Räume erfolgen, in einem **Protokoll** festgehalten und von allen Beteiligten **unterschrieben** werden. Das führt zumindest zu einer Umkehr der Beweislast zulasten desjenigen, der die Richtigkeit der Feststellung später trotz seiner Unterschrift bestreitet.

---

[3] So für den Fall des § 9b Abs. 3 1. Alternative (unten Rdn. 26–29) AG Berlin-Mitte MM 2005, 39; *Schmid,* ZMR-Sonderheft HeizKV § 9b Ziff. 13.

[4] **A. A.** *Kinne,* § 9b Rdn. 192.

[5] AG Neuss WuM 1991, 547.

[6] *Pfeifer,* § 9b Anm. 3.

[7] *Kinne,* § 9b Rdn. 177.

[8] *Peters,* S. 239.

[9] Anders wohl AG Starnberg WuM 2013, 545 m. Anm. *Wall,* jurisPR-MietR 1/2014 Anm. 2.

Erfolgt keine nahtlose Übergabe der Räume vom Vor- an den Nach-Nutzer, kann zwischenzeitlich jedenfalls Wärme verbraucht werden, um z. B. das Einfrieren von Wasserleitungen zu vermeiden. Dieser Verbrauch kann nicht mehr dem weichenden Nutzer angelastet werden, sofern er vertragsmäßig die Räume verlassen hat;[10] damit kann aber auch nicht der Nach-Nutzer belastet werden, sofern sein Vertrag erst später beginnt.[11] Dieser Zwischenverbrauch fällt daher dem Gebäudeeigentümer zur Last. Um ihn sachgerecht verteilen zu können, ist bei Vertragsbeginn/Einzug des Nach-Nutzers eine erneute Zwischenablesung erforderlich. Dieser Fall steht dem mehrfachen Nutzerwechsel innerhalb einer Abrechnungsperiode gleich. **12**

Wird zur Zwischenablesung ein Wärmemessdienst herangezogen, stellen die von ihm hierfür berechneten **Kosten** Betriebskosten iS der §§ 7 Abs. 2, 8 Abs. 2 dar.[12] Denn es handelt sich bei ihnen um **Kosten der „Aufteilung“,** da die HeizkV ausdrücklich eine Aufteilung auf Grund einer Zwischenablesung vorschreibt und diese Aufteilung nun einmal kostenträchtig sein kann.[13] Der **BGH** sieht dies unter Hinweis auf die Definition in § 556 Abs. 1 S. 2 BGB mangels laufenden Entstehens dieser Kosten **anders,**[14] lässt allerdings eine vertragliche Vereinbarung (wohl auch formularmäßig[15]) über die Tragung dieser Kosten zu.[16] Beide Argumentationen sind nicht tragfähig: nachdem durch die Novelle 2009 auch die Eichkosten als umlegbar in § 7 Abs. 2 aufgenommen worden sind, fällt die Begründung mit den nicht laufend entstehenden Kosten in sich zusammen. Und wenn es sich nach Auffassung des BGH nicht um Betriebskosten handelt, dann dürfen diese auch nicht durch Vertrag auf den Mieter überwälzt werden, § 556 Abs. 4 BGB. **13**

Folgt man dem BGH (richtigerweise) nicht, bedeutet die Zuordnung (s. Rdn. 13) aber nicht notwendigerweise, dass die Kosten für die Zwischenablesung in die Gesamtabrechnung einzugehen haben.[17] Denn dort gehen nur diejenigen Kosten ein, die prinzipiell von allen Nutzern während der Abrechnungsperiode verursacht worden sein können, deren zu Grunde liegende Leistung allen zugute kommen konnte. Das ist bei den Zwischenablesekosten nicht der Fall, weil die Nutzergesamtheit hinsichtlich der Kostenverteilung vom Nutzerwechsel unberührt bleibt (s. oben Rdn. 4). **14**

Entsprechend dem die HeizkV beherrschenden Verursacherprinzip – das nicht mit der Frage eines schuldhaften Verhaltens verquickt werden darf –, kommen als **Kostenträger** nur die Nutzer der betreffenden Räume in Betracht.[18] Denn infolge ihrer „Sondernutzung“ (= Auszug während der Abrechnungsperiode) sind auch die Sondergebühren angefallen. Hierbei ist aber nach den Fallgestaltungen der Zwischenablesung (s. oben Rdn. 11/12) zu differenzieren: geht das Nutzungsobjekt nahtlos vom Vor- auf den Nach-Nutzer über, tragen diese die Zwischenablesekosten anteilig entsprechend ihrer Nutzungsdauer.[19] Denn auch der Nach-Nutzer, der während des Laufs einer Abrechnungsperiode einzieht, hat die Zwischenablesung „verursacht“, weil der abgelesene Wert den Anfangswert seines sich anschließenden Verbrauchs darstellt. Erfolgt keine sofortige Weitergabe des Objekts an einen Nachfolger, sind die Kosten zwischen weichendem Nutzer und dem Gebäudeeigentümer aufzuteilen, ebenfalls zeitanteilig nach der Dauer der Nutzung bzw. des Freistehens der Räume. Entsprechend sind die Kosten der Zwischenablesung bei Neubezug der Räume zeitanteilig unter dem Gebäudeeigentümer und dem Nach-Nutzer aufzuteilen. Unberührt davon bleiben Sondervereinbarungen der Beteiligten nach Abs. 4 – eine solche kann z. B. darin bestehen, **15**

---

[10] In Sonderfällen kann der Vor-Nutzer noch belastet werden, wie etwa bei Nichtvermietbarkeit wegen hinterlassener Schäden oder nicht durchgeführter Renovierung; Räumung zur Unzeit nach Vertragsablauf.

[11] Ein späterer Einzug trotz früheren Vertragsbeginns entlastet nicht; ein früherer Einzug vor Vertragsbeginn, z. B. zur Durchführung von Renovierung, belastet mangels entsprechender vertraglicher Grundlage dagegen nicht.

[12] *Kinne,* B Rdn. 65; LG Berlin GE 1999, 1129; **a. A.** AG Lörrach WuM 1993, 68; AG Münster ZMR 1994, 371; WuM 1996, 231; WuM 1999, 405; AG Augsburg WuM 1996, 98.

[13] MieWo-*Schmid,* § 9b Rdn. 22; **a. A.** *von Brunn* in: *Kreuzberg/Wien,* 3.5.2 (S. 199).

[14] BGH (VIII ZR 19/07) WuM 2008, 85/86 Tz. 17; m. Anm. *Bieber* WuM 2008, 393; Aufsatz *Bug/Bernhard* NZM 2008, 515; Aufsatz *Schmitt* HKA 2008, 13; Aufsatz *Schmid* WuM 2008, 199. Ebenso LG Görlitz WuM 2007, 265; AG Berlin-Charlottenburg WuM 2006, 36; AG Rheine WuM 2009, 179; für preisgebundenen Wohnraum s. AG Kirchhain WuM 2009, 586.

[15] So AG Berlin-Schöneberg MM 10/2010, 30.

[16] So auch LG Berlin GE 2005, 433; bei Gewerberaum AG Berlin-Charlottenburg GE 2013, 1345.

[17] So aber *Schmid,* Rdn. 6243; AG Oberhausen DWW 1994, 24; LG Berlin GE 1999, 1129; ähnlich für Wohnungseigentum KG NZM 2002, 702.

[18] **A. A.** die in Fn. 12 zitierten AG Lörrach, Münster und Augsburg, nach deren Entscheidung der Vermieter die Kosten zu tragen hat.

[19] *Pfeifer,* § 9b Anm. 8 bei entsprechender Vereinbarung; str., **a. A.** nur Vormieter AG Coesfeld WuM 1994, 696.

dass mietvertraglich der weichende Mieter diese Kosten zu tragen hat[20] – und die Geltendmachung von Schadensersatzansprüchen des Gebäudeeigentümers nach fristloser Kündigung oder wegen unterlassener Renovierung; der Schaden kann dann auch in der Belastung mit den anteiligen Zwischenablesungskosten bestehen.

16 Die auf diese Weise (s. Rdn. 15) aufgeteilten Kosten werden dem Anteil zugerechnet, der nach einer Verteilung der Gesamtkosten auf die jeweilige Nutzereinheit entfällt. Dagegen werden die Kosten für die Gesamtabrechnung aus der Abrechnung für die von der Zwischenablesung betroffenen Nutzer nicht herausgerechnet; denn auch sie profitieren von dieser Gesamtabrechnung, ohne die eine Einzel-Aufteilung nach § 9b überhaupt nicht möglich wäre.

C. Kostenaufteilung, Abs. 2

17 Entsprechend der generellen Ordnung der HeizkV werden auch bei der Zwischenablesung die Werte nach verbrauchsabhängigen und verbrauchsunabhängigen Maßstäben aufgeteilt. Maßgebend für die **verbrauchsabhängige Aufteilung** ist der abgelesene Wert der Zwischenablesung (vorbehaltlich der Ausnahmeregelungen in Abs. 3 und 4). Dieser wird von dem auf die gesamte Nutzereinheit nach der allgemeinen Kostenverteilung entfallenden verbrauchsabhängigen Anteil abgezogen; der sich daraus ergebende Wert stellt den Verbrauchsanteil des Nach-Nutzers dar, während der weichende Nutzer mit dem abgelesenen Zwischenwert in seiner Abrechnung belastet wird.

18 **Beispielrechnung:** Die einheitlichen Kosten für die gesamte Abrechnungseinheit betragen für Heizung 5500,– EUR, für Warmwasser 1600,– EUR; als Verteilungsschlüssel zwischen verbrauchsabhängigen und verbrauchsunabhängigen Anteilen ist der 50:50 Maßstab gewählt worden. Die erfassten Verbrauchswerte für die Gesamtheit betragen für Heizung 548, für Warmwasser 270; für die vom Nutzerwechsel betroffene Einheit betragen sie 57 für Heizung und 30 für Warmwasser. Die Zwischenablesung hat folgende Werte ergeben: Heizung 30, Warmwasser 15. Der verbrauchsabhängige Anteil für den Vor-Nutzer errechnet sich wie folgt: Heizung: 50% von 5500 = 2750 : 548 (Gesamteinheit) · 30 (erfasste Einzeleinheiten) = 150,55 EUR; Warmwasser: 50% von 1600 = 800 : 270 (Gesamteinheiten) · 15 (Einzeleinheiten) = 44,45 EUR. Beim Nach-Nutzer fällt für Warmwasser derselbe Betrag an, weil ihn ebenfalls 15 Anteile treffen. Die Abrechnung für Wärme lautet demgegenüber für ihn: 2750 : 548 · 27 (Einzelanteile) = 135,49 EUR.

19 Für die **Ermittlung der verbrauchsunabhängigen Teile** des Wärmeverbrauchs sind zwei verschiedene Verfahren vorgesehen, die Aufteilung nach den Gradtagszahlen oder zeitanteilig. Die Regelung ist insoweit ausschließlich, als keine nach Absatz 4 zulässige Sondervereinbarung getroffen worden ist.[21] Die nach den genannten Verfahren zu treffende Aufteilung bezieht sich ebenfalls nur auf den nach der Gesamtabrechnung sich ergebenden verbrauchsunabhängigen Kostenanteil für die Nutzereinheit und stellt keine eigenständige Kostenverteilung dar.

20 Der Wortlaut der Vorschrift legt zwar nahe, dass der Gebäudeeigentümer nach seinem Ermessen (§ 315 BGB) unter den vorgegebenen Methoden wählen kann. Sachgerecht ist aber allein die vorrangige Anwendung der Gradtagszahlen. Denn nur diese berücksichtigen den jahreszeitlich unterschiedlichen Wärmeverbrauch, wohingegen die zeitanteilige Aufteilung diese Unterschiede vernachlässigt und daher zu unbilligen Ergebnissen führt, wenn die Zwischenablesung während der Heizperiode erfolgt ist.[22] Eine zeitanteilige Aufteilung ist daher nur dann gerechtfertigt, wenn die Nutzereinheit von mehreren Nutzerwechseln betroffen wird mit jeweils kurzfristiger Nutzungsdauer.

21 Die **Gradtagszahlen** stellen den Promilleanteil eines Monats bzw. Tages am Heizwärmebedarf eines Jahres dar und beruhen in der Tabellenform auf den Mittelwerten eines zwanzigjährigen Beobachtungszeitraums für das Bundesgebiet; nach Beitritt der neuen Bundesländer bedarf es keiner neuen Berechnung der Tabelle.[23] Für die Aufteilung der verbrauchsunabhängigen Kosten bedarf es andererseits auch nicht der Ermittlung der konkreten Werte für die jeweilige Stadt; es genügt die Anwendung der folgenden Tabelle:

---

[20] LG Berlin GE 2005, 433.

[21] Anders entgegen dem gesetzlichen Wortlaut LG Berlin NZM 2001, 707.

[22] *Pfeifer,* § 9b Anm. 4.c.; *Kinne,* § 9b Rdn. 182; *Freywald,* Rdn. 95, jeweils mit Vergleichsbeispielen; **a. A.** *Schmid,* Rdn. 6230.

[23] *Peters,* S. 240 bis 242.

Monat	Wärmeverbrauch in Promille je Monat	Wärmeverbrauch in Promille je Tag
September	30	30/30 = 1,0
Oktober	80	80/31 = 2,58…
November	120	120/30 = 4,0
Dezember	160	160/31 = 5,16…
Januar	170	170/31 = 5,48…
Februar	150	150/28 = 5,35… 150/29 = 5,35…
März	130	130/31 = 4,19…
April	80	80/30 = 2,66…
Mai	40	40/31 = 1,29…
Juni · Juli · August	40	40/92 = 0,43…

Berechnungsbeispiel: Von den Wärmekosten in Höhe von 5500,– EUR werden 50% verbrauchsunabhängig verteilt, also 2750,– EUR. Der gewählte Maßstab richtet sich nach der Fläche der beheizten Räume von insgesamt 636 qm; die vom Nutzerwechsel betroffene Fläche beträgt 75 qm. Damit entfallen auf diese Einheit von den Gesamtkosten: 2750 : 636 · 75 = 324,39 EUR. Dieser Betrag muss zwischen Vor- und Nach-Nutzer aufgeteilt werden. Der Nutzerwechsel fand zum 1. Februar statt, die Abrechnungsperiode läuft vom 1. Juli bis 30. Juni des Folgejahres. Der Vor-Nutzer muss also mit den verbrauchsunabhängigen Kosten für die Monate Juli bis einschließlich Januar, der Nach-Nutzer mit denen für die Monate Februar bis Juni belastet werden. Die Wärmeverbrauchsanteile für den Vor-Nutzer nach der Gradtagstabelle belaufen sich also auf 586,66 Promille (Juli/August = 26,66 [0,43 · 62 Tage) + September = 30 + Oktober = 80 + November = 120 + Dezember = 160 + Januar = 170). Von den auf die Nutzereinheit entfallenden verbrauchsunabhängigen Kostenanteil in Höhe von 324,29 sind also 586,66 Promille auf den Vor-Nutzer aufzuteilen, d. h. 190,25 EUR. Der auf den Nach-Nutzer entfallende Betrag sollte nur mittels einer Differenzberechnung festgestellt werden (324,29 – 190,25 = 134,04 EUR), da die weitere Anwendung der Gradtagszahlen wegen des Abbruchs der Promillewertrechnung nach der zweiten Stelle hinter dem Komma zu einem Minderwert führt. 22

Die Aufteilung der verbrauchsunabhängigen Kosten des Wärmeverbrauchs nach **Zeitanteilen** berücksichtigt nur die Verweildauer der Nutzer in der betroffenen Nutzereinheit. Nach dem Beispiel in Rdn. 22 würden sich die Kostenanteile daher auf 189,17 EUR für den Vor-Nutzer (324,29 : 12 · 7) und auf 135,12 EUR für den Nach-Nutzer (324,29 : 12 · 5) belaufen. 23

Der verbrauchsunabhängige Teil der **Kosten für Warmwasser** ist nur zeitanteilig, also nach der jeweiligen Verweildauer der Nutzer, zu bestimmen, da der Verbrauch des Warmwassers nicht von der Außentemperatur beeinflusst wird. Die Anwendung eines anderen Aufteilungsmaßstabes ist, vorbehaltlich einer besonderen rechtsgeschäftlichen Vereinbarung nach Absatz 4, nicht zulässig und macht die Aufteilung zwischen Vor- und Nach-Nutzer fehlerhaft, nicht aber die Kostenverteilung für die gesamte Abrechnungseinheit. 24

D. Ersatzverfahren, Abs. 3

Die Aufteilung der Kosten unter Vor- und Nach-Nutzer setzt auch nach den Werten der Zwischenablesung als ungeschriebenes Tatbestandsmerkmal voraus, dass eine derartige Ablesung tatsächlich und technisch möglich ist. Ist die Ablesung unmöglich, kann kein entsprechender Verbrauchswert zur Aufteilung der verbrauchsabhängigen Kostenanteile herangezogen werden. Dennoch soll auch in diesem Fall eine dem jeweiligen Verbrauch möglichst nahekommende Aufteilung stattfinden. Die Unmöglichkeit darf aber nicht von einem der Beteiligten verschuldet sein, z. B. der Vermieter versäumt die technisch mögliche Zwischenablesung.[24] 25

Fälle der **tatsächlichen Unmöglichkeit einer Zwischenablesung** werden insbesondere vorliegen, wenn die angebrachten Erfassungsgeräte ausgefallen sind, also gleichzeitig der Tatbestand des § 9a Abs. 1 erfüllt ist.[25] Auch die anderen zwingenden Gründe iSd § 9a[26] werden zur Unmöglich- 26

[24] AG Berlin-Schöneberg MM 2006, 39.

[25] Ebenso *Kinne,* § 9b Rdn. 185; **a. A.** weitergehend *Pfeifer,* § 9b Anm. 5.

[26] S. oben § 9a Rdn. 13/14.

keit der Zwischenablesung führen mit Ausnahme der Zutrittsverweigerung. Denn eine solche ist beim Nutzerwechsel nicht denkbar.

27 Eine **technische Unmöglichkeit** im Sinne einer nicht hinreichend genauen Ermittlung der Verbrauchsanteile kann vorliegen, wenn die Anteile mit Hilfe von Heizkostenverteilern nach dem Verdunstungsprinzip erfasst werden sollen.[27] Denn je nach Zeitpunkt der Ablesung wird entweder überhaupt kein Verbrauch angezeigt, so wenn kurz nach Auswechslung der Messampullen der Nutzerwechsel stattfindet, weil dann vom „Verbrauch" nur die Kaltverdunstungsvorgabe[28] erfasst worden ist; oder der Verbrauch ist nicht mehr aufteilbar, so bei Ablesung gegen Ende der Abrechnungsperiode mangels hinreichend großer Auflösung der Skale.[29] Um diese Fehler bei den Verdunstungsgeräten auszuschließen, soll bei ihnen eine Zwischenablesung nur dann stattfinden, wenn nach der Gradtagszahlentabelle die Summe der Promillewerte für den vergangenen Verbrauchszeitraum mindestens 400 und höchstens 800 betragen würde.[30] Die Gradtagszahlen werden dabei vom Beginn der Abrechnungsperiode bis zum Zeitpunkt des Nutzerwechsels berechnet (nach dem Beispiel Rdn. 22 wäre also auch bei Vorliegen eines Verdunstungsgerätes eine Zwischenablesung sinnvoll).

28 Von der systembedingten technischen Unmöglichkeit der Zwischenablesung nicht betroffen werden dagegen die Geräte mit einer numerischen Anzeige, also die Wärme- und Warmwasserzähler sowie die elektronischen Heizkostenverteiler.

29 Beruht die Unmöglichkeit der Zwischenablesung auf tatsächlichen Gründen (s. oben Rdn. 26), kommen sowohl das Ersatzverfahren nach § 9a als auch das nach § 9b Abs. 3 in Betracht. Denn der Geräteausfall in einer Nutzereinheit verhindert auch die Feststellung der korrekten Gesamtanteile für die Abrechnungseinheit unabhängig davon, wann er entdeckt worden ist. Selbst eine – gemessen am Beginn der Abrechnungsperiode – frühzeitige Entdeckung des Fehlers lässt sich wegen der verflossenen Zeit und des in diesem Zeitraum erfolgten Verbrauchs für die vorliegende Abrechnungsperiode nicht mehr korrigieren. Beide Verfahren sind daher nebeneinander anzuwenden: für die Gesamtverteilung das Verfahren nach § 9a, für die Aufteilung zwischen Vor- und Nach-Nutzer das nach § 9b Abs. 3.

30 Die systembedingte technische Unmöglichkeit einer Zwischenablesung berührt dagegen die Ordnungsmäßigkeit der Kostenverteilung für die gesamte Abrechnungseinheit nicht. Denn für die gesamte Abrechnungsperiode geben auch die Verdunstungsgeräte – unabhängig vom Nutzerwechsel – die Verbrauchsanteile ordnungsgemäß wieder.

31 Die Aufteilung der Kosten zwischen Vor- und Nach-Nutzer im Falle des Nutzerwechsels soll nach den Kriterien erfolgen, die in Abs. 2 für die Aufteilung der verbrauchsunabhängigen Kostenanteile genannt sind, also zeitanteilig bei Warmwasser und nach den Gradtagszahlen oder ebenfalls zeitanteilig bei den Wärmeverbrauchsanteilen. Es findet mithin – allein im Verhältnis zwischen Vor- und Nach-Nutzer – keine Trennung zwischen verbrauchsabhängigen und verbrauchsunabhängigen Kosten statt. Vielmehr werden beide Kostenanteile, die sich aus der Gesamtabrechnung für die betreffende Nutzereinheit ergeben, zusammengerechnet und dann auf die wechselnden Nutzer verteilt.

32 Zwar stehen dem Gebäudeeigentümer auch hier für die Aufteilung der Wärmekostenanteile zwei Methoden zur Verfügung. Angesichts der verbrauchsnäheren Wirkung der Gradtagszahlen ist aber dieser Methode unter dem Gesichtspunkt der Verteilungsgerechtigkeit der Vorzug zu geben. Die zeitanteilige Aufteilung wird vor allem dann in Betracht kommen, wenn mehrfach ein Nutzerwechsel stattfindet[31] und die Nutzungszeiträume vom durchschnittlichen Wärmebedarf her gesehen vergleichbar sind. Zu beachten ist aber, dass bei mehrfacher Anwendung des Ersatzverfahrens nach Abs. 3 stets dieselbe Methode angewendet werden muss, entweder die Gradtagszahlen oder die Zeitanteile; ein Wechsel der Methoden führt zu einer Verschiebung der Kostenbelastung.

---

[27] AG Berlin-Köpenick GE 2009, 199.

[28] S. oben § 5 Rdn. 17; zu deren Berücksichtigung auch bei späterer Ablesung AG Flensburg WuM 1991, 702.

[29] *von Brunn* in: *Kreuzberg/Wien,* 3.4.4 (S. 192).

[30] *von Brunn* in: *Kreuzberg/Wien* 3.4.4 (S. 192); AG Rheine WuM 1995, 121.

[31] Sofern dann nicht der Ausnahmetatbestand des § 11 Abs. 1 Nr. 2a/b erfüllt ist.

E. Rechtsgeschäftliche Abweichungen, Abs. 4

In Umkehrung des Grundsatzes des § 2 räumt Abs. 4 rechtsgeschäftlichen Vereinbarungen, die für den Fall des Nutzerwechsels während der Abrechnungsperiode getroffen werden oder worden sind, den Vorrang vor den gesetzlichen Regelungen ein. Damit soll den Bedürfnissen der Praxis nach einfacheren und/oder wirtschaftlicheren Lösungen Rechnung getragen werden;[32] ein Argument, das auch der gesamten HeizkV entgegengehalten werden könnte. Rechtfertigen lässt sich dieser Vorrang letztlich nur unter dem Gesichtspunkt, dass mit ihm nicht die Reduzierung des Energieverbrauchs betroffen wird, also die grundsätzliche Zielsetzung der HeizkV, sondern lediglich die Aufteilung eines bereits erfassten Verbrauchs unter mehreren Nutzern einer Einheit; es geht also nur um eine Frage der Verteilungsgerechtigkeit, die aber nicht im Vordergrund der Motive der HeizkV steht. 33

Von der Aufteilungsordnung der Absätze 1 bis 3 abweichende rechtsgeschäftliche Bestimmungen können sowohl in Individualvereinbarungen als auch in Allgemeinen Geschäftsbedingungen, vor allem also in Formularverträgen, getroffen werden. Nach dem Wortlaut bleiben bei In-Kraft-Treten der HeizkV bereits vorhandene Bestimmungen weiterhin wirksam; die Vorrangregelung gilt also nicht nur für zukünftige Vereinbarungen. 34

Abgewichen werden kann sowohl von der Pflicht zur Zwischenablesung nach Abs. 1[33] als auch von den in den Absätzen 2 und 3 vorgesehenen Aufteilungsmaßstäben. 35

Individualvereinbarungen werden vor allem in der Form der ad hoc-Vereinbarung vorkommen, also zum Zeitpunkt des Nutzerwechsels getroffen werden. Für ihre allseitige Wirksamkeit ist aber erforderlich, dass alle Beteiligten, Gebäudeeigentümer, Vor- und Nach-Nutzer, daran mitwirken.[34] Die Außerachtlassung nur eines Beteiligten kann zur Unwirksamkeit der Vereinbarung unter dem Gesichtspunkt eines unzulässigen Vertrages zulasten Dritter führen, wenn auch der nichtbeteiligte Dritte durch die Kostenaufteilung belastet werden soll. 36

Bei **Regelungen in Allgemeinen Geschäftsbedingungen,** also vor allem in Formularmietverträgen, sind im Rahmen der Schranke des § 307 BGB die Wertungen des § 9b HeizkV zu berücksichtigen. Das bedeutet, dass zumindest eine verbrauchsorientierte Kostenaufteilung vorgesehen werden muss und keine Regelung getroffen werden sollte, die diesen Gesichtspunkt völlig außer acht lässt.[35] 37

Als denkbare Regelung kann die Aufteilung nur nach den Gradtagszahlen erfolgen; eine zeitanteilige Aufteilung nach den in der Nutzungseinheit verbrachten Heiztagen; eine weitere zeitanteilige Aufteilung, berechnet nur nach der Heizperiode; eine pauschale Abgeltung unter Berücksichtigung des Vorjahresverbrauchs; beim Warmwasserverbrauch eine Aufteilung nach der Personenzahl. Stets ist aber zu berücksichtigen, dass ein sachlich geeigneter Maßstab für diese Aufteilung gewählt wird und keiner, der sich nicht an der unterschiedlichen Nutzungsdauer der beteiligten Nutzer orientiert. 38

[32] BR-Drs. 494/88, S. 29, *in: Kreuzberg/Wien,* 1.3.23 (S. 104).
[33] AG Hamburg ZMR 2006, 132.
[34] *Schmid,* Rdn. 6238.
[35] *Schmid,* Rdn. 6240.

§ 10 Überschreitung der Höchstsätze

Rechtsgeschäftliche Bestimmungen, die höhere als die in § 7 Abs. 1 und § 8 Abs. 1 genannten Höchstsätze von 70 vom Hundert vorsehen, bleiben unberührt.

Systematische Übersicht

A. Regelungszweck

1 Die Norm respektiert den das Privatrecht beherrschenden Grundsatz der Privatautonomie. In diese soll nur insoweit eingegriffen werden, als übergeordnete Gesichtspunkte des Allgemeininteresses das erfordern. Werden diese Interessen dagegen bereits durch die privatautonome Regelung berücksichtigt, bedarf es keiner gesetzlichen Einschränkung der Regelungsbefugnis der Parteien.

2 Die HeizkV will ihren Zweck der Energieeinsparung durch eine verbrauchsnahe Abrechnung über die Kosten der Wärme- und Warmwasserversorgung erreichen. Dazu gehört auch die Aufteilung der Kostenanteile in verbrauchsabhängige und verbrauchsunabhängige, um auf diese Weise auch die Sekundärkosten, die z. B. erst den Wärmeverbrauch ermöglichen, „gerecht" auf die Nutzer zu verteilen, auch wenn sie keine Wärme in Anspruch nehmen.

3 Wird das Primärziel der HeizkV, die Energieeinsparung, dagegen von der rechtsgeschäftlichen Vereinbarung vorrangig erreicht, können die Sekundärziele, Verteilung der Bereitstellungskosten, außer Betracht bleiben.

4 Deshalb lässt es die Vorschrift zu, die verbrauchsabhängigen Anteile bei der Kostenverteilung bis zu 100% zu erhöhen mit der Folge, dass keine verbrauchsunabhängigen Kostenanteile mehr zur Verteilung anstehen; denn diese definierten sich lediglich als Restbetrag nach Abrechnung der verbrauchsabhängigen Kostenanteile. Ob diese Regelung im Einzelfall sinnvoll ist, wird der Beurteilung der vertragsschließenden Parteien überlassen. Hinter dieser Regelung steht vielmehr die Vermutung, dass infolge der überwiegenden oder ausschließlichen verbrauchsabhängigen Kostenverteilung der Energieverbrauch noch weiter zurückgehen wird.

5 **Nicht zulässig,** weil sowohl dem Wortlaut der Vorschrift als auch der Zielsetzung der HeizkV widersprechend, ist die prozentuale Erhöhung des **verbrauchsunabhängigen** Kostenanteils über dessen höchst zulässige Marke von 50% hinaus.

B. Rechtsgeschäftliche Bestimmungen

6 Dem **Begriff des Rechtsgeschäfts** als privatautonomer Gestaltungsform zur Begründung, Änderung oder Aufhebung von Rechtsverhältnissen würde es zwar entsprechen, dass auch die einseitige Festlegung eines über die Grenze von 70% hinausgehenden verbrauchsabhängigen Maßstabs unter § 10 fällt. Dann wäre diese Regelung aber im Vergleich zu dem einseitigen Bestimmungsrecht des Gebäudeeigentümers nach § 6 Abs. 4 überflüssig, und es hätte dort der prozentualen Begrenzung des Bestimmungsrechts nicht bedurft. Deshalb ist hier unter rechtsgeschäftlicher Bestimmung allein die **vertragliche Vereinbarung** über einen höheren verbrauchsabhängigen Maßstab zu verstehen.

7 Das gilt auch für den Fall, dass in den Formular-(Miet-)Verträgen dem Gebäudeeigentümer ein einseitiges Bestimmungsrecht hinsichtlich der Festlegung des Verteilungsmaßstabes eingeräumt worden ist.[1] Zwar hat der BGH[2] ein einseitiges Bestimmungsrecht des Vermieters nach billigem Ermessen für die Festlegung des Umlageschlüssels für zulässig erachtet, insoweit aber die zwingenden Regelungen der HeizKV übersehen.

---

[1] MieWo-*Schmid,* § 10 Rdn. 4; *Peruzzo,* Rdn. 278; anders wohl *von Brunn* in: *Kreuzberg/Wien,* 3.6 (S. 204).
[2] BGH (VIII ZR 257/13) WuM 2015, 33 m. Anm. *Lammel* WuM 2015; Anm. *Langenberg* NZM 2015, 152.

I. Abschluss

Nach dem Wortlaut der Vorschrift bleiben bereits beim In-Kraft-Treten der HeizkV vorliegende abweichende Regelungen wirksam; desgleichen können derartige Vereinbarungen auch für die Zukunft neu getroffen werden. **8**

Die Vereinbarung über die Überschreitung des Regelprozentsatzes für die verbrauchsabhängigen Kostenanteile kann sowohl in einem **Individual**- als auch in einem **Formularvertrag** getroffen werden. **9**

Da die Maßstäbe nur eine anteilige Kostenverteilung ermöglichen, aber keine konkrete Kostenzuordnung zu dem jeweiligen Nutzer, ist es erforderlich, dass die abweichende Vereinbarung mit allen Nutzern getroffen wird.[3] Aus dem gleichen Grunde müssen für alle Nutzer dieselben Verteilungsmaßstäbe angewendet werden; es ist nicht zulässig, z. B. für eine innenliegende Wohnung zu 100% nach Verbrauch, für die Penthouse-Wohnung mit vielen Außenflächen dagegen nach dem 50:50-Schlüssel abzurechnen. **10**

Der sich benachteiligt fühlende einzelne Nutzer (z. B. der Penthouse-Wohnung) hat keinen Anspruch auf Abänderung des einmal vereinbarten 100%-Schlüssels; ihm steht auch kein Kürzungsrecht nach § 12 Abs. 1 zu, weil auch der 100%-Maßstab eine ordnungsgemäße verbrauchsabhängige Verteilung darstellt. **11**

Vor Abschluss einer **Individualvereinbarung** über einen von der Regel abweichenden Schlüssel sollten die Nutzer über die Tragweite dieser Entscheidung **aufgeklärt** werden. Denn die z. B. allein verbrauchsabhängige Kostenverteilung der Wärmenutzung kann dann zu erheblichen Nachteilen führen, wenn dieser Verbrauch wesentlich von der schlechten Bausubstanz mit bestimmt wird. Unterbleibt diese Aufklärung schuldhaft, kann sich der Gebäudeeigentümer nach den Grundsätzen der **culpa in contrahendo** schadensersatzpflichtig machen. Der Schaden ist in dem Abschluss der abweichenden Vereinbarung zu sehen, kann allerdings nur dann ersetzt verlangt werden, wenn die Vereinbarung für alle Beteiligten rückgängig gemacht werden kann. Ansonsten bleibt nur die Möglichkeit der Erstellung einer fiktiven Abrechnung nach dem alten oder dem üblichen 50 : 50-Schlüssel, wobei der ausfallende Betrag vom Gebäudeeigentümer zu tragen ist. **12**

Liegt dem 100%-Maßstab ein **Formularvertrag** zu Grunde, ist dessen Wirksamkeit an § 307 BGB zu messen. Hier gilt das gleiche wie bei der Individualvereinbarung: wird der Verbrauch wesentlich durch die schlechte Bausubstanz bestimmt, stellt die allein verbrauchsabhängige Verteilung eine **unangemessene Benachteiligung** des Nutzers dar und ist deshalb unwirksam. Diese Unwirksamkeit erstreckt sich nicht nur auf die konkrete Nutzungseinheit, sondern auf die gesamte Abrechnungseinheit, in der der Formularvertrag gilt. An die Stelle der Formularklausel tritt jetzt die gesetzliche Regelung für die Festlegung des Maßstabes, d. h. der Gebäudeeigentümer kann diesen nach § 6 Abs. 4 einseitig bestimmen, aber nur im Rahmen der §§ 7 Abs. 1, 8 Abs. 1, also maximal 70% verbrauchsabhängig. **13**

In Anlehnung an die Regelung in § 6 Abs. 4 Satz 3 ist die Änderung eines vorhandenen Verteilungsmaßstabes in einen ausschließlich verbrauchsabhängigen nur für den Beginn einer Abrechnungsperiode vorzunehmen. **14**

II. Inhalt

Als neuer Prozentsatz kann jede zwischen 71 und 100 liegende Zahl gewählt werden. Jedoch wird eine überwiegend auf den Verbrauch zielende Kostenverteilung nur dann wirksam sein, wenn die Quote in der Nähe von 100% liegt. **15**

Sinnvoll ist die ausschließliche verbrauchsabhängige Kostenverteilung vor allem dann, wenn das Gebäude den neuesten Wärmedämm-Vorschriften[4] entspricht und auch die Heizungsanlage einen hohen Energieausnutzungsgrad[5] aufweist; werden diese Merkmale nachträglich im Wege einer Modernisierung erreicht, bietet sich die Abänderung des vorhandenen Schlüssels an. Allerdings **16**

---

[3] *Peruzzo,* Rdn. 279; anders *Schmid,* ZMR-Sonderheft HeizKV § 10 Ziff. 6 unter Berufung auf AG Berlin-Mitte GE 2005, 1253/1254. Die dortige Entscheidung befasst sich aber nur mit der Ordnungsmäßigkeit der Abrechnung gegenüber dem Nutzer, mit dem die Einzelvereinbarung betroffen worden ist, lässt es aber dahingestellt, ob die übrigen Abrechnungen ordnungsgemäß erstellt werden können, was zu verneinen ist.

[4] Insbesondere nach §§ 3 bis 10 EnEVmit den dort genannten Anlagen.

[5] Nach §§ 11, 12 EnEV.

bleibt die Vereinbarung auch dann wirksam, wenn diese energiesparenden Voraussetzungen nicht gegeben sind, es sei denn, die hierauf gerichteten Willenserklärungen können wegen einer vom Gebäudeeigentümer verursachten Täuschung angefochten werden.

III. Wohnungseigentum

17 Im Fall der Kostenverteilung bei Wohnungseigentum kann eine rechtsgeschäftliche Bestimmung im Sinne des § 10 in der Teilungserklärung oder dieser folgenden Vereinbarungen unter den Wohnungseigentümern getroffen werden bzw. worden sein. Ist in einer derartigen Vereinbarung nur eine verbrauchsabhängige Verteilung vorgesehen, bleibt diese Regelung für die Zukunft wirksam.

18 Liegt eine **wohnungseigentumsrechtliche Vereinbarung** mit einer Regel-Kostenverteilung nach den §§ 7, 8 vor und soll diese abgeändert werden im Sinne einer ausschließlich verbrauchsabhängigen Verteilung, ist nunmehr gem. § 16 Abs. 3 WEG auch eine Mehrheitsentscheidung für die Anwendung des § 10 zulässig;[6] Das gilt auch für den umgekehrten Fall der Abänderung einer Vereinbarung über die ausschließliche verbrauchsabhängige Verteilung in eine solche nach einem gemischten Maßstab.[7] Allerdings ist bei Altbauten ohne besonderen Wärmeschutz zu beachten, dass ein derartiger Beschluss den Grundsätzen ordnungsgemäßer Verwaltung widersprechen kann.[8]

19 Enthält die Teilungserklärung keine Regelung des Abstimmungsverhaltens, ist für die Änderung eines in der Teilungserklärung enthaltenen, dem Regelmaßstab der HeizkV entsprechenden Verteilungsschlüssels jetzt ebenfalls eine Mehrheitsentscheidung nach § 16 Abs. 3 WEG zulässig.[9] Für die Änderung eines vorhandenen, nicht der HeizkV entsprechenden Verteilungsmaßstabes gilt das Mehrheitsprinzip, da hierdurch erstmals eine verordnungsmäßige Regelung herbeigeführt werden soll.[10]

---

[6] S. oben § 3 Rdn. 16; **a. A.** *Schmid,* ZMR-Sonderheft HeizKV § 10 Ziff. 9; *Peruzzo,* Rdn. 276.

[7] BGH (V ZR 221/09) WuM 2010, 591 m. Bespr. *Schmid,* CuR 2010, 147; Anm. *Lammel* jurisPR-MietR 20/2010 Anm. 4.

[8] OLG Hamm WuM 2006, 585.

[9] S. oben § 3 Rdn. 17.

[10] Zu den Einzelheiten s. *Lammel,* § 10 Rdn. 18; **a. A.** *Pfeifer,* § 10 Anm. 7 e; MieWo-*Schmid,* § 10 Rdn. 5; *Kinne,* § 10 Rdn. 197.

§ 11 Ausnahmen

(1) Soweit sich die §§ 3 bis 7 auf die Versorgung mit Wärme beziehen, sind sie nicht anzuwenden

1. auf Räume,

a) in Gebäuden, die einen Heizwärmebedarf von weniger als 15 kWh/(m^2 · a) aufweisen,

b) bei denen das Anbringen der Ausstattung zur Verbrauchserfassung, die Erfassung des Wärmeverbrauchs oder die Verteilung der Kosten des Wärmeverbrauchs nicht oder nur mit unverhältnismäßig hohen Kosten möglich ist; unverhältnismäßig hohe Kosten liegen vor, wenn diese nicht durch die Einsparungen, die in der Regel innerhalb von zehn Jahren erzielt werden können, erwirtschaftet werden können; oder

c) die vor dem 1. Juli 1981 bezugsfertig geworden sind und in denen der Nutzer den Wärmeverbrauch nicht beeinflussen kann;

2. a) auf Alters- und Pflegeheime, Studenten- und Lehrlingsheime,

b) auf vergleichbare Gebäude oder Gebäudeteile, deren Nutzung Personengruppen vorbehalten ist, mit denen wegen ihrer besonderen persönlichen Verhältnisse regelmäßig keine üblichen Mietverträge abgeschlossen werden;

3. auf Räume in Gebäuden, die überwiegend versorgt werden

a) mit Wärme aus Anlagen zur Rückgewinnung von Wärme oder aus Wärmepumpen- oder Solaranlagen oder

b) mit Wärme aus Anlagen der Kraft-Wärme-Kopplung oder aus Anlagen zur Verwertung von Abwärme, sofern der Wärmeverbrauch des Gebäudes nicht erfasst wird;

4. auf die Kosten des Betriebs der zugehörigen Hausanlagen, soweit diese Kosten in den Fällen des § 1 Absatz 3 nicht in den Kosten der Wärmelieferung enthalten sind, sondern vom Gebäudeeigentümer gesondert abgerechnet werden;

5. in sonstigen Einzelfällen, in denen die nach Landesrecht zuständige Stelle wegen besonderer Umstände von den Anforderungen dieser Verordnung befreit hat, um einen unangemessenen Aufwand oder sonstige unbillige Härten zu vermeiden.

(2) Soweit sich die §§ 3 bis 6 und § 8 auf die Versorgung mit Warmwasser beziehen, gilt Absatz 1 entsprechend.

Systematische Übersicht

A. Regelungszweck und -folgen

Die HeizkV will ihren Zweck, zur Energieeinsparung anzuhalten, allein über den Kostenfaktor erreichen. Der jeweilige Nutzer soll erkennen, welche Kosten er durch Energieverbrauch verursacht und diese Kosten durch Senkung des Energieverbrauchs vermindern; die damit verbundenen ökologischen Wirkungen stellen sich damit nur als sekundäre Nebenwirkung dar. 1

Energieeinsparung darf aber nicht zum Selbstzweck werden, vielmehr muss sie dem **Gebot der Wirtschaftlichkeit** entsprechen, wie dies in der Ermächtigungsgrundlage für die HeizkV, dem EnEG, festgehalten ist. Nach § 5 Abs. 1 Satz 1 EnEG müssen die in den nach diesem Gesetz erlassenen Rechtsverordnungen aufgestellten Anforderungen u. a. für Gebäude gleicher Art und Nutzung wirtschaftlich vertretbar sein. **Wirtschaftlich vertretbar** sind die Anforderungen, wenn generell die erforderlichen Aufwendungen innerhalb der üblichen Nutzungsdauer durch die eintretenden Einsparungen erwirtschaftet werden können; bei bestehenden Gebäuden ist die noch zu erwartende Nutzungsdauer zu berücksichtigen (so § 5 Abs. 1 Sätze 2 und 3 EnEG; anders jetzt die Definition in Abs. 1 Nr. 1 lit. b) nach der Novelle 2009; dazu unten Rdn. 21). Zu trennen von dieser generellen „Wirtschaftlichkeit" ist die Verursachung unwirtschaftlicher Kosten im Einzelfall (s. § 5 Rdn. 11), die keinen Ausnahmetatbestand i. S. des § 11 darstellen.[1] 2

[1] LG Berlin MM 2005, 74.

3 Unter Berücksichtigung dieses Gebotes der Wirtschaftlichkeit enthält § 11 Ausnahmetatbestände, bei denen entweder die Durchführung der Verbrauchserfassung unter den besonderen Umständen des Einzelfalles wirtschaftlich sinnlos ist oder aber den Zweck der Einsparung von Primärenergie jedenfalls nicht im erheblichen Umfang erreichen kann. Die wirtschaftlichen Kriterien sind überwiegend vom Gebäudeeigentümer zu beurteilen (mit Ausnahme der Generalregelung in Nr. 5).

4 Sind die Merkmale eines Ausnahmetatbestandes erfüllt, braucht der Gebäudeeigentümer keine Erfassungsgeräte anzubringen, der Nutzer braucht deren – trotz des Vorliegens eines Ausnahmetatbestandes – vom Gebäudeeigentümer geplante Anbringung nicht zu dulden. Andererseits hat der Nutzer keinen Anspruch auf Durchführung einer Kostenverteilung nach der HeizkV mit der Folge, dass er die anderweitig erfolgende Kostenauferlegung nicht nach § 12 Abs. 1 kürzen darf.[2] Zwar nimmt der Eingangssatz von § 11 Abs. 1 nur die §§ 3 bis 7 bzw. 8 (nach Abs. 2) von der Anwendung aus. Da aber die §§ 1 und 2 sowie 9 a bis 10 ohne die genannten Vorschriften über die Erfassung und Verteilung keinen Sinn ergeben, sind sie ebenfalls nicht anwendbar.

5 Wie im Einzelfall bei Vorliegen eines Ausnahmetatbestandes die Kosten des Verbrauchs von Wärme und Warmwasser auf die Nutzer verteilt werden, muss den vertraglichen Vereinbarungen der Parteien überlassen bleiben. Möglich ist in diesen Fällen die Vereinbarung einer Pauschalmiete oder einer Pauschalzahlung für diese Nutzungsarten; es kann auch eine Einzelverteilung nach einem Flächen- oder Personenmaßstab erfolgen oder entsprechend § 9 b Abs. 2 vorgegangen werden. Dem kann nicht entgegengehalten werden, dass nach § 2 Nr. 4 und 5 BetrkV eine verbrauchsabhängige Abrechnung vorgeschrieben sei.[3] Zum einen steht hier nichts von „verbrauchsabhängig", zum anderen geht das speziellere Gesetz dem allgemeinen vor und zum dritten unterliegt diese Meinung einem Fehlschluss, dass überhaupt keine Abrechnung nach dem Ausnahmetatbeständen des § 11 mehr erforderlich sei. Abgerechnet werden kann nach entsprechenden Vereinbarungen, nur muss (kann aber) die HeizKV nicht angewendet werden.

6 Einen besonderen Verteilungsmaßstab schreibt lediglich § 22 Abs. 2 NMV für **preisgebundenen Wohnraum** für die Ausnahmefälle des § 11 vor. Danach dürfen die Kosten der Versorgung mit Wärme **nur** nach der Wohnfläche oder nach dem umbauten Raum oder nach der Wohnfläche bzw. dem umbauten Raum der beheizten Räume verteilt werden (§ 22 Abs. 2 Satz 1 Nr. 1 NMV). Die Kosten der Warmwasserversorgung sind nach der Wohnfläche zu verteilen; allerdings kann auch ein Maßstab gewählt werden, der dem Verbrauch in anderer Weise als durch Erfassung Rechnung trägt (§ 22 Abs. 2 Satz 1 Nr. 2 NMV); hierunter ist die Verteilung nach einem Personenschlüssel oder nach den vorhandenen Warmwasserzapfstellen zu verstehen.

7 Während § 11 eine **generelle Ausnahmeregelung** darstellt, die von der Anwendung der HeizkV insgesamt befreit, enthält die HeizkV verstreut noch **einzelne Ausnahmen,** die nur für einen bestimmten Fall gelten. § 2 lässt bei Zwei-Familien-Häusern abweichende Vereinbarungen zu; § 9 Abs. 4 räumt im Falle des Nutzerwechsels abweichenden rechtsgeschäftlichen Bestimmungen den Vorrang ein. Der Bestandsschutz in § 12 Abs. 2 bis 5 stellt sich ebenfalls als materielle Ausnahmeregelung von den Anforderungen der HeizkV dar. Schließlich enthält § 22 Abs. 2 und 3 NMV ebenfalls von der HeizkV abweichende Bestimmungen.

B. Ausnahmetatbestände

8 § 11 enthält zwei große Gruppen von allgemeinen Ausnahmeregelungen. Zum einen verzichtet er aus **ökonomischen Gründen** auf die Durchsetzung der Vorschriften der HeizkV. Für das Vorliegen der entsprechenden Merkmale sind die Parteien, die sich auf den Ausnahmetatbestand berufen, darlegungs- und beweispflichtig; das wird im Regelfall der Gebäudeeigentümer sein, kann aber auch der Nutzer sein, wenn er sich z. B. gegen die Anbringung von Erfassungsgeräten wehrt. Für diese Tatbestände gibt es keine behördlichen Ausnahmegenehmigungen oder Negativatteste über die Nichtanwendbarkeit der HeizkV.[4]

9 Der zweite große Regelungskomplex verzichtet aus **ökologischen Gründen** auf die Anwendung der HeizkV, weil sie im konkreten Fall wegen der besonderen Art der Energieversorgung ihren Zweck hinsichtlich der Einsparung von Primärenergie nicht erfüllen kann. Die in diesem Be-

---

[2] AG Lübben NZM 2000, 907.

[3] *Metrona,* ModMag, H.7, 8/2009, S. 51; dem folgend *Mohr,* ModMag, H.10/2009, S. 20.

[4] *Freywald,* Rdn. 23; **a. A.** *Gramlich,* § 11 Anm. 2.

reich früher vorgeschriebene behördliche Ausnahmegenehmigung ist durch die Novelle unter dem Gesichtspunkt der „Entbürokratisierung" gestrichen worden.[5] Der Bundesrat war insoweit der Meinung, der Nutzer sei durch das Kürzungsrecht nach § 12 Abs. 1 ausreichend gegen unzulässige Abstandnahme von der Anwendung der HeizKV geschützt, was sicher den Normalbürger hinsichtlich der komplizierten technischen Voraussetzungen überfordert.

Systematisch zwischen diesen beiden Gruppen steht die Generalnorm in § 11 Abs. 1 Nr. 5, die sich zwar auf ökonomische Gründe stützt, aber wegen ihres unbestimmten Inhalts die Auslegung nicht den Parteien überlässt, sondern eine behördliche Ausnahmegenehmigung verlangt. **10**

Aus dem Zusammenwirken von Abs. 1 Eingangssatz und Abs. 2 ergibt sich, dass die Ausnahmetatbestände sowohl für die Versorgung mit Wärme als auch mit **Warmwasser** gelten. **11**

Erfolgt die Versorgung mit Wärme und Warmwasser aus **verbundenen Anlagen,** findet die Ausnahmeregelung nur für die Versorgungsart Anwendung, bei der ein Ausnahmetatbestand verwirklicht ist. Stellt sich also die nachträgliche Anbringung von Warmwasserzählern als wirtschaftlich unzumutbar heraus, während der Wärmeverbrauch ordnungsgemäß erfasst werden kann, wird der Energieverbrauch für die Warmwasserbereitung nach den Ersatzverfahren in § 9 Abs. 2 Satz 4 und Abs. 3 Satz 5 ermittelt und außerhalb der Regeln der HeizkV verteilt, während die Kosten für die Heizung nach § 7 verteilt werden. **12**

I. Ökonomische Gründe, Nr. 1, 2, 4, 5

Der mit der Novelle 2009 neu eingefügte Buchstabe 1 a) verwirklicht ein politisches Ziel des „Integrierten Klima- und Energieeinsparpakets", das sich u. a. die Förderung der Niedrigenergie- bzw. **Passiv-Häuser** zum Ziel gesetzt hatte. Motiv dieser Regelung war die Feststellung, dass mit steigender Energieeinsparung die verbrauchsabhängigen Kosten zwar sinken, aber die verbrauchsunabhängigen Kosten überproportional viel ausmachen, so dass der Grundsatz der Wirtschaftlichkeit beeinträchtigt werden konnte.[6] Deshalb werden Häuser mit einem Jahreswärmebedarf weniger als 15 kWh pro m^2 pro Jahr[7] von der Anwendung der HeizKV ausgenommen; der Wärmebedarf von 15 kWh und mehr fällt dagegen nicht mehr unter diese Ausnahme, die im übrigen auch bereits durch die alte Nr. 1 a) hätte erfasst werden können.[8] Die Ausnahme bedeutet nicht, dass überhaupt keine Abrechnung über die Wärme- und Warmwasserkosten zu erfolgen hat, und sie verbietet auch nicht eine einvernehmliche Anwendung der HeizKV. **13**

Das Prinzip der Wirtschaftlichkeit kommt am deutlichsten im **Ausnahmetatbestand der Nr. 1b** zum Ausdruck. Danach entfällt die Anwendung der HeizkV, wenn die Ausstattung zur Verbrauchserfassung, die Erfassung selbst oder die Kostenverteilung entweder unmöglich oder nur mit unverhältnismäßig hohen Kosten möglich ist. **14**

Zwar beschränkt die Norm die Ausnahme nur auf die Räume, die von dem Unmöglichkeitskriterium betroffen sind. Die Ausnahme ist aber aus mathematischen Gründen auf die gesamte Abrechnungseinheit (= im Regelfall das Gebäude) zu erstrecken. Denn das Entfallen eines versorgten Raumes lässt, sofern keine Trennung im Wege der Vorerfassung möglich ist, die Verteilung für die gesamte Einheit unmöglich werden, da diese Verteilung auf einer Verhältnisrechnung beruht, deren Durchführung nicht mehr möglich ist. **15**

Die Tatbestandsmerkmale können alternativ oder auch kumulativ zur Unmöglichkeit bzw. Unwirtschaftlichkeit führen. Letzteres ist insbesondere beim Merkmal „Verteilung der Kosten" der Fall, da diese allein nicht generell unmöglich sein wird und auch nicht so hohe Kosten verursacht,[9] dass die Erfassung unwirtschaftlich wird. Hierbei kommt es nur auf systembedingt hohe Kosten an (z. B. technisch bedingte Schwierigkeiten bei der Erfassung/Verteilung), nicht aber darauf, dass die Kosten auf Grund der Vertragsgestaltung mit dem Abrechnungsunternehmen im Vergleich zu den Energiekosten zu hoch sind.[10] Die jetzt unter Ziff. 1 a) geregelten Passivhäuser wären allerdings unter dieses Tatbestandsmerkmal zu subsumieren gewesen. **16**

---

[5] BR-Drs. 570/08 Beschluss S. 5.
[6] BR-Drs. 570/08, S. 17/18.
[7] Der Abdruck der Grenze ist mathematisch wieder falsch: die m^2 werden nicht mit dem Jahr multipliziert!
[8] *Wall,* WuM 2009, 14 li. Sp.
[9] S. aber § 7 Rdn. 33.
[10] LG Heidelberg ZMR 2014, 988.

17 Das **Tatbestandsmerkmal der Unmöglichkeit** wird im Regelfall nur bei der Anbringung der Ausstattung zur Verbrauchserfassung in Betracht kommen. Technisch unmöglich ist die Erfassung z. B. bei vertikalen Warmwasserleitungen ohne By-Pass bei den Abzweigungen zu den einzelnen Nutzern, da hier ein Erfassungsgerät beim ersten Nutzer auch den Verbrauch der nachgeschalteten Nutzer feststellt. Das gleiche gilt für Fußbodenheizungen, die mehrere Nutzungseinheiten in einer Ebene versorgen. Ähnlich sinnlos ist die Anbringung eines Erfassungsgerätes an einem Heizkörper, dessen Anzeige durch die Abstrahlungswärme anderer Wärmequellen (z. B. Herd, oder auch Sonneneinstrahlung) verfälscht wird.[11]

18 Keine technischen Hindernisse iSd § 11 stellen dagegen solche Umstände dar, die auf die besondere Ausgestaltung der Räume zurückzuführen sind, wie Unzugänglichkeit der Heizkörper wegen der sie verstellenden Einbaumöbel oder wegen Heizkörperverkleidungen.[12]

19 Wesentlicher Ausnahmetatbestand ist aber der **Fall unverhältnismäßig hoher Kosten** für die verbrauchsabhängige Kostenverteilung. Gegenüberzustellen sind hier die Kosten für die Installation der Messgeräte – dazu gehören auch die damit zusammenhängenden Kosten für die evtl. notwendige Wiederherstellung der Wand (Fliesen- und Verputzarbeiten)[13] – und die anfallenden Folgekosten (für die Erfassung und Verteilung) der zu erwartenden Energieeinsparung.[14]

20 derzeit nicht besetzt

21 Die **Höhe der Energieeinsparung** ist in Analogie zum Kürzungsrecht nach § 12 Abs. 1 zu berechnen. Denn dieses geht davon aus, dass durch die verbrauchsabhängige Kostenverteilung 15% der Energiekosten eingespart werden könnten. Dieser Prozentsatz ist daher auch dem Kostenvergleich zu Grunde zu legen.[15] Maßgebend sind die Energiekosten zum Zeitpunkt des Kostenvergleichs.

Der **Zeitraum,** für den die zu erwartende Energieeinsparung zu berechnen ist, ist jetzt durch die Novelle auf 10 Jahre festgelegt worden. Das ist sachlich und rechtlich falsch: Sachlich wird diese Zeitspanne auf die regelmäßige Nutzungsdauer der Erfassungsgeräte bezogen,[16] wobei die Eichfristen außer Acht gelassen worden sind.[17] Richtig ist zwar der Zusammenhang mit der fortschreitenden Wärmedämmung; dieser ist aber kaum zu prognostizieren. Rechtlich falsch ist diese Festlegung, weil in § 5 Abs. 1 S,2 und 3 EnEG eine Legaldefinition der wirtschaftlichen Vertretbarkeit enthalten ist, von der eine Verordnung, die ihre Rechtsgrundlage im EnEG hat, aus verfassungsrechtlichen Gründen nicht abweichen darf. Die aus der Rechtsprechung unreflektiert übernommene Zehnjahresfrist[18] beruhte auf der Amortisationsdauer von Investitionen im Wohnungseigentumsrecht und ist daher für die HeizKV nicht vergleichbar.

22 Deshalb ist aus rechtlichen Gründen weiter auf die gesetzliche Definition der Wirtschaftlichkeit in § 5 Abs. 2 Sätze 2 und 3 EnEG als die für die HeizkV maßgebende Ermächtigungsnorm abzustellen. Dort ist ausdrücklich auf die Nutzungsdauer der Gebäude Bezug genommen worden.[19] Da sich auch die Auslegung der HeizkV im Rahmen der Ermächtigungsnorm halten muss, bleibt unter dem Gesichtspunkt der verfassungsrechtlichen Bindung nach Art. 80 GG nur dieses Kriterium zulässig. Die **Nutzungsdauer der Gebäude** ist abstrakt nach der Abschreibungsdauer in § 7 Abs. 4 EStG zu bemessen, d. h. bei Gebäuden, die vor dem 1.1.1925 fertiggestellt worden sind, 40 Jahre, für alle später fertiggestellten Gebäude 50 Jahre. Das bedeutet aber nicht, dass in jedem Fall ein 50-Jahres-Zeitraum zu Grunde zulegen ist. Da in den alten Bundesländern die Ausstattungspflicht nach der HeizkV seit 1981 zumindest für Neubauten bestanden hat, ist von einer viel geringeren Restnutzungsdauer der Gebäude auszugehen.[20] Das gleiche gilt angesichts des Bautenstandes für die neuen Bundesländer.

---

[11] *Schmid,* ZMR-Sonderheft HeizKV § 11 Ziff. 9.

[12] LG Hamburg WuM 1992, 258.

[13] **A. A.** AG Köln ZMR 2016, 786.

[14] BGH NJW-RR 1991, 647; LG Hamburg NJW-RR 1992, 1163.

[15] *Kinne,* § 11 Rdn. 204; *Freywald,* Rdn. 22.

[16] BR-Drs. 570/08, S. 18.

[17] Dazu § 5 Rdn. 3.

[18] OLG Köln NJW-RR 1993, 468; KG NJW-RR 1993, 468; BayObLG NJW-RR 1994, 145; BayObLG WuM 2004, 737; OLG Köln WuM 2007, 86; OLG Düsseldorf WuM 2009, 600.

[19] **A. A.** *Pfeifer,* § 11 Anm. 2.d, der aber nicht berücksichtigt, dass bereits § 5 Abs. 1 Satz 1 EnEG die wirtschaftliche Vertretbarkeit auf die Gebäude bezieht; in der 4.A. § 11 Anm. 1.c. nicht mehr enthalten.

[20] LG Frankfurt WuM 1991, 616.

Berechnungsbeispiel: Kosten für den Einbau eines Warmwasserzählers 17 500,– EUR; Kosten für die Warmwasserbereitung jährlich 2880,– EUR; 15%ige jährliche prognostizierte Ersparnis 432,– EUR. Die Baugenehmigung für das Gebäude (diese ist nach § 6 EnEG maßgebend) wurde 1975 erteilt, im Jahre 1998 besteht eine Restnutzungsdauer von 27 Jahren. Die Energieersparnis würde als (27 · 432 =) 11 664,– EUR betragen und damit die Einbaukosten nicht erreichen. Dieses Missverhältnis kann nicht durch andere Vorteile kompensiert werden.[21] Zum einen lässt der Wortlaut dieser Ausnahmevorschrift hinsichtlich der Bewertung seiner Tatbestandsmerkmale keine Interpretation zu, zum anderen bringen auch die hochauflösenden elektronischen Heizkostenverteiler keinen höheren Energiespareffekt. **23**

Bei zu modernisierenden Altbauten, die finanztechnisch bereits abgeschrieben sind, ist die Wirtschaftlichkeit danach zu berechnen, ob der sich aus der analogen Anwendung des § 559 ergebende Jahresbetrag der Mietzuschläge wegen Anbringung der Erfassungsgeräte den Jahresbetrag der Energiekostenersparnis überschreitet. Denn auch im Rahmen der Wirtschaftlichkeit sind die Interessen der Nutzer zu berücksichtigen. Sie sollen durch das Einsparungsverfahren nicht höhere Kosten für den Energieverbrauch (einschließlich der Kosten für die Erfassung und Verteilung) tragen als vor Anbringung der Geräte. **24**

Wirtschaftliche Gesichtspunkte werden auch der Anbringung von Erfassungsgeräten in vom Eigentümer mit bewohnten Zwei-Familien-Häusern, Einfamilienhäusern mit Einliegerwohnung und bei Untermietverhältnissen über einzelne Räume entgegenstehen. **25**

Da das Prinzip der HeizkV darauf beruht, Energie über die Kostenauferlegung einzusparen, kann es dann nicht greifen, wenn der Nutzer auf Grund technischer Gegebenheiten seinen **Verbrauch nicht beeinflussen kann (Nr. 1.c),** so dass ihm ein energiebewusstes Verhalten nicht möglich ist. Diese Unmöglichkeit muss aber ausschließlich auf den technischen Umständen der jeweiligen Energieversorgung beruhen, eine vertragliche Regelung erfüllt den Ausnahmetatbestand nicht. Diese Ausnahme greift an sich auch für das Problem der **Rohrwärmeabgabe,** das jetzt versucht wurde, mit der Novelle in § 7 Abs. 1 S. 3[22] in den Griff zu bekommen. Insoweit fehlt es an einer Koordination der §§ 7 und 11. **26**

Die Voraussetzungen werden dann gegeben sein, wenn zwei Nutzer an demselben Heizkreis mit nur einer Eingangsregelung angeschlossen sind. Dann kann zwar der erste Nutzer den Verbrauch steuern, nimmt damit aber gleichzeitig eine Verbrauchsregelung für den von ihm abhängigen Nutzer vor (z. B. Einrohrheizungen ohne Überbrückung der Abzweigung zu den einzelnen Nutzern, Fußbodenheizungen für zwei Nutzungseinheiten, kombinierte Fußboden-Decken-Heizung). Bei Warmwasser ist diese Steuerung über die Wasserhähne dagegen stets möglich, so dass für diesen Bereich die Ausnahmevorschrift nicht greifen kann. **27**

Nicht unter die Ausnahmeregelung fallen Heizkörper, die lediglich Absperrventile und noch keine Thermostatventile besitzen. Denn auch in diesen Fällen ist eine Verbrauchsbeeinflussung noch gegeben. Nicht in diesen Bereich gehören ferner die Fälle, in denen zwar Absperrvorrichtungen vorhanden, aber nicht funktionsfähig sind.[23] Denn hier hat der Nutzer gegen den Nutzungsgeber einen durchsetzbaren Anspruch auf Instandsetzung der entsprechenden Vorrichtungen. **28**

Die Ausnahmeregelung gilt für die alten Bundesländer nur für Gebäude, die vor dem 1. Juli 1981 bezugsfertig geworden sind. Für die neuen Bundesländer gilt das Datum 1. Januar 1991. Die nach diesem Zeitpunkt errichteten Gebäude mit Zentralheizung müssen nach § 12 Abs. 2 EnEV mit Vorrichtungen zur raumweisen Temperaturregelung ausgestattet sein. **29**

Wirtschaftliche Gesichtspunkte sprechen auch gegen eine Kostenverteilung nach der HeizkV in **Heimen (Nr. 2.a)** oder **ähnlichen Gebäuden (Nr. 2.b).** Denn die hier abgeschlossenen Nutzungsverträge beinhalten nicht nur die Raumnutzung, sondern noch weitere Leistungen, für die ein einheitliches Entgelt gezahlt wird. Dessen Aufspaltung in die einzelnen Elemente mag kalkulatorisch möglich sein, wirtschaftlich ist sie aber nicht sinnvoll. Denn die Ausgestaltung dieser Heime oder heimähnlichen Gebäude bringt es mit sich, dass zum einen zumindest die Wärmeversorgung zum Teil auch über die Gemeinschaftsräume mit erfolgt, zum anderen ein häufiger Nutzerwechsel stattfindet, der Zwischenablesungen nach § 9b notwendig machen würde, deren Aufwand wiederum in keinem Verhältnis zum Ertrag stehen würde. Außerdem ist eine weitere Folge des häufigen **30**

[21] **A. A.** *Pfeifer,* § 11 Anm. 2.c.
[22] Dazu § 7 Rdn. 13 ff.
[23] **A. A.** *Peruzzo,* S. 89.

Nutzerwechsels, dass eine verbrauchsbewusste Energiesteuerung mangels eines sich aus der Dauer der Nutzung ergebenden entsprechenden Interesses nicht vorgenommen wird.[24]

31 Die Ausnahmeregelung gibt aber lediglich die Möglichkeit, auf eine verbrauchsabhängige Kostenverteilung zu verzichten. Wird eine solche vorgenommen, ist der Gebäudeeigentümer allein auf Grund der Ausnahmeregelung nicht befugt, einseitig diese Praxis zu ändern. Hierfür ist eine entsprechende Vereinbarung mit den Nutzern erforderlich.

32 Schließlich enthält die Ausnahmeregelung keinen generellen Bestandsschutz für Warm- oder Inklusivmieten, sondern beschränkt sich auf die in Nr. 2.a) aufgezählten Heime und die ihnen nach Nr. 2.b gleichstehenden Gebäude. Für alle übrigen Anwesen mussten die Heizkostenanteile aus der Miete ausgegliedert werden.[25]

33 Die **Kosten der Hausanlagen (Nr. 4.)** bei der Fernwärmeversorgung werden im Regelfall im Wärmepreis des Versorgungsunternehmens enthalten sein. Sollten diese Kosten aber dem Gebäudeeigentümer entstehen, müsste er sie an sich entsprechend der HeizkV auf die Nutzer verteilen. Das würde aber, gemessen an den Gesamtkosten der Wärmeversorgung (bzw. Warmwasserversorgung), einen unverhältnismäßig hohen Aufwand erfordern, so dass keine verbrauchsabhängige Verteilung erforderlich ist. Ist der Gebäudeeigentümer nach dem Nutzungsvertrag berechtigt,[26] auch die Kosten der Hausanlagen (Übergabestation, Druckminderer) auf die Nutzer umzulegen, kann er im Rahmen des § 315 BGB einen angemessenen Verteilungsmaßstab wählen.

34 In Erfüllung der Verpflichtung aus der Ermächtigungsgrundlage in § 5 Abs. 2 EnEG kann wegen **besonderer Umstände (Nr. 5.)** von den Verpflichtungen der HeizkV befreit werden, um wirtschaftlich nicht mehr vertretbare Härten zu vermeiden[27]. Der Anwendungsbereich dieser Generalklausel deckt sich weitgehend mit dem Ausnahmetatbestand der Nr. 1.a). Liegen dessen Voraussetzungen vor, hat der Gebäudeeigentümer keinen Anspruch auf Erteilung einer behördlichen Ausnahmegenehmigung; denn diese greift nur für die gesetzlich nicht speziell geregelten Fälle ein.

35 Eine **unbillige Härte,** die sich aus der Anbringung von Erfassungsgeräten ergeben kann, liegt vor, wenn die Anbringung nur für eine kurze Zeitdauer wegen Änderung des Heizsystems, der Gebäudenutzung oder des Gebäudebestandes erfolgen soll. Dann kann für diesen vorübergehenden Zeitraum eine Ausnahmegenehmigung erteilt werden. **Nicht** hierunter fallen Umstände, die die Durchsetzung der Anbringung wegen des Widerstrebens der Nutzer schwierig erscheinen lässt; der Gebäudeeigentümer ist in solchen Fällen verpflichtet, mit gerichtlichen Duldungstiteln die Anbringung der Erfassungsgeräte durchzusetzen.

36 Von einem **unangemessenen Aufwand** kann bei sukzessivem Bezug eines Neubaus hinsichtlich der Abrechnung der bereits eingezogenen Nutzer gesprochen werden. Denn der ständige Wechsel im Bestand lässt eine ordnungsgemäße Kostenverteilung kaum durchführbar erscheinen; die hierfür notwendigen Zwischenablesungen stehen in keinem Verhältnis zum Verteilungszweck, der Heizkostenersparnis.[28] Deshalb kann für eine Übergangszeit eine Ausnahmegenehmigung erteilt werden.

37 Die Zuständigkeiten für die Erteilung der Ausnahmegenehmigung richten sich nach Landesrecht.[29]

II. Ökologische Gründe, Nr. 3

38 Das Einsparungsziel der HeizkV erstreckt sich auf nicht regenerierbare Energiearten. Werden diese von der Wärme- und Warmwasserversorgung in einem Gebäude nicht oder nicht wesentlich betroffen oder werden sie auf Grund besonderer Vorkehrungen bereits außergewöhnlich rationell genutzt, bedarf es keines zusätzlichen Anreizes zum sparsamen Umgang mit diesen Energiearten.

39 Ausnahmefähig sind aber nur die in Nr. 3a) und b) abschließend aufgezählten technischen Einrichtungen. Dieser Katalog ist nicht erweiterungsfähig, so dass auch bei Nutzung sonstiger energiesparender Technologien keine Ausnahmemöglichkeit besteht.

---

[24] *Flatow* AnwZert MietR 4/2017 Anm 1.
[25] S. oben § 2 Rdn. 15 bis 23.
[26] S. § 7 Rdn. 40.
[27] Eine Befreiung von der Verpflichtung zur Anbringung von Thermostatventilen stellt keinen derartigen Ausnahmetatbestand dar, sofern die Heizkörper überhaupt – wenn auch nur durch An- und Abschalten – zu regulieren sind, LG Berlin MM 2005, 74.
[28] **A. A.** LG Berlin DWW 1997, 152.
[29] Aufzählung bei *Peruzzo,* Anhang 13, S. 174/175; *Lammel,* § 11 Rdn. 60.

Die Verwendung der aufgezählten Techniken allein reicht für die Möglichkeit einer Ausnahme von der HeizkV nicht aus. Erforderlich ist zusätzlich, dass die Gebäude **überwiegend** mit Wärme oder Warmwasser aus diesen Anlagen versorgt werden, da sie derzeit ohne Zuschaltung von Heizungen für fossile Brennstoffe keine ausreichende Versorgung gewährleisten können. Von einem Überwiegen kann gesprochen werden, wenn die Versorgung der Gebäude zu mehr als 50% durch die aufgezählten Anlagen erfolgt. **40**

Nach diesen beiden objektiven Tatbestandsmerkmalen konnte bisher die Erteilung einer Ausnahmegenehmigung beantragt werden, die von zusätzlichen Kriterien abhing. Der Bundesrat hat dieses Genehmigungserfordernis unter dem Gesichtspunkt der Entbürokratisierung gestrichen, weil er der Auffassung war, dass die Nutzer das Vorliegen der Voraussetzungen der Nr. 3 selbst feststellen könnten.[30] Das ist zu bezweifeln und wird zu Streitigkeiten führen. **41**

[30] BR-Drs. 570/08, Beschluss S. 5.

§ 12 Kürzungsrecht, Übergangsregelungen

(1) [1]Soweit die Kosten der Versorgung mit Wärme oder Warmwasser entgegen den Vorschriften dieser Verordnung nicht verbrauchsabhängig abgerechnet werden, hat der Nutzer das Recht, bei der nicht verbrauchsabhängigen Abrechnung der Kosten den auf ihn entfallenden Anteil um 15 vom Hundert zu kürzen. [2]Dies gilt nicht beim Wohnungseigentum im Verhältnis des einzelnen Wohnungseigentümers zur Gemeinschaft der Wohnungseigentümer; insoweit verbleibt es bei den allgemeinen Vorschriften.

(2) Die Anforderungen des § 5 Absatz 1 Satz 2 gelten bis zum 31. Dezember 2013 als erfüllt

1. für die am 1. Januar 1987 für die Erfassung des anteiligen Warmwasserverbrauchs vorhandenen Warmwasserkostenverteiler und

2. für die am 1. Juli 1981 bereits vorhandenen sonstigen Ausstattungen zur Verbrauchserfassung.

(3) Bei preisgebundenen Wohnungen im Sinne der Neubaumietenverordnung 1970 gilt Absatz 2 mit der Maßgabe, dass an die Stelle des Datums „1. Juli 1981" das Datum „1. August 1984" tritt.

(4) § 1 Absatz 3, § 4 Absatz 3 Satz 2 und § 6 Absatz 3 gelten für Abrechnungszeiträume, die nach dem 30. September 1989 beginnen; rechtsgeschäftliche Bestimmungen über eine frühere Anwendung dieser Vorschriften bleiben unberührt.

(5) Wird in den Fällen des § 1 Absatz 3 der Wärmeverbrauch der einzelnen Nutzer am 30. September 1989 mit Einrichtungen zur Messung der Wassermenge ermittelt, gilt die Anforderung des § 5 Absatz 1 Satz 1 als erfüllt.

(6) Auf Abrechnungszeiträume, die vor dem 1. Januar 2009 begonnen haben, ist diese Verordnung in der bis zum 31. Dezember 2008 geltenden Fassung weiter anzuwenden

Systematische Übersicht

A. Regelungszweck

1 Die abschließende Norm der HeizkV beinhaltet insgesamt **drei** verschiedene **Regelungen.** Im Vordergrund steht das Kürzungsrecht des Nutzers bei nicht verbrauchsabhängiger Kostenverteilung (unten Rdn. 3 bis 21). Dazu kommen Bestimmungen über den Bestandsschutz für bereits vorhandene Erfassungsgeräte (unten Rdn. 22 bis 28) und eine Übergangsvorschrift über die Anwendung der neuen Regelungen der HeizkV (unten Rdn. 29).

2 Der disparate Regelungsgehalt erklärt sich aus der **Entstehungsgeschichte** der Norm, die in der gegenwärtigen Form eine Zusammenfassung der alten Übergangsvorschrift mit der ehemaligen Sondervorschrift für preisgebundenen Wohnraum in § 12a a. F. darstellt. Beide Altvorschriften enthielten zwar schon ein Kürzungsrecht, machten es aber von unterschiedlichen Voraussetzungen abhängig und verfolgten auch verschiedene Zwecke. Während die alte Kürzungsvorschrift in § 12 Abs. 1 Nr. 4 das Kürzungsrecht als Sanktion und Erzwingungsmittel zur Anbringung von Erfassungsgeräten ansah und davon ausging, dass es mit der Zeit überflüssig werden würde, war § 12a Abs. 1 auf das Mietpreisrecht zugeschnitten, wonach keine über deren Normen hinausgehenden Kosten vom Mieter preisgebundener Wohnungen verlangt werden durften.

B. Kürzungsrecht, Abs. 1

3 Nach der Neufassung des § 12 steht dem Nutzer generell das Recht zu, seinen Kostenanteil um 15% zu kürzen, wenn entgegen den Vorschriften der HeizkV nicht verbrauchsabhängig abgerechnet worden ist. Damit wird die Einhaltung der Regelungen der HeizkV in die Hände der betroffenen Parteien gelegt; denn die HeizkV enthält weder eine Strafsanktion noch ist davon auszugehen, dass die Behörden entsprechend § 7 Abs. 1 EnEG die Einhaltung der Vorschriften der HeizkV überwachen. Das entspricht auch der Tendenz der HeizkV, nur insoweit obrigkeitlich in die Privatrechtsverhältnisse einzugreifen, wie es für die Erfüllung ihrer Zwecke erforderlich erscheint.

Das Kürzungsrecht stellt sich als ein dem Grunde und der Höhe nach gesetzlich festgelegter Schadensersatzanspruch dar.[1] Denn die Verpflichtung zur verbrauchsabhängigen Kostenverteilung beruht zwar auf der Verordnung, bedarf aber zu ihrer Umsetzung privatautonomer Gestaltung der jeweiligen Nutzungsverträge. Werden entgegen der vertraglichen Vereinbarung die Kosten nicht verbrauchsabhängig verteilt, liegt ein Verstoß gegen Nebenpflichten aus dem Vertrag vor, der zu einem Schadensersatz aus positiver Vertragsverletzung führt.[2] **4**

Der Gesetzgeber hat die gesetzliche Festlegung des Schadensersatzanspruchs deshalb für erforderlich gehalten, weil dessen Durchsetzung im Einzelfall sowohl auf dogmatische als auch beweisrechtliche Schwierigkeiten hinsichtlich des Rechtsgrundes als auch der Schadenshöhe führen könnte. Dem Nutzer sollte erspart bleiben, insbesondere die Schadenshöhe nachweisen zu müssen, was auf erhebliche Schwierigkeiten gestoßen wäre. **5**

Mit dem Kürzungsrecht geht der Gesetzgeber in der Neufassung der Norm (s. oben Rdn. 3) von der Vermutung aus, dass sich jeder Nutzer auf Grund der verbrauchsabhängigen Kostenverteilung bemühen werde, Kosten und damit Energie einzusparen. Dieser Spareffekt ginge dagegen verloren, wenn keine verbrauchsabhängige Verteilung vorgenommen werden würde. Die in den alten Fassungen des Kürzungsrechts (s. oben Rdn. 2) enthaltenen Zwecke, die Anbringung von Erfassungsgeräten zu erzwingen bzw. das Mietpreisrecht einzuhalten, sind demgegenüber völlig in den Hintergrund getreten. **6**

Die Pauschalierung der Schadensersatzhöhe beruht auf Untersuchungen, wonach durch die verbrauchsabhängige Kostenverteilung eine Einsparung von 15% erzielt werden kann. Dem kann nicht entgegengehalten werden, dass nach Durchführung von Wärmedämmassnahmen und gestiegenem Energiebewusstsein dieser Satz nicht mehr erreicht werden kann.[3] Denn der Gesetzgeber hat mit Bedacht einen Prozentsatz und keine absolute Zahl gewählt, so dass auch bei modernen Häusern dieser prozentuale Wert erreicht werden kann, aber von einer geringeren Verbrauchsbasis aus gemessen. Angesichts der empirischen Grundlage der „15%" kann dieses Kürzungsrecht nicht auf andere Verbrauchskosten, die entgegen einer vertraglichen Vereinbarung verbrauchsunabhängig abgerechnet worden sind, im Rahmen einer Schadensschätzung nach § 287 ZPO analog angewendet werden[4]; es fehlt an dem für eine Analogie erforderlichen vergleichbaren Tatbestand[5]. **7**

Das Kürzungsrecht ist generell **nicht** gegeben, wenn Ausnahmevorschriften eingreifen, die die Anwendung der HeizkV allgemein oder im Einzelfall ausschließen. Das gilt für die Zwei-Familien-Häuser nach § 2, die Sondervereinbarung nach § 9b Abs. 4 und die Ausnahmeregelungen des § 11.[6] In den übrigen Fällen ist bei nicht verbrauchsabhängiger Verteilung das Kürzungsrecht anwendbar, so auch wenn dem Gebäudeeigentümer der Beweis für das Vorliegen eines Ausnahmetatbestandes nicht gelingt.[7] **8**

Grundsätzlich setzt die Geltendmachung des Kürzungsrechts voraus, dass **nicht verbrauchsabhängig abgerechnet** worden ist. Das kann darauf beruhen, dass überhaupt keine Erfassungsgeräte angebracht worden sind, aber auch darauf, dass trotz vorhandener Erfassungsgeräte keine ordnungsgemäße Kostenverteilung vorgenommen worden ist. Jedoch fallen nur handhabungsbedingte Mängel der Kostenverteilung darunter, nicht nachträglich behebbare, auch nicht systembedingte Ungenauigkeiten der Erfassung (insbesondere bei Heizkostenverteilern nach dem Verdunstungsprinzip) oder die lediglich rechnerisch nach den sog. anerkannten Regeln der Technik bestimmten Verbrauchsanteile bei einer Einrohrheizung (s. § 7 Abs. 1 S. 3).[8] Daraus folgt, dass beide Tatbestands- **9**

---

[1] **A. A.** MieWo-*Schmid,* § 12 Rdn. 2: Recht sui generis. Das schließt die analoge Anwendung des § 536b BGB (Kein Kürzungsrecht bei Kenntnis des Fehlens von Erfassungsgeräten) aus, **a. A.** AG Staufen DWW 1998, 346.

[2] BGH (VIII ZR 218/11) WuM 2012, 316.

[3] So insbesondere noch *Pfeifer,* § 12 Anm. 2. Auch bei Niedrigenergiehäusern lässt sich noch ein Einsparpotential feststellen, Bundesamt für Bauwesen und Raumordnung, Heizkostenerfassung im Niedrigenergiehaus, Heft 118, 2004; so jetzt auch *Pfeifer,* 4.A., § 12 Anm. 2.

[4] AG Halle (Saale) ZMR 2011, 962.

[5] **A. A.** LG Itzehoe MietRB 2011, 308, und möglicherweise BGH (VIII ZR 218/11) WuM 2012, 316; dem folgend *Eisenschmid,* MietPrax-AK § 556 BGB Nr. 89 Anmerkung; MüKoBGB/*Schmid/Zehelein* § 13 HeizkostenV Rdn. 6.

[6] AG Lübben NZM 2000, 907.

[7] AG Berlin-Wedding GE 2012, 1099 m. Anm. *Lammel,* jurisPR-MietR 25/2012 Anm. 3: in der Tatsachenfeststellung ist die Entscheidung falsch. Abgeändert durch LG BerlinWuM 2013, 612 m. Anm. *Lammel* jurisPR-MietR 17013 Anm. 3.

[8] LG Berlin GE 2012, 1563.

merkmale des Kürzungsrechts, nämlich „entgegen der Vorschriften" und „ nicht verbrauchsabhängig", erfüllt sein müssen, damit es zum Tragen kommt.[9]

10 **Handhabungsbedingte Fehler bei der Kostenverteilung** liegen vor, wenn das angebrachte Erfassungsgerät ausgefallen ist, nicht ordnungsgemäß abgelesen worden ist, Skalierungsfehler im Hinblick auf den verwendeten Heizkörper aufweist, fehlerhaft angebracht ist. In allen diesen Fällen (mit Ausnahme des vollständigen Geräteausfalls) kann zwar ein Wert abgelesen werden, dieser entspricht aber nicht dem tatsächlichen Verbrauchsanteil. Nicht hierher gehören Abrechnungsfehler in der zu erstellenden Kostenrechnung.[10] Denn bei diesen handelt es sich nicht mehr um Fragen der verbrauchsabhängigen Abrechnung, sondern um die rechnerisch – nach erfasstem Verbrauch – richtig zu erstellende Kostenverteilung. Im letzteren Fall ist die Rechnung nicht ordnungsgemäß im Sinne des § 259 BGB erstellt und braucht insgesamt bis zur Beseitigung des Mangels nicht beglichen zu werden.

11 Die Fehler (s. oben Rdn. 10) berechtigen dann nicht zur Kürzung des Kostenanteils, wenn sie nachträglich beseitigt werden können und auch beseitigt werden[11]; der Gebäudeeigentümer kann sich aber für die konkret abzurechnende Periode mit der Kürzung nach § 12 Abs. 1 zufrieden geben, wenn ihm die Mangelbeseitigung zu umständlich oder kostenträchtig erscheint. Der Nutzer hat aber für zukünftige Abrechnungsperioden einen Anspruch auf Beseitigung der Erfassungsmängel.

12 Das Kürzungsrecht greift auch in den Fällen der Abrechnung nach den §§ 9a und 9b Abs. 3 (in der Variante der **Unmöglichkeit der Zwischenablesung**) ein. Zwar handelt es sich bei der Abrechnung nach § 9a um eine solche nach der HeizkV, aber nicht um eine verbrauchsabhängige.[12] Die Wortfolge „entgegen den Vorschriften dieser Verordnung" in § 12 Abs. 1 bezieht sich nicht auf die Verfahren nach den §§ 9a, 9b. Denn dieser Wortlaut war bereits in der alten Fassung der Kürzungsrechte nach den §§ 12 Abs. 1 Nr. 4, 12a Abs. 1 enthalten und konnte sich damals nicht auf die noch nicht vorhandenen Verfahren nach §§ 9a, 9b erstrecken. Die Neufassung des Kürzungsrechts hat zwar den alten Wortlaut beibehalten, aber über die Einbeziehung der neuen Sonderregelungen nichts gesagt, so dass weiter davon auszugehen ist, dass damit nur die allgemeinen Abrechnungsbestimmungen gemeint sind, nicht aber die Sondervorschriften. Insbesondere bei § 9b Abs. 3 ist daher darauf abzustellen, wer die Unmöglichkeit der Zwischenablesung zu vertreten hat. Liegt dies im Bereich des Gebäudeeigentümers, findet das Kürzungsrecht Anwendung.[13]

13 Das Kürzungsrecht muss vom **Nutzer geltend** gemacht werden[14], die Herabsetzung des ihm berechneten Kostenanteils erfolgt nicht automatisch kraft Gesetzes. Ebenso wenig darf das Gericht von Amts wegen im Streitfall die Kürzung vornehmen; es darf aber im Rahmen seiner Hinweispflicht auf die entsprechenden Rechte aufmerksam machen.

14 Der Höhe nach ist das Kürzungsrecht auf den Satz von 15% begrenzt (wegen weitergehender Rechte s. unten Rdn. 19 bis 21). Der Nutzer darf die Kürzung bis zu dieser Höhe geltend machen, er muss es aber nicht; er kann sich auch mit einem geringeren Prozentsatz zufrieden geben. Dagegen ist der gesetzliche Prozentsatz nicht davon abhängig, dass z. B. die gesamte Nutzungseinheit vom Mangel betroffen ist; er reduziert sich nicht automatisch bzw. kann auch nicht gegen den Willen des Nutzers herabgesetzt werden, wenn z. B. nur ein Raum vom Mangel betroffen ist.[15] Denn die mangelhafte Erfassung auch nur eines Raumes wirkt sich wegen der der Kostenverteilung zu Grunde liegenden Verhältnisrechnung auf sämtliche Abrechnungen der Abrechnungseinheit aus, so dass allen Nutzern das Kürzungsrecht zusteht.[16]

15 Die **Kürzung** kann nur von dem Kostenanteil des jeweiligen Nutzers **berechnet** werden, der sich aus der – fehlerhaften – Abrechnung für ihn ergibt; kürzungsfähig ist der volle Kostenanteil,[17] nicht lediglich dessen verbrauchsabhängiger Teil. Das setzt aber voraus dass überhaupt eine – unab-

---

[9] *Lammel* NZM 2016, 748; anders *Lindner* AnwZert MietR 24/2015 Anm. 2.

[10] BGH (VIII ZR 156/11) NZM 2012, 230.

[11] AG Berlin-Wedding GE 2011, 489.

[12] **A. A.** die wohl hM, *Pfeifer,* § 12 Anm. 2b; *Kinne,* § 12 Rdn. 221; *Freywald* Rdn. 35; BGH (VIII ZR 373/04) WuM 2005, 776.

[13] So auch *Freywald,* Rdn. 36; *Kinne,* § 12 Rdn. 222;AG Berlin-Mitte MM 2005, 39.

[14] OLG Köln ZMR 2010, 850.

[15] **A. A.** *Pfeifer,* § 12 Anm. 5a; in der 4.A. nicht mehr enthalten.

[16] *Kinne,* § 12 Rdn. 227; **a. A.** *Pfeifer,* § 12 Anm. 2.g.

[17] Inzident geht auch der BGH von dieser Berechnungsmethode aus, BGH (VIII ZR 361/89) ZMR 1991, 170/173; jetzt deutlich BGH (VIII ZR 329/14) WuM 2016, 174 Rz. 12.

hängig vom Verstoß gegen die HeizkV – „ordnungsgemäße" Abrechnung vorliegt; ist diese auch über die HeizkV hinaus fehlerhaft, steht dem Gebäudeeigentümer mangels Begründung keine Forderung zu.[18] Nicht gekürzt werden die Gesamtkosten der Abrechnungseinheit oder auch nur die gesamten Energieverbrauchskosten. Werden Wärme und Warmwasser aus getrennten Anlagen bezogen, erfolgt die nicht verbrauchsabhängige Verteilung aber nur für eine dieser Versorgungsarten, so ist das Kürzungsrecht nur für diese Verbrauchsart anwendbar, da der Mangel der einen Art nicht die andere Art berührt. Dies gilt im Regelfall aber nicht für verbundene Anlagen, da hier die Verteilung von Wärme- und Warmwasserkosten voneinander abhängig ist (§ 9 Rdn. 10)[19].

Ausgeschlossen ist die **rückwirkende Geltendmachung des Kürzungsrechts.** Hat der 16
Nutzer die sich für ihn aus der fehlerhaften Abrechnung ergebenden Kosten bezahlt, ohne sich auf sein Kürzungsrecht berufen zu haben, ist das entsprechende Leistungsverhältnis durch Erfüllung erloschen.[20] Durch die nachträgliche Berufung auf die Kürzung fällt die Rechtsgrundlage für die Leistung des Kürzungsbetrages nicht nachträglich weg, weil es sich insoweit nicht um ein Gestaltungs-, sondern ein Forderungsrecht handelt.[21]

Ferner kann die **Geltendmachung ausgeschlossen** sein, wenn sie sich als Verstoß gegen Treu 17
und Glauben darstellt oder wenn sie vertraglich ausgeschlossen ist. Ein Verstoß gegen § 242 BGB wird dann vorliegen, wenn sich alle Nutzer einer Abrechnungseinheit zu Beginn einer Abrechnungsperiode ausdrücklich mit der verordnungswidrigen Kostenverteilung einverstanden erklärt haben, etwa aus Kostengründen.[22] Ein formularvertraglicher Ausschluss des Kürzungsrechts kann allenfalls bei Neuabschluss des Nutzungsvertrages für die laufende Abrechnungsperiode gelten;[23] denn er widerspricht als Dauereinwand der gesetzlichen Zielsetzung der HeizkV.[24] Das gleiche gilt auch für die Anmietung einer Wohnung in Kenntnis ihrer Nichtausstattung mit Verbrauchserfassungsgeräten; § 536 b ist hierauf nicht anwendbar.[25]

Ausgeschlossen ist das Kürzungsrecht ferner kraft Gesetzes beim **Wohnungseigentum** im 18
Verhältnis zwischen dem einzelnen Wohnungseigentümer und der Eigentümergemeinschaft.[26] Dem einzelnen Wohnungseigentümer bleibt hier nur die Möglichkeit, gegenüber der Gemeinschaft die ihm zustehenden Rechte auf Durchführung einer Heizkostenverteilung nach der HeizkV geltend zu machen.[27] Anwendbar ist dagegen das Kürzungsrecht im Verhältnis zwischen dem Wohnungseigentümer und dem einzelnen Nutzer der Räume.

Der Nutzer ist mit seinen Rechten bei Vorliegen einer nicht verbrauchsabhängigen Kostenver- 19
teilung nicht auf die Geltendmachung des gesetzlichen abstrakten Schadensersatzes beschränkt. Er kann seinen Schaden auch konkret berechnen. Anspruchsgrundlage ist die positive Vertragsverletzung des Nutzungsvertrages,[28] dem ausdrücklich oder zumindest konkludent die verbrauchsabhängige Abrechnung nach der HeizkV zu Grunde liegt. Der mögliche Schaden besteht in der Differenz zwischen dem nicht verordnungsgerecht berechneten Kostenanteil und dem geringeren Kostenanteil, der sich ergeben würde, wenn ordnungsgemäß verbrauchsabhängig verteilt worden wäre. Der Nutzer ist beweispflichtig. Bei einer preisgebundenen Wohnung kann der Mieter nach § 8 Abs. 2 Satz 2 WoBindG den Teil der Kostenmiete, zu der gemäß § 8 a Abs. 7 WoBindG auch die Zuschläge für Betriebskosten gehören, zurückverlangen, der von ihm über den zulässigen Teil hinaus gezahlt worden ist. Aber auch hier obliegt ihm der nur schwer zu erbringende Beweis des Minderverbrauchs.

Neben den Schadensersatzansprüchen hat der Nutzer nach § 4 gegen den Gebäudeeigentümer 20
einen Anspruch darauf, dass entweder Erfassungsgeräte entsprechend § 5 angebracht oder bei ihnen bestehende Mängel beseitigt werden.

---

[18] OLG Düsseldorf ZMR 2005, 42.

[19] Der Sachverhalt BGH (VIII ZR 195/04) WuM 2005, 657 lässt nicht erkennen, welche Versorgungsart vorliegt; jedenfalls ist die Entscheidung nicht verallgemeinerungsfähig und der Leitsatz zu weitgehend; s. auch Anm. *Lammel* WuM 2005, 762.

[20] LG Hamburg WuM 2000, 311.

[21] *Kinne,* § 12 Rdn. 226; **a. A.** *Schmid,* Rdn. 6319.

[22] **A. A.** wohl LG Hamburg WuM 2005, 721/722, aber mit einer zirkelschlussartigen Begründung.

[23] Weitergehend wohl *Kinne,* § 12 Rdn. 224.

[24] Im Ergebnis ebenso LG Hamburg WuM 2005, 721.

[25] **A. A.** AG Staufen DWW 1998, 346.

[26] Auch bei mehreren Eigentümergemeinschaften, die aus einer gemeinsamen Heizungsanlage Wärme und Warmwasser beziehen, OLG München ZMR 2004, 709.

[27] S. oben § 3 Rdn. 9; 18.

[28] BGH (VIII ZR 218/11) WuM 2012, 316 zum Schadensersatzanspruch.

21 Schließlich steht dem Nutzer gegenüber der Nachforderung aus der Heizkostenverteilung ein Zurückbehaltungsrecht bei nicht ordnungsgemäßer Abrechnung zu.[29] Dies allerdings nur dann, wenn sich der Abrechnungsmangel beseitigen lässt. Ist der Mangel dagegen unbehebbar, bleibt es beim Schadensersatzanspruch bzw. dem Kürzungsrecht.

C. Bestandsschutz, Abs. 2, 3, 5

22 Der Bestandsschutz für einzelne an den genannten Daten bereits verwendete Erfassungsgeräte soll vermeiden, nur wegen der Neuregelung in § 5 einen kostenverursachenden Geräteaustausch zu vollziehen. Allerdings beschränkt sich dieser Bestandsschutz auf die vorhandenen Geräte eines bestimmten Systems, das nicht unbedingt den Erfordernissen des § 5 entspricht; der Bestandsschutz erstreckt sich dagegen nicht auf die Beibehaltung des Erfassungssystems nach Wegfall des vorhandenen Gerätes wegen Verschleißes oder sonstiger Unbrauchbarkeit. Deshalb ist davon auszugehen, dass derartige bestandsgeschützte Altgeräte nicht mehr im Gebrauch sind. Jedenfalls ist der Bestandsschutz jetzt bis zum 31.12.2013 **begrenzt** worden, da durch Altgeräte der verbrauchssparende Zweck der HeizKV gefährdet werde.[30] Die Begrenzung gilt aber nur für die Altgeräte, die vor den genannten Daten angebracht worden sind; sie gilt nicht für danach angebrachte Erfassungsgeräte.

23 Keine Frage des Bestandsschutzes stellt die Änderung der DIN-Regelungen[31] für Erfassungsgeräte dar. Diese Normen gelten erst für die nach ihrem In-Kraft-Treten neuanzubringenden Geräte, lassen aber bereits vorhandene Erfassungsgeräte nicht nachträglich als ungeeignet im Sinne der HeizkV erscheinen.

24 Praktische Bedeutung hätte der Bestandsschutz allenfalls für die neuen Bundesländer haben können, weil dort anstelle der Daten 1. Januar 1987 und 1. Juli 1981 das Datum 1. Januar 1991 maßgebend ist. Alle bis zu diesem Zeitpunkt angebrachten Erfassungsgeräte würden daher als den Erfordernissen des § 5 entsprechend gelten; allerdings sind in den neuen Ländern durchweg keine alten Erfassungsgeräte angebracht gewesen.

25 Fallen bestimmte Einrichtungen zur Verbrauchserfassung unter den Bestandsschutz, kann der Nutzer eine Kostenrechnung **nicht** nach Abs. 1 um 15% **kürzen.** Denn die Abrechnung gilt als ordnungsgemäß.

26 Der Bestandsschutz gilt aber nur soweit, wie die heizungstechnischen Voraussetzungen für das Altsystem unverändert bleiben. Werden diese umgestaltet, so dass das alte Erfassungsgerät systembedingt nicht mehr verwendbar ist, muss nunmehr das neue Gerät den Erfordernissen des § 5 entsprechen. Das gleiche gilt, wenn das Altgerät durch eine notwendige Reparatur modernisiert wird.

27 Der **Bestandsschutz für Warmwasserkostenverteiler** beruhte auf der Erwartung, dass alsbald für diese Geräte ein technisches Regelwerk erarbeitet würde. Diese Erwartung hat sich nicht erfüllt; die 1987 in den alten Bundesländern in Gebrauch befindlichen Geräte dürften angesichts einer Lebensdauer von 6 bis 8 Jahren[32] inzwischen funktionsunfähig geworden sein; ein Austausch durch neue gleichartige Geräte wird aber vom Bestandsschutz nicht mehr erfasst.

28 Für sonstige Geräte zur Verbrauchserfassung gilt in den alten Bundesländern der Stichtag 1. Juli 1981; für preisgebundenen Wohnraum der 1. August 1984. Hiervon werden besonders Verdunstungsgeräte mit Skalenreduktion erfasst, mit deren Hilfe ein lagebedingter Mehrverbrauch bestimmter Räume rechnerisch ausgeglichen werden sollte. Der Austausch der Verdunster durch neue Modelle lässt den Bestandsschutz entfallen, so dass auch eine rechnerische Reduktion anhand von Tabellen unzulässig ist.

29 Im Fall der **Direktabrechnung bei Fernwärmelieferung** bleibt die Kostenberechnung auf Grund von Zählern, die nur die Wassermenge, nicht die gelieferte Wärme messen, zulässig, sofern sie vor dem 30. September 1989 installiert waren. Diese Regelung steht einer einseitigen Umstellung des Erfassungssystems auf Wärmemesser durch den Wärmelieferanten nicht entgegen; denn sie wirkt lediglich zu seinen Gunsten, nicht aber zugunsten des jeweiligen Nutzers. Die Umstellung ist analog § 6 Abs. 4 Satz 3 nur zu Beginn einer Abrechnungsperiode zulässig.

---

[29] AG Köln MietRB 2005, 170.
[30] BR-Drs. 570/08, S. 19.
[31] S. oben § 5 Rdn. 5.
[32] *Peters,* S. 107.

D. Übergangsvorschrift, Abs. 4, 6

Die Neuregelung der HeizkV für die Direktabrechnung bei Fernwärmeversorgung (§ 1 Abs. 3), die Kostenverteilung bei Gemeinschaftsräumen mit nutzungsbedingt hohem Wärme- und/oder Warmwasserverbrauch (§ 4 Abs. 3 Satz 2, § 6 Abs. 3) sollten erst für Abrechnungszeiträume nach dem 30. September 1989 Anwendung finden. Diese Regelung ist zeitlich überholt. 30

Nach Artikel 3 der Änderungsverordnung treten die Änderungen der Novelle am 1. Januar 2009 in Kraft. Dies würde u. a. mit den Vorschriften über die Änderung von Verteilungsschlüsseln erst ab einem zukünftigen Abrechnungszeitraum kollidieren, wenn der Abrechnungszeitraum bereits vor Inkrafttreten der Neuerungen zu laufen begonnen hat.[33] Deshalb schreibt Absatz 6 vor, dass auf bereits begonnene Abrechnungszeiträume die HeizKV in der bis zum 31. Dezember geltenden Fassung anzuwenden ist. Dabei sind diejenigen Abrechnungszeiträume übersehen worden, die parallel zum Kalenderjahr laufen. Angesichts der Verkündung der Novelle erst am 2. Dezember 2008 im Bundesgesetzblatt und der Veröffentlichung des VDI-Beiblatts zu § 7 im März 2009 sind die Fristen z. B. für die Abänderung des Verteilungsschlüssels nach § 7 Abs. 1 S. 2 nicht einzuhalten gewesen. Hierbei handelt es sich entgegen der vielfach geäußerten Auffassung nicht um ein technisches, sondern um ein rechtliches Problem, nämlich der Durchführbarkeit rechtlicher Anordnungen. Deshalb ist in Analogie zu § 187 Abs. 1 BGB der Anwendungsbeginn auf Abrechnungszeiträume, die mit dem 2. Januar 2009 zu laufen anfangen, festzusetzen. 31

[33] *Peruzzo* Rdn. 340.

Sicherungsanordnung, Räumungsvollstreckung, Prozessuale Schutzvorschriften

§ 283a ZPO Sicherungsanordnung

(1) [1]Wird eine Räumungsklage mit einer Zahlungsklage aus demselben Rechtsverhältnis verbunden, ordnet das Prozessgericht auf Antrag des Klägers an, dass der Beklagte wegen der Geldforderungen, die nach Rechtshängigkeit der Klage fällig geworden sind, Sicherheit zu leisten hat, soweit

1. die Klage auf diese Forderungen hohe Aussicht auf Erfolg hat und

2. die Anordnung nach Abwägung der beiderseitigen Interessen zur Abwendung besonderer Nachteile für den Kläger gerechtfertigt ist. Hinsichtlich der abzuwägenden Interessen genügt deren Glaubhaftmachung.

[2]Streiten die Parteien um das Recht des Klägers, die Geldforderung zu erhöhen, erfasst die Sicherungsanordnung den Erhöhungsbetrag nicht. [3]Gegen die Entscheidung über die Sicherungsanordnung findet die sofortige Beschwerde statt.

(2) Der Beklagte hat die Sicherheitsleistung binnen einer vom Gericht zu bestimmenden Frist nachzuweisen.

(3) Soweit der Kläger obsiegt, ist in einem Endurteil oder einer anderweitigen den Rechtsstreit beendenden Regelung auszusprechen, dass er berechtigt ist, sich aus der Sicherheit zu befriedigen.

(4) [1]Soweit dem Kläger nach dem Endurteil oder nach der anderweitigen Regelung ein Anspruch in Höhe der Sicherheitsleistung nicht zusteht, hat er den Schaden zu ersetzen, der dem Beklagten durch die Sicherheitsleistung entstanden ist. [2]§ 717 Abs. 2 Satz 2 gilt entsprechend.

Systematische Übersicht

Alphabetische Schnellübersicht

I. Überblick

1 Das Prozessgericht kann auf Antrag des Klägers (Vermieter) gegen den Beklagten (Mieter) anordnen, dass dieser für solche Forderungen, die nach Rechtshängigkeit fällig und dann eingeklagt worden sind, innerhalb einer vom Gericht festgesetzten Frist eine Sicherheit gem. § 232 BGB zu leisten hat; die Sicherheitsleistung geschieht i. d. R. durch Bankbürgschaft, Hinterlegung oder Verpflichtungserklärung einer öffentlichen Stelle. Die Sicherheitsleistung darf nur angeordnet werden, wenn eine Verurteilung wegen dieser Forderungen mit hoher Aussicht auf Erfolg zu erwarten ist, wenn die Sicherheitsleistung nach einer Interessenabwägung gerechtfertigt erscheint und wenn zugleich Räumungsklage erhoben ist. Soweit der Kläger dann tatsächlich mit seiner Zahlungsklage obsiegt, erlaubt ihm das Gericht in der Endentscheidung, sich aus der Sicherheit zu befriedigen; die weitergehende Sicherheit hat er zurückzugeben. Kommt der Beklagte der Sicherungsanordnung nicht nach, darf das Gericht auf Antrag gem. § 940 a Abs. 3 ZPO im Wege der einstweiligen Verfügung anordnen, dass der Mieter geräumt wird. § 940 a Abs. 3 ZPO gilt nur bei der Wohnraummiete; die Sicherungsanordnung kann hingegen auch bei der Gewerbemiete erlassen werden.

II. Entstehungsgeschichte und Zweck

2 Die Vorschrift wurde durch das Gesetz über die energetische Modernisierung von vermietetem Wohnraum und über die vereinfachte Durchsetzung von Räumungstiteln vom 11.3.2013 (MietRÄndG 2013; BGBl I 434) erstmals eingeführt und hat im Laufe des Gesetzgebungsverfahrens erhebliche Veränderungen insbesondere zu der Art der Sicherheitsleistung und der zu sichernden Forderungen erfahren[1]; ähnliche Regelungen gab und gibt es nicht[2]. § 283 a ZPO ist ohne besondere **Übergangsvorschriften** (s. Art. 9 MietRÄndG) am 1.5.2013 in Kraft getreten und gilt deshalb auch für zu diesem Zeitpunkt schon anhängige Verfahren[3].

3 Das MietRÄndG 2013 verfolgt als Ziel – auch – die **Bekämpfung des sog. Mietnomadentums,** also solcher Mieter, die sich planmäßig ihren Zahlungsverpflichtungen entziehen[4]. Die Sicherungsanordnung soll hierbei endgültige Forderungsausfälle bei langdauernden Hauptsacheverfahren verhindern, indem der Mieter unter bestimmten Voraussetzungen für das während des Verfahrens weiter fällig gewordene Nutzungsentgelt **Sicherheit leisten** muss[5]. Das soll den tatsächlichen Wert eines (später) in der Hauptsache ergehenden Zahlungstitels sichern und dem beklagten Mieter einen Anreiz nehmen, den Prozess zur Zahlungsverzögerung zu missbrauchen[6]. Der Vermieter erschien dem Gesetzgeber im Vergleich zu anderen Gläubigern schutzwürdiger, weil sich seine Außenstände nach Rechtshängigkeit weiter erhöhen[7]. Auch wenn Anlass des Gesetzes die Bekämpfung der Mietnomaden war, ist § 283 a ZPO nicht auf den betrügerisch handelnden Mieter beschränkt[8]. Kommt der Wohnungsmieter der angeordneten Sicherheitsleistung nicht nach, kann der Vermieter eine **Räumungsverfügung** gem. § 940 a Abs. 3 ZPO beantragen. Wird der Wohnungsmieter auf Grund einer solchen Räumungsverfügung geräumt, können weitere Rückstände nicht entstehen und dem Vermieter werden anderweitige Einnahmemöglichkeiten durch Weitervermietung eröffnet.

4 Das Zusammenspiel mit § 940 a Abs. 3 ZPO macht den **eigentlichen Zweck** von § 283 a ZPO deutlich. Die zunächst vorgesehene Sanktion bei Verstoß gegen die Sicherungsanordnung, die Verhängung eines Ordnungsgeldes bzw. Ordnungshaft, wurde im Laufe des Gesetzgebungsverfahrens gestrichen, die Möglichkeit, eine Räumungsverfügung zu beantragen, und Möglichkeit der Voll-

[1] S. dazu *Börstinghaus* in Börstinghaus/Eisenschmid, Arbeitskommentar Mietrechtsänderung 2013, § 283 a ZPO Rdn. 10 und 3ff.

[2] Eine ähnliche Regelung ist schon einmal als Forderungssicherungsgesetz für Werkunternehmeransprüche vorgeschlagen (BT-Drucks. 16/511), aber wegen erheblicher Bedenken nicht beschlossen worden (s. *Zehelein* WuM 2012, 421; *Börstinghaus* in Börstinghaus/Eisenschmid, Arbeitskommentar Mietrechtsänderung 2013, § 283 a ZPO Rdn. 9).

[3] OLG Celle NJW 2013, 3316; LG Saarbrücken WuM 2015, 630.

[4] Gesetzesbegründung BT-Drucks. 17/10485 S. 1/2.

[5] Gesetzesbegründung BT-Drucks. 17/10485 S. 2.

[6] Gesetzesbegründung BT-Drucks. 17/10485 S. 27/28.

[7] Beschlussempfehlung Rechtsausschuss BT-Drucks. 17/11894 S. 34/35. Die Beschränkung auf Miet- und Pachtverhältnisse ist erst auf Empfehlung des Rechtsausschusses erfolgt.

[8] So auch OLG Celle NJW 2013, 3316.

streckung durch den Kläger sah der Gesetzgeber als ausreichend an[9]. Die Möglichkeit der Vollstreckung dürfte allerdings weitgehend theoretischer Natur sein, weil eine Sicherungsanordnung im Wesentlichen nur dann erlassen werden darf, wenn der Mieter (nahezu) zahlungsunfähig ist (s. Rdn. 31), wenn es also keine Vollstreckungsmasse gibt. Deshalb stellt sich die Sicherungsanordnung – verschleiert durch ihre systematische Stellung und ihren Anwendungsbereich, der sich auch auf die Gewerbemiete erstreckt – im Grunde als bloße Tatbestandsvoraussetzung der für die Wohnraummiete möglichen Räumungsverfügung gem. § 940 a Abs. 3 ZPO dar[10]. Es wurde eine Art prozessualer Beendigungsgrund geschaffen, der neben die Kündigungsgründe des materiellen Rechts tritt und dessen Kern ein Verstoß gegen prozessuale Pflichten ist.

Das **Zusammenspiel mit § 940 a Abs. 3 ZPO** hat auch Auswirkungen auf die Auslegung von 5
§ 283 a ZPO[11]. Die Wohnung gehört zum zentralen Kernbereich der Lebensführung und genießt grundrechtlichen Schutz[12]. Eine Räumung – zumal im Wege der einstweiligen Verfügung – greift in dieses Schutzgut ein und darf nicht ohne hinreichenden Anlass und nachgewiesene Berechtigung erfolgen. Denn bei der Räumungsverfügung handelt es sich um eine Leistungsverfügung, die praktisch eine endgültige Befriedigung im Wege der einstweiligen Verfügung zum Gegenstand hat. Das ist zu berücksichtigen, wenn bei § 283 a Abs. 1 Satz 1 Nr. 1 ZPO das Überzeugungsmaß bestimmt wird, das eine hohe Aussicht auf Erfolg der Klage erfordert; außerdem ist es bei der Interessenabwägung gem. § 283 a Abs. 1 Satz 1 Nr. 2 ZPO zu berücksichtigen.

Die Sicherungsanordnung ist der Sache nach eine **Sicherungsverfügung,** die systematisch al- 6
lerdings nicht bei der einstweiligen Verfügung (§§ 935 ff. ZPO) angesiedelt ist, sondern bei den Vorschriften über das Verfahren. Der vorläufige Charakter und der Regelungszusammenhang mit § 940 a Abs. 3 ZPO hätten dafür gesprochen, § 283 a ZPO bei den Vorschriften über die einstweilige Verfügung einzuordnen. Anders als eine einstweilige (Sicherungs-)Verfügung gem. § 935 ZPO setzt eine Sicherungsanordnung ein bereits rechtshängiges Hauptsacheverfahren voraus, innerhalb dessen sie erlassen wird. Das nähert sie einstweiligen Anordnungen wie § 769 ZPO an. Insofern hat § 283 a ZPO eine **Zwitterstellung.** Die Zwitterstellung zeigt sich weiter daran, dass die Voraussetzungen der Sicherungsanordnung teilweise durch Strengbeweis und teilweise durch Glaubhaftmachung zu beweisen sind.

III. Anwendungsbereich

Die Sicherungsanordnung kann insbesondere, aber nicht nur für **(Zahlungs-)Ansprüche aus 7
Miet- und Pachtverhältnissen über unbewegliche Sachen** ergehen[13]. Das folgt daraus, das die Zahlungsklage zusammen mit einer Räumungsklage erhoben sein muss und die jeweils zu Grunde liegenden Ansprüche aus demselben Rechtsverhältnis stammen müssen. Der Begriff der Räumungsklage in § 283 a Abs. 1 ZPO ist nach dem Willen des Gesetzgebers[14] trotz des leicht unterschiedlichen Wortlauts identisch mit dem der Räumungssache in § 272 Abs. 4 ZPO. Diese Vorschrift wurde ebenfalls durch das MietRÄndG neu eingeführt und sieht – in Anlehnung an § 155 Abs. 1 FamFG bzw. § 61 a ArbGG – eine vorrangige und beschleunigte Behandlung von Räumungssachen vor, ohne allerdings konkrete Fristvorgaben zu machen. Unter **Räumungssachen** i. S. v. § 272 Abs. 4 ZPO versteht der Gesetzgeber solche gem. § 765 a Abs. 3 ZPO[15]. Deshalb ist der Begriff der Räumungssache nicht materiell-rechtlich zu auszulegen, sondern vollstreckungsrechtlich[16]. § 765 a ZPO erfasst Titel, die gem. § 885 ZPO zu vollstrecken sind, und Räumungsklagen i. S. v. § 283 a ZPO sind dementsprechend Verfahren, die auf Verschaffung von Titeln gerichtet

---

[9] Beschlussempfehlung Rechtsausschuss BT-Drucks. 17/11894 S. 35.

[10] So wohl auch LG Berlin NJW 2014, 1188 = WuM 2014, 217. Für eine eigenständigere Bedeutung des § 283 a ZPO *Emmerich* NZM 2014, 884 und *Emmerich* PiG 97 (2014) 124.

[11] **A. A.** *Emmerich* NZM 2014, 884 und *Emmerich* PiG 97 (2014) 124, der die „erforderlichen Hürden" erst bei der Auslegung des § 940 a Abs. 3 ZPO aufstellen will; s. zur Widerlegung näher bei Rdn. 20.

[12] BVerfG NJW 1993, 2035 = WuM 1993, 377 = ZMR 1993, 405.

[13] Beschlussempfehlung Rechtsausschuss BT-Drucks. 17/11894 S. 34, allerdings ohne die Beschränkung auf unbewegliche Sachen zu erwähnen.

[14] Beschlussempfehlung Rechtsausschuss BT-Drucks. 17/11894 S. 34.

[15] Beschlussempfehlung Rechtsausschuss BT-Drucks. 17/11894 S. 34.

[16] S. eingehend zum Begriff der Räumung bei Einleitung Räumungsvollstreckung (vor § 712 ZPO) Rdn. 1.

sind, die gem. § 885 ZPO vollstreckt werden[17]. Denn nur in § 885 ZPO geht es um Räumung. Der Anwendungsbereich des § 885 ZPO ist beschränkt auf unbewegliche Sachen (sowie Schiffe und Schiffsbauwerke). Eigentlicher Gegenstand der Vollstreckung ist die Besitzverschaffung der unbeweglichen Sache an den Gläubiger, also deren Herausgabe bzw. Überlassung; die Räumung betrifft die Behandlung (Wegschaffung und Verwertung) derjenigen beweglichen Sachen, die sich im herauszugebenden Bereich befinden. Auch wenn § 885 ZPO nicht auf die Herausgabe bzw. Räumung von Mietobjekten beschränkt ist (s. nachfolgend), resultieren nach § 885 ZPO zu vollstreckende Titel für den hier interessierenden Bereich des Mietrechts aus **Wohnraummietverhältnissen** bzw. aus Raum- oder Grundstücksmietverhältnissen gem. § 578 BGB. Weitergehend als in §§ 721, 794a ZPO sind also insbesondere auch **Gewerbemietverhältnisse** (sowohl über Räume als auch über Grundstücke) erfasst[18], nicht aber die Miete beweglicher Sachen (Auto, Container, Wohnwagen etc.), selbst wenn es dort gelegentlich auch materiell-rechtliche Räumungspflichten geben kann. Im Rahmen des § 283a ZPO kommt es nicht darauf an, ob der Vermieter konkret Räumung gem. § 546 Abs. 1 und 2 BGB oder „nur" Herausgabe gem. § 985 BGB verlangt bzw. verlangen kann. Das folgt schon aus § 885 Abs. 1 ZPO, wo nebeneinander von Herausgabe und Räumung die Rede ist; es folgt erst recht aus § 885a ZPO, der es dem Gläubiger erlaubt, einen Räumungstitel auf die Herausgabevollstreckung zu beschränken.

8 Über das Miet- und Pachtrecht hinausgehend liegt nach dem Vorstehenden eine Räumungsklage i. S. v. § 283a Abs. 1 ZPO immer schon dann vor, wenn Räumung oder **Herausgabe einer unbeweglichen Sache** begehrt wird, der Rechtsgrund des Anspruchs (z. B. § 985 BGB) ist gleichgültig[19]. Zwar hatte der Gesetzgeber bei der Schaffung von § 283a ZPO Miete und Pacht vor Augen und nur diese Vertragsarten im Gesetzgebungsverfahren erwähnt[20]. Daraus folgt aber keine Beschränkung, da im Gesetzestext die offene Formulierung „aus demselben Rechtsverhältnis" verwendet wird anstatt der Formulierung „aus demselben Miet- oder Pachtverhältnis". Außerhalb des Miet- und Pachtrechts kommen insbesondere kauf-, erb- oder schenkungsrechtliche Anspruchsgrundlagen in Betracht. Der Anwendungsbereich des § 283a ZPO ist aber nur eröffnet, wenn neben dem Herausgabe- bzw. Räumungsanspruch nach Rechtshängigkeit noch Zahlungsansprüche entstehen und mit der Klage geltend gemacht werden. Das können etwa Ansprüche auf Nutzungsentschädigung aus Bereicherungsrecht, einem Eigentümer-Besitzer-Verhältnis oder aus Schadensersatz sein. Räumungsansprüche außerhalb des Mietrechts bleiben im Folgenden außer Betracht.

IV. Voraussetzungen

9 Die Voraussetzungen für den Erlass einer Sicherungsanordnung sind einigermaßen komplex. Sie erfordern zu sichernde Geldforderungen, die nach Rechtshängigkeit fällig geworden sind (Rdn. 13), die Gegenstand eines nicht nur auf Zahlung, sondern auch auf Räumung gerichteten Hauptprozesses sind (Rdn. 10) und wegen derer eine Verurteilung in dem Hauptprozess mit hoher Aussicht erfolgen wird (Rdn. 19). Da die Sicherungsanordnung der Sache nach eine einstweilige (Sicherungs-)Verfügung ist (s. Rdn. 6), stellen diese zu sichernden Geldforderungen den Verfügungsanspruch dar. Weiterhin muss die Sicherungsanordnung geeignet sein, besondere Nachteile vom Kläger abzuwenden; diese Nachteile müssen die gegenläufigen Interessen des Beklagten überwiegen (Rdn. 26). Das ist der Verfügungsgrund der Sicherungsanordnung.

1. Verbundene Klage

10 Eine Sicherungsanordnung ist nur zulässig, wenn die **Zahlungsklage,** mit der die zu sichernden Ansprüche geltend gemacht werden, **verbunden** ist **mit einer Räumungsklage.** Hierdurch wollte der Gesetzgeber sicherstellen, dass der Anwendungsbereich der Sicherungsanordnung auf das Miet- und Pachtrecht beschränkt wird[21]. Dieser Wille ist nicht vollständig umgesetzt worden, da es auch Räumungsklagen außerhalb des Miet- und Pachtrechts gibt (Einzelheiten bei Rdn. 8); praktische Bedeutung dürften Sicherungsanordnungen aus anderen Rechtsbereichen aber nur in

[17] So auch *Börstinghaus* NJW 2013, 3265.
[18] *Börstinghaus* in Börstinghaus/Eisenschmid, Arbeitskommentar Mietrechtsänderung 2013, § 283a ZPO Rdn. 11; *Börstinghaus* NJW 2013, 3265.
[19] OLG Naumburg NJW 2016, 1250; *Börstinghaus* NJW 2013, 3265.
[20] Beschlussempfehlung Rechtsausschuss BT-Drucks. 17/11894 S. 34.
[21] Beschlussempfehlung Rechtsausschuss BT-Drucks. 17/11894 S. 34.

geringem Umfang erreichen, weil es meist an den weiteren zu erfüllenden Voraussetzungen fehlen wird. **Verbindung** gem. § 283 a Abs. 1 ZPO ist nicht gleichzusetzen mit Verbindung gem. § 147 ZPO[22]. Das würde den Anwendungsbereich von § 283 a ZPO zu stark einengen, ohne dass hierfür ein Sinn oder eine gesetzgeberische Absicht erkennbar wäre. Verbindung bedeutet vielmehr, dass die Zahlungsklage mit der Räumungsklage zusammen in einem Rechtsstreit erhoben sein muss – entweder von Anfang an oder durch spätere Verbindung gem. § 147 ZPO oder durch Klageerweiterung[23], so dass im Zeitpunkt des Erlasses der Sicherungsanordnung eine Anspruchshäufung von Zahlungs- und Räumungsklage gem. § 260 ZPO besteht; die Erhebung der Zahlungsklage in einem anderen Rechtsstreit reicht nicht aus[24]. Der gesetzgeberische Zweck erfordert eine Klagehäufung zwar nicht, er wäre auch bei einer zeitlich gemeinsamen Geltendmachung der Ansprüche in verschiedenen Verfahren verwirklicht; der Wortlaut „verbunden" lässt eine solche Vorgehensweise aber nicht zu. Allenfalls eine spätere Prozesstrennung gem. § 145 ZPO könnte mit dem Wortlaut vereinbar und damit unschädlich sein[25]; ist aber eine Sicherungsanordnung erlassen oder beantragt, dürfte ein Fall der zwingenden Verbindung vorliegen, der eine Trennung unzulässig macht[26]. Oftmals werden Räumungsklage und Zahlungsklage aus prozesstaktischen Gründen zunächst getrennt erhoben. Grund hierfür kann die Überlegung sein, die Räumungsklage nicht durch Aufklärung aller, auch der für die Räumung unnötigen Zahlungsansprüche zu verzögern, oder der Wunsch, die Zahlungsansprüche im Wege der Urkundsklage geltend zu machen, was die Verbindung mit der Räumungsklage unzulässig macht (s. Rdn. 12). Wenn dieser Grund später wegfällt und der Kläger – ggf. nach Abstandnahme vom Urkundsprozess gem. § 596 ZPO – Verbindung beider Streitigkeiten gem. § 147 ZPO beantragt, um die Voraussetzungen einer Sicherungsanordnung schaffen zu können, dann ist das richterliche Ermessen gebunden und eine Verbindung geboten, wenn nicht besondere Umstände entgegenstehen.

Die **Räumungsklage** muss nur **zulässig** erhoben, also rechtshängig sein, der mit ihr geltend 11
gemachte Räumungs- bzw. Herausgabeanspruch muss hingegen im Rahmen des § 283 a ZPO (anders als bei § 940 a Abs. 3 ZPO) nicht schlüssig oder gar begründet sein[27]. Das ergibt sich einmal aus § 283 a Abs. 1 Satz 1 Nr. 1 ZPO, wonach nur hinsichtlich der nach Rechtshängigkeit fällig gewordenen Forderungen hohe Aussicht auf Erfolg bestehen muss; es folgt aber auch aus dem dargestellten Zweck des Tatbestandsmerkmals, das nur der Bestimmung des Anwendungsbereichs der Sicherungsanordnung dient. Der Grund für den Räumungsanspruch (Kündigung wegen Zahlungsverzugs, Eigenbedarf etc.) spielt keine Rolle, da das Gesetz hierzu keine Einschränkungen enthält. Auch eine Klage auf zukünftige Räumung gem. §§ 257, 259 ZPO (s. dazu bei § 546 Rdn. 128) erscheint ausreichend. Die Räumungsklage muss bei Entscheidung über die Sicherungsanordnung noch rechtshängig sein, da nur dann das vom Gesetzgeber angenommene Schutzbedürfnis des Klägers wegen der Weiternutzung ohne Nutzungsentgeltzahlung besteht. Eine erlassene Sicherungsanordnung wird aber von einer Rücknahme oder sonstigen **Erledigung der Räumungsklage** nicht berührt, da sich das Sicherungsbedürfnis des Klägers für die schon fällig gewordenen Forderungen nicht verringert.

Der Zahlungsanspruch darf nicht im Wege der **Urkundenklage** gem. §§ 592 ff. ZPO geltend 12
gemacht werden, da im Urkundenprozess ein Räumungsanspruch nicht klagbar ist[28] und deshalb eine Verbindung nicht in Betracht kommt[29]; anders kann das sein, wenn im Nachverfahren um eine Räumungsklage erweitert wird. Auch die Erhebung einer Feststellungsklage reicht nicht aus; angesichts des klaren Wortlauts von § 283 a Abs. 1 Satz 1 ZPO ist eine Zahlungsklage notwendig[30].

---

22 *Börstinghaus* NJW 2013, 3265.

23 *Börstinghaus* in Börstinghaus/Eisenschmid, Arbeitskommentar Mietrechtsänderung 2013, § 283 a ZPO Rdn. 11.

24 LG Saarbrücken WuM 2015, 630.

25 *Börstinghaus* in Börstinghaus/Eisenschmid, Arbeitskommentar Mietrechtsänderung 2013, § 283 a ZPO Rdn. 11.

26 *Fritsche* in MünchKommZPO (5. Aufl.) § 145 Rdn. 11.

27 *Emmerich* PiG 97 (2014) 124. **A. A.** *Zehelein* WuM 2013, 137.

28 *Sommer/Wichert* ZMR 2009, 503, dort auch allgemein zu den Möglichkeiten, im Urkundsprozess Miete und Nutzungsentschädigung einzuklagen.

29 *Börstinghaus* in Börstinghaus/Eisenschmid, Arbeitskommentar Mietrechtsänderung 2013, § 283 a ZPO Rdn. 11. *Börstinghaus* NJW 2013, 3265 hält eine Teil-Urkundenklage wegen des Zahlungsanspruchs für theoretisch möglich.

30 *Börstinghaus* in Börstinghaus/Eisenschmid, Arbeitskommentar Mietrechtsänderung 2013, § 283 a ZPO Rdn. 11. **A. A.** offenbar LG Berlin NJW 2014, 1188 = WuM 2014, 217.

2. Zugelassene Ansprüche

13 Die Forderungen, wegen derer eine Sicherungsanordnung erlassen werden kann, müssen folgende Voraussetzungen erfüllen: Es muss sich – so der Gesetzeswortlaut – um Geldforderungen handeln und die Geldforderungen müssen aus **demselben Rechtsverhältnis** erwachsen sein, aus dem der Kläger auf Räumung bzw. Herausgabe klagt. Wie bereits dargelegt wird es sich praktisch um Forderungen aus Miet- und Pachtverhältnissen über unbewegliche Sachen handeln, andere Rechtsverhältnisse, aus denen Räumungs- oder Herausgabeansprüche über unbewegliche Sachen herrühren können, kommen aber ebenfalls in Betracht (s. Rdn. 8). Der Begriff des Rechtsverhältnisses ist weit zu verstehen, ähnlich dem des Streitgegenstandes[31]; deshalb fallen auch Ansprüche aus unwirksamen oder beendeten Verträgen darunter sowie aus gesetzlichen Schuldverhältnissen. Nicht aus demselben Rechtsverhältnis erwachsen etwa Zahlungsansprüche aus einem (ungekündigten) Wohnraummietverhältnis und der Anspruch auf Räumung einer gesondert vom Wohnraummietverhältnis vermieteten Garage. Prototypisch für die zu sichernden Geldforderungen stehen die **wiederkehrenden Ansprüche auf das Nutzungsentgelt.** Die wiederkehrenden Leistungen hatte der Gesetzgeber besonders im Blick, weil deren (endgültiges oder vorübergehendes) Ausbleiben für den Kläger besonders misslich ist. Dennoch ist die Sicherungsanordnung nicht auf wiederkehrende Leistungen beschränkt, auch einmalig entstehende Geldforderungen (etwa auf **Betriebskostennachzahlungen**[32] oder die **Mietkaution**[33]) können grundsätzlich § 283 a ZPO unterfallen[34]; bei solchen einmaligen Geldforderungen dürfte für sich allein genommen allerdings kaum einmal eine Sicherung des Klägers zur Abwendung besonderer Nachteile gem. § 283 a Abs. 1 Satz 1 Nr. 2 ZPO nötig sein. Einmalige Geldforderungen können deshalb allenfalls dann berücksichtigt werden, wenn zusätzlich noch Rückstände wegen wiederkehrender Leistungen bestehen. Wiederkehrende Nutzungsentgelte sind insbesondere der **Nutzungsentschädigungsanspruch** gem. § 546 a BGB und der Schadensersatzanspruch auf Erstattung von **Mietausfall.** Aber auch Bereicherungsansprüche und Ansprüche aus einem Eigentümer-Besitzer-Verhältnis kommen in Betracht. Der vertragliche **Mietzinsanspruch** gem. § 535 BGB scheidet praktisch weitgehend für eine Sicherungsanordnung aus, weil der Vermieter als Voraussetzung einer Sicherungsanordnung auch Räumungsklage erhoben haben muss, das Mietverhältnis also – jedenfalls nach Klägervortrag – beendet sein muss. Anders kann es dann sein, wenn der Vermieter im Prozessverlauf neu kündigt, weil die frühere Kündigung unwirksam war, oder wenn er auf zukünftige Räumung gem. §§ 257, 259 ZPO (s. dazu bei § 546 Rdn. 128) klagt. **Verzugszinsen** können ebenfalls Gegenstand einer Sicherungsanordnung sein; es erscheint jedoch – ähnlich wie bei einmaligen Geldforderungen – kaum denkbar, allein wegen solcher Forderungen ein besonderes Interesse der Klägers gem. § 283 a Abs. 1 Satz 1 Nr. 2 ZPO am Erlass einer Sicherungsanordnung anzunehmen.

14 Es dürfen nur **Geldforderungen** gesichert werden, die selbst **Streitgegenstand der Zahlungsklage** sind[35]. Das folgt aus der Formulierung in § 283 a Abs. 1 Satz 1 Nr. 1 ZPO, „die Klage auf *diese* Forderungen" müsse hohe Aussicht auf Erfolg haben. Die Forderungen müssen weiterhin nach Eintritt der Rechtshängigkeit bis zum Erlass der Sicherungsanordnung **fällig** geworden sein[36]. Damit sind insbesondere vorprozessuale Zahlungsrückstände ausgeschlossen und solche Forderungen, die erst nach Erlass der Sicherungsanordnung fällig werden[37]. Zu den vorprozessualen Zahlungsrückständen gehören alle Forderungen, die vor Klagezustellung fällig geworden sind, also auch solche Forderungen, die zwischen Anhängigkeit und Rechtshängigkeit oder am Beginn des

---

[31] Enger *Zehelein* WuM 2013, 136.

[32] *Börstinghaus* in Börstinghaus/Eisenschmid, Arbeitskommentar Mietrechtsänderung 2013, § 283 a ZPO Rdn. 11; *Börstinghaus* NJW 2013, 3266.

[33] *Börstinghaus* in Börstinghaus/Eisenschmid, Arbeitskommentar Mietrechtsänderung 2013, § 283 a ZPO Rdn. 11; *Börstinghaus* NJW 2013, 3266. Der Kautionsanspruch kann auch nach Vertragsbeendigung noch geltend gemacht werden (BGH NJW 1981, 976).

[34] *Börstinghaus* NJW 2013, 3266.

[35] LG Berlin NJW 2014, 1188 = WuM 2014, 217.

[36] OLG Celle NJW 2013, 3316; LG Berlin NJW 2014, 1188 = WuM 2014, 217; AG Dortmund NZM 2014, 903 = ZMR 2014, 545; AG Langenfeld NZM 2014, 76; *Lützenkirchen* ZMR 2012, 605; *Börstinghaus* NJW 2013, 3266; Gesetzesbegründung BT-Drucks. 17/10485 S. 28.

[37] AG Langenfeld NZM 2014, 76; AG Dortmund NZM 2014, 903 = ZMR 2014, 545.

Tages der Klagezustellung zahlbar wurden[38]. Das ergibt sich ebenfalls aus dem Wortlaut („nach Rechtshängigkeit" und „fällig geworden sind"). Die Notwendigkeit der Rechtshängigkeit bezieht sich nicht nur auf die Zahlungsklage, sondern auch auf die Räumungsklage[39]. Das Gesetz geht von einer verbundenen Klage, also von einer **gemeinsamen Rechtshängigkeit** von Zahlungs- und Räumungsklage aus. Wird eine der Klagen erst später erhoben, können nur diejenigen Geldforderungen gesichert werden, die nach Rechtshängigkeit der zuletzt erhobenen Klage fällig geworden sind. Rechtshängigkeit tritt durch Zustellung einer ordnungsgemäßen Klage ein (§ 261 Abs. 1 ZPO i. V. m. § 253 Abs. 1 ZPO). Fälligkeit heißt, dass der Gläubiger die Leistung verlangen kann; die Fälligkeit einer Forderung ist grundsätzlich Voraussetzung ihrer Geltendmachung im Rahmen einer Leistungsklage[40]. Besteht ein Sicherungsinteresse an Verzugszinsen, können die verzugs*begründenden* Ansprüche schon vor Rechtshängigkeit fällig geworden sein, der Verzugszeitraum, für den Verzugszins bzw. dessen Sicherung verlangt wird, muss aber zwischen Rechtshängigkeit und Sicherungsanordnung liegen; der Zinsrückstand ist zu errechnen (X €) oder errechenbar zu bezeichnen (X % Zinsen aus X € von … bis …). § 167 ZPO gilt nicht.

Der Kläger hat verschiedene Möglichkeiten, die Rechtshängigkeit der sicherungsfähigen Forde- **15**
rungen herbeizuführen: Er kann wegen der im Verlauf des Rechtsstreits fällig gewordenen Geldforderungen eine normale **Leistungsklage** erheben bzw. die Klage wegen neuer, nach Rechtshängigkeit fällig gewordener Forderungen sukzessive **erhöhen** (zulässige Klageänderung gem. § 264 ZPO); in diesem Fall ist ein Teil der Klageforderung (nämlich derjenige, der Gegenstand der ursprünglichen Zahlungsklage war) nicht sicherungsfähig, weil dieser Teil schon bei Rechtshängigkeit fällig war[41]. Um dies und die mit einem solchen Vorgehen verbundenen Verzögerungen (Fertigung der Klageerhöhungsschrift, Vorschussanforderung durch das Gericht, Zustellung der Klageerhöhung, rechtliches Gehör für den Beklagten) zu vermeiden, kann der Vermieter als Kläger auch **Klage auf zukünftig fällig werdende Leistungen** gem. §§ 257–259 ZPO erheben. Auch in diesem Fall können aber nur solche Ansprüche gesichert werden, die bis zum Erlass der Sicherungsanordnung fällig geworden sind; der offene Antrag einer Klage gem. §§ 257 ff. ZPO („… bis zur vollständigen Räumung …") darf nicht in eine Sicherungsanordnung übernommen werden[42].

In der Praxis dürfte nur die Zahlungsklage wegen Besorgnis nicht rechtzeitiger Leistung gem. **16**
§ 259 ZPO eine Rolle spielen. Theoretisch kommen zwar ebenfalls noch die Klage auf künftige Zahlung gem. **§ 257 ZPO** und die Zahlungsklage auf wiederkehrende Leistungen gem. **§ 258 ZPO** in Betracht; sie erfordern aber eine einseitige, nicht von einer Gegenleistung abhängige Forderung, die in der Rechtspraxis kaum gegeben ist. Die Kautionsforderung des Vermieters gehört nicht dazu, da dem Mieter ein Zurückbehaltungsrecht zustehen kann[43], was wiederum eine Anwendung von § 257 ZPO ausschließt[44]. Die Mietforderung ist von der Gebrauchsgewährung als Gegenleistung abhängig, was § 258 ZPO ausschließt. Ob eine Klage gem. § 258 ZPO auf zukünftige Nutzungsentschädigung (§ 546a BGB) möglich ist, ist umstritten[45]. Die Entscheidung hängt davon ab, ob man annimmt, dass die Nutzungsentschädigung von einer Gegenleistung abhängig ist. Eine solche Abhängigkeit von einer Gegenleistung wird zu bejahen sein[46]. Der Vermieter ist nach Vertragsbeendigung zwar nicht mehr zur Gebrauchsgewährung verpflichtet, die Höhe der Nutzungsentschädigung ist aber davon abhängig, ob er das vertragliche Pflichtenprogramm fortführt oder nicht[47].

---

[38] AG Hanau ZMR 2016, 465; AG Dortmund NZM 2014, 903 = ZMR 2014, 545 unter Hinweis auf BGH (VIII ZR 6/09) NZM 2010, 699 Rdn. 15 für den Fall, dass die Zustellung der Klage am 3. Werktag des Monats erfolgte und die Fälligkeit der laufenden Monatsmiete bereits zu Tagesbeginn eingetreten war.

[39] So auch OLG Celle NJW 2013, 3316.

[40] *Krüger* in MünchKommBGB (7. Aufl.) § 271 Rdn. 2.

[41] *Börstinghaus* in Börstinghaus/Eisenschmid, Arbeitskommentar Mietrechtsänderung 2013, § 283a ZPO Rdn. 13.

[42] *Börstinghaus* in Börstinghaus/Eisenschmid, Arbeitskommentar Mietrechtsänderung 2013, § 283a ZPO Rdn. 14; *Börstinghaus* NJW 2013, 3266.

[43] S. näher bei *Emmerich* in Staudinger § 551 Rdn. 16.

[44] *Becker-Eberhard* in MünchKommZPO (5. Aufl.) § 257 Rdn. 9.

[45] Vgl. die Nachweise in BGH (VIII ZB 66/02) NZM 2003, 231 = WuM 2003, 280 = ZMR 2003, 333.

[46] *Both* DWW 2010, 88; *Blank/Börstinghaus* § 546a Rdn. 55. In der Tendenz wie hier, aber letztlich offenlassend BGH (VIII ZB 66/02) NZM 2003, 231 = WuM 2003, 280 = ZMR 2003, 333. Von einer Gegenseitigkeit geht auch der Gesetzgeber aus, s. Gesetzesbegründung BT-Drucks. 17/10485 S. 28.

[47] S. dazu bei § 546a Rdn. 10 und 68.

17 Gem. **§ 259 ZPO** kann eine **Klage auf zukünftig fällig werdende Leistung** erhoben werden, wenn die Besorgnis gerechtfertigt ist, der Schuldner werde sich der rechtzeitigen Leistung entziehen. Eine Besorgnis der Leistungsentziehung ist nicht nur dann anzunehmen, wenn der Mieter die Pflicht zur Zahlung der Miete oder Nutzungsentschädigung ernsthaft bestreitet, sondern auch dann, wenn aus sonstigen Gründen zu erwarten ist, er werde nicht zahlen[48]. Die Anforderungen an diese Erwartung sind nicht hoch, ein über einen längeren Zeitraum bestehender, die Bruttomiete mehrfach übersteigender Rückstand des Mieters mit Miete oder Nutzungsentschädigung reicht aus[49]; er kann[50], muss aber nicht auf Zahlungsunfähigkeit beruhen. Wurde der Mietvertrag nicht wegen Zahlungsverzugs beendet, sondern aus anderen Gründen, dürfte eine Besorgnis, der Mieter werde sich der rechtzeitigen Leistung der Nutzungsentschädigung entziehen, nicht ohne Weiteres in Betracht kommen. In der Regel wird in diesen Fällen für § 259 ZPO vielmehr zu fordern sein, dass der Vermieter zuwartet, ob ein Zahlungsrückstand mit der Nutzungsentschädigung eintritt. Ein Klageantrag auf zukünftige Leistung[51] muss im Verlauf des Rechtsstreits nicht hinsichtlich der fällig gewordenen Beträge umgestellt werden, solche vor Schluss der mündlichen Verhandlung fällig gewordenen Beträge können vielmehr auch aus dem Titel auf künftige Leistung vollstreckt werden. Zusätzlich zur Besorgnis der Leistungsentziehung ist als ungeschriebene Voraussetzung[52] für eine Klage gem. § 259 ZPO notwendig, dass – so die noch immer akzeptierte Formulierung des RG[53] – „die Verpflichtung zur künftigen Leistung – abgesehen von einer in das Urteil aufzunehmenden Bedingung – in ihrem Bestande gewiss sein muss". Das bedeutet nach der etwas anderen Diktion des BGH[54], die Forderung muss schon entstanden sein (künftige Entstehung reicht nicht), ihre Durchsetzbarkeit hängt aber ggf. von einer Gegenleistung, von einer Bedingung oder vom Zeitablauf ab; diese Diktion des BGH verursacht allerdings Missverständnisse zum materiellen Recht, weshalb die Formulierung des RG vorzuziehen ist[55]. Bei Abhängigkeit von einer Gegenleistung muss diese ihrerseits einwandfrei bestimmbar sein und im Voraus feststehen, sofern sich nichts Unerwartetes ereignet[56]; sollte Letzteres dennoch geschehen, muss Vollstreckungsgegenklage erhoben werden[57]. Diese ungeschriebene Voraussetzung ist in der Rechtspraxis vor allem bei wiederkehrenden Leistungen erfüllt, deren Fälligkeit nur vom Zeitablauf abhängt. Das ist bei Miete[58] und Nutzungsentschädigung der Fall; sie sind sozusagen die Paradebeispiele für eine Klage gem. § 259 ZPO: Die Gegenleistung, die Gebrauchsüberlassung, ist mit der Übergabe des Mietobjekts an den Mieter auch schon mit einiger Sicherheit erfüllt, weil sie mit fortschreitender Zeit nur noch frei von Störungen (etwa Mängeln) gehalten werden muss, aber wenig aktives Tun des Vermieters als Gläubiger erfordert.

3. Ausgenommene Ansprüche

18 Streiten die Parteien um das Recht des Klägers, die Geldforderung zu erhöhen, erfasst die Sicherungsanordnung gem. § 283 a Abs. 1 Satz 2 ZPO den Erhöhungsbetrag nicht. Das soll vor allem **Mieterhöhungen** betreffen. Die Regelung nimmt nach der Vorstellung des Gesetzgebers zum Schutz des Mieters die mit der Klage geltend gemachten Mieterhöhungsbeträge generell vom sachlichen Geltungsbereich einer Sicherungsanordnung aus; die häufig komplizierten Rechtsfragen

---

[48] BGH (VIII ZB 66/02) NZM 2003, 231 = WuM 2003, 280 = ZMR 2003, 333; BGH (VIII ZR 146/10) NJW 2011, 2886 = WuM 2011, 434 = ZMR 2011, 709.

[49] BGH (VIII ZR 146/10) NJW 2011, 2886 = WuM 2011, 434 = ZMR 2011, 709.

[50] So in BGH (VIII ZB 66/02) NZM 2003, 231 = WuM 2003, 280 = ZMR 2003, 333.

[51] Formulierungsvorschlag: „Der Beklagte wird verurteilt, an den Kläger ab dem … bis zum Tag der Räumung und Herausgabe der Mieträumlichkeiten monatlich eine Miete/Nutzungsentschädigung in Höhe von … €, fällig an jedem 3. Werktag eines Monats, nebst Zinsen in Höhe von 5 Prozentpunkten über dem Basiszins ab dem jeweiligen Fälligkeitstag zu zahlen." Zur Bestimmtheit eines solchen Antrags *Both* DWW 2010, 88.

[52] S. ausführlich hierzu *Streyl* NZM 2012, 258.

[53] RGZ 168, 321. So auch die Formulierung von *Becker-Eberhard* in MünchKommZPO (5. Aufl.) § 259 Rdn. 4.

[54] BGH (VIII ZR 235/04) NJW-RR 2006, 1485; BGH (IX ZR 441/99) NJW 2001, 2178; BGH NJW 1965, 440.

[55] In der Zukunft fällig werdende Mietforderungen sind nämlich materiell-rechtlich befristete und damit noch nicht entstandene Ansprüche; prozessrechtlich sind sie aber nach der Diktion des BGH schon entstanden, wohingegen das RG von künftigen Ansprüchen spricht. S. ausführlich zum Ganzen *Streyl* NZM 2012, 258.

[56] RGZ 168, 321; *Becker-Eberhard* in MünchKommZPO (5. Aufl.) § 259 Rdn. 3.

[57] *Becker-Eberhard* in MünchKommZPO (5. Aufl.) § 259 Rdn. 3.

[58] *Becker-Eberhard* in MünchKommZPO (5. Aufl.) § 259 Rdn. 3.

einer Mieterhöhung sollen nicht vorab im Rahmen einer Sicherungsanordnung entschieden werden[59] – angesichts der notwendigen Verbindung mit einer Räumungsklage eine eher theoretische Konstellation. Die Regelung erfasst Streitigkeiten über die Erhöhung der Staffelmiete (§ 557 a BGB), der Indexmiete (§ 557 b BGB), der Miete nach Modernisierung (§ 559 BGB), der Betriebskostenvorauszahlungen bzw. der Betriebskostenpauschale (§ 560 Abs. 1 und 4 BGB)[60] und der ortsüblichen (über der vereinbarten Miete liegenden) **Nutzungsentschädigung** (§ 546 a Abs. 1 BGB). Streit über eine Mieterhöhung gem. **§ 558 BGB** kann auch ohne § 283 a Abs. 1 Satz 3 ZPO nur eingeschränkt Bedeutung für eine Sicherungsanordnung haben, da gem. § 558 b Abs. 2 BGB nicht auf eine Geldleistung, sondern auf eine Zustimmungserklärung geklagt wird. Wird allerdings neben der Zustimmungsklage Klage gem. § 259 ZPO auf zukünftige Leistung der erhöhten Miete erhoben[61], ist eine Sicherungsanordnung wegen des Erhöhungsbetrages gem. § 283 a Abs. 1 Satz 3 ZPO ausgeschlossen. § 283 a Abs. 1 Satz 2 ZPO erfasst nicht einen Streit über die gem. **§ 556 d BGB** zulässige Miethöhe, da es dort um die Wirksamkeit der Mietzinsabrede von Anfang an und nicht um eine nachträgliche Erhöhung geht (s. auch § 556 d Rdn. 76); ebenso ist es bei § 5 WiStG und ähnlichen Vorschriften.

4. Hohe Aussicht auf Erfolg der Zahlungsklage

Gem. § 283 a Abs. 1 Satz 1 Nr. 1 ZPO ist eine Sicherungsanordnung nur zu erlassen, wenn die Klage auf die nach Rechtshängigkeit fällig gewordenen Forderungen hohe Aussicht auf Erfolg hat. Damit wird in das Gesetz ein neuer Überzeugungsmaßstab eingeführt, der aber wegen der Folgen, die ein Verstoß gegen die Sicherungsanordnung nach sich ziehen kann, dem Vollbeweis ähnlich ist und ein ähnliches Überzeugungsmaß erfordert[62]. Das **Überzeugungsmaß** der hohen Aussicht auf Erfolg muss sich irgendwo zwischen Vollbeweis und Glaubhaftmachung bewegen. Schon der Wortlaut legt nahe, dass für eine hohe Aussicht auf Erfolg ein weniger an Überzeugung notwendig ist als die volle Überzeugung gem. § 286 ZPO für eine Verurteilung im Hauptverfahren; andererseits erfordert sie ein mehr an Überzeugung, als im Rahmen der Glaubhaftmachung gem. § 294 ZPO ausreichend ist[63]. Für die Glaubhaftmachung, dem Regelüberzeugungsmaßstab für einstweilige Verfügungen (s. § 920 Abs. 2 ZPO), genügt eine überwiegende Wahrscheinlichkeit[64]. Das kann offensichtlich nicht dasselbe Überzeugungsmaß wie die hohe Aussicht auf Erfolg sein, weil Glaubhaftmachung nach dem Wortlaut des § 283 a Abs. 1 Satz 2 ZPO ausdrücklich nur für den Verfügungsgrund (die Interessenabwägung) vorgesehen ist, nicht aber für den Verfügungsanspruch, der eine hohe Aussicht auf Erfolg erfordert. Volle Überzeugung gem. § 286 ZPO bedeutet nicht Wahrscheinlichkeit, sondern Gewissheit, allerdings – so die klassische Definition – keine absolute Gewissheit, sondern ein für das praktische Leben brauchbares Maß an Gewissheit, der etwaigen Zweifeln Schweigen gebietet, ohne sie völlig auszuschließen[65]. Gewissheit ist mehr als hohe Aussicht auf Erfolg, weil ansonsten – von der Teilurteilsproblematik (§ 301 ZPO) abgesehen – der Rechtsstreit entscheidungsreif wäre. 19

Wenn dennoch die hohe Aussicht auf Erfolg dem **Vollbeweis** nahekommen muss, beruht das darauf, dass nicht eine isolierte Betrachtung der Sicherungsanordnung anzustellen, sondern auch die Räumungsverfügung des § 940 a Abs. 3 ZPO in den Blick zu nehmen ist (s. Rdn. 5). Bei Verstoß gegen eine Sicherungsanordnung kann nämlich im einstweiligen Rechtsschutz eine Räumungsverfügung gem. § 940 a Abs. 3 ZPO erlassen werden. Eine solche Räumung ist meist endgültig und unumkehrbar und führt faktisch zur Befriedigung des Vermieters hinsichtlich seines Räumungsanspruchs, weil die Wohnung nach Feststellung der Rechtswidrigkeit der Räumung 20

[59] Gesetzesbegründung BT-Drucks. 17/10485 S. 28.

[60] *Börstinghaus* in Börstinghaus/Eisenschmid, Arbeitskommentar Mietrechtsänderung 2013, § 283 a ZPO Rdn. 16.

[61] Ob dies zulässig ist, ist streitig; s. bei § 558 b Rdn. 68 und BGH (VIII ZR 5/04) NZM 2005, 582 = WuM 2005, 458 = ZMR 2005, 697.

[62] AG Hanau, Beschluss v. 4.8.2014 (Az.: 32 C 172/13), BeckRS 2014, 15711. **A. A.** *Zehelein* WuM 2013, 138. *Hinz* ZMR 2012, 162; *Lützenkirchen* ZMR 2012, 606 und *Abramenko,* Das neue Mietrecht in der anwaltlichen Praxis, 2013, § 5 Rdn. 30 halten eine hohe Wahrscheinlichkeit für erforderlich; ähnlich auch die Gesetzesbegründung BT-Drucks. 17/10485 S. 28. *Selk* ZMR 2011, 855 hält eine sehr hohe Wahrscheinlichkeit für erforderlich.

[63] So auch *Hinz* ZMR 2012, 162.

[64] *Prütting* in MünchKommZPO (5. Aufl.) § 294 Rdn. 24.

[65] BGH NJW 1998, 2969.

entweder weitervermietet ist oder der Geräumte den Aufwand scheut, von seinem neuen Zuhause in die frühere Wohnung zurückzukehren. Die Räumungsverfügung ist insofern praktisch eine Leistungsverfügung. Die endgültige Befriedigung durch Leistungsverfügung stellt im einstweiligen Rechtsschutzverfahren eine Ausnahme dar[66]. Der Gefahr der rechtswidrigen Befriedigung aus einer Räumungsverfügung kann nur begegnet werden, wenn man höhere Anforderungen an das Maß der Glaubhaftmachung ihrer Voraussetzungen stellt und ein dem Vollbeweis entsprechendes Überzeugungsmaß verlangt[67]. Das ergibt sich auch schon aus § 921 S. 2 ZPO[68]. Danach ist der Grad der Glaubhaftmachung im Einzelfall von der Art der Gefährdung im Verhältnis zur beantragten Maßnahme und von den aus Erlass bzw. Nichterlass der Verfügung drohenden Nachteilen abhängig[69]; führt die Verfügung zur endgültigen Befriedigung, dann muss das Maß der Glaubhaftmachung dem Vollbeweis nahekommen, wenn sich die Nachteile aus Erlass bzw. Nichterlass der Verfügung die Waage halten[70]. Sämtliche Voraussetzungen der Räumungsverfügung – und nicht nur der Räumungsanspruch[71] – müssen also zur (fast) vollen Überzeugung des Gerichts feststehen, weil man sich ansonsten einem allgemeinen, im einstweiligen Verfügungsverfahren verfolgbaren Räumungstitel annähern und die Möglichkeit der Erlangung von Leistungsverfügungen systemwidrig ausdehnen würde. Eine der Voraussetzungen der Räumungsverfügung ist eine wirksame Sicherungsanordnung, die wiederum eine Klage mit hoher Erfolgsaussicht auf die nach Rechtshängigkeit fällig werdenden Geldforderungen erfordert. Allenfalls kann man erwägen, die Überzeugungsanforderungen in den Fällen etwas abzusenken, in denen eine Räumungsverfügung nicht ergehen kann, etwa bei (sicher!) unbegründeter Räumungsklage oder bei Sicherungsanordnungen außerhalb eines Wohnraummietrechtsstreits Da aber die wahre Bedeutung der Sicherungsanordnung darin liegt, Voraussetzung der Räumungsverfügung zu sein (s. Rdn. 4), ist es m. E. auch in diesen Fällen gerechtfertigt und geboten, das bei einer Räumungsverfügung notwendige Überzeugungsmaß schon bei Erlass der Sicherungsanordnung anzulegen. Gespaltene Anforderungen beim Überzeugungsmaß sollten vermieden werden. Außerdem greift eine Sicherungsanordnung auch ohne drohende Räumungsverfügung massiv in das vertragliche Äquivalenzverhältnis ein, weil es die materiellen Rechte der Minderung und des Zurückbehaltungsrechtes entwertet: Obwohl noch nicht endgültig feststeht, ob der Mieter mindern darf oder nicht, muss er schon (Sicherheit) leisten[72].

21 Allerdings muss das Tatbestandsmerkmal der hohen Erfolgsaussicht eine **einschränkende Bedeutung** haben. Diese einschränkende Bedeutung kann sich wegen des Endgültigkeitscharakters einer Räumungsverfügung aber nur indirekt auf das Überzeugungsmaß beziehen, nämlich insofern, als die Beweisaufnahme zwar weitestgehend[73], aber formal noch nicht vollständig abgeschlossen, nach der begründeten richterlichen Erwartung aber keine weitere Aufklärung im Sinne einer Erschütterung des bisherigen Beweisergebnisses zu erwarten ist[74].

22 Praktisch kann eine hohe Erfolgsaussicht zu bejahen sein, wenn ein eindeutiges **Sachverständigengutachten** vorliegt, das zu einer Ergänzung von Amts wegen keinen Anlass gibt, bei dem aber noch Einwendungen oder Ergänzungsfragen einer Partei gem. § 411 Abs. 4 ZPO abzuarbeiten sind, um dem Anspruch auf rechtliches Gehör gerecht zu werden[75]. Nach der richterlichen Erfahrung bringt die Ergänzung in den allermeisten Fällen keine weitere Aufklärung, vielfach können die gestellten Fragen sogar durch aufmerksames Lesen des Gutachtens beantwortet werden. Das ist zwar kein rechtlicher Grund, die Ergänzung bzw. mündliche Anhörung des Sachverständigen verwehren zu dürfen[76]. Allerdings kann es in diesen Fällen zulässig sein, ohne die Gutachtenergänzung eine Sicherungsanordnung zu erlassen, solange das Gericht selbst keinen weiteren Klärungsbedarf

---

66 *Drescher* in MünchKommZPO (5. Aufl.) § 938 Rdn. 10.
67 Ähnlich LG Berlin NJW 2014, 1188 = WuM 2014, 217.
68 *Drescher* in MünchKommZPO (5. Aufl.) § 920 Rdn. 16.
69 *Drescher* in MünchKommZPO (5. Aufl.) § 935 Rdn. 14.
70 *Drescher* in MünchKommZPO (5. Aufl.) § 935 Rdn. 14.
71 So aber *Emmerich* PiG 97 (2014) 125 und *Fleindl* ZMR 2014, 538.
72 Einzelheiten, auch zu den insgesamt nicht mehr haltbaren Aufrechnungsverboten und Minderungsausschlüssen in Gewerbemietverträgen bei *Streyl* NZM 2012, 270.
73 So die Formulierung in LG Berlin NJW 2014, 1188 = WuM 2014, 217.
74 Noch strenger, nämlich für eine vollständige Durchführung der Beweisaufnahme *Börstinghaus* in Börstinghaus/Eisenschmid, Arbeitskommentar Mietrechtsänderung 2013, § 283a ZPO Rdn. 20. Dann würden als Anwendungsbereich für eine Sicherungsanordnung nur Teile der Zahlungsklage übrig bleiben, deren Tatsachengrundlage unstreitig oder schon bewiesen ist.
75 BGH NJW 1998, 162. Instruktiv auch BVerfG (2 BvR 320/11) BeckRS 2011, 26768.
76 BGH NJW-RR 2007, 212.

sieht. Die Vorlage eines **Privatgutachtens** dürfte hingegen in der Regel nicht genügen, weil es sich im Ansatz nur um qualifizierten Parteivortrag handelt[77]. Außerdem lehrt die Erfahrung, dass – von der fachlichen Qualität abgesehen – die Integrität des Gutachters zwar nicht immer und nicht einmal überwiegend, aber doch in signifikantem Maß vom Auftraggeber beeinflusst wird. Deshalb kann – auch wenn es nicht grundsätzlich ausgeschlossen ist[78] – eine Überzeugung allein auf ein Privatgutachten meist nicht gestützt werden. Ausnahmen mag es bei solchen Gutachtern geben, die dem Gericht bekannt sind und bei denen Zweifel an der Unparteilichkeit nicht bestehen oder auf die sich die Parteien außergerichtlich geeinigt haben (Schiedsgutachten). Zusätzlich ist natürlich wie bei einem gerichtlichen Gutachter erforderlich, dass das Privatgutachten überzeugt und keine erheblichen Angriffe dagegen geführt werden[79].

Ist eine Beweisaufnahme durch **Zeugen** durchzuführen, müssen die Gegenzeugen i. d. R. gehört sein[80]. Es gibt nämlich immer wieder Fälle, in denen ein Zeuge in der Lage ist, eine bis dahin gewonnene Überzeugung zum Wanken zu bringen. Gelegentlich geschieht das sogar nach Vernehmung eines Zeugen des beweisbelasteten Klägers. Wenn aber der Beklagte zum Gegenbeweis (!) Zeugen aufbietet, ohne dass deren Aussagewert ersichtlich oder erläutert ist, kann nach der unergiebigen Vernehmung eines Großteils der Zeugen eine hohe Erfolgsaussicht der Klage anzunehmen sein. Ebenso kommt eine solche Annahme in Betracht, wenn Zeugen gegenbeweislich zu einem Sachverständigengutachten benannt werden, ohne dass eine besondere Sachkunde der Zeugen ersichtlich ist[81]; anders ist das, wenn die Zeugen die vom Sachverständigen angenommene Tatsachengrundlage erschüttern sollen. 23

Im Wesentlichen dürfte eine hohe Erfolgsaussicht der Zahlungsklage dann anzunehmen sein, wenn eine **Beweisaufnahme schon vollständig** durchgeführt oder **aus Rechtsgründen nicht notwendig,** der Erlass eines (Teil-)Urteils aber (noch) nicht möglich ist[82]. Da die Sicherungsanordnung kein Urteil ist, sondern eine vorläufige Regelung, gilt für sie nicht das Verbot der **Teilentscheidung** bei Gefahr eines Widerspruchs zum Schlussurteil[83]. Außerdem besteht nicht das Verbot, nur über Teile eines Anspruchs zu entscheiden[84]. Das bedeutet, in einer Sicherungsanordnung kann auch angeordnet werden, dass der Beklagte nicht den vollen eingeklagten Betrag (das volle Nutzungsentgelt) zu sichern hat, sondern nur einen Teil davon. Zwei **Beispiele** mögen das verdeutlichen: Der Mieter behauptet einen Mangel, über dessen Bestehen Beweis zu erheben ist. Er zahlt wegen dieses Mangels keine Miete. Wenn das Gericht der Auffassung ist, der Mangel rechtfertige im Falle seines Beweises allenfalls eine Minderung von 20%, dann kann es die Sicherheitsleistung von 80% der Nutzungsentschädigung anordnen[85]. Das über die Minderung hinausgehende **Zurückbehaltungsrecht** des Mieters bleibt außer Betracht, da der dadurch bezweckte Druck auf den Vermieter zur Mängelbeseitigung auch dann ausgeübt wird, wenn das Geld als Sicherheit geleistet wird; auch dann steht es ihm nicht unmittelbar zur Verfügung[86]. Stellt sich die Minderung später als berechtigt heraus und besteht der Mangel noch, ist allerdings nur Zug um Zug zu verurteilen und die Befriedigung aus der Sicherheit zuzusprechen. Ein weiteres Beispiel ist der vom Mieter behauptete Totalausfall der Heizung, der in den Wintermonaten eine erhebliche Minderung rechtfertigen kann. Für die Sommermonate kommt hingegen eine Sicherheitsleistung für das volle Nutzungsentgelt in Betracht. 24

Die hohe Aussicht auf Erfolg der Klage auf die nach Rechtshängigkeit fällig gewordenen Geldforderungen muss im Wege des **Strengbeweises** bewiesen werden, also mit den für das Hauptsacheverfahren zugelassenen Beweismitteln und in dem dafür vorgesehenen Verfahren. Das ist nicht 25

---

77 BGH NJW 1993, 2382.

78 BGH NJW 1993, 2382.

79 BGH NJW 1993, 2382.

80 Ähnlich *Börstinghaus* in Börstinghaus/Eisenschmid, Arbeitskommentar Mietrechtsänderung 2013, § 283a ZPO Rdn. 20.

81 *Abramenko,* Das neue Mietrecht in der anwaltlichen Praxis, 2013, § 5 Rdn. 33.

82 *Börstinghaus* in Börstinghaus/Eisenschmid, Arbeitskommentar Mietrechtsänderung 2013, § 283a ZPO Rdn. 22.

83 *Abramenko,* Das neue Mietrecht in der anwaltlichen Praxis, 2013, § 5 Rdn. 34. Zur Widerspruchsfreiheit beim Teilurteil s. BGH (XII ZR 40/10) NJW 2012, 844.

84 Gesetzesbegründung BT-Drucks. 17/10485 S. 28.

85 So auch LG Hanau NZM 2015, 83; AG Hanau, Beschluss v. 4.8.2014 (Az.: 32 C 172/13), BeckRS 2014, 15711. Zur Minderung der Nutzungsentschädigung s. § 546a Rdn. 68.

86 So auch AG Hanau, Beschluss v. 4.8.2014 (Az.: 32 C 172/13), BeckRS 2014, 15711; *Fleindl* ZMR 2014, 538/539. **A. A.** *Zehelein* WuM 2013, 138.

nur die Intention des Gesetzes[87], sondern folgt auch daraus, dass nur in § 283a Abs. 1 Satz 2 ZPO für die Abwägung der beiderseitigen Interessen eine Erleichterung bei der Beweisführung, nämlich die Glaubhaftmachung, vorgesehen ist. **Rechtsfragen** müssen abschließend geklärt werden; eine bloß **summarische Prüfung** ist nicht zulässig. Das ergibt sich daraus, dass mit der hohen Erfolgsaussicht allein das Überzeugungsmaß bei der Beweisführung herabgesetzt ist.

5. Interessenabwägung

26 Gem. § 283a Abs. 1 Satz 1 Nr. 2 ZPO ist eine Sicherungsanordnung nur dann zu erlassen, wenn es nach Abwägung der beiderseitigen Interessen zur Abwendung *besonderer* Nachteile für den Kläger gerechtfertigt ist.

27 **a) Interessen des Vermieters (Klägers).** Die Sicherungsanordnung sichert nur die Ansprüche, die nach Rechtshängigkeit fällig geworden und eingeklagt sind. In die Interessenabwägung sind deshalb nur die Ansprüche einzubeziehen, die **Gegenstand** (dieses Teils) **der Zahlungsklage** sein können, nicht aber Interessen des Klägers (Vermieter), die andere Ansprüche betreffen[88], etwa vor Rechtshängigkeit rückständig gewordene Nutzungsentschädigung, den (ebenfalls rechtshängigen) **Räumungsanspruch** oder Schadensersatzansprüche wegen unterlassener Räumung (etwa aus Inanspruchnahme des Vermieters durch einen Nachmieter, wegen entgangener höherer Miete etc.). Auch die Vorbereitung einer **Räumungsverfügung** gem. § 940a Abs. 3 ZPO ist kein berücksichtigungsfähiges Interesse, weil die Räumungsverfügung einen Verstoß gegen die Sicherungsanordnung nur ahnden soll[89].

28 Die berücksichtigungsfähigen besonderen Nachteile des klagenden Vermieters müssen sich also **auf die zu sichernden Forderungen** beziehen; es kommt nicht auf den gesamten Zahlungsrückstand an, mag dieser auch sehr hoch sein[90]. Die Interessen eines Klägers, der Geldforderungen geltend macht, sind immer gleich und immer gleich einfach: Er möchte weder einen vollständigen noch teilweisen Forderungsausfall erleiden und die Forderung möglichst schnell und ohne größeren Aufwand realisieren. Die Sicherungsanordnung schützt nur vor einem Forderungsausfall wegen schon eingetretener oder zu befürchtender Zahlungsunfähigkeit des Beklagten (Mieters) und vor einer Vereitelung oder wesentlichen Erschwerung der Vollstreckung (Arrestgrund gem. § 917 Abs. 1 ZPO)[91]. Sie schützt hingegen nicht vor einer Zahlungsunwilligkeit des Beklagten (Mieters) und insbesondere nicht vor einem Liquiditätsengpass des Klägers (Vermieters) bei Ausbleiben rechtzeitiger Zahlung.

29 Einem **Liquiditätsengpass** des Klägers wegen des Ausbleibens berechtigter Forderungen kann durch die Sicherungsanordnung in aller Regel nicht abgeholfen werden, weil der Kläger über das Geld im Falle der Sicherheitsleistung schlicht noch nicht verfügen kann[92]; anders kann das evtl. sein, wenn der Nachweis der Sicherheit geeignet wäre, dem Kläger Kreditwürdigkeit zu verschaffen[93]. Gem. § 283a Abs. 3 ZPO hat er erst nach Entscheidung in der Hauptsache durch einen entsprechenden Ausspruch das Recht, sich aus der Sicherheit zu befriedigen, soweit er obsiegt hat. Anders kann es evtl. sein, wenn der Kläger glaubhaft macht, die Sicherheitsleistung könne ihm bei der Beschaffung von Liquidität, sprich einer Kreditaufnahme, behilflich sein. Die bloße **Zahlungsunwilligkeit** des Beklagten – so sie denn überhaupt nachweisbar – stellt ebenfalls keinen besonderen Nachteil dar, da sie durch Vollstreckung aus dem Urteil behoben werden kann[94].

30 Allerdings kann die Sicherheitsleistung wirksam verhindern, dass der Beklagte eine später aus dem Urteil drohende **Vollstreckung vereitelt** oder wesentlich erschwert, indem er etwa während des Rechtsstreits sein Vermögen beiseite schafft[95]. Es handelt sich um die Fälle, in denen auch ein

---

87 Gesetzesbegründung BT-Drucks. 17/10485 S. 28.

88 So auch OLG Celle NJW 2013, 3316.

89 So auch AG Dortmund NZM 2014, 903 = ZMR 2014, 545; *Börstinghaus* NJW 2013, 3267. **A. A.** offenbar *Lützenkirchen* ZMR 2012, 607, wenn er auch auf die pünktliche Räumung wegen der Existenz eines Nachmieters abstellen will.

90 OLG Celle NJW 2013, 3316 für einen Zahlungsrückstand von ca. 650.000,00 €, der aber nur zu 40% nach Rechtshängigkeit fällig geworden ist und damit sicherungsfähig war.

91 So auch AG Hanau, Beschluss v. 4.8.2014 (Az.: 32 C 172/13), BeckRS 2014, 15711.

92 So auch OLG Celle NJW 2013, 3316; LG Berlin NJW 2014, 1188 = WuM 2014, 217; LG Saarbrücken WuM 2015, 630.

93 *Börstinghaus* NJW 2013, 3267.

94 So auch OLG Celle NJW 2013, 3316; *Börstinghaus* NJW 2013, 3267.

95 Ebenso *Börstinghaus* NJW 2013, 3267.

dinglicher Arrest gem. § 917 Abs. 1 ZPO in Betracht käme. Fraglich kann deshalb sein, ob eine Vollstreckungsvereitelung ein besonderer Nachteil für den Kläger i. S. v. § 283 a Abs. Abs. 1 Satz 1 Nr. 2 ZPO sein kann oder ob der Arrest eine Spezialregelung darstellt. Das ist zu verneinen. Trotz des sich überschneidenden Anwendungsbereichs von § 917 ZPO und § 283 a ZPO ist der Arrest schon deswegen nicht vorrangig, weil nur die Sicherungsanordnung eine Räumungsverfügung nach sich ziehen kann. Dass es beabsichtigt ist, die möglichen Arrestfälle aus dem Anwendungsbereich der Sicherungsanordnung und damit auch der Räumungsverfügung auszuschließen, ist nicht ersichtlich; im Gegenteil, der Gesetzgeber hielt den Schutz durch die Arrestvorschriften für unzureichend[96]. Es ist aber zu beachten, dass Arrest und Sicherungsanordnung nicht nebeneinander bzw. wegen derselben Forderungen möglich sind, weil dies zu einer doppelten Sicherung führen würde[97].

Im Wesentlichen schützt die Sicherungsanordnung den Vermieter vor schon eingetretener oder 31
zu befürchtender **Zahlungsunfähigkeit** des Beklagten. In der Gesetzesbegründung heißt es dazu[98]: „Ein besonderer Nachteil für den Kläger ergibt sich nicht allein aus der zu erwartenden Dauer des Verfahrens und dem abstrakten Risiko der späteren Zahlungsunfähigkeit des Beklagten. Vielmehr muss der Kläger konkret dartun, welche besonderen Nachteile er über einen Ausfall der Forderung hinaus zu erwarten hat. In die Interessenabwägung kann die Höhe des Zahlungsrückstandes und die wirtschaftliche Bedeutung der Forderung für den Kläger einbezogen werden." Damit werden die Kriterien für die Abwägung konkretisiert. Wichtig ist zunächst, dass die Sicherungsanordnung nicht vor dem abstrakten Risiko der Zahlungsunfähigkeit schützen soll. Es müssen vielmehr **konkrete Anhaltspunkte** für eine bestehende oder drohende Zahlungsunfähigkeit vorhanden sein[99], was der Kläger darzulegen hat[100]. Je wahrscheinlicher die Zahlungsunfähigkeit und je höher der Forderungsausfall, desto höher ist das besondere Interesse des Klägers an der Sicherheitsleistung zu bewerten. Da der Kläger meist keinen Einblick in die finanzielle Situation des Beklagten hat, ist er auf Indizien angewiesen. Ein starkes Indiz ist es, wenn der Beklagte die berechtigten Forderungen des Klägers nicht befriedigt hat. Hier kann die hohe Erfolgsaussicht der Klage auf die fällig gewordenen Geldforderungen (meist das Nutzungsentgelt) von besonderer Bedeutung sein, weil deren Nichterfüllung möglicherweise für eine eingeschränkte Leistungskraft des Mieters spricht. Außerdem können die Rückstände mit dem laufenden Nutzungsentgelt bei langer Prozessdauer so hoch werden, dass der beklagte Mieter angesichts seines Einkommens am Ende des Prozesses überschuldet und nicht mehr in der Lage ist, die ausgeurteilte Summe zu begleichen. Der Beklagte kann einer solchen Überschuldung allerdings dadurch begegnen, dass er selbst die anfallenden Beträge etwa auf einem Sparbuch zurücklegt. Der Mieter dürfte im Wege der sekundären Darlegungslast gehalten sein, bei objektivem Anschein der fehlenden Leistungsfähigkeit, hierzu vorzutragen; jedenfalls ist ihm nach entsprechendem Hinweis Gelegenheit hierzu zu geben.

Die eingetretene oder drohende Zahlungsunfähigkeit beschreibt nur die Gefahr für die Forde- 32
rung, aber nicht die **Auswirkung auf den Kläger** (Vermieter). Sie reicht deshalb für sich genommen noch nicht aus, um ein *besonderes* Interesse des Klägers an der Sicherheitsleistung zu bejahen[101]. Das Risiko der Zahlungsunfähigkeit kann potentiell jeden Gläubiger treffen. Die Besonderheit bei Räumungsklagen ist die fortwährende Vertiefung des Schadens durch Zeitablauf während des laufenden Prozesses, weil das Nutzungsentgelt fortlaufend entsteht und der Rückstand sich vergrößert[102]. Es gilt zu bestimmen, wann ein Ausmaß erreicht ist, das den Vermieter in besonderem Maße schützenswert erscheinen lässt. Die Einzelfallumstände entscheiden. Deshalb hat der Kläger die Tatsachen, die die besonderen Nachteile begründen sollen, konkret darzulegen[103]. Erhebliche Kriterien sind die Höhe des (durch die Sicherungsanordnung gesicherten[104]) Rückstands und – in

---

96 Gesetzesbegründung BT-Drucks. 17/10485 S. 27.

97 S. auch OLG Karlsruhe NJW-RR 1996, 960; danach schließt ein vorläufig vollstreckbarer Titel einen Arrest aus.

98 Gesetzesbegründung BT-Drucks. 17/10485 S. 28.

99 *Fleindl* ZMR 2014, 539.

100 OLG Celle NJW 2013, 3316.

101 OLG Celle NJW 2013, 3316; LG Berlin NJW 2014, 1188 = WuM 2014, 217; LG Berlin GE 2014, 1139. Gegen die Notwendigkeit eines besonderen Interesses AG Hanau, Beschluss v. 4.8.2014 (Az.: 32 C 172/13), BeckRS 2014, 15711.

102 LG Berlin NJW 2014, 1188 = WuM 2014, 217.

103 OLG Celle NJW 2013, 3316.

104 *Börstinghaus* jurisPR-MietR 10/2013 Anm. 1.

den Fällen des § 259 ZPO – dessen Erhöhung bis zur Vollstreckung, also mindestens bis zum Ende des Rechtsstreits, sowie die Leistungsfähigkeit des Klägers. Je weniger er einen Forderungsausfall verkraften kann, je höher die Leistung ist und je länger der Prozess dauert, desto eher ist ein besonderes Interesse zu bejahen. Das wird bei einem Privatvermieter eher der Fall sein als bei einem Großvermieter, da er auf die Mieteinnahmen oftmals zur Lebensführung (etwa zur Altersversorgung) angewiesen ist und/oder deren Ausfall – insbesondere bei einer Finanzierung des Mietobjekts – wirtschaftlich meist nur schwer kompensieren kann[105]. Jedenfalls darf ein besonderer Nachteil nicht pauschal deshalb verneint werden, weil die verbleibenden Mieteinnahmen die laufenden Zahlungspflichten aus dem Mietobjekt decken[106]; denn den Überschuss aus der Vermietung benötigt der Vermieter ggf. zur Bestreitung anderer Verbindlichkeiten. Bei einer Vermietungsgesellschaft kann es auf das Verhältnis der zu sichernden Ausfälle zu Größe und Umsatz des Unternehmen sowie auf die Auswirkungen auf den Gewinn ankommen[107]. Ein **besonderer Nachteil** wurde **verneint** bei einem gewerblich tätigen Vermieter, bei dem der Ausfall 4% der Gesamteinnahmen aus dem Mietobjekt ausmachte und der bei einem sicherungsfähigen Forderungsausfall von ca. 260.000,00 € nicht behauptet hatte, in die Gefahr der Zahlungsfähigkeit oder Insolvenz zu geraten; die Bedienung des Schuldendienstes war durch die übrigen Mieteinnahmen möglich[108]. Hat der Beklagte wegen der zu sichernden Forderungen ein **Versäumnisurteil** gegen sich ergehen lassen, ist der Kläger nicht mehr schutzbedürftig, solange das Urteil vorläufig vollstreckbar ist, da er dann wegen des Urteils nicht nur Sicherheit, sondern Leistung an sich erlangen kann.

33 Der Schutzwürdigkeit des Vermieters vor einer Zahlungsunfähigkeit des Mieters steht auch das **Insolvenzrecht** nicht entgegen. Allerdings ist eine Anfechtung der Sicherheitsleistung gem. §§ 129 ff. InsO oder dem AnfG möglich[109]. In Betracht kommt hier insbesondere eine Anfechtung gem. §§ 130, 131 InsO (kongruente und inkongruente Deckung)[110]. Da die Sicherungsanordnung im Wesentlichen nur zu erlassen ist, wenn der Mieter zahlungsunfähig ist oder dies zumindest zu befürchten ist, dürfte die Sicherheitsleistung in vielen Fällen anfechtbar sein. Das Gericht ist wegen dieser naheliegenden Möglichkeit dennoch nicht gehindert sein, eine Sicherungsanordnung zu erlassen, weil die Anfechtbarkeit von der Insolvenzeröffnung abhängt; nach Insolvenzeröffnung ist eine Sicherungsanordnung wegen Verfahrensunterbrechung gem. § 240 ZPO nicht mehr möglich.

34 **b) Interessen des Mieters (Beklagten).** Auf Seiten des Beklagten (Mieters) sind kaum berücksichtigungsfähige Interessen ersichtlich[111], am ehesten noch der **Verlust an Liquidität,** der durch die Aufbringung der Sicherheit eintreten kann. Es ist allerdings zu bedenken, dass sich der beklagte Mieter auf Grund der vertraglichen Verpflichtung (im Mietvertrag) ohnehin auf die wiederkehrende Zahlung der Miete einstellen musste[112]. Deshalb ist der Liquiditätsverlust nur ausnahmsweise dann beachtlich, wenn der Beklagte etwa im Vertrauen auf eine dauerhafte Mangelhaftigkeit der Mietsache anderweitige Verpflichtungen eingegangen ist[113]. Ein berechtigtes Vertrauen in einen dauerhaften Mangel ist jedoch schon für sich genommen schwer vorstellbar und noch schwerer, wenn – wie für die Sicherungsanordnung notwendig – eine hohe Aussicht auf Erfolg der Klage besteht. Entscheidend anders ist das auch nicht, wenn der Liquiditätsverlust nicht auf eingegangenen Verpflichtungen beruht, sondern auf einer verschlechterten Einnahmesituation, etwa wegen Arbeitslosigkeit. Auch hier lässt die hohe Erfolgsaussicht der Klage den Liquiditätsverlust als eher nachrangig erscheinen, weil der Mieter trotz des Engpasses zur Zahlung verpflichtet ist. Am ehesten ist ein nur **vorübergehender Liquiditätsengpass** zu berücksichtigen, wenn der Mieter nur vorläufig nicht hinterlegen kann. In diesen Fällen wird aber meist schon ein besonderes Interesse des Vermieters an der Sicherheitsleistung zu verneinen sein, ebenso wie in den Fällen, in denen dem Kläger anderweitige Sicherungs- oder Befriedigungsmöglichkeiten zur Verfügung stehen.

---

[105] OLG Celle NJW 2013, 3316; LG Berlin NJW 2014, 1188 = WuM 2014, 217. Kritisch hierzu *Abramenko,* Das neue Mietrecht in der anwaltlichen Praxis, 2013, § 5 Rdn. 35.

[106] So aber LG Berlin NJW 2014, 1188 = WuM 2014, 217; LG Saarbrücken WuM 2015, 630.

[107] OLG Celle NJW 2013, 3316; LG Berlin NJW 2014, 1188 = WuM 2014, 217.

[108] OLG Celle NJW 2013, 3316.

[109] *Olzen* in Staudinger (2011) § 377 Rdn. 11 für die Sicherheitsleistung durch Hinterlegung.

[110] Zu einem Fall der Insolvenzanfechtung gem. § 133 InsO s. OLG Hamburg GuT 2012, 129 = ZInsO 2012, 491.

[111] So auch AG Hanau, Beschluss v. 4.8.2014 (Az.: 32 C 172/13), BeckRS 2014, 15711; *Zehelein* WuM 2012, 422; *Geldmacher* MK Sonderheft Mietrechtsreform 2013, S. 41.

[112] *Zehelein* WuM 2012, 422.

[113] So auch AG Hanau, Beschluss v. 4.8.2014 (Az.: 32 C 172/13), BeckRS 2014, 15711.

Solche Sicherungsmöglichkeiten kann der Beklagte auch selbst schaffen, indem er etwa das Nutzungsentgelt bei seinem oder dem gegnerischen Prozessbevollmächtigten zu treuen Händen **hinterlegt.**

c) Glaubhaftmachung. Nach der ausdrücklichen Anordnung in § 283a Abs. Abs. 1 Satz 2 ZPO reicht zum Beweis der Tatsachen, die im Rahmen der Interessenabwägung von Bedeutung sind, die Glaubhaftmachung gem. § 294 ZPO aus. Glaubhaftmachung ist eine besondere, freiere Art der Beweisführung. Sie ist in § 294 ZPO näher geregelt und unterscheidet sich von dem Strengbeweisverfahren vor allem dadurch, dass das Beweismittel der eidesstattlichen Versicherung zugelassen ist, dass nur präsente Beweismittel berücksichtigt werden dürfen und dass – im Ansatz – ein minderes Maß an richterlicher Überzeugung ausreicht, nämlich die überwiegende Wahrscheinlichkeit[114]. Weil die Sicherungsanordnung Voraussetzung für die Räumungsverfügung gem. § 940a Abs. 3 ZPO ist, muss das Maß der Überzeugung aus ähnlichen Gründen wie oben zur hohen Erfolgsaussicht dargelegt dem Vollbeweis nahekommen. 35

6. Gläubiger und Schuldner der Sicherungsanordnung

Gläubiger und Schuldner der Sicherungsanordnung sind **Kläger und Beklagter der Zahlungsklage** über die fällig gewordenen Geldforderungen. Diese Parteien müssen auch materiellrechtlich berechtigt bzw. verpflichtet, also an dem Rechtsverhältnis, aus dem sich die Zahlungsansprüche ergeben, beteiligt sein, weil ansonsten eine hohe Erfolgsaussicht der Zahlungsklage nicht bestehen würde. Wegen der Notwendigkeit, die Zahlungsklage mit einer Räumungsklage zu verbinden, müssen die Parteien der Zahlungsklage auch Parteien der Räumungsklage sein. Hier reicht allerdings die formale Parteistellung aus, da für die Räumungsklage – anders als für die Zahlungsklage – keine hohe Erfolgsaussicht bestehen muss. Weitere Parteien des (Räumungs-)Prozesses müssen in die Zahlungsklage nicht einbezogen werden, weil sie an dem Rechtsverhältnis über die der Zahlungsklage zu Grunde liegenden Geldforderungen nicht beteiligt sind. Das wird etwa relevant, wenn der Kläger neben dem Mieter einen weiteren Besitzer auf Räumung bzw. Herausgabe verklagt. Dieser Besitzer kann nicht Schuldner der Sicherungsanordnung sein, da zwischen ihm und dem Gläubiger kein Rechtsverhältnis besteht, aus dem er sowohl zahlungs- als auch räumungspflichtig ist; der Besitzer kann aber Schuldner einer Räumungsverfügung gem. § 940a Abs. 3 ZPO sein (s. § 940a Rdn. 41). 36

V. Mögliche Sicherheiten

Bei der Sicherheit, die der Beklagte Mieter auf Grund der Sicherungsanordnung zu leisten hat, handelt es sich trotz der systematischen Stellung von § 283a ZPO nicht um eine prozessuale Sicherheit, sondern um eine **materiell-rechtliche Sicherheit** gem. §§ 232ff. BGB[115]. Das lässt sich weder aus dem Wortlaut, noch aus dem Zweck von § 283a ZPO erschließen, es ergibt sich allein aus der Gesetzgebungsgeschichte. Während nämlich der Gesetzesentwurf der Bundesregierung noch von einer prozessualen Sicherheit gem. §§ 108ff. ZPO ausging und § 283a Abs. 2 Satz 2 ZPO-Entwurf als Sanktion für die Nichtleistung der Sicherheit allein die Verhängung von Zwangsmitteln (Ordnungsgeld und Ordnungshaft) vorsah[116], ist Letzteres im Verlauf des Gesetzgebungsverfahrens auf Empfehlung des Rechtsausschusses gestrichen worden, auch mit der Begründung, die Vollstreckung der Sicherheitsleistung obliege dem Gläubiger der Sicherheitsleistung, die „auf alle möglichen Formen gem. § 232 BGB gerichtet" sei[117]. Die Erwähnung von § 232 BGB erfolgte zwar eher nebenbei und nicht zur rechtlichen Charakterisierung; der Wille des Gesetzgebers, den Gläubiger die Sicherheitsleistung vollstrecken zu lassen, spricht aber eindeutig gegen eine prozessuale Sicherheit. Eine prozessuale Sicherheit wird nämlich grundsätzlich überhaupt nicht vollstreckt, an ihre (Nicht-)Leistung wird nur eine (meist vollstreckungsrechtliche[118]) Folge geknüpft, indem sie zur Voraussetzung der Vollstreckung (etwa § 709 ZPO) oder der Einstellung der Vollstreckung 37

---

114 *Prütting* in MünchKommZPO (5. Aufl.) § 294 Rdn. 24.

115 Wie hier: AG Hanau, Beschluss v. 4.8.2014 (Az.: 32 C 172/13), BeckRS 2014, 15711; *Börstinghaus* NJW 2013, 3268; *Börstinghaus* jurisPR-MietR 10/2013 Anm. 1; *Geldmacher* MK Sonderheft Mietrechtsreform 2013, S. 42. **A. A.** *Zehelein* WuM 2013, 139.

116 Gesetzesbegründung BT-Drucks. 17/10485 S. 29.

117 Beschlussempfehlung Rechtsausschuss BT-Drucks. 17/11894 S. 35.

118 S. aber auch § 113 ZPO.

(etwa §§ 707, 719 ZPO) gemacht wird. Die Einordnung der Sicherheitsleistung als materiell-rechtliche Sicherheit gem. § 232ff. BGB hat **weitreichende Folgen,** weswegen eine eindeutige Zuordnung im Gesetz und nicht nur in den Gesetzesmaterialien wünschenswert gewesen wäre, um Zweifel wegen der systematischen Stellung der Vorschrift auszuschließen. Neben der praktisch wichtigen Folge der Vollstreckbarkeit gibt es Auswirkungen auf die möglichen Arten der Sicherheit (s. § 108 ZPO und § 232 BGB), die Auswahl der Sicherheit und deren Rückgabe. Aus dem materiell-rechtlichen Charakter der Sicherheit und der Anwendbarkeit der §§ 232ff. BGB folgt auch, dass der Beklagte die Sicherheitsleistung gegenüber dem Kläger als Gläubiger zu erbringen hat. Die Sicherungsanordnung ist der (prozessuale) Rechtsgrund hierfür. Hinsichtlich der näheren Voraussetzungen der §§ 232ff. BGB sei auf die einschlägigen Kommentierungen verwiesen; im Folgenden werden im Wesentlichen nur die Besonderheiten behandelt, die sich aus § 283a ZPO ergeben.

38 Gem. § 232 Abs. 1 BGB hat ein Schuldner die **Wahl** zwischen den dort genannten Sicherheiten. Das sind die Hinterlegung von Geld oder Wertpapieren, die Verpfändung von Schuldbuchforderungen (etwa Bundesschatzbriefe), die Verpfändung beweglicher Sachen, die Bestellung von Hypotheken an inländischen Grundstücken (und Schiffen), die Verpfändung von hypothekarisch gesicherten Forderungen, Grundschulden oder Rentenschulden. Es handelt sich sämtlich um **insolvenzfeste Realsicherheiten**[119]. Der Beklagte als Schuldner der Sicherungsanordnung und damit als Schuldner der Sicherheitsleistung hat die freie Wahl zwischen diesen Sicherheiten; er kann auch mehrere Sicherheiten kombinieren, also mehrere Teilsicherheiten stellen[120]. Die Wahl wird nicht durch Willenserklärung ausgeübt, sondern durch Stellung der Sicherheit[121]. Zum Übergang des Wahlrechts auf den Kläger als Gläubiger im Rahmen der Zwangsvollstreckung s. Rdn. 53; zur Bestimmung der Sicherheit durch das Gericht s. Rdn. 46.

39 **Praktische Bedeutung** von den Sicherheiten des § 232 Abs. 1 BGB wird bei der Sicherungsanordnung gem. § 283a ZPO nur die **Hinterlegung von Geld** haben, die sich nach §§ 372ff. BGB i. V. m. den Sicherheitsleistungsgesetzen der Länder (z. B. HintG NRW) richtet. Gem. § 374 Abs. 1 BGB hat die Hinterlegung bei der Hinterlegungsstelle des Leistungsortes zu erfolgen. Leistungsort ist der Ort der Leistungshandlung, nicht der Ort des Leistungserfolgs[122], so dass trotz § 270 Abs. 1 BGB gem. § 269 Abs. 1 BGB der Wohnsitz des beklagten Mieters maßgeblich ist. Die Hinterlegungsstelle selbst ergibt sich nicht aus §§ 372ff. BGB, sondern aus den Sicherheitsleistungsgesetzen der Länder. Danach sind Hinterlegungsstellen in der Regel die Amtsgerichte (s. etwa § 1 Abs. 2 HintG NRW). Örtlich zuständig ist also, soweit es um die Hinterlegung des Nutzungsentgelts geht, das Amtsgericht, in dessen Bezirk der beklagte Mieter wohnt. Die Formalien der Sicherheitsleistung (Antrag, Verfahren, Verwaltung des Geldes einschließlich Verzinsung, Benachrichtigung, Auszahlung, Kosten und Rechtsmittel) richten sich ebenfalls nach den Sicherheitsleistungsgesetzen der Länder. Danach ist insbesondere zu beachten, dass etwa nach dem HintG NRW die Sicherheitsleistungsstellen (Amtsgerichte) nur die Annahme- und Herausgabeanordnung erlassen, dass die Einzahlung gem. § 10 HintG NRW aber bei einer Sicherheitsleistungskasse zu erfolgen hat, die in NRW zentral bei der Oberjustizkasse Hamm geführt wird.

40 Die Stellung eines **Bürgen** ist in § 232 Abs. 1 BGB nicht als mögliche Art der Sicherheitsleistung vorgesehen, sondern gem. § 232 Abs. 2 BGB nur für den Fall, dass der Schuldner zur Leistung einer Realsicherheit nicht in der Lage ist (zur Bestimmung der Sicherheit durch das Gericht s. Rdn. 46). Das dürfte bei einer Sicherheitsleistung gem. § 283a ZPO regelmäßig der Fall sein, weil Zahlungsunfähigkeit oder drohende Zahlungsunfähigkeit des Beklagten Voraussetzung ist (Rdn. 31). Wenn der Beklagte noch über eigene (!) Realsicherheiten verfügen würde (gar über Geld, das er hinterlegen könnte), dürfte eine Sicherungsanordnung nicht ergehen bzw. sie wäre wieder aufzuheben, es sei denn es bestünde die Gefahr, die Realsicherheiten des Beklagten würden bis zum Ende des Prozesses (anderweitig) verbraucht. Wenn eigene Realsicherheiten nicht vorhanden sind oder Realsicherheiten Dritter nicht beschafft werden können, wird der Beklagte aber ggf. noch akzeptable Bürgen finden. Der Bürge muss die Anforderungen des § 239 BGB erfüllen. Das bedeutet, dass der Bürge sich selbstschuldnerisch verpflichten muss (§ 773 Abs. 1 Nr. 1 BGB), dass

[119] *Grothe* in MünchKomm (7. Aufl.) § 232 Rdn. 2.
[120] *Grothe* in MünchKomm (7. Aufl.) § 232 Rdn. 2.
[121] *Grothe* in MünchKomm (7. Aufl.) § 232 Rdn. 2.
[122] *Fetzer* in MünchKomm (7. Aufl.) § 374 Rdn. 1.

er seinen allgemeinen Gerichtsstand im Inland hat[123] und dass er ein angemessenes Vermögen besitzt. Letzteres ist gegeben, wenn sein Vermögen größer ist als die Summe seiner Schulden[124].

Auch die **Verpflichtungserklärung einer öffentlichen Stelle** i. S. v. § 569 Abs. 3 Nr. 2 Satz 1 BGB, die zu sichernden Geldforderungen im Falle einer Verurteilung zu erfüllen, genügt den Anforderungen des § 239 BGB[125]. Das gilt selbst dann, wenn man eine solche Verpflichtungserklärung nicht als selbstschuldnerische Bürgschaft, sondern als Schuldmitübernahme einordnet[126]. Beide Rechtsinstitute sind so eng miteinander verwandt und die öffentlichen Stellen so zahlungskräftig, dass eine Verpflichtungserklärung im Wege der Schuldmitübernahme dem Kläger eine der Bürgschaft gleichwertige Sicherheit gewährleistet. Wegen des verfassungsrechtlichen Schutzes, den der Mieter einer Wohnung genießt[127], gebietet eine verfassungskonforme Auslegung des § 239 BGB, jedenfalls bei einer Sicherheitsleistung gem. § 283a BGB auch die Verpflichtungserklärung einer öffentlichen Stelle hierunter zu fassen[128]. Denn einem (fast) zahlungsunfähiger Mieter wird i. d. R. nicht nur die Möglichkeit der Stellung einer Realsicherheit gem. § 232 Abs. 1 BGB fehlen, sondern er wird meist auch keinen tauglichen Bürgen finden außer der öffentlichen Hand, die ihm Wohnungsfürsorge schuldet[129]. 41

Der Beklagte als Schuldner der Sicherheitsleistung hat sein Unvermögen zur Leistung einer Realsicherheit gem. § 232 Abs. 1 BGB zu beweisen[130]. Dieser Beweis muss ihm auch schon im Rahmen des rechtlichen Gehörs vor Erlass der Sicherungsanordnung erlaubt sein. Kann er den Beweis führen, ist die Sicherungsanordnung auf die Pflicht zur Stellung einer Bürgschaft bzw. einer Verpflichtungserklärung einer öffentlichen Stelle zu beschränken. Es gilt das **Freibeweisverfahren,** weil die Sicherungsanordnung ein Verfahren ohne mündliche Verhandlung ist[131] (s. auch Rdn. 51). 42

VI. Verfahren und Entscheidung

Die Sicherungsanordnung wird nicht von Amts wegen, sondern auf Antrag des Klägers erlassen; zur wiederholten Antragstellung sowie zur Aufhebung und Abänderung einer erlassenen Sicherungsanordnung s. Rdn. 67. Sie kann nur im Rahmen des auf Räumung und Zahlung gerichteten **Hauptsacheverfahrens** ergehen[132]. Bei dem Antrag handelt sich um eine Prozesshandlung, so dass er im Anwaltsprozess durch einen Rechtsanwalt gestellt werden muss. Der Hauptanwendungsfall für die Sicherungsanordnung, der Wohnraummietrechtsstreit, unterliegt aber nicht diesem Erfordernis, da Wohnungsmietsachen ohne Anwaltszwang vor den Amtsgerichten zu verhandeln sind. 43

Zuständig für die Anordnung der Sicherheitsleistung ist gem. § 283a Abs. 1 Satz 1 ZPO das Prozessgericht. Das Prozessgericht ist das Gericht (der Spruchkörper bzw. die Abteilung), das auch über das Hauptsacheverfahren entscheidet; die Anordnung ergeht innerhalb des Hauptsacheverfahrens, nicht in einem besonderen Verfahren. Auch das Berufungs- und Revisionsgericht können Prozessgericht sein. Ein Bedürfnis für eine Anordnung durch diese Gerichte kann bei klageabweisenden Urteilen bestehen, wenn die höhere Instanz den Fall anders beurteilt und eine Verurteilung mit hoher Aussicht auf Erfolg annimmt[133]. 44

---

[123] S. dazu näher *Grothe* in MünchKomm (7. Aufl.) § 239 Rdn. 1.

[124] *Grothe* in MünchKomm (7. Aufl.) § 239 Rdn. 1.

[125] *Börstinghaus* in Börstinghaus/Eisenschmid, Arbeitskommentar Mietrechtsänderung 2013, § 283a ZPO Rdn. 31.

[126] S. dazu bei § 569 Rdn. 45.

[127] BVerfG NJW 1993, 2035 = WuM 1993, 377 = ZMR 1993, 405.

[128] *Börstinghaus* in Börstinghaus/Eisenschmid, Arbeitskommentar Mietrechtsänderung 2013, § 283a ZPO Rdn. 31 hält einen Antrag des Beklagten für erforderlich.

[129] Für eine Verpflichtungserklärung einer öffentlichen Stelle ist die Erfüllung der Voraussetzungen des § 22 Abs. 8 SGB II notwendig; die Vorschrift lautet: „Sofern Arbeitslosengeld II für den Bedarf für Unterkunft und Heizung erbracht wird, können auch Schulden übernommen werden, soweit dies zur Sicherung der Unterkunft oder zur Behebung einer vergleichbaren Notlage gerechtfertigt ist. Sie sollen übernommen werden, wenn dies gerechtfertigt und notwendig ist und sonst Wohnungslosigkeit einzutreten droht."

[130] *Grothe* in MünchKomm (7. Aufl.) § 232 Rdn. 11.

[131] Verfahren ohne mündliche Verhandlung unterliegen dem Freibeweis, vgl. *Prütting* in MünchKommZPO (5. Aufl.) § 284 Rdn. 31.

[132] Gesetzesbegründung BT-Drucks. 17/10485 S. 28.

[133] *Abramenko,* Das neue Mietrecht in der anwaltlichen Praxis, 2013, § 5 Rdn. 40.

45 Liegen die Voraussetzungen der Sicherungsanordnung vor, dann ist sie **ohne Ermessen** zu erlassen (§ 283 a Abs. 1 Satz 1 ZPO: „… ordnet das Prozessgericht … an …"). Vor der Entscheidung ist dem Beklagten zunächst rechtliches Gehör zu gewähren[134]. Die Entscheidung ergeht ohne (obligatorische) mündliche Verhandlung (§ 128 Abs. 4 ZPO) durch **Beschluss**[135]**.** Das Gericht ist nicht gehindert, eine Verhandlung anzuberaumen; wegen des Eilcharakters der Vorschrift hat das aber vordringlich zu geschehen. Der Beschluss ist zu begründen; das folgt schon allein aus der Anfechtbarkeit der Entscheidung über die Sicherungsanordnung gem. § 283 a Abs. 1 Satz 4 ZPO[136]. Weil der Beschluss einen vollstreckungsfähigen Inhalt hat und anfechtbar ist, ist er förmlich zuzustellen.

46 In der Sicherungsanordnung ist die Höhe der zu leistenden Sicherheit mit einem **bestimmten oder bestimmbaren Geldbetrag** anzugeben. Letzteres kann bei Verzugszinsen in Betracht kommen (s. dazu auch Rdn. 14). Weil die Sicherheit nur für vergangenen Zeiträume geleistet wird („fällig geworden sind"), ist aber auch in diesem Fall die Angabe eines bestimmten, vor Erlass der Sicherungsverfügung beendeten Verzugszeitraums notwendig; eine Sicherheitsleistung für zukünftig entstehende Zinsen ist nicht zulässig. In der Sicherungsanordnung sollte schon im Tenor erwähnt werden, dass es sich um eine Sicherheit gem. § 232 BGB handelt, um Verwechslungen mit prozessualen Sicherheiten gem. § 108 ZPO auszuschließen. Hat sich der Beklagte in dem Verfahren vor Erlass der Sicherungsanordnung erfolgreich auf eine **Beschränkung** zur Stellung einer **Bürgschaft** bzw. einer **Verpflichtung einer öffentlichen Stelle** berufen, ist dies ebenfalls im Tenor auszusprechen; anderenfalls ist eine Beschränkung auf die Sicherheiten gem. § 232 Abs. 1 BGB nicht zu machen (s. dazu Rdn. 53). Die Sicherungsanordnung muss die gem. § 283 a Abs. 2 ZPO notwendige **Fristbestimmung** enthalten (s. dazu Rdn. 48) und jedenfalls aus der Begründung muss hervorgehen, für welche der eingeklagten Forderungen die Sicherheit zu leisten ist. Ohne eine solche Bestimmung, die der **Festlegung des Streitgegenstands** verwandt ist, kann im Falle des Obsiegens des Klägers mit der Zahlungsklage nicht gem. § 283 a Abs. 3 ZPO ausgesprochen werden, inwieweit der Kläger berechtigt ist, sich aus der Sicherheit zu befriedigen. Außerdem kann eine solche streitgegenständlich unbestimmte Sicherungsanordnung nicht Vollstreckungsgrundlage sein[137]. Der Beklagte kann ihre Vollstreckungsfähigkeit dann mit einer Vollstreckungsgegenklage entsprechend § 767 ZPO beseitigen[138]; wegen der Abänderbarkeit der Sicherungsanordnung (s. Rdn. 67) erscheint anstatt dessen – selbst nach Ablauf der Beschwerdefrist – ein Aufhebungsantrag des Beklagten möglich, aber auch ein Änderungsantrag des Klägers, der die Bestimmtheit des Sicherungsanordnung herbeiführt.

47 Der **Tenor** einer Sicherungsanordnung könnte lauten: „Der Beklagte wird im Wege der Sicherungsanordnung gem. § 283 a ZPO verurteilt, dem Kläger Sicherheit gem. § 232 BGB [alternativ bei entsprechender Beschränkung: Sicherheit gem. § 232 Abs. 2 BGB durch selbstschuldnerische Bürgschaft bzw. Verpflichtungserklärung einer öffentlichen Stelle gem. § 569 Abs. 3 Nr. 2 Satz 1 BGB] in Höhe von … € [für seine Forderungen auf Nutzungsentgelt für die Monate … in Höhe von jeweils … €][139] zu leisten. Die Sicherheitsleistung ist dem Gericht bis zum … nachzuweisen". Gem. § 232 ZPO ist in amtsgerichtlichen Sicherungsanordnungen über die Beschwerdemöglichkeit zu belehren, nicht aber über die Möglichkeit der Abänderung bzw. Aufhebung.

VII. Frist zur Sicherheitsleistung

48 Gem. § 283 a Abs. 2 ZPO hat der Beklagte die Sicherheitsleistung innerhalb einer vom Gericht zu bestimmenden Frist nachzuweisen. Das bedeutet zunächst, dass dem Beklagten durch das Gericht überhaupt eine Frist zu setzen ist. Das sollte in dem Beschluss geschehen, mit dem die Sicherungsanordnung erlassen wird. Unterbleibt die Fristsetzung, ergeht ein zweiter, **ergänzender Beschluss,** der die Fristsetzung enthält; § 321 ZPO gilt nicht[140].

---

134 *Lützenkirchen* ZMR 2012, 606.

135 *Abramenko,* Das neue Mietrecht in der anwaltlichen Praxis, 2013, § 5 Rdn. 43.

136 BVerfG (1 BvR 1024/79) NJW 1982, 30.

137 BGH NJW 1994, 460.

138 BGH NJW 1994, 460.

139 Die Bezeichnung der Forderungen im Tenor ist empfehlenswert, aber entbehrlich, wenn sie sich aus der Begründung der Sicherungsanordnung hinreichend genau entnehmen lassen.

140 **A. A.** wohl *Geldmacher* MK Sonderheft Mietrechtsreform 2013, S. 45, der §§ 319, 321 ZPO für anwendbar und eine Heilung durch ergänzenden Beschluss nach Ablauf der Frist des § 321 ZPO nicht für möglich hält; er übersieht m. E. aber, dass mangels materieller Rechtskraft des Beschlusses über die Sicherungsanordnung

49 Aus dem gesetzlichen Erfordernis der Fristsetzung folgt weiterhin, dass die Verpflichtung zur Sicherheitsleistung nicht sofort mit Zustellung des Beschlusses entsteht, sondern erst nach Fristablauf. **Ohne Fristsetzung** gibt es **keine wirksame Verpflichtung des Beklagten** und es fehlt eine Voraussetzung für eine Zwangsvollstreckung aus dem Beschluss; eine dennoch erfolgende Vollstreckung kann mit der Erinnerung gem. § 766 ZPO angefochten werden. Ohne Fristsetzung kann auch ein Verstoß des Beklagten gegen die Sicherungsanordnung nicht festgestellt werden, so dass der Erlass einer Räumungsverfügung gem. § 940a Abs. 3 ZPO nicht möglich ist. Schließlich darf vor Ablauf der Frist eine Endentscheidung im Hauptsacheverfahren nicht ergehen, da ansonsten ein Ausspruch über das Befriedigungsrecht gem. § 283a Abs. 3 ZPO nicht möglich ist, weil nicht klar ist, ob eine Sicherheit geleistet wurde.

50 Die **Frist** muss **angemessen** sein, d. h., der Beklagte muss ausreichend Gelegenheit zur Sicherheitsleistung haben. Ihre Länge richtet sich nach den Umständen des Einzelfalls, insbesondere nach der Höhe der Sicherheit[141]. Eine Orientierung an der Nachholfrist des § 569 Abs. 3 Nr. 2 BGB ist im Rahmen des § 283a Abs. 2 BGB nicht notwendig[142], da es hier nur um die Sicherung, nicht aber um Räumung geht; davon zu unterscheiden ist die Frage, ob vor Ablauf der Frist des § 569 Abs. 3 Nr. 2 BGB eine Räumungsverfügung gem. § 940a Abs. 3 ZPO ergehen kann (s. dazu § 940a Rdn. 32). Da den Beklagten die Sicherungsanordnung wegen des vor Erlass zu gewährenden rechtlichen Gehörs nicht unvorbereitet trifft, konnte er bereits Vorüberlegungen für den Fall des Erlasses anstellen. Er musste aber vor Erlass noch keine Schritte zur Umsetzung seiner Überlegungen ergreifen. Das kann einige Zeit in Anspruch nehmen etwa für die interne Entscheidungsfindung einer Bank bei einer Bankbürgschaft oder die Zahlungsanzeige der Justizkasse bei einer Hinterlegung. Eine Frist von zwei Wochen erscheint im Regelfall ausreichend, aber auch notwendig wegen der Beschwerdemöglichkeit innerhalb von zwei Wochen gem. § 283a Abs. 1 Satz 4 ZPO. Eine längere Frist von drei bis vier Wochen (oder je nach örtlichen Gegebenheiten noch länger) dürfte nötig sein, wenn eine Verpflichtungserklärung einer öffentlichen Stelle herbeizuschaffen ist. Die Umstände, die für die Fristbemessung maßgeblich sind, hat insbesondere der Beklagte im Rahmen des rechtlichen Gehörs vorzutragen und ggf. glaubhaft zu machen (§ 224 Abs. 2 ZPO). Aus dieser Vorschrift ergibt sich auch, dass die Frist zur Sicherheitsleistung auf Antrag abgekürzt oder **verlängert** werden kann; bei der Frist gem. § 283a Abs. 2 ZPO handelt es sich um eine richterliche Frist.

VIII. Nachweis der Sicherheit

51 Nach dem Wortlaut von § 283a Abs. 2 ZPO hat der Beklagte die Sicherheitsleistung nachzuweisen. Damit kann nur ein Nachweis **gegenüber dem Gericht** gemeint sein[143], da der Kläger durch die Leistung der Sicherheit (bzw. der Nichtleistung innerhalb der Frist) an ihn Kenntnis erlangt. Der Kläger erhält bei der **Bürgschaft** die Bürgschaftsurkunde[144] (bzw. die Verpflichtungserklärung der öffentlichen Stelle) und bei der Hinterlegung die **Hinterlegungsanzeige** gem. § 374 Abs. 2 BGB. Den Nachweis gegenüber dem Gericht kann der Beklagte in jeder geeigneten Weise führen. Es gilt das **Freibeweisverfahren**[145]. Bloße Glaubhaftmachung gem. § 294 ZPO genügt nicht, da sie ausdrücklich zugelassen sein müsste[146], was – im Gegensatz zur Interessenabwägung gem. § 283a Abs. 1 Satz 1 Nr. 2 ZPO – nicht geschehen ist. Der Freibeweis führt zwar nicht zu einem geringeren Überzeugungsmaß, die Beweisaufnahme und die Beweismittel unterliegen aber bei Beachtung der Verfahrensrechte der Beteiligten dem Ermessen des Gerichts[147, 148]. Zum ande-

---

(s. Rdn. 67) ohnehin jederzeit eine neue Entscheidung ergehen und auf diese Weise das Fehlen der Fristsetzung behoben werden könnte.

141 Lützenkirchen ZMR 2012, 607.

142 **A. A.** *Börstinghaus* in Börstinghaus/Eisenschmid, Arbeitskommentar Mietrechtsänderung 2013, § 283a ZPO Rdn. 33.

143 Wie hier: *Geldmacher* MK Sonderheft Mietrechtsreform 2013, S. 45/46 und stillschweigend LG Hanau NZM 2015, 83.

144 *Habersack* in MünchKomm (6. Aufl.) § 766 Rdn. 24/25.

145 Wie hier: *Geldmacher* MK Sonderheft Mietrechtsreform 2013, S. 45/46.

146 *Prütting* in MünchKommZPO (5. Aufl.) § 294 Rdn. 4.

147 *Prütting* in MünchKommZPO (5. Aufl.) § 284 Rdn. 26.

148 Verfahren ohne mündliche Verhandlung unterliegen dem Freibeweis, vgl. *Prütting* in MünchKommZPO (5. Aufl.) § 284 Rdn. 31.

ren folgt sie daraus, dass der Nachweis der Sicherheitsleistung notwendig ist für das von Amts wegen auszusprechende Befriedigungsrecht aus der Sicherheit gem. § 283 a Abs. 3 ZPO[149]. Aus dem Befriedigungsrecht wird auch deutlich, dass Glaubhaftmachung gem. § 294 ZPO mit seinem geringeren Überzeugungsmaß nicht ausreicht, sondern volle Überzeugung notwendig ist. Das Befriedigungsrecht kann nämlich zur Erfüllung führen, weshalb es angemessen erscheint, hieran das gleiche Überzeugungsmaß zu knüpfen wie an den Erfüllungseinwand des Beklagten im Rechtsstreit. Praktisch führt der Beklagte den Nachweis der Sicherheitsleistung, indem er bei der Bürgschaft die Bürgschaftsurkunde vorlegt und bei der Hinterlegung die Annahmeanordnung (s. etwa § 7 HintG NRW) sowie die Einzahlungsquittung.

IX. Vollstreckung der Sicherheitsleistung

52 Kommt der Beklagte der Sicherungsanordnung nicht nach, kann der Kläger aus der Sicherungsanordnung gem. § 794 Abs. 1 Nr. 3 ZPO vollstrecken. Eine – auch für Beschlüsse gem. § 724 Abs. 1 ZPO grundsätzlich notwendige – **Vollstreckungsklausel** erscheint in entsprechender Anwendung der §§ 929 Abs. 1, 936 ZPO ausnahmsweise entbehrlich, weil die Sicherungsanordnung ein gesetzlich besonders geregelter Fall der Sicherungsverfügung ist (s. Rdn. 6). Deswegen ist – ebenso wie bei anderen einstweiligen Verfügungen[150] – auch eine Anordnung der **vorläufigen Vollstreckbarkeit** nicht erforderlich. **Nach der Endentscheidung** im Hauptsacheverfahren kann aus einer Sicherungsanordnung nicht mehr vollstreckt werden; das gilt auch dann, wenn die Endentscheidung nur vorläufig vollstreckbar ist (Einzelheiten bei Rdn. 57). Die **Vollziehungsfrist** des § 929 Abs. 2 ZPO gilt nicht, weil die Sicherungsanordnung auf bestimmte Dauer angelegt ist, nämlich – wie sich aus § 283 a Abs. 3 ZPO ergibt – auf die Dauer des Hauptsacheverfahrens.

53 Die Leistung der Sicherheit – auch einer Bürgschaft – ist eine **vertretbare Handlung,** wird also gem. § 887 ZPO vollstreckt[151]. Anders dürfte es nur dann sein, wenn die Sicherheitsleistung schon in der Sicherungsanordnung auf eine Verpflichtungserklärung einer öffentlichen Stelle beschränkt ist (s. dazu Rdn. 41); die notwendige Mitwirkung des Beklagten ist dann gem. § 888 ZPO (unvertretbare Handlung) zu vollstrecken. Die Vollstreckung ist zulässig nach Ablauf der gem. § 283 a Abs. 2 ZPO gesetzten Frist; eine dennoch erfolgende Vollstreckung kann mit der Erinnerung gem. § 766 ZPO angefochten werden. Enthält die Sicherungsanordnung keine Beschränkung auf bestimmte Sicherheiten, geht das Recht des Beklagten als Schuldner, eine der in § 232 Abs. 1 BGB genannten **Sicherheiten auszuwählen,** auf den Kläger als Gläubiger in entsprechender Anwendung des § 264 BGB über[152]; das hindert den Beklagten als Schuldner aber nicht daran, seine Verpflichtung in anderer als der vom Gläubiger gewählten Weise zu erfüllen[153]. In Ausübung dieses Wahlrechts kann sich der Kläger auch für die Bürgschaft gem. § 232 Abs. 2, 239 BGB als Sicherheit entscheiden. Zwar stünde dem Beklagten ein solches Recht nicht zu bzw. nur dann, wenn eine Sicherheit gem. § 232 Abs. 1 BGB nicht zur Verfügung steht; die Subsidiarität der Bürgschaft dient aber ausschließlich dem Schutz des Gläubigers, so dass dieser auch darauf verzichten kann[154]. Der Kläger muss sich im Rahmen seines Antrags gem. § 887 Abs. 1 ZPO eindeutig für eine Sicherheit entscheiden, zu deren Selbstvornahme er ermächtigt werden will[155]; ansonsten ist der Antrag unbestimmt[156]. Bei einer **Bürgschaft** schließt der Kläger nach einer solchen Ermächtigung für den Beklagten mit dem Bürgen einen Bürgschaftsvertrag; die mutmaßlichen Kosten der Bürgschaft (z. B. Bürgschaftszinsen bis zum Prozessende; als Sicherheit beim Bankbürgen anzulegendes und zu verpfändendes Geld[157]) kann sich der Kläger als Vorschuss gem. § 887 Abs. 2 ZPO titulieren lassen und

---

149 Von Amts wegen zu prüfende Prozessvoraussetzungen unterliegen dem Freibeweis (BGH NJW 1997, 3320).

150 *Drescher* in MünchKommZPO (5. Aufl.) § 929 Rdn. 2.

151 OLG Düsseldorf FamRZ 1984, 704; OLG Köln MDR 1989, 169; OLG Karlsruhe MDR 1991, 454; OLG Zweibrücken MDR 1986, 1034; Beschlussempfehlung Rechtsausschuss BT-Drucks. 17/11894 S. 35.

152 OLG Düsseldorf FamRZ 1984, 704; LG Hagen, Beschluss v. 30.11.2010 (Az.: 23 O 83/10), BeckRS 2011, 01646; KG JW 1936, 677; Beschlussempfehlung Rechtsausschuss BT-Drucks. 17/11894 S. 35.

153 BGH (IX ZR 100/94) NJW 1995, 3189.

154 *Grothe* in MünchKomm (7. Aufl.) § 232 Rdn. 11.

155 KG JW 1936, 677; OLG Düsseldorf FamRZ 1984, 704. Offenlassend BGH (IX ZR 100/94) NJW 1995, 3189.

156 KG JW 1936, 677.

157 OLG Köln MDR 1989, 169.

beim Beklagten vollstrecken[158]. Wählt der Kläger die **Hinterlegung** von Geld, ist er zu ermächtigen, diese Hinterlegung für den Beklagten zu bewirken. Der zu hinterlegende Geldbetrag wird wie ein Vorschuss gem. § 887 Abs. 2 ZPO vollstreckt, nämlich als Geldforderung gem. § 803ff. ZPO[159]; der Unterschied zum Vorschuss besteht nur darin, dass der Gerichtsvollzieher gepfändetes Geld oder den Erlös aus der Verwertung von Pfandgut zu hinterlegen hat, anstatt es gem. § 815 Abs. 1 ZPO an den Gläubiger auszukehren[160].

X. Wirkungen der Sicherheitsleistung

Die Sicherheitsleistung ist **keine Erfüllung** gem. § 362 BGB. Deshalb beendet sie einen Verzug des Beklagten nicht mit der weiteren Folge, dass dieser ggf. weiteren Verzugszins oder den Ersatz sonstiger **Verzugsschäden** schuldet. Bei der Hinterlegung endet allerdings gem. § 379 Abs. 2 BGB die Pflicht zur Zahlung von Verzugszinsen. Mangels Erfüllungswirkung der Sicherheitsleistung kann wegen Rückständen, für die Sicherheit zu leisten war, grundsätzlich auch **gekündigt** werden. Solche Fälle dürften aber eigentlich nicht praktisch werden, weil § 283 a ZPO eine Räumungsklage erfordert, also von einem beendeten Mietverhältnis ausgeht. Sollte eine Kündigung nach der konkreten Fallkonstellation doch in Betracht kommen, ist im Einzelfall zu prüfen, ob sie angesichts der Sicherung nicht treuwidrig erscheint; bei einer Kündigung gem. § 573 Abs. 1 BGB kann die Sicherheitsleistung zu Gunsten des gekündigten Beklagten Einfluss auf die Beurteilung des berechtigten Interesses haben. 54

XI. Befriedigung aus der Sicherheit und deren Freigabe

§ 283 a Abs. 3 ZPO regelt – allerdings nur sehr unvollständig – das Schicksal der Sicherheit und der Sicherungsanordnung nach Beendigung des Hauptsacheverfahrens. Danach ist in dem Endurteil oder einer anderweitigen den Rechtsstreit beendenden Regelung auszusprechen, dass der Kläger sich aus der Sicherheit befriedigen darf, soweit er obsiegt hat. Direkt ist also nur geregelt, was mit der Sicherheit im Fall des Obsiegens geschieht, nicht aber, wie mit einer unberechtigt geleisteten Sicherheit zu verfahren ist. Außerdem gibt es keine ausdrückliche Bestimmung über das Fortbestehen der Sicherungsanordnung. Beides ist auseinander zu halten. Die geleistete **Sicherheit** unterliegt den **Vorschriften des materiellen Rechts** (§§ 232ff. BGB). Die **Sicherungsanordnung** ist die Rechtsgrundlage und der **Rechtsgrund** für die Leistung bzw. Vollstreckung der Sicherheit. 55

Mit **Rechtskraft** der Endentscheidung, die einen Ausspruch über das Befriedigungsrecht enthält, kann die Sicherungsanordnung nicht mehr **Vollstreckungsgrundlage** sein, soweit die Sicherheit noch nicht geleistet wurde, da dann endgültig feststeht, dass dem Kläger ein Anspruch zusteht; er kann den Zahlungsanspruch vollstrecken und nicht nur die Sicherheit[161]. Nicht mehr die Sicherungsanordnung ist nach der Endentscheidung im Hauptsacheverfahren Rechtsgrund für eine geleistete Sicherheit, sondern der Ausspruch über das Befriedigungsrecht. Soweit dem Kläger ein Recht zur Befriedigung nicht zugesprochen wurde, tritt die Sicherungsanordnung **außer Kraft**[162]. Das geschieht automatisch; es ist aber empfehlenswert, diese Wirkung ausdrücklich klarzustellen. Den Teil der Sicherheit, aus dem der Kläger sich nicht befriedigen darf, hat er dem Beklagten **zurückzugewähren**, weil nunmehr ein Rechtsgrund für die Sicherheitsleistung fehlt. Da es sich um eine materielle Sicherheit handelt, hat der Beklagte dies im Notfall mit einer Klage durchzusetzen. 56

---

[158] OLG Köln MDR 1989, 169; Beschlussempfehlung Rechtsausschuss BT-Drucks. 17/11894 S. 35.

[159] OLG Düsseldorf FamRZ 1984, 704; Beschlussempfehlung Rechtsausschuss BT-Drucks. 17/11894 S. 35. Tenor gem. LG Hagen, Beschluss v. 30.11.2010 (Az.: 23 O 83/10), BeckRS 2011, 01646: Der Gläubiger wird ermächtigt, die auf Grund der Sicherungsanordnung … von dem Schuldner zu stellende Sicherheit in Höhe von insgesamt … € durch Hinterlegung von Geld zu leisten. Der Schuldner wird verurteilt, den dafür erforderlichen Betrag in Höhe von … € zugunsten des Gläubigers zum Zwecke der Hinterlegung an die Hinterlegungsstelle des AG … vorauszuzahlen. **A. A.** KG JW 1936, 1464 (Vollstreckung der Bürgschaftskosten gem. § 887 Abs. 2 ZPO).

[160] OLG Düsseldorf FamRZ 1984, 704; *Gruber* in MünchKommZPO (5. Aufl.) § 803 Rdn. 9.

[161] Wie hier: *Geldmacher* MK Sonderheft Mietrechtsreform 2013, S. 48.

[162] *Börstinghaus* NJW 2013, 3269; *Börstinghaus* in Börstinghaus/Eisenschmid, Arbeitskommentar Mietrechtsänderung 2013, § 283 a ZPO Rdn. 38.

57 Ist die Endentscheidung noch **nicht rechtskräftig,** kann die Sicherheit ebenfalls nicht weiter vollstreckt werden, falls sie noch nicht geleistet wurde. Wie bei einer rechtskräftigen Endentscheidung erhält der Kläger einen (vorläufig vollstreckbaren) Zahlungstitel, soweit ihm ein Befriedigungsrecht zugesprochen wurde. Er ist deshalb nicht mehr auf die Sicherheitsleistung als Schutz vor endgültigem Forderungsausfall angewiesen und im Übrigen durch § 710 ZPO sowie insbesondere durch § 720 a ZPO hinreichend geschützt, falls er selbst eine im Urteil festgelegte Sicherheit gem. §§ 708 ff. ZPO nicht zu erbringen vermag; im Berufungsverfahren kommt deshalb eine Sicherungsanordnung für einen erstinstanzlich obsiegenden Kläger, der die Stellung einer im Urteil festgelegten Sicherheitsleistung vermeiden möchte, nicht in Betracht[163]. Überdies würde bei der Möglichkeit weiterer Vollstreckung aus der Sicherungsanordnung der Ausspruch über das Befriedigungsrecht in dem Urteil falsch bzw. unvollständig. Dieser Ausspruch über das Befriedigungsrecht ist aber gem. § 283 a Abs. 3 ZPO Teil der Endentscheidung und kann nur zusammen mit der Endentscheidung angefochten werden. Der Kläger würde also bei weiterer Vollstreckung möglicherweise eine Sicherheit erlangen, könnte sich aus ihr aber nicht befriedigen, weil ein solcher Ausspruch verfahrensmäßig nicht mehr vorgesehen ist[164]. Mangels Verwertungs- bzw. Befriedigungsrecht könnte der Beklagte dann die Rückgabe der Sicherheit verlangen. Auch bei einer nicht rechtskräftigen Endentscheidung ist die Sicherungsanordnung **automatisch aufgehoben,** soweit nicht ausgesprochen wird, dass der Kläger sich aus einer geleisteten Sicherheit befriedigen darf. Das folgt wiederum daraus, dass sie weder Grundlage einer Vollstreckung noch eines Befriedigungsrechts sein kann. Legt der Kläger Rechtsmittel wegen einer teilweisen Klageabweisung ein, muss er insoweit bei dem **Rechtsmittelgericht** den Neuerlass einer Sicherungsanordnung beantragen.

58 Die Forderungen, wegen derer sich der Kläger befriedigen darf, sind genau zu bezeichnen. Das Befriedigungsrecht darf nur wegen solcher Forderungen ausgesprochen werden, wegen derer auch Sicherheit zu leisten war[165]. Der **Streitgegenstand des Befriedigungsrechts** und der Sicherungsanordnung sowie der geleisteten Sicherheit müssen übereinstimmen. Wenn etwa nach der Sicherungsanordnung für das ganze Jahr Nutzungsentgelt zu leisten war, der Beklagte aber nur für Juli bis Dezember hinterlegt hat und der Kläger für Januar bis Juni auf Vollstreckung verzichtet hat oder diese erfolglos war, dann hat der Kläger nur dann ein Befriedigungsrecht, wenn der Beklagte auch tatsächlich für Juli bis Dezember verurteilt wurde; wurde nur für Januar bis Juni verurteilt, dann stimmen die Streitgegenstände nicht überein und ein Befriedigungsrecht darf nicht ausgesprochen werden, der Kläger hat die Sicherheit vielmehr zurückzugewähren. Erst recht gilt das für Ansprüche, die überhaupt nicht Gegenstand der Sicherungsanordnung waren wie etwa vor Rechtshängigkeit fällig gewordene Ansprüche. Die Möglichkeit, den Anspruch des Beklagten auf Rückgewähr von nicht dem Befriedigungsrecht unterliegenden Teilen der Sicherheit zu pfänden, besteht nicht, weil – ähnlich wie bei der Mietsicherheit[166] – wegen der Zweckgebundenheit ein Aufrechnungs- und damit ein Pfändungsverbot anzunehmen ist[167].

59 Der **Tenor eines Befriedigungsausspruchs** könnte lauten: „Dem Kläger wird gestattet, sich wegen der Forderungen auf Nutzungsentgelt für die Monate … in Höhe von jeweils … € aus der Sicherheit gem. der Sicherungsanordnung vom … zu befriedigen." Werden die Forderungen, für die Sicherheit geleistet wurde, teilweise aberkannt, sollte zur Klarstellung weiter tenoriert werden: „Im Übrigen wird die Sicherungsanordnung aufgehoben."

60 Über das Befriedigungsrecht ist gem. § 283 a Abs. 3 ZPO in dem **Endurteil** oder einer anderweitigen den Rechtsstreit beendenden Regelung zu entscheiden. Allgemein kann man formulieren, dass das Hauptsacheverfahren zwar nicht insgesamt beendet sein muss (auch Teilurteile sind Endurteile), dass aber der Streitgegenstand, auf den sich die Sicherungsanordnung bezieht, in der Sache vollständig erledigt sein muss. Hierzu gehören zunächst End- bzw. Teilurteile und **Klagerücknahmen.** Letztere führen zwar (außer evtl. bei einem außergerichtlichen Vergleich) nicht zu einem Befriedigungsrecht, haben aber die Aufhebung der Sicherungsanordnung zur Folge, was klarstellend ausgesprochen werden kann, um die Titelwirkungen zu beseitigen. Weiterhin gehören

---

163 **A. A.** *Lützenkirchen* ZMR 2012, 605.

164 Bei Einlegung eines Rechtsmittels könnte zwar das Rechtsmittelgericht den Ausspruch über das Befriedigungsrecht treffen; wird kein Rechtsmittel eingelegt, gibt es diese Möglichkeit aber nicht.

165 So auch *Börstinghaus* NJW 2013, 3268.

166 BGH (VIII ZR 36/12) NJW 2012, 3300 = WuM 2012, 502 = ZMR 2012, 855.

167 Nach BGH (IX ZR 82/10) NJW 2011, 2649 Rdn. 14 besteht im Fall eines Aufrechnungsverbots immer auch das Verbot der Selbstpfändung des Gläubigers in eine gegen ihn gerichtete Forderung des Schuldners. **A. A.** für die Kaution *Schmid* ZMR 2013, 256.

dazu insbesondere gerichtliche oder außergerichtliche **Vergleiche.** Die Vergleiche können und müssen das Befriedigungsrecht regeln; ansonsten kann ein Ausspruch über das Befriedigungsrecht nicht mehr erfolgen, es sei denn, die Parteien hätten dies – ähnlich wie bei einer Kostenregelung, die das Gericht dann nach § 91 a ZPO trifft – offen gehalten. Haben die Parteien das getan und kann die Sicherheit streitgegenständlich dem Vergleichsbetrag (oder einem Teil davon) zugeordnet werden (s. Rdn. 58), dann ist das in einem Beschluss entsprechend § 91 a ZPO auszusprechen. Ist das nicht der Fall, kann ein Befriedigungsrecht nicht ausgesprochen werden und der Beklagte hat einen notfalls klageweise durchzusetzenden Anspruch auf Rückgabe der Sicherheit, weil es an einem Rechtsgrund für die Befriedigung daraus fehlt[168]. Diesen Arten der Prozessbeendigung müssen – wiederum wegen der Folge der Aufhebung der Sicherungsanordnung – alle prozessualen Ereignisse gleichstehen, die eine Verurteilung des Beklagten zur Leistung ausschließen, also etwa **übereinstimmende Erledigungserklärungen** des Streitgegenstands der Sicherungsanordnung; über bloß einseitige Erledigungen wird durch Endurteil entschieden. Die Sicherheitsleistung selbst ist dabei kein erledigendes Ereignis, weil sie keine schuldtilgende Wirkung hat.

Die **Entscheidung** über das Befriedigungsrecht hat (außer in den Fällen des § 269 Abs. 4 ZPO) 61
von Amts wegen, also auch ohne besonderen Antrag zu erfolgen[169]. Sie ist Bestandteil des Endurteils oder der anderweitigen den Rechtsstreit beendenden Regelung. Das ergibt sich schon aus dem Wortlaut des § 283 a Abs. 3 ZPO, aber auch daraus, dass eine besondere Regelung über die Anfechtung der Entscheidung über das Befriedigungsrecht im Gegensatz zur Anfechtung der Sicherungsanordnung selbst fehlt. Die Entscheidung wird im Gegensatz zur Sicherungsanordnung auch **materiell rechtskräftig,** weil eine weitere Entscheidung ist nicht vorgesehen ist und das Befriedigungsrecht, wenn es wahrgenommen wird, unmittelbaren Einfluss auf das Prozessergebnis und den Bestand der ausgeurteilten Forderung hat. Deshalb ist die Entscheidung über das Befriedigungsrecht mit den Rechtsmitteln **anfechtbar,** die auch gegenüber der Endentscheidung bestehen. Bei einem Endurteil ist das die Berufung bzw. Revision, ansonsten die Beschwerde. Unterbleibt die Entscheidung über das Befriedigungsrecht, gilt – auch bei Beschlüssen[170] – **§ 321 ZPO**[171]. Kann die Entscheidung wegen Fristablaufs nicht mehr nachgeholt werden, hat der Beklagte trotz Verurteilung zur Zahlung in der Hauptsache einen notfalls klageweise durchzusetzenden Anspruch auf Rückgabe der Sicherheit, weil es an einem Rechtsgrund für die Befriedigung daraus fehlt[172]. Die Möglichkeit, den Anspruch des Beklagten auf Rückgewähr von nicht dem Befriedigungsrecht unterliegenden Teilen der Sicherheit zu pfänden, besteht nicht, weil – ähnlich wie bei der Mietsicherheit[173] – wegen der Zweckgebundenheit ein Aufrechnungs- und damit ein Pfändungsverbot anzunehmen ist[174].

Die **Befriedigung** aus einer geleisteten Sicherheit darf nicht erst nach endgültiger Rechtskraft 62
des Zahlungstitels erfolgen, sondern auch schon **auf Grund eines vorläufig vollstreckbaren Titels**[175]. Da die Befriedigung eine Form der Erfüllung ist, hat der Gläubiger in diesem Fall aber in der Weise gem. §§ 708 ff. ZPO Sicherheit zu leisten, wie sie im Urteil festgelegt ist. Der Sicherungsgeber (z. B. der Bürge) kann sich hierauf einredeweise berufen. Praktisch wird die Befriedigung auf Grund eines vorläufig vollstreckbaren Titels aber wegen der Art, wie sie zu bewirken ist, keine Bedeutung haben.

Die **Befriedigung** aus einer geleisteten Sicherheit richtet sich nach **materiellem Recht.** Der 63
Ausspruch des Befriedigungsrechts stellt keinen Titel dar. Ggf. ist deshalb der **Bürge** auf Zahlung aus der Bürgschaft zu verklagen, anschließend ist dann aus dem so erwirkten Titel gegen den Bür-

---

168 **A. A.** *Börstinghaus* in Börstinghaus/Eisenschmid, Arbeitskommentar Mietrechtsänderung 2013, § 283 a ZPO Rdn. 38, der einen Prätendentenstreit über die Verteilung der Sicherheit für möglich hält.

169 *Börstinghaus* in Börstinghaus/Eisenschmid, Arbeitskommentar Mietrechtsänderung 2013, § 283 a ZPO Rdn. 38.

170 *Musielak* in MünchKommZPO (5. Aufl.) § 329 Rdn. 14.

171 *Börstinghaus* in Börstinghaus/Eisenschmid, Arbeitskommentar Mietrechtsänderung 2013, § 283 a ZPO Rdn. 38; *Börstinghaus* NJW 2013, 3268.

172 *Börstinghaus* NJW 2013, 3268. **A. A.** noch *Börstinghaus* in Börstinghaus/Eisenschmid, Arbeitskommentar Mietrechtsänderung 2013, § 283 a ZPO Rdn. 38, wo ein Prätendentenstreit über die Verteilung der Sicherheit für möglich gehalten wurde.

173 BGH (VIII ZR 36/12) NJW 2012, 3300 = WuM 2012, 502 = ZMR 2012, 855.

174 Nach BGH (IX ZR 82/10) NJW 2011, 2649 Rdn. 14 besteht im Fall eines Aufrechnungsverbots immer auch das Verbot der Selbstpfändung des Gläubigers in eine gegen ihn gerichtete Forderung des Schuldners. **A. A.** für die Kaution *Schmid* ZMR 2013, 256.

175 **A. A.** ohne Begründung *Börstinghaus* NJW 2013, 3268.

gen zu vollstrecken. Hierbei muss der Bürge das Urteil des Klägers gegen den Beklagte im Umfang des ausgesprochenen Befriedigungsrechts gegen sich gelten lassen[176]. Das folgt – aus den gleichen Erwägungen wie bei einer Prozessbürgschaft – aus dem Sicherungszweck der auf Grund einer Sicherungsanordnung geleisteten Bürgschaft; hier wie dort soll die Realisierbarkeit der titulierten Ansprüche gesichert werden, was beinhaltet, dass der Bürge mit seiner Verpflichtung die – rechtskräftigen – Feststellungen des gegen den Beklagten als seinem Auftraggeber ergangenen Urteils anerkennt, soweit auch diesem Einwendungen oder Einreden nach Rechtskraft des zu vollstreckenden Urteils verwehrt sind[177]. Ähnlich ist es bei der Verpflichtungserklärung einer öffentlichen Stelle.

64 Bei der **Hinterlegung** ist die Rechtslage für den Kläger, dem ein Befriedigungsrecht zugesprochen wurde, einfacher. Zwar enthält das Urteil keine ausdrückliche Auszahlungsanordnung; der Kläger kann seine Empfangsberechtigung aber durch den Ausspruch des Befriedigungsrechts nachweisen. Die Formalien der Empfangsberechtigung sind in den Sicherheitsleistungsgesetzen der Länder geregelt (in Nordrhein-Westfalen etwa in § 22 HintG NRW); § 380 BGB gewährt dem Gläubiger nur dann einen Anspruch auf Anerkennung der Empfangsberechtigung, wenn der Gläubiger sie nicht anderweitig nachweisen kann[178]. Gem. § 22 Abs. 3 HintG NRW, der stellvertretend für die Sicherheitsleistungsgesetze der Länder genannt sei, ist zum Nachweis entweder eine schriftliche Bewilligung der Beteiligten oder eine rechtskräftige Entscheidung notwendig. Wenn eine solche landesrechtliche Regelung besteht und der Kläger eine Bewilligung des Beklagten nicht vorlegen kann, kann er aus dem vorläufig vollstreckbaren Titel bis zur Rechtskraft also nicht vollstrecken, d. h. eine Auszahlung des Hinterlegten erwirken. Soweit der Beklagte mehr hinterlegt hat, als dem Kläger an Befriedigungsrecht zugesprochen wurde, kann der Beklagte nach Rechtskraft Auszahlung des zuviel Hinterlegten auf Grund einer in der Endentscheidung ausgesprochenen Aufhebungsanordnung erreichen. Das gilt auch für nach Hinterlegung angefallene **Zinsen**[179], auf die der Kläger keinen Anspruch hat, da sie in der Sicherungsanordnung nicht tituliert sind und auch nicht tituliert werden können (s. Rdn. 14). Bei Streit über die Empfangsberechtigung können die in den Sicherheitsleistungsgesetzen vorgesehenen Rechtsmittel eingelegt werden (s. etwa § 5 HintG NRW). Muss danach nicht ausgezahlt werden, kann der jeweilige Gläubiger Klage auf Anerkenntnis der Berechtigung in der notwendigen Form gem. § 380 BGB erheben. Im Falle der Erledigung oder der Klagerücknahme fehlt es an einer Empfangsermächtigung zu Gunsten des Klägers, der hinterlegte Betrag gebührt also dem Beklagten. Die Empfangsberechtigung des Klägers kann sich allerdings aus einem außergerichtlichen Vergleich ergeben. Sofern die Sicherheitsleistungsgesetze der Länder eine besondere Form verlangen, gewährt der Vergleich auch ohne ausdrückliche Regelung konkludent einen Anspruch gem. § 380 BGB auf Anerkenntnis der Berechtigung in der notwendigen Form. In Nordrhein-Westfalen reicht eine schriftliche Bewilligung aus (§ 22 Abs. 3 Nr. 1 HintG).

65 § 283 a Abs. 3 ZPO gewährt dem Kläger nur das **Recht auf Befriedigung** aus der Sicherheit, verpflichtet ihn hierzu aber nicht. Sofern der Kläger sich nicht aus der Sicherheit befriedigt, sondern wegen der gesicherten Forderung gegen den Beklagten vollstreckt, darf dies nur Zug um Zug gegen Freigabe der Sicherheit geschehen.[180]

XII. Rechtsmittel, Abänderung und Aufhebung

66 Obwohl es sich bei der Sicherungsanordnung der Sache nach um eine einstweilige Verfügung handelt (s. Rdn. 6), die gem. § 924 ZPO anfechtbar ist, hat der Gesetzgeber gegen die Entscheidung über die Sicherungsanordnung in § 283 a Abs. 1 Satz 4 ZPO das Rechtsmittel der **sofortigen Beschwerde** gem. §§ 567 ff. ZPO vorgesehen. Die offene Formulierung des Gesetzes bedeutet, dass sich sowohl der Beklagte gegen die Anordnung, als auch der Kläger gegen die Ablehnung der Anordnung wehren können, soweit sie beschwert sind[181]. Teilweise ablehnende bzw. anordnende

[176] Wie hier: *Geldmacher* MK Sonderheft Mietrechtsreform 2013, S. 48.

[177] S. zur Prozessbürgschaft BGH (XI ZR 287/04) NJW 2005, 2157.

[178] *Olzen* in Staudinger (2011) § 380 Rdn. 2.

[179] Die Sicherheitsleistungsgesetze der Länder können eine Verzinsung für die Zeit der Sicherheitsleistung vorsehen. So wird hinterlegtes Geld gem. § 12 Abs. 1 HintG NRW ab einem Betrag von 10 000,00 € mit 1% jährlich verzinst.

[180] Wie hier: *Geldmacher* MK Sonderheft Mietrechtsreform 2013, S. 47.

[181] Gesetzesbegründung BT-Drucks. 17/10485 S. 29.

Entscheidungen können ebenfalls überprüft werden. Mangels Verfahrensbeteiligung und unmittelbarer Beschwer hat ein Wohnungsnutzer, der nicht Mietvertragspartei ist, kein Beschwerderecht; die mittelbare Beschwer, von einer Räumungsverfügung gem. § 940 a Abs. 3 ZPO betroffen sein zu können, reicht nicht aus. Die Eröffnung des Beschwerdeverfahrens gem. §§ 567 ff. ZPO hat zur Folge, dass mit der Rechtsbeschwerde gem. §§ 574 ff. ZPO potenziell zwei Rechtsmittelinstanzen zur Verfügung stehen, wohingegen dies bei der einstweiligen Verfügung gem. § 542 Abs. 2 ZPO ausgeschlossen ist. Wenn allerdings nicht ein erstinstanzliches Gericht, sondern ein Berufungsgericht die Sicherungsanordnung erlassen hat, ist eine sofortige Beschwerde gem. § 567 Absatz 1 ZPO nicht statthaft[182]. Eine sofortige Beschwerde hat gem. § 570 Abs. 1 ZPO keine aufschiebende Wirkung; die Vollziehung kann aber gem. § 570 Abs. 2 ZPO ausgesetzt werden. Gem. § 232 ZPO ist in amtsgerichtlichen Sicherungsanordnungen über die Beschwerdemöglichkeit zu belehren, nicht aber über die Möglichkeit der Abänderung bzw. Aufhebung. Neuer Vortrag ist in der Beschwerdeinstanz zu berücksichtigen[183].

67 Zur Aufhebung der Sicherungsanordnung in Zusammenhang mit der Endentscheidung des Hauptsacheverfahrens und zur Rückgabe einer geleisteten Sicherheit nach Aufhebung s. Rdn. 56. Darüber hinaus ist die Sicherungsanordnung auch nach Ablauf der Beschwerdefrist auf Antrag von Kläger oder Beklagtem **aufzuheben oder abzuändern,** wenn sich die für den Erlass maßgeblichen Umstände *wesentlich* zu Gunsten dessen ändern, der Aufhebung oder Abänderung begehrt[184]. Ebenso kann der **Antrag** vom Kläger **wiederholt** werden, wenn die Voraussetzungen für den Erlass zunächst nicht erfüllt waren, später aber wegen veränderter Umstände gegeben sind[185]. Trotz der formellen Rechtskraft, die mit Ablauf der Beschwerdefrist eintritt, erwächst die Sicherungsanordnung nicht in materielle Rechtskraft[186]. Materielle Rechtskraft, die auch Beschlüssen zukommen kann[187], bedeutet auf der Grundlage der herrschenden prozessualen Rechtskraftlehre das Verbot einer erneuten Sachentscheidung[188]. Eine erneute Sachentscheidung über die Sicherungsanordnung ist aber nicht nur nicht verboten, sie ist im Gesetz sogar ausdrücklich in § 283 a Abs. 3 ZPO angelegt. Mit der Endentscheidung muss nämlich ausgesprochen werden, inwieweit der Kläger sich aus einer geleisteten Sicherheit befriedigen darf; das bedeutet zwingend eine Überprüfung der Sicherungsanordnung auf Übereinstimmung mit der Verurteilung in der Hauptsache. Abgesehen davon lässt sich die Abänderbarkeit wegen veränderter Umstände aus den Wertungen der §§ 927, 767 ZPO sowie aus den Wertungen herleiten, aus denen einem Bedürftigen das Recht zugesprochen wird, nach einer Prozesskostenhilfeversagung erneut einen Prozesskostenhilfeantrag zu stellen[189].

68 Die **veränderten Umstände** können sowohl betreffen die Erfolgsaussicht der Klage als auch die für die Interessenabwägung bedeutsamen Tatsachen. Die Fortsetzung der Beweisaufnahme kann ergeben, dass die behaupteten Mängel entgegen dem bisherigen Prozessergebnis doch bestehen; außerdem kann die Erfolgsaussicht der Klage leiden, wenn der Mieter neue, während des Prozesses erstmals auftretende Mängel behauptet. Eine wesentliche Änderung kann sich aber auch daraus ergeben, dass der Kläger den Prozess nicht weiter betreibt oder ihn verzögert oder wenn er gem. §§ 239 ff. ZPO unterbrochen ist. Wenn der Beklagte auf Grund einer Räumungsverfügung gem. § 940 a Abs. 3 ZPO geräumt wird oder wenn er freiwillig räumt, fällt der Grund für eine schon erlassene Sicherungsanordnung allerdings nicht weg.

XIII. Schadensersatz

69 Gem. § 283 a Abs. 4 ZPO hat der Kläger dem Beklagten denjenigen Schaden zu ersetzen, den dieser wegen einer Sicherheitsleistung für Ansprüche erlitten hat, die später nicht zugesprochen

182 Gesetzesbegründung BT-Drucks. 17/10485 S. 29; *Abramenko,* Das neue Mietrecht in der anwaltlichen Praxis, 2013, § 5 Rdn. 64.
183 *Abramenko,* Das neue Mietrecht in der anwaltlichen Praxis, 2013, § 5 Rdn. 50.
184 So auch *Börstinghaus* NJW 2013, 3269; *Börstinghaus* in Börstinghaus/Eisenschmid, Arbeitskommentar Mietrechtsänderung 2013, § 283 a ZPO Rdn. 30; *Geldmacher* MK Sonderheft Mietrechtsreform 2013, S. 44; *Abramenko,* Das neue Mietrecht in der anwaltlichen Praxis, 2013, § 5 Rdn. 48.
185 Ebenso *Lützenkirchen* ZMR 2012, 606.
186 So im Ergebnis auch *Abramenko,* Das neue Mietrecht in der anwaltlichen Praxis, 2013, § 5 Rdn. 48.
187 *Gottwald* in MünchKommZPO (5. Aufl.) § 322 Rdn. 29.
188 *Gottwald* in MünchKommZPO (5. Aufl.) § 322 Rdn. 9 und 13.
189 S. dazu BGH (IV ZB 43/03) NJW 2004, 1805.

werden, für die also die hohe Erfolgsaussicht der Klage zu Unrecht bejaht wurde. Der Schadensersatzanspruch ist an § 717 Abs. 2 ZPO angelehnt (dessen Abs. 2 Satz 2 gilt auch entsprechend); es handelt sich deshalb um einen Tatbestand der Gefährdungshaftung[190]. Es ist der Zustand herzustellen, der ohne die Sicherheitsleistung bestehen würde; die Folgen der Sicherheitsleistung sind auszugleichen. Zum ersatzfähigen Schaden können insbesondere gehören Aufwendungen zur Beschaffung der Sicherheit wie etwa Bürgschaftszinsen, Kreditzinsen für den hinterlegten Betrag oder Verlust von Anlagezinsen, aber auch Vermögensschäden etwa wegen entgangenen Gewinns[191]. Aus dem Verweis auf § 717 Abs. 2 Satz 2 ZPO ergibt sich, dass der Schadensersatzanspruch schon im laufenden Verfahren im Wege des Inzidentantrags geltend gemacht werden kann, über den im Endurteil mit zu entscheiden ist; außerdem kann (Feststellungs-)Widerklage auf Schadensersatz erhoben werden[192].

XIV. Kosten und Gebühren

70 Das Verfahren über die Sicherungsanordnung ist Bestandteil des Hauptsacheverfahrens[193]. Besondere Gebühren sind hierfür weder für das Gericht noch für die Rechtsanwälte[194] vorgesehen. Deshalb ist der Antrag auch dann gerichtsgebührenfrei, wenn er isoliert, also ohne ein Hauptsacheverfahren gestellt wird. Soweit die Sicherheitsleistung dem vollstreckenden Kläger Kosten verursacht, sind dies Kosten der Zwangsvollstreckung. Soweit die Sicherheitsleistung dem Beklagten unberechtigt Kosten verursacht, weil der Kläger keinen Anspruch auf die Sicherheit hatte, steht ihm der Schadensersatzanspruch gem. § 283a Abs. 4 ZPO zu.

[190] Für § 717 Abs. 2 ZPO s. *Götz* in MünchKommZPO (5. Aufl.) § 717 Rdn. 2.
[191] *Börstinghaus* in Börstinghaus/Eisenschmid, Arbeitskommentar Mietrechtsänderung 2013, § 283a ZPO Rdn. 39; *Lützenkirchen* ZMR 2012, 608.
[192] S. näher *Götz* in MünchKommZPO (5. Aufl.) § 717 Rdn. 22ff.
[193] Gesetzesbegründung BT-Drucks. 17/10485 S. 28.
[194] *Horst* DWW 2013, 126.

Einleitung Räumungsvollstreckung

Systematische Übersicht

Alphabetische Schnellübersicht

I. Grundsätze der Räumungsvollstreckung

Der **Begriff der „Räumung“** ist im Gesetz nicht legal definiert. Er findet sich in verschiedenen Normen der ZPO (insb. §§ 721, 765 a, 885, 940 a ZPO), wobei ihm keine einheitliche Bedeutung zukommt. Im **engeren Sinne** bezeichnet die Räumung das „Leerräumen“ des Vollstreckungsgegenstandes, also etwa das Wegschaffen des Mobiliars aus einer Mietwohnung. Die Räumung im engeren Sinne steht neben dem Begriff der Herausgabe, der die Pflicht zur Besitzübertragung am Vollstreckungsgegenstand bezeichnet. Auf diesem engen Verständnis beruht etwa der Wortlaut des § 885 ZPO, der zwischen Herausgabe, Überlassung und Räumung unterscheidet, wobei die Differenzierung bei der Anwendung von § 885 ZPO praktisch keine Rolle spielt (s. § 885 ZPO Rdn. 10). Daneben verwendet das Gesetz den Begriff der Räumung aber auch in einem **weiteren Sinne.** Er umfasst dann Fälle, in denen der Schuldner neben der Verschaffung des Besitzes zusätzlich noch das Wegschaffen der Sachen schuldet. Dieses weite Verständnis liegt den §§ 721, 765 a, 794 a ZPO zugrunde (s. § 721 Rdn. 11), aber auch § 940 a ZPO. Zu materiellrechtlichen Begrifflichkeiten im Zusammenhang mit der Räumungspflicht s. § 885 ZPO Rdn. 10. 1

Für die Räumungsvollstreckung gelten zunächst die **allgemeinen vollstreckungsrechtlichen Regeln;** die Art und Weise der Räumungsvollstreckung richtet sich nach §§ 885 f. ZPO. Insbesondere ist für die Räumung ein Titel des Gläubigers (Vermieter) gegen den Schuldner (Mieter)[1] erforderlich. Setzt der Vermieter den (früheren) Mieter ohne Titel im Wege der **Selbstjustiz (sog. Kalträumung)** aus dem Besitz, ergibt sich zusammengefasst folgendes Bild[2]: Dem Mieter steht einerseits ein Anspruch auf Rückgabe der Mietsache wegen Besitzkehr nach § 861 Abs. 1 BGB zu. Diesen Anspruch kann auch der nach Vertragsende „geräumte“ frühere Mieter im einstweiligen Verfügungsverfahren durchsetzen. Wenn der Vermieter es aber schafft, die Räume vorher an einen gutgläubigen Nachmieter zu übergeben, scheiden Herausgabeansprüche des Mieters selbst im Eilverfahren aus. Ist der Mietvertrag beendet, umfassen Schadensersatzansprüche des im Wege der Selbstjustiz geräumten Mieters den praktisch bedeutsamen Nutzungsschaden nicht. Der Vermieter muss aber den Schaden am Räumungsgut ersetzen. Nach der Rechtsprechung[3] haftet der Vermieter insoweit nach § 231 BGB, was nicht überzeugt, weil der Vermieter dafür sein Handeln irrtümlich durch Selbsthilfe nach § 229 BGB für gerechtfertigt halten müsste; Anspruchsgrundlage ist richtigerweise § 280 bzw. § 823 Abs. 1 BGB.[4] Wenn der Vermieter eine Inventarisierung des Räumungsguts unterlassen hat, so trifft ihn die Beweislast, dass ein plausibler Vortrag des Mieters zu Umfang und Wert der vernichteten Sachen unzutreffend ist.[5] 2

---

[1] Wegen des mietrechtlichen Blickwinkels der Kommentierung werden im Folgenden auch die Begriffe „Mieter“ und „Vermieter“ verwendet, obwohl zum Zeitpunkt der Vollstreckung der Mietvertrag beendet ist.

[2] Ausführlich *Lehmann-Richter* NZM 2009, 177. S. auch *Bosch* NZM 2009, 530.

[3] BGH (VIII ZR 45/09) NJW 2010, 3434; KG ZMR 2011, 859; OLG Naumburg ZMR 2013, 112.

[4] *Lehmann-Richter* IMR 2010, 416; NZM 2009, 177, 180.

[5] BGH (VIII ZR 45/09) NJW 2010, 3434; KG ZMR 2011, 859; OLG Naumburg ZMR 2013, 112.

3 Die ZPO enthält **Sondervorschriften für die Räumung von Wohnraum,** um der besonderen Bedeutung der Wohnung als Lebensmittelpunkt gerecht zu werden. Die Räumung von Wohnraum durch einstweilige Verfügung ist deshalb nur in den in § 940a ZPO geregelten Ausnahmekonstellationen zulässig ist. Auch die Gewährung einer Räumungsfrist hat der Gesetzgeber besonders geregelt (§§ 721, 794a ZPO). Neben diesen Sonderregeln wird die Räumungsvollstreckung durch die Anwendung allgemeiner Vorschriften geprägt, insbesondere von § 712 und § 765a ZPO.

II. Vollstreckungsschutz

4 Die Regeln über den Vollstreckungsschutz sind über das 8. Buch der ZPO verstreut und deshalb unübersichtlich. Nach der allgemeinen Regel des **§ 712 ZPO** kann der auf Räumung in Anspruch genommene Mieter einen Schutzantrag mit dem Ziel stellen, dass ihm – abweichend von § 708 Nr. 7 oder Nr. 10, § 711 ZPO – der über den Räumungsantrag erkennende Richter entweder eine Abwendungsbefugnis gegen die Vollstreckung gewährt, die von einer Sicherheitsleistung des Gläubigers unabhängig ist oder das Urteil nicht für vorläufig vollstreckbar erklärt wird. Die ebenfalls allgemeinen Regeln der **§§ 707, 719 Abs. 1 ZPO** ermöglichen die Gewährung von Vollstreckungsschutz durch das Berufungsgericht im laufenden Berufungsverfahren; **§ 719 Abs. 2 ZPO** regelt diese Möglichkeit in der Revision. Bei **§ 721 ZPO** handelt es sich hingegen um eine wohnraumrechtliche Spezialnorm, die dem zur Räumung verurteilten Mieter ein weitergehendes Recht gewährt, eine Räumungsfrist zu beantragen. Parallelnorm ist **§ 794a ZPO,** wenn die Räumungspflicht nicht auf einer gerichtlichen Entscheidung, sondern einem vollstreckbaren Vergleich beruht. Zuletzt kann der Mieter Vollstreckungsschutz nach der Generalklausel des **§ 765a ZPO** beantragen, die dementsprechend auch auf die Vermietung von Geschäftsräumen Anwendung findet.

1. Konkurrenzen

5 Bei der Anwendung der Regeln über den Vollstreckungsschutz auf ein beendetes Mietverhältnis stellt sich die **Frage der Konkurrenz in mehrfacher Hinsicht.** Einerseits ist das Verhältnis der Normen untereinander, zum anderen ihr Verhältnis zu Vorschriften außerhalb der ZPO, insbesondere den mietrechtlichen Normen zu klären, die dem Mieter einen Räumungsaufschub gewähren. Mit Blick auf nicht spezifisch vollstreckungsrechtliche Regeln in der ZPO stellt sich die Konkurrenzfrage zu **§ 224 Abs. 2 ZPO,** wenn es um die Modifizierung einer gewährten Räumungsfrist geht. § 224 Abs. 2 ZPO ist in diesen Fällen nicht einschlägig, weil es sich bei der Räumungsfrist um eine uneigentliche Frist handelt (s. § 721 ZPO Rdn. 40), auf die § 224 ZPO unanwendbar ist.[6]

6 **a) Verhältnis zwischen §§ 721/794a und § 765a ZPO.** Bei der Räumung von Wohnraum stellt sich zunächst die Frage nach dem Verhältnis zwischen §§ 721/794a ZPO auf der einen und § 765a ZPO auf der anderen Seite. Sämtliche Normen ermöglichen es, dem Wohnraumnutzer eine Räumungsfrist zu gewähren. Allerdings unterscheiden sich die Normen in ihrem **zeitlichen Anwendungsbereich:** §§ 721/794a ZPO verlangen einen Antrag des Schuldners bis zum Schluss der mündlichen Verhandlung über den Räumungsanspruch bzw. spätestens zwei Wochen vor dem Tag, an dem zu räumen ist. Nach § 765a ZPO kann ein Antrag auf Vollstreckungsschutz hingegen bis zwei Wochen vor dem vom Gerichtsvollzieher festgesetzten Räumungstermin gestellt werden, § 765a Abs. 3 ZPO. Auch in ihren **Rechtsfolgen** unterscheiden sich die Normen: Denn §§ 721/794a ZPO ermöglichen nur die Gewährung einer Räumungsfrist von maximal einem Jahr (§ 721 Abs. 5, § 794a Abs. 3 ZPO), während § 765a ZPO insoweit keine Beschränkungen vorsieht.

7 Nach der Rechtsprechung des BGH ist § 765a ZPO als allgemeine Schutzvorschrift grundsätzlich neben den übrigen vollstreckungsrechtlichen Schutzvorschriften anwendbar. Die Gewährung von **Vollstreckungsschutz nach § 765a ZPO scheidet** allerdings **aus,** solange andere Schutzvorschriften nicht erschöpft sind oder zur Anwendung kommen.[7] Daraus folgt, dass der Schuldner seinen Antrag auf Gewährung von Räumungsfrist nicht auf § 765a ZPO stützen kann, soweit ihm §§ 721/794a ZPO zur Verfügung stehen. Solange die Antragsfristen aus diesen Normen noch nicht abgelaufen sind, kann das Gericht einen auf § 765a ZPO gestützten Antrag als Antrag nach §§ 721/794a ZPO auslegen oder – im Anwendungsbereich des § 721 ZPO – sogar ignorieren und Räu-

---

[6] Vgl. *Stadler* in Musielak/Voit § 221 ZPO Rdn. 2.
[7] BGH (V ZB 124/11) NJW-RR 2012, 398; (VII ZB 15/07) NJW 2007, 2703.

mungsfrist von Amts wegen zusprechen. Zu beachten ist allerdings, dass für den Antrag nach § 765a ZPO das Vollstreckungsgericht zuständig ist, während über den Antrag nach §§ 721/794a ZPO das Prozessgericht entscheidet. Eine entsprechende Auslegung kommt daher nur in Betracht, wenn der Antrag nach § 765a ZPO beim Prozessgericht gestellt wird.

Hat der Schuldner es versäumt, einen Antrag nach §§ 721/794a ZPO zu stellen oder seine Här- 8
tegründe in diesem Verfahren vorzutragen, ist problematisch, ob der Schuldner dann mit einem Antrag nach § 765a ZPO **präkludiert** ist. Der BGH hat zu dieser Frage noch nicht Stellung genommen. Seine an die Anwendung von § 765a ZPO geknüpfte Voraussetzung – „Erschöpfung" anderer Schutzvorschriften[8] – schließt die Ansicht nicht aus, dass § 765a ZPO auch dann von §§ 721/794a ZPO verdrängt wird, wenn der Schuldner die Normen nicht zu seinen Gunsten verwendet und damit „erschöpft" hat. Dennoch lehnt die **h. M.** zu Recht eine derartige „Präklusion" ab. § 765a ZPO ermöglicht es, eine mit den guten Sitten unvereinbare, missbräuchliche Ausnutzung von Vollstreckungsmöglichkeiten zu unterbinden (s. § 765a ZPO Rdn. 1) Die aus diesem Grund gebotene Anwendung der Norm kann auch dann erforderlich sein, wenn der Schuldner es zuvor versäumt hat, nach §§ 721/794a ZPO Vollstreckungsschutz zu beantragen.[9] Dementsprechend kann dem Schuldner auch dann noch Vollstreckungsschutz nach § 765a ZPO gewährt werden, wenn er bereits über §§ 721/794a ZPO Vollstreckungsschutz erhalten hat.[10]

Eine andere Frage ist, ob der Schuldner einen Antrag nach § 765a ZPO auf Härtegründe stützen 9
kann, die das Gericht im Verfahren nach §§ 721/794a ZPO nicht zur Gewährung einer Räumungsfrist bewegt haben. In diesen Fällen hat das Gericht bereits vollstreckungsrechtlich über den **Härtegrund** entschieden, was einer erneuten Sachentscheidung entgegensteht, insbesondere, weil sonst die Rechtsmittelfristen in §§ 721/794a ZPO umgangen würden.[11]

b) Verhältnis der sonstigen Vollstreckungsschutzregeln. § 721 ZPO und § 765a ZPO 10
sind neben den Vollstreckungsschutzregeln aus §§ 712, 719 ZPO anwendbar, weil die Normen unterschiedliche Zwecke verfolgen (s. Rdn. 4).[12] Der auf Räumung in Anspruch genommene Wohnraummieter kann also etwa in erster Instanz nach § 721 ZPO Räumungsfrist und/oder nach Einlegung der Berufung gegen ein erstinstanzliches Räumungsurteil beim Berufungsgericht Vollstreckungsschutz nach §§ 719, 707 ZPO beantragen.

Hat der Schuldner in erster Instanz keinen Antrag nach § 712 ZPO gestellt, so führt ein Antrag 11
nach **§ 718 ZPO** nicht dazu, dass das Berufungsgericht die Anwendung von § 712 ZPO nachzuholen hat.[13] Eine andere Frage ist, ob bei Versäumen des Antrags nach § 712 ZPO in der nächsten Instanz Vollstreckungsschutz nach § 719 ZPO möglich ist. Hier gilt Folgendes: Nach der ständigen Rechtsprechung des BGH ist **§ 719 Abs. 2 ZPO grds. subsidiär zu § 712 ZPO:** In der Revision scheidet danach die Einstellung der Zwangsvollstreckung aufgrund von Gründen aus, die der Schuldner im Rahmen eines – tatsächlich nicht gestellten – Schutzantrags nach § 712 ZPO erfolgreich hätte vorbringen können.[14] Bei einem Übergehen eines derartigen Antrags durch das Berufungsgericht muss der Mieter Urteilsergänzung gemäß §§ 716, 321 ZPO beantragen[15]; kündigt das Berufungsgericht die Berufungszurückweisung durch Beschluss an, muss der Schuldner durch schriftsätzlichen Schutzantrag reagieren.[16] **Ausnahmen** gelten nur, wenn es dem Mieter im Berufungsrechtszug aus besonderen Gründen nicht möglich oder nicht zumutbar war, einen Antrag nach § 712 ZPO zu stellen[17] oder wenn sich nachträglich neue Gründe ergeben haben[18] bzw. der

---

[8] BGH (VII ZB 15/07) NJW 2007, 2703.

[9] LG Darmstadt NZM 2000, 376; *Scheuch* in Prütting/Gehrlein § 765a ZPO Rdn. 6; *Walker* in Schuschke/Walker § 765a ZPO Rdn. 2; **a. A.** *Paulus* in Wieczorek/Schütze § 721 ZPO Rdn. 12.

[10] OLG Köln NJW-RR 1995, 1163; OLG Frankfurt WuM 1981, 46; *Schuschke* in Schuschke/Walker § 721 ZPO Rdn. 4.

[11] *Münzberg* in Stein/Jonas § 765a ZPO Rdn. 8; *Paulus* in Wieczorek/Schütze § 765a ZPO Rdn. 6.

[12] BGH (XII ZR 73/90) NJW 1990, 2823.

[13] KG ZMR 2016, 858 m.w.N.

[14] Etwa BGH (XII ZR 65/14) NZM 2014, 707; (VIII ZR 107/12) ZMR 2013, 25.

[15] BGH (VIII ZR 163/08) WuM 2008, 613; (XII ZR 69/99) NJW-RR 2000, 746.

[16] BGH (XII ZR 114/13) GuT 2013, 217.

[17] BGH (XII ZR 50/09) GE 2009, 1041; (XII ZR 80/06) NJW-RR 2006, 1088. Die unzutreffende Einschätzung der Erfolgsaussichten der Revision (BGH [XI ZR 449/06] WuM 2008, 50) oder der Berufung (BGH [XII ZR 65/14] NZM 2014, 707) reicht dafür nicht.

[18] BGH (VIII ZR 155/10) WuM 2010, 765; (VIII ZR 215/08) WuM 2008, 612.

Mieter darauf vertrauen durfte, dass vor Rechtskraft des Urteils keine Vollstreckung erfolgen werde, weil der Vermieter dies ausdrücklich erklärt hat.[19] Ob dieser Grundsatz auch in der **Berufung** gilt, ist **umstritten.** Rechtsfolge wäre, dass der Mieter vom Berufungsgericht keinen Vollstreckungsschutz nach § 719 Abs. 1 ZPO erhalten könnte, wenn er nicht in erster Instanz einen Schutzantrag nach § 712 ZPO gestellt hat. Teilweise wird diese Ansicht vertreten.[20] Die **h. M.** folgt dem zu Recht nicht, weil die Normen Unterschiedliches regeln: Bei § 719 Abs. 1 ZPO kommt es maßgeblich auf die Frage der Erfolgsaussichten der Berufung an, während § 712 ZPO den Schutz vor unersetzlichen Nachteilen bezweckt.[21] Umgekehrt wird daher auch § 712 ZPO nicht von § 719 ZPO verdrängt.[22]

12 Eine Einstellung nach § 719 Abs. 2 ZPO in der **Revision** kommt als letztes Hilfsmittel des Schuldners **„nur in eng begrenzten Ausnahmefällen"** in Betracht.[23] Für die Einstellung nach § 719 Abs. 2 ZPO gelten also strengere Voraussetzungen als für die Einstellung im Berufungsverfahren nach § 719 Abs. 1 ZPO. Im **Revisionsverfahren** stehen nämlich die Interessen des Gläubigers im Vordergrund, weil die Rechte des Schuldners in den vorangegangenen Tatsacheninstanzen geprüft worden sind und die Einlegung von Revisionen zum Zwecke der Vollstreckungsverzögerung verhindert werden soll. Teilweise wird vertreten, dass die Einstellung der Zwangsvollstreckung im Revisionsverfahren wegen der strengen Anforderungen des § 719 Abs. 2 ZPO stets ohne **Sicherheitsleistung** zu erfolgen hat.[24] Der BGH teilt diese Ansicht allerdings nicht.[25]

13 **c) Verhältnis der Vollstreckungsschutzregeln zu §§ 574 ff. BGB.** Die Frage der Rangfolge stellt sich auch im Verhältnis zwischen den vollstreckungsrechtlichen Schutzvorschriften und den §§ 574 ff. BGB. § 574 BGB gibt dem Wohnraummieter in Härtesituationen das Recht, die Fortsetzung des Mietvertrags zu verlangen. Erfüllt der Vermieter den Anspruch nicht, entscheidet über die Fortsetzung das Gericht, § 574 a Abs. 2 BGB. Diese Norm weist auf den ersten Blick eine gewisse Nähe zu §§ 721/794 a ZPO und zu § 765 a ZPO auf, weil auch nach diesen Regeln das Gericht die Gebrauchsfortsetzung durch den Mieter anordnen kann. Dennoch besteht zwischen den Vorschriften **kein Spezialitätsverhältnis** etwa der Natur, dass der Mieter sich auf Härtegründe, die er im Verfahren nach den §§ 574 ff. BGB hätte vortragen können, vollstreckungsrechtlich nicht mehr berufen kann. Dies folgt schon aus daraus, dass es sich auf der einen Seite um eine materiell-rechtliche, auf der anderen Seite um vollstreckungsrechtliche Normen handelt.[26] Umgekehrt darf das Gericht auch nicht die Fortsetzungsklage des Mieters aus § 574 BGB mit dem Hinweis ablehnen, seine Interessen könnten über § 721 ZPO hinreichend gewahrt werden (s. § 574 Rdn. 29). Zur Frage, ob die Härtegründe aus § 574 BGB mit denen aus § 721 ZPO deckungsgleich sind s. § 721 ZPO Rdn. 18.

14 Ist der Mieter mit seinem Fortsetzungsverlangen nach §§ 574 ff. BGB gescheitert (oder hat er ein solches Verlangen versäumt), so hindert ihn dies somit nicht, unter Berufung auf die **identischen Härtegründe Vollstreckungsschutz** zu beantragen. Die Rechtskraft des die Klage nach § 574 a BGB abweisenden Urteils steht dem nicht entgegen.[27] Denn § 574 a BGB ist auf die Fortsetzung des Mietvertrags gerichtet, mithin auf die Abgabe einer materiell-rechtlichen Willenserklärung durch den Vermieter, während es beim Vollstreckungsschutz ohne direkten Eingriff in die Vertragsfreiheit des Vermieters nur darum geht, die Räumung aufzuschieben oder zu verhindern. Die Generalklausel des § 574 Abs. 1 S. 1 BGB schließt es umgekehrt nicht aus, insbesondere die zur Suizidgefahr nach § 765 a ZPO entwickelten Grundsätze auch für das Fortsetzungsverlangen fruchtbar zu machen.[28]

15 **d) Verhältnis zum FamFG.** Die Anordnung der Räumung von vermietetem Wohnraum kann auch durch Verfahren nach dem FamFG erfolgen (s. vor § 535 Rdn. 370w). Dies sind Ent-

---

[19] BGH (VIII ZR 2/07) WuM 2007, 209; (VIII ZR 28/06) NJW-RR 2007, 11.
[20] Etwa OLG Frankfurt MDR 2009, 229; LG Hanau NZM 1999, 801.
[21] KG MDR 2005, 117; OLG Hamburg MDR 2013, 674; OLG Hamm NJW-RR 1987, 252; OLG Jena MDR 2002, 289; *Kroppenberg* in Prütting/Gehrlein § 719 ZPO Rdn. 4; *Götz* in MünchKomm § 719 ZPO Rdn. 6.
[22] BGH (XII ZR 55/08) NZM 2008, 611.
[23] BGH (VIII ZR 305/09) NJW 2010, 1081 unter Rdn. 7 m. w. N.
[24] *Lackmann* in Musielak/Voit § 719 ZPO Rdn. 6; Zöller/*Herget* § 719 ZPO Rdn. 8.
[25] BGH (VIII ZR 305/09) NJW 2010, 1081 unter Rdn. 9 m. w. N.
[26] Vgl. *Häublein* in MünchKomm § 574 BGB Rdn. 9; *Schuschke* in Schuschke/Walker § 721 ZPO Rdn. 5; **a. A.** *Walker/Gruß* NJW 1996, 352, 353; ähnlich *Paulus* in Wieczorek/Schütze § 721 ZPO Rdn. 17.
[27] **A. A.** *Walker/Gruß* NJW 1996, 352, 353.
[28] Vgl. etwa LG Berlin ZMR 2010, 962 m. Anm. *Häublein;* LG München NZM 2014, 638.

scheidungen in **Ehesachen** nach § 209 FamFG sowie Beschlüsse in Verfahren nach dem **GewSchG** gemäß §§ 214ff. FamFG. In beiden Fällen ist der Richter bereits nach der seine Entscheidung legitimierenden Norm dazu berufen, die „erforderlichen" Anordnungen (§§ 209 und 215 FamFG) bzw. die „gerechtfertigten" Maßnahmen (§§ 214, 49 Abs. 1 FamFG) zu treffen. Auch die Änderung bereits erfolgter Entscheidungen ist nach dem FamFG in diesen Fällen möglich (§§ 48 und 54 FamFG). Das Gericht ist daher bereits nach diesen Normen in der Lage, eine notwendige Räumungsfrist zu gewähren oder zu modifizieren. Daraus folgt, dass **§ 721 ZPO** in diesen Verfahren **unanwendbar** ist. Zwar verweist § 95 Abs. 1 Nr. 2 FamFG bei der Vollstreckung dieser Entscheidungen auf die Regeln der ZPO. Der „Annexcharakter" des § 721 ZPO (s. § 721 ZPO Rdn. 3) führt aber dazu, dass die Vorschrift hinter die Spezialregeln des FamFG zurücktritt, weil diese eine Räumungsfristentscheidung ermöglichen und deshalb seine Anwendung nicht gebieten.[29] Aus diesen Überlegungen folgt zugleich, dass **§ 794a ZPO** auf Vergleiche nach § 36 FamFG **anwendbar** ist, weil das FamFG keine Regel bereit hält, nach der hier eine Räumungsfrist angeordnet werden könnte.

Probleme bereitet die Abgrenzung zu **§ 765a ZPO.** Diese Norm ist nach der Rechtsprechung 16
des BGH subsidiär zu anderen Regeln, welche dem Schuldner Vollstreckungsschutz gewähren (s. Rdn. 7). Diese Subsidiarität gilt auch im Verhältnis zum FamFG, weshalb ein Vollstreckungsschutzantrag nach § 765a ZPO hier nur zulässig ist, wenn die Regeln des FamFG erschöpft sind.[30]

2. Rechtsfolgen gewährten Vollstreckungsschutzes

Gewährt das Gericht Vollstreckungsschutz, so wird hierdurch der Mietvertrag nicht fortgesetzt, 17
sondern lediglich die **vertragslose Weiternutzung** gerichtlich gestattet.[31] Der Mieter befindet sich daher schuldrechtlich mit der Rückgabepflicht in **Verzug**[32] und schuldet deshalb grundsätzlich Ersatz der durch die verspätete Räumung entstehenden Kosten (**§§ 280, 286 BGB,** s. § 546a BGB Rdn. 87ff.). Diesen Schadensersatzanspruch begrenzt allerdings § 571 Abs. 2 BGB. Danach ist der Mieter, dem Vollstreckungsschutz nach § 721 oder § 794a ZPO gewährt wird, für diese Zeit nicht verpflichtet, einen über die Nutzungsentschädigung nach § 546a BGB hinausgehenden Schaden zu ersetzen. Im Übrigen fehlen spezielle gesetzliche Regelungen zu den materiellen Rechtsfolgen des Vollstreckungsschutzes. Es stellt sich daher die Frage, welche Pflichten im Übrigen die ehemaligen Vertragsparteien während der durch den Vollstreckungsschutz legitimierten Weiternutzung treffen.[33] Eine direkte **Anwendung** des **Mietrechts** scheidet wegen der Vertragsbeendigung aus. Die gerichtliche Anordnung von Vollstreckungsschutz rechtfertigt es auch nicht etwa, Mietrecht umfassend analog anzuwenden.[34] Vielmehr ist zwischen den Pflichten des Vermieters und denen des Mieters zu differenzieren (s. zum Folgenden auch § 546a BGB Rdn. 16ff.). Zur Frage eines Entschädigungsanspruchs des Vermieters wegen enteignenden Eingriffs bei Vollstreckungsschutz nach § 765a ZPO s. dort Rdn. 45ff.

a) Pflichten des Vermieters. Für den Vermieter sind die mietrechtlichen Regeln nach An- 18
ordnung von Vollstreckungsschutz im Grundsatz unbeachtlich. Allerdings ist die vollstreckungsrechtliche Entscheidung des Gerichts insofern nicht völlig wirkungslos.[35] Dies rechtfertigt sich damit, dass das Gesetz den Mieter durch die Gewährung von Vollstreckungsschutz besser stellt als den Mieter, der sofort zu räumen hat. Diese im Gesetz angelegte Differenzierung ist auch für den Umfang des Pflichtenprogramms des Vermieters maßgeblich. Der Vermieter ist daher verpflichtet, den **vertragsgemäßen Gebrauch** insoweit aufrecht zu erhalten, dass der Mieter nicht mittelbar zum Auszug gezwungen wird, weil anderenfalls der gewährte Vollstreckungsschutz un-

---

[29] OLG Bamberg FamRZ 2001, 691; Keidel/*Giers* § 209 FamFG Rdn. 3a; Zöller/*Lorenz* § 209 FamFG Rdn. 3; **a. A.** Bumiller/*Harders* § 209 FamFG Rdn. 9.

[30] *Schuschke* NZM 2010, 137, 139.

[31] BGH (VI ZR 235/52) NJW 1953, 1586; *Schuschke* in Schuschke/Walker § 721 ZPO Rdn. 17; zum Folgenden *Lehmann-Richter* PiG 90 (2011) S. 199, 212ff.

[32] Etwa BGH (VIII ZR 41/80) NJW 1981, 865, 866; *Schuschke* in Schuschke/Walker § 721 ZPO Rdn. 17.

[33] Wird die Nutzung nach Ablauf des Vollstreckungsschutzes (rechtswidrig) fortgesetzt, findet das Mietrecht keine Anwendung, dazu *Lehmann-Richter* PiG 90 (2011) S. 199, 202ff.

[34] *Lehmann-Richter* PiG 90 (2011) S. 199, 211; *Müller* MDR 1971, 253.

[35] Vgl. BGH (XII ZR 137/07) NJW 2009, 1947.

terlaufen würde.[36] Dies bedeutet aber nicht, dass der Vermieter jede Art von Leistung im Sinne des § 535 Abs. 1 BGB schuldet, sondern nur diejenigen, die für eine **Nutzung unerlässlich** sind. Dies ist z. B. bei der Versorgung der Mietsache mit Wasser, Strom und Heizung sowie bei Reparaturen an Dach und Fach der Fall, nicht hingegen bei Schönheitsreparaturen. Schwierigkeiten bereitet allerdings die rechtliche Verortung dieser Pflicht des Vermieters. Man könnte an § 241 Abs. 2 BGB denken[37], wogegen indes spricht, dass dort nur Nebenpflichten geregelt sind. Überzeugend ist daher, als Rechtsgrund das **Abwicklungsschuldverhältnis** anzusehen, in das sich der Mietvertrag nach Beendigung umgewandelt[38] hat. Aus diesem Schuldverhältnis ergeben sich Leistungspflichten, etwa die aus §§ 546f. BGB. Zu diesen Pflichten gehört auch, dass der Vermieter die für die Nutzung der Mietsache unerlässlichen Versorgungsleistungen zu erbringen hat. Leistet allerdings der Mieter die Nutzungsentschädigung nach § 546a BGB nicht, kann der Vermieter grundsätzlich nach § 273 Abs. 1 BGB auch die Grundversorgung der Mietsache zurückhalten. Da die Geltendmachung des Zurückbehaltungsrechts nach § 273 Abs. 1 BGB indes unter dem Vorbehalt steht, dass sich nicht aus dem Schuldverhältnis ein anderes ergibt, sind bei einer akuten und schweren Gesundheitsgefährdung des Mieters Ausnahmen denkbar.[39]

19 **b) Pflichten des Mieters.** Bezüglich des Pflichtenprogramms des Mieters sprechen die besseren Gründe dafür, dass diesen aus dem Abwicklungsschuldverhältnis grundsätzlich **sämtliche Pflichten aus dem Mietvertrag** treffen, soweit sich aus §§ 546f. BGB nichts Abweichendes ergibt.[40] Denn die Anordnung von Vollstreckungsschutz darf nicht dazu führen, dass der Vermieter schlechter steht als bei Fortsetzung des Vertrags. Der Mieter ist also bei entsprechender Regel etwa zu Schönheitsreparaturen oder aus einer Kleinreparaturklausel verpflichtet.[41] Ebenso haftet er für Fehlverhalten Dritter nach § 540 Abs. 2 BGB. Die Pflicht zur Zahlung eines Entgelts folgt aus der speziellen Regelung des § 546a BGB.[42] Der Mieter muss eventuelle Verwendungsersatzansprüche u. U. vor Ablauf des Vollstreckungsschutzes geltend machen, weil die Verjährung dieser Ansprüche mit dem Ende des Mietverhältnisses beginnt (§ 548 Abs. 2 BGB; s. § 548 Rdn. 54ff.).

20 Einer Kündigung des Mieters vor seinem Auszug bedarf es mangels Mietvertrags nicht; den Mieter trifft aber aus dem Abwicklungsschuldverhältnis die Pflicht, den Vermieter rechtzeitig zu informieren.[43] Wird diese **Ankündigungspflicht** schuldhaft verletzt, so haftet der Mieter nach § 280 Abs. 1 BGB für den Mietausfall.[44] Für die tatsächlichen Voraussetzungen des Schadensersatzanspruchs ist der Vermieter darlegungs- und beweispflichtig.

21 **c) Zustandekommen eines neuen Mietvertrags/Verwirkung des Räumungsanspruchs.** Es ist den Parteien aufgrund ihrer Vertragsfreiheit unbenommen, zu identischen Konditionen einen neuen Vertrag abzuschließen.[45] Da eine solche Vereinbarung auch konkludent erfolgen kann, kann sie auch in der faktischen Fortführung des Mietvertrags liegen.[46] Grundsätzlich gilt aber, dass die faktische Fortführung des Vertrags wegen Gewährung einer Räumungsfrist **allein keine Vertragsverlängerung** bedeutet. Denn die Pflicht zur Weiterentrichtung der bisherigen Miete und der Anspruch des früheren Vermieters hierauf ergibt sich aus § 546a Abs. 1 BGB und der frühere Vermieter ist wegen des Vollstreckungsschutzes zur Gewährung des Gebrauchs gezwungen. Der faktischen Vertragsfortsetzung kann daher regelmäßig insbesondere nicht der Wille des Vermieters zur Vertragsverlängerung entnommen werden (s. § 545 Rdn. 34).[47]

---

36 AG St. Blasien WuM 1996, 286; *Müller* MDR 1971, 253, 254; vgl. auch das obiter dictum bei BGH (XII ZR 137/07) NJW 2009, 1947.

37 So BGH (XII ZR 137/07) NJW 2009, 1947 (Versorgungssperre).

38 Dazu BGH (VIII ZR 265/86) ZMR 1988, 16; *Sternel* Mietrecht (1988) Rdn. XVIII 74.

39 Näher *Lehmann-Richter* NJW 2008, 1196, 1200.

40 *Lehmann-Richter* PiG 90 (2011) S. 199, 213.

41 *Müller* MDR 1971, 253, 257.

42 LG Berlin GE 1994, 707; *Müller* MDR 1971, 253.

43 LG Mönchengladbach DWW 1992, 215; *Belz/Lücke* in Bub/Treier VIII Rdn. 145.

44 *Lehmann-Richter* PiG 90 (2011) S. 199, 214.

45 Vgl. BGH (XII ZR 66/06) NJW 2009, 433; *Lehmann-Richter* PiG 90 (2011) S. 199, 202.

46 Vgl. BGH (XII ZR 66/06) NJW 2009, 433; *Schuschke* in Schuschke/Walker § 721 ZPO Rdn. 18.

47 Nichts anderes gilt, wenn der frühere Vermieter „Vermieterrechte" (z. B. Mieterhöhungsrechte) ausübt, weil sich diese mit § 546a BGB oder der Eigentümerstellung erklären lassen, *Lehmann-Richter* PiG 90 (2011) S. 199, 202.

Eine isolierte **Verwirkung** des Räumungsanspruchs ohne neue vertragliche Bindung, die in der Praxis teilweise diskutiert wird[48], ist nicht anzuerkennen. Der Verlust des Räumungsanspruchs kann sich nur aus einer vertraglichen Einigung ergeben; ohne diese kann der Anspruch nicht verwirkt werden, weil es sonst ohne bestehendes Besitzrecht zu einem dauerhaften Auseinanderfallen von Besitz und Eigentum käme.[49] Zur Verwirkung des Räumungstitels s. § 885 ZPO Rdn. 9. 22

[48] Etwa LG Berlin GE 2013, 748; AG Hamburg WuM 2008, 609; AG München DGVZ 2006, 123.

[49] *Lehmann-Richter* PiG 90 (2011) S. 199, 202. Für ein „Erwirken" eines Mietvertrags nach § 242 BGB ist regelmäßig kein Raum, dazu AG Hamburg-Altona WuM 2006, 697.

§ 712 ZPO Schutzantrag

(1) [1]Würde die Vollstreckung dem Schuldner einen nicht zu ersetzenden Nachteil bringen, so hat ihm das Gericht auf Antrag zu gestatten, die Vollstreckung durch Sicherheitsleistung oder Hinterlegung ohne Rücksicht auf eine Sicherheitsleistung des Gläubigers abzuwenden. [2]Ist der Schuldner dazu nicht in der Lage, so ist das Urteil nicht für vorläufig vollstreckbar zu erklären oder die Vollstreckung auf die in § 720a Abs. 1, 2 bezeichneten Maßregeln zu beschränken.

(2) [1]Dem Antrag des Schuldners ist nicht zu entsprechen, wenn ein überwiegendes Interesse des Gläubigers entgegensteht. [2]In den Fällen des § 708 kann das Gericht anordnen, daß das Urteil nur gegen Sicherheitsleistung vorläufig vollstreckbar ist.

Systematische Übersicht

I. Normzweck und Verhältnis zu § 719 ZPO

1 Entscheidungen über die Räumung der Mietsache in erster Instanz sind nach § 708 Nr. 7 ZPO ohne Sicherheitsleistung für vorläufig vollstreckbar zu erklären. Gleiches gilt gemäß § 708 Nr. 10 ZPO in der Berufungsinstanz. Nach § 711 ZPO hat das Gericht aber auszusprechen, dass der Mieter die Vollstreckung durch Sicherheitsleistung abwenden darf, wenn nicht der Vermieter vor der Vollstreckung seinerseits Sicherheit leistet. Von dieser Regel macht § 712 ZPO eine Ausnahme: Danach kann der Mieter einen Schutzantrag mit dem Ziel stellen, dass ihm entweder eine die Vollstreckung betreffende Abwendungsbefugnis gewährt wird, die von einer Sicherheitsleistung des Gläubigers unabhängig ist oder dass die Entscheidung nicht für vorläufig vollstreckbar erklärt wird. § 712 ZPO ist keine mietrechtsspezifische Norm sondern dient generell dazu, dem Schuldner in **Ausnahmefällen Vollstreckungsschutz** zu gewähren.[1]

2 Nach **§ 719 ZPO** kann das Rechtsmittelgericht für die Dauer des Rechtsmittelverfahrens die einstweilige Einstellung der Zwangsvollstreckung anordnen. § 712 ZPO hingegen ermöglicht einen über diesen Zeitraum hinausgehenden Vollstreckungsschutz.[2] Will der Mieter also erreichen, dass ihm das Gericht in erster oder zweiter Instanz bis zur Entscheidung der nächsten Instanz Vollstreckungsschutz gewährt, so muss er einen Antrag nach § 712 ZPO stellen.[3] Nach zutreffender, aber umstrittener Ansicht ist es für eine Entscheidung des **Berufungsgerichts** nach § 719 Abs. 1 ZPO nicht Voraussetzung, dass der Mieter in erster Instanz erfolglos einen Antrag nach § 712 ZPO gestellt hat (s. Einleitung Räumungsvollstreckung Rdn. 11). Anders ist dies nach der Rechtsprechung des BGH in der **Revision.** Hier scheidet Vollstreckungsschutz nach § 719 Abs. 2 ZPO aus, wenn der Mieter keinen Schutzantrag nach § 712 ZPO gestellt oder keine entsprechende Urteilsergänzung beantragt hat.[4] Eine Ausnahme gilt, wenn es dem Mieter aus besonderen Gründen nicht möglich oder nicht zumutbar war, einen entsprechenden Antrag zu stellen.[5] Die Möglichkeit, einen Antrag nach § 719 ZPO zu stellen, verdrängt den Vollstreckungsschutz nach § 712 ZPO hingegen nicht.[6] Diese Grundsätze gelten im Verfahren über die Nichtzulassungsbeschwerde entsprechend (§ 544 Abs. 5 S. 2 ZPO).[7]

---

[1] Vgl. etwa *Kroppenberg* in Gehrlein/Prütting § 712 ZPO Rdn. 1.
[2] BGH (XII ZR 50/09) GE 2009, 1041.
[3] BGH (XII ZR 50/09) GE 2009, 1041; (XII ZR 80/06) NJW-RR 2006, 1088; (XII ZR 126/05) GE 2005, 1347.
[4] St. Rspr., etwa BGH (V ZR 291/16) WuM 2017, 162; (XII ZR 173/02) NJW-RR 2002, 1650.
[5] BGH (XII ZR 65/14) NZM 2014, 707; (XII ZR 80/06) NJW-RR 2006, 1088.
[6] BGH (XII ZR 55/08) NZM 2008, 611.
[7] BGH (II ZR 221/10) WuM 2011, 528.

II. Voraussetzungen

3 Die Entscheidung nach § 712 ZPO setzt einen **Antrag** voraus, der nach § 714 Abs. 1 ZPO vor dem Schluss der mündlichen Verhandlung zu stellen ist, auf die das Räumungsurteil ergeht. Kündigt das Berufungsgericht an, es werde die Berufung ohne mündliche Verhandlung durch Beschluss zurückweisen, ist der Antrag schriftlich zu stellen.[8] Ein im Berufungsverfahren gestellter Antrag, die Zwangsvollstreckung aus dem erstinstanzlichen Urteil einstweilen einzustellen, ersetzt einen Schutzantrag nach § 712 ZPO nicht.[9] Gleiches gilt für einen Antrag auf Gewährung einer Räumungsfrist nach § 721 ZPO.[10]

4 Eine Entscheidung zugunsten des Mieters setzt voraus, dass ihm die Räumung einen **nicht zu ersetzenden Nachteil** bringen würde, § 712 Abs. 1 S. 1 ZPO. Dies ist nach § 714 Abs. 2 ZPO glaubhaft zu machen (§ 294 ZPO). Nach § 712 Abs. 2 S. 1 ZPO ist dem Antrag nicht zu entsprechen, wenn ein überwiegendes Interesse des Gläubigers entgegensteht. Dies verdeutlicht, dass das Gericht die Interessen der Parteien gegeneinander abzuwägen hat[11], wobei die Gläubigerinteressen bei einer das Räumungsurteil erster Instanz bestätigenden Berufungsentscheidung besonderes Gewicht haben sollen.[12]

5 Bei der Interessenabwägung fragt sich, ob der **Verlust der Wohnung** als Lebensmittelpunkt stets einen nach § 712 ZPO zu berücksichtigenden Nachteil bedeutet. Diese Ansicht wird verbreitet vertreten.[13] Dem ist in dieser Allgemeinheit nicht zu folgen. Denn dem Schuldner muss ein Nachteil drohen, der über das hinausgeht, was jede Vollstreckung kraft Natur der Sache bereits mit sich bringt; anderenfalls würde die gesetzgeberische Entscheidung aus §§ 708 Nr. 7, 711 ZPO weitgehend entwertet. Es muss deshalb ein Nachteil in Rede stehen, der über die mit der Erfüllung der Herausgabepflicht stets verbundenen Konsequenzen als **„normale Folgen"** eines durch Kündigung beendeten Mietverhältnisses **hinausgeht.**[14] Deshalb bedeutet insbesondere die Räumung von Geschäftsräumen nicht ohne Weiteres einen unersetzlichen Nachteil, weil sich der Schuldner um Ersatzräume zu bemühen hat.[15] Etwas anderes gilt, wenn der Umzug beim Mieter – sei es von Wohn- oder Geschäftsräumen – einen besonderen Nachteil verursachen würde, etwa weil den streitgegenständlichen Räumen vergleichbarer Ersatzraum nicht oder nur zu unzumutbaren Bedingungen zur Verfügung steht.[16]

6 Hat der Mieter einen **Schutzantrag** nach § 712 ZPO gestellt und wird dieser Antrag vom Berufungsgericht **übergangen,** so kann der Mieter gem. §§ 716, 321 ZPO Urteilsergänzung beantragen.[17] Wird Vollstreckungsschutz durch das Gericht erster Instanz gewährt, kann dies mit der Berufung angefochten werden. Die **h. M.** hält dabei die isolierte Berufung gegen die Entscheidung über die vorläufige Vollstreckbarkeit für zulässig.[18] Eine Anfechtung der Entscheidung über die vorläufige Vollstreckbarkeit des Berufungsgerichts findet nach § 718 Abs. 2 ZPO hingegen nicht statt.[19]

III. Inhalt der gerichtlichen Entscheidung

7 Die Vorschrift sieht zugunsten des Schuldners verschiedene Rechtsfolgen vor, deren Auswahl im **Ermessen** des Richters steht: Der mildeste Eingriff in die Rechte des Gläubigers findet sich in § 712 Abs. 2 S. 2 ZPO; danach kann der Richter anordnen, dass das Urteil nur gegen Sicherheits-

---

[8] BGH (V ZR 275/11) NJW 2012, 1292.

[9] BGH (VIII ZR 107/12) WuM 2012, 510; (V ZR 275/11) NJW 2012, 1292; (XII ZR 173/02) FamRZ 2003, 598.

[10] BGH (VIII ZR 146/04) WuM 2004, 678.

[11] *Kroppenberg* in Prütting/Gehrlein § 712 ZPO Rdn. 4.

[12] Zöller/*Herget* § 712 ZPO Rdn. 2.

[13] LG Frankfurt DWW 1990, 150; *Eisenhard* NZM 1999, 785, 786; *Kroppenberg* in Prütting/Gehrlein § 712 ZPO Rdn. 3.

[14] BGH (V ZR 291/16) WuM 2017, 162; (XII ZR 167/98) NJW-RR 1998, 1603 (jeweils zum gleichlautenden § 719 Abs. 2 ZPO).

[15] BGH (XII ZR 114/13) GuT 2013, 217; (XII ZR 167/98) NJW-RR 1998, 1603 (zu § 719 Abs. 2 ZPO); anders KG MDR 2005, 117.

[16] Vgl. KG NJW-RR 2008, 1021 (Vermietung eines Hotels).

[17] BGH (VIII ZR 98/08) WuM 2008, 613; (XII ZR 69/99) NJW-RR 2000, 746.

[18] OLG München NJW-RR 1990, 1022; OLG Nürnberg NJW 1989, 842; OLG Rostock NJW-RR 2009, 498; **a. A.** OLG Köln NJW-RR 2006, 66.

[19] Vgl. BGH (X ZR 147/06) WuM 2007, 143; (VIII ZR 179/05) WuM 2005, 736.

leistung vorläufig vollstreckbar ist. Stärker ist der Eingriff, wenn der Richter dem Schuldner nach § 712 Abs. 1 S. 1 ZPO eine vom Gläubiger nicht zu beseitigende Abwendungsbefugnis gewährt. Besonders gravierend aus Sicht des Gläubigers ist zuletzt die Möglichkeit, dass das Urteil nach § 712 Abs. 1 S. 2 ZPO nicht für vorläufig vollstreckbar erklärt wird. Hierfür ist neben einem durch die Räumung drohenden nicht zu ersetzenden Nachteil Vermögenslosigkeit und Kreditunwürdigkeit des Mieters erforderlich, weil er nur dann nicht in der Lage ist, eine Sicherheitsleistung zu erbringen.[20] Die Anordnung von Vollstreckungsschutz soll nach § 713 ZPO unterbleiben, wenn die Voraussetzungen, unter denen ein Rechtsmittel gegen das Urteil stattfindet, unzweifelhaft nicht vorliegen.

[20] BeckOK ZPO/*Ulrici* 23. Ed. § 712 ZPO Rdn. 4; *Götz* in MünchKomm § 712 ZPO Rdn. 5.

§ 721 ZPO Räumungsfrist

(1) [1]Wird auf Räumung von Wohnraum erkannt, so kann das Gericht auf Antrag oder von Amts wegen dem Schuldner eine den Umständen nach angemessene Räumungsfrist gewähren. [2]Der Antrag ist vor dem Schluss der mündlichen Verhandlung zu stellen, auf die das Urteil ergeht. [3]Ist der Antrag bei der Entscheidung übergangen, so gilt § 321; bis zur Entscheidung kann das Gericht auf Antrag die Zwangsvollstreckung wegen des Räumungsanspruchs einstweilen einstellen.

(2) Ist auf künftige Räumung erkannt und über eine Räumungsfrist noch nicht entschieden, so kann dem Schuldner eine den Umständen nach angemessene Räumungsfrist gewährt werden, wenn er spätestens zwei Wochen vor dem Tage, an dem nach dem Urteil zu räumen ist, einen Antrag stellt. §§ 233 bis 238 gelten sinngemäß.

(3) [1]Die Räumungsfrist kann auf Antrag verlängert oder verkürzt werden. [2]Der Antrag auf Verlängerung ist spätestens zwei Wochen vor Ablauf der Räumungsfrist zu stellen. [3]§§ 233 bis 238 gelten sinngemäß.

(4) [1]Über Anträge nach den Absätzen 2 oder 3 entscheidet das Gericht erster Instanz, solange die Sache in der Berufungsinstanz anhängig ist, das Berufungsgericht. [2]Die Entscheidung ergeht durch Beschluss. [3]Vor der Entscheidung ist der Gegner zu hören. [4]Das Gericht ist befugt, die im § 732 Abs. 2 bezeichneten Anordnungen zu erlassen.

(5) [1]Die Räumungsfrist darf insgesamt nicht mehr als ein Jahr betragen. [2]Die Jahresfrist rechnet vom Tage der Rechtskraft des Urteils oder, wenn nach einem Urteil auf künftige Räumung an einem späteren Tage zu räumen ist, von diesem Tage an.

(6) Die sofortige Beschwerde findet statt

1. **gegen Urteile, durch die auf Räumung von Wohnraum erkannt ist, wenn sich das Rechtsmittel lediglich gegen die Versagung, Gewährung oder Bemessung einer Räumungsfrist richtet;**
2. **gegen Beschlüsse über Anträge nach den Absätzen 2 oder 3.**

(7) [1]Die Absätze 1 bis 6 gelten nicht für Mietverhältnisse über Wohnraum im Sinne des § 549 Abs. 2 Nr. 3 sowie in den Fällen des § 575 des Bürgerlichen Gesetzbuchs. [2]Endet ein Mietverhältnis im Sinne des § 575 des Bürgerlichen Gesetzbuchs durch außerordentliche Kündigung, kann eine Räumungsfrist höchstens bis zum vertraglich bestimmten Zeitpunkt der Beendigung gewährt werden.

Systematische Übersicht

Alphabetische Schnellübersicht

I. Zweck

1 Nach § 721 ZPO kann dem zur Räumung von Wohnraum verpflichteten Schuldner auf Antrag oder von Amts wegen eine angemessene Räumungsfrist gewährt werden. Die Vorschrift knüpft die Entscheidung nicht an besondere Voraussetzungen, was den Vollstreckungsschutz gegenüber § 765 a ZPO deutlich ausweitet. § 721 ZPO reagiert damit auf die besondere Schutzbedürftigkeit des Wohnraumnutzers, der durch die Räumung seinen Lebensmittelpunkt verliert. Die Räumungsfrist soll dem Schuldner die notwendige Zeit gewähren, in angemessenen Ersatzwohnraum umziehen zu können.[1] Dabei soll § 721 ZPO den Schuldner einerseits vor der drastischsten Folge einer Zwangsräumung, nämlich der Obdachlosigkeit bewahren. Dies ist indes nicht der alleinige Zweck der Norm. Denn die staatliche Zwangsvollstreckung wird durch das verfassungsrechtliche Übermaßverbot beschränkt.[2] Dieses Verbot ist nicht erst dann verletzt, wenn der Schuldner obdachlos wird, sondern bereits dann, wenn **zumutbarer Ersatzwohnraum für ihn nicht verfügbar** ist; auch diesem Umstand trägt § 721 ZPO Rechnung.

2 § 721 ZPO schützt hingegen – entgegen einer verbreiteten Meinung[3] – nicht (auch) das **öffentliche Interesse** an der Vermeidung von Obdachlosigkeit. Denn dieses Interesse wird durch das Polizei- und Ordnungsrecht gewahrt, das etwa die Möglichkeit einer zwangsweisen Einweisung in die Wohnung bereithält (dazu Vor § 535 Rn. 161 ff.).[4]

3 Die Entscheidung über die Räumungsfrist ist nach § 721 Abs. 1, Abs. 4 ZPO dem Prozessgericht zugewiesen, weil dieses die engste Verbindung zum Räumungsanspruch hat. Die Entscheidung nach § 721 ZPO ist damit ein **„Annex" zur Hauptsacheentscheidung.** Dahinter steht die Überlegung, dass der Richter, der den Räumungsanspruch zu beurteilen hat oder hatte, aufgrund seiner Sachnähe am besten geeignet ist, auch über eine Räumungsfrist zu entscheiden. Denn ihm sind aufgrund des Sachvortrags in der Hauptsache die Interessen der Parteien regelmäßig bekannt, die der Räumungsfristentscheidung zugrunde zu legen sind. Damit ist § 721 ZPO auch Ausdruck des Grundsatzes der **Prozessökonomie,** weil der Richter die Räumungsfristentscheidung gleichsam „miterledigen" soll, was zu einer Entlastung der Vollstreckungsgerichte von Anträgen nach § 765 a ZPO führt.

II. Überblick und allgemeine Tatbestandsmerkmale

4 § 721 ZPO regelt in Abs. 1 und Abs. 2 die erstmalige Gewährung einer Räumungsfrist, wobei Abs. 2 Verfahren auf künftige Räumung betrifft. § 721 Abs. 3 ZPO betrifft die Modifizierung einer gewährten Räumungsfrist, Abs. 4 und Abs. 6 die Modalitäten des Verfahrens, Abs. 5 begrenzt die Räumungsfrist auf maximal ein Jahr und Abs. 7 schließt bestimmte Wohnräume vom Anwendungsbereich aus. Diese Regelungen haben ein **gemeinsames Tatbestandsmerkmal:** Es muss auf die Räumung von Wohnraum im Sinne des § 721 ZPO erkannt sein. Auch die **Rechtsfolge** ist identisch, weil § 721 Abs. 1 bis Abs. 3 ZPO die Entscheidung über die Räumungsfrist in das Ermessen des Gerichts stellt.

---

[1] Vgl. *Götz* in MünchKomm § 721 ZPO Rdn. 1; *Kroppenberg* in Gehrlein/Prütting § 721 ZPO Rdn. 1.
[2] BVerfGE 61, 126.
[3] LG Berlin ZMR 2001, 189; LG Regensburg WuM 1991, 359; *Sternel* Mietrecht (1988) Rdn. V 107.
[4] Vgl. BGH (III ZR 160/94) NJW 1995, 2918.

1. Wohnraum

Eine **Legaldefinition** des Begriffes „Wohnraum“ **fehlt** sowohl in der ZPO als auch im BGB. Mietrechtlich versteht der BGH unter einer Wohnung einen selbständigen, räumlich und wirtschaftlich abgegrenzten Bereich, der eine eigenständige Haushaltsführung ermöglicht.[5] Für § 721 ZPO ist diese Definition indes zu eng, weil eine Haushaltsführung etwa auch Vorrichtungen für die Zubereitung von Speisen, das Waschen der Wäsche sowie die Körperpflege verlangt. Hierauf kommt es bei § 721 ZPO indes nicht an. Denn die Norm hat vor allem den Zweck, den Schuldner vor Obdachlosigkeit zu schützen (s. Rdn. 1). **Wohnraum im Sinne des § 721 ZPO** ist daher jeder Raum, der vom Schuldner zu nicht beruflichen Zwecken und zum **dauernden Aufenthalt,** insbesondere zum Schlafen, genutzt wird.[6] Auf die Tauglichkeit des Raumes zu Wohnzwecken im Sinne der Definition des BGH kommt es also nicht an. Hat der Schuldner etwa nur ein Zimmer ohne Kochmöglichkeit gemietet, mag es sich mietrechtlich nicht um eine „Wohnung“ handeln; der Schuldner kann für diesen Wohnraum aber dennoch Vollstreckungsschutz beantragen. Nutzt der Schuldner hingegen zusammengehörende Räume als Wohnung, von denen einige **Nebenräume** bei isolierter Betrachtung nicht zu Wohnzwecken dienen – z. B. ein Einfamilienhaus nebst Garage und Garten – so handelt es sich insgesamt um „Wohnraum“ nach § 721 ZPO, solange die Nebenräume nach der Verkehrsanschauung nur eine dienende Funktion haben.[7] Der Vollstreckungsschutz kann daher auf sämtliche Räume erstreckt werden; allerdings ist auch denkbar, dass das Gericht im Rahmen seiner Ermessensentscheidung Vollstreckungsschutz nur für die Wohnräume im engeren Sinne gewährt. 5

Auch die **Innenbereiche beweglicher Sachen** (z. B. Wohnwagen, Schiffe) fallen unter § 721 ZPO, soweit sie zu Wohnzwecken genutzt werden. Unter dieser Voraussetzung kann etwa für Wohnwagen, Hausboote, ausrangierte Eisenbahnwaggons, Wohncontainer oder Gartenhäuser Vollstreckungsschutz gewährt werden.[8] 6

Nutzt der Mieter zusammengehörende Räume sowohl als Wohnung als auch zu geschäftlichen Zwecken (sog. **Mischmietverhältnisse**), ist die Anwendung des § 721 ZPO umstritten. Teilweise wird – wie im materiellen Recht – darauf abgestellt, welche Nutzungsart überwiegt.[9] Dies überzeugt deshalb nicht, weil § 721 ZPO – anders als das Mietrecht[10] – nicht zwingend eine einheitliche rechtliche Behandlung sämtlicher Räume verlangt. Die Norm setzt voraus, dass Räume als Wohnraum genutzt werden, weshalb es unerheblich ist, ob der Schuldner daneben auch noch Räume geschäftlich nutzt.[11] Eine Räumungsfrist kann bei Mischmietverhältnissen daher stets, aber dann eben auch nur für die zu Wohnzwecken genutzten Räume gewährt werden.[12] Dies kann allerdings reflexartig dazu führen, dass auch die geschäftlich genutzten Räume über § 721 ZPO geschützt werden, wenn nämlich deren Herausgabe isoliert nicht möglich ist.[13] Wird eine Räumungsfrist für die Wohnräume gewährt, ist der Vermieter zur Rücknahme nur der Geschäftsräume als Teilleistung nach § 266 BGB nicht verpflichtet; der Mieter schuldet daher in diesem Fall Nutzungsentschädigung gemäß § 546a Abs. 1 BGB für die gesamte Mietsache. Bei nicht zu Wohnzwecken genutzten Räumen kommt die Gewährung von Vollstreckungsschutz nur nach § 765a ZPO in Betracht. Bei der **gewerblichen Zwischenvermietung** kann den Bewohnern als Nutzern von Wohnraum eine Räumungsfrist bewilligt werden.[14] Der Hauptmieter (Zwischenvermieter) hat dagegen keinen Anspruch auf Gewährung einer Räumungsfrist, weil er die Räume nicht als Wohnraum nutzt. Werden Geschäftsräume vereinbarungsgemäß dritten Personen zum Wohnen überlassen und haben die Bewohner – anders als im Falle der gewerblichen Zwischenvermietung – kein eigenständiges Besitz- 7

---

[5] BGH (VIII ZR 90/10) NZM 2011, 71.

[6] Vgl. *Lackmann* in Musielak/Voit § 721 ZPO Rdn. 3; Zöller/*Stöber* § 721 ZPO Rdn. 2.

[7] Zöller/*Stöber* § 721 ZPO Rdn. 2; **a. A.** für die mitvermietete Garage *Götz* in MünchKomm § 721 ZPO Rdn. 8; *Kroppenberg* in Gehrlein/Prütting § 721 ZPO Rdn. 3.

[8] *Münzberg* in Stein/Jonas § 721 ZPO Rdn. 5; Zöller/*Stöber* § 721 ZPO Rdn. 2.

[9] Zöller/*Stöber* § 721 ZPO Rdn. 2.

[10] Zur mietrechtlichen Einordnung von Mischmietverhältnissen BGH (VIII ZR 376/13) NJW 2014, 2864; *Lehmann-Richter* MietRB 2011, 84.

[11] KG ZMR 2016, 858.

[12] OLG Oldenburg NJW 2015, 709; *Münzberg* in Stein/Jonas § 721 ZPO Rdn. 8; *Lackmann* in Musielak/Voit § 721 ZPO Rdn. 3; *Lehmann-Richter* MietRB 2011, 84, 89; i. E. auch LG Mannheim ZMR 1994, 21; LG Hamburg NJW-RR 1993, 662.

[13] Vgl. LG Mannheim ZMR 1994, 21; LG Hamburg NJW-RR 1993, 662.

[14] LG Stuttgart NJW-RR 1990, 654.

recht, genügt zur Zwangsräumung zwar ein gegen den Mieter gerichteter Titel (s. § 885 Rdn. 24). Obwohl der Mieter die Räume nicht selbst zum Wohnen nutzt, gebietet aber der Zweck der Norm die Anwendung von § 721 ZPO.[15]

8 **Unerheblich** ist, ob der Nutzer den Raum als **Wohnung nutzen durfte.** Denn maßgeblich ist allein der Zweck der Norm, den Nutzer von Wohnraum vor unzumutbaren Folgen der Räumung zu bewahren (s. Rdn. 1). Daher ist die Gewährung einer Räumungsfrist etwa auch dann möglich, wenn Wohnräume vertragslos genutzt wurden, der Mieter ein unbebautes Grundstück gemietet und darauf ein Haus oder eine Baracke errichtet hat[16] oder der Mieter Geschäftsräume vertragswidrig zu Wohnzwecken nutzt.[17]

2. Ausgeschlossener Wohnraum (Abs. 7)

9 § 721 ZPO ist nach Abs. 7 in zwei Fällen unanwendbar. Die erste Konstellation betrifft „Mietverhältnisse über Wohnraum im Sinne des § 549 Abs. 2 Nr. 3 BGB". Diese Formulierung bereitet Anwendungsschwierigkeiten. Denn **§ 549 Abs. 2 Nr. 3 BGB** schließt die Anwendung des sozialen Mietrechts auf Wohnraum aus, den eine juristische Person des öffentlichen Rechts oder ein anerkannter privater Träger der Wohlfahrtspflege angemietet hat, um ihn Personen mit dringendem Wohnungsbedarf zu überlassen, wenn der Mieter bei Vertragsschluss entsprechend informiert wurde. § 549 Abs. 2 Nr. 3 BGB erwähnt damit zwei Mietverhältnisse, nämlich einmal die Anmietung durch die öffentliche Hand/den Träger der Wohlfahrtspflege und daneben die Weitervermietung an den Bewohner. Der Verweis in § 721 Abs. 7 S. 1 Alt. 1 ZPO verdeutlicht nicht, auf welche der beiden Mietverhältnisse sich die Norm bezieht. Gemeint ist aber die **Weitervermietung an den Bewohner**[18], was sich jedenfalls aus dem Zweck von § 721 ZPO ergibt, der dem tatsächlichen Nutzer von Wohnraum Vollstreckungsschutz gewähren soll. Dieser Schutz wird demjenigen verwehrt, der unter den Voraussetzungen des § 549 Abs. 2 Nr. 3 BGB Wohnraum angemietet hat. Eines Hinweises auf den Ausschluss des § 721 ZPO bedarf es bei Vertragsschluss nicht.[19] Der Ausschluss ist **analog** anzuwenden, wenn Wohnraum im Sinne des § 549 Abs. 2 Nr. 3 BGB vertragslos genutzt wird und dem Bewohner die Zweckbestimmung bekannt war. Denn es überzeugt nicht, diesen vertragslosen Bewohner besser zu stellen als einen Mieter.

10 § 721 ZPO ist auch unanwendbar, wenn Wohnraum aufgrund eines **Zeitmietvertrags nach § 575 Abs. 1 Satz 1 BGB überlassen wird.** Durch § 575 BGB soll ein Anreiz geschaffen werden, auch solche Wohnungen zu vermieten, die in absehbarer Zeit zur Eigennutzung, zur Modernisierung oder zur Überlassung an Betriebsangehörige benötigt werden; dieser Anreiz wird durch den Ausschluss von § 721 ZPO verstärkt. Entsprechend diesem Gesetzeszweck gilt der Ausschluss der Räumungsfrist nur für die Fälle der vertragsgemäßen Beendigung des Mietverhältnisses. Bei Beendigung durch außerordentliche Kündigung kann eine Räumungsfrist gewährt werden, allerdings nicht über die vereinbarte Laufzeit des Mietvertrags hinaus. Auf Mietverträge mit unwirksamer Befristungsabrede ist die Norm nicht, auch nicht analog, anwendbar.

3. Erkenntnis auf Räumung (Räumungstitel)

11 § 721 ZPO setzt voraus, dass das Gericht auf Räumung von Wohnraum erkennt (Abs. 1) oder bereits erkannt hat (Abs. 2). Der Wortlaut scheint den Anwendungsbereich damit auf Räumungstitel im engeren Sinne zu beschränken, also auf solche Entscheidungen, die den Schuldner neben der Herausgabe auch zum Wegschaffen seiner Sachen aus den Räumen verpflichten (s. Einleitung Räumungsvollstreckung Rdn. 1). Der Zweck der Norm verbietet aber ein derart enges Verständnis: Für die „Räumung" im Sinne der vollstreckungsschutzrechtlichen Normen genügt jede nach **§ 885 ZPO zu vollstreckende Entscheidung,** weshalb auch Titel erfasst werden, die den Schuldner (nur) zur Herausgabe oder zur Überlassung der Räume verpflichten. Denn auch in diesem Fall ist der Schuldner von Obdachlosigkeit bedroht, was § 721 ZPO gerade vermeiden soll (s. Rdn. 1).

---

[15] KG GE 2013, 618 = BeckRS 2013, 03464; LG Lübeck ZMR 1993, 223; Zöller/*Stöber* § 721 ZPO Rdn. 2.
[16] *Sternel* Mietrecht (1988) V Rdn. 103.
[17] OLG Köln NJWE-MietR 1996, 246 = WuM 1997, 336; *Kroppenberg* in Gehrlein/Prütting § 721 ZPO Rdn. 3; **a. A.** *Sternel* Mietrecht (1988) Rdn. V 103.
[18] Zöller/*Stöber* § 721 ZPO Rdn. 14.
[19] Zöller/*Stöber* § 721 ZPO Rdn. 14.

Problematisch ist die Beantwortung der Frage, welchen **Charakter** die unter § 721 Abs. 1 ZPO fallenden **Räumungstitel** haben müssen. Sowohl die Formulierung „auf Räumung erkannt" in S. 1 als auch der Umstand, dass der – allerdings fakultative – Antrag nach S. 2 bis zum Schluss der mündlichen Verhandlung zu stellen ist lassen darauf schließen, dass die Norm nur auf Räumungsurteile im Hauptsacheverfahren anwendbar ist. Der Zweck der Norm, nämlich die Vermeidung von Obdachlosigkeit (s. Rdn. 1) spricht hingegen dafür, die Vorschrift auch auf Räumungsverpflichtungen anzuwenden, die auf einem Beschluss beruhen. 12

Die ganz **h. M.** beschränkt den Anwendungsbereich des § 721 Abs. 1 ZPO allerdings auf **Urteile im Hauptsacheverfahren.**[20] Die Norm soll daher nicht anwendbar sein, wenn über die Räumungspflicht im Verfahren des einstweiligen Rechtsschutzes nach § 940a ZPO entschieden wird[21] oder sich die Pflicht aus einem **Zuschlagsbeschluss** (§ 93 ZVG), einem **Beschluss nach § 149 Abs. 2 ZVG** oder einem **Insolvenzeröffnungsbeschluss** (§§ 27, 148 Abs. 1 InsO) ergibt.[22] 13

Ob diese **h. M.** überzeugt, ist nach dem Zweck des § 721 ZPO zu beurteilen. Dieser liegt einerseits in der Vermeidung unzumutbarer Vollstreckungsfolgen (s. Rdn. 1). Daneben beruht die Norm aber auch auf dem Gedanken der **Prozessökonomie** (s. Rdn. 3). Dieser Grundsatz spricht dafür, die Norm immer dann anzuwenden, wenn der Richter typischerweise „sowieso" von den für die Entscheidung nach § 721 ZPO maßgeblichen Interessen der Parteien erfährt und deshalb zu einer **Räumungsfristentscheidung als „Annex" zum Räumungstitel in der Lage** ist. Daraus ergibt sich zunächst, dass nicht erforderlich ist, dass es sich um eine streitige Räumungsentscheidung handeln muss; ein **Anerkenntnisurteil** genügt. Ebenso reicht es aus, wenn die Räumungsfrist auf einem **Versäumnisurteil** beruht, und zwar auch auf einem sog. „zweiten Versäumnisurteil", durch das ein Einspruch gegen ein auf Räumung lautendes Versäumnisurteil verworfen wird.[23] Denn auch in diesen Verfahren kann der Schuldner den Räumungsanspruch mit Sachvortrag bekämpfen, mag dieser – wie beim Versäumnisurteil – bei der Hauptsacheentscheidung prozessual auch nicht zu berücksichtigen sein. Unter § 721 ZPO fällt daher entgegen der **h. M.** auch ein **Räumungstitel nach § 940a ZPO,** da das einstweilige Verfügungsverfahren ein summarisches Erkenntnisverfahren[24] ist. Ergeht der Räumungstitel hingegen in einem Verfahren, in dem Sachvortrag zum Räumungsanspruch nicht möglich ist, scheidet auch die Anwendung von § 721 ZPO aus; dies betrifft insbesondere **Beschlüsse nach** § 93 oder § 149 Abs. 2 **ZVG** sowie nach §§ 27, 148 Abs. 1 **InsO.** Hier muss der Schuldner Vollstreckungsschutz nach § 765a ZPO beantragen.[25] Auf Räumungstitel nach dem **FamFG** ist § 721 ZPO ebenfalls unanwendbar (s. Einleitung Räumungsvollstreckung Rdn. 15). 14

Bei **Berufungsurteilen** ist zu unterscheiden: Wird eine Berufung durch Beschluss oder Urteil verworfen, weil das Rechtsmittel unstatthaft oder verspätet eingelegt worden ist, so ist keine Räumungsfristentscheidung nach § 721 Abs. 1 ZPO möglich, weil der Eintritt der formellen Rechtskraft der erstinstanzlichen Entscheidung durch das Rechtsmittel nicht gehemmt worden ist (s. § 705 Satz 2 ZPO). Anders ist es, wenn die Verwerfung erfolgt, weil die Berufung den Anforderungen des § 520 Abs. 3 ZPO nicht genügt;[26] in diesem Fall tritt die Rechtskraft erst mit dem Ablauf der Rechtsmittelfrist ein (§ 705 Satz 1 ZPO). 15

4. Entscheidungskriterien

Nach § 721 Abs. 1 Satz 1 ZPO liegt die Gewährung und die Länge der Räumungsfrist im pflichtgemäßen Ermessen des Gerichts („kann"), wobei Abs. 5 eine Höchstgrenze von einem Jahr setzt. Es ist allgemein anerkannt, dass der Richter bei seiner Entscheidung die **Interessen der Parteien** gegeneinander abzuwägen hat[27], wie dies auch in § 574 BGB für das mietrechtliche Fortsetzungsverlangen angeordnet ist. Der Richter darf in die Abwägung nur solche Interessen einbezie- 16

[20] *Kroppenberg* in Gehrlein/Prütting § 721 ZPO Rdn. 2; *Götz* in MünchKomm § 721 ZPO Rdn. 2; **a. A.** *Sternel* Mietrecht (1988) V Rdn. 106.

[21] *Lackmann* in Musielak/Voit § 721 ZPO Rdn. 2; Zöller/*Stöber* § 721 ZPO Rdn. 3; offen gelassen von LG Hamburg NJW-RR 1993, 1233.

[22] OLG München OLGZ 69, 43; LG Hamburg MDR 1971, 671; *Götz* in MünchKomm § 721 ZPO Rdn. 2; *Münzberg* in Stein/Jonas § 721 ZPO Rdn. 1.

[23] LG München I WuM 1982, 81.

[24] Statt vieler: Zöller/*Vollkommer* Vor § 916 ZPO Rdn. 3.

[25] Vgl. LG Aschaffenburg DGVZ 2002, 169; LG Kiel NJW 1992, 1174.

[26] LG Kiel WuM 1991, 113.

[27] Etwa LG Mannheim NJW-RR 1993, 713; *Lackmann* in Musielak/Voit § 721 ZPO Rdn. 4.

hen, die von den Parteien **vorgetragen und ggf. bewiesen** wurden; hier gelten die allgemeinen zivilprozessualen Regeln.

17 **a) Grundsätze.** Die entscheidende Frage bei § 721 ZPO ist, ob die Gewährung einer Räumungsfrist auch unter Würdigung des im Räumungstitel verbrieften Wiedererlangungsinteresses des Vermieters gerechtfertigt ist. § 721 ZPO unterscheidet sich dabei sowohl von § 574 BGB als auch von § 765 a ZPO insofern, als die **Norm keinerlei Maßstäbe** für die gerichtliche Entscheidung **nennt.** Dies wirft die Frage auf, welche Intensität die durch eine sofortige Räumung beim Schuldner eintretende Härte haben muss. Insbesondere beim Vergleich mit § 574 BGB ist problematisch, ob die dort anerkannten Härtegründe – vor allem der in § 574 Abs. 2 BGB genannte Härtegrund, dass sich der Schuldner angemessenen Wohnraum zu zumutbaren Bedingung nicht beschaffen kann – auch bei § 721 ZPO ohne weiteres zu einer Räumungsfrist führen soll.

18 Der **gesetzesinterne Vergleich zu § 765 a ZPO** spricht dafür, dass eine Räumungsfrist nach § 721 ZPO nicht – wie nach § 765 a ZPO – eine sittenwidrige Härte voraussetzt. Damit ist aber noch nicht gesagt, dass die Härte nach § 721 ZPO mit dem Tatbestand des § 574 BGB deckungsgleich ist. Eine pauschale Übertragung der unter **§ 574 BGB fallenden Härtegründe** auf § 721 ZPO scheitert bereits daran, dass § 721 ZPO nicht nur beendete Mietverhältnisse betrifft. Aber auch für diese Konstellationen kann bei § 721 ZPO nicht einfach auf § 574 BGB zurückgegriffen werden. Denn dies würde zu einer – weder in § 721 ZPO angelegten noch wegen der resultierenden Rechtsunsicherheit akzeptablen – „gespaltenen" Auslegung von § 721 ZPO in beendete Mietverträge auf der einen und sonstige Fälle auf der anderen Seite führen. Gegen eine unreflektierte Übertragung der bei § 574 BGB anerkannten Härtegründe sprechen zudem die unterschiedlichen Verfahrenssituationen, weil der Vermieter bei § 721 ZPO im **Besitz eines Räumungstitels,** sein Räumungsanspruch also gerichtlich anerkannt ist. Dies legt es nahe, eine Beschränkung desselben nur unter strengeren Voraussetzungen anzuerkennen als bei § 574 BGB, in dessen Anwendungsbereich die Parteien noch um die Berechtigung des Räumungsanspruchs streiten. Dieses Ergebnis wird auch dadurch gestützt, dass die Anordnung einer Räumungsfrist anders als die Vertragsfortsetzung nach § 574 BGB zu einer **vertragslosen Nutzung** führt. Daraus ergibt sich für den Vermieter ein Zustand der Rechtsunsicherheit, weil die Bestimmung der Parteipflichten während dieser Nutzungszeit Schwierigkeiten bereitet (s. Einleitung Räumungsvollstreckung Rdn. 17ff.). Allerdings ist auch das für eine parallele Anwendung von § 574 BGB und § 721 ZPO sprechende Argument a maiore ad minus naheliegend: Wenn der Mieter sogar eine Vertragsverlängerung hätte erlangen können, scheint erst Recht eine Räumungsfrist zulässig. Die Überzeugungskraft dieses Arguments schwindet allerdings, wenn man die Unsicherheiten in Bezug auf die Rechtsfolgen einer vertragslosen Nutzung berücksichtigt. Im Ergebnis ist daher bei der Entscheidung nach § 721 ZPO ein **unmodifizierter Rückgriff auf § 574 BGB nicht möglich.** Ein Härtegrund nach § 574 BGB rechtfertigt daher nicht stets auch eine Räumungsfrist nach § 721 ZPO. § 721 ZPO ist als Vollstreckungsregel vielmehr autonom auszulegen, was es nicht ausschließt, dass zu § 574 BGB ergangene Wertungen auch im Lichte des § 721 ZPO überzeugen.

19 Es besteht bei § 721 ZPO **kein allgemeiner Grundsatz,** wonach das befristete Bestandsinteresse des Schuldners generell höher zu bewerten ist als das Erlangungsinteresse des Gläubigers.[28] § 721 ZPO soll den Schuldner davor schützen, durch die Räumung obdachlos zu werden oder unzumutbaren Ersatzwohnraum beziehen zu müssen (s. Rdn. 1). Die Gewährung einer Räumungsfrist setzt daher jedenfalls voraus, dass keine zumutbare Umzugsmöglichkeit besteht, wobei allerdings die weitere Interessenabwägung auch in diesem Fall einer Räumungsfrist entgegenstehen kann. Die **Unzumutbarkeit des Umzugs** kann dabei auf zwei Faktoren beruhen: Entweder fehlt es bereits an einer zumutbaren Ersatzwohnung oder dem Schuldner ist der Umzug als solcher nicht zumutbar.

20 **b) Fehlen von zumutbarem Ersatzwohnraum.** Ob zumutbarer Ersatzwohnraum zur Verfügung steht, ist eine Frage des **Einzelfalls.** Ersatzwohnraum fehlt jedenfalls dann, wenn der Schuldner keinerlei Möglichkeiten hat, irgendeinen Ersatzwohnraum, insbesondere durch Anmietung, zu erlangen. Diese Voraussetzung wird meist nicht vorliegen, da durch Inanspruchnahme von Sozialleistungen und einen Umzug in Gebiete mit einem Überangebot an Wohnungen Wohnraum zu finden sein wird. Praxisrelevanter ist deshalb die Frage, unter welchen Voraussetzungen sich der Schuldner darauf berufen kann, ihm zugänglicher Wohnraum sei – z. B. wegen seiner Lage, Größe oder Preises – unzumutbar. Das Stufenverhältnis zwischen § 721 ZPO und § 574 BGB führt dazu,

[28] AG Hamburg-Blankenese ZMR 2010, 695; **a. A.** LG Hamburg WuM 1988, 316.

dass dem Schuldner bei der Frage, ob Ersatzwohnraum zumutbar ist, **größere Kompromisse** zumutbar sind als bei § 574 BGB (s. Rdn. 18).[29] Die Grenze des Zumutbaren ist aber erreicht, wenn der Schuldner durch den Umzug in eine weit entfernte Wohnung etwa seinen Arbeitsplatz aufgeben müsste.

Das Fehlen zumutbaren Ersatzwohnraums muss der **Schuldner darlegen und beweisen.**[30] 21
Hierfür ist es erforderlich, dass der Schuldner nachweist, dass er sich hinreichend um Ersatzwohnraum bemüht hat.[31] Der Schuldner muss gegebenenfalls Aufzeichnungen über Art und Umfang der Ersatzraumsuche machen, aus denen ersichtlich ist, welche konkreten Wohnungsangebote er zur Kenntnis genommen, auf welche Weise er darauf reagiert hat und warum die Anmietung gescheitert ist.[32] Dies gilt auch für einen psychisch kranken Schuldner[33], falls diese oder eine andere Krankheit ihn nicht ohne sein Verschulden daran hindert, Ersatzwohnraum zu finden.

Für die **Intensität der Ersatzraumsuche** sind die Umstände des Einzelfalls maßgeblich. Ent- 22
scheidend ist, wann ein vernünftiger Mieter im konkreten Fall mit der Suche begonnen hätte. Durfte der Mieter berechtigter Weise auf die Unwirksamkeit der Kündigung oder auf den Erfolg seines Widerspruchs nach § 574 BGB hoffen, trifft ihn vor der Entscheidung über den Räumungsanspruch keine Obliegenheit zur Ersatzraumsuche.[34] Anders liegt es, wenn die Beendigung des Mietverhältnisses – auch aus der Sicht des Mieters – völlig klar ist.[35] Die Obliegenheit zur Ersatzraumsuche richtet sich – wie bei § 574 BGB (s. § 574 BGB Rdn. 32) – nach den **persönlichen und wirtschaftlichen Verhältnissen** des Schuldners.[36] Die Gewährung einer Räumungsfrist darf nicht deshalb abgelehnt werden, weil die Ersatzraumsuche aussichtslos erscheint.[37]

c) Unzumutbarkeit des Umzugs. Die Gewährung einer Räumungsfrist kommt auch in 23
Betracht, wenn Ersatzwohnraum zwar vorhanden ist oder wäre, dem Schuldner der Umzug aber nicht zumutbar ist. Dies ist etwa der Fall, wenn eine **Erkrankung** den Umzug verbietet[38] oder die zwangsweise Räumung der Wohnung wegen Suizidgefahr des Schuldners ausscheidet (dazu § 765a Rdn. 16ff.). Gleiches gilt regelmäßig, wenn eine Schuldnerin oder die Mitbewohnerin eines Schuldners kurz vor der **Niederkunft** steht. Bei der Bemessung der Frist ist in diesem Fall zu berücksichtigen, wann die mit der Geburt verbundenen Hindernisse voraussichtlich beseitigt sein werden (s. auch § 765a ZPO Rdn. 24).[39] Außerdem kommt es darauf an, wann der frühere Mieter mit der Ersatzraumsuche beginnen kann und welche Zeit voraussichtlich benötigt wird, bis eine Ersatzwohnung gefunden ist.

Eine besondere **berufliche Belastung** des Schuldners rechtfertigt für sich allein keine Räu- 24
mungsfrist. Dieser Umstand ist lediglich in Verbindung mit fehlendem Ersatzraum zu berücksichtigen, weil sich der berufsbedingte Zeitmangel auf die Ersatzraumsuche auswirken kann. Anders ist es, wenn der Schuldner gerade zum Zeitpunkt der vertragsgemäßen Beendigung des Mietverhältnisses außergewöhnlich belastet ist.[40] In diesem Fall kann eine Räumungsfrist gewährt werden. Dieselben Grundsätze gelten für einen **Studenten vor dem Studienabschluss,**[41] für einen Referendar am Ende der Ausbildung[42] oder dann, wenn den Kindern des Schuldners durch den Wohnungswechsel unzumutbare **Umschulungs- oder Prüfungsschwierigkeiten** entstehen würden.[43] **Schuldner mit schulpflichtigen Kindern** müssen grundsätzlich nicht außerhalb der Schulferien umziehen.[44]

---

29 Ähnlich KG ZMR 2009, 200.

30 LG München NZM 2005, 360; LG Münster WuM 2007, 19; LG Wiesbaden WuM 2007, 201.

31 Vgl. BGH (XII ZR 73/90) NJW 1990, 2823; *Kroppenberg* in Gehrlein/Prütting § 721 ZPO Rdn. 6.

32 LG Mannheim WuM 1993, 62. Der Schuldner darf die Ersatzraumsuche grundsätzlich nicht durch einen längeren Auslandsurlaub unterbrechen, vgl. LG Stuttgart WuM 1990, 447; AG Hamburg WuM 1991, 113.

33 LG München I NZM 2005, 360.

34 LG Aachen WuM 1990, 216; LG Berlin MM 1991, 193; LG Hamburg WuM 1987, 62; LG Wuppertal WuM 1996, 429.

35 *Kroppenberg* in Gehrlein/Prütting § 721 ZPO Rdn. 6; **a. A.** LG Essen WuM 1992, 202; LG Hamburg WuM 1988, 316: Keine Obliegenheit zur Ersatzraumsuche vor Rechtskraft des Räumungsurteils.

36 Vgl. LG Mannheim NJW-RR 1993, 79; WuM 1993, 62 zu den Anforderungen an mittellose Mieter.

37 LG Mannheim WuM 1990, 307.

38 Vgl. BGH (VIII ZR 57/13) NZM 2013, 824 (zu § 574 BGB).

39 Vgl. LG Stuttgart WuM 1991, 347: 10 Wochen nach der Entbindung.

40 Vgl. OLG Köln NJW 1968, 1834 (zu § 556a BGB a. F.).

41 Vgl. LG Aachen NJW RR 1986, 313; AG Tübingen ZMR 1986, 60.

42 LG Berlin GE 1992, 209; AG Lübeck WuM 1989, 413.

43 Vgl. LG Berlin MDR 2015, 268.

44 Vgl. LG Krefeld WuM 2010, 302.

25 Steht dem Schuldner bereits eine Ersatzwohnung zur Verfügung, in die er zwar nicht im Zeitpunkt der vertragsmäßigen Beendigung des Mietverhältnisses, wohl aber in absehbarer Zeit einziehen kann, so ist der Zeitraum bis zum Einzug grundsätzlich mit einer Räumungsfrist zu überbrücken. Eine Obliegenheit zur Suche von „Zwischenersatzraum" besteht dann nicht. Ein **Zwischenumzug** ist dem Schuldner wegen der damit verbundenen persönlichen und finanziellen Belastung nämlich grundsätzlich nicht zuzumuten.[45] Etwas anderes kann gelten, wenn das Erlangungsinteresse des Gläubigers besonders dringend ist. Die gleichen Grundsätze gelten, wenn der Mieter ein Eigenheim errichtet, das in absehbarer Zeit bezugsfertig wird.[46] Zur Nutzung des zu räumenden Wohnraums als reine Möbellagerstätte ist eine Räumungsfrist hingegen nicht zu gewähren, weil dies vom Zweck der Norm – Vermeidung von Obdachlosigkeit (s. Rdn. 1) – nicht gedeckt ist.[47]

26 **d) Fehlverhalten des Schuldners.** Da die Entscheidung über die Räumungsfrist auf einer Interessenabwägung beruht, kann Fehlverhalten des Schuldners der Fristgewährung entgegenstehen. Dafür ist zu fragen, ob das Verhalten des Schuldners entscheidend dagegen spricht, dem Gläubiger die durch die Gewährung der Räumungsfrist entstehenden Nachteile zuzumuten. Daraus ergibt sich ohne Weiteres, dass eine Räumungsfrist etwa auch dann gewährt werden kann, wenn der **Mieter gekündigt** hat[48], weil dieses Verhalten die Interessen des Gläubigers nicht negativ beeinflusst. Auch wenn der Schuldner der Räumungsentscheidung überhaupt nicht Folge leisten will, kommt eine Räumungsfrist in Betracht, falls Härtegründe dies gebieten.[49]

27 Gegen die Gewährung einer längeren Räumungsfrist spricht hingegen, wenn der Mieter in der Vergangenheit Vertragsverletzungen begangen hat und die berechtigte Befürchtung besteht, er werde dieses **Fehlverhalten fortsetzen;** dies hat der Gläubiger darzulegen und ggf. zu beweisen. Daher scheidet eine (längere) Räumungsfrist regelmäßig aus, wenn der Schuldner die **künftige Nutzungsentschädigung** nicht bezahlen kann oder will.[50] Wenn hingegen die Sozialbehörden die Nutzungsentschädigung unpünktlich zahlen, steht dies der Gewährung einer Räumungsfrist nicht entgegen.[51] Bloße Befürchtungen des Vermieters hinsichtlich der Zahlungsbereitschaft des Mieters reichen für die Versagung einer Räumungsfrist ebenfalls nicht aus.[52] Deshalb genügt es nicht bereits, dass dem Mieter wegen Zahlungsverzugs gekündigt wurde.[53] Ähnliche Grundsätze gelten bei der Verletzung anderer Vertragspflichten in der Vergangenheit. Hat etwa der Vermieter wegen Störung des Hausfriedens (§ 569 Abs. 2 BGB) wirksam gekündigt, so steht fest, dass dem Vermieter die Fortsetzung des Mietverhältnisses nicht zugemutet werden kann. Zwar ist die Gewährung einer Räumungsfrist hier nicht ausgeschlossen.[54] Insbesondere eine längere Frist kommt aber regelmäßig nur in Betracht, wenn der Mieter die Störungen eingestellt hat[55] und weitere Störungen mit hinreichender Wahrscheinlichkeit auszuschließen sind.[56]

28 Ergeht die Räumungsfristentscheidung im Verfahren des **einstweiligen Rechtsschutzes** nach § 940a ZPO (s. Rdn. 14), so steht die Eilbedürftigkeit des Verfahrens einer Räumungsfrist nicht zwingend entgegen[57], wenn auch die Interessenabwägung eine solche Frist regelmäßig nicht rechtfertigen wird, wenn in der Person des Schuldners die Voraussetzungen von § 940a erfüllt sind.

29 **e) Erlangungsinteresse des Vermieters.** Im Rahmen der Interessenabwägung ist auf Seiten des Vermieters stets sein Erlangungsinteresse zu berücksichtigen. Dieses wiegt besonders schwer, wenn der **Vermieter dringend auf die Wohnung** angewiesen ist, etwa weil er diese selbst bezie-

---

45 Vgl. LG Aachen WuM 2007, 398; LG Berlin GE 1989, 945.

46 LG Berlin GE 2007, 1637; LG Heidelberg WuM 1995, 661; AG Steinfurt WuM 2000, 437.

47 LG Berlin GE 2014, 1140 = BeckRS 2014, 17634.

48 AG Baden-Baden WuM 1987, 62 [LS].

49 **A. A.** LG Frankfurt/Main NZM 1999, 168 unter unzutreffender Verkürzung des Schutzbereichs der Norm auf räumungswillige Schuldner.

50 OLG Stuttgart ZMR 2006, 863; LG Berlin GE 2007, 1253; LG Berlin ZMR 2001, 189 (sechswöchige Räumungsfrist angemessen).

51 LG Hamburg WuM 1992, 491; *Lammel* AnwZert MietR 23/2012 Anm. 1 (juris).

52 AG Rheine WuM 1990, 216.

53 Vgl. KG ZMR 2008, 365; *Lammel* AnwZert MietR 23/2012 Anm. 1 (juris).

54 LG Hamburg WuM 1994, 219: bei angespannter Wohnungsmarktsituation; AG Salzgitter WuM 1990, 550.

55 LG Münster WuM 1991, 563; ebenso bei glaubhaftem Bedauern des Fehlverhaltens AG Lichtenberg GE 2011, 1239.

56 Vgl. LG Berlin GE 2014, 1140 = BeckRS 2014, 17634.

57 So aber ohne nähere Begründung LG Hamburg NJW-RR 1993, 1233. Wenn z. B. über den Räumungsantrag sofort entschieden und eine Räumungsfrist von zwei Wochen gewährt wird, handelt es sich im Vergleich zur Länge eines Hauptsacheverfahrens immer noch um eine „Eilentscheidung".

hen oder Angehörigen zur Verfügung stellen möchte.[58] Auch der Umstand, dass die **Wohnung bereits weitervermietet** worden ist, ist zugunsten des Vermieters zu berücksichtigen. Dem Vermieter kann nicht etwa entgegengehalten werden, er hätte damit rechnen müssen, dass der Mieter nicht rechtzeitig ausziehen werde.[59]

5. Länge und Höchstdauer der Räumungsfrist (Abs. 5)

Die Räumungsfrist muss „den Umständen nach angemessen" sein, wobei Abs. 5 eine Höchstgrenze von einem Jahr setzt. Wird die Räumungsfrist wegen des Fehlens von Ersatzwohnraum gewährt, so ist die **Dauer der Frist** so zu bemessen, dass sich der Schuldner innerhalb der Frist eine Ersatzwohnung beschaffen und umziehen kann. Maßgeblich sind insbesondere die Gegebenheiten des örtlichen Wohnungsmarktes und die persönlichen und wirtschaftlichen Verhältnisse des Schuldners.[60] Eine **lange Kündigungsfrist** oder eine verzögerte Erhebung der Räumungsklage spielen bei der Bemessung der Räumungsfrist nur eine Rolle, wenn der Mieter bereits die Kündigungsfrist zur Ersatzraumsuche hätte verwenden müssen (dazu Rdn. 22). 30

Die Höchstfrist nach § 721 Abs. 5 ZPO rechnet vom Tag der **Rechtskraft des Urteils,** für die Fristberechnung gelten nach § 222 Abs. 1 ZPO die §§ 187 ff. BGB. Maßgeblich ist die formelle Rechtskraft des Räumungsausspruchs. Nach § 705 Satz 1 ZPO wird ein **Urteil** mit dem fruchtlosen Ablauf der Rechtsmittelfrist rechtskräftig. Darüber hinaus ist anerkannt, dass die Rechtskraft bereits vor diesem Zeitpunkt eintreten kann, wenn beide Parteien auf Rechtsmittel verzichten.[61] In diesem Fall tritt die Rechtskraft ein, sobald der zuletzt erklärte Verzicht wirksam geworden ist. Nach § 222 Abs. 1 ZPO, § 188 Abs. 2 BGB läuft die Höchstfrist von Datum zu Datum.[62] 31

Beispiel: Verkündung der Entscheidung mit Rechtsmittelverzicht am 1. Sept. 2014; spätestes Ende der Räumungsfrist am 1. Sept. 2015.

Berufungsurteile des Landgerichts werden mit dem fruchtlosen Ablauf der Revisionsfrist rechtskräftig. Deshalb darf eine vom Landgericht gewährte Räumungsfrist nicht länger bemessen werden als ein Jahr nach Ablauf der Revisionsfrist. Eine vom Amtsgericht bereits gewährte und vollständig oder teilweise verstrichene Räumungsfrist wird dabei nicht mitgezählt. 32

Beispiel: Verkündung der amtsgerichtlichen Entscheidung am 1. Sept. 2014; vom Amtsgericht wird eine Räumungsfrist bis zum 1. Sept. 2015 gewährt; Verkündung der landgerichtlichen Entscheidung am 4. Mai 2014; Höchstdauer der landgerichtlichen Räumungsfrist: 4. Juni 2015.

Wird auf **künftige Räumung** erkannt, so rechnet die Jahresfrist von dem Tage an, an dem nach dem Urteil zu räumen ist. 33

Die Einlegung eines Rechtsmittels gegen die amtsgerichtliche Räumungsfristentscheidung (sofortige Beschwerde, Abs. 6) ändert an der Höchstdauer nichts. Außergerichtlich vereinbarte Räumungsfristen bleiben unberücksichtigt, weil es sich hierbei um eine bloß materiell-rechtlich wirkende Stundungsabrede handelt. Eine **Mindestfrist** gibt es nicht. 34

Wird eine längere als die gesetzliche zulässige Frist gewährt, so ist die Räumungsfristentscheidung zwar **gesetzwidrig,** aber nicht nichtig. Die fehlerhafte Entscheidung kann nur bei Einlegung eines Rechtsmittels korrigiert werden. Wird kein Rechtsmittel eingelegt oder ist die Einlegung eines Rechtsmittels nicht möglich, so verbleibt es bei der tatsächlich festgesetzten Frist.[63] 35

6. Die gerichtliche Entscheidung

Das Gericht entscheidet über die Räumungsfrist im Anwendungsbereich des **Abs. 1** durch Urteil gemeinsam mit dem Räumungsanspruch. Daher ist hier eine **„isolierte" Räumungsfristentscheidung** ebenso **unzulässig**[64] wie eine **„isolierte" Kostenentscheidung.** Dies ist von Bedeutung, wenn gegen ein Räumungsurteil Rechtsmittel eingelegt wird. Bis zur Entscheidung über das Rechtsmittel ist eine Entscheidung nach § 721 ZPO nicht möglich; es kommt nur die Einstellung 36

---

[58] Vgl. etwa LG Hamburg ZMR 2011, 798.
[59] **A. A.** LG Kassel WuM 1989, 443.
[60] Vgl. LG Krefeld WuM 2010, 302.
[61] BGH (XII ZR 133/92) NJW-RR 1994, 386.
[62] Vgl. Erman/*Maier-Reimer* § 188 BGB Rdn. 2. Zum Eintritt der Rechtskraft in einem Schaltjahr s. § 188 Abs. 3 BGB.
[63] BeckOK ZPO/*Ulrici* 23. Ed. § 721 ZPO Rdn. 4; *Götz* in MünchKomm § 721 ZPO Rdn. 6.
[64] BGH (V ZR 74/14) WuM 2014, 354; (VIII ZA 8/10) GE 2010, 842.

der Zwangsvollstreckung nach § 719 ZPO in Betracht.[65] Wird dennoch nach § 721 Abs. 1 ZPO eine Räumungsfrist durch Beschluss bewilligt, ist diese Entscheidung auf sofortige Beschwerde ohne Sachprüfung aufzuheben.[66] Entscheidungen nach **§ 721 Abs. 2 und Abs. 3 ZPO** erfolgen hingegen isoliert von der Entscheidung über den Räumungsanspruch durch Beschluss, § 721 Abs. 4 S. 2 ZPO.

37 Aus dem Tenor der Entscheidung muss sich das **Ende, nicht aber der Beginn der Räumungsfrist** ergeben. Es ist ratsam, den Beendigungszeitpunkt kalendermäßig zu bestimmen; die Angabe der Dauer der Räumungsfrist (z. B. „… wird eine Räumungsfrist von 3 Monaten gewährt"), ist nicht empfehlenswert, weil bei der Ermittlung des Fristendes Unklarheiten auftreten können.[67] Im Zweifel ist das Fristende vom Zeitpunkt der Verkündung des Urteils/des Erlasses der Entscheidung aus zu rechnen.[68] Die Räumungsfristentscheidung ist zu **begründen.** Dies gilt sowohl für stattgebende als auch für ablehnende Entscheidungen.

38 Ob die Entscheidung über die Räumungsfrist an eine **auflösende Bedingung** geknüpft werden kann (z. B. „Die Räumungsfrist entfällt, wenn die Nutzungsentschädigung nicht spätestens am 3. Werktag eines Monats gezahlt wird/der Neubau des Schuldners bezugsfertig ist"), ist umstritten. Teilweise wird die Entscheidung nach § 721 ZPO für bedingungsfeindlich gehalten.[69] Dem folgt die wohl **h. M.**[70] zu Recht nicht. Denn aus § 726 Abs. 1 ZPO folgt, dass der Beginn der Vollstreckung an eine Bedingung geknüpft werden kann. Zudem stellt § 721 ZPO die Entscheidung über die Räumungsfrist in das Ermessen des Gerichts; hiervon gedeckt ist auch die Gewährung einer bedingten Räumungsfrist. Problematisch ist allerdings der für den Beginn der Vollstreckung erforderliche **Nachweis der Bedingung,** der nach § 726 Abs. 1 ZPO grundsätzlich durch öffentliche oder öffentlich beglaubigte Urkunden zu erfolgen hat. Dieser Nachweis wird dem Gläubiger oft nicht möglich sein; dann ist Klage nach § 731 ZPO erforderlich.[71] Schwierigkeiten bereitet auch eine unter einer **aufschiebenden Bedingung** gewährte Räumungsfrist, etwa eine Entscheidung, wonach sich die Räumungsfrist um jeweils einen Monat verlängert, wenn die Nutzungsentschädigung bis zu einem bestimmten Zeitpunkt gezahlt wird. Eine derartige Entscheidung ist zwar unzweckmäßig, weil sie Streitigkeiten über den Bedingungseintritt provozieren kann; unzulässig (und damit unwirksam) ist sie indes nicht.[72]

39 Die Räumungsfrist kann auf **Teile einer Wohnung beschränkt** werden, wenn dies nach Abwägung der Interessen der Parteien erforderlich und angemessen erscheint.[73] Zur Räumungsfrist bei Mischnutzung zu Wohn- und anderen Zwecken s. Rdn. 7f.

7. Wirkung der Räumungsfrist

40 Die Räumungsfrist hat eine Doppelwirkung, nämlich prozessuale und materiell-rechtliche Folgen. **Prozessual** führt die Frist zu einem vorübergehenden **Vollstreckungshindernis** nach § 751 ZPO – nämlich einem zeitweisen Ausschluss der Vollstreckbarkeit des Räumungstitels. Es handelt sich nicht um eine eigentliche prozessuale Frist, weil die Räumungsfrist nicht der Vornahme einer prozessualer Handlung dient.[74] Die Räumungsfrist ist daher eine uneigentliche prozessuale Frist, die – vergleichbar etwa § 798 ZPO – eine Wartefrist für die Zwangsvollstreckung anordnet.

41 **Materiell-rechtlich** treten die allgemeinen Rechtsfolgen des Vollstreckungsschutzes ein (dazu Einleitung Räumungsvollstreckung Rdn. 17ff.). Außerdem besteht die Besonderheit, dass Schadensersatzansprüche des Vermieters wegen Vorenthaltung der Mietsache während der Räumungsfrist ausgeschlossen sind (§ 571 Abs. 2 BGB). Diese materiell-rechtlichen Folgen gelten für die ge-

---

65 Vgl. OLG München NZM 2010, 720.

66 OLG München NZM 2010, 720.

67 Etwa LG Berlin GE 1989, 725 zur Räumungsfrist „von zwei Wochen nach Rechtskraft des Versäumnisurteils".

68 LG Mannheim WuM 1970, 174; *Sternel* Mietrecht (1988) V Rdn. 112.

69 LG Hamburg WuM 1992, 491; ähnlich LG Berlin GE 2007, 1637.

70 LG Hamburg WuM 1990, 216; *Götz* in MünchKomm § 721 ZPO Rdn. 10; *Lackmann* in Musielak/Voit § 721 ZPO Rdn. 4.

71 Vgl. *Lackmann* in Musielak/Voit § 726 ZPO Rdn. 8.

72 KG GE 2013, 618 = BeckRS 2013, 03464; *Münzberg* in Stein/Jonas § 721 ZPO Rdn. 15.

73 Zöller/*Stöber* § 721 ZPO Rdn. 6.

74 Vgl. zur Unterscheidung zwischen eigentlichen und uneigentlichen Fristen *Stadler* in Musielak/Voit § 221 ZPO Rdn. 1.

samte Besitzzeit vom rechtlichen Ende des Mietvertrags bis zum Ablauf der Räumungsfrist. Es spielt keine Rolle, falls das Gericht erst nach Vertragsende über die Räumungsfrist entscheidet.[75]

III. Besonderheiten der Räumungsfrist nach Abs. 1

Die Räumungsfrist nach § 721 Abs. 1 ZPO betrifft Verfahren über einen fälligen Räumungsanspruch. Hier kann entweder **von Amts wegen** oder auf **Antrag** eine Räumungsfrist gewährt werden. Eine Entscheidung von Amts wegen ist nur veranlasst, wenn das Gericht Grund zu der Annahme hat, dass der Schuldner eine Räumungsfrist benötigt.[76] Auch das Berufungs- oder Revisionsgericht kann von Amts wegen eine Räumungsfrist gewähren; §§ 528, 577 ZPO sind insoweit nicht anwendbar. Die Entscheidung von Amts wegen kann auch in einem **Versäumnisurteil** erfolgen.[77] Entsteht das Räumungshindernis indes erst nach Rechtskraft des Räumungsurteils, so ist die Gewährung einer Räumungsfrist nach § 721 Abs. 1 ZPO nicht möglich.[78] Der Schuldner kann hier lediglich einen Antrag nach § 765a ZPO stellen. Ein gleichwohl gestellter Räumungsfristantrag nach § 721 ZPO ist regelmäßig in einen solchen Vollstreckungsschutzantrag umzudeuten. 42

1. Fakultativer Antrag

Der fakutaltive **Antrag** auf Gewährung einer Räumungsfrist ist vor dem Schluss der mündlichen Verhandlung zu stellen, auf die das Urteil ergeht (Abs. 1 Satz 2). Bei Fristversäumung besteht keine Möglichkeit zur Gewährung von Wiedereinsetzung in den vorigen Stand, da § 233 ZPO nicht erfüllt ist und eine gesetzliche Analogie – anders als in Abs. 2 und Abs. 3 – fehlt. Der Antrag führt dazu, dass der Schuldner **Urteilsergänzung** verlangen kann, wenn der Antrag übergangen wird (dazu Rdn. 45). Diese Interessenlage spricht dafür, Sachvortrag des Schuldners zu den mit einer Räumung verbundenen Schwierigkeiten im Zweifel als entsprechenden Antrag auszulegen.[79] 43

Es handelt sich um einen **Sachantrag.**[80] Beim Landgericht besteht Anwaltszwang. Ein wirksamer Antrag setzt weder die Nennung einer bestimmten Frist noch eine **Begründung** voraus. Allerdings darf das Gericht nur Umstände berücksichtigen, die vorgetragen sind; ein Recht zur Amtsermittlung besteht nicht. Wird der Antrag auf Gewährung einer Räumungsfrist nach dem Schluss der mündlichen Verhandlung gestellt, so bleibt er unberücksichtigt. Das Gericht ist dann gleichwohl nicht gehindert, über die Räumungsfrist von Amts wegen zu befinden; ein Recht auf Urteilsergänzung (s. Rdn. 45) besteht aber nicht, wenn das Gericht dies unterlässt. Der Antrag kann auch noch in der **Berufungs- oder Revisionsinstanz** erstmals gestellt werden[81]; es handelt sich nicht etwa um ein Verteidigungsmittel i. S. d. § 532 ZPO. 44

2. Urteilsergänzung

Ist der Antrag bei der Entscheidung **übergangen** worden, so kann der Schuldner **Urteilsergänzung nach § 321 ZPO** verlangen (Abs. 1 Satz 3). Daneben ist (wahlweise) die sofortige Beschwerde nach Abs. 6 Nr. 1 zulässig.[82] Die Möglichkeit der Urteilsergänzung besteht, wenn der Schuldner den Antrag fristgemäß gestellt, hierüber aber weder im Tenor noch in den Gründen entschieden worden ist. Urteilsergänzung nach § 321 ZPO scheidet hingegen aus, wenn der Schuldner keinen Antrag gestellt hat[83] oder eine bestimmte Frist beantragt, das Gericht aber lediglich eine kürzere Frist gewährt. Denn auch in einem solchen Fall liegt eine Entscheidung über den (gesamten) Antrag des Schuldners vor, weil die Länge der Frist für den Antrag gerade nicht konstitutiv ist (s. Rdn. 44).[84] 45

---

75 LG Stuttgart NJW-RR 1990, 654; *Häublein* in MünchKomm § 571 BGB Rdn. 9.
76 Zöller/*Stöber* § 721 ZPO Rdn. 7; vgl auch BVerfG NZM 1999, 212, 214.
77 Zöller/*Stöber* § 721 ZPO Rdn. 4.
78 LG Darmstadt NZM 2000, 376.
79 Zur Auslegung von Prozesshandlungen BGH (VII ZB 24/93) NJW-RR 1994, 568; Zöller/*Greger* Vor § 128 ZPO Rdn. 25.
80 BGH (V ZR 224/60) NJW 1963, 1307.
81 BGH (V ZR 74/14) WuM 2014, 354 Rdn. 7.
82 *Münzberg* in Stein/Jonas § 721 ZPO Rdn. 19.
83 LG Hamburg v. 6.5.2010 – 307 T 35/10 (juris); LG Rostock NZM 2002, 213; **a. A.** LG Berlin WuM 1994, 385.
84 **A. A.** *Münzberg* in Stein/Jonas § 721 ZPO Rdn. 19.

46 Die Urteilsergänzung muss vom Schuldner binnen einer zweiwöchigen Frist, die mit der Zustellung des Urteils beginnt, durch Einreichung eines Schriftsatzes beantragt werden (§ 321 Abs. 2 ZPO). Bei Fristversäumung besteht keine Möglichkeit zur Gewährung von Wiedereinsetzung in den vorigen Stand, da § 233 ZPO nicht erfüllt ist. Der Ergänzungsantrag muss bei demjenigen Gericht gestellt werden, das über die Räumungsfrist hätte entscheiden müssen. Wird der Antrag beim Landgericht gestellt, so besteht Anwaltszwang. Bis zur Entscheidung über den Antrag auf Urteilsergänzung kann das Gericht nach **Abs. 1 Satz 2 Hs. 2** die **Zwangsvollstreckung** wegen des Räumungsanspruchs (nicht wegen sonstiger titulierter Ansprüche oder der Kosten) **einstweilen einstellen.** Die Einstellung setzt einen Antrag des Schuldners voraus.

3. Zuständigkeit und Kosten

47 **Zuständigkeit** für die Entscheidung über die Räumungsfrist nach Abs. 1 ist das Gericht, welches über den Räumungsanspruch zu erkennen hat.[85] Daher kann eine Räumungsfrist auch noch in der Revisionsinstanz bewilligt werden.[86]

48 Für die unselbständige Räumungsfristentscheidung nach Abs. 1 entstehen keine besonderen **Kosten,** insbesondere wirken weder Antrag noch Entscheidung streitwerterhöhend. Bei der Verteilung der Kosten des Räumungsrechtsstreits muss die Gewährung der Räumungsfrist unberücksichtigt bleiben.[87] Hat der Schuldner den Räumungsanspruch aber sofort anerkannt und wird ihm eine Räumungsfrist bewilligt, so kann das Gericht die Kosten des Räumungsrechtsstreits ganz oder teilweise dem Gläubiger auferlegen, wenn der Schuldner bereits vor Klageerhebung unter Angabe von Gründen die Fortsetzung des Mietverhältnisses oder eine den Umständen nach angemessene Räumungsfrist vergeblich begehrt hatte (§ 93b Abs. 3 ZPO).

IV. Besonderheiten der Räumungsfrist nach Abs. 2 (künftige Räumung)

1. Antragsfrist

49 Die Regelung des Abs. 2 gilt, wenn das Gericht auf künftige Räumung (§ 259 ZPO) erkannt und über eine Räumungsfrist noch nicht entschieden hat. In diesem Fall kann der Schuldner nachträglich einen Räumungsfristantrag stellen. Der Antrag kann jederzeit gestellt werden. Allerdings müssen die Gründe, die für eine Räumungsfrist sprechen, zum Zeitpunkt der Entscheidung zur Überzeugung des Gerichts feststehen (s. Rdn. 16). Daran kann es fehlen, wenn der Antrag mit fehlendem Ersatzraum begründet wird, obwohl noch völlig unklar ist, ob zum Räumungstermin eine Ersatzwohnung zur Verfügung steht.

50 Der Antrag muss spätestens **zwei Wochen** vor dem Tage, an dem nach dem Urteil zu räumen ist, bei Gericht eingehen; Eingang bei einem unzuständigen Gericht wirkt fristwahrend (s. § 765a ZPO Rdn. 8). Eine Ausnahme gilt, wenn die Zustellung des Räumungsurteils und der dort enthaltene Räumungstermin so nahe beieinander liegen, dass der Schuldner zur Einhaltung der Frist nicht in der Lage ist. In diesem Fall beginnt die 2-Wochen-Frist in teleologischer Umdeutung der Norm erst mit der Zustellung des Urteils.

51 Schwierigkeiten bereitet die **Berechnung der Antragsfrist.** Bei der Frist handelt es sich um eine sog. eigentliche prozessuale Frist, auf die daher die §§ 222ff. ZPO anwendbar sind.[88] Für die Berechnung der Zwei-Wochen-Frist gelten nach § 221 Abs. 1 ZPO daher zunächst die Berechnungsregeln des BGB. Die §§ 186ff. BGB enthalten keine ausdrücklichen Regeln zur Berechnung sog. **Rückwärtsfristen,** bei denen – wie in § 721 Abs. 2 S. 1 ZPO – die Frist von einem Endzeitpunkt (hier: Tag der Räumung) ab zu berechnen ist. Auf diese Rückwärtsfristen sind nach allgemeiner Meinung die §§ 187ff. BGB aber analog anzuwenden.[89] Der letzte Tag der Antragsfrist ist daher **analog § 188 Abs. 2 BGB** zu bestimmen.[90] § 188 Abs. 2 BGB verweist an dieser Stelle auf § 187 BGB, der den Fristbeginn behandelt. Bei den gesetzlich geregelten Vorwärtsfristen enden Wochenfristen danach entweder mit dem Ablauf des Tages, der durch seine Benennung dem Tag

---

[85] LG Münster WuM 2007, 19.
[86] BGH (VIII ZA 8/10) GE 2010, 842; *Schuschke* in Schuschke/Walker § 721 ZPO Rdn. 6.
[87] OLG München OLG-Rp München 1994, 172; *Götz* in MünchKomm § 721 ZPO Rdn. 7.
[88] Vgl. zur Berufungsfrist etwa BGH (IVa ZB 13/83) NJW 1984, 1358.
[89] BFH NJW-RR 2012, 973; Staudinger/Repgen § 187 BGB Rdn. 7.
[90] Vgl. zur Berechnung der Rückwärtsfrist in § 5 Abs. 3 UmwG *Krause* NJW 1999, 1448.

entspricht, in den das Ereignis fällt (§ 188 Abs. 2 Alt. 1 BGB) oder mit dem Ablauf des Tages, welcher dem Tag vorhergeht, der durch seine Benennung dem Tag entspricht, in den das Ereignis fällt (§ 188 Abs. 2 Alt. 2 BGB). Welche Berechnungsvariante einschlägig ist, hängt nach § 187 BGB davon ab, ob für den Anfang der Frist der Beginn des Tages maßgeblich ist, in den das Ereignis fällt (§ 187 Abs. 2 S. 1 BGB); nur wenn diese Voraussetzung erfüllt ist, wird dieser Tag bei der Fristberechnung mitgezählt.

Bei den Rückwärtsfristen gelten diese Regeln nur analog. Dies führt einerseits dazu, dass es (abweichend vom Wortlaut des § 187 Abs. 2 S. 1 ZPO) nicht auf das Ende, sondern den **Beginn des Tages** ankommt.[91] Ebenso ist aufgrund des „Rückwärtszählens" bei § 188 Abs. 2 Alt. 2 BGB nicht der dem Ereignis vorangehende, sondern der nachfolgende Tag maßgeblich. Wendet man diese Grundsätze auf § 721 ZPO an, so ist entscheidend, ob analog § 187 Abs. 2 S. 2 BGB der letzte Tag der Räumungsfrist bei der Fristberechnung mitzuzählen ist. Geht man hiervon aus, endet die Antragsfrist an dem Tag der Vorvorwoche, welcher dem Tag nachfolgt, der durch seine Benennung dem Räumungstag entspricht. **52**

Beispiel: Das Gericht bestimmt das Ende der Räumungsfrist auf den 20. März, einen Mittwoch. Rechnet man den 20. März in die Frist mit ein, so würde analog §§ 187 Abs. 2 S. 2, 188 Abs. 2 Alt. 2 BGB die rückwärtslaufende Frist am Donnerstag, den 7. März enden. Bestimmt man den Beginn der rückwärtslaufenden Frist hingegen nach § 187 Abs. 1 ZPO, so wäre der letzte Tag der Frist nach § 188 Abs. 2 Alt. 1 BGB Mittwoch, der 6. März. Ob sich der Fristbeginn nach § 187 Abs. 1 oder Abs. 2 BGB richtet, ist nach der Vorschrift zu bestimmen, welche die Fristenregel enthält; es besteht nicht etwa ein Grundsatz-Ausnahme-Verhältnis zugunsten von § 187 Abs. 1 BGB.[92] Die Zwei-Wochen-Frist aus § 721 Abs. 2 ZPO dient in erster Linie dazu, dem Gericht eine Entscheidung vor dem Ablauf der gewährten Räumungsfrist zu ermöglichen.[93] Das Gericht muss daher – gerechnet ab dem Tag des Eingangs des Antrags – volle zwei Wochen zur Verfügung haben, um seine Entscheidung treffen zu können. Dies spricht dagegen, analog § 187 Abs. 2 S. 1 BGB den letzten Tag der Räumungsfrist in die Berechnung einzubeziehen, weil das Gericht diesen Tag für seine Entscheidungsfindung nicht voll ausschöpfen kann. Denn eine Entscheidung muss spätestens an diesem Tag verkündet werden, was typischerweise während der üblichen Gerichtszeiten geschieht. Daher **berechnet sich das Ende der Antragsfrist analog § 188 Abs. 2 Alt. 2 BGB.** Im obigen Beispiel endet die Antragsfrist also am Mittwoch, den 6. März um 0:00 Uhr.[94] Der Antrag muss daher bis Dienstag, den 5. März, 24 Uhr bei Gericht eingegangen sein.[95] Diese **Ansicht** ist allerdings **nicht herrschend.** Denn verbreitet wird – allerdings ohne Auseinandersetzung mit dem hier diskutierten Problem der Berechnung einer Rückwärtsfrist – das Fristende wohl auf 24 Uhr des Tages in der Vorvorwoche festgelegt, der seiner Bezeichnung nach dem Räumungstag entspricht.[96]

Problematisch sind weiter Fälle, in denen der letzte Tag der Antragsfrist auf einen Sonn-, Feier- oder Samstag fällt. Hier kommt in Betracht, dass sich die Antragsfrist nach **§ 222 Abs. 2 ZPO** auf den nächsten Werktag verlängert. Diese Frage ist **umstritten.** Nach einer insbesondere in der Rechtsprechung vertretenen Ansicht soll § 222 Abs. 2 ZPO zugunsten des Mieters keine Anwendung finden.[97] Dies wird – kaum nachvollziehbar – hauptsächlich damit begründet, dass es sich nicht um eine dem Mieter gesetzte Frist handele, die enden könne.[98] Die Gegenansicht hält § 222 Abs. 2 ZPO hingegen für anwendbar.[99] Dies überzeugt, weil es sich bei § 721 Abs. 2 S. 1 ZPO um eine prozessuale Frist handelt (s. Rdn. 40), auf die daher auch § 222 Abs. 2 ZPO anwendbar ist; der Umstand, dass sich die Frist „rückwärts" berechnet, ändert daran nichts. Das Problem der Anwendung des § 222 Abs. 2 ZPO stellt sich allerdings regelmäßig nicht, wenn das Gericht das Ende der Räumungsfrist auf einen Sonn-, Feier- oder Samstag gelegt hat. Denn auf die Berechnung der vom Gericht bestimmten Räumungsfrist findet § 193 BGB Anwendung. Ist daher in der Entscheidung **53**

---

91 BFH NJW-RR 2012, 973.

92 Vgl. GmS-OGB NJW 1972, 2035; BAG NJW 2003, 1829.

93 **A. A.** LG München I WuM 1980, 247: Schutzfrist zugunsten des Vermieters.

94 Ebenso im Ergebnis OLG Brandenburg FamRZ 2012, 892 (zur Rückwärtsfrist in § 137 Abs. 2 S. 1 FamFG) und *Krause* NJW 1999, 1448 (zu § 5 Abs. 3 UmwG).

95 Fällt dieser Tag – im Beispiel der Dienstag – auf einen Sonn-, Feier- oder Samstag, stellt sich das sogleich im Text zu erörternde Problem der Anwendung von § 222 Abs. 2 ZPO nur, wenn man diesen Tag als letzten Tag der Frist betrachtet. Hierfür spricht, dass der Antrag de facto bereits an diesem Tag bei Gericht eingehen muss, obwohl bei förmlicher Betrachtung eigentlich der nächste Tag – im Beispiel der Mittwoch – der letzte Tag der Frist ist, vgl. dazu etwa BGH (IX ZR 33/04) ZIP 2005, 310.

96 Etwa LG Freiburg WuM 1989, 443; LG München I WuM 1980, 247.

97 LG Berlin NJW-RR 1993, 144; LG Freiburg WuM 1989, 443; *Götz* in MünchKomm § 721 ZPO Rdn. 5 Fn. 17.

98 LG Berlin NJW-RR 1993, 144; LG München I WuM 1980, 247.

99 LG Berlin GE 1987, 401; *Münzberg* WuM 1993, 9; Zöller/*Stöber* § 721 ZPO Rdn. 8.

als Ende der Räumungsfrist etwa ein Samstag genannt, so ist erst am nächsten Werktag zu räumen.[100]

54 Die **Zweiwochenfrist** ist eine Ausschlussfrist, die von Amts wegen beachtet werden muss. Im Falle der schuldlosen Fristversäumung ist auf Antrag Wiedereinsetzung in den vorigen Stand (§§ 233ff. ZPO) zu gewähren (§ 721 Abs. 2 Satz 2 ZPO).

2. Zuständigkeit

55 Zuständig für den Antrag nach Abs. 2 ist grundsätzlich das Amtsgericht (Abs. 4 Satz 1) und zwar das **Prozessgericht,** nicht das Vollstreckungsgericht.[101] Das Amtsgericht ist auch dann zuständig, wenn das Berufungsgericht auf Räumung erkannt hat. Eine Ausnahme gilt nach Abs. 4 S. 1, solange die Räumungsklage noch beim **Berufungsgericht** anhängig ist. In diesem Fall muss der Antrag beim Berufungsgericht gestellt werden. Die Anhängigkeit beginnt mit dem Eingang der Berufungsschrift; sie endet mit der Verkündung des Berufungsurteils, mit der Rücknahme der Berufung oder dem Abschluss eines Vergleichs. Ist die Räumungsklage beim BGH anhängig, muss der Antrag nach Abs. 2 – anders als der Antrag nach Abs. 1 (dazu Rdn. 43) – beim Amtsgericht gestellt werden.[102]

3. Verfahren und einstweilige Anordnung (Abs. 4)

56 Eine mündliche Verhandlung ist entbehrlich, aber zulässig **(Abs. 4 Satz 2).** Vor der Entscheidung ist der Räumungsgläubiger zu hören **(Abs. 4 Satz 3).** Das Gericht ist nicht verpflichtet, die Parteien persönlich anzuhören; es genügt, wenn der Gegner Gelegenheit zur schriftlichen Stellungnahme erhält. Die Sachaufklärung richtet sich nach den allgemeinen Vorschriften, d. h. der Schuldner muss seine Härtegründe, der Gläubiger seine Interessenlage darlegen und beweisen.

57 Die Entscheidung muss i. d. R. vor dem Räumungstermin getroffen werden. Ist dies nicht möglich, weil der Gläubiger innerhalb der verbleibenden Zeit keine Stellungnahme abgeben kann oder weil noch eine weitere Sachaufklärung erforderlich ist, so kann das Gericht die Zwangsvollstreckung aus dem Räumungstitel im Wege der **einstweiligen Anordnung** einstellen **(Abs. 4 Satz 4 i. V. m. § 732 Abs. 2 ZPO).** Die einstweilige Einstellung setzt keinen Antrag voraus und steht im pflichtgemäßen Ermessen des Gerichts. Das Gericht muss dafür nur den ihm vorgetragenen Sachverhalt würdigen; eine Glaubhaftmachung ist schon nach dem Gesetzeswortlaut (anders etwa als bei § 765a Abs. 2 ZPO) nicht erforderlich. Das Gericht kann daher seine einstweilige Anordnung auch auf bestrittenen Sachvortrag des Schuldners stützen, weil es gerade Zweck von § 721 Abs. 4 S. 4 ZPO ist, dem Gericht die „Hauptsacheentscheidung" über die Räumungsfrist zu ermöglichen. Problematisch ist, ob gegen den Beschluss des Gerichts nach § 793 ZPO die **sofortige Beschwerde** zulässig ist.[103] Der Wortlaut von § 793 ZPO spricht dafür, ebenso der Umstand, dass ein § 707 Abs. 2 S. 2 ZPO vergleichbarer Ausschluss der Beschwerde fehlt.[104] Allerdings verkörpert die zuletzt genannte Norm den allgemeinen Rechtsgedanken, dass das mit der Hauptsache (hier: dem Antrag auf Räumungsfrist) befasste erstinstanzliche Gericht am besten beurteilen kann, ob und gegebenenfalls welche einstweilige Regelung erforderlich ist. Seine Entscheidung in der Hauptsache soll nicht durch eine vorläufige Entscheidung des Beschwerdegerichts beeinflusst werden, weshalb die Entscheidung **analog § 707 Abs. 2 S. 2 ZPO unanfechtbar ist.**[105] Mit dem Erlass der Endentscheidung wird die einstweilige Anordnung gegenstandslos.

4. Die gerichtliche Entscheidung

58 Die Entscheidung ergeht durch **Beschluss** (Abs. 4 Satz 2). Dies gilt auch dann, wenn eine mündliche Verhandlung vorausgegangen ist. Die Entscheidung ist auf Grund einer Interessenabwägung zu treffen (dazu oben Rdn. 16). Der Beschluss ist zu begründen. Über die **Kosten** ist nach

---

[100] Palandt/*Ellenberger* § 193 BGB Rdn. 2; i. E. auch LG Hamburg NJW-RR 1990, 657.
[101] *Lackmann* in Musielak/Voit § 721 ZPO Rdn. 7; Zöller/*Stöber* § 721 ZPO Rdn. 10.
[102] BGH (XII ZR 73/90) NJW 1990, 2823.
[103] Vgl. zum Parallelproblem bei § 732 ZPO und § 769 ZPO die Nachweise zum Streitstand bei *Wolfsteiner* in MünchKomm § 732 ZPO Rdn. 19 und Zöller/*Herget* § 769 ZPO Rdn. 13.
[104] OLG Köln NJW-RR 1992, 632 (zu § 769 ZPO).
[105] *Münzberg* in Stein/Jonas § 721 ZPO Rdn. 29. Wie hier für die einstweilige Anordnung nach § 769 Abs. 1 ZPO BGH (XII ZB 279/03) NJW 2004, 2224.

den §§ 91 ff. ZPO zu entscheiden.[106] Der **Streitwert** bemisst sich nach der Nutzungsentschädigung, die für den Zeitraum der begehrten Räumungsfrist geschuldet würde.[107]

V. Räumungsfrist nach Abs. 3 (Verlängerung, Verkürzung)

§ 721 Abs. 3 ZPO ermöglicht die Modifizierung einer nach § 721 Abs. 1 oder Abs. 2 gewährten Räumungsfrist. Für die Räumungsfrist aus einem gerichtlichen Vergleich gilt § 794a ZPO. Eine in einem **außergerichtlichen Räumungsvergleich vereinbarte Räumungsfrist** fällt nicht unter § 721 Abs. 3 ZPO, weil es an einer gerichtlichen Entscheidung über den Räumungsanspruch fehlt.[108] Für eine Analogie besteht ersichtlich kein Bedürfnis, weil eine Vollstreckung ohne Titulierung nicht möglich ist. Die Modifizierung der Räumungsfrist kann nicht nach § 224 Abs. 2 ZPO beantragt werden, weil es sich bei der Räumungsfrist um eine uneigentliche Frist handelt, auf die § 224 ZPO nicht anwendbar ist (s. Einleitung Räumungsvollstreckung Rdn. 5). **59**

1. Antrag

Die Verlängerung setzt einen Antrag des Schuldners, die Verkürzung einen Antrag des Gläubigers voraus. Für einen Verkürzungsantrag des Schuldners besteht kein **Rechtsschutzbedürfnis,** weil der Schuldner jederzeit ausziehen kann und mit der Rückgabe auch der Anspruch des Vermieters auf die Nutzungsentschädigung entfällt.[109] **60**

2. Frist

Den **Verlängerungsantrag** muss der Schuldner zwei Wochen vor Ablauf der Räumungsfrist stellen. Für die Fristberechnung gelten die Ausführungen bei Rdn. 51 ff. Die Möglichkeit der Wiedereinsetzung in den vorigen Stand bei schuldloser Fristversäumung besteht auch hier (Abs. 3 Satz 2). Der **Verkürzungsantrag** des Gläubigers kann jederzeit gestellt werden. **61**

3. Zuständigkeit, Verfahren, Entscheidung und Kosten

Für die gerichtliche Zuständigkeit, das Verfahren und die Entscheidung gelten die Ausführungen Rdn. 55 ff. entsprechend. Die Sachentscheidung erfolgt nach den oben Rdn. 16 ff. dargelegten **Abwägungskriterien** mit folgenden **Modifizierungen,** die sich daraus ergeben, dass es nicht um die erstmalige Entscheidung über eine Räumungsfrist, sondern um deren Abänderung geht: **62**

Fraglich ist zunächst, ob die Verkürzung oder Verlängerung nur in Betracht kommt, wenn **neue Tatsachen** vorgetragen werden, welche diese Entscheidung tragen. Systematisch handelt es sich um die Abgrenzung von Abs. 3 zu Abs. 6 der Vorschrift: Gegen die Entscheidungen des Gerichts nach Abs. 1 und 3 über die Gewährung oder Modifizierung einer Räumungsfrist ist nach Abs. 6 ein Rechtsmittel zulässig. Daraus folgt, dass die Überprüfung der Entscheidung über die Frist grundsätzlich dem Rechtsmittelgericht zugewiesen ist. Das Ausgangsgericht kann daher nicht über Abs. 3 erneut über Tatsachen entscheiden, die bereits einer Entscheidung zugrunde lagen (vgl. Einleitung Räumungsvollstreckung Rdn. 9). Die Änderung der Frist nach Abs. 3 setzt daher grundsätzlich neue Umstände voraus[110]; liegen solche vor, kann das Amtsgericht auch von Wertentscheidungen des zweitinstanzlichen Gerichts abweichen. Der Einwand der **Rechtskraft** steht nicht entgegen, da diese – wie sich aus Abs. 3 ergibt – die Verlängerung oder Verkürzung der Frist nicht erfasst. Hingegen ist ein Antrag nach Abs. 3 als unbegründet abzuweisen, wenn er ohne Änderung der Sachlage auf Umstände gestützt wird, die bereits in der Ursprungs- oder einer anderen Abänderungsentscheidung behandelt wurden. **63**

Neue Umstände, welche eine Modifizierung der Frist rechtfertigen können, sind etwa erhöhte Dringlichkeit des Bedarfs auf Seiten des Gläubigers, Zahlungseinstellungen durch den Schuldner[111], allgemeine Verbesserung der Wohnungsmarktsituation, aber auch die vergebliche Suche nach Ersatzwohnraum während der gewährten Räumungsfrist. In der Praxis wurde eine Fristverlängerung **64**

---

106 BGH (VIII ZB 28/08) NJW-RR 2009, 422 (zu § 794a ZPO).
107 Vgl. LG München I ZMR 2014, 991; LG Kiel WuM 1992, 492.
108 *Schuschke* in Walker/Schuschke § 721 ZPO Rdn. 15.
109 LG Hannover WuM 1989, 77; *Münzberg* in Stein/Jonas § 721 ZPO Rdn. 3.
110 *Paulus* in Wieczorek/Schütze § 721 ZPO Rdn. 41.
111 LG Berlin GE 2007, 1253.

etwa gewährt, um einen Zwischenumzug bei zwischenzeitlich vorhandenem, aber noch nicht bezugsfertigem Ersatzwohnraum zu vermeiden.[112]

VI. Sofortige Beschwerde (Abs. 6)

65 § 721 Abs. 6 ZPO regelt die sofortige Beschwerde gegen Entscheidungen über die Gewährung oder Modifizierung einer Räumungsfrist. Zur sofortigen Beschwerde gegen Beschlüsse über einstweilige Anordnungen nach § 721 Abs. 4 S. 3 ZPO s. Rdn. 57.

1. Verhältnis zwischen sofortiger Beschwerde, Berufung und Einspruch

66 § 721 Abs. 6 Nr. 1 ZPO regelt die Zulässigkeit der sofortigen Beschwerde gegen eine Räumungsfristentscheidung, die in einem Urteil enthalten ist, in dem auf Räumung erkannt wurde. In einem solchen Fall können sowohl Schuldner als auch Gläubiger die Räumungsfristentscheidung **isoliert durch die sofortige Beschwerde** angreifen. Insbesondere aus Sicht des durch die Räumungsentscheidung insofern regelmäßig beschwerten Schuldners stellt sich die Frage, ob er neben der sofortigen Beschwerde auch Berufung gegen die Hauptsacheentscheidung einlegen kann oder ob in diesem Fall die sofortige Beschwerde unzulässig ist. Teilweise werden Berufung und sofortige Beschwerde parallel für zulässig gehalten[113] während die Gegenansicht von einem Vorrang der Berufung ausgeht.[114]

67 Der Wortlaut von § 721 Abs. 6 Nr. 1 ZPO lässt beide Interpretationen zu, weil sich die sofortige Beschwerde bei isolierter Betrachtung auch bei gleichzeitiger Berufung „lediglich" gegen die Räumungsfristentscheidung richtet, bei einer Gesamtbetrachtung der Beschwerdeführer hingegen eben nicht „lediglich" diese Entscheidung angreift. Sinn und Zweck von § 721 Abs. 6 Nr. 1 ZPO streiten aber für den **Vorrang der Berufung.** Die Norm ist eine Ausnahme zu § 511 ZPO. Sie soll nämlich ein – in Wohnraummietsachen vor dem Landgericht und damit (im Gegensatz zum Beschwerdeverfahren, §§ 569 Abs. 3 Nr. 1, 78 Abs. 3 ZPO) durch einen Anwalt zu führendes – **Berufungsverfahren entbehrlich machen,** wenn sich der Schuldner lediglich gegen die Räumungsfristentscheidung wehren möchte.[115] Daher ist eine sofortige Beschwerde nach § 721 Abs. 6 Nr. 1 ZPO nur zulässig, solange der Beschwerdeführer nicht Berufung eingelegt hat.

68 Die **Rechtsschutzmöglichkeiten** des Schuldners werden durch dieses Gesetzesverständnis nicht verkürzt, weil er in der Berufung einen Antrag auf einstweilige Einstellung der Zwangsvollstreckung nach §§ 707, 719 ZPO stellen kann. Die gleichen Grundsätze gelten, wenn der Schuldner durch **Versäumnisurteil** zur Räumung ohne Gewährung einer Räumungsfrist verurteilt worden ist. Legt der Schuldner Einspruch gegen das Versäumnisurteil ein, so umfasst dieses Rechtsmittel zugleich die Entscheidung über die Räumungsfrist. Die gesonderte Anfechtung einer etwaigen Räumungsfristversagung ist wegen des dargestellten Zwecks von § 721 Abs. 6 Nr. 1 ZPO, anstelle der Berufung die sofortige Beschwerde zuzulassen, unzulässig.[116] Der Schuldner kann in diesem Fall Vollstreckungsschutz über **§§ 707, 719 ZPO** erhalten.

69 Hat der Mieter gegen das Räumungsurteil Berufung eingelegt, so kann der Vermieter im Wege der **Anschlussberufung** den Wegfall oder die Verkürzung der Räumungsfrist beantragen; er kann daneben aber auch parallel sofortige Beschwerde einlegen, weil seine Anschlussberufung ihre Wirkung verliert, wenn die Hauptberufung zurückgenommen wird, § 524 Abs. 4 ZPO (s. Rdn. 75).

2. Beschwerdefähige Entscheidung

70 Die sofortige Beschwerde setzt eine Räumungsfristentscheidung voraus, wie sich aus der Formulierung „Versagung, Gewährung oder Bemessung einer Räumungsfrist" ergibt. Problematisch ist, ob eine „Versagung" auch dann anzunehmen ist, wenn das Urteil zur Frage der **Räumungsfrist schweigt;** die **h. M.** bejaht dies.[117] Hierfür spricht der Zweck von § 721 Abs. 6 Nr. 1 ZPO,

[112] LG Münster WuM 1993, 62; AG Waldshut-Tiengen WuM 1996, 53.

[113] LG Berlin GE 2000, 603; LG Düsseldorf ZMR 1990, 380.

[114] *Götz* in MünchKomm § 721 ZPO Rdn. 14; *Kroppenberg* in Gehrlein/Prütting § 721 ZPO Rdn. 12; *Sternel* Mietrecht V Rdn. 115.

[115] LG Landshut NJW 1967, 1374.

[116] Vgl. LG München NZM 1999, 308; *Kroppenberg* in Gehrlein/Prütting § 721 ZPO Rdn. 12.

[117] LG Köln NJW-RR 1987, 143; *Kroppenberg* in Gehrlein/Prütting § 721 ZPO Rdn. 12; Zöller/*Stöber* § 721 ZPO Rdn. 13; **a. A.** LG Hamburg v. 6.5.2010 – 307 T 35/10 (juris).

der eine Berufung vermeiden soll, wenn es dem Schuldner nur um eine Räumungsfrist geht (s. Rdn. 67). Aus diesem Zweck der Norm folgt auch, dass eine sofortige Beschwerde des Schuldners gegen die Räumungsfristentscheidung in einem 2. Versäumnisurteil nur im Rahmen des § 514 Abs. 2 ZPO zulässig ist.[118]

Die sofortige Beschwerde ist gemäß § 567 Abs. 1 ZPO nur zulässig, wenn die angefochtene **71**
Räumungsfristentscheidung eine solche aus dem **ersten Rechtszug** ist. Hat also im mietrechtlichen Räumungsprozess das Landgericht in der Berufung erstmals auf Räumungsfrist erkannt oder eine Räumungsfrist verlängert, scheidet die sofortige Beschwerde hiergegen aus.[119] Möglich ist in diesem Fall allein die – allerdings an die Zulassung gebundene – Rechtsbeschwerde nach § 574 Abs. 1 ZPO.

3. Einlegung und Begründung der sofortigen Beschwerde

Die sofortige Beschwerde muss innerhalb einer **Notfrist von zwei Wochen** (gerechnet ab Zu- **72**
stellung der erstinstanzlichen Entscheidung) eingelegt werden (§ 569 Abs. 1 ZPO); Wiedereinsetzung in den vorigen Stand ist möglich. Die Einlegung erfolgt durch Schriftsatz an das Ausgangs- oder Berufungsgericht (§ 569 Abs. 2 ZPO), bei Anfechtung einer amtsgerichtlichen Entscheidung auch durch Erklärung zu Protokoll der Geschäftsstelle (§ 569 Abs. 3 Nr. 1 ZPO). In dem zuletzt genannten Fall besteht kein Anwaltszwang, § 78 Abs. 3 ZPO. Die Beschwerde kann auf neue Tatsachen und Beweise gestützt werden (§ 571 Abs. 2 Satz 1 ZPO); eine **Begründungspflicht** besteht nach § 571 Abs. 1 ZPO aber **nicht.**

4. Sonstige Voraussetzungen der sofortigen Beschwerde

Daneben müssen die allgemeinen Voraussetzungen für die Zulässigkeit der sofortigen Be- **73**
schwerde vorliegen. Insbesondere muss der Beschwerdeführer **beschwert** sein[120], wobei § 567 ZPO hierfür einen bestimmten Beschwerdewert nicht verlangt. Wurde keine Frist gewährt, ist der Schuldner, anderenfalls der Gläubiger beschwert. Der Schuldner ist auch dann beschwert, wenn ihm eine Frist gewährt wurde, diese aber hinter der Länge einer von ihm beantragten Frist zurückbleibt. Gleiches gilt, wenn der Schuldner keine bestimmte Frist beantragt hat, weil es für die Beschwer ausreicht, wenn die Frist unangemessen kurz ist.

Das **Rechtsschutzbedürfnis** eines **Mieters** an der Entscheidung über die sofortige Be- **74**
schwerde entfällt nicht, wenn er nach Einlegung des Rechtsmittels räumt. Denn es hängt von der Räumungsfristentscheidung ab, ob dem Mieter das Haftungsprivileg des § 571 Abs. 2 BGB zusteht. Für andere Räumungsschuldner gilt dies nicht; sie müssen die Hauptsache nach der Räumung für erledigt erklären.

Hat der **Vermieter** (Gläubiger) sofortige Beschwerde eingelegt, so wird teilweise vertreten, sein **75**
Rechtsschutzbedürfnis entfalle, wenn der Mieter (Schuldner) Berufung gegen das Räumungsurteil eingelegt hat; in diesem Fall könne die Fristverkürzung im Wege der sachdienlicheren Anschlussberufung erreicht werden.[121] Diese Ansicht ist wegen § 524 Abs. 4 ZPO unzutreffend, weil die Anschlussberufung des Gläubigers ihre Wirkung verliert, wenn die Berufung zurückgenommen wird. Das Rechtsschutzbedürfnis bleibt auch bestehen, wenn die erstinstanzlich gewährte Räumungsfrist während des Berufungsverfahrens endet, weil von der Dauer der Frist das Haftungsprivileg des Mieters nach § 571 Abs. 2 BGB abhängt.[122]

5. Entscheidung des Beschwerdegerichts

Das Beschwerdegericht entscheidet i. d. R. durch den Einzelrichter (§ 568 ZPO) ohne münd- **76**
liche Verhandlung durch **Beschluss,** § 572 Abs. 4 ZPO. Jedoch kann auch mündliche Verhandlung angeordnet werden (§ 128 Abs. 4 ZPO); in dieser besteht dann Anwaltszwang.[123] Auch in diesem

---

[118] Anders LG Dortmund NJW 1965, 1385; *Lackmann* in Musielak/Voit § 721 ZPO Rdn. 10; Zöller/*Stöber* § 721 ZPO Rdn. 13: unzulässig.

[119] KG MietRB 2012, 140; Zöller/*Stöber* § 721 ZPO Rdn. 13.

[120] Vgl. *Lohmann* in Gehrlein/Prütting § 567 ZPO Rdn. 13; Zöller/*Heßler* § 567 ZPO Rdn. 5.

[121] LG Gießen WuM 1994, 551; **a. A.** *Götz* in MünchKomm § 721 ZPO Rdn. 14; *Münzberg* in Stein/Jonas § 721 ZPO Rdn. 38.

[122] LG Nürnberg-Fürth NJW-RR 1992, 1231.

[123] *Ball* in Musielak/Voit § 571 ZPO Rdn. 10.

Fall erfolgt die Entscheidung durch Beschluss. Vor der Entscheidung über die Beschwerde kann die Zwangsvollstreckung aus dem Räumungsurteil einstweilen eingestellt werden (§ 570 Abs. 3 ZPO).

77 Das Beschwerdegericht kann die erstinstanzliche Entscheidung ganz oder teilweise aufheben. Dies ist insbesondere für das Haftungsprivileg des Mieters nach § 571 Abs. 2 BGB von Bedeutung. Wird eine vom Amtsgericht gewährte Räumungsfrist gänzlich aufgehoben, so entfällt sie mit Wirkung ex tunc. Das **Haftungsprivileg** gilt in diesem Falle nach dem Wortlaut von § 571 Abs. 2 BGB nicht.[124] Für eine Analogie ist kein Raum, weil der Mieter über das Merkmal des Vertretenmüssens in § 571 Abs. 1 BGB hinreichend geschützt ist. Am Vertretenmüssen wird es regelmäßig fehlen, es sei denn, der Mieter hat sich die Räumungsfrist in erster Instanz durch falsche Angaben erschlichen. Wird eine erstinstanzlich gewährte Räumungsfrist verkürzt, so gilt das Haftungsprivileg bis zu dem vom Beschwerdegericht genannten Zeitpunkt.

78 Über die **Kosten** wird nach §§ 91 ff. ZPO entschieden. Der **Beschwerdewert** ist gemäß § 3 ZPO zu schätzen; hierfür ist bei einem beendeten Mietvertrag auf § 41 GKG, ansonsten auf § 8 ZPO zurückzugreifen. Gegen die **Beschwerdeentscheidung** ist bei Zulassung durch das Beschwerdegericht die Rechtsbeschwerde (§ 574 ZPO) zulässig.

6. Anschlussbeschwerde

79 Eine Anschlussbeschwerde ist gem. § 567 Abs. 3 ZPO möglich. Sie ist **nicht fristgebunden** und kann daher während der Anhängigkeit der sofortigen Beschwerde von dem jeweiligen Beschwerdegegner eingelegt werden. Geht die Anschlussbeschwerde innerhalb der Zwei-Wochen-Frist ein, so gilt sie als selbständige sofortige Beschwerde. Anderenfalls liegt eine unselbständige Beschwerde vor, die ihre Wirkung verliert, wenn die Hauptbeschwerde zurückgenommen oder als unzulässig verworfen wird (§ 567 Abs. 3 Satz 2 ZPO).

VII. Abweichende Vereinbarungen

80 Wird von § 721 ZPO durch Vereinbarung der Parteien abgewichen, so kann die Befugnis der Parteien betroffen sein, die in § 721 ZPO geregelten Anträge (Abs. 1–3) zu stellen, Rechtsmittel einzulegen (Abs. 6) oder aber es soll eine vom Gericht gewährte Räumungsfrist vertraglich verändert werden. Es stellt sich daher die Frage, inwieweit § 721 ZPO **Dispositionen** über die **Antrags- bzw. Rechtsmittelbefugnis und die Entscheidungswirkungen** erlaubt. Es handelt sich hierbei um einen Ausschnitt aus dem grundsätzlichen Problemkreis der Vertragsfreiheit im Vollstreckungsrecht.[125]

81 Soweit sich zu dieser Fragestellung bei § 721 ZPO **Ansichten in der Literatur** finden, wird das Antragsrecht des Schuldners nach Rechtshängigkeit des Räumungsanspruchs für disponibel gehalten, weil der Schuldner hinreichend geschützt sei, da Räumungsschutz von Amts wegen gewährt werden könne.[126] Auch auf eine gewährte Räumungsfrist soll der Schuldner verzichten können.[127] Teilweise wird § 721 ZPO auch generell für disponibel gehalten.[128] Der **BGH** hat zur Parallelnorm des § 794a ZPO offen gelassen, ob der Verzicht auf die Befugnis, einen Antrag auf Bewilligung oder Verlängerung einer Räumungsfrist zu stellen, wirksam ist.[129]

82 Bei einer **Stellungnahme** zu dieser Problematik ist die Rechtsprechung des BGH zu berücksichtigen, nach der die sich die Parteien zu jedem prozessualen Verhalten verpflichten können, das möglich ist und weder einem gesetzlichen Verbot zuwider läuft noch gegen die guten Sitten verstößt.[130] Die Grenzen der Vertragsfreiheit ziehen daneben auch die Regeln des AGB-Rechts.[131] Insofern muss bei der Beurteilung der Wirksamkeit von abweichenden Vereinbarungen geklärt werden, worin die Abweichung besteht und ob diese Abweichung inhaltlich zu billigen ist.

---

[124] **A. A.** LG Siegen WuM 1990, 208; *Häublein* in MünchKomm § 571 BGB Rdn. 9: Haftungsprivileg entfällt erst durch Zustellung der Beschwerdeentscheidung.

[125] Dazu etwa *Gaul* in Gaul/Schilken/Becker-Eberhard Zwangsvollstreckungsrecht § 33; *Wagner* Prozessverträge (1998), S. 729 ff.

[126] *Lackmann* in Musielak/Voit § 721 ZPO Rdn. 1.

[127] Zöller/*Stöber* § 721 ZPO Rdn. 12.

[128] *Belz/Lüke* in Bub/Treier VIII Rdn. 147; ähnlich *Münzberg* in Stein/Jonas § 721 ZPO Rdn. 18.

[129] BGH (VIII ZB 28/08) NJW-RR 2009, 422.

[130] BGH (VIII ZR 285/84) NJW 1986, 198.

[131] BGH (IX ZR 11/86) NJW 1987, 904; *Wagner* Prozessverträge (1998), S 130 ff.

Die Möglichkeit, einen Räumungsschutzantrag zu stellen und bei Versagung desselben Rechtsmittel einzulegen soll verhindern, dass der Schuldner unter unzumutbaren Folgen seine Wohnung verliert (s. Rdn. 1). Der **allgemeine** und vom konkreten Fall losgelöste **Verzicht** auf diesen Schutz – etwa im Mietvertrag durch Verzicht auf das Antragsrecht und/oder die Rechtsbehelfsmöglichkeit – ist daher sittenwidrig und damit unwirksam, weil der Schuldner im Voraus etwaige Härtegründe nicht überblicken kann. Gleiches gilt für den Verzicht auf einen Verlängerungsantrag im konkreten Fall.[132] Wirksam ist hingegen der im **konkreten Fall** erklärte Verzicht auf eine gewährte Räumungsfrist oder auf die in § 721 ZPO genannten Rechtsmittel, weil der Schuldner in solchen Konstellationen die Reichweite seiner Erklärung abschätzen kann. Die **Verkürzung** der in § 721 Abs. 2 und Abs. 3 ZPO genannten Antragsfristen durch Vereinbarung der Parteien ist nach § 224 ZPO zulässig. 83

Zu **Lasten des Gläubigers** von § 721 ZPO abweichende Vereinbarungen sind kaum praxisrelevant; hier gelten die für den Schuldner entwickelten Grundsätze entsprechend. Der Gläubiger kann ebenfalls nur auf solche Rechte verzichten, deren Umfang er bei Abgabe seiner Erklärung hinreichend bewerten kann. Möglich ist daher der Verzicht auf ein konkret in Rede stehendes Rechtsmittel. Die Vereinbarung einer längeren Räumungsfrist als vom Gericht gewährt ist hingegen keine Abweichung von § 721 ZPO, sondern eine materiell-rechtliche Stundung des Herausgabeanspruchs.[133] 84

Die **Rechtsfolgen** wirksamer abweichender Vereinbarungen ergeben sich aus allgemeinen prozessualen Grundsätzen. Steht der Verzicht auf einen Rechtsbehelf oder auf ein Antragsrecht in Rede, so führt die Nichtbeachtung dieser Vertragspflicht auf Rüge des Prozessgegners zur Verwerfung des Rechtsbehelfs oder Antrags.[134] Geht es um eine Erweiterung der nach § 721 ZPO erkannten Räumungsfrist, muss der Schuldner sich bei einer gleichwohl betriebenen Zwangsvollstreckung nach § 767 ZPO zur Wehr setzen.[135] Hat der Schuldner auf die Räumungsfrist verzichtet, besteht das Problem, dass die gerichtliche Entscheidung ein Vollstreckungserfordernis enthält (nämlich: Ablauf der Frist), welches vom Gerichtsvollzieher von Amts wegen zu beachten ist (s. Rdn. 40). Weigert sich der Gerichtsvollzieher deshalb, die Räumung durchzuführen, muss der Gläubiger nach § 766 ZPO vorgehen. 85

VIII. Konkurrenzen

§ 721 ZPO verdrängt in seinem Anwendungsbereich die allgemeine Regel des § 765a ZPO (s. Einleitung Räumungsvollstreckung Rdn. 6f.). Für Räumungsvergleiche gilt nicht § 721 ZPO, sondern § 794a ZPO. Zum Verhältnis zu § 574 BGB siehe Einleitung Räumungsvollstreckung Rdn. 13f. 86

---

132 Vgl. LG Berlin GE 1991, 403; **a. A.** LG Aachen WuM 1996, 568; LG München I NZM 2008, 839 (beide zu § 794a ZPO).

133 Vgl. *Börstinghaus* WuM 2006, 292.

134 Vgl. BGH (IVa ZR 146/85) NJW-RR 1987, 307.

135 Vgl. BGH (IVb ZR 705/80) NJW 1982, 2072; *Gaul* in Gaul/Schilken/Becker-Eberhard Zwangsvollstreckungsrecht § 33 Rdn. 54.

§ 765 a ZPO Vollstreckungsschutz

(1) [1]Auf Antrag des Schuldners kann das Vollstreckungsgericht eine Maßnahme der Zwangsvollstreckung ganz oder teilweise aufheben, untersagen oder einstweilen einstellen, wenn die Maßnahme unter voller Würdigung des Schutzbedürfnisses des Gläubigers wegen ganz besonderer Umstände eine Härte bedeutet, die mit den guten Sitten nicht vereinbar ist. [2]Es ist befugt, die in § 732 Abs. 2 bezeichneten Anordnungen zu erlassen. [3]Betrifft die Maßnahme ein Tier, so hat das Vollstreckungsgericht bei der von ihm vorzunehmenden Abwägung die Verantwortung des Menschen für das Tier zu berücksichtigen.

(2) Eine Maßnahme zur Erwirkung der Herausgabe von Sachen kann der Gerichtsvollzieher bis zur Entscheidung des Vollstreckungsgerichts, jedoch nicht länger als eine Woche, aufschieben, wenn ihm die Voraussetzungen des Absatzes 1 Satz 1 glaubhaft gemacht werden und dem Schuldner die rechtzeitige Anrufung des Vollstreckungsgerichts nicht möglich war.

(3) In Räumungssachen ist der Antrag nach Absatz 1 spätestens zwei Wochen vor dem festgesetzten Räumungstermin zu stellen, es sei denn, dass die Gründe, auf denen der Antrag beruht, erst nach diesem Zeitpunkt entstanden sind oder der Schuldner ohne sein Verschulden an einer rechtzeitigen Antragstellung gehindert war.

(4) Das Vollstreckungsgericht hebt seinen Beschluss auf Antrag auf oder ändert ihn, wenn dies mit Rücksicht auf eine Änderung der Sachlage geboten ist.

(5) Die Aufhebung von Vollstreckungsmaßregeln erfolgt in den Fällen des Absatzes 1 Satz 1 und des Absatzes 4 erst nach Rechtskraft des Beschlusses.

Systematische Übersicht

Alphabetische Schnellübersicht

I. Normzweck und Konkurrenzen

§ 765 a ZPO ist eine im Jahr 1953 in das Gesetz eingefügte vollstreckungsrechtliche **Generalklausel.**[1] Sie gilt daher – im Gegensatz zu den §§ 721, 794a ZPO – nicht nur für die Räumungsvollstreckung, wird hier wegen der mietrechtlichen Ausrichtung der Kommentierung aber nur unter diesem Gesichtspunkt betrachtet. § 765 a ZPO hat den Zweck, sittenwidrige Folgen von Vollstreckungsmaßnahmen zu verhindern, indem das Vollstreckungsgericht hierauf gerichtete Vollstreckungsmaßnahmen einschränken, aufheben, untersagen oder einstweilen einstellen kann. Es handelt sich um eine **Ausnahmeregel** zur Verhinderung ganz besonderer Härten, die nach allgemeiner Ansicht restriktiv anzuwenden ist.[2] Die Norm ist die einfachgesetzliche Ausprägung des verfassungsrechtlichen Übermaßverbotes, welches die staatliche Zwangsvollstreckung beschränkt.[3] Die praktische Bedeutung von § 765 a ZPO in der Räumungsvollstreckung spiegelt diese verfassungsrechtliche Verankerung, weil es meist darum geht, den Schutz des Grundrechts des Schuldners auf körperliche Unversehrtheit bei Suizidgefahr zu gewährleisten. Systematisch handelt es sich um einen „vollstreckungsinternen Rechtsbehelf", welcher der Erinnerung nach § 766 BGB verwandt ist.[4] 1

Praktische Bedeutung hat die Vorschrift vor allem bei der Räumung von Wohnraum. Dort ist der Nutzer auf Vollstreckungsschutz nach § 765 a ZPO angewiesen, falls er Vollstreckungsschutz nach §§ 721/794 a ZPO nicht erhalten kann. Relevant sind hier vor allem Sachverhalte, die nicht unter § 721 ZPO fallen, insbesondere weil die Vollstreckung aus einem nicht von dieser Norm erfassten Titel – etwa einem **Zuschlagsbeschluss** (§ 93 ZVG) oder einem Insolvenzeröffnungsbeschluss (§ 794 Abs 1 Nr. 3 ZPO) – erfolgt (s. § 721 Rdn. 13 ff.). Daneben hat § 765 a ZPO praktische Bedeutung, wenn der Schuldner die in **§§ 721/794 a ZPO** bestimmten Antragsfristen versäumt hat oder die dortigen Höchstfristen (§§ 721 Abs. 5, 794 a Abs. 3 ZPO) **ausgeschöpft** sind.[5] Denn § 765 a ZPO ist nicht neben den übrigen zivilprozessualen Vollstreckungsschutzregeln anwendbar, sondern nur falls andere Schutzvorschriften erschöpft sind oder nicht zur Anwendung kommen.[6] Wenn der Schuldner also im laufenden Erkenntnisverfahren Vollstreckungsschutz nach **§§ 707, 719 ZPO** erhalten kann, ist ein Antrag nach § 765 a ZPO unzulässig.[7] Zum Verhältnis von § 765 a ZPO zu anderen zivilprozessualen Schutzregeln sowie zu §§ 574 ff. BGB und zum FamFG s. Einleitung Räumungsvollstreckung Rdn. 5 ff. 2

Grundsätzlich ist der Schuldner bei § 765 a ZPO nicht mit Einwänden **präkludiert,** die er im **Erkenntnisverfahren** hätte vortragen können. Der Schuldner kann sich allerdings nicht nach § 765 a ZPO auf Härtegründe stützen, die das Gericht vollstreckungsrechtlich bereits berücksichtigt hat, s. Einleitung Räumungsvollstreckung Rdn. 9. 3

II. Antrag und Zuständigkeit

Eine Entscheidung nach § 765 a ZPO setzt einen Antrag des Schuldners beim Vollstreckungsgericht voraus. Diese Regelung ist verfassungsgemäß[8] und steht einer Entscheidung von Amts wegen im Wege.[9] Schuldner – und damit **antragsberechtigt** – ist im Räumungsverfahren wegen des im Zwangsvollstreckungsrecht geltenden formellen Parteibegriffs nur der im Titel namentlich benannte Schuldner.[10] Nach der Rechtsprechung des BGH berechtigt der Titel auch zur Räumung von in ihm nicht genannten Personen, die keinen Besitz an den Räumen begründet haben (s. § 885 4

---

[1] Zur Entstehungsgeschichte und den Vorläufern der Norm siehe *Fuchs-Wissemann* DRiZ 1978, 110; *Gaul* in Gaul/Schilken/Becker-Eberhard Zwangsvollstreckungsrecht § 43 Rdn. 10 f.

[2] Etwa BGH (I ZB 36/09) NJW 2010, 1002; *Münzberg* in Stein/Jonas § 765 a ZPO Rdn. 2; *Paulus* in Wieczorek/Schütze § 765 a ZPO Rdn. 4.

[3] Vgl. BVerfGE 61, 126; NJW 2007, 2910; *Gaul* in Gaul/Schilken/Becker-Eberhard Zwangsvollstreckungsrecht § 3 Rdn. 56 ff.

[4] *Gaul* in Gaul/Schilken/Becker-Eberhard Zwangsvollstreckungsrecht § 43 Rdn. 1 m. w. N.

[5] OLG Frankfurt WuM 1981, 46; *Walker* in Schuschke/Walker § 765 a ZPO Rdn. 2.

[6] BGH (VII ZB 15/07) NJW 2007, 2703; *Scheuch* in Prütting/Gehrlein § 765 a ZPO Rdn. 6; Zöller/*Stöber* § 765 a ZPO Rdn. 13; **a. A.** BeckOK ZPO/*Ulrici* 16. Ed. § 765 a ZPO Rdn. 9.1.

[7] BGH (V ZB 124/11) NJW-RR 2012, 398; *Scheuch* in Prütting/Gehrlein § 765 a ZPO Rdn. 6; **a. A.** *Sternel* Mietrecht (1988) V Rdn. 127.

[8] BVerfGE 61, 137.

[9] LG Düsseldorf DGVZ 2000, 119.

[10] Vgl. *Gaul* in Gaul/Schilken/Becker-Eberhard Zwangsvollstreckungsrecht § 32 Rdn. 2 ff.

ZPO Rdn. 24ff.). Diese Personen – etwa minderjährige Kinder des Schuldners – sind nicht antragsberechtigt; ihre Interessen können aber bei einem Schutzantrag des Schuldners berücksichtigt werden (Rdn. 15). Bei einem prozessunfähigen Schuldner muss der **gesetzliche Vertreter** den Antrag stellen.[11] Auch wenn über das Vermögen des Schuldners das **Insolvenzverfahren** eröffnet ist, bleibt der Schuldner antragsberechtigt, soweit dies zur Erhaltung von Leben und Gesundheit des Schuldners erforderlich ist.[12] Der Antrag kann nach Ablauf eines nach § 765 a ZPO gewährten Vollstreckungsschutzes erneut gestellt werden (s. auch Rdn. 37).[13]

5 **Zuständig** für die Entscheidung ist das Amtsgericht in dessen Bezirk die Räume gelegen sind, § 764 Abs. 2 ZPO. Es entscheidet nicht das Prozessgericht, sondern das Vollstreckungsgericht, also nicht der Richter, sondern der **Rechtspfleger** (§ 20 Abs. 1 Nr. 17 RPflG).[14] Daran ändert sich weder etwas, wenn der Antrag beim Beschwerdegericht[15] im Rahmen des Verfahrens nach einem anderen Vollstreckungsrechtsbehelf oder beim Familiengericht im Verfahren über die Herausgabe der Ehewohnung[16] eingelegt wird. Das unzuständige Gericht hat auf Antrag vielmehr analog **§ 281 ZPO** das Verfahren an das Amtsgericht zu verweisen. Daneben besteht die Möglichkeit der formlosen Abgabe an das Vollstreckungsgericht.[17] Aus der Zuständigkeit des Amtsgerichts folgt, dass der Antrag schriftlich eingereicht, aber auch mündlich zu Protokoll der Geschäftsstelle erklärt werden kann (§ 496 ZPO). **Anwaltszwang** besteht nicht, vgl. § 78 Abs. 3 ZPO.

6 § 765 a ZPO stellt an den **Inhalt des Antrags** keine besonderen Anforderungen. Der Schuldner muss daher nicht näher bezeichnen, welche konkrete Maßnahme er vom Gericht erbittet. Ausreichend ist jedes Begehren, das Gericht möge die Sittenwidrigkeit der Räumung überprüfen; dieses kann etwa darin liegen, dass der Schuldner dem Gericht einen Härtegrund mitteilt.[18] Daher wird in einem Antrag auf Räumungsschutz nach den besonderen Regeln der §§ 721/794 a ZPO im Regelfall (auch) der Antrag nach § 765 a ZPO enthalten sein, über den das Vollstreckungsgericht zu entscheiden hat, wenn die vorgetragenen Gründe eine positive Entscheidung nach §§ 721/794 a ZPO nicht rechtfertigen (zum Verhältnis der Normen s. Rdn. 2).[19] Für die Zulässigkeit des Antrags ist es aber nicht erforderlich, dass der Schuldner die nach seiner Ansicht zur Sittenwidrigkeit der Vollstreckung führenden Gründe mitteilt, weil das Gesetz gerade keine Begründungspflicht statuiert. Ohne entsprechenden Vortrag wird der Antrag aber als unbegründet abgewiesen, wobei das Gericht zuvor nach **§ 139 ZPO** auf Nachbesserung hinzuwirken hat.

III. Antragsfrist (§ 765 a Abs. 3 ZPO)

7 § 765 a Abs. 3 ZPO enthält für den Antrag in Räumungssachen eine **Antragsfrist.** Diese soll verhindern, dass „in letzter Sekunde" gestellte Anträge unnötige Vorbereitungskosten (Beauftragung einer Spedition) verursachen, dient aber auch dazu, dem Gläubiger frühzeitig Klarheit über die Durchführung der Räumung zu verschaffen und dem Gericht „Begründungsaufwand in schwierigen Abwägungsfragen" zu ersparen.[20]

8 Der Antrag ist grundsätzlich spätestens zwei Wochen vor dem Räumungstermin zu stellen. Auf diese **Rückwärtsfrist** sind einerseits die §§ 222ff. ZPO, andererseits die §§ 187ff. BGB analog anwendbar. Dazu und zu Einzelheiten der Berechnung s. § 721 Rdn. 51ff. Die Frist wird auch dann gewahrt, wenn der Antrag beim **unzuständigen Gericht** eingereicht und erst nach Fristablauf analog § 281 ZPO an das Vollstreckungsgericht verwiesen wird (dazu Rdn. 5). Denn nach der Rechtspre-

[11] Ist der Schuldner prozessunfähig, ist die Vollstreckung aufzuschieben, bis ein gesetzlicher Vertreter oder ein Pfleger (§ 57 ZPO) bestellt ist. Hierauf hat das Vollstreckungsgericht hinzuwirken (§ 22a FamFG), notfalls muss ein Verfahrenspfleger bestellt werden vgl. BGH (I ZB 73/09) ZMR 2012, 264; *Becker-Eberhard* in Gaul/Schilken/Becker-Eberhard Zwangsvollstreckungsrecht § 23 Rdn. 26.

[12] BGH (IX ZB 77/08) NJW 2009, 78; (V ZB 155/08) WuM 2009, 314.

[13] BGH (I ZB 27/10) NZM 2011, 164.

[14] Verfassungsrechtliche Bedenken bei *Becker-Eberhard* in Gaul/Schilken/Becker-Eberhard Zwangsvollstreckungsrecht § 27 Rdn. 17ff.; *Gaul* JZ 2013, 1081;, weil es sich um Entscheidungen mit echtem Rechtsprechungscharakter handele; dagegen *M. Wolf* ZZP 99 (1986), 361, 401f.

[15] OLG Köln NJW-RR 1989, 189; *Gaul* in Gaul/Schilken/Becker-Eberhard Zwangsvollstreckungsrecht § 43 Rdn. 41; Zöller/*Stöber* § 765 a ZPO Rdn. 24; **a. A.** KGR 1999, 357.

[16] OLG Frankfurt NJW-RR 2013, 776.

[17] Vgl. BGH (IX ZR 33/83) NJW 1984, 1559.

[18] Vgl. KGR 1999, 357; OLG Frankfurt Rpfleger 1979, 391.

[19] *Heßler* in MünchKomm § 765 a ZPO Rdn. 71.

[20] BT-Drs. 13/341 S. 19; *Gaul* in Gaul/Schilken/Becker-Eberhard Zwangsvollstreckungsrecht § 43 Rdn. 42.

chung besteht in derartigen Konstellationen eine Verfahrenseinheit, weshalb die bisherigen Prozesshandlungen fortwirken und eine Ausschlussfrist durch Anrufung des unzuständigen Gerichts gewahrt wird.[21] Gleiches wird zu gelten haben, wenn das unzuständige Gericht nicht analog § 281 ZPO vorgeht, sondern den Antrag formlos an das Vollstreckungsgericht abgibt, weil dem Schuldner durch dieses Handeln des Gerichts kein Nachteil entstehen darf.[22] Für die Fristwahrung ist es nicht erforderlich, dass der Schuldner den Antrag binnen der Frist **begründet.**[23] Denn der Wortlaut von § 765 a ZPO verlangt keine Begründung; auch der Zweck der Ausschlussfrist (s. Rdn. 6) gebietet diese (einschränkende) Auslegung nicht, weil insbesondere der Gläubiger auch einem unbegründeten Antrag entnehmen kann, dass sich die Räumungsvollstreckung verzögern könnte.

Anders als bei fristgebundenen Anträgen nach §§ 721/794 a ZPO verweist § 765 a ZPO bei der Fristversäumnis nicht auf die Regeln über die **Wiedereinsetzung** in den vorigen Stand. Die §§ 233 ff. ZPO sind nicht direkt anwendbar, weil es sich bei der Antragsfrist weder um eine Notfrist noch um eine der in § 233 ZPO genannten Fristen handelt. Die Regeln über die Wiedereinsetzung in den vorigen Stand sind auch nicht analog anwendbar, weil **§ 765 a Abs. 3 ZPO** das Problem der **Fristversäumnis** besonders regelt.[24] Eine Verspätung ist danach unschädlich, wenn die Gründe, auf denen der Antrag beruht, erst nach Fristablauf entstanden sind oder der Schuldner ohne sein Verschulden an einer rechtzeitigen Antragstellung gehindert war. Dies kann etwa der Fall sein, wenn dem Schuldner der Räumungstermin nicht so rechtzeitig mitgeteilt wurde, dass er seinen Antrag fristgemäß stellen konnte[25] oder er wegen Krankheit die Frist nicht einhalten konnte.[26] Allerdings entschuldigt Krankheit dann nicht, wenn dem Schuldner die Einschaltung eines Vertreters nach § 78 Abs 2 ZPO möglich und zumutbar war.[27] Die Voraussetzungen, die zur Unschädlichkeit der Fristversäumnis führen, müssen zur Überzeugung des Vollstreckungsgerichts feststehen. Glaubhaftmachung nach § 294 ZPO reicht nicht[28], weil eine solche im Verfahren nach § 765 a ZPO grds. nicht vorgesehen ist.[29] Der Antrag muss nicht binnen einer bestimmten Frist – etwa unverzüglich – nach Wegfall des Hindernisses gestellt werden.[30] 9

Nach wohl **h. M.** ist die Fristversäumnis darüber hinaus unschädlich, wenn die Vollstreckung das **Leben des Schuldners** gefährden würde.[31] Diese teleologische Reduktion von § 765 a Abs. 3 ZPO überzeugt als verfassungskonforme Auslegung der Norm, weil es mit Art. 2 Abs. 2 GG unvereinbar ist, den Schutz gegen eine staatliche Vollstreckungsmaßnahme, die ggf. den Tod des Schuldners verursachen würde, nur wegen Fristversäumnisses zu versagen. 10

IV. Maßnahme der Zwangsvollstreckung

§ 765 a ZPO setzt eine Maßnahme der Zwangsvollstreckung voraus. Hierunter fällt zum einen die Vollstreckung aus Räumungstiteln der ZPO. Die Norm erfasst über § 4 InsO aber auch die Vollstreckung aus Beschlüssen nach der **InsO;** der Übergang der Verwaltungsbefugnis auf den Insolvenzverwalter verhindert nicht, dass der Schuldner sich persönlich auf § 765 a ZPO stützen kann.[32] Auch gegen die Vollstreckung aufgrund von Beschlüssen nach dem **ZVG**[33] einschließlich der **Teilungsversteigerung**[34] kann nach § 765 a ZPO vorgegangen werden. Die Norm ermög- 11

---

[21] BGH (II ZB 26/04) NJW-RR 2006, 1113; (III ZR 232/84) NJW 1986, 2255 (nicht zu § 765 a ZPO).

[22] **A. A.** zur Klageerhebung BGH (IX ZR 33/83) NJW 1984, 1559.

[23] **A. A.** *Münzberg* in Stein/Jonas § 765 a ZPO Rdn. 21; *Scheuch* in Prütting/Gehrlein § 765 a ZPO Rdn. 24.

[24] *Wehye* NZM 2000, 1147, 1152.

[25] Vgl. *Münzberg* in Stein/Jonas § 765 a ZPO Rdn. 21: Räumungstermin muss mindestens eine Woche vor Fristablauf bekannt sein.

[26] Etwa weil er prozessunfähig ist, BGH (I ZB 73/09) ZMR 2012, 264; *Fischer* WuM 2012, 178.

[27] OLG Köln NZM 2001, 495.

[28] *Münzberg* in Stein/Jonas § 765 a ZPO Rdn 22; **a. A.** *Scheuch* in Prütting/Gehrlein § 765 a ZPO Rdn. 24; Zöller/*Stöber* § 765 a ZPO Rdn. 19 b.

[29] BGH (V ZB 124/10) NZM 2011, 167.

[30] BeckOK ZPO/*Ulrici* 16. Ed. § 765 a ZPO Rdn. 6.2.

[31] *Münzberg* in Stein/Jonas § 765 a ZPO Rdn 25; *Lackmann* in Musielak/Voit § 765 a ZPO Rdn. 20; **a. A.** BeckOK ZPO/*Ulrici* 14. Ed. § 765 a ZPO Rdn. 6.3.

[32] BGH (IX ZB 77/08) NJW 2009, 78 m. w. Nachw. auch zur Gegenansicht.

[33] Zum Zuschlagsbeschluss etwa BGH (V ZB 82/10) NZM 2010, 915; (I ZB 10/05) NJW 2005, 1859; zur Zwangsverwaltung BGH (V ZB 31/08) NJW 2009, 444.

[34] BGH (V ZB 152/06) NJW 2007, 3430 m. w. Nachw. auch zur Gegenansicht; OLG Karlsruhe Rpfleger 1994, 223.

licht aber nur ein Vorgehen gegen eine **konkrete Vollstreckungsmaßnahme,** nicht hingegen, die Vorbereitung von Vollstreckungsmaßnahmen zu untersagen.[35]

V. Sittenwidrige Härte

12 Vollstreckungsschutz nach § 765 a ZPO setzt gemäß Abs. 1 S. 1 voraus, dass die Maßnahme unter Würdigung des Schutzbedürfnisses des Gläubigers wegen ganz besonderer Umstände eine Härte bedeutet, die mit den guten Sitten nicht vereinbar ist. § 765 a ZPO ist als Ausnahmeregelung eng auszulegen, weshalb Vollstreckungsschutz nur in Ausnahmefällen in Betracht kommt.[36] Vollstreckungsschutz ist daher nur anzuordnen, wenn die Fortführung des Verfahrens im Einzelfall zu einem für den Schuldner **untragbaren Ergebnis** führen würde.[37]

1. Grundsätze der Entscheidungsfindung/Beweislast

13 Der Richter darf in die Abwägung nur solche Interessen einbeziehen, die von den Parteien vorgetragen und ggf. bewiesen wurden; hier gelten die allgemeinen zivilprozessualen Regeln.[38] Der Schuldner hat daher die Tatsachen vorzutragen, auf die er seinen Antrag stützt. An die **Darlegungslast** des Schuldners sind keine überzogenen Anforderungen zu stellen, wenn dieser den unter Art. 2 Abs. 2 GG fallenden „Härtegrund Suizidgefahr" vorträgt. Der Schuldner muss daher das Gericht nicht bereits durch seinen Vortrag davon überzeugen, dass eine konkrete Suizidgefahr besteht; ausreichend sind hinreichende Anhaltspunkte für die Annahme einer **Suizidgefahr.**[39] Eine **Glaubhaftmachung** des Vortrags ist weder erforderlich noch ausreichend.[40] Sind Tatsachen streitig, ist Beweisangeboten nach der Rechtsprechung des BVerfG[41] besonders sorgfältig nachzugehen. Das Gericht darf von der Beweisaufnahme nicht bereits deshalb absehen, weil es den Verdacht hegt, der Schuldner spiegle den Härtegrund nur vor.[42] Es besteht aber **keine** Pflicht zur **Amtsermittlung.**[43] Das Gericht hat allerdings durch richterlichen Hinweis nach § 139 ZPO auf sachdienliche Beweisanträge hinzuwirken.[44] Zudem gilt ein besonderes **Beschleunigungsgebot,** falls die Vollstreckung bis zur endgültigen Entscheidung über den Antrag ausgesetzt wird.[45] Das **Gericht** darf die Entscheidungsfindung nicht auf den Gerichtsvollzieher verlagern, sondern muss **selbst inhaltlich entscheiden.** Unzulässig ist es daher, wenn das Gericht den Antrag mit dem Argument zurückweist, der Gerichtsvollzieher könne am Räumungstag vor Ort entscheiden, ob Vollstreckungsschutz erforderlich sei oder nicht.[46]

14 **a) Verfassungsrechtliche Vorgaben.** Die Entscheidung nach § 765 a ZPO verlangt eine umfassende **Würdigung** der **Gesamtumstände des Einzelfalls.**[47] Die verfassungsrechtliche Prägung der Norm ist hierbei zu berücksichtigen: Das Interesse des Gläubigers an der Durchsetzung seines titulierten Räumungsanspruchs wird einerseits durch das Grundrecht auf Eigentum (Art. 14 Abs. 1 GG) andererseits durch sein Grundrecht auf effektiven Rechtsschutz (Art. 19 Abs. 4 GG) geschützt[48]; würde die Einstellung der Zwangsvollstreckung sein Leben/Gesundheit gefährden, kommt ergänzend Art. 2 Abs. 2 GG zum Tragen.[49] Es bedarf also auf Seiten des Schuldners ebenfalls vom Grundgesetz geschützter Rechtspositionen, damit der Richter durch seine Entscheidung

---

[35] OLG Köln NJW 1994, 1743; Zöller/*Stöber* § 765 a ZPO Rdn. 4.

[36] BGH (IXa ZB 267/03) NJW 2004, 3635; (III ZR 234/63) NJW 1965, 2107; Zöller/*Stöber* § 765 a ZPO Rdn. 5.

[37] BGH (V ZB 152/06) NJW 2007, 3430; (I ZB 10/05) NJW 2005, 1859.

[38] BGH (V ZB 124/10) NZM 2011, 167.

[39] BGH (V ZB 124/10) NZM 2011, 167.

[40] BVerfG NZM 2012, 245; BGH (V ZB 124/10) NZM 2011, 167; BGH (V ZB 313/10) WuM 2011, 533.

[41] BVerfG NZM 2014, 347.

[42] BGH (V ZB 215/09) NJW-RR 2011, 423.

[43] Vgl. BVerfG NZM 2012, 245 Rdn. 54. **a. A.** *Schmidt-Räntsch* ZfIR 2011, 849, 852; *Schuschke* NZM 2012, 209, 216. Die zur Begründung herangezogenen Entscheidungen BGH (V ZB 313/10) WuM 2011, 533 und (V ZB 205/10) NZM 2011, 791 tragen diese Ansicht aber nicht, weil der Schuldner dort jeweils Beweis angeboten hatte.

[44] Vgl. BGH (V ZB 124/10) NZM 2011, 167.

[45] BVerfG NZM 2014, 701 Rdn. 19.

[46] BVerfG NJW 2013, 290.

[47] Etwa BVerfG NJW 2007, 2910; BGH (I ZB 10/05) NJW 2005, 1859.

[48] BGH (I ZB 104/06) NJW 2008, 1000; (I ZB 10/05) NJW 2005, 1859.

[49] BGH (I ZB 109/15) NZM 2016, 654 Rn. 12.

in die Interessen des Gläubigers eingreifen darf. Praxisrelevant ist das **Grundrecht** des Schuldners auf körperliche Unversehrtheit nach Art. 2 Abs. 2 GG.[50] Hier gilt nach der ständigen Rechtsprechung des BVerfG, dass die Zwangsvollstreckung nach § 765 a ZPO zu beschränken ist, wenn eine Abwägung zwischen den widerstreitenden Interessen von Schuldner und Gläubiger ergibt, dass die der Erhaltung von Leben und Gesundheit dienenden Interessen des Schuldners im konkreten Fall ersichtlich wesentlich schwerer wiegen als das Interesse des Gläubigers an der Durchsetzung seines Räumungstitels.[51] § 765 a ZPO ist aber nicht etwa auf den Schutz von Leib und Leben des Schuldners beschränkt, weil eine Verletzung des Übermaßverbots auch in anderen Konstellationen denkbar ist, falls die Räumungsvollstreckung zu ganz untragbaren Ergebnissen führen würde. Verfassungsrechtlich kann sich der Schuldner in diesen Fällen auf seine allgemeine Handlungsfreiheit, Art. 2 Abs. 1 GG[52] oder aber auf Art. 13 GG berufen.[53]

b) Berücksichtigung von Drittinteressen. Nach **h. M.** kann sich der Schuldner auch auf 15
Belange ihm **nahe stehender Personen** berufen.[54] Dies weicht von dem bei § 765 a ZPO geltenden Grundsatz ab, wonach Drittinteressen nicht berücksichtigungsfähig sind.[55] Für die Räumungsvollstreckung überzeugt eine Ausnahme von diesem Prinzip dann – aber auch nur dann –, wenn die Räumung des Dritten aufgrund des gegen den Schuldner ergangenen Titels möglich ist (dazu § 885 ZPO Rdn. 25). Denn ist gegen den **Dritten kein Räumungstitel** erforderlich – insbesondere, weil es sich um einen Besitzdiener handelt – kann dieser keinen eigenen Schutzantrag stellen, da er nicht Schuldner ist (s. Rdn. 4). Der Zweck von § 765 a ZPO, sittenwidrige Härten bei der Zwangsvollstreckung zu verhindern (s. Rdn. 1) gebietet es, dass der Schuldner sich auf diese Drittinteressen berufen kann. Der Wortlaut der Norm lässt eine Berufung auf Drittinteressen ohne weiteres zu, weil er eine sittenwidrige Härte verlangt, ohne diese auf die Person des Schuldners zu reduzieren. Ist der Schuldner mangels Näheverhältnisses von den in der Person des Dritten eintretenden Vollstreckungsfolgen aber nicht betroffen, ist sein Antrag mangels Rechtsschutzbedürfnisses unzulässig.[56]

2. Suizidgefahr

Die Rechtsprechung zu Räumungsschutzanträgen nach § 765 a ZPO wird von Konstellationen 16
geprägt, in denen der Schuldner die Gefahr eines Suizids vorträgt. Die meisten dieser Entscheidungen betreffen dabei nicht Anträge ehemaliger Mieter, sondern (früherer) Eigentümer, die sich gegen den Zuschlag im **Zwangsversteigerungsverfahren** ihres Wohnhauses zur Wehr setzen.[57] Die zu dieser Fallgruppe von der Rechtsprechung entwickelten Kriterien sind aber auf die Abwicklung von Mietverhältnissen übertragbar. Es ist in der Praxis ein offenes Geheimnis, dass beim Härtegrund „Selbstmord" die **Gefahr einer Instrumentalisierung** – also eines Vorschiebens einer angeblichen suizidalen Absicht zwecks Vereitelung der Räumungsvollstreckung – besonders groß ist. Dies hat auch der BGH bereits ausgesprochen.[58] Dies ändert aber nichts an der schwierigen Situation, in der sich Richter und Rechtspfleger befinden, die zur Entscheidung des konkreten Sachverhalts berufen sind. Denn wird hier der Vortrag des Schuldners nicht ernst genommen, können möglicherweise nicht rückgängig zu machende gesundheitliche Folgen eintreten. Dies vermag vielleicht zu erklären, warum die gerichtliche Praxis aus Sicht des Gläubigers gelegentlich zu nachgiebig erscheint.[59]

---

50 Vgl. etwa BVerfG NZM 2014, 347; NJW 2007, 2910; *Fischer* FS Blank (2006) S. 491.

51 BVerfG NZM 2014, 347; NJW 2013, 290; NJW 1979, 2607; s. auch BGH (I ZB 109/15) NZM 2016, 654 bei Suizidgefahr auch des Gläubigers.

52 Vgl. *Gaul* in Gaul/Schilken/Becker-Eberhard Zwangsvollstreckungsrecht § 3 Rdn. 2.

53 BVerfG NJW 1993, 2035, 2037.

54 BGH (V ZB 152/06) NJW 2007, 3430 (Pflegekind); (I ZB 10/05) NJW 2005, 1859 (Vater des Schuldners); *Gaul* in Gaul/Schilken/Becker-Eberhard Zwangsvollstreckungsrecht § 43 Rdn. 18; Zöller/*Stöber* § 765 a ZPO Rdn. 8.

55 Zu diesem Prinzip etwa BVerfG NJW-RR 2005, 936, 937; *Lackmann* in Musielak/Voit § 765 a ZPO Rdn. 11.

56 Vgl. BGH (I ZB 91/08) NZM 2009, 877 (zu § 766 ZPO).

57 Vgl. etwa die Übersicht bei *Schmidt-Räntsch* ZfIR 2011, 849.

58 BGH (V ZB 215/09) NJW-RR 2011, 423: „Dass Suizidabsichten vorgespiegelt sein können, um unberechtigt Vollstreckungsschutz nach § 765 a ZPO zu erlangen, ist bekannt."

59 Vgl. *Häublein* ZMR 2010, 964.

17 a) **Konkrete Gefahr der Selbsttötung.** Für eine Anordnung des Gerichts nach § 765 a ZPO reichen durch die Zwangsräumung verursachte psychische Belastungen des Schuldners nicht aus.[60] Sub specie Suizidgefahr ist vielmehr erforderlich, dass im Fall der Räumung die **Selbsttötung** des Schuldners **ernsthaft zu befürchten** ist.[61] Nicht ausreichend ist daher, wenn die Selbsttötungsgedanken nur vorgespiegelt sind oder die Gefahr einer Selbsttötung nur so vage im Raume steht, dass von einer Verwirklichung ernsthaft nicht ausgegangen werden kann.[62] Andererseits ist nicht der Nachweis erforderlich, dass es bei Fortsetzung des Verfahrens tatsächlich zu einer Selbsttötung kommen wird.[63] Eine Anordnung nach § 765 a ZPO ist auch dann geboten, wenn der Schuldner die Suizidgefahr passiv hinnimmt.[64] Ob die Suizidgefahr durch die Räumung von Wohn- oder Geschäftsräumen ausgelöst wird, ist (selbstverständlich) unerheblich.[65]

18 Bei der Beantwortung der Frage, ob eine konkrete Suizidgefahr vorliegt, hat das Gericht zunächst den Sachvortrag der Parteien zu würdigen.[66] Ist danach der Vortrag des Schuldners schlüssig – überspannte Anforderungen sind unzulässig – muss das Gericht die angebotenen Beweise erheben (s. Rdn. 13). Dabei ist regelmäßig ein **Sachverständigengutachten** einzuholen, weil das Gericht die Ernsthaftigkeit der Gefahr anderenfalls in aller Regel nicht beurteilen kann.[67] Bei der **Begründung** seiner Entscheidung hat der Tatrichter zu würdigen, ob die ernsthafte Befürchtung der Selbsttötung besteht. Die damit einhergehende Prognoseentscheidung muss er nach der Rechtsprechung des BGH mit Tatsachen untermauern; die Wiedergabe von Begriffen – etwa aus dem Sachverständigengutachten –, die ebenfalls nur das Ergebnis einer Würdigung darstellen, reichen nicht.[68] Ohne eigene Sachkunde oder Beratung durch anderen Sachverständigen ist ein Abweichen vom Gutachter rechtswidrig.[69] Eine **„Delegation"** der Entscheidung auf den Gerichtsvollzieher ist unzulässig (s. Rdn. 13).

19 b) **Verhältnismäßigkeitsgrundsatz bei der Wahl der Rechtsfolge.** Steht zur Überzeugung des Tatrichters eine konkrete Suizidgefahr fest, führt dies nicht automatisch zur Einstellung der Räumungsvollstreckung. Vielmehr ist zur Wahrung der Interessen des Gläubigers zu prüfen, ob der Suizidgefahr nicht anders als durch eine Einstellung der Zwangsversteigerung wirksam begegnet werden kann.[70]

20 Ein **milderes Mittel** als die Einstellung ist zunächst eine Anordnung zur **Art und Weise,** wie die Zwangsvollstreckung durchzuführen ist.[71] In Betracht kommen Vorgaben, nach denen die Zwangsräumung nur im Beisein eines Arztes oder eines Mitarbeiters der zuständigen Ordnungsbehörde erfolgen darf.[72] Inhaltlich handelt es sich um eine Auflage, die als Rechtsfolge in § 765 a ZPO zwar nicht genannt, als Minus zur möglichen Einstellung der Vollstreckung aber zulässig ist.[73] Die Auflage kann durch entsprechende Anweisungen an den Gerichtsvollzieher flankiert werden.[74]

21 Auch die **Ingewahrsamnahme** des Suizidgefährdeten nach polizeirechtlichen Vorschriften oder dessen Unterbringung nach den einschlägigen Landesgesetzen kommt als milderes Mittel im Vergleich zu einer dauernden Einstellung der Räumungsvollstreckung in Betracht,[75] allerdings nur,

---

[60] BGH (V ZB 124/10) NZM 2011, 167.
[61] BGH (V ZB 199/09) WuM 2011, 122; *Schmidt-Räntsch* ZfIR 2011, 849.
[62] BGH (V ZB 82/10) NZM 2010, 915.
[63] BGH (V ZB 215/09) NJW-RR 2011, 423; (V ZB 82/10) NZM 2010, 915.
[64] BGH (V ZB 80/12) NZM 2013, 162.
[65] Zu Geschäftsräumen BVerfG NZM 2001, 951; *Linke* NZM 2002, 205.
[66] BGH (V ZB 199/09) WuM 2011, 122; (V ZB 215/09) NZM 2011, 166; (V ZB 82/10) NZM 2010, 915.
[67] BGH (V ZB 313/10) WuM 2011, 533; (V ZB 124/10) NZM 2011, 167. Zu den Anforderungen an das Gutachten siehe BGH (I ZB 15/13) NJW 2014, 2288; (V ZB 128/11) NZM 2011, 786; (V ZB 115/15) WuM 2016, 235.
[68] BGH (V ZB 199/09) WuM 2011, 122.
[69] BGH (V ZB 80/12) NZM 2013, 162.
[70] BVerfG NZM 2012, 245; BGH (V ZB 82/10) NZM 2010, 915; (V ZB 1/10) NZM 2010, 836; (I ZB 34/09) WuM 2010, 250.
[71] BGH (V ZB 82/10) NZM 2010, 915; (V ZB 28/07) NJW 2007, 3719; (V ZB 24/05) NJW 2006, 508.
[72] LG Frankfurt NZM 2015, 267; *Schmidt-Räntsch* ZfIR 2011, 849; vgl. auch BGH (V ZB 24/05) NJW 2006, 508.
[73] *Gaul* JZ 2013, 1081, 1082: praeter legem entwickelte Anordnungsvarianten.
[74] Vgl. BGH (V ZB 24/05) NJW 2006, 508; *Gaul* in Gaul/Schilken/Becker-Eberhard Zwangsvollstreckungsrecht § 43 Rdn. 50.
[75] BGH (V ZB 313/10) WuM 2011, 533; (V ZB 82/10) NZM 2010, 915; (V ZB 28/07) NJW 2007, 3719; (V ZB 24/05) NJW 2006, 508.

wenn die Suizidgefahr dadurch gebannt wird.[76] Probleme bereitet allerdings die **Umsetzung** dieser Maßnahme durch das Vollstreckungsgericht, weil es selbstverständlich diese Maßnahmen nicht selbst anordnen kann. Nach der Rechtsprechung des BGH hat das Vollstreckungsgericht in derartigen Fällen die Zwangsvollstreckung einstweilen einzustellen und gleichzeitig bei den zuständigen Behörden/dem Betreuungsgericht eine **Unterbringung** des Schuldners **anzuregen.**[77] Hierbei ist darauf hinzuweisen, dass die Vollstreckung fortzusetzen sein wird, wenn die für den Lebensschutz primär zuständigen Stellen Maßnahmen zum Schutze des Lebens des Schuldners nicht für notwendig erachten.[78] Haben diese Stellen die aus ihrer Sicht erforderlichen Maßnahmen ergriffen oder halten sie eine Unterbringung zum Schutze des Lebens des Schuldners nicht für erforderlich, so ist die **Zwangsvollstreckung** im Regelfall **fortzusetzen.**[79] Dies gilt aber nur, wenn die behördliche Entscheidung nach sorgfältiger Prüfung ergangen ist.[80] Kann der Suizidgefahr nur durch eine dauerhafte Unterbringung begegnet werden, ist dies dem Schuldner nach der Rechtsprechung des BGH unzumutbar.[81]

Ähnliche Grundsätze gelten, wenn nach den Feststellungen des Gerichts der Selbstmordgefahr dadurch wirksam begegnet werden kann, dass der Schuldner **ärztliche oder therapeutische Hilfe** – gegebenenfalls auch durch einen stationären Aufenthalt in einer Klinik – in Anspruch nimmt.[82] Auch hier ist das Verfahren zunächst befristet einstweilen einzustellen, damit der Schuldner Gelegenheit hat, diese Hilfe wahrzunehmen; dies ist dem Schuldner durch eine Auflage aufzugeben.[83] Dem Schuldner ist jede zumutbare Bemühung zur Verringerung des Suizidrisikos abzuverlangen.[84] Leistet der Schuldner der Auflage **keine Folge,** darf die Zwangsvollstreckung nicht ohne weiteres fortgesetzt werden, da die Suizidgefahr ja typischerweise fortbesteht.[85] Das Gericht muss dann vielmehr erwägen, die für die Ingewahrsamnahme des Schuldners erforderlichen Maßnahmen zu ergreifen (dazu Rdn. 21).[86] Nach der Rechtsprechung soll allerdings die **Weigerung,** sich (weiter) ärztlich oder medikamentös **behandeln zu lassen,** zu Lasten des Schuldners zu berücksichtigen sein.[87] Ob dies bedeutet, dass die Zwangsvollstreckung dann trotz konkreter Suizidgefahr fortzusetzen ist, wird nicht ausdrücklich ausgesprochen.[88] 22

3. Sonstige Fälle der Gesundheitsgefährdung

Auch ohne Suizidgefahr kann eine konkrete Gefahr für Leben oder Gesundheit eine Entscheidung zugunsten des Schuldners nach §765a ZPO rechtfertigen. Dafür reicht es aber nicht aus, dass die Räumung zu physischen oder psychischen Belastungen führt. Erforderlich ist vielmehr, dass ein **schwerwiegender Eingriff in die körperliche Unversehrtheit** droht.[89] Dies kann etwa der Fall sein, wenn aufgrund bestehender Erkrankungen und/oder hohen Alters nach einer Zwangsräumung mit dem Eintritt gravierender Erkrankungen, einer Beschleunigung des gesundheitlichen Verfalls oder einer Verkürzung der Lebenserwartung zu rechnen ist.[90] In diesem Fall kommt auch eine dauerhafte Untersagung der Räumung in Betracht.[91] Eine Einstellung der Vollstreckung schei- 23

[76] BGH (V ZB 99/14) NZM 2015, 264 Rdn. 12; (V ZB 115/15) WuM 2016, 235 Rdn. 8
[77] BGH (V ZB 115/15) WuM 2016, 235.
[78] BGH (V ZB 1/10) NZM 2010, 836, 837.
[79] BGH (V ZB 150/6) WuM 2017, 293; (V ZB 319/10) NJW 2011, 2807; (V ZB 28/07) NJW 2007, 3719, 3721; LG Kleve NZM 2015, 270.
[80] BVerfG NZM 2014, 701 Rdn. 12.
[81] BGH (V ZB 99/14) NZM 2015, 264 Rdn. 12; (V ZB 67/07) NJW 2008, 586.
[82] Etwa BGH (V ZB 82/10) NZM 2010, 915; (V ZB 99/05) NJW 2006, 505.
[83] Etwa BVerfG NZM 2005, 657; BGH (V ZB 24/05) NJW 2006, 508; *Becker-Eberhard* LMK 2005, 152042. Zur Zulässigkeit der Auflage s. Rdn. 20.
[84] BGH (V ZB 80/12) NZM 2013, 162.
[85] Vgl. BGH (I ZB 27/10) NZM 2011, 164: bei fortbestehender Selbstmordgefahr kommt trotz unzureichender Mitwirkung des Schuldners eine erneute befristete Einstellung in Betracht.
[86] *Becker-Eberhard* LMK 2005, 152042; *Schmidt-Räntsch* ZfIR 2011, 849, 853; vgl. auch BGH (V ZB 82/10) NZM 2010, 915.
[87] BVerfG NJW 2004, 49; BGH (I ZB 27/10) NZM 2011, 164 (Rdn. 15); ähnlich LG Hamburg ZMR 2011, 131.
[88] In diese Richtung evt. *Gaier* PiG 95 (2013), 91, 96.
[89] BGH (V ZB 124/10) NZM 2011, 167: Bloßer Hinweis auf Krebserkrankungen eines Familienangehörigen reicht nicht.
[90] BGH (I ZB 11/09) NJW 2009, 3440; ähnlich BVerfG NJW 1992, 1378; NJW 1991, 3207; BGH (I ZB 59/07) NJW 2008, 1742.
[91] BVerfG NJW 1991, 3207.

det aber auch hier aus, wenn der Gesundheitsgefahr durch ärztliche Maßnahmen begegnet werden kann (s Rdn. 20).[92]

24 Steht eine zur Räumung verpflichtete Person kurz vor der **Niederkunft,** so ist grundsätzlich Vollstreckungsschutz zu gewähren. Gleiches gilt für die Zeit unmittelbar nach der Niederkunft. Hier ist regelmäßig für die Zeit sechs Wochen vor und acht Wochen nach der Entbindung Vollstreckungsschutz zu gewähren.[93]

4. Gefahr der Obdachlosigkeit/Unzumutbarkeit des Umzugs

25 Hat der Mieter noch keinen adäquaten Ersatzwohnraum gefunden, so bedeutet der notwendige Umzug in eine aus seiner Sicht **ungeeignete Übergangswohnung** regelmäßig keine sittenwidrige Härte. Die Härte kann sich hier nur daraus ergeben, dass dem Mieter im Falle der Räumung kein Wohnraum zur Verfügung stünde, er also obdachlos würde.[94] Um die Einstellung der Zwangsvollstreckung zu rechtfertigen muss aber die **Obdachlosigkeit** auf anderem Wege nicht vermeidbar sein.[95] An dieser Voraussetzung wird es regelmäßig fehlen, weil die Ordnungsbehörden gehalten sind, einen Schuldner ohne Ersatzwohnung entweder in die bisherige Wohnung wieder einzuweisen oder in einer Obdachlosenunterkunft unterzubringen (s. Vor § 535 Rdn. 161 ff.). Der Schuldner muss insoweit auch die **Unterbringung in einer Obdachlosenunterkunft** grundsätzlich hinnehmen.[96] Etwas anderes kann gelten, wenn der Umzug mit einem ganz erheblichen Nachteil verbunden wäre.[97] Auch der Umstand, dass der Vermieter den Umzug in eine neue Wohnung treuwidrig vereitelt hat, kann die Gewährung von Vollstreckungsschutz rechtfertigen.[98]

26 Liegen solche besonderen Härtegründe nicht vor, kann Räumungsschutz grundsätzlich nicht allein zur Vermeidung eines **Zwischenumzugs** gewährt werden, der nötig ist, weil der Schuldner eine Ersatzwohnung in Aussicht hat, aber nicht sofort einziehen kann.[99] Es ist nämlich nicht per se sittenwidrig, wenn der Gläubiger in einer solchen Situation auf seinem titulierten Räumungsanspruch besteht. Ausnahmen sind in Extremfällen denkbar, wenn sich nämlich die Vollstreckung als Schikane darstellt, weil dem Gläubiger ein weiteres ganz kurzes Zuwarten auf die Rückgabe zumutbar ist. Rechtsprechung und Literatur sind allerdings großzügiger, verkennen hierbei aber den Ausnahmecharakter von § 765 a ZPO.[100]

5. Sonstige Fälle

27 Das zuletzt diskutierte Problem verdeutlicht, dass § 765 a ZPO nicht auf den Schutz von Leib oder Leben beschränkt ist. Es kommt daher in Betracht, dem Schuldner auch in anderen Konstellationen Vollstreckungsschutz zu gewähren. Erforderlich ist aber auch hier, dass die Räumungsvollstreckung zu einem ganz untragbaren Ergebnis führen würde.[101] Diese Voraussetzung ist bei **Prozessunfähigkeit** des Schuldners nicht erfüllt.[102] Räumungsschutz kommt regelmäßig auch nicht in Betracht, wenn durch die Räumung von **Geschäftsräumen** die **wirtschaftliche Existenz** des Schuldners vernichtet oder erheblich gefährdet würde. Denn es handelt sich hierbei um einen der Räumung immanenten Umstand, der daher grundsätzlich keine besondere Härte begründet.[103] Bei der Räumung eines **Krankenhauses** können aber die Bedürfnisse der Patienten Vollstreckungs-

---

[92] Vgl. LG Kleve DGVZ 2013, 161 = BeckRS 2013, 137787 (Hypertonie).

[93] Vgl. LG Hannover v. 16.9.2013 – 52 T 54/13, juris; LG Bonn DGVZ 1994, 75; Zöller/*Stöber* § 765 a ZPO Rdn. 12; enger LG Augsburg ZMR 2013, 533; LG Wuppertal DGVZ 1995, 41.

[94] OLG Hamburg WuM 1991, 360; Zöller/*Stöber* § 765 a ZPO Rdn. 12; **a. A.** AG Düsseldorf NJWE-MietR 1997, 223.

[95] *Gaul* in Gaul/Schilken/Becker-Eberhard Zwangsvollstreckungsrecht § 43 Rdn. 19.

[96] LG Kleve DGVZ 2013, 161 = BeckRS 2013, 137787; **a. A.** *Hartmann* in Baumbach/Lauterbach/Albers/Hartmann § 765 a Rdn. 15.

[97] OLG Köln NJW-RR 1995, 1163 (Kinder); LG Magdeburg Rpfleger 1995, 470 = BeckRS 1995, 30946613 (kranke Familienmitglieder).

[98] OLG Köln NJW-RR 1995, 1039.

[99] OLG Zweibrücken NZM 2002, 760.

[100] Etwa LG Berlin GE 2009, 1627 (6 Wochen Räumungsfrist); LG Osnabrück WuM 1980, 256 (vier Monate Räumungsfrist).

[101] Vgl. BGH (III ZR 234/63) NJW 1965, 2107; *Münzberg* in Stein/Jonas § 765 a ZPO Rdn. 2.

[102] BGH (I ZB 73/09) ZMR 2012, 264; *Fischer* WuM 2012, 178.

[103] *Paulus* in Wieczorek/Schütze § 765 a ZPO Rdn. 30; **a. A.** *Münzberg* in Stein/Jonas § 765 a ZPO Rdn. 6.

schutz rechtfertigen.[104] Sind **Tiere** von der Räumung betroffen, ist nach § 765 a Abs. 1 S. 3 ZPO die Verantwortung des Menschen für das Tier zu berücksichtigen.[105]

6. Auswirkungen von Fehlverhalten des Schuldners

Die im Rahmen des § 765 a ZPO vorzunehmende Interessenabwägung schließt es grundsätzlich nicht aus, Fehlverhalten zu Lasten des Schuldners zu berücksichtigen. Wenn es beim Schuldner allerdings um den Schutz von Leib oder Leben geht, ist es insbesondere wegen vermögensrechtlicher Verfehlungen regelmäßig nicht zulässig, Räumungsschutz zu versagen.[106] In anderen Fällen kann aber die – vom Gläubiger vorzutragende und ggf. zu beweisende – berechtigte Befürchtung, der Schuldner werde die **Nutzungsentschädigung** nicht leisten, zur Versagung von Vollstreckungsschutz führen.[107] Gleiches gilt, wenn andere Pflichtverletzungen des Schuldners – etwa Störungen des Hausfriedens – zu befürchten sind. Der Umstand, dass **Mietschulden** aus zurückliegender Zeit vorhanden sind, steht der Gewährung von Vollstreckungsschutz allerdings nicht entgegen. Denn das Risiko des Ausfalls mit bereits entstandenen Forderungen wird durch die vorübergehende Einstellung der Räumungsvollstreckung nicht erhöht. 28

VI. Rechtsfolgen

§ 765 a ZPO lässt sowohl Entscheidungen des Vollstreckungsgerichts (Abs. 1 und Abs. 4) als auch des Gerichtsvollziehers (Abs. 2) zu. Daneben sind die allgemeinen Folgen bei Gewährung von Vollstreckungsschutz von Bedeutung. 29

1. Entscheidungen der Vollstreckungsorgane

Bei den gerichtlichen Entscheidungen ist zwischen Maßnahmen „in der Hauptsache" nach § 765 a Abs. 1 S. 1 ZPO, einstweiligen Anordnungen nach § 765 a Abs. 1 S. 2 ZPO und der Modifikation von Entscheidungen nach § 765 a Abs. 4 ZPO zu unterscheiden. 30

a) Hauptsacheentscheidung (§ 765 a Abs. 1 S. 1 ZPO). Das Vollstreckungsgericht kann nach § 765 a Abs. 1 S. 1 ZPO eine Vollstreckungsmaßnahme ganz oder teilweise aufheben, untersagen oder einstweilen einstellen. Die Aufhebung betrifft eine bereits erfolgte Maßnahme und ist daher bei der Räumungsvollstreckung – hier geht es regelmäßig um die Verhinderung der Räumung – nicht praxisrelevant. Der Unterschied zwischen Untersagung und einstweiliger Einstellung ist weniger offensichtlich. Es liegt nahe, dass die Untersagung zu einer dauerhaften, die einstweilige Einstellung nur zu einem vorübergehenden Räumungsschutz führt[108]; allerdings wird in der Literatur auch eine befristete Untersagung für möglich gehalten[109], was die Grenzen zwischen beiden Rechtsfolgen verwischt. In der Praxis der Räumungsvollstreckung sind gerichtliche Entscheidungen regelmäßig auf eine **einstweilige Einstellung** gerichtet. Eine andere Entscheidung ist auch regelmäßig rechtswidrig, weil es dem Schuldner obliegt, nach Ablauf der Befristung darzulegen und zu beweisen, dass die Voraussetzungen für eine vorläufige Einstellung weiterhin vorliegen.[110] Eine Untersagung der Räumungsvollstreckung auf **unbestimmte Zeit** kommt daher nur in absoluten Ausnahmefällen in Betracht.[111] Ein solcher Ausnahmefall ist denkbar, wenn der Härtegrund mit an Sicherheit grenzender Wahrscheinlichkeit nicht zu beheben ist[112]; allerdings besteht auch hier nach § 765 a Abs. 4 ZPO die Möglichkeit einer späteren Modifikation der Entscheidung. 31

Eine zeitliche **Mindest- oder Höchstfrist** für die Einstellung besteht nicht. Ist die Räumung befristet eingestellt worden, kann das Gericht nach Fristablauf erneut (befristet) einstellen, wenn der Härtegrund fortbesteht. Der insoweit einschlägigen Entscheidung des BGH[113] ist nicht genau zu entnehmen, ob die erneute Einstellung auf § 765 a Abs. 1 S. 1 oder Abs. 4 ZPO gestützt wird. 32

---

104 Vgl. BVerfG DGVZ 2002, 118; LG Gießen BeckRS 2002, 31212342.
105 BGH (I ZB 19/11) NJW 2012, 2889.
106 BVerfG NJW 1991, 3207; LG Stade ZMR 1993, 339.
107 OLG Zweibrücken NZM 2002, 760; LG Münster DGVZ 2000, 24.
108 Vgl. BVerfG NJW 1979, 2607.
109 *Gaul* in Gaul/Schilken/Becker-Eberhard Zwangsvollstreckungsrecht § 43 Rdn. 51.
110 BGH (I ZB 15/13) NJW 2014, 2288 Rdn. 25 f.
111 BVerfG NZM 2016, 807; NJW 1992, 1155; BGH (I ZB 12/15) WuM 2016, 233.
112 Vgl. BVerfG ZMR 1997, 626 zur Räumung eines 99-jährigen Schuldners.
113 BGH (I ZB 27/10) NZM 2011, 164; ähnlich BVerfG WuM 1991, 149.

Näher liegt eine Entscheidung nach § 765a Abs. 1 S. 1 ZPO, weil bei einer bloßen **Verlängerung** die Wirkung des vorangegangenen Beschlusses unangetastet bleibt.

33 Rechtfertigt der Härtegrund Vollstreckungsschutz nur für einen **Teil der Räume,** so ist die Entscheidung des Gerichts auf diese zu beschränken. Dies kann allerdings reflexartig dazu führen, dass auch die übrigen Räume geschützt werden, wenn nämlich deren Herausgabe isoliert nicht möglich ist. Der Vollstreckungsschutz kann an eine **Bedingung** geknüpft werden, etwa dass der Schuldner die Nutzungsentschädigung[114] oder eine Sicherheit[115] leistet. Die Entscheidung kann auch mit einer **Auflage** verbunden werden (s. Rdn. 20). Die genannten Maßnahmen unterscheiden sich in der Rechtsfolge: Wird eine Bedingung angeordnet, ermöglicht dies unter der Voraussetzung des § 726 Abs. 1 ZPO die Vollstreckung, wenn der erforderliche **Nachweis des Eintritts der Bedingung** in der Form des § 726 Abs. 1 ZPO erbracht wird (dazu § 721 Rdn. 38). Die Auflage soll zwar ebenfalls den Schuldner zu einem bestimmten Verhalten animieren, führt aber im Fall ihrer Missachtung nicht zur sofortigen Möglichkeit der Vollstreckung. Vielmehr ist die **Nichtbeachtung der Auflage** bei einer Entscheidung über die Verlängerung des Vollstreckungsschutzes von Bedeutung (s. Rdn. 22).

34 Das Vollstreckungsgericht entscheidet **ohne mündliche Verhandlung** durch Beschluss, § 764 Abs. 3 ZPO. Eine mündliche Verhandlung ist aber möglich. Vor seiner Entscheidung muss das Vollstreckungsgericht dem Gläubiger rechtliches Gehör gewähren und dem Schuldner die erforderlichen Hinweise (§ 139 ZPO) erteilen.[116] Der Beschluss des Gerichts entfaltet seine **Rechtwirkung** mit Zustellung nach § 329 Abs. 3 ZPO. Dies ergibt sich aus dem Umkehrschluss zu § 765a Abs. 5 ZPO, der nur bei der dauerhaften Aufhebung einer Vollstreckungsmaßnahme – die bei der Räumungsvollstreckung regelmäßig ausscheidet (s. Rdn. 31) – die Wirkung an die Rechtskraft des Beschlusses knüpft.[117]

35 **b) Einstweilige Anordnungen (§ 765a Abs. 1 S. 2 ZPO).** Nach § 765a Abs. 1 S. 2 ZPO kann das Vollstreckungsgericht vor einer endgültigen Entscheidung eine einstweilige Anordnung gemäß § 732 Abs. 2 ZPO erlassen; für das Rechtsmittelgericht gilt § 570 Abs. 3 ZPO. Einstweilige Anordnungen kommen insbesondere dann in Betracht, wenn der Sachverhalt noch nicht hinreichend geklärt ist. Allerdings besteht hier die Gefahr, dass der Schuldner kurz vor dem Räumungstermin einen Härtegrund – insbesondere Suizidgefahr – vorschützt, um zu erreichen, dass das Gericht eine einstweilige Anordnung zu seinen Gunsten erlässt, um ihm die Möglichkeit zu geben, seinen Sachvortrag durch ärztliche Atteste zu untermauern. In der Literatur wird dies anschaulich als eine **„graue Räumungsfrist"** bezeichnet, weil der Vollstreckungsschutz unabhängig vom tatsächlichen Bestehen des Härtegrundes gewährt wird.[118] Eine einstweilige Anordnung ist daher nur gerechtfertigt, wenn der Schuldner den Härtegrund im Sinne des § 765a ZPO zumindest **glaubhaft gemacht** hat.[119] § 294 ZPO gilt hier nicht unmittelbar, weil weder § 765a Abs. 1 S. 2 ZPO noch § 732 Abs. 2 ZPO eine Glaubhaftmachung voraussetzen oder genügen lassen. Deshalb kann der Rechtspfleger von einer einstweiligen Anordnung absehen, wenn der Schuldner die Existenz einer Gefahr für Leib oder Leben zwar eidesstattlich versichert, aber kein (amts)ärztliches Attest vorlegt, obwohl ihm dies möglich ist. Die Entscheidung ergeht durch Beschluss, § 764 Abs. 3 ZPO.

36 **c) Aufschub durch Gerichtsvollzieher (§ 765a Abs. 2 ZPO).** Der Gerichtsvollzieher kann die Zwangsräumung bis zur Entscheidung des Vollstreckungsgerichts aufschieben, wenn ihm die Voraussetzungen des Abs. 1 glaubhaft gemacht werden und dem Schuldner die rechtzeitige Anrufung des Vollstreckungsgerichts nicht möglich war. Hat der Schuldner also das Gericht bereits angerufen, scheidet ein Aufschub durch den Gerichtsvollzieher aus.[120] Für die Mittel der Glaubhaftmachung gilt **§ 291 ZPO;** glaubhaft gemacht werden muss – wie sich aus dem Wortlaut ergibt – nur der **Härtegrund,** nicht die Verhinderung der rechtzeitigen Anrufung des Gerichts.[121] Der Aufschub darf nur einmalig und höchstens für die Dauer von einer Woche angeordnet werden. An der

---

114 Etwa LG Berlin GE 2009, 1627.

115 *Münzberg* in Stein/Jonas § 765a ZPO Rdn. 11.

116 *Gaul* in Gaul/Schilken/Becker-Eberhard Zwangsvollstreckungsrecht § 43 Rdn. 48.

117 Vgl. *Paulus* in Wieczorek/Schütze § 765a ZPO Rdn. 26.

118 *Münzberg* in Stein/Jonas § 765a ZPO in Fn. 106.

119 *Münzberg* in Stein/Jonas § 765a ZPO Rdn. 26; *Lackmann* in Musielak/Voit § 765a ZPO Rdn. 22; *Walker* in Schuschke/Walker § 765a ZPO Rdn. 34.

120 *Lackmann* in Musielak/Voit § 765a ZPO Rdn. 25; Zöller/*Stöber* § 765a ZPO Rdn. 28.

121 *Gaul* in Gaul/Schilken/Becker-Eberhard Zwangsvollstreckungsrecht § 43 Rdn. 61; *Scheuch* in Gehrlein/Prütting § 765a ZPO Rdn. 30; **a. A.** *Lackmann* in Musielak/Voit § 765a ZPO Rdn. 25.

Anrufung des Vollstreckungsgerichts ist ein Schuldner insbesondere dann gehindert, wenn er seine Angelegenheiten nicht mehr selbst besorgen kann oder wenn der Härtegrund kurz vor dem Räumungstermin eingetreten ist.

d) Änderung der gerichtlichen Entscheidung (Abs. 4). § 765 a Abs. 4 ZPO ermöglicht dem Vollstreckungsgericht die Aufhebung oder Änderung eines Beschlusses nach Abs. 1, wenn dies mit Rücksicht auf eine Änderung der Sachlage geboten ist. Das Vollstreckungsgericht ist auch dann **zuständig,** wenn die Einstellungsentscheidung erst in der Rechtsmittelinstanz erfolgte.[122] Sowohl die Aufhebung als auch die Änderung setzen einen **Antrag** voraus. Der Gläubiger kann einen Antrag auf Aufhebung oder Abkürzung der Schutzzeit, der Schuldner kann einen Verlängerungsantrag stellen. Der jeweilige Antragsteller muss die Gründe darlegen, die für eine Änderung der Entscheidung sprechen. § 765 a Abs. 4 ZPO ermöglicht sowohl die Korrektur von „Hauptsacheentscheidungen" nach Abs. 1 S. 1 ZPO als auch von einstweiligen Anordnungen nach Abs. 1 S. 2. 37

Die Modifikation der Einstellungsentscheidung setzt eine **Änderung der Sachlage** voraus. Besteht der Härtegrund fort, rechtfertigt dies bereits nach § 765 a Abs. 1 S. 1 ZPO eine erneute Einstellung (s. Rdn. 32). Eine Verkürzung oder Aufhebung der gewährten Räumungsfrist kommt in Betracht, wenn sich die für die Fristbemessung maßgeblichen Umstände nach Erlass der Entscheidung geändert haben. Die Umstände können in der Person des Gläubigers (z. B. erhöhte Dringlichkeit des Bedarfs), in der Person des Schuldners (z. B. überraschende Genesung) oder in den allgemeinen Verhältnissen (z. B. Wohnungsmarkt) liegen. Ebenso kommt eine Änderung zu Lasten des Schuldners in Betracht, wenn bekannt wird, dass sich der Schuldner den Vollstreckungsschutz durch falschen Tatsachenvortrag erschlichen hat. 38

e) Rechtsmittel. Hat das Vollstreckungsgericht (Rechtspfleger) in der „Hauptsache" nach **§ 765 a Abs. 1 S. 1 bzw. Abs. 4 ZPO** entschieden, ist gegen diesen Beschluss nach § 11 Abs. 1 RPflG i. V. m. § 793 ZPO die **sofortige Beschwerde** (mit Abhilfebefugnis des Rechtspflegers analog § 572 Abs. 1 ZPO) statthaft.[123] Die sofortige Beschwerde setzt voraus, dass der Rechtsmittelführer **beschwert** ist[124], wobei § 567 ZPO hierfür einen bestimmten Beschwerdewert nicht verlangt. Wurde keine Frist gewährt, ist der Schuldner, anderenfalls der Gläubiger beschwert. Der Schuldner ist auch dann beschwert, wenn ihm eine Frist gewährt wurde, diese aber hinter der Länge einer von ihm beantragten Frist zurückbleibt. Gleiches gilt, wenn der Schuldner keine bestimmte Frist beantragt hat, weil es für die Beschwer ausreicht, wenn die Frist unangemessen kurz ist. Die Zulässigkeit der **Rechtsbeschwerde** gegen die Entscheidung des Beschwerdegerichts richtet sich nach § 574 ZPO.[125] Sind die Rechtsmittel der ZPO ausgeschöpft, kommt zuletzt die **Verfassungsbeschwerde** mit dem Argument in Betracht, die angefochtene Entscheidung verletze den Beschwerdeführer in seinen Grundrechten; bis zur Entscheidung über die Verfassungsbeschwerde kann das BVerfG die Vollstreckung nach § 32 BVerfG einstweilen aussetzen.[126] 39

Gegen **einstweilige Anordnungen** des Vollstreckungsgerichts (Rechtspfleger) nach § 765 a Abs. 1 S. 2 ZPO findet die **Erinnerung** nach § 11 Abs. 2 RPflG statt, weil nach den allgemeinen verfahrensrechtlichen Vorschriften ein Rechtsmittel nicht gegeben ist.[127] Auch hier besteht eine Abhilfebefugnis des Rechtspflegers (§ 11 Abs. 2 S. 2 RPflG). Über die Erinnerung entscheidet nach § 11 Abs. 2 S. 3 RPflG der Richter am Amtsgericht; ein weiteres Rechtsmittel nach der ZPO besteht nicht (zur Verfassungsbeschwerde s. Rdn. 39).[128] 40

Die Aufschiebung der Vollstreckung durch den **Gerichtsvollzieher** kann der Gläubiger mit der **Erinnerung** nach **§ 766 Abs. 2 ZPO** anfechten.[129] Gleiches gilt für den Schuldner, wenn der Gerichtsvollzieher pflichtwidrig die Vollstreckung fortsetzt, obwohl die Voraussetzungen für eine Auf- 41

---

122 *Heßler* in MünchKomm § 765 a ZPO Rdn. 101; *Walker* in Schuschke/Walker § 765 a ZPO Rdn. 38.

123 *Gaul* in Gaul/Schilken/Becker-Eberhard Zwangsvollstreckungsrecht § 43 Rdn. 57.

124 Vgl. *Lohmann* in Gehrlein/Prütting § 567 ZPO Rdn. 13; Zöller/*Heßler* § 567 ZPO Rdn. 5.

125 Vgl. BGH (V ZB 82/10) NZM 2010, 915: Suizidgefahr allein verleiht Sache keine grundsätzliche Bedeutung.

126 BVerfG NJW 2013, 290.

127 *Scheuch* in Gehrlein/Prütting § 765 a ZPO Rdn. 29; Zöller/*Stöber* § 765 a ZPO Rdn. 16; **a. A.** *Heßler* in MünchKomm § 765 a ZPO Rdn. 83: sofortige Beschwerde.

128 *Gaul* in Gaul/Schilken/Becker-Eberhard Zwangsvollstreckungsrecht § 43 Rdn. 47; *Walker* in Schuschke/Walker § 765 a ZPO Rdn. 37.

129 *Heßler* in MünchKomm § 765 a ZPO Rdn. 30; *Lackmann* in Musielak/Voit § 765 a ZPO Rdn. 26.

schiebung vorliegen. Praxisrelevant sind diese Rechtsbehelfe indes nicht, da sie wegen Zeitablaufs kaum effektiv eingelegt werden können.[130]

42 **f) Kosten und Streitwert.** Die Verfahrenskosten trägt nach **§ 788 Abs. 1 ZPO** grundsätzlich der **Schuldner,** und zwar auch dann, wenn das Gericht Vollstreckungsschutz gewährt.[131] Ausnahmsweise können dem Gläubiger die Kosten auferlegt werden, wenn dies aus besonderen, in dem Verhalten des Gläubigers liegenden Gründen der Billigkeit entspricht (§ 788 Abs. 4 ZPO); es handelt sich um eine eng auszulegende Ausnahmevorschrift. § 788 ZPO ist auch dann anzuwenden, wenn dem Schuldner erst im Rechtsmittelverfahren der begehrte Vollstreckungsschutz gewährt wird. In diesem Fall hat der Schuldner grundsätzlich auch die Kosten der sofortigen Beschwerde, gegebenenfalls auch die der Rechtsbeschwerde zu tragen.[132] Wird dem Schuldner dagegen erstinstanzlich Vollstreckungsschutz gewährt, so sollen die Kosten einer erfolglosen sofortigen Beschwerde gem. § 97 ZPO dem Gläubiger aufzuerlegen sein.[133] Dies überzeugt in seiner Absolutheit nicht, weil auch dieser Fall in § 788 ZPO speziell geregelt ist. Es ist daher entscheidend, ob die **Einlegung des Rechtsmittels** erkennbar aussichtslos war; nur dann ist es nach § 788 Abs. 4 ZPO gerechtfertigt, dem Gläubiger die Rechtsmittelkosten aufzuerlegen.

43 Der **anwaltliche Gebührenstreitwert** ist bei der Abwicklung von Mietsachen gemäß § 25 Abs. 2 RVG unter Berücksichtigung des Schuldnerinteresses nach billigem Ermessen zu bestimmen. Die Rechtsprechung zieht hier das Nutzungsentgelt für den Zeitraum heran, für den Vollstreckungsschutz begehrt wird[134], was keineswegs zwingend ist, da es insbesondere in den Fällen der Abwehr einer durch die Vollstreckung drohenden Gefahr für Leib oder Leben um „mehr geht" als die bloße Nutzungsmöglichkeit Die **Gerichtskosten** werden nicht streitwertabhängig berechnet, sondern es entsteht eine Festgebühr nach KV 2112 zum GKG. Steht der Antrag nach § 765a ZPO hingegen im Zusammenhang mit einem Zwangsvollstreckungsverfahren, richtet sich der anwaltliche Gebührenstreitwert nach § 26 RVG.[135] Der Gebührenstreitwert für die Gerichtskosten bestimmt sich hier nach § 54 GKG.[136]

2. Rechtliche Folgen gewährten Vollstreckungsschutzes

44 Wird Vollstreckungsschutz gewährt, so besteht für die Zeit der Einstellung ein **Vollstreckungshindernis,** dessen Beachtung über § 766 ZPO durchgesetzt werden kann.[137] Zu den Auswirkungen auf das **materiell-rechtliche Rechtsverhältnis** zwischen den früheren Vertragsparteien s. Einleitung Räumungsvollstreckung Rdn. 17ff.

45 Fraglich ist, ob dem Gläubiger aus der für ihn negativen Entscheidung des Gerichts ein öffentlich-rechtlicher Erstattungsanspruch nach den Grundsätzen des **enteignenden Eingriffs** zustehen kann. Hiermit wird ein gewohnheitsrechtlich anerkannter Ersatzanspruch beschrieben, wenn es durch rechtmäßiges staatliches Handeln zu einem Eingriff in Art. 14 GG kommt, der beim Eigentümer zu einem unzumutbaren und schweren Sonderopfer führt.[138] Voraussetzung ist, dass an sich rechtmäßige hoheitliche Maßnahmen bei einem Betroffenen unmittelbar zu – meist atypischen und unvorhergesehenen – Nachteilen führen, die dieser aus rechtlichen oder tatsächlichen Gründen hinnehmen muss, die aber die Schwelle des enteignungsrechtlich Zumutbaren übersteigen.[139]

46 Wendet man diese Grundsätze auf Vollstreckungsschutzmaßnahmen nach § 765a ZPO an, so kann dies im Einzelfall zu einem Entschädigungsanspruch des Gläubigers gegen die Anstellungskörperschaft der entscheidenden Amtsträger[140] führen.[141] Das erforderliche **„Sonderopfer"** liegt vor,

---

130 *Gaul* in Gaul/Schilken/Becker-Eberhard Zwangsvollstreckungsrecht § 43 Rdn. 63.
131 Vgl. BVerfG NJW-RR 2005, 936.
132 OLG Düsseldorf WuM 1996, 235; OLG Köln NJW-RR 1995, 1163.
133 OLG Düsseldorf WuM 1996, 235; OLG Köln NJW-RR 1995, 1163.
134 OLG Koblenz WuM 2005, 202.
135 Vgl. BGH (V ZB 319/10), Rdn. 18, insoweit in NJW 2011, 2807 nicht abgedruckt; (V ZB 76/09) AGS 2010, 541.
136 Vgl. BGH (V ZB 319/10), Rdn. 18, insoweit in NJW 2011, 2807 nicht abgedruckt.
137 Vgl. *K. Schmidt/Brinkmann* in MünchKomm § 766 ZPO Rdn. 33.
138 Vgl. etwa BGH (III ZR 174/10) NJW 2011, 3157; (III ZR 330/04) NJW 2005, 1363.
139 Etwa BGH (III ZR 330/04) NJW 2005, 1363; (III ZR 188/90) NJW 1992, 3229; *Wöstmann* in Staudinger (2013) § 839 BGB Rdn. 435.
140 Dazu KG NZV 2005, 417.
141 Ebenso *Schuschke* NZM 2015, 233, 242f.

wenn der Vollstreckungsschutz beim Gläubiger einen diesem unzumutbaren Nachteil verursacht.[142] Notwendig ist allerdings, dass der Gläubiger einen besonders gravierenden Nachteil erleidet, woran es fehlt, wenn der Schuldner die Nutzungsentschädigung leistet und andere Nachteile nicht ersichtlich sind. Ein Entschädigungsanspruch kommt aber jedenfalls in Betracht, wenn der Vollstreckungsschutz beim Gläubiger einen **Schaden** auslöst, der **über den Entzug der Nutzungsmöglichkeit der betreffenden Räume hinausgeht.** Dazu kann es etwa kommen, wenn die Verwertung angrenzender Grundstücksflächen oder Gebäudeteile verhindert wird und aus diesem Grund ein erheblicher Nachteil beim Gläubiger entsteht.[143] Gleiches gilt, wenn der Mieter keine Nutzungsentschädigung leistet.[144] Letztlich liegen die Dinge hier nicht anders als wenn die Ordnungsbehörde nach Vertragsende den Mieter in die Wohnung einweist. Hier ist es anerkannt, dass dem Vermieter ein öffentlich-rechtlicher Erstattungsanspruch zusteht.[145] Gleiches muss gelten, wenn die Weiternutzung nicht auf einer gefahrenrechtlichen Ordnungsverfügung, sondern auf einer gerichtlichen Anordnung nach § 765a ZPO beruht. Es überzeugt insofern nicht, dem Gläubiger entgegenzuhalten, er habe durch die Vermietung die Gefahr einer Anordnung nach § 765a ZPO selbst geschaffen. Denn Räumungsschutz nach § 765a ZPO ist keine Folge, mit der ein Vermieter bei der Überlassung der Räume typischerweise rechnen muss.[146] Der Anspruch wegen enteignenden Eingriffs ist allerdings **subsidiär**[147], greift also nur, wenn Schadensersatz (§§ 280, 286 BGB) vom Schuldner nicht zu erlangen ist.

VII. Abweichende Vereinbarungen

Ob der Schuldner auf den Schutz aus § 765a ZPO verzichten kann, ist **umstritten.** Im Ausgangspunkt besteht Einigkeit, dass jedenfalls ein losgelöst von einem konkreten Streit über die Herausgabe der Räume erklärter Verzicht – etwa im Mietvertrag – unwirksam ist. In der Literatur wird allerdings ein nach Vollstreckungsbeginn erklärter Verzicht teilweise für wirksam gehalten[148], während die **h. M.** einen Verzicht auf die den Schuldner schützenden Regeln in § 765a ZPO generell für **unwirksam** hält.[149] Für die **h. M.** spricht der Zweck der Norm, weil die Beachtung der guten Sitten durch die Organe der Zwangsvollstreckung auch im öffentlichen Interesse liegt und die Regel damit der Disposition des Schuldners entzogen ist. 47

---

142 Vgl. *Wöstmann* in Staudinger (2013) § 839 BGB Rdn. 477.
143 Vgl. etwa den Sachverhalt bei LG Ulm (4 T 10/10) BeckRS 2011, 02175, in der Rechtsbeschwerde entschieden von BGH (I ZB 27/10) NZM 2011, 164.
144 Vgl. den Sachverhalt bei BVerfG WuM 2014, 478.
145 BGH (III ZR 160/94) NJW 1995, 2918; *Gaul* in Gaul/Schilken/Becker-Eberhard Zwangsvollstreckungsrecht § 43 Rdn. 19.
146 Vgl. BGH (III ZR 253/12) NJW 2013, 1736 für die Folgen einer polizeilichen Wohnungsdurchsuchung.
147 Vgl. *Wöstmann* in Staudinger (2013) § 839 BGB Rdn. 482.
148 *Heßler* in MünchKomm § 765a ZPO Rdn. 98; *Münzberg* in Stein/Jonas § 765a ZPO Rdn. 4.
149 OLG Hamm NJW 1960, 104; LG Aachen WuM 1996, 568; *Walker* in Schuschke/Walker § 765a ZPO Rdn. 27; Zöller/*Stöber* § 765a ZPO Rdn. 25.

§ 794a ZPO Zwangsvollstreckung aus Räumungsvergleich

(1) [1]Hat sich der Schuldner in einem Vergleich, aus dem die Zwangsvollstreckung stattfindet, zur Räumung von Wohnraum verpflichtet, so kann ihm das Amtsgericht, in dessen Bezirk der Wohnraum belegen ist, auf Antrag eine den Umständen nach angemessene Räumungsfrist bewilligen. [2]Der Antrag ist spätestens zwei Wochen vor dem Tage, an dem nach dem Vergleich zu räumen ist, zu stellen; §§ 233 bis 238 gelten sinngemäß. [3]Die Entscheidung ergeht durch Beschluss. [4]Vor der Entscheidung ist der Gläubiger zu hören. [5]Das Gericht ist befugt, die im § 732 Abs. 2 bezeichneten Anordnungen zu erlassen.

(2) [1]Die Räumungsfrist kann auf Antrag verlängert oder verkürzt werden. [2]Absatz 1 Sätze 2 bis 5 gilt entsprechend.

(3) [1]Die Räumungsfrist darf insgesamt nicht mehr als ein Jahr, gerechnet vom Tage des Abschlusses des Vergleichs, betragen. [2]Ist nach dem Vergleich an einem späteren Tage zu räumen, so rechnet die Frist von diesem Tage an.

(4) Gegen die Entscheidung des Amtsgerichts findet die sofortige Beschwerde statt.

(5) [1]Die Absätze 1 bis 4 gelten nicht für Mietverhältnisse über Wohnraum im Sinne des § 549 Abs. 2 Nr. 3 sowie in den Fällen des § 575 des Bürgerlichen Gesetzbuchs. [2]Endet ein Mietverhältnis im Sinne des § 575 des Bürgerlichen Gesetzbuchs durch außerordentliche Kündigung, kann eine Räumungsfrist höchstens bis zum vertraglich bestimmten Zeitpunkt der Beendigung gewährt werden.

Systematische Übersicht

Alphabetische Schnellübersicht

I. Normzweck und Überblick

1 Beruht der Titel über die Räumung von Wohnraum auf einer gerichtlichen Entscheidung, kann dem Schuldner nach § 721 ZPO eine Räumungsfrist gewährt werden. § 794a ZPO eröffnet dieselbe Möglichkeit, wenn die Räumungsverpflichtung auf einem Vergleich beruht. In der Literatur wird als **Zweck** des § 794a ZPO meist nur genannt, die Norm solle auf Seiten des Schuldners die Entscheidung zum Abschluss eines Räumungsvergleichs erleichtern.[1] Dies ist zwar zutreffend, indes nicht der Hauptzweck der Norm. Dieser liegt vielmehr ebenso wie bei § 721 ZPO darin, den Schuldner vor **unzumutbaren Folgen** zu schützen, die mit dem Verlust seines Wohnraums verbunden seien können.[2] Denn auch die Vollstreckung aus einem vergleichsweise und damit vom Schuldner zwar unter dem Druck des Verfahrens, aber letztlich freiwillig geschaffenen Titel kann für den Nutzer von Wohnraum zu Härten führen, die wegen des verfassungsrechtlichen Übermaßverbotes eine besondere prozessuale Reaktionsmöglichkeit rechtfertigen (vgl. § 721 Rdn. 1).

---

[1] *Lackmann* in Musielak/Voit § 794a ZPO Rdn. 1.

[2] Vgl. *Paulus* in Wieczorek/Schütze § 794a ZPO Rdn. 1; *Scheuch* in Prütting/Gehrlein § 794a ZPO Rdn. 1.

§ 794a Abs. 1 ZPO regelt Voraussetzungen und Verfahren, wenn der Schuldner erstmals die Gewährung einer Räumungsfrist beantragt; Abs. 2 betrifft die Modifizierung einer bereits gewährten Räumungsfrist. In § 794a Abs. 3 ZPO ist die Höchstfrist geregelt, Abs. 4 beschreibt das Rechtsmittel gegen die gerichtliche Entscheidung und Abs. 5 begrenzt den Anwendungsbereich der Norm. § 794a ZPO ist **§ 721 ZPO nachgebildet,** was dazu führt, dass sich die Normen in weiten Teilen decken. 2

II. Vollstreckbarer Räumungsvergleich über Wohnraum

Die Gewährung einer Räumungsfrist setzt nach § 794a Abs. 1 S. 1 ZPO voraus, dass sich der Schuldner in einem Vergleich, aus dem die Zwangsvollstreckung stattfindet, zur Räumung von Wohnraum verpflichtet hat, wobei es sich nicht um Wohnraum im Sinne des § 794a Abs. 5 ZPO handeln darf. 3

1. Wohnraum im Sinne des § 794a ZPO

Das Tatbestandsmerkmal des „Wohnraums" ist mit dem in § 721 ZPO identisch. Wie dort ist also für die Anwendung der Norm erforderlich – aber auch ausreichend –, dass der Schuldner die betroffenen Räume zum **dauernden Aufenthalt** nutzt (s. § 721 ZPO Rdn. 5ff). Auch der Ausschlusstatbestand in § 794a Abs. 4 ZPO entspricht dem aus § 721 Abs. 7 ZPO (s. § 721 ZPO Rdn. 9f.). 4

2. Vollstreckbarer Räumungsvergleich

§ 794a ZPO setzt weiter einen Räumungsvergleich voraus. Diese Voraussetzung ist dem Merkmal der „Räumungsentscheidung" in § 721 ZPO vergleichbar. Ebenso wie dort ist daher nicht erforderlich, dass sich der Schuldner in dem Vergleich neben der Herausgabe auch zum Wegschaffen seiner Sachen verpflichtet hat; es reicht **jede nach § 885 ZPO zu vollstreckende Verpflichtung** aus (näher § 721 ZPO Rdn. 11). 5

Eine Räumungsfrist nach § 794a ZPO kann nur gewährt werden, wenn die Räumungspflicht auf einem zur Zwangsvollstreckung berechtigenden Vergleich beruht. Der Begriff des Vergleichs ergibt sich aus § 794 Abs. 1 Nr. 1 ZPO. Nach **h. M.** hat der prozessuale Vergleich eine Doppelnatur; er ist einerseits Prozesshandlung und andererseits materielles Rechtsgeschäft.[3] Dementsprechend sind die prozessualen von den materiell-rechtlichen Wirksamkeitsvoraussetzungen zu unterscheiden. Leidet der Vergleich an einem **prozessualen Mangel,** muss der Schuldner den Räumungsprozesses fortsetzen.[4] In diesem Verfahren kann der Schuldner analog §§ 707, 719, 769 ZPO Vollstreckungsschutz erhalten.[5] Daneben kann er auch nach § 794a ZPO Räumungsschutz beantragen, da ein prozessualer Mangel die Vollstreckbarkeit nicht beeinträchtigt.[6] Dasselbe gilt bei einem materiellen Mangel – etwa dem Fehlen eines gegenseitigen Nachgebens der Parteien.[7] 6

Anwendbar ist § 794a ZPO zunächst auf sämtliche gerichtliche Räumungsvergleiche, auch solche nach dem FamFG.[8] Daneben ist die Norm auf eine Räumungspflicht anwendbar, die vergleichsweise in einer **vollstreckbaren notariellen Urkunde** nach § 794 Abs. 1 Nr. 5 ZPO vereinbart wurde oder in einem vollstreckbaren **Anwaltsvergleich** nach § 796a ZPO (§ 794 Abs. 1 Nr. 4b ZPO) enthalten ist. Einer Analogie bedarf es nicht, da beide Fälle vom Wortlaut der Norm erfasst sind.[9] In diesen Urkunden kann allerdings die vollstreckbare Pflicht zur Räumung von gemietetem Wohnraum nicht begründet werden (§§ 794 Abs. 1 Nr. 5, 796a Abs. 2 ZPO), weshalb Anträge nach § 794a ZPO insofern nicht praxisrelevant sind. Beruht die Räumungspflicht hingegen auf einem **außergerichtlichen Vergleich,** ist § 794a ZPO unanwendbar. Denn aus einem solchen Vergleich findet die Zwangsvollstreckung nicht statt. Wird die Pflicht aus einem 7

---

3 Etwa BGH (XII ZR 72/11) NJW 2013, 1530; (VIII ZR 274/79) NJW 1981, 823.

4 Vgl. BGH (III ZR 272/98) NJW 1999, 2903; Zöller/*Stöber* § 794 ZPO Rdn. 15a.

5 BGH (VIII ZR 85/69) NJW 1971, 467.

6 Vgl. OLG Frankfurt/Main NJW-RR 1995, 703; BeckOK ZPO/*Hoffmann* 16. Ed. § 794 ZPO Rdn. 17.

7 BeckOK ZPO/*Hoffmann* 16. Ed. § 794 ZPO Rdn. 28.

8 *Wolfsteiner* in MünchKomm § 794a ZPO Rdn. 2.

9 BeckOK ZPO/*Hoffmann* 16. Ed. § 794a ZPO Rdn. 2. Für Analogie hingegen *Scheuch* in Prütting/Gehrlein § 794a ZPO Rdn. 4; Zöller/*Stöber* § 794a ZPO Rdn. 1.

solchen außergerichtlichen Vergleich tituliert, richtet sich eine etwaige Räumungsfrist nach § 721 ZPO.[10]

III. Räumungsfrist nach Abs. 1

8 § 794a Abs. 1 ZPO ermöglicht zugunsten des Schuldners die erstmalige Anordnung einer Räumungsfrist durch das Gericht. Die Modifizierung der Räumungsfrist richtet sich nach § 794a Abs. 2 ZPO (s. Rdn. 19).

1. Zuständigkeit

9 Zuständig für die Fristgewährung nach § 794a Abs. 1 ZPO ist das **Amtsgericht,** in dessen **Bezirk der Wohnraum** belegen ist. Dies gilt auch dann, wenn der Räumungsvergleich vor einem anderen Gericht, etwa dem Land-[11] oder Arbeitsgericht[12] geschlossen wurde. Die ausschließliche Zuständigkeit rechtfertigt sich mit der Ortsnähe des Amtsgerichts und der damit verbundenen Kenntnis des Wohnungsmarktes.[13] Beim Amtsgericht entscheidet das **Prozessgericht,** nicht das Vollstreckungsgericht, weshalb der Richter, nicht der Rechtspfleger zuständig ist.[14]

2. Antrag und Frist

10 Das Gericht darf – anders als im Anwendungsbereich des § 721 Abs. 1 ZPO – nicht von Amts wegen, sondern nur auf Antrag tätig werden. Es besteht **kein Anwaltszwang.** Der Antrag ist schriftlich beim Gericht einzureichen oder mündlich zu Protokoll der Geschäftsstelle zu erklären (§ 496 ZPO); zur Möglichkeit des Verzichts auf das Antragsrecht s. Rdn. 30f.

11 Der Antrag muss nach § 794a Abs. 1 S. 2 ZPO spätestens zwei Wochen vor dem Tage eingehen, an dem nach dem Vergleich zu räumen ist. Es handelt sich um eine sog. **Rückwärtsfrist,** deren Berechnung nach § 222 Abs. 1 ZPO in analoger Anwendung der §§ 187ff. BGB erfolgt. Zu den Einzelfragen der Fristwahrung, insbesondere zur Berechnung der Rückwärtsfrist s. § 721 ZPO Rdn. 51ff.

12 Schwierigkeiten bereitet die **Antragsfrist,** wenn zwischen dem frühestmöglichen Zeitpunkt der Antragstellung und dem vereinbarten Räumungstermin weniger als zwei Wochen liegen. Teilweise wird vertreten, dass in einem solchen Fall keine Räumungsfrist gewährt werden könne.[15] Nach wohl **h. M.** muss der Antrag hier binnen zwei Wochen ab Abschluss des Vergleichs, beim Widerrufsvergleich binnen zwei Wochen ab Ablauf der Widerspruchsfrist gestellt werden.[16] Für diese Ansicht spricht der Zweck der Antragsfrist. Die Frist soll nämlich einerseits – dies ist der Hauptzweck – dem Gericht einen ausreichenden Zeitraum für die Entscheidungsfindung, daneben aber auch dem Gläubiger Gewissheit über die Vollstreckungsmöglichkeit geben. Dies spricht dafür, auch in diesen Konstellationen eine Antragsfrist anzunehmen und für den **Lauf der Frist** in Analogie zu § 794a Abs. 1 S. 2 ZPO auf den Tag abzustellen, an dem die **Antragstellung erstmals zumutbar** ist. Gleiches gilt in Fällen, in denen nach dem Vergleich die Fälligkeit des Räumungsanspruchs von einem bestimmten Ereignis abhängen soll (z. B. Bezugsfertigkeit eines Neubaus), in denen der Räumungszeitpunkt nur im Wege der Auslegung zu ermitteln (z. B. im Sommer des kommenden Jahres) oder ins Belieben des Gläubigers (z. B. vier Wochen nach Abruf) gestellt ist. In all diesen Fällen gibt es keinen kalendermäßig bestimmten Räumungstermin. Hier muss der Schuldner den Antrag nach § 794a ZPO spätestens zwei Wochen vor dem Räumungstermin stellen. Erfährt er erst später vom Räumungstermin, läuft die zweiwöchige Frist ab diesem Tag.

13 Probleme bereitet die Fristberechnung auch, wenn die im gerichtlichen Vergleich vereinbarte **Räumungsfrist durch außergerichtliche Vereinbarung verlängert** wird. Der Wortlaut von § 794a Abs. 1 S. 2 ZPO spricht dafür, dass es für die Fristberechnung nicht auf die vor Gericht ver-

---

[10] LG Wuppertal NJW 1967, 832; *Münzberg* in Stein/Jonas § 794a ZPO Rdn. 1.
[11] LG Berlin GE 1989, 945.
[12] LAG Tübingen NJW 1970, 2046; *Walker* in Schuschke/Walker § 794a ZPO Rdn. 2.
[13] LG Berlin GE 1989, 945.
[14] *Lackmann* in Musielak/Voit § 794a ZPO Rdn. 6; Zöller/*Stöber* § 794a ZPO Rdn. 4.
[15] *Walker* in Schuschke/Walker § 794a ZPO Rdn. 2.
[16] BeckOK ZPO/*Hoffmann* 16. Ed. § 794a ZPO Rdn. 3; *Lackmann* in Musielak/Voit § 794a ZPO Rdn. 2; Zöller/*Stöber* § 794a ZPO Rdn. 3.

einbarte, sondern die später veränderte Frist ankommt.[17] Denn maßgeblich ist danach der „Tag, an dem nach dem Vergleich zu räumen ist". Den Parteien steht es wegen der Privatautonomie aber frei, den gerichtlichen Vergleich abzuändern. Bei Versäumung der Antragsfrist kommt nach § 794 a Abs. 1 S. 2 ZPO **Wiedereinsetzung** in den vorigen Stand in Betracht.

3. Verfahren und Entscheidung

Das Verfahren über den Antrag entspricht § 721 Abs. 4 ZPO, wie dort ist der Gläubiger vor der Entscheidung, die durch **Beschluss** ergeht (§ 794 a Abs. 1 S. 3 ZPO), **anzuhören** (§ 794 a Abs. 1 S. 4 ZPO). Ebenso wie bei § 721 ZPO kann das Gericht die Zwangsvollstreckung aus dem Räumungstitel im Wege der **einstweiligen Anordnung** einstellen (§ 794 a Abs. 1 S. 5 ZPO). Zu den Einzelheiten in Bezug auf Verfahren und Entscheidung – insb. zu den Kosten – gelten die Erläuterungen bei § 721 Rdn. 56 ff. entsprechend. 14

4. Entscheidungskriterien

Nach § 794 a Abs. 1 Satz 1 ZPO liegt die Gewährung und die Länge der Räumungsfrist im pflichtgemäßen Ermessen des Gerichts („kann"), wobei Abs. 3 eine Höchstgrenze von einem Jahr setzt. Es ist allgemein anerkannt, dass der Richter bei seiner Entscheidung die **Interessen der Parteien** gegeneinander abzuwägen hat.[18] Der Richter darf in die Abwägung nur solche Interessen einbeziehen, die von den Parteien **vorgetragen und ggf. bewiesen** wurden; hier gelten die allgemeinen zivilprozessualen Regeln. 15

Die Gewährung einer Räumungsfrist setzt wie bei § 721 ZPO voraus, dass für den Schuldner keine zumutbare Umzugsmöglichkeit besteht, wobei die weitere Interessenabwägung auch in diesem Fall einer Räumungsfrist entgegenstehen kann. Die **Unzumutbarkeit des Umzugs** kann dabei auf zwei Faktoren beruhen: Entweder fehlt es bereits an einer zumutbaren Ersatzwohnung oder dem Schuldner ist der Umzug als solcher nicht zumutbar. Zu den Einzelheiten, auch in Bezug auf die **Darlegungs- und Beweislast** für die Suche nach Ersatzwohnraum siehe die Erläuterungen bei § 721 Rdn. 20 ff. 16

Umstritten ist, inwieweit sich der Schuldner auf **Härtegründe** berufen darf, die bereits beim **Abschluss des Vergleichs bestanden** bzw. zu diesem Zeitpunkt absehbar waren. Hierzu werden im Wesentlichen **drei Ansichten** vertreten. Nach einer Meinung darf das Gericht eine Räumungsfrist nur gewähren, wenn eine neue Entwicklung eingetreten ist, die beim Abschluss des Räumungsvergleichs nicht vorhersehbar war.[19] Nach anderer Auffassung spielt dieser Umstand keine Rolle; maßgeblich ist allein, dass auf Grund der Interessen des Schuldners eine gerichtliche Frist geboten ist.[20] Nach einer vermittelnden Meinung darf eine gerichtliche Räumungsfrist gewährt werden, wenn sich nachträglich Umstände ergeben haben, die der Schuldner bei Vergleichsabschluss ohne grobes Verschulden übersehen hat.[21] 17

Nimmt man den Wortlaut der Norm in den Blick, gibt dieser für eine Beschränkung auf einen erst nach Vertragsschluss entstandenen Härtegrund nichts her, was allerdings in der Natur der Vorschrift liegt, die auf die Nennung von Bewertungskriterien verzichtet. Auch der Zweck von § 794 a ZPO spricht nicht für eine Beschränkung auf nachträgliche Härtegründe, weil ein Bedürfnis nach Schuldnerschutz (Rdn. 1) auch dann bestehen kann, wenn der Härtegrund bereits bei Vergleichsschluss vorlag. Daraus ergibt sich aber nicht, dass der Umstand, ob der Schuldner die Härte bei Vertragsschluss kannte oder hätte kennen müssen, für die Bewertung in jedem Fall unbeachtlich ist. Es kommt nämlich in Betracht, dass der Schuldner im Vergleich – ggf. konkludent – auf die Geltendmachung bereits vorhandener Härten nach § 794 a ZPO **verzichtet** hat.[22] Dies setzt allerdings zunächst voraus, dass der Schuldner auf den durch § 794 a ZPO gewährten Schutz überhaupt wirksam verzichten kann. Diese Frage ist noch nicht abschließend geklärt; richtigerweise kann der Schuldner 18

---

[17] LG Freiburg WuM 1993, 417; LG Ulm WuM 1981, 164.

[18] Etwa BeckOK ZPO/*Hoffmann* 16. Ed. § 794 a ZPO Rdn. 5; *Lackmann* in Musielak/Voit § 794 a ZPO Rdn. 4.

[19] LG Kiel WuM 1992, 492; LG Saarbrücken WuM 1992, 698; LG Waldshut-Tiengen WuM 1993, 621; LG Freiburg WuM 1993, 204; BeckOK ZPO/*Hoffmann* 16. Ed. § 794 a ZPO Rdn. 5.

[20] LG Mannheim ZMR 1994, 21; LG Darmstadt WuM 1993, 472; *Lackmann* in Musielak/Voit § 794 a ZPO Rdn. 5.

[21] LG Aachen WuM 2007, 398; *Wolfsteiner* in MünchKomm § 794 a ZPO Rdn. 4.

[22] *Walker* in Schuschke/Walker § 794 a ZPO Rdn. 3.

auf die ihm bekannten Härtegründe verzichten, weil er die Folgen einer solchen Erklärung absehen kann (näher Rdn. 31). Ist dem Schuldner also bereits beim Abschluss des Vergleichs der Umzug unzumutbar, so ist entscheidend, ob der Vergleich die Verzichtserklärung enthält, deshalb werde der Schuldner später keinen Antrag nach § 794a ZPO stellen. Schweigt der Vergleich hierzu, so kommt eine **konkludente Verzichtserklärung** regelmäßig nur in Betracht, wenn die Parteien über das Problem der Unzumutbarkeit des Umzugs gestritten haben – etwa im Rahmen eines Fortsetzungsverlangens nach § 574 BGB – und der Schuldner dennoch sich zu einem bestimmten Termin zur Räumung verpflichtet hat. Dann liegt die Auslegung nahe, dass der Schuldner im Vergleich die Garantie für die rechtzeitige Räumung übernommen und so auf einen Antrag nach § 794a ZPO verzichtet hat. Anderenfalls wird es an einer konkludenten Verzichtserklärung regelmäßig fehlen, weil der Vergleich dann nur die materiell-rechtliche Räumungspflicht des Schuldners regelt und deshalb nicht auch die Erklärung enthält, auf prozessuale Schutzrechte verzichten zu wollen.

IV. Räumungsfrist nach Abs. 2 (Verlängerung, Verkürzung)

19 Nach § 794a Abs. 2 ZPO kann die Räumungsfrist auf Antrag verlängert oder verkürzt werden. Damit ist die vom Gericht gem. § 794a Abs. 1 ZPO gewährte Frist gemeint, was sich aus dem Wortlaut von Abs. 2 ergibt – „die" Räumungsfrist nimmt sprachlich auf die nach Abs. 1 gewährte Frist Bezug. Eine im **Vergleich vereinbarte Frist** kann das Gericht daher nicht nach § 794a Abs. 2 ZPO verkürzen; sie kann aber nach § 794a Abs. 1 ZPO durch die erstmalige Gewährung einer richterlichen Frist faktisch verlängert werden. Eine Kürzung der vertraglich vereinbarten Frist durch das Gericht ist nichtig, weil der Richter – mangels Rechtsgrundlage – nicht in diese Vereinbarung der Parteien eingreifen darf.[23] Eine analoge Anwendung von § 794a Abs. 1 ZPO auf solche Anträge scheidet mangels Regelungslücke aus, da der Gesetzgeber trotz der weitgehend parallel gestalteten Normen eine § 721 Abs. 3 ZPO vergleichbare Regel gerade nicht in § 794a ZPO aufgenommen hat.[24]

20 Umstritten ist, ob der **Richter** eine im Vergleich vereinbarte **Räumungsfrist verkürzen** kann, wenn die **Parteien** dies im Vergleich **vereinbart** haben. Es handelt sich nicht um eine Frage der (analogen) Anwendung von § 794a ZPO, weil die Parteien nicht die Rechtsmacht haben, eine gerichtliche Zuständigkeit mit dem Anspruch auf Justizgewährung vertraglich zu vereinbaren.[25] Auch § 224 Abs. 2 ZPO ist nicht einschlägig, weil es sich bei der vereinbarten Räumungsfrist nicht um eine richterliche Frist im Sinne der Norm, sondern um eine vertraglich vereinbarte Frist handelt. Derartige Vereinbarungen sind **somit rein materiell-rechtlicher Natur** und fallen als solche unter § 317 BGB. Allerdings kann ein Gericht nicht als Dritter im Sinne der Norm bestimmt werden, weil sein gesetzlicher Aufgabenbereich nicht der Parteidisposition unterliegt.[26] Die Parteien können nur vorsehen, dass die Bestimmung der Räumungsfrist entsprechend den **§§ 315, 319 BGB** durch Urteil erfolgen soll, falls eine Festsetzung durch die Parteien scheitert.[27] Wenn die Regel im Vergleich das Gericht sofort für entscheidungsbefugt erklärt, wird sich meist nicht ermitteln lassen, welcher der Parteien die Entscheidung über die Festsetzung der Leistungszeit (nämlich die Verkürzung der Räumungsfrist) gemäß § 315 BGB zusteht. § 316 BGB ist nicht einschlägig, da die Rückgabe nicht Gegenleistung des Mieters für die Gebrauchsüberlassung ist. Lassen sich die Voraussetzungen des § 315 BGB hingegen bestimmen, ist ein **Antrag nach § 794a ZPO unzulässig.** In der Praxis ist von einem „Verkürzungsrecht" des Gerichts ab- und zu einer auflösenden Bedingung zu raten (z. B. „Die Räumungsfrist entfällt, wenn die Nutzungsentschädigung nicht spätestens am 3. Werktag eines Monats gezahlt wird.").

21 Für die Antragsfrist, die Zuständigkeit, das Verfahren und die Entscheidung gelten nach § 794a Abs. 2 S. 2 ZPO die Regeln über die erstmalige Gewährung der Räumungsfrist entsprechend. **Zuständig** für die Fristverlängerung oder Verkürzung ist daher das Amtsgericht, in dessen Bezirk die Wohnung gelegen ist. Entsprechend § 794a Abs. 1 S. 2 ZPO muss der Antrag – unabhängig davon, ob auf Verlängerung oder Verkürzung gerichtet – spätestens zwei Wochen vor Ablauf der vom Ge-

---

23 LG Bremen WuM 1991, 564; LG Hamburg WuM 2001, 412; LG München I WuM 1987, 64; LG Stuttgart WuM 1992, 32.
24 LG München I ZMR 2014, 991.
25 **A. A.** im Ergebnis LG München I ZMR 2014, 991; *Wolfsteiner* in MünchKomm § 794a ZPO Rdn. 6.
26 BGH (V ZR 222/93) NJW 1995, 1360; *Erman/Hager* § 317 BGB Rdn. 4.
27 Vgl. BGH (V ZR 222/93) NJW 1995, 1360.

richt gewährten **Frist** gestellt werden; eine Wiedereinsetzung ist möglich. Ebenso wie bei Abs. 1 hat der Richter bei der Entscheidung die Interessen der Parteien gegeneinander abzuwägen (dazu Rdn. 15); die Entscheidung ergeht entsprechend § 794a Abs. 1 S. 3 ZPO durch Beschluss; einstweilige Anordnungen sind entsprechend § 794a Abs. 1 S. 5 ZPO möglich.

V. Höchstdauer der Frist (Abs. 3)

§ 794a Abs. 3 ZPO regelt die Höchstdauer der gerichtlichen Räumungsfrist. Diese darf insgesamt – also einschließlich aller Verlängerungen nach Abs. 2 – nicht mehr als ein Jahr betragen. Die Frist rechnet vom Tage des Abschlusses des Vergleichs an, falls nicht – dies ist die Regel – an einem späteren Tag zu räumen ist; dann rechnet die Frist von diesem Tage an (Abs. 2 S. 2).[28] 22

Ist der **Räumungstermin** im Vergleich **kalendermäßig bestimmt** worden, so rechnet die Höchstfrist von diesem Tage an. Dabei kommt es nicht darauf an, ob die Parteien ausdrücklich eine Räumungsfrist vereinbart haben (z. B.: „Der Beklagte erhält eine Räumungsfrist bis …") oder ob der Räumungstermin auf andere Art und Weise bestimmt worden ist (z. B.: „Der Beklagte verpflichtet sich, die Wohnung bis zum … zu räumen"). Eine außergerichtliche Fristverlängerung hat auf die Berechnung der Jahresfrist keinen Einfluss.[29] Enthält der Vergleich zwar keine ausdrückliche Räumungsfrist, aber einen **Widerrufsvorbehalt,** so wird die Auslegung des Vergleichs regelmäßig ergeben, dass der Gläubiger dem Schuldner bis zum Ablauf der Widerrufsfrist einen Räumungsaufschub gewährt, weil das Widerrufsrecht typischerweise ein Stillhalteabkommen beinhaltet. 23

Wird die im gerichtlichen Vergleich vereinbarte **Räumungsfrist später durch außergerichtliche Vereinbarung verlängert,** so kommt es für die Fristberechnung auf die veränderte Frist an. Für dieses Ergebnis spricht neben dem Wortlaut (s. Rdn. 13) auch der Zweck von Abs. 4, den Eingriff des Gerichts in den titulierten Räumungsanspruch des Gläubigers auf ein Jahr zu begrenzen, aber eben auch den Eingriff für einen solchen Zeitraum zu ermöglichen. Wird eine **längere als die gesetzliche zulässige Frist gewährt,** so ist die Räumungsfristentscheidung zwar gesetzeswidrig, aber nicht nichtig. Die fehlerhafte Entscheidung kann nur bei Einlegung eines Rechtsmittels korrigiert werden. Wird kein Rechtsmittel eingelegt oder ist die Einlegung eines Rechtsmittels nicht möglich, so verbleibt es bei der tatsächlich festgesetzten Frist (vgl. § 721 Rdn. 35). Zu abweichenden Vereinbarungen bei der Fristberechnung s. Rdn. 31. 24

VI. Rechtsmittel (Abs. 4)

Gegen die Entscheidung des Amtsgerichts findet nach § 794a Abs. 4 ZPO die **sofortige Beschwerde** statt. Weiteres Rechtsmittel ist die – allerdings an die Zulassung gebundene – Rechtsbeschwerde nach § 574 Abs. 1 ZPO. Die sofortige Beschwerde betrifft nach dem Wortlaut sämtliche Entscheidungen des Amtsgerichts nach § 794a ZPO, also auch einstweilige Anordnungen gemäß § 794a Abs. 1 S. 5 ZPO. Hier ist aber eine teleologische Reduktion der Vorschrift geboten. Denn § 707 Abs. 2 S. 2 ZPO, der in vergleichbaren Fällen die sofortige Beschwerde ausschließt, verkörpert den allgemeinen Rechtsgedanken, dass das mit der Hauptsache (hier: dem Antrag auf Räumungsfrist) befasste erstinstanzliche Gericht am besten beurteilen kann, ob und gegebenenfalls welche **einstweilige Regelung** erforderlich ist. Seine Entscheidung in der Hauptsache soll nicht durch eine vorläufige Entscheidung des Beschwerdegerichts beeinflusst werden, weshalb die Entscheidung nach § 794a Abs. 1 S. 5 ZPO **unanfechtbar ist.**[30] 25

Die sofortige Beschwerde ist nur zulässig, wenn der Beschwerdeführer **beschwert** ist[31], wobei § 567 ZPO insofern einen bestimmten Beschwerdewert nicht verlangt. Der **Schuldner** ist daher beschwerdeberechtigt, wenn sein Antrag auf Gewährung (Abs. 1) oder Verlängerung (Abs. 2) einer Räumungsfrist abgelehnt worden ist. Hat der Schuldner die von ihm gewünschte Frist kalendermäßig bestimmt oder hat er eine Mindestfrist beantragt, so ist er auch beschwert, wenn die vom Gericht zugebilligte Frist hinter dem Antrag zurückbleibt. Gleiches gilt, wenn der Schuldner keine bestimmte Frist beantragt hat, weil es für die Beschwer ausreicht, wenn die Frist unangemessen kurz 26

---

[28] Vgl. dazu LG Stuttgart WuM 1992, 264.

[29] LG Freiburg WuM 1993, 417.

[30] So für die einstweilige Anordnung nach § 769 Abs. 1 ZPO BGH (XII ZB 279/03) NJW 2004, 2224 und verallgemeinernd *Lackmann* in Musielak/Voit § 707 ZPO Rdn. 12.

[31] Vgl. *Lohmann* in Gehrlein/Prütting § 567 ZPO Rdn. 13; Zöller/*Heßler* § 567 ZPO Rdn. 5.

ist. Der **Gläubiger** ist immer dann beschwerdeberechtigt, wenn dem Schuldner eine Räumungsfrist nach Abs. 1 gewährt oder wenn eine solche Frist nach Abs. 2 verlängert bzw. auf seinen Antrag nicht verkürzt wurde.

27 Das **Rechtsschutzbedürfnis** eines Mieters an der Entscheidung über die sofortige Beschwerde entfällt nicht, wenn er nach Einlegung des Rechtsmittels räumt. Denn es hängt von der Räumungsfristentscheidung ab, ob der Mieter in den Genuss des Haftungsprivilegs aus § 571 Abs. 2 BGB kommt. Für andere Räumungsschuldner gilt dies nicht, sie müssen die Hauptsache nach der Räumung für erledigt erklären.

28 Eine **Anschlussbeschwerde** ist möglich (§ 567 Abs. 3 ZPO). Sie ist nicht fristgebunden, sondern kann während der Anhängigkeit der sofortigen Beschwerde eingelegt werden. Geht die Anschlussbeschwerde innerhalb der Zwei-Wochen-Frist ein, so gilt sie als selbständige sofortige Beschwerde. Anderenfalls liegt eine unselbständige Beschwerde vor, die ihre Wirkung verliert, wenn die Hauptbeschwerde zurückgenommen oder als unzulässig verworfen wird.

VII. Ausschluss der Räumungsfrist (Abs. 5)

29 § 794a ZPO ist auf Mietverträge im Sinne des § 549 Abs. 2 Nr. 3 BGB überhaupt nicht und auf Zeitmietverträge nach § 575 BGB nur beschränkt anwendbar. Dieser Ausschlusstatbestand aus Abs. 5 entspricht § 721 Abs. 7 ZPO, weshalb wegen der Einzelheiten auf die dortige Kommentierung (§ 721 ZPO Rdn. 9f.) verwiesen wird.

VIII. Abweichende Vereinbarungen

30 Wird von § 794a ZPO durch Vereinbarung der Parteien abgewichen, so kann die Befugnis der Parteien betroffen sein, die in § 794a ZPO geregelten Anträge (Abs. 1–2) zu stellen, Rechtsmittel einzulegen (Abs. 4) oder aber es können die Regeln über die Berechnung der Höchstfrist (Abs. 3) modifiziert werden. Inwieweit solche Vereinbarungen wirksam sind, ist noch nicht abschließend geklärt.

31 Der BGH hat bislang offen gelassen, ob der **Verzicht des Schuldners auf sein Antragsrecht** aus Abs. 1 und 2 wirksam ist.[32] In der Instanzrechtsprechung und der Literatur werden hierzu unterschiedliche Ansichten vertreten. Teilweise wird der Schuldnerschutz aus § 794a ZPO nicht für disponibel gehalten.[33] Insbesondere die Instanzgerichte halten den Verzicht des Schuldners auf Räumungsschutz nach § 794a ZPO hingegen für wirksam.[34] Bei der Entscheidung der Streitfrage sind die für § 721 ZPO entwickelten Grundsätze maßgeblich (s. § 721 Rdn. 80ff.). Unwirksam ist daher ein allgemeiner Verzicht des Schuldners auf seine Rechte aus § 794a ZPO sowie der Verzicht auf einen Verlängerungsantrag wegen eines bei Vergleichsabschluss noch nicht absehbaren Härtegrundes. Wirksam ist hingegen der Verzicht auf einen Antrag nach § 794a ZPO, wenn der in Rede stehende Härtegrund dem Schuldner bei Abgabe der Verzichtserklärung bekannt war, weil der Schuldner in solchen Konstellationen die Reichweite seiner Erklärung abschätzen kann. Unwirksam ist hingegen die Vereinbarung, dass die **Höchstfrist** nicht vom vereinbarten Räumungstermin, sondern **vom Tag des Vergleichsschlusses zu berechnen** ist.[35] Denn der Schuldner kann nicht absehen, welche Folgen dieser Teilverzicht auf seine Rechte für ihn in der Zukunft – nämlich bei Ablauf der verkürzten Frist – haben wird. Die **Verkürzung** der in § 794a Abs. 1 und Abs. 2 ZPO genannten **Antragsfristen** durch Vereinbarung der Parteien ist nach § 224 ZPO zulässig.

32 BGH (VIII ZB 28/08) NJW-RR 2009, 422.

33 *Scheuch* in Gehrlein/Prütting § 794a ZPO Rdn. 5; *Wolfsteiner* in MünchKomm § 794a ZPO Rdn. 1; Zöller/*Stöber* § 794a ZPO Rdn. 7.

34 LG Aachen WuM 1996, 568; LG München I NZM 2008, 839; ebenso etwa *Münzberg* in Stein/Jonas § 794a ZPO Rdn. 2; *Lackmann* in Musielak/Voit § 794a ZPO Rdn. 2.

35 **A. A.** LG München I WuM 1987, 66.

§ 885 ZPO Herausgabe von Grundstücken oder Schiffen

(1) [1]Hat der Schuldner eine unbewegliche Sache oder ein eingetragenes Schiff oder Schiffsbauwerk herauszugeben, zu überlassen oder zu räumen, so hat der Gerichtsvollzieher den Schuldner aus dem Besitz zu setzen und den Gläubiger in den Besitz einzuweisen. [2]Der Gerichtsvollzieher hat den Schuldner aufzufordern, eine Anschrift zum Zweck von Zustellungen oder einen Zustellungsbevollmächtigten zu benennen.

(2) Bewegliche Sachen, die nicht Gegenstand der Zwangsvollstreckung sind, werden von dem Gerichtsvollzieher weggeschafft und dem Schuldner oder, wenn dieser abwesend ist, einem Bevollmächtigten des Schuldners, einem erwachsenen Familienangehörigen, einer in der Familie beschäftigten Person oder einem erwachsenen ständigen Mitbewohner übergeben oder zur Verfügung gestellt.

(3) [1]Ist weder der Schuldner noch eine der bezeichneten Personen anwesend oder wird die Entgegennahme verweigert, hat der Gerichtsvollzieher die in Absatz 2 bezeichneten Sachen auf Kosten des Schuldners in die Pfandkammer zu schaffen oder anderweitig in Verwahrung zu bringen. [2]Bewegliche Sachen, an deren Aufbewahrung offensichtlich kein Interesse besteht, sollen unverzüglich vernichtet werden.

(4) [1]Fordert der Schuldner die Sachen nicht binnen einer Frist von einem Monat nach der Räumung ab, veräußert der Gerichtsvollzieher die Sachen und hinterlegt den Erlös. [2]Der Gerichtsvollzieher veräußert die Sachen und hinterlegt den Erlös auch dann, wenn der Schuldner die Sachen binnen einer Frist von einem Monat abfordert, ohne binnen einer Frist von zwei Monaten nach der Räumung die Kosten zu zahlen. [3]Die §§ 806, 814 und 817 sind entsprechend anzuwenden. [4]Sachen, die nicht verwertet werden können, sollen vernichtet werden.

(5) Unpfändbare Sachen und solche Sachen, bei denen ein Verwertungserlös nicht zu erwarten ist, sind auf Verlangen des Schuldners jederzeit ohne weiteres herauszugeben.

Systematische Übersicht

Alphabetische Schnellübersicht

I. Überblick

1 § 885 ZPO regelt die Art und Weise der Vollstreckung eines Anspruchs auf Herausgabe einer unbeweglichen Sache oder eines Schiffes, wobei die Norm auch das Schicksal der sich dort befindlichen beweglichen Sachen bestimmt. § 885 ZPO enthält nur die **besonderen Regeln der Herausgabevollstreckung;** daneben müssen die allgemeinen Voraussetzungen der Zwangsvollstreckung erfüllt sein (s. Rdn. 8).

2 Das **MietRÄndG 2013** hat § 885 ZPO mit Wirkung ab dem 1. 5. 2013 modifiziert; Abs. 2 bis 4 wurden inhaltlich leicht geändert, Abs. 5 entspricht § 885 Abs. 3 S. 2 ZPO a. F. Zudem wurde § 885 a ZPO eingeführt, der das zu § 885 ZPO a. F. entwickelte Vollstreckungsmodell der sog. **Berliner Räumung** in modifizierter Form in das geschriebene Recht überträgt (dazu § 885 a ZPO Rdn. 4).

II. Zweck der Norm

3 Das Zwangsvollstreckungsrecht dient in erster Linie dazu, dem Gläubiger zu der ihm gebührenden Befriedigung zu verhelfen.[1] Diesen Zweck verfolgt zunächst § 885 Abs. 1 ZPO, der zugunsten des Gläubigers den Besitzwechsel ermöglicht. **Problematisch** ist, ob auch **§ 885 Abs. 2 ZPO** diesem Zweck dient. Dafür spricht, dass das dort angeordnete Wegschaffen der beweglichen Sachen vom Vollstreckungsgegenstand dem Gläubiger zugute kommt, der anschließend seinen Besitz ungestört ausüben kann. Allerdings würde es sich um eine dem **Gläubiger dienende Regelung** nur dann handeln, wenn das Wegschaffen der beweglichen Sachen Teil der titulierten Leistungspflicht des Schuldners ist, weil es nur dann zu einer zwangsweisen Durchsetzung eines vollstreckbaren Anspruchs kommt. Diese Voraussetzung ist nicht bei jedem Anspruch erfüllt, der nach § 885 ZPO zu vollstrecken ist. Denn § 885 Abs. 1 ZPO erfasst sämtliche Titel, die auf Herausgabe, Räumung oder Überlassung gerichtet sind (näher Rdn. 10ff). Damit fällt unter die Norm insbesondere auch der Herausgabeanspruch aus § 985 BGB. Diese Norm verpflichtet den unberechtigten Besitzer von Grundstücken aber nur zur „Auskehrung" des Besitzes, nicht hingegen dazu, die eingebrachten Sachen vom Grundstück zu entfernen.[2] Anders ist dies beim – ebenfalls unter § 885 ZPO fallenden – mietrechtlichen Rückgabeanspruch aus § 546 BGB, der den Mieter auch zum Wegschaffen seines Hab und Gutes verpflichtet (s. § 546 Rdn. 21).[3] § 885 Abs. 2 ZPO kann daher nicht ausschließlich dem Interesse des Gläubigers dienen, weil die Norm das Wegschaffen von beweglichen Sachen auch dann anordnet, wenn der Gläubiger hierauf materiell-rechtlich keinen Anspruch hat.[4] Mit Blick auf den vollstreckbaren Anspruch ist daher zu **differenzieren:** Hat der Gläubiger einen Anspruch auf „Leerräumen" des Vollstreckungsgegenstandes, dient die Norm nur dazu, dieses Recht durchzusetzen. Ist dies nicht der Fall, soll die Norm zum Schutze des Schuldners verhindern, dass der Gläubiger Zugriff auf das Hab und Gut des Schuldners erhält.[5]

4 **§ 885 Abs. 3 ZPO** dient hingegen allein dem **Schutz des Schuldners** vor einem Verlust seines Hab und Gutes.[6] Schuldnerschützende Funktion hat auch **§ 885 Abs. 5 ZPO. § 885 Abs. 3 S. 2 sowie Abs. 4 ZPO,** welche die Verwertung der beweglichen Sachen durch den Gerichtsvollzieher betreffen, haben eine **doppelte Funktion:** Sie dienen einmal dem öffentlichen Interesse an einer zügigen Abwicklung des Verfahrens und damit der Entlastung der Vollstreckungsorgane, daneben

---

1 *Gaul* in Gaul/Schilken/Becker-Eberhard Zwangsvollstreckungsrecht § 1 Rdn. 2.
2 BGH (IX ZR 327/99) NJW 2001, 2966; *Gursky* in Staudinger (2012) § 985 BGB Rdn. 65.
3 BGH (IX ZR 327/99) NJW 2001, 2966; *Blank* in Blank/Börstinghaus § 546 BGB Rdn. 21.
4 Das übersieht *Majer* Räumungsvollstreckung S. 94ff.
5 Vgl. zu diesem Zweck LG Düsseldorf DGVZ 1984, 78; *Olzen* in Gehrlein/Prütting § 885 ZPO Rdn. 22; *Schwieren* DGVZ 2011, 41, 43.
6 *Flatow* NJW 2006, 1396, 1398; *Majer* Die Räumungsvollstreckung und ihre effektive Durchsetzung (2012) S. 98.

aber auch den Parteien, indem die Lagerkosten – für die der Gläubiger dem Justizfiskus neben dem Schuldner haftet (s. Rdn. 62) – begrenzt werden.

III. Abgrenzung zu §§ 887 f. ZPO

§ 885 ZPO beschränkt sich nicht auf die reine „Auskehrung" des Besitzes, sondern behandelt in Abs. 2 bis 4 auch das Schicksal des Mobiliars. Dies wirft Abgrenzungsfragen insbesondere zu § 887 ZPO auf, weil das Wegschaffen des Mobiliars durch den Schuldner auch nach dieser Norm vollstreckt werden könnte.[7] Aus § 887 Abs. 3 ZPO folgt, dass § 885 ZPO diese Norm verdrängt, womit allerdings das Abgrenzungsproblem noch nicht gelöst ist. Im Ausgangspunkt gilt: Soweit der Titel inhaltlich eine **über die Räumung hinausgehende Leistungspflicht** des Schuldners enthält, erfolgt die Vollstreckung nicht nach § 885 ZPO, sondern nach §§ 887 f. ZPO.[8] Wird die Vollstreckung dieser Pflicht fälschlicherweise dennoch nach § 885 ZPO durchgeführt, sind die hierbei entstehenden Kosten nicht gem. § 788 ZPO vom Schuldner zu erstatten (s. auch Rdn. 63).[9] 5

Nicht von § 885 ZPO erfasst ist daher die Pflicht des Schuldners, die herauszugebende Sache baulich zu verändern (etwa durch **Rückbau**) oder zu reinigen.[10] Probleme bereiten Sachverhalte, in denen es um die Beseitigung von beweglichen Sachen geht, weil hier nach seinem Wortlaut § 885 Abs. 2 ZPO einschlägig ist. Nach Ansicht des **BGH** fällt die aufwändige und **kostenintensive Beseitigung von Abfall** nicht unter die Norm, sondern bedarf einer gesonderten Titulierung und Vollstreckung nach § 887 ZPO.[11] Eine Begründung hierfür gibt der BGH nicht. Die Ansicht des BGH hat nicht nur prozessuale (gesonderter Titel erforderlich[12]), sondern auch kostenrechtliche Auswirkungen: Denn eine Beseitigung durch den Gerichtsvollzieher nach § 885 Abs. 2 ZPO würde zu Kosten der Zwangsvollstreckung führen und ein nach § 114 ZPO bedürftiger Gläubiger könnte auch insoweit Prozesskostenhilfe beantragen; die Räumungskosten wären dann von der Staatskasse zu tragen.[13] Möglicherweise steht hinter der zitierten Entscheidung des BGH die Wertung, § 885 Abs. 2 ZPO sei auf das Wegschaffen von Sachen beschränkt, die typischerweise bei einer Räumung vorgefunden werden. Eine solche Beschränkung lässt sich dem Zweck der Norm indes nicht entnehmen (s. Rdn. 3 f.). Zudem ergeben sich in der Praxis Abgrenzungsschwierigkeiten (wann ist eine Beseitigung aufwändig und kostenintensiv im Sinne der Entscheidung des BGH?), was mit dem Formalisierungsgrundsatz der Zwangsvollstreckung[14] nicht zu vereinbaren ist. Die Ansicht des BGH ist daher **abzulehnen.** 6

Die titulierte Pflicht, durch **Schlüsselübergabe** den Besitz zu verschaffen, soll nicht unter § 885 ZPO fallen.[15] Hat der Schuldner nach Titulierung den Besitz dem Gläubiger übergeben, so kann das Wegschaffen von Mobiliar weiterhin nach § 885 ZPO vollstreckt werden, wenn der materiellrechtliche Anspruch des Gläubigers hierauf gerichtet ist (dazu Rdn. 3); der Titel ist nämlich nur in Bezug auf die Besitzeinweisung verbraucht (s. § 885 a ZPO Rdn. 9).[16] 7

IV. Voraussetzung

Die Voraussetzungen für eine Vollstreckung nach § 885 ZPO ergeben sich aus Abs. 1 S. 1. Danach ist erforderlich, dass der Schuldner eine unbewegliche Sache oder ein eingetragenes Schiff oder Schiffsbauwerk herauszugeben, zu überlassen oder zu räumen hat. Daneben müssen die **allgemeinen Voraussetzungen der Zwangsvollstreckung** erfüllt sein. Der vollstreckbare Titel muss 8

---

[7] Vgl. *Majer* Räumungsvollstreckung S. 96.
[8] BGH (I ZB 16/06) NZM 2007, 852; (I ZB 19/11) NJW 2012, 2889; (IXa ZB 10/03) ZMR 2004, 734; OLG Hamburg NZM 2000, 1228.
[9] BGH (IXa ZB 328/03) NJW-RR 2005, 212.
[10] BGH (IXa ZB 328/03) NJW-RR 2005, 212; OLG Düsseldorf ZMR 2015, 852; OLGR Frankfurt 2003, 68.
[11] BGH (IXa ZA 9/04) DGVZ 2005, 70 (Kostenvoranschlag für die Beseitigung: 409.000 €).
[12] LG Köln JurBüro 2013, 160.
[13] Vgl. etwa den Sachverhalt LG Limburg DGVZ 2005, 70 als Vorinstanz zu BGH (IXa ZA 9/04) DGVZ 2005, 70.
[14] Dazu *Gaul* in Gaul/Schilken/Becker-Eberhard Zwangsvollstreckungsrecht § 5 Rdn. 39; Zöller/*Stöber* Vor § 704 ZPO Rdn. 22.
[15] KG NJW-RR 2007, 1311 (Vollstreckung nach § 888 ZPO).
[16] **A. A.** AG Nürnberg DGVZ 2006, 181.

zugestellt, die Vollstreckungsklausel erteilt (§§ 724 Abs. 1, 750 ZPO ggf. i. V. m. § 795 ZPO) und ein Vollstreckungsantrag gestellt worden sein; wurde eine Räumungsfrist gewährt, so muss diese abgelaufen sein. Die vorherige **Ankündigung** des **Räumungstermins** gegenüber dem Schuldner ist nur bei Beschränkung des Räumungsantrags nach § 885a Abs. 1 ZPO gesetzlich ausdrücklich vorgeschrieben (§ 885a Abs. 5 ZPO). Allerdings ergibt sich eine Ankündigungspflicht regelmäßig aus den Normen über den Vollstreckungsschutz (§§ 721, 765a, 794 ZPO). Denn der Schuldner kann von diesen Regeln nur wirksam Gebrauch machen, wenn er über die bevorstehende Räumung rechtzeitig informiert wird; dies führt zu einer entsprechenden Amtspflicht des Gerichtsvollziehers. Von einer Ankündigung ist aber ausnahmsweise abzusehen, wenn die berechtigte Befürchtung besteht, der Schuldner werde die Mitteilung zur Vorbereitung vollstreckungsvereitelnder Maßnahmen (etwa Vorschieben eines Untermieters) nutzen.

1. Titel

9 Die Vollstreckung nach § 885 ZPO kann auf jeden unter die Norm fallenden Titel gestützt werden, dessen Vollstreckung nach den Vorschriften der ZPO erfolgt. In Betracht kommen also neben einem Urteil insbesondere die in § 794 ZPO genannten Titel, daneben aber auch der **Zuschlagsbeschluss** nach § 93 Abs. 1 ZVG oder der **Insolvenzeröffnungsbeschluss** nach § 148 Abs. 2 InsO[17]. Ebenfalls unter § 885 ZPO kann der Beschluss über die Anordnung der **Zwangsverwaltung** fallen.[18] Auch Beschlüsse nach dem **FamFG** – die etwa auf § 2 GewSchG beruhen – werden gemäß § 95 oder § 120 FamFG nach § 885 ZPO vollstreckt.[19] Die Räumungsvollstreckung aus dem Titel ist grundsätzlich nur einmal möglich (sog. **Verbrauch**); er kann daher nicht Grundlage einer erneuten Vollstreckung sein, wenn der Schuldner später erneut den Besitz ergreift.[20] Eine Ausnahme gilt gemäß § 96 Abs. 1 FamFG für einstweilige Anordnungen in Gewaltschutzsachen und Ehewohnungssachen sowie nach **h. M.** für die Wiedereinweisung in die Wohnung durch die Ordnungsbehörden.[21] Zum Verbrauch durch Antragsbeschränkung s. § 885a ZPO Rdn. 9. Eine „Verwirkung" des Räumungstitels kann in ganz besonders gelagerten Ausnahmefällen eintreten.[22] Der Verwirkungseinwand ist als materiell-rechtlicher Einwand nach § 767 Abs. 1 ZPO geltend zu machen.[23] Der Gläubiger muss – und kann – dann erneut auf Räumung klagen. Denn eine **Verwirkung** seines Räumungsanspruchs ohne neue vertragliche Bindung ist nicht anzuerkennen (s. Einleitung Räumungsvollstreckung Rdn. 22).

10 **a) Anforderungen an die titulierte Pflicht des Schuldners.** Das vollstreckungsrechtliche **Bestimmtheitsgebot** verlangt, dass der durch die Vollstreckung zu erreichende Erfolg nach Art und Umfang aus dem Titel hervorgeht.[24] Das Bestimmtheitsgebot ist zunächst für die Frage von Bedeutung, ob – und ggf. inwieweit – der Titel eine Vollstreckung nach § 885 ZPO zulässt. Dafür muss er auf **Herausgabe, Räumung oder Überlassung** gerichtet sein. Die Norm verhält sich nicht dazu, was Herausgabe, Überlassung und Räumung inhaltlich voneinander unterscheidet. Die Wortwahl ist aber durch das materielle Recht gerechtfertigt, das für die Pflicht zur Übertragung des Besitzes unterschiedliche Begriffe benutzt (etwa § 985 BGB: Herausgabe; § 2 GewSchG: Überlassung; § 546 BGB: Rückgabe). Vollstreckungsrechtlich ist es unerheblich, ob und wie sich die Begriffe unterscheiden, weil alle drei Pflichten nach § 885 ZPO und damit nach denselben Regeln vollstreckt werden.[25] Deshalb reicht es für eine Vollstreckung nach § 885 ZPO aus, wenn der Titel die Pflicht des Schuldners mit einer der drei Begriffe bezeichnet.

11 Enthält der Titel die Pflicht zur Räumung (zum Begriff s. Einleitung Räumungsvollstreckung Rdn. 1), reicht dies – wie sich ohne Weiteres aus dem Wortlaut der Norm ergibt – stets für eine

---

[17] Etwa AG Darmstadt DGVZ 2009, 168; *Holzer* DGVZ 2008, 69.
[18] BGH (V ZB 280/10) NZM 2011, 628.
[19] Vgl. OLG Hamm NJW 1960, 1016; *Schuschke* NZM 2010, 137, 141.
[20] *Walker* in Schuschke/Walker § 885 ZPO Rdn. 3.
[21] OLG Hamm NJW 1960, 1016; LG Heilbronn ZMR 1993, 19; *Lackmann* in Musielak/Voit § 885 ZPO Rdn. 19; **a. A.** *Pawlowski* DGVZ 1992, 97.
[22] Vgl. OLG Hamm NJW 1982, 341; LG Hamburg ZMR 2013, 499 allg. zur Titelverwirkung BGH (XII ZR 59/12) NZM 2014, 78.
[23] AG München DGVZ 2012, 15.
[24] *Gaul* in Gaul/Schilken/Becker-Eberhard Zwangsvollstreckungsrecht § 10 Rdn. 21.
[25] Materiell-rechtlich bedeutet etwa Herausgabe nach § 985 BGB nur den Besitzwechsel, während die Rückgabe nach § 546 BGB auch das Leerräumen der Mietsache umfasst, s. Rdn. 3.

Vollstreckung nach § 885 ZPO aus.[26] Nach § 885 ZPO kann auch vollstreckt werden, wenn der Schuldner zur Herausgabe verurteilt wird; es bedarf daneben nicht auch noch der Tenorierung einer Überlassungs- und/oder Räumungspflicht.[27] Dementsprechend kann auch bei einem solchen Titel das **Mobiliar** des Schuldners nach § 885 Abs. 2 ZPO aus den Räumen **entfernt** werden.[28] Ausnahmen ergeben sich, wenn der Gläubiger seinen Vollstreckungsauftrag nach § 885a Abs. 1 ZPO beschränkt (s. § 885a ZPO Rdn. 8), was insbesondere bei der Herausgabe möbliert vermieteter Räume sinnvoll ist (s. auch Rdn. 32). Daneben ist denkbar, dass die Parteien – etwa im Räumungsvergleich – die **Beschränkung der Vollstreckung** auf die Maßnahme nach § 885 Abs. 1 ZPO vereinbaren.[29] Hierin liegt – je nachdem, ob der vollstreckbare Anspruch auf Wegschaffen des Mobiliars gerichtet ist oder nicht (Rdn. 3) – ein Verzicht des Schuldners oder des Gläubigers auf die seinem Interesse dienende Norm. Dieser Verzicht ist wirksam, weil der Verzichtende seine Auswirkungen konkret überblicken kann (zu diesem Kriterium § 721 ZPO Rdn. 83). In einem solchen Fall ist die Entfernung des Mobiliars unzulässig.[30] Zuletzt soll in Betracht kommen, dass das Gericht die Vollstreckung auf die Maßnahme nach § 885 Abs. 1 ZPO beschränkt, wenn der Anspruch des Gläubigers materiell-rechtlich nur hierauf gerichtet ist.[31] Das überzeugt deshalb nicht, weil das Gericht gesetzlich nicht befugt ist, die in diesen Fällen schuldnerschützende Norm (s. Rdn. 3) auszuschalten.

Problematisch sind Titel, die keinen der in § 885 Abs. 1 S. 1 ZPO genannten Begriffe verwen- 12
den. Dies ist etwa der Fall, wenn der Titel eine Pflicht zur „Rückgabe" (vgl. § 546 BGB) oder zum **„Auszug"** enthält. Hier ist im Wege der **Auslegung** zu ermitteln, ob die titulierte Pflicht unter § 885 ZPO fällt. Maßgeblich ist dafür, ob die Pflicht darauf gerichtet ist, den Schuldner – ggf. einschließlich des ihm gehörenden Mobiliars – aus der (Miet)sache zu entfernen.[32] Diese Voraussetzung ist etwa erfüllt, wenn der Schuldner zur Rückgabe verpflichtet ist, weil dies der mietrechtliche Begriff für die Räumung ist (§ 546 BGB).[33] Ausreichend ist auch, wenn der Titel die Pflicht zur Besitzverschaffung ausspricht.[34] Gleiches gilt für die Pflicht, aus der (Miet)sache auszuziehen, weil dies nach dem allgemeinen Sprachverständnis ein Synonym für die in § 885 ZPO genannten Begriffe (Herausgabe, Überlassung, Räumung) ist.[35] Mangels einer Titulierung der Pflicht zur Besitzaufgabe nicht ausreichend ist es hingegen, wenn ein Vergleich lediglich die Einigung über die Beendigung des Mietvertrags enthält.[36] Ebenfalls nicht ausreichend ist nach wohl allg. Meinung der Tenor einer Entscheidung nach dem FamFG, wonach Räume dem Gläubiger „zugewiesen" werden.[37] Zur Abgrenzung zu §§ 887f. ZPO s. Rdn. 5f.

b) Bestimmtheit des Vollstreckungsgegenstandes. Die Zwangsvollstreckung nach § 885 13
ZPO ist nur zulässig, wenn die herauszugebende Sache im Titel hinreichend bestimmt ist. Dieses Gebot folgt insbesondere aus der Notwendigkeit, die Befugnisse des Gerichtsvollziehers klar festzulegen.[38] Die Beachtung dieses Gebots wird bereits im Erkenntnisverfahren gefordert, weil § 253 Abs. 2 Nr. 2 ZPO einen hinreichend bestimmten Klageantrag verlangt. Dafür muss ein dem Antrag entsprechender Tenor die Zwangsvollstreckung ohne eine Fortsetzung des Streits im Vollstre-

---

26 Unzutreffend LG Karlsruhe DGVZ 1978, 120.

27 Etwa *Olzen* in Prütting/Gehrlein § 885 ZPO Rdn. 7; Zöller/*Stöber* § 885 ZPO Rdn. 2.

28 BGH (IXa ZB 10/03) ZMR 2004, 734.

29 Vgl. zu vollstreckungsbeschränkenden Verträgen BGH (VIII ZR 258/86) NJW-RR 1987, 907; *Gaul* in Gaul/Schilken/Becker-Eberhard Zwangsvollstreckungsrecht § 33 Rdn. 38ff.; Zöller/*Stöber* Vor § 704 ZPO Rdn. 25.

30 Vgl. KG FamRZ 1987, 1290.

31 So zu § 1361b BGB OLG Karlsruhe FamRZ 1994, 1185; PWW/*Weinreich* § 1361b BGB Rdn. 24.

32 *Walker* in Schuschke/Walker § 885 ZPO Rdn. 2.

33 Vgl. OLGR Jena 1998, 303; OLGR Saarbrücken 2005, 905.

34 Vgl. BGH (V ZB 280/10) NZM 2011, 628 zum Beschluss nach § 150 Abs. 2 ZVG.

35 AG Gießen DGVZ 1991, 126; *Gilleßen* DGVZ 2006, 145, 148; Zöller/*Stöber* § 885 ZPO Rdn. 2. Unzutreffend AG Mainz DGVZ 2001, 63.

36 LG Berlin DGVZ 1991, 92; *Olzen* in Prütting/Gehrlein § 885 ZPO Rdn. 7; anders kann dies bei gleichzeitiger Vereinbarung einer Räumungsfrist sein: LG Coburg DGVZ 1991, 38; *Brehm* in Stein/Jonas § 885 ZPO Rdn. 1.

37 OLG Stuttgart FamRZ 2002, 559; *Brehm* in Stein/Jonas § 885 ZPO Rdn. 1; *Götz* in Johannsen/Henrich § 209 FamFG Rdn. 4.

38 *Gaul* in Gaul/Schilken/Becker-Eberhard Zwangsvollstreckungsrecht § 10 Rdn. 21.

ckungsverfahren erwarten lassen.[39] Wird dennoch ein **unbestimmter Titel** erlassen, kann die Vollstreckung nach § 885 ZPO nicht erfolgen; der Gläubiger muss eine **neue Klage** erheben.[40]

14 Der Räumungstitel ist hinreichend bestimmt, wenn ihm sich – gegebenenfalls durch Auslegung – entnehmen lässt, welche konkreten Räumlichkeiten herauszugeben sind. Dabei ist zu unterscheiden: Ist der Titel Ergebnis eines **gerichtlichen Erkenntnisverfahrens,** insbesondere eines Urteils, so kann sein genauer Inhalt im Wege der Auslegung auch unter Zuhilfenahme des **Tatbestandes und der Entscheidungsgründe** bestimmt werden.[41] In Versäumnisurteilen kann nach Ansicht des BGH zur Auslegung auch auf den Klageantrag nebst Begründung zurückgegriffen werden[42]; gleiches muss dann auch für ein Anerkenntnisurteil gelten. In Urteilen genügt nach der Rechtsprechung zudem eine Bezugnahme auf **Anlagen** ausnahmsweise dem Bestimmtheitsgebot, falls sich der Tenor der Entscheidung anderenfalls mit vertretbarem Aufwand nicht fassen ließe.[43] Ansonsten – dies ist insbesondere bei **Vergleichen** von Bedeutung – muss der **Titel aus sich heraus** genügend bestimmt sein oder jedenfalls sämtliche Kriterien für seine Bestimmbarkeit eindeutig festlegen. Es genügt dann etwa nicht, wenn auf Urkunden Bezug genommen wird, die nicht Bestandteil des Titels sind – also mit diesem nicht fest verbunden sind – oder wenn die Leistungspflicht nur aus dem Inhalt anderer Schriftstücke ermittelt werden kann.[44] Allerdings kann bei der Auslegung auch von nicht auf einem Erkenntnisverfahren beruhenden Titeln auf allgemein zugängliche und sicher feststellbare Umstände zurückgegriffen werden.[45] Diese sind aber nicht die Prozessakten[46], weshalb etwa bei einem Räumungsvergleich deren Inhalt bei der Auslegung nicht zu berücksichtigen ist. Ist der Titel unbestimmt, kann der Schuldner **nach § 766 ZPO** die Zwangsvollstreckung für unzulässig erklären lassen.[47]

15 Nach diesen Grundsätzen ist etwa ein Titel hinreichend bestimmt, der die zu räumende Wohnung **postalisch** bezeichnet sowie – falls erforderlich (z. B. Mehrfamilienhaus) – ihre genaue Lage (z. B. 3. Etage links) nennt. Nicht erforderlich ist, dass die Zahl der Räume der Wohnung im Titel genannt wird, weil sich der Titel auf sämtliche räumlich **zur Wohnung gehörenden Bereiche** erstreckt. Unklarheiten, welche Bereiche zu den im Titel genannten Räumen gehören, muss der Gerichtsvollzieher ggf. durch Hilfsmittel (z. B. Baupläne) beseitigen.[48] Abgetrennte Nebenräume oder Flächen (z. B. Garagen oder Kellerräume) sind vom Titel hingegen – vorbehaltlich einer anderen Auslegung – nur erfasst, wenn sie in ihm genannt sind.[49] Dabei gilt auch hier das Bestimmtheitsgebot, weshalb etwa die in der Praxis häufig anzufindende Formulierung, die den Mieter zur Herausgabe der Wohnung „nebst zugehörigem Keller" verpflichtet, nur zur Räumung eines **Kellers** berechtigt, wenn dieser vom Gerichtsvollzieher ermittelt werden kann. Dem Bestimmtheitsgebot genügt ein Titel, der das zu räumende Grundstück mit seiner **grundbuchmäßigen** oder katastermäßigen **Bezeichnung** benennt, weil es sich um allgemein zugängliche und sicher feststellbare Bestimmungskriterien handelt.[50] Der BGH scheint hier allerdings die Angabe von Gemarkung, Band, Blatt und Flurstück zu verlangen[51], was nicht überzeugt, weil etwa auch die bloße Angabe des Grundbuches nebst Blattnummer die Bestimmbarkeit gewährleistet. Ausreichend ist auch, wenn die zu räumende Fläche in einer **Anlage** zum Titel so eingezeichnet ist, dass sie identifizierbar ist; eine ganz exakte Bestimmung der Grenzen, etwa durch maßstabsgerechte Eintragungen in einer Liegenschaftskarte, ist nicht erforderlich.[52]

---

[39] BGH (VIII ZR 94/12) NJW 2013, 1367; (I ZR 168/00) NJW 2003, 668.
[40] BGH (I ZB 57/10) NJW 2011, 3161; *Gaul* in Gaul/Schilken/Becker-Eberhard Zwangsvollstreckungsrecht § 10 Rdn. 43.
[41] BGH (I ZB 57/10) NJW 2011, 3161; (I ZR 117/97) NJW 2000, 2207; (IX ZB 55/92) NJW 1993, 1801.
[42] BGH (IX ZR 244/92) NJW 1994, 460.
[43] BGH (I ZR 18/01) NJW-RR 2003, 910; (I ZR 117/97) NJW 2000, 2207.
[44] BGH (XII ZR 94/03) NJW 2006, 695.
[45] BGH (IV b ZR 73/84) NJW 1986, 1440.
[46] OLG Saarbrücken NJW-RR 2010, 95; OLG Schleswig BauR 2009, 851; Zöller/*Stöber* § 794 ZPO Rdn. 14 a.
[47] BGH (I ZB 61/12) NJW 2013, 2287.
[48] BGH (I ZB 61/12) NJW 2013, 2287; Grenzfall bei LG Dessau-Roßlau NZM 2017, 191.
[49] Vgl. LG Bonn DGVZ 1998, 142; *Riecke* in Schmid/Harz § 885 ZPO Rdn. 41; anders wohl *Gilleßen* DGVZ 2006, 145, 149: Titel erstreckt sich auf das Nebengelass.
[50] OLG München DGVZ 1999, 56; vgl. auch BGH (IX ZR 255/93) NJW 1995, 1162.
[51] BGH (I ZB 120/05) NJW-RR 2009, 445.
[52] BGH (V ZR 162/08) GuT 2009, 330.

c) **Bestimmtheit des Schuldners.** Dr Titel muss nach § 750 ZPO die Parteien der Zwangsvollstreckung hinreichend bestimmen; hiervon zu trennen ist Frage, ob der Titel auch zur Räumung in ihm nicht genannter Personen berechtigt (dazu Rdn. 24ff.). Bestehen bei Räumungstiteln Zweifel über die Person des Schuldners, gelten die obigen Ausführungen (Rdn. 13ff.) zur **Auslegung** entsprechend.[53] 16

Umstritten ist, ob ein Räumungstitel, der den Schuldner namentlich nicht genau benennt, ihn aber dadurch identifiziert, dass er etwa gegen die „jeweiligen unmittelbaren Besitzer" der herauszugebenden Räume gerichtet ist, zur Vollstreckung berechtigt.[54] Das praktische Bedürfnis für eine solche Titulierung kann sich etwa bei **Hausbesetzungen** ergeben. Hier bereitet die Vollstreckung allerdings nicht nur mit Blick auf die Bestimmtheit des Titels rechtliche Schwierigkeiten. Problematisch sind nämlich auch der Nachweis der Zustellung des Titels sowie Konstellationen, in denen zwischen Titulierung und Vollstreckung der Besitzer der herauszugebenden Sache wechselt. In der Literatur wird – ergänzend zur „namenslosen" Titulierung – vorgeschlagen, die Zustellung auch ohne namentliche Nennung auf der Zustellungsurkunde nach § 182 ZPO anzuerkennen; im Falle des Besitzerwechsels soll der Titel ohne Umschreibung nach § 325 ZPO gegen den neuen Besitzer wirken.[55] Für diese – die Grenzen der zulässigen Gesetzesauslegung zumindest berührende[56] – Ansicht spricht, dass anderenfalls die Räumungsvollstreckung in Ausnahmekonstellationen wie der Hausbesetzung faktisch nicht durchführbar wäre. Dies würde letztlich zu einem Versagen des Privatrechts führen. Dies ist ein gravierender Befund, der durch den Hinweis auf öffentlich-rechtlichen Rechtsschutz des Gläubigers[57] kaum verbessert wird.[58] 17

2. Vollstreckungsgegenstand

Die Vollstreckung nach § 885 ZPO setzt voraus, dass sich die Mietsache entweder in einer unbeweglichen Sache oder einem eingetragenen Schiff oder Schiffsbauwerk befindet. Der Begriff der unbeweglichen Sache bestimmt sich nach §§ 93ff. BGB. § 885 ZPO findet also einerseits Anwendung auf die Räumung von Grundstücken sowie Gebäuden oder Gebäudeteilen, insbesondere Wohnungen, die wesentliche Bestandteile eines Grundstücks sind. Sollen Räumlichkeiten herausgegeben werden, die nach § 95 BGB **Scheinbestandteile** eines Grundstücks sind – etwa ein Wohncontainer oder ein Mobilheim – ist § 885 ZPO analog anwendbar, weil für die Vollstreckung die Bestandteilsproblematik unerheblich ist.[59] Dies wird praxisrelevant, wenn der Titel (auch) auf Herausgabe des Scheinbestandteils gerichtet ist, weil mit diesem dann nicht nach § 885 Abs. 2 bis 4 ZPO verfahren wird, sondern diese Räumlichkeiten auf dem Grundstück verbleiben. 18

Die Begriffe des eingetragenen Schiffs und des eingetragenen Schiffsbauwerks ergeben sich aus §§ 4, 65 **SchRegO.** Ist ein Schiff nicht eingetragen, findet § 885 ZPO analoge Anwendung, weil die Eintragung für die Art und Weise der Vollstreckung unerheblich ist.[60] 19

V. Rechtsfolgen

Die Rechtsfolgen einer Vollstreckung nach § 885 ZPO betreffen einerseits die herauszugebende Sache (§ 885 Abs. 1 S. 1 ZPO), andererseits das in der Sache befindliche Mobiliar (§ 885 Abs. 2 bis 4 20

---

[53] *Gaul* in Gaul/Schilken/Becker-Eberhard Zwangsvollstreckungsrecht § 10 Rdn. 74.

[54] Dafür etwa LG Kassel NJW-RR 1991, 381; *Majer* NZM 2012, 67; *Walker* in Schuschke/Walker § 885 ZPO Rdn. 12; Zöller/*Vollkommer* § 935 ZPO Rdn. 4; dagegen etwa OLG Köln NJW 1982, 1888; *Heßler* in MünchKomm § 750 ZPO Rdn. 51.

[55] *Majer* Räumungsvollstreckung S. 38ff.

[56] Nach BR-Drs. 313/12, S. 47 widerspricht ein „wohnungsbezogener Vollstreckungstitel" den Grundsätzen des deutschen Vollstreckungsrechts. Darum handelt es sich aber de facto, wenn man einen Titel gegen den „jeweiligen Besitzer" der Räume anerkennt.

[57] Vgl. die Darstellung bei *Majer* Räumungsvollstreckung S. 59ff. mit Nachweisen.

[58] Vgl. – in anderem Zusammenhang – BGH (I ZB 19/11) NJW 2012, 2889 zu der Frage, ob die Vollstreckung nach § 885 ZPO ausscheidet, wenn die Ordnungsbehörden einschreiten könnten: „Es ist vielmehr Aufgabe der Zivilgerichte und der Vollstreckungsorgane, für die effektive Durchsetzung der bei ihnen geltend gemachten Ansprüche zu sorgen."

[59] Zöller/*Stöber* § 885 ZPO Rdn. 1.

[60] Zöller/*Stöber* § 885 ZPO Rdn. 1 für bewohnte Schiffe. **A. A.** BeckOK ZPO/*Stürner* 16. Ed. § 885 ZPO Rdn. 4 (Vollstreckung nach § 883 ZPO).

ZPO). Daneben muss der Schuldner die **Angaben nach § 885 Abs. 1 S. 2 ZPO** machen; die Nichtbeachtung dieser prozessualen Pflicht ist allerdings nicht sanktionsbewehrt.

1. Herausgabe des Vollstreckungsgegenstandes (§ 885 Abs. 1 S. 1 ZPO)

21 Nach § 885 Abs. 1 S. 1 ZPO hat der Gerichtsvollzieher den Schuldner aus dem Besitz zu setzen und den Gläubiger in den Besitz einzuweisen. Einzelheiten sind in §§ 180f. GVGA enthalten. Diese nur innerdienstlich bindende Regelung[61] wird von der Rechtsprechung zwar auch zur Ausfüllung des gegenüber den Parteien bestehenden Pflichtenprogramms herangezogen.[62] Ein Verstoß gegen die **GVGA** ist aber kein vollstreckungsrechtlicher Verfahrensfehler, weshalb er nicht nach § 766 ZPO gerügt werden kann.[63] Nach § 128 Abs. 2 GVGA hat der Gerichtsvollzieher den Schuldner regelmäßig drei Wochen vor dem Räumungstermin über die Vollstreckung zu informieren (s. Rdn. 8). Droht durch die Vollstreckung Obdachlosigkeit, hat der Gerichtsvollzieher die zuständige Verwaltungsbehörde zu benachrichtigen. Auf Antrag kann der Gerichtsvollzieher nach § 765a Abs. 2 ZPO die Zwangsvollstreckung aufschieben (s. § 765a ZPO Rdn. 36).

22 **a) Grundsätze des Besitzwechsels.** Der für den Besitzwechsel erforderliche Besitzverlust des Schuldners wird vom Gerichtsvollzieher notfalls durch unmittelbaren Zwang (§ 758 Abs. 3 ZPO) herbeigeführt. Muss der Gerichtsvollzieher hierbei Wohnräume betreten, ist dafür keine richterliche Anordnung notwendig, solange die Vollstreckung nicht zur Nachtzeit erfolgt (§ 758a ZPO).[64] Was für die **Besitzeinweisung** erforderlich ist, bestimmt sich nach **bürgerlichem Recht.**[65] Der Besitzwechsel erfolgt bei Räumen regelmäßig dadurch, dass der Gerichtsvollzieher dem Gläubiger die Schlüssel zu den Räumen übergibt. Denn der Besitz an Räumen wird durch den Besitz an den dazu gehörigen Schlüssel ausgeübt.[66] Sind (nicht alle) Schlüssel vom Schuldner zu erlangen, tauscht der Gerichtsvollzieher das Schloss aus. Auch bei befriedeten Grundstücken erfolgt der Besitzwechsel regelmäßig durch **Schlüsselübergabe.** Anderenfalls erfolgt die Herausgabevollstreckung durch die zu protokollierende Erklärung des Gerichtsvollziehers, dass der Schuldner aus dem Besitz gesetzt und der Gläubiger in diesen eingewiesen wird, weil in diesen Fällen für die Besitzerlangung der Besitzwille ausreicht.[67]

23 Der Besitzwechsel verlangt nicht zwingend, dass sämtliche Bewohner des Vollstreckungsgegenstandes diesen verlassen. So wird etwa der Titel auf **Herausgabe** eines **Altenheims** dadurch vollzogen, dass der Gerichtsvollzieher den ehemaligen Mieter des Altenheims aus dem Besitz setzt; die Räumung der Bewohner ist nicht erforderlich.[68]

24 **b) Vollstreckung gegen im Titel nicht genannte Dritte.** Praktisch bedeutsam ist die Frage, ob der Gerichtsvollzieher auch Personen aus dem Besitz setzen kann, die im Titel nicht als Schuldner genannt sind. Nach der Rechtsprechung ist die Vollstreckung gegen Dritte aus dem Titel nur zulässig, wenn diese **keinen Besitz** an den Räumen haben.[69] Dies überzeugt deshalb, weil § 885 ZPO den zwangsweisen Besitzverlust nur gegenüber dem Schuldner zulässt und damit nur gegen die Personen, die im Titel genannt sind. Eine abweichende Interpretation der Norm – wie sie früher vielfach vertreten wurde[70] – ist mit Einführung von **§ 940a Abs. 2 ZPO** de lege lata ausgeschlossen. Diese Vorschrift ermöglicht es, gegen den (Mit)besitzer von Wohnraum im Verfahren der einstweiligen Verfügung einen Räumungstitel zu erlangen, was zeigt, dass ohne Titel gegen diese Personen nicht vollstreckt werden kann. Die Vollstreckung gegen den Drittbesitzer ist nach Ansicht des BGH auch dann unzulässig, wenn der Dritte dem Handeln des Gerichtsvollziehers nicht widerspricht.[71] Der Dritte kann sich gegen die Vollstreckung über **§ 766 ZPO** wehren (s. Rdn. 60). Eine

---

[61] BVerfG NJW 1987, 2499; OLG Hamburg NJW 1966, 2319. Die in den Bundesländern einheitlich erlassene GVGA beruht auf § 154 GVG.

[62] Vgl. BGH (III ZR 143/06) NJW-RR 2008, 338 (Amtshaftung); *Midderhoff* DGVZ 1983, 4.

[63] LG Bonn DGVZ 1993, 41; *Midderhoff* DGVZ 1983, 4; *Lackmann* in Musielak/Voit § 766 ZPO Rdn. 22.

[64] BGH (VIII ZR 8/11) NJW 2012, 144 Rdn. 16.

[65] BGH (I ZB 120/05) NJW-RR 2009, 445.

[66] OLG Brandenburg NZM 2000, 463; OLG Düsseldorf MDR 2003, 82.

[67] BGH (I ZB 120/05) NJW-RR 2009, 445; (V ZR 162/08) GuT 2009, 330.

[68] BGH (IXa ZB 10/03) ZMR 2004, 734.

[69] BGH (I ZB 39/08) NJW 2008, 3287; (I ZB 56/07) NJW 2008, 1959; (IXa ZB 51/04) FamRZ 2005, 269; (IXa ZB 29/04) NJW 2004, 3041.

[70] Vgl. zu den Vertretern der sog. Ein-Titel-Theorie die Darstellung bei *Majer* Räumungsvollstreckung S. 23ff.

[71] BGH (IXa ZB 29/04) NJW 2004, 3041.

Vollstreckung nur gegen den im Titel genannten **mitbesitzenden Schuldner** ist hingegen **möglich;** der Gläubiger kann nach § 885a Abs. 1 ZPO beantragen, dass dieser aus dem Besitz gesetzt wird. Der Gerichtsvollzieher kann dann etwa das Schloss zu den Räumen auswechseln und die Schlüssel dem im Titel nicht genannten Dritten aushändigen.[72] Die Entfernung des Räumungsgutes nach § 885 Abs. 2 ZPO ist in diesen Fällen unzulässig, weil für den Gerichtsvollzieher nicht ersichtlich ist, inwieweit dieses dem Dritten gehört und daher nicht unter die Norm fällt.[73] Praktisch sinnvoll ist ein solches Vorgehen regelmäßig allerdings nicht, weil der Vermieter nicht in den Besitz der Räume gelangt und auch faktisch nicht verhindern kann, dass der Dritte den Schuldner wieder in die Räume aufnimmt.

Ob im Titel nicht genannte Dritte (Mit)besitzer der Räume sind, bestimmt sich nach § 854 **25**
BGB.[74] Die Norm verlangt einerseits die tatsächliche **Sachherrschaft** und andererseits einen **Besitzwillen.**[75] Ob diese Voraussetzungen erfüllt sind, muss der Gerichtsvollzieher anhand der konkreten Umstände des Einzelfalls prüfen.[76] Trifft der Gerichtsvollzieher den **Ehegatten** des Mieters in der Wohnung an, ist dieser nach Ansicht des BGH regelmäßig Besitzer; die Aufnahme in die Wohnung reiche für die Besitzbegründung aus.[77] Gleiches muss dann für den **Lebenspartner** (§ 1 Abs. 1 LPartG) gelten. Bei anderen Personen, insbesondere **nichtehelichen Lebensgefährten,** bedarf es hingegen einer näheren Prüfung der Besitzverhältnisse, wobei die Anzeige der Besitzerlangung an den Gläubiger (Vermieter) für die Besitzbegründung nicht zwingend erforderlich ist.[78] Aus den Gesamtumständen muss sich nach Ansicht des BGH aber klar und eindeutig ergeben, dass der Dritte Mitbesitzer ist. Als mögliche Anhaltspunkte nennt der BGH die Anzeige der Aufnahme des Dritten in die Wohnung gegenüber dem Vermieter oder seine melderechtliche Anmeldung in der Wohnung.[79] Minderjährige **Kinder** des Schuldners haben nach der Rechtsprechung grundsätzlich keinen Mitbesitz; werden die Kinder volljährig, so ändert sich dies nur, wenn die Änderung der Besitzverhältnisse nach außen eindeutig erkennbar geworden ist.[80]

Die – zutreffende – Rechtsprechung des BGH führt in der Praxis zu Rechtsunsicherheit, weil **26**
sie die Vorhersehbarkeit des Vollstreckungserfolgs mit der Ungewissheit belastet, ob im konkreten Fall Personen als Besitzer eingeordnet werden oder nicht. Das Bedürfnis nach einer **normativen Bewertung** der Besitzproblematik liegt daher auf der Hand. Hierfür könnten **Personengruppen** (Ehegatten, Kinder, Besucher, Lebensgefährten, Besucher etc.) gebildet und diese besitzrechtlich eingeordnet werden.[81] Ein solches Vorgehen ist aber nur **bedingt praxistauglich.** Denn einerseits setzt Besitz voraus, dass die Herrschaftsbeziehung des Dritten für jeden, der ein Interesse daran hat, erkennbar ist.[82] Zudem kann der Besitz jederzeit ergriffen werden.[83] Allein durch Zuordnung einer Person zu einer bestimmten Gruppe kann daher die Frage des Besitzes nicht abschließend geklärt werden. Zwar bestimmt sich die Frage der tatsächlichen Sachherrschaft nach der **Verkehrsanschauung.**[84] Hier können also normative Kriterien (z. B. Ehegatte) durchaus fruchtbar gemacht werden. Die Publizität des Besitzes entzieht sich hingegen einer allgemeinen Betrachtung. Dies zeigt sich auch in der **Instanzrechtsprechung,** die etwa den Umstand der ordnungsrechtlichen Anmeldung unterschiedlich bewertet.[85] Die bloße Anwesenheit eines Dritten bei der Vollstreckung soll dieser nicht entgegenstehen.[86] Geht es um die Räumung von Geschäftsräumen, soll die kon-

[72] AG Leverkusen DGVZ 1996, 126; vgl. auch OLG Köln WuM 1997, 280.
[73] Vgl. LG Wiesbaden DGVZ 2000, 24.
[74] BGH NJW (IXa ZB 29/04) NJW 2004, 3041.
[75] Statt vieler: BGH (VIII ZR 379/86) NJW 1987, 2812; *Fritzsche* in Bamberger/Roth § 854 BGB Rdn. 20.
[76] BGH (I ZB 56/07) NJW 2008, 1959.
[77] BGH (I ZB 56/07) NJW 2008, 1959; (IXa ZB 29/04) NJW 2004, 3041.
[78] BGH (I ZB 56/07) NJW 2008, 1959.
[79] BGH (I ZB 56/07) NJW 2008, 1959.
[80] BGH (I ZB 56/07) NJW 2008, 1959; **a. A.** etwa *AG Wiesbaden WuM 2015, 633 (Bewohnen eigener Räume und Zahlen eines Entgelts an die Eltern reicht nicht); Schuschke* NJW 2008, 1959.
[81] Vgl. etwa *Gilleßen* DGVZ 2009, 145, 153; *Schuschke* DGVZ 2009, 161.
[82] BGH (V ZR 10/63) NJW 1965, 1712; *Fritzsche* in Bamberger/Roth § 854 BGB Rdn. 29; *Gutzeit* in Staudinger (2012) § 854 BGB Rdn. 8.
[83] Deshalb ist es besitzrechtlich etwa unerheblich, wenn vor der Räumungsklage – und damit Monate vor der Vollstreckung – der Mieter auf eine Anfrage des Vermieters, ob ein Drittbesitzer existiere, negativ geantwortet hat (unzutreffend daher *Scholz* ZMR 2009, 99 und im Ergebnis auch *Klimesch* ZMR 2009, 431).
[84] BGH (VIII ZR 379/86) NJW 1987, 2812.
[85] Für Besitz ausreichend: AG Wuppertal JurBüro 2011, 319; **a. A.** AG Ludwigshafen WuM 2010, 45; AG Bad Neuenahr-Ahrweiler DGVZ 2009, 167.
[86] LG Frankfurt/Main (2–11 T 21/12) IMR 2012, 211 *(Herbert)*.

krete Feststellung eines etwaigen Mitbesitzes der Ehefrau erforderlich sein.[87] Schwierigkeiten bereiten auch Konstellationen, in denen der Gerichtsvollzieher beim Räumungstermin keinen Dritten antrifft. Ein fremder Name auf dem Türschild soll für erkennbaren Besitz eines Dritten dann nicht ausreichen[88], ebenso wenig der Umstand, dass der Schuldner den Besitz eines nicht anwesenden Dritten behauptet.[89] Keinen Besitz haben die Patienten einer Klinik[90]; die Bewohner eines Altenheims sind hingegen Besitzer (zur Räumung s. Rdn. 23).

27 Hat der Dritte danach Besitz an der herauszugebenden Sache, kann dieser Umstand nach **h. M.** nicht nach **Treu und Glauben** ignoriert werden, und zwar selbst dann nicht, wenn die Zwangsvollstreckung durch den Besitz des Dritten vereitelt wird.[91] Dies gilt auch dann, wenn der Mieter unzutreffend vor der Räumungsklage den Besitz eines Dritten in Abrede gestellt hat.[92] Denn § 242 BGB kann die Voraussetzung des § 750 Abs. 1 S. 1 ZPO schon grundsätzlich nicht ausschalten.[93] Zudem könnte das treuwidrige Verhalten des Mieters (falsche Antwort) nicht dem Dritten entgegengehalten werden.

28 Eine **Umschreibung des Titels** gegen den Dritten nach **§ 727 ZPO** ist zwar möglich, scheitert in der Praxis aber regelmäßig daran, dass der für die Umschreibung erforderliche Nachweis, dass der Besitzswechsel nach Rechtshängigkeit erfolgte, nicht in der gemäß § 727 Abs. 1 ZPO erforderlichen Form geführt werden kann.[94] In der Literatur wird vorgeschlagen, die spätere Umschreibung dadurch zu ermöglichen, dass der Räumungsantrag mit einem Feststellungsantrag zum Fehlen von Drittbesitz flankiert wird.[95]

29 **c) Beschränkung auf einen Teil der herauszugebenden Sache.** Auch in der Zwangsvollstreckung gilt grundsätzlich die **Dispositionsmaxime.** Deshalb kann der Gläubiger die Vollstreckung auf einen Teil des titulierten Anspruchs beschränken.[96] Der Gläubiger kann daher beantragen (vgl. § 753 ZPO), dass er nur in den Besitz eines näher bezeichneten Teils der herauszugebenden Räume durch den Gerichtsvollzieher eingewiesen werden möge.[97] Zur Beschränkung des Antrags siehe auch § 885 a ZPO.

2. Bewegliche Sachen (Abs. 2 bis 5)

30 Während § 885 Abs. 1 S. 1 ZPO die Übertragung des Besitzes am Vollstreckungsgegenstand betrifft, regeln die § 885 Abs. 2 bis 5 ZPO den Umgang mit beweglichen Sachen, die nicht Gegenstand der Vollstreckung sind. Hierbei ist zu beachten, dass § 885 Abs. 2 bis 4 ZPO nicht gelten, wenn bewegliche Sachen nach **anderen Regeln** der **Vollstreckung unterliegen,** etwa wegen einer gleichzeitigen Vollstreckung nach § 808 BGB.[98] Zum Zweck von § 885 Abs. 2 bis 5 ZPO s. Rdn. 3f.

31 **a) Begriff der beweglichen Sache („Räumungsgut").** Die von §§ 885 Abs. 2 bis 4 ZPO erfassten Sachen definieren sich einerseits durch das Merkmal der Beweglichkeit, andererseits dadurch, dass sie nicht Gegenstand der Vollstreckung und damit **vermögensrechtlich dem Schuldner zugeordnet** sind (sog. Räumungsgut). Daraus folgt zunächst, dass **wesentliche Bestandteile** des Vollstreckungsgegenstandes (§§ 93f. BGB) nicht unter § 885 Abs. 2 ZPO fallen, weshalb etwa mit Bauwerken und Anpflanzungen nicht gemäß §§ 885 Abs. 2 bis 4 ZPO zu verfahren ist.[99] Gleiches gilt beispielsweise für eine Einbauküche oder eine Heizungsanlage, wenn diese wesentliche

---

[87] AG Leipzig DGVZ 2010, 156 (Gewerbeanmeldung nicht ausreichend).

[88] LG Berlin GE 2012, 404; **a. A.** *Majer* Räumungsvollstreckung S. 16 und für die Begründetheit einer Räumungsklage gegen den Dritten OLG Hamburg NZM 2012, 387.

[89] Vgl. LG Hamburg ZMR 2012, 916; AG Charlottenburg NJW-RR 2014, 1359 (Vorlage Untermietvertrag reicht nicht).

[90] Vgl. BVerfG DGVZ 2002, 118; LG Gießen BeckRS 2002, 31212342.

[91] BGH (I ZB 39/08) NJW 2008, 3287 Rdn. 10ff.; *Gruber* in MünchKomm § 885 ZPO Rdn. 15; *Zöller/*Stöber § 885 ZPO Rdn. 5; **a. A.** *Riecke* in Schmid/Harz § 885 ZPO Rdn. 76; *Walker* in *Schuschke*/Walker § 885 ZPO Rdn. 11.

[92] **A. A.** *Klimesch/Wedel* ZMR 2012, 679, 681; *Lützenkirchen/Dickersbach* MietR Anhang § 546 Rdn. 26.

[93] BGH (I ZB 39/08) NJW 2008, 3287 Rdn. 10ff. Die wenige Monate zuvor angestellten Überlegungen des BGH zu diesem Problemkreis (I ZB 56/07) NJW 2008, 1959 sind damit überholt.

[94] *Gruber* in MünchKomm § 885 ZPO Rdn. 15; *Schuschke* DGVZ 2009, 160, 163.

[95] Näher *Baer* ZMR 2013, 334 = AnwZertMietR 3/2013 Anm. 1 (juris).

[96] Vgl. *Becker-Eberhard* in Gaul/Schilken/Becker-Eberhard Zwangsvollstreckungsrecht § 26 Rdn. 5.

[97] LG Kleve DGVZ 2010, 215.

[98] *Gilleßen* DGVZ 2006, 185, 188; *Storz* in Wieczorek/Schütze § 885 ZPO Rdn. 48.

[99] BGH (IXa ZB 328/03) NJW-RR 2005, 212; AG Forchheim DGVZ 2010, 218.

Bestandteile des Gebäudes und damit des Grundstücks sind, was sich nach der örtlichen Verkehrsanschauung bestimmt.[100] Beim **Zubehör** (§§ 97f. BGB) des Vollstreckungsgegenstandes handelt es sich zwar um eine bewegliche Sache, was dafür sprechen würde, Zubehör unter § 885 Abs. 2 ZPO zu fassen. Nach allgemeiner Ansicht fällt Zubehör aber unter § 885 Abs. 1 ZPO, auch wenn es im Titel nicht ausdrücklich als Teil der herauszugebenden Sache genannt ist.[101] Das Zubehör verbleibt daher im Vollstreckungsgegenstand. Die Zuordnung einer konkreten Sache zum Räumungsgut erfolgt vor Ort durch den Gerichtsvollzieher unter Berücksichtigung der Verkehrsanschauung, weil dies das für die Zuordnung als wesentlicher Bestandteil oder Zubehör maßgebliche Kriterium ist.[102] Gegen die **Zuordnungsentscheidung** können sich die Parteien nach § 766 ZPO wehren.[103] § 885 Abs. 2 bis 4 ZPO gelten nach § 90a S. 3 BGB für **Tiere** entsprechend; der Gläubiger kann für die Entfernung der Tiere vom Grundstück nicht etwa auf das Tätigwerden der Ordnungsbehörden verwiesen werden.[104]

§ 885 Abs. 2 ZPO differenziert nicht nach den **Eigentumsverhältnissen,** weshalb Räumungsgut nicht nur dem Schuldner, sondern auch Dritten gehörende Sachen sind. Vom Wortlaut erfasst wird auch Eigentum des Gläubigers. Das Wegschaffen dieser Sachen durch den Gerichtsvollzieher ist vom Zweck der Norm (s. Rdn. 3) aber nicht erfasst. Dies gebietet es, Eigentum des Gläubigers aus dem Anwendungsbereich auszunehmen, wenn das Eigentum und ein fehlendes Besitzrecht für den Gerichtsvollzieher offensichtlich sind.[105] Dies kann etwa bei der Vermietung einer möblierten Wohnung bedeutsam werden, weil die Möbel regelmäßig nicht Zubehör sind.[106] 32

Problematisch ist, inwieweit – dem Wortlaut entsprechend – auch **Unrat, Müll oder wertloses Gerümpel** Räumungsgut sind. Nach Ansicht des BGH fällt die aufwändige und kostenintensive Beseitigung von Abfall nicht unter die Norm, sondern bedarf einer gesonderten Titulierung und Vollstreckung nach § 887 ZPO (s. Rdn. 6).[107] In einem obiter dictum aus der Zeit vor Einführung von § 885 Abs. 3 S. 2 ZPO hat der BGH ferner festgehalten, der Gerichtsvollzieher müsse Unrat, Müll oder wertloses Gerümpel nicht in Verwahrung nehmen.[108] Ob der BGH dieses Ergebnis auf eine Auslegung des Merkmals „bewegliche Sache" oder aber des Merkmals „Verwahrung" stützt, bleibt offen. In der Literatur wird Gerümpel etc. verbreitet unter § 885 Abs. 2 ZPO subsumiert.[109] Richtigerweise ist mit Blick auf den vollstreckbaren Anspruch und der sich daraus ergebenden Schutzrichtung der Norm (dazu Rdn. 3) zu **differenzieren:** Ist der Schuldner – etwa aus § 546 BGB – auch zum Wegschaffen seines Mobiliars verpflichtet, muss der Gerichtsvollzieher dieses auch dann wegschaffen, wenn es sich um Müll oder Gerümpel handelt. Er übergibt die Sachen dann entweder dem Schuldner oder verfährt nach § 885 Abs. 3 S. 2 ZPO. Anders ist es, wenn der Schuldner nur zur Besitzüberlassung verpflichtet ist und § 885 Abs. 2 ZPO seinem Schutz dient. Hier ist eine teleologische Reduktion der Norm angezeigt, weil es der Schutz des Schuldners nicht gebietet, Müll oder Gerümpel, an dem offensichtlich niemand Interesse hat, dem Zugriff des Gläubigers zu entziehen. 33

b) Wegschaffen und Übergabe an Anwesende (Abs. 2). Das Räumungsgut wird nach § 885 Abs. 2 ZPO vom Gerichtsvollzieher weggeschafft und dem Schuldner oder seinen Hilfspersonen übergeben bzw. zur Verfügung gestellt. Wegschaffen bedeutet, dass die Sachen **vom Vollstreckungsgegenstand entfernt** werden. Besitzwechsel nach Abs. 1 und Wegschaffen der Sachen müssen nicht zwingend am selben Tag erfolgen (s. § 885a ZPO Rdn. 4 – „Hamburger Räumung"). Die Übergabe an den Schuldner erfolgt also außerhalb des Vollstreckungsgegenstandes, damit das Ziel der Räumung erreicht wird. Das Gesetz enthält keine Vorgaben, in welcher Art und Weise das Wegschaffen zu erfolgen hat; typischerweise wird der Gerichtsvollzieher die beweglichen 34

---

[100] Zur Einordnung *Fritzsche* in Bamberger/Roth § 97 BGB Rdn. 18 m. Nachweisen.
[101] BGH (IXa ZB 10/03) ZMR 2004, 734; *Gruber* in MünchKomm § 885 ZPO Rdn. 32.
[102] Vgl. *Fritzsche* in Bamberger/Roth § 94 Rdn. 16 und § 97 BGB Rdn. 17 m. Nachweisen.
[103] Vgl. OLG Düsseldorf DGVZ 1997, 57.
[104] BGH (I ZB 19/11) NJW 2012, 2889 mit Nachweisen zum Streitstand. Dies führt dazu, dass der Gläubiger einen entsprechenden Vorschuss an den Gerichtsvollzieher leisten muss und die Entfernung der Tiere nicht nach § 888 ZPO verfolgen kann, BGH aaO.
[105] Vgl. zu § 808 BGB *Flury* in Prütting/Gehrlein § 808 ZPO Rdn. 3; *Becker* in Musielak/Voit § 808 ZPO Rdn. 5.
[106] OLG Düsseldorf DNotZ 1987, 108; *Jickeli/Stieper* in Staudinger (2012) § 97 BGB Rdn. 26.
[107] BGH (IXa ZA 9/04) DGVZ 2005, 70 (Kostenvoranschlag für die Beseitigung: 409.000 €).
[108] BGH (IXa ZB 328/03) NJW-RR 2005, 212 (Rdn. 9).
[109] *Storz* in Wieczorek/Schütze § 885 ZPO Rdn. 52; Zöller/*Stöber* § 885 ZPO Rdn. 18.

Sachen verpacken; sortieren muss er sie hingegen nicht.[110] Soweit der Gerichtsvollzieher **Tiere** nicht selbst wegschaffen kann, muss er Hilfspersonen mit der Fortschaffung beauftragen oder im Wege der Amtshilfe staatliche Stellen zur Unterstützung heranziehen.[111]

35 Auch zum Ort der **Übergabe** verhält sich die Norm nicht. Üblicherweise wird der Gerichtsvollzieher das Räumungsgut vor dem Grundstück übergeben. Übergabe bedeutet Besitzverschaffung, setzt also neben der Sachherrschaft auch Besitzwillen der Empfangsperson voraus.[112] Das Merkmal **„zur Verfügung stellen"** ist kaum praxisrelevant. Im Gegensatz zur Übergabe sind hiermit Fälle gemeint, in denen der Schuldner zwar (noch) keinen Besitz hat, der Gerichtsvollzieher aber alles auch mit Blick auf die schützenswerten Interessen des Schuldners erforderliche getan hat, um die Besitzergreifung zu ermöglichen. Dies ist etwa der Fall, wenn die Sachen vom Gerichtsvollzieher auf ein (anderes) Grundstück des Schuldners geschafft werden.[113] Nicht ausreichend ist es hingegen, wenn der Gerichtsvollzieher die Sachen einfach auf der Straße vor dem Grundstück zurück lässt. Ist der Titel gegen mehrere Schuldner gerichtet, genügt die Übergabe an einen von ihnen; der Gerichtsvollzieher ist nicht gehalten, eine – ihm nicht mögliche – Trennung der Eigentumssphären vorzunehmen. Eine **Versendung** der Sachen an den nicht anwesenden Schuldner rechtfertigt § 885 Abs. 2 ZPO nicht.

36 Der Gerichtsvollzieher ist nicht verpflichtet, das Räumungsgut zu einem **anderen Übergabeort** zu schaffen. Dies gilt – anders als im vollstreckungsrechtlich unverbindlichen (s. Rdn. 21) § 128 Abs. 4 GVGA bestimmt – auch dann, wenn der Schuldner dies beantragt und die Transportkosten nicht höher als diejenigen sind, die durch den Abtransport nach § 885 Abs. 3 ZPO entstehen würden. Denn ansonsten würde der vom Gläubiger für die Räumung geleistete Vorschuss (s. Rdn. 62) dazu verwendet, den Umzug des Schuldners zu finanzieren. Eine Diskussion um die Frage, ob diese „Umzugskosten" solche der Räumung sind und damit den Vorschuss umfassen[114], ist dem Gläubiger nicht zumutbar. Ein Abtransport zum vom Schuldner gewählten Ort kann daher allenfalls in Betracht kommen, wenn der Schuldner sämtliche Kosten für das Wegschaffen und den Transport vorschießt.[115]

37 Die Übergabe hat an den anwesenden Schuldner zu erfolgen. Anderenfalls können die Sachen einer der in § 885 Abs. 2 ZPO genannten, anwesenden **Hilfspersonen** des Schuldners übergeben werden. Ob die anwesende Person die Voraussetzungen des § 885 Abs. 2 ZPO erfüllt, muss der Gerichtsvollzieher vor Ort zu seiner pflichtgemäßen Überzeugung feststellen. Dies wird regelmäßig die Vorlage legitimierender Dokumente (beispielsweise Bevollmächtigter: Empfangsvollmacht; Angehörige: Personalausweis; beschäftigte Personen: Arbeitsvertrag; Mitbewohner: Untermietvertrag oder Meldebestätigung) erfordern.

38 **c) Abtransport und Verwahrung oder Vernichtung (Abs. 3).** Scheitert die Übergabe nach § 885 Abs. 2 ZPO – sei es weil keine Empfangspersonen anwesend sind oder die Entgegennahme verweigert wird – hat der Gerichtsvollzieher nach § 885 Abs. 3 S. 1 ZPO das Räumungsgut wegzuschaffen und in Verwahrung zu bringen bzw. nach S. 2 zu vernichten. § 885 Abs. 3 ZPO ist durch das **MietRÄndG 2013** modifiziert worden. Der bisherige S. 2 der Norm wurde zu § 885 Abs. 5 ZPO und der jetzige S. 2 der Vorschrift neu eingefügt.

39 **Verweigert** ist die **Entgegennahme,** wenn nach dem objektiven Empfängerhorizont des Gerichtsvollziehers die empfangsberechtigten Personen ihren Willen zum Ausdruck gebracht haben, sie werden die Sachen nicht annehmen. Ist der Schuldner anwesend, kommt es nur auf seine Person an. Anderenfalls müssen bei mehreren anwesenden Hilfspersonen im Sinne des Abs. 2 alle ihre Verweigerung erklären. Die Verweigerung ist eine Prozesshandlung in Form einer Vollstreckungshandlung, weil sie auf das Verfahren gestaltend einwirkt.[116]

40 **(1) Verwahrung.** Der **Ort** der Verwahrung steht im **pflichtgemäßen Ermessen** des Gerichtsvollziehers. Er kann die Sachen daher sowohl in seiner Pfandkammer als auch an anderer Stelle verwahren. Einen für die Verwahrung außerhalb der Pfandkammer erforderlichen Vertrag –

---

110 AG Siegen DGVZ 1989, 44; Zöller/*Stöber* § 885 ZPO Rdn. 16.

111 BGH (I ZB 19/11) NJW 2012, 2889.

112 Vgl. BGH (VIII ZR 379/86) NJW 1987, 2812; *Fritzsche* in Bamberger/Roth § 854 BGB Rdn. 20.

113 OLG Hamm JurBüro 1981, 295; Zöller/*Stöber* § 885 ZPO Rdn. 17.

114 Gegen eine Kostentragungspflicht des Gläubigers LG Aschaffenburg DGVZ 1997, 155; LG Essen DGVZ 1974, 118; *Lackmann* in Musielak/Voit § 885 ZPO Rdn. 14.

115 So *Lackmann* in Musielak/Voit § 885 ZPO Rdn. 14; Zöller/*Stöber* § 885 ZPO Rdn. 17.

116 Vgl. *Gaul* in Gaul/Schilken/Becker-Eberhard Zwangsvollstreckungsrecht § 5 Rdn. 36. Zu den Wirksamkeitsvoraussetzungen von Prozesshandlungen *Rauscher* in MünchKomm Einl. ZPO Rdn. 399ff.

es kann sich um die Anmietung von Räumen, aber auch um einen Verwahrungs- (§ 688 BGB) oder Lagervertrag (§ 467 HGB) handeln – schließt der Gerichtsvollzieher im Namen des Justizfiskus (näher Rdn. 58). Die Verwahrung kann unter Abschluss eines entsprechenden Vertrages auch beim Gläubiger selbst erfolgen.[117] Auch **Tiere** hat der Gerichtsvollzieher in Verwahrung zu nehmen, und zwar entweder in einem Tierheim oder einer anderen zur Verwahrung und Versorgung geeigneten Einrichtung.[118]

(2) Vernichtung. Der Vernichtung zugänglich sind nach § 885 Abs. 3 S. 2 ZPO Sachen, an deren Aufbewahrung offensichtlich kein Interesse besteht.[119] Die Möglichkeit, derartige Sachen zu vernichten anstatt sie zu verwahren dient einerseits dazu, unnötige Verwahrungskosten zu vermeiden. Denn auch der Gläubiger ist Kostenschuldner (s. Rdn. 62), der daher bei Insolvenz des Schuldners die **Vollstreckungskosten** zu tragen hat. Daneben dient die Norm dazu, die Abwicklung der Räumungsvollstreckung zu beschleunigen und damit letztlich dem Interesse der Allgemeinheit an der **Verfügbarkeit des Gerichtsvollziehers.** Zum Begriff der Vernichtung s. Rdn. 49. 41

§ 885 Abs. 3 ZPO betrifft insbesondere Sachverhalte, in denen keine berechtigte Empfangspersonen anwesend sind. Dies zeigt, dass das **Aufbewahrungsinteresse objektiv** zu bestimmen ist. § 885 Abs. 3 S. 2 ZPO erlaubt daher die Vernichtung, wenn dieses Vorgehen aus Sicht eines Dritten objektiv nützlich ist, weil sich die Sachen nicht mehr für eine Verwendung durch den Schuldner eignen. Dies muss allerdings für den Gerichtsvollzieher **offensichtlich** sein, weshalb eine Vernichtung ausscheidet, wenn eine Weiterverwendung durch den Schuldner noch in Betracht zu ziehen ist.[120] Unter § 885 Abs. 3 S. 2 ZPO fallen daher insbesondere Müll und Unrat, aber auch wertlose oder völlig abgenutzte Gebrauchsgegenstände, die jedermann ohne nähere Überlegung sofort entsorgen würde.[121] Der Gerichtsvollzieher kann Gerümpel daher auch gegen den Widerspruch des Schuldners entsorgen **(„Messie-Fälle")**; will der Schuldner dies verhindern, muss er die Sachen nach § 885 Abs. 2 ZPO bei der Räumung entgegennehmen. Ob diese Sachen vernichtet werden, steht im pflichtgemäßen Ermessen des Gerichtsvollziehers („sollen vernichtet werden"). Im Regelfall wird nur die Vernichtung ordnungsmäßiger Amtstätigkeit entsprechen.[122] 42

d) Verwertung (Abs. 4). § 885 Abs. 4 ZPO regelt die Veräußerung bzw. Vernichtung der in Verwahrung genommenen Sachen. Die Veräußerung bzw. Vernichtung ist zulässig, wenn der Schuldner die Sachen nicht binnen einer Frist von einem Monat nach der Räumung abfordert oder sie zwar abfordert, aber die Kosten nicht bezahlt. Die **Fristberechnung** erfolgt nach §§ 222 ZPO, 187 ff. BGB. Die Frist für die Abforderung endet also an dem Tag des Folgemonats, der seiner Zahl nach dem Tag der Räumung entspricht, § 188 Abs. 2 Alt. 1 BGB. Es kommt für den Fristbeginn nicht auf die Kenntnis des Schuldners von der Verwahrung an.[123] Die Gegenansicht[124], die sich hierfür auf eine Analogie zu §§ 294–296 BGB stützt, ist mit dem Formalisierungsgrundsatz der Zwangsvollstreckung[125] nicht zu vereinbaren. Nach § 128 Abs. 5 GVGA hat der Gerichtsvollzieher den Schuldner allerdings auf die Möglichkeit der Veräußerung **hinzuweisen.** 43

(1) Abforderungserklärung. Die Abforderungserklärung ist eine **vollstreckungsrechtliche Prozesshandlung.**[126] Sie muss vom Schuldner oder seinem Vertreter stammen; die Erklärung eines Dritten ist unbeachtlich (s. auch Rdn. 53).[127] Der Schuldner kann sich – Anwaltszwang besteht nach §§ 78 Abs. 1, 764 ZPO nicht – neben einem Rechtsanwalt auch von den in § 79 Abs. 2 ZPO genannten Personen **vertreten lassen,** deren Vollmacht der Gerichtsvollzieher als Vollstreckungsorgan nach § 88 ZPO von Amts wegen zu prüfen hat.[128] Die Abforderungserklärung ist als 44

---

117 LG Detmold DGVZ 1996, 171; *Brehm* in Stein/Jonas § 885 Rdn. 34.
118 BGH (I ZB 19/11) NJW 2012, 2889 m. Nachweisen zum Streitstand.
119 Tiere i. S. d. TierSchG fallen nicht unter die Norm, was sich jedenfalls daraus ergibt, dass an ihrer Vernichtung offensichtlich kein Interesse besteht, vgl. BGH (I ZB 19/11) NJW 2012, 2889 Rdn. 15.
120 Vgl. BR-Drs. 313/12, S. 42.
121 Vgl. OLG Zweibrücken MDR 1998, 240; Zöller/*Stöber* § 885 ZPO Rdn. 18.
122 Vgl. BR-Drs. 313/12, S. 42.
123 BeckOK ZPO/*Stürner* 16. Ed. § 885 ZPO Rdn. 37; *Lackmann* in Musielak/Voit § 885 ZPO Rdn. 16; Zöller/*Stöber* § 885 ZPO Rdn. 24.
124 *Gruber* in MünchKomm § 885 ZPO Rdn. 44; *Olzen* in Gehrlein/Prütting § 885 ZPO Rdn. 30.
125 Zu diesem *Gaul* in Gaul/Schilken/Becker-Eberhard Zwangsvollstreckungsrecht § 5 Rdn. 39.
126 Vgl. *Gaul* in Gaul/Schilken/Becker-Eberhard Zwangsvollstreckungsrecht § 5 Rdn. 36.
127 **A. A.** *Hartmann* in Baumbach/Lauterbach/Albers/Hartmann § 885 ZPO Rdn. 32; *Lackmann* in Musielak/Voit § 885 ZPO Rdn. 16 (auch Eigentümer soll abforderungsberechtigt sein).
128 *Becker-Eberhard* in Gaul/Schilken/Becker-Eberhard Zwangsvollstreckungsrecht § 23 Rdn. 28.

Prozesshandlung **empfangsbedürftig.**[129] § 885 Abs. 4 ZPO nennt – anders als die Parallelnorm des § 885a Abs. 4 S. 1 ZPO – die Empfangsstelle nicht ausdrücklich. Da die Räumungsvollstreckung aber dem Gerichtsvollzieher zugewiesen ist, muss die Abforderungserklärung fristgemäß bei ihm, nicht beim Vollstreckungsgericht eingehen (vgl. § 753 Abs. 1 ZPO).

45 **(2) Zahlung der Kosten.** Bei fristgerechter Abforderungserklärung ist die Veräußerung dennoch zulässig, wenn der Schuldner nicht binnen einer Frist von zwei Monaten nach der Räumung die Kosten zahlt. Der Schuldner – oder für ihn ein Dritter – muss binnen dieser Frist **sämtliche erstattungsfähigen Kosten** (dazu Rdn. 62) für das Wegschaffen der Sachen vom Grundstück, den Abtransport und die Verwahrung entrichten. Zweck dieser Regelung ist es nämlich, einen Forderungsausfall sowohl des Gläubigers (der regelmäßig die Vollstreckungskosten nach § 4 GvKostG vorzuschießen hat) als auch der Landeskasse zu vermeiden, weil der Verkaufserlös vorrangig der Deckung dieser Kosten dient (s. Rdn. 52). Deshalb sind auch die Kosten zu zahlen, die der Gläubiger durch einen Vorschuss bereits verauslagt hat, was sich auch aus dem Wortlaut der Norm ergibt.[130] Die Zahlung hat grds. an den Gerichtsvollzieher zu erfolgen, da dieser die Kosten für die Landeskasse erhebt.[131] Die direkte Zahlung an den Gläubiger (in Erfüllung des Erstattungsanspruchs aus § 788 Abs. 1 ZPO) reicht dann aus, wenn der von diesem geleistete Kostenvorschuss die entstandenen Kosten deckt. Hat der Schuldner die Kosten gezahlt, die Sachen aber dennoch nicht abgeholt, ist die Veräußerung zulässig, wenn neue Kosten entstehen und der Schuldner diese nicht begleicht; einer Zahlungsaufforderung bedarf es nicht.

46 **(3) Art und Weise der Veräußerung.** Die Verwertung der verwahrten Sachen erfolgt gemäß § 885 Abs. 4 S. 3 ZPO in entsprechender Anwendung der **Regeln** über die **Pfandversteigerung.**

47 § 885 Abs. 4 S. 3 ZPO verweist nicht auf sämtliche Regeln über die Pfandversteigerung, sondern nur auf **§§ 806, 814 und § 817 ZPO.** Daraus ergibt sich, dass die Veräußerung durch öffentliche Versteigerung (§ 814 ZPO) – ggf. auch im Internet – ohne Gewährleistung für den Käufer (§ 806 ZPO) erfolgt und sich Zuschlagserteilung und Ablieferung der Sache nach § 817 ZPO richten. **Andere Regeln über die Pfandversteigerung** sind in § 885 Abs. 4 S. 3 ZPO nicht in Bezug genommen.[132] Dies lässt sich damit rechtfertigen, dass bei § 885 ZPO der Schuldner durch die Entgegennahme nach Abs. 2 die Veräußerung der Sachen verhindern kann und sich deshalb in einer anderen Lage befindet als ein Pfändungsschuldner. Daher muss der Gerichtsvollzieher die Versteigerung weder ankündigen noch Wartezeiten oder einen bestimmten Versteigerungsort beachten, wie dies § 816 ZPO für die Pfandversteigerung vorschreibt. Auch die Regeln zum Mindestgebot (§ 817a ZPO) gelten nicht. Erfolgt die **Versteigerung im Internet,** so ergibt sich aus § 817 Abs. 1 S. 2 ZPO, auf den § 885 Abs. 4 S. 3 ZPO Bezug nimmt, dass der Zuschlag nur bei Erreichen des **Mindestgebots** erteilt ist. Dieser **Wertungswiderspruch** zu einer Versteigerung vor Ort ist durch eine teleologische Reduktion von § 817 ZPO zu lösen, dessen Abs. 1 S. 2 ZPO im Rahmen des § 885 ZPO unanwendbar ist. Denn der Gesetzgeber hat darauf verzichtet, die den Schuldner schützende Norm des § 817a ZPO, die in § 817 Abs. 1 S. 2 ZPO für die Internetversteigerung lediglich nachvollzogen ist, auf die Räumungsvollstreckung anzuwenden.[133]

48 Da § 885 Abs. 4 S. 3 ZPO nicht auf **§ 825 ZPO** verweist, ist nach dem Gesetzeswortlaut eine **andere Art der Verwertung** durch den Gerichtsvollzieher auf Parteiantrag ausgeschlossen. Dieses Ergebnis überzeugt allerdings nicht. Denn auch beim Verkauf von Räumungsgut kann das Bedürfnis bestehen, im Einzelfall zur schnellen Erzielung eines günstigen Verwertungserlöses von der öffentlichen Versteigerung abzusehen.[134] § 825 ZPO ist daher auf § 885 Abs. 4 ZPO **analog anwendbar.**

49 **(4) Vernichtung unverwertbarer Sachen.** Gemäß § 885 Abs. 4 S. 4 ZPO sollen Sachen, die nicht verwertet werden können, vernichtet werden. Die Norm rechtfertigt ein entsprechendes Handeln des Gerichtsvollziehers und hat damit insbesondere den Zweck, etwaige **Schadensersatzansprüche** des Eigentümers **auszuschließen** (dazu Rdn. 56ff.). Daneben hat die Norm **kostenbegrenzende Funktion** und dient damit auch dem Schutz der Parteien. Die Vernichtung tritt an die Stelle der Veräußerung, setzt also ebenso wie diese voraus, dass Abforderung und/oder

[129] Vgl. *Rauscher* in MünchKomm Einl. ZPO Rdn. 401.
[130] KG MDR 1975, 235; **a. A.** *Brehm* in Stein/Jonas § 885 ZPO Rdn. 40; *Walker* in Schuschke/Walker § 885 ZPO Rdn. 29.
[131] Vgl. *Kessel* in Kindl/Meller-Hannich/Wolf § 1 GVKostG Rdn. 3.
[132] Nicht belegt
[133] BR-Drs. 313/12 S. 43.
[134] Vgl. zu diesem Zweck des § 825 ZPO BGH (IX ZR 274/91) NJW 1992, 2570.

Kostenzahlung unterbleiben. Vernichten bedeutet die völlige Zerstörung der Sache. Die Norm gestattet daher nicht die unentgeltliche Weggabe an Dritte.[135] Denn der Schuldner hat ein schutzwürdiges Interesse, dass seine Privatsphäre nicht dadurch öffentlich wird, dass sein Hab und Gut in Umlauf gebracht wird.

Sachen, an deren Aufbewahrung offensichtlich kein Interesse besteht, soll der Gerichtsvollzieher nach § 885 Abs. 3 S. 2 ZPO bereits nicht in Verwahrung nehmen. § 885 Abs. 4 S. 4 ZPO betrifft also grds. Räumungsgut, das zwar **aufbewahrungswürdig, aber unverkäuflich** ist. Praktische Bedeutung hat die Norm bei **persönlichen Sachen** des Schuldners, die nur für diesen, nicht aber für die Allgemeinheit von Interesse sind. Sie kann daher etwa bei Fotos oder persönlichen Aufzeichnungen (Briefe, Tagebücher etc.) des Schuldners zur Anwendung kommen. Auch unpfändbare Sachen können vernichtet werden; diese kann der Schuldner allerdings jederzeit herausverlangen, § 885 Abs. 5 ZPO. Für die Vernichtung ist erforderlich, dass bei objektiver Betrachtung sich bei einer öffentlichen Versteigerung kein Kaufinteressent für die Sache finden wird. Dies wird sich regelmäßig erst feststellen lassen, wenn ein entsprechender **Verkaufsversuch** unternommen wurde; zwingend ist ein Verkaufsversuch indes nicht.[136] Nicht der Vernichtung nach § 885 Abs. 4 S. 4 ZPO zugänglich sind **Geschäftsunterlagen,** für die der Schuldner nach öffentlichem Recht aufbewahrungspflichtig ist.[137] 50

(5) Rechtsfolgen der Veräußerung. Wie bei der Pfandverwertung erfolgt der Eigentumserwerb bei der Veräußerung des Räumungsgutes durch den Gerichtsvollzieher kraft **Hoheitsaktes.**[138] Dies gilt zunächst für die Ablieferung bei einer öffentlichen Versteigerung nach § 816 ZPO[139], aber auch für den freihändigen Verkauf durch den Gerichtsvollzieher nach § 825 ZPO (dazu Rdn. 48).[140] Hier erfolgt der Erwerb des Eigentums deshalb auch dann, wenn das Räumungsgut nicht dem Schuldner gehört und der Erwerber bösgläubig war. Der **Eigentumserwerb** scheidet aber aus, wenn die veräußerte Sache nicht unter § 885 Abs. 2 ZPO fällt oder wesentliche Verfahrensregeln missachtet wurden.[141] Beauftragt der Gerichtsvollzieher hingegen nach § 825 ZPO einen **Dritten** mit der Veräußerung, erfolgt diese **privatrechtlich** (s. auch § 885a ZPO Rdn. 45f.).[142] § 885 Abs. 4 S. 1 ZPO rechtfertigt die Veräußerung und steht damit etwaigen Schadensersatzansprüchen des Eigentümers des Räumungsgutes entgegen. Der Gerichtsvollzieher begeht also weder eine Pflichtverletzung im Sinne von § 280 bzw. § 839 BGB noch handelt der beauftragte Dritte widerrechtlich gemäß § 823 Abs. 1 BGB (zu den Rechtsbeziehungen zwischen den Beteiligen s. Rdn. 56ff.). 51

Den **Verwertungserlös** hat der Gerichtsvollzieher nach § 885 Abs. 4 S. 2 ZPO zu hinterlegen. Nach § 15 Abs. 1 S. 1 GVKostG kann der Gerichtsvollzieher aber die im Zusammenhang mit der Veräußerung entstandenen **Kosten vorweg aus dem Erlös** entnehmen. Dazu gehören nicht nur die Verkaufskosten, sondern insbesondere auch die Kosten des Abtransportes und der Verwahrung, weil diese Maßnahmen notwendige Voraussetzung der Veräußerung sind.[143] Den Restbetrag hinterlegt der Gerichtsvollzieher zugunsten des Schuldners; die Hinterlegung erfolgt nach den landesgesetzlichen Hinterlegungsanordnungen. 52

e) Herausgabe des verwahrten Räumungsgutes und Zurückbehaltungsrecht (Abs. 5). § 885 ZPO enthält zwei Regeln zur Herausgabe des verwahrten Räumungsgutes. § 885 Abs. 4 S. 2 ZPO beschränkt die Herausgabepflicht, weil danach die Veräußerung des Räumungsgutes trotz Abforderungserklärung zulässig ist, wenn der Schuldner die Kosten nicht zahlt. Nach § 885 Abs. 5 ZPO sind sowohl unpfändbare Sachen als auch solche, bei denen ein Verwertungserlös nicht zu erwarten ist, auf Verlangen des Schuldners jederzeit ohne Weiteres herauszugeben. Es fehlt damit in § 885 ZPO an einer allgemeinen Anspruchsgrundlage auf Herausgabe des Räumungsgutes, weil Abs. 5 nur unpfändbare/unverwertbare Sachen betrifft. Dies macht einen Rückgriff auf allgemeine 53

---

135 **A. A.** *Abramenko* DGVZ 2013, 42, 45 (teleologische Reduktion).

136 BR-Drs. 313/12 S. 46; *Olzen* in Prütting/Gehrlein § 885 ZPO Rdn. 33; Zöller/*Stöber* § 885 ZPO Rdn. 26.

137 BGH (I ZB 53/06) NJW-RR 2008, 1166; **a. A.** *Schwörer* DGVZ 2008, 135.

138 BGH (IX ZR 274/91) NJW 1992, 2570; Zöller/*Stöber* § 817 ZPO Rdn. 2.

139 *Gruber* in MünchKomm § 817 ZPO Rdn. 12.

140 BGH (IX ZR 274/91) NJW 1992, 2570; *Becker-Eberhard* in Gaul/Schilken/Becker-Eberhard Zwangsvollstreckungsrecht § 53 Rdn. 42.

141 Vgl. zur Pfandverwertung *Gruber* in MünchKomm § 817 ZPO Rdn. 13; Zöller/*Stöber* § 817 ZPO Rdn. 9.

142 BGH (IX ZR 274/91) NJW 1992, 2570; *Flury* in Prütting/Gehrlein § 825 ZPO Rdn. 12.

143 *Olzen* in Prütting/Gehrlein § 885 ZPO Rdn. 32; *Walker* in Schuschke/Walker § 885 ZPO Rdn. 32.

Regeln erforderlich. Nach **§ 985 BGB** kann der Eigentümer des Räumungsgutes – dies muss nicht zwingend der Schuldner sein (s. Rdn. 32) – die Herausgabe vom Besitzer verlangen. Besitzer ist der Gerichtsvollzieher; ein eingeschalteter Lagerhalter ist nur Besitzdiener nach § 868 BGB. Dagegen spricht nicht, dass der Verwahrungsvertrag mit dem Justizfiskus zustande kommt (Rdn. 58). Denn aus der selbständigen Stellung des Gerichtsvollziehers als Vollstreckungsorgan (§ 753 ZPO) folgt, dass dieser und nicht der Justizfiskus Besitzer des Räumungsgutes ist (vgl. auch § 808 Abs. 1 ZPO für die Sachpfändung). **§ 885 Abs. 2 ZPO** begründet ein **gesetzliches Besitzrecht des Gerichtsvollziehers.** Dieses Besitzrecht am Räumungsgut erlischt, wenn der Schuldner die **Abforderungserklärung** nach Abs. 3 abgibt, der – vergleichbar einer Kündigung – gestaltende Wirkung zukommt. Die Abforderungserklärung muss, wie sich aus dem Wortlaut ergibt, auch bei schuldnerfremdem Räumungsgut vom Schuldner stammen, was durch den Formalisierungsgrundsatz der Zwangsvollstreckung[144] gerechtfertigt ist. Der Schuldner kann aber einen Dritten zur Abgabe ermächtigen.[145] Ist das Besitzrecht nach Abs. 2 durch Abforderungserklärung erloschen, führt dies nicht ohne Weiteres zur Durchsetzbarkeit des Herausgabeanspruchs aus § 985 BGB. Denn aus **§ 885 Abs. 4 S. 2 ZPO** folgt, dass der Gerichtsvollzieher die Herausgabe von der Zahlung der Kosten abhängig machen kann. Dieses **Zurückbehaltungsrecht** besteht nach § 885 Abs. 5 ZPO nur bei **unpfändbaren/unverwertbaren Sachen nicht.** Denn diese sind „ohne Weiteres" herauszugeben, also ohne dass der Gerichtsvollzieher auf vorherige Kostenbegleichung bestehen kann.[146] Bei allen anderen Sachen kann der Gerichtsvollzieher dem auf § 985 BGB gestützten Herausgabeverlangen die Kostenforderung des Justizfiskus entgegenhalten. Gleiches gilt, wenn man der Ansicht folgt, dass zwischen Gerichtsvollzieher und Eigentümer ein öffentlich-rechtlicher Verwahrungsvertrag besteht, auf den grds. die §§ 688 ff. BGB analog anzuwenden sind (s. Rdn. 56). Denn dem Rückgabeanspruch aus § 695 BGB steht dann ebenfalls das aus § 885 Abs. 4 S. 2 ZPO folgende Zurückbehaltungsrecht entgegen.

54 Hat der Gerichtsvollzieher **schuldnerfremde Sachen** in Besitz genommen, kann der Eigentümer nach diesen Grundsätzen seinen Herausgabeanspruch aus § 985 BGB nur durchsetzen, wenn der Schuldner die Abforderungserklärung abgibt und – mit Ausnahme unpfändbarer/unverwertbarer Sachen – die Kosten bezahlt sind. Letzteres kann der Eigentümer selbst veranlassen, während er den Schuldner auf Abgabe der Abforderungserklärung **(§ 894 ZPO)** notfalls verklagen muss.[147] Aus § 695 BGB kann der Eigentümer auch bei Kostenzahlung ohne Abforderungserklärung nicht die Herausgabe verlangen, selbst wenn man sich für ein öffentlich-rechtliches Verwahrungsverhältnis zum Gerichtsvollzieher ausspricht (s. Rdn. 56). Denn die in § 885 Abs. 4 ZPO geregelte Abforderungserklärung steht als lex specialis dem Anspruch aus § 695 BGB entgegen.

55 Grundsätzlich können auch **einzelne Gegenstände herausverlangt** werden.[148] Eine Grenze zieht aber der Rechtsgedanke aus § 275 Abs. 2 BGB, weshalb der Gerichtsvollzieher die Herausgabe einzelner Sachen verweigern kann, wenn diese aufwändig aus dem Räumungsgut herausgesucht werden müssen. Vom beauftragten Lagerhalter kann die Herausgabe nicht verlangt werden (s. Rdn. 58).

VI. Rechtsverhältnisse zum Gerichtsvollzieher und dessen Hilfspersonen

56 Der Gerichtsvollzieher handelt bei der Vollstreckung inklusive der Veräußerung **in Ausübung eines öffentlichen Amtes.**[149] Verletzt er hierbei schuldhaft seine Amtspflichten – etwa durch die Vollstreckung gegen im Titel nicht genannte Dritte[150] –, so führt dies zu einem Amtshaftungsanspruch aus § 839 BGB gegen das Land (Art. 34 GG).[151] Verwahrt der Gerichtsvollzieher Räumungsgut, wird teilweise vertreten, dass ein öffentlich-rechtlicher Verwahrungsvertrag zum Eigen-

---

[144] Dazu *Gaul* in Gaul/Schilken/Becker-Eberhard Zwangsvollstreckungsrecht § 5 Rdn. 39.
[145] Vgl. BGH (VIII ZR 105/07) NJW 2008, 1218.
[146] *Gruber* in MünchKomm § 885 ZPO Rdn. 38.
[147] Vgl. Zöller/*Stöber* § 885 ZPO Rdn. 23a; **a. A.** AG Essen DGVZ 2000, 125 = NJOZ 2001, 1785; *Walker* in Schuschke/Walker § 885 ZPO Rdn. 29 (Klage auf Herausgabe gegen den Schuldner und Pfändung des Herausgabeanspruchs des Schuldners).
[148] Vgl. zum Teilforderungsrecht des Gläubigers NK-BGB/*Schwab* § 266 BGB Rdn. 15.
[149] *Becker-Eberhard* in Gaul/Schilken/Becker-Eberhard Zwangsvollstreckungsrecht § 25 Rdn. 44 ff.
[150] OLG Celle NJW-RR 1988, 913.
[151] OLG Celle NJW-RR 1988, 913; *Becker-Eberhard* in Gaul/Schilken/Becker-Eberhard Zwangsvollstreckungsrecht § 25 Rdn. 51 ff.

tümer entstehe, auf den die Regeln des BGB – insbesondere § 280 BGB – analog anwendbar seien.[152] Ein etwaiger Rückgabeanspruch aus § 695 BGB wird allerdings durch die Sonderregeln in § 885 ZPO modifiziert (s. Rdn. 54).

In der Praxis bedient sich der Gerichtsvollzieher insbesondere beim Umgang mit dem Mobiliar regelmäßig **Hilfspersonen** (z. B. Einpacken und Transport vom Grundstück, Verwahrung). Diese Hilfspersonen werden als Verwaltungshelfer **hoheitlich** tätig, wenn die Art und Weise der Ausführung ihrer Tätigkeiten nicht in ihrem Ermessen steht.[153] Verwaltungshelfer sind danach regelmäßig die mit dem Einpacken und dem Transport des Räumungsguts vom Grundstück beauftragten Personen, weil ihnen kein eigenes Ausführungsermessen zusteht.[154] Anders ist dies regelmäßig bei der mit der Verwahrung beauftragten Hilfsperson.[155] Ist die Hilfsperson danach Verwaltungshelfer, greift § 839 BGB. Anderenfalls scheiden **Amtshaftungsansprüche** wegen Verschuldens der Hilfspersonen aus.[156] In Betracht kommt dann aber ein Anspruch aus § 839 BGB i. V. m. Art. 34 GG wegen Auswahl- oder Überwachungsverschulden des Gerichtsvollziehers. Einem etwaigen Amtshaftungsanspruch steht allerdings § 839 Abs. 1 S. 2 BGB entgegen, falls der Geschädigte einen Ersatzanspruch – etwa aus § 823 Abs. 1 BGB – gegen den eingeschalteten Unternehmer hat.[157] Weitergehend wird in der Literatur teilweise die Ansicht vertreten, bei der Verwahrung des Mobiliars hafte der Staat **analog §§ 280, 278 BGB** aus öffentlich-rechtlicher Verwahrung für das Verschulden der eingeschalteten Hilfspersonen.[158] Die **Beweislastverteilung** folgt allgemeinen Grundsätzen.[159] 57

Die Hilfspersonen handeln aufgrund eines **privatrechtlichen Vertrags,** der – wenn der Gerichtsvollzieher nicht ausnahmsweise im eigenen Namen handelt – mit dem **Justizfiskus** zustande kommt.[160] Den Parteien stehen daher regelmäßig keine vertraglichen Erfüllungsansprüche – etwa auf Herausgabe des Räumungsgutes – gegen die Hilfspersonen zu, weil es an den Voraussetzungen des **§ 328 BGB** typischerweise **fehlt.**[161] Beschädigt die Hilfsperson schuldhaft das Räumungsgut, führt dies zu einem Anspruch gegen sie aus **§ 823 Abs. 1 BGB.** Hat allerdings ein Verrichtungsgehilfe der beauftragten Hilfsperson gehandelt und kann sich die Hilfsperson nach § 831 BGB exkulpieren, stellt sich die Frage nach einem vertraglichen Anspruch gegen die Hilfsperson nach § 280 BGB.[162] In Betracht kommt ein solcher Anspruch nach den Grundsätzen des **Vertrags mit Schutzwirkung zugunsten Dritter.**[163] Die **h. M.** bezieht den Eigentümer in den Schutzbereich des Lager- bzw. Frachtvertrags ein.[164] Dies ist deshalb zweifelhaft, weil hierfür ein besonderes Näheverhältnis zwischen Gläubiger und Drittem erforderlich ist.[165] § 885 ZPO begründet allerdings eine Obhutspflicht des Gerichtsvollziehers, für deren Verletzung nach Art. 34 GG der Justizfiskus haftet, der gleichzeitig Vertragspartei des Lager- bzw. Frachtvertrags ist. Dies könnte für das erforderliche Näheverhältnis zwischen Justizfiskus und Eigentümer sprechen.[166] Rechtsfolge wäre, dass dem 58

---

152 *Becker-Eberhard* in Gaul/Schilken/Becker-Eberhard Zwangsvollstreckungsrecht § 25 Rdn. 59; *Henssler* in MünchKomm § 688 BGB Rdn. 61. **A. A.** OLG Köln DGVZ 1995, 171; *Keinert* ZMR 2013, 515.

153 BGH (III ZR 68/14) NJW 2014, 3580; Verwaltungshelfer als „Werkzeug" der Behörde.

154 *Grüßenmeyer* NZM 2007, 310, 315. *Keinert* ZMR 2013, 515.

155 *Keinert* ZMR 2013, 515.

156 OLG Köln DGVZ 1994, 171; LG Berlin NJW-RR 1998, 1327.

157 LG Berlin NJW-RR 1998, 1327; *Becker-Eberhard* in Gaul/Schilken/Becker-Eberhard Zwangsvollstreckungsrecht § 25 Rdn. 59.

158 *Becker-Eberhard* in Gaul/Schilken/Becker-Eberhard Zwangsvollstreckungsrecht § 25 Rdn. 59; ähnlich *Papier* in MünchKomm § 839 BGB Rdn. 138; **A. A.** OLG Köln DGVZ 1995, 171; *Grüßenmeyer* NZM 2007, 310, 313; *Keinert* ZMR 2013, 515; *Lützenkirchen* MietR Anhang § 546 Rdn. 46.

159 *Grüßenmeyer* NZM 2007, 310, 313, 317.

160 BGH (IX ZR 308/98) NJW 1999, 2597.

161 *Brehm* in Stein/Jonas § 885 Rdn. 35; differenzierend bei Sachen i. S. d. § 885 Abs. 5 ZPO *Grüßenmeyer* NZM 2007, 310, 321.

162 Ansprüche aus § 280 Abs. 1 BGB gegen die Hilfsperson werden durch die §§ 407 f ff. HGB (Frachtvertrag) sowie die §§ 467ff. HGB (Lagervertrag) modifiziert. Praktisch bedeutsam ist insbesondere die Verkürzung der regelmäßigen Verjährungsfrist auf ein Jahr in § 439 HGB, vgl. OLG Stuttgart NJW-RR 2010, 883.

163 Zu den Voraussetzungen des Vertrags mit Schutzwirkung s. etwa BGH (IX ZR 132/03) NJW 2004, 3630; (II ZR 205/94) NJW 1995, 1739.

164 OLG Stuttgart NJW-RR 2010, 883; *Becker-Eberhard* in Gaul/Schilken/Becker-Eberhard Zwangsvollstreckungsrecht § 25 Rdn. 59; *Grüßenmeyer* NZM 2007, 310, 321; **a. A.** im Ergebnis AG Mönchengladbach NVwZ-RR 2003, 405.

165 BGH (X ZR 231/99) NJW 2001, 3115; (X ZR 104/94) NJW 1996, 2927.

166 Vgl. BGH NJW 1968, 885: Der Eigentümer von Sachen, die ein Mieter von Geschäftsräumen befugt in den gemieteten Räumen unterbringt, ist in den Schutzbereich des Mietvertrags einbezogen.

Eigentümer ein eigener Schadensersatzanspruch gegen den Frachtführer oder Lagerhalter zusteht, falls Ansprüche gegen den Staat ausscheiden, weil der Eigentümer dann die erforderliche Schutzbedürftigkeit aufweist.[167]

59 Entscheidet man sich anders als die **h. M.** gegen die Einbeziehung in den Schutzbereich des Vertrags, stellt sich die Frage nach der Anwendung der Grundsätze der **Drittschadensliquidation.** Dieses Institut erlaubt dem Vertragspartner (hier: Justizfiskus), den Schaden eines Dritten (hier: Eigentümer des Räumungsguts) geltend zu machen.[168] Zwar fehlt es aus Sicht des Verwahrers an einer zufälligen Schadensverlagerung[169], weil es der Einlagerung durch den Gerichtsvollzieher immanent ist, dass der Lagerhalter nicht im Eigentum seines Vertragspartners stehende Sachen verwahrt. Dieser Umstand steht einer Drittschadensliquidation aber nicht entscheidend entgegen. Denn schließlich kann der Schaden originär nur in der Person des Dritten (hier: Eigentümer) eintreten, was für den Verwahrer auch offensichtlich ist. Dies rechtfertigt jedenfalls eine ergänzende Vertragsauslegung dahin gehend, dass die Parteien eine Drittschadensliquidation vereinbart haben.[170] Die Drittschadensliquidation setzt allerdings voraus, dass dem Eigentümer keine eigenen Ersatzansprüche gegen den Schädiger zustehen, weil nur in diesem Fall eine entsprechende Auslegung gerechtfertigt ist.[171]

VII. Rechtsbehelfe

60 Gegen formelle Fehler bei der Vollstreckung nach § 885 ZPO ist die **Erinnerung nach § 766 ZPO** statthaft. Die Erinnerung kann jede Person erheben, die von der Vollstreckungsmaßnahme betroffen wird. Lehnt der Gerichtsvollzieher etwa die Räumung wegen angeblichen Besitzes eines im Titel nicht genannten Dritten ab, kann der Gläubiger hiergegen Erinnerung nach § 766 ZPO einlegen.[172] Umgekehrt kann der im Titel nicht genannte Dritte gegen seine bevorstehende Räumung ebenfalls nach § 766 ZPO vorgehen.[173] Mangels Beschwer unzulässig ist in diesen Konstellationen aber eine Erinnerung des im Titel genannten Schuldners, weil gegen diesen die Räumung rechtmäßig ist.[174] Das Rechtsschutzbedürfnis für die Erinnerung entfällt, wenn die konkrete Vollstreckungsmaßnahme beendet ist.[175]

61 Steht **Räumungsgut im Eigentum eines Dritten,** kann dieser nicht nach § 771 ZPO klagen, da das Räumungsgut nach § 885 Abs. 2 ZPO nicht – wie von § 771 Abs. 1 ZPO gefordert – Gegenstand der Zwangsvollstreckung ist.[176] Auch eine Erinnerung nach § 766 ZPO ist ohne Aussicht auf Erfolg, weil § 885 Abs. 2 ZPO nicht auf im Eigentum des Schuldners stehende Sachen beschränkt ist (s. Rdn. 32). Der Dritte muss deshalb die Kosten zahlen und den Schuldner auf Abgabe der Abforderungserklärung verklagen (s. Rdn. 54). Der Rechtsweg gegen den **Kostenansatz des Gerichtsvollziehers** richtet sich nach § 5 Abs. 2 GvKostG.[177]

VIII. Kosten

62 Die Tätigkeit des **Rechtsanwalts** im Rahmen des § 885 ZPO wird mit der Verfahrensgebühr nach Nr. 3309 VV RVG vergütet; der Gegenstandswert bemisst sich nach dem Wert der herauszugebenden Sache, begrenzt durch den Gegenstandswert des Räumungsanspruchs, § 25 Abs. 1 Nr. 2 RVG. Die **Gebühren- und Auslagenhaftung** der Parteien für die **Tätigkeit** des **Gerichtsvoll-**

---

167 Zu diesem Kriterium etwa BGH (IX ZR 132/03) NJW 2004, 3630; (II ZR 205/94) NJW 1995, 1739.

168 Zur Anwendung der Drittschadensliquidation auf die sog. Obhutsfälle BGH (I ZR 52/82) NJW 1985, 2411; *Oetker* in MünchKomm § 249 BGB Rdn. 305.

169 Zu diesem Kriterium etwa BGH (VI ZR 212/66) NJW 1969, 269, 272; OLG München NJW 2011, 3375.

170 Vgl. *Lange/Schiemann* Schadensersatz 3. Aufl. (2003) § 8 III 2; *Neuner* JZ 1999, 126, 133, der anschaulich von einem „Vertrag mit Schadensliquidation zugunsten Dritter" spricht.

171 *Neuner* JZ 1999, 126, 133.

172 OLG Köln WuM 1997, 280; LG Berlin GE 2012, 404.

173 *Olzen* in Prütting/Gehrlein § 885 ZPO Rdn. 35; vgl. auch BGH (IXa ZB 324/03) NZM 2005, 193.

174 BGH (I ZB 61/12) NJW 2013, 2287 Rdn. 10; OLG Köln WuM 1997, 280.

175 BGH (I ZB 61/12) NJW 2013, 2287 Rdn. 9; (IXa ZB 324/03) NZM 2005, 193; LG Wiesbaden DGVZ 2000, 24.

176 *Gruber* in MünchKomm § 885 ZPO Rdn. 54; *Walker* in Schuschke/Walker § 885 ZPO Rdn. 43. **A. A.** *Lackmann* in Musielak/Voit § 885 ZPO Rdn. 20; *Olzen* in Prütting/Gehrlein § 885 ZPO Rdn. 35.

177 Vgl. BGH (I ZB 22/07) DGVZ 2008, 187.

ziehers richtet sich nach dem GvKostG. Beide Parteien haften der Justizkasse gemäß § 13 GvKostG als Gesamtschuldner, wobei der Gläubiger vorschusspflichtig ist, § 4 GvKostG. Der **Kostenausgleich** zwischen den Parteien richtet sich nach **§ 788 ZPO.**[178] Die Haftung des Schuldners ist bereits nach dem Wortlaut des Gesetzes sowohl gegenüber der Justizkasse (§ 13 Nr. 2 GvKostG) als auch gegenüber dem Gläubiger (§ 788 Abs. 1 S. 1 ZPO) auf die **notwendigen Kosten** beschränkt. Für die Haftung des Gläubigers gegenüber der Justizkasse enthält § 13 Nr. 1 GvKostG diese Beschränkung hingegen nicht. Daher richtet sich die Nichterhebung **unnötiger Kosten** nach § 7 GvKostG, setzt also eine unrichtige Sachbehandlung voraus.[179] Der BGH hingegen steht auf dem nicht näher begründeten Standpunkt, der Gläubiger hafte aus § 13 Nr. 1 GvKostG ebenso wie der Schuldner nur für die notwendigen Kosten der Zwangsvollstreckung.[180] Daher soll der Gläubiger für die Kosten der weiteren Einlagerung von der Aufbewahrungspflicht unterliegenden **Geschäftsunterlagen** nicht haften.[181] Gleiches gilt für weitere Verwahrungskosten nach dem fehlgeschlagenen Versuch, in Verwahrung genommene **Tiere** zu verkaufen.[182] Beiden Entscheidungen liegt die zutreffende Wertung zugrunde, dass der Gläubiger nicht für Kosten einstehen soll, die dadurch entstehen, dass die in Verwahrung genommenen Sachen oder Tiere aus Gründen des Allgemeininteresses nicht vernichtet werden dürfen.

Notwendig im Sinne von § 788 Abs. 1 S. 1 ZPO sowie von § 13 Nr. 2 GvKostG sind Kosten, die der Gläubiger zur zwangsweisen Durchsetzung seines titulierten Anspruchs bei verständiger Würdigung des Sachverhalts objektiv für erforderlich halten durfte.[183] Darunter fallen bei § 885 ZPO sowohl die Kosten der Besitzeinweisung als auch die Kosten des Wegschaffens, der Verwahrung und der Veräußerung oder Vernichtung des Räumungsguts.[184] **63**

Wegen **unrichtiger Sachbehandlung** nicht zu erheben sind nach § 7 GvKostG Kosten, die entstanden sind, weil der Gerichtsvollzieher Maßnahmen oder Entscheidungen getroffen hat, die ein pflichtgemäß handelnder Gerichtsvollzieher – auch unter Berücksichtigung des ihm eingeräumten Entscheidungsspielraums – offensichtlich nicht ausgelöst hätte.[185] Weder vom Schuldner noch vom Gläubiger geschuldet sind danach etwa Kosten für eine vom Gläubiger rechtzeitig **abgesagte,** aber dennoch eingeleitete **Räumung.**[186] Anders ist dies, wenn die Räumung nicht rechtzeitig abgesagt wird, sich aber durch freiwilligen Auszug des Schuldners erledigt.[187] Auch für **überhöhte Kosten** – etwa für die beauftragten Hilfspersonen des Gerichtsvollziehers – haften weder Gläubiger noch Schuldner; eine Ausschreibungspflicht soll den Gerichtsvollzieher aber nicht treffen.[188] In Rechtsprechung und Literatur wird die Ansicht vertreten, der Gerichtsvollzieher müsse beim Wegschaffen und Lagern des Räumungsgut auf Hilfspersonen/Räume des Gläubigers zurückgreifen, wenn die Hilfspersonen fachkundig sind, es sich um einen getrennten Lagerraum handelt, für den der Gerichtsvollzieher einen Schlüssel erhält und der Gläubiger Haftungserklärungen inkl. Freistellung der Justizkasse bei Beschädigung des Räumungsguts abgibt (sog. **„Frankfurter Modell“,** s. auch § 885a Rdn. 4).[189] Nimmt der Gerichtsvollzieher bei der Vollstreckung nach § 885 ZPO Maßnahmen vor, die eigentlich nach **§§ 887f. ZPO** zu vollstrecken wären (z. B. Beseitigung von Bauwerken), sind die hierbei entstehenden Kosten keine notwendigen gemäß 788 Abs. 1 ZPO und daher nicht vom Schuldner zu erstatten.[190] Ob der Gläubiger sich in diesem Fall auf § 7 GvKostG berufen kann ist eine Frage des Einzelfalls, die sich danach entscheidet, ob die unzutreffende Sachbehandlung für den Gerichtsvollzieher offensichtlich war.[191] Im Rahmen des §§ 13 **64**

178 *Becker-Eberhard* in Gaul/Schilken/Becker-Eberhard Zwangsvollstreckungsrecht § 46 Rdn. 2ff.
179 Vgl. KG RVGreport 2010, 478; AG Augsburg DGVZ 2008, 141; BT-Drs. 13/341 S. 39.
180 BGH (I ZB 53/06) NJW-RR 2008, 1166.
181 BGH (I ZB 53/06) NJW-RR 2008, 1166.
182 BGH (I ZB 19/11) NJW 2012, 2889.
183 BGH (VII ZB 88/08) NJW 2010, 1007; (IXa ZB 146/03) NJW-RR 2003, 1581. Zu den Rechtsmmitteln gegen den Kostenansatz des Gerichtsvollziehers s. BGH (I ZB 77/12) RVGreport 2013, 476.
184 LG Koblenz NJW-RR 2006, 1580; *Olzen* in Prütting/Gehrlein § 885 ZPO Rdn. 36.
185 Vgl. KG RVGreport 2010, 478 sowie zu § 22 GKG BGH (IV ZR 306/00) NJW-RR 2003, 1294; (VIII ZR 86/84) NJW 1987, 1023.
186 LG Augsburg DGVZ 2009, 117; AG Hannover DGVZ 2008, 46; AG Bochum DGVZ 2006, 125.
187 *Lackmann* in Musielak/Voit § 788 ZPO Rdn. 13; Zöller/*Stöber* § 887 ZPO Rdn. 31.
188 AG Dresden JurBüro 2007, 440.
189 AG Frankfurt NZM 2004, 359; *Blank* WImmoT 2011, 99, 116; *Lützenkirchen* MietR Anhang § 546 Rdn. 71.
190 BGH (IXa ZB 328/03) NJW-RR 2005, 212.
191 KG RVGreport 2010, 47.

Nr. 2 GvKostG bzw. des § 788 ZPO trifft die Justizkasse/den Gläubiger die **Beweislast,** dass die geltend gemachten Kosten notwendig waren; umgekehrt muss der Gläubiger, der sich auf § 7 GvKostG beruft, dessen Voraussetzungen nachweisen.

§ 885a ZPO Beschränkter Vollstreckungsauftrag

(1) Der Vollstreckungsauftrag kann auf die Maßnahmen nach § 885 Absatz 1 beschränkt werden.

(2) [1]Der Gerichtsvollzieher hat in dem Protokoll (§ 762) die frei ersichtlichen beweglichen Sachen zu dokumentieren, die er bei der Vornahme der Vollstreckungshandlung vorfindet. [2]Er kann bei der Dokumentation Bildaufnahmen in elektronischer Form herstellen.

(3) [1]Der Gläubiger kann bewegliche Sachen, die nicht Gegenstand der Zwangsvollstreckung sind, jederzeit wegschaffen und hat sie zu verwahren. [2]Bewegliche Sachen, an deren Aufbewahrung offensichtlich kein Interesse besteht, kann er jederzeit vernichten. [3]Der Gläubiger hat hinsichtlich der Maßnahmen nach den Sätzen 1 und 2 nur Vorsatz und grobe Fahrlässigkeit zu vertreten.

(4) [1]Fordert der Schuldner die Sachen beim Gläubiger nicht binnen einer Frist von einem Monat nach der Einweisung des Gläubigers in den Besitz ab, kann der Gläubiger die Sachen verwerten. [2]Die §§ 372 bis 380, 382, 383 und 385 des Bürgerlichen Gesetzbuchs sind entsprechend anzuwenden. [3]Eine Androhung der Versteigerung findet nicht statt. [4]Sachen, die nicht verwertet werden können, können vernichtet werden.

(5) Unpfändbare Sachen und solche Sachen, bei denen ein Verwertungserlös nicht zu erwarten ist, sind auf Verlangen des Schuldners jederzeit ohne Weiteres herauszugeben.

(6) Mit der Mitteilung des Räumungstermins weist der Gerichtsvollzieher den Gläubiger und den Schuldner auf die Bestimmungen der Absätze 2 bis 5 hin.

(7) Die Kosten nach den Absätzen 3 und 4 gelten als Kosten der Zwangsvollstreckung.

Systematische Übersicht

Alphabetische Schnellübersicht

I. Allgemeines

1 Die durch das **MietRÄndG 2013** eingeführte Vorschrift ermöglicht es dem Gläubiger, die Räumungsvollstreckung auf den bloßen Besitzwechsel zu beschränken. Die Norm dient damit primär seinem Interesse. Denn das „Leerräumen" des Vollstreckungsgegenstandes durch den Gerichtsvollzieher ist mit erheblichen Kosten verbunden, für die auch der Gläubiger haftet und die er nach § 4 GVKostG vorschießen muss (s. § 885 ZPO Rdn. 62). Diese **Kosten** kann der **Gläubiger vermeiden,** indem er den Vollstreckungsauftrag auf den Besitzwechsel beschränkt. Dann unterbleibt das Wegschaffen des Räumungsgutes durch den Gerichtsvollzieher, weshalb auch die übrigen Regeln in § 885 ZPO über die Behandlung des Räumungsgutes durch den Gerichtsvollzieher keine Anwendung finden. Als „Kompensation" macht das Gesetz nähere Vorgaben zum Umgang mit dem Räumungsgut durch den Gerichtsvollzieher (Dokumentationspflicht, § 885a Abs. 2 ZPO), vor allem aber durch den Gläubiger. Die den Gläubiger betreffenden Rechte und Pflichten (§ 885a Abs. 3–5 ZPO) regeln sein Rechtsverhältnis zum Schuldner und sind damit **materiellrechtlicher Natur** (s. insb. Rdn. 26ff.).

2 § 885a ZPO wird in der Literatur teilweise rechtspolitisch **kritisiert,** weil die Norm dem Gläubiger als Privatperson erlaube, typisch hoheitliche Aufgaben in Form der Vollstreckung wahrzunehmen.[1] **Verfassungsrechtlich** bestehen gegen die Regel allerdings **keine Bedenken.**[2] Denn sowohl der Verzicht auf das Wegschaffen des Räumungsguts durch den Gerichtsvollzieher als auch die Regeln über den Umgang mit diesen Sachen durch den Gläubiger sind – wenn man denn überhaupt einen Eingriff in Art. 14 GG bejaht – zulässige Inhalts- und Schrankenbestimmung des Eigentums gemäß Art. 14 Abs. 1 S. 2 GG. Denn einerseits hat der Gläubiger einen vollstreckbaren Anspruch auf Herausgabe und es ist dem Schuldner unbenommen, durch Wegschaffen seiner Sachen zu verhindern, dass der Gläubiger hieran Besitz erlangt. Zudem berücksichtigt der Staat durch die Dokumentationspflicht des Gerichtsvollziehers die Interessen des Schuldners. Auch Art. 20 Abs. 2 GG bzw. Art. 33 Abs. 4 GG sind nicht verletzt, weil es sich bei der Verwahrung des Räumungsguts, auf die in § 885a ZPO verzichtet wird, nicht um eine zwingend vom Staat wahrzunehmende Aufgabe handelt.[3]

II. Verhältnis zu in der Praxis entwickelten Räumungsmethoden

3 § 885a Abs. 1 ZPO ist insofern kein völliges Novum, als die **h. M.** zum unreformierten Recht die Ansicht vertrat, der Vermieter könne sich bei der Räumung auf sein Vermieterpfandrecht berufen und so die Vollstreckung auf den Besitzwechsel beschränken (sog. **Berliner Räumung**).[4] Dieses Vorgehen führte aber zu Folgefragen, welche Rechte und Pflichten den Gerichtsvollzieher und den Vermieter beim Umgang mit dem in der Wohnung verbliebenen Räumungsgut trafen.[5] Hierauf hat der Gesetzgeber mit Einführung von § 885a ZPO reagiert.[6]

4 Diese Entstehungsgeschichte der Norm wirft die Frage auf, ob das reformierte Recht noch Raum für alternative Vollstreckungsmodelle lässt, die unter den Schlagwörtern „Berliner Räumung", „Hamburger Räumung" oder „Frankfurter Räumung" diskutiert werden. Für die „Berliner Räumung" ist die Frage zu verneinen.[7] Denn der BGH hat die Zulässigkeit dieses Vollstreckungsmodells damit begründet, dass das Vermieterpfandrecht Vorrang vor der in § 885 ZPO bestimmten Entfernung des Räumungsgutes habe.[8] Dieses Argument ist durch Einführung des § 885a ZPO überholt, der die Räumungsvollstreckung ohne Wegschaffen des Räumungsgutes spezialgesetzlich regelt. Will der Gläubiger die Räumung auf den bloßen Besitzwechsel beschränken, muss er nach § 885a ZPO vorgehen; er kann nicht etwa die Dokumentationspflicht des Gerichts-

---

[1] *Eisenschmid* PiG 92 (2012) S. 179, 186.
[2] Anders für § 885a Abs. 3 S. 3 ZPO wohl *Schuschke* NZM 2012, 209, 219.
[3] *Lehmann-Richter* NZM 2014, 257, 260.
[4] BGH (I ZB 135/05) NJW 2006, 3273; (I ZB 45/05) NJW 2006, 848; (IXa ZB 10/03) ZMR 2004, 734. Zum Meinungsbild zur Zulässigkeit der Berliner Räumung siehe *Majer* Räumungsvollstreckung S. 68ff.
[5] Dazu etwa *Blank* WImmoT 2011 S. 99, 118ff.; *Flatow* NJW 2006, 1396; *Majer* Räumungsvollstreckung S. 112ff.
[6] BR-Drs. 313/12 S. 48f.
[7] **A. A.** OLG Schleswig (5 W 42/14) BeckRS 2015, 03635; BeckOK ZPO/*Stürner* 16. Ed. § 885a ZPO Rdn. 4; *Horst* MDR 2013, 249, 252.
[8] BGH (I ZB 45/05) NJW 2006, 848.

vollziehers aus § 885 a Abs. 2 ZPO durch einen **Rückgriff auf das „Berliner Modell"** umgehen. Allerdings kann er bei Verwahrung und Verwertung von dem Vermieterpfandrecht unterliegenden Sachen abweichend von § 885 a Abs. 3 und 4 ZPO vorgehen (s. Rdn. 34 und zu den Kosten Rdn. 64).[9] Die – in der Praxis wenig verbreiteten – **„Hamburger" und „Frankfurter" Räumungen** werden von § 885 a ZPO hingegen **nicht berührt.** Denn in beiden Fällen wird eine Räumung nach § 885 ZPO durchgeführt. Diese wird bei der „Hamburger Räumung" lediglich zeitlich gestreckt[10], während die „Frankfurter Räumung" die Frage betrifft, unter welchen Voraussetzungen der Gerichtsvollzieher beim Wegschaffen und Lagern des Räumungsgut auf Hilfspersonen/Räume des Gläubigers zurückgreifen muss (s. § 885 ZPO Rdn. 63).[11]

III. Anwendungsbereich

Eine Antragsbeschränkung nach § 885 a ZPO kommt nur – dann aber stets – in Betracht, wenn die **Voraussetzungen** der Räumungsvollstreckung nach **§ 885 ZPO** vorliegen. Denn die Einführung von § 885 a ZPO geht zwar auf die „Berliner Räumung" zurück, die ihrerseits auf der Geltendmachung eines Vermieterpfandrechts beruhte (s. Rdn. 3). Eine Beschränkung der Norm auf die Abwicklung von Mietverhältnissen folgt daraus aber nicht, weil der Zweck der Vorschrift, dem Gläubiger eine kostengünstige Vollstreckungsvariante zu ermöglichen, auch bei anderen Titeln einschlägig. 5

IV. Beschränkung des Vollstreckungsauftrags (Abs. 1)

§ 885 a Abs. 1 ZPO setzt voraus, dass der Gläubiger seinen Vollstreckungsantrag auf die Maßnahmen nach § 885 Abs. 1 ZPO beschränkt. Dafür muss sich dem Antrag (§ 753 ZPO) entnehmen lassen, dass der Gläubiger nur die Besitzeinweisung begehrt. In Zweifelsfällen ist der Umfang des Antrags durch **Auslegung** zu bestimmen[12], wobei der Gerichtsvollzieher bei Unklarheiten beim Gläubiger nachfragen muss. Auslegungsbedarf wird regelmäßig bestehen, wenn der Gläubiger nicht ausdrücklich erklärt, dass er seinen Antrag auf die Maßnahme nach § 885 a Abs. 1 ZPO beschränkt. In der Praxis finden sich gelegentlich als „Räumungsauftrag" bezeichnete Anträge mit dem Begehr, den Schuldner aus dem Besitz zu setzen und den Gläubiger in diesen einzuweisen. Solche Aufträge sind mit Blick auf § 885 a Abs. 1 ZPO doppeldeutig. Der Inhalt des Antrags (Besitzwechsel) deutet auf eine Beschränkung im Sinne der Norm hin. Unter „Räumungsauftrag" kann man hingegen auch das Wegschaffen des Räumungsguts subsumieren, weil der Begriff „Räumung" (auch) dazu verwendet wird, das „Leerräumen" des Vollstreckungsgegenstandes zu bezeichnen (s. Einleitung Räumungsvollstreckung Rdn. 1). Lassen sich **Zweifel** nicht durch Auslegung ausräumen, ist davon auszugehen, dass der Gläubiger sich für den **gesetzlichen Regelfall** der „vollständigen" Räumung nach § 885 ZPO entschieden und seinen Antrag nicht nach § 885 a ZPO beschränkt hat. Beschränkt der Gläubiger nachträglich seinen zunächst auf vollständige Räumung gerichteten Antrag, löst dies die **Ankündigungspflicht** nach § 885 a Abs. 6 ZPO aus (s. Rdn. 21). 6

V. Rechtsfolgen

Die Rechtsfolgen des § 885 a ZPO betreffen den Besitzwechsel zugunsten des Schuldners (Abs. 1 und Abs. 6) sowie das Schicksal des Räumungsgutes (Abs. 2–5); Abs. 7 enthält eine Regelung zu den Kosten. 7

1. Besitzwechsel und „Verbrauch" des Titels

Beschränkt der Gläubiger seinen Vollstreckungsantrag, hat der Gerichtsvollzieher nach § 885 Abs. 1 ZPO nur den Besitzwechsel zugunsten des Gläubigers herbeizuführen (s. § 885 ZPO Rdn. 22ff.). Sämtliche sich im Vollstreckungsgegenstand befindlichen Sachen verbleiben in den Räumen. 8

---

9 BR-Drs. 313/12 S. 43.
10 LG Hamburg MDR 1999, 1526; *Riecke* FS Blank (2006) S. 563.
11 AG Frankfurt NZM 2004, 359; *Flatow* PiG 79 (2007) S. 149, 157.
12 Vgl. zur Auslegung von Vollstreckungsanträgen LG Augsburg DGVZ 1995, 154.

9 Problematisch ist, ob der Gläubiger mit Ausführung des beschränkten Vollstreckungsauftrags den Titel „verbraucht" hat oder ob er diesen später dazu verwenden kann, doch noch das Wegschaffen des Räumungsgutes gemäß § 885 Abs. 2 ZPO zu beantragen. Hier ist zu differenzieren: Ist der materiell-rechtliche **Anspruch** des Gläubigers auch auf das **Wegschaffen** des Mobiliars gerichtet, handelt es sich bei § 885a Abs. 1 ZPO um eine echte Antragsbeschränkung.[13] Da in diesem Fall die titulierte Pflicht erst teilweise vollstreckt wurde, ist eine **weitere Vollstreckung möglich.**[14] Anders ist es, wenn der Gläubiger keinen Anspruch auf Wegschaffen des Mobiliars hat, weil dann durch den Besitzwechsel sein titulierter Anspruch vollständig erfüllt ist; § 885 Abs. 2 ZPO dient in diesem Fall nicht seinem Interesse, sondern dem Interesse des Schuldners (s. § 885 ZPO Rdn. 3).

2. Begriff der beweglichen Sache (Räumungsgut)

10 In § 885a Abs. 2 bis 5 ZPO ist geregelt, wie Gerichtsvollzieher und Gläubiger mit in den Räumen befindlichen beweglichen Sachen (sog. Räumungsgut) umzugehen haben, wobei die Dokumentationspflicht des Gerichtsvollziehers sich auf frei ersichtliche Sachen beschränkt (s. Rdn. 16 ff.), während die Rechte und Pflichten des Gläubigers sich auf (alle) Sachen beziehen, die nicht der Zwangsvollstreckung unterliegen (s. Rdn. 25). Gemeinsam ist den § 885a Abs. 2 bis 5 ZPO damit das Merkmal der Beweglichkeit. Daraus folgt zunächst, das **wesentliche Bestandteile** (§§ 93 f. BGB) nicht erfasst sind. **Zubehör** (§§ 97 f. BGB) ist zwar eine bewegliche Sache, fällt aber nicht unter § 885a ZPO. Denn es wäre nach § 885 Abs. 2 ZPO vom Gerichtsvollzieher nicht wegzuschaffen (s. § 885 ZPO Rdn. 31). Dies steht einer Anwendung der § 885a Abs. 2 bis 5 ZPO entgegen, weil diese eine Reaktion darauf sind, dass das eigentlich nach § 885 Abs. 2 ZPO gebotene Wegschaffen durch den Gerichtsvollzieher unterbleibt (s. Rdn. 1). § 885a ZPO gilt nach § 90a S. 3 BGB für **Tiere** entsprechend (s. § 885 ZPO Rdn. 31). § 885a ZPO differenziert ebenso wie § 885 ZPO nicht nach den **Eigentumsverhältnissen,** weshalb zum Räumungsgut nicht nur schuldnereigene, sondern auch fremde Sachen gehören (näher § 885 ZPO Rdn. 32).

3. Pflichten des Gerichtsvollziehers (Abs. 2 und Abs. 6)

11 Den Gerichtsvollzieher treffen nach § 885a Abs. 2 ZPO Dokumentations- und nach § 885a Abs. 6 ZPO Hinweispflichten. Es handelt sich in beiden Fällen um **Amtspflichten,** was mit Blick auf eine etwaige Amtshaftung von Bedeutung ist (dazu Rdn. 57 ff.). Die Dokumentationspflicht nach Abs. 2 besteht gegenüber beiden Parteien, aber auch gegenüber Dritten, die Eigentümer des Räumungsgutes sind. Denn macht der Schuldner oder der Dritte Schadensersatzansprüche wegen des Umgangs mit dem Räumungsgut geltend (dazu Rdn. 48 ff.), kann der Beweis über den Umfang des Räumungsgutes für diese Personen von Interesse sein. Die Hinweispflicht aus Abs. 6 besteht bereits ausweislich ihres Wortlauts gegenüber Schuldner und Gläubiger gleichermaßen.

12 **a) Dokumentationspflicht.** Zweck der Dokumentationspflicht nach Abs. 2 ist es, im Streitfall die **Beweisführung** über den Bestand und Zustand des Räumungsgutes zu **erleichtern.**[15] Dafür soll der Gerichtsvollzieher in dem Protokoll nach § 762 ZPO das Räumungsgut dokumentieren und kann dabei auch Bildaufnahmen anfertigen. § 885a Abs. 2 ZPO ist entgegen kritischer Stimmen in der Literatur[16] **rechtspolitisch gerechtfertigt.** Denn wenn der Gesetzgeber schon den Zugriff des Gläubigers auf das Räumungsgut ermöglicht ist es angemessen, die Interessen des Schuldners dadurch zu berücksichtigen, dass der Gerichtsvollzieher das von ihm zurückgelassene Räumungsgut dokumentiert. Die Parteien haben nach § 760 ZPO **Anspruch** auf Erteilung einer **Abschrift** des Protokolls sowie der Bildaufnahmen.[17]

13 **aa) Inhalt der Dokumentationspflicht.** Die Dokumentationspflicht bezieht sich nach § 885a Abs. 2 S. 1 ZPO auf die frei ersichtlichen beweglichen Sachen, die der Gerichtsvollzieher bei der Vornahme der Vollstreckungshandlung vorfindet. Die **Norm** ist dem Gesetzgeber handwerklich **weitgehend misslungen,** weil sie erhebliche Auslegungsprobleme bereitet. Dies beginnt

[13] Dazu allgemein BGH (VII ZB 39/07) NJW 2008, 3147; *Becker-Eberhard* in Gaul/Schilken/Becker-Eberhard Zwangsvollstreckungsrecht § 26 Rdn. 5 ff.
[14] **A. A.** AG Nürnberg DGVZ 2006, 181.
[15] BR-Drs. 313/12 S. 44.
[16] *Dötsch* NZM 2012, 73.
[17] BR-Drs. 313/12 S. 44.

damit, dass der Gerichtsvollzieher nach dem Wortlaut auch Sachen zu dokumentieren hat, die **Gegenstand der Zwangsvollstreckung** sind. Dieses Ergebnis überzeugt nicht, weil die Dokumentationspflicht eine Kompensation für das Unterbleiben des Wegschaffens der Sachen durch den Gerichtsvollzieher ist (s. Rdn. 1). Da der Gerichtsvollzieher aber Sachen, die Gegenstand der Zwangsvollstreckung sind (dazu § 885 ZPO Rdn. 30), nicht nach § 885 Abs. 2 ZPO wegzuschaffen hätte, braucht er sie auch nicht zu dokumentieren. § 885 a Abs. 2 S. 1 ZPO ist daher durch eine entsprechende Analogie zu § 885 Abs. 2 ZPO **teleologisch zu reduzieren.**

Der Begriff **„vorfinden"** ist insofern missglückt, als der Gerichtsvollzieher beim bloßen Besitzwechsel die Räume nicht zwingend betreten muss, sondern diesen durch bloßen Schlosswechsel herbeiführen kann.[18] In diesen Fällen würde der Gerichtsvollzieher keine Sachen „vorfinden", die Dokumentationspflicht liefe leer. Es bedarf daher einer – gebotenen – teleologischen Auslegung: Die Dokumentationspflicht erstreckt sich auf die in den **Räumen befindlichen Sachen** auch dann, wenn der Gerichtsvollzieher diese eigentlich nicht betreten müsste. 14

Von der Dokumentationspflicht erfasst sind nur die frei ersichtlichen **beweglichen Sachen.** Der Begriff der beweglichen Sache entspricht grds. § 885 Abs. 2 ZPO, weil die Dokumentationspflicht die Kompensation dafür ist, dass bei der beschränkten Räumung diese Sachen im Vollstreckungsgegenstand verbleiben (s. Rdn. 1). Es muss sich also um Räumungsgut handeln (s Rdn. 10). **Unrat, Müll oder wertloses Gerümpel** fallen wegen des Zwecks der Norm – Erleichterung der Beweisführung im Streitfall – auch hierunter. Denn es ist durchaus denkbar, dass etwa der Schuldner sich darauf beruft, beim vom Gerichtsvollzieher als nicht dokumentationswürdig eingeschätzten Gerümpel habe es sich um wertvolle Sachen gehandelt. Allerdings kann der Gerichtsvollzieher sich bei Sachen, die für die Wertschätzung des Räumungsguts nicht verkehrswesentlich sind, auf eine **pauschale Dokumentation** beschränken (näher Rdn. 18.). 15

Schwierigkeiten bereitet die Auslegung des Merkmals **„frei ersichtlich".** Ersichtlich ist ein Synonym für erkennbar.[19] Der Wortlaut spricht deshalb dafür, dass der Gerichtsvollzieher nur die Sachen – dafür aber vollständig – dokumentieren muss, die für ihn frei erkennbar sind, also die er beim Betreten der Wohnung sofort sehen kann, ohne dass er Behältnisse o. ä. öffnen muss.[20] Dann müsste der Gerichtsvollzieher einerseits alle frei erkennbaren Sachen dokumentieren, also etwa sämtliche Bücher eines Bücherregals oder alle in einem Hauswirtschaftsraum befindlichen Putzutensilien. Andererseits träfe ihn keine Pflicht, Wertsachen in sein Protokoll aufzunehmen, die sich in einer Schreibtischschublade befinden, weil er dafür die Schublade öffnen müsste. 16

Dieses Ergebnis der Wortlautinterpretation überzeugt mit Blick auf den **Zweck der Norm** nicht.[21] Denn die Dokumentation dient der Beweissicherung (s. Rdn. 12) und ist daher gerade bei wertvollen Sachen geboten. Ob eine Sache beim Betreten der Räume sofort ins Auge fällt (also im Wortsinne „frei ersichtlich" ist), ist dafür aber kein geeignetes Abgrenzungskriterium. Auch die **Entstehungsgeschichte** spricht gegen eine strenge Wortlautinterpretation. Denn die Formulierung „frei ersichtlich" sollte verdeutlichen, dass keine vollständige Inventarisierung, sondern nur ein **zuverlässiger Überblick über den wesentlichen Bestand** der Sachen des Schuldners erforderlich ist.[22] 17

Zweck und Historie der Norm gebieten daher eine vom **unbefangenen Wortlautverständnis abweichende Interpretation** des Merkmals „frei ersichtlich". Der Gerichtsvollzieher ist einerseits nicht verpflichtet, sämtliche für ihn sofort erkennbaren Sachen zu dokumentieren, sondern kann sich auf die **nach der Verkehrsanschauung für die Wertschätzung des Räumungsgutes wesentlichen Sachen** beschränken. Er genügt daher etwa seiner Dokumentationspflicht, wenn er bei einem Bücherregal im Protokoll „diverse Bücher" notiert. Andererseits muss der Gerichtsvollzieher auch Schränke und andere Behältnisse öffnen und die dabei gefundenen Sachen festhalten. Allerdings wird diese „Suchpflicht" durch die Worte „frei ersichtlich" begrenzt. Der Gerichtsvollzieher muss nur solche Sachen dokumentieren, die für ihn durch das Ergreifen einfachster Maßnahmen (z. B. Öffnen einer Schublade) erkennbar sind; nur solche Sachen sind „frei ersichtlich".[23] Und 18

---

[18] *Dötsch* NZM 2012, 73, 74.

[19] Wahrig Deutsches Wörterbuch.

[20] So *Lützenkirchen/Dickersbach* MietR Anhang § 546 Rdn. 82 und auch der – unverbindliche (§ 885 Rdn. 21) – § 129 Abs. 2 GVGA.

[21] Wie hier *Lackmann* in Musielak/Voit § 885 a Rdn. 5.

[22] BR-Drs. 313/12 S. 44. Ebenso wollten die Verfasser des Referentenentwurfs ihre Formulierung verstanden wissen, NZM 2011, 424, 444 f.

[23] Ähnlich Zöller/*Stöber* § 885 a Rdn. 4.

auch bei diesen Sachen ist die Dokumentationspflicht auf wesentliche Gegenstände beschränkt. Wenn der Gerichtsvollzieher etwa einen Schrank öffnet und dort diverses Geschirr anfindet, muss er nicht jeden einzelnen Teller inventarisieren. Es reicht dann aus, dass er den Schrankinhalt als Ganzes („diverses Geschirr") dokumentiert. Im Ergebnis ist daher „frei ersichtliche bewegliche Sachen" als **„frei zugängliche, für die Wertschätzung wesentliche bewegliche Sachen"** zu verstehen.

19 **bb) Erfüllung der Dokumentationspflicht.** Bei der Dokumentation ist zwischen der Erfüllung der Amtspflicht und der Beweiskraft der vom Gerichtsvollzieher erstellten Dokumentation zu unterscheiden. § 885 a Abs. 2 ZPO betrifft die **Amtspflicht** des Gerichtsvollziehers (zur Beweiskraft des Protokolls und der Bildaufnahmen s. Rdn. 53 f.). Nach § 885 a Abs. 2 S. 1 ZPO hat die Dokumentation in dem Protokoll nach § 762 ZPO zu erfolgen. Zur Erfüllung der Dokumentationspflicht ist demnach erforderlich, dass die **Sachen im Protokoll,** welches vom Gerichtsvollzieher nach § 762 Abs. 2 Nr. 5 ZPO zu unterzeichnen ist, **bezeichnet** werden. Dafür reicht es nicht, dass der Gerichtsvollzieher nur Bildaufnahmen anfertigt und im Protokoll auf diese verweist.[24] Denn einerseits ist nur das Protokoll Urkunde gemäß § 418 ZPO und erbringt damit vollen Beweis seines Inhalts (s. Rdn. 53). Anders als Bildaufnahmen, die als Augenschein (§ 371 ZPO) zu würdigen sind, unterliegt es deshalb nicht der freien Beweiswürdigung[25], weshalb die Interessen der Parteien eine Dokumentation im Protokoll selbst gebieten. Zudem fehlt in § 762 ZPO eine § 160 Abs. 5 ZPO entsprechende Regel, wonach das Protokoll sich auch auf die in ihm genannten Anlagen (hier: Bildaufnahmen) erstreckt. Wortlaut und Zweck von § 885 a Abs. 2 ZPO wird daher nur genügt, wenn der Gerichtsvollzieher die wesentlichen frei zugänglichen Sachen (s. Rdn. 18) in dem schriftlichen Protokoll dokumentiert, wie dies auch § 129 Abs. 2 S. 1 GVGA vorsieht. Wird dem nicht Genüge getan, steht den Parteien die Erinnerung nach § 766 ZPO offen.

20 Nach § 885 a Abs. 2 S. 2 ZPO kann der Gerichtsvollzieher bei der Dokumentation **Bildaufnahmen** in elektronischer Form herstellen. Die Bildaufnahmen haben (s. Rdn. 19) nur die Funktion, die **Dokumentation im Protokoll zu unterstützen.** Ob und in welchem Umfang der Gerichtsvollzieher hiervon Gebrauch macht, steht in seinem pflichtgemäßen Ermessen[26], so dass eine entsprechende Amtspflicht nur bei einer Ermessensreduzierung auf Null[27] besteht. Der Gerichtsvollzieher kann auch analoge Fotos anfertigen.[28] Auch das Abfilmen des Räumungsgutes ist von Wortlaut und Zweck der Norm – Beweissicherung – erfasst. § 885 a Abs. 2 S. 2 ZPO rechtfertigt die Herstellung von Bildaufnahmen und steht daher etwaigen Ersatzansprüchen des Eigentümers der fotografierten Sachen entgegen.[29]

21 **b) Hinweispflicht (Abs. 6).** Die Hinweispflicht des Gerichtsvollziehers nach Abs. 6 dient einerseits dazu, dass sich der Vermieter auf den Umgang mit dem Räumungsgut vorbereiten kann, andererseits – und dies ist der Hauptzweck – soll sie den Schuldner über die **Möglichkeit der Liquidierung** seiner Sachen **informieren.**[30] Dafür muss der Gerichtsvollzieher den Gläubiger und den Schuldner auf die Bestimmungen der Absätze 2 bis 5 hinweisen. Der Hinweis muss in der Mitteilung über den Räumungstermin erfolgen. Eine besondere Form schreibt das Gesetz für die Mitteilung nicht vor. Sie kann daher auch mündlich erfolgen[31], was indes nicht praxisrelevant ist, weil die innerdienstliche Anweisung (s. § 885 ZPO Rdn. 21) in § 129 Abs. 3 GVGA eine schrifliche Information verlangt. Auch zum **Inhalt der Mitteilung** macht das Gesetz keine Vorgaben. Der Hinweis kann daher etwa durch einen Abdruck der Vorschriften erfolgen; ausreichend ist aber auch jede andere Erklärung, die Gläubiger und Schuldner in verständlicher Art und Weise über die Regelungen der Absätze 2 bis 5 informiert. Auch zu einer **Ankündigungsfrist** schweigt das Gesetz. Die Ankündigung muss aber so rechtzeitig erfolgen, dass der Schuldner noch die Möglichkeit hat, sein Hab und Gut vor dem Zugriff des Gläubigers zu bewahren; die Mindestfrist dürfte regelmäßig bei einer Woche liegen.

---

24 **A. A.** *Lackmann* in Musielak/Voit § 885 a Rdn. 6; Zöller/*Stöber* § 885 a Rdn. 4.
25 Vgl. *Laumen* in Prütting/Gehrlein § 286 ZPO Rdn. 16.
26 BR-Drs. 313/12 S. 44.
27 Dazu allgemein etwa BVerwG NJW 1981, 2653.
28 BR-Drs. 313/12 S. 44.
29 Zu den Folgen des rechtswidrigen Fotografierens fremden Eigentums s. BGH (V ZR 45/10) NJW 2011, 749.
30 BR-Drs. 313/12 S. 46 f.
31 **A. A.** *Abramenko* DGVZ 2013, 42, 45.

4. Anspruch auf Herausgabe des Räumungsgutes und Zurückbehaltungsrecht (Abs. 5)

Nach § 885a Abs. 5 ZPO sind sowohl unpfändbare Sachen als auch solche, bei denen ein Verwertungserlös nicht zu erwarten ist, auf Verlangen des Schuldners jederzeit ohne Weiteres herauszugeben. Ebenso wie bei § 885 Abs. 5 ZPO handelt es sich nicht um eine **Anspruchsgrundlage,** sondern um den Ausschluss eines Zurückbehaltungsrechts des Gläubigers (s. Rdn. 23). Der Anspruch auf Herausgabe ergibt sich vielmehr aus dem BGB. Nach **§ 985 BGB** kann der Eigentümer des Räumungsgutes – dies muss nicht zwingend der Schuldner sein (s. Rdn. 10) – die Herausgabe vom Gläubiger verlangen. Daneben kann der Räumungsschuldner den Besitz an nicht in seinem Eigentum stehenden Sachen nach § 812 Abs. 1 S. 2 BGB vom Gläubiger herausverlangen. Allerdings begründet **§ 885a Abs. 3 S. 1 ZPO** ein **gesetzliches Besitzrecht** des Gläubigers. Dieses Besitzrecht erlischt, wenn der Schuldner die Abforderungserklärung nach Abs. 4 S. 1 abgibt. Dieser Erklärung kommt – vergleichbar einer Kündigung – insofern gestaltende Wirkung zu (näher § 885 ZPO Rdn. 53). Der Schuldner kann sie jederzeit abgeben und muss nicht etwa eine Wartefrist beachten, s. Rdn. 36f. 22

Ist das Besitzrecht nach Abs. 3 S. 1 durch Abforderungserklärung erloschen, ergibt sich aus § 885a ZPO kein **Zurückbehaltungsrecht** des Gläubigers wegen der **Kosten** des Wegschaffens und der Verwahrung des Räumungsguts. Denn es fehlt eine § 885 Abs. 4 S. 2 ZPO vergleichbare Regel. Allerdings ist mit Blick auf den Kostenerstattungsanspruch des Räumungsgläubigers (s. Rdn. 60f.) **§ 273 Abs. 1 BGB** einschlägig.[32] Denn der Kostenerstattungsanspruch aus § 788 ZPO setzt – anders als die §§ 91ff. ZPO – keine Kostengrundentscheidung voraus. Er wird daher mit Entstehung der Vollstreckungskosten fällig.[33] Diesen Kostenerstattungsanspruch kann der Räumungsgläubiger dem Herausgabeanspruch des Räumungsschuldners entgegenhalten. Gleiches gilt, wenn dem Gläubiger Forderungen aus dem Mietvertrag, etwa auf Mietzahlung, zustehen. Ein Zurückbehaltungsrecht scheidet nach § 885a Abs. 5 ZPO nur bei **unpfändbaren/unverwertbaren Sachen aus.** Denn diese sind „ohne Weiteres" herauszugeben, also ohne dass der Gläubiger auf vorherige Kostenbegleichung bestehen kann (s. § 885 ZPO Rdn. 53). 23

Hat der Gläubiger **schuldnerfremde Sachen** in Besitz genommen, kann der Eigentümer nach diesen Grundsätzen seinen Herausgabeanspruch aus § 985 BGB nur durchsetzen, wenn der Schuldner die Abforderungserklärung abgibt (näher § 885 ZPO Rdn. 54). Ein Zurückbehaltungsrecht aus § 273 BGB steht dem Gläubiger gegen den Dritten nicht zu, da sich sein Kostenerstattungsanspruch gegen den Schuldner richtet. 24

5. Rechte und Pflichten des Gläubigers in Bezug auf das Räumungsgut (Abs. 3 bis 4)

§ 885a Abs. 3 und Abs. 4 ZPO regeln den Umgang des Gläubigers mit dem Räumungsgut. Diese Regeln betreffen nach § 885a Abs. 3 S. 1 ZPO allerdings nur Sachen, die nicht Gegenstand der Zwangsvollstreckung sind. Sie sind also auf Sachen unanwendbar, die nach **anderen Regeln** der **Vollstreckung unterliegen,** etwa wegen einer gleichzeitigen Vollstreckung nach § 808 BGB.[34] 25

a) Verwahrung (§ 885a Abs. 3 S. 1 ZPO). § 885a Abs. 3 S. 1 ZPO verpflichtet den Gläubiger, das Räumungsgut zu verwahren. Aus der systematischen Stellung der Regel folgt, dass die Verwahrung zugunsten des Schuldners erfolgt, der nach § 885a Abs. 4 S. 1 ZPO die Abforderungserklärung abzugeben hat und dem nach § 885a Abs. 5 ZPO die dort genannten Sachen herauszugeben sind. Die Norm begründet daher ein **gesetzliches Schuldverhältnis** zwischen beiden Parteien, welches Grundlage eines Anspruchs des Schuldners aus § 280 BGB sein kann (dazu Rdn. 49ff).[35] Zum Ort der Verwahrung macht das Gesetz keine Vorgaben. Da der Gläubiger aber zum Wegschaffen der Sachen berechtigt ist, kann die Verwahrung auch außerhalb des Vollstreckungsgegenstandes erfolgen. Die Verwahrungspflicht des Gläubigers umfasst auch Sachen, an denen zu seinen Gunsten ein **Vermieterpfandrecht** besteht. Ein solches berechtigt nur zu einer von § 885a Abs. 4 ZPO abweichenden Art der Verwertung, führt aber nicht zu einer Entbindung von der Pflicht aus § 885a Abs. 3 S. 1 ZPO. Die Norm verpflichtet den Gläubiger nicht zu persönlichem 26

---

32 § 273 BGB ist auf den Anspruch aus § 985 BGB anwendbar, BGH (VIII ZR 245/73) NJW 1975, 1121.
33 OLG Düsseldorf JurBüro 2003, 47.
34 Vgl. *Gilleßen* DGVZ 2006, 185, 188; *Storz* in Wieczorek/Schütze § 885 ZPO Rdn. 48.
35 *Lehmann-Richter* NZM 2013, 260.

Handeln, weshalb das Wegschaffen und die Verwahrung auch durch Hilfspersonen des Gläubigers erfolgen können. Zu den hierbei entstehenden Kosten s. Rdn. 64ff.

27 Die in § 885 a Abs. 3 S. 1 ZPO angeordnete Verwahrungspflicht besteht aus zwei Komponenten, nämlich der Gewährung von Raum sowie der Übernahme der Obhut.[36] Aufgrund seiner **Obhutspflicht** muss der Gläubiger das Räumungsgut insbesondere gegen Zerstörung, Beschädigung oder Verlust schützen. Es bedeutet daher etwa eine Verletzung der Verwahrungspflicht, wenn das Räumungsgut beim Wegschaffen oder im Lagerraum beschädigt wird. Gleiches gilt, wenn der Gläubiger die Räume **möbliert weitervermietet** und das Räumungsgut dadurch abgenutzt wird. Daran ändert ein Vermieterpfandrecht nichts, weil dieses ebenso wenig wie § 885 a Abs. 3 S. 1 ZPO ein Nutzungsrecht gewährt.[37] Ebenfalls gegen seine Verwahrungspflicht verstößt der Gläubiger, wenn er das Räumungsgut verwertet und dabei Dritten übergibt; allerdings kann dieses Verhalten gerechtfertigt sein, wenn das Gesetz die Verwertung gestattet (dazu Rdn. 39ff.; zur Haftung des Gläubigers s. Rdn. 48ff.).

28 **b) Vernichtung (§ 885 a Abs. 3 S. 2 und Abs. 4 S. 4 ZPO).** § 885 a ZPO erlaubt die Vernichtung des Räumungsgutes durch den Gläubiger in zwei Konstellationen, nämlich bei fehlendem Aufbewahrungsinteresse sowie bei fehlender Verwertbarkeit. Methodisch handelt es sich um **Rechtfertigungsgründe,** weil das Gesetz in diesen Fällen den Verstoß gegen die Verwahrungspflicht durch Vernichtung des Räumungsgutes gestattet.

29 Nach **§ 885 a Abs. 3 S. 2 ZPO** kann der Gläubiger Sachen, an deren **Aufbewahrung offensichtlich kein Interesse** besteht, jederzeit vernichten. Parallelnorm ist § 885 Abs. 3 S. 2 ZPO. Wie dort ist eine Vernichtung erlaubt, wenn dieses Vorgehen aus Sicht eines Dritten objektiv nützlich ist, weil sich die Sachen nicht mehr für eine Verwendung durch den Schuldner eignen. Dies muss allerdings für den Gläubiger offensichtlich sein, weshalb eine Vernichtung rechtswidrig ist, wenn eine Weiterverwendung durch den Schuldner noch in Betracht zu ziehen ist (näher § 885 ZPO Rdn. 41f.).

30 **§ 885 a Abs. 4 S. 4 ZPO** berechtigt den Gläubiger zur Vernichtung von Sachen, die **nicht verwertet werden können.** Parallelnorm ist § 885 Abs. 4 S. 4 ZPO. Anders als bei Räumungsgut i. S. d. § 885 a Abs. 3 S. 2 ZPO ist die Vernichtung unverwertbarer Sachen allerdings erst nach Ablauf der einmonatigen Wartefrist in § 885 a Abs. 4 S. 1 ZPO zulässig. Die rechtmäßige Vernichtung setzt voraus, dass bei objektiver Betrachtung sich bei einer Verwertung durch Versteigerung nach § 383 BGB oder durch freihändigen Verkauf nach § 385 BGB (dazu Rdn. 39f.) kein Kaufinteressent für die Sache finden wird. Dies wird sich regelmäßig erst feststellen lassen, wenn ein entsprechender **Verkaufsversuch** unternommen wurde; zwingend ist ein Verkaufsversuch indes nicht.[38] Nicht nach § 885 a Abs. 4 S. 4 ZPO gerechtfertigt ist die Vernichtung von **Geschäftsunterlagen,** für die der Schuldner nach öffentlichem Recht aufbewahrungspflichtig ist sowie von **Tieren,** s. § 885 ZPO Rdn. 40f.

31 **c) Modifizierung des Haftungsmaßstabs (§ 885 a Abs. 3 S. 3 ZPO).** Nach § 885 a Abs. 3 S. 3 ZPO hat der Gläubiger beim Wegschaffen und der Verwahrung des Räumungsgutes nur **Vorsatz und grobe Fahrlässigkeit** zu vertreten (zur Haftung s. Rdn. 48ff.). Gleiches gilt bei der Vernichtung von Sachen, an deren Aufbewahrung offensichtlich kein Interesse besteht. Diese Beschränkung des Haftungsmaßstabs bereitet keine größeren Schwierigkeiten, wenn die Beschädigung oder der Verlust des Räumungsgutes anlässlich des Wegschaffens oder der Verwahrung eintritt. Grob fahrlässig handelt der Gläubiger in diesen Fällen, wenn er beim Umgang mit dem Räumungsgut die im Verkehr erforderliche Sorgfalt in ungewöhnlich hohem Maße verletzt hat und dasjenige unbeachtet gelassen hat, was sich in der gegebenen Situation jedem hätte aufdrängen müssen.[39]

32 Bei der **Vernichtung von Sachen** stellt sich die Frage nach einer Haftungsbeschränkung, wenn der Gläubiger irrtümlich davon ausgeht, an der vernichteten Sache bestehe offensichtlich kein Aufbewahrungsinteresse. Da sich das Vertretenmüssen auch auf die Kenntnis von der in Rede stehenden Pflicht bezieht[40], hat der Gläubiger die Pflichtverletzung nicht zu vertreten, wenn er in Bezug auf das fehlende Aufbewahrungsinteresse **gutgläubig** war. Dies setzt voraus, dass ihm das Aufbe-

---

36 Vgl. BGH (I ZR 92/50) Z 3, 200.
37 Vgl. BGH (XII ZR 140/12) NJW 2014, 3570, auch zum Anspruch auf Nutzungsersatz.
38 Vgl. BR-Drs. 313/12 S. 46.
39 Vgl. BGH (VIII ZR 82/03) NJW 2005, 1365.
40 Vgl. BGH (VIII ZR 79/04) NJW 2005, 976, 977; PWW/*Schmidt-Kessel* § 276 BGB Rdn. 11.

wahrungsinteresse weder bekannt noch infolge grober Fahrlässigkeit unbekannt war. Hier kann auf die zu § 932 Abs. 2 BGB entwickelten Maßstäbe zurückgegriffen werden: Der Gläubiger ist nicht gutgläubig, wenn sich ihm das Aufbewahrungsinteresse des Schuldners hätte aufdrängen müssen.[41] Da eine Vernichtung nur bei offensichtlich fehlendem Aufbewahrungsinteresse gestattet ist, wird ein Gläubiger, der dieses Interesse übersieht, meist grob fahrlässig handeln. Die Haftungsbeschränkung kann aber praktisch werden, wenn der Gläubiger unwissentlich eine aufbewahrungswürdige Sache entsorgt (z. B. in entsorgungswürdiger Matratze versteckte Geldscheine). Beruft sich der Gläubiger für die Rechtfertigung der Vernichtung hingegen auf § 885a Abs. 4 S. 4 ZPO (Vernichtung unverwertbarer Sachen), gilt grds. der allgemeine Haftungsmaßstab aus § 276 Abs. 1 BGB. Befindet sich der Schuldner allerdings mit der Entgegennahme des Räumungsguts in Annahmeverzug (dazu Rdn. 37), greift zu seinen Gunsten die Haftungsmilderung des **§ 300 Abs. 1 BGB** ein (s. Rdn. 50).

§ 885a Abs. 3 S. 3 ZPO bestimmt i. S. d. § 276 Abs. 1 S. 1 BGB eine mildere Haftung. Der Haftungsmaßstabs greift daher bei **sämtlichen verschuldensabhängigen Ansprüchen,** insbesondere aus § 280 BGB, aber auch aus § 823 BGB oder §§ 989, 990 BGB. Die Haftungsmilderung gilt auch beim Handeln eines **Erfüllungsgehilfen** nach § 278 BGB[42] (etwa wenn der vom Gläubiger beauftragte Spediteur Räumungsgut beschädigt oder entsorgt) sowie für den Entlastungsbeweis nach § 831 BGB. Sie ist auch auf Ansprüche eines Dritten anwendbar, wenn ihm Teile des Räumungsgutes gehören und vom Gläubiger gemäß § 885a Abs. 3 S. 3 ZPO beeinträchtig werden. 33

d) Entledigung des Räumungsguts (§ 885a Abs. 4 S. 1–3 ZPO). Möchte der Gläubiger sich vom Räumungsgut befreien und kommt eine Vernichtung nicht in Betracht, hat er zwei Möglichkeiten. Er kann nach § 885a Abs. 4 ZPO verfahren und sich der Sachen analog den **Vorschriften über die Hinterlegung** entledigen. Besteht am Räumungsgut ein **Vermieterpfandrecht** gemäß § 562 BGB, kann er die Sachen alternativ nach den Regeln über das Vertragspfandrecht verwerten (dazu § 562 Rdn. 48 ff.). Denn § 885a Abs. 4 ZPO verdrängt nicht die Regeln über die Verwertung des Vermieterpfandrechts.[43] Empfehlenswert ist dieses Vorgehen aber nicht, weil auch § 885a Abs. 4 ZPO durch Aufrechnung den Zugriff auf den Veräußerungserlös erlaubt (s. Rdn. 42). 34

§ 885a Abs. 4 S. 2 ZPO verweist für den Umgang des Räumungsguts weitgehend auf die Regeln über die Hinterlegung. Der **Begriff** „verwerten" in § 885a Abs. 4 S. 1 ZPO ist daher **ungenau,** weil darunter der Verkauf einer Sache verstanden wird, der Gläubiger hinterlegungsfähige Sachen nach § 372 ZPO aber zu hinterlegen hat und nicht verkaufen darf. Passender ist daher der Begriff „entledigen". Ob der Gläubiger von der Entledigungsmöglichkeit nach § 885a Abs. 4 S. 2 ZPO Gebrauch macht, ist ihm überlassen. Ein übergebührliches Verzögern der Entledigung kann sich aber kostenrechtlich auswirken (s. Rdn. 63). 35

aa) Abforderungserklärung. Die Entledigung setzt nach § 885a Abs. 4 S. 1 ZPO voraus, dass der Schuldner die Sachen nicht binnen Monatsfrist nach Besitzwechsel beim Gläubiger abfordert; die Fristberechnung erfolgt nach §§ 222 ZPO, 187 ff. BGB. Parallelnorm ist § 885 Abs. 4 S. 1 ZPO. Die Abforderungserklärung ist eine **Prozesshandlung,** die vom Schuldner oder seinem Vertreter stammen muss; die Erklärung eines Dritten ist unbeachtlich (näher § 885 ZPO Rdn. 44). Anders als bei § 885 Abs. 4 ZPO verhindert bereits die Abforderungserklärung die Hinterlegung oder den Verkauf; es ist nicht erforderlich, dass der Schuldner zudem auch sämtliche Kosten begleicht. 36

§ 885a ZPO regelt nicht, was passiert, wenn der Schuldner die Sachen zwar fristgerecht **abfordert, aber nicht abholt,** was den Rückgriff auf allgemeine Regeln erfordert. Der Gläubiger kann den Schuldner in Annahmeverzug setzen und auf diese Weise die Voraussetzungen für ein Vorgehen nach den §§ 372 ff. BGB schaffen, § 372 Abs. 1 S. 1 BGB. Der Schuldner hat gegen den Gläubiger nämlich einen Anspruch auf Herausgabe des Räumungsguts aus § 985 bzw. aus § 812 BGB (s. Rdn. 22). Er kommt daher in **Annahmeverzug,** wenn ihm der Räumungsgläubiger nach § 295 S. 1 BGB ein wörtliches Angebot zur Abholung der Sachen (zum Leistungsort s Rdn. 38) gemacht hat. Zu beachten ist allerdings, dass in diesem Fall – anders als nach § 885a Abs. 4 ZPO – die §§ 372 ff. BGB bei der Entledigung des Räumungsguts vollständig zur Anwendung kommen, weshalb etwa die öffentliche Versteigerung nach § 384 BGB angedroht werden muss. Auch folgt aus § 885a Abs. 4 S. 1 ZPO, dass der Räumungsgläubiger nicht vor Ablauf der Wartefrist von einem Monat durch ein Angebot nach § 295 S. 1 BGB den Räumungsschuldner in Annahmeverzug set- 37

41 Vgl. Palandt/*Bassenge* § 932 BGB Rdn. 10 m. w. N.
42 Vgl. *Grundmann* in MünchKomm § 278 BGB Rdn. 49; NK-BGB/*Dauner-Lieb* § 278 BGB Rdn. 9.
43 BR-Drs. 313/12 S. 43; Zöller/*Stöber* § 885a Rdn. 12.

zen kann. Denn die Wartefrist dient dazu, dem Räumungsschuldner die Suche nach Ersatzräumen für sein Mobiliar zu ermöglichen. Der Räumungsgläubiger ist deshalb vor Ablauf der Frist nicht leistungsberechtigt, was den Annahmeverzug ausschließt.[44]

38 **bb) Hinterlegung.** Räumungsgut, das im Sinne des § 372 Abs. 1 BGB hinterlegungsfähig ist (Geld, Wertpapiere und sonstige Urkunden sowie Kostbarkeiten), hat der Räumungsgläubiger zu hinterlegen; der **Verkauf ist unzulässig.**[45] Dies folgt aus der Verweisung in § 885 a Abs. 4 S. 2 ZPO, die auch § 372 BGB in Bezug nimmt. Die Hinterlegung führt nach § 378 BGB zum **Erlöschen des Herausgabeanspruchs** des Räumungsschuldners bzw. des Eigentümers gegen den Räumungsgläubiger, wenn das Rücknahmerecht gemäß § 376 BGB ausgeschlossen ist. Diese Rechtsfolge kann der Räumungsgläubiger dadurch herbeiführen, das er gegenüber der Hinterlegungsstelle auf die Rücknahme verzichtet, § 376 Abs. 2 Nr. 1 BGB. Die Hinterlegung erfolgt verfahrensrechtlich nach den landesgesetzlichen Hinterlegungsanordnungen. Sie hat nach § 374 BGB am **Leistungsort** zu erfolgen, also dem Ort, an dem der Räumungsgläubiger das Räumungsgut herauszugeben hat. Dies ist der von ihm gewählte Ort der Verwahrung, was aus § 885 a Abs. 3 S. 1 ZPO folgt. Denn die Norm gibt dem Räumungsgläubiger aus ökonomischen Erwägungen das Recht, das Räumungsgut außerhalb des Vollstreckungsgegenstandes zu verwahren.[46] Dieses Recht würde entwertet, wenn man bei der Herausgabe des Räumungsgutes einen anderen Leistungsort annehmen würde, zu dem der Gläubiger die Sachen erst noch transportieren müsste.[47] Der Räumungsgläubiger kann nach § 885 a Abs. 4 S. 2 ZPO, § 373 BGB das Recht des Räumungsschuldners zum Empfang der hinterlegten Sache von der Begleichung der Kosten abhängig machen, da ihm insofern ein Zurückbehaltungsrecht zusteht (s. Rdn. 23).

39 **cc) Selbsthilfeverkauf.** Nicht hinterlegungsfähige Sachen kann der Gläubiger nach § 885 a Abs. 4 S. 2 ZPO, § 383 BGB öffentlich versteigern oder nach § 885 a Abs. 4 S. 2 ZPO, § 385 BGB freihändig verkaufen lassen (sog. Selbsthilfeverkauf, vgl. § 373 Abs. 3 HGB). Es handelt sich um eine **Rechtsgrundverweisung,** weshalb die in den Normen des BGB genannten Voraussetzungen erfüllt sein müssen, soweit sich nicht aus § 885 a ZPO etwas anderes ergibt. Zum **eigenhändigen Verkauf** unter Missachtung der §§ 383, § 385 BGB s. Rdn. 45 f.

40 Der **freihändige Verkauf gemäß § 385 BGB** durch einen öffentlich ermächtigten Handelsmakler oder eine zur öffentlichen Versteigerung befugte Person zum laufenden Preis setzt voraus, dass die Sache einen Börsen- oder Marktpreis hat. Diese Voraussetzungen werden bei Räumungsgut nur selten vorliegen.

41 Die **öffentliche Versteigerung nach § 383 BGB** setzt Annahmeverzug des Räumungsschuldners voraus; diese Bedingung muss beim Räumungsgut indes nicht erfüllt sein, weil § 885 a Abs. 4 S. 1 ZPO als lex specialis auf das Ausbleiben der Abforderungserklärung abstellt. Im Übrigen sind die Vorgaben des § 383 BGB aber zu beachten. Die Versteigerung muss durch eine hierzu befugte öffentlich bestellte Person erfolgen (§ 383 Abs. 3 S. 1 BGB). Versteigerungsort ist der Ort der Verwahrung als Hinterlegungsort (s. Rdn. 38), es sei denn, dort ist ein angemessener Erfolg nicht zu erwarten (§ 383 Abs. 1 und Abs. 2 BGB). Die Versteigerung ist nach § 383 Abs. 3 S. 2 BGB öffentlich bekannt zu machen. Eine Androhung nach § 384 BGB ist gemäß § 885 a Abs. 4 S. 3 ZPO entbehrlich.

42 Der **Verkauf ist rechtmäßig,** wenn er ohne Verstoß gegen wesentliche Vorgaben aus § 383 bzw. § 385 BGB erfolgt. Dafür muss der Verkauf durch die hierzu berufenen Personen erfolgen; bei § 383 BGB ist zudem die öffentliche Bekanntmachung erforderlich.[48] Der rechtmäßige freihändige Verkauf nach § 385 BGB setzt auch voraus, dass die Sache einen Marktpreis hat und zum laufenden Preis veräußert wurde.[49] Durch einen rechtmäßigen Verkauf **wandelt** sich – im Gesetz nicht ausdrücklich ausgesprochen – die **Sachschuld** (Herausgabe der Sache) in einen Anspruch auf **Herausgabe** des **Verkaufserlöses** um.[50] Der Räumungsgläubiger kann sich von dieser Geldschuld gemäß § 378 BGB durch Hinterlegung befreien, § 885 a Abs. 4 S. 3 ZPO, 383 Abs. 1 S. 1

---

[44] Vgl. *Unberath* in Bamberger/Roth § 293 BGB Rdn. 4; Palandt/*Grüneberg* § 293 BGB Rdn. 8.
[45] **A. A.** *Lützenkirchen* MietR Anhang § 546 BGB Rdn. 93.
[46] BR-Drs. 313/12 S. 45.
[47] Vgl. BGH (VIII ZR 4/13) ZMR 2014, 709 Rdn. 14 (zum Leistungsort bei der Herausgabe von Mobiliar nach Freigabe des Vermieterpfandrechts).
[48] *Unberath* in Bamberger/Roth § 383 BGB Rdn. 6; PWW/*Pfeiffer* § 385 BGB Rdn. 2.
[49] *Fetzer* in MünchKomm § 385 BGB Rdn. 4; PWW/*Pfeiffer* § 383 BGB Rdn. 4.
[50] Vgl. *Fetzer* in MünchKomm § 383 BGB Rdn. 8; *Gernhuber* Die Erfüllung und ihre Surrogate (1983) § 15 III 7; Palandt/*Grüneberg* § 383 BGB Rdn. 6; **a. A.** PWW/*Pfeiffer* § 385 BGB Rdn. 4.

BGB (s. Rdn. 38). Alternativ kann er sich wegen Forderungen gegen den Mieter aber auch durch Aufrechnung aus dem Erlös befriedigen. Unschädlich ist, dass der Anspruch des Schuldners auf Herausgabe des Erlöses und der des Vermieters auf Zahlung gerichtet ist.[51]

§ 885 a ZPO enthält keine Regelungen dazu, wie beim Selbsthilfeverkauf der Kaufvertrag geschlossen wird und das Eigentum auf den Käufer übergeht. Auch der Verweis in Abs. 4 S. 3 auf die Regeln über die Hinterlegung hilft nicht weiter, weil diese nur das Innenverhältnis zwischen Räumungsgläubiger und Schuldner betreffen. **Verkauf und Übereignung folgen** daher **allgemeinen Regeln.** Sowohl bei der öffentlichen Versteigerung (§ 383 BGB) als auch beim freihändigen Verkauf (§ 385 BGB) wird der **Kaufvertrag** regelmäßig zwischen Gläubiger und Drittem geschlossen, weil die vom Gläubiger eingeschaltete Verkaufsperson typischerweise als sein Vertreter handelt (vgl. § 445 BGB). 43

Problematisch ist der **Eigentumserwerb,** weil vom Verkäufer – sei dies der Räumungsgläubiger oder die von ihm nach §§ 383, 385 BGB eingeschaltete Verkaufsperson – fremdes Eigentum übereignet wird. In den §§ 372 ff. BGB fehlt eine § 1242 Abs. 1 S. 1 BGB entsprechende Bestimmung, wonach bei einer rechtmäßigen Veräußerung der Erwerber so gestellt wird, als hätte er vom Eigentümer erworben. Die Regeln über die Hinterlegung beruhen aber erkennbar auf dieser Rechtsfolge. Denn der Erlös aus dem rechtmäßigen Selbsthilfeverkauf ist zugunsten des Gläubigers (hier: Räumungsschuldner) zu hinterlegen. Dies ist nur folgerichtig, wenn der Schuldner (hier: Räumungsgläubiger) seine Übereignungspflicht aus dem Selbsthilfeverkauf erfüllt hat, weil ihm anderenfalls der Erlös weiter zur Verfügung stehen müsste, damit er diesen im Fall eines Rücktritts des Dritten vom Kaufvertrag (§ 323 Abs. 1 BGB) zurückerstatten könnte. Dies zeigt, dass bei einem **rechtmäßigen Selbsthilfeverkauf** der Dritte **Eigentum vom Berechtigten** erwirbt.[52] Diese Rechtsfolge lässt sich im Gesetz aus § 450 Abs. 2 BGB ableiten, wonach der Verkauf nach §§ 383, 385 BGB auf einer gesetzlichen Ermächtigung beruht.[53] 44

dd) Eigenhändiger Verkauf bzw. rechtswidriger Selbsthilfeverkauf. Praxisrelevant sind die Rechtsfolgen, wenn der Gläubiger unter Umgehung der in § 383 oder § 385 BGB genannten Hilfspersonen und des dort vorgeschriebenen Verfahrens verkauft. Dieses Vorgehen wird hier als **eigenhändiger Verkauf** bezeichnet; denkbar ist auch der Terminus **„rechtswidriger Selbsthilfeverkauf".**[54] Der Kaufvertrag kommt in diesen Fällen zwischen Gläubiger und Drittem zustande. Da die aus § 383 oder § 385 BGB folgende Berechtigung fehlt, kann der Dritte das Eigentum nur **gutgläubig** erwerben (§ 932 BGB). § 935 BGB sperrt nicht, weil ein Abhandenkommen nach allgemeiner Ansicht ausscheidet, wenn die Sache dem Besitzer auf Grund eines rechtmäßigen staatlichen Hoheitsaktes weggenommen wurde.[55] Hier wird der fehlende Wille des Besitzers durch die öffentlich-rechtliche Befugnis des Eingreifenden ersetzt.[56] Diese Grundsätze gelten auch bei § 885 a ZPO, weil der Besitzwechsel zwischen Schuldner und Gläubiger auf der Vollstreckungshandlung des Gerichtsvollziehers beruht. 45

Im Verhältnis zum Schuldner ist die **Entledigung** des Räumungsguts beim eigenhändigen Verkauf nicht durch § 885 a Abs. 4 S. 2, § 383 oder § 385 BGB gerechtfertigt, weshalb der Anspruch auf Herausgabe des Räumungsguts nicht nach den Regeln über die Hinterlegung erlischt. Regelmäßig wird der Herausgabeanspruch aber nach § 275 BGB erlöschen. Denn dem Gläubiger, der die Sache in Erfüllung des Kaufvertrags einem Dritten übereignet, wird die Herausgabe derselben an den Schuldner typischerweise unmöglich.[57] In **Ausnahmekonstellationen** kann der eigenhändige Verkauf **als GoA** nach § 677 BGB **gerechtfertigt sein.**[58] Rechtsfolge ist dann, dass Schadensersatzansprüche gegen den Gläubiger ausscheiden.[59] Allerdings dürften die Voraussetzungen von 46

---

[51] Vgl. BGH (IVb ZR 70/87) NJW-RR 1989, 173; Palandt/*Grüneberg* § 387 Rdn. 9.

[52] *Gernhuber* Die Erfüllung und ihre Surrogate (1983) § 15 III 3a; ebenso zu § 966 Abs. 2 S. 1 BGB etwa *Kindl* in Bamberger/Roth § 929 BGB Rdn. 38; Palandt/*Bassenge* § 966 BGB Rdn. 2.

[53] Oetker/*Koch* HGB 3. Aufl. (2013) § 373 HGB Rdn. 51.

[54] BGH (VIII ZR 218/56) MDR 1958, 93 = BeckRS 1957, 31194764 spricht – wegen § 383 BGB allerdings missverständlich – auch hier von einem „freihändigen Verkauf".

[55] BGH (III ZR 21/51) Z 4, 10; *Oechsler* in MünchKomm § 935 Rdn. 12.

[56] BGH (III ZR 21/51) Z 4, 10.

[57] Erman/*Buck-Heeb* § 383 BGB Rdn. 5; *Gernhuber* Die Erfüllung und ihre Surrogate (1983) § 15 III 8.

[58] Vgl. BGH (VIII ZR 218/56) MDR 1958, 93 = BeckRS 1957, 31194764; *Canaris* HandelsR 24. Aufl. (2006) § 29 Rdn. 12.

[59] Zur GoA als Rechtfertigungsgrund etwa NK-BGB/*Schwab* § 677 BGB Rdn. 84 m. w. N. Für ein Erlöschen des Primäranspruchs (hier: Herausgabe) analog § 362 Abs. 2 BGB etwa *Canaris* HandelsR 24. Aufl. (2006) § 29 Rdn. 12.

§ 677 BGB kaum einmal vorliegen. Denn es liegt typischerweise nicht im Interesse des Schuldners, dass er sein persönliches Hab und Gut dadurch verliert, dass der Gläubiger es eigenhändig verkauft.

47 **ee) Sonderproblem Tiere.** Nicht gesondert geregelt ist, wie sich der Gläubiger Tiere entledigen kann, die er in den Räumen vorfindet. Eine Hinterlegung scheidet aus, ebenso aus praktischen Gründen eine öffentliche Versteigerung; auch die Voraussetzungen des § 385 BGB liegen typischerweise nicht vor. Der Vernichtung stehen jedenfalls die Regeln des TierschG entgegen.[60] Dies würde **de facto** auf eine **„Dauerverwahrung"** hinauslaufen, was dem Gläubiger **unzumutbar** ist und auch dem Zweck von § 885 a Abs. 3 und 4 ZPO nicht gerecht wird, der auf die Entledigung des Räumungsgutes abzielt. In freier Analogie zu § 385 BGB ist es dem Gläubiger daher gestattet, Tiere **eigenhändig** zu verkaufen oder zu verschenken und auch **zu übereignen.** Anders als bei § 885 ZPO scheidet nämlich die Lösung aus, die Kosten der „Dauerverwahrung" dem Staat aufzuerlegen (dazu § 885 Rdn. 62), weil die Unterbringungskosten originär beim Gläubiger anfallen. Liegt allerdings ein Fall von krankhafter Tiersammelsucht vor[61], wird ein Verkauf typischerweise scheitern, weil niemand die Tiere haben will. Hier sollte der Gläubiger auf die Beschränkung nach § 885 a ZPO verzichten und die Tiere vom Gerichtsvollzieher wegschaffen lassen (dies ist auch nach erfolgtem Besitzwechsel noch möglich, s. Rdn. 9).

6. Haftung des Gläubigers

48 Wird das Räumungsgut beschädigt oder vernichtet, kommen **Schadensersatzansprüche** aus § 280 BGB, aus § 823 oder § 831 BGB sowie aus §§ 989, 990 Abs. 1 S. 2 BGB in Betracht. Ein Anspruch aus § 280 BGB steht dem Schuldner zu, weil nur zwischen ihm und dem Gläubiger nach § 885 a Abs. 3 S. 1 ZPO ein gesetzliches Schuldverhältnis besteht (s. Rdn. 26). Deliktische Ansprüche des Eigentümers sind von praktischer Bedeutung, wenn nicht dem Schuldner gehörendes Räumungsgut betroffen ist. Ein Anspruch aus §§ 989, 990 Abs. 1 S. 2 BGB steht ebenfalls dem Eigentümer zu. Der Anspruch setzt allerdings voraus, dass dem Gläubiger kein Besitzrecht zustand. Die Normen kommen daher nur zur Anwendung, wenn der Schaden am Räumungsgut nach Zugang der Abforderungserklärung eingetreten ist, weil jedenfalls bis dahin ein Besitzrecht existiert (s. Rdn. 22).[62] Diese Sonderkonstellation wird hier nicht näher untersucht.[63]

49 **a) Anspruch aus § 280 BGB.** Der Schadensersatzanspruch des Schuldners aus § 280 BGB wirft eine Reihe von Rechtsfragen auf.[64] Als **Verletzung der Verwahrungspflicht** (s. Rdn. 27) kommen sowohl Beschädigung als auch Verlust des Räumungsguts – sei es durch Vernichtung, Weggabe an Dritte oder sonstige Preisgabe – in Betracht. Zu beachten ist, dass der Verlust des Räumungsgutes nicht rechtswidrig ist, wenn das Gesetz den Verlust gestattet.[65] Rechtfertigungsgründe enthalten insb. § 885 a Abs. 3 S. 2 sowie Abs. 4 S. 2 und S. 4 ZPO (s. Rdn. 29 f. und Rdn. 39 ff.).

50 Das **Vertretenmüssen** des Gläubigers wird – auch bei Haftungsmilderungen – nach § 280 Abs. 1 S. 2 BGB vermutet. Bei im Rahmen des Wegschaffens oder der Verwahrung des Räumungsgutes begangenen Pflichtverletzungen haftet der Gläubiger nur für Vorsatz oder grobe Fahrlässigkeit, § 885 a Abs. 3 S. 3 ZPO (s. Rdn. 31 ff.). Daneben kann sich eine entsprechende Haftungsbeschränkung aus § 300 Abs. 1 BGB ergeben, wenn der Gläubiger den Schuldner in Annahmeverzug gesetzt hat (s. Rdn. 37). Praktisch relevant ist dies für Pflichtverletzungen, die der Gläubiger durch die Weggabe des Räumungsguts begeht, etwa indem er Sachen verschenkt oder abweichend von § 885 a Abs. 4 S. 2 ZPO eigenhändig verkauft und übereignet (dazu Rdn. 45 f.). Indes handelt der Gläubiger grob fahrlässig, wenn er sich nicht durch einen Blick in das Gesetz darüber informiert, nach welchen Vorschriften er sich des Räumungsgutes entledigen darf.[66]

---

[60] *Majer* Die Räumungsvollstreckung und ihre effektive Durchsetzung (2012) S. 239 m. w. N.

[61] Vgl. etwa die bei *Majer* Räumungsvollstreckung S. 121 referierten Fälle.

[62] Nach der umstrittenen Rspr. (etwa BGH NJW 1995, 2627, 2628) begründet auch ein Zurückbehaltungsrecht nach § 273 BGB (zu diesem in der hiesigen Konstellation s. Rdn. 23) ein Recht zum Besitz, was der analogen Anwendung von §§ 987 ff. BGB aber nicht zwingend entgegenstehen soll, s. *Fritzsche* in Bamberger/Roth § 986 Rdn. 16 m. w. N.

[63] Zu dieser Haftung *Majer* Räumungsvollstreckung S. 117 f. Nach **h. M.** sind §§ 989, 990 BGB auf den „nicht-so-berechtigten Besitzer", der sein Besitzrecht überschreitet, nicht analog anwendbar, *Fritzsche* in Bamberger/Roth. § 987 BGB Rdn. 15 m. w. N.

[64] Ausführlich zum Folgenden *Lehmann-Richter* NZM 2013, 260.

[65] Zum Merkmal der Rechtswidrigkeit bei § 280 BGB NK-BGB/*Dauner-Lieb* § 280 BGB Rdn. 37.

[66] **A. A.** OLG Köln NJW-RR 1995, 53, 54. Die Anwendung von § 300 BGB auf die Abwicklung des Selbsthilfeverkaufs ist umstritten, s. PWW/*Pfeiffer* § 383 BGB Rdn. 6; Palandt/*Grüneberg* § 300 BGB Rdn. 2.

Die **Schadensberechnung** erfolgt nach §§ 249 ff. BGB.[67] Praktisch bedeutsam sind insbesondere die Grundsätze des Abzugs „neu-für-alt“.[68] Liegt die Pflichtverletzung in der Weggabe des Räumungsgutes, ist der Schadensersatzanspruch zunächst nach § 249 Abs. 1 BGB auf Rückgabe des Besitzes gerichtet und kann sich nach §§ 250 f. BGB in einen Geldanspruch umwandeln; zugunsten des Gläubigers greift § 255 BGB. Stand das Räumungsgut nicht im Eigentum des Schuldners, kann dieser den Schaden des Eigentümers nach den Regeln über die **Drittschadensliquidation** geltend machen. Die hierfür erforderliche zufällige Schadensverlagerung[69] ist bei § 885 a Abs. 3 S. 1 ZPO erfüllt, weil es untypisch ist, dass Räumungsgut nicht dem Schuldner gehört. Ob der Eigentümer einen eigenen deliktischen Anspruch gegen den Gläubiger hat, ist nach der Rspr. unerheblich.[70] 51

b) Anspruch aus § 823 oder § 831 BGB. Ein deliktischer Schadensersatzanspruch ist praxisrelevant, wenn nicht im Eigentum des Schuldners stehendes Räumungsgut beschädigt oder vernichtet wird. Hierin liegt eine **Eigentumsverletzung** nach § 823 Abs. 1 BGB; gleiches gilt, wenn die Sache vom Gläubiger – etwa durch Übereignung an einen Dritten – weggegeben wird.[71] Die Eigentumsverletzung ist allerdings nicht widerrechtlich, wenn das Gesetz sie gestattet, weil § 885 a ZPO auch auf schuldnerfremde Sachen anwendbar ist (s. Rdn. 10). Rechtfertigungsgründe enthalten insb. § 885 a Abs. 3 S. 2 sowie Abs. 4 S. 2 und S. 4 ZPO (s. Rdn. 29 f. und Rdn. 39 ff.). Das **Verschulden** des Gläubigers wird durch § 885 a Abs. 3 S. 3 ZPO modifiziert. Dieser Haftungsmaßstab greift auch, wenn es um die Frage geht, ob der Gläubiger beim Handeln seines Verrichtungsgehilfens nach § 831 BGB haftet (s. Rdn. 33). 52

c) Beweislast. Entzieht der Vermieter dem Mieter ohne Titel und Gerichtsvollzieher den Besitz und vernichtet er dessen Mobiliar, so trifft ihn nach der Rechtsprechung die Beweislast, dass ein plausibler Vortrag des Mieters zu Umfang und Wert der vernichteten Sachen unzutreffend ist, falls er eine Inventarisierung des Räumungsguts unterlassen hat.[72] Diese **Umkehr der Beweislast** bei der sog. **Kalträumung** (dazu Einleitung Räumungsvollsreckung Rdn. 2) stützt der BGH auf die Verletzung der Pflicht des Vermieters zur Inventarisierung. Auf § 885 a ZPO ist diese Entscheidung **nicht übertragbar.** Denn der Gesetzgeber hat hier die Pflicht, den Bestand des Räumungsgutes zu dokumentieren, nicht dem Gläubiger, sondern dem Gerichtsvollzieher zugewiesen. Zudem wird der Schuldner nach § 885 a Abs. 6 ZPO vom Gerichtsvollzieher vor dem Räumungstermin über die rechtlichen Vorgaben zum Umgang mit dem Räumungsgut informiert. Der Besitzwechsel zugunsten des Gläubigers kommt für den Schuldner daher nicht überraschend, weshalb er in der Lage ist, Beweise zu seinen Gunsten zu sichern. 53

Im Schadensersatzprozess gelten somit die **allgemeinen Grundsätze** über die Verteilung der **Darlegungs- und Beweislast.**[73] Daher hat der Schuldner insbesondere zu beweisen, dass eine bestimmte Sache Bestandteil des Räumungsguts war und vom Gläubiger beschädigt, vernichtet oder anderweitig weggegeben worden ist. Der Gläubiger wiederum hat nachzuweisen, dass Beschädigung, Vernichtung oder Weggabe gesetzlich gestattet waren. Bei einem Anspruch aus § 280 Abs. 1 BGB muss er zudem den Vorwurf des Vertretenmüssens ausräumen. 54

Praxisrelevant ist die Frage nach der **Beweiskraft der Dokumentation** des **Gerichtsvollziehers.**[74] Das Protokoll nach § 762 ZPO ist nach allgemeiner Meinung eine öffentliche Urkunde.[75] Da Urkunde i. S. d. § 415 ff. ZPO aber nur schriftliche Dokumente sind[76], können die vom Gerichtsvollzieher angefertigten Bildaufnahmen nur im Wege des Augenscheins nach § 371 ZPO bei der Beweisaufnahme berücksichtigt werden.[77] Gegenstand des **Urkundenbeweises** ist daher nur das **schriftliche Protokoll** nach § 762 ZPO. Die Beweiskraft der Dokumentation richtet sich nicht nach § 415 oder § 417 ZPO, weil es insoweit weder um die Beurkundung einer fremden Er- 55

---

67 Näher *Lehmann-Richter* NZM 2013, 260.
68 BGH (VIII ZR 45/09) NJW 2010, 3434; (VI ZR 314/90) NJW 1992, 302.
69 BGH (VIII ZR 22/88) NJW 1989, 451, 452; (II ZR 2/86) NJW-RR 1987, 880, 882; *Oetker* in MünchKomm § 249 BGB Rdn. 289.
70 BGH (I ZR 52/82) NJW 1985, 2411, 2412.
71 Vgl. BGH (VI ZR 254/77) NJW 1980, 119; *Spindler* in Bamberger/Roth § 823 BGB Rdn. 59.
72 BGH (VIII ZR 45/09) NJW 2010, 3434; KG ZMR 2011, 859; OLG Naumburg ZMR 2013, 112.
73 Näher *Lehmann-Richter* NZM 2013, 260.
74 Näher *Lehmann-Richter* NZM 2013, 260.
75 BayObLG NJW 1992, 1841; *Lackmann* in Musielak/Voit § 762 ZPO Rdn. 6.
76 *Schreiber* in MünchKomm § 415 ZPO Rdn. 5.
77 BR-Drs. 313/12 S. 50.

klärung (§ 415 ZPO) noch um eine Willenserklärung des Gerichtsvollziehers selbst (§ 417 ZPO) geht. Einschlägig ist vielmehr § 418 ZPO.[78] Die Dokumentation im Protokoll begründet nach § 418 Abs. 1 ZPO den vollen Beweis der darin bezeugten Tatsachen. Wie sich aus § 885 a Abs. 2 ZPO ergibt, enthält das Protokoll aber keinen vollständigen Bericht über das Räumungsgut (s. Rdn. 13 ff.). Das Gesetz beschränkt mithin den Inhalt des Protokolls, was sich auch auf seinen Beweiswert auswirkt. Es erbringt nur **Beweis über die frei ersichtlichen Sachen** i. S. d. § 885 a Abs. 2 S. 1 ZPO, weil nur dies die in ihm bezeugten Tatsachen i. S. d. § 418 Abs. 1 ZPO sind. Wird eine Sache im Protokoll nicht erwähnt, so muss der Richter entscheiden, ob die in Rede stehende Sache typischerweise für den Gerichtsvollzieher frei ersichtlich ist. Dies ist regelmäßig nur bei größeren Einrichtungsgegenständen der Fall, von denen der Richter ausgehen darf, dass sie der Gerichtsvollzieher nicht übersehen konnte. Bei allen anderen Sachen kann durch den **Verweis** auf das **„Schweigen" des Protokolls** nicht bewiesen werden, dass sie sich tatsächlich nicht in den Räumen befanden. Eine Beweisführung mit Hilfe des Protokolls, dass eine Sache zum Zeitpunkt der Räumung unbeschädigt war, kommt nur in Betracht, wenn das Protokoll Angaben zum Zustand der Sache enthält.

56 Gleiches gilt im Ergebnis für etwaige **Bildaufnahmen** nach § 885 a Abs. 2 S. 2 ZPO. Denn den Gerichtsvollzieher trifft nicht die Pflicht, das Räumungsgut fotografisch vollständig zu dokumentieren. Ist also eine Sache auf den Aufnahmen nicht ersichtlich, bedeutet dies nicht, dass diese Sache sich nicht in den Räumen befand. Ausnahmen sind denkbar, wenn die Räume ersichtlich vollständig fotografiert wurden und es sich um eine Sache handelt, die dabei auf den Aufnahmen hätte abgebildet werden müssen. Zusammengefasst ist festzustellen, dass das Protokoll sowie etwaige Bildaufnahmen im Schadensersatzprozess nur von **begrenztem Wert** sind.

7. Haftung bei Pflichtverletzungen des Gerichtsvollziehers

57 Grundlage eines Schadensersatzanspruchs bei Pflichtverletzungen des Gerichtsvollziehers ist § 839 BGB, weil der Gerichtsvollzieher bei den Maßnahmen nach § 885 a Abs. 1 und Abs. 2 ZPO **in Ausübung eines öffentlichen Amtes** handelt.[79]. Der Anspruch richtet sich nach Art. 34 GG gegen das Land als Anstellungskörperschaft.

58 Eine nicht den Anforderungen des § 885 a Abs. 2 ZPO genügende **Dokumentation** des Räumungsguts ist – ebenso wie ein Verstoß gegen § 885 a Abs. 6 ZPO[80] – eine Amtspflichtverletzung (s. Rdn. 11). Da Protokoll und Bildaufnahmen als Beweismittel bedeutsam sind (s. Rdn. 55) führt diese Pflichtverletzung aber nur dann zu einem erstattungsfähigen Schaden, wenn feststeht, dass aufgrund der fehlerhaften oder unterbliebenen Dokumentation der Schadensersatzprozess zwischen Gläubiger und Schuldner fehlerhaft entschieden wurde. Dies hat der Anspruchsteller zu beweisen. Denn die **Darlegungs- und Beweislast** der **Kausalität** zwischen **Amtspflichtverletzung und Schaden** obliegt grundsätzlich ihm; eine Ausnahme gilt nur, wenn nach der Lebenserfahrung eine tatsächliche Vermutung oder Wahrscheinlichkeit dafür besteht, dass die Amtspflichtverletzung den Schaden verursacht hat.[81] Es kann aber nicht die Rede davon sein, dass der negative Ausgang des Schadensersatzprozesses typischerweise auf einer fehlerhaften Dokumentation des Räumungsguts beruht. Auch eine Beweislastumkehr nach den vom BGH für die „Kalträumung" ohne Titel und Gerichtsvollzieher entwickelten Grundsätzen (s. Rdn. 53) scheidet jedenfalls dann aus, falls der Gerichtsvollzieher nach § 885 a Abs. 6 ZPO den Schuldner vor dem Räumungstermin über die rechtlichen Vorgaben zum Umgang mit dem Räumungsgut informiert hat. Denn dann kommt der Besitzwechsel für den Schuldner nicht überraschend und er ist in der Lage, Beweise zu seinen Gunsten zu sichern, was eine Beweislastumkehr nicht erforderlich macht.

59 Im Ergebnis hat daher ein **Regressprozess** gegen den Gerichtsvollzieher wegen Verstoßes gegen die Dokumentationspflicht typischerweise nur **geringe Erfolgssausicht.** Denn wenn der Anspruchsteller über Beweismittel verfügt, welche den Verstoß gegen die Dokumentationspflicht beweisen, ist er im Stande, bereits den Schadensersatzprozess zu seinen Gunsten zu entscheiden, was nach § 839 Abs. 1 S. 2 BGB dem Amtshaftungsanspruch entgegenstehen kann. Fehlen hingegen diese Beweismittel, wird er regelmäßig auch den Regressprozess gegen den Gerichtsvollzieher verlieren.

---

78 *Huber* in Musielak/Voit § 418 ZPO Rdn. 2; *Schreiber* in MünchKomm § 418 ZPO Rdn. 6.
79 Vgl. *Becker-Eberhard* in Gaul/Schilken/Becker-Eberhard Zwangsvollstreckungsrecht § 25 Rdn. 44 ff.
80 Dazu *Abramenko* DGVZ 2013, 42, 46.
81 BGH (III ZR 183/94) NJW 1995, 2344.

VI. Kosten (Abs. 7)

Der **Kostenausgleich** zwischen den Parteien richtet sich nach **§ 788 ZPO** (näher § 885 ZPO Rdn. 62ff.). Kosten der Zwangsvollstreckung im Sinne des § 788 Abs. 1 S. 1 ZPO sind zunächst die durch die **Tätigkeit des Gerichtsvollziehers** ausgelösten Kosten. Dies sind die Gebühren für die Vollstreckung des Besitzwechsels (Nr. 240 KV GvKostG), der Dokumentation des Räumungsgutes (Nr. 241, 713 KV GvKostG)[82] sowie die Gebühren für die Überlassung der Dokumentation (Nr. 700 KV GvKostG). Hinzu kommen ggf. Zeitzuschläge (Nr. 500 KV GvKostG). 60

Nach **§ 885a Abs. 7 ZPO** gelten die Kosten nach den Absätzen 3 und 4 als Kosten der Zwangsvollstreckung. Diese **gesetzliche Fiktion** betrifft die Kosten, die beim Gläubiger durch das Wegschaffen und Verwahren sowie durch Maßnahmen anfallen, die der Entledigung (Vernichtung, Hinterlegung, Verkauf) des Räumungsgutes dienen. Die Fiktion dient dazu, dass dem Gläubiger auch diese Kosten erstattet werden, die nicht unmittelbar der Durchführung der Zwangsvollstreckung dienen, sondern aus deren Anlass entstehen. Denn ob solche Kosten von § 788 Abs. 1 S. 1 ZPO erfasst werden, ist umstritten.[83] Diesen Streit vermeidet die gesetzliche Fiktion. § 885a Abs. 7 ZPO begünstigt damit den Gläubiger, der diese Kosten nicht in einem Schadensersatzprozess gesondert einklagen muss, sondern nach § 788 ZPO beitreiben kann.[84] 61

§ 885a Abs. 7 ZPO steht im **Konkurrenzverhältnis zu materiell-rechtlichen Regeln,** die dem Gläubiger Anspruch auf Kostenersatz geben. Denn wenn der Mieter seine Räumungspflicht nicht erfüllt, macht er sich nach § 280 BGB schadensersatzpflichtig (s. § 546a Rdn. 77). Der frühere Mieter schuldet zudem nach § 546a Abs. 1 BGB die bisherige Miete als Nutzungsentschädigung weiter (s. § 546a Rdn. 39 und Rdn. 52). Einer Zahlungsklage gestützt auf diese Normen fehlt aber das **Rechtsschutzbedürfnis,** soweit der Gläubiger die begehrte Kostenerstattung über §§ 885a Abs. 7, 788 ZPO erreichen kann, etwa weil er Räumungsgut in der Mietwohnung gelagert hat. Denn der Gläubiger ist in diesem Fall bereits im Besitz eines zur Vollstreckung berechtigenden Titels (§ 788 Abs. 1 ZPO); alternativ hat er die – im Vergleich zu einer Zahlungsklage – einfache Möglichkeit, die Kosten durch gesonderte Festsetzung beizutreiben (§ 788 Abs. 2 ZPO).[85] Bei der Beitreibung erfolgt eine Überprüfung durch das Vollstreckungsorgan (§ 788 Abs. 1 ZPO)[86] bzw. das Vollstreckungsgericht (§ 788 Abs. 2 ZPO), ob es sich um notwendige Vollstreckungskosten handelt. Gegen die Entscheidungen ist die Erinnerung gemäß § 766 ZPO zulässig.[87] 62

Werden im Beitreibungsverfahren nach § 788 ZPO Kosten nicht als erstattungsfähig anerkannt, steht dies einer Zahlungsklage des Gläubigers nicht entgegen, mit der dieser – gestützt auf eine materiell-rechtliche Anspruchsgrundlage – die Begleichung der Kosten begehrt. Denn eine **prozessuale Kostenentscheidung** ist grundsätzlich **nicht erschöpfend,** sondern lässt Raum für die Durchsetzung materiell-rechtlicher Ansprüche.[88] Eine Ausnahme gilt nach Ansicht des BGH nur bei einer abschließenden prozessualen Kostenentscheidung, die bei unverändertem Sachverhalt nicht gestützt auf eine materiell-rechtliche Anspruchsgrundlage erneut zur Nachprüfung gestellt werden darf.[89] Dieser Fall liegt bei §§ 885a Abs. 7, 788 ZPO nicht vor. Denn die für die Kostenerstattung nach diesen Normen maßgeblichen Kriterien sind für das materielle Recht nicht in gleicher Weise von Bedeutung. Insbesondere begrenzt § 546a Abs. 1 BGB – anders als § 788 ZPO (s. Rdn. 66) – den Anspruch auf Nutzungsentschädigung nicht auf notwendige Vermögensopfer des früheren Vermieters. 63

Kosten i. S. d. § 885a Abs. 7 ZPO sind alle **Aufwendungen** des **Gläubigers,** die anlässlich der Maßnahmen nach § 885a Abs. 3 und Abs. 4 ZPO entstanden oder kausal auf diese zurückzuführen sind. Die Norm ist daher **nicht** erfüllt, wenn der Gläubiger das Mobiliar unter Berufung auf sein **Vermieterpfandrecht** verwertet („Berliner Räumung", s. Rdn. 4), weil dann die Entledigung nicht nach § 885a Abs. 3 und Abs. 4 ZPO, sondern den Regeln über das Vermieterpfandrecht er- 64

---

82 Die Kosten eines Fotografen dürfen nicht erhoben werden, AG Bühl DGVZ 2017, 21.
83 Zum Meinungsstand BGH (V ZB 5/05) NJW 2005, 2460.
84 BR-Drs. 313/12 S. 50.
85 Vgl. zur Beitreibung nach § 788 ZPO etwa *Becker-Eberhard* in Gaul/Schilken/Becker-Eberhard Zwangsvollstreckungsrecht § 46 Rdn. 23ff.
86 *Lackmann* in Musielak/Voit § 788 ZPO Rdn. 20.
87 *Lackmann* in Musielak/Voit § 788 ZPO Rdn. 21.
88 BGH (VIII ZR 80/10) NJW 2011, 2368; *Becker-Eberhard* JZ 1995, 814.
89 BGH (VIII ZR 80/10) NJW 2011, 2368.

folgt.[90] Aufwendungen sind nach herkömmlicher Definition alle freiwilligen Vermögensopfer.[91] Unter § 885 a Abs. 7 ZPO fällt daher etwa die Vergütung, die der Gläubiger einem Umzugsunternehmen für das Wegschaffen und die Verwahrung der Sachen gezahlt hat oder die Kosten für die bei der Entledigung (Vernichtung, Hinterlegung, Verkauf) eingeschalteten Hilfspersonen. Erfasst sind allerdings nur **rechtmäßige Maßnahmen** des Gläubigers. Wenn also etwa der Gläubiger – ohne dass dies nach § 885 a Abs. 3 S. 2 ZPO gerechtfertigt wäre – das gesamte Mobiliar vernichten lässt, sind dies keine nach § 788 Abs. 1 S. 1 ZPO vom Schuldner zu erstattenden Kosten.

65 Problematisch ist, inwieweit auch **Selbstkosten des Gläubigers** erstattungsfähig sind. Relevant wird diese Frage insbesondere, wenn der Gläubiger das Räumungsgut selbst wegschafft und/oder in seinen Räumen verwahrt. Für das Wegschaffen kann der Gläubiger keine Kostenerstattung verlangen, weil es sich nicht um ein Vermögensopfer handelt. Der eigene Zeit- und Arbeitsaufwand ist deshalb kostenrechtlich unbeachtlich.[92] Die Verwahrung in den eigenen Räumen ist nur dann ein kausal auf die Zwangsvollstreckung zurückzuführendes Vermögensopfer, wenn der Gläubiger die Räume anderenfalls anderweitig vermietet hätte. Ist dies nicht der Fall, kann der Vermieter Kostenersatz nur nach materiellem Recht verlangen; der Anspruch bedarf einer gesonderten Titulierung. Erfolgt die Verwahrung in den früheren Mieträumen, ist § 546 a Abs. 1 BGB einschlägig. Bei einer Lagerung in anderen Räumen hat der Vermieter Anspruch auf Lagergeld nach § 354 Abs. 1 HGB, falls er Kaufmann ist. Nach dieser Norm kommt auch ein Anspruch auf Vergütung anderer Tätigkeiten aus § 885 a ZPO in Betracht, etwa für das Wegschaffen des Räumungsguts.[93]

66 Die Haftung des Schuldners ist nach § 788 Abs. 1 S. 1 ZPO auf die **notwendigen Kosten** beschränkt, also auf solche, die der Gläubiger bei verständiger Würdigung des Sachverhalts objektiv für erforderlich halten durfte.[94] Hierbei ist maßgeblich, dass § 885 a Abs. 3 und Abs. 4 ZPO auf eine Entledigung des Räumungsgutes abzielen. Liegen etwa die Voraussetzungen für die sofortige Vernichtung nach § 885 a Abs. 3 S. 2 ZPO bei Teilen des Räumungsgutes ganz offensichtlich vor, sind die auf diese Sachen entfallenden Verwahrungskosten nicht erstattungsfähig. Weiter sind solche Kosten nicht erstattungsfähig, die entstehen, weil der Gläubiger die **Entledigung** der übrigen Sachen **übergebührlich herauszögert.** Ein sofortiges Handeln ist zwar nicht erforderlich. Allerdings wird man verlangen müssen, dass der Gläubiger nach Ablauf der Wartefrist aus § 885 a Abs. 4 S. 1 ZPO **ohne schuldhaftes Zögern** Maßnahmen zur Entledigung einleitet. Hiergegen verstößt er regelmäßig, wenn er nicht binnen zwei Wochen nach Ablauf der Wartefrist mit den Maßnahmen nach § 885 a Abs. 4 ZPO beginnt.

---

90 **A. A.** wohl BGH (I ZB 82/13) NZM 2015, 304 Rn. 9, indes ohne Problematisierung.
91 Etwa BGH (III ZR 78/10) NJW 2011, 1726 (Rdn. 22); *Seiler* in MünchKomm § 670 BGB Rdn. 6.
92 BVerfG NJW 2008, 3207; *Schulz* in MünchKomm § 91 ZPO Rdn. 98.
93 *Lehmann-Richter* in BeckOK-HGB § 354 Rdn. 13 und 23ff.
94 BGH (VII ZB 88/08) NJW 2010, 1007; (IXa ZB 146/03) NJW-RR 2003, 1581.

§ 940a ZPO Räumung von Wohnraum

(1) Die Räumung von Wohnraum darf durch einstweilige Verfügung nur wegen verbotener Eigenmacht oder bei einer konkreten Gefahr für Leib oder Leben angeordnet werden.

(2) Die Räumung von Wohnraum darf durch einstweilige Verfügung auch gegen einen Dritten angeordnet werden, der im Besitz der Mietsache ist, wenn gegen den Mieter ein vollstreckbarer Räumungstitel vorliegt und der Vermieter vom Besitzerwerb des Dritten erst nach dem Schluss der mündlichen Verhandlung Kenntnis erlangt hat.

(3) Ist Räumungsklage wegen Zahlungsverzugs erhoben, darf die Räumung von Wohnraum durch einstweilige Verfügung auch angeordnet werden, wenn der Beklagte einer Sicherungsanordnung (§ 283a) im Hauptsacheverfahren nicht Folge leistet.

(4) In den Fällen der Absätze 2 und 3 hat das Gericht den Gegner vor Erlass einer Räumungsverfügung anzuhören.

Systematische Übersicht

Alphabetische Schnellübersicht

I. Überblick

1 § 940a ZPO enthält **drei verschiedene Regelungsbereiche,** die alle die Räumung von Wohnraum im Wege der einstweiligen Verfügung[1] betreffen; zu den Auswirkungen dieser Vorschrift auf die Anforderungen an eine Räumungsverfügung bei Gewerberaummietverhältnissen s. Rdn. 57. Aus § 940a ZPO ergibt sich mittelbar, dass die Räumung von Wohnraum durch einstweilige Verfügung nur ausnahmsweise angeordnet werden darf, nämlich einmal gem. **§ 940a Abs. 1 ZPO** bei verbotener Eigenmacht oder konkreter Gefahr für Leib oder Leben. Außerdem darf gem. **§ 940a Abs. 2 ZPO** gegen einen *Besitzer* von Wohnraum eine einstweilige Verfügung auf Räumung erlassen werden, wenn es gegen den *Mieter* einen vollstreckbaren Räumungstitel gibt und der Vermieter von dem Besitz des Dritten erst nach Schluss der mündlichen Verhandlung des Räumungsprozesses gegen den Mieter Kenntnis erlangt hat (Räumungsverfügung gegen Dritte). Schließlich darf das Gericht gem. **§ 940a Abs. 3 ZPO** im Wege der einstweiligen Verfügung anordnen, dass der Mieter geräumt wird, wenn er einer Sicherungsanordnung gem. § 283a ZPO

[1] Allgemein zum einstweiligen Rechtsschutz im Mietprozess s. *Hinz* NZM 2005, 841 ff.

nicht nachkommt und der Räumungsanspruch hinreichend glaubhaft gemacht ist (Räumungsverfügung wegen Verstoßes gegen die Sicherungsanordnung).

II. Entstehungsgeschichte und Zweck

2 § 940a Abs. 1 ZPO wurde durch das 2. Mietrechtsänderungsgesetz 1964 eingeführt, damals aber nur als Schutz gegen verbotene Eigenmacht; um den Schutz von Leib oder Leben wurde die Vorschrift zum 1. 1. 2002 durch das Gewaltschutzgesetz vom 11. 12. 2001 erweitert. § 940a Abs. 2 bis 4 ZPO wurden durch das Gesetz über die energetische Modernisierung von vermietetem Wohnraum und über die vereinfachte Durchsetzung von Räumungstiteln vom 11. 3. 2013 (MietRÄndG 2013; BGBl I 434) geschaffen[2]. § 940a Abs. 2 bis 4 ZPO sind ohne besondere **Übergangsvorschriften** (s. Art. 9 MietRÄndG) am 1. 5. 2013 in Kraft getreten und gelten deshalb in den Fällen des § 940a Abs. 3 ZPO auch für zu diesem Zeitpunkt schon anhängige Verfahren bzw. in den Fällen des § 940a Abs. 2 ZPO für bereits gegen den Mieter ergangene Räumungsurteile[3].

3 Wenn es in § 940a Abs. 1 ZPO heißt, die Räumung von Wohnraum dürfe „nur" wegen verbotener Eigenmacht oder Gefahr für Leib oder Leben angeordnet werden, so folgt daraus mittelbar ein grundsätzliches Verbot von einstweiligen Räumungsverfügungen bei der Wohnraummiete[4]. § 940a Abs. 2 und 3 ZPO sind sprachlich als weitere **Ausnahmetatbestände** formuliert („auch"). Deshalb sind die Regelungen im Zweifel eng auszulegen. Durch das grundsätzliche Verbot der einstweiligen Räumungsverfügung bei Wohnraum wollte der Gesetzgeber sicherstellen, dass die Wohnnutzung, auf die der Mieter existenziell angewiesen ist, wegen der fehlenden Richtigkeitsgarantien im einstweiligen Rechtsschutz nicht gefährdet wird[5]. In § 940a Abs. 1 bis 3 ZPO wird das grundsätzliche Verbot gelockert, weil der Gesetzgeber bei diesen Räumungstatbeständen eine erhöhte Schutzbedürftigkeit des (Wohnraum-)Vermieters und eine verminderte Schutzbedürftigkeit des Mieters annahm[6].

4 Die Ausnahmen in **§ 940a Abs. 1 ZPO** sind der Bedeutung des **Besitzschutzes** und der konsequenten Umsetzung des Selbsthilferechts in § 859 BGB[7] bzw. dem hohen Schutzgut der **körperlichen Unversehrtheit**[8] geschuldet.

5 **§ 940a Abs. 2 und 3 ZPO** dienen hingegen **wirtschaftlichen Interessen,** indem sie helfen, den Räumungsanspruch vor dessen Titulierung im Hauptsacheverfahren durchzusetzen und so dem Vermieter die Weiternutzung der Mietsache zu ermöglichen[9]. Die Räumungsverfügung gem. § 940a Abs. 2 ZPO soll einem **Missbrauch des Mieters** vorbeugen, der sich gegen die Räumung dadurch zu wehren sucht, dass er die Wohnung einem Dritten überlässt, der mangels Kenntnis des Vermieters nicht mitverklagt werden konnte und deshalb im Räumungstitel nicht genannt ist[10]. Die Instanzrechtsprechung[11] hatte früher immer wieder über Treu und Glauben versucht, dem Vermieter in solchen Missbrauchsfällen zu helfen, dabei aber letztlich die Grundsätze des Vollstreckungsrechts missachtet. Nachdem der BGH[12] diese Praxis auch für die Fälle des Verdachts der rechtsmissbräuchlichen Vollstreckungsvereitelung unterbunden hat, wollte der Gesetzgeber ein Ersatzinstrument schaffen und dem Vermieter ermöglichen, im Wege der einstweiligen Verfügung einen Titel gegen den Besitzer zu erlangen, weil die Anspruchsprüfung in der Regel „reine Form-

---

[2] S. zur Gesetzgebungsgeschichte *Börstinghaus* in Börstinghaus/Eisenschmid, Arbeitskommentar Mietrechtsänderung 2013, § 940a ZPO Rdn. 3ff.

[3] *Börstinghaus* in Börstinghaus/Eisenschmid, Arbeitskommentar Mietrechtsänderung 2013, § 940a ZPO Rdn. 45.

[4] *Drescher* in MünchKommZPO (5. Aufl.) § 940a Rdn. 1/2; *Börstinghaus* in Börstinghaus/Eisenschmid, Arbeitskommentar Mietrechtsänderung 2013, § 940a ZPO Rdn. 12.

[5] *Drescher* in MünchKomm ZPO (5. Aufl.) § 940a Rdn. 1 m. w. N.

[6] Gesetzesbegründung BT-Drucks. 17/10485 S. 2; *Wendt,* Die einstweilige Räumungsverfügung des § 940a Abs. 2 ZPO, Diss. (Universität Trier) 2015, S. 70, 72 und 87.

[7] *Drescher* in MünchKomm ZPO (5. Aufl.) § 940a Rdn. 1 m. w. N.

[8] *Börstinghaus* in Börstinghaus/Eisenschmid, Arbeitskommentar Mietrechtsänderung 2013, § 940a ZPO Rdn. 23.

[9] Gesetzesbegründung BT-Drucks. 17/10485 S. 35 für § 940a Abs. 3 ZPO.

[10] Gesetzesbegründung BT-Drucks. 17/10485 S. 34.

[11] LG Lübeck DGVZ 2008, 172; KG NZM 2003, 105; OLG Hamburg MDR 1993, 274; AG Hamburg-St. Georg ZMR 2007, 280.

[12] BGH (I ZB 39/08) NJW 2008, 3287 = WuM 2008, 678 = ZMR 2009, 21.

sache“ sei[13]. Soweit der BGH[14] vor der Einführung von § 940a Abs. 2 ZPO die Anwendung von § 242 BGB auch im formalisierten Vollstreckungsrecht nicht vollständig ausgeschlossen hat, ist dem durch § 940a Abs. 2 ZPO im Anwendungsbereich der Vorschrift die Grundlage entzogen[15]. Die Regelung dürfte auch effektiv sein. Zwar ist es nicht ausgeschlossen, dass der Mieter nach Erlass einer Räumungsverfügung innerhalb der vom Gerichtsvollzieher zu beachtenden Räumungsfrist einen weiteren Besitzer findet, an dem die Räumung dann erneut scheitert[16]. Das ist aber wohl eher eine theoretische Möglichkeit. Kaum ein Mieter wird so viele Personen zur Verfügung haben, die zur Besitzergreifung bereit sind, so dass hierdurch die Räumung auf längere Sicht verhindert wird. Es reicht nämlich nicht, dass sich Dritte einfach nur in der Wohnung aufhalten, ihr Wohnbesitz muss dem Gerichtsvollzieher, der das vor Ort zu überprüfen hat, vielmehr tatsächlich vermittelt werden, was auf Seiten der (vermeintlichen) Besitzer einen gewissen Aufwand erfordert.

Die Räumungsverfügung gem. **§ 940a Abs. 3 ZPO** soll in Zusammenwirken mit der Sicherungsanordnung gem. § 283a ZPO **Forderungsausfälle** bei langdauernden Hauptsacheverfahren **verhindern,** indem der Mieter für die nach Rechtshängigkeit fällig gewordenen Geldforderungen Sicherheit leisten muss oder – im Falle des Verstoßes gegen die Sicherungsanordnung – geräumt werden kann, so dass weitere Forderungen nicht entstehen[17]. Das soll den tatsächlichen Wert eines (später) in der Hauptsache ergehenden Zahlungstitels sichern und dem beklagten Mieter einen Anreiz nehmen, den Prozess zur Zahlungsverzögerung zu missbrauchen[18]. Kommt der Mieter der angeordneten Sicherheitsleistung nicht nach, so werden dem Vermieter anderweitige Einnahmemöglichkeiten durch Weitervermietung eröffnet, wenn er eine Räumungsverfügung gem. § 940a Abs. 3 ZPO erlangt und von ihr Gebrauch macht. Ein zahlungsunfähig gewordener oder von vornherein betrügerisch handelnder Mieter (ein sog. Mietnomade), der erwägt, den Prozess zu verzögern, um sich die Wohnung noch eine Zeitlang zu erhalten, wird hiervon – so wohl die Hoffnung des Gesetzgebers – angesichts der drohenden Räumungsverfügung möglicherweise Abstand nehmen und entweder sofort räumen oder sich mit dem Vermieter über eine Räumung einigen. Kommt er dennoch der Sicherungsanordnung nicht nach, soll eine Räumung gerechtfertigt sein, weil sich ein Mieter angesichts der hohen Erfolgsaussicht der Zahlungsklage dann dem erhöhten Verdacht der Verzögerungsabsicht aussetzt[19]. Diese Argumentation ist allerdings schon deshalb nicht stichhaltig, weil die gem. § 283a ZPO zu sichernden Zahlungsansprüche erst nach Rechtshängigkeit fällig geworden sein dürfen und deshalb mit der Räumungsklage, die schon vor Fälligkeit dieser Zahlungsansprüche erhoben worden sein muss, nicht unmittelbar etwas zu tun haben. Es wurde eine Art prozessualer Beendigungsgrund geschaffen, der neben die Kündigungsgründe des materiellen Rechts tritt und dessen Kern ein Verstoß gegen prozessuale Pflichten (die Befolgung der Sicherungsanordnung) ist. 6

III. Anwendungsbereich

§ 940a ZPO gilt ausweislich seines Wortlauts sowohl in der gesetzlichen Überschrift als auch in den Abs. 1 bis 3 nur für die **Räumung von Wohnraum.** Eine Räumungsverfügung über die in § 940a ZPO geregelten Konstellationen hinaus ist für Wohnraum gesetzlich ausgeschlossen (s. Rdn. 3), nicht hingegen für andere Mietobjekte als Wohnraum. Zu den Auswirkungen, die die Schaffung der Räumungsverfügungen in § 940a Abs. 2 und 3 ZPO auf die Anforderungen an eine Räumungsverfügung bei **Gewerberaummietverhältnissen** hat, s. Rdn. 57. 7

---

13 Gesetzesbegründung BT-Drucks. 17/10485 S. 34.

14 BGH (I ZB 56/07) NJW 2008, 1959 = WuM 2008, 364 = ZMR 2008, 695 Rdn. 17.

15 Wie hier *Flatow* NJW 2013, 1191. **A. A.** wohl AG Hannover NZM 2015, 170; *Hinz* ZMR 2012, 165 und NZM 2012, 793; *Dötsch* ZMR 2012, 84; *Wedel* ZMR 2017, 299 sowie die Gesetzesbegründung BT-Drucks. 17/10485 S. 34 für den Fall, dass der Besitzer sich weigert, dem Gerichtsvollzieher seinen Namen mitzuteilen. Die Gesetzesbegründung stützt sich auf LG Lübeck DGVZ 2008, 172; diese Entscheidung ist aber gerade durch BGH (I ZB 39/08) NJW 2008, 3287 = WuM 2008, 678 = ZMR 2009, 21 aufgehoben worden. Kurz zuvor ist die Frage in BGH (I ZB 56/07) NJW 2008, 1959 = WuM 2008, 364 = ZMR 2008, 695 Rdn. 17 noch offen gelassen worden.

16 Diese Gefahr sehen auch *Hinz* ZMR 2012, 165; *Fleindl* NZM 2012, 65 und *Dötsch* ZMR 2012, 84.

17 Gesetzesbegründung BT-Drucks. 17/10485 S. 34.

18 Gesetzesbegründung BT-Drucks. 17/10485 S. 28.

19 Gesetzesbegründung BT-Drucks. 17/10485 S. 34.

8 Der **Begriff der Räumung**[20] ist nicht materiell-rechtlich auszulegen, sondern vollstreckungsrechtlich, da § 940a ZPO eine Verfahrensnorm ist, die die Schaffung von Räumungstiteln im Wege der einstweiligen Verfügung regelt[21]. Räumungstitel werden gem. § 885 ZPO vollstreckt, nur dort geht es um Räumung. Der Anwendungsbereich des § 885 ZPO ist beschränkt auf **unbewegliche Sachen.** Eigentlicher Gegenstand der Vollstreckung ist die Besitzverschaffung der unbeweglichen Sache an den Gläubiger, also deren Herausgabe bzw. Überlassung; die Räumung betrifft die Behandlung (Wegschaffung und Verwertung) derjenigen beweglichen Sachen, die sich im herauszugebenden Bereich befinden. Es kommt nicht darauf an, ob der Vermieter konkret Räumung gem. § 546 Abs. 1 und 2 BGB oder „nur" Herausgabe gem. § 985 BGB verlangt bzw. verlangen kann[22]; auch in letzterem Fall handelt es sich um einen Räumungstitel. Das folgt schon aus § 885 Abs. 1 ZPO, wo nebeneinander von Herausgabe und Räumung die Rede ist; es folgt erst recht aus § 885a ZPO, der es dem Gläubiger erlaubt, einen Räumungstitel auf die Herausgabevollstreckung zu beschränken.

9 Der **Begriff des Wohnraums** hat in § 940a ZPO unterschiedliche Bedeutungen[23]. In § 940a Abs. 2 und 3 BGB ist er i. S. v. gemietetem, also auf Grund eines Mietverhältnisses überlassenem Wohnraum zu verstehen, wohingegen es in § 940a Abs. 1 ZPO nur auf die tatsächliche Nutzung als Wohnraum ankommt, gleichgültig, auf Grund welcher Rechtsgrundlage dies geschieht. § 940a Abs. 2 und 3 ZPO erfordern – insoweit über § 940a Abs. 1 ZPO hinausgehend – eine Wohnraumnutzung auf Grund eines Mietvertrages. Bei § 940a Abs. 3 ZPO folgt das aus der Notwendigkeit, dass die Räumungsklage auf Zahlungsverzug gestützt werden muss, was nur bei einer Vermietung in Betracht kommt[24]. Bei § 940a Abs. 2 ZPO folgt das aus dem dort verwendeten Begriff des Mieters, der allerdings nicht der Schuldner der Räumungsverfügung ist. Es sind bei § 940a Abs. 2 ZPO zwei Nutzungsverhältnisse zu unterscheiden, nämlich der Mietvertrag, den der Vermieter geschlossen hat, und das vom Mieter abgeleitete Nutzungsverhältnis, auf Grund dessen der Dritte die Räume besitzt. Bei Ersterem muss es sich – auch wenn der Wortlaut nicht eindeutig ist, weil nicht klar ist, auf welches der Nutzungsverhältnisse sich der Begriff Wohnraum bezieht bzw. ob er sich auf beide bezieht – um ein Wohnraummietverhältnis handeln, da § 940a Abs. 2 ZPO eine Schutzvorschrift zu Gunsten der Wohnungsvermieter ist (s. Rdn. 3)[25]. Bei Letzterem muss es sich nicht um ein Wohnraummietverhältnis handeln, der Dritte als Räumungsschuldner muss die Räume nicht einmal als Wohnung nutzen[26]. Würde man das fordern, würde der Schutzzweck des § 940a Abs. 2 ZPO nur eingeschränkt erreicht, weil der Vermieter kaum einen Einblick in die reale Nutzung hat und der Mieter eine einstweilige Räumung ohne Weiteres durch eine Überlassung an einen gewerblichen Nutzer (oder jemanden, der solches vorgibt) verhindern könnte.

10 Bei **§ 940a Abs. 2 und 3 ZPO** muss es also ein Wohnraummietverhältnis gegeben haben. Zum Begriff der **Wohnraummiete** s. vor § 535 Rdn. 94. Bei Mischmietverhältnissen von Wohnraum und Gewerbe kommt es auf den Schwerpunkt der Nutzung dafür an, ob ein Wohnraummietvertrag vorliegt oder nicht[27]. Der Gläubiger eines anderweitigen Räumungsanspruchs (etwa der Ersteher, der aus einem Zuschlagsbeschluss vollstreckt), kann sich nicht auf § 940a Abs. 2 ZPO berufen[28].

11 Bei **§ 940a Abs. 1 ZPO** reicht hingegen jede **Wohnraumnutzung** aus, entscheidend ist die Nutzungsart, nicht die Rechtsgrundlage[29]. Dazu gehören deshalb auch neben der Miete von Wohnraum (einschließlich Hotelzimmer, Wohnheimzimmer etc.[30]), auch die Überlassung durch Leihe, auf gesellschaftsrechtlicher Grundlage, aus einer Unterhaltsverpflichtung, wegen eines (ding-

---

[20] S. eingehend zum Begriff der Räumung bei Einleitung Räumungsvollstreckung (vor § 712 ZPO) Rdn. 1.

[21] So auch *Fleindl* ZMR 2013, 677.

[22] So auch *Fleindl* ZMR 2013, 677.

[23] S. näher bei *Wendt,* Die einstweilige Räumungsverfügung des § 940a Abs. 2 ZPO, Diss. (Universität Trier) 2015, S. 139.

[24] Der Anwendungsbereich der für § 940a Abs. 3 ZPO notwendigen Sicherungsanordnung ist hingegen weiter; s. § 283a Rdn. 8.

[25] So auch wohl LG Köln NJW 2013, 3589; *Wendt,* Die einstweilige Räumungsverfügung des § 940a Abs. 2 ZPO, Diss. (Universität Trier) 2015, S. 138 und 146.

[26] *Wendt,* Die einstweilige Räumungsverfügung des § 940a Abs. 2 ZPO, Diss. (Universität Trier) 2015, S. 148.

[27] S. zur Abgrenzung vor § 535 Rdn. 107 ff.

[28] *Flatow* NJW 2013, 1191.

[29] *Drescher* in MünchKommZPO (5. Aufl.) § 940a Rdn. 5.

[30] *Drescher* in MünchKommZPO (5. Aufl.) § 940a Rdn. 5.

lichen) Wohnrechts und das Fehlen jeglicher Rechtsgrundlage (etwa bei unwirksamem Vertrag)[31]. Da es nur auf die Nutzungsart zum Zeitpunkt der Räumungsverfügung ankommt, spielt es keine Rolle, ob der Raum als Wohnraum errichtet oder überlassen wurde; wird etwa Gewerberaum zweckwidrig als Wohnraum genutzt, ist § 940a Abs. 1 ZPO anwendbar[32]. Wenn **spezialgesetzliche Regelungen** bestehen, scheidet eine Anwendung von § 940a Abs. 1 ZPO aus[33]. Solche Regelungen gibt es etwa in § 214 FamFG i. V. m. §§ 1 und 2 GewSchG, § 49 FamFG i. V. m. §§ 1568a und 1361b BGB bzw. § 17 LPartG.

IV. Abs. 1 (verbotene Eigenmacht, körperliche Unversehrtheit)

12 § 940a Abs. 1 ZPO hat zwei Regelungsbereiche, nämlich die Räumung von Wohnraum einmal bei verbotener Eigenmacht und zum anderen bei Gefahr für Leib oder Leben. Für einstweilige Verfügungen gem. § 940a Abs. 1 ZPO müssen auch die Voraussetzungen des § 940 ZPO erfüllt sein[34], da § 940a ZPO den Regelungsgehalt von § 940 ZPO beschränkt, indem es Räumungsverfügungen grundsätzlich vom Anwendungsbereich ausnimmt und nur in Ausnahmefällen erlaubt; insbesondere sind eine Verfügungsanspruch und ein Verfügungsgrund erforderlich. Liegen die Voraussetzungen von Verfügungsanspruch und Verfügungsgrund vor, dann ist eine einstweilige Räumungsverfügung zu erlassen; ein **Ermessensspielraum** besteht nicht (s. Rdn. 51). Zum Überzeugungsmaß des Gerichts vom Vorliegen der Voraussetzungen der Räumungsverfügung s. Rdn. 48.

1. Verbotene Eigenmacht

13 **Verfügungsanspruch** bei der Räumungsverfügung wegen verbotener Eigenmacht ist der Anspruch auf Wiedereinräumung des (ungestörten) Besitzes an Wohnräumen (s. zur Beschränkung auf Wohnräume Rdn. 9); Anspruchsgrundlage sind §§ 861, 862 BGB. Die Räumungsverfügung dient der effektiven Ausübung des Selbsthilferechts gem. § 859 BGB[35]. Sie kann sich auf einzelne Räume einer Wohnung beziehen, wenn die verbotene Eigenmacht nur diese einzelnen Räume betrifft (z. B. den Besitz des Untermieters an einem untervermieteten Zimmer)[36]. Verbotene Eigenmacht kann es auch durch Hausbesetzungen geben[37]. Gemeinschaftsräume außerhalb der Wohnung unterfallen nicht § 940a Abs. 1 ZPO, da es sich nicht um Wohnräume handelt; es kann aber eine Regelungsverfügung gem. § 940 ZPO in Betracht kommen, eine Leistungsverfügung aber wohl wegen § 866 BGB nicht[38]. Vorbehaltlich der Spezialregelungen in § 214 FamFG i. V. m. §§ 1 und 2 GewSchG sowie § 49 FamFG i. V. m. §§ 1568a und 1361b BGB bzw. § 17 LPartG richten sich auch die Nutzungsbefugnisse innerhalb einer Wohnung nicht nach § 940a Abs. 1 ZPO, sondern nach § 940 ZPO[39]. Soweit in der älteren Rechtsprechung[40] der Ausspruch eines Betretungsverbots als von § 940a Abs. 1 ZPO umfasst angesehen wurde, so ist dies angesichts der Spezialregelung in § 1 GewSchG überholt (s. auch Rdn. 11). **Verfügungsgrund** ist die Besitzentziehung oder Besitzstörung durch verbotene Eigenmacht gem. § 858 BGB. Liegt eine verbotene Eigenmacht vor, so ist eine Interessenabwägung gem. § 940 ZPO nicht zu machen, es liegt vielmehr ein „anderer Grund" i. S. v. § 940 ZPO vor[41].

---

31 *Grunsky* in Stein/Jonas (22. Aufl.) § 940a Rdn. 3; *Drescher* in MünchKommZPO (5. Aufl.) § 940a Rdn. 5.
32 *Grunsky* in Stein/Jonas (22. Aufl.) § 940a Rdn. 3.
33 *Drescher* in MünchKommZPO (5. Aufl.) § 940a Rdn. 1.
34 LG Frankfurt NJW 1980, 1758; *Wolf* NJW 1980, 1758.
35 *Drescher* in MünchKommZPO (5. Aufl.) § 940a Rdn. 1 m. w. N.
36 *Grunsky* in Stein/Jonas (22. Aufl.) § 940a Rdn. 4.
37 S. hierzu und insbesondere zu den Schwierigkeiten, wenn die Namen der Besetzer nicht bekannt sind, *Hinz* NZM 2005, 854.
38 So wohl auch *Grunsky* in Stein/Jonas (22. Aufl.) § 940a Rdn. 4. Von der Möglichkeit einer Leistungsverfügung auf Räumung bei verbotener Eigenmacht in Bezug auf ein Gewerberaumobjekt geht wohl auch OLG Celle NZM 2001, 194 = ZMR 2000, 752 aus.
39 *Drescher* in MünchKomm ZPO (5. Aufl.) § 940a Rdn. 8.
40 LG Braunschweig NJW-RR 1991, 832 m. w. N.
41 *Wolf* NJW 1980, 1758.

2. Gefahr für Leib oder Leben

14 Der Tatbestand dieses Spezialfalles von § 940 ZPO (Verhinderung drohender Gewalt)[42] ist sehr weit gefasst; zum Anwendungsbereich s. Rdn. 7. Es sind – wie bei jeder einstweiligen Verfügung[43] – Verfügungsanspruch und Verfügungsgrund notwendig. **Verfügungsanspruch** ist im Ansatz jeder Anspruch, der vor konkret zu befürchtenden Beeinträchtigungen der körperlichen Unversehrtheit oder vor Lebensgefahr schützen soll. Da mit § 940a Abs. 1 ZPO die Unzulässigkeit einer Räumung von Wohnraum durch einstweilige Verfügung gelockert werden soll, kommen nur Ansprüche wegen solcher Gefährdungen in Betracht, denen gerade durch die Räumung begegnet werden kann[44]. Für den Vermieter ist ein Verfügungsanspruch insbesondere der Räumungsanspruch gem. § 546 Abs. 1 BGB nach (fristloser) Kündigung, für sonstige Hausbewohner (dazu sogleich) die Ansprüche aus §§ 823 Abs. 1 und 2, 1004 BGB. Gleichgültig ist, ob sich die Gefahr innerhalb der zu räumenden Wohnung zu verwirklichen droht oder außerhalb, etwa in Gemeinschaftsräumen oder vor dem Haus bzw. in der Nachbarschaft[45]. Auch die schuldrechtlichen Verhältnisse zu dem Verfügungsschuldner spielen keine Rolle, insbesondere ist eine Räumungsverfügung wegen Gefahr für Leib oder Leben nicht allein zwischen Vermieter und Mieter möglich. Der Verfügungsschuldner muss nur Bewohner der Wohnräume und Verursacher der Gefahr sein, der Verfügungsgläubiger muss durch eine fortdauernde Wohnnutzung gefährdet sein. Als Verfügungsgläubiger kommen deshalb auch Mitbewohner derselben Wohnung (ggf. greift hier aber die Sonderregelung in § 2 GewSchG ein) oder anderer Wohnungen des Hauses oder der Nachbarschaft in Frage[46]. Der Vermieter kann die Räumungsverfügung nicht nur zur Abwehr einer eigenen Gefährdung beantragen, sondern auch zur Abwehr von Gefahren für die Hausbewohner[47], für Hausmeister und Hausverwalter[48] oder sonstige Beauftragte[49]. **Verfügungsgrund** ist die Gefahr für Leib oder Leben des Verfügungsgläubigers bzw. von ihm zu schützender Personen (der Vermieter bzw. Eigentümer zu seinem eigenen Schutz oder dem Schutz seiner Angehörigen und der Bewohner des Hauses). Bloße Mutmaßungen, Befürchtungen oder Angst reichen nicht, die Gefahr muss konkret sein[50], etwa auf Grund früherer Vorfälle oder wegen ausgesprochener Drohungen. Die Anforderungen an die Bejahung des Verfügungsgrundes sind hoch anzusetzen, weil ansonsten der (sofortige) Entzug der Wohnung nicht gerechtfertigt werden kann[51]. Ein Verfügungsgrund liegt z. B. vor bei ständigen Beleidigungen, Bedrohungen und Angriffen seitens der Mieterin und/oder ihrer Mitbewohner auf Vermieter, dessen Beauftragte sowie Mitmieter und deren Besucher[52] oder wenn ein Mieter, der ein Metzgermesser in der Hand hält, anderen Mietern androht, ihnen die Hälse durchzuschneiden[53]. Der Vorrang der **Sonderregelungen** in § 214 FamFG i. V. m. §§ 1 und 2 GewSchG sowie § 49 FamFG i. V. m. §§ 1568a und 1361b BGB bzw. § 17 LPartG ist zu beachten.

V. Abs. 2 (gegen besitzende Dritte)

15 Wohnungen (oder überhaupt Räume) können nur dann zwangsgeräumt werden, wenn ein Räumungstitel gegen alle Besitzer vorliegt, die nicht bereit sind, freiwillig zu räumen[54]. Aus einem Räumungsurteil gegen den Mieter kann nicht gegen einen Untermieter oder einen in dem Titel

---

[42] *Drescher* in MünchKomm ZPO (5. Aufl.) § 940a Rdn. 6.
[43] *Grunsky* in Stein/Jonas (22. Aufl.) vor § 935 Rdn. 2.
[44] *Drescher* in MünchKomm ZPO (5. Aufl.) § 940a Rdn. 6; *Fleindl* ZMR 2013, 678.
[45] *Drescher* in MünchKomm ZPO (5. Aufl.) § 940a Rdn. 6. S. auch AG Hamburg NZM 2010, 667 und NZM 2010, 760.
[46] *Hinz* NZM 2005, 854; *Drescher* in MünchKommZPO (5. Aufl.) § 940a Rdn. 6.
[47] AG Brandenburg, Urt. v. 21.4.2017 (Az.: 31 C 37/17); *Hinz* NZM 2005, 854; *Drescher* in MünchKomm-ZPO (5. Aufl.) § 940a Rdn. 6.
[48] *Börstinghaus* in Börstinghaus/Eisenschmid, Arbeitskommentar Mietrechtsänderung 2013, § 940a ZPO Rdn. 18.
[49] AG Hamburg NZM 2010, 667 und NZM 2010, 760 (vom Vermieter beauftragter Sicherheitsdienst).
[50] LG Bonn ZMR 2015, 550; AG Bremen, Urteil v. 30.4.2015 (Az.: 5 C 135/15); *Drescher* in MünchKomm-ZPO (5. Aufl.) § 940a Rdn. 6.
[51] AG Brandenburg, Urt. v. 21.4.2017 (Az.: 31 C 37/17); *Hinz* NZM 2005, 855.
[52] AG Hamburg NZM 2010, 667 und NZM 2010, 760.
[53] So wiedergegeben in LG München I NZM 2013, 25.
[54] BGH (IXa ZB 29/04) NJW 2004, 3041 = WuM 2004, 555 = ZMR 2004, 738 (Rdn. 11 bei Juris); BGH (I ZB 78/11) NZM 2013, 395 = WuM 2013, 309 Rdn. 15; *Stöber* in Zöller § 885 Rdn. 13.

nicht genannten Dritten, der selbst Besitz hat, vollstreckt werden[55], auch nicht bei einer treuwidrigen Besitzüberlassung zur Vollstreckungsvereitelung[56]. Um dem Vermieter insbesondere bei Rechtsmissbrauch zu einer **effektiven Durchsetzung seines Räumungsanspruchs** zu verhelfen, wurde § 940a Abs. 2 ZPO geschaffen. Die Möglichkeit, eine einstweilige Verfügung auf Räumung zu erlangen, nimmt einer Räumungsklage gegen den Dritten allerdings nicht das Rechtsschutzbedürfnis[57]; das gilt schon allein wegen der Vorläufigkeitscharakters der einstweiligen Verfügung. Zu Fragen der **Rechtskrafterstreckung und Titelumschreibung** gegen einen Dritten, wenn der Vermieter einen Räumungstitel gegen den Mieter erwirkt hat, s. bei § 546 Rdn. 99.

Jede einstweilige Verfügung erfordert grundsätzlich einen **Verfügungsanspruch und einen** 16
Verfügungsgrund[58]. Dementsprechend müssen auch für einstweilige Verfügungen gem. § 940a Abs. 2 ZPO die Voraussetzungen des § 940 ZPO erfüllt sein[59], da § 940a ZPO den Regelungsgehalt von § 940 ZPO beschränkt, indem es Räumungsverfügungen grundsätzlich vom Anwendungsbereich ausnimmt und nur in Ausnahmefällen erlaubt. Die Gegenansicht[60] sieht § 940a Abs. 2 ZPO als eigenständige Verfügungsart an, die keine weiteren Tatbestandsmerkmale als die in der Norm aufgeführten hat, insbesondere einen Verfügungsanspruch nicht erfordert. Es ist aber nicht ersichtlich, dass der Gesetzgeber einen so weitgehenden Eingriff in die Grundlagen des Verfügungsrechts machen wollte. Insbesondere ist nicht ersichtlich, dass er eine Räumung ohne materiell-rechtlichen Anspruch (den Verfügungsanspruch) erlauben wollte. Im Gegenteil, sprachlich knüpft § 940a Abs. 2 ZPO an § 940a Abs. 1 ZPO an, der – auch nach der Gegenmeinung – lediglich eine Konkretisierung bzw. Beschränkung des § 940 ZPO darstellt. Das, was die Gegenmeinung in § 940a Abs. 2 ZPO für einen abgeschlossenen Tatbestand hält, sind – ähnlich wie in § 940a Abs. 1 ZPO – lediglich die typisierten Bedingungen für den Verfügungsgrund, deren Vorliegen eine Abwägung der beiderseitigen Interessen wie in § 940 ZPO entbehrlich macht (s. Rdn. 20). Liegen die Voraussetzungen von Verfügungsanspruch und Verfügungsgrund vor, dann ist eine einstweilige Räumungsverfügung zu erlassen; ein **Ermessensspielraum** besteht nicht (s. Rdn. 51). Zum Überzeugungsmaß des Gerichts vom Vorliegen der Voraussetzungen der Räumungsverfügung s. Rdn. 48.

1. Verfügungsanspruch

Der Verfügungsanspruch ist der Anspruch, dessen Durchsetzung durch einstweilige Verfügung 17
gesichert werden soll[61]. Bei § 940a Abs. 2 ZPO fehlt dem Vermieter ein Titel gegen einen Besitzer der Mietsache, der nicht Mieter ist. Deshalb kommt als Verfügungsanspruch im Ansatz jeder Anspruch in Betracht, mit dem der Besitzer aus dem Besitz gesetzt und der Vermieter in den Besitz eingewiesen werden kann. Insbesondere sind dies die Ansprüche gem. § 546 Abs. 2 BGB und §§ 985, 812[62] BGB (s. aber auch Rdn. 21). Der Rechtsgrund, auf Grund dessen der Mieter dem Dritten den Besitz überlassen hat, sowie die Art der Nutzung durch den Dritten sind belanglos[63].

Gem. **§ 546 Abs. 2 BGB** hat der Vermieter gegen solche Dritte einen Rückforderungsan- 18
spruch, denen der Mieter die Mietsache überlassen hat[64], den Dritten treffen zwar nicht zwingend dieselben Rückgabepflichten wie den Mieter, er hat die Wohnung aber jedenfalls zu räumen[65].

Gem. **§§ 985, 986 BGB** hat der Vermieter, wenn er Eigentümer der Wohnung ist, einen He- 19
rausgabeanspruch gegen einen Besitzer, der ihm gegenüber kein Recht zum Besitz hat. Herausgabe bedeutet Besitzverschaffung, nicht aber Räumung (Entfernung von Gegenständen und Einrichtun-

---

55 BGH (IXa ZB 116/03) NZM 2003, 802 = WuM 2003, 577 = ZMR 2003, 826.

56 BGH (I ZB 39/08) NJW 2008, 3287 = WuM 2008, 678 = ZMR 2009, 21. Die gegenteilige frühere Instanzrechtsprechung ist nicht mehr haltbar; s. dazu Rdn. 5.

57 **A. A.** *Abramenko* MietRB 2014, 219.

58 *Grunsky* in Stein/Jonas (22. Aufl.) vor § 935 Rdn. 2.

59 Für § 940a Abs. 1 ZPO: LG Frankfurt NJW 1980, 1758; *Wolf* NJW 1980, 1758. Für § 940a Abs. 2 ZPO: *Wendt,* Die einstweilige Räumungsverfügung des § 940a Abs. 2 ZPO, Diss. (Universität Trier) 2015, S. 98; *Abramenko* MietRB 2014, 218. Für § 940a Abs. 3 ZPO: Gesetzesbegründung BT-Drucks. 17/10485 S. 34; *Fleindl* ZMR 2013, 678; *Schmid* WuM 2014, 118. S. auch Rdn. 3.

60 *Zehelein* WuM 2012, 423. Zweifelnd, aber im Ergebnis ähnlich, wenn er von einem eigenen materiellen Tatbestand spricht, *Fischer* NZM 2013, 252.

61 *Drescher* in MünchKommZPO (5. Aufl.) § 935 Rdn. 6.

62 *Wendt,* Die einstweilige Räumungsverfügung des § 940a Abs. 2 ZPO, Diss. (Universität Trier) 2015, S. 106.

63 S. Rdn. 9.

64 Einzelheiten bei § 546 Rdn. 89ff.

65 Einzelheiten bei § 546 Rdn. 104ff.

gen). Diese Differenzierung der Rechtsfolgen beider Ansprüche ist deshalb von Bedeutung, weil § 940a Abs. 2 ZPO ausdrücklich die *Räumung* von Wohnraum erlaubt. Allerdings ist der Herausgabeanspruch ein Minus zum Räumungsanspruch und von diesem umfasst (s. schon Rdn. 8)[66]. Dem Zweck des § 940a Abs. 2 ZPO würde nicht vollständig gedient sein, wenn er nur bei einer Räumungsverpflichtung, nicht aber bei einem bloßen Herausgabeanspruch eingreifen würde. Denn mit der Vorschrift soll die Not des Vermieters beseitigt werden, die Verfügungsgewalt an den Räumen deshalb nicht mit staatlichem Zwang zurückzuerhalten, weil ihm ein Titel gegen einen Besitzer fehlt; der Zustand der Wohnung ist zweitrangig, die Räumung kann er ggf. selbst vornehmen, wenn er wieder Besitz hat. Dagegen spricht auch nicht entscheidend, dass der Besitzer nach materiellem Recht bei dem Herausgabeanspruch gem. § 985 BGB beweisen muss, dass er ein Recht zum Besitz hat, wohingegen bei § 546 Abs. 2 BGB der Vermieter die Vertragsbeendigung nachzuweisen hat. Für den (vom Vermieter zu beweisenden) Verfügungsgrund ist nämlich ein Räumungstitel gegen den Mieter notwendig, der naturgemäß nur ergehen kann, wenn dort die Vertragsbeendigung bejaht wurde. Hat der Vermieter nur einen Herausgabeanspruch (oder kann er nur einen solchen beweisen), dann kann auch in der einstweiligen Verfügung gem. § 940a Abs. 2 ZPO nur auf Herausgabe erkannt werden, nicht auch auf Räumung.

2. Verfügungsgrund

20 Genauso wie in den Fällen des § 940a Abs. 1 ZPO (verbotenen Eigenmacht und Gefahr für Leib oder Leben)[67] trägt die Voraussetzung der Unkenntnis des Vermieters von der Inbesitznahme den Verfügungsgrund schon in sich. Einer Darlegung und Glaubhaftmachung eines wesentlichen Nachteils, wie sie bei einer Regelungsverfügung gem. § 940 ZPO an sich notwendig ist, bedarf es nicht[68]; es liegt vielmehr ein „anderer Grund" i. S. v. § 940 ZPO vor[69]. Es würde keinen Sinn machen, die einstweilige Räumungsverfügung nur zuzulassen, wenn der Vermieter noch darlegen müsste, warum sein Vermögensnachteil durch Vorenthaltung der Wohnung stärker wiegt als der (mutmaßlich endgültige) Entzug der Wohnung beim Besitzer; ein solches überwiegendes Interesse dürfte nämlich eher selten vorliegen[70]. Dementsprechend geht der Gesetzgeber[71] davon aus, dass das einstweilige Verfügungsverfahren „anstelle eines zeitaufwändigen Hauptsacheverfahrens" treten soll. An dessen Stelle kann es nur treten, wenn es nicht von einem besonderen Verfügungsgrund abhängig ist. Durch diese Intention des Gesetzgebers wird gleichzeitig deutlich, dass es sich bei der Räumungsverfügung gem. § 940a Abs. 2 ZPO um eine gesetzlich geregelte Leistungsverfügung handelt[72], die – zwar nicht formal, weil das Hauptsacheverfahren nicht ausgeschlossen wird, aber doch praktisch, weil nach einer Räumung ein Hauptsacheverfahren sinnlos ist – auf eine endgültige Regelung bzw. Befriedigung des Vermieters abzielt. Gerechtfertigt wird das dadurch, dass ein Titel gegen den Mitbesitzer einer Wohnung in der Regel „reine Formsache" ist[73] – wohl wegen der einfachen und einfach zu beweisenden Voraussetzungen eines Verfügungsanspruchs. Die Voraussetzungen des § 940a Abs. 2 ZPO stellen sich danach als einzige und **typisierte Bedingungen für den Verfügungsgrund** dar[74]. Deren Vorliegen macht eine Abwägung der beiderseitigen Interes-

---

[66] So auch *Wendt,* Die einstweilige Räumungsverfügung des § 940a Abs. 2 ZPO, Diss. (Universität Trier) 2015, S. 102f. mit einer weitergehenden Analyse des Begriffs der Räumung.

[67] *Drescher* in MünchKommZPO (5. Aufl.) § 940a Rdn. 7.

[68] LG Mönchengladbach NZM 2014, 132 = WuM 2014, 105; LG Frankfurt (Oder)NZM 2016, 816 mit Anm. *Wendt; Drescher* in MünchKommZPO (5. Aufl.) § 940a Rdn. 11; *Wendt,* Die einstweilige Räumungsverfügung des § 940a Abs. 2 ZPO, Diss. (Universität Trier) 2015, S. 267; *Abramenko* MietRB 2014, 218. **A. A.** *Börstinghaus* in Börstinghaus/Eisenschmid, Arbeitskommentar Mietrechtsänderung 2013, § 940a ZPO Rdn. 33; *Schmid* WuM 2014, 118.

[69] *Wolf* NJW 1980, 1758 für die verbotene Eigenmacht.

[70] So auch LG Mönchengladbach NZM 2014, 132 = WuM 2014, 105.

[71] Gesetzesbegründung BT-Drucks. 17/10485 S. 34.

[72] So auch *Fleindl* ZMR 2013, 679; *Schmid* WuM 2014, 118; *Schuschke* FS Schilken S. 807; *Drescher* in MünchKommZPO (5. Aufl.) § 940a Rdn. 2. *Vollkommer* in Zöller § 940a Rdn. 6 geht dementgegen von einer vereinfachten Erstreckung der Vollstreckbarkeit des gegen den Mieter ergangenen Titels auf den Dritten kraft materiell-rechtlicher Abhängigkeit aus, die er entgegen BGH (XII ZR 178/03) NZM 2006, 699 = ZMR 2006, 763 der Regelung des § 546 Abs. 2 BGB entnimmt (s. auch Rdn. 49).

[73] Gesetzesbegründung BT-Drucks. 17/10485 S. 34.

[74] So auch LG Mönchengladbach NZM 2014, 132 = WuM 2014, 105; *Wendt,* Die einstweilige Räumungsverfügung des § 940a Abs. 2 ZPO, Diss. (Universität Trier) 2015, S. 267. Ähnlich, aber kritisch dazu *Schuschke* FS Schilken S. 807.

sen wie in § 940 ZPO entbehrlich und zwar unabhängig davon, wann der Vermieter Kenntnis von den Voraussetzungen hatte[75].

Die zu erfüllenden **Voraussetzungen** sind ein vom (Wohnraum-)[76] Mieter verschiedener Besitzer, ein vollstreckbarer Räumungstitel gegen den (ehemaligen) Mieter und die Unkenntnis des Vermieters von der Besitzergreifung vor Schluss der (erstinstanzlichen) mündlichen Verhandlung. Aus diesen Voraussetzungen (Titel gegen einen „Mieter", Kenntnis des „Vermieters") folgt, dass Verfügungskläger gem. § 940a Abs. 2 ZPO nur der Vertragspartner des Mieters (oder dessen Rechtsnachfolger) in seiner Eigenschaft als Vermieter einer Wohnung sein kann; nicht erfasst wird der Streit um eine Besitzberechtigung aus einem anderen Rechtsverhältnis[77]. Nach welcher Anspruchsgrundlage der Mieter zur Räumung bzw. zur Herausgabe verurteilt wurde, ist belanglos; er muss aber – so der eindeutige Wortlaut des § 940a Abs. 2 ZPO – Mieter auf Grund eines Wohnraummietvertrages[78] gewesen sein. Nach dem Sinn und Zweck der Vorschrift genügt allerdings auch der Besitz auf Grund eines angefochtenen oder nichtigen Mietvertrages[79], nicht aber sonstiger rechtsgrundloser Besitz oder der Besitz als Entleiher. Ergibt sich das nicht aus dem Räumungstitel, so muss der Vermieter das anderweitig darlegen und nachweisen (s. auch Rdn. 17 und 49). 21

Der **Schuldner der Räumungsverfügung** muss Besitzer der Wohnung sein; der Rechtsgrund, auf Grund dessen der Mieter dem Dritten den Besitz überlassen hat, sowie die Art der Nutzung durch den Dritten sind belanglos[80]. Besitzdienerschaft reicht nicht aus[81], wohl aber mittelbarer Besitz oder Mitbesitz[82]. Hat der Dritte – wie nicht selten bei einem Untermieter – nur an einzelnen Räumen Besitz (was kritisch zu prüfen ist und praktisch nur bei der ausdrücklichen Vermietung eines einzelnen Zimmers in Betracht kommen dürfte), kann er nur zu deren Räumung, nicht aber zur Räumung der ganzen Wohnung verurteilt werden[83]. Der Besitz muss mit Wissen und Wollen bzw. mindestens mit Duldung des Mieters begründet worden sein[84], da es ansonsten nicht gerechtfertigt ist, eine Abhängigkeit des Besitzrechtes des neuen Besitzers vom Mieter (ggf. in rechtsmissbräuchlicher Absicht) anzunehmen; nur so ist sichergestellt, dass sich der Anwendungsbereich des § 940a Abs. 2 ZPO auf die vom Gesetzgeber beabsichtigten Fälle beschränkt, einen Räumungstitel gegen den Mieter effektiv durchsetzen zu können. Wenn sich der Verfügungsanspruch auf § 546 Abs. 2 BGB stützt, ist diese Voraussetzung immer erfüllt (s. § 546 Rdn. 97). Wer Besitzer, Mitbesitzer, mittelbarer Besitzer oder Besitzdiener ist, richtet sich nach den besitzrechtlichen Vorschriften. Vollstreckungsrechtlich ist ein Titel notwendig gegen Untermieter[85] (auch wenn sie nur Teile des Mietobjekts in Besitz haben[86]), Ehegatten[87] und Lebenspartner. Bei diesen Personen wird Besitz und nicht nur Besitzdienerschaft angenommen, sofern sie in der Wohnung wohnen. Es reicht nicht, dass sich diese Personen einfach nur in der Wohnung aufhalten und ihre Stellung als Untermieter, Besitzer etc. behaupten[88], ihr Besitz muss dem Gerichtsvollzieher, der das vor Ort zu überprüfen hat, vielmehr tatsächlich eindeutig und klar vermittelt werden[89]. Es dürfte selten vorkommen, dass der Gerichtsvollzieher jemandem, der sich in der Wohnung aufhält, Besitz daran zumisst, wenn 22

---

[75] LG Mönchengladbach NZM 2014, 132 = WuM 2014, 105, *Wendt,* Die einstweilige Räumungsverfügung des § 940a Abs. 2 ZPO, Diss. (Universität Trier) 2015, S. 271. **A. A.** LG Berlin GE 2015, 597 unter Berufung auf die Grundsätze der Selbstwiderlegung des Verfügungsgrunds.

[76] S. Rdn. 9.

[77] So *Börstinghaus* jurisPR-MietR 8/2014 Anm. 2; LG Arnsberg NZM 2014, 269 für den Fall, dass der noch nicht im Grundbuch eingetragene Käufer die Wohnung vermietet hatte und nach Beendigung des Mietvertrages und Scheitern des Kaufvertrages in die Wohnung eingezogen ist.

[78] S. Rdn. 9.

[79] S. eingehend *Wendt,* Die einstweilige Räumungsverfügung des § 940a Abs. 2 ZPO, Diss. (Universität Trier) 2015, S. 109 und 115. Ebenso *Drescher* in MünchKommZPO (5. Aufl.) § 940a Rdn. 12.

[80] S. Rdn. 9.

[81] AG Wiesbaden NZM 2015, 782.

[82] LG Berlin NZM 2016, 239 mit Anm. Wendt = WuM 2015, 634.

[83] LG Berlin NZM 2016, 239 mit Anm. Wendt = WuM 2015, 634.

[84] Ähnlich wohl LG Arnsberg, Urteil v. 25.2.2014 (Az.: 3 S 11/14).

[85] BGH (IXa ZB 116/03) NZM 2003, 802 = WuM 2003, 577 = ZMR 2003, 826.

[86] *Abramenko* MietRB 2014, 217.

[87] LG Frankfurt (Oder) NZM 2016, 816 mit Anm. *Wendt.*

[88] **A. A.** *Abramenko* MietRB 2014, 217 soll eine bloße Besitzberühmung ausreichen. Dem ist nicht zu folgen, da Besitzergreifung ein tatsächlicher Vorgang ist; eine Besitzberühmung kann daher allenfalls Indiz für die tatsächliche Ausübung der Sachherrschaft sein.

[89] BGH (I ZB 78/11) NZM 2013, 395 = WuM 2013, 309 Rdn. 15; AG Berlin-Charlottenburg NZM 2015, 217; *Fleindl* ZMR 2013, 680; *Schuschke* FS Schilken S. 804.

diese Person dort weder gemeldet (also namentlich bekannt) ist, noch Legitimationspapiere oder sonstige Urkunden (wie etwa einen Mietvertrag) vorlegen kann[90]. Auf der anderen Seite reicht allein die Vorlage derartiger Papiere als Indiz für einen Besitz nicht aus, weitere Anhaltspunkte müssen hinzukommen[91]. Die Anbringung eines Namensschildes an der Klingel soll nach der Verkehrsanschauung für einen (Mit-)Besitz an dem Mietobjekt sprechen[92]. Das mag im Regelfall zutreffen, ist aber bei Anzeichen oder Behauptung von Rechtsmissbrauch kritisch zu überprüfen und an Hand anderer Indizien, die für eine tatsächliche Sachherrschaft sprechen (eigener Schlüssel, eigene Gegenstände), zu verifizieren[93]. Bei Vorlage einer Meldebescheinigung ist es ähnlich[94]. Auch bei nichtehelichen Lebensgefährten muss sich deren Mitbesitz an der Wohnung klar und eindeutig aus den Umständen ergeben[95]. Bloße Besitzdiener sind minderjährige Kinder[96] (im Regelfall auch nicht nach Erreichen der Volljährigkeit[97]) und auch bei Einzug in die Wohnung schon erwachsene Kinder, sofern noch eine soziale Abhängigkeit von den Eltern besteht[98], sowie Hauspersonal[99]. Unterliegt der Gerichtsvollzieher einer Fehleinschätzung und verweigert die Räumung, weil er fälschlicherweise den Besitz eines Dritten annimmt, kann der Vermieter als Gläubiger Vollstreckungserinnerung gem. § 766 ZPO einlegen. Im Ansatz ist ein Titel gegen sämtliche Mitbesitzer notwendig, da die Vorschrift ansonsten nicht ihre Schutzfunktion erfüllen kann[100]. Ist jedoch ein **Besitzer freiwillig zur Herausgabe bereit,** darf der Gerichtsvollzieher die Räumungsvollstreckung nicht deshalb ablehnen, weil ein Titel gegen diesen Besitzer fehlt. Ähnlich ist es bei Teilbesitz[101]. Tut er es dennoch, kann der Vermieter ebenfalls Vollstreckungserinnerung gem. § 766 ZPO einlegen. Eine Räumungsverfügung gegen den herausgabebereiten Besitzer kommt mangels Verfügungsgrundes regelmäßig nicht in Betracht; anders kann das allenfalls sein, wenn es konkrete Anhaltspunkte dafür gibt, dass die Herausgabebereitschaft nicht fortbestehen wird. Gegen einen ausgezogenen Mitmieter ist ein Titel nicht erforderlich, weil er nicht mehr Besitzer ist[102].

23 *derzeit unbelegt*

24 Der **Besitzer** darf **nicht Mieter** sein[103]. Denn gegen den (ehemaligen) Mieter muss nach dem Wortlaut des § 940 a Abs. 2 ZPO ein vollstreckbarer Räumungstitel schon vorhanden sein. Mieter in diesem Sinn ist nur der Hauptmieter, nicht der Untermieter[104], da § 940 a Abs. 2 ZPO gerade auch eine Handhabe gegen unberechtigte oder vorgeschobene Untervermietung geben soll. Der vollstreckbare Räumungstitel gegen den Mieter ergeht in aller Regel in einem Hauptsacheverfahren, also durch Urteil oder gerichtlichen Vergleich[105]. Vorläufige Vollstreckbarkeit reicht aus, ansonsten hätte das Gesetz einen rechtskräftigen Titel vorgeschrieben[106]. Auch eine Räumungsverfügung gem. § 940 a Abs. 3 ZPO kann ein vollstreckbarer Räumungstitel i. S. v. § 940 a Abs. 2 ZPO sein[107]. Eine notarielle Urkunde ist hingegen gem. § 794 Abs. 1 Nr. 5 ZPO und ein Anwaltsvergleich gem. § 796 a Abs. 2 ZPO kein wirksamer Titel zur Räumung von Wohnraum. Der Grund

---

90 *Flatow* NJW 2013, 1191. Ähnlich *Fleindl* ZMR 2013, 682.

91 AG Berlin-Charlottenburg NZM 2015, 217 für die bloße Vorlage eines Untermietvertrages als Besitznachweis.

92 OLG Hamburg NZM 2012, 387 = ZMR 2012, 99.

93 AG Berlin-Wedding GE 2012, 1705.

94 AG Berlin-Wedding GE 2012, 1705.

95 BGH (I ZB 56/07) NJW 2008, 1959 = WuM 2008, 364 = ZMR 2008, 695 (dazu *Scholz* ZMR 2009, 99).

96 BGH (I ZB 56/07) NJW 2008, 1959 = WuM 2008, 364 = ZMR 2008, 695; AG Wiesbaden NZM 2015, 782.

97 BGH (I ZB 56/07) NJW 2008, 1959 = WuM 2008, 364 = ZMR 2008, 695; AG Wiesbaden NZM 2015, 782.

98 AG Wiesbaden NZM 2015, 782; AG Kassel ZMR 2016, 77; *Flatow* jurisPR-MietR 2/2016 Anm. 5.

99 *Blank/Börstinghaus* § 546 Rdn. 61.

100 *Wendt,* Die einstweilige Räumungsverfügung des § 940 a Abs. 2 ZPO, Diss. (Universität Trier) 2015, S. 178.

101 S. dazu *Mroß/Fischer* DGVZ 2016, 199; BGH (I ZB 78/11) NZM 2013, 395.

102 *Wendt,* Die einstweilige Räumungsverfügung des § 940 a Abs. 2 ZPO, Diss. (Universität Trier) 2015, S. 184.

103 LG Frankfurt (Oder) NZM 2016, 816 mit Anm. *Wendt.*

104 *Zehelein* WuM 2012, 424; *Fleindl* ZMR 2013, 680.

105 Zu anderen möglichen Herausgabetiteln (Zuschlagsbeschluss, Anordnung der Zwangsverwaltung, Insolvenzeröffnungsbeschluss, Titel nach FamFG) s. *Wendt,* Die einstweilige Räumungsverfügung des § 940 a Abs. 2 ZPO, Diss. (Universität Trier) 2015, S. 195 f. Im Ergebnis scheiden sie alle als Grundlage eine Räumungsverfügung gem. § 940 a Abs. 2 ZPO aus.

106 *Börstinghaus* NJW 2014, 2227; *Fleindl* ZMR 2013, 679.

107 S. zu dieser Konstellation Rdn. 42.

für die Beendigung des Mietvertrages ist – anders als bei § 940 a Abs. 3 ZPO – gleichgültig, da Missbrauch im Vollstreckungsverfahren verhindert werden soll[108]. Ist die Zwangsvollstreckung aus dem Räumungsurteil (einstweilen) eingestellt oder wurde eine Räumungsfrist bewilligt oder liegen sonstige besondere Vollstreckungsvoraussetzungen nicht vor (wie etwa Leistung einer Sicherheit), gibt einen vollstreckbaren Titel nicht[109]. Eine Räumungsverfügung gem. § 940 a Abs. 2 ZPO darf dann nicht erlassen werden, weil der Vermieter ihn mangels Vollstreckungsreife gegenüber dem Mieter auch gegenüber dem Dritten noch nicht vollziehen könnte[110]; das würde auf eine Art Vorratstitulierung hinauslaufen, die mit dem Wesen einer einstweiligen Verfügung unvereinbar ist. Ist dennoch schon eine Räumungsverfügung erlassen worden, ist die Vollstreckung gem. § 924 Abs. 3 ZPO einzustellen.

Wenn **mehrere Mieter** Vertragspartei sind, muss nicht gegen alle ein Räumungstitel vorliegen, damit die Voraussetzungen des § 940 a Abs. 2 ZPO erfüllt sind[111]. Zwar braucht der Vermieter für die Vollstreckung gegen alle Mieter einen Titel, die noch in dem Mietobjekt wohnen und Besitzer sind und den Besitz nicht freiwillig aufgeben wollen[112]. Daraus kann aber nicht eine Voraussetzung für den Erlass einer Räumungsverfügung abgeleitet werden und zwar schon deshalb nicht, weil der Vermieter ansonsten gezwungen wäre, auch gegen freiwillig räumende oder bereits ausgezogene Mieter[113] einen Titel zu erwirken, obwohl er den Missbrauch der Besitzstellung durch den Dritten noch gar nicht kennt (würde er ihn kennen, müsste er ihn mitverklagen). Abgesehen davon hat der im Hauptsacheverfahren ergangene Räumungstitel die Funktion, das Ende des Mietverhältnisses mit der notwendigen Sicherheit festgestellt zu wissen. Diese Funktion ist auch gewährleistet, wenn sich der Titel nur auf einen von mehreren Mietern bezieht. Die Schutzfunktion des § 940 a Abs. 2 ZPO gebietet nichts anderes[114]. Zwar geht die ratio legis dahin, dass der Vermieter seinerseits alles Erforderliche zu tun hat, um die Zwangsräumung durchführen zu können. Ausdrücklich ist im Gesetz aber nur die Pflicht geregelt, einen Dritten bei Kenntnis von dessen Besitz mit zu verklagen. Deshalb darf der Vermieter etwa das Risiko eingehen, auf die Räumungszusage eines Mitmieters zu vertrauen. Dennoch wird der vorsichtige Vermieter gegen alle Mitmieter einen Titel erwirken. Auf einen Titel gegen wenigstens einen Mieter kann angesichts des klaren Wortlauts von § 940 a Abs. 2 ZPO allerdings auch dann nicht verzichtet werden, wenn zwar alle Mieter zur Rückgabe der Mietsache bereit sind, nicht aber der Besitzer. 25

Weiterhin liegt ein Verfügungsgrund nur vor, wenn der Vermieter **keine Kenntnis von der Besitzbegründung** des Verfügungsschuldners an der Mietsache hatte; es ist unerheblich, ob der Vermieter der Besitzbegründung hätte zustimmen müssen[115]. Zur Kenntnis gehört auch die **Kenntnis des Namens,** da der Vermieter ansonsten keine Möglichkeit hat, den Dritten in den Prozess einzubeziehen[116]. Hat er Kenntnis vom Besitz des Dritten, aber keine Namenskenntnis, muss er zumutbare Anstrengungen unternehmen, um den Namen zu erfahren, etwa den Mieter auf Auskunft in Anspruch nehmen[117] (s. dazu Rdn. 28). Diese Erkundigungsobliegenheit erscheint trotz des Kenntniserfordernisses gerechtfertigt, weil der Vermieter immerhin von dem Besitz eines Dritten und damit von der potenziellen Gefährdung einer Räumungsvollstreckung weiß; hierbei 26

---

[108] *Börstinghaus* in Börstinghaus/Eisenschmid, Arbeitskommentar Mietrechtsänderung 2013, § 940 a ZPO Rdn. 25.

[109] Eingehend *Wendt,* Die einstweilige Räumungsverfügung des § 940 a Abs. 2 ZPO, Diss. (Universität Trier) 2015, S. 221. Außerdem *Fleindl* ZMR 2013, 679; *Börstinghaus* NJW 2014, 2227.

[110] *Wendt,* Die einstweilige Räumungsverfügung des § 940 a Abs. 2 ZPO, Diss. (Universität Trier) 2015, S. 215.

[111] So auch *Fleindl* ZMR 2013, 680. **A. A.** wohl *Zehelein* WuM 2012, 424; *Fischer* NZM 2013, 252 und dezidiert *Wendt,* Die einstweilige Räumungsverfügung des § 940 a Abs. 2 ZPO, Diss. (Universität Trier) 2015, S. 177.

[112] S. Rdn. 15.

[113] Gegen ausgezogene Mietmieter ist auch nach der Gegenauffassung ein Titel nicht erforderlich; s. *Wendt,* Die einstweilige Räumungsverfügung des § 940 a Abs. 2 ZPO, Diss. (Universität Trier) 2015, S. 184.

[114] So aber *Wendt,* Die einstweilige Räumungsverfügung des § 940 a Abs. 2 ZPO, Diss. (Universität Trier) 2015, S. 178.

[115] Gesetzesbegründung BT-Drucks. 17/10485 S. 34. Der Gesetzgeber scheint auf diese Feststellung besonderen Wert zu legen, da sie in der Beschlussempfehlung Rechtsausschuss BT-Drucks. 17/11894 S. 36 wiederholt wird; es sind aber kaum Fälle vorstellbar, in denen der Vermieter bei einem bestehenden Räumungsanspruch der Aufnahme Dritter Personen noch zustimmen muss.

[116] So auch *Wendt,* Die einstweilige Räumungsverfügung des § 940 a Abs. 2 ZPO, Diss. (Universität Trier) 2015, S. 178. **A. A.** *Börstinghaus* in Börstinghaus/Eisenschmid, Arbeitskommentar Mietrechtsänderung 2013, § 940 a ZPO Rdn. 26.

[117] *Fleindl* ZMR 2013, 682.

handelt es sich um einen Fall der sich aufdrängenden Kenntnisnahme (dazu sogleich), die gleichfalls immer ein Tätigwerden (indem er einem Verdacht nachgeht) des Vermieters erfordert[118]. Bleibt die Erkundigung erfolglos, kann ein Verfügungsgrund bejaht werden, wenn der Vermieter später (etwa nach einem Vollstreckungsversuch durch den Gerichtsvollzieher) Namenskenntnis erlangt[119]. Ansonsten schadet nach dem Wortlaut der Vorschrift nur *Kenntnis* „von dem Besitzerwerb", nicht aber fahrlässige oder **grobfahrlässige Unkenntnis**[120]. Das erscheint gerechtfertigt angesichts der Wertung des § 540 Abs. 1 BGB, nach der der Mieter den Gebrauch an der Mietsache nicht ohne Erlaubnis des Vermieters überlassen darf, was eine entsprechende Informationspflicht des Mieters voraussetzt. Auch wenn der Vermieter vom Mieter aus einer Nebenleistungspflicht des Mietvertrages Auskunft darüber verlangen kann, ob und welchen Dritten er die Mietsache überlassen hat[121], schadet es ihm deshalb nicht, wenn er eine Auskunft über einen Drittbesitz nicht eingeholt hat. Anders dürfte es sein, wenn der Vermieter seine Augen vor einer sich aufdrängenden Kenntnisnahme bewusst verschließt; in diesen Fällen steht die Kenntnismöglichkeit (von Besitz und Namen des Besitzers) der Kenntnis nach dem Rechtsgedanken des § 161 BGB gleich[122]. Eine Kenntnis des früheren Vermieters muss sich der die Verfügung begehrende Vermieter nicht zurechnen lassen[123]. Da die Unkenntnis eine negative Tatsache ist, kann der für die Verfügungsvoraussetzungen beweispflichtige Vermieter[124] sie zunächst einmal nur behaupten und durch eigene eidesstattliche Versicherung **glaubhaft machen.** Bestreitet der Besitzer die Unkenntnis des Vermieters, muss er konkrete Tatbestände der Kenntniserlangung darlegen[125], die der Vermieter dann auf Grund seiner Beweislast widerlegen muss.

27 Es schadet nur Kenntnis **vor Schluss der mündlichen Verhandlung.** Zunächst scheint es naheliegend, auf den Schluss derjenigen mündlichen Verhandlung abzustellen, auf die hin das Räumungsurteil ergangen ist. Das greift aber zu kurz. Grund für die zeitliche Grenze im Gesetz war die Möglichkeit für den Vermieter, den Besitzer noch in den Prozess einzubeziehen und einen Titel gegen ihn in einem Hauptsacheverfahren zu erwirken[126]. Diese Möglichkeit besteht meist nur in der ersten Instanz. Eine Parteierweiterung in der **Berufungsinstanz** ist nämlich grundsätzlich nur mit Zustimmung des Dritten als neuen Beklagten möglich[127]. Diese Zustimmung wird er in den Fällen der rechtsmissbräuchlichen Besitzergreifung regelmäßig verweigern. Die Parteierweiterung kann dann ausnahmsweise auch ohne Zustimmung erfolgen, wenn die Verweigerung rechtsmissbräuchlich geschieht[128]. Eine solche rechtsmissbräuchliche Verweigerung der Parteierweiterung dürfte aber oftmals schwierig festzustellen sein. Um § 940a Abs. 2 ZPO effektiv zu machen, ist die Vorschrift deshalb so auszulegen, dass mit Schluss der mündlichen Verhandlung diejenige erstinstanzliche Verhandlung gemeint ist, auf die instanzabschließend (also nicht bloß durch Versäumnisurteil) über den Räumungsantrag entschieden wurde – gleichgültig, ob abweisend oder stattgebend[129]. Erfährt der Vermieter in der mündlichen Verhandlung von dem Besitz des Dritten, so kommt eine Räumungsverfügung nach dem eindeutigen Wortlaut des § 940a Abs. 2 ZPO („nach"

---

[118] Gegen jede Erkundigungsobliegenheit *Wendt,* Die einstweilige Räumungsverfügung des § 940a Abs. 2 ZPO, Diss. (Universität Trier) 2015, S. 232.

[119] *Fleindl* ZMR 2013, 682; *Abramenko* MietRB 2014, 217.

[120] *Börstinghaus* in Börstinghaus/Eisenschmid, Arbeitskommentar Mietrechtsänderung 2013, § 940a ZPO Rdn. 26; *Fleindl* ZMR 2013, 682.

[121] LG Kiel ZMR 2010, 532; OLG Hamburg NZM 1998, 758.

[122] S. BGH (VI ZR 32/97) NJW 1999, 423 zu der vergleichbaren Situation bei dem Verjährungsbeginn gem. § 852 BGB a. F. **A. A.** *Wendt,* Die einstweilige Räumungsverfügung des § 940a Abs. 2 ZPO, Diss. (Universität Trier) 2015, S. 232.

[123] LG Frankfurt WuM 2016, 376.

[124] LG Berlin WuM 2016, 751 = NZM 2017, 189.

[125] So auch *Paschke* GE 2012, 1602.

[126] Beschlussempfehlung Rechtsausschuss BT-Drucks. 17/11894 S. 35. Im Gesetzesentwurf war eine zeitliche Beschränkung noch nicht enthalten.

[127] *Becker-Eberhard* in: MünchKommZPO (5. Aufl.) § 263 Rdn. 79; *Paschke* GE 2012, 1602.

[128] S. BGH (VII ZR 5/06) NJW-RR 2008, 176 zu den Voraussetzungen; LG Potsdam GE 2012, 64; LG Frankfurt (Oder) NZM 2016, 816 mit Anm. *Wendt.*

[129] So auch LG Frankfurt (Oder) NZM 2016, 816; *Fleindl* ZMR 2013, 682; *Schach* jurisPR-MietR 20/2015 Anm. 4; *Drescher* in MünchKommZPO (5. Aufl.) § 940a Rdn. 16. *Wendt* NZM 2016, 818 hält dies nur für zulässig, wenn der Vermieter im Berufungsverfahren vergeblich die Parteierweiterung auf den Dritten versucht hat. **A. A.,** aber ohne nähere Begründung LG Berlin GE 2015, 863; AG Köln, Beschluss v. 31.5.2013 (Az.: 214 C 175/13).

Schluss der mündlichen Verhandlung) nicht in Betracht[130]. Der Vermieter müsste in einer solchen Situation die Klage zu Protokoll erweitern (§ 297 ZPO) oder Vertagung bzw. Schriftsatzfrist beantragen; erweitert er im Rahmen der Schriftsatzfrist die Klage gegen den Besitzer, wäre die mündliche Verhandlung gem. § 156 ZPO wiederzueröffnen.

Insbesondere in Missbrauchsfällen wird der Vermieter erst bei dem ersten Räumungsversuch von dem Besitz des Dritten erfahren. Der Gerichtsvollzieher ist gem. § 750 ZPO zur Identitätsfeststellung der anwesenden Personen jedenfalls insoweit verpflichtet ist, als er die Identität des Titelschuldners ermitteln muss[131]. Weitergehend muss er feststellen und dokumentieren, ob andere anwesende Personen Besitz haben oder sich dessen berühmen[132]; auch hierzu gehört zumindest der Versuch der Identitätsfeststellung, da der Besitz sich an konkreten Umständen festmachen muss. Auf diese Weise erlangt der Vermieter oftmals auch Kenntnis des Namens des möglichen Verfügungsbeklagten. Es dürfte selten vorkommen, dass der Gerichtsvollzieher jemandem, der sich in der Wohnung aufhält, Besitz daran zumisst, wenn diese Person dort weder gemeldet (also namentlich bekannt) ist, noch Legitimationspapiere oder sonstige Urkunden (wie etwa einen Mietvertrag) vorlegen kann[133]. Scheitert die **Identitätsfeststellung** durch den Gerichtsvollzieher dennoch, kommt eine einstweilige Verfügung gegen den Mieter auf entsprechende **Auskunftserteilung** in Betracht[134] (nicht aber eine Räumungsvollstreckung gem. § 242 BGB[135]), denn der Vermieter kann vom Mieter aus einer Nebenpflicht des Mietvertrages Auskunft darüber verlangen, welchen Dritten er die Mietsache überlassen hat[136]. Zwar handelt es sich um eine Leistungsverfügung. Sie ist aber (ausnahmsweise) zulässig, um die Räumungsverfügung gem. § 940a Abs. 2 ZPO effektiv zu machen; die gesetzgeberische Wertung in § 940a Abs. 2 ZPO hat insofern Rückwirkungen auf §§ 935, 940 ZPO. 28

VI. Abs. 3 (Verstoß gegen Sicherungsanordnung)

Gem. § 940a Abs. 3 ZPO darf die Räumung von Wohnraum durch einstweilige Verfügung auch angeordnet werden, wenn Räumungsklage wegen Zahlungsverzugs erhoben ist und der Beklagte einer Sicherungsanordnung nicht Folge leistet[137]. Es handelt sich um eine gesetzlich geregelte **Leistungsverfügung**[138], die – zwar nicht formal, weil das Hauptsacheverfahren nicht ausgeschlossen wird, aber doch praktisch, weil nach der Räumung ein Hauptsacheverfahren meist sinnlos ist – auf eine endgültige Regelung bzw. Befriedigung des Vermieters abzielt. Durch eine Zwangsräumung auf Grund einer Räumungsverfügung tritt eine Erledigung der Hauptsacheklage auf Räumung i. S. v. § 91a ZPO allerdings nicht ein, auch wenn das Räumungsverfahren sinnlos geworden sein mag[139]. 29

[130] **A. A.** AG Hanau NZM 2013, 728, das sich für seine Ansicht aber auf Literatur zu einem Gesetzesvorschlag stützt, der gerade in diesem Punkt nicht Gesetz geworden ist, der also nicht ausdrücklich auf den Schluss der mündlichen Verhandlung abstellte. *Wiek* InfoM 2013, 453 meint, die Abweichung vom ursprünglichen Gesetzesvorschlag habe nach den Gesetzesmaterialien (BT-Drucks. 17/11894 S. 35/36) keine sachliche Änderung bringen sollen; abgesehen davon, dass diese Absicht kaum mit dem Gesetzeswortlaut in Einklang zu bringen wäre, erscheint es auch falsch; die Änderung sollte vielmehr eine klare Zäsur herbeiführen, was schon die in den Materialien erwähnte Parallele zu § 767 Abs. 2 ZPO zeigt.

[131] *Wendt,* Die einstweilige Räumungsverfügung des § 940a Abs. 2 ZPO, Diss. (Universität Trier) 2015, S. 173.

[132] Davon geht wohl die Gesetzesbegründung BT-Drucks. 17/10485 S. 34 aus. **A. A.** *Wendt,* Die einstweilige Räumungsverfügung des § 940a Abs. 2 ZPO, Diss. (Universität Trier) 2015, S. 172.

[133] *Flatow* NJW 2013, 1191; *Wendt,* Die einstweilige Räumungsverfügung des § 940a Abs. 2 ZPO, Diss. (Universität Trier) 2015, S. 165/166. Ähnlich *Fleindl* ZMR 2013, 682.

[134] So auch *Horst* DWW 2013, 123 unter Berufung auf OLG Karlsruhe NJW 1984, 1905; *Paschke* GE 2012, 1603.

[135] Zur gegenteiligen Ansicht s. Rdn. 5. Wie hier *Paschke* GE 2012, 1603.

[136] LG Kiel ZMR 2010, 532; OLG Hamburg NZM 1998, 758; *Baer* ZMR 2013, 335; *Fleindl* ZMR 2013, 680; *Blank/Börstinghaus* § 546 Rdn. 57.

[137] Verfassungsrechtliche Bedenken gegen die Regelung hat *Schuschke* FS Schilken S. 813, weil die Verhältnismäßigkeit des Eingriffs in Art. 13 GG nicht gewahrt sei.

[138] So auch *Emmerich* PiG 97 (2014) 125.

[139] BGH (VIII ZR 188/03) NJW 2004, 1736 = WuM 2004, 277 = ZMR 2004, 428; LG München I NZM 2013, 25. S. weitergehend bei § 546 Rdn. 29 und 65.

30 Jede einstweilige Verfügung erfordert grundsätzlich einen **Verfügungsanspruch und einen Verfügungsgrund**[140]. Dementsprechend müssen auch für einstweilige Verfügungen gem. § 940a Abs. 3 ZPO die Voraussetzungen des § 940 ZPO erfüllt sein[141], da § 940a den Regelungsgehalt von § 940 ZPO beschränkt, indem es Räumungsverfügungen grundsätzlich vom Anwendungsbereich ausnimmt und nur in Ausnahmefällen erlaubt. Liegen die Voraussetzungen von Verfügungsanspruch und Verfügungsgrund vor, dann ist eine einstweilige Räumungsverfügung zu erlassen; ein **Ermessensspielraum** besteht nicht (s. Rdn. 51). Zum Überzeugungsmaß des Gerichts vom Vorliegen der Voraussetzungen der Räumungsverfügung s. Rdn. 48.

1. Verfügungsanspruch

31 Verfügungsanspruch ist der Anspruch auf Räumung der Wohnung[142]. Es reicht nicht jeder beliebige Räumungsanspruch; er muss sich vielmehr auf eine **Kündigung wegen Zahlungsverzugs gem. § 543 Abs. 2 Satz 1 Nr. 3 BGB** gründen, weil die Erhebung einer Räumungsklage wegen eines ebensolchen Zahlungsverzugs Voraussetzung des Verfügungsgrundes (s. nachfolgend) ist.

32 Macht der Mieter von seinem **Nachholrecht** gem. § 569 Abs. 3 Nr. 2 BGB Gebrauch, entfällt der Verfügungsanspruch[143]. Der Mieter kann sich hierauf im Rahmen eines Rechtsmittels gegen die Räumungsverfügung stützen oder deren Aufhebung wegen veränderter Umstände gem. §§ 936, 927 ZPO beantragen. Für den Fristbeginn ist auf die Rechtshängigkeit des auf § 543 Abs. 2 Nr. 3 BGB gestützten Räumungsantrags abzustellen, nicht auf den Antrag auf Erlass einer Räumungsverfügung. Beruft sich der Mieter bei seiner Anhörung gem. § 940a Abs. 4 ZPO auf sein Nachholrecht, kann eine Räumungsverfügung nicht vor Fristablauf erlassen werden[144].

2. Verfügungsgrund

33 Ein Verfügungsgrund liegt vor, wenn der Vermieter Räumungsklage nach einer Kündigung wegen Zahlungsverzugs erhoben hat, wenn im Rahmen dieser Räumungsklage eine Sicherungsanordnung gem. § 283a ZPO ergangen ist und der Mieter der Sicherungsanordnung nicht nachgekommen ist. Genauso wie in den Fällen des § 940a Abs. 1 ZPO (verbotenen Eigenmacht und Gefahr für Leib oder Leben)[145] tragen die genannten Voraussetzungen den Verfügungsgrund schon in sich[146]. Einer Darlegung und Glaubhaftmachung eines wesentlichen Nachteils, wie sie bei einer Regelungsverfügung gem. § 940 ZPO an sich notwendig ist, bedarf es nicht[147]; es liegt vielmehr ein „anderer Grund" i. S. v. § 940 ZPO vor[148]. Es würde keinen Sinn machen, die einstweilige Räumungsverfügung nur zuzulassen, wenn der Vermieter noch darlegen müsste, warum sein Vermögensnachteil durch Vorenthaltung der Wohnung stärker wiegt als der Entzug der Wohnung beim Mieter; nach der Vorstellung des Gesetzes besteht vielmehr bei einer Missachtung der Sicherungsanordnung der erhöhte Verdacht der Verzögerungsabsicht durch den Mieter[149]. Die Voraussetzungen des § 940a Abs. 3 ZPO stellen sich danach als einzige und **typisierte Bedingungen für den Verfügungsgrund** dar, deren Vorliegen eine Abwägung der beiderseitigen Interessen wie in § 940 ZPO entbehrlich macht[150].

34 **a) Räumungsklage.** Für den Verfügungsgrund muss nach dem Wortlaut des § 940a Abs. 3 ZPO zunächst Räumungsklage wegen Zahlungsverzugs erhoben sein. Da ein Zahlungsverzug allein eine Räumungsklage nicht begründet, ist das Gesetz so zu verstehen, dass die Räumungsklage auf *eine Kündigung* wegen Zahlungsverzugs gestützt sein muss. Hiermit können nur die in **§ 543**

---

[140] *Grunsky* in Stein/Jonas (22. Aufl.) vor § 935 Rdn. 2.
[141] Für § 940a Abs. 1 ZPO: LG Frankfurt NJW 1980, 1758; *Wolf* NJW 1980, 1758. Für § 940a Abs. 3 ZPO: Gesetzesbegründung BT-Drucks. 17/10485 S. 34; *Fleindl* ZMR 2013, 678; *Flatow* NJW 2013, 1191; *Emmerich* PiG 97 (2014) 125. S. auch Rdn. 3.
[142] Gesetzesbegründung BT-Drucks. 17/10485 S. 34.
[143] Im Ergebnis ebenso *Abramenko,* Das neue Mietrecht in der anwaltlichen Praxis, 2013, § 5 Rdn. 80.
[144] S. § 569 Rdn. 58 für die ähnlich gelagerte Problematik im Hauptsacheverfahren.
[145] *Drescher* in MünchKommZPO (5. Aufl.) § 940a Rdn. 7.
[146] OLG Sachsen-Anhalt, Beschluss v. 21.9.2016 (Az.: 12 W 37/16); *Drescher* in MünchKommZPO (5. Aufl.) § 940a Rdn. 22.
[147] **A. A.** *Börstinghaus* in Börstinghaus/Eisenschmid, Arbeitskommentar Mietrechtsänderung 2013, § 940a ZPO Rdn. 33; *Vollkommer* in Zöller § 940a Rdn. 9.
[148] *Wolf* NJW 1980, 1759 für die verbotene Eigenmacht.
[149] Gesetzesbegründung BT-Drucks. 17/10485 S. 34.
[150] *Drescher* in MünchKommZPO (5. Aufl.) § 940a Rdn. 7.

Abs. 2 Satz 1 Nr. 3 BGB genannten Kündigungsgründe gemeint sein, nicht eine Kündigung wegen ständig unpünktlicher Mietzahlung gem. § 543 Abs. 1 BGB und auch nicht eine ordentliche Kündigung gem. § 573 Abs. 2 Nr. 1 BGB wegen eines geringeren Zahlungsverzugs als dem in § 543 Abs. 2 Satz 1 Nr. 3 BGB[151]. Unter dem Begriff der Zahlungsverzugskündigung werden nämlich herkömmlicherweise nicht die Kündigung wegen ständig unpünktliche Mietzahlung oder der allgemein formulierte Kündigungstatbestand des § 573 Abs. 2 Nr. 1 BGB verstanden und die Räumungsverfügung als Eilverfahren ist nicht auf die Vertragsbeendigung durch fristgebundene Kündigung zugeschnitten[152]. Die Berufung auf weitere Kündigungsgründe neben einem Zahlungsverzug gem. § 543 Abs. 2 Satz 1 Nr. 3 BGB schadet allerdings nicht, solange die Zahlungsverzugskündigung ebenfalls Gegenstand der Räumungsklage ist und durchgreift.

Als Voraussetzung des Verfügungsgrundes muss die **Räumungsklage nur erhoben,** also gem. § 253 Abs. 1 ZPO durch Zustellung rechtshängig[153] sein. Damit ein Verfügungsanspruch vorliegt, muss die auf eine Kündigung wegen Zahlungsverzugs gestützte Räumungsklage aber auch begründet sein. Das Erfordernis der Klageerhebung ist i. d. R. schon mit dem Erlass der Sicherungsanordnung gem. § 283 a ZPO erfüllt, weil diese nur ergehen darf, wenn eine Zahlungsklage mit einer Räumungsklage verbunden wird (Einzelheiten bei § 283 a Rdn. 10). Im Gegensatz zu § 283 a ZPO reicht aber bei § 940 a Abs. 3 ZPO nicht jede Räumungsklage, sondern nur eine solche, die auf eine Kündigung wegen Zahlungsverzugs gem. § 543 Abs. 2 Satz 1 Nr. 3 BGB gestützt wird. Die Räumungsklage muss nicht entscheidungsreif sein[154], im Gegenteil, ist sie entscheidungsreif, ist statt der Eilentscheidung die Hauptsacheentscheidung zu treffen[155]. An einer Entscheidungsreife kann es etwa fehlen, weil andere Klageansprüche noch aufgeklärt werden müssen und ein Teilurteil nicht möglich ist. 35

Ein Verstoß gegen die Sicherungsanordnung kann gleichzeitig auch die Voraussetzungen des § 543 Abs. 2 Satz 1 Nr. 3 BGB erfüllen. Spricht der Vermieter deswegen eine weitere Kündigung aus, muss für eine Räumungsverfügung, die auf diese Kündigung gestützt werden soll, ein **weiterer Verstoß gegen die Sicherungsanordnung** hinzukommen, der nach Rechtshängigkeit dieser Kündigung begangen wurde, da jede Kündigung einen eigenen Streitgegenstand darstellt[156] und damit eine eigene Räumungsklage. 36

b) Verstoß gegen die Sicherungsanordnung. Nach dem Wortlaut von § 940 a Abs. 3 ZPO reicht als weitere Voraussetzung des Verfügungsgrundes einschränkungslos jeder Verstoß gegen die Sicherungsanordnung für eine Räumungsverfügung aus. Die Frist zur Sicherheitsleistung muss abgelaufen und die Sicherungsanordnung darf vor Erlass der Räumungsverfügung nicht aufgehoben oder abgeändert sein (s. noch nachfolgend). Der **Verstoß** gegen die Sicherungsanordnung muss **nicht ein bestimmtes Gewicht** haben, etwa ähnlich der Zahlungsverzugskündigung gem. § 543 Abs. 2 Satz 1 Nr. 3 BGB, die cum grano salis einen Verzug mit zwei Monatsmieten erfordert. Denn schon der für § 940 a Abs. 3 ZPO notwendige Räumungsanspruch setzt eine außerordentliche Kündigung wegen eines solchen Zahlungsrückstandes und damit eine erhebliche Pflichtverletzung voraussetzt. Der Verstoß gegen die Sicherungsanordnung ist nur zur Rechtfertigung der Räumung im einstweiligen Rechtsschutz vorgesehen; aus ihm soll indiziell auf die Richtigkeit des geltend gemachten Räumungsanspruchs und den schnellen Handlungsbedarf geschlossen werden[157]. Dann muss grundsätzlich auch ein nur teilweises Ausbleiben der Sicherheitsleistung ausreichen. Ein Vollstreckungsversuch durch den Vermieter ist nicht notwendig. 37

Eine schematische Betrachtung verbietet sich jedoch. Die Indizwirkung entfällt, wenn der Mieter Umstände dartun kann, die das Ausbleiben in einem milderen Licht erscheinen lassen. Das dürften alle Umstände sein, aus denen auch ein Zahlungsverzug an fehlendem **Verschulden** scheitert oder die ein ähnliches Gewicht haben[158]. Ganz geringfügige Verstöße können eine Räumungsver- 38

---

[151] Wie hier wohl *Hinz* NZM 2012, 793/794. Für eine Einbeziehung der auf Zahlungsverzug gegründeten Kündigung gem. § 573 Abs. 2 Nr. 1 BGB *Börstinghaus* in Börstinghaus/Eisenschmid, Arbeitskommentar Mietrechtsänderung 2013, § 940 a ZPO Rdn. 29; *Lützenkirchen* ZMR 2012, 607; *Zehelein* WuM 2013, 142; *Fleindl* ZMR 2013, 684.

[152] Ähnlich Hinz ZMR 2012, 163.

[153] *Becker-Eberhard* in MünchKommZPO (5. Aufl.) § 253 Rdn. 1.

[154] *Lützenkirchen* ZMR 2012, 608.

[155] *Vollkommer* in Zöller § 940 a Rdn. 8.

[156] LG Schwerin NZM 2012, 114.

[157] Gesetzesbegründung BT-Drucks. 17/10485 S. 34/35.

[158] **A. A.** *Fleindl* NZM 2012, 64, der Schuldlosigkeit an dem Verstoß gegen die Sicherungsanordnung nicht berücksichtigen will.

fügung treuwidrig machen. Nicht ausreichend ist allerdings, wenn der Mieter einen Abänderungs- oder **Aufhebungsantrag** gestellt oder **Beschwerde** gegen die Sicherungsanordnung eingelegt hat (s. dazu § 283a Rdn. 67), dieser Antrag aber noch nicht beschieden wurde. Die materiellen Rechte des Mieters werden nämlich durch die Sicherungsanordnung (teilweise) außer Kraft gesetzt, er muss sich deren Ausübung im Abänderungsverfahren vielmehr quasi erst genehmigen lassen. Die Sicherungsanordnung muss nicht rechtskräftig sein[159], es muss nur die Frist gem. § 283a Abs. 2 ZPO abgelaufen sein; danach ist die Sicherungsanordnung ohne Weiteres vollstreckbar (s. § 283a Rdn. 52). Will der Mieter die Vollstreckbarkeit beseitigen, weil er die Sicherungsanordnung für falsch hält, muss er – falls formelle Rechtskraft noch nicht eingetreten ist – Beschwerde gem. § 283a Abs. 1 Satz 4 ZPO einlegen oder – falls die Sicherungsanordnung formell rechtskräftig ist – Abänderung oder Aufhebung begehren (s. dazu § 283a Rdn. 67). Im Beschwerdeverfahren kann er die Aussetzung der Vollziehung gem. § 570 Abs. 2 ZPO beantragen. Im Abänderungs- bzw. Aufhebungsverfahren gilt § 924 Abs. 3 ZPO entsprechend[160], d. h., die Vollziehung der Sicherungsanordnung ist grundsätzlich nicht gehemmt, die Zwangsvollstreckung kann aber gem. § 707 Abs. 1 Satz 1 ZPO einstweilen eingestellt werden.

39 Nicht ausreichend als Verfügungsgrund ist eine bloß **verspätete Sicherheitsleistung,** solange sie vor dem Räumungsantrag erfolgt, oder ein unterlassener Nachweis der Sicherheitsleistung gem. § 283a Abs. 2 ZPO[161]. In diesen Fällen ist die Leistungstreue des Mieters in Bezug auf die Sicherungsanordnung hinreichend gewahrt. Weiterhin sind dem Mieter Verzögerungen bei der Sicherheitsleistung nicht zuzurechnen, solange er für sie nicht verantwortlich ist. Angesichts der Dauer von Anzeigen der Gerichtskasse über eingezahlte Gerichtskostenvorschüsse wäre es nicht verwunderlich, wenn etwa die Abwicklung einer Hinterlegung länger als bei der Fristsetzung gem. § 283a Abs. 2 ZPO unterstellt, dauern würde. Allerdings muss der Verfügungsschuldner sich hierauf im Verfügungsverfahren berufen; bis dahin ist der Verfügungsgrund hinreichend glaubhaft gemacht.

40 Das Gericht, das über den Antrag auf Räumungsverfügung entscheidet, darf die Sicherungsanordnung als Vorfrage nicht überprüfen. Eine **Überprüfung** ist nur im Rahmen einer sofortigen Beschwerde gem. § 283a Abs. 1 Satz 4 ZPO möglich; bei veränderten Umständen kann die Sicherungsanordnung auch nach Ablauf der Beschwerdefrist abgeändert oder aufgehoben werden (s. zu beidem § 283a Rdn. 66ff.). Über Ersteres entscheidet das Beschwerdegericht, über Letzteres das Prozessgericht des Hauptsacheverfahrens, das allenfalls zufällig bei entsprechender Regelung der Geschäftsverteilung auch für den Erlass der Räumungsverfügung zuständig ist.

3. Gläubiger und Schuldner der Räumungsverfügung

41 Gläubiger und Schuldner der Räumungsverfügung sind Kläger und Beklagter des Hauptsacheverfahrens über den Anspruch auf Räumung. Sie müssen nicht zwingend identisch sein mit den Parteien der Sicherungsanordnung[162]. Gläubiger und Schuldner der Sicherungsanordnung sind nämlich Kläger und Beklagter des Hauptsacheverfahrens auf Zahlung der nach Rechtshängigkeit fällig gewordenen Geldforderungen, also in Mietprozessen Vermieter und Mieter (s. § 283a Rdn. 36). Auf Räumung können (und müssen, wenn nicht freiwillig geräumt wird) auch die sonstigen Besitzer (Eheleute, Lebensgefährten, Untermieter etc.) in Anspruch genommen werden. Das gilt für das Hauptsacheverfahren und die Räumungsverfügung gleichermaßen. Eine Räumungsverfügung gem. § 940a Abs. 3 ZPO kann aber ausschließlich gegen solche Besitzer ergehen, die – ggf. im Wege der Klageerweiterung – auch in einem Hauptsachverfahren auf Räumung in Anspruch genommen werden[163], da nach der gesetzlichen Wertung nur in den Fällen der §§ 940a Abs. 1 und 2 ZPO eine isolierte Räumungsverfügung zugelassen ist. Der Wortlaut von § 940a Abs. 3 ZPO enthält keine Einschränkung auf die Parteien der Sicherungsanordnung. Es besteht ein Bedürfnis nach einer Erweiterung auf die mitverklagten Besitzer, da das Instrument der Räumungsverfügung ansonsten in vielen Fällen wertlos wäre. Es fehlt gegen die mitverklagten Besitzer auch nicht an

---

159 So aber *Börstinghaus* in Börstinghaus/Eisenschmid, Arbeitskommentar Mietrechtsänderung 2013, § 940a ZPO Rdn. 31.

160 S. *Drescher* in MünchKommZPO (5. Aufl.) § 924 Rdn. 15 für die gleichgelagerte Problematik bei der Abänderung eines Arrestbefehls.

161 Ähnlich *Börstinghaus* NJW 2014, 2227.

162 So auch *Fleindl* ZMR 2013, 684. **A. A.** *Schuschke* FS Schilken S. 811.

163 So auch *Lützenkirchen* ZMR 2012, 608.

einem Verfügungsgrund[164]. Zwar können Besitzer, die nicht Mieter sind, nicht Antragsgegner einer Sicherungsanordnung gem. § 283a ZPO sein; eine solches Erfordernis fordert der Wortlaut und der Zweck des § 940a Abs. 3 aber nicht, vielmehr ist zu berücksichtigen, dass das Besitzrecht dieser Personen wegen § 546 Abs. 2 BGB unmittelbar vom Besitzrecht des Mieters abhängt. Deshalb ist das Besitzrecht dieser Personen ebenfalls davon abhängig, ob der Mieter der Sicherungsanordnung nachkommt, ob er Rechtsmittel gegen sie einlegt oder ihre Aufhebung bzw. Abänderung beantragt. Verstößt der Mieter gegen die Sicherungsanordnung, ist das gleichzeitig der Verfügungsgrund gegen die mitverklagten Besitzer der Wohnung[165].

Für den Erlass einer Räumungsverfügung gegenüber weiteren Besitzern **(Nichtmietern)** ist 42
nicht nur ein Räumungsanspruch gegen die Schuldner der Sicherungsanordnung (Mieter) notwendig, sondern zusätzlich ein eigener Räumungsanspruch gegen die Besitzer aus § 546 Abs. 2 BGB oder § 985 BGB. Erfährt der Kläger später (im Zuge der Räumung) von weiteren Besitzern, ist § 940a Abs. 2 ZPO anwendbar, da auch eine Räumungsverfügung gem. § 940a Abs. 3 ZPO ein vollstreckbarer Räumungstitel i. S. v. § 940a Abs. 2 ZPO sein kann[166].

VII. Verfahren und Entscheidung

Abgesehen von dem Anhörungserfordernis richtet sich das Verfahren nach den allgemeinen 43
Vorschriften über die einstweilige Verfügung, deshalb kann der Erlass der Räumungsverfügung gem. §§ 936, 921 ZPO auch von einer **Sicherheitsleistung** abhängig gemacht werden[167], wenn die Glaubhaftmachung nur mühsam gelungen oder die Vermögensverhältnisse des Verfügungsgläubigers zweifelhaft sind. Allerdings ist zu berücksichtigen, dass eine Räumungsverfügung nach der hier vertretenen Ansicht (s. Rdn. 48) nur zulässig ist, wenn quasi der Vollbeweis erbracht ist, und dass die Unzumutbarkeit weiterer Forderungsausfälle i. d. R. Voraussetzung des § 283a ZPO und damit des § 940a Abs. 3 ZPO ist. Deshalb wird eine Sicherheitsleistung nur ganz ausnahmsweise in Betracht kommen.

1. Zuständigkeit

Der Antrag auf Erlass der Räumungsverfügung ist wegen §§ 937, 29a ZPO bei demselben 44
Amtsgericht anzubringen, das auch über das Hauptsacheverfahren und die Sicherungsanordnung entscheidet bzw. entschieden hat; da es sich aber um ein anderes Verfahren handelt[168], kann – abhängig von der Geschäftsverteilung – eine anderer Spruchkörper (Abteilung) des Gerichts zuständig sein. Ist das Hauptsacheverfahren in der Berufungsinstanz anhängig, entscheidet diese gem. § 943 Abs. 1 ZPO auch über einen Antrag auf Erlass einer Räumungsverfügung gem. § 940a Abs. 3 ZPO, nicht aber über einen Antrag gem. § 940a Abs. 2 ZPO[169]. Denn die Räumungsverfügung gem. § 940a Abs. 2 ZPO ist keine Erweiterung des Hauptsacheverfahrens gegen den Mieter, sie richtet sich vielmehr gegen einen daran nicht beteiligten Dritten und soll nach der gesetzgeberischen Vorstellung (s. Rdn. 5) ein eigenes Hauptsacheverfahren gegen diesen ersetzen.

2. Anhörungspflicht

Für die Räumungsverfügungen gem. § 940a Abs. 2 und Abs. 3 ZPO gibt es in § 940a Abs. 4 45
ZPO eine verfahrensrechtliche Besonderheit. Sie dürfen nämlich nicht ohne Anhörung des Verfügungsschuldners erlassen werden. Ihm kann entweder Gelegenheit zur schriftlichen Stellungnahme gegeben werden oder er kann in einer (gem. §§ 937, 922 Abs. 1 ZPO freigestellten) Verhandlung über den Antrag mündlich gehört werden[170]. Hierdurch soll der Verhältnismäßigkeitsgrundsatz ge-

---

164 So aber *Wendt* ZMR 2013, 608 und, der deshalb eine Räumungsverfügung gegen Besitzer, die nicht Mieter sind, für unzulässig hält.

165 So auch *Drescher* in MünchKommZPO (5. Aufl.) § 940a Rdn. 23. **A. A.** *Wendt* ZMR 2013, 608.

166 **A. A.** *Wendt,* Die einstweilige Räumungsverfügung des § 940a Abs. 2 ZPO, Diss. (Universität Trier) 2015, S. 195.

167 *Börstinghaus* in Börstinghaus/Eisenschmid, Arbeitskommentar Mietrechtsänderung 2013, § 940a ZPO Rdn. 37.

168 *Börstinghaus* in Börstinghaus/Eisenschmid, Arbeitskommentar Mietrechtsänderung 2013, § 940a ZPO Rdn. 34.

169 *Fleindl* ZMR 2013, 683.

170 *Vollkommer* in Zöller § 940a Rdn. 9 geht – außer in Dringlichkeitsfällen – von der regelmäßigen Erforderlichkeit einer mündlichen Verhandlung aus.

wahrt werden[171]. Gemeint ist wohl, dass ein so weitgehender hoheitlicher Eingriff wie der Entzug der Wohnung nicht ohne rechtliches Gehör erfolgen darf. Deswegen bestehen auch keine verfassungsrechtlichen Bedenken gegen diese Regelung[172], auch wenn sie deren Effektivität (und damit die Effektivität des Rechtsschutzes) in begrenztem Umfang beeinträchtigen mag.

3. Beweisführung, insbesondere Überzeugungsmaß

46 Der Verfügungsschuldner kann alle Voraussetzungen des Verfügungsanspruchs und des Verfügungsgrundes bestreiten. In diesem Fall hat sie der Vermieter als Verfügungsgläubiger mit den im einstweiligen Verfügungsverfahren möglichen Mitteln zu beweisen, d.h., glaubhaft zu machen (§§ 936, 920 Abs. 2 ZPO). Das gilt auch für die Unkenntnis von der Besitzergreifung gem. § 940a Abs. 2 ZPO (s. näher Rdn. 27). Unstreitiges muss auch im einstweiligen Verfügungsverfahren nicht bewiesen werden[173].

47 Die **Glaubhaftmachung** ist eine besondere, freiere Art der Beweisführung. Sie ist in § 294 ZPO näher geregelt und unterscheidet sich von dem Strengbeweisverfahren vor allem dadurch, dass das Beweismittel der eidesstattlichen Versicherung zugelassen ist, dass nur präsente Beweismittel berücksichtigt werden dürfen und dass ein minderes Maß an richterlicher Überzeugung ausreicht, nämlich die überwiegende Wahrscheinlichkeit. Das bedeutet im Ansatz, dass etwas mehr für das Vorliegen der Tatsache sprechen muss, als gegen sie[174]. Allerdings zeigt schon § 921 S. 2 ZPO[175], dass der Grad der Glaubhaftmachung im Einzelfall von der Art der Gefährdung im Verhältnis zur beantragten Maßnahme und von den aus Erlass bzw. Nichterlass der Verfügung drohenden Nachteilen abhängig ist[176]; führt die Verfügung zur endgültigen Befriedigung, dann muss das Maß der Glaubhaftmachung dem Vollbeweis zumindest nahekommen, wenn sich die Nachteile aus Erlass bzw. Nichterlass der Verfügung die Waage halten[177].

48 Letzteres erlangt bei der Räumungsverfügung besondere Bedeutung. Eine Räumung schafft nämlich in der Regel einen unumkehrbaren Zustand, weil die Wohnung nach Feststellung der Rechtswidrigkeit der Räumung entweder weitervermietet ist oder der Geräumte den Aufwand scheut, von seinem neuen Zuhause in die frühere Wohnung zurückzukehren. Der Gefahr der endgültigen, aber rechtswidrigen Befriedigung kann nur begegnet werden, wenn man höhere Anforderungen an das Maß der Glaubhaftmachung stellt und ein dem **Vollbeweis entsprechendes Überzeugungsmaß** verlangt[178]. Dies entspricht auch der erwähnten Intention des Gesetzgebers[179], in den Fällen des § 940a Abs. 2 ZPO das einstweilige Verfügungsverfahren an die Stelle des Hauptsacheverfahrens treten zu lassen.

49 Bei einem Verfügungsantrag gem. § 940a Abs. 2 ZPO liegt die Einwendung des Besitzers nahe, er habe ein **Recht zum Besitz,** weil entweder der Mietvertrag zwischen dem Vermieter und dem Mieter nicht beendet sei oder weil er selbst einen Mietvertrag mit dem Vermieter geschlossen habe. In letzterem Fall hat der Besitzer den Vertragsschluss zu beweisen. Verfügt er nicht über eine Vertragsurkunde, kommt zwar theoretisch der Beweis durch eidesstattliche Versicherung in Betracht; praktisch dürfte dieses Beweismittel aber bedeutungslos sein, weil der Vermieter mit einer eigenen eidesstattlichen Versicherung (auch durch ihn selbst abgegeben) dagegen halten kann. In ersterem Fall, in dem der Besitzer behauptet, der Mietvertrag mit dem Mieter sei nicht beendet, hat der Vermieter das Vertragsende zu beweisen. Die **Rechtskraft eines Räumungsurteils** erstreckt sich nicht auf einen nicht mitverklagten Besitzer[180]. Allerdings dürfte das Räumungsurteil auch ohne

---

171 Gesetzesbegründung BT-Drucks. 17/10485 S. 35.

172 So aber *Wendt,* Die einstweilige Räumungsverfügung des § 940a Abs. 2 ZPO, Diss. (Universität Trier) 2015, S. 324.

173 *Drescher* in MünchKommZPO (5. Aufl.) § 920 Rdn. 12.

174 *Prütting* in MünchKommZPO (5. Aufl.) § 294 Rdn. 24.

175 *Drescher* in MünchKommZPO (5. Aufl.) § 920 Rdn. 16.

176 *Drescher* in MünchKommZPO (5. Aufl.) § 935 Rdn. 14.

177 *Drescher* in MünchKommZPO (5. Aufl.) § 935 Rdn. 14.

178 So auch *Börstinghaus* NJW 2014, 2227. *Fleindl* ZMR 2013, 684 hält ein sehr hohes Maß an Wahrscheinlichkeit für erforderlich. S. auch § 283a Rdn. 19ff. **A. A.** *Wendt,* Die einstweilige Räumungsverfügung des § 940a Abs. 2 ZPO, Diss. (Universität Trier) 2015, S. 286, der als Beweismaß eine überwiegende Wahrscheinlichkeit für ausreichend bzw. sogar für geboten hält.

179 Gesetzesbegründung BT-Drucks. 17/10485 S. 34.

180 **H. M.,** s. nur BGH (XII ZR 178/03) NZM 2006, 699 = ZMR 2006, 763 m.w.N. und dem folgend BGH (VIII ZR 6/09) NJW 2010, 2208 = WuM 2010, 353 = ZMR 2010, 747. **A. A.** AG Hamburg NJW-RR 1992, 1487 m.w.N.

formelle Rechtskrafterstreckung zur Glaubhaftmachung ausreichen, solange der Besitzer keine erheblichen Einwendungen erhebt[181]. Bei gerichtlichen[182] Räumungsvergleichen und Anerkenntnisurteilen erscheinen erhebliche Einwendungen kaum möglich, weil sie nur schwer vorstellbar sind ohne wirksame Kündigung oder eine Einigung über die Vertragsbeendigung. Der Besitz des Dritten kann durch das bei einem Räumungsversuch erstellte Gerichtsvollzieherprotokoll glaubhaft gemacht werden[183].

Bei einem Verfügungsantrag gem. § 940a Abs. 3 ZPO gibt es die Erleichterung eines vollstreck- 50
baren Räumungsurteils nicht. Den Räumungsanspruch mit den Mitteln der Glaubhaftmachung zu beweisen, kann im einstweiligen Verfügungsverfahren schwierig sein, insbesondere wenn die Mangelhaftigkeit der Mietsache eine Rolle spielt. Dem Vermieter können aber ggf. die **Erkenntnisse aus dem Hauptsacheverfahren** helfen, wenn dort über den Räumungsanspruch schon Beweis erhoben wurde. Außerdem kann die für die Sicherungsanordnung bejahte hohe Erfolgsaussicht bezüglich der gesicherten Forderungen relevant für den Kündigungsgrund sein.

4. Kein Ermessen

Die Entscheidung über die Räumungsverfügungen gem. § 940a Abs. 1 bis 3 ZPO ist – wie all- 51
gemein die Entscheidung über eine einstweilige Verfügung[184] – **keine Ermessensentscheidung**[185]. Zwar verwendet das Gesetz in allen drei Absätzen das Wort „darf". Diese Begrifflichkeit ist aber bloßer Ausdruck des Ausnahmecharakters der Räumungsverfügungen über Wohnraum (s. Rdn. 3) und deshalb i. S. v. „es ist ausnahmsweise erlaubt" zu verstehen. Ursprünglich bestand die Vorschrift allein aus der Regelung im jetzigen Abs. 1. Durch die Formulierung „darf … nur" wurde mittelbar ein grundsätzliches Verbot von Räumungsverfügungen über Wohnraum festgeschrieben mit Ausnahmen bei verbotener Eigenmacht bzw. Gefahr für Leib oder Leben. § 940a Abs. 2 und 3 ZPO enthalten lediglich weitere Ausnahmen („darf … auch"). Zur **Interessenabwägung** (also der Notwendigkeit i. S. v. § 940 ZPO) s. Rdn. 13, 20 und 33.

Soweit das Gesetz in § 938 ZPO ein freies **Ermessen** bei der Entscheidung darüber vorsieht, 52
welche Anordnungen zu treffen sind, so ist dieses Ermessen jedenfalls bei den Räumungsverfügungen gem. § 940a Abs. 2 und 3 ZPO durch den Gesetzeszweck eingeschränkt. Durch diese Regelungen wollte der Gesetzgeber erreichen, dass der Vermieter wieder schneller in den Besitz der Wohnung kommt, um diese weiter (insbesondere durch Vermietung) nutzen zu können. Dieses Ziel würde bei anderen Anordnungen als Räumung bzw. Herausgabe und Einweisung des Vermieters in den Besitz nicht erreicht. Eine Sequestration erscheint deshalb (auch ausnahmsweise) nicht zulässig[186].

5. Rechtsmittel

Der Verfügungsschuldner hat nach Erlass der Verfügung die Möglichkeit, Widerspruch einzule- 53
gen und damit eine mündliche Verhandlung zu erzwingen und zugleich einen Antrag auf einstweilige Einstellung der Zwangsvollstreckung gem. § 936 ZPO i. V. m. §§ 921 Abs. 3 Satz 2, 707 Abs. 1 Satz 1 ZPO zu stellen. Durch den Widerspruch wird die Vollziehung der Räumungsverfügung zwar nicht gehemmt[187], die einstweilige Einstellung der Zwangsvollstreckung ist aber möglich (§ 924 Abs. 3 ZPO)[188]. Ferner kann das Gericht die Räumungsverfügung gem. § 939 ZPO unter besonderen Umständen gegen Sicherheitsleistung aufheben. Die Möglichkeit des Verfügungsschuldners, gem. §§ 936, 926 ZPO die Anordnung auf Durchführung eines Hauptsacheverfahren zu beantragen, geht bei den Räumungsverfügungen gem. § 940a Abs. 3 ZPO ins Leere, da diese

---

181 So auch *Fleindl* ZMR 2013, 679.

182 Eine notarielle Urkunde ist gem. § 794 Abs. 1 Nr. 5 ZPO und ein Anwaltsvergleich gem. § 796a Abs. 2 ZPO kein vollstreckbarer Titel i. S. v. § 940a Abs. 2 ZPO.

183 LG Mönchengladbach NZM 2014, 132 = WuM 2014, 10.

184 *Grunsky* in Stein/Jonas (22. Aufl.) § 935 Rdn. 14.

185 Wie hier *Fleindl* ZMR 2013, 679; *Zehelein* WuM 2013, 142; *Abramenko,* Das neue Mietrecht in der anwaltlichen Praxis, 2013, § 5 Rdn. 76. **A. A.** wohl *Börstinghaus* in Börstinghaus/Eisenschmid, Arbeitskommentar Mietrechtsänderung 2013, § 940a ZPO Rdn. 33.

186 **A. A.** *Börstinghaus* in Börstinghaus/Eisenschmid, Arbeitskommentar Mietrechtsänderung 2013, § 940a ZPO Rdn. 14.

187 *Dötsch* ZMR 2012, 84.

188 S. *Drescher* in MünchKommZPO (5. Aufl.) § 924 Rdn. 15 für die gleichgelagerte Problematik bei der Abänderung eines Arrestbefehls.

Vorschrift ein bereits rechtshängiges Räumungsverfahren voraussetzt. Nach Vollstreckung (Räumung) kann ein Antrag gem. §§ 936, 926 ZPO der Vorbereitung eines Schadensersatzanspruchs gem. § 945 ZPO dienen. Schließlich kommt ein Antrag auf **Aufhebung wegen veränderter Umstände** gem. §§ 936, 927 ZPO in Betracht; dies insbesondere dann, wenn der Mieter von seinem Nachholrecht gem. § 569 Abs. 3 Nr. 2 BGB Gebrauch gemacht hat und dadurch der Verfügungsanspruch auf Räumung entfallen ist, außerdem bei Nichteinhaltung der Vollziehungsfrist gem. §§ 936, 929 Abs. 2 ZPO, bei Aufhebung der Sicherungsanordnung und bei Klageabweisung[189].

VIII. Vollstreckung

54 Da die Vollstreckung auf Grund einer einstweiligen Verfügung erfolgt, sind §§ 708 Nr. 7, 711 ZPO nicht anwendbar, die Räumungsverfügung ist vielmehr ohne Weiteres **sofort vollstreckbar**[190], d. h., der Gläubiger muss – anders als bei einer Räumung auf Grund eines vorläufig vollstreckbaren Räumungsurteils aus einem Hauptsacheverfahren – vor der Räumung **keine Sicherheit** leisten, es sei denn sie wäre gem. §§ 936, 921 ZPO besonders angeordnet (s. dazu Rdn. 43). Allerdings muss der Gläubiger die **Vollziehungsfrist** von einem Monat gem. §§ 936, 929 Abs. 2 ZPO einhalten; hierfür reicht der Vollstreckungsantrag, die Vollstreckung muss nicht innerhalb der Frist abgeschlossen sein[191].

55 § 721 ZPO **(Räumungsfrist)** ist auf Räumungsverfügungen gem. § 940a Abs. 1 ZPO nicht anwendbar; die besondere Eilbedürftigkeit bei Gefahr für die körperliche Unversehrtheit und bei verbotener Eigenmacht steht dem entgegen[192]. Allenfalls diskutabel ist eine ganz kurze Räumungsfrist[193]. Möglich erscheint hingegen die Gewährung von **Vollstreckungsschutz** gem. § 765a ZPO[194]. Anders ist es bei den Räumungsverfügungen gem. § 940a Abs. 2 und 3 ZPO[195]. Hier steht im Gegensatz zu § 940a Abs. 1 ZPO nicht die schnelle Vollstreckung im Vordergrund, sondern die schnelle Titelerlangung. Dass der Vollstreckungsgläubiger einer Räumungsverfügung auch bei der Vollstreckung gegenüber anderen Gläubigern eines Räumungstitels privilegiert werden sollte, ist nicht ersichtlich, es sollte nur Verfahrensverschleppungen bis zur Titelerlangung vorgebeugt werden. Sowohl § 721 ZPO als auch § 765a ZPO erscheinen deshalb auf Räumungsverfügungen gem. § 940a Abs. 2 und 3 ZPO anwendbar[196].

56 Gem. § 128 Abs. 2 Satz 5 GVGA hat der Gerichtsvollzieher einen Räumungsschuldner von dem **Räumungstermin** zu benachrichtigen und es müssen zwischen der Benachrichtigung und dem Vollstreckungstermin mindestens **drei Wochen** liegen. Diese Vorschrift gilt auch für die Räumungsvollstreckungen gem. § 940a ZPO. Eine Ausnahme ist nach dem Wortlaut des § 128 Abs. 2 Satz 4 GVGA nur in Gewaltschutzfällen zu machen, wenn Täter und Opfer zusammen wohnen. Die Einführung von § 940a Abs. 2 und 3 ZPO hat hieran nichts geändert. § 128 Abs. 2 Satz 5 GVGA scheint zwar auf den ersten Blick dem Eilcharakter der einstweiligen Verfügung entgegenzustehen[197]. Dieser Widerspruch löst sich aber auf, wenn man die Zweiwochenfrist in der Vollstreckungsschutzvorschrift des § 765a Abs. 3 ZPO in den Blick nimmt und insbesondere bedenkt, dass bei § 940a Abs. 2 ZPO gegenüber dem zu räumenden Mieter die Fristen ohnehin einzuhalten sind. Auch bei § 940a Abs. 3 ZPO ist nicht erkennbar, warum § 128 Abs. 2 Satz 5 GVGA nicht gelten soll; die Vorschrift dient der schnelleren Titelerlangung, aber nicht der schnelleren Vollstreckung.

---

189 *Börstinghaus* in Börstinghaus/Eisenschmid, Arbeitskommentar Mietrechtsänderung 2013, § 940a ZPO Rdn. 44.

190 *Drescher* in MünchKommZPO (5. Aufl.) § 929 Rdn. 2.

191 *Börstinghaus* NJW 2014, 2229.

192 LG Hamburg NJW-RR 1993, 1233; *Hinz* NZM 2005, 855.

193 S. bei § 721 Rdn. 14 und 28.

194 *Hinz* NZM 2005, 855; so auch § 721 Rdn. 28.

195 Im Ergebnis ebenso § 721 Rdn. 14 und 28; *Schuschke* FS Schilken S. 808; *Wendt,* Die einstweilige Räumungsverfügung des § 940a Abs. 2 ZPO, Diss. (Universität Trier) 2015, S. 362.

196 So auch *Abramenko* MietRB 2014, 216 für § 765a ZPO.

197 So auch wohl *Schuschke* NZM 2012, 211.

IX. Gewerberaummiete

§ 940 a ZPO gilt schon seinem Wortlaut nach nicht für die Gewerberaummiete[198]. Dementsprechend gilt dort nicht das grundsätzliche Verbot von Räumungsverfügungen wie bei der Wohnraummiete. Nach der bisherigen Rechtsprechung kommt eine Leistungsverfügung auf Räumung eines (Gewerbe-)Mietobjektes wegen des Verbots der Vorwegnahme der Hauptsache jedoch nur in ganz besonderen Grenzfällen in Betracht, die praktisch kaum je gegeben sind, allenfalls dann, wenn Gefahren für das Mietobjekt selbst[199] oder erhebliche, existenzgefährdende Vermögensschäden für den Vermieter bei Verbleib des Mieters in dem Mietobjekt drohen und wenn zusätzlich der Räumungsanspruch unstreitig oder offensichtlich begründet ist[200]. Auch eine Sicherung des Rückgabeanspruchs gem. § 935 BGB durch Anordnung der Sequestration dürfte bei Grundstücken und Räumen weitgehend ausscheiden, da die Weiterbenutzung meist nicht zur „Veränderung eines bestehenden Zustandes" führt[201]. Anders kann das bei beweglichen Sachen, insbesondere Verbrauchsgütern und Kraftfahrzeugen sein[202]. Die künftige Rechtspraxis wird allerdings wohl bei einstweiligen Räumungsverfügungen die Wertungen des § 940 a Abs. 2 und 3 ZPO berücksichtigen müssen: Wenn eine Räumungsverfügung schon bei der Wohnraummiete zulässig ist, dann ist sie – ähnliche Fallgestaltungen vorausgesetzt – **erst Recht bei der Gewerbemiete** zulässig[203], dies zumal als bei der Nachteilsabwägung gem. § 940 ZPO nicht so ein überragendes Schutzgut wie die grundrechtlich geschützte Wohnung zu berücksichtigen ist[204]. Die Gegenmeinung[205], die sich auf die Gesetzgebungsgeschichte beruft, wonach nur Missständen bei der Wohnraummiete abgeholfen werden sollte, und die daraus ein – zu Recht[206] – Analogieverbot ableitet, verkennt die Gesetzessystematik. § 940 a Abs. 2 und 3 ZPO waren nur bei der Wohnraummiete notwendig, weil es dort einen generellen Ausschluss von Räumungsverfügungen gab[207]. Bei der Gewerbemiete war eine Räumungsverfügung nicht grundsätzlich gesetzlich ausgeschlossen[208], sondern ist nur praktisch durch die hohen Anforderungen an deren Voraussetzungen gescheitert. Wenn nunmehr Lockerungen bei der Wohnraummiete eingeführt werden, kann das nicht ohne Auswirkung auf die Auslegung (nicht eine analoge Anwendung!) der Voraussetzungen bei der Gewerbemiete bleiben, weil der Gesetzgeber damit anerkennt, dass ein – nicht von praktisch unerfüllbaren Voraussetzungen abhängiges – Bedürfnis für eine Räumungsverfügung gegen einen gekündigten Mieter bestehen kann[209]. Es ist allerdings zu beachten, dass – anders als bei Wohnraummietverhältnissen (s. dazu Rdn. 20) – die Erfüllung der Voraussetzungen des § 940 a Abs. 2 ZPO nicht zwingend bedeutet, dass ein Verfügungsgrund anzunehmen ist; da lediglich die Wertungen des § 940 a Abs. 2 ZPO innerhalb des § 940 ZPO übernommen wer- 57

---

198 S. zum Anwendungsbereich von § 940 a ZPO Rdn. 9.

199 So in OLG München NZM 2015, 167, wo gravierende Brandschutzmängel in einer Diskothek vorhanden waren.

200 S. instruktiv OLG Düsseldorf NZM 2009, 818 = ZMR 2009, 444 m. w. N.; OLG Düsseldorf ZMR 2006, 446; OLG Celle NZM 2015, 166 = ZMR 2015, 13 sowie bei den Kommentierungen zu § 940 ZPO und *Kluth/Grün* NZM 2001, 1013. Weitergehend bejahen eine Leistungsverfügung OLG Rostock OLGR Rostock 2001, 560 und LG Berlin GE 2005, 238, wenn der Mieter die Nutzungsentschädigung voraussichtlich nicht aufbringen kann; diese Sicht vernachlässigt aber – abgesehen von grundsätzlichen Bedenken (hierzu OLG Düsseldorf NZM 2009, 818 = ZMR 2009, 444) – jedenfalls die für eine Leistungsverfügung notwendige besondere Notlage auf Vermieterseite, die schon dann nicht vorliegt, wenn das Mietobjekt ohnehin nicht (durch Vermietung oder sonstwie) weitergenutzt würde oder wenn die Nutzungsentschädigung eher geringfügig ist (OLG Celle NZM 2001, 194 = ZMR 2000, 752).

201 *Wolf/Eckert/Ball* Rdn. 1094. S. dazu auch OLG Celle NZM 2001, 194 = ZMR 2000, 752.

202 S. etwa OLG Düsseldorf MDR 1984, 411 und MDR 1995, 635; OLG Karlsruhe NJW 1994, 3362.

203 LG Krefeld ZMR 2016, 448; LG Hamburg NJW 2013, 3666; LG Hamburg ZMR 2015, 380; *Drescher* in MünchKommZPO (5. Aufl.) § 940 a Rdn. 21; *Fleindl* ZMR 2014, 938; *Hinz* ZMR 2012, 163 und NZM 2012, 793; *Wiek* InfoM 2013, 507; *Neuhaus* ZMR 2013, 694; *Fleindl* ZMR 2013, 685; *Schmid* GE 2014, 227; *Klüver* ZMR 2015, 10; Börstinghaus jurisPR-MietR 7/2016 Anm. 4.

204 LG Krefeld ZMR 2016, 448.

205 OLG Celle NZM 2015, 166 = ZMR 2015, 13; KG NJW 2013, 3588; LG Köln NJW 2013, 3589 = ZMR 2013, 721; *Wendt,* Die einstweilige Räumungsverfügung des § 940 a Abs. 2 ZPO, Diss. (Universität Trier) 2015, S. 126.

206 S. näher bei *Wendt,* Die einstweilige Räumungsverfügung des § 940 a Abs. 2 ZPO, Diss. (Universität Trier) 2015, S. 126 f.; LG Krefeld ZMR 2016, 448.

207 LG Krefeld ZMR 2016, 448. S. auch Rdn. 3 und 12.

208 LG Krefeld ZMR 2016, 448.

209 So auch *Schmid* GE 2014, 227; *Fleindl* ZMR 2014, 938.

den, erscheinen vielmehr Umstände denkbar bzw. nicht ausgeschlossen zu sein, die die Annahme eines besonderen Nachteils gemäß § 940 ZPO hindern, womit es an einem Verfügungsgrund fehlen würde[210].

---

[210] LG Krefeld ZMR 2016, 448.

Sachregister

Fette Zahlen bezeichnen die Paragraphen (ohne Gesetzesangabe = BGB-Vorschriften); magere Zahlen bezeichnen die Randnummern.